가산난야(伽山蘭若)는 법성자연(法性自然)과 불성유정(佛性有情)이 현현(顯現)하는 본지풍광(本地風光)의 불국토(佛國土)를 기립니다.

伽山

佛教大辭林

KASAN ENCYCLOPAEDIA OF BUDDHISM

伽山智冠 編著

17

위의로무기 · 자선

伽山佛教文化研究院

刊 行 辭

불교가 발상된 지 어언 이천육백여 년이 지나는 동안 동양의 여러 나라에 전파되었고, 그 나라마다 문화·역사의 깊은 淵源이 되어 崇高한 삶의 모습을 창조하는 원동력이 되었다. 그리고 오늘에 이르러서는 세기를 넘어서는 인류의 久遠한 지혜로 그 餘光을 더욱 발하고 있다. 우리나라 또한 천칠백년의 불교전래 역사를 간직하여, 사상 및 문화 전반에 걸쳐 지대한 영향을 미쳤을 뿐 아니라 수승한 민족사 중흥의 근간이 되어왔다. 정신사를 포함하는 문화사 전반에 걸쳐 우리 민족사를 주도해 온 한국불교사에 있어서 불교대백과사전 편찬은 매우 중요한 작업이 아닐 수 없다.

불교의 교리는 經律論 三藏으로 구성된 대장경이라는 방대한 체계로 이루어졌고, 그 호한한 체계 속에는 대장경이 이루어진 역사만큼이나 오래되고 다양한 술어와 심오한 法相들이 담겨져 있다. 이러한 어려운 술어와 법상의 이해를 온전히 하고자 과거 譯經과 함께 어휘채록과 연구작업들이 병행되었다.

그 결과 중국에서는『經律異相』,『法苑珠林』,『一切經音義』,『翻譯名義集』,『三藏法數』등이 만들어져 대장경의 이해를 도왔으며, 우리나라에서는 고려 숙종 때 大覺國師 義天이 엮은『釋苑詞林』250권이 편찬되어 고전적 의미의 불교사전의 성격을 갖춘 작업이 이루어지기도 하였다.

근대 이후 耘虛스님께서 일본의 모범불교사전을 번역하고 거기에 우리나라 불교의 중요술어를 추가하여 1961년『불교사전』1권을 발행하였는데 이것이 우리나라 최초의 대중적 불교사전이었다. 그 후 편자가 불교종합사전의 필요함을 깊이 느끼고 그 편찬을 발원하게 된 것은 먼저 국내에서는 三學을 연찬하는 승가의 후학들에게는 물론, 점차 저변이 확대되고 있는 한국학 및 불교연구자들에게 불교술어를 정리하는 일이 더없이 필요한 일이라고 생각했기 때문이다. 더구나 동남아 불교권에서 불교연구의 근간이 될 만한 불교종합사전들이 발간되는 것을 보고 더욱 그 뜻을 굳히게 되었다. 불교대사전의 편찬이 불교연구와 그 문화의 저변을 확대해 가는 불교중흥의 근간임을 자각하고 미력이나마 편찬의 원력을 뒤로 돌릴 수 없었다. 수년 동안 고심한 끝에 자신의 능력을 헤아리지 않고 1982년 음력 5월 11일 삼각산 경국사 극락보전에서 삼천배의 기도·발원한 후 바로 편찬작업에 착수하였다.

이때 편자는 동국대학교 불교대학장에 재임 중이었으므로 학장실 한쪽 구석에 자료수집본부를 두고, 처음 약 3년 동안에는 동국대학교 역경원 박경훈부장에게 자료 채집감독을 맡겼으나, 그 후 편자가 동국대학교 총장직을 맡는 등의 사유로 기초자료조사 작업기간으로만 약 십여 년이 소요되었다. 그 후 편자는 이런저런 공직을 정리하고 사전편찬 등 연구작업에 전념하기 위해 1991년 6월 16일 사단법인 가산불교문화연구원을 개원하고서야 비로소 사전편찬을 본격적인 법인주요사업으로 추진할 수 있게 되었다. 1차 수집한 자료를 정밀하게 검색한 결과 2차 자료채록의 필요성을 절감하였고, 아울러 편수안도 재구성하게 되었다. 그동안 전산화에 힘입어 동남아 및 구미 학계에서는 많은 사전·색인 등 자료들이 공개되었으며, 일본은 이미 종합사전을 끝내고 분야별 테마사전을 출간하고 있었기 때문이다. 전산화시대를 맞아 자료채집과 편집작업에 엄청난 효율을 얻게 되었고 불교대사전의 시대적 효용성과 편수지침 등은 새롭게 정비될 수밖에 없었다. 따라서 법인사업 이관 후 편수실에서는 편찬의 이념, 편집의 목표, 편수안 등을 재검토하고 나아가 항목의 범위, 분류 및 확정에 있어 새로운 검증 작업을 위해 전산환경을 확충하고는 대·중·소분과별 분류 등 분류코드 1,232종을 프로그램화하여 기존 항목을 세분화하고 재검색하였다. 그리고 사전 활용도를 전문화하고 원전에 기초해 내용을 서술한다는 목표 아래 국내 원전자료를 전산화하고, 우리나라에는 출간되지 않은 산스크리트어, 팔리어, 티베트어 사전 어휘 등을 한글 자료화하는 등 편찬 이념의 구현과 편집 목표의 달성을 위해 편수작업을 밀도 있게 진행한 결과, 1994년 한국불교항목을 전체항목의 약 30%로 새로이 추가추출하고 15만여 항목의 기초자료 작업을 완료하였다.

이러한 재정초작업에 다시 3년여 기간이 지나고 1994년 여름이 지나서야 본격적인 집필・윤문작업에 착수할 수 있었다. 우선 재정적 여건을 고려하여 한글순 연차간행을 기획하고, 순차 집필・윤문에 온 힘을 기울인 결과 1999년 1월에 1・2권, 출간 이후 매년 한 권씩 출간하여 이번에는 제13권을 간행하게 되었다. 편자의 감회가 더욱 깊다.

그간 전체 편수기획 등 어려운 연구원 살림을 맡아 추진하고 있는 본 연구원 연구실장 古玉스님, 편찬실 가족을 이끌고 변함없이 정진하는 책임연구원 金榮郁 박사, 崔晶圭・馬海崙・韓栽相・鄭恩姬・孫秀昌 상임연구원, 편수편집실의 연구원들, 20년여 동안 편찬실을 거쳐 간 연구원들과 전임연구원 등 열을 다해 정진한 원내 여러 가족들에게 먼저 고마움과 격려의 마음을 전하며, 아울러 전문항목을 맡아 원외에서 집필해준 본원 전문연구위원 鄭炳三교수・金成哲・李淑姬 박사 등과 원외 집필자 여러분께 심심한 감사의 마음을 표한다.

그리고 긴 기간에 걸쳐 진행되는 사전작업을 대작불사라 여겨 1983년 이후 오랜 기간 동안 꾸준히 후원해주신 후원회원 여러분과 특히 1998년 이후부터 출간비 일부를 지원해 주고 있는 대한불교조계종과 2002년 이후 지원을 아끼지 않는 문화체육관광부, 2006년 이후부터 시작된 한국연구재단의 지원 그리고 종단 사부대중 여러분과, 원로의원 東椿큰스님, 전국비구니회 회장 明星스님 등의 뜻 깊은 후원금은 연구원 가족 모두에게 크나큰 격려가 되고 있다. 아울러 특별후원자 여러분들에게도 항상 깊은 감사를 드린다.

앞으로도 미비한 작업을 보완하고 중단 없는 성취를 위해 不退轉의 정진을 계속할 것이며, 한국정신사의 참다운 自尊을 일깨우고 나아가 한국에 있어 불교술어의 일차 결집이라는 사명 아래 소중한 결과물이 되도록 더욱 정진하고자 한다.

2011년 6월 16일

明倫洞 伽山蘭若에서

伽山智冠 적음

佛教大辭林編纂發願文

一心頂禮法身佛 甚深微妙八萬法

修行流通賢聖僧 冥薰加被願成就

晉宋齊梁及唐代 新羅百濟求法僧

各其冒死發故國 專心求法利國民

去人成百歸無十 後者安知前者難

爲法向竺一念進 黃沙遮日眼不開

鳥道險路猛獸窟 飛梯架路捫索虛

後賢若未諳斯旨 往往將經容易看

梵漢相含難解語 研經學人額頭痛

我念於此多年來 雜多之務未着手

壬戌之年始起筆 欲編佛教大辭典

天龍八部常擁護 唯願諸佛作證明

從初至末無障碍 加被文殊大智慧

彙彙無違佛本意 速成完刊告佛前

以此編纂勝功德 韓國佛教益宣揚

蒙佛甘露咸利益 一切衆生得解脫

願我臨終無病苦 預知時至往路明

此身遍現恒沙界 歷微塵劫度衆生

聞我名者發菩提 見我形者得安樂

若一衆生未成佛 終不於此取正覺

辭典佛事同參者 筆者援者及念者

一切同登涅槃床 普爲提唱涅槃歌

불교대사림편찬발원문(번역)

일심으로 청정법신 비로자나와
무상심심 미묘하온 팔만법장과
전법하는 스님들께 원하옵나니
가호하사 제소원을 살펴주소서
구법위해 진송제양 당대를비롯
신라백제 고구려의 스님들이여!
죽음조차 무릅쓰고 고국을떠나
국민위한 그마음은 비할데없네!
백명중에 돌아온이 열명안되니
후인들이 전인난을 어찌알리요!
일념으로 천축향해 가는길에는
황사비가 가득하여 눈을못뜨다!
가는길엔 맹수들이 우글거리고
험한곳엔 밧줄잡고 건너갔으니
후인들은 이런고난 아는이없어
개중에는 용이하게 경을대하네!
범한어가 합친어휘 알기어려워
학인들은 이부분에 골치를앓다
제가이점 해결코자 생각했으나
이런저런 잡된일로 얽매였다가
임술년에 이르러서 비로소집필
한국불교 대사전을 편찬하노니
천용팔부 호법신장 옹호하옵고
시방삼세 부처님은 증명하소서
시작부터 마침까지 장애가없고
문수보살 대지혜의 가피를입어
어휘마다 부처님의 본의에부합
하루속히 완간하여 고불하리다
이사전을 편찬하온 공덕으로써
한국불교 선양함에 도움이되고
감로수를 마신이는 모두가이익
일체중생 빠짐없이 해탈하소서
저자신이 임종할때 병고가없고
떠날때를 미리알아 앞이밝으며
이몸으로 항사세계 두루하여서
미진겁이 지나도록 도생하리다
나의이름 듣는이는 발심을하고
저의모양 보는자는 낙을얻으며
한중생도 남아있어 성불못하면
영원토록 정각도를 취치않으리!
사전불사 뜻을모아 동참한자중
집필자나 후원자나 염려한사람
모두함께 열반상에 높이앉아서
중생위해 열반가를 제창하리다

불기 2525년(1982) 壬戌 5월 11일
三角山 慶國寺에서
比丘 釋智冠 三千拜

제17권 발간에 즈음하여

가산불교대사림 편찬은 가산지관대종사伽山智冠大宗師님의 대원력大願力으로 시작되고 대정진大精進으로 성취된 대작불사大作佛事였다. 2500여년 이어온 불교의 역사·사상·문화 등과 관련된 십만을 넘어서는 술어와 주요구에 대하여 경율론經律論 삼장三藏을 비롯한 수많은 선어록禪語錄은 물론 최근의 연구성과들도 살펴 풀고 다듬어 성취하여왔다. 보석처럼 빛나는 한 떨기 꽃들을 수만번 손보고 모아 다듬는 작업이었기에 연구원대중들의 모든 일상은 한결같았고 정성을 다하였다.

대사림 한권은 단행본 수십 권에 맞먹는 원고지 2만매 분량이다. 이런 지난至難한 작업을『가산불교대사림』이라는 본책 20여권의 결과물로 출간해왔다. 대종사의 원력에 올라 뒤돌아 보지않고 정진한 대중들의 각고刻苦의 산물이다. 불교를 공부하는 모든 이들에게 자양滋養이 될 수 있도록 항목 하나하나마다 갓난아이를 돌보듯 보듬고 살피는 작업은 한 치의 소홀함도 용납할 수 없었기에 대중들 모두 얼음위를 걷는 듯 하였다.

이러한 토대 위에서의 대사림편찬작업은 전문적이면서도 낱낱의 항목에 최적의 정보를 안착시켜왔다. 독자들은 단순히 술어 하나를 찾는 데 그치지 않고, 충실한 서술에 이끌려 저도 모르게 불교의 세계로 깊숙히 들어가고 깨우쳐간다. 매 항목마다 이 수준까지 이르도록 고군분투하는 대중들을 보면 참으로 숙연해지지 않을 수 없었다.

2012년에 열반하신 가산지관대종사께서는 1960년 이후 해인사 강주로서 학인들을 지도하면서 불교사전편찬의 원력을 키우셨고, 1982년 불교대사전편찬발원문을 지어 불전에 기도 올리고는 대원행의 길을 시작하셨다. 지난하고 길었지만 1999년 금과옥조의 성과물인 대사림 1권과 2권이 처음 탄생했을 때, '과연 지관큰스님이시다.'라며 세간世間이 칭송稱頌을 아끼지 않았다. 그리고 출간기념법회出刊紀念法會에는 사해四海의 용상대덕龍象大德들이 모두 모여 수희찬탄隨喜讚歎하였다. 촌음寸陰을 아껴가며 몸소 주요 표제어를 고르시고 옥고玉稿를 집필하여 마치시고는, 연구원들의 원고를 바로잡고 지도해주시며 그 크나큰 원행을 한 치의 흔들림 없이 계속하셨다. 2011년 팔순 생신일(음 5월 11일)에 열반이 임박했음을 미리 아시고 남은 작업을 연구원대중들에게 부촉하시는 유훈遺訓을 손수 남기셨다. 그리고 음력 성도재일인 납월파일을 넘기시고는 양력 2012년 1월 2일 열반에 드셨다.

애통하고 애통하다! 이제 유촉遺囑을 받드는 일만이 우리에게 남겨졌다. 정법중흥正法中興을 통한 애민중생哀愍衆生이라는 대종사님의 간곡한 원행願行을 이어, 대종사님의 유촉도량인 가산난야伽山蘭若에서 대종사님의 원행인 정법상전正法相傳의 유업遺業이 끊임없이 피어나길 간절히 기원한다.

2022년 12월 10일

理事長 文憲八 拜上

편찬의 기본방침

■ 본 불교대사림은 불교사상 및 문화 일반에 대한 종합적 이해를 도모하기 위해 불교사전의 범주를 근본불교술어는 물론, 범불교권 국가에서 특수하게 변형·토착화되거나 새로이 창출된 각종 술어도 포함하여 불교문화에 대한 특수성과 보편성을 함께 이해시킴을 목표로 한다.

■ 특별히 한국인의 불교 이해를 기반으로 하여 불교전래 후 천칠백여 년에 이르는 토착화 과정에서 정착된 한국불교 고유의 사상적, 문화적 관련항목을 최대한 발굴·정리, 이를 자주적이고 종합적으로 서술함으로써 대내적으로는 한국불교 및 민족문화에 대한 넓고 깊은 이해와 긍지를 도모하고 대외적으로는 한국불교문화의 세계화를 추구한다.

■ 이러한 목표를 달성하기 위해 광범위한 항목을 발굴·선정·수록하고, 표제어의 한글순은 물론, 내용 기술에 있어 실질적인 한글화를 도모하여 누구나 쉽게 활용가능한 대중적 사전이 될 수 있도록 한다.

■ 한자어, 산스크리트어, 팔리어, 티베트어 등 범불교권 언어를 병기하여, 술어 설명에 엄밀을 기하며, 정확한 전거(典據)를 바탕으로 내용을 기술하여, 연구자의 이해를 도울 수 있게 사전 활용도를 깊고 폭넓게 전문화한다.

■ 한국인에게 불교의 사상과 문화를 폭넓게 이해시키기 위해 일차적으로는 불교항목 전반에 대한 백과사전적 이해를 가능하게 하며, 나아가 한국의 불교문화를 폭넓게 이해하고 심도 있게 다루어야 한다는 목표 아래 한국불교 관련 항목이 종합적으로 서술되도록 항목조정과 본문서술에 신중을 기한다.

■ 본 사림은 15만여 항목, 본책 15권 규모로 1998년부터 연차적으로 간행하되, 〈색인편〉과 함께 〈보유편〉을 부록으로 두어 사전 간행 후의 연구성과를 반영하고 항목을 보완할 수 있도록 한다.

항목선정

■ 명실상부한 불교종합백과사전이 될 수 있도록 시간적으로는 불교발생기부터 현재까지, 공간적으로는 발생지 인도로부터 티베트, 중국 나아가 구미지역에 이르기까지, 문헌상으로는 초기 불전에서부터 최근 문헌에 이르기까지 불교의 모든 용어를 가능한 한 총망라하여 어휘를 직접 채집, 수록하는 것을 항목 선정의 기본 원칙으로 한다.

■ 특별히 한국불교 고유의 사상과 문화에 관련된 항목은 최대한 발굴하여 이를 우선으로 선정한다.

■ 원내 편수원칙에 의한 1,232종의 분류코드에 따라 불교대사림 항목분류표를 작성, 이에 의거하여 체계적으로 항목을 선정하고 수적인 균형을 도모한다.

■ 항목 채집 및 1차 선정항목의 대조·확인과 기술 내용 점검을 위해 이미 간행된 국내외 사전류, 색인류 외 연구서적 등을 가능한 한 최대한 대조·검색한다.

■ 더불어 내용서술이 동일한 항목의 이칭(異稱), 별칭(別稱) 등은 대표항목 본문에 포함·서술하여 항목 처리를 원활하게 하고, 항목들 간의 유기적 연결을 통해 선정 항목을 종합적으로 이해할 수 있도록 공항목과 관련항목을 둔다.

■ 산스크리트어, 팔리어, 티베트어, 한자어 등에서 유래한 음사어 항목은 한자 읽기가 있으면 우리말 한자음으로, 음사가 여럿인 경우에는 원음에 가까운 음으로 대표항목을 선정한다.

■ 각 분과별 항목의 세부 선정 원칙은 다음과 같다.

• 사상·공안 – 경·율·론(經律論) 삼장(三藏) 및 소(疏), 초(抄), 사기(私記) 등에 이르는 교종의 제반 사상과 선종의 각 종파별 사상 및 공안(公案) 그리고 가풍(家風)을 모두 다룬다.

- 언어·문자 – 불교와 유관한 주문, 방언을 포함하여 불교권의 주요 언어인 산스크리트어, 팔리어, 티베트어 및 그 외 특수언어에 대한 개관을 포함한다.
- 인물 – 불교 발전이나 변동을 주도하면서 사상과 문화 발전에 기여하였으며 그 생애와 활동을 서술할 필요가 있는 실존인물을 선정하되, 단 현대 인물의 경우에는 집필 당시를 기준으로 생존 인물은 제외한다. 또한 일반인의 경우 성명을, 스님인 경우에는 법명(휘 諱)을 본항목으로 하되, 호(號)나 자(字)가 더 널리 알려져 있는 경우에는 호나 자를 대표항목으로 선정한다.
- 사원 – 현존하는 전통사찰은 물론, 기록으로만 남아있는 사찰과 폐사지(廢寺址)라 할지라도 모두 포함한다.
- 사건 – 불교사에 의미가 있는 사건 및 기록들을 포함한다.
- 교단 및 의례 – 원시교단에서부터 현재까지의 불교 역사에서 의미를 갖는다고 간주되는 교단사 및 교단의 양태, 불교의례의 양태 등을 포함한다.
- 문헌 – 삼장 및 소, 초, 사기, 문집, 탁본은 물론 불교의 사상, 문화, 역사 등을 언급한 외전 등을 포함하며, 경전성립과 대장경 조판 및 인경 사례 등도 기술한다. 단, '불설(佛說)…'로 시작되는 경전의 이름은 '불설'을 생략하고 표제어로 선정한다.
- 예술 – 문화사적으로 중요한 가치가 있는 문학, 미술, 음악, 무용, 건축 공예품 등을 포함한다.
- 문화재 – 국가지정문화재를 중심으로 선정하되, 불교사적으로 중요한 의미가 있는 유물·유적이라면 가능한 한 포함한다.
- 기타 – 불교의 전문용어가 아닌 일반용어도 불교전적을 해독하는 데 필요하거나 불교를 이해하는 데 필요한 술어라면 가능한 한 수록한다.

항목배열

■ 한글 가나다순으로 하되, 초·중·종성의 배열 순서는 다음과 같이 한다.

- 초성 – ㄱ ㄲ ㄴ ㄷ ㄸ ㄹ ㅁ ㅂ ㅃ ㅅ ㅆ ㅇ ㅈ ㅉ ㅊ ㅋ ㅌ ㅍ ㅎ
- 중성 – ㅏ ㅐ ㅑ ㅒ ㅓ ㅔ ㅕ ㅖ ㅗ ㅘ ㅙ ㅚ ㅛ ㅜ ㅝ ㅞ ㅟ ㅠ ㅡ ㅢ ㅣ
- 종성 – ㄱ ㄲ ㄳ ㄴ ㄵ ㄶ ㄷ ㄹ ㄺ ㄻ ㄼ ㄽ ㄾ ㄿ ㅀ ㅁ ㅂ ㅄ ㅅ ㅆ ㅇ ㅈ ㅊ ㅋ ㅌ ㅍ ㅎ

■ 같은 음·같은 글자인 항목은 다음 원칙에 따라 배열한다.

- 개념 → 교리·사상 → 인물 → 자연물 → 지명 → 의식 → 문헌 → 제도 → 사원 → 단체 → 사건 → 유물·유적순으로 하되
  ① 시간적인 경우는 시대순으로
  ② 공간적인 경우는 가나다순으로 한다.
- 한자가 다를 경우 별도 항목으로 처리하며, 항목 첫글자 한자의 총획수에 따라 배열하되 총획수가 같을 경우, 부수(部首)의 획수에 따라 배열한다.
- 한자가 같은 경우 동일 항목 내에 ❶·❷ … 식으로 병렬 나열한다.
- 사원의 이름이 같을 경우 지역별로 배열하되, 서울 → 광주 → 대구 → 대전 → 부산 → 인천 → 강원도 → 경기도 → 경상도 → 전라도 → 제주도 → 충청도 → 평안도 → 함경도 → 황해도 → 중국 → 기타 순으로 하는 것을 원칙으로 한다.

표제어표기

■ 표제어는 신명 견명조 한글로 표기하고 그에 해당하는 한자어 및 산스크리트어, 팔리어, 티베트어 등이 있을 경우 이를 순차적으로 병기하되, 이때 산스크리트어는 Ⓢ, 팔리어는 Ⓟ, 티베트어는 Ⓣ 문자로 구분하며, 콤마와 마침표를 사용하여 나열한다.

예) **감로** 甘露 Ⓢ amṛta, Ⓟ amata, Ⓣ bdud-rtsi.

■ 한글과 한자음의 우리말 표기는 문교부 제정 표준용어집 및 국정교과서의 한글맞춤법 표기원칙에 따르되, 다만 오래전부터 한자음이 변하여 우리말화한 것이거나 산스크리트어의 음사한자인 경우에는 상용화된 대로 표기한다.

- 우리말화한 경우

예) **도량** 道場 (○)　**도장** 道場 (×)
　 시방 十方 (○)　**십방** 十方 (×)

• 산스크리트어의 음사한자인 경우

예) **보리** 菩提 (○) **보제** 菩提 (×)
바라밀 波羅蜜 (○) **파라밀** 波羅蜜 (×)
다라니 陀羅尼 (○) **타라니** 陀羅尼 (×)

■ 한글과 숫자의 혼합 표기는 한글맞춤법 표기안에 따라 적절히 사용한다.

■ 특수 분야 용어는 관련학계의 통설을 따르되, 학계에서 용어가 통일되지 않은 경우에는 편집위원회의 결정에 따른다.

■ 공항목 및 관련항목의 처리와 표기

• 공항목은 항목에 대한 서술 내용이 없는 것으로 ➡를 사용하여 그 본항목으로 참조표시를 하며, 관련항목은 동등한 위치에 있거나 상호보완적 관계에 있는 항목으로 내용 서술 후 ⇨를 사용하여 참조표시를 한다.

예1) **가니라** 迦尼羅 ➡ 갈니가수 羯尼迦樹

예2) **가니타** 迦尼吒 Ⓢ kaniṣṭha의 음사어. 고대 인도 쿠샤나(Ⓢ Kuṣāṇa : 貴霜)왕조의 제3대 왕인 가니색가(Ⓢ Kaniṣka)왕의 다른 이름이다. ⇨ 가니색가왕 迦膩色迦王

• 공항목 내지 관련항목이 다수 열거될 경우에는 관련의 중요도 순으로, 병렬관계일 경우에는 가나다순으로 게재하며, 항목 간을 콤마로 구분한다.

예) **가나함모니불** 迦那含牟尼佛 ➡ 가나가모니 迦那伽牟尼, 구나함모니 拘那含牟尼

본문서술

■ 본문 서술방식은 한글전용을 원칙으로 하여 일반인도 이해하기 쉽도록 가능한 한 풀어쓰되, 필요한 경우 괄호를 사용하여 이를 보완한다.

• 어려운 술어나 전문용어 등은 처음 서술되는 부분에서 그에 해당하는 한자, 산스크리트어, 팔리어, 티베트어 및 기타 용어 등을 ( ) 안에 병기한다.

예) **가가라** 伽伽羅 ❶ Ⓢ Karkaṭa, Ⓟ Kakkaṭa의 음사어. 부처님께서 바이샬리의 중각강당(重閣講堂 Ⓢ Kūṭāgāraśālā)에 …

• 또한 추가 설명이 필요한 경우에는 : 표식 아래에 간단한 해설을 덧붙이도록 하며, 산스크리트어, 팔리어, 티베트어 등의 음사어인 경우에도 원어를 먼저 쓰고 그 뒤에 : 를 사용하여 그 뜻을 부기한다.

예1) 니야야(Ⓢ Nyāya : 正理)

예2) 8개소의 불탑을 친견하려고 고비사막을 지나 총령(葱嶺 : Pamir고원)을 넘어 …

• 집필자명, 참고문헌, 표에서는 원어를 노출시키며, ' '나 『 』 속의 한글, 원어 병렬표기시에도 괄호를 사용하지 않는다.

■ 맞춤법 및 띄어쓰기는 항목표기에서와 마찬가지로 문교부 제정 한글맞춤법 및 국정교과서의 표기 원칙을 기본으로 하되, 학계에서 용어가 통일되지 않은 것은 집필자의 견해 혹은 편집위원회의 결정에 따르며, 사전 편집상 필요에 따라 약간의 예외를 둔다.

■ 불교에서 상용하는 복합명사는 붙여쓰기로 한다.

예) 일체중생 (○) 일체 중생 (×)
시방세계 (○) 시방 세계 (×)

■ 중국·일본 등 한자문화권의 한자어는 우리말 한자음으로 표기하되, 고유명사인 경우에는 일본 혹은 중국 현지음으로도 표기한다.

■ 상용하는 술어의 음사어가 2종 이상일 경우에는 인용문에 준하여 표기하되, 한자어 인용시에는 한자에 준하고 범어 인용시에는 범어 음사에 준한다.

예) 아뢰야식(阿賴耶識 Ⓢ ālaya-vijñāna) (○)
알라야식(Ⓢ ālaya-vijñāna : 阿賴耶識) (○)

■ 연대는 서력기원으로 표기하되, 필요시 괄호 안에 불기년(佛紀年), 왕조년(王朝年) 등을 부기한다. 다만 본문 서술 중 불기년 혹은 왕조년이 중요한 경우에는 먼저 밝힐 수 있다.

■ 인명은 일반인의 경우 성명을 쓰고, 스님인 경우 원칙상 법명(휘 諱)을 쓰되, 호(號)나 자(字)가 더 널리 알려져 있는 경우에는 이를 따른다.

■ 산스크리트어, 팔리어, 티베트어의 표기

• 각각 그 약자에 해당하는 Ⓢ·Ⓟ·Ⓣ 문자를 사

용하여 구별하며,

- 첫글자는 소문자를 원칙으로 하나, 단 인명·지명·불·보살·책이름 등은 대문자로 시작한다.

예) **가니색가왕** 迦膩色迦王 Ⓢ Kaniṣka, Candana-kaniṣka, Ⓟ Kanisika. 2세기 무렵 고대 인도의 이란계 쿠샤나(Ⓢ Kuṣāṇa : 貴霜·月支國·月氏國)왕조의 제3대 왕인 카니쉬카 1세.

- 산스크리트어·팔리어의 복합어 표기는 관습적 사용에 준하되, 수사는 하이픈(-) 없이 띄어쓰기를 한다. 단 2개 이상의 단어로 구성된 복합어의 경우에는 식별의 편의를 위해 매 단어마다 하이픈을 사용한다.

예) **개시오입** 開示悟入 Ⓢ samādāpana-saṃdarśana-pratibodhana-avatāraṇa.

■ 본항목에 대한 서술이 병렬로 나열되었을 경우에는 ❶·❷ 등을 사용하고, 하나의 단어에서 비롯된 부연 설명일 경우에는 ①·② 등을, 더 부연할 때에는 ㉠·㉡ 등을 사용한다. 이때 명사형으로 끝날 경우에는 쉼표를, 동사형으로 끝날 경우에는 마침표를 사용하는 것을 원칙으로 한다.

예1) **기린사** 麒麟寺 ❶ 충청남도 온양군 고달산에 있었던 절. 지금은 폐사(廢寺)되었다. [참고문헌]『東國輿地勝覽』 권19, 『韓國寺刹全書』 권상. ❷ 함경남도 신흥군 원평면 천불산(千佛山)에 있었던 절. …

예2) **간경파** 看經派 한국사찰 간경제도의 한 측면. 강하(講下) 학인을 독서파(讀書派)와 간경파로 나누는데, 간경파는 다시 3과(科)로 분류된다. 곧 ① 능엄(楞嚴)·기신(起信)·반야(般若)·원각(圓覺)의 사교과(四敎科), ② 화엄(華嚴) 1부 현담(玄談) 삼현십지(三玄十地)에 『탐현기 探玄記』를 겸수하는 대교과(大敎科), ③ 전등(傳燈)·염송(拈頌) 양부에 속하는 격외과(格外科) 등을 말한다. [참고문헌]『韓國近世佛敎百年史』 권2 敎育編年 pp.1~3.

■ 학계에서 논란이 있는 항목 서술은 집필자의 관점을 중시하되, 이설(異說)을 함께 소개함으로써 독자들에게 판단의 자료를 제공한다.

출전 및 참고문헌

■ 내용 서술의 이해에 도움이 될 문헌, 논문 등을 다음의 원칙에 따라 인용, 수록한다.

- 본문 서술시 원문에 대한 직접 인용이 필요한 경우에는 우리말로 번역하고 원문을 부기한다.
- 직·간접적으로 인용한 책은 [참고문헌]에서 다시 게재하며, 본문 중에서는 한글로, [참고문헌]에서는 원전어로 문헌명을 표기한다.

예) **가** 笳 Ⓢ vaṃśa, Ⓟ vaṃsa. 대나무피리(竹笛). 2권본 『나선비구경』(대정장32, p.696c13)에 "마치 사람이 대나무피리를 불어 숨을 내쉬었다가 다시 들이키지 못하는 것과 같다. 如人吹笳氣出 不復還入", … [참고문헌]『那先比丘經』, *Mil.*, *Vv-a.210.*

- [참고문헌] 위치는 항목의 맨 끝으로 하되, 단 본 항목에 대한 서술이 ❶·❷로 병렬 나열되었을 경우에는 그 끝에 게재한다.

예) **굴암** 窟庵 ❶ 경상남도 창원시 현동면 대장리에 있었던 절. 창건연대·창건주 등 자세한 사실은 알 수 없다. [참고문헌]『韓國寺刹全書』 권상. ❷ 경상북도 선산군 연악산(淵嶽山)에 있었던 절. 자세한 사적은 알 수 없다. [참고문헌]『韓國寺刹全書』 권상 p.129b.

- 문헌·저서명의 경우에 동양서는 『 』, 서양서는 *이탤릭체*를 사용하여 표기하고, 논문·작품·편명 및 신문기사·법조문제목 등의 경우 「 」를 사용하되, 출판사·출판연대 등은 괄호 안에 묶어 표기한다.

예) **고인명** 古因明 인도 불교논리학을 집대성한 진나 … [참고문헌] *Caraka-Saṃhitā*, 『方便心論』, 『解深密經』, 『瑜伽師地論』, 『大乘阿毘達磨集論』, 『如實論』, 『集量論』, 『因明正理門論』, *Buddhist Logic*(F.T. Stcherbatsky, U.S.S.R, Leningrad, 1930), 『대승불교』 pp.332~338(도서출판 여래).

- 참고문헌이 여럿일 경우에는 우선
  ① 본문서술 중 인용된 순서대로 하되, 원전, 학술저서, 논문 순으로 하며,
  ② 대장경류의 경우 체제 순으로 한다.

■ 자주 인용되는 문헌의 경우 약호를 사용할 수 있고, 2단 내지 다단으로 편집된 인용서의 단 표시는 a, b, c 등으로 하고 필요한 경우 행을 숫자로 표시한다.

- 고려장 : 고려대장경
- 한불전 : 한국불교전서
- 대정장 : 대정신수대장경
- 卍속장 : 卍속장경

예1) 고려장45, p.250a : 고려대장경 제45권, 250페이지 첫째 단을 의미

예2) 대정장21, pp.234~250, No.234 : 대정신수대장경 제21권, 234페이지에서부터 250페이지까지에 수록된 경으로 경의 고유번호는 234라는 의미

예3) 한불전2, p.698a1 : 한국불교전서 제2권 698페이지 첫째 단 첫째 줄을 의미

■ 한문본, 산스크리트어본, 팔리본 등의 상용문헌은 다음 장의 약명표기 범례에 따른다. ⇨ 문헌약명표기범례

■ 선사의 어록의 경우, 해당 선사의 가장 잘 알려진 법호나 법명에 '語錄'을 더하여 문헌명으로 쓰는 것을 일반화한다.

예) 대혜보각선사어록 → 대혜어록
명각선사어록 → 설두어록

기호 및 약호

S	산스크리트어
P	팔리어
T	티베트어
" "	완전한 문장 인용시
' '	재인용, 강조시 및 시호·관직명·탑호·비명·주문·경전의 한 구절 등 불완전한 문장 인용시
『 』	문헌·저서명
「 」	논문·작품·경전의 품명·편명 및 신문기사 표기시
- -	부제
~	부터·까지 (페이지·연도 등에서)
·	문장 내 가운뎃점으로, 비슷한 사항을 나열할 때 사용
…	내용 생략시
( )	한자 및 원어 부기 및 풀이
〔 〕	소제목
:	본문 설명 부분에서 부연 설명시
→	법맥의 대수 표시
➡	공항목 표시
⇨	관련항목 표시

도판 및 기타자료

■ 본 사전에서는 내용을 시각적으로 부각시키고 본문의 이해를 돕기 위하여 사진, 삽화, 도표, 지도 등 도판 자료 약 천오백여 종을 본문의 해당 부분 혹은 별면 화보에 수록한다.

■ 도판자료는 해당 항목의 성격과 내용을 부각시키는 데 중점을 두고 선정한다.

■ 자체에서 제작하지 않은 자료는 그 제공자 또는 제작자를 밝히며, 유일본·희귀자료 등 특수자료는 소장처를 밝힌다.

• 본 권의 희귀자료는 국립중앙박물관, 대한불교조계종 산하 성보박물관 등의 협찬과 『佛敎植物辭典』(國書刊行會)의 도판자료 사용으로 이루어졌다.

■ 전체 색인은 한글, 한자어, 산스크리트어, 팔리어, 티베트어 별로 작성하여 〈색인편〉 별책으로 발간한다.

■ 각 페이지마다 상단에 해당 페이지의 첫 표제어(짝수쪽)와 마지막 표제어(홀수쪽)를 기재하여 항목 찾기에 편의를 도모한다.

문헌 약명 표기범례

산스크리트본 약명

- T는 대정신수대장경 번호임
- [편자 출간년도]는 * 梵·藏本 정보임

Abh-k	Abhidharma-kośa-kārikā [V.V.Gokhale 1946] 阿毘達磨俱舍論本頌 T1560
Abh-k-bh	Abhidharmakośa-bhāṣya [P.Pradhan 1975] 阿毘達磨俱舍論 T1558·阿毘達磨俱舍釋論 T1559
Abh-d	Abhidharmadīpa [P.S.Jaini 1959] 阿毘達磨燈論
Abh-d-ṭ	Abhidharmadīpa-ṭīka [P.S.Jaini 1959] 阿毘達磨燈明論釋
Abh-s	Abhidharmasamuccaya [P.Pradhan 1950] 大乘阿毘達磨集論 T1605
Abh-s-bh	Abhidharmasamuccaya-bhāṣya [N.Tatia 1976] 大乘阿毘達磨雜集論 T1606
Abh-vy	Sphuṭārthā Abhidharmakośa-vyākhyā [U.Wogihara 1932-1936] 阿毘達磨俱舍論疏
Abhis-a	Abhisamayālaṃkāra [Th.Stcherbatsky · E.Obermiller 1929] * 梵藏對照本 現觀莊嚴論
Adhy-pr	Adhyardhaśatikā Prajñāpāramitā [T.Tomabechi 2009] 大樂金剛不空眞實三麼耶經 [理趣經] T243
Ag-p	Agni-purāṇa
Arth-ś	Artha-śāstra [R.P.Kangle 1960] 實利論
Aṣṭ-pr	Aṣṭasāhasrikā Prajñāpāramitā [P.L.Vaidya 1960 · S.Karashima 2013] 大般若波羅蜜多經 第四會 T220(4) · T228
AV	Atharva-veda
Av-ś	Avadāna-śataka [P.L.Vaidya 1958] 撰集百緣經 T200
Bh-p	Bhāgavata-purāṇa
Bhai	Bhaiṣajyaguruvaidūryaprabharāja-sūtra [P.L.Vaidya 1961] 藥師琉璃光如來本願功德經 T450 · T449 · T451 · 灌頂經 卷第十二 T1331
Bhav-p	Bhaviṣya-purāṇa
Bodh-bh	Bodhisattva-bhūmi [N.Dutt 1966] 瑜伽師地論 本地分菩薩地 T1579(I.15) · 菩薩地持經 T1581 · 菩薩善戒經 T1582
Bodh-c	Bodhicaryāvatāra [P.L.Vaidya 1960] 菩提行經 T1662
Brahma-p	Brahma-purāṇa
Brahmāṇḍa-p	Brahmāṇḍa-purāṇa
Brahmav-p	Brahmavaivarta-purāṇa
Buddh-c	Buddha-carita [E.H.Johnston 1978] 佛所行讚 T192
Cat-ś	Catuḥ-śataka [K.Lang 1986] * 梵藏合本 廣百論本 T1570
Daś-bh	Daśabhūmika-sūtra [P.L.Vaidya 1967] 大方廣佛華嚴經 十地品 T278(22) · T279(26)
Daś-ś	Daśapadārtha-śāstra 勝宗十句義論 T2138
Devībh-p	Devībhāgavata-purāṇa
Dharm-s	Dharma-saṃgraha [P.L.Vaidya 1961] 法集名數經 T764
Divy	Divyāvadāna [E.B.Cowell · R.A.Neil 1959] 根本說一切有部毘奈耶皮革事 T1447
Gaṇḍ-vy	Gaṇḍa-vyūha [P.L.Vaidya 1960] 大方廣佛華嚴經 入法界品 T278(34) · T279(39) · T293 · T295
Gāruḍa-p	Gāruḍa-purāṇa
Gauḍ-SK	Sāṃkhya-kārikā의 Gauḍapāda-bhāṣya [T.G.Mainkar 1972]
Guhy-s	Guhya-samāja-tantra [Y.Matsunaga 1978] 一切如來金剛三業最上祕密大敎王經 T885
Ht	Hevajra-tantra [D.L.Snellgrove 1959] * 梵藏對照本 大悲空智金剛大敎王儀軌經 T892
Jāt-m	Jātaka-mālā
Kār-vy	Guṇa-kāraṇḍa-vyūha 大乘莊嚴寶王經 T1050

Kāśy	Kāśyapa-parivarta [M.I.Vorobyova-Desyatovskaya 2002] 大寶積經 第四十三普明菩薩會 T310(43)
Kūrma-p	Kūrma-purāṇa
Lak-ś	Lakṣaṇānusāra-śāstra 隨相論 T1641
Lal-v	Lalita-vistara [P.L.Vaidya 1958] 普曜經 T186・方廣大莊嚴經 T187
Laṅk	Laṅkāvatāra-sūtra [B.Nanjio 1956] 楞伽阿跋多羅寶經 T670・入楞伽經 T671・大乘入楞伽經 T672
Liṅga-p	Liṅga-purāṇa
Madhy-k	Madhyamaka-kārikā 中論頌
Madhy-ś	Madhyamaka-śāstra [P.L.Vaidya 1960] 中論 T1564
Madhy-v	Madhyamaka-kārikā-vṛtti 中論註
Madhy-vibh	Madhyānta-vibhāga-bhāṣya [G.M.Nagao 1964] 中邊分別論 T1599・辯中邊論 T1600
Madhy-vibh-ṭ	Madhyānta-vibhāga-ṭīkā [S.Lévi 1934] 中邊分別論釋疏
Mahāvad-s	Mahāvadāna-sūtra [T.Fukita 2003] 長阿含經 大本經
Mah-saṃ	Mahāyānasaṃgraha [E.Lamotte 1973] *藏本 攝大乘論 T1592・T1593・攝大乘論本 T1594
Mah-v	Mahāvastu-avadāna [E.Senart 1882-1897] 大事
Mañj-m	Ārya-mañjuśrī-mūlakalpa [T.Ganapati 1920-1925] 大方廣菩薩藏文殊師利根本儀軌經 T1191
Mārk-p	Mārkaṇḍeya-purāṇa
Māṭ-v	Sāṃkhya-kārikā의 Māṭharācārya-vṛtti [V.P.Sharma 1970]
Matsya-p	Matsya-purāṇa
MBh	Mahābhārata [BHORI 1972]
Mmayu	Mahāmāyūrī Vidyārājñī [S.Takubo 1972] 佛母大孔雀明王經 T982・T984・T985
Mp-s	Mahāparinirvāṇa-sūtra [E.Waldschmidt 1950-1951] 長阿含經(遊行經) T1・佛般泥洹經 T5・T6・T7・大般涅槃經 T374・T375・大般泥洹經 T376・根本說一切有部毘奈耶雜事 卷第三十五～三十九 T1451
Mukta-v	Muktavali
Mvyut	Mahāvyutpatti [榊亮三郎 1916]・[石濱裕美子・福田洋一 1989] 飜譯名義大集
Nār-p	Nāradīya-purāṇa
Nyāy-s	Nyāya-sūtra 正理經
Nyāy-pr	Nyāya-praveśa [A.B.Dhruva 1930] 因明入正理論 T1630
Padma-p	Padma-purāṇa
Pad-s	Padārthadharma-saṃgraha [V.P.Dvivedin 1895] 句義法綱要
Pañ-s	Pañcaskandhaka [L.Xuezhu・E.Steinkellner 2008] 大乘五蘊論 T1612
Pañca-pr	Pañcaviṃśatisāhasrikā Prajñāpāramitā [N.Dutt 1934・T.Kimura 1986-2009] 大般若波羅蜜多經 第二會 T220(2)・摩訶般若波羅蜜經 T223
Prajñ-h	Prajñāpāramitā-hṛdaya-sūtra [E.Conze 1958] 般若波羅蜜多心經 T251
Prajñ-vy	Abhisamayālaṃkārālokā Prajñāpāramitā-vyākhyā [U.Wogihara 1932] 現觀莊嚴論光明般若波羅蜜多釋
Prak-ś	Prakaranāryāvāca-śāstra 顯揚聖敎論 T1602
Pras	Prasannapadā [P.L.Vaidya 1987] 明句論
Prāt-m	Prātimokṣa-sūtra [A.Ch.Banerjee 1977] 根本說一切有部契經 T1454

R	Rāmāyaṇa
Rāṣṭr	Rāṣṭrapāla-paripṛcchā [P.L.Vaidya 1961] 大寶積經 第十八護國菩薩會 T310(18)
Ratna-ut	Ratnagotravibhāga-mahāyānottaratantra-śāstram [E.H.Johnston 1950] 究竟一乘寶性論 T1611
ṚV	Ṛg veda
Śa-v	Śayanāsanavastu
Śālis	Śālistamba-sūtra [P.L.Vaidya 1960] 了本生死經 T708 · T709 · T710 · T711 · T712
Saddh-p	Saddharma-puṇḍarīka-sūtra [H.Kern · B.Nanjio 1977] 妙法蓮華經 T262 · T263 · T264
Saṅ-v	Saṅghabheda-vastu [R.Gnoli 1977]
Sam-r	Samādhirāja-sūtra [P.L.Vaidya 1961] 月燈三昧經 T639 · T640
Samā-bh	Samāhita-bhūmi [M.Delhey 2009] * 梵藏合本 瑜伽師地論 本地分三摩呬多地 T1579(I.6)
Sāṃkhy-k	Sāṃkhya-kārikā [V.P.Sharma 1970] 數論頌
Sap-p	Saptapadārthi 七句義論
Sapt-pr	Saptaśatakā Prajñāpāramitā [P.L.Vaidya 1961] 大般若波羅蜜多經 第七曼殊室利分 T220(7)
Sar-s	Sarvārtha-siddhi [P.Shastri 1944]
Śata-śa	Śatapañcāśatka [D.R.Shackleton Bailey 1951] 一百五十讚佛頌 T1680
ŚBr	Śatapatha-brāhmaṇa
Śikṣ	Śikṣāsamuccaya [C.Bendall 1902] 大乘集菩薩學論 T1636
Skanda-p	Skanda-purāṇa
Śrāv-bh	Śrāvaka-bhūmi [K.Shukla 1973] 瑜伽師地論 本地分聲聞地 T1579(I.13·14)
Sukh-vy. I	Sukhāvatī-vyūha(大本) [K.Fujita 2011] 大寶積經 第五無量壽如來會 T310(5) · 無量壽經 T360 · T361 · T362 · T363 · T364
Sukh-vy. II	Sukhāvatī-vyūha(小本) [K.Fujita 2011] 阿彌陀經 T366 · T367
Sūtr	Mahāyāna-sūtrālaṃkāra [S.Lévi 1907] 大乘莊嚴經論 T1604
Suv-pr	Suvarṇa-prabhāsa-sūtra [H.Idzumi · B.Nanjio 1931] 金光明經 T663 · T664 · T665
Suvik-pr	Suvikrāntavikrāmi-paripṛcchā [P.L.Vaidya 1961] 大般若波羅蜜多經 第十六般若波羅蜜多分 T220(16)
SV	Sāma-veda
Tarka-s	Tarka-saṃgraha 論理綱要
TBr	Taittirīya-brāhmaṇa
TC	Tattvacintāmaṇi 眞實如意寶珠
TS	Tattvārthādhigama-sūtra · Tattvārtha-sūtra [S.Sanghavi 1939] 諦義證得經
Udāna-v	Udānavarga [F.Bernhard 1965] 法集要頌經 T211 · 出曜經 T212
Vām-p	Vāmana-purāṇa
Vaiś-s	Vaiśeṣika-sūtra [Jambuvijayaji 1961] 勝論經
Vajr-pr	Vajracchedikā Prajñāpāramitā [E.Conze 1957] 大般若波羅蜜多經 第九能斷金剛分 T220(9) · 金剛般若波羅蜜經 T235 · T236 · T237 · T238 · T239
Vajr-s	Vajra-sūcī 金剛針論 T1642
Var-p	Varāha-purāṇa
Vāyu-p	Vāyu-purāṇa
Vigr	Vigrahavyāvartanī [Y.Yonezawa 2008] 迴諍論 T1631

Vijñ-t	Triṃśikā-vijñapti-kārikā 唯識三十論頌 T1586・T1587
Vijñ-t-bh	Triṃśikā-vijñapti-bhāṣyā [H.Buescher 2007] 唯識三十頌釋
Vijñ-v	Viṃśatikā Vijñaptimātratā-siddhiḥ [S.Lévi 1925] 唯識二十論 T1590
Vikī-n	Vimalakīrtinirdeśa [大正大學綜合佛教研究所・梵語佛典研究會 2004] *梵藏漢對照本 維摩詰經 T474・維摩詰所說經 T475・說無垢稱經 T476
Vin-v	Mūlasarvāstivādavinaya-vastu
Viṣṇu-p	Viṣṇu-purāṇa
Yogā-bh	Yogācārabhūmi [V.Bhattacharya 1957] 瑜伽師地論本地分五識身相應地·意地·有尋有伺等三地 T1579(I.1-5)
YV	Yajur-veda

팔리본 약명

• 저본은 PTS, 한역명은 남전대장경을 따름

Abhidh-av	Abhidhammāvatāra(入阿毘達磨論)
Abhidh-s	Abhidhammattha-saṅgaha(攝阿毘達磨義論)
Abhidh-v	Abhidhammattha-vibhāvanī(攝阿毘達磨義論의 註釋書)
AN	Aṅguttara-nikāya(增支部)
Ap	Apadāna(譬喩經)
As	Atthasālinī(法集論註)
Bv	Buddha-vaṃsa(佛種姓經)
Bv-a	Buddha-vaṃsa-aṭṭhakathā(佛種姓經의 註釋書)
Cp	Cariyā-piṭaka(所行藏經)
Cp-a	Cariyā-piṭaka-aṭṭhakathā(所行藏經의 註釋書)
Cv	Cūḷa-vaṃsa(小史)
Dhātuk	Dhātu-kathā(界論)
Dhātuk-a	Dhātu-kathā-pakaraṇa-aṭṭhakathā(界論의 註釋書)
Dhātum	Dhātu-mañjūsā(語根寶函)
Dhātup	Dhātu-pāṭha(語根頌)
Dhp	Dhammapada(法句經)
Dhp-a	Dhammapada-aṭṭhakathā(法句經의 註釋書)
Dhs	Dhammasaṅganī(法集論)
Dīp	Dīpa-vaṃsa(島史)
DN	Dīgha-nikāya(長部)
Dukap	Duka-paṭṭhāna(二法發趣論, 發趣論의 一部)
Dukap-a	Duka-paṭṭhāna-aṭṭhakathā(二法發趣論의 註釋書)
It	Itivuttaka(如是語經)
It-a	Itivuttaka-aṭṭhakathā, Paramatthadīpanī Ⅱ(如是語經의 註釋書)
Gv	Gandha-vaṃsa(書史)
Jā	Jātaka(本生經)
Khp	Khuddakapāṭha(小誦經)
Khp-a	Khuddakapāṭha-aṭṭhakathā(小誦經의 註釋書)
Kkh	Kaṃkhāvitaraṇī(Pātimokkha의 註釋書)
Kv	Kathā-vatthu(論事)
Kv-a	Kathā-vatthu-pakaraṇa-aṭṭhakathā(論事의 註釋書)
Mhv	Mahā-vaṃsa(大史)
Mil	Milinda-pañha(彌蘭王問經)
MN	Majjhima-nikāya(中部)
Mp	Manoratha-pūraṇī, Aṅguttara-nikāya-aṭṭhakathā(增支部의 註釋書)
MPS	Mahāparinibbānasutta(大般涅槃經)
Nett	Netti-pakaraṇa(導論)
Nett-a	Netti-pakaraṇa-aṭṭhakathā(導論의 註釋書)
Nidd.I	Mahā-niddesa(大義釋)
Nidd.II	Culla-niddesa(小義釋)

Nidd-a	Niddesa-vaṇṇanā, Saddhammapajotikā Ⅰ-Ⅱ(義釋의 註釋書)
Pāt	Pātimokkha(波羅提木叉)
Paṭis	Paṭisambhidā-magga(無碍解道)
Paṭis-a	Paṭisambhidā-magga-atthakathā, Saddhamma-pakāsinī(無碍解道의 註釋書)
Paṭṭh	Paṭṭhāna(發趣論)
Paṭṭh-a	Paṭṭhāna-atthakathā(發趣論의 註釋書)
Peṭ	Peṭakopadesa(藏釋)
Pj.I	Khuddhakapāṭha-aṭṭhakathā, Paramatthajotikā Ⅰ(小誦經의 註釋書)
Pj.II	Suttanipāta-aṭṭhakathā, Paramatthajotikā Ⅱ(經集經의 註釋書)
Pp	Puggala-paññatti(人施設論)
Pp-a	Puggala-paññatti-aṭṭhakathā(人施設論의 註釋書)
Ppk-a	Pañca-pakaraṇa-aṭṭhakathā(Pāli 七論中 Dhātu-kathā, Puggala-paññatti, Kathā-vatthu, Yamaka, Paṭṭhāna 五論의 註釋書)
Ps	Majjhima-nikāya-atthakathā, Papañca-sūdanī(中部의 註釋書)
Pv	Petavatthu(餓鬼事經)
Pv-a	Petavatthu-aṭṭhakathā, Paramatthadīpanī Ⅳ(餓鬼事經의 註釋書)
Sadd	Saddanīti(文法正理)
Sās	Sāsana-vaṃsa(教史)
SN	Saṃyutta-nikāya(相應部)
Sn	Sutta-nipāta(經集)
Sp	Samanta-pāsādikā, Vinaya-piṭaka-aṭṭhakathā(律藏의 註釋書, 善見律毘婆沙)
Spk	Sārattha-pakāsinī, Saṃyutta-nikāya-aṭṭhakathā(相應部의 註釋書)
Sv	Sumaṅgala-vilāsinī, Dīgha-nikāya-aṭṭhakathā(長部의 註釋書)
ṭ	ṭīkā(復註)
Th	Theragāthā(長老偈經)
Th-a	Theragāthā-aṭṭhakathā, Paramatthadīpanī Ⅴ(長老偈經의 註釋書)
Thī	Therīgāthā(長老尼偈經)
Thī-a	Therīgāthā-aṭṭhakathā, Paramatthadīpanī Ⅵ(長老尼偈經의 註釋書)
Tikap	Tika-paṭṭhāna(三法發趣論, 發趣論의 一部)
Tikap-a	Tika-paṭṭhāna-aṭṭhakathā(三法發趣論의 註釋書)
Ud	Udāna(自說經)
Ud-a	Udāna-aṭṭhakathā, Paramatthadīpanī Ⅰ(自說經의 註釋書)
Vibh	Vibhaṅga(分別論)
Vibh-a	Vibhaṅga-aṭṭhakathā, Sammohavinodanī(分別論의 註釋書)
Vin	Vinaya-piṭaka(律藏)
Vism	Visuddhi-magga(淸淨道論)
Vv	Vimāna-vatthu(天宮事經)
Vv-a	Vimāna-vatthu-aṭṭhakathā, Paramatthadīpanī Ⅲ(天宮事經의 註釋書)
Yam	Yamaka(雙論)
Yam-a	Yamaka-pakaraṇa-aṭṭhakathā(雙論의 註釋書)

한문본 약명

고려장	고려대장경(高麗大藏經)
한불전	한국불교전서(韓國佛敎全書)
대정장	대정신수대장경(大正新修大藏經)
卍속장	만속장경(卍續藏經)
가흥장	가흥대장경(嘉興大藏經)
영락장	명판대장경(明板大藏經) 북장본(北藏本)

大正新修大藏經

業報差別經	불위수가장자설업보차별경(佛爲首迦長者說業報差別經) 隋 瞿曇法智譯 1卷 대정장1 T80
得度因緣經	급고장자녀득도인연경(給孤長者女得度因緣經) 宋 施護譯 3卷 대정장2 T130
五百弟子本起經	불오백제자자설본기경(佛五百弟子自說本起經) 西晉 竺法護譯 1卷 대정장4 T199
大般若經	대반야바라밀다경(大般若波羅蜜多經) 唐 玄奘譯 600卷 대정장5~7 T220
大品般若經	마하반야바라밀경(摩訶般若波羅蜜經) 後秦 鳩摩羅什譯 90品 대정장8 T223
小品般若經	소품반야바라밀경(小品般若波羅蜜經) 後秦 鳩摩羅什譯 29品 대정장8 T227
三法藏經	불모출생삼법장반야바라밀다경(佛母出生三法藏般若波羅蜜多經) 宋 施護譯 25卷 대정장8 T228
勝天王般若經	승천왕반야바라밀경(勝天王般若波羅蜜經) 陳 月婆首那譯 7卷 대정장8 T231
文殊般若經	문수사리소설마하반야바라밀경(文殊師利所說摩訶般若波羅蜜經) 梁 曼陀羅仙譯 2卷 대정장8 T232
金剛經	금강반야바라밀경(金剛般若波羅蜜經) 姚秦 鳩摩羅什譯 1卷 대정장8 T235
理趣經	대락금강불공진실삼마야경(大樂金剛不空眞實三麽耶經) 唐 不空譯 1卷 대정장8 T243
金剛不空三昧大敎王經	최상근본대락금강불공삼매대교왕경(最上根本大樂金剛不空三昧大敎王經) 宋 法賢譯 7卷 대정장8 T244
仁王經	인왕반야바라밀경(仁王般若波羅蜜經) 後秦 鳩摩羅什譯 2卷 대정장8 T245
仁王護國經	인왕호국반야바라밀다경(仁王護國般若波羅蜜多經) 唐 不空譯 2卷 대정장8 T246
理趣六波羅蜜多經	대승이취육바라밀다경(大乘理趣六波羅蜜多經) 唐 般若譯 10卷 대정장8 T261
法華經	묘법연화경(妙法蓮華經) 姚秦 鳩摩羅什譯 7卷 대정장9 T262
尼乾子所說經	대살차니건자소설경(大薩遮尼乾子所說經) 元魏 菩提留支譯 10卷 대정장9 T272
六十卷本 華嚴經	대방광불화엄경(大方廣佛華嚴經) 東晉 佛馱跋陀羅譯 60卷 대정장9 T278
八十卷本 華嚴經	대방광불화엄경(大方廣佛華嚴經) 唐 實叉難陀譯 80卷 대정장10 T279
四十卷本 華嚴經	대방광불화엄경(大方廣佛華嚴經) 唐 般若譯 40卷 대정장10 T293
佛華嚴入如來德智經	불화엄입여래덕지부사의경계경(佛華嚴入如來德智不思議境界經) 隋 闍那崛多譯 2卷 대정장10 T303
十住斷結經	최승문보살십주제구단결경(最勝問菩薩十住除垢斷結經) 姚秦 竺佛念譯 10卷 대정장10 T309
如來祕密大乘經	여래부사의비밀대승경(如來不思議祕密大乘經) 宋 法護譯 20卷 대정장11 T312
勝鬘經	승만사자후일승대방편방광경(勝鬘師子吼一乘大方便方廣經) 劉宋 求那跋陀羅譯 1卷 대정장12 T353
過度人道經	아미타삼야삼불살루불단과도인도경(阿彌陀三耶三佛薩樓佛檀過度人道經) 吳 支謙譯 2卷 대정장12 T362
觀無量壽經	관무량수불경(觀無量壽佛經) 劉宋 畺良耶舍譯 1卷 대정장12 T365
四十卷本 大般涅槃經	대반열반경(大般涅槃經) 北涼 曇無讖譯 40卷 대정장12 T374

三十六卷本 大般涅槃經	대반열반경(大般涅槃經) 劉宋 慧嚴等 36卷 대정장12 T375
菩薩處胎經	보살종도술천강신모태설광보경(菩薩從兜術天降神母胎說廣普經) 姚秦 竺佛念譯 7卷 대정장12 T384
海意菩薩所問經	해의보살소문정인법문경(海意菩薩所問淨印法門經) 宋 惟淨等譯 18卷 대정장13 T400
藥師如來本願經	약사유리광여래본원공덕경(藥師琉璃光如來本願功德經) 唐 玄奘譯 1卷 대정장14 T450
藥師七佛本願功德經	약사유리광칠불본원공덕경(藥師琉璃光七佛本願功德經) 唐 義淨譯 2권 대정장14 T451
彌勒上生經	관미륵보살상생도솔천경(觀彌勒菩薩上生兜率天經) 劉宋 沮渠京聲譯 1卷 대정장14 T452
文殊問字母品	문수문경자모품제십사(文殊問經字母品第十四) 唐 不空譯 1卷 대정장14 T469
維摩經	유마힐소설경(維摩詰所說經) 姚秦 鳩摩羅什譯 3卷 대정장14 T475
如來藏經	대방등여래장경(大方等如來藏經) 東晉 佛陀跋陀羅譯 1卷 대정장16 T666
楞伽經	능가아발다라보경(楞伽阿跋多羅寶經) 劉宋 求那跋陀羅譯 4卷 대정장16 T670
圓覺經	대방광원각수다라요의경(大方廣圓覺修多羅了義經) 唐 佛陀多羅譯 1卷 대정장17 T842
菩薩行門諸經要集	대승수행보살행문제경요집(大乘修行菩薩行門諸經要集) 唐 智嚴譯 3卷 대정장17 T847
大日經	대비로자나성불신변가지경(大毘盧遮那成佛神變加持經) 唐 善無畏譯 7卷 대정장18 T848
要略念誦經	대비로자나불설요략염송경(大毘盧遮那佛說要略念誦經) 唐 菩提金剛譯 1卷 대정장18 T849
攝大軌	섭대비로자나성불신변가지경입연화태장해회비생만다라광대염송의궤공양방편회(攝大毘盧遮那成佛神變加持經入蓮華胎藏海會悲生曼荼攞廣大念誦儀軌供養方便會) 唐 輸婆迦羅譯 3卷 대정장18 T850
廣大儀軌	대비로자나경광대의궤(大毘盧遮那經廣大儀軌) 唐 善無畏譯 3卷 대정장18 T851
玄法寺儀軌	대비로자나성불신변가지경연화태장비생만다라광대성취의궤공양방편회(大毘盧遮那成佛神變加持經蓮華胎藏悲生曼荼羅廣大成就儀軌供養方便會) 唐 法全撰 2卷 대정장18 T852
靑龍寺儀軌	대비로자나성불신변가지경연화태장보리당표치보통진언장광대성취유가(大毘盧遮那成佛神變加持經蓮華胎藏菩提幢標幟普通眞言藏廣大成就瑜伽) 唐 法全集 3卷 대정장18 T853
阿闍梨住阿字觀門	대비로자나경아사리진실지품중아사리주아자관문(大毘盧遮那經阿闍梨眞實智品中阿闍梨住阿字觀門) 唐 惟謹述 1卷 대정장18 T863
金剛頂經	금강정일체여래진실섭대승현증대교왕경(金剛頂一切如來眞實攝大乘現證大敎王經) 唐 不空譯 3卷 대정장18 T865·2卷 T874
金剛頂略出念誦經	금강정유가중약출염송경(金剛頂瑜伽中略出念誦經) 唐 金剛智譯 4卷 대정장18 T866
金剛峰瑜祇經	금강봉누각일체유가유기경(金剛峰樓閣一切瑜伽瑜祇經) 唐 金剛智譯 2卷 대정장18 T867
分別聖位經	약술금강정유가분별성위수증법문(略述金剛頂瑜伽分別聖位修證法門) 唐 不空譯 1卷 대정장18 T870
三十七尊心要	금강정유가약술삼십칠존심요(金剛頂瑜伽略述三十七尊心要) 唐 不空譯 1卷 대정장18 T871
三十七尊出生義	금강정유가삼십칠존출생의(金剛頂瑜伽三十七尊出生義) 唐 不空譯 1卷 대정장18 T872
蓮華部儀軌	금강정연화부심념송의궤(金剛頂蓮華部心念誦儀軌) 唐 不空譯 1卷 대정장18 T873
金剛頂經釋字母品	유가금강정경석자모품(瑜伽金剛頂經釋字母品) 唐 不空譯 1卷 대정장18 T880
眞實攝經	일체여래진실섭대승현증삼매대교왕경(一切如來眞實攝大乘現證三昧大敎王經) 宋 施護等譯 30卷 대정장18 T882
金剛三業經	일체여래금강삼업최상비밀대교왕경(一切如來金剛三業最上祕密大敎王經) 宋 施護譯 7卷 대정장18 T885
大祕密王曼拏羅經	일체여래대비밀왕미증유최상미묘대만나라경(一切如來大祕密王未曾有最上微妙大曼拏羅經) 宋

天息災譯 5卷 대정장18 T889

大明觀想儀軌經　환화망대유가교십분노명왕대명관상의궤경(幻化網大瑜伽教十忿怒明王大明觀想儀軌經) 宋 法賢譯 1卷 대정장18 T891

大悲空智經　대비공지금강대교왕의궤경(大悲空智金剛大教王儀軌經) 宋 法護譯 5卷 대정장18 T892

破地獄祕密陀羅尼法　삼종실지파지옥전업장출삼계비밀다라니법(三種悉地破地獄轉業障出三界祕密陀羅尼法) 唐 善無畏譯 1卷 대정장18 T905

三種悉地眞言儀軌　불정존승심파지옥전업장출삼계비밀삼신불과삼종실지진언의궤(佛頂尊勝心破地獄轉業障出三界祕密三身佛果三種悉地眞言儀軌) 唐 善無畏譯 1卷 대정장18 T906

佛頂三界祕密陀羅尼　불정존승심파지옥전업장출삼계비밀다라니(佛頂尊勝心破地獄轉業障出三界祕密陀羅尼) 唐 善無畏譯 1卷 대정장18 T907

建立壇法　건립만다라급간택지법(建立曼荼羅及揀擇地法) 唐 慧琳集 1卷 대정장18 T911

藥師念誦儀軌供養法　약사유리광왕칠불본원공덕경염송의궤공양법(藥師琉璃光王七佛本願功德經念誦儀軌供養法) 元 沙囉巴譯 1卷 대정장19 T926

無量壽儀軌　무량수여래관행공양의궤(無量壽如來觀行供養儀軌) 唐 不空譯 1卷 대정장19 T930

觀想曼拏羅淨諸惡趣經　불설대승관상만나라정제악취경(佛說大乘觀想曼拏羅淨諸惡趣經) 宋 法賢譯 2卷 대정장19 T939

楞嚴經　대불정여래밀인수증요의제보살만행수능엄경(大佛頂如來密因修證了義諸菩薩萬行首楞嚴經) 唐 般剌蜜帝譯 10卷 대정장19 T945

一字頂輪王經　보리장소설일자정륜왕경(菩提場所說一字頂輪王經) 唐 不空譯 5卷 대정장19 T950

一字心呪經　대다라니말법중일자심주경(大陀羅尼末法中一字心呪經) 唐 寶思惟譯 1卷 대정장19 T956

金輪呪王經　여의보주전륜비밀현신성불금륜주왕경(如意寶珠轉輪祕密現身成佛金輪呪王經) 唐 不空譯 1卷 대정장19 T961

瑜伽法軌儀　존승불정수유가법궤의(尊勝佛頂脩瑜伽法軌儀) 唐 善無畏譯 2卷 대정장19 T973

佛眼修行儀軌　대비로자나불안수행의궤(大毘盧遮那佛眼修行儀軌) 唐 一行記 1卷 대정장19 T981

仁王護國般若儀軌　인왕호국반야바라밀다경다라니염송의궤(仁王護國般若波羅蜜多經陀羅尼念誦儀軌) 唐 不空譯 1卷 대정장19 T994

法華儀軌　성취묘법연화경왕유가관지의궤(成就妙法蓮華經王瑜伽觀智儀軌) 唐 不空譯 1卷 대정장19 T1000

般若理趣釋　대락금강불공진실삼매야경반야바라밀다이취석(大樂金剛不空眞實三昧耶經般若波羅蜜多理趣釋) 唐 不空譯 2卷 대정장19 T1003

大寶樓閣陀羅尼經　대보광박누각선주비밀다라니경(大寶廣博樓閣善住祕密陀羅尼經) 唐 不空譯 3卷 대정장19 T1005

寶篋印陀羅尼經　일체여래심비밀전신사리보협인다라니경(一切如來心祕密全身舍利寶篋印陀羅尼經) 唐 不空譯 1卷 대정장19 T1022A

阿嚕力經　아리다라다라니아로력경(阿唎多羅陀羅尼阿嚕力經) 唐 不空譯 1卷 대정장20 T1039

請觀世音經　청관세음보살소복독해다라니주경(請觀世音菩薩消伏毒害陀羅尼呪經) 東晉 難提譯 1卷 대정장20 T1043

千手千眼儀軌經　금강정유가천수천안관자재보살수행의궤경(金剛頂瑜伽千手千眼觀自在菩薩修行儀軌經) 唐 不空譯 2卷 대정장20 T1056

千手經　천수천안관세음보살광대원만무애대비심다라니경(千手千眼觀世音菩薩廣大圓滿無礙大悲心陀羅尼經) 唐 伽梵達摩譯 1卷 대정장20 T1060

千光眼經　천광안관자재보살비밀법경(千光眼觀自在菩薩祕密法經) 唐 三昧蘇嚩羅譯 1卷 대정장20 T1065

㬋㰤曼荼羅儀軌　섭무애대비심대다라니경계일법중출무량의남방만원보타락해회오부제존등홍서력방위급위의형색집지삼마야표치만다라의궤(攝無礙大悲心大陀羅尼經計一法中出無量義南方滿願補陀落海會五部諸尊等弘誓力方位及威儀形色執持三摩耶㬋㰤曼荼羅儀軌) 唐 不空譯 1卷 대정장20 T1067

千手觀音法儀軌　천수관음조차제법의궤(千手觀音造次第法儀軌) 唐 善無畏譯 1卷 대정장20 T1068

十一面儀軌　십일면관자재보살심밀언염송의궤경(十一面觀自在菩薩心密言念誦儀軌經) 唐 不空譯 3卷 대정장20 T1069

大樂軌　대락금강살타수행성취의궤(大樂金剛薩埵修行成就儀軌) 唐 不空譯 1卷 대정장20 T1119

五祕密儀軌　금강정유가금강살타오비밀수행염송의궤(金剛頂瑜伽金剛薩埵五祕密修行念誦儀軌) 唐 不空譯 1卷 대정장20 T1125

慈氏菩薩念誦法　자씨보살약수유가염송법(慈氏菩薩略修瑜伽念誦法) 唐 善無畏譯 2卷 대정장20 T1141

金剛頂經供養儀軌　금강정경유가문수사리보살공양의궤(金剛頂經瑜伽文殊師利菩薩供養儀軌) 唐 不空譯 1卷 대정장20 T1175

文殊大敎王經　대승유가금강성해만수실리천비천발대교왕경(大乘瑜伽金剛性海曼殊實利千臂千鉢大敎王經) 唐 不空譯 10卷 대정장20 T1177A

文殊師利根本儀軌經　대방광보살장문수사리근본의궤경(大方廣菩薩藏文殊師利根本儀軌經) 宋 天息災譯 20卷 대정장20 T1191

妙吉祥大敎經　묘길상평등비밀최상관문대교왕경(妙吉祥平等祕密最上觀門大敎王經) 宋 慈賢譯 5卷 대정장20 T1192

略出護摩儀　묘길상평등관문대교왕경약출호마의(妙吉祥平等觀門大敎王經略出護摩儀) 宋 慈賢譯 1卷 대정장20 T1194

底哩念誦祕密法　저리삼매야부동존성자염송비밀법(底哩三昧耶不動尊聖者念誦祕密法) 唐 不空譯 3卷 대정장21 T1201

八大童子軌　성무동존일자출생팔대동자비요법품(聖無動尊一字出生八大童子祕要法品) 大興善寺翻經院述 1卷 대정장21 T1204

西方軍吒利法　서방다라니장중금강족아밀리다군다리법(西方陀羅尼藏中金剛族阿蜜哩多軍吒利法) 唐 義操譯 1卷 대정장21 T1212

聖迦柅忿怒儀軌經　성가니분노금강동자보살성취의궤경(聖迦柅忿怒金剛童子菩薩成就儀軌經) 唐 不空譯 3卷 대정장21 T1222

烏樞瑟摩明王經　대위력오추슬마명왕경(大威力烏樞瑟摩明王經) 唐 阿質達霰譯 3卷 대정장21 T1227

宿曜經　문수사리보살급제선소설길흉시일선악수요경(文殊師利菩薩及諸仙所說吉凶時日善惡宿曜經) 唐 不空譯 2卷 대정장21 T1299

七佛所說神呪經　칠불팔보살소설대다라니신주경(七佛八菩薩所說大陀羅尼神呪經) 失譯 4卷 대정장21 T1332

五分律　미사새부화혜오분율(彌沙塞部和醯五分律) 劉宋 佛陀什共竺道生等譯 30卷 대정장22 T1421

薩婆多毘尼　살바다부비니마득륵가(薩婆多部毘尼摩得勒伽) 劉宋 僧伽跋摩譯 10卷 대정장23 T1441

有部律　근본설일체유부비나야(根本說一切有部毘奈耶) 唐 義淨譯 50卷 대정장23 T1442

有部苾芻尼毘奈耶　근본설일체유부필추니비나야(根本說一切有部苾芻尼毘奈耶) 唐 義淨譯 20卷 대정장23 T1443

有部律出家事　근본설일체유부비나야출가사(根本說一切有部毘奈耶出家事) 唐 義淨譯 4卷 대정장23 T1444

有部律藥事　근본설일체유부비나야약사(根本說一切有部毘奈耶藥事) 唐 義淨譯 18卷 대정장24 T1448

有部律破僧事　근본설일체유부비나야파승사(根本說一切有部毘奈耶破僧事) 唐 義淨譯 20卷 대정장24 T1450

有部律雜事　근본설일체유부비나야잡사(根本說一切有部毘奈耶雜事) 唐 義淨譯 40卷 대정장24 T1451

尼陀那目得迦	근본설일체유부니다나목득가(根本說一切有部尼陀那目得迦) 唐 義淨譯 10卷 대정장24 T1452
有部百一羯磨	근본설일체유부백일갈마(根本說一切有部百一羯磨) 唐 義淨譯 10卷 대정장24 T1453
有部律頌	근본설일체유부비나야송(根本說一切有部毘奈耶頌) 唐 義淨譯 3卷 대정장24 T1459
瓔珞本業經	보살영락본업경(菩薩瓔珞本業經) 姚秦 竺佛念譯 2卷 대정장24 T1485
伽耶山頂經論	문수사리보살문보리경론(文殊師利菩薩問菩提經論) 元魏 菩提流支譯 2卷 대정장26 T1531
集異門足論	아비달마집이문족론(阿毘達磨集異門足論) 唐 玄奘譯 20卷 대정장26 T1536
法蘊足論	아비달마법온족론(阿毘達磨法蘊足論) 唐 玄奘譯 12卷 대정장26 T1537
識身足論	아비달마식신족론(阿毘達磨識身足論) 唐 玄奘譯 16卷 대정장26 T1539
界身足論	아비달마계신족론(阿毘達磨界身足論) 唐 玄奘譯 3卷 대정장26 T1540
品類足論	아비달마품류족론(阿毘達磨品類足論) 唐 玄奘譯 18卷 대정장26 T1542
發智論	아비달마발지론(阿毘達磨發智論) 唐 玄奘譯 20卷 대정장26 T1544
大毘婆沙論	아비달마대비바사론(阿毘達磨大毘婆沙論) 唐 玄奘譯 200卷 대정장27 T1545
婆須蜜所集論	존바수밀보살소집론(尊婆須蜜菩薩所集論) 符秦 僧伽跋澄等譯 10卷 대정장28 T1549
俱舍論	아비달마구사론(阿毘達磨俱舍論) 唐 玄奘譯 30卷 대정장29 T1558
俱舍釋論	아비달마구사석론(阿毘達磨俱舍釋論) 陳 眞諦譯 22卷 대정장29 T1559
順正理論	아비달마순정리론(阿毘達磨順正理論) 唐 玄奘譯 80卷 대정장29 T1562
顯宗論	아비달마장현종론(阿毘達磨藏顯宗論) 唐 玄奘譯 40卷 대정장29 T1563
寶性論	구경일승보성론(究竟一乘寶性論) 後魏 勒那摩提譯 4卷 대정장31 T1611
外道小乘涅槃論	제바보살석능가경중외도소승열반론(提婆菩薩釋楞伽經中外道小乘涅槃論) 後魏 菩提流支譯 1卷 대정장32 T1640
發菩提心論	금강정유가중발아누다라삼막삼보리심론(金剛頂瑜伽中發阿耨多羅三藐三菩提心論) 唐 不空譯 1卷 대정장32 T1665
百五十讚佛頌	일백오십찬불송(一百五十讚佛頌) 唐 義淨譯 1卷 대정장32 T1680
般若理趣分述讚	대반야바라밀다경반야이취분술찬(大般若波羅蜜多經般若理趣分述讚) 唐 窺基撰 3卷 대정장33 T1695
般若心經幽贊	반야바라밀다심경유찬(般若波羅蜜多心經幽贊) 唐 窺基撰 2卷 대정장33 T1710
法華玄義	묘법연화경현의(妙法蓮華經玄義) 隋 智顗說 20卷 대정장33 T1716
法華文句	묘법연화경문구(妙法蓮華經文句) 隋 智顗說 20卷 대정장34 T1718
法華玄贊	묘법연화경현찬(妙法蓮華經玄贊) 唐 窺基撰 20卷 대정장34 T1723
華嚴經搜玄記	대방광불화엄경수현분제통지방궤(大方廣佛華嚴經搜玄分齊通智方軌) 唐 智儼述 5卷 대정장35 T1732
華嚴經疏	대방광불화엄경소(大方廣佛華嚴經疏) 唐 澄觀撰 60卷 대정장35 T1735
華嚴經疏鈔	대방광불화엄경수소연의초(大方廣佛華嚴經隨疏演義鈔) 唐 澄觀述 90卷 대정장36 T1736
七處九會頌釋章	신역화엄경칠처구회송석장(新譯華嚴經七處九會頌釋章) 唐 澄觀述 1卷 대정장36 T1738
華嚴經決疑論	약석신화엄경수행차제결의론(略釋新華嚴經修行次第決疑論) 唐 李通玄撰 4卷 대정장36 T1741
華嚴經骨目	대방광불화엄경원행관문골목(大方廣佛華嚴經願行觀門骨目) 唐 湛然撰 2卷 대정장36 T1742
無量壽經疏妙宗鈔	관무량수불경소묘종초(觀無量壽佛經疏妙宗鈔) 宋 知禮述 6卷 대정장37 T1751
楞伽經註解	능가아발다라보경주해(楞伽阿跋多羅寶經註解) 明 宗泐・如玘 同註 8卷 대정장39 T1789
圓覺經略疏	대방광원각수다라요의경약소(大方廣圓覺修多羅了義經略疏) 唐 宗密述 4卷 대정장39 T1795
大日經疏	대비로자나성불경소(大毘盧遮那成佛經疏) 唐 一行記 20卷 대정장39 T1796

大日經供養次第法疏	대비로자나경공양차제법소(大毘盧遮那經供養次第法疏) 唐 不可思議撰 2卷 대정장39 T1797
金剛頂經義訣	금강정경대유가비밀심지법문의결(金剛頂經大瑜伽祕密心地法門義訣) 唐 不空撰 1卷 대정장39 T1798
教跡義記	불정존승다라니경교적의기(佛頂尊勝陀羅尼經教跡義記) 唐 法崇述 2卷 대정장39 T1803
四分律行事鈔	사분율산번보궐행사초(四分律刪繁補闕行事鈔) 唐 道宣撰 12卷 대정장40 T1804
往生論註	무량수경우파제사원생게주(無量壽經優婆提舍願生偈註) 北魏 曇鸞註解 2卷 대정장40 T1819
華嚴五教章	화엄일승교의분제장(華嚴一乘教義分齊章) 唐 法藏述 4卷 대정장45 T1866
華嚴孔目章	화엄경내장문등잡공목장(華嚴經內章門等雜孔目章) 唐 智儼集 4卷 대정장45 T1870
華嚴三寶章	화엄경명법품내입삼보장(華嚴經明法品內立三寶章) 唐 法藏述 2卷 대정장45 T1874
註華嚴法界觀門頌	주화엄경제법계관문송(註華嚴經題法界觀門頌) 宋 本嵩述・琮湛註 2卷 대정장45 T1885
教誡律儀	교계신학비구행호율의(教誡新學比丘行護律儀) 唐 道宣述 1卷 대정장45 T1897
南嶽思大立誓願文	남악사대선사입서원문(南嶽思大禪師立誓願文) 陳 慧思撰 1卷 대정장46 T1933
觀念法門	관념아미타불상해삼매공덕법문(觀念阿彌陀佛相海三昧功德法門) 唐 善導集記 1卷 대정장47 T1959
蓮宗寶鑑	여산연종보감(廬山蓮宗寶鑑) 元 普度編 10卷 대정장47 T1973
淨土法事讚	전경행도원왕생정토법사찬(轉經行道願往生淨土法事讚) 唐 善導集記 2卷 대정장47 T1979
般舟三昧行道往生讚	의관경등명반주삼매행도왕생찬(依觀經等明般舟三昧行道往生讚) 唐 善導撰 1卷 대정장47 T1981
臨濟錄	진주임제혜조선사어록(鎭州臨濟慧照禪師語錄) 唐 慧然集 1卷 대정장47 T1985
汾陽語錄	분양무덕선사어록(汾陽無德禪師語錄) 宋 楚圓集 3卷 대정장47 T1992・卍속장120, p.84
雪竇語錄	명각선사어록(明覺禪師語錄) 宋 惟蓋竺編 6卷 대정장47 T1996
大慧語錄	대혜보각선사어록(大慧普覺禪師語錄) 宋 蘊聞編 30卷 대정장47 T1998A
書狀	대혜보각선사서(大慧普覺禪師書) 宋 大慧普覺禪師語錄內有 대정장47 T1998A
宗門武庫	대혜보각선사종문무고(大慧普覺禪師宗門武庫) 宋 道謙編 1卷 대정장47 T1998B
虛堂錄	허당화상어록(虛堂和尙語錄) 元 妙源編 10卷 대정장47 T2000
宏智廣錄	굉지선사광록(宏智禪師廣錄) 宋 集成等編 9卷 대정장48 T2001
碧巖錄	불과원오선사벽암록(佛果圜悟禪師碧巖錄) 宋 重顯頌古・克勤評唱 10卷 대정장48 T2003
從容錄	만송노인평창천동각화상송고종용암록(萬松老人評唱天童覺和尙頌古從容庵錄) 宋 正覺頌古・元 行秀評唱 6卷 대정장48 T2004
宗寶本 壇經	육조대사법보단경(六祖大師法寶壇經) 元 宗寶編 1卷 대정장48 T2008
傳心法要	황벽산단제선사전심법요(黃檗山斷際禪師傳心法要) 唐 裴休集 1卷 대정장48 T2012A
宛陵錄	황벽단제선사완릉록(黃檗斷際禪師宛陵錄) 唐 裴休集 1卷 대정장48 T2012B
證都序	선원제전집도서(禪源諸詮集都序) 唐 宗密述 4卷 대정장48 T2015
唯心訣	영명지각선사유심결(永明智覺禪師唯心訣) 宋 延壽撰 1卷 대정장48 T2018
修心訣	고려국보조선사수심결(高麗國普照禪師修心訣：牧牛子修心訣) 高麗 知訥撰 1卷 대정장8 T2020・한불전4, p.708
百丈清規	칙수백장청규(勅修百丈清規) 元 德煇重編 10卷 대정장48 T2025
法住記	대아라한난제밀다라소설법주기(大阿羅漢難提蜜多羅所說法住記) 唐 玄奘譯 1卷 대정장49 T2030

慈恩傳	대당대자은사삼장법사전(大唐大慈恩寺三藏法師傳) 唐 慧立本·彦悰箋 10卷 대정장50 T2053
法藏和尙傳	당대천복사고사주번경대덕법장화상전(唐大薦福寺故寺主翻經大德法藏和尙傳) 新羅 崔致遠撰 1卷 대정장50 T2054
法顯傳	고승법현전(高僧法顯傳) 東晉 法顯記 1卷 대정장51 T2085
僧史略	대송승사략(大宋僧史略) 宋 贊寧撰 3卷 대정장54 T2126
十句義論	승종십구의론(勝宗十句義論) 慧月造 唐 玄奘譯 1卷 대정장54 T2138
續開元釋敎錄	대당정원속개원석교록(大唐貞元續開元釋敎錄) 唐 圓照集 3卷 대정장55 T2156
眞言密敎部類總錄	제아사리진언밀교부류총록(諸阿闍梨眞言密敎部類總錄) 日本 安然集 2卷 대정장55 T2176
瑜祇經修行法	금강봉누각일체유가유기경수행법(金剛峰樓閣一切瑜伽瑜祇經修行法) 日本 安然述 3卷 대정장61 T2228

卍續藏經

妙法蓮華三摩耶經	묘법연화삼매비밀삼마야경(妙法蓮華三昧祕密三摩耶經) 唐 不空譯 1卷 卍속장3, p.817
勢至圓通章疏鈔	능엄경세지원통장소초(楞嚴經勢至圓通章疏鈔) 淸 續法集 2卷 卍속장24, p.890
準提陀羅尼經會釋	칠구지불모소설준제다라니경회석(七俱胝佛母所說準提陀羅尼經會釋) 淸 弘贊會釋 3卷 卍속장37, p.429
四分戒本疏行宗記	사분율함주계본소행종기(四分律含注戒本疏行宗記) 唐 道宣撰·宋 元照述 21卷 卍속장62 p.309
金剛經科儀會要註解	소석금강경과의회요주해(銷釋金剛經科儀會要註解) 宋 宗鏡述·明 覺連重集 9卷 卍속장92, p.235
華嚴五敎章復古記	화엄일승교의분제장복고기(華嚴一乘敎義分齊章復古記) 宋 師會述·善熹述 6卷 卍속장103, p.393
施食壇儀	수설유가집요시식단의주(修設瑜伽集要施食壇儀註) 明 袾宏補註 1卷 卍속장104, p.830
頌古聯珠通集	선종송고연주통집(禪宗頌古聯珠通集) 南宋 法應集·元 普會續集 40卷 卍속장115, p.1
直註雪竇頌古	경절노인천기직주설두현화상송고(勁絶老人天奇直註雪竇顯和尙頌古) 明 本瑞直註·道霖性福集編 2卷 卍속장117, p.506
睦州語錄	목주화상어록(睦州和尙語錄) 古尊宿語錄6, 卍속장118, p.223
首山語錄	여주수산념화상어록(汝州首山念和尙語錄) 古尊宿語錄8, 卍속장118, p.242
鳳巖集	석문산자조선사봉암집(石門山慈照禪師鳳巖集) 古尊宿語錄9, 卍속장118, p.257
趙州語錄	조주진제선사어록병행장(趙州眞際禪師語錄幷行狀) 古尊宿語錄13~14, 卍속장118, p.304
雲門廣錄	운문광진선사광록(雲門匡眞禪師廣錄) 古尊宿語錄15, 卍속장118, p.352
五祖法演語錄	서주백운산해회연화상어록(舒州白雲山海會演和尙語錄) 古尊宿語錄20, 卍속장118, p.411
大愚語錄	균주대우지화상어록(筠州大愚芝和尙語錄) 古尊宿語錄25, 卍속장118, p.478
佛眼語錄	서주용문불안화상어록(舒州龍門佛眼和尙語錄) 古尊宿語錄33~34, 卍속장118, p.580
投子語錄	투자화상어록(投子和尙語錄) 古尊宿語錄36, 卍속장118, p.620
雲峰語錄	운봉열선사초주취암어록(雲峰悅禪師初住翠巖語錄) 古尊宿語錄40~41, 卍속장118, p.671
東林雲門頌古	동림화상운문암주송고(東林和尙雲門庵主頌古) 古尊宿語錄47, 卍속장118, p.795
佛照奏對錄	불조선사주대록(佛照禪師奏對錄) 古尊宿語錄48, 卍속장118, p.822

楊岐語錄	양기회선사어(楊岐會禪師語) 續古尊宿語要3, 卍속장118, p.939
禪要	고봉원묘선사선요(高峰原妙禪師禪要) 元 持正錄 1卷 卍속장122, p.703
餐香錄	위림도패선사찬향록(爲霖道霈禪師餐香錄) 太泉錄 2卷 卍속장125, p.816
憨山集	감산노인몽유집(憨山老人夢遊集) 明 福善日錄 55卷 卍속장127, p.205
法輪寶懺	법계성범수륙대재법륜보참(法界聖凡水陸大齋法輪寶懺) 淸 咫觀記 10卷 卍속장129, p.691
地藏十王經	불설지장보살발심인연시왕경(佛說地藏菩薩發心因緣十王經) 唐 藏川述 1卷 卍속장150, p.769

韓國佛敎全書

均如傳	대화엄수좌원통양중대사균여전(大華嚴首座圓通兩重大師均如傳) 高麗 赫連挺撰 1卷 한불전4, p.511
定慧結社文	권수정혜결사문(勸修定慧結社文) 高麗 知訥著 1卷 한불전4, p.698
法集別行錄節要	법집별행록절요병입사기(法集別行錄節要幷入私記) 高麗 知訥著 1卷 한불전4, p.740
證道歌頌事實	남명천화상송증도가사실(南明泉和尙頌證道歌事實) 瑞龍禪老 連公 3卷 한불전6, p.102
金剛經五家解說誼	금강반야바라밀경오가해설의(金剛般若波羅蜜經五家解說誼) 朝鮮 己和說誼 2卷 한불전7, p.10
刪補集	천지명양수륙재의범음산보집(天地冥陽水陸齋儀梵音刪補集) 朝鮮 釋智還集 3卷 한불전11, p.458

기타총서 약명

SBB	Sacred Books of the Buddhist
SBE	Sacred Books of the East
PTS	Pali Text Society
BST	Buddhist Sanskrit Text
北京版	北京版 西藏大藏經

위의로무기 威儀路無記 행위로 이끄는 행로는 선(善)도 불선(不善)도 아니라는 뜻. 『대비바사론』 권37(대정장27, p.192b16)에 "무부무기란 위의로 등을 말한다. … 위의로란 저 꿈속에서 스스로 간다고 여기는 등이다. 無覆無記者 謂威儀路 … 威儀路者 如睡夢中 自謂行等"라고 하였다. [참고문헌] 『大毘婆沙論』. ⇨ 위의 威儀

위의로식 威儀路識 행주좌와(行住坐臥) 등 모든 행위로 이끄는 식. 『대비바사론』 권87(대정장27, p.450c17)에 "[문] 위의로식은 어떤 법을 연하는가? [답] 욕계라면 욕계의 오부법만을 반연하고, 색계라면 욕계와 색계의 오부법을 반연한다. 問 威儀路識 能緣何法 答 欲界者 唯緣欲界五部法 色界者 唯緣欲色界五部法"라고 하였다. [참고문헌] 『大毘婆沙論』, 『俱舍論記』 권20(대정장41, p.315a23). ⇨ 위의 威儀, 기위의로 起威儀路

위의로심 威儀路心 행위를 가능하게 하는 마음. 『구사론기』 권7(대정장41, p.142c21)에 "무릇 모든 위의로심을 밝히면 대략 세 가지다. 첫째는 위의를 일으켜 움직이게 하는 마음이니 오직 의식이고, 둘째는 행위를 반연하는 마음이니 안·비·설·신 등 네 가지 식과 의식에 통하며, 셋째는 위의로인 듯한 마음이니 육식에 통한다. 泛明諸威儀路心 略有三種 一 起威儀路心 唯是意識 二 緣威儀路心 通四識 及意識 三 似威儀路心 卽通六識", 『구사론송소론본』 권7(대정장41, p.861c7)에 "위의로심이란 무엇인가? 행주좌와를 '위의로'라고 한다. 이것은 색향미촉 씀을 체로 삼아 움직여 위의로심이 반연하게 하니 그 이름하여 길이라 하였다. 위의가 바로 길이어서 위의로라 하고, 위의로를 반연하는 마음을 위의로심이라 한다. 威儀路心者 行住坐臥 名爲威儀路 此用色香味觸爲體 此之威儀心所緣故 名之爲路 威儀卽路 名威儀路 緣威儀路心 名威儀路心"라고 하였다. [참고문헌] 『俱舍論記』, 『俱舍論頌疏論本』. ⇨ 위의무기 威儀無記

위의무기 威儀無記 네 가지 무부무기(無覆無記) 중 하나. 행주좌와(行住坐臥)는 선(善)도 아니고 불선(不善)도 아닌 무기라는 뜻. 『성유식론집기』 권7(卍속장81, p.501b11)에 "무기법에는 네 가지가 있다. … 둘째는 위의무기로 행과 주 등을 말한다. 蓋無記法有四種 … 二 威儀無記 卽行住等"라고 하였다. [참고문헌] 『成唯識論集解』, 『俱舍論記』 권2(대정장41, p.44c11). ⇨ 무부무기 無覆無記, 삼무기 三無記, 사무기 四無記❶, 무기 無記❶, 위의 威儀, 위의로무기 威儀路無記

위의문 威儀門 위엄을 드러내는 행위들을 여는 문. 율장(律藏)의 계율문(戒律門)과 더불어 이문(二門)이라 한다. 『사미율의비니일용합참』 권2(卍속장106, p.550b1)에 "위의문은 상편 계율문 문을 바르게 드러내는 것이다. 위(威)란, 위로써 덕이 드러남이니 필부필부의 거친 행동이나 위세 부리는 것은 아니다. 의(儀)란, 의로써 행을 보이는 것이니 움츠리거나 숨으며 어깨를 움츠리고 억지로 웃는 등의 모습은 아니다. 문(門)이란 율장 중 사미십계와 위의 1권에 실은 마흔네 가지 일의 문이고, 지금의 운서주굉(雲棲袾宏)이 나열한 24조다. 위의 삼십뿐만 아니라 예의 팔백을 집약하여 말한다면 오직 일심을 행함이다. 威儀門者 正顯上篇戒律門之文也 威者 威以德見 非匹夫匹婦鹵莽之威及作威做勢之威也 儀者 儀以行見 非消沮閉藏之儀及脇肩諂笑之儀也 門者 自藏中沙彌十戒 幷威儀一卷內 載四十二事之門 今雲棲列二十四條 不啻威儀三十 禮儀八百 約而言之 惟一心行"라고 하였다. 『사미율의요략』의 위의문에는 24과 284조가 수록되었으니 다음과 같다. 대사문 공경법에 5조, 스님 시봉하는 법에 17조, 스님을 따라 출행(出行)하는 법에 7조, 대중에 처하는 법에 32조, 대중과 함께 공양하는 법에 25조, 예배하는 법에 10조, 법문을 듣는 법에 7조, 경전 배우는 법에 19조, 사원에 들어가는 법에 7조, 선당에 들어가 대중이 되는 법에 17조, 소임(所任)하는 법에 13조, 목욕법에 9조, 뒷간 가는 법 16조, 잠자는 법에 7조, 불쪼이는 법에 4조, 방에서 거처하는 법에 6조, 비구니절에 드나드는 법에 10조, 마을집에 드나드는 법에 20조, 걸식하는 법에 9조, 마을에 들어가는 법에 17조, 물건 다루는 법에 5조, 모든 일에 있어 함부로 하지 않는 법에 11조, 제방선지식을 참방하는 법에 3조, 가사와 발우에 대한 법 8조가 있다. [참고문헌] 『沙彌律儀毘尼日用合參』, 『沙彌律儀要略』, 『七衆受戒儀軌』(『韓國佛敎儀禮資料叢書』 권3, p.686b9), 李智冠 『韓國佛敎所依經典硏究』 pp.485~486. ⇨ 계율문 戒律門, 계율 戒律, 율장 律藏, 사미율의요략 沙彌律儀要略

위의사 威儀師 행주좌와 등 행의(行儀)를 지도하는 스승. 수계갈마의 경우 삼사칠증(三師七證) 중 한 명이다. 교수사(敎授師 : 敎授阿闍梨)·위의승(威儀僧)·위의법사(威儀法師)라고도 한다. 위의사를 따라 돕는 스님을 종의사(從儀師)라고 한다. 『유가론기』 권14(대정장42, p.620b12·한불전14, p.78c13)에 "갈마사와 화상을 제외한 그 밖의 모든 스님들을 주계만승이라고 한다. 즉 위의사와 칠증을 일컫는다. 除羯磨師 及和上 已外諸師僧 名住戒滿僧 謂威儀師及七證也"라고 하였다. [참고문헌] 『瑜伽論記』. ⇨ 교수아사리 敎授阿闍梨, 삼사칠증 三師七證, 종의사 從儀師

위의상서 威儀庠序 Ⓢ praśānta-īryā-patha, prāsādikena airyā-pathena saṃpannaḥ. 위의에 절도가 있음. 『방광대장엄경』 권5(대정장3, p.571a7)에 "그때

정거천이 비구로 변하여 괴색 가사를 입고 수염과 머리카락을 깎은 모습으로 손에 석장을 잡고 땅을 보며 걸으니 형모는 단엄하고 위의에 절도가 있었다. 時 淨居天化作比丘 著壞色衣 剃除鬚髮 手執錫杖 視地而行 形貌端嚴 威儀庠序"라고 하였다. [참고문헌] 『方廣大莊嚴經』, *Gaṇḍ-vy.149.*, *Lal-v.138.* ⇨ 위의 威儀, 상서 庠序 ■

위의세윤가사 威儀細輪袈裟 가사의 조를 지나치게 좁게 한 세윤가사. 오조가사(五條袈裟)의 변형인 윤가사를 말한다. 오조(五條)를 다시 반절하여 모양새가 지나치게 적어지므로 '위의세'라 한다. 주로 일본 정토종(淨土宗)에서 착용하며, 우리나라에서는 반가사(半袈裟)라 부른다. 오조의의 다른 변형으로는 중국 측천무후(則天武后) 때 행각하는 선승들을 위해 제작한 괘락(掛絡)이 있다. ⇨ 윤가사 輪袈裟, 반가사 半袈裟, 가사 袈裟, 법의 法衣, 괘락 掛絡

위의심 威儀心 Ⓢ airyāpathika, Ⓣ spyod-lam. 행위하게 하는 마음. 의식(意識)을 말한다. 『아비담비바사론』 권5(대정장28, p.36c3)에 "위의에는 두 가지가 있으니, 첫째는 위의이고, 둘째는 위의심이다. 위의란 색향미촉을 말하고, 위의심이란 능히 위의를 일으키는 마음이다. 인식(認識)·비식(鼻識)·설식(舌識)·신식(身識) 등 사식(四識)은 위의의 방편일 뿐 위의를 일으키는 마음은 아니다. 의식은 위의방편이어서 위의를 일으키는 마음이고 저 '사식'이 위의를 반연하게 되면 위의심 연기할 수 없게 된다. 의식이 능히 위의를 반연하고 또한 능히 위의심을 일으킨다. 威儀有二種 一 是威儀 二是威儀心 威儀者 謂色香味觸 威儀心者 能起威儀心是也 四識是威儀方便 非起威儀心 意識是威儀方便 亦是起威儀心 彼四識能緣威儀 不能緣起威儀心 意識能緣威儀 亦能緣起威儀心"라고 하였다. [참고문헌] 『阿毘曇毘婆沙論』, 『俱舍釋論』 권5(대정장29, p.196b28), *Abh-k-bh.88*·*106.* ⇨ 위의무기 威儀無記, 위의 威儀

위의업로 威儀業路 Ⓢ īryā-patha. 행위로 업을 삼음. 자신의 행위가 인이 되어 고락의 과를 부르는 과정을 말한다. 위의작법(威儀作法)·위의업행(威儀業行)이라고도 한다. 『유가사지론』 권7(대정장30, p.309a15 : *Yogā-bh*, p.143)에 "내가 이제 여실한 인상을 말하겠다. 저 모든 고통은 오직 과거세에 지은 업만을 인(因)이라 한다면, 마치 어떤 사람이 자신이 지은 업의 증상력만으로 여러 악취나 가난한 집에 태어나게 됨과 같다. 또 어떤 괴로움은 잡인(雜因)으로 생긴다 하니, 가령 어떤 사람이 삿되게 왕을 섬겨 낙과는 얻지 못하고 도리어 고통에 다다르는 경우다. … 또는 정법을 듣고 법에 대하여 잘 깨우쳐 살피거나 또는 행위를 일으키고, 또는 제작 등의 업처를 수학하니 이와 같은 등류가 오직 현재 주인공의 공용만을 인으로 한다. 我今當說 如實因相 或有諸苦 唯用宿作爲因 猶如有一 自業增上力故 生諸惡趣 或貧窮家 或復有苦 雜因所生 謂如有一 因邪事王 不獲樂果 而反致苦 … 或聽聞正法 於法覺察 或復發起 威儀業路 或復修學 工巧業處 如是等類 唯因現在 士夫功用 api tv asty ekāntena pūrvakṛtahetukaṃ duḥkhaṃ. yat hāpīhaikatyaḥ svakarmādhipatyenāpāyeṣu votpadyate nīceṣu vā kṛcchreṣu vā kuleṣu. asti vyāmiśrahetukaṃ duḥkhaṃ. tad yathā. rājānaṃ mithyāsevato yan niṣphalahetukaṃ duḥkhaṃ … saddharmaṃ śṛṇvato dharmān abhimukham abhisambudhyataḥ īryāpathaṃ kalpayataḥ śilpakarmasthānāni śikṣataḥ. ity evaṃ bhāgīyāḥ puruṣakārahetukāḥ"라고 하였다. [참고문헌] 『瑜伽師地論』, *Yogā-bh.*

위의여사자 威儀如師子 Ⓢ siṃha-vikrānta-gāmin, Ⓣ seng-ge'i-stabs-su-gshegs-pa. 위엄 있는 모습이 사자와 같음. 팔십종호(八十種好) 중 하나. 사자(師子)는 사자(獅子)로도 쓴다. 『범망경직해사의』(卍속장61, p.218a17)에 "팔십 가지 그 모습이 아름답다 하니 종호 가운데 … 마흔 세 번째는 사자와 같은 위의이다. 八十種隨形好者 … 四十三 威儀如師子"라고 하였다. [참고문헌] 『梵網經直解事義』, *Mvyut.25.* ⇨ 팔십종호 八十種好, 위의 威儀

위의예절 威儀禮節 Ⓟ ācāra-gocāra-sampanna. 위의와 예절. 위엄 갖춘 행위와 예의와 절차에 순하는 행위. 『중아함경』 권5 「등심경 等心經」(대정장1, p.449a28 : *AN.1*, p.63)에 "또한 거듭 위의와 예절을 잘 가지니, 아주 작은 죄를 보더라도 항상 두려워하는 마음을 품고 학계를 수지한다. 又復善攝 威儀禮節 見纖芥罪 常懷畏怖 受持學戒 ācāragocarasampanno aṇumattesu vajjesu bhayadassāvī samādāya sikkhati sikkhāpadesu", 『대반열반경소』 권7(대정장38, p.80b29)에 "위의와 예절이라 함은 비유컨대 이지러짐 없는 계를 말한다. 威儀禮節者 譬圓戒"라고 하였다. [참고문헌] 『中阿含經』, 『大般涅槃經疏』, *AN.*

위의원만 威儀圓滿 ■ Ⓢ īryā-patha-sampat. 위의가 흠결 없이 충만하다는 말. 행주좌와(行住坐臥)에 흠없이 아름다움. 『유가사지론』 권30(대정장30, p.450a26 : *Śrāv-bh.*, p.360)에 '무엇을 위의원만이라 하는가? 낮이나 저녁에 조용히 걷고 좌선하며, 한밤중에는 오른쪽으로 눕고, 새벽에도 일찍 일어나 조용히 걷고 좌선한다. 이와 같이 할 때에는 원만와구와 모든 부처님께서 허락하신 크고 작은 승상이나 풀잎 자리에 몸을 단정히 하고서 가부하고 앉는다. … 몸을 단정히 하고 원을 바르게 하는 것이니, … 마음이 밖의 경계로 흩어져 흔들리지 않게 하며 … 뜻에 떳떳하게 이치에 맞게 뜻을 내어 기억하니 … 위의원만이라 한다'(云何威儀圓滿 謂於晝分 經行宴坐 於初夜分 亦復如是 於中夜分 右脇而臥 於後夜分 疾疾還起 經行宴坐 卽於如是 圓滿臥具 諸佛所許 大小繩床 草葉座等 結加趺坐 … 端身正願者 … 其心不爲 外境散動之所纏擾 … 謂如理作意相應念 … 如是名爲威儀圓滿 tatra katamā īryāpathasampat. … saṃstaraṇe vā niṣīdati. paryaṅkam ābhujya tu. … niṣkuhakena citte bahirdhā vikṣepo na paryādāya tiṣṭhati. … yām upasthāpayati yoniśo manasikārasaṃprayuktā smṛtiḥ … iyam ucyate īryāpathasampat)라고 하였다. [참고문헌]『瑜伽師地論』, *Śrāv-bh.* ❷ Ⓢ su-upasampanna, Ⓣ legs-par-bsnyen-par-rdzogs-pa. 구족계(具足戒)를 모두 갖춰 수지하는 일. [참고문헌] *Mvyut.83.* ⇨ 구족계 具足戒

위의자태욕 威儀姿態欲 육욕(六欲) 중 하나. 위의에 탐착하여 지나친 몸짓으로 욕망을 드러냄. 위의욕(威儀欲)이라고도 한다.『석선바라밀차제법문』권9(대정장46, p.536c24)에 "위의자태욕이란 무엇인가? 어떤 사람이 위의자태에 탐착하여 걸음걸이가 지나치게 거칠고, 눈썹과 눈동자를 크게 하고 미소 등 교태가 가득하게 하니, 문득 애착을 내게 한다. 威儀欲者 有人著威儀姿態 行步汪洋 揚眉頓瞼 含笑嬌盈 便生愛染"라고 하였다. [참고문헌]『釋禪波羅蜜次第法門』. ⇨ 육욕 六欲❷

위의주 威儀住 위의로 머묾. 팔주(八住) 중 하나. 행주좌와(行住坐臥) 등 드러난 행위로 머무는 것을 뜻한다.『금강반야소』권1(대정장33, p.93b7)에 "머무름에는 두 가지가 있으니, 외주와 내주다. 외주에는 대체로 네 가지가 있다. … 셋째는 위의주이다. 곧 행주좌와이니 모두 그 이름이 머무름이다. 住者有二種 一者外住 二者內住 言外住者 凡有四種 … 三威儀住 謂行住坐臥 悉名爲住", 원측(圓測)의『해심밀경소』권1(한불전1, p.143a10)에 "진제삼장은 여덟 가지 뜻으로 머무름을 해석하였다. … 셋째는 위의주이다〈행주좌와의 사위의이다〉. 眞諦三藏 八義釋住 … 三威儀住〈謂行住坐臥四威儀〉"라고 하였다. [참고문헌]『金剛般若疏』,『解深密經疏』,『維摩經義疏』권1(대정장38, p.919b27). ⇨ 외주 外住, 팔주 八住, 위의 威儀, 사위의 四威儀

위인 爲人 사람 즉 중생에게 의미가 있게 하다의 뜻. 학인을 위해 가르침을 주거나 무엇인가를 하게 하다의 뜻도 있다. 위(爲)는 여(與)와 통한다.『대지도론』권15(대정장25, p.170c4)에 "성인에게는 두 가지 말이 있다. 방편어와 직어이다. 방편어는 사람을 위해서나 인연 때문이다. 사람을 위해서란 중생을 위하여 어느 때는 상이라 하고 어느 때는 무상하다 설하는 것이니, 저 대치실단으로 설한 것 등이다. 聖人有二種語 一者方便語 二者直語 方便語者 爲人 爲因緣故 爲人者 爲衆生說 是常是無常 如對治悉檀中說",『천성광등록』권12「홍화존장장 興化存奬章」(卍속장135, p.708b9)에 "홍화가 법좌에 올라앉아 말했다. '내가 듣기로는 삼성혜연이「나는 누구를 만난 즉 드러내지만, 보이더라도 아무 일도 하지 않는다」라고 했는데, 나는 그렇지 않다. 나는 누구를 만나더라도 드러내 보이지 않지만, 보였다 하면 무엇인가를 하게 한다'. 말을 마치고 법좌에서 내려왔다. 師上堂云 我聞三聖道 我逢人卽出 出卽不爲人 興化卽不然 我逢人卽不出 出卽爲人 便下座", 같은 책 권12「유주담공장 幽州談空章」(卍속장135, p.710b15)에 "담공이 비구니에게 물었다. '그대가 개당하고 학인을 가르치고 싶어한다는 말을 들었는데 그런가?' '그렇습니다' '비구니는 다섯 장애의 몸이거늘 그대가 어떻게 학인을 가르친단 말이냐?' '용녀가 나이 여덟에 남방의 무구세계에서 등정각을 이루었다는 이야기에 대해서 도대체 어떻게 생각하시는지요?' '그대 문득 변한 모습을 보여주거라'. 師問云 見說汝欲開堂爲人 是否 尼云 是 師云 尼是五障之身 汝作麽生爲人 尼云 龍女八歲 南方無垢世界 成等正覺 又作麽生 師云 儞現一變看"라고 하였다. [참고문헌]『大智度論』,『天聖廣燈錄』. ⇨ 위인실단 爲人悉檀

위인실단 爲人悉檀 사실단(四悉檀) 중 하나. 사람마다의 근기를 고려하여 적합한 법을 설하기에 각각위인실단(各各爲人悉檀)이라고 한다. 실단(Ⓢ siddhānta)은 '정설·관점·견해·기준' 등의 뜻으로 중생 각자의 관점에서 법을 설하는 것이다.『대지도론』권1(대정장25, p.60a4)에 "무엇을 각각위인실단이라고 하는가? 사람이 마음으로 행하는 바를 보아 법을 설한다. 하나의 일에 있어 누구는 알아듣고 누구는 알아듣지 못한다. 저 경에서 '갖가지 쌓은 보업 때문에 갖가지 세간에 태어나고 갖가지로 만나기에 갖가지로 몸을 받는다'라 하고,『파군나경』에서는 '사람이 촉하지 않으면, 생을 받는 일도 없다'라고 설한다. [문] 이 두 경은 서로 어떻게 통하는가? 云何各各爲人悉檀者 觀人心行 而爲說法 於一事中 或聽 或不聽 如經中所說 雜報業故 雜生世間 得雜觸雜受更有 破群那經中說 無人得觸 無人得受 問曰 此二經云何通", "[답] 어떤 사람은 후세를 의심하여 죄복을 믿지 않고 불선한 행위를 하며 단멸견에 떨어진다. 그의 의심을 끊고 악행을 끊게 하고 그의 단견을 벗게 하려고 갖가지로 세간에 태어나고 만나고 감수한다고 설한다. 答曰 以有人疑後世 不信罪福 作不善行 墮斷滅見 欲斷彼疑 捨彼惡行 欲拔彼斷見 是故說雜生世間 雜觸 雜受",

"반면에 파군나는 아가 있고 신이 있다고 헤아려 상견에 떨어진다. 파군나는 부처님께 '대덕이시여! 누가 받습니까?'라고 물었는데, 만약에 부처님께서 '아무개 아무개가 받는다'라고 하셨다면 그는 상견에 빠져 인아견을 거듭 굳게 믿어 돌이킬 수 없게 된다. 이 때문에 받는 자 만나는 자를 설하지 않는다. 是破群那 計有我有神 墮計常中 破群那問佛言 大德 誰受 若佛說某甲某甲受 便墮計常中 其人我見 倍復牢固 不可移轉 以是故不說有受者觸者", "이와 같은 양상들을 각각위인실단이라고 한다. 如是等相 是名各各爲人悉檀", 『화엄공목장』 권3(대정장45, p.562c8)에 "각각위인실단이란, 근기의 마땅함이 각기 다르므로 각각 마땅한 성인의 말씀을 취하게 하는 것이 위인실단이라고 한다. 各各爲人悉檀 機宜各別 各取當聖所爲故 名爲人悉檀", 『아미타경소초연의』 권2(卍속장33, p.588a7)에 "위인실단이란, 부처님께서 설하시려면 반드시 중생근기의 크고 작음과 숙세에 심은 바 얕고 깊음을 관하신 다음에 그 근기에 맞게 바른 믿음을 일으켜 아름다운 이익마저 내게 함이다. 爲人悉檀者 謂佛欲說法 必觀衆生 機器之大小 宿種之淺深 然後稱其機宜 令生正信 作生善益也", 『아미타경통찬소』 권하(대정장37, p.346c15)에 "『대지도론』 중에 세운 사실단에 실단은 종(宗)이다. … 둘째는 위인실단이며, … 기세간과 중생세간이 모두 헛된 환영임을 알아 싫어하고 두려워하며 도를 닦고 길이 벗어나게 한다. 명탁은 각각위인실단으로 다스린다. 智度論中 立四悉檀 悉檀 宗也 … 二爲人悉檀 … 識器世間 衆生世間 悉皆虛幻 厭怖修道 卽永離故 命濁 以各各爲人悉檀治之", 『능가경주해』 권1(대정장39, p.347a5)에 "셋째 위인실단은 법을 듣는 인으로 선을 낳는 이익을 얻는다. 三 爲人悉檀 謂因聞法故 得生善益", 『정명경관중석초』 권상(대정장85, p.515c7)에 "위인실단을 설하는 것은 선을 낳고 기뻐한다. 說爲人悉檀 生善故歡喜", 『대명삼장법수』 권10(영락장181, p.743a8)에 "위인실단이란, 부처님께서 설법하고자 하심에 반드시 먼저 중생근기의 크고 작음과 숙종의 심천을 관한 연후 그 근기에 맞게 설하시어 하여금 정신을 내고 선근을 증장케 하시기에 위인실단이라 이름한다. 爲人悉檀 謂佛欲說法 必先觀衆生機器之大小 宿種之淺深 然後稱其機宜 而爲說之 令生正信 增長善根 故名爲人悉檀"라고 하였다. [참고문헌] 『大智度論』, 『華嚴孔目章』, 『阿彌陀經疏鈔演義』, 『阿彌陀經通贊疏』, 『楞伽經註解』, 『淨名經關中釋抄』, 『大明三藏法數』, 서성원 「『大智度論』의 四悉檀(Siddhānta)(Ⅰ)」(『인도철학』11, 2002). ⇨ 사실단 四悉檀, 실단 悉檀

위자순타위타순자 違自順他違他順自 스스로의 자성을 거슬러 다른 성을 따르거나 다른 것의 자성을 거슬러 스스로만의 자성을 충실히 따르는 마음의 행로. 중생심 중에 진여가 불변(不變)하고 무명이 체공(體空)하는 진여문의 뜻이 위타순자이고, 수연성사(隨緣成事)하는 생멸문의 뜻이 위자순타다. 현수법장(賢首法藏)의 해석이다. 『대승기신론의기』 권중(대정장44, p.255c20)에 "진여에는 두 가지 뜻이 있어 변하지 않는 뜻과 연을 따르는 뜻이다. 무명에도 또한 두 뜻이 있으니, 체가 없는 공의 뜻과 씀이 있어 일을 성취하는 뜻이다. 眞如有二義 一不變義 二隨緣義 無明亦二義 一無體卽空義 二有用成事義", "이 진실과 허망 중에서 각각 처음 뜻으로 앞서 말한 진여문이 성취되고, 각각의 뒤의 뜻으로 생멸문이 성취된다. 此眞妄中 各由初義故 成上眞如門也 各由後義故 成此生滅門也", "이렇게 연을 따르는 진여와 일을 성취하는 무명 또한 각각에 두 가지 뜻이 있게 되는데 첫째는 자신을 거슬러 다른 것을 따르는 뜻이고, 둘째는 다른 것을 거슬러 자신을 따르는 뜻이다. 此隨緣眞如及成事無明 亦各有二義 一違自順他義 二違他順自義", "무명 중 먼저 자신을 거슬러 다른 것을 따름에 또한 두 가지 뜻이 있다. 첫째는 능히 뒤쳐 헤아려 성공덕을 보이는 것이고, 둘째는 능히 이름과 뜻을 알아 깨끗한 쓰임을 성취케 함이다. … (진여 중에) 자신을 거슬러 다른 것을 따름에 또한 두 가지 뜻이 있다. 첫째는 자신의 진실한 바탕을 숨기는 뜻이고, 둘째는 허망한 법을 드러내는 뜻이다. 無明中初 違自順他 亦有二義 一能反對詮示性功德 二能知名義成淨用 … 違自順他 亦有二義 一隱自眞體義 二顯現妄法義", "(무명 중에) 다른 것을 거슬러 자신을 따름에 두 가지 뜻이 있다. 진실한 뜻을 덮는 것이고, 허망한 마음을 행하는 것이다. 진여 중에도 다른 것을 거슬러 자신을 따르는 것에 또한 두 가지 뜻이 있으니, 첫째는 허망하고 물든 것을 뒤쳐 스스로의 덕을 드러내는 것이고, 둘째는 안으로 무명을 다스려 깨끗한 용을 일으키는 것이다. 違他順自 亦有二義 一覆眞理 二成妄心 眞如中 違他順自 亦有二義 一翻對妄染顯自德 二內熏無明起淨用"라고 하였다. [참고문헌] 『大乘起信論義記』, 『大乘起信論內義略探記』(대정장44, p.412c19 · 한불전3, p.748b23), 『宗鏡錄』 권6(대정장48, p.447b15). ⇨ 중생심 衆生心, 일심이문 一心二門, 진여문 眞如門, 생멸문 生滅門

위자태 爲自態 Ⓢātmane-pāda, Ⓟattanopada. 범어법에서 동사의 두 가지 태(voice) 중 하나. 위타태(爲他態)의 대칭어. 영어의 능동태와 수동태의 중간에 해당하여 중간태(middle voice)라고도 하며, 반사태(反射態) · 반조태(反照態) · 위자언(爲自言)이라고도 한다. 예를 들어 '제사 지내다'를 의미하는 범어 야즈(Ⓢ√yaj)는 위자태와 위타태의 3인칭 · 단수 · 현재형이 각각 야자테(Ⓢyajate)와 야자티(Ⓢyajati)인데, 전자는 제주(祭主)가 되어 자신을 위해 제사 지내는 것이며,

후자는 제관(祭官)이 타인을 위하여 제사 행하는 것을 말한다. 하지만 어떤 동사는 위타태로만 쓰기도 하고 어떤 동사는 위자태로만 쓰기도 한다. 〔참고문헌〕 스가누마아키라 이지수譯『산스끄리뜨의 기초와 실천』(민족사, 1990). ⇨ 십팔성 十八聲, 위타태 爲他態

위작 爲作 Ⓟ abhisaṅkharati. 생각을 내어 행하다. 고의로 하다. 굳이 만들다의 뜻. 『장아함경』 권17 「사문과경 沙門果經」(대정장1, p.107a23)에 "위제희의 아들인 아사세왕은 십오일 보름에 한 부인에게 이렇게 말했다. '오늘 밤은 청명하여 낮과 다름이 없으니 어느 곳에서 무엇을 해야 할까?' 그 부인은 왕에게 이렇게 말했다. '오늘은 십오일이라, 밤에 보름달이 뜨면 낮과 다름이 없으니 마땅히 머리를 감고 목욕하고서 여러 채녀들과 오욕을 즐겨야 합니다'. 王阿闍世 韋提希子 以十五日 月滿時 命一夫人 而告之曰 今夜清明 與晝無異 當何所爲作 夫人白王言 今十五日 夜月滿時 與晝無異 宜沐髮澡浴 與諸婇女 五欲自娛", 『기세경』 권10(대정장1, p.362c24)에 "이와 같이 법에 따라 정해진 주인이 되어 여러 사람들의 논밭 중에서 그 지분을 취하기에 찰제리〈전주(田主)라고 한역한다〉라고 한다. 如是依法 爲作正主 以從衆人稻田之中 取地分故 因卽名爲刹帝利〈隋言田主〉"라고 하였다. 〔참고문헌〕『長阿含經』, 『起世經』, *Mil.61.*

위장군 韋將軍 위타천(韋馱天)을 달리 이르는 말. 『자은전』 권10(대정장50, p.277b29)에 "제가 바로 제천의 아들인 위장군이며 주로 귀신을 다스리는데, 여래께서 열반에 드시려 할 때에 저에게 섬부주에 남기신 불법을 호지하라 하셨습니다. 弟子是韋將軍諸天之子 主領鬼神 如來欲入涅槃 勅弟子護持贍部遺法"라고 하였다. 〔참고문헌〕『慈恩傳』. ⇨ 위타천 韋馱天

위장사 葦長寺 경상북도 영덕군 창수면 신기리 용두산(龍頭山)에 있던 절. 『세종실록지리지』·『동국여지승람』 등에 이름과 위치가 전한다. 또한 1395년(태조4)에 조성된 보물 제993호 영덕장륙사건칠관음보살좌상(盈德莊陸寺乾漆觀音菩薩坐像)의 「불복장동발원문」에 "영락 5년(1407·태종7) 정해 6월 11일에 □장사 선당의 관음상을 개금하였다. 永樂五年丁亥六月十一日 □長寺禪堂觀音改金"라고 하였기에 조선 초에 조영되었던 것으로 추정한다. 18세기 『여지도서』에는 폐사되었다라고 전하나, 비슷한 시기에 편찬된 『범우고』에는 "용두산에 있다. 절 옆에 갈대 한 줄기는 거의 하늘에 닿을 듯하다. 在龍頭山 寺傍有一葦 長幾至天"라고 하여 현존하는 것으로 전한다. 지금 절터에는 석축과 기와·자기조각들이 남아 있다. 〔참고문헌〕『世宗實錄地理志』 慶尙道 寧海都護府, 『東國輿地勝覽』 권24 慶尙道 寧海都護府 佛宇, 「佛腹藏同發願文」, 『輿地圖書』 慶尙道 寧海 寺刹, 『梵宇攷』, 『韓國寺刹全書』 권하 p.932a14.

위장엄심등시 爲莊嚴心等施 청정심을 한결같이 하여 뛰어나고 아름다운 온갖 법을 얻어 장엄하고는 이를 세간에 나투는 보시. 팔종시(八種施) 중 하나. 위장엄심위자조심위자유가위득통혜보리열반상의고시(爲莊嚴心爲資助心爲資瑜伽爲得通慧菩提涅槃上義故施 Ⓢ cittālaṃkārārthaṃ dānaṃ cittapariṣkārārthaṃ yogasaṃbhārartham uttamārthasya prāptaye dānam)의 줄임말. 『집이문족론』 권18(대정장26, p.441b12)에 "어떤 것을 '위장엄심위자조심위자유가위득통혜보리열반상의고시'라고 하는가? 云何爲莊嚴心爲資助心爲資瑜伽爲得通慧菩提涅槃上義故施", "〔답〕 저 사람이 있어 다음과 같이 생각한다. '나의 마음은 깜깜한 세월 동안 탐욕·성냄·어리석음 등에 뒤섞여 물들어 있다. 마음이 뒤섞여 물들면 유정도 뒤섞여 물들고, 마음이 청정하면 유정도 청정하다. 보시를 행하면 문득 기쁨이 일어나고, 기쁘기에 즐거우며, 마음이 즐겁기에 몸이 경쾌하고, 몸이 경쾌하기에 안락함을 누리며, 안락함을 누리기에 마음이 안정되고, 마음이 안정되기에 여실하게 알고 보며, 여실히 알고 보기에 싫어함이 일어나고, 싫어하기에 여읠 수 있으며, 여의기에 해탈을 얻고, 해탈하기에 열반을 증득한다'. 이와 같은 보시는 점차로 갖가지 뛰어나고 아름다운 법을 거듭 거듭 얻게 하니 보리열반의 미묘하고 드높은 뜻이다. 答 如有一類 作是念言 我心長夜爲貪瞋癡之所雜染 心雜染故有情雜染 心清淨故有情清淨 若行惠施便發起欣 欣故生喜 心喜故身輕安 身輕安故受樂 受樂故心定 心定故如實知見 如實知見故生厭 厭故能離 離故得解脫 解脫故證涅槃 如是布施 漸次增長 諸勝妙法 展轉證得 菩提涅槃 微妙上義"라고 하였다. 〔참고문헌〕『集異門足論』, 『俱舍論』 권18(대정장29, p.96c2), *Abh-k-bh.270.* ⇨ 팔종시 八種施

위쟁 違諍 Ⓢ virudha, vigraha, vivāda, vigṛhīta-vivāda, Ⓣ mi-mthun-pa, rtsod-pa, 'thab-zhing-rtsod-par-byed-pa. 서로 어긋나 다툼. 『월등삼매경』 권10(대정장15, p.617a13)에 "무엇을 가리켜 모든 어긋나 다투는 것들을 사라지게 한다고 하는가? 온갖 소란스러움을 버렸다는 뜻이다. 云何名滅諸違諍 所謂棄捨衆閙故"라고 하였다. 〔참고문헌〕『月燈三昧經』, *Bodh-bh.247., Aṣṭ-pr.26., Laṅk.219., Śrāv-bh.79.*

위전 違轉 거스름을 거듭함. 수순(隨順)의 뜻과 맞선다. 『섭대승론석』 권1(대정장31, p.323c2)에 "잘 세운다는 등의 뜻에 다시 다른 뜻이 있으니, 선성립·수순·무위 등을 펴가며 거듭 드러내 편다. 무엇이 잘 드러낸다는 것인가? 능히 수순하는 것을 말한다. 무엇이 적극적으로 수순하는 것인가? 거스름을 거듭하지 않는 것이다. 善成立等 復有餘義 謂善成立 隨順無違 展轉標釋 云何善成立 謂能隨順故 云何能隨順 謂無違轉故"라고 하였다. [참고문헌] 『攝大乘論釋』, 『順正理論』 권68(대정장29, p.711b9). ⇨ 수순 隨順

위정 違情 ❶ 정을 거스름. 유정이 뜻대로 하지 못함의 뜻이다. 순정(順情)과 맞선다. 『보살본생만론』 권15(대정장3, p.379c28)에 "정을 따라 탐을 내고 정을 거스르면 분노하니 그 가운데만 있으면 어리석음을 일으킨다. 順情生貪 違情起瞋 中容起癡"라고 하였다. [참고문헌] 『菩薩本生鬘論』, 『修習止觀坐禪法要』(대정장46, p.468c1), 『都序』 권하(대정장48, p.409b15). ⇨ 순정 順情 ❷ 실상을 어겨 거슬러 쓰는 유정의 마음씀. 『법문명의집』(대정장54, p.196a3)에 "자기의 좋은 친구를 미워하고 자신의 원수를 사랑하며 나아가 나의 몸을 미워한다. 이렇게 세 가지로 정을 어겨 각기 삼세가 있게 되니 이를 아홉 가지 번뇌라고 한다. 憎我善友 愛我怨家 及憎我身 此三種違情 各有三世 是爲九惱"라고 하였다. [참고문헌] 『法門名義集』. ⇨ 구뇌법 九惱法

위정경 違情境 정경 즉 번뇌의 경계를 거스름. 모든 경계에 대하여 탐하지도 갈망하지도 않음(非貪非愛)의 뜻이다. 순정경(順情境)과 맞선다. 『원각경대소석의초』 권9(卍속장14, p.824b1)에 "탐하지도 열망하지도 않는 것이다. 곧 일체의 정의 경을 거스르는 일과 한결같고 분별없는 경이다. 四非貪非愛 卽一切違情境 及平平境"라고 하였다. [참고문헌] 『圓覺經大疏釋義鈔』, 『金剛經纂要刊定記』 권1(대정장33, p.173b12), 『都序』 권상2(대정장48, p.403a29). ⇨ 위경 違境, 순정경 順情境

위제 威制 위덕(威德)으로 다스림. 『무량수경』 권하(대정장12, p.275b17)에 "열반에 열어 들어가고, 전범이 되는 요체를 가르쳐 주고 위덕으로 다스려 교화하니, 시방을 감동시켜 끝이 없습니다. 開入泥洹 教授典攬 威制消化 感動十方 無窮無極", 『무량수경의소』 권하(대정장37, p.113a26)에 "복으로 굳세고 강한 중생을 교화하여 이롭게 하며, 위덕으로 다스리고 물리쳐 하여금 조복케 하고 굴복하게 만들고 성인의 교화에 귀의하여 따르게 한다. 이런 일들을 위덕으로 다스려 교화한다고 하였다. 以福化益 剛强衆生 威德制却 令其消伏 歸從聖化 是故名爲 威制消化"라고 하였다. [참고문헌] 『無量壽經』, 『無量壽經義疏』, 『無量壽經連義述文贊』 권하(대정장37, p.165b19 · 한불전2, p.69a5).

위제 韋提 위제희(韋提希)의 줄임말. 『관무량수불경소』(대정장37, p.186c1)에 "그러므로 극락국토에 태어나려면 반드시 십육묘관을 닦아야 하고, 아미타불을 친견하고자 하면 반드시 세 가지 깨끗한 업을 행해야 함을 알라. 그러나 교화는 가까운 일로 인해 점차 확장하고, 교법은 구체적 인연에 따라 생겨나기 마련이다. 그래서 아사세왕이 부왕살해의 오역죄를 저지르려 함에 위제가 간청했고 부처님께서는 자비를 베풀어 근기에 맞게 법을 설하셨다. 故知 欲生極樂國土 必修十六妙觀 願見彌陀世尊 要行三種淨業 然化因事漸 教藉緣興 是以 闍王殺逆 韋提哀請 大聖垂慈 乘機演法"라고 하였다. [참고문헌] 『觀無量壽佛經疏』. ⇨ 위제희 韋提希

위제득오 韋提得悟 위제희부인이 『관무량수경』의 설법을 듣고 무생법인(無生法忍 Ⓢ anutpattika-dharma-kṣānti)을 얻은 이야기. 『관무량수경』(대정장12, p.346a27)에 "이때 세존께서 이와 같은 말씀을 하시자 위제희부인과 오백시녀는 부처님의 말씀을 듣고 그 즉시 극락세계의 넓고 큰 모습을 보았으며, 아미타불의 몸과 두 보살(觀音과 大勢至)을 보았다. 이에 마음에서 기쁨이 일어나 일찍이 없었던 일이라고 탄하였으며, 크게 깨닫고 무생인을 얻었다. 오백시녀도 아누다라삼막삼보리심을 일으켜 저 세계에 나기를 원하였다. 爾時 世尊 說是語時 韋提希 與五百侍女 聞佛所說 應時卽見 極樂世界 廣長之相 得見佛身 及二菩薩 心生歡喜 歎未曾有 豁然大悟 得無生忍 五百侍女發阿耨多羅三藐三菩提心 願生彼國"라고 하였다. [참고문헌] 『觀無量壽經』. ⇨ 위제희 韋提希, 무생법인 無生法忍

위제희 韋提希 Ⓢ Vaidehī, Ⓟ Vedehī. 인도 마갈다국 빈바사라왕(頻婆娑羅王)의 부인이자 아사세왕(阿闍世王)의 어머니. 위제(韋提) · 비제희(毘提希) · 베제희(吠提希) · 베제희불다라(吠題呬弗多羅) 등이라고도 하며, 사승(思勝) · 사유(思惟) · 승신(勝身) 등으로 한역한다. 『관무량수불경』(대정장12, p.341b27)에 "이때에 위제희가 부처님께 아뢰기를 '세존이시여 이 모든 불토가 비록 다시 청정하고 다 광명이 있다 하여도, 저는 지금 극락세계의 아미타불이 계신 곳에 태어났으니, 오직 바라건대 세존이시여 저에게 잘 사유하고 바르게 받아 지니도록 해 주십시오'라고 하였다. 이때에 세존께서 곧 미소를 지으시고 부처님의 입으로부터 오색광명을 내시어 빈바사라왕의 정수리를 일일이 비추셨다. 時韋提希白佛言 世尊 是諸佛土 雖復清淨 皆有光明 我今樂生極樂世界 阿彌陀佛所 唯願世尊 教我思惟 教我正受 爾時世尊卽便微笑 有五色光 從佛口出 一一光照頻婆娑羅王頂", 『관무량수불경소묘종초』 권1(대정장37, p.196c23)에 "이 위제희는 화의 말로 '사유'라 하니 잘 닦고 관하기 때문이다. 是韋提希 華言思惟 善修觀故"라고 하였으니, 석가모니부처님께서 위제희를 위해 설하신 『관무량수불경』에서 십육관(十六觀)을 설하셨고, 이를 도상화한 관경변상도(觀經變相圖)가 전승되어 오고 있다. 1312년(충선왕4)에 조성되어 지금은 일본 대은사(大恩寺)에 전하는 고려불화 관경변상도에는 위제희가 합장하고 부처님과 아난(阿難)·목건련(目犍連)을 영접하고 있다. 한편 중앙아시아 키질석굴 부조에도 위제희가 아사세왕과 함께 행우대신(行雨大臣)의 설법을 듣는 장면이 전한다. 『법화현찬』 권2본(대정장34, p.676c18)에 "범어 베제희불달다는 구역에서 사유자라고 했지만, 신역에서는 베는 뛰어나다(勝)는 뜻이며 제희는 신(身)이니, 이는 동비제하(東毘提訶 Ⓢ Prāg-videha : 東勝身)라는 이름이 되어 비제하는 남성형으로 부르고 베제희는 여성형으로 부른다. 이것은 산 이름이

위제희 관경변상도
일본 大恩寺 고려 1312년

위제희 키질 제5굴 중국 7세기

자 그 산에 사는 신의 이름이기도 한데, 이들을 빌려 와 이름으로 삼았기에 위제희는 잘못 전한 음사어다. 梵云吠題呬弗呾多 古云 思惟子 今云 吠是勝義 題呬云身 卽東毘提訶之名 彼毘提訶 男聲中呼 此吠題呬 女聲中呼 此是山名 亦是彼山中神名 從彼乞得 因以爲名 韋提希 訛也"라고 하였다. [참고문헌] 『觀無量壽佛經』, 『觀無量壽佛經疏妙宗鈔』, 『法華玄贊』, 『法華文句』 권2(대정장34, p.25c20), 『法華義疏』 권1(대정장34, p.466a9), 『大高麗國寶展』(三星文化財團, 1991) p.24, 『西域美術展』(東京國立博物館, 1991) p.79. ⇨ 승신 勝身 ❷, 위제득오 韋提得悟, 빈바사라왕 頻婆娑羅王, 아사세 阿闍世, 관무량수불경 觀無量壽佛經, 관경변상도 觀經變相圖

위제희부인 韋提希夫人 빈바사라왕(頻婆娑羅王 Ⓢ Ⓟ Bimbisāra)의 부인 위제희. 『서방합론』 권3(대정장47, p.395c1)에 "『관무량수경』은 부처님께서 왕사성 기사굴산에 계실 때 위제희부인을 위해 설하셨다. 觀無量壽經 佛在王舍城耆闍崛山中 爲韋提希夫人說"라고 하였다. [참고문헌] 『西方合論』, 『大乘本生心地觀經』 권1(대정장3, p.292c25). ⇨ 위제희 韋提希

위좌 危坐 무릎 꿇고 몸을 곧추세워 앉는 법. 『선림보훈』 권1(대정장48, p.1021a28)에 "황룡혜남(黃龍慧南)은 방장실에서 문답할 때 삼관어(三關語)를 썼는데, 납자 중에 그 기틀에 맞는 이가 거의 없었고 벗어나 대답할 뿐 간혹 오직 눈 감고 무릎을 꿇은 채 앉아 있을 뿐 옳다거나 그르다 하지 않았다. 黃龍室中有三關語 衲子少契其機者 脫有酬對 惟斂目危坐 殊無可否", 『사분율행사초자지기』 권상(대정장40, p.233c20)에 "지수율사는 매번 계를 설할 때마다 합장하고 위좌하였다. 智首律師每臨說戒 合掌危坐"라고 하였다. [참고문헌] 『禪林寶訓』, 『四分律行事鈔資持記』, 『續傳燈錄』 권16(대정장51, p.575b4).

위주릉가충 慰周陵伽虫 독충(毒蟲) 이름. 올지징가충(嗢指徵伽蟲)이라고도 한다. 이 벌레에게 물리면 남근이 일어난다. 『사분율』 권55(대정장22, p.975a26)에 "'아라한에게도 여전히 욕이 남아 남근이 일어납니까?' 비구들이 부처님께 아뢰니, 부처님께서 말씀하셨다. '다섯 가지 인연이 있으면 남근이 일어난다. 대변이 급하거나 소변이 급하거나 풍병이 나거나 위주릉가충이 물거나 애욕의 마음이 있을 때이니 이것이 다섯 가지 경우이다. 아라한이 애욕심이 있어 남근이 일어난다고 함은 옳지 않다'. 阿羅漢猶有欲男根起耶 諸比丘白佛 佛言 有五事因緣 令男根起 大便急 小便急 風患 慰周陵伽虫嚙 有欲心 是爲五事 若阿羅漢 有欲心男根起者 無有是處"라고 하였다. [참고문헌] 『四分律』, 『四分律名義標釋』 권4(卍속장70, p.466a15). ⇨ 올지징가충 嗢指徵伽蟲

위지 尉遲 선비족(鮮卑族) 일파로서 우전국(于闐國) 왕가의 성. 자은규기(慈恩窺基)·지엄(智嚴) 등의 속성이다. 『송고승전』 권4 「규기전」(대정장50, p.725b18)에 "석규기는 자가 홍도(洪道), 속성은 위지씨, 경조 장안 출신이다. 위지의 선조는 후위(後魏)와 함께 생겨났고 위지부라고 불렀다. 중화의 제후국과 마찬가지로 중화에 편입될 때 부족 이름으로 성을 삼았다. 釋窺基 字洪道 姓尉遲氏 京兆長安人也 尉遲之先 與後魏同起 號尉遲部 如中華之諸侯國 入華則以部爲姓也", 『조정사원』 권7(卍속장113, p.209b8)에 "위(尉)의 음은 울(鬱)이다. 위지는 본디 변방족의 복성이다. 尉音鬱 尉遲本虜複姓"라고 하였다. [참고문헌] 『宋高僧傳』, 『祖庭事苑』.

위지발질나 尉遲跋質那 생몰연대 미상. 수(隋)나라 때 뛰어난 불화 화가. 서역 우전국(于闐國 : 지금의 新疆省 和田) 출신. 당(唐)나라 때 장언원(張彦遠)이 지은 『역대명화기』 권8 「수 隋」에 "위지발질나는 서역 출신이다. 외국풍의 그림과 불상을 잘 그려서 당시에 이름을 날렸다. 지금은 대위지(大尉遲)라고 부른다〈『육번도』·『외국보수도』와 『바라문도』가 대대로 전해진다〉. 尉遲跋質那 西國人 善畫外國及佛像 當時擅名 今謂之大尉遲〈六番圖 外國寶樹圖 又有婆羅門圖 傳於代〉"라고 하였다. 〔참고문헌〕『歷代名畫記』. ⇨ 위지을승 尉遲乙僧

위지을승 尉遲乙僧 당(唐)대 뛰어난 불화 화가. 우전국(于闐國 : 지금의 新疆省 和田) 출신. 당시 사람들은 위지을승의 아버지 위지발질나(尉遲跋質那)를 대위지(大尉遲), 그를 소위지(小尉遲)라고 불렀다. 당나라 때 장언원(張彦遠)이 지은 『역대명화기』 권9 「당조상 唐朝上」에 "위지을승은 우전국 출신으로 아버지는 위지발질나이다. 위지을승은 당나라 초에 숙위관의 벼슬을 받고 군공 작위를 물려받았다. 외국풍의 그림과 불상을 잘 그렸다. 당시 사람들이 발질나를 대위지라고 하고, 을승을 소위지라 하였다. 尉遲乙僧 於闐國人 父跋質那 乙僧國初授宿衛官 襲封郡公 善畫外國及佛像 時人以跋質那 爲大尉遲 乙僧爲小尉遲"라고 하였다. 〔참고문헌〕『歷代名畫記』. ⇨ 위지발질나 尉遲跋質那

위진강공순천사약사여래점안소 爲晉康公順天寺藥師如來點眼疏 고려 후기 이규보(李奎報 1168~1241) 지음. 『동국이상국전집』 권41 「석도소 釋道疏」(한국문집총간2, p.125a7)에 수록되어 있다. 진강공 최충헌(崔忠獻)을 대신하여 썼으며, 순천사 약사여래상을 조성하고 점안함(點開蓮眼)을 알리는 글이다. 〔참고문헌〕『東國李相國全集』. ⇨ 이규보 李奎報, 순천사 順天寺

위진강공중수순천사경찬화엄장소법석소 爲晉康公重修順天寺慶讚華嚴章疏法席疏 고려 후기 이규보(李奎報 1168~1241) 지음. 『동국이상국전집』 권41 「석도소 釋道疏」(한국문집총간2, p.124b10)에 수록되어 있다. 진강공 최충헌(崔忠獻)을 대신하여 썼으며, 순천사를 중수하고 이를 경찬하는 화엄법석을 개설함을 알리는 글이다. 〔참고문헌〕『東國李相國全集』. ⇨ 이규보 李奎報, 순천사 順天寺

위진불교 魏晉佛敎 중국 후한(後漢) 이후 위(魏)·촉(蜀)·오(吳)로 나뉜 삼국시대와 사마씨(司馬炎) 서진(西晉 220~316)대 불교. 대체로 위의 불교는 서진으로 오의 불교는 동진(東晉)으로 이어졌고, 서진의 불교는 북위(北魏)·북주(北周) 등 북조불교로, 동진의 불교는 송(宋)·제(齊)·양(梁)·진(陳) 등 남조불교로 계승되었다. 위·촉·오 삼국 중에 위는 회하(淮河) 이북의 화북(華北)지방을 차지하여 가장 큰 세력을 형성하였고, 오는 양자강(揚子江) 이남인 강남의 비옥한 땅을 점유하였는데, 위의 낙양(洛陽)과 오의 건업(建業)은 불교의 중심지였다. 〔위 불교〕 위는 경문 훈고(訓詁)를 강조한 후한 때와 달리 무위자연을 강조한 탓에 죽림칠현(竹林七賢)이 등장하였고, 이들은 『반야경 般若經』·『유마경 維摩經』 등 공(空)사상을 노자·장자의 무(無)와 견주는 격의불교(格義佛敎)로 기울었다. 그러나 실크로드를 차지한 위는 선선(鄯善)·구자(龜玆)·우전(于闐)·월지(月支) 등 인도와 가까운 중국 서쪽의 여러 나라와 교섭이 원활하였기에 경전유입과 번역 또한 활발하게 진행될 수 있었다. 인도나 서역에서 온 이들이 늘어남에 따른 사탑(寺塔) 건립이 역경의 거점이 되었다. 인도에서 온 스님 담가가라(曇柯迦羅)와 강승개(康僧鎧) 등은 낙양에서 활동하면서, 담가가라는 『마하승기율 摩訶僧祇律』의 계본인 『승기계심 僧祇戒心』을, 강승개는 『욱가장자경 郁伽長者經』 등을, 안식국(安息國) 출신 담제(曇無諦)와 안법현(安法賢)은 각각 『담무덕갈마 曇無德羯磨』와 『나마가경 羅摩伽經』·『대반열반경 大般涅槃經』을, 백연(帛延)은 『수능엄경 首楞嚴經』 등을 번역하여 경전 번역의 기틀을 다졌다. 특히 담가가라는 최초로 수계의식도 거행하여 한인(漢人)출가자 주사행(朱士行)을 배출하기도 하였다. 위왕(魏王) 조조(曹操 155~220)의 아들인 조식(曹植, 192~232)은 매일 불경을 독송하면서 『변도론 辨道論』을 썼고, 어산(魚山)에서 범천(梵天)의 찬(讚)을 듣고 감화되어 범패를 지었는데, 지겸(支謙)도 『보살련구 菩薩連句』·『범패삼계 梵唄三契』를 지어 계승하였다. 후한 말에 건업에는 장안이나 낙양에서 이주한 주민이 제법 많이 살았고, 삼국시대에 이르러 화북 불교와 남중국 불교는 건업에서 어우러져 더욱 성행하였다. 조부가 한에 귀부한 월지국 출신인 지겸은 오왕 손권(孫權 182~252)의 후원으로 동궁을 가르치면서 『유마힐경 維摩詰經』·『대아미타경 大阿彌陀經』·『서응본기경 瑞應本起經』·『대명도무극경 大明度無極經』·『법구경 法句經』·『요본생사경 了本生死經』 등을 번역하여, 격의불교의 한계를 벗어나 공사상에 대한 올바른 이해가 가능하도록 하였다. 지금의 베트남에서 귀부한 강승회(康僧會 ?~280)는 손권의 요청으로 사리를 구해와 손권이 강남 최초의 사찰인 건초사(建初寺)를 건립하는데 도움을 주었고, 『아난염미경 阿難念彌經』·『육도집경 六度集經』 등을 번역하고, 『안반수의경 安般守意經』·『법경경 法鏡經』·『도수경 道樹經』 등을 해석하여 인과응보와 삼세윤회설을 교화방편으로 서민층 교화에 힘쓰기도 하였다. 안식국 사람인 안세고(安世高 ?~170?)와 함께 후한 불교의 도교적 불교를 계승하였던 반면, 지루가참과 지겸 등은 반야학을 설하여 이후 대승불교의 지평을 넓힌 것으로 평가된다. 〔서진 불교〕 4세기 초 서진에는 『석가방지』 권하(대정장51, p.973c28)에 "서진 때에 낙양과 장안을 합쳐 사찰 180곳 … 스님들이 3,700명이었다. 西晉二京合寺一百八十所 … 僧尼三千七百人"라고 하였듯, 낙양과 장안을 중심으로 불교가 더욱 유행하였다. 이들 사찰에서는 위대(魏代)에 이어 돈황보살(敦煌菩薩)로 칭송된 월지국 출신 축법호(竺法護 231~308)가 266년~308년에 『광찬반야경 光讚般若經』·『정법화경 正法華經』·『유마힐경 維摩詰經』·『수능엄경』 등 150부 300권을 번역하였고, 천축 출신의 축숙란(竺叔蘭)도 우전에서 보내온 원본 『방광반야경 放光般若經』과 『수능엄경』 등을 번역하였다. 특히 『광찬반야경』 번역은 오대(吳代)에 이어 서진에서도 반야 연구가 전성기를 맞는 계기가 되었다. 그 뒤 동진의 도안(道安 312~385)에 이르러서는 격의불교를 배격하면서 반야공사상을 깊이 이해하려는 경향이 팽배하였고, 구마라집(鳩摩羅什 344~413)이 용수(龍樹 150?~250?)의 『중론 中論』 등 공관(空觀)불교 경론의 번역을 더욱 추동하는 계기로 삼았다. 축법호에게는 많은 재가신도와 조력자가 따랐는데, 특히 경전한역 과정에 섭승원(聶承遠)·섭도진(聶道眞)의 도움이 컸다. 다만 서진대에는 백원(帛遠)과의 논쟁에서 진 도사 왕부(王浮)가 『노자화호경 老子化胡經』을 지어 노자가 석가모니를 교화하였다는 노자화호설(老子化胡說)을 주장한 탓에 유교에 비해 불교와 도교 간에 치열한 논쟁이 계속되었고, 불교와 도교간의 영향력 또한 여전하였다. 그 영향으로 현생에서의 선악업에 의한 인과응보설과 삼세윤회설을 기반으로 도교적 현세이익을 추구하는 신앙과 서방아미타불의 극락정토신앙, 관음신앙과 함께 관세음 영험설화문학의 형성, 죽은 이를 위한 천도재, 불보살상 조성 등 각종 의례의 다양한 실천행이 성행하기도 하였다. 〔참고문헌〕 『釋迦方志』, 鎌田茂雄 『中國佛教史』1~3(東京大學出版會, 1981~1984), 任繼愈 『定本中國佛教史』Ⅰ·Ⅱ(柏書房, 1994), 阮榮春 『佛教南傳之路』(湖南美術出版社, 2000), アンヌ・チャン著 志野好伸・中島隆博・廣瀬玲子譯 『中國思想史』(知泉書館, 2010).

위차 位次 Ⓢ anusaṃdhi, Ⓣ ris kyi mtshams-sbyor-ba. 자리의 순서. 『금강반야경찬술』 권상(대정장33, p.126b12)에 "대(大)에는 다섯 가지 뜻이 있다. … 둘째 위차의 '대'이다. 모두 성과에 머무니, 범부의 위가 아니다. 大者有五義 … 二 位次大 皆住聖果 非凡位故", 『법화현의석첨』 권8(대정장33, p.873a22)에 "보살이 소승중에 있게 되면 도리어 소승위차로 앉고, 대승중에 있게 되면 대승위차로 앉는다. 菩薩在小乘衆 還依小乘位次而坐 在大乘衆 則依大乘位次而坐"라고 하였다. 〔참고문헌〕 『金剛般若經贊述』, 『法華玄義釋籤』, *Laṅk.228.*

위처후 韋處厚 773~828. 당나라 때 관리. 자는 덕재(德載). 경조(京兆 : 陝西省 西安) 출신. 어려서부터 학문을 좋아하여 장서가 만권에 이르렀다. 중서시랑(中書侍郎)·동평장사(同平章事) 등을 역임하였고, 헌종(憲宗)·목종(穆宗)·경종(敬宗)·문종(文宗)의 4대에 걸쳐 출사하여 현명한 재상으로 이름이 높았다. 828년(태화2)에 부용태육(芙蓉太毓)의 시호(大寶禪師)와 탑호(楞伽)를 주상하여 받았고, 비문은 육긍(陸亘)이 짓게 하였다. 같은 해 12월에 졸서하였다. 아호대의(鵝湖大義)를 기리며 「홍복사내도량공봉대덕대의선사비명 興福寺內道場供奉大德大義禪師碑銘」을 지었는데, 『전당문』에 전한다. 〔참고문헌〕 『宋高僧傳』 권11(대정장50, p.774a6), 『新修科分六學僧傳』 권6(卍속장133, p.536a13), 『舊唐書』 권159, 『新唐書』 권142, 『全唐文』 권715.

위천 圍圖 담장과 대나무로 만든 둥근 그릇. 담장을 두르고 대나무로 둥근 그릇을 만드는 것을 말한다. 『신승전』 권3 「늑나만제장 勒那漫提章」(대정장50, p.965c20)에 "산술능력은 말할 것도 없었으니, 산과 물을 보고 그 높이와 깊이를 헤아리며, 담장과 둥근 그릇〈천(圖)의 음은 천(遄)임〉과 부엌을 만드는데 조그마한 착오도 없다. 算術之能無問 望山臨水 懸測高深 圍圖〈音遄〉踏窖不舛升合"라고 하였다. 〔참고문헌〕 『神僧傳』.

위천장군 韋天將軍 Ⓢ Skanda. 위타천(韋馱天). 남방증장천(增長天) 여덟 장군 중 한 위. 『중편제천전』 권하 「위천장군전」(卍속장150, p.271b1)에 "『영위요략』에 '천신으로 성은 위이고 휘는 곤이다. 남방천왕의 신하인 여덟 장군 가운데 한 분이며, 사방의 왕들을 모시는 서른두 장군 중 으뜸이다. 지혜를 타고나 총명하였으며, 일찍부터 세간의 욕에서 벗어나 청정한 범행으로 동진의 업을 닦았다. 직접 부처님을 뵙고 부촉을 받았으니 불법을 외호하리라 마음먹었나'라고 하였다. 靈威要略曰 天神 姓韋 諱琨 南方天王八將之一臣也 四王合三十二將而爲其首 生知聰慧 早離塵欲 淸淨梵行 修童眞業 面受佛囑 外護在懷"라고 하였다. 〔참고문헌〕 『重編諸天傳』. ⇨ 위타천 韋馱天

위총 位聰 생몰연대 미상. 조선 후기 스님. 추파홍유(秋波泓宥 1718~1774)와 같은 때 스님이다. 『추파집』 권2 「송위총상인귀남해서 送位聰上人歸南海序」(한불전10, p.72a7)에 스님은 남해(南海) 금산(錦山) 출신으로 고매한 인품을 지녔으며 추파홍유를 참방(參訪)하여 배웠다고 전한다. 〔참고문헌〕 『秋波集』. ⇨ 홍유 泓宥

위취 危脆 위태롭고 취약하다는 뜻. 견고(堅固)와 맞선다. 『대반열반경』 권상(대정장1, p.193a16)에 "나고 죽음에 심히 위태롭고 취약하며 목숨은 죄다 무상하니, 늘 해탈을 구하고 방일한 행을 짓지 마라. 生死甚危脆 身命悉無常 常求於解脫 勿造放逸行", 『대반야경』 권349(대정장6, p.792b16)에 "나의 이 몸은 부정하고 위취하지만, 이 몸을 버림으로써 여래의 청정하고 견고한 금강신을 얻는다. 我此身 不淨危脆 由捨此故 獲得如來 淸淨堅固 金剛之身"라고 하였다. 〔참고문헌〕『大般涅槃經』, 『大般若經』, 80권본 『華嚴經』 권21(대정장10, p.113c11), 『五分律』 권20(대정장22, p.135c14), 『菩薩地持經』 권9(대정장30, p.943b27).

위취패괴 危脆敗壞 Ⓟ lujjati. 위태롭고 취약하여 부서지고 무너짐. 세간 유위법을 일컫는다. 『잡아함경』 권9(대정장2, p.56b14 : *SN*., 4, p.52)에 "위태롭고 취약하여 결국은 무너지는 것을 세간이라고 부른다. 무엇을 위태롭고 취약하여 무너지는 것이라고 하는가? 삼미리제야! 눈(眼)은 위태롭고 취약하여 무너지는 법(法)이다. 저 색·안식·안촉·안촉인연이 감수를 일으키면, 안으로 고·락·불고불락을 느낀다. 저 일체 또한 위태롭고 취약하여 무너진다. 이·비·설·신·의도 또한 이와 같다. 危脆敗壞 是名世間 云何危脆敗壞 三彌離提 眼是危脆敗壞法 若色眼識眼觸 眼觸因緣生受 內覺若苦若樂 不苦不樂 彼一切亦是危脆敗壞 耳鼻舌身意 亦復如是 lujjatīti kho bhikkhu tasmā lokoti vuccati. kiñca lujjati. cakkhuṃ kho bhikkhu lujjati rūpā lujjanti cakkhuviññāṇaṃ lujjati cakkhusamphasso lujjati yampidaṃ cakkhusamphassapaccayā uppajjati vedayitaṃ sukhaṃ vā dukkhaṃ vā adukkhamasukhaṃ vā tampi lujjati … sotaṃ … ghānaṃ … jivhā … kāyaṃ … mano … tampi lujjati", 『불본행집경』 권24(대정장3, p.763a24)에 "이 몸은 위태롭고 취약하여 무너지며 무상하니 견고한 형이 아니다. 이는 부서져 흩어지는 법이며 이곳저곳 따라 버리고는 가버린다. 저 진흙덩이와 같아 다르지 않다. 此身危脆敗壞無常 非牢固形 是破散法 隨有地處 捨之而行 猶如泥摶 一種無異"라고 하였다. 〔참고문헌〕『雜阿含經』, 『佛本行集經』, *SN*.

위타 韋陀 ➡ 위다 韋陀

위타 韋馱 ❶ 위타천(韋陀天)의 줄인 이름. 『능엄경직지』 권6(卍속장22, p.798b9)에 "사천왕에게는 각각 여덟 장수가 있으며, 위타가 우두머리다. 四天王各有八將 而韋馱爲上首", 『능엄경보경소』 권6(卍속장90, p.754b5)에 "하늘의 장수인 위타는 남방 증장천왕의 여덟 장수 중 하나다. 天將韋馱 乃南方天王八將之一"라고 하였다. 〔참고문헌〕『楞嚴經直指』, 『楞嚴經寶鏡疏』. ⇨ 위타천 韋馱天 ❷ ➡ 위다 韋陀

위타라 韋陀羅 Ⓢ vetāla, vetāḍa의 음사어, Ⓣ ro-langs. 불법으로 다스릴 수 있는 악귀. 염도귀(厭禱鬼)라고 한역하며, 그 중 기시귀(起屍鬼·起尸鬼)가 으뜸이다. 비타라(毘陀羅)·미달라(迷怛羅)라고도 음사한다. 『법화경』 권7 「보현보살권발품 普賢菩薩勸發品」(대정장9, p.61a22 : *Saddh-p*., p.474)에 "보현보살이 부처님께 아뢰었다. '세존이시여! 부처님 열반하시고 오백년 지난 오탁악세에 이 경전을 받아서 지니는 이가 있으면, 제가 마땅히 수호하여 그 쇠퇴와 환란을 없게 하여 안온케 할 것입니다. … 길차(吉遮 Ⓢ kṛtya : 起尸鬼)·부단나(富單那 Ⓢ pūtana : 熱病鬼)·위타라 등 사람을 괴롭히는 모든 귀신들은 모두 그 기회를 엿볼 수 없을 것입니다'. 普賢菩薩白佛言 世尊 於後五百歲 濁惡世中 其有受持是經典者 我當守護 除其衰患 令得安隱 … 若吉遮 若富單那 若韋陀羅等 諸惱人者 皆不得便 atha khalu samantabhadro bodhisattvo mahāsattvo bhagavantametadavocat ahaṃ bhagavan paścime kāle paścime samaye paścimāyāṃ pañcaśatyāṃ vartamānāyāmevaṃrūpāṇāṃ sūtrāntadhārakāṇāṃ bhikṣūṇāṃ rakṣāṃ kariṣyāmi svastyayanaṃ kariṣyāmi daṇḍaparihāraṃ kariṣyāmi viṣadūṣaṇaṃ kariṣyāmi … na pūtanā na kṛtyā na vetālāstasya dharmabhāṇakasyāvatāraprekṣiṇo 'vatāragaveṣiṇo 'vatāraṃ lapsyante", 『법화경대성』 권9(卍속장51, p.441a3)에 "위타라는 한역하여 염도귀라고 한다. 韋陀羅 此云厭禱鬼"라고 하였다. 〔참고문헌〕『法華經』, 『法華經大成』, 『灌頂經』 권3(대정장21, p.502b11), *Saddh-p*. ⇨ 비타라 毘陀羅, 미달라 迷怛羅

위타수 違陀輸 Ⓢ Vītāśoka, Vigatāśoka, Ⓟ Vītasoka. 달마아육왕(達磨阿育王 Ⓟ Dhammāsoka : 阿育王)의 동생. 위타수(韋陀輸)·비다수가(毘多輸迦) 등이라고도 하며, 선용(善容)·제우(除憂) 등으로 한역한다. 기리닷타(Ⓟ Giridatta)장로에게 귀의했지만, 어느 날 이발을 하다가 자신의 백발을 보고 출가했다. 그의 『테라가타 *Thera-gāthā*』 제169~170송이 전한다. 『대지도론』 권20(대정장25, p.211a15)에서는 아육왕의 동생이라고 하는데, 외도를 신봉하였고 아육왕으로부터 7일 동안만 왕위에 있을 수 있고 바로 처형당할 것이라는 명을 받았다. 동생을 위해 아육왕이 꾸민 일이었고 이 방편으로 출가하여 수행 끝에 아라한이 되었다. 〔참고문헌〕『大智度論』, *Th.22*. ⇨ 아육왕제칠일위왕 阿育王弟七日爲王

위타장군 韋馱將軍 위타천(韋馱天)을 달리 이르는 말. 『사분율명의표석』 권22(卍속장70, p.743a4)에 "『율상감통전 律相感通傳』에 '한 분의 왕 밑에 여덟 장군이 있어서 사방의 네 왕에 딸린 서른두 장군이 사천하를 둘러싸고 왕복하며 출가한 이들을 보호하고 돕는다. 그중 위타장군은 서른두 장군 가운데 출가자를 널리 돕는 일에 가장 힘쓴다. 대개 남녀 마귀가 비구를 얕잡아 보고 희롱하면, 도력이 미약한 이들은 모두 미혹되어 혼란에 빠진다. 그러면 장군이 황급히 달려가 근기에 맞게 없애준다'라고 하였다. 感通傳云 一王之下 有八將軍 四王三十二將 周四天下 往還 護助諸出家人 其韋馱將軍 於三十二將之中 最存弘護 多有魔子魔女 輕弄比丘 道力微者 並爲惑亂 將軍棲惶奔赴 應機除翦"라고 하였다. [참고문헌] 『四分律名義標釋』. ⇨ 위타천 韋馱天

위타천 韋馱天 Ⓢ Skanda, Ⓟ Khanda. 불교의 호법신장. 증장천(增長天 Ⓢ Kubera)의 8대장군에 거둔다. 사천왕 휘하 32대장군 중 우두머리로 꼽기도 한다. 범어 스칸다를 그대로 음사하여 새건다(塞建陀)·사건다(私建陀)라 하고 줄여서 건다(建陀·揵陀)라고도 하며, 또는 위타(韋陀·韋馱·違陀·違馱)·위타천(韋陀天·違馱天)·새건타천(塞建陀天)·위타천신(韋馱天神)·위곤(韋琨)·위장군(韋將軍)·위천장군(韋天將軍) 등 다양하게 일컫는다. 『일체경음의』 권25(대정장54, p.469b18)에 "위타천〈한역할 때에 범음을 감안하여 사건다제바라 하고 사건다는 음(陰), 제바는 천(天)이라 한역하였다. 그러나 건(建)과 위(違)를 마구 썼으므로 필가의 잘못이다〉. 違陀天〈譯勘梵音云私建陀提婆 私建陀此云陰也 提婆云天也 但建違相濫故 筆家誤耳〉"라고 하였지만, 중국·우리나라·일본 등 동북아시아 한자문화권에서는 '위타'가 일반적이고 대장경 판본에 따라 韋·違와 陀·馱를 같이 쓴다. 위타에 천신(天神)·존천(尊天)·천장(天將)·장군(將軍) 등을 붙여 부르며, 줄여서 위장군(韋將軍)이라 한다. 또는 성(姓)은 위(韋) 이름은 곤(琨)인 위곤이라도 한다. 인도의 쉬바 또는 아그니의 아들에서 기원하여 바라문교의 가치길야(迦絺吉夜 Ⓢ Kārttikeya : 六面子)·구마라(鳩摩羅 Ⓢ Kumāra)·선범(善梵 Ⓢ Subrahman) 등으로 불리는 전쟁의 신이었으며, 머리는 여섯 개에 팔은 열두 개로 손에는 활과 화살을 잡고 있고 공작을 타고 다니는 모습이었다. 처음 인도 남방에서 숭배되었고 점차 북부로 전해졌으며, 후에 마혜수라(摩醯首羅) 등과 함께 불교의 호법신장으로 섭수되어 삼보 중 법(法)과 승(僧)을 외호(外護)하는 신장들의 권속이 되었다. 어리고 총명하며 욕심이 없는 동진(童眞)으로 범행을 닦는 동진보살(童眞菩薩)로 불린다. 부처님으로부터 동서남 세 주(州)를 진호하라는 부촉을 받았다. 『금광명경』 권3 「귀신품 鬼神品」(대정장16, p.350a6)에 "석제환인과 일월천 … 위타천신과 비뉴천 … 화신 등의 신은 힘이 크고 용맹하여 항상 세간을 수호한다. 釋提桓因 及日月天 … 違馱天神 及毘紐天 … 火神等神 大力勇猛 常護世間", 『금광명경조해』 권하(卍속장31, p.830a5)에 "사왕 아래에 모두 32장군이 있는데 위타가 우두머리이다. 이 천은 타고난 총명한 지혜로 일찍이 욕진을 여의고 동진업을 닦아 부처님의 유촉을 받아 출가인을 외호한다. 四王下合三十二將 韋馱爲首 此天生知聰慧 早離欲塵 修童眞業 受佛付囑 護出家人", 『공제천과의』 권1(卍속장129, p.252a6)에 "안으로 그윽한 행을 품고 밖으로 불법을 수호하여 삼주(三洲 : 북방을 제한 다)를 통령하고, 중생을 이롭게 하고자 크게 교화하며 널리 군생을 제도한다. 출가하였으나 도력이 미미한 경우는 모두 마구니들이 미혹하여 어지럽히면 장군이 슬퍼하며 황망히 달려가 근기에 따라 끊어준다. 일이 있을 때마다 사천왕에게 나아가는데 왕이 보고 모두 일어나니 장군이 동진수행을 하고 정법을 지킨다고 여기기 때문이다. 內懷密行 外護佛法 統衛三洲 利物弘化 廣濟羣生 出家道力微者 皆爲魔子魔女惑亂 將軍悽惶奔趨 應機除剪 有事須至四天王所 王見皆起 謂將軍修童眞行 護正法故也", 『정토자량전집』 권3(卍108, p.501a13)에 "위타존천은 117세이다. 대대로 동진으로서 지은 공덕이 매우 크므로 능히 다 말할 수 없다. 보화유리광불 때에 성도하여 이름이 보안보살이었고, 석가여래회상에서 성도하여 그 이름이 동진보살이다. 손에 팔만사천근의 금강보저를 들고 대서원을 발하기를 '만약 금강보저가 부서질 일이라면 곧 동진의 몸도 부서지리라. 부처님과 부처님이 출세하실 때 불법을 옹호하여 스님들의 허물을 볼 수 없게 하리라'하였다. 머리에는 봉황 깃이 달린 투구를 쓰고, 발에는 검은 신을 신고 몸에는 황금갑옷을 걸쳤다. 韋馱尊天 一百十七世 世世爲童眞 其所作功德浩大 不能盡述 寶華琉璃光佛時成道 名普眼菩薩 釋迦如來會上成道 名童眞菩薩 手持金剛寶杵 重八萬四千斤 發大誓願 若金剛寶杵壞 卽破童眞身 佛佛出世 擁護佛法 不見僧尼之過 頂戴鳳翅兜鍪 足穿黑履 身著黃金鎖甲"라고 하였다. [참고문헌] 『一切經音義』, 『金光明經』, 『金光明經照解』, 『供諸天科儀』, 『淨土資糧全集』, 『律相感通傳』(대정장45, p.874c22), 『樂邦文類』 권4(대정장47, p.206c26), 『慈恩傳』 권10(대정장50, p.277b29), 『法苑珠林』 권10(대정장53, p.354a22), *Mmayu.11.*, *Ud-a.351.* ⇨ 증장천 增長天, 동진보살 童眞菩薩, 신중탱화 神衆幀畵

위타천도 韋馱天圖 위타천을 그린 그림이나 조상. 조상이나 그림으로 전승되거나 사경변상도(寫經變相圖)나 신중도(神衆圖)에 편재되기도 하면서 동아시아에 널리 유포되었다. 『중편제천전』 권2 「위천장군전 韋天將軍傳」(卍속장150, p.271b13)에 "당 고종(650~683)이래 이미 여러 가람을 건립 또는 중수할 때 모두 이 상을 건립하고 호법의 공을 드러냈다. 唐高宗已來 諸處伽藍及建立熏修 皆設像崇敬 彰護法之功"라고 하였다. 동안(童顏)에 새 깃털 장식이 있는 투구를 쓰고 갑옷을 입고 있으며, 합장한 팔 위에 보검(寶劍)이나 보봉(寶棒)·금강저(金剛杵)를 가로질러 두거나 삼지창(三枝槍)을 들고 있다. 『언계광문선사어록』 권2(卍속장121, p.303a2)에 "위타천변상 : 두 팔뚝에 금강저를 가로지르고 겹겹이 쌓인 구름 속에 몸을 드러낸다. 韋馱天變相 橫兩腕中杵 現堆雲裏身"라고 하였다. 호법(護法)으로서는 경변상도(經變相圖)에 호중(護衆)의 역할로는 신중탱(神衆幀)에 등장한다. 〔경변상도의 위타천도상〕 1275년(충렬왕1) 『감지은니불공견색신변진언경』 권제13(보물 제210호, 삼성미술관리움 소장)은 국왕의 발원으로 제작하였는데 감색지에 은으로 사경하고 금니로 위타천을 그렸다.

위타천 묘법연화경 권제1
일본 보적사 고려 1294년

1276년 『감지은니문수사리문보리경』(일본 경도국립박물관 소장) 및 1283년(충렬왕9) 『감지은니묘법연화경』 권제7(국립중앙박물관 소장) 등은 사경표지 뒷면에는 천의(天衣)를 휻날리며 호법이 필요한 곳으로 달려갈 듯한 역동적인 자세의 위타천이 단독으로 그려져 있다. 1294년(충렬왕20) 『감지은니묘법연화경』(일본 경도보적사 소장)과 1357년(공민왕6) 『백지금니원각경』(보물 제753호, 호림박물관 소장)은 경변상도 전면부에 왼쪽을 향해 합장한 위타천 1존을 배치하였고, 1324년(충숙왕11) 『감지은니대방광불화엄경』 권41(동국대 소장)은 경문이 시작되는 권수(卷首) 이전에 별도의 장을 마련하여 위타천을 그려 넣었다. 판본(板本)에서도 사경변상도와 유사하게 조성되는데 1405년(태종5) 『묘법연화경』(보물 제971호, 국립중앙박물관 소장)은 권수에 별도로 위타천도를 판각하였는데 그 행장도 새겨 넣었다. 조선 후기에 간행된 『대방광불화엄경보현행원품』(국립중앙박물관 소장)에는 변상도 다음에 위타천도상을 편재하고 행장을 기록하였는데, 행장은 『정토자량전집』 권3(卍108, p.501a13)의 문장과 비슷하다. 국립중앙박물관 소장 목판본 『대방광불화엄경보현행원품 大方廣佛華嚴經普賢行願品』 머리에 위타천을 그리고 위타천 행장을 적었다. "용과 하늘이 받들어 찬탄하고 삼주의 불법을 옹호하는 위타존천께서 … 석가여래회상에서 성도하여 동진보살이라 불렀다. 손에는 팔만사천근이나 되는 금강보저를 들고 큰 서원을 발하기를 '만약 저 금강보저가 무너지면 동진의 몸 또한 부서지리라' 하고는 석가여래께 큰 서원을 발하기를 '부처님 부처님들이 세상에 나실 때마다 불법을 구하고 보호하라' 하셨다. 머리에는 봉황 깃이 달린 투구를 쓰고, 발에는 검은 신을, 몸에는 황금 갑옷을 입었다. 龍天敬讃 三州護法 韋馱尊天圖…釋迦如來會上 成道号曰 童眞菩薩 手中持金剛寶杵 重八萬四千斤 發大誓願 若金剛寶杵壞卽 破童眞身 封釋迦如來發大誓願 佛佛出世 求護佛法 頭戴鳳翅 兜鍪足穿黑履 身着黃金鎖甲"라고 하였다. 〔신중탱화 속 위타천〕 신중탱화 중 제석천룡도(帝釋天龍圖)·천룡도에 등장한다. 1750년(영조26) 제석천룡도(국립중앙박물관 소장) 3단 중 중단에 아수라와 위타천이 마주보고 서 있고, 1765년(영조41) 대구 동산암(洞山庵)에서 조성되어 청도 대적사(大寂寺)에 봉안한 천룡도(국립중앙박물관 소장)에는 천룡팔부중을 중심에 크게 배치하고 상단의 중심에서 비켜간 지점에 위타천을 배치하였으며, 1753년(영조22) 함양 용추사(龍湫寺) 천룡도에는 화면의 중심에 합장한 위타천이 위치하였다.

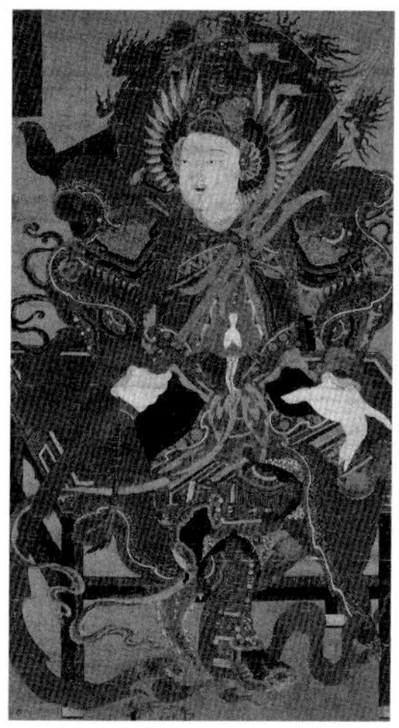
호법보살위타존천
해남 대흥사 1777년

1777년(정조1) 해남 대흥사(大興寺) 대광명전 위타천도는 단독도상인데 '호법보살위타존천 護法菩薩韋馱尊天'이라는 방제(旁題)가 있다. 1817년(순조17) 제석천룡도(국립중앙박물관 소장)는 상단의 제석천과 하단의 위태천이 위치하고 천룡팔부중을 이끈다.

위타천 제석천룡도
국립중앙박물관 1817년

19세기에 조성된 제석천룡도(국립중앙박물관 소장) 2점은 상단에 제석천과 위타천이 나란히 자리한다. 제석천룡도에 부분존상으로 등장하다가 신중탱에서는 천룡팔부를 이끌며 중앙으로 자리하면서 점차 제석과 견주게 되니 그 위상이 더욱 높아졌다. 〔참고문헌〕 『重編諸天傳』, 『偃溪廣聞禪師語錄』, 『淨土資糧全集』, 『韓國의 佛畫』 권31(聖寶文化財研究院, 2004) p.89, 『신중 불교의 수호신들』(국립중앙박물관, 2013) pp.17~28, 『사경변상도의 세계, 부처 그리고 마음』(국립중앙박물관, 2007) pp.40~51. ⇨ 위

타천 韋馱天, 신중 神衆, 신중탱화 神衆幀畵, 제석천룡도 帝釋天龍圖

위패 位牌 법회(法會)나 의례(儀禮) 때에 예경(禮敬)이나 천도(薦度) 등의 주인공 이름을 적어 불단이나 영단 위에 모시는 패. 나무 등 재료로 만들고 장식을 곁들인다. 법회시 제불명(諸佛名)을 적은 불명패(佛名牌), 강경(講經) 전에 예배하기 위해 불단 앞에 모셔진 경 이름을 적은 경패(經牌), 왕실의 축원을 위한 원패(願牌) 등이 있다. 일정한 행사 등 때가 아닌 년중내내 모셔진 경우 영구위패(永久位牌)라 한다. 그 중 특히 죽은 이, 영가(靈駕)의 이름을 적은 패를 위패라 하며, 수계자는 계명을 이름과 함께 적는다. 영패(靈牌)라고도 한다. 입적 후 감구(龕柩) 앞에 진영(眞影)을 걸고 그 앞에 위패를 두는데, 위패의 첫머리에는 이제 막 죽음 즉 적멸(寂滅)에 든 이라는 뜻으로 '신원적 新圓寂'이라 쓴다. 위패를 모신 법당에서 사십구재(四十九齋)를 지내 천도를 기원하고, 사십구재 소대의식(燒臺儀式)에서 위패와 생전에 입었던 옷 등을 태움으로써 망혼을 떠나보내지만, 사십구재 이후에도 기일(忌日)과 백중일(百中日) 등에 재(齋)를 올리는 경우에는 위패를 영단(靈壇)으로 복귀시킨다. 생전에 안치하는 위패를 수패(壽牌)라 하며, 이름을 알 수 없는(無主) 영가 등 법계의 모든 영가를 위한 삼계만령패(三界萬靈牌) 또는 시방삼세유주무주일체고혼등중(十方三世有主無主一切孤魂等衆), 하루 재를 올리는 일패(日牌), 매월 재를 올리는 월패(月牌) 등이 있다. 『백장청규』 권6 「망승 亡僧」(대정장48, p.1147c24)에 "유나가 착의와 입감을 감독한다. 감(龕)을 연수당에 모시고 중앙에 위패를 올린 탁자를 둔다. 위패에는 다음과 같이 쓴다〈새로이 원적에 든 모갑 상좌의 각령, 혹 서당이면 이전에 모사에 주석한 모호 모선사의 령이라 쓴다. 그 외에는 직분의 칭호에 따라 쓴다〉. 維那提督著衣入龕置延壽堂 中鋪設椅卓位牌 牌上書云〈新圓寂 某甲上座 覺靈 或西堂則 書前住某寺某號某禪師之靈 餘隨職稱呼書之〉"라고 하였다. [참고문헌] 『百丈淸規』. ⇨ 패 牌

위해 違害 ❶ Ⓢ āghāta, viruddha, vighāta, Ⓟ virujjhana, upaghātika, Ⓣ kun-nas-mnar-sems-pa, mi-mthun-pa, phongs-pa. 자비를 거슬러 해롭게 함. 『잡아비담심론』 권3(대정장28, p.893c8)에 "'중생이 서로 어긋나 해함을 진에라고 한다'는 것은, 다른 중생을 악한 마음으로 죽이거나 때리려고 하여 자비심과 어긋남을 진에라고 한다. 衆生相違害 是名爲瞋恚者 於他衆生 惡心欲殺欲打 與慈悲相違 是名瞋恚", 『백오십찬불송』(대정장32, p.761a2)에 "위해에 자비로운 마음을 내고, 잘못된 행은 걱정하시고, 포학함에는 가엾게 여기시니, 성덕 이루 다 찬탄할 수 없네. 違害興慈念 失行者生憂 暴虐起悲心 聖德無能讚"라고 하였다. [참고문헌] 『雜阿毘曇心論』, 『百五十讚佛頌』, *Bodh-bh.167.*, *Mvyut.158.*, *Vin.2.13.* ❷ 어긋나 맞지 않음. 『대승장진론』 권상(대정장30, p.269a19)에 "내가 세운 주장은 자상속 중에서 일어난 현량에 어긋나는가, 타상속 중에 일어나는 현량에 모순되는가? 만약 자상속 중 일어난 현량에 모순된다면 모든 현량각은 승의제에 나아가 그 자성이 모두 공하리니 타당하지 않다. 여러 가지 인연이 낳아야 하기 때문이다. 마치 꿈속의 모든 현량각이 실재 현량이 아닌 것과 같다. 그러므로 나의 주장도 자상속 중에 일어난 현량에 모순되지 않는다. 我所立宗 爲當違害 自相續中 所生現量 爲當違害 他相續中 所生現量 若言違害 自相續中 所生現量 諸現量覺 就勝義諦 自性皆空 衆緣生故 如睡夢中 諸現量覺 非實現量 是故 我宗 且不違害 自相續中 所生現量"라고 하였다. [참고문헌] 『大乘掌珍論』, 『因明正理門論』(대정장32, p.10a11).

위화 違和 고른 상태를 어김. 건강이 좋지 않음의 뜻이다. 『동산어록』(대정장47, p.514c28)에 "학인이 동산에게 물었다. '화상께서 편치 않으신데, 도리어 병들지 않을 수 있습니까?' '있다' '병 없는 이가 화상을 돌봐드릴까요?' '나야말로 돌볼 여력이 있다' '화상께서 어떻게 돌보실 수 있는지요?' '노승이 돌봄에 병듦은 보지 않는다'. 僧問 和尙違和 還有不病者也無 師曰 有 云 不病者還看和尙否 師曰 老僧看他有分 云 未審和尙如何看他 師曰 老僧看時 不見有病", 『남해기귀내법전』 권3(대정장54, p.224a9)에 "사대가 그 조화를 어김은 살아 움직이는 것들과 함께 함이다. 夫四大違和 生靈共有"라고 하였다. [참고문헌] 『洞山語錄』, 『南海寄歸內法傳』, 『祖堂集』 권5(고려장15, p.267c23).

위화불신유 萎華佛身喩 ➡ 여래장구유 如來藏九喩

윌슨 Wilson, Horace Hayman 1786~1860. 영국의 인도학자. 런던에서 태어나 의학을 공부하던 중, 1808년 동인도회사 벵갈(Bengal)지부의 외과 보조의(補助醫)로 인도로 향했다. 영국 동양학자인 윌리엄 존스(William Jones, 1746~1794)에게 감명받아 산스크리트어를 공부하였으며, 당대 범어학자 헨리 토머스 콜브룩(Henry Thomas Colebrooke, 1765~1837)의 추천으로 벵갈아시아학회(Asiatic Society of Bengal) 총무로 선임되었다. 1813년 칼리다사(Kālidāsa)의 서정시 「메가두타 *Meghadūta*」를 번역하여 범문과 함께 발표했고, 이어 포트윌리엄(Fort William)대학의 인도인 학자들과 함께 최초의 범영사전(*Sanskrit-English Dictionary*) 편찬에 착수했다. 이 사전은 1819년 첫 발간 후 대대적인 증보를 거쳐 1832년에 재간행되었는데, 이 사전으로 그는 일약 손꼽히는 범어학자로 명성을 누렸다. 한편 의학도로서 아유르베다(Ⓢ Ayurveda)와 인도 전통의학을 연구하는 한편 *Asiatic Researches*와 *Calcutta Quarterly*에 'Medical and Surgical Sciences of the Hindus'(1823), 'Account of the Religious Sects of the Hindus, their History, Doctrines and Practices'(1828~1832)와 같은 중요 논문들도 기고했다. 1827년에는 여섯 편의 희곡을 완역하고 인도의 희곡 작법을 충실히 개관한 선집 *Select Specimens of the Theatre of the Hindus*를 발표하였는데, 이는 지금까지 기준이 되는 저작으로 평가받는다. 반면에 *Historical Sketch of the First Burmese War, with Documents, Political and Geographical*(1827), *Review of the External Commerce of Bengal from 1813 to 1828*(1830), *History of British India from 1805 to 1835* 등은 인도의 제국관료로서 작성한 일종의 보고서들이다. 그는 인도 체류 당시 공교육위원회 위원장으로 인도 토착민에 대한 계몽을 장려하고, 영어와 유럽 학문을 도입하는 데 주도적으로 참여했지만 영어가 인도의 학교에서 유일한 언어가 되어야 한다는 주장에 반대해 거센 비판을 받기도 했다. 1832년에는 옥스퍼드대학 산스크리트어 교수직(Boden chair of Sanskrit)의 첫 담당교수였으며, 1836년 동인도회사 도서관 책임자로, 동인도회사대학(East India Company College)에서도 학생들을 가르쳤다. 영국 왕립아시아학회 창립 멤버로서 학회 회장을 역임했다. 그는 산스크리트 필사본의 왕성한 수집가이기도 하여 약 600여점의 필사본들은 옥스퍼드대학 보들레이언(Bodleian) 도서관에 소장되어 있다.

윌킨스 Wilkins, Sir Charles 1749~1836. 영국의 식자공(植字工)·인도학자. 서머셋(Somerset)에서 출생하였다. 동인도회사의 인쇄공 및 서기로 1770년 인도로 갔고 현지에서 페르시아어와 벵갈어를 익혔고 바라나시로 가서 칼리나타(Kalinatha)라는 브라만의 도움으로 산스크리트어를 배웠다. 인도 체류 16년(1770~1786년) 동안 그는 영국령 인도의 초대총독인 워렌 헤이스팅스(Warren Hastings, 1732~1818)의 전폭적 후원을 받은 후 동인도회사 신문의 편집장으로 임명되고 페르시아어와 벵갈어 번역자로 일하였다. 1784년에는 윌리엄 존스를 도와 벵갈의 아시아학회를 창립하였다. 『바가바드기타』를 영역(英譯)한 최초 인물로 *Bhagvat-geeta, Dialogues of Kreeshna and Arjoon*이라는 제목으로 1785년 출간되었는데, 곧바로 프랑스어와 독일어로 번역·소개되었다. 그는 『바가바드기타』 경전은 베다의 다신교(多神敎)에서 힌두이즘을 떼어내 일신교(一神敎) 형태로 만들기 위해 고안된 작품이라고 주장했다. 그의 번역은 유럽의 낭만주의 문학·예술은 물론, 인도 종교와 철학에 대한 유럽의 인식에도 상당한 영향을 끼쳤다. 그는 또한 벵갈의 판디트(Pandit) 판차난 카르마카르(Panchanan Karmakar, ?~1804)와 함께 최초의 벵갈어 인쇄용 활자체를 만들었고, 자신이 고안한 활자체를 이용해 *A Grammar of the Bengal Language*(1778)을 펴내기도 하였다. 또 당시까지 판독되지 못했던 쿠틸라(Kutila) 비문을 비롯한 주요 유적의 비문들을 판독한 것도 그의 업적이다. 1786년 영국으로 귀환하였고, 1788년 왕립아시아학회 회원으로 선출되었다. 1833년에는 국왕 조지(George) 4세로부터 동양학 발전에 기여한 공헌으로 기사 작위를 받았다. 역서로는 *Hitopadeśa*(1786)도 있으며, 저서로는 *Sanskrit-English Dictionary*(1779)·*Grammar of the Sanskrita Language*(1808) 등이 있다.

유 由 말미암아. 연유하여. 『대지도론』 권17(대정장25, p.182a22)에 "태자는 과일을 먹고 맛에 사로잡혀 이에 물든 마음으로 깊이 집착하여 날마다 먹고자 하였다. 이에 왕은 과수원지기를 불러 그 유래를 물으니, 과수원지기가 대답하길 '이 과일은 심지 않아도 땅에서 얻어지니 온 곳을 알 수 없습니다'. 太子食果 得其氣味 染心深著 日日欲得 王卽召園人 問其所由 守園人言 此果無種 從地得之 不知所由來也", 『불지경론』 권3(대정장26, p.301b20)에 "간략하게 네 가지 상을 연유로 불지를 안립한다. 첫째는 숫자를, 둘째는 거둠을, 셋째는 이름을, 넷째는 끝내 가려 차별하는 뜻을 연유한다. 이제 여기에서는 숫자·섭수·이름·차별 등을 말한다. 略由四相 安立佛地 一 由數故 二 由攝故 三 由名故 四 由決擇差別義故 今於此中 且說數攝 及名差別"라고 하였다. 〔참고문헌〕『大智度論』, 『佛地經論』.

유 有 ❶ Ⓢ bhāva, bhava, astitva, sat, Ⓟ bhava, Ⓣ yod-pa, srid-pa. 드러나 보이는 것. 또는 있다고 여겨지는 것들의 뜻이다. 생멸(生滅)하면서 전후제(前後際) 즉 과거·현재·미래로 상속하는 일체유위법(一切有爲法)을 말한다. '이것이 있으므로 저것이 있게 되고 이것이 없으므로 저것도 없다. 此有故彼有 此無故彼無'고 한 교설의 뜻에서 말하자면, 드러나 있게 되는 것은 모두 연기의 뜻이고 공이어서 어떤 실체도 있을 수 없다. 이런 뜻에서 가유(假有), 환유(幻有), 법유(法有) 등 유를 수식하는 많은 법유(法喩)가 있게 된다. 설일체유부(說一切有部)는 제법이 삼세에 걸쳐 실유(實有 Ⓢ dravya-sat)한다고 주장하고, 유식에서는 제법은 인연의 화합에 의한 가유(假有 Ⓢ prajñapti-sat)일 뿐이라고 하고 진여(眞如)인 원성실성(圓成實性)을 실유(實有)라 여겨 생멸없는 묘유(妙有) 또는 진유(眞有)라 부른다. 이유(二有)인 업유(業有)와 보유(報有), 사유(四有)인 생유(生有 Ⓢ upapatti-bhava)·본유(本有 Ⓢ pūrva-kāla-bhava)·사유(死有 Ⓢ maraṇa-bhava)·중유(中有 Ⓢ antarā-bhava), 삼유(三有)인 욕유(欲有 Ⓢ kāma-bhava)·색유(色有 Ⓢ rūpa-bhava)·무색유(無色有 Ⓢ arūpa-bhava), 『대지도론』 권12(대정장25, p.147c5)에서 시설한 상대유(相待有)·가명유(假名有)·법유(法有), 『구사론』 권8(대정장29, p.42a29)에서 시설한 칠유(七有)인 지옥유(地獄有)·아귀유(餓鬼有)·방생유(傍生有)·천유(天有)·인유(人有)·업유(業有)·중유(中有) 등으로 나뉘며, 이십오유(二十五有)는 지옥·아귀·축생·아수라 등 4악취와 동승신주·남섬부주·서우화주·북구로주 등 4주와 6욕천과 색계 7천과 무색계 4천 등 중생계인 삼계구지(三界九地)로 나누어 드러낸다. 또 초과(初果)를 얻은 성자는 인간계에 태어났다 천계에 태어나기를 일곱 번 반복하는데, 이 열네 번의 생애 중 매 생애마다 생유와 중유로 구분되기에 이들을 모두 합쳐 이십팔유 또는 이십팔생(二十八生)이라고 하며, 이십구유(二十九有)는 이십오유 중 하나인 오정거천(五淨居天)을 무번천(無煩天)·무열천(無熱天)·선견천(善見天)·선현천(善現天)·색구경천(色究竟天)의 5천으로 다시 나누어 더한 것이다. 『법온족론』 권12(대정장26, p.512b27)에 "삼계와 오온을 유라 하고, 혹은 후유를 받게 하는 업을 유라고 하며, 혹은 생분오온을 유라 한다. 왜 '삼계오온을 유라 한다'고 하는가? 저 삼유, 즉 욕유·색유·무색유를 말한다. 후유를 받는 업을 유라고 하는가? 저 세존께서 아난다에게 '업이 후유를 받는다면 이것이 유다'라고 말씀하신 것과 같다. 왜 '생분오온을 유라 한다'고 하는가? 저 세존께서 파륵루나에게 '식(識)을 먹이로 삼기에 후유가 생긴다'라고 말씀하신 것이다. 三界五蘊名有 或說能感後有業名有 或說生分五蘊名有 云何說三界五蘊名有 如說三有 謂欲有 色有 無色有 云何說能感後有業名有 如世尊告阿難陀言 若業能感後有名有 云何說生分五蘊名有 如世尊告頗勒窶那 識爲食故 後有生起", 『대비바사론』 권192(대정장27, p.960b12)에 "'이와 같은 업유는 후유를 이끈다'고 하는데, 이것은 후유를 끌어당기는 사(思)를 유라고 하며, '취(取)가 유를 반연한다'고 하면, 분위오온(分位五蘊)을 유라 하고, 묘음존자의 말씀은 후유를 이끄는 업을 유라고 한 것이며, 저 '어떤 것이 유법(有法)인가? 일체유루다'라고 하는 경우에, 이것은 모든 유루법을 유라고 이름하는 것이다. 如是業有 能牽後有 彼說牽後有思名有 如說取緣有 彼說分位五蘊名有 尊者妙音說曰 彼說牽後有業名有 如說云何有法 謂一切有漏 彼說諸有漏法名有", 『구사론』 권9(대정장29, p.48c2)에 "갖가지 좋은 경계를 얻기 위하여 주변을 내달려 구하는 위를 취라고 하며, 달려 구하기에 쌓아서 능히 이끌어 마땅히 과업이 있게 될 때 그 이름이 유(有)다. … 더불어 모든 번뇌들과 상응하는 때의 이름이 취이며 그로 인해 일어난 몸과 말의 두 업이 유(有)다. 爲得種種 上妙境界 周遍馳求 此位名取 因馳求故 積集能牽 當有果業 此位名有 … 與此相應 諸纏名取 所起身語 二業名有", 『대승의장』 권4(대정장44, p.548a24)에 "유라는 말은 현재 행하는 업이 능히 미래의 과를 있게 하면 이를 유라고 한다. 이것도 이미 업인데 어째서 업이라 부르지 않고 유라고 부르는가? 미래의 과가 아직 없다가 업으로 인해 있게 되기에 공능을 따라 유라고 할 뿐이다. 所言有者 現在行業 能有當果 故名爲有 此旣是業 何不名業 乃名有乎 當果未有 由業有之 故從功能 說爲有耳", 『석씨요람』 권중(대정장54, p.290c13)에 "유는 무슨 뜻인가? 일체유루법이 이것이다. 부처님께서는 '업이 능히 뒤에도 계속된다면 이를 유라고 한다'라고 하셨으며, '생멸을 반복하기에 유라고 한다'라고 하셨다. 고집제에 떨어져 있는 경우 유다. 有者何義 謂一切有漏法是 佛言 若業能令後生相續 是有 又云 生滅故名有 墮苦集諦中 是有"라고 하였다. [참고문헌] 『大智度論』, 『俱舍論』, 『法蘊足論』, 『大毘婆沙論』·권60(대정장27, p.309c9), 『大乘義章』, 『釋氏要覽』 권중(대정장54, p.290c13), *Laṅk.53·54., Abh-k-bh.231.* ⇨업 業, 유지 有支, 유탐 有貪, 유애 有愛, 유루 有漏, 삼유 三有❶❷, 삼종유 三種有❶, 사유 四有, 가명유 假名有, 진공묘유 眞空妙有, 칠유 七有, 이십오유 二十五有, 공 空 ❷어떤. 임의의 사람이나 사물을 말한다. 『구사론』 권5(대정장29, p.27a29)에 "어떤 사람은 이렇게 말한다. '이 경전에서는 주(住)와 이(異)를 모두 하나로 합하여 주이상(住異相)이라고 하였다'. 有謂 此經 說住與異 總合爲一 名住異相"라고 하였다. [참고문헌] 『俱舍論』, 『順正理論』 권24(대정장29, p.475b3).

유 油 Ⓢ taila, tila, snigdha, Ⓟ tela, Ⓣ 'bru-mar, snum-pa. 오약(五藥) 또는 칠일약(七日藥) 중 하나. 호마유(胡麻油)를 말한다. 『사분율』 권42(대정장22, p.869b26)에 "오종약은 세간에서 늘 쓰는 것으로 숙소·유·밀·생소·석밀을 말한다. 有五種藥 是世常用者 酥油蜜生酥石蜜"라고 하였다. [참고문헌] 『四分律』, 『善見律毘婆沙』 권15(대정장24, p.778c3), *Yogā-bh.67., Saddh-p.283·402., Mvyut.372., MN.3.273., Sp.718.* ⇨오약 五藥, 칠일약 七日藥

유 流 ❶Ⓢ drava. 흐르다. 『백오십찬불송』(대정장32, p.760a23)에 "보는 이마다 모두 환희하였고 듣는 이마다 다들 마음이 열렸으며, 아름다운 얼굴과 미묘한 언사는 저 달에서 감로가 흐르는 듯하네. 覩者皆歡喜 聞說並心開 美顏宣妙詞 如月流甘露"라고 하였다. [참고문헌]『百五十讚佛頌』. **2** Ⓢāsrava, niṣyanda, Ⓣzag-pa, rgyu-mthun. 번뇌. 루(漏)의 뜻과 통하여 업을 따라 흘러 삼계를 넘나드는 뜻이다. 『일체유섭수인경』(대정장1, p.813a10)에 "비구여! 지혜로운 이와 볼 줄 아는 이는 번뇌 다함을 얻지만, 지혜롭지 못한 이와 보지 못하는 이는 번뇌를 다하지 못한다. 智者 見者 比丘爲得流盡 不智者 不見者 流不得盡", 『불성론』 권4(대정장31, p.807a20)에 "유에는 세 가지 뜻이 있다. 첫째는 삼계의 생사로 흘러듦이다. 둘째는 물러나 잃게 됨이다. 욕계를 떠나 색계로 왕생하거나 색계를 잃고 욕계로 흘러내리는 등 생사를 따라 한곳에 정주하지 못하기에 유다. 셋째는 선근공덕을 흘려보내고 계정혜마저 잃는 것이니, 마치 둑이 무너져 물이 머물지 못하는 것과 같다. 流有三義 一者 流入三界生死 二者 退失 如失欲界流往色界 或失色界流下欲界 則隨生死 不定一處 故名爲流 三者 流脫功德善根失戒定慧 譬如破塘水則不住"라고 하였다. [참고문헌]『一切流攝守因經』, 『佛性論』, *Madhy-vibh.61.* **3** Ⓟsota. 흐르고 구름(流轉)으로 생사윤회의 뜻이다. 『법구경』 권하(대정장4, p.572b22)에 "흐름을 끊고 건너가 저 욕심이 없는 범천처럼 행이 이미 다하였음을 아는 이를 범지(Ⓟbrāhmaṇa)라고 하네. 截流而渡 無欲如梵 知行已盡 是謂梵志"라고 하였다. [참고문헌]『法句經』, 『出曜經』 권14(대정장4, p.684b29), *Dh p.108.* ⇨ 유전 流轉, 윤회 輪廻 **4** Ⓢsrotas. 마음의 흐름. 『유가사지론』 권16(대정장30, p.363c5)에 "이러한 흐름에 끊임없어 그럴듯하기도 그럴듯하지 않기도 하니, 아견을 따르기에 세속의 용 또한 없지 않다. 於此流無斷 相似不相似 由隨順我見 世俗用非無"라고 하였다. [참고문헌]『瑜伽師地論』. **5** 상속하고 함께 머무는 무리들(種類)을 말한다. 도류(道流)·선류(禪流) 등의 뜻도 거둔다. 『신화엄경론』 권13(대정장36, p.803b27)에 "이 세계종이란 것은 같은 류가 머물러 살게 되면 이름이 종이 된다. 종이란 종류이다. 其世界種者 同流所居名之曰種 種者 種類也"라고 하였다. [참고문헌]『新華嚴經論』. ⇨ 도류 道流**1**, 선류 禪流

유 唯 **1** Ⓢmātratā. 오직 또는 그 나머지는 없다는 뜻이다. 유식(唯識)의 유로 간별(簡別)·결정(決定)·현승(顯勝) 등의 뜻이고 음사어는 마달라다(摩呾剌多)이다. 『성유식론술기』 권1(대정장43, p.239a7)에 "『유식삼십론송』(대정장31, p.60a28)의 송에서 유라는 말은 두 가지 뜻을 나타낸다. 첫째는 '가려 따로 하는'의 뜻이니, 허망한 집착을 막아 단지 식만 있을 뿐이고 마음 밖에 외경이 없음을 나타낸다. 둘째는 '맺고 정하는'의 뜻이니, 더하거나 덜하는 헤아림을 여의는 것이다. 간략히 결정하면 세 가지(三性)이고 크게 정하면 여덟 갈래 식이다. 頌中唯言 顯其二義 一 簡別義 遮虛妄執 顯但有識 無心外境 二 決定義 離增減數 略唯決定 有此三故 廣決定有 八種識故", 『성유식론속전』 권1(卍속장81, p.18a15)에 "온통 '식'을 여윌 수 없기에 '식'이라는 이름을 세운다. 다음으로 '유'자를 풀면 세 가지다. 첫째는 가려 가지는 뜻이다. 변계소집의 아법을 가려 버리고 의타와 원성실성을 가져 취한다는 말이다. 둘째는 결정의 이다. 결코 마음을 떠난 경은 없으며, 내식의 마음이 반드시 있음을 말한다. 셋째는 뛰어남을 드러낸 뜻이다. 심왕의 수승함만을 드러내고 심소의 열함은 그중에 꾸려 거둔다. 이런 세 가지 뜻을 갖추었으므로 '유'란 이름이 있을 수 있다. 다음으로 합하여 유식 풀면, '유'는 가리는 말이고, 외경 없음을 막는 뜻이며, '식'은 다르게 아는 것이니, 내심이 있다고 말하고 경은 비었고 마음은 있음을 드러내므로 합하여 '유식'이라고 한다. 總不離識故立識名 次釋唯字有三 一 揀持義 謂揀去徧計所執我法持取依他圓成二性 二 決定義 謂決無離心之境 定有內識之心 三 顯勝義 謂但彰心王之勝 以該心所之劣 具此三義故有唯名 次合釋唯識者 唯謂揀詞 遮無外境 識謂了別 詮有內心 以顯境空心有 故合名唯識"라고 한다. [참고문헌]『成唯識論述記』, 『唯識三十論頌』, 『成唯識論俗詮』. ⇨ 마달라 摩呾囉**1**, 유식 唯識 **2** Ⓢtan-mātra. 상키야(ⓈSāṃkhya : 數論)에서 말하는 극히 미세한 원소. 아만(我慢)으로부터 생기는 색·성·향·미·촉(色聲香味觸) 등 오유(五唯)를 말하는데, 감각으로 인식할 수 없는 원소이다. 『금칠십론』 권상(대정장54, p.1247b10)에 "아만(Ⓢahaṅkāra)은 대제(大諦 Ⓢmahat : 覺 Ⓢbuddhi)에 의지하며, 오유는 아만에 의지하고, 오대 등 열여섯 가지는 모두 오유에 의지한다. 我慢依於大 五唯依我慢 五大等十六 並依於五唯"라고 하였다. [참고문헌]『金七十論』, *Māṭ-v.14.* ⇨ 오유 五唯 **3** ➡ 유 惟**2** **4** ➡ 유유 唯唯

유 惟 **1** Ⓢ√vid. 사유(思惟)하다. 마음을 오롯이 하다의 뜻이다. 『칠지경』(대정장1, p.810a17)에 "때를 안다는 말은, '지금 이때는 적멸상을 사유하기에 알맞고, 지금 이때는 수행상을 사유하기에 알맞지 않으며, 지금 이때는 신호상을 사유하기에 알맞다'라고 아는 것을 가리켜 때를 안다고 한다. 때마다 마땅한 행위를 환히 알지 못하면 때를 알지 못한다고 한다. 何謂知時 知是時可惟寂滅想 是時不惟受行想 是時可惟愼護想 是爲知時 不曉時宜所行 爲不知時", 『보녀소문경』 권3(대정장13, p.464a17)에 "마음의 움직임을 관하여 그 마음을 보고 어떤 상도 없이 사유하고, 마음 밖을 관하되 마음 밖 움직임을 보아 오롯이 상 없음만을 사유하며, 안과 밖의 마음을 보아 오롯이 무상만을 사유한다. 觀內心行見其內心 惟念無想 觀于外心 見外心行 專惟無相 觀內外心 見內外心 專惟無相"라고 하였다. [참고문헌]『七知經

』, 『寶女所問經』, 『楞伽經註解』, *Saddh-p.81.* **2** 오직. 단지. 유(唯)와 통한다. 『능가경주해』 권2상(대정장39, p.379c8)에 "일어난 온갖 상은 그대로 모든 번뇌이니, 상을 본 일 그대로 망상이다. 이 두 허물을 일으키지 않고 오직 무루지로 더하여 선정을 닦으면 선이 나아갈 길을 잘 알 수 있다. 生相卽諸結 見相卽妄想 此二不生 惟無漏智 加修禪定 則善見禪趣之相"라고 하였다. [참고문헌] 『佛所行讚』, 『楞伽經註解』.

유 喩 **1** Ⓢ udāharaṇa, dṛṣṭāntaḥ. 고인명(古因明)의 오지(五支)나 신인명(新因明)의 삼지(三支) 중 하나. 주장명제(宗)를 증명하는 비유. 예를 들면 '소리는 무상하다'는 주장명제와 '만들어진 것이기 때문에'라는 이유명제에 이어 '비유하자면 병(甁) 등처럼'이라고 하는 것이다. 유는 보통 동법유(同法喩)와 이법유(異法喩)로 분류한다. 『인명정리문론본』(대정장32, p.2c5)에 "유에는 두 가지가 있으니 동법과 이법이다. 동법이란 '소리는 무상하다. 부지런히 일으켜 끊임없이 움직여야 하기에'라고 하는데, '모든 부지런히 일어나 끊임없이 움직이는 것은 모두 무상을 나타낸다. 예를 들면 병처럼'이라고 말하는 것이다. 이법이란 '모든 상주하는 것은 끊임없이 솟구쳐 일어나는 것이 아닌 것이니 예를 들면 허공처럼'이라고 말한다. 앞의 것은 온전히 막아 말함이고, 뒤의 것은 넘침을 그칠 뿐이다. 합하고 여의며 견주어 헤아리는 뜻이다. 喩有二種 同法異法 同法者 謂立聲無常 勤勇無間 所發性故 以諸勤勇無間所發 皆見無常 猶如甁等 異法者 謂諸有常住 見非勤勇無間所發 如虛空等 前是遮詮 後唯止濫 由合及離 比度義故"라고 하였다. [참고문헌] 『因明正理門論本』. ⇨ 인명 因明, 오지작법 五支作法, 삼지작법 三支作法, 동유 同喩, 이유 異喩, 사유십과 似喩十過 **2** ➡ 비유 譬喩

유 猶 **1** 마치 ~와 같이. 『원각경약소주』 권하1(대정장39, p.556b29)에 "만일 참을 구하고 헛됨을 버리려 한다면 오히려 그림자를 떨치려 몸을 수고롭게 함과 같다. 若求眞捨妄 猶棄影勞形"라고 하였다. [참고문헌] 『圓覺經略疏注』. ⇨ 유여 猶如 **2** 어찌. 아직도. 『조당집』 권1 「혜능장 慧能章」(고려장45, p.248c1)에 "외도가 설하는 불생불멸은 생으로 멸을 그치고자 하지만 멸은 여전히 끝나지 않는다. 반면에 내가 불생불멸이라 함은 본디 스스로 일어난 일이 없다는 뜻이다. 外道說 不生不滅 將生止滅 滅猶不滅 我說 不生不滅 本自無生", 『벽암록』 32칙 「착어 著語」(대정장48, p.171b26)에 "많은 사람들이 이에 마주하면 어쩔 줄 몰라 한다. 어찌 그런 것이 있을 수 있는가. 多少人到此茫然 猶有這箇在"라고 하였다. [참고문헌] 『祖堂集』, 『碧巖錄』. **3** 주저하다. 망설이다. 보통은 유예(猶豫)의 형태로 쓰인다. 『호법론』(대정장52, p.643b25)에 "노자(老子)는 '머뭇거림이여, 겨울에 물을 건너는 듯하구나. 주저함이여, 사방의 이웃을 두려워하는 듯하구나'(『道德經』 15장)라고 하였고, 불가에서는 '번뇌를 따르면서 자성을 알아차리니, 기쁨도 없고 근심도 없다'(22조 摩拏羅존자의 말)라고 하였다. 老曰 豫兮 若冬涉川 猶兮 若畏四隣 釋則曰 隨流認得性 無喜亦無憂"라고 하였다. [참고문헌] 『護法論』. ⇨ 유예 猶豫 **4** 오히려. 도리어. 『경덕전등록』 권4 「도흠전 道欽傳」(대정장51, p.230a19)에 "혜충국사가 듣고서 말했다. '흠선사 도리어 마대사에게 미혹당했다'. 忠國師聞乃云 欽師猶被馬師惑"라고 하였다. [참고문헌] 『景德傳燈錄』.

유 猷 길(道)의 뜻. 대유(大猷)・종유(宗猷)・휘유(徽猷)・현유(玄猷) 등으로 다른 글자와 어울려 쓰며, 뜻깊은, 의미있는, 빼어난 도의 뜻으로 쓴다. 『불조역대통재』 권12(대정장49, p.576c21)에 "상나존자가 입적하자 국다존자가 그의 빼어난 도를 널리 알렸다. 商那遷逝 鞠多闡其嘉猷"라고 하였다. [참고문헌] 『佛祖歷代通載』. ⇨ 대유 大猷, 종유 宗猷, 휘유 徽猷

유 遊 **1** Ⓢ Ⓟ viharati. 자유롭게 머물다. 『반니원경』 권상(대정장1, p.176a5 : *Mp-s.*, p.102)에 "한때 부처님께서 왕사성 요산(鷂鷲山)에 머무셨는데, 천이백오십명의 대중 비구들이 따랐다. 一時 佛遊於王舍鷂山 從大衆比丘 比丘千二百五十 ekaṃ samayaṃ bhagavān rājagṛhe viharati gṛdhrakūṭe parvate", 『중아함경』 권1 「주도수경 晝度樹經」(대정장1, p.422b11 : *AN.4*, p.118)에 "성스런 제자들이 욕을 여의고 악하고 선하지 않은 법을 여의며, 각도 있고 관도 있으며, 여의어 기쁘고 즐거운 초선을 얻어 성취하여 자유로우니 이때의 성스런 제자들을 엽환생이라 한다. 마치 삼십삼천에 있는 주도수잎이 다시 나듯 하였기 때문이다. 聖弟子 離欲 離惡不善之法 有覺有觀 離生喜樂 得初禪成就遊 是時 聖弟子 名葉還生 猶三十三天晝度樹葉還生也 yasmiṃ bhikkhave samaye ariyasāvako vivicceva kāmehi vivicca akusalehi dhammehi savitakkaṃ savicāraṃ vivekajaṃ pītisukhaṃ paṭhamaṃ jhānaṃ upasampajja viharati jālakajāto bhikkhave ariyasāvako tasmiṃ samaye hoti devānaṃ tāvatiṃsānaṃ pāricchattako koviḷāro"라고 하였다. [참고문헌] 『般泥洹經』, 『中阿含經』, *Mp-s.*, *AN.* **2** Ⓢ vicarati. anuvicarati, prayāṇa, Ⓟ cārikaṃ carati, Ⓣ rnam-par-rgyu'o, 'gro-ba. 돌아다니다. 교화를 위해 일부러 유행(遊行)하다의 뜻이다. 돌아다니다. 『기세경』 권2(대정장1, p.319c4)에 "비구들아, 전륜성왕이 어느 때에 커다란 보배수레를 타고 궁궐을 나와 두루 돌아보았으

니 빼어난 여러 곳을 지나 수목이 우거진 동산에 이르면, 이때 모든 인민은 전륜성왕을 마주 보고 모두 크게 기뻐한다. 諸比丘 轉輪聖王 或於一時 乘大寶車 出宮遊觀 歷諸勝地 爰及林苑 當於是時 一切人民 悉得面見 轉輪聖王 皆大歡喜", 『중아함경』 권51 「아습패경 阿濕貝經」(대정장1, p.749c3 : *Kīṭāgiri-sutta, MN.1*, p.473)에 "어느 때, 부처님께서 가시국을 유행하셨다. 대비구들과 함께 한 곳에 머무시며 비구들에게 말씀하셨다. '나는 하루에 한 번 먹는다. 하루에 한 번만 먹고서 무엇을 하거나 구하는 것이 없다. 몸에는 병 있을 리 없으며, 가볍고 편안하며, 기력은 강건하고 안은하며 쾌락하다. 一時 佛遊迦尸國 與大比丘衆俱 遊在一處 告諸比丘 我日一食 日一食已 無爲無求 無有病痛 身體輕便 氣力康强 安隱快樂 ekaṃ samayaṃ bhagavā kāsīsu cārikaṃ carati mahatā bhikkhusaṅghena saddhiṃ. tatra kho bhagavā bhikkhū āmantesi. ahaṃ kho bhikkhave aññatreva rattibhojanā bhuñjāmi aññatra kho panāhaṃ bhikkhave rattibhojanā bhuñjamāno appābādhatañ ca sañjānāmi appātaṅkatañ ca lahuṭṭhānañ ca balañ ca phāsuvihārañ ca"라고 하였다. 〔참고문헌〕『起世經』, 『中阿含經』, *Saddh-p.394·446., Abh-k-bh.88., MN.* **3** 법계(法界)에서 자유롭다의 뜻. ⇨ 유심안락도 遊心安樂道

유 誘 Ⓢ parikṣeptṛ. 잘 달래어 이끌다. 『백오십찬불송』(대정장32, p.760c25)에 "부처님(導師)께서 잘 이끌어 주시어 교만에 빠진 이가 부지런히 정진하도록 하시고, 굽은 마음을 가지런히 가져 고르게 하시니, 미망의 길에서 바른 길로 돌아가게 하시네. 導師能善誘 墮慢使翹勤 等持調曲心 迷途歸正道"라고 하였다. 〔참고문헌〕『百五十讚佛頌』, *Śata-śa.*

유 遺 잃다. 버리다. 잊다. 남기다 등의 뜻이다. 『주화엄법계관문송』 권하(대정장45, p.704c22)에 "티끌도 자성에 맞게 하니 법을 거둠에 남김이 없다. 一毛稱性攝法無遺", 『금강경여시해』(卍속장39, p.395b7)에 "장자는 '황제가 잃어버린 구슬을 다름아닌 맹인이 찾았다'라고 하였다. 만일 법이 있어 능히 보리를 얻을 수 있다면 문득 모양 없는 중에 모양을 드러내려 함이니, 그러므로 오직 얻을 것이 없어야 이에 참으로 얻을 수 있다. 莊子云 黃帝遺珠 惟象罔得之 若有法能得菩提 便是無象中著象 故唯無所得 乃爲眞得"라고 하였다. 〔참고문헌〕『註華嚴法界觀門頌』, 『金剛經如是解』.

유 類 Ⓢ jāti. 자성(自性)이 같은 무리. 『구사론』 권1(대정장29, p.4b28 : *Abh-k-bh.*, p.12)에 "〈송〉 류와 경과 식이 같기에, 비록 두 계지만 바탕은 하나다. 〔논〕 '류가 같다'라는 말은 이처(二處)가 같다 함이니 곧 모두 눈(眼)의 자성이기 때문이다. '경이 같다는 것은 이처는 모두 색을 경으로 삼는다는 뜻이다. '식이 같다' 란 곧 이처는 모두 안식의 의지가 된다는 뜻이다. 類境識同故 雖二界體一 論曰 類同者 謂二處同是眼自性故 境同者 謂二處同用色爲境故 識同者 謂二處同爲眼識依故 〈kārikā〉 jātigocaravijñānasāmānyād ekadhātutā, dvitve 'pi cakṣurādīnāṃ 〈bhāṣya〉 tatra jātisāmānyam ubhayoś cakṣuḥsvabhāvatvāt. gocarasāmānyam ubhayo rūpaviṣayatvāt. vijñānasāmānyam ubhayor ekacakṣurvijñānāśrayatvāt"라고 하였다. 〔참고문헌〕『俱舍論』, *Abh-k-bh.*

유가 瑜伽 Ⓢ Ⓟ yoga의 음사어, Ⓣ rnal-byor. 서로 따르다 또는 어울려 어긋남이 없음의 뜻. 상응(相應)이라 한역한다. 경·행·이·과·중생(境行理果衆生) 등을 따라 어김이 없는 뜻이다. 이런 관법을 닦는 이를 유가사(瑜伽師 Ⓢ yogācāra)라고 하며, 그 경계를 유가사지(瑜伽師地 Ⓢ yogācāra-bhūmi)라고 한다. 현교(顯教)는 이상응(理相應)의 뜻으로 유가유식(瑜伽唯識)이라 하고, 밀교(密教)는 행상응(行相應)의 뜻을 취하여 유가삼밀(瑜伽三密)을 말한다. 『성유식론술기』 권2(대정장43, p.272c6)에 "유가는 상응이라 한다. 여기에 다섯 가지 뜻이 있으나 따로 번역하지 않는다. 첫째는 경상응이니 일체법자성을 어기지 않기 때문이고, 둘째는 행상응이니, 정혜 등의 행과 상응이다. 셋째는 이상응이니, 안립과 비안립의 두 가지 이치이며, 넷째는 과상응이니 능히 무상보리과를 얻기 때문이다. 다섯째는 얻은 과가 이미 원만하면 중생을 이롭게 하여 만물을 구하니 근기에 따라 감응하니 약과 병이 서로 따른다. 言瑜伽者 名爲相應 此有五義 故不別翻 一 與境相應 不違一切法自性故 二 與行相應 謂定惠等行相應也 三 與理相應 安非安立 二諦理也 四 與果相應 能得無上菩提果也 五 得果既圓 利生救物 赴機應感 藥病相應"라고 하였다. 〔참고문헌〕『成唯識論述記』, 『瑜伽師地論』 권28(대정장30, p.439a16), *Śrāv-bh.283.* ⇨ 요가 Yoga, 유기 瑜祇, 유가사 瑜伽師, 유가사지 瑜伽師地, 유가행 瑜伽行

유가갈마 瑜伽羯磨 Ⓢ yoga-karman의 음사어. 『유가사지론』에서 설하는 수계작법(授戒作法)을 말하며 갈마(羯磨)는 작법을 일컫는다. ⇨ 유가계 瑜伽戒

유가경 瑜伽經 **1** 밀교 유가계 경류를 모두어 부르는 말. 『반야이취석』 권하(대정장19, p.611c10)에 "이 분노존의 훔(훔 hūṃ) 자는 금강부에 속한다. 용맹하고 날쌔기 때문에 신속하게 아비차로가(阿毘遮盧迦 Ⓢ abhicāraka : 調伏·降伏)를 성취할 수 있는데, 널리 유가경의 말씀과 같다. 此忿怒吽字 金剛部攝 猛利故 速得成辦 阿毘遮盧迦 如廣瑜伽經等所說"라고 하였다. [참고문헌] 『般若理趣釋』. ❷ ➡ 요가수트라 Yogasūtra, 유가대교왕경 瑜伽大教王經 ❶

유가계 瑜伽戒 『유가사지론』에서 설하는 보살계(菩薩戒). 『유가사지론 瑜伽師地論』 권40~41 보살지(菩薩地) 「지유가처계품 持瑜伽處戒品」(줄임말은 戒品)을 소의로 한다. 『유가사지론』의 보살지 「계품」만을 별도로 한역・유통한 별행본(別行本)으로는 구나발마(求那跋摩) 한역의 『보살선계경 菩薩善戒經』과 담무참(曇無讖) 한역의 『보살지지경 菩薩地持經』이 있다. 범망계(梵網戒)와 함께 대승보살계이며, 보살지 「계품」은 보살의 일체계(一切戒)로서 삼종정계(三種淨戒 : 三聚淨戒) 및 수계법(受戒法), 학처(學處)로서 사타승처법(四他勝處法)과 사십삼범사(四十三犯事) 등으로 구성되었다. 삼취정계란 적극적으로 악을 끊는 지악문(止惡門)으로 칠중(七衆)이 수지하는 별해탈율의인 섭율의계(攝律儀戒), 일체의 선법(善法)을 닦고 익히는 수선문(修善門)인 섭선법계(攝善法戒), 모든 중생을 이롭게 하는 이생문(利生門)인 섭중생계(攝衆生戒)를 말하며, 삼덕(三德 : 斷智恩)의 인이 되어 삼신(三身 : 法報應)을 성취한다. 사종타승처법이란 자신을 칭찬하거나 타인을 비방하지 말 것, 보시하는 것을 아까워하지 말 것, 분노하는 마음을 갖지 말 것, 대승법을 비방하지 말 것 등을 말한다. 삼취정계 중 성문계(聲聞戒 : 小乘戒)인 별해탈율의계를 수용하고 유연한 방편 등은 엄격한 계율준수를 독려하는 범망계와 다른 점이다. 형식상 범계(犯戒)하였더라도 결과적으로 '요익중생'이어서 실제로 범한 것이 아닐 경우에는 범계로 규정하지 않았고, 따라서 보살지 계품의 모든 조목마다 염위범(染違犯)과 구분하여 무위범(無違犯) 또는 불범(不犯)의 예외규정을 두었다. 예를 들면, 자찬훼타계에 대하여 『유가사지론』 권41(대정장30, p.519b21)에 "모든 보살이 보살정계율의에 안주하면서 타인에 대하여 물들고 애착하는 마음이나 분노하는 마음을 지니고서 자신을 찬탄하고 남을 헐뜯는다면, 이는 범함이 있고 어긴 바가 있다고 하니 바로 물들어 어겨 범한 염위범이다. 若諸菩薩安住菩薩淨戒律儀 於他人 所有 染愛心 有瞋恚心 自讚毁他 是名有犯 有所違越 是染違犯", "무위범은 모든 악한 외도를 꺾어 조복시키고 여래의 뛰어난 가르침을 지켜 주지케하고 방편으로 저들 조복시키고자 하는 것으로 자세한 것은 앞에서 설하였다. 혹은 아직 맑은 신심을 내지 못한 이가 정신을 내도록 하거나 이미 정신이 있는 이들은 더욱 증장시키기 위한 것이다. 無違犯者 若爲摧伏諸惡外道 若爲住持如來聖教 若欲方便調彼伏彼 廣說如前 或欲令其未淨信者 發生淨信 已淨信者 倍復增長"라고 하였다. 또한 범망계가 중국이나 우리나라에서 널리 행해진 것에 비해 유가계는 티베트에서 성행하였다. 『유가사지론』 권40(대정장30, p.511a12)에 "어떤 것이 보살의 일체계인가? 말하자면 보살계에는 간략하게 두 가지가 있으니, 첫째 재가분계, 둘째 출가분계이다. 이것을 일체계라고 한다. 또 이 재가와 출가의 두 갈래 정계에 의지하고, 대략 세 가지를 말하면, 첫째 율의계, 둘째 섭선법계, 셋째 요익유정계이다. 云何菩薩一切戒 謂菩薩戒 略有二種 一 在家分戒 二 出家分戒 是名一切戒 又卽依此 在家出家 二分淨戒 略說三種 一 律儀戒 二 攝善法戒 三 饒益有情戒", 『법원주림』 권89(대정장53, p.941c3)에 "그 보살의 삼취정계란 무엇인가? 첫째는 섭율의계이니, 악을 여의지 못함이 없게 하고자 증도행(證道行)을 일으킨다. 이것은 단덕(斷德)의 인으로 마침내 법신을 성취한다. 그친 즉 지키는 것이고, 지은 즉 범하는 것이므로 가르침을 따라 받들어 닦으면서 삼가고 하지 않을 뿐이다. 其三是何 一者 攝律儀戒 謂惡無不離 起證道行 是斷德因 終成法身 止卽是持 作便是犯 順敎奉修 愼而不爲", "둘째는 섭선법계이니, 선을 쌓지 않음이 없어서 조도행을 일으킨다. 이것은 지덕의 인이므로 결국 보신을 이루는데, 행하는 것이 지키는 것이고, 그치는 것이 곧 범하는 것이므로 가르침을 따라 받들어 닦으면서 행덕을 이룬다. 二者 攝善法戒 謂善無不積 起助道行 是智德因 終成報身 作卽是持 止便是犯 順敎奉修 以成行德", "셋째는 섭중생계이니, 중생을 제도하지 않음이 없어서 머물지 않고 행함을 일으킨다. 이것은 은덕의 인이므로 결국 응신을 성취한다. 행하는 것이 지키는 것이고 그치는 것이 곧 범하는 것이다. 三者 攝衆生戒 謂無生不度 起不住道行 是恩德因 終成應身 作卽是持 止便是犯", "섭율의계의 요체는 네 가지일 뿐이다. 첫째 이양을 위하여 고의로 자신은 칭찬하고 타인을 헐뜯지 않는 것이니, 무참바라이이다. 둘째 고의로 인색하여 타인에게 보시하지 않는 일이 없는 것이니, 무참바라이이다. 셋째 성내는 마음으로 중생을 때리며 욕을 하고, 참회하고 사과해도 받아들이지 않는 것이니, 무참바라이이다. 넷째 어리석은 마음으로 대승을 비방하는 것이니, 무참바라이이다. 攝律儀戒者 要唯有四 一者 不得爲利養故自讚毁他 無慚波羅夷 二者 不得故慳不施前人 無慚波羅夷 三者 瞋心打罵衆生 前人慚謝 不受其懺 無慚波羅夷 四者 癡心謗大乘 無慚波羅夷"라고 하였다. 우리나라에서는 원효(元曉) 스스로 유가계본으로 밝혀진 『달마계본 達摩戒本』에 의해 성상 밝힌다고 하여 원효의 『보살계본지범요기』(한불전1, pp.581a1~585c17)와 둔륜(遁倫)의 저술로 전하는 『유가사지론』 제15 보살지 「계품」에 대한 주석서인 『보살계갈마기』(한불전11, pp.55c1~59b8)가 전하며, 승장(勝莊)의 『범망경술기』(한불전2, pp.114c1~181a16)・의적(義寂)의 『보살계본소』(한불전2, pp.251a

1~300b27)·태현(太賢)의 『범망경고적기』(한불전3, pp.418c1~478b4) 등이 전하는데, 유가계의 삼취정계 개념을 이끌어와 범망계의 사십팔경계를 주석하였다. 특히 승장은 『범망경』의 거의 모든 계목에 『유가론』을 인용하였으며, 『범망경』 58개 계목 중 23개에는 『유가론』의 무위범 용례로 주석을 다는 등 유가계 안에서 범망계를 수용하여 유가계를 현양코자 하였고, 둔륜은 『유가론기』(한불전13, p.1a1~한불전14, p.962a16)에서 승장처럼 무위범을 특별히 강조하지는 않았지만 계를 받는 일과 잃는(捨戒) 경우 등을 주석하면서 성문계와 대승 보살계를 비춰 주석하였다. 〔참고문헌〕『瑜伽師地論』, 『法苑珠林』, 『菩薩戒本持犯要記』, 『菩薩戒羯磨記』, 『梵網經述記』, 『菩薩戒本疏』, 『梵網經古迹記』, 『瑜伽論記』, 大野法道 『大乘戒經の研究』(理想社, 1954), 森章司 『戒律の世界』(溪水社, 1993) p.434, 崔源植 『新羅菩薩戒思想史研究』(民族社, 1999), 伽山智冠 『한국불교계율전통』. ⇨ 보살계 菩薩戒, 범망계 梵網戒, 삼취정계 三聚淨戒, 유가계본 瑜伽戒本, 보살계본지범요기 菩薩戒本持犯要記, 보살계갈마기 菩薩戒羯磨記

유가계본 瑜伽戒本 『유가사지론』 보살지(菩薩地) 「지유가처계품 持瑜伽處戒品」에서 초출(抄出)한 갈마용 계본. 넓은 의미의 유가계본은, 담무참(曇無讖)이 한역한 『보살지지경 菩薩地持經』(대정장30, No.1581)과 『보살지지경』에서 초출한 『보살계본 菩薩戒本』(대정장24, No.1500), 구나발마(求那跋摩)가 한역한 『보살선계경 菩薩善戒經』(대정장30, No.1582)과 『우바새오계위의경 優婆塞五戒威儀經』(대정장30, No.1503), 현장(玄奘)이 『유가사지론』 「보살지계품」에서 초출한 『보살계본』(대정장24, No.1501)과 『보살계갈마문 菩薩戒羯磨文』(대정장24, No.1499) 등을 통칭한다. 좁은 의미로는 현장의 『보살계본』만을 지칭하니, 법장(法藏)의 『범망경보살계본소』에서 '유가계본에 이르기를 瑜伽戒本云' 이라 하고 현장의 『보살계본』을 인용하였기 때문이다. 『범망경보살계본소』 권3(대정장40, p.621a16)에 "또한 저 유가계본에서는 재가보살이 중생을 교화하기 위하여 방편으로 욕을 따름도 허용한다. 又如瑜伽戒本 許在家菩薩爲化衆生方便從欲者", 『대승법원의림장사자후초』 권21(대정장71, p.854c19)에 "〔문〕 『유가계본』에서 설한 사중금계와 뒤의 사십삼경계는 삼취정계 중 어떻게 모으고 거둬야 하는가? 〔답〕 이 뜻을 풀이하려고 크게 세 부문으로 나눈다. 첫째는 고석을 보이고, 둘째는 시비를 가리며, 셋째는 지금의 뜻을 말한다. 問 瑜伽戒本所說四重禁戒 及後四十三輕戒 三聚戒中 何聚攝耶 答 欲釋此義 大分三門 一 出古釋 二 判是非 三 述今義" 라고 하였다. 현장은 『유가사지론』에서 보살의 율의(律儀)를 기본 바탕으로 삼아 대중의 요구에 응하고자 하였으며, 각 절의 앞부분 12글자를 제외하면 『유가사지론』을 그대로 초출하여 편성하였다. 포살설계회(布薩說戒會)에서 읽어 내려가는 형태를 지키면서 수계(受戒)·전정(專精)·참회(懺悔) 등의 중심 내용을 담아 계품을 정리하였기 때문에 집성이자 핵심 계본으로서 유가계를 율(律)로 정착시켰다고 평가 받는다. 〔참고문헌〕『梵網經菩薩戒本疏』, 『大乘法苑義林章師子吼鈔』. ⇨ 유가계 瑜伽戒, 보살계갈마문 菩薩戒羯磨文, 보살계경전 菩薩戒經典, 보살계본 菩薩戒本[3], 다라계본 多羅戒本, 달마계본 達磨戒本, 계본 戒本, 지지계본 地持戒本, 포살 布薩, 갈마 羯磨

유가계본종요 瑜伽戒本宗要 신라중대 태현(太賢) 지음. 1권. 전하지 않는다. 〔참고문헌〕『韓國佛敎撰述文獻總錄』(동국대출판부, 1976) p.76, 黃心川 『東方佛教論 : 黃心川佛教文集』(中國社會科學出版社, 2002) p.311.

유가과거 瑜伽過去 이미 지나가 버린 과거. 교편과거(巧便過去)라고도 한다. 『대비바사론』 권13(대정장27, p.65c1)에서 '과거에는 두 가지가 있으니 첫째는 세과거이고, 다음은 유가과거인데, … 「과거에 석가모니부처님께서 번뇌로부터 해탈하셨다」라고 할 경우의 과거를 유가과거라고 한다'(過去有二種 一 世過去 二 瑜伽過去 … 一切結過去者 謂佛解脫一切煩惱)라고 하였다. 〔참고문헌〕『大毘婆沙論』, 『阿毘曇毘婆沙論』 권8(대정장28, p.53c29). ⇨ 이종과거 二種過去, 세과거 世過去

유가관자재왕여래수행법 瑜伽觀自在王如來修行法 ➡ 금강정경유가관자재왕여래수행법 金剛頂經瑜伽觀自在王如來修行法

유가교 瑜伽教 밀교(密教)의 총칭. 삼밀유가(三密瑜伽)를 종지(宗旨)로 하기에 이렇게 부르며, 유가종(瑜伽宗)이라고도 한다. 『반야이취석』 권하(대정장19, p.617a29)에 "금강수다라란 유가교의 금강승법을 가리킨다. 金剛修多羅者 指瑜伽教金剛乘法也"라고 하였다. 〔참고문헌〕『般若理趣釋』. ⇨ 밀교 密教, 삼밀유가 三密瑜伽

유가귀감 儒家龜鑑 조선 중기 청허휴정(淸虛休靜 1520~1604) 지음. 한불전7, pp.631c9~633b6에 수록되어 있다. 『선가귀감 禪家龜鑑』·『도가귀감 道家龜鑑』과 함께 『삼가귀감 三家龜鑑』이라 한다. 유가의 교리를 58항으로 요약하였다. ⇨ 삼가귀감 三家龜鑑

유가금강정경석자모품 瑜伽金剛頂經釋字母品 당나라 때 불공(不空) 한역. 1권. 고려장37, pp.286c1~287b10, No.1370·대정장18, pp.338b13~339a16, N o.880에 수록되어 있다. 『금강정경석자모품』·『유가금강정석자모품』이라고도 한다. 실담자 오십자와 그 실담의 의미를 설명하는 형식을 취한다. 첫 구절을 예로 들면, "𑖀아〈상성〉자문 : 일체법은 본래 생멸한 바 없다는 뜻이다. 𑖀阿〈上〉字門 一切法 本不生故"라고 한다. 〔참고문헌〕『大唐貞元續開元釋敎錄』 권상(대정장55, p.754a6), 『貞元新定釋敎目錄』 권1(대정장55, p.773b11).

유가기 瑜伽記 ➡ 유가석론기 瑜伽釋論記

유가대교왕 瑜伽大敎王 밀교 금강계(金剛界)의 설주 또는 그 법문을 아울러 부르는 뜻. 『금강정경』 권상(대정장18, p.310a24)에 "박가범이신 대비로자나께 머리를 조아려 예배합니다. 능히 자재왕 되시어 금강계의 무변공덕법을 설하시며 오해탈륜과 삼십칠지신을 성취하셨습니다. 저는 지금 유가대교왕께 귀의하여 예배합니다. 성불하기 위한 일불승이자 여래 삼밀장을 열어 보이셨으니, 이 가르침 비유할 이 없어 최상이며 제일입니다. 稽首薄伽梵 大毘盧遮那 能爲自在王 演說金剛界 無邊功德法 成五解脫輪 三十七智身 我今歸命禮 瑜伽大敎王 開演一佛乘 如來三密藏 是乘無比喩 最上最第一"라고 하였다. 〔참고문헌〕『金剛頂經』.

유가대교왕경 瑜伽大敎王經 ❶ Ⓢ Māyājāla-mahātantrarāja, Ⓣ rGyud-kyi rgyal-po-chen-po sgyun-′phrul-dra-ba. 북송(北宋) 때 법현(法賢) 한역. 5권. 금강계(金剛界)의 비법(祕法)을 설한 밀교 경전. 줄여서 『유가경 瑜伽經』이라고도 한다. 고려장34, pp.421b1~457a4, No.1220·대정장18, pp.559b22~583a11, No.890에 수록되어 있다. 대변조금강여래(大遍照金剛如來 : 大日如來)가 금강수보살(金剛手菩薩)의 물음에 답하여 삼매야만다라(三昧耶曼荼羅)·조상법(彫像法)·관상법(觀想法) 등을 비롯하여 갖가지 수법(修法)과 호마법(護摩法) 등에 대해 설한 내용이다. 총 8품으로 구성되어 있다. 티베트역본(北京版 No.102)이 현존한다. ❷ ➡ 무이평등최상유가대교왕경 無二平等最上瑜伽大敎王經

유가대덕 瑜伽大德 유가(瑜伽 : 瑜珈)의 덕이 높은 큰 스님. 대덕은 덕이 높은 스님을 높여 부르는 존칭이면서 승과(僧科)에 합격하여 처음으로 받는 법계(法階)의 이름이기도 하다. 『삼국유사』 권5(대정장49, p.1018b3·한불전6, p.368a20) 효선(孝善)9 대성효이세부모(大城孝二世父母)에 "경덕왕대에 대상 대성이 천보 10년(751)에 불국사를 비로소 창건하였다. 혜공왕대를 지나, 대력 9년(774) 12월 2일에 대성이 죽자, 국가가 이를 완성하여 끝마쳤다. 처음에는 유가대덕을 청하여 항마를 행하고 이 절에 머물게 한 후 이어 지금에 이르렀다. 景德王代 大相大城 以天寶十年辛卯 始創佛國寺 歷惠恭世 以大歷九年甲寅十二月二日大城卒 國家乃畢成之 初請瑜伽大德降魔住此寺 繼之至于今"라고 하였다. 〔참고문헌〕『三國遺事』. ⇨ 유가업 瑜伽業, 대덕 大德

유가론 瑜伽論 ➡ 유가사지론 瑜伽師地論

유가론고적기 瑜伽論古迹記 신라 때 태현(太賢) 지음. 4권. 『신편제종교장총록』 권3 「해동유본견행록 海東有本見行錄」(대정장55, p.1176b20·한불전4, p.694b9)에 책이름이 전하지만 일실되어 전하지 않는다. 〔참고문헌〕『新編諸宗敎藏總錄』. ⇨ 보살장아비달마고적기 菩薩藏阿毘達磨古迹記, 유가사지론 瑜伽師地論

유가론기 瑜伽論記 ❶ 신라(新羅) 때 둔륜(遁倫) 지음. 24권(또는 분권하여 48권). 『유가륜기 瑜伽倫記』·『둔륜기 遁倫記』·『유가론륜기 瑜伽論倫記』·『유가론소 瑜伽論疏』·『유가사지론기 瑜伽師地論記』 등이라고도 한다. 대정장42, pp.311a3~868a15, No.1828·한불전2, p.400a1~한불전3, p.374a8·한불전13, p.1a1~한불전14, p.962b3 등에 수록되어 있다. 유가행파의 소의논서인 『유가사지론』(대정장30, No.1579)을 각 권의 주요 내용과 개념을 중심으로 신태(神泰)·혜경(惠景) 등 여러 논사들의 주장을 인용하여 주석한 논서이다. 전체는 서소위(敍所爲)·창소인(彰所因)·명종요(明宗要)·현장섭(顯藏攝)·해제목(解題目)·석본문(釋本文) 등 육문(六門)으로 구성되어 있다. 제1문은 『유가론』을 저술한 연유로서 『유가론』은 중생의 이익·성교의 개현(開顯)·변견(遍見)의 여읨·대승신(大乘信)·정론(正論)을 세움·관행엄수·진여(眞如)의 현시 등을 위한 것이라 하였다. 제2문에서는 부처님께서 입멸하신 후 마사(魔事)가 일어남으로써 대승교(大乘敎)를 일으킨다는 소인(所因)을 밝혔으며, 제3문에서는 『유가론』은 십칠지(十七地)를 수로 한 그 종요(宗要)를 밝혔으며, 제4문에서는 『유가론』이 보살장(菩薩藏)에 섭(攝)임을 밝혔고, 제5문에서는 제목을 상세히 풀이하였으며, 제6문에서는 『유가론』 본문을 주석하였다. 본서는 『유가사지론』 100권 통틀어 고승들의 주석과 중요 저술을 폭넓게 인용하여 풀이하고 있어 『유가사지론』에 대한 가장 충실하고 뛰어난 주석서이자 유식학연구의 중요 지침서이다. 또한 본서는 규기(窺基 638~682)의 『유가사지론약찬 瑜伽師地論略纂』(대정장43, No.1829)을 소의전적(所依典籍)으로 삼아 8세기 전후 신라와 당(唐)의 유식학 스님들은 물론 유식사상의 제설(諸說)과 그 사상을 총망라한 책으로, 약 50여명에 달하는 주석가 및 그들의 관련 정보와 사상도 수록하고 있어 현장(玄奘)이 『유가사지론』을 한역한 이후 편찬된 많은 주석서 중에서도 제2의 집대성이라 평가받는다. 특히 본서에서 인용한 순경(順憬)·문비(文備)·현범(玄範)·신태·혜경·원측(圓測)·원효(元曉)·신곽(神廓)·승현(僧玄) 등 십여 명의 신라 유식학자의 이름은 주목할 만하다. 또한 본서를 바탕으로 하여 저자 둔륜의 생애·행적·사상 등이 1930년대 전후로 일본에서 본격적으로 연구되었고, 중국·대만·한국에서도 후속 연구가 이어지고 있다. 본서의 판본은 크게 두 가지로 구분되는데 의천(義天 1055~1101)이 송(宋)에서 구한 『유가론기』의 초본을 천공법사(千公法師 1064~1127)가 교감(校勘)하여 1122년(선화4)에 간행한 것을 복각(復刻)한 금장(金藏) 판본과 일본 스님 성위(性威)가 1733년(형보18)에 목판에 새긴 대정신수대장경 판본이 대표적이다. 판본의 종류 등과 관련해 다양한 의견이 존재하며 이에 대한 연구도 꾸준히 이어지고 있다. [참고문헌] 『法相宗章疏』(대정장55, p.1139a20), 『注進法相宗章疏』(대정장55, p.1142a19), 『新編諸宗教藏總錄』 권하(한불전4, p.694b2), 『韓國佛教撰述文獻總錄』(동국대학교출판부, 1976) p.69. ⇨ 둔륜 遁倫, 유가사지론 瑜伽師地論 ❷ ➡ 유가석론기 瑜伽釋論記

유가론석 瑜伽論釋 ➡ 유가사지론석 瑜伽師地論釋

유가론소 瑜伽論疏 ❶ 신라(新羅) 경흥(憬興) 지음. 10권. 『신편제종교장총록』 권3(대정장55, p.1176b17·한불전4, p.694b6)에 책 이름이 보인다. [참고문헌] 『新編諸宗教藏總錄』. ❷ 신라 현일(玄一) 지음. 17권. 『신편제종교장총록』 권3(대정장55, p.1176b16·한불전4, p.694b5)에 책 이름이 보인다. [참고문헌] 『新編諸宗教藏總錄』. ❸ 신라 때 둔륜(遁倫)이 지은 『유가론기』(대정장42, No.1828)의 다른 이름. ⇨ 유가론기 瑜伽論記❶ ❹ 문비(文備) 지음. 13권. 『법상종장소』(대정장55, p.1139a17) 등에 책 이름이 보인다. [참고문헌] 『法相宗章疏』, 『東域傳燈目錄』(대정장55, p.1156c24). ❺ 지주(智周) 지음. 40권. 『유가소 瑜伽疏』라고도 한다. 『신편제종교장총록』 권3(대정장55, p.1176b5·한불전4, p.694a17) 등에 책 이름이 보인다. [참고문헌] 『新編諸宗教藏總錄』, 『東域傳燈目錄』(대정장55, p.1156c23). ❻ 진공(眞空) 지음. 25권 또는 20권. 『유가론초기 瑜伽論抄記』라고도 하며, 『동역전등목록』(대정장55, p.1156c23) 등에 책 이름이 보인다. [참고문헌] 『東域傳燈目錄』, 『法相宗章疏』(대정장55, p.139a16). ❼ 신태(神泰) 지음. 10권. 『신편제종교장총록』 권3(대정장55, p.1176b14·한불전4, 694b3)에 이름이 보인다. [참고문헌] 『新編諸宗教藏總錄』. ❽ 혜경(惠景) 지음. 일설에는 경법사(景法師)가 지었다고 한다. 36권 또는 20권. 『유가론초 瑜伽論抄』라고도 하며, 『신편제종교장총록』 권3(대정장55, p.1176b12·한불전4, 694b1) 등에 책 이름이 보인다. [참고문헌] 『新編諸宗教藏總錄』, 『法相宗章疏』(대정장55, p.11339a18).

유가론소중실 瑜伽論疏中實 ➡ 유가론중실 瑜伽論中實

유가론수기 瑜伽論手記 당나라 때 법성(法成) 지음. 권수 미상. 돈황사본 S.463이 대정장85, pp.937c20~947c10, No.2802에 수록되어 있다. 법성이 강의한 『유가사지론』을 대중이 받아 적은 것으로, 대정장에는 담신(談迅)이 받아 적고(述) 복혜(福慧)가 따라 들은(隨聽) 『유가사지론』 권31~34의 수기 부분 4권이 전한다. 권1에서는 『유가사지론』 권31 본지분(本地分) 중 제3 유가처(瑜伽處), 권2에서는 『유가사지론』 권32의 제3 유가처, 권3에서는 『유가사지론』 권33의 제4 유가처, 권4에서는 『유가사지론』 권34의 제4 유가처에 대해 설명하고 있다. ⇨ 유가사지론 瑜伽師地論

유가론심경기 瑜伽論心鏡記 혜담(惠潭) 지음. 4권. 저술 시기 및 자세한 내용은 알 수 없고, 『신편제종교장총록』 권3(한불전4, p.694a21)에 책 이름이 보인다. [참고문헌] 『新編諸宗教藏總錄』.

유가론약찬 瑜伽論略纂 ➡ 유가사지론약찬 瑜伽師地論略纂

유가론요간 瑜伽論料簡 신라 때 행달(行達) 지음. 1권. 『동역전등목록』(대정장55, p.1157a11)에 책 이름이 보이나, 현재는 일실되어 전하지 않는다. [참고문헌] 『東域傳燈目錄』.

유가론우족초 瑜伽論羽足鈔 신라(新羅) 때 극태(極太:一作 極泰) 지음. 5권. 자세한 내용은 알 수 없고, 『신편제종교장총록』 권3(한불전4, p.694b8)에 책 이름이 보인다. [참고문헌] 『新編諸宗教藏總錄』.

유가론의림 瑜伽論義林 백제 때 의영(義榮) 지음. 5권. 『동역전등목록』(대정장55, p.1156c28)에 책 이름이 보이나, 현재는 일실되어 전하지 않는다. [참고문헌] 『東域傳燈目錄』.

유가론의연 瑜伽論義演 당나라 때 청소(淸素) 지음. 40권 또는 41권. 자세한 내용은 알 수 없고, 『신편제종교장총록』 권3(한불전, p.694b18)에 책 이름이 보인다. [참고문헌] 『新編諸宗教藏總錄』.

유가론인명 瑜伽論因明 『유가사지론』 중 인명(因明)을 논한 부분. 『유가사지론』 권15(대정장30, p.356a11)에 "어떤 것을 인명처라고 하는가? 云何因明處"라고 한 부분부터 같은 책 권15(대정장30, p.360c21)에 "인명처를 말하였다. 已說因明處"라고 한 부분까지가 해당한다. [참고문헌] 『瑜伽師地論』. ⇨ 인명 因明

유가론중과 瑜伽論中科 징정(澄淨) 지음. 1권. 저술 시기 및 자세한 내용은 알 수 없고, 『신편제종교장총록』 권3(한불전4, p.694b19)에 책 이름이 보인다. [참고문헌] 『新編諸宗教藏總錄』.

유가론중실 瑜伽論中實 신라 때 원효(元曉) 지음. 4권. 『유가론소중실 瑜伽論疏中實』이라고도 하며, 『법상종장소』(대정장55, p.1139a19)에 책 이름이 보이나, 일실되어 전하지 않는다. [참고문헌] 『法相宗章疏』.

유가론찬요 瑜伽論纂要 신라 때 태현(太賢) 지음. 3권. 『동역전등목록』(대정장55, p.1157a6)에 책 이름이 보이나, 현재는 일실되어 전하지 않는다. [참고문헌] 『東域傳燈目錄』.

유가명승 瑜珈明僧 유가(瑜珈 : 瑜伽)에 밝은 스님. 신라 문무왕 때 명랑(明朗)법사가 유가에 밝은 열두 스님과 함께 문두루비밀법(文豆婁秘密法)을 설행하여 당나라 군사를 물리치고 신인종(神印宗)의 개조가 되었다. 『삼국유사』 권2(대정장49, p.972b6 · 한불전6, p.288a17) 기이(紀異)2 문무왕법민(文武王法敏)에 "이에 채색 비단으로 절을 짓고 풀로 오방신상을 만들어, 유가에 정통한 스님 열두 분이 명랑을 상수로 하여 문두루비밀법을 행하였다. 乃以彩帛營寺 草搆五方神像 以瑜珈明僧十二員 明朗爲上首 作文豆婁秘密之法"라고 하였다. [참고문헌] 『三國遺事』. ⇨ 명랑 明朗, 문두루비밀법 文豆婁秘密法, 신인종 神印宗

유가밀종 瑜伽密宗 ➡ 신언종 眞言宗

유가법경경 瑜伽法鏡經 ➡ 시소범자유가법경경 示所犯者瑜伽法鏡經

유가보살계 瑜伽菩薩戒 ➡ 유가계 瑜伽戒

유가보살지 瑜伽菩薩地 Ⓢ Bodhisattva-bhūmi. 『유가사지론』의 「보살지」. 원측(圓測)의 『인왕경소』 권상(대정장33, p.379c5 · 한불전1, p.47a22)에 "자은삼장은 무릇 공을 논함에 대략 네 가지가 있으니 첫째는 무를 공이라 설하는 것이다. 그러므로 『유가사지론』 권45 「보살지」(대정장30, p.543c18 : *Bodh-bh.*, p.187)에 '유위와 무위를 유라 하고, 아와 아소가 없는 것을 무라고 한다(tatra saṃskṛtam asaskṛtañ ca sat asad ātmā vātmīyaṃ vā)'고 하였다. 慈恩三藏 汎論空者略四種 一者 說無爲空 是故 瑜伽菩薩地 說有爲無爲 名爲有 無我我所 名爲無", 『화엄경소』 권48(대정장35, p.866a8)에 "『유가사지론』 권45 「보살지」(대정장30, p.539c26 : *Bodh-bh.*, p.256)에 이르길 '모든 보살에게는 대략 네 가지 행이 있으니, 첫째 바라밀행, 둘째 보리분법행, 셋째 신통행, 넷째 성숙유정행이다'라고 하였다. 瑜伽菩薩地云 一切菩薩 略有四行 一 波羅蜜行 二 菩提分法行 三 神通行 四 成熟有情行 bodhisattvānāṃ samāsataś catasraś caryā veditavyāḥ. katamāś catasraḥ. pāramitācaryā bodhipakṣyācaryā abhijñācaryā sattvaparipākacaryā ca"라고 하였다. [참고문헌] 『仁王經疏』, 『瑜伽師地論』, 『華嚴經疏』, *Bodh-bh.*

유가비다 由迦庇多 Ⓢ loka-vid, Ⓟ loka-vidū의 음사어. Ⓣ 'jig-rten-mkhyen-pa. 여래십호(如來十號) 중 하나인 세간해(世間解)의 음사어. 『보살내계경』(대정장24, p.1029c21)에 "유가비다는 세간의 아버지이다. 由迦庇多 世間之父"라고 하였다. [참고문헌] 『菩薩內戒經』. ⇨ 세간해 世間解

유가사 瑜伽寺 ❶ 대구광역시 달성군 유가면 양리 비슬산(琵瑟山)에 있는 절. 대한불교조계종 제9교구본사 동화사(桐華寺)의 말사이다. 혜공왕(惠恭王 재위 765~780) 때 창건설과 827년(흥덕왕2) 도성(道成) 창건설이 전한다. 889년(진성여왕3)에 탄잠(坦岑)이 전각을 중창, 1047년(고려 문종1)에 학변(學卞)이 중수, 1452년(조선 문종2)에 일행(逸行)이 중수하였고, 1469년(예종1)에 편찬된 『경상도속찬지리지』에는 교종(敎宗)에 속한다고 하였다. 임진왜란 때 소실되었으나 1682년(숙종8)에 도경(道瓊)이 대웅전을 보수하였고, 1729년(영조5)에 취화(就和) · 파봉(巴峰)이 중수하였다. 1737년(영조13)에 낙암의눌(洛巖義訥)이 유가사에서 세수 72, 법랍 60세를 일기로 입적하자 1752년(영조28)에 비를 세웠다. 1760년(영조36)에 보월(寶月), 1776년(영조52)에 밀암(密庵)이 중수 · 중창하였다. 현존 당우로는 대웅전 · 용화전 · 나한전 · 산령각 · 범종루 · 국사당 · 염화실 등이 있으며, 산내암자로는 수도암(修道庵) · 도성암이 있다. 성보문화재로는 고려시대로 추정하는 유형문화재 제50호 석조여래좌상이 있으며, 김지대(金之岱)의 시 「유가사」가 『동문선』 권14에 전한다. [참고문헌] 『慶尙道續撰地理誌』, 『東文選』, 『東國輿地勝覽』 권27 慶尙道 玄風縣 古跡, 『韓國寺刹全書』 권하 p.945a4. ⇨ 의눌 義訥, 수도암 修道庵❶, 도성암 道成庵❷

❷ 대구광역시 동구 도학동 팔공산(八公山)에 있는 동화사(桐華寺). ⇨ 동화사 桐華寺❶

유가사 瑜伽師 Ⓢ yoga-ācāra, yogin, Ⓟ yogācariya, Ⓣ rnal-'byor-spyod-pa, rnal-'byor-pa. 유가의 관행을 닦는 사람. 관행자(觀行者)·선관자(禪觀者)라고도 한다. 『구사론』 권22(대정장29, p.117c1)에 "유가사가 닦는 골쇄관(骨鎖觀 Ⓢ aśubhā)에는 모두 세 위가 있으니, 첫째는 초습업(Ⓢ ādi-karmika), 둘째는 이숙수(Ⓢ kṛt-parijaya), 셋째는 초작의(Ⓢ atikrānta-manaskāra)이다. 관행자가 이와 같은 부정관을 닦음에는 마땅히 먼저 마음을 자기 몸에 매어두어야 한다. 발가락이나 이마나 그 밖의 좋아하는 곳에 마음을 머물게 하고 나서 승해력으로 자기 몸의 어딘가에 가상으로 사유하니, 피부와 살이 떨어져나가 점차 뼈만 남고 나아가 온몸골쇄(Ⓢ asthi-saṃkalā)를 한꺼번에 관한다. 瑜伽師 修骨鎖觀 總有三位 一 初習業 二 已熟修 三 超作意 謂觀行者 欲修如是不淨觀時 應先繫心 於自身分 或於足指 或額或餘 隨所樂處 心得住已 依勝解力 於自身分 假想思惟 皮肉爛墮 漸令骨淨 乃至具觀全身骨鎖", 『유가사지론』 권26(대정장30, p.427c29)에 "여러 비구들이 부지런히 닦고 관하며 행한다면 곧 유가사이니 능히 반연하는 곳마다에 그 마음이 편안히 머문다. 諸有比丘 勤修觀行 是瑜伽師 能於所緣 安住其心", 『유가사지론석』(대정장30, p.884c18)에 "삼승의 행자가 문사(聞思) 등으로 말미암아 차제로 익히고 행하여 이와 같은 유가가 분에 따라 만족하고 나아가 거듭 더하여 모든 유정을 고르게 교화시키기에 유가사라고 한다. 혹은 모든 여래께서 유가만을 증하고, 그 응한 바를 따라 이 유가를 가지고 일체성제자 등을 고르게 교화하여 차제로 정행을 닦게 하기에 유가사라고 한다. 三乘行者 由聞思等 次第習行 如是瑜伽 隨分滿足 展轉調化諸有情故 名瑜伽師 或諸如來 證瑜伽滿 隨其所應 持此瑜伽 調化一切聖弟子等 令其次第 修正行故 名瑜伽師", 『설무구칭경소』 권4(대정장38, p.1067a24)에 "유가는 상응이라 한역한다. 가르침과 이치, 마음과 경, 정과 혜, 인과 과, 약과 병 등은 모두 서로 따르기에 상응이라고 한다. 사(師)란 이 상응행을 익히는 사람이고 유가의 스승을 유가사라고 부른다. 瑜伽者 此云相應 教與理 心與境 定與慧 因與果 藥與病 皆能相順 故名相應 師者 學此相應行者 瑜伽之師 名瑜伽師"라고 하였다. [참고문헌] 『俱舍論』, 『瑜伽師地論』, 『瑜伽師地論釋』, 『說無垢稱經疏』, *Aṣṭ-pr.46.*, *Laṅk.248.*, *Abh-k-bh.338.*, *Śrāv-bh.198·265.*, *MN.3.216.* ⇨ 유가 瑜伽

유가사석조여래좌상 瑜伽寺石造如來坐像 고려시대 석불좌상. 대구광역시 유형문화재 제50호. 높이 105cm·무릎 폭 80cm. 머리에 나발(螺髮)과 육계(肉髻)가 뚜렷하고 얼굴형은 길다. 삼도(三道)가 희미하고 어깨는 각졌으며 허리가 잘록하다. 법의는 우견편단으로 가슴의 대부분과 어깨가 노출되어 있다. 수인은 항마촉지인으로 왼손은 길상좌의 오른발 위에 있다. 이 불상은 석굴암 본존상과 같은 모습이지만 각진 어깨와 가슴의 탄력 저하, 팔각대좌가 아닌 방형대좌 등으로 보아 10세기후의 제작으로 추정된다. [참고문헌] 『문화유적분포지도 - 대구광역시 I』(대구광역시·재단법인영남문화재연구원, 2006). ⇨ 유가사 瑜伽寺❶

유가사석조여래좌상

유가사지 瑜伽師地 Ⓢ yogācāra-bhūmi, Ⓣ rnal-'byor-spyod-pa'i-sa. 유가관행(瑜伽觀行)의 십칠지(十七地)를 말한다. 『유가사지론』 권1(대정장30, p.279a8 : *Yogā-bh.*, p.3)에 "무엇이 유가사지인가? 십칠지다. 어떤 것이 열일곱인가? … 오식신상응지, 의지, 유심유사지, 무심유사지, 무심무사지, 삼마희다지, 비삼마희다지, 유심지, 무심지, 문소성지, 사소성지, 수소성지, 성문지, 독각지, 보살지, 유여의지, 무여의지이다. 이와 같은 열일곱 가지를 간략하게 유가사지라고 한다. 云何瑜伽師地 謂十七地 何等十七 … 一者 五識身相應地 二者 意地 三者 有尋有伺地 四者 無尋唯伺地 五者 無尋無伺地 六者 三摩呬多地 七者 非三摩呬多地 八者 有心地 九者 無心地 十者 聞所成地 十一者 思所成地 十二者 修所成地 十三者 聲聞地 十四者 獨覺地 十五者 菩薩地 十六者 有餘依地 十七者 無餘依地 如是略說十七 名爲瑜伽師地 yogācārabhūmiḥ katamā. sā saptadaśa bhūmayo draṣṭavyā. katamāḥ saptadaśa. … pañcavijñānkāyasamprayuktā bhūmiḥ. manobhūmiḥ. savitarkā savicārā bhūmiḥ. avitarkā vicāramātrā bhūmiḥ. avitarkāvicārā bhūmiḥ. samāhitā bhūmiḥ asamāhitā bhūmiḥ. sacittikā bhūmiḥ. acittikābhūmiḥ. śrutamayī bhūmiḥ. cintāmayī bhūmiḥ. bhāvanāmayī bhūmiḥ. śrāvakabhūmiḥ. pratyekabuddhabhūmiḥ. sopadhikā bhūmiḥ. nirupadhikā bhūmiḥ. ity etāḥ saptadaśa bhūmayaḥ samāsato yogācārabhūmir ity ucyate"라고 하였다. [참고문헌] 『瑜伽師地論』, *Yogā-bh.* ⇨ 십칠지 十七地

유가사지론 瑜伽師地論 Ⓢ Yogācāra-bhūmi, Ⓣ rNal-'byor-spyod-pa'i-sa. 미륵(彌勒 Ⓢ Maitreya) 또는 무착(無著 Ⓢ Asaṅga) 지음. 당대 현장(玄奘) 한역.

고려장15, pp.464a1~1342c1, No.570·대정장30, pp.279a3~881c3, No.1579 등에 수록되어 있다. 100권. 인도의 유가행파(瑜伽行派)와 중국 법상종(法相宗)의 소의논서이며, 『유가론』·『십칠지론 十七地論』·『광석제경론 廣釋諸經論』 등이라고도 한다. 『유가사지론』의 '유가사지'는 유가행자가 경험하는 경지, 곧 오식신상응지(五識身相應地)·의지(意地)·유심유사지(有尋有伺地)·무심유사지(無尋有伺地)·무심무사지(無尋無伺地)·삼마희다지(三摩呬多地)·비희삼마다지(非呬三摩多地)·유심지(有心地)·무심지(無心地)·문소성지(聞所成地)·사소성지(思所成地)·수소성지(修所成地)·성문지(聲聞地)·독각지(獨覺地)·보살지(菩薩地)·유여의지(有餘依地)·무여의지(無餘依地)를 말한다. 티베트역도 있으며, 1936년 티베트의 살가사(薩迦寺 Sakya)에서 발견된 범본(梵本)은 1957년 V.Bhattacharya가 *The Yogācārabhūmi of Acārya Asaṅga : Part I*(University of Calcutta)로 출판하였다. 또한 1930~1936에 일본의 적원운래(荻原雲來)가 「보살지 菩薩地」 범본을 교정·출간하였으며, N.Dutt도 1978년에 「보살지」 범본 *Bodhisattvabhumi*(K.P.Jayaswal Research Institute, Patna)를 출판하였다. 한역본으로는 현장역 외에 부분 이역본으로 북량(北涼) 담무참(曇無讖 [S] Dharmakṣema)의 『보살지지경 菩薩地持經』 10권(대정장30, No.1581)·유송(劉宋) 구나발마(求那跋摩 [S] Guṇavarman)의 『보살선계경 菩薩善戒經』 9권(대정장30, No.1582·1583)·양(梁) 진제(眞諦 [S] Paramārtha)의 『결정장론 決定藏論』 3권(대정장30, No.1584)·양(梁) 진제(眞諦)의 『십칠지론 十七地論』 5권·당(唐) 현장(玄奘)의 『보살계본 菩薩戒本』 1권(대정장24, No.1501)·『보살계갈마문 菩薩戒羯磨文』 1권(대정장24, No.1499)·『왕법정리론 王法正理論』 1권(대정장31, No.1615)·당나라 불공(不空)의 『불위우전왕설왕법정론경 佛爲優塡王說王法政論經』 1권(대정장14, No.524) 등이 전한다. 저자는 현장의 한역에는 미륵이고, 티베트역에는 무착인데, 이는 무착이 도솔천에 올라가 미륵의 가르침을 받고 내려와서 기록하였다거나 미륵이 도솔천에서 중천축(中天竺)의 아유타국(阿踰陀國 [S] Ayodhyā) 강당에 내려와 4개월 동안 매일 밤 설한 것을 무착이 기록한 것이 『유가사지론』이라는 전승에 연유한다. 둔륜의 『유가론기』에 따르면 『유가사지론』 이외에도 이런 미륵과 무착의 전승으로 전하는 논서는 『분별유가론 分別瑜伽論』·『대승장엄경론 大乘莊嚴經論』·『변중변론 辨中邊論』·『금강반야론 金剛般若論』 등이 있어서 『유가사지론』과 함께 오부대론(五部大論)이라 부른다. 이 『유가사지론』은 유가행파의 소의논서 중 가장 고층에 속할 뿐 아니라 유가행자가 관하고 이해해야 하는 경(境), 실천해야 하는 행(行), 수행으로 증득할 과(果) 등과 유가행파의 근본교의인 아뢰야식(阿賴耶識 [S] ālaya-vijñāna)·삼성(三性)과 삼무성(三無性) 등에 대해 상세하게 설하고 있어 유식의 핵심요체를 모두 망라한 중요 논서로 평가

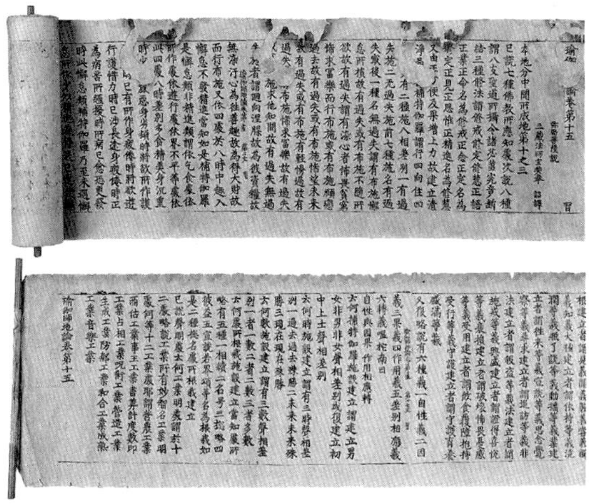

초조본 유가사지론 권15 국보제273호 국립중앙박물관 11세기

된다. 현장의 한역본에서는 크게 다섯으로 구성한다. 첫째는 「본지분 本地分」이니, 십칠지(十七地)를 자세하게 설하는 부분으로 전체 100권 중 앞의 50권이다. 유식의 근간이 되는 세계를 경험하게 하는 식·의·심(識意心), 그로 인한 번뇌와 윤회, 다시 세계로 돌아오게 하는 보살지 등을 논한다. 둘째는 「섭결택분 攝決擇分」으로 '십칠지'의 「본지분」에서 밝히지 못한 깊은 뜻을 드러내는 부분으로 30권인데 의문을 풀고 결택하여 뜻을 세운다. 셋째는 「섭석분 攝釋分」이니, 여러 경의 체(體)와 석(釋)을 끌어 「본지분」과 「섭결택분」을 입증하는 부분으로 81권과 82권이다. 넷째는 「섭이문분 攝異門分」이니, 경에서 설하는 법상들을 모아 그 의미를 정의하는 부분으로 83권과 84권이다. 다섯째는 「섭사분 攝事分」이니, 경율론 삼장(三藏) 중에 전승된 중요한 일들의 의미를 밝히는 부분으로 85권~100권이고 우선 삼장(三藏)을 개설한 후 계경사(契經事 : 經藏)·조복사(調伏事 : 律藏)·본모사(本母事 : 論藏) 등으로 나누어 논한다. 즉 경장 중에서 어떤 인연에 의해 생멸하게 되는 행(行)을 모아 설명한 계경사행택섭(契經事行擇攝), 일체가 일어나는 십이처(十二處)에 대한 계경사처택섭(契經事處擇攝), 연기(緣起)·식(食)·제(諦)·계(界) 등을 논의한 계경사연기식제계택섭(契經事緣起食諦界擇攝), 삼십칠보리분법(三十七菩提分法)을 논한 계경사보리분법택섭(契經事菩提分法擇攝), 율장을 논한 조복사총택섭(調伏事總擇攝), 여러 논장을 모아 논의한 본모사서변섭(本母事序辯攝) 등 여섯 부분으로 이루어져 있다. 유식의 중요한 이 논서의 주석서로는 최승자(最勝子 [S] Jinaputra) 등이 짓고 현장이 한역한 『유가사지론석

瑜伽師地論釋』 1권(대정장30, No.1580)·당대 규기(窺基)의 『유가사지론약찬 瑜伽師地論略纂』 16권(대정장43, No.1829)·『유가론겁장송 瑜伽論劫章頌』 1권, 신라대 둔륜(遁倫)의 『유가론기 瑜伽論記』 4권(대정장42, No.1828)·청소(淸素)의 『유가사지론의연 瑜伽師地論義演』 40권·법성(法成)의 『유가사지론분문기 瑜伽師地論分門記』 6권·『유가론수기 瑜伽論手記』 4권 등이 있다. 이외에도 이 논을 중심으로 재구성하거나 부분적인 내용을 밝힌 『백법명문론 百法明門論』·『대승오온론 大乘五蘊論』·『현양성교론 顯揚聖敎論』·『섭대승론 攝大乘論』·『아비달마잡집론 阿毘達磨雜集論』·『변중변론 辯中邊論』·『이십유식론 二十唯識論』·『삼십유식론 三十唯識論』·『대승장엄경론 大乘莊嚴經論』·『분별유가론 分別瑜伽論』 등을 법상종(法相宗)에서는 십지론(十支論)이라 부른다. 이 논서의 방대함으로 인해 현대에 있어 연구는 주로 「본지분」 중에 일정한 지나 품의 범본교감 등으로 집중되어 있으며, 최근에 이 논서 연구를 총정리한 하버드대학 동양학총서 75권이 *The Foundation for Yoga Practioners : The Buddhist Yogācārabhūmi Treatise and Its Adaption in India, East Asia and Tibet*(Harvard University, 2013)로 출간되었다. ⇨ 보살지지경 菩薩地持經, 보살선계경 菩薩善戒經, 결정장론 決定藏論, 십칠지론 十七地論, 보살계본 菩薩戒本[3], 보살계갈마문 菩薩戒羯磨文, 왕법정리론 王法正理論, 불위우전왕설왕법정론경 佛爲優塡王說王法政論經

유가사지론분문기 瑜伽師地論分門記 당대 법성(法成 ?~865) 지음. 『유가사지론개석분문기 瑜伽師地論開釋分門記』·『유가론분문기』라고도 한다. 법성이 『유가사지론』과 『유가사지론석』에 대해 과분(科分)하고 강설한 내용을 그의 제자들이 남겨 전한 것이다. 중국 역대 경전목록과 대장경에는 수록되지 않고 원서(原書)도 전하지 않았으나, 돈황사본(敦煌寫本)이 발견되면서 알려졌다. 현재 P.2035·S.2552 두 개의 사본이 전하며, 이 두 사본은 대정장85, pp.804a1~937c19, No.2801에도 수록되었다. 모두 전하지 않고 여섯 권만 전한다. P.2035의 경우 수미(首尾)가 완전하며 수제(首題)는 '유가사지론개석분문기·오식신상응지등전십이지동권 瑜伽師地論開釋分門記·五識身相應地等前十二地同卷'이다. 내용은 『유가사지론석』 전문(全文)과 『유가사지론』 본지분(本地分) 17지(地) 중 앞의 12지에 대한 과분이다. S.2552는 『유가사지론』 본지분 제11·12지를 과분한 것이다. 앞부분은 잔결(殘缺)되었는데, 제11지 41문(門) 중 '체의가타(體義伽他)'를 포함한 제30문의 일부와 마지막 11문 그리고 제12지에 대한 과분이 포함되어 있다. 이는 모두 P.2035에서 밝혀진 전12지의 분문(分門) 범위에 속한다. "유가론 권20 분문기 마침. 담신 복혜 瑜伽論二十卷分門記竟 談迅 福慧" 등을 근거하여 이 사본이 담신과 복혜가 법성의 강해를 받아 남긴 것으로 추정한다. ⇨ 유가사지론 瑜伽師地論

유가사지론석 瑜伽師地論釋 최승자(最勝子 Ⓢ Jinaputra) 등 지음. 당나라 때 현장(玄奘) 한역. 1권. 『유가론석 瑜伽論釋』·『유가석론 瑜伽釋論』 등이라고도 한다. 고려장16, pp.220a1~227b11, No.575·대정장30, pp.883a3~888a4, No.1580에 수록되어 있다. 『유가사지론』을 설한 인연사와 이름의 뜻과 「본지분 本地分」 십칠지(十七支)의 의의를 소위(所爲)·소인(所人)·명의(名義)·종요(宗要)·장섭(藏攝)·석문(釋文) 등 육문(六門)으로 나누어 주석하고 있다. 『유가사지론』에 대한 주석서 가운데 가장 오래된 책이다. ⇨ 유가사지론 瑜伽師地論

유가사지론석독구결 瑜伽師地論釋讀口訣 석독구결이 있는 『유가사지론』 인출본. 한문을 우리말로 풀어 읽기 쉽게 하려고 모필(毛筆)로 구결자를 쓴 자토(字吐)와 각필(角筆)로 점·선·삐침·고리점을 표시한 점토(點吐)로 구결을 달았다. 1246년(고종33) 대장도감(大藏都監) 판목으로 13~14세기경 인출한 『유가사지론』 권20(보물 제1886호, 국립한글박물관)에 자토구결이 있고, 초조본 『유가사지론』 권3(호림박물관)과 권5·권8(성암고서박물관) 및 권53(국보 제276호 가천박물관) 등에 각필구결이 남아 전한다. ⇨ 유가사지론 瑜伽師地論, 석독구결 釋讀口訣[보]

유가사지론약찬 瑜伽師地論略纂 당대 규기(窺基) 지음. 16권. 대정장43, pp.1a3~228b5, No.1829에 수록되어 있다. 『유가사지론약찬소 瑜伽師地論略纂疏』·『유가론약찬 瑜伽論略纂』·『유가론초 瑜伽論鈔』·『유가약찬 瑜伽略纂』·『유가초 瑜伽鈔』·『약찬 略纂』 등이라고도 한다. 『유가사지론』 주석서이며, 귀경서(歸敬序)·소위(所爲)·소인(所因)·종서(宗緖)·장섭(藏攝)·석제(釋題)·석문(釋文) 등으로 구성되어 있다. ⇨ 유가사지론 瑜伽師地論

유가상 瑜伽像 유가행(瑜伽行) 행자가 관상(觀想)하기 위한 존상(尊像). 『금강봉유기경』(대정장18, p.255c4)에 "만다라를 조성하거나 유가상을 그릴 경우 솔도파인을 맺는다. 若作漫荼羅 及畫瑜伽像 結率覩波印"라고 하였다. [참고문헌] 『金剛峯瑜祇經』. ⇨ 유가행 瑜伽行

유가상승 瑜伽上乘 유가의 뛰어난 가르침. 『불조역대통재』 권14(대정장49, p.602c14)에 "유가상승의 진언과 밀계를 6대가 주고받으며 등불을 전하여 서로 이었다. 瑜伽上乘 眞語密契 六葉授受 傳燈相繼"라고 하였다. [참고문헌]『佛祖歷代通載』.

유가석론 瑜伽釋論 ➡ 유가사지론석 瑜伽師地論釋

유가석론기 瑜伽釋論記 신라 때 경흥(憬興) 지음. 36권. 『유가론기 瑜伽論記』·『유가기 瑜伽記』 등이라고도 한다. 『동역전등목록』(대정장55, p.1156c26)에 이름이 보이나 일실되어 전하지 않는다. [참고문헌]『東域傳燈目錄』, 『注進法相宗章疏』(대정장55, p.1142a17), 『著譯叢譜』 권2(한불전12, p.465a11). ⇨ 경흥 憬興

유가수습비로자나삼마지법 瑜伽修習毘盧遮那三摩地法 ➡ 금강정경유가수습비로자나삼마지법 金剛頂經瑜伽修習毘盧遮那三摩地法

유가승통 瑜珈僧統 유가종(瑜伽宗)의 최고법계. 『만덕산백련사제사대진정국사호산록』 권하(한불전6, p.207c22)에 "조계의 원진국사, 화엄승통 관현, 유가승통 현모는 모두 신염달(申猒達)의 십세손이다. 若曹溪圓眞國師 華嚴僧統貫玄 瑜珈僧統玹玥 皆猒達十世之孫"라고 하였다. [참고문헌]『萬德山白蓮社第四代眞靜國師湖山錄』. ⇨ 유가업 瑜伽業, 승통 僧統, 법계 法階

유가아 瑜伽我 유가수행자가 진아라 여기는 상응심. 『대일경』에 제시된 30종 외도의 견해 중 하나다. 『대일경소』 권1(대정장39, p.593a5)에 "경에서 말한 유가아란 뜻은, 정을 닦는 자가 내심과 상응하는 이치를 헤아려 그것을 진아로 삼고서는 상주부동하고 진성담연하니, 오직 이것만이 구경도라 여겨 인과를 버린다. 마음의 자성을 꿰뚫지 못했기에 이와 같은 견을 일으켜 참된 자아라 여기고 다만 이 이치에만 머물러야 해탈이라 여긴다. 經云 瑜伽我者 謂學定者 計此內心相應之理 以爲眞我 常住不動 眞性湛然 唯此是究竟道 離於因果 不觀心自性故 如是見生 以爲眞我 但住此理 卽名解脫也"라고 하였다. [참고문헌]『大日經疏』, 『大日經』 권1(대정장18, p.2a28). ⇨ 삼십종외도 三十種外道

유가아사리 瑜伽阿闍梨 Ⓢyoga-ācārya의 음사어. 삼밀(三密)이 상응하여 부처와 다름없는 행자. 『석가문니불금강일승수행의궤법품』(대정장19, p.86c22)에 "이와 같이 삼밀과 상응하여 어김없으니 그런 다음에야 유가아사리의 처소로 가서 비밀의를 받고 굳게 지녀 수행하면 속히 성취한다. 如是三密 相應不違 然後 往詣瑜伽阿闍梨所 受祕密儀 持念修行 速得成就", 『대일경소』 권14(대정장39, p.724b27)에 "이 몸 그대로 부처다. 곧 유가아사리가 관행을 성취하면 마음이 하는 그대로 모든 것이 성취된다. 이 자륜이 몸 곳곳에 두루하다고 관하면 오히려 분명히 볼 수 있으니 부처와 같고 부처와 더불어 같은 위다. 卽是身同於佛也 謂瑜伽阿闍梨 觀行成就 隨心所作 任運皆成 觀此字輪 遍布身分 猶明見故 同於佛與佛同位也"라고 하였다. [참고문헌]『釋迦文尼佛金剛一乘修行儀軌法品』, 『大日經疏』.

유가업 瑜伽業 『유가사지론 瑜伽師地論』에 의지해 유가유식(瑜伽唯識)을 전문적으로 공부하며 유가행을 닦던 승중. 업(業)은 종파라는 의미의 종(宗)과 비슷한 뜻으로서 고려시대에는 업과 종을 함께 이름하였다. 업이 정해진 삼장에 의지해 수행하며 업을 삼는 뜻을 강조한 이름이라면, 종은 종조(宗祖)에 의지해 종지(宗旨)를 계승함을 표방하는 이름이다. 예를 들어 화엄을 전공하는 스님들은 『화엄경』을 전문적으로 공부하고 행하였으므로 화엄업(華嚴業)이라고 불리는 동시에 중국의 현수대사(賢首大師) 법장(法藏)의 가르침을 계승하였으므로 현수종(賢首宗)이라고 일컬었다. 또한 계율(戒律)에 전념하는 스님들은 율장(律藏)에 의지하였으므로 율업(律業)이라고 불리는 동시에 중국 남산도선(南山道宣)의 가르침을 따랐으므로 남산종(南山宗)이라고 하였다. 이와 같이 유가유식을 전공하는 스님들은 『유가사지론』에 의지해 수행하였으므로 유가업이라 불리는 동시에 중국 자은사(慈恩寺) 규기(窺基)의 가르침을 계승하였기 때문에 자은종(慈恩宗)이라고도 불렸고, 한편 제법(諸法)의 법상(法相)을 간택함을 중요하게 여겼으므로 법상종(法相宗)으로 일컬어지기도 하였다. 이처럼 업과 종은 본래 그 성격이 다르나 가리키는 바가 일치하였으므로 양자를 구분하지 않고 화엄업 대신에 화엄종, 율업 대신에 율종·계율종 등으로 불렀으며 고려 말에는 혼용하였다. 하지만 유가업의 경우에는 유가종(瑜伽宗)이라고 칭한 사례는 확인되지 않으며, 종으로 칭할 때는 조선시대까지도 자은종으로만 일컬었다. 유일하게 무인집권시기에 이인로(李仁老)가 지은 「유가업수좌사유위승통교서 瑜伽業首座資裕爲僧統敎書」(『동문선』 권27)에 '유가종로 瑜伽宗老'라는 표현이 보이나, 여기서 '종로'는 종지에 밝은 어른으로 장로(長老)·원로(元老)의 뜻으로서 '유가(업)의 원로'를 의미한다. 자은종·현수종·남산종 등은 중국에서도 불리었지만 유가업·화엄업·율업 등은 우리나라에서만 불려진 한국불교 고유 이름들이다. 고려시대의 유가업은 화엄(업)·조계(종) 등과 함께 가장 유력한 대중승가였으며, 대각국사(大覺國師) 의천(義天)이 천태종(天台宗)을 개창한 후에는 이들과 함께 사대업(四大業)이라 일컬어졌다. 1111년(예종6)에 건립한 금산사혜덕왕사진응탑비(金山寺慧德王師眞應塔碑)의 비문에서는 당시의 유가업이 중국의 현장(玄

奘)과 규기뿐만 아니라 "원효법사가 앞에서 인도하였고, 태현대통이 뒤를 따랐으며, 등과 등이 등불을 이어서 세대와 세대를 이어 중흥하였다. 曉法師導之于前 賢大統踵之於後 燈燈傳燄 世世嗣興"고 전하고 있다. 고려시대 유가업에 속한 스님들은 유식학의 기본 논서인 『유가사지론』을 중점적으로 공부하여 승과(僧科)에 합격하면 교종(敎宗)의 법계(法階)를 받고 유가업 사원의 주지를 역임하였다. 고려시대의 대표적인 유가업 사찰로는 개경의 현화사(玄化寺)와 숭교사(崇敎寺)를 비롯하여 원주 법천사(法泉寺)·김제 금산사·북한산 삼천사(三川寺)·속리산 법주사(法住寺)·팔공산 동화사(桐華寺)·안성 칠장사(七長寺)·경주 불국사(佛國寺) 등이 알려져 있다. [참고문헌] 『東文選』, 『韓國金石全文』 中世上 p.544, 李智冠 『校勘譯註歷代高僧碑文』 高麗篇3 pp.26~27. ⇨ 자은종 慈恩宗, 법상종 法相宗, 사대업 四大業

유가업수좌관고 瑜伽業首座官誥 고려시대 왕이 유가업을 닦은 수좌에게 내리는 관고(官誥 : 敎旨). 김부식(金富軾)이 작성하였으며 『동문선』 권27에 수록되어 있다. 관고를 받는 수좌는 유가(瑜伽)·유식(唯識)의 종지(宗旨)와 인명(因明)·백법(百法)의 귀추를 밝게 익혔을 뿐만 아니라, 일찍이 번뇌를 끊고 강해(講解)하여 규기(窺基)의 궤철(軌轍)을 따르고 현장(玄奘)의 심간(心肝)을 얻어 아울러 법을 설하여 중생을 기르고(養生) 경을 번역하여 왕에게 드렸으니, 말세의 도사(道師)로서 여래의 유교(遺敎)에 부합하였으므로 총애하는 문장으로써 그 명위(名位)를 더한다라고 하였다. [참고문헌] 『東文選』. ⇨ 유가업 瑜伽業

유가업수좌자유위승통교서관고 瑜伽業首座資裕爲僧統敎書官誥 고려 무인집권기에 이인로(李仁老 1152~1220) 지음. 유가업의 수좌인 자유(資裕)를 승통으로 임명하는 교서와 관고로, 『동문선』 권27에 수록되어 있다. 최고법계인 교종의 승통과 선종(禪宗)의 대선사(大禪師)에 임명할 때에는 국왕이 특정 인물에게 명령을 내리는 교서와 함께, 문하성(門下省)에서 시행을 발의하고 중서성(中書省)에서 심의한 후 국왕에게 보고하여 제가(制可)를 받는 제서(制書) 형식의 관고를 발급하였다. 이 경우 격식을 갖춘 제서가 대표 문서의 역할을 하였고, 교서는 그에 부수되는 문서로 인식되었다. 이 교서에서는 "유가업의 종로로서 능히 도를 체득하여 마땅히 세간 학자들의 존숭을 받고 있다. 瑜伽宗老 能體是道 爲當世學者之所尊仰", 관고에서는 "현장의 청풍을 계승하고 … (신라) 태현의 훌륭한 업적을 따랐다. 襲淸風於奘老 … 追美烈於賢師"라고 하였다. [참고문헌] 『東文選』. ⇨ 자유 資裕, 유가업 瑜伽業

유가연화부염송법 瑜伽蓮華部念誦法 당나라 때 불공(不空) 한역. 1권. 『연화부염송법』이라고도 한다. 고려장36, pp.1058b1~1061a22, No.1325·대정장20, pp.6c3~8c21, No.1032에 수록되어 있다. 연화부란 태장만다라(胎藏曼荼羅)에서는 관음원(觀音院)·지장원(地藏院)에 해당하고, 부주(部主)는 관음보살(觀音菩薩)이기에 관음부(觀音部)라고도 한다. 금강계만다라(金剛界曼荼羅)에서는 서방무량수불(西方無量壽佛)에 해당한다. 본서는 그 연화부에서 행하는 삼밀(三密 : 身口意密)의 차제를 시설하였다. 그 차제는 연화합장(蓮華合掌), 연화부삼매야(蓮華部三昧耶), 극희(極喜), 개심(開心), 입지(入智), 폐심문(閉心門), 정인(定印)과 입삼마지(入三摩地), 수식법(數息法), 도량관(道場觀), 가지(加持), 정관(灌頂), 계발(繫髮), 갑주(甲冑), 구삭쇄령(鉤索鎖鈴), 알가(閼伽), 갈마(羯磨), 삼매야, 금강희희내공공양(金剛嬉戲內供供養), 만(鬘), 가(歌), 무(舞), 범향(梵香), 등(燈), 도향(塗香), 연화부심의 근본인(根本印), 참회발원삼매야(懺悔發願三昧耶), 팔공양(八供養), 발발(發撥), 가지관정(加持灌頂)·갑주·박(拍) 등의 순으로 수인(手印)과 다라니염송 등 삼밀을 수행하고, 마지막으로 연화부백자(蓮華部百字)진언을 외운다. [참고문헌] 『大唐貞元續開元釋敎錄』 권하(대정장55, p.767c8), 『貞元新定釋敎目錄』 권27(대정장55, p.1012c26), 『入唐新求聖敎目錄』(대정장55, p.1079c1). ⇨ 연화부원 蓮華部院, 태장만다라 胎藏曼荼羅

유가염주경 瑜伽念珠經 ➡ 금강정유가염주경 金剛頂瑜伽念珠經

유가외도 瑜伽外道 요가학파. 요가행만으로 해탈을 얻는다고 주장한다. 『방편심론』(대정장32, p.24a21)에 "여덟 가지 자재 즉 첫째 능소, 둘째 위대, 셋째 경거, 넷째 원도, 다섯째 수소욕, 여섯째 분신, 일곱째 존승, 여덟째 은몰이다. 이것들은 유가외도다. 八自在 一 能小 二 爲大 三 輕擧 四 遠到 五 隨所欲 六 分身 七 尊勝 八 隱沒 是名瑜伽外道"라고 하였다. [참고문헌] 『方便心論』. ⇨ 요가학파 Yoga學派

유가유기경 瑜伽瑜祇經 ➡ 금강봉누각일체유가유기경 金剛峯樓閣一切瑜伽瑜祇經

유가유식 瑜伽唯識 『유가사지론』과 『성유식론』을 함께 일컫는 말. 또는 이를 바탕한 유식사상. 『현밀원통성불심요집』 권상(대정장46, p.989c29)에 "대승시교에는 둘이 있다. 첫째는 법상종이다. 『해심밀경』·『불지경』 등 수십권의 경과 『유가사지론』·『성유식론』 등 수백권의 논으로 일체법이 모두 오직 식일 뿐이라고 말한다.

大乘始教有二 一 法相宗 謂深密 佛地等 數十本經 瑜伽唯識等 數百卷論 說一切法 皆是唯識", 『송고승전』 권4 「규기전 窺基傳」(대정장50, p.726b27)에 "성상의 뜻이 열린 것은 당대 이르러 바야흐로 크게 구비되었다. 현장(玄奘)법사는 유가유식사상을 개창한 시조이고, 규기는 이를 기반으로 지켜 글 지은 종주다. 性相義門 至唐 方見大備也 奘師爲瑜伽唯識開創之祖 基乃守文述作之宗"라고 하였다. 〔참고문헌〕『顯密圓通成佛心要集』, 『宋高僧傳』. ⇨ 유가사지론 瑜伽師地論, 성유식론 成唯識論

유가조 瑜伽祖 유가(瑜伽)의 종조. 신라 중대 대현(大賢)을 이르는 말이다. 『삼국유사』 권4(대정장49, p.1009c25·한불전6, p.354a24) 의해(義解)5 현유가해화엄(賢瑜珈海華嚴)에 "유가의 종조인 대현대덕이 남산 용장사에 주석하였다. 瑜珈祖大德大賢 住南山茸長寺"라고 하였다. 〔참고문헌〕『三國遺事』. ⇨ 대현 大賢

유가종 瑜伽宗 ➡ 유가업 瑜伽業

유가좌 瑜伽座 유가행자의 자리. 『대일경』 권5(대정장18, p.36c22)에 "유가좌에 안주하여 모든 여래를 찾아 마음에 둔다. 安住瑜伽座 尋念諸如來", 같은 책 권7(대정장18, p.52b19)에 "아(अ) 자는 금색으로 가득하니 금강륜을 지어 하체를 떠받치면 그 이름이 유가좌다. 阿字遍金色 用作金剛輪 加持於下體 說名瑜伽座", 『대일경소』 권16(대정장39, p.749a1)에 "유가좌란 곧 소지한 진언자다. 더하여 가진즉 저 지녔던 바를 취하게 되니, 진언최초의 실담자가 곧 진언심이다. 그 글자에 붙은 점 등을 버리고 몸통만을 취하면 아(अ) 자가 되는데 이 아(अ) 자가 금강지다. 瑜伽座者 卽是所持 眞言之字 以加持之 取彼所持 眞言最初之字 卽是眞言心也 其字當去點等 但取本體 卽是阿字 阿字是金剛地也"라고 하였다. 〔참고문헌〕『大日經』, 『大日經疏』.

유가집요구아난다라니염구궤의경 瑜伽集要救阿難陀羅尼焰口軌儀經 당대 불공(不空 Ⓢ Amoghavajra) 한역. 1권. 『염구궤의경』이라고도 한다. 대정장21, pp.468c19~472b16, No.1318에 수록되어 있다. 아귀중(餓鬼衆)을 위한 시식작법(施食作法)을 시설한 경이다. 계청법(啓請法)·파지옥인주(破地獄印呪)·소청아귀인주(召請餓鬼印呪)·소죄인주(召罪印呪)·최죄인주(摧罪印呪)·정업인주(淨業印呪)·참회멸죄인주(懺悔滅罪印呪)·감로인주(甘露印呪)·개인후인주(開咽喉印呪)·칠여래명호(七如來名號) 등의 순으로 시설하였고, 감로도(甘露圖)와도 밀접한 연관이 있다. ⇨ 염구 焰口

유가집요도구시식기교아난다연유 瑜伽集要焰口施食起教阿難陀緣由 당대 불공(不空 Ⓢ Amoghavajra) 한역. 1권. 『시식의기교연유 施食儀起教緣由』·『유가집요염구시식의 瑜伽集要焰口施食儀』라고도 한다. 대정장21, pp.472b21~473c15, No.1319에 수록되어 있다. 8세기 후반에 성립하였다. 부처님께서 가비라성(迦毘羅城)의 니구율나(尼俱律那) 승가처(僧伽處)에 계실 때 아난이 홀로 고요한 곳에서 법을 상념하고 있었는데 깊은 밤이 되자 염구(焰口)라는 아귀가 나타나 삼일 후에 아난이 죽어서 아귀의 세계에 날 것이라고 하였다. 아난이 몹시 놀라 부처님께 아귀의 길에서 벗어나는 법을 여쭈었다. 부처님께서는 당신이 과거세에 바라문이었을 때 관세음보살에게서 받았던 무량위덕자재광명여래다라니법(無量威德自在光明如來陀羅尼法)을 일러주셨다. 이 다라니를 외우고 가지하면 한 끼의 음식이 갖가지 감로의 음식으로 바뀌어 모든 아귀·바라문·귀신이 다들 배불리 먹을 수 있어서 아귀를 하늘에 나게 할 수 있다고 하였다. 아귀시식의 기원을 전하는 경이다. 〔참고문헌〕『百丈淸規證義記』 권5(卍속장111, p.668a6).

유가집요염구시식의 瑜伽集要焰口施食儀 한역연대 및 역자 미상. 1권. 『염구시식의』·『유가염구시식의』라고도 한다. 대정장21, pp.473c19~484a22, No.1320에 수록되어 있다. 시식아귀(施食餓鬼)의 작법을 시설한 의궤로 작법 준비·대전륜명왕주(大轉輪明王呪)·전법륜보살인언(轉法輪菩薩印言)·제불명호(諸佛名號)·회향(廻向)·운심공양(運心供養)·삼보시식(三寶施食)·입관음정(入觀音定)·파지옥인언(破地獄印言)·소청아귀인언(召請餓鬼印言)·소죄인언(召罪印言)·최죄인언(摧罪印言)·정업인언(定業印言)·참회멸죄인언(懺悔滅罪印言)·시감로인언(施甘露印言)·개인후인언(開咽喉印言)·여래길상명호(如來吉祥名號)·발보리심인언(發菩提心印言)·삼매야인언(三昧耶印言)·무량위덕자재광명여래인언(無量威德自在光明如來印言)·유해진언(乳海眞言)·보공양인언(普供養印言)·봉송인언(奉送印言)·불정존승다라니신주(佛頂尊勝陀羅尼神呪)·육취게(六趣偈)·발원회향게(發願廻向偈)·길상게(吉祥偈)·금강살타백자주(金剛薩埵百字呪) 등의 순이며, 말미에 「십류고혼문 十類孤魂文」·「삼귀의찬 三歸依讚」을 부기(附記)하고 있다. 수륙재(水陸齋)의 기원이 되는 의식집이다. ⇨ 수륙재 水陸齋

유가차라부미 庾伽遮羅浮迷 Ⓢ Yogācāra-bhūmi의 음사어. 수행도지(修行道地) 또는 『수행도지경 修行道地經』을 말한다. 『달마다라선경』 권상(대정장15, p.301b22)에 "유가차라부미는 '수행도지'라고 한역한다. 庾伽遮羅浮迷 譯言修行道地", 『개원석교록』 권20(대정장55, p.696c3)에 "『달마다라선경』 2권〈『유가차라부미』라고도 하며, 『수행도지경』이라 한역하고 『부정관경』이라고도 한다〉. 達摩多羅禪經二卷〈一名庾伽遮羅浮迷 譯言修行道地 一名不淨觀經〉"라고 하였다. 〔참고문헌〕『達摩多羅禪經』, 『開元釋敎錄』. ⇨ 수행도지 修行道地 ■

유가천 惟呵天 Ⓢ Anabhraka. 색계십팔천(色界十八天) 중 하나. 색계 사선천(四禪天) 중 첫 번째인 무운천(無雲天)의 다른 이름. 『도행반야경』 권2 「공덕품 功德品」(대정장8, p.435a10)에 "범천(梵天) 그 위에 불도를 찾는 여러 천인들, 범가이천 … 유가천 … 아가이타천 등 천상의 여러 천인들이 모두 저 곳에 나아가 반야바라밀에 대하여 묻고 청하여 듣고 받아 지니고서는 (부처님을) 돌며 예를 올린 뒤에 각자 돌아갔다. 梵天上諸天人索佛道者 梵迦夷天 … 惟呵天 … 阿迦貳吒天等天上諸天人 皆往到彼所 問訊聽受般若波羅蜜 作禮遶竟已各自去"라고 하였다. 〔참고문헌〕『道行般若經』, *Aṣṭ-pr.8 1.* ⇨ 무운천 無雲天, 색계십팔천 色界十八天 ■

유가초 瑜伽抄 신라 때 원효(元曉) 지음. 5권. 일본의 『나랑조현재일체경소목록 奈良朝現在一切經疏目錄』에 이름이 보이나, 일실되어 현재 전하지 않는다. 〔참고문헌〕『韓國佛敎撰述文獻總錄』(동국대출판부, 1976) p.30.

유가최상승 瑜伽最上乘 유가만이 구경에 이르게 하는 최상의 수레라는 뜻. 상승유가(上乘瑜伽)·유가상승(瑜伽上乘)이라고도 한다. 『불조역대통재』 권14(대정장49, p.602b20)에 "옛날 금강살타는 몸소 비로자나불 앞에서 유가최상승의 뜻을 받았으며, 수백 년 후 용맹보살에게 전하였다. 용맹보살은 다시 수백 년 후에 용지아사리에게 전하였고, 용지아사리는 다시 금강지아사리에게 전하였으며, 금강지는 동쪽으로 와서 불공(不空)화상에게 전했다. 昔 金剛薩埵 親於毘盧遮那佛前 受瑜伽最上乘義 後數百年 傳於龍猛菩薩 龍猛又數百年 傳於龍智阿闍黎 龍智傳金剛智阿闍黎 金剛智東來 傳於和上"라고 하였다. 〔참고문헌〕『佛祖歷代通載』. ⇨ 상승유가 上乘瑜伽

유가파 瑜伽派 ❶ ➡ 유가행파 瑜伽行派 ❷ 인도의 육파철학(六派哲學) 중 요가학파를 말한다. ⇨ 육파철학 六派哲學, 요가학파 Yoga學派

유가항삼세극심법문 瑜伽降三世極深法門 ➡ 금강정유가항삼세성취극심밀문 金剛頂瑜伽降三世成就極深密門

유가행 瑜伽行 Ⓢ yoga. 삼장에서 시설한 행법(行法)에 상응하는 수행을 널리 일컫는 말. 『대승본생심지관경』 권8(대정장3, p.329b14)에 "유가행자는 둥근달을 관한 후 마땅히 세 가지 커다란 비밀법을 관한다. 어떤 것이 그 세 가지인가? 첫째 심비밀, 둘째 어비밀, 셋째 신비밀이다. 어떤 것을 심비밀법이라고 하는가? 유가행자가 보름달 속에서 금색오고금강이 출생하니 그 광명이 환하게 밝아 마치 금을 녹임에 헤아릴 수 없이 크고 밝은 광명을 놓는 것과 같다고 관한다. 이렇게 관찰함을 심비밀이라고 한다. 瑜伽行者 觀月輪已 應觀三種大祕密法 云何爲三 一者 心祕密 二者 語祕密 三者 身祕密 云何名爲心祕密法 瑜伽行者 觀滿月中 出生金色五鈷金剛 光明煥然 猶如鎔金 放於無數大白光明 以是觀察 名心祕密", 『제개장보살소문경』 권14(대정장14, p.740b22)에 "보살이 열 가지 법을 닦으면 유가행을 성취한다. 어떤 것들이 열인가? 첫째 거듭 부정관행을 닦음이고, 둘째는 자주 자심관행을 닦음이며, … 열째는 계행을 구족함이다. 菩薩 若修十種法者 成瑜伽行 何等爲十 一者 多修不淨觀行 二者 多修慈心觀行 … 十者 戒行具足"라고 하였다. 〔참고문헌〕『大乘本生心地觀經』, 『除蓋障菩薩所問經』, *Śrāv-bh.120.*, *Udāna-v.121.* ⇨ 유가 瑜伽

유가행파 瑜伽行派 Ⓢ Yogācāra, Ⓣ rnal-'byor-spyod-pa. 유가유식(瑜伽唯識)을 소의로 연찬하고 유가행을 수습하는 무리들. 유가종(瑜伽宗)·유식파(唯識派)·유식종(唯識宗)·유가파(瑜伽派)·유식학파(唯識學派)·유가행유식학파(瑜伽行唯識學派)·유식유가행파(唯識瑜伽行派) 등이라고도 한다. 용수(龍樹)를 비조로 하는 중관파(中觀派)와 쌍벽을 이루는 대승불교의 주류다. 개창자는 4~5세기경의 미륵(彌勒 Ⓢ Maitreya)이며, 뒤를 이어 무착(無著 Ⓢ Asaṅga)과 세친(世親 Ⓢ Vasubandhu)이 세상에 널리 알렸다. 『해심밀경 解深密經』을 비롯하여 『유가사지론 瑜伽師地論 *Yogācāra-bhūmi*』·『중변분별론 中邊分別論 *Madhyantavibhāga-bhāṣya*』·『대승장엄경론 大乘莊嚴經論 *Mahāyāna-sūtrālaṃkāra*』·『현양성교론 顯揚聖敎論』·『섭대승론 攝大乘論』·『십지경론 十地經論』·『유식삼십론송 唯識三十論頌 *Triṃśikāvijñapti-kārikā*』 등의 경론을 소의로 한다. 인도에서는 세친을 이은 유식십대논사에 의해 발전했고, 8세기에는 유가행을 섭수한 중관파의 적호(寂護 Ⓢ Śāntarakṣita)와 그 제자 연화계(蓮華戒 Ⓢ Kamalaśīla)에 의해 유가중관자립파(瑜伽中觀自立派 Ⓢ Yogācāra-mādhyamika-svātantrika)가 성립되어 티베트로 이어졌다. 중국에서는 담무참(曇無讖 Ⓢ Dharmakṣema)과 구나발마(求那跋摩 Ⓢ Guṇavarman)에 의해 『보살지지경 菩薩地持經』과 『보살선계경 菩薩善戒經』 등이 한역된 이후, 점차로 『십지경론』을 중심으로 하는 지론종(地論宗)과 『섭대승론』을 중심으로 하는 섭론종(攝論宗)이 성립되었고, 유식십대논사 중 호법(護法 Ⓢ Dharmapāla)의 계보를 잇는 계현(戒賢 Ⓢ Śīlabhadra)에게 배운 현장(玄奘)은 수많은 유가파 경전을 한역하고 『성유식론』을 편찬하여 법상종(法相宗 : 慈恩宗)의 터전을 닦았다. 우리나라에는 일찍이 원광(圓光)이 유식사상을 전했으며, 원측(圓測)을 중심으로 도증(道證)・승장(勝莊) 등에 의해 신라계 유식학파라는 독자적인 계보를 형성하였다. 유가파는 이 세계는 아뢰야식(阿賴耶識)의 전변(轉變)에 지나지 않는다고 하는 오위백법(五位百法)의 유식설(唯識說)과 용수의 공(空)사상을 바탕으로 전개된 변계소집성(遍計所執性)・의타기성(依他起性)・원성실성(圓成實性)의 삼성(三性)을 근간으로 하지만, 그러나 지론종・섭론종・법상종 등에서는 아뢰야식에 대해 칠식설(七識說)과 팔식설(八識說), 아뢰야식의 염오성과 청정성 등 서로 다른 견해를 드러냈다. 유가파의 핵심 논서인 『유가사지론』 권15(대정장30, p.356a12)에서 인명처(因明處) 논의를 섭수한 이후 세친과 그 제자들도 인명을 수용발전시켰다. 특히 세친의 제자 진나(陳那 Ⓢ Dignāga)는 인명을 집대성하고 새롭게 삼지작법(三支作法)을 시설하는 등 신인명(新因明)을 확립하기까지 하였다. 〔참고문헌〕 平川彰・梶山雄一・高崎直道 『唯識思想』(春秋社, 1982), 袴谷憲昭 『唯識思想論考』(大藏出版, 2001), 釋昭慧 『初期唯識思想 : 瑜伽行派形成之脉絡』(宗教文化出版社, 2008), 吉村誠 『中國唯識思想史研究 : 玄奘と唯識學派』(大藏出版, 2013). ⇨ 유식십대논사 唯識十大論師, 삼성 三性 ❶

유가현양론 瑜伽顯揚論 『유가사지론 瑜伽師地論』의 핵심 교의를 논한 『현양성교론 顯揚聖教論』의 다른 이름. 고려 문종의 왕비였던 인예순덕태후(仁睿順德太后)가 제작을 발원하여 1102년(숙종7)에 완성하였다. 『고려사』 권88 열전(列傳)1 인예순덕태후이씨(仁睿順德太后李氏)에 "왕후가 『유가현양론』 은니사경을 발원하였는데, 숙종대에 완성하였다. 願銀書瑜伽顯揚論 至肅宗乃成", 같은 책 권11 세가(世家)11 숙종(肅宗) 7년에 "5월 병인일에 현화사에 행차하여 은니사경한 『유가현양론』을 경찬하였다. 五月 丙寅 幸玄化寺 慶讚銀書瑜伽顯揚論"라고 하였다. 〔참고문헌〕 『高麗史』. ⇨ 현양성교론 顯揚聖教論, 인예순덕태후 仁睿順德太后

유각 有覺 ❶ Ⓢ savitarka, Ⓟ savitakka. 분별(Ⓢ vitarka)이 있음의 뜻. 유심(有尋)의 구역(舊譯)이다. ⇨ 유심유사 有尋有伺, 유각유관 有覺有觀 ❷ ➡ 각 覺 ❶

유각 惟慤 생몰연대 미상. 당대 스님. 속성은 연(連)이고 상당(上黨 : 山西省 長治市) 출신으로 수도(京師) 장안(長安 : 陝西省 西安)의 숭복사(崇福寺)에 주석하였으며, 『능엄경소의 楞嚴經疏義』를 지었다. 〔참고문헌〕 『宋高僧傳』 권6 「惟慤傳」(대정장50, p.738b15).

유각경사 有脚經笥 다리 달린 또는 걸어 다니는 경함의 뜻이지만, 경을 모두 외우(總持)는 이를 일컫는 말로서 후당(後唐) 때 동경(東京) 상국사(相國寺)에 주석하였던 정준(貞峻)을 이렇게 불렀다. 『송고승전』 권16 「정준전」(대정장50, p.810a24)에 "오래지 않아 『정명경』・『인왕경』 등 여러 경들의 수만 말씀들을 남김없이 외워 사무쳤다. 이에 함께하던 이들이 '그대는 걸어 다니는 경사이다'라고 말하였다. 그러나 정준은 이러한 평가를 사양하고 공손할 뿐이었다. 출가하여 스님이 되자 『구사론』을 들었는데, 강설한 그대로 따라 외웠으니 전체 8품 600행이었다. 未幾諷徹 淨名仁王諸經 計數萬言時 同儕戲之曰 汝是有脚經笥也 峻辭讓斯題 恭遜而已 及削染爲僧形 卽聽俱舍論 隨講誦頌 八品計六百行"라고 하였다. 〔참고문헌〕 『宋高僧傳』. ⇨ 경사 經笥

유각유관 有覺有觀 Ⓢ savitarka-savicāra, Ⓟ savitakka savicāra, Ⓣ rtog-pa-dang-bcas-dpyod-pa-dang-bcas-pa. 분별(Ⓢ vitarka)하고 자세히 살피는(Ⓢ vicāra) 마음. 유심유사(有尋有伺)의 구역(舊譯)이다. 『대지도론』 권17(대정장25, p.186a9)에 "유각유관이란 무엇인가? 초선에서 일찍이 얻지 못했던 선공덕을 얻기에 마음으로 크게 놀라 깨우치니, 항상 탐욕의 불길에 타는 듯하다가 초선을 얻으면 청량한 못에 든 듯하고, 가난한 사람이 갑자기 보배창고를 얻은 것과 같다. 有覺有觀者 得初禪中 未曾所得 善法功德故 心大驚悟 常爲欲火所燒 得初禪時 如入清涼池 又如貧人 卒得寶藏", "그러므로 행자는 욕계죄과를 사유분별하여 초선의 이익공덕이 매우 많음을 알고 마음으로 크게 기뻐하는데, 이것을 유각유관이라고 한다. 行者思惟分別 欲界過罪 知初禪利益功德甚多 心大歡喜 是名有覺有觀", "〔문〕 유각과 유관은 같은 법인가? 다른 법인가? 〔답〕 다른 법이다. 거친 마음으로 먼저 생각함을 각, 미세한 마음으로 분별함을 관이라 한다. 비유하면 종을 치는 것과 같으니 먼저 소리가 클 때를 '각', 뒤이어 소리가 미세해짐을 '관'이라고 한다. 問曰 有覺有觀 爲一法 是二法耶 答曰 二法 麤心初念 是名爲覺 細心分別 是名爲觀 譬如撞鐘 初聲大時 名爲覺 後聲微細 名爲觀", 『아비담심론』 권1(대정장28, p.810a13)에 "유각유관이 다섯이란 말은, 오식계와 각관이 함께하는데 거칠기에 각관과 상응한다. 有覺有觀五者 五識界與覺觀俱 麤故覺觀相應"라고 하였다. 〔참고문헌〕 『大智度論』, 『阿毘曇心論』, *Abhk-bh.22.*, *DN.1.54.* ⇨ 유심유사 有尋有伺

유각유관삼매 有覺有觀三昧 Ⓢ savitarka-savicāra-samādhi, Ⓣ rtog-pa-dang-bcas-dpyod-pa-dang-bcas-pa'i-ting-nge-'dzin. 유심유사삼마지(有尋有伺三摩地)의 구역(舊譯). 유각유관선(有覺有觀禪)・유각

유관정(有覺有觀定)이라고도 한다. 『대지도론』 권48(대정장25, p.406c18)에 "무엇을 유각유관삼매라고 하는가? 모든 욕을 여의고 악한 불선법마저 여의며, 각도 있고 관도 있어 떠남으로써 초선에 드는 것을 유각유관삼매라고 한다. 云何名有覺有觀三昧 離諸欲 離惡不善法 有覺有觀 離生喜樂 入初禪 是名有覺有觀三昧"라고 하였다. 〔참고문헌〕『大智度論』, 『釋禪波羅蜜次第法門』 권10(대정장46, p.547b12), *Aṣṭ-pr.*, *Abh-k-bh.* ⇨ 유심유사삼마지 有尋有伺三摩地

유각지 有覺智 각도 지도 있어 함께 함. 『사리불아비담론』 권9(대정장28, p.592b3)에 "어떤 것을 유각지라고 하는가? 저 '지'가 '각'과 상응하여 함께 일어나고 함께 머물며 함께 사라지는 것을 유각지라고 한다. 云何有覺智 若智覺相應 共生 共住 共滅 是名有覺智"라고 하였다. 〔참고문헌〕『舍利弗阿毘曇論』.

유간 有間 ❶ Ⓢ sa-antara, sacchidra, vicchinna, Ⓣ bar-du-chod-pa-dang-bcas-pa. 틈새가 있다는 말. 공간적으로는 미세한 어떤 색법(色法)도 자성을 임시로 가져 움직일 수 있는 것은 사이(間) 즉 틈새가 있기 때문이니, 공(空)의 차원으로 제법이 연기(緣起)하게 하는 뜻에서 유간(有間)이지만, 시간적으로 말하자면 찰나생 찰나멸하는 제법에 있어서는 전법(前法)과 후법(後法)을 별법(別法)으로 볼 경우는 무간(無間) 뜻이다. 『구사석론』 권2(대정장29, p.171c8 : *Abh-k-bh.*, p.33)에 "인허(隣虛 : 極微)에도 틈새가 있다. 중간이 이미 비었으니 어떤 법도 능히 가는 길을 끊고 장애가 있다고 하겠는가? 隣虛則有間 中間既空 何法能斷其行 說其有礙 anyathā hi sāntarāṇāṃ paramāṇūnāṃ śūnyeṣu antareṣu gatiḥ kena pratibādhyeta. yataḥ sapratighā iṣyante", 『유가사지론』 권1(대정장30, p.279b9 : *Yogā-bh.*, p.5)에 "표색이란 무엇인가? 이 적집된 색이 생멸상속하는데, 변이인에 의하여 앞서 생긴 곳에 다시 거듭하여 생하지 않고 다른 곳에 옮겨가니, 혹은 틈새없이 또는 시간이 걸려서 가깝거나 멀리 차별하여 일어나고, 혹은 이곳에서 바뀌어 생하는 것을 표색이라고 한다. 表色者 謂卽此積集色 生滅相續 由變異因 於先生處 不復重生 轉於異處 或無間 或有間 或近或遠 差別生 或卽於此處 變異生 是名表色 vijñaptiḥ katamā. tasyaiva pracitasya rūpasyotpannaniruddhasya vairodhikena kāraṇena janmadeśe cānutpattis tad anyadeśe ca nirantare sāntare vā sannikṛṣṭe viprakṛṣṭe vā tasminn eva vā deśe 'vikṛtotpattir vijñaptir ity ucyate"라고 하였다. 〔참고문헌〕『俱舍釋論』, 『瑜伽師地論』, *Abh-k-bh.*, *Yogā-bh.*, *Śrāv-bh.31.*, *Vijñ-v.8.* ⇨ 무간 無間[1] ❷ 한결같지 않아 끊어짐이 있음. 『유가론기』 권7(대정장42, p.453a7 · 한불전13, p.516c18)에 "요상작의가 초정려에 있더라도 오히려 욕계사혜로 뒤섞여 색상이 출입하기에 한결같이 순일한 선정심이 구르지 못한다. 이런 이유로 끊어짐이라 한다. 了相在初 猶爲欲界思慧 間雜色相出入 不能一向 純定心轉 故名有間"라고 하였다. 〔참고문헌〕『瑜伽師地論』, 『瑜伽論記』. ❸ 차도가 있다는 말 『회대원경어록』(卍속장125, p.87b18)에 "스승이 친히 약을 지어 치료하자 차도가 있었다. 師親調藥 餌療之有間"라고 하였다. 〔참고문헌〕『晦臺元鏡語錄』. ❹ ➡ 유간옥 有間獄

유간 惟簡 북송 때 운문종 스님. 홍주(洪州 : 江西省) 늑담회징(泐潭懷澄)의 사법제자로 무주(婺州 : 浙江省) 승천사(承天寺)에 주석하였다. 제자로는 지자이원(智者利元) · 서안승인(瑞安僧印) 등이 있다. 〔참고문헌〕『續傳燈錄』 권5 「承天惟簡章」(대정장51, p.495b13), 『五燈會元』 권15 「承天惟簡章」(卍속장138, p.599a3).

유간심 有間心 틈이 있는 마음. 전심(前心)이 행한 바가 후심(後心)으로 이어지고 그 후심에 의지해 잡념이 끼어들어 일향에 순일하지 못함을 말한다. 무간심(無間心)의 상대어이다. 『왕생론주』 권상(대정장40, p.834c9)에 "무엇을 결정에 있다 하는가? 저 죄 지은 사람은 유후심에 의지해서 유간심을 일으키고 이 십념은 무후심에 의지해서 무간심을 일으키니, 이것을 결정이라고 한다. 云何在決定 彼造罪人 依止有後心 有間心生 此十念者 依止無後心 無間心生 是名決定"라고 하였다. 〔참고문헌〕『往生論註』. ⇨ 무간심 無間心

유간옥 有間獄 지옥 이름. 여덟 개의 뜨거운 화옥(火獄)과 열 개의 한옥(寒獄)인 십팔옥(十八獄)을 말하니, 무간옥(無間獄)과 맞선다. 『능엄경』 권8(대정장19, p.143b27)에 "구정일상(九情一想)은 아래로 화륜을 뚫고 몸이 풍륜과 화륜이 뒤섞이는 곳에 들어가니, 두 가지 지옥 중에서 가벼우면 유간에 태어나고 무거우면 무간에 태어난다. 九情一想 下洞火輪 身入風火二交過地 輕生有間 重生無間 二種地獄", 『능엄경여설』 권8(卍속장21, p.17a17)에 "유간은 십팔옥이고, 무간은 팔무간옥이다. 有間 卽十八獄 無間 卽八無間獄", 『능엄경합철』 권8(卍속장22, p.542b6)에 "팔정이상(八情二想)은 유간옥에 태어나고 '구정일상'은 무간옥에 태어난다. 유간옥은 십팔옥이고, 무간옥은 팔무간옥이다. '아래로 화륜을 뚫는 것'은 팔열옥이다. 八情二想 生有間獄 九情一想 生無間獄 有間卽十八獄 無間卽八無間獄也 下洞火輪 卽八熱獄也"라고 하였다. 〔참고문헌〕『楞嚴經』, 『楞嚴經如說』, 『楞嚴經合轍』. ⇨ 십팔지옥 十八地獄[1], 무간지옥 無間地獄

유개전자 有蓋纏者 개(蓋 Ⓢ āvaraṇa)와 전(纏 Ⓢ paryavasthāna)이 있는 사람. 온갖 번뇌에 덮이고 얽혀 있는 이를 말한다. '개'는 선심(善心)을 덮어 가로막는 마음을 말하고, '전'은 선을 닦는 것을 훼방하는 마음의 속박을 일컫는다. 모두 번뇌를 뜻한다. 『법온족론』 권8(대정장26, p.488c15)에 "무엇이 갖가지 상인가? '개'와 '전'이 있는 사람이니 색성향미촉상에 물들고, 불선상이 있어 이치에 맞지 않는 생각을 이끌어 삼매의 상들을 거스르는 것들을 종종상이라 한다. 云何種種想 謂有蓋纏者 所有染汚色聲香味觸想 所有不善想 所有非理所引想 所有障礙定想 總名種種想"라고 하였다. [참고문헌] 『法蘊足論』. ⇨개 蓋❶, 전 纏

유건다 由乾陀 유건달라(踰健達羅). 『기세경』 권6(대정장1, p.339c16)에 "수미산왕의 동쪽 중턱에 산이 있으니 이름은 유건다이다. 산정상은 땅으로부터 사만이천유순이다. 須彌山王 東面半腹有山 名曰由乾陀 山頂去地 四萬二千由旬"라고 하였다. [참고문헌] 『起世經』, 80권본 『華嚴經』 권39 「十地品」(대정장10, p.208c19), 40권본 『大般涅槃經』 권24(대정장12, p.509c18). ⇨유건달라 踰健達羅, 수미산 須彌山

유건다라 由乾陀羅 유건달라(踰健達羅). 『구사석론』 권8(대정장29, p.214b10)에 "팔대산(Ⓢ aṣṭa-mahāparvata) 중앙에 수미루산(Ⓢ sumeru)이 있고 나머지 산들이 수미루를 에워싸니 그 하나가 유건다라이다. 八大山中央 有須彌婁山 所餘山繞須彌婁住 一 由乾陀羅"라고 하였다. [참고문헌] 『俱舍釋論』, *Abh-k-bh.159.* ⇨유건달라 踰健達羅, 팔대산 八大山

유건달라 踰健達羅 Ⓢ Yugaṃdhara의 음사어, Ⓣ gNya'-shing-dzin. 칠금산(七金山) 중 첫 번째 산. 유건다라(由乾陀羅·瑜乾馱羅·踰健馱羅)·유건다(由乾陀)·건다(乾陀) 등 다양하게 음사하며, 쌍지산(雙持山)·지쌍산(持雙山)이라고 한역한다. 『구사론』 권11 「분별세품 分別世品」(대정장29, p.57b2)에 "소미로(Ⓢ sumeru)가 중앙에 위치하고 다음으로는 유건달라이다. 蘇迷盧處中 次踰健達羅", 『구사론기』 권11(대정장41, p.185c8)에 "유건달라는 한역하면 지쌍이다. 이 산 정상에 두 개의 두둑한 길이 나 있는데 마치 수레자국같다. 산에 두 개의 자취가 있어 지쌍이라고 이름한다. 踰健達羅 此云持雙 此山頂上 有二隴道 猶如車跡 山持二跡 故名持雙"라고 주석하였다. [참고문헌] 『俱舍論』, 『俱舍論記』, 『華嚴經疏鈔』 권36(대정장36, p.275c22), *Abh-k-bh.158.* ⇨쌍지산 雙持山, 칠금산 七金山

유게 遺偈 임종 때 후인들에게 남기는 운에 의지해 지은 짧은 글. 임종게(臨終偈)라고도 한다. 유계게송(遺誡偈頌)으로 마지막으로 남기는 뜻이어서 그 의미가 매우 크다. 석가세존께서 열반에 임해 남긴 불의인의법(不依人依法) 등의 법문이니, 36권본 『대반열반경』 권6(대정장12, p.642a22)에 "법에 의지하고 사람에 의지 말며, 뜻에 의지하고 말에 의지 말라. 지에 의지하며 식에 의지 말며, 요의경에 의지하고 불요의경에 의지 말라. 依法不依人 依義不依語 依智不依識 依了義經不依不了義經"라고 하였다. 한편 『조당집』 권1 「석가모니불장 釋迦牟尼佛章」(고려장45, p.236c15)에 따르면, 부처님께서 법이 끊어지지 않도록 아난에게 당부하시며 게송을 설하시고 가사는 가섭에게 전한 뒤에 열반에 드셨다. 이 이야기가 실마리가 되어 입멸하기 전에 게송을 전함으로써 법이 면면히 이어지도록 하는 유게의 전통이 생겼으니(又涅槃經云 爾時 世尊欲涅槃時 迦葉不在衆會 佛告諸大弟子 迦葉來時 可令宣揚正法 又云 吾有淸淨法眼 涅槃妙心 實相無相 微妙正法 付囑於汝 汝善護持 幷敕阿難 副二傳化 無令斷絶), 부처님의 유게는 이렇다. "법은 본래 법에 법이 없고, 법이 없는 법 또한 법이네. 이제 법 없음을 부침에 법법이 어찌 일찍이 법이랴. 法本法無法 無法法亦法 今付無法時 法法何曾法". 『백장청규』 권3 「입감 入龕」(대정장48, p.1127c1)에 따르면, 입적한 스님을 입감한 뒤에 유게를 감(龕) 좌측에 붙이기도 하였다. [참고문헌] 『大般涅槃經』, 『祖堂集』, 『百丈淸規』, 『長阿含經』 권3 「遊行經」(대정장1, p.17c8). ⇨유교 遺敎, 임종게 臨終偈, 말후일구 末後一句

유견 有見 ❶ Ⓢ asti-dṛṣṭi, astitva-niśrita, bhava-dṛṣṭi, Ⓟ atthitā, bhava-diṭṭhi, Ⓣ yod lta-ba. 실재로 있다고 집착하는 견해. 상견(常見 Ⓢ śāśvata-dṛṣṭi)과 같은 뜻이며, 무유견(無有見)·단견(斷見) 등의 상대어이다. 『사리불아비담론』 권18(대정장28, p.650a27)에 "무엇이 유견인가? 저 상견을 유견이라고 한다. 何謂有見 若常見 是名有見", 『대지도론』 권37(대정장25, p.331a29)에 "어떤 중생은 일체는 모두 공(空)이라 하니 마음으로 이 공에 집착하는데, 이 공에 집착하므로 무견이라고 한다. 어떤 중생은 육근으로 아는 일체의 법은 다 있는 것이라 하니 이것이 유견이다. 탐애가 많은 이는 유견에 집착하고, 견해가 많은 이는 무견에 집착한다. 이와 같이 중생은 유견과 무견에 집착하는데 이 두 가지 견해는 허망하여 진실이 아니다. 或有衆生 謂一切皆空 心著是空 著是空故 名爲無見 或有衆生 謂一切六根所知法皆有 是爲有見 愛多者 著有見 見多者 著無見 如是等衆生 著有見無見 是二種見 虛妄非實"라고 하였다. [참고문헌] 『舍利弗阿毘曇論』, 『大智度論』, *Abh-k-bh.250., Laṅk.25·145., SN.2.17·3.93.* ⇨상견 常見, 무유견 無有見, 비유견 非有見, 단견 斷見 ❷ Ⓢ sa-nid arśana, Ⓟ sanidassana, Ⓣ bstan-du-yod-pa. 십팔계(十八界) 중 안계(眼界)가 색계(色界)와 상응하는 뜻이다. 본다는 일, 볼 수 있다는 것의 뜻이다. 즉 눈이 경(境)을 본다는 것은 근(根)과 경이 화합해야 일어날 수 있을 뿐, 보는 일(有見)을 주재하고 짓는 이는 없다(無作者)는 무아의를 성취케하는 것이 관찰유견 수행이다. 『대승아비달마집론』 권2(대정장31, p.667c5 : *Abh-s.*, p.17)에 "어떤 것을 유견이라 하고, 몇 가지가 유견이며, 어떤 의미로 유견을 관해야 하는가? 눈이 행한 바 경이 본다는(見) 일이 있게 된(有) 뜻이니, 나머지 차별은 저 유색(有色)의 설과 같으니 일체가 모두 유견이다. 그 상응하는 바에 따라 눈과 경이 아(我)라는 집착을 버리게 하기 위하여 유견을 관찰한다. 云何有見 幾是有見 爲何義故 觀有見耶 謂眼所行境 是有見義 餘差別 如有色說 一切皆是有見 或隨所應 爲捨執著眼境我故 觀察有見 kathaṃ sanidarśanaṃ kati sanidarśanāni kimarthaṃ sanidarśanaparīkṣā. cakṣurgocaraḥ sanidarśanam. śiṣṭasya rūpivat prabhedaḥ. sarvāṇi sanidarśanāni yathāyogaṃ vā. cākṣuṣātmābhiniveśatyājanārtham"라고 하였다. 〔참고문헌〕『大乘阿毘達磨集論』, *Abh-k-bh.18.*, *Abh-s.*, *Vibh.13.* ⇨ 십팔계 十八界, 무견 無見❷, 색 色❶

유견법 有見法 Ⓟ sanidassanā dhammā. 볼 수 있는 법. 십이처 중에 색처(色處)를 말한다. 무견법(無見法)의 상대어이다. 구역(舊譯)은 가견법(可見法)이다. 『대비바사론』 권75(대정장27, p.390b10)에 "〔문〕 유견법은 어떤 것인가? 〔답〕 일처이니 색처를 말한다. 問 有見法云何 答 一處 謂色處"라고 하였다. 〔참고문헌〕『大毘婆沙論』, *Dhs.3.* ⇨ 유견 有見❷, 무견법 無見法

유견유대 有見有對 Ⓢ sanidarśanaṃ sapratighaṃ, Ⓟ sanidassana-sappaṭigha, Ⓣ bstan-du-yod la thogs-pa-dang-bcas-pa. 볼 수 있고 마주할 수 있음. 『구사론』 권2(대정장29, p.8c13)에 "색은 외처이니, 사대종으로 만들어지며 물질이어서 볼 수 있고 상대할 수 있다. 소리도 외처이니 사대종으로 만들어지며 유색유대지만 볼 수는 없다. 향미처도 자세히 설하면 그와 같다. 色 謂外處 四大種所造 有色有見有對 聲 謂外處 四大種所造 有色無見有對 香味二處 廣說亦爾", 『유가사지론』 권1(대정장30, p.279b3)에 "저 일체종자식의 연한 바는 색인 유견유대다. 이것은 다시 여러 가지인데 간략하게 말하면 세 가지이니, 현색·형색·표색이다. 彼所緣者 謂色 有見有對 此復多種 略說有三 謂顯色 形色 表色", 『품류족론』 권9(대정장26, p.727b7)에 "유견유대법이란 일계(色界)·일처(色處)·일온(色蘊)의 섭이고, 칠지로 아는데 타심지(他心智)·멸지(滅智)·도지(道智)는 제외하며, (안식과 의식의) 두 가지 식으로 알고, 욕계와 색계에 두루 행하며 수소단의 번뇌를 따라 더한다. 有見有對法 一界 一處 一蘊攝 七智知 除他心滅道智 二識識 欲色界遍行 及修所斷隨眠隨增"라고 하였다. 〔참고문헌〕『俱舍論』, 『瑜伽師地論』, 『品類足論』, *Abh-k-bh.24.*, *Yogā-bh.4.*, *Vibh.75.* ⇨ 유견 有見❷, 유대 有對, 무견유대 無見有對, 무견무대 無見無對

유견유대법 有見有對法 ➡ 유견유대 有見有對

유견유대색 有見有對色 Ⓢ sanidarśana-sapratigha-rūpa, Ⓟ sanidassana-sappaṭigha-rūpa. 볼 수 있어 대면할 수 있는 색. 유견유대의 색. 가견유대색(可見有對色)이라고도 한다. 『현양성교론』 권5(대정장31, p.504a3)에 "(二十六種色 중) 열다섯째는 유견유대색이니, 색처의 색을 말한다. 十五 有見有對色 謂色處色"라고 하였다. 〔참고문헌〕『顯揚聖敎論』, 『注大乘入楞伽經』 권8(대정장39, p.491c3), *Yogā-bh.65.*, *DN.3.217.* ⇨ 가견유대색 可見有對色, 삼종색 三種色❶, 무견유대색 無見有對色, 무견무대색 無見無對色, 유견 有見❷, 유대 有對

유견자 有見者 ❶ 보는 이가 있음. 『중론』 권1 「관육정품 觀六情品」(대정장30, p.6a28)에 "만약 봄을 떠나 보는 이가 있으면, 눈 없는 이 또한 응당 나머지 정(情)으로써 보아야 한다. 若離見有見者 無眼者 亦應以餘情見", 『중관론소』 권4(대정장42, p.65a24)에 "만약 봄을 떠나서 보는 이가 있다면 맹인이 응당 능히 볼 수 있어야 하나, 맹인은 능히 볼 수 없으므로 곧 봄을 떠나서 보는 이는 없다. 若離見有見者 盲人應能見 而盲不能見 卽離見無見者"라고 하였다. 〔참고문헌〕『中論』, 『中觀論疏』. ❷ 보는 사람. 『장아함경』 권12 「대회경 大會經」(대정장1, p.81b10)에 "이때 마왕은 곧바로 네 무리 병사(象兵·馬兵·車兵·步兵 등)들을 소집하였는데, 손으로 전차를 치자 소리가 벼락치는 듯하여 보는 이들이 모두 두려워하였다. 이윽고 커다란 비바람과 천둥·벼락을 일으키며 가유림으로 향해 나아가 대중을 둘러쌌다. 時 卽召四兵 以手拍車 聲如霹靂 諸有見者無不驚怖 放大風雨 雷電霹靂 向迦維林圍繞大衆"라고 하였다. 〔참고문헌〕『長阿含經』.

유결 有結 Ⓢ Ⓟ bhava-saṃyojana, Ⓣ srid-par-kun-tu-sbyor-ba. 삼유(三有 : 欲有·色有·無色有)를 실재하게 하여 생사윤회하게 하는 번뇌(結). 『법화경』 권1(대정장9, p.1c21 : *Saddh-p.*, p.1)에 "모든 유결을 다해 마음에 자재를 얻었다. 盡諸有結 心得自在 parikṣīṇa-bhava-saṃyojanaiḥ … sarva-ceto-vaśitā-p arama-pāramitā-prāptair",『대지도론』권3(대정장25, p.82a24)에 "욕계에 얽어매는 업은 인연을 취하여 후세를 낳으니, 이것 역시 이 업보인데, 이것을 욕유라고 한다. 색유와 무색유도 이와 같으니, 이것을 유라고 한다. 결(結)이 없다란 무슨 말인가? 결에는 아홉 가지가 있으니, 애결·에결·만결·치결·의결·견결·취결·간결·질결인데, 이 결사가 다하면 유도 다하고 결사마저 사라진다. 그러므로 유결이 다했다고 하는 것이다. 欲界繫業取因緣 後世能生 亦是業報 是名欲有 色有 無色有 亦如是 是名爲有 結盡者 結有九結 愛結 恚結 慢結 癡結 疑結 見結 取結 慳結 嫉結 是結使盡及有 是有盡及結使 以是故名有結盡",『법화의소』권1(대정장34, p.458c11)에 "유는 삼유를 말하고 결은 미래에 삼유를 초래하는 번뇌를 말한다. 삼유를 불러들이는 번뇌를 다하면, 번뇌가 다하기에 삼유 또한 다 사라진다. 이 때문에 모든 유결이 다했다고 하였다. 有謂三有 結卽是感未來三有之結也 以盡感三有之結 結盡故三有亦盡 故云 盡諸有結",『법화현찬』권1(대정장34, p.668b7)에 "번뇌는 생사인이어서 유결이라 부르니 삼유로 묶는다. 煩惱爲生死因 名爲有結 三有之結也"라고 하였다. [참고문헌]『法華經』,『大智度論』,『法華義疏』,『法華玄贊』,『雜阿含經』권46(대정장2, p.335c3),『文殊師利問菩提經』(대정장14, p.481c3), *Saddh-p.*, *MN.3.232.*, *SN.3.193.* ⇨ 삼유 三有, 결 結, 번뇌 煩惱

유결사 有結使 Ⓟ bhava-saṃyojana. 삼유(三有 : 欲有·色有·無色有)를 드러내 있게 하는 번뇌 또는 번뇌의 부림.『장아함경』권12「청정경 淸淨經」(대정장1, p.75b14 : *Pāsādika-sutta*, *DN.3*, p.133)에 "만일 저 비구가 누진아라한이라면, 할 일을 이미 마치고 무거운 짐을 내려놓고 스스로 자신을 이롭게 하였으니, 모든 번뇌의 부림도 다하여 올바른 지혜로 해탈하였기에 아홉 가지 일을 하지 않는다. 若有比丘 漏盡阿羅漢 所作已辦 捨於重擔 自獲己利 盡諸有結使 正智解脫 不爲九事 yo so āvuso bhikkhu arahaṃ khīṇāsavo vusitavā kata-karaṇīyo ohita-bhāro anuppatta-sadattho pārikkhīṇa-bhava-saṃyojano sammad-aññāvimutto, abhabbo so nava ṭhānāni ajjhācarituṃ"라고 하였다. [참고문헌]『長阿含經』,『別譯雜阿含經』권15(대정장2, p.485a2), *DN.* ⇨ 유결 有結, 결사 結使

유겸 有謙 조선 후기 화승(畵僧).『근역서화징』권5(p.197)에 "일찍이 구름처럼 떠돌다 한 절에 이르렀다. 한 화사승이 불화를 그리는 것을 보니 변변치 않았다. 스님이 다른 방에서 자그마한 금박지 한 장에 매우 복잡한 사천왕상을 그렸는데, 사천왕상은 그 옷의 무늬가 복잡하여 가장 그리기 어려운 일이었다. 그 적은 금박 위에 그린 놀라운 그림이 바람에 날려서 화사승 앞에 떨어졌다. … 이로 인하여 스님은 그림으로 이름을 널리 떨치게 되었다. 嘗雲遊至一寺 有畵師僧作佛畵 見之甚不滿意 於他室中 得金箔紙一張 潛畵四天王像 四天王像 以其衣紋之複雜 故佛畵中 最稱難工者也 此雖金箔小片 神彩活動 因風飄送於畵師僧處 … 由是聲名大噪"라고 하였다. 한편, 19세기에 활동한 유겸(有謙)은「내원암아미타극락회상도」(1831년, 국립중앙박물관 소장)를, 유겸(侑謙)은「봉암사만일회지장탱」(1822년, 경남유형문화재, 거제 장흥사 소장)을 남겼는데, 이들 세 '유겸'이 동일인인지는 분명치 않다. [참고문헌]『槿域書畵徵』.

유경 有境 ❶ 삼경(三境) 중 하나. 오온(五蘊)의 내신(內身).『유가사지론』권12(대정장30, p.341a7)에 "무엇을 멸진정에서 나올 때 세 가지 촉을 촉한다고 하는가. 첫째 부동촉, 둘째 무소유촉, 셋째 무상촉이니, 즉 정에서 나올 때 흔히 세 가지 경을 말미암아야 정에서 나올 수 있다. 첫째는 유경에 의하고, 둘째는 경경에 의하며, 셋째는 멸경에 의한다. 이 세 가지 경을 연유해서 정에서 나오고, 차례대로 세 가지 촉을 만난다. 유경을 연하여 정에서 나올 때 아만이 요동치는 그 마음이 있을 수 없게 하는 것이니, 그것을 아로 여겨 아만을 일으키고 미래의 아가 반드시 있으리라 여기는 등 여러 가지를 말한다. 云何出滅定時 觸三種觸 一 不動觸 二 無所有觸 三 無相觸 謂出定時 多由三境 而出於定 一 由有境 二 由境境 三 由滅境 由此三境 於出定時 如其次第 觸三種觸 緣於有境 而出定時 無有我慢擾動其心 謂此爲我 而起我慢 或計未來我當有等 乃至廣說",『성유식론의온』권4(卍속장78, p.919a1)에 "유경이란 무엇인가? 오온내신을 말한다. 이 경계를 연하므로 정에서 나올 때 부동촉을 촉하여 아견이나 아만 등에 동요되지 않는다. 言有境者 謂五蘊內身也 緣此境故 出定之時 觸不動觸者 不爲我見慢等之所動故"라고 하였다. [참고문헌]『瑜伽師地論』,『成唯識論義蘊』. ⇨ 내신 內身❶, 경경 境境, 멸경 滅境 ❷ 소연경을 아는 능연지(能緣智).『구사론기』권26(대정장41, p.395b4)에 "경은 소연경이고 유경은 능연지이다. 境是所緣境 有境是能緣智"라고 하였다. [참고문헌]『俱舍論記』. ⇨ 능연지 能緣智, 소연경 所緣境 ❸ 있는 듯한 유위(有爲)의 세계.『조론』(대정장45, p.157c21)에 "유경을 그 끝까지 가 보면 오음은 길이 사라지고 더 밀어 가 보면 무위의 고향이다. 그윽하고 신령스러움 마르지 않네. 本之有境 則五陰永滅 推之無鄕 而幽靈不竭"라고 하였다. [참고문헌]『肇論』.

유경 乳經 천태종에서『화엄경』을 일컫는 말. 부처님의 일대교설을 오시팔교(五時八敎)로 교판하고 오미(五味)에 배대하였는데,『화엄경』은 첫 번째 유미(乳味)에 해당한다. 『법화현의』 권2(대정장33, p.692c18)에 “유경의 경우 한 인과는 넓고 높고 길지만, 또 한 인과는 좁고 낮고 짧다. 그러므로 한편 거칠고 한편 묘하다. 乳經 一種因果 廣高長 一種因果 狹下短 則一麤一妙”라고 하였다. 〔참고문헌〕『法華玄義』, 『法華經玄義節要』 권상(卍속장44, p.688a13). ⇨ 대방광불화엄경 大方廣佛華嚴經, 오시팔교 五時八教, 오미 五味❶

유경 惟勁 ➡ 남악유경 南嶽惟勁

유경 惟敬 생몰연대 미상. 조선 중기 스님. 청매인오(青梅印悟 1548~1623)의 제자이다. 월사(月沙) 이정구(李廷龜 1564~1635)가 지은 「청매집서 青梅集序」(『청매집』 권상 · 한불전8, p.128a18)에 “신미년(1631 · 인조9) 12월에 퇴청하여 조용히 앉아 있는데, 산승인 유경이 찾아와 『청매집』 2권을 들고 나에게 보여주며 말하길 ‘이것은 돌아가신 우리 스승인 인오스님의 유고인데, 저희 문도들이 판에 새겨 불후의 도서로 삼고자 합니다. 듣자하니 우리 스승님과 상공은 친분이 있다하니, 상공께서 한 말씀 내려주시길 바랍니다’라고 하였다. 辛未之臘 公退 悄坐 山人 惟敬 叩門求見 手持青梅集二編 以示曰 此乃亡師印大禪遺藁也 今將剞劂 以爲不朽圖 竊門亡師獲幸於相公 願相公賜之一言”라고 하였다. 〔참고문헌〕『青梅集』. ⇨ 인오 印悟

유경 遺經 ❶『불수반열반약설교계경 佛垂般涅槃略說教誡經』의 줄인 이름. 『유교경 遺教經』 · 『불유교경』이라고도 한다. 『대당개원석교광품력장』 권15(금장98, p.305a6)에 “『유교경론』 1권〈『유경』을 해설한 논서. 단본. 30지〉. 遺教經論一卷〈釋遺經 單本 三十紙〉”라고 하였다. 〔참고문헌〕『大唐開元釋教廣品歷章』. ⇨ 불수반열반약설교계경 佛垂般涅槃略說教誡經 ❷ 남겨 전한 경. 부처님께서 남기신 말씀을 담은 경. 『보은론』(卍속장110, p.489b17)에 “아난이 가리킨 바는 대체로 부처님께서 남기신 경이다. 阿難所指 蓋卽遺經”, 『선문보장록』 권하(卍속장113, p.998a15)에 “옛날 어떤 천자가 부처님께서 남긴 경의 교법을 믿고 받아 받들어 행한 끝에 작은 나라의 왕이 되고 팔만이라 불렀다. 昔時天子 遺經教法 信受奉行 作小國王 呼爲八萬也”라고 하였다. 〔참고문헌〕『報恩論』, 『禪門寶藏錄』. ❸ 숨겨진 경. 또는 경을 버려 보지 않는 행위. 『변정론』 권7 「품조중서편 品藻衆書篇」(대정장52, p.541b1)에 “공자 생가 벽에 숨겨두었던 경전을 열람하였다. 閱孔壁之遺經”, 『총림성사』 권하(卍속장148, p.91b1)에 “요즘은 평범한 스님들이 율을 범하고 도사들은 경을 버리면서 그 가르침 버려야 할 것이고 그 말씀 끊어야 마땅하다고 여긴다. 今以常僧犯律 道士遺經 便謂其教可棄 其言可絕”라고 하였다. 〔참고문헌〕『辯正論』, 『叢林盛事』.

유경각법 有警覺法 작의(作意)와 상응하는 법. 의지로 행하는 법의 뜻이다. 수용법(受用法)의 신역(新譯)이다. 상대어는 무경각법(無警覺法)이다. 『품류족론』 권6(대정장26, p.716a2)에 “유경각법이란 어떤 것인가? 작의와 상응하는 법을 말한다. 有警覺法云何 謂作意相應法”라고 하였다. 〔참고문헌〕『品類足論』. ⇨ 수용법 受用法, 무경각법 無警覺法, 작의 作意

유경무식 唯境無識 오직 경만 있고 식은 없다는 뜻. 유경무심(有境無心)이라고도 하며, 유식무경(唯識無境)의 상대어이다. 유물론자인 순세외도(順世外道 Ⓢ Lokāyatika)가 지수화풍 사대(四大)의 극미(極微) 이외에 실재하는 것은 없다고 주장하는 등과, 불교의 중관학파에 속하는 청변(清辨 Ⓢ Bhāvaviveka)이 진제(眞諦)의 관점에서는 심(心)과 경(境)이 함께 공(空)하기에 속제(俗諦)의 입장에서는 유경무식이라 말할 수 있다 하는 등의 주장이다. 『대승법원의림장』 권1(대정장45, p.260b1)에 “순세외도와 청변 등이 경뿐이라고 세워 저들의 오직 식뿐이라는 말과 구분하였다. 順世外道 及清辨等 成立境唯 爲簡於彼 言識之唯”라고 하였다. 〔참고문헌〕『大乘法苑義林章』. ⇨ 유식무경 唯識無境

유경법 有境法 경과 함께하는 법. 경을 상대하는 오근(五根) · 심(心) · 심소법(心所法)들을 말한다. 『순정리론』 권4(대정장29, p.348a29)에 “경계유대란 안 등의 오근과 심과 심소 등 모든 경을 갖는 법을 말한다. 색과 함께 하는 경은 어울려 만나서 장애를 받으므로 유대라고 한다. 境界有對 謂眼等根 心及心所 諸有境法 與色等境 和會被礙 得有對名”, 『구사론송소론본』 권2(대정장41, p.826c15)에 “모든 유경법은 색 등의 경계에 대한 것이다〈앞의 십이계와 법계의 일분은 능히 경을 취하기에 모든 유경법이라 하고, 색 등의 경계란 취하는 경이다〉. 諸有境法 於色等境〈前十二界 及法界一分 能取境故 名諸有境法 於色等境者 卽所取境也〉”라고 하였다. 〔참고문헌〕『順正理論』, 『俱舍論頌疏論本』, 『俱舍論』 권2(대정장29, p.7a17). ⇨ 오근 五根, 심 心❶, 심소 心所

유경의 有境義 Ⓢ sattārtha, Ⓣ yod-pa'i-don. 경이 실재 있다는 의미. 『구사론』 권1(대정장29, p.2c8 : *Abh-k-bh.*, p.6)에 “어떻게 한 가지에 현색과 형색을 다 갖추는가? 이 가운데에서 (현색과 형색) 다 갖추었음을 알 수 있다 하였으니, 여기서 다 갖추었음을 안다고 하는 말로 보아 이 중에 ‘있다’는 것은 ‘있다는 것을 안다’는 뜻이지 ‘경이 실재 있다’는 뜻은 아니다. 如何一事具有顯形 由於此中俱可知故 此中有者 是有智義非有境

義 kathaṃ punar ekaṃ dravyam ubhayathā vidyate. asty ubhayasya tatra prajñānāt. jñānārtho hy eṣa vidir na sattārthaḥ"라고 하였다. [참고문헌]『俱舍論』, *Abh-k-bh.*

유경종 劉敬鍾 1857~?. 거사(居士). 호는 이재(伊齋) 또는 범농(梵聾). 경기도 고양군 연희면(現 서울시 서대문구 연희동)에서 살았다. 거칠게 입고 소식하였으며 사람을 대함에 언제나 반드시 경의 말씀에 의지했고, 특히 『종경록』을 애독하였다(劉敬鍾居士 年今已週甲 號伊齋 以重聽故 亦號梵聾 竺室于高陽郡之延禧坊 麻其衣草其食 尋常接人 必依經說 尤酷好宗鏡錄 不移易一絲毫). 이능화(李能和)로부터 『조선불교통사』의 「석가여래응화기실 釋迦如來應化記實」을 대신 집필해 줄 것을 부탁받고, 기꺼이 승낙하였다(余囑代撰釋迦如來應化記實 先生慨諾). [참고문헌]『朝鮮佛教通史』 권중 p.15.

유계 有界 유위세계(有爲世界)의 줄임말. 욕계·색계·무색계 삼계(三界)를 달리 이르는 말. 80권본 『화엄경』 권69(대정장10, p.375b28)에 "안팎의 법에 집착하지 않고 이미 생사의 바다를 건넜으며, 갖가지 몸을 나투며 모든 유계에 머문다네. 不著內外法 已度生死海 而現種種身 住於諸有界"라고 하였다. [참고문헌]『華嚴經』. ⇨ 삼계 三界 [1], 유위계 有爲界

유계 遺誡 후인에게 남겨 깨우치는 말씀. 임종 전에 남긴다. 운의 형식이면 유게(遺偈)이다. 『불소행찬』 권5(대정장4, p.47c26)에 "부처님께서 초저녁이 지나 달이 밝고 뭇별이 빛날 때, 한적한 숲 고요하여 아무 소리도 없을 때, 대비심을 일으켜 제자들에게 유계하셨다. 佛以初夜過 月明衆星朗 閑林靜無聲 而興大悲心 遺誡諸弟子", 『사분율행사초자지기』 권상(대정장40, p.234b25)에 "부처님의 유계의 말씀은 뿌리와 같아서 그 나머지 법사를 바라보면 모두 가지에 불과하다. 佛之遺誡 言根本者 望餘法事 皆是枝條", 『운문광록』 권하 「유계」(대정장47, p.575b13)에 "예선 넉이 높은 분들은 입적하면서 유계를 남기지 않은 적이 없었다. 저 세존께서도 장차 반열반에 드시려 함에 교칙을 남기셨다. 夫先德順化 未有不留遺誡 至若世尊 將般涅槃 亦遺教勅"라고 하였다. [참고문헌]『佛所行讚』, 『四分律行事鈔資持記』, 『雲門廣錄』. ⇨ 유게 遺偈, 유교 遺教, 유교경 遺教經

유계법 有繫法 매임이 있는 법. 삼계에 매여 있는 법. 무계법(無繫法)과 맞선다. 『구사론』 권4 「분별근품 分別根品」(대정장29, p.23a2 : *Abh-k-bh.*, p.64)에 "또 유계법의 득(得)은 자계만을 오로지하니 곧 욕계, 색계, 무색계의 법은 그 차제에 따라 오직 욕계득, 색계득, 무색계득의 삼득만을 갖는다. 又有繫法得唯自界 謂欲色界無色界法 如其次第 唯有欲色無色三得 ye dharmās-taddhātvāptās-teṣāṃ svadhātukā prāptiḥ, kāma-rūpa-ārūpya-avacarāṇāṃ kāma-rūpa-ārūpya-avacarī yathākramam"라고 하였다. [참고문헌]『俱舍論』, *Abh-k-bh.* ⇨ 무계법 無繫法

유계사 幽溪寺 함경북도 부령군 석막면 황만산(黃萬山)에 있던 절. 일제강점기에는 대본사(大本寺) 귀주사(歸州寺)의 말사였다. [참고문헌]『朝鮮佛教通史』 권상 p.674, 『韓國寺刹全書』 권하 p.934b1.

유곡 幽谷 고려 말기 스님 각굉(覺宏)의 법호. [참고문헌]『懶翁和尙語錄』(한불전6, p.729b10). ⇨ 각굉 覺宏

유골 遺骨 죽음 후에 남은 뼈. 또는 무덤 속에서 나온 뼈. 부처님이나 성인의 유골은 사리(舍利 Ⓢ śarīra)라고 한다. 『반니원경』 권하(대정장1, p.190b21)에 "또한 부처님께서는 크게 자비로우시기에 몸을 불살라 사리(유골)를 남기셔서 널리 천하를 돕고자 하셨는데, 어찌 그 본래의 은혜로운 뜻을 훼손하려 하십니까? 사리가 여기 있으니 나누는 것이 온당할 것입니다. 且佛大慈故 燒形遺骨 欲廣祐天下 何宜當爲毁本惠意 舍利現在 但當分耳"라고 하였다. [참고문헌]『般泥洹經』, 『順正理論』 권24(대정장29, p.477a9). ⇨ 사리 舍利 [1]

유공 有空 유와 공. 인연으로(緣起) 드러나지만(有) 실체가 없어(無自性) 비어 있는(空) 뜻을 함께 드러낸 말이다. 승조(僧肇)의 『조론』 「부진공론 不眞空論」(대정장45, p.152b5)에 "비록 있다고 하나 실체가 없으므로 비유라 하고, 실로 없는 것이 있게 되었으니 비무라 한다. 雖有而無 所謂非有 雖無而有 所謂非無", 『반야심경』(대정장8, p.848c9 : *Prajñ-h.*, p.81)의 "색 그대로 공이며, 공 그대로 색이다. 色卽是空 空卽是色 yad rūpaṃ sā śūnyatā yā śūnyatā tad rūpaṃ", 『이제의』 권하(대정장45, p.110c1)에 "유 그대로 공이기에 공이 유를 무너뜨리지 않으며, 공 그대로 유이기에 유가 공을 흔들지 않는다. 有卽空 空不壞有 空卽有 有不動空", 『화엄유심법계기』(대정장45, p.644b1)에 "공과 유는 두렷이 함께하니 하나이면서도 하나가 아니기에 사구로 나뉠 수 있다. 유 그대로 공이기에 생사에 머물지 않으며, 공 그대로 유이기에 열반에 머물지 않는다. 공과 유는 한 덩어리지만 따로 존재함에 걸림이 없기에 생사에도 머물 수 있고 열반에도 머문다. 空有圓融 一不一故 亦可分爲四句 以有卽空故 不住生死 以空卽有故 不住涅槃 空有一塊 而不礙兩存 故亦住生死 亦住涅槃"라고 하였다. [참고문헌]『肇論』, 『般若心經』, 『二諦義』, 『華嚴

遊心法界記』, *Prajñ-h.* ⇨ 유 有, 공 空, 공유 空有[1], 유공불이 有空不二, 진공묘유 眞空妙有

유공권 柳公權 1132~1196. 고려 중기 문신. 자는 정평(正平), 시호는 문간(文簡), 본관은 문화(文化). 정당문학(政堂文學)·참지정사(參知政事) 등을 역임하였다. 초서(草書)와 예서(隸書)에도 능통하여 이지명(李知命)이 지은 「서봉사현오국사탑비문 瑞峰寺玄悟國師塔碑文」을 썼다. 〔참고문헌〕『高麗史』 권99 列傳12 諸臣, 李智冠 『校勘譯註歷代高僧碑文』 高麗篇3 p.470. ⇨ 서봉사현오국사비 瑞峰寺玄悟國師碑

유공불이 有空不二 유와 공이 서로 다르지 않다는 말. 『대승본생심지관경』 권7(대정장3, p.324a11)에 "이미 무루를 얻은 진정한 보살이 마땅함을 응하여 나타나서 중생을 건지고, 유와 공이 다르지 않다는 법문을 열어 보이니 자리와 이타에 끊임이 없네. 已獲無漏眞大士 隨宜應現濟群生 開示有空不二門 自利利他無間斷", 『대승본생심지관경천주』 권7(卍속장34, p.415b7)에 "나눈다 함은, 『아함경』에서 설한 사유(四有)는 인과의 조리가 분명하지만, 『반야경』에서 공에 들은 상을 없애 집착을 버린다. 합하여 풀면 공 그대로 유여서 연을 따르는 뜻이고, 유 그대로 공이어서 변하지 않는 뜻이다. 공과 유 어디에도 집착하지 않는 불이법문이다. 分者 如阿含四有 因果條然 般若入空 泯相除執 合解者 空卽有 隨緣義也 有卽空 不變義也 空有不著 不二門也"라고 하였다. 〔참고문헌〕『大乘本生心地觀經』, 『大乘本生心地觀經淺註』. ⇨ 유공 有空, 유 有, 공 空

유공용 有功用 Ⓢ sābhoga, sakaraṇīya, saprayatna, sasaṃskāra, sābhisaṃskāra, Ⓣ rtsol-ba-dang-bcas-pa, mngon-par-'du-byed-pa-dnag-bcas-pa. 힘써 작의(作意)할 것이 남아있음의 뜻. 무공용(無功用 Ⓢ anābhoga)의 상대어이다. 보살십지(菩薩十地) 중 칠지(七地) 이전의 보살은 노력해야 무상관을 닦을 수 있기에 유공용지(有功用地)고, 팔지(八地) 이후의 보살은 저절로 행할 수 있으므로 무공용지(無功用地)다. 그러나 불과(佛果)에서 본다면 불지(佛地)만 무공용지이고 팔지 이후 역시 유공용지이다. 천태에서는 별교(別敎)의 초지(初地) 이전, 원교(圓敎)의 초주(初住) 이전을 유공용이라 한다. 『불지경론』 권6(대정장26, p.321c4)에 "저 경에서 '팔지 이상의 모든 보살들은 법상을 여읜 까닭에 아와 아소가 없으며, 일체법은 상도 무상도 아니며 생겨남도 일어남도 없어서 자타가 평등하다고 관한다'라고 널리 설한다. 저절로 두 상이 대치할 수 있으므로 일체처에서 평등심을 얻는다. 이 이상의 위에서는 두 가지 생각을 여의었기에, 모든 힘써 함과 가행마저도 여의었기에, 한결같이 무루이고 극히 청정하기에, 무분별지여서 이미 자재를 얻고 저절로 구른다. 비로소 화합하여 일미인 사지를 수용한다고 할 수 있다. 초지보살이 비록 이미 자타평등을 증득했다 해도 힘써 할 일과 더할 작의가 있기에 아직 청정하지 못하고 그래서 세우지 않는다. 如契經言 八地已上 諸菩薩衆 離法想故 無我我所 觀一切法 非常無常 無生無起 自他平等 乃至廣說 由得任運 二想對治 於一切處 得平等心 從此已上 離二想故 離諸功用 及加行故 一向無漏 極淸淨故 無分別智 已得自在 任運轉故 方得說名 受用和合一味事智 初地菩薩 雖已證得 自他平等 而有功用 加行作意 未淸淨故 而未建立", 같은 책 권6(대정장26, p.322a12)에 "어떤 뜻으로도 칠지 이하의 보살에게는 아직 힘써 해야 할 가행도가 남아있으며, 미세한 번뇌가 현행하고 있어서 아직 청정하지 못함이라 한다. 有義七地已下菩薩 猶有功用有加行道 猶有微細煩惱現行 未淸淨故"라고 하였다. 〔참고문헌〕『佛地經論』, *Daś-bh.44.*, *Abh-k-bh.359.*, *Bodh-bh.219.*, *Madhy-vibh.56.*, *Sūtr.157·179.* ⇨ 공용 功用[1], 무공용 無功用, 십지 十地

유공용위수주 有功用位修住 Ⓢ sakaraṇīya-avasthā, Ⓣ bya-ba-bcas-pa'i-gnas. 공용이 있는 위에서 닦고 머묾. 유소작위(有所作位)라고도 한다. 『중변분별론』 권하(대정장31, p.459c6 : *Madhy-vibh.*, p.56)에 "(十八修住位 중) 다섯째 공용이 있어 닦고 머무니 유학성인이다. 五 有功用位修住 有學聖人 sakaraṇīyāvasthā śaikṣasya"라고 하였다. 〔참고문헌〕『中邊分別論』, *Madhy-vibh.* ⇨ 유소작위 有所作位

유공쟁 有空諍 ➡ 공유논쟁 空有論爭

유공중삼시 有空中三時 ➡ 삼시교 三時敎[1]

유공천중 遊空天衆 하늘에서 노니는 하늘 무리. 일천(日天), 월천(月天)과 별 무리 등을 말한다. 『치성광대위덕소재길상다라니경』(대정장19, p.337c14)에 "이때 석가모니불께서 정거천궁에 계시면서 수요·유공천중·구집대천과 이십팔수·십이궁신 등 일체성중에게 말씀하셨다. 爾時 釋迦牟尼佛在淨居天宮 告諸宿曜 遊空天衆 九執大天 及二十八宿 十二宮神 一切聖衆"라고 하였다. 〔참고문헌〕『熾盛光大威德消災吉祥陀羅尼經』. ⇨ 일천 日天, 월천 月天, 구요 九曜, 성신만다라 星辰曼荼羅[밀]

유과 有果 과가 있음. 과를 부르는 유위법을 말한다. 『구사론송소론본』 권1(대정장41, p.819b9)에 "유위는 과가 있고 무위는 과가 없다. 그러므로 유위를 유과라고 한다. 有爲有果 無爲無果 是故有爲 名爲有果"라고 하였

다.〔참고문헌〕『俱舍論頌疏論本』. ⇨ 유위법 有爲法

유과법 有果法 과가 있는 법. 비유과법(非有果法) 또는 무과법(無果法)과 맞선다. 『품류족론』 권6(대정장26, p.716b11)에 "유과법이 무엇인가? 일체유위법이다. 有果法云何 謂一切有爲法", 같은 책 권8(대정장26, p.725a1)에 "유과법은 십팔계, 십이처, 오온에 섭하고 도지를 제외한 구지로 알아 육식으로 식(識)함이니, 일체수면이 따르고 불린다. 有果法 十八界十二處五蘊攝 九智知除道智 六識識 一切隨眠隨增"라고 하였다.〔참고문헌〕『品類足論』. ⇨ 비유과법 非有果法, 무과법 無果法

유곽 乳廓 우리나라 범종(梵鐘) 외곽을 장엄한 사각 문양대(文樣帶). 상대(上帶)의 아랫면이나 중대(中帶) 사방에 배치하며, 연주문·보상당초문 등으로 장식하고, 안에는 아홉 개의 도드라진 유두(乳頭)가 있다. 한국 범종의 원형인 상원사동종(上院寺銅鐘)에는 당초문을 양각한 유곽 안에 연화를 꽃받침으로 한 아홉 개의 돌출된 유두를 배치하였고, 성덕대왕신종(聖德大王神鐘)에는 연주문과 보상당초문으로 장식한 유곽 안에 연화좌 돋을무늬가 있다.〔참고문헌〕『韓國의 梵鍾』(國立文化財硏究所, 1996). ⇨ 상원사동종 上院寺銅鐘, 성덕대왕신종 聖德大王神鐘, 범종 梵鐘

여주출토동종 탁본 보물제1166호 고려·천흥사명동종 국보제280호 1010년·성덕대왕신종 탁본 국보제29호 771년·성덕대왕신종 국보제29호 771년 국립중앙박물관·국립경주박물관(왼쪽부터)

유관 有寬 조선후기 스님. 법호는 학송(鶴松). 합천 해인사(海印寺) 진영에는 1808년(순조8)에 우계문인(愚溪門人) 해명(海溟)이 지은 「영찬 影讚」이 전한다. "체격은 우뚝하고 성품은 중용에 맞았네. 소나무 학과 같아 언행에 장난스러움이 없었다. 천고의 곡신도 그 마음의 참됨을 찬탄하고 우뚝이 세속을 뛰어넘었으므로 그 모습을 그리노라. 骨干蒼直 性本中庸 如松如鶴 言無戲謔 千古谷神 讚其心眞 獨超時俗 繪以面識".〔참고문헌〕李智冠『伽倻山海印寺誌』 p.774.

유관학송당대선사진영
합천 해인사 조선말기

유관 柳寬 1346~1433. 문신. 자는 몽사(夢思) 또는 경부(敬夫), 호는 하정(夏亭). 1401년(태종1)에 대사헌으로서 상소해 불교를 심히 배척하고 유교의례인 『주문공가례 朱文公家禮』를 적극적으로 행하였다. 『세종실록』 권60 15년(1433) 5월 7일에 "이단을 배척하여 아들들에게 '내가 죽은 뒤에 불사를 짓지 말고 한결같이 『주문공가례』에 따르되 다만 포해만은 버려야 하니, 시속에서 놀라고 해괴하게 여길까 두렵다. 비록 기일을 당할지라도 부처에게 공양하고 반승하는 일은 하지 마라' 고 하였다. 排斥異端 敎諸子曰 我死之後 不作佛事 一從朱文公家禮 但去脯醢 恐有流俗之驚駭也 雖當忌日 亦不供佛飯僧"라고 하였다.〔참고문헌〕『世宗實錄』.

유관 惟寬 755~817. 당대 선사. 속성은 축(祝)씨. 구주(衢州 : 浙江省) 신안(信安) 출신. 13세에 출가하였고 승숭(僧崇)에게 구족계를 받았다. 승여(僧如)에게 계율을 배웠고 지관을 수행했지만, 후에 마조도일(馬祖道一)에게서 깨달음을 얻었다. 790년(정원6)에 민월(閩越 : 福建省)에서 교화하였으며, 나중에 회계(會稽 : 浙江省)에 등원도량(藤原道場)과 파양(鄱陽 : 江西省)에 회향도량(廻向道場)을 열었다. 소림사(少林寺)·위국사(衛國寺)·천궁사(天宮寺) 등에 주석하였다. 809년(원화4)에 칙명을 받고 장안 대안국사(大安國寺)에 머물렀고, 이듬해에는 인덕전(麟德殿)에서 황제를 알현하고 법연을 펴기도 하였다. 백거이(白居易)를 비롯하여 문하에 천여 명의 제자가 있었으니 득도한 제자가 서른아홉이었다. 817년(원화12) 12월 그믐에 세수 63, 법랍 39세로 입적하였다. 대철선사(大徹禪師)라는 시호가 내려졌으며, 백거이가 비명을 지었다.〔참고문헌〕『宋高僧傳』 권10 「惟寬傳」(대정장50, p.768a14), 『景德傳燈錄』 권7 「典善惟寬傳」(대정장51, p.255a12).

유관농무 遊觀農務 다니며 농사일을 살핌. 석가의 태자시절, 농사일을 살피다 미물에서 인천(人天)에 이르기까지 고통의 굴레에 얽혀 있음을 보고 선정에 들게 된 이야기. 『석씨원류응화사적』 권1 p.32에 "유관농무 : 『보요경』에서 이르길, 그때 태자는 … 땅을 갈아엎으니 벌레가 나오자 까마귀와 새가 찾아 쪼아 먹는 것을 보았다. 태자는 이를 보고 자비심을 일으켜 크게 슬퍼하였다. … 하늘과 인간은 처음부터 끝까지 삼악도의 고

유관농무 『석씨원류응화사적』권1
양주불암사판 1673년

통에 시달리리니 헤아릴 길마저 없다. 오취생사는 돌고 돌아 끝이 없고 빠져 헤어나지 못하니 그 고통을 깨우치기 어렵다'. 遊觀農務 普曜經云 爾時太子 … 見地耕轉蟲隨土出 烏鳥尋啄 太子見已 起慈悲心 哀嗟世間 有如斯苦 … 天人始終 三惡道苦 不可稱載 五趣生死 輪轉無際 沉沒不覺 痛苦難喩"라고 하였다. [참고문헌] 佛巖寺板『釋氏源流應化事蹟』, 『普曜經』 권3(대정장3, p.499a26).

유관도 劉貫道 중국 원나라 초기의 화가. 자는 중현(仲賢). 중산(中山 : 지금 河北省 定州) 출신. 도석인물(道釋人物)·산수화 등에 뛰어났다. 특히 진당(晉唐) 화풍을 계승한 「십팔나한도」의 모습은 생동감 있으면서도 우아한 품격을 보인다고 평가받는다. 외에 「원세조어진 元世祖御眞」(대만 고궁박물원 소장)·「소하도 消夏圖」(미국 캔자스넬슨갤러리 소장) 등이 전한다.

유관수 流灌宿 Ⓢ revatī. 이십팔수(二十八宿) 중 하나. 규수(奎宿)라고도 한다. 『사두간태자이십팔수경』(대정장21, p.416a1)에 "유관수는 유일한 별자리여서 둥글고 황색을 띠며 30수유를 따라 돈다. 사슴과 고라니를 주식으로 하고 부사천의 주인이며 성은 묘화다. 流灌宿 有一要星 形圓色黃 行三十須臾而侍從矣 鹿麋爲食 主富沙天 姓曰妙華"라고 하였다. [참고문헌]『舍頭諫太子二十八宿經』. ⇨ 규수 奎宿, 이십팔수 二十八宿

유관지 有觀智 관과 지가 함께함. 무관지(無觀智)의 상대어이다. 『사리불아비담론』 권9(대정장28, p.592b5)에 "무엇을 유관지라고 하는가? '지'가 '관'과 상응하여 함께 일어나고 함께 머물며 함께 사라지는 것을 유관지라고 한다. 云何有觀智 若智觀相應 共生 共住 共滅 是名有觀智"라고 하였다. [참고문헌]『舍利弗阿毘曇論』.

유광 乳光 부처님께 우유공양하고 소(牛)가 받은 미래 부처의 이름. 『유광불경』(대정장17, No.809)의 인연사다. [참고문헌]『乳光佛經』. ⇨ 유광불경 乳光佛經

유광불경 乳光佛經 서진(西晉) 때 축법호(竺法護 Ⓢ Dharmarakṣa) 한역. 1권. 고려장11, pp.447a1~449c9, No.230·대정장17, pp.754b19~756b13, No.809에 수록되어 있다. 줄여서 『유광경』이라고 한다. 부처님께서 유야리국(維耶離國 Ⓢ Vaiśālī)에 계셨는데 때마침 병에 걸려 아난에게 범지 마야리(摩耶利)의 처소로 찾아가 우유를 얻어 오라고 명하셨다. 그러나 마야리는 공양하기를 아까워하며 포악한 어미 소의 우유를 공양하려 하였다. 이때 제석천이 동자의 모습으로 화현하여 우유를 얻으러 가서 어미 소에게 게를 설하였고, 포악한 어미 소는 부처님 이름을 듣고 단번에 사나움을 고쳐 환희하며 우유를 공양하였다. 이에 부처님께서는 아난 등에게 어미 소의 과거인연을 설하셨다. 어미 소는 과거세에 장자였는데 고리(高利)를 탐내고 남과 다투기를 좋아하였기에 소로 태어났으나, 이번 생에 그 죗값을 다 치르고 우유를 공양하였으므로 미래세에 성불하여 유광불이 될 것이라 수기하셨다.

유광수천 有光壽天 Ⓢ Parītta-ābha. 색계십팔천(色界十八天) 중 제이선천(第二禪天)의 첫 번째 천인 소광천(少光天) 다른 이름. 『일체경음의』 권9(대정장54, p.361c22)에 "합천〈앞 글자는 오와 합을 반절한 음이다. 한역하면 유광수천이며, 바로 제이선천 중 첫 번째 천이다. 소광천이라고도 하는데 빛이 적기 때문이다〉. 盧天〈烏合反 晉言有光壽天 是第二禪中初天也 亦名少光天 以光少故也〉라고 하였다. [참고문헌]『一切經音義』. ⇨ 소광천 少光天, 색계십팔천 色界十八天❶, 천 天

유괘순치재 猶掛脣齒在 입술과 이빨에 여전히 무엇인가 걸려 있다는 말. 어떤 말의 진실한 의미를 몰라서 도리어 그것에 속박되어 있다는 뜻. 괘(掛)는 대(帶)로도 쓴다. 『경덕전등록』 권14 「고사미전 高沙彌傳」(대정장51, p.315c7)에 "약산이 고사미에게 물었다. '계는 받아서 무엇 하려는가?' '생사에서 벗어나고자 합니다' '어떤 사람은 계를 받지도 않고 생사에서 벗어나는데, 너는 아느냐?' '그렇다면 부처님의 계율이 무슨 쓸모가 있겠는지요?' '여전히 입술과 이빨에 무엇인가가 걸려 있구나'. 藥云 受戒圖什麽 師曰 圖免生死 藥云 有一人不受戒亦免生死 汝還知否 師曰 恁麽卽佛戒何用 藥云 猶掛脣齒在", 『벽암록』 35칙 「본칙 本則」(대정장48, p.173c1)에 "문수가 말했다. '남방에서는 불법을 어떻게 유지하고 있습니까?'〈만일 다른 사람에게 물었다면 화가 발생했겠지. 여전히 그 말에 걸려 있구나〉. 殊云 南方佛法 如何住持〈若問別人則禍生 猶掛脣齒在〉", 『속전등록』 권15 「경한전 慶閑傳」(대정장51, p.569a18)에 "황룡이 물었다. '법좌를 차지하고 가사를 입고 나서는 어떤 방편을 펼치려는가?' '모난 사람 만나면 모나게 하고 둥근 사람 만나면 둥글게 하지요' '그대는 이같은 이야기를 여전히 입에 걸어 놓고 있구나'. 龍問 得坐披衣 向後如何施設 師曰 遇方卽方 遇圓卽圓 曰 汝與麽說話 猶帶脣齒在"라고 하였다. [참고문헌]『景德傳燈錄』, 『碧巖錄』, 『續傳燈錄』.

유괴 有愧 Ⓢ vyapatrāpitā, otrāpya, Ⓟ ottapin, Ⓣ khrel-yod-pa, khrel-yod-pa-dang-ldan-pa. 부끄러움을 드러내 보임. 『불수반열반약설교계경』(대정장12, p.1111b8)에 "부끄러워하는 사람에게 선법이 있다. 부끄러움이 없다면 금수와 하등 차이가 없다. 有愧之人 則有善法 若無愧者 與諸禽獸 無相異也", 『번역명의

집』 권4(대정장54, p.1121c23)에 "지지가 : 유괴라고 한역한다. 36권본 『대반열반경』 권17(대정장12, p.720b23)에 '모든 불세존께서는 늘 이와 같이 말씀하십니다. 「두 가지 선한 법이 있어 능히 중생을 구한다. 첫째는 참이고, 둘째는 괴다」. 참은 스스로 죄를 짓지 않는 것이고, 괴는 다른 이들이 짓지 않게 하는 것이다. 참은 자기 마음속으로 수치스러워하는 것이고, 괴는 남에게 드러내는 것이다'라고 하였다. 地底迦 此云 有愧 涅槃經云 諸佛世尊 常說是言 有二白法 能救衆生 一 慚 二 愧 慚者 自不作罪 愧者 不敎他作 慚者 內自羞恥 愧者 發露向人"라고 하였다. [참고문헌] 『佛垂般涅槃略說敎誡經』, 『翻譯名義集』, 『大般涅槃經』, *Ratna-ut.*, *Sam-r.115.*, *Vin.1.63.* ⇨ 괴 愧, 참 慚

유괴 有壞 Ⓢ bhāvasya anyathā-bhāvaḥ. 있다가 무너짐. 있다가 무너져 사라진 것이 이름을 얻은 것이 무(無)다. 『중론』 권3(대정장30, p.20a18)에 "〈게〉 '유'가 성립하지 않는다면 '무'가 어떻게 성립할 수 있겠는가? 유법(有法)이 있기에, 유가 무너진 이름이 무다. 〈논〉 당신이 유가 성립될 수 없다고 한다면 무 또한 없음을 수용해야 한다. 왜냐하면 유법이 무너지기에 무란 이름이 있으니, 이 무는 유의 무너짐으로 있게 되기 때문이다. 有若不成者 無云何可成 因有有法故 有壞名爲無 若汝已受 有不成者 亦應受無亦無 何以故 有法壞敗故名無 是無因有壞而有. 〈kārikā〉 bhāvasya ced aprasiddhir abhāvo naiva sidhyati, bhāvasya hy anyathā bhāvam abhāvaṁ bruvate janāḥ"라고 하였다. [참고문헌] 『中論』, *Madhy-ś.131.* ⇨ 괴 壞

유교 有敎 ❶ 공교(空敎)에 상대하여 법(法)의 실유(實有)를 가정하고 설하는 교법. 『아미타경통찬소』 「서序」(대정장37, p.330b9)에 "셋째, 양나라 때 진제삼장은 여래의 일대시교를 삼시로 나눴다. 유교, 공교, 비공비유교다. 유교란 무엇인가? 부처님께서 처음 성도하시고 나서 이후 7년간 유교를 설하셨는데, 5년 동안 오비구를 제도하고 6년째에 사리불을 교화했으며 7년째에 삼가섭을 제도하셨다. 이 모두가 유교다. 三 梁朝眞諦三藏 判如來一代時敎爲三時 一 有敎 二 空敎 三 非空非有敎 且有敎者 佛初成道七年已後說有敎 五年度五俱輪 第六年化舍利弗 第七年度三迦葉 總名有敎", 『구사론소』 권1(대정장41, p.455c8)에 "삼승법에 나아가 보면, 모두 먼저 소승유교를 익히고 난 후에야 대승공교를 익힐 수 있다. 就三乘法中 皆須先學小乘有敎 後乃可學大乘空敎", 『성유식론요의등』 권1말(대정장43, p.673b16)에 "호법의 삼성설이 모두 유만 설함이 아닌데, 어째서 유교라고 하는가? 또한 유라고 한다면 처음 설한 유교와 어떻게 다른가? 이런 연유로 마땅히 설하니, 호법은 『유가사지론』 등 논에 의지하여 공도 아니고 유도 아님을 성취하였다. 원성실성에 의지해 공이 아니고, 변계소집성이 없기에 유가 아니다. 저 『변중변론송 辯中邊論頌』 등의 설과 같다. 護法三性非皆說有 何名有敎 又若名有 與初何殊 由此應說 護法依彼瑜伽等論 成非空有 依圓有故非空 遍計無故非有 如中邊頌等"라고 하였다. [참고문헌] 『阿彌陀經通贊疏』, 『俱舍論疏』, 『成唯識論了義燈』, 『三論玄義』(대정장45, p.11a12), 『肇論新疏』 권상(대정장45, p.202c16). ⇨ 구사종 俱舍宗, 법상종 法相宗, 공교 空敎, 공유논쟁 空有論爭 ❷ Ⓢ vijñapti, Ⓟ viññatti, Ⓣ rnam-par-rig-byed. 드러내 알게 함이 있다는 뜻. 뜻으로 한(意業) 것이 몸과 말로 드러나 타인으로 하여금 알게 하는 뜻으로, 신역에서는 표(表)라고 한다. 이에 반해 신구업으로 드러나지 않는 것을 무교(無敎 Ⓢ avijñapti)라고 하며, 신역에서는 무표(無表)다. 『아비담심론』 권1(대정장28, p.812b29)에 "신업 자성에 두 가지가 있으니 유교와 무교성이다. 그중에 유교란 몸을 움직인즉 선·불선·무기가 되는데, 선은 선한 마음에서 생기고 불선은 불선한 마음에서 생기며, 무기는 무기심에서 일어난다. 身業性二種 有敎性無敎性 於中有敎者 身動是善不善無記 善從善心生 不善從不善心生 無記從無記心生", 『구사석론』 권10(대정장29, p.225b10)에 "[석] 이 신구업은 각각 두 류가 있음을 알아야 한다. 즉 무교와 유교로 자성을 삼는다. … 고의 즉 뜻을 내어 몸은 이렇게 이런 모습이어야 한다고 하는 것이 유교다. 釋曰 是身口業 應知一一各有二類 謂有敎無敎爲性 … 由隨故意 是身如此如此相貌 說名有敎"라고 하였다. [참고문헌] 『阿毘曇心論』, 『俱舍釋論』, 『阿毘曇心論經』 권2(대정장28, p.840a3), *Abh-k-bh.200.* ⇨ 표색 表色, 무표색 無表色

유교 遺敎 부처님이나 조사가 후인을 위해 남긴 가르침. 특별히 임종을 앞두고 설한 가르침을 말하기도 한다. 유계(遺誡)·유고(遺告)·유법(遺法)·유화(遺化)·유훈(遺訓) 등이라고도 한다. 한편 불교는 석가모니부처님께서 설하여 후세에 남겨 놓은 교법이기에 삼장 등 모두를 석가모니부처님의 유교라고 할 수 있다. 또한 『불수반열반약설교계경 佛垂般涅槃略說敎誡經』 등 부처님께서 입멸을 앞두고 후세를 위해 최후의 교법을 남기신 경전을 특별히 『불유교경 佛遺敎經』 또는 『유교경』이라 한다. 『불유교경』(대정장12, p.1110c20)에 "이때는 깊은 밤이었고 고요하여 어떤 소리도 없었다. 모든 제자를 위하여 간략히 법요를 설하셨다. 너희 비구들은 내가 입멸한 후 마땅히 바라제목차를 존중하고 보배로 받들어야 한다. 마치 깜깜한 밤에 빛을 만난 듯, 가난한 이가 보배를 얻은 듯 하라. 마땅히 이 법을 알아 행한다면 너희가 곧 큰 스승이어서 내가 세상에 있다 해도 이와 다르지 않으리라. 是時中夜 寂然無聲 爲諸弟子 略說法要 汝等比丘 於我滅後 當尊重珍敬波羅提木叉 如闇遇明貧人得寶 當知此則 是汝大師 若我住世無異此也", 『유교경론』(대정장26, p.283c10)에 "'내가 입멸한 이후에'라 한 것은 남겨 전하는 가르침을 보여 나툰 뜻이고, 법이 다하여 사라지지 않게 하기 위함이니, 법도 청정법신도 다 할 일이 없게 되어 언제나 세간을 위할 수 있고, 구경에는 해탈하게 한다는 뜻이다. 於我滅後者 此言示現遺教義故 不盡滅法故 以不盡法淸淨法身 常爲世間 作究竟度故"라고 하였다. 1673년(현종 14) 양주 불암사판 『석씨원류응화사적 釋氏源流應化事蹟』 권2 「임종유교 臨終遺教」에는 『불유교경』 문과 도해(圖解)가 전한다. 〔참고문헌〕『佛遺教經』, 『遺教經論』, 『佛垂般涅槃略說教誡經』(대정장12, p.1110c20), 『有部律雜事』 권40(대정장24, p.408c5). ⇨ 유게 遺偈, 유계 遺誡, 유교경 遺教經

임종유교 『석씨원류응화사적』 권2
양주불암사판 1673년

유교경 遺教經 **1** 후진(後秦) 때 구마라집(鳩摩羅什 Ⓢ Kumārajīva) 한역. 1권. 고려장13, pp.1180a1~1182b22, No.453 · 대정장12, pp.1110c10~1112b22, No.389에 수록되어 있다. 갖춘 이름은 『불수반열반약설교계경 佛垂般涅槃略說教誡經』이며, 『불유교경 佛遺教經』·『불림열반약계경 佛臨涅槃略誡經』·『불림열반약설교계경 佛臨涅槃略說教誡經』·『불수열반교계경 佛垂涅槃教誡經』·『불수열반약계경 佛垂涅槃略誡經』·『약설교계경 略說教誡經』·『유경 遺經』 등이라고도 한다. 부처님께서 구시나가라의 사라쌍수에서 열반을 앞두고 남기신 최후의 설법이 담겨 있어 유교경이라 한다. 선종에서는 『사십이장경 四十二章經』·『위산경책 潙山警策』과 더불어 불조삼경(佛祖三經)의 하나로 중시되었으며, 많은 주석들이 남아 전한다. 일제강점기 한국불교의 정법중흥을 발원하여 선학원에서 설행한 '유교법회 遺教法會' 또한 이 경을 소의로 하였다. 〔참고문헌〕 勝崎裕彦 外 『大乘經典解說事典』(北辰堂, 1997) pp.209~210. ⇨ 불수반열반약설교계경 佛垂般涅槃略說教誡經, 불유교경 佛遺教經, 유교법회 遺教法會 **2** 석존의 반열반을 인연으로 설하게 된 경들을 모두어 일컫는다.

유교경기 遺教經記 『유교경』에 대한 범해각안(梵海覺岸 1820~1896)의 사기. 『범해선사문집』 권2 「행장行狀」(한불전10, p.1098a17)에는 세간에 유행하였지만 간행되지는 못하였다(幷行于世 而只恨未暇印布) 하였다. 현재 전하지 않는다. 〔참고문헌〕『梵海禪師文集』.

유교경론 遺教經論 천친(天親 Ⓢ Vasubandhu)보살 지음. 남조 때 진(陳)의 진제(眞諦 Ⓢ Paramārtha) 한역. 1권. 『유교경』(대정장12, No.389)에 대한 논서. 고려장15, pp.426b1~438c8, No.564 · 대정장26, pp.283a3~291a26, No.1529에 수록되어 있다. 본서에 대한 주소로는 송대 관복(觀復)의 『유교경론기 遺教經論記』 3권과 원조(元照)의 『유교경론주법기 遺教經論住法記』 1권 등이 있다. ⇨ 불수반열반약설교계경 佛垂般涅槃略說教誡經

유교무인 有教無人 가르침만 있고 행하는 사람은 없다는 말. 과두무인(果頭無人)이라고도 한다. 천태 장교(藏教)에서 번뇌를 끊은(斷惑) 위, 통교(通教)의 8지 이상, 별교(別教)의 초지(初地) 이상 등이 여기에 해당한다. 장·통·별교에서는 행자가 교를 받은(行人稟教) 인위(因位)에서 보면, 가르침이 있으면 그 사람도 있어야 한다(有教有人). 그러나 인이 성취된(因成果滿) 과위(果位)에서 말하자면 유교무인이다. 『유마경현소』 권4(대정장38, p.543a29)에 "이러한 (장통별) 삼교의 방편설에서는 인위에서 가르침을 받는 이들은 모두 유교유인이다. 그러나 불과 보처의 상위보살은 능히 삼교를 설하니 이는 유교무인이다. … 유교무인을 지목하여 방편이라 하고, 유교유인은 실이라 한다. 若是三教方便之說 因中稟教之者 卽並有教有人 佛果補處 及上位菩薩能說三教 此並有教無人 … 有教無人 目之爲權 有教有人名之爲實"라고 하였다. 〔참고문헌〕『維摩經玄疏』, 『刪定止觀』 권상(卍속장99, p.145a1), 『淨土聖賢錄』 권6(卍속장135, p.315b11). ⇨ 과두무인 果頭無人

유교반월정 猶較半月程 '아직 보름이나 남았네'라는 말. 여실히 깨우치려면 아직 멀었다는 뜻이다. 『벽암록』 51칙 「송 頌」(대정장48, p.186c23)에 "깊은 밤 천 길 벼랑 눈 함께 본다〈언제나 보름은 걸리는구나. 온통 대지 가득 눈 덮여 도랑도 골짜기도 막혔지만 아무도 모르니 다만 이 눈먼 놈일세. 도리어 말후구를 알겠는가? 문득 치리다〉. 夜深同看千巖雪〈猶較半月程 從他大地雪漫漫 塡溝塞壑無人會 也只是箇瞎漢 還識得末後句麼 便打〉", 같은 책 52칙 「착어 著語」(대정장48, p.187b19)에 "여전히 보름 정도 가야 하네. 그럴듯 그럴듯하지만 아직은 아니라네. 猶較半月程 似則似 是則未是"라고 하였다. 〔참고문헌〕『碧巖錄』. ⇨ 반월정 半月程

유교법회 遺教法會 일제강점기 정법중흥을 발원하며 설행한 법회. 1941년 3월 4일부터 14일까지 열흘 동안 서울 안국동 선학원(禪學院)에서 불조(佛祖)의 혜명(慧命)을 잇고 한국불교중흥을 위해 개최한 법회다. 전국 사찰과 선원 등에서 계율을 지키며 수행하던 청정비구(淸淨比丘)와 수좌(首座)·율사(律師) 등 40여 명이 참여하여 부처님 최후설법의 가르침인 유교(遺敎)를 호지(護持)하고 승풍(僧風)의 정화(淨化)를 다짐하는 법회였다. 유교법회 설행은 1935년 조선불교전국수좌대회(朝鮮佛敎全國首座大會)를 통해 전국의 마흔다섯 곳의 선원 300여 명의 선승(禪僧)들이 조선불교선종(朝鮮佛敎禪宗)을 발족시켰고, 종정으로 만공(滿空)·한암(漢巖)·혜월(慧月)을 추대하고 청정승풍구현을 위해 중앙선원의 청규(淸規)를 지킬 것을 다짐하였다. 이는 일본의 강압적인 불교정책과 대처식육(帶妻食肉)의 왜색불교에 맞서서 청정비구에 의한 산중공의(山中公議)로 원융살림에 기초한 한국불교전통의 회복을 기조로 한 것이다. 이후 1939년에는 조선불교선종정기선회(禪會)를 개최하고 수좌들에게 청정사찰을 할애하고 초학자를 위해 금강산 마하연 선방을 모범선원으로 지정해 줄 것을 교무원에 요청하였다. 1941년의 유교법회는 예산 정혜사(定慧寺) 만공·오대산 월정사 한암·속리산 법주사 석상(石霜) 등을 증명(證明)으로 모시고, 한영(漢永)·상월(霜月)·영명(永明)·서응(瑞應) 등의 회주가 4일부터 6일까지 부처님 최후설법을 내용으로 하는 『유교경 遺敎經』(갖춘 이름은 『불수반열반약설교계경 佛垂般涅槃略說敎誡經』이며 불조삼경(佛祖三經) 중 하나로 선종에서 특히 중시함)과 대승보살계(大乘菩薩戒)의 소의경전인 『범망경 梵網經』을 강설하며 조계종지(曹溪宗旨)를 선양하였다. 12일까지 자비참법(慈

유교법회 안국동 선학원 1941년

悲懺法)을 설행하였으며, 13일에 일체유주무주고혼(一切有主無主孤魂)을 위로하는 법식을 거행하고, 14일에 회향하였다. 유교법회에 참석한 스님들은 증명과 회주를 포함하여 석하(石下)·보산(寶山)·동산(東山)·태허(太虛)·묵담(默潭)·정광(淨光)·적음(寂音)·운허(耘虛)·청담(靑潭)·석두(石頭)·무불(無佛)·중현(重玄)·월주(月舟)·성담(性潭)·석주(昔珠)·금오(金烏)·운경(耘耕)·장조(長祚)·구담(龜潭)·자운(慈雲)·청호(淸湖)·도명(道明)·원옹(元翁)·청안(靑眼)·본공(本空) 등 40여 명이다. 이때 재가불자들도 장삼(長衫) 짓는 불사로 한국불교 전통회복에 사부대중이 동참하였다. 법회를 마친 후에도 운허·청담 등이 습정균혜(習定均慧 : 禪定을 익혀 지혜를 고르게 함)하는 비구승 중심의 범행단(梵行團)을 조직하여 수년 동안 지속하였다. 유교법회는 일제강점기 식민지 불교체제에서 정법중흥과 계율수호로 비구중심의 한국불교 즉 청정승풍을 회복하기 위한 치열한 결사의 의미를 갖는다. 이 법회는 이후 1947년 봉암사결사(鳳巖寺結社)로 계승되어 대한불교조계종중흥의 토대가 되었다. 2008년 4월 22일 대한불교조계종 총무원장 지관(智冠)은 한국불교역사문화기념관에서 "조계종 중흥의 당간(幢竿), 41년 유교법회를 조명하는 연찬회"를 개최하여 청정교단 조계종 중흥의 토대가 유교법회에 있었음을 강조하고, 유교법회의 정신을 계승하여 현대 한국불교계의 수행종풍을 진작할 것을 촉구하였다. [참고문헌] 『曹溪宗史』 근현대편(대한불교조계종교육원, 2001) pp.131~133, 『조계종 중흥의 당간(幢竿), 41년 유교법회(遺敎法會)를 조명하는 연찬회 자료집』. ⇨ 선학원 禪學院 1, 봉암사결사 鳳巖寺結社

유교법회 연찬회 2008년

유교사자 猶較些子 오히려 조금은 어긋났다라는 말. 그래도 조금은 낫다는 뜻이기도 하다. 조금 낫기는 하나 아직 모자라다는 뜻으로 각교사자(却較些子)라고도 한다. 『양기후록』(대정장47, p.646b8)에 "대중이 흩어져 버렸으면 오히려 적은 허물이련만, 기왕에 흩어져 가버리지 않았으니 의심 있거든 묻거라. 大衆散去 猶較些子 旣不散去 有疑請問", 『원오어록』 권15 「시증대제 示曾待制」(대정장47, p.784a8)에 "옛사람은 지나친 노파심으로 진흙을 끌며 물을 건넌다. 만일 한번 듦에 문득 사무친다면 오히려 조금 어긋나련만 의리로 끝내 헤아린다면 헤매다가 끝나고 말리라. 古人 太殺老婆 拕泥涉水 若一擧便透 猶較些子 或窮研義理 卒摸索不著"라고 하였다. [참고문헌] 『楊岐後錄』, 『圓悟語錄』. ⇨ 각교사자 却較些子, 교사자 較些子

유교색 有教色 ➡ 유교 有教❷, 표색 表色

유구 有句 유 즉 있음을 드러내는 뜻이 있는 구. 상견(常見)에 해당된다. 『화엄경소초』 권21(대정장36, p.160b22)에 "사구 중에는 전부 사구가 있다. 제 일구인 유구에 사구가 있다는 말은 첫째 있기에 있다 하는 구, 둘째 있지만 없는 뜻의 구, 셋째 있기도 없기도 한 뜻의 구, 넷째 있지도 없지도 않는 뜻의 구이다. 四句之中 皆具四故 第一有句具四者 謂 一 有有 二 有無 三 有亦有亦無 四 有非有非無"라고 하였다. [참고문헌] 『華嚴經疏鈔』. ⇨ 유 有, 유무사구 有無四句

유구 有求 Ⓢ bhava-eṣaṇā, bhava-paryeṣaṇā, Ⓟ bhavesanā, Ⓣ srid-pa-tshol-ba, srid-pa-yong-su-tshol-bar-byed-pa. 머무는 계(界)에 있어 더 구할 것이 있거나 미래의 후유(後有)를 구함. 이구(二求) 또는 삼구(三求) 중 하나. 『집이문족론』 권4(대정장26, p.383a15)에 "유구란 무엇인가? [답] 색유와 무색유에 머무는 이가 색계와 무색계의 법에 있어 아직 얻지 못한 것을 얻기 위하여 모두 구하고 부지런히 구하는 것이 유구다. … 유구의 유란 오취온을 말한다. 그 다섯이란 색취온・수취온・상취온・행취온・식취온을 말한다. 저 한 무리가 있어 생각하길 '미래세에 이러한 색수상행식을 얻겠다' 하고, 그가 죽은 뒤에 장차 제유의 색 등 오온 모두 구하고 나아가 부지런히 구하는 것을 유구라고 한다. 有求云何 答 住色無色有者 於色無色界法 未得爲得 諸求 乃至 勤求 是謂有求 … 有求者有 謂五取蘊 何等爲五 謂色取蘊 受取蘊 想取蘊 行取蘊 識取蘊 如有一類 作是念言 云何令我 得未來世 如是類色 受 想 行 識 彼於死後 當生諸有 色等五蘊 諸求乃至勤求 是名有求", 『성실론』 권11(대정장32, p.326a28)에 "구에는 두 가지가 있으니, 욕구와 유구이다. 현재의 여러 하고 싶은 것을 구하는 것을 욕구라고 하며, 다시 미래의 몸으로 후신 구하는 것을 유구라고 한다. 求有二種 欲求有求 求現在諸欲 是名欲求 更求後身 是名有求"라고 하였다. [참고문헌] 『集異門足論』, 『成實論』, *Abh-s.47.*, *Yogā-bh. 103・201.*, *DN.3.216.* ⇨ 삼구 三求, 욕구 欲求, 범행구 梵行求

유구 有具 Ⓢ bhavopakaraṇa, Ⓣ srid-pa'i-yo-byad. 유로 가득함. 유위세계인 삼유(三有 : 欲有・色有・無色有)를 갖추었다는 뜻이다. 『성유식론』 권6(대정장31, p.30a4)에 "무엇이 무탐인가? 유와 유구에 착함이 없는 성품이고, 탐착을 다스려 선을 짓는 것으로 업을 삼음이다. 云何無貪 於有有具 無著爲性 對治貪著 作善爲業", 『성유식론술기』 권6(대정장43, p.444a1)에 "'유에 있다'라 함은 후유를 말한다. 곧 이숙일 뿐이니, 삼유과다. 유구란 무엇인가? 중유와 아울러 번뇌업과 기세간 등이니 삼유를 갖추었기 때문이다. 於有者 謂後有 卽唯異熟 三有果也 有具者 卽中有 幷煩惱業 及器世等 三有具故"라고 하였다. [참고문헌] 『成唯識論』, 『成唯識論述記』, *Vijñ-t-bh.78.* ⇨ 삼유 三有❶

유구 有垢 Ⓢ samala, saha-mala, doṣa-malinatva, avimala, Ⓣ dri-ma-dang-bcas, dri-ma-can, nyes-pas dri-ma-can. 티끌이 있음. 번뇌나 번뇌와 상응하는 법이 있다는 뜻이다. 재전위(在纏位)를 말하며, 무구(無垢)와 상대한다. 『대지도론』 권20(대정장25, p.211c27)에 "사무색정이란 허공처・식처・무소유처・비유상비무상처 등이다. 이 사무색정은 세 가지니 첫째는 유구, 둘째는 생득, 셋째는 행득이다. 유구란, 무색계중에 거두는 서른한 가지 번뇌와 이 번뇌로 일어나는 심상응행이다. 四無色定者 虛空處 識處 無所有處 非有想非無想處 是四無色 有三種 一者 有垢 二者 生得 三者 行得 有垢者 無色中攝 三十一結 及此結使中起心相應行"라고 하였다. [참고문헌] 『大智度論』, 『辯中邊論』 권상(대정장31, p.465c26), *Yogā-bh.64.*, *Madhy-vibh. 24.*, *Sūtr.134.*, *Ratna-ut.9.* ⇨ 무구 無垢

유구계 有求界 구함이 있는 계. 법을 구하여 취함으로써 상응하게 되는 계. 무구계(無求界)의 상대어이다. 『사리불아비담론』 권7(대정장28, p.575c24)에 "어떤 것을 유구계라고 하는가? 저 법에 있어 마땅히 취한다면 유구계라고 한다. 어떤 것이 무구계인가? 저 법을 마땅히 취하지 않는다면 무구계라고 한다. 云何有求界 若法當取 是名有求界 云何無求界 若法非當取 是名無求界"라고 하였다. [참고문헌] 『舍利弗阿毘曇論』.

유구국 琉球國 일본 충승(沖繩 : 오키나와) 지역의 옛 왕조. 고려 말인 1389년(창왕1) 2월에 경상도원수 박위(朴葳)가 대마도를 정벌한 후 8월에 중산왕(中山王) 찰도(察度)가 고려로 사신을 보내 신하의 예를 칭함으로써 국교를 맺었다(琉球國中山王察度 遣玉之 奉表稱臣). 이후 유구국왕은 자주 대장경 보내기를 희망하였고, 몇 차례 대장경 일부를 보내주었다. 『성종실록』 권279 24년(1493) 6월 6일(무진)에 "특별히 올해에는 대장경을 내려주셨으니 즉시 안국선사로 보내 안치하고 만세토록 국가의 진기한 보물로 삼겠습니다. 特今歲忝賜大藏經 卽寄置安國禪寺 以萬世爲國家珍寶也"라고 하였다. [참고문헌] 『成宗實錄』, 『高麗史』 권137 列傳50 申昌 元年 8月, 『太祖實錄』 권2 원년 8월 18일, 李智冠 『伽倻山海印寺誌』 pp.253~254.

유구무구무상 有垢無垢無常 Ⓢ samala-nirmala-ani

tyatā, Ⓣ dri-bcas zing dri-ma-med. 삼무상(三無常) 중 하나. 원성실성(圓成實性)이 생사에 있을 때와 벗어났을 때를 함께 일컫는 말. 구정무상(垢淨無常)이라고도 한다. 『유마경소』 권3(대정장85, p.389c4)에 "세 번째 유구무구무상은 곧 진실성이니, 염정이 항상하지 않아 또한 상이라고 하지 않는다. 三 有垢無垢無常 卽眞實性 染淨不恒 亦非是常"라고 하였다. [참고문헌] 『維摩經疏』, 『辯中邊論』 권중(대정장31, p.469a22). ⇨ 구정무상 垢淨無常, 삼무상 三無常 ❷

유구무구여등의수 有句無句如藤倚樹 ➡ 소산유구무구 疏山有句無句

유구무심 有口無心 입만 있고 마음은 없다의 뜻. 유심무구(有心無口)와 함께한다. 『연수기신록』 권1(卍속장110, p.429b13)에 "어진 이를 공경하지도 않고 뛰어난 벗과 가까이하지도 않으며 고하를 따지고 자신과 남과도 다툰다. 도를 배우는 이들이 말만 있고 마음은 없다. 경을 외운다 하나, 아홉은 틀리고 열은 잘못된다. 명호를 외우기만 하니 망망하여 깨우치지 못한다. 참구하여 점차 얻으리라 하지만 미친 견해 버리기 어렵다. 不敬賢良 不親勝友 論高論下 諍我諍人 學道者有口無心 誦經者九訛十錯 名號雖稱 茫茫莫悟 參求稍得 狂見難消", 『보암인숙어록』 권3(卍속장120, p.688a3)에 "설봉이 대중에게 보인 것은 입만 있고 마음은 없으며, 현사와 상응함에 마음만 있고 입은 없었다. 일러보라. 설봉세계는 옛 거울 속에 있고, 옛 거울은 세계 속에 있는가. 만일 살려내지 못한다면 저 현사의 화로 속을 향해 그 세계 불태우고 원래 빛 찾아 닦아 곧바로 물속의 달과 허공 꽃 버린 곳과 상대하리니, 티끌티끌마다에 어둡지 않아야 비로소 얻었다 할 수 있다. 雪峰示衆 有口無心 玄沙相應 有心無口 且道 雪峰世界在古鏡裏 古鏡在世界裏 若也未活 且向玄沙火爐裏 烹煉世界 揩拭元光 直待失却水月空花 塵塵不昧 始得"라고 하였다. [참고문헌] 『蓮修起信錄』, 『普菴印肅語錄』.

유구비종지 有句非宗旨 구가 있는 한 종지는 아니라는 뜻. 『허당집』 81칙 「평창 評唱」(卍속장124, p.598a4)에 "만일 통 그 끝 통한 사람이라면 자연히 일곱으로 통하고 여덟에 막힘이 없을 것이다. 보지 못했는가? 말이 있은즉 종지는 아니니 말이 없어야 범성마저 끊을 수 있다. 若是桶底脫的人 自然七通八達 了無凝滯 不見道 有句非宗旨 無言絶聖凡", "본래 정을 넘고 견을 여의어 거짓됨 버리고 참됨 두고자 함이니, 나귀 매는 말뚝을 뽑아버리고 황금의 오랏줄이라도 풀어버리게 함이다. 本欲敎伊 超情離見 去僞存眞 扳倒繫驢橛 掣脫黃金索"라고 하였다. [참고문헌] 『虛堂集』. ⇨ 무언절성범 無言絶聖凡

유구식 維口食 Ⓟ vidisā-mukho bhuñjati. 사구식(四口食) 중 하나. 비구가 정법이 아닌 부정(不淨)한 일로 생계를 꾸려가는 것. 유사식(維邪食)이라고도 한다. 유는 사유(四維)로 24방위 중 사우(四隅)를 말한다. 『화엄경소초』 권39(대정장36, p.301c16)에 "각종 주술을 익히고 점을 쳐서 길흉을 헤아리는 등 부정하게 목숨을 꾸려나간다. 이를 유구식이라고 한다. 學種種呪術 卜算吉凶 有如是等不淨活命者 是名維口食"라고 하였다. [참고문헌] 『華嚴經疏鈔』, 『金剛經纂要刊定記』 권2(대정장33, p.188c4), 『大乘義章』 권10(대정장44, p.658c9), *SN.3.239*. ⇨ 사유구 四維口, 사구식 四口食, 사부정식 四不淨食, 사사명식 四邪命食

유구업 有求業 구함이 있는 업. 무구업(無求業)의 상대어이다. 『사리불아비담론』 권7(대정장28, p.580b8)에 "무엇을 유구업이라고 하는가? 업에 있어 취함이 있으면 유구업이라 한다. 어떤 것이 무구업인가? 어떤 업에 취함이 없는 것을 무구업이라 한다. 云何有求業 若業當取 是名有求業 云何無求業 若業非當取 是名無求業"라고 하였다. [참고문헌] 『舍利弗阿毘曇論』.

유구유법 有俱有法 유루법(有漏法 Ⓢ sāsrava)과 유루법과 함께하는(俱生) 무루법(無漏法 Ⓢ anāsrava)을 아울러 일컫는 말. 유공유법(有共有法)의 신역어(新譯語)이다. 비유구유법(非有俱有法)과 맞선다. 『품류족론』 권6(대정장26, p.715a12)에 "유구유법이란 어떤 것인가? 유루법 및 유루법과 함께하며, 함께하여 일으킨 모든 무루법을 말한다. 有俱有法云何 謂有漏法 及與有漏法 俱生諸無漏法", 같은 책 권8(대정장26, p.724c13)에 "유구유법이란 무엇인가? 십팔계와 십이처와 오온을 거두고, 구지로 알며, 멸지(滅智)를 제하고 육식으로 아는데, 모든 번뇌(隨眠 Ⓢ anuśaya)가 따라 더하는 것이다. 有俱有法 十八界 十二處 五蘊攝 九智知 除滅智 六識識 一切隨眠隨增"라고 하였다. [참고문헌] 『品類足論』. ⇨ 유루법 有漏法, 무루법 無漏法, 비유구유법 非有俱有法, 삼과 三科, 구지 九智

유구중래 有句中來 유구중으로 옴. 『조산어록』 권하(대정장47, p.542c5)에서 조동오위(曹洞五位) 중 편중지(偏中至)의 뜻이다. 『종문현감도』(卍속장112, p.940a13)에 "〈겸·편〉'그 중에 이른다' 주해 말하길 '전에 유구를 좇아 온다'고 하였다. 온 것은 '정위로 온다'인데, 이것은 유구이고, 유구는 현재에 속하므로 편위다. 그러므로 편중에 이르는 것을 가리켜 유구중에 온다고 한다. 기틀 돌이켜 만나지 못하니 편위정위를 모두 기전으로 잡아 드러냈기에 다시 돌이켜 보지 못한다고 한다. 〈兼偏〉中至 註曰 從前有句中來 前來是正位中來 是有句 有

句屬今時 名偏位也 故指偏中至 是有句中來 機不回互 所謂以偏正兩位 盡在機前括出 更不回互矣"라고 하였다. 〔참고문헌〕『曹山語錄』, 『宗門玄鑑圖』. ⇨ 편중지 偏中至, 조동오위 曹洞五位

유구지 有求智 구하는 바가 있는 지. 무구지(無求智)의 상대어이다. 『사리불아비담론』 권9(대정장28, p.590c23)에 "어떤 것이 유구지인가? 구함이 있는 지를 유구지라고 한다. 云何有求智 智若當取 是名有求智"라고 하였다. 〔참고문헌〕『舍利弗阿毘曇論』.

유구진여 有垢眞如 Ⓢ samala-tathatā. 이진여(二眞如) 중 하나. 번뇌가 있는 진여. 자성진여(自性眞如)·재전진여(在纏眞如) 등이라고도 한다. 무구진여(無垢眞如 Ⓢ nirmala-tathatā)와 맞선다. 『섭대승론석』 권5(대정장31, p.188b27)에 "〔논〕 진실성(眞實性 : 圓成實性)에도 두 가지가 있다. 첫째는 자성성취다. 〔석〕 유구진여를 말한다. 論曰 眞實性 亦有二種 一 自性成就 釋曰 謂有垢眞如", 『승만보굴』 권하(대정장37, p.78b29)에 "『보성론』에 따르면 정에는 두 뜻이 있다. 첫째는 본래자성청정이니 같은 모습이기 때문이다. 한결같은 모습이란 『법화론』에 '삼승육도는 한결같이 진여법신이 있다'라고 하였으니 동상이다. 둘째는 번뇌를 여의어 청정하여 뛰어난 모습(勝相)이기 때문이다. 한결같은 모습은 유구진여이고, 빼어난 모습인즉 무구진여다. 依寶性論 淨有二義 一 本來自性淸淨 以同相故 言同相者 法華論云 三乘六道 同有眞如法身 故云同相 二 離垢淸淨 以勝相故 同相 卽是有垢眞如 勝相 卽無垢眞如"라고 하였다. 〔참고문헌〕『攝大乘論釋』, 『勝鬘寶窟』, 『法華統略』 권상(卍속장43, p.5b14), *Ratna-ut.21.* ⇨ 진여 眞如, 양구여여 兩垢如如, 무구진여 無垢眞如

유군외도 有軍外道 Ⓢ Śreṇika, Ⓟ Senika, 부처님 재세 시 외도 선니(先尼)를 이르는 말. 『사분율명의표석』 권34(卍속장70, p.918b3)에 "사니는 노형외도 모두를 부르는 말이지, 한 인물을 부르는 것은 아니다. 선니라고도 하며 유군이라 한역한다. 斯尼是露形外道之總名 非謂一人之稱也 或云仙尼 此言有軍"라고 하였다. 〔참고문헌〕『四分律名義標釋』, 『翻譯名義集』 권2(대정장54, p.1084c24), *Aṣṭ-pr.5.* ⇨ 선니 先尼, 서니가 西儞迦

유권 有權 ?~1180. 송대 임제종 양기파 스님. 호는 이암(伊菴), 속성은 기(祁)씨. 임안부(臨安府 : 浙江省 杭州) 창화(昌化) 출신. 14세에 출가하여 스님이 되었으며, 영은(靈隱)의 불지단유(佛智端裕) 문하로 들어가 수업하였다. 그 후 도량사(道場寺) 무암법전(無菴法全)의 법을 이었다. 상주(常州 : 江蘇省) 화장사(華藏寺)에 주석하였으며, 1180년(순희7)에 입적하였다. 〔참고문헌〕『續傳燈錄』 권34(대정장51, p.704c24), 『五燈會元』 권20(卍속장138, p.830a13).

유규 劉虯 437~495. 유송(劉宋)·남제(南齊) 때 은사(隱士). 자는 영예(靈預) 또는 덕명(德明). 남양(南陽 : 河南城) 열양(涅陽) 출신. 대대로 강릉(江陵)에 살았으며, 조부와 부친 모두 학덕으로 명성이 높았다. 성품이 고결하고 학문을 좋아하였으며 유교 경전과 사서를 비롯하여 불전에도 능통하였다. 유송 태시년간(465~471)에 부름을 받고 진왕(晉王)의 기실(記室)이 되었지만 오래지 않아 물러났다. 이후 관직에 나아가지 않고 재가자로서 오랫동안 오후불식(午後不食)을 하였고, 예불하고 경을 독송하며 널리 경장(經藏)에 통달하였다. 선법(禪法)에도 밝아 항상 홀로 고요히 있으면서 재계하였으며, 매번 법좌에 올라 『열반경』·『대품반야경』·『소품반야경』 등을 강론하였는데, 사부대중이 듣고 모두 감탄하였다. 축도생(竺道生)을 사숙하여 그의 설인 선불수보(善不受報)·돈오성불(頓悟成佛)을 제창하였고, 『주법화경 注法華經』을 저술하였다. 이 책은 비록 실전하지만 지의(智顗)의 『법화문구』와 길장(吉藏)의 『법화현론』·『법화의소』 등에 인용되었다. 또한 돈점이교(頓漸二教)·오시칠계(五時七階)의 교판을 세웠는데, 요지는 근기에 따라 가르침이 다르며 돈점의 득실을 논하고 돈교의 진실을 보였다. 그의 교판은 『대승의장』·『삼론유의의』 등에 전하며, 유규 자신이 쓴 『무량의경』 「서 序」에 칠계교판이 기술되어 있다. 495년(건무2) 겨울에 59세를 일기로 타계하였다. 〔참고문헌〕『大乘義章』 권1(대정장44, p.465a11), 『唐高僧傳』 권9 「法安傳」(대정장50, p.493c18). ⇨ 유규오시교 劉虯五時教

유규오시교 劉虯五時教 부처님의 일대시교를 돈교(頓教)와 점교(漸教)로 나누고 이중 점교를 다시 다섯으로 구분한 유규의 교판. 『화엄경』을 돈교로 하였고, 다섯의 점교는 다음과 같다. 첫째는 인천교(人天教)로 오계(五戒)와 십선(十善)의 가르침이며, 『제위경 提謂經』의 교설에 해당한다. 둘째는 유상교(有相教)로 성도 후 12년 동안 설한 삼승(三乘)의 차별한 가르침으로 『아함경』 등의 교설이다. 셋째는 무상교(無相教)로 이후 삼승에서 공히 관하는 공(空)의 가르침이며, 『반야경』·『유마경』·『사익경』 등의 교설이다. 넷째는 동귀교(同歸教)로 최후의 8년 동안 설한 일승(一乘)의 가르침으로 『법화경』의 교설이다. 다섯째는 상주교(常住教)로 열반을 앞두고 설하신 실유불성(悉有佛性)·불성상주(佛性常住) 가르침이며, 『열반경』의 교설이다. 『사교의주휘보보광기』 권1(卍속장102, p.264b17)에 "〔기〕 옛날 남제 때 은사 유규가 오시교를 세웠다. 첫째는 인천교로 『

제위경』이고, 둘째는 유상교로 『아함경』이며, 셋째는 무상교로 『반야경』이고, 넷째는 동귀교로 『법화경』이며, 다섯째는 상주교로 『열반경』이다. 記 古有齊朝隱士劉虬 立五時教 初人天教 卽提謂經 二 有相 卽阿含 三 無相 卽般若 四 同歸教 卽法華 五 常住教 卽涅槃"라고 하였다. [참고문헌] 『四教儀註彙補輔宏記』, 『大乘法苑義林章』 권1(대정장45, p.247b22), 『解深密經疏』 권1(한불전1, p.133a15). ⇨ 오교 五教, 교상판석 教相判釋

유극 幽極 ❶ 깊은 그 끝. 열반을 말한다. 『조론소』 권하(대정장45, p.196b20)에 "이렇듯 유무는 시비의 경일 뿐이니, 열반이라는 깊어 다한 법을 다 거두어 얻지 못한다. 此之有無 旣是是非之境 不得統攝 涅槃幽極法也"라고 하였다. [참고문헌] 『肇論疏』. ⇨ 열반 涅槃 ❷ 마음이 정토에 있음을 비유함. 『낙방문류』 권2 「아미타경권지서 阿彌陀經勸持序」(대정장47, p.167b26)에 "만일 맑은 새벽과 고요한 밤에 보고 들음 거두고 단정히 머물러 입으로 외우고 마음에 놀아 신명을 풀어헤쳐 그 윽함 다한 곳에 있으며 쌓인 업 이에 씻어버리고 맑은 경계 어둠 떨쳐버렸으니, 널리 설하시고 권하여 지니게 하신 그곳이 어찌 그렇지 않으랴. 如或淸晨靜夜 收視聽以端居 口誦心游 蕩神明於幽極 氛累斯滌 淨境弗迷 廣舌勸持 豈不然也"라고 하였다. [참고문헌] 『樂邦文類』.

유극치 惟極致 ?~1672. 청대 임제종의 비구니. 유극은 자. 요강(姚江 : 浙江省)의 명문가 출신으로 성인이 된 후 불문에 들어가 밀운원오(密雲圓悟)를 찾아갔으며, 다시 석기통운(石奇通雲)을 뵙고 법을 이었다. 항주(杭州 : 浙江省)의 웅성(雄聖)에 주석하며 선풍을 날렸다. 1672년(강희11) 7월 윤달 26일에 입적하였다. 저서로는 『웅성유극선사어록 雄聖惟極禪師語錄』 3권이 있다. [참고문헌] 『五燈全書』 권75 「惟極致章」(卍속장141, p.568a1).

유근 有根 ❶ 뿌리가 있음. 일체선법을 생장하는 뜻에서 부르는 이름이다. 『내시도론』 권30(대정장25, p.282a23)에 "선근이란 무탐선근·무진선근·무치선근의 세 가지 선근을 말한다. 일체의 모든 선법은 모두 세 가지 선근으로부터 생겨나서 자란다. 저 약이 되는 나무나 초목이 뿌리가 있으므로 생겨나서 자라는 것과 같다. 이런 이유로 모든 선근이라고 한다. 善根者 三善根 無貪善根 無瞋善根 無癡善根 一切諸善法 皆從三善根生增長 如藥樹草木 因有根故 得生成增長 以是故 名爲諸善根", 『섭대승론석』 권11(대정장31, p.237a10)에 "보살은 스스로 깨달아 보시를 행하지 다른 것을 믿어서 보시하지 않는다. 앞의 믿음은 근거가 있으므로 믿음을 성취하고, 뒤의 믿음은 뿌리가 없으므로 믿음을 성취하지 못한다. 由菩薩自證施故行施 不由信他故行施 前信有根故成信 後信無根故不成信"라고 하였다. [참고문헌] 『大智度論』, 『攝大乘論釋』, 『中觀論疏』 권10(대정장42, p.164a20). ⇨ 무근 無根❶ ❷ 무분별지(無分別智 Ⓢ nirvikalpa-jñāna). 『섭대승론석』 권8(대정장31, p.212b23)에 "보살은 먼저 문혜(聞慧 Ⓢ śruta-maya)와 사혜(思慧 Ⓢ cintā-maya) 두 가지 혜를 얻고서 여래정법 중에 안심하고 그 후에 여래일체정설을 경계로 삼고 모아 관한다. 이것이 곧 무분별지니 이 지를 '유근'이라고 하는데, 이 지를 얻으면 그 밖의 지는 모두 사라진다. 오직 이 지만 움직여 무너질 수 없기에 유근이라고 한다. 또 삼무류근(三無流根) 중에서도 이 지를 제일로 삼아 미지욕지근이라 한다. 그러므로 그 이름이 유근이다. 菩薩先已得聞思二慧 安心於如來正法中 後合觀如來一切正說爲境界 卽是無分別智 此智名有根 得此智已餘智皆滅 唯此智不可動壞 故名有根 復次 於三無流根中 此智爲第一 謂未知欲知根 故名有根"라고 하였다. [참고문헌] 『攝大乘論釋』. ⇨ 무분별지 無分別智 ❸ 혜근(慧根 Ⓢ prajñā-indriya). 『대방편불보은경』 권6(대정장3, p.155a28)에 "근과 의가 있으니, 근이란 혜근이고, 의란 혜로 알 수 있는 법이다. 부처님의 근과 의는 함께 가득하여 혜가 연하는 법에 다하지 않음이 없으나, 이승(二乘)의 근과 의는 둘 다 충만하지 않다. 有根義 根者 慧根 義者 慧所緣法 佛根義俱滿 慧所緣法 無有不盡 二乘根義 二俱不滿"라고 하였다. [참고문헌] 『大方便佛報恩經』.

유근 惟謹 생몰연대 미상. 당나라 때 스님. 혜일사(慧日寺)에 주석하였으며, 834년(태화8)에 청룡사(青龍寺) 동탑원(東塔院)의 법윤(法潤)아사리로부터 태장 밀교를 전수받았다. 저서에 『대수구즉득대다라니명왕참회법 大隨求卽得大陀羅尼明王懺悔法』(대정장20, No.1156A) 1권과 『대비로자나경아사리진실지품중아사리주아자관문 大毘盧遮那經阿闍梨眞實智品中阿闍梨住阿字觀門』(대정장18, No.863) 1권이 있다. [참고문헌] 『廣大儀軌』 권하(대정장18, p.108b14).

유근무근 有根無根 근이 있고 근이 없음. 유정중생(有情衆生)과 무정물(無情物)을 말한다. 근(根)은 육근(六根)을 말한다. 『불성론』 권1(대정장31, p.788a7)에 "네가 '근이 없는 중생은 없다'고 한다면, 나 또한 '불성이 없는 중생은 없다'고 하겠다. [답] 네가 유근무근으로 나에게 유성무성의 예로 든다면 이 뜻은 맞지 않다. 왜냐하면 네가 말하는 이 무근이란 이 중생인가, 중생이 아닌가? 만약에 이 중생이라면 두 가지 과실이 있다. 첫째는 매우 지나친 잘못이니 만약에 육근이 없어도 중생이라고 한다면, 모든 무정 풀·나무·돌 등도 모두 중생이니, 근이 없는 뜻과 같게 된다. 若汝言無有無根衆生

者 我亦說無有無性衆生 答曰 汝以有根無根 例我有性無性 是義不然 何以故 汝謂無根者 爲是衆生 爲非衆生 若是衆生 有二過失 一者 泰過過失 若無六根 而是衆生者 則一切無情草木石等 皆是衆生 同無根故"라고 하였다. 〔참고문헌〕『佛性論』, 『華嚴經疏鈔』 권69(대정장36, p.555c17). ⇨ 유성무성 有性無性

유근법 有根法 근이 있는 법. 『대비바사론』 권122(대정장27, p.635a7)에 "몸이 요동쳐 선악의 성을 성취한다면 꽃과 칼 등은 움직여도 어찌 그렇지 않은가? 이것은 그렇지 않으니 유근법이 다르고 무근법이 다르다. 몸은 유정계로 거두기에 마음의 움직임으로 선악의 마음과 그 하는 바를 능히 드러낼 수 있지만 꽃과 칼 등은 그렇지 않다. 若身搖動 成善惡性 花劍等動 何不爾者 此亦不然 有根法異 無根法異 身是有情數攝 由心運動 能表有善惡心心所法 花劍等不爾故"라고 하였다. 〔참고문헌〕『大毘婆沙論』. ⇨ 유근신 有根身

유근신 有根身 Ⓢsa-indriya-kāya, Ⓣdbang-po-dang-bcas-pa'i lus. 근이 있는 몸. 유색근신(有色根身), 유집수(有執受)라고도 한다. 근(根)은 안근(眼根) 등 오근(五根 : 五色根)을 말한다. 『구사론』 권5(대정장29, p.25c22 : *Abh-k-bh.*, p.72)에 "다른 논사는 말한다. '저 무색계에 나면 색은 오래도록 끊어지는데, 어떻게 후에 색이 다시 생겨날 수 있는가? 저 정이 생하는 것은 마음에 의함이지 색 아님이 틀림없다. 이와 같이 정에서 나온 마음 마땅히 그러할 것이니, 유근신에 의한 것은 마음에서 일어남 아니다. 그러므로 선대의 모든 궤범사는 다 이렇게 말한다. 「두 가지 법은 서로 종자가 된다」. 두 가지 법이란 마음과 유근신을 말한다'. 有餘師言 如生無色 色久時斷 如何於後 色復得生 彼生定應由心非色 如是出定心亦應然 由有根身 非由心起 故彼先代 諸軌範師咸言 二法互爲種子 二法者 謂心有根身 apare punar āhuḥ. kathaṃ tāvad ārūpyopapannānām ciraniruddhe 'pi rūpe punar api rūpaṃ jāyate. cittād eva hi taj jāyate na rūpāt. evaṃ cittam apy asmād eva sendriyāt kāyāj jāyate na cittāt. anyonyabījakaṃ hy etad ubhayaṃ yad uta cittaṃ ca sendriyaś ca kāya iti pūrvācāryāḥ", 『성유식론』 권2(대정장31, p.10a14)에 "집수(執受)에는 두 가지가 있으니, 모든 종자와 유근신이다. 모든 종자란 모든 상·이름·분별 등의 습기다. 유근신이란 모든 색근(色根 : 勝義根)과 승의근의 처(根依處 : 扶塵根)다. 이 두 가지는 모두 식이 집수한 바다. 執受有二 謂諸種子 及有根身 諸種子者 謂諸相名分別習氣 有根身者 謂諸色根 及根依處 此二皆是識所執受", 『성유식론술기』 권3(대정장43, p.324a5)에 "몸이란 다 거둔 이름이니, 몸 중에 근이 있으면 유근신이라고 이름한다. 身者總名 身中有根 名有根身"라고 하였다. 〔참고문헌〕『俱舍論』, 『成唯識論』, 『成唯識論述記』, *Abh-k-bh.* ⇨ 유집수 有執受, 소의 所依[1], 오근 五根, 집수 執受

유금 遊禽 Ⓢpakṣin. 날아다니는 새. 『무량수경의기 권하』(대정장85, p.245a13)에 "'저 모든 나는 새들과 같아서 쌓아 두는 일 없다'라 한 것은 대승의 이치는 평등하여 치우침이 없다 함이다. 如諸遊禽 無所藏積故者 大乘之理 平等不偏"라고 하였다. 〔참고문헌〕『無量壽經義記卷下』, 『無量壽經』 권하(대정장12, p.274a27), 『大唐西域記』 권5(대정장51, p.893c23), *Sukh-vy. I.63.*

유금사 有金寺 경상북도 영덕군 병곡면 금곡리 칠보산(七寶山)에 있는 절. 대한불교조계종 제11교구 본사 불국사(佛國寺)의 말사로, 637년(선덕여왕6)에 자장(慈藏)이 창건하였다고 전한다. 이후 산사태로 폐허가 된 후 중건하였고 다시 화재로 소실되었다. 1627년(인조5)에 중창하였으며, 이후 『가람고』·『범우고』 등 조선대 문헌에 절의 이름과 위치가 전한다. 1973년에 대웅전을 보수하였으며 현존 당우로는 대웅전·향로전·산왕각 등이 있으며, 성보문화재로는 보물 제674호 삼층석탑이 있다. 2017년 삼층석탑 보수를 위해 발굴조사를 하던 중 통일신라대에 조성된 것으로 추정되는 금동여래입상이 출토되었다. 〔참고문헌〕『伽藍考』, 『梵宇攷』, 『韓國寺刹全書』 권하 p.932b1, 『文化遺蹟總覽』 권중(文化財管理局, 1977) p.201.

유금사삼층석탑 有金寺三層石塔 통일신라시대 석탑. 보물 제674호. 높이 3.2m. 유금사 경내 대웅전 뒤뜰에 있다. 이중기단에 삼층탑신으로 통일신라 전형양식이다. 장대석을 지대석으로 삼고 그 위에 판석으로 1개의 탱주(撑柱)를 새긴 하층면석과 약간의 기울기가 있는 하대갑석을 올렸다. 상층기단부는 4매의 면석을 엇물림으로 결구하였고 각 면 1개의 탱주를 두었다. 탑신은 각층 탑신석과 옥개석이 1매씩이며 우주(隅柱)만 모각되어 있을 뿐 문비(門扉)나 흘림기법은 없다. 옥개석은 모두 하단에 4단의 받침을 두었고 상단에는 2단의 굄을 두었다. 옥개의 처마는 완만하여 풍경공이 남아 있는 모서리 전각부에서 경쾌한 반전을 보인다. 상륜부는 모두 결실되었으나 근래에 노반과 앙화 등을 복원하였다. 대웅전 앞에서 현

유금사삼층석탑

재의 위치로 이건할 때 탑내에서 금동주악천인상(金銅奏樂天人像)이 발견되어 현재 국립중앙박물관에 보존하고 있다. [참고문헌]『경상북도의 석탑Ⅶ』(국립문화재연구소, 2013). ⇨ 유금사 有金寺

유금하 有金河 Ⓢ Ajitavatī. 아시다벌지하(阿恃多伐底河)의 한역 이름. 중인도(中印度) 구시나게라국(拘尸那揭羅國)에 있는 강이다. 『사분율명의표석』 권37(卍속장70, p.953b11)에 "『대당서역기』 권6(대정장51, p.903b14)에 '아시다벌지하는 무승이라 한역하는데, 이는 세간이 공히 부르는 이름이다. 구역에 아리라발제하라고 했는데 잘못 전함이다. 예전에는 시뢰나벌지하라고 하고, 유금하라고 한역한다'라고 하였다. 금사하라고도 하는데, 강에서 사금이 나기 때문이다. 西域記云 阿恃多伐底河 唐言無勝 此世共稱耳 舊云 阿利羅跋提河 訛也 舊言謂之 尸賴拏伐底河 譯曰 有金河 或云 金沙河 以河産金沙故也"라고 하였다. [참고문헌]『四分律名義標釋』, 『大唐西域記』, 『一切經音義』 권25(대정장54, p.463b22). ⇨ 아시다벌지하 阿恃多伐底河, 금사하 金沙河

유기 有記 ➡ 유기법 有記法

유기 有璣 1707~1785. 조선 후기 스님. 호는 해봉(海峰)·호은(好隱)·운객(雲客), 속성은 류(柳)씨, 본관은 문화(文化). 「호은우부자전 好隱愚夫自傳」(『호은집』 권4·한불전9, p.727c14)에 따르면, 문간공(文簡公) 공권(公權)의 후예이며, 아버지의 휘는 춘영(春英), 어머니는 박씨니 1707년(숙종33) 9월 14일 청주(清州) 주안촌(周岸村)에서 태어났다. 9세 때인 1715년(숙종41) 속리산 법주사에 들어가 『소학 小學』을 읽다가 어떤 스님이 『대혜서장 大慧書狀』을 읽음을 듣고 홀연히 발심하여 16세 때 무하도경(無瑕道瓊 : 유가사스님)을 은사로 하여 스님이 되었다. 그로부터 제방의 선지식을 친견하면서 학업을 쌓았다. 28세 때인 1734년(영조10) 가야산 해인사로 가서 낙암의눌(洛巖義訥 1666~1737)을 친견하고 3년 간 선과 교를 배운 다음, 그의 법을 이어 받았으니 임제의현(臨濟義玄)의 제30세 법손이며, 태고보우(太古普愚)의 11세이고, 청허휴정(淸虛休靜)의 5세손이다. 그 계보는 다음과 같이 청허휴정→편양언기(鞭羊彦機)→풍담의심(楓潭義諶)→상봉정원(霜峰淨源)→낙암의눌→해봉유기로 이어진다. 31세 때인 1737년(영조13)부터 해인사 홍제암(弘濟庵)·현풍 유가사(瑜伽寺) 등에서 강석을 베풀고 후학을 지도하다가, 해인사의 수원지 뒷편 중봉 석불 앞에 중봉암을 맺고 지내면서 때로는 관음전(학사대 서북편 운동장 터)에서 강주로 강설하는 등 약 15년 간 동구 밖을 나가지 않았다. 1772년(영조48) 66세 때 표충사수호도총섭(表忠祠守護都摠攝)이 되었다. 청도 최정산(最頂山) 용천사(湧泉寺)·대구 동화사·양산 통도사·함양 벽송사(碧松寺)·김천 청암사(靑巖寺)·예천 용문사(龍門寺) 등은 모두 스님이 전법도생(傳法度生)하던 곳이다. 1785년(정조9) 1월 해인사 홍제암에서 세수 79, 법랍 64세를 일기로 입적하였다. 번암(樊巖) 채제공(蔡濟恭 1720~1799)이 영찬(影讚)한 진영이 있다. 부도는 해인사 약수암 서북쪽에 있다. 저서는 『호은집』 4권(한불전9, pp.704b1~728b16)이 전하는데, 제자인 소산(小山)이 편집하여 각판(刻板)한 판본이 해인사 사간판각(寺刊板閣)에 보관되어 있다. 최흥원(崔興遠)의 『백불암집』 권13 「유가야산록 遊伽倻山錄」(한국문집총간222, p.195b8)에 "이곳(학사대)으로부터 북쪽으로 수십 걸음 올라가면 또한 관음암이 있는데, 교석(敎釋 : 講主를 지칭) 유기가 그곳에서 승도를 거느리고 학인을 가르친다고 한다. 自此北上數十步 又有觀音菴 教釋有璣者 率徒講學于其中云"라고 하였다. [해봉유기대사와 김성근관찰사의 전생인연] 김성근(金聲根 1835~1919)은 청렴하고 가난한 백성들을 구제하였으며, 시문과 글씨에 능하였을 뿐만 아니라 학덕과 불교에 대한 돈독한 신심을 갖추었던 조선 말기 고관이었다. 자는 중원(仲遠), 호는 해사(海士), 본관은 안동이며, 송간(松澗) 김온순(金蘊淳)의 둘째 아들이다. 어머니가 부처님이 앉으신 큰 바위가 집안으로 날아 들어오는 태몽을 꾼 후 태어났다. 죽은 후 다비를 하니 사리가 나와 이를 백용성(白龍城)에게 보여 감정을 받았다고 한다. 용성에게 불교의 가르침을 받았으며, 글씨를 잘 써서 각 사원의 편액을 많이 썼다. 해인사 백련암 원통전 주련도 그의 글씨인데, 이는 인파유안(仁坡由安)의 임종게 "보검을 휘어잡고 마음을 누르니, 죽이고 살리는 기이한 방편수단이 열리는구나! 용은 비구름을 지녀야 능히 신통을 나타내고 바람은 허공을 만나야 자유롭게

유기 해봉호은대사진영
합천 해인사 조선후기

해인사 백련암 원통전
주련 해사 김성근書

왕래한다네. 橫抽寶劒案靈臺 殺活奇權手端開 龍將雲雨能神變 風得虛空任往來"이다. 김성근은 지금으로부터 약 100년 전에 이미 세상을 떠났지만, 다음과 같은 인연설(因緣說)을 남기고 있다. 즉 전라북도 완주군 소양면(所陽面) 해월리(海月里) 청량산(淸涼山 : 一名 遠巖山 또는 猿巖山)에 원등사(遠燈寺)가 있는데, 나한전 뒤 석벽(石壁)에 석감(石龕)이 있으나, 누구도 여는 사람이 없었다. 오직 전라감사(全羅監司)만이 열 수 있다는 전설이 있어 부임하는 감사마다 꼭 한 번씩 열려고 하였으나 열지 못했다. 1894년(고종31)에 김성근이 전라감사로 부임하여 원등사로 찾아가 석감 뚜껑을 슬쩍 드니 쉽게 열렸다. 열고 보니 몇 겹으로 덮은 한지에 "갑오년 전에는 해봉이었던 스님이, 갑오년 뒤에는 김성근이 되었네! 甲午年前海峰僧 甲午年後金聲根"라는 두 글귀만 들어 있었다. 이후 김성근의 전생설화는 불교계에 널리 알려졌는데, "원암산 위의 밝고 둥근 달이, 그림자가 장안에 떨어져 재상이 되었네! 갑오년 전에는 해봉이란 스님이었는데, 갑오년 이후에는 김성근이 되었네. 遠巖山上一輪月 影墮都城作宰身 甲午年前海峰僧 甲午年後金聲根"라는 내용이다. 김성근의 호가 해사(海士)인 것은, 전생에 해봉승(海峰僧)이란 해(海) 자와 금생에는 유사(儒士)라는 사(士) 자를 따서 지은 것이라 한다. 〔참고문헌〕『好隱集』, 『百佛菴集』, 李智冠『伽倻山海印寺誌』 pp.782~783, 「海峯智峰現宰官身」(『朝鮮佛教通史』 권하, p.909). ⇨ 호은집 好隱集, 의눌 義訥

유기 瑜祇 Ⓢyogin의 음사어, Ⓣrnal-'byor-pa. 유가관행(瑜伽觀行)을 닦는 사람. 유기(瑜岐 · 瑜祁)라고도 쓴다. 『대일경소』 권2(대정장39, p.594b28)에 "'이치에 따라 해탈을 바란다'는 말은 무슨 뜻인가? 이치에 따른다는 말의 음사어는 유기이다. 즉 예전에 유가관행을 닦는 이는 참된 해탈을 얻는 것이 만물의 근본이라고 하였는데, 여기서는 저 유가관행의 도리를 따라 해탈을 바라기 때문에 그렇게 말한 것이다. 希求順理解脫者 順理梵音瑜祇 卽是古昔 修瑜伽行者 謂彼得眞解脫 是萬物之宗 今順彼行希求解脫 故云然也", 같은 책 권2(대정장39, p.601c28)에 "유가는 상응이라 한역한다. 여성형으로 부르면 유기라 한다. 상응하는 이란 관행이 이치와 상응하는 사람이다. 瑜伽譯爲相應 若以女聲呼之 則曰瑜祇 所謂相應者 卽是觀行應理之人也"라고 하였다. 〔참고문헌〕『大日經疏』, 『大日經』 권1(대정장18, p.2b5). ⇨ 유가 瑜伽, 유가행자 瑜伽行者

유기 遺寄 ❶남겨 의지하게 함. 법을 전해 후인들이 의지하게 한다는 뜻으로, 법을 남겨 전하다의 뜻이다. 『송고승전』 권10 「유관전 惟寬傳」(대정장50, p.768b2)에 "문하의 제자는 거의 천여 인이었고 법을 얻은 제자는 삼십구 인이었으나 입실하여 유기를 받은 제자는 의숭과 원조였다. 門弟子殆千餘 得法者三十九 入室受遺寄者曰 義崇圓照焉"라고 하였다. 〔참고문헌〕『宋高僧傳』. ❷의지할 바를 보내버림. 망상의 뿌리인 말 그물을 버림의 뜻이다. 『십이문론』 「서 序」(대정장30, p.159b13)에 "아를 버리는 길은 말 그물 버림에 있고, 말 그물 잊음은 의탁함을 보내버림에 있으니, 말 굴레와 아를 함께 잊어야 비로소 실답다 하리라. 喪我在乎落筌 筌忘存乎遺寄 筌我兼忘 始可以幾乎實矣"라고 하였다. 〔참고문헌〕『十二門論』. ⇨ 전 筌

유기경 瑜祇經 ➡ 금강봉누각일체유가유기경 金剛峯樓閣一切瑜伽瑜祇經

유기난 維祇難 ⓈVighna. 생몰연대 미상. 삼국 오(吳)대 인도 출신 스님. 유지난(維只難)이라고도 음사하며, 장애(障礙)라고 한역한다. 대대로 배화교(拜火教)를 신봉하다가 한 사문의 영향으로 불교에 귀의, 삼장을 깊이 궁구하여 특히 사아함에 정통하였다. 그 후 여러 나라를 다니며 포교하다가 224년(황무3)에 축율염(竺律炎)과 함께 『법구경』 범본을 가지고 무창(武昌 : 湖北省)으로 가서 『법구경 法句經』(대정장4, No.210) 2권과 『아차말보살경 阿差末菩薩經』 4권을 역출하였다. 한문에는 미진한 점이 있다고 평가된다. 〔참고문헌〕『歷代三寶記』 권5(대정장49, p.57a5), 『梁高僧傳』 권1 「維祇難傳」(대정장50, p.326b14), 『翻譯名義集』 권1(대정장54, p.1068c18). ⇨ 율염 律炎

유기다서 維耆多書 육십사서(六十四書) 중 하나. 『보요경』 권3 「현서품 現書品」(대정장3, p.498b9)에서 육십사서 중 스물세 번째를 '유기다서'라고 하였다. 〔참고문헌〕『普曜經』. ⇨ 육십사서 六十四書

유기법 有記法 Ⓢvyākṛta-dharma, Ⓣlung-bstan pa. 자성을 구별할 수 있는 법. 선법(善法)이나 불선법(不善法) 등이다. 무기법(無記法)의 상대어이다. 『품류족론』 권6(대정장26, p.715b24)에 "유기법이란 어떤 것인가? 선법과 불선법을 말한다. 有記法云何 謂善不善法", 『구사론』 권6(대정장29, p.35b13 : *Abh-k-bh.*, p.95)에 "일체의 불선과 선의 유루는 능히 이숙을 분명히 할 수 있기에 '유기'라고 한다. 一切不善及善有漏 能記異熟 故名有記 kuśala-akuśalaṃ hi vipākaṃ prati vyākaraṇād vyākṛtam"라고 하였다. 〔참고문헌〕『品類足論』, 『俱舍論』, *Abh-k-bh.* ⇨ 삼성 三性❷, 선 善, 불선 不善, 무기 無記❶, 이숙 異熟

유기사인 有氣死人 숨결만 붙어 있어 죽은 듯한 사람.

분별에 지쳐 몽매함에 있거나 분별의 끝을 떨쳐 활로를 찾는 뜻이다. 『가태보등록』 권25 「법진일장 法眞一章」(卍속장137, p.349a12)에 "참학하는 이가 분별하는 기량이 다한 곳에 이르러도 백 가지로 알지 못한다면, 마치 아무 일 없는 곳에 숨만 쉬고 있는 죽은 듯하려니와, 저 끊는 듯한 모습 대하듯 하여 도리어 그 앞을 향하여 끝까지 밀어 내친다면 홀연히 깨우친 곳 있으리라. 이것만이 진실이니, 만약 한생각이라도 물러남 있다면 깨달을 인연은 있을 수 없으리라. 參學之士 到情識伎倆盡處 百不會 如平地上 有氣死人相似 如熱相現前 却須向前體究 忽然 有箇省處 此卽眞實也 若一念退 卽要悟無因矣", 『무문관』 「선잠 禪箴」(대정장48, p.299b4)에 "나간즉 이에 미하고 물러난즉 종에 어긋난다. 나가지도 물러나지도 못해 숨결만 붙은 죽은 사람이니, 말해 보라! 어떻게 발걸음을 떼야 할까? 進則迷理 退則乖宗 不進不退 有氣死人 且道 如何履踐", 『천목명본잡록』 「시중 示衆」(卍속장122, p.731a7)에 "다만 이렇게 본분에 의지할 뿐, 참구하는 그 끝에 매달려 저 흙으로 나무로 빚은 인형인 듯하여 숨만 붙은 죽은 이인 양하라. 밖으로는 대중 볼 일 없고 안으로는 자기도 알지 못하리니, 얼어붙은 얼음과 대지 같아서 볼 일도 들을 일도 끊어져 그렇게 지켜 오래하다 보면 드디어 잡아 취함에 마음 비운 급제 틀림없으리라. 只與麽依本分 靠取箇所參底話 如泥塑木雕底 有氣死人 外不見有大衆 內不見有自己 冷冰冰地 絶見絶聞 如是守去久之 管取心空及第者 必矣"라고 하였다. [참고문헌] 『嘉泰普燈錄』, 『無門關』, 『天目明本雜錄』, 『增集續傳燈錄』 권1 「盤山思卓章」(卍속장142, p.761a15). ⇨정식 情識, 니소 泥塑

유기전 由基箭 유기의 화살. 춘추시대 초(楚)나라 대부 양유기(養由基)는 활쏘기의 달인으로 백발백중(百發百中) 고사의 주인공이다. 종사가 근기에 응하는 뛰어난 솜씨를 비유한다. 『벽암록』 69칙 「평창 評唱」(대정장48, p.199a20)에 "유기가 활시위를 당기자 원숭이 나무 안고 울부짖고, 화살이 날자 원숭이가 나무를 흔들며 피하지만 그 화살 역시 흔들리는 나무 사이로 죽였다. 由基方彎弓 猿乃抱樹悲號 至箭發時 猿遶樹避之 其箭亦遶樹中殺"라고 한 고사는 『한비자 韓非子』 등에도 나온다. 『직주설두송고』 권2(卍속장117, p.523b3)에 "유기의 화살이 원숭이를 쏘니, 흔들리는 나무가 어찌 크게 곧았을까?〈질문이 원숭이와 같았지만 답은 화살과 같네. 두 사람 함께 적중하였다〉. 由基箭射猿 遶樹何太直〈問如猿 答如箭 二人並中其的〉", 『허당록』 권1(대정장47, p.988b23)에 "신비궁과 유기화살을 조주가 썼으니 과녁에 맞추지 못할 리 없지만, 학인마저 반골의 무리 속에서 왔음을 어찌하랴! 神臂弓由基箭 趙州用之 無不中的 爭奈者僧是赤眉隊裏來"라고 하였다. [참고문헌] 『碧巖錄』, 『直註雪竇頌古』, 『虛堂錄』. ⇨백발백중 百發百中

유기탑 瑜祇塔 금강봉누각유기탑(金剛峰樓閣瑜祇塔)의 줄임말. 『금강봉누각일체유가유기경 金剛峰樓閣一切瑜伽瑜祇經』을 근거로 하여 건립한 오봉(五峯)·팔주(八柱) 양식의 보탑이다. 오봉은 금강계의 오지(五智)를 의미하고, 팔주는 태장계의 팔엽구존(八葉九尊)를 뜻한다. [참고문헌] 『金剛峰樓閣一切瑜伽瑜祇經』, 『佛敎思想論集 : 那須政隆博士米壽記念』(成田山新勝寺, 1984) p.235. ⇨금강봉누각일체유가유기경 金剛峰樓閣一切瑜伽瑜祇經

유나 留拏 Ⓢrugṇa의 음사어. 거세되어 남근을 상실한 이. 오종불능남(五種不能男) 중 하나로 건(揵)이라 한역하며, 오종황문(五種黃門) 중 건황문(揵黃門 Ⓢāpat-paṇḍaka)에 해당한다. 『번역명의집』 권2(대정장54, p.1083a12)에 "유나 : 건 또는 극이라 한다. 칼로 거세함이다. 留拏 此云揵 或作劇 以刀去勢也"라고 하였다. [참고문헌] 『翻譯名義集』, 『法華經知音』 권5(卍속장49, p.614b10), 『四分律行事鈔簡正記』 권7(卍속장68, p.434b1). ⇨건황문 揵黃門, 오종불능남 五種不能男

유나 維那 화합(和合)하고 공주(共住)할 수 있도록 대중을 섬기는 우두머리. 범어 음사어와 한역어를 결합한 말로 '유'는 끈·줄의 뜻으로 강유(綱維 : 끈을 긋는 이)를 뜻하고, '나'는 범어 카르마다나(Ⓢkarma-dāna)의 음사어인 갈마다나(羯磨陀那)의 끝 글자다. 강유·도유나(都維那)·사호(寺護 : 절을 보호하는 이)·수사(授事 : 일을 거두는 이)·열중(悅衆 : 대중을 기쁘게 하는 이)·지사(知事 : 일을 알아서 하는 이)·차제(次第 : 순서를 아는 이) 등이라고도 한다. 『십송율』 권34(대정장23, p.250b19)에 따르면, 석가모니부처님께서 사위국(舍衛國)에 계실 적에 승중이 공주함에 있어 여법하게 하기 위해 유나라는 소임을 시설하셨다. 『십송율』 권34(대정장23, p.250b27)에 "오법을 성취한 이를 응당 유나로 세워야 하니, 갈망을 따르지 않고 분노가 없으며, 두려움도 없고 어리석지도 않아서 떳떳함과 그렇지 못함을 아는 일이다. 若成就五法 應立作維那 五法者 不隨愛 不隨瞋 不隨怖 不隨癡 知淨不淨", 『사분율행사초』 권상(대정장40, p.6b24)에 "『십송율』 중 승방에는 때마다 알아 건추를 치는 사람이 없었다. 또한 강당과 공양하는 곳에 물 뿌리고 쓸거나 진흙을 바르고 보수하는 이도 없었으며, 줄지어 침구류를 까는 이도 없었고 공양으로 먹을 과채를 벌레 없이 깨끗하게 가르치는 이도 없었으며, 먹고 마실 물을 나르는 이도 없었고 대중이 소란스러워도 이를 지적하고 지도하는 이도 없었다. 그래서 부처님께서는 유나를 세우셨다. 성론(聲論)에서는 차제라고 한역하는데, 일의 차제를 알아서 서로 전하여 대중을 기쁘게 한다는 뜻이다. 전하는 설에 따르면 (대중을 기쁘게 한다는 뜻에서) 열중이라고 한다. 十誦中 時僧坊中 無人知時限唱時至及打犍稚 又無人灑掃塗治講堂食處 無人相續鋪床 及敎人淨果菜食中蟲 飮食時 無人行水衆亂語時 無人彈指等 佛令立維那 聲論翻爲次第也 謂知事之次第 相傳云 悅衆也"라고 하였다. 중국에서는 요진(姚秦) 때 중앙의 승관(僧官)제도 아래 열중을 시설하였다. 북위(北魏)에서도 승관을 설치하여 나라의 불교 관련 일을 관리하게 하면서 중앙에 소현조(昭玄曹)를 두었는데, 최고위 직책인 사문통(沙門統) 아래 부관으로 유나를 두었으며, 지방에서는 승조(僧曹)를 설치하면서 장관으로 승통(僧統)을 두었고 부관이 유나였다. 또한 옛부터 큰 사원에는 모두 상좌(上座)·사주(寺主)·유나라는 삼강(三綱)을 설치하였고, 그중 유나는 사원에 머무는 대중들을 섬겨 여법하게 하였다. 특히 선종에서는 육지사(六知事)의 하나로서 승당을 관리하고 대중을 여법히 하며, 간경(看經)·재(齋)·다비(茶毘)를 행하는 중 선소(宣疏)·염송(念誦)·회향(回向)을 담당하고 다비 후 창의(唱衣)도 주관하였으니, 청규와 작법류에서 구체적 역할을 확인할 수 있다. 『백장청규』 권4 「양서 兩序」(대정장48, p.1132b4)에 "유나 : 대중을 살피되 정성 다해 조응하고 거둔다. 당승이 괘탑할 때 도첩의 진위를 가리거나 대중이 서로 다투고 흩어짐이 있을 때 가려 화해케 한다. 계납자차와 상력을 그려 알려서 무릇 승사 안팎을 모르지 않게 해야 한다. 소리 들어 회향하는 일이 있으면 성음으로 불사 지으며, 병든 스님과 돌아가신 스님이 계실 때는 한층 더 마땅히 마음을 다해야 한다. 維那 綱維衆僧曲盡調攝 堂僧掛搭辨度牒眞僞 衆有爭競遺失 爲辨析和會 戒臘資次床曆圖帳 凡僧事內外無不掌之 擧唱回向以聲音爲佛事 病僧亡僧尤當究心", 『백장청규』 권8 「법기장 法器章」(대정장48, p.1156a6)에 "주는 하루 재시와 죽시, 승당 안에서 발우를 펼 때, 염불·창식·변식 때, 시주물을 대중에게 고할 때 모두 울리는데 유나가 친다. … 창의할 때 유나가 울린다. 椎 齋粥一時 僧堂內開鉢 念佛唱食遍食 施財白衆皆鳴之 維那主之 … 唱衣時 維那鳴之", 『입당구법순례행기』 839년(개성4) 11월 22일 신라 적산원(赤山院)의 강경의식에 "강사가 경 제목을 풀어 마치면 유나사가 나와 고좌 앞에서 법회를 열게 된 연유와 시주 각각의 이름과 시주한 물품을 읽어 알린다. 그리고는 그 문서를 돌려 강사에게 전한다. 釋題目訖 維那師出來 於高座前讀申會興之由 及施主別名 所施物色 便以其狀 轉與講師", 『불조통기』 권36(대정장49, p.345c10)에 "(북위) 효문제가 사문 혜거를 경읍의 도유나로 삼았다. 孝武帝勅沙門慧璩爲京邑都維那", 같은 책 권49(대정장49, p.438a9)에 "경에서는 국사라 하고 관부를 승록이라 한다. 주군은 도강, 현의 경우 유나라 한다. 在京曰國師 帥府曰僧錄 在州郡曰都綱 縣曰維那"라고 하였다. 「황룡사구층목탑사리함기 皇龍寺九層木塔舍利函記」에 경주 황룡사 대유나 다음에 도유나 이름이 있고, 감은사(感恩寺) 기록에도 도유나 다음에 유나라 하였으니 위계상 대유나·도유나·유나 등의 위계가 있었으며, 이와 같이 상주대중(常住大衆)의 소임으로서 유나와 별시(別時)에 수행되는 특별법회나 불사 등에만 한시적으로 시설되는 유나소임이 있었기에, 고승비문과 사찰관련 기문 유나를 역임한 스님들의 이름이 가득히 전한다. 〔참고문헌〕 『十誦律』, 『四分律行事鈔』, 『百丈淸規』 권4(대정장48, p.1132b4), 『入唐求法巡禮行記』, 『佛祖統紀』, 『禪苑淸規』, 『作法龜鑑』, 『禪林象器箋』 권8(불광장, 禪藏, p.533), 李智冠 『校勘譯註歷代高僧碑文』, 智冠 『韓國高僧碑文總集 朝鮮朝·近現代』. ⇨ 갈마다나 羯磨陀那, 수사 授事, 열중 悅衆, 삼강 三綱[1], 육지사 六知事, 선림직위 禪林職位

유나료 維那寮 유나가 머무는 요사. 기강료(紀綱寮)·당사(堂司)라고도 한다. 『선림상기전』 권2(불광장, 禪藏, p.97)에 "『칙수청규』 권4 「유나」(대정장48, p.1132b4)에 '중승을 가지런히 함에 곡진히 살핀다' 하여 유나료를 기강료라 한다. … 당사는 유나료이다. 敕修淸規 維那云 綱維衆僧 曲盡調攝 維那寮 名紀綱寮 … 堂司者 維那寮也"라고 하였다. 〔참고문헌〕 『禪林象器箋』, 『百丈淸規』. ⇨ 기강료 紀綱寮, 당사 堂司, 유나 維那

유나사 維那寺 조선시대 선교양종사찰 중 유나가 차정된 절. 유나소(維那所)라고도 한다. 『세조실록』 권25 7년(1461) 8월 12일에 "(임금이) '승도의 호패를 자세히 다 알기 어려우니, 내 생각으로는 경중에는 양종이 모든 절의 승도의 본관과 체모 등을 갖추어 기록하여 해조에 전보하고, 외방인 즉 여러 산의 유나사들이 모든 절의 승도를 갖추어 그 고을에 고하면 곧 찍어 주고, 만일 도첩에 밝지 못한 이는 주지 말고 깊이 가려서 환속시키고자 하는데 어떠한가?' 물으니, 모두 좋다고 하여 드디어 승인호패법을 정하였다. 僧徒號牌詳悉爲難 予欲京中則令兩宗備錄諸寺僧本貫體貌 轉報該曹 外方則令諸山維那寺備錄諸寺僧 報其邑 隨卽印給 如有度牒不明者勿給牌 窮推還俗 何如 僉曰可 遂定僧人號牌之法"라고 하였다. 〔참고문헌〕 『世祖實錄』. ⇨ 유나소 維那所

유나세계국 臾那世界國 Ⓢ Yavana-loka, Ⓟ Yona-loka. 고대 인도 서북 지역에 있던 나라. 야마나국(夜摩那國)·야바나국(夜婆那國)·야반나국(耶槃那國)·여니국(餘尼國)·유니국(喩尼國)·유닉국(渝匿國)이라고 한다. 유나는 범어 야바나(Ⓢ Yavana)와 팔리어 요나(Ⓟ Yona)의 음사어로 그리스의 이오니아(Ionia)인을 지칭하는 말이었는데, 알렉산더대왕 원정(BC.327) 이전부터 그리스인들이 살고 있던 박트리아(Bactria : 大夏) 지방을 이렇게 불렀다 한다. 『선견율비바사』 권2(대정장24, p.685c23)에 "대덕 마하륵기다(Ⓟ Mahārakkhita)는 유나세계국으로 갔다. 도착하여서는 『가라라마경』을 설하였고 설법을 마치자 유나세계국의 칠만 삼천 명이 도과를 얻고 천 명이 출가하며 유나세계에 불법이 유통되었다. 大德 摩訶勒棄多 往臾那世界國 到已 爲說迦羅羅摩經 說已 臾那世界國 七萬三千人得道果 千人出家 臾那世界 佛法通流"라고 하였다. [참고문헌] 『善見律毘婆沙』, 『翻梵語』 권8(대정장54, p.1036a7).

유나소 維那所 ❶ 유나가 머무는 곳. 또는 의식을 행할 때 유나 자리를 말하기도 한다. [참고문헌] 『통도사금강계단과 도량장엄 의식구』(통도사 성보박물관, 2009) p.70. ❷ 조선시대 선교양종 사찰 중 유나 소임을 정해두었던 곳. 유나사(維那寺)라고도 한다. 이문건(李文楗)의 『묵재일기』 1556년(명종11) 4월에 "16일. 안봉사 스님이 와서 교종문자를 보여주며 '안봉사를 유나소관할로 삼으니 절에 기명을 바치고 책록하여 종에 올린다'고 하였다. '아마도 적산사에 있는 혜운이 교종의 유나가 되려고 안봉사를 거주 사찰 삼아 이렇게 된 듯하다'고도 하였다. 안봉사의 희상이 성주목 관아에 소지를 올려 혜운을 오게 해 추고할 것을 희망하였다. 17일. 희상과 각민 등이 혜운을 오게 해서 물어보니 '내가 안봉사를 유나소로 삼은 것이 아니라, 전전 적산사 지음일 때 안봉사를 큰절로 삼아 유나소에 합당하다 말하고 교종에 알려 시행된 일이다'라고 하였다. 十六日甲辰 安峯僧來示敎宗文字 以安峯爲維那 所管攝寺上器皿 錄冊上宗云云 盖積山居惠雲 圖爲宗維那 擅以安峯爲所居寺 故如此云云 希尙呈所志于牧官 請捉惠云推考焉 十七日乙巳 希尙覺敏等 率僧惠雲來見 而問之則曰 非我以安峯爲維那所也 前前積山持音時 以安峯爲大刹 可當於所云 報宗施行云云"라고 하였다. [참고문헌] 『默齋日記』. ⇨ 유나사 維那寺

유나소 편액 양산 통도사 조선후기

유나승 維那僧 유나 소임을 맡은 스님. 『잡보장경』 권4(대정장4, p.467c9)에 "보시하는 이가 있을 때는 유나승이 그 앞에 서서 축원을 한다. 人有施者 維那僧前立爲呪願", 『성종실록』 권261 23년(1492) 1월 30일에 "또 사찰을 소란스럽게 할까봐 삼보와 유나승에게 도첩이 없는 스님을 가려내게 하였을 뿐이다. 又恐騷擾寺刹 使三寶及維那僧 搜索無度牒僧人耳"라고 하였다. [참고문헌] 『雜寶藏經』, 『成宗實錄』. ⇨ 유나 維那

유낙식계 遺落食戒 남겨 흘리면서 공양함을 경계함. 백중학법(百衆學法) 중 하나이다. 『사분율』 권20(대정장22, p.707a5)에 "그때 육군비구가 밥을 받음에 여법하지 못하여 손으로 밥을 움켜쥐고 반만 끊어 먹었다. 거사가 이를 보고 비난하였다. '이 사문석자는 부끄러워하지도 만족할 줄도 모르는구나. 저 돼지・개・낙타・나귀・소・까마귀・새처럼 먹다니' … 남겨 흘리며 먹지 말아야 하니, 식차가라니(중학)이니라. 여기서 유락이란 반은 입에 넣고, 반은 손에 남아 있다는 뜻이다. 時六群比丘 受食不如法 手把飯摶嚙半食 居士見已譏嫌言 此沙門釋子 不知慚愧 受無厭足 食如似猪狗駱駝驢牛烏鳥 … 不得遺落飯食 式叉迦羅尼 是中遺落者 半入口半在手中"라고 하였다. [참고문헌] 『四分律』, 李智冠 『南北傳六部律藏比較硏究』 pp.306~307. ⇨ 백중학법 百衆學法

유난 留難 Ⓢ antarāya, antarāya-karaṇa. 어려움에 처함. 즉 장애를 일으킴. 40권본 『대반열반경』 권3(대정장12, p.379c20)에 "어떻게 천마가 대중들이 어려움에 처하게 하는지 알 수 있으며, 부처님의 설인지 파순의 설인지 어떻게 분별하여 알 수 있는가? 云何知天魔 爲衆作留難 佛說波旬說 云何分別知", 『왕생론주』 권상(대정장40, p.832c13)에 "또한 저 제6천마왕이 항상 부처님 계신 곳에서 온갖 유난을 짓는다. 又如第六天魔 常於佛所 作諸留難"라고 하였다. [참고문헌] 『大般涅槃經』, 『往生論註』, *Śikṣ.53.*, *Aṣṭ-pr.110.*

유난난야리의계 有難蘭若離衣戒 ➡ 난야리의 蘭若離衣, 니살기바일제 尼薩耆波逸提

유난난야수식계 有難蘭若受食戒 위험한 난야에서 음식 받는 행위를 금하는 계. 사바라제제사니법(四波羅提提舍尼法) 중 하나이다. 도적의 습격을 받는 등 위험한 난야에 머무는 비구는 그 위험성을 시주에게 미리 알리고, 자신이 스스로 나가서 보시 받아 밖의 대중을 보호해야 하기 때문이다. 『십송비구바라제목차계본』(대정장23, p.476c16)에 "저 비구가 아란야처에 의심과 두려움의 여지가 있음을 미리 알고, 승가 또한 갈마를 하지 않았는데 정사 밖에서 음식을 받지 않고 정사 안에서 음식을 받는다면, 이 비구는 마땅히 다른 비구들 앞에서 지은 죄를 드러내 참회하면서 다음과 같이 말해야 한다. '대덕 스님들이시여, 저는 가가법에 떨어졌으니, 해서는 안 될 일을 하였습니다. 이것은 드러내고 참회함으로써 벗어날 수 있는 법이니, 저는 이제 벗어나고자 합니다'. 이것이 네 번째 바라제제사니법이니라. 若比丘 先知如是阿蘭若住處 有疑怖畏 僧亦不作羯磨 不精舍外受飮食

精舍內受飮食 是比丘 應餘比丘邊 出罪如是言 大德 我墮可呵法 所不應作 是可出法我今出 是第四波羅提提舍尼法"라고 하였다. [참고문헌]『十誦比丘波羅提木叉戒本』,『四分律』권19(대정장22, p.697c1), 李智冠『南北傳六部律藏比較硏究』pp.270~272. *Vin.4.181.* ⇨사바라제제사니법 四波羅提提舍尼法, 바라제제사니 波羅提提舍尼, 가가법 可呵法, 난야수식 蘭若受食

유날 扭捏 비틀다. 손보다.『벽암록』47칙「평창 評唱」(대정장48, p.183b1)에 "태원부(太原孚)가 어느 날 저녁 고요히 앉았다가 문득 오경의 종소리를 듣고 홀연히 크게 깨달아 마침내 그 선사의 방문을 두드리고 말했다. '제가 알았습니다' '한번 말씀해 보시오' '저는 오늘 이후로 다시는 부모에게 타고난 코는 비틀지 않겠습니다'. 一夜靜坐 忽聞打五更鐘 忽然大悟 遂敲禪者門云 我會也 禪者云 爾試道看 孚云 我從今日去 更不將父母所生鼻孔扭捏也",『초종혜방어록』(卍속장120, p.258b12)에 "이와 같은 견해는 모두 의근의 손봄이라. 굳이 헤아릴 뿐이니, 다 거두어도 참으로 맞춘 뜻은 아니네. 如此見解 皆是意根扭捏 强生卜度 總未知端的"라고 하였다. [참고문헌]『碧巖錄』,『超宗慧方語錄』.

유날야경 踰捺野經 송(宋)나라 법현(法賢)이 1001년에 한역. 1권. 대정장1, pp.811c19~813a2, No.30에 수록되어 있다. 팔리어 원전(*Suriya-sutta, AN.4,* pp.100~106)이 전하고, 그 원형의 전함이 오래되었다고 본다. 겁말의 시기에 일곱 개의 일륜(日輪)이 출현하여 세계가 불타 없어지려 하자, 묘안여래(妙眼如來)께서 출현하여 중생에게 법을 설하고 원만하게 하여 범천(梵天)에 나게 함으로써 겁화(劫火)를 면하게 한다는 법문이며, 이때의 묘안여래는 석존(釋尊)의 전생이다.

유념 有念 Ⓢsmṛtimat, smṛti, Ⓟsatimant, Ⓣdran-pa-dang-ldan-pa. ❶념(念)이 있음. 정(定)에 나아감에 념을 한결같이 하여 놓지 않음(不忘)의 뜻이다.『유가사지론』권97(대정장30, p.859c23)에 "정을 성취하기에 이름이 유념이다. 成就定故 名爲有念",『대승장엄경론』(대정장31, p.630a11 : *Sūtr.*, p.106)에 "이 게는 선정바라밀의 여섯 가지 뜻을 밝힌다. 마음이 머무는 것은 정의 자성이다. 마음이 머무는 그 안을 연유한다. 념진이란 정인이다. 념이 있으므로 연을 놓지 않고, 진에 의지하므로 선정이 일어날 수 있다. 此偈明禪波羅蜜六義 心住者 是定自性 由心住內故 念進者 是定因 有念故於緣不忘 依進故禪定得起 sthitiś cetasa adhyātmam iti svabhāvaḥ. smṛtivīryapratiṣṭhitam iti hetuḥ. ālambanāsaṃpramoṣe sati vīryaṃ niśritya samāpattyabhinirhārāt"라고 하였다. [참고문헌]『瑜伽師地論』,『大乘莊嚴經論』, *Sūtr.*, *Sn.174.* ❷분별 있음의 뜻.『대보적경』권90(대정장11, p.518b14)에 "일체법에는 사도 념도 없으니 마음 있다 하고 생각 있다 하지만 온통 공이라네. 만일 누군가 공을 관찰하기를 즐겨한다 한들, 이 무념마저에도 념을 일으킬 일 아니라네. 一切諸法無思念 有心有念盡皆空 若人愛樂觀察空 於此無念勿生念",『염불삼매보왕론』권하(대정장47, p.141c12)에 "그러므로 세인은 염불을 유념이라 하지만, 나는 염불을 무념이라고 한다. 故世人謂念佛有念也 吾則謂念佛無念也"라고 하였다. [참고문헌]『大寶積經』,『念佛三昧寶王論』. ⇨무념 無念❶❷

유념 惟念 Ⓢsmṛti, Ⓟjhāyin. 항상 마음에 두고 깊이 생각함.『출요경』권5(대정장4, p.637b29)에 "항상 도를 유념해야 한다는 것은, 무릇 좌선을 하는 이는 아침부터 밤까지 또는 밤부터 아침까지 생각을 붙들어 앞에 두고 마음에 착오가 없고 처음부터 끝까지, 다시 끝부터 처음까지 사유하며 사람 몸 중을 부정하다고 관한다. 이렇게 말함이 항상 도를 생각하는 일이다. 常當惟念道者 夫坐禪者 從朝至夜 從夜至朝 係念在前 心無錯誤 從初至後 從後至初 思惟惡露 此人身中 不淨之觀 是故說曰 常當惟念道也"라고 하였다. [참고문헌]『出曜經』,『法句經』권상(대정장4, p.561a16). ⇨사념 思念❶

유능 有能 ❶Ⓢśakya, śakta, Ⓟbyatta, Ⓣmthanus. 능력이나 효능이 있다. 무능(無能)의 상대어이다.『대승광백론석론』권10(대정장30, p.246b26)에 "선에 두 가지 있으니 세간선과 출세간선이다. 출세선법은 끝내 능히 해롭게 하는 얽매임 구경에는 안락하고 화평하므로 승의선이라고 한다. 세간선법은 잠시는 무엇인가 할 수 있지만 끝내 할 수 있는 일은 없다. 잠시 번뇌의 타래 조복할 수 있기에 세속선이지, 영원히 끊지는 못하기에 승의로는 불선이다. 善有二種 所謂世間 及出世間 出世善法 畢竟能害 煩惱諸纏 究竟安和 名勝義善 世間善法 暫時有能 畢竟無能 暫時能伏 煩惱纏故 名世俗善 非永能斷 煩惱纏故 亦得名爲 勝義不善", "이러한 선과 불선이 서로 어긋나지 않는데, 유능무능은 분의 다름일 뿐이다. 저 보시 등의 선이 한 찰나에 머물면 유능이라고 하지만, 이것이 지난 후에는 반드시 머물지 못하기에 무능이라고 하는 것과 같다. 此善不善 互不相違 有能無能 時分異故 如施等善 住一刹那 說名有能 過此已後 必不能住 說名無能"라고 하였다. [참고문헌]『大乘廣百論釋論』, *Abh-k-bh.125.*, *Bodh-bh.164.*, *Vin.4.211.* ❷Ⓢśakti. 능히 주장할 만하다의 뜻. 입론자가 자기가 주장한 바를 버리고 상대방의 주장을 인정하는 열세 가지 사언(捨言) 중 하나.『유가사지론』권15(대정장30, p.359c17)에 "사언이란 무엇인가? 입론자가 열세 가지 말로 대론자에게 사과하고 (자신이) 말한 것을 버리는 것이다. 어떤 것을 열세 가지 말이라고 하는가? 입론자가 대론자에게 말하길 … '나의 주장은 능히 그렇지 않고, 당신의 주장은 능히 논할 만하다'. 捨言者 謂立論者 以十三種詞 謝對論者 捨所言論 何等名爲 十三種詞 謂立論者 謝對論者曰 … 我論無能 汝論有能"라고 하였다. [참고문헌]『瑜伽師地論』,『顯揚聖敎論』권11(대정장31, p.534c2). ⇨ 논타부 論墮負, 사언 捨言, 인명 因明 **3** ➡ 유능구의 有能句義

유능구의 有能句義 바이셰쉬카(Ⓢ Vaiśeṣika : 勝論)의 십구의(十句義) 중 하나. 실덕업(實德業)이 화합하되 각각의 과를 낼 때 꼭 있어야 하는 인(因).『십구의론』(대정장54, p.1263c19)에 "유능구의란 무엇인가? 즉 실덕업이 화합하며 함께하여 하나가 아닌 각각이 스스로의 과를 만드는 데 반드시 필요한 것을 유능구의라고 한다. 有能句義云何 謂實德業和合共 或非一 造各自果 決定所須 如是名爲有能句義"라고 하였다. [참고문헌]『十句義論』. ⇨ 십구의 十句義, 무능구의 無能句義

유다수행 留多壽行 Ⓢ āyuḥ-saṃskārān sthāpayati. 이수행(二壽行) 중 하나. 선의 힘으로 수명을 연장하는 것. 유다명행(留多命行)·유명행(留命行)·유수행(留壽行)이라고도 하며, 줄이는 뜻은 사다수행(捨多壽行)이다. 부처님께서 정해진 수명인 일백이십 세를 팔십 세로 줄이신 것은 사다수행이고, 다시 삼 개월 늘리신 것은 유다수행이다. 사다수행과 유다수행을 함께 부르면 유사수행(留捨壽行)이다.『구사론』권3(대정장29, p.15b11 : *Abh-k-bh.*, p.43)에 "무엇이 비구의 유다수행인가? 아라한이 신통을 성취하고 마음의 자재를 얻고서 승중에게나 다른 이에게 수명과 관계있는 의발 등의 물건을 분수에 맞게 보시하고, 보시하고 나서 발원하여 바로 네 번째 변제정려에 들고, 정으로부터 일어난 다음 마음으로 생각하고 입으로 말하길 '나는 능히 부이숙업을 감할 수 있으나 모두 뒤쳐 수이숙과를 감득하길 원합니다'라고 하면, 그때 부이숙업은 모두 바뀌어 수이숙과를 부른다. 云何苾芻留多壽行 謂阿羅漢 成就神通 得心自在 若於僧衆 若於別人 以諸命緣衣鉢等物 隨分布施 施已發願 卽入第四 邊際靜慮 從定起已 心念口言 諸我能感富異熟業 願皆轉招壽異熟果 時彼能感富異熟業 則皆轉招壽異熟果 katham āyuḥsaṃskārān sthāpayati. arhan bhikṣuḥ ṛddhimāṃś cetovaśitvaṃ prāptaḥ saṃghāya vā pudgalāya vā pātraṃ vā cīvaraṃ vā anyatamānyatamaṃ vā śrāmaṇakaṃ jīvitapariṣkāraṃ vā dattvā tat praṇidhāya prāntakoṭikaṃ caturthaṃ dhyānaṃ samāpadyate. sa tasmāt vyutthāya cittam utpādayati vācaṃ ca bhāṣate yan me bhogavipākaṃ tad āyurvipākaṃ bhavatv iti. tasya yat bhogavipākaṃ tad āyurvipākaṃ bhavati"라고 하였다. [참고문헌]『俱舍論』,『大毘婆沙論』권126(대정장27, p.656a17), *Abh-k-bh.* ⇨ 유사수행 留捨壽行, 사다수행 捨多壽行, 수행 壽行

유단 油單 기름 먹인 바탕. 종이에 오동나무 씨앗 기름을 먹여 비와 이슬 등을 피할 수 있게 한 천 같은 바탕으로, 물건을 싸는 보자기로도 썼다. 노지(露地)수행이 있는 운수승(雲水僧)이 소지했다.『선림상기전』권19(불광장, 禪藏, p.1546)에 "유단 : … 도충이 말한다. '일본의 운수승들은 보자기를 유단이라고 부르는데, 기실 유단은 오동나무 기름을 종이에 발라 만든 것이며, 저 기름비옷의 재료로 쓰이듯이 비와 이슬의 침범을 막을 수 있다. 대개 유단으로 보자기를 감싸기에 보자기를 유단이라고 부를 뿐이다'. 油單 … 忠曰 日本雲水僧 稱袱子爲油單 其實油單 以桐油塗紙造之 如油衣之材 以防雨露浸犯 蓋油單包袱子 故呼袱子爲油單耳"라고 하였다. [참고문헌]『禪林象器箋』,『百丈淸規』권5「裝包」(대정장48, p.1140a6),『禪苑淸規』권상「辨道具」(卍속장111, p.877b11). ⇨ 유소 油素

유대 有待 **1** 기다릴 것이 있음. 스스로 존재하지 못하고 다른 법을 기다려야 있게 된다는 뜻이다.『대승입능가경』권4(대정장16, p.611c6)에 "대혜야, '일체법은 생하지 않는다'는 이 말은 스스로 무너진다. 왜냐하면 저 주장은 기다릴 것이 있어야 생하기 때문이다. 또 저 주장인즉 일체법 중에 들어감에는 불생상 또한 일어나지 않기 때문이다. 大慧 一切法不生 此言自壞 何以故 彼宗有待而生故 又彼宗卽入一切法中 不生相亦不生故",『반야등론석』권11(대정장30, p.110a10)에 "제일의 중의 일(一)이란 하나라고 셀 수 있는 것이 아니다. 왜냐하면 수라면 상대할 것이 있어야 하기 때문이다. 第一義中一 非一數體 何以故 是數有待故",『영각광록』권29(卍속장125, p.771a6)에 "모든 법은 하고많지만 끝에는 기다리는 법이 있다. 무릇 기다릴 것이 있은즉 이 허망함임을 안다. 諸法雖多 窮於有待 凡有待者 卽知是妄", "저 공 스스로 공하지 못하여 색을 기다려 공하고, 색 스스로 색이 아니어서 공을 기다려 색일 수 있으니, 공을 상대해야 색이라면 색 과연 색이라 하겠는가! 색 기다려야 공이라면 그 공이 참으로 공이겠는가! 이렇게 미루어 보면 고금이나 대소미추, 진망이 모두 그렇지 않음이 없으니 다 함께 스스로의 몸은 없다. 如空不自空 待色而空 色不自色 待空而色 待空而色 色果色乎 待色而空 空果空乎 卽此推之 則知若今古 若大小 若美惡 若眞妄 無不皆然 俱無自體"라고 하였다. [참고문헌]『大乘入楞伽經』,『般若燈論釋』,『永覺廣錄』. **2** 의존하는 그 무엇이 있다는 말. 또는 무엇엔가 의지한다는 뜻. 『마하지관』 권4(대정장46, p.36a2)에 "의지하여 살아가는 몸은 반드시 은혜와 같은 도움을 받아야 한다. 有待之身 必假資藉 如彼好處"라고 하였다. 〔참고문헌〕『摩訶止觀』.

유대 有對 [S] sapratigha, pratigha, sapratighatva, [P] sappaṭigha, [T] thogs-pa-dang-bcas-pa. 서로 대함이 있는 것. 무대(無對 [S] apratigha)의 상대어이다. 대(對)는 맞서다의 뜻이다. 공간을 점유한 색법이 서로 맞섬은 장애유대(障礙有對 [S] āvaraṇa-pratighāta), 근경이 서로 맞섬은 경계유대(境界有對 [S] viṣaya-pratighāta), 심·심소(心心所 [S] citta-caitta) 서로 대함은 소연유대(所緣有對 [S] ālambana-pratighāta)이다. 『대승아비달마집론』 권2(대정장31, p.667c12)에 "어떤 것을 유대라고 하며, 몇 가지가 유대이고, 어떠한 의미로 유대를 관하는가? 모든 봄이 있는 것([S] sanidarśana)은 다 유대다. 또 세 가지 인으로 유대라고 하니, 종류이고 적집이며 닦아 다스릴 수 없는 것이다. 종류란 모든 색법이 서로 장애하고 서로 장애가 되는 것을 말한다. 적집이란 극미 이상의 것을 말한다. 닦아 다스리지 못하는 것이란 삼마지로 자재로이 색이 바뀌지 않는 것을 말한다. 또 손과 해가 있는 곳은 유대의 뜻이어서 일체가 다 유대다. 혹은 경우에 따라 불변행의 아에 집착함을 버리게 하고자 응한 바 따르는 것이 유대 관찰이다. 云何有對 幾是有對 爲何義故 觀有對耶 謂諸有見者 皆是有對 又三因故 說名有對 謂種類故 積集故 不修治故 種類者 謂諸色法互爲能礙互爲所礙 積集者 謂極微已上 不修治者 謂非三摩地自在轉色 又損害依處是有對義 一切皆是有對 或隨所應爲捨執著 不遍行我故 觀察有對"라고 하였다. 〔참고문헌〕『大乘阿毘達磨集論』, 『俱舍論』 권2(대정장29, p.7a13), *Abh-k-bh.19·30.*, *Abh-s.17.*, *Dhs.134.* ⇨삼유대 三有對, 경계유대 境界有對, 소연유대 所緣有對, 장애유대 障礙有對, 무대 無對

유대갱락 有對更樂 [P] paṭigha-samphassa. 십육갱락(十六更樂) 중 하나. 유대촉(有對觸)의 구역어. 갱락은 촉의 구역이다. 『아비담팔건도론』 권21(대정장26, p.873a24)에 "무엇이 유대갱락인가? 〔답〕 오식신상응이 갱락이다. 云何有對更樂乎 答曰 五識身相應更樂"라고 하였다. 〔참고문헌〕『阿毘曇八犍度論』, 『中阿含經』 권24 「大因經」(대정장1, p.579c8), *DN.2.62.* ⇨유대촉 有對觸, 갱락 更樂, 촉 觸

유대계 有對界 상대함이 있는 계. 18계 중 안이비설신(眼耳鼻舌身)과 색성향미촉(色聲香味觸)의 십색입(十色入)을 말한다. 무대계(無對界)의 상대어이다. 『사리불아비담론』 권7(대정장28, p.575c16)에 "어떤 것이 유대계인가? 십색입을 유대계라고 한다. 云何有對界 十色入 是名有對界"라고 하였다. 〔참고문헌〕『舍利弗阿毘曇論』. ⇨십색입 十色入, 무대계 無對界

유대근 有對根 [S] sapratigha-indriya, [T] thogs-pa-dang-bcas-pa'i dbang-po. 경을 직접 대함이 있는 근. 안이비설신(眼耳鼻舌身)의 오근(五根)을 말한다. 『순정리론』 권29(대정장29, p.506c4)에 "〔논〕 안 등 오촉을 유대라고 한다. 유대근에 의지하고 유대법만을 경계로 삼기에 여섯 번째 의촉은 증어라고 한다. 論曰 眼等五觸 說名有對 以有對根 爲所依故 唯有對法 爲境界故 第六意觸 說名增語"라고 하였다. 〔참고문헌〕『順正理論』, *Abh-k-bh.143.* ⇨유대촉 有對觸, 오근 五根[1]

유대물 有對物 공간을 점유하여 장애가 되는 유대의 물질. 『불지경론』 권3(대정장26, p.306a15)에 "유대물에 맞서는 걸림이 없을 때, 다른 물을 수용하여 왕래할 수 있으므로 이 법에 의지하여 임시로 허공을 건립한다. 有對物 無對礙時 容受餘物 得往來故 依此法上假立虛空", 『섭대승론석』 권5(대정장31, p.410c11)에 "무진공덕이란 진허공성을 펼쳐 보이는 것이다. 즉 저 허공은 장애가 없는 것을 성품으로 하고, 유대물을 장애하지 않는 것을 업용으로 한다. 無盡功德者 卽是開示盡虛空性 謂彼虛空無障爲性 於有對物不障爲業"라고 하였다. 〔참고문헌〕『佛地經論』, 『攝大乘論釋』. ⇨유대 有對

유대법 有對法 [S] sapratigha-dharma, [P] sappaṭigha-dhamma, [T] thogs-pa-dang-bcas-pa'i chos. 십처(十處). 내색처(內色處)인 오근(五根)과 외색처(外色處)인 오경(五境)을 아울러 일컫는 말이다. 무대법(無對法 [S] apratigha-dharma)의 상대어이다. 『중사분아비담론』 권4(대정장26, p.646c24)에 "어떤 것을 유대법이라고 하는가? 십입(十入)을 말한다. 云何有對法 謂十入", 『대비바사론』 권76(대정장27, p.391a20)에 "〔문〕 유대법이란 어떤 것인가? 〔답〕 십처이니, 오내색처와 오외색처를 말한다. 問 有對法云何 答 十處 謂五內色處 及五外色處"라고 하였다. 〔참고문헌〕『衆事分阿毘曇論』, 『大毘婆沙論』, *Dhs.3.* ⇨십처 十處[1], 오근 五根[1], 오경 五境, 유대 有對, 무대 無對

유대상 有對想 [S] pratigha-saṃjñā, [P] paṭigha-saññā, [T] thogs-pa'i-'du-shes. 근(根)과 식(識)으로 마주 대하는 상(想). 『법온족론』 권8(대정장26, p.488c8)에 "무엇이 유대상인가? 이(耳) 등 네 가지 식과 상응하는 상과 이어지는 상, 내지 과거 미래의 상들까지 모두어 유대상이라고 한다. 어떤 사람은 '진에상응상과 이어지는 상 내지 과거 미래의 상까지 유대상이라고 한다'라고 한다. 여기서는 이런 뜻 중에서 이식 등 네 가지 식과 상응하는 상과 이어지는 상 내지 과거 미래의 상까지 모두어 유대상이라 한다. 云何有對想 謂耳等四識相應想等想 乃至已想當想 總名有對想 有作是說 瞋恚相應想等想 乃至已想當想 總名有對想 今此義中 耳等四識相應想等想 乃至已想當想 總名有對想", 『순정리론』 권22(대정장29, p.464a13)에 "유대근에 의지하여 생긴 모든 상은 오직 마주한 것을 반연하여 경계로 삼기에 유대상이라 한다. 依有對根 諸所生想 唯緣有對 爲境界故 名有對想", 『해탈도론』 권5(대정장32, p.421a1)에 "어떤 것이 유대상인가? 색상·성상·향상·미상·촉상을 유대상이라 한다. 云何是有對想 色想聲想香想味想觸想 此謂有對想"라고 하였다. [참고문헌] 『法蘊足論』, 『順正理論』, 『解脫道論』, *Śrāv-bh.456., DN.1.34·3.224.*

유대색 有對色　상대함이 있는 색법(色法). 가견유대색(可見有對色)인 색법과 극미소성의 불가견유대색(不可見有對色)으로 구분하며, 무대색(無對色)의 상대어이다. 『대승백법명문론해』 권상(대정장44, p.47a26)에 "색법이란 식으로 의지하고 연한 바이니 곧 오근·오경 등 물질로서 걸림 있는 색이다. 유대색이라고도 하는데, 능조(能造:地·水·火·風)와 소조(所造:色·香·味·觸)의 팔법으로 이루어지니, 곧 십유색이다. 무대색은 법처색이다. 色法者 識之所依所緣 乃五根五境質礙之色 亦名有對色 以能所造八法而成 乃十有色也 無對色 卽法處色也", 『대승의장』 권13(대정장44, p.728c5)에 "온통 하나의 색일 뿐이다. 둘로 나누기도 하는데, 첫째는 가견색이니 눈이 보는 것을 말하고, 둘째는 불가견색이니 귀와 코 등으로 아는 색을 말한다. 셋으로 나누는데 첫째는 가견유대색이니 눈으로 보는 것을 말하며, 둘째는 불가견유대색이니 귀·코·입·몸 등으로 인식하는 색을 말하는데, 이들은 모두 유대색이다. 질애가 있는 색은 근의 상대가 되기에 유대라고 한다. 셋째는 불가견무대색이니 마음으로 행하는 것을 말한다. 總唯一色 或分爲二 一 可見色 謂眼所行 二 不可見色 謂耳鼻等所行之色 或分爲三 一 可見有對 謂眼所行 二 不可見有對色 謂耳鼻舌身所行之色 此等皆是有對 有礙色 根所對故言有對 三 不可見無對 謂意所行", 『번역명의집』 권3(대정장54, p.1109b6)에 "『아비담』에서 세 가지 색을 설명한다. 첫째는 가견유대색이다. 즉 색진일법이니 눈이 보는 것이며, 가극미로 이루어져 유대라고 한다. 둘째는 불가견유대색이니 안 등 오근의 승의근인데, 소리 등 사진과 함께 이 아홉 가지는 눈에 보이는 것이 아니고, 모두 가극미로 이루어진 것이다. 셋째는 불가견무대색이니 즉 무표색이다. 阿毘曇明三種色 一者 可見有對色 卽色塵一法 爲眼所見 假極微所成 名爲有對 二者 不可見有對色 謂眼等五根 此勝義根也 聲等四塵 此之九法非眼所見 皆假極微所成 三者 不可見無對色 卽無表色"라고 하였다. [참고문헌] 『大乘百法明門論解』, 『大乘義章』, 『翻譯名義集』. ⇨ 가견유대색 可見有對色, 불가견유대색 不可見有對色, 불가견무대색 不可見無對色, 십유색처 十有色處, 삼색 三色❶, 색 色❷

유대안 有對眼　눈이 상대할 수 있는 것. 바이셰쉬카(Ⓢ Vaiśeṣika:勝論)학파가 주장하는 아홉 가지 실(實) 중 지수화(地水火) 등의 유색(有色)을 말한다. 무대안(無對眼)의 상대어이다. 『십구의론』(대정장54, p.1264a19)에 "이와 같은 아홉 가지 실(實)은 어떤 것이 유색이고 어떤 것이 무색인가? 세 가지는 유색이니 지수화 등을 말한다. 여섯 가지는 무색이니 그 나머지 '실(風空時方我意)'을 말한다. 유색과 무색처럼 유가견과 무가견, 유대안과 무대안 등도 그러하다. 如是九實 幾有色 幾無色 三有色 謂地水火 六無色 謂餘實 如有色 無色 有可見 無可見 有對眼 無對眼 亦爾"라고 하였다. [참고문헌] 『十句義論』. ⇨ 구실 九實, 무대안 無對眼

유대업 有對業　성색(聲色)으로 거둘 수 있는 업. 무대업(無對業)의 상대어이다. 『사리불아비담론』 권7(대정장28, p.580a29)에 "어떤 것이 유대업인가? 어떤 업이 성입과 색입으로 거둘 수 있으면 유대업이다. 云何有對業 若業聲入色入攝 是名有對業"라고 하였다. [참고문헌] 『舍利弗阿毘曇論』. ⇨ 무대업 無對業

유대촉 有對觸　Ⓢ pratigha-saṃsparśa, Ⓟ paṭigha-samphassa, Ⓣ thogs-pa'i-'du-te-reg-pa. 서로 대함(相對)이 있어 만나 부딪힘의 뜻이 성취됨. 안근이 색을 상대해야 안식이 상응하는 뜻으로, 오식(五識)과 상응하는 안촉(眼觸)·이촉(耳觸)·비촉(鼻觸)·설촉(舌觸)·신촉(身觸)의 오촉(五觸)을 말한다. 유대갱락(有對更樂)의 신역(新譯)이며, 제6의식(意識)과 상응하는 촉은 증어촉(增語觸 Ⓢ adhivacana-saṃsparśa)이다. 『계신족론』 권상(대정장26, p.615b11)에 "유대촉이란 무엇인가? 오식과 상응하는 촉을 말한다. 有對觸云何 謂五識相應觸"라고 하였다. [참고문헌] 『界身足論』, 『阿毘曇心論經』 권6(대정장28, p.868b19), *Abh-k-bh.143., Yogā-bh.65., DN.2.62.* ⇨ 유대 有對, 유대갱락 有對更樂, 오촉 五觸, 촉 觸, 증어촉 增語觸

유대치 有對治　상대하여 다스릴 수 있음의 뜻. 『구사론』 권1(대정장29, p.2a28)에 "이 유루법은 유쟁, 다툼이 있다라고도 한다. 번뇌의 이름이 쟁이다. 그것은 선한 품성을 만나면 동요하게 하기 때문이며, 자타에 손해를 끼치기 때문이다. 다툼이 따라 더하기에 유쟁이라 하는데, 이는 도리어 유루와 같다. 또한 고라고도 하니,

성심과 어긋나기 때문이다. 또 집이라고도 하니, 괴로움을 초래하기 때문이다. 또한 세간이라고도 하니, 파괴되고 대치할 수 있기 때문이다. 또 견처라고도 하니, 견이 거기에 머물러 따라 점차 번뇌를 더하기 때문이다. 此有漏法 亦名有諍 煩惱名諍 觸動善品故 損害自他故 諍隨增故 名爲有諍 猶如有漏 亦名爲苦 違聖心故 亦名爲集 能招苦故 亦名世間 可毁壞故 有對治故 亦名見處 見住其中隨增眠故"라고 하였다. 〔참고문헌〕『俱舍論』, 『攝大乘論釋論』 권1(대정장31, p.272a22). ⇨대치 對治

유대치 劉大痴 생몰연대 미상. 근세 불교운동가이자 개화사상가. 본명은 유홍기(劉鴻基) 또는 유홍규(劉鴻逵), 호는 대치(大痴) 또는 대치(大致)라고도 하였으나, 특히 불교계에서는 유대치(劉大痴)로 부른다. 당시 중인(中人) 출신으로서 역관(譯官) 오경석(吳慶錫)이 가져온 청나라 선진문물과 서적을 통해 일찍부터 개화에 눈떴다. 1870년~1880년대에 걸쳐 외세의 도전에 대응하며 조국이 국가의 명맥을 유지하기 위해서는 문호개방과 정치혁신을 통한 근대화를 이룩해야 한다고 주장하며 활동했다. 특히 근대화를 위해서는 유교(儒敎) 대신 새 시대의 이념으로 불교사상을 근간으로 한 국익관(國益觀)을 기반으로 홍국운동으로서의 근대화운동을 전개했다. 『김옥균전』에 따르면 불교를 독행(篤行)하여 도는 높고 품성은 청백했으며, 사학에도 조예가 깊었다고 기술하고 있다. 당시 개화파 인사들에게 크게 영향을 끼쳤으므로 백의정승(白衣政丞)으로 불렸으며, 무역을 통해 얻은 많은 재산을 개화파 혁신운동의 정치자금으로 썼다. 이 무렵 그를 만나본 일본 스님들도 그를 가리켜 자산가·학식가·우국지사·신사상가·개화운동가 등으로 평가하였다. 근대적 자주독립국가건설을 위한 실력향상을 목적으로 김옥균(金玉均)·박영효(朴泳孝)·서광범(徐光範) 등 초기 개화파 인사들을 지도하였으며, 1884년(고종21) 10월 김옥균·박영효 등 개화파들이 우정국(郵政局) 낙성식을 기회로 민(閔)씨 일파를 죽이고 신정부를 수립하는 갑신정변(甲申政變)을 막후에서 지도하였다. 그러나 정변이 실패하고 일본의 침략이 본격화되는 시국을 개탄한 나머지 행방을 감추어 버렸다. 〔참고문헌〕『金玉均傳』, 『朝鮮最近政治史』.

유덕 有德 **1** 바가바(婆伽婆 Ⓢ Bhagavat)의 한역어. 『대지도론』 권2(대정장25, p.70b15)에 "바가바란 바가는 덕, 바는 있음을 말하니 이름하여 유덕이다. 婆伽婆者 婆伽言德 婆言有 是名有德"라고 하였다. 〔참고문헌〕『大智度論』. ⇨바가바 婆伽婆 **2** Ⓢ guṇin, guṇavat. 승론(勝論)외도의 설로 실체가 지닌 속성을 말한다. 『십구의론』(대정장54, p.1264a28)에 "이와 같은 아홉 가지 실 중 지(地)는 몇 가지 덕으로 인해 덕이 있다고 하는가? 열네 가지다. 그 열네 가지란 색·미·향·촉·수·양·별체·합·이·피체·차체·중체·액체·행이다. … 의(意)는 어떤 덕으로 유덕이라 하는가? 여덟 가지다. 그 여덟 가지란 수·양·별체·합·이·피체·차체·행이다. 如是九實 地由幾德 說名有德 謂由十四 何者十四 一 色 二 味 三 香 四 觸 五 數 六 量 七 別體 八 合 九 離 十 彼體 十一 此體 十二 重體 十三 液體 十四 行 … 意由幾德 說名有德 謂由八 何者八 一 數 二 量 三 別體 四 合 五 離 六 彼體 七 此體 八 行"라고 하였다. 〔참고문헌〕『十句義論』, 『金七十論』 권하(대정장54, p.1260b10), *Māt-v.55.* ⇨구실 九實

유덕 柔德 부드러운 덕. 『능엄경요해』 권11(卍속장17, p.796b13)에 "받들어 순하니 땅의 유덕이고, 주는 대로 받아들임은 여인이 할 일이다. 承順 卽坤儀柔德 受領 卽閨門能事"라고 하였다. 〔참고문헌〕『楞嚴經要解』.

유덕녀 有德女 Ⓢ Śrīmatī. 바라나성(波羅奈城 Ⓢ Vārāṇasī) 유덕바라문의 딸. 부처님을 뵙고 청정신심을 일으켜 깊은 법에 대해 듣기를 청한 후 법문 듣고 수기마저 받았다. 그 인연을 설한 경이 『유덕녀소문대승경 有德女所問大乘經』(대정장14, No.568)이며, 「입법계품 入法界品」에 문수동자가 친견한 51번째 선지식으로도 등장한다. 80권본 『화엄경』 권77 「입법계품」(대정장10, p.419c14)에 "이때 선재동자는 … 덕생동자와 유덕동녀를 보고 … 합장하며 말하였다. '성자여, 나 이미 아누다라삼막삼보리심을 내었으나 보살이 어떻게 보살행을 배우고 보살도를 닦는지 알지 못합니다. 오직 바라오니 자애로 저를 위해 말해주소서.' 동자와 동녀가 선재에게 말하길 '선남자여, 우리들은 보살해탈을 얻었으니 이름하여 환주다'. 爾時 善財童子 … 見德生童子有德童女 … 於前合掌 而作是言 聖者 我已先發阿耨多羅三藐三菩提心 而未知菩薩云何學菩薩行 云何修菩薩道 唯願慈哀爲我宣說 時 童子童女 告善財言 善男子 我等證得菩薩解脫 名爲幻住"라고 하였다. 〔참고문헌〕『華嚴經』, *Gaṇḍ-vy.367.* ⇨유덕녀소문대승경 有德女所問大乘經

유덕녀소문경 有德女所問經 ➡유덕녀소문대승경 有德女所問大乘經

유덕녀소문대승경 有德女所問大乘經 Ⓢ Śrīmatībrāmaṇī-paripṛcchā, Ⓣ Bram-ze-mo dpal-ldan mas-hus-pa. 당대 693년(장수 2) 보리유지(菩提流支 Ⓢ Bodhiruci) 한역. 1권. 『유덕녀소문경』이라고도 한다. 고려장13, pp.1307a1~1308c8, No.489·대정장14, pp.940c24~942a10, No.568에 수록되어 있다. 부처님께서 유덕바라문의 딸에게 십이인연을 설하셨고,

유덕녀는 부처님께서 굴리신 법륜이 허공법륜(虛空法輪)·출리법륜(出離法輪)·무상법륜(無上法輪)임을 알아 제법실상인 공(空)·무자성(無自性)을 깨닫고 미래 성불 수기마저 받았다. 대승을 현양하고 있으며, 동본이역으로 서진(西晉) 때 축법호(竺法護 Ⓢ Dharmarakṣa)가 한역한 『범지녀수의경 梵志女首意經』(대정장14, No.567) 1권이 있고, 티베트역본(北京版 No.837)도 전한다. ⇨범지녀수의경 梵志女首意經

유덕사 有德寺 ❶황해북도 수안군 증산(甑山)에 있던 절. 『가람고』·『범우고』·1872년(고종9) 『지방도』「수안지도 遂安地圖」 등에 이름과 위치가 전한다. [참고문헌] 『伽藍考』, 『梵宇攷』, 『地方圖』. ❷위치 미상. 신라대 최유덕(崔有德)이 창건하였다. 『삼국유사』 권3(대정장49, p.1001b9·한불전6, p.339b13) 탑상(塔像)4 유덕사에 "신라 대부각간 최유덕이 자신의 집을 절로 삼고 이름을 유덕사라 하였다. 먼 후손인 삼한공신 최언위가(최유덕의) 진영을 걸어 모셨으며, 비도 있었다고 전한다. 新羅大夫角干崔有德 捨私第爲寺 以有德名之 遠孫三韓功臣崔彦撝 掛安眞影 仍有碑云"라고 하였다. [참고문헌] 『三國遺事』. ⇨최언위 崔彦撝

유덕자 有德者 Ⓢ guṇavant, Ⓣ yon-tan-dang-ldan-pa. 덕(德) 있는 이. 『구사론』 권18(대정장29, p.97a28 : *Abh-k-bh.*, p.272)에 "저 자 등 정을 한번 닦음이 있는 것과 같아서 비록 받는 이와 남을 거두어 이롭게 함 없더라도 자기 마음을 좇아 무량복을 일으킨다. 이와 같이 덕 있는 이 비록 이미 사라져 과거라 하지만 미루어 추모하고 공경하며 받드니 복은 자기 마음으로부터 일어나는 것이다. 如有一修慈等定 雖無受者及攝益他 而從自心 生無量福 如是有德者 雖已滅過去 而追伸敬養 福由自心生 yathā maitryādiṣv-antareṇa-api pratigrāhakaṃ para-anugrahaṃ vā puṇyaṃ bhavati svacitta-prabhavaṃ tathā-abhyatīte 'pi guṇavati tad-bhakti-kṛtaṃ svacittāt puṇyaṃ bhavati"라고 하였다. [참고문헌] 『俱舍論』, 『瑜伽師地論』 권49(대정장30, p.568a12), *Abh-k-bh.*, *Bodh-bh.262.*

유덕천 有德天 Ⓢ Śrīdevī. 길상천녀(吉祥天女)의 다른 이름. 공덕천(功德天)·대덕천(大德天)이라고도 한다. 밀교 태장만다라 허공장원(虛空藏院)에 위치한다. 인도 신화에서 비슈누신의 배우자인 락슈미(Ⓢ Lakṣmī)신에 해당한다. 불교에 호법신으로 수용되었는데, 비사문천(毘沙門天) 또는 다문천(多聞天)의 비(妃)로 복덕을 관장하는 신이다. 종자는 (śri), 삼매야형은 성화(盛華) 또는 보주(寶珠). 수인은 길상천녀인(吉祥天女印). 존형은 흰 살색에 천녀형으로 꽃다발을 든 모습이다. 수인은 팔엽인(八葉印)이고 진언은 "나마 사만타붓다남 옴 마하슈리야이 스바하 namaḥ samanta-buddhānāṃ oṃ mahāśriyai svāhā 두루하신 제불께 귀의합니다. 옴, 유덕천을 위하여! 스바하"이다. ⇨길상천 吉祥天, 허공장원 虛空藏院

유도 有道 ❶Ⓟ yoni. 도가 있다는 말. 반드시 과(果)를 얻을 수 있는 수행의 길이라는 뜻이다. 『중아함경』 권45(대정장1, p.710b15)에 "부이여, 저 사문범지가 정견과 정견에 따른 정으로 그가 원행을 지어 바른 범행을 행한다면 반드시 과를 얻게 된다. 원이 없거나, 원하기도 원하지 않기도 하거나, 원이 있는 것도 없는 것도 아니어도 바른 범행을 행한다면 반드시 과를 얻는다. 왜냐하면 바르게 구하는 과에 도가 있기 마련이기 때문이다. 浮彌 若有沙門梵志 正見正見定 彼作願行 行正梵行 彼必得果 無願願無願非有願非無願 行正梵行 彼必得果 所以者何 以正求果 謂有道也", 상응하는 *Bhūmija-sutta*(*MN.3*, p.142)에 "원을 세움도 세우지 않음도 아니지만 범행을 행하면 과를 얻을 수 있다. 무슨 까닭인가. 부미자여, 과를 얻는 길이기 때문이다. n' ev' āsaṃ nānāsañ ce pi karitvā brahmacariyaṃ caranti, bhabbā phalassa adhigamāya. taṃ kissa hetu. yoni h' esā bhūmija phalassa adhigamāya"라고 하였다. [참고문헌] 『中阿含經』, 『賢愚經』 권2(대정장4, p.361c10), *MN.* ❷정법을 행하는 사람. 『팔정도경』(대정장2, p.505a13)에 "다섯 번째 진실하게 수용(諦受 : 正命)한다란 무엇인가? 법을 듣고 정법을 행하는 제자들은 법을 구하되 비법을 행해선 안 된다. 음식, 침상과 와구, 병들었을 때에도 필요한 것들을 법에 맞게 구하여야지 법답지 못하게 해선 안 된다. 이것이 바른 생활방식이다. 第五諦受爲何等 是聞有道弟子 法求不可非法 飯食 床臥 病瘦 正法求不可非法 是爲諦受"라고 하였다. [참고문헌] 『八正道經』, 『法句經』 권하(대정장4, p.569a11) ⇨정명 正命 ❸Ⓢ parama-bhava. 도를 행하는 모든 이들. 바라문과 사문(沙門)을 아울러 말하다. 『불소행찬』 권1(대정장4, p.3c8 : *Buddh-c.*, p.10)에 "아들을 낳은 지 10일이 지나 안온하여 마음이 이미 편안해지니, 널리 천신들에게 제사 지내고 도가 있는 이들에게 보시한다. 生子滿十日 安隱心已泰 普祠諸天神 廣施於有道 daśasu pariṇateṣv-ahaḥsu ca-eva prayatamanāḥ parayā mudā parītaḥ, akuruta japahoma-maṅgalādyāḥ parama-bhavāya sutasya devatejyāḥ"라고 하였다. [참고문헌] 『佛所行讚』, *Buddha-c.*

유도 幽途 ❶아득하여 찾기 어려운 길. 천성(千聖)이 밟아 헛되지 않은 길의 뜻이다. 『조론』 「열반무명론 涅槃無名論」(대정장45, p.159b16)에 "그 길이 없지는 않으니 아득한 길이지만 찾을 수 있다. 그런 까닭에 수많은 성인이 한가지로 밟아 일찍이 헛되게 되돌아온 이는 없었다. 其道不無 則幽途可尋 所以 千聖同轍 未嘗虛返者也"라고 하였다. [참고문헌]『肇論』. ❷➡ 유도 幽塗

유도 幽塗 깊고 어두워 헤어나지 못할 곳. 무명(無明)의 세계를 말한다. 유도(幽途)라고도 한다. 『반야등론석』「서 序」(대정장30, p.51b10)에 "믿음은 마음의 신비를 밝히는 숫돌이고 … 어두운 길을 비추는 해와 달이다. 信是瑩心神之砥礪 … 照幽塗之日月者矣", 『서방요결석의통규』(대정장47, p.110a21)에 "저 어둡고 행이 천하다면 깜깜한 길에 빠질까 두렵다. 若也識癡行淺 恐溺幽塗", 『번역명의집』 권6(대정장54, p.1165b4)에 "만일 정법을 만나지 못한다면 반드시 저 깊어 어두운 길에 영원히 떨어질 것이다. 若不遇於正法 必永墜於幽途"라고 하였다. [참고문헌]『般若燈論釋』, 『西方要決釋疑通規』, 『翻譯名義集』. ⇨ 무명 無明

유도구류 儒道九流 고대 중국의 경세(經世)사상을 통틀어 이르는 말. 유가(儒家)뿐만 아니라 선진(先秦)시대에 성립한 제자백가(諸子百家) 중 유력한 구류(九流)로 유가(儒家)·도가(道家)·음양가(陰陽家)·법가(法家)·명가(名家)·묵가(墨家)·종횡가(從橫家)·잡가(雜家)·농가(農家)를 꼽는다. 나아가 불교가 중국에 전래되기 이전의 세간법을 다 거두어 말하기도 한다. 『양고승전』 권6 「혜원전 慧遠傳」(대정장50, p.358a2)에 "도안(道安)의 『반야경』 강의를 듣고 활연히 깨닫고서 탄식하며 '유도구류는 죄다 쭉정이일 뿐이다'라고 말하였다. 聞安講般若經 豁然而悟 乃歎曰 儒道九流 皆糠粃耳", 『석씨통감』 권6(卍속장131, p.861b10)에 "유도구류는 한가지로 유종(儒宗)에 속하니 외교가 되고, 불교는 이를 다하고 그 자성마저 남김없이 하니 내교로 삼는다. 以儒道九流同屬儒宗 爲外教 以釋之窮理盡性 爲內教"라고 하였다. [참고문헌]『梁高僧傳』, 『釋氏通鑑』, 『慈恩傳』 권6(대정장50, p.256a9).

유도국 踰闍國 아유도국(阿踰闍國 Ⓢ Ayodhyā)의 줄임말. 『승만보굴』 권상(대정장37, p.4c10)에 "부처님께서 유도국의 허공에 모습을 나타내시니 승만부인(Ⓢ Śrīmālā)이 부처님 앞에서 이 가르침을 연설하였다. 부처님의 모습이 사라진 다음 승만과 왕은 각각 나라 안에 사는 인민 중 7세 이상이면 누구나 대승법을 익히게 하였다. 佛於踰闍國內 像現虛空 勝鬘對佛 演說斯教 佛去已後 勝鬘與王 各化國內 所有人民 令七歲已上 皆學大乘法", 『무량수경소묘종초』 권4(대정장37, p.215a25)에 "(승만부인은) 사위국 파사익왕(Ⓢ Prasenajit)의 딸이니, 말리부인(Ⓢ Mallikā)의 소생이며 유도국의 왕비가 되었다. 卽舍衛國波斯匿王女 末利夫人所生 爲踰闍國妃"라고 하였다. [참고문헌]『勝鬘寶窟』, 『無量壽經疏妙宗鈔』. ⇨ 아유도 阿踰闍, 아유다국 阿踰陀國

유도론 喩道論 진(晉)나라 때 손작(孫綽 314~371) 지음. 1권. 유불일치(儒佛一致)를 주장한 책. 『홍명집』 권3(대정장52, pp.16b7~17c25)에 수록되어 있다. 서문에서는 불교와 유교가 서로 어긋나지 않다 하였고, 중국의 옛 성현들도 인과응보를 설하였으니 다만 불교의 보응설과 설법상의 차이만 있을 뿐이라고 하였으며, 출가는 대효(大孝)이고 불교의 경전에서도 거듭 효를 설하고 있기에 불교는 효를 버린 가르침이 아니라는 뜻도 펴고 있다. ⇨ 손작 孫綽, 홍명집 弘明集

유도이교 儒道二教 유교와 도교라는 두 가르침. 『화엄경소』 권3(대정장35, p.521b1)에 "그 결과된 허물로 본다면 두 가지에서 벗어나지 못한다. 허공에서 자연히 일어났다 하니 인이 없다는 것이고, 그 나머지는 모두 삿된 인을 세운 것이다. 중국의 유도이교 또한 여기에서 벗어나지 못한다. 就其結過 不出二種 從虛空自然生 卽是無因 餘皆邪因 此方儒道二教 亦不出此"라고 하였다. [참고문헌]『華嚴經疏』, 『原人論』(대정장45, p.708a26), 『僧史略』 권상(대정장54, p.241a4).

유도자 劉道者 예장(豫章) 동산(東山)에 주석하던 수연(修演)화상을 일컫는 말. 두타행(頭陀行)에 전념했기에 유씨 출신의 수행자라는 뜻에서 이렇게 불렸다. 석문겸(石門謙)의 법을 이었고 여름밤이면 늘 옷을 벗고 모기에게 피를 빨게 하였으며, 옷을 보시 받으면 없는 이에게 주었다. 40년간 맨발로 다니면서 머리도 깎지 않고 목욕도 하지 않았으며 단지 자신의 서원이 다하지 못함만을 걱정하였다. 교화방편으로 오랜 기간 선정에 든 모습을 보인 것으로도 유명하다. 『운와기담』 권상(卍속장148, p.8b17)에 "얼마 지나지 않아 무리에게 알렸다. '내가 장차 입정하려 하니 벽돌과 진흙으로 감싸는게 좋겠다. 꼭 삼년 후에 너희와 보리라.' 기한에 이르자 과연 출정하였다. 居無何 告其徒曰 吾將入定 可以甎泥爲護 須三年後 與汝相見 及期果出定"라고 하였다. [참고문헌]『雲臥紀譚』 권상(卍속장148, p.8b11).

유독자명료 唯獨自明了 Ⓢ svayaṃbhu so paśyati. 오직 외로이 자신만이 분명히 안다는 말. 여인소불견(餘人所不見)과 맞구다. 『법화경』 권6 「법사공덕품 法師功德品」(대정장9, p.50a7 : *Dharmabhāṇakānuśaṃsā-parivarta*, *Saddh-p.*, p.370)에 근거한 『법화경대관』 권6(卍속장50, p.297a11)에 "게 중 '오직 외로이 스스로만 분명히 알 뿐 다른 이는 보지 못한다' 하

였으니, 이는 물고기가 물을 마시매 차고 더움을 스스로 알 뿐인 것과 같다. 偈中 唯獨自明了 餘人所不見者 所謂 如魚飮水 冷暖自知也"라고 하였다. 〔참고문헌〕『法華經』, 『法華經大竅』, *Saddh-p.* ⇨여인소불견 餘人所不見

유동 乳湩 Ⓟkhīra. 막 짜낸 우유. 『나선비구경』 권상(대정장32, p.709a2 : *Mil.*, p.40)에 "나선비구가 말했다. '비유하자면, 짜낸 우유가 발효되어 낙이 되고, 그 낙 위에 떠 있는 기름을 끓이면 제호가 되는데, 제호와 낙 위에 떠 있는 기름을 두고 어찌 여전히 짜낸 우유라고 하겠습니까?' 那先言 譬如 乳湩化作酪 取酪上肥 煎成醍醐 寧可取醍醐與酪上肥 還復名作乳湩 yathā mahārāja khīraṃ duyhamānaṃ kālantarena dadhi parivatteyya dadhito navanītaṃ navanītato ghataṃ parivatteyya yo nu kho mahārāja evaṃ vadeyya yaṃ yeva khīraṃ taṃ yeva dadhi taṃ yeva navanītaṃ taṃ yeva ghatanti sammā nu kho so mahārāja vadamāno vadeyyāti"라고 하였다. 〔참고문헌〕『那先比丘經』, *Mil.* ⇨나선비구 那先比丘

유동 儒童 ❶Ⓢ Māṇava. 석가모니부처님께서 전생에 보살이었을 때의 이름. 연꽃 다섯 송이를 사서 연등불께 공양하였으며, 머리를 풀어헤쳐 젖은 땅에 깔아 연등불께서 밟고 지나가게 하였기에 미래에 성불하리라는 수기를 받았다. 『육도집경』 권8(대정장3, p.47c21)에 "옛날에 보살이 발마국(鉢摩國)에 태어났고 그때 범지였으며 이름은 유동이었다. 昔者菩薩 生鉢摩國 時爲梵志 名曰儒童"라고 하였다. 〔참고문헌〕『六度集經』, 『修行本起經』 권상(대정장3, p.461c24), 『太子瑞應本起經』 권상(대정장3, p.472c18). ⇨발욕선인 髮辱仙人, 마나바보살 摩那婆菩薩, 연등불 燃燈佛 ❷Ⓢ māṇava, māṇavaka, Ⓟ māṇavaka, Ⓣ bram-ze'i khye-hu. 동자(童子) 또는 소년을 총칭하는 말. 바라문 소년을 가리키기도 한다. 정지(淨持)·인동자(仁童子) 등이라고도 하며, 마납바(摩納婆)·마나바(摩那婆)·마납박가(摩納縛迦) 등으로 음사한다. 『대비바사론』 권6(대정장27, p.26b9)에 "또한 경전을 끌어온다. '세존께서 파라연나(波羅衍拏)마납바에게 말씀하셨다. 「저 불법승 삼보에 대해 적은 믿음이라도 일으켰다면, 유동은 마땅히 알라, 저가 이미 정수리법 얻었다 부를 수 있음을」. 復引契經 如世尊爲波羅衍拏摩納婆說 若於佛法僧 生起微小信 儒童應知彼 名已得頂法", 『화엄경소』 권22(대정장35, p.662a21)에 "여덟째 마납바는 유동이라 한역한다. 八 摩納婆 此云儒童", 『유가론기』 권22(대정장42, p.813b17)에 "마납박가는 유동이라 한역하며, 흔히 연소(年少)라고 한다. 이들은 신의 다른 이름이니, 성년이 되면 뜻대로 높이기도 낮추기도 한다. 예전에는 마납이라 했는데 줄임말이다. 摩納縛迦者 此云 儒童 或多云 年少 此等是神之異名 盛年自在 意高下故 昔云 摩納 略也"라고 하였다. 〔참고문헌〕『大毘婆沙論』, 『華嚴經疏』, 『瑜伽論記』, 『集異門足論』 권5(대정장26, p.386b7), 『俱舍論』 권29(대정장29, p.154a29), 『成唯識論掌中樞要』 권상(대정장43, p.618c24), *Saṁ-v.39.*, *Mvyut.264.* ⇨마납바 摩納婆 ❸Ⓢ mānava, Ⓣ śed-bu. 비뉴천외도(毘紐天外道)에서 세운 승아(勝我). 이것을 심신 중에서 가장 으뜸이라 여겨, 심장 안 1촌 정도의 크기로 있다고 늘 관상한다. 『대일경소』 권2(대정장39, p.594a27)에 "경전에서 마납바라고 했는데 이는 비뉴천외도의 부류이다. 바르게 한역하려면 승아라고 해야 한다. … 당삼장(唐三藏 : 玄奘)이 유동이라 한역한 것은 틀렸다. 유동은 범어로 마나바인데, 납은 뜻이 다르기에 틀렸다. 經云 摩納婆者 是毘紐天外道部類 正翻應言 勝我 … 唐三藏 翻爲儒童 非也 儒童 梵云摩拏婆 此中云納 義別 誤耳"라고 하였다. 〔참고문헌〕『大日經疏』, 『大日經』 권1(대정장18, p.2b3), *Mvyut.312.* ⇨마납바외도 摩納婆外道, 승아 勝我 ❹➡유동보살 儒童菩薩❷

유동 孺童 Ⓢkumāra. 때 묻지 않은(無垢) 소년의 모습을 한 문수보살을 형용하는 말. 『성묘길상진실명경』(대정장20, p.826b24)에 "소년의 모습을 한 묘길상보살께 공경하며 예를 올립니다. 敬禮孺童相妙吉祥"라고 하였다. 〔참고문헌〕『聖妙吉祥眞實名經』. ⇨문수동자 文殊童子, 문수보살 文殊菩薩, 묘길상보살 妙吉祥菩薩

유동 類同 Ⓢprakaraṇa-sama. 류가 같음. 인명(因明)에 있어 여덟 가지 사인(似因) 중 하나. 같은 것으로 분류함으로써 생기는 오류. 『방편심론』(대정장32, p.26a11)에 "〔문〕 유동이란 어떤 것인가? 〔답〕 아는 몸과 다르기에 아는 영원하다. 저 병은 허공과 다르기에 무상하듯이. 이것을 유동이라고 한다. 〔난〕 아는 몸과 다르므로 상이라 한다면 병도 몸과 다르니 병을 상이라고 해야 한다. 병이 몸과 다르지만 무상이라면 아도 몸과 다른데 어떻게 영원하다고 하겠는가? 이것을 유동이라 한다. 問曰 類同云何 答曰 我與身異 故我是常 如甁異虛空 故甁無常 是名類同 難曰 若我異身而名常者 甁亦異身 甁應名爲常 若甁異身 猶無常者 我雖異身 云何常乎 是名類同"라고 하였다. 〔참고문헌〕『方便心論』. ⇨사인 似因

유동보살 儒童菩薩 ❶연등불(燃燈佛) 때 석존의 이름. ⇨유동 儒童❶ ❷공자(孔子)를 가리키는 말. 공자·안회(顔回)·노자(老子) 세 성인이 보살과 나한의 응화신이라는 설에 따라 이렇게 부른다. 후대에 중국에서 찬술되어 입장(入藏)되지 못한 『청정법행경 淸淨法行經』에 전하며, 이 밖에도 중국 강소성(江蘇省) 율수현(溧水縣) 남쪽 75리 부근에 당나라 경복 2년(893)에 건립된 유동사(儒童寺)도 전하는데, 본래 공자의 사당(祠堂)이었다가 남당(南唐) 때 유동사로 개칭되었다. 『파사론』 권상(대정장52, p.478c9)에 “『청정법행경』에 ‘부처님께서 세 제자를 보내어 중국(震旦)을 교화하게 하셨다. 유동보살은 공구라고 불렀고, 광정보살을 안회라고 불렀으며, 마하가섭을 저들은 노자라 하였다’고 하였다. 淸淨法行經云 佛遣三弟子 震旦敎化 儒童菩薩 彼稱孔丘 光淨菩薩 彼云顔回 摩訶迦葉 彼稱老子”라고 하였다. 〔참고문헌〕『破邪論』, 『辯正論』 권1(대정장52, p.493c3), 『三敎平心論』 권상(대정장52, p.783c6).

유동분 類同分 Ⓢ nikāya, Ⓣ ris, sde-pa. 류(類)만이 같음. 중동분(衆同分 Ⓢ nikāya-sabhāga) 중에서도 특정한 류를 말하며, 중유와 생유가 다른 취(趣)나 생(生)은 아닌 경우다. 『구사론』 권15(대정장29, p.82a29 : *Abh-k-bh.*, p.231)에 “중유로 지은 열한 가지 정업은 모두 순현수업으로 거두니, 유동분으로서 차별이 없기 때문이다. 즉 이 같은 중유위와 더불어 자류십위는 한갈래의 중동분 한 가지 업으로만 이끌기 때문이다. 中有所造 十一種定業 皆順現受攝 由類同分 無差別故 謂此中有位 與自類十位 一衆同分 一業引故 tac cait ad antarābhavikaṃ karma yan niyatam ekādaśa vidham uktaṃ dṛṣṭadharmavedanīyaṃ tad vedit avyam. kiṃ kāraṇam. nikāyo hy eka eva saḥ. e ka eva hy asau nikāyasabhāga ekakarmākṣipto yaś cāntarābhavo yāś ca tadanvayā daśāvasthā ḥ”, 『순정리론』 권40(대정장29, p.571b22)에 “유동분이란 무엇인가? 사람 등의 류를 말하니 ‘취’나 ‘생’은 아니다. ‘취’나 ‘생’을 잡아 말하면 중유와 생유에 있어 동분이 다르기 때문이다. 類同分者 謂人等類 非趣非生 以約趣生 中有生有 同分異故”라고 하였다. 〔참고문헌〕『俱舍論』, 『順正理論』, *Abh-k-bh.* ⇨ 중동분 衆同分, 생유 生有, 중유 中有

유동상집 儒童想執 순수한 아(我 : 作者)가 있어 모든 것을 주재한다고 여겨 집착함. 『대반야경』 권332(대정장6, p.701a14)에 “수보리(善現)여! 이 보살마하살은 이렇게 관하고 나서 이와 같이 생각한다. ‘제유정류는 악우의 영향력으로 인해 긴 어둠 속에서 아상의 집착 일으키니 … 유동상에 집착이란 작자라는 상집이니, … 이 상집을 계속해서 얻은 바로 윤회생사하여 온갖 고를 받는다. 유정의 이와 같은 상집을 끊기 위해 위없고 바르며 치우침 없는 깨달음으로 나아가야 하니, 모든 유정을 위해 깊고 묘한 법을 설해 상집을 끊고 생사의 고통에서 벗어나게 해야겠다’. 善現 是菩薩摩訶薩 作此觀已 生如是念 諸有情類由惡友力 於長夜中起我想執 … 儒童想執 作者想執 … 由此想執行有所得 輪迴生死受種種苦 爲斷有情 如是想執 應趣無上正等菩提 爲諸有情說深妙法 令斷想執離生死苦”라고 하였다. 〔참고문헌〕『大般若經』. ⇨ 유동 儒童[8], 작자 作者, 무작자 無作者

유동정 有動定 Ⓢ dhyānāni sa-iñjitāny. 움직임이 있는 정(定). 색계사선(色界四禪) 중 앞의 세 단계 정을 말하며 심(尋)·사(伺)·사수(四受 : 喜·樂·苦·憂)·입식(入息)·출식(出息) 등 여덟 가지 재환(災患)으로 동요한다. 네 번째 정은 부동정(不動定)이다. 『구사론』 권15(대정장29, p.81a9 : *Abh-k-bh.*, p.227)에 “아래 세 정에는 심사 등이 있어 재환이 아직 다하지 못했기에 동이라고 한다. 『부동경』 중에서 부동이숙을 능히 감득한다고 한 것에 근거하여 부동이라 하였다. 어떻게 유동정이 무동의 이숙과를 초래하는가? 이 정 중에 재환의 동요가 있으나 정업은 그 과에 대하여 욕계의 동전 같지는 않기에 부동이라 한다. 由下三定 有尋伺等 災患未息 故立動名 不動經中 據能感得 不動異熟 說名不動 如何有動定 招無動異熟 雖此定中 有災患動 而業對果 非如欲界 有動轉故 立不動名 nanu ca trīṇi dhyānāni sa-iñjitāny uktāni bhagavatā. yad atra vitarkita ṃ vicāritam idam atrāryā iñjitam ity āhur ity ev am-ādi. samādhau sāpakṣālatāṃ teṣām adhikṛty a-evam uktam. āniñjāny api tu tāny uktāny āni ñja-sūtre. āniñjasaṃpreyagāminīṃ pratipadam ā rabhya. kiṃ punaḥ kāraṇaṃ señjitam eva-anyat ra-āniñjam uktam. 〈kārikā〉 tad-bhūmiṣu yataḥ k arma vipākaṃ prati neñjati”라고 하였다. 〔참고문헌〕『俱舍論』, 『順正理論』 권40(대정장29, p.568a16), *Abh-k-bh.* ⇨ 사선 四禪[1], 심사 尋伺, 팔재환 八災患, 부동정 不動定[1]

유두무미 有頭無尾 머리만 있지 꼬리는 없음. 시작한 일에 자취가 없다는 뜻과 시작이 전부인 뜻이며, 나아가 모든 법이 찰나생멸하기에 그 연유를 깊이 알기 어렵다(緣起甚深)는 뜻이다. 『임제록』(대정장47, p.505b23)에 “앙산은 ‘그렇게 가다 보면 이후에 한 사람 있어 노형을 도우리다. 이 사람은 머리만 있고 꼬리는 없으며 시작은 있지만 끝이 없을 것이오’라고 했다. 임제가 훗날 진주에 이르자 보화가 벌써 그곳에 있었다. 仰山云 但去已後有一人 佐輔老兄在 此人秖是有頭無尾 有始無終 師後倒鎭州 普化已在彼中”, 『종용록』 66칙 「본칙 本則」(대정장48, p.268a17)에 “학인이 물었다. ‘머리는 있고 꼬리가 없는 그대는 어떠한가요?’〈먼저 갔는데 이르진 못했군〉. 구봉(九峯)이 이르길 ‘마침은 귀하지 않네’〈남자종이 여자 종에게 은근하였다〉. 僧云 有頭無尾時 如何〈先行不到〉 峯云 終是不貴〈奴見婢殷勤〉”, 『설두어록』 권3(대정장47, p.687c29)에 "삼각총인(三角總印)이 대중에게 이르길 '본분사 논하자면 눈 깜박할 사이에 이미 지나가 버렸네'라고 하자 마곡보철(麻谷寶徹)이 묻기를 '지나친 일 불문에 부치고, 무엇이 본분사인가?' '지나갔네' 마곡이 문득 선상을 뒤집었고 삼각은 때렸다. 설두가 이를 들어 '머리만 있고 꼬리가 없는 두 사람이여! 눈 깜박인 적 없거늘 어찌 지나갔다 하는가?'라고 말하자 학인이 '눈썹 어떻게 해야 깜박이지 않게 하는지요?'하니 설두 문득 때렸다. 擧 三角示衆云 若論此事 眨上眉毛早是蹉過 麻谷出云 蹉過卽不問 如何是此事 角云 蹉過 谷便掀倒禪床 三角便打 師云 兩箇有頭無尾漢 眉毛未曾眨上 說什麽此事蹉過 有僧問 眉毛爲什麽不眨上 師便打"라고 하였다. 〔참고문헌〕『臨濟錄』, 『從容錄』, 『雪竇語錄』.

유등 有等 한 무리. 일반(一斑)·일배(一輩)·일반(一般) 등과 통한다. 『허당록』 권8(대정장47, p.1043c13)에 "요사이 한 무리의 눈먼 나귀들이 자세한 사정을 가리지 못하고 다만 어림잡아 할을 내질러 어지럽게 한다. 近日有等瞎驢 不辨精麤 只管胡喝亂喝"라고 하였다. 〔참고문헌〕『虛堂錄』.

유등아만류 有等我慢類 Ⓢ asti me sadṛśaḥ, Ⓣ bdag-dang-mnyam-pa-yod-pa. 구만류(九慢類 Ⓢ nava-māna-vidha : 九慢) 중 하나. 누군가와 내가 같다고 여겨 자부하는 등을 말한다. 『구사론기』 권19(대정장41, p.302b1)에 "유등아만류란, 타인이 나와 같다고 여기는 것이니, 같다고 여겨 자기도 그렇다고 함이 만이다. 有等我慢類 謂有他等我 於等謂已等 卽是慢"라고 하였다. 〔참고문헌〕『俱舍論記』, 『俱舍論』 권19(대정장29, p.101a23), *Abh-k-bh.285.* ⇨ 구만 九慢

유디슈티라 Yudhiṣṭhira 인도 대서사시 『마하바라타 *Mahābhārata*』에서, 전쟁에서의 살육을 번민하는 주인공 판다바(Ⓢ Pāṇḍava)의 다섯 형제 중 맏형. '전쟁(Ⓢ yuddha)에서 견고함(Ⓢ sthira)'이라는 뜻이다. 〔참고문헌〕*Mbh.8.* ⇨ 마하바라타 Mahābhārata

유라사 喩羅闍 Ⓢ yuvārāja의 음사어. 한역어는 법왕자(法王子). 『보살내계경』(대정장24, p.1033c21)에 "첫째, 시방의 모든 사람이 태어난 인과를 모두 안다. … 열째, 시방의 모든 사람을 가르치고자 설하는 허공법을 모두 안다. 이상 열 가지가 유라사보살의 교법이다. 一者 十方人所出生悉知 … 十者 敎授十方人 說虛空法悉知 是爲喩羅闍菩薩敎法"라고 하였다. 〔참고문헌〕『菩薩內戒經』. ⇨ 법왕자 法王子, 법왕자법 法王子法

유락 有樂 ❶ 삼유(三有 : 欲有 色有 無色有)에 나더라도 고통스럽지 않음의 뜻. 대승에 귀의하면 얻는 복덕·존중 등 8과 중에 하나다. 『대승장엄경론』 권1(대정장31, p.593c13)에 "〔게〕 복덕과 존중, 즐거움 있으면 괴로움은 사라진다. 즐거움과 법음(法陰 : 法身)을 얻고, 습이 다하면 버려 다함이 있다. 〔석〕 대승에 귀의하는 이는 여덟 가지 과보를 얻는다. 첫째 믿고 이해할 때 큰 복덕의 무더기를 얻고, 둘째 발심할 때 삼유의 존중을 얻으며, 셋째 뜻에 따라 몸을 받을 때 삼유에서 즐겁고, 넷째 자타의 평등함을 알 때 큰 고통의 무더기가 사라져 또한 일체중생의 고통이 사라지게 할 힘을 얻는다. 偈曰 福德及尊重 有樂亦苦滅 證樂證法陰 習盡有滅捨 釋曰 大乘歸依者 得此八果 一者 信解時 得大福德聚 二者 發心時 得三有尊重 三者 故意受生時 得三有中樂 四者 解自他平等時 得大苦聚滅 亦得滅一切衆生苦力"라고 하였다. 〔참고문헌〕『大乘莊嚴經論』. ❷ 색계 제3선 이하 욕계 인천까지를 일컫는 말. 한결같이 고락이 없는 색계사선 이상이나 고통인 삼악도를 상정한 뜻이다. 『유가론기』 권11(대정장42, p.551a14·한불전13, p.860a5)에 "크게 분별하면 색계사선 이상은 무고무락이라 하고, 삼악취는 유고라고 하며, 색계 제3선 이하 욕계의 인천에 이르기까지는 유락이라 한다. 若麤分別 四禪已上 名無苦無樂 三惡趣 名爲有苦 三禪已下 乃至欲界人天 名爲有樂"라고 하였다. 〔참고문헌〕『瑜伽論記』.

유락 乳酪 ❶ Ⓢ kṣīra, dugdha, payas, Ⓟ khīra, duddha, Ⓣ 'o-ma. 우유와 낙. 『대승입능가경』 권5(대정장16, p.617c2 : *Laṅk.*, p.205)에 "어떤 이는 '색의 변이를 무상이라 한다'라고 설한다. 일체제법은 상속하여 끊어지지 않아서 능히 달리 변하다가 자연히 사라진다. 이는 마치 우유와 낙이 앞뒤로 변하며 달라지듯이 비록 눈으로 볼 수는 없지만 언제나 그러하듯 법 중에 있는 모든 법들은 무너지게 마련이다. 有說 色之變異 是名無常 一切諸法 相續不斷 能令變異 自然歸滅 猶如乳酪 前後變異 雖不可見 然在法中 壞一切法 anye rūpasya vikārāntaramanityatām. nairantaryaprabandhena svarasabhaṅgabhedaṃ sarvadharmāṇāṃ kṣīradadhipariṇāmavikārāntaravadadṛṣṭanaṣṭā sarvabhāveṣu pravartate na nityateti"라고 하였다. 〔참고문헌〕『大乘入楞伽經』, 『中論』 권2(대정장30, p.18b27), 『金七十論』 권상(대정장54, p.1249a14), *Laṅk.*, *Śrāv-bh.84.*, *Yogā-bh.24.*, *Vin.1.243.* ❷ ➡ 유경 乳經, 유미 乳味, 오미 五味❶

유락 遺落 놓치다, 버리다, 흘리다, 떠돌다의 뜻. 『삼법도론』 권하(대정장25, p.28b15)에 "잃었다는 말은 번화한 네거리에서 남겨 버렸다는 뜻이니, 그것을 생전에 찾을 수 있다면 이로 인해 즐거움을 얻는다. 失者 街

巷四道 所遺落者 彼終身得 由此故得樂",『불조통기』권45(대정장49, p.410a24)에 "비로소 번뇌의 세간에도 가없는 성법 있고 대장경에도 놓친 진문이 있음을 알았다. 方知塵世有無邊聖法 大藏有遺落眞文",『법원주림』권74(대정장53, p.843a13)에 "버려 탐하지 않거늘 하물며 일부러 남의 물건을 훔치랴! 遺落不貪 何況故偸他物也",『선원청규』권1「부죽반 赴粥飯」(卍속장111, p.882a15)에 "음식을 흘리며 먹어서는 안 된다. 不得遺落飯食",『설두석기어록』권12(가흥장26, p.525c5)에 "한가로이 떠돌다 산마루에 있네. 等閒遺落在山頭"라고 하였다. [참고문헌]『三法度論』,『佛祖統紀』,『法苑珠林』,『禪苑淸規』,『雪竇石奇語錄』.

유락세간 有樂世間 낙이 있는 세간. 삼론(三論 : 施·戒·生天)방편 중에 구경의 열반을 구하지 못하고 하늘에 나는 즐거움을 구하는 경우를 말한다.『집이문족론』권5(대정장26, p.385c10)에 "지자는 능히 법답게 하려고 앞의 세 가지 불에 제사 지내니, 태어나되 락 있는 세간에 태어나고 고통 없는 해탈을 얻는다. 智者能如法祭事前三火 生有樂世間 證無苦解脫"라고 하였다. [참고문헌]『集異門足論』. ⇨ 삼론 三論❷

유락작의 有樂作意 Ⓢ rati-manaskāra, Ⓣ dga'-ba-yid-la-byed-pa. 기꺼이 뜻을 내어 행함. 오종작의(五種作意) 중 하나이다.『대승장엄경론』권5(대정장31, p.616c28)에 "다음으로 이렇게 생각한다. '나 이제 모든 바라밀경계 반연하여 마땅히 가져 어지럽지 않으리라'. 이 이름이 유락작의다. 次作是念 我今於所緣諸波羅蜜境界 應持心不亂 是名有樂作意"라고 하였다. [참고문헌]『大乘莊嚴經論』, *Sūtr.72.*

유랑 流浪 정처 없이 떠도는 것.『왕생예찬게』(대정장47, p.443a17)에 "삼계에 흘러 헤매니 무명과 같망으로 태라는 지옥에 들고, 나서는 늙어 죽기를 거듭하며 고해에 빠져있을 뿐, 저 이제 이 복을 닦아 돌이켜 서방정토에 나겠습니다. 流浪三界內 癡愛入胎獄 生已歸老死 沈沒於苦海 我今修此福 回生安樂土"라고 하였다. [참고문헌]『往生禮讚偈』.

유래 由來 까닭. 이렇게 된 내력.『대방광총지보광명경』권1(대정장10, p.886a7)에 "부처님께서 보이신 길 아득하고 유래 또한 깊고 멀어 어떻게 해야 알 수 있으리. 佛道懸曠 由來甚遠 當云何知",『법화현론』권1(대정장34, p.370b12)에 "두 번째 통하여 평등하다 함은, 시방의 모든 부처님께서는 한결같이 법신에서 유래했음을 말한다. 二 通平等 謂十方諸佛 同一法身由來"라고 하였다. [참고문헌]『大方廣總持寶光明經』,『法華玄論』.

유래생사 流來生死 칠종생사(七種生死) 중 하나. 흘러 내려온 생사. 시작없는 때로부터(無始時來) 거듭해온 생사의 뜻이다.『지관보행전홍결』권7(대정장46, p.358a21)에 "섭대승논사는 칠종생사를 세웠다. … 둘째는 유래생사이니, 진실을 미한 처음을 말한다. 攝大乘師 立七種生死 … 二 流來 謂迷眞之初"라고 하였다. [참고문헌]『止觀輔行傳弘決』,『翻譯名義集』권6(대정장54, p.1165c12),『法華經三大部補注』권1(卍속장43, p.917b9). ⇨ 칠종생사 七種生死, 생사 生死

유량 有量 Ⓢ parimita. 헤아릴 수 있음. 헤아릴 수 없는 뜻은 무량(無量)이다.『대지도론』권4(대정장25, p.92b7)에 "부처님께서는 '헤아릴 수 없는 아승기겁 동안 공덕을 지어 중생을 제도하려 한다'고 하셨는데, 어찌하여 삼아승기겁인가? 삼아승기겁은 헤아릴 수 있고 끝이 있지 않은가! 佛言 無量阿僧祇劫作功德 欲度衆生 何以故言 三阿僧祇劫 三阿僧祇劫 有量有限",『금칠십론』권상(대정장54, p.1248c6)에 "자성(Ⓢ pradhāna)이 실로 있는지 어떻게 알 수 있는가? 따로 모두고 헤아릴 수 있기 때문이다. 이 세간에서 물을 짓는 이는 이 물을 헤아려 안다. 저 도공이 흙무더기를 헤아려 그릇을 만들 수 있으니 헤아려 앎이 있다 한다. 自性實有 云何得知 別類有量故 是世間中 若物有作者 此物有量數 譬如陶師 從有量土聚 作器有數量"라고 하였다. [참고문헌]『大智度論』,『金七十論』, *Māṭ-v.19.* ⇨ 무량 無量

유량 唯量 오직 헤아릴 뿐의 뜻. 무진유식(無塵唯識) 즉 일체(一切)는 분별로 있게 될 뿐 외경(外境)은 실재하지 않는다는 유식무경(唯識無境)의 뜻과 통한다.『섭대승론석』권5(대정장31, p.184c28)에 "오직 헤아릴 뿐이란, 오직 식일뿐 진은 없음을 드러내기 위한 것이다. 알 바 경이 이미 없는데 어떻게 식일 뿐이라는 뜻이 성립하는가? 이 뜻을 말하기 위하여 오직 두 가지와 갖가지를 말한다. 오직 두 가지는 상과 견이니, 상은 취할 바이고 견은 능히 취함이다. 갖가지 역시 그러하다. 그러므로 유식·능취·소취라는 이 뜻으로 다 성취할 수 있다. 唯量者 爲顯唯識無塵 所識旣無 云何成唯識 爲立此義 故說唯二 及種種 唯二 謂相及見 相是所取 見是能取 種種亦爾 是故 唯識 及能取 所取 此義悉成",『섭대승론석론』권6(대정장31, p.296c1)에 "유량이란 오직 식으로 헤아릴 뿐이라는 뜻이다. 唯量者 唯識量故"라고 하였다. [참고문헌]『攝大乘論釋』,『攝大乘論釋論』. ⇨ 유식 唯識, 무진유식 無塵唯識, 유식무경 唯識無境

유량 庾亮 289~340. 동진(東晉) 때의 권신(權臣)이자 정치가. 자는 원규(元規), 시호는 문강(文康). 영천(潁川) 언릉(鄢陵 : 河南城 許昌) 출신. 젊어서부터 명성이 높았으며, 명제(明帝)가 즉위하자 중서감(中書監)이 되었고, 왕돈(王敦)이 반란을 일으키자 여러 장수들과 함께 평정하였다. 명제 태녕(太寧) 말기에 왕도(王導) 등과 함께 성제(成帝)를 옹립하고자 중서령(中書令)이 되어 정권을 장악하였다. 성제 함화 2년(327) 소준(蘇峻)·조약(祖約) 등이 반란을 일으키니 온교(溫嶠)·도간(陶侃) 등과 더불어 평정했으며, 곽묵(郭默)의 반란도 도간과 함께 진압했다. 『양고승전』 권7(대정장50, p.367c13)에 "왕도·주의·유량 … 은의 등은 높은 벼슬아치였거나 인륜의 모범이었거나 천인에 마음을 두었거나 고요한 선경에 자취를 남겼으며 모두 불법에 귀의하려는 뜻을 품고 마음으로 불법을 믿었던 사람들이다. 王導 周顗 庾亮 … 殷顗 或宰輔之冠蓋 或人倫之羽儀 或置情天人之際 或抗迹煙霞之表 並稟志歸依 厝心崇信"라고 하였다. [참고문헌] 『梁高僧傳』, 『法苑珠林』 권91(대정장53, p.962b29).

유량법 有量法　헤아려 알 수 있는 법. 과(果)와 이숙(異熟)법을 말하며, 과이숙을 알 수 없는 법은 무량법(無量法)이다. 『중사분아비담론』 권4(대정장26, p.648c3)에 "어떤 것을 유량법이라고 하는가? 법에 헤아려 알 수 있는 것이니 한량이 있고, 보를 헤아려 얻을 수 있는 것을 말한다. 云何有量法 謂若法有量果 及報量所得稱", 『품류족론』 권6(대정장26, p.716a7)에 "유량법이란 무엇인가? 저 법과와 이숙이니 모두 헤아려 알 수 있는 것이다. 有量法云何 謂若法果及異熟 俱有量"라고 하였다. [참고문헌] 『衆事分阿毘曇論』, 『品類足論』.

유량사제 有量四諦　헤아려 알 수 있는 사제. 이승(二乘)의 사제법을 뜻한다. 사종사제(四種四諦) 또는 이종사제(二種四諦)로 섭(攝)하기도 한다. 『금광명경문구』 권4(대정장39, p.69b4)에 "범부에게 고는 있고 제는 없으며, 성문에게는 고와 고제가 있고 보살에게는 고를 해탈해 고가 없고 진제가 있으며, 제불여래에게는 진실이 있다. 까닭은, 이승이 유량사제를 관하고 보살은 유량무량사제를 관한다. 凡夫有苦無諦 聲聞有苦有苦諦 菩薩解苦無苦而有眞諦 諸佛如來有眞有實 所以然者 二乘觀有量四諦 菩薩觀有量無量四諦", 『중관론소』 권10(대정장42, p.148c12)에 "사제에 두 가지가 있으니 첫째 유량이고 둘째 무량이다. 삼계의 고과를 고제, 삼계의 고업과 번뇌를 감함을 집제, 무위열반을 멸제, 이 번뇌를 다스림을 도제라 하니 이것이 유량사제다. 四諦有二種 一 有量 二 無量 三界苦果名苦諦 感三界苦業煩惱名集諦 無爲涅槃名滅諦 治此煩惱名道諦 此有量也"라고 하였다. [참고문헌] 『金光明經文句』, 『中觀論疏』, 『法華文句』 권7(대정장34, p.99b8). ⇨ 사종사제 四種四諦 ❷

유량업 有量業　헤아려 끝이 있는 업. 다스려 사라지게 할 수 있는 업. 『잡아함경』 권32(대정장2, p.232b3)에 "손톱 위의 흙은 아주 적고 대지의 흙은 그 수에 한량이 없는 것처럼, 이와 같이 마음이 자비와 함께하여 닦고 익히고 더욱 닦아 익힌다면, 모든 유량업은 손톱 위 흙과 같아서 가져갈 수도 머물게 할 수도 없으니, 마치 도둑질은 비심으로 대치하고 사음은 희심으로 대치하며 거짓말은 사심으로 대치하듯 비교해 얻을 수 없다. 如甲上之土甚少 大地之土其數無量 如是心與慈俱 修習多修習 諸有量業者 如甲上土 不能將去 不能令住 如是偸盜對以悲心 邪婬對以喜心 妄語對以捨心 不得爲比"라고 하였다. [참고문헌] 『雜阿含經』. ⇨ 악업 惡業

유량제상 有量諸相　헤아릴 수 있는 모든 모습. 일체세간중생상을 말하며, 헤아릴 수 없는 부처님의 덕(無量光)에 대한 뜻이다. 『찬아미타불게』(대정장47, p.420c26)에 "지혜광명 헤아릴 수 없기에, 부처님 다시 무량광이라 부르네. 유량제상이 그 빛 받아 밝게 빛나니, 진실한 그 빛에 머리 조아립니다. 智慧光明不可量 故佛又號無量光 有量諸相蒙光曉 是故稽首眞實明"라고 하였다. [참고문헌] 『讚阿彌陀佛偈』. ⇨ 유량 有量, 무량 無量

유려왕사 留麗王寺　충청남도 천안시 유려왕산(留麗王山)에 있던 절. 『동국여지승람』 권15 충청도 천안군 불우조에 "고려 태조가 유숙한 인연으로 얻은 이름이다. 高麗太祖留宿因爲名"라고 하였으며, 『범우고』에는 폐사로 기록하였다. [참고문헌] 『東國輿地勝覽』, 『梵宇攷』.

유력 遊歷　Ⓢ anuvicaraṇa. 두루 다님. 유행(遊行)이라고도 하며, 구도(求道)나 교화(教化)를 위해 제방을 돌며 법연을 짓는 뜻이다. 『불본행집경』 권36(대정장3, p.820c19) 에 "이때 세존께서는 다른 나라를 두루 다니시다가 저 사바제성으로 돌아와 기타림정사에 머무셨다. 爾時 世尊 遊歷他國 迴還至彼舍婆提城 住祇陀林精舍之內"라고 하였다. [참고문헌] 『佛本行集經』, *Daś-bh. 10.* ⇨ 유행 遊行

유력대인 有力大人　참으로 힘 있는 큰 사람. 능히 참는 이, 자기를 버리는 보살, 도덕이 있는 이, 마음을 지켜 동요함 없는 이 등을 말한다. 『유교경론』(대정장26, p.286c17)에 "참아내는 덕은 지계나 고행이 미칠 수 없다. 능히 인욕을 행할 수 있는 사람이라야 유력대인이라 할 수 있다. 忍之爲德 持戒苦行 所不能及 能行忍者 乃可名爲 有力大人", 『불유교경론소절요』(대정장40, p.851a8)에 "유력대인이란, 범부는 남을 이겨야 힘이라 여기지만 보살은 남에게 베풂으로 힘을 삼는다. 혈기로 힘을 쓰면 소인이고 도덕으로 힘을 쓰면 대인이다. 有力

大人者 凡夫以勝人爲力 菩薩以讓人爲力 血氣之力爲小人 道德之力爲大人也", 『대혜어록』 권24 「시성기의 示成機宜」(대정장47, p.913a4)에 "원컨대 마음을 굳게 지켜 처음과 끝이 한결같으니 경을 마주치거나 연을 만나도 변하지도 동요하지도 않아야 비로소 유력대인이라 할 수 있다네. 願堅固此心 終始如一 觸境遇緣 不變不動 方名有力大人"라고 하였다. 〔참고문헌〕『遺敎經論』, 『佛遺敎經論疏節要』, 『大慧語錄』.

유력인 有力因 일으켜 과를 얻게 하는 힘이 있는 인. 능작인(能作因 Ⓢ kāraṇa-hetu) 중 소분만이 유력인이며, 다른 법들은 장애만 되지 않을 뿐 힘이 없어 무력인(無力因)이다. 『순정리론』 권15(대정장29, p.417a12)에 "〔논〕 이 능작인에 대략 두 가지가 있으니 첫째 일으키는 힘이 있거나, 둘째 장애하지 않을 뿐인 것들이다. 제법이 생겨날 때 오직 자체를 제외한 일체법으로 능작인을 삼는다. 저 법이 생겨날 때에는 모두 장애가 되지 않고, 그 중 소분만이 능생력이 있기 때문이다. 論曰 此能作因 略有二種 一 有生力 二 唯無障 諸法生時 唯除自體 以一切法 爲能作因 由彼生時 皆不爲障 於中少分有能生力", "가령 어떤 이에게 안식이 일어날 때, 의지가 되는 안근을 의지인으로 하고, 연할 바 색을 건립인으로 하며, 안식 등 저 종자법은 부단인으로 하고, 상응법을 섭수인으로 하며, 함께 하는 법을 조반인으로 하고, 이근 등은 의주인으로 하는데, 이러한 것들을 모두 능작인이라고 한다. 且如有一 眼識生時 以所依眼 爲依止因 以所緣色 爲建立因 以眼識等 如種子法 爲不斷因 以相應法 爲攝受因 以俱有法 爲助伴因 以耳根等 爲依住因 此等總說 爲能作因", "이 중 일분을 유력인이라고 하는데 능생의 뛰어난 공능이 있기 때문이며, 그 밖의 모든 부분은 무력인이라 부르니 단지 장애만 되지 않고 머물기 때문이다. 於中一分 名有力因 以有能生勝功能故 所餘諸分名無力因 以但不爲障礙住故"라고 하였다. 〔참고문헌〕『順正理論』, 『顯宗論』 권8(대정장29, p.814b4). ⇨ 능작인 能作因, 육인 六因❶

유령 有靈 ❶영혼이 있는 것. 외도는 영원히 불멸한다고 여긴다. 『유마경의소』 권3(대정장38, p.937c18)에 "『대지도론』 권35(대정장25, p.319c4)에 '사람의 법을 행해야 하기에 이름 붙여 사람이라' 하였으나, 굳이 영혼이 있어 초목과 다르고 행한 인으로 과를 받으면서 생사를 왕래하여 영원히 죽어 없어지지 않으므로 외도는 그것을 상이라 여긴다. 智度論云 行人法故 名之爲人 故有靈 異於草木 行因受果 往來生死 永無朽滅 故外道謂之爲常"라고 하였다. 〔참고문헌〕『維摩經義疏』, 『大智度論』. ❷신령함. 특별한 능력이 있다는 말. 『육도집경』 권6(대정장3, p.33a25)에 "이 사슴은 신령함이 있으니 왕께서는 마땅히 무리를 거느리고 가셔야 잡을 수 있습니다. 斯鹿有靈 王當率衆 乃獲之耳", 『인왕호국반야바라밀다경소』 권상(대정장33, p.439a6)에 "영취라 하였으니 이 새는 신령스러워 사람이 죽고 사는 것을 안다. 사람이 죽으려 하면 무리지어 그 집에 날아가 그가 숲에 보내지길 기다렸다 날아와 먹는다. 이처럼 미리 알기에 영취라 한다. 靈鷲者 此鳥有靈 知人死活 人將欲死 群翔彼家 待其送林 飛下而食 以懸知故 號靈鷲焉"라고 하였다. 〔참고문헌〕『六度集經』, 『仁王護國般若波羅蜜多經疏』.

유령 幽靈 ❶그윽하고 신령스러움. 『조론』 「열반무명론 涅槃無名論」(대정장45, p.157c21)에 "(열반은) 끝내 있음으로 가보면 오음 길이 사라졌지만, 무의 보금자리에서 미루어 가보면 그윽하고 신령스러워 다 마르지 않는다. 그윽하고 신령스러워 다하지 않으니 하나 품어 맑고 고요하며, 오음도 길이 사라져 만가닥 번뇌 도무지 잡을 길 없네. 本之有境 則五陰永滅 推之無鄕 而幽靈不竭 幽靈不竭 則抱一湛然 五陰永滅 則萬累都捐", 『굉지광록』 권6(대정장48, p.76b15)에 "그윽하고 신령스러워 맞설 일 끊어져 생멸조차 얻을 수 없으니, 이 마음밭에 이르면 크게 떨쳐 의지할 것 없다. 幽靈絶待 生滅莫得 到此田地 廓落亡依"라고 하였다. 〔참고문헌〕『肇論』, 『宏智廣錄』, 『圓覺經略疏』 「序文」(대정장39, p.524b3), 『禪宗永嘉集』 「大師答朗禪師書」(대정장48, p.394c12). ❷혼령. 또는 명계(冥界)의 귀신. 『현밀원통성불심요집』 권하(대정장46, p.999a27)에 "성교에 거칠게 의지하면 대략 열 가지로 법문을 열 수 있지만 광대함에는 한량이 없다. … 다섯째는 유정을 이롭고 즐겁게 하고자 유령에서 벗어나게 하는 문이다. 粗依聖敎 略出十門 廣有無量 … 五 利樂有情救脫幽靈門", 같은 책 「후서 後序」(대정장46, p.1006c20)에 "유령을 구제하는 신령스러운 방법과 중생을 이롭게 하는 성스러운 방편 등 그 공덕으로 막하자면 넓고도 크다. 拯幽靈之神方 利含生之聖術 其功德之廣大"라고 하였다. 〔참고문헌〕『顯密圓通成佛心要集』, 『盂蘭盆經疏』 권하(대정장39, p.509b3). ⇨ 망령 亡靈, 귀신 鬼神

유로 由路 경유해야 하는 길. 벗어나고자 하는 이에게 까닭 있는 길의 뜻이다. 『십이문론』 「서 序」(대정장30, p.159b9)에 "이런 까닭으로 용수보살은 번뇌를 벗어나려는 이가 경유해야 할 길을 열어 십이문을 짓고 바르게 가도록 하였다. 是以 龍樹菩薩 開出者之由路 作十二門以正之", 『출삼장기집』 권8 「대품경서 大品經序」(대정장55, p.52c28)에 "마하반야바라밀은 팔지를 넘어서기 위해 가야 할 길이며 십계로 오르는 용들의 나루터다. 摩訶般若波羅蜜者 出八地之由路 登十階之龍津也"라고 하였다. 〔참고문헌〕『十二門論』, 『出三藏記集』.

유로 幽路　그윽한 길. 삼장의 관문과 정토에 이를 수 있는 길의 뜻이다. 『백론』「서 序」(대정장30, p.167c16)에 "제바(提婆 Ⓢ Āryadeva)의 도는 때에 맞춰 빛나고 신은 세간 일에 벗어나 있으니, 반드시 겹겹이 닫힌 삼장의 관문을 열고 십이부경의 그윽한 길을 활짝 터줄 것이다. 道映當時 神超世表 故能闢三藏之重關 坦十二之幽路", 『양고승전』 권6 「혜원전 慧遠傳」(대정장50, p.359a2)에 "대개 신이란 밟아 감한 바 없으면 그 자취는 구할 수 없다. 틀림없이 감응할 무엇인가 있다고 여긴즉 그윽한 길 지척에 있으리. 蓋神者 可以感涉 而不可以迹求 必感之有物 則幽路咫尺"라고 하였다. [참고문헌] 『百論』, 『梁高僧傳』. ⇨ 십이부경 十二部經

유로 遊路　노닐며 가는 길. 무분별지의 큰마음(大念)과 제법분별의 큰 지혜(大慧)로 행하는 길의 뜻이다. 정토 십팔원만(十八圓滿) 중 노원만(路圓滿)에 나오는 길. 대념혜행(大念慧行)을 상징한다. 『설무구칭경소』 권2말(대정장38, p.1032a28)에 "여덟 번째, 왕래하는 길을 밝힌다. 『불지경』(대정장16, p.720c4)에 '대념혜행으로 노니는 길을 삼는다'라고 하였고, 『불지경론』 권1(대정장26, p.295c3)에서는 '저 모든 여래의 대념은 무분별지다. 염으로 진여의 뜻에 안주하기 때문이다. 무분별지로 법성토에서 노니는 길을 삼는다. 대혜는 후소득지다. 모든 법의 진상과 속상을 분별하기 때문이다. 후소득지는 두 상 수용하며 변화의 길로 삼는다. 이 대념과 대혜는 모두 있어야 정토의 뛰어난 업용을 지을 수 있어 둘을 묶어 행이라 이름 붙인다'라고 풀이하였다. 第八 遊路者 佛地經言 大念慧行 以爲遊路 彼論釋言 若諸如來大念 卽是無分別智 由念安住 眞如理故 無分別智爲法性土 所遊之路 大慧 卽是後所得智 分別諸法 眞俗相故 爲二受用 及變化路 此二皆有 造作淨土 增上業用 故俱名行"라고 하였다. [참고문헌] 『說無垢稱經疏』, 『佛地經』, 『佛地經論』. ⇨ 노원만 路圓滿, 대념혜행 大念慧行

유록화홍 柳綠花紅　버드나무 푸르고 꽃은 붉네. 분별 비려 만법과 함께 하는 뜻이다. 유록화홍(柳綠華紅)·유록도홍(柳綠桃紅)이라고도 한다. 『금산퇴암도기선사어』(속고존숙어요6, 卍속장119, p.153a4)에 "때 맞춰 절기 이름은 저절로 쉽고, 봄볕은 만물과 어울려 화려하네. 만법과 더불어 짝 되지 못한 이여, 어찌 버드나무는 푸르고 꽃 붉음 막을 수 있으며, 한 입에 서강물 모두 마신들 어룡이 노니는 일 어찌 방해할 것인가. 時節至也容易 春光融物華麗 不與萬法 爲侶底人 豈礙柳綠花紅 一口吸盡西江水 何妨魚龍遊戲", 『오조법연어록』(고존숙어록21, 卍속장118, p.426b3)에 "법좌에 올라 말했다. '바람 부드럽고 햇볕은 따뜻하니 옛 부처 가풍이며, 버드나무는 푸르고 복사꽃은 붉으니 조사의 방편이로다. 눈에 가깝고 손으로 만져도 아직 성성함 아니며, 입으로 가리고 혀로 끊어도 도와는 점점 멀어질 뿐이다. 문을 좇아 들어오는 이는 가문의 보배가 아니다. 일러보라. 마침내 어떻게 서로 보아야 하는가?' 上堂云 風和日暖古佛家風 柳綠桃紅 祖師巴鼻 眼親手辦 未是惺惺 口辯舌端 與道轉遠 從門入者 不是家珍 且道 畢竟如何相見", 『금강경오가해설의』 권상(한불전7, p.63c4)에 "〈야보의 송〉 눈앞에 어떤 법도 없으니, 버드나무 푸르고 꽃은 붉을 뿐 귓전에 소리 없으니, 한껏 맡김에 꾀꼬리 울고 제비 지저귀리. 〈冶父〉 目前無法 從敎柳綠花紅 耳畔無聞 一任鶯吟燕語"라고 하였다. [참고문헌] 『金山退菴道奇禪師語』, 『五祖法演語錄』, 『金剛經五家解說誼』.

유론 糅論　섞여 있는 논. 여러 논사의 설을 가져다 논지를 전개함의 뜻이다. 안혜(安惠)·난다(難陀)·호법(護法) 등의 주장을 가져다 논지를 전개하는 『성유식론 成唯識論』 등의 논서를 말한다. 『성유식론요의등』 권1말(대정장43, p.671c21)에 "열 명의 논사가 모두 본송을 풀었는데 그 나머지 일곱 논사는 어찌 논 지은 본사의 뜻을 밝히지 못했겠는가? 본소의 저자는 유론문인으로서 정하여 옳은 뜻을 세웠다. 十師俱釋本頌 豈餘七師不明本師造論意耶 本疏主是 糅論文人 故定說是"라고 하였다. [참고문헌] 『成唯識論了義燈』.

유뢰 幽賴　생몰연대 미상. 조선 후기 스님. 서화로 유명하였다. 강원도 연성(連城 : 淮陽郡의 옛 이름) 도산사(都山寺)에 주석하였는데, 간혹 서울로 올라가면 시서(詩書)와 필법가(筆法家)인 허필(許佖 1709~1761)의 집에 머물면서 권국진(權國珍)·길보(吉甫)·소재(素齋) 등 시인묵객들과 교유(交遊)한 것으로 보인다. 권국진이 스님 서화첩의 제발(題跋)을 썼다. 작품으로는 「설경산수도 雪景山水圖」·「임심옥루도 林深屋陋圖」·「송림산수도 松林山水圖」·「고사하관도 高士遐觀圖」 등이 있다. 전부 조선 후기 화단에 유행한 남종문인화풍(南宗文人畵風)을 비당한 것이며, 강세황(姜世晃 1712~1791)·이인상(李麟祥 1710~1760) 등 영조 때 선비화가들의 산수화풍과 깊은 연관을 보인다. [참고문헌] 유복렬 『韓國繪畵大觀』(문교원, 1969).

유료경 唯了境　Ⓢ artha-dṛṣṭi, artha-mātre dṛṣṭiḥ. 오직 경의 총상(總相)만을 아는 심(心)의 뜻으로, 분별하여 별상(別相)을 아는 심소(心所)와 구분한다. 『변중변론』 권상(대정장31, p.465a17 : *Madhy-vibh.*, p.20)에 "〈송〉 삼계의 심과 심소는 허망분별이다. 오직 경을 알아차리는 것을 심이라 하고, 구별하는 것을 심소라 한다. 〔논〕 허망분별차별상이란 욕계·색계·무색계의 모든 심심소다. 들고 나는 문이 다르다 한 것은 오직 경의 총상만을 아는 것은 심이고, 차별을 분명히 아는 것은 수 등의 심소법이다. 三界心心所 是虛妄分別 唯了境名心 亦別名心所 論曰 虛妄分別差別相者 即是欲界色無色界諸心心所 異門相者 唯能了境總相名心 亦了差別 名爲受等 諸心所法 abhūta-parikalpaś ca citta-caittās tridhātukāḥ. kāma-rūpa-ārūpya-avacara-bhedena. paryāya-lakṣaṇaṃ ca khyāpayati. tatra-artha-dṛṣṭir vijñānaṃ tad-viśeṣe tu caitasāḥ. tatra-artha-mātre dṛṣṭir vijñānaṃ. artha-viśeṣe dṛṣṭiś caitasā vedanādayaḥ"라고 하였다. 〔참고문헌〕『辯中邊論』, 『中邊分別論』 권상(대정장31, p.451c25), *Madhy-vibh.* ⇨ 유진지 唯塵智, 심 心, 심소 心所

유료경침 鏐鐐瓊琛　금·은·옥·보배. 『출삼장기집』 권10 「도지경서 道地經序」(대정장55, p.69b7)에 "저 대지는 안아 길러서 베풀어 곡식을 성취케 하고 금·은·옥·보배 등 실어 다하지 않음이 없다. 지관을 비유함에 있어 이 비유에 더 가까운 것 없으므로 온갖 길을 여는 대지라 한다. 夫地也者 苞潤施毓 稼穡以成 鏐鐐瓊琛 罔弗以載 有喩止觀 莫近於此 故曰道地也"라고 하였다. 〔참고문헌〕『出三藏記集』.

유루 有漏　**1** Ⓢ sāsrava, Ⓟ sāsava, Ⓣ zag-pa-dang-bcas-pa. 번뇌 있음의 뜻. 삼유(三有)로 흘러 윤회함의 뜻이다. 『구사론』 권1(대정장29, p.2a22 : *Abh-s-bh.*, p.5)에서는 유루의 다른 이름으로 취(取 Ⓢ upādāna)·쟁(諍 Ⓢ saraṇa)·고(苦 Ⓢ duḥkha)·집(集 Ⓢ samudaya)·세간(世間 Ⓢ loka)·견처(見處 Ⓢ dṛṣṭi-sthāna)·삼유(三有 Ⓢ dṛṣṭi-sthāna) 등을 들고 있으며, 이 밖에 유염(有染)·유염오(有染汚)·유부(有覆)·진구(塵垢) 등도 같은 의미로 쓰인다. 『유가사지론』 권65(대정장30, p.661b21)에 "다섯 가지 상으로 모든 유루법의 차별을 건립한다. 어떤 것이 다섯 가지인가? 사, 수면, 상응, 소연, 생기 등을 말미암기 때문이다. 무엇이 유루법사인가? 청정내색과 저 서로 의지하거나 서로 의지하지 않는 외색과 저 모든 염오심심소와 저 선·무기심심소 등을 말한다. 이 '유루사'가 그 상응하는 바에 따라 그 나머지 네 가지 상으로 말미암는 것을 유루라고 하는데, 수면, 상응, 소연, 생기 등을 말한다. 由五相故 建立有漏諸法差別 何等爲五 謂由事故 隨眠故 相應故 所緣故 生起故 云何有漏法事 謂清淨內色及彼相依不相依外色 若諸染汚心心所 若善無記心心所等 此有漏事 隨其所應 由餘四相 說名有漏 謂隨眠故 相應故 所緣故 生起故", "청정제색과 앞에서 말한 일체의 심심소 중에서 번뇌종자를 아직 없애지도 아직 끊지도 못하였다면, 수면이라 하고 추중이라 부른다. 그것을 아직 남김없이 끊지 못하였다면 일체가 수면으로 말미암기 때문에 유루라고 함을 알아야 한다. 저 모든 염오심심소는 상응하기에 유루라고 하며, 저 제유사이거나 현량행이거나 유루생이거나 증상기이거나 이와 같은 일체가 루의 반연이기에 유루라고 한다. 若於清淨諸色 及於如前所說 一切心心所中 煩惱種子 未害未斷 說名隨眠 亦名麤重 若彼乃至未無餘斷 當知一切 由隨眠故 說名有漏 若諸染汚心心所 由相應故 說名有漏 若諸有事 若現量所行 若有漏所生 增上所起 如是一切 漏所緣故 名爲有漏", "생기하기에 유루이다란 무슨 말인가? 모든 수면을 아직은 완전히 끊지 못하였기 때문이고, 번뇌경을 순하여 현전하기 때문이며, 뜻을 짓지 못하기 때문이다. 이런 인연으로 모든 법인 현재 생기는 것과 이미 생겼던 것과 장차 생길 것 등 이와 같은 모든 것을 일으키기에 유루라고 한다. 由生起故 成有漏者 謂諸隨眠 未永斷故 順煩惱境 現在前故 於彼現起 不如理作意故 由此因緣 諸所有法 正生已生 或復當生 如是一切 由生起故 說名有漏", 『대승아비달마잡집론』 권3(대정장31, p.706c4)에 "무엇이 유루이고 몇 가지가 유루인가? 어떤 뜻으로 유루를 관하는가? 말하자면 누자성(Ⓢ āsrava-svabhāva)·누상속(Ⓢ āsrava-saṃbandha)·누소박(Ⓢ āsrava-bandha)·누소수(Ⓢ āsrava-anubandha)·누수순(Ⓢ āsrava-anukūlya)·누종류(Ⓢ āsrava-anvaya) 등, 이것이 유루의 뜻이다. 云何有漏 幾是有漏 爲何義故 觀有漏耶 謂漏自性故 漏相屬故 漏所縛故 漏所隨故 漏隨順故 漏種類故 是有漏義", "누자성이란, 모든 누의 자성이니, 누성이 합하면 유루다. 누상속이란 누가 함께 함이니, 심심법과 안 등의 누끼리 서로 응하고 의지하니, 이와 같은 차제가 유루다. 누소박이란 유루선법이니, 누세력으로 후유를 부르기 때문이다. 누소수란 그 나머지 지법을 말하니, 나머지 지법도 제루 거칠고 무겁게 따라 쫓는 것이다. 누수순이란 순결택분이니, 비록 번뇌추중을 따를지라도 건립하여 무루성을 삼으니 일체유루를 등지고 저 대치를 따른다. 누종류란 아라한의 유루제온이니, 전생번뇌로 일으키기 때문이다. 오취온·십오계·십처 모두와 삼계 그리고 이처소분이 유루다. 漏自性者 謂諸漏自性 漏性合故 名爲有漏 漏相屬者 謂漏共有 心心法及眼等 漏相應故 漏所依故 如其次第 名有漏 漏所縛者 謂有漏善法 由漏勢力 招後有故 漏所隨者 謂餘地法 亦爲餘地 諸漏麤重 所隨逐故 漏隨順者 爲順決擇分 雖爲煩惱麤重所隨 然得建立 爲無漏性 以背一切有 順彼對治故 漏種類者 謂阿羅漢 有漏諸蘊 前生煩惱所起故 五取蘊 十五界 十處全 及三界 二處少分 是有漏", 『구사론소』 권2(대정장41, p.497a29)에 "'〔논〕 ~ 나머지 십오계는 유루라고만 한다'를 푼다. 의계와 의식계에는 두 류만 있다. 도제섭인 무루인데, 누가 증장하지 않기 때문이다. 나머지 오직 유루이니, 번뇌가 따라 더하기 때문이다. 법계 중 유위무루로서 도제섭이며, 무위무루인 삼무위를 말한다. 택멸무위는 누의 연이 더하지 않기에 무루이며, 허공무위와 비택멸무위 둘은 누연이 없기에 무루라고 한다. 이들은 유루의 인과(集諦와 苦諦)도 아니고 무루의 인과(道諦와 滅諦)도 아니기에 물들거나 연이 될 일이 없다. (법계 중 유위법이면서 도제에 속하는 것과 무위법인 것들을 제외한) 나머지는 유루라고 하는데, 번뇌가 따라 증장하기 때문이다. (十八界 중 意界·意識界·法界를 제외한) 나머지 십오계는 유루에만 해당한다고 하는데, 번뇌가 따라 더하기 때문이다. 지금까지의 설은 대승의 여타 부파들과는 다르다. 論曰 至唯名有漏釋也 意界意識 唯有二類 道諦攝者是無漏 漏不增故 餘唯有漏 漏隨增故 法界 有爲無漏 道諦所攝 無爲無漏 謂三無爲 擇滅無爲 漏緣不增 故是無漏 虛空非擇滅二 漏不緣故 名爲無漏 非二因果故 染不緣也 餘名有漏 漏隨增故 餘十五界 唯名有漏 漏隨增故 與大乘諸部不同也"라고 하였다. [참고문헌]『俱舍論』·권2(대정장29, p.8a6),『瑜伽師地論』,『大乘阿毘達磨雜集論』,『俱舍論疏』, *Abh-k-bh.*, *Abh-s-bh.23.*, *DN.* ⇨ 누 漏❶, 번뇌 煩惱, 유루법 有漏法, 무루 無漏❶, 비루 非漏 ❷ 삼루(三漏) 또는 사루(四漏) 중 하나. 색계와 무색계의 62종 번뇌 중 10종 치번뇌(癡煩惱 : 無明)를 제외한 52종 번뇌를 가리키는 말. 욕루(欲漏)·무명루(無明漏) 등과 대칭한다.『대비바사론』권47(대정장27, p.243c23)에 "유루는 색계와 무색계의 쉰두 가지 현상을 자성으로 한다. 즉 탐 열 가지, 만 열 가지, 견 스물네 가지, 의 여덟 가지이다. … 무엇을 유루라고 하는가? 색계와 무색계에서 무명을 제외한 나머지 결·박·수면·수번뇌·전을 유루라고 한다. 有漏 以色無色界五十二事爲自性 卽貪十 慢十 見二十四 疑八 … 云何有漏 謂色無色界 除無明 諸餘結 縛 隨眠 隨煩惱 纏 是名有漏",『구사론소』권20(대정장41, p.708a20)에 "색계와 무색계의 근본번뇌에 각각 서른한 가지가 있어서 도합 예순두 가지가 된다. 여기서 각각 다섯 가지 무명을 제외하면 총 쉰두 가지가 있게 되는데, 이들을 통틀어 유루라고 한다. 色無色界 根本煩惱 各有三十一 合有六十二 各除五無明 總有五十二物 總名有漏"라고 하였나. [참고문헌]『大毘婆沙論』,『俱舍論疏』,『集異門足論』권4(대정장26, p.383a6),『大乘阿毘達磨雜集論』권7(대정장31, p.725b10),『瑜伽論記』권2(대정장42, p.355b23·한불전2, p.465a13). ⇨ 누 漏❶, 삼루 三漏, 사루 四漏, 무명루 無明漏, 욕루 欲漏

유루계 有漏界 유루의 계.『법온족론』권11(대정장26, p.505a2)에 "무엇이 유루계인가? 유루오온이 유루계다. 云何有漏界 謂有漏五蘊 是名有漏界",『사리불아비담론』권7(대정장28, p.575c20)에 "무엇이 유루계인가? 저 법에 탐애가 있으면 유루계다. 云何有漏界 若法有愛 是名有漏界"라고 하였다. [참고문헌]『法蘊足論』,『舍利弗阿毘曇論』. ⇨ 무루계 無漏界

유루과 有漏果 유루로 감하는 과. 삼계와 육도와 사제 중에서는 고제(苦諦)를 뜻한다. 무루과(無漏果)와 맞선다.『유가론기』권9(대정장42, p.498a4·한불전2, p.674c15)에 "유루과를 감득한다면 이 인은 유루라 하고, 무루과를 초래한다면 이 인은 무루다. 若感有漏果者 此因名有漏 若感無漏果者 此因名無漏",『구사론법종원』(卍속장83, p.776b7)에 "사제란 첫째 고제로, 유루과여서 핍박하는 자성이다. 四諦者 一 苦諦 謂有漏果 逼迫性故"라고 하였다. [참고문헌]『瑜伽論記』,『俱舍論法宗原』,『金光明最勝王經疏』권1(대정장39, p.192a23). ⇨ 유루인 有漏因, 무루과 無漏果, 고제 苦諦

유루단 有漏斷 유루도(有漏道)로 끊음. 범부는 유루도를 수행하여 끊고, 성자는 무루도를 행하여 끊기에 무루단(無漏斷)이다.『구사론』에 따르면, 범부가 유루의 육행관(六行觀)을 닦아서 8지 72품의 수혹(修惑 Ⓢbhāvana-heya)을 끊는 것을 말한다. 그러나 대승에서는 유루도를 통해서는 번뇌를 꺾을 수만 있고 완전히 끊지는 못한다고 본다.『구사론』권24(대정장29, p.127b20)에 "이미 성자가 두 가지로 여덟 가지 수혹을 끊고 능히 이끌어 두 이계득을 일으켰다고 설했으니, 뜻에 준하면 범부(異生)는 유루도를 쓰므로 오직 유루단득만을 이끌어 내지만, 성자들은 무루도를 통해 견도에서 끊어야 할 번뇌와 (非想非非想處인) 유정지의 수혹마저 끊고 무루단득을 이끌어 낸다. 既說聖者 二離八修 各能引生二離繫得 義准 異生用有漏道 唯能引起有漏斷得 并諸聖者用無漏道 離見斷惑及有頂修 唯能引生無漏斷得",『구사론기』권24(대정장41, p.368a2)에 "범부는 유루도를 통해 하위 팔지를 여의고 오직 유루단득을 이끌어 낸다. 무루도를 닦지 않아, 아직 성자의 위로는 들지 못했기 때문이다. 異生 用有漏道離下八地 唯能引起有漏斷得 不修無漏 未入聖故"라고 하였다. [참고문헌]『俱舍論』,『俱舍論記』. ⇨ 유루도 有漏道, 무루단 無漏斷

유루도 有漏道 Ⓢsāsrava-mārga, Ⓣzag-pa-dang-bcas-pa'i-lam. 인천(人天), 삼계(三界) 등 과를 초래하는 길. 세간도(世間道 Ⓢlaukika-mārga)·세속도(世俗道)·유루로(有漏路)라고도 하며, 무루도(無漏道)에 맞선다. 자세히는 유루지(有漏智)로써 삼계구지(三界九地) 중 하위 팔지(八地)의 72품 수혹(修惑)을 끊는 육행관(六行觀)을 가리킨다.『구사론』권17(대정장29, p.91a25 : *Abh-k-bh.*, p.255)에서는 유루도의 업인(業因) 곧 이숙과(異熟果 Ⓢvipāka-phala)·등류과(等流果 Ⓢniṣyanda-phala)·이계과(離繫果 Ⓢvisaṃyoga-phala)·사용과(士用果 Ⓢpuruṣa-kāra-pha la)・증상과(增上果 Ⓢ adhipati-phala)의 오과(五果)를 갖춘다 하였고, 또 『가야산정경론』 권하(대정장26, p.333c9)에서는 육바라밀 중 보시・지계・인욕・정진・선정의 다섯 바라밀은 세간과를 성취하므로 유루도이고, 반야바라밀은 출세간과를 성취하고 출세간지혜를 얻게 하므로 무루도라고 설한다. 『구사론』 권24(대정장29, p.127b4)에 "〔논〕 모든 유학성자들은 하위 팔지의 수도위에서 끊을 번뇌를 여읠 때 능히 유루무루의 두 가지 이계득(Ⓢ visaṃyoga-prāpti)을 모두 이끌어 내고, 무루도로도 역시 그렇게 한다. 이 두 가지 길을 행함에 그 짓는 바는 같기 때문이다. 論曰 諸有學聖 用有漏道 離下八地修斷染時 能具引生二離繫得 用無漏道 離彼亦然 由二種道同所作故"라고 하였다. 〔참고문헌〕 『俱舍論』, 『伽耶山頂經論』, *Abh-k-bh.366.* ⇨ 유루지 有漏智, 육행관 六行觀, 무루도 無漏道

유루려 維樓黎 비류리왕(毘琉璃王)의 다른 음사어. 『유리왕경』(대정장14, p.783b22)에 "사위국 왕에게 당시 유루려라는 이름의 태자가 있었다. 처음 태어나 기를 때 유리라는 보석이 갖추어져 있었기 때문에 이렇게 이름을 지었다. 舍衛國王 時有太子 名維樓黎 產育之初 與琉璃寶俱 因以爲號"라고 하였다. 〔참고문헌〕 『琉璃王經』. ⇨ 비류리왕 毘琉璃王

유루무루 有漏無漏 유루와 무루. 『장아함경』 권5 「전존경 典尊經」(대정장1, p.34a23 : *Mahāgovinda-sutta, DN.2,* p.251)에 "내가 설한 가르침을 제자가 받아들이고 행한다면, 번뇌를 버리고 번뇌 없음을 성취하여 마음으로 해탈하고 지혜로 해탈하여 현법에서 몸소 깨달아 얻는다. 我所說法 弟子受行者 捨有漏 成無漏 心解脫 慧解脫 於現法中 自身作證 ye kho pana me pañcasikha sāvakā sabbena sabbaṃ sāsanaṃ ājānanti, te āsavānaṃ khayā anāsavaṃ ceto-vimuttiṃ paññā-vimuttiṃ diṭṭhe va dhamme sayaṃ abhiññā sacchikatvā upasampajja viharanti", 『증일아함경』 권12(대정장2, p.602a11)에 "제법이란 유루와 무루, 유위와 무위, 무욕과 무염, 멸진과 열반 등을 말한다. 所謂諸法 有漏無漏 有爲無爲 無欲無染 滅盡涅槃", 『구사론』 권17(대정장29, p.91a24)에 "〔논〕 도란 능히 증하고 끊으며 능히 혹을 끊기에 단도라는 이름을 얻은 즉 무간도다. 이 길에 다시 두 가지가 있으니 유루와 무루다. 論曰 道能證斷 及能斷惑 得斷道名 卽無間道 此道有二種 謂有漏無漏"라고 하였다. 〔참고문헌〕 『增壹阿含經』, 『俱舍論』, *DN.* ⇨ 유루 有漏[1], 무루 無漏[1]

유루무상행 有漏無常行 유루의 무상행. 유루지(有漏智)로 무상행을 반연하는 것을 말한다. 『잡아비담심론』 권6(대정장28, p.917a22)에 "무상행이란 유루이면 삼제(三諦 : 苦諦・集諦・道諦)를 반연하고, 무루이면 유루(苦諦・集諦)를 반연한다. 無常行者 若有漏 三諦緣 若無漏 有漏緣", 같은 책 권6(대정장28, p.918b20)에 "유루행은 경계를 무너뜨리고, 유루무상행은 삼제를 반연한다. 有漏行 壞境界 有漏無常行 三諦緣"라고 하였다. 〔참고문헌〕 『雜阿毘曇心論』. ⇨ 유루지 有漏智

유루법 有漏法 Ⓢ sāsrava-dharma, sāsrava, Ⓟ sāsava-dhamma, sāsava, Ⓣ zag-pa-dang-bcas-pa'i chos. 번뇌(漏)를 지닌 법. 번뇌에 물든 법. 삼유(三有)・세간(世間)・유위법(有爲法) 등과 통하며, 무루법(無漏法)에 대칭한다. 설일체유부에서는 번뇌를 따라 서로 상응하고 더하는 의미로 유루를 해석하기에 유루법은 번뇌와 수증(隨增)하는 법을 뜻한다. 『구사론기』 권1(대정장41, p.11c12)에 따르면, 부처님 입멸 후 500년이 되었을 때 염라박촉국(炎羅縛蠋國)의 법승(法勝 Ⓢ Dharma-śresthin)논사가 『아비담심론』을 쓰면서 따라 생한다는 수생(隨生)의 의미로 유루를 해석하였고, 그로부터 100년 후 『잡아비담심론』을 저술한 법구(法救 Ⓢ Dharmatrāta)논사는 법승의 설처럼 수생의 의미로 유루를 해석할 경우 멸제와 도제가 유루법이 되는 과실을 지적하며 수증의 의미로 유루를 해석하였다. 이후 유루법에 대한 설일체유부의 설은 법구의 『잡아비담심론』에 기초하여 전개되었다. 수증이란 번뇌의 힘으로 인해 그와 상응하는 심(心)과 심소(心所)가 물들고 동시에 이 심심소의 세력으로 인해 번뇌 또한 한층 더하는 상응수증(相應隨增)과 번뇌로 인해 소연경이 번뇌를 따라 더하는 소연수증(所緣隨增)으로 나뉜다. 사제(四諦)를 기준으로 말한다면, 모든 번뇌는 고제(苦諦)와 집제(集諦)로 수증하기에 고제와 집제는 유루법이며, 멸제와 도제는 번뇌가 생겨나긴 해도 수증하지는 않기에 멸제와 도제는 무루법이다. 또한 『구사론』 권1(대정장29, p.2a22)에서 유루의 다양한 다른 이름을 언급하고 있듯이 유루법은 삼유(三有 : 三界)의 괴로움이라는 결과와 그 괴로움을 불러 모으는 원인을 총칭하는 것이기도 하다. 그런데 설일체유부에서 고제와 집제를 모두 유루법에 해당한다고 설했지만, 상속하고 있는 자기 자신(自相續)의 6식과 상응하는 번뇌는 선심(善心)이나 무부무기심(無覆無記心)과 함께 일어나지 않기에 선심과 무부무기심에는 번뇌와의 수증이 없으며 이로 인해 이들을 유루법이라고 할 수 없게 된다. 그러나 이는 도제를 제외한 모든 유위법은 유루법이므로 선심과 무부무기심도 유루법이어야 한다는 점과 모순되는 과실이 있게 된다. 또한 설일체유부에서는 수면(隨眠)을 번뇌와 동일시하고 마음과 상응하는 법으로 보지만, 분별론자(分別論者)와 대중부(大衆部) 논사들은 현행하는 번뇌를 전(纏)이라 부르고 이와 별도로 종자를 훈습하는 법을 수면이라 하여 마음과 상응하지 않는 법(不相應法)으로 보는데, 비록 자신과도 경과도 수증하지는 않는다 해도 현재 상속하며 작용하기에 선심과 무부무기심도 유루법이라고 설한다. 그리고 설일체유부에서 18계 중 의근(意根)·법경(法境)·의식(意識) 등의 3계를 제외한 15계는 유루법이며 이 15계로 거두는 부처님의 몸(佛身)도 유루법이라고 주장한 데 대하여 이들은 부처님께서는 수면을 영원히 끊었기에 그 몸은 무루법이 아니면 안 된다고 주장한다. 한편 경량부에서는 자기 몸속에 유루종자가 있으며 그 종자로부터 선심과 무부무기심 등이 생겨나기에 이 선심과 무부무기심 등도 유루법이라고 주장한다. 대승 유식학파에서는 지금까지의 설들을 모두 비판하고 제7말나식의 아집을 유루의 체(體)로 보며 이와 함께 작용하는 것들을 모두 유루법이라고 부른다. 6식과 상응하는 번뇌에도 루(漏)의 의미가 있지만 제7식이야말로 모든 식이 염법과 정법으로 갈리는 근거(染淨依)로서 끊임없이 늘 상속하기에 이를 유루의 체로 보고 이와 함께 작용하는 것들을 유루법이라고 한다. 『구사론』 권1(대정장29, p.1c6)에 "유루법이란 무엇인가? 도제를 제외한 여타 유위법을 말한다. 어째서 그런가? 모든 번뇌가 그중에서 한결같이 따라 더하기 때문이다. 멸제와 도제를 연해서도 번뇌들이 생겨나지만 따라서 늘어나지는 않기에 유루법이 아니다. 有漏法云何 謂除道諦 餘有爲法 所以者何 諸漏於中 等隨增故 緣滅道諦 諸漏雖生 而不隨增 故非有漏", 『성유식론』 권5(대정장31, p.25c20)에 "또한 선심과 무부무기심의 경우 아집이 없다면 응당 유루가 아닐 것이다. 자상속중에 6식번뇌는 저 선심 등과 함께 생하지는 않기 때문이다. 又善無覆無記心時 若無我執 應非有漏 自相續中六識煩惱 與彼善等 不俱起故", "또한 (대중부와 같이) 설해서는 안 되니, 마음과 상응하지 않는 별도의 수면이 있어 이것이 불상응이니 현재 상속하여 일어나서 이로 인해 선 등이 유루법이 된다고 하는 것이다. 저 수면이 실유하지 않는다는 사실은 이미 누구나 분명하게 인정하기 때문이다. 또한 (경량부와 같이) 유루의 종자로부터 저 선심 등이 생겨나기에 유루가 성립된다고 설해서도 안 된다. 저 종자에는 이전부터 유루를 성립시킬 수 있는 인이 없기 때문에 유루종자에서는 유루가 성립되지 않는다. 又不可說 別有隨眠 是不相應 現相續起 由斯善等 成有漏法 彼非實有 已極成故 亦不可說 從有漏種生彼善等 故成有漏 彼種先無因 可成有漏故 非由漏種 彼成有漏", "그러나 모든 유루는 자신현행번뇌와 함께 일어나고 함께 멸하면서 상호 증익해야 비로소 유루가 되며, 이렇게 따라 훈습하여 유루법의 종자가 성장한 후에 이 종자에서 현행이 일어나면 유루의 의미가 성립된다. … 말나식에서 항상 아집을 일으키기에 선 등의 법이 유루의 뜻을 성취한다. 然諸有漏 由與自身現行煩惱 俱生俱滅 互相增益 方成有漏 由此熏成 有漏法種 後時現起有漏義成 … 由有末那 恒起我執 令善等法 有漏義成"라고 하였다. 〔참고문헌〕『俱舍論記』, 『俱舍論』, 『成唯識論』, *Abh-k-bh.3.*, *Laṅk.235.*, *Dhs.3.*, *SN.4.32.* ⇨ 유루 有漏[1], 수증 隨增, 무루법 無漏法, 삼유 三有

유루비아행상 有漏非我行相 유루의 비아행상. 십육행상(十六行相) 중 하나인 비아행상이 아직 유루에 머물러 있는 것. 오정심(五停心) 내지 4종 결택분(決擇分)에서의 비아행상을 가리킨다. 이에 반해 견도(見道) 고제관(苦諦觀)에서의 비아행상을 무루비아행상이라 한다. 『대비바사론』 권9(대정장27, p.45b17)에 "〔문〕 어째서 유루비아행상은 일체법을 반연하고, 무루비아행상은 고제만을 반연하는가? 〔답〕 유루비아행상은 번뇌대치가 아니기에 일체법을 반연한다 하고, 무루비아행상만이 번뇌를 대치하기에 일체법을 반연하지 않아 일체법이 번뇌의 성질을 따르진 않는다. 問 何故 有漏非我行相 緣一切法 無漏非我行相 唯緣苦諦耶 答 有漏非我行相非煩惱對治故 能緣一切法 無漏非我行相 是煩惱對治故不緣一切法 非一切法順煩惱性故"라고 하였다. 〔참고문헌〕『大毘婆沙論』. ⇨ 십육행상 十六行相

유루사과 有漏四過 유루의 네 가지 과실. 부적정(不寂靜)·내외변이(內外變異)·발기악행(發起惡行)·섭수인(攝受因)을 말하니, 고요하지 못하여 안팎으로 변하고 달라져, 악행을 일으키고 드디어 후유의 인을 거두어 마침내 다시 생사하는 허물이다. 『유가사지론』 권56(대정장30, p.608a15)에 "후유유루의 뜻이니, 저 번뇌가 능히 네 가지 과실을 일으킨다면 이것이 바로 유루의 뜻이다. 무엇을 네 가지 과실이라 하는가? 첫째 부적정과실, 둘째 내외변이과실, 셋째 발기악행과실, 넷째 섭수인과실인데, 마땅히 알라. 첫째 과실은 번뇌(纏)가 현행해서 짓는 것이고, 둘째 과실은 번뇌 사태들이 번뇌를 좇아 다시 지은이며, 셋째 과실은 번뇌 스스로가 인과 연이 되는 것이고, 넷째 과실은 미래(後有)를 이끌어 내는 일이다. 後有有漏義 謂若是處煩惱 能生四種過失 是有漏義 何等名爲四種過失 一 不寂靜過失 二 內外變異過失 三 發起惡行過失 四 攝受因過失 當知 初過失 纏現行所作 第二過失 諸煩惱事 隨逐煩惱所作 第三過失 煩惱因緣所作 第四過失 引發後有所作"라고 하였다. 〔참고문헌〕『瑜伽師地論』. ⇨ 유루 有漏[1], 후유 後有

유루삼계 有漏三界 번뇌투성이인 삼계. 『법화경구해』 권2(卍속장47, p.955b12)에 "〈경〉 '삼계를 벗어난다' (대정장9, p.16b18)는 것은 〈해〉 부지런히 욕계·색계·무색계인 유루삼계에서 벗어나기를 구한다는 뜻이다. 出於三界 勤求出於欲色無色有漏三界"라고 하였다. [참고문헌]『法華經句解』, 『出曜經』 권26(대정장4, p.750c10). ⇨ 유루 有漏, 삼계 三界

유루선 有漏善 Ⓢ kuśala-sāsrava, Ⓣ dge-ba-zag-pa-dang-bcas-pa. 선(善)이기는 하나 유루여서 유루과를 얻는 선. 무루지(無漏智 Ⓢ anāśrava-jñāna)를 얻기 전의 선법(善法)으로 오계(五戒)·십선(十善)과 견도(見道) 이전의 선법 등이며, 인간천상계 등의 유루과(有漏果)만을 초래한다. 『구사론기』 권2(대정장41, p.35c21)에 "선에 대략 세 가지가 있다. 첫째는 생득선이고, 둘째는 가행선이니 문·사·수이며, 셋째는 무루이니 학·무학·승의다. 善略有三 一 生得 二 加行 謂聞思修 三 無漏 謂學無學勝義"라고 하여 유루선을 무루선은 물론 생득선과도 구별하였다. 『대비바사론』 권95(대정장27, p.490a26)에 "유루선에 세 가지가 있다. 첫째는 가행득, 둘째는 이염득, 셋째는 생득이다. 가행득이란 듣고 성취한 혜, 사유해서 얻은 혜, 닦아 얻은 혜다. … 이염득이란 4정려·4무량·4무색정·8해탈·8승처·10변처 등이다. 생득이란 저곳에 나면서 법다이 얻는 선이다. 有漏善 有三種 一 加行得 二 離染得 三 生得 加行得者 謂聞所成慧 思所成慧 修所成慧 … 離染得者 謂靜慮 無量 無色 解脫 勝處 遍處等 生得者 謂生彼地 法爾所得善"라고 하였다. [참고문헌]『俱舍論記』, 『大毘婆沙論』, *Abh-k-bh.144.* ⇨ 선 善, 무루선 無漏善

유루선 有漏禪 유루의 범부가 닦는 선. 유루정(有漏定)을 달리 이르는 말. 『아비담감로미론』 권하(대정장28, p.977a3)에 "일체의 훈선과 무루선으로 유루선을 훈습하며, 4선을 얻은 사람은 먼저 제4선을 훈습하고, 나중에 아래의 3선을 훈습하여 5정거천(淨居天)의 과보를 얻는다. 一切薰禪 無漏禪 薰有漏禪 得四禪人 先薰第四禪 後薰下二禪 得五淨居報", 『능엄경요해』 권17(卍속장17, p.860b10)에 "육욕천은 십선으로 날 수 있지만, 이 색계십팔천은 선정을 겸해야 난다. 그러나 특별한 유루선인 여섯 가지 행상을 관할 따름이다. 여섯 가지 행이란 욕계는 고통이며 거칠고 장애함이라 싫어하고, 색계는 깨끗하여 묘하고 여의는 곳이라 좋아하는 것이니, 이것은 범부가 번뇌를 꺾고 세간을 넘게 하는 길이다. 欲天 但十善感生 此天 兼禪定感生 然特有漏禪 觀六事行耳 六行者 厭欲界是苦 是麤是障 欣色界是淨 是妙是離 此則凡夫伏惑 超世間道也"라고 하였다. [참고문헌]『阿毘曇甘露味論』, 『楞嚴經要解』. ⇨ 유루정 有漏定

유루식 有漏識 번뇌가 남아 있는 식. 불과(佛果) 무루식(無漏識)이 아닌, 인위(因位)에서 제10지 금강무간도(金剛無間道 : 金剛心)에 이르기까지의 식을 말한다. 유식에 따르면 제6식과 제7식은 초지에서 견도(見道)에 들 때 일부분을 뒤쳐 묘관찰지와 평등성지에 머물다가 불과에 이르러 무루식을 성취하지만, 전5식과 제8식은 불과를 성취하는 순간 비로소 유루식을 끊는다. 『대비바사론』 권72(대정장27, p.371b28)에 "분별하는 것은 유루식이고, 환히 비추어 아는 것은 무루식이다. 分別者 是有漏識 解了者 是無漏識", 『성유식론술기』 권9(대정장43, p.540a20)에 "두루하지만 헤아리지 않는 것을 무루식들이라 하며, 유루선식 등은 능히 널리 반연하나 헤아려 두루 집착하지 않는다. 헤아려 두루하지 못한 것은 제7유루식이니, 두루하고 헤아리기도 하는 유루염오로서 아와 법에 집착하는 제6식 등이다. 두루하지도 헤아림도 없는 것은 유루의 전5식과 제8식 등이다. 有遍而非計 謂無漏諸識 有漏善識等 能遍廣緣 而不計執者 有計而非遍 謂第七有漏識 有亦遍亦計 謂有漏染汚我法執第六識等 有非遍非計 謂有漏五識 及第八識等"라고 하였다. [참고문헌]『大毘婆沙論』, 『成唯識論述記』, 『俱舍論』 권1(대정장29, p.6c17). ⇨ 유취식 有取識, 무루식 無漏識

유루신 有漏身 번뇌 가득한 몸. 『신불공덕경』(대정장1, p.256a7)에 "또한 우리 불세존께는 가장 뛰어난 법이 있으니, 불세존께서는 삼마발지로 유루신을 관하라 하셨으니 부정하고 더럽다고 여긴다. 즉 몸을 위아래로 머리털·털·손톱·치아·가죽·살·힘줄·뼈 등과 같이 온갖 부정한 물질들이 몸에 가득하다고 관합니다. 復次 我佛世尊有最勝法 謂佛世尊以三摩鉢底 觀有漏身 不淨可惡 所謂身分上下 髮毛爪齒 皮肉筋骨 如是等種種 不淨之物 充滿其身", 『기신론소필삭기』 권5(대정장44, p.321b1)에 "유루신을 받았다면 이미 그 이름이 고라고 하였으니, 여기에 더하여 다시 온갖 핍박이 가해지므로 고고라 한다. 곧 생로 등 여덟 가지 고통이 더한다. 受有漏身 已名爲苦 於上 更加種種逼迫故 名苦苦 卽生老等 八是所加也"라고 하였다. [참고문헌]『信佛功德經』, 『起信論疏筆削記』, 『首楞嚴義疏注經』 권6(대정장39, p.914a8). ⇨ 누신 漏身, 무루신 無漏身

유루심 有漏心 Ⓢ sāsrava-citta. 번뇌 가득한 마음. 무루심(無漏心)에 대칭한다. 『구사론』 권7(대정장29, p.38b26 : *Abh-k-bh.*, p.103)에 "[논] 욕계에 네 가지 마음 있으니 선·불선·유부무기·무부무기심이다. 색계와 무색계에 각각 세 가지 마음이 있으니, 불선심을 제한 나머지는 앞에서 설한 대로다. 이와 같은 열 가지가 유루심이다. 論曰 且於欲界有四種心 謂善不善 有覆無記 無覆無記 色無色界各有三心 謂除不善 餘如上說 如是十種 說有漏心 kāmadhātau catvāri cittāni. kuśalam akuśalaṃ nivṛtāvyākṛtam anivṛtāvyākṛtaṃ ca. rūpārūpyeṣv akuśalād anyatra. rūpadhātāv ak uśalaṃ nāsti. trīṇi santi. evam ārūpyadhātau. ity etāni sāsravāṇi daśa cittāni bhavanti",『석선바라밀차제법문』(대정장46, p.481c23)에 "제2는 마음에 네 종류를 밝혔다. 첫째는 유루심이고, 둘째는 무루심이며, 셋째는 유루이면서 무루심이고, 넷째는 유루도 무루도 아닌 마음이다. 第二明心有四種心 一 有漏心 二 無漏心 三 亦有漏亦無漏心 四 非有漏非無漏心", "첫째 유루심이란 범부와 외도의 마음이다. 삼루를 갖추었기에 유루심이다. 그 이유는 범부와 외도가 선정을 닦을 때 네 번의 분별로 번뇌를 벗어나지 못한다. 一 有漏心者 卽是凡夫外道心 具三漏故 名有漏心 所以者何 凡夫外道 修禪定時 約四時中分別 不得離結漏故", "네 번의 분별이란, 첫째는 처음 발심하여 선을 닦으려 할 때 능히 세간을 싫어하지 못하여 선정 중에도 즐겁고자 하고 과보를 얻고자 한다. 둘째는 선정을 닦음에 능히 돌이켜 비쳐 관찰하지 못하니 잘못된 견해로 마음에 집착한다. 셋째는 여러 선정을 얻음에 헤아려 실로 여겨 헛되고 진실이 아님을 알지 못하고, 모든 경계마다 보고 집착하는 마음을 일으킨다. 넷째는 선정에서 나와서도 온갖 경을 대할 때마다 돌이켜 생각하여 업을 짓는다. 이 인연들 때문에 유루심이라고 한다. 何等爲四時中分別 一者 初發心 欲修禪時 不能厭患世間 爲求禪定中樂及果報故 二者 當修禪時 不能返照觀察 生見著心 三者 證諸禪時 卽計爲實 不知虛誑 於地地中 見著心生 四者 從禪定起 若對衆境 還生結業 以是因緣 名爲漏心",『대승본생심지관경천주』 권5(卍속장34, p.301a10)에 "유루심이란 망상과 아집이다. 아에 집착하여 업을 지으므로 흘러 생사에 떨어진다. 有漏心者 卽妄想我執 以執我造業 漏落生死"라고 하였다. [참고문헌]『俱舍論』,『釋禪波羅蜜次第法門』,『大乘本生心地觀經淺註』, *Abh-k-bh.* ⇨ 무루심 無漏心

유루업 有漏業 Ⓢ sāsrava-karman, Ⓣ zag-bcas-kyi-las. 번뇌 가득한 업. 무루업(無漏業 Ⓢ anāsrava-karman)에 대칭한다. 사업(四業) 중 욕계의 악과를 초래하는 흑흑업(黑黑業)과, 색계의 선과를 감득하는 백백업(白白業)과, 욕계의 선과를 초래하는 흑백업(黑白業)은 유루업에 속하고, 이들 세 가지 업을 완전히 끊은 비흑비백업(非黑非白業)은 무루업이다.『사리불아비담론』 권7(대정장28, p.580b4)에 "어떤 것을 유루업이라고 하는가? 탐애가 있는 업을 유루업이라고 한다. 云何有漏業 若業有愛 是名有漏業",『대승의장』 권7(대정장44, p.606c9)에 "또한 유루업은 흑과 백이 상대하고 무루는 이러한 맞섬을 벗어나기에 흑도 백도 아닌 업이다. 又有漏業 黑白相待 無漏離待 故名不黑不白業也", 같은 책 권17(대정장44, p.811b6)에 "업에는 루와 무루 두 가지가 있다. 분단생사의 인을 유루라 하고, 변역생사의 인을 무루라 한다. 유루업 중에는 선도 있고 악도 있으니, 인천에 나는 인을 선업이라 하고, 삼악도에 나는 인을 악업이라 한다. 業有二種 漏與無漏 分假之因 名爲有漏 變易之因 名爲無漏 有漏業中 有善有惡 人天之因 名之爲善 三塗之因 說以爲惡"라고 하였다. [참고문헌]『舍利弗阿毘曇論』,『大乘義章』,『成實論』 권9(대정장32, p.308c15), *Ratna-ut.33.*, *Das-bh.31.* ⇨ 유루 有漏, 유루법 有漏法, 업 業, 사업 四業❷, 무루업 無漏業

유루연 有漏緣 Ⓢ sāsrava-ālambana, Ⓣ zag-pa-dang-bcas-pa la dmigs-pa. 유루법(有漏法)을 반연하는 것. 유루법을 반연하여 생겨나는 번뇌를 말한다. 무루연(無漏緣 Ⓢ anāsrava-ālambana)에 대칭한다.『구사론』 권19(대정장29, p.102a9 : Abh-k-bh., p.288)에 따르면, 구십팔수면(九十八隨眠 Ⓢ aṣṭānavati-anuśaya) 중에서 멸제(滅諦)와 도제(道諦)를 현관(現觀)하여 끊는 사견(邪見 Ⓢ mithyā-dṛṣṭi)・의(疑 Ⓢ vicikitsā)・무명(無明 Ⓢ avidyā) 여섯 가지는 무루연에 속하며, 이를 제한 나머지는 모두 유루연이다.『구사론송소론본』 권19(대정장41, p.926b20)에 "멸제와 도제를 보고서 끊는다는 것은, 멸을 보고서 끊는 사견・의・무명 세 가지를 취하고, 도를 보고 끊을 바 역시 사견・의・무명 세 가지니, 각각 셋씩 여섯이 된다. … 여섯은 능히 무루를 반연한다는 것은 이 여섯 번뇌는 멸제와 도제에 직접 미하였기에 무루연이라고 한다. 이 여섯을 제외한 나머지 번뇌는 전부 유루연이니 뜻으로 미루어 알라. 見滅道所斷者 謂見滅所斷 取邪見疑無明三 見道所斷 取邪見疑無明三 各三成六 … 六能緣無漏者 此六煩惱 親迷滅道 名無漏緣 除此六外 所餘煩惱 皆有漏緣 義可準知"라고 하였다. [참고문헌]『俱舍論』,『俱舍論頌疏論本』, *Abh-k-bh.* ⇨ 구십팔수면 九十八隨眠, 유루 有漏, 유루법 有漏法, 무루연 無漏緣

유루연수면 有漏緣隨眠 유루를 반연한 번뇌. 무루연수면(無漏緣隨眠)에 대칭한다.『대비바사론』 권86(대정장27, p.443a19)에 "멸제를 현관하여 끊는 불상응법과 멸제를 현관하여 끊는 유루연수면과 변행수면을 따라 더한 것들은 모두 오직 소연박이다. 見滅所斷不相應法 爲見滅所斷有漏緣隨眠 及遍行隨眠之所隨增 皆唯有所緣縛"라고 하였다. [참고문헌]『大毘婆沙論』. ⇨ 유루연 有漏緣, 무루연수면 無漏緣隨眠

유루인 有漏因 유루의 인. 삼계(三界) 과를 초래하는 업. 오역(五逆)・십악(十惡)・오계(五戒)・십선(十善) 등과 사제 중 집제(集諦)가 해당한다. 무루인(無漏因)에 대칭한다.『품류족론』 권7(대정장26, p.718b22)에 "집성제란 무엇인가? 유루인을 말한다. 集聖諦云何 謂有漏因",『금강경과의회요주해』 권4(卍속장92, p.329a

9)에 "항하사세계를 가득 채울 칠보로 남에게 보시한다 해도 이는 단지 인천의 복을 받을 뿐이어서 유루를 벗어나지는 못한다. 유루인을 닦으면 유루과를 부를 뿐이다. 以滿積恒河沙世界七寶 布施於人 此但受人天之福 未出有漏 修有漏因 感有漏果"라고 하였다. [참고문헌] 『品類足論』, 『金剛經科儀會要註解』, 『集異門足論』 권6(대정장26, p.392a19), 『大毘婆沙論』 권77(대정장27, p.397b1). ⇨ 유루과 有漏果, 집제 集諦

유루정 有漏定 유루심(有漏心 Ⓢ sāsrava-citta)과 상응하는 선정(禪定). 유루선(有漏禪)·세간정(世間定 : 世間禪)이라고도 한다. 무루정(無漏定 : 無漏禪)에 대칭한다. 범부가 육행관(六行觀)을 행하여 머무는 사선(四禪)·사무색정(四無色定)·사무량심정(四無量心定) 등을 가리킨다. 삼정(三定) 중에서는 미정(味定)과 정정(淨定)이 유루정에 속한다. 유식에서는 유루정으로는 현행하는 번뇌만을 조복할 뿐 종자는 끊을 수 없다고 본다. 『사리불아비담론』 권30(대정장28, p.714c12)에 "어떤 것을 유루정이라고 하는가? 염오가 있는 선정을 유루정이라고 한다. 云何有漏定 若定有染 是名有漏定", 『청관음경소천의초』 권2(대정장39, p.985c1)에 "사선과 사무색정은 유루정이고, 팔배사는 무루정이다. 四禪四空 是有漏定 八背捨 是無漏定"라고 하였다. [참고문헌] 『舍利弗阿毘曇論』, 『請觀音經疏闡義鈔』. ⇨ 세간정 世間定, 유루심 有漏心, 삼정 三定 ❸, 무루선 無漏禪

유루정토 有漏淨土 유루심(有漏心 Ⓢ sāsrava-citta)으로 감득하는 정토. 청정한 모습을 갖추고 있으므로 정토라고 한다. 유식에서는 부처님께서 중생을 위해 성소작지(成所作智 Ⓢ krtya-anusthāna-jñāna)의 교화방편으로 성취한 번뇌 없는(無漏) 상분(相分)이지만, 중생의 유루심으로 감득하기에 변화토(變化土 Ⓢ nirmāṇa-kṣetra)다 할 수 있다. 당대 정토종 회감(懷感)은 극락정토는 부처님의 본토라는 면에서 무루정토이지만, 범부가 향유하는 면에서는 유루정토라고 하였다. 욕계와 색계로 거둔다. 『석정토군의론』 권1(대정장47, p.32b7)에 "[문] 저 유루토라면, 삼계 중 어디에서 거두는가? [석] 이에는 두 가지로 푼다. 첫째, 유루정토는 욕계와 색계에 거둔다. 유루심으로는 삼계를 벗어날 수 없기 때문이다. 삼계가 곧 유루이고 유루가 곧 삼계이다. 이미 유루라고 했기에 삼계섭이다. 만약 욕계욕을 여의지 못했다면, 욕계의 생득선 또는 방편선으로 대승방등경전을 독송하고 삼복행과 십육관 등을 닦는다. 이 선근으로 정토에 나므로 이 마음의 변화라면 욕계섭이다. 만약 이미 욕을 여의어 색계심 얻어 십육관을 닦아 정토에 나므로 색계에 속한다. 그러므로 저 유루정토는 욕색이계에 통한다. 問曰 若是有漏土 三界之中 何界所攝 釋曰 此有二釋 一 有漏淨土 是欲色界攝 以有漏心 不離三界故 三界卽有漏 有漏卽三界 旣言有漏 卽三界攝 若未離欲界欲 以欲界生得善 或方便善 讀誦大乘方等經典 修三福行 又十六觀等 以此善根 生於淨土 此心所變 卽欲界攝 若已離欲 得色界心 修十六觀 生於淨土 卽色界攝 故彼淨土通欲色二界"라 하였다. [참고문헌] 『釋淨土群疑論』, 『佛地經論』 권1(대정장26, p.294c3), 『大乘法苑義林章』 권7(대정장45, p.373a15). ⇨ 유루심 有漏心, 정토 淨土

유루종자 有漏種子 이종종자(二種種子) 중 하나. 유루법(有漏法)을 낳는 종자. 명언종자(名言種子)와 삼계(三界)·오취(五趣)·사생(四生) 등의 과보차별을 일으키는 업종자(業種子)로 나뉜다. 무루종자(無漏種子)에 대칭한다. 『불지경론』 권3(대정장26, p.304a12)에 "금강유정이 현전할 때에는 일체의 유루종자와 이숙식 등이 뒤쳐 사라진다. … 모든 붓다에게는 일체의 유루종자의 법이 없다. 金剛喩定現在前時 轉滅一切有漏種子異熟識等 … 諸佛無有一切有漏種子", 『성유식론』 권2(대정장31, p.8a11)에 "종자는 비록 제8식체에 의지하지만, 이 식의 상분일 뿐 그 밖의 것은 아니다. 제8식의 견분은 항상 이 종자를 경으로 취한다. 모든 유루종자와 이숙식은 그 체가 다르지 않기에 무기성으로 거둔다. 인과 과가 선 등의 성을 구유하면 그 이름이 선 등이다. 種子雖依第八識體 而是此識相分非餘 見分恒取此爲境故 諸有漏種與異熟識 體無別故無記性攝 因果俱有善等性故 亦名善等", "또한 명언종자 등 세 가지 종자의 훈습이 모든 유루법의 종자를 다 거둔다. 이 세 가지는 이미 훈습에 의지해 존재한다. 따라서 유루종자는 반드시 훈습에 의지해 생겨나는 것이다. 又名言等三種熏習總攝一切有漏法種 彼三旣由熏習而有 故有漏種必藉熏生", "유루위에서만이 이 이숙식은 기세계(器世界)·신체(有根身)·유루종자를 반연할 뿐이다. … 무색계(無色界)에서는 유루종자만을 반연하는데, 색을 염리하기에 업과로서의 색(기세간·신체)이 없다. 有漏位此異熟識但緣器身及有漏種 … 無色界中緣有漏種 厭離色故無業果色", 『성유식론술기』 권2(대정장43, p.300a1)에 "유루종자는 모두 이숙생이다. 有漏種子 皆名異熟生", 같은 책 권3(대정장43, p.312c22)에 "초지, 즉 견도에서 무루심일 때에는 일체의 유루종자는 마땅히 사라진다. 初地見道無漏心時 應失一切有漏種子", 같은 책 권9(대정장43, p.567b26)에 "자기 식 중에 존재하는 유루종자가 만약 번뇌 품어 거두면 추중이라 하고 수면이라고 이름한다. 가령 이숙생이나 그 밖에 무기품으로 거둔다면 추중이라고 할 뿐 수면이라고는 할 수 없다. 가령 신(信) 등의 선법으로 거두는 유루종자라면 추중도 수면도 아니다. 自識中所有有漏種子 若煩惱品所攝 名麤重亦名隨眠 若異熟品及餘無記品所攝 唯名麤重不名隨眠 若信等善法所攝種子 不

名麤重亦非隨眠"라고 하였다. 〔참고문헌〕『佛地經論』, 『成唯識論』, 『成唯識論述記』, 『解深密經疏』 권3(한불전1, p.219b14). ⇨ 유루 有漏❶, 종자 種子, 명언종자 名言種子, 업종자 業種子, 무루종자 無漏種子

유루지 有漏智 Ⓢ sāsrava-jñāna, Ⓣ zag-pa-dang-bcas-pa'i shes-pa. 번뇌가 남아있는 세간의 지. 승의(勝義)가 없으나 세간에는 쓰임이 있는 지로 세간지(世間智)・세속지(世俗智 Ⓢ saṃvṛti-jñāna)・세지(世智)・속지(俗智)라고도 하며, 외도나 범부의 지를 말하기도 한다. 문사수(聞思修) 삼혜(三慧)를 가리키기도 하며, 무루지(無漏智 Ⓢ anāsrava-jñāna)에 대칭한다. 『사리불아비담론』 권9(대정장28, p.590c19)에 "어떤 것을 유루지라고 하는가? 지혜에 탐애가 있으면 이것을 유루지라고 한다. 云何有漏智 智若有愛 是名有漏智", 『순정리론』 권73(대정장29, p.735c12)에 "앞의 유루지를 모두어 세속이라 부르니 병・옷 등의 사물들은 그 자성 허물어질 수 있어서 세속의 실정을 보여 주기에 세속이라고 한다. 이 지는 세속경 흔히 취하고, 다분히 세간을 순하며 속된 일을 거듭하기에 세속지라 이름한다. 뛰어난 뜻을 취하거나 뛰어난 뜻으로 일을 거듭하며, 그 경계에는 애착하지만 뛰어난 공능은 없으며, 잡다한 번뇌는 쉬었지만 무루는 아니다. 또는 출세를 덮어 세간을 끌어내므로 세속이란 이름을 얻었다. 바탕이 지는 없지만, 지가 저 세속을 따라 속하기에 세속(彼)의 지라는 이름을 부여받았으니 지목하여 유루지라 한다. 前有漏智 總名世俗 瓶衣等物 性可毁壞 顯世俗情 故名世俗 此智多取 世俗境故 多順世間 俗事轉故 從多建立 世俗智名 非無取勝義 順勝義事轉 然是愛境 無勝功能 息內衆惑 故非無漏 或覆出世 引發世間 得世俗名 體卽無智 智隨屬彼 得彼智名 意顯此名 目有漏智"라고 하였다. 〔참고문헌〕『舍利弗阿毘曇論』, 『順正理論』, 『瑜伽師地論略纂』 권14(대정장43, p.203c26), *Mvyut.475.* ⇨ 유루 有漏, 세간지 世間智, 세속지 世俗智❷, 세지 世智, 속지 俗智, 문사수삼혜 聞思修三慧, 무루지 無漏智

유루칠인 有漏七人 유루위에 있는 일곱 부류. 복전이 되는 서른 인류 중 하나다. 삼현(三賢)과 사선근위(四善根位)를 아울러 이르는 말이다. 지전(地前)의 칠가행위(七加行位 : 七方便位)를 말한다. 『아비담감로미론』 권상(대정장28, p.966b28)에 "세상에는 서른 가지 복전이 있으니, 부・모・노인・병자・선한 이・이욕범부・유루칠인・사도향・사도과・멸선에서 나온 이・벽지불・보살・부처님・비구・가고 오는 이・굶주린 이・목마른 이이다. 世三十種福田 父 母 老 病 善人 離欲凡夫 有漏七人 四道向 四道果 從滅禪入起 辟支佛 菩薩 佛 比丘僧 有去來人 飢 渴"라고 하였다. 〔참고문헌〕『阿毘曇甘露味論』. ⇨ 삼현 三賢, 사선근위 四善根位❶

유루행 有漏行 Ⓢ sāsrava-saṃskāra, Ⓣ zag-pa-dang-bcas-pa'i 'du-byed. 유루지(有漏智 Ⓢ sāsrava-jñāna)로 행하는 세속의 선하거나 악한 행위. 또는 유루심(有漏心 Ⓢ sāsrava-citta)으로 닦는 수행. 견도(見道) 이전의 수행과 수도위(修道位)에서 여러 가지 정려(靜慮)를 수행하는 유루심이 모두 이에 해당한다. 『구사론』 권22(대정장29, p.114b7 : *Abh-k-bh.*, p.329)에 "〔논〕 세 가지 고의 자성이 있다. 첫째는 고 그대로의 고통, 둘째는 움직여 머물지 못하는 고, 셋째는 무너져 사라지는 고이니, 모든 유루행은 그 응하는 바대로 이 세 가지 괴로움의 성질과 합하기에 모두 고제여도 과실이 없다. 論曰 有三苦性 一 苦苦性 二 行苦性 三 壞苦性 諸有漏行 如其所應 與此三種苦性合故 皆是苦諦 亦無有失 tisro hi duḥkhatā duḥkhaduḥkhatā saṃskāraduḥkhatā vipariṇāmaduḥkhatā ca. tābhir yathāyogam aśeṣataḥ sarve sāsravāḥ saṃskārā duḥkhāḥ"라고 하였다. 〔참고문헌〕『俱舍論』, *Abh-k-bh.* ⇨ 유루지 有漏智, 유루심 有漏心, 무루행 無漏行❷

유류 有流 ❶ Ⓢ bhava-ogha, Ⓟ bhavogha, Ⓣ srid-pa'i-chu-bo. 유폭류(有暴流)의 다른 이름. 『중사분아비담론』 권5(대정장26, p.651b24)에 "어떤 것을 유류라고 하는가? 색계와 무색계에 얽매인 오견과 무명을 제외한 그 밖의 색계와 무색계에 얽매인 결・박・사・번뇌・전 등을 유류라고 한다. 云何有流 謂除色無色界繫五見及無明 餘色無色界繫結縛使煩惱纏 是名有流"라고 하였다. 〔참고문헌〕『衆事分阿毘曇論』. ⇨ 유폭류 有暴流 ❷ ➡ 유루 有漏, 유 有❶

유륜 有輪 Ⓢ bhava-cakraka, Ⓟ bhava-cakka, Ⓣ srid-pa'i-'khor-lo. 존재(有)의 수레바퀴. 삼유(三有)로 거듭하는 생사윤회의 수레바퀴에 비유한 말. 『구사론』 권9(대정장29, p.48a13 : *Abh-k-bh.*, p.130)에 "이와 같이 혹과 업을 인으로 삼기에 생이고, 생을 다시 인 삼아 혹업을 일으키고 이 혹업을 좇아 다시 생이 있게 되므로 유의 수레바퀴는 돌고돌아 시작이 없음을 안다. 시작이 있다고 집착하면 시작에는 인이 없어야 한다. 시작에 이미 인이 없다면 나머지도 저절로 생겨야 하나, 현재 보이는 싹 등은 씨앗 등을 인으로 하여 생겨났으니 때와 시 모두 결정되었기 때문이다. 如是惑業爲因故生 生復爲因 起於惑業 從此惑業 更復有生 故知有輪 旋環無始 若執有始 始應無因 始旣無因 餘應自起 現見芽等 因種等生 由處及時 俱決定故 etena prakāreṇa kleśakarmahetukaṃ janma taddhetukāni punaḥ kleśakarmāṇi tebhyaḥ punar janmety anādibhavac akrakaṃ veditavyam. ādau hi parikalpyamāne tasyāhetukatvam eteṣu sajyeta sati cāhetukatve sarvam evedamahetukaṃ prāduḥ syāt. dṛṣṭaṃ cāṅkurādīṣu bījādīnāṃ sāmarthyaṃ deśakālapratiniyamād"라고 하였다. [참고문헌]『俱舍論』, 『順正理論』 권24(대정장29, p.480b12), *Abh-k-bh.*, *Vism.529.*

유리 有理 ❶ 리가 있음. 실재의 과를 내는 이유 있음의 뜻이다. 『증일아함경』 권21(대정장2, p.657c29)에 "비구들이여! 마땅히 사제를 사의해야 한다. 왜 그런가? 이 사제는 뜻 있고 이유 있어 범행을 닦아도 얻음이 있고 사문법을 행함에 열반에 이르게 한다. 諸比丘 當思議四諦 所以然者 此四諦者 有義 有理 得修梵行 行沙門法 得至涅槃", 『조당집』 권11 「보복종전장 保福從展章」(고려장45, p.303c28)에 "이는 서천 출신 소승으로 벽관하는 바라문인데 무슨 영험한 구석 있겠는가? 곧 바로 이 이치 있다 할 뿐 영처란 없다. 此是西天小乘 壁觀婆羅門 有什摩靈處 直是有理 無靈處"라고 하였다. [참고문헌]『增壹阿含經』, 『祖堂集』. ❷ 입론자가 주장을 철회하면서 하는 열세 가지 사언(捨言) 중 하나. 『유가사지론』 권15(대정장30, p.359c17)에 "사언이란 입론자가 열세 가지 말로 대론자에게 사양하고 말한 바를 버리는 것이다. 그 열세 가지 말이란, 입론자가 대론자에게 사양하여 말한다. … '나의 주장은 타당하지 않고, 당신의 주장은 의미가 있습니다'. 捨言者 謂立論者 以十三種詞 謝對論者捨所言論 何等名爲 十三種詞 謂立論者 謝對論者曰 … 我論無理 汝論有理"라고 하였다. [참고문헌]『瑜伽師地論』. ⇨ 사언 捨言, 인명 因明

유리 有離 Ⓢ saniḥsāra, Ⓣ nges-par-'byung bcas. 여읠 수 있음. 유위법은 열반에 의하여 여읠 수 있으므로 이렇게 말한다. 유출리(有出離 Ⓢ saniḥsaraṇa)라고도 한다. 신역어는 유출(有出)이며, 무리(無離 : 無爲)와 상대한다. 『구사론』 권1(대정장29, p.2a15 : *Abh-k-bh.*, p.5)에 "이와 같이 말에 의지하는 것들은 일체유위제법을 다 거둔다. 그렇지 않다면 『품류족론 *Prakaraṇa-pāda*』 권9(대정장26, p.728a24)의 설에 어긋나는데, 저는 '말이란 십팔계로 거둔 것들에 의지한다'고 하였다. '유리'라고도 하는데, '리'는 길이 여읜 것이니 곧 열반이다. 일체유위법에는 저 여읨이 있다. 유사(有事 Ⓢ savastuka)라고도 하는데, 인이 있기 때문이고 사란 곧 인의 뜻이다. 비바사사(Ⓢ Vaibhāṣika)가 전한 설은 이와 같다. 如是言依 具攝一切有爲諸法 若不爾者 應違品類足論所說 彼說言依十八界攝 或名有離 離謂永離 卽是涅槃 一切有爲 有彼離故 或名有事 以有因故 事是因義 毘婆沙師傳說如此 sārthakavastugrahaṇāt tu saṃskṛtaṃ kathāvastūcyate. anyathā hi prakaraṇagrantho virudhyeta. kathāvastūny aṣṭādaśabhir dhātubhiḥ saṃgṛhītāni. niḥsaraṇaṃ niḥsāraḥ sarvasya saṃskṛtasya nirvāṇam. tad eṣām astīti saniḥsārāḥ. sahetukatvāt savastukāḥ. hetuvacanaḥ kila vastuśabda iti vaibhāṣikāḥ", 『순정리론』 권1(대정장29, p.332c29)에 "혹은 그 이름이 '유리'다. 제취에 윤회하며 생사에 빠져서 열반을 길이 여의었기에 '리'라 부른다. 이는 제취에 항상 흘러 돎을 쉰다는 뜻이다. 만약 이르고 얻으면 결코 다시 돌아오지 않는데, 여기에 '여읨'이 있기에 '유리'라고 한다. 저 재산이 있는 이를 유재라고 하는 것과 같다. 즉 유위법에는 출리의 뜻이 있다. 或名有離 諸趣輪迴 沈溺生死 涅槃永捨 故名爲離 是息諸趣 恒流轉義 若已至得 定不還來 此有離故 說名有離 如有財者 名爲有財 卽是有爲 有出離義"라고 하였다. [참고문헌]『俱舍論』, 『品類足論』, 『順正理論』, *Abh-k-bh.* ⇨ 유사 有事❶, 유위법 有爲法, 무리법 無離法

유리 流離 ❶ 흘러 벗어남. 『선원청규』 권3(卍속장111, p.894b11)에 "선월과 제기는 시승이라 하면 그만이지만, 가도나 혜휴가 흘러 벗어나 속된 벼슬을 하였으니 어찌 출가한 본의라 하겠는가? 禪月齊己 止號詩僧 賈島慧休 流離俗宦 豈出家之本意也"라고 하였다. [참고문헌]『禪苑淸規』. ⇨ 유랑 流浪 ❷ ➡ 비류리왕 毘琉璃王

유리 遊履 Ⓢ √vah. 널리 다니며 몸소 밟음. 『무량수경』 권하(대정장12, p.277c13)에 "부처님께서 널리 다녀 몸소 밟으신 나라와 도성·마을 중 가르침 입지 않은 곳이 없었으니, 천하는 고르게 따랐고 해와 달은 청명하였으며 비바람은 때에 맞아 재난도 역병도 일지 않았으며 나라는 풍요롭고 백성들 편안하여 전쟁할 일 없었으며, 덕을 받들고 인을 드러내 예와 겸양 힘써 닦았다. 佛所遊履 國邑丘聚 靡不蒙化 天下和順 日月淸明 風雨以時 災厲不起 國豐民安 兵戈無用 崇德興仁 務修禮讓"라고 하였다. [참고문헌]『無量壽經』, *Lal-v.*

유리 瑠璃 Ⓢ vaiḍūrya, kāca, Ⓟ veḷuriya. 칠보(七寶) 중 하나. 묘안석(猫眼石)의 일종. 유리(流璃·琉璃)·비두리(毘頭梨·鞞頭梨)·비류리(毘琉璃)·비조리야(鞞稠利夜)·패류리(茷琉璃)·폐노리야(吠努璃野)·폐류리(吠琉璃)·폐류리야(吠琉璃耶)라고 음사하며, 원산보(遠山寶)·불원산보(不遠山寶)·청색보(青色寶) 등으로 한역한다. 청·백·적·흑·녹(青白赤黑綠) 등 여러 가지 빛깔이 있다. 동화하는 자성이 있어서 만나는 물체마다 섭수한다 하여 삼십삼관음(三十三觀音) 중 유리관음(瑠璃觀音)은 이러한 덕으로 세간에 응현하여 중생을 비춰 함께한다. 『아미타경소』(대정장37, p.3

54b29)에 "유리는 갖추어서 폐류리라고 음사하며, 불원이라고 한역한다. 서역에 산이 있는데 바라나성과 멀지 않으며 그 산에서 이 보석이 나오므로 이렇게 이름한다. 자체로는 본래 유리라고 해야 하는데 후인이 구슬옥변을 따랐다. 瑠璃 具云 吠琉璃 此云 不遠 以西域有山去波羅奈城不遠 山出此寶 故以名之 字體本作流離 後人從王",『법화경현찬섭석』 권2(卍속장53, p.106b12)에 "[소] 범어로 폐류리란 다시 풀면 '유리라 하는데 산을 좇아 붙여진 이름이고 원산보라고도 하는데, 수미산을 말한다. 이 보석은 청색이다. 모든 진귀한 보석들은 능히 부서지지 않으며, 불로 녹여서 주조할 수 있는 것도 아니다. 신귀나 신통력 있는 사람만이 능히 부술 수 있는 물건이다'. 혹은 말하길 '금시조알껍데기인데, 이 보물을 귀신이 깨뜨려서 사람에게 판다' 한다. 疏 梵云 吠瑠璃者 復有釋云 言瑠璃者 從山爲名 謂遠山寶 卽須彌山也 此寶青色 一切眞寶 皆不能壞 亦非烟焰所能鎔鑄 唯是神鬼 有通力者 能破爲物 或云 是金翅鳥卵殼 此寶 鬼神破之 以賣與人"라고 하였다. [참고문헌]『阿彌陀經疏』,『法華經玄贊攝釋』,『一切經音義』 권50(대정장54, p.641c6),『翻譯名義集』 권3(대정장54, p.1105b24), *Daś-bh.12.*, *Abh-k-bh.30.*, *Vin.2.238.* ⇨ 불원산보 不遠山寶, 비두리 毘頭梨, 비두리 鞞頭梨, 칠보 七寶

유리계 琉璃界 약사여래와 좌우의 일·월광(日月光)보살, 약사해회(藥師海會)의 제불보살이 머무르는 세계. 유리세계(琉璃世界)·정유리세계(淨琉璃世界)라고도 한다.「향수해례 香水海禮」(『석문의범』 권상, p.1a14)에 "일·월광이 있는 유리계에 계시는 약사여래와 그 바다처럼 넓은 회상(會上)의 모든 부처님과 모든 보살님께 귀의합니다. 南無 日月光 琉璃界 藥師海會 諸佛諸菩薩"라고 하였다. [참고문헌]『釋門儀範』. ⇨ 약사여래 藥師如來, 동방정유리세계 東方淨琉璃世界

유리광 琉璃光 약사유리광여래.『오종범음집』 권상「약사영 藥師咏」(한불전12, p.169c16)에 "동방세계 이름 만월 부처님 명호 유리광, 밝고 깨끗하시네. 머리의 말려진 나발 산처럼 푸르고 미간 호상은 눈처럼 희도다. 東方世界名滿月 佛號琉璃光皎潔 頭上旋螺青似山 眉間毫相白如雪",『자비도량참법집해』 권상(한불전12, p.75c7)에 "저 유리광 어려운 법 잘 아시도다. … 유리광이란, 열반회상의 이 보살은 동방만월광명불소에 계시다가 이십억항하사불토를 지나 사바에 오셔서 법을 들었기에. 如瑠璃光 善解難法 … 瑠璃光者 涅槃會上 此菩薩在東方滿月光明佛所 過二十恒河沙佛土 來至娑婆 聽法故也"라고 하였다. [참고문헌]『五種梵音集』,『慈悲道場懺法集解』. ⇨ 약사유리광여래 藥師琉璃光如來

유리광사 瑠璃光寺 경상남도 창원시 백월산(白月山)에 있던 절. 통일신라시대 달달박박(怛怛朴朴)의 수행처였다.『삼국유사』 권3(대정장49, p.995b29·한불전6, p.329a14) 탑상(塔像)4 남백월이성노힐부득달달박박(南白月二聖努肹夫得怛怛朴朴)에 "나이 약관에 다다라 고을의 동북 마루 밖 법적방에서 머리를 깎고 스님이 되었다. 얼마 지나지 않아 서남쪽 치산촌 법종곡 승도촌에 옛 절이 있어 가히 깃들어 살만하다는 말을 듣고는 함께 가서 대불전·소불전 두 골짜기에 각각 머물렀다. 부득은 회진암에 머물렀는데 양사라고도 하며〈지금 회진동에 있는 옛 절터가 바로 이곳이다〉, 박박은 유리광사에 머물렀다〈지금 이산 위에 있는 옛 절터가 바로 이곳이다〉. 年皆弱冠 往依村之東北嶺外法積房 剃髮爲僧 未幾聞西南雉山村法宗谷僧道村有古寺可以栖眞 同往大佛田小佛田二洞各居焉 夫得寓懷眞庵 一云壤寺〈今懷眞洞有古寺基 是也〉 朴朴居瑠璃光寺〈今梨山上有寺基 是也〉"라고 하였다. [참고문헌]『三國遺事』. ⇨ 달달박박 怛怛朴朴

유리금 琉璃琴 Ⓢ vaiḍūrya-daṇḍa-vīṇā, Ⓟ beluva-paṇḍu-vīṇa. 유리로 만든 거문고.『일체경음의』 권54(대정장54, p.666b13)에 "유리금〈거와 음의 반절이다. 악기인데, 폐류리보석으로 만든 거문고이며, 천상의 악기다〉 琉璃琴〈渠吟反 樂器也 以吠瑠璃寶作之琴 亦天樂具也〉"라고 하였다. [참고문헌]『一切經音義』, *Saṃ-r.132.*, *DN.2.264.* ⇨ 유리 瑠璃

유리금산보화광조길상공덕해여래 琉璃金山寶花光照吉祥功德海如來 Ⓢ Ratnakusuma-guṇasāgara-vaidūryakanakagiri-suvarṇakāñcanaprabhāsa-śrī.『금광명최승왕경』 권8「대길상천녀품 大吉祥天女品」(대정장16, p.439a10 : *Śrīmahādevī-parivarta*, *Suv-pr.*, p.106) 법회상의 여래. 길상천녀가 과거세 이 여래회상에서 갖가지 선근을 심었기에 자재를 얻었다. 같은 곳(대정장16, p.439a17)에 "만약 또 어떤 사람이 지심으로 이『금광명최승왕경』을 독송하고 또 날마다 이름난 향들을 태우고 묘한 꽃들로 저를 위해 저 유리금산보화광조길상공덕해여래·응·정등각께 공양하며 … 이 묘경왕을 늘 듣고 받는다면 이와 같은 복을 얻을 것입니다. 若復有人 至心讀誦是金光明最勝王經 亦當日日 燒衆名香 及諸妙花 爲我供養彼琉璃金山寶花光照吉祥功德海如來應正等覺 … 亦常聽受此妙經王 得如是福"라고 하였다. [참고문헌]『金光明最勝王經』, *Suv-pr.*

유리단 瑠璃壇 유리로 된 단. 유(瑠)는 유(琉)로도 쓴다. 특별히 수계의식을 행하는 계단을 유리계단(瑠璃戒壇)이라고 한다. 이는 계체(戒體)가 출생하는 곳으로서, 맑고 깨끗한 유리구슬과 같이 계 가짐을 비유한 뜻이다.

『경덕전등록』 권10 「조주종심전 趙州從諗傳」(대정장51, p.276c16)에 "남전이 이르길 '도는 알고 모르고에 속하지 않는다. 안다고 하면 망령된 생각이고, 모른다고 하면 (분명히 말할 수 없는) 무기다. 참으로 알아 의심 없는 길이라면 큰 하늘 같아서 막힘없이 그러하고 비어 걸림 없으리니, 어찌 굳이 시비이겠는가?' 조주가 이 말 끝에 이를 깨닫고는 숭악의 유리단으로 가서 계를 받고는 바로 남전에게 돌아왔다. 南泉曰 道不屬知不知 知是妄覺 不知是無記 若是眞達不疑之道 猶如太虛 廓然虛豁 豈可强是非耶 師言下悟理 乃往嵩嶽瑠璃壇納戒 却返南泉", 「쌍계사진감선사대공탑비문 雙溪寺眞鑑禪師大空塔碑文」(이지관, 『교감역주역대고승비문』 신라편1, p.142)에 "원화 5년(810, 헌덕왕2)에 숭산 소림사의 유리단에서 구족계를 받았으니, 어머니의 옛 꿈과 완연히 부합하였다. 元和五年 受具於崇山少林寺瑠璃壇 則聖善前夢 宛若合符"라고 하였다. 〔참고문헌〕『景德傳燈錄』, 李智冠『校勘譯註歷代高僧碑文』. ⇨ 유리 瑠璃, 계단 戒壇

유리등 瑠璃燈 유리광여래를 본존으로 하는 법회에 켜는 등. 또는 유리로 만든 등의 뜻이다. 조선 후기 김창흡(金昌翕 1653~1722)이 금강산을 유람하며 원통암에 유숙할 때 지은 「귀숙원통암 歸宿圓通菴」(『삼연집습유』 권7·한국문집총간166, p.345b16)에 "유리등 부처님 비추니, 그 반은 나그네 마음을 밝히네! 琉璃燈照佛 半就客心明"라고 하였다. 〔참고문헌〕『三淵集拾遺』. ⇨ 약사유리광여래 藥師瑠璃光如來

유리무리불리행시 有利無利不離行市 이문이 있던 없던 시장을 떠나지 않음. 공부하고 교화함에 있어 소득에 집착하지 않는 무소득(無所得)의 뜻이다. 『황룡혜남어록』(대정장47, p.637a12)에 "대중에게 보인다. '이문이 있거나 그렇지 않아도 시장을 떠나진 않는다. 진주무는 그만 두고 여릉쌀 값은 얼마인가? 그 값을 잘 치른다면 종일토록 밥 먹은들 쌀 한 톨 씹은 적이 없겠지만, 만일 모른다면 훗날 언젠가 누군가는 상좌들에게 밥값을 받으려 할 것이니 말할 수 없다고는 하지 마라'. 示衆云 有利無利不離行市 鎭州蘿蔔頭卽且置 廬陵米價作麽生 若善其價 可謂終日喫飯 未曾咬破一粒米 苟若不知他時後日 有人索上座飯錢在 莫言不道", 『보봉어록』(고존숙어록43, 卍속장118, p.724a12)에 "법좌에 올라 '주장자가 있는 이에게 주장자를 줄 것이며, 주장자가 없는 이에게는 도리어 주장자를 빼앗으리. 대중이여, 돈 보고 사고 팔 일이니 사람에게 속지 마라. 알겠는가? 이익 있던 없던 시장을 떠나지 마라. 하하하! 문득 조주가 노파 감파했다는 이야기가 떠오르는구나. 풍류처 아닌 곳이야말로 풍류처니라'. 할 한 번 내지르고 법좌에서 내려왔다. 上堂 你有拄杖子 我與你拄杖子 你無拄杖子 奪却你拄杖子 大衆 見錢買賣 莫受人謾 知麽 有利無利不離行市 阿呵呵 却憶趙州勘婆子 不風流處也風流 喝一喝 下座", 『송원숭악어록』 권상(卍속장121, p.600a13)에 "조는 것도 좌선이고 좌선에 잠에 드니 이익 있던 없던 시장 떠나지 않는다. 노황벽 크게 바보인 척하였으나 깊이 갈고 얕게 뿌린 사실 아는 이 거의 없다. 打睡坐禪 坐禪打睡 有利無利不離行市 老黃檗太憨癡 深耕淺種少人知"라고 하였다. 〔참고문헌〕『黃龍慧南語錄』, 『寶峰語錄』, 『松源崇嶽語錄』.

유리법 有離法 여읠 수 있는 법. 허망하기에 버릴 수 있고, 버릴 수 있어 열반을 기대하는 유위법을 달리 부르는 이름이다. 유출법(有出法)의 신역(新譯)이며, 무리법(無離法 : 無爲法)의 상대어다. 『품류족론』 권6(대정장26, p.716b23)에 "유리법이란 어떤 것인가? 일체 유위법을 말한다. 有離法云何 謂一切有爲"라고 하였다. 〔참고문헌〕『品類足論』. ⇨ 유리 有離, 유위법 有爲法, 무리법 無離法

유리성 瑠璃城 유리로 만든 성. 바라나국(波羅奈國)의 자동녀(慈童女)가 보았다는 성. 『잡보장경』 권1(대정장4, p.451a21)에 전하며, 『법원주림』 권49(대정장53, p.658a20)에 "돌아오는 도중에 도반은 앞서가고 동녀 홀로 뒤쳐져 일행을 잃고 길마저 잃었는데 한 산 정상에 이르러 유리성을 보았다. 至於中路 徒伴在前 童女獨後 失伴錯道 到一山上 見瑠璃城"라고 하였다. 〔참고문헌〕『雜寶藏經』, 『法苑珠林』.

유리왕 瑠璃王 비류리왕(毘琉璃王). 유(瑠)는 유(流)로도 쓴다. 『법구비유경』 권1(대정장4, p.583b5)에 "이때 유리왕은 군사를 일으켜 사이국을 정벌하여 석종 중 도의 자취를 밟는 이들을 살해하였으니, 잔폭무도하여 오역죄를 아울러 범하였다. 是時 瑠璃王 尋興兵衆 伐舍夷國 殺害釋種 道跡之人 殘暴無道 五逆兼備"라고 하였다. 〔참고문헌〕『法句譬喩經』. ⇨ 비류리왕 毘琉璃王

유리왕경 琉璃王經 서진(西晉) 때 축법호(竺法護 Ⓢ Dharmarakṣa) 한역. 1권. 고려장19, pp.891a1~894a7, No.787·대정장14, pp.783b13~785b26, No.513에 수록되어 있다. 유(瑠)는 유(流)로도 쓴다. 사위국(舍衛國 Ⓢ Śrāvastī) 파사익왕(波斯匿王 Ⓢ Prasenajit)의 아들 유리태자는 자신의 출생을 능멸했다 여겨 부왕과 석가족에게 원한을 품고 부왕을 시해한 뒤 석가족을 멸한 인연사가 전한다. 『증일아함경 增壹阿含經』 권26(대정장2, pp.690a13~693c9)·『의족경 義足經』 권하 「유루륵왕경 維樓勒王經」(대정장4, pp.188a1~189c24)에도 전하는데, 부처님은 세 차례나 유리왕의 행군을 막았지만, 다시 제자들이 신통력을 쓰려 하자 석가족의 과거세 숙업이다 하시고는 석가족의 멸망을 지켜보셨다. 석가족은 오계를 지키며 살상을 꺼려 학살 당했지만, 잔악무도한 죄를 저지른 유리왕은 7일 후에 지옥에 떨어져 불에 타 죽었다. ⇨ 파사익왕 波斯匿王

유리왕자 琉璃王子 ➡ 비류리왕 毘琉璃王

유리지 瑠璃地 Ⓢ vaiḍūrya-pṛthivi. 유리로 된 땅. 『관무량수경의소』(대정장37, p.242b29)에 "물과 유리 모습 관하여 저 유리로 된 땅을 본다. 유리땅은 모든 것들이 비쳐 사무쳐 보지 못할 것이 없음을 본다. 以作水想 及瑠璃想 則見彼瑠璃之地 見瑠璃地 一切映徹 無所不見也", 『낙방문류』 권5 「십육관경송 十六觀經頌」(대정장47, p.217b19)에 "수관 : 다음으로 물 모습으로 서방을 보니, 일체가 모두 정토물이다. 물을 본 다음 얼음이 되고, 서로 그대로 비쳐 사무치는 유리지를 본다. 水觀 次作水想見西方 一切皆爲淨土水 旣見水已想成氷 皎然映徹瑠璃地"라고 하였다. 〔참고문헌〕『觀無量壽經義疏』, 『樂邦文類』, *Ratna-ut.9.* ⇨ 유리 瑠璃

유리태자 琉璃太子 비류리왕(毘琉璃王)을 태자 때 부르던 이름. 36권본 『대반열반경』 권14(대정장12, p.700c22)에 "또한 선남자여! 유리태자는 어리석었기에 부왕을 폐하고 스스로 주가 되었으며, 또 옛일을 잊지 않아 석종을 수없이 해하였으니 만이천의 석종여인들을 취하여 귀와 코를 베고 손발을 잘라 구덩이에 묻었다. 復次 善男子 琉璃太子 以愚癡故 廢其父王 自立爲主 復念宿嫌 多害釋種 取萬二千釋種諸女 刵劓耳鼻 斷截手足 推之坑塹"라고 하였다. 〔참고문헌〕『大般涅槃經』. ⇨ 비류리왕 毘琉璃王

유리혜서 鼬貍鼷鼠 족제비(鼬)·삵(貍)·생쥐(鼷鼠 Ⓢ mūṣika). 『법화경』 권2 「비유품 譬喩品」(대정장9, p.13c26)에 등장하여 무명(無明)을 비유한다. 범본 『법화경』(*Saddh-p.*, p.83)에는 전갈(蝎 Ⓢ vṛścika)과 생쥐다. 『법화경입소』 권3(卍속장47, p.182a16)에 "유는 쥐와 비슷한 짐승이다. 유(狖)자라면, 이는 원숭이인 듯하며, 삵 같기도 하고, 쥐를 먹는다. 혜는 작은 쥐로 독이 있어서 사람이나 짐승을 물면 죽음에 이르도록 통증이 없는 감구서(甘口鼠)를 말한다. 이들 모든 비유는 무명에 상응한다. 鼬者 似鼠獸 若狖字 似猿也 又似貍 亦噉鼠也 鼷者 小鼠 有毒螫人及獸 至盡不痛 卽甘口鼠也 此等竝譬 相應癡也"라고 하였다. 〔참고문헌〕『法華經』, 『法華經入疏』, *Saddh-p.* ⇨ 상응무명 相應無明

유린 有悋 Ⓢ matsaritva, Ⓣ ser-sna-nyid. 아껴 베풀지 않는 마음. 간린(慳悋)이라고도 한다. 『대승장엄경론』 권6(대정장31, p.620a27 : *Sūtr.*, p.81)에 "여덟 가지 허물 중 첫째는 게으름 … 여덟째는 인색함이다. 八種過者 一 懈怠 … 八 有悋 aṣṭau doṣāḥ kauśīdyam … matsaritvaṃ"라고 하였다. 〔참고문헌〕『大乘莊嚴經論』, *Sūtr.* ⇨ 간린 慳悋

유림 有林 유정(有情)의 수풀 또는 삼유(三有 : 欲有·色有·無色有)의 숲. 『대장엄론경』 권9(대정장4, p.307b12)에 "사람·하늘·아수라 그리고 야차·구반다 등, 태어나 사는 류들, 미세한 마음의 욕이라는 올가미에 묶인 모든 중생들. 삼유의 숲에서 돌고 돌지만 능히 스스로 벗어날 겨를 없네. 人天阿脩羅 夜叉鳩槃茶 一切有生類 微細心欲羂 繫縛諸衆生 迴轉有林中 無由能自拔"라 하였다. 〔참고문헌〕『大莊嚴論經』. ⇨ 유정계 有情界

유림 乳林 Ⓢ Kṣīrikāvana. 숲 이름. 음사어는 차리니가(差梨尼迦)이다. 상인(商人)인 제위(提謂 Ⓢ Trapuṣa)와 바리(波利 Ⓢ Bhallika) 형제가 부처님께 귀의하여 최초의 우바새가 되었을 때 묵었던 숲. 꺾인 가지에서 유즙이 나오는 나무들이 있어 출유즙림(出乳汁林)이라고도 한다. 『방광대장엄경』 권10(대정장3, p.601c8 : *Lal-v.*, p.276)에 "부처님께서 비구들에게 말씀하셨다. '그때 북천축국 여러 상인들 우두머리였던 두 형제가 있었는데 제리부바와 바리였다. 지혜 밝고 세간법에 매우 익숙하였으며, 그 성품이 부드러워 잘 이끌었기에 흥정하여 팔고 서로 바꿈에 이익을 생각지 않을 때가 더욱 많았다. 오백수레에 진귀한 보물을 싣고 본국으로 돌아가는데, 이 상인들에게는 두 마리 잘 길들인 소가 있었으니, 한 마리는 선생이고, 다른 한 마리는 명칭이었다. … 유림에 이르자 길은 매우 평평하였으나 소가 걸음을 멈추었다. 佛告諸比丘 時北天竺國 兄弟二人 爲衆商之主 一名 帝履富婆 一名 婆履 智慧明達 極閑世法 其性調柔 善能將導 興販貿易 息利尤多 以五百乘車 載其珍寶 還歸本國 是諸商侶 有二調牛 一名 善生 號 名稱 … 行至乳林 路甚平正 牛足拒地 tena khalu punaḥ samayenottarāpathakau dvau bhrātarau trapuṣa bhallikanāmakau vaṇijau paṇḍitau nipuṇau vividhapaṇyaṃ gṛhītvā mahālabdhalābhau dakṣiṇāpathād uttarāpathaṃ gacchete sma mahatā sārthena pañcabhir dhuraśataiḥ suparipūrṇaiḥ. tayoḥ sujātaḥ kīrtiś-ca nāmājāneyau dvau balīvardāv āstām … teṣāṃ tārāyaṇasamīpe kṣīrikāvananivāsinīdevatādhiṣṭhānāt te śakaṭāḥ sarve viṣṭhitā na vahanti sma"라고 하였다. 〔참고문헌〕『方廣大莊嚴經』, 『佛本行集經』 권32(대정장3, p.801a9), *Lal-v.*

유림 儒林 유학하는 무리. 유생(儒生)·독서인(讀書人)이라고도 한다. 『불조통기』 권21 「설징장 薛澄章」(대정장49, p.243c29)에 "일찍이 유림에서 공부하여 읽지 않은 책이 없었다. 早遊刃於儒林 無書不讀", 『불조역대통재』 권11(대정장49, p.565b9)에 "나는 예전에 유림에 두터운 뜻을 품었었다. 余昔篤志於儒林"라고 하였다. [참고문헌] 『佛祖統紀』, 『佛祖歷代通載』.

유림굴 楡林窟 중국 감숙성(甘肅省) 과주현(瓜州縣) 남쪽 유림하(楡林河) 계곡 양편 절벽에 개착된 석굴사원. 만불협(萬佛峽)이라고도 한다. 고대 실크로드의 중심 교역로인 하서주랑(河西走廊)의 북서부에 위치하며, 막고굴(莫高窟)·천불동(千佛洞)과 더불어 돈황석굴군에 속한다. 현전하는 42개 석굴은 유림하 동서 양편에 각각 31개와 11개의 굴로 분포되어 있으며, 당대부터 청대까지 꾸준히 개착되었다. 석굴의 형식은 중심주굴(中心柱窟)과 복두천정(覆斗天井)의 전당굴(殿堂窟)이 주류인데, 일부는 밀교도상이다. 제6굴은 가장 큰 규모의 예배굴로 궁륭식 천정이고 중앙에는 높이 24m 미륵대불상과 송·서하·원·청대에 보수한 사방벽화가 남아 있으며, 남쪽 통로에 송대 아미타경변(阿彌陀經變)이 그려져 있다. 제25굴은 성당(盛唐)이 투루판 점령시기인 776~781년 경에 조성되었는데, 방형의 주실과 횡장방형의 전실, 그리고 두 곳을 잇는 연결통로로 구성된 '古'자를 뒤집은 형태의 굴감이다. 전실의 동벽 남측의 남방천왕(南方天王)이 『서유기 西遊記』에 나오는 저팔계의 모습을 하고 있으며, 북측의 북방천왕은 토번군복장을 하였으며 그 주위로 티베트와 위구르문자가 보인다. 주실 입구 양쪽 벽에는 문수(文殊)와 보현(普賢)보살이 모셔져 있는데, 산개(傘蓋)를 든 협시보살 그 아래로 곤륜노(崑崙奴)가 각기 사자와 코끼리를 끌고 있으며 간결하고 생동감 넘친다. 주실 내부의 북벽에 미륵경변(彌勒經變), 남벽에 관무량수경변(觀無量壽經變), 동벽에 팔대보살만다라(八大菩薩曼茶羅) 등이 그려져 있다. 미륵경변의 중앙에는 통견(通肩)의 가사를 입은 미륵불을 좌우로 보살이 협시하고 있으며, 부처님의 머리 위로 옥색의 연꽃이 화려하며 뒤쪽으로는 천룡팔부(天龍八部)가 옹호하고 있다. 미륵불 아래로는 왕비의 체발출가(剃髮出家), 참선하는 모습, 공양물을 올리거나 법문을 듣는 장면, 소를 끌어 밭을 가는 장면 등 다채롭다. 제3호굴은 서하(西夏) 때 조성되었으며, 주실 서벽 남측의 보현변상도가 특히 아름답다. 누각과 산수가 어우러진 상단, 화려한 보관을 쓰고 천의자락을 흩날리며 흰 코끼리를 탄 보현보살 아래로 여러 성중(聖衆)과 위타천(韋馱天)·비구·동자 등이 그려진 중단, 예불공양자(禮佛供養者)가 그려진 하단으로 구성되어 있다. 제4호굴은 원대에 조성되어, 밀교의 본존인 대일여래(大日如來)와 금강계의 불공성취불(不空成就佛)과 보생불(寶生佛) 등이 그려져 있다. 그 외 공양인도(供養人圖)로는 제15굴의 과사주조씨가족공덕상(瓜沙州趙氏家族功德像), 제19굴 설도사 조원충(曹元忠)과 양국부인(凉國夫人) 공양상 등도 다채롭게 그려져 있다. [참고문헌] 『中國石窟과 文化藝術』 권상(景仁文化社, 1996) pp.125~127, 『세계문화유산 돈황예술정품』(돈황시, 2007).

보현보살도 제3굴 서벽 서하대

문수보현변상도 제25굴 북벽 당대

관무량수경변상도 무희도 제25굴 남벽 수대

유마 有麽 '있는가?'라고 소리내는 순간. 말의 길(言語道)과 마음의 행로(心行處)가 끊어진 낙처(落處)를 향한 몸짓이다. 『벽암록』 40칙 「수시 垂示」(대정장48, p.177c29)에 "쉬고 또 놓아 갈지니, 쇠나무에 꽃 피리라. 있는가, 있는가? 영리한 아이 말문이 막혀, 곧바로 알아 일곱 번 쫓고 여덟 번 가로지르더라도 다른 이 코뀌는 일 면치 못하리라. 일러 보라. 그르쳐 말하는 그곳은 어디인가? 休去歇去 鐵樹開花 有麽 有麽 黠兒落節

直饒七縱八橫 不免穿他鼻孔 且道 誵訛在什麽處", 『운문광록』 권중(대정장47, p.563a5)에 "'어떻게 해야 발뒤끝 아래 일구라 하겠는가?' 대신 이르길 '있는가?' 或云 作麽生是脚跟下一句 代云 有麽"라고 하였다. 〔참고문헌〕『碧巖錄』, 『雲門廣錄』.

유마 維摩 유마거사(維摩居士). 『화엄경탐현기』 권8(대정장35, p.270a16)에 "두 번째 삼승진여에 다시 두 문이 있다. 첫째는 돈교의 여인데, 유마 침묵하여 깊은 뜻 드러냈으니 이것이다. 二者 三乘眞如 亦有二門 一 頓敎如 維摩直默 以顯玄意者 是", 『화엄오교지관』(대정장45, p.512a2)에 "다음으로 유마의 차례가 되자 침묵으로 답하며 조용히 아무 말도 없었는데, 이를 참으로 불이법문 들어감이라고 한다. 문수가 찬탄하길 '선재 선재라! 묵연히 아무 말 없으니, 이야말로 진정으로 불이법문에 들어감이다'. 次至維摩 默答寂無言說 名眞入不二法門 文殊歎曰 善哉 善哉 默然無言 是眞入不二法門", 『불조통기』 권32(대정장49, p.315a24)에 "순긍가하(順殑伽河) 동북쪽으로 가면 비야리〈옛 이름 비사리이니, 유마 방장이 있었다〉에 이른다. 順殑伽河東北至毘耶離〈舊名毘舍離 有維摩方丈〉"라고 하였다. 〔참고문헌〕『華嚴經探玄記』, 『華嚴五敎止觀』, 『佛祖統紀』. ⇨ 유마거사 維摩居士

유마거사 維摩居士 Ⓢ Vimalakīrti. 부처님 재세 시 비야리성(毘耶離城 Ⓢ Vaiśālī)의 거사. 비마라힐(毘摩羅詰)·유마라힐(維摩羅詰)·유마힐(維摩詰) 등이라고도 하며, 구역은 정명(淨名)이고 신역은 무구칭(無垢稱)이다. 중인도 비야리성의 대부호인데 재가자로서 보살행을 닦고 무생법인(無生法忍 Ⓢ anupattika-dharma-kṣānti)을 얻었으며 변재에 막힘이 없었다고 한다. 『유마경』의 중심인물이며, 동방 묘희국(妙喜國 Ⓢ Abhirati)으로부터 화생하여 재가에 몸을 의탁한 뒤 석가모니 부처님의 교화를 도운 법신대사(法身大士)로 전한다. 문수보살을 위시하여 병문안을 위해 찾아온 대보살들 앞에서 침묵으로 불이법문(不二法門 Ⓢ advaya-dharma-mukha)을 드러낸 것으로 유명하다. 후대에 끼친 영향이 크며 선종 공안마당에 등장하였다. 중국에서는 육조(六朝)시대 이래로 도상화되어 돈황 천불동의 벽화 등에 유마경변상도가 전한다. 『원오어록』 권16(대정장47, p.789c6)에 "들기를, '문수보살이 유마거사에게 묻기를 「우리들 각자 말해 마쳤습니다. 무엇이 그대가 설하는 불이법문입니까?」 하였다. '이 한마디 구름에 말함 알려 함이 총림에 적지 않다. 어떤 이는 가만히 있었다 하고, 어떤 이는 한참이나 그랬다고 하며, 어떤 이는 기대어 앉아 있었다고 하고, 어떤 이는 상대하지 않았다고 하지만, 아무리 모색해도 맞지 않다. 곧바로 그 소리 우레 같을 줄 알아 널리 모든 이들 놀라 깨었으니, 예부터 오늘에 이르도록 앞서간 성인이든 뒤에 오실 성인이든 설한 법문 다만 유마의 조각난 그 시간을 향하여 일시에 드러나리라. 일러보라. 정히 이러한 때 당해서 어떻게 지어가야 유마를 마주할 수 있겠는가?' 擧 文殊菩薩問維摩居士云 我等各自說已 云何是仁者所說不二法門 師云 這一轉語 叢林話會不少 有道默然 有道良久 有道據坐 有道不對 要且摸索不著 直得其聲如雷 普驚群動 自古及今 前聖後聖 所說法門 只向維摩片時之間 一時顯現 且道 正當恁麽時 作箇什麽 得見維摩"라고 하였다. 〔참고문헌〕『圜悟語錄』, 『頌古聯珠通集』 권4(卍속장115, p.38b8), 『宗門拈古彙集』 권3(卍속장115, p.549b18), *Vikī-n.* ⇨ 유마힐 維摩詰, 정명 淨名, 무구칭 無垢稱 ❸

유마거사도
일본 경도국립박물관 13세기

유마경 維摩經 Ⓢ Vimalakīrti-nirdeśa-sūtra, Ⓣ 'phags-pa dri-ma-med-par-grags-pas-bstan-pa shes-bya-ba theg-pa-chen-po'i-mdo. 요진(姚秦) 때 구마라집(鳩摩羅什) 한역. 3권. 14품. 갖춘 이름은 『유마힐소설경 維摩詰所說經』이며, 『유마힐경 維摩詰經』이라고도 한다. 유마거사의 불가사의해탈법문(不可思議解脫法門)을 설하기에 『불가사의해탈경』이라고도 한다. 고려장9, pp.977a1~1006a10, No.119·대정장14, pp.537a3~557b26, No.475에 수록되어 있다. 부처님께서 비사리성(毘舍離城 Ⓢ Vaiśālī)에 머무실 적에 오백장자의 아들들이 부처님께 설법을 청했는데, 당시 장자 유마거사는 병으로 함께하지 못하자 부처님께서는 문수사리 등을 보내어 문병을 하게 하였는데, 이때 유마거사와 보살들이 주고받은 법문이다. 본경은 대승 재가자인 유마거사가 사리불 등의 대제자와 맞서 대승의 뜻을 드러내고 있다. 특히 문수사리를 비롯한 서른두 분의 보살들이 문답을 주고받은 뒤 최후에 유마거사는 침묵으로써 응답하였고, 이는 선종의 공안마당에도 등장하며, 그 뜻을 잘 드러낸 「부사의품 不思議品」과 「입불이법문품 入不二法門品」 또한 주목받아 왔다. 성립 연대는 1세기경으로 『반야경』을 잇는 대표적인 대승경전이다. 『대지도론』 등 여러 논서에서 인용하고 인도에서 성행하였으며, 중국에서는 한역된 후 널리 수지·독송되었다. 7종의 한역본이 있었으나 구마라집의 한역본을 포함한 3종이 전한다. 이역본은 오(吳)나라 때 지겸(支

謙)이 한역한 『유마힐경 維摩詰經』 2권(대정장14, No.474)과 당나라 때 현장(玄奘)이 한역한 『설무구칭경 說無垢稱經』 6권(대정장14, No.476)이다. 이들 3종역본은 큰 차이는 없지만, 첫째 품의 찬불게(讚佛偈)가 지겸역본에서는 10송인 반면 구마라집역본에서는 18송이고 현장역본에는 19송 반이다. 범본은 1981년에 비구 프라사디카(Bhikṣu Prasādikā)와 죠시(L.M.Joshi)에 의해 티베트역본을 기초로 복원되었는데, 1999년에 포탈라(Potala)궁 문헌 조사단의 일원이었던 고교상부(高橋尙夫)에 의해 사본이 발견되어, 2004년에 범장한대조본으로 출간되었다. 티베트역본은 북경판(北京版 No.843)·델게판(sDe-dge No.176)·날탕판(sNar-thang No.162)·쵸네판(Co-ne No.816)·라사판(Lhasa No.177)·똑판(sTog No.171)에 전승되었다. 이외에 몽고어역·소그드(Sogd)어역도 있으며, 코탄(Khotan)어와 고대투르크어사본 단편도 현존한다. 대표 주석서로는 승조(僧肇)의 『주유마힐경 注維摩詰經』 10권(대정장38, No.1775), 정영사(淨影寺) 혜원(慧遠)의 『유마의기 維摩義記』 4권(대정장38, No.1776), 지의(智顗)의 『유마경현소 維摩經玄疏』 6권(대정장38, No.1777), 길장(吉藏)의 『유마경의소 維摩經義疏』 6권(대정장38, No.1781)과 『정명현론 淨名玄論』 8권(대정장38, No.1780) 등이 있다. [참고문헌] 梵語佛典研究會 『維摩經·智光明莊嚴經 解說 *Introduction to Vimalakīrtinirdeśa and Jñānālokālaṃkāra*』(東京: 大政大學出版會, 2004). ⇨ 유마힐경 維摩詰經[1], 비마라힐경 毘摩羅詰經, 부사의경 不思議經[2], 부사의해탈경 不思議解脫經[2], 무구칭경 無垢稱經[1]

유마경문소 維摩經文疏 ➡ 유마경소 維摩經疏

유마경변상 維摩經變相 『유마경』 내용을 도상화한 그림. 문수보살이 유마거사와 대론하는 장면이 주요 주제다. 중국 운강(雲崗)·용문(龍門)·맥적산(麥積山)·공현(鞏縣)·천동산(天童山)·돈황(敦煌) 등의 석굴에 벽화와 부조(浮彫)·소조(塑造)로 전승되고 있으며, 수(隋)부터 오대(五代)에 걸쳐 조성되었다. 그중 운강 제6굴·제7굴과 용문(龍門) 고양동(古陽洞)·미륵동(彌勒洞)의 부조와 돈황 막고굴(莫高窟)의 420굴 서벽(수대초)·220굴 동벽(당대초)·103굴 동벽(당대중기) 등의 벽화 등이 유명하다. 그 외 영국 대영박물관에는 8세기 견본채색불화와 우리나라 1854년(철종5) 성주암(聖住庵)에서 개간한 목판본 『유마힐소설경』의 권수에 편재된 변상이 전한다. 운강 제6굴 남벽 하층 중앙부에는 유마거사와 문수보살이 석가모니불 좌우에서 담론하는 모습의 삼존상 형식이 전한다. 가장 유명하고 전형적인 작품은 돈황 막고굴 제103호굴의 유마경변상도이다. 향좌측에 문수보살이 권속을 거느리고 와서 대좌에 앉아 설법하고, 향우측에는 중국풍의 사대부 복장을 하고 한 손에 불자를 들고 침상에 앉아 있는 유마거사를 그렸다. 문수보살의 아래에는 제왕(帝王)이 신하를 거느리고 예배하러 나서고 있고, 유마거사의 아래에는 발우를 받든 보살이 장자들의 공양을 받고 있다. 우리나라 성주암 판본 『유마힐소설경』의 화사(畵師) 이계백(李季伯)이 그린 경변상(經變相)에는 부처님께서 비야리(毘耶離) 암라수원(菴羅樹園)에서 설법하신 상번인 암나원법회(庵那園法會)·문수보살이 병중의 유마를 방문하는 문수문질(文殊門疾)·유마가 보살을 위해 사자좌를 마련한 문수사자좌(文殊師子座)·화보살이 공양을 올리는 화보살봉반(花菩薩奉飯)·유마가 부처님 계신 곳에 나아가는 유마힐불소(維摩詰佛所)의 다섯 장면으로 도해하였고, 호법신중(護法神衆)인 동진보살(童眞菩薩: 위타천)의 변상도 그려 넣었다. 한편 유려한 부조의 유마좌상이 석굴암(石窟庵) 감실(龕室)에

유마경변상도 막고굴 제103굴 당대

유마경변상부조 운강석굴 제6굴 남벽

유마상 석굴암 8세기후반

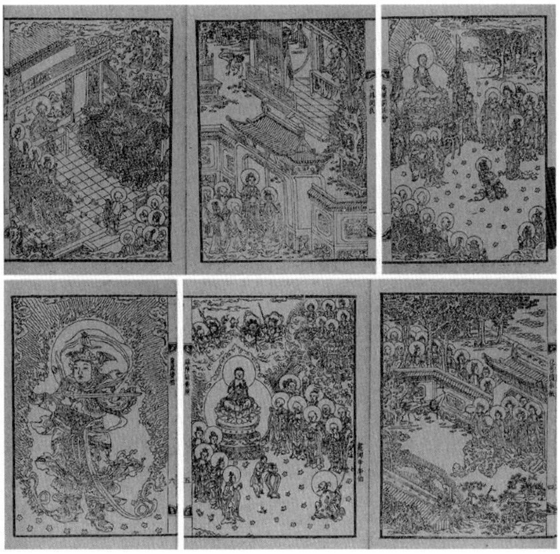

유마힐소설경변상 성주암본 고양 원각사 1854년

안좌하고 있다. [참고문헌] 溫玉成 著 裵珍達 編譯『中國石窟과 文化藝術』(景仁文化社, 1996), 『雲崗』(文物出版社, 2000) p.22. ⇨ 유마경 維摩經, 유마거사 維摩居士

유마경소 維摩經疏 수(隋)대 지의(智顗)의 『유마경』 주석서. 28권. 卍속장27, p.857a1~卍속장28, p.384b13에 수록되어 있다. 『유마경광소 維摩經廣疏』·『유마경대소 維摩經大疏』·『유마경문소 維摩經文疏』·『유마소 維摩疏』·『정명광소 淨名廣疏』 등이라고도 한다. 본서는 『유마경현소 維摩經玄疏』와 마찬가지로 수양제(隋煬帝)의 청에 응하여 지의가 설하고 이를 문하에서 권27 「불도품 佛道品」까지만 기록하였는데, 나머지는 제자 관정(灌頂)에 의해 보완되었다. 구마라집(鳩摩羅什)이 한역한 『유마경』 3권 14품에 대한 주석으로서 각 품의 유래와 품들 간의 관계, 이어 상세한 해설을 가하고, 적절하게 과문하여 거침없이 주석하였다. 『유마경현소』와 더불어 청정불국토 등 천태의 입장을 드러낸 책이다. 당대 형계담연(荊溪湛然)은 본서를 축약하여 『유마경약소 維摩經略疏』 10권(대정장38, No.1778)을 만들고 다시 본서에 대한 주석으로 『유마경소기 維摩經疏記』 3권(卍속장28, pp.719a2~841a14)을 지었으며, 송(宋)대 천태종 산외파(山外派) 지원(智圓)은 『유마경약소』에 대한 주석으로 『유마경약소수유기 維摩經略疏垂裕記』 10권(대정장38, No.1779)을 지으며 천태종지를 선양하였다.

유마경소기 維摩經疏記 당(唐)대 담연(湛然) 지음. 3권 또는 6권. 천태지의(天台智顗)의 『유마경문소 維摩經文疏』에 대한 주석서. 卍속장28, pp.719a1~841a14에 수록되어 있다. 『유마경광소기 維摩經廣疏記』·『광소기 廣疏記』·『유마경기 維摩經記』·『유마소기 維摩疏記』라고도 한다. 천태의 교관이문(敎觀二門)을 밝히고 있다. ⇨ 유마경문소 維摩經文疏

유마경십유 維摩經十喩 『유마경』에서 설하는 열 가지 비유. 물거품(聚沫 Ⓢ phena-piṇḍa)·물방울(泡 Ⓢ budbuda)·아지랑이(炎 Ⓢ marīci)·파초(芭蕉 Ⓢ kadalī-skandha)·환영(幻 Ⓢ māya)·꿈(夢 Ⓢ svapna)·그림자(影 Ⓢ pratibhāsa)·메아리(響 Ⓢ pratiśrutka)·뜬구름(浮雲 Ⓢ megha)·번개(電 Ⓢ vidyut) 등이다. 『유마경』 권상 「방편품 方便品」(대정장14, p.539b13 : *Vikī-n.*, p.64)에 "여러분! 이 몸은 무상합니다. 강하지도 않고 힘도 없고 견고하지도 못해 빠르게 썩는 법이니 믿을 만하지 못합니다. 고통과 번뇌가 되고 온갖 병이 모입니다. 여러분! 지혜로운 이는 이 몸에 의지하지 않습니다. 諸仁者 是身無常 無强 無力 無堅 速朽之法 不可信也 爲苦 爲惱 衆病所集 諸仁者 如此身 明智者所不怙 evam anityo ’yaṃ mārṣāḥ kāyaḥ. evam adhruvaḥ evam anāsvāsikaḥ evaṃ durbalaḥ evam asāraḥ evaṃ jarjaraḥ evam itvaraḥ evaṃ duḥkhaḥ evam ābādhikaḥ evaṃ vipariṇāmadharmā evaṃ bahurogabhājano ’yaṃ mārṣāḥ kāyaḥ. tatra paṇḍitena niśrayo na kartavyaḥ", "이 몸은 거품과 같아 잡아 만질 수 없으며, 물방울 같아 오래 존재할 수 없으며, 아지랑이 같아 갈애로 생겨나며, 파초와 같아 어디에도 견고함 없으며, 아지랑이 같아 전도함을 따라 일어나며, 꿈과 같아 허망함 보게 하며, 그림자 같아 업연을 쫓아 드러나며, 메아리 같아 모든 인연에 걸려 있으며, 뜬구름 같아 잠깐 사이 변하여 사라지며, 번개 같아 한 순간도 머물지 않습니다. 是身如聚沫 不可撮摩 是身如泡 不得久立 是身如炎 從渴愛生 是身如芭蕉 中無有堅 是身如幻 從顚倒起 是身如夢 爲虛妄見 是身如影 從業緣現 是身如響 屬諸因緣 是身如浮雲 須臾變滅 是身如電 念念不住 phenapiṇḍopamo ’yaṃ mārṣāḥ kāyo ’parimardanakṣamaḥ. budbudopamo ’yaṃ kāyo ’cirasthitikaḥ. marīcyupamo ’yaṃ kāyaḥ kleśatṛṣṇāsaṃbhūtaḥ. kadalīskandhopamo ’yaṃ kāyo ’sārakatvāt. yantrabhūto batāyaṃ kāyo ’sthisnāyuvinibaddhaḥ. māyopamo ’yaṃ kāyo viparyāsasaṃbhūtaḥ. svapnopamo ’yaṃ kāyo vitathadarśanaḥ. pratibhāsopamo ’yaṃ kāyaḥ pūrvakarmapratibhāsatayā saṃdṛśyate. pratiśrutkopamo ’yaṃ kāyaḥ pratyayādhīnatvāt. meghopamo ’yaiḥ kāyaś cittākulavigamalakṣaṇaḥ. vidyutsadṛśo ’yaṃ kāyaḥ kṣaṇabhaṅgayukto ’navasthitaḥ. asvāmiko ’yaṃ kāyo nānāpratyayasaṃbhūtaḥ"라고 하였다. [참고문헌] 『維摩經』, *Vikī-n.* ⇨ 대승십유 大乘十喩

유마경약소 維摩經略疏 ❶ 수(隋)대 길장(吉藏)이 지은『유마경』주석서. 5권. 卍속장29, pp.189a1~361b12에 수록되어 있다.『유마힐소설경소 維摩詰所說經疏』·『유마경소 維摩經疏』·『불가사의해탈경소 不可思議解脫經疏』·『정명경약소 淨名經略疏』등이라고도 한다.『유마경』강의를 수십 차례나 했다고 알려진 길장에게는 본서 외에도『정명현론 淨名玄論』8권(대정장38, No.1780)·『유마경의소 維摩經義疏』6권(대정장38, No.1781) 등이 있는데, 본서를 약소라 하고『유마경의소』를 특별히 광소(廣疏)라 부른다.『유마경의소』가 경문을 순차해석한 반면에 본서는 함축된 의미에 치중하고 있다. ⇨ 유마경의소 維摩經義疏❶ ❷ 수대 지의(智顗)가 강설한『유마경문소 維摩經文疏』28권을 담연(湛然)이 10권으로 축약한 책이다.『유마약소 維摩略疏』라고도 한다. 대정장38, pp.562c3~710a15, No.1778에 수록되어 있다. 당말오대(唐末五代)에『유마경문소』와 함께 널리 유행하였다. ⇨ 유마경문소 維摩經文疏

유마경약현 維摩經略玄 ➡ 유마경현소 維摩經玄疏

유마경유의 維摩經遊意 수(隨)대 길장(吉藏)이 지은『유마경』주석서. 1권. 길장의『유마경의소 維摩經義疏』(대정장38, No.1781) 6권 중 권1의 현의(玄義)만을 따로 편집한 책.『유마힐경유의 維摩詰經遊意』·『정명경유의 淨名經遊意』·『정명유의 淨名遊意』라고도 한다. 일본 삼론종(三論宗)에서 만든 것으로 추정하는데, 사본과 1768년(명화5)에 간행된 판본만 남아 전하고,『내량록 奈良錄』·『동역록 東域錄』·『삼론종장소 三論宗章疏』등의 고목록에 서명은 보이지 않는다. ⇨ 유마경의소 維摩經義疏❶

유마경의기 維摩經義記 ➡ 유마의기 維摩義記

유마경의소 維摩經義疏 ❶ 수(隨)대 길장(吉藏)이 지은『유마경』주석서. 6권. 대정장38, pp.908c3~991b23, No.1781에 수록되어 있다.『유마경소 維摩經疏』·『유마경광소 維摩經廣疏』·『유마광소 維摩廣疏』·『정명경광소 淨名經廣疏』·『정명광소 淨名廣疏』등이라고도 한다. 삼론종(三論宗)의 입장에서 주석하였고 처음에 현의(玄義)를 논하는 부분은『유마경』의 개론으로 본서의 서론이다. 후에 따로 추려『유마경유의 維摩經遊意』1권(대정장38, No.1781)이 편집되기도 했다. 현의에 이어 14품 각각의 이름과 대의를 서술한 후 경문을 주석하는 형식이다. 구마라집(鳩摩羅什)·승조(僧肇)·흥황(興皇 : 法朗) 등의 설을 인용하고 있다. ⇨ 유마경유의 維摩經遊意 ❷ 일본 성덕태자(聖德太子)가 614년(추고22)에 지은『유마경』주석서. 5권. 또는 3권. 대정장56, pp.20a3~64c12, No.2186에 수록되어 있다. 경제를 풀고 있는데 유마거사를 정각성취의 대성인이라 하였다. 경문 전체를「불국품 佛國品」부터「보살품 菩薩品」까지를 서분(序說),「문수사리문질품 文殊師利問疾品」부터「견아촉불품 見阿閦佛品」의 전반부까지를 정종분(正說),「견아촉불품」의 후반부부터「촉루품 囑累品」까지를 유통분(流通說)으로 삼분하였다. 또한 승조(僧肇)와 도생(道生)의 설을 인용하고 있다. 성덕태자의『법화의소 法華義疏』·『승만경의소 勝鬘經義疏』등과 함께 태자삼경소(太子三經疏)로 불린다.

유마경종요 維摩經宗要 신라 원효(元曉)가 지은『유마경』주석서. 1권.『신편제종교장총록』권1(한불전4, p.684a13) 등에 서명이 보이지만 현재 전하지 않는다. [참고문헌]『新編諸宗教藏總錄』,『東域傳燈目錄』(대정장55, p.1151c4).

유마경현소 維摩經玄疏 수(隨)대 지의(智顗)가 지은『유마경』의 주석서. 6권. 대정장38, pp.519a3~562b29, No.1777에 수록되어 있다.『유마경약현 維摩經略玄』·『유마경현의 維摩經玄義』·『정명현의 淨名玄義』·『정명현소 淨名玄疏』·『정명현 淨名玄』이라고도 한다. 천태의 오중현의(五重玄義)에 입각하여『유마경』을 해석한 개론서의 성격으로『화엄경』·『법화경』·『열반경』·『반야경』·『보살지지경』·『청정법행경』·『대지도론』·『십지경론』·『섭대승론』등의 경론을 인용하고 있다. 수대 개황 15년(595)에 진왕(晉王) 양광(楊廣)의 청에 따라 금릉(金陵)에서 찬술하였으며, 지의의 또 다른『유마경문소 維摩經文疏』와 더불어『유마경』주소의 쌍벽으로 부른다. ⇨ 유마경문소 維摩經文疏

유마대사 維摩大士 유마거사(維摩居士).『수능엄의소주경』권4(대정장39, p.880b9)에 "『유마경』에 삼십이 보살이 불이법문 설함은 모두 말로 상 쫓아냄이요, 문수사리는 말로 말 쫓아냄이요, 유마대사는 말없음으로 말 쫓아냄이라. 維摩經 三十二菩薩 說不二法門 皆以言遣相 文殊師利 以言遣言 維摩大士 無言遣言",『사교의』권7(대정장46, p.747a3)에 "유마대사 육도 성취한 즉 정의 뜻이요, 육폐구 없기에 무구라 말함이요, 상사해로 안으론 생멸사제의 뜻에 칭하고 밖으론 근연에 칭하여 석가여래를 도와 삼승의 가르침을 나투기에 정무구칭이라 말한다. 維摩大士 成就六度 卽是淨義 無六弊垢 故言無垢 以相似解 內稱生滅四諦之理 外稱根緣 助釋迦如來 顯三乘之敎 故云淨無垢稱也"라고 하였다. [참고문헌]『首楞嚴義疏注經』,『四敎儀』. ⇨ 유마거사 維摩居士

유마라달 維摩羅達 Ⓢ Vimaladattā. 파사익왕(波斯

匿王 Ⓢ Prasenajit)의 딸. 이구시(離垢施)라고 한역한다. 『이구시녀경』(대정장12, p.90a14)에 "이때 성안의 파사익왕에게 유마라달〈이구시라고 한역한다〉이라는 딸이 있었는데, 열두 살이었으며 단정하고 빼어나서 보는 이들이 모두 기뻐하였으며, 가장 맑고 깨끗하여 예쁜 꽃처럼 아름다웠다. 于時城中王波斯匿 有女名曰維摩羅達〈晉言 離垢施〉 厥年十二 端正殊妙 見者咸悅 第一潔白 色如妙華"라고 하였다. 〔참고문헌〕『離垢施女經』. ⇨ 파사익 波斯匿, 이구시녀경 離垢施女經

유마라힐 維摩羅詰 Ⓢ Vimalakīrti. 유마거사(維摩居士)의 갖춘 음사어. 정명(淨名)·무구칭(無垢稱)이라 한역한다. 『번역명의집』 권1(대정장54, p.1062a15)에 "유마라힐 : 구마라집은 '정명으로 한역한다'고 하였다. 『유마경약소수유기』 권1(대정장38, p.711b24)에서는 '정은 진신이고, 명이란 응신이다. 진신은 증한 뜻이고, 응신은 보여진 몸이다'라고 하였다. 도생은 '무구칭이라 했는데, 오욕의 그늘진 자취에서도 초연하여 물듦이 없어 깨끗한 이름이 멀리 퍼지기에 이렇게 부른다'라고 하였다. 40권본 『대반열반경』 권1(대정장12, p.366b17)에는 '위덕무구칭왕우바새'라고 하였고, 『대당서역기』 권7(대정장51, p.908b22)에는 '비마라힐 : 무구칭으로 한역한다. 구역은 정명이다. 정은 무구라는 뜻이고, 명은 칭이라는 뜻이니 뜻은 비록 같지만 부름은 다르다. 구역에서 유마힐이라고 한 것은 잘못이다'라고 하였다. 維摩羅詰 什曰 秦言淨名 垂裕記云 淨卽眞身 名卽應身 眞卽所證之理 應卽所現之身 生曰 此云無垢稱 其晦迹五欲 超然無染 淸名遐布 故致斯號 大經云 威德無垢稱王優婆塞 西域記 毘摩羅詰 唐言無垢稱 舊曰淨名 然淨則無垢 名則是稱 義雖取同 名乃有異 舊曰維摩詰者訛也"라고 하였다. 〔참고문헌〕『翻譯名義集』, 『維摩經略疏垂裕記』, 『大般涅槃經』, 『大唐西域記』. ⇨ 유마거사 維摩居士

유마방장 維摩方丈 유마의 방장. 유마힐의 거실 사방(四方)이 각 1장(丈)이었다는 전설에 근거한 말. 방장은 후내 선림 또는 선원에서는 대중을 지도하는 종사를 부르는 호칭 또는 소임의 이름이다. 우리나라의 경우 현재는 총림의 가장 큰 어른을 말한다. 유마장실(維摩丈室)이라고도 한다. 『여정어록』 권상(대정장48, p.126a17)에 "방장에 반쯤 걸터앉았다가 '유마방장에 아예 염라지옥이 발로하니, 대면할 이 있겠는가? 천년만년토록 어둠 천지일 뿐 검 솟은 칼산 밟아도 밟아도 끝이 없네. 踞方丈 坐斷維摩方丈 發露閻羅地獄 莫有相見底麼 千古萬古黑漫漫 劍樹刀山轉轆轆", 『천성광등록』 권27 「봉인산주장 奉諲山主章」(卍속장135, p.873b18)에 "선사가 방장에 들어앉자 학인이 물었다. '옛 사람은 유마방장은 얻은 바 없다고 했는데, 그 뜻 어디에 있습니까?' '그대 시험삼아 살펴보라' '답하지 않겠습니다' '답하지 않는 게 오히려 좋겠구나'. 학인이 절을 올리자 선사는 '그대 몸소 유마방장 가거라'하고는 게송 읊었다. '유마방장 품격 높지 않아도 삼만이천자리 좁지는 않네. 나 지금 거처 크고도 넓고 넓으니 참으로 모든 선객 들이고도 남으리'. 師在方丈內坐 有僧問 古人題維摩方丈不得 意旨如何 師云 儞試題看 學云 其甲不答 師云 不答却好 學人禮拜 師云 汝親到維摩方丈來 乃成頌曰 維摩方丈非高格 三萬二千座不窄 我今居處太寬寬 也應容得諸禪客"라고 하였다. 〔참고문헌〕『如淨語錄』, 『天聖廣燈錄』, 『遊方記抄』(대정장51, p.982b6). ⇨ 유마거사 維摩居士, 유마힐 維摩詰, 유마장실 維摩丈室, 방장 方丈❶

유마불이 維摩不二 ➡ 유마불이법문 維摩不二法門

유마불이법문 維摩不二法門 유마의 둘 아닌 법문. 또는 이 공안. 『유마경』 권중 「입불이법문품 入不二法門品」(대정장14, p.551c20 : *Vikī-n.*, p.350)에 "이에 문수사리가 유마힐에게 물었다. '우리들 각자 설하였으니 당신 반드시 설해 주시오. 무엇이 보살불이법문입니까?' 때에 유마힐 묵연히 말이 없었다. 문수사리 탄하여 이르길 '훌륭하고, 훌륭합니다! 문자언어 있을 리 없는 곳에 이르렀으니 이야말로 참으로 불이법문에 들었음이네!' 於是 文殊師利問維摩詰 我等各自說已 仁者當說 何等是菩薩入不二法門 時 維摩詰黙然無言 文殊師利歎曰 善哉 善哉 乃至無有文字語言 是眞入不二法門 atha khalu mañjuśrīḥ kumārabhūto vimalakīrtiṃ licchavim etad avocat. nirdiṣṭo 'smābhiḥ kulaputra svakasvako nirdeśaḥ. pratibhātu tavāpy advayadharmapraveśanirdeśaḥ. atha vimalakīrtir licchavis tūṣṇīm abhūt. atha mañjuśrīḥ kumārabhūto vimalakīrter licchaveḥ sādhukāram adāt. sādhu sādhu kulaputra ayaṃ bodhisatvānām advayadharmamukhapraveśo yatra nākṣararutaravitavijñaptipracāraḥ"라 하였다. 『송고연주통집』 권5(卍속장115, p.53a9)에 "허공에 나는 새 자취 쫓고 찾았더니 모습 감춘 새 소리 내어 봄 알리네. 동서로 난 길 다르지 않음 안다면, 유마의 그 방 무너지지 않으리. 〈자명초원〉. 虛空鳥跡謾追尋 幽鳥投聲又報春 若識東西無異路 淨名一室不平沉 〈慈明圓〉; 비야리성의 늙은 유마 한 차례 묵묵히 말이 없어 허물 많아 들끓더니 삼만이천사자좌 일시에 들려 뒤집힘 봄이 어떠한가? 〈무용정전〉. 毗耶城裏老維摩 一默無言詭詐多 三萬二千師子座 一時掀倒看如何 〈無用全〉; 불이문에 깊이 들어가니 교묘함 다해 도리어 서툴고 한 차례 침묵으로 천 갈래 고요하네. 늘 말하여 불타듯 하나 서툴 뿐이네. 만고에 맑은 바람에 서늘해 뼈에 사무치네. 〈송원숭악〉. 深入不二門 巧盡反成拙 一默

定千差 常說熾然說說拙 萬古淸風寒徹骨 〈松源岳〉"라고 하였다. 〔참고문헌〕『維摩經』, 『頌古聯珠通集』, *Vikī-n.* ⇨ 불이법문 不二法門, 유마일묵 維摩一默

유마사 維摩寺 ❶ 전라남도 화순군 남면 유마리 모후산(母后山)에 있는 절. 대한불교조계종 제21교구 본사 송광사(松廣寺)의 말사이다. 1855년(철종6)에 송긍면(宋兢勉) 등이 편찬한 『동복지』 권1 사찰에 "유마사는 현 남쪽 이십리 모후산 아래에 있다. 당 정관 원년(627·무왕28) 정해에 유마운이 창건하였으며, 현종 11년(1670) 경술에 중건되었다. 귀정암·금릉암·운성암·사자암·오미암·은적암·남굴암·동암 등은 모두 유마사의 부속암자였으나 지금은 없다. 維摩寺在縣南二十里母后山下 唐貞觀元年丁亥維摩雲創建 顯宗十一年庚戌重建 貴靜庵 金陵菴 雲城庵 獅子庵 五味庵 隱寂庵 南窟庵 東庵皆維摩寺附屬庵 今無", 『다송문고』 권2 「동복군유마사봉향각창건상량문 同福郡維摩寺奉香閣刱建上樑文」(한불전12, p.736c10)에 "당나라 정관 기원 정해년에 산을 열고 절을 세웠다. 청나라 순치 13년(1656·효종7) 병신에 확장중수하였다. 唐貞觀紀元丁亥年 開山而草刱 淸順治十三丙申歲 廣拓而重修"라고 하였다. 고려대의 기록은 전하지 않으나, 1998년에 순천대학교박물관에서 실시한 지표조사 결과, 고려 석조유물이 발굴되었기에 법등을 이었음을 알 수 있다. 이후 17세기경에 경헌(敬軒 1542~1632)이 중건하고, 50년 뒤에 가안(可安)이 나한상을 조성하였다. 『가람고』·『범우고』에도 절이름과 위치가 전하며, 매천(梅泉) 황현(黃玹 1855~1910)이 지은 「숙유마사 宿維摩寺」가 『매천집』 권2(한국문집총간348, p.429b9)에 전하며, 1889년(고종26)에 전라도관찰사 김규홍(金奎弘)의 중수기록이 전한다. 1928년에 오호연(吳浩然) 주지가 발원하여 법당 앞에 9칸의 환주누각(幻住樓閣)을 건립하였다. 이어 염불당을 실시하고 천일기도결사를 열었으니 「모후산유마사신창염불당천일기도결사문」에 전한다. 한국전쟁 중 모두 소실되고 절터만 남아있었는데, 2000년 일장(日藏)비구니가 전라도 유일의 비구니강원 설립을 발원하고 중창불사를 시작하여 2002년에 대웅전과 산신각, 2003년에 육화료(六和寮)와 향당(香堂), 2005년에 화엄전·심검당·일주문·종무소·공양간, 2006년에 보현당과 종각 등을 건립하였다. 마침내 2007년 3월에 비구니 교육기관인 유마사승가대학을 개설하였고, 2011년에는 승가대학이 선학승가대학원으로 전환하였다. 2012년에 템플스테이공간인 염불당을 건립하였다. 현존당우로는 대웅전·관음전·화엄전·산신각·육화료·보현당·향당·심검당·염불당·종각·일주문·해우소 등이 있으며, 성보문화재로는 보물 제1116호 해련탑(海蓮塔)이 있다. 〔참고문헌〕『同福誌』, 『茶松文稿』, 『伽藍考』, 『梵宇攷』, 『梅泉集』, 『和順 維摩寺』(順天大博物館·和順郡, 1998) pp.101~103. ❷ 전라북도 정읍시 칠보산(七寶山)에 있던 절. 보덕(普德)의 제자 수정(水淨)이 창건하였다. 『삼국유사』 권3(대정장49, p.989a8·한불전6, p.318b1) 흥법(興法)3 보장봉로보덕이암(寶藏奉老普德移庵)에 "(보덕)스님에게는 열한분의 뛰어난 제자가 있었다. … 수정은 유마사를 창건하였다. 師有高弟十一人 … 水淨創維摩寺"라고 하였다. 『동국여지승람』 권34 전라도 정읍현 불우에는 절이름과 위치가 전하나, 『범우고』에는 폐사로 기록하였다. 〔참고문헌〕『三國遺事』, 『東國輿地勝覽』, 『梵宇攷』. ⇨ 수정 水淨 ❸ 충청북도 청주시 서원구 남이면 문동리 대명산(大明山)에 있던 절. 『동국여지승람』 권15 충청도 문의현 불우에 이름과 위치가 전하나, 『범우고』에는 폐사로 기록하였다. 〔참고문헌〕『東國輿地勝覽』, 『梵宇攷』.

유마사해련탑 維摩寺海蓮塔 고려시대 부도. 보물 제1116호. 높이 2.49m. 유마사 서쪽 산기슭에 무너져 있던 것을 1981년에 현위치로 옮겨 복원하였다. 전형적인 팔각원당형부도로 상륜부는 결실되었다. 하대받침의 각 면에는 안상(眼象)을 조각하였고 하대석은 중판 팔엽에 귀꽃으로 마무리하여 화려함을 더하였다. 중대석은 하단에 돌출대를 두고 그 위로 큼직한 안상을 각 면 하나씩 새겼다. 상대석은 단판 팔엽으로 연잎안에 화문(花紋)을 새겼으며 상대에 낮은 굄대를 두어 탑신을 받치고 있다. 탑신은 각 면에 우주(隅柱)를 모각하였고 전면과 후면에 각각 문비(門扉)를 조각하였으나 자물쇠모양은 다르다. 전면 문비 상단에 별도의 제액(題額)을 마련하고 "해련지탑 海蓮之塔"이라는 탑호를 새겼다. 법호나 법명은 전하지 않는다. 옥개석은 하단에 3단의 받침을 두었고 상면은 기와골 없이 8개의 우동(隅棟)을 마련하고는 끝은 귀꽃으로 장식하였다. 팔각원당형의 기본에 충실하면서 하대석과 옥개석에 귀꽃으로 마감하는 등 통일신라양식을 이은 고려조 작품으로 추정한다. 〔참고문헌〕『신라와 고려시대 석조부도』(학연문화사, 2003). ⇨ 유마사 維摩寺❶

유마시질 維摩示疾 유마가 병을 보이다. 유마는 중생이 아프면 보살 또한 아플 수밖에 없으며, 이는 대비가 일으키는 병이라 하였다. 『유마경』 권중 「문질품 問疾品」(대정장14, p.544b20 : *Vikī-n.*, p.188)에 "유마힐이 말했다. '어리석어 갈망하였기에 제가 병들었습니다. 일체중생이 병들었기에 저도 병들었습니다. 저 일체중생의 병이 사라진다면 저의 병 또한 사라질 것입니다. 어째서일까요? 보살은 중생을 위해 생사로 드는데, 생사가 있다면 병도 있게 됩니다. 저 중생이 병에서 벗어난다면 보살도 더는 병이 없을 것입니다. 維摩詰言 從癡

有愛 則我病生 以一切衆生病 是故我病 若一切衆生病滅 則我病滅 所以者何 菩薩爲衆生故入生死 有生死則有病 若衆生得離病者 則菩薩無復病 vimalakirtir āha. yāv acciram upādāya mañjuśrīḥ avidyā bhavatṛṣṇā ca tāvacciram upādāya mamaiṣa vyādhiḥ. yadā ca s arvasattvā vigatavyādhayo bhaviṣyanti tadā ma ma vyādhiḥ praśrabdho bhaviṣyati. tat kasmād dhetoḥ. sattvādhiṣṭhāno hi mañjuśrīḥ bodhisattv asya saṃsāraḥ. saṃsār aniśritaś ca vyādhiḥ. y adā sarvasattvā vigata vyādhayo bhaviṣyanti tadā bodhisattvo 'rogo bhaviṣyati", "비유하자면 장자에게 하나뿐인 자식이 있어 병에 걸리면 부모 또한 아프고, 자식이 병에서 나으면 부모 또한 낫습니다. 보살도 이와 같아서 중생을 자식처럼 아끼기에 중생이 아프면 보살도 아프며 중생이 나으면 보살도 낫습니다. 또 말하길 이 병이란 어디에서 오는지요? 보살의 병은 대비로 생겨납니다'. 譬如長者 唯有一子 其子得病 父母亦病 若子病愈 父母亦愈 菩薩如是 於諸衆生 愛之若子 衆生病則菩薩病 衆生病愈 菩薩亦愈 又言是疾 何所因起 菩薩疾者 以大悲起 tadyathā mañjuśrīḥ śreṣthina ekaputrako glāno bhavet. tasya mātāpitarāv api glānau syātām. tā vac ca duḥkhitau bhavetāṃ yāvan nāsāv ekaput rakas tayor vigatavyādhiḥ syāt. evaṃ mañjuśrīḥ bodhisattvasya sarvasattveṣv ekaputrakaprem a. sa sattvaglānyena glāno bhavati sattvārogyāt tv arogaḥ. yat punar mañjuśriḥ evaṃ vadasi kut aḥ samutthito vyādhir iti mahākaruṇāsamutthit o bodhisattvānāṃ vyādhiḥ"라고 하였다 [참고문헌] 『維摩經』, *Vikī-n.* ⇨ 유마힐 維摩詰

유마시질 『석씨원류응화사적』 권2
양주불암사판 1673년

유마암 維摩庵 강원도 고성군 금강산(金剛山)에 있던 암자. 1803년(순조3)에 남경(楠景)이 창건하였으며, 이후 언제 폐사되었는지는 알 수 없다. 1917년에 유경화(劉慶華)가 유마암 옛터에 불전 12칸을 짓고 이름을 미륵암(彌勒庵)으로 바꾸었다. [참고문헌] 『韓國寺刹全書』 권하 p.945a19. ⇨ 미륵암 彌勒庵 ❷

유마오경전 維摩五更轉 유마의 위덕을 찬탄한 불교가사. 정격연장(定格聯章)의 형식으로서 각 경마다 3·3·7·7·7의 체제를 이루어 총 5수로 구성되어 있다. 돈황사본에 3개의 사권(S2454·S6631·P314)이 현존한다. 『유마경』의 「문질품 問疾品」의 고사를 내용으로 한다. 돈황사본 S2454에는 「유마오경전」 뒤에 잔글씨로 「십이시 十二寺」의 축(丑)·인(寅)·묘(卯) 3시제의 노래가 실려 있다. 현재 S6631에는 표제로 「유마오경전십이시」라고 적혀 있지만, 실제로는 「유마오경전」이 아닌 『십이시』만이 기재되어 있다.

유마의기 維摩義記 수(隨)대 혜원(慧遠)이 지은 『유마경』 주석서. 4권 또는 8권. 대정장38, pp.421a4~518b18, No.1776에 수록되어 있다. 『유마경의기 維摩經義記』·『유마힐소설경주 維摩詰所說經注』·『유마의소 維摩義疏』라고도 한다. 처음 교판함에 성문장(聲聞藏)과 보살장(菩薩藏)으로 분류하고 돈점이교(頓漸二敎)의 차이를 드러내 『유마경』을 보살장 중 돈교라 하였다. 이어서 경제목 풀고 경문을 따라 풀어가는 기본 형식을 취하고 있다. 문장이 정교하고 해석 또한 뛰어나서 『유마경』의 깊은 뜻을 잘 드러냈다고 평가된다. 지론종(地論宗)의 혜원에 의한 아뢰야진식설(阿賴耶眞識說)을 담아낸 것이 본서의 큰 특색이며, '자세한 뜻은 별장에서의 설명과 같다(義如別章)' 하였는데, 이는 『대승의장 大乘義章』을 가리키므로 『대승의장』보다 뒤에 찬술되었음을 알 수 있다.

유마일묵 維摩一默 유마거사의 한 차례 침묵. 불이법문(不二法門)에 들어간 경계를 침묵으로 보여 준 유마거사의 고사를 소재로 한 공안. 후대에 많은 영향을 끼친 유마의 이 침묵을 두고 '유마의 한 차례 침묵은 우레와 같다 維摩一默如雷'라고 표현하기도 한다. 『종용록』 48칙 「평창 評唱」(대정장48, p.257b17)에 "보복종전(保福從展)이 말했다. '문수는 자신의 귀를 막고 방울을 훔쳤다가 오강(烏江)을 건너지 못하고 힘이 빠져 버린 격이었고, 유마의 한 차례 침묵은 교화의 틀에서 벗어나지 못했다'. 만송행수(萬松行秀)가 말한다. '사람이 시비의 분별에서 벗어나기란 어렵구나'. 보복종선이 또 말했다. '어쨌든 유마는 문수 때문에 한 번 앉게 된 이후로 지금까지도 일어나지 못하고 있다'. 만송행수가 말한다. '일어나는 게 너무 어렵다면 손바닥으로 때려 주마'. 낭야혜각(瑯琊慧覺)이 말했다. '문수가 저렇게 훌륭하다고 찬탄했지만 이 또한 국자자루로 점을 치며 헛소리를 들은 것이다. 유마의 침묵에 대해 그대들 모두는 거북이 등딱지에 구멍을 내거나 기와를 쳐서 점치듯이 해서는 안 된다'. 保福展云 文殊也似掩耳偸鈴 力盡烏江 維摩一默 未出化門 萬松道 人出是非難 又云 大小維摩 被文殊一坐 至今起不得 萬松道 要起有甚難 便掌 瑯琊覺云 文殊恁麽讚善 也是杓卜聽虛聲 維摩默然 爾等諸人 不得鑽龜打瓦", 『공곡집』 15칙 「시중 示衆」(卍속장117, p.54

8b9)에 "움켜잡고 조금도 용납하지 않을 때 자유롭게 일체가 허용되니 유마가 한 차례 침묵했지만 우레와 같은 큰소리를 내지른 격이며, 자유롭게 일체를 허용할 때 꽉 붙들려 조금도 용납되지 않으니 온 천하에 가득 퍼지도록 말해도 말실수 하나 없다. 입술을 움직이지 않고도 뜻이 통하게 하려면 어떻게 제시해야 할까? 말할 수 있는 이가 있는가? 把住時放行 維摩一默語如雷 放行時把住 言滿天下無口過 不動唇皮 要通意路 合作麽生擧 還有道得者麽"라고 하였다. [참고문헌]『從容錄』, 『續傳燈錄』, 『空谷集』. ⇨ 유마불이법문 維摩不二法門

유마장실 維摩丈室 유마의 사방 한길 되는 방. 유마방장(維摩方丈)이라고도 한다. 『법화경대의』 권하(卍속장49, p.776a2)에 "그러나 세간의 눈으로 보면, 황제가 용에 오르고 난파(欒巴)가 술을 뿜어 불을 끄며, 방거사의 아내가 돌에 들어가고 장방(長房)이 축지하는 등 모두 보기 드문 일들이다. 그렇지만 실로 도안으로 보려하면, 유마장실에 백만이나 되는 자리를 들이고 석존께서 일시에 백천의 긴 세월 지나며, 한 차례 혀 들어 초선의 만만리 높은 곳에 이르고 한 차례 소리 질러 시방의 드넓은 세계에 울려 퍼지게 하실지라도 위대한 성인에겐 사소한 일일뿐이다. 어째서 이러한가? 나의 자성에는 방소도 세월도 있을 리 없기 때문이다. 然以世眼觀之 則黃帝乘龍 欒巴噀酒 龐婆入石 長房縮地 皆罕見之難事 誠以道眼觀之 則維摩丈室 容百萬之多座 釋尊一時 歷百千之長年 一舌抵初禪萬萬里之高 一聲遍十方萬萬界之廣 亦大聖人之末事 何以如此 以吾性無方所年劫者也"라고 하였다. [참고문헌]『法華經大意』, 『楞嚴經疏解蒙鈔』 권10(卍속장21, p.877a8), 『起信論續疏』 권하(卍속장72, p.137a12). ⇨ 유마방장 維摩方丈

유마힐 維摩詰 Ⓢ Vimalakīrti. 유마거사. 『주유마힐경』 권1(대정장38, p.327c1)에 "승조가 말한다. '유마힐은 정명이라고 한역한다. 법신대사이다'. … 축도생이 말한다. '유마힐은 무구칭이라고 한역한다. 그 자취가 오욕에 있으면서도 초연히 물들지 않았으며 맑은 이름 널리 퍼졌기에 이 이름에 이르렀다'. 肇曰 維摩詰 秦言淨名 法身大士也 … 竺道生曰 維摩詰者 此云無垢稱也 其晦跡五欲 超然無染 淸名遐布 故致斯號"라 하였다. [참고문헌]『注維摩詰經』. ⇨ 유마거사 維摩居士, 유마라힐 維摩羅詰, 무구칭 無垢稱 ❸, 비마라힐 毘摩羅詰, 금속여래 金粟如來, 어보살 語菩薩, 묵불이 默不二, 보살입불이법문 菩薩入不二法門, 유마불이법문 維摩不二法門

유마힐경 維摩詰經 Ⓢ Vimalakīrti-nirdeśa. ❶ 오(吳)대 지겸(支謙) 한역. 2권. 갖춘 이름은 『불설유마힐경 佛說維摩詰經』이며, 줄여서 『유마경』이라고도 하고, 『유마힐소설부사의법문경 維摩詰所說不思議法門經』·『보입도문경 普入道門經』·『불법보입도문경 佛法普入道門經』·『불법보입도문삼매경 佛法普入道門三昧經』 등이라고도 한다. 고려장9, pp.1007a1~1033b10, No.120·대정장14, pp.519a4~536c24, No.474에 수록되어 있다. 현존하는 3종의 한역본 가운데 가장 오래된 것으로 경문의 구성이나 문맥에 있어 요진(姚秦) 때 구마라집(鳩摩羅什)이 한역한 『유마경』(대정장14, No.475)과 크게 다르지 않다. 또 다른 이역본으로는 당나라 때 현장(玄奘)이 한역한 『설무구칭경 說無垢稱經』(대정장14, No.476)이 있다. ⇨ 불법보입도문삼매경 佛法普入道門三昧經, 유마경 維摩經, 무구칭경 無垢稱經 ❶ ❷ 요진(姚秦) 때 구마라집(鳩摩羅什)이 한역한 『유마경』(대정장14, No.475)의 다른 이름. ⇨ 유마경 維摩經, 불가사의해탈경 不可思議解脫經

유마힐소설경 維摩詰所說經 ➡ 유마경 維摩經

유마힐소설경주 維摩詰所說經註 ➡ 유마의기 維摩義記, 주유마힐경 注維摩詰經

유마힐소설부사의법문경 維摩詰所說不思議法門經 ➡ 유마힐경 維摩詰經 ❶

유마힐자문경 維摩詰子問經 『대방등정왕경 大方等頂王經』(대정장14, No.477)의 다른 이름. 『중경목록』 권1(대정장55, p.118a3)에 "『대방등정왕경』 1권〈일명 『유마힐자문경』〉〈진세에 사문 축법호 역〉. 大方等頂王經 一卷〈一名 維摩詰子問經〉〈晉世沙門 竺法護譯〉"라 하였다. [참고문헌]『衆經目錄』. ⇨ 대방등정왕경 大方等頂王經 ❶

유만 帷幔 드리우고 가림. 옆으로 드리우고 위를 가리는 것을 말한다. 『일체경음의』 권10(대정장54, p.364c10)에 "유만〈(앞 글자는) 균과 구를 반절한 음이고, 뒷글자는 막과 단을 반절한 음이다. 『자림』에 '옆에 치는 것을 유, 위에 치는 것을 막이라고 한다'라고 하였으며, 『설문』에 '만막이다'라고 하였다〉. 帷幔〈筠龜反 下莫旦反 字林 在旁曰帷 在上曰幕 說文云幔幕也〉"라고 하였다. [참고문헌]『一切經音義』, 『法華玄贊』 권2(대정장34, p.687c20).

유만국 愉漫國 서역에 있던 나라 이름. 현재의 타지키스탄(Tajikistan)의 수도 두샨베(Dushanbe) 일대에 비정된다. 『신당서 新唐書』「지리지地理志」에서는 수만성(數瞞城), 아랍의 지리서에 따르면 슈만(Shūmān)이라고 하였다. 『대당서역기』 권1(대정장51, p.872b4)에 "유만국은 동서로 사백여리, 남북으로 백여리이다. 수도의 도성은 둘레가 십육칠리이고, 왕은 해소 돌궐족이다. 가람 두 곳이 있으나 승도는 적다. 서남쪽으로 박추하(縛芻河)를 따라가면 국화연나국에 이른다. 愉漫國 東西四百餘里 南北百餘里 國大都城 周十六七里 其王奚素突厥也 伽藍二所 僧徒寡少 西南臨縛芻河 至鞠和衍那國"라 하였다. 〔참고문헌〕『大唐西域記』.

유만무분인 有滿無分人 『석마하연론』의 거인현시수승문(擧人顯示殊勝門) 중 하나. 불위(佛位)의 대원경지가 현전한 사람. 『석마하연론』 권4(대정장32, p.631b25)에 "셋째, 유만무분인이니 불과위 중에 대원경지가 가득 현전하기 때문이다. 오직 부처만이 끝내 알 수 있는 것과 같다. 三者 有滿無分人 佛果位中 大圓鏡智 遍現前故 如本唯佛窮了故"라고 하였다. 〔참고문헌〕『釋摩訶衍論』.

유망기 遺忘記 조선 중기 연담유일(蓮潭有一)이 지은 『대교유망기 大敎遺忘記』의 줄인 이름. ⇨ 대교유망기 大敎遺忘記, 유일 有一

유매 喩罵 비유를 들어 꾸짖거나 욕보임. 삼매(三罵) 또는 육매(六罵) 중 하나. 『사분율』 권11(대정장22, p.635c5)에 "유매라 함은 '너는 전다라종 같다. 너는 똥 치우는 종 같다. 너는 죽세공종 같다. 너는 차 수리공종 같다. 너는 구주 같다. … 너는 맹인 같다. 너는 대머리 같다. 너는 절름발이 같다. 너는 농아 같다'. … 유매는 '너는 아련야에 좌선하는 사람인 듯하다'라고 말하는 것 등이다. 喩罵者 汝似旃陀羅種 汝似除糞種 汝似竹師種 汝似車師種 汝似拘湊 … 汝似盲瞎人 汝似禿人 汝似蹇跛人 汝似瘂聾人 … 喩罵者 汝似阿練若 乃至 坐禪人"라고 하였다. 〔참고문헌〕『四分律』, 『四分律比丘含注戒本』 권중(대정장40, p.442c14), 『菩薩戒本疏』 권상(대정장40, p.667a1). ⇨ 육매 六罵, 매계 罵戒

유면 惟勉 생몰연대 미상. 남송 말에서 원대 초의 스님. 1274년(함순10)에 『선원청규』를 참조하고 여러 청규들을 정리하여 『함순청규 咸淳清規』 또는 『무주청규 婺州清規』라고도 불리는 『총림교정청규총요 叢林校定清規總要』 2권(卍속장112)을 저술하였다. ⇨ 총림교정청규총요 叢林校定清規總要, 청규 清規

유명 幽冥 ❶ Ⓢ andhakāra, andhakāra-tamisra, Ⓟ andhakāra. 아득한 어둠. 무명(無明)을 비유한다. 『장아함경』 권4 「유행경 遊行經」(대정장1, p.26c9)에 "이 세상 가득 한없이 어두워, 해와 달빛마저 비추지 않던 곳, 모두가 큰 광명을 입었네. 諸有幽冥 日月光明 所不照處 皆蒙大明", 『무량수경』 권하(대정장12, p.276a6)에 "목숨을 마친 후세에는 더 깊고 더 멀리 깊은 어둠에 들어가 뒤쳐 나서 몸을 받는다. 壽終後世 尤深尤劇 入其幽冥 轉生受身", 80권본 『화엄경』 권11(대정장10, p.56c10)에 "낱낱 모공마다 빛구름 쏟아져, 허공 가득 채우고 큰 소리 울리니, 어떤 암흑세계도 비추지 못할 곳이 없어, 지옥의 온갖 고통 모조리 다하노라. 一一毛孔現光雲 普遍虛空發大音 所有幽冥靡不照 地獄衆苦咸令滅"라고 하였다. 〔참고문헌〕『長阿含經』, 『無量壽經』, 『華嚴經』, *Udāna-v.96.*, *Saddh-p.163.*, *Dhp.42.* ❷ 아득히 멀다는 말. 알 방도가 없을 정도로 미묘하다는 뜻. 도의 속성 또는 불보살의 경계를 나타낸다. 『법원주림』 권97(대정장53, p.999a14)에 "『회남자』에 말하길 '… 나는 다만 만났을 뿐. 보려 해도 모양 없고 들으려 해도 소리 없어 깊고 아득할 뿐이라 하니, 이로써 도를 비유한다 해도 도는 아니다'. 淮南子曰 … 吾直有所遇之耳 視之無形 聽之無聲 謂之幽冥者 所以喩道 而非道也", 『관념법문』(대정장47, p.24a14)에 "제불의 경계 중에 온갖 큰 산과 수미산 그 깊고 아득한 곳 있다 해도 다 열어 보여 가려 장애할 것 없으니, 사부대중이 천안을 기다리지 않고도 사무쳐 본다. 諸佛境界中 諸大山須彌山 其有幽冥之處 悉爲開闢 無所蔽礙 是四衆不持天眼徹視"라고 하였다. 〔참고문헌〕『法苑珠林』, 『觀念法門』.

유명 唯名 Ⓢ nāma-mātratva. 오직 이름일 뿐의 뜻. 『변중변론』 권하(대정장31, p.475b5 : *Madhy-vibh.*, p.67)에 "〔송〕 자상에 뒤집힘 없으니, 일체가 오직 이름일 뿐임을 안다. 일체분별을 여의었으니, 승의자상만 따르네. 〔논〕 여실하게 일체안색 내지는 의법까지 모두 오직 이름일 뿐임을 알아 능히 일체분별을 대치한다. 마땅히 알라. 이것이 자상에 그릇됨 없는 뜻이다. 이것은 승의자상에 의지해 말한 것이니, 저 세속에 따르면 단지 이름 있을 뿐 아니라 더하여 갖가지 차별상마저 취한다. 頌曰 於自相無倒 知一切唯名 離一切分別 依勝義自相 論曰 如實知見 一切眼色 乃至意法 皆唯有名 卽能對治 一切分別 應知是於自相無倒 此依勝義自相而說 若依世俗 非但有名 可取種種差別相故 〈kārikā〉 sarvasya nāma mātratvaṃ sarvakalpāpravṛttaye, svalakṣaṇe 'vi paryāsaḥ 〈bhāṣya〉 sarvam idaṃ nāmamātraṃ. ya d idaṃ cakṣūrūpaṃ yāvan manodharmā iti yaj jñ ānaṃ sarvavikalpānāṃ pratipakṣeṇa ayaṃ svala kṣaṇe 'viparyāsaḥ. katamasmin svalakṣaṇe. 〈kār ikā〉 paramārthe svalakṣaṇe. 〈bhāṣya〉 saṃvṛtyā t u nedaṃ nāmamātram iti gṛhyate", 『대승장엄경론』 권5(대정장31, p.614c17 : *Sūtr.*, p.67)에 "관하므로 오직 이름만 있을 뿐이라는 것은 단지 언설일 뿐이고 뜻은 없다는 뜻이다. 또 오직 이름일 뿐이라는 것은 오직 식일 뿐이기 때문이다. 다시 거듭 오직 이름에 지나지 않는다고 하면 비색사음(非色四陰 : 名 : 受・想・行・識)이기 때문이다. 觀故唯有名者 但有言說 無有義

故 復次唯名者 唯識故 復次唯名者 非色四陰故 paśyati hi nāmamātram iti vijñaptimātraṃ nāma arūpiṇ aś catvāraḥ skandhā iti kṛtvā"라고 하였다. [참고문헌]『辯中邊論』, 『大乘莊嚴經論』, *Madhy-vibh.*, *Sūtr.* ⇨유식 唯識, 명 名, 명색 名色

유명교주 幽冥敎主 깊고 어두운 세계(幽冥世界)의 교주인 지장보살(地藏菩薩). 『지장본원경과주』 권5(卍속장35, p.632a3)에 "지장보살이 치우쳐 지옥에 몸을 나투어 유명교주가 되었다. 地藏偏現身地獄 作幽冥敎主"라고 하였다. [참고문헌]『地藏本願經科註』, 「講院上講禮」(『釋門儀範』 권상, p.13a3). ⇨지장보살 地藏菩薩

유명교주지장왕보살 幽冥敎主地藏王菩薩 깊은 명계(冥界)의 교주 지장왕보살. 「방생의궤」(『석문의범』 권하, p.184a6)에 "나무 유명교주지장왕보살 南無幽冥敎主地藏王菩薩", 「통알 通謁」(『작법귀감』 권하 · 한불전10, p.583b2)에 "가없는 몸을 나투어 중생의 아픔을 대신하시는 유명교주지장보살님께. 現無邊身 代衆生苦 幽冥敎主地藏菩薩前"라고 하였다. [참고문헌]『釋門儀範』, 『作法龜鑑』. ⇨유명교주 幽冥敎主, 지장보살 地藏菩薩

유명무실유명유실 有名無實有名有實 세제(世諦)와 제일의제(第一義諦). 36권본 『대반열반경』 권12(대정장12, p.684c23)에 "선남자여! 이름만 있고 실은 없는 것은 세제이며, 이름도 실도 있는 것은 제일의제이다. 선남자여! 아 · 중생 · 수명 · 지견 · 양육 · 장부 · 작자 · 수자 · 더울 때 아지랑이 · 신기루 · 거북이털 · 토끼뿔 · 불꽃 돌리기 · 오음 · 십팔계 · 십이입은 그 이름이 세제다. 고집멸도만은 제일의제라 이름한다. 善男子 有名無實者 卽是世諦 有名有實者 是第一義諦 善男子 如我 衆生 壽命 知見 養育 丈夫 作者 受者 熱時之炎 乾闥婆城 龜毛 兔角 旋火之輪 諸陰界入 是名世諦 苦集滅道 名第一義諦"라고 하였다. [참고문헌]『大般涅槃經』, 『大乘玄論』 권1(대정장45, p.18a7). ⇨세제 世諦, 제일의제 第一義諦

유명무실제 有名無實諦 세간세속제(世間世俗諦)를 말한다. 이름은 있지만 실은 아닌 진실. 『대승법원의림장』 권2(대정장45, p.287b29)에 "세속제의 네 가지 이름은, 첫째는 세간세속제이니 한편 유명무실제라고도 한다. 世俗諦四名者 一 世間世俗諦 亦名 有名無實諦", 『성유식론소의연』 권1본(卍속장79, p.2b16)에 "첫 번째 유명무실제이니 항아리 · 옷 등 이미 실체가 없기에 다만 말마저 버려야 한다고 하나, 작용은 있기에 모름지기 남겨둘 뿐이다. 第一 有名無實諦 謂甁衣等 旣無實體 但可言捨 有作用故 須留"라고 하였다. [참고문헌]『大乘法苑義林章』, 『成唯識論疏義演』. ⇨세간세속제 世間世俗諦, 사세속제 四世俗諦, 팔제 八諦

유명지류 有命之類 Ⓢjantu-prāṇi-bhūta. 목숨이 있는 것들. 『입능가경』 권8(대정장16, p.563a25)에 "대혜야, 고기 먹는 중생은 과거 식육훈습으로 거듭해서 나찰 · 사자 · 호랑이 · 승냥이 · 표범 · 고양이 · 살쾡이 · 솔개 · 올빼미 · 독수리 · 매 · 닭 등으로 난다. 목숨 있는 것들은 각각 스스로 몸을 보호하려 하니 함부로 하지 못하게 해야 한다. 굶주려 괴로울 때마다 항상 악한 마음으로 다른 이의 살을 먹으려 한다면, 목숨이 다하고 다시 악도에 떨어져 몸 받아 날 때에는 사람의 몸을 받기가 어렵거늘 하물며 미래에 열반도 얻을 일이 있을 수 있겠는가? 大慧 食肉衆生 依於過去 食肉熏習 多生羅刹 師子 虎狼 豺豹 猫狸 鵄梟 雕鷲 鷹鷂等中 有命之類 各自護身 不令得便 受飢餓苦 常生惡心 念食他肉 命終 復墮 惡道 受生 人身難得 何況當有 得涅槃道"라고 하였다. [참고문헌]『入楞伽經』, *Laṅk.245.*

유명행 留命行 유다수행(留多壽行). 『대비바사론』 권126(대정장27, p.657b17)에 "경의 목숨 버려 행하심이란 말은 40 혹은 20세를 버리셨음을 이름이요, 유명행이란 3개월 머무르셨음을 이름이다. 經言捨壽行者 謂捨四十 或二十歲 留命行者 謂留三月"라고 하였다. [참고문헌]『大毘婆沙論』. ⇨유다수행 留多壽行

유모 乳母 Ⓢkṣīra-dhātrī, dhātrī, Ⓟdhātī, āpādikā, Ⓣma-ma. 남의 아이 젖먹이는 어미. 젖어미. 양육을 담당해도 유모라고 부른다. 『번역명의대집』(*Mvyut.*, p.606)에는 안아주는 포지모(抱持母 Ⓢaṅka-dhātrī, Ⓣpang-na-'tsho-ba'i ma-ma), 젖 주는 유모(乳母 Ⓢkṣīra-dhātrī, Ⓣnu-ma-nu-ba'i ma-ma), 씻기는 세모(洗母 Ⓢmala-dhātrī, Ⓣdri-ma-'phyi-ba'i ma-ma), 놀아주는 유희모(遊戱母 Ⓢkrīḍanikā-dhātrī, Ⓣrtsed-grogs-kyi ma-ma)를 각기 부른다. 『사분율』 권31(대정장22, p.782c12)에 "이때 왕은 바라문에게 상을 내리고 나서 네 명의 유모를 보내어 정광보살을 모시고 보살피게 하였는데, 네 명의 유모는 첫째 (안고서 팔다리를 만져 주는) 지절유모, 둘째 (몸을 씻기고 옷 갈아 입히는) 세욕유모, 셋째 (때에 맞게 젖 주는) 여유유모, 넷째 (여러 공양구를 만들어 놀아주는) 유희유모였다. 爾時 王賞賜婆羅門已 差四乳母 扶侍瞻視 定光菩薩 一者 肢節乳母 二者 洗浴乳母 三者 與乳乳母 四者 遊戱乳母"라고 하였다. [참고문헌]『翻譯名義大集』, 『四分律』, *Mvyut.*

유모미쾨돌제 Yu-mo-mi-bskyod-rdo-rje 1027~?. 티베트불교의 칼라차크라(Ⓢkalacakra) 전통의

스승. 어렸을 때는 유모(Ⓣ Yu-mo)라는 별명으로 불렸고, 대파걀포(Ⓣ Dad-pa-rgyal-po)라는 법명을 공식적으로 받았다. 하지만 밀교 전통의 법을 전수 받으며 미쿄도르제(Ⓣ Mi-bskyod-rdo-rje)라고 불리기 시작했다. 중관과 인명을 먼저 공부했고 이후 스승들로부터 승인을 받아 칼라차크라 가르침을 듣게 되었고, 칼라차크라 전통이 이어지는 데 결정적 역할을 했던 인도 카슈미르의 판디트 소마나타(Somanātha)의 제자였던 되톤남라첵(Ⓣ sGro-ston-gnam-la-brtsegs)을 스승으로 삼아 본격적으로 공부했다. 티베트불교 조낭파의 형성에 중요한 역할을 했던 돌포파(Ⓣ Dol-po-pa, 1292~1361)는 그 사상적 밑바탕은 유모미쿄돌제로부터 시작되었다고 했다. 역사가 타라나타(Ⓢ Tāranātha)는 그를 타공(gzhan stong)설을 주창한 인물로 그린다. 〔참고문헌〕 Tāranātha, *The collected work of jo-nan rje-btsun Tāranātha*(Leh : C.Namgyal & Tsewang Taru, 1982). ⇨ 조낭파 Jo-nang-pa

유목 乳木 밀교에서 호마(護摩) 때 쓰는 땔나무. 유즙이 나오기에 유목이라 한다. 『대일경』 권7(대정장18, p.45c24)에 "흔히 유목과 길상초가 넉넉하면 모기나 추위와 더위 그리고 사나운 짐승과 독충 등 온갖 어려움을 겪을 일이 없다. 多饒乳木及祥草 無有蚊虻苦寒熱 惡獸毒蟲衆妨難", 『대일경소』 권8(대정장39, p.662b18)에 "호마용 땔나무로는 유목을 써야 한다. 상(桑)과 곡(穀) 등의 류를 말한다. 護摩薪當用乳木 謂桑穀之類", 같은 책 권8(대정장39, p.662c24)에 "먼저 유목 중 마른 땔나무를 화로에 넣고 소(蘇)를 그 위에 뿌린 다음 태운다. 先取乳木乾薪 置於鑪中 用蘇灑上燃之", 『대일경의석연밀초』 권6(卍속장37, p.152a17)에 "'유목을 써야 한다'라는 등의 말은, 나무 가운데 유즙이 나오는 것을 유목이라 한다. 만일 유즙이 나오지 않는 나무를 쓰면 화천이 즐기지 않아 그들의 길상한 말을 얻을 수 없다. '상곡 등의 류'라 함은 곡은 닥나무이다. 닥나무 열매를 곡이라 한다. 이들 두 나무에는 유즙도 있고 열매도 있어서 호마 때 씀으로 길상 얻음을 드러낸다. 이 류가 아니면 취하지 않으므로 '유목을 써야 한다'라고 한다. 當用乳木等者 乳木 謂木中有乳汁者 名爲乳木 若用無乳木 爲此木者 火天不饗 不獲吉祥言 謂桑穀之類者 穀是楮也 楮之有實 謂之爲穀 此之二木 有乳有穀 護摩用之 表獲吉祥 非此之類 是中不取 故云當用乳木等"라 하였다. 〔참고문헌〕 『大日經』, 『大日經疏』, 『大日經義釋演密鈔』.

유목사 有目士 눈 있는 사람. 보아 관하고 사유하여 지혜롭게 볼 수 있는 이의 뜻이다. 『수말소표경』(대정장2, p.501c14)에 "세존께서 말씀하셨다. '이 물거품들을 저 눈 있는 사람 자세히 관찰하고 사유분별한다면, 저 사람은 보아 마쳐서는 자세하게 관찰한 뒤 사유분별하였으니 「비어 있을 리 없으니 옴도 감도 없고 견고하지도 못하니, 이 물거품 가히 의지할 수 있겠는가?」' 世尊告曰 此沫聚 若有目士 諦觀察之 思惟分別 彼人見已 諦觀察之 思惟分別 空無所有 無來無往 亦不堅固 此水聚沫 何可依怙"라고 하였다. 〔참고문헌〕 『水沫所漂經』. ⇨ 수말소표경 水沫所漂經, 수말소표 水沫所漂

유목자 有目者 Ⓢ cakṣu-sameta. 눈 있다는 뜻. 반야를 섭수함의 뜻이다. 보시·지계 등 모든 행위들은 반야바라밀로 거두지 않으면 눈 없는 행 즉 지혜 없는 행로가 되어 피안에 이를 수도 없다는 뜻이다. 『대반야경』 권172(대정장5, p.925c4)에 "또한 교시가여! 이처럼 보시·지계·인욕·정진·선정의 다섯 바라밀은 이 반야바라밀로 거두었기에 눈 있다고 부르고, 반야바라밀로 거두었기에 보시 등 일체 바라밀이 모두 도피안이라는 이름을 얻는다. 復次 憍尸迦 如是布施 淨戒 安忍 精進 靜慮波羅蜜多 由此般若波羅蜜多所攝受故 名有目者 復由般若波羅蜜多之所攝受故 布施等一切 皆得到彼岸名"라고 하였다. 〔참고문헌〕 『大般若經』, *Śikṣ.343.*

유무 有無 Ⓢ bhāva-abhāva, sad-asat, asti-nāsti, nāsty-asti, sattā-asattā, Ⓣ dngos-po-dang-dngos-po-med-pa, yod-dang-med-pa. 유와 무. 있고 없음. 일체법(一切法)이 연이생멸(緣已生滅)하는 뜻에서 유와 무는 중도에서 화해하는 상대일 뿐이고, 무아(無我)·공(空)의 뜻에서 가유(假有)로 있고(有) 없지 않아서(無) 다시 중도(中道)에서 있고 없음이 서로 의지해 자성 없음(無自性)을 드러낸다. 『대보적경』 권14(대정장11, p.24a12)에 "유와 무라는 것은 단지 언설일 뿐이니 마땅히 저 중에 집착을 일으키면 안 된다. 言有無者 但是言說 不應於中 而生執著", 『능가경』 권3(대정장16, p.499b18 : *Laṅk.*, p.147)에 "누가 인연이 모이면 유라고 했다가 다시 무라고 말하는가? 사견으로 일어난 법을 논하고 망상으로 유와 무라고 헤아린다. 만일 생하는 일 없음을 알면 사라질 것도 없을 것이며, 이들 모두 공적하다고 관하면 유와 무 둘 다 여읠 수 있다. 誰集因緣有 而復說言無 邪見論生法 妄想計有無 若知無所生 亦復無所滅 觀此悉空寂 有無二俱離 kena prasādhitāstitvam pratyayairyasya nāstitā, utpādavādadurdṛṣṭyā nāstyastīti vikalpyate", 『구사론』 권30(대정장29, p.156b28 : *Abh-k-bh.*, p.471)에 "아비달마 논사들은 말한다. '아의 있고 없음에 집착함은 모두 치우친 견일 뿐이다. 저 견은 차제로 상변과 단변에 떨어진다'. 저 논사들 말한 바 깊어 마땅한 뜻이니, '아가 있다고 집착하면 영원이라는 그 끝에 떨어지고, 무아라 집하면 문득 끊어져 아무것도 없는 그 끝에 머문다'라고 앞의 『벌차경』에서 분명하게 설하였기 때문이다. 阿毘達磨諸論師言 執我有無 俱邊見攝 如次墮在常斷邊故 彼師所說 深爲應理 以執有我 則墮常邊 若執無我便墮斷邊 前筏蹉經 分明說故", 『법화의소』 권4(대정장34, p.503b24)에 "단과 상은 이 유와 무이기에 유무가 근본이다. 유와 무는 치우친 견이니 예순두 가지 악견의 근본이며 아는 변견의 뿌리다. 斷常則是有無 故以有無爲本 有無謂邊見 爲六十二見本 我爲邊見之本也", 『중론』 권4 「관사제품 觀四諦品」(대정장30, p.33b18)에 "유무 두 끝을 떠나므로 중도라 한다. 이 법은 자성이 없기에 유라고 할 수도 없고 공도 없기에 무라고 할 수도 없다. 저 법에 성상이 있으면 뭇 연을 기다리지 않고도 있고, 뭇 연을 기다리지 않고는 법 있을 수 없으니, 그러므로 공이 아닌 법은 없다. 離有無二邊故 名爲中道 是法無性故 不得言有 亦無空故 不得言無 若法有性相 則不待衆緣而有 若不待衆緣則無法 是故無有不空法", 『성유식론』 권1(대정장31, p.1b10)에 "외경은 정 따라 시설하니 저 식처럼 있지 않고, 내식은 반드시 인연에 의지하여 일어나므로 저 경처럼 없지 않다. 이런 연유로 증감이라는 두 가지 집을 문득 막는다. 外境 隨情而施設 故非有如識 內識 必依因緣生 故非無如境 由此便遮增減二執", 『정명현론』 권6(대정장38, p.893a2)에 "유와 무라는 말에는 앞선 자성의 뜻이 없으므로 자성이 있다 해도 구할 수 없고 자성 없다 해도 구할 수 없다. 所言有無者 無前性義故 求性有不可得 性無亦不可得", 『조론』 「부진공론 不眞空論」(대정장45, p.152b20)에 "비록 무라 하지만 무는 아니니 무는 끊어 빈 것은 아니며, 비록 유라 하지만 유는 아니니 유란 참으로 있지 않은 것이다. 유가 참이 아니라면 무도 자취를 끊지 않는다. 이 때문에 유와 무는 부르기는 다르지만 그 이르는 곳은 하나이다. 雖無而非無 無者不絶虛 雖有而非有 有者非眞有 若有不卽眞 無不夷跡 然則有無稱異 其致一也", 『화엄경소초』 권51(대정장36, p.400a11)에 "뜻을 잃고 으뜸을 등지고서 헤아린들 다 허망하며, 뜻에 혹된 분별이 없으면 유와 무 아울러 실하다. 실인 즉 공을 설함으로써 유에 막힌 이의 혹을 버리게 할 수 있고, 유 밝혀 공에 묶인 이의 혹도 풀어줄 수 있다. 失理背宗 所計皆虛 理無惑計 則有無並實 實則說空 可以袪滯有者之惑 明有可以釋守空者之迷", 『인왕호국반야바라밀경소신보기』 권3(대정장33, p.303b16)에 "유와 무라는 말은 모두 실단을 수순한 설이며 분별을 부수고자 대치하는 말이다. 그러므로 '유는 범부나 외도와 어울리고, 무는 이승과 어울린다. 불보살이라면 실 그대로 알고 실 그대로 보기에 유도 무도 아니다'라고 말한다. 言有無者 皆隨順悉檀之說 亦破計對治言也 故曰 有卽同凡外 無卽同二乘 若佛菩薩 實知實見 則不有不無", 『정명현론』 권6(대정장38, p.892a9)에 "〔문〕 어째서 비유와 비무라고 하면서 유와 무를 가설하는가? 〔답〕 이는 유와 무의 뜻을 밝히고자 함이다. 이미 이것은 인연으로서의 유와 무이고, 인연의 유와 무라면 유와 무가 이미 따로 분명할진댄 유무가 아니며, 유무가 분명하지 않다면 이젠 유무라 할 수 있다. 그러므로 '유는 스스로 있을 수 없고, 또한 스스로 없게 할 수 없으니, 비유와 비무는 가유고 가무다'라고 한다. 問 何故云非有非無 假說有無 答 此欲明有無義耳 旣是因緣有無 因緣有無 則有無宛然 而非有無 非有無宛然 而有無 故言 有不自有 故非有 無不自無 故非無非有非無 假有假無", 『유마경의소』 권2(대정장38, p.925b11)에 "속제는 인연의 가유이다. 가유는 결정된 유일 수 없고 가무는 결정된 무일 수 없어 유도 아니고 무도 아니니 이것이 중도다. 진제도 그러하니, 가유는 결정된 유일 수 없고 가무는 결정된 무일 수 없으니 이것이 중도다. 俗諦 是因緣假有 假有 不可定有 假無 不可定無 非有非無 卽是中道 眞諦亦爾 假有 不可定有 假無 不可定無 卽是中道"라고 하였다. 〔참고문헌〕 『雜阿含經』, 『大寶積經』, 『楞伽經』, 『俱舍論』, 『法華義疏』, 『中論』, 『成唯識論』, 『淨名玄論』, 『肇論』, 『華嚴經疏鈔』, 『仁王護國般若波羅蜜經疏神寶記』, 『維摩經義疏』, *Abh-k-bh.84.*, *Yogā-bh.50.*, *Laṅk.22·122·296.*, *SN.* ⇨ 유有, 무無 **7**, 비유비무 非有非無, 단견 斷見, 상견 常見

유무견 有無見 Ⓢ bhava-dṛṣṭi-vibhava-dṛṣṭi, nāsti-asti-darśana. 상주(常住)를 주장하는 유견과 단멸(斷滅)을 주장하는 무견. 『법화경』 권2(대정장9, p.12b5)에 "이들 유학인과 무학인도 각자 아견과 유무견 등을 떠남으로써 열반을 얻는다고 여긴다. 是學無學人 亦各自以離我見 及有無見等 謂得涅槃", 『법화의소』 권5(대정장34, p.519c12)에 "유무견은 단견과 상견이니 치우친 견해를 말한다. 有無見 卽是斷常 謂邊見也"라고 하였다. 〔참고문헌〕 『法華經』, 『法華義疏』, 『楞伽經』 권3(대정장16, p.499c26). ⇨ 유무이견 有無二見

유무기 有無機 **1** 유와 무 양단 어디에도 떨어지지 않아 자유로운 기량. 『인천안목』 권3(대정장48, p.320c18)에 "대체로 조동가풍은 체용·편정·빈주 등을 넘어서지 않으면서 향상의 한 길을 밝힌다. 조동을 알고자 하는가? 불조가 출현하지 않았던 공겁마저 벗어난 소식이니 정위와 편위 그 어디에도 떨어지지 않는 유무의 기량이다. 大約曹洞家風 不過體用偏正賓主 以明向上一路 要見曹洞麼 佛祖未生空劫外 正偏不落有無機"라고 하였다. 〔참고문헌〕 『人天眼目』. **2** 유와 무에 속박되거나 분별함. 『경덕전등록』 권19 「명진전 明眞傳」(대정장51, p.353c20)에 "'유무의 분별에 떨어짐 없는 흠없는 한 마디 청합니다' '그대 시러금 결단코 보라'. 問 不落有無之機 請師全道 師曰 汝試斷看", 『정원략집』 권9 「거발항장 巨渤恒章」(卍속장145, p.402a10)에 "유 한 구는 없고, 무 한 구는 있다. 유무의 알음알이 앉아 끊고 한 쌍의 빈 손으로 도둑 끓는 채주성을 때려부수니 털끝에 선 사자가 울부짖네. 有一句子無 無一句子有 坐斷有無機 一雙窮相手 打破蔡州城 毛端獅子吼"라고 하였다. [참고문헌]『景德傳燈錄』, 『正源略集』.

유무득실 有無得失 있고 없고 얻고 잃음. 유무와 득실. 『정법안장』 권3(卍속장118, p.154a9)에 "또 한 가지는 언어에도 없고, 고인의 공안에도 없으며, 심성에도 없고, 현묘함에도 없으며, 유무와 득실 그 어느 편에도 없다. 저 불과 같아서 닿은 즉 곧 타버린다. 진실을 떠나서 선 자리가 아니니, 서 있는 자리 그대로 진이다. 손 가는대로 집어 드니 오늘도 옛도 모두 넘는다. 又有一種 也不在言語上 也不在古人公按上 也不在心性上 也不在玄妙上 也不在有無得失邊 如火相似 觸著便燒 非離眞而立處 立處卽眞 信手拈來 超今越古", 『금강삼매경주해』 권2(卍속장55, p.390a12)에 "저 헤아리는 마음으로 유무와 득실상을 지으면서 무생인을 얻었다고 말한다면 이는 무생행이라 할 수 없으니, 어찌 허망한 일이라 하지 않겠는가? 若以思慮心 作有無得失想 而云得無生忍 非是無生行 寧不爲虛妄耶"라고 하였다. [참고문헌]『正法眼藏』, 『金剛三昧經注解』. ⇨ 유무 有無

유무력대연 有無力待緣 유력과 무력으로 연을 기다림. 힘이 있기에 타법을 따를 수 있고, 반드시 타법을 따라야 하기에 무력하다는 뜻이다. 화엄종에서 시설한 인문육의(因門六義) 또는 사대연(四待緣) 중 하나다. 그 자체의 작용력이 없어서 다른 연에 의지한다는 것. 다른 것을 따르기 때문에 불가무(不可無)로서의 유(有)이고, 자체의 작용력이 없기에 무력(無力)이며, 다른 것에 의지할 수밖에 없기 때문에 대연(待緣)이다. 인의 여섯 가지 뜻(因六義) 중 하나. 유식종의 종자육의(種子六義) 가운데 항수전의(恒隨轉義)에 의지해 세웠다. 『화엄경수현기』 권3(대정장35, p.66a26)에 "(종자육의 중) 셋째, 내치의 끝까지 따르는 것(隨逐至治際 : 恒隨轉)이 유무력대연이다. 왜냐하면, 다른 것을 따르기에 없다고 할 수 없고(不可無有), 연을 거스르지 못하기에 힘으로는 없다(無). 三 隨逐至治際是有無力待緣 所以知爲隨他故 不可無不能違緣故 無力也", 『섭대승론석』 권2(대정장31, p.165c21)에 "수축지치제란 치(治)는 금강심도를 말함이니, 아리야식은 이때에 비로소 공능이 다하기에 '끝(際)'이라 한다. 외종자는 과일이 익고 뿌리가 썩을 때에 이르러야 그 공능이 다하는 것과 같다. 따라서 세 번째를 수축지치제라 하는 것이다. 隨逐至治際者 治謂金剛心道 阿黎耶識 於此時功能方盡故名際 外種子至果熟及根壞時 功能則盡 是故三名隨逐至治際", 『성유식론증의』 권2(卍속장81, p.722a17)에 "구경위는 곧 금강심도이다. 항수전을 진제는 '수축'으로 번역했고, 구경위를 '치제'로 번역했다. 究竟位 卽金剛心道 恒隨轉 眞諦譯爲隨逐 究竟位 譯爲治際", 『종경록』 권72(대정장48, p.819c29)에 "여섯째는 유무력대연이니 항수전의 뜻이다. 다른 것을 따르기에 힘이 없고 그렇기에 연을 기다린다. 六 有無力待緣 恒隨轉義 由隨他 故無力 是故待緣", 『화엄오교장』 권4(대정장45, p.502a2)에 "일체인은 모두 여섯 가지 뜻을 갖고 있다. … 여섯 번째는 유무력대연이다. … 여섯 번째인 유무력대연은 항상 따라서 구른다는 뜻이다. 왜 그런가? 다른 법을 따르므로 없다고 할 수 없지만, 능히 연을 거스를 수 없으므로 무력으로 움직인다. 이러한 연유로 연을 기다린다(待緣). 一切因皆有六義 … 六 有無力待緣 … 六者 是恒隨轉義 何以故 由隨他故不可無 不能違緣故無力用 卽由此故是待緣也"라고 하였다. [참고문헌]『華嚴經搜玄記』, 『攝大乘論釋』, 『成唯識論證義』, 『宗鏡錄』, 『華嚴五敎章』. ⇨ 사대연 四待緣, 인문육의 因門六義, 항수전 恒隨轉, 종자육의 種子六義, 금강심도 金剛心道

유무론자 有無論者 Ⓢ nāsty-astitva-vādin. 유나 무에 집착하여 분별하는 이들. 『대승입능가경』 권2(대정장16, p.595c29 : *Laṅk.*, p.53)에 "유무론자는 유나 무에 집착하지만 두 가지 모두 성립하지 않는다. 有無論者 執有執無 二俱不成 mahāmate nāstyastitvam siddhirna bhavati nāstyastitvavādinām", 『주대승입능가경』 권3(대정장39, p.450b6)에 "정인이 아니라는 말은 유가 무를 인으로 삼거나 무가 유의 인이 된다면 이 인은 바르지 않다는 뜻이다. 이미 두 인이 바르지 않을진댄 유무라는 두 과는 뜻 스스로 성립되지 못한다. 그러므로 끝내 파하기를 '유무론자는 유나 무에 집착하여 둘 다 성취될 수 없다'라고 하였다. 不正因故 謂有與無爲因 無與有爲因 此因不正也 旣二因不正 有無兩果理自不成 故結破云 有無論者 執有執無 二俱不成也", 『묘경문구사지기』 권12(卍속장46, p.248a18)에 "다음으로 유무론자란, 교화할 성문인을 말함이니, 실을 가져 유무를 단정한다. 次有無論者 謂所化聲聞之人 持實定有無也"라고 하였다. [참고문헌]『大乘入楞伽經』, 『注大乘入楞伽經』, 『妙經文句私志記』, *Laṅk.* ⇨ 유무 有無

유무물 有無物 Ⓢ bhāva-abhāva. 있는 것과 없는 것. 『입능가경』 권4(대정장16, p.534b16 : *Laṅk.*, p.104)에 "저들 모든 외도는 자기 마음 안의 경계를 모르기에 있는 것과 없는 것을 본다. 이 때문에 외도에겐 이와 같은 허물이 있을지언정 나의 허물이 아니다. 나는 항상 '인연의 화합으로 갖가지 법이 생하고 아무 인 없이 일어나는 것은 없다'고 말한다. 彼諸外道 不知自心內境界

故見有無物 是故 外道有如是過 非我過也 我常說言 因緣和合 而生諸法 非無因生 ye tu mahāmate grāhyagrāhakābhiniviṣṭāḥ svacittadṛśyamātraṃ nāvabudhyante bāhyasvaviṣayabhāvābhāvatvena teṣāṃ mahāmate eṣa doṣaḥ prasajyate na tu mama pratītyakāraṇavyapadeśaṃ kurvataḥ"라고 하였다. [참고문헌] 『入楞伽經』, *Laṅk.* ⇨ 유무 有無

유무별진여 類無別眞如 류에 있어 다름이 없는 진여. 십진여(十眞如) 중 하나. 십지(十地) 중 다섯 번째인 난승지(難勝地 Ⓢ sudurjayā)에서 생사와 열반이란 류의 차별이 없음을 깨닫는 진여를 말한다. 『성유식론』 권10(대정장31, p.54b14)에 "다섯째는 유무별진여이다. 이 진여는 류에 차별이 없다. 저 안 등처럼 류에 다름이 있지 않기 때문이다. 五 類無別眞如 謂此眞如 類無差別 非如眼等 類有異故", 『성유식론술기』 권10(대정장43, p.592b9)에 "'다섯째 유무별진여에서 유유이에 이르기까지'란 [술] 생사와 열반, 둘이 모두 평등하여 차별이 없다. 五 類無別眞如 至類有異故 述曰 由生死涅槃 二皆平等 故無差別"라고 하였다. [참고문헌] 『成唯識論』, 『成唯識論述記』. ⇨ 십진여 十眞如, 난승지 難勝地

유무부동 有無不同 ❶ 유와 무가 같지 않음. 『법화현의석첨』 권6(대정장33, p.856b10)에 "진속이 따로여서 다르다는 것은 속제는 유와 무가 같지 않음이고, 진제는 오직 한 가지 중도다. 원교의 이제는 진속이 이미 이제를 어울렀으니 같다고 부른다. 別眞俗異者 俗則有無不同 眞則唯一中道 圓教二諦 眞俗旣融二諦 名同"라고 하였다. [참고문헌] 『法華玄義釋籤』. ⇨ 유무 有無 ❷ 있고 없음이 같지 않음. 『대승의장』 권10(대정장44, p.661c1)에 "다음으로 있고 없음이 같지 않은 뜻을 가린다. 대승법 중에 오히려 삼취를 갖추나, 소승법에는 단지 섭율의계만 받기에 나머지 이취(攝善法戒·攝衆生戒)는 없다. 次辨有無不同之義 大乘法中 猶具三聚 小乘法中 單受律儀 無餘二聚"라고 하였다. [참고문헌] 『大乘義章』. ⇨ 삼취정계 三聚淨戒, 섭율의계 攝律儀戒

유무사견 有無邪見 Ⓢ samāropa-apavāda-anta-dvaya-kudṛṣṭi. 유와 무에 얽힌 삿된 견해. 중도의 정견(正見)이 아니므로 사견이라 한다. 『입능가경』 권7(대정장16, p.557c6 : *Laṅk.*, p.226)에 "유와 무에 얽힌 사견을 떠나기에 이름과 모양 보지 않으니 이것이 바른 지혜의 뜻이다. 나는 이름하길 진여라 한다. 以離有無邪見故 以不見名相 是正智義 是故 我說名爲眞如 samāropāpavādāntadvayakudṛṣṭivivarjitaṃ nāma nimittārthayor apravṛttivijñānam evam etāṃ tathatāṃ vadāmi"라고 하였다. [참고문헌] 『入楞伽經』, *Laṅk.* ⇨ 유무이견 有無二見, 유무 有無

유무사구 有無四句 유무로 분별한 사구. 사구분별(四句分別)의 전형으로 유·무·역유역무(亦有亦無)·비유비무(非有非無)를 말한다. 이에 근거하여 불교 이외의 학파에서 주장하는 형이상학적인 견해들을 분류하기도 하는데, 이 경우 유구는 상견(常見), 무구는 단견(斷見), 역유역무구는 유무상위견(有無相違見), 비유비무구는 희론견(戲論見) 등이다. 『금강경필기』(卍속장39, p.255a17)에 "그러므로 '여래가 얻은 깨달음은 실도 아니고 허도 아니다'라고 하였다. 실이 아니란 곧 비유(非有)이고, 허가 아니란 비무(非無)다. 만약 있다고 말하면 이는 상견이고, 없다고 말하면 단견이며, 있기도 하고 없기도 하다면 상위견이고, 있지도 않고 없지도 않다고 한다면 희론견이다. 옛 사람이 이르길 '사구를 여의고 백비도 끊었으니, 청컨대 스님께서는 달마대사가 서쪽에서 온 뜻 곧바로 알려 주시길 바랍니다'라고 하였다. 故云 如來所得菩提 無實無虛 無實者 則非有 無虛者 則非無 若言有 是常見 若言無 是斷見 亦有亦無 相違見 非有非無 戲論見 古人云 離四句 絶百非 請師直指西來意"라고 하였다. [참고문헌] 『金剛經筆記』. ⇨ 사구분별 四句分別, 육십이견 六十二見

유무유 有無有 Ⓢ sat ca asat ca. 유와 무유. 있는 것과 있을 수 없는 것. 『입능가경』 권9(대정장16, p.575b21 : *Laṅk.*, p.319)에 "유와 무유는 실체 없으며 공상마저도 없다. 有無有非實 亦無有空相 sac cāsac ca sato naiva kṣaṇikaṃ lakṣaṇaṃ na vai", 『잡아비담심론』 권6(대정장28, p.916c8)에 "지혜의 자성 분명히 알면, 모든 존재를 밝혀 비추리니, 유와 무유와 열반 등 저 모든 상들 이제 설하리라. 若智性能了 明照一切有 有無有涅槃 彼諸相今說"라고 하였다. [참고문헌] 『入楞伽經』, 『雜阿毘曇心論』. ⇨ 유 有, 무유 無有❷, 유무 有無

유무이견 有無二見 있다 없다 하는 두 가지 견해. 일체사견의 근본이 되는 유무이견으로부터 60종의 사견도 출현한다. 『대지도론』 권39(대정장25, p.348a24)에 "저 보살이 유위·세간·유루를 보았다면 유견에 떨어짐이고, 무위·출세간·무루를 보았다고 하면 무견에 떨어진다. 이 유무이견을 버리고 희론 없는 지혜로 중도를 행하니 이를 혜안이라 한다. 若菩薩見有爲 世間 有漏 卽墮有見中 若見無爲 出世間 無漏 卽墮無見中 是有無二見捨 以不戲論慧 行於中道 是名慧眼", 『법화의기』 권3(대정장33, p.607b9)에 "이 알라. 다 거두어 논하자면 유무 두 가지 견이고 나누어 따로 이야기하면 60가지 견해가 있다. 저 총과 저 별을 더하면 62가지 견해가 된다. 是知 總而論之 是有無二見 別而談之 有六十見 若

總若別 故有六十二見也"라고 하였다. [참고문헌] 『大智度論』, 『法華義記』. ⇨ 유무 有無, 육십이견 六十二見

유무이변 有無二邊 Ⓢ samāropa-apavāda, samāropa-apavāda-anta, anta-ananta-dṛṣṭi. 유와 무라는 두 끝. 유와 무에 치우친 견해를 말한다. 『입능가경』 권7(대정장16, p.555c23 : *Laṅk.*, p.217)에 "대혜야! 여래·응·정변지께서는 영원하지도 않고 무상하지도 않으시다. 왜 그러한가? 두 끝은 허물이 있기 때문이다. 대혜야! 유와 무 두 가지 끝에는 반드시 허물이 있다. 大慧 如來 應 正遍知 非常非無常 何以故 二邊有過故 大慧 有無二邊應有過失 na mahāmate tathāgato nityo nānityaḥ. tatkasya hetor yadutobhayadoṣaprasaṅgāt. ubhayathā hi mahāmate doṣaprasaṅgaḥ syāt", 같은 책 권9(대정장16, p.572b24 : *Laṅk.*, p.131)에 "분별하여 이와 같은 것은 없다 하고, 타력의 법체는 있다 한다. 유무 두 끝을 보고 이런 이유로 다시 분별을 보게 된다. 分別無如是 他力法體有 見有無二邊 是故見分別 nāsti vai kalpito bhāvaḥ paratantraṃ ca vidyate, samāropāpavādaṃ ca vikalpaṃ no vinaśyati", 『대지도론』 권57(대정장25, p.466a5)에 "저 반야바라밀실상법을 얻으면 유무 두 끝에 떨어지지 않으니 이 중도에 있으면서 보시·지계 등에 통달한다. 若得是般若波羅蜜實相法 則不墮有無二邊 用中道通達布施持戒等", 『중관론소』 권2(대정장42, p.22b22)에 "유무만을 설하여 이제로 삼고 팔불을 말하지 않으면, 가르침을 받는 무리들이 유무의 두 끝만을 듣고서 단상에 떨어져 중도를 이루지 못한다. 但說有無 以爲二諦 不言八不 而稟敎之流 聞有無二邊墮斷常 故不成中道", 『삼론유의의』(대정장45, p.121a24)에 "결정코 유라면 상견에 떨어지고, 결정코 무라면 단견에 떨어진다. 유무 두 끝을 떠남을 중도라고 한다. 若決定有 卽墮常邊 若決定無 卽墮斷邊 離有無二邊 名爲中道也"라고 하였다. [참고문헌] 『入楞伽經』, 『大智度論』, 『中觀論疏』, 『三論遊意義』, *Laṅk.304.*, *Ratna-ut.76.*, *Vikī-n.6.* ⇨ 유무 有無, 단견 斷見, 상견 常見, 변견 邊見, 중도 中道

유무이행 有無二行 지음 있는 행(有爲行)과 없는 행. 『장아함경』 권2 「유행경 遊行經」(대정장1, p.15c24)에 "유무 두 행 중에 나는 이제 유위를 버리고 안으로 삼매에 전념하니 저 새가 알 깨고 나오는 듯하리. 有無二行中 吾今捨有爲 內專三昧定 如鳥出於卵"라고 하였는데, 상응하는 *Mahāparinibbāna-sutta*(*DN*.2, p.207)에서는 "헤아려 하는 일과 헤아릴 수 없는 일 있네. 유위를 성자는 버렸고, 안으로 안락적정하여 갑옷 부수듯이 스스로 짓는 일 부수었네. tulam atulañ ca sambhavaṃ bhavasaṃkhāram avassajī munī, ajjhattarato samāhito abhida kavacam iv′ attasambhavan"라 하였다. [참고문헌] 『長阿含經』, *DN.*

유무지간 有無之間 유와 무 그 사이. 비유비무(非有非無)의 중도(中道) 필경공(畢竟空)을 말한다. 『조론』 「부진공론 不眞空論」(대정장45, p.152a3)에 "본래 성인의 밝고 특출함이 아니었다면, 어찌 능히 신이 유와 무 그 사이에 계합할 수 있겠는가? 自非聖明特達 何能契神於有無之間哉", 『조론소』 권상(대정장45, p.171a4)에 "반야의 기특하고 지혜로운 역량이 아니었다면 어떻게 능히 신정이 중도의 비유비무라는 뜻에 함께할 수 있겠는가? 이러한 비유비무야말로 중도의 필경공이다. 그러므로 유와 무 그 사이일 따름이라 한다. 非是般若奇特明達 何能以神情 契合中道非有非無之理哉 卽此非有非無 是中道畢竟空 故云有無之間耳"라고 하였다. [참고문헌] 『肇論』, 『肇論疏』. ⇨ 비유비무 非有非無, 중도 中道

유무지경 有無之境 유 또는 무라는 경. 『조론』 「답유유민서 答劉遺民書」(대정장45, p.156b7)에 "유와 무의 경은 치우친 견으로 있을 뿐이니, 어찌 이곳 중에 있으면서 둘 아닌 길 불러내는가? 왜냐하면 만물은 비록 다르지만 그 자성 원래 한결같이 하나이기 때문이다. 有無之境 邊見所存 豈是處中莫二之道乎 何者 萬物雖殊 然性本常一", 『조론소』 권중(대정장45, p.187b22)에 "'유무의 경은 치우친 견으로 있을 뿐이다'고 한 뜻은, 유와 무의 두 끝을 치우친 견이라고 한다. 치우친 견을 가진 사람은 이 유무가 있게 되고 이 유무라는 두 견은 중정불이의 길은 아니다. 有無之境邊見所存下 有無二邊名爲邊見 邊見之人 存此有無 此有無二見 不是中正不二之道也", 『광홍명집』 권21(대정장52, p.250b27)에 "법신은 텅 비고 고요하여 유무 경을 멀리 떠나고, 인과의 밖으로 외로이 벗어났으니 지혜로 알 수 없고 헤아려도 알 수 없거늘, 어찌 능히 논변할 수 있겠는가? 法身虛寂 遠離有無之境 獨脫因果之外 不可以智知 不可以識識 豈是稱謂所能論辯"라고 하였다. [참고문헌] 『肇論』, 『肇論疏』, 『廣弘明集』. ⇨ 유무 有無, 변견 邊見

유무지역 有無之域 있다 없다 분별하는 세계. 『조론』 「열반무명론 涅槃無名論」(대정장45, p.158c19)에 "그런 즉 열반의 도란 그 과가 유무의 역을 벗어났고, 말과 모양의 길마저 끊었다. 然則涅槃之道 果出有無之域 絶言象之徑", 『조론소』 권하(대정장45, p.195b22)에 "과가 결정되었으니 유무의 역을 결정코 벗어나고, 정히 말과 상상의 길마저 끊었다. 果決定 定出有無之域 定絶言像之經也"라고 하였다. [참고문헌] 『肇論』, 『肇論疏』.

유무체 有無體 Ⓢ bhāva-abhāva, Ⓣ yod-dang-me

d-pas. 있고 없음의 바탕. 무명과 탐은 사라지므로 비체(非體)라 하지만 지혜와 해탈은 오히려 드러나기에 그 바탕 없지 않다는(非非體) 뜻이다. 『대승장엄경론』 권3(대정장31, p.604a3)에 "'마음과 지혜마저 쉬어 또한 그러하니, 그 바탕 있는지 없는지를 말할 수 없다'라 한 뜻은, 모든 부처님의 마음과 지혜는 탐욕을 열로 삼고 무명을 눈병으로 삼는데, 저 두 가지 쉰다면 그 실체가 있는 것도 아니고 없는 것도 아니라고 한다. 왜냐하면 '그 체가 아니다'란 말은 탐과 무명이 쉬었기 때문이고, '체가 없지 않다'라는 말은 마음과 지혜의 해탈이 있기 때문이다. 이것이야말로 법계해탈상이다. 心智息亦爾 不說有無體者 諸佛心智 以貪爲熱 以無明爲瞖 彼二若息 亦說非體非非體 何以故 非體者 由貪及無明息故 非非體者 由心慧解脫有故 是名法界解脫相"라고 하였다. 〔참고문헌〕『大乘莊嚴經論』, *Sūtr.38.*

유묵계 油墨戒 Ⓢ nakula-vrata, Ⓣ 'bru-mar-dang-sre-mog-gi-brtul-zhugs. 기름에 먹을 섞어 몸에 바르는 외도(外道)의 계. 『유가사지론약찬』 권3(대정장43, p.43b9)에 "유묵계란, 기름에 먹을 섞어 몸에 바르는 것을 계로 삼는 것이다. 油墨戒者 油和其墨 塗身爲戒"라고 하였다. 〔참고문헌〕『瑜伽師地論略纂』, 『瑜伽師地論』 권7(대정장30, p.312b12), *Yogā-bh.157.*

유문 有文 1614~1689. 자는 환호(煥乎·喚乎), 호는 추계(秋溪), 속성은 김(金)씨. 어느 날 밤 어머니가 아름다운 구슬을 삼키는 태몽을 꾼 다음 1614년(광해군6) 11월 16일 취성(鷲城 : 창녕군 영산면)에서 태어났다. 1626년(인조4) 13세 때 해남 대흥사(大興寺)로 찾아가 국륭(國隆)을 은사로 하여 스님이 되었다. 그 후 동림(東林)에 나아가 비구계를 받았으며, 원응지근(圓應志勤)의 법을 이어 받았다. 1686년(숙종12) 추줄산(崷崒山)에 있는 위봉사(威鳳寺) 쌍계암(雙溪庵)으로 옮겨 정진하다가 1689년(숙종15) 9월 2일 시자에게 세 번 차를 가져오라고 말하고 조용히 입적하니 세수 76, 법랍 64세였다. 다비한 후 백색 사리 1과와 정골(頂骨) 1편(片)을 얻어 완주 종남산 송광사(松廣寺)에 봉안하였다. 제자로는 무경자수(無竟子秀) 등이 있다(秋溪有文禪師 字煥乎 姓金氏 鷲城人也 以萬曆甲寅十一月十六日生 十三依大芚山國隆梵唄落髮 就東林受具 叅圓應得法 丙寅 移入于崷崒之雙溪 至己巳九月二日 命侍者三唱茗茶 泊然而逝 茶毘超一片頂骨頭陀圓蓋 乞舍利於鷄龍山五松臺 得白色一顆 樹塔于終南山松廣寺). 〔참고문헌〕『西域中華海東佛祖源流』(한불전10, p.122b14), 『朝鮮佛敎通史』 권상 p.515. ⇨ 지근 志勤, 자수 子秀

유문 有門 천태에서 세운 사문(四門) 중 하나. '있다'는 방편의 문을 연 경우로 삼장교가 법유(法有)를, 별교가 유불성(有佛性) 등을 세운 뜻이다. 『관음현의』 권상(대정장34, p.878c10)에 "저 삼장유문은 중생·아·인이 거북이 털이나 토끼 뿔처럼 필경에는 얻을 수 없고 오직 오온이라는 법만 있음을 관한다. 이것은 인공이지만 법공은 아니라는 말이다. 이 법이 무상하여 생멸하여 멈추지 못함을 관하여 난정위 등을 일으키면 방편법 쥘 수 있으므로 사도현인을 이룬다. 若三藏有門 觀衆生我人如龜毛兎角 畢竟不可得 但有五陰之法 此卽人空法不空 觀此法無常 生滅不住 發生煖頂等位 卽是攬方便之法 成似道賢人", 『유마경현소』 권6(대정장38, p.557c15)에 "(별교에서) 불성을 밝힘이 우유에 낙성이 있다거나, 돌에 금성이 있으며, 역사 이마의 구슬과 같은 것이라고 한다면 그것은 유문이다. 若明佛性 如乳有酪性 石有金性 力士額珠 卽有門"라고 하였다. 〔참고문헌〕『觀音玄義』, 『維摩經玄疏』. ⇨ 사문 四門[1], 공문 空門[2]

유문 有聞 조선 후기 스님. 호는 도봉(道峰). 태허남붕(太虛南鵬)의 제자이다. 1800년에 제자 현척(賢陟)이 운문사(雲門寺)에 스님의 탑과 비를 세웠으며, 응허의진(應虛意珍)이 영찬을 쓴 진영이 운문사에 모셔져 있다. 저서로는 은해사(銀海寺)의 영파성규(影波聖奎 1728~1812)가 증정(證正)한 『대방광불화엄경의상법사법성게과주 大方廣佛華嚴經義湘法師法性偈科註』 1권(한불전10, pp.386c1~389b16)이 있는데, 권수에 1809년(순조9)에 현척이 지은 서문, 권말에 연담유일(蓮潭有一)이 지은 「연담화상논변 蓮潭和尙論卞」이 있다. 안광석(安光碩)씨가 필사본을 소장하고 있다. 〔참고문헌〕『韓國佛敎撰述文獻總錄』(동국대출판부, 1976) p.216. ⇨ 법성게과주 法性偈科註, 성규 聖奎

유문 裕文 1898~1941. 근대 스님. 호는 묵당(默堂), 속성은 강(姜)씨. 경북 의성군 고운사(孤雲寺) 스님으로, 불교청년운동을 주도하면서 조선불교청년총동맹(朝鮮佛敎青年總同盟) 동경(東京)동맹위원장 등을 역임하였으며, 박영희(朴映熙)·박윤진(朴允進)·박근섭(朴根燮)·한성훈(韓性勳)·김해윤(金海潤) 등과 함께 항일불교단체인 만당(卍黨)에 가입하였다. 저서로는 1938년에 발행한 『포교법개설 布敎法槪說』이 있다. 〔참고문헌〕 金光植 「朝鮮佛敎青年總同盟과 卍黨」(『韓國學報』21-3, 1995) p.218. ⇨ 만당 卍黨

유문성 有門城 Ⓢ Dvāravatī. 「입법계품」에서 선재가 만난 대천(大天)이 머무는 성. 60권본 『화엄경』 권51(대정장9, p.719a14)에서 바라바제(婆羅波提)라 음사하였고, 타라발지(墮羅鉢底)·타라발제(墮羅拔提)라고도 음사한다. 『신화엄경론』 권21(대정장36, p.865c4)

에 "선재동자가 만난 천신은 이 위의 행을 드러낸 것이다. 머무는 성의 이름은 타라발지이고 천신 이름은 대천이다. 성 이름은 타라발지로 유문성으로 한역한다. 이것은 이 계의 하늘신이고 건으로 천문을 삼았다. 이후 차제로 지신도 만났다. 以善財所見天神 爲所表此位之行也 所居之城名墮羅鉢底 神號大天 城名墮羅鉢底者 此曰 有門城 此是此界乾神 以乾爲天門 以後次第見地神"라고 하였다. [참고문헌]『新華嚴經論』, *Gaṇḍ-vy.166.* ⇨ 바라바제 波羅波提, 입법계품 入法界品, 선재 善財

유미 乳味 소에서 갓 짜낸 우유의 맛. 교판의 오시(五時)를 비유한 오미(五味) 중 하나. 천태종에서는 돈교(頓敎)의 화엄을 비유한다. 『사교의집해』 권상(卍속장102, p.7a2)에 "오미란, 화엄시는 유미이고, 녹원시는 낙미이며, 방등시는 생소미, 반야시는 숙소미이다. 『법화경』과 『열반경』은 제호미이다. 오미설은 『대반열반경』에서 나왔다. 五味者 華嚴乳味 鹿苑酪味 方等生酥 般若熟酥 法華涅槃二經醍醐 五味文出大涅槃經", 『지관보행전홍결』 권3(대정장46, p.244b15)에 "『대반열반경』의 오시 비유에 따르면 화엄시는 젖에 비유된다. 지금 편의에 따라 화엄을 별도로 돈교로 삼으면 점교에 다시 사미가 있다. 그러므로 삼장을 유미에 비유한다. 若準大經五時譬意 則以華嚴譬乳 今且逐便卽以華嚴別爲一頓 漸中仍更存於四味 故以三藏譬於乳味", 『법화문구』 권5(대정장34, p.71a27)에 "또한 오미를 차례대로 분별한다. 유미는 단지 보살승과 불승을 밝히고, 낙미는 삼승의 차이를 밝히며, 생소미는 삼승・사승・구승 각각이 구분되어 서로 어지럽히지 않음을 밝힌다. 숙소미는 삼승의 차이를 없앤다. 나머지는 생소에 비유된다. 제호에서는 오로지 불승을 설할 뿐 다른 승은 없다. 又歷五味分別 乳味但明菩薩乘佛乘 酪味但明異三乘 生酥味備明三乘四乘九乘 各各分齊不相濫 熟酥味唯除異三乘 餘如生酥也 醍醐中純說佛乘 無復餘乘也"라고 하였다. [참고문헌]『四敎儀集解』, 『止觀輔行傳弘決』, 『法華文句』. ⇨ 오미 五味❶, 오시팔교 五時八敎

유미 乳糜 ❶ Ⓢ pāyasa, Ⓟ pāyāsa, yāgu, Ⓣ 'o-thug. 쌀 등 곡물에 양젖이나 우유를 넣고 쑨 죽. 유죽(乳粥)이라고도 한다. 『법화의소』 권8(대정장34, p.570c17)에 "부처님께서 육 년 동안의 고행을 마치시고 유미를 드신 후에 풀을 깐 자리를 도량으로 삼아서 성불하셨다. 六年苦行竟 受乳糜已後 始取草坐於道場 方成佛也", 『대일경소』 권7(대정장39, p.658c13)에 "유미 : 인도의 죽에는 여러 가지가 있다. 오마즙을 넣거나 또는 갖가지 콩이나 여러 약재로 맛을 낸다. 『십송율』의 약법 등에 대한 부분에서 자세하게 설하는데 유미를 최상으로 여긴다. 공양을 올릴 때는 소와 설탕 등을 가미하여 색과 맛을 모두 갖추어서 먼저 올린다. 乳糜者 西方粥有多種 或以烏麻汁 或以諸豆幷諸藥味 如十誦藥法等文廣明 然最以乳糜爲上 凡獻食時 當更加以蘇沙糖等 令色味兼具而先奉之也"라고 하였다. 싯다르타태자께서 설산고행 후 목녀 난다바라(難陀婆羅)의 유미공양을 받으시고 기력을 회복하여 보리좌(菩提座)에 나아가셨다. 이를 도상화한 장면이 설산수도상(雪山修道相)이고, 1673년(현종14) 양주 불암사판 『석씨원류응화사적』 권1 「목녀유미 牧女乳糜」에서는 『인과경 因果經』을 인용하면서 이 장면을 도해(圖解)하였다. [참고문헌]『法華義疏』, 『大日經疏』, 『釋氏源流應化事蹟』, *Jā.4.379., Ap.284., Buddh-c.142., Mvyut.374.* ❷ 달발나(怛鉢那 Ⓢ tarpaṇa)의 한역어. ⇨ 달발나 怛鉢那

유미 설산수도상 팔상도
보물제1365호 하동 쌍계사 1728년

목녀유미 『석씨원류응화사적』 권1
양주불암사판 1673년

유미 幽微 ❶ 깊고 미묘함. 『장아함경』 권15 「종덕경 種德經」(대정장1, p.95c29)에 "우리 바라문은 다섯 가지를 성취하여 하는 말마다 진실하고 거짓이 없다. 어떤 것이 그 다섯 가지인가? … 둘째는 이학의 삼부를 모두 외우고 통달하며 갖가지 경서를 다 분별하고 세간 전적의 깊고 미묘한 뜻을 두루 익히지 않은 것이 없다. 我婆羅門 成就五法 所言至誠 無有虛妄 云何爲五 … 二者 異學三部 諷誦通利 種種經書 盡能分別 世典幽微 靡不綜練"라고 하였다. [참고문헌]『長阿含經』, 『瑜伽師地論』 권43(대정장30, p.531c15). ❷ Ⓢ sūkṣma, Ⓣ phra-ba, zhib-mo, phra. 아주 미세한 법성의 특징. 『구사론』 권5(대정장29, p.28c11 : *Abh-k-bh.*, p.79)에 "어찌 모든 법을 모두 네가 알겠는가? 법성은 깊고 미세해서 매우 알기 어렵기에, 비록 체가 있어 드러날지라도 알 수 없다. 豈諸有法 皆汝所知 法性幽微 甚難知故 雖現有體 而不可知 kiṃ ca bhoḥ sarvaṃ vidyamānam upalabhyate. sūkṣmā api dharmaprakṛtayaḥ saṃvidyante"라고 하였다. [참고문헌]『俱舍論』, *Abh-k-bh., Bodh-bh.154., Mvyut.* ⇨ 법성 法性

유미수 有味受 Ⓢsāmiṣā vedanā, Ⓣzang-zing-dang-bcas-pa'i-tshor-ba. 유루(有漏) 및 욕계(欲界)와 상응하는 수(受). 애(愛) 또는 탐(貪)과 상응하는 모든 세간수(世間受). 무미수(無味受)의 상대어이다. 미(味)는 애(愛)·착(著)의 뜻이다. 『법온족론』 권10(대정장26, p.501a7)에 "어떤 것을 유미수라고 하는가? 유루작의와 상응하는 모든 '수' 내지는 '수'로 거두는 것들은 유미수라고 한다. … 욕계작의와 상응하는 '수'를 유미수라고 하며, … 지금 이런 뜻 중에서 유루작의와 상응하는 '수'를 유미수라고 한다. 云何有味受 謂有漏作意相應諸受 乃至受所攝 是名有味受 … 欲界作意相應受 名有味受 … 今此義中 有漏作意相應受 名有味受", 『유가사지론』 권96(대정장30, p.851a26)에 "유미수란 모든 세간수이다. 有味受者 諸世間受", 『대승아비달마집론』 권1(대정장31, p.663c28)에 "어떤 것이 유미수인가? 자체가 '애'와 상응하는 '수'를 말한다. 何等有味受 謂自體愛相應受"라고 하였다. [참고문헌] 『法蘊足論』, 『瑜伽師地論』, 『大乘阿毘達磨集論』, *Śrāv-bh.296*. ⇨수 受❶, 무미수 無味受, 유루 有漏

유미지 有味智 맛들임 있는 지. 낙수(樂受)와 상응하는 지. 『사리불아비담론』 권9(대정장28, p.592b12)에 "무엇이 유미지인가? 저 지가 낙수와 상응할 때 유미지라고 한다. 云何有味智 若智樂受相應 是名有味智"라고 하였다. [참고문헌] 『舍利弗阿毘曇論』. ⇨낙수 樂受

유미착법 有味著法 맛 들여 집착하는 법. 염오법(染汚法)이라고도 한다. 무미착법(無味著法:不染汚法)의 상대어이다. 『품류족론』 권5(대정장26, p.711b11)에서 '유미착법'이라 하고, 『중사분아비담론』 권4(대정장26, p.644b11)에서는 염오법(染汚法)이라 한역하였다. [참고문헌] 『品類足論』, 『衆事分阿毘曇論』, 『瑜伽師地論』 권10(대정장30, p.346b1) ⇨무미착법 無味著法

유미타 喩彌陀 북송 때 스님인 사정(思淨 1068~1137)의 별호. 『역조석씨자감』 권9(卍속장132, p.188a18)에 "전당(錢塘:浙江省)의 유미타는 어려서부터 오로지 아미타불을 그리는 것을 업으로 삼았다. 차공 양걸이 그 정묘한 솜씨를 인정하여 칭송하고 속성을 붙여서 유미타라고 불렀기에 이러한 이름을 얻었다. 錢塘喩彌陀者 少年專畵彌陀佛爲業 次公楊傑 賞識其精妙 以姓呼之爲兪彌陀 由是得名"라고 하였다. [참고문헌] 『歷朝釋氏資鑑』. ⇨사정 思淨

유밀 劉謐 생몰연대 미상. 송원(宋元)대 유불도(儒佛道) 삼교(三敎)의 조화론자. 호는 정재(靜齋). 구양수(歐陽修)·장횡거(張橫渠)·정명도(程明道)·정이천(程伊川) 등 송나라 때의 배불론자들에 맞서 『삼교평심론 三敎平心論』을 저술하여 삼교의 조화를 주장했다. 그는 유불도 삼교의 대의가 선악의 도리를 벗어나지 않는다는 점에서 우열을 가릴 수 없고 한 가지 교의도 빠트릴 수 없다는 논지를 밝혔다. 『삼교평심론』 권상(대정장52, p.781b22)에 "유학은 정으로 교를 시설하고, 도교는 존으로 교를 설하며, 불교는 대로 교를 시설한다. 그들이 살리는 것을 좋아하고 죽이는 것을 싫어함을 보면 똑같이 어질다. 남을 자기처럼 여기니 똑같이 공평하다. 大抵儒以正設敎 道以尊設敎 佛以大設敎 觀其好生惡殺 則同一仁也 視人猶己則同一公也"라고 하였다. [참고문헌] 『三敎平心論』, 『佛法金湯編』 권15(卍속장148, p.973a16). ⇨삼교평심론 三敎平心論

유밀과 油蜜果 밀이나 쌀을 가루로 반죽하여 모양을 만들어 말린 후 기름에 튀겨내어 꿀을 발라 만든 음식. 예로부터 귀한 음식으로 분류되어 고려시대에는 연등회(燃燈會)와 팔관회(八關會) 및 왕실의 중요의례에 올랐고, 불공(佛供)과 반승(飯僧)에도 귀하게 여겨 올렸다. 『고려사』 권22 세가(世家)22 고종 12년(1225) 1월 8일에 "연등회와 팔관회 때 유밀과상을 올리던 것을 다시 시행한다. 復燃燈八關油蜜果床"라고 하였다. 조선 건국 후인 1394년(태조3)에는 검소화 정책에 따라 사신접대에만 쓰도록 제한하고(其油密果 絲花鳳 金銀著 彩花草上國使臣燕享外亦禁斷), 1396년과 1420년(세종2) 태종비 원경왕후 국상 재의례품에서 거듭 금하는 경우가 있었으나, 『세종실록』 권30 7년(1425) 11월 8일에 "(죽은 판부사 李和英의 아내 童씨가) 금은을 녹여서 『법화경』을 사경하고 닷새 동안 독송하며 유밀과로 스님들께 공양하였다. 消泥金銀寫法華經 五日披閱 以油蜜果供僧"라고 하였듯이, 지금까지도 사찰 등에서 그 전통을 잇고 있다. [참고문헌] 『高麗史』, 『世宗實錄』, 『太祖實錄』 권6 3년 6월 1일·권9 5년 1월 24일.

유바화달나 惟波和怛那 Ⓢvibhava-tṛṣṇā, Ⓟvibhava-taṇhā의 음사어, Ⓣ'jig-pa-la-sred-pa. 있지 않은 것(無有)에 대한 갈망. 삼유(三有:欲有 色有 無色有)에 대한 갈망 중 하나로 무유애(無有愛)라 한역한다. 『보살내계경』(대정장24, p.1030a4)에 "저 병이 나았다면 통증의 세 갈래 뿌리가 치유된 것이다. 나가달란나(那迦摩怛那:欲愛)·바화달나(波和怛那:有愛)·유바화달나(惟波和怛那:無有愛)이다. 若病已差 快痛三根 那迦摩怛那 波和怛那 惟波和怛那"라고 하였다. [참고문헌] 『菩薩內戒經』. ⇨무유애 無有愛, 삼애 三愛

유반 有般 어떤 무리. 유일반(有一般)이라고도 한다. 또는 한(漢)·인(人)·저(底) 등의 접미사가 생략된 채

'어떤 부류의 사람'이라는 뜻으로 쓰는 경우도 있다. 『서장』「답유보학장 答劉寶學狀」(대정장47, p.925a23)에 "근년 이래 선도와 불법의 쇠폐가 심하여 한 무리 함부로 하는 장로들 있어, 근본에 깨달은 바 없고 업식만이 넘쳐흘러 근본 없이 의지하고 알찬 기량 없음에도 학인들을 거두어 가르친다. 近年以來 禪道佛法 衰弊之甚 有般杜撰長老 根本自無所悟 業識茫茫 無本可據 無實頭伎倆 收攝學者", 『불안어록』(고존숙어록32, 卍속장118, p.572a18)에 "저 무리들은 이렇게 설한 말 듣고선 문득 이르길 '나에게는 도무지 언설도 도리도 없다'고 한다. 有般聞恁麽說了 便道我都無言說 亦無道理"라고 하였다. [참고문헌]『書狀』, 『佛眼語錄』.

유반저 有般底 어떤 이들. 저(底)는 접미사다. 또는 저를 소유격의 허사로 써서 '어떤 부류의~'라는 뜻으로 쓰는 경우도 있다. 『종용록』 36칙 「평창 評唱」(대정장48, p.251c6)에 "어떤 이는 눈을 치켜뜨고 '여기 있다! 좌우의 눈이 각각 일면불과 월면불이다'라고 말한다. 有般底努眼云 在這裏 左右眼是 日面佛 月面佛", 『속전등록』 권30 「곽암사원전 廓菴師遠傳」(대정장51, p.678a1)에 "또 어떤 이는 부처 분상을 향할 뿐이어서 도리어 자기는 사라지고 없다. 옛사람이 이르되 '무릇 언구 있으려면 모름지기 낱낱이 자기에게로 사라져 돌아가게 하여야 한다 하였으니, 어떻게 해야 할까. 또 어떤 이는 오로지 자기 알음알이를 지을 뿐 옛사람이 용처는 버리니, 오직 도를 아는 것이 자기 일을 밝히는 것이라 여긴다. 又有般底秖向佛邊會 却與自己沒交涉 古人道 凡有言句須是一一消歸自己 又作麽生 又有般底 一向秖作自己會棄却古人用處 唯知道明自己事", 『벽암록』 9칙 「평창 評唱」(대정장48, p.149b23)에 "어떤 이들은 '본래 깨우칠 일 없으니 다만 차 마실 때 차 마시고 밥 먹을 때 밥을 먹을 뿐이다'라고 말한다. 이것은 대단히 허망한 말이다. 有般底人道 本來無一星事 但只遇茶喫茶 遇飯喫飯 此是大妄語"라고 하였다. [참고문헌]『從容錄』, 『續傳燈錄』, 『碧巖錄』. ⇨ 유반 有般

유반파삼 紐半破三 반으로 묶고 셋으로 쪼갠다는 말. 반 토막으로 묶기도 하고 여러 조각으로 갈라놓기도 하면서 그때마다 자유롭게 활용하는 선법을 말한다. 『운문광록』(고존숙어록17, 卍속장118, p.373b16)에 "어느 날 운문선사가 말했다. '반으로 묶고 셋으로 쪼갠 침통의 코 속에서 한 구 가져와 일러보라'. 대어(代語)로 말했다. '바다 속에 바람 일고 산은 배를 띄우네. 一日云 紐半破三 針筒鼻孔裏 道將一句來 代云 海裏使風山上船"라고 하였다. [참고문헌]『雲門廣錄』.

유발 油鉢 Ⓢ taila-pātra, Ⓟ tela-patta, Ⓣ snod-'bru-mar. 기름 가득한 발우. 전념(專念)·일념(一念)·계념(繫念) 등 흐트러짐 없고 돌아보지 않음을 비유한다. 『잡아함경』 권24(대정장2, p.174b29 : *Janapada-sutta*, *SN.5*, p.170)에 "세존이시여! 저 사내는 스스로 등 뒤에 칼을 뽑아든 이 있음을 알고 항상 생각하길 '내가 만약 기름 한 방울이라도 흘리면 저 칼을 뽑아든 이 나의 목을 베리라' 여겨, 오직 그 마음 하나로 생각을 유발에 묶었으니, 세간미색과 대중 사이를 천천히 걸어가되 감히 돌아보거나 곁눈질하지 못합니다. 世尊 彼士夫自見 其後有拔刀者 常作是念 我若落油一渧 彼拔刀者 當截我頭 唯一其心 繫念油鉢 於世間美色 及大衆中 徐步而過 不敢顧眄 ayan te ambho purisa samatittiko telapatto antarena ca mahāsamajjam antarena ca janapadakalyāṇim parihātabbo. puriso ca te ukkhitāsiko piṭṭhito piṭṭhito anubandhissati yattheva naṃ thokam pi chaḍḍessati tatheva te siro pātessatī ti. taṃ kim maññatha bhikkhave. api nu so puriso amum telapattam amanasikaritvā bahiddhā pamādam āhareyyāti. no he tam bhante", 40권본 『대반열반경』 권22(대정장12, p.496b24)에 "비유하자면 저 세간에 여러 대중이 25리를 가득한데, 왕이 한 신하에게 '유발 하나를 지니고서 저 가운데를 지나가되 기울면 안 된다. 한 방울이라도 흘리면 당장 네 목숨을 끊겠다'라고 하였다. 또 한 사람을 보내 칼을 뽑아들고 그 뒤를 따르게 하여 두렵게 한다. … 보살마하살 또한 이와 같으니 생사 중에도 염혜를 잃지 않는다. 잃지 않기에 오욕을 보더라도 마음에 탐착하지 않는다. 깨끗한 상 보더라도 색상을 일으키지 않으니 오직 고상만을 관한다. 譬如世間有諸大衆 滿二十五里 王勅一臣 持一油鉢 經由中過 莫令傾覆 若棄一渧 當斷汝命 復遣一人 拔刀在後 隨而怖之 … 菩薩摩訶薩亦復如是 於生死中 不失念慧 以不失故 雖見五欲 心不貪著 若見淨色 不生色相 唯觀苦相"라고 하였다. [참고문헌]『雜阿含經』, 『大般涅槃經』, 『寶雲經』 권2(대정장16, p.218c14), 『有部律雜事』 권21(대정장24, p.306c9), 『大智度論』 권15(대정장25, p.173c17), 『瑜伽師地論』 권32(대정장30, p.461a3), 『止觀輔行傳弘決』 권2(대정장46, p.201b18), *Śrāv-bh.419.*, *SN.*

유발두타사 有髮頭陀寺 송대 최고 교육기관인 태학(太學)을 풍자적으로 부르던 이름. 태학에 입재하여 생활하기가 승사(僧寺)처럼 청고(淸苦)하기에 이와 같이 불렀다. 남송 때 나대경(羅大經 1196~1242)이 쓴 『학림옥로』 권2에 "태학은 옛말로 유발두타사·무관어사대라고 부른다. 그곳의 청고하고 강직함을 말함이다. 太學古語云 有髮頭陀寺 無官御史臺 言其淸苦 而鯁亮也"라고 하였다. [참고문헌]『鶴林玉露』.

유발승 有髮僧 삭발하지 않고 속가에 머무르나 도를 구하는 이. 거사(居士)를 일컫는다. 『어선어록』 권13(卍속장119, p.498b17)에 "세간의 권세와 부를 크게 누리는 사람 중에 많은 이들이 수행을 좇아오는데, 그들에게는 삼등급이 있다. 첫 번째는 계를 지키고 복을 닦아 반야의 바른 지혜를 한순간도 잊지 않으니 다음에 나더라도 높은 지위에 오른다. 오욕을 온전히 갖추었으면서도 마음은 때때로 도에 있으니, 진실로 머리 기른 스님이라 할 만하다. 世間大豪貴人 多從修行中來 然有三等 其一 持戒修福 而般若正智 念念不忘 則來生雖處高位 五欲具足 而心則時時在道 眞所謂有髮僧也", 『초석범기어록』 권14 「일본연묵암화이십이조청찬 日本淵默菴畫二十二祖請贊」(卍속장124, p.222b18)에 "초조(初祖) : 춥고 덥기를 세 번 바뀌는 세월을 거듭 떠돌다가 소씨 집안의 유발승(梁武帝 蕭衍)과 마주쳤네. 짐을 대하는 이 누구요라 묻자 모른다고 답하였으니, 무슨 연고로 고생스럽게 금릉에 당도했는가? 初祖 三周寒暑汎重溟 撞著蕭家有髮僧 對朕者誰云不識 爲誰辛苦到金陵"라고 하였다. [참고문헌] 『御選語錄』, 『楚石梵琦語錄』, 『般若心經釋義』(卍속장41, p.822a3). ⇨ 거사 居士 ▮

유발탑 遺髮塔 입적한 뒤 남긴 머리카락을 봉안한 탑. 본래 부처님의 머리카락을 모신 발탑(髮塔)과 손톱을 모신 조탑(爪塔)에서 유래한다. 육조 혜능(慧能)의 예발탑(瘞髮塔)도 그 예이다. 『천여유칙선사어록』 권6 「보응국사사리탑기 普應國師舍利塔記」(卍속장122, p.915a11)에 "이 해(1333년 · 원통1) 겨울 항주 칠보산 운거선암에 따로 탑 하나를 조성하여 유발사리를 봉장하였다. 是年之冬 杭州七寶山雲居禪菴 別爲塔一成 用藏遺髮舍利", 『청량산지』 권2 「문수발탑 文殊髮塔」에 "대탑 동쪽에 있다. 옛날 문수가 가난한 여인으로 화현하여 남긴 머리카락을 여기에 봉장하였다. 만력 연간 방광도인이 중수했는데, 머리카락 색이 금빛으로 보이며 사람에 따라 다르게 보였다. 在大塔東側 昔文殊化爲貧女 遺髮藏此 萬曆間 方廣道人重修 見髮色若金 隨人視之不一"라고 하였다. [참고문헌] 『天如惟則禪師語錄』, 『淸涼山志』. ⇨ 발탑 髮塔, 광효사예발탑기 光孝寺瘞髮塔記

유방 油坊 사원 내 기름을 짜는 곳. 직세(直歲)가 관리한다. 『선원청규』 권3 「직세」(卍속장111, p.893a2)에 "(직세는) 방앗간 · 전답 · 장사 · 유방 … 등을 이끌고 산림을 순찰하며 보호하고 도적들을 막아 경계한다. 提擧碾磨田園 莊舍油坊 … 巡護山林 防警賊盜"라고 하였다. [참고문헌] 『禪苑淸規』. ⇨ 직세 直歲

유방 遊方 원근을 가리지 않고 널리 법을 구하여 제방(諸方)으로 다니다. 유(遊)는 유(游)로도 쓰며 행각(行脚) · 심사(尋師)와 같은 뜻이다. 『인천안목』 권1(대정장48, p.300a26)에 "(임제는) 강사에 머무르며 비니를 빈틈없이 다하고 경론도 널리 섭렵하였다. 그러다 갑자기 '이는 세상을 구제하는 약방문일 뿐이며 교외별전의 종지가 아니다'라고 탄식하고서는 가사를 고쳐 입고(종파에 따라 가사색을 달리함) 사방으로 유력하였다. 처음에는 황벽에게 참문하고 다음으로는 대우를 뵈었다. 居於講肆 精究毘尼 博賾經論 俄歎曰 此濟世醫方也 非敎外別傳之旨 卽更衣遊方 首參黃檗 次謁大愚"라고 하였다. [참고문헌] 『人天眼目』, 종보본 『壇經』(대정장48, p.357c20). ⇨ 행각 行脚, 심사 尋師

유방두타 遊方頭陀 널리 다니며 두타(Ⓢ dhūta : 抖擻)를 행하는 것. 『중화전심지선문사자승습도』(卍속장110, p.867b15)에 "홍주종은 원래 육조문하의 방계로 나온 한 선사 있었으니, 성은 마씨이고 법명은 도일(道一)이다. 본시 검남(四川) 김화상 제자였다〈김화상의 뿌리는 지선이며, 남북종 어디에도 속하지 않는다〉. 높아 다한 지극한 도로 널리 다니며 두타를 행하였으며, 이르는 곳마다 좌선하다가 남악(衡山)에 이르러 회양선사를 만났다. 洪州宗者 先卽六祖下傍出 謂有禪師 姓馬名道一 先是劒南金和尙弟子也〈金之宗源 卽智詵也 亦非南北〉 高節至道 遊方頭陀 隨處坐禪 乃至南嶽 遇讓禪師"라고 하였다. [참고문헌] 『中華傳心地禪門師資承襲圖』. ⇨ 유방 遊方, 두타 頭陀

유방문도 遊方問道 널리 다니며 도를 묻다의 뜻. 심사방도(尋師訪道) · 심사문도(尋師問道)라고도 한다. 『양고승전』 권5 「축승랑전 竺僧朗傳」(대정장50, p.354b1)에 "(축승랑은) 어려서는 널리 다니며 도를 물었고, 장성하여서는 관중으로 돌아가 강설을 전담하였다. 少而遊方問道 長還關中 專當講說", 『대당서역기』 권2(대정장51, p.881c17)에 "인간수명 백세인 시절에 선인(仙人) 파이니(Ⓢ Pāṇini)가 있었는데, 태어나면서부터 여러 만물에 통달하였다. 시절이 요박함을 걱정하며 들떠 거짓됨을 거둬내고 번거롭게 뒤섞임 산정하고자 하였다. 널리 다니며 그 길을 물었으니 자재천을 만나고서 마침내 저술(聲明論)할 뜻을 펼쳤다. 人壽百歲之時 有波爾尼仙 生知博物 愍時澆薄 欲削浮僞 刪定繁猥 遊方問道 遇自在天 遂申述作之志"라 하였다. [참고문헌] 『梁高僧傳』, 『大唐西域記』. ⇨ 심사방도 尋師訪道, 유방 遊方

유방승 遊方僧 법을 묻거나 교화 위해 널리 다니는 스님. 운수승(雲水僧) · 행각승(行脚僧) 등이라고도 한다. 『송고승전』 권18 「후승회전 後僧會傳」(대정장50, p.826c14)에 "(康僧會는 몸을 감추었다가) 당나라 고종 영휘년간(650~655)에 월(越)에 몸을 드러냈으니, 유방승이라고 불렸다. 至唐高宗永徽中 見形于越 稱是遊方僧"라고 하였다. [참고문헌]『宋高僧傳』. ⇨ 운수승 雲水僧, 행각승 行脚僧, 유방 遊方

유방천고 流芳千古 꽃다움 천고에 흐르다. 도덕이 세월을 넘어 널리 오래감을 뜻한다.『사익범천소문경간주』권4(卍속장33, p.931b4)에 "(汾陽이 배출한 제자 慈明·法華·琅琊 등의 6인이 병졸로 가장하고 전장을 가로질러) 가서 참학하고 법리를 함께 얻었으니 꽃다움 천고에 흘러 후학들에게 좋은 본보기가 되었다. 往參卽俱獲法利 流芳千古 爲後學之良鑑也",『자백존자전집』권7「용천별중시 龍泉別衆示」(卍속장126, p.751a11)에 "저들이 도를 얻기 전에는 모두 냄새나는 범부였을 뿐이지만, 도를 얻고 난 다음에는 인천의 사범이 되어 그 향기 천고에 퍼졌다. 彼其未得道前 皆臭凡夫耳 旣得道已 師範人天 流芳千古"라고 하였다. [참고문헌]『思益梵天所問經簡註』,『紫柏尊者全集』.

유백 惟白 송대 운문종(雲門宗) 스님. 시호는 불국선사(佛國禪師). 속성은 염(冉)씨. 정강(靖江 : 廣西省 桂林市) 출신. 천의의회(天衣義懷) 문하 원통법수(圓通法秀 1027~1090)의 법을 이었다. 1101년(건중정국 원년) 8월 15일에 선종 각 종파 종사들의 기연어구를 집록한『건중정국속등록 建中靖國續燈錄』30권에 휘종(徽宗)의 어제서(御製序)를 붙여 간행하였다. 휘종으로부터 금란가사를 받았고 변경(汴京 : 河南城) 법운사(法雲寺)에 주석하다가 명주(明州 : 浙江省 寧波) 천동사(天童寺)로 옮겨 주석했다. 1104년에『대장경강목지요록 大藏經綱目指要錄』8권을 저술했다. 목우도(牧牛圖) 8장에 대한 게송을 지었으나 전하지 않는다. [참고문헌]『佛祖歷代通載』권19(대정장49, p.678c6),『釋氏稽古略』권4(대정장49, 880c4),『嘉泰普燈錄』권5(卍속장137, p.100b8). ⇨ 건중정국속등록 建中靖國續燈錄

유법 有法 ❶ 법을 가져 있게 함. 일체법을 거두고 있는 중생심을 말한다.『대승기신론』(대정장32, p.584b23)에 "유법이란 일체중생의 마음을 가리킨다. 이 마음인즉 모든 세간법과 출세간법을 거둔다. 이에 의지하여 마하연의 뜻을 드러낸다. 이 마음의 진여상으로 대승체를 보이고, 이 마음의 생멸인연상으로 능히 대승의 몸과 모양과 씀씀이를 드러낼 수 있기 때문이다. 言有法者 謂一切衆生心 是心則攝 一切世間 出世間法 依此顯示 摩訶衍義 以此心眞如相 卽示大乘體故 此心生滅因緣相 能顯示大乘體相用故"라고 하였다. [참고문헌]『大乘起信論』. ❷ 삼세에 걸쳐 실체가 있어 변하지 않는 법. 유체법(有體法)의 준말이며, 무법(無法 : 無體法)의 상대어다. 40권본『대반열반경』권10(대정장12, p.422c15)에 "본디 있었으나 지금 없고, 본디 없었으나 지금 있으니, 삼세에 걸쳐 변하지 않는 법이라는 주장은 도리에 맞지 않는다네. 本有今無 本無今有 三世有法 無有是處",『화엄경소초』권32(대정장36, p.244b3)에 "'본디 있었으나 지금 없고 본디 없었으나 지금 있으니, 삼세에 걸쳐 있는 법이란 도리에 맞지 않다' 하였으니, 앞의 반은 상을 잡고 후반부는 성을 잡아 말함이다. 상과 성이 서로 여의지 못하므로 본디 없는 법은 온전히 본래 없는 것이 아니고, 지금 있는 법 또한 온전히 새롭게 있게 된 것이 아니다. 本無今有 本有今無 三世有法 無有是處 上半約相 下半約性 旣相與性 不得相離 則本無之法 非全本無今有之法 非全新有"라고 하였다. [참고문헌]『大般涅槃經』,『華嚴經疏鈔』. ⇨ 무법 無法❶ ❸ Ⓢ dharmin. 인명(因明)의 주장명제인 종(宗)의 주어. 예를 들어 '소리는 무상하다'라는 주장명제에서 주어인 '소리'는 유법이다. 그리고 '무상하다'는 술어는 법(法)이라 한다. 이외에 주어는 아직 분명히 분별되지 않았기에 소별(所別)이고, 앞서 정해놓은 개념이므로 전진(前陳), 논의의 대상이므로 자성(自性)이라 한다. 술어는 확실하게 분별하기에 능별(能別), 뒤에 서술되므로 후진(後陳), 주어의 자성을 분별하므로 차별(差別)이라 한다.『인명입정리론소』권상(대정장44, p.99a12)에 "앞에서 편 것을 유법이라 하고, 뒤에 진술은 법이라 한다. 前陳者名有法 後陳者名法",『성유식론의온』권3(卍속장78, p.855a4)에 "앞서 펴놓은 것이 유법이고, 뒤에 진술하여 분별하는 것을 법이라 한다. 前陳所別 名有法 後陳能別 名法"라고 하였다. [참고문헌]『因明入正理論疏』,『成唯識論義蘊』, *Nyāy-pr.1.* ⇨ 소별 所別, 능별 能別

유법 遺法 Ⓢ śāsana, Ⓣ bstan-pa'am bcos-pa. 남겨 전한 법. 부처님이나 조사들이 남겨 전한 법이기에 유교(遺敎)라고도 한다.『대지도론』권97(대정장25, p.735c28)에 "과거불이 멸도한 후에 남기신 법이 있었지만 이 법은 염부제에 널리 퍼지지 못하였으니, 중생들은 법을 들을 수 있는 인연이 있는 곳이면 어디나 찾아다녔다. 過去佛滅度後 但有遺法 是法不周遍閻浮提 衆生有聞法因緣處則到",『번역명의집』권2(대정장54, p.1077a28)에 "저 부처님의 수명은 칠겁이었고 남기신 가르침 역시 칠겁 동안 지속하였으며, 그 법은 이미 멸하여 자취가 완전히 끊어진 지는 오겁이 지났다. 彼佛壽七劫 遺法亦七劫 其法已沒盡 曠絶經五劫"라고 하였다. [참고문헌]『大智度論』,『翻譯名義集』, *Suv-pr.140.*, *Mvyut.110.* ⇨ 유교 遺敎

유법공 有法空 Ⓢ svabhāva-śūnyatā, Ⓣ ngo-bo-nyid-stong-pa-nyid. 십팔공(十八空) 중 하나. 드러나 있으나(有法) 그 자성은 공이라는 뜻. 인연화합으로 있

을 뿐(有法) 자성이 없어 공(空)이라고 한다. 『대지도론』 권31(대정장25, p.296a11)에 "유법공이란 모든 존재가 인연화합으로 생하므로 현상적 존재는 실재하지 않으며, 현상적 존재가 실재하지 않으므로 유법공이라고 한다. 有法空者 諸法因緣和合生 故無有法 有法無故名有法空", 『대승의장』 권4(대정장44, p.554c22)에 "유법공은 모든 법이 오직 인연에 따라 있게 되므로 있음은 곧 있지 않음이다. 그러므로 공이라고 한다. … 현재법과 무위법의 일체법이 공이라고 관하는 것을 유법공이라고 한다. 有法空者 諸法但從因緣而有 有卽非有故名爲空 … 觀現在法及無爲法 一切皆空 名有法空"라고 하였다. [참고문헌] 『大智度論』, 『大乘義章』, *Pañca-pr. 24.*, *Mvyut.73.* ⇨ 십팔공 十八空, 공 空

유법무아종 有法無我宗 법은 있고(有法) 아는 없다(無我)는 주장. 팔종(八宗) 중 하나로 설일체유부 등이다. 『설무구칭경소』 권1(대정장38, p.999a21)에 "둘째, 유법무아종은 살바다 등을 말한다. 저들은 모든 법을 두 가지로 거둔다고 설한다. 첫째는 명이고 둘째는 색이다. 또는 네 가지로 분류하는데 과거·미래·현재·무위법이다. 또는 다섯 가지로 분류하는데 첫째 심, 둘째 심소, 셋째 색, 넷째 불상응, 다섯째 무위이다. 그러므로 일체법은 모두 실유한다고 주장한다. 二 有法無我宗 謂薩婆多等 彼說諸法二種所攝 一 名 二 色 或四所攝 謂去來今及無爲法 或五所攝 一 心 二 心所 三 色 四 不相應 五 無爲 故一切法皆悉實有", 『법화경현찬요집』 권5(卍속장53, p.543b13)에 "둘째 유법무아종 등이라 하였으니, 등이란 나머지 네 부는 설일체유부와 다문부와 설산부와 음광부를 말한다. 장경은 '이는 법은 있지만 아는 없다고 헤아린다. 살바다부는 일체법이 다 있다고 헤아린다. 주장이 같음을 보여주므로 등이라고 한 것이다'라고 하였다. 言二有法無我宗等者 等餘四部 爲謂一切有部 多聞 雪山 飮光 章敬云 此計法有而我言無 此薩婆多計一切法皆是有 宗計現同 故言等也"라고 하였다. [참고문헌] 『說無垢稱經疏』, 『法華經玄贊要集』. ⇨ 자은팔종 慈恩八宗, 아공법유종 我空法有宗

유법사중 遺法四衆 부처님께서 법을 부촉하신 사부대중. 비구·비구니·우바새·우바이를 말한다. 『대비바사론』 권143(대정장27, p.734b18)에 "만약 부처님께서 인가하지 않으시고 다른 이가 믿어 받지 못한다면 여래께서 멸도한 후 남은 사부대중도 공경받지 못한다. 만약 부처님께서 인가하시고 인가받을 만한 이라면 들은 즉 받들어 행할지니, 법을 부촉 받은 사부대중 역시 경애와 존중의 마음을 일으킨다. 若無佛印他不信受 如來滅後所有四衆亦不敬受 若爲佛印所印可者 聞則奉行 遺法四衆亦生敬重"라고 하였다. [참고문헌] 『大毘婆沙論』.

유법의허 有法意許 인명(因明)에서 주장명제(宗)의 주어(有法)에 의도한 뜻을 남겨 놓는 것. 주장명제의 주어는 입론자와 대론자가 공통으로 인정하는 말을 세워야 하지만 입론자가 의도한 뜻을 넣음을 말한다. 이런 경우 자상이나 별상에 어긋나게 되어 유법자상상위인(有法自相相違因)·유법차별상위인(有法差別相違因) 등을 야기한다. 『인명사종상위사기』 권상(대정장69, p.248a4)에 "입론자가 마음으로 대유와 비대유의 유연성을 허용하는 것이 유법의허이니, 유법차별이라고도 한다. 立者意許 作大有有緣性 作非大有有緣性 卽有法意許 亦名有法差別也"라고 하였다. [참고문헌] 『因明四種相違私記』. ⇨ 유법 有法 ❸, 유법자상상위인 有法自相相違因, 유법차별상위인 有法差別相違因

유법자상상위과 有法自相相違過 ➡ 유법자상상위인 有法自相相違因

유법자상상위인 有法自相相違因 Ⓢ dharmi-svarūpa-viparita-sādhana. 내세운 법의 자상과 어긋나는 인. 인명(因明)의 사상위과(四相違過) 중 하나. 주장명제의 주어와 모순되는 인. 유법자상상위과(有法自相相違過)라고도 한다. 대론자(對論者)가 이 인을 내세워 입론자(立論者)의 주장과 반대되는 주장을 내세우는 과실이며, 인(因)의 삼상(三相) 중 동품정유성(同品定有性)과 이품변무성(異品遍無性)을 결여하였을 때의 오류다. 『인명입정리론』(대정장32, p.12a23 : *Nyāy-pr.*, p.5)에 "유법자상상위인이란, 저 '유성(Ⓢ bhāva)이란 실도 덕도 업도 아니다. 하나인 실에 덕업이 있게 된다. 저 동이성처럼'은 이 인이 능히 성취할 수 있어 실 등을 배제한다. 이렇게 능히 성취하여 유성도 막아낸다. 有法自相相違因者 如說有性非實非德非業 有一實故 有德業故 如同異性 此因如能成遮實等 如是亦能成遮有性 俱決定故 dharmisvarūpaviparītasādhano yathā. na dravyaṃ na karma na guṇo bhāvaḥ ekadravyavattvāt guṇakarmasu ca bhāvāt sāmānyaviśeṣavaditi. ayaṃ hi hetur yathā dravyādipratiṣedhaṃ bhāvasya sādhayati tathā bhāvasyābhāvatvamapi sādhayati. ubhayatrāvyabhicārāt"라고 하였다. [참고문헌] 『因明入正理論』, *Nyāy-pr.* ⇨ 사상위과 四相違過

유법제자 遺法弟子 부처님의 법을 부촉 받은 제자 또는 부처님께서 남겨 전하신 가르침을 믿고 실천하는 이들을 말한다. 『기신론소필삭기』 권4(대정장44, p.315a13)에 "이제 법을 부촉받은 제자는 장차 논을 지으려 함에 반드시 먼저 삼보에 귀명해야 하니, 이는 뒤를 이은 의식이다. 今遺法弟子 將造論文 必先歸命三寶 爲後代儀式也", 『삼보감응요약록』 권상(대정장51, p.830b2

6)에 "석가모니부처님의 법을 부촉받은 제자는 힘닿는 한 석가상과 미륵상을 조성하고, 힘이 못 미치면 우선 석가상을 조성한다. 釋迦遺法弟子 若力所及 應造二像 若力不及 先釋迦造"라고 하였다. [참고문헌]『起信論疏筆削記』, 『三寶感應要略錄』. ⇨ 유법 遺法

유법차별상위과 有法差別相違過 ➡ 유법차별상위인 有法差別相違因

유법차별상위인 有法差別相違因 Ⓢ dharmi-viśeṣa-viparita-sādhana. 인명(因明) 용어. 사상위과(四相違過) 중 하나. 주장명제의 주어(有法)와 차별함을 드러냄에 있어 어긋나는 인. 유법차별상위과(有法差別相違過)라고도 한다. 입론자가 주장명제의 주어에 의도한 뜻으로 발생하는 오류이다. 예를 들면 유신론자가 "크리슈나는 사람이 아니다. 만민을 구원하기 때문이다. 만민을 구원하는 이는 사람이 아니다. 비유하면 진신(眞神)과 같다. 인간은 만민을 구원하지 못한다. 비유하면 우리들과 같다"라고 주장할 때, 입론자의 은밀한 뜻을 간파한 대론자가 "크리슈나는 신의 아들이 아니다. 만민의 죄를 구원하기 때문이다. 만민의 죄를 구원하는 이는 신의 아들이 아니다. 비유하면 진신과 같다. 신의 아들은 만민의 죄를 구원하지 못한다"라고 반박할 수 있는 결점이 있다. 『인명입정리론』(대정장32, p.12a26 : *Nyāy-pr.*, p.5)에 "유법차별상위인이란, 저 인이 주장명제에서 그 주어와 차별을 위해 유연성을 짓고, 한편 이것과 어긋남을 성립시키기 위해 비유연성을 지어서 다 결정짓는 경우다. 有法差別相違因者 如卽此因 卽於前宗 有法差別 作有緣性 亦能成立 與此相違 作非有緣性 俱決定故 dharmiviśeṣaviparītasādhano yathā. ayam eva hetur asminn eva pūrvapakṣe'syaiva dharmiṇo yo viśeṣaḥ satpratyayakartṛtvaṃ nāma tadviparītam asatpratyayakartṛtvam api sādhayati. ubhayatrāvyabhicārāt", 『인명입정리론해』(卍속장87, p.99a1)에 "'또한 능히 성립시킨다' 이하는 바로 유법차별상위과를 밝히는 것이다. 말하자면 이 인이 유연성을 성립시키듯이, 또한 유연성과 상위하는 것도 성립시키는 비유연성을 짓는다. 즉 비유연성이 이 유연성과 차별하여 서로 어긋나게 함이다. 亦能成立下 正明有法差別相違過也 謂此因如能成立有緣性 亦能成立 與有緣性相違 作非有緣性 則非有緣性 是此有緣性 差別相違也"라고 하였다. [참고문헌]『因明入正理論』, 『因明入正理論解』, *Nyāy-pr.* ⇨ 사상위과 四相違過

유변무변견 有邊無邊見 Ⓟ antavā ca anantavā diṭṭhi. 끝이 있거나 끝이 없다는 치우친 견해. 『구사론』 권19(대정장29, p.103c11 : *Abh-k-bh.*, p.269)에 "사치기란 만일 어떤 이가 세간이 끝이 있는지 아니면 끝이 없는지 등을 묻는 경우, 이에 마땅히 내버려두고 응하지 않는 것을 말한다. 捨置記者 若有問言 世爲有邊爲無邊等 此應捨置 不應爲說 sthāpanīyas tu yathā antavān loko 'nantavān ity evamādi sūtrantād eva tu praśnavyākaraṇānāṃ lakṣaṇaṃ draṣṭavyam", 『중론』 권4(대정장30, p.30c9)에 "미래세에 기인하는 네 가지 견 역시 이와 같으니 세간에 끝이 있다, 세간에 끝이 없다, 세간에 끝이 있기도 끝이 없기도 하다, 세간에 끝이 있는 것도 없는 것도 아니라는 견이다. 因未來世有四種見亦如是 世間有邊 世間無邊 世間有邊無邊 世間非有邊非無邊", 『대승의장』 권4(대정장44, p.553c26)에 "저 시방에 대해 다함이 있다고 하면 유변견에 떨어지고, 다함이 없다고 하면 무변견에 떨어진다. 彼於十方若謂有盡 墮有邊見 若謂無盡 墮無邊見"라고 하였다. [참고문헌]『俱舍論』, 『中論』, 『大乘義章』, *Abh-k-bh.*, *Yogā-bh.140.*, *DN.1.31.*, *Dhs.7.* ⇨ 무기 無記, 사치기 捨置記, 응사치기 應捨置記, 외도사집 外道四執

유변무변론 有邊無邊論 Ⓢ anta-anantika-vāda, Ⓣ mtha'-dang-mtha'-med-par-smra-ba. 끝이 있다거나 없다고 분별함. 십육이론(十六異論) 중 하나. 변무변론(邊無邊論)이라고도 한다. 『대승법원의림장』 권4(대정장45, p.323b29)에 "네 번째는 끝이 있다거나 없다는 견해로 『유가사지론』 권7과 『현양성교론』 권9에서 설한다. 첫째, 끊어진 끝에 의지하여 세간끝을 구할 때, 괴겁을 억념하여 세간이 끝날 때가 있다고 생각한다. 세계가 무너진 후에 공겁에 임하면 끝이 있기 때문이다. 둘째, 성겁을 억념한다면 세간은 끝이 없다고 생각한다. 괴겁까지 가려면 아직 멀어 보이지 않기 때문이다. 셋째, 공간의 광대함에 의지하여 세간의 끝을 구한다면 아래로 무간지옥을 지나도 끝을 얻을 수 없고, 위로 제4선천을 지나도 끝을 얻을 수 없다. 곁으로 가도 끝은 얻을 수 없으니 위아래로는 끝이 있다고 생각하고 곁으로는 끝이 없다고 생각한다. 넷째, 이러한 집착을 다스리기 위해 단지 다른 문에 의지할 뿐 의미는 다름없으니, 세간에 대해 끝이 있지도 없지도 않다고 생각한다. 四有邊無邊論者 第七卷瑜伽 顯揚第九云 一者 若依斷邊際 求世邊時 若憶念壞劫 於世間 起有邊想 以世界壞後 臨空劫 有邊限故 二 若憶念成劫 則於世間 起無邊想 去壞劫遠 不見邊故 三 若依方域周廣 求世邊時 若下過無間 更無所得 上過第四靜慮 亦無所得 傍一切處不得邊際 則於上下 起有邊想 於傍處所 起無邊想 四 若爲治此執 但依異文 義無差別 則於世間 起非有邊非無邊想"라고 하였다. [참고문헌]『大乘法苑義林章』, *Yogā-bh.148.* ⇨ 변무변론 邊無邊論, 십육이론 十六異論, 무기 無記

유변삼첩 流變三疊 흘러 변함을 세 번 거듭하여 헤아림. 육근(六根)이 시(時 : 三世・十世)와 공(空 : 四方・十方)에 각각 반연한 공덕이 천이백 가지가 됨을 밝힌 법상. 『능엄경』 권4(대정장19, p.122c18)에 "셋(三世)에 넷(四方)을 곱하거나 넷에 셋을 곱하여 어김없이 열둘이 된다. 흘러 변함이 세 번 거듭하여 일과 십이 백과 천이 된다. 시종을 모두 거두면 육근 중에 각각의 공덕은 천이백이 있게 된다. 三四四三 宛轉十二 流變三疊 一十百千 總括始終 六根之中 各各功德 有千二百"라고 하였다. 이에 대해 『수능엄의소주경』 권4(대정장39, p.886a9)에서 "세 번 바뀌는 뜻은 고금에 여러 풀이가 있다. 三變之義 古今多解"라고 했듯이 일정하지 않다. 그 중에서 『능엄경지장소』 권4(卍속장24, p.421a11)에 따르면 '사방에 삼세(三世)를 곱하여 12가 되는 것이 제1첩, 이를 시방(十方)으로 곱하여 120이 되는 것이 제2첩, 다시 이것에 십세(十世)를 곱하여 1,200이 되는 것이 제3첩이다'(流變三疊者 依上一疊之數爲本 展轉從本流末 變少爲多成第二疊 以至第三疊也 第一疊成十二 第二疊成百二 第三疊成千二 … 三疊之法有異舊說 今先以方中攝世起首宛轉以明三疊 謂初以東西南北四方各能攝世 世各有三成十二數 爲第一疊 次依十二世各能攝方 方各有十成百二數 爲第二疊 次依百二方各能攝世 世各有十成千二數 爲第三疊)라고 하며, 〈표1〉과 같다. 〔참고문헌〕『楞嚴經』, 『首楞嚴義疏注經』, 『楞嚴經指掌疏』.

〈표1〉 유변삼첩

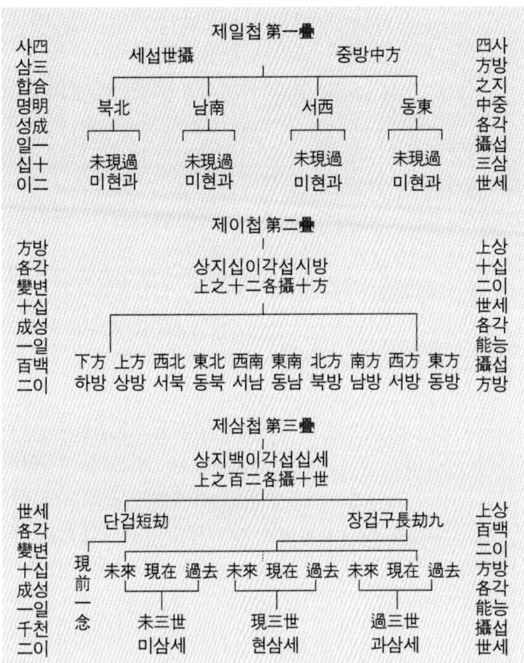

유병 乳餠 우유를 전병같이 만든 치즈류. 『수능엄경환해산보기』 권상(한불전6, p.442a17)에 "말대의 비구들은 한밤에도 음식을 받으며 법에 맞다고 망언한다. 이것은 다만 재공의 때가 있을 뿐 법공양에는 때가 없다는 예이다. 그러므로 유병과 꿀은 먹고자 할 때 먹고 향을 피우고 등을 밝히는 일은 하루 어느 때라도 그치지 않는다. 末代比丘 中夜受食 可言應法 此但齋供有時 法供無時 是以 乳餠蘇蜜 須當食時 香煙燈明 六時不輟"라고 하였다. 〔참고문헌〕『首楞嚴經環解刪補記』.

유병겸대 有病兼帶 병 있음에 띠를 겸한다는 말. 몸에 병 있게 되면 연이어 병이 겹치는 뜻이다. 좋은 일이 함께 하는 뜻은 상겸대래(相兼帶來)라 한다. 『조산어록』(대정장47, p.532c11)에 "여전히 말 중에 말없음 얻지 못했으니 이는 비정위라고 부른다. 말 중에 말이 있게 되면 가히 병 있음에 띠마저 겸한다 한다. 말 중에 말 있기에 상겸대래라 부르지 못한다. 猶未得語中無語 此復呼爲非正位也 爲語中有語故 此可呼爲有病兼帶 爲語中有語故 不得呼爲相兼帶來"라고 하였다. 〔참고문헌〕『曹山語錄』. ⇨ 상겸대래 相兼帶來

유병충 劉秉忠 1216~1274. 원(元)나라 때 정치가. 이름은 간(侃), 자는 중회(仲晦), 스님일 때의 법명은 자총(子總), 자호는 장춘산인(藏春散人). 형주(邢州 : 河北省 邢臺市) 출신. 17세에 아버지 유윤(劉潤)을 보좌하여 요(遼)나라의 형대절도사부령사(邢臺節度使府令史)가 되었으나, 얼마 지나지 않아 격변하는 시절을 한탄하며 사직하였다. 무안산(武安山)에 몸을 숨긴 채 지내다가 조동종의 천녕허조(天寧虛照)를 참학하고 출가하였다. 『주역』과 천문・지리・율력 등에 뛰어나 해운선사(海雲禪師)의 추천을 받고 1239년(가희3) 쿠빌라이의 책사가 되었다. 쿠빌라이가 즉위한 이후 1264년(지원1) 환속하고 태보(太保)가 되어 중서성(中書省)을 관장하며 원나라의 제도정비에 기여하였다. 저서로 『장춘집 藏春集』 10권 중 6권이 전하며, 후사(後嗣)는 없다. 〔참고문헌〕『釋鑑稽古略續集』 권1(대정장49, p.903c29), 『佛法金湯編』 권16(卍속장148, p.980b10).

유보 有報 Ⓢsavipāka, vipāka, Ⓣrnam-par-smin-pa. 보가 있다는 말. 보(報)는 이숙(異熟)의 뜻이니, 유이숙(有異熟)의 구역(舊譯)이다. 무보(無報)의 상대어다. 『중사분아비담론』 권2(대정장26, p.632a25)에 "이 십이입 중 어느 것이 유보이고, 몇 가지가 무보인가? 여덟 가지는 무보이고 네 가지는 분별해야 한다. 색입은 유보이기도 무보이기도 하다. 어떤 것이 유보인가? 선불선의 색입이다. 어떤 것이 무보인가? 무기의 색입이다. 색입과 같이 성입도 이와 같다. 의입은 유보이기도 무보이기도 하다. 어떤 것이 유보인가? 불선과 선과 유루의 의입을 말한다. 어떤 것이 무보인가? 무기와 무루의 의입을 말한다. 의입과 같이 법입도 이와 같다. 此十二入 幾有報 幾無報 謂八無報 四分別 色入 或有報 或無報 云何有報 謂善不善色入 云何無報 謂無記色入 如色入 聲入亦如是 意入 或有報 或無報 云何有報 謂不善善有漏意入 云何無報 謂無記無漏意入 如意入 法入亦如是", 『잡아비담심론』 권1(대정장28, p.876a12)에 "오식계·색계·성계에서는 선과 불선은 유보이고 무기는 무보이다. 의계·의식계·법계에서는 불선과 선과 유루는 유보이고, 무기와 무루는 무보이다. 〔문〕 무슨 까닭에 불선과 선과 유루는 유보이고, 무기와 무루는 무보인가? 〔답〕 비유하자면 저 밖에 씨앗은 세 가지가 화합해야 싹이 트는 것과 같다. 견실한 씨앗에 물을 대주고 풀이나 흙으로 덮어주면 자성이 여러 가지 갖춰진 힘으로 싹과 잎이 나는 것과 같다. 五識界色界聲界 若善不善是有報 若無記是無報 意界意識界法界 若不善善有漏是有報 若無記無漏是無報 問 以何等故 不善善有漏是有報 無記無漏是無報 答 譬如外種 三事和合生 有種堅實 漑之以水 覆以草土 自性衆具力故 牙葉得生"라고 하였다. 〔참고문헌〕 『衆事分阿毘曇論』, 『雜阿毘曇心論』, *Abh-k-bh.45., Sūtr.158.* ⇨ 유이숙 有異熟, 무보 無報

유보 有寶 ❶ Ⓢ Ratna-avabhāsa, Ⓣ Rin-chen snang-ba. 수보리(須菩提)가 성불할 때 겁의 이름(劫名). 『법화경』 권3 「수기품 授記品」(대정장9, p.21a21)에 "(수보리가 성불할 때) 그 겁의 이름은 유보이고, 국토의 이름은 보생(寶生 Ⓢ Ratna-saṃbhava)이며, 그 땅은 고르고 바르며 파리(頗梨 Ⓢ sphaṭika)로 채운 땅이다. 劫名有寶 國名寶生 其土平正 頗梨爲地"라고 하였다. 이역본인 『정법화경』 권3 「수성문결품 授聲聞決品」(대정장9, p.87a25)에서는 보음(寶音)이라고 한역하였다. 〔참고문헌〕 『法華經』, 『正法華經』, *Saddh-p.148.* ❷ 식가음처(食家婬處)를 완곡하게 일컫는 은어. 『사분율』 권15(대정장22, p.666c1)에 "만약 비구가 식가의 보물이 있는 곳(有寶)에 억지로 편안히 앉아 있으면, 바일제이다. 若比丘在食家中有寶 强安坐者 波逸提"라고 하였으며, 『사분율행사초비』 권10(卍속장67, p.816a8)에서는 "여기서 '식가의 보물이 있는 곳'이라고 말한 것은 비유로 이름 붙인 것이다. (남녀가 서로) 탐욕의 맛을 보기에 식(食)이라고 하였으며, 서로가 사랑하며 소중히 여기기 때문에 보(寶)라고 하였다. … 여인이 보배옷을 입고 속살을 살짝 비추어서 밖으로 욕구를 드러내 보인다. 그러므로 '보물이 있는 곳'이라고 하였다. 今言食家有寶者 從喩爲名也 噉貪欲味故 名爲食 互相愛重 名之爲寶 … 謂女著寶衣 輕明照內身 外現發欲 故曰有寶也"라고 주석하였다. 〔참고문헌〕 『四分律』, 『四分律行事鈔批』. ⇨ 식가음처 食家婬處

유보 遊步 Ⓢ krānti, vikrāmin, Ⓟ anucaṃkamana, vikkama, viharati. 널리 몸소 걸어다님. 『장아함경』 권2 「유행경 遊行經」(대정장1, p.11a12)에 "아사세왕은 바라문대신 우사(禹舍)에게 명하길 '그대는 기사굴산으로 나아가서 세존 계신 곳에 당도하면 나의 이름으로 세존 발에 예를 올리고 세존께 기거하심에 가뿐하시며, 널리 몸소 걸으심에 강녕하신지 안부 여쭈어라. 阿闍世王 命婆羅門大臣禹舍 而告之曰 汝詣耆闍崛山 至世尊所 持我名字 禮世尊足 問訊世尊 起居輕利 遊步强耶"라고 하였다. 〔참고문헌〕 『長阿含經』, 『四分律』 권15(대정장22, p.669b19), *Gaṇḍ-vy.30., Sn.9·105., Jā.1.449., DN.2.72.* ⇨ 유행 遊行

유보계 有報界 보를 초래하는 계. 무보계(無報界)의 상대어다. 『사리불아비담론』 권7(대정장28, p.576a9)에 "무엇이 유보계인가? 저 법이 법을 부르면 유보계라고 한다. 云何有報界 若法報法 是名有報界"라고 하였다. 〔참고문헌〕 『舍利弗阿毘曇論』. ⇨ 무보계 無報界

유보업 有報業 보가 있는 업. 무기업(無記業)인 무보업(無報業)의 상대어다. 『사리불아비담론』 권7(대정장28, p.580b21)에 "어떤 것을 유보업이라고 하는가? 저 업에 보가 있게 되면 유보업이라고 한다. 云何有報業 若業有報 是名有報業"라고 하였다. 〔참고문헌〕 『舍利弗阿毘曇論』. ⇨ 무보업 無報業

유보지 有報智 보가 있는 지. 무보지(無報智)의 상대어다. 『사리불아비담론』 권9(대정장28, p.591a19)에 "어떤 것을 유보지라고 하는가? 저 지가 법을 부르면 유보지라고 한다. 云何有報智 若智報法 是名有報智"라고 하였다. 〔참고문헌〕 『舍利弗阿毘曇論』.

유보학 劉寶學 생몰연대 미상. 중국 남송 때 유자우(劉子羽). 자는 언수(彦修). 숭안(崇安) 출신. 대혜종고(大慧宗杲)가 51세이던 1139년(소흥9)에 경산사(徑山寺) 보문각(寶文閣) 학사였던 그에게 보낸 편지 「답유보학 答劉寶學」이 『서장』에 수록되어 있다. 장주(壯主) 유보학에게 잘 보림(保任)하라 당부하고, 묵조선(默照禪)에 빠진 동생 유통판(劉通判) 언충(彦沖)을 동사섭(同事攝)으로 구출하라 권한 내용이다. 〔참고문헌〕 『書狀』, 李智冠 『四集私記』 p.52. ⇨ 언수 彦修

유본사적화상 有本事的和尙 본분사가 분명한 화상. 제대로 공부한 스님을 말한다. 『백장청규』 권1 「성지 聖旨」(대정장48, p.1110b13)에 "지금 백장산대지수성선사 주지 덕휘장로에게 청규를 새롭게 중편하게 하되, 대용상집경사 소은장로를 필두로 하여 본분사 제대로 공부한 화상을 뽑아서 서로 도와 교정하여 각 사찰마다 증감이 있어 일정치 않았던 청규는 멈추고, 교행은 한가지로 교정한 이 청규체례에 의지하게 하여 정해진 체제로 행할 수 있게 하였다. 有如今教百丈山大智壽聖禪寺住持德輝長老 重新編了 教大龍翔集慶寺笑隱長老爲頭 揀選有本事的和尙 好生校正歸一者 將那各寺裏增減來的不一的淸規休 教行依著這校正歸一的淸規體例定體行"라고 하였다. 〔참고문헌〕『百丈淸規』.

유본자무 有本自無 만유는 본래 스스로 없다는 말. 만유는 스스로는 드러나지 못하니, 인연화합으로 성취될 뿐이란 뜻이다. 『육도집경』 권4(대정장3, p.23a5)에 "만유는 본래 스스로 없으니 인연으로 모든 것 있을 뿐이네. 성한 것은 반드시 쇠하고 실한 듯한 것 반드시 텅 비리. 有本自無 因緣成諸 盛者必衰 實者必虛", 『인왕호국반야바라밀경소신보기』 권4(대정장33, p.311a22)에 "만유가 본래 스스로 없다는 말은 만유가 본래 무에서 나온 즉 그 실은 있는 것 아니라 할 수 있으니, 하물며 무가 무무라는 것에서 나왔음에랴! 오직 내인과 외연이 화합하여 이 육도가 일어날 뿐이니, 이런 연유로 만유가 성취될 뿐이다. 有本自無 謂萬有本出於無 則其實無有 況無出於無無者哉 惟內因外緣和合 而生此六道 所以成也"라고 하였다. 〔참고문헌〕『六度集經』, 『仁王護國般若波羅蜜經疏神寶記』.

유봉 維鳳 북송 때 스님. 청성(淸城 : 四川省) 출신. 시화(詩畫)에 뛰어났으며, 송나라 때 시로 이름 높았던 아홉 스님(九僧) 중 한 분이다. 〔참고문헌〕『宋詩紀事』 권91, 『淸波雜志』 권11. ⇨ 구승시 九僧詩

유부 有部 Ⓢ Sarvāsti-vādin. 소승이십부 중 한 부파인 설일체유부(說一切有部)의 줄임말. 삼세(三世) 일체법의 실유(實有)를 주장하기에 유부라고 한다. 『구사론』 권20(대정장29, p.104b21)에 "설일체유부 논사들은 과거와 미래는 실유한다고 정립하였다. 만약 스스로 일체가 실유함을 설하는 종파라고 한다면 반드시 과거와 미래가 실유한다는 것을 인정해야 한다. 삼세는 모두 반드시 실유한다고 설했기 때문이다. 일체유종을 인정한다는 말은, 누군가가 삼세실유한다고 설한다면, 그는 설일체유종임을 승인하는 뜻이다. 毘婆沙師 定立去來二世實有 若自謂是說一切有宗 決定應許實有去來世 以說三世皆定實有故 許是說一切有宗 謂若有人說三世實有 方許彼是說一切有宗", 『석가방지』 권상(대정장51, p.951b11)에 "거사국(佉沙國 Ⓢ khāsa : 疎勒)의 둘레는 오천여 리이다. 사찰의 수는 백여 곳이며, 스님의 수는 만여 명인데, 소승유부를 익힌다. 佉沙國〈卽疎勒也〉 周五千餘里 寺數百 僧數萬 習小乘有部"라고 하였다. 〔참고문헌〕『俱舍論』, 『雜阿含經』, 『中阿含經』, 『釋迦方志』, 『異部宗輪論』(대정장49, p.15b10), 서성원 「제일의공경(第一義空經)과 바수반두」(『인도철학』3, 1993). ⇨ 설일체유부 說一切有部, 소승사부 小乘四部, 삼세실유 三世實有

유부니다나 有部尼陀那 당나라 때 의정(義淨)이 한역한 『근본설일체유부니다나목득가 根本說一切有部尼陀那目得迦』의 줄인 이름. ⇨ 근본설일체유부니다나목득가 根本說一切有部尼陀那目得迦

유부동 類不同 Ⓢ bhāva-anyathika, bhāva-anyathātva. 류가 같지 않음. 유(類 Ⓢ bhāva)는 유(有)·분(分)·사(事) 등으로도 한역되며 현상하는 존재들을 분별하여 이름 붙인 것들이다. 유이(有異)라고도 한다. 『구사론』 권20(대정장29, p.104c2 : *Abh-k-bh.*, p.296)에 "〔논〕 법구(法救 Ⓢ Dharmatrāta)존자는 다음과 같이 말한다. '류가 같지 않기에 삼세에 다름이 있다'. 그는 '모든 법이 세간에 행할 때, 류에 다름이 있을 뿐 체에 다름이 있는 것은 아니다. 論曰 尊者法救 作如是說 由類不同 三世有異 彼謂諸法 行於世時 由類有殊 非體有異 bhāva-anyathiko bhadanta-dharmatrātaḥ. sa kilāha. dharmasya-adhvasu pravartamānasya bhāva-anyathātvaṃ bhavati na dravya-anyathātvam", "저 금으로 만든 그릇을 깨서 다른 물건을 만들 때, 모양은 다름이 있을지라도 체에는 다름이 없는 것과 같다. 또 우유가 변하여 낙이 될 때, 맛과 농도는 버리되 현색은 버리지 않는 것과 같다. 이와 같이 모든 법이 세간에 행할 때 미래에서 현재에 이르고 현재에서 과거로 들어가는데, 오직 얻은 류만을 버릴 뿐 얻은 체를 버리는 것은 아니다'라고 한다. 如破金器 作餘物時 形雖有殊 而體無異 又如乳變 成於酪時 捨味勢等 非捨顯色 如是諸法 行於世時 從未來至現在 從現在入過去 唯捨得類 非捨得體 yathā suvarṇabhājanasya bhittvā-anyathā kriyamāṇasya saṃsthāna-anyathātvaṃ bhavati na varṇa-anyathātvam. yathā ca kṣīraṃ dadhitvena pariṇamad rasa-vīrya-vipākān parityajati na varṇam. evaṃ dharmo 'py anāgatād adhvanaḥ pratyutpannam adhvānam āgacchann anāgata-bhāvaṃ jahāti na dravya-bhāvam iti"라고 하였다. 〔참고문헌〕『俱舍論』, 『俱舍論頌疏論本』 권1(대정장41, p.815a16), *Abh-k-bh.* ⇨ 유 類

유부목득가 有部目得迦 ➡ 근본설일체유부니다나목득가 根本說一切有部尼陀那目得迦

유부무기 有覆無記 Ⓢ nivṛta-avyākṛta, Ⓣ bsgribs-lung-du-ma-bstan-pa. 가려 덮으나 선도 악도 아님

의 뜻. 선도 악도 아니어서 과를 초래할 힘은 없으나 신견(身見)과 변견(邊見)처럼 성도(聖道)를 가리고 덮어 수행을 방해하는 마음. 유부심(有覆心)·유부 등이라고도 하며, 무부무기(無覆無記 Ⓢ anivṛta-avyākṛta)의 상대어다. 『구사석론』 권3(대정장29, p.179c6)에 "욕계에서 신견·변견 등과 상응하는 것을 유부무기라고 한다. 於欲界 與身見邊見相應 名有覆無記", 『전식론』(대정장31, p.62a13)에 "이 식을 의지하고 연하여 제2의 집식이 있다. 이 식은 집착을 체로 하여 사혹과 상응하니 첫째 무명, 둘째 아견, 셋째 아만, 넷째 아애이다. 이 식의 이름이 유부무기다. 依緣此識 有第二執識 此識以執著爲體 與四惑相應 一 無明 二 我見 三 我慢 四 我愛 此識名有覆無記", 『대승아비달마집론』 권2(대정장31, p.668c28 : *Abh-s.*, p.21)에 "유부무기란 무엇인가? 변행의와 상응하는 번뇌 등과 색계와 무색계에 얽힌 모든 번뇌 등을 말한다. 有覆無記者 謂遍行意相應煩惱等 及色無色界繫 諸煩惱等 nivṛtāvyākṛtaṃ punaḥ sarvatragamanaḥ saṃprayuktaḥ kleśo rūpārūpya pratisaṃyuktaś ca"라고 하였다. 〔참고문헌〕『俱舍釋論』, 『轉識論』, 『大乘阿毘達磨集論』, *Abh-s.* ⇨ 무기 無記❶, 무부무기 無覆無記

유부무기색 有覆無記色 Ⓢ nivṛta-avyākṛta-vijñapti-rūpa. 유부무기의 색. 초선천(初禪天) 수소단(修所斷)의 번뇌로부터 생겨난 유부무기의 신·어표업(身語表業)을 말한다. 유부무기표색(有覆無記表色)이라고도 한다. 『집이문족론』 권11(대정장26, p.412b12)에 "열하다 승하다 하니, 어떻게 열색이나 승색을 시설하는가? 〔답〕 열색과 승색을 시설하고는 마주하길 기다려 관한다. 〔문〕 다시 무슨 뜻인가? 〔답〕 유부무기색을 상대해서 불선색을 관하면 하열하다고 하며, 불선색에 상대하여 유부무기색을 보면 승하다고 한다. 무부무기색에 비하면 유부무기색을 열하다고 하며, 유부무기색에 비하면 무부무기색을 승하다고 한다. 상대적으로 유루선색에 비하면 무부무기색을 열하다고 한다. … 상대적으로 색계색에 비히면 얽매이지 않은 색을 승하다고 한다. 이와 같이 열색과 승색을 시설하니, 이와 같은 이름들이 저열이기도 승이기도 하다. 若劣若勝者 云何施設劣色勝色 答 觀待施設劣色勝色 復如何等 答 若觀待有覆無記色 則不善色名劣 若觀待不善色 則有覆無記色名勝 若觀待無覆無記色 則有覆無記色名劣 若觀待有覆無記色 則無覆無記色名勝 若觀待有漏善色 則無覆無記色名劣 … 若觀待色界色 則不繫色名勝 如是施設 劣色勝色 如是名爲 若劣若勝", 『구사론』 권4(대정장29, p.23b1 : *Abh-k-bh.*, p.65)에 "유부무기색을 얻음도 그러하다. 즉 모든 유부무기표색을 얻는 것 역시 앞에서와 같이 법과 함께 생길 뿐이다. 비록 상품에 있을지라도 능히 무표색을 발생할 수 없으므로 세력은 미열하다. 有覆無記色得亦爾 謂諸有覆無記表色得亦如前 但有俱起 雖有上品 而亦不能發無表故 勢力微劣 nivṛtāvyākṛtasyāpi vijñaptirūpasya sahajaiva prāptir adhimātreṇāpy avijñaptyanutthāpanādaurbalyasiddheḥ"라고 하였다. 〔참고문헌〕『集異門足論』, 『俱舍論』, *Abh-k-bh.* ⇨ 표업 表業

유부무기성 有覆無記性 Ⓣ bsgribs-la-lung-du-ma-bstan-pa-nyid. 덮어 가림 있으나 선도 악도 아닌 성. 『순정리론』 권49(대정장29, p.618a24)에 "색계와 무색계에도 분별번뇌가 현행하니 마땅히 불선이지만 저 불선 있음은 전과 같이 이미 차단했다. 그러므로 욕계 중의 신견과 변견은 오직 유부무기성에서 거둔다. 色無色界 亦有分別煩惱現行應是不善 彼有不善如前已遮 故欲界中身邊二見 唯是有覆無記性攝", 『유가사지론』 권51(대정장30, p.581a17)에 "앞에서 말한 말나식은 항상 아뢰야식과 함께 전하여 끊어지지 못할 때까지 항상 함께 생겨나 저절로 사종번뇌와 일시에 상응하니, 살가야견·아만·아애·무명이다. 이 네 가지 번뇌는 저 정지에 있거나 저 부정지에 있거나 항상 현행하되 선 등과 서로 어기지 않음을 알아야 한다. 이것이 유부무기성이다. 前說末那 恒與阿賴耶識俱轉 乃至未斷 當知常與俱生任運四種煩惱 一時相應 謂薩迦耶見 我慢 我愛 及與無明 此四煩惱 若在定地 若不定地 當知恒行 不與善等相違 是有覆無記性", 『섭대승론석』 권1(대정장31, p.325c20 : *Mah-saṃ.*, p.6)에 "이 의(意)는 염오이므로 유부무기성이다. 네 가지 번뇌와 항상 함께 상응하여 저 색계와 무색계의 두 가지 번뇌에 얽혀 있으니, 이것은 유부무기성으로 거둔다. 此意染汚故 有覆無記性 與四煩惱常共相應 如色無色二纏煩惱 是其有覆無記性攝 yid ni nyon mongs pa can yin pa'i phyir bsgribs la lung du ma bstan pa ste. sgrib pa'i nyon mongs pa rnam pa bzhi dang rtag tu mtshungs par ldan no. gzugs dang gzugs med pa na spyod pa'i nyon mongs pa bzhin du 'di ni bsgribs la lung du ma bstan pa nyid do"라고 하였다. 〔참고문헌〕『順正理論』, 『瑜伽師地論』, 『攝大乘論釋』, *Mah-saṃ.*

유부무기심 有覆無記心 덮어 가림 있으나 선도 악도 아닌 마음. 삼계십이심(三界十二心) 중 하나. 『대비바사론』 권11(대정장27, p.53c21)에 "열두 가지 마음이 있다. 즉 욕계의 네 가지 마음이니, 선심(善心)·불선심(不善心)·유부무기심·무부무기심(無覆無記心)을 말한다. 색계와 무색계 각각에 세 가지 마음이니, 앞의 네 가지 중에서 불선심을 제한다. 무루에 두 가지 마음이 있으니, 학과 무학을 말한다. 有十二心 欲界四 謂善 不善 有覆無記 無覆無記 色無色界 各三 謂前四中 除不善

無漏有二 謂學 無學"라고 하였다. 〔참고문헌〕『大毘婆沙論』, 『瑜伽師地論』 권3(대정장30, p.292c20).

유부법 有覆法 덮어 가림 있는 법. 『품류족론』 권18(대정장26, p.766b25)에 "유부법이란 십계와 사처와 오온으로 거두며, 팔지로 아는데 멸지와 도지를 제하고, 삼식으로 알기에 모든 번뇌가 따라 더한다. 有覆法 十界四處五蘊攝 八智知 除滅道智 三識識 一切隨眠隨增"라고 하였다. 〔참고문헌〕『品類足論』. ⇨ 염오법 染汚法

유부비나야 有部毘奈耶 ➡ 근본설일체유부비나야 根本說一切有部毘奈耶

유부율 有部律 당나라 때 의정(義淨)이 한역한 『근본설일체유부비니야 根本說一切有部毘奈耶』의 줄인 이름. ⇨ 근본설일체유부비나야 根本說一切有部毘奈耶

유부율비바사 有部律毘婆沙 후진(後秦) 때 한역된 『살바다비니비바사 薩婆多毘尼毘婆沙』의 다른 이름. ⇨ 살바다비니비바사 薩婆多毘尼毘婆沙

유부율섭 有部律攝 인도의 승우(勝友 Ⓢ Jinamitra)가 편찬하고 당나라 때 의정(義淨)이 한역한 『근본살바다부율섭 根本薩婆多部律攝』(대정장24, No.1458)의 줄인 이름. ⇨ 근본살바다부율섭 根本薩婆多部律攝, 살바다부율섭 薩婆多部律攝

유부율약사 有部律藥事 당나라 때 의정(義淨)이 한역한 『근본설일체유부비나야약사 根本說一切有部毘奈耶藥事』의 줄인 이름. ⇨ 근본설일체유부비나야약사 根本說一切有部毘奈耶藥事

유부율잡사 有部律雜事 당나라 때 의정(義淨)이 한역한 『근본설일체유부비나야잡사 根本說一切有部毘奈耶雜』의 줄인 이름. ⇨ 근본설일체유부비나야잡사 根本說一切有部毘奈耶雜事

유부율장 有部律藏 ➡ 십송율 十誦律, 근본설일체유부비나야 根本說一切有部毘奈耶, 오부율장 五部律藏

유부율출가사 有部律出家事 당나라 때 의정(義淨)이 한역한 『근본설일체유부비나야출가사 根本說一切有部毘奈耶出家事』의 줄인 이름. ⇨ 근본설일체유부비나야출가사 根本說一切有部毘奈耶出家事

유부율파승사 有部律破僧事 당나라 때 의정(義淨)이 한역한 『근본설일체유부비나야파승사 根本說一切有部毘奈耶破僧事』의 줄인 이름. ⇨ 근본설일체유부비나야파승사 根本說一切有部毘奈耶破僧事

유부전자 有覆纏者 덮어 얽힘이 있다는 말. 부(覆 Ⓢ mrakṣa)의 전(纏 Ⓢ paryavasthāna)이 있다는 뜻이다. '부'는 십전(十纏)으로 거두는 번뇌다. 『집이문족론』 권18(대정장26, p.444a4)에 "'온갖 상을 사유하지 않는다' 하니, 갖가지 상이란 무엇인가? 〔답〕 덮여 얽힘이 있다는 것이니, 물듦이 있는 색상·성상·향상·미상·촉상 등 모든 생각과 불선한 온갖 생각과 의미 없이 끌어온 모든 생각이 능히 정을 장애한다. 이와 같은 일체를 갖가지 상이라고 한다. 不思惟種種想者 云何種種想 答 有覆纏者 所有染汚色想 聲想 香想 味想 觸想 諸所有想 若不善 諸所有想 若非理所引 諸所有想 能障礙定 如是一切 名種種想"라고 하였다. 〔참고문헌〕『集異門足論』. ⇨ 십전 十纏, 전 纏

유부종 有部宗 ➡ 설일체유부 說一切有部

유분 有分 **1** Ⓢ avayavin. 분(分)이 있음. 또는 부분을 갖춘 뜻으로 전부를 의미한다. 음사어는 아바야비(阿婆也毘)이다. 『백론』 권1(대정장30, p.169a23)에 "저 분 중에 유분을 갖출 수 있다면, 어째서 머리에 발이 달려 있지 않겠는가. 다르다는 것을 논파할 때 설하는 바와 같다. 만약 코끼리와 손이 다르지 않다면 따로 코끼리를 구별할 수는 없다. 만약 유분과 분이 다르지 않다면 머리 마땅히 발이어야 한다. 두 가지 것이 코끼리와 다르지 않기 때문이다. 하나임을 논파할 때 설하는 바와 같다. 若分中有分具者 何不頭中有足 如破異中說 若象與手不異者 亦無別象 若有分與分不異者 頭應是足 二事與象不異故 如破一中說", 『백론소』 권2(대정장42, p.279a27)에 "즉 유분이 분과 더불어 하나가 된다는 주장을 바로 파하는 것이다. 여기서 하나라고 한 말에는 무릇 두 가지 뜻이 있다. 첫째는 유분의 머리가 있고 다시 분의 머리가 있게 된즉 유분과 더불어 분이 가지런히 같게 되기에 그 이름이 하나가 된다. 이는 머리 두 개에 다리 여덟 개가 되는 과실이다. 둘째는 유분이란 모든 분들이니 하나라 이름한다. 그렇다면 머리 두 개에 다리 여덟 개가 되는 과실은 없지만 유분을 상실하고 많은 분들만이 있게 된다. 則有分與分爲一者正破也 此言一者 凡有兩義 一者 有有分頭 復有分頭 則有分與分齊等 故名爲一 則有兩頭八足之過 二者 有分卽是諸分 故名爲一 乃無兩頭八足 則失有分 唯有諸分也", 『구사론기』 권12(대정장41, p.198a5)에 "유분이라는 말은 이 온전한 옷에는 많은 실들의 분이 있다는 뜻이다. 또는 이 옷감 바탕에 많은 옷들의 분이 있다는 의미에서 유분이라 한다. 言有分者 謂此全衣 有衆縷分 或此全衣 有衆衣分 名爲有

分"라고 하였다. [참고문헌]『百論』,『俱舍論記』. ⇨ 아바야비 阿婆也毘 **2** 유분식(有分識)의 줄임말. 『현식론』 권1(대정장31, p.881a22)에 "유분은 생하는 처(生處 Ⓢ upapatti-sthāna)로서 생의 인과 생의 연이다. 이 유분식체는 과보법으로 결정되어 있고 그 자성은 무기다. 有分者 生處卽是生因生緣 此有分識體 是果報法決是自性無記也"라고 하였다. [참고문헌]『顯識論』. ⇨ 유분식 有分識 **3** 본분 또는 본래 갖춘 능력이 있다는 말. 『방거사어록』 권상(卍속장120, p.58a16)에 "방거사가 송산화상과 차를 마시다 자루를 들어 올리며 말하기를 '사람사람마다 빠짐없이 모두 본분이 있는데 어째서 말할 수 없는가?' '다름 아닌 사람사람이 끝내 갖추고 있으니, 그 까닭으로 말할 수 없는 것이다'. 居士同松山和尙喫茶次 士擧橐子曰 人人盡有分 爲什麽道不得 山曰 祇爲人人盡有 所以道不得"라고 하였다. [참고문헌]『龐居士語錄』. ⇨ 본분사 本分事 **4** 마땅함 있음. '여지가 있다'는 뜻으로도 쓰인다. 『연등회요』 권7 「위산영우장 潙山靈祐章」(卍속장136, p.542b16)에 "두 입술을 다물어야 할 이유가 있다. 合取兩片皮有分", 같은 책 권19 「단하천연장 丹霞天然章」(卍속장136, p.742b)에 "밥을 먹여주었으니 은혜에 보답함이 마땅한데 어째서 안목은 갖추지 못했다고 말했을까? 將飯與人喫 報恩有分 爲甚麽不具眼", 『응암담화어록』 권2(卍속장120, p.814a5)에 "욕불이라고 한다면 몽둥이 맞을 만하고, 욕불이라고 부르지 않는다면 베푼 은덕을 등지리라. 若喚作浴佛 喫棒有分 若不喚作浴佛 辜恩負義", 『동산어록』(대정장48, p.514c29)에 "노승이 오히려 그를 간호해 줄 힘이 있다. 老僧看他有分"라고 하였다. [참고문헌]『聯燈會要』, 『應庵曇華語錄』, 『洞山語錄』. **5** ➡ 동분 同分[1]

유분 喩分 Ⓢ upamā. 비유. 원측(圓測)의 『해심밀경소』 권5(한불전1, p.293b1)에 "유분이라 말한 것은 범음으로 오파마고, 한역하면 유(喩)다. 『공덕시론 功德施論』 권하(대정장25, p.893c8)에서 이르길 '「비유로 미치지 못한다」는 말은 저 한 동녀를 불러 월면이라 하는 것과 같다. 여자의 얼굴이 어찌 달에 합할 류이겠는가! 빛나고 깨끗함에 있어서 그나마 조금 서로 같을 뿐인데'. 言喩分者 梵音烏波摩 此云喩也 功德施云 譬喩不及者 如有童女 稱爲月面 女面豈能合類於月 以有光潔 少分相同"라고 하였다. [참고문헌]『解深密經疏』, 『功德施論』, 『解深密經』 권2(대정장16, p.697b19). ⇨ 오파마분 烏波摩分, 비유 譬喩

유분무만인 有分無滿人 지혜가 원만하지 못한 이. 오십위(五十位)의 인위(因位)에 머물면서 아직 구경지(究竟地)의 원만한 지혜를 증득하지 못한 수행자를 가리킨다. 『석마하연론』 권4(대정장32, p.631b22)에 "유분무만인은 오십위의 사람이 아직 시각반야가 원만하지 못한 것이다. 저 보살이 처음 바른 믿음으로 발심하고 관찰하여 법신을 증하되, 부분만의 앎을 얻거나 내지는 보살구경지에 이르러도 능히 지를 다하지 못함을 말한다. 有分無滿人 五十位人 始覺般若 未圓滿故 如本謂依菩薩 從初正信 發心觀察 若證法身 得少分知 乃至菩薩究竟地 不能知盡故"라고 하였다. [참고문헌]『釋摩訶衍論』.

유분별 有分別 **1** Ⓢ sa-vikalpaka, Ⓣ rnam-par-rtog-pa-dang-bcas-pa. 분별함이 있는 것. 의식(意識)을 말하며 현재를 인식하는 자성분별(自性分別 Ⓢ svabhāva-vikalpa), 과거를 기억하여 잊지 않는 수념분별(隨念分別 Ⓢ anusmaraṇa-vikalpa), 현재 없는 것을 헤아리고 추측하는 계탁분별(計度分別 Ⓢ abhinirūpaṇā-vikalpa)의 셋으로 나눈다. 『순정리론』 권4(대정장29, p.349a14)에 "그렇다면 어찌하여 유독 의식만을 분별함이 있다고 하는가. 마땅히 알라, 단지 분별력에 의지하기에 모든 과실이 일어난다. 다 함께 계경의 의취를 생각하고 구해야 한다. 나는 말한다. '식이 한 찰나에 능히 하나의 품류가 아닌 경계를 취하거나 하나의 소연에 숱한 마음이 흘러드니, 이와 같은 모양의 식을 유분별이라 한다'. 若爾 云何唯說 意識是有分別 應知 但依分別力故 起諸過失 應共思求 契經意趣 我說 若識於一刹那 能取非一品類境界 於一所緣 多心流注 如是相識 名有分別", 『대승아비달마잡집론』 권2(대정장31, p.703a13 : *Abh-s-bh.*, p.16)에 "[문] 육식 중 몇 가지가 유분별인가? [답] 오직 한 가지 의식만이 세 가지 분별 때문에 유분별이다. 세 가지 분별은 자성분별·수념분별·계탁분별이다. 問 於六識中 幾有分別 答 唯一意識 由三分別故有分別 三分別者 謂自性分別 隨念分別 計度分別 ṣaṇṇām vijñānānāṃ kati vijñānāni savikalpakāni katy avikalpakāni. tribhis tāvad vikalpaiḥ manovijñānam ekaṃ savikalpakam. trayo vikalpāḥ svabhāvavikalpo 'nusmaraṇavikalpo 'bhinirūpaṇāvikalpaś ca"라고 하였다. [참고문헌]『順正理論』, 『大乘阿毘達磨雜集論』, *Abh-s-bh.* ⇨ 삼분별 三分別 **2** 세제(世諦)와 후득지(後得智)는 각각 무분별인 제일의제(第一義諦)와 진여지(眞如智)에 대하여 유분별이다. 『대지도론』 권89(대정장25, p.687a13)에 "수보리가 여쭈었다. '색 등의 모든 법 역시 법성과 다르지 않은데, 무슨 까닭에 법성만을 귀하게 여깁니까?' 부처님께서 '색은 법성과 다르지 않다'고 대답하시자 수보리가 다시 질문하였다. '다르지 않다면 어찌하여 선악과 백흑과 수다원 등의 과를 분별합니까?' 부처님께서 답하셨다. '색 등의 법은 법성을 여의지 않으나, 세제로는 유분별이고 제일의제에서는 무분별이다'. 왜냐하면 제일의를 얻은 성인에게는 분별이 없어서 얻었다고 하여도 기뻐하지 않고 얻은 것이 없다고 하여도 근심하지 않는다. 須菩提問 色等諸法 亦與法性不異 何以故 但貴法性 以佛答 色不異法性故 須菩提難 若不異者 云何分別有善惡 白黑 須陀洹等諸果 佛答 色等法雖不離法性 以世諦故有分別 於第一義中無分別 何以故 得第一義聖人無所分別 聞有所得不喜聞無所有不憂", 『성유식론』 권9(대정장31, p.50a1)에 "자증분이 견분을 연할 때 변함없이 취하는 것처럼, 이 진여지도 그렇다. 바꾸어 취한다면 몸소 증함이 아니고 저 후득지처럼 유분별이어야 하기 때문이다. 그러기에 견분만 있고 상분은 없다고 해야 한다. 如自證分 緣見分時 不變而緣 此亦應爾 變而緣者 便非親證 如後得智 應有分別 故應許此有見無相"라고 하였다. 〔참고문헌〕『大智度論』, 『成唯識論』. ⇨ 분별 分別 ❶, 무분별 無分別

유분별 唯分別 Ⓢ kalpa-mātra, kalpanā-mātra, Ⓣ rtog-pa-tsam. 오직 분별일 뿐이라는 말. 실재가 아니라는 뜻이다. 『대승장엄경론』 권2(대정장31, p.599b8)에 "〔문〕 이후에는 다시 어찌하는가? 〔답〕 념이란 오직 분별일 뿐이라고 이해한다. 즉 이후에 일어나는 관은 이전에 만사를 관했던 것처럼 언제 어디서 어떤 생각이 일어나더라도 모든 생각은 오직 분별일 뿐이라고 풀어 안다. 실로 있는 것이 아니기 때문이다. 問 此後復云何 答 解念唯分別 謂此後起觀 如前觀事 處處念轉 解知諸念唯是分別 非實有故"라고 하였다. 〔참고문헌〕『大乘莊嚴經論』, *Sūtr.24.* ⇨ 분별 分別 ❶

유분별영상 有分別影像 Ⓢ savikalpa-pratibimba, Ⓣ rnam-par-rtog-pa-dang-bcas-pa'i-gzugs-brnyan. 사종소연경사(四種所緣境事) 중 하나. 승해작의(勝解作意)로 영상을 분별함. 사마타비발사나(奢摩他毘鉢舍那)의 소연경사(所緣境事)다. 『해심밀경』 권3(대정장16, p.697c25)에 "비발사나의 소연경사는 유분별영상을 말한다. 毘鉢舍那 所緣境事 謂有分別影像", 『유가사지론』 권26(대정장30, p.427a27 : *Śrāv-bh.*, p.193)에 "무엇이 유분별영상인가? 예를 들면 어떤 사람이 정법을 듣거나 가르침을 의지처로 삼아 보고 들으며 분별하기에, 알아야 할 일과 영상에 대하여 삼마희다지비발사나행으로 관찰하여 간택하고 끝까지 간택하며 두루 심사하고 사찰하는 것이다. … 관행을 닦는 이는 추구함이 이렇기에 저 본성에 대해 알아야 할 일 중에서 공덕과 과실을 관찰하고 깊이 살펴서 정하는데 이것을 유분별영상이라고 한다. 云何有分別影像 謂如有一 或聽聞正法 或敎授敎誡 爲所依止 或見或聞 或分別故 於所知事同分影像 由三摩呬多地毘鉢舍那行 觀察簡擇 極簡擇 遍尋思 遍伺察 … 修觀行者 推求此故 於彼本性 所知事中 觀察審定 功德過失 是名有分別影像 tatra savikalpaṃ pratibimbaṃ katamat. yathāpīhaikatyaḥ saddharmaśravaṇaṃ vā avavādānuśāsanīṃ vā niśritya dṛṣṭaṃ vā śrutaṃ vā parikalpitaṃ vopādāya jñeyavastusabhāgaṃ savikalpaṃ pratibimbaṃ samāhitabhūmikair vipaśyanākārair vipaśyati. … yad imaṃ yogaṃ santīr ayaṃs tasmin prakṛte jñeye vastuni parīkṣya guṇadoṣāv adhāraṇaṃ karoti. idam ucyate savikalpaṃ pratibimbaṃ", 같은 책 권86(대정장30, p.781a12)에 "무분별영상을 경으로 삼는 혜를 지라 하고, 유분별영상을 경으로 삼는 혜는 견이라고 한다. 緣無分別影像爲境 此慧名智 緣有分別影像爲境 此慧名見", 『대승아비달마잡집론』 권11(대정장31, p.744c21)에 "유분별영상소연이란, 승해작의에 의하는 모든 사마타와 비발사나의 소연경계다. 승해작의란 한결같은 세간의 작의이다. 有分別影像所緣者 謂由勝解作意 所有奢摩他毘鉢舍那所緣境 勝解作意者 一向世間作意"라고 하였다. 〔참고문헌〕『解深密經』, 『瑜伽師地論』, 『大乘阿毘達磨雜集論』, *Śrāv-bh.*, *Abh-s.80.*, *Abh-s-bh.98.* ⇨ 사종소연 四種所緣, 변만소연 遍滿所緣, 사마타 奢摩他, 비발사나 毘鉢舍那

유분별지 有分別智 ❶ Ⓢ kalpanā-jñāna. 분별로 아는 세간지(世間智). 진제지(眞諦智)인 무분별지(無分別智)의 상대어다. 『인명입정리론』(대정장32, p.12c6 : *Nyāy-pr.*, p.7)에 "분별로 아는 지는 뜻에 있어 다르게 뒤치니 사현량이라고 한다. 모든 유분별지는 병이나 옷 등이 분별로 일어나게 되는데, 저들의 뜻에 있어서는 자상(自相 : svalakṣaṇa)을 경계로 삼는 것은 아니기에 사현량이라고 한다. 有分別智 於義異轉 名似現量 謂諸有智 了瓶衣等 分別而生 由彼於義 不以自相 爲境界故 名似現量. kalpanājñānam arthāntare pratyakṣābhāsam. yaj jñānam ghaṭaḥ paṭa iti vā vikalpayataḥ samutpadyate tad arthasvalakṣaṇāviṣayatvāt pratyakṣābhāsam", 『능엄경소해몽초』 권8(卍속장21, p.547b12)에 "진제지는 무분별지이고, 속제지는 유분별지이다. 眞諦智 是無分別智 俗諦智 是有分別智"라고 하였다. 〔참고문헌〕『因明入正理論』, 『楞嚴經疏解蒙鈔』, *Nyāy-pr.* ⇨ 세간지 世間智, 무분별지 無分別智 ❷ 무분별후지(無分別後智). 근본무분별지로 후에 얻는 후득지(後得智)를 말한다. 『섭대승론석』 권10(대정장31, p.228c27 : *Mah-saṃ.*, p.67)에 "〔논〕 넷째는 야나바라밀(若那波羅蜜 Ⓢ jñāna-pāramitā)이다. 이 바라밀은 앞의 육바라밀을 성립시킬 수 있으니, 보살이 큰 집회에서 법락을 받고 중생 또한 성숙케 한다. 論曰 四 若那波羅蜜 此度是能成立前六度智 能令菩薩 於大集中受法樂及成熟衆生 ye shes kyi pha rol tu phyin pa ni. pha rol tu phyin pa drug po dag rnam par 'jog pa ste. ye shes kyis chos la longs spyod pa myon g ba dang. sems can yongs su smin par byed pa'i phyir ro", "〔석〕 이 바라밀을 지바라밀이라고 한역하는데, '지'에는 두 가지가 있으니 첫째는 유분별지고, 둘째는 무분별지다. 釋曰 此度 謂智波羅蜜 智有二種 一有分別 二 無分別", "여기서는 유분별지를 밝힌다. 능히 앞의 육바라밀을 성립시킬 수 있기 때문이다. '능히 성립시킨다'란, 여래께서 육바라밀에 의지하여 설하신 일체정법을 보살이 능히 사량간택하여 스스로 통달할 수 있고, 타인도 통달하게 하여 육바라밀을 성립시킬 수 있으므로, 보살이 큰 집회에서 법락을 받을 수 있고 자신이 통달한 후 마쳐서는 다른 이도 통달케 한다. 중생을 성숙시키고자 하는 이것이 바로 '지바라밀'의 일이며, 이 역시 사혜로서 몸을 삼는다. 이 지는 이미 중생을 이롭게 하기에 겸하여 대비에도 속한다. 만약 분별을 여읜다면 이 일은 성립될 수 없기에 무분별후지로 거둔다. 今明有分別智 何以故 以能成立前六波羅蜜故 能成立者 如來依六波羅蜜 所說一切正法 菩薩能思量簡擇 自得通達及令他得通達 能成立六度故 菩薩於大集中 得受法樂 令自他通達 爲欲成熟衆生 此卽智波羅蜜事 亦以思慧爲體 此智旣爲利物故 兼屬大悲 若離分別 此事不成 故是無分別後智攝"라고 하였다. 〔참고문헌〕『攝大乘論釋』, *Mah-saṃ.* ⇨ 무분별후지 無分別後智, 후득지 後得智

유분색 有分色 Ⓢ avayavi-rūpa. 분이 있는 색. 바이셰쉬카(Ⓢ Vaiśeṣika : 勝論)에서 말하는 부분 색들이 모인 한 덩이 실체로서의 색을 말한다. 『유식이십론』(대정장31, p.75c18 : *Vijñ-v.*, p.6)에 "〔논〕 이것은 무슨 말인가? 만약 실제로 밖의 색 등이 있어서 안식 등 식이 각각의 경을 삼는다면, 이와 같은 외경은 혹 하나여야 한다고 하는 경우는 승론자가 유분색에 집착하는 것과 같고, 또는 많아야 한다고 하는 경우는 실제로 존재하는 많은 극미가 각각 따로 경이 된다고 집착하는 것과 같으며, 많은 극미가 화합하거나 쌓인 것이어야 한다고 하면, 실제로 존재하는 많은 극미가 모두 함께 화합하거나 쌓여서 경이 된다고 집착하는 것과 같다. 우선 그 외경은 논리적으로 하나일 수 없다. 왜냐하면 '유분색' 자체는 모든 분색과 달라서 취할 수 없기 때문이다. 논리적으로 많은 것도 아니며, 극미는 각각 따로 취할 수 없다. 또한 논리적으로 화합하거나 쌓인다고 경이 될 수 없다. 왜냐하면 하나로 실재하는 극미는 이치상 성립할 수 없기 때문이다. 論曰 此何所說 謂若實有 外色等處與色等識 各別爲境 如是外境 或應是一 如勝論者 執有分色 或應是多 如執實有 衆多極微 各別爲境 或應多極微和合及和集 如執實有 衆多極微 皆共和合和集爲境 且彼外境 理應非一 有分色體 異諸分色 不可取故 理亦非多極微各別 不可取故 又理非和合 或和集爲境 一實極微 理不成故 kim uktaṃ bhavati. yat tad rūpādikam āyatanaṃ rūpādivijñaptīnāṃ pratyekaṃ viṣayaḥ syāt tad ekaṃ vā syād yathāvayavirūpaṃ kalpyate vaiśeṣikaiḥ. anekaṃ vā paramāṇuśaḥ. saṃhatā vā ta eva paramāṇavaḥ. na tāvad ekaṃ viṣayo bhavaty avayavebhyo 'nyasyāvayavirūpasya kvacid apy agrahaṇāt. nāpy anekaṃ paramāṇūnāṃ pratyekam agrahaṇāt. nāpi te saṃhatā viṣayībhavanti. yasmāt paramāṇur ekaṃ dravyaṃ na sidhyati"라고 하였다. 〔참고문헌〕『唯識二十論』, 『大乘唯識論』(대정장31, p.72a20), *Vijñ-v.* ⇨ 유분 有分 ■

유분식 有分識 분이 있는 식. 삼유(三有)의 인이 되는 식. 유분심(有分心)이라고도 한다. 유(有)는 삼유이고 분(分)은 그 인을 뜻한다. 상좌부와 분별론자가 세운 이름이다. 유식에서는 아뢰야식(阿賴耶識)의 다른 이름이라고 한다. 『성유식론』 권3(대정장31, p.15a18)에 "다른 부파의 경에서도 밀의로 설하니, 아뢰야식은 별도의 자성이 있다고 한다. 즉 대중부의 『아함경』에서는 이것을 은근히 근본식이라고 한다. 왜냐하면 이것은 안식 등의 의지처이기 때문이다. 비유하자면 나무뿌리가 줄기 등의 근본이 되는 것과 같다. 안식 등에는 이러한 뜻이 없다. 상좌부의 경과 분별론자도 모두 이것을 은밀하게 유분식이라고 한다. 유는 삼유를 말하고 분은 인의 뜻이니, 오직 이것만이 항상 두루한다 하여 삼유의 인이 되기 때문이다. 화지부는 이것을 궁생사온이라고 한다. 餘部經中 亦密意說 阿賴耶識 有別自性 謂大衆部 阿笈摩中密意說此 名根本識 是眼識等 所依止故 譬如樹根 是莖等本 非眼等識 有如是義 上坐部經 分別論者 俱密意說此名有分識 有謂三有 分是因義 唯此恒遍 爲三有因 化地部說此 名窮生死蘊", 『섭대승론석』 권2(대정장31, p.160c5 : *Mah-saṃ.*, p.7)에 "〔논〕 응지의지 · 아다나 · 아리야 · 질다 · 근본식 · 궁생사음 등. 論曰 是應知依止 阿陀那 阿梨耶 質多 根本識 窮生死陰等 de'i phyir gang shes bya'i gnas la kun gzhi rnam par shes pa nyid dang len pa'i rnam par shes pa nyid dang. sems nyid dang. kun gzhi rnam par shes pa nyid dang. rtsa ba'i rnam par shes pa nyid dang. 'khor ba ji srid pa'i phung po dang", "〔석〕 이 세 가지는 대승에서 세운 이름이고, 질다는 대소승 공통으로 세운 이름이며, 근본식은 마하승기부에서 세운 이름이고, 궁생사음은 미사새부에서 세운 이름이다. '등'이란 무엇인가? 정량부가 세운 이름은 과보식이며, 상좌부가 세운 이름이 유분식이다. 釋曰 此三是大乘中所立名 質多是通大小乘所立名 根本識是摩訶僧祇部所立名 窮生死陰是彌沙塞部所立名 等者 正量部立名果報識 上座部立名有分識"라고 하였다. 〔참고문헌〕『成唯識論』, 『攝大乘論釋』, *Mah-saṃ.* ⇨ 과보식 果報識, 구심 九心, 구심성륜

九心成輪, 궁생사온 窮生死蘊, 아뢰야식 阿賴耶識

유분심 有分心 상좌부(上座部)에서 시설한 심경로설(心經路說)인 구심성륜(九心成輪) 중 하나. 유분식(有分識)·유분체심(有分體心) 등을 달리 이르는 말. 『성유식론장중추요』 권2(대정장43, p.635b18)에 "상좌부 논사는 구심륜을 세우는데 … 아홉 번째는 유분심이다. … 이 심은 단지 마음대로 경을 만나 움직이므로 유분심이라고 한다. … 유분심은 생사에 통하는데 … 저 욕을 여읜 성자가 죽을 때는 오직 유분심이다. 이미 아애가 없고 반연하는 바도 없기에 돌아보고 애착함이 일어나지 않는다. 욕을 여의지 못한 이는 반연심으로써 죽음을 맞이한다. 연연해 갈구함만이 있게 된다. 上座部師 立九心輪 … 九 有分 … 心但任運 緣於境轉 名有分心 … 有分心通死生 … 若離欲者死 唯有分心 旣無我愛 無所返緣 不生顧戀 未離欲者 以返緣心而死 有變愛故", 『성유식론요의등』 권5(대정장43, p.747a2)에 "유분심은 생을 받는 마음이고 오직 무기일 뿐이다. 有分心是受生心 唯是無記", 『성유식론소의연』 권6(卍속장79, p.309a17)에 "저 부파에서 설하는 구심 중에서 유분심이란 바로 이숙심이다. 彼部說九心之中 有分心是異熟心"라고 하였다. [참고문헌] 『成唯識論掌中樞要』, 『成唯識論了義燈』, 『成唯識論疏義演』. ⇨ 유분식 有分識, 구심성륜 九心成輪

유분체심 有分體心 ➡ 유분심 有分心

유불도 儒佛道 ➡ 유석도 儒釋道

유불무불법이상주 有佛無佛法爾常住 부처님 계시든 계시지 않든 설하신 법 그대로 항상 머문다는 말. 『대반야경』 권561(대정장7, p.894c14)에 "내가 설한 깊고 깊은 법상 역시 이와 같이 안립할 수도 파괴할 수도 없다. 부처님께서 계시든 계시지 아니하든 법 그대로 상주한다. 부처님께서는 이 상에 대해 여실하게 아시므로 여래응정등각이라고 한다. 我所宣說甚深法相 亦復如是 不可安立不可破壞 有佛無佛法爾常住 佛於此相如實覺知 故名如來應正等覺"라고 하였다. [참고문헌] 『大般若經』. ⇨ 유불무불성상상주 有佛無佛性相常住

유불무불성상상연 有佛無佛性相常然 부처님 계시든 안 계시든 설하신 법의 성과 상만은 항상 여여(如如)하다는 말. 『법화문구』 권9(대정장34, p.128a7)에 "여란 법 그대로 떳떳한 경일 뿐 인도 아니고 과도 아니다. 부처님이 계시든 계시지 아니하든 성과 상은 항상 그러하니, 모든 곳에 두루하고 변함이 없기에 여라고 한다. 움직이지 않고도 이르기에 래라고 하니, 이것을 가리켜 법신여래를 삼았다. 如者 法如如境 非因非果 有佛無佛性相常然 遍一切處而無有異爲如 不動而至爲來 指此爲法身如來也"라고 하였다. [참고문헌] 『法華文句』. ⇨ 유불무불성상상주 有佛無佛性相常住

유불무불성상상주 有佛無佛性相常住 부처님 계시든 계시지 않든 제불이 설하신 법의 성과 상(性相)은 상주한다는 말. 36권본 『대반열반경』 권19(대정장12, p.735b9)에 "부처님이 계시든 계시지 아니하든 성과 상은 상주한다. 중생들은 번뇌에 덮여 있기에 열반을 보지 못하고 문득 없다고 여긴다. 보살마하살은 계정혜로 마음을 닦고 번뇌를 끊은 후에 비로소 본다. 반드시 알아야 한다. 열반은 이 상주법이니, 본래 없다가 지금 있는 것이 아니다. 그러므로 떳떳하다고 한다. 有佛無佛性相常住 以諸衆生煩惱覆故 不見涅槃 便謂爲無 菩薩摩訶薩以戒定慧熏修其心 斷煩惱已便得見之 當知涅槃是常住法 非本無今有 是故爲常", 『승만보굴』 권하(대정장37, p.68b24)에 "그러므로 경전에서 '부처님이 계시든 계시지 아니하든 성과 상은 상주한다'고 하였다. 또한 감추어 있기에 여래장이라 하는데, 여래장 감할 일 없고 생사에 구른들 더하지도 않는다. 드러났을 때 법신이라 부르니, 법신에도 더할 일 없고 뒤쳐 생사한들 줄지도 않는다. 故經云 有佛無佛性相常住 又隱名如來藏 如來藏不減 顚倒生死不增 顯名法身 法身不增 顚倒生死不減", 『정토론』 권하(대정장47, p.103a22)에 "만약 (부처님의 팔만사천법문을) 모두 아울러도 진속이제다. 이러한 이제는 부처님이 계시든 계시지 아니하든 성과 상은 상주한다. 이것은 사람이 만든 것이 아니다. 그러므로 『중론』에서 '모든 부처님이 설하신 법은 항상 이제에 의지한다'고 하였고, 또한 '이제를 분별할 줄 모르는 사람은 깊은 불법에서 진실한 뜻을 얻지 못한다'고 하였다. 若總攝之 卽爲眞俗二諦 此之二諦 有佛無佛性相常住 非人造也 故中論云 諸佛說法 常依二諦 又云若人不能知 分別於二諦 卽於深佛法 不得眞實義"라고 하였다. [참고문헌] 『大般涅槃經』, 『勝鬘寶窟』, 『淨土論』.

유불색 有不色 불색(不色)이 있음. 무색계(無色界)를 말한다. 『칠처삼관경』(대정장2, p.881c7)에 "아난아, 이 세(世)는 셋이니 첫째는 욕세, 둘째는 색세, 셋째는 불색세이다. … 아난아, 색 아닌 행을 짓는 복으로 인해 불색세가 있고, 색 아닌 행이 없으면 불색세도 없다. 是世 阿難 爲三 一 爲欲世 二 爲色世 三 爲不色世 … 阿難 不色行福故 有不色世 若無有不色行 亦無有不色"라 하였다. [참고문헌] 『七處三觀經』. ⇨ 불색 不色

유불성 有佛性 불성이 있다는 말. 40권본 『대반열반경』 권7(대정장12, p.405b1)에 "나는 대승의 바다와 같이 넓고 깊은 지혜 속에서 '불성이 있다'고 말하지만, 이승의 사람들은 알고 보지도 못한다. 我於大乘 大智海中 說有佛性 二乘之人 所不知見", 같은 책 권35(대정장12, p.571a2)에 "만일 선근성 끊어져도 불성이 있다고 한다면 선근이 끊어졌다고 말할 수 없다. 만일 불성이 없게 된다면 어떻게 또 '모든 중생에게 불성이 있다'고 하는가! 若斷善根 有佛性者 則不得名 斷善根也 若無佛性 云何復言 一切衆生 悉有佛性", 『대반열반경집해』 권66(대정장37, p.586b11)에 "반드시 있다고 말해도 안 되고 끊어졌다고 단정하여 말해도 안 된다. 만일 결단코 있다고 하거나 단정적으로 없다고 한다면 이를 '답에 맡겨버린다'(답을 위한 말일 뿐이다)고 한다. 不可定說有 不可定說斷 若言定有定無 此名置答也"라고 하였다. [참고문헌] 『大般涅槃經』, 『大般涅槃經集解』. ⇨ 불성 佛性, 무불성 無佛性, 단선근 斷善根

유불세계 有佛世界 부처님이 계시는 세계. 무불세계(無佛世界)와 대칭한다. 80권본 『화엄경』 권53(대정장10, p.281b14)에 "불자야! 보살마하살은 열 가지로 세계에 든다. 그 열 가지란, 염세계에 들어가고 정세계에 들어가며 … 유불세계에 들어가고 무불세계에 드는 것을 일컬으니, 이것이 열 가지이다. 佛子 菩薩摩訶薩 有十種入世界 何等爲十 所謂 入染世界 入淨世界 … 入有佛世界 入無佛世界 是爲十", 『벽암록』 19칙 「평창 評唱」(대정장48, p.160a11)에 "대선지식 한 사람 문득 만나 저 용인 듯 호랑이인 듯한 이라면, 부처님 계신 세계를 향해서는 서로 객과 주인이 되게 하고, 계실 리 없는 세계라면 나루터 눌러 앉으리라. 大善知識 接得一箇 如龍似虎底漢 敎他向有佛世界 互爲賓主 無佛世界 坐斷要津"라고 하였다. [참고문헌] 『華嚴經』, 『碧巖錄』, 『悲華經』 권6(대정장3, p.208c9), 『大智度論』 권38(대정장25, p.342b10). ⇨ 무불세계 無佛世界

유불여불 唯佛與佛 '오직 부처님과 더불어 부처님만이'라는 뜻. 매우 깊고 불가사의하여 오직 부처가 부처에게만 줄 수 있다는 뜻을 강조한 말이다. 『과거현재인과경』 권3(대정장3, p.642c11)에 "내가 얻은 법은 매우 깊고 난해하여 오직 부처님과 부처님만이 능히 알 수 있다. 我所得法 甚深難解 唯佛與佛 乃能知之", 『무량의경』(대정장9, p.386c10)에 "선남자야! 이것은 모든 부처님의 불가사의하고 매우 깊은 경계이니, 이승이 알 수 없고 십주보살도 미칠 수 없다. 오직 부처님과 부처님만이 능히 끝내 알 수 있다. 善男子 是則諸佛不可思議甚深境界 非二乘所知 亦非十住菩薩所及 唯佛與佛乃能究了"라고 하였다. [참고문헌] 『過去現在因果經』, 『無量義經』.

유불여불내능구진제법실상 唯佛與佛乃能究盡諸法實相 오직 부처님과 부처님들만이 제법실상을 능히 끝내 다 알 수 있다는 뜻. 『법화경』 권1(대정장9, p.5c10 : *Saddh-p.*, p.30)에 "부처님께서 성취하신 가장 희유하고 난해한 법은 오직 부처님과 부처님들만이 이에 능히 끝내 다 알 수 있는 제법실상이니, 모든 법의 여시상·여시성·여시체·여시력·여시작·여시인·여시연·여시과·여시보·여시본말구경 등이다. 佛所成就第一希有難解之法 唯佛與佛乃能究盡諸法實相 所謂諸法如是相 如是性 如是體 如是力 如是作 如是因 如是緣 如是果 如是報 如是本末究竟等 paramāś-carya-prāptāḥ śāriputra tathāgatā arhantaḥ samyaksaṃbuddhāḥ. tathāgata eva śāriputra tathāgatasya dharmaṃ deśayet yān dharmāṃs-tathāgato jānāti. sarvadharmān-api śāriputra tathāgata eva deśayati. sarvadharmān-api tathāgata eva jānāti. ye ca te dharmāḥ yathā ca te dharmāḥ yādṛśāś-ca te dharmāḥ yal-lakṣaṇāś-ca te dharmāḥ yat-svabhāvāś-ca te dharmāḥ. ye ca yathā ca yādṛśāś-ca yal-lakṣaṇāś-ca yat-svabhāvāś-ca te dharmā iti. teṣu dharmeṣu tathāgata eva pratyakṣo 'parokṣaḥ", 『법화현의』 권2(대정장33, p.693c23)에 "(그러므로 경에서 말한) 모든 법이란 비춰진 경의 광대함이다. 오직 부처님과 부처님들만이 능히 끝내 다 알 수 있다는 것은, 능히 비추는 지혜가 깊어 가이 없고 끝이 없음을 밝힌 것이다. 諸法者 是所照境廣也 唯佛與佛乃能究盡者 明能照智深窮邊盡底也", 같은 책 권5(대정장33, p.735b7)에 "오직 부처의 경지에서만 모든 법의 실상을 완전하게 궁구할 수 있다는 것이 바로 묘각위이다. 又云 唯佛與佛乃能究盡諸法實相者 卽是妙覺位也", 같은 책 권3(대정장33, p.710a19)에 "경계의 심연은 끝이 없고 지혜의 물은 헤아릴 수 없으니 오직 부처님의 경지에서만 궁구할 수 있다. 이와 같은 지견은 눈의 지혜이다. 境淵無邊 智水莫測 唯佛與佛乃能究盡 如此知見 卽是眼智", 『법화경대성』 권2(卍51, p.140a4)에 "방편과 진실의 법은 불가사의하니 이는 삼세제불이 증득한 경지이다. 오직 부처의 경지에서 완전하게 궁구할 수 있다고 한 것은 바로 이것이다. 權實之法不可思議 是三世諸佛所證之境 唯佛與佛乃能究盡者 此也"라고 하였다. [참고문헌] 『法華經』, 『法華玄義』, 『法華經大成』, *Saddh-p.* ⇨ 유불여불 唯佛與佛, 십여시 十如是, 제법실상 諸法實相

유불여불지견 唯佛與佛知見 오직 부처가 부처와 함께 할 수 있는 지견. 『지장본원경과주』 권4(卍속장35, p.605a16)에 "그 사람이 얻은 복은 스스로 그렇게 넘쳐나니, 헤아릴 수 없고 끝을 마저 다할 수 없었으니 오직 부처와 부처끼리만 능히 알 수 있다. 其人所獲之福 自然量不可測 邊莫能窮 唯佛與佛乃能知見耳", 『법화경통의』 권1(卍속장49, p.807b4)에 "저 높은 곳을 향한 길이란 공겁이전의 일이니, 오직 부처와 부처끼리만 알 수 있다. 이것을 부처의 지견이라 하니 어찌 거짓 지어 갈 수 있으리. 所謂向上一路 空劫已前 唯佛與佛乃自知之 是謂佛之知見 豈假作爲"라고 하였다. [참고문헌]『地藏本願經科註』, 『法華經通義』.

유불조여불조 唯佛祖與佛祖 오직 부처와 조사만이 서로 주고 받을 수 있다는 뜻. 일본 조동종 도원(道元)선사의 『정법안장』에서 즉심시불(卽心是佛)의 뜻을 풀며 말했다. [참고문헌]『正法眼藏』 권6(대정장82, p.29a26). ⇨ 유불여불 唯佛與佛

유빙 劉憑 수(隋)대 번경학사(翻經學士). 섬서성(陝西省) 경양(涇陽) 출신. 유빙(劉馮)이라고도 쓴다. 사나굴다(闍那崛多)가 『불본행집경 佛本行集經』·『제법본무경 諸法本無經』·『월상녀경 月上女經』 등을 한역할 때 필수(筆受)를 담당하였다. 수술(數術)에 뛰어나 대천(大千)·유순(由旬)과 같은 거리·시간 등 도량 단위를 풀어낸 『외내방통비교수법 外內傍通比校數法』 1권을 찬하였다. [참고문헌]『歷代三寶紀』 권12(대정장49, p.103b21), 『大唐內典錄』 권5(대정장55, p.279b26), 『古今譯經圖紀』 권4(대정장55, p.366a20).

유사 有伺 ➡ 유심유사 有尋有伺

유사 有事 ❶ Ⓢ savastuka, Ⓣ gzhi-dang-bcas. 유위법(有爲法)의 또 다른 이름. 인(因) 있어 일어나게 되는 모든 법을 말한다. 사(事 Ⓢ vastu)는 시작으로서의 인(因 Ⓢ hetu)을 의미하니, 유사란 유위법이 의지하고 머무르는 뜻이다. 『구사론』 권1(대정장29, p.2a10 : *Abh-k-bh.*, p.4)에 "[논] '색 등의 오온'이란, 처음의 색온으로부터 식온까지 이와 같은 다섯 가지 법은 모두 유위로 거두니, 뭇 인연들이 모여 함께 지은 바이기 때문이다. 즉 어떤 법도 한 가지 연으로 생하는 것은 없으니, 저들 유가 있기에 미래를 막지 않음이니 저 우유나 땔감 같다. 이러한 유위법은 또한 세로라고도 하니, 이미 행했고 지금 행하며 행할 것이고, 혹은 무상이 삼켜버릴 것이기 때문이다. 혹은 언의라고도 하는데 언이란 어언이니, 이것이 의지하는 것은 즉 뜻을 갖춘 이름들이다. 이와 같은 언의는 일체유위법을 모두 거둔다. 만약 그렇지 않다면 『품류족론』의 설과 어긋나니, 저에서는 '언의는 십팔계섭이다'고 설한다. 혹은 유리라고도 하는데 리란 영원히 떠나는 것이니, 곧 열반이다. 일체유위법은 반드시 저 리가 있기 때문이다. 혹은 유사라고도 하는데 인이 있기 때문이니, 사란 인의 뜻이다. 論曰 色等五蘊 謂初色蘊 乃至識蘊 如是五法 具攝有爲 衆緣聚集 共所作故 無有少法 一緣所生 是彼類故 未來無妨 如乳如薪 此有爲法 亦名世路 已行 正行 當行性故 或爲無常所呑食故 或名言依 言謂語言 此所依者 卽名俱義 如是言依 具攝一切有爲諸法 若不爾者 應違品類足論所說 彼說言依 十八界攝 或名有離 離謂永離 卽是涅槃 一切有爲 有彼離故 或名有事 以有因故 事是因義 rūpaskandho vedanāskandhaḥ saṃjñāskandhaḥ saṃskāraskandho vijñānaskandhaś cety ete saṃskṛtā dharmāḥ. sametya saṃbhūya pratyayaiḥ kṛtā iti saṃskṛtāḥ. na hy ekapratyayajanitaṃ kiṃcid astīti. tajjātīyatvād anāgateṣv avirodho dugdhendhanavat. … ta eva saṃskṛtā gatagacchadgamiṣyadbhāvād adhvānaḥ adyante 'nityatayeti vā. kathā vākyam. tasyā vastu nāma. sārthakavastugrahaṇāt tu saṃskṛtaṃ kathāvastūcyate. anyathā hi prakaraṇagrantho virudhyeta. kathāvastūny aṣṭādaśabhir dhātubhiḥ saṃgṛhītāni. niḥsaraṇaṃ niḥsāraḥ sarvasya saṃskṛtasya nirvāṇam. tad eṣām astīti saniḥsārāḥ. sahetukatvāt savastukāḥ. hetuvacanaḥ kila vastuśabda iti vaibhāṣikāḥ", 『순정리론』 권1(대정장29, p.333a5)에 "(유위법은) 유사라고도 부른다. 사란 제법이 의지하고 머물 수 있게 됨을 말함이니, 시작으로서의 인의 뜻이다. 과는 인에 의지하니, 인을 좇아 일어나기 때문이다. 或名有事 事謂所依 或是所住 卽是因義 果依於因 從因生故"라고 하였다. [참고문헌]『俱舍論』· 권6(대정장29, p.35a10), 『順正理論』, *Abh-k-bh.94.* ⇨ 유위법 有爲法 ❷ 일어난 번뇌인 사혹(事惑)을 끊는 수소단(修所斷)을 일컫는 말. 번뇌를 일으키는 견혹(見惑)만을 끊으면 되는 무사(無事)의 상대어다. 『유가론기』 권17(대정장42, p.684b1 · 한불전14, p247b23)에 "살가야견(我見)은 그 이름이 무사다. 왜냐하면 실아는 없기 때문이다. 그 밖의 견단혹은 저 아견을 근본으로 하기에 역시 무사라고 한다. 수소단의 경우는 아견을 근본으로 하지 않기에 유사라고 한다. 薩迦耶見名爲無事 無實我故 餘見斷惑 以彼我見 爲根本故 亦說無事 若修所斷 非以我見 爲根本故 說爲有事"라고 하였다. [참고문헌]『瑜伽論記』. ⇨ 수소단 修所斷, 유사번뇌 有事煩惱 ❸ Ⓢ sakriya. 신축왕환이 있는 것. 생사윤회하는 이동성·활동성 등을 말한다. 상키야(Ⓢ Sāṃkhya : 數論)의 이십오제(二十五諦) 중 자성(自性 Ⓢ prakṛti)이 그 나머지 대제(大諦 Ⓢ mahat)·아만제(我慢諦 Ⓢ ahaṃkāra) 등과 다른 아홉 가지 유인(有因)·무상(無常)·다(多)·불편(不遍)·유사·몰(沒)·유분(有分)·의타(依他)·속타(屬他) 중 하나다. 『금칠십론』 권상(대정장54, p.1247b3)에 "다섯째 유사란 무엇인가? '대' 등 여러 사물이 생사를 일으키려고 할 때, 열세 가지를 갖추고 세미신을 부려 생사에 윤회하니, 늘기도 줄기도 가기도 오기도 한다. 자성은 이와 같지 않으니

신축이 없다. 五 有事者 大等諸物 欲起生死時 依此十三具 能使細微身 輪轉於生死 申縮往還故 自性不如是 無有申縮故"라고 하였다. [참고문헌]『金七十論』, *Māṭ-v.14.* ⇨이십오제 二十五諦, 구인 九因

유사 幽司 캄캄한 집. 명계(冥界) 또는 지옥(地獄).『화엄경전기』권4「범념전 法念傳」(대정장51, p.167b23)에 "나이 서른에 출가하였는데 성정이 오만하고 놀기를 좋아해서 따라 익힘에 방일하여 대중들이 상대하지 않았다. 유사에 들어가 갖은 고초를 겪는 꿈을 꾸고 깨어서야 생각을 바꾸어 고쳤다. 年三十出家 性簡傲憙遊放頗從習 衆莫齒之 嘗夢 入幽司具受楚毒 及覺轉念悛革"라고 하였다. [참고문헌]『華嚴經傳記』,『廣淸凉傳』권하(대정장51, p.1125b1). ⇨명계 冥界, 지옥 地獄

유사 流沙 모래가 흐르는 곳. 중국 신강성(新疆省) 서부에 있는 타클라마칸(Takla Makan)사막. 바람 따라 거대한 사구(沙丘)가 생겼다 사라져서 마치 파도치고 물 흐르는 듯한 형상을 드러내기에 붙은 이름이다. 사하(沙河)라고도 한다.『출요경』「서문 序文」(대정장4, p.609c1)에 "계빈국 사문 승가발징(Ⓢ Saṃghabhadra)은 전진(前秦) 건원 19년(383)에 총령(葱嶺 : 파미르 고원)을 넘고 유사를 건너 만리를 멀다 여기지 않고 와서 장안에 당도하였다. 有罽賓沙門 僧伽跋澄 以前秦建元十九年 陟葱嶺 涉流沙 不遠萬里 來至長安",『대당서역기』권12(대정장51, p.945c6)에 "이곳(尼攘城)에서 동쪽으로 가면 거대한 유사로 들어간다. 모래인즉 흘러넘치니, 흘러 모였다 흩어지며 바람을 따른다. 사람이 다녀도 흔적이 남지 않아 길을 잃기 일쑤다. 從此東行 入大流沙 沙則流漫 聚散隨風 人行無迹 遂多迷路"라고 하였다. [참고문헌]『出曜經』,『大唐西域記』,『梁高僧傳』권1「攝摩騰傳」(대정장50, p.322c26),『古今譯經圖紀』권2(대정장55, p.357a30).

유사 留捨 목숨을 머무르게도 버리기도 함. 유사수행(留捨壽行)의 줄임말.『구사론』권29「분별정품 分別定品」(대정장29, p.151c6 : *Abh-k-bh.*, p.456)에 "(팔해탈을 수행함으로써) 무쟁 등의 덕과 성스러운 신통을 능히 일으키고, 이로 말미암아 문득 여러 가지 일을 뒤쳐 변하게 하니 목숨을 더 남게 하거나 버리는 등 갖가지로 짓고 쓴다. 能引起無諍等德及聖神通 由此便能轉變諸事 起留捨等 種種作用 araṇādiguṇābhinirhārāya āryāyāś ca rddheḥ. sā punar yayā vastupariṇāmādhiṣṭhānāyurutsargādīni kriyante"라고 하였다. [참고문헌]『俱舍論』,『俱舍論疏』권3(대정장41, p.517c25),『四分律開宗記』권10(卍속장67, p.184a15), *Abh-k-bh.* ⇨유사수행 留捨壽行

유사 維邪 사사(四邪 : 四不淨食) 중 하나인 유구식(維口食).『지관보행전홍결』권4(대정장46, p.257c15)에 "사사는 다음과 같다. … 둘째 유사이니, 의방과 복상 등을 말한다. 四邪者 … 二 維邪 謂醫方卜相"라고 하였다. [참고문헌]『止觀輔行傳弘決』,『維摩經略疏垂裕記』권2(대정장38, p.729b8). ⇨유구식 維口食

유사 劉思 생몰연대 미상. 중국 진(陳) 관리.『삼국유사』권3(대정장49, p.994a25 · 한불전6, p.326c8) 탑상(塔像)4 전후소장사리(前後所藏舍利)에 "진흥왕대 천가 6년(565) 을유에 진 사신 유사가 스님 명관과 함께 불경 천칠백여 권을 실어 왔다. 眞興王代 天嘉六年乙酉 陳使劉思 與釋明觀 載送佛經論一千七百餘卷"라고 하였다. 한편『해동고승전』권2「석각덕전 釋覺德傳」(대정장50, p.1020b5 · 한불전6, p.97b4)에도 비슷한 기록이 전하는데, 경론 이천칠백여 권이라고 하였다. [참고문헌]『三國遺事』,『海東高僧傳』.

유사구경 遊四衢經 『사리불마하목련유사구경 舍利弗摩訶目連遊四衢經』(대정장2, No.137)의 줄인 이름. ⇨사리불마하목련유사구경 舍利弗摩訶目連遊四衢經

유사나 流舍那 Ⓢ Vairocana의 음사어. 비로자나(毘盧遮那) · 노자나(盧遮那 · 櫨柘那) · 노사나(盧舍那) 등으로도 음사하고, 정만(淨滿)이라 한역한다. 노사나는 삼신불(三身佛) 중 한 분이신 보신불(報身佛)이다. ⇨비로자나 毘盧遮那

유사나 踰闍那 Ⓢ Ⓟ yojana의 음사어. 고대 인도의 거리 단위. 유순(由旬)과 같은 뜻이며, 유선나(踰繕那)라고도 한다.『번범어』권10(대정장54, p.1054c2)에 "유순〈유사나라고도 하며, 번역하면 제자이다. 500궁이라 하면 구로사(Ⓢ krośa)가 되고, 8구로사는 1유사나가 된다〉. 由旬〈亦云踰闍那 譯曰諸者 曰五百弓 爲拘盧舍 八拘盧舍 爲一喻闍那〉"라고 하였다. [참고문헌]『翻梵語』. ⇨유순 由旬

유사번뇌 有事煩惱 유사혹(有事惑)을 달리 이르는 말. 무사번뇌(無事煩惱)의 상대어이다. 원측(圓測)의『해심밀경소』권4(한불전1, p.260c9)에 "유사번뇌란 곧 수소단이고, 허망분별번뇌란 바로 견소단이다. 有事煩惱者 卽修所斷 虛妄分別煩惱者 卽見所斷"라고 하였다. [참고문헌]『解深密經疏』,『俱舍論』권27(대정장29, p.142a4). ⇨유사혹 有事惑, 무사번뇌 無事煩惱

유사법 有伺法 사(伺)와 상응하는 법. 유관법(有觀法)의 신역(新譯)이며 무사법(無伺法)의 상대어다.『품류족론』권6(대정장26, p.715c28)에 "유사법이란 무엇인가? '사'와 상응하는 법을 말한다. 有伺法云何 謂伺相應法"라고 하였다. 〔참고문헌〕『品類足論』. ⇨ 사 伺

유사불산기 遊四佛山記 고려 후기 진정국사(眞靜國師) 천책(天頙) 지음. 1243년(고종30)에 천책이 사불산(一名 功德山) 미면사(米麵寺 : 一名 白蓮社)와 대승사(大乘寺) 등을 참배(參拜)하고 쓴 글로, 『만덕산백련사제사대진정국사호산록』 권하(한불전6, pp.206c13~208c17)에 수록되어 있다. 사불산의 모습과 대승사·미면사의 연혁 등이 실려 있다. 〔참고문헌〕『萬德山白蓮社第四代眞靜國師湖山錄』. ⇨ 천책 天頙, 미면사 米麵寺, 대승사 大乘寺, 사불산 四佛山, 윤필암 潤筆庵 ❸

유사비구 有事比丘 다른 비구에 의해 송사(訟事)를 당한 비구. 『마하승기율』 권12(대정장22, p.328b7)에 "승가의 송사를 끝내려 하는 사람이 유사비구에게 '그대는 지금 이 일을 일으켰다'라고 말하면, 이 비구는 이와 같이 말한다. '저는 지금 이 일을 일으켰습니다. 원컨대 승단은 저에게 법에 맞고 율에 맞게 끊어 주십시오'. 僧斷事人 語有事比丘言 汝今出此事 此比丘作如是言 我今出此事 願僧與我 如法如律斷", 『사분율』 권37(대정장22, p.836a20)에 "(六群比丘가 淸淨比丘를 무고한 얘기를 듣고) 세존께서 말씀하셨다. '죄 없는 다른 비구에 대한 일을 일으켜서는 안 된다. 만약 유사비구를 드러내고자 한다면, 반드시 먼저 그에게 말하여 알게 하고 들어본 다음 드러내야 한다'. 世尊言 不應擧他無罪比丘事 若欲擧有事比丘 應先當語 令知求聽 然後應擧"라고 하였다. 〔참고문헌〕『摩訶僧祇律』, 『四分律』, 『十誦律』 권20(대정장23, p.147a28). ⇨ 유사자 有事者

유사수행 留捨壽行 Ⓢ āyuḥsaṃskārāṇāṃ sthāpanārtham utsarjanaṃ vā. 목숨 즉 수행(壽行 Ⓢ āyuḥ-saṃskāra : 壽命)을 더하거나 버리는 것. 유다수행(留多壽行 : 留多命行)과 사다수행(捨多壽行)을 함께 일컫는 말로, 부처님과 아라한(阿羅漢)만이 행할 수 있다. 『구사론』 권3 「분별근품 分別根品」(대정장29, p.15c7 : *Abh-k-bh.*, p.44)에 "〔송〕 범행이 훌륭히 성립하고 성스러운 도 이미 잘 닦았네. 수명이 다할 때 환희하니 마치 갖가지 병을 떨친 듯하네. 〔논〕 이에 대해 반드시 알아야 하니, 어떤 곳을 의지하여 누가 이와 같이 수명을 계속하거나 버릴 수도 있는가? 곧 삼주(三洲 : 四洲 중 北俱盧洲 제외) 사람 중에서 여남의 몸으로 언제든 해탈할 수 있는 변제정을 얻은 여러 아라한이어야 하니, 저 몸을 가진 채로 자재정을 얻어 번뇌가 없기 때문이다. 頌言 梵行妙成立 聖道已善修 壽盡時歡喜 猶如捨衆病 此中應知 依何處所 誰能如是 留捨壽行 謂三洲人 女男相續 不時解脫 得邊際定 諸阿羅漢 由彼身中有自在定無煩惱故 yathoktaṃ. sucīrṇe brahmacarye 'smin mārge caiva subhāvite, tuṣṭa āyuḥkṣayāt bhavati rogasyāpagame yathā. iti. athaitad āyuḥsaṃskārāṇāṃ sthāpanārtham utsarjanaṃ vā kva kasya vā veditavyam. manuṣyeṣv eva triṣu dvīpeṣu strīpuruṣayor asamayavimuktasyārhataḥ prāntakoṭikadhyānalābhinaḥ. tasya hi samādhau vaśitvam. kleśaiś cānupalabdhā santatiḥ"라고 하였다. 〔참고문헌〕『俱舍論』, 『俱舍論記』 권3(대정장41, p.63a27), *Abh-k-bh.* ⇨ 유다수행 留多壽行, 사다수행 捨多壽行, 수행 壽行

유사유연법 有事有緣法 유위법(有爲法)을 달리 이르는 이름. 무사무연법(無事無緣法)의 상대어이다. 『중사분아비담론』 권4(대정장26, p.648b28)에 "어떤 것을 유사유연법이라고 하는가? 유위법을 말한다. 云何有事有緣法 謂有爲法", 같은 책 권6(대정장26, p.656c15)에 "유사유연법이란 무엇인가? 18계·12입·5음 등이며, 9지(智)로 알고 멸지는 제하며, 6식으로 분별하니 일체번뇌가 부린다. 有事有緣法 十八界 十二入 五陰攝 九智知 除滅智 六識識 一切使使"라고 하였다. 〔참고문헌〕『衆事分阿毘曇論』. ⇨ 유위법 有爲法, 무사무연법 無事無緣法, 음계입 陰界入

유사자 有事者 일을 일으킨 자. 피고(被告)에 해당한다. 일을 대중에게 드러낸 원고(原告)는 거사자(擧事者)라고 한다. 『십송율』 권20(대정장23, p.144b14)에 "(송사를 판결하는 세 부류의 闥賴吒 중에서) 언행이 모두 좋은 이는 스스로 거사자와 유사자 처소에 가지 않으며 '이 일은 좋다, 좋지 않다, 드러내야 한다, 드러내지 말아야 한다, 당신이 이기고 그는 진다, 그가 이기고 당신은 진다'라는 등의 말을 하지 않는다. 口善身善者不自往到擧事者有事者所 不作是言 從是事若好 若不好 應爾起 不應爾起 若汝勝彼負 彼勝汝負", 『비니모경』 권3(대정장24, p.813c20)에 "간자(諫者)와 중승이 모인 다음 차례대로 앉고나면, 유사자가 별도의 한 곳에 자리잡고 앉는다. 諫者衆僧集已 次第坐竟 有事者別一處坐"라고 하였다. 〔참고문헌〕『十誦律』, 『毘尼母經』. ⇨ 유사비구 有事比丘

유사총령 流沙葱嶺 서역 구법승들이 거쳐 갔던 험준한 사막과 고산지대. 여기서 사막은 대체로 남북조시대와 당대에 돈황(敦煌)과 선선(鄯善) 사이의 백룡퇴(白龍堆) 또는 선선과 차말(且末) 사이의 타클라마칸사막을 가리키고 총령은 파미르고원을 말한다. 『출삼장기집』 권15(대정장55, p.113c22)에 "유사로 들어가 고창군에 이르렀고, 구자국과 사륵(沙勒 : 사마르칸트)의 여러

나라를 거쳐 총령의 설산에 올랐으나 길이 험준하여 당나귀와 낙타가 다니질 못했다. 進入流沙到高昌郡 經歷龜茲沙勒諸國 前登葱嶺雪山 棧路險惡 驢駝不通", 『정신염불게사견문』 권3(臺灣國圖善本47, p.112a2)에 "동천축 구류국의 동북쪽에서 중국 연나라 서남쪽까지 십만팔천리의 산으로 막혀 있고, 유사와 총령의 험난한 여정을 거쳐야 한다. 從東天竺鳩留國之東北 至震旦燕國西南 隔十万八千里山 經流沙慈嶺險難"라고 하였다. [참고문헌] 『出三藏記集』, 『正信念佛偈私見聞』. ⇨ 유사 流沙

유사혹 有事惑 수혹(修惑). 수도위(修道位)에서 끊는 번뇌를 말한다. 유사번뇌(有事煩惱)라고도 하며, 견도위(見道位)에서 끊는 무사혹(無事惑)의 상대어다. 사(事)란 근거, 인식대상 등을 뜻하니, 유사란 색(色) 등의 경처럼 인식할 수 있는 구체적 대상이 있는 것을 말한다. 『구사론』 권25(대정장29, p.130a1)에 "저 수소단이란 탐진만치 등이 색 등의 경 중에 오로지 염착하고 한층 등져 추켜세우고 잘 알지 못하는 행을 거듭하기에 모두 아울러 유사혹에 의지한다. … 수소단의 번뇌는 색 등에 대해 좋다거나 나쁘다고 말하는데, 색 등의 경에 좋다거나 나쁜 차별이 조금도 없는 것은 아니므로 '의유사혹'이라고 할 수 있다. … 수소단의 번뇌는 거친 일에 미하여 일어나기에 의유사라고 한다. 若修所斷 貪瞋慢癡 色等境中 唯起染著 增背高擧 不了行轉 故並說爲 依有事惑 … 修所斷惑 於色等中 謂好醜等 然色等境 非無少分 好醜等別 是故 可名 依有事惑 … 修所斷惑 迷麤事生 名依有事"라고 하였다. [참고문헌] 『俱舍論』, 『順正理論』 권75(대정장29, p.750b14). ⇨ 유사 有事❶❷, 수혹 修惑, 수소단 修所斷, 무사혹 無事惑

유산 遊山 산을 유람하거나 산중에서 걸림없이 자유로움. 『선림상기전』 권12(불광장, 禪藏, p.915)에 "유산 : 도충이 말한다. '이미 본분사 마친 사람이니, 참문할 필요 없이 빼어난 곳 찾아 유람하며 노닌다'. 『백장청규』 「장포 裝包」(대정장48, p.1140a10)에 '저 산을 유람하며 나니다가 산문에 이르면 바랑은 내려 손에 들고 들어간다. 또한 편안히 쉴 곳 지나서는 바랑을 풀어 신과 버선 들고 발 씻고 옷을 갈아입은 뒤, 가사를 걸치고 지객과 인사를 나눈다'라고 하였다. 遊山 忠曰 己事了畢人 不要參問 翫覽勝槩也 敕修淸規裝包云 如遊山到處將及門 下包捧入 且過安歇處 解包取鞋韈 濯足更衣 搭袈裟 與知客相看", 『운문광록』 권상(대정장47, p.545c3)에 "'무엇이 짐짓 눈동자 띄지 않는다는 것입니까?' '천태에서는 울력하고, 남악에서는 산에서 노네'. 問 如何是不帶眹 師云 天台普請 南嶽遊山"라고 하였다. [참고문헌] 『釋林象器箋』, 『百丈淸規』, 『雲門廣錄』.

유산록 遊山錄 명산을 둘러보고 지은 가사(歌詞). 『석문의범』 권하 「19. 유산록」의 8언 175구 금강산유산록과 8언 260구 관악산유산록 등을 말한다. 긴 행로를 따라 무수한 불교의 사적(事蹟)과 풍광은 물론이고 공부인의 해박한 법문마저 더해 대중이 외워 널리 가지기에 좋은 순한글 8언구로 구성되었다. 금강산유산록은 금강산의 사암(寺庵) 오십여 곳과 해금강(海金剛) 및 관동의 건봉사(乾鳳寺)와 낙산사(洛山寺)·홍련암(紅蓮庵) 등을 참례한 후 평해 월송정(月松亭)까지 행로를 읊었다. 야중석탑(野中石塔) 뿐인 장연고사(長淵古寺)를 시작으로 운주문(雲住門)·만천교(萬川橋)·만수정(萬水亭)·범왕루(梵王樓)·대웅보전(大雄寶殿)·사성전(四聖殿)이 있는 장안사(長安寺)를 거쳐, 마하연에서는 "마하연摩訶衍을드러가니 금강산金剛山에복장腹藏이라 백수자화柏樹子話놉히드러 제일선원건립第一禪院建立했네", 묘길상에서는 "묘길상妙吉祥을차자가니 나옹조사원불懶翁祖師願佛이요 윤사국尹師國의 수필手筆이라 불상액자佛像額字굉장하여 시여금강쟁웅詩與金剛爭雄일세", 유점사(楡岾寺)에서는 "능인보전금탑상能仁寶殿金塔上에 천축풍天竺風이부러잇고 느름나무뿌리마다 오십삼불五十三佛안자써라"라고 하였다. 관악산유산록은 한강교를 건너 화장사(華藏寺)를 지나 관악사(冠岳寺) 옛터를 돌아보고, 연주암(戀主庵)·연주대(戀主臺)를 참례한 후 최고봉에 올라 서울과 개성·양주·가평·인천·강화·수원·남양만 등을 조망하며 각각의 명찰(名刹)과 고승(高僧)을 두루 기억하고, 하산길에 삼막사(三幕寺)·등곡굴(燈谷窟) 등을 참례하는 내용이다. 끝에 "임신년(1932년) 구월 상한 금강산인 운고 김일우 지음. 壬申年九月上澣 金剛山人 雲皐金日宇誌"이라 하였으니, 찬자는 일제강점기 건봉사 강주(講主)를 지낸 분이다. 조선시대 문인들의 유산록에도 불교사적이 전하니 김종직(金宗直)의 1472년(성종3) 「유두류록 遊頭流錄」(『점필재집』 권2), 이경석(李景奭)의 1651년(효종2) 「풍악록 楓岳錄」(『백헌집』 권10), 오원(吳瑗)의 1727년(영조3) 「유풍악일기 遊楓嶽日記」(『월곡집』 권10) 등이 있다. [참고문헌] 『釋門儀範』, 『佔畢齋集』, 『白軒集』, 『月谷集』. ⇨ 관악산유산록 冠岳山遊山錄, 금강산유산록 金剛山遊山錄

유산완수 遊山翫水 산에서 놀고 물을 즐긴다는 말. 제방의 산수가 빼어난 곳을 유람하며 유유자적하는 것. 『앙산어록』(대정장47, p.586a22)에 "어떤 인도 스님이 허공에서 내려오자 위앙이 물었다. '이전에 어디 있다가 오십니까?' '인도에서 왔습니다' '언제 그곳을 떠났습니까?' '오늘 아침입니다' '왜 이리 늦었습니까?' '산에서 놀고 물놀이를 하느라 그랬습니다' '신통으로 유희하는 일 없지 않겠지만 화상의 불법은 나에게 돌려주어야 옳지 않겠습니까'. 有梵師從空而至 師云 近離甚處 云 西天 師云 幾時離彼 云 今早 師云 何太遲生 云 遊山翫水 師云 神通遊戲則不無 闍黎佛法須還老僧始得", 『운문광록』 권상(대정장47, p.545c4)에 "'무엇이 학인의 자기입니까?' '산에 노닐고 물을 즐길 뿐입니다' '무엇이 스님의 자기입니까?' '어쩌다 유나는 자리에 없구나'. 問 如何是學人自己 師云 遊山翫水 進云 如何是和尙自己 師云 賴遇維那不在"라고 하였다. 〔참고문헌〕『仰山語錄』, 『雲門廣錄』. ⇨유산 遊山

유살생자 有殺生者 산 것을 죽일 수 있는 이. 『법온족론』 권1(대정장26, p.455b4)에 "무엇이 살생하는 이인가. 살생에 대하여 크게 싫어하거나 염려하지 않으며, 멀리하지도 여의지도 않아 안주하여 성취하니, 이와 같은 이를 '산 것을 죽일 수 있는 이'라고 한다. 何等名爲有殺生者 謂於殺生 不深厭患 不遠不離 安住成就 如是名爲有殺生者"라고 하였다. 〔참고문헌〕『法蘊足論』. ⇨살생자 殺生者, 살생 殺生, 불살생계 不殺生戒

유상 有相 ❶ Ⓢ sal-lakṣaṇa, Ⓟ sa-nimitta, Ⓣ yod-pa'i-mtshan-nyid. 상이 있다는 말. 일체법 유상의 뜻. 유위와 무위법마저 유상(有相)의 뜻으로 보는 입장이다. 일체법은 임시로 자성을 가져 나름 그 특별한 자상을 드러내기에 실로 법 없는 것 있다면 그 이름도 유(有)가 되리니, 이런 이유로 일체법은 상(相)이 있다고 설한다. 『대지도론』 권31(대정장25, p.293c24)에 "〔문〕어떤 법도 없는 중에 어떻게 상이 있다고 말하는가? 〔답〕만일 어떤 법도 없다면 법이라는 이름도 없으리니, 다만 있다는 것을 막기 위해 법이 없다고 이름할 뿐이다. 問曰 無法中 云何言有相 答曰 若無法 不名爲法 但以遮有故 名爲無法 若實有無法 則名爲有 是故 說一切法有相", 같은 책 권80(대정장25, p.625b8)에 "유위법은 상이 있고 무위법는 무상이다. 有爲法是有相 無爲法是無相", 『중변분별론』 권상(대정장31, p.453b4)에 "이 유상이란 유상도 무상도 떠나고 한 가지 상도 다른 상도 여윈 것이다. 是有相者 離有離無相 離一離異相", 『중관론소』 권5(대정장42, p.71a12)에 "첫째로 유위법은 생주멸을 상으로 삼고, 둘째로 무위법은 생주멸이 없음을 상으로 삼는다. 이 둘 다 이미 각각 상이 있으므로 유법이다. 有爲法 以生住滅爲相 二 無爲法 以無生住滅爲相 此二旣各有相 是故有法"라고 하였다. 〔참고문헌〕『大智度論』, 『中邊分別論』, 『中觀論疏』, *Madhy-ś.57., Madhy-vibh.18., Kv.24.* ⇨유상무상 有相無相, 무상 無相 ❷ Ⓢ sattā. 실재로서의 상. 『중론』 권1 「관인연품 觀因緣品」(대정장30, p.3b12)에 "모든 법은 수많은 연에서 생한다. 그러므로 결정된 성이 없다. 스스로 정해진 성이 없으므로 상 있을 리 없다. 諸法從衆緣生 故自無定性 自無定性 故無有有相", 『대승기신론』(대정장32, p.576a14)에 "진여라는 말은 상이라곤 없다. 言眞如者 亦無有相", 『대일경』 권7(대정장18, p.51b12)에 "상에 있는 뜻과 유익함 구하면 진언실지는 뜻대로 이루어지리라. 志求有相之義利 眞言悉地隨意成"라고 하였다. 〔참고문헌〕『中論』, 『大乘起信論』, 『大日經』, *Pras.30.* ❸ Ⓢ liṅgin. 특징이 있는 것. 『금칠십론』 권상(대정장54, p.1246a22)에 "상과 상을 지닌 것은 서로 응하여 떨어질 수 없다. 이러한 상을 증거로 삼기에 비량이 마침내 성립된다. 相有相 相應不相離 因證此相故 比量乃得成"라고 하였다. 〔참고문헌〕『金七十論』.

유상 有常 Ⓢ śāśvata, Ⓟ nicca, sassata. 영원히 있음. 『중아함경』 권11 「우분유경 牛糞喩經」(대정장1, p.496c29)에 "'비구여! 그대의 생각은 어떠한가? 색은 유상한가? 아니면 무상한가?' 비구가 대답했다. '무상합니다. 세존이시여!' 比丘 於意云何 色爲有常 爲無常耶 答曰 無常也 世尊", 『잡아함경』 권1(대정장2, p.2a25)에 "무상인과 무상연이 일으킨 식이 어떻게 영원하겠는가? 비구들이여! 이와 같이 색은 영원하지 않고, 수상행식도 영원하지 않다. 영원하지 않은 것은 괴롭고, 고통이라면 아가 아니며, 아가 아니라면 아소도 아니다. 無常因無常緣所生諸識 云何有常 如是 諸比丘 色無常 受想行識無常 無常者則是苦 苦者則非我 非我者則非我所"라고 하였다. 〔참고문헌〕『中阿含經』, 『雜阿含經』, *Pañca-pr.216., SN.3.23·143.*

유상 有想 Ⓢ saṃjñin, Ⓟ saññin. 상 있음의 뜻. 무상(無想)에 대칭한다. 이러한 상이 있는 중생, 더 나아가 그런 중생들이 사는 유상천(有想天)을 가리키기도 한다. 『대지도론』 권69(대정장25, p.544b8)에 "유상은 무상천과 비유상비무상천을 제외한 나머지를 말하며, 무상은 무상천의 중생을 말하며, 비유상비무상은 유정처의 천을 말한다. 有想者 除無想天及非有想非無想天 餘者是有想 無想者 是無想衆生 非有想非無想者 是有頂處天", 『유가사지론』 권13(대정장30, p.343a13)에 "어떤 것을 '유상'이라고 하는가? 안(眼) 등에 대해서 작의·사유하여 '이것은 고이고 이것은 집이다'라거나, '이것은 병이다'라고 하는 것 등이다. 그는 모든 법에 대해 그 자상을 받아들이지 않으니, 이와 같이하여 무소유처까지 이른다. 云何有想 謂於眼等 作意思惟 是苦是集 或是病等 彼於諸法 不受自相 如是乃至 無所有處", 『금강반야경의천친보살론찬약석진본의기권상』(대정장85, p.112b27)에 "유상은 무소유처천 이하의 중생 가운데 무상일천을 제한 나머지를 말한다. 여기서는 모두 거칠게 연상하여 거친 경계를 취하기 때문이다. 若有想者 謂無所有處已下衆生 除無想一天 餘皆有麤想 取麤境界故"라고 하였다. [참고문헌]『大智度論』,『瑜伽師地論』,『金剛般若經依天親菩薩論贊略釋秦本義記卷上』,『法華經疏義纘』권6(卍속장45, p.572b4). ⇨ 무상 無想

유상 惟尙 생몰연대 미상. 당나라 때 스님. 유상(惟上)·유명(惟明)이라고도 한다. 성도부(成都府 : 四川省 成都市) 출신이다.『태금양계혈맥』(卍속장95, p.993a17)에 의하면 청룡사(靑龍寺) 혜과(惠果)화상으로부터 태장과 금강계 양부의 밀교를 전수 받았다고 한다. 다만『금태양계사자상승』(卍속장95, p.992a14)에는 태장밀교를 전수받은 이의 이름이 금강계 계보와 달리 유상(惟上)으로 기재되어 있는데 모두 성도부 출신이고 앞뒤 제자들의 이름이 같게 배열되어 있어 같은 인물로 추정된다. [참고문헌]『胎金兩界血脈』,『金胎兩界師資相承』.

유상관 有相觀 세간의 차별상을 보는 법. 삼종사관(三種事觀) 중에 하나이며, 무상관(無相觀)과 대칭한다. 보살 10지 가운데 제7지가 되면 유상관은 완전히 사라진다.『성유식론』권9(대정장31, p.53b16)에 "앞의 다섯 지에는 유상관이 많고 무상관이 드물며, 제6지에서는 유상관이 드물고 무상관이 많다. 제7지에서는 순일하게 무상관이다. 前之五地 有相觀多 無相觀少 於第六地 有相觀少 無相觀多 第七地中 純無相觀",『화엄경소초』권57(대정장36, p.450a20)에 "진속에 통달한다는 말은 유상관으로 속에 통하고 무상관으로 진을 다했다는 뜻이다. 通達眞俗者 以有相觀通俗 無相觀達眞",『대반열반경집해』권60(대정장37, p.565a25)에 "승량이 말한다. '유상관이란 생사이고 무상관이란 열반이다'. 僧亮曰 有相觀 生死也 無相觀 涅槃也"라고 하였다. [참고문헌]『成唯識論』,『華嚴經疏鈔』,『大般涅槃經集解』,『瑜伽師地論』권13(대정장30, p.347a2). ⇨ 무상관 無相觀

유상교 有相教 유송(劉宋)의 혜관(慧觀)과 남제(南齊)의 유규(劉虯)가 세운 오시교(五時教) 중 하나. 삼승별교(三乘別教)라고도 한다.『아함경』등에서 설하는 소승교(小乘教)로 삼승에 보이는 유상의 법을 펼친다. 삼종(三宗)으로 분류하면 입상교(立相教)에 해당한다.『법화현의』권10상(대정장33, p.801a19)에 "삼장은 소승을 교화하고자 먼저 반자를 가리켰기에 유상교라 한다. 三藏爲化小乘 先教半字 故名有相教",『금광명경현의습유기』권6(대정장39, p.45a19)에 "첫째, 유상교는 사부아함을 말한다. 一 有相教 謂四阿含",『대승현론』권5(대정장45, p.63c14)에 "삼종이란 첫째는 입상교, 둘째는 사상교, 셋째는 현진실교이다. 이승인에게는 유상교를 설한다.『대품반야경』등의 경에서는 무상을 상세히 밝혀 상을 버리게 하였고,『화엄경』등의 경은 진실을 드러내는 교문이라 한다. 三宗者 一 立相教 二 捨相教 三 顯眞實教 爲二乘人 說有相教 大品等經 廣明無相 故云捨相 華嚴等經 名顯眞實教門"라고 하였다. [참고문헌]『法華玄義』,『金光明經玄義拾遺記』,『大乘玄論』. ⇨ 삼승별교 三乘別教, 사교 四教, 오시교판 五時教判

유상론 有想論 Ⓟ saññī-vāda. 사후에도 계속해서 상(想)이 있다고 여김. 색(色)·변(邊)·고락(苦樂)·다소(多少) 등에 대해 각기 네 갈래로 분별하여 열여섯 갈래 상에 집착하는 경우다.『대승의장』권6(대정장44, p.597a5)에 "유상론에 십육종이 있다 하였으니, 상이 색을 대하기에 사구가 있게 되고, 변과 무변을 대하기에 또한 사구가 있으며, 고와 낙을 대하기에 또한 사구가 있으며, 다소를 상대하여 다시 사구가 있게 된다. 有想論中十六種者 以想對色 有其四句 對邊無邊 復有四句 對苦對樂 亦有四句 多少相對 復有四句"라고 하여, 각각 사구가 있으므로 모두 십육종이 되기에 십육유상론(十六有想論)·십육종유상론(十六種有想論) 등이라고도 한다. 같은 책 권6(대정장44, p.597a7)에 "색에 대한 사구는, 나는 이 생이 끝난 후에도 색도 상도 있다 함이 첫 번째 견이며, 색은 없고 상만 있다 함은 두 번째 견이며, 색만 있을 것이다 또는 색은 없고 상만 있다고 함이 세 번째 견이며, 색이 있을 리도 상이 있을 리도 없다 함이 네 번째 견이다. 對色四者 我此終後 有色有想 是爲初見 無色有想 是爲二見 亦有色亦無色有想 是爲三見 非有色非無色有想 是爲四見", "변 중에 네 사구는 다음과 같다. 나는 이 생이 끝난 후에도 끝도 상도 있을 것이라 함이 첫 번째 견이며, 끝은 없지만 상은 있을 것이라 함이 두 번째 견이며, 끝이 있을 수도 끝이 없고 상만 있을 수 있다 함이 세 번째 견이며, 끝이 있을 리도 끝이 없이 상만 있을 리도 없다 함이 네 번째 견이다. 邊中四者 我此終後 有邊有想 是爲初見 無邊有想 是爲二見 亦有邊亦無邊有想 是爲三見 非有邊非無邊有想 是爲四見", "고락 등 중에도 네 가지 견해가 있으니, 나는 이 생이 끝난 후에도 고통도 있고 상도 있을 것이라는 것이 첫 번째 견이며, 낙도 상도 있을 것이라 함이 두 번째 견이며, 고도 즐거움도 상도 남아 있을 것이라고 보는 것이 세 번째 견이며, 고통도 즐거움도 있지 않고 상만이 있을 것이라고 보는 것이 네 번째 견이다. 苦樂等中 四種見者 我此終後 有苦有想 是爲初見 有樂有想 是爲二見 有苦有樂有想 是爲三見 非有苦非有樂有想 是爲四見", "다소를 기준으로 한 사구이니, 나는 이 생이 끝난 후에 한 가지 상만 있다고 함이 첫 번째 견이며, 약간의 상만이 있다고 함이 두 번째 견인데 여럿으로 하나가 아니기에 약간이라고 하며, 소상만이 있다는 것이 세 번째 견인데 경을 반연함이 좁기에 소라고 하며, 무량상이 있다고 함은 네 번째 견인데 경을 상대함이 넓기에 무량이라고 한다. 多少四者 我此終後 有其一想 是爲

初見 有若干想 是爲二見 衆多非一 故名若干 有其小想 是爲三見 緣境狹故 稱之爲小 有無量想 是爲四見 緣境寬故 說爲無量"라고 하였다. [참고문헌] 『大乘義章』, 『大毘婆沙論』 권200(대정장27, p.998c19), 『俱舍論記』 권19(대정장41, p.295b29), 『瑜伽論記』 권22(대정장42, p.824b16 · 한불전14, p.740a22), *DN.1.31.* ⇨ 십육견 十六見[1], 육십이견 六十二見, 무상론 無想論

유상무상 有相無相 Ⓢ salakṣaṇa-alakṣaṇa. 상 있고 없음을 아울러 이르는 말. 무자성(無自性), 불가득공(不可得空)이라는 대승의 뜻에서는 유상무상이 함께 하지만, 유가 등의 경우에는 유상은 속제를, 무상은 진제를 반연한다. 『대반야경』 권23(대정장5, p.130a9)에 "세존이시여, 색에 상이 있는지 상이 없는지, 수상행식에 상이 있는지 상이 없는지, 오히려 필경에도 알 수 없습니다. 자성이 있을 리 없기 때문입니다. 世尊 若色有相無相 若受想行識 有相無相 尙畢竟不可得 性非有故", 같은 책 권529(대정장7, p.717b17)에 "무상의 법이라고 해서 상이 없다고 단정할 수 없고 유상의 법이라고 해서 상이 있다고 단정할 수 없다. 무상의 법에 상이 있다고 할 수 없고 유상의 법에 상이 없다고 할 수 없다. 이러한 인연으로 말미암아 모두 얻을 바 없다. 無相之法 不得無相 有相之法 不得有相 無相之法 不得有相 有相之法 不得無相 由此因緣 都無所得", 『광찬경』 권9(대정장8, p.204c5)에 "형 있거나 없거나, 상이 있거나 없거나, 이들 일체법 모두 마하연에서 출생한다. 有形無形 有相無相 是一切諸法 皆從摩訶衍出生", 『중론』 권1(대정장30, p.7b22 : *Madhy-ś.*, p.57)에 "유상무상 중에 상이라도 머물 수 없고, 유상과 무상을 떠나서 다른 곳에서도 머물 수 없다. 有相無相中 相則無所住 離有相無相 餘處亦不住 nālakṣaṇe lakṣaṇasya pravṛttir na salakṣaṇe, salakṣaṇālakṣaṇābhyāṃ nāpy anyatra pravartate", 『유가론기』 권7(대정장42, p.450a2 · 한불전13, p.504a11)에 "어째서 오온 중 상온은 유상무상 등이라 하는가? 속제상을 만나면 유상이라 하고, 승의제상을 연하면 무상이라 한다. 云何想蘊 謂有相無相等者 緣俗諦想 名有相 緣勝義想 名無相"라고 하였다. [참고문헌] 『大般若經』, 『光讚經』, 『中論』, 『瑜伽論記』, *Madhy-ś.* ⇨ 유상 有相, 무상 無相[1], 상 相

유상무상 有想無想 유상과 무상. 유상무상의 중생. 또는 그러한 중생들이 사는 유상천과 무상천을 말하기도 한다. 『유가사지론』 권65(대정장30, p.660a14)에 "다음으로 이 가운데 일체유정을 임시로 세운다. 다리가 없거나, 두 개거나, 네 개거나, 그 이상 많거나, 유색무색이거나, 유상무상이거나, 비상비비상처의 유정들이다. 이와 같은 9종의 유정에 대해 알아야 한다. … 마음의 차별에 의지하여 유상과 무상과 비상비비상처의 유정을 건립한다. 復次此中 假立一切有情 所謂 無足二足 四足多足 有色無色 有想無想 非想非非想處有情 當知如是九種有情 … 依心差別 建立有想無想非想非非想處有情", 『화엄경소초』 권71(대정장36, p.567b9)에 "경전에서 '유색무색의 차별상, 유상무상의 차별상'이라고 하였는데, (欲界와 色界) 이계는 유색이고 무색계는 무색이며, 무상천은 무상이고 나머지는 모두 유상이다. 經云 有色無色差別相 有想無想差別相 二界有色 無色界爲無色 無想天爲無想 餘皆有想"라고 하였다. [참고문헌] 『瑜伽師地論』, 『華嚴經疏鈔』, 80권본 『華嚴經』 권38(대정장10, p.202b24). ⇨ 유상 有想, 무상 無想

유상무상 有像無像 형상이 있고 없음. 또는 불보살상이나 존자형이 있거나 없는 경우를 말한다. 『승만보굴』 권상(대정장37, p.20c17)에 "[문] 세 번째 불상 앞에서 계를 받는데 불상이 없을 경우 스스로 서원하고 받아도 되는가? [답] 『보현관경』에 따르면, 다만 텅 빈 마음으로 봉청하여 석가모니불을 화상으로 삼고 문수보살을 아사리로 삼으며 미륵보살을 교수사로 삼고 모든 부처님을 존증으로 삼으며 모든 보살을 동학으로 삼는다고 하였지, 상이 있고 없음을 논하지 않는다. 問 第三於佛像前受戒 若無佛像 得自誓受不 答 依普賢觀經 但虛心奉請 釋迦爲和上 文殊爲闍梨 彌勒爲教授師 一切佛爲尊證 一切菩薩爲同學 不論有像無像也", 『대일경소』 권20(대정장39, p.783a1)에 "모든 존자에게 세 가지 종형이 있으니 자(字) · 인(印) · 형모다. … 다음으로 인에도 두 가지니 상이 있거나 없다. 상은 색을 뜻하니 형상이 있거나 형상이 없는 경우를 말한다. 諸尊有三種形 謂字印形貌也 … 次印亦二種 謂有相無相 相是色義 謂有像無像也"라고 하였다. [참고문헌] 『勝鬘寶窟』, 『大日經疏』, 『觀普賢菩薩行法經』(대정장9, p.393c22).

유상무상비유상비무상 有想無想非有想非無想 유상(Ⓢ saṃjñin, Ⓟ saññin) · 무상(Ⓢ asaṃjñin) · 비유상비무상(Ⓢ naiva-saṃjñā-nāsaṃjñin). 상무상비상비무상(想無想非想非無想)이라고도 한다. 상(想 Ⓢ saṃjñā)의 유무를 기준으로 중생의 삼계(三界)구지(九地)를 유상 · 무상 · 비유상비무상으로 구분한다. 『금강반야바라밀경파취착불괴가명론』 권상(대정장25, p.887c5)에 "유상이란 공무변처와 식무변처를 말한다. 각각 공상과 식상이 일어나기 때문이다. 무상은 무소유처를 말한다. 적은 상마저 여의었기에 무상이라고 한다. 비유상비무상은 유정천(有頂天)에서 거둔다. 有想者 謂空無邊處 識無邊處 起空想識想故 無想者 謂無所有處 離少想故 名爲無想 非有想非無想者 謂有頂所攝", 『금강반야경찬술』 권상(대정장33, p.131a5)에서는 "유상이란 일곱 곳 유상이고, 무상은 다섯 곳을 말하며, 비상비무상은 앞의 두 곳을 제한 곳이다. 이는 설일체유부에 의지한 해석이며, 대승으로 풀면 식처는 유상이라 하고, 무소유처를 무상이라 하는데 어떤 것도 없기 때문이다. 세 번째 비상은 전의 식처가 아니라는 뜻이며, 비비상은 전의 어떤 것도 없는 곳이 아니라는 뜻이다. 有想者 謂七有想 無想者 謂五無想 非想非無想者 除前二 此依有宗釋 大乘解者謂 識處名有想 無所有處名無想 無少所有 第三非想者 非前識處故 非非想者 非前無少所有處故也"라고 하였다. [참고문헌]『金剛般若波羅蜜經破取著不壞假名論』,『金剛般若經贊述』, *Vajr-pr.28.* ⇨유상 有想, 무상 無想, 비유상비무상처 非有想非無想處, 구지 九地❶

유상무상처 有想無想處 Ⓟ nevasaññā-nāsaññā-āyatana. 무색계의 제4천인 비상비비상처(非想非非想處)를 달리 이르는 말. 『장아함경』 권8 「중집경 衆集經」(대정장1, p.50c24 : *Saṅgīti-sutta, DN.3,* p.224)에 "다시 네 가지 법이 있으니, 사무색정을 말한다. 이곳에서 비구는 일체색상을 넘어 먼저 진에상을 없애며, 다른 상은 없어서 한량없는 공무변처만을 사유하며, 공처를 버리고 나서는 식무변처에 들어가며, 식무변처를 버리고는 불용처(無所有處)에 들어가며, 불용처를 나와서는 유상무상처에 들어간다. 復有四法 謂四無色定 於是 比丘 越一切色想 先盡瞋恚想 不念異想 思惟無量空處 捨空處已 入識處 捨識處已 入不用處 捨不用處已 入有想無想處 cattāro arūpā. idh' āvuso bhikkhu sabbaso rūpasaññānaṃ samatikkamā paṭighasaññānaṃ atthagamā nānattasaññānaṃ amanasikārā ananto ākāso ti ākāsānañcāyatanaṃ upasampajja viharati. sabbaso ākāsānañcāyatanaṃ samatikkamma anantaṃ viññāṇan ti viññāṇañcāyatanaṃ upasampajja viharati. sabbaso viññāṇañcāyatanaṃ samatikkamma natthi kiñcīti ākiñcaññāyatanaṃ upasampajja viharati. sabbaso ākiñcaññāyatanaṃ samatikkamma nevasaññānāsaññāyatanaṃ upasampajja viharati"라고 하였다. [참고문헌]『長阿含經』,『增壹阿含經』 권16(대정장2, p.629b1),『出曜經』 권7(대정장4, p.644a27),『雜阿毘曇心論』 권1(대정장28, p.879b29), *DN., MN.2.264.* ⇨비상비비상처 非想非非想處

유상무상처지천 有想無想處智天 비상비비상처(非想非非想處)를 달리 이르는 말. 『장아함경』 권18 「세기경 世記經」(대정장1, p.115b10)에 "색구경천을 지나면 그 위에 공처지천(空無邊處)·식처지천(識無邊處)·무소유처지천(無所有處)·유상무상처지천이 있는데, 이 모든 곳 한결같이 중생변제이기에 중생세계라 이름한다. 일체중생은 태어나서 늙고 병들어 죽으며 다시 음을 받고 유를 받으니, 가지런히 이를 벗어나지 못한다. 過色究竟天 上有空處智天 識處智天 無所有處智天 有想無想處智天 齊此名衆生邊際 衆生世界 一切衆生 生老病死受陰受有 齊此不過"라고 하였다. [참고문헌]『長阿含經』. ⇨비상비비상처 非想非非想處

유상무상천 有想無想天 비상비비상처(非想非非想處)를 달리 이르는 말. 『경율이상』 권1(대정장53, p.4a23)에 "비상비비상입처는 유상무상천이라고도 한다. 불라륵가람이란 이가 있었는데, 부처님의 교화를 받지 못하고 죽었다. 부처님께서는 그가 유상무상천에 태어날 것이라고 예언하셨다. … 이 천계에서의 수명은 8만 4천겁이며, 간혹 줄기도 한다. 非想非非想入處 或云有想無想天 有弗羅勒迦藍 不受佛化而取命終 佛記當生有想無想天 … 天壽八萬四千劫 或有小減"라고 하였다. [참고문헌]『經律異相』,『增壹阿含經』 권42(대정장2, p.779c22),『菩薩瓔珞經』 권4(대정장16, p.34c17). ⇨비상비비상처 非想非非想處

유상방편 有相方便 Ⓢ sanimitta-prayoga, Ⓣ mtshan-ma-dang-bcas-pa'i-sbyor-ba. 상이 있는 방편. 밀교의 존형(尊形)·자문(字門) 등 행법이 그 예다. 『저리염송비밀법』 권상(대정장21, p.15a10)에 "중생들은 제법공상을 이해하지 못한다. 이 때문에 무상 중에 상 있는 방편을 지어내어 설한다. 만일 누군가 부처님의 깊은 뜻을 안다면 마땅히 진실하고 변함없는 행에 머물며 하는 일마다 남김없이 이체에 들고 일체지지의 마음과 같게 된다. 以諸衆生未解 諸法空相 是故 於無相中 而作有相方便說之 若人得佛深意者 當住眞常之行 諸有所作皆入理體 同於一切智智之心",『대일경소』 권14(대정장39, p.726b23)에 "이 상 있는 방편으로 인하여 능히 상이 없는 상을 내야한다. 마치 저들이 깨닫기 전에는 이 자륜을 방편으로 삼아 점차 통달하여 아자의 문을 관찰하는 것이다. 因此有相方便 能生無相之相也 猶彼未覺了時 因此字輪 以爲方便 漸能了達 觀察阿字之門"라고 하였다. [참고문헌]『底哩念誦祕密法』,『大日經疏』, *Sūtr.146.* ⇨출유상방편 出有相方便

유상범행구 有上梵行求 Ⓢ sottarā brahmacaryeṣaṇā. 범행으로 끝이 있음을 구함의 뜻. 위없음(無上)을 구하지 않는다는 뜻으로, 비비상처(非非想處)라도 중생계 그 끝일 뿐 유상(有上)이다. 『유가사지론』 권5(대정장30, p.300c11 : *Yogā-bh.,* p.103)에 "사문이나 바라문들 가운데 범행구에 떨어진다는 것은, 모두 다 무루계를 구하지만 어떤 이는 삿된 범행구에 떨어진다. 즉 그들은 부동·공무변처·식무변처·무소유처·비상비비상처 등을 구하여 삿된 분별을 일으키면서도 해탈을 위한 것이라고 한다. 이것은 유상범행구임을 알아야 한다. 若諸沙門 或婆羅門 墮梵行求者 一切皆爲求無漏界 或復有一墮邪梵行求者 爲求不動 空無邊處 識無邊處 無所有處 非想非非想處 起邪分別 謂爲解脫 當知此是有上梵行求 ye kecic chramaṇā vā brāhmaṇā vā brahmacaryeṣaṇām āpadyante sarve te 'nāsravasya dhātorarthe. apy eke mithyābrahmacaryaiṣaṇām āpadyanta āniñjasyārtha ākāśānantyāyatanasya vijñānānantyāyatanasyākiñcanyāyatanasya naivasaṃjñānāsaṃjñāyatanasyārthe mithyāvimokṣataḥ parikalpitasya. sā ca sottarā brahmacaryeṣaṇā veditavyā"라고 하였다. 〔참고문헌〕『瑜伽師地論』, *Yogā-bh.* ⇨ 범행구 梵行求, 무상범행 無上梵行

유상법 有上法 Ⓟsa-uttara-dhamma. 위가 있는 법. 끝이 있어 아직 더 나아갈 여지가 있는 법. 위없는 무상법(無上法)의 상대어다. 『대지도론』 권13(대정장25, p.155a21)에 "유상법〈단주에 '극이 아니므로 유상이다'라고 하였다〉. 有上法〈丹注云 非極故有上〉", 같은 책 권31(대정장25, p.288b28)에 "어떤 것을 유상법이라고 하는가? 일체의 유위법과 허공과 지연진이 아닌 것이다. 어떤 것을 무상법이라 하는가? 지의 연마저 다함이다. 지연진은 곧 열반이다. 云何有上法 一切有爲法 及虛空非智緣盡 云何無上法 智緣盡 智緣盡是卽涅槃", 『유가사지론』 권66(대정장30, p.666c24)에 "무엇을 유상법이라고 하는가? 열반을 제한 나머지 모든 법을 말한다. 云何有上法 謂除涅槃 餘一切法"라고 하였다. 〔참고문헌〕『大智度論』, 『瑜伽師地論』, *Dhs.7.* ⇨ 무상법 無上法

유상법 有相法 Ⓢsal-lakṣaṇāḥ dharmāḥ, vidyamāna-lakṣaṇo dharmaḥ, Ⓣyod-pa'i-mtshan-nyid-kyi-chos-rnams, mtshan-nyid-yod-pa'i-chos. 상이 있는 법. 차별이 있는 유위법(有爲法)을 말한다 차별 없는 무상법(無相法)에 맞선다. 『현양성교론』 권16(대정장31, p.559b3)에 "상이 있는 법에서 하나나 다른 성을 벗어난다. 왜 그런가? 이 진여를 연유하면 상 있는 법에 다르다 설할 수도 없고 다름이 없다고도 할 수 없다. 於有相法 離一異性 何以故 由此眞如 於有相法 不可說異 亦非不異故", 『중관론소』 권1말(대정장42, p.18b19)에 "전 오백년에는 흔히 무상법을 설하였고 유상법은 거의 설하지 않았으므로 정법이라 부르고, 후 오백년은 다분히 유상법을 설하였고 무상법은 거의 설하지 않아 상법이라 부른다. 前五百年 多說無相法 少說有相法 故名正法 後五百年 多說有相 少說無相 故名像法", 『유가론기』 권5(대정장42, p.413b10 · 한불전13, p.320c15)에 "때론 상 있는 법에서 무차별상을 건립하니 상의 차별에 있어서는 같기 때문이다. 경흥(景興)이 이르길 '유위법을 상 있는 법이라 하는데 유위법은 사상에 있어서는 가지런하기에 무차별이다. 억지로 안립하여 일분에 사상이 있다 하려 해도 일분에는 사상차별은 없다'. 或於有相法中 無差別相建立 差別等者 景云 有爲名有相法 有爲齊四 故名無差別 而强安立 一分有四相 一分無四相差別之義", 『법원주림』 권8(대정장53, p.335a10)에 "제일의 때에 성문들에게 상 있는 법을 설하였다. 이는 외도의 집착을 파하여 깨달아 도를 얻게 하기 위함이었다. 第一時中 爲諸聲聞 說有相法 爲破外道執 令悟得道"라고 하였다. 〔참고문헌〕『顯揚聖敎論』, 『中觀論疏』, 『瑜伽論記』, 『法苑珠林』, *Yogā-bh.120 · 127.* ⇨ 유위법 有爲法, 무상법 無相法

유상법륜 有相法輪 삼법륜(三法輪) 중 하나. 유상교(有相教)의 다른 이름이다. 원효(元曉)의 『법화종요』(대정장34, p.874b25 · 한불전1, p.493a15)에 "첫 번째, 유상법륜은 오로지 성문승의 마음을 일으켜 나아가게 하기 위하여 사제상에 의지하여 법륜을 굴렸다. 『아함경』 등이다. 一者 有相法輪 唯爲發趣 聲聞乘者 依四諦相 轉法輪故 如阿含經等"라고 하였다. 〔참고문헌〕『法華宗要』. ⇨ 유상교 有相教, 삼법륜 三法輪, 무상법륜 無上法輪, 무상무상 無相無上

유상사 有上士 등각위(等覺位)보살. 오를 위가 남아 있는 이의 뜻으로 불과위(佛果位)가 더 있어 붙여진 이름이다. 이에 반해 불위(佛位)는 무상사(無上士)다. 『인왕호국반야경소』 권4(대정장33, p.271b2)에 "또한 십지보살을 유상사라고 하고, 부처님을 무상사라고 한다. 又十地菩薩名有上士 佛名無上士", 『법화현의』 권5(대정장33, p.734c9)에 "등각지란, 시작 없는 무명의 저 끝마저 관해 마치고, 끝내 지혜 가득하기에 필경에 청정하며 최후의 끝닿은 미세무명마저 끊어, 중도의 산 정상에 올라 무명부모와 작별한다. 이를 끊음이 남아 있는 이며 유상사라 부른다. 等覺地者 觀達無始無明源底 邊際智滿 畢竟淸淨 斷最後窮源微細無明 登中道山頂 與無明父母別 是名有所斷者 名有上士也", 『금광명경문구』 권4(대정장39, p.72b7)에 "또 유상사라 함은 이름에 가서 끊어야 한다는 뜻이고, 무상사란 끊을 것이 없는 이름이다. 或言有上士者 名之爲斷 無上士者 名無所斷"라고 하였다. 〔참고문헌〕『仁王護國般若經疏』, 『法華玄義』, 『金光明經文句』. ⇨ 등각보살 等覺菩薩, 등각위 等覺位, 금강심 金剛心, 무상사 無上士

유상삼밀 有相三密 상을 갖춘 삼밀. 신밀은 인계(印契), 구밀은 진언(眞言), 의밀은 존형(尊形)이 각기 있음을 말한다. 무상삼밀(無相三密)의 상대어다. 『대일경제일본소초』 권3(대정장60, p.19a1)에 "무릇 삼밀에는 유상과 무상의 차이가 있다. 유상삼밀은 세 가지가 각각 따로 그 체가 있지만, 무상삼밀은 하나를 들면 나머지 두 밀은 두루 함께한다. 凡於三密有有相無相不同 有相三密 三各別存其體 無相三密 擧一具二令周備"라고 하였다. [참고문헌]『大日經第一本疏鈔』. ⇨ 삼밀 三密, 무상삼밀 無相三密

유상상 有相想 Ⓢ nimitta-saṃjñā, sanimitta-saṃjñā, Ⓣ mtshan-ma-dang-bcas-pa'i-'dus-shes. 유상(有相)의 상온(想蘊). 욕계로부터 무색계 무소유처까지는 각기 그 계에 얽힌 상들이 있다는 뜻이다. 무상상(無相想)의 상대어다. 『유가사지론』 권53(대정장30, p.593b27)에 "[문] 어떤 것들이 상자성인가? [답] 여기에도 여섯 가지가 있으니 앞에서와 같음을 알라. 상에 여섯 가지란 첫째 유상상, 둘째 무상상, 셋째 협소상, 넷째 광대상, 다섯째 무량상, 여섯째 무소유상이다. 또 대략 두 가지가 있으니 첫째 세간상, 둘째 출세상이다. 협소상이란 욕계에 얽힌 상이며, 광대상이란 색계에 얽힌 상이고, 무량상이란 공무변처와 식무변처에 얽힌 상이며, 무소유상이란 무소유처에 얽힌 상이다. 즉 일체를 유상상이라고 한다. 問 何等是想自性 答 此亦六種 如前應知 又想有六 一 有相想 二 無相想 三 狹小想 四 廣大想 五 無量想 六 無所有想 又略有二 一 世間想 二 出世想 狹小想者 謂欲廛想 廣大想者 謂色廛想 無量想者 謂空識無邊處廛想 無所有想者 謂無所有處廛想 卽此一切名有相想", 『결정장론』 권하(대정장30, p.1029b17)에 "어떤 것이 상의 모습인가? 여섯 가지가 있으니 앞에서 말한 것과 같다. 또 여섯 가지는 유상상・무상상・소상・대상・무량상・무용상이다. 이 일체상에 두 가지 차이가 있으니 첫째는 세간이고, 둘째는 출세간이다. 욕계를 연하면 소상이라 하고, 색계를 연하면 대상이라 하며, 공처와 식처를 연하면 무량상이라 하고, 무소용처를 연하면 무용상이라 한다. 이 욕계 등 모두를 유상상이라고 한다. 何者想相 六種如前 又六種生 有相想 無相想 小想 大想 無量想 無用想 此一切想 得二種異 一者 世間 二 出世間 緣於欲界 是名小想 緣於色界 是名大想 緣空識處名無量想 緣無所用處 是無用想 此欲界等 是名有相想"라고 하였다. [참고문헌]『瑜伽師地論』, 『決定藏論』, 『顯揚聖教論』 권5(대정장31, p.505a29), *Sam-r.21., Sūtr.182., Abh-s.5., Śrāv-bh.240.* ⇨ 삼계구지 三界九地

유상상 有常想 영원함이 있다는 생각. 『증일아함경』 권42(대정장2, p.780b5)에 "이때 세존께서 저 비구에게 말씀하셨다. '그대는 이제 마땅히 정상을 버리고 부정상만을 사유해야 하고, 영원한 것 있다는 상을 버리고 영원한 것 없다는 상을 사유해야 한다. 爾時 世尊告彼比丘 汝今當捨淨想 思惟不淨想 捨有常想 思惟無常想", 『승가라찰소집경』 권상(대정장4, p.117c26)에 "중생들은 만유가 상주한다는 생각에 집착하여 변하지 않는다고 여긴다. 衆生之類 著有常想 謂不移動"라고 하였다. [참고문헌]『增壹阿含經』, 『僧伽羅刹所集經』. ⇨ 유상 有常

유상속법 有相續法 상속이 있는 법. 무상속법(無相續法)과 맞선다. 『중사분아비담론』 권4(대정장26, p.649a19)에 "무엇이 유상속법인가? 저 법의 분단이 이미 일어났으니 저 법은 다시 어떻게 되는가? 과거와 현재를 말함이니 아라한최후에 목숨을 마친 오음을 제한 그 나머지 과거현재법인 전법이 뒤의 법을 불러 상속함을 유상속법이라고 한다. 云何有相續法 謂若彼法分段已起 彼復云何 謂過去現在 除阿羅漢最後命終五陰 若餘過去現在法 前法招後相續 是名有相續法"라고 하였다. [참고문헌]『衆事分阿毘曇論』, 『品類足論』 권6(대정장26, p.716b29). ⇨ 무상속법 無相續法

유상수 有上修 더 오를 위가 있는 수행. 이승(二乘)의 수행을 말한다. 무상수(無上修)와 맞선다. 『섭대승론석』 권9(대정장31, p.217c8)에 "유상수란 성문이나 독각의 수행 및 저 위와 같은 수행을 말한다. 有上修者 謂聲聞獨覺修 及等彼位故", 『변중변론술기』 권중(대정장44, p.26b9)에 "이승의 수행을 유상이라 한다. 二乘修 名爲有上"라고 하였다. [참고문헌]『攝大乘論釋』, 『辯中邊論述記』. ⇨ 무상수 無上修

유상수행 有相修行 상을 가져 닦아 행함. 지자(智者)나 돈가(頓家)의 무상(無相) 또는 무생(無生)의 행이 아닌 뜻이다. 『대방광십륜경』 권7(대정장13, p.715c19)에 "이 인을 유상과 무상 두 가지로 설한다. 유상수행인을 지혜있는 이는 귀하게 여기지 않는다. 此忍說二種 有相及無相 有相修行忍 智者所不貴", 『무이원래광록』 권4(卍속장125, p.146b3)에 "체에 이르면 생멸이 없거늘 어찌 연경에 구속되리오? 이는 닦아서 얻음 없고 행도 계차를 끊었으니, 그런 까닭에 '상에 매인 수행은 무수한 겁이 지나도 결국 실패로 끝나고 마니, 무심체가 극하면 한 찰나에 문득 불가에 드네'라고 하는 것이다. 至體無生 何拘緣境 理無修證 行絶堦差 所以云 有相修行 多劫終成敗壞 無心體極 一念頓契佛家"라고 하였다. [참고문헌]『大方廣十輪經』, 『無異元來廣錄』.

유상신 有相身 모습 갖춘 몸. 『해의보살소문경』 권13(대정장13, p.508c2)에 "이제 이는 평등상에로 널리 들어가니, 나는 선서의 몸이 몸이 아니라고 관한다. 모습 갖춘 몸으로 분별하지 않으니, 도리어 차별한 갖가지 묘한 상 드러나네. 今此遍入平等相 我觀善逝身非身 不可分別有相身 故現差別諸妙相", 『무이평등최상유가대교왕경』 권1(대정장18, p.517c20)에 "스스로의 몸 다시 연꽃 속에서 나투시고 청정한 광명 비춰 빛내자 이 몸 비록 모습 가져 드러나지만 자성만은 평등하여 집착 있을 리 없네. 自身復現蓮華中 淸淨光明所照耀 是身雖現有相身 自性平等而無著"라고 하였다. [참고문헌]『海意菩薩所問經』,『無二平等最上瑜伽大敎王經』. ⇨ 무상신 無相身, 상호 相好

유상안락행 有相安樂行 남악혜사(南嶽慧思)가 설한 두 가지 안락행 중 하나. 산심(散心)이나 정에 들지 않고도 안락행을 성취함의 뜻이다. 대칭어는 무상안락행(無相安樂行)이다.『지관보행전홍결』 권2(대정장46, p.192c11)에 "유상안락행은 「권발품」에 의지한다. 흐트러진 마음 그대로 『법화경』을 염송하고, 선삼매에 들지 않고도 앉거나 서서 일심으로 법화문자를 염하여 행 만약 성취한 이는 보현보살의 몸을 친견하리. 有相安樂行 此依勸發品 散心誦法華 不入禪三昧 坐立行一心念法華文字 行若成就者 卽見普賢身"라고 하였다. [참고문헌]『止觀輔行傳弘決』. ⇨ 무상안락행 無相安樂行

유상업 有相業 상을 가져 행함. 염불의 네 상(相) 중 하나.『왕생요집』 권하(대정장84, p.82a19)에 "셋째 유상업은 상호를 관상하거나 명호를 칭념하는 것을 말한다. 三 有相業 謂或觀相好 或念名號"라고 하였다. [참고문헌]『往生要集』. ⇨ 염불사종업 念佛四種業

유상열혜 有相劣慧 상(相)에 집착하는 낮은 지혜. 유상열혜기(有相劣慧機)라고도 한다.『비밀인연관현상성의』 권하(대정장79, p.812b16)에 "행 비록 상이 없고 번뇌는 비록 함께 하지 않지만, 근기 오히려 지에 의지하여 점차 행하므로 나누어 씀에 열 가지다. 십지에서 끊고 불지에서 체마저 다하니 견처는 두렷하여 끝간 데 없다. 비록 본만 증이라 하지만 상도에서 외롭지 않아 묘관평등을 초지에서 분득한 것이니, 이 역시 상 있어 열한 혜와는 같지 않네. 行雖無相 惑雖不共 機尙據地 漸次行故 分用十箇 十地斷之 佛地盡體 所見圓極 雖則分證不獨常途 妙觀平等 初地分得 亦復不似 有相劣慧",『대일경공양차제법소』 권하(대정장39, p.807c9)에 매우 깊고 상 없는 법은 본래 생멸하지 않는 도리이다. 상에 집착하는 낮은 혜로는 깨달아 들어갈 수 없는 도리다. 甚深無相法者 本不生理也 著相劣慧 不得悟入之理故"라고 하였다. [참고문헌]『祕密因緣管絃相成義』,『大日經供養次第法疏』.

유상열혜기 有相劣慧機 ➡ 유상열혜 有相劣慧

유상위 有上位 Ⓢuttara-avasthā. 더 오를 위가 있는 수행위. 십팔수분위(十八修分位) 중 하나. 유상위수주(有上位修住)라고도 한다.『변중변론』 권중(대정장31, p.473a4 : *Madhy-vibh.*, p.56)에 "(十八修住位 중) 여덟째 유상위는 성문 등을 넘어 이미 보살지에 들어감을 말한다. 八 有上位 謂超聲聞等 已入菩薩地 uttarāvasthā śrāvakādibhyo bhūmipraviṣṭasya bodhisatvasya"라고 하였으나,『중변분별론』 권하(대정장31, p.459c9)에 "여덟째 유상위수주는 성문 등의 지위를 넘었으나 아직 초지보살에는 들지 못한 사람이다. 八 有上位修住 過聲聞等位 未入初地菩薩人"라고 하여 다르게 해석한다. [참고문헌]『辯中邊論』,『中邊分別論』, *Madhy-vibh.* ⇨ 십팔수분위 十八修分位

유상응법 有相應法 유루(有漏)의 심과 심소법(心心所法). 비유상응법(非有相應法)의 상대어다.『중사분아비담론』 권4(대정장26, p.647c11)에 "무엇이 유상응법인가? 유루의 심심법을 말한다. 云何有相應法 謂有漏心心法", 같은 책 권6(대정장26, p.655b11)에 "유상응법이란 팔계·이입·사음 등으로 거두고, 팔지로 알며, 멸지와 도지를 제하고, 하나의 식으로 알며, 일체번뇌가 부린다. 有相應法 八界 二入 四陰攝 八智知 除滅道智 一識識 一切使使"라고 하였다. [참고문헌]『衆事分阿毘曇論』,『品類足論』 권6(대정장26, p.715a10).

유상인 有上人 아직 오를 위가 있는 이. 무상(無上)인 불과(佛果)를 남겨놓고 있는 뜻이다.『섭대승론석』 권13(대정장31, p.252b1)에 "최상이란 비유할 바가 없다는 뜻이다. 법신은 일체법 중에서 가장 극하여 견줄 이 없으며 그 밖의 법으로도 비유할 수 없으니, 아직 오를 위가 있는 이는 능히 알 수 없다. 最上者 無譬喩故 法身於一切法中 最極無等 無餘法可爲譬喩故 非有上人所能知"라고 하였다. [참고문헌]『攝大乘論釋』. ⇨ 불과 佛果

유상자 有相子 상호(相好)를 갖춘 자식.『섭대승론석』 권6(대정장31, p.417c12)에 "생차별 중에서 보살현관은 여래가의 법계 중에 태어나는 것이니, 이야말로 부처님의 참된 자식이다. 저 전륜성왕가에 그 상호 갖춘 자식이 태어나는 것과 같으니, 저 성문이나 하천과 같이 무지한 종의 아들이 아니다. 生差別中 菩薩現觀 於如來家 法界中生 是佛眞子 如輪王家 生有相子 非如聲聞 同於下賤 無智婢子"라고 하였다. [참고문헌]『攝大乘論釋』.

유상종 有相宗 ❶ 설일체유부(說一切有部)를 달리 일컫는 말.『입능가심현의』(대정장39, p.426b29)에 "이제 다시 넷으로 가린다면 첫째 유상종, 둘째 무상종, 셋째 법상종, 넷째 실상종이다. 간략히 여섯 가지 의미로 보면, 첫째로 법수로 나아가서는 처음의 종(유상종)은

75법을 세우고는 유위무위 등 실법으로 집착하였으니 저 소승의 설들이다. 今且辨四 一 有相宗 二 無相宗 三 法相宗 四 實相宗 釋此四宗 略以六義 一 就法數 初宗 立 七十五法 有爲無爲 執實之法 如小乘說"라고 하였다. [참고문헌]『入楞伽心玄義』. ⇨설일체유부 說一切有部, 사종 四宗 **1** **2** 법상종(法相宗)의 다른 이름. 상종(相宗)이라고도 하며, 삼론종(三論宗)은 무상종(無相宗)이라 부른다.『선택전홍결의초』 권1(臺灣國圖善本42, p.21b3)에 "유상종에서 삼시교를 세운 뜻은, 법상종을 유상종이라고 이름하였으니 공이지만 식이 없지는 않다고 말하기 때문이다. 삼시교란,『해심밀경』에서 승의생보살이 석가설법을 풀어 삼시로 밝혔다. 첫째 유교〈인공법유교라고도 하는데, 모든 부인 소승교에 해당한다〉, 둘째 공교〈인법개공교라고도 하는데, 모든 부 반야교를 거둔다〉, 셋째 중도교〈비유비공교라고도 하는데,『해심밀경』·『화엄경』·『법화경』 등의 경들을 거둔다〉이다. 有相宗立三時教者 以法相宗 名有相宗 談空識非無故 三時教者 解深密經中 勝義生菩薩 領解釋迦說法 明於三時 一 有教〈亦名人空法有教 此攝諸部小乘教〉 二 空教〈亦名人法皆空教 此攝諸部般若教〉 三 中道教〈亦名非有非空教 此攝深密華嚴法華等之經也〉"라고 하였다. [참고문헌]『選擇傳弘決疑鈔』. ⇨법상종 法相宗, 무상종 無相宗

유상집착 有相執著 Ⓢbhāva-lakṣaṇa-abhiniveśa. 상이 있다는 집착. 본래 무상(無相)임에도 차별된 갖가지 상이 있다고 집착하는 잘못. 특히 아(我)와 아소(我所)에 뿌리를 두고 발생하는 상에 대한 집착을 말한다.『입능가경』 권5(대정장16, p.543a29 : *Laṅk.*, p.152)에 "나의 이 설한 바는 오로지 어리석은 범부를 위해서 자심분별을 설하려는 것이다. 갖가지를 분별할 경우, 먼저 마음이 일어남에 따라 갖가지로 분별하고는 상을 가져 집착한다. 왜 그런가? 만일 설하지 않으면 어리석은 범부는 자기 마음의 허망한 지각에서 떠나지 못하고, 아·아소견에 대한 집착에서 떠나지 못하며, 인과에 대한 모든 인연의 과실에서도 떠나지 못한다. 我此所說 惟爲愚癡凡夫 而說自心分別 分別種種 隨先心生 分別種種 有相執著 何以故 若不說者 愚癡凡夫 不離自心 虛妄覺知 不離執著 我我所見 不離因果 諸因緣過 anyatra mahāmate bālānāṃ svacittavaicitryavikalpakalpitatvāt. kriyāpravṛttipūrvako vikalpo vaicitryabhāvalakṣaṇābhiniveśāt.pravartata iti vadāmi. kathaṃ khalu mahāmate bālapṛthagjanāḥ svavikalpacittamātrāvabodhād ātmātmīyābhivinivṛttadṛṣṭayaḥ kāryakāraṇapratyayavinivṛttadoṣāḥ"라고 하였다. [참고문헌]『入楞伽經』, *Laṅk.* ⇨유상 有相

유상천 有想天 Ⓢsaṃjñināṃ devānām, Ⓣlha-'du-shes-can. 상이 있는 하늘. 또는 그러한 곳에 사는 중생. 무상천(無想天)과 비상비비상천(非想非非想天)을 제한 모든 천계를 가리킨다.『구사론송소론본』 권5(대정장41, p.850a26)에 "첫째는 유상천에 나서 함께 하지 않는 마음에 머문다. 유상천에 난다는 것은, 색계천 중에 무상천을 제한 나머지를 모두 유상이라고 한다. 유상천에서는 무색계심과 무루심을 일으키는데, 색계심과 류를 같이 하지 않기에 부동류라고 한다. 이곳에서는 색과 행의 두 가지 온만 있고 나머지 세 온(受想行)은 없다. 색에 얽힘은 아니다. 一生有想天 住不同類心 生有想天者 色界天中 除無想天 餘天名有想也 於有想天 起無色界心 及無漏心 與色界心 類不同故 名不同類也 此唯有色行二蘊 無餘三蘊 非色繫故",『능엄경소해몽초』 권9(卍속장21, p.608a17)에 "청량징관이 말하길 '유색 중에서 유상천은 거칠고 무상천은 미세하다. 색계십팔천 중 오직 무상천을 제하면 모두 유상이라고 한다. 무상천은 광과천과 같은 곳인데, 외도들은 그곳을 구경열반경으로 취한다. 무상정을 닦으면 그곳에 태어나 오백겁 동안 무심의 과보를 얻는다 하지만, 부처님의 제자들은 그곳에 태어날 일 없다'. 淸涼云 於有色中 有想天爲麤 無想天爲細 色界十八天 唯除無想 皆名有想 無想天 與廣果天同處 外道取爲究竟涅槃 修無想定 生於彼天 得五百劫無心果報 佛之弟子 不生彼中"라고 하였다. [참고문헌]『俱舍論頌疏論本』,『楞嚴經疏解蒙鈔』,『瑜伽師地論』 권9(대정장30, p.320c11),『華嚴經疏』 권34(대정장35, p.763a21), *Abh-k-bh.71.* ⇨유상 有想, 무상유정천 無想有情天, 비상비비상처 非想非非想處

유상천삼마지문 有想天三摩地門 유상천에 나는 선정문.『중허마하제경』 권6(대정장3, p.948b12)에 "아라나가라마가 말하길 '나는 예전에 정진하여 정과 혜를 닦아 익혀 유상천삼마지문까지 모두 통달하였는데, 너는 어째서 알지 못하는가?' 阿囉拏迦羅摩曰 我昔精進 修習定慧 至有想天三摩地門 皆悉通達 汝何不知"라고 하였다. [참고문헌]『衆許摩訶帝經』. ⇨유상천 有想天

유상행인 有相行人 대승칠현(大乘七賢) 중 하나.『화엄경소초』 권82(대정장36, p.646b18)에 "둘째 유상행인이란 생사를 싫어하고 즐겨 선법만을 닦는다. 二 有相行人 憎厭生死 樂修善法"라고 하였다. [참고문헌]『華嚴經疏鈔』. ⇨대승칠현 大乘七賢

유색 有色 ⓈⓅrūpin, Ⓣgzugs-can. 유정계(有情界)의 색(色) 시설인 신(身)·처(處)·계(界)·온(蘊) 등에서 대종(大種)에 의지하여 색법(色法)으로 드러난 모든 것을 말한다.『집이문족론』 권17(대정장26, p.437c25)에 "이 중에서 유색이란 무엇인가? 저 유정에게는 색시설·색신·유색처·유색계·색온 등이 있기에 유색이라고 한다. 此中有色者 謂彼有情 有色施設 有色身 有有色處 有有色界 有色蘊 故名有色", 『품류족론』 권2(대정장26, p.696b18)에 "무엇이 유색인가? 법처로 거두는 신업과 어업을 말한다. 云何有色 謂法處所攝身語業", 『대승아비달마집론』 권2(대정장31, p.667b24 : *Abh-s.*, p.17)에 "유색이란 무엇이고, 몇 가지가 유색이며, 어떤 뜻으로 유색을 관하는가? 云何有色 幾是有色 爲何義故 觀有色耶 kathaṃ rūpi kati rūpīṇi kim-arthaṃ rūpi-parīkṣā", "색이라는 자성으로 대종에 의지하고, 기꺼이 모이고, 방소가 있으며, 그 처한 곳이 변만하지만 알 수 있고, 방처에 가고, 두 가지로 함께 행하고, 상속하고, 따라 좇으며, 드러나 알고 변하다 무너지며, 드러내 보이고, 쌓고 모아 세우고, 밖으로 열고, 안으로도 열며, 길고 멀고, 분하여 한계짓고, 잠깐의 때이며, 드러내 보이려 하는 등이 유색의 뜻이다. 謂色自性故 依大種故 憙集故 有方所故 處遍滿故 方所可說故 方處所行故 二同所行故 相屬故 隨逐故 顯了故 變壞故 顯示故 積集建立故 外門故 內門故 長遠故 分限故 暫時故 示現故 是有色義 rūpi tadātmato'pi bhūtāśrayato'pi nandīsamudayato'pi pradeśato'pi deśavyāptito'pi deśopadeśato'pi deśagocarato'pi dvayasamaya gocarato'pi sambandhato'py anubandhato'pi prarūpaṇato'pi vyābādhanato'pi saṃprāpaṇato'pi saṃcayavyavasthānato'pi bahirmukhato'pi antarmukhato'pi āyatato'pi paricchinnato'pi tatkālato'pi nidarśanato'pi rūpi draṣṭavyam", 『대승아비달마잡집론』 권3(대정장31, p.706a5 : *Abh-s-bh.*, p.22)에 "색자성이란 색법을 자성으로 삼았기에 유색이라 하고, 다른 색과 합하지 않기에 유색이다. 그러므로 가장 먼저 색자성을 말한다. 의대종이란 현색이 다른 색과 합하기에 유색이라 하고, 여러 소조색이 대종과 합하기에 유색이라 하며, 여러 대종색이 펴고 구르며 합하기에 유색이라 한다. 色自性者 謂卽用色法 爲自性故 名爲有色 非與餘色合故 名爲有色 是故 最初說色自性 依大種者 此顯與餘色合故 名有色 諸所造色 與大種色合故 名有色 諸大種色展轉合 故名有色 tatra rūpīti rūpaṃ tasya dharmasya-ātma-svabhāvas tasmād asau rūpī na tu rūpāntareṇa yuktatvāt. yāvad uktaṃ syād rūpa-svabhāva iti. bhūtāśrayato 'pīti rūpāntarayogād api rūpitvam iti darśayati upādāyarūpasya bhūtarūpeṇa yogād bhūtarūpāṇāṃ ca paras-param iti"라고 하였다. [참고문헌] 『集異門足論』, 『品類足論』, 『大乘阿毘達磨雜集論』, *Abh-s.*, *Abh-s-bh.* ⇨ 색 色❷, 색법 色法, 색온 色蘊, 무색 無色

유색 乳色 우유의 색. 『대반열반경』에서 '대열반(大涅槃)'의 비유로, 외도 등이 알기 어려운 뜻을 맹인이 그 색을 도저히 알 수 없음에 비유한다. 『대반열반경의기』 권5(대정장37, p.743c20)에 "비유 중에 저 맹인이 우유의 색을 알 수 없다는 말은, 스스로의 무지를 비유한다. 喩中如盲 不識乳色 喩自無知"라고 하였다. [참고문헌] 『大般涅槃經義記』. ⇨ 맹인설유 盲人說乳, 미유 迷乳

유색 唯色 오직 색 뿐이라는 말. 색 없으면 분별할 식도 없게 되는 뜻에서 보면 색심은 둘이 아니고 유심(唯心)·유식(唯識)의 뜻을 뒤쳐 말함이다. 『관음현의기』 권2(대정장34, p.900b5)에 "색과 마음은 둘이 아니니 통한 혜로 보면 하나로 같다. 색일 뿐이고 마음일 뿐이라는 말은 이것을 가리킨다. 色心不二 通慧一如 唯色唯心 斯之謂也", 『법화경삼대부독교기』 권17(卍속장43, p.838b6)에 "색일 뿐이라는 말은 색을 벗어나서 식이 없다는 뜻이다. 색법계이기 때문이다. 만일 분별해 볼진대는 첫째, 분별이 없는 색이니 이는 색을 가리킨다. 둘째, 분별이 있는 색이니 이는 마음을 가리킨다. 다만 하나의 색 밖에 따로 식은 없다. 그러므로 식이나 색이나 모두 색일 뿐임을 알아야 한다. 형계는 말했다. '비록 색과 마음을 말하지만 단지 두 가지 이름일 뿐이며, 그 법체를 따지면 다만 이 법성일 뿐이다'. 唯色者 色外無識 色法界故 若分別之 言唯色者 一 無分別色 此指色也 二 有分別色 此指心也 只一色外 旣別無識 故知 若識若色 皆是唯色 荊溪云 雖說色心 但有二名 論其法體 秖是法性"라고 하였다. [참고문헌] 『觀音玄義記』, 『法華經三大部讀教記』. ⇨ 유심 唯心, 유식 唯識

유색관제색해탈 有色觀諸色解脫 Ⓢ rūpī rūpāṇi paśyati, rūpī rūpāṇi paśyatīti prathamo vimokṣaḥ, Ⓣ gzugs-can gzugs-rnams la lta-ba-'di-ni-rnam-par-thar-ba-dang-po. 내심(內心)의 색 있음을 관해서 모든 색에서 해탈함의 뜻. 팔해탈(八解脫) 중 초해탈(初解脫). 내유색관제색(內有色觀諸色) 내유색상관외색(內有色想觀外色) 등이라고도 한다. 『대반야경』 권46(대정장5, p.262a24)에 "팔해탈이 있으니 유색관제색은 초해탈이다. 有八解脫 謂有色觀諸色 是初解脫", 『유가사지론』 권12(대정장30, p.336b15)에 "무엇이 유색관제색인가? 욕계에 나서 이미 욕계의 욕은 여의었더라도 아직 색계의 욕은 여의지 못한 것을 말한다. 저가 이와 같이 해탈할 속박에서 이미 해탈을 얻었으면, 곧 욕계제색에 대해 광명상이 있다고 작의사유하고 승해를 낸다. 云何有色觀諸色 謂生欲界 已離欲界欲 未離色界欲 彼於如是所解脫中 已得解脫 卽於欲界諸色 以有光明相 作意思惟 而生勝解", "두 가지 인연으로 유색이라 부르는 것은, 욕계에 났지만 색계정을 얻기 때문이고, 또 광명이 있는 것까지 뛰어나게 알았기 때문이다. 由二因緣

名爲有色 謂生欲界故 得色界定故 又於有光明 而作勝解故", "〔문〕 관제색이란 어떤 색을 관하고 다시 어떻게 행하는가? 〔답〕 욕계의 모든 색이다. … 무슨 까닭에 이와 같은 관행을 수습하는가? 깨끗하게 닦고 다스려 능히 최승의 공덕방편을 끌어내기 때문이다. 問 觀諸色者 觀何等色 復以何行 答 欲界諸色 … 何故修習如是觀行 爲淨修治 能引最勝功德方便"라고 하였다. 〔참고문헌〕『大般若經』, 『瑜伽師地論』, *Abh-s.95.*, *Śrāv-bh.191.*, *Abh-k-bh.455.*, *Mvyut.117.* ⇨ 내유색상관외색해탈 內有色想觀外色解脫, 팔해탈 八解脫

유색근 有色根 Ⓢ rūpīṇi indriyāni, rūpīndriya, Ⓣ dbang-po-gzugs-can. 색으로 뿌리가 된 것. 색이 있어 근거가 된 법으로, 오근(眼耳鼻舌身根)과 남녀근(男女根) 등을 말한다. 『구사론』 권2(대정장29, p.11b29 : *Abh-k-bh.*, p.32)에 "이근은 경과 만나기도, 경에 이르지 못한 것도 취한다. 왜냐하면 자기 귓속의 소리도 능히 듣기 때문이다. 그 밖의 비근 등 세 가지 유색근은 앞의 것과 다르니, 오직 경에 닿은 것만을 취한다. 耳根通取至境及不至境 自耳中聲亦能聞故 所餘鼻等三有色根與上相違唯取至境 śrotraṃ prāptāprāptaviṣayaṃ manyante. karṇābhyantare 'pi śabdaśravaṇāt. śeṣaṃ tu ghrāṇajihvākāyākhyam … prāptaviṣayam ity arthaḥ", 같은 책 권3(대정장29, p.15a16 : *Abh-k-bh.*, p.42)에 "〔논〕 앞에서 설한 마지막 세 근의 체는 무루일 뿐이다. 곧 무구의 뜻이다. 구는 루와 이름만 다르고 체는 같다. 일곱 가지 유색근과 명·우·고 등은 한결같이 유루이다. 일곱 가지 유색근이란 안근 등 오근과 여근·남근이니, 색온으로 거둔다. 論曰 次前所說 最後三根 體唯無漏 是無垢義 垢之與漏 名異體同 七有色根及命憂苦 一向有漏 七有色者 眼等五根 及女男根 色蘊攝故 anāsravam ity arthaḥ. malānām āsravaparyāyatvāt … rūpīṇi saptendriyāṇi jīvitendriyaṃ duḥkhadaurmanasyendriye caikāntasāsravāṇi. rūpīṇi punaḥ sapta cakṣuḥśrotraghrāṇajihvākāyastrīpuruṣendriyāṇi rūpaskandhasaṃgrahāt", 『유가사지론』 권53(대정장30, p.593b18)에 "〔문〕 안 등이 서로 다르기에 저들이 느끼는 모든 것들은 이 인연일 뿐 마땅히 몸으로 받아들이는 것은 아니다. 〔답〕 나머지 유색근은 몸을 떠나지 않으니, 저에 나아가 이름을 지었으니 이 다시 무슨 잘못인가? 問 若眼等根 其相異故 非皆身相 依彼諸受 由是因緣 應非身受 答 餘有色根 不離身故 就彼爲名 此復何過"라고 하였다. 〔참고문헌〕『俱舍論』, 『瑜伽師地論』, *Abh-k-bh.*, *Yogā-bh.54.* ⇨ 칠유색근 七有色根, 무색근 無色根

유색근신 有色根身 Ⓢ sendriya-kāya. 색으로 된 뿌리가 있는 몸. 색을 자성으로 한 근(根)이 있기에 능히 외경을 가져 거둘 수 있다. 유근신(有根身)의 본딧말이다. 『성유식론』 권3(대정장31, p.16b20)에 "계경에서 '유색근신은 유집수다'라고 한다. 이 식이 없으면 저 능집수 마땅히 있을 수 없기 때문이다. 말하자면 다섯 가지 색근과 저 의지처는 오직 현재세에 있어서만 유집수일 뿐이니, 반드시 능집수심에 의지한다. 오직 이숙심만이 앞선 업에 이끌려 선염 등이 아니며, 한결같이 능히 두루 상속하여 집수한다. 안 등의 전식에는 이와 같은 뜻이 없다. 契經說 有色根身 是有執受 若無此識 彼能執受 不應有故 謂五色根 及彼依處 唯現在世 是有執受 彼定由有 能執受心 唯異熟心 先業所引 非善染等 一類能遍相續執受 有色根身 眼等轉識 無如是義"라고 하였다. 〔참고문헌〕『成唯識論』, 『成唯識論述記』 권4(대정장43, p.361c18). ⇨ 유근신 有根身

유색무색유형무형유루무루유위무위 有色無色有形無形有漏無漏有爲無爲 제법(諸法)의 법상을 색형루위(色形漏爲)로 크게 분류한 뜻. 『중론』 권1(대정장30, p.3b4)에 "대승제법의 유색무색·유형무형·유루무루·유위무위 등 모든 법상은 법성으로 들어가 일체개공이므로 상도 연도 없다. 비유하자면 저 모든 물줄기가 바다로 들어가 함께 하나의 맛이 되는 것과 같다. 大乘諸法 若有色無色 有形無形 有漏無漏 有爲無爲等 諸法相入於法性 一切皆空 無相無緣 譬如衆流入海 同爲一味"라고 하였다. 〔참고문헌〕『中論』.

유색법 有色法 Ⓟ rūpiṇo dhammā. 색이 있는 법. 색온(色蘊)으로 거두는 법이다. 오근(五根)·오경(五境)·무표색(無表色)의 열한 가지를 말하며, 무색법(無色法)의 상대어이다. 『품류족론』 권6(대정장26, p.714a14)에 "유색법이란 어떤 것인가? 십처와 일처의 소분을 말한다. 有色法云何 謂十處一處少分", 『대비바사론』 권75(대정장27, p.389b19)에 "〔문〕 유색법이란 어떤 것인가? 〔답〕 십처와 일처의 소분을 말한다. 십처란 안이비설신색성향미촉을 말하고, 일처의 적은 분이란 법처 중 적은 분을 말한다. 問 有色法云何 答 謂十處 一處少分 十處者 謂眼耳鼻舌身 色聲香味觸處 一處少分者 謂法處少分"라고 하였다. 〔참고문헌〕『品類足論』, 『大毘婆沙論』, *Dhs.3.* ⇨ 오근 五根❶, 오경 五境, 무표색 無表色, 색온 色蘊, 무색법 無色法

유색상 有色相 적집(積集)·장애(障礙)·손증(損增) 등의 특성이 있는 유색법(有色法). 유대색상(有對色相)이라고도 하며, 무색상(無色相)의 상대어이다. 『대비바사론』 권75(대정장27, p.389c11)에 "존자 세우(世友 Ⓢ Vasumitra)는 다음과 같이 말한다. '유색상이란 유색법이다. 어떤 것을 유색상이라 부르는가? 점차로 쌓여 모인 상이 있으면 유색상이라고 한다'. 또 이렇게 말한다. '점차 흩어져 무너지는 상이 있으면 유색상이라고 한다'. 다시 이렇게 말한다. '형질이 있어 가히 취할 수 있는 것이라면 유색상이다'. 또 '방소가 있어 취할 수 있는 것이라면 유색상이다'. … 대덕은 다음과 같이 말한다. '능히 무너지고 상대할 수 있는 색상은 유색상이고, 앞에서 말한 색상과 서로 어긋나면 무색상이라고 한다'. 어떤 법에 이 무색상이 있으면 무색법이라고 한다. 尊者世友 作如是說 有色相者 名有色法 何等名有色相 謂有漸次積集相者 名有色相 復作是說 若有漸次散壞相者 名有色相 復作是說 若有形質可取相者 名有色相 復作是說 若有方所可取相者 名有色相 … 大德說曰 若有能壞有對色相 是有色相 與前所說色相相違 名無色相 若法有此無色相者 名無色法"라고 하였다. 〔참고문헌〕『大毘婆沙論』. ⇨ 유색 有色, 유색법 有色法

유색유정 有色有情 색신(色身)을 성취한 유정. 『순정리론』 권22(대정장29, p.461c21)에 "유색유정은 몸도 다르고 생각도 다르다. 저 인은 일분은 하늘이니, 이는 제1식주다. '일분하늘'이란, 욕계천과 초정려이니 겁초인은 제한다. '유색유정'이란 무엇인가? 색신을 성취한 뜻이다. '몸이 다르다'라는 말은 저 색신이 갖가지 현색과 형색으로 상모가 다르기에 저 몸이 다르게 되고 또 다른 몸이 있게 되기에 저 유정을 가리켜 '몸이 다르다'고 한다. 有色有情 身異想異 如人一分天 是第一識住 一分天者 謂欲界天 及初靜慮 除劫初起 言有色有情者 是成就色身義 言身異者 謂彼色身 種種顯形 狀貌異故 彼由身異 或有異身 故彼有情 說名身異"라고 하였다. 〔참고문헌〕『順正理論』, 『俱舍論』 권8(대정장29, p.42c5).

유색의성 有色意成 Ⓢ rūpiṇo manomayāḥ. 색 있으나 뜻으로 성취함. 색신에 의지하나 뜻으로 자재함의 뜻이다. 『구사론』 권12(대정장29, p.65b18 : *Abh-k-bh.*, p.186)에 "〔논〕 겁초의 사람은 저 색계인 듯하다. 그러므로 계경에서 설하길 '겁초의 사람은 색 있으나 뜻으로 성취한다. 지체가 원만하여 제근에 결함이 없고, 형색이 단엄하며 몸에 광명이 있다. 허공을 날며 자재하니 희락을 먹고 길게 살아 오래 머문다'. 論曰 劫初時人 皆如色界 故契經說 劫初時人 有色意成 支體圓滿 諸根無缺 形色端嚴 身帶光明 騰空自在 飮食喜樂 長壽久住 prāthamakalpikā manuṣyā rūpāvacarā ivāsan. sūtraoktaṃ te bhavanti rūpiṇo manomayāḥ sarvāṅgapratyaṅgopetā avikalā ahīnendriyāḥ śubhā varṇasthāyinaḥ svayaṃprabhā vihāyasaṃgamāḥ prītibhakṣāḥ prītyāhārā dīrghāyuṣo dīrgham adhvānaṃ tiṣṭhantīti"라고 하였다. 〔참고문헌〕『俱舍論』, 『順正理論』 권24(대정장29, p.475c10), *Abh-k-bh.* ⇨ 의성신 意成身, 유색 有色, 색신 色身

유색제변처정 有色諸遍處定 색이 가득한 모든 곳을 아는 삼매. 십변처(十遍處) 중 팔변처(八遍處 : 地·水·火·風·青·黃·赤·白 등의 遍處)를 말한다. 『유가사지론』 권12(대정장30, p.337a8)에 "무슨 까닭에 '변처'는 오직 색과 촉의 두 처에서만 건립하는가? 이 두 가지는 자타신과 함께하여 유색계에 두루하여 항상 상속하기 때문이다. 안 등과 색은 오직 자신에게만 속하고, 향과 미 이진은 일체에 두루하지 못하며 소리와 소리 사이에 끊어짐이 있기에 변처라 하지 않는다. 이와 같이 유색의 모든 변처정은 색계의 그 뒤의 끝이며, 무색계 중에서는 공이 일체에 두루하기에 변처를 세우고 식소행경도 일체에 두루하기에 역시 변처에 선다. 何故遍處 唯就色觸二處建立 由此二種 共自他身 遍有色界 常相續故 眼等根色 唯屬自身 香味二塵 不遍一切 聲聲有間 是故不說 如是有色 諸遍處定 色界後邊 於無色中 空遍一切 故立遍處 識所行境 遍一切故 亦立遍處"라고 하였다. 〔참고문헌〕『瑜伽師地論』. ⇨ 십변처 十遍處

유색천 有色天 색이 있는 하늘. 무색계 하늘이 아닌 모든 하늘의 뜻으로, 욕계 사천도 거둔다. 색계천만이 아니다. 『구사론』 권11(대정장29, p.60a25 : *Abh-k-bh.*, p.169)에 "〔송〕 이(33천) 위의 유색천은 허공에 의지한 궁전에 머문다. 〔논〕 이 앞에서 설한 33천 위의 유색제천은 허공에 의지한 궁전에 머문다. 무엇을 가리켜 '위에 유색제천'이라 하는가? 야마천·도사다천·낙변화천·타화자재천 그리고 앞에서 언급한 범중천 등 16처를 가리키니 전의 하늘과 합하여 22천은 모두 밖의 기세간에 의지한다. 頌曰 此上有色天 住依空宮殿 論曰 此前所說 三十三天上 有色諸天 住依空宮殿 云何名 上有色諸天 謂夜摩天 覩史多天 樂變化天 他化自在天 及前所說 梵衆天等 有十六處 幷前合有 二十二天 皆依外器 〈kārikā〉 tata ūrdhvaṃ vimāneṣu devāḥ 〈bhāṣya〉 tridaśebhya ūrdhvaṃ devā vimāneṣu pratiṣṭhitāḥ. te punar yāmās tuṣitā nirmāṇaratayaḥ paranirmitavaśavartinaś ca brahmakāyikādayaś ca pūrvoktāḥ ṣoḍaśasthānāntaragatāḥ. ity ete dvāviṃśatidevanikāyāḥ samāsena yeṣāṃ bhājanaṃ prajñāyate", 『구사론송소기』 권11(卍속장86, p.336a1)에 "유색천이란 무색과 가리려고 유색이라 한다. 이는 욕계사천에도 통하기에 오직 색계만이 아니다. 言有色天者 謂簡無色 故言有色 此通欲界四天 非唯色界也"라고 하였다. 〔참고문헌〕『俱舍論』, 『俱舍論頌疏記』, *Abh-k-bh.* ⇨ 천 天, 유색계천 有色界天, 색계 色界[1], 욕계사천 欲界四天, 무색계 無色界, 삼계 三界

유색해탈 有色解脫 Ⓢ rūpya-vimokṣa, Ⓣ gzugs-can gyi rnam-par-thar-pa. 내외의 색을 관해 얻은 해탈. 팔해탈(八解脫) 중 앞의 세 가지인 내유색상관외색해탈(內有色想觀外色解脫 Ⓢ rūpī rūpāṇi paśyati)·내무색상관외색해탈(內無色想觀外色解脫 Ⓢ adhyātmarūpasaṃjñī bahirdhā rūpāṇi paśyati)·정해탈신작증구족주(淨解脫身作證具足住 Ⓢ śubhaṃ vimokṣaṃ kāyena sākṣātkṛtvopasaṃpadya viharati)를 말한다. 『구사론』 권7(대정장29, p.40a10 : *Abh-k-bh.*, p.108)에 "셋째 승해작의이다. 즉 부정관·사무량·유색해탈·승처·변처 등 이와 같은 관으로 상응하는 작의를 말한다. 三 勝解作意 謂不淨觀 及四無量 有色解脫 勝處遍處 如是等觀 相應作意 adhimuktimanaskārah. aśubhāpramāṇārūpyavimokṣābhibhvāyatanakṛtsnāyatanādiṣu", 『구사론기』 권7(대정장41, p.144a13)에 "유색해탈이란 (팔해탈 중) 앞의 세 가지 해탈이다. 오직 가상일 뿐이기 때문이다. 言有色解脫 標前三解脫 唯假想故"라고 하였다. [참고문헌] 『俱舍論』, 『俱舍論記』, *Abh-k-bh.* ⇨ 내유색상관외색해탈 內有色想觀外色解脫, 내무색상관외색해탈 內無色想觀外色解脫, 정해탈신작증구족주 淨解脫身作證具足住, 팔해탈 八解脫

유서 遺書 ❶ 임종에 앞서 남기는 글. 후인들에게 미리 남기는 서신. 유촉(遺囑)이라고도 한다. 『석문정통』 권7 「원지장 圓智章」(卍속장130, p.880b18)에 "도속의 벗들에게 모두 유서를 남기고 붓을 던진 뒤 좌탈하였다. 知舊道俗 悉與遺書 放筆坐逝", 『백장청규』 권3 「하유서 下遺書」(대정장48, p.1129c16)에 "다비를 마치면 주상은 시자와 판사인에게 청하여 전사로 충당하고는 길을 나누어 달려 산문과 법권속·단월·관원에게 유서를 전달한다. 喪事畢 主喪請侍者辦事人 充專使 分路馳送諸山法眷檀越官員遺書", 같은 책 권3 「유서지식 遺書之式」(대정장48, p.1127b15)에 "존숙들이여! 일찍이 서로 좇아 놀았건만 어찌 만나고 헤어짐 알 수 있으리오. 이어 받들고 힘써 작은 연이나마 다하였지만, 번개처럼 이슬처럼 나는 없었고 구류산만 더욱 아득합니다. 감히 안아 감싸기를 기도하며 이 글을 드립니다. 절 올려 기도합니다. 돌아올 일 없도록. 尊宿 早忝遊從 柰合離之有數 繼承推挽 遂黽勉於微緣 電露我空 雲山益渺 敢祈保護 以壽斯文 拜禱 不歸", 『선원청규』 권7 「존숙천화 尊宿遷化」(卍속장111, p.916a13)에 "여러 존숙 중에 법권속한 사람을 상주로 청한다. 만일 법권속이 없다면 다른 주지나 존숙에게 청한다. 그런 다음 유서를 베껴 써서 관원·단월·승관과 인근의 존숙·법을 이은 어린 스님·친밀한 법권속에게 알린다. 於衆尊宿中 請法屬一人爲喪主 如無法屬 則請自餘 住持尊宿 然後 修寫遺書 報官員檀越僧官 鄰近尊宿 嗣法小師 親密法屬", 『대혜어록』 권5(대정장47, p.832c28)에 "천동정각화상의 유서가 도착하자 유서를 받아들고 말했다. '옛 사람이 이르되 「최후의 한 구절 비로소 굳게 잠겨 버렸으니, 길목을 잡아끊어 범성이 가지 못하네」라고 하였다'. 유서를 들어 올리며 말했다. '이것은 천동화상이 최후에 길목을 잡아 끊은 긴요한 나루터며 다 끌어낸 소식이니, 도리어 자세히 다하였으리라. 저 다 못함 있다면 다시 유나 청하여 분명히 설파하게 하여 마땅히 알아야 하리'. 드디어 법좌에 올라 이르길 '법 깃발 무너지고 그 동량 꺾였으며, 법의 강물 마르고 법의 눈도 사라졌네. 비록 이렇더라도 참으로 이는 천동의 진실한 말이리니. 일러 보거라. 말씀하신 그 깊은 일들을 어떻게 지어갈지를, 지음이 안 다음에는 다시 또 누가 알 수 있으랴?' 天童覺和尙 遺書至 受書云 古人道 末後一句 始到牢關 把斷要津 不通凡聖 擧起書云 這箇是天童和尙 末後把斷要津 全提底消息 還委悉麽 如未委悉 却請維那 分明說破 宣了 遂陞座云 法幢摧法梁折 法河乾法眼滅 雖然如是 正是天童眞實說 且道 說底事 作麽生 知音知後更誰知"라고 하였다. [참고문헌] 『釋門正統』, 『百丈淸規』, 『禪苑淸規』, 『大慧語錄』. ⇨ 유게 遺偈, 유교 遺敎, 유법 遺法, 유촉 遺囑 ❷ 남아 있는 책. 장서(藏書)나 유작(遺作). 또는 여기저기 흩어져 있는 책. 『불조역대통재』 권9(대정장49, p.551c8)에 "칠록의 내외도서는 총 4만 4천 526권이다. 천하의 남아 전하는 책과 비기는 여기에 다 있다. 七錄內外圖書 總四萬四千五百二十六卷 凡天下之遺書祕記 盡於此矣"라고 하였다. [참고문헌] 『佛祖歷代通載』.

유서사 幽棲寺 중국 강소성(江蘇省) 남경시(南京市) 강녕구(江寧區) 남쪽의 조당산(祖堂山)에 위치한 절. 불굴사(佛窟寺)와 약 8km 정도 거리에 있으며 조당산은 우두산(牛頭山)의 남쪽 봉우리다. 유송(劉宋) 대명년간(457~464)에 건립되었다. 644년(정관18) 우두선(牛頭禪)의 비조 법융(法融)이 북쪽 절벽 아래 은거하였는데 입적 후 그 자리에 탑을 세웠다. 후에 조당사(祖堂寺)·연수사(延壽寺) 또는 연수원(延壽院)으로 개칭하다가 다시 유서사라는 이름을 회복하였다. 청나라 때인 1667년(강희6)에 수리하였다. 법융 이후 우두종 5세 지위(智威)와 그 제자 혜충(慧忠)·현소(玄素) 등이 모두 이곳에 주석하였고 근세까지 이 절을 중심으로 한 그 법계전승이 47세에 이른다. 금강전(金剛殿)·대웅전(大雄殿)·비로전(毘盧殿)을 비롯한 여러 당우와 호조혈(虎爪穴)·조사의발탑(祖師衣鉢塔) 등이 있다. 특히 대웅전에는 광서년간(1875~1908)에 조성한 삼존상과 관음상 등이 봉안되어 있다. 절 좌측에 법융이 사신(蛇神)을 항복시킨 곳이라 전하는 조동(祖洞)이 있고, 뒷편에는 법융이 강설할 때 새들이 꽃을 물어 공양한 곳이라 전하는 헌화암(獻花巖)도 남아 있다. 『경덕전등록』 권4 「법융전」(대정장51, p.226c29) 등에 전한다. 〔참고문헌〕『景德傳燈錄』, 『宋高僧傳』 권8 「法持傳」(대정장50, p.757c16) · 권9 「玄素傳」(대정장50, p.761c16), 『金陵梵刹志』 권44. ⇨ 법융 法融[1]

유석 惟昔　저 먼 옛날. 『출삼장기집』 권7 「방광경기 放光經記」(대정장55, p.47c11)에 "저 먼 옛날 위나라의 영천 출신 주사행은 감로 5년(260)에 출가하여 불도를 배우고자 사문이 되었다. 惟昔 大魏穎川 朱士行 以甘露五年 出家學道爲沙門"라고 하였다. 〔참고문헌〕『出三藏記集』.

유석 儒釋　유교와 불교. 『대혜어록』 권20 「시각공거사 示覺空居士」(대정장47, p.897a2)에 "깨달았다 한들 깨달음이 아니다. 도반 언거는 유교와 불교를 함께 배워서 치우침 없기에 이 뜻을 취하여 머무는 곳 이름하길 각헌이라 했다. 覺亦非覺 彥擧道友 儒釋俱學 而不偏故 取是義而名其所居 曰覺軒", 『용서증광정토문』 권1(대정장47, p.255b24)에 "유교와 불교는 같지 않은 적 없었다. 같지 않다는 것은 유가는 오직 세간법에 그치고 석씨는 다시 출세간법이 있기 때문이다. 유가는 세간법에 그치기에 '한 세상을 마치면 하늘로 돌아간다'라고만 말하며, 석씨는 다시 출세간법에 뜻 있기에 여러 생을 알아 중생업연의 본말을 본다. 이것이 그 다른 점이다. 儒釋未嘗不同也 其不同者 唯儒家止於世間法 釋氏又有出世間法 儒家止於世間法 故獨言一世而歸之於天 釋氏又有出世間法 故知累世而見衆生業緣之本末 此其所不同耳"라고 하였다. 〔참고문헌〕『大慧語錄』, 『龍舒增廣淨土文』, 『三敎平心論』 권상(대정장52, p.784a10).

유석 鍮石　불상 등을 제작하는데 쓰는 '놋쇠'. 유석(鍮鉐)이라고도 한다. 구리합금의 일종이다. 40권본 『대반열반경』 권26(대정장12, p.521c17)에 "금은 놋쇠로 바꾼다는 말은 무슨 뜻인가? 놋쇠는 색성향미촉에 비유하고, 금은 계에 비유한다. 나의 제자들이 색인연으로 받은 계를 깨는 것을 금을 놋쇠로 바꾼다고 한다. 云何以金貿易鍮石 鍮石喻色聲香味觸 金喻於戒 我諸弟子 以色因緣 破所受戒 是名以金貿易鍮石", 『범어잡명』(대정장54, p.1231b5)에 "유석 : 음사어는 '리지(里底 Ⓢ riti)'이다. 鍮石 里底〈丁以反〉 〈ri〉 〈ti〉"라고 하였다. 〔참고문헌〕『大般涅槃經』, 『梵語雜名』.

유석도 儒釋道　유교 · 불교 · 도교의 삼교(三敎). 유불도(儒佛道) · 유도석(儒道釋) · 유노석(儒老釋) 등이라고도 한다. 『우암지급어록』 권10 「전자선삼교이동론 錢子善三敎異同論」(만속장124, p.372b7)에 "삼교를 배우는 이들끼리 서로 모순됨은 그 유래가 오래되었다. … 도는 본래 말이 없어 문자상을 여의고 심연상도 여의었으니, 세계가 성립되지 않고 삼재가 갖추어지기 전에는 유석도가 어디에서 왔겠는가? 이러한 때 당하여 어느 편이 옳고 어느 편이 그르며, 무엇이 같고 무엇이 다를까? 이 속을 향하여 한 마디를 한 즉 변론일 뿐 그 공을 넘쳐나지 않게 하리니, 그렇지 않더라도 그대가 한입에 서강물을 다 마실 때 기다려 다시 그대 향해 일러주리라. 三敎學者 互相矛盾 其來遠矣 … 道本無言 離文字相 離心緣相 世界未立 三才未備 儒釋道 甚處得來 當與麽時 孰是孰非 誰同誰異 向這裏下 得一轉語 則辨論之作 功不浪施 其或未然 待汝一口吸盡西江水 却向汝道", 『경덕전등록』 권28 「월주대주혜해화상어 越州大珠慧海和尙語」(대정장51, p.441b10)에 "학인이 다시 대주에게 물었다. '유석도 삼교의 같고 다름 어떠한가?' '크게 헤아린 이 쓸수록 같을 것이고, 근기 적은 이 집착하기만 하여 다르다 할 것이다. 온통 하나의 성에서 일어나는 작용인데, 기견의 차별로 삼교가 성립한다. 미혹과 깨달음은 사람을 말미암을 뿐이어서 가르침에 동과 이가 있는 것이 아니다'. 又問 儒道釋三敎 同異如何 師曰 大量者 用之卽同 小機者 執之卽異 總從一性上起用 機見差別成三 迷悟由人 不在敎之同異", 『영봉우익대사종론』 권2(가흥장36, p.283b8)에 "삼교의 성인은 본심에 어둡지 않았을 뿐이니, 본심이 어둡지 않다면 유노석 모두 옳다. 만일 이 마음에 어둡다면 유여도 진실한 유가 아니며, 노여도 진실한 노가 아니며, 석이어도 진실한 석이 아니다. 三敎聖人 不昧本心而已 本心不昧 儒老釋皆可也 若昧此心 儒非眞儒 老非眞老 釋非眞釋矣", 이윤우(李潤雨 1569~1634)가 1601년(선조34) 겨울에 부인사(符仁寺)에서 성호를 만나고 보낸 글인 「증성호상인서 贈聖浩上人序」(『석담집』 권3 · 한국문집총간속집16, p.355a16)에 "유석도가 비록 같지 않지만 마음을 잡아 지키는 그 공부인 즉 하나다. 다만 우리들이 살펴감에 용이 있다 하지만, 석씨들은 공부함에 씀이 없이 한다 할 뿐입니다. 儒釋道雖不同 而其操守其心 則其爲工　也 但吾人存之以有用　釋氏存之以無用耳"라고 하였다. 〔참고문헌〕『愚菴智及禪師語錄』, 『景德傳燈錄』, 『靈峰蕅益大師宗論』, 『石潭集』. ⇨ 유교 儒敎, 불교 佛敎, 도교 道敎, 삼교 三敎[2], 삼교논형 三敎論衡[1], 삼교일치 三敎一致

유석사 留石寺　경상북도 영주시 풍기읍 창락리 소백산(小白山)에 있는 절. 대한불교조계종 제16교구 본사 고운사(孤雲寺)의 말사로, 유석암(留石庵)이라고도 한다. 진언종(眞言宗 : 摠持宗)의 초조(初祖) 혜통(惠通)이 694년(효소왕3)에 창건하였다. 1368년(공민왕17)에 나옹(懶翁)이 중창하였으며, 1387년(우왕13)에 구곡(龜谷)이 중수하였다. 1876년(고종13) 화재로 소실된 절을 낙암(樂庵) · 계홍(戒洪)이 중건하였으며, 1928년에 제봉(霽峯)이 중건하였다. 현존 당우로는 대웅전·범종각·삼성각 등이 있다. 〔참고문헌〕『韓國寺刹全書』 권하 p.932b8. ⇨ 혜통 惠通

유석질의론 儒釋質疑論 조선초 함허당(涵虛堂) 득통기화(得通己和 1376~1433) 지음. 2권 1책. 조선 초 숭유억불정책에 맞서 유교와 불교의 차이를 문답으로 논증한 저술로 『유석질의』라고도 한다. 한불전7, pp.252b1~279a16에 수록되어 있다. 유불도(儒佛道) 삼교(三敎)를 설하는 중에 유자(儒者)의 질문에 불자가 답변하는 형식을 취했다. 권상의 일곱 문답과 권하의 열두 문답 등 총 열아홉 문답을 통해 삼교의 요점, 심성(心性), 척불(斥佛), 부처님의 서이(西夷)설, 하도낙서(河圖洛書), 음양오행(陰陽五行), 불교동점(佛敎東漸), 무극(無極), 인과(因果), 시식(施食), 염불(念佛) 등의 주제를 다루었다. 삼교일치를 주장하는 소극적인 호불론(護佛論)을 넘어서 불교의 차별적 우위를 적극적으로 논증하였다. 결론에서는 삼교가 서로 비방을 멈추고 협력하며 각기 장점인 영역에서 교화를 행하면 나라와 백성에 큰 이익이 되리라 강조하였다. 용인 서봉사(瑞鳳寺)에서 개판한 1537년(가정16·중종32) 판본과 1582년(만력10·선조15) 판본, 1591년(만력19·선조24) 고달산(高達山) 불봉암(佛峯庵) 개판본 등이 전한다. 고판본에 찬자기록은 없으나 내용과 문체가 『현정론 顯正論』과 매우 흡사하여 기화의 저술로 판단한다. ⇨ 현정론 顯正論, 기화 己和, 삼교논형 三敎論衡 ■

유선 有璿 설악산 신흥사(新興寺) 회광사선(晦光師璿 1862~1933)의 다른 휘. 〔참고문헌〕『東師列傳』 권6 「晦光講伯傳」(한불전10, p.1075a7). ⇨ 사선 師璿

유선 柔善 부드럽고 선함. 『대방등대집경』 권50(대정장13, p.328b9)에 "사견을 그치고 열 가지 공덕을 얻는다. 어떤 것이 그 열 가지인가? 첫째는 심성이 온유하고 선량하여 어울리는 이들도 어질고 밝다. 休息邪見 獲十種功德 何等爲十 一者 心性柔善 朋侶賢良", 『다라니집경』 권7(대정장18, p.844a10)에 "이 다라니를 들으면 모두 다 보리심을 일으키고 자비롭고 유선하니 악한 생각을 내지 않는다. 若聞是呪 一切皆發菩提之心 慈悲柔善 不生惡念"라고 하였다. 〔참고문헌〕『大方等大集經』, 『陀羅尼集經』.

유선 庾詵 455~532. 양나라 때 거사. 자는 언보(彦寶), 별호는 상행선생(上行先生), 시호는 정절처사(貞節處士). 신야(新野) 출신. 30년 동안 매일 법화예참과 『법화경』을 송하다가 원공(願公)이라는 도인으로부터 별호와 향을 전해 받았다. 532년 꿈에 원공을 다시 보고는 고통 없이 죽었으며, 후에 그의 집을 절로 만들었다. 『석씨통감』 권5(卍속장131, p.53b3)에 "정절처사 유선이 죽으니 원근의 사람들이 모두 공중에서 '처사가 이미 미타정토에 태어났다'라는 소리를 들었다. 貞節處士庾詵卒 遠近皆聞空中唱云 處士已生彌陀淨域"라고 하였다. 〔참고문헌〕『釋氏通鑑』, 『弘贊法華傳』 권6(대정장51, p.30c2). ⇨ 상행선생 上行先生

유선나 踰繕那 Ⓢ yojana의 음사어. 유순(由旬)·유사나(踰闍那)·유선나(瑜膳那·由繕那·踰膳那) 등으로도 음사한다. 『번역명의집』 권3(대정장54, p.1107b5)에 "유선나 : 한량 또는 합응이라 한역한다. … 전륜왕이 시찰 다닐 때 한 번 머무는 집이다. 마치 중국의 관역과 같다고 할 수 있다. 踰繕那 此云限量 又云合應 … 乃是輪王巡狩 一停之舍 猶如此方館驛"라고 하였다. 〔참고문헌〕『翻譯名義集』. ⇨ 유순 由旬

유선사 游仙寺 중국 산서성(山西省) 고평시(高平市) 성 남쪽으로 10km 지점의 유선산 기슭에 있는 절. 유선산을 대표하는 절이기에 붙여진 이름이다. 사방의 풍광이 아름다울 뿐만 아니라 전전(前殿)·중전(中殿)·칠불전(七佛殿) 그리고 두 행랑에 조성된 배전(配殿)·상방(廂房) 등 가람구성이 뛰어나고 건축미도 장관이다. 북송(北宋) 순화년간(990~994)에 건축된 뒤로 금·원·명·청(金元明淸) 등을 거치며 거듭 중건되었다. 현존하는 전전은 북송의 유물이고 중전은 금대의 산물인데 이들은 송·금대를 걸친 걸작으로 평가받는다. 절 밖 동산에는 원나라 때인 1270년(지원7)에 세운 팔각칠층의 전탑(磚塔) 1좌가 서 있다.

유선사 遊仙寺 전라북도 정읍시 고부면 남복리 두승산(斗升山 : 瀛州山)에 있는 절. 대한불교조계종 제24교구 본사 선운사(禪雲寺)의 말사이다. 신라대 의상(義湘 625~702)이 창건하였다고 전한다. 1990년에 주지 성수가 대웅전과 요사를 신축하였으며, 1997년에 범종각의 범종을 조성하였다. 〔참고문헌〕『韓國寺刹全書』 권하 p.934b6, 『전통사찰총서』 권9 전북의 전통사찰Ⅱ(寺刹文化硏究院, 1997) pp.201~207.

유선암 留仙庵 함경남도 북청군 상거서면 차월산(遮月山)에 있던 암자. 일제강점기에는 대본사(大本寺) 귀주사(歸州寺)의 말사였다. 본래 명칭은 관선암(觀禪庵)이었으나, 광무황제(光武皇帝 : 高宗)가 유선암이라는 이름을 내렸다. 〔참고문헌〕『朝鮮佛敎通史』 권상 p.674, 『韓國寺刹全書』 권하 p.934a2.

유선암 遊仙庵 충청남도 서산시 가야산(伽倻山)에 있던 암자. 『한국사찰전서』 권하 p.934b8에 "절은 무너졌으며, 탑석만이 남아있다. 寺毁猶塔石存"라고 하였다. [참고문헌] 『韓國寺刹全書』.

유섭경 流攝經 『일체유섭수인경 一切流攝守因經』·『유섭수인경』의 줄인 이름. 『중아함경』 권2 「누진경 漏盡經」(대정장1, pp.431c13~432c29)에 해당하며, 『역대삼보기』 권4(대정장49, p.50c1)에 "『유섭경』 1권 〈옛 목록에는 『일체유섭』 또는 『일체유섭수』라고 하였고, 『오록』에서는 『유섭수인』 또는 『수인』이라고 하였다. 주사행의 『한록』과 승우의 『출삼장기집』을 보라. 『중아함경』에 나온다〉. 流攝經一卷〈舊錄云 一切流攝 亦云 一切流攝守 吳錄云 流攝守因 亦云 受因 見朱士行漢錄 及僧祐錄 出中阿含〉"라고 하였다. [참고문헌] 『歷代三寶紀』, 『大唐內典錄』 권1(대정장55, p.223b1), 『開元釋敎錄』 권13(대정장55, p.611c5). ⇨ 일체유섭수인경 一切流攝守因經

유성 有成 **1** 생몰연대 미상. 조선 후기 화사(畫師). 유성(有誠·有性·宥聖·唯性)이라고도 한다. 1755년(영조31)에 수화승(首畵僧) 임한(臨閑)과 함께 청도 운문사(雲門寺) 비로전(毘盧殿) 「삼신불도 三身佛圖」와 온양박물관소장 「삼장도 三藏圖」를 조성한 이래로 30여 점에 가까운 불화를 남겼다. 1766년(영조42)부터 1768년(영조44)까지 양공(良工)이자 수화승으로서 안동 봉정사(鳳停寺)의 고승진영을 다수 조성하였으니, 1766년에 「환성당대선사지안진영 喚惺堂大禪師志安眞影」·「영월당대선사응진영 影月堂大禪師應眞影」·「포월당대선사초민진영 抱月堂大禪師楚旻眞影」·「설봉당대선사사욱진영 雪峯堂大禪師思旭眞影」 등을, 1768년에 「청허당대선사진영 淸虛堂大禪師眞影」·「송운당대선사진영 松雲堂大禪師眞影」 등이다. 1769년(영조45)에는 경주 불국사(佛國寺) 대웅전의 「후불탱 後佛幀」·「신중탱 神衆幀」·「사천왕벽화 四天王壁畵」를 조성하였다. 1772년(영조48)에는 화사이자 수화승이 되어 서산 개심사(開心寺) 「괘불도 掛佛圖」를 조성하였으니 경상도 외의 지역에서 조성한 유일한 작품으로 전한다. 1775년(영조51)에는 양산 통도사(通度寺) 영산전(靈山殿) 「팔상도 八相圖」와 응진전(應眞殿) 「석가모니후불도 釋迦牟尼後佛圖」 조성에 참여하였다. 이외 1777년(정조1)에 영천 은해사(銀海寺) 기기암(奇奇庵) 「신중도 神衆圖」, 1781년(정조5) 하동 쌍계사(雙磎寺) 「삼세불도 三世佛圖」, 1786년(정조10) 의령 수도사(修道寺) 「감로도 甘露圖」, 연대 미상의 포항 보경사(寶鏡寺) 팔상도 등이 있다. [참고문헌] 『한국의 초상화』(눌와, 2007) pp.390~400, 『韓國의 佛畫畫記集』(성보문화재연구원, 2011). ⇨ 화사 畫師 **2** 1762~1845. 호는 경월(慶月). 속성은 김씨. 아버지 김혜태(金惠泰)와 어머니 배씨의 아들로 1762년(영조38) 1월 20일 경주부 월성리에서 태어났다. 16세 때 절에 가서 스님들의 청정행을 보고 깨우친 바 있어 마침내 불국사(佛國寺)에서 동명수관(東溟修寬)을 은사로 스님이 되었다. 웅파위성(雄波偉性)에게 법을 받았으니 청허휴정(淸虛休靜)의 12세 법손, 송계나식(松桂懶湜)의 5세 법손이다. 만년에 청송 주방산(周房山) 백련암(白蓮庵)을 중창하여 주석하였으며, 천품이 어질고 도타우며 선경(禪經)에도 밝았으므로 영호남의 스님들이 모두 으뜸으로 삼았다. 1845년(헌종11) 8월 20일에 세수 84, 법랍 78세로 입적하였다. 이듬해에 청송 대전사(大典寺)에 세워진 경월대화상사리탑과 국일도대선사양종정사경월당비(國一都大禪師兩宗正事慶月堂碑)가 지금까지 전하며, 비는 제자 완허장민(玩虛壯旻)이 썼다. 수법제자로 남허치정(南虛致定)·설봉완첨(雪峰玩沾) 등 10인과 참회제자로 월허서영(月虛瑞榮) 등 5인이 있으며, 완파위규(玩坡瑋珪 1816~?)는 법손이다. [참고문헌] 『東師列傳』 권4 「琓坡大師傳」(한불전10, p.1046c1). ⇨ 위규 瑋珪

경월당유성비 청송 대전사 1846년(좌)
경월당유성부도 청송 대전사 조선후기(우)

유성 有性 **1** 불성(佛性)이 있다는 말. 오종성(五種性) 중 성문종성·독각종성·보살종성·부정종성의 네 종성을 가리킨다. 유종성(有種性)과 같은 말이고, 무성(無性)의 상대어이다. 원측(圓測)의 『해심밀경소』 권4(한불전1, p.261c21)에 "오성이란 삼승과 부정과 무성을 말한다. 무성이란 몸에 삼승의 열반종성이 없는 것을 말한다. 유성에는 네 가지가 있다. 첫째는 성문종성이니, 몸에 오직 성문열반종성만이 있음을 말한다. 둘째는 독각종성, 셋째는 보살종성이니, 이 두 가지 종성은 성문종성과 같다. 넷째는 부정종성이니, 몸에 삼승의 열반종성을 갖추고 있으나, 저 마음을 돌이켜 반드시 불과에 나아감을 말한다. 왜냐하면 불보살의 대비방편에 섭수되었기 때문이다. 言五姓者 所謂三乘 不定 無性 言無性者 謂於身中 無有三乘涅槃種性 就有性中 有其四種 一聲聞種性 謂於身中 唯有聲聞涅槃種性 二 獨覺種性 三 菩薩種姓 此二種姓 唯同聲聞 四 不定種姓 謂於身中 具有三乘涅槃種姓 而彼迴心 定趣佛果 由佛菩薩 大悲方便所攝受故"라고 하였다. [참고문헌] 『解深密經疏』. ⇨ 오종성 五種性**1**, 무성 無性**2** **2** Ⓢ svabhāvo vidyate, svabhāto'sti. 실유(實有). 유자성(有自性). 『중론』 권2(대정장30, p.18b14)에 "모든 법에 자성이 있다면, 어떻게 변이할 수 있겠는가? 모든 법에 자성이 없다면, 무엇이 변이하겠는가? 若諸法有性 云何而得異 若諸法無性 云何而有異. kasya syādanyathābhāvaḥ svabhāvaścenna vidyate, kasya syādanyathābhāvaḥ svabhāvo yadi vidyate"라고 하였다. 〔참고문헌〕『中論』, *Pras.105.*, *Madhy-ś.247.* ⇨ 자성 自性, 무성 無性❶

❸ Ⓢ sattā. 바이셰쉬카(Ⓢ Vaiśeṣika : 勝論)학파에서 주장하는 최고의 보편. 실재성(實在性)을 뜻하며, 동구의(同句義)를 말한다. 『구사론』 권5(대정장29, p.28c15 : *Abh-k-bh.*, p.79)에 "그렇다면 공·무아 등의 인식을 성립시키기 위해서 법 이외에 공·무아 등의 실재성을 고집해야 하고, 일·이·대·소·각별·결합·분리·이것·저것·유성 등의 인식을 성립시키기 위해서 외도처럼 법 이외에 수·량·각별·결합·분리·이것·저것·유 등의 개별적 실재성을 주장해야 한다. 若爾 爲成空無我覺 法外應執 空無我性 爲成一二 大小各別 合離彼此 有性等覺 應如外道 法外執有 數量各別 合離彼此有等別性 tena tarhy anātmatvam apy eṣṭavyam anātmabuddhisiddhyartham. saṃkhyāparimāṇapṛthaktvasaṃyogavibhāgaparatvāparatvasattādayo 'pi tīrthakaraparikalpitā abhyupagantavyā ekadvimahadaṇupṛthaksaṃyuktaviyuktaparāparasadādibuddhisiddhyartham", 『십구의론』(대정장54, p.1263c12)에 "동구의란 어떤 것인가? '유성'을 말한다. 同句義云何 謂有性"라고 하였다. 〔참고문헌〕『俱舍論』, 『十句義論』, *Abh-k-bh.*, *Pad-s.11.* ⇨ 동구의 同句義

유성 有省 깨우침이 있다는 말. 종보본 『단경』「육조대사연기외기 六祖大師緣記外記」(대정장48, p.362c7)에 "나이 스물넷에 경 읽는 소리를 듣고 깨달은 바 있어 황매산으로 가 직접 예를 올렸다. 年二十有四 聞經有省 往黃梅參禮", 『법안어록』(대정장47, p.592c22)에 "마조가 '좌주!' 하고 불렀고 양좌주가 고개를 돌리는 그때 '나서 늙을 때까지 그저 이것 뿐이네'라고 하였다. 양좌주는 이 말로 인하여 깨우침이 있었다. 법안이 말했다. '저 고인께서 저토록 자비롭게 사람 교화하는 일 볼지니 이제 어떻게 해야 알 수 있을까? 모여 머리 맞대고 저 소굴 향하여 망상하지 마라'. 祖乃召云 座主 亮廻首 祖云 從生至老 只是這箇 亮因而有省 師云 看他古人 恁麽慈悲敎人 如今作麽生會 莫聚頭向這裏妄想"라고 하였다. 〔참고문헌〕『壇經』, 『法眼語錄』.

유성 流星 Ⓢ Nirghataketu. 흐르는 별. 별똥별. 『잡아함경』 권25(대정장2, p.179c23)에 "석가모니의 묘법을 듣지 못한다면 몸이 무너져 목숨을 마쳤을 때 삼악도에 떨어지리니 저 별똥별처럼. 不聞牟尼妙法 身壞命終 墮在三塗 譬如流星", 『대방편불보은경』 권5(대정장3, p.149c6)에 "파라나국의 경계에 이르니, 그 대지는 여섯 가지로 진동하여 금수들 놀라 사방으로 달아난다. 햇빛은 가로막히고 달도 그윽한 빛 없어 오성과 모든 별자리들 늘 다니던 길마저 잃었네. 붉고 검고 하얀 무지개가 밤낮으로 나타나고 유성들 우수수 떨어진다. 到波羅奈國界上 其地六種震動 驚諸禽獸 四散馳走 日光障蔽 月無精光 五星諸宿違失常度 赤黑白虹 晝夜常現 流星崩落", 『마등가경』 권2(대정장21, p.408c3)에 "지진이 일어난 후 칠일 중에 붉은 구름 일게 되면 해와 달은 빛을 잃고 유성 날아다니네. 地動之後 於七日中 若有赤雲 日月無光 流星飛行"라고 하였다.

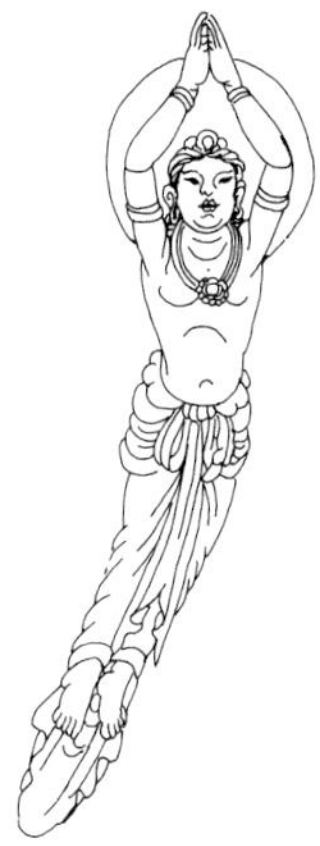

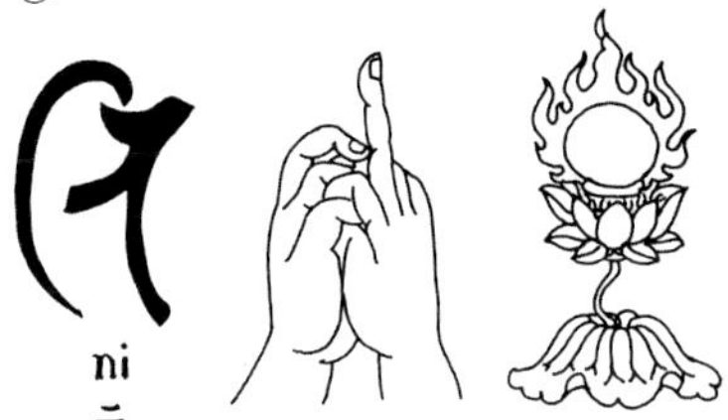

태장만다라도상에서는 종자는 (ni)이고, 삼매야형(三昧耶形)은 연꽃 위의 붉은 진주(蓮上赤珠)이다. 존형은 손을 머리 위로 합장하듯 하고 빠르게 날아가는 동자의 모습이다. 〔참고문헌〕『雜阿含經』, 『大方便佛報恩經』, 『摩登伽經』.

유성 類性 Ⓢ mayatā, Ⓣ 'jug-pa. 무명(無明)을 달리 일컫는 말. 모든 번뇌와 함께 있고, 모든 유정(有情諸趣)의 근거가 되기에 유체(類體)라고도 한다. 『순정리론』 권28(대정장29, p.502b2)에 "이미 견소단위를 끊었기에 온통 물들거나 물들지 않은 마음이 상속하는 중에 나머지 순생번뇌습성만은 남아있게 되니 이것이 견소단번뇌의 기분이고, 저 중에 물든 것을 유성이라고 한다. 於已斷見所斷位 通染不染心相續中 有餘順生煩惱習性 是見所斷煩惱氣分 於中染者 說名類性", 같은 책 권28(대정장29, p.502c1)에 "승번뇌 중 무명은 아직 말하지 않았다. 따로 그것을 드러내기 위하여 유성이라는 말을 쓴다. 널리 번뇌와 함께하고, 두루 모든 취로 가기에 유성이라고 한다. 유(類)는 행(行)의 뜻이고, 이것이 유의 체이므로 유성이라는 이름을 얻게 된 것이다. 勝煩惱中 無明未說 爲別顯彼 說類性言 遍與惑俱 遍往諸趣故名類性 類是行義 是類之體 得類性名"라고 하였다. 〔참고문헌〕『順正理論』, *Abh-k-bh.142.* ⇨ 유 類, 무명 無明❶, 유정 有情, 행 行

유성무성 有性無性 Ⓢ astitā vā na-astitā. 자성이

있거나 자성이 없는 뜻. 『대반야경』 권36(대정장5, p.202a18)에 "(선현이 다음과 같이 말했다). '사리자야, 이 마음은 이와 같이 본성이 청정하다'. 사리자는 다음과 같이 말했다. '이 마음에는 마음이면서 마음이 아닌 성품이 있는가?' 선현이 대답했다. '마음이 아닌 성품 중에 유성이나 무성이 성립할 수 있는가?' 사리자가 말했다. '아니오. 선현이여'. 선현이 답했다. '마음이 아닌 성품 중에 유성이나 무성이 성립할 수 없다면, 어떻게 「이 마음에는 마음이면서 마음이 아닌 성품이 있는가?」라고 물을 수 있겠는가?' 사리자가 이렇게 말했다. '어떤 것을 마음이면서 마음이 아닌 성품이라고 하는가?' 선현이 대답했다. '일체법에서 변이할 여지가 없고, 분별할 거리도 없는 경계(無二)를 마음이면서 마음이 아닌 성품이라고 한다'. 舍利子 是心如是 本性淸淨 舍利子言 是心爲有 心非心性不 善現答言 非心性中 有性無性爲可得不 舍利子言 不也 善現 善現答言 非心性中 有性無性 旣不可得 如何可問 是心爲有 心非心性不 舍利子言 何等名爲 心非心性 善現答言 於一切法 無變異 無分別 是名心非心性"라고 하였다. 〔참고문헌〕『大般若經』, 『中論』 권3(대정장30, p.20b13), *Pañca-pr.122.*

유성무성제성불도 有性無性齊成佛道 유성(有性)과 무성(無性)이 가지런히 불도(佛道)를 이룬다는 말. 불성이 있건 없건 한결같이 불도를 성취하는 뜻이다. 『원각경』(대정장17, p.917b2)에 "선남자야, 일체장애가 곧 구경각이니, 념을 얻거나 념을 잃거나 해탈 아님이 없다. … 중생과 국토가 한가지 법성이며, 지옥과 천궁이 모두 정토이며, 성이 있건 없건 가지런히 불도를 이룬다. 善男子 一切障礙 卽究竟覺 得念失念 無非解脫 … 衆生國土 同一法性 地獄天宮 皆爲淨土 有性無性齊成佛道", 『어주원각경』 권상(卍속장15, p.772a2)에 "성이 있거나 없거나 가지런히 불도를 이룬다〈성이 있음은 삼승이고, 성이 없음은 일천제다. 부처님의 눈으로 보면 모두 다 부처님이다〉. 有性無性齊成佛道〈有性三乘也 無性闡提也 佛眼觀之悉皆是佛〉"라고 하였다. 〔참고문헌〕『圓覺經』, 『御註圓覺經』. ⇨ 유성 有性[1], 무성 無性[2]

유성장 有聲杖 소리나는 지팡이. 석장(錫杖 Ⓢ khakkhara)의 다른 이름. 움직일 때 소리가 난다. 『십송율』 권56(대정장23, p.417a19)에 "지팡이법이란, 부처님께서 한 원림에 머물고 계실 때 여러 종류의 기어 다니는 독충들이 비구들을 물자 부처님께서 '반드시 소리 나는 지팡이를 만들어 독충을 달아나게 한다'라고 말씀하셨다. 살생을 금하고 안전을 함께하는 장법이다. 杖法者 佛在寒園林中住 多諸腹行毒蟲 嚙諸比丘 佛言 應作有聲杖 驅遣毒蟲 是名杖法"라고 하였다. 〔참고문헌〕『十誦律』. ⇨ 석장 錫杖, 육환장 六環杖, 장법 杖法

유성천제 有性闡提 (불)성이 있는 일천제(一闡提). 무성천제(無性闡提)가 아닌 단선천제(斷善闡提)를 말한다. 『능현중변혜일론』 권4(대정장45, p.442a24)에 "36권본 『대반열반경』 권33(대정장12, p.828a8)에서 '일천제인이 능히 선근을 낳고, 선근을 낳고 나서는 상속하여 끊이지 않아서 아누보리를 얻는다'라고 한 것은 (불)성이 있음을 말한 것이다. 涅槃第三十三云 一闡提人 能生善根 生善根已 相續不斷 得阿耨菩提者 此說有性"라고 하였다. 〔참고문헌〕『能顯中邊慧日論』, 『大般涅槃經』, 『成唯識論掌中樞要』 권상(대정장43, p.611a2). ⇨ 단선천제 斷善闡提, 일천제 一闡提

유성출가 踰城出家 Ⓢ abhiniṣkramaṇa, Ⓣ mngon-par-'byung-ba. 성을 넘어 출가한다는 말. 유(逾)로도 쓴다. 『대승본생심지관경』 권1(대정장3, p.294a18)에 "후궁과 육만채녀 버리고 갖가지 상묘기악도 버리고 성을 넘어 출가하였다. 棄捨後宮 六萬婇女 及捨種種上妙伎樂 踰城出家", 『대승본생심지관경천주』 권1말(卍속장34, p.98b18)에 "사문을 돌아본 후 마침내 마음 내어 출가하였다. 금륜의 우뚝함, 천하의 부와 오욕의 풍요로움, 채녀들과의 즐거움 버리고 마부 차익이 끄는 백마에 오르자 천신은 이 말 발을 받쳐 하늘에 올라 떠났다. 이렇기에 '성을 넘어 출가하였다'라고 한다. '유'는 뛰어넘었음이니 성마저 막지 못한다는 뜻이다. 출가에는 두 가지가 있다. 하나는 세속의 집을 나오는 것이고, 다른 하나는 삼계라는 집을 벗어나는 것이다. 이미 이과 후에 베푼 교화이니 세간 사람들에게 본보기가 되고자 지어 보인 모습일 뿐이다. 삼계가를 벗어난 지는 이미 오래되었기 때문이다. 또한 세속의 집에서 벗어남 지었으니 부귀에도 능히 빠지지 않음을 말함이다. 因遊四門 遂發心出家 捨金輪之尊 天下之富 五欲之豐 綵女之樂 乘白馬 隨車匿 天神捧馬足 乘空而行 故日 踰城出家 踰者超過也 言城不能隔 出家有二種 一 出世俗家 二 出三界家 旣是果後施化 與世間人做樣子 三界家早出久矣 且作出世俗家 所謂富貴不能淫也"라고 하였다. 〔참고문헌〕『大乘本生心地觀經』, 『大乘本生心地觀經淺註』, *Sūtr.61.* ⇨ 반야유성 半夜逾城, 야반유성 夜半踰城

유성출가상 踰城出家相 부처님의 생애 중에서 중요한 여덟 장면을 뽑아 구성한 팔상(八相) 중 다섯 번째 장면. 유(踰)는 유(逾)라고도 쓴다. 태자가 출가를 열망하다 부모의 만류를 뿌리치고 결국 카필라성을 넘어 출가를 결행함으로써 위대한 구도의 길

막고굴 제329굴 중국 당대

산치제1탑 기원전 1세기(좌)·국립중앙박물관 미안마 20세기(우)

을 시작하는 의미 깊은 광경이다. 한국의 팔상도는『석씨원류응화사적 釋氏源流應化事蹟』의 여러 장면을 한 화면으로 구성하였는데, 야반유성(夜半踰城)·차익사환(車匿辭還)·차익환궁(車匿還宮) 등의 장면이 함께한다. 장면과 장면의 경계는 건물과 나무로 구분하고 연결하여 자연스럽게 한 화면을 이루고 있다. 전체 화면의 왼쪽 아래에 궁성연회장면에는 화려한 궁궐에서 태자비 야쇼다라와 궁녀들이 잠에 취해 있으며 떠난 태자의 자리만 비워 두었다. 오른쪽 아래와 왼쪽 위에는 밤낮으로 철통같이 성문을 지키라는 엄명을 받은 수졸들마저 잠에 취한 모습을 대각선으로 배치하였다. 가운데 위쪽으로 제석천·사천왕·인왕 등의 호위를 받으며 애마 칸타카(Ⓢ Kanthaka : 健陟)를 타고 성문을 넘는 태자가 일행들에 둘러싸인 채 마부 찬다카(Ⓢ Chandaka : 車匿)에게 돌아가라고 당부하고 있다. 태자의 모습은 아직 삭발하고 누더기로 바꿔 입기 전이다. 오른쪽 위에는 혼자 돌아온 찬다카에게 자초지종을 듣고 비통에 잠긴 부왕의 모습과 양모 마하파사파제와 태자비가 찬다카를 꾸짖으며 슬픔에 빠진 광경을 담았다. 각 장면에는 관련 구절을 적어 밝혔다. 출가와 친연성이 깊은 삭발장면인 금도낙발(金刀落髮)은 설산수도상(雪山修道相)에 묘사된다. 유성출가상을 비롯한 팔상도는 내용의 밀도에서 차이는 있지만 대체로 유사한 구성으로 전승되었다. 대표적인 유성출가상은 쌍계사(1728년)·송광사(1725년)·통도사(1775년) 등은 그 구성과 묘사가 뛰어나다. [참고문헌]『釋氏源流應化事蹟』,『韓國의 佛畵』권2·6·25(聖寶文化財硏究院, 1996·1998·2002). ⇨ 팔상도 八相圖, 유성출가 踰城出家, 야반유성 夜半踰城

팔상도팔곡병 합천 해인사 조선시대

팔상도 하동 쌍계사 1728년

유세 有勢 Ⓢ sthāmavat, Ⓣ mthu-dang-ldan-pa. 세(勢)가 있음. 상품의 정진원만을 말한다.『집이문족론』권17(대정장26, p.440b2)에 "유세란, 상품의 정진이 원만하기에 '세력이 있다'고 한다. 有勢者 謂彼上品精進圓滿 故名有勢"라고 하였다. [참고문헌]『集異門足論』, *Śrāv-bh.156.*, *Bodh-bh.140.*

유세용 有勢用 세(勢)도 용(用)도 있다는 말. 제법(諸法)이 차별한 공능을 낼 수 있는 뜻이다.『대승장진론』권상(대정장30, p.269b28)에 "모든 무성이란 짓는 일이 있지 않다는 것이니, 저 돌여자의 아이와 같다. 눈은 지은 일 있기에 안식을 낸다. 저 설한 바 인으로 세와 용이 있기 때문이니, 안은 분명히 유성이다. 諸無性者 非有所作 如石女兒 眼有所作 謂生眼識 如所說因 有勢用故 眼定有性",『금광명최승왕경소』권6(대정장39, p.328a21)에 "모든 유위법은 인과 연으로 다르기에 세와 용이 있다. 그러기에 대법에서 이르길 비록 제법이 짓는 일도 없고 언제나 있지도 않지만 하나의 법만을 따라 연을 삼아 일체과를 낼 수는 없다. 제법의 공능은 각각 차별하기 때문이다. 諸有爲法 因緣別故 各有勢用 故對法云 雖復諸法 無作無常 然不隨一法爲緣故 一切果生 諸法功能 各差別故"라고 하였다. [참고문헌]『大乘掌珍論』,『金光明最勝王經疏』. ⇨ 유위법 有爲法

유소 油素 경서(經書)를 베끼거나 서화(書畵)의 바탕이 되는 기름먹인 종이나 비단.『송고승전』권3(대정장50, p.724c12)에 "다음으로 윤분의 한 직위다. 그 인원의 수는 일정하지 않고, 내외에 통달한 학자로 채운다. 진실로 받아적어 유소에 남기니 그 문에 어찌 비속함이 없겠는가? 부처님의 뜻을 잃지만 않는다면 간정하여 바르게 함이 어찌 방해가 되겠는가? 次則潤文一位 員數不恒 令通內外學者充之 良以筆受 在其油素 文言豈無俚俗 儻不失於佛意 何妨刊而正之"라고 하였다. [참고문헌]『宋高僧傳』,『大唐西域記』「序」(대정장51, p.867c26). ⇨ 유단 油單, 번역 翻譯, 역경 譯經

유소 留邵 보배의 이름.『일체경음의』권52(대정장54, p.652c20)에 "유소〈두 번째 글자인 소는 시와 조를 반절한 음이다. 보배 이름이다〉. 留邵〈下時照反 寶名也〉"라고 하였다. 〔참고문헌〕『一切經音義』.

유소단자 有所斷者 끊어야 할 것이 남아있음의 뜻. 등각(等覺)을 말한다. 등각위는 비록 각이라고 부르지만 최후로 끊어야 할 미세한 무명습기가 한 품 남아있으므로 더 이상 끊을 것이 없는(無上) 묘각위와 구별한다. 『지관보행전홍결』 권7(대정장46, p.385c5)에 "최후로 미세하여 끝내 원천인 무명을 끊고 중도의 산정에 올라 무명이라는 부모와 헤어지면 유소단자라 하고, 유상사라 하며 등각위라 한다. 이 위 다음의 마음은 구경에 해탈하여 위없는 불지여서 무소단자라 하고 무상사라 한다. 斷最後微細 窮源無明 登中道山頂 與無明父母別 是名有所斷者 名有上士 名等覺位 此位後心 究竟解脫 無上佛智 無所斷者 名無上士", 『범망보살계경의소발은』 권1(卍속장59, p.667b5)에 "끊어야 할 것이 있다고 하니, 이는 미혹을 이미 끊어 다하였는데 어찌 묘각이라 부르지 못하는가? 아직도 끊어야 할 번뇌가 남아있으니, 이는 견도 혹도 있기에 내가 따라 끊어버리기에 등각이라 하고 유상사라 한다. 대개 등이란 비슷하다는 말이어서 아직은 구경과 하나는 아니기에 여전히 올라갈 위가 있다는 뜻이다. 有所斷者 言此斷惑已極 何以不名妙覺 良繇旣有所斷 是乃見有惑在 我從斷之 故爲等覺 名有上士 蓋等者 比擬之辭 未能爲一 猶有上也"라고 하였다. 〔참고문헌〕『止觀輔行傳弘決』, 『梵網菩薩戒經義疏發隱』. ⇨ 등각 等覺❷, 유상사 有上士

유소득 有所得 Ⓢ upalabdhi, upalambha, Ⓣ dmigs-pa. 얻을 바가 있다는 말. 실체 없는 아·아소(我我所)로 유무·선악 등 두 상(二相)을 취하여 소득이 있게 되면 유위에 머물러 벗어나지 못한다. 『대반야경』 권396(대정장6, p.1053a3)에 "얻을 바 있는 사람은 문득 두 가지 있음에 집착한다. 두 가지 있음에 집착하는 사람은 과를 얻을 수도 없고 드러난 그대로 볼 수도 없다. 有所得者 便執有二 執有二者 不能得果 亦無現觀", 『대보적경』 권87(대정장11, p.500b9)에 "무엇을 유소득이라 하는가? 아와 아소를 보아 두 가지 상을 얻을 수 있다 함이 유소득이다. 云何名爲 有所得者 見我我所二相可得 名有所得", 『삼론현의』(대정장45, p.5b23)에 "소득 있다고 여기는 이는 마구니의 권속이지 불제자는 아니다. 有所得者 爲魔眷屬 非佛弟子", 『대지도론』 권60(대정장25, p.484b4)에 "유소득이란, 아라는 마음으로 모든 법에서 상을 취함을 말한다. 有所得者 所謂 以我心 於諸法中 取相故", 같은 책 권83(대정장25, p.644c26)에 "두 상은 유소득이고, 두 상 없으면 무소득이다. 二相 是有所得 無二相 是無所得", 『법화의소』 권2(대정장34, p.478b25)에 "그러므로 유무라는 이견을 일으키면 유소득이라 하고, 이들 모든 견을 떠나면 무소득이라 한다. 故起有無二見 名有所得也 若能離此諸見 名無所得", 『승만보굴』 권상본(대정장37, p.16a3)에 "또한 만일 말하길 '마음과 다른 색이 있고 색과 다른 마음이 있다'라고 말한다면 이견이 된다. 경에 '모든 두 갈래 있는 것은 도도 없고 과도 없다'라고 하였으며, 또한 '색도 있고 마음도 있다'고 한다면 유소득이라 한다. 又若言 有色異心 有心異色 則成二見 經云 諸有二者 無道無果 又若言有色有心 則名有所得", 『금강반야경찬술』 권상(대정장33, p.137b16)에 "유소득이란 분별하는 마음으로 허망하게 집착한 법일 뿐이다. 무소득이란 지혜로 진실을 증할 때 저 분별하는 마음으로 얻는 법이 없음을 말한다. 言有所得者 謂分別心 妄所執法也 無所得者 謂智證眞時 無彼分別之心所得法也", 『유마경약소』 권8(대정장38, p.679b18)에 "대경에서 말하길, 소득이 있는 사람을 소승이라 하니 다만 공함만을 취하여 증이라 한다. 또한 소득이 없는 사람을 대승이라 하니 얻을 수 없는 공으로 허깨비 성에 머물지 않는다. 大經言 有所得者 名爲小乘 但空取證 無所得者 名爲大乘 以不可得空 故不住化城"라고 하였다. 〔참고문헌〕『大般若經』, 『大寶積經』, 『三論玄義』, 『大智度論』, 『法華義疏』, 『勝鬘寶窟』, 『金剛般若經贊述』, 『維摩經略疏』, *Madhy-vibh.20.*, *Sūtr.67.* ⇨ 유소득심 有所得心, 무소득 無所得

유소득무소득평등성 有所得無所得平等性 Ⓢ upalambha-anupalabdhi-samatā. 얻을 바도 얻지 못할 바도 그 자성 공하여 평등하다는 뜻. 『대반야경』 권361(대정장6, p.863b23 : *Pañca-pr.*, 5, p.117)에 "선현아, 유소득을 연유하지 않기에 무소득이며, 무소득마저 말미암지 않기에 무소득이다. 그러므로 유소득과 무소득의 평등성을 이름하여 무소득이라 한다. 善現 非由有所得 故無所得 亦非由無所得 故無所得 然有所得無所得平等性 是名無所得 na subhūte upalambho 'nupalambhaḥ nāpy anupalambha upalambhaḥ api tu khalu punaḥ subhūte upalambhānupalabdhisamatānupalambhaḥ", 『대혜도경종요』(대정장33, p.69a21)에 "진도 아니고 속도 아니며 유도 아니고 공도 아니다. 이와 같아야 이에 그 이름이 제법실상이다. 저 아래 문에서 '유소득과 무소득의 평등을 무소득이라 한다'라고 한 말이다. 非眞非俗 非有非空 如是乃名 諸法實相 如下文云 有所得無所得平等 是名無所得"라고 하였다. 〔참고문헌〕『大般若經』, 『大慧度經宗要』, 『大品般若經』 권21(대정장8, p.374a4), 『大智度論』 권83(대정장25, p.642b26), *Pañca-pr.* ⇨ 유소득 有所得, 무소득 無所得

유소득심 有所得心 얻을 바 있는 마음. 『소품반야경』 권3(대정장8, p.548c4)에 "이 때문에 유소득심회향한다라고 어떤 부처님께서도 설하지 않으신 것이야말로 큰 이익이 있다. 以是有所得心迴向者 諸佛不說 有大利益", 『인왕경』 권상(대정장8, p.838b2)에 "법상 이와 같아서 유소득심이나 무소득심이나 모두 얻을 수 없다. 따라서 반야는 오온 그대로도 오온을 여읜 것도 아니다. 法相如是 有所得心 無所得心 皆不可得 是以般若 非卽五蘊 非離五蘊", 『인왕호국반야바라밀다경소』 권중1(대정장33, p.477a28)에 "유소득심이란 상을 취하는 마음이다. 무소득심이란 무분별지다. 有所得心者 取相之心也 無所得心者 無分別智也", 『대혜어록』 「시서제형 示徐提刑」(대정장47, p.907c13)에 "사대부들은 흔히 얻으려는 마음으로 얻을 수 없는 법을 구한다. 소득을 얻으려는 마음이란 무엇인가? 총명하고 영리하게 헤아려 비교하는 것이다. 무엇이 얻을 수 없는 법인가? 헤아려서 갈 수 없고 분별비교해서 이르지 못하니, 총명영리가 들어서 앉을 곳이 없는 곳이 바로 그곳이다. 士大夫 多以有所得心 求無所得法 何謂有所得心 聰明靈利 思量計較者 是 何謂無所得法 思量不行 計較不到 聰明靈利 無處安著者 是"라고 하였다. 〔참고문헌〕 『小品般若經』, 『仁王經』, 『仁王護國般若波羅蜜多經疏』, 『大慧語錄』. ⇨ 유소득 有所得, 무소득 無所得

유소득집 有所得執 Ⓢupalambha-doṣa. 얻을 것 있음에 집착함. 『대반야경』 권332(대정장6, p.701c28)에 "나는 이와 같이 모든 유정을 위한다. 마땅히 무상정등보리에 나아가고 모든 보살마하살행을 닦아 무상대보리를 증득하는 그때, 모든 유정으로 하여금 이와 같은 유소득집착을 영원히 끊게 하리라. 我爲如是 諸有情故 應趣無上正等菩提 修諸菩薩摩訶薩行 證得無上大菩提時 令諸有情 永斷如是 有所得執", 『유가론기』 권6(대정장42, p.441a15・한불전13, p.467b9)에 "다만 『대지도론』에서 '여덟 가지로 베풂에 널리 과실이 있다'라고 한 말은 유소득의 집을 버려 보내기 위해 다 모아 과라 하였다. 但智論說 八施普有過失者 爲欲除遣 有所得執 故總說爲過"라고 하였다. 〔참고문헌〕 『大般若經』, 『瑜伽論記』, *Pañca-pr.4.198.* ⇨ 유소득 有所得

유소부답하승천 劉少府答何承天 유소부가 하승천(370~447)에 답한 글. 불교의 인과설을 비판한 하승천을 상대하여 인과설의 깊은 뜻을 개진한 글이다. 『광홍명집』 권18 「답하승천 答何承天」(대정장52, p.224b25)에 "그대 현재의 가르침만 보고는 삼세의 말씀을 꾸짖으시니, 매우 왜곡되고 괴이하며 고집스럽기까지 하여 말로는 상대할 일이 아니라 여겨집니다. 인과에는 그릇됨이 없으니 마치 모양 있는 것들 그림자와 더불어 함께하듯 하여 끝내 드러나고 마는 효험의 징표 또한 저 부절이 합하듯 합니다. 일월이 가고 와서 어둡고 밝음이 있음을 믿으며 물과 불이 내려 바람과 구름을 짓는 일마저도 모두 먼저 인이 있고 나중에 과가 있게 마련이어서 감하고 불러들이는 길에서 벗어나지 않습니다. 足下據見在之教 以詰三世之辯 奢迂之怪 固不待言 若許因果不謬 猶形之與影 徵要之効 如合符也 若日月之行 幽明之信 水火之降 風雲之作 皆先因而後果 不出感召之道", "그러므로 연이 일어나면 샘에서 물이 솟아나 흐르고, 연이 사라지면 부싯돌 비벼도 불은 일어나지 못합니다. 따라서 일체제법은 연을 따라 일어나고 연을 따라 사라질 뿐입니다. … 보란 삼업으로 말미암지만 삼업에는 늦고 빠름이 있습니다. … 선악의 업이란 그 업에 갚지 않음이 없으니, 단지 과거와 미래는 눈과 귀로 볼 수 없기에 이를 믿는 이는 적고 그르다 하는 이만 많을 뿐입니다. … 이미 좁은 소견으로 옛말 빌려다 꾸미고 평하여 보인들 실상은 말이 없습니다. 말한들 희론일 뿐이니 이미 스스로만 옳다고 여기지 않으면 한가지로 그릇된 것은 밝혀지리라 기대합니다. 고명한 말씀 있기를 여러 군자들에게 청할 따름입니다. 故緣起鑑能致水 緣滅燧不招火 一切諸法 從緣起滅耳 … 報由三業 業有遲疾 … 善惡之業 業無不報 但過去未來 非耳目所得 故信之者寡 而非之者衆耳 … 祇藉嘉評 伸以管窺 實相無言 言成戲論 旣不自是 想亦同非 若高明之譬 請俟諸君子"라고 하였다. 〔참고문헌〕 『廣弘明集』. ⇨ 보응문 報應問

유소연 有所緣 ➡ 유소연법 有所緣法

유소연법 有所緣法 Ⓢsa-ālambana, Ⓣdmigs-pa-dang-bcas-pa. 일체 심과 심소법(一切心心所法)을 말함. 색법(色法)을 제한 8계(眼識界・耳識界・鼻識界・舌識界・身識界・意界・法界・意識界), 2처(意處・法處), 4온(受想行識) 등 법이다. 무소연법(無所緣法)과 대칭한다. 『구사론』 권2(대정장29, p.8b13 : *Abh-k-bh.*, p.23)에 "〔논〕 6식의계 그리고 법계로 거두는 모든 심소법을 유소연이라고 한다. 왜냐하면 능히 경을 취하기 때문이다 論曰 六識意界 及法界攝諸心所法 名有所緣 能取境故 cakṣuḥśotraghrāṇajihvākāyamanovijñānadhātavo manodhātuś ca ete sapta cittadhātavaḥ sālambanā viṣayagrahaṇāt … śeṣā daśa rūpiṇo dhātavo dharmadhātupradeśaś cāsaṃprayuktako 'nālambanā iti siddham", 『구사론기』 권2(대정장41, p.39b11)에 "심과 심소법은 능연이라 하고, 경은 소연이라 한다. 저 소연이 있으면 유소연이라 한다. 예를 들면 사람에게 자식이 있는 것과 같다. 심과 심소법은 그 성이 미약해서 경을 잡아야 비로소 일어난다. 비유하면 쇠약한 사람이 지팡이가 아니면 다닐 수 없는 것과 같다. 心心所法 名能緣 境是所緣 有彼所緣名有所緣 如人有子 心心所法其性羸劣 執境方起 猶如羸人非杖不行", 『품류족론』 권6(대정장26, p.715c26)에 "유소

연법이란 무엇인가? 일체의 심심소법을 말한다. 有所緣法云何 謂一切心心所法", 같은 책 권8(대정장26, p.726a3)에 "유소연법이란 8계·2처·4온으로 거두니, 구지로 알고 멸지는 제하며, 하나의 식으로 알고 일체수면이 따라 더한다. 有所緣法 八界二處四蘊攝 九智知 除滅智 一識識 一切隨眠隨增"라고 하였다. [참고문헌] 『俱舍論』, 『俱舍論記』, 『品類足論』, 『順正理論』 권4(대정장29, p.350c2), *Abh-k-bh*. ⇨ 심 心❶, 심소 心所, 심심소 心心所, 심법 心法❶❷, 무소연법 無所緣法

유소의 有所依 Ⓢ sa-āśraya, sa-pratisaraṇa, Ⓣ gnas-dang-bcas-pa, rton-pa-dang-bcas-pa. 의지하는 바 있음. 심(心)·심소(心所)의 다른 이름. 심과 심소에는 종자(種子)·육근(六根)·전에 소멸된 마음(前滅意) 등 의지하는 대상이 있기 때문에 이렇게 부른다. 『유가사지론』 권55(대정장30, p.602a20)에 "[문] 심과 심법에는 무릇 몇 가지 다른 이름이 있는가? [답] 많은 이름이 있으니, 유소연·상응·유행·유소의 등 무량한 차별이 있다. 問 諸心心法 凡有幾種差別名耶 答 有衆多名 謂有所緣 相應 有行 有所依等 無量差別", 『성유식론』 권4(대정장31, p.19b22)에 "모든 심심소에 다 의지하는 바 있다. 그러나 그 의지함에는 모두 세 가지가 있다. 첫째는 인연의이니, 자신의 종자를 말한다. 모든 유위법은 다 이 의지처에 기대는데, 스스로의 인연을 떠나서는 반드시 생겨나지 못하기 때문이다. 둘째는 증상연의이니, 내육처를 말한다. 모든 심심소는 다 이에 기대는데, 함께하는 근을 떠나서는 결코 구르지 못하기 때문이다. 셋째는 등무간연의이니, 전에 사라져간 의를 말한다. 모든 심심소는 다 이 의에 기대는데, 개도근을 떠나서는 결코 일어날 수 없기 때문이다. 오직 심과 심소만이 세 가지 의지처를 갖추므로 '유소의'라고 이름한다. 諸心心所 皆有所依 然彼所依 總有三種 一 因緣依 謂自種子 諸有爲法 皆託此依 離自因緣 必不生故 二 增上緣依 謂內六處 諸心心所 皆託此依 離俱有根 必不轉故 三 等無間緣依 謂前滅意 諸心心所 皆託此依 離開導根 必不起故 唯心心所 具三所依 名有所依"라고 하였다. [참고문헌] 『瑜伽師地論』, 『成唯識論』, *Yogā-bh.11.*, *Bodh-bh.150.* ⇨ 심 心❶, 심소 心所, 심심소 心心所, 심법 心法❶❷, 삼소의 三所依❶

유소의소연행상상응 有所依所緣行相相應 Ⓢ sāśrayālambanākārāḥ saṃprayuktāś ca. 심(心)과 심소(心所)의 다른 이름. 소의(所依)와 소연(所緣)과 행상(行相)과 상응(相應)이 있는 것(有)이 심과 심소라는 뜻이다. 『구사론』 권4(대정장29, p.21c25 : *Abh-k-bh.*, p.62)에 "모든 심과 심소를 유소의소연행상상응 등이라 하는 것 역시 이러하니, 이름과 뜻 비록 다르지만 그 바탕 하나다. 즉 심과 심소를 모두 유소의라고 하니, 소의가 되는 근에 의탁하기 때문이다. 혹은 유소연이라고 하니 소연경을 취하기 때문이고, 혹은 유행상이라고 하니 곧 소연의 품류차별로 행상을 가지런히 일으키기 때문이며, 혹은 상응이라고 하니 고르게 화합하기 때문이다. 諸心心所 名有所依 所緣行相 相應亦爾 名義雖殊 而體是一 謂心心所 皆名有所依 託所依根故 或名有所緣 取所緣境故 或名有行相 卽於所緣品類差別 等起行相故 或名相應 等和合故 citta-caitasāḥ. sāśrayālambanākārāḥ saṃprayuktāś-ca. eko 'rthaḥ. ta eva hi citta-caittāḥ sāśrayā ucyante indriya-āśritatvāt. sālambanā viṣaya-grahaṇāt. sākārās tasyaiva-ālambanasya prakāraśa ākaraṇāt. saṃprayuktāḥ samaṃ prayuktatvāt", 『대승아비달마집론』 권6(대정장31, p.686c14 : *Abh-s.*, p.80)에 "모든 심법과 심소법은 소연 있는 것 행상이 있는 것이며 소의와 상응이 있는 것이다. 諸心心所法 有所緣 有行相 有所依 及相應 cittacaitasikā dharmāḥ sālambanāḥ sākārāḥ sāśrayāḥ sasaṃprayogāś ca"라고 하였다. [참고문헌] 『俱舍論』, 『大乘阿毘達磨集論』, *Abh-k-bh.*, *Abh-s.* ⇨ 심심소 心心所

유소작 有所作 ❶ 지은 바 있음. 유위법(有爲法)의 특징이다. 『대지도론』 권54(대정장25, p.444b15)에 "사대와 육식, 이 열 가지 법에는 각각 힘있어 능히 생하고 능히 일어나서 능히 짓는다. 저 땅이 능히 유지되고, 물은 능히 적시며, 불은 태우고, 바람은 능히 돌아 움직이며, 식은 능히 분별하는 것처럼 이 열 가지 법에는 각각 짓는 바 있다. 四大六識 是十法各各有力 能生能起 能有所作 如地能持 水能爛 火能消 風能迴轉 識能分別 是十法各有所作", 『불모반야바라밀다원집요의석론』 권2(대정장25, p.904a28)에 "유위란 무엇인가? 갖가지로 짓는 바 있기에 '함이 있다'라고 한다. 所言有爲者 謂諸有所作故 名有爲"라고 하였다. [참고문헌] 『大智度論』, 『佛母般若波羅蜜多圓集要義釋論』. ⇨ 유위 有爲, 유위법 有爲法 ❷ ➡ 유소작위 有所作爲

유소작위 有所作位 십팔수분위(十八修分位 : 十八修住位·十八差別分位) 중 하나. 짓는 바 있는 위. 곧 유학(有學)을 말하며, 유공용위수주(有功用位修住)라고도 한다. 『변중변론』 권중(대정장31, p.473a2)에 "(十八修住位 중) 다섯째는 유소작위이니, 유학에 머묾을 말한다. 五 有所作位 謂住有學"라고 하였다. [참고문헌] 『辯中邊論』, 『中邊分別論』 권하(대정장31, p.459c7). ⇨ 유학위 有學位, 십팔수분위 十八修分位

유속 流俗 ❶ 흘러 속됨. 또는 세간의 흐름. 『불반니원경』 권하(대정장1, p.172a14)에 "선조를 공경하지 않고 부모에 대한 효도 사라졌으며 현명한 이를 버리고 도적과 벗하며 어질고 바름을 헐뜯으면서도 이러한 유속이 더럽고 탁하여도 수치스러움을 모른다. 不敬先祖 盡孝于親 弃賢明而友賊 毁仁正 不覺流俗 穢濁可耻"라고 하였다. [참고문헌]『佛般泥洹經』. ❷ 늘 그런 세속. 『대명도경』 권5(대정장8, p.500c21)에 "세속의 음사를 따르지 않고, 십계를 가지지 않는 이를 멀리한다. 不從流俗婬祠 遠不持十戒人", 『사십이장경』(대정장17, p.723a23)에 "어리석은 사람은 세속의 명예를 탐하고 도의 진실도 지키지 않는다. 愚者 貪流俗之名譽 不守道眞"라고 하였다. [참고문헌]『大明度經』, 『四十二章經』.

유송무제 劉宋武帝 363~423. 중국 남조 송(宋)의 초대 황제. 이름은 유(裕)이고 자는 덕여(德輿)이다. 즉위한 해에 내전에서 재(齋)를 베풀고 당대의 고승 도조(道照 368~433)를 청하여 법연을 폈다. 『번역명의집』 권1(대정장54, p.1070c11)에 "무제 영초원년(420)에 동지 승맹 등 25인을 불러 모아 함께 서역을 20여 년 동안 유행하였는데, 그 이외는 모두 죽고 담무갈만 홀로 돌아왔다. 계빈국에서 범어 경본을 얻어서 양도에서 한역하였다. 以武帝永初年 招集同志 僧猛等 二十五人 共遊西域 二十餘年 自餘並死 唯竭獨還 於罽賓 得梵經本 楊都翻譯", 『개원석교록』 권5(대정장55, p.523b12)에 "송의 유씨가 건업에 도읍하였다. 무제 영초원년인 경신년으로부터 순제 승명3년 기미년까지 모두 여덟 임금의 60년 재위 동안 스님과 속인 스물여덟 명이 함께 역출한 경율론 등을 비롯하여 새롭게 모은 역자미상의 경전들까지 모두 465부 717권이었다. 宋劉氏都建業 自武帝永初元年庚申 至順帝昇明三年己未 凡八主六十年 緇素共有二十二人 所出經律論等 幷新集失譯諸經 總四百六十五部 七百一十七卷"라고 하였다. [참고문헌]『翻譯名義集』, 『開元釋敎錄』. ⇨ 도조 道照

유송문제 劉宋文帝 407~453. 중국 남조 송(宋)나라의 제3대 황제. 재위 기간은 424~453. 이름은 의륭(義隆)이다. 원가(元嘉)의 치세(治世)로 알려진 안정기를 열었던 황제이다. 고승 혜엄(慧嚴)에게 가르침을 받고 불교에 귀의하였으며, 구나발마(求那跋摩 Ⓢ Guṇavarman : 功德鎧)가 계빈국(罽賓國)으로부터 와서 『화엄경』·『법화경』·『십지경론』 등을 강설하기도 하였다. 『관중창립계단도경』(대정장45, p.807c19)에 "유송 문제 원가년간에 성승 공덕개가 건업을 돌며 교화하였으니, 남림사 앞의 동산에 계단을 세우고 수계자가 단에 올라 그 위에서 계를 받도록 하였다. 그가 죽은 후에는 계단 위에서 다비하였다. 宋文帝元嘉中 聖僧功德鎧者 遊化建業 於南林寺前園中 立戒壇 令受戒者登壇於上受也 及其終後 又於壇上 而闍維之", 『역대삼보기』 권9(대정장49, p.85a13)에 "유송 문제 때, 양주의 사문으로 혜각이라고도 하는 석담각이 위덕과 함께 우전에서 『현우경』의 범본을 가지고 와서 원가 22년(445)에 고창국 천안사에서 한역하였다. 宋文帝世 涼州沙門 釋曇覺 一云慧覺 共威德 於于塡 得此經梵本來 當元嘉二十二年 於高昌國 天安寺譯"라고 하였다. [참고문헌]『關中創立戒壇圖經』, 『歷代三寶紀』.

유수 有手 Ⓢ hastin. 손을 가짐. 코끼리의 별명. 『백론소』 권상(대정장42, p.254a3)에 "코끼리에게는 7지가 있는데 손이 으뜸이므로 그 뛰어남을 쫓아 받은 이름이 '손이 있는 동물'이다. 이 때문에 외국인이 코끼리를 '손이 있다'라 부른다. 『아비담비바사론』 권54(대정장28, p.387a14)에 설하길 '불경에서 설하길 믿음은 코끼리 손(코)과 같다 하였으니, 마치 저 코끼리가 손으로 능히 유정이든 아니든 무엇이든지 잘 잡듯이 믿음도 능히 선법을 취한다'. 이런 이유로 외국에서는 도속 모두 코끼리를 '유수'라 불렀다. 象有七枝 以手勝故 從勝受名爲有手 故外國人呼象 以爲有手 婆沙云 佛經說 信是象手 如象手能取 衆生數非衆生數物 信能取善法 故知 外國道俗通 詺象爲有手", 『대승기신론의소』 권상(대정장44, p.175b28)에 "60권본 『화엄경』 권6(대정장9, p.433a26)에 '신은 도의 바탕이요 공덕의 어머니다'라고 하였고, 또 논에서 '믿는 마음은 저 손과 같다. 손 있는 사람은 바다의 보배창고에 들어가 뜻에 따라 가질 수 있지만, 손이 없는 사람은 보배창고 만나더라도 가질 수 없다'라고 하였다. 華嚴經云 信爲道源功德母 又論中云 信心如手 有手之人 入海寶藏 隨意拾取 無手之人 雖遇寶藏 不得拾取"라고 하였다. [참고문헌]『百論疏』, 『阿毘曇毘婆沙論』, 『大乘起信論義疏』, 『華嚴經』.

유수 有受 ➡ 유집수 有執受

유수 有羞 Ⓢ hrīmat, lajja, Ⓣ ngo-tsha-ldan. 부끄러움이 있음. 부끄러워하는 마음. 『대승장엄경론』 권12(대정장31, p.655c28 : *Sūtr.*, p.173)에 "이 게송은 부끄러움이라는 문을 열어 보살상을 말하였다. 첫째, 뜻대로 하지 못해서 느끼는 부끄러움이니 간탐을 부끄러워하기 때문이다. 둘째, 소소죄에 대한 부끄러움 곧 작은 죄도 부끄러워하는 마음이니 두려워하기 때문이다. 셋째, 참지 못한 부끄러움이니 참지 못함을 부끄러워하기 때문이다. 넷째, 물러남의 부끄러움이니 게으름을 부끄러워하기 때문이다. 다섯째, 산란을 부끄러워함이니 선정에서 물러남을 부끄러워하기 때문이다. 여섯째, 소견을 부끄러워함이니 여타의 적은 집착을 부끄러워하는 법무아에 통달하기 때문이다. 일곱째, 교법이 다름에 대한 부끄러움이니 소승심 일으켜 대승심 버림을 부끄러워함이다. 此偈 以有羞門 說菩薩相 一 不遂羞 羞慳貪故 二 小罪羞 羞微細罪 見怖畏故 三 不忍羞 羞不忍故 四 退羞 羞懈怠故 五 亂羞 羞退定故 六 小見羞 羞餘小執 通達法無我故 七 異乘羞 羞起小乘心 捨大菩提故 tatra vimānalajjo yo 'rthino na vimānayati. tanu doṣalajjo 'ṇumātreṣv avadyeṣu bhayadarśī. tanu dṛṣṭilajjo dharmanairātmyaprativedhī. śeṣaṃ gatārthaṃ. sarvair ebhiḥ ślokaiḥ paryāyāntareṇa ṣaḍpāramitāpratipattito mahābodhipraṇidhānataś ca bodhisattvalakṣaṇaṃ paridīpitaṃ"라고 하였다. 〔참고문헌〕『大乘莊嚴經論』, *Sūtr.133.*

유수 乳水 Ⓢkṣīrodaka, kṣīroda, Ⓣ'o-ma dang chu. 우유와 물. 잘 섞여 어울리는 비유로 쓴다. 수유(水乳)라고도 한다. 『화엄경소초』 권74(대정장36, p.584b20)에 "저 물이 우유와 고르게 됨과 같이, 우유는 더불어 함께 해야 할 중생심에 비유하니 이는 소연이고, 물은 능히 고르게 할 불심에 비유하니 이는 능연이다. 이 둘이 화합함으로써 마치 한 가지 맛인 듯하다. 如水和乳 乳爲所和 喩衆生心 是所緣 水爲能和 喩佛心 爲能緣 以此二和合 如似一味"라고 하였다. 〔참고문헌〕『華嚴經疏鈔』, *Abh-k-bh.463.*, *Prāt-m.* ⇨수유 水乳

유수 幽邃 Ⓢnikuñja, nimna, Ⓣnags. 깊어 아득함. 『보살본연경』 권하(대정장3, p.68c5)에 "비타산에 머무니 깊고 아득한 곳이다. 住毘陀山 幽邃之處", 『십지경』 권7(대정장10, p.566a3 : *Daś-bh.*, p.54)에 "마치 이천계주인 대범천왕같이 몸에서 광명을 놓으면 이천계의 빽빽한 숲 저 깊어 먼 곳까지 다 능히 비추듯이 한다. 譬如二千界主 大梵天王 身出光明 二千界中 稠林幽邃 悉能照曜 tad yathāpi nāma bho jinaputrā dvisāhasriko mahābrahmā sarvasmin dvisāhasrike lokadhātau gahananimnopacārān avabhāsayati", 『대지도론』 권54(대정장25, p.448a29)에 "깊은 반야를 들으니 말로 미친 듯하지만 그윽한 뜻 깊고 멀기만 하다. 今聞深般若 言似可及 而玄旨幽邃"라고 하였다. 〔참고문헌〕『菩薩本緣經』, 『十地經』, 『大智度論』, *Saddh-p.126.*, *Daś-bh.*

유수 柳宿 ⓈAśleṣā, Āśleṣā, ⓉsKag. 이십팔수(二十八宿) 중 하나. 게자리·산양좌(山羊座)에 위치한다. 대체로 질병과 분노 등을 주관한다. 태장만다라도상에서는 최외원(最外院) 동방(東方)에 자리한다. 존형은 살색이며, 수인(手印)은 양손을 세우고 왼손의 무명지를 구부리고 오른손의 엄지중지무명지를 모아서 연꽃모습을 한다. 인상은 이십팔수총인(二十八宿總印), 삼매야형은 연상성(蓮上星), 종자는 . 진언은 '나마 사만타붓다남 아슐레샤낙샤트라 스바하 namaḥ samanta-buddhānāṃ āśleṣa-nakṣatra svāhā 두루하신 제불께 귀의합니다. 유수여! 스바하'이다. 『대방등대집경』 권56(대정장13, p.371a25)에 이십팔수 중 남방 7수에 속한다고 한다. 같은 책 권42 「일장분중성수품 日藏分中星宿品」(대정장13, p.277b7)에 "유수는 8일 동안 일하는데 일체악업을 모두 능히 짓고 세간의 염라왕인 듯 한다. 그날에 병든 사람은 나을 수 없고, 그날에 나는 사람은 성품에 진노가 많아 자비가 없으며, 허물이 많아 남의 미움을 사고, 능히 선법을 무너뜨리고 늘 사냥을 즐긴다.

柳宿 八日用事 一切惡業 皆悉能作 於世間中 如閻羅王 其日病者 不可療治 其日生者 性多瞋怒 無有慈悲 多造愆過 人所憎嫉 能破善法 常好獵射", 『마등가경』 권하(대정장21, p.409b9)에 "달이 유수자리에 머물면 병을 얻어 죽는 일이 많으며 치료해도 낫지 않는다. 月在柳宿 得病多死 不宜療治", 『법원주림』 권4(대정장53, p.295a26)에 "(남방 7수 중 세 번째) 유수는 설산의 용을 다스린다. 柳宿 主雪山龍"라고 하였다. 〔참고문헌〕『大方等大集經』, 『摩登伽經』, 『法苑珠林』, 『大智度論』 권8(대정장25, p.117a16). ⇨이십팔수 二十八宿

유수 留壽 Ⓟjivita-saṃkhāraṃ adhiṭṭhāya viharati. 목숨을 더 남겨둠. 『장아함경』 권2 「유행경 遊行經」(대정장1, p.15b2)에 "마치 오래된 수레일지라도 방편을 닦아 다스리면 조금 더 갈 곳을 얻는 것처럼, 내 몸도 그와 같아서 방편의 힘으로 얼마간 목숨을 머물게 할 수 있으니, 자력으로 정진하며 이 고통을 참고 모든 생각을 마음에 두지 않으면서 무상정에 들어가는 그때 내 몸은 안은하여 어떤 고뇌도 없다. 譬如故車 方便修治 得有所至 吾身亦然 以方便力 得少留壽 自力精進 忍此苦痛 不念一切想 入無想定 時 我身安隱 無有惱患"라고 하였다. 〔참고문헌〕『長阿含經』, *DN.2.99.*

유수 濡首 ⓈMañjuśrī. 문수보살(文殊菩薩)의 한역어 중 하나. 『자은전』 권2(대정장50, p.232b17)에 "만수실리〈한역하면 묘길상, 구역으로는 유수라 한다. 문수사리 또는 만수시리라고도 음사한다. 묘덕이라는 한역은 변하여 전함이다〉. 曼殊室利〈唐言妙吉祥 舊曰濡首 又曰文殊師利 又言曼

殊尸利 譯曰 妙德 訛也〉"라고 하였다. 〔참고문헌〕『慈恩傳』. ⇨ 문수보살 文殊菩薩

유수고읍 柔首高揖 인도의 아홉 가지 예법(天竺九儀) 중 하나. 읍(揖)하여 자신을 낮추는 예법. 『석씨요람』 권중(대정장54, p.277b11)에서 '천축구의' 중 세 번째로 '유수고읍'을 말하였다. 『대당서역기』 권2(대정장51, p.877c13)에서는 거수고읍(擧手高揖)이라고 하였다. 〔참고문헌〕『釋氏要覽』, 『大唐西域記』. ⇨ 구의 九儀

유수면 有隨眠 Ⓢ sa-anuśaya, Ⓣ bag-la-nyal-ba-dang-bcas-pa, phra-rgyas dang-bcas-pa. 수면이 있음. 따라 잠듦이 있다는 말이니, 번뇌가 마음과 상응하여 따라 더하기도(隨增) 함께하기도(同伴) 하는 뜻이다. 『구사론』 권20(대정장29, p.107a3)에 "만약 다시 어떤 이가 묻기를, '낙에 물든 근을 다시 반연하는 식에는 또한 몇 가지 수면이 따라 더하는가?'라고 물으면, 이 식을 관함에 모두 열네 가지가 있다. 저 앞의 열두 가지에 다시 두 가지를 더한 것이니, 곧 무색계의 견고와 견집의 끊을 바다. 이와 같은 열네 가지 식은 능히 낙근에 물든 것을 거듭 반연한다. 이렇게 따라 응한 바 욕계와 색계는 앞에서와 같고, 무색계에는 사부수면이 따라 더한다. 이 입장에 준하면 나머지도 사유해 가릴 수 있다. 만약 마음이 저렇게 거듭할 때를 이름하여 '따라 잠드는 번뇌가 있다'라 한다. 若復有問言 緣緣樂根識 復有幾種隨眠隨增 應觀此識 總有十四 於前十二 更加二種 卽無色界 見苦集斷 如是十四識 能緣緣樂根 此隨所應 欲色如上 無色四部隨眠隨增 准此方隅 餘應思擇 若心由彼 名有隨眠", "〔논〕 유수면의 마음에는 모두 두 가지가 있으니, 유염과 무염의 마음이란 차별이다. 이 중에서 유염의 마음에 따라 더함이 있으니, 곧 상응수면과 소연수면이 아직 끊어지지 않은 경우이다. 상응이 이미 끊어지면 따라 더하지 않으리니 유수면이라고 하는 것은 늘 상응하기 때문이다. 무염의 마음이라면 오직 따라 더할 뿐이다. 수면을 연한 즉 반드시 영원히 끊이지 않으니, 이것은 오로지 따라 더함만을 의지하기에 유수면이라 부른다. 論曰 有隨眠心 總有二種 有染無染心差別故 於中有染或有隨增 謂相應緣隨眠未斷 相應已斷 則不隨增 仍說有隨眠 以恒相應故 若無染者 唯局隨增 緣此隨眠 必未永斷 此唯據隨增 名有隨眠故"라고 하였다. 〔참고문헌〕『俱舍論』, *Bodh-bh.49.*, *Abh-k-bh.303.* ⇨ 유수면심 有隨眠心, 수면 隨眠, 번뇌 煩惱

유수면심 有隨眠心 Ⓢ sānuśaya-citta. 수면(隨眠 : 번뇌)과 함께하는 마음. 수면과 상응하는 삼계오부(三界五部)의 식(識)을 말한다. 유염(有染)과 무염(無染)이 있는데, 유염의 유수면심은 수면이 아직 끊어지지 않은 유염수증(有染隨增)과 수면이 끊어진 유염불수증(有染不隨增)을 말하며, 무염의 유수면심은 상응박이 없고 소연박만 있는 마음을 말한다. 『대비바사론』 권22(대정장27, p.110b7)에 "모든 마음은 수면으로 말미암기에 유수면심이라 하는데, 저 수면이 이 마음에서 따라 더하는가? 〔답〕 따라 더하기도 더하지 않기도 한다. 어떤 것을 따라 더한다 하는가? 저 수면이 이 마음과 상응하여 아직 끊지 못하고 이 마음을 반연하는 경우이다. 어떤 것을 따라 더하지 않는다 하는가? 저 수면과 이 마음의 상응이 이미 끊어졌음을 말한다. 諸心由隨眠故 名有隨眠心 彼隨眠於此心隨增耶 答 或隨增 或不隨增 云何隨增 謂彼隨眠與此心相應未斷 及緣此心 云何不隨增 謂彼隨眠 與此心相應已斷", "여기에서 모든 마음이란 무엇인가? 오부심이 있는 뜻이다. 즉 견고소단심에서 수소단심까지를 말한다. 수면이란 것에도 오부수면이 있다. 즉 견고소단수면에서 수소단수면까지를 말한다. 두 가지 일로 유수면심이라 이름한다. 첫째는 수면으로 이 마음에 수증성이 있게 되고, 둘째는 수면으로 이 마음에 동반성이 있게 된다. 此中諸心者 有五部心 謂見苦所斷心 乃至修所斷心 隨眠者 有五部隨眠 謂見苦所斷隨眠 乃至修所斷隨眠 由二事故 名有隨眠心 一 由隨眠於此心有隨增性 二 由隨眠於此心有同伴性", "곧 견고소단심은 견고소단수면에 대한 두 가지 사로 유수면심이라 하며, 견집소단수면에 대한 한 가지 사로 유수면심이라 하니, 즉 수증성이다. 그 밖의 나머지 수면에는 두 가지 사가 없기에 유수면심이 아니다. 謂見苦所斷心 於見苦所斷隨眠 由二事故 名有隨眠心 於見集所斷隨眠 由一事故 名有隨眠心 謂隨增性 於餘隨眠 無二事故 非有隨眠心", "수소단심은 수소단수면에 대한 두 가지 사로 유수면심이라 하며, 견고소단수면과 견집소단수면에 대한 한 가지 사로 유수면심이라 하니, 수증성이다. 그 밖의 나머지 수면에는 두 가지 사가 없기에 유수면심이 아니다. 修所斷心 於修所斷隨眠 由二事故 名有隨眠心 於見苦集所斷隨眠 由一事故 名有隨眠心 謂隨增性 於餘隨眠 無二事故 非有隨眠心", 『순정리론』 권53(대정장29, p.637c9)에 "어떤 것을 유수면심이라고 하는가? 유수면이란 이름은 어떤 뜻에 의하여 세우며, 또 무슨 까닭에 유수면이라고 하는가? 우선 앞에서 말한 삼계 각각의 오부인 열다섯 가지 식을 유수면심이라고 한다. 何等名曰 有隨眠心 有隨眠名 依何義立 復由何等 名有隨眠 且前所言 三界各五部 十五種識 名有隨眠心", "이와 같은 모든 마음에는 각각 두 가지가 있으니, 변행과 비변행, 유루와 무루, 염과 불염을 받아들이는 마음에 차별이 있기 때문이다. 두 가지 뜻에 의하여 유수면이란 이름을 세웠으니, 첫째는 수면이 따라 더하기 때문이며, 둘째는 수면이 도와 같이 하기 때문이다. 즉 수면으로 말미암기에 유수면이라고 한다. 상응수면은 끊어졌거나 아직 끊어지지 않았을 때를 통틀어 유수면심이라고 하지만, 소연수면은 오직 아직 끊지 못했을 때만을 유수면심이라고 한다. 如是諸心各有二種 謂遍非遍行 有漏無漏 緣染不染心 有差別故 依二義立 有隨眠名 一 是隨眠所隨增故 二 以隨眠爲助伴故 由隨眠故 名有隨眠 相應隨眠 通斷未斷 所緣 唯未斷心名有隨眠"라고 하였다. 〔참고문헌〕『大毘婆沙論』, 『順正理論』, *Abh-k-bh.304.* ⇨ 수면 隨眠, 오부수면 五部隨眠, 십오종식 十五種識

유수법 有受法 Ⓢ upātta. 수(受)가 있는 법. 가져 받아들이는 뜻에서 유집수(有執受)라고도 한다. 감수(感受)할 수 있는 유근신(有根身)을 전제하며 유수라고도 한다. 『대승입능가경』 권5(대정장16, p.621b24 : *Laṅk.*, p.234)에 "부처님께서 말씀하셨다. '자세히 듣거라. 참으로 그대들을 위해 설한다. 대혜여! 일체법이란 선법과 불선법, 유위법과 무위법, 세간법과 출세간법, 유루법과 무루법, 유수법과 무수법이다'. 佛言 諦聽 當爲汝說 大慧 一切法者 所謂 善法不善法 有爲法無爲法 世間法出世間法 有漏法無漏法 有受法無受法 bhagavāṃs tasyaitad avocat. sarvadharmāḥ sarvadharmā iti mahāmate yad uta kuśalākuśalāḥ saṃskṛtāsaṃskṛtā laukikalokottarāḥ sāvadyānavadyāḥ sāsravānāsravā upāttānupāttāḥ"라고 하였다. 〔참고문헌〕『大乘入楞伽經』, *Laṅk.* ⇨ 유집수 有執受

유수보살무상청정분위경 濡首菩薩無上淸淨分衛經 Ⓢ Nāgaśrīparipṛcchā-Sūtra. 유송(劉宋) 때 상공(翔公) 한역. 2권. 고려장5, pp.965a1~978a22, No.12 · 대정장8, pp.740a1~748c14, No.234에 수록되어 있다. 줄여서 『유수분위경』·『분위경』이라고도 하며, 『결료여환삼매경 決了如幻三昧經』·『결료제법여환삼매경 決了諸法如幻三昧經』·『결료제법여환화삼매경 決了諸法如幻化三昧經』·『유수반야경 濡首般若經』 등이라고도 한다. 부처님께서 사위성(舍衛城) 기수급고독원에 계실 때의 회상에서 유수(濡首 : 文殊)보살이 여러 보살과 대론(對論)하는 형식이고, 문답의 주된 상대는 용수(龍樹)보살이며, 주제는 걸식(乞食)이다. 걸식이라는 당면한 주제로 반야 공을 설한 경으로, 제법이 환영과 같음을 관하는 삼매로써 비로소 물에 구애받지 않는 청정걸식이라는 법문이다. 이역본으로는 당대 현장(玄奘)이 한역한 『대반야경』의 제8회 「나가실리분 那伽室利分」(대정장7, pp.974b3~979b24)이 있다. ⇨ 유수 濡首, 대반야바라밀다경제팔회나가실리분 大般若波羅蜜多經第八會那伽室利分

유수생 有受生 수(受) 일어나게 되어 있음의 뜻. 『구사론』 권10(대정장29, p.53a19)에 "촉 후에 비로소 수가 일어날 수 있다. 근과 경이 우선하고, 다음에 식이 일어나며, 이 셋이 화합하기에 촉이라 한다. 세 번째 찰나에 이러한 촉을 연하여 수가 일어난다. 觸後 方有受生 根境爲先 次有識起 此三合故 卽名爲觸 第三刹那 緣觸生受", 『성유식론』 권4(대정장31, p.18b21)에 "일찍이 어떤 곳도 촉이 수를 일으키지 않은 경우는 없으므로 촉이 있으면 반드시 수 일어남이 있게 된다. 수와 상이 함께하는 그 이치 마침내 정해진 것이다. 曾無有處 簡觸生受 故若有觸 必有受生 受與想俱 其理決定"라고 하였다. 〔참고문헌〕『俱舍論』, 『成唯識論』. ⇨ 수 受 ■

유수승 有羞僧 부끄러움을 느끼는 스님. 사종승(四種僧 : 有羞僧·無羞僧·啞羊僧·實僧) 중 한 부류. 계를 지키기는 하지만 아직 도를 깨우치지 못하여 일대사를 성취하지 못한 허물을 부끄럽게 여기는 스님이다. 『대지도론』 권3(대정장25, p.80a15)에 "유수승이란, 계 지켜 어기지 않고 몸과 입 청정하여 호추를 잘 분별하지만 아직 도를 얻지 못하여 유수승이라 한다. 云何名有羞僧 持戒不破 身口淸淨 能別好醜 未得道 是名有羞僧", 『유마경약소』 권1(대정장38, p.572c21)에 "유수승이란, 출가한 수행자로서 계정혜를 닦을 뿐만 아니라 잘 분별하여 남의 의혹을 터주기도 하지만 아직 진실은 실현하지 못하여 안팎으로 범부의 지위에 머물러 있다. 이 때문에 성인의 법을 성취하지 못하면서 스님의 무리 속에 그릇되이 떨어져 있음을 부끄러워한다. 有羞僧者 若出家人 修戒定慧 亦能分別 爲人開決 但未發眞 居內外凡 自愧未能成就聖法 謬墮僧數"라고 하였다. 〔참고문헌〕『大智度論』, 『維摩經略疏』, 『大乘義章』 권10(대정장44, p.656c22). ⇨ 사종승 四種僧 ■

유수승도 遊手僧徒 조선 초 부역에 동원된 스님. 『태종실록』 권12 6년(1406) 8월 5일에 "각도의 유수승도 육백여 명을 찾아내서 두 창(풍저·광흥창) 짓기를 청합니다. … 이른바 역승이란, 종문의 스님이 아니라 그저 산에 사는 무리입니다. 請刷各道遊手僧徒六百餘名營造兩倉 … 所謂役僧者 非宗門僧也 乃指山僧也"라고 하였다. 조선시대 승도는 국역(國役)을 담당하는 양인(良人)에 속했으므로 정전(丁錢)을 내고 받은 도첩(度牒)이 없으면 역을 부담해야 했다. 건국 초기 신도(新都) 건설이 한창이던 때에, 도첩을 받고 종문에 들어 수행하는 스님들과 구별되는 유수승도를 한유(閑遊)하게 지낸다 여겨, 궁궐·관아·성곽 건립 등에 부역(赴役)케 하려고 도첩을 발급하였다. 〔참고문헌〕『太宗實錄』. ⇨ 부역승 赴役僧, 도첩제 度牒制

유수시수기 有數時授記 Ⓢ parimita-kāla-vyākaraṇa. 성불의 시간이 정해진 수기. 두 가지 시차별수기(時

差別授記) 중 하나. 유수시기(有數時記)라고도 한다. 무수시수기(無數時授記 Ⓢ aparimita-kāla-vyākaraṇa)의 상대어이다. 『대승장엄경론』 권12(대정장31, p.652a22 : *Sūtr.*, p.166)에 "시차별수기에는 두 가지가 있으니, 유수시수기와 무수시수기이다. 時差別授記有二種 一有數時授記 二無數時授記 kālabhedena parimitāparimita-kāla-vyākaraṇāt", 『삼미륵경소』(대정장38, p.319a27)에 "시차별수기에는 두 가지가 있으니, 첫째는 유수시수기, 둘째는 무수시수기 등이다. 〔해〕 전의 보살의 수기 중에서 … 뒤의 둘은 유수시수기이니, 행이 깊기 때문이다. 時差別有二 一 有數時記 二 無數時記 解云 前菩薩記中 … 後二有數時 以行深故"라고 하였다. 〔참고문헌〕『大乘莊嚴經論』, 『三彌勒經疏』, *Sūtr.* ⇨ 시차별수기 時差別授記, 수기 授記, 무수시수기 無數時授記, 기별 記別

유수작의 有羞作意 Ⓢ lajjā-manaskāra, Ⓣ ngo-tsha-ba yid-la-byed-pa. 오종작의(五種作意) 중 하나. 부끄러움 가져 다시 더욱 뜻을 내어 행함. 『대승장엄경론』 권5(대정장31, p.616c24 : *Sūtr.*, p.72)에 "다섯 가지 작의가 있으니, 유수작의·유락작의·무굴작의·수치작의·칭설작의 등이다. 보살이 생각하길 '내가 저 모든 바라밀에 게을러서 행하지 않거나 나아가 삿되게 행한다면 진실로 부끄러워하는 마음을 일으키고 마땅히 보시 등 행하지 않던 것도 행하겠다'라고 함이 유수작의다. 有五種作意 一 有羞作意 二 有樂作意 三 無屈作意 四 修治作意 五 稱說作意 菩薩次作是念 若我於諸波羅蜜 懈怠不作 及以邪作 應起深慚愧等 應轉檀等不轉 是名有羞作意. hrīdharmam ārabhya lajjāmanaskāro 'kṛteṣu vā dānādiṣv aparipūrṇamithyākṛteṣu vā lajjā lajjāyamānaś ca pravṛttinivṛttyartham anānuṣaṅgikaṃ kaukṛtyāyate"라고 하였다. 〔참고문헌〕『大乘莊嚴經論』, *Sūtr.* ⇨ 작의 作意

유수장자자 流水長者子 Ⓢ Jalavāhanaḥ śreṣṭhi-putraḥ. 석존의 전신으로 보살행 때의 이름. 『금광명경』 권4 「유수장자자품」(대정장16, pp.352b15~353c20 : Jalavāhanasya matsyavaineya-parivarta, *Suv-pr.*, p.168)에 수록되어 있다. 장자가 어느 날 수공(水空 Ⓢ Jalāmbara)·수장(水藏 Ⓢ Jalagarbha)이라는 두 아들과 함께 성읍을 다니다가 물이 마른 큰 못의 물고기들을 보고 연민을 일으켜 나뭇가지로 덮은 후 스무 마리 코끼리로 강물을 실어 날라 못을 채워 그들을 살리고는 먹이를 주고 부처님 명호와 불법을 들려주었다. 그 뒤 어느날 장자집에 향연이 열리는 순간 대지가 갑자기 진동하더니 그 못 물고기 일만 마리는 함께 죽어 도리천에 났다. 그때 누각에 누워 있던 장자는 일만천자가 무수한 진주영락을 사방에 깔아놓고 하늘꽃을 뿌리며 은혜에 보답함을 보았다. 부처님께서 이 인연을 설하셨으니 유수장자가 지금의 당신이고 수공은 지금의 라후라이며 수장은 아난이고 일만물고기는 지금의 일만천자라고 하셨다. 〔참고문헌〕『金光明經』, *Suv-pr.*

유수전산허주가랑 流水轉山虛舟駕浪 흐르는 물 산을 휘감고 빈 배 파도를 탄다는 말. 무심(無心)으로 행하며 중생을 수순하는 마음을 비유한 뜻이다. 『광지광록』 권4(대정장48, p.56c14)에 "일대 큰 교설 드러내니, 모든 인연들 훤출히 넘어서서 밝히고 또 밝히셨네. 굽은 곳 따라 곧은 곳 따라 흐르는 물 산을 휘감듯 하였고, 높은 곳 따라 낮은 곳 찾아 저 빈 배가 파도 타듯 하였네. 演出一大藏 明明超過諸緣上 隨曲隨直 也流水轉山 隨高隨下 也虛舟駕浪", 『수심결』(대정장48, p.1008a21·한불전4, p.712a13)에 "저 빈 배 파도 타듯 높으면 높은 대로 따르고 낮으면 낮은 대로 따르며, 저 흐르는 물 산을 휘돌아 가듯 굽으면 그대로 곧은 즉 곧게 흐를 뿐 마음에 분별이 없다. 似虛舟駕浪 隨高隨下 如流水轉山 遇曲遇直 而心心無知"라고 하였다. 〔참고문헌〕『宏智廣錄』, 『修心訣』.

유수진상 有受盡相 감수함이 다한 상. 업종자(業種子)가 이숙과(異熟果)를 초래하는 것을 말한다. 과거로부터 유전되는 명언훈습종자(名言熏習種子)의 양상을 표현하는 무수진상(無受盡相)의 상대어이다. 『섭대승론본』 권상(대정장31, p.137c1)에 "감수함이 다한 상 즉 유수진상이란, 이미 이숙과를 성숙시켜 마친 선불선종자를 말한다. 有受盡相者 謂已成熟異熟果 善不善種子", 『섭대승론석』 권3(대정장31, p.398b9)에 "'유수진상이란 이미 이숙과 등을 성숙시켰다' 함은 선악 등의 종자가 이미 성숙하여 마쳤기에 거듭 익힐 일 없고 수용 또한 다하였기 때문이다. 마치 종자가 싹을 틔운 다음에는 거듭하여 싹을 틔울 수 없는 것과 같다. 有受盡相 謂已成熟 異熟果等者 善惡種子 旣成熟已 不可重熟 受用盡故 猶如種子 旣生芽已 不可重生"라고 하였다. 〔참고문헌〕『攝大乘論本』, 『攝大乘論釋』. ⇨ 무수진상 無受盡相

유순 由旬 Ⓢ Ⓟ yojana의 음사어, Ⓣ dpag-tshad. 인도전통의 거리를 헤아리는 단위. 갖춘 음사어는 유사나(踰闍那)·유선나(踰繕那·瑜膳那·由繕那) 등이며, 유순(兪旬)·유연(由延) 등이라고도 한다. 한역어는 합(合)·화합(和合)·응(應)·한량(限量)·일정(一程)·역(驛) 등이다. 범어 요자나는 동사 유즈(Ⓢ √yuj)에서 유래된 명사로서 '멍에를 멤. 附軛'을 뜻하며, 소가 멍에를 메고 하루 동안 가는 거리를 말한다. 또한 대유순·중유순·소유순 등으로 분류한다. 『대당서역기』 권2(대정장51, p.875c4)에 "수량을 나타내는 말을 유선나〈가장 오래된 한역은 유순이고, 유사나라고도 한다. 또한 유연이라고도 하는데, 모두 변하고 줄였다〉라고 한다. 유선나는 예부터 왕이 하루 동안 행군하는 거리로, 1유선나는 40리이다. 인도관습으로는 30리라 하고, 불경에는 16리라 하였다. 夫數量之稱 謂踰繕那〈舊曰 由旬 又曰 踰闍那 又曰 由延 皆訛略也〉 踰繕那者 自古聖王一日軍行也 舊傳一踰繕那 四十里矣 印度國俗 乃三十里 聖教所載 唯十六里"라고 하였듯이, 거리를 상정함에는 탈 것 즉 수레를 모는 소나 말 등이 다르고 거리를 재는 리(里) 등도 자세히 다 알 수 없으므로, '하루해가 지기 전에 가는 거리'의 뜻이 일반적이다. 한편, 『방광대장엄경』 권4(대정장3, p.563b23 : *Lal-v.*, p.104)에 "4구로사는 1유순이다. 四拘盧舍 成一由旬 catvāraḥ krośā yojanam"라 하였으니, 『불본행집경』 권12(대정장3, p.710a12) · 『잡아비담심론』 권2(대정장28, p.887a14) · 『구사석론』 권9(대정장29, p.220a8 : *Abh-k-bh.*, p.177) 등이 모두 같다. 다시 중국의 리(里)로 환산함에도, 『살바다비니비바사』 권5(대정장23, p.535a15)에 "유순이란, 40리를 1유순으로 한다. 由旬者 四十里 一由旬", 『일체경음의』 권1(대정장54, p.315c8)에 "옛날에는 1유선나는 40리라 하고, 인도 풍속에선 30리이며, 불경에는 16리다. 舊傳 一踰繕那 有四十里 印度國俗 乃三十里 聖教所載 唯十六里"라고 하였다. 『유부백일갈마』 권3(대정장24, p.467c14)에는 인도의 32리가 12리에 해당한다고 하였고, 나아가 『번역명의집』 권3(대정장54, p.1107b11)에 "『대론』에 '유순에는 세 가지 구별이 있다. 대유순은 80리, 중유순은 60리, 소유순은 40리이다. 大論云 由旬三別 大者 八十里 中者 六十里 下者 四十里"라고 하였다. [참고문헌] 『大唐西域記』, 『方廣大莊嚴經』, 『佛本行集經』, 『雜阿毘曇心論』, 『俱舍釋論』, 『薩婆多毘尼毘婆沙』, 『一切經音義』, 『有部百一羯磨』, 『翻譯名義集』, *Lal-v.*, *Abh-k-bh.*, *Mvyut.521.*, J.F.Fleet *The Yojana and the Li*(Journal of Royal Asiatic Society, 1906). ⇨ 구로사 俱盧舍, 오백유순 五百由旬, 삼백유순 三百由旬, 십천유순 十千由旬

유순법인 柔順法忍 Ⓢ anulomikī-dharma-kṣānti. 삼법인(三法忍) 중 하나. 법의 실상을 그대로 알아 따르는 지혜. 분별집착하지 않고 제법실상을 자연스레 순하기에 이렇게 말한다. 순인(順忍) · 유순인(柔順忍) · 사유유순인(思惟柔順忍) 등이라고도 한다. 『좌선삼매경』 권하(대정장15, p.285a21)에 "무엇이 유순법인인가? 보살이 생인공덕무량함을 얻었으나 이 공덕복보 또한 무상함을 알고, 이때 무상함을 싫어하여 스스로 영원한 복을 구하고 중생을 위하여 상주법을 구하니, 일체제법인 색무색법 · 가견불가견법 · 유대무대법 · 유루무루 · 유위무위 · 상중하법 등에 있어 실상을 구한다. 실상이란 무엇인가? … 이와 같이 생하지도 멸하지도 않으며, 불생도 불멸도 아니며, 있는 것도 없는 것도 아니며, 받아들이지도 않고 착하지도 않아서, 언설 모두 사라지고 마음의 행처조차 끊어져 저 열반성일 뿐이니, 이야말로 법실상이다. 이러한 법 중에 믿는 마음이 청정하여 막힘도 걸림도 없으며, 따라 알고 그대로 믿으며 자연스레 나아가니, 이것을 유순법인이라고 한다. 云何柔順法忍 菩薩既得生忍功德無量 知是功德福報無常 是時 厭無常自求常福 亦爲衆生 求常住法 一切諸法 色無色法 可見不可見法 有對無對法 有漏無漏 有爲無爲 上中下法 求其實相 實相云何 … 如是 不生不滅 不不生不不滅 非有非無不受不著 言說悉滅 心行處斷 如涅槃性 是法實相 於此法中 信心清淨 無滯無礙 軟知軟信軟進 是謂柔順法忍", 『대지도론』 권48(대정장25, p.405b25)에 "인법과 세간제일법이 바로 보살의 유순법인이다. 忍法 世間第一法 則是菩薩柔順法忍"라고 하였다. [참고문헌] 『坐禪三昧經』, 『大智度論』. ⇨ 법인 法忍 1, 삼법인 三法忍 1, 인 忍

유순안 有瞚眼 눈동자 움직임이 있는 눈. 사종안(四種眼) 중 하나이며 무순안(無瞚眼)의 상대어이다. 『유가사지론약찬』 권2(대정장43, p.23a22)에 "유순안이란 눈동자 움직이는 눈이니, 저 사람의 눈이다. 有瞚眼者 卽瞬動眼 如人等眼"라고 하였다. [참고문헌] 『瑜伽師地論略纂』. ⇨ 무순안 無瞚眼

유순인 柔順忍 ➡ 유순법인 柔順法忍

유습 有習 습기 있음. 무명(無明)을 달리 이르는 이름이다. 『증일아함경』 권19(대정장2, p.643a20)에 "온갖 습기 있는 법이 모두 남김없이 다한다면 이 비구는 이미 반열반한다. 諸有習之法 皆悉滅盡 此比丘已般涅槃"라고 하였다. [참고문헌] 『增壹阿含經』.

유승 幽僧 그윽한 곳에 깃들어 수행하는 스님. 명리와 세간을 멀리하는 뜻이다. 『신수과분육학승전』 권16 「당법통장 唐法通章」(卍속장133, p.696b6)에 "군산은 험하고 가팔라 아득하고 치우친 곳으로 도첩에도 보이므로, 그윽이 수행하는 스님과 지조 깊은 선비들이 많이 살았다. 羣山險隘 敻僻見圖諜 多幽僧介士居之", 조하(趙嘏) 「기산승 寄山僧」(『전당시』)에 "구름 속 깃들었던 스님마저 가버린 곳에 상수리꽃 등나무잎 선상 가득하네. 雲裏幽僧不置房 橡花藤葉蓋禪床", 김유(金楺 1653~1719) 「차휘상인운 次徽上人韻」(『검재집』 권1)에 "선방 고요한 밤에 찌는 어둠 씻어내며, 드러누워 유승의 성근설을 듣네. 禪房靜夜滌煩昏 臥聽幽僧說性根"라고 하였다. [참고문헌] 『新修科分六學僧傳』, 『全唐詩』, 『儉齋集』

(韓國文集叢刊續集50, p.19b7).

유승 游僧 주석처에 머물지 않고 세간을 돌며 구법(求法) 교화(敎化)하는 스님. 운수승(雲水僧)·행각승(行脚僧)이라고도 한다. 『남악총승집』 권상(대정장51, p.1058a27)에 "유승 혜광이 이곳을 방문했던 참에 복사꽃이 흐드러지게 핀 모습을 보고 가지 몇 개를 따서 나가자 모두들 의아해 했다. 因游僧惠光訪此 見桃花爛然 摘數枝而出 人皆訝之", 『오등회원』 권8 「계여암주장 契如庵主章」(卍속장138, p.282b8)에 "무릇 법을 구해 다니는 스님 찾아오면 물음에 따를 뿐 정해 열어 보이는 일 없었다. 凡經游僧至 隨叩而應 無定開示"라고 하였다. 〔참고문헌〕『南嶽總勝集』, 『五燈會元』. ⇨ 유력 遊歷, 운수승 雲水僧, 행각승 行脚僧

유승계 有勝界 뛰어나게 아름다운 계. 『사리불아비담론』 권7(대정장28, p.576a1)에 "무엇이 유승계인가? 저 법에 취함이 있으면 유가 승한 계다. … 무엇이 유승계인가? 만약 법계에 나머지 계의 뛰어난 아름다움보다 훨씬 더 하면 유승계라 부른다. 云何有勝界 若法有取 是名有勝界 … 云何有勝界 若法界有餘界勝妙過上 是名有勝界"라고 하였다. 〔참고문헌〕『舍利弗阿毘曇論』.

유승소 劉僧紹 북위(北魏) 때 스님. 생몰연대 등 자세한 행적은 알 수 없다. 『위서』 권8 연창(延昌) 3년(514) 11월에 유주(幽州 : 지금의 北京市) 사문 유승소가 군중을 모아 반란을 도모하면서 정거국명법왕(淨居國明法王)이라 자칭하다가 주군(州郡)에 체포되어 참수당했다고 전한다. 이것은 한족들이 이민족(北魏)의 통치에 반감을 품고 불교를 의지하여 일으킨 반란이라는 평가도 있다. 〔참고문헌〕『魏書』, 『北史』 권4 「魏本紀」 4, 湯用彤 『漢魏兩晉南北朝佛敎史』 제14장.

유승아만류 有勝我慢類 Ⓢ asti me śreyān iti mānavidhā. 타인의 승함을 세우고 자신을 비하하는 등의 아만류. 구만(九慢 : 九慢類) 중 하나. 『순정리론』 권47(대정장29, p.610a25)에 "나보다 뛰어남 있다고 여기는 만은 자신이 열하다 여기는 만이다. 有勝我者 是卑慢類", 『구사론기』 권19(대정장41, p.302a29)에 "유승아만류란 타인에게 뛰어남 있다고 여겨 자기는 열하다고 생각하는 것이니, 이것은 비만이다. 有勝我慢類 謂有他勝我 於勝謂已劣 卽是卑慢"라고 하였다. 〔참고문헌〕『順正理論』, 『俱舍論記』. ⇨ 구만 九慢

유승지 有勝智 뛰어나고 아름다운 지혜. 다른 지혜보다 뛰어난 모든 지혜를 말한다. 다만 무상정각여래의 무애지견으로 얻은 지만은 예외다. 『사리불아비담론』 권9(대정장28, p.591a4)에 "무엇을 유승지라 하는가? 지혜로 만약 취할 것이 있으면 그 이름은 유승지다. … 무엇이 유승지인가? 저 다른 나머지 지혜 뛰어나 아름다운 계보다 뛰어나면 그 이름은 유승지다. … 또 무엇이 유승지인가? 여래 지혜 내시면 일체법중에 무애지견이어서 자재자유력의 호존자재승귀자재지견을 얻고, 무상최승정각여래십력으로 사무소외대자자재를 성취하며, 나아가 법륜굴림도 성취한다. 이런 지혜 아닌 나머지 지를 유승지라 부른다. 云何有勝智 智若有取 是名有勝智 … 云何有勝智 若於此智 有餘智勝妙過上是 名有勝智 … 云何有勝智 如來若生智 於一切法中 無礙智見 得自在自由力豪尊自在勝貴自在智見 無上最勝正覺如來十力 成就四無所畏大慈自在 成就轉法輪 除彼智若餘智 是名有勝智"라고 하였다. 〔참고문헌〕『舍利弗阿毘曇論』.

유승천경 有勝天經 『중아함경』 권19 「수왕품 壽王品」의 경. 고려장17, pp.1210b23~1214b5·대정장1, pp.549b3~551c25에 수록되어 있고, 상응하는 팔리경전은 맛지마니카야 제127경 *Anuruddha-sutta*이다. 존자 아나율다(阿那律陀 Ⓢ Aniruddha, Ⓟ Anuruddha)가 선여재주(仙餘財主 Ⓟ Pañcakaṅga-thapati)에게 대심해탈(大心解脫 Ⓟ mahaggatā cetovimutti)과 무량심해탈(無量心解脫 Ⓟ appamāṇā cetovimutti)의 뜻과 함께 광천(光天)·정광천(淨光天)·변정광천(徧淨光天)의 인과차별에 대하여 설한다. 〔참고문헌〕『法輪寶懺』 권2(卍속장129, p.871b4).

유시 由是 Ⓟ tathā. 이로 말미암아. 이 때문에. 『증일아함경』 권32(대정장2, p.728b7)에 "이로 말미암아 흘러 도니 풀려날 기약이 있을 수 없네. 由是流轉 無有解時"라고 하였다. 〔참고문헌〕『增壹阿含經』, *SN.1.94.*

유시 有始 Ⓢ ādimat, Ⓣ thog-ma can. 비롯함이 있음. 『구사론』 권9(대정장29, p.48a15 : *Abh-k-bh.*, p.130)에 "만일 시가 있다고 주장하려면 그 시는 반드시 인이 없어야 하고, 시가 이미 인이 없는 이상 나머지도 스스로 일어나야 한다. 눈앞에서 싹 등을 보면 씨앗 등이 인이 되어 일어나고 장소와 시간으로 연유하여 함께 결정된다. 또한 불 등으로 말미암아 숙변 등이 일어나기도 한다. 이러한 예들로 보면 인 없이 일어나는 법은 결코 없다. 若執有始 始應無因 始旣無因 餘應自起 現見芽等 因種等生 由處及時 俱決定故 又由火等 熟變等生 由此定無無因起法 ādau hi parikalpyamāne tasyāhetukatvam eteṣu sajyeta sati cāhetukatve sarvam evedam ahetukaṃ prāduḥ syāt. dṛṣṭaṃ cāṅkurādiṣu bījādīnāṃ sāmarthyaṃ deśakālapratiniyamād agnyādīnāṃ ca pākajādiṣv iti nāsti nirhetuka ḥ prādurbhāvaḥ", 『대지도론』 권31(대정장25, p.291a6)에 "〔문〕 시가 없다 함은 참으로 무너뜨려서는 안 된다. 왜 그런가? 저 중생과 법에 시가 있다고 함은 변견에 떨어지거나 인이 없다는 견에 떨어진다. 이와 같은 허물은 멀리 여의어야 하기에 마땅히 설하여 중생과 법에 시가 없다고 하지만, 지금은 시가 없어 공이라 하여 무시마저 파하면 도리어 시가 있다는 견에 떨어지게 된다. 問曰 無始 是實不應破 何以故 若衆生及法有始者 卽墮邊見 亦墮無因見 遠離如是等過 故應說 衆生及法無始 今以無始空 破是無始 則還墮有始見", "〔답〕 이제 시작없는 공으로써 무시견을 파해버리면 다시 유시견에 떨어지지 않게 되니 마치 불에서 구한 사람을 깊은 물에 젖게 해서는 안 되는 것과 같다. 이제 이 무시를 파하고 다시 유시중에 집착해서도 안 되니 이러한즉 중도를 행함이다. 答曰 今以無始空 破無始見 又不墮有始見 譬如救人於火 不應著深水中 今破是無始 亦不應著有始中 是則行於中道", 같은 책 권32(대정장25, p.297b11)에 "만일 시가 있다면 그 시란 인할 것이 없다는 것이다. 만일 인이 없이 있게 되었다면 인연을 기다릴 일도 없게 된다. 그렇다면 일체제법 또한 인연을 기다리지 않고도 있게 된다. 若有始 始則無所因 若無所因而有 則不待因緣 若然者 一切諸法 亦不待因緣而有", 『승만보굴』 권중말(대정장37, p.52a24)에 "만일 시가 있다면 인은 없으리라. 시가 있으면 초가 있게 되고 최초인즉 인은 없다. 무시로서 유인이니, 이렇게 유인인즉 인이 있게 됨을 밝혀 불법이 이 인연의 뜻임을 드러낸다. 若有始則無因 以有始則有初 初則無因 以其無始 則是有因 所以 明有因者 顯佛法是因緣義"라고 하였다. 〔참고문헌〕 『俱舍論』, 『大智度論』, 『勝鬘寶窟』, *Abh-k-bh.*, *Laṅk.333.* ⇨ 무시 無始, 무인론 無因論

유시 有時 **1** Ⓢ kadā cit, ekadā, Ⓟ yasmiṃ samaye, Ⓣ res-'ga'. 어느 때. 때때로. 간혹. 이따금. 『장아함경』 권22 「세기경 世記經」(대정장1, p.146c23)에 "월궁전은 때 되면 둥근 바탕이 이지러지면서 빛이 줄어든다. 그런 이유로 월궁에 손(損)이라는 이름을 붙였다. 月宮殿有時 圓質盈虧 光明損減 是故 月宮名之爲損", 『보살영락경』 권11(대정장16, p.100a13)에 "어떤 때는 성취하고 어떤 때는 성취하지 못하기도 한다. 이와 같이 사람들도 성인의 지위에 있기도 하고 범부지에 있기도 한다. 有時成就 有時不成就 如此等人 或在聖地 或在凡夫地"라고 하였다. 〔참고문헌〕 『長阿含經』, 『菩薩瓔珞經』, *Abh-k-bh.36.*, *Yogā-bh.150.*, *MN.3.161.* **2** 알맞은 시기. 시기가 적절하다는 말. 『조정사원』 권8(卍속장113, p.232a17)에 "풍우에도 때가 있고, 한서에도 절이 있다. 참으로 이 땅 아닐진댄 남쪽은 너무 덥고 북쪽은 너무 춥다. 風雨有時 寒暑有節 苟非此土 南則多暑 北則多寒"라고 하였다. 〔참고문헌〕 『祖庭事苑』.

유시랑 劉侍郎 생몰연대 미상. 오흥(吳興 : 浙江省 湖州) 출신. 이름은 잠(岑), 자는 중고(仲高), 호는 해공(解空). 대혜종고(大慧宗杲)가 형주(衡州)에 머물던 60세에 그의 질문에 답한 서신이 『서장』 「답유시랑 答劉侍郎」(대정장47, p.934c21)에 전하는데, "굳이 말로 보인즉 납월삼십일이 이미 도래해 있음이라 여겨 중요로이 일용에 마땅히 이와 같이 관찰한즉 세간의 진로지심 자연히 녹아 사라지리라. 示諭 臘月三十日已到 要之日用 當如是觀察 則世間塵勞之心 自然銷殞矣"라고 하였다. 〔참고문헌〕 『書狀』, 李智冠 『四集私記』 p.97.

유시무종 有始無終 시는 있으나 끝은 없다는 말. **1** 중생의 본제(本際)에 대한 미사새부(彌沙塞部 Ⓢ Mahīśāsaka)의 입장. 시원의 중생은 인연 따라 일어나지만 반열반성은 없고, 불과는 불멸하기에 끝이 없다고 한다. 원측(圓測)의 『인왕경소』 권중본(대정장33, p.401a5 · 한불전1, p.81a21)에 "사구로 요약할 수 있다. 첫째는 시는 있고 끝은 없다 하니, 곧 미사새부에서는 어느 때인가 머리가 된 중생이 있었기에 연을 따라 있게 되었다고 세운다. 저 진제 『부집기』의 설과 같다. 저 종중에 비록 뜻으로는 반열반성이 없다 하고 불과는 불멸한다고 하였으니, 초구를 얻은 뜻이다. 有其四句 一 有始無終 謂彌沙塞部中 立有時頭衆生 隨緣而有 如眞諦部執記中說 而彼宗中 雖無成文 義說無般涅槃性 及佛果不滅者 得成初句"라고 하였다. 〔참고문헌〕 『仁王經疏』. **2** 삼신(三身) 중 보신(報身)의 특징. 『대승본생심지관경천주』 권5(卍속장34, p.311b14)에 "법신의 과는 시작도 끝도 없어 상주라 하고, 보신은 시작은 있고 끝이 없어도 상주라 한다. 저 응화신의 과라면 기에 감응한즉 나타났다가 연이 다하면 사라지니 시작도 있고 끝도 있다. 만약 원융의 뜻으로 삼신을 드러내면 법신과 보신의 체는 사가 이를 떠나지 못함이고, 법신이 응신과 다를 수 없는 것은 모두 상주과이기 때문이다. 法身果 無始無終爲常住 報身有始無終爲常住 若應化身果 機感則現 緣盡則滅 有始有終 若以圓融之義 三身圓現 法報體同 事不離理 法不異應 皆爲常住果也"라고 하였다. 〔참고문헌〕 『華嚴經疏鈔』, 『大乘本生心地觀經淺註』. ⇨ 보신 報身 **3** 시작은 있었지만 끝은 미치지 못한다는 말. 용두사미(龍頭蛇尾) · 유두무미(有頭無尾) 등과 통한다. 『정각윤광택선사조설집』 권1 「시도 示徒」2(가홍장39, p.708c9)에 "용 머리에 뱀 꼬리와 같아 선인으로서 악과를 초래하였으니, 시작은 좋았지만 끝은 없었으니 복덕 낳는 땅을 향했지만 이른 곳은 길의 반일 뿐이다. 龍頭蛇尾 善因而招惡果 有始無終 福地以致半途"라고 하였다. 〔참고문헌〕 『正覺潤光澤禪師澡雪集』.

유시분외 猶是分外 오히려 분 밖이라는 말. 『경덕전등록』 권14 「용담숭신전 龍潭崇信傳」(대정장51, p.313c1)에 "이고가 용담에게 물었다. '무엇이 진여반야입니까?' '제게는 진여반야가 없습니다' '행운입니다, 화상을 만났으니' '오히려 분 밖의 말씀입니다'. 李翺問 如何是眞如般若 師曰 我無眞如般若 翶曰 幸遇和尙 師曰 此猶是分外之言", 『종용록』 57칙 「본칙 本則」(대정장47, p.263a24)에 "엄양존자가 조주에게 물었다. '한 물건도 가져오지 않았을 때는 어떻게 합니까?'〈참으로 분수를 넘어서는구나〉 '내려놓아라!'〈몸에 착 달라붙는 속 적삼은 벗어 버려야 한다〉. 嚴陽尊者問趙州 一物不將來時 如何〈猶是分外〉 州云 放下著〈貼体衣衫 會須脫却〉"라고 하였다. 〔참고문헌〕『景德傳燈錄』, 『從容錄』. ⇨ 분외 分外, 미시분외 未是分外, 무일물 無一物

유시소기교 猶是小機巧 오히려 이 보잘것없는 기교일 뿐. 『벽암록』 11칙 「착어 著語」(대정장48, p.152b3)에 "죽은 두꺼비 말만 많아서 어디에 쓰려느냐? 기특하려 해서는 안 되니 오히려 보잘것없는 기교일 뿐. 이 큰 기틀 큰 씀씀이 현전한다면 시방세계 다하고 산하대지까지 모두 황벽처에서 목숨을 구걸하리라. 死蝦蟆 多口作什麼 未爲奇特 猶是小機巧 若是大機大用現前 盡十方世界 乃至山河大地 盡在黃檗處乞命"라고 하였다. 〔참고문헌〕『碧巖錄』.

유시수유시용 有時收有時用 때론 거두고 때론 펴 쓴다는 말. 수기방편에 자재함을 말한다. 『가태보등록』 권30 「주장가」(卍속장137, p.429a17)에 "때로는 거두고 때로는 쓴다. 놓고 뺏음에 맡겨 마음껏 쥐고 논다. 문득 뛰어난 이 문 열고 오더라도 한 방 쳐 쓰라림 알게 하리라. 有時收有時用 縱奪臨機恣拈弄 儻蒙上士入門來 一棒打教知痒痛"라고 하였다. 〔참고문헌〕『嘉泰普燈錄』.

유시주의 有施主衣 오종의(五種衣) 중 하나. 보시한 이를 분명히 알 수 있는 옷. 무시주의(無施主衣)와 대칭한다. 『근본살바다부율섭』 권5(대정장24, p.552a)에 "첫째 유시주의란 반드시 보시한 사람을 알 수 있는 옷을 말한다. 一 有施主衣 謂定知有彼施衣人"라고 하였다. 〔참고문헌〕『根本薩婆多部律攝』. ⇨ 오종의 五種衣, 무시주의 無施主衣

유식 有識 Ⓢ sa-vijñānaka, Ⓣ rnam-par-shes-pa-dang-bcas-pa. 식이 있음. 알아차림 있는 유정(有情)을 말한다. 『기세경』 권4(대정장1, p.332a6)에 "너는 과거 인간에 있을 때 늙고 병들어 죽는 것을 보지 못하였는가? 이것은 천사가 와서 일러준 것이거늘, 어찌하여 방일하여 깨우치지 못하였는가? 몸과 입과 마음을 멋대로 버려두어 온갖 번뇌에 더럽히고 보시와 지계를 행하여 스스로 조복도 못하니, 저 어찌 식 있음이라 하는가. 이로움 더하는 인 짓지도 못하거늘. 汝昔在於人間時 可不見於老病死 此是天使來告示 云何放逸不覺知 縱身口意染諸塵 不行施戒自調伏 如此云何名有識 而不造作利益因", 『육도집경』 권1(대정장3, p.2c4)에 "현명하신 임금님의 어진 은택이 온 나라에 미치니, 식 있는 중생들이 찬탄하지 않음이 없습니다. 감히 바라는 바를 임금님께 말씀드리고자 합니다. 明王仁澤 被于四國 有識之類 靡不咨嗟 敢執所願 欲以上聞"라고 하였다. 〔참고문헌〕『起世經』, 『六度集經』, *Abh-k-bh.30*. ⇨ 유정 有情

유식 唯識 Ⓢ vijñapti-mātratā, vijñapti-mātra. 오직 식 뿐이라는 말. 만법(萬法)은 식(識)을 떠날 수 없다는 뜻으로 붙여진 이름이다. 유(唯)는 식과 연기하지 않는 별도의 것이 있다(偏有)는 입장도, 모든 곳이 공일 뿐(偏空)이라는 주장도 가려 세워서 비유비무(非有非無)의 입장에 서고, 다시 유(唯)의 뜻인 가려 가짐(簡持), 맺어 정함(決定), 뛰어남을 드러냄(勝顯)이라는 세 가지 뜻으로, 변계(遍計)를 가려 의타·원성(依他·圓成)을 취해 가짐으로써 삼성중도(三性中道)를 현양한다. 한편 유심(唯心)이 인과(因果)를 사무쳐 경(境)과 지(智)를 함께 드러내는 데 비해, 유식은 인위(因位)에 힘써 요별(了別)의 승함을 분명히 한다. 『성유식론』 권7(대정장31, p.39c16)에 "이미 다른 경 엄연히 있는데 어째서 식 뿐이라고 하는가? 기이하도다! 부딪치는 곳마다 고집스레 의심하는구나. 어찌 유식의 가르침이 단지 한 가지의 식만을 설함이겠는가. 그렇지 않다면 어째서 유식이라 하는가? 그대 마땅히 자세히 들어야 할 것이다. 만약 오직 한 가지의 식일 뿐이라면 어떻게 시방의 범성·존비·인과 등의 차별이 있겠는가. 누가 누구에게 설할 수 있을 것이며, 어떤 법을 어떻게 구할 수 있겠는가. 그렇기에 유식이라는 말에는 깊은 의취가 있는 것이다. 旣有異境 何名唯識 奇哉 固執觸處生疑 豈唯識教但說一識 不爾如何 汝應諦聽 若唯一識 寧有十方凡聖尊卑 因果等別 誰爲誰說 何法何求 故唯識言 有深意趣", "식이라는 말을 모두 모아 드러내자면, 일체유정에게 각각 팔식·육위심소·변현한 견분과 상분·분위차별과 함께 저 공의 이치로 현현한 진여가 있다. 식자상이 있고, 식상응하기에 이 두 가지로 변현한 것이고, 세 가지 분위며, 네 가지의 실성이 있기 때문이다. 이와 같이 제법은 모두 식을 여읠 수 없기에 모두 거두어 세운 것이 식이라는 이름이다. 단지 어리석은 범부가 집착하길 정히 모든 식 벗어나서도 실로 색 등이 있다 함을 막기 위함이다. 識言總顯 一切有情 各有八識 六位心所 所變相見 分位差別 及彼空理 所顯眞如 識自相故 識相應故 二所變故 三分位故 四實性故 如是諸法 皆不離識 總立識

名 唯言 但遮愚夫所執 定離諸識 實有色等", "만약 이와 같이 유식의 교의를 안다면 문득 능히 전도됨 없고 자량을 잘 구비하여 곧바로 법공에 들어가 무상의 깨달음을 증하고는 식 품어 나고 죽는 윤회중생을 구제한다. 온전히 다 아니어서 무라 하며 심하게 공을 취한 이는 이 가르침과 뜻 어기고 버려 능히 이 일 성취할 수 없다. 그렇기에 반드시 일체가 유식임을 믿어야 한다. 若如是知唯識教意 便能無倒 善備資糧 速入法空 證無上覺 救拔含識 生死輪迴 非全撥無 惡取空者 違背教理 能成是事 故定應信 一切唯識", 『성유식론술기』 권1(대정장43, p.229b23)에 "유(唯)는 간별하여 외경은 없다고 막는 말이고, 식(識)은 능히 알아 말함이 내심에 있음을 말한다. … 유(唯)는 외경 있음을 막아 유에 집착하는 이에게 진실이 아님을 알게 함이고, 식(識)은 마음이 공할 뿐임을 공에 걸려 있는 이에게 그 실이 아님을 알아 무너지게 함이다. 唯謂簡別遮無外境 識謂能了詮有內心 … 唯遮境有 執有者喪其眞 識簡心空 滯空者乖其實", 『대승법원의림장』 권1(대정장45, p.260a10)에 "둘째는 이름을 가린다. 범어 음사어 비야지(Ⓢ vijñapti)를 번역하면 식이다. 식은 요별의 뜻이다. 식의 자상·식의 상응·식의 변현·식의 분위·식의 실성이라는 다섯 가지의 사(事)와 이(理)가 모두 식과 떨어질 수 없기에 유식이라 한다. 그렇지 않으면 진여는 마땅히 유식이 아니니, 또한 오직 일심도 아니며 다시 다른 것 없을 것이어서 나머지 거두어 식으로 돌아갈 수밖에 없으니, 모두 거두어 '식'이란 이름 세우고, 진으로 거두어 돌아갈 수 없기에 '여'라 이름하지 않는다. 第二 辨名者 梵云毘若底 此翻爲識 識者了別義 識自相 識相應 識所變 識分位 識實性 五法事理 皆不離識 故名唯識 不爾眞如 應非唯識 亦非唯一心 更無餘物 攝餘歸識 總立識名 非攝歸眞不名如也", "범어 마달라다(Ⓢ mātratā) 뒤친 것이 유(唯)다. 유에는 세 가지 의미가 있다. 첫째는 가려 가진다는 뜻이다. 변계소집의 생과 법 두 가지 아를 가려 버리고 의타와 원성의 식상과 식성을 가져 취한다. … 둘째는 결정의 뜻이다. 구역 『중변분별론』의 게송에서 '이 중에 정히 공이 있고 저에도 이것이 있네'라고 하였다. 세속사 중에 결정코 참된 이치가 있고 참된 이치 중에도 결정코 세속사가 있다는 뜻이다. 식은 그중에 이 두 가지를 정해서 표하고, (식을 떠나서는) 능취도 소취도 없음을 드러낸다. 셋째는 수승한 뜻을 드러낸다. 구파논사의 『이십유식석』에서 '여기서 설한 유식은 다만 주된 승만을 들었으니 이와 심소를 겸한다. 저 왕이 오신다 하고 신하들의 보좌는 없는 듯 말한 것과 같다. 여기서는 대개 가려 가지는 것만을 취해 유를 풀이했다. 梵云摩咀剌多 此翻爲唯 唯有三義 一 簡持義 簡去遍計所執 生法二我 持取依他圓成 識相識性 … 二 決定義 故舊中邊頌云 此中定有空 於彼亦有此 謂俗事中定有眞理 眞理中定有俗事 識表之中此二決定 顯無二取 三顯勝義 瞿波論師 二十唯識釋云 此說唯識 但擧主勝 理兼心所 如言王來非無臣佐 今此多取簡持解唯", "식이란 마음이다. 마음이 모아 일어나서 그림 그리는 주된 근본이 되니 경에서 유심이라 하였고, 분별하여 요달하는 근본이기에 논에서는 유식이라 한다. 혹 경의 뜻은 인과에 통하므로 크게 거두어 유심이라 하고 논에서는 오직 인에 두어 다만 유식이라 부른다. 식은 요별의 뜻이어서 인위 중에 있고 식을 씀이 강하기 때문에 식이 유가 된다고 설한 것이니, 그 뜻은 둘이 아니다. 識者心也 由心集起 綵畫爲主之根本 故經曰唯心 分別了達之根本故 論稱唯識 或經義通因果 總言唯心 論說唯在因 但稱唯識 識了別義 在因位中識用强故 說識爲唯 其義無二", "『이십론』에는 '심·의·식·요로 이름이 차별하니, 식이 곧 유라 한 것은 지업석이다. 또는 순세외도(Ⓢ Lokāyatika)와 청변(Ⓢ Bhāviveka) 등이 경유(境唯)를 세웠기에 저들의 말과 가리기 위해 식만이 유라고 한 것이다. 의주석으로도 과실이 없으니 식을 버리고 지에 의지하게 하려고 유식이란 말을 한 것이다. 저 능히 관하는 중에는 지가 강하고 식이 열해야 한다. 만약 써 경이라 한다면 다 마음을 떠날 수 없다. 지금은 관해야 할 것이기에 유식이라고 해야 한다. 二十論云 心意識了 名之差別 識卽是唯 持業釋也 或順世外道 及清辨等 成立境唯 爲簡於彼言識之唯 依主無失 爲令捨識 而依於智 說唯識言 若能觀中 智强識劣 若以爲境 皆不離心 今爲所觀 故名唯識"라고 하였다. [참고문헌] 『成唯識論』, 『成唯識論述記』, 『大乘法苑義林章』. ⇨ 유식무경 唯識無境, 유식구난 唯識九難, 유심 唯心, 유식사상 唯識思想

유식가 有食家 Ⓢ sabhojana-kula. 남녀 간의 음사(婬事)를 비유하는 말. 『근본살바다부율섭』 권11(대정장24, p.589b25)에 "유식가란 무엇인가? 여자는 남자의 먹이고, 남자는 여자의 먹이다. 즉 남자와 여자가 교합할 때, 서로의 몸을 한껏 즐기기에 유식이라 한다. 有食家者 女是男之食 男是女之食 謂男女行交會時 更相受用 故名有食"라고 하였다. [참고문헌] 『根本薩婆多部律攝』, 『十誦律』 권14(대정장23, p.98b17), *Mvyut.539.*

유식가 唯識家 유식(唯識)을 종(宗)으로 하는 무리. 『원각경유해』 권1(卍속장15, p.792b18)에 "또한 유식가에서는 '여시'라는 두 글자를 풀면서 '가리켜 정한 말을 짓는다' 하였는데, '가리켜 정해 내려와 설해진 교법'을 말한다. 아난은 20년 동안 부처님의 시자가 되어 친히 부처님께 들었기에 '이처럼 그윽한 뜻을 내가 친히 들었다'라고 하였다. 又唯識家 解如是二字 作指定之辭 謂指定下來 所說之敎法 阿難二十年中 爲佛侍者 親從佛聞 所以云 如是玄義 我親得聞", 『종범』 권하(卍속장11

4, p.691b16)에 "이를 유식가에서는 진견도위라 하지만, 천태가에서는 원교초주위이자 별교초지위에 둔다. 일분무명을 파하여 일분진여의 상을 증한다. 참선하는 뛰어난 무리들 곁에서 엿본다면 이는 본래면목을 옮겨 취하여 본분과 더불어 상응함이다. 此在唯識家 謂之眞見道位 若在天台家 是圓教初住位 別教初地位 破一分無明 證一分眞如之相 方之參禪上士 卽是薦取本來面目 與本分相應"라고 하였다. [참고문헌]『圓覺經類解』,『宗範』,『四明仁岳異說叢書』권4(卍속장95, p.819b2). ⇨ 유식 唯識, 유가행파 瑜伽行派, 유식사상 唯識思想

유식개몽문답 唯識開蒙問答 원나라 때 운봉(雲峰) 편집. 2권. 卍속장98, pp.415a1~512a10에 수록되어 있다. 줄여서『유식개몽』이라 한다. 유식연구는 당대 말 이후 중단되었다가 원명대에 재개되었는데, 본서는 이 때 유식의 백오십 표제를 선정해 문답 형식으로 풀었다.

유식고적 唯識古迹 ➡ 성유식론학기 成唯識論學記

유식관 唯識觀 ➡ 유식삼성관 唯識三性觀

유식구난 唯識九難 유식(唯識)에 대하여 이해하기 어려운 부분을 아홉 가지로 드러내 풀어낸 뜻. 첫째 유식의 인이 되는 것을 묻는 유식소인난(唯識所因難), 둘째 세간과 어긋나는 주장인가 하는 세사괴종난(世事乖宗難), 셋째 색 등 내외 십이처(十二處) 교상과 상응하는지를 묻는 성교상위난(聖教相違難), 넷째 식 또한 공이지 않은가 하는 유식성공난(唯識成空難), 다섯째 장애와 형질이 있는 색이 어찌 유식인지를 묻는 색상비심난(色相非心難), 여섯째 직접 헤아려야 하는 현량지(現量智)가 성취될 수 있는지 묻는 현량위종난(現量違宗難), 일곱째 꿈과 깨었을 때의 비유를 따지는 몽각상위난(夢覺相違難), 여덟째 타인(他人)의 마음이 마음밖의 경인지를 묻는 외취타심난(外取他心難), 아홉째 다른 경들은 식이 아닌지 묻는 이경비식난(異境非識難)이다. 첫 번째에 내해서는『화엄경』·『해심밀경』·『능가경』·『유마경』등 경전의 삼계유심(三界唯心)·제법개불리심(諸法皆不離心) 등을 인용하여 증명하고, 두 번째 반론에 대하여는 자신과 타인이 보거나 느끼는 것이 같지 않음을 근거로 그 실재성을 부인하며, 세 번째 난에 대하여는 경에서 설한 십이처는 마음밖에 색이 실재하거나 아니거나 한 뜻이 아님을 밝혔다. 네 번째에 대하여는 근본지와 후득지인 의타성이나 원성실성이 '공무'는 아님으로 해명하며, 다섯 번째에 대하여는 형질이 있는 색이란 무시이래의 허망분별 훈습력(薰習力)으로 생겨난 것이라 하고, 여섯 번째는 전5식의 현량은 마음속 상분(相分)일 뿐 이것을 마음 밖의 대상으로 여기는 것은 분별이다. 일곱 번째는 꿈속의 일이 허망하다는 것을 잠에서 깬 뒤에 아는 것처럼 눈앞의 일이 허망하다는 것은 깨달음을 얻은 다음에 알게 된다는 뜻이며, 여덟 번째는 타심지는 자기 마음속에 나타난 타인을 반연하는 것이라고 하고, 아홉 번째 유식은 어느 한 사람의 유식이 아니라 시방세계의 한량없는 범부중생과 성인들의 유식이라고 한다.『성유식론관심법요』권7(卍속장82, p.590b15)에 "소승에서 어려워하는 아홉 가지를 푼다. 맨 처음에는 유식소인난을 풀고, 둘째로 세사괴종난을 풀며, 셋째로 성교상위난을 풀고, 넷째로 유식성공난을 풀며, 다섯째로 색상비심난을 풀고, 여섯째로 현량위종난을 풀며, 일곱째로 몽각상위난을 풀고, 여덟째로 외취타심난을 풀며, 아홉째로 이경비식난을 푼다. 釋小乘難九 初釋唯識所因難 二 釋世事乖宗難 三 釋聖教相違難 四 釋唯識成空難 五 釋色相非心難 六 釋現量違宗難 七 釋夢覺相違難 八 釋外取他心難 九 釋異境非識難"라고 하였다. [참고문헌]『成唯識論觀心法要』,『成唯識論俗詮』권1(卍속장81, p.14a1). ⇨ 유식 唯識

유식도론 唯識導論 ➡ 성유식보생론 成唯識寶生論

유식론 唯識論 ❶ 천친(天親 : 世親) 지음. 후위(後魏) 때 구담반야유지(瞿曇般若流支 Ⓢ Gautama Prajñāruci) 한역. 1권.『유식이십론 唯識二十論』(대정장31, No.1590)의 동본이역. 고려장17, pp.500b1~509b2, No.613·대정장31, pp.63c23~70a22, No.1588에 수록되어 있다.『유식무경계론 唯識無境界論』·『능가경유식론 楞伽經唯識論』·『파색심론 破色心論』등이라고도 한다.『개원석교록』권6(대정장55, p.542c12)에 "『유식론』1권〈일명『파색심론』또는『유식무경계론』이라고 한다. 금화사에서 천친보살의 본 논을 첫 번째로 역출하였는데, 진나라 때 진제가 한역한『대승유식론』및 당나라 때 현장이 한역한『유식이십론』과 동본이다. 비장방의『역대삼보기』에 보인다〉. 唯識論一卷〈一名 破色心 或云 唯識無境界論 在金華寺 出天親菩薩造第一譯 與陳眞諦唯識論 及唐譯二十唯識論並同本 見長房錄〉"라고 하였다. [참고문헌]『開元釋教錄』. ⇨ 유식이십론 唯識二十論, 능가경유식론 楞伽經唯識論, 대승유식론 大乘唯識論 ❷ ➡ 성유식론 成唯識論

유식론고적기 唯識論古迹記 ➡ 성유식론학기 成唯識論學記

유식론사기 唯識論私記 현일(玄壹) 집(集). 1권. 편집 연대나 자세한 내용은 알 수 없고,『주진법상종장소』(대정장55, p.1143a16)·『동역전등목록』(대정장55, p.1158c1)에 책 이름이 보인다. [참고문헌]『東域傳燈目錄』,『注進法相宗章疏』.

유식론소 唯識論疏 ➡성유식론소 成唯識論疏

유식론연비 唯識論演祕 ➡성유식론연비 成唯識論演祕

유식론요의등 唯識論了義燈 ➡성유식론요의등 成唯識論了義燈

유식론장중추요 唯識論掌中樞要 ➡성유식론장중추요 成唯識論掌中樞要

유식론종 唯識論宗 법상종(法相宗)을 달리 이르는 이름. 법상종이 『성유식론』을 소의로 삼기에 이렇게 부른다. 『기신론동이집』 권본(卍속장71, p.730a4)에 "이는 곧 심진여문이니 일미통체여서 불변진여라 한다. 이는 유식에서 설하는 바와 같다. 심생멸문에서 볼 때는 자체가 본각이니 수연진여라 한다. 이는 유식론종과 다르다. 此則心眞如門 一味通體 名不變眞如 此是同於唯識所說矣 心生滅門 自體本覺 是名隨緣眞如 是則異於唯識論宗矣", 같은 책 권말(卍속장71, p.757b11)에 "〔문〕 유식론종에서 법이종자는 유위성에 기준한 것이고 이 논(『기신론』)에서 법이성은 무위성을 잡았거니, 어떤 성교를 귀경으로 삼을 것인가? 問 唯識論宗 法爾種子者 是約有爲性 此論法爾性者 是約無爲性 以何聖教以爲龜鏡哉"라고 하였다. 〔참고문헌〕 『起信論同異集』. ⇨법상종 法相宗

유식론추요 唯識論樞要 ➡성유식론장중추요 成唯識論掌中樞要

유식론폄량 唯識論貶量 ➡성유식론폄량 成唯識論貶量

유식만다라 唯識曼茶羅 법상종(法相宗)의 조사를 그려 안치한 만다라. 중앙에 미륵보살(彌勒菩薩)을 모시고 좌우에 법상종 조사들을 앉혔다. 법상만다라(法相曼茶羅)라고도 하며 일본 실정시대(室町時代)에 남도(南都：奈良)의 홍복사(興福寺)·약사사(藥師寺)·법륭사(法隆寺) 등 사찰에서 다수 제작되어 현존한다. 대부분 중앙에 미륵보살을 안치하고 좌우에 인도·중국·일본의 법상종 조사들을 배치하였다. 비조원(飛鳥園)의 「유식만다라」(國寶館 소장)에는 화폭 중앙에 보관을 쓴 미륵보살을 안치하고, 향우측 상단부터 무착(無著)·세친(世親)·호법(護法)·진나(陳那)·계현(戒賢) 등 인도의 조사들, 현장(玄奘)·규기(窺基)·지주(智周)·복양(濮陽) 등 중국의 조사들, 그리고 선주(善殊)·현빈(玄賓) 등 일본의 조사를 배치하였다.

유식무경 唯識無境 오직 식뿐이어서 경은 없다는 뜻. 『해심밀경』 권3(대정16, p.698a27)에 "'세존이시여, 모든 비발사나삼마지로 행한 영상은 이 마음과 마땅히 다르다고 해야 합니까, 다르지 않다고 해야 합니까?' 부처님께서 자씨보살에게 이르셨다. '선남자여, 마땅히 다르지 않다고 해야 한다. 왜 그런가. 저 영상이 연유한 것은 오직 이 식일 뿐이기 때문이다. 선남자여, 나는 식이 취하는 것은 오직 식이 드러낸 것일 뿐이라고 설했다'. 世尊 諸毘鉢舍那三摩地 所行影像 彼與此心 當言有異 當言無異 佛告慈氏菩薩曰 善男子 當言無異 何以故 由彼影像 唯是識故 善男子 我說識所緣 唯識所現故", "… '세존이시여, 만약 모든 중생이 자성에 머물면서 색 등과 같이 마음이 행한 영상을 반연할 뿐이라면 저 마음과 이 마음이 어찌 다르다고 할 수 있습니까?' '선남자야, 역시 다를 리가 없다. 그러나 모든 어리석은 범부들은 전도된 생각으로 말미암아 모든 영상을 능히 여실히 알지 못한다. 오직 이 식일 뿐이러니 뒤집고 거꾸로 알기를 거듭한다'. … 世尊 若諸有情 自性而住 緣色等心 所行影像 彼與此心 亦無異耶 善男子 亦無有異 而諸愚夫 由顚倒覺 於諸影像 不能如實知 唯是識 作顚倒解", 『유식론』(대정장31, p.63c27)에 "오직 식(識)뿐이요 경계(境界)는 없다네. 대상은 없건만 허망하게 있다고 보기 때문이라오. 마치 사람의 눈에 백태가 낀 것처럼, 털이나 달 등을 본다네. 唯識無境界 以無塵妄見 如人目有瞖 見毛月等事", 『성유식론』 권7(대정장31, p.39a8)에 "또 사지를 성취한 보살은 능히 따라 유식무경에 깨달아 들어간다. 又說成就四智菩薩 能隨悟入 唯識無境", "첫째 상이 식상과 어긋나는 지이니, 한 처에 대해 귀신과 사람, 천신 등이 업차별에 따라 보는 것이 각각 다르다. 경이 만약 실로 있다면 이런 일이 어찌 성립하겠는가? 一 相違識相智 謂於一處 鬼人天等 隨業差別 所見各異 境若實有 此云何成", "둘째 연한 바 없는 식의 지다. 과거와 미래, 꿈속 등 상을 반연하는 것이니, 실로 경이 있지 않음에도 식은 드러나 얻을 수 있어도 저 경은 이미 없다. 다른 경우도 마찬가지다. 二 無所緣識智 謂緣過未夢境像等 非實有境 識現可得 彼境既無 餘亦應爾", "셋째 스스로 마땅히 전도됨 없는 지다. 어리석은 범부지로 만약 실경을 얻을 수 있다면 저는 마땅히 자연스레 전도 없음을 성취하고 공력을 말미암지 않고도 그렇게 해탈을 얻을 것이다. 三 自應無倒智 謂愚夫智若得實境 彼應自然成無顚倒 不由功用 應得解脫", "넷째는 3지를 따라 뒤치는 지다. 첫째 자재한 이의 지를 따라 뒤친 지니, 마음의 자재를 얻은 이가 원하는 대로 뒤쳐 구른 경지를 다 성취하는 뜻이다. 경이 만약 실재한다면 어떻게 가히 변하겠는가? 둘째 관행자의 지에 따라 뒤친 지니, 뛰어난 정을 얻어 법관을 닦는 이가 하나의 경을 따라 뭇 상을 현전시키는 것이다. 경이 만약 실재한다면 어찌 마음따라 구르겠는가? 셋째 무분별지를 따라 구르는 지다. 실인 무분별지를 일으켜 증한 지이니, 일체경상이 온통 현전하지 않음이다. 四 隨三智轉智 一 隨自在者智轉智 謂已證得心自在者 隨欲轉變地等皆成 境若實有 如何可變 二 隨觀察者智轉智 謂得勝定修法觀者 隨觀一境衆相現前 境若是實 寧隨心轉 三 隨無分別智轉智 謂起證實無分別智 一切境相 皆不現前"라고 하였다. [참고문헌]『解深密經』, 『唯識論』, 『成唯識論』, *Vijñ-v.* ⇨ 유식 唯識, 무경 無境, 무진유식 無塵唯識

유식무경계론 唯識無境界論 ➡ 능가경유식론 楞伽經唯識論

유식무경비량 唯識無境比量 오직 식만 있을 뿐 경은 없다고 함을 비교하여 헤아림. 『섭대승론석』 권4(대정장31, p.400a28)에 "'가르침과 도리로 말미암아'라는 말은 무슨 뜻인가? 지교량과 비량으로 말미암아 아직 유식의 진지(眞智)를 증득하지 않았을지라도 유식무경을 추론하여 알 수 있다는 것이다. 由教及理者 由至教量及由比量 雖未證得唯識眞智 應可比知唯識無境"라고 하였다. [참고문헌]『攝大乘論釋』, 『因明入正理論疏』 권중(대정장44, p.115b25). ⇨ 유식무경 唯識無境

유식법사 唯識法師 당나라 때 법상종(法相宗)스님인 규기(窺基 632~682)를 일컫는 말. 『금광명최승왕경소』 권2(대정장39, p.218b24)에 "자은유식법사가 말했다. '기사심이란 견수의 번뇌와 상응하는 마음이다'. 慈恩唯識法師云 起事心者 謂見修煩惱 相應之心"라고 하였다. [참고문헌]『金光明最勝王經疏』. ⇨ 규기 窺基

유식법신관 唯識法身觀 유식가들이 뜻을 가져와 세운 법신관. 『관무량수경』(대정장12, p.343a21)에 "이 마음이 부처를 지으니, 이 마음이 부처다. 是心作佛 是心是佛"라고 하였고, 이를 풀어 선도(善導)는 『관무량수불경소』 권3(대정장37, p.267b4)에서 "어떤 행자는 이 일문의 뜻을 가져다 유식법신관을 짓고, 어떤 이는 자성청정불성관이라 하기도 한다. 或有行者 將此一門之義作唯識法身之觀 或作自性淸淨佛性觀者"라고 하였다. [참고문헌]『觀無量壽佛經疏』. ⇨ 자성청정불성관 自性淸淨佛性觀

유식사상 唯識思想 일체(一切)는 오직 마음의 소산으로서 마음을 떠나서는 어떤 것도 존재하지 않는다(萬法唯識 心外無境)는 불교사상. 유식사상을 설하는 종파는 만법유식의 깊은 뜻을 전하므로 유식종(唯識宗)이라고도 하며, 제법의 성상(性相)을 결판하여 그 체용(體用)을 분별하므로 법상종이라고도 한다. 또 비유비공(非有非空)의 중도(中道)를 말하므로 중도종(中道宗)이라고도 하고, 그 교의가 원만진실해서 일체법문이 모두 이에 응하므로 응리원종(應理圓宗)이라고도 하며, 혹은 오승(五乘)의 기류(機類)에게 각각 널리 이익을 입히는 교(教)이므로 보위일체승교(普爲一切乘教 : 普爲乘教)라고도 한다. [형성과 전개] '일체현상은 마음이 만들어 낸 것에 지나지 않는다'고 하는 선정체험이 유식사상을 낳은 실마리 중 하나다. 또한 『화엄경』의 삼계유심설(三界唯心說), 반야계 경전 및 중관(中觀)의 공사상(空思想)을 악취공(惡取空)으로 해석하려는 경향을 바로잡으려는 노력도 그 태동에 일조했다. 유식사상은 인도에서 3~4세기경에 일어나 미륵(彌勒 Ⓢ Maitreya)·무착(無著 Ⓢ Asaṅga)·세친(世親 Ⓢ Vasubandhu)에 의해 체계화되었다. 특히 세친 최후의 저작 『유식삼십송』은 서른 개의 게송으로 그 동안의 여러 사유를 식전변(識轉變 Ⓢ vijñāna-pariṇāma)이라는 개념을 도입해 기존의 설을 일신한 본격적인 유식문헌이다. 세친 사후 이 『유식삼십송』의 해석을 둘러싼 의견 대립은 유가행파를 여러 갈래로 나누고 사유의 폭을 넓혔다. 현장(玄奘 602~664)이 전하는 십대논사는 친승(親勝 Ⓢ Bandhuśri)·화변(火辨 Ⓢ Citrabhāna)·덕혜(德慧 Ⓢ Guṇamati)·안혜(安慧 Ⓢ Sthiramati)·난다(難陀 Ⓢ Nanda)·정월(淨月 Ⓢ Śuddhacandra)·호법(護法 Ⓢ Dharmapāla)·승우(勝友 Ⓢ Viśeṣamitra)·최승자(最勝子 Ⓢ Jinaputra)·지월(智月 Ⓢ Jñānacandra) 등이고, 이외에 진나(陳那 Ⓢ Dignāga)·무성(無性 Ⓢ Asvabhāva)·계현(戒賢 Ⓢ Śīlabhadra)·법칭(法稱 Ⓢ Dharmakīrti) 등도 주요한 인물이다. 유식학파의 큰 갈래는 무상유식과 유상유식이다. 마음속 상의 위상을 놓고 유가행파 내에서도 분기가 일어난다. 마음속 상을 비실재로만 간주하는 무상유식파(無相唯識派 Ⓢ nirākāra-vijñānavāda)와 상속하는 자성으로서의 실을 인정하는 유상유식파(有相唯識派 Ⓢ sākāra-vijñānavāda)가 그것이다. 전자는 미륵부터 시작하여 무착→세친→안혜→진제로 이어지는 흐름이며, 후자는 진나로 시작하여 무성→호법→계현→현장으로 이어지는 흐름이다. 사물을 분별하는 마음이 분별을 행할 수 있으려면 보는 분(見分)과 보여지는 모습(相分)이 있어야 한다는 근거로 유식의 분위설이 등장했고, '안난진호일이삼사(安難陳護 一二三四)'라는 말로 전승되었다. 『성유식론』에 따르면 안혜는 일분설(一分說), 난다는 이분설(二分說), 진나는 삼분설(三分說), 호법은 사분설(四分說)을 각각 주장했다. 마음의 이분화는 이미 미륵 등의 논서에서 소취(Ⓢ grāhya)·능취(Ⓢ grāhaka)라는 말로 표명하고 있었고, 진나의 소량(所量)·능량(能量)·양과(量果)의 삼분설이 등장한 뒤, 호법은 증자증분이라는 분위를 더해 사분설, 즉 상분·견분·자증분·증자증분이 거듭 서로 의지해야만 앎이 성립한다고 보았다. [중국에서의 전개] 유식사상이 중국에 소개된 것은 담무참(曇無讖 Ⓢ Dharmakṣema 385~433)의 『보살지지경』, 구나발마(求那跋摩 Ⓢ Guṇavarman 367~431)의 『보살선계경』 등 주로 『유가사지론』의 일부 단간을 번역한 데서 비롯한다. 이후 본격적인 전래는 무착과 세친의 논서가 번역된 6세기부터이다. 이를 3기로 나누면, 제1기는 지론종(地論宗)의 성립이다. 508년(영평1)에 늑나마제(勒那摩提 Ⓢ Ratnamati)와 보리유지(菩提流支 Ⓢ Bodhiruci)·불타선다(佛陀扇多 Ⓢ Buddhaśānta)가 낙양에 와 세친의 『십지경론』과 무착의 『섭대승론』을 역출했다. 『십지경론』에는 그 동안 중국불교에는 알려지지 않은 유식사상 독자의 아리야식(阿梨耶識 : 阿賴耶識)이라는 개념이 기술되어 있기 때문에 이에 관한 연구가 활발히 진행되었고, 이 논을 기반으로 하는 학파로서의 지론종이 성립하였다. 이 학파는 다시 늑나마제의 견해를 따라 아리야식을 무구청정(無垢淸淨)의 진식(眞識)으로 보는 남도파(南道派)와 보리유지를 따라 염오생멸(染汚生滅)로 보는 북도파(北道派)로 분열하였다. 이 중 북도파는 곧 세력을 잃었고 남도파는 육조시대부터 수대까지 번성했지만, 수대 말엽부터 당 초기까지의 시기에 섭론종(攝論宗)이나 화엄종(華嚴宗)에 흡수되었다. 제2기는 섭론종의 성립이다. 양무제의 초청으로 548년(태청2)에 건업(建業 : 江蘇省 南京)에 온 진제(眞諦 Ⓢ Paramārtha)는 동란기의 중국 각지를 방랑하면서 많은 역경사업을 벌였는데, 특히 그가 공을 들인 『섭대승론』의 번역을 통해 교리적으로 성숙한 유식사상이 알려졌고, 그 결과 이 『섭대승론』을 소의 논서로 하는 섭론종이 성립했다. 섭론사(攝論師)들은 유사한 견해를 공유했던 지론종 북도파를 흡수해 한때 번창했지만, 당대에 들어 신역 유식경론에 기반한 법상종(法相宗)이 흥성하면서 쇠퇴했다. 제3기는 법상종의 성립이다. 중국 최대의 유식학파는 현장을 개조(開祖)로서 대승기(大乘基)로 불리는 그 제자 규기(窺基 632~682)가 창립한 법상종이다. 현장의 최대 목적은 스승 계현이 사사한 호법의 유식사상을 중국에 소개하고 안착시키는 것이었다. 그 노력의 결실이 『성유식론』의 번역이다. 이 논서는 세친의 『유식삼십송』에 대한 십대 주석가의 학설을 호법 중심으로 취사한 합유(合糅)의 형태를 취하고 있기 때문에 이미 종파성이 내포되어 있다. 이런 방식의 역출을 제안한 규기는 일종의 해설서인 『성유식론술기 成唯識論述記』·『성유식론장중추요 成唯識論掌中樞要』를 짓고 호법에서 현장으로 이어지는 유식사상의 체계를 조직하면서 법상종의 창시자가 되었다. 〔우리나라에서의 유식사상〕 우리나라 유식사상 전래의 정확한 시점은 확인하기 어려우나 고구려에서 삼론(三論) 등의 대승불교가 유입되면서부터로 추정한다. 백제에서는 의영(義榮)·도장(道藏) 등이 유식사상을 연구했을 것으로 보이지만 사상 흐름의 단절로 인해 유식사상의 근거를 찾기 어렵다. 신라에서는 삼론과 『섭대승론』을 접한 원광(圓光)의 여래장사상과 혼합된 유식사상을 시작으로 자장(慈藏)의 행적 중 관법(灌法)도 관련 있는 것으로 여겨진다. 원효(元曉)는 행적과 저서를 통해 유식사상의 교리를 정확하게 이해하고 인용했음을 보여주었다. 신라 중대에 들어서면서 원측(圓測)을 중심으로 한 유식사상이 체계적으로 연구되었다. 원측의 유식사상은 기존의 구유식을 바탕으로 신유식을 정리하여 현장→규기로 이어지는 중국의 자은(慈恩)학파와는 다른 서명(西明)학파를 형성하였다. 이후 도증(道證)·도륜(道倫) 등에게 많은 영향을 미쳤고, 태현(太賢)에 이르러 실천 신앙과 함께 8세기 유식사상의 중심을 이루었다. 태현은 법상종조로 추앙되었으며, 진표(眞表)는 지장보살과 미륵보살에게 계법을 받아 점찰법(占察法)을 실천하여 영심(永深)·융종(融宗) 등으로 이어지는, 태현과는 또 다른 유식사상을 펼쳤다. 이외에도 신라에서는 경흥(憬興)·순경(順璟)·현일(玄一)·법위(法位) 등의 유식사상이 저서와 행적을 통해 나타나고 있다. 나말여초에 태현계와 진표계의 유식이 합쳐져 고려전기 교종의 양대 종단 중 하나인 법상종(法相宗) 혹은 유가업(瑜伽業)의 기반이 된 것으로 본다. 고려에서는 4대업(大業) 중 하나였으며, 고려중기에 법상종 승려 미수(彌授)가 승정(僧政)을 맡으면서 유식사상이 성행하였을 것으로 보이며, 관련 저술로는 의천(義天)의 「간정성유식론단과 刊定成唯識論單科」와 덕겸(德謙)의 『금광명경소 金光明經疏』 등으로 그 이름만 전하고 있다. 〔심식론과 수행론〕 우주 간의 삼라만상인 제법(諸法)의 수는 한이 없지만 색(色 : 물질적 존재)과 심(心 : 정신적 존재)과 비색비심(非色非心 : 물질적이나 정신적인 존재가 아닌 것)의 세 가지에 지나지 않는다. 이것을 유식에서는 오위백법으로 분류한다. 심왕(心王) 8, 심소(心所) 51, 색 11, 불상응행(不相應行) 24, 무위(無爲) 6이 그것이다. 오위백법을 주장하는 유식사상의 특징은 과거를 축적하고 미래를 낳는 근본으로 제8 아리야식을 설정하고, 제7식인 말나식(末那識 Ⓢ manas)과 전6식을 설하여 팔식체재를 갖춘 것이다. 일체종자식(一切種子識)으로도 불리는 아리야식은 그 안에 과거 행위의 영향을 종자라는 힘으로 축적하고서 현재·미래에 걸쳐 자신의 몸과 마음 및 자연계(器世間)를 만들어 내는 일체의 근원이다. '오직 식일 뿐이다'라고 천명하는 유식사상은 마음 이외에 별도의 존재를 인정하지 않는다. 마음은 파악되는 대상으로서 객관에 해당하는 소취(所取)와 파악하는 주체로서 주관에 해당하는 능취(能取)로 이분화 한다. 능취인 마음(見分)이 사물의 모습을 띠고 유사하게 변현한 소취인 마음(相分)을 보는 것을 『성유식론술기』 권7(대정장43, p.487b2)에 "식체가 변한 능취의 견분과 소취의 상분 그밖에 따로 그 어떤 물은 없다. 일체유정의 변현도 다 그렇다. 이러한 둘에 의지해 아와 법을 시설할 뿐이다. 그 둘은 이 식체를 벗어나서는 의지할 것이 없기 때문이다. 以離識體所變 能取見分 所取相分 外無別物故 一切有情 所變皆爾 依斯二分 施設我法 彼二離此無所依故"라고 하였다. 마음중에 견분이 마음 안의 상분을 보는 구조에 따르기에 모든 것은 마음의 현현일 뿐이다. 따라서 일체의 괴로움은 아(我)나 세계(器界)를 실체시하는 언어적 사유(虛妄分別)에서 비롯하기에, 깨달음은 초기불교 전통과 마찬가지로 아와 세계의 비실체성에 대한 자각에서 연유한다고 주장한다. 이밖에 아와 세계를 낳는 마음이 존재하는 방식을 변계소집성(遍計所執性)·의타기성(依他起性)·원성실성(圓成實性)의 세 가지로 분류해 삼성(三性)을 세우지만, 결국 이 또한 상무성(相無性)·생무성(生無性)·승의무성(勝義無性)의 삼무성(三無性)이라는 공(空)에 의지하고 결국은 삼성삼무성(三性三無性)의 중도의(中道義)를 성취하게 된다. 유식사상의 수행론은 자량위(資糧位)·가행위(加行位)·통달위(通達位)·수습위(修習位)·구경위(究竟位)의 다섯 위를 두고 순차적으로 상향하며 염오된 식을 뒤쳐 청정한 지혜를 얻는 것(轉識得智)을 목표로 한다. 대승의 보살도(菩薩道)를 실천함으로써 성소작지(成所作智)·묘관찰지(妙觀察智)·평등성지(平等性智)·대원경지(大圓鏡智)의 사지(四智)를 성취하는데, 이는 각각 전식득지 이전의 전5식·제6식·제7식·제8식에 해당한다. 유식사상에서는 부처님의 가르침에 대해 유(有)·공(空)·중(中)으로 삼시교판(三時敎判)을 세운다. 그 가운데 앞의 2시는 또 대기(對機)를 위해 부처님의 뜻을 숨기고 설한 방편교이므로 은밀의 불료의교(不了義敎)라 하고, 제3시는 바로 중도의 묘의를 밝게 나타내므로 현료의 요의교(了義敎)라 한다. 한편 유식사상은 인도철학사에서 인명(因明 : 논리학)의 발전을 추동하였다고 평가되기도 하는데, 미륵·무착 때부터 인명은 사유를 전개하여 타인을 설득하는, 타당한 소통을 하기 위한 주요한 방법론이었다. 진나가 이유명제(因)가 충족해야 하는 세 가지 조건인 종래의 인삼상(因三相)에 새로이 구구인(九句因)을 더해 신인명(新因明)을 확립한 이후로, 불교인명은 인도인명 진영과 대론하며 급속히 발전한다. 앞에서 말한 유상유식학파에서는 마음속 형상, 특히 언어를 중시하고 언어를 통해서 진실에 접근할 수 있다고 주장했다. [소의경전] 어느 종파를 막론하고 종의를 논하는 데는 반드시 그 소의(所依)로 하는 경론(經論)이 있다. 자은대사는 『성유식론술기』에서 소의의 경론에 대해 육경십일론(六經十一論)을 들었다. 육경이란 첫째 『화엄경 華嚴經』, 둘째 『해심밀경』, 셋째 『여래출현공덕장엄경 如來出現功德莊嚴經』, 넷째 『아비달마경 阿毘達磨經』, 다섯째 『입능가경』, 여섯째 『후엄경 厚嚴經』이다. 다음으로 십일론이란 첫째 『유가사지론 瑜伽師地論』, 둘째 『현양성교론 顯揚聖敎論』, 셋째 『대승장엄경론 大乘莊嚴經論』, 넷째 『집량론 集量論』, 다섯째 『섭대승론 攝大乘論』, 여섯째 『십지경론 十地經論』, 일곱째 『분별유가론 分別瑜伽論』, 여덟째 『관소연연론 觀所緣緣論』, 아홉째 『이십유식론 二十唯識論』, 열째 『변중변론 辨中邊論』, 열한째 『아비달마집론 阿毘達磨集論』이다. 이 중 특히 『해심밀경』과 『유가사지론』을 정소의(正所依)로 한다. 이 밖에 『성유식론술기 成唯識論述記』·『성유식론장중추요 成唯識論掌中樞要』·『성유식론요의등 成唯識論了義燈』·『성유식론연비 成唯識論演秘』·『대승법원의림장 大乘法苑義林章』 등 수많은 말소(末疏)가 있다. [참고문헌] 『成唯識論述記』, 深浦正文 『唯識學硏究』 上·下(京都 : 永田文昌堂, 1954), 水野弘元 『仏教教理研究』(東京 : 春秋社, 1997), 가츠라 쇼류 외著 김성철譯 『유식과 유가행』(씨아이알, 2014). ⇨무착 無着, 세친 世親, 유식삼십론송 唯識三十論頌, 삼성 三性 1, 사분 四分 1, 팔식 八識, 오위백법 五位百法, 전식득지 轉識得智, 오위 五位 2, 유식수도오위 唯識修道五位, 지론종 地論宗, 섭론종 攝論宗, 법상종 法相宗, 삼시교 三時敎, 인명 因明, 불교논리학 佛敎論理學

유식사위 唯識四位 유식에서 시설한 네 가지 행위. 방편위(方便位)·통달위(通達位 : 見道位)·수습위(修習位)·구경위(究竟位)를 말한다. 대승사위(大乘四位)라고도 한다. 『섭대승론석』 권7(대정장31, p.202a21)에 "이와 같은 집을 사집이라고 한다. 만약 아직 이러한 집을 없애지 못하였다면 유식사위에 들어갈 수 없다. 법집을 없앴기에 능히 유식사위에 들어갈 수 있다. 如此等執名爲邪執 若未滅此執 不能得入唯識四位 由滅除法執故能得入唯識四位"라고 하였다. [참고문헌] 『攝大乘論釋』. ⇨사위 四位 2, 유식수도오위 唯識修道五位

유식삼개소 唯識三箇疏 『성유식론 成唯識論』과 『성유식론술기 成唯識論述記』에 대한 세 가지 주요 주석서. 당나라 때 규기(窺基 632~682)의 『성유식론장중추요 成唯識論掌中樞要』 2권(대정장43, No.1831)과 혜소(慧沼 651~714)가 지은 『성유식론요의등 成唯識論了義燈』 7권(대정장43, No.1832) 그리고 지주(智周 668~723)가 지은 『성유식론연비 成唯識論演祕』 7권(대정장43, No.1833)을 말한다. 유식삼소(唯識三疏)라고도 한다. 『성유식론장중추요』는 오종성(五種性)·삼류경(三類境) 등 특정 교상에 대해 자세하게 풀이하였고, 『성유식론요의등』은 『성유식론』 주석과 관련된 이견들을 논파하여 법상종 교의를 확립하는 데 힘썼으며, 『성유식론연비』는 『성유식론술기』의 난해한 구절을 주해한 특징을 각각 보인다. ⇨성유식론장중추요 成唯識論掌中

槪要, 성유식론요의등 成唯識論了義燈, 성유식론연비 成唯識論演祕

유식삼성 唯識三性 ➡ 삼성 三性❶

유식삼성관 唯識三性觀 유식 삼성인 변계소집성(遍計所執性)·의타기성(依他起性)·원성실성(圓成實性)의 삼성(三性)을 관함. 변계소집성의 허망성(虛妄性)과 의타기성의 인연성(因緣性)과 원성실성의 진실성(眞實性)을 관한다. 유식관(唯識觀)·삼성관행(三性觀行)·유식심정(唯識心定) 등이라고도 하는 불이(不二)의 삼성중도관이다. 『섭대승론』 권중(대정장31, p.123b5 : *Mah-saṃ.*, p.52)에 "보살은 뜻인 듯 현현한 의언분별상에 증입함으로 분별성을 깨달아 들어가고, 유식의에 증입함으로 의타성 등을 얻는다. 그러면 어떻게 진실성에 증입하는가? 菩薩 由入似義顯現意言分別相故 得入分別性 由入唯識義故 得入依他性 及云何得入眞實性 de ltar byang chub sems dpa' 'di yid kyi brjod pa snang ba'i don gyi mtshan nyid la 'jug pas. kun brtags pa'i ngo bo nyid la 'jug pa yin no. rnam par rig pa tsam la 'jug pas gzhan gyi dbang gi ngo bo nyid la 'jug pa yin no. yongs su grub pa'i ngo bo nyid la ji ltar 'jug ce na", "유식상을 버려 마쳤다면, 이때 의언분별로 먼저 들은 바 법의 훈습종류를 보살이 이미 요별하여 마쳤으니 번뇌상을 엎드려 멸하고 일체 뜻인 양 현현하던 것도 다시는 연을 냄이 없게 되니 생을 얻을 일 없다. 이런 뜻으로 유식의언분열인 듯한 것도 일어나지 않는다. 若捨唯識想已 是時 意言分別 先所聞法 熏習種類 菩薩已了別 伏滅塵想 似一切義顯現 無復生緣 故不得生 是故 似唯識意言分別 亦不得生 rnam par rig pa tsam gyi 'du shes kyang bzlog nas 'jug ste. de'i tshe byang chub sems dpa' don gyi 'du shes rnam par bshig pa de la yid kyi brjod pa thos pa'i chos kyi bag chags kyi rgyu las byung ba de dag don du snang ba thams cad 'byung ba'i gnas skabs med pa yin no. des na rnam par rig pa tsam du snang ba yang mi 'byung ste", "이 뜻을 이유로 보살은 오직 무분별에 주하여 일체 뜻과 이름 중에 무분별지로 진여법계에 증함 얻고 주함 얻으리니, 이때 보살은 평등평등하여 능연소연에 무분별지를 일으킨다. 이 뜻을 이유로 보살이 진실성에 들어갔다고 한다. 由此義故 菩薩唯住無分別 一切義名中 由無分別智 得證得住眞如法界 是時 菩薩 平等平等 能緣所緣 無分別智生 由此義故 菩薩得入眞實性 gang gi tshe don thams cad la rnam par mi rtog pa'i ming la gnas shing. chos kyi dbyings la mngon sum gyi tshul gyis gnas pa de'i tshe. byang chub sems dpa' de'i dmigs par bya ba dang. dmigs par byed pa mnyam pas mnyam pa'i ye shes rnam par mi rtog pa 'byung ste. de ltar na byang chub sems spa' 'di yongs su grub pa'i ngo bo nyid la zhugs pa yin no", " … 이와 같이 보살이 유식관에 들어갔기에 마땅히 뛰어난 상을 앎을 얻었다 한다. … 如此 菩薩 由入唯識觀故 得入應知勝相 de ltar na byang chub sems dpa'i 'di rnam par rig pa tsam nyid du 'jug pas shes bya'i mtshan nyid la zhugs pa yin te"라고 하였다. 한편 유식삼성관을 심천(深淺)에 따라 나눈 오중유식관(五重唯識觀)은 첫째 견허존실식(遣虛存實識)으로 허망한 변계소집은 버리고 의타기와 원성실은 남기는 관법, 둘째는 사람유순식(捨濫留純識)이니 능연심은 남기고 소연상은 버리는 관법, 셋째는 섭말귀본식(攝末歸本識)이니 지말인 견분과 상분의 체가 자증분(自證分 : 自體分)임을 관하는 법, 넷째는 은열현승식(隱劣顯勝識)이니 열한 심소는 숨기고 수승한 심왕을 드러내는 관법, 다섯째는 견상증성식(遣相證性識)이니 의타기사상을 버리고 원성실의 진여를 관하여 증득하는 것이다. 이 다섯 번째가 유식관의 지극이다. [참고문헌] 『攝大乘論』, 『成唯識寶生論』 권1(대정장31, p.78b1), *Mah-saṃ.* ⇨ 삼성 三性❶, 오중유식 五重唯識

유식삼세 唯識三世 삼종삼세(三種三世) 중 하나. 식일 뿐인 삼세. 삼세는 독립적인 실유(實有)의 존재가 아니라, 현재의 심식(心識)이 변현한 상분(相分)에 지나지 않는다는 말이다. 망정(妄情)에 의지한다는 점에서 신통삼세(神通三世)와 다르다. 『성유식론학기』 권2(卍속장80, p.73b8)에 "셋째 유식삼세란 현식(現識)이 삼세로 나타난 것을 말한다. 三 唯識三世 謂如現識似三世現"라고 하였다. [참고문헌] 『成唯識論學記』. ⇨ 삼종삼세 三種三世, 신통삼세 神通三世

유식삼십론송 唯識三十論頌 Ⓢ Triṃśikā-vijñapti-kārikā, Ⓣ Sum-cu-pa'i-tshig-le'ur-byas-pa. 세친(世親 Ⓢ Vasubandhu) 지음. 당나라 때 현장(玄奘) 한역. 1권. 십지론(十支論) 중 하나이며, 「삼십론 三十論」·「유식삼십송 唯識三十頌」·「유식삼십론 唯識三十論」·「삼십유식론 三十唯識論」·「고건법당론 高建法幢論」 등이라고도 한다. 고려장17, pp.484b1~485c5, No.609·대정장31, pp.60a16~61b24, No.1586에 수록되어 있다. 삼십 수의 게송으로 유식의 뜻을 밝혔다. 내용은 크게 세 부분으로 나뉘는데, 첫째는 제1게송부터 제24송까지로 유식상(唯識相)을 밝혔으며, 둘째는 제25송으로 유식성(唯識性)을 밝혔고, 셋째는 제26송에서 마지막송이니 수행위와 불과를 밝혔다. 호법(護法 Ⓢ Dharmapāla)·안혜(安慧 Ⓢ Sthiramati) 등 세친의 가르침을 받은 논사가 각각 주석서를 지었으며, 인도에 유학하였던 현장은 이것을 가지고 돌아와 고종(高宗) 현경 4년에(659) 호법의 학설을 중심으로 다른 논사들의 견해를 섞어서 『성유식론 成唯識論』 10권(대정장31, No.1585)을 편찬하였다. 프랑스 학자 실뱅 레비(Sylvain Lévi)가 네팔에서 안혜(安慧)의 『삼십송석론 三十頌釋論』을 발견하여 1925년 프랑스 파리에서 *Vijñaptimātratāsiddhi, deux traités de Vasubandhu*를 발간하였다. 이역본으로는 진제(眞諦 Ⓢ Paramārtha)의 『전식론 轉識論』(대정장31, No. 1587)이 있다. 주석서로는 『성유식론』(10권)이 대표적이고, 이외에 『성유식론약석 成唯識論略釋』 1권·『유식삼십론약의 唯識三十論約意』 1권·『유식삼십론직해 唯識三十論直解』 1권·『유식삼십송약석 唯識三十頌略釋』 4권 등이 있다. 티베트역본(北京版 No.5556)이 현존한다. ⇨ 전식론 轉識論, 성유식론 成唯識論

유식삼십송석 唯識三十頌釋 Ⓢ Triṃśikā-vijñapti-bhāṣya, Ⓣ Sum-cu-pa'i bshad-pa. 안혜(安慧 Ⓢ Sthiramati) 지음. 세친(世親)의 『유식삼십론송 唯識三十論頌』(대정장31, No.1586)에 대한 주석서. 「삼십요별석 三十了別釋」·「유식삼십송석론 唯識三十頌釋論」 등이라고도 한다. 먼저 론(論)을 저술하게 된 취지를 서술한 다음 각 게송의 순서와 자구를 따라 푼다. 이와 아울러 아비달마경(阿毘達摩經)과 입무분별다라니(入無分別陀羅尼) 및 여타의 게송을 인용하여 자신의 주장을 폭넓게 증명하고 있다. 프랑스 학자 실뱅 레비(Sylvain Lévi)가 네팔에서 발견하여 1925년 프랑스에서 발간하였다. 티베트역본(北京版 No.5565)이 현존한다. [참고문헌] 이지수 『인도 불교철학의 원전적 연구』(여래, 2014) p.273. ⇨ 유식삼십론송 唯識三十論頌

유식성 唯識性 Ⓢ vijñapti-mātratā, Ⓣ rnam-par-rig-pa-tsam-nyid. 유식삼성(唯識三性). 또는 유식실성(唯識實性 : 眞如). 유식의(唯識義)라고도 한다. 『성유식론』 권9(대정장31, p.48a23)에 "이것은 제법의 승의이고, 또한 곧 진여다. 진이란 진실이니, 허망하지 않음을 드러낸다. 여란 그대로 떳떳함이니, 변하여 바뀌지 않음을 표한다. 말하자면 이 진실이 일체위에서 그 자성 그대로 떳떳함을 진여라 한다. 곧 담연하여 허망한 뜻 없음이다. 다시 많은 이름이 있으니 법계, 실제(實際)라고 부른다. 저 다른 논서 중에 뜻에 따라 널리 푼 것이다. 이 성이 바로 유식실성이다. 말하자면 '유식성'에는 대략 두 가지가 있다. 첫째는 허망이니 변계소집성을 말하고, 둘째는 진실이니 원성실성을 말하는데, 허망을 가려서 실성이라고 한다. 또 다시 두 가지 성품이 있다. 첫째는 세속이니 의타기성을 말한다. 둘째는 승의니 원성실성을 말하는데, 세속을 가려내기에 원성실성이라고 한다. 此諸法勝義 亦卽是眞如 眞謂眞實 顯非虛妄 如謂如常 表無變易 謂此眞實 於一切位 常如其性 故曰眞如 卽是湛然 不虛妄義 亦言顯此 復有多名 謂名法界 及實際等 如餘論中 隨義廣釋 此性卽是 唯識實性 謂唯識性 略有二種 一者 虛妄 謂遍計所執 二者 眞實 謂圓成實性 爲簡虛妄 說實性言 復有二性 一者 世俗 謂依他起 二者 勝義 謂圓成實 爲簡世俗 故說實性", 『화엄경소초』 권55(대정장36, p.432c7)에 "유식성은 곧 두 가지 무아의 뜻이니, 두 가지 무아의 뜻이 곧 승의제이기 때문이다. 唯識性 卽二無我理 二無我理 卽勝義諦故"라고 하였다. [참고문헌] 『成唯識論』, 『華嚴經疏鈔』, *Vijñ-t-bh.132.* ⇨ 삼성 三性 1, 유식의 唯識義

유식소변 唯識所變 오직 식의 변함(Ⓢ pariṇāma)일 뿐이라는 말. 모든 것은 아뢰야식(阿賴耶識)으로부터 변현하여 전개된 것일 뿐이라는 뜻이다. 유식학의 근본 사상이다. 『주대승입능가경』 권2(대정장39, p.444a10)에 "꿈을 꿀 때는 실로 외경이 있다고 집착하지만 깨어나서야 오직 꿈인 줄 비로소 안다. 나의 이 몸은 물론 외부 세계인 물질·공 등의 법도 이와 같이 오직 식의 변화다. 미하여 있다고 집착하지만 아도 제법도 깨닫고서는 비로소 오직 심식의 변화임을 안다. 夢時執爲 實有外境 寤來方知 唯夢所變 我此身相 及外世界 色空等法 亦復如是 唯識所變 迷故執有 我及諸法 悟來方知 唯心識變"라고 하였다. [참고문헌] 『注大乘入楞伽經』, 『原人論』(대정장45, p.709c6).

유식속 有識屬 Ⓢ vijñāna-samāyukta, Ⓣ rnam-par-shes-pa dang-ldan-pa. 피동분(彼同分 Ⓢ tat-sabhāga)의 두 가지 불생법(不生法 Ⓢ anutpatti-dharmin) 중 하나. 식(識)과 근(根)은 갖추었으나 경(境)이 결여되어 생할 수 없는 법. 근만 갖추면 무식속(無識屬)이다. 구역(舊譯)은 여식상응불생법(與識相應不生法)이다. 『구사론』 권2(대정장29, p.10a14 : *Abh-k-bh.*, p.28)에 "스스로 지은 업을 동분이라 하고, 스스로 짓지 않은 업은 피동분이다. 이 중 안계는 색을 봄이 있는데 이미 본 것·지금 보는 것·장차 볼 것 등이 동분안이다. 이같이 자세하게 말하여 의계도 각기 스스로의 경에 마땅히 스스로의 씀이 있으니 마땅히 스스로 움직인 것이다. 가습미라국의 비바사사는 다음과 같이 말한다. '피동분안에는 단지 네 종류만 있다. 색을 보지 못하는 것으로, 이미 멸한 것·지금 멸하고 있는 것·장차 멸할 것과 불생법이다'. 서방의 여러 논사들은 다섯 종류가 있다고 한다. 즉 불생법을 다시 둘로 열었으니, 첫째는 유식속, 둘째는 무식속이다. 若作自業 名爲同分 不作自業 名彼同分 此中眼界 於有見色 已正當見 名同分眼 如

是廣說 乃至意界 各於自境 應說自用 迦濕彌羅國 毘婆沙師說 彼同分眼 但有四種 謂不見色 已正當滅 及不生法 西方諸師 說有五種 謂不生法 復開爲二 一 有識屬 二 無識屬 uktaṃ bhavati yaḥ svakarmakṛt sa sabhāga iti. tatra yena cakṣuṣā rūpāṇy apaśyat paśyati drakṣyati vā tad ucyate sabhāgaṃ cakṣuḥ. evaṃ yāvan manaḥ svena viṣayakāritreṇa vaktavyam. tatsabhāgaṃ cakṣuḥ kāśmīrāṇāṃ caturvidham. yad dṛṣṭvā rūpāṇi niruddhaṃ nirudhyate nirotsyate vā yac cānutpattidharmi. pāścāttyānāṃ punaḥ pañcavidham. tad evānutpattidharmi dvidhā kṛtvā vijñānasamāyuktaṃ cāsamāyuktaṃ ca. evaṃ yāvat kāyo veditavyaḥ"라고 하였다. [참고문헌] 『俱舍論』, 『大毘婆沙論』 권71(대정장27, p.368a29), *Abh-k-bh*. ⇨ 피동분 彼同分, 무식속 無識屬

유식속전 唯識俗詮 명대 1606년(만력34)에 명욱(明昱) 지음. 10권. 卍속장81, pp.1a1~301a11에 수록되었다. 원제는 『성유식론속전 成唯識論俗詮』이며, 『유식론속전』이라고도 한다. 명욱이 왕긍당(王肯堂)의 청에 응하여 강설한 『성유식론』을 모은 책이다. 기원(起元)의 「서문 序文」(卍속장81, p.1a13)에 "버려 빈 곳 끌어 살리고 자세히 드러내 구석진 곳 통하게 하였으니, 열어 볼 때마다 환히 빛나 의심 머물 일 없네. 批卻導窾 曲暢旁通 開卷燦然 了無疑滯"라고 칭송하였다. 몇 편의 「서문」·「발문 跋文」을 붙이고, 체재를 도시(圖示)한 다음 문구 따라 해석한다. 『성유식론』 주석서 중에 규기(窺基)의 『성유식론술기 成唯識論述記』(대정장43, No.1830)에 의존함이 없이 해석하였다.

유식수도오위 唯識修道五位 유식에서 시설한 다섯 갈래 수도위. 자량위(資糧位)·가행위(加行位)·통달위(通達位)·수습위(修習位)·구경위(究竟位)이다. 대승오위(大乘五位)·유식오위(唯識五位)라고도 한다. 첫째, 자량위는 유루선(有漏善)을 닦는 십주(十住)·십행(十行)·십회향(十廻向) 등 삼현위(三賢位)의 삼십심(三十心), 둘째, 가행위는 자량위에서 쌓은 선(善)에서 다시 진일보하여 무루지(無漏智)를 얻기 위한 대승순결택분(大乘順抉擇分), 셋째, 통달위는 처음으로 무루지를 얻어 진여를 체득하는 초지(初地)의 입심(入心)으로 견도위(見道位)라고도 한다. 넷째, 수습위는 보살초지의 주심(住心)으로부터 십지(十地)의 출심(出心)까지의 위로서 수도위(修道位)라고도 한다. 다섯째, 구경위는 불과위(佛果位)니 더 이상 오를 위가 없기에 이렇게 말한다. 『성유식론』 권9(대정장31, p.48b10)에 "대승의 이 두 가지 종성을 갖추어야 비로소 능히 점차로 유식에 깨달아 들 수 있다. 무엇을 유식오위에 증입한다고 하는가? 첫째, 자량위는 대승의 순해탈분을 닦는 것이고, 둘째, 가행위는 대승의 순결택분을 닦는 것이며, 셋째, 통달위는 모든 보살이 머무는 견도이고, 넷째, 수습위는

〈표1〉 수행오위

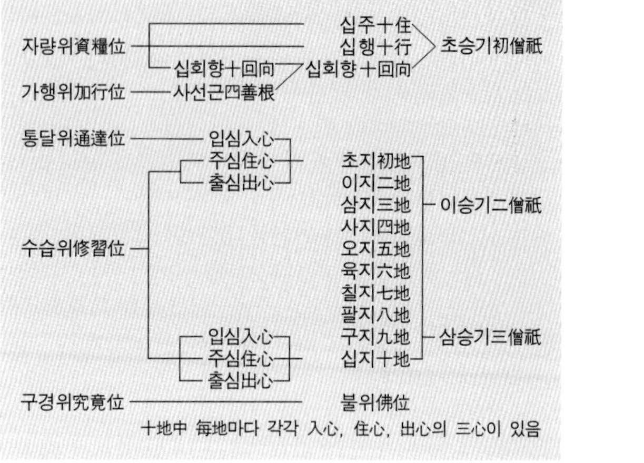

모든 보살이 머무는 수도이고, 다섯째, 구경위는 무상정등보리에 머무는 것이다. 要具大乘此二種姓 方能漸次悟入唯識 何謂悟入唯識五位 一 資糧位 謂修大乘順解脫分 二 加行位 謂修大乘順決擇分 三 通達位 謂諸菩薩所住見道 四 修習位 謂諸菩薩所住修道 五 究竟位 謂住無上正等菩提", 『약술법상의』 권3(대정장71, p.144b7)에 "십주·십행·십회향은 자량위로서 무상정등보리로 나아가기 위해 갖가지 뛰어난 자량을 닦아 쌓는 위다. 十住十行十迴向 謂之資糧位 爲趣無上正等菩提 修集種種勝資糧故", "사선근법인 난법·정법·인법·세제일법은 가행위인데 공을 더해 행한다는 의미에서 '가행'이다. 견도에 가까워지므로 가행이라 이름할 뿐 앞의 자량위에 가행이 없다는 뜻은 아니다. 煖法頂法忍法世第一法 名加行位 加功而行 故曰加行 近見道故 立加行名 非前資糧 無加行義", "진견도와 상견도를 통달위라 하는데, 가행에 틈이 없이 이 지가 생겨날 때 진여를 깊이 알기에 통달위라 한다. 眞相見道 名通達位 加行無間 此智生時 體會眞如 名通達位", "상견도에서 나온 뒤 지심으로부터 머물고 나와 제10지의 끝에서 금강무간도가 도래하기까지를 '수도'라 하는데, 나머지 소지장을 끊고 전의를 증득한다. 다시 거듭 무분별지를 수습한다는 의미에서 수습위라 한다. 出相見道已 住出地心 乃至第十地終 金剛無間道來 並名修道 爲斷餘鄣 證得轉依 復數修習無分別智 故名修習位", "번뇌장과 소지장을 뒤쳐 얻은 열반과 보리의 묘과를 구경위라 하는데 이는 구경의 무루계다. 二轉妙果 名究竟位 卽是究竟無漏界故", 『팔종강요초』 권2(대장경보편, p.56a13)에 "삼현위에서 사선근위까지는 제일아승기겁이고, 초지에서 제7지까지는 제이아승기겁이며, 제8·9·10지는 제삼아승기겁이다. 삼아승기겁을 지나야 불과를 증득한다. 三賢四善根竝初僧祇

初地至七地是第二僧祇 八九十地是第三僧祇 過三祇已即證佛果"라고 하였다. [참고문헌]『成唯識論』, 『略述法相義』, 『八宗綱要鈔』, 『大乘入道次第』(대정장45, p.449b19). ⇨오위 五位❷, 대승오위 大乘五位❷, 가행위 加行位, 구경위 究竟位, 수습위 修習位, 자량위 資糧位, 통달위 通達位, 상견도 相見道, 금강무간도 金剛無間道, 삼아승기겁 三阿僧祇劫

유식술기 唯識述記 ➡성유식론술기 成唯識論述記

유식심요 唯識心要 ➡성유식론관심법요 成唯識論觀心法要

유식심정 唯識心定 ➡유식삼성관 唯識三性觀

유식십대논사 唯識十大論師 세친의 『유식삼십송 唯識三十頌』에 대해 주석을 한 열 명의 대론사(大論師). 호법(護法 Ⓢ Dharmapāla)·덕혜(德慧 Ⓢ Guṇamati)·안혜(安慧 Ⓢ Sthiramati)·친승(親勝 Ⓢ Bandhuśrī)·난타(難陀 Ⓢ Nanda)·정월(淨月 Ⓢ Śuddhacandra)·화변(火辨 Ⓢ Citrabhāna)·승우(勝友 Ⓢ Viśeṣamitra)·최승자(最勝子 Ⓢ Jinaputra)·지월(智月 Ⓢ Jñānacandra)을 말하며, 십대론사(十大論師)·십론사(十論師)라고도 한다. [참고문헌]『唯識三十論約意』(卍속장83, p.251a11). ⇨호법 護法, 안혜 安慧, 십대논사 十大論師

유식안 有識眼 헤아림이 있는 눈. 피동분(彼同分)을 가려 동분(同分)만을 보는 눈의 뜻이다. 원측(圓測)의 『해심밀경소』 권3(한불전1, p.226c14)에 "'유식안'이라 하였는데, 안에는 두 가지가 있다. 첫째는 식이 있는 안이니 이는 동분의 안이고, 둘째는 식이 없는 안이니 이는 피동분의 안이다. 피동분을 가려 내는 것이 유식안이다. 言有識眼者 謂眼二種 一 有識眼 名同分眼 二 無識眼 名彼同分 簡彼同分 名有識眼"라고 하였다. [참고문헌]『解深密經疏』.

유식여 唯識如 Ⓢ vijñapti-tathatā, Ⓣ rnam-par-rig-pa'i-de-dzhin-nyid. 칠진여(七眞如 : 七種眞如) 중 하나. 무분별지(無分別智) 또는 무루(無漏)의 유식관지(唯識觀智)를 말하며, 유식진여(唯識眞如)·유식진실(唯識眞實)·요별진여(了別眞如)·식진여(識眞如)·식여여(識如如)라고도 한다. 『대승장엄경론』 권12(대정장31, p.653a17)에 "일곱 가지 여(如)란, 첫째 윤전여, 둘째 공상여, 셋째 유식여, 넷째 의지여, 다섯째 사행여, 여섯째 청정여, 일곱째 정행여이다. … 유식여란 무분별지를 말한다. 七如 一 輪轉如 二 空相如 三 唯識如 四 依止如 五 邪行如 六 淸淨如 七 正行如 … 唯識如者 謂無分別智"라고 하였다. [참고문헌]『大乘莊嚴經論』, *Sūtr.168*. ⇨칠진여 七眞如, 무분별지 無分別智

유식연비 唯識演祕 ➡성유식론연비 成唯識論演祕

유식오위 唯識五位 ➡유식수도오위 唯識修道五位

유식요의등 唯識了義燈 ➡성유식론요의등 成唯識論了義燈

유식요집 唯識要集 『성유식론요집 成唯識論要集』의 줄인 이름. 『법상종장소』(대정장55, p.1139b23)에 "『유식요집』 13권〈신방(神昉) 지음〉, 『유식요집』 14권〈도징 지음〉. 唯識要集十三卷〈昉 述〉 唯識要集十四卷〈道證 述〉"라고 하였다. [참고문헌]『法相宗章疏』. ⇨성유식론요집 成唯識論要集

유식원교 唯識圓敎 남산삼교(南山三敎) 중 하나. 『화엄경』·『능가경』·『열반경』·『섭대승론』 등을 소의로 하는 대승원묘(大乘圓妙)의 유식교(唯識敎)를 말한다. 『팔종강요초』 권상(대장경보편32, p.45a10)에 "저 남산율조의 뜻에 의하면, 여래께서 일대에 설하신 법문인 대소승교를 나눠 삼교로 삼는다. … 셋째, 유식원교는 일체대승의 깊은 가르침을 다 거둔다. … 유식원교는 조사의 역심이니 원융한 삼학으로 걸림 없는 원행이기 때문이다. … 원교의 묘체는 유식교이다. 若據南山律祖意者 如來一代所說法門 大小諸教 分爲三教 … 三 唯識圓教 一切大乘深教悉攝 … 唯識圓敎 是祖師域心 圓融三學無礙圓行故 … 圓教妙體 是唯識教也"라고 하였다. [참고문헌]『八宗綱要鈔』, 『律宗綱要』 권하(대정장74, p.13a20). ⇨남산삼교 南山三敎

유식유명 有識有命 알음알이와 목숨 있는 중생. 『불본행집경』 권7(대정장3, p.685a14)에 "보살이 모태에 있을 때, 보살의 어머니는 항상 자비를 행하여 온갖 모든 중생들 편에서, 알음알이와 목숨 있는 중생이라면 모두 다 가엾이 여긴다. 그렇게 하지 못하는 중생도 있으니, 모태에 있을 때 그 어머니가 어질지 못하고 위덕 또한 없어 모든 불선 저지르고 포악한 말로 욕도 한다. 菩薩在胎 其菩薩母 常行慈悲 能於一切諸衆生邊 但是有識有命之類 悉皆愍念 自餘衆生 在於母胎 其母不仁 威德少故 行諸不善 惡口罵詈"라고 하였다. [참고문헌]『佛本行集經』. ⇨중생 衆生

유식의 唯識義 유식의 뜻. 유식성(唯識性)과 같은 말이다. 『전식론』(대정장31, p.63a17)에 "'이와 같고 이와 같다고 분별한다'라고 하는데, 만약 이와 같고 이와 같은 류라고 분별하면 이런 유와 유는 그 이름이 분별성이다. 이것은 단지 이름만 있을 뿐 이 이름이 드러낸 체는 실로 없다. 이 드러난 체는 실로 없는데, 이 분별이란 것이 다른 것을 인하여 일어났기에 세운 이름이 의타성이다. 이 앞뒤의 두 가지 성은 일찍이 서로 떨어진 적이 없다는 것이 바로 진실성이다. 만일 서로 떨어진다면 유식의가 성립될 수 없으니, 경과 식에 다름이 있게 되기 때문이다. 서로 여읠 수 없기에 오직 식뿐 경계는 없고, 경계가 없기에 식마저 없게 되며, 경도 없고 식도 없기에 유식의를 건립하는 것이 가능하다. 그러므로 앞의 분별성과 뒤의 의타성은 같은 것도 다른 것도 없다. 如是如是分別 若分別如是如是類 此類類名分別性 此但唯有名 名所顯體實無 此所顯體實無 此分別者 因他故起 立名依他性 此前後兩性 未曾相離 卽是眞實性 若相離者 唯識義不成 有境識異故 由不相離故 唯識無境界 無境界故 識亦成無 由境無識無故 立唯識義 是乃成立 是故 前性於後性 不一不異"라고 하였다. [참고문헌]『轉識論』,『大乘唯識論』(대정장31, p.71a4). ⇨ 유식성 唯識性

유식의온 唯識義蘊 ➡ 성유식론의온 成唯識論義蘊

유식이십론 唯識二十論 Ⓢ Viṃśatikā vijñapti-mātratā-siddhiḥ, Ⓣ Nyi-shu-pa'i-'grel-pa. 세친(世親 Ⓢ Vasubandhu) 지음. 당나라 때 현장(玄奘) 한역. 1권. 고려장17, pp.480a1~484a12, No.608 · 대정장31, pp.74b23~77b8, No.1590에 수록되어 있다.『이십유식론』·『최파사산론』이라고도 한다.『십지경 十地經』의 삼계유심(三界唯心) 구절을 가져와 외경은 내식의 현현이라는 유식무경(唯識無境)의 뜻을 논증하고, 소승과 외도를 논파하는 등 이십여 수의 게송으로 구성되었다. 이역본(異譯本)으로 반야유지(般若流支)의『유식론 唯識論』1권(대정장31, No.1588)과 진제(眞諦)의『대승유식론 大乘唯識論』1권(대정장31, No.1589) 등이 있다. 주석서로는 의정(義淨)이 한역한 호법(護法)의『성유식보생론 成唯識寶生論』5권(대정장31, No.1591)과 규기(窺基)의『이십유식론술기 二十唯識論述記』2권(대정장43, No.1834)이 있다. 티베트역본(北京版 No.5558)이 현존한다. 범본은 실뱅 레비(Sylvain Lévi)가 1925년에 *Vijñaptimātratāsiddhi*라는 제목으로『유식삼십송석 唯識三十頌釋 *Triṃśikāvijñapti-bhāṣya*』과 함께 출간하였다.

유식이십론고적기 唯識二十論古迹記 신라 때 태현(太賢) 지음. 1권. 자세한 내용은 알 수 없고,『신편제종교장총록』권3(한불전4, p.694c7)에 책 이름이 전한다. [참고문헌]『新編諸宗敎藏總錄』.

유식이십론술기 唯識二十論述記 당나라 때 규기(窺基 632~682) 지음. 2권. 대정장43, pp.978c7~1009c15, No.1834에 수록되었다.『이십론술기』·『이십유식술기』·『이십유식론술기』·『이십유식론소 二十唯識論疏』라고도 한다. 세친(世親)이 짓고 현장(玄奘)이 한역한『유식이십론』(대정장31, No.1590)에 대한 주석서다.『유식이십론』을 저술한 연기를 밝히고, 삼문(三門)으로 나누어 대승에서 삼계유식설(三界唯識說)을 안립한 뜻을 풀었으며, 또한 '일체종성이 있음을 드러내는 것은 아님(非一切種撥有性等)' 등의 논제들을 해석하였다.『유식이십론』과『성유식론』이 법상종의 핵심저술이고, 본서는『성유식론술기 成唯識論述記』10권(대정장43, No.1830)과 함께 유식학에 있어서 중요한 입문서가 되었다. ⇨ 유식이십론 唯識二十論

유식장 唯識章『대승법원의림장』권1에 속하는 장(章)의 이름. 대정장45, pp.258b14~264b1에 수록되어 있으며, 유식의 이법을 열 갈래 문으로 열고 설명하였다. [참고문헌]『大乘法苑義林章決擇記』 권상(卍속장98, p.83b6). ⇨ 대승법원의림장 大乘法苑義林章

유식종 唯識宗 만법유식(萬法唯識)의 뜻을 종으로 하는 무리. 좁은 의미의 법상종(法相宗)을 말한다.『종경록』권35(대정장48, p.621a23)에 "다음으로 관을 잡아 분별하면, 유식종에서는 두 갈래 관을 세우고, 화엄종에서는 네 갈래 관을 세우며, 천태교에서는 세 갈래 관을 세우고, 보현문에서는 열 갈래 관을 세운다. 유식종에서의 두 갈래 관이란 첫째 유심식관과 둘째 진여실관이다. 次 約觀分別者 唯識宗 立二種觀 華嚴宗 立四觀 天台教 立三觀 普賢門 立十觀 唯識二觀者 一 唯心識觀 二 眞如實觀",『대승법계무차별론소령요초』권하(卍속장74, p.285a11)에 "첫째는 소승종인데, 법은 있고 아는 없다 함이 바로 이 종파의 견해이다. 둘째는 용수와 제바로 대표되는 공무상종이고, 셋째는 무착과 세친으로 대표되는 유식종이며, 넷째는 마명과 견혜로 대표되는 법성종이다. 初 小乘宗 法有我無 是其宗計 二 龍樹提婆 卽空無相宗 三 無著世親 卽唯識宗 四 馬鳴堅慧 卽法性宗"라고 하였다. [참고문헌]『宗鏡錄』,『翻譯名義集』,『大乘法界無差別論疏領要鈔』. ⇨ 법상종 法相宗

유식중도 唯識中道 유식에 의지한 중도. 변계소집성(遍計所執性)은 정유리무(情有理無), 의타기성(依他起性)은 여환가유(如幻假有), 원성실성(圓成實性)은 진공묘유(眞空妙有)이므로 각각 '비유비무'의 중도를 드러내기에, 일성중도(一性中道)라고 하며 삼성각구중도(三性各具中道)라 한다. 반면 위의 삼성(三性)으로 현현한 일체법은 체성도무(體性都無)인 변계소집성의 비유(非

有)와 여환가유인 의타기성과 진공묘유(眞空妙有)인 원성실성은 비공(非空)으로 배대해 일법중도(一法中道)라 하고 삼성대망(三性對望)의 중도라 한다. 『성유식론』 권7(대정장31, p.39a1)에 "일체는 모두 오직 식뿐이다. 허망분별로 끝내 있게 되기 때문이다. 유란 식을 여읠 수 없는 법을 부정하지 않기 때문이다. 진공에도 이러한 성이 있다고 할 수 있으니 이렇듯 증감의 두 극단을 멀리 여의어 오직 식일 뿐이라는 뜻이 성립되면, 중도와 어김없이 만난다. 一切 皆唯有識 虛妄分別有極成故 唯旣不遮不離識法故 眞空等 亦是有性 由斯遠離 增減二邊 唯識義成 契會中道", 『유식이십론술기』 권상(대정장43, p.983b23)에 "『변중변론』 권상(대정장31, p.464b16)에 '허망분별만 있다. 여기에 두 가지는 결코 없다. 이 중에는 오직 공만 있을 뿐이고, 저 공에는 이 허망분별만 있을 뿐이다. 그리하여 일체법은 공도 아니고 불공도 아니어서 무이면서 유이기에 중도에서 만난다. 이런 연유로 유식을 설하는 것은 중도의 뜻에 들어맞는다'. 虛妄分別有 於此二都無 此中唯有空 於彼亦有此 故說一切法 非空非不空 有無及有故 是則契中道 由此故知說唯識者 契中道義"라고 하였다. [참고문헌] 『成唯識論』, 『唯識二十論述記』, 『辯中邊論』. ⇨ 일법중도 一法中道, 삼성대망중도 三性對望中道, 중도 中道

유식중도종 唯識中道宗 ➡ 유식종 唯識宗, 법상종 法相宗

유식지 唯識智 Ⓢ vijñapti-mātra-jñāna, Ⓣ rnam-par-rig-pa-tsam du shes-pa. 오직 식(識)일 뿐이라고 아는 지혜. 『불성론』 권4(대정장31, p.809b26)에 "유식지란 진의 체가 없음을 아는 지이다. 이런 유식지가 성취되면 곧바로 능히 돌이켜 스스로 바탕이 되었던 의식은 사라진다. 왜냐하면 진 즉 경(境)에 체가 없으므로 의식 또한 생기지 않고, 의식이 일어나지 않으므로 유식마저도 스스로 멸하기 때문이다. 唯識智者 卽無塵體智 是唯識智若成 則能還滅 自本意識 何以故 以塵無體故 意識不生 意識不生故 唯識自滅故"라고 하였다. [참고문헌] 『佛性論』, 『中邊分別論』 권하(대정장31, p.463a28), *Madhy-vibh.72.* ⇨ 유식 唯識

유식진실 唯識眞實 Ⓢ vijñapti-tattva, Ⓣ rnam-par-rig-pa'i-de-kho-na. 칠진여(七眞如 : 七種眞如) 중 하나. 무분별지(無分別智) 또는 무루(無漏)의 유식관지(唯識觀智)를 말하며, 유식여(唯識如)·유식진여(唯識眞如)·요별진여(了別眞如) 등과 같은 뜻이다. 『십팔공론』(대정장31, p.864a22)에 "세 번째 유식진실을 밝힌다. 일체제법은 오직 정식 있을 뿐이어서 의심할 일도 의심할 바도 없음을 가린다. 저 『유식론』에서 널리 푼 것과 같다. 다만 유식의 뜻에는 두 가지가 있다. 첫째는 방편이니, 먼저 아리야식만 있고 그 외의 다른 경계가 없음을 관하여 눈앞에서 경계와 지 모두 공임을 증득하고 허망한 식 남김없이 다하는 것인데, 이것을 방편유식이라 한다. 둘째는 정관유식이니 생사에 빠진 허망한 식심과 경계 일체가 깨끗이 다한 다음, 오직 아마라식의 청정한 마음만 남게 되는 것이다. 第三 明唯識眞實 辨一切諸法 唯有淨識 無有能疑 亦無所疑 廣釋如唯識論 但唯識義有兩 一者 方便 謂先觀唯有阿梨耶識 無餘境界 現得境智兩空 除妄識已盡 名爲方便唯識也 二. 明正觀唯識 遣蕩生死 虛妄識心 及以境界 一切皆淨盡 唯有阿摩羅淸淨心也"라고 하였다. [참고문헌] 『十八空論』, 『辯中邊論』 권중(대정장31, p.470a3), *Madhy-vibh.43.* ⇨ 칠진여 七眞如, 요별진여 了別眞如, 진여 眞如

유식차경 唯識遮境 ➡ 차경유식 遮境唯識

유식추요 唯識樞要 ➡ 성유식론장중추요 成唯識論掌中樞要

유식추요기 唯識樞要記 ❶ 신라 때 의빈(義賓) 술(述). 4권. 『추요기』라고도 한다. 자세한 내용은 알 수 없고, 『법상종장소』(대정장55, p.1140a9)에 책 이름이 보인다. [참고문헌] 『法相宗章疏』. ❷ 달(達) 찬(撰). 2권. 자세한 내용은 알 수 없고, 『동역전등목록』(대정장55, p.1158b25)에 책 이름이 보인다. 저자 '달'을 신라 때 스님 행달(行達)로 추정하기도 한다. [참고문헌] 『東域傳燈目錄』.

유식파 唯識派 ➡ 유식종 唯識宗, 유가행파 瑜伽行派

유식폄량 唯識貶量 ➡ 성유식론폄량 成唯識論貶量

유식학파 唯識學派 ➡ 유식종 唯識宗, 유가행파 瑜伽行派, 중관파 中觀派

유신 有身 몸이 있음. 오음(五陰 : 五蘊)의 몸이어야 비로소 드러나 영위할 수 있기에 생의(生依)라고도 한다. 『잡아함경』 권3(대정장2, p.18c2)에 "무엇이 유신인가? 오수음을 말한다. 무엇이 그 다섯 가지인가? 색수음과 수·상·행·식수음이 유신이다. 云何有身 謂五受陰 云何爲五 色受陰 受想行識受陰 是名有身", 『대비바사론』 권26(대정장27, p.132a12)에 "『시설론』에서 말한다. '무슨 까닭에 죽은 이는 들숨과 날숨을 쉬지 않는가? 들숨과 날숨은 마음의 힘으로 구르는데, 죽은 이에게는 마음이 없고 몸만 있기 때문이다'. 施設論說 何緣死者 入出息不轉耶 謂入出息 由心力轉 死者無心 但有

身故", 『아비담비바사론』 권21(대정장28, p.156a28)에 "'이 대덕에게 몸이 있을 때는 인천이 모두 보지만, 만약 몸이 무너지고 수명이 다하면 사람도 하늘도 다시는 볼 수 없다'. 단지 구해탈뿐만이 아니다. 저 비구가 아라한이 되어 혜해탈 얻어도 그렇다. 모든 범천들은 이렇게 생각한다. '이 비구가 아라한이 되어 혜해탈하였다. 이 대덕에게 몸이 있을 때는 인천이 모두 보지만' 하고 자세하게 말한다. 혜해탈뿐이겠는가. 비구가 신증이라면 이 대덕 또한 능히 더 높이 나아간다. 若此大德有身之時 人天皆見 若身壞命終 人天更不復見 不但俱解脫 若比丘得阿羅漢 是慧解脫 是諸梵天 作是思惟 此比丘得阿羅漢 是慧解脫 此大德有身之時 人天皆見 乃至廣說不但慧解脫也 若比丘是身證 此大德亦能勝進"라고 하였다. 〔참고문헌〕『雜阿含經』, 『大毘婆沙論』, 『阿毘曇毘婆沙論』. ⇨ 오음 五陰, 생의 生依

유신 有娠 아이를 가짐. 태기가 있다는 말. 회잉(懷孕)이라고도 한다. 신(娠)은 신(身)으로도 쓴다. 『증일아함경』 권13(대정장2, p.609c2)에 "며칠 지나지 않아 몸이 문득 아이를 품었으니 저 부인께서 곧바로 왕에게 가서 '제가 지금 태기가 있습니다'라고 아뢰었다. 未經幾日 身便懷妊 彼夫人卽往白王 我今有娠", 『일체경음의』 권46(대정장54, p.613b19)에 "유신〈신은 서와 린을 반절한 음이다. 신은 태아를 품었다는 말이다. 신(身)이라고 쓰기도 하니 두 글자는 통용한다〉. 有娠〈書隣反 娠謂懷胎也 書中亦有作身 二形通用〉", 같은 책 권62(대정장54, p.718a16)에 "『설문해자』에 '신은 품은 몸이 움직인다는 뜻이다'라고 하였다. 說文云 娠妊身動也"라고 하였다. 〔참고문헌〕『增壹阿含經』, 『一切經音義』.

유신 柳伸 ?~1104. 고려 문신이자 서예가. 행서와 초서에 능했으며 김생(金生 711~791)·요극일(姚克一 생몰연대미상)·탄연(坦然 1070~1159) 등과 더불어 신필(神筆)로 손꼽힌다. 문림랑(文林郞)으로서 왕명을 받들어 「송광사불일보조국사비문 松廣寺佛日普照國師碑文」의 글씨를 썼다. 〔참고문헌〕『高麗史』 권95 「柳伸列傳」, 李智冠 『校勘譯註歷代高僧碑文』 高麗篇4 p.74. ⇨ 김생 金生, 요극일 姚克一, 탄연 坦然

유신 維新 한층 새로워짐. 『시경』 「대아 大雅」 문왕(文王)의 "주나라는 오래된 나라이지만, 그 명은 더욱 새롭다. 周雖舊邦 其命維新"라 하였으니, 『원오어록』 권8(대정장47, p.747a17)에 "설날 법좌에 올라, '새해 비로소 열리니 문호를 열어젖히네. 만물 더욱 새롭고 천지 온통 봄이구나. 때를 따라 도우리니 소굴에 떨어질 일도 끝내 떳떳치 못할 일도 없으리. 아득한 세월 한 찰나에 있어 봄은 한참인데 날은 쌀쌀하네. 오직 바라옵건대 수좌대중에겐 만복이 일어나 깃들기를! 불을 구하니 연기 따라 함께 하고, 샘에 깃든 달마저 길어 돌아오시구려. 歲旦上堂 元正啓祚 打開門戶 萬物維新 天地同春 應時納祐 不落窠臼 罄無不宜 萬世一時 孟春猶寒 伏惟首座大衆 起居萬福 乞火和煙得 擔泉帶月歸"라고 하였다. 〔참고문헌〕『詩經』, 『圜悟語錄』, 『百丈淸規』 권7(대정장48, p.1150b1).

유신 遺身 Ⓢ śarīra. 남겨진 몸. 음사는 사리(舍利)다. 『십주단결경』 권9(대정장10, p.1032c16)에 "그때 자리 위에 보살이 있었고 무량각혜였다. 마음으로 생각하길, '최승대사의 유신사리(舍利 Ⓢ śarīra)가 널리 퍼져 세간에 있게 되면 불도를 닦으려는 마음을 크게 일으킬 것이니 제도되는 사람의 수 얼마나 될까?' 爾時 座上有菩薩 名曰無量覺慧 心自念言 最勝大士 遺身舍利 分布在世 興發道心 度人多少 爲有幾許", 『법원주림』 권29(대정장53, p.500c3)에 "성의 남쪽 오십 리에 있는 옛 성안에 탑이 있다. 이것은 인간수명이 육만세일 때, 가라가촌다불께서 태어나신 성이기도 하다. 이 성의 동남쪽에 있는 탑은 이 부처님의 '유신'을 모신 곳이다. 무우왕이 그 앞에 석주를 건립하였는데, 높이가 세 길이나 된다. 城南五十里 故城中塔 是人壽六萬歲時 迦羅迦村馱佛本生城 城東南塔 卽此佛遺身處 無憂王於前建立石柱高三丈"라고 하였다. 〔참고문헌〕『十住斷結經』, 『法苑珠林』. ⇨ 사리 舍利 ❶

유신 遺信 믿어 남김. 유서(遺書)를 달리 이르는 말. 『선원청규』 권6 「치서 馳書」(卍속장111, p.910b17)에 "평소에 법을 잇는 승사의 유신과 지나간 편지는 오직 방장실에만 보인다. 如平常承嗣遺信 及過往先馳 只就方丈下"라고 하였다. 〔참고문헌〕『禪苑淸規』. ⇨ 유서 遺書 ❷, 선치 先馳

유신 遺燼 Ⓟ chārikā. 타고 남은 재. 유해(遺骸)·유진(遺塵) 등과 통한다. 『대반야경』 권52(대정장5, p.297a13)에 "'세존이시여! 어떠한 것을 소제번뇌삼마지라고 합니까?' '선현아! 만약 이 삼마지에 머물면 모든 번뇌를 태워 남은 재마저 없게 하므로 소제번뇌삼마지라고 한다'. 世尊 云何名爲燒諸煩惱三摩地 善現 謂若住此三摩地時 燒諸煩惱 令無遺燼 是故名爲燒諸煩惱三摩地", 『관음현의』 권하(대정장34, p.890a6)에 "일체번뇌 영원히 남김 없게 되니 마치 저 겁화가 다시는 재마저 남기지 않는 것과 같으므로 보멸이라고 한다. 一切煩惱 永無遺餘 譬如劫火 無復遺燼 故名普滅"라고 하였다. 〔참고문헌〕『大般若經』, 『觀音玄義』, 『別譯雜阿含經』 권1(대정장2, p.378b10), *Ud.93*.

유신견 有身見 Ⓢ sat-kāya-dṛṣti, Ⓟ sakkāya, sakkāya-diṭṭhi, Ⓣ 'jig-tshogs-la-lta-ba. 오견(五見) 또는 십수면(十隨眠) 중 하나. 오취온(五取蘊)의 몸이 실재한다고 집착하는 잘못된 견해. 살가야견(薩迦耶見)・삽가야견(颯迦耶見)・살가사견(薩迦邪見) 등이라고 음사하며, 허위신견(虛僞身見)・괴신견(壞身見)・이전신견(移轉身見) 등으로도 한역한다. 신견(身見)이라고도 한다. 『법온족론』 권9(대정장26, p.497a16)에 "어떤 것을 유신견이라 하는가? 오취온에 대해 아・아소상을 일으키고, 이것으로 말미암아 인・낙・혜・관・견 등을 일으키는 것을 유신견이라 한다. 云何有身見 謂於五取蘊 起我我所想 由此生忍樂惠觀見 名有身見", 『입아비달마론』 권상(대정장28, p.983a14)에 "오취온 중에 아・아소 등이 없으나 아・아소 등의 상이 실로 있다고 집착하는 물든 견혜를 유신견이라고 한다. 신(身)은 모여진 것의 뜻이고, 모여 있게 되었기에 유신이라 한다. 五取蘊中 無我我所 而執實有 我我所相 此染汚慧 名有身見 身是聚義 有而是身 故名有身"라고 하였다. [참고문헌] 『法蘊足論』, 『入阿毘達磨論』, *Abh-k-bh.280.*, *SN.1.200.*, *DN.3.216.* ⇨ 오견 五見, 십수면 十隨眠, 살가야견 薩迦耶見

유신멸 有身滅 Ⓟ sakkāya-nirodha. 오취온(五取蘊)이 다한 열반을 말한다. 유신멸열반(有身滅涅槃)이라고도 한다. 『잡아함경』 권18(대정장2, p.128b7 : *Jambālī. AN.2*, p.165)에 "무량삼마제 몸으로 깨달음을 얻으면 마음으로 유신멸열반을 기꺼이 집착하지 않는다. 유신을 돌이켜 보면 끝내 벗어날 수 없고, 현세에서는 얻을 수 없으니 법의 가르침 따르고 목숨을 마치더라도 얻을 수는 없으니 돌이켜 다시 이 세계에 나서는 끝내 저 무명의 어둠을 부수지는 못한다. 無量三摩提身作證 心不樂著有身滅涅槃 顧念有身 終不得離 不得現法 隨順法教 乃至命終 亦無所得 還復來生此界 終不能得破於癡冥 evameva kho bhikkhave bhikkhu aññataraṃ santaṃ cetovimuttiṃ upasampajja viharati. so sakkāyanirodhaṃ manasi karoti. tassa sakkāyanirodhaṃ manasi karoto sakkāyanirodhe cittaṃ na pakkhandati nappasīdati na santiṭṭhati nādhimuccati. tassa kho etaṃ bhikkhave bhikkhuno na sakkāyanirodho pāṭikaṅkho", 『집이문족론』 권14(대정장26, p.428b26)에 "'저 유신멸을 생각하면'이란 무슨 말인가? 유신멸도 멸이라 하고, 택멸도 또한 멸이라 하는데, 지금 여기에서는 택멸을 멸이라 하는 뜻이어서 그 밖의 다른 뜻은 아니다. 若念有身滅者 有身滅亦名滅 擇滅亦名滅 今此義中 意說擇滅 名滅 非餘"라고 하였다. [참고문헌] 『雜阿含經』, 『集異門足論』, *AN.*

유신불어 唯信佛語 오직 부처님 말씀만을 믿는다는 말. 깊은 대승법을 이해하여 얻으려 하지 못한다는 뜻이다. 『승만경』(대정장12, p.222c6)에 "그대(승만부인)와 대법을 성취한 보살마하살만이 능히 들어 받을 수 있으며, 여타의 성문들은 오직 부처님의 말만을 믿을 뿐이다. 汝及成就大法菩薩摩訶薩 乃能聽受 諸餘聲聞 唯信佛語", 『승만경기』(대정장85, p.261a20)에 "'오직 부처의 말만을 믿을 뿐이다'라는 말은 대사의 뛰어난 지로 얻은 후에 받아 행하지만, 이승의 지는 힘이 없어 믿기만 할 뿐 이해하지 못한다. 唯信佛語者 大士利智 得後受行 二乘智劣 信而未解"라고 하였다. [참고문헌] 『勝鬘經』, 『勝鬘經記』.

유신승욕 有身勝欲 오온신으로 성취한 뛰어난 묘락. 인간오욕신을 벗어나 천상의 낙을 수용할지라도 이 또한 고공무아의 변괴법에 의지한 유신(有身)의 낙이기에 무상(無常)하다. 『잡아함경』 권41(대정장2, p.298b2)에 "만일 그가 다시 말하길 '마음이 이미 인간오욕을 멀리 여의었고, 앞서 이미 천상의 뛰어난 묘욕을 돌이켜 생각하였다'라고 하거든, 잘했다 따라 기뻐해 주고 다음과 같이 말한다. 若復彼言 心已遠離 人間五欲 先已顧念 天勝妙欲 歎善隨喜 復語彼言", "'천상묘욕도 무상・고・공의 변괴법이다. 제천상의 유신승천오욕마저 이렇게 이미 버렸고, 하늘에 대한 욕망도 그 몸의 수승함도 이미 돌아보았으니 참으로 잘했다' 따라 기뻐하고는 다시 가르쳐 말한다. '몸을 가지려 함은 또다시 무상하고 변하여 무너질 법이다. 행이 다한 열반으로 벗어난 낙이다. 天上妙欲 無常苦空 變壞之法 諸天上有身勝天五欲 若言已捨 顧念天欲 顧念有身勝欲 歎善隨喜 當復教言 有身之欲 亦復無常 變壞之法 有行滅涅槃出離之樂", "너는 몸이 있다는 생각을 버리고 열반적멸의 낙을 가장 승한 것이라 생각해야 한다'. 저 성제자가 능히 몸이 있다는 생각을 버리고 열반을 즐거워하면 칭찬하고 기뻐한다. 汝當捨離 有身顧念 樂於涅槃寂滅之樂 爲上爲勝 彼聖弟子 已能捨離 有身顧念 樂涅槃者 歎善隨喜"라고 하였다. [참고문헌] 『雜阿含經』.

유신유연 有信有緣 Ⓟ saddhāyiko paccayiko. 믿을 수 있고 연유 또한 있다는 말. 허망하지 않은 뜻이다. 『잡아함경』 권42(대정장2, p.305b11)에 "부처님께서 대왕에게 말씀하셨다. '이제 묻겠으니 뜻대로 답하세요. 비유하면 저 사람이 동방에서 왔는데, 그는 믿을 만하고 연유 또한 있으니 일찍이 헛된 적이 없었습니다. 이 사람이 임금께 「저는 동방에서 오다가 매우 반듯하고 너르고 크며 구멍도 부서지지도 무너진 곳도 없는 하나의 돌산이 땅을 갈면서 오니 일체중생과 초목들이 모두 갈려서 부서지는 것을 보았습니다」라고 하였습니다'. 佛告

大王 今問大王 隨意答我 譬如有人 從東方來 有信有緣 未曾虛妄 而白王言 我東方來 見一石山 極方廣大 不穿不壞 亦無缺壞 磨地而來 一切衆生 草木之類 悉磨令碎"라고 하였다. [참고문헌]『雜阿含經』, *SN.1.100.*

유신자식 有身者識 (오온)신에 의지한 식. 십일식(十一識) 또는 이종분별식(二種分別識) 중 하나. 육도윤회하는 몸을 받게(有身) 하는 식. 염오식(染汚識 : 染汚意). 신자식(身者識)이라고도 한다. 『현식론』(대정장31, p.879a26)에 "몸 있는 자 식이 있다란, 아견에 덮인 것이다. 이 식은 아의 견과 탐과 애에 덮여 있기에 육취의 생을 받으니, 이 식은 생사의 몸이다. 이 식이 있으면 신식이 있게 되고, 이 식이 다하면 생사의 몸도 다한다. 아견은 일체의 육혹(肉惑 : 見惑)을 낳고, 탐애는 일체의 피혹(皮惑 : 修惑)을 낳기에 생사의 몸이 있게 된다. 탐애와 아견을 여읜다면 곧 피육번뇌가 없고, 피육번뇌가 없으면, 곧 삼계의 몸은 없게 된다. 신식이 생사를 받는다. 有身者識者 我見所覆 此識爲我見貪愛所覆故 受六趣生 此識爲生死身 若有此識 卽有身識 此識若盡 則生死身盡 我見生一切肉惑 貪愛生一切皮惑 故有生死身 若離愛我見 卽無皮肉煩惱 若無皮肉煩惱 卽無三界身故 身識受生死也"라고 하였다. [참고문헌]『顯識論』, 『攝大乘論釋』 권5(대정장31, p.181c10). ⇨ 십일식 十一識, 신자식 身者識

유신집멸도 有身集滅道 Ⓟ sakkā-yanirodha-gāminī paṭipadā. 오온신의 인인 집(集)을 사라지게 하여 열반(滅)에 이르게 하는 길. 『잡아함경』 권3(대정장2, p.18a27)에 "내가 이제 유신집취도와 유신집멸도를 설하겠다. … 어떤 것이 유신집멸도인가? 많이 들은 나의 제자들은 색과 색의 집·멸·미·환·리를 여실하게 안다. 여실하게 알기에 색을 즐기지도 찬탄하지도 집착하지도 머물지도 않는다. 즐기고 찬탄하며 집착하고 머물지 않기에 색에 대한 애착과 즐거움이 사라진다. 애락이 사라지면 곧 취함이 사라지고, 취함이 사라지면 유가 사라지며, 유가 사라지면 태어남이 멸하고, 태어남이 멸하면 노병사우비고뇌의 순대고취 또한 사라진다. 색처럼 수상행식도 이와 같으니, 이것을 유신멸도적이라고 한다. 유신멸도적이 곧 고가 사라져 가는 길의 자취이니 그러기에 유신멸도적이라고 한다. 我今當說 有身集趣道 及有身集滅道 … 云何有身集滅道 多聞聖弟子 如實知色 色集 色滅 色味 色患 色離 如實知故 於色不樂 不歎 不著 不住 不樂 不歎 不著 不住故 彼色愛樂滅 愛樂滅則取滅 取滅則有滅 有滅則生滅 生滅則老病死憂悲苦惱 純大苦聚滅 如色受想行識 亦如是 是名有身滅道跡 有身滅道跡 則是苦滅道跡 是故 說有身滅道跡"라고 하였다. [참고문헌]『雜阿含經』, *SN.3.44.* ⇨ 사제 四諦, 도제 道諦, 유신집취도 有身集趣道

유신집취도 有身集趣道 Ⓟ sakkāya-samudaya-gāminī paṭipadā. 사제(四諦) 중 집제(集諦). 유신(有身)인 오온에 대하여 즐기고, 집착하고, 머무는 것(樂歎著住)이 고해에 나는 인임을 밝힌다. 『잡아함경』 권3(대정장2, p.18a28)에 "어떤 것이 '유신집취도'인가? 어리석고 불법을 모르는 범부들은 색의 집취·색의 소멸·색에 대한 집착·색의 근심·색을 여읨을 여실하게 알지 못한다. 여실하게 알지 못하기 때문에 색을 즐기고, 색을 찬탄하며, 색에 집착하고, 색에 머문다. 색을 즐기고, 색을 찬탄하며, 색에 집착하고, 색에 머물기 때문에 애착하고 즐거워하며 취한다. 취를 인연으로 존재하고, 존재를 인연으로 태어나며, 태어남을 인연으로 노병사우비고뇌와 같은 순대고취가 생긴다. 이와 같이 수상행식도 자세하게 설하는데, 이것을 유신집취도라고 한다. 비구들아, 유신집취도가 바로 고집취도임을 알아야 한다. 云何有身集趣道 愚癡無聞凡夫 見不如實知色集 色滅 色味 色患 色離 不如實知故 樂色 歎色 著色 住色 樂色 歎色 著色 住色故 愛樂取 緣取有 緣有生 緣生老病死憂悲苦惱 如是純大苦聚生 如是 受想行識廣說 是名有身集趣道 比丘 有身集趣道 當知卽是苦集趣道"라고 하였다. [참고문헌]『雜阿含經』, *SN.3.44.* ⇨ 사제 四諦, 집제 集諦, 유신집멸도 有身集滅道

유신초 唯信鈔 1221년 일본 성각(聖覺 1167~1235) 지음. 1권. 염불왕생의 요체를 적은 문헌. 대정장85, pp.910a4~915c28, No.2675에 수록되어 있다. 일념(一念)과 다념(多念)의 왕생 논란을 잠재우기 위해 찬술하였다. 1257년에 친란(親鸞)이 주석서 『유신초문의 唯信鈔文意』 1권을 남겼다.

유신초문의 唯信鈔文意 1257년(정가원년)에 일본 친란(親鸞 1173~1262) 지음. 1권. 대정장83, pp.699b8~704c28, No.2658에 이본(異本)과 함께 수록되었고, 성각(聖覺 1167~1235)의 『유신초』를 풀이한 책이다. ⇨ 유신초 唯信鈔

유신출리 有身出離 몸 있음에서 벗어남. 오취온견(五取蘊見)인 유신 때문에 일어나는 모든 괴로움으로부터 벗어나는 것을 말한다. 유신멸열반(有身滅涅槃)과 같은 뜻이다. 『집이문족론』 권14(대정장26, p.427c8)에 "만일 몸이 사라진 열반을 생각하면 유신멸열반에 깊이 들어가, 믿어 기꺼이 머무르고, 뛰어난 견해를 갖게 되니, 위축되지 않고 항상 너그러워서 마음으로 싫어하거나 헐뜯지 않으며, 저절로 현행하고 그 마음이 안락하며 쉽게 잘 닦아 익히고, 유신을 인연으로 하여 일어나는 모든 번뇌와 손해와 열뇌에서 모두 해탈하고, 몸을 좇아 일어나는 것 끝났으니 계박을 여의고 해탈하며, 저 몸을 인으로 하는 모든 괴로운 느낌 받지 않는다. 이와 같은 것을 유신출리라고 한다. 若念有身滅涅槃 便於有身滅涅槃 深心趣入 信樂安住 有勝解 不卷縮 恒舒泰 心不厭毁 任運現行 其心安樂 易善修習 於有身緣 所起諸漏 損害熱惱 皆得解脫 從彼起已 離繫解脫 不受彼因彼緣諸受 如是名爲有身出離"라고 하였다. [참고문헌] 『集異門足論』. ⇨ 유신멸 有身滅, 열반 涅槃

유실 有實 Ⓢ dravya-yukta, sadbhūta, Ⓟ bhūta, Ⓣ rzhas dang-ldan-pa. 실이 있음. 실체를 상정하는 뜻으로 결정유(決定有)로도 한역한다. 『대지도론』 권6(대정장25, p.103b29)에 "'꿈과 같다'라는 말은, 저 꿈속에 실제 일은 없으나 실로 있다고 여기다가 깨어난 뒤에 없음을 알고는 이에 도리어 스스로 웃을 뿐인 것과 같다. 如夢者 如夢中無實事 謂之有實 覺已知無 而還自笑", 『반야등론석』 권3(대정장30, p.65c2)에 "『무언설경』에서 말하길, '오고감에 실로 있는 것 없다. 모든 법 허공과 같기 때문이다'. 如無言說經曰 來去無有實 諸法如虛空"라고 하였다. [참고문헌] 『大智度論』, 『般若燈論釋』, 『俱舍論』 권2(대정장29, p.9b19), *Abh-k-bh.26.*, *DN.3.134.* ⇨ 결정유 決定有

유실 流失 ❶ 번뇌와 허물. 『섭대승론석』 권1(대정장31, p.158c16)에 "[논] 다시 무상천 한 때는 번뇌도 없고 허물도 없어야 한다. 염오가 없기에 그 중에 아견과 아만 등이 없다. … [석] 무상천에 나서 만약 염오심이 없다면 그 생에는 아집과 아만 등이 없다. 이 생에는 번뇌와 허물도 없으니 이 무상정은 마땅히 성인 싫어할 리 없지만, 이미 성인의 꺼린 바 되었다면 이 정은 염오식이 있기 때문이다. 論曰 復次 於無想天一期 應成無流無失 無染汚故 於中 若無我見 及我慢等 … 釋曰 於無想天生 若無染汚心 一期生中 則無我執 及我慢等 此生便無流失 此定不應爲聖人所厭惡 旣爲聖人所厭惡 故知此定有染汚識"라고 하였다. [참고문헌] 『攝大乘論釋』. ⇨ 염오 染汚 ❷ 흘러 사라지다. 『법원주림』 권28(대정장53, p.495c27)에 "옛날에 어떤 나무꾼이 냇물에 그릇을 씻다가 술잔을 흘려버렸는데 후에 우물에서 나왔다. 昔有採材人 臨谿洗器 流失酒杯 後出於井中"라고 하였다. [참고문헌] 『法苑珠林』.

유실사 有實事 Ⓢ dravya-yukta, Ⓣ rzhas dang-ldan-pa. 허망하지 않고, 진실로 드러난 일의 뜻으로, 법계(法界)에서 거두는 무위법을 말한다. 『순정리론』 권5(대정장29, p.358c19)에 "'실은 오직 법'이란, '실'은 무위를 말하는데, 견실하기 때문이니 이것은 법계에서 거둔다. 그러므로 오직 법계만이 오직 '실이 있다'고 이름한다. … 다시 다른 논사들은 다른 견해를 말한다. 즉 일체의 법이 모두 '유실사'라면 실상이 있다 할 수 있으니, 무위법을 제하고는 모두 일찰나에 바로 사라지기 때문이다. 實唯法者 實謂無爲 以堅實故 此法界攝 故唯法界 獨名有實 … 復有餘師 此中異說 謂一切法 皆有實事 有實相故 除無爲法 皆一刹那 速謝滅故"라고 하였다. [참고문헌] 『順正理論』, 『俱舍論』 권2(대정장29, p.9a17), *Abh-k-bh.25.* ⇨ 유실 有實

유실사상 柔失邪相 지나치게 부드러워 일어나는 그릇된 생각. 정(定)을 장애하는 삿된 상 중 열 번째 강유사상(强柔邪相) 중 견디는 힘이 약한 허물 때문에 생기는 경우다. 원효(元曉)의 『기신론소』 권하(한불전1, p.731b16)에 "저 경과 만나 마음을 일으키려 함에 심지가 연약하여 쉽게 패하고 무너지는데, 마치 저 흙이 부드럽고 젖어 있어 그릇이 되기에는 견딜 수 없는 것과 같은 것을 유의 허물이라 한다. 若觸發時 心志軟弱 易可敗壞 猶如軟湿 不堪爲器 是爲柔失也"라고 하였다. [참고문헌] 『起信論疏』. ⇨ 사상 邪相❸, 강유사상 强柔邪相, 강실사상 强失邪相

유실정종곡 有失正宗哭 삼산등래(三山燈來)의 제종삼곡(濟宗三哭) 중 하나. 『오가종지찬요』 권상(卍속장114, p.516b7)에 "첫 번째 유실정종곡이니, 저 어리석어 종지를 잃고 능히 통해 사무치지 못해 스스로 통곡하는 무리다. 一者 有失正宗哭 如昧失宗旨 不能通徹 學人自己痛哭之類"라고 하였다. [참고문헌] 『五家宗旨纂要』. ⇨ 제종삼곡 濟宗三哭

유실정종소 有失正宗笑 삼산등래(三山燈來)의 제종삼소(濟宗三笑) 중 하나. 『오가종지찬요』 권상(卍속장114, p.516b16)에 "둘째는 바른 종지를 잃었을 때의 웃음이다. 저 종지에 그릇된 허물로 묻고 그 낙처 또한 모르니, 종사가 웃으며 말하길 '사량정식으로 능히 헤아릴 일은 아니다'. 二者 有失正宗笑 如錯過宗旨 問著不知落處 師笑云 非思量情識所能測之類"라고 하였다. [참고문헌] 『五家宗旨纂要』. ⇨ 제종삼소 濟宗三笑

유심 有心 ❶ 중생의 마음. 즉 중생이면 모두 가진 마음. 유소득심(有所得心)과 의미상 통하며 무심(無心)에 대칭한다. 『금강삼매경』(대정장9, p.366b23)에 "해탈보살이 부처님께 이렇게 여쭈웠다. '존자시여, 모든 중생들이 유아라고 하거나 유심이라고 한다면, 어떤 법으로 깨닫게 하여 저 중생들이 이러한 속박을 여의도록 해야 합니까?' 解脫菩薩而白佛言 尊者 一切衆生 若有我者 若有心者 以何法覺 令彼衆生 出離斯縛", 『선견율비바사』

권8(대정장24, p.724c15)에 "유심이란 욕심으로 행함이 있고, 그런 연후에야 죄를 얻는다. 有心者 有欲心行然後得罪", 『조론』(대정장45, p.160c12)에 "유심은 즉 중서(衆庶 : 衆生)를 말하고, 무심은 태허를 말한다. 중서는 망상을 그치고, 태허는 신령한 비춤을 끊는다. 망상도 그치고 사무침도 끊어졌는데 어찌 신묘한 길을 열고 성인의 마음을 말할 수 있겠는가? 이 때문에 성인의 마음은 유가 아니지만 무라고 말할 수 없으며, 무가 아니지만 유라고 할 수 없다. 유가 아니기에 마음의 상이 도무지 다하였으며, 무가 아니기에 뜻에 합하지 않음이 없다. 有心 則衆庶 是也 無心 則太虛 是也 衆庶止於妄想 太虛絶於靈照 豈可止於妄想 絶於靈照 標其神道 而語聖心者乎 是以 聖心不有 不可謂之無 聖心不無 不可謂之有 不有故 心想都滅 不無故 理無不契"라고 하였다. [참고문헌] 『金剛三昧經』, 『善見律毘婆娑』, 『肇論』, 『金剛三昧經論』 권상(대정장34, p.966b14), 『肇論疏』 권하(대정장45, p.199a7). ⇨ 유소득심 有所得心, 무심 無心[1] ❷ 세심(細心) 또는 세의식(細意識). 윤회의 주체라고 여겨지는 미세한 심식을 말한다. 『대승성업론』(대정장31, p.783c28)에 "무심정과 무상천에서는 마음의 상속이 끊어지는데, 어떻게 과거의 업이 미래의 바람직한 과와 바람직하지 않은 과를 얻을 수 있는가? 이것이 저 종의 과실이다. 저 종이란 무엇을 말하는가? 이 위에서는 완전히 무심이라고 주장하는 이들을 말한다. 그렇지만 이 위는 유심이라고 한다면 이는 허물은 없다. 예를 들면 존자 세우가 지은 문론(問論)에서는 '만약 멸진정에 마음이 전혀 없다고 주장한다면 이는 과실이 될 수 있다. 나는 멸진정에서도 오히려 세심이 있다고 설하기에 이러한 과실은 없다'고 하였다. 또 다시 경을 이끌어 이 뜻을 증명하였는데, 저 계경에서는 '멸진정에 처한 이는 신체적 행위가 모두 소멸된다. (자세한 설명은 생략) 근은 변화나 파괴가 없으며 식도 신체를 떠나지 않는다'고 하였다. 無心定及無想天 心相續斷 如何先業 能得當來愛非愛果 是彼宗過 何謂彼宗 謂執此位全無心者 若說此位是有心者 卽無斯過 如尊者世友 所造問論中言 若執滅定全無有心 可有此過 我說滅定猶有細心 故無此失 彼復引經 證成此義 如契經言 處滅定者 身行皆滅 廣說乃至 根無變壞 識不離身"라고 하였다. [참고문헌] 『大乘成業論』, 서성원 「『俱舍論』과 『成業論』을 통해서 본 種子(bīja)說」 (『가산학보』5, 1996). ⇨ 세심 細心, 세의식 細意識[3]
❸ ➡ 유심지 有心地, 유심위 有心位

유심 唯心 Ⓢ citta-mātra, svacitta-mātra, Ⓣ sems-tsam, rang-sems tsam. '오직 마음일 뿐'이라는 말. 『입능가경』 권3(대정장16, p.529c29 : *Laṅk.*, p.80)에 "보살마하살은 삼계가 다만 한 마음의 지음일 뿐이라고 관찰한다. 菩薩摩訶薩 觀察三界 但是一心作故 bodhisattvo mahāsattvaḥ … pratyavekṣate svacittamātram idaṁ traidhātukam", 『능가경주해』 권3(대정장39, p.398b12)에 "경이 있어 가히 연한다 함은 그것은 범부의 알음알이며, 경을 아는 것은 마음일 뿐이라 하면, 올바로 아는 지혜이다. 有境可緣者 是凡夫之智 了境唯心者 是正智之智", 『능가경의소』 권1상(卍속장26, p.124a14)에 "유심을 모르는 사람은 반드시 유무와 단상을 분별하므로 여기서는 우선 저들의 집착에 대하여 편다. 迷唯心者 必計有無 及以斷常 故今先敘 其所執也", 『성유식론』 권2(대정장31, p.10c7)에 "저 『능가경』 게송에서 '스스로의 마음에 착으로 마음 밖인 듯 경이 따라 움직이네. 저 보이는 것들 있는 것 아니니, 이런 이유로 마음 뿐이라고 설한다'. 이와 같이 곳곳에서 오로지 한 마음이라고 설한다. 如入楞伽伽他中說 由自心執著 心似外境轉 彼所見非有 是故說唯心 如是處處 說唯一心", 『성유식론술기』 권7말(대정장43, p.488b1)에 "오직 마음일 뿐이란, 마음은 식과 하나며, '뿐이다'라는 말은 취하는 경을 보내버리는 뜻이다. 저 경이 없게 되면 능히 취하는 마음마저 없게 된다. 심소만을 막지 않으니 서로 여읠 수 없기 때문이다. '저 심소가 없다면 심 또한 이미 일찍이 움직일 일이 없을 것이다'라는 말과 같다. 삼계가 오직 마음 뿐이라는 말은 삼계가 오직 식일 뿐임을 드러낸다. 言唯心者 心識是一 唯言爲遣所取境義 由彼無故 能取亦無 不遮心所 不相離故 如說若無心所 心未曾轉 三界唯心之言 卽顯三界唯識", 『유식이십론술기』 권상(대정장43, p.981c25)에 "논에서 경을 이끌어 오직 마음뿐이라고 한 것은, 비록 '마음일 뿐이다'라고 하지만 그 뜻은 '갖가지 심소일 뿐이다'라는 말을 아우르기도 한다. 오로지 심소가 있을 뿐 진실로 취할 것은 없기 때문이다. 論所引經 說唯心者 言雖唯心意亦兼說 唯諸心所 以唯有心所 無實所取故", 『대승기신론의소』 권상(대정장44, p.187b12)에 "마음일 뿐이라는 말은 오직 마음만 따른다는 것이고, 마음을 따르기에 마음이 생기면 법도 생기고 마음이 사라지면 법도 사라진다. 그러므로 '마음일 뿐이다'라고 한다. 言唯心者 唯隨於心 以從心故 心生法生 心滅法滅 故言唯心也", 『기신론소필삭기』 권13(대정장44, p.369c11)에 "비록 마음이 경을 연하지만 경은 오직 마음일 뿐임을 알기에 모든 일에 대한 분별을 믿고 쓰지 않는다. 이에 의지하여 수행하므로 도와 익숙하고 가까워진다. 雖心緣境 達境唯心 故於事識 而不信用 依此修行 故親而且近", 『원각경대소석의초』 권1상(卍속장14, p.424b9)에 "저 법상종의 마음일 뿐이라는 말은, 마음은 다만 유위심식으로 연을 따라 분별을 쌓아 모으는 것이니, 각각의 경을 가려내어 상을 삼을 뿐이다. 이전에 '모든 것이 식일 뿐이다'라고 한 말이 이것이다. 저 법성종에서 '마음일 뿐이다'라 한 뜻은 바로 진여의 마음이다. 무위·무상으로 연려분별을 떠났으며, 연려분별 또한 일심일 뿐이다. 若法相宗言唯心者 心但是有爲心識 緣慮積集 了辨別境爲相 卽是此上來云 一切唯識 是也 若法性宗云 唯心者 直是眞如之心 無爲無相 離諸緣慮分別 緣慮分別 亦唯一心", 『십지경론』 권8(대정장26, p.169a16)에 "다만 이 한 마음이 짓는다는 말은 일체삼계가 오로지 마음의 움직임일 뿐이라는 뜻이다. 但是一心作者 一切三界 唯心轉故"라고 하였고, 이에 대해 징관(澄觀)의 『화엄경소』 권40(대정장35, p.806b18)에는 삼계가 한 마음에 불과하다는 말을 해설하면서 이승은 마음 밖의 경계가 실재한다고 착각하거나 마음이 변화한 결과라고 여기더라도 모든 현상이 마음이라고 생각하지는 않는다(論云 但是一心者 一切三界 唯心轉故 … 云何一心 而作三界 略有三義 一二乘之人 謂有前境 不了唯心 縱聞一心 但謂眞諦之一 或謂由心轉變 非皆是心)고 하였다. [참고문헌] 『入楞伽經』, 『楞伽經註解』, 『楞伽經義疏』, 『成唯識論』, 『成唯識論述記』, 『唯識二十論述記』, 『大乘起信論義疏』, 『起信論疎筆削記』, 『圓覺經大疏釋義鈔』, 『十地經論』, 『華嚴經疏』, *Laṅk・25., Sūtr.24.* ⇨ 법계유심 法界唯心, 삼계유심 三界唯心, 만법유식 萬法唯識, 유심게 唯心偈, 유심회전선성문 唯心迴轉善成門

유심 惟心 근대 불교 잡지. 한용운(韓龍雲) 편집 및 발행. 1918년 9월 1일에 불교 홍포와 대중교화를 목적으로 창간되어 같은 해 12월에 제3호까지 발행 후 종간되었다. 체제는 국판(菊版)이며, 매호 약 60여 면이었다. 당시 여러 불교잡지가 교리색이 짙었다면, 『유심』은 대중계몽을 위한 논설과 인도의 시성(詩聖) 타고르의 시와 『생(生)의 실현』 등을 번역・게재하였고, 문예작품을 현상공모 하는 등 문예지의 성격도 갖추었다. 주요 필진으로는 한용운을 비롯하여 최린(崔麟)・박한영(朴漢永)・백용성(白龍城)・권상로(權相老) 등 불교계 지식인이 참여하였다. 비록 제3호의 짧은 지령(誌齡)을 가졌지만, 1919년 3・1운동 이전 불교계 독립운동세력을 규합하는 구심점 역할을 하였다. [참고문헌] 『曹溪宗史』 근현대편(대한불교조계종교육원, 2001) p.73. ⇨ 한용운 韓龍雲

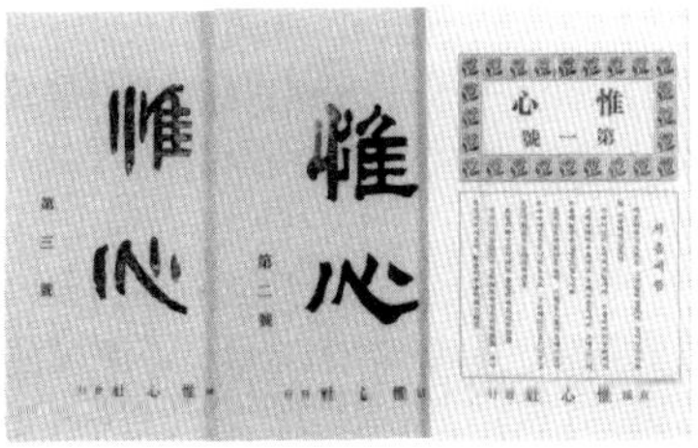

유심 만해기념관 1918년

유심 遊心 노는 마음. 걸림없어 자유로운 마음의 뜻이다. 『무량수경의소』(대정장37, p.117c8)에 "마음이 공의 뜻에 노니 숨고 나는 뜻 헤아리기 어려워 성인이라 이른다. 遊心空理 隱顯難測 故稱聖人", 『유심안락도』(대정장47, p.110b13・한불전1, p.566b5)에 "마음을 안락에 노니는 데는 대략 일곱 가지 문을 연다. 遊心安樂 略開七門", 『양고승전』 권5 「담계전 曇戒傳」(대정장50, p.356b26)에 "가난하게 살면서 배움에 힘써 마음은 고전의 둔덕에서 논다. 居貧務學 遊心墳典", 『금강삼매경통종기』 권5(卍속장55, p.505b7)에 "마음이 초선에 놀아 각도 관도 없으니 정생희락이다. 遊心初禪 無覺無觀 定生喜樂", 『법화현의석첨』 권4(대정장33, p.844a24)에 "처음에 유심을 푼다 하였으니, 마음이 노는 곳 그 바탕 법계이지만 능히 노는 이 노는 곳 헤아리지 못한다. 이 법계체는 필경공이어서 '허공과 같다'고 한다. 初釋遊心者 心之所遊 體是法界 不得更計 能遊所遊 此法界體 是畢竟空 故云如空", 『석상초원어록』(卍속장120, p.175a7)에 "가을 바람 솔솔 불어 선자의 자유로운 마음인 듯 움직이고, 낙엽 분분하니 도인의 아름다운 풍모인 듯. 秋風颼颼 動禪者之遊心 落葉紛紛 現道人之嘉景"라고 하였다. [참고문헌] 『無量壽經義疏』, 『遊心安樂道』, 『梁高僧傳』, 『金剛三昧經通宗記』, 『法華玄義釋籤』, 『石霜楚圓語錄』.

유심게 唯心偈 오직 마음일 뿐을 드러낸 게송. 60권본 『화엄경』 권10 「야마천궁보살설게품 夜摩天宮菩薩說偈品」(대정장9, p.465c26)에 "마음 저 화가와 같아서 갖가지 오음 그리니, 일체세계 중에 짓지 못할 법이 없네. 마음과 같이 부처 또한 그러하고 부처와 같이 중생 또한 그러하니, 마음과 부처 그리고 중생 이 셋 차별이란 없네. 心如工畵師 畵種種五陰 一切世界中 無法而不造 如心佛亦爾 如佛衆生然 心佛及衆生 是三無差別"라고 하였다. [참고문헌] 『華嚴經』. ⇨ 유심 唯心

유심결 唯心訣 ➡ 영명지각선사유심결 永明智覺禪師唯心訣

유심관 唯心觀 마음일 뿐을 관함. 『화엄경소』 권56(대정장35, p.928a10)에 "'선남자야, 너는 이와 같은 보습을 보았다' 이하는 정의 체상을 드러낸다. 곧 오고 감이 없이 오로지 마음일 뿐이라고 관하기 때문이다. … '선남자야, 마땅히 알라' 이하는 유심관으로써 만법을 두루 아우른다. 善男子 我見如是下 彰定體相 卽無來去 唯心觀故 … 善男子 當知下 以唯心觀 遍該萬法"라고 하였다. [참고문헌] 『華嚴經疏』. ⇨ 유심 唯心

유심법 有心法 마음 법이 있음의 뜻. 십팔계(十八界) 중 법계(法界)와 무표색(無表色)을 말한다. 『잡아비담심론』 권1(대정장28, p.876b8)에 "심법이 있다고 말하는 것은 이 법계에 마음법이 있다는 뜻이다. 곧 수와 상 등이 있는 것이 이 심법이고 그래서 유심법을 설한다. 십칠계와 일계소분은 심법이 아니다. 亦說有心法者 卽此法界有心法 謂受想等 有此心法 故說有心法 當知 十七界 及一界少分 非心法"라고 하였다. [참고문헌]『雜阿毘曇心論』. ⇨심법 心法❶

유심법 有尋法 Ⓟsavitakka-dhamma. 심과 상응하는 법. 무심법(無尋法)의 상대어이며, 유각법(有覺法)의 신역(新譯)이다. 『품류족론』 권6(대정장26, p.715c27)에 "유심법이란 어떤 것인가? '심'과 상응하는 법을 말한다. 有尋法云何 謂尋相應法", 같은 책 권8(대정장26, p.726a6)에 "유심법이란 무엇인가? 팔계·이처·사온으로 거두며, 구지로 알고, 멸지는 제하며, 일식으로 알고, 욕계와 색계의 일체수면이 따라 더한다. 有尋法 八界二處四蘊攝 九智知 除滅智 一識識 欲色界一切隨眠隨增"라고 하였다. [참고문헌]『品類足論』, *Dhs.6.* ⇨유심유사 有尋有伺, 무심법 無尋法

유심법계 唯心法界 오직 마음일 뿐인 법계. 『종경록』 권94(대정장48, p.927b27)에 "그러므로 알라. 말이 있게 되면 뜻은 상하고 법계에 이르지 못한다. 이 때문에 경에서 이르길 '이와 같이 모든 법은 다 법계에 들지만 법계는 글자 없으니 모든 글자 그 자성 또한 여의었다' 하였다. 만일 유심법계라는 하나의 문자에 능히 깊이 통달한다면, 저절로 말의 길 끊어져 법 자연히 알음알이 망상 다 잊혀지리니, 이 어찌 가려 알 수 없고 지혜로 능히 다할 수 없다 하겠는가! 故知 有言傷旨 不達法界 是以 經云 如是諸法 悉入法界 法界無字 離諸字性 若能深達一字 唯心法界 自然言語道斷 法爾知解情亡 豈是無辯 智不能窮也"라고 하였다. [참고문헌]『宗鏡錄』, 『大方廣師子吼經』(대정장17, p.891a8). ⇨유심 唯心, 사사무애 事事無礙

유심법계 遊心法界 마음이 법계에서 자유로움의 뜻. 『법화현의』 권2상(대정장33, p.696a19)에 "『화엄경』에 이르되 '마음이 법계에 놂이 저 허공과 같아 모든 부처님의 경계를 안다'라고 하였으니, 법계인 즉 그 가운데이고, 허공인 즉 빈 곳이고, 마음과 부처님은 그 중에 피어난 가(假)이다. 세 가지를 갖춘 즉 부처님의 경계이니 이것이야말로 '마음을 관할 수 있다면 이에 비로소 불법을 갖춘다'이다. 華嚴云 遊心法界如虛空 則知諸佛之境界 法界卽中也 虛空卽空也 心佛卽假也 三種具卽佛境界也 是爲觀心 仍具佛法", 60권본 『화엄경』 권12(대정장9, p.472c5)에 "모든 여래 사람 중에 빼어나니, 앞서 이미 갖추어 큰 대자비 일으켰고, 마음은 청정한 법계에 놀아, 하는 일마다 모든 중생 널리 이롭네. 一切如來人中雄 先已具發大慈悲 遊心淸淨法界中 所行饒益諸群生", 『유심법계기』 「서문 序文」(대정장45, p.642a12)에 "마음이 자유자재로 논다는 것은 능히 보아 지혜롭게 행함이다. 법계란 보이는 대로의 진실한 뜻이다. 蓋謂遊心者 能觀之智行也 法界者 所觀之諦理也"라고 하였다. [참고문헌]『法華玄義』, 『華嚴經』, 『遊心法界記』.

유심법계기 遊心法界記 ➡화엄유심법계기 華嚴遊心法界記

유심안락도 遊心安樂道 신라 원효(元曉 617~686) 지음. 1권. 중생이 마음을 정토에서 놀게 하기 위한 길을 밝힌 글이다. 대정장47, pp.110b10~119c24, No.1965·한불전1, pp.566b1~580c5에 수록되어 있다. 대의(大意)·종치(宗致)·거인분별(擧人分別)·취문해석(就文解釋)으로 삼분하였고, 취문해석은 다시 술교기종치(述敎起宗致)·정피토소재(定彼土所在)·명의혹환난(明疑惑患難)·현왕생인연(顯往生因緣)·출왕생품수(出往生品數)·논왕생난이(論往生難易)·작해방제의(作解妨除疑)의 칠문(七門)으로 구성하였다. 제1술교기종치는 발기서(發起序)에 해당하며, 중생심은 본래 융통무애하고 태연히 허공 같아 그 자성 윤활하나, 진풍만나 오탁에 유전하였고, 선력으로 사류(四流)를 끊으면 피안에 올라 영적(永寂)한다. 이렇듯 예토(穢土)와 정국(淨國)의 본말이 모두 일심(一心)이어서 생사열반에 이제(二際)마저 없으나, 세존께서 사바세계에 나투어 오악을 계교하여 권선하고 아미타불이 저 안양에 있으며 구배를 인도하여 도생(導生)하게 하였다 하였으며, 제2정피토소재에서는 극락 본래 동서가 없지만 일승으로 보면 화장세계해고 삼승으로 보면 근기에 따라 네 갈래이니, 바로 정정취가 곧 극락정토라고 하였다. 제3명의혹환난은 극락변처에 나는 중생은 삼보를 보고 듣지 못하는 것은 부처님의 지혜를 믿지 못하기 때문이라고 하고, 극락에서의 화생자(化生者)와 태생자(胎生者)를 논하였다. 제4현왕생인연에서는 왕생인(往生因)의 하배의 행은 발보리심의 정인(正因)과 현료(顯了)와 은밀(隱密)의 두 가지 십념(十念)을 조인(助因)으로 나누어 말하고, 십육관법(十六觀法)에 대해 언급하였다. 제5출왕생품수에서는 상품상생에서 하품하생에 이르는 구품(九品), 십신(十信) 구품과 보살 삼품을 견주어 말하였다. 제6논왕생난이에서는 아미타불의 극락정토와 미륵보살의 도솔정토(兜率淨土)의 우열을 14가지로 풀어 미타정토의 뛰어남을 밝혔으며, 왕생의 난이(難易)에 대해서도 7가지로 논하였다. 제7작해방제의에서는 범부왕생의 뜻을 밝히는 8종의 문답, 삼악도에 떨어진 지옥중생의 구제에 관한 문답, 불공대관정광진언(不空大灌頂光眞言)의 수행 등을 풀었다. 특히 여기서 주장한 십념설(十念說)은 신라정토교의 특징으로 그 의미가 크다고 본다. 그러나 이 책의 내용이 원효의 사상과 다르다고 보아 원효의 저술이 아니라고 하는 주장도 있다. 그러나 한보광은 원효의 정토사상을 보여주는 저술로 보며, 고익진은 원효의 정토사상을 거듭 선양하고자 하는 목적에서 편찬된 원효의 저술로서 8세기 초~9세기 초에 신라의 후인들에 의해 『무량수경종요 無量壽經宗要』(대정장37, No.1747)가 증보 개편된 것이라고 보기도 한다. [참고문헌] 安啓賢 『新羅淨土思想史硏究』(아세아문화사, 1976), 韓普光 『新羅淨土思想の硏究』(東方出版, 1991), 高翊晋 「遊心安樂道의 成立과 그 背景」(『佛敎學報』27, 1990). ⇨ 원효 元曉

유심연기 唯心緣起 오직 마음의 연기일 뿐이라는 뜻. 『조론소』 권상(卍속장96, p.847a14)에 "법은 본래 스스로 없고 오직 마음을 연하여 일어날 뿐이다. 저 법이 공하다 할진댄 그것도 진실이라 말할 수 없게 된다지만, 다만 마음의 신령함에 나아가서만이 참되고 자유로운 뜻을 말할 뿐이다. 法本自無 唯心緣起 若論法空 不言其眞 但就心神 名眞如理", 『능가경의소』 권4(卍속장26, p.291a8)에 "만일 유심연기의 여법함을 떠나서 따로 미진이나 자재천 등이 있다고 헤아려 만유출생의 자성을 삼는다면 이는 다른 인들이 또 다른 과를 내게 되어 일체제법은 떳떳한 인연으로 날 수 없게 된다. 이러면 도리어 무인론이 되어버려 여법한 이치마저 무너뜨린다. 若離唯心緣起鉤鎖 別計有微塵自在等 爲生性者 是則異因 生於異果 一切諸法 不從正因緣生 反爲無因論 而壞鉤鎖義矣"라고 하였다. [참고문헌] 『肇論疏』, 『楞伽經義疏』. ⇨ 유심 唯心, 유식 唯識

유심염불 唯心念佛 오직 마음으로 부처를 념함. 『낙방문류』 권4(대정장47, p.199b2)에 "[문] 마음 밖에 법이 없고 부처님께서는 오가지 않는다면 어떻게 우리가 부처님을 친견하고 부처님께서 우리를 맞이해 주시는 일이 가능한가? [답] 오직 마음으로 부처님을 념하고, 오직 마음으로 관함으로써 널리 만법을 남김없이 꾸린다. 이미 경이 마음일 뿐임을 깨우친다면 마음 그대로 부처인도 께우치므로 생각함 따라 부처가 아님이 없으리라. 問 心外無法 佛不去來 何有見佛 及來迎之事 答 唯心念佛 以唯心觀 遍該萬法 旣了境唯心 了心卽佛 故隨所念 無非佛矣"라고 하였다. [참고문헌] 『樂邦文類』. ⇨ 유심 唯心, 염불 念佛

유심위 有心位 ➡ 유심지 有心地, 오위무심 五位無心

유심유사 有尋有伺 ❶ Ⓢ savitarka-savicāra, Ⓟ savitakka-savicāra, Ⓣ rtog-pa-dang-bcas-shing-dpyod-pa-dang-bcas-pa. 심(尋)이 있고 사(伺)가 있다는 뜻. 심·사라는 두 가지 심소(心所)와 상응하는 것. '심'은 언설의 경을 거칠게 찾아 구하는 마음작용이고, '사'는 언설의 경을 깊고 세밀하게 생각하는 마음작용이다. 구역은 유각유관(有覺有觀)이다. 전오식(前五識)은 외문전(外門轉)이어서 늘 심사와 상응하므로 유심유사이고, 오근(五根)·오경(五境)의 십색계(十色界)는 비상응법(非相應法)이어서 늘 심사와 상응하지 않으므로 무심무사(無尋無伺)이며, 의계(意界)·의식계(意識界)·법계(法界)의 삼계는 유심유사·무심유사(無尋唯伺)·무심무사의 삼품에 통하는데, 욕계(欲界)와 초정려(初靜慮) 중에 있는 의계·의식계·심사를 제한 상응법계(46心所 중 尋伺를 제한 44心所)는 늘 심사와 상응하므로 유심유사이고, 정려중간(靜慮中間 : 中間定)에 있는 이들 법들은 사하고만 상응하므로 무심유사이며, 제2정려 이상부터 유정지(有頂地)까지에 있는 이들 법들은 심사와 상응하지 않으므로 무심무사이다. 이 때문에 욕계와 초정려를 유심유사지, 정려중간을 무심유사지, 제2정려 이상을 무심무사지라 부른다. 또 법계 중의 비상응법과 정려중간의 사는 무심무사이고, 심은 사하고만 상응하기에 일체시에 무심유사이며, 욕계와 초정려 중에 있는 사는 심하고만 상응하기에 무사유심(無伺唯尋)이다. 단 『대비바사론』 권145(대정장27, p.744b8)에서는 "[문] 무엇 때문에 이 논을 지었는가? [답] 비유자가 설한 바를 그치게 하고자 했기 때문이니, 저이는 욕계부터 유정에 이르기까지 모두 심사 있다 설하였다. 問 何故作此論 答 欲止譬喩者所說故 彼說從欲界乃至有頂 皆有尋伺", 『대승아비달마잡집론술기』 권4(卍속장74, p.730a6)에서는 "어떤 뜻에서는 심사는 오직 의식에만 있다. 有義 尋伺唯意識有"라고도 하였다. 『구사론』 권2(대정장29, p.8a12 : *Abh-k-bh.*, p.22)에 "[논] 안(眼) 등의 오식은 유심유사이니, 심·사 등과 항상 상응한다. 그 행상이 거칠고 외문에서 움직인다. 드러난 뜻이 결정적이기에 유(唯)라고 한다. 論曰 眼等五識 有尋有伺 由與尋伺 恒共相應 以行相麤 外門轉故 顯義決定 故說唯言 nityam ete vitarkavicārābhyāṃ saṃprayuktāḥ. avadhāraṇārtho hiśabdaḥ", "뒤의 셋이란 의계·법계·의식계인데, 모두 근경식 중 각각 뒤에 머물기 때문이다. 뒤 삼계는 삼품에 통한다. 즉 의계·의식계 그리고 상응법계로서 심법과 사법을 제하되, 저 욕계와 초정려 중에 있어서는 유심유사이고, 정려중간은 무심유사이다. 後三謂是意法意識 根境識中 各居後故 此後三界 皆通三品 意界意識界 及相應法界 除尋與伺 若在欲界 初靜慮中 有尋有伺 靜慮中間 無尋唯伺 manodhātur dharmadhātur manovijñānadhātuś cāntyāḥ. ete trayas triprakārāḥ. tatra manodhātur manovijñānadhātuḥ saṃprayuktaś ca dharmadhātur anyatra vitarkavicārābhyāṃ kāmadhātau prathame ca dhyāne savitarkāḥ savicārāḥ. dhyā nāntare 'vitarkā vicāramātrāḥ", "제2정려 이상의 모든 지들 내지 유정은 무심유사이며, 법계에 거둬지는 비상응법과 정려중간의 사 또한 이와 같다. 第二靜慮以上諸地 乃至有頂 無尋無伺 法界所攝非相應法 靜慮中間 伺亦如是 dvitīyāddhyānāt prabhṛtyābhavāgrādavitarkā avicārāḥ. sarvaścāsaṃprayukto dharmadhātu rdhyānāntare ca vicāraḥ", "심은 일체시에 무심유사이니 제2의 심은 없고 단지 사하고만 상응하기 때문이다. 사는 욕계와 초정려 중에는 삼품에 거둬지지 않으니 응당 뭐라 이름해야 하는가? 이는 응당 무사유심이라 이름해야 하니, 제2의 사는 없고 단지 심하고만 상응하기 때문이다. 尋一切時 無尋唯伺 無第二尋故 但伺相應故 伺在欲界 初靜慮中 三品不收 應名何等 此應名曰 無伺唯尋 無第二伺故 但尋相應故 vitarkastū nityamaviatarko vicāramātro dvitīyavitarkābhāvāt vicārasaṃprayogācca. kāmadhātau prathame dhyāne vicāra eṣu triprakāreṣu nāntarbhavati. sa kathaṃ vaktavyaḥ. avicāro vitarkamātaraḥ. dvitīyavicārābhāvāt vitarkasaṃprayogācca", "심사가 있는 지는 사품법이 있다. 첫째는 유심유사이니, 심법과 사법을 제한 그 밖의 상응법이다. 有尋伺地 有四品法 一 有尋有伺 謂除尋伺 餘相應法 syuḥ savitarkasavicārāyāṃ bhūmau dharmāś catuḥprakārāḥ. savitarkāḥ savicārā vicāravitarkavarjyāḥ saṃprayuktāḥ", "둘째는 무심유사이니 바로 심을 말하며, 셋째는 무심무사이니 바로 일체비상응법을 말하며, 넷째는 무사유심이니 바로 사를 말한다. 나머지 십색계는 심과 사 모두 없으니, 늘 심사와 상응하지 않기 때문이다. 二 無尋唯伺 謂卽是尋 三 無尋無伺 謂卽一切非相應法 四 無伺唯尋 謂卽是伺 餘十色界 尋伺俱無 常與尋伺 不相應故 avitarko vicāramātro vitarkaḥ. avitarkā avicārā asaṃprayuktāḥ. avicāro vitarkamātro vicāra iti. śeṣā ubhayavarjitāḥ. daśa rupiṇo dhātavaḥ śeṣā nityamavitarkā avicārā asaṃprayogitvāt", "만약 오식신이 유심유사라면 어떻게 그것을 무분별이라고 할 수 있는가? … 〔논〕 전하는 설에 의하면 분별에는 간략히 세 가지가 있으니, 첫째는 자성분별이고, 둘째는 계탁분별이며, 셋째는 수념분별이다. 즉 오식신에는 자성분별은 있을지라도 나머지 두 가지가 없으니 무분별이라 한 것이다. 마치 다리가 하나인 말을 다리가 없다고 하는 것과 같다. 若五識身 有尋有伺 如何得說 無分別耶 … 論曰 傳說 分別略有三種 一 自性分別 二 計度分別 三 隨念分別 由五識身 雖有自性 而無餘二 說無分別 如一足馬 名爲無足 yadi pañca vijñānakāyāḥ savitarkāḥ savicārāḥ kathamavikalpakā ityucyante. … trividhaḥ kila vikalpaḥ. svabhāvābhinirūpaṇānusmaraṇavikalpaḥ. tadeṣāṃ svabhāvavikalpo 'sti. netarau. tasmāda vikalpakā ityucyante. yathā ekapādako 'śvo 'pādaka iti"라고 하였다. 〔참고문헌〕『大毘婆沙論』, 『大乘阿毘達磨雜集論述記』, 『俱舍論』, *Abh-k-bh.*, *Yogā-bh.74.*, *DN.1.37.* ⇨ 심 尋, 사 伺, 심사 尋伺, 유각유관 有覺有觀 **2** ➡ 유심유사삼마지 有尋有伺三摩地

유심유사법 有尋有伺法 Ⓟ savitakka-savicāra-dhamma. 심·사와 상응하는 법. 유각유관법(有覺有觀法)의 신역(新譯)이다. 『품류족론』 권6(대정장26, p.717c10)에 "유심유사법이란 어떤 것인가? 심·사와 상응하는 법을 말한다. 有尋有伺法云何 謂尋伺相應法"라고 하였다. 〔참고문헌〕『品類足論』, 『大毘婆沙論』 권4(대정장27, p.19c5). ⇨ 유심유사 有尋有伺

유심유사삼마지 有尋有伺三摩地 Ⓢ savitarka-savicāra-samādhi, Ⓟ savitakka-savicāra-samādhi, Ⓣ rtog-pa-dang-bcas-shing-dpyod-pa-dang-bcas-pa'i ting-nge-'dzin. 삼삼매(三三昧) 중 하나. 심·사와 상응하는 삼매. 유심유사정(有尋有伺定)이라고도 하며, 구역은 유각유관삼매(有覺有觀三昧)이다. 초선정(初禪定)과 미지정(未至定)이 이에 속한다. 『집이문족론』 권6(대정장26, p.389b5)에 "무엇이 유심유사삼마지인가? 〔답〕 저 삼마지가 심·사와 함께하고 함께 일어나며 상응하고, 의지하여 움직이는 마음이 평등하게 머물며, 나아가 마음이 한 경의 자성에 있음을 유심유사삼마지라고 한다. 云何有尋有伺三摩地 答 若三摩地 尋俱伺俱 尋等起伺等起 尋相應伺相應 依尋伺轉 心住等住 廣說乃至 心一境性 是名有尋有伺三摩地", 『구사론』 권28(대정장29, p.149c8 : *Abh-k-bh.*, p.449)에 "〔논〕 유심유사삼마지란, 심·사와 더불어 상응하는 등지를 말하며, 여기에는 초정려와 미지정에서 거둔다. 論曰 有尋有伺三摩地者 謂與尋伺相應等持 此初靜慮及未至攝 tasmād dhyānāntarād adhaḥsamādhiḥ savitarkaḥ savicāraḥ. prathamaṃ dhyānam anāgamyaṃ ca"라고 하였다. 〔참고문헌〕『集異門足論』, 『俱舍論』, *Abh-k-bh.* ⇨ 삼삼매 三三昧**2**, 유각유관삼매 有覺有觀三昧, 유심유사 有尋有伺

유심유사수면 有尋有伺隨眠 유심유사의 수면. 욕계·미지정·초선정에서의 번뇌를 말한다. 『대비바사론』 권90(대정장27, p.462c27)에 "이와 같이 수면이 저 욕계와 초정려에 있으면 유심유사이고, 정려중간에 있으면 무심유사이며, 제2정려·제3정려·제4정려 등에 있으면 무심무사이다. … 여근에 의해 더하는 수면이 유심유사란 것은 저에 더하는 수면은 오직 욕계에만 있기 때문이다. 如是隨眠 若在欲界 及初靜慮 有尋有伺 若在靜慮中間 無尋唯伺 若在第二 第三 第四靜慮 無尋無伺 …

女根所增隨眠 有尋有伺者 彼所增隨眠唯在欲界故"라고 하였다. [참고문헌]『大毘婆沙論』,『發智論』 권6(대정장26, p.946a15). ⇨ 유심유사 有尋有伺, 수면 隨眠

유심유사정 有尋有伺定 ➡ 유심유사삼마지 有尋有伺三摩地

유심유사지 有尋有伺地 Ⓢ savitarka-savicāra-bhūmi, Ⓟ savitakka-savicāra-bhūmi, Ⓣ rtog-pa-dang-bcas-shing-dpyod-pa-dang-bcas-pa'i-sa. 구사의 삼지사품(三地四品) 또는 유가의 십칠지(十七地) 중 세 번째 지. 심·사(尋伺)와 상응하는 욕계·초선정위를 말한다.『구사론』 권10(대정장29, p.53b5 : *Abh-k-bh.*, p.146)에 "삼지가 있으니, 첫째 유심유사지, 둘째 무심유사지, 셋째 무심무사지이다. 有三地 一 有尋有伺地 二 無尋唯伺地 三 無尋無伺地 tisro bhūmayaḥ. savitarkā savicārā bhūmiḥ avitarkā vicāramātrā avitarkāvicārā bhūmiḥ",『유가사지론』 권1(대정장30, p.279a8 : *Yogā-bh.*, p.3)에 "무엇이 유가사지인가? 십칠지를 말한다. 무엇이 십칠지인가? … 셋째 유심유사지이고, 넷째 무심유사지이다. 云何 瑜伽師地 謂十七地 何等十七 … 三者 有尋有伺地 四者 無尋唯伺地 yogācārabhūmiḥ katamā. sā saptadaśa bhūmayo draṣṭavyā. katamāḥ saptadaśa. … savitarkā savicārā bhūmiḥ", 같은 책 권4(대정장30, p.294b26 : *Yogā-bh.*, p.74)에 "욕계와 색계의 초정려로서 중간정려를 제한 저 정이나 저 생을 유심유사지라고 한다. 欲界 及色界初靜慮 除靜慮中間 若定 若生 名有尋有伺地 tatra sakale kāmadhātau rūpadhātau ca prathamadhyāne dhyānāntarikaṃ samāpattyupapattikaṃ sthāpayitvā savitarkā savicārā bhūmiḥ samāpattyupapattikaṃ dhyānāntarikam avitarkāvicāramātrā bhūmiḥ", 같은 책 권4(대정장30, p.294c6 : *Yogā-bh.*, p.74)에 "무루계의 유위정에서 거두는 초정려 역시 유심유사지라고 한다. 若無漏界有爲定所攝初靜慮 亦名有尋有伺地 tatrānāsravo dhātur yo 'saṃskṛtaḥ samāpattisaṃgṛhītaḥ. tatrāpi prathamaṃ dhyānaṃ savitarkā savicārā bhūmiḥ"라고 하였다. [참고문헌]『俱舍論』,『瑜伽師地論』, *Abh-k-bh.*, *Yogā-bh.* ⇨ 유심유사 有尋有伺, 삼지 三地[1], 십칠지 十七地

유심정 有心定 사선(四禪 : 四靜慮)과 사무색정(四無色定)을 가리키는 말. 무상정 및 멸진정인 무심정(無心定)이 아닌 정이다.『삼무성론』 권하(대정장31, p.874c25)에 "셋째로 마음이 머물러 있음을 유심정이라 말한다. 넷째로 마음이 머물지 않는다는 것은 무상정과 멸진정을 말한다. 三 有心住者 謂有心定也 四 無心住者 謂無想定及滅盡定也",『법화현찬』 권3(대정장34, p.700c11)에 "정려란 사정려이고, 해탈은 팔해탈이며, 한결같이 가진다는 등지는 일체의 유심정을 말하고, 한결같이 이른다는 등지는 일체의 유심과 무심정을 말한다. 靜慮者 四靜慮 解脫者 八解脫 等持者 一切有心定 等至者 一切有心無心定"라고 하였다. [참고문헌]『三無性論』,『法華玄贊』,『俱舍論記』 권5(대정장41, p.99c21). ⇨ 사선 四禪[1], 사무색정 四無色定, 무심정 無心定

유심정토 唯心淨土 오직 마음이 정토라는 설. 유식·천태·선종 등 모든 종파에 골고루 보이는 사상이다. 기심미타(己心彌陀)와 통한다.『아미타경요해』「후서 後序」(대정장37, p.374c13)에 "경에 '삼계는 마음일 뿐이고 만법은 오직 식이다'라고 하였고, 옛 사람은 '자성미타를 념하여 유심정토에 난다'라고 하였다. 합해 관하면, 이 마음이 바로 부처가 되고 이 마음 그대로 부처이니, 마음 밖에 부처가 없고 부처 밖에 마음이 없다는 뜻이 분명하다. 후인들은 이를 끝내 알지 못하여, 서방극락 버리고 유심정토만 따로 언급하고, 만덕자존을 버리고 따로 자성미타만 언급할 뿐이니, '마음 밖에 부처가 있고 부처 밖에 마음이 있음'을 바라지 않는가? 經云 三界唯心 萬法唯識 古人云 念自性彌陀 生唯心淨土 合而觀之 則是心作佛 是心是佛 心外無佛 佛外無心之義 明矣 後人不達 捨西方極樂 而別言唯心淨土 捨萬德慈尊 而別言自性彌陀 不幾心外有佛 佛外有心耶",『관무량수불경의소』 권상(대정장37, p.282b19)에 "상주법성인 제불여래 노닐고 머무시는 곳을 굳이 이름하여 토라고 하지만 사실 토는 아니다. 이를 가리켜 유심정토라 한다. 常住法性 諸佛如來 所遊住處 强名爲土 實非土也 此謂唯心淨土",『선관책진』「사자봉천여칙선사보설 師子峯天如則禪師普說」(대정장48, p.1102b11)에 "또한 스스로 의심하길 '염불과 참선이 같지 않다' 하지만 참선은 다만 마음을 알아 자성을 깨우치려 할 뿐이고, 염불은 자성미타의 유심정토를 깨우치는 것이니, 어찌 두 뜻이 있으리요! 又有自疑 念佛與參禪不同 不知 參禪只圖 識心見性 念佛者 悟自性彌陀 唯心淨土 豈有二理",『화엄론절요』(한불전4, p.811a16)에 "아홉 번째 유심정토란 스스로 자심을 증하여 자체로 무심하고, 성은 오직 참된 지혜여서 깨끗하고 더러움을 생각하지 않으며, 진에 맡겨 성에 자유로우니 마음에 성내거나 어리석음이 없고, 탐진치가 없으므로 대비지에 따라 중생을 안락하게 하니 이야말로 실정토다. 스스로 깨끗하므로 중생을 교화하여도 또한 청정케 한다. 이러므로『유마경』에 이르기를 '오직 그 마음이 깨끗한 즉 불국토 또한 깨끗하다'라고 한 것이니, 정토에 나려거든 마땅히 그 마음을 청정케 한다. 第九唯心淨土者 自證自心 當體無心 性唯眞智不念淨穢 稱眞任性 心無恚癡 無貪瞋癡 任大悲智安樂衆生 是實淨

土 以自淨故 敎化衆生 令他亦淨故 是故維摩經云 唯其心淨 卽佛國淨 欲生淨土當淨其心", 『호산록』 권하 「금자화엄법화경경찬소 金字華嚴法華經慶讚疏」(한불전6, p.205b9)에 "다시 바라건대, 돈독하신 영가께서는 곧바로 유심정토에 이르러 자성미타를 친견하시고는, 금강 가려 사바세계를 두루 적시소서. 更願敦元靈駕 直達唯心淨土 親覲自性彌陀 所辦金剛 普霑沙界"라고 하였다. 〔참고문헌〕『阿彌陀經要解』, 『觀無量壽佛經義疏』, 『禪關策進』, 『華嚴論節要』, 『湖山錄』, 『新華嚴經論』(대정장36, p.759c22), 『樂邦文類』 권4(대정장47, p.198c29). ⇨ 기심미타 己心彌陀, 자성미타 自性彌陀

유심지 有心地 Ⓢ sacittikā bhūmiḥ, Ⓣ sems yod-pa'i sa. 삼승(三乘)의 경행과(境行果)를 밝히는 십칠지(十七地) 중 제8지. 난심이 아니면서(不亂心) 무상·멸진정 제한 모든 마음의 상태를 말한다. 『유가사지론』 권13(대정장30, p.344c28)에 "저 세간에서 마음이 미친 듯 어지러움을 보고 '이 사람은 마음이라고는 없는 사람이다'라고 하는 말과 같다. 이는 광란심으로 인하여 본성을 잃었다는 뜻이다. 이 문 중에서 모든 전도된 난심을 모두 무심지라 하고 난하지 않은 마음은 유심지라 한다. 如世間見 心狂亂者 便言 此人是無心人 由狂亂心 失本性故 於此門中 諸倒亂心 名無心地 若不亂心 名有心地", 같은 책(대정장30, p.345a9)에서는 "분위를 세운다는 것은, 6위를 제한 나머지의 이름이 유심지다. 무엇이 6위인가? 무심수면위·무심민절위·무상정위·무상생위·멸진정위·무여의열반계위이다. 이 6위가 무심지다. 分位建立者 謂除六位 當知所餘名有心地 何等爲六 謂無心睡眠位 無心悶絶位 無想定位 無想生位 滅盡定位 及無餘依涅槃界位 如是六位 名無心地", 『유가사지론석』 권1(대정장30, p.886b25)에 "이상 무심무사지중 무상정과 무상생멸진정을 무심지라 하고, 그 나머지 모든 위는 유심지라 한다. 已上無尋無伺地中 無想定 無想生滅盡定 名無心地 餘一切位 名有心地", 같은 책 권1(대정장30, p.887b5)에 "오로지 무여의열반계에서만 모든 마음이 남김없이 멸하기에 무심지라 한다. 그 나머지 위에는 모든 식의 구름이 없기에 잠정적으로 무심이라 이름하지만 제8식은 아직 모두 다하지 않았기에 유심지라 한다. 唯無餘依涅槃界中 諸心皆滅 名無心地 餘位由無諸轉識故 假名無心 由第八識 未滅盡故 名有心地"라고 하였다. 〔참고문헌〕『瑜伽師地論』, 『瑜伽師地論釋』, *Yogā-bh.3.* ⇨ 십칠지 十七地, 무심지 無心地

유심해법 有心解法 마음에 헤아리는 법이 있음. 『잡록제일』 34절(鈴木大拙 『禪宗史硏究第二』 부록)에 "〔문〕 무엇을 이름하여 바르다고 하고, 무엇을 삿되다고 하는가? 〔답〕 마음에 분별이 없으면 바르다고 하고, 마음에 헤아리는 법이 있으면 삿되다고 한다. 삿되거나 바르다고 분별하지 않아야 비로소 바르다고 할 수 있다. 경(『유마경』 권중, 대정장14, p.551c9)에 이르되 '정도에 머무는 이라면 이것은 삿되고 저것은 바르다고 분별하지 않는다'라고 한다. 問 何名爲正 何名爲邪 答 無心分別 名爲正 有心解法 名爲邪 乃至不覺邪正 始名正 經云 住正道者 不分別是邪是正"라고 하였다. 〔참고문헌〕『雜錄第一』, 『維摩經』.

유심회전선성문 唯心迴轉善成門 화엄의 십현문(十玄門) 중 제9문의 이름. 오직 마음이 구르고 돌아 일체를 잘 성취한다는 뜻이다. 법장(法藏)의 신십현(新十玄)에서는 주반원명구덕문(主伴圓明具德門)이라 한다. 『화엄일승십현문』(대정장45, p.518b16)에 "아홉 번째 유심회전선성문은 마음을 잡아 설하였다. 유심회전이란 앞 모든 뜻의 교문들은 아울러 이 여래장성의 청정진심으로 건립한 것이다. 선이든 악이든 마음을 따라 돌므로 '거듭 구르며 잘 이룬다'고 하며, 마음 밖에 따로 경이 없으므로 '마음일 뿐이다'라고 한다. 만일 그대로 따라 돌면 열반이라 이름한다. 경에 이르길 '마음이 모든 여래를 짓는다'라고 하였으니 만일 거슬러 돈 즉 생사다. 그러므로 이르길 '삼계허망하니 오직 한 마음이 지었을 뿐이다'라고 한다. 생사와 열반이 모두 마음에서 벗어나지 못하니, 이 성이 정하다 부정하다 정하여 말할 수 없다. 그러므로 『열반경』에 '불성은 정도 부정도 아니다'라고 한다. 정과 부정은 모두 오직 마음뿐이기에 마음을 떠나 다시 다른 법은 없다. 第九 唯心迴轉善成門者 此約心說 所言唯心迴轉者 前諸義敎門等 竝是如來藏性 淸淨眞心之所建立 若善若惡 隨心所轉 故云 迴轉善成 心外無別境 故言唯心 若順轉卽名涅槃 故經云 心造諸如來 若逆轉卽是生死 故云 三界虛妄 唯一心作 生死涅槃 皆不出心 是故 不得定說 性是淨 及與不淨 故涅槃云 佛性非淨亦非不淨 淨與不淨皆唯心 故離心更無別法", 『화엄오교장』 권4(대정장45, p.507a8)에 "아홉번째 유심회전선성문이다. 위의 모든 뜻은 오직 하나뿐인 여래장의 자성청정심이 구른 것이다. 다만 성이 일어나 덕을 갖춘다는 점에서 삼승과 다를 뿐이다. 九者 唯心迴轉善成門 此上諸義 唯是一如來藏 自性淸淨心轉也 但性起具德故 異三乘耳", 『법계도기총수록』 권하2(대정장45, p.764b4·한불전6, p.844b18)에 "아홉째, 유심회전이란 법계가 모여 일어나는 도리다. 九 唯心迴轉者 法界集起道理"라고 하였다. 〔참고문헌〕『華嚴一乘十玄門』, 『華嚴五敎章』, 『法界圖記叢髓錄』, 60권본 『華嚴經』 권10(대정장9, p.466a6)·권25(대정장9, p.558c9), 40권본 『大般涅槃經』 권25(대정장12, p.517b28). ⇨ 주반원명구덕문 主伴圓明具德門, 십현문 十玄門, 금사자장 金師子章

유십과 喩十過 ➡사유십과 似喩十過

유아 有我 Ⓢ asty ātmā, ātma-vāda, ātmā bhavati, asti puruṣaḥ, ātmanaḥ satattvaḥ, sa-ātmaka, Ⓣ bdag-yod-ces-bya-ba, bdag-dang-bcas-pa. 아(我 Ⓢ ātman)가 있다는 말. 무아(無我)의 뜻을 드러내는 의미로 시설한다. 『잡아함경』 권2(대정장2, p.7c14 : *SN.3*, p.66)에 "그때 세존께서 나머지 다섯 비구에게 이르셨다. '색에 아가 있다고 할 수 없다. 만일 색에 아가 있다면 색은 응당 병고가 없어야 하리라. 또한 색에 대하여 이렇게 되기를 바란다던가 그렇게 되지 않기를 바란다고 할 수도 없으리라. 색에는 아가 없기에 색에 병이 있고 고통도 있다. 또한 색에 아가 있다면 이렇게 되기를, 그렇게 되지 않기를 바랄 수도 있다. 수상행식도 이와 같다'. 爾時 世尊告餘五比丘 色非有我 若色有我者 於色不應病苦生 亦不得於色 欲令如是 不令如是 以色無我故 於色有病 有苦生 亦得於色 欲令如是 不令如是 受想行識 亦復如是 tatra kho bhagavā pañcavaggiye bhikkhū āmantesi. … etad avoca. rūpaṃ bhikkhave anattā rūpañ ca bhikkhave attā abhavissa nayidaṃ rūpaṃ ābādhāya saṃvatteyya. labbhetha ca rūpe evaṃ me rūpaṃ hotu evaṃ me rūpaṃ mā ahosīti. yasmā ca kho bhikkhave rūpaṃ anattā tasmā rūpaṃ ābādhāya saṃvattati. na ca labbhati rūpe evaṃ me rūpaṃ hotu evaṃ me rūpaṃ mā ahosīti. vedanā … saññā … saṃkhārā … viññāṇaṃ", 『중론』 권2(대정장30, p.15c24 : *Madhy-ś.*, p.104)에 "만약 어떤 사람이 아가 있고 제법이 다르다고 설한다면 마땅히 알라. 이 사람은 불법의 맛을 얻지 못하였다. 若人說有我 諸法各異相 當知如是人 不得佛法味 ātmanaśca satattvaṃ ye bhāvānāṃ ca pṛthakpṛthak, nirdiśanti na tān manye śāsanasyārthakovidān", 『중변분별론』 권상(대사림31, p.457a2 : *Madhy-vibh.*, p.46)에 "한층 더한 과란 행 등의 모든 분별인데, 아가 있다고 여기는 것은 무명에 의지하여 생을 얻음일 뿐이라고 이와 같이 분별하는 것이다. 增益果者 行等諸分別 有我依無明得生如是分別 phalasamāropaḥ sātmakānāṃ saṃskārādīnām avidyādipratyayapravṛttikalpanāt", 『능가경』 권3(대정장16, p.503c18 : *Laṅk.*, p.78)에 "대혜야, 그는 다시 물었다. '일체는 무기인가? 일체는 유기인가? 아는 있는가? 아는 없는가?' 大慧 彼復問言 一切無記耶 一切有記耶 有我耶 無我耶 punar api bho gautama sarvam avyākṛtaṃ sarvaṃ vyākṛtam asty ātmā nāsty ātmā", 같은 책 권2(대정장16, p.489b2 : *Laṅk.*, p.176)에 "세존이시여, 외도는 또한 말하길 '영원한 것이 있으니 만물을 만드는 자는 구나(求那 Ⓢ guṇa)에서 벗어나 어디에나 존재하고 멸하지 않는다'라고 합니다. 세존이시여, 저들은 아가 있다고 주장합니다. 世尊 外道亦說有常作者離於求那 周遍不滅 世尊 彼說有我 tīrthakarā api bhagavan nityaḥ kartā nirguṇo vibhuravyaya ity ātmavādopadeśaṃ kurvanti", 『구사론』 권9(대정장29, p.47b24 : *Abh-k-bh.*, p.129)에 "여기서 외도가 주장하는 아는 '만일 유정이 구르며 다른 세상으로 옮겨가는 것을 인정하려면 우리가 주장하는 유아의 뜻은 옳다'라고 말한다. 此中外道執我者言 若許有情 轉趣餘世 卽我所執 有我義成 atredānīṃ bāhyakā ātmavādaṃ parigṛhyotiṣṭhante. yadi sattvo lokāntaraṃ saṃcaratīti pratijñāyate siddha ātmā bhavatīti" 라고 하였다. [참고문헌] 『雜阿含經』, 『中論』, 『中邊分別論』, 『楞伽經』, 『俱舍論』, 『金七十論』 권상(대정장54, p.1249b2), *SN.*, *Madhy-ś.*, *Madhy-vibh.*, *Laṅk.*, *Abh-k-bh・470.*, *Māṭ-v.22.*

유아 有芽 유(有 Ⓢ bhava)의 싹. '유'는 삼유(三有 : 欲有・色有・無色有)를 말한다. 『잡아비담심론』 권3(대정장28, p.888a17)에 "'업은 능히 세간의 온갖 취의 각 처처를 장식한다'는 것은, 이와 같이 일체오취에 갖가지 종성으로 나서 갖가지 업으로 장식함이다. 업이 종자가 되어 저 '삼유의 싹'이 생기는데, 업차별로 생차별하니, 저 종차별로 인해 싹에 차별이 있다. 業能莊飾 世趣趣 各處處者 如是一切五趣 種種姓生 種種業莊飾 以業爲種 彼有芽生 業差別 故生差別 如種差別 故芽差別"라고 하였다. [참고문헌] 『雜阿毘曇心論』. ⇨ 삼유 三有 ❶

유아 愈誐 Ⓢ yoga의 음사어. 유아(瑜誐)라고도 쓴다. 『자씨보살염송법』 권상(대정장20, p.594b4)에 "유가를 닦는 자 그 마음 두렷이 밝은 빛 위의 아(ऄ) 자는 변하여 유가행자의 몸이 된다. 修愈誐者 心圓明上 ऄ遏字 變成修愈誐者身"라고 하였다. [참고문헌] 『慈氏菩薩念誦法』. ⇨ 유가 瑜伽

유아능지 唯我能知 오직 나만이 능히 안다는 말. 『법화경』 권4 「수학무학인기품 授學無學人記品」(대정장9, p.30a29 : *Vyākaraṇa-parivarta*, *Saddh-p.*, p.220)의 "라후라의 밀행은 오직 나만이 안다. 羅睺羅密行 唯我能知之 ajñāta caryā iya rāhulasya praṇidhānam etasya ahaṃ prajānami"라 하였고, 이후 『벽암록』 73칙 「평창 評唱」(대정장48, p.201c10)에 "그대들은 어떻게 해야 사구를 여의고 백비마저 끊겠는가? 설두가 이르길 '이 일은 오직 나만이 안다. 설령 삼세제불이 살핀다 해도 보지 못하리라'. 爾作麽生 離得四句 絶得百非 雪竇道 此事唯我能知 直饒三世諸佛 也覷不見", 같은 책 64칙 「평창 評唱」(대정장48, p.195b17)에

"그래서 '오직 나만이 알 수 있고, 오직 나만 증할 수 있다'라고 하였으니, 비로소 남전·조주·설두가 얻음도 같고 용처마저 같음을 보았거늘, 말해보라. 이제는 어떻게 해야 하는가? 所以道 唯我能知 唯我能證 方見得南泉趙州雪竇 同得同用處 且道 而今作麽生會", 『종경록』 권75(대정장48, p.835b21)에 "지혜로운 이는 능히 알아 다시 따로 행할 것 없다. 그래서 본사께서는 '이 일은 오직 나만이 안다'라고 하셨다. 智者能知 更無別行 所以本師云 此事唯我能知"라고 하였다. [참고문헌] 『法華經』, 『碧巖錄』, 『宗鏡錄』, 『景德傳燈錄』 권18 「玄沙師備傳」(대정장51, p.344a29), *Saddh-p.*

유아독존 唯我獨尊 오직 나만이 홀로 우뚝하다는 말. 부처님께서 탄생하실 때 선언한 구절로 천상천하유아독존(天上天下唯我獨尊)이다. 유아위존(唯我爲尊)·유아최존(唯我最尊)으로도 쓰였다. 『장아함경』 권1 「대본경 大本經」(대정장1, p.4b28 : *Mahāpadāna-sutta.*, *DN.2*, p.15)에 따르면, 비바시보살(毘婆尸菩薩)이 태어날 때 모친의 오른쪽 옆구리에서 출생하여 바닥을 밟은 다음에 홀로 일곱 걸음을 걷고 사방을 두루 돌아본 다음 손을 들고 그렇게 외쳤다고 하였고(毗婆尸菩薩 當其生時 從右脇出 專念不亂 從右脇出 墮地行七步 無人扶侍 遍觀四方 擧手而言 天上天下 唯我爲尊 要度衆生生老病死 aggo' ham asmi lokassa jeṭṭho 'ham asmi lokassa seṭṭho 'ham asmi lokassa ayam antimā jāti natthi'dāni punabbhavo), 『불본행집경』 권10(대정장3, p.699a13)에 "일체세간에서 나만이 홀로 존귀하며 나만이 가장 뛰어나니, 나 이제 마땅히 생노사의 뿌리 끊으리라. 一切世間 唯我獨尊 唯我最勝 我今當斷 生老死根", 같은 책 권33(대정장3, p.808a28)에 "천인 가운데 나만이 홀로 존귀하니, 몸과 마음 청정하고 해탈을 얻었네. 天人中唯我獨尊 身心淸淨得解脫", 『원오어록』 권8(대정장47, p.750c14)에 "제자가 묻길 '무엇이 참으로 하늘이라 땅이라 할 수 있습니까?' 스승이 이르길 '오직 나만이 존귀하다' 하고, 다시 묻기를 '몸 던져 마땅히 우주로 가리라' 하니, 스승이 이르길 '참으로 삼십방 맞을 만하구나' 하였다. 僧問 如何是定乾坤句 師云 唯我獨尊 進云 橫身當宇宙去也 師云 好與三十棒", 『대혜어록』 권10(대정장47, p.850c13)에 "늙은이 겨우 살아나 허둥대더니, 일곱 걸음 돌아 가니 오히려 미친 듯. 저 무한히 어리석은 남녀 속이고는, 눈 뜬 채로 당당하게 확탕지옥에 드네. 老漢纔生便著忙 周行七步似顚狂 賺他無限癡男女 開眼堂堂入鑊湯"라고 하였다. 『석문귀경의』 권상(대정장45, p.855a20)에는 이 구절에 대하여 인도 당시 풍속에서 96종 외도들도 자칭 대성인(大聖人)·천인사(天人師)라 하였기에 삿됨 끊고 바름으로 돌아가게 하고자 이 모습을 보여주고 오직 부처님만이 홀로 존귀하다는 뜻을 분명히 나타내었다는(以時俗所重九十六部 號爲大聖人天師也 爲絶邪歸正 故示此相 唯佛獨尊 餘皆邪道) 세주를 붙였으며, 이에 대한 운문 문언(雲門文偃)의 세존초생(世尊初生)이란 공안이 전한다. [참고문헌] 『長阿含經』, 『佛本行集經』, 『圜悟語錄』, 『大慧語錄』, 『釋門歸敬儀』, *DN.*, *MN.3.123.* ⇨ 천상천하유아독존 天上天下唯我獨尊, 세존초생 世尊初生

유아독존 비람강생상 팔상도
보물제1368호 순천 송광사 1728년

탄생불입상
국립중앙박물관 고려후기

유아무아이 有我無我異 종밀(宗密)의 공종성종십이(空宗性宗十異) 중 다섯 번째. 『도서』 권하(대정장48, p.406b11)에 "다섯 번째는 유아와 무아의 다름이다. 공종에서는 유아는 허망하고 무아가 참되다 여기지만, 성종에서는 무아가 허망하고 유아를 참이라 여긴다. 五有我無我異者 空宗以有我爲妄 無我爲眞 性宗以無我爲妄 有我爲眞"라고 하였다. [참고문헌] 『都序』. ⇨ 공종성종십이 空宗性宗十異

유아사보살법주 喩阿闍菩薩法住 보살십주(菩薩十住) 중 하나인 수행주(修行住)의 다른 이름. 유아사(Ⓢ yogācāra)는 수행(修行)·유가행(瑜伽行) 등으로 한역한다. 『보살십주경』(대정장10, p.457a15)에 "셋째, 어떻게 머물러야 유아사보살법주인가? 부처님께서 말씀하셨다. '제법에 들어서는 십사를 쓴다. 어떤 것들이 십사인가? 첫째, 있는 바 모두 무상하다. … 열째, 일체는 있는 바 없으니 제법은 모두 하나의 법으로 들어가고 하나의 법은 모두 제법 중에 든다. 이것이 유아사보살교법이다'. 三 住何等爲喩阿闍菩薩法住者 佛言 入於諸法中用十事 何等爲十事 一者 謂所有皆無常 … 十者 一切無所有 諸法悉入一法中 一法悉入諸法中 是爲喩阿闍菩薩教法"라고 하였다. [참고문헌] 『菩薩十住經』, 『菩薩內戒經』(대정장24, p.1033a26). ⇨ 수행주 修行住, 십주 十住

유아인화 儒雅仁和 학문이 깊고 지혜로움. 『정법화경』 권4(대정장9, p.89a13 : *Saddh-p.*, p.190)에 "당시 세존이신 대통중혜께서는 십겁에 이르러 무상정진도를 성취하고 최정각이 되셨으나 멸도에 이르기까지 공양을 게을리하지 않으셨다. 그 부처님께서 재가에 계시며 아직 나라를 버리고 떠나지 않은 태자였을 때, 열여섯 아들이 있었다. 매우 단정하고 빼어나 지혜로 미치기 어렵고, 용모 또한 제일이셨으며, 학문은 깊고 넓었으며, 성격은 온화하였다. 時世尊大通衆慧 乃至十劫 逮成無上正眞之道 爲最正覺 至于滅度 供養不懈 其佛在家 未捨國去 爲太子時 有十六子 端正殊好 智慧難及 色像第一 儒雅仁和 daśāna co antarakalpa atyayāt spṛśe sa bodhim bhagavān anābhibhūḥ, hṛṣṭā udagrās tada āsu sarve devā manuṣyā bhujagāsurāśca. vīrāḥ kumārā atha tasya ṣoḍaśa putrā guṇāḍhyā naranāyakasya, upasaṃkramī prāṇīsahasrakoṭibhiḥ puraskṛtās taṃ dvipadendram agryam"라고 하였다. 〔참고문헌〕『正法華經』, 40권본 『大般涅槃經』 권40(대정장12, p.597c1), *Saddh-p.*

유안 由安 ?~1846. 조선후기 해인사 스님. 호는 인파(仁波), 속성은 장(張)씨, 본관은 인동(仁同). 아버지의 이름은 굉(宏), 어머니는 이씨이다. 남두육성(南斗六星)이 떨어져 옷 속으로 들어오는 어머니의 태몽을 연유로 이름을 남두라고 하였다. 10세 이전에 이미 시서(詩書)를 배웠다. 어릴 때 부모를 모두 잃고 약년(弱年)부터 여러 차례 과거에 낙방하였으며 상처(喪妻)까지 하여, 무상을 깊이 느끼고 순천 송광사(松廣寺) 이잠(理岑)을 은사로 득도하였다. "조계산 우뚝 솟아 천년 빛 그대로고 송광의 푸른 솔은 사시사철 봄일세. 한 번 내린 장부의 결심 저들처럼 굳으니, 기꺼이 지어가리. 평생 푸릇푸릇한 사람으로. 曹溪山屹千秋色 松廣松靑四節春 丈夫一諾堅如彼 肯作平生碌碌人"라는 출가시를 읊었다. 이어 성암강백(惺庵講伯)으로부터 경을 배운 후 송광사 은적암(隱寂庵)에 강원을 열고 후학을 지도하였다. 어느 날 학인을 해산하고 두타행을 하다가 해인사에서 정진하여 호연선찬(浩淵善贊)의 법을 이었다. 그의 법맥은 상봉정원(霜峰淨願) → 낙암의눌(洛巖義訥) → 해봉유기(海峰有璣) → 영허찬혜(永虛贊慧) → 연월계윤(淵月啓潤) → 호연선찬 → 인파유안 → 활해성여(濶海性如)로 이어진다. 홍제암(弘濟庵) 조실로 좌선하다가 홀연히 현관(玄關)을 뚫고 "나무마다 새잎이 나고, 꽃들 다투어 옛 가지 위에 피네! 고향 천 리 참된 소식, 오늘에사 알고 보니 눈앞인 것을. 樹樹皆生新歲葉 花花爭發去年枝 故鄕千里眞消息 今日明明的的知"이라는 오도송(悟道頌)을 읊었다. 금강산 마하연·오대산·묘향산 등지를 참방한 후 다시 해인사 홍제암과 중봉암(中峰庵)의 조실로 있으면서 선(禪)과 교(敎)를 크게 선양하였다. 이후 지리산 대원사(大源寺)·금산 용문사(龍門寺)·고성 벽방산(碧芳山) 안정사(安靜寺) 등에서 많은 후학을 지도하였다. 만년에는 해인사 백련암(白蓮庵)에 정토회(淨土會)를 조직하여 염불왕생을 권장하다가 1846년(헌종12) 9월 29일 아침에 "보검을 뽑아 신령한 대 위에 놓으니, 죽이고 살리는 뛰어난 수단이 열렸구나! 용은 비구름 거느려 능히 신통 드러내고 바람은 허공 만나 자유롭게 왕래하네. 橫抽寶劒按靈臺 殺活奇權手段開 龍將雲雨能神變 風得虛空任往來"라는 임종게를 남기고 입적하였다. 해인사 영각에 봉안되어 있는 진영에는 용성진종(龍城震鐘)이 지은 영찬이 전하는데, "자취 털려다 흔적만 남기고, 숨기려 하면 더욱 드러나네. 솔솔 부는 솔바람 방울져 비 적시는 회나무. 설령 허공을 때려 부수고 소리쳐 흰구름 흩뜨린다 해도 참으로 쓸데없는 말일세. 하늘 땅을 뒤흔들어 마른 하늘에 벼락이 친다 해도 특별한 일 아니라네. 알겠는가? 낙양의 뱃사공이 동정호의 물결을 가른다. 拂跡成痕 欲隱彌露 瑟瑟松風 蕭蕭雨檜 直饒打破虛空 喝散白雲 也是剩語 撓撼乾坤 旱天霹靂 亦非特地 會麼 岳陽船子 洞庭波"라고 하였다. 〔참고문헌〕『霜峰門譜』(金月齋, 1922) p.30, 李智冠『伽倻山海印寺誌』pp.781~782. ⇨선찬 善贊

인파당대선사유안지진영
합천 해인사 조선후기

유안 有眼 안목이 있다는 말. 『벽암록』 23칙 「평창 評唱」(대정장48, p.164b15)에 "옛 사람이 이렇게 한 까닭은 그에게 안목이 있는지 없는지 알고자 함이다. 古人如此 要驗他有眼無眼"라고 하였다. 〔참고문헌〕『碧巖錄』.

유안무안 有顔無顔 번듯한 얼굴과 그렇지 못한 얼굴. 『출요경』 권1 「무상품 無常品」(대정장4, p.614c3)에 "익지 않았든 익었든 모든 그릇은 반드시 무너지고 말며 점차 오물 덩어리가 되니 가히 탐할 것 무엇이리. … 번듯한 모습이든 그렇지 못하든 지혜롭든 어리석든 다하면 죽음으로 돌아간다. 여지없이 변하고 뒤쳐, 예외 없이 모두 저 광야무덤 사이에 버려지게 된다네. 諸有生熟之器 要當歸壞 漸成糞聚 無可貪者 … 有顔無顔 智慧愚闇 盡歸於死 無常變易 皆當捐棄 在曠塚間"라고 하였다. 〔참고문헌〕『出曜經』.

유안자견 有眼者見 눈이 있는 사람은 본다는 말. 분명하게 진실이 드러나 있어서 눈이 있으면 누구나 볼 수 있다는 뜻이다. 『밀암어록』 권1(대정장47, p.974a15)에 "세상 대지 다 잡아 와도 저 좁쌀만하다. 눈앞에 던졌으니 눈 있는 이 보고 귀 달린 이 듣는다. 문제는 마음도 아니고 부처도 아니며 중생도 아니고 선도나 불법도 아니며 달마가 외통으로 전한 소식도 아니다. 盡大地撮來 如粟米粒大 抛向面前 有眼者見 有耳者聞 要且 不是心 不是佛 不是物 不是禪道佛法 亦非少室單傳", 『송원숭악어록』 권하(卍속장121, p.610b4)에 "법좌에 올라 '두 칼날 그 끝을 서로 겨누어야 한 가닥 통할 뿐이니 귀 있는 이 듣고 눈 달린 이 본다. 그렇다면 보고 듣는데도 떨어지지 않는 한 구절은 어떻게 말해야 할까?' 조금 있다 말하길 '정주는 배고 청주는 대추다'. 上堂 兩刃交鋒 略通一線 有耳者聞 有眼者見 且不落見聞一句 作麽生道 良久云 鄭州梨 青州棗"라고 하였다. 〔참고문헌〕『密菴語錄』, 『松源崇嶽語錄』.

유암 幽闇 ❶ 깊은 어둠(Ⓢ avidyā). 무명의 다른 이름. 『사리불아비담론』 권18(대정장28, p.647b29)에 "무엇이 얽혀 닫혔는가? 저 중생들이 생사에 얽히고설켜 항상 깊은 어둠에 잠김을 계폐라고 한다. 何謂繫閉 若衆生爲生死纏縛 常處幽闇 是名繫閉"라고 하였다. 〔참고문헌〕『舍利弗阿毘曇論』. ❷ 세계가 열리기 전의 깊은 어둠. 『십주비바사론』 권10(대정장26, p.75c21)에 "『베다』 중에도 적멸과 해탈을 말하긴 한다. 세간에 앞서 온통 깊은 어둠이었고 도무지 무엇도 없었다. 처음 대인이 저 해처럼 출현하였고 저 그를 보는 자 죽음을 넘어설 수 있으니 다른 길 없다고 한다. 韋陀中 亦有善寂滅解脫說 世間先皆幽闇 都無所有 初有大人出現如日 若有見者 得度死難 更有餘道"라고 하였다. 〔참고문헌〕『十住毘婆沙論』.

유암 柳巖 조선 말기 용공사(龍貢寺) 스님 최관(最冠 1794~1872)의 법호. 〔참고문헌〕 智冠 『韓國高僧碑文總集 朝鮮朝·近現代』 p.604. ⇨ 최관 最冠

유암당최관대선사비문 柳巖堂最冠大禪師碑文 조선 후기 유암최관(柳巖最冠)의 행적을 담은 비문. 비문 찬자는 전하지 않고 문인 설송전순(雪松典恂)이 1832년 강원도 통천군 용공사(龍貢寺)에 건립하였으며, 비액(碑額)은 '선교양종팔도규정총섭유암당대선사비 禪敎兩宗八道糾正摠攝柳巖大禪師碑'이다. 〔참고문헌〕 智冠 『韓國高僧碑文總集 朝鮮朝·近現代』 p.604. ⇨ 최관 最冠

유암사 留巖寺 황해북도 개성시 태평관(太平館) 북쪽에 있던 불은사(佛恩寺)의 옛 이름. 〔참고문헌〕『韓國寺刹全書』 권하 p.934a5. ⇨ 불은사 佛恩寺

유암사 遊巖寺 황해북도 개성시 성 안에 있던 절. 『고려사』 권2 세가(世家)2 광종(光宗) 19년(968)대에 왕실에서 "홍화·유암·삼귀사를 창건하였다. 創弘化 遊巖 三歸等寺"라고 하였고, 유암(留巖)이라고도 하였다. 〔참고문헌〕『高麗史』, 『韓國寺刹全書』 권하 p.934b9.

유애 有涯 끝이 있다는 말. 생멸하는 유한의 범주에 속하는 존재의 특징을 나타낸다. 『장자내편주』 권3(건륭장153, p.399a11)에 "우리네 삶은 끝이 있지만〈인생이란 문틈으로 준마 달려가듯 할 뿐. 유한한 시간이다〉, 알려하면 끝은 없다.〈지자는 망상사려한다. 밤낮으로 서로 바뀌 끝이 없다〉. 吾生也有涯〈人生如隙駒耳 有限光陰〉 而知也無涯〈知者 妄想思慮 日夜相代 而無涯〉", 『조론신소』 권하(대정장45, p.239a24)에 "양이란 변량으로 연기하는 사법이다. 비록 넓고 많아 끝이 없지만, 이름도 있고 모양도 있어 모두 나누어 한계지을 수 있으니 유애라 한다. 量謂邊量 緣起事法 雖廣多無際 然有名有相 皆屬分限 故云有涯"라고 하였다. 〔참고문헌〕『維摩經』, 『莊子內篇註』, 『肇論新疏』.

유애 有愛 ❶ Ⓢ sa-tṛṣṇa. 애 즉 갈망함이 있음. 40권본 『대반열반경』 권5(대정장12, p.395c4)에 "아누다라삼막삼보리를 얻고 나면 애와 의가 없다. 애와 의가 없는 것이 진해탈이고, 진해탈이 곧 여래다. 저 해탈에 애와 의가 있다면 있을 수 없는 일이다. 若得成於阿耨多羅三藐三菩提已 無愛無疑 無愛無疑 卽眞解脫 眞解脫者 卽是如來 若言解脫有愛疑者 無有是處"라고 하였다. 〔참고문헌〕『大般涅槃經』. ⇨ 무애 無愛❶ ❷ Ⓢ anunaya. 친애함. 『아비담비바사론』 권16(대정장28, p.116c13)에 "친애하지만 공경하지 않는 것, 저 재가법에서 부모가 자식을 대할 때와 화상아사리가 제자들을 대할 때이니 친애하지만 공경하는 것은 아니다. 有愛無敬者 如在家法 父母於子 和尙阿闍梨 於諸弟子 有愛無敬"라고 하였다. 〔참고문헌〕『阿毘曇毘婆沙論』. ❸ Ⓢ bhava-tṛṣṇā, Ⓟ bhava-taṇhā, Ⓣ 'byung-ba-la-sred-pa. 삼애(三愛 : 欲愛·有愛·無有愛) 중 하나. 『중아함경』 권10 「본제경 本際經」(대정장1, p.487b6 : *Āhāra*, *AN.*, 5, p.116)에 "유애란, 그 끝은 알 수 없다. 본래 유애는 없었으나 지금 유애가 생겨났으니 저 유애의 인은 알 수 있다. 유애란 즉 습이 있으니, 습이 없지 않다. 어떤 것이 유애습인가? 〔답〕 무명이 습이다. 무명에도 습이 있으니, 습은 없는 것이 아니다. 어떤 것이 무명의 습인가? 〔답〕 오개(五蓋)로 습을 삼는다. 有愛者 其本際不可知 本無有愛 然今生有愛 便可得知 所因有愛 有愛者則有習 非無習 何謂有愛習 答曰 無明爲習 無明亦有習非無習 何謂無明習 答曰 五蓋爲習", 『집이문족론』 권4(대정장26, p.382c20)에 "유애란 어떤 것인가? 〔답〕

색무색계에 대한 모든 탐·탐과 함께하는 것들·가져 버리지 않는 것·막아 가두는 것·탐착·애염 등을 '유애'라고 한다. 有愛云何 答 色無色界 諸貪等貪 執藏防護 耽著愛染 是謂有愛", 『구사론』 권19(대정장29, p.101b12 : *Abh-k-bh.*, p.286)에 "유애의 일분이란 '장차 애라벌나대용왕 등이 되기를 바라옵니다'라고 하는 것이다. 즉 이러한 모든 얽음과 갈망은 모두 수소단을 연하기에 끊을 수 있을 뿐이다. 이미 만류 등에 수소단이 있음을 설하였다. 有愛一分 謂願當爲謁羅筏拏大龍王等 此諸纏愛 一切皆緣 脩所斷故 唯脩所斷 已說慢類等 有是脩所斷 aho batāham airāvaṇaḥ syāṃ nāgarāja ity evamādi. mānavidhā api bhāvanāprahātavyāḥ santīty uktam, asmimānaś ca"라고 하였다. 〔참고문헌〕『中阿含經』, 『集異門足論』, 『俱舍論』, *Abh-k-bh.*, *Bodh-bh.198.*, *AN.* ⇨ 애 愛

유애 有礙 ❶ Ⓢ vyāghāta, viparyāsa, Ⓣ thogs-pa, thogs-pa-med-pa ma-yin-pa. 걸림이 있음을 말한다. 『대지도론』 권26(대정장25, p.255a28)에 "일체지의 사람이 아니면 삼세 중에 지혜에 걸림이 있게 마련이다. 나아가 관세음·문수사리·미륵·사리불 등 모든 성현들도 삼세 중에 지혜에 막힘이 있다. 非一切智人 於三世中 智慧有礙 乃至觀世音 文殊師利 彌勒 舍利弗等諸賢聖 於三世中 智慧皆有礙"라고 하였다. 〔참고문헌〕『大智度論』, *Abh-k-bh.184.*, *Māṭ-v.46.* ❷ 근(根)과 경(境)이 서로 어울리고 만나지만 한계가 있어 모든 것에 자재하지 못한 뜻. 무애(無礙)의 상대어이다. 『구사론』 권2(대정장29, p.7a13)에 "오직 색온으로 거두는 십계만이 유대다. 대는 장애의 뜻이다. … 어떤 눈은 물속에서 보지만 육지에서는 못 본다. 저 물고기의 눈 등 같고, 어떤 눈은 육지에서 보고 물속에서 보지 못하니, 대부분의 경우 사람 등의 눈과 같다. … 어떤 눈은 밤에는 보나 낮에는 못 보니, 저 모든 박쥐·부엉이 등의 눈과 같다. 어떤 눈은 낮에는 보고 밤에는 못 보니, 흔히 사람 등의 눈과 같다. 어떤 눈은 밤낮에 모두 보니, 개·여우·말·표범·이리·고양이·삵 등의 눈과 같다. … 안 등이 자신의 경계와 보고자 하는 것에 '유애'라고 하는 것은 그것을 넘어서 그 밖의 다른 경우에는 작용하지 못하기 때문이다. 또 애란 어울려 만나는 뜻이니, 안 등의 법은 자경계와 보고자 하는 것과 어울려 만나 움직이기 때문이다. 唯色蘊攝十界有對 對是礙義 … 有眼於水有礙非陸 如魚等眼 有眼於陸有礙非水 從多分說 如人等眼 … 有眼於夜有礙非晝 如諸蝙蝠鵂鶹等眼 有眼於晝有礙非夜 從多分說 如人等眼 有眼俱礙 如狗野干馬豹豺狼猫狸等眼 … 云何眼等 於自境界 所緣轉時 說名有礙 越彼於餘 此不轉故 或復礙者 是和會義 謂眼等法 於自境界及自所緣 和會轉故"라고 하였다. 〔참고문헌〕『俱舍論』. ⇨ 무애 無礙❶

유애계 有愛界 애착할 것이 있는 법계. 무애계(無愛界)의 상대어이다. 『사리불아비담론』 권7(대정장28, p.575c22)에 "무엇을 유애계라고 하는가? 저 법에 구함이 있으면 유애계라고 한다. 云何有愛界 若法有求 是名有愛界"라고 하였다. 〔참고문헌〕『舍利弗阿毘曇論』. ⇨ 무애계 無愛界

유애미 有愛味 Ⓢ āsvādayati, sāmiṣa, Ⓣ zang-zing-dang-bcas-pa. 갈망하여 맛들임 있음. 무애미(無愛味)의 상대어다. 『대반야경』 권394(대정장6, p.1040b26 : *Pañca-pr.8*, p.135)에 "보살마하살은 모든 선법의 자성이 모두 공함을 안다. 자성이 공하지 않다면 집착할 여지가 있고, 집착함 있으면 갈망하여 맛들인다. 그러나 집착도 탐함도 없으니, 자성공 중에는 애착하고 맛들이는 일 없다. 菩薩摩訶薩 知諸善法 自性皆空 非自性空 有所執著 若有執著 則有愛味 由無執著 亦無愛味 自性空中 無愛味故 tathā hi te sarvakuśalā dharmāḥ svabhāvena śūnyāḥ na ca śūnyatā kvacid abhinivekṣyate yad abhiniveśam āsvādayiṣyati niḥsvabhāvaśūnyatā", 『유가사지론』 권100(대정장30, p.880a17)에 "육근 스스로 그 바탕 갈망하고 물들어 따르기에 그 이름이 유애미다. 이에 어긋나면 무애미다. 內門自體 愛染隨故 名有愛味 與此相違 名無愛味", 『유가사지론약찬』 권2(대정장43, p.23b19)에 "애착하여 맛들임 있으면 유루라 말하고, 탐하여 맛들임 없으면 무루다. 有愛味 謂有漏 無愛味 謂無漏"라고 하였다. 〔참고문헌〕『大般若經』, 『瑜伽師地論』, 『瑜伽師地論略纂』, *Pañca-pr.*, *Yogā-bh.65.* ⇨ 무애미 無愛味

유애업 有愛業 목말라 함이 있는 업. 무애업(無愛業)의 상대어이다. 『사리불아비담론』 권7(대정장28, p.580b6)에 "어떤 것을 유애업이라고 하는가? 저 업에 갈구함 있으면 이 이름은 유애업이다. 云何有愛業 若業有求 是名有愛業"라고 하였다. 〔참고문헌〕『舍利弗阿毘曇論』. ⇨ 무애업 無愛業

유애주지 有愛住地 사주지혹(四住地惑) 또는 오주지혹(五住地惑) 중 하나. 무색계(無色界)의 번뇌 중 무명(無明)과 견(見)을 제한 번뇌에 머무는 지로, 외도는 무색계를 궁극의 해탈경이라 하지만 무색계 또한 애(愛)의 마지막 번뇌인 유애(有愛)로 머물기에 주지(住地)라 한다. 무색계의 번뇌이므로 신견(身見)과 색계(色界)의 번뇌는 없는 무색계의 사혹(思惑)일 뿐이며, 무색애주지(無色愛住地)라고도 한다. 『승만보굴』 권중(대정장37, p.50b26)에 "유애란 무색계 중의 일체번뇌로 무명과 견을 제한 것을 유애라 한다. 저 아래에서 말한 것과 구별하여 말하면 무색애라고 해야 하고, 취한 바에 따라 심애라고 해야 하지만, 지금은 다만 환부를 파하기 위해서 유애라고 한다. 외도는 대부분 무색계 중에서 열반을 삼는다. 지금은 이것을 파하기 위한 것이므로 유라고 할 따름이다. 유란, 나고 죽는 삼유(三有 : 欲·色·無色有)의 법이기에 그 이름이 유다. 有愛者 無色界中 一切煩惱 除無明見 說爲有愛 若就簡下說之 應名無色愛 若隨所取 應名心愛 但今爲破患 故名有愛 外道多取 無色界中以爲涅槃 今爲破之 故名有耳 有者 謂生死三有之法 故名爲有", 『대승의장』 권5(대정장44, p.561c7)에 "다섯으로 머문다는 것은, 저 『승만경』(대정장12, p.220a2)에서 말한 것과 같으니, 첫째는 견일처주지, 둘째는 욕애주지, 셋째는 색애주지, 넷째는 유애주지, 다섯째는 무명주지이다. 言五住者 如勝鬘經說 一 見一處住地 二 欲愛住地 三 色愛住地 四 有愛住地 五 無明住地"라고 하였다. 〔참고문헌〕『勝鬘寶窟』, 『大乘義章』, 『勝鬘經』, 『大寶積經』 권119(대정장11, p.675b20). ⇨ 오주지혹 五住地惑, 무색애주지 無色愛住地

유애지 有愛智 구하는 바가 있는 지혜. 무애지(無愛智)의 상대어이다. 『사리불아비담론』 권9(대정장28, p.590c21)에 "무엇이 유애지인가? 지혜로도 만약 구하는 것이 있다면 이것은 유애지다. 云何有愛智 智若有求是名有愛智"라고 하였다. 〔참고문헌〕『舍利弗阿毘曇論』. ⇨ 무애지 無愛智

유액 有軛 Ⓢ Ⓟ bhava-yoga. 네 가지 굴레 즉 사액(四軛) 중 하나. 색계와 무색계의 스물여덟 가지 번뇌. 유폭류(有暴流)와 같은 말이며, 유액(有扼)이라고도 한다. 액은 번뇌를 뜻한다. 『집이문족론』 권8(대정장26, p.399a15)에 "무엇이 유액인가? 〔답〕 세존께서 말씀하신 것과 같이, 비구들아, 마땅히 알아야 한다. 모든 어리석은 범부와 불법을 모르는 이생들은 존재하게 된 인과 인인 쌓임과 빠져듦과 맛들임과 그 고통과 나아가 그 벗어남을 여실하게 알지 못한다. 저들은 유의 집·몰·미·환·출리에 대해 여실하게 알지 못하기에 모든 유 중의 탐·욕·친·애·낙·민·탐·기·희·장·수·착이 있어 마음을 얽고 누른다. 그 이름이 유액이다. 云何有軛 答 如世尊說 苾芻當知 有諸愚夫 無聞異生於有集沒味患出離 不如實知 彼於有集沒味患出離 不如實知故 於諸有中 所有有貪 有欲 有親 有愛 有樂 有悶 有耽 有嗜 有憙 有藏 有隨 有著 纏壓於心 是名有軛", 『대승아비달마잡집론』 권7(대정장31, p.724c1 : *Abh-s.*, p.47)에 "굴레에는 네 가지가 있으니, 욕과 유와 견과 무명이라는 굴레다. 얽혀 있음으로부터 벗어남을 장애하는 것이 액의 뜻이다. 청정을 거스르고 등진다. 軛有四種 謂欲軛 有軛 見軛 無明軛 障礙離繫是軛義 違背淸淨故 yogaś caturvidhaḥ. kāmayogaḥ bhavayogaḥ dṛṣṭiyogaḥ avidyāyogaś ca. visaṁyogaparipanthakaro yogārthaḥ. viśuddhiviparyayataḥ"라고 하였다. 〔참고문헌〕『集異門足論』, 『大乘阿毘達磨雜集論』, *Abh-s.*, *D N.3.230.* ⇨ 사액 四軛[1], 유폭류 有暴流

유야리 維耶離 Ⓢ Vaiśālī, Ⓟ Vesālī. 비사리(毘舍離). 줄여서 유야(維耶)라고도 한다. 『중본기경』 권하 「도내녀품 度奈女品」(대정장4, p.161b22)에 "부처님은 가유라위국(迦維羅衛國 Ⓢ Kapila-vastu)을 출발하여 천이백오십비구와 함께 발기국(拔耆國 Ⓢ Vṛji) 경계를 넘어서까지 인민들을 제도하였다. 유야리에 당도한 후 내씨수원(Ⓢ Āmrapālī-vana)을 방문하였는데, 성에 한 여인이 있었으니 이름이 아범화리(Ⓢ Āmrapālī)였다. 부처님께서 오셔서 교화하신다는 말을 듣고는 그 기쁨 헤아릴 수 없었다. 곧장 단정히 하고 오백여인들과 함께 나아갔다. 佛從迦維羅衛國 與千二百五十比丘俱 過拔耆國界 度人民 去至維耶離 詣奈氏樹園 城中有女人 名阿凡和利 聞佛來化 歡喜無量 卽便嚴出 與五百女人俱", 『번역명의집』 권3(대정장54, p.1097c6)에 "비야리 : 유야리 또는 비사례 그리고 베사리라고도 한다. 한역하면 광엄(廣嚴)이다. 毘耶離 亦名維耶離 鞞舍隷 吠舍離 此云廣嚴"라고 하였다. 〔참고문헌〕『中本起經』, 『翻譯名義集』, 『維摩詰經』 권상(대정장14, p.519a9). ⇨ 베사리국 吠舍釐國, 비사리 毘舍離

유야무야 有耶無耶 '있는가 없는가?'하며 의심함. 40권본 『대반열반경』 권39(대정장12, p.595b1)에 "구업이 저 아가 짓는 것이라면 어떻게 입으로 '아는 없다'고 하겠으며, 어떻게 스스로 의심하여 '있는가 없는가?' 하겠는가? 口業若是我所作者 云何口說 無有我耶 云何自疑有耶無耶", 『대지도론』 권31(대정장25, p.289b18)에 "의란 열반법 중에 있는가 없는가 함이다. 疑者 於涅槃法中 有耶無耶", 『법계도기총수록』 권하1(대정장45, p.760b13 · 한불전6, p.838b4)에 "〔문〕 이 실담장과 돈을 헤아리는 비유는 부처님 교설에 있는가 없는가? 〔답〕 있다. 問 此悉曇章 及數錢之喩 於聖敎中 有耶無耶 答 有之也"라고 하였다. 〔참고문헌〕『大般涅槃經』, 『大智度論』, 『法界圖記叢髓錄』.

유약 乳藥 우유로 만든 약. 『대반열반경』의 상·락·아·정(常樂我淨)을 설하기 위한 비유다. 40권본 『대반열반경』 권2(대정장12, p.378c3)에 "객의가 왕에게 답했다. '이 유약은 독이기도 하고 감로이기도 합니다. 어찌하여 이 우유를 다시 감로라고 할까요? 만약 암소가 술지게미·활초·보릿겨를 먹지 않으면 송아지가 순하며, 방목하는 곳이 높지도 않고 또한 낮아 습하지도 않으며 깨끗한 물을 마시면 … 이런 우유는 능히 여러 병을 없애니 감로묘약입니다. 이런 우유가 아닌 것들은 독이라고 할 수 있습니다'. … 마치 저 위대한 의사가 유약을 잘 아는 것과 같이 여래 또한 그러하다. 중생을 위하기에 '모든 법 가운데 진실한 아가 있다'라고 설한다. 客醫答王 是乳藥者 亦是毒害 亦是甘露 云何是乳 復名甘露 若是牸牛 不食酒糟滑草麥麩 其犢調善 放牧之處 不在高原 亦不下濕 飮以淸流 … 如是乳者 能除諸病 是則名爲 甘露妙藥 除是乳已 其餘一切皆名毒害 … 如彼大醫善解乳藥 如來亦爾 爲衆生故 說諸法中眞實有我", 『지관보행전홍결』 권2(대정장46, p.212b10)에 "비유하자면 오래된 의사가 순전히 유약만을 쓰고 저 외도들이 오로지 삿된 영원함만을 설한 것과 같다. 객의인 여래께서 처음에 우유로 제한한 것은 무상을 설하여 삿된 상을 깨뜨린 것과 같고, 무상을 성취한 다음에는 돌이켜 참된 상을 써서 무상마저 깨트렸으니 새로 온 의사와 옛 의사의 두 우유가 이름은 같으나, 삿되고 바름이라는 뜻에서는 다르다. 譬如舊醫 純用乳藥 如彼外道 唯說邪常 客醫如來 初令制乳 如說無常 以破邪常 成無常已 還用眞常 以破無常 新舊二乳 乳名雖同 邪正義別"라고 하였다. [참고문헌] 『大般涅槃經』, 『止觀輔行傳弘決』, 『摩訶止觀』 권4(대정장46, p.36a22), 『宗鏡錄』 권39(대정장48, p.648b19), 『祖庭事苑』 권7(卍속장113, p.210b12). ⇨ 상락아정 常樂我淨❷, 신구의 新舊醫

유양수 瀏陽叟 당대 선사 석상경저(石霜慶諸 807~888)의 별명. '유양에 사는 늙은이'라는 뜻. 유(瀏)는 유(劉)로도 쓴다. 『조정사원』 권3(卍속장113, p.73a3)에 "유양수 : 유양(劉陽)은 유양(瀏陽)으로 써야 하니, 읍명이다. 곧 담주의 석상경저선사이다. 도오원지에게 인가를 받고 자취를 감추고 홀로 지내니, 당시 겨우 법랍 2세인 스님일 뿐이었다. 세상을 피해 장사 유양의 옹기방에 섞여 지내니, 사람들이 아무도 알아보지 못했다. 동산양개가 찾아가 데려와 드디어 석상산을 개산하고 머물게 하였다. 劉陽叟 劉陽當作瀏陽 邑名也 卽潭州石霜慶諸禪師 受道吾法印 遁迹自處 于時始爲二夏僧 因避世混俗 於長沙瀏陽陶家坊 人不之識 洞山价訪而得之 遂辟居石霜山"라고 하였다. [참고문헌] 『祖庭事苑』, 『雪竇語錄』 권5(대정장47, p.699c4), 『慈受懷深廣錄』 권3(卍속장126, p.588a18). ⇨ 경저 慶諸

유어 喩語 칠종어(七種語) 중 하나. 비유하는 말. 부처님께서 대중에게 법을 설하는 일곱 가지 유형의 말 가운데 뛰어난 비유로 전하시는 말씀. 40권본 『대반열반경』 권35(대정장12, p.574a17)에 "무엇이 유어인가? 저 사자왕에 나의 몸을 비유하여 설하는 것이다. 대상왕·대용왕·파리질다라수·칠보취·큰 바다·수미산·대지·큰 비·뱃사공·길잡이·조어장부·역사·우왕·바라문·사문·큰 성·다라수 등 이러한 비유를 경에서는 유어라 한다. 云何喩語 如說師子王者 卽喩我身 大象王 大龍王 波利質多羅樹 七寶聚 大海 須彌山 大地 大雨 船師 導師 調御丈夫 力士 牛王 婆羅門 沙門 大城 多羅樹 如是喩 經名爲喩語", 『대반열반경의기』 권9(대정장37, p.873a8)에 "비유를 세워 법을 드러냄을 유어라 한다. 立喩顯法 名爲喩語"라고 하였다. [참고문헌] 『大般涅槃經』, 『大般涅槃經義記』. ⇨ 칠종어 七種語

유어 遺語 남기는 말. 유언(遺言)이라고도 한다. 『남송원명선림승보전』 권13 「해문유칙전 海門惟則傳」(卍속장137, p.742b12)에 "계유 2월 유칙이 자리를 내놓을 뜻이 있기에 제자들이 유어를 청하니 웃으며 말하길 '평소 말하던 것이 아니겠느냐?' 하고 마침내 입적하였다. 癸酉二月 則有捐座意 弟子請遺語 則笑曰 平常說底不是耶 遂奄化"라고 하였다. [참고문헌] 『南宋元明禪林僧寶傳』. ⇨ 유언 遺言, 유계 遺誡

유어비관설무언절요사 有語非關舌無言切要詞 말이 있어도 핵심을 꿰지 못하고 말 없으면 종요마저 끊어진다는 뜻. 현사사비(玄沙師備)의 송구다. 『경덕전등록』 권18 「현사사비전」(대정장51, p.346a24)에 "말이 있다해도 혀를 꿰지 못하고, 말이 없으면 긴요한 말씀 끊어지리니, 나의 마지막 구 알고자 하는가? 세간을 나온다해도 아는 이는 드물다. 有語非關舌 無言切要詞 會我最後句 出世少人知"라고 하였다. [참고문헌] 『景德傳燈錄』.

유어중무어 有語中無語 말 있는 중에 말 없음. 조동종(曹洞宗) 편정오위(偏正五位)에서 편중정(偏中正)의 뜻이다. 『오가종지찬요』 권중(卍속장114, p.530a12)에 "편중정이란, 학인이 물상에 착하여 머물러 있는 그때 사는 고립되고 이는 결핍되기에 편중정을 세움으로써 사를 버리고 이로 들어가고, 용을 거두어 체로 돌아가게 하니, 이는 말이 있는 중에 말 없게 함이다. 偏中正者 爲學人著於物象 滯在今時 則孤事而缺理 故立偏中正 舍事入理 攝用歸體 有語中無語也", 『인천안목』 권3(대정장48, p.319a23)에 "구마다에는 반드시 말이 있는 중에 말 없고, 말이 없는 중에 말이 있어야 비로소 묘한 뜻 그윽히 두렷하게 된다. 句句中須是 有語中無語 無語中有語 始得妙旨密圓也"라고 하였다. [참고문헌] 『五家宗旨纂要』, 『人天眼目』. ⇨ 동산오위 洞山五位, 무어중유어 無語中有語

유언 有言 말이 있음. 뜻깊은 말씀. 『자백존자전집』 권24(卍속장126, p.1054a14)에 "불조의 말씀 있으셨으니, '모든 중생은 상념으로 인하여 생사를 넘어서고 상념으로 인하여 생사를 받는다'. 佛祖有言 一切衆生 因想念而度生死 亦因想念而受生死",『유마경의소』권6(대정장38, p.980c24)에 "또한 이르길 '설법이라고 반드시 말이 있어야 하는 것은 아니다. 법다운 향 그대로 능히 통달하면 그 또한 설법이다'라고 하였다. 又云 說法亦不必有言 卽香能通達 亦名說法",『임간록』권하(卍속장148, p.620b7)에 "언어라는 것은 덕행을 드러내는 실마리이기에 '덕 있는 사람 반드시 들을 말도 있다'(『논어』「헌문 憲問」)고 한다. 言語者 德行之候 故曰 有德者 必有言"라고 하였다. [참고문헌]『紫柏尊者全集』,『維摩經義疏』,『林間錄』,『論語』.

유언 莠言 추한 말. 궂은 말. 듣기 싫은 말.『사십이장경소초』권3(卍속장59, p.154b6)에 "삼업 가운데 구업이야말로 참으로 무겁다. 좋은 말도 입에서 나오고 궂은 말도 입에서 나오지만, 칭찬하면 그 덕 돌아오지 않음 없으니 저 눈덮인 골짜기에 봄이 온 듯하고, 헐뜯은 즉 어찌 악 또한 가지 않으리. 분명히 뜨거운 날에 눈 날리듯 하리라. 三業之中 口業實重 好言是口 莠言是口 讚則靡德不歸 猶如寒谷生春 毁則何惡不往 宛似炎天飛雪"라고 하였다. [참고문헌]『四十二章經疏鈔』,『洛陽伽藍記』권2(대정장51, p.1007a2).

유언 遊言 떠도는 말.『당고승전』권24「자장전 慈藏傳」(대정장50, p.640c10)에 "떠도는 말 구부려 끌어들여 황제마음 가리고 속인다. 曲引遊言 冒謟帝心",『집고금불도논형』권병(대정장52, p.386c10)에 "모든 선생들 떠도는 말 섬길 줄만 알지 가히 찾아 구할 줄 모른다. 諸先生 何事遊言 無可尋究"라고 하였다. [참고문헌]『唐高僧傳』,『集古今佛道論衡』.

유언 遺言 남기는 말. 선사들의 임종시 남기는 운문형식의 글은 유게(遺偈)고, 유교(遺敎)라고도 한다.『현우경』권6(대정장4, p.393c26)에 "죽음에 임한지 오래 지나지 않아 간절한 어조로 유언하며 두 아들에게 일렀다. 將死不久 遺言慇懃 告其二子"라고 하였다. [참고문헌]『賢愚經』. ⇨ 유게 遺偈, 유교 遺敎, 유계 遺誡

유언수오무자송 劉彦修悟無字頌 거사 유언수가 조주의 무자(無字) 화두를 타파하고 지은 게송.『오등전서』권45(卍속장141, p.34a7)에 "대혜에게 도를 물었더니 대혜가 말했다. '학인이 조주에게「개에게 불성이 있습니까?」라고 물었더니 조주가「없다」라고 하였다. 오직 이렇게 화두를 살펴라'. 거사가 후에 잣나무 화두에서 깨닫고 게송을 지었다. '조주의 잣나무는 전혀 단서가 없으니 경계에서 찾아도 너무 어렵네. 가는 곳마다 푸른 버드나무 있으니 말을 묶어 둘만 하고 집집마다 문 앞에서 장안으로 통하네'. 問道于大慧 慧曰 僧問趙州 狗子還有佛性也無 趙州道 無 但恁麼看 公後乃於柏樹子上發明 有頌曰 趙州柏樹太無端 境上追尋也太難 處處綠楊堪繫馬 家家門底透長安"라고 하였다. [참고문헌]『五燈全書』, 李智冠『四集私記』p.131. ⇨ 유보학 劉寶學

유엄 有嚴 1021~1101. 송대 천태종 스님. 호는 담무(曇武), 속성은 호(胡) 씨. 대주(臺州 : 浙江省) 임해(臨海) 출신. 6세에 출가하여 14세에 구족계를 받았다. 신조본여(神照本如)에게 일심삼관(一心三觀)의 천태교관을 배웠고, 적성(赤城) 숭선사(崇善寺)에서 수십 년 동안 법을 베풀었다. 소성년간(1094~1097)에 물러나 영추(靈鷲)의 동봉(東峰)에 명자나무로 지은 여막 사암(樝庵)에 20여 년간 은거하면서 정토업을 닦으며「회안양고향시 懷安養故鄉詩」4편을 지었다. 건중정국원년(1101) 열반에 들었으니, 세수 81세였다. 저서로『현의석첨비검 玄義釋籤備檢』·『문구기전난 文句記箋難』·『지관보행조람 止觀輔行助覽』·『혹대 或對』·『안락행주 安樂行註』·『공품주 空品註』·『용왕법인경소 龍王法印經疏』·『아미타불예문 阿彌陀佛禮文』등이 있다.『불조통기』권27(대정장49, p.277c24)에 "유엄은 천태의 영추종본(靈鷲宗本)에게 배웠으며, 신조본여의 가르침을 받았다. 만년에는 사암에서 정토업에 전념하였고,「회안양고향시」4편을 지었는데 당시에 전파되었다. 산에 머물기 10년에, 연못에 큰 연꽃이 피고, 하늘 음악이 사방에서 들려오는 꿈을 꾸고서,「전귀정토시」를 지었다. 7일 뒤에 가부좌를 하고서 열반에 들었다. 有嚴受業天台靈鷲 依神照傳教 晩居樝菴 專事淨業 作懷安養故鄉詩四篇 爲時所傳 居山十年 夢池中大蓮華 天樂四列 乃作餞歸淨土詩 後七日 加趺而化"라고 하였다. [참고문헌]『佛祖統紀』,『釋氏稽古略』권4(대정장49, p.879c2).

유엄 惟儼 751~834(일설에는 746~829). 당대 스님. 청원행사(青原行思) 문하. 속성은 한(韓)씨. 강주(絳州 : 山西省 運城市) 출신. 17세에 조양(潮陽 : 廣東省) 서산(西山)의 혜조(慧照)선사를 은사로 하여 출가하였다. 773년(대력8) 형산(衡山) 희조(希澡)에게서 구족계를 받았다. 경론에 널리 통하였고 계율도 엄격했다. 후에 석두희천(石頭希遷)을 친견하고 선지를 깨우친 다음 마조도일(馬祖道一)을 찾아가 문답한 끝에 서로 마음이 맞아 3년 동안 시봉하며 수행하였다. 그 뒤에 다시 석두에게 돌아와 법을 이었다. 예주(澧州 : 湖南省) 약산에서 법문을 여니 사부대중이 운집하여 종풍을 크게 떨치기도 하였다. 어느 날 밤 산에 올라가 경행하다가 문득 구름 걷히고 달이 드러남 마주하고 한바탕 크게 웃으니, 그 소리 예양(澧陽) 동쪽 90리까지 떨쳐 모두 들었다. 낭주자사(朗州刺史) 이고(李翱)가 이를 소재로 지은 시가 유명하며 약산소성(藥山笑聲)이라는 공안으로도 전한다. 834년(태화8) 세수 84세로 입적하였다. 일설에는 828년(태화2) 12월에 세수 70세로 입적하였다고 한다. 시호는 홍도대사(弘道大師)이다. [참고문헌] 『祖堂集』 권4(고려장45, p.260c18), 『佛祖統紀』 권42(대정장49, p.385b6), 『佛祖歷代通載』 권16(대정장49, p.629a8), 『景德傳燈錄』 권14(대정장51, p.311b16), 『傳法正宗記』 권7(대정장51, p.750a17), 『聯燈會要』 권19(卍속장136, p.738a17), 『五燈會元』 권5(卍속장138, p.163a10). ⇨ 약산소성 藥山笑聲, 약교추도 藥嶠抽刀, 약령영고 藥嶺榮枯, 유엄불위 惟儼不爲

유엄불위 惟儼不爲 약산유엄(藥山惟儼)의 '함이 없음'에서 유래한 공안. 『선문염송설화』 325칙(한불전5, p.281b24)에 "약산이 어느 날 앉아 있는 모습 석두가 보고 물었다. '자네 지금 무엇 하느냐?' '어떤 것도 하지 않습니다' '그렇다면 한가롭게 앉아 있군' '한가롭게 앉아 있는 일도 하는 일이지요' '그대 하지 않는다 하는데, 하지 않는다는 것 무엇인가?' '천성도 모를 일입니다'. 석두는 게송으로 찬탄했다. '종래로 함께 머물렀지만 이름 모르고, 움직이는 그대로 서로 가져 다만 행할 뿐이다. 자고로 저 뛰어난 현인들도 오히려 알 수 없었거늘 애써 짓는 그 다음 범류들 어찌 밝히려 하랴'. 藥山 一日坐次 石頭覩之 問曰 汝在這裏作麽 師曰 一切不爲 頭曰 恁麽則閑坐也 師曰 若閑坐則爲也 頭曰 汝道不爲 且不爲个什麽 師曰 千聖亦不識 頭以偈贊曰 從來共住不知名 任運相將只麽行 自古上賢猶不識 造次凡流豈可明", "불인지청(佛印智淸)이 읊는다. '약산은 고요히 앉아, 아무 일 하지 않다가, 평지를 뒤집고, 어지럽게 송곳을 찔렀네. 장강은 끝없이 흐르고, 겹겹의 산봉우리 우뚝하네. 비록 천성도 알지 못한다 하지만 저 만상이 돌아감은 안다 함이다. 뒤뜰 나귀는 풀 뜯고, 못 속 조개 이끼 낀 섬돌에 있네'. 佛印淸頌 藥山宴坐 一事不爲 翻於平地 亂下針錐 長江浩浩 疊嶂巍巍 雖云千聖不識 其如萬像知歸 後園驢喫草 池中蛤置苔"라고 하였다. [참고문헌] 『禪門拈頌說話』, 『景德傳燈錄』 권14(대정장51, p.311b20), 『頌古聯珠通集』 권14(卍속장115, p.163b4), 『虛堂集』 3칙(卍속장124, p.518a18). ⇨ 유엄 惟儼

유업기심 有業記心 업을 기억함이 있는 마음. 행업(行業)은 뚜렷하여 반드시 상속하는 마음이다. 『삼미지부론』 권상(대정장32, p.462a6)에 "임종시에 무기심 성취했다면 그는 어떤 업으로 왕생하는가? [답] 유업기심의 혹업으로 악도에 가고, 무혹기심의 백업으로 선도에 난다. 바탕에 자성으로 남겨진 마음은 이렇게 따라간다. 무기심은 무기업을 일으키지만 업이 다스리기에 가서 나는 일이 이와 같고 행에는 어긋남이 없다. 잠자거나 기절하거나 무심으로 죽어도 행은 가늠하기에 업도에 간다. 臨欲死時 成無記心 其以何業往生 答曰 有業記心 惑業往惡道 無惑記心白業往善道 體性記心 以是故隨行 以無記心起無記業 爲業制故 往生如是 是故行無隔 若眠若悶若無心死 行制故往業道"라고 하였다. [참고문헌] 『三彌底部論』. ⇨ 무혹기심 無惑記心

유업좌선 唯業坐禪 오로지 좌선으로 업을 삼음. 『신승전』 권5 「법진전 法進傳」(대정장50, p.980c27)에 "오직 좌선만을 업으로 삼았으니, 절 뒤 대나무 숲에서 언제나 앉아만 있었는데 네 호랑이들이 늘 좌우로 돌았다. 唯業坐禪 寺後竹林 常於彼坐 有四老虎 繞於左右"라고 하였다. [참고문헌] 『神僧傳』.

유에 有恚 Ⓢdveṣin, Ⓟsadosa. 성냄이 있음. 유진(有瞋)이라고도 하며, 무에(無恚 Ⓢadveṣa)의 상대어다. 『출요경』 권28(대정장4, p.759c15)에 "'분노 있으면 분노를 안다. 분노하는 순간 분노하고 있음을 안다'란, 원한은 원한 스스로 적시는 것이니 원으로 원을 그친 일은 자고로 있은 적 없다. 마땅히 원한 그쳐야 원한 사라지리니, 그렇게 해야 비로소 원 없음도 알게 된다. 그러므로 설하길, '성냄이 있은 즉 성냄 알 수 있고, 성냄이 있어야 성냄이 있는 줄도 안다'. 有恚則知恚 有恚知有恚者 怨怨自兹爲怨息怨者 自古未有 要當息怨滅怨 然後乃知無怨 是故說曰 有恚則知恚 有恚知有恚也"라고 하였다. [참고문헌] 『出曜經』, 『長阿含經』 권16 「三明經」(대정장1, p.106a26), *Udāna-v.411.*, *MN.1.60.*, *DN.1.251.* ⇨ 에 恚, 무에 無恚

유여 有餘 **1** Ⓢsopadhi-śeṣa, Ⓟupādisesa, sa-upādisesa, Ⓣphung-po'i lhag-ma-dang-bcas-pa. 남음이 있다는 말. 끝내 다하지 못함의 뜻이다. 유여의(有餘依)라고도 하며 구경에 이르기 위해 할 일이 더 남아 있거나 다스려야 할 번뇌가 남아 있다는 뜻이다. 유여열반(有餘涅槃)·유여토(有餘土)·유여사(有餘師)·유여설(有餘說) 등이 그 예이다. 무여(無餘)와 대칭한다. 『대반열반경집해』 권8(대정장37, p.414c29)에 "유여란 마쳐 다하지 못함이며 무여야말로 필경이다. 有餘者 則不畢竟 無餘者 卽是畢竟", 『대지도론』 권23(대정장25, p.229b29)에 "또한 무상상을 관함에 두 가지가 있다. 첫째는 유여고, 둘째는 무여다. 부처님께서 '모든 인과 물이 다하여 남음 없고 오로지 그 이름만 있음에 유여라 하고, 인과 물이 남김없이 사라지고 이름마저 사라짐을 무여라 한다'라고 하신 말씀과 같다. 復有二種觀無常相 一者 有餘 二者 無餘 如佛說 一切人物滅盡 唯有名在 是名有餘 若人物滅盡 名亦滅 是名無餘", 『삼법도론』 권중(대정장25, p.24a25)에 "유여란 업과 번뇌를 받을 몸을 유여라 한다. 저들이 모든 번뇌를 끊고 증득을 마치고도 남아 있으니 이를 유여라 한다. 有餘者 業及煩惱所受身 是說有餘 彼斷一切煩惱盡 作證已故有餘是說有餘", 『대보적경론』 권2(대정장26, p.213b29)에 "저 중 유여는 번뇌만 다함이고 무여는 어떤 연도 없음이다. 是中有餘者 唯滅煩惱 無餘者緣無故"라고 하였다. [참고문헌] 『大般涅槃經集解』, 『大智度論』, 『三法度論』, 『大寶積經論』, *Abh-k-bh.359.*, *Bodh-bh.71.*, *DN.2.314.*, *AN.4.75.* ⇨ 유여의 有餘依, 유여열반 有餘涅槃, 무여 無餘 ❷ Ⓢ śeṣavat. 삼비량(三比量)의 하나. 현재에 근거하여 과거를 헤아리는 추론이다. 『금칠십론』 권상(대정장54, p.1246a3)에 "비량에 세 가지가 있다. 첫째는 유전, 둘째는 유여, 셋째는 평등이다. 比量有三 一者 有前 二者 有餘 三者 平等"라고 한 다음, 유여에 대하여 "가령 강에 탁한 물이 새롭게 가득 찬 모습을 보고 상류에 분명히 비가 내렸음을 아는 경우와 같다. 如見江中 滿新濁水 當知上源必有雨"라고 하였다. [참고문헌] 『金七十論』, *Māṭ-v.9.* ⇨ 유전유여평등 有前有餘平等, 평등 平等, 삼비량 三比量

유여 喩如 비유하여 같다고 여김. 비여(譬如·比如)·차여(且如) 등과 같은 뜻이다. 『법구경』 권상(대정장4, p.565c4)에 "늙으면 모습 변하니, 마치 저 오래된 수레 같네. 老則形變 喩如故車", 『잡비유경』(대정장4, p.523a1)에 "'내 큰 아들들은 비록 재주와 용모가 남보다 뛰어나지만 큰 지위에 오를 만하지는 않고, 막내 아들은 어른이 되면 반드시 큰 지위를 이어받을 만하다'. 그 때의 그 성왕이란 부처님에 비유하여 같다한 것이고, 여러 큰 아들들이란 다음의 이승에 비유하여 같다한 것이며, 막내 아들은 저 보살에 비유한 것이다. 吾大子等 雖才美過人 未有堪任 登大位者 吾末後子 若生長大 必當堪任嗣大位也 時聖王者 喩如佛也 諸大子者 喩如下二乘也 末後處子 喩菩薩也", 『대방등대집경』 권16(대정장13, p.111b1)에 "선남자야, 저 찰토는 참으로 깨끗하기에 능히 시방의 모든 부처님찰토를 다 드러냈으니, 비유컨대 가림이 없는 깨끗한 달이 맑은 물에 나타난 것과 같았다. 善男子 以彼剎土眞淨故 能現十方諸佛剎土 喩如無翳淨月 現於淸水"라고 하였다. [참고문헌] 『法句經』, 『雜譬喩經』, 『大方等大集經』, 『長阿含經』 권19 「世記經」(대정장1, p.125c29). ⇨ 비여 譬如

유여 猶如 마치 ~와 같다. 『중아함경』 권17 「장수왕품 長壽王品」(대정장1, p.537c2)에 "마치 역사가 파리를 잡으려 함이 너무 느리면 파리는 문득 날아가 버리는 것과 같다. 아나율다여! 우리 마음에서 지나치게 게으른 환이 일어나고 이 크게 게으른 환으로 인하여 삼매도 잃고 밝은 눈도 사라진다. 猶如力士 捉蠅太緩 蠅便飛去 阿那律陀 我心中生 太懈怠患 因此太懈怠患故 便失定而滅眼"라고 하였다. [참고문헌] 『中阿含經』.

유여계 有餘界 남음이 있는 계. 『불소행찬』 권5(대정장4, p.51b20)에 "모든 번뇌를 남김없이 다하고 모든 일을 다 마쳤으니, 지로 유여계를 버리고 지혜마저 그쳐서 길이 잠든다. 悉盡一切漏 一切事已畢 智捨有餘界 息智而長眠"라고 하였다. [참고문헌] 『佛所行讚』. ⇨ 유여 有餘❶, 무여계 無餘界

유여기 有餘記 여지가 남은 수기. 수기할 때와 부처님이 정해지지 않은 경우로, 남김없이 밝혀 두는 무여기(無餘記)와 대칭한다. 『대일경소』 권4(대정장39, p.625c14)에 "유여기란 가령 어떤 중생에게 '그대는 미래세 어떤 부처님 때가 되면 이 죄를 마칠 것이고 어떤 여래께서 그대에게 수기하리라' 하는 유형이 그것이다. 有餘記者 如告衆生言 汝於未來某佛時 當畢是罪 某甲如來 爲汝授記之類 是也"라고 하였다. [참고문헌] 『大日經疏』. ⇨ 수기 授記, 무여기 無餘記

유여무위 有餘無爲 유여열반(有餘涅槃)의 다른 이름. 『십주단결경』 권9(대정장10, p.1035c11)에 "보살마하살은 허공장삼매를 사유하되 유여무위로 머물러 겁이 지나리라 여기지 않고, 무여무위로 변역생사마저 있을 리 없다고 보지도 않아야 도라 할 수 있다. 菩薩摩訶薩復當思惟 虛空藏三昧 不見有餘無爲 住壽經劫 不見無餘無爲 無有變易 乃謂爲道"라고 하였다. [참고문헌] 『十住斷結經』, 『陰持入經』 권하(대정장15, p.176b19). ⇨ 유여열반 有餘涅槃

유여사 有餘死 십이품생사(十二品生死) 중 하나. 사다함(斯陀含)의 죽음을 말한다. 『십이품생사경』(대정장17, p.575b1)에 "(사람의 죽음에 열두 가지 경우가 있는데) 세 번째는 남음이 있는 죽음이니, 사다함이 갔다가 다시 돌아오는 경우이다. 三曰 有餘死者 謂斯陀含往而還也"라고 하였다. [참고문헌] 『十二品生死經』. ⇨ 십이품생사 十二品生死

유여사 有餘師 그외의 다른 논사. 또는 앞선 주장과 다른 뜻을 펴는 논사들의 뜻이다. 유여(有餘)·여사(餘師)·유제사(有諸師)·유인(有人) 등이라고도 한다. 『섭대승론』 권상(대정장31, p.114c11)에 "또 유여사는 '심·의·식 이 세 가지는 이름만 다를 뿐이고 그 뜻은 같다'고 주장하는데, 그 뜻 그렇지 않다. 의와 식은 뜻이 다름을 이미 드러내었는데, 심의 뜻에도 다름이 있음을 알아야 한다. 또 다른 논사는 '부처님께서 세간이 아려야를 좋아한다고 말씀하셨다'라는 것에 집착하는데, 앞에서 말한 것처럼 여기에서는 오취음 있음을 '아려야'라고 하는 것이다. 또 다른 논사는 낙수와 욕이 상응하는 것을 '아려야'라고 주장한다. 復有餘師 執心意識 此三 但名異義同 是義不然 意及識 已見義異 當知心義 亦應有異 復有餘師 執是如來說 世間喜樂阿黎耶 如前所說 此中有五取陰 說名阿黎耶 復有餘師 執樂受與欲相應 說名阿黎耶"라고 하였다. 〔참고문헌〕『攝大乘論』.

유여사설 有餘師說 Ⓢ apare, anye, apare āhuḥ, anye ācāryāḥ, Ⓣ gzhan-dag-na-re. 다른 나머지 논사들의 주장. 어떤 주장에 뒤따르는 나머지 설을 말한다. 『구사론』 권6(대정장29, p.31a26 : *Abh-k-bh.*, p.85)에 "저 다른 논사는 말하길 '정무기온 다섯 가지는 색의 과이나, 네 가지는 색인이 아니다'. 有餘師說 淨無記蘊 五是色果 四非色因 catvāras tu na rūpasyety apare"라고 하였다. 〔참고문헌〕『俱舍論』, 『大毘婆沙論』 권1(대정장27, p.1a13), *Abh-k-bh.236·428.* ⇨ 유여사 有餘師

유여설 有餘說 뜻을 다 드러내지 못해 여지가 있는 설. 불료의설(不了義說)과 통하고 요의설(了義說)과 상대한다. 『대법고경』 권하(대정장9, p.296b8)에 "일체공경은 유여설이어서 오로지 이 경만이 무상설로서 유여설이 아니다. 一切空經 是有餘說 唯有此經 是無上說 非有餘說", 『승만경』(대정장12, p.219c19)에 "또한 이는 여래방편으로서 여지가 있는 불료의설이다. 亦是如來方便 有餘不了義說", 『승만보굴』 권중본(대정장37, p.48b12)에 "남음이 있다는 것은 뜻을 밝혀 다하지 못했음이니 뜻을 다한 설과 대칭한다. 불료의란 뜻을 마친 것과 대칭한다. 有餘者 明義不盡 對盡理之說 不了義者 對於了義也"라고 하였다. 〔참고문헌〕『大法鼓經』, 『勝鬘經』, 『勝鬘寶窟』. ⇨ 불료의 不了義, 요의 了義

유여신계열반 有餘身界涅槃 유여열반의 다른 이름. 번뇌 의지했던 몸이 남은 열반이라는 뜻. 원효의 『열반종요』(대정장38, p.243b28·한불전1, p.530b10)에 "무엇이 유여신계열반인가? 혹 어떤 이는 설하길, 몸에는 두 종이 있다. 하나는 번뇌가 있는 몸, 다른 하나는 생신이다. 아라한은 번뇌 없는 몸이지만 생신이 남아 있다. 이 생신에 의지하여 열반을 얻기에 유여신계열반이라 한다. 云何有餘身界涅槃 答 或有說者 身有二種 一者有煩惱身 二者 生身 阿羅漢 無煩惱身 而有餘生身 依此生身 得涅槃故 名有餘身界涅槃"라고 하였다. 〔참고문헌〕『涅槃宗要』. ⇨ 유여열반 有餘涅槃

유여열반 有餘涅槃 Ⓢ sopadhiśeṣa-nirvāṇa, Ⓣ phung-po'i lhag-ma-dang-bcas-pa'i mya-ngan-las-'da'-ba. 남음이 있는 열반. 고(苦)가 의지한 몸이 남아 있기에 온전한 이름은 유여의열반(有餘依涅槃)이며, 무여열반(無餘涅槃)과 대칭한다. 『법화경』 권2(대정장9, p.18c2 : *Saddh-p.*, p.117)에 "우리들 무명의 긴 밤을 지나며 공법을 수습하여 삼계고뇌 환난에서 벗어나 최후신으로 유여열반에 머문다. 我等長夜 修習空法 得脫三界 苦惱之患 住最後身 有餘涅槃 nirvāṇaparyanti samucchraye 'smin paribhāvitā śūnyata dīrgharātram", 『법화문구』 권7상(대정장34, p.94b3)에 "상 다했다는 것은, 양변의 인이 사라져 유여열반을 얻고 양변의 과마저 사라져 무여열반을 얻으면 상 다했다고 한다. 滅相者 二邊因滅 得有餘涅槃 二邊果滅 得無餘涅槃 故名滅相", 『중론』 권3(대정장30, p.24c5)에 "〔문〕 유여열반은 무슨 뜻인가? 〔답〕 모든 번뇌와 업이 멸하므로 마음으로 해탈을 얻는다고 한다. 이 갖가지 번뇌와 업은 모두 억상분별에서 일어날 뿐 실체가 없으며 갖가지 억상분별은 모두 희론을 좇아 생긴다. 모든 법의 실상이 마침내 공임을 터득하면 온갖 희론도 사라진다. 이를 유여열반이라 한다. 問曰 有餘涅槃云何 答曰 諸煩惱及業滅故 名心得解脫 是諸煩惱業 皆從憶想分別生 無有實 諸憶想分別 皆從戲論生 得諸法實相畢竟空 諸戲論則滅 是名說有餘涅槃", 『대지도론』 권31(대정장25, p.288c6)에 "애 등 모든 번뇌가 끊어짐을 유여열반이라 한다. 성인이 금세에 받은 오중(오온)이 다하고 다시는 몸을 받지 않음이 무여열반이다. 愛等諸煩惱斷 是名有餘涅槃 聖人今世所受五衆盡 更不復受 是名無餘涅槃", 『천태사교의』(대정장46, p.777a13)에 "인의 얽음 이미 끊었지만 과의 얽힘은 여전히 남아 있음을 유여열반이라 한다. 子縛已斷 果縛猶在 名有餘涅槃", 『대승법원의림장』 권7(대정장45, p.361a9)에 "첫째, 응신과 화신에 의지하기에 유여열반이라 한다. 드러난 몸이 고제일 수 있으니 남아 의지하기 때문이다. 뒤의 법신에 의지해야 무여열반이라 할 수 있으니, 모든 의지할 것들이 끝내 다했기 때문이다. 一者 依應化身 說有餘涅槃 所現之身 相似苦諦 有餘依故 依後法身 說無餘涅槃 一切餘依究竟盡故"라고 하였다. 한편 『승만보굴』 권하(대정장37, p.70c3)에는 대소승 열반의 차이를 밝히면서 "소승에서는 인과가 다하면 유여라 하지만, 대승은 인과가 다하면 무여라 부른다. 小乘中因果盡名有餘 大乘因果盡名無餘"라고 하였다. 〔참고문헌〕『法華經』, 『法華文句』, 『中論』, 『大智度論』, 『天台四教儀』, 『大乘法苑義林章』, 『勝鬘寶窟』, *Saddh-p.*, *Abh-k-bh.359.* ⇨ 열반 涅槃, 사종열반 四種涅槃, 소승열반여대승열반 小乘涅槃與大乘涅槃, 무여열반 無餘涅槃, 유여 有餘 ■

유여열반계 有餘涅槃界 Ⓢ sopadhiśeṣa-nirvāṇa-dh

ātu, Ⓟ saupādisesa-nibbāna-dhātu, Ⓣ phung-po'i lhag-ma-dang-bcas-pa'i mya-ngan-las-'das-pa'i khams. 유여열반의 계. 무여열반계(無餘涅槃界)와 대칭한다. 『아비담비바사론』 권33(대정장28, p.243a4)에 "모든 번뇌를 남김없이 끊은 지를 사문과라 한다. 아라한과라 하고 유여열반계라 하지, 무여열반계라 하지 않는다. 一切結盡斷智 名沙門果 謂阿羅漢果 名有餘涅槃界 不名無餘涅槃界", 『사리불아비담론』 권7(대정장28, p.576c17)에 "무엇이 유여열반인가? 이 비구아라한은 모든 번뇌가 사라지고 할 일을 마쳤으며 무거운 짐을 버려 자신을 이롭게 하였으니, 이는 있는 번뇌 다한 바른 지로써 모든 음계입을 다 안다. 과거업연에 머물고 마음으로 온갖 고락을 받아 뜻에 맞기도 맞지 않기도 하는데 이를 유여열반계라 한다. 云何有餘涅槃 謂此比丘阿羅漢 諸漏盡 所作竟 捨於重擔 逮得已利 是盡有煩惱正智 得解諸陰界入 以宿業緣住故 以心受諸苦樂 有適意不適意 是名有餘涅槃界", 『대비바사론』 권32(대정장27, p.167b24)에 "어떤 이는 집착하기를 '유여의열반계에는 자성이 있고 무여의열반계에는 자성이 없다'고 한다. 저 집을 막고자 두 가지 열반계에 모두 자성이 있다고 밝힌다. 또 어떤 사람은 집착해서 '유여의열반계는 유루이고 무여의열반계는 무루이다'라고 한다. 그 집착을 막고자 두 가지 열반계 모두 무루라고 드러낸다. 或有執有餘依涅槃界 有自性 無餘依涅槃界 無自性 爲遮彼執 顯二種涅槃界 皆有自性 或復有執 有餘依涅槃界是有漏 無餘依涅槃界是無漏 爲遮彼執 顯二種涅槃界 皆是無漏"라고 하였다. [참고문헌] 『阿毘曇毘婆沙論』, 『舍利弗阿毘曇論』, 『大毘婆沙論』, *It.38.*, *Abh-s.22.* ⇨ 유여열반 有餘涅槃, 무여열반계 無餘涅槃界, 열반계 涅槃界

유여의 有餘依 Ⓢ sopadhi-śeṣa. 남아 있는 의지처. 번뇌가 의지했던 몸(身)을 말한다. 『유가사지론약찬』 권12(대정장43, p.168a9)에 "번뇌를 모으는 인은 이미 다했고 오로지 남은 몸과 지 그리고 무위만이 있는 것을 유여의라 한다. 煩惱集因已盡 唯餘身智 及無爲在 名有餘依", 『법화경현찬요집』 권12(卍속장53, p.916b3)에 "유여의란 말은, 부처님께서는 고가 의지하지 않는 몸을 지니고 계시는데 그것을 유여의라 한다. 불세존께서는 번뇌 없는 오온을 갖추셨으므로 이승의 유여의와는 다르다. 言有餘依者 佛有非苦依身在 名有餘依 以佛世尊具無漏五蘊故 即與二乘有餘依別也", 『성유식론속전』 권10(卍속장81, p.284b11)에 "유여의란, 분단생사의 고가 의지함이 있다는 뜻이다. 모든 성자들의 최후고신이 아직 다하지 않았고, 오직 번뇌장의 종자와 현행만은 길이 고요하였기에 열반이라 부른다. 有餘依者 謂有分段生死苦所依也 以諸聖者 最後苦身 未曾滅故 唯煩惱障 種現永寂 卽名涅槃"라고 하였다. [참고문헌] 『瑜伽師地論略纂』, 『法華經玄贊要集』, 『成唯識論俗詮』, *Bodh-bh. 71.* ⇨ 유여 有餘[1], 유여열반 有餘涅槃

유여의열반 有餘依涅盤 남아 의지할 것이 있는 열반. 번뇌장은 다했지만 고(苦)가 의지하던 몸(身)이 남아 있다는 뜻에서 유여다. 유여열반(有餘涅槃 Ⓢ sopadhiśeṣa-nirvāṇa)이라고도 한다. 『성유식론』 권10(대정장31, p.55b12)에 "유여의열반이란 진여가 번뇌장에서 벗어나 비록 미세한 괴로움 남아 의지할 바 아직 다하지 않았지만 장애는 영원히 고요하므로 열반이라 한다. 有餘依涅槃 謂卽眞如出煩惱障 雖有微苦 所依未滅 而障永寂 故名涅槃", 『법화경현찬요집』 권12(卍속장53, p.915a10)에 "유여의열반이란 아직 몸이 남아 있고 그것이 고의 의지이므로 유여라 한다. 번뇌가 끊어져 다하고 진여를 증득하여 인은 사라졌지만, 고의 의지처는 아직 사라지지 않아 이숙이 오히려 남아 있으므로 유여의열반이라 한다. 有餘依涅槃者 餘殘身在 是苦之所依 故云有餘 煩惱斷盡 證得眞如 顯其因盡 苦依未盡 異熟由在 名有餘依涅槃"라고 하였다. [참고문헌] 『成唯識論』, 『法華玄贊要集』. ⇨ 유여열반 有餘涅槃

유여의지 有餘依地 유가행자(瑜伽行者)의 17지 중 16번째 지. 유여의열반지이다. 인망(因亡)의 지로서 과(果)마저 다한 무여의지에 대한다. 『유가사지론』 권50(대정장30, p.576b29)에 "무엇이 유여의지인가? 마땅히 알라. 이 지에는 세 가지 상이 있다. 첫째는 지시설안립, 둘째는 적정시설안립, 셋째는 의시설안립이다. 云何有餘依地 當知此地 有三種相 一者 地施設安立 二者 寂靜施設安立 三者 依施設安立", 『유가사지론석』 권1(대정장30, p.887c2)에 "유여의지는 유여의열반지를 말한다. 의란 유루소의이다. 有餘依地者 謂有餘依涅槃地也 依者 卽是有漏所依", 『유가사지론약찬』 권1(대정장43, p.3c13)에 "유여의지는 이승무학이 가진 바로서 유루와 무루를 비롯한 모든 법을 자성으로 삼는다. 有餘依地 二乘無學所有 有漏無漏 諸法爲性"라고 하였다. [참고문헌] 『瑜伽師地論』, 『瑜伽師地論釋』, 『瑜伽師地論略纂』. ⇨ 유여열반 有餘涅槃, 십칠지 十七地

유여토 有餘土 ➡ 방편유여토 方便有餘土

유여해탈 有餘解脫 Ⓢ sopadhiśeṣa-vimukti, Ⓟ saupādisesa vimutta. 수습할 법이 남음이 있는 해탈. 색심(色心)의 인(因)은 다하였지만, 그 과(果)는 아직 다하지 못함의 뜻이다. 무명주지(無明住地)를 끊지 못하여 사성제(四聖諦)에 대해 수습할 것이 남아 있다(有餘)는 뜻이다. 『대보적경』 권119(대정장11, p.675c10)에 "세존만이라는 말에서야 누진이라는 뜻을 더할 수 있다. 이는 아라한·벽지불·최후유·제보살 등은 무명주지에 덮인 바 되어 이러저러한 법 알지 못하고 보지 못하며, 마땅히 끊어야 할 것 끊지 못하고 응당 다해야 할 바 다하지 못한다. 이러저러한 법을 끊지도 다하지도 못하였기에 일체해탈이 아니고 유여열반만을 얻는다. 世尊言漏盡之增語 是故阿羅漢辟支佛及最後有諸菩薩等爲無明地所覆蔽故 於彼彼法不知不見 以不知見於彼彼法應斷不斷 應盡不盡 於彼彼法不斷不盡故 得有餘解脫 非一切解脫", "아직 남아 있는 고를 알고 아직 남아 있는 집을 끊고 아직 남아 있는 멸을 증하고 아직 남아 있는 도를 수습해야 한다. 知有餘苦 斷有餘集 證有餘滅 修有餘道", 『승만보굴』 권중(대정장37, p.55a25)에 "무명을 끊지 못했기에 다만 유여해탈을 얻는다. 以不斷無明故 但得有餘解脫", 『유마경현소』 권5(대정장38, p.551a20)에 "이러한 유여해탈은 색과 심의 인이 멸한 것이고, 무여해탈은 색과 심의 과마저 다한 것이다. 是有餘解脫色心因滅 無餘解脫色心果滅"라고 하였다. [참고문헌] 『大寶積經』, 『勝鬘寶窟』, 『維摩經玄疏』, *AN.4.75.* ⇨ 해탈 解脫, 무여해탈 無餘解脫, 무명주지 無明住地

유역 有譯 번역함이 있음. 『출삼장기집』 권2(대정장55, p.5b27)에 "번역이 있어야 이에 전할 수 있고, 번역이 없다면 숨으니, 진실로 사람이 아니라면 도 행해질 일 있겠는가. 有譯乃傳 無譯則隱 苟非其人 道不虛行也"라고 하였다. [참고문헌] 『出三藏記集』. ⇨ 무역 無譯

유연 由延 ⓈⓅ yojana의 음사어. 유순(由旬)이라고도 한다. 『중아함경』 권11 「빈비사라왕영불경 頻鞞娑邏王迎佛經」(대정장1, p.497b10)에 "(빈비사라왕은) 상군·마군·차군·보군 등 네 부류의 군대를 모아, 무수한 무리와 함께 하니 그 길이가 1유연이었다. (그들은 함께) 부처님께서 계신 곳에 나아가 뵈었다. 象軍 馬軍 車軍 步軍 集四種軍已 與無數衆俱 長一由延 往詣佛所"라고 하였다. [참고문헌] 『中阿含經』, 40권본 『大般涅槃經』 권29(대정장12, p.536c27), 『一切經音義』 권1(대정장54, p.315c7). ⇨ 유순 由旬

유연 由緣 Ⓢ ālambana. 까닭 있는 사연. 『현우경』 권2(대정장4, p.365a18)에 "다라후시는 거울을 들어 스스로를 비추자 그 몰골이 흡사 베고 남은 그루터기 같았다. 이에 몸이 심히 보기 싫어져 문득 숲속에 가서 자살하려 하였다. 제석천이 멀리서 알고 바로 내려와 곁에 이르더니 까닭 있는 사연을 묻고 그 마음을 위로하고서는 보배 구슬 하나를 주었다. 多羅睺施 捉鏡自照 乃見身首 熟似株杌 患厭其身 自不喜見 便至林間 乃欲自殺 帝釋遙知 卽下到邊 問所由緣 慰喩其意 與一寶珠", 『법원주림』 권39(대정장53, p.597a13)에 "그대 매일 산에 들어가 나무를 할 것이고, 나무 아래는 재 지내고 남은 떡을 취해 먹을 수 있을 것이다. 그렇지만 얻은 연유는 말해서는 안 된다. 君日日入山採柴 可於柴下取齋殘餠食之 不須道得之由緣"라고 하였다. [참고문헌] 『賢愚經』, 『法苑珠林』, *Śrāv-bh.395.*, *Abh-s-bh.14.*

유연 有緣 ❶ Ⓢ bhava-pratyaya, Ⓟ bhava-paccaya. 유의 연. 십이인연(十二因緣) 가운데 유(Ⓢ bhava)를 일으키는 연인. 취(取 Ⓢ upādāna)를 말한다. 『장아함경』 권10 「대연방편경 大緣方便經」(대정장1, p.60b15 : *Mahānidāna-sutta, DN.2,* p.56)에 "저 다시 묻기를 '무엇이 유의 연인가?' 하면 마땅히 답한다. '취가 유의 연이다'. 若復問言 誰是有緣 應答彼言 取是有緣 kimpaccayā bhavo ti iti ce vadeyya upādānapaccayā bhavo ti iccassa vacanīyaṃ"라 하였다. [참고문헌] 『長阿含經』, *Suv-pr.102.*, *DN.* ⇨ 취 取, 십이인연 十二因緣 ❷ Ⓢ sa-pratyaya, sa-ārambaṇa, Ⓟ sappaccaya, Ⓣ rkyen dang-bcas. 연이 있다는 말. 『대방편불보은경』 권7(대정장3, p.161b16)에 "불세존께서는 세간에 응하여 나타나 연이 있는 사람을 이끌어 교화하셨다가 그 연이 다하면 마음을 옮겨 열반에 드신다. 佛世尊 應現世間 引接有緣 有緣旣盡 遷神涅槃", 『관무량수경』(대정장12, p.344a21)에 "인연 있는 중생이라면 모두 볼 수 있다. 有緣衆生 皆悉得見", 『조론소』 권중(대정장45, p.178b13)에 "연이 있은즉 응하여 모두 접하되 그 끝이 있을 리 없기에 방마저 없다고 한다. 有緣皆應皆接 無有齊限 故曰無方"라고 하였다. [참고문헌] 『大方便佛報恩經』, 『觀無量壽經』, 『肇論疏』, *Abh-k-bh.333.*, *Aṣṭ-pr.4.179.*, *Vibh.12.* ⇨ 유연무연 有緣無緣

유연 柔軟 ❶ Ⓢ mṛdu, mārdava, ślakṣṇa Ⓟ mudu, maddava, saṇha, Ⓣ 'jam-pa. 부드럽고 연함. 진실을 보는 중요한 심소이다. 『중아함경』 권29 「유연경 柔軟經」(대정장1, p.607c29)에 "나는 이렇게 뜻대로 가는 밭을 지니고 있으니 이것은 가장 부드럽고 아름답다. 我有是如意足 此最柔軟", 『별역잡아함경』 권2(대정장2, p.384b15 : *SN.1,* p.228)에 "하는 말마다 유연하고 양설마저 끊었다. 所言柔軟 斷於兩舌 yāvajīvaṃ saṇhavāco assaṃ. yāvajīvaṃ apisuṇavāco assaṃ", 『법화의소』 권4(대정장34, p.501b23)에 "유연이란 소득에 집착하지 않는 신심을 지니고 부처님을 순종하고 대승을 어기지 않는 마음이다. 마치 저 촉촉한 소가죽 쉽게 굽혀지는 것과 같다. 柔軟者 有無所得信心 順從諸佛 不違大乘 如濕牛皮 易可屈折", 『법화경지장소』 권1하(卍속장93, p.518a11)에 "언사가 유연하다는 말은 물정에 잘 따르고 이 때문에 능히 갖가지로 분별한다. 言辭柔軟者 善順物情 由此故能種種分別"라고 하였다. 『회

쟁론』(대정장32, p.16b27 : *Vigr-vy.*, p.234)에는 백열아홉 가지 선법(善法) 중 여든 번째다. 〔참고문헌〕『中阿含經』, 『別譯雜阿含經』, 『法華義疏』, 『法華經指掌疏』, 『迴諍論』, *Abh-k-bh.167.*, *Vigr-vy.*, *Śata-śa.*, *MN.3.243.*, *AN.3.248.*, *SN.* ⇨ 유연심 柔軟心 ❷ Ⓟ sukhumāla. 보드럽고 약함. 『잡아함경』 권47(대정장2, p.344b12 : *SN.2*, p.268)에 "머지않은 미래세에 모든 리차족들 마음대로 즐기고 일 없어 손과 발 보드라우며 비단과 솜 베개로 하고 온몸 편안하게 누우며 해가 떠도 일어나지 않고 방일하게 살 것이다. 於未來世 不久 諸離車子恣樂無事 手足柔軟 繒纊爲枕 四體安臥 日出不起 放逸而住 bhavissanti bhikkhave anāgatam addhānaṃ licchavī sukhumālā mudutaphaṇahatthapādā te mudukāsu seyyāsu tūlabimbohanādisu yāva suriyuggamanā seyyaṃ kappessanti", 『증일아함경』 권35(대정장2, p.746a26)에 "몸은 아름답지만 마음으로 좋은 옷과 음식을 탐한 나머지 선정에서 퇴전하여, 다시는 고업 행할 수 없게 되었다. 形體柔軟 心貪好衣食 便於禪退轉 不復能行苦業"라고 하였다. 〔참고문헌〕『雜阿含經』, 『增壹阿含經』. ❸ 만수사화(曼殊沙華 Ⓢ mañjūṣaka)의 한역어. 『번역명의집』 권3(대정장54, p.1104a2)에 "만수사는 유연 또는 붉은 꽃이라 한다. 曼殊沙 此云柔軟 又云赤華"라고 하였다. 〔참고문헌〕『翻譯名義集』. ⇨ 만수사화 曼殊沙華

유연 唯然 Ⓢ Ⓟ evam. '참으로 그렇습니다' 또는 '예, 하겠습니다'라는 응답의 말. 『장아함경』 권2 「유행경 遊行經」(대정장1, p.11b19 : *Mahāparinibbāna-sutta.*, *DN.2*, p.76)에 "부처님께서 아난에게 '그대는 나열기성 주변에 있는 비구들에게 모두 강당에 모이도록 알려라'라고 하시자 '예!'라고 응답하였다. 佛告阿難 汝勅羅閱祇左右 諸比丘 盡集講堂 對曰 唯然 atha kho bhagavā acirapakkante vassakāre brāhmaṇe magadhamahāmatte āyasmantaṃ ānandaṃ āmantesi. gaccha tvaṃ ānanda yāvatikā bhikkhū rājagahaṃ upanissāya viharanti te sabbe upaṭṭhānasālāyaṃ sannipātehīti. evaṃ bhante ti kho āyasmā ānando bhagavato paṭissutvā", 『만원자경』(대정장2, p.502c12)에 "부처님께서 '자세히 듣고 잘 생각하라!'고 말씀하시자 빈누 응답하길 '마땅히 그렇게 하겠습니다. 세존이시여!'라고 하였다. 佛言 諦聽 善思念之 邠耨應 唯然 世尊"라고 하였다. 〔참고문헌〕『長阿含經』, 『滿願子經』, *Vajr-pr.28.*, *DN.1.124.*

유연 蚰蜒 Ⓢ kīṭa, Ⓣ sbur-ba. 마디마다 다리가 달린 절족류(節足類) 중 하나인 그리마. 『정법염처경』 권31(대정장17, p.181c17)에 "무엇이 불살생인가? 습생인 그리마 무리에 이르기까지 결코 일부러 죽여도 안 되고 마음으로도 죽일 생각을 해서는 안 된다. 云何不殺生 乃至濕生 蚰蜒之類 終不故殺 心不念殺"라고 하였다. 〔참고문헌〕『正法念處經』, 『一切經音義』 권32(대정장54, p.519c5), *Abh-k-bh.118.*

유연강강 柔軟剛强 부드럽게도 굳고 강하게도 함. 말을 잘 길들이는 취락촌장과 중생을 가장 잘 조어하시는 부처님께서 주고받은 조어장부의 법이다. 『잡아함경』 권32(대정장2, p.227c18)에 "취락의 촌장이 부처님께 아뢰었다. '고타마시여! 장부를 위없이 잘 다스려 이끄는 분은 몇 가지 법으로 장부를 조복시키는지요?' 부처님께서 촌장에게 이르셨다. '나 또한 세 가지 법으로 장부를 조어한다. 무엇이 그 세 가지이겠는가? 첫째는 부드러움, 둘째는 굳고 강함, 셋째는 부드럽기도 굳고 강하기도 한 수단이다' '고타마시여! 만일 세 가지 법으로 장부를 조복시킴에도 조어되지 않는 경우는 어떻게 하시는지요?' '촌장이여! 세 가지 법으로 조어해도 되지 않으면 곧바로 죽인다. 왜 그렇겠는가? 나의 법이 굴욕당하는 일이 있어서는 안 되기 때문이다. … 조복되지 않는 저들에게는 더 이상 말을 건네지도 않고 가르치지도 않으며 가르쳐 깨우치려 하지도 않는다. 촌장이여! 만일 여래인 조어장부가 더 이상 말을 하지도 않고 가르치지도 않으며 다시 가르침을 내리지도 않는다면 그 어찌 죽이는 것이 아니겠는가?' 聚落主 白佛言 瞿曇 無上調御丈夫者 當以幾種法 調御丈夫 佛告聚落主 我亦以三法調御丈夫 何等爲三 一者 柔軟 二者 剛强 三者 柔軟剛强 聚落主白佛 瞿曇 若三種調御丈夫 猶不調者 當如之何 佛言 聚落主 三事調伏 猶不調者 便當殺之 所以者何 莫令我法有所屈辱 … 彼不調者 不復與語 不復教授 不復教誡 聚落主 若如來調御丈夫 不復與語 不復教授 不復教誡 豈非殺耶"라고 하였다. 〔참고문헌〕『雜阿含經』.

유연계 有緣界 연이 있어 성취되는 계. 유위법들을 말한다. 무위에 속하는 법인 무연계(無緣界)와 대칭한다. 『사리불아비담론』 권7(대정장28, p.576b19)에 "무엇이 유연계인가? 저 법이 유위라면 그 이름이 유연계다. 云何有緣界 若法有爲 是名有緣界"라고 하였다. 〔참고문헌〕『舍利弗阿毘曇論』. ⇨ 유위 有爲, 무연계 無緣界

유연군중과한계 有緣軍中過限戒 구십바일제(九十波逸提 : 九十單墮) 중 하나. 비구가 인연이 있어 군진(軍陣)에 가서 숙박하더라도 2박 또는 3박 이상 머물러서는 안 된다는 계. 『사분율』 권15(대정장22, p.670a18)에 "만약 비구가 인연이 있어 군진에 가고자 하면 두세 밤의 숙박을 허락하나, 이를 넘으면 바일제다. 비구의 뜻은 위와 같다. 만일 비구가 인연이 있어 군진에 가고자 한다면 두 밤을 잘 수 있으며, 세 밤을 잤다면 동이 트기 전에 보이거나 들리지 않는 곳으로 떠나야 한다. 그 비구가 군대 안에서 두 밤을 자고 세 밤을 지나 동이 트기 전에 보이거나 들리지 않는 곳으로 떠나지 않았는데 동이 텄다면 바일제다. 若比丘有因緣 聽至軍中 二宿三宿 過者 波逸提 比丘義如上 若比丘有因緣 欲至軍中 得二宿住 至第三宿 明相未出時 應離見聞處 彼比丘軍中二宿已 至第三宿 明相未出 不離見聞處 明相出 波逸提"라고 하였다. 이처럼 『사분율』에서는 세 밤까지 허용하지만, 율마다 차이가 있어 두 밤으로 한정하기도 한다. 『유부율』 권37(대정장23, p.831c16)에서는 '군중과이숙학처 軍中過二宿學處'라고 하여 2박까지만 인정하며, 『십송비구바라제목차계본』(대정장23, p.475a17)에서도 "만약 비구가 인연이 있어 군대에 갔을 경우 이틀 밤까지는 그 곳에서 묵어도 되지만 지나면 바일제이다. 若比丘 有因緣到軍中 乃至二宿應住 若過宿波夜提"라고 하였다. [참고문헌] 『四分律』, 『有部律』, 『十誦比丘波羅提木叉戒本』, 『五分律』 권8(대정장22, p.56b19), 『四分律行事鈔』 권중(대정장40, p.85a22), 李智冠 『南北傳六部律藏比較硏究』 pp.219~220, *Vin.4.106.* ⇨ 구십단타 九十單墮, 바일제 波逸提

유연근 有緣根 연이 있는 근. 『대비바사론』 권156(대정장27, p.795b5)에 "어떤 근이 무기이면 저 근 또한 무기를 인으로 하는 근이다. 곧 무기로서 연이 있는 근이라 한다. 有根無記 彼根亦因無記根 謂無記有緣根"라고 하였다. [참고문헌] 『大毘婆沙論』, 『發智論』 권16(대정장26, p.1001b23).

유연나 惟然那 Ⓢ vijñāna, Ⓟ viññāna의 음사어. 식(識)을 말한다. 『보살내계경』(대정장24, p.1029c29)에 "무엇을 법의 스무 가지 인연이라 하는가? 아술사(阿術闍 Ⓢ avidyā : 無明)는 본래의 어리석음이고, 승가라(僧迦羅 Ⓢ saṃskāra : 行)는 함이 있는 것이고, 유연나는 뭇 일을 안다. 何謂法二十因緣 阿術闍本癡 僧迦羅所爲 惟然那知衆事"라고 하였다. [참고문헌] 『菩薩內戒經』. ⇨ 식 識[1]

유연무연 有緣無緣 연이 있고 연이 없음. 『대승본생심지관경』 권3(대정장3, p.304c13)에 "부처님의 태양에서 천 갈래 빛이 항상 세상을 비추어, 모든 중생을 이익케 하여 인연 있는 사람을 제도하지만, 인연 없으면 부처님의 자비로운 빛을 보지 못하니, 마치 저 맹인이 아무것도 보지 못하는 것과 같다네. 佛日千光恒照世 利益群生度有緣 無緣不覩佛慈光 猶如盲者無所見", 『대승본생심지관경천주』 권1말(卍속장34, p.119a16)에 "다만 인연 있고 인연 없음에 달려 있을 뿐이다. 부처님께서 비록 위대한 성인이라 하지만 인연이 없는 사람을 제도할 수는 없다. 부처님께서 제도하지 못한다는 말이 아니라 저들 스스로 아무 인연이 없고 업력이 저절로 가로막아 스스로 깨달아 알지 못한다는 뜻이다. 그러므로 '깨달음은 인연이 있어야 하고 인연이 없으면 깨닫지 못한다'고 한다. 蓋只在有緣無緣耳 所謂佛雖大聖 不度無緣之人 非佛不度 以彼自無緣 而業力自障 不自覺知也 故云覺悟有緣 無緣不覺也", 『금강선론』 권1(대정장25, p.803c9)에 "모든 부처님들 비록 자재한 힘이 있어도 단지 능히 인연이 있는 중생을 제도하시니 인연이 없으면 제도할 수 없다. 諸佛雖有 自在之力 但能度於有緣衆生 不度無緣"라고 하였다. [참고문헌] 『大乘本生心地觀經』, 『大乘本生心地觀經淺註』, 『金剛仙論』.

유연사인 有緣射人 진지(盡智)는 생겼으나 무생지(無生智)는 일으키지 못한 이. '진지'에 머문 사람이다. 『사리불아비담론』 권8(대정장28, p.589b12)에 "어떤 것을 유연사인이라고 하는가? 어떤 사람이 '진지'는 생겼으나 '무생지'는 아닌 경우이니, 무생지를 낳아야 하나 싫어하여 해탈심을 끝내 일으키지 않는데, 이것을 유연사인이라고 한다. 云何有緣射人 若人盡智生 非無生智 必當生無生智當緣射 於解脫心 終不發起 是名有緣射人"라고 하였다. [참고문헌] 『舍利弗阿毘曇論』.

유연상 柔軟相 ➡ 수족유연상 手足柔軟相

유연생부모 有緣生父母 인연이 있어 부모가 됨. 입도부모(入道父母)에 상대한다. 원효(元曉)의 『범망경보살계본사기』 권상(한불전1, p.591b11)에 "부모라면 두 가지로 말할 수 있다. 하나는 인연이 있어 부모가 된 저 세간에 계신 부모들이다. 父母者 有二說 一云 有緣生父母 如世間有父母也"라고 하였다. [참고문헌] 『梵網經菩薩戒本私記』.

유연성 柔軟聲 ➡ 유연음 柔軟音

유연심 柔軟心 Ⓢ snigdha-citta, Ⓟ mudu-citta. 유연한 마음. 선정과 방편이 성숙하여 제법에 자재력이 있고, 실상을 보아 빼어난 경계를 드러내 보이기까지 하는 마음이다. 『비화경』 권9(대정장3, p.222b2)에 "정을 닦음은 보리를 돕는 법이니 모두 유연한 마음을 성취하게 한다. 修定卽是助菩提法 悉得成就柔軟心故", 『니건자소설경』 권2(대정장9, p.323b1)에 "선정은 유연한 마음을 증하여 온갖 각관을 멸한다. 보살은 마땅히 선바라밀을 닦아 마음을 조복한다. 禪定證柔軟心 滅諸覺觀 菩薩應修禪波羅蜜 以得調伏心故", 『대지도론』 권40(대정장25, p.353b1)에 "공덕 헤아릴 수 없어야 마음이 유연하고 마음이 유연하므로 선정 또한 빨리 얻는다. 功德無量 故心柔軟 心柔軟故 疾得禪定", 『십주비바사론』 권13(대정장26, p.94b5)에 "유연이란 거세거나 추악하지 않음이다. 보살은 이 유연한 마음을 터득하여 온갖 선정을 일으키고 갖가지 선한 법을 닦아 모든 법의 실상을 꿰뚫어 본다. 柔軟者 不剛强麤惡 菩薩得是柔軟心 生種種禪定 亦修習諸善法 觀諸法實相", 『승사유범천소문경론』 권2(대정장26, p.343b11)에 "그 마음이 유연하다 함은 모든 보살이 삼매삼마발제를 얻음으로서 자재력이 있고 탁월한 방편으로 능히 아름다운 경계를 구르고 일으킨다는 뜻이다. 其心柔軟者 謂諸菩薩 以得三昧三摩跋提 有自在力 以巧方便 而能轉起 勝妙境界"라고 하였다. [참고문헌] 『悲華經』, 『尼乾子所說經』, 『大智度論』, 『十住毘婆沙論』, 『勝思惟梵天所問經論』, *Śikṣ.30.*, *M N.1.380.* ⇨ 유연 柔軟 1

유연어 柔軟語 부드러운 말. 『대방등대집경』 권69(대정장13, p.37c1)에 "중생에게 항상 부드러운 말을 하므로 범음상을 얻는다. 於衆生中 常柔軟語故 得梵音相", 『선종영가집』(대정장48, p.389a6)에 "유연어란 능히 거친 말을 버린다. … 부드러운 말에도 두 가지다. 첫째는 위로하는 말이니 듣는 사람 누구나 기쁜 마음으로 가까이 다가서게 한다. 둘째는 음조가 맑고 우아하니 듣는 사람 누구나 즐거운 마음으로 본받아 익힌다. 柔軟語者 能除惡口 … 柔軟語者亦二 一者 安慰語 令諸聞者 歡喜親近 二者 宮商淸雅 令諸聞者 愛樂受習"라고 하였다. [참고문헌] 『大方等大集經』, 『禪宗永嘉集』.

유연업 有緣業 Ⓢ sa-ārambaṇa-karma. 연이 있는 업. 유위의 업을 말한다. 『대품반야경』 권17(대정장8, p.347a15 : *Pañca-pr.*, 4, p.179)에 "사리불이시여, 참으로 그렇습니다. 연이 없는 업은 일어나지 않고 연이 없는 생각 또한 일어나지 않습니다. 연 있는 업은 일어나고 연 있는 생각 또한 일어납니다. 舍利弗 如是 如是 無緣業不生 無緣思不生 有緣業生 有緣思生 evam etad āyuṣman śāriputra nānārambaṇaṃ karmotpadyate nānārambaṇaṃ cetanotpadyate sārambaṇam evāyuṣman śāriputra karmotpadyate nānārambaṇaṃ sārambaṇā cetanotpadyate nānārambaṇam", 『사리불아비담론』 권7(대정장28, p.580c23)에 "무엇이 유연업인가? 업이 유위이면 이는 유연업이라 부른다. 云何有緣業 若業有爲 是名有緣業"라고 하였다. [참고문헌] 『大品般若經』, 『舍利弗阿毘曇論』, *Pañca-pr.*

유연연기 有緣緣起 연이 있어 연기함. 『유가론기』 권4(대정장42, p.379c18 · 한불전2, p.500c9)에 "연이 있어 연기한다 하니, 유연은 과법을 말하고 연기는 인법이다. 有緣緣起者 有緣謂果法 緣起謂因法"라고 하였다. [참고문헌] 『瑜伽論記』. ⇨ 유연 有緣 1, 연기 緣起 1

유연연법 有緣緣法 연이 있어 일어난 법. 심심소법으로 연한 모든 법을 말한다. 연유소연법(緣有所緣法)과 같다. 『중사분아비담론』 권5(대정장26, p.651c17)에 "무엇이 유연연법인가? 의식과 상응하는 마음과 마음법의 연들이다. 云何有緣緣法 謂意識相應 心心法緣"라고 하였다. [참고문헌] 『衆事分阿毘曇論』.

유연음 柔軟音 Ⓢ madhura-svara, mañju-ghoṣa, mṛdukā, Ⓣ snyan-pa'i-sgra. 부처님의 육십종성(六十種聲) 또는 팔음(八音) 중 하나. 부드럽고 온화한 음성. 유연성(柔軟聲)이라고도 한다. 『법화경』 권1(대정장9, p.2c18 : *Saddh-p.*, p.9)에 "또 여러 부처님들 친견한 성주사자가 경전을 연설하니 미묘하기 제일이며, 그 소리 청정하고 부드러운 음성 내시어 수없는 억만보살들을 교화 하시네. 又覩諸佛 聖主師子 演說經典 微妙第一 其聲淸淨 出柔軟音 敎諸菩薩 無數億萬 buddhāṃś ca paśyāmi narendrasiṃhān prakāśayanto vivaranti dharmam, praśāsamānān bahusattvakoṭīḥ udāharanto madhurasvarāṃ giram", 『법화현찬』 권7본(대정장34, p.740a24)에 "자비로 맞이하고 이끄시니 부드럽고 온화한 음성을 낸다. 慈悲接引 故出柔軟音", 『대승장엄경론』 권6(대정장31, p.619b28 : *Sūtr.*, p.80)에 "유연한 음성이란 눈앞에서 법을 들음에 기껍게 느낀다. 柔軟聲者 現前聞法 得樂觸故 mṛdukā duṣṭa eva dharme sukhasaṃsparśatvāt", 『법계차제초문』 권하(대정장46, p.697a28)에 "둘째는 유연음이다. 부처님 덕이 자비롭고 선하시니 드러내시는 음성마다 중생의 마음 따라 절묘하게 따르고, 듣는 사람마다 기뻐하게 하여 아무리 들어도 물리지 않으며 모두들 거칠고 굳은 마음 버리고 저절로 율행에 드니 그 이름이 유연음이다. 二 柔軟音 佛德慈善故 所出音聲 巧順物情 能令聞者喜悅 聽之無足 皆捨剛强之心 自然入律行 故名柔軟音"라고 하였다. [참고문헌] 『法華經』, 『法華玄贊』, 『大乘莊嚴經論』, 『法界次第初門』, *Saddh-p.*, *Lal-v.134.*, *Sūtr.* ⇨ 육십종성 六十種聲, 팔음 八音

유연중 有緣衆 연이 있는 무리. 『불조역대통재』 권5(대정장49, p.515a2)에 "이때 존자는 위없는 도를 펴서 연 있는 대중들을 제도하였다. 時尊者 演無上道 度有緣衆"라고 하였다. [참고문헌] 『佛祖歷代通載』.

유연중생 有緣衆生 연이 있는 중생. 불보살의 인연이 닿아 있는 신심 깊은 중생을 말한다. 무연중생(無緣衆生)과 대칭한다. 『출요경』 권9(대정장4, p.659a29)에

"아주 먼 셀 수도 없는 과거세에 부처님께서 세상에 출현하셨으니 그 명호는 가섭지진등정각이시다. 세상에 머무시며 제도해야 할 인연 있는 중생 교화를 마치시고는 무여열반계에서 반열반에 드셨다. 過去久遠 無數世時 有佛出世 名曰迦葉至眞等正覺 在世敎化 所度有緣衆生已訖 於無餘泥洹界 而般泥洹", 『관무량수경』(대정장12, p.344a20)에 "(大勢至菩薩이) 온몸의 광명으로 시방국토를 비추시고 자금색 지으시니, 인연 있는 중생 모두 볼 수 있었다. 擧身光明 照十方國 作紫金色 有緣衆生皆悉得見", 『수심결』(한불전4, p.711c8)에 "흡사 달이 높은 하늘(九霄)에 나타나면 그 그림자 온갖 물로 나뉘며 따라 나툼에 끝이 없는 것처럼, 인연 있는 중생을 제도하고 기뻐 근심 없으니, 그 이름이 대각세존이시다. 似月現九霄 影分萬水 應用無窮 度有緣衆生 快樂無憂 名之爲大覺世尊"라고 하였다. [참고문헌] 『出曜經』, 『觀無量壽經』, 『修心訣』, 『景德傳燈錄』 권13 「圭峯宗密傳」(대정장51, p.308a18). ⇨ 무연중생 無緣衆生

유연초 柔軟草 길상초(吉祥草 Ⓢ kuśa)의 다른 이름. 『불소행찬』 권3(대정장4, p.25a6)에 "이로써 알았네, 보살께서 정각도 이루심을. 저 풀 베는 이에게 깨끗한 유연초를 얻어서, 나무 밑에 펴고 몸을 바로 하고 편안히 앉으셨네. 以是知菩薩 當成正覺道 從彼穫草人 得淨柔軟草 布施於樹下 正身而安坐"라고 하였다. [참고문헌] 『佛所行讚』, 『別譯雜阿含經』 권3(대정장2, p.394a9), 『佛本行經』 권3(대정장4, p.75c28), *Buddha-c.136.* ⇨ 길상초 吉祥草, 구사 拘舍

유연화 柔軟花 Ⓢ mañjūṣaka, Ⓟ mañjussaka. 부드러운 꽃. 주로 만수사화(曼殊沙華)의 한역이다. 『대보적경』 권13(대정장11, p.71a18)에 "의화, 대의화, 유연화, 대유연화, 주야수화, 열매가 아주 실하며 여러 전륜왕이 티끌을 닦아낸 꽃, … 이와 같은 뭇 꽃들이 구름처럼 일어나 꽃비로 내리고 꽃비가 나리는 중에 온갖 향 한께 내리고 하늘의 묘한 음악 울러 퍼진다. 意花大意花柔軟花大柔軟花 晝夜樹花 有果大實及諸轉輪王離垢之華 … 如是衆花 興雲致雨 雨衆雜香 鼓天妙樂", 『아미타경소』(대정장37, p.320c17)에 "만수사화를 유연화라고 한다. 曼殊沙華 名爲柔軟華", 『벽지불인연론』 권상(대정장32, p.473c20)에 "(보살이) 태중에 들어갈 때 부인의 몸은 맑은 못에 유연화가 떠 있는 듯하였다. 入胎之時 夫人身體 譬如淸池 有柔軟花"라고 하였다. [참고문헌] 『大寶積經』, 『阿彌陀經疏』, 『辟支佛因緣論』, 『法華經』 권1(대정장9, p.2b11), 『法華玄贊』 권2(대정장34, p.679c2), *Saddh-p.5.* ⇨ 만수사화 曼殊沙華

유열아만류 有劣我慢類 Ⓢ asti me hīna iti mānavidhā. 구만(九慢 : 九慢類) 중 하나. 열한 아가 있다고 여기는 만(慢 Ⓢ māna)의 류. 『순정리론』 권47(대정장29, p.610a26)에 "열한 아가 있다고 여기니, 이는 지나친 만의 류다. 有劣我者 是過慢類", 『구사론기』 권19(대정장41, p.302b2)에 "유열아만류란, 저에게 열한 아가 있고 같은 무리 중에 내가 낫다고 여기니, 즉 과만이다. 有劣我慢類 謂有他劣我 於等謂已勝 卽是過慢"라고 하였다. [참고문헌] 『順正理論』, 『俱舍論記』, *Abh-k-bh.285.* ⇨ 구만 九慢, 과만 過慢

유염 有染 Ⓢ kliṣṭa, saṃkleśa, āmiṣa, sāmiṣa, Ⓣ nyon-mongs-pa-can. 물듦이 있음. 유루(有漏)의 다른 이름. 염(染)은 루(漏)와 같은 뜻이다. 『구사론』 권20(대정장29, p.107a14 : *Abh-k-bh.*, p.304)에 "[논] 유수면심에는 모두 두 가지가 있다. 유염과 무염이니, 마음의 차별 때문이다. 그중에서 유염은 따라 더함이 있는데, 상응과 소연 수면이 아직 끊어지지 않음을 말한다. 상응이 이미 끊어졌으면 따라 더하지 않으나 여전히 '유수면심'이라 하는 것은 항상 (유염심과) 상응하기 때문이다. 論曰 有隨眠心 總有二種 有染無染 心差別故 於中有染 或有隨增 謂相應緣 隨眠未斷 相應已斷 則不隨增 仍說有隨眠 以恒相應故 kliṣṭaṃ cittam anuśayānaiś cānuśayaiḥ sānuśayaṃ tatsaṃprayuktatadālambanair aprahīṇair anuśayānaiś ca tatsaṃprayuktaiḥ prahīṇais tatsahitatvāt", 『순정리론』 권1(대정장29, p.333b9)에 "(유루를) 삼유라고도 한다. 인이 있고 의지하기 때문이다. 등(等)이란 말은 거둔다는 것이니 '유염' 등이다. 이와 같은 것 등이 유루법이니 뜻에 따른 별명이다. 或名三有 有因有依 三有攝故 等言爲攝 名有染等 如是等類 是有漏法 隨義別名"라고 하였다. [참고문헌] 『俱舍論』, 『順正理論』, *Abh-k-bh.*, *Bodh-bh.15.*, *Abh-s.18.* ⇨ 유루법 有漏法

유염 有厭 **1** 생사를 싫어함이 열반의 인(因)이 되는 뜻. 싫어함 있으면 떠나려 하고(離), 이어 열반(涅槃)을 향한다. 『중아함경』 권10 「하의경 何義經」(대정장1, p.485b5)에 "염 있으면 곧 무욕을 얻는다. … 무욕이란 해탈케 하는 뜻이다. 若有厭者 便得無欲 … 無欲者 令解脫義"라고 하였다. [참고문헌] 『中阿含經』. **2** Ⓢ udvega, Ⓣ skyo-ba. 생사를 싫어함이 큰 신(大信)에는 장애가 되는 뜻. 보살도로서 생사로 돌아오는 길에 장애가 된다. 『대승장엄경론』 권4 「명신품 明信品」(대정장31, p.608c27)에 "[문] 어떤 장애가 믿음의 종자를 방해하는가? [게] 싫어하지 않음(Ⓢ anudvega), 수습하지 않음(Ⓢ ayuktatā), 싫어함, 덮인 것(Ⓢ āvṛti), 응함이 없는 것, 모으지 않음(Ⓢ asaṃbhṛta)이니 믿음의 종자를 장애한다고 반드시 알아야 하네. [석] … 싫어함은 대신(大信)에는 장애가 되니 생사를 싫어하기 때문이다. 問 何障障信種 偈曰 不厭及不習 有厭亦有覆 無應及無聚 應知障信種 釋曰 … 有厭者 於大信爲障 厭生死故"라고 하였다. 〔참고문헌〕『大乘莊嚴經論』, *Sūtr.51.*

유염추중 有染麤重 물듦에 거칠고 무거움. 번뇌품으로 거두지 않기에 이숙품추중(異熟品麤重)이라 한다. 아라한이나 독각은 끊을 수 없고 오직 부처님만이 끊는 통습기(通習氣)를 말한다. 『이장의』(한불전1, p.794a11)에 "통습기라 말하는 것은 두 가지 장애(煩惱障과 所知障) 중에 모두 그 습기가 남아 있지만, 현행도 없고 종자도 아니다. 오직 저 기의 류일 뿐이어서 능히 자성을 감당하지 못하므로 이 습기를 단지 추중이라 한다. 그 양상은 어떤가? 저 번뇌품에서 거두는 '추중'처럼 대치가 아직 일어나지 않았으면 그 세력이 한층 강해지나, 무루도가 생겨서 종자가 멸하는 순간 저 번뇌품의 '추중'이 모두 경미해질 때에 저 번뇌품에 거두지 않고 이숙식에 의지하여 따라 좇아 떨어지지 않기 때문에 '이숙식품의 추중'이라 한다. 이 추중은 번뇌(漏)의 남은 기이지, 번뇌는 아니기에 유염추중이라고도 한다. … '이숙품의 추중'은 아라한 등이 능히 끊을 수 없고 오직 여래만이 끊기에 구경단이라고 한다. 所言通習氣者 謂二障中 皆有殘氣 無有現行 亦非種子 唯彼氣類 無堪能性故 此習氣但名麤重 其相云何 如煩惱品 所攝麤重 對治未生 其勢增强 無漏道生 種子滅時 彼品麤重 皆悉輕微之時 非彼品攝依異熟識 隨逐不離 故名異熟識品之麤重 又此麤重 漏之遺氣 而非是漏 故亦說名有染麤重 … 異熟品麤重 阿羅漢等 所未能斷 唯有如來 名究竟斷"라고 하였다. 〔참고문헌〕『二障義』. ⇨ 습기 習氣, 유염 有染, 추중 麤重

유엽 柳葉 1902~1975. 스님. 법호는 화봉(華峯), 속명은 유춘섭(柳春燮), 본관은 문화(文化). 아버지는 유성안(柳聖安), 어머니는 김성희(金聖喜). 전라북도 전주시 완산동에서 태어났다. 전주신흥학교를 졸업하고 일본으로 유학가서 조도전(早稻田)대학을 다니다가 1923년에 발생한 동경대지진 이후 귀국하였다. 1925년에 금강산 신계사(神溪寺) 보운암(普雲庵)에서 석두(石頭)를 은사로 출가하였으며, 장안사(長安寺) 지장암(地藏庵)과 해인사(海印寺) 퇴설당(堆雪堂) 선원 등에서 교와 선을 익혔다. 1945년에 조선불교혁신준비대회에 참여하였고, 1946년에는 불교중앙총무원 교무부장에 취임하였으며 1964년에는 순천 선암사(仙巖寺) 주지 소임을 맡았다. 이외에도 『불교신문』·『서울신문』·『국제신보』 주필 등을 역임하였다. 1975년에 서울 법련사(法蓮寺)에서 세수 74, 법랍 51세를 일기로 입적하였다. 부도와 비는 송광사(松廣寺)에 세웠으며, 진영은 통영 미래사(彌來寺)에 봉안하였다. 주요 저서로는 『화봉섬어 華峯譫語』, 『멋으로 가는 길』 등이 있다. 〔참고문헌〕『불교신문』 제2607호.

유영 有英 조선 후기 스님. 법호는 의봉(義峰). 제봉운봉(霽峰雲峰)의 조사(祖師)이며 환성지안(喚醒志安)의 7세 법손이다. 〔참고문헌〕『東師列傳』 권4 「霽峰禪伯傳」(한불전10, p.1042a22). ⇨ 운봉 雲峰 7

유영서화 猶靈瑞華 Ⓢ udumbara-puṣpa-sadṛśa. 저 영서화처럼. 삼천년에 한 번 꽃을 피운다는 우담발라화(優曇鉢羅華) 같다 하는 뜻이니, 부처님께서 세간출현하심을 중생이 만나기 어려움에 비유한다. 『정법화경』 권10(대정장9, p.131c2 : *Saddh-p.*, p.463)에 "양친께서는 마땅히 아셔야 합니다. 부처님께서 출현하셔도 만나기란 어려우니, 영서화와 같고 뜻대로 성취하는 최상명주와 같아서 부처님도 또한 이러하여 다시 만나 뵙기 어렵습니다. 二親當知 佛興難値 猶靈瑞華 亦如如意最上明珠 佛亦復然 不可再遇 durlabho hy amba tāta buddhotpādaḥ udumbarapuṣpasadṛśo mahārṇava yugacchidrakūrmagrīvāpraveśavat. durlabhaprā durbhāvā amba buddhā bhagavantaḥ"라고 하였다. 〔참고문헌〕『正法華經』, 『度世品經』 권2(대정장10, p.624b6), 『無量壽經』 권상(대정장12, p.266c14), *Saddh-p.* ⇨ 영서화 靈瑞華, 우담발라 優曇鉢羅

유예 猶豫 Ⓢ vicikitsā, vimati, kathaṃ-kathā, Ⓟ vicikicchā, kathaṃ-kathā, Ⓣ the-tshom, yid-gnyis, the-tshom-can. 망설여 남겨둠. 결정하지 못하고 머뭇거리거나 망설임의 뜻으로 근본번뇌인 의심소(疑心所)에서 거두며, 선품(善品)으로 나아감을 장애한다. 『일체경음의』 권23(대정장54, p.451c6)에 "논의 유예란 의번뇌로 거둔다. 선품에 능히 나아가지 못하게 하니 반드시 버려야 한다. 論中猶豫 卽是疑煩惱攝 而於善品不能進故 此須拔也", 『적지과경』(대정장1, p.273a4)에 "의심을 멀리 여의면 마음이 머뭇거리지 않을 것이니 뜻을 잡아 한결같이 하여 선법에 있게 한다. 遠離狐疑 心不猶豫 秉意一定 在於善法", 『중아함경』 권33 「석문경 釋問經」(대정장1, p.635a20 : *Sakkapañha-sutta, DN.2,* p.276)에 "부처님께서 설하신 법 그대로 저는 모두 알았습니다. 저는 의심을 끊고 미혹을 넘어서 머뭇거리지 않으니 부처님말씀을 들었기 때문입니다. 如佛所說法 我悉知之 我斷疑度惑 無有猶豫 聞佛所說故 tiṇṇā me'ttha kaṅkhā vigatā kathaṃkathā bhagavato pañhaveyyākaraṇaṃ sutvā ti", 『사리불아비담론』 권18(대정장28, p.649b9)에 "무엇을 의혹이라 하는가? 두 갈래 마음 머뭇거려 능히 번뇌를 끊지 못하니 이 이름이 의혹이다. 何謂疑惑 二心猶豫 不能斷結 是名

疑惑", 『조정사원』 권5(卍속장113, p.149a5)에 "유예 : 『이아』에 '유는 동물 이름이다. 생김새는 노루와 비슷하고 나무를 잘 탄다'라고 하였다. 성에 의심이 많고 항상 산에 살면서 문득 소리가 들리기라도 하면 달려들어 해칠까 두려워 매번 미리 나무에 올라가고 시간이 지나 아무도 없으면 겨우 내려오지만 잠깐 사이에 다시 올라간다. 이와 같은 예가 한둘이 아니므로 결단하지 못함을 유예라 부른다. 일설에는 농서의 속전에 따라 개를 유라고 본다. 개는 주인을 따라가며 언제나 미리 앞에 있지만, 주인을 기다릴 줄 모르고 다시 돌아와 맞이한다. 猶豫 爾雅曰 猶 獸名 形如麂 善登木 性多疑慮 常居山中 忽聞有聲 卽恐且來害之 每豫上樹 久之無人 然後敢下 須臾又上 如此非一 故今不決者 稱猶豫焉 一曰 隴西俗謂 犬子爲猶 犬隨人行 每豫在前 待人不得 又來迎候也"라고 하였다. [참고문헌] 『一切經音義』, 『寂志果經』, 『中阿含經』, 『舍利弗阿毘曇論』, 『祖庭事苑』, *Yogā-bh.15.*, *Bodh-bh.222.*, *Saddh-p.35.*, *Vibh.168.*, *DN.*

유예견 猶豫見 머뭇거리는 견. 정견(正見)이 없어, 치우친 생각(邊見)으로 사견에 흔들리는 의(疑) 심소. 『출요경』 권11(대정장4, p.666b13)에 "사견을 바라는 일이란, 머뭇거림을 품은 견이니 뒤집힘 익힘이 오래되어 치우친 견해와 더불어 항상 함께한다. 猶願邪見者 懷猶豫見 習顚倒久 與邊見相應"라고 하였다. [참고문헌] 『出曜經』. ⇨ 유예 猶豫

유예불성 猶豫不成 Ⓢ saṃdigdha-asiddha. 사불성과(四不成過) 중 하나. 유예불성(猶預不成)・유예불성과(猶豫不成過)・유예불성과류(猶豫不成過類)라고도 한다. 결정적이지 않은 인을 세움으로써 생긴 오류를 말한다. 예를 들면 연기인지 안개인지 확실하지 않은데 '저기에 불이 있다. 연기가 나기 때문이다'라고 주장할 때, 연기인지 안개인지 확실하지 않은 경우와 같다. 『인명입정리론』(대정장32, p.11c14)에 "안개 등 자성에 의혹이 일어날 때, 대종화합으로 불이 있다고 하여 말하는 것은 유예불성이다. 於霧等性 起疑惑時 爲成大種和合火有 而有所說 猶豫不成"라고 하였다. [참고문헌] 『因明入正理論』, *Nyāy-pr.3.* ⇨ 사불성과 四不成過

유예불성과 猶豫不成過 ➡ 유예불성 猶豫不成

유예불성과류 猶豫不成過類 ➡ 유예불성 猶豫不成

유예상사과류 猶豫相似過類 고인명(古因明) 용어. 사능파(似能破)의 십사과류(十四過類) 중 하나. 드러낼 뜻(宗)에 대한 정당한 인(因)에 결정적이지 않고 비슷한 과실이 있게 하여 허물을 초래하는 것. 십종전도난(十種顚倒難) 중 의난(疑難)에 해당한다. 예를 들면 '소리는 무상하다. 쉬지 않고 일으켜 틈없이 일어나기에. 비유하면 꽃병처럼'이라는 주장에 대해 다음과 같이 반문한다. '무상에는 생기무상(生起無常)과 괴멸무상(壞滅無常) 두 가지 뜻이 있는데, 소리의 무상이란 어떤 것인가?' 또한 '근용이 인이 되어 본래는 없었으나 발생하는 생(生)과 본래 숨어 있던 것이 드러나는 현(顯)도 있으므로 근용을 무상의 인(因)이라고 할 수 없다'. 소리의 무상은 괴멸무상이 자명하기에 생기무상인가 괴멸무상인가를 반문하는 것은 사족에 지나지 않을 뿐만 아니라, 근용이라는 인과 소리의 은현(隱顯)을 제기한 것은 종인(宗因)의 불가분관계를 파악하지 못하고 왜곡한 것이다. 『인명정리문론』(대정장32, p.9c10)에 "이 중에 분별하여 종의 뜻이 다르면 인을 정할 수 없다. 그러므로 '유예상사'라고 한다. 또는 다시 분별하면 '인'의 뜻이 달라지기에 '유예상사과류'라고 한다. 말하자면 어떤 사람이 다음과 같이 말하는 것이다. 앞에서 주장하기를 '소리는 무상하다. 쉬지 않고 일으켜 틈이 없이 나오는 자성 때문이다'라고 하였는데, 지금 보이는 쉬지 않고 일으켜 틈없이 일어남을 혹은 드러났다고 하고, 혹은 나오는 것이라 하니 '유예'가 성립된다. 지금 세운 바는 나타나는 것인가 생기는 것인가? 그러므로 이와 같은 '인'으로는 무상의 뜻을 증명할 수 없다. 此中分別 宗義別異 因成不定 是故 說名 猶豫相似 或復分別 因義別異故 名猶豫相似過類 謂有說言 如前成立 聲是無常 勤勇無間所發性故 現見勤勇無間所發 或顯或生 故成猶豫 今所成立 爲顯爲生 是故 不應以如是因 證無常義"라고 하였다. [참고문헌] 『因明正理門論』, 『因明義斷』(대정장44, p.158a7). ⇨ 사능파 似能破, 십사과류 十四過類

유예지 猶豫智 Ⓢ saṃśaya. 바이셰쉬카(Ⓢ Vaiśeṣika : 勝論)에서 설정한 사지(四智) 중 하나. 결정적이지 못하고 망설이는 지다. 『십구의론』(대정장54, p.1264c21)에 "유예지는 무엇을 인으로 삼는가? 하나로 같지 않은 법들에 현량을 우선으로 하고, 각기 다른 생각에 대해서는 아(我)와 의(意)의 화합을 인으로 삼는다. '어떤 것일까?' 하는 지를 유예지라 부른다. 猶豫智 以何爲因 非一同法 現量爲先 待各別異念 我意和合爲因 爲何物智 名猶豫智"라고 하였다. [참고문헌] 『十句義論』, *Pad-s.174.* ⇨ 사지 四智 ❺

유오전위 唯五全位 오직 이 다섯이야말로 더없이 온전한 위라는 말. 정중편(正中偏)・편중정(偏中正)・정중래(正中來)・편중지(偏中至)・겸중도(兼中到)의 동산오위(洞山五位)만으로 모든 것을 드러내고도 남음이 있다는 뜻이다. 『불능어오위설』에 "두렷이 거두어 밖이 없으니 오로지 다섯 가지로 온전한 위다. 그러므로 다섯 위에 온통 중이라 부른다. 중이란 끝내 꺼릴 일도 변하고 움직임도 없음이다. 圓收無外 唯五全位也 是故 五位總乎中名 中者 畢竟無諱無變動"라고 하였다. [참고문헌] 『不能語五位說』. ⇨ 동산오위 洞山五位

유옥 有獄 유라는 감옥. 삼유(三有)·이십오유(二十五有) 등 생사가 있는 한 그 세계는 감옥에 비유한다. 『정법염처경』 권32(대정장17, p.188c1)에 "이처럼 여인이라는 욕의 그물, 그 계박은 매우 견고하여 모든 중생을 몰아 유라는 감옥을 거듭 돌게 하네. 몸의 속박 오히려 풀 수 있지만 마음의 속박 벗어날 수 없으니, 마음이 이미 욕에 묶이면 언제나 갖가지 고뇌를 받는다네. 如是女欲網 繫縛甚堅牢 能令諸衆生 輪轉於有獄 身縛尙可解 心縛不可脫 心旣爲欲縛 常受諸苦惱"라고 하였다. [참고문헌] 『正法念處經』, 『宗鏡錄』, 『梵網經菩薩戒本疏』 권3(대정장40, p.622b7), 『宗鏡錄』 권3(대정장48, p.430b1). ⇨ 삼유 三有❶, 이십오유 二十五有

유온무아 唯蘊無我 십주심(十住心) 중 하나. 오온만 있을 뿐 아(我)는 없다는 견해. 유온무아심(唯蘊無我心)이라고도 한다. 진언종의 설이다. 십이인연(十二因緣)을 깨우칠 수 없어 세간삼매(世間三昧)에 그친다. 『대일경소』 권2(대정장39, p.601a1)에 "최초로 알아차리길 오온만 있을 뿐 인아가 없다 함을 출세간심이 일어났다고 한다. 세간의 육십심을 넘고 아의 전도로 일어난 삼독근본을 여의면 근경계(根境界)의 세 가지 망집을 넘어섰다고 한다. 最初解了 唯蘊無我時 卽名出世間心生也 度世間六十心 離我倒所生三毒根本 名越三妄執也", 같은 책 권7(대정장39, p.648c1)에 "저 오직 성문으로서 다한 관찰지로 온만이 무아라고 아는 것이다. 꺼리는 마음이 깊기에 재빨리 번뇌를 끊고 스스로 열반을 증하지만 십이인연실상을 능히 분석하여 미루어 구하지는 못한다. … 이는 세간삼매일 뿐이어서 다만 이 삼매에 들어 오온만이 무아라고 알 뿐이니 성문삼매다. 만일 열 가지 연생의 구로써 모든 온에 자성도 생멸도 없음을 관한다면 이야말로 보살삼매라 할 수 있다. 如聲聞極觀察智 解了唯蘊無我 以厭怖心重故 疾斷煩惱 自證涅槃 不能分析推求 十二因緣實相 … 則是世間三昧 但於此中 了知唯蘊無我 卽是聲聞三昧 若以十緣生句 觀諸蘊無性無生 卽是菩薩三昧"라고 하였다. [참고문헌] 『大日經疏』, 『大日經』 권1(대정장39, p.3b1). ⇨ 십주심 十住心

유욕 有欲 ❶ Ⓢ sarāga, spṛhāvat, Ⓣ 'dod-chags dang-bcas-pa, chags-chas. 욕이 있음. 『대장엄론경』 권4(대정장4, p.279a5)에 "전도된 욕에 속박된 생각의 움직임, 그것은 마치 저 바람이 일으키는 티끌과 같으니, 탐욕 여읜 면모를 바르게 관하려면 욕의 티끌 씻어내야 한다. 욕 있든 욕 여였든 처소는 아직 반드시 정한 일 없으니 잘 살펴서 해탈 얻든지, 탐욕으로 욕을 더하든지. 顚倒欲想行 喩若風起塵 正觀離欲面 洗濯欲塵埃 有欲及離欲 處所未必定 善觀得解脫 貪惑而增欲"라고 하였다. [참고문헌] 『大莊嚴論經』, *Abh-k-bh.272.*, *Sūtr. 172.* ⇨ 욕 欲, 유욕자 有欲刺 ❷ ➡ 유탐 有貪

유욕구경 有欲究竟 Ⓟ sarāgassa niṭṭhā. 욕이 있는 구경. 『증일아함경』 권19(대정장2, p.643c20 : *MN. 1*, p.64)에 "만일 저 외도들이 이렇게 묻거든 너희들은 이런 말로 그들에게 답해야 한다. '구경은 하나인가, 여럿인가?' 저 범지가 능히 평등을 말하는 이라면 '구경은 하나이고 여럿이 아니다'라고 말한다. '저 구경은 욕 있는 구경인가, 욕 없는 구경인가?' '저 구경이란 욕 없는 구경이다'. 若彼外道 作此問者 汝等當以此語報彼曰 爲一究竟 爲衆多究竟乎 或能彼梵志 平等說者 應作是說 是一究竟 非衆多究竟 彼究竟者 爲是有欲究竟 爲無欲究竟 所謂彼究竟者 謂無欲究竟 evaṃ vādino bhikkhave aññatitthiyā paribbājakā evamassu vacanīyā. kimpanāvuso ekā niṭṭhā. udāhu puthu niṭṭhā'ti. sammā vyākaramānā bhikkhave aññatitthiyā paribbājakā evaṃ vyākareyyuṃ. ekā hāvuso niṭṭhā na puthu niṭṭhā'ti. sā panāvuso niṭṭhā sarāgassa. udāhu vītarāgassāti. sammā vyākaramānā bhikkhave aññatitthiyā paribbājakā evaṃ vyākareyyuṃ. vītarāgassāvuso sā niṭṭhā na sā niṭṭhā sarāgassāti"라고 하였다. [참고문헌] 『增壹阿含經』, *MN.*

유욕유념의가 有欲有念依家 Ⓟ gehasitā chandā gehasitā vitakkā. 집에 대해 욕과 생각이 있다는 말. 『중아함경』 권50 「모리파군나경 牟犁破群那經」(대정장1, p.744a28 : *Kakacūpama-sutta*, *MN.1*, p.123)에 "세존께서 다시 물으셨다. '파군나야, 너는 지극한 믿음으로 출가하여 집 없이 도를 배우고 있지 않느냐?' 파군나가 대답하였다. '그렇습니다. 세존이시여'. 세존께서 말씀하셨다. '파군나야, 네가 지극한 믿음으로 출가하여 집 없이 도를 배우는 이라면 이렇게 배워야 한다. 만일 집에 의지한 욕과 생각이 생기거든 그것은 끊어야 하고, 만일 무욕에 의지해 욕과 생각이 생기거든 그것은 익히고 닦으며 널리 펴야 한다. 파군나야, 너 마땅히 이렇게 배워야 한다'. 世尊復問曰 破群那 汝非至信 捨家 無家學道耶 破群那答曰 唯然 世尊 世尊告曰 破群那 是以汝至信 捨家 無家 學道者 應當學 若有欲有念依家 斷是 若有欲有念依於無欲 是習是修 是廣布也 破群那 汝當如是學 na kho te etaṃ phagguna patirūpaṃ kulaputtassa saddhā agārasmā anagāriyaṃ pabbajitassa yaṃ tvaṃ bhikkhunīhī saddhiṃ ativelaṃ saṃsaṭ ṭho vihareyyāsi. tasmātiha phagguna tava cepi koci sammukhā tāsaṃ bhikkhunīnaṃ avaṇṇaṃ b hāseyya tatrāpi tvaṃ phagguna ye gehasitā cha ndā ye gehasitā vitakkā te pajaheyyāsi. tatrāpi te phagguna evaṃ sikkhitabbaṃ. na ceva me ci ttaṃ vipariṇataṃ bhavissati na ca pāpikaṃ vāc aṃ nicchāressāmi hitānukampī ca viharissāmi m ettacitto na dosantaro ti evaṃ hi te phagguna s ikkhitabbaṃ"라 하였다. 〔참고문헌〕『中阿含經』, *MN.*

유욕자 有欲刺 유(三有 : 欲有 色有 無色有)를 갈망하는(欲) 가시. 즉 삼유를 있게 하는 유루를 말한다. 『출요경』 권23(대정장4, p.735b14)에 "'욕의 가시를 끊지 못하면 어찌 몸이 근심이 된다는 것을 알리오'라 한 것은, 무릇 사람이 세상에서 살아가는 방식은 같지 않으나, 욕 있음 끊지 못하는 것에는 세 가지가 있다. 첫째 욕유, 둘째 색유, 셋째 무색유이다. 이른바 욕의 가시란 삿된 길의 가시이니, 채찍질하길 거듭하며 버리기도 거듭한다. 그러므로 '욕의 가시를 끊지 못하면 어찌 몸이 근심이 된다는 것을 알리오'라고 하였다. 未斷有欲刺 豈知身爲患者 夫人處世 行法不同 未得斷有欲者 其事有三 一者 欲有 二者 色有 三者 無色有 所謂欲刺者 邪徑之刺 打捶而重 捶損而重 是故說曰 未斷有欲刺 豈知身爲患也", 원효(元曉)의 『금강삼매경론』 권중(대정장34, p.979c26 · 한불전1, p.633c8)에 "〔경〕 부처님께서 말씀하셨다. '그렇다. 왜 그런가? 일체중생은 본래 번뇌가 없어 모든 선한 이로움의 뿌리지만, 지금 욕의 가시를 아직 항복시키지 못했을 뿐이다'. 〔논〕 이것은 답인데 물은 뜻을 받아들임이다. 본각 중에는 무량성덕은 삼루염으로 동요되지 않으므로 '본래 번뇌가 없다'라고 하였다. 이것을 본으로 삼아 모든 선한 이익을 낳으므로 '모든 선한 이익의 본'이라고 하였다. 비록 본각은 있으나 객진인 욕의 가시에 덮여 있기에 아직 스스로의 본각 얻지 못했을 뿐이다. 經曰 佛言 如是 何以故 一切衆生 本來無漏 諸善利本 今有欲刺 爲未降伏 論曰 是答 述許所問 明本覺中 無量性德 不爲三漏之所染動 故言本來無漏 以此爲本 生諸善利 故言諸善利本 雖有本覺 而由客塵欲刺所覆故 今未得自本覺耳"라고 하였다. 〔참고문헌〕『出曜經』, 『金剛三昧經論』. ⇨ 욕 欲

유용지 有用智 경계를 연하는 용이 있는 지. 경계 없이도 일어나는 무용지(無用智)의 상대어이다. 『사리불아비담론』 권9(대정장28, p.592b14)에 "무엇이 유용지인가? 저 지에 경계가 있으면 유용지다. 무엇을 무용지라 하는가? 지는 일어나지만 경계는 없는 것을 무용지라고 한다. 또한 지가 생겨서 무명을 끊기에 그 이름이 무용지다. 云何有用智 若智有境界 是名有用智 云何無用智 若智生無境界 是名無用智 復次 若智生斷無明 是名無用智"라고 하였다. 〔참고문헌〕『舍利弗阿毘曇論』.

유우 有愚 생몰연대 미상. 조선 말기 스님. 법호는 호연(浩然), 속성은 김씨. 전라남도 강진군 청해진(淸海鎭) 장자리(長者里)에서 태어났다. 해남 달마산 미황사(美黃寺)로 찾아가 스님이 되었다. 다시 만덕산 백련사(白蓮社)로 옮겨 지내다가, 해남 대흥사(大興寺) 금담새권(錦潭璽卷)의 법을 이어 법제자가 되었다. 화악문신(華岳文信 1629~1707)의 제4세 법손이고, 진봉심우(珍峯深祐)의 2세 적손이며, 금담양옥(金潭養玉)과는 동문(同門)의 형제간이다. 제자로는 청하미윤(靑霞美允)이 있으며, 미윤에게는 전계제자로 응허성안(應虛聖眼) 등 15명이 있고, 은상좌(恩上佐)에는 경윤(慶允)이 있었다. 〔참고문헌〕『東師列傳』 권6 「浩然禪師傳」(한불전10, p.1071b6).

유우반천 惟于潘天 Ⓢ Bṛhatphala의 음사어. 유우파라천(惟于頗羅天)의 다른 이름. 『도행반야경』 권2(대정장8, p.435a10)에 "범천 위 모든 천인이 불도를 찾는 이니, 범가이천 … 유우반천 … 아가이타천 등 하늘 위 모든 천인이 다들 저곳으로 가서 문안인사 올리고 반야바라밀을 들어 받았다. 梵天上 諸天人索佛道者 梵迦夷天 … 惟于潘天 … 阿迦貳吒天等 天上諸天人 皆往到彼所問訊 聽受般若波羅蜜"라고 하였다. 〔참고문헌〕『道行般若經』, *Aṣṭ-pr.44.* ⇨ 유우파라천 惟于頗羅天

유우파라천 惟于頗羅天 Ⓢ Bṛhatphala, Ⓟ Vehapphala, Ⓣ Bras-bu-che-ba. 색계 제4선천 중 제3천. 비의하파라(鞞疑呵破羅) · 비이반라(比伊潘羅) · 비이파라(比伊波羅) · 유우번(惟于幡)이라고도 하며, 광과천(廣果天) · 과실천(果實天)으로 한역한다. 『일체경음의』 권9(대정장54, p.357c5)에 "유우파라천〈광과천이라 한역한다. 제4선 중 제3천이다. 범부과 중 이곳에 태어나는 과가 가장 수승하므로 광과라고 한다〉. 惟于頗羅天〈此云 廣果天 卽第四禪中 第三天也 凡夫果中 此最殊勝 故名廣果〉"라고 하였다. 〔참고문헌〕『一切經音義』, 『放光般若經』 권6(대정장8, p.43b27). ⇨ 광과천 廣果天

유원 唯圓 남김없이 두렷함. 이지러짐 없어 원만무애하다는 뜻이다. 『십불이문지요초』 권하(대정장46, p.718b29)에 "이제 경을 열어 가리니 오직 두렷한 법체일 뿐 모든 몸마다에 어김없이 함께하니 삼업을 어찌 나눌 수 있으리오. 그러므로 불이라 한다. 今經開之 唯圓法體 諸身尙卽 三業豈分 故名不二"라고 하였다. 〔참고문헌〕『十不二門指要鈔』.

유원 唯願 Ⓢ sādhu, arhasi, Ⓣ rigs. '오직 바라오니'라는 뜻. 오롯한 마음으로 가르침과 깨달음을 구하는 등의 뜻이다. 『관무량수경의소』 권본(대정장37, p.177b21)에 "오롯한 마음으로 부처님을 바라서 유원이라 한다. 專心求佛 故曰唯願", 『유부율잡사』 권36(대정장24, p.386b24)에 "오직 바라오니 세존께서 우리를 가엾이 여기시어 비구들과 함께 내일 성안에서 우리의 미미한 공양을 받아주시옵소서. 唯願 世尊 哀愍我等 與諸苾芻 明日城內 受我微供", 『십지경론』 권1(대정장26, p.130b6)에 "이 게송에서 유원이란 다 거두는 말이며, 유원에는 두 가지 뜻이 있다. 하나는 전승된 가르침을 구한다는 뜻이고, 또 하나는 바른 깨달음을 구한다는 뜻이다. 두 가지 망상 때문에 전승된 교설을 들을 수 없으니, 첫째는 아이고 두 번째는 만이다. 아와 만 때문에 법과 법사에 대한 공경심이 일어나지 않는다. 또한 두 가지 망상으로 깨달음을 얻을 수 없으니, 첫째는 견이고 다음은 의다. 견이란 전도된 견이고, 의는 부사의한 경계에 대하여 믿음을 내지 못하는 것이다. 此偈中 唯願者 是總 唯願有二種 一 求阿含 二 求正證 有二種妄想 不堪聞阿含 一我二慢 以我慢故 於法法師 不生恭敬 復有二種妄想 不堪得證 一見二疑 見者 顚倒見故 疑者 於不思議處 不生信故", 『속화엄경약소간정기』 권9(卍속장5, p.337a5)에 "오직 원한다는 말에는 두 가지 뜻이 있다. 하나는 가르침을 구하는 뜻이고, 또 하나는 깨달음을 구하는 뜻이다. 곧 오롯이 이 두 가지를 구하기에 유원이라 한다. 言唯願者 有二種 一 求敎 二 求證 謂專求此二故 云唯願"라고 하였다. 〔참고문헌〕 『觀無量壽經義疏』, 『有部律雜事』, 『十地經論』, 『續華嚴經略疏刊定記』, *Lal-v.4.*, *Bodh-bh.105.*

유원교의역즉시순 唯圓敎意逆卽是順 오직 원교의 뜻으로는 거스름이 곧 순함이라는 말. 역순일여(逆順一如)의 뜻으로 오역죄인인 제바달다의 성불의 길을 연다. 『법화문구기』 권8 「석제바달다품 釋提婆達多品」(대정장34, p.312b21)에 "이에 따르면 원교이고, 드러남이 거스른다면 삼교다. 오직 원교의 뜻으로는 거스름을 순이라 하니, 나머지 삼교에서는 거스르고 순함은 결정되어 있기 때문이다. 理順卽圓敎 事逆卽三敎 唯圓敎意 逆卽是順 自餘三敎 逆順定故"라고 하였다. 이 대목은 『법화문구』 권8 「석제바달다품」(대정장34, p.114c17)에 "오역을 행함도 이로는 순함이라 한 것은 곧 원교의 뜻일 뿐 나머지 교의 뜻은 아니다. 因行逆而理順 卽圓敎之意 非餘敎意也"라는 구에 대한 풀이다. 원교는 사정불이(邪正不二) 등의 뜻에서 제바달다의 오역죄 또한 인연에 따를 뿐이어서 결국은 성불할 수 있다. 하지만 장·통·별(藏通別) 삼교에서는 과가 영원히 차별하니 제바달다의 오역죄는 결코 성불의 장애라고 본다. 〔참고문헌〕 『法華文句記』, 『法華文句』. ⇨ 제바달다 提婆達多

유원성 劉元城 1048~1125. 송나라 때 문신. 이름은 안세(安世)이고, 자는 기지(器之)이다. 일찍이 진사에 올랐으나 벼슬에 나아가지 않고 사마광(司馬光)에게 배웠다. 간의대부(諫議大夫)로 직간(直諫)을 잘하였으므로 전상호(殿上虎)라 하였고, 이런 성품 때문에 오래도록 귀양살이를 하였다. 『명공법희지』 권3(卍속장150, p.103a26)에 "달마가 서쪽에서 와서 그의 말씀 드러난 모양으로 알 수 없었으나, 상근의 총명한 깨우침으로 많은 이들이 그 말씀 기뻐하였으니 널리 통하게 되었다. 達磨西來 其說不認色相 上根聰悟 多喜其說 故其說流通"라고 하였다. 〔참고문헌〕 『名公法喜志』.

유위 有爲 Ⓢ saṃskṛta, abhisaṃskṛta, saṃskāra, Ⓟ saṅkhata, abhisaṅkhata, Ⓣ 'dus-byas, 'du-byed. 함이 있음. 색심(色心) 등 법이 인연이 되어 일어난 모든 현상을 일컫는다. 아무 일도 일어나지 않은 적멸무위에 상대한다. 『장아함경』 권10 「대연방편경 大緣方便經」(대정장1, p.61c19 : *Mahānidāna-sutta, DN.2, p.66*)에 "이 세 가지 수(苦受·樂受·不苦不樂受)는 유위이며 무상이니, 인을 좇고 연을 따라 생하며, 다하는 법이며 사라지는 법이고, 썩어 무너지는 법이다. 此三受 有爲無常 從因緣生 盡法滅法 爲朽壞法 sukhā pi … dukkhā pi … adukkhamasukhā pi kho ānanda vedanā aniccā saṅkhatā paṭiccasamuppannā khayadhammā vayadhammā virāgadhammā nirodhadhammā", 『기세인본경』 권2(대정장1, p.375c8)에 "모든 현상은 유위로서 무상하니 이와 같이 옮겨 변하기에 머무는 일 있을 수 없으며, 파괴되고 산산이 흩어져 자재롭지 못하다. 이는 문드러져 사라지는 법으로서 잠시 잠깐이어서 오랫동안 멈춰 머물지 않는다. 一切諸行 有爲無常 如是遷變 無有常住 破壞離散 不得自在 是磨滅法 暫時須臾 非久停住", 『구사론기』 권5(대정장41, p.103c2)에 "인연의 조작을 '위'라 하고, 색·심 등의 법은 인을 따르고 연으로 일어나니 저들 함이 있을 때 '유위'라 한다. 因緣造作 名爲 色心等法 從因緣生 有彼爲故 名曰有爲", 『심밀해탈경』 권1(대정장16, p.666a25)에 "유위란 이름일 뿐이다. 言有爲者 但是名字", 『화엄경소초』 권38(대정장36, p.291a13)에 "상(常)이기에 짓는 이 없다는 것은, 조작은 무상인이고 짓는 행위 있기에 유위라 하며, 유위는 무상이다. 지은 일 없으므로 무위라 하고 무위라야 상이다. 言常故無作者 造作是無常因 以有所作爲故 名有爲 有爲是無常 無所作爲 故名無爲 無爲卽是常也", 『대승본생심지관경천주』 권4(卍속장34, p.250b13)에 "유위는 중생이 지은 업으로 지은 적이 있다는 뜻이다. 有爲 卽衆生造業 有所作爲故", 『대지도론』 권1

6(대정장25, p.180a1)에 "일체제법은 인연화합으로 이름만 있을 뿐이며, 실상은 찾을 수 없다고 남김없이 안다. 보살은 이와 같이 관하여 일체유위가 다 함께 헛되고 진실이 아님을 알아 마음을 쉬고 함이 없이 하여 그 마음을 쉬고자 오로지 적멸만을 안온함으로 삼는다. 盡知一切諸法 因緣和合 但有名字 實相不可得 菩薩作如是觀 知一切有爲 皆是虛誑 心息無爲 欲滅其心 唯以寂滅爲安隱", 『대승의장』 권2(대정장44, p.491b7)에 "세 가지 유위란 색・심・비색비심의 삼취법을 말한다. 바탕에 장애가 있는 것을 색이라 하고, 사려분별로 아는 것을 심이라 하며, 불상응행으로서 앞의 두 가지와 어긋나므로 색도 심도 아니라고 한다. 이 세 가지는 다 같이 유위라 한다. 유위의 '위'는 모아 일어나고 굳이 짓는 뜻이고, 모든 법은 유위의 지음이므로 유위라 한다. 三有爲者 所謂色心 非色非心 三聚法也 質礙名色 慮知曰心 不相應行 違返前二 名非色心 此之三種 同名有爲 爲是集起 造作之義 法有爲作 故名有爲"라고 하였다. 구사(俱舍)의 칠십오법 중 72법과 유식(唯識)의 백법 중 94법이 유위법이다. 또한 『구사론』 권1(대정장29, p.2a8 : *Abh-k-bh.*, p.5)에는 유위법의 네 가지 다른 이름을 시설하였으니 세로(世路 Ⓢ adhvan)와 언의(言依 Ⓢ kathā-vastu)와 유리(有離 Ⓢ saniḥsāra)와 유사(有事 Ⓢ savastuka)다. 〔참고문헌〕『長阿含經』, 『起世因本經』, 『俱舍論記』, 『深密解脫經』, 『華嚴經疏鈔』, 『大乘本生心地觀經淺註』, 『大智度論』, 『大乘義章』, 『俱舍論』, *Abh-k-bh.*, *Kāśy.28.*, *DN.*, *MN.3.108.* ⇨ 유위법 有爲法, 사유위상 四有爲相, 오위칠십오법 五位七十五法, 오위백법 五位百法, 무위 無爲 ❶

유위경 有爲經 ➡ 제행유위경 諸行有爲經

유위경 有爲境 생멸 변화하는 모든 경. 무위경(無爲境)과 상대한다. 『십주단결경』 권9(대정장10, p.1038b4)에 "혜안이라는 것은, 유위경도 보고 무위경도 본다. 유위경과 무위경을 모두 보는 유위안이란 있을 수 없다. 夫慧眼者 亦見有爲境 亦見無爲境 無有有爲眼見 有爲境無爲境", 『대승장진론』 권상(대정장30, p.270c15)에 "이 논에서는 승의제에 나아가 유위경에 대해서는 상견의 끝을 피하여 유성을 차단한다. 이와 같이 나머지 견처에서는 단견의 끝을 피하여 무성을 막는다. 치우친 견처를 쌍으로 피하여 유성과 무성을 모두 막아낸다. 今此論中 就勝義諦 於有爲境 避常見邊 且遮有性 如是餘處避斷見邊 遮於無性 雙避二邊 遮有無性", 『대승법계무차별론』(대정장31, p.895c22)에 "여래장은 유위경계상을 떠나 언제나 머물고 고요하다. 이 여래장성이 상주불변하여 능히 일어나지 않는다면 어떻게 불법과 상응할 수 있을까? 마치 저 등의 불빛과 등의 따뜻함 사이에는 결코 별다른 상이 없듯이 법과 더불어 법신도 이와 같다. 如來藏離有爲境界相 常住寂靜 此之藏性 旣常住不變 未能發起 云何得與佛法相應 猶如燈明 及與煖色 更無別相 法與法身 亦復如是"라고 하였다. 〔참고문헌〕『十住斷結經』, 『大乘掌珍論』, 『大乘法界無差別論』. ⇨ 유위계 有爲界, 무위경 無爲境

유위경계지 有爲境界智 유위경계에 대한 지. 『사리불아비담론』 권9(대정장28, p.593c11)에 "무엇이 유위경계지인가? 유위법을 사유하여 지가 있게 되면 이를 유위경계지라 한다. 云何有爲境界智 思惟有爲法智生 是名有爲境界智"라고 하였다. 〔참고문헌〕『舍利弗阿毘曇論』.

유위계 有爲界 Ⓟ saṅkhatā dhātu. 유위법과 상응한 계. 『중아함경』 권47 「다계경 多界經」(대정장1, p.723c11 : *Bahudhātuka-sutta*, *MN.3*, p.63)에 "두 계를 보아 앎에 참 그대로니, 유위계와 무위계다. 見二界知如眞 有爲界無爲界 dve imā ānanda dhātuyo. saṅkhatā ca dhātu asaṅkhatā ca dhātu.", 『법온족론』 권11 「다계품 多界品」(대정장26, p.505a4)에 "무엇이 유위계인가? 곧 오온이니, 이를 유위계라 한다. 云何有爲界 謂五蘊 是名有爲界", 『대반야경』 권36(대정장5, p.199b11)에 "선현아, 유위계로는 무위계를 볼 수 없고 무위계에서는 유위계를 볼 수 없다. 왜 그런가? 선현아, 유위를 떠나서 무위를 시설하는 것이 아니고, 무위를 떠나서 유위를 시설하는 것이 아니기 때문이다. 善現 有爲界不見無爲界 無爲界不見有爲界 何以故 善現 非離有爲 施設無爲 非離無爲 施設有爲故", 80권본 『화엄경』 권24(대정장10, p.132a26)에 "유위계에서 무위의 법을 드러내 보이지만 유위의 상을 무너뜨리지 않고, 무위계에서 유위법을 드러내 보이지만 무위상을 분별하지 않는다. 於有爲界 示無爲法 而不滅壞 有爲之相 於無爲界 示有爲法 而不分別 無爲之相"라고 하였다. 〔참고문헌〕『中阿含經』, 『法蘊足論』, 『大般若經』, 『華嚴經』, *MN.* ⇨ 유위 有爲, 유위법 有爲法

유위계무위계 有爲界無爲界 Ⓟ saṅkhatā ca dhātu asaṅkhatā ca dhātu. 오온 등을 자성으로 하는 유위계와 무위 등을 자성으로 하는 무위계를 아울러 말함. 『구사론기』 권1(대정장41, p.34a15)에 "두 번째, 두 가지 계란 유위계와 무위계다〈유위계는 오온을 성으로 하고 십팔계로 거두며, 무위계는 삼무위를 자성으로 하고 법계로 거둔다〉. 第二二界 謂有爲界無爲界〈有爲界 以五蘊爲性 十八界攝 無爲界 以三無爲爲性 法界攝〉"라고 하였다. 〔참고문헌〕『俱舍論記』, 『中阿含經』 권47(대정장1, p.723c11), *MN.3.63.* ⇨ 유위계 有爲界, 무위계 無爲界

유위공 有爲空 Ⓢsaṃskṛta-śūnyatā, Ⓣ'dus-byas-stong-pa-nyid. 유위는 공이라는 말. 십팔공(十八空) 중 하나. 색심(色心)이 화합하여 일어난 것으로, 온처계(蘊處界)로 거두는 모든 유위법은 그 자성이 공이라는 뜻이다. 40권본 『대반열반경』 권16(대정장12, p.461b17)에 "유위공이란 유위의 법은 모두 공이라는 뜻이다. 有爲空者 有爲之法 悉皆是空", 『인왕호국반야경소』 권3(대정장33, p.267b16)에 "유위공이란 색과 심이 화합하여 일어난 오음·십팔계·십이처 등이니 모두 실재하는 것들이 아니다. 有爲空者 色心和合生 陰界入等 皆無所有", 『대반야경』 권51(대정장5, p.291a16)에 "선현이 부처님께 아뢰었다. '세존이시여, 무엇이 유위공인지요?' '선현아, 유위는 욕계·색계·무색계를 말한다. 이 가운데 욕계는 욕계 공함으로 연유한 것이다. 왜 그런가? 영원하지도 끝내 사라지지도 않으니 그 본성이 그렇기 때문이다. 색계와 무색계도 색무색의 공을 연유한다. 왜 그런가? 상주하지도 사라지지도 아니하니 본래의 성품이 그렇기 때문이다. 선현아, 이것이 유위공이다'. 善現白佛言 世尊 云何有爲空 佛言 善現 有爲謂欲界色界 無色界 此中欲界 由欲界空 何以故 非常非壞 本性爾故 色無色界 由色無色界空 何以故 非常非壞 本性爾故 善現 是爲有爲空"라고 하였다. [참고문헌] 『大般涅槃經』, 『仁王護國般若經疏』, 『大般若經』, *Pañca-pr.24.*, *Mvyut.72.* ⇨ 십팔공 十八空, 공 空

유위공덕 有爲功德 유위의 공덕. 도제(道諦)에서 성취하는 모든 공덕을 말한다. 『인왕반야경소』 권상1(대정장33, p.317c6)에 "유위공덕과 무위공덕이란, 유위는 지덕을 드러내고 무위란 끊는 덕을 드러냈다. 저 경을 잡아 말하면 도제는 유위이고 멸제는 무위이다. 공을 베풀면 공이라 하고, 자기에게 돌아온 공은 덕이라 하므로 공덕이라 한다. 有爲功德 無爲功德者 有爲擧智德 無爲是擧斷德 若約境 道諦是有爲 滅諦是無爲 施功名功 歸己曰德 故名功德也", 『불지경론』 권3(대정장26, p.301c4)에 "유위공덕은 네 가지 지혜로 거둔다. 무루위 중에 지를 씀이 강하기에 지라는 이름으로 모든 종의 심법과 심소유법 그리고 저 품류를 드러낼 뿐이다. 실다운 뜻에 나아가서는 낱낱의 지품으로도 일체공덕법문을 다 갖추고 거둔다. 有爲功德 四智所攝 無漏位中 智用强故 以智名顯 一切種心心所有法 及彼品類 若就實義 一一智品 具攝一切功德法門"라고 하였다. [참고문헌] 『仁王般若經疏』, 『佛地經論』.

유위공상행 有爲共相行 유위법의 공상인 무상관(無常觀) 등을 행함. 『유가사지론』 권90(대정장30, p.811c4)에 "이렇게 멸행에 나아가려면 유위공상행으로 움직이기도 하고 유위무위공상행(空·無我觀)으로 움직이기도 한다. 이를 행상이 같지 않은 경우라 한다. 卽此趣滅行 或有有爲共相行轉 或有有爲無爲共相行轉 是名行相不同分"라고 하였다. [참고문헌] 『瑜伽師地論』, 『瑜伽論記』 권23(대정장42, p.839c2). ⇨ 무상관 無常觀

유위과 有爲果 Ⓢsaṃskṛta-phala. 유위의 과. 무위과(無爲果)에 맞선다. 오과(五果) 중 사용(士用)·증상(增上)·등류(等流)·이숙(異熟) 등 사과(四果)를 가리키기도 하여 무위과인 이계과(離繫果) 곧 해탈과(解脫果)를 제한다. 『불소행찬』 권3(대정장4, p.22a19)에 "삼계의 유위과 모두 내가 기꺼워할 바 아니네. 그것은 모든 갈래로 흘러 움직이는 법이니, 바람 따라 떠도는 부평초와 같네. 이 때문에 나 먼 곳에서 와서 진실한 해탈 구하고자 하네. 三界有爲果 悉非我所樂 諸趣流動法 如風水漂草 是故我遠來 爲求眞解脫", 『구사론』 권24(대정장29, p.128a21 : *Abh-k-bh.*, p.369)에 "모든 무간도는 오로지 사문의 성이지만 모든 해탈도 또한 사문이 성취하는 유위과의 바탕이다. 이것은 저 등류 및 사용과이기 때문이다. 諸無間道 唯沙門性 諸解脫道 亦是沙門 有爲果體 是彼等流士用果故 tatrānantaryamārgāḥ śrāmaṇyam, vimuktimārgāḥ saṃskṛtāni śrāmaṇyaphalāni. tanniṣyandapuruṣakāraphalatvāt", 『방거사어록』 권하(卍속장120, p.79a10)에 "태어날 때마다 얻은 유위과로 삼계에 떨어져 벗어날 기약 없네. 生生獲得有爲果 隨在三界無出期"라고 하였다. [참고문헌] 『佛所行讚』, 『俱舍論』, 『龐居士語錄』, *Abh-k-bh.* ⇨ 오과 五果❶, 무위과 無爲果

유위라한과 有爲羅漢果 ➡ 유위아라한과 有爲阿羅漢果

유위무루 有爲無漏 유위이면서 무루인 법. 무루유위라고도 한다. 구사에서는 사제(四諦) 중 고집(苦集) 이제는 유위유루법, 멸제(滅諦)는 무위무루법으로, 도제(道諦)는 닦고 증하는(修證) 유위의 자성이 있기에 유위무루법으로 분류한다. 이 밖에 75법 중 색법(色法)의 무표색(無表色), 심법(心法) 중 제6식 심왕(心王), 심소유법(心所有法) 중 십종대지법(十種大地法)·십종대선지법(十種大善地法)·심(尋)·사(伺) 그리고 심불상응행법(心不相應行法) 중 득(得)과 생주이멸(生住異滅)의 사상(四相) 등 29법을 유위무루법으로 거둔다. 『불지경론』 권1(대정장26, p.294c8)에 "유위무루는 도제로 거둔다. 有爲無漏 道諦所攝", 『신화엄경론』 권2(대정장36, p.728c12)에 "이승의 열반 능히 하는 이와 능히 할 일이 있고 닦음도 증함도 있기에 유위무루라 한다. 여래의 열반에는 능소가 있을 리 없다. 二乘涅槃 可有能所有修有證 是故 名爲有爲無漏 是故 如來涅槃 無有能所", 『성유식론집해』 권2(卍속장81, p.358b7)에 "유위무루란 아래의 사지보리다. 자성진여는 종자에서 생기지 않지만, 사지의 보리(무위)는 반드시 어떤 종자(유위)가 있어야 하기 때문이다. 有爲無漏者 卽下四智菩提也 自性眞如 可非種生 四智菩提 必有種故", 『대지도론』 권23(대정장25, p.229c23)에 "〔문〕 저 유위법은 무상하기에 고라면, 모든 현성의 유위무루법도 마땅히 고여야 할 것이다. 〔답〕 모든 법이 비록 무상이지만 애착함으로 고가 일어나지 착함이 없으면 고는 없다. 問曰 若有爲法無常故苦者 諸賢聖人 有爲無漏法 亦應當苦 答曰 諸法雖無常 愛著者生苦 無所著者無苦"라고 하였다. 〔참고문헌〕『佛地經論』, 『新華嚴經論』, 『成唯識論集解』, 『大智度論』. ⇨ 유위 有爲, 무루 無漏❶, 무루무위무루유위 無漏無爲無漏有爲, 무위무루 無爲無漏

유위무상 有爲無常 유위는 영원하지 않다는 말. 『기세경』 권2(대정장1, p.320b18)에 "갖가지 모든 현상은 유위여서 무상하니, 이와 같이 옮겨 변하여 영원히 머물지 못하며, 부서지고 무너지고 흩어져 자재할 수 없다. 一切諸行 有爲無常 如是遷改 無有常住 破壞離散 不得自在", 『유마의기』 권2(대정장38, p.455a1)에 "유위법은 무상하여 찰나마다 괴멸하므로 괴고라 한다. 有爲無常 念念滅壞 故名壞苦"라고 하였다. 〔참고문헌〕『起世經』, 『維摩義記』. ⇨ 유위 有爲, 무상 無常

유위무위 有爲無爲 Ⓢ saṃskṛta-asaṃskṛta, saṃskṛta-asaṃskṛtatva, Ⓟ saṅkhatā vā asaṅkhatāvā, Ⓣ 'dus-byas-dang-'dus-ma-byas. 함이 있음과 함이 없음을 아울러 부르는 말. 『잡아함경』 권31(대정장2, p.222c4)에 "마치 저 유위와 무위 등 갖가지 모든 법이 탐을 여윔을 으뜸으로 삼듯이, 이와 마찬가지로 모든 선한 법은 불방일을 근본으로 삼는다. 譬如所有諸法 有爲無爲 離貪欲爲第一 如是一切善法 不放逸爲其根本", 『열반현의발원기요』 권3(대정장38, p.34a4)에 "유위와 무위라는 말은, 고제와 집제인 유위와 도제와 멸제인 무위를 말한다. 所謂有爲無爲者 苦集有爲 道滅無爲"라고 하였다. 〔참고문헌〕『雜阿含經』, 『涅槃玄義發源機要』, *Laṅk.266.*, *Abh-k-bh.369.*, *Sūtr.36.*, *AN.2.34.* ⇨ 유위 有爲, 무위 無爲❶

유위무위공상행 有爲無爲共相行 유위와 무위법이 함께하는 공·무아 등의 행상. 공무아관(空無我觀)을 말한다. 『유가사지론』 권90(대정장30, p.811c7)에 "유위무위공상행의 상이라면, 저것이 도과를 바라니 또한 동분이라 한다. 왜인가. 도과열반은 늘 무아이기에. 若有爲無爲共相行相 彼望道果 亦名同分 何以故 道果涅槃常無我故"라고 하였다. 〔참고문헌〕『瑜伽師地論』. ⇨ 유위공상행 有爲共相行, 공무아관 空無我觀

유위법 有爲法 Ⓢ saṃskṛta-dharma, Ⓟ saṅkhatā dhammā, Ⓣ chos-'dus-byas. 함이 있는 법. 인연화합으로 생멸할 뿐 실체가 없는 일체제법을 말한다. 『장아함경』 권3 「유행경 遊行經」(대정장1, p.20c27)에 "아, 이들 유위법은 흘러 옮겨 머물지 못하네! 이제 쌍수사이에 나의 무루신 사라지리라. 咄 此有爲法 流遷不常住 今於雙樹間 滅我無漏身", 『좌선삼매경』 권상(대정장15, p.275c26)에 "유위법이 나고 흩어짐을 관하고 또한 숨 들고 나는 무상을 생각하니 이것을 '나고 흩어진다'고 한다. 모든 유위법은 현세 중에 나지만 과거인연을 좇아 화합하기에 모이고 인연 무너지면 흩어진다. 이 이름이 출산관이다. 觀有爲法出散 亦念息入出無常 是名出散 諸有爲法 現世中出 從過去因緣 和合故集 因緣壞故散 如是隨觀 是名出散觀", 『방광반야경』 권18(대정장8, p.129a3)에 "모든 우리들 아가 조작하는 법과 도는 단지 이름 뿐인 갖가지 법에 불과하지만 모든 어리석은 사람들은 그러한 유위법에 얽혀 집착한다. 諸吾我造作之法及道 但爲名字數法故 凡諸愚人 縛著於有爲法", 『대지도론』 권22(대정장25, p.223b8)에 "또한 유위법은 무상하니 염염이 나고 사라진다. 모두 인연에 속하여 자재할 수 없고 자재하지 못하므로 아는 없다. 영원하지도 않고, 아도 모양도 없기에 마음으로 잡을 것이 없고 상 없어 착할 일도 없으니 적멸한 열반이다. 復次 有爲法無常 念念生滅故 皆屬因緣 無有自在 無有自在故無我 無常無我無相 故心不著 無相不著故 即是寂滅涅槃", 『금강경정해』 권하(卍속장92, p.596a16)에 "〈경〉 어떤 이유로 모든 유위법은 내지 마치 이슬과 같고 번개와도 같으니 마땅히 이와 같이 관해야 한다. 〔주〕 (유위법의) 법이란 드러난 법이다. 유위는 지은 바가 있다는 뜻이다. 위로는 하늘과 땅이 변화하여 기름으로부터 아래로 사람이 짓는 일에 이르기까지 모두가 유위법이다. 何以故 一切有爲法 至如露亦如電 應作如是觀 註 法者 事之法也 有爲者 有所作爲也 上自天地化育 下至人事造作 皆有爲法也", 『대비바사론』 권39(대정장27, p.200a22)에 "인연이 있기에 뒤쳐 변함이 있다는 말은, 유위법은 세를 얻을 때 생하고 세를 잃을 때 멸하며, 힘을 얻을 때 생하고 힘을 잃을 때 멸한다. 有因緣故 有轉變者 謂有爲法 得勢時生 失勢時滅 得力時生 失力時滅", 『석선바라밀차제법문』 권9(대정장46, p.538c21)에 "모든 유위법 거듭 새롭게 생멸하며 인연에 들기에 더하여 쌓지도 않는다. 드러나지만 온 곳이 없고 사라질 때도 간 곳이 없다. 그래서 이름이 영원함 없다 한다. 一切有爲法 新新生滅故 屬因緣故 不增積故 生時 無所從來 滅時 無所去處 故名無常", 원측(圓測)의 『인왕경소』 권중(대정장33, p.401a1·한불전1, p.81a16)에 "모든 유위법은 색·심을 벗어나지 않는다. 諸有爲法 不出色心", 같은 책 권중(대정장33, p.402c7·한불전1, p.83c5)에

"제(諦 Ⓢsatya)는 두 가지다. 첫째 세제는 유위법이니 연을 좇아 일어나 임시로 머무니 실이 아니어서 세제라 한다. 둘째 진제이다. 실상진여는 본래 청정하여 실일 뿐 헛되지 않아서 진제라 부른다. 諦有二種 一者 世諦 謂有爲法 從緣而生 假而非實 故名世諦 二者 眞諦 實相眞如 本生淸淨 實而非假 故名眞諦", 『삼무성론』 권상(대정장31, p.867c15)에 "모든 유위법은 이 분별성과 의타기성을 벗어나지 않는다. 이 두 성은 진실이어서 무상이고 무생이다. 이 뜻으로 일체제법은 하나같이 자성이 없다. 一切有爲法 不出此分別依他兩性 此二性旣眞實 無相無生 由此理故 一切諸法 同一無性"라고 하였다. [참고문헌] 『長阿含經』, 『坐禪三昧經』, 『放光般若經』, 『大智度論』, 『金剛經正解』, 『大毘婆沙論』, 『釋禪波羅蜜次第法門』, 『仁王經疏』, 『三無性論』, *Abh-k-bh.5*·*75.*, *Bodh-bh.24.*, *Dhs.2.* ⇨ 유위 有爲, 유위계 有爲界, 유위과 有爲果 삼유위법 三有爲法, 무위법 無爲法

유위법계 有爲法界 생멸변화하는 법계. 무위법계와 맞선다. 『대방등대집경』 권28(대정장13, p.197a17)에 "이와 같이 헤아릴 수 없는 유위법계가 무위계로 들어간다. 능히 이와 같이 알고 이와 같이 말할 수 있다면 이것을 이름하여 보살이 계방편을 안다고 한다. 如是無量有爲法界 入無爲界 能如是知 如是說者 是名菩薩知界方便", 『화엄경탐현기』 권18(대정장35, p.440b27)에 "유위법계에는 두 문이 있다. 첫째는 본식이 능히 지닌 모든 법의 종자를 법계라 한다. 저 논에서 말한 '시작이 없는 때로부터의 법계' 등이다. 이것은 인을 잡은 뜻이다. 둘째는 삼세 제법의 차별한 그 끝들을 법계라 한다. 「부사의품」에 '모든 부처님은 과거의 모든 법계를 남김없이 아시고, 미래의 모든 법계를 남김없이 아시며 현재의 모든 법계를 남김없이 아신다'라고 하는 등의 말씀이다. 有爲法界有二門 一 本識能持 諸法種子 名爲法界 如論云 無始時來界等 此約因義 二 三世諸法 差別邊際 名爲法界 不思議品云 一切諸佛 知過去一切法界 悉無有餘 知未來一切法界 悉無有餘 知現在一切法界 悉無有餘等"라고 하였다. [참고문헌] 『大方等大集經』, 『華嚴經探玄記』, 『成唯識論』 권2(대정장31, p.8a24), 60권본 『華嚴經』 권31(대정장9, p.597c13). ⇨ 법계 法界 ❷

유위불 維衛佛 Ⓢ Vipaśyin. 과거칠불(過去七佛) 중 첫 번째 부처님. 비바시불(毘婆尸佛)의 음사어. 유위불(惟衛佛)이라고도 한다. 『칠불부모성자경』(대정장1, p.159b12)에 "첫 번째 부처님의 자는 유위불이고 반열반에 드신 이후 91겁이 지났다. 第一佛 字維衛佛 般泥洹已來 九十一劫"라고 하였다. [참고문헌] 『七佛父母姓字經』, 『彌勒經遊意』(대정장38, p.266a13), *Lal-v.4.* ⇨ 비바시불 毘婆尸佛, 과거칠불 過去七佛, 칠불 七佛

유위사상 有爲四相 Ⓢ catvāri saṃskṛta-lakṣaṇāni, Ⓣ 'dus-byas-kyi-mtshan-nyid ni bzhi. 유위의 네 가지 모습. 사유위상(四有爲相)이라고도 하며 생상·주상·이상·멸상(生住異滅)을 말하지만, 생주노멸(生住老滅)이나 생주노무상(生住老無常) 또는 생주쇠이괴멸(生住衰異壞滅)이라고도 하며, 특히 인간은 생로병사(生老病死), 우주는 성주괴공(成住壞空)이라 한다. 생(Ⓢjāti)은 생겨남, 주(Ⓢsthiti)는 머묾, 이(Ⓢanyathātva)는 변화함, 멸(Ⓢanitya)은 사라짐의 모습이다. 설일체유부(說一切有部)는 실재하는 법이라 여겨 불상응행(不相應行)이라 하였고, 경량부(經量部)는 일기사상(一期四相)이라 하였으며, 유식(唯識)은 임시요, 실체가 아니라 하였다. 『잡아함경』 권12(대정장2, p.83c15)에 "이와 같은 두 법이란 유위와 무위를 말한다. 유위는 생겨나고 머물고 달라지고 사라진다. 무위는 생겨나지도 머물지도 않고 변화하지도 사라질 일도 없다. 如此二法 謂有爲無爲 有爲者 若生 若住 若異 若滅 無爲者 不生 不住 不異 不滅", 『구사론』 권4(대정장29, p.19a3 : *Abh-k-bh.*, p.54)에 "색과 심 등 온갖 행이 일어날 때에는 반드시 유위사상과 함께 일어난다. 色心等諸行生時 必與有爲四相俱起 yat kiṃcid utpadyate rūpaṃ cittaṃ caitasikā viprayuktā vā sarvaṃ saṃskṛtalakṣaṇaiḥ sārdham utpadyate", 『창소지론』 권하(대정장32, p.233c9)에 "이전에 없다가 지금 있게 되면 생이고, 잠시 머물면 주라 하며, 구르고 변하면 노라 하고, 변하다 무너지면 무상(死)이라 한다. 이것이 유위사상이다. 先無今有曰生 令暫時住曰住 轉變曰老 變壞曰無常 卽有爲四相", 『금강반야경소론찬요』 권상(대정장33, p.159a11)에 "상이란 유위의 생·주·이·멸을 말한다. 부처님의 몸은 이와는 다르기에 몸의 모습은 아니다. 게로 이르길 삼상은 체와 다르기 때문이라 한 것은 부처님의 몸은 유위삼상과는 다르다는 뜻이다. 주와 이라는 두 가지 상은 같이 현재이기에 합하여 하나로 삼았다. 만약 세분하면 넷이 되기에 유식에서 '생이란 이 법이 앞서 있지 않았음을 표하고, 멸은 이 법이 후에는 없음을 나타내며, 이란 이 법이 가만히 있지 않음을 나타내고, 주는 이 법이 잠깐 움직임이 있었음을 나타낸다'라고 했다. 相是有爲生住異滅 佛體異此 故非身相 偈云三相異體故者 佛體異於有爲三相也 住異二相 同是現在 故合爲一 若細分卽四 故唯識云 生表此法先非有 滅表此法後是無 異表此法非凝然 住表此法暫有用", 『아미타경소초연의』 권1(卍속장33, p.543b1)에 "생주이멸은 유위사상이다. 생은 이 법이 이전에는 있지 않았음을 나타낸다. 멸은 이 법이 나중에는 없어짐을 나타낸다. 이란 이 법이 가만히 그대로 있지 못함을 말한다. 주란 이 법이 잠시라도 쓰임이 있었음을 표한다. 生住異滅者 有爲四相也 生表此法先非有 滅表此法後是無 異表此法非凝然

住表此法暫有用", 『제법집요경』 권2(대정장17, p.465c19)에 "모든 유위법의 모습은 온통 생·주·멸로 돌아간다. 一切有爲相 皆歸生住滅"라고 하였다. 주(住)와 이(異)를 한 법으로 모아 유위삼상(有爲三相)으로, 더 줄여 생멸이상(生滅二相)이라고도 한다. 〔참고문헌〕『雜阿含經』, 『俱舍論』, 『彰所知論』, 『金剛般若經疏論纂要』, 『阿彌陀經疏鈔演義』, 『諸法集要經』, 고익진 『아함법상의 체계성 연구』(동국대학교 출판부, 2002) p.57, *Abh-k-bh*. ⇨ 사상 四相[1], 사유위상 四有爲相, 유위삼상 有爲三相, 유위 有爲, 유위법 有爲法, 유위계 有爲界

유위삼상 有爲三相 유위법(有爲法)의 세 가지 특징. 생·주·이·멸(生住異滅)의 사상(四相)에서 주를 제한 생·이·멸 또는 이를 제외한 생·주·멸 또는 주와 이를 하나로 합친 생·주이·멸 등을 말한다. 『금강선론』 권2(대정장25, p.810c7)에 "법신 여래는 예나 지금이나 고요히 그러하여 온갖 덕이 원만하되 체는 무위여서 생·주·멸 등의 유위삼상을 영원히 끊었음을 밝혔다. 그래서 여래는 유위상이 아니라고 하였다. 明法身如來 古今湛然 萬德圓滿 體是無爲 永絶生住滅等有爲三相 故曰 如來非有爲相也", 『현양성교론』 권14(대정장31, p.548a5)에 "무상이란 유위를 말하니 삼상과 상응하기 때문이다. 무상의 뜻은 마땅히 그래야 하니 6종 또는 8종이 있다. 〔논〕 무상의 자성이란 유위법이 세 가지 유위상으로 상응한다는 뜻인데, 첫째 일어나고, 둘째 사라지며, 셋째 머물며 변하는 뜻이다. 無常謂有爲 三相相應故 無常義如應 六八種應知 論曰 無常性者 謂有爲法 與三有爲相 共相應故 一 生相 二 滅相 三 住異相", 『설무구칭경소』 권4(대정장38, p.1058a22)에 "오직 생몰이라는 처음과 마지막 두 때만 설한 것은 저 경에서 삼유위의 유위상인 생·이·멸을 설하면서 주를 따로 설하지 않았기 때문이다. 대승에서 풀기를 '일체행은 삼세로 드러나니 미래세 본래 없다가 생겨나며 저 이미 생겨난 다음부터는 과거를 좇아 사라진다. 현재세의 법은 두 가지 모습으로 드러난 바이니 주와 이를 말한다. 오직 현재법만은 머물 수 있어야 하고, 전후로 바뀌고 달라지기에 오직 현재에서는 주이를 다 거둬 한 갈래 상으로 삼는다. 주야말로 유정이 애착하는 처이니, 싫어하는 마음을 일으키게 하기 위해서이다. 또한 한가지 현재이기에 합하여 설한다'. 唯說生沒 初後二時 卽如經說有三有爲之有爲相 謂生異滅 不別說住 大乘解云 由一切行 三世所顯 由未來世 本無而生 彼旣生已 落謝過去 現在世法 二相所顯 謂住及異 唯現在法 有住可得 前後變異 亦唯現在 總說住異 而爲一相 住是有情所愛著處 爲令生厭 又同一世 所以合說", 『구사론』 권5(대정장29, p.27a29)에서 "어떤 이는 '이 경에서 주와 이를 합하여 하나로 하고 주이상이라고 했다'라 부르는데, 어째서 이렇게 거두어 설했는가? 주는 유정이 애착하는 곳이기에 굳이 싫어하여 버리게 하기 위해 이와 합하여 설한 것이다. 有謂 此經說 住與異總合爲一 名住異相 何用如是總合說 爲住是有情所愛著處 爲令厭捨 與異合說", 『구사론기』 권26(대정장41, p.392c6)에 "생·이·멸이라는 세 가지 유위상을 떠났기 때문에 정(靜)이라 한다. 離生異滅三有爲相故 靜"라고 하였다. 〔참고문헌〕『金剛仙論』, 『顯揚聖敎論』, 『說無垢稱經疏』, 『俱舍論』, 『俱舍論記』. ⇨ 유위사상 有爲四相, 유위상 有爲相

유위상 有爲相 Ⓢ saṃskṛta-lakṣaṇa. 유위의 모습. 『증일아함경』 권12(대정장2, p.607c14)에 "이 세 가지 유위가 유위상이다. 무엇이 세 가지인가? 따라 일어 나는 줄을 알고, 마땅히 옮겨 변해감을 알고, 반드시 사라질 줄 안다. 此三有爲 有爲相 云何爲三 知所從起 知當遷變 知當滅盡""라고 하였다. 〔참고문헌〕『增壹阿含經』. ⇨ 유위사상 有爲四相, 유위삼상 有爲三相

유위생사 有爲生死 유위로 나고 죽음. 유위중생이 받는 생사로 분단생사(分段生死)라고도 하며, 무위생사(無爲生死)와 맞선다. 『승만경』(대정장12, p.221b25)에 "세존이시여! 이런 까닭에 유위생사와 무위생사가 있으며, 열반 또한 이와 같아서 남음이 있거나 남음이 없습니다. 是故世尊 有有爲生死 無爲生死 涅槃亦如是 有餘及無餘", 『승만보굴』 권중(대정장37, p.54a2)에 "생사에는 두 가지가 있다. 첫째는 유위생사이고, 둘째는 무위생사다. 분단은 유위생사이고 변역은 무위생사다. 生死有二種 一 有爲生死 二 無爲生死 分段是有爲生死 變易是無爲生死", 같은 책 권하(대정장37, p.69c20)에 "범부와 학인은 삼유(欲·色·無色有) 중에 유루업을 지어 분단생을 일으키므로 유위라 하고, 유위중생이 받는 생사를 유위생사라 한다. 凡夫學人 於三有中 造有漏業 起分段生 故曰有爲 有爲衆生 所受生死 名有爲生死"라고 하였다. 〔참고문헌〕『勝鬘經』, 『勝鬘寶窟』, 『涅槃宗要』(대정장38, p.244a18·한불전1, p.531a17). ⇨ 유위 有爲, 유위법 有爲法, 분단생사 分段生死, 무위생사 無爲生死, 변역생사 變易生死

유위세계 有爲世界 유위의 세계. 인연화합으로 허망하게 생멸하는 삼계를 말한다. 『금강선론』 권10(대정장25, p.868c17)에 "이는 경험하여 알 수 있는 것이니, 유위세계는 추세를 가리지 않고 온통 허망하고 부실하여 본래 공적하지만, 세인들의 헛된 정으로 세계가 있다고 말할 뿐이다. 이것은 인연법의 바탕이 본래 공임을 밝힌다. 以此驗知 有爲世界 莫問麤細 皆是虛妄不實 本來空寂 依世人妄情 說有世界 此明因緣法體 本來空也"라고 하였다. 〔참고문헌〕『金剛仙論』. ⇨ 삼계 三界

유위승 有爲僧 성문승(聲聞僧)을 달리 이르는 말. 무위승(無爲僧)에 맞선다. 『유마경약소』 권7(대정장38, p.669b11)에 "『대반열반경』에서는 성문제자가 바로 유위승이다. 大經云聲聞弟子是有爲僧", 『법화현의』 권5(대정장33, p.741c25)에 "『대반열반경』에서는 '성문승을 이름하여 유위승이라 한다'라고 하였다. … 또 '성문인은 정력이 지나쳐 불성을 보지 못한다'라고 하였으니 정력이란 복덕을 말하고 복덕은 단지 유위일 뿐임을 알아야 한다. 大經云 聲聞僧者 名有爲僧 … 又云 聲聞之人 定力多故 不見佛性 當知 定力卽是福德 福德秪是有爲", 『열반경회소』 권5(卍속장56, p.865b7)에 "유위승이란 성문을 말한다. 성문승에게는 쌓아둘 것이 있을 수 없다는 것이니, 이는 노비·여법하게 얻지 않은 물건·곳간의 곡식·염장한 음식·참깨·크고 작은 콩 등이다. 有爲僧者 名曰聲聞 聲聞僧者 無有積聚 所謂奴婢 非法之物 庫藏穀米 鹽豉胡麻大小諸豆"라고 하였다. 〔참고문헌〕『維摩經略疏』, 『法華玄義』, 『涅槃經會疏』, 40권본 『大般涅槃經』 권5(대정장12, p.391b15). ⇨성문승 聲聞僧, 무위승 無爲僧 1, 유위 有爲

유위신 有爲身 본래 없었으나 이제는 있는(本無今有), 그러나 영원하지 않은 몸. 『보살영락경』 권2(대정장16, p.19b5)에 "이 유위신은 무위경에 들지 못한다. 여래신은 오분법성으로 항상 고요하여 그 바탕 변하지 않는다. 此有爲身 不入無爲境 如來身者 五分法性 常定不變", 『금강선론』 권5(대정장25, p.828a1)에 "그 바탕은 무위이고 상주하니 유위신과는 같지 않다. 體是無爲常住 而不同有爲身", 『설무구칭경소』 권3(대정장38, p.1039a8)에 "이 유위신은 본래 없다가 지금 있을 뿐이기에 있어도 언제나 있지 않기에 진여와 같지 않다. 此有爲身 本無今有 有非常有 不同眞如"라고 하였다. 〔참고문헌〕『菩薩瓔珞經』, 『金剛仙論』, 『說無垢稱經疏』.

유위아라한과 有爲阿羅漢果 유위로서의 아라한과. 아라한과성자라도 얻은 바(得 Ⓢprāpti)가 있다면 그 법은 유위법(有爲法)이기에 이렇게 말한다. 아라한유위과(阿羅漢有爲果)·유위라한과(有爲羅漢果)라고도 한다. 무위아라한과(無爲阿羅漢果)와 맞선다. 『집이문족론』 권6(대정장26, p.392c28)에 "아라한과란 무엇인가? 〔답〕 아라한과에는 두 가지가 있다. 첫째는 유위이고, 둘째는 무위이다. 유위로서 아라한과란, 아라한과를 증득할 때 갖추게 된 무학법으로서 이미 얻었거나 지금 얻은 것, 장차 얻을 바를 말하니, 이를 유위아라한과라 한다. 阿羅漢果云何 答 阿羅漢果有二種 一 有爲 二 無爲 有爲阿羅漢果者 謂證阿羅漢果時所有無學法 或已得或今得或當得 是名有爲阿羅漢果", 『대비바사론』 권65(대정장27, p.337c27)에 "무엇이 유위아라한과인가? 이 과를 얻은 것과 이 득을 얻은 득으로서, 저 모든 무학의 근·무학의 역·무학의 계·무학의 선근·열 가지 무학법을 비롯해 이러한 종류의 모든 무학법들을 이름하여 유위아라한과라 한다. 云何有爲阿羅漢果 謂此果得及此得得 餘如前說 若諸無學根無學力無學戒無學善根十無學法 及此種類諸無學法 是名有爲阿羅漢果", 『순정리론』 권67(대정장29, p.706b17)에 "진지·무생지·무학의 정견품류는 바로 유위아라한과의 체이고, 삼계의 견소단법과 수소단법마저 끊어져야 무위아라한과의 체라고 말할 수 있다. 盡智無生智 無學正見品 是謂有爲阿羅漢果體 三界見修所斷法斷 是謂無爲阿羅漢果體"라고 하였다. 〔참고문헌〕『集異門足論』, 『大毘婆沙論』, 『順正理論』. ⇨아라한과 阿羅漢果, 무위라한과 無爲羅漢果

유위업 有爲業 인연으로 고통과 환난을 끊임없이 일으킴. 『점비일체지덕경』 권2(대정장10, p.470b1)에 "고통스럽고 아프기가 생각할 수 없을 정도이니, 항상 타오르는 삼독의 불이다. 이로서 유위업은 한없는 어려움을 일으킨다는 것을 안다. 苦患不可意 常熾然三火 以見有爲業 發起無限難", 『사리불아비담론』 권7(대정장28, p.580c24)에 "무엇이 유위업인가? 업에 연이 있게 되면 이는 유위업이다. 云何有爲業 業若有緣 是名有爲業"라 하였다. 〔참고문헌〕『漸備一切智德經』, 『舍利弗阿毘曇論』.

유위연수면 有爲緣隨眠 유위를 연한 번뇌. 욕계에서 멸제를 보아 끊는다. 『대비바사론』 권88(대정장27, p.452c6)에 "세 번째, 욕계에서 멸제를 봄으로써 끊는 유위연의 번뇌와 상응하는 식이다. 이 식은 욕계에서 멸제를 보아 끊어야 할 유위연과 널리 행하는 번뇌를 따라 더한다. 三 欲界見滅所斷 有爲緣隨眠相應識 此識欲界見滅所斷 有爲緣 及遍行隨眠隨增", 『품류족론』 권3(대정장26, p.703b7)에 "무엇이 유위연인가? 멸제를 보아 끊는 유위연번뇌와 상응하는 무명이다. 云何有爲緣 謂見滅所斷 有爲緣隨眠相應無明"라고 하였다. 〔참고문헌〕『大毘婆沙論』, 『品類足論』. ⇨수면 隨眠

유위연정 有爲緣定 유위를 연한 정(定). 무위연정(無爲緣定)과 맞선다. 『집이문족론』 권14(대정장26, p.426b4)에 "이 보특가라는 유위를 연한 정에 의지하여 나아가 남은 번뇌를 끊고 반열반하므로 유행반열반보특가라라고 한다. 由此補特伽羅 依有爲緣定 進斷餘結 而般涅槃故 名有行般涅槃補特伽羅"라고 하였다. 〔참고문헌〕『集異門足論』. ⇨무위연정 無爲緣定

유위열반 有爲涅槃 Ⓢsaṃskṛta-nirvāṇa. 구경이 아닌 열반. 상락아정(常樂我淨 Ⓢnitya-sukha-śuci-ātma)의 사덕(四德)을 갖춘 무위열반(無爲涅槃 Ⓢasaṃ skṛta-nirvāṇa)과 맞선다. 40권본 『대반열반경』 권36(대정장12, p.575b24)에 "유위열반에는 상락아정이 없다. 有爲涅槃 無常樂我淨", 『열반경유의』(대정장38, p.230c2)에 "영원에 대한 병이 깊으므로 무상이라는 약을 베푼다. 중생이 유위열반을 붙듦으로 무도 베푼다. 常病重故 設無常之藥 衆生執有爲涅槃 故設無", 『증도가주』(卍속장114, p.913b12)에 "진과 망이라는 두 법은 본래 가명이라서 이견을 끊고자 함도 허망하다. 저들 범부가 소소한 보를 얻고자 망을 끊고 진을 구하여 유위열반을 증하더라도 구경이 아니다. 眞妄二法 本是假名 求斷二見 亦是虛妄 爲彼凡夫小果 斷妄求眞 證有爲涅槃 非究竟也"라고 하였다. [참고문헌] 『大般涅槃經』, 『涅槃經遊意』, 『證道歌註』, *Abh-k-bh.5.*, *Ratna-ut.50.* ⇨ 열반 涅槃, 무위열반 無爲涅槃❷, 상락아정 常樂我淨❶

유위예류과 有爲預流果 예류과를 증득한 성자에게 수반되는 유위법(有爲法). 『법온족론』 권3(대정장26, p.464c21)에 "'유위예류과'란 저 과가 얻어지고 그 얻어진 것을 다시 얻게 된(得 Ⓢ prāpti) 것으로서 유학의 근과 력·유학의 시라(尸羅 : 戒)·유학의 선근·여덟 가지 유학법을 비롯해 그러한 종류의 모든 유학법을 유위예류과라 한다. 所言有爲預流果者 謂彼果得及彼得得 有學根力 有學尸羅 有學善根 八有學法 及彼種類諸有學法 是名有爲預流果"라고 하였다. [참고문헌] 『法蘊足論』. ⇨ 예류과 預流果, 유위법 有爲法

유위원성실 有爲圓成實 Ⓢ saṃskṛta pariniṣpanna. 유위로 거둔 원성실. 뒤집힘 없는 여실한 일체 성도를 말한다. 무위원성실(無爲圓成實)과 맞선다. 원측(圓測)의 『해심밀경소』 권4(한불전1, p.236a6)에 "원성실성에는 본래 두 가지가 있다. 그러므로 『변중변론』 권중(대정장31, p.469c6)에 말하길 '이 원성실에는 모두 두 종이 있다. 무위와 유위로 차별하기 때문이다. … 유위로 일체성도를 다 거두어 그 경에 뒤집힘 없으면 그 이름이 원성실성이다'. 圓成實性 自有二種 故第二云 此圓成實 總有二種 無爲有爲 有差別故 … 有爲總攝 一切聖道 於境無倒故 亦名圓成實"라고 하였다. [참고문헌] 『解深密經疏』, 『辯中邊論』, *Madhy-vibh.41.* ⇨ 원성실성 圓成實性, 무위원성실 無爲圓成實

유위인법 有爲因法 유(有)를 인으로 삼는 법. 유루법(有漏法)을 말한다. 유를 따라 한층 더하는 법(隨有轉法)과 함께 한다. 비유위인법(非有爲因法)에 대칭한다. 『품류족론』에서는 일체법을 두 가지(二法)로 구분하면서 102종의 범주로 나누는데 유위인법과 비유위인법은 36번째이다. 『품류족론』 권6(대정장26, p.715a14)에 "유를 따라 구르는 법과 유를 인으로 삼는 법이란 무엇인가? 유루법을 말한다. 隨有轉法 及有爲因法云何 謂有漏法", 같은 책 권8(대정장26, p.724c16)에 "유를 따라 구르는 법과 유를 인으로 삼는 법이란 18계와 12처와 5온으로 거두는 법이고, 팔지로 알 수 있고, 멸지와 도지는 아닌 것을 말한다. 육식으로 알고 온갖 번뇌를 따라 한층 더하는 법이다. 隨有轉法有爲因法 十八界十二處五蘊攝 八智知除滅道智 六識識 一切隨眠隨增"라고 하였다. [참고문헌] 『品類足論』. ⇨ 유루법 有漏法, 수유전법 隨有轉法, 비유위인법 非有爲因法

유위전변 有爲轉變 일체유위법이 뒤쳐 변하는 것. 일체유위법이 사상(四相), 즉 생(生)·주(住)·이(異)·멸(滅)로 그 모습을 바꿔 변하게 하는 뜻이다. 『대비바사론』 권39(대정장27, p.200a22)에 "인연이 있기에 전변함이 있다는 것은, 유위법은 세를 얻을 때 생기고 세를 잃을 때 사라지며, 힘을 얻을 때 생기고 힘을 잃을 때 없어진다. … 화합할 때 생기고 흩어질 때 멸한다. 이렇게 전변함이 있다. 有因緣故 有轉變者 謂有爲法 得勢時生 失勢時滅 得力時生 失力時滅 … 和合時生 離散時滅 故有轉變", 『성유식론』 권2(대정장31, p.6a8)에 "유위법은 인연력으로 본래 없었으나 지금 있으며 잠시 있다가 도로 없어지는데, 무위법과 다름을 보이기 위해 사상을 임시로 세운다. 본래 없다가 지금 있는 유(有)의 위를 생(生)이라고 하며, 생겨난 상태에서 잠시 머무는 것을 주(住)라 하고, 머물면서 전과 후로 달라지므로 다시 이(異)라는 이름을 세우며, 잠시 존재하다 다시 없어져서 존재하지 않는 때를 멸(滅)이라고 한다. 앞의 세 가지는 있는 것이므로 같이 현재에 있으며, 뒤의 하나는 없는 것이므로 과거에 있다. … 이것은 찰나에 의지하여 네 가지로 임시로 세운 것이니, 분위로도 이름을 세우면 처음 있게 된 것(初有)을 '생'이라 하고, 뒤에 없게 되는 것을 '멸'이라고 하며, 태어나서 상사하게 상속하는 것을 '주'라 하고, 이 상속의 전변을 '이'라고 한다. 그러므로 네 가지 상은 모두 임시로 세운 것이다. 有爲法 因緣力故 本無今有 暫有還無 表異無爲 假立四相 本無今有 有位名生 生位暫停 卽說爲住 住別前後 復立異名 暫有還無 無時名滅 前三有故 同在現在 後一是無 故在過去 … 此依刹那 假立四相 一期分位 亦得假立 初有名生 後無名滅 生已相似相續名住 卽此相續轉變名異 是故四相 皆是假立"라고 하였다. [참고문헌] 『大毘婆沙論』, 『成唯識論』. ⇨ 전변 轉變, 유위사상 有爲四相

유위정종곡 有違正宗哭 삼산등래(三山燈來)의 제종삼곡(濟宗三哭) 중 하나. 바른 종에 어긋남을 통곡함. 『오가종지찬요』 권상(卍속장114, p.516b11)에 "세 번째는 유위정종곡이다. 저 종을 어기고 등져 문과 답이 사무치지 못함에 종사의 집에서는 손을 모으고 하늘에 닿을 듯 통곡하는 일이다. 三者 有違正宗哭 如違背宗旨 問答不投 宗師家斂手 而哭蒼天之類"라고 하였다. 〔참고문헌〕『五家宗旨纂要』. ⇨ 제종삼곡 濟宗三哭

유위진인 有位眞人 위가 있는 진인. 임제(臨濟)의 무위진인(無位眞人)의 뜻을 드러내는 대구로서의 말이다. 『영기어록』 권3(가흥장39, p.437b27)에 "조참 때 학인이 영기선사에게 물었다. '어떤 이가 무위진인인가요?' '눈앞에 마주하고 있네' '어떤 이가 유위진인인가요?' 영기가 주장자로 치며 '한 방 맞고도 돌리지 않는구나'. 그 학인이 머뭇거리자 영기가 말했다. '저 죽은 진인이 감히 무엇을 하겠는가?' 早參 問 如何是無位眞人 師云 覿面相逢 進云 如何是有位眞人 師打云 棒打不回頭 僧擬議 師云 者死眞人 堪作甚麽"라고 하였다. 〔참고문헌〕『靈機語錄』, 『御選語錄』 권12(卍속장119, p.430a3). ⇨ 무위진인 無位眞人

유위취 有爲聚 **1** 아(我)와 법(法)을 세 가지로 나눈 삼취(三聚) 중 하나. 인연으로 모인 것들. ⇨ 삼취 三聚 **2**, 무위취 無爲聚, 비이취 非二聚 **1** **2** 소승 칠십오법을 이취(二聚)로 나눈 것 중 하나. 『십이문론종치의기』 권하(대정장42, p.226b17)에 "소승의 칠십오법은 크게 나누면 두 가지 취인데, (색법·심법·심소법·불상응행법 등) 앞의 일흔두 가지가 유위취이고, (무위법으로 거두는) 마지막 세 가지는 무위취다. 約小乘七十五法 分爲二聚 前七十二是有爲 後三是無爲"라고 하였다. 〔참고문헌〕『十二門論宗致義記』. ⇨ 칠십오법 七十五法

유위해탈 有爲解脫 Ⓢ saṃskṛtā vimuktiḥ, Ⓣ rnam-par-grol-ba 'dus-byas. 승혜(勝慧)인 무루지(無漏智)로 성취하는 해탈. 번뇌가 남김없이 사라진 택멸의 무위열반과 다른다. 『구사론』 권25(대정장29, p.133c22 : *Abh-k-bh.*, p.388)에 "유위해탈은 무학지라 하니, 지라고 이름할 수 있으려면 유위에 의지해야 하기 때문이다. 有爲解脫 名無學支 以立支名 依有爲故 saiva saṃskṛtā vimuktir aśaikṣāṅgam uktā. aṅgānāṃ saṃskṛtatvāt", 『대비바사론』 권33(대정장27, p.172b6)에 "모든 법 중에서 두 법을 해탈이라 한다. 첫째 가려 버림이니, 무위해탈이다. 둘째 뛰어난 앎이니, 유위해탈이다. 경에서 자재하기에 해탈이라 이름하지만 얽힘에서 벗어남은 아니다. 一切法中 二法名解脫 一者 擇滅 卽無爲解脫 二者 勝解 卽有爲解脫 於境自在 立解脫名 非謂離繫", 『법화현의석첨』 권4(대정장33, p.841c3)에 "첫째, 유위해탈은 무루지와 상응한다. 둘째, 무위해탈은 어떤 번뇌도 남아 있지 않다. 一者 有爲解脫 謂無漏智相應 二者 無爲解脫 謂一切煩惱無餘也", 『대지도론』 권26(대정장25, p.250c3)에 "유위해탈은 무루지혜와 상응한 해탈이고, 무위해탈은 모든 번뇌가 도무지 다하여 없음이다. 有爲解脫 名無漏智慧 相應解脫 無爲解脫 名一切煩惱 都盡無餘", 같은 책 권61(대정장25, p.495c26)에 "유위해탈은 무위에 속하고 무위를 따르기에 해탈이라 부른다. 是有爲解脫 屬無爲 隨無爲 故名解脫"라고 하였다. 『아비담비바사론』 권18(대정장28, p.130c25)에는 사성제 중 고제(苦諦)와 집제(集諦)로 얻은 해탈은 유위이고, 멸제(滅諦)로 얻은 해탈은 무위라고 구분하였다. 〔참고문헌〕『俱舍論』, 『大毘婆沙論』, 『法華玄義釋籤』, 『大智度論』, 『阿毘曇毘婆沙論』, *Abh-k-bh.* ⇨ 해탈 解脫, 무학지 無學支 **2**, 무위해탈 無爲解脫

유유 唯唯 간절히 바라서 바로 답함. 오로지 그렇게 되길 바랍니다의 뜻이다. 『관정경』 권5(대정장21, p.509c9)에 "부처님께서 보관보살에게 이르셨다. '… 잘 듣고서 기억하라. 내가 거듭 이와 같은 장구를 풀어주리라'. 보관보살이 말했다. '예, 예! 천존과 사부대중이 갈망하오니 오로지 바라건대 속히 설해 주시옵소서'. 佛告普觀菩薩 … 諦聽憶念 我當重演 如是章句 普觀菩薩言 唯唯 天尊四衆渴仰 唯願速說", 『선림보훈필설』 권중(卍속장113, p.743a18)에 "유란 응함이 빠르고 의심이 없다는 뜻이다. 유에 유를 덧붙인 유유라는 말은 순하고 따름 지극함이다. 唯者 應之速而無疑也 加唯唯者 順從之至也"라고 하였다. 〔참고문헌〕『灌頂經』, 『禪林寶訓筆說』.

유유 惟惟 애틋하게 여기는 모양. 『금광명경문구』 권3(대정장39, p.59c25)에 "사람이 부모에게서 몸을 받으면 열 달을 품고 삼 년 동안 먹여 기르며 어루만져 오롯이 하니, 어느 정도 성장하면 가르쳐 비로소 알게 해야 바야흐로 사람 노릇을 할 줄 안다. 人從父母稟身 十月懷抱 三年鞠養 撫念惟惟 始能升頭戴髮 敎方敎數 始解作人", 『금광명경문구신기』 권4(卍속장31, p.623a11)에 "유유란 고산이 옛 풀이를 끌어 이르길 '자식을 애틋하게 여기는 모양새다'라고 하였다. 惟惟者 孤山引舊解云 憐子之貌"라고 하였다. 〔참고문헌〕『金光明經文句』, 『金光明經文句新記』.

유유 悠悠 **1** 아득하다. 멀고 멀다. 시공(時空)이 아득하거나 먼 모양을 묘사한다. 『출요경』 권23(대정장4, p.735a1)에 "중생무리가 오래오래 세상에 살아남아 있는 까닭은 모두 식량으로 말미암는다. 衆生之類 悠悠在世 皆由於食", 『무량청정평등각경』 권3(대정장12, p.291b15)에 "팔방과 상하와 과거·미래·현재, 그 중간 넓고 가이 없으며 참으로 멀고 아득하여 다함도 없고 끝도 없구나. 八方上下 去來現在 其中間曠絶 甚遠悠悠 無窮無極", 『수행도지경』 권7(대정장15, p.225c28)에 "비유하자면 길잡이가 큰 상인 무리를 이끌고 먼 길을 나섰는데 거대한 광야에 물도 풀도 끊어져 상인들이 탄식하여 이르길 '갈 길은 멀고 먼데 어찌 능히 이르리요. 오랫동안 곤궁하리라' 하였다. 譬如導師 將大賈人 遠涉道路 於大曠野 斷無水草 賈人呼嗟 謂塗悠悠 安能所至 永爲窮矣"라고 하였다. [참고문헌]『出曜經』, 『無量淸淨平等覺經』, 『修行道地經』. ❷ 걸림없어 자유로운 심경. 『분양어록』 권하 「행각가 行脚歌」(대정장47, p.619c18)에 "일없이 자재하니 즐거워 날아오르는 듯하다. 悠悠自在樂騰騰", 『설두어록』 권6 「기구감수 寄久監收」(대정장47, p.710a19)에 "어느 날 돌아와 옛 바위 앉으니, 흰 구름 단풍나무가 다 함께 한가롭네. 一日歸來古巖上 白雲紅樹共悠悠"라고 하였다. [참고문헌]『汾陽語錄』, 『雪竇語錄』. ❸ 많고 많음. 『법화문구』 권2하(대정장34, p.27b1)에 "묘한 이치는 깊고 아득하여 말로 이르기 어렵고, 사람생각 너무 많아 능히 존중할 수 없다. 妙理玄賾 說之至難 人情悠悠 不能尊重"라고 하였다. [참고문헌]『法華文句』. ❹ 어지럽고 복잡하게 얽힌 모양. 『관무량수경의소』(대정장37, p.240b29)에 "세간은 어지러워 사람들은 부처님 만나기 어렵고 부처님 또한 중생에게 다가가지 못하네. 世間悠悠 人不感佛 佛復不應"라고 하였다. [참고문헌]『觀無量壽經義疏』. ❺ 쉬어가며 여유있게 하다의 뜻. 『섭대승론석』 권3(대정장31, p.173c19)에 "거듭거듭 끊임없이 행을 드러내어 틈없이 가행하고 분명하게 공용을 들인다는 뜻이어서 쉬어가며 닦아 배움이 아니다. 數數顯恒行 無間加行 顯作功用 非悠悠修學", 『대반열반경집해』 권19(대정장37, p.457b16)에 "여유로운 범부들에게 불과는 멀고 멀 뿐. 今悠悠凡夫 去果邈邈", 『기신론소필삭기』 권13(대정장44, p.369a28)에 "범부는 한가하게 닦고 행하니 유식의 도리를 알지 못한다. 凡夫悠悠修行 不知唯識道理"라고 하였다. [참고문헌]『攝大乘論釋』, 『大般涅槃經集解』, 『起信論疏筆削記』. ❻ 머물지 않고 자유롭다. 『원오어록』 권6(대정장47, p.740b8)에 "통달한 이는 자유로워 정하여 머물 일 없으니, 무생을 단번에 깨우친 이후로 온갖 영욕에 어찌 슬프고 기쁘겠는가! 達者悠悠無定止 自從頓悟了無生 於諸榮辱何憂喜", 『밀암어록』(대정장47, p.962a10)에 "잎 하나 떨어지니 온 세상 가을이고, 남으로 가고 북으로 와도 끝내 아득하네. 한 구로 통하여 모든 분별 그치니, 상하와 사유에 겨를이 없네. 서천사람 당나라 말 모르고, 소림에 홀로 앉아 깜깜이로 벽만 보네. 一葉落天下秋 南來北往竟悠悠 一句通萬機息 上下四維無等匹 西天人不會唐言 獨坐少林痴面壁"라고 하였다. [참고문헌]『圜悟語錄』, 『密菴語錄』.

유유력대연 有有力待緣 인문육의(因門六義) 또는 사대연(四待緣) 중 하나. 스스로에게 인이 있고(有), 힘이 있어도(有力), 나아가 연을 기다려야(待緣) 과를 성취한다는 뜻이다. 유식의 종자육의(種子六義) 중 인자과의(引自果義)에 의지하여 세웠으니, 인에 유·유력·대연의 뜻을 아울러 이름한 것이다. 『화엄경수현기』 권3(대정장35, p.66b3)에 "(종자육의 중) 여섯째, 저 스스로의 과를 이끌어 드러내는 것(引顯自果 : 引自果)은 유유력대연이다. 왜냐하면 외연을 얻을 때마저도 오직 스스로의 인을 드러내 스스로의 과를 얻는 것이기 때문이다. 六 如引顯自果 是有有力待緣 所以知得外緣時唯顯自因 得自果故", 『섭대승론석』 권2(대정장31, p.166a2)에 "능히 이끌어 스스로의 과를 드러낸다는 것은 스스로의 종자가 스스로의 과를 이끌어 낸다는 말이니, 저 아리야식이 아리야식의 과를 능히 이끌어 내는 것과 같다. 저 곡식의 씨앗이 곡식의 낱알을 이끌어 생산할 수 있는 것과 같다. 이 뜻으로 여섯 번째 이름이 능인현자과다. 能引顯自果者 是自種子能引生自果 若阿黎耶識能引生阿黎耶識果 如穀等種子能引生穀等果 是故六名能引顯自果", 『종경록』 권72(대정장48, p.819c26)에 "다섯 번째, 유유력대연은 스스로 과를 이끄는 뜻이다. 자신의 과를 이끌어 낸다는 것이 바로 있게 된다(有)는 뜻이다. 비록 연을 얻어야 비로소 일어나지만 연의 과를 일으키는 것은 아니기에 이것은 힘이 있다(有力)는 뜻일 뿐이니, 이런 이유가 연을 기다리는(待緣) 뜻이다. 五 有有力待緣 引自果義 由引現自果 是有義 雖得緣方生 然不生緣果 是有力義 卽由此故 是待緣義"라고 하였다. [참고문헌]『華嚴經搜玄記』, 『攝大乘論釋』, 『宗鏡錄』. ⇨ 인문육의 因門六義, 사대연 四待緣, 인자과 引自果, 종자육의 種子六義

유유력부대연 有有力不待緣 인문육의(因門六義) 또는 사대연(四待緣) 중 하나. 유식의 종자육의(種子六義) 가운데 성결정의(性決定義)에 의지해 자성이 바뀌지 않고 머물러 유지되는 유(有)의 뜻이 결정적으로 성취되는 것은 인이 힘은 있으나 연을 기다리지 않을 때라는 뜻이다. 『화엄경수현기』 권3(대정장35, p.66a28)에 "(종자육의 중) 넷째, 결정(決定 : 性決定)이란 이 유유력부대연이다. 왜냐하면 외연이 이르기 전에는 자성을 바꾸는 일이 없음을 알기 때문이다. 四 決定是有有力不待緣 所以知外緣未至性不改自成故", 『섭대승론석』 권2(대정장31, p.329c5)에 "결정이란 말은 이 종자들이 각기 따로 결정적이어서 일체를 좇아 일체를 내지 않는다. 어떤 한 식물의 종자는 언제나 그 식물만을 자라게 한다. 言決定者 謂此種子各別決定 不從一切一切得生 從此物種還生此物", 『종경록』 권72(대정장48, p.819c24)에 "네 번째, 유유력부대연은 결정의 뜻이다. 스스로의 류를 바꾸지 않기 때문이니 그것이 유의 뜻이다. 그러나 스스로 바꾸지 않으면서 과를 내기에 그 과에 유력의 뜻이 있으나, 이 바꾸지 않음은 연력을 말미암지 않기에 연을 기다리지 않는다고 한다. 四 有有力不待緣 是決定義 由自類不改故 是有義 然自不改 而生果故 果有力義 然此不改 非由緣力 故不待緣"라고 하였다. 〔참고문헌〕『華嚴經搜玄記』, 『攝大乘論釋』, 『宗鏡錄』. ⇨ 인문육의 因門六義, 사대연 四待緣, 종자육의 種子六義

유유명 唯有名 Ⓢ nāma-mātra, nāma-mātratā, Ⓣ ming-tsam. 오직 이름만 있을 뿐이라는 말. 『대반야경』 권406(대정장7, p.29a24)에 "보살마하살 오직 이름일 뿐이고, 반야바라밀다도 이름일 뿐이며, 이와 같은 두 이름 또한 이름이 있을 뿐이다. 선현아, 이들 두 이름 나지도 사라지지도 못하리니, 오직 임시로 시설했을 뿐 안에도 없고 밖에도 없으며 그 사이에도 없으니 찾아도 얻을 수 없기 때문이다. 菩薩摩訶薩 唯有名 般若波羅蜜多 唯有名 如是二名 亦唯有名 善現 此之二名 不生不滅 唯假施設 不在內不在外 不在兩間 不可得故", 『변중변론』 권하(대정장31, p.475b8 : *Madhy-vibh.*, p.67)에 "여실히 알고 보니 모든 안색에서 의(意)와 법(法)에 이르기까지 모두 오직 이름 뿐이다라 하여 능히 모든 분별을 대치한다. 이것은 자상에 뒤집힘 없음을 분명히 아는 것이다. 如實知見 一切眼色 乃至意法 皆唯有名 卽能對治 一切分別 應知是於自相無倒 sarvam idaṃ nāma mātraṃ. yad idaṃ cakṣūrūpaṃ yāvan manodhar mā iti yaj jñānaṃ sarvavikalpānāṃ pratipakṣeṇa ayaṃ svalakṣaṇe 'viparyāsaḥ"라고 하였고, 진제(眞諦)역 『중변분별론』 권하(대정장31, p.462a13)에는 유유명언(唯有名言)이라 하였다. 『대승장엄경론』 권5(대정장31, p.614c17 : *Sūtr.*, p.67)에 "꿰뚫어보니 오로지 이름만 있을 뿐이란, 다만 언설이 있을 뿐 뜻이 실로 있었던 적은 없다. 觀故唯有名者 但有言說 無有義故 ādhāne satīti yoniśomanaskāre nāmamātraṃ paśyann ity abhilāpamātram artharahitaṃ"라고 하였다. 〔참고문헌〕『大般若經』, 『辯中邊論』, 『中邊分別論』, 『大乘莊嚴經論』, *Madhy-vibh.*, *Sūtr.*, *Pañca-pr.38.*, *Bodh-bh.36.* ⇨ 명 名, 명색 名色

유유민 劉遺民 352~410. 동진(東晉) 때 정토수행자. 팽성(彭城 : 江蘇省 銅山) 출신. 이름은 정지(程之), 자는 중은(仲恩). 주속지(周續之)·도잠(陶潛) 등과 함께 관직을 버리고 떠난 은둔의 류로서 당시 심양삼은(潯陽三隱)이라 불렸다. 유민이라는 호는 유송(劉宋)의 무제(武帝)가 임금의 명에 굴하지 않는 그의 뜻을 기리고자 붙인 호이다. 후에 여산(廬山)에 들어가 혜원(慧遠)에게 사사를 받을 당시 산에 방 하나를 별도로 만들어 15년 동안 선법(禪法)을 닦았는데 여기서 불광(佛光)을 자주 감득했다. 혜원과 동림사(東林寺)에서 백련사(白蓮社)를 결성하고 정토왕생을 서원하면서 「여산백련사 서문 廬山白蓮社誓文」을 지었는데, 그 문장과 취지가 모두 아름다워 대대로 전하며 읽히고 있다. 410년(의희6) 겨울, 때가 되었음을 예감하여 향을 사르고 예불을 올린 다음 서쪽을 향해 꼿꼿이 앉은 자세로 입적하였다. 『현보 玄譜』 1권 등을 남겼다. 〔참고문헌〕『樂邦文類』 권2(대정장47, p.176a1), 『龍舒增廣淨土文』 권5(대정장47, p.265c29), 『佛祖統紀』 권26(대정장49, p.261c16), 『廬山記』 권3(대정장51, p.1039b28). ⇨ 동림십팔현 東林十八賢, 백련사 白蓮社

유유사속 悠悠四俗 하고 많은 백성들. 사속은 사·농·공·상으로 사민(四民)이라고도 한다. 『치문경훈』 권2 「남곡신법사자경록서 藍谷信法師自鏡錄序」(대정장48, p.1049a16)에 "저 이에 하고 많은 백성들과 끝도 없는 넓은 세상에 이르기까지 어느 집인들 나의 창고 물건이 아니며, 어느 누군들 나의 자제 아니겠는가! 若乃悠悠四俗 茫茫九土 誰家非我之倉儲 何人非予之子弟"라고 하였다. 〔참고문헌〕『緇門警訓』. ⇨ 유유 悠悠❸, 사민 四民, 남곡 藍谷

유유색법 唯有色法 오직 색법만 있음. 법처색(法處色)을 제한 색. 삼과(三科) 중 색온(色蘊)·십처(十處)·십계(十界)다. 『식신족론』 권11(대정장26, p.582c9)에 "육식신이 있으니 안식·이식·비식·설식·신식·의식이다. 모든 유색법은 육식으로 분별하지만, 유유색법만은 오식으로 알며, 모든 무색법은 한 가지 식으로는 알지만, 오직 무색인 법은 식으로는 알 수 없다. 有六識身 謂眼識耳鼻舌身意識 諸有色法 六識所識 唯有色法 五識所識 諸無色法 一識所識 唯無色法 非識所識", 『품류족론』 권18(대정장26, p.766a9)에 "유유색법은 십계와 십처와 일온에서 거두고 지(智)로 아는 것이 아니어서 오식으로만 알기에 번뇌도 따라 더하지 않는다. 唯有色法 十界十處一蘊攝 非智知 五識識 非隨眠隨增"라고 하였다. 〔참고문헌〕『識身足論』, 『品類足論』. ⇨ 유색법 有色法, 무색법 無色法

유유생사 有有生死 사종생사(四種生死) 중 하나. 미래의 생인 후유(後有)가 또 한 번 남아 있는 의생신(意生身)의 성인들이다. 『무상의경』 권상(대정장16, p.472b18)에 "무명주지가 일으킨 유유생사는 저 삼계 안의 일어난 난이다. 無明住地所起有有生死 如三界內生難", 『불성론』 권2(대정장31, p.799a22)에 "셋째 유유생사란, 무명주지를 방편 삼고 무루업으로 인을 삼은 것이니, 세 가지 성인이 바로 이런 의생신이다. 예를 들면 저 사취로 연을 삼고, 유루업이 인이 되어 삼계 안에 생기는 몸이다. 유유(有有)란, 미래의 생이 있어 다시 한 번의 생이 있게 되기에 유유라고 한다. 저 상류아나함인이 두 번째 생에서 반열반에 드는 경우이니, 한 번의 생이 있기에 유유라고 한다. 三 有有生死者 是無明住地爲方便 無漏業爲因 三種聖人是意所生身 譬如四取爲緣 有漏業爲因 三界內生身 有有者 未來生有 更有一生 名爲有有 如上流阿那含人 於第二生中 般涅槃者 餘有一生故 故名有有"라고 하였다. [참고문헌] 『無上依經』, 『佛性論』. ⇨ 사종생사 四種生死, 의생신 意生身

유유일승법 唯有一乘法 ➡ 시방불토중유유일승법 十方佛土中唯有一乘法, 무이역무삼 無二亦無三

유유일승법무이역무삼 唯有一乘法無二亦無三 ➡ 시방불토중유유일승법 十方佛土中唯有一乘法, 무이역무삼 無二亦無三

유유저개재 猶有這箇在 오히려 할 말 남아 있다는 말. 『대혜어록』 권7(대정장47, p.838b2)에 "대중에게 보인다. '옛 사람이 이르길 「타인이 머무는 곳에 나는 머물지 않고 타인이 가는 곳에 나는 가지 않는다. 남들과 어울리지 못해서가 아니라 대체로 흑백이 분명하기 때문이다」라고 하였다'. 할을 한 번 하고 말했다. '오히려 할 말 남았구나. 나라면 그렇게 하지 않겠다. 타인이 머무는 곳에 나 또한 머물고 타인이 가는 곳에 나 또한 간다'. 示衆 古人道 他人住處我不住 他人行處我不行 不是與人難共聚 大都緇素要分明 喝一喝云 猶有這箇在 雲門卽不然 他人住處我亦住 他人行處我亦行", 『벽암록』 58칙 「착어 著語」(대정장48, p.191b13)에 "거듭 공안 겹치니, 이야말로 사람 믿지 못한 곳이구나. 저울추 매달리더니 굳기가 무쇠인 듯하구나. 오히려 그 속에 있으려니 자기 가져 사람길 막지 마라. 兩重公案 也是疑人處 踏著秤鎚硬似鐵 猶有這箇在 莫以己妨人"라고 하였다. [참고문헌] 『大慧語錄』, 『碧巖錄』.

유유정토일문 唯有淨土一門 오직 정토 하나의 문만이 있을 뿐. 『안락집』 권상(대정장47, p.13c10)에 "참으로 지금 말법이어니 드러난 것 모두 오탁악세다. 오로지 정토라는 하나의 문이 있을 뿐이어서 가히 통하고 들어갈 길이다. 이 때문에 『무량수경』에서 '만일 어떤 중생이 설령 일생 악을 지었더라도 목숨을 마칠 때에 열 번을 이어서 나의 명호를 외우고도 나의 국토에 태어나지 못한다면 정각을 취하지 않겠습니다'라고 서원한 것이다. 當今末法 現是五濁惡世 唯有淨土一門 可通入路 是故 大經云 若有衆生 縱令一生造惡 臨命終時 十念相續 稱我名字 若不生者 不取正覺"라고 하였다. [참고문헌] 『安樂集』, 『無量壽經』 권상(대정장12, p.268a26).

유유통설 有流通說 유통을 설함이 반드시 있음. 『금강반야소』 권1(대정장33, p.91c4)에 "오직 가까운 당대에만 이로운 것이 아니라 또한 멀리 미래까지 영향을 미쳐야 하므로 유통을 설함이 반드시 있어야 한다. 非唯近益當時 亦乃遠被來葉 故有流通說"라고 하였다. [참고문헌] 『金剛般若疏』. ⇨ 유통분 流通分

유은망상 幽隱妄想 그윽히 숨은 듯 움직이는 망상. 사망상(四妄想) 또는 오망상(五妄想) 중 하나. 행온(行蘊 : 行陰)에 상응하는 망상을 말한다. 『능엄경』 권10(대정장19, p.151c7)에 "저 (아지랑이) 맑은 듯 흔들리며 피어 오르던 본래의 자성, 그 자성 본래 맑음으로 돌아가 단번에 본래 모습 깨끗해지듯 하고, 저 파도 은빛으로 부서지다가도 사라져 고요한 물로 돌아가듯 하니, 그 이름 행음이 다했다 하고, 이 사람이야말로 중생의 모든 어둠 능히 넘어섰다 하리니, 그 연유 고요히 살펴보니, 그윽히 숨은 망상 그것이 뿌리일 따름이네. 若此淸擾 熠熠元性 性入元澄 一澄元習 如波瀾滅 化爲澄水 名行陰盡 是人則能超衆生濁 觀其所由 幽隱妄想以爲其本", 『능엄경요해』 권19(卍속장17, p.884a18)에 "행음이야말로 숨은 듯 움직이니 참으로 깨우쳐 알 수 없다. 그러므로 유은망상이라고 한다. 行陰密移 曾無覺悟 故曰幽隱妄想"라고 하였다. [참고문헌] 『楞嚴經』, 『楞嚴經要解』. ⇨ 사망상 四妄想, 오망상 五妄想

유음 遺蔭 남긴 그늘. 앞서간 이의 공덕과 영광으로 남아 전하는 그윽한 덕을 말한다. 『치문경훈』 권6(대정장48, p.1070a14)에 "아침 죽과 점심 밥도 이치에 합하게 정성스럽고 풍족하며, 네 가지로 공양함에 하나도 부족함이 없게 하라. 세존께서 이천 년 동안 남긴 그늘로 그 자손을 덮어 주셨으니 백호광 일분의 공덕일지라도 받아 씀에 다함이 없다. 二時粥飯 理合精豐 四事供須 無令缺少 世尊二千年遺蔭 蓋覆兒孫 白毫光一分功德 受用不盡"라고 하였다. [참고문헌] 『緇門警訓』, 『廣弘明集』 권24(대정장52, p.277a28).

유음 類音 중생 각 류들의 소리. 보살은 각각의 류들 소리에 응해 제법을 설하는 승행이 있다. 『보살행문제경요집』 권상(대정장17, p.936c26)에 "수행하는 보살에게는 다시 여섯 가지 상응하는 법행이 있어 일체의 깊고 깊은 법행에 잘 들어간다. 어떤 것이 그 여섯 가지인가? 첫째, 수행보살은 저 지옥에 나더라도 천상쾌락을 누린다. 둘째, 축생으로 나더라도 인간의 가장 승묘한 쾌락을 누린다. 셋째, 가난한 집에 나더라도 전륜성왕의 쾌락을 누린다. 넷째, 육취에 나더라도 각각에서 단엄하고 수승한 본래의 몸을 드러내니 누구보다 뛰어나다. 다섯째, 선교방편으로 시방의 모든 부처님세계를 두루 놀지만 가고 옴이 없이 편안히 그대로 움직이지 않고도 일체불찰에 그 몸 나툰다. 여섯째, 류들의 음을 따라 모든 법을 연설하지만 뒤섞여 어지럽지 않다. 修行菩薩 復有六種相應法行 善入一切甚深法行 何者爲六 所謂一者 修行菩薩 若生地獄 受天快樂 二者 若生畜生 則受人間上妙快樂 三者 若生貧家 則受轉輪聖王快樂 四者 若生六趣 各現本身 端嚴殊勝 無能過者 五者 善巧方便 遊歷十方諸佛刹土 無去無來 安然不動 於一切佛刹 示現其身 六者 以隨類音 演說諸法 而不雜亂", 같은 책 권상(대정장17, p.937b14)에 "세존이시여, 어찌하여 수행하는 보살은 일체이류중생들에게 그들 류의 음을 따라 설법하여도 이 모든 말과 음이 섞여 어지럽지 않습니까? 世尊 如何修行菩薩 於一切異類衆生 隨其類音 而爲說法 是諸言音 而無雜亂"라고 하였다. 〔참고문헌〕『菩薩行門諸經要集』, 『攝大乘論釋』 권9(대정장31, p.436c17).

유음사 維陰寺 경상북도 고령군 개진면 양전리에 있던 절. 현재는 탑석(塔石)과 기와 조각만 남아 있다. 〔참고문헌〕『한국사지총람』 권하(문화재청·佛敎文化財硏究所, 2010) p.137.

유의 有依 ❶ Ⓢ sāśraya, niśrita, sanātha, Ⓟ nissita, Ⓣ rten-dang-bcas-pa, rten, mgon-yod-pa. 의지함이 있음. 『구사론』 권4(대정장29, p.21c18 : *Abh-k-bh.*, p.61)에 "심·의·식의 체는 하나요, 심과 심소는 의·연·행상·상응이라는 다섯 가지의 뜻이 있다. 心意識體一 心心所有依 有緣有行相 相應義有五 cittaṃ mano 'tha vijñānam ekārthaṃ cittacaitasāḥ, sāśrayālambanākārāḥ saṃprayuktāś ca pañcadhā", 『유가사지론』 권83(대정장30, p.761c18)에 "유의란 말은, 사의를 모두 갖추어 모자라거나 무너짐이 없다는 뜻이다. 言有依者 具足四依 無失壞故"라고 하였다. 〔참고문헌〕『俱舍論』, 『瑜伽師地論』, *Abh-k-bh.*, *Sūtr. 5.*, *Bodh-bh.86.*, *MN.3.266.* ❷ 의지함 있음. 교에만 의지하여 증득하지 못함의 뜻이다. 성문승(聲聞乘)이 대승경계에 증입(證入)할 수 없는 다섯 가지 이유 중 하나. 『대승장엄경론』 권1(대정장31, p.591c21)에 "다섯 가지 인이 있으므로 저 분별로 헤아리는 자 능히 대승경계에 들어갈 수 없다. 즉 저들의 지는 의지함이 있기 때문이고, 정하지 못하기 때문이며, 세속을 연하기 때문이고, 두루할 수 없기 때문이며, 퇴굴하기 때문이다. 저들에게 의지하는 것이 있다는 말은, 지를 교에 의지해 낼 뿐 증한 지는 아니기 때문이다. 由有五因 彼忖度者 不能得入 大乘境界 彼智有依故 不定故 緣俗故 不普故 退屈故 彼有依者 智依敎生 非證智故"라고 하였다. 〔참고문헌〕『大乘莊嚴經論』. ❸ 보시(布施)의 뜻. ⇨ 유의칠복업 有依七福業

유의 有義 ❶ 뜻이 있다. 『대지도론』 권48(대정장25, p.408b11)에 "또한 모든 다라니법은 다 글자와 언어로부터 생긴다. 사십이자는 일체자의 근본이니, 이 자로 인하여 말이 있고, 말로 인하여 이름이 있으며, 이름으로 인하여 뜻이 있다. 보살이 만일 글자를 들으면 이 자로 인하여 그 뜻을 분명하게 안다. 復次 諸陀羅尼法 皆從分別字語生 四十二字 是一切字根本 因字有語 因語有名 因名有義 菩薩若聞字 因字乃至 能了其義"라고 하였다. 〔참고문헌〕『大智度論』. ❷ 의견(義)이 있다는 말. 『성유식론』 권5(대정장31, p.23b20)에 "이 염오의는 어떤 수와 상응하는가? 다음과 같은 뜻이 있다. '이것과 함께하는 것은 오직 희수뿐이다. 항상 안으로 아라는 집착에 의해 희수를 일으키기 때문이다'. 다음과 같은 뜻도 있다. '그렇지 않다. 마땅히 희수는 유정천(有頂天)에 이르러야 한다. 此染汚意 何受相應 有義 此俱 唯有喜受 恒內執我 生喜受故 有義 不然 應許喜受 乃至有頂"라고 하였다. 〔참고문헌〕『成唯識論』.

유의 喩依 ➡ 유의유체 喩依喩體

유의 喩疑 동진(東晉) 때 혜예(慧叡 355~439) 지음. 1편. 『출삼장기집』 권5, 대정장55, pp.41b2~42c1에 수록되어 있다. 담락(曇樂) 등이 『반야경』·『법화경』·『열반경』 등 세 경전에 회의를 품고 제기하는 견해에 대한 비판으로 지은 글이다. 구마라집(鳩摩羅什)의 제자인 필자가 이들의 악견을 비판하고 세 경전의 진실을 널리 알렸다. 〔참고문헌〕『弘贊法華傳』 권2(대정장51, p.15b17), 『開元釋敎錄』 권10(대정장55, p.574c17).

유의광명색 有依光明色 의지처 있는 빛나는 색. 네 가지 색(色) 중 하나로 스스로 빛을 내는 색. 발광체로부터 떨어져 반사(反射)하는 빛인 무의광명색(無依光明色)의 상대어이다. 『유가사지론』 권3(대정장30, p.292c25)에 "네 가지 색을 건립한다. 즉 유의광명색·무의광명색·정부정광명색·적집주색 등을 말한다. 立四種謂有依光明色 無依光明色 正不正光明色 積集住色", 『유가사지론약찬』 권2(대정장43, p.23b26)에 "유의광명이란 물질의 광명이고, 무의광명이란 물질을 벗어난 광명을 말한다. 혹은 물질에 부착된 광명을 유의광명이라 하고, 물질에서 멀리 떨어진 광명을 무의광명이라 한다. 有依光明者 卽質光明 無依光明者 謂離質光明 或附質光明 名有依 遠質光明 名無依"라고 하였다. 〔참고문헌〕『瑜伽師地論』, 『瑜伽師地論略纂』, 『瑜伽論記』 권1(대정장42, p.335b2). ⇨ 무의광명색 無依光明色, 정부정광명색 正不正光明色, 적집주색 積集住色

유의기시첨의기 有意氣時添意氣 기개가 있을 때 기개를 더하라는 말. 기세가 넘치는 순간에 더욱 기세를 발휘하여 목표에 확실히 도달하라는 뜻. 풍류가 없는 곳에서 풍류를 즐기라는 뜻의 '불풍류처야풍류(不風流處也風流)'와 대구다. 『굉지광록』 권1(대정장48, p.11a1)에 "확 트인 듯 한 생각에 연 모두 잊으니, 고요히 사라져 시방에 깃들 일 없네. 눈앞에 놓고 둘 일 없으니, 지금 이 자리에 무엇을 수고롭게 하리요. 풍류가 없는 곳이야말로 풍류이고, 뜻과 기운 있을 때야말로 뜻과 기세 더하리. 廓然一念忘緣 泊爾十方無寄 現前不用安排 直下何勞擬議 不風流處也風流 有意氣時添意氣", 『고봉어록』 권상(卍속장122, p.658b5)에 "법좌에 올라 '나뭇잎 하나가 떨어져 가을 깃들고, 한 티끌 일어나 대지를 거두네' 한 뒤 할을 내지르고 말했다. '기개 있을 때 더욱 기개 더하고, 풍류가 없는 곳이야말로 풍류로다'. 上堂 一葉落天下秋 一塵起大地收 喝一喝云 有意氣時添意氣 不風流處也風流"라고 하였다. 〔참고문헌〕『宏智廣錄』, 『高峰語錄』. ⇨ 불풍류처야풍류 不風流處也風流

유의니 瑜儗尼 Ⓢ yoginī. 여성 유가행자. 『대비공지경』 권1(대정장18, p.588b26)에 "부처님께서 모든 유의니의 종자자에 대하여 말씀하셨다. 佛言 一切瑜儗尼 種子字"라고 하였다. 〔참고문헌〕『大悲空智經』, *Ht.2.* ⇨ 요가 Yoga, 유기 瑜祇

유의리 有義利 Ⓢ satya. 뜻에 유익함이 있음. 『대승집보살학론』 권2(대정장32, p.78c19 : *Śikṣ.*, p.15)에 "『심심교계경 Adhyāśayasaṃcodana-sūtra』에 이르길 '저 자씨인중의 사종변재는 곧 제불의 말씀이다. 무엇들이 네 가지인가. 첫째 뜻에 있어 유익함 없음에서 유익함 있음을 가려낸 것이다. 深心教誡經說 如慈氏因中 四種辯才 卽諸佛語 何等爲四 一者 擇有義利 揀非義利 etad-adhyāśaya-saṃcodana-sūtre vacanāt api tu maitreya caturbhiḥ kāraṇaiḥ pratibhānaṃ sarvabuddha-bhāṣitam. katamaiś-caturbhiḥ. iha maitreya pratibhānaṃ satya upasaṃhitaṃ bhavati, na-asatya-upasaṃhitam"라고 하였다. 〔참고문헌〕『大乘集菩薩學論』, *Śikṣ.*

유의무의 有義無義 ❶ Ⓢ artha-anartha. 유의 뜻과 무의 뜻. 『십지경』 권4(대정장10, p.550c20 : *Daś-bh.*, p.28)에 "혜를 따라 행하는 자란, 유의 뜻과 무의 뜻 모두에서 선교를 얻기 때문이다. 名隨慧行者 於有義無義二俱句中 得善巧故 artha-anartha-saṃbheda-pada-kuśalatayā abhijñā-nirhāra-prāptaś ca bhavati"라고 하였다. 〔참고문헌〕『十地經』, *Daś-bh.* ❷ 인명(因明) 용어. 주제를 세움에 있어서도 논의 후의 결과에 있어서도 의미 있음의 뜻. 세운 뜻에 대하여 논의, 즉 차와 표가 가능한, 주제설정이 타당한 법. 또는 표하는 자와 막는 자가 함께 받아들인 결과의 법을 말한다. 『사종상위단약기』(대정장69, p.390c26)에 "〔문〕 어떤 것을 유의와 무의라고 하는가? 〔답〕 대개 부정도 긍정도 있으면 유의라고 하며, 오직 부정만 하고 표하지 못하면 무의라고 한다. 또 입론자와 문난자가 함께 받아들이는 법은 유의라 하며, 함께 인정하지 못하는 법을 무의라고 한다. 問 且云何云有義無義等 答 凡有遮表 云有義 唯遮非表 云無義 又立敵共許法 云有義 不共許法 云無義也"라고 하였다. 〔참고문헌〕『四種相違斷略記』. ⇨ 의 義❸

유의사 有義事 뜻 있는 일. 행함에 헛되지 않아 의미 있음의 뜻이다. 『경덕전등록』 권13 「규봉종밀전 圭峯宗密傳」(대정장51, p.308b6)에 "뜻 있는 일을 할 수 있어야 비로소 성성히 깨우친 마음이다〈의는 의리를 말하며, 어질거나 은혜로운 뜻이 아님을 밝힌다. 무슨 일을 하거나 먼저 이로움과 해로움을 상세히 하여 그 까닭이 반드시 있고 도리에 맞아야 한다. 그런 다음에 행해야 비로소 취하거나 미친 사람과 같은 꼴을 면할 수 있다〉. 作有義事 是惺悟心〈義謂義理 非謂仁義恩義意明 凡所作爲 先詳利害 須有所以 當於道理 然後行之 方免同惛醉顚狂之人也〉", 『대혜어록』 권24 「시성기의 示成機宜」(대정장47, p.912b28)에 "규봉선사 이르길 '뜻 있는 일 해내야 깨달은 마음이요, 뜻 없는 일 하는 이 광란의 마음이다. 광란은 정념을 따를 뿐 임종 때 업에 끌려가지만, 성성한 깨우침 정을 따르지 않으리니 임종에 능히 업을 뒤치리니, 이것이야말로 이치다. 圭峯禪師云 作有義事 是惺悟心 作無義事 是狂亂心 狂亂由情念 臨終被業牽 惺悟不由情 臨終能轉業 亦此理也"라고 하였다. 〔참고문헌〕『景德傳燈錄』, 『大慧語錄』.

유의선 有依善 Ⓢ aupadhikam kuśala. 열 가지 선(善) 중 하나. 『유가사지론』 권3(대정장30, p.292a13 : *Yogā-bh.*, p.62)에 "모든 선법은 한 가지로 세우기도 하니 죄 없음의 뜻이기 때문이다, … 또는 열 가지로 세우니 유의선 무의선 … 대승소섭선이다. 諸善法 或立一種 由無罪義故 … 或立十種 謂有依善 無依善 … 大乘所攝善 ekavidhaṃ kuśalam-anavadyārthena … daśavidham-aupadhikaṃ niraupadhikaṃ … mahāyānasaṃgṛhītaṃ"라고 하였다. 〔참고문헌〕『瑜伽師地論』, *Yogā-bh.* ⇨ 무의선 無依善, 십종선 十種善

유의선 劉義宣 415~454. 송무제(宋武帝)의 여섯째 아들. 424년 경릉왕(竟陵王)에 봉해졌고, 남초왕(南譙王)・남군왕(南郡王) 등으로 개봉(改封)되었다. 『역대삼보기』 권10(대정장49, p.91b5)에 "『현재불명경』 3권〈원가 29년(452) 정월 7일, 형주에서 남초왕 유의선이 한역하였다〉. 現在佛名經 三卷〈元嘉二十九年正月七日 於荊州

爲南譙王劉義宣譯)"라고 하였다. [참고문헌]『歷代三寶紀』, 『梁高僧傳』 권7(대정장50, p.370c21).

유의열반 有依涅槃 유여의열반(有餘依涅盤 : 有餘涅槃)을 달리 이르는 이름. 『유가사지론』 권79(대정장30, p.738c6)에 "여래께서는 저 유의열반에 있어서도 차별상이 없으시다. 如來 於彼有依涅槃 無差別想"라고 하였다. [참고문헌]『瑜伽師地論』. ⇨ 유여열반 有餘涅盤

유의유체 喩依喩體 유의(喩依)와 유체(喩體). 인명(因明)의 삼지작법(三支作法) 중 유지(喩支)를 구성하는 두 부분으로, 유체란 논지를 증명하기 위해 선정된 비유 자체이고, 유의란 유체가 의지하는 구체적인 사례다. 예를 들면 '소리는 무상(無常)하다. 만들어진 것이기 때문에. 마치 병(甁)처럼'의 논식(論式)에서 '마치 병처럼'의 만들어진 '병'에 드러나는 무상성(無常性)은 유체이고, 그 '병'은 유의이다. 유(喩)에는 동유(同喩)와 이유(異喩)가 있는데, '동유'의 '유체'를 동법유체(同法喩體)·동유체(同喩體)라 하고, '동유'의 '유의'를 동법유의(同法喩依)·동유의(同喩依)라고 한다. 예를 들면 위의 논식의 경우 동유체는 '만들어진 것은 무상하다'이고, 동유의는 '병'이다. 또한 '이유'의 '유체'를 이법유체(異法喩體)·이유체(異喩體)라 하고, '이유'의 '유의'를 이법유의(異法喩依)·이유의(異喩依)라고 한다. 예를 들면 이유체는 '무상하지 않은 것은 만들어진 것이 아니다'이고, 이유의는 '허공처럼'의 허공이다. 『인명입정리론소』 권중(대정장44, p.111b22)에 "'저 공(空) 등'이라 한 것은 이 '유의'를 들어 '유체'를 밝힌 것이다. 如空等者 此擧喩依 以彰喩體", 『인명입정리론소후기』 권상(卍속장87, p.13a11)에 "'유의'란 '병·화분 이것이다'라 함이고, '유체'란 병·분 상에 능히 세우고 서게 한 것, 즉 드러내고 드러나게 하는 뜻이다. 喩依者 卽甁盆是 喩體者 卽是甁盆上 能立所立也", 『인명입정리론집해』(卍속장87, p.115a9)에 "병 등은 '유의'이고, 각각은 만들어진 것이라는 성질은 '유체'이다. 甁等是喩依 各有所作性是喩體"라고 하였다. [참고문헌]『因明入正理論疏』, 『因明入正理論疏後記』, 『因明入正理論集解』. ⇨ 유 喩, 삼지작법 三支作法, 인명 因明

유의청식 有衣請食 공양을 청하면서 가사도 함께 준비하는 것. 『십송율』 권12(대정장23, p.89a18)에 "부처님께서 사위국에 계실 때 비구들이 사위성에 들어가 걸식을 하였다. 이때 '유의청식'을 받았는데 청하는 주인이 말했다. '저의 음식을 받으시는 분께 마땅히 가사도 보시하겠습니다'. 비구들은 말했다. '부처님께서는 저희들이 옷을 얻을 목적으로 자주 먹는 것을 아직 허락하지 않으셨습니다'. 여러 비구들은 어찌해야 할지를 몰라서 이 일을 부처님께 여쭈었다. 부처님께서는 이 일로 비구들을 모아 갖가지 인연으로 계와 계를 가짐을 칭찬하셨다. 계와 지계를 칭찬하시고서 비구들에게 말씀하셨다. '지금부터는 옷을 인연하여 비구들이 자주 공양 받는 것은 허락한다'. 佛在舍衛國 爾時 諸比丘 入舍衛城乞食 時得有衣請食 請主言 受我食者 當以衣施 諸比丘言 佛未聽我等 爲衣故數數食 諸比丘 不知云何 是事白佛 佛以是事集比丘僧 種種因緣 讚戒讚持戒 讚戒讚持戒已 語諸比丘 從今衣因緣故 聽諸比丘數數食"라고 하였다. [참고문헌]『十誦律』, 『薩婆多毘尼』 권10(대정장23, p.623a22).

유의칠복업 有依七福業 Ⓢ sapta-aupadhika-puṇya-kriyā. 의지함이 있는 일곱 가지 복업(福業). 출가대중이든 중생이든 생활이나 목숨을 유지할 근거가 되는 것들을 베푸는 뜻을 유의(有依)의 보시라 한다. 칠유의복(七有依福)·칠종의복업(七種依福業) 등이라고도 한다. 『구사론』 권13(대정장29, p.69a9 : *Abh-k-bh.*, p.196)에 "모든 깨끗한 믿음이 있는 저 선남자나 선여인이 '유의의 일곱 가지 복업'을 성취하면 가거나 머물거나 자거나 깨어있거나 어느 때나 상속하여 복업이 점점 더하고 연이어 일어난다. 무의 또한 그러하다. 諸有淨信若善男子 或善女人 成就有依七福業事 若行若住 若寐若覺 恒時相續 福業漸增 福業續起 無依亦爾 ebhiḥ saptabhir aupadhikaiḥ puṇyakriyāvastubhiḥ samanvāgatasya śrāddhasya kulaputrasya kuladuhitur vā carato vā svapato vā tiṣṭhato vā jāgrato vā satatasamitam abhivardhata eva puṇyam upajāyata eva puṇyam. evaṃ niraupadhikaiḥ", 『구사론기』 권13(대정장41, p.206a4)에 "유의의 일곱 가지 복업을 성취한다는 말은, 첫째 나그네에게 객사를 베풂, 둘째 길을 가는 이에게 베풂, 셋째 병든 이를 보호함, 넷째 병든 이를 간병하는 것, 다섯째 원림을 보시하는 것, 여섯째 걸식하는 이에게 보시함, 일곱째 때에 따라 베푸는 것 등이다. 成就有依七福業事者 一 施羈旅客 二 施路行人 三 施有病人 四 施侍病人 五 施園林 六 施常乞食 七 隨時施"라고 하였다. 『중아함경』 권2 「세간복경 世間福經」(대정장1, p.428a1)에서는 비구중에게 방사나 당각을, 방사 중에 좌상이나 와구를, 방사 중에 정묘한 옷을, 방사중에게 아침의 죽과 중식을 원민들로 하여금 공급하게 하는 일·날씨가 좋지 않으면 스스로 승원에 가서 공양하는 것·비구들이 음식이나 옷에 대한 근심없이 밤낮으로 편안히 선정사유하게 하는 것 등 일곱 가지 세간복을 설하고 있다. [참고문헌]『俱舍論』, 『俱舍論記』, 『中阿含經』, *Abh-k-bh.* ⇨ 칠유의복 七有依福

유이숙 有異熟 Ⓢ sa-vipāka. 이숙이 있음. 뚜렷한 자성, 즉 유기성(有記性)의 유루법(有漏法)을 말하며 무이숙(無異熟)의 상대어이다. 『구사론』 권3(대정장29, p.16b4 : *Abh-k-bh.*, p.45)에 "〔논〕 앞에서 설한 것처럼 우근에는 마땅히 정해진 이숙이 있다. 유(唯)와 월(越)의 뜻에 의하여 송에서 '정해진'이라고 하였으니, 말하자면 '우근'에는 '오로지' 이숙이 있을 뿐이라 하고는, 아울러 '두 가지의 뜻을 갖추었기에'라고 한 것은 순서를 '뛰넘어' 말하였음을 드러낸 것이다. 여기서 '두 가지 뜻을 갖추었다'란 '우'는 무기가 아니니 강한 사를 일으키기 때문이고, 또한 무루도 아니니 오로지 산의 경지이기 때문이다. 이러한 연유에서 순서를 넘어 먼저 '우근에는 정해진 이숙이 있다'고 말한 것이다. 論曰 如前所說 憂根當知定有異熟 依唯越義 頌說定聲 謂顯憂根 唯有異熟 兼具二義 故越次說 具二義者 憂非無記 强思起故 亦非無漏 唯散地故 由此越次 先說憂根定有異熟 tad ekaṃ sa vipākam eva. tuśabda evakārārtho bhinnakramaś ca veditavyaḥ. na hi tad avyākṛtam asti nāpy anāsravam asamāhitatvāt. ato nāsty avipākaṃ daurmanasyam", 『대승아비달마잡집론』 권5(대정장31, p.716b25)에 "무엇이 '유이숙'이고, 몇 가지가 '유이숙'인가? 어떠한 의미로 '유이숙'을 관하는가? 말하자면 불선과 선한 유루가 '유이숙'이다. 불선법과 유루선법을 연유하여 장차 아뢰야식과 상응하는 이숙이 있게 된다. 云何有異熟 幾是有異熟 爲何義故 觀有異熟耶 謂不善 及善有漏 是有異熟 由不善及有漏善法 能有當來 阿賴耶識 及相應異熟", "저 이숙으로 말미암아 이 두 종을 '유이숙'이라고 하는데, 십계·사처·모든 온의 일분이 유이숙이다. 십계란 칠식·색·성·법 등의 계를 말하고, 사처란 색·성·의·법 등의 처를 말하며, 모든 온의 '일분'이란 무기와 무루를 제한 것을 말한다. 버리든 집착하든 여러 온의 아를 능히 버리고 능히 이어가기에 '유이숙'을 관찰한다고 한다. 由彼異熟故 此二種 名有異熟 十界 四處 諸蘊一分 是有異熟 十界者 謂七識 色 聲 法界 四處者 謂色 聲 意 法處 一分者 謂除無記無漏 爲捨執著 能捨能續 諸蘊我故 觀察有異熟"라고 하였다. 〔참고문헌〕『俱舍論』, 『大乘阿毘達磨雜集論』, *Abh-k-bh.*, *Abh-s.30.*, *Abh-s-bh.44.* ⇨ 이숙 異熟, 무이숙 無異熟

유이숙법 有異熟法 이숙이 있는 법. 선·악이 뚜렷하여 받아 씀이 이어지는 유루법을 말하며, 무이숙법(無異熟法)의 상대어다. 구역(舊譯)은 유보법(有報法)이다. 『품류족론』 권6(대정장26, p.716b14)에 "유이숙법이란 어떤 것인가? 불선과 선의 유루법을 말한다. 有異熟法云何 謂不善善有漏法", 『유가사지론』 권66(대정장30, p.664c6)에 "간략히 유이숙법을 설한다. 루와 유루인 저들이 반드시 힘이 있고 손상됨 없이 받아 씀에 아직 다하지 않음을 유이숙법이라 이름한다. 略說有異熟法 謂漏及有漏 彼要有力 不被損害 受用未盡 當知是名有異熟法", "모든 '루' 중 저 불선한 것들을 '힘이 있다'라고 부르며, 유부무기는 '힘이 없다'고 한다. 저 '유루' 중 선이나 불선은 '힘이 있다'고 하며, 그 나머지 것을 '힘이 없다'고 한다. 於諸漏中 若不善者 說名有力 有覆無記 說名無力 於有漏中 若善不善 說名有力 餘名無力", "만약 '루'와 '유루'가 세간과 출세간의 두 가지 이욕도로 끊어지면 손해를 입었다고 하며, 이것과 반대이면 손해를 입지 않았다고 한다. 若漏有漏 爲世出世 二離欲道之所斷者 名被損害 與此相違 名不損害", "만약 과거세에 그 이숙과가 이미 성숙하였던 것이면 받아 씀이 이미 다하였다고 하는데, 저 이숙과는 이미 가버렸기에 다시는 있을 수 없다. 만약 미래세에 장차 이숙과를 부여받거나 현재세에 그 이숙과가 바로 눈앞에 나타난다면 수용이 아직 다하지 않은 것이다. 若過去世 其異熟果 已成熟者 名受用已盡 彼異熟果 已過去故 更無所有 若未來世 當與異熟果者 若現在世 其異熟果 正現前者 名受用未盡", "이런 차별로 '루'와 '유루'는 그대로 따른 것이며, 저 선이나 불선은 아직 다스려서 끊임이 없고, 그 이숙과가 앞서 이미 성숙되지 않았다면 이와 같은 것을 유이숙법이라고 한다. 由此差別 漏及有漏 如其所應 若善不善 未被治斷 其異熟果 非先已熟 如是乃名 有異熟法"라고 하였다. 〔참고문헌〕『品類足論』, 『瑜伽師地論』. ⇨ 이숙 異熟, 유보 有報, 유이숙 有異熟, 무이숙법 無異熟法

유이숙심 有異熟心 Ⓢ citta-vikāra, Ⓣ sems-kyi 'gyur-ba. 이숙이 있는 마음. 이숙과를 초래하는 마음을 말하며 이숙식(異熟識)·심전이(心轉異)라고도 한다. 『구사론』 권30(대정장29, p.159a23 : *Abh-k-bh.*, p.478)에 "아직 충분히 변하지 않았을 때 미래를 예상하여 이름하고, 혹은 종자인 듯 하기에 세간의 설로 종을 삼듯이, 이숙도 이와 같으니 앞의 이숙이 정법이나 사법 등을 들으면 여러 가지 선악의 인연을 일으켜 곧바로 온갖 선유루나 불선유루를 낳게 되니, 이숙이 있는 마음이다. 이로부터 이끌어 나기에 상속하여 뒤쳐 변하며 거듭거듭 능히 이끌고, 거듭 변하여 차별하게 된다. 이 차별을 좇아 뒤의 이숙이 날 뿐 다른 것을 좇아 일어나는 것은 아니다. 未熟變時 從當名說 或似種故 世說爲種 此亦如是 卽前異熟 遇聞正邪等 諸起善惡緣 便能引生 諸善有漏 及諸不善 有異熟心 從此引生 相續轉變 展轉能引 轉變差別 從此差別 後異熟生 非從餘生 bhāvinyā tu saṃjñayā sādṛśyād vā pūrvako 'pi saṃtāno bījam ity ākhyāyate. evam ihāpi tasmād vipākād yadi sad asaddharmaśravaṇādipratyayaviśeṣajaḥ kuśalasāsravo 'kuśalo vā cittavikāra utpadyate tasmāt punar vikārāntaram utpadyate nānyatheti samānam etat"라고 하였다. 〔참고문헌〕『俱舍論』· 권22(대정장29, p.310b26), 『成唯識論』 권3(대정장31, p.16a1

6), *Abh-k-bh.* ⇨ 이숙식 異熟識

유익 有益 Ⓢabandhya. 더함이 있음. 또는 유익함이 있게 됨. 『대승장엄경론』 권9(대정장31, p.634b26)에 "항상 부처님 계신 세상에 태어나길 바란다는 말은 인공양을 말한다. 과거세에 세운 서원이 있음으로 부처님 계신 세상에 태어나고 나에게 유익함 있게 되니 공양이 헛되지 않게 됨이다. 常願生佛世者 謂因供養 由有宿願 願生佛世 令我有益 不虛供養故"라고 하였다. 〔참고문헌〕『大乘莊嚴經論』, *Sūtr.118.*

유익성 有益聲 Ⓢsahitā, Ⓣ'brel-pa. 육십종성(六十種聲) 중 하나. 유익함 가득한 소리. 『대승장엄경론』 권6(대정장31, p.619c17 : *Sūtr.*, p.80)에 "유익한 소리란 저들이 부름에 따라 가르침을 보이고 이끄는 소리를 말한다. 有益聲者 如其所應敎示導 sahitā yathārha vineyadeśikatvāt"라고 하였다. 〔참고문헌〕『大乘莊嚴經論』, *Sūtr.* ⇨ 육십종성 六十種聲

유인 有因 ❶Ⓟnidāna. 인이 있음. 인연의 뜻으로 유위법에서의 인을 말한다. 『중아함경』 권5(대정장1, p.451b5 : *Kaḷārakatthiya-sutta, SN.2,* p.52)에 "제현이여, 태어남은 인이 있으니, 이 태어남의 인이 다하면 태어남의 인이 다해 마쳤음을 안다. 諸賢 生者有因 此生因盡 知生因盡已 yaṃ nidānā āvuso jāti tassa nidānassa khayā khīṇasmiṃ khīṇam iti viditaṃ", 『잡아함경』 권26(대정장2, p.183c18)에 "시작 없이 나고 죽으며 무명에 사로잡히고 애에 얽힌 중생들은 오랜 세월 나고 죽으며 왕복하여 흐르고 달리지만 그 끝 알 수 없다. 인이 있기에 나고 죽음이 있고, 인이 길이 다하면 나고 죽음도 없다. 무명의 커다란 어둠이 쌓여 가로막으니 그 누가 열반에 들겠는가? 無始生死 無明所著 愛所繫 衆生長夜生死 往來流馳 不知本際 有因故有生死 因永盡者 則無生死 無明大闇聚障礙 誰般涅槃"라고 하였다. 〔참고문헌〕『雜阿含經』, *SN.* ❷Ⓢhetu, sahetuka, Ⓣrgyu-dang-bcas-pa. 연기하는 제법(諸法)의 인을 말한다. 『유가사지론』 권6(대정장30, p.304a3 : *Yogā-bh.*, p.120)에 "인 중에 먼저 과가 있지 않으니, 반드시 인이 있고 연을 기다려서 과가 생한다. 因中非先有果 然要有因待緣果生 tasmān-na-asti hetau phalaṃ. hetau tu sati pratyayam-apekṣya-utpadyate", 같은 책 권16(대정장30, p.364b14)에 "어떻게 염정의 성취를 건립하는가? 그러므로 다음에 설하길 오직 인이 있는 법이 있을 뿐이라 하였으니 염이든 정이든 모두 실체는 없다. 云何建立染淨成就 故次說言 唯有因法有 染者淨者 皆不可得"라고 하였다. 〔참고문헌〕『瑜伽師地論』, *Yogā-bh.121.* ❸Ⓢhetumat. 상키야(ⓈSāṃkhya)의 실체로서의 인들을 말한다. 『금칠십론』 권상(대정장54, p.1247a19)에 "첫째 유인이란, 대 등에서 오대에 이르기까지 모두 인이 있다. 자성은 대의 인이고, 아만은 대가 인이며, 오유는 만으로 인을 삼는다. 一 有因者 大等乃至五大 皆有因 自性爲大因 我慢大爲因 五唯慢爲因"라고 하였다. 〔참고문헌〕『金七十論』, *Māṭ-v.13.*

유인 遊刃 날 선 칼부림에 거침없다는 말. 『장자』 「양생주 養生主」에 "저 마디란 틈이 있게 마련이고 칼날 또한 무디지 않다. 무디지 않은 것 틈새에 드니 넓고 넓어 그 곳에 칼은 높고도 남음이 있다. 彼節者有閒 而刀刃者無厚 以無厚入有閒 恢恢乎 其於遊刃 必有餘地矣"라고 하였다. 『불조통기』 권26 「혜지장 慧持章」(대정장49, p.265c15)에 "널리 수많은 경을 익혀 삼장에서 지혜롭고 자재하다. 遍學衆經 遊刃三藏", 『광홍명집』 권5(대정장52, p.120a1)에 "진실로 그 도를 얻었다면 칼날 놀고도 남음이 있으리. 苟得其道 則遊刃有餘", 『조론소』 권중(대정장45, p.176c13)에 "만 갈래 기틀에 칼날 놀듯 하니 지혜의 검이네. 遊刃萬機者 智刃也"라고 하였다. 〔참고문헌〕『莊子』, 『佛祖統紀』, 『廣弘明集』, 『肇論疏』, 『華嚴經疏鈔』 권20(대정장36, p.155c19), 『憨山集』 권29(卍속장127, p.618b11).

유인 誘引 Ⓢākarṣaṇa, Ⓣdgug-pa. 달래어 이끈다는 말. 구경의 길만이 아닌 중생근기에 맞는 방편 시설함을 말한다. 『법화경』 권2(대정장9, p.13c10 : *Saddh-p.*, p.82)에 "저 장자가 처음에는 세 가지 수레로 자식들을 달래 이끈 다음에야 큰 수레와 더불어 보물로 장엄하여 안온함이 제일이게 하였다. 그렇다고 저 장자가 거짓말한 허물은 없다. 여래께서도 이와 같이 허망할 리 없으시니, 처음에는 삼승을 설하여 중생을 인도한 다음에야 대승으로 제도하여 해탈하게 하셨다. 彼長者 初以三車 誘引諸子 然後但與大車 寶物莊嚴 安隱第一 然彼長者無虛妄之咎 如來 亦復如是 無有虛妄 初說三乘 引導衆生 然後但以大乘 而度脫之 tad yathāpi nāma śāriputra tasya puruṣasya na mṛṣāvādo bhavet yena trīṇi yānāny upadarśayitvā teṣāṃ kumārakāṇām ekam eva mahāyānaṃ sarveṣāṃ dattaṃ saptaratnamayaṃ sarvālaṃkāravibhūṣitam ekavarṇam eva udārayānam eva sarveṣāṃ agrayānam eva dattaṃ bhavet. evam eva śāriputra tathāgato 'py arhan samyaksaṃbuddho na mṛṣāvādī bhavati yena pūrvam upāyakauśalyena trīṇi yānāny upadarśayitvā paścān mahāyānenaiva sattvān parinirvāpayati", 『중허마하제경』 권2(대정장3, p.936a1)에 "여종이 시키는대로 갖가지 방편으로 음녀를 유인하자 음녀가 마침내 따라왔다. 婢旣受敎 以種種方便 誘引婬

女 婬女遂行", 『주유마힐경』 권7(대정장38, p.393a19)에 "실상의 이치는 깊어 아무도 믿고 받아들이지 못하니, 반드시 방편으로 모든 중생을 유인하여 점차로 깨닫게 해야 한다. 以實相理深 莫能信受 要須方便 誘引群生 令其漸悟", 『운문광록』 권상(대정장47, p.550a10)에 "천만가지 방편으로 달래고 이끌어 본래로 돌아가도록 한다는데, 도대체 그 근원 중의 일이란 무엇인지 알 수 없구나. 千般方便 誘引歸源 未審源中事 如何"라고 하였다. [참고문헌] 『法華經』, 『衆許摩訶帝經』, 『注維摩詰經』, 『雲門廣錄』, *Saddh-p.*

유인 類忍 Ⓢ anvaya-kṣānti. 견도(見道) 중 색계와 무색계에서 사제(四諦)를 관하여 얻은 무루(無漏)의 인(忍). 욕계(欲界)에서 사제를 관해 얻은 인은 법인(法忍)이다. 『대비바사론』 권196(대정장27, p.980c18)에 "일어나 일을 능히 두루 안다 해서 능히 통달한 것은 아닌 것을 고집멸도인이라 하고, 모든 번뇌를 끊은 즉 견도 중에 번뇌를 끊은 제인이라도 만약 아직 욕염을 여의지 못했다면 법인유인에 다 통하지만, 만약 이미 욕염을 여의었다면 오직 유인이다. 이와 같이 모든 인은 능히 두루 알아 길이 번뇌는 끊긴 하지만, 능히 통달한 것도 여실한 지성도 아니다. 有事能遍知 非能通達 謂苦集滅道忍 斷諸煩惱 此則見道中斷煩惱諸忍 若未離欲染者 通法忍類忍 若已離欲染者 唯類忍 如是諸忍 是能遍知 永斷煩惱故 非能通達 非如實智性故", 『순정리론』 권63(대정장29, p.689c14)에 "십육심 중에서 사법류인은 무간도라고 하고, 사법류지는 해탈도라고 한다. 十六心中 四法類忍 名無間道 四法類智 名解脫道"라고 하였다. [참고문헌] 『大毘婆沙論』, 『順正理論』, *Abh-k-bh.324.* ⇨ 법인 法忍, 유지 類智, 십육심 十六心, 팔인팔지 八忍八智

유인계 有因界 인이 있는 계. 『사리불아비담론』 권7(대정장28, p.576b15)에 "무엇이 유인계인가? 저 법에 실마리가 있게 되면 그것을 인이 있는 계라 한다. 云何有因界 若法有緒 是名有因界"라고 하였다. [참고문헌] 『舍利弗阿毘曇論』.

유인론 有因論 Ⓢ hetu-vāda. 인(因)이 있어야 한다는 주장. 연기의(緣起義)에 반하는 외도의 주장이다. 『능가경』 권4(대정장16, p.507c7 : *Laṅk.*, p.200)에 "꿈 속 그림과 눈 앞에 떠다니는 티끌, 아지랑이와 신기루, 세간의 갖가지 현상들, 인도 없이 모습 나투네. 인이 있어야 한다는 주장 꺾고자 무생의 뜻 펼치노라. 무생을 펴 드러냄만이 법류 길이 끊어지지 않게 함이니, 불타듯 인 없음 설하니 모든 외도들 두려워 떠네. 夢幻及垂髮 野馬乾闥婆 世間種種事 無因而相現 折伏有因論 申暢無生義 申暢無生者 法流永不斷 熾然無因論 恐怖諸外道 svapnakeśoṇḍukaṃ māyāgandharvaṃ mṛgatṛṣṇikā, ahetukāni dṛśyante tathā lokavicitratā. nigṛhyāhetuvādena anutpādaṃ prasādhayet, anutpāde prasādhyante mama netrī na naśyati, ahetuvāde deśyante tīrthyānāṃ jāyate bhayam", 『능가경주해』 권4(대정장39, p.408c12)에 "외도는 인 없이도 일어난다고 헤아리거나, 인 있어야 한다고 하는 이들은 대개 불생불멸이라 망령되이 헤아린다. 이것이야말로 실로 생인이기에 그것을 내치기 위해 유인론이라 하는 것이다. 외도의 주장이 멸하면 정법이 유행하여 무생의 교설을 치열하게 설할 수 있으니, 저들 외도가 듣고는 두려워 떨게 한다. 外道 本計無因而生 而言有因者 蓋彼所言 不生不滅 乃是妄計 實爲生死之因故 斥其爲有因論也 外論旣滅 則正法流行 無生之論 熾然而說 使彼外道 聞而恐怖也"라고 하였다. [참고문헌] 『楞伽經』, 『楞伽經註解』, *Laṅk.* ⇨ 무생 無生 ❶

유인류지 類忍類智 Ⓢ anvaya-kṣānti-jñāna, Ⓣ rjes-kyi bzod-pa-dang-shes-pa. 견도(見道)의 십육심(十六心) 중 색계와 무색계의 사제를 수습하는 후득지를 말한다. 반면 욕계 사제를 관하여 얻는 지혜는 법인법지(法忍法智)라 한다. 『구사론』 권23(대정장29, p.121a25 : *Abh-k.*, p.350)에 "다음으로 색무색계의 고를 연하여 유인류지를 일으킨다. 집멸도제를 연으로 하여 각각 네 가지로 일으킴도 또한 그렇다. 次緣餘界苦生類忍類智 緣集滅道諦 各生四亦然 śeṣe duḥkhe 'nvaya-kṣānti-jñāne duḥkhe dharma-jñāna-anantaram rūpa-ārupyāvacare duḥkhe samastālambana-anvaya-jñāna-kṣāntir-utpadyate", 『유가론기』 권9(대정장42, p.502a5 · 한불전13, p.687b9)에 "색계무색계의 사제를 연으로 하면 유인류지라 한다. 緣上四諦 名爲類忍類智"라고 하였다. [참고문헌] 『俱舍論』, 『瑜伽論記』, *Abh-k-bh.* ⇨ 견도 見道, 십육심상견도 十六心相見道, 유지 類智, 유지품 類智品

유인무과 有因無果 외도의 네 가지 집착 중 하나. 인만 있고 과는 없다는 주장. 단견(斷見)에 속한다. 『대비바사론』 권49(대정장27, p.255c12)에 "단견외도를 만나면 저들은 모든 법에 인은 있지만 과는 없다고 주장한다. 과가 없으므로 미래는 끊어져 사라진다고 한다. 若遇斷見外道 彼說諸法 有因無果 以無果故 當來斷滅", 『삼론현의』(대정장45, p.1c9)에 "[문] 무엇을 가리켜 인만 있고 과는 없다고 하는가? [답] 단견의 무리는 오로지 현재만 있고 후세는 결코 없다고 주장한다. 問 云何名爲有因無果 答 斷見之流 唯有現在 更無後世"라고 하였다. [참고문헌] 『大毘婆沙論』, 『三論玄義』, 『毘婆沙論』 권27(대정장28, p.199a19), 『大般涅槃經疏』 권27(대정장38,

p.195b20). ⇨ 내외도사집 內外道四執, 외도사집 外道四執, 단견론 斷見論, 단견외도 斷見外道

유인법 有因法 Ⓢ sahetuka-dharma, Ⓣ rgyu-dang-bcas-pa'i-chos-rnams. 인이 있는 법. 『유가사지론』 권66(대정장30, p.665b4)에 "저 선·불선·무기 등의 모든 법에 있는 종자가 아직 손상을 입기 전에는 저 일체법은 모두 능생의 생기인이기에 '유인법'이라고 한다. 또 먼저 지은 모든 업과 번뇌가 삼계 중에 이숙과로 익으면, 이 이숙과는 업번뇌를 이끌어내는 것이므로 '유인법'이라 한다. 또 삼처에 현전하는 것으로도, 태생 중에 나는 것 역시 '유인법'이라 함을 알아야 한다. 若善不善無記 諸法所有種子 未被損害 彼一切法 皆由能生生起因故 名有因法 又先所作 諸業煩惱 於三界中 異熟果熟 此異熟果 由業煩惱引發因故 名有因法 又由三處正現在前引發因故 生胎生中 當知此亦 名有因法", "또 세간도로 이욕에 나아가고 정려와 무색을 인발하는 것도 저 인발인으로 말미암는 것이므로 '유인법'이다. 또한 현재법 중에 정려무색등지를 의지로 삼아서 그에 상응하는 상지에 왕생하는 것도 인발인으로 말미암기에 '유인법'이다. 又世間道 趣於離欲 及能引發 靜慮無色 彼由引發因故 名有因法 又現法中 靜慮無色等至爲依 如其所應 往生上地 彼由引發因故 名有因法", "또 세간법이 출세간법을 이끄는 것도 인발인이므로 '유인법'이다. 또한 출세간법은 성도에서 거두고 능히 열반을 증득하니, 저 열반을 증득함은 인발인이므로 '유인법'이다. 又世間法引出世法 彼由引發因故 名有因法 又出世法 聖道所攝 能證涅槃 彼證涅槃由引發因故 名有因法", "이와 같은 등 설한 모든 법상들은 마땅히 건립된 유인제법임을 알아야 한다. 由如是等所說諸相 當知建立 有因諸法"라고 하였다. [참고문헌] 『瑜伽師地論』, *Yogā-bh.231.*

유인생 惟人生 칠유(七惟) 중 하나. 인생을 사유함의 뜻이다. 『반니원경』 권상(대정장1, p.177a1)에 "또 비구에게 '칠유'가 있으면 법이 쇠하지 않으니 잘 사유하고 행하라. … 둘째 인생을 사유함에 고통 아님이 없으니, 처자와 권속과 재물을 걱정하지만 죽으면 제각기 뿔뿔이 흩어져 어디에 떨어지는지 알지 못하니 저 몸으로 지은 죄는 아무리 가까워도 알 수 없기 때문이다. 이렇듯 영원한 일 없는 줄 알아 마땅히 마음 두어 도를 행해야 한다. 又比丘有七惟 則法不衰 當善念行 … 二 惟人生 無不有苦 憂念妻子家屬所有 死各離散 不知所墮 若身有罪 親不能解 知此非常 當念行道"라고 하였다. [참고문헌] 『般泥洹經』. ⇨ 칠유 七惟

유인언 有人言 '어떤 사람이 말하기를'의 뜻. 『개각자성반야바라밀다경』 권1(대정장8, p.855a21)에 "또한 수보리야, 만약 어떤 사람이 말하기를 '색이 아이고 아가 하는 바'라고 한다면, 이런 말을 하는 사람에게 나는 그가 외도 중의 외도이며 어리석은 범부이생의 사견 분위라 하겠다. 수보리야, 만약 어떤 사람이 말하기를 '수상행식이 아이고 아의 것이라고 한다면, 이런 말을 하는 사람에게 나는 그가 외도 중의 외도이며 어리석은 범부이생의 삿된 견해 있는 이라고 하겠다. 復次 須菩提 若有人言 色是我 是我所 作此說者 我說彼是 外中之外 愚夫異生 邪見分位 須菩提 若有人言 受想行識 是我 是我所 作此說者 我說彼是 外中之外 愚夫異生 邪見分位"라고 하였다. [참고문헌] 『開覺自性般若波羅蜜多經』, 『大智度論』 권4(대정장25, p.87b1).

유인연법 有因緣法 인연이 있는 법. 유위법을 달리 이르는 말이다. 『중사분아비담론』 권4(대정장26, p.649a8)에 "무엇이 인연이 있는 법인가? 유위법을 말한다. 云何有因緣法 謂有爲法"라고 하였다. [참고문헌] 『衆事分阿毘曇論』, 『品類足論』 권6(대정장26, p.716b17). ⇨ 유위법 有爲法

유인유구성정삼마지 有因有具聖正三摩地 인도 있고 구도 있는 선하고 번뇌 없는 바른 삼마지. 팔정도(八正道)를 삼학(三學 : 戒定慧)으로 갖추어 닦는 정정(正定)을 말한다. 여기에서 유인이란 정견(正見)·정사유(正思惟)·정어(正語)·정업(正業)·정명(正命)의 다섯이고, 유구란 정견(正見)·정정진(正精進)·정념(正念) 세 가지다. 『유가사지론』 권12(대정장30, p.339c29)에 "어떤 것을 유인유구의 성정삼마지라고하는가? 선이고 무루이기에 이름이 성(聖)이 됨을 알아야 한다. 다섯 가지 도지가 정(定)의 인이니 정견·정사유·정어·정업·정명이다. 구(具)도 세 가지니 정견·정정진·정념을 말한다. 云何有因有具聖正三摩地 當知善故 及無漏故說名爲聖 有五道支 名此定因 所謂正見 正思惟 正語 正業 正命 具有三種 所謂正見 正精進 正念", "이 중 박가범께서는 모두 거두어 앞의 칠도지와 더불어 '성정삼마지'가 '인'이 되고 '구'가 된다고 말씀하셨으니, 그 응하는 바에 따른 차별임을 반드시 알아야 한다. 말하자면 앞에서 차제의 뜻으로 이끌기에 다섯을 세워 '인'으로 삼고, 삼마지에서는 돕는 뜻이기에 셋을 세워 '구'라고 한다. 此中薄伽梵總說 前七道支 與聖正三摩地 爲因爲具 隨其所應 差別當知 謂由前導次第義故 立五爲因 於三摩地 資助義故 立三爲具", "여실하게 알고 나서 사견 등을 끊어 없애기 위해서, 그리고 정견 등을 원만하게 하기 위해서 정진을 일으킨다. 만약 이렇게 해서 바스릴 바 끊고 능치법을 모아서 원만하게 한다면 이것이 정념이다. 이 염은 곧 삼마지의 분이기에 정삼마지라고도 한다. 만약 이때 사견 등을 버려 다시 일어나지 않게 하고 정견 등을 닦아 원만하게 하면, 이와 같은 방편도에서도 삿된 정진과 염을 버리고 겸하여 능히 정정진과 정념을 닦아 원만하게 한다. 만약 이때 저 제법에 대해 능히 끊고 능히 채우면 곧 이 때에 '성정삼마지' 또한 원만하게 된다. 如實知已 爲欲斷除 邪見等故 及爲圓滿 正見等故 發勤精進 若由此故 能斷所治 集能治法 令其圓滿 是名正念 此念卽是 三摩地分故 亦兼說正三摩地 若是時中 捨邪見等 令不復生 修正見等 令得圓滿 卽於如是方便道中 亦能棄捨 邪精進念 兼能修滿 正精進念 若於是時 於彼諸法 能斷能滿 卽於此時 聖正三摩地 亦得圓滿", "여기에서 정념을 증상심학이라 하며, 정견과 정정진을 증상혜학이라고 하는데, 이와 같은 삼학으로 '성정삼마지'를 닦을 때만이 모든 것이 원만하게 된다. 此中正念 名增上心學 正見 正精進 名增上慧學 如是三學 於修聖正三摩地時 皆得圓滿"라고 하였다. [참고문헌] 『瑜伽師地論』, 『四分律疏飾宗義記』 권4(卍속장66, p.213a14).

유인잡염지 有因雜染智 Ⓢ sahetuka-saṃkleśa-jñāna, Ⓣ rgyu-dang-bcas-pa'i-kun-nas-nyon-mongs-pa-shes-pa. 칠십칠지(七十七智)를 달리 이르는 말. 인이 있는 잡염지. 유인이란 십이연기지(十二緣起支) 중 무명지(無明支)를 제한 십일지(十一支)를 말하고, 잡염지란 잡염을 인연으로 하여 일어나는 지혜를 일컫는다. 생(生)을 연으로 노사(老死)가 있다고 관하고, '생'을 연하지 않으면 '노사'도 없다고 관하는데, 이렇게 과거·현재·미래의 삼세(三世) 따로 관하므로 육지(六智)가 되고, '삼세'를 한꺼번에 관하는 법주지(法住智)를 더하면 각 지는 칠지(七智)가 된다. '십일지' 각각에 '칠지'가 있어 '칠십칠지'가 된다. 『유가사지론』 권10(대정장30, p.328b7 : *Yogā-bh.*, p.231)에 "[문] 무슨 까닭에 연기에 의지하여 칠십칠지를 건립하는가? [답] 유인잡염지를 드러내기 위해서다. 또 저 자상속에 스스로 이미 지은 잡염지를 드러내기 위해서이고, 또한 다시 과거 앞선 모든 지들이 시작이 없음을 드러내기 위해서이며, 다시 미래의 모든 지들이 잡염환멸을 받아들일 수 있다는 뜻을 보이기 위해서이고, 또 다음에 지로 거두지 못한 모든 유루혜를 모두 알 수 있다는 뜻을 드러내기 위해서다. 낱낱 지 각각에 모두 '칠지'를 지어서 모두 칠십칠지가 있게 됨을 알아야 한다. 問 何因緣故 依止緣起 建立七十七智耶 答 爲顯有因雜染智故 又復爲顯 於自相續 自已所作 雜染智故 又復爲顯 前際諸支 無始時故 又復爲顯 後際諸支 容有雜染還滅義故 又復爲顯 支所不攝 諸有漏慧 遍知義故 於一一支 皆作七智 當知總有 七十七智 kena kāraṇena saptasaptatir vijñānāni pratītyasamutpādam adhiṣṭhāya vyavasthāpyante. sahetukasaṃkleśajñānodbhāvanārthaṃ ca svasantatau svayaṃkṛtakleśodbhāvanārthaṃ ca pūrvāntād aṅgānām anādikālatvodbhāvanārthaṃ ca aparāntād aṅgānāṃ saṃkleśanivṛttyavakāśodbhāvanārthaṃ ca. aṅgāsaṃgṛhītasāsravaprajñāparijñodbhāvanārthaṃ ca. ekaikasminn aṅge saptaitāni kāraṇāny adhikṛtya saptasaptatir vijñānāni draṣṭavyāni"라고 하였다. [참고문헌] 『瑜伽師地論』, 『瑜伽師地論略纂』 권4(대정장43, p.66a28), *Yogā-bh.* ⇨ 칠십칠지 七十七智, 십이인연 十二因緣

유일 有一 1720~1799. 조선 후기 스님. 호는 연담(蓮潭), 자는 무이(無二), 속성은 천(千)씨, 본관은 중국 영양(穎陽 : 「연담대사자보행업 蓮潭大師自譜行業」에는 開城). 아버지의 휘는 만중(萬重), 어머니는 밀양 박씨니, 1720년(숙종46) 4월 30일 전라도 화순에서 차남(次男)으로 태어났다. 「연담대사자보행업」(『연담대사임하록』 권4·한불전10, p.283c20)에 따르면 5세에 아버지로부터 천자문(千字文)을 배우다가 아버지를 여읜 후, 9세 때 다시 향숙(鄕塾)에 입학하여 10세에 『통감 通鑑』을 배웠으나, 선생이 서울로 가고 사대부 오시악(吳始岳)이 화순으로 귀양 오자 어머니가 식량을 보내어 다시 배우도록 주선하였다. 1730년(영조6) 11세가 되던 12월 그믐날(除夜)에도 하루에 백항(百行)씩 외우면서 『통감』 15권을 마쳤다. 12세부터 『맹자 孟子』를 배웠으나, 13세 때인 1732년 5월에 어머니마저 세상을 떠나자 배움을 그만두게 되었다. 그때 스님은 13세이고 형은 17세였다. 숙부께서 보살펴 남녀종을 두어 살림살이를 맡아보게 하였으나, 이마저 도망쳐 좌우의 손을 잃은 듯 하였다. 이복형님 집에 의탁하다가 공생(貢生 : 貢擧이니 州郡에서 준수한 자제를 선발하여 공무에 충원하도록 추천하는 것)의 직에 들어가 관가시봉을 맡은 중에도 손에서 책은 놓지 않았다. 군수가 매우 가상하게 여겨 책방(冊房)에 있세 하여 관리들의 자제와 함께 지내게 하여 『중용 中庸』과 『대학 大學』을 읽었다. 1734년(영조10) 15세 때 관가에서 호랑이를 잡았는데 책방에 있는 학동(學童)들로 하여금 착호행(捉虎行)이란 시제(詩題)로 글을 짓게 하였다. 스님도 태고풍(太古風) 1편을 영부(詠賦)하니 주쉬(主倅 : 군수 곧 원님)가 기꺼이 여기고 상하의 한 벌을 상으로 주었다. 18세에 나주(羅州) 운흥사(雲興寺)에서 성철(性哲)을 만나 출가하려 하였으나, 공역(貢役)하는 화순을 피하여 전라도 무안 승달산(僧達山) 법천사(法泉寺)로 가서 행자로 있다가 다음해인 19세 때 성철을 은사로 스님이 되었고, 이어 안빈심율사(安貧諶律師)에게서 비구계를 받았다. 그해 6월부터 보흥사(普興寺)에서 은사에게 『선요 禪要』를 배우기 시작하여 겨울까지 사집(四集)을 수료하였다. 1739년(영조15) 20세가 되던 봄에 해남 대흥사(大興寺) 벽하대우(碧霞大愚 1676~1763)의 회상에 학인이 많다는 소문을 듣고는 은사스님과 함께 가서『능엄경 楞嚴經』을 배웠다. 여름 결제를 마치고는 장흥(長興) 보림사(寶林寺)에서 용암(龍巖)으로부터『기신론 起信論』과『금강경』등을 수학하면서『금강경간정기 金剛經刊定記』와『기신론필삭기 起信論筆削記』의 잘못 전하거나 빠진 부분을 가려내었다. 1740년 21세 때는 다시 장성(長城) 추서사(鷲棲寺)로 가서 영곡(靈谷) 강백으로부터『원각경 圓覺經』을 배웠다. 은사인 성철이 법천사로 돌아가자, 자유롭게 제방으로 다니면서 심방(尋訪)하였다. 1741년(영조17) 봄부터 동갑(同庚)인 도반 응해(應解)와 함께 합천 해인사(海印寺)로 가서 호암체정(虎巖體淨 1687~1748) 밑에서『선문염송집 禪門拈頌集』을 배우게 되었으니 교문(敎文)을 거쳐 선문(禪文)에 들게 되었다. 1745년(영조21) 장성 백양사(白羊寺) 물외암(物外庵)에서 10일간의 기도를 마치고 그해 겨울부터 정읍 내장사 원적암(圓寂庵)에서 설파상언(雪坡尙彦 1707~1791)으로부터『화엄경』「십지품 十地品」을 배웠다. 이때 동학 몇 사람이 각각 사기(私記)를 기록하여 강론(講論)한 것이 한국불교소의경전인 이력본(履歷本)에 대한 사기(私記)의 기원이 되었다. 1746년 겨울부터 은사스님을 다시 순천 송광사(松廣寺) 동암(東庵)에서 모시고 지냈다. 1747년 봄 28세 때 대중의 추천으로 설파상언의 법을 이어 받고 입실건당(入室建幢)하고는 풍암세찰(楓巖世察)을 곡성 태안사(泰安寺)에서, 1748년(영조24) 봄 상월새봉(霜月璽篈)을 순천 법운사(法雲寺)에서 각각 친견했다. 그리고 그해 3월 강원도 장구산(長丘山)에서 오십삼불을 조성할 때 증명법사로 법문하였다. 1749년 봄에 용담조관(龍潭慥冠 1700~1762)을, 1750년(영조26) 봄에 송광사에서 영해약탄(影海若坦 1668~1754)을 두루 참방하였다. 1750년 6월 31세 때 진선(震先) 노화상이 장흥 보림사 부도암(浮圖庵)에 와 개강하기를 청하며 세 차례 서한을 보내오므로 마침내 강석을 열었으니, 그 해『금강경』과『원각경』을 강하였고 1751년 봄부터『화엄경현담 華嚴經玄談』을 강설했다. 1754년 봄에는 순천 선암사에서 상월새봉을 친견하였으며, 1756년 겨울 은사스님의 병세가 심하여 가서 시봉하던 중 12월에 은사스님이 입적하였다. 1760년(영조36) 대둔사에서 강경할 때는 학인 70여 명이 모였다. 1761년부터 1762년까지는 사숙(師叔)인 함월해원(涵月海源 1691~1770)의 명으로 환성지안(喚醒志安 1664~1729)과 은사인 성철화상의 비를 대둔사에 세우는 총책을 맡았다. 1768년(영조44)에는 해남 미황사(美黃寺)에서 개강하였다. 1777년(정조1)에 밀양 표충서원 원장이 되었고, 합천 해인사에 주석하다가 그 해 겨울 해남 대흥사로 가서 허리부분이 상한 서산대사의 비를 다시 세웠다. 1779년(정조3)부터 창평(昌平 : 지금의 潭陽郡 鼎谷面) 서봉사(瑞鳳寺 : 一名 瑞峯寺)의 주지로 있었는데 개인 감정과 시기질투로 인한 익명의 무고(誣捏)로 퇴암(退庵)과 함께 투옥되었다가 수일(數日)만에 풀려난 후로는 강설을 그만두었다. 그 때 나이 60세이므로 31세부터 시작하여 30년 동안 강경(講經)을 한 셈이다. 1781년 금강산 금강대(金剛臺)에서 10일간 법기보살(法起菩薩)에게 기도를 봉행하고 금강산 용공사(龍貢寺) 상선암(上禪庵)에서는 퇴암의 청으로 삼동결제 동안『금강경』과『화엄경』을 강설하였다. 1782년 남쪽으로 내려와서 1797년(정조21) 봄부터 대흥사에 있다가 그해 8월 미황사로 옮겼으니 그때 스님의 나이 78세였다. 스님은 영허(靈虛)·벽하·용암·영곡·성철·설파·풍암·상월·용담·영해 등 전후에 걸쳐 당대 십대법사(十大法師)로부터 법을 배웠다. 1799년(정조23) 2월 3일 미시(未時) 장흥 보림사 삼성암(三聖庵)에서 세수 80, 법랍 62세를 일기로 입적하였다. 저서에는『도서과목병입사기 都序科目幷入私記』1권 현존·『법집별행록절요과목병입사기 法集別行錄節要科目幷入私記』1권 현존·『서장사기 書狀私記』1권 현존·『선요사기 禪要私記』1권 현존·『능엄경사기 楞嚴經私記』1권 현존·『원각경사기 圓覺經私記』2권 현존·『현담사기 玄談私記』2권 현존(奉先寺楞嚴學林板『三家本私記』에 수록)·『기신론사족 起信論蛇足』1권 현존·『대교(화엄경)유망기 大敎(華嚴經)遺忘記』5권 현존(奉先寺楞嚴學林板『三家本私記』에 수록)·『제경회요 諸經會要』1권 일실·『염송착병 拈頌著柄』2권 현존·『연담대사임하록 蓮潭大師林下錄』4권 현존 등 12부 22권이 있다. 제자에는 전선제자(傳禪弟子)가 42명, 전교제자(傳敎弟子)가 33명이 있다. 비석은 2기(基)가 있는데, 이충익(李忠翊)이 비문을 지어 1803년(순조3)에 세운 비는 해남 대흥사에 있고, 이건방(李建芳)이 비문을 지어 고순양조(高純兩朝 1864~1910)에 세운 비는 장성 백양사에 있으며 부도는 강진 미황사에 있다. 번암채백규(樊巖蔡伯規)가 지은 연담대사 영찬(影贊 : 한불전10, p.286b7)에 따르면 스님의 모습을 다음과 같이 언급하고 있다. "짧은 그 눈썹, 적은 듯한 그 눈동자, 우뚝한 그 콧날, 말하는 듯한 그 입, 편안하신 그 모습! 短其眉 小其眼 仰其鼻 突其口 安用相爲". 〔참고문헌〕『蓮潭大師林下錄』,『東師列傳』권4「

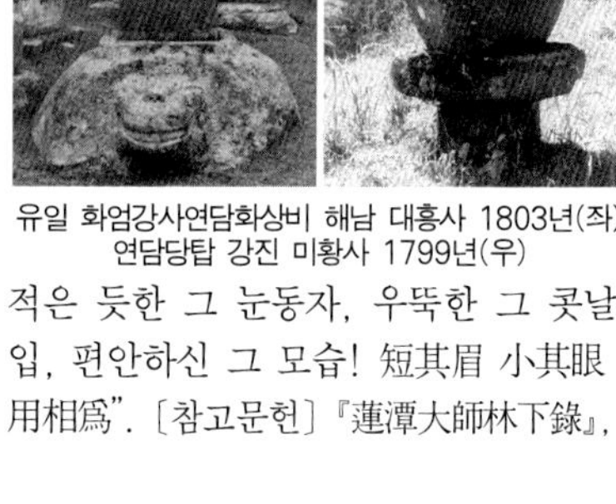

유일 화엄강사연담화상비 해남 대흥사 1803년(좌) 연담당탑 강진 미황사 1799년(우)

蓮潭宗師傳」(한불전10, p.1030b3), 『朝鮮佛教通史』 권상 pp.580~581, 『大芚寺志』(亞細亞文化社, 1980) pp.42~46, 智冠 『韓國高僧碑文總集 朝鮮朝·近現代』 pp.572~577, 李忠翊 『椒園遺稿』(奎章閣), 李建芳 『蘭谷存稿』(國民大中央圖書館). ⇨ 연담당유일대사비 蓮潭堂有一大師碑, 연담대사영찬 蓮潭大師影贊, 연담대사임하록 蓮潭大師林下錄

유일 有日 반드시 있게 될 그 날. 또는 미래의 어떤 날을 말한다. 『임제록』(대정장47, p.497c22)에 "이와 같은 무리는 끝내 빚을 갚아 다할 날 있으리니, 염라대왕 앞을 향하여 뜨거운 쇳덩어리를 삼키는 날이 올 것이다. 如是之流 盡須抵債 向閻老前 吞熱鐵丸有日", 『밀암어록』(대정장47, p.958b14)에 "잡았다 풀어주고 죽였다가 살리며 사방팔면으로 활발발하다. 가주의 큰 코끼리 먹는 소금 많으니 섬부의 철우가는 목마름 더하는구나. 불법 헤아려 지을진댄 지옥에서 쇠방망이 맞을 날 있으리라. 一擒一縱 一殺一活 四方八面活鱍鱍 嘉州大象喫鹽多 陝府鐵牛添得渴 若作佛法商量 喫鐵棒有日在"라고 하였다. [참고문헌] 『臨濟錄』, 『密菴語錄』.

유일 宥日 조선 말기 스님. 호는 계화(桂花). 강원도 홍천군 내촌면 서곡리 쌍계사(雙溪寺)에 오언팔구 비명과 수법·수계제자들의 법명이 새겨진 사리탑비가 전한다. 수법제자는 석봉천오(石峯天悟)·귀암현환(歸巖現還)·인파정첨(獜坡定沾) 등이고, 수계에는 쾌수(快須)·긍규(肯奎) 등 14명이 있다. [참고문헌] 智冠 『韓國高僧碑文總集 朝鮮朝·近現代』 p.728. ⇨ 쌍계사계화당유일대선사비문 雙溪寺桂花堂宥日大禪師碑文

유일 惟一 ❶ 1202~1281. 송대 임제 양기파 스님. 호는 환계(環溪), 속성은 가(賈)씨. 자주(資州 : 四川省) 묵지(墨池) 출신. 어릴 때 같은 마을 범업사(梵業寺)의 각개(覺開)를 친견하였고, 나이 열둘에 장향천(張享泉)과 문답을 나누어 선기를 인정받았다. 20세에 칙첩(敕牒)을 받았으며, 22세에 성도(成都) 감로사(甘露寺)에서 구족계를 받았다. 그 뒤 여러 선문을 다니다가 육왕산(育王山)에서 무준사범(無準師範 ?~1249)을 시봉하며 공부하였다. 그 뒤 스승을 따라 경산(徑山)으로 옮겨가서 지장(知藏) 소임을 맡았다. 2년 뒤에 그 법을 잇고 수좌가 되었다. 1246년(순우6) 절강성(浙江省) 서암사(瑞巖寺)에서 법문을 펼쳤으며 강서보봉사(江西寶峰寺)·혜력사(惠力寺)·자성사(資聖寺)·보은광효사(報恩光孝寺)·태평흥국사(太平興國寺)·복건숭성사(福建崇聖寺)·절강경덕사(浙江景德寺) 등에도 주석하였다. 1281년(지원18) 세수 80, 법랍 60세로 입적하였다. 『환계유일어록』 2권을 남겼다. [참고문헌] 『環溪惟一語錄』 「行狀」(卍속장122, p.155b16), 『五燈會元續略』 권3(卍속장138, p.950a18), 『五燈全書』 권49(卍속장141, p.96a13). ❷ 생몰연대 미상. 송대 스님. 월주(越州 : 浙江省 紹興) 출신. 유일서당(惟一西堂)이라고도 한다. 일본 조동종의 비조 도원(道元)이 송나라 천동산(天童山)에서 수행할 때 「법안하지사서 法眼下之嗣書」를 써 남긴 일화가 전한다. [참고문헌] 『正法眼藏』 권16 「嗣書」(대정장82, p.69a1).

유일마니보경 遺日摩尼寶經 ➡ 불유일마니보경 佛遺日摩尼寶經

유일사 唯一寺 강원도 태백시 혈동 태백산(太白山)에 있는 절. 태백산 정상 천제단(天祭壇) 아래 장군봉 서북쪽으로 해발 1300m 지점에 있다. 대한불교조계종 제4교구 월정사(月精寺)의 말사이다. 법보장(法寶藏) 이소선(李小仙 1923~1981)이 1957년에 태백산 혈동으로 들어와 백의관음(白衣觀音)을 모시고 제방에서 모여든 도반들과 함께 정진하다가 원효와 의상을 현몽한 후 1963년에 유일사(柳一寺)란 이름으로 창건하였다. 이법보장·김보궁화(金寶宮華)·고극락화(高極樂華) 등 도반들이 4년여 동안 인법당(人法堂)·칠성각·독성각·산신각 등을 건립하여 재가불자 정진도량의 면모를 갖추었다. 그 후 고극락화의 막내딸이 봉녕사(奉寧寺) 묘전(妙典)을 은사로 하여 스님이 되어 법륜(法輪)의 법명을 받았고, 1978년 대교과 졸업 후 언양 석남사(石南寺) 정수선원(正修禪院)에서 첫 수선안거(修禪安居)를 마치자, 법보장은 1979년에 무량수전을 신축하여 도량을 일신한 후 법륜의 수선안거 원만회향에 화답하였다. 1981년 법보장은 법륜에게 도량을 위임한다는 유언을 남기고 59세의 일기로 세연을 마쳤다. 법륜이 1984년 주지로 취임한 후 유일사는 비로소 비구니정법도량의 면모를 갖추게 되니, 무량수전을 중수하고 이듬해 후불탱(後佛幀)을 비롯하여 지장탱·신중탱 및 삼성각이 탱화를 조성·봉안하였으며, 1988년에 진입로를 정비하였다. 1989년에 35평의 무이선원(無二禪院)을 건립하고 '강원도 태백 유일의 비구니 선원'을 발원하며 절 이름도 유일사(唯一寺)로 바꾸었다. 1995년에 요사채를 신축하고 2000년에 극락보탑(極樂寶塔)을 건립하였으며, 2008년에 요사채를 2층으로 증축하고 도량을 쇄신하였다. 2011년에 21평 맞배집이던 무량수전을 정면 3칸 측면 3칸의 다포계 팔작집으로 장엄하기 위해 상량하고, 2013년에 봉불식을 행하였으며, 2014년에는 신중탱화를 봉안하면서 무량수전 중수불사를 회향하였다. 이후 1,400평의 산림청 부지를 매입하여 도량을 더욱 확장하였다. 중요성보문화재로는 1889년에 조성한 문화재자료 제162호 지장보살도초본(地藏菩薩圖草本)이 있고, 현존 당우로는 무량수전을 비롯하여 삼성각·무이선원·산신각 등이 있다. 2011년에 가산지관(伽山智冠)이 「태백산유일사사적비문」을 찬술하고, 그 후 창건의 발원보살인 「법보장이소선공덕비문」을 지어 2016년에 모두 세웠다. 〔참고문헌〕「太白山唯一寺事蹟碑文」, 「法寶藏李小仙功德碑文」.

유일심 唯一心 오직 한 마음일 뿐이라는 뜻. 『대승본생심지관경』 권8(대정장3, p.328a16)에 "나는 여러 가지 비유로써 공의 뜻을 밝히지만 알아야 할 것은 삼계가 오로지 하나의 마음일 뿐이라는 것이다. 我以衆喩明空義 是知 三界唯一心", 『성유식론』 권2(대정장31, p.10c11)에 "이와 같이 처처에서 오로지 한 마음뿐이라고 설한다. 이 한 마음이라는 말은 온갖 마음으로 일어난 것들을 거두는 뜻이다. 如是處處 說唯一心 此一心言 亦攝心所"라고 하였다. 〔참고문헌〕『大乘本生心地觀經』, 『成唯識論』. ⇨ 유심 唯心, 일심 一心

유일왕 幼日王 바라아질다왕. 『대당서역기』 권4(대정장51, p.888c7)에 "마게다국 바라아질다왕〈한역하여 유일〉은 부처님법을 높여 받들고 백성을 사랑으로 길렀다. 摩揭陀國 婆羅阿迭多王〈唐曰 幼日〉 崇敬佛法 愛育黎元"라고 하였다. 〔참고문헌〕『大唐西域記』. ⇨ 바라아질다 婆羅阿迭多

유일왕삼매보적경 遺日王三昧寶積經 『보적삼매문수사리보살문법신경 寶積三昧文殊師利菩薩問法身經』(대정장12, No.356)의 이명. 『대당내전록』 권1(대정장55, p.223a12)에 "『보적삼매문수문법신경』〈일명 『유일왕삼매보적경』〉. 寶積三昧文殊問法身經〈一名遺日王三昧寶積經〉"라고 하였다. 〔참고문헌〕『大唐內典錄』. ⇨ 보적삼매문수사리보살문법신경 寶積三昧文殊師利菩薩問法身經

유일왕원 幼日王院 유일왕(幼日王 Ⓢ Bālāditya)이 기증한 승원(僧院). 『바수반두법사전』(대정장50, p.190b18)에 의하면, 4~5세기경 중인도 아유다국(阿踰陀國 Ⓢ Ayodhyā)을 다스리던 유일왕은 불교를 숭상하여 많은 지원을 하였다. 『대당서역기』 권4(대정장51, p.888c7)에서는 마가다국(摩揭陀國)의 왕이라 하였다. 『자은전』 권3(대정장50, p.237a17)에 "법장이 다시 물었다. '법사, 당신 길에 있은 지 몇 년이나 되었습니까?' 답하길 '삼 년입니다'. 자못 옛날 꾸었던 꿈과 부합하여, 법장이 여러 가지로 가르치고 깨우쳐 법사가 환희하였다. 사제의 정을 나누며 말을 마친 다음 작별하고는 유일왕원으로 향했고 각현방 네 번째 층에 머물렀다. 法藏又問 法師汝在路幾年 答 三年 旣與昔夢符同 種種誨喩令法師歡喜 以申師弟之情 言訖辭出 向幼日王院 安置於覺賢房 第四重閣"라고 하였다. 〔참고문헌〕『婆藪槃豆法師傳』, 『大唐西域記』, 『慈恩傳』. ⇨ 바라아질다 婆羅阿迭多

유일진심 唯一眞心 오직 하나의 진실한 마음뿐이라는 말. 『대승기신론』(대정장32, p.580a6)에 "저 마음이 헛된 움직임에서 벗어나면 모든 경은 사라지고 오직 하나의 진실한 마음만이 가득할 것이다. 若心離於妄動 則一切境界滅 唯一眞心 無所不遍", 『화엄경소』 권21(대정장35, p.659a25)에 "오로지 하나의 진심이 있을 뿐임을 알면 말도 생각도 이에 끊어져 보리의 몸과 하나되리라. 若了唯一眞心 言思斯絕 則合菩提之體故", 『수능엄의소주경』 권4(대정장39, p.881a18)에 "오로지 하나 참된 마음일 뿐, 본디 허망한 법은 없다. 唯一眞心 本無妄法"라고 하였다. 〔참고문헌〕『大乘起信論』, 『華嚴經疏』, 『首楞嚴義疏注經』.

유자 由藉 까닭 있는 의지처. 임시로 빌려 의지함 등의 뜻이다. 『법화의소』 권2(대정장34, p.471b8)에 "위에서 이미 도에 듦에 각각 까닭 있는 의지처 밝혔으니, 지금부터는 도를 깨우침에 시종과 이둔이 있음을 밝히겠다. 上旣明入道 各有由藉 故今明入道 有始終利鈍", 『유마경약소』 권1(대정장38, p.567c11)에 "따로 이 관심으로 인하여 모든 불법을 성취한다. 이것이 도로 들어가는 문이요 까닭 있는 의지처이다. 別因此觀心 成就一切佛法 卽是入道之門 卽由藉也", 『번역명의집』 권4(대정장54, p.1117b14)에 "이 열두 가지 법이 펴고 구르며 능히 과를 부르므로 인이라 하고, 서로가 빌려 의지하게 되므로 연이라 한다. 是十二法 展轉能感果 故名因 互相由藉而有 曰緣"라고 하였다. 〔참고문헌〕『法華義疏』, 『維摩經略疏』, 『翻譯名義集』.

유자 油糍 기름에 지진 쌀로 만든 음식. 자(糍)는 자(餈)의 속자이다. 쌀 등의 곡물을 빻은 가루로 만드는데, 기름에 튀기고 물엿에 담근 후 깨와 콩 등으로 겉을 다독여 만든다. 『벽암록』 7칙 「평창 評唱」(대정장48, p.148a14)에 "단사옹(白雲守端)에게 게송 한 수가 있다. '대광전 한 푼으로, 유자 하나 사다가, 씹어서 뱃속에 넣었더니, 당장에 시장기 가시는구나'. 이 송도 참으로 훌륭하지만 크게 거칠구나. 端師翁有頌云 一文大光錢 買得箇油糍 喫向肚裏了 當下不聞飢 此頌極好 只是太拙"라고 하였다. 〔참고문헌〕『碧巖錄』, 『禪林象器箋』 권17(불광장, 禪藏, p.1282).

유자 莠子 개꼬리처럼 생겼다고 하여 구미초(狗尾草)라 한다. 십오종식(十五種食) 중 5종 사식(似食) 또는 십칠종곡(十七種穀)에 속하는 식용 식물이다. 『사분율행사초비』 권10본(卍속장67, p.798b10)에 "유자란 오늘날 구미초가 그것이다. 荛子者 今時狗尾草 是也"라고 하였다. [참고문헌]『四分律行事鈔批』. ⇨ 십오종식 十五種食, 십칠종곡 十七種穀

유자 游字 떠도는 글자. 뜻을 전함에 굳이 필요 없거나 뜻을 그르칠 글자들을 말한다.『출삼장기집』권4「신집속찬실역잡경록 新集續撰失譯雜經錄」(대정장55, p.21b20)에 "혹 쓸데없이 의미 없는 글자를 덧붙여 글을 어지럽게 하고 뜻마저 다르게 한다. 或妄加游字 以辭繁致殊"라고 하였다. [참고문헌]『出三藏記集』.

유자 猶子 형제의 아들이나 딸. 조카. 삼촌은 유부(猶父)라 한다. 자녀 같다는 뜻이다.『경덕전등록』권20「서룡유장전 瑞龍幼璋傳」(대정장51, p.367a19)에 "당나라 상국 하후공의 조카이다. 唐相國 夏侯孜之猶子也",『유마경약소수유기』권5「제자품 弟子品」(대정장38, p.769c26)에 "공자가 말하였다. '안회는 나를 아버지처럼 대했지만, 나는 아들처럼 대하지 못했다'(『논어』「선진 先進」). 子曰 回也視予猶父也 予不得視猶子也"라고 하였다. [참고문헌]『景德傳燈錄』,『維摩經略疏垂裕記』.

유자 猶自 오히려 마땅함. 상자(尙自)와도 통한다.『대혜어록』권16(대정장47, p.880a9)에 "조금 전에는 오히려 괜찮았지만 지금은 다시 망가졌구나. 適來猶自可 而今更郎當"라고 하였다. [참고문헌]『大慧語錄』. ⇨ 상 尙, 상자 尙自

유자 諭子 비유(譬喩).『벽암록』89칙「평창 評唱」(대정장48, p.214b20)에 "어찌 뒤 낮으로 늘 옛 허물 그대로 한낱 비유로 설하니, 옛 것 의지해 우리에 갇혀 있으랴? 爭奈後面 依舊漏逗 說箇諭子 依前只在圈繢裏",『언계광문어록』권하(卍속장121, p.289b4)에 "나 너와 더불어 비유 하나를 말하리라. 我與儞說箇諭子"라고 하였다. [참고문헌]『碧巖錄』,『偃溪廣聞語錄』.

유자설병기 猶自說兵機 오히려 스스로 병사의 기틀 발설한다는 말. 마음의 움직임도 제법의 실상도 여여하여 사위의(行住坐臥)로도 감출 수 없음의 뜻이다. 만송행수(萬松行秀)가 즐겨 쓰던 착어(著語)다.『종용록』2칙「송 頌」(대정장48, p.228c15)에 "조용조용 소림에 앉았으니〈늙어도 마음 쉬지 못하네〉, 묵묵히 남김없이 엄정한 법령 드러낸다〈오히려 병사 기틀 스스로 말하네〉. 寥寥冷坐少林〈老不歇心〉 默默全提正令〈猶自說兵機〉",『삼산등래어록』권10(가흥장29, p.730c25)에 "임제가 덕산을 모시던 차에〈스승과 제자 묶이다〉 덕산이 '오늘은 고단하구나'〈오히려 스스로 전쟁기밀 폭로하는군〉라고 하자 임제가 말했다. '이 노인네 잠꼬대하는가'〈분명히 알아 들었네〉. 臨濟侍德山次〈師資分上〉 山云 今日困〈猶自說兵機〉 濟云 這老漢寐語 作麼〈分明聽得〉"라고 하였다. [참고문헌]『從容錄』,『三山燈來語錄』.

유작 有作 Ⓢ ābhisaṃskārika, kārya, Ⓣ bya. 인과연이 합하여 지음이 있는 것. 더 이상 지을 일이 없으면 무작(無作)이다.『대승의장』권12(대정장44, p.706c28)에 "첫째는 유작과 무작이니 상대하여 둘로 나뉜다. 보시(檀) 등의 온갖 행들은 방편으로 닦아 성취하니 유작이라 하고, 시작 없는 법성이 현현하여 성취한 지금의 덕은 무작이라 한다. 一 有作無作 相對分二 檀等諸行 方便修成 名爲有作 無始法性 顯成今德 名爲無作",『법화경현찬요집』권5(卍속장53, p.550b5)에 "유작과 무작 등의 말은, 신역에서는 안립이라고 한다. 작은 닦아서 지은 뜻이다. 다시 닦고 지어야 할 것이 더 있기에 유작이라고 한다. 무작이란, 더 이상 지을 것이 없기에 무작이라 이름한다. 言有作無作等者 新云安立 作謂修作 更有可修作 名有作 言無作者 更無可作 名無作"라고 하였다. [참고문헌]『大乘義章』,『法華經玄贊要集』,『萬善同歸集』권중(대정장48, p.969a19), *Laṅk.211.*, *Madhy-vibh.56.* ⇨ 유상 有相, 유위 有爲, 무작 無作 ❷

유작복전 有作福田 과보를 구하는 마음으로 복전에 공양을 하는 것. 구하는 마음이 없이 행하는 무작복전(無作福田)의 상대어다.『대방편불보은경』권5(대정장3, p.148c13)에 "여래께서 무량심심행처에 노니시다가 중생을 삼계의 고통에서 구해주고자 하시었다. … 곧 두 가지 복전을 열어 보여주시었으니 첫째는 유작복전, 둘째는 무작복전이다. 如來 遊於無量甚深行處 欲拔衆生三有劇苦 … 卽爲開示二種福田 一者 有作福田 二者 無作福田",『대명삼장법수』권4(영락장181, p.524b3)에 "첫째 유작복전이란 제불보살, 부모님과 웃어른들께 공경하는 마음을 내어 공양하면 복을 얻을 뿐만 아니라 또한 불도(佛道)를 이룰 수 있는데, 만약 복을 얻기를 바라는 마음이 있다면 이것은 바람이 있는 유위로 짓는 것이어서 유작복전이라고 한다. 一 有作福田 謂於諸佛菩薩 父母師長之所 生恭敬心 脩諸供養 不惟得福 亦可成道 若有冀望福報之心 乃是有爲而作 故名有作福田"라고 하였다. [참고문헌]『大方便佛報恩經』,『大明三藏法數』. ⇨ 무작복전 無作福田

유작사제 有作四諦 닦아야 할 것이 있는 사제. 유작사성제(有作四聖諦)라고도 한다. 더 닦을 일이 없는 것을 무작사성제(無作四聖諦)라 하고, 합하여 팔제(八諦)라 한다.『승만보굴』권하(대정장37, p.69a19)에 "소승사제를 들어서 다시 뒤에 대승관제를 바라볼 때 닦아 지음을 더해야 하므로 유작이라고 이름한다. … 대승관제 들어서 다음을 바라보면 다시 관해 지을 나머지 일이 없기에 무작이다. 擧小乘諦望後 更有大乘觀諦 可以修作 名爲有作 … 擧大乘觀諦望後 更無餘觀可作 名曰無作”.『법화현찬』 권6(대정장34, p.764b28)에 “유작사제란, 분단생사를 고제로 삼으니 업과 번뇌는 집제가 되며, 유여의무여의열반이 멸제가 되고, 생공(生空 : 我空)에 대한 지혜들(智品)로 도제를 삼는다. 有作四諦者 分段生死爲苦諦 業煩惱爲集諦 有無餘依涅槃爲滅諦 生空智品以爲道諦”라고 하였다. [참고문헌]『勝鬘寶窟』,『法華玄贊』. ⇨ 사성제 四聖諦, 사종사제 四種四諦 [2], 팔제 八諦, 무작사제 無作四諦

유잔죄 有殘罪 승잔(僧殘 Ⓢ saṃghāvaśeṣa) 즉 남아 있을 수 있는 죄. ‘유잔’이란 비구나 비구니로서의 자격을 버리는 죄는 아니어서 승가에 남을 수 있다는 뜻이다. 바라이죄(波羅夷罪 Ⓢ pārājika)는 무잔죄(無殘罪)이다.『십송율』 권20(대정장23, p.142c10)에 “세 가지 비법이란, 어떤 비구가 ‘무잔죄’를 범하고서 스스로 ‘유잔죄’를 범했다고 하며, 이 비구가 승중에 억념비니(기억에 의한 진술에 의하여 죄를 정하는 법)를 청하는 경우, 승중이 이 비구에게 억념비니를 허락하는 것을 비법이라고 한다. 왜냐하면 이 사람에게는 마땅히 멸빈이 주어지기 때문이다. 三種非法者 有比丘犯無殘罪 自言犯有殘罪 是比丘從僧乞憶念比尼 若僧與是比丘憶念比尼 是名非法 何以故 是人應與滅擯故”라고 하였다. [참고문헌]『十誦律』,『薩婆多毘尼毘婆沙』 권9(대정장23, p.562c21). ⇨ 무잔죄 無殘罪, 오편 五篇

유장지고 流漿之苦 흘러내리는 미음의 고통. 지옥에서 구리 미음(銅漿)을 마시고 쇠 구슬(鐵丸)을 먹는 고통을 뜻한다.『남해기귀내법전』 권1(대정장54, p.211c19)에 “목구멍에 장차 미음을 흘러내리는 고통 생각할 수 없고, 걸음걸음마다 도적 머무는 재앙 눈앞에 부르는 일을 누가 알랴! 不思咽咽當有流漿之苦 誰知步步現招賊住之殃”라고 하였다. [참고문헌]『南海寄歸內法傳』.

유재 謏才 스스로를 낮추어 재주 없다 하는 말.『유방기초』「남천축바라문승정비 南天竺婆羅門僧正碑」(대정장51, p.987c24)에 “변변치 못한 저에게 큰 스님 진영의 찬을 지으라는 명을 받았으니. 爰命謏才爲像贊”라고 하였다. [참고문헌]『遊方記抄』.

유재사 遺才寺 경상북도 안동시에 있던 절. 1608년(선조41)에 편찬된『영가지』 권6 불우조에 “안동부 남쪽 이십 리쯤에 있다. 在府南二十里許”라고 하였다. [참고문헌]『永嘉誌』.

유재석 有財釋 Ⓢ bahuvrīhi, Ⓟ bahubīhi, Ⓣ 'bru-mang-po. 육리합석(六離合釋) 중 하나. 두 개 이상의 말로 이루어진 복합어(複合語)를 형용하는 뜻으로 푸는 것. 다재석(多財釋)이라고도 한다. 소유의 의미로 소유복합어라고도 하고, 다른 명사를 형용하는 경우와 명사로 쓰는 경우도 있다. 예를 들어 ‘많은 쌀’을 뜻하는 범어 바후브리히(bahu-vrīhi)가 ‘많은 쌀이 있는’을 의미하여 장소(Ⓢ deśa)를 수식하기도 하고, 그 자체로 ‘많은 쌀이 있는 곳’을 의미하기도 한다. 마찬가지로 ‘푸른 연꽃’을 뜻하는 닐롯팔라(Ⓢ nīlotpala)는 ‘푸른 연꽃이 있는’을 의미하여 연못(Ⓢ saras)을 형용하지만, 그 자체로 ‘푸른 연꽃이 있는 연못’을 의미하기도 한다.『화엄경탐현기』 권3(대정장35, p.149a12)에 “셋째 유재석이란 다재석이라고도 하며, 소유물을 따라 세워 이름한다. 저 불토라는 말에서 토는 부처님이 계시므로 불토라고 이름하는 것과 같다. 三 有財釋者 亦名多財釋 謂從所有物 以立其名 如說佛土 土是佛之所有 名爲佛土也”,『대승법원의림장』 권1(대정장45, p.255b9)에 “유재석이란 무엇인가? 다재라고도 하는데, 유재에는 미치지 못한다. 재는 재물을 말한다. 스스로 밖의 재를 좇아 세우고 몸을 삼고 부르기에 유재라고 이름한다. 저 세간에서 말하는 유재와 마찬가지로 이 또한 비유를 좇아 이름한 것이다. 有財釋者 亦名多財 不及有財 財謂財物 自從他財 而立己稱 名爲有財 如世有財 亦是從喩而爲名也”라고 하였다. [참고문헌]『華嚴經探玄記』,『大乘法苑義林章』. ⇨ 육리합석 六離合釋, 육합석 六合釋

유재아귀 有財餓鬼 유재귀(有財鬼)라고도 한다.『입중론강기』(대장경보편9, p.721a24)에 “아귀 중에 또한 유재귀가 있다. 고독지옥의 유정으로 큰 재부가 있어도 다 악취에서 베풀어야 하는 과를 받는다. 餓鬼中亦有有財鬼 孤獨地獄之有情 亦有大財富 皆於惡趣受施果也”라고 하였다. [참고문헌]『入中論講記』. ⇨ 다재귀 多財鬼

유쟁 有諍 Ⓢ saraṇa, raṇa, sāvadya, Ⓟ saraṇa, Ⓣ 'thab bcas, 'thab-pa. 다툼이 있음의 뜻. 유루(有漏)를 달리 이르는 말.『구사론』 권1(대정장29, p.2a28 : *Abh-k-bh.*, p.5)에 “이 유루법은 유쟁이라고도 한다. 번뇌를 쟁이라 한다. 선품을 만나면 움직이지만 자타에 손해를 입히기도 하니, 다툼이 따라 늘기도 하기에 유쟁이라 한다. 此有漏法 亦名有諍 煩惱名諍 觸動善品故 損害自他故 諍隨增故 名爲有諍 ta eva sāsravā dharmā ucyante. raṇā hi kleśāḥ ātmaparāvyābādhanāt. tadanuśayitatvāt saraṇāḥ. sāsravavat”,『유가사지론』 권8(대정장30, p.314c7)에 “능히 다투고 경쟁하는 인이 되기에 유쟁이라 한다. 마치 저 유루와 같다. 能爲鬪訟諍競之因 故名有諍 猶如有漏”라고 하였다.

〔참고문헌〕『俱舍論』, 『瑜伽師地論』, 『阿毘曇心論經』 권1(대정장28, p.834b29), *Abh-k-bh.*, *Yogā-bh.168.*, *Kāśy.24.*, *MN.3.235.* ⇨ 유루 有漏

유쟁법 有諍法 Ⓟ dhammo saraṇo. 다툼이 있는 법. 생로병사하고 우비고뇌하는 유루법을 달리 부르는 말이다. 무쟁법(無諍法)과 대칭한다. 『중아함경』 권43 「구루수무쟁경 拘樓瘦無諍經」(대정장1, p.703a15 : *Araṇavibhaṅga-sutta*, *MN.3*, p.235)에 "유쟁법과 무쟁법이 있다. 무엇이 유쟁법이고 무엇이 무쟁법인가? 저욕과 상응하여 기쁘고 즐거우면 극히 하천한 업으로 범부행을 하니, 이 법은 유쟁이다. 어떤 등이기에 이 법은 다툼이 있는가? 이 법에는 고통이 있고 번민이 있으며 분노도 있고 근심과 삿된 행위도 있다. 이 법 때문에 다툼이 있게 된다. 有諍法 無諍法 云何有諍法 云何無諍法 若欲相應 與喜樂俱 極下賤業 爲凡夫行 此法有諍 以何等故 此法有諍 此法有苦 有煩 有熱 有憂慼邪行 是故此法則有諍也 tatra bhikkhave yo kāmapaṭisandhisukhino somanassānuyogo hīno gammo pothujjaniko anariyo anatthasaṃhito sadukkho eso dhammo saupaghāto saupāyāso sapariḷāho micchāpaṭipadā. tasmā eso dhammo saraṇo", 『유가사지론』 권30(대정장30, p.452c13)에 "이 유쟁법은 고통도 있고 해도 있으며 온갖 재환이 있고 두루 타는 듯한 번뇌가 있다. 이러한 인연으로 말미암아 장차 생로병사와 수탄우고 등 갖가지 어지러운 번뇌가 일어난다. 是有諍法 有苦有害 有諸災患 有遍燒惱 由是因緣 發起當來 生老病死 愁歎憂苦 種種擾惱"라고 하였다. 〔참고문헌〕『中阿含經』, 『瑜伽師地論』, 『品類足論』 권6(대정장26, p.714a20), *MN.* ⇨ 무쟁법 無諍法, 유루법 有漏法

유쟁연 有諍緣 다툼이 있는 연. 유루연(有漏緣 Ⓢ sāsrava-ālambana)을 달리 이르는 말. 『대비바사론』 권46(대정장27, p.239b1)에 "마땅히 알라. 다 거둬서 설하면 타계와 타지의 연이란 저 유루연과 무루연이 모든 유쟁연과 무쟁연이라 하는 예와 같다. 當知總說 他界他地緣者 如有漏緣 無漏緣 諸有諍緣 無諍緣"라고 하였다. 〔참고문헌〕『大毘婆沙論』. ⇨ 유루연 有漏緣, 유쟁 有諍

유적 誘迪 달래서 이끌다. 『경덕전등록』 권9 「홍변전 弘辯傳」(대정장51, p.269b10)에 "방편이란 진실한 상을 숨기고 덮으면서 방편으로 잘 살펴 연 문이다. 중하의 근기에게 입혀 가까이 하고자 자세히 베풀고 달래 이끄는 것을 방편이라 한다. 方便者 隱實覆相 權巧之門也 被接中下 曲施誘迪 謂之方便", 같은 책 권21 「나한계침전 羅漢桂琛傳」(대정장51, p.371a14)에 "현사는 언제나 학인 무리를 달래고 이끌어 모든 삼매에서 나오도록 하였다. 玄沙 每因誘迪學者流 出諸三昧"라고 하였다. 〔참고문헌〕『景德傳燈錄』.

유적 遺迹 남긴 자취. 남은 흔적. 후세에 전한 말씀. 부처님의 교법·사리 등을 말한다. 유적(遺跡)이라고도 쓴다. 『금강선론』 권5(대정장25, p.830a23)에 "탑에 봉안된 사리는 응신불이 남긴 자취이다. 塔中舍利 乃是應佛遺迹", 『대보적경』 권19(대정장11, p.106c25)에 "혹 어떤 때는 멸도하는 순간 허공중에 저 오색구름처럼 떠다니듯 하더니, 잠깐 사이에 흩어져 남은 자취마저 남김없이 사라진다. 或有於滅度時 遊行空中 如五色雲 須臾消散 滅無遺迹", 『불조역대통재』 권15(대정장49, p.615a1)에 "절에 들어가 풍간의 유적을 예방했다. 入寺訪豐干遺迹", 『무량수불경소』 권1(대정장37, p.246a1)에 "우리들 어리석은 몸 끌고, 광겁이 지나도록 흘러 돌다가, 금생에 석가불께서 남기신, 말법의 자취 만났네. 我等愚癡身 曠劫來流轉 今逢釋迦佛 末法之遺跡"라고 하였다. 〔참고문헌〕『金剛仙論』, 『大寶積經』, 『佛祖歷代通載』, 『無量壽佛經疏』.

유적대법 有敵對法 적대함이 있는 법. 『법온족론』 권8(대정장26, p.492a28)에 "무엇이 유적대법인가? 말하자면 탐과 무탐, 진과 무진, 치와 무치 등은 서로서로 적대인데, 이것을 유적대법이라고 한다. 云何有敵對法 謂貪無貪互相敵對 瞋無瞋互相敵對 癡無癡互相敵對 是名有敵對法"라고 하였다. 〔참고문헌〕『法蘊足論』.

유적사 幽寂寺 강원도 평강군 중봉산(重峯山)에 있던 절. 『동국여지승람』 권47 강원도 평강현 불우·『가람고』에 절의 이름과 위치가 전하나, 『범우고』에는 폐사로 전한다. 〔참고문헌〕『東國輿地勝覽』, 『伽藍考』, 『梵宇攷』, 『韓國寺刹全書』 권하 p.934b3.

유전 有田 유의 밭. 중생이 있게 되는 삼유(三有 : 欲有·色有·無色有)를 말하며, 식종자(識種子)를 뿌려 삼유가 있게 되기에 밭이라 비유한다. 『잡아비담심론』 권5(대정장28, p.913c7)에 "응공이 모든 번뇌를 여읜다는 뜻은, 저 진지가 생겨나서 일체의 번뇌가 다한 이의 이름이 응공이다. 응당 일체공양을 받을 수 있기 때문이고, 일체번뇌를 없앴기 때문이며, 다시는 삼유라는 밭에 식종자 심을 일 없기 때문이다. 應供離諸漏者 彼盡智生 一切有漏盡 名爲應供 應一切供養故 害一切煩惱故 更不於有田 種識種子故"라고 하였다. 〔참고문헌〕『雜阿毘曇心論』. ⇨ 삼계 三界 ❶

유전 流傳 흘러 전하다. 『대보적경』 권5(대정장11, p.30b18)에 "이 법을 잘 받아서 지키는 사람은 목숨을 돌아보지 않는다. 그러한 사람이라면 능히 이 경을 널리 전할 수 있다. 於此法中 善受持者 不顧身命 彼人則能 流傳此經", 『법화경문구보정기』 권8(卍속장45, p.256b17)에 "흘러 전한다는 뜻은 다른 이로 하여금 경전을 베껴 쓰고 받아 지니며 독송하도록 한다는 뜻이다. 流傳者 令他書寫 受持 讀誦故"라고 하였다. [참고문헌] 『大寶積經』, 『法華經文句輔正記』.

유전 流轉 Ⓢ pravṛtti, saṃsṛti, saṃsāra, Ⓟ pavatta, saṃsāra, Ⓣ 'jug-pa, khor-ba. 끝없이 흐르며 도는 뜻. 삼유(三有 : 欲有·色有·無色有)의 일체유정이 쉬지 않고 생사를 거듭하는 뜻이다. 예외가 없기에 유위법 중 이십사불상응법(二十四不相應法)의 하나이다. 『장아함경』 권1 「대본경 大本經」(대정장1, p.7b5)에 "온갖 괴로움이 모여 이에 죽고 저에 나며 저 세계에 살다 이 세계에 난다. 이러한 고통의 무더기 연하여 흘러 돎이 끝이 없다. 衆苦所集 死此生彼 從彼生此 緣此苦陰 流轉無窮", 『별역잡아함경』 권10(대정장2, p.446c2)에 "지극히 둔한 이라도 마음대로 일곱 번 나서 삼악도에 나지 않고 인천에서 유전한다면 자연히 온갖 괴로움 남김없이 다할 것이다. 極鈍根者 任運七生 不生三惡 人天流轉 自然得盡 諸苦邊際", 80권본 『화엄경』 권3(대정장10, p.15b6)에 "모든 중생계는 생사의 바다에서 유전한다. 一切衆生界 流轉生死海", 『구사론기』 권3(대정장41, p.58b21)에 "유전과 환멸이란, 『순정리론』 권9(대정장29, p.379c5)에 '생사가 상속함이 유전의 뜻이고, 생사가 쉬어 그치면 환멸의 뜻이다'라고 하였다. 言流轉還滅者 正理云 生死相續 是流轉義 生死止息 是還滅義", 『관능가경기』 권8(卍속장26, p.62a17)에 "유전이란 법성을 따라 생사로 흘러들고 생사를 뒤치면 열반이다. 所言流轉者 謂順法性 而流入生死 轉生死 而爲涅槃", 『대승백법명문론해』 권2(대정장44, p.51c2)에 "유전이란 인과가 끊이지 않고 앞뒤로 이어진다는 뜻이다. 流轉者 因果不斷 相續前後", 『대승백법명문론개종의기』(대정장85, p.1063a18)에 "유전이란 유위법의 인과가 이어지며 끊이지 않는다는 뜻이다. 言流轉者 謂有爲法 因果相續 不斷絕故"라고 하였다. 『화엄경소초』 권31(대정장36, p.240c6)에 "유전의 바탕이라 한다면, 그 바탕은 아뢰야식이다. 그러므로 『성유식론』 권2(대정장31, p.7c19)에 '언제나 구르며 움직임이 저 폭류와 같다'라고 하였다. 言流轉體者 體卽賴耶 故唯識云 恒轉如瀑流", 『성유식론술기』 권4(대정장43, p.378c1)에 "(유전의) '유' 즉 흐른다는 것은 상속한다는 뜻이고, '전' 즉 구른다는 것은 일어나는 뜻이다. 곧 제8식에 의지하여 혹은 종자가 되고 또는 현행하기도 하며 서로서로 이어 일어난다는 뜻이다. 이 제7식이 항상 저 제8식에 의지하여 일어나 연하는 것들을 취함을 드러내 보인다. 流是相續義 轉是起義 謂依第八 或種或現 相續起義 顯示此第七識 恒依彼第八識起 取所緣故", 『유가사지론』 권52(대정장30, p.587c25)에 "모든 행의 인과가 이어져 끊어지지 않는 자성을 유전이라 한다. 諸行因果 相續不斷性 是謂流轉", 같은 책 권56(대정장30, p.607c11)에 "묻는다. 어떤 분위에 의하여 유전을 건립하며, 이는 다시 몇 가지인가? 답한다. 인과상속의 분위에 의하여 유전을 건립하니, 이는 다시 세 가지다. 곧 찰나전전유전, 생전전유전, 염오청정전전유전이다. 問 依何分位 建立流轉 此復幾種 答 依因果相續分位 建立流轉 此復三種 謂刹那展轉流轉 生展轉流轉 染汚淸淨展轉流轉"라고 하였다. [참고문헌] 『長阿含經』, 『別譯雜阿含經』, 『華嚴經』, 『俱舍論記』, 『順正理論』, 『觀楞伽經記』, 『大乘百法明門論解』, 『大乘百法明門論開宗義記』, 『華嚴經疏鈔』, 『成唯識論』, 『成唯識論述記』, 『瑜伽師地論』, *Abh-k-bh.40.*, *Śrāv-bh.428.*, *Lal-v.27.*, *Paṭis.100.*, *Dhp.43.* ⇨ 생사유전 生死流轉, 윤회 輪廻, 유전환멸 流轉還滅, 이십사불상응법 二十四不相應法, 상속 相續, 폭류 瀑流

유전 遺典 남긴 말씀 또는 경전. 『아난사사경』(대정장14, p.757b26)에 "이 무리의 덕 높은 이들이 말로 펼친 것들 모두 제불께서 남기신 말씀이다. 此曹高士 口之所陳 皆是諸佛之遺典也"라고 하였다. [참고문헌] 『阿難四事經』, 『出三藏記集』 권6(대정장55, p.44b17).

유전고 流轉苦 Ⓢ pravṛtti-duḥkha, Ⓣ 'jug-pa'i-sdug-bsngal. 흘러 돌고 도는 생사윤회의 고통. 80권본 『화엄경』 권62(대정장10, p.333b13 : *Gaṇḍ-vy.*, p.45)에 "모든 업과 번뇌의 바퀴 깨끗이 하여, 온갖 생사윤회의 고통을 끊는다. 淨諸業惑輪 斷諸流轉苦 tat-pravṛtti-dukha-skandha-chedanaṃ karma-kleśa-raja-cakra-śodhanam"라고 하였다. [참고문헌] 『華嚴經』, *Gaṇḍ-vy.*, *Bodh-bh.167.* ⇨ 유전 流轉, 고 苦

유전문 流轉門 무시무명(無始無明)으로 끝없이 흘러 구르며 생멸(生滅)하는 문. 역관(逆觀)의 환멸문(還滅門)과 대칭을 이룬다. 『기신론소필삭기』 권8(대정장44, p.337b11)에 "불생이 생멸과 합한다는 말은 진이 망을 따라 움직이는 유전문을 말한다. 不生滅與生滅合者 謂眞隨妄轉 流轉門也", 『반야심경약소』(대정장33, p.554a15)에 "무명이 없다는 말은, 무명을 순하는 유전문에서 보면 그 성이 공이므로 '무명은 없다'고 한다. 무명이 다함도 없다는 말은, 거꾸로 무명이 돌이켜 사라지는 환멸문으로 보면 진공이기에 '가히 다함마저 없다'고 한다. 無無明者 順觀無明流轉門 以其性空故 云無無明也 亦無無明盡 逆觀無明還滅門 以眞空故 無可盡也"라고 하였다. [참고문헌] 『起信論疏筆削記』, 『般若心經略疏』, 『華嚴經

疏』 권19(대정장35, p.646a3). ⇨ 순관 順觀, 역관 逆觀, 환멸문 還滅門

유전삼계 流轉三界 삼계(欲色無色界)로 흘러 돌다의 뜻. 『수능엄의소주경』 권1(대정장39, p.843a29)에 "범부는 몸과 경이 무상함 알 수 없어 실로 있다고 헛되게 집착하여 아아소로 헤아려 미혹을 일으키고 업을 지으니, 삼계에서 유전하며 한없는 몸과 마음의 큰 고통을 당한다. 凡夫不了 身境無常 妄執實有 計我我所 起惑造業 流轉三界 受於一切 身心大苦"라고 하였다. 〔참고문헌〕『首楞嚴義疏注經』, 『理趣六波羅蜜多經』 권1(대정장8, p.866a24). ⇨ 유전 流轉, 삼계 三界 ❶

유전삼계게 流轉三界偈 득도수계(得度受戒) 때 읊는 게송. 『사분율행사초』 권하(대정장40, p.150a19)에 "삼계 중 흘러 거듭하여 애의 굴레 벗어날 길 없네. 은혜 저 마저 버려 무위에 들어서야 진실로 은혜 갚음이라네. 流轉三界中 恩愛不能脫 棄恩入無爲 眞實報恩者"라고 한 다음, 이 게송을 읊고 나서 속복을 벗는다고 하였으며, 『청신사도인경 淸信士度人經』을 출전으로 제시하였다. 〔참고문헌〕『四分律行事鈔』, 『百丈淸規』 권5(대정장48, p.1137b7). ⇨ 할애사친 割愛謝親

유전생사 流轉生死 Ⓢ saṃsāra, saṃ-√sṛ, saṃsāra-saṃsṛti, Ⓣ 'khor-ba, 'gro-ba, 'khor-ba-la-'khor-ba. 육도(六途)로 흘러 구르며 생사를 거듭함. 생사유전(生死流轉)·윤회(輪廻) 등이라고도 한다. 『증일아함경』 권18(대정장2, p.637c21)에 "만일 이 네 가지 법을 깨닫지 못할 경우 문득 생사로 유전하며 다섯 갈래 돌고 돈다. 무엇이 네 가지인가? 성현의 계율·성현의 삼매·성현의 지혜·성현의 해탈이다. 若不覺此四法時 便流轉生死 周旋五道 云何爲四 聖賢戒 賢聖三昧 賢聖智慧 賢聖解脫", 『백론소』 「서문 序文」(대정장42, p.236b2)에 "저 중생들이 생사를 끊임없이 반복하는 까닭은 모두 욕에 집착하기 때문이다. 만일 마음에 욕 그친디면 너는 다시 생사는 없으리니, 공과 더불어 합한 그 덕이야말로 열반이라 하는 것이다. 夫衆生所以 流轉生死者 皆由著欲故也 若欲止於心 則無復生死 與空合其德 乃曰涅槃"라고 하였다. 〔참고문헌〕『增壹阿含經』, 『百論疏』, *Bodh-bh.28·38., Abh-k-bh.472.* ⇨ 생사유전 生死流轉, 유전 流轉, 윤회 輪廻

유전소의 流轉所依 Ⓢ pravṛtter āśrayaḥ, Ⓣ 'jug-pa'i rten. 유전이 의지하는 육내처인 육근(六根)을 말한다. 『순정리론』 권9(대정장29, p.379c5)에 "생사가 부단히 이어짐이 유전의 뜻이다. 유전이 의지하는 바를 여섯 가지 내처(육근)라 한다. 안 등이야말로 결정코 저 유전의 자성이기 때문이다. 生死相續 是流轉義 流轉所依 謂六內處 眼等定是 彼自性故"라고 하였다. 〔참고문헌〕『順正理論』, 『俱舍論』 권3(대정장29, p.14b11), *Abh-k-bh.40.* ⇨ 육근 六根, 유전 流轉

유전신 流轉身 유전하는 몸. 『대방등대집경』 권38(대정장13, p.259c7)에 "모든 중생이 세간에 살면서 욕탐해 즐기니, 밤낮으로 탐하여 맛보느라 벗어날 줄 모른다. 벗어날 줄 모르기에 유전하는 몸으로 큰 괴로움을 당한다. 有諸衆生 處在世間 愛樂於欲 晝夜貪味 不知出道 不知出故 於流轉身 受大苦惱"라고 하였다. 〔참고문헌〕『大方等大集經』, 『大梵天王問佛決疑經』 권하(卍속장87, p.643b11). ⇨ 유전 流轉

유전왕 流轉王 Ⓢ Ⓟ Sāraṇa. 부처님 재세 시 미희라국(眉稀羅國)의 왕인 바라나왕(婆刺拏王)의 한역어. 『성유식론장중추요』 권상본(대정장43, p.620c17)에 "이 유전왕은 수희라국의 왕으로서 외모가 아름다워 스스로 겨룰 이 없다고 여겼다. 此流轉王 是眉稀羅國王 容貌端正 自謂無雙"라고 하였다. 〔참고문헌〕『成唯識論掌中樞要』. ⇨ 바라나 婆刺拏

유전유여평등 有前有餘平等 Ⓢ pūrvavat śeṣavat sāmānyato-dṛṣṭa. 비량(比量 Ⓢ anumāna : 推論)의 세 가지 근거. 앞서 있던 것과 지금 남아 있는 것, 여러 것에 한결같이 있는 자성으로 미루어 아는 것의 뜻이다. 『금칠십론』 권상(대정장54, p.1246a3)에 "비량에는 세 가지가 있으니 첫째 유전, 둘째 유여, 셋째 평등이다. … 저 먹구름을 보고 반드시 비가 오리라고 아는 것이다. 저 강에 새로 탁한 물이 가득함을 보고 상류에 비가 왔음을 아는 것이다. 저 파타라국 암라수 꽃이 핀 것을 보고 교살라국도 또한 그러함을 아는 것이다. 比量有三 一者 有前 二者 有餘 三者 平等 … 如人見黑雲 當知必雨 如見江中滿新濁水 當知上源必有雨 如見巴吒羅國菴羅樹發華 當知憍薩羅國亦復如是"라고 하였다. 〔참고문헌〕『金七十論』, *Māṭ-v.9.* ⇨ 유여 有餘❷, 유체 有體❸, 평등 平等❷, 비량 比量, 삼비량 三比量

유전윤회 流轉輪廻 흘러 뒤치며 돌고 돎. 생과 사를 반복하며 오가는 현상. 『부자합집경』 권1(대정장11, p.921b10)에 "고행하는 외도 선인의 삿되고 허황된 앎으로는 무아의 뜻 알아 들어가지 못하니, 흐르고 뒤치며 돌고 돌아 삼계 중에 있으니 승혜가 없음으로 진제에 몽매하네. 苦行外仙邪妄智 不能入解無我理 流轉輪迴三界中 由無勝慧迷眞諦"라고 하였다. 〔참고문헌〕『父子合集經』. ⇨ 유전 流轉, 윤회 輪廻

유전의 流轉依 흘러 구르며 의지함. 유정이 오취(五趣)로 흘러들고 구르게 하는 의지처를 말한다. 의시설안립(依施設安立 Ⓣphung-po-gdags-pa-rnam-par-gzhag-pa)의 팔종의(八種依) 중 하나다. 『유가사지론』 권50(대정장30, p.577a11)에 "무엇이 유전의인가? 네 가지 식주와 십이연기를 말하니, 색취식주·수취식주·상취식주·행취식주와 무명연행행연식에서 생로병사에 이르는 것을 말한다. 이에 의지하기에 모든 유정류는 오취생사에 수순하여 유전한다. 云何流轉依 謂四種識住及十二緣起 卽色趣識住 受趣識住 想趣識住 行趣識住 及無明緣行行緣識 廣說乃至生緣老死 由依此故 諸有情類 於五趣生死 隨順流轉", 『대명삼장법수』 권26(영락장182, p.463a6)에 "(팔종의 중) 넷째는 유전의이다. 사람은 오온 중 수·상·행·식의 네 가지 심에 의지해 모든 번뇌와 업의 인을 일으켜 삼계에 흘러 구르며 생사하기에 유전의라 한다. 四 流轉依 謂人依五蘊中受想行識四心 起諸煩惱業因 流轉三界生死 故名流轉依"라고 하였다. [참고문헌] 『瑜伽師地論』, 『大明三藏法數』. ⇨ 팔종의 八種依, 사식주 四識住

유전의처연 流轉依處緣 Ⓢpravṛtty-adhiṣṭhāna-pratyaya, Ⓣ'jug-pa'i-gnas-kyi-rkyen. 유전의 의지처가 되는 연(緣). 사성(四姓) 등을 말한다. 『유가론기』 권2(대정장42, p.358b3·한불전13, p.155a23)에 "『유가사지론』 권8(대정장30, p.316c23)의 '유전의처연을 버릴 수 없다'는 것은, 전대찰제리 등 사성은 현세찰제리 등의 유전에 연이 되며, 또 현세는 다시 후대유전에 연이 되는데, '현세도 타세도 없어 타세사성 등이 유전해서 의지한 처의 연이 없다'고 비방하는 것이다. 그러므로 현세도 없다고 한다. 非撥流轉依處緣者 前代刹帝利等四姓 與此世刹帝利等流轉爲緣 此世復與後代流轉爲緣 謗無此世他世他世四姓等爲流轉依處緣 故言無此世"라고 하였다. [참고문헌] 『瑜伽論記』, 『瑜伽師地論』, *Yogā-bh.179.* ⇨ 유전 流轉, 사성 四姓

유전이구 流傳耳口 흘러 귀로 입으로 떠다닐 뿐. 『종용록』 12칙 「송 頌」(대정장48, p.235a7)에 "종을 말함에 가지가지로 굳이 해보지만〈오늘도 문득 보이지 못하네〉, 흘러 귀로 입으로 전하려 한즉 문득 가지쳐 떠나리니〈대중들이여, 이상타 여기지 마라〉. 宗說般般盡强爲〈今日不著便〉 流傳耳口便支離〈衆僧 莫怪〉", 『직주천동송고』 권1 「착어 著語」(卍속장117, p.786a17)에 "입에서 나와 귀로 들 뿐, 어떻게 종에도 통달하고 말에도 통한다고 하겠는가! 出口入耳之流 說甚宗通說通"라고 하였다. [참고문헌] 『從容錄』, 『直註天童頌古』.

유전인 流轉因 유전의 인. 생사에 유전하게 하는 업과 명언종자, 그리고 무명·애·취 등을 말한다. 『유가사지론』 권16(대정장30, p.362c5)에 "유전인이란, 이 종자에 의해 이 훈습 의해 이 조반에 의해, 저 법이 흘러 구르게 되는 것을 말한다. 이것들은 저 법에 대해 유전인이라 한다. 流轉因者 謂由此種子 由此薰習 由此助伴 彼法流轉 此於彼法名流轉因", 『유가론기』 권5(대정장42, p.415c17·한불전13, p.331b1)에 "유전인 중에 '이 종자를 말미암아'란 업종자이고, '이 훈습에 의해'란 명언종자이며, '이 조반에 의해'란 무명·애·취를 말하고, '저 법이 유전하는 것'이란 생노사가 일어나는 것을 말한다. 流轉因中 由此種子者業種也 由此熏習者名言種也 由此助伴者無明愛取也 彼法流轉者生老死起"라고 하였다. [참고문헌] 『瑜伽師地論』, 『瑜伽論記』. ⇨ 유전 流轉, 종자 種子, 훈습 薰習

유전제유경 流轉諸有經 ➡ 대승유전제유경 大乘流轉諸有經

유전진실 流轉眞實 Ⓢpravṛtti-tattva, Ⓣ'jug-pa'i de-kho-na. 칠종진실(七種眞實) 또는 칠진여(七眞如) 중 하나. 생기진실(生起眞實)을 달리 이르는 말. 유전진여(流轉眞如)라고도 한다. 『변중변론』 권중(대정장31, p.470a2)에 "차별진실(Ⓢprabheda-tattva)에는 대략 일곱 가지가 있다. 첫째는 유전진실이다. … 유전·안립(Ⓢsanniveśa)·사행(Ⓢmithyā-pratipatti)의 진실은 근본진실(Ⓢmūla-tattva : 三自性) 가운데 변계소집성(Ⓢparikalpita)과 의타기성(Ⓢparatantra)에 의지한다. 差別眞實 略有七種 一 流轉眞實 … 流轉安立 邪行 依根本中 遍計所執 及依他起"라고 하였는데, 『중변분별론』 권상(대정장31, p.456c3)에서는 생기진실(生起眞實)이라 한역한다. [참고문헌] 『辯中邊論』, 『中邊分別論』, *Madhy-vibh.43.* ⇨ 생기진실 生起眞實, 유전진여 流轉眞如, 칠진여 七眞如

유전진여 流轉眞如 Ⓢpravṛtti-tathatā. 삼종진여(三種眞如) 또는 칠진여(七眞如) 중 하나. 생진여(生眞如)·생여여(生如如)·윤전여(輪轉如)·유전진실(流轉眞實) 등이라고도 한다. 『성유식론』 권8(대정장31, p.46c20)에 "유전진여란 유위법이 흘러 끊임없이 도는 실성을 말한다. 流轉眞如 謂有爲法流轉實性"라고 하였다. [참고문헌] 『成唯識論』. ⇨ 윤전여 輪轉如, 유전진실 流轉眞實, 삼종진여 三種眞如, 칠진여 七眞如

유전홍통 流傳弘通 흘러 널리 알림. 『아미타경약주』(卍속장91, p.737a6)에 "세 번째는 유통분이다. 이 경을 널리 전하여 크게 알림으로써 두루 중생을 제도하여 미래세 다하도록 한다. 三 流通分 流傳弘通此經 普度衆

生 盡於未來際也"라고 하였다. [참고문헌]『阿彌陀經略註』. ⇨ 유통 流通, 유통분 流通分

유전환멸 流轉還滅 Ⓢ pravṛtti-nivṛtti, Ⓣ 'jug-pa-dang-ldog-pa. 유전과 환멸. 흘러 구르고 돌이켜 고요함. 생사를 따라 흐르는 길과 돌이켜 열반을 성취하는 뜻을 아울러 말함이다.『거력장자소문대승경』 권상(대정장14, p.830c21)에 "저 모든 중생들이 벽지불 가르침 따라 선근이 성숙되어 부처님께서 설하신 십이인연의 유전과 환멸을 듣고는 바로 거꾸로 관하고 행하여 의심 없이 진실로 깨달아 믿음과 이해를 깊이 일으킨다면, 세간이 사시로 피었다 짐에도 무상을 깨달아 오롯이 성과를 증득한다. 若諸衆生 於辟支佛乘 善根成熟 聞佛說於十二因緣 流轉還滅 順逆觀行 諦了無疑 深生信解 或因世間 四時榮謝 覺悟無常 獨證聖果",『석마하연론』 권2(대정장32, p.604b16)에 "(심생멸문의 열 가지 이름 중) 여덟 번째는 유전환멸문이라 한다. 생사와 열반을 모두 갖추었기 때문이다. 八者 名爲流轉還滅門 具足生死 及涅槃故",『반야심경약소연주기』 권하(대정장33, p.566b28)에 "거스른즉 연이 사라지고 순한즉 연이 생한다. 이는 유전과 환멸을 잡아서 역과 순으로 삼았으니 생사 거스르거나 생사에 따른다. 逆則緣滅 順則緣生 此約流轉還滅 以爲逆順 卽逆生死 順生死也",『구사론기』 권3(대정장41, p.58b21)에 "유전과 환멸이란,『순정리론』 권9(대정장29, p.379c5)에 '생사가 이어지면 유전의 뜻이고 생사가 그쳐 쉬면 환멸의 뜻이다'라고 하였으니, 곧 육근은 결국 단멸한다. 또한『대비바사론』 권100(대정장27, p.515b12)에 '유전이란 다시 몸을 받아 태어남이고 환멸이란 열반에 나아감이다'라고 하였다. 言流轉還滅者 正理云 生死相續 是流轉義 生死止息 是還滅義 卽是六根 畢竟斷滅 又婆沙一百云 流轉者 謂更受生 還滅者 謂趣涅槃",『구사론송소론본』 권3(대정장41, p.835a12)에 "유전과 환멸을 잡아 이십이근을 세운다. 유전이란 식을 체로 삼아 생사에서 유전한다는 뜻이다. … 환멸이란 생사가 그쳤다는 뜻이다. 열반을 취하여 얻으면 환멸의 체다. 約流轉還滅 立二十二根 言流轉者 以識爲體 於生死中 流轉故也 … 言還滅者 生死止息 名爲還滅 取涅槃得 爲還滅體",『성유식론연비』 권3(대정장43, p.873b21)에 "논에서 '유전과 환멸이 응당 성립되지 않을 것이다'라고 한 말은, [문] 고집을 유전이라 한다. 설사 항상 인천취에 나더라도 고집을 넘지 못함이니, 유전의 뜻이 어떤 일에 맞지 않는다 하는가. [답] 대개 유전은 다섯 갈래를 포괄한다. 만일 인천만으로 유전한다 하면 만족할 수 없으므로 맞지 않다'고 한다. 論 流轉還滅 應不得成者 問 苦集二諦 名爲流轉 設使常生人天趣中 未踰苦集 流轉之義 何事不成 答 夫云 流轉包括五趣 若唯人天 流轉不足 故云不成"라고 하였다. [참고문헌]『巨力長者所問大乘經』,『釋摩訶衍論』,『般若心經略疏連珠記』,『俱舍論記』,『順正理論』,『大毘婆沙論』,『俱舍論頌疏論本』,『成唯識論演祕』,『成唯識論』 권3(대정장31, p.12a22), *Yogā-bh.136*. ⇨ 십이연기 十二緣起, 유전 流轉, 환멸 還滅, 유전문 流轉門, 환멸문 還滅門

유점 有點 Ⓢ sa-aṅgana. 얼룩져 있다는 말. 일체중생에게 얼룩진 번뇌장과 소지장을 뜻한다.『별역잡아함경』 권16(대정장2, p.491a11)에 "악인은 검은 옷에 묻은 얼룩과 같아서 악을 저질러도 티가 나지 않아 비난받지 않는다. 선명하게 깨끗한 옷감에 얼룩이 있으면 마치 파리가 붙은 모양과 같아서 세상사람 누구나 다 볼 수 있다. 惡人如衣黑 造惡不譏呵 鮮白上有點 猶如蠅脚等 世人皆共見",『보성론』 권2(대정장31, p.823a29 : *Ratna-ut.*, p.9)에 "여래께서는 이와 같이 여실하게 갖가지 모든 법을 아시고 모든 중생의 법성이 깨끗하지 않아 번뇌도 점도 있음을 관찰한 다음 모든 중생에게 몸을 떨쳐 큰 대비를 드러내셨다. 이는 여래의 위없는 지혜와 자비를 밝힌 대목이다. … 점이 있다는 말은 모든 보살마하살들이 저 두 가지 습기의 장애(煩惱障·所知障)에 의지한다는 뜻이다. 如來如是 如實覺知 一切諸法 觀察一切衆生 法性不淨 有垢有點 奮迅於諸衆生 大悲現前 此明如來無上智悲 … 有點者 以諸菩薩摩訶薩等 依彼二種習氣障故 tathāgatasyaivaṃ rūpān sarvadharmān abhisaṃbudhya sattvānāṃ ca dharmadhātuṃ vyavalokyāśuddham avimalaṃ sāṅganaṃ vikrīḍitā nāma sattveṣu mahākaruṇā pravartata iti. anena tathāgatasyānuttarajñānakaruṇānvitatvam udbhāvitam … sāṅganaṃ tadubhayānyatamavaśiṣṭatayā bodhisattvānām"라고 하였다. [참고문헌]『別譯雜阿含經』,『寶性論』, *Ratna-ut.*

유점무돈 唯漸無頓 오직 점(漸)이어서 돈(頓)은 없음.『도서』 권하1(대정장48, p.408a3)에 "위에서는 모두 다만 금생만을 한정하여 한 말이지만, 멀리 과거세 밀어 본다면 오직 점이어서 돈은 없다. 지금 단번에 알아차린 사람이 있다면 이미 여러 생을 거치며 점차로 닦아서 실현된 것이다. 上皆只約今生而論 若遠推宿世 則唯漸無頓 今頓見者 已是多生 漸熏而發現也"라고 하였다. [참고문헌]『都序』. ⇨ 돈오점수 頓悟漸修

유점사 楡岾寺 강원도 고성군 서면 백천교리 금강산(金剛山)에 있던 절. 금강산 미륵봉(彌勒峰) 동쪽 줄기 아래에 있는 선담(船潭) 하류 동쪽 언덕에 있었으나, 한국전쟁 때 불타고 터만 남아 있다. 유점사는 담무갈보살(曇無竭菩薩)의 주처인 금강산에서 가장 큰 사찰로 이름났으며, 일제강점기에는 31본산 중 하나로서 산내·

산외 60개의 말사를 관장하였다. 민지(閔漬 1248~1326)는 「금강산유점사사적기 金剛山楡岾寺事蹟記」에서 서기 4년(남해왕1)에 오십삼불의 창건연기를 전하고

유점사 전경 1929년촬영

있다. 사적기에 따르면, 부처님께서 열반에 드신 후 사위성 사람들은 부처님의 모습을 재현하기 위해서 금을 모아 오십삼존의 불상을 조성하여 종 안에 봉안하였고, 이를 배에 태우고 바다에 띄워 유연국토(有緣國土)에 갈 것을 발원하였다. 이 배가 바다를 항해하다가 월지국(月支國)에 닿았는데, 왕이 이를 공경하여 전당을 짓고 봉안하였으나 원인 모를 불이 나서 전각이 타버렸다. 왕이 다시 전당을 짓고자 하였으나 꿈에 부처님이 나타나서 수고하지 말라고 만류하였고, 오십삼불은 다시 배에 태워 바다에 띄웠다. 이 배가 여러 나라를 떠다니다가 신라 안창현(安昌縣) 포구에 닿았고, 이를 발견한 사람들이 고을 관리에게 알려 노춘(盧椿)이 나가 보니 바닷가의 나뭇잎들이 모두 금강산을 향해 있었다. 따라가 보니 길가에 종이 머문 흔적이 있었고, 다시 산속으로 들어가 흰 개와 노루의 인도를 받으며 종소리를 듣고 찾아가보니 연못가 느릅나무에 종이 걸려 있고 불상은 못가에 줄지어 서있었다. 이 사실을 왕에게 알려 그 땅에 절을 짓고 나무 이름을 따라 유점사라 하였다고 전한다. 고려 중기인 1168년(의종22)에는 자순(資順)과 혜쌍(慧雙)이 조정의 지원으로 연못을 메우고 당우 500여 칸을 중건하였고, 1188년(명종18)에 13층 청석탑을 대웅전 앞뜰에 건립하였다. 1213년(강종2)에는 강종이 백은(白銀) 1,000냥을 대선사 익장(益藏)에게 보내어 중수하도록 하였으며, 1284년(충렬왕10)에는 행전(行田)이 시주를 얻어서 공사를 착수하였는데 1295년까지 600여 칸의 당우를 중수하였다. 조선시대에는 1408년(태종8)에 효령대군이 백금 2만냥을 시주하여 건물 3,000칸을 중건하였고, 1424년(세종6) 불교계를 선교양종으로 축소할 때 선종 소속 사원으로 토지 300결, 항거승(恒居僧) 150인의 거찰로 인정받았다. 1453년

유점사 구층석탑 1912년촬영

(단종1)에 소실되어 신의(信義)·성료(性了) 등이 100여 칸을 중건하였고, 1466년(세조12)에 세조가 유점사에 행차하고 이듬해 학조(學祖)를 보내 중창하도록 하였다. 1469년(예종1)에는 난신(亂臣)들이 가졌던 동대문(東大門)·공주(公州)·창녕(昌寧)·보령(保寧)의 토지 120결과 염전 4개소, 노비 30구를 하사할 만큼 유점사에 대한 지원이 막대하였다.

유점사 능인보전 1912년촬영

임진왜란 때 소실되어 1595년(선조28)에 유정(惟政)이 인목왕후(仁穆王后)가 하사한 내탕금(內帑金)으로 중건하였고, 1636년(인조14)에 소실된 뒤 곧 중건하였다. 1703년(숙종29)에는 백금 2,000냥으로 중창하였으며, 1759년(영조35)에 소실되자 북한치영(北漢緇營)의 승병대장 보감(寶鑑)이 10년의 공사 끝에 중건하였다. 1768년(영조44)에 다시 어실각(御室閣)과 산영루(山映樓)를 제외하고 전소하여 중건하였고, 1882년(고종19)의 대화재 뒤 우은(愚隱)이 중창하였다. 주요 당우는 오십삼불을 봉안한 능인보전(能仁寶殿)을 비롯하여 영산전·명부전·보타전·가람전·삼성각·산신각·호지문·수충사(酬忠祠)·어향각(御香閣)·산영루·의화당(義化堂)·연화사(蓮華社)·범종각·수각 등이 있었으며, 흥성암(興盛庵)·반야암(般若庵)·중내원암(中內院庵)·칠보대암(七寶臺庵) 등의 암자가 있었다. 또 사명대사 유정을 비롯하여 서산의 동문제자인 기암법견(奇巖法堅 1552~1634), 사명의 제자인 송월응상(松月應祥 1572~1645), 송월의 제자인 춘파쌍언

유점사도 필자미상 국립춘천박물관 19세기

(春坡雙彦 1591~1658) 등 승장(僧將)으로 활약한 스님들의 탑비가 세워져 있었고, 이밖에 기적비(紀蹟碑) 등 비 9기와 부도 36기가 있었다. 1942년에 김탄월(金坦月)이 『유점사본말사지 楡岾寺本末寺誌』를 편집하였

는데, 여기에는 고려시대 중요 기록을 포함한 사적이 상세하게 수록되어 있다. 중요문화재로는 『보살계첩 菩薩戒牒』·「보문품 普門品」·오십삼불 등이 있었다. 『보살계첩』은 가로 약 7cm, 세로 약 10cm 크기의 감색 장지에 금니로 쓴 것으로, 고려말 나옹(懶翁)선사가 스승 지공(指空)화상으로부터 받은 것이다. 계첩의 끝부분에 '지공'이라는 수결과 지공 친필의 산스크리트 게송이 있다. 「보문품」은 선조비 인목왕후가 서궁(西宮)에 유폐 당하고 아들 영창대군이 참변을 당하자 남은 외동딸이 온전하기를 기도하며 불보살의 보호를 받기 위해 「관세음보살보문품 觀世音菩薩普門品」을 은자(銀字)로 필사한 것이다. [참고문헌] 『楡岾寺本末寺誌』(亞細亞文化社, 1977), 『北韓寺刹硏究』(寺刹文化硏究院, 1993) p.95, 『韓國寺刹全書』 권하 p.934b10, 『朝鮮佛敎通史』 권상 pp.661~663. ⇨ 유점사오십삼불 楡岾寺五十三佛

유점사경성포교당 楡岾寺京城布敎堂 1928년 2월에 개설한 금강산 유점사의 경성포교당. 경성부(京城府) 사간정(司諫町) 112번지에 있던 석왕사(釋王寺) 경성포교당을 1927년 2월 6,000원에 매입하여 2,000여 원을 들여 수리하고 1928년 2월에 유점사경성포교당으로 개설하였다. [참고문헌] 「布敎本山」(『韓國近世佛敎百年史』 권2, p.11). ⇨ 유점사 楡岾寺

유점사기암당법견대사비문 楡岾寺奇巖堂法堅大師碑文 조선 중기 기암법견(奇巖法堅 1552~1634)의 행적을 담은 비문. 이조참판(吏曹參判)을 지낸 동주(東州) 이민구(李敏求)가 비문을 짓고, 홍문관제학(弘文館提學) 오준(吳竣)이 썼으며, 예문관제학(藝文館提學) 김광욱(金光煜)이 전액을 썼다. 의민(儀敏)을 화주(化主)로 하고 현균(玄均)이 도감(都監)을 맡아 1653년(효종4) 6월 강원도 고성군 금강산 유점사(楡岾寺)에 건립하였다. [참고문헌] 『東州集』 권7 「奇巖堂法堅法師碑銘幷序」(한국문집총간94, p.386a1), 『楡岾寺本末寺誌』(亞細亞文化社, 1977) pp.89~91, 智冠 『韓國高僧碑文總集 朝鮮朝·近現代』 pp.127~129. ⇨ 법견 法堅

유점사본말사지 楡岾寺本末寺誌 강원도 금강산 유점사와 소속 사암(寺庵)의 사지를 편록한 책. 운악(雲岳)·탄월(坦月)·청암(靑庵) 등 세 분이 연이어 유점사 주지를 지내면서 편찬불사를 전승하여 10년 만에 회향하였다. 처음에 운악이 안진호(安震湖) 강백을 모셔와 유점사의 본·말사를 두루 답사하고 널리 사승(史乘)을 수집하여 1933년 여름에 찬술토록 하였으며, 다음 주지 탄월이 출판인가를 받고, 그 다음 주지 청암이 퇴경상로(退耕相老)에게 교정을 맡겨 1942년에 마침내 출판하였다. 유점사는 반야암(般若庵)·흥성암(興盛庵)·득도암(得道庵)·칠보대(七寶臺)·송림굴(松林窟)·중내원암(中內院庵) 등의 산내암자 및 강원 북부와 함경 남부에 신계사(神溪寺)·장안사(長安寺) 등 57개의 산외말사를 통령하였다. 그 중 『유점사본말사지』에는 제1편 『유점사지』를 시작으로 『신계사지』·『장안사지』·『표훈사지 表訓寺誌』·『심원사지 深源寺誌』·『용공사지 龍貢寺誌』·『봉일사지 鳳逸寺誌』·『청평사지 淸平寺誌』·『은적사지 隱跡寺誌』·『화장사지 華藏寺誌』·『관음사지 觀音寺誌』·『천곡사지 泉谷寺誌』·『장연사지 長淵寺誌』·『수태사지 水泰寺誌』·『천불사지 千佛寺誌』·『상원사지 上院寺誌』(附 『흥국사지 興國寺誌』·『보광사지 普光寺誌』)·『안양사지 安養寺誌』·『도피안사지 到彼岸寺誌』·『보살사지 菩薩寺誌』·『감로암지 甘露庵誌』·『영주암지 靈珠庵誌』·『보월사지 寶月寺誌』·『관응사지 觀應寺誌』 등 총25 사암의 사지를 수록하였다.

유점사본말사지

각각의 사지는 『유점사지』의 편차를 모범으로 하였으니, 현황·위치·연혁·관할, 불상과 불화의 명칭·제작연대·제작자·크기, 사찰의 토지·건물·암자·삼림 등의 경제규모, 고승의 탑비(塔碑)와 진찬(眞讚), 사적기와 고문서 등의 사찰관련 기문, 주지일람, 제영(題詠) 등이 수록되어 있다. 특히 『유점사지』는 고려시대로부터 조선시대에 이르는 시기의 다양하고도 방대한 자료를 수록하여 사료로서의 가치가 높으니, 그 내역은 다음과 같다. 민지(閔漬 1248~1326)의 「금강산유점사사적기 金剛山楡岾寺事蹟記」 외 사적(事蹟) 6편, 월저도안(月渚道安 1638~1715)의 「나한전기 羅漢殿記」 외 기문(記文) 16편, 기암법견(奇巖法堅 1552~1634)의 「법당상량문」 외 상량문 3편, 경태보(庚台輔)의 「탑명고기 塔銘古記」 외 탑기(塔記) 5편, 정두경(鄭斗卿)의 「송월당대사비명 松月堂大師碑銘」 외 비명(碑銘) 7편, 「대종개수기 大鐘改修記」 외 종명(鍾銘) 2편, 사명유정(四溟惟政 1544~1610)의 「흥성암조불권선문 興盛庵造佛勸善文」 외 불사기(佛事記) 20편, 기암법견의 「천왕점안낙성소 天王點眼落城疏」 외 소문(疏文) 4편, 유몽인(柳夢寅)의 「송운행적 松雲行蹟」 외 행적 7편, 「요역혁파절목 徭役革罷節目」 외 고문서류 6편과 각종 고문서목록 등이 수록되어 있다. [참고문헌] 『楡岾寺本末寺誌』(亞細亞文化社, 1977). ⇨ 유점사 楡岾寺

유점사사적기 楡岾寺事蹟記 유점사의 사적을 적은 기문. 1297년(충렬왕23)에 묵헌거사(默軒居士) 민지(閔漬 1248~1326) 지음. 『유점사본말사지』(아세아문화사, 1977) pp.45~49에 수록되어 있다. 오십삼불 창건연기(創建緣起)와 고려시대에 이루어진 대대적인 중창불사에 대한 내용을 담고 있다. 이후 1871년(고종8)에 나은보욱(懶隱保郁)이 「유점사속사적기 楡岾寺續事蹟記」를 지어 조선시대 연혁을 보완하고 민지의 기문과 합쳐 1권 1책의 목활자본 『금강산유점사사적기』를 간행하였다. 〔참고문헌〕『楡岾寺本末寺誌』. ⇨ 금강산유점사사적기 金剛山楡岾寺事蹟記, 유점사 楡岾寺

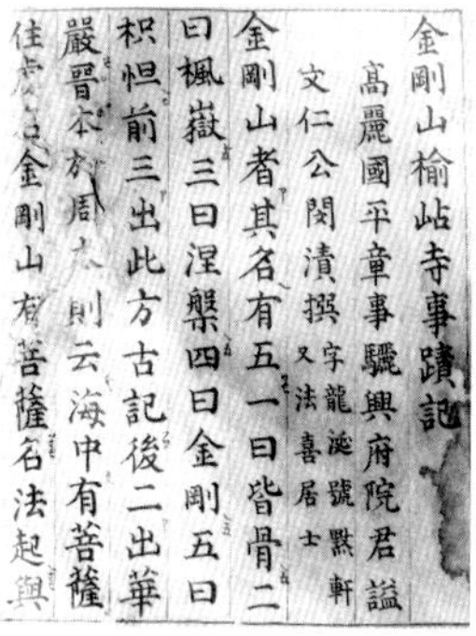
金剛山楡岾寺事蹟記
高麗國平章事驪興府院君謚
文仁公閔漬撰 字龍涎號默軒 又法喜居士
金剛山者其名有五一曰皆骨二
曰楓嶽三曰涅槃四曰金剛五曰
枳怛前三出此方古記後二出華
嚴晋本於周本則云海中有菩薩
住處名金剛山有菩薩名法起與

유점사사적기

유점사사적기발 楡岾寺事蹟記跋 1308년(충선왕 즉위년)에 몽암노인(夢庵老人) 야운(野雲) 지음. 『유점사본말사지』(아세아문화사, 1977) p.54에 수록되어 있다. 1297년(충렬왕23)에 민지(閔漬 1248~1326)가 「유점사사적기」를 쓰게 된 과정, 1307년(충렬왕33)에 민지의 기문으로 비석을 세우기로 하면서 원나라 명필인 오흥(吳興)·조맹부(趙孟頫) 등의 글씨를 받도록 주선해준 이헌(頤軒) 홍공(洪公)의 노력 등에 대하여 서술하고 있다. 〔참고문헌〕『楡岾寺本末寺誌』. ⇨ 유점사사적기 楡岾寺事蹟記

유점사선불당의숭대사비문 楡岾寺選佛堂義崇大師碑文 조선 후기 선불의숭(選佛義崇 1605~1669)의 행적을 담은 비문. 월저도안(月渚道安)이 비문을 짓고, 강원도 고성군 금강산 유점사 영대암(靈臺庵) 남쪽 기슭에 비를 세웠다. 〔참고문헌〕『月渚堂大師集』 권하 「選佛堂碑銘幷序」(한불전9, p.120a1), 智冠 『韓國高僧碑文總集 朝鮮朝·近現代』 p.246. ⇨ 의숭 義崇

유점사오십삼불 楡岾寺五十三佛 강원도 고성군 서면 백천교리 유점사 능인보전(能仁寶殿)에 봉안되어 있던 오십삼불. 13세기말 민지(閔漬)가 찬술한 「금강산유점사사적기 金剛山楡岾寺事蹟記」를 통해 알려졌다. 「사적기」에 의하면, 오십삼불은 문수보살(文殊菩薩)이 사위성(舍衛城)에서 조성하여 종(鍾)과 함께 월지(月氏)를 거치고 바다를 돌아 유점사에 봉안되었다고 한다. 이러한 연기설화는 경주 황룡사장륙상(皇龍寺丈六像) 연기설화와도 유사하다. 오십삼불은 1905년까지 온전하게 전해지다가 1916년 3월에 17존을 도난당하였으나 그 중 9존은 개성에서 되찾았다. 『조선고적도보』 제5책에는 통일신라시대에 44존, 제7책에는 고려시대의 3존 등 모두 47존의 사진이 수록되어 있다. 1930년에는 미회수된 불상 9존을 경성미술품제작소에서 새로 주조하여 오십삼불의 면모를 갖추었으나 1935년 총독부 박물관에서 오십삼불을 조사하였을 때는 42존만 남아 있었다. 1943년 8월에 오십삼불 중 금동석가여래입상과 금동보살입상이 보물 제406호·제407호로 각각 지정되었다. 그러나 유점사가 한국전쟁 때 완전 불타 없어졌기 때문에 현재 불상의 소재지는 알 수 없고 사진만 전한다. 오십삼불은 다량의 금동불상으로 구성된 점이나 느릅나무 곳곳에 상을 봉안한 방식, 한 사찰에 함께 봉안되었다는 점에서 특이하며 드문 예라 할 수 있다. 또한 오십삼불 중에는 후대에 새로 조성된 불상도 있으나 대부분 통일신라 전후반에 걸쳐 조성된 것으로, 통일신라시대 불상연구뿐만 아니라 우리나라 오십삼불신앙과 관련해서도 중요한 의미가 있는 불상이다. 〔참고문헌〕『楡岾寺本末寺誌』(亞細亞文化社, 1977) pp.45~49, 『朝鮮古蹟圖譜』. ⇨ 유점사 楡岾寺, 오십삼불 五十三佛, 오십삼불도 五十三佛圖

유점사오십삼불 금동석가여래입상(좌)
금동보살입상(우)

유점사춘파당대사비 楡岾寺春坡堂大師碑 강원도 금강산 유점사 춘파쌍언(春坡雙彦 1591~1658)의 비. ⇨ 춘파당대사비명 春坡堂大師碑銘, 쌍언 雙彦

유점사평양포교당 楡岾寺平壤布敎堂 1914년 4월에 창설한 금강산 유점사의 평양포교당. 유점사 주지 금담(錦潭)이 청룡(靑龍)·대륜(大輪)·춘산(春山) 등과 함께 평양부(平壤府) 창전리(倉田里) 195번지의 토지 229평을 매입하여 본당(本堂) 1동과 요사 6칸을 건립하고 유점사평양포교당으로 창설하였다. 이후 포교활동과 그 유지가 부진했던 평양포교당을 1918년에 부활시키고, 9월 30일에 대본산유점사본말사평양포교당으로 인가받았다. 이때 유점사 사중에서 연간 60석조(石租), 장안사 사중에서 연 11석조, 신계사 사중에서 연 12석조, 표훈사 사중에서 연 16석조, 통천 관음사 주지 나한종(羅漢鍾)이 백미 300두를 시주하고 청년계(靑年

稧)와 금강산 각사(各寺)의 노덕(老德)과 신도들도 참여하였다. [참고문헌]「布教本山」(『韓國近世佛教百年史』 권2, pp.10~11). ⇨ 유점사 楡岾寺

유정 有定 ?~1876. 조선 말기 스님. 호는 우담(雨潭), 속성은 미상. 경기도 양주(楊州)에서 태어났다. 하동 칠불암(七佛庵) 아자방(亞字房) 정진 중 부스럼병으로 고생하였다. 한 선객이 천수대비주(千手大悲呪)를 외우라 하여 그대로 행하였다. 불현듯 완치되자 순천 선암사(仙巖寺) 포은운양(布恩雲養)을 은사로 스님이 되었다. 이어 비구계를 받은 후로는 진언범자(眞言梵字)와 경론 및 선율(禪律)에 이르기까지 한번 보면 문득 잊지 않았다. 용암혜언(龍巖慧彦)의 법을 이어 받았으니, 설월원민(雪月圓旻)과는 사형사제간이 된다. 양산 통도사(通度寺) 극락암(極樂庵)에서 강주(講主)로 있을 때 사부대중이 구름처럼 모였다. 가는 곳마다 설법과 불사로써 많은 대중을 교화하다가 1876년(고종13)에 입적하였으니, 율봉청고(栗峰青杲 1738~1823)의 3세이고, 호암체정(虎巖體淨 1687~1748)의 5세 법손이다. [참고문헌]『東師列傳』 권6「雨潭講師傳」(한불전10, p.1064b3), 『禪門撮要』. ⇨ 청고 青杲, 체정 體淨

유정 有情 Ⓢ sattva, pudgala, jagat, prāṇin, Ⓟ satta, pāṇa, Ⓣ sems-can, gang-zag, srog-chags. 생명을 지닌 존재. 삭다(索哆)·살다바(薩多婆)·살타바(薩埵嚩)·살타(薩埵) 등으로 음사하고 구역은 중생(衆生)이다. 『구사론소』 권1(대정장41, p.464a20)에 "중생이라는 말은 유정의 다른 이름이다. 범어 살타(Ⓢ sattva)의 한역어는 유정이고, 범어 사가(社伽 Ⓢ jagat)〈상성〉의 한역어는 중생이다. 중생은 유정과 체는 같고 이름만 다를 뿐이다. 言衆生者 卽有情異名 梵名薩埵 此名有情 梵名社伽〈上聲〉 此名衆生 卽與有情 體一名異", 『유가론기』 권22(대정장42, p.813b14·한불전14, p.687a9)에 "살타라는 범어는 당나라 말로 유정이다. 어진 성인은 분명히 알기를 오로지 정식이 있을 뿐 다시 아 등은 결코 없다 한다. 이 때문에 유정이라 이름한다. 범어로 파라나(波羅拏 Ⓢ prāṇin)가 한역하면 중생이다. 옛 사람들이 중생으로 살타를 한역한 것은 오역이다. 梵云薩埵 唐云有情 賢聖了知 唯有情識 更無我等 故名有情 梵云波羅拏 此云衆生 古人 以衆生譯薩埵者 謬也", 『성유식론술기』 권1(대정장43, p.233c29)에 "범어로 살타는 한역하면 유정이다. 정식이 있다는 뜻이다. 지금 중생이라 부르는 것도 이 정식이 있다 하여 유정이라 한다. 梵云薩埵 此言有情 有情識故 今談衆生 有此情識 故名有情", 『대승본생심지관경천주』 권5(卍속장34, p.339a15)에 "유정이란 정식과 분별이 있다는 말로 중생을 달리 부르는 말이다. 정에는 선과 악이 있고 분별에는 삿된 것과 바른 것이 있다. 태난습화를 모두 거두므로 일체라고도 한다. 有情者 謂有情識分別 乃衆生之別稱也 以情有善惡 分別有邪正 攝盡胎卵濕化 故名一切", 『대비바사론』 권198(대정장27, p.990c1)에 "일체유정이란 식을 가진 류를 말하고, 모든 살아 있는 것들은 바로 유정이니 중생이라 한다. 一切有情者 謂有識類 一切生者 謂卽有情 名曰衆生", 『근본살바다부율섭』 권9(대정장24, p.577a17)에 "유정이란 모든 날짐승·길짐승과 모기·등에·뱀·전갈 그리고 벌·개미 등을 말한다. 言有情者 謂諸禽獸 蚊蝱蛇蠍 及蜂蟻等", 『인왕호국반야바라밀다경소』 권1상(대정장33, p.441c6)에 "유정이란 스스로 구할 능력이 있는 사람이니, 보리를 구하는 유정은 그 이름 보살이다. 言有情者 自能求人 求菩提之有情 名爲菩薩", 『화엄경소초』 권5(대정장36, p.33b20)에 "유정이란 저 앞의 불보살과 성문중생을 다 품는다. 言有情者 卽含前佛菩薩 聲聞衆生也", 『반야심경유찬공동기』 권상(卍속장41, p.516a6)에 "유정이란, 이들이 하는 일이 정을 헤아리고 정을 갈망하니 그 이름이 정이고, 정으로 있게 되니 유정이라 한다. 言有情者 此是所爲 情識愛情 名情 是情之有 名爲有情", 『금강경음석직해』(卍속장39, p.349a12)에 "보살이란 깨우친 유정이다. 중생이란 정식이고 정견 다하지 못했다면 보살은 아니다. 菩薩者 乃覺有情也 衆生者 卽情識也 若情見未盡 卽非菩薩", 같은 책(卍속장39, p.353a3)에 "중생이란 정식이다. 진여체 상에는 실로 정식은 없다. 정식이 이미 있을 터라면 이는 바로 사상(四相: 我·人·衆生·壽者 Ⓢ ātman·pudgala·sattva·jīva)일 뿐이다. 衆生者 情識也 言眞如體上 實無情識 既有情識 則有四相矣"라고 하였다. [참고문헌]『俱舍論疏』, 『瑜伽論記』, 『成唯識論述記』, 『大乘本生心地觀經淺註』, 『大毘婆沙論』, 『根本薩婆多部律攝』, 『仁王護國般若波羅蜜多經疏』, 『華嚴經疏鈔』, 『般若心經幽贊崆峒記』, 『金剛經音釋直解』, *Abhk-bh.17·67·152.*, *Madhy-vibh.68.*, *DN.1.34.*, *Vin.3.52.* ⇨ 중생 衆生, 무정 無情, 비유정 非有情

유정 有頂 ❶ ➡ 색구경천 色究竟天 ❷ ➡ 비상비비상처천 非想非非想處天

유정 惟政 ❶ 1544~1610. 조선 중기 스님. 자는 이환(離幻), 호는 송운(松雲)·사명(四溟 또는 泗溟), 자호는 종봉(鐘峰), 시호는 자통홍제존자(慈通弘濟尊者), 속성은 임(任)씨, 본관은 풍천(豊川). 할아버지는 효곤(孝昆), 아버지는 수성(守成), 어머님은 달성(達成) 서(徐)씨니, 1544년(중종39) 10월 17일 경상도 밀양에서 태어났다. 허균(許筠)이 지은 「합천해인사사명대사석장비문 陜川海印寺四溟大師石藏碑文」에 따른 행적은 다음과 같다. 스님은 어려서부터 총명함이 뛰어났다.

5~6세부터 아이들과 강가에서 놀면서 모래를 모아 탑을 만들거나 돌을 세워 부처님이라 하고 꽃을 따다 공양을 올리곤 하였다. 어느 날 그물에 걸린 자라를 보고 스스로 주운 밤(栗)과 교환하여 다시 물에 넣어주는 방생을 하였다. 7세 때부터 할아버지(王父)에게서 사서(史書)를 배웠고, 13세에 유촌(柳村) 황여헌(黃汝獻 1486~?) 문하에서 『맹자 孟子』를 배우다가 "세속의 학문은 얕고 좁으며 세상의 인연도 어지러우니, 어찌 무루(無漏)의 학문을 배우는 것만 하리요! 俗學賤陋 世緣膠擾 豈若學無漏之學乎"하고 홀연히 집을 나와 김천 직지사(直指寺)로 찾아가 신묵(信默)화상을 은사로 하여 스님이 되었다. 처음 『경덕전등록 景德傳燈錄』을 열람하는데 얼마 지나지 않아 이미 그 깊은 뜻을 통달하였으므로 여러 노숙(老宿)들이 모두 찾아와 묻고 배웠다. 1561년(명종16) 17세 때 선과(禪科)에 합격하고 그 명성이 날로 높아져 당시 학자와 사대부 및 시인들이 찾아와 서로 시문(詩文)을 주고받았는데, 사암(思菴) 박순(朴淳 1523~1589), 아계(鵞溪) 이산해(李山海 1539~1609), 제봉(霽峰) 고경명(高敬命 1533~1592), 가운(嘉運) 최경창(崔慶昌 1539~1583), 하곡(荷谷) 허봉(許篈 : 허균의 仲兄 1551~1588), 백호(白湖) 임제(林悌 1549~1587), 손곡(蓀谷) 이달(李達 1539~1612) 등이 대표적이다. 특히 하곡과 고봉(高峰) 기대승(奇大升 1527~1572) 등은 스님을 매우 존경하였다. 그리고 소재(蘇齋) 노수신(盧守愼 1515~1590)으로부터 외서(外書)인 사자서(四子書 : 孔子의 『論語』, 曾子의 『大學』, 子思의 『中庸』, 孟子의 『孟子』)와 이두(李杜 : 이백과 두보)의 시를 배웠다. 이와 같이 스님은 경·율·론 삼장은 물론 제자백가(諸子百家)와 시문에 이르기까지 정통하였다. 1573년(선조6) 김천 직지사 주지가 되었고, 1575년(선조8) 선종(禪宗) 본사인 봉은사(奉恩寺) 주지에 임명되었으나 굳게 사양하고는 묘향산(妙香山)으로 들어가 청허휴정(淸虛休靜)에게 3년간 법을 배우고 그의 정법(正法)을 모두 이어받았다. 1578년(선조11) 휴정을 하직하고 금강산 보덕사(報德寺)에서 3년간 정진하다가 남쪽으로 내려와 대구 팔공산(八公山)·안동 청량산(淸凉山)·봉화 태백산(太白山) 등을 순방하였다. 1586년(선조19) 42세 때 충청도 옥천 상동암(上東庵)에서 지내던 중, 어느 날 밤 폭우가 쏟아져 뜰 앞에 피었던 아름다운 꽃이 모두 떨어진 것을 보고 홀연히 무상함을 깨

사명당대장진영
밀양 표충사 1773년

달았다. 제자들을 불러 모아 "어제 피었던 꽃이 오늘은 가지만 앙상하니 인간 세상의 변멸(變滅)하는 것도 이와 같다. 하루살이 같은 중생들이 헛되이 시간을 보내니 진실로 가련하구나! 너희들은 각자에게 갖추어진 영성(靈性)으로 스스로를 돌이켜보아 일대사를 깨달아야 할 것이다. 여래가 내 안에 있는데 하필 밖에서 찾으려 시간을 허비하느냐!"라고 강조하고는, 문도를 모두 흩어 보내고 홀로 선실에 들어 문을 잠그고 용맹정진하였다. 보름이 지나도 나오지 않으므로 시자가 문구멍으로 들여다보니 올연히 앉아 있는 것이 마치 흙으로 빚은 등상과 같았다고 하였다. 1589년(선조22) 오대산 영감난야(靈鑑蘭若)에 주석하다가 그 해 10월에 일어난 정여립(鄭汝立)의 역모(逆謀)사건에 동참하였던 운봉(雲峰)의 망승(妄僧) 의연(義衍)이 유정(惟政)과 휴정(休靜)도 연루되었다고 무고하여 강릉 감옥에 투옥되었으나, 유생들의 적극적인 구명운동으로 곧 풀려났다. 1590년(선조23)에 금강산으로 가서 3년 동안 결사(結社)를 하였다. 1592년(선조25) 여름에 왜적이 금강산의 사찰과 그 인근 부락에 난입하여 노략질하였다. 스님이 10여 명의 대중을 거느리고 유점사(楡岾寺) 일주문 앞에 다다르니 왜적이 다른 스님은 모두 결박하면서도 스님만은 그 당당한 위엄에 눌려 결박하지 못하였다. 스님이 홀로 대웅전 중당(中堂)에 올라 왜적의 우두머리와 필서문답(筆書問答)하여 왜구를 모두 경복(敬服)시켰다. 다시 고성(高城)으로 가서 왜장 세 사람을 교화하였으니, 오계(五戒)를 설해주어 받게 하였으므로 관동지방에는 왜적의 만행이 없었다고 한다. 1592년 4월 14일 부산포에 상륙한 왜병들이 동·중·서부로 나누어 올라오니, 동부의 왜병은 파죽지세(破竹之勢)로 상주를 함락시켰다. 4월 27일 신립(申砬)장군이 충주 탄금대(彈琴臺)에서 전사하자 방어선이 무너져 서울함락이 눈앞에 다가왔다. 4월 30일 선조는 부득이 의주(義州)로 몽진(蒙塵)을 떠났다. 국토를 짓밟고 민생을 도륙하는 왜병에 의한 국난을 좌시할 수 없다면서 칠백여 명의 의승병을 규합하여 평안도 순안(順安 : 평원군 공덕면 法弘里 法弘山 法興寺)으로 달려가니 호남의 처영(處英)이 이천여 명, 영규(靈圭)는 공주에서 오백여명, 휴정은 평안도 지방에서 천오백여 명 등 오천여 명의 의승병을 규합하였다. 이때 서산대사 휴정이 선조로부터 배명(拜命)받은 선교양종팔도도총섭(禪敎兩宗八道都摠攝)을 나이가 많다는 이유로 사양하고 대신 유정을 천거하였다. 1593년(선조26) 오천여 승군(僧軍)을 이끌고 체찰사(體察使) 유성룡(柳成龍)과 명나라 장수 이여송(李如松) 등이 이끄는 정규군과 더불어 평양성을 탈환하고 왜장인 소서행장(小西行將)을 몰아냈다. 이어 도원수 권율(權慄)과 함께 의령(宜寧)에서 왜군을 격파한 전공을 인정받아 1594년(선조27) 11월 1일에 무관(武官)

의 정3품 당상관(堂上官)인 절충장군첨지중추부사(折衝將軍僉知中樞府事)에 올리는 교지(敎旨)를 받았다. 1594년 명나라 장수 유정(劉綎)의 명으로 울산에 주둔하고 있는 왜장 가등청정(加藤淸正)의 진영을 세 번이나 왕래하면서 적정을 살폈다. 이 때 가등청정이 스님을 보고 "조선에 귀중한 보배가 있소?"라고 물으니 "조선에는 없고 일본에 있소!"라고 큰소리로 대답했다. "그게 무슨 뜻이요?" "당신 목에 천냥(千兩)의 현상금이 붙었으므로 지금 우리나라 국민 모두가 귀한 보배로 보고 있기 때문이요"라고 대답하여 가등청정의 기(氣)를 꺾은 사실은 너무나 유명하다. 선조가 내전으로 스님을 불러서 "원나라의 유병충(劉秉忠 : 스님이었을 때의 이름은 子聰)과 명나라의 요광효(姚廣孝 : 스님이었을 때의 이름은 道衍)도 모두 스님이었는데 나라에 큰 공훈을 세운 후에 함께 하산(下山)하여 황제를 도왔으니, 대사도 퇴속하여 머리를 기른다면 사방 백리의 국토를 떼어 식읍(食邑)으로 주고 삼군(陸軍·水軍·義兵軍)의 통수권(體察使)을 맡기고자 한다"라고 하였다. 그러나 스님은 국난이 끝나면 곧바로 산으로 돌아가기 위해서 굳게 사양하고 받지 않았다. 이에 선조가 무고(武庫)에 있는 갑옷과 무기를 맡겨 영남지방에 남아있는 왜적을 소탕하게 하였다. 가야산의 용기(龍起)·팔공산·금오산(金烏山) 등의 축성공사를 마치자마자 곧 인(印 : 職印)과 수(綬 : 官服)와 비변사(備邊司)에 보관하고 있던 척적(尺籍 : 軍隊의 命令을 기록한 四方 1尺의 板) 등을 왕에게 반납하고 산으로 돌아가려 하였으나 조정에서는 받아들이지 않았다. 1597년(선조30)에 왜적이 다시 침략해오자(丁酉再亂) 명나라의 제독(提督) 마귀(麻貴)와 함께 도산(島山 : 충남 南陽 서쪽의 列島)으로 가서 진압하였다. 1598년(선조31)에는 유정(劉綎)과 함께 예교(曳橋 : 전남 順天)로 가서 퇴각하는 왜병을 소탕하는데 큰 공을 세웠으므로 가선대부(嘉善大夫)로 특진하고, 동지중추부사(同知中樞府事)로 임명되었다. 1601년(선조34) 부산성(釜山城)의 축조를 마치고서야 내은산(內隱山)으로 돌아갔다. 1603년(선조36)에 선조가 스님을 궁으로 초빙하여 여러 가지의 국정 자문을 받았다. 다음해인 1604년 강화사(講和使)의 임무를 띠고 8월 20일(이는 『선조실록』에 의한 것이고, 「건봉사사명비문 乾鳳寺四溟碑文」에는 '3월에 바람을 기다렸다가 4월에 돛을 폈다. 三月候風 四月揚帆'로 나타나 있다) 떠나 덕천가강(德川家康)과 만나 도탄에 빠진 양국 국민의 평화를 위해 노력하기로 약속하고, 1605년 일천오백명(「건봉사사명비」 및 『선조실록』에는 삼천명)의 남녀 포로를 데리고 돌아와 복명하자 조정에서 그의 공로를 위로하기 위해 가의대부(嘉義大夫)를 더하고 어마(御馬)와 모시법복을 하사하였다. 이때는 법사인 휴정이 입적(1604년 1월 23일 입적)한 지 1년 후였으므로 곧바로 묘향산으로 가서 수제(守制 : 三年喪)를 마쳤다. 1606년(선조39) 영선군(營繕軍)의 책임을 맡아 삼청동(三淸洞)에 있으면서 전란으로 불탄 경복궁(景福宮 : 조선의 法宮) 중건공사를 마치고 1607년 63세 때 치악산(雉岳山)으로 돌아가 있다가 1608년 2월 1일 선조가 승하하자 병든 몸으로 한양에 가서 조문(弔問)하였다. 광해군이 즉위하여 비호서수(備胡西陲) 곧 평안도와 함경도인 변방에서 오랑캐의 침범(胡侵)을 방어하는 직책을 맡아달라고 하였으나, 정중히 사양하고 가야산 해인사 홍제암(弘濟庵)으로 가서 요양하였다. 광해군이 여러차례 어약과 어의(御醫)를 보냈으며, 1610년(광해군2) 가을에는 화급히 경상도 관찰사(方伯)를 보내어 서울로 와서 어의의 치료를 받도록 하였으나, 스님은 8월 26일 문도와 대중을 모아 놓고 이르기를 "사대는 임시로 합한 것이다. 이제 나는 진(眞)으로 돌아가려하니 어찌 구구하게 왔다갔다 하면서 이 헛된 몸뚱이를 수고롭게 하리요! 나 이제 입멸하여 대화를 따르리라! 四大假合 今將返眞 何用屑屑往來 勞此幻軀 吾將入滅 以順大化也"하고 가부좌를 틀고 단정히 입적하니 세수 67, 법랍 55세였다. 저서로는 『사명당대사집』 7권과 『분충서난록 奮忠紓難錄』 등이 있으며, 제자로는 송월응상(松月應祥) 등이 유명하다. 11월 20일 해인사 서쪽 산기슭에서 다비하였는데, 상서로운 광명이 하늘을 찔렀고 새들은 놀라서 울었다. 이 때 위패를 모셨던 연(輦) 속에서 정골(頂骨)을 얻어 홍제암 동쪽 용탑전 서쪽 등선에 석종(石鐘)을 만들어 안치하였다. 허균이 비문을 짓고 양만세(楊萬世)가 써서 1612년(광해군4)에 세운 석장비가 해인사 홍제암 동쪽 비림에 있는데 2000년에 탑과 함께 보물 제1301호로 지정되었다. 이 외에도 이의현(李宜顯)이 짓고 김진상(金鎭商)이 썼으며 유척기(兪拓基)가 전액을 써서 1742년(영조18)에 건립한 비(일명 影堂

사명대사석장비와 부도 보물제1301호
합천 해인사 1612년

碑)가 경남 밀양 홍제사(弘濟寺)에, 남공철(南公轍)이 짓고 허질(許晊)이 글씨와 전액을 쓴 비(일명 紀蹟碑)가 강원도 고성 건봉사에 있다. 또한 1943년에 일본경찰이 홍제암 석장비를 절단하여 훼손하였으므로 해인사 사중이 힘을 모아 변영만(卞榮晩)이 비문을 짓고 김태석(金台錫)이 글씨를 쓰고 위창(葦滄) 오세창(吳世昌)이 전액을 써서 1947년에 건립한 비(일명 新建碑)도 있다. 밀양 표충사에는 교지가 전하는데, 4매는 1602년 10월 30일에 사명대사 일가에 내린 증직교지(贈職敎旨)이고 1매는 1607년(선조40) 6월 8일에 내린 교지로서, 일괄 경상남도 유형문화재 제269호로 지정되어 있다. [참고문헌]『四溟堂大師集』권7(한불전8, pp.73b11~78b12), 李智冠『校勘譯註歷代高僧碑文』朝鮮篇1 pp.102~211, 智冠『韓國高僧碑文總集 朝鮮朝·近現代』pp.86~117. ⇨ 휴정 休靜 **2** 생몰연대 미상. 당나라 때 스님. 속성은 주씨(周氏). 평원(平原) 출신. 연화사(延和寺) 전증(詮澄)법사를 은사로 하여 스님이 되었으며, 숭산보적(嵩山普寂)선사의 법을 계승하고 태일산(太一山)에서 학인들을 지도하였다. 황제 문종(文宗)이 조개요리를 즐겨 먹었는데, 831년(태화5) 어느 날 어찬 중에 쪼개지지 않는 조개가 갑자기 보살상으로 변하는 영험이 있었다. 황제가 교지를 내려 홍선사(興善寺)에 보내서 대중이 예배하도록 하고, 이를 풀이해 줄 스님으로 태일산의 유정선사를 천거 받았다. 황제가 유정을 불러 묻자, 유정이 '계경(契經)에 이르기를, 득도할 자에게는 보살의 형상을 나타내어 설법해 준다. 契經云 應以此身得度者 卽現此身 而爲說法'라고 아뢰며 황제의 신심이 열릴 것이라 하였다. 이에 황제가 기뻐하며 온 나라의 사원에 조서를 내려 각기 관음상을 봉안하고, 유정은 성수사(聖壽寺)에 주석토록 하였다. 무종(武宗 재위 840~846)이 즉위하여 폐불을 단행하자 스님은 종남산으로 들어가 은거하였다. 세수 87세에 입적하였다. 다비할 때에 사리 49과가 나왔으므로 843년(회창3) 4월에 제자들이 탑을 세워 봉안하였다. [참고문헌]『佛祖歷代通載』권16(대정장49, p.632c13),『景德傳燈錄』권4(대정장51, p.234a18),『法華靈驗傳』권하(한불전6, p.566b2). **3** 986~1049. 북송(北宋) 때 스님. 유정(惟正)이라고도 한다.『선림승보전』권19「여항정선사 餘杭政禪師」(卍속장137, p.516b6)에 "18세에 뜻을 이뤄 비구가 되었고, 제방에 도를 물은 지 30년 만에 마치고 공신산에 주석하였다. 年十八 果以其志 爲大僧 游方問道三十年乃罷 其居功臣山",『보속고승전』권7「정황우전 政黃牛傳」(卍속장134, p.135a9)에 "유정은 수주 화정 황씨의 아들이다. … 천태산에서 삼관을 배우고 경산으로 돌아와 거침없이 전한 뜻을 노숙유소에게 여쭈었다. … 황우 원년(1049) 4월 8일 대중에게 이르길 '무릇 움직임으로서 고요함 알고, 알 수 없는 시작이지만 끝은 있다. 나 한 번 움직임에 스물 네 해 지났거니 이제 비로소 고요함이네. 그러니 동정 본래 어디 있다 하겠는가' 하시더니 마침내 조용히 입적하였다. 惟政 秀州華亭黃氏子 … 學三觀于天台 復旋徑山 咨單傳旨于老宿惟素 … 皇祐元年孟夏八日 語衆曰 夫動以對靜 未始有極 吾一動歷年六十有四 今靜矣 然動靜本何有哉 遂泊然而逝"라고 하였다. [참고문헌]『禪林僧寶傳』,『補續高僧傳』,『續傳燈錄』권10(대정장51, p.527b23). ⇨ 정황우 政黃牛

유정 문제기합
『석씨원류응화사적』권4
양주불암사판 1673년

유정 惟淨 북송(北宋) 때 역경삼장(譯經三藏). 시호는 명교삼장(明敎三藏). 속성은 이(李)씨, 금릉(金陵 : 江蘇省) 출신. 남당(南唐)의 후주(後主) 이욱(李煜)의 조카이며, 7세에 자숭(自崇) 문하로 출가하였고, 11세에『법화경』을 배웠다. 983년(태평흥국8)에 조정에서 역경사업을 계속하기 위하여 50명을 선발하였는데, 여기에 뽑혀 범어문장과 경전의 뜻을 연구하였다. 출가 이후 유가비밀교(瑜伽祕密敎)·범자본모(梵字本母)·천축음의(天竺音義)·진언비인(眞言祕印) 등에 통달하였고,『유마경』·『반야심경』·인명론(因明論) 등의 핵심을 깊이 연마하였다. 992년(순화3)에 광범대사(光梵大師)라는 호를 하사받았으며, 1009년(대중상부2)부터 1018년(천희2)까지 시호(施護)·법호(法護) 등과 함께『대승보요의론 大乘寶要議論』등 19부 76권을 한역하였다. 1019년(천희3)부터 1037년(경우4)까지는 호법과 함께 8부 96권을 한역하였고, 1025년(천성3)과 1027년(천성5)과 1035년(경우2)에 각각『신역경음의 新譯經音義』와『천성석교총록 天聖釋敎總錄』과『경우천축자원 景祐天竺字源』등도 지었다. 1043년(경력3) 역경직(譯經職)의 면직을 청한 이후의 행적은 알려지지 않았으나, 성심(成尋)의「참천태산기 參天台山記」권4 강희5년 10월조에서는 입적을 알리고 있다. [참고문헌]『佛祖統紀』권43(대정장49, p.398c26).

유정각 惟定覺 S samādhi-saṃbodhyaṅga, P samādhi-sambojjhaṅga. 칠각의(七覺意) 중 하나.『반니원경』권상(대정장1, p.176c18)에 "여섯 번째, 유정각은 깨끗함에 의지하고 음이 없으며 흩어진 생각도 버린다. 六 惟定覺 倚淨無淫 捨分散意"라고 하였다. [참고문헌]『般泥洹經』, *Mp-s.128*. ⇨ 칠각의 七覺意

유정거 有情居 S sattva-āvāsa, P sattāvāsa, T sems-can-gyi-gnas. 유정이 머무는 곳. 아홉 곳이 있어

구유정거(九有情居)라 한다. 『구사론』 권8(대정장29, p.43b9 : *Abh-k-bh.*, p.117)에 "(7식주와) 아울러 유정천과 무상천유정이 바로 아홉의 유정거임을 마땅히 알아야 할 것이며, 그 밖에는 기꺼이 머물지 않는다. 應知兼有頂 及無想有情 是九有情居 餘非不樂住 bhavāgrā saṃjñisattvāś ca sattvāvāsā nava smṛtāḥ. anicchāvasanān nānye"라고 하였다. 〔참고문헌〕『俱舍論』, *Abh-k-bh.*, *Yogā-bh.65.* ⇨ 구지 九地, 구유정거 九有情居, 유정 有情, 삼계구지 三界九地

유정계 有情界 Ⓢ sattva-dhātu, Ⓣ sems-can-gyi-khams. 유정의 세계. 『대일경』 권1(대정장18, p.1a27)에 "비로자나불의 신어의로 나지 않지만, 모든 곳에서 일어났다 사라지니 그 끝을 알 수 없다. 하지만 비로자나불은 일체신업과 일체어업과 일체의업으로 모든 곳에서 어느 때나 유정계를 위해 진언도의 구법을 널리 설하신다. 非從毘盧遮那佛 身或語或意生 一切處起滅 邊際不可得 而毘盧遮那 一切身業一切語業一切意業 一切處 一切時 於有情界 宣說眞言道句法", 『대승보요의론』 권8(대정장32, p.69b4)에 "저 유정계가 늘지도 줄지도 않음을 안다면, 이 중에 어떻게 유정이 있어 가히 제도하고 열반에 들게 한다고 할 수 있는가? 若知有情界 不增不減 是中何有有情 而可化度 令入涅槃"라고 하였다. 〔참고문헌〕『大日經』, 『大乘寶要義論』, *Pañca-pr.3.174.*, *Bodh-bh.54.* ⇨ 육도 六道, 유정 有情

유정계무량 有情界無量 Ⓢ sattva-dhātur aprameyaḥ, Ⓣ sems-can-gyi-khams-dpag-tu-med-pa. 오무량(五無量) 중 하나. 유정계 끝이 없어 헤아릴 수 없음의 뜻이다. 『유가사지론』 권46(대정장30, p.548a17 : *Bodh-bh.*, p.200)에 "유정계무량이란, 여든 넷 유정의 무리를 유정계라 한다. 저 의지(意地)에서 이미 갈래로 늘인 것과 같다. 만일 상속에 의지한다면 그 차별 또한 가이없다. 云何有情界無量 謂六十四諸有情衆 名有情界 如前意地 已具條列 若依相續 差別無邊 catuḥṣaṣṭiḥ sattvanıkāyāḥ sattvadhātustadyathā manomapyāṃ bhūmau. santānabhedena punaraprameyaḥ"라고 하였고, 『현양성교론』 권8(대정장31, p.520a3)에 나락가(那洛迦)부터 여래(如來)까지 64종의 유정을 제시한다. 〔참고문헌〕『瑜伽師地論』, 『顯揚聖教論』, *Bodh-bh.* ⇨ 오무량 五無量[1], 유정계 有情界, 의지 意地

유정동분 有情同分 Ⓢ sattva-sabhāgatā, Ⓣ sems-can gyi skal-ba-mnyam-pa nyid, sems-can mthun-pa. 중동분(衆同分) 또는 이종동분(二種同分) 중 하나. 유정이 서로 유사한 모습과 성질을 갖게 하는 힘. 무차별동분(無差別同分)과 유차별동분(有差別同分)이 있다. 『대비바사론』 권12(대정장27, p.57c28)에 "〔문〕 어떤 연으로 유정은 잊었다가 다시 기억하는가? 〔답〕 유정동분이 상속하여 구를 때 법으로 능히 일어나고 상속하여 알고 본다. 이 중 잊었다는 것은 념을 잃었다는 뜻이지 생각하지 않는다는 뜻은 아니다. 왜 그런가? 어떤 법도 있을 수 없어야 생각하지 않는다고 할 수 있다. 何緣有情 忘而復憶 答 有情同分 相續轉時 於法能起 相屬智見 此中忘者 是失念義 非不念義 所以者何 無有少法 名不念故", 『구사론기』 권5(대정장41, p.93a6)에 "여기서는 유정동분을 밝힌다. 이 동분에도 두 가지가 있다. 하나는 무차별동분이다. 곧 모든 유정이란 의지해 드러난다는 것이고, 유정동분이란 능히 의지함을 드러내는 것이다. 모든 유정에게 있는 유정동분은 일체유정이 각각 가지런히 가지기에 무차별동분이라 한다. 이 동분은 유정으로 하여금 펴고 구르기를 무리지어 같게 한다. 다른 하나는 유차별동분이다. 곧 모든 유정 중 삼계·구지·오취·사생 … 학인·아라한무학 등 각자 동분을 달리한다. 한 류의 유정만이 각각 고르게 가지고 이런 무리가 많이 있게 되면 차별함이 있다고 말하는 것이다. 此卽明有情同分 此同分復有二種 一 無差別 謂諸有情 顯所依也 有情同分 顯能依也 諸有情上 有情同分 一切有情 各等有故 名無差別同分 謂此同分 能令有情展轉類等 一 有差別 謂諸有情中 三界 九地 五趣 四生 … 學人 阿羅漢無學等 各別同分 一類有情 各等有故 有此衆多 故言有差別"라고 하였다. 〔참고문헌〕『大毘婆沙論』, 『俱舍論記』, *Abh-k-bh.67.* ⇨ 중동분 衆同分, 무차별동분 無差別同分, 유차별동분 有差別同分, 법동분 法同分

유정론상응 有情論相應 유정(Ⓢ sattva)을 실체로 상정하는 모든 견해. 『법온족론』 권11(대정장26, p.505b4)에 "안으로 어리석은 혹을 일으키지 않는다는 것은, 이른바 어떤 것이 아(我 Ⓢ ātman)인가? 이 아는 무엇인가? 아는 누구의 소유인가? 아는 반드시 누군가 있어야 하지 않는가? 지금 유정은 어디에서 왔으며 죽이시는 어디로 가는가? 하는 등 저런 것에 대하여 이와 같이 알고 이와 같이 본다고 하려면 세간에 있는 갖가지 알음알이의 갈래가 있게 되니, 이를테면 아를 상정한 논의, 유정과 관련된 논쟁, 영혼을 언급하는 일, 길흉을 점치는 일 등은 그럴 듯 꾸민 말로 방호하며 집착이 자기의 것이 되어 버리니, 고통도 장애도 있게 되고 재앙과 열망도 따르는 것이다. 不依內而起愚惑 謂何等是我 此我云何 我誰所有 我當有誰 今此有情從何而來 於此處沒當往何所 彼如是知如是見故 所有世間各別見趣 謂我論相應 有情論相應 命者論相應 吉凶論相應 瑩飾防護 執爲已有 有苦有礙 有災有熱"라고 하였다. 〔참고문헌〕『法蘊足論』. ⇨ 중생견소계 衆生見所繫, 중생상 衆生相, 중생견 衆生見, 아론상응 我論相應, 명자론상응 命者論相應

유정류 有情類 Ⓢsattva-kāya, sattva, jagat, Ⓣsems-can-gyi-tshogs. 유정의 무리. 정(情)이 있는 존재. 『백오십찬불송』(대정장32, p.759c24 : *Śata-śa.*, p.77)에 "모든 유정의 무리는 다 번뇌로 유지한다. 오로지 부처님께서만이 능히 버리시고 자비 때문에 오래 세간에 머무실 뿐이다. 一切有情類 皆因煩惱持 唯佛能善除 由悲久住世 sarvam evāviśeṣeṇa kleśair baddham idaṃ jagat, tvaṃ jagatkleśamokṣārthaṃ baddhaḥ karuṇayā ciram"라고 하였다. 〔참고문헌〕『百五十讚佛頌』, *Bodh-bh.46.*, *Abh-k-bh.117.*, *Śata-śa.*

유정명성 有情名聲 Ⓢsattva-ākhya, Ⓣsems-can-du-ston-pa. 유정의 이름있는 소리. 정식(情識)이 있는 존재들의 이름있는 소리를 말한다. 그 외는 비유정명(非有情名)이다. 유정섭(有情攝)·유정수(有情數) 등이라고도 한다. 『구사론』 권1(대정장29, p.2c15 : *Abh-k-bh.*, p.6)에 "유정 이름있는 소리에서 나오는 소리는 말로 드러내는 업을 말하며, 나머지 소리는 정식이 없는 존재가 내는 소리이다. 有情名聲 謂語表業 餘聲則是非有情名 sattvākhyo vāgvijñaptiśabdaḥ. asattvākhyo 'nyaḥ"라고 하였다. 〔참고문헌〕『俱舍論』, *Abh-k-bh.* ⇨ 유정 有情, 비유정명 非有情名

유정무정설법무이 有情無情說法無異 유정과 무정 설법에 다름이 없음. 『증도가주』(卍속장114, p.916b13)에 "남당화상이 이르길 '종사가 된다는 것은, 무정설법과 유정설법이 다르지 않다고 한다'고 하였다. 유정은 하늘과 인간 무리이고, 무정은 흙과 나무·기와와 돌들이다. 이렇게 지어 보아 얻을지니 저 다름없는 깊은 뜻을. 이에 남다른 눈 빛남 얻어야 비로소 알리라. 티끌마다 국토마다 설법하니 불타듯 하여 잠시도 쉬지 않는다는 것을. 南堂和尙云 爲宗師者 須會無情說法 與有情說法 無異 有情者 天人群生也 無情者 土木瓦石也 作麽生見得 無異底道理 於此著得一隻眼 方知塵說刹說 熾然說無間歇"라고 하였다. 〔참고문헌〕『證道歌註』, 『人天眼目』 권2(대정장48, p.311a26). ⇨ 무정설법 無情說法

유정본 有情本 Ⓢmaulaṃ sattva-dravyam. 유정의 바탕. 내육처(內六處)를 말한다. 『구사론』 권3(대정장29, p.14b4 : *Abh-k-bh.*, p.40)에 "마음이 의지하는 것은 안 등의 육근이다. 이 내육처가 유정의 뿌리이다. 心所依者 眼等六根 此內六處 是有情本 tatra cittāśrayaḥ ṣaḍindriyāṇi. etac ca ṣaḍāyatanaṃ maulaṃ sattvadravyam", 『구사론소』 권3(대정장41, p.514c7)에 "내육처는 유정의 바탕이고 이 마음이 의지처다. 외육처는 유정본이 아니므로 마음의 의지도 아니다. 유정본이라는 말은 내육처 온전히 다 유정이며 외육처 중 일분만 정이다. 내육처로 말미암아 부진근의 사경(四境 : 色·香·味·觸) 등이 있게 된다. 內六處 是有情本故 是心所依 外六處 非有情本故 非心所依 有情本者 內六處中 全是有情 外六處中 一分是情 由內六處故 有扶根四境等故"라고 하였다. 〔참고문헌〕『俱舍論』, 『俱舍論疏』, *Abh-k-bh.* ⇨ 십이처 十二處, 유정 有情, 육근 六根

유정성불무정불성불 有情成佛無情不成佛 유정만이 성불하고 무정은 성불할 수 없다는 말. 잘못된 견해다. 『신화엄경론』 권6(대정장36, p.755a10)에 "저 정 있어 얽매인 이, 유정성불은 보고 무정은 성불할 수 없다고 본다. 이는 자신의 업식으로 볼 뿐이니 이와 같이 아는 이 결코 성불할 수 없다. 若存情繫者 見有情成佛 見無情不成佛 此爲自身業執 如是解者 終不成佛"라고 하였다. 〔참고문헌〕『新華嚴經論』. ⇨ 무정성불 無情成佛

유정세간 有情世間 Ⓢsattva-loka, Ⓣsems-can-gyi-'jig-rten. 사은(四恩)으로 안립하였지만 나고 머물다 사라지기를 거듭하는 유정들의 세간. 정보(正報)라 한다. 사대(四大)와 색진(色塵)으로 유지되는 의보(依報)는 기세간(器世間)이다. 『대승본생심지관경』 권3(대정장3, p.306a20)에 "비유하자면 저 세간의 모든 색진이 능히 사대로 지어 일어났듯이 유정세간 또한 그러하니 사은으로 말미암아 안립하게 된다. 譬如世間諸色塵 能造四大而得生 有情世間亦復然 由彼四恩得安立", 『대승본생심지관경천주』 권3(卍속장34, p.237b17)에 "유정세간은 중생세간색진과 합하고 사은도 사대와 합한다. 곧 사은(國王·父母·師長·檀越)으로 말미암아 안립하게 된다는 뜻이다. 有情世間 卽是衆生合世間色塵 四恩合四大 謂由有四恩 有情衆生 所以安立也", 『구사론』 권10(대정장29, p.56c8 : *Abh-k-bh.*, p.157)에 "세존께서는 이 유정세간이 나고 머물고 사라지는 중에도 삼취를 건립하셨다. 世尊 於此有情世間 生住沒中 建立三聚 so 'yaṃ sattvaloka evam utpadyamānas tiṣṭhan cyavamānaś ca triṣu rāśiṣu sthāpito bhagavatā", 『인왕경소』 권1(卍속장41, p.317a2)에 "여섯 갈래로 윤회하는 것은 유정세간이고 정보이며, 삼계는 허망하지만 기세간이고 의보다. 六趣輪迴 卽有情世間 正報也 三界虛妄 卽器世間 依報也", 『불유교경론소절요』(대정장40, p.850a12)에 "삼계는 기세간이고 육도는 유정세간이다. 이 의보도 정보도 모두 속히 무너지니 마치 불타는 듯하다. 三界是器世間 六道 是有情世間 而此依正 悉是速朽 如爲火燒", 『유교경론주법기』(卍속장86, p.525a10)에 "세간에 두 가지가 있다. 첫째, 기세간이니 의보국토다. 둘째, 유정세간이니 정보중생이다. 世間有二 一 器世間 卽依報國土 二 有情世間 卽正報衆生"라고 하였다. 〔참고문헌〕『大乘本生心地觀經』, 『大乘本生心

地觀經淺註』, 『俱舍論』, 『仁王經疏』, 『佛遺敎經論疏節要』, 『遺敎經論住法記』, *Abh-k-bh.*, *Śrāv-bh.471.*, *Madhy-vibh.31.* ⇨ 중생세간 衆生世間, 삼세간 三世間, 세간 世間, 정보 正報, 사은삼유 四恩三有

유정수 有情數 ❶ Ⓢ sattva-saṃkhyāta, Ⓣ sems-can-du-bgrang-ba. 유정의 무리. 『대비바사론』 권8(대정장27, p.38a29)에 "이로 말미암아 모든 유정의 무리들이 욕계·색계·무색계에서 수많은 고뇌를 받으며 돌고 돌며 나고 죽는다. 由有此故 令諸有情數 於欲界色無色界 受多苦惱 輪轉生死", 같은 책 권138(대정장27, p.711b23)에 "중동분을 잇는 유정수의 오온을 '유'라 하는데, 그 상속에 다섯이 있으니 중유상속·생유상속·분위상속·법상속·찰나상속이다. 續衆同分 有情數五蘊名有 然相續有五 一 中有相續 二 生有相續 三 分位相續 四 法相續 五 刹那相續", 『화엄경소』 권10(대정장35, p.572b19)에 "지론에 '유정무리에 있으면 불성이라 하고, 비유정무리 중에 있으면 법성이라 한다'라고 하며 능과 소를 가설하였지만 실은 차이가 없다. 智論云 在有情數中 名爲佛性 在非情數中 名爲法性 假說能所 而實無差"라고 하였다. [참고문헌] 『大毘婆沙論』, 『華嚴經疏』. ⇨ 유정 有情, 이숙생 異熟生, 비유정수 非有情數 ❷ ➡ 유정명성 有情名聲

유정수신 有情數身 유정(有情)의 무리로 거두어지는 몸. 비유정수신(非有情數身)과 대칭한다. 『대비바사론』 권39(대정장27, p.202b29)에 "유정수신이 사라지고 유정수신이 그대로 생한다면 주검이 그 모습을 드러내지 않겠지만, 유정수신이 사라져 무정수신으로 난다면 주검이 드러난다. 若有情數身滅 有情數身生者 無屍骸相現 若有情數身滅 無情數身生者 有屍骸相現", 『유가론기』 권7(대정장42, p.454b26·한불전13, p.522b9)에 "자타 안에 근과 진을 유정수신이라고 한다. 自他內根塵名有情數身"라고 하였다. [참고문헌] 『大毘婆沙論』, 『瑜伽論記』. ⇨ 유정수 有情數, 비유정수 非有情數

유정업과증득 有情業果證得 유정이 스스로 지은 업으로 이숙과를 감득함. 네 가지 증득(證得) 중 하나. 『유가사지론』 권64(대정장30, p.654a7)에 "네 가지 증득이 있으니, 첫째 제유정업과증득, … 넷째 대승증득이다. 유정업과증득이란 무엇인가? 지은 바 정부정업은 스스로 지은 업이 의인이 되기에 모든 유정들이 오취 등 생사의 바다에서 이숙과를 불러 받는다. 有四證得 一 諸有情業果證得 … 四 大乘證得 有情業果證得者 謂由所作淨不淨業 自所作業 爲依因故 諸有情類 於五趣等 生死海中 感異熟果 受異熟果"라고 하였다. [참고문헌] 『瑜伽師地論』, 『顯揚聖敎論』 권6(대정장31, p.509c17). ⇨ 사증득 四證得, 이숙과 異熟果

유정연자 有情緣慈 Ⓢ sattva-ālambanā maitrī, Ⓣ sems-can-la dmig-pa'i byams-pa. 삼종연자(三種緣慈) 중 하나. 중생연자(衆生緣慈)라고도 한다. 모든 중생을 자신의 친속처럼 대하며 즐거움을 베풀고 고통을 없애 주는 자비이다. 『대승대집지장십륜경』 권10(대정장13, p.774a24)에 "성문과 독각은 유정연자를 닦더라도 마음에 열세 가지 허물을 두르고 오로지 자신의 이익과 즐거움만 구한다. 聲聞及獨覺 修有情緣慈 心帶十三過 唯求自利樂", 『설무구칭경소』 권5본(대정장38, p.1082a8)에 "저 유정을 연해야 정법을 닦을 수 있으니, 우선 유정을 연하기에 유정연자라고 한다. 如緣有情而修正法 先緣有情故 名有情緣慈"라고 하였다. [참고문헌] 『大乘大集地藏十輪經』, 『說無垢稱經疏』, *Bodh-bh.166.* ⇨ 생연 生緣❷, 삼종연자 三種緣慈

유정이 有情異 Ⓢ sattva-bheda, Ⓣ sems-can gyi bye-brag. 유정의 다름. 남과 여 등 류의 차이. 구역은 중생차별(衆生差別). 분별이(分別異)와 대칭한다. 『화엄경소초』 권51(대정장36, p.400c28)에 "유정이 다르다는 것은 남녀의 류가 다름을 말한다. 有情異 謂男女類別"라고 하였다. [참고문헌] 『華嚴經疏鈔』, *Abh-k-bh.38.* ⇨ 분별이 分別異, 중생차별 衆生差別

유정전개양수 惟政展開兩手 백장유정(百丈惟政)이 두 손을 펴서 답한 공안. ⇨ 백장개전 百丈開田

유정전혼신식 幽精轉魂神識 『지장보살발심인연시왕경』에서 시설한 삼종혼식(三種魂識) 중 하나. 같은 책(卍속장150, p.769b3)에 "아뢰야식을 열어 삼혼의 심성과 심상을 삼으니 저 물 속의 물결과 같아서 둘이 아니면서도 둘이다. 於阿賴耶識 開爲三魂 心性心相 如水中波 不二而二"라고 하였다. [참고문헌] 『地藏菩薩發心因緣十王經』. ⇨ 삼혼칠백 三魂七魄

유정주삼종 有情住三種 유정이 세간에 머무는 세 가지 방식. 『유가사지론』 권13(대정장30, p.347a28)에 "일체유정이 머묾에는 세 가지가 있다. 즉 날을 달리해 머무는 것·목숨이 다하도록 머무는 것·선법을 애호하며 거듭거듭 세간에 머무는 것이다. 처음의 것은 식증상력에 의하며, 두 번째 것은 목숨의 증상력에 의하고, 세 번째 것은 모든 선법에 대해 게으르지 않은 증상력에 의한다. 一切有情住有三種 謂日別住 盡壽住 善法可愛生展轉住 初 由食增上力 第二 由命行增上力 第三 由於諸善法 不放逸增上力"라고 하였다. [참고문헌] 『瑜伽師地論』.

유정지 有頂地 Ⓢ bhavāgra-bhūmika, agra-bhūmikatva, bhāvāgrika, Ⓣ srid-pa'i-rtse-mo'i sa-pa, srid-pa'i-rtse-mo pa. 색계의 끝인 제4선을 말하거나 무색계 끝인 비상비비상처의 마음을 말한다. 『대지도론』 권5(대정장25, p.96c25)에 "사근본선을 제하고 미도지에서 유정지에 이르기까지를 정이라 하고 삼매라고도 하고, 사선 또한 정이라고도 하고 선이라고도 하며 삼매라고도 한다. 除四根本禪 從未到地 乃至有頂地 名爲定 亦名三昧 四禪亦名定 亦名禪 亦名三昧", 『순정리론』 권80(대정장29, p.771c26)에 "미미심 후에 이 정(멸진정)이 현전한다. 앞서 마주한 상심을 이미 미세라 하였지만 이것은 더욱 미세하므로 미미라 한다. 다음 이와 같은 마음으로 멸진정에 든다. (이상과 같이) 유정지의 마음에는 삼품이 있으니, 곧 상심·미세심·미미심이다. 상중하품으로 류가 다르다. 微微心後 此定現前 前對想心 已名微細 此更微細 故曰微微 次如是心 入滅盡定 謂有頂地 心有三品 卽想 微細 及微微心 由上中下品類別故", 『수능엄의소주경』 권9(대정장39, p.946a14)에 "정을 따라 과를 불러오면 이 사선천에 나서 겁을 거듭하는 보를 받아 비로소 유정지혹을 끊고 아라한이 되기에 둔이라 이름을 붙인다. 隨定感果 生此四天 受劫數報 方斷有頂地惑 成阿羅漢 故名爲鈍"라고 하였다. [참고문헌] 『大智度論』, 『順正理論』, 『首楞嚴義疏注經』, *Abh-k-bh.72·85·108.* ⇨ 유정천 有頂天, 색구경천 色究竟天

유정지 劉程之 ➡ 유유민 劉遺民

유정지류불면사산 有情之類不免四山 유정이 피하기 어려운 생로병사의 산. 부귀·건강·장년·목숨을 사라지게 한다. 『잡보장경』 권8(대정장4, p.489a18)에 "마땅히 자비심으로 널리 일체를 기르고, 정법을 수행하며 모든 공덕을 지어야 합니다. 대왕이시여, 마땅히 알아야 하니, 일체부귀는 모두 쇠멸하여 부서져 사방으로 흩어져 상실만으로 돌아오고, 모든 강하고 힘센 것들도 온갖 병이 사방에서 찾아와 그 강건함을 파멸시킵니다. 일체 장년도 병리산이 사방에서 좇아와 파괴하고, 일체 목숨 있는 것들은 큰 죽음의 산이 사방에서 와서 괴멸시킵니다. 이 네 산은 모든 것 함께하는 것이어서, 하늘·용·사람·귀신 등의 나는 이들 모두 면할 길은 없습니다. 이런 뜻으로 항상 자비심을 닦고, 부지런히 정법을 행합니다. 만일 능히 그렇게 하면 죽을 때 후회 없고, 마음에 후회 없기에 좋은 곳에 나서 반드시 성현을 만날 것이며, 성현을 만나 생사를 벗어나게 됩니다. 宜應慈心 普育一切 修行正法 作諸功德 大王當知 一切富貴 皆爲衰滅之所摧碎 四方而至 爲歸喪失 一切强壯 又有諸病 從四方來 破滅强健 一切壯年 有病羸山 從四方來 破壞壯年 一切有命 有大死山 四方而來 壞滅生命 如是四山 一切共有 天龍人鬼 有生之類 無得免者 以此義故 常修慈心 懃行正法 若能爾者 死時不悔 心不悔故 得生善處 必遇賢聖 得遇賢聖 得脫生死"라고 하였다. [참고문헌] 『雜寶藏經』.

유정천 有頂天 Ⓢ bhava-agra, Akaniṣṭha, Ⓟ bhavagga, Akaniṭṭha, Ⓣ srid-pa'i-rtse-mo, 'Og-min. 색계 구경천(究竟天)과 무색계 비상비비상처천(非想非非想處天)을 각기 유정천이라고 한다. 『법화경요해』 권4(卍속장47, p.627b14)에 "유정천은 색계의 끝이다. 有頂天 卽色界頂也", 『법화경구해』 권6(卍속장48, p.181b12)에 "색계의 사선을 다 거둬 범천이라 한다. 광음천은 제2선, 변정천은 제3선, 유정천은 사공천이다. 유위의 끝에 있으면서 욕을 여의고 선을 닦아 색계의 십팔범천에 난다. 공적정을 닦고 색을 싫어하여 공에 나아가면 무색계의 사공천처에 난다. 色界四禪 總名梵天 光音卽二禪 徧淨卽三禪 有頂卽四空 在有爲頂 離欲修禪 生於色界 十八梵天 修空寂定 厭色趣空 卽生無色 四空天處", 『현종론』 권12(대정장29, p.832a5)에 "제4정려에는 무상정과 무상사가 있고 유정천에는 멸진정이 있다. 능히 식을 부수어 상속이 끊어지게 한다. 第四靜慮 有無想定 及無想事 有頂天中 有滅盡定 能壞於識 令相續斷"라고 하였다. [참고문헌] 『法華經要解』, 『法華經句解』, 『顯宗論』, 『法華經』 권6(대정장9, p.48a28), *Abh-k-bh.70.*, *Saddh-p.*, p.358. ⇨ 색구경천 色究竟天, 유정지 有頂地, 아가니타천 阿迦尼吒天, 비상비비상처 非想非非想處, 사선구천 四禪九天, 색계십팔천 色界十八天 ■

유정탁 有情濁 Ⓢ sattva-kaṣāya, Ⓣ sems-can-gyi-snyigs-ma.. 오탁(五濁) 중 하나. 유정이 법에 의지해 수승한 자성을 가질 수 없게 되어 청정하지 못함의 뜻. 『유가사지론』 권44(대정장30, p.538a9 : *Bodh-bh.*, p.173)에 "저들 요즘의 유정은 다분히 부모를 몰라보고 사문이나 바라문을 모르며, 가장이나 존경할 사람이나 의리를 행하는 사람이나 해야 할 일을 한 사람을 알지 못한다. 또한 현생의 죄와 후세의 죄에 대해서 두려워하지 않고 닦아 보시하지 않으며 복업을 짓지 않고 재법도 받아들이지 않으며 정계를 받지도 않는다. 예전에는 그렇지 않았으니 이를 유정탁이라 한다. 如於今時有情 多分不識父母 不識沙門 若婆羅門 不識家長 可尊敬者 作義利者 作所作者 於今世罪 及後世罪 不見怖畏 不修惠施 不作福業 不受齋法 不受淨戒 昔時不爾 是名有情濁 tad yathaitarhi sattvā yadbhūyasā amātṛjñā apitṛjñā aśrāmaṇyā abrāhmaṇyā na kulajyeṣṭhāpacāyakā nārthakarā na kṛtyakarā na iha loke na paraloke avadye bhayadarśino na dānāni dadati na puṇyāni kurvanti nopavāsam upavasanti na śīlaṃ samādāya vartante", 『구사론기』 권12(대정장41, p.

195a9)에 “유정탁이란 유정이 법을 여의었기에 별다른 자성이 있을 리 없어 오온으로만 체를 삼을 뿐이다. 有情濁者 有情離法 無有別性 以五蘊爲體”라고 하였다. [참고문헌] 『瑜伽師地論』, 『俱舍論記』, *Bodh-bh.*, *Abh-k-bh.183.* ⇨ 중생탁 衆生濁, 오탁 五濁

유정현 柳廷顯 1355~1426. 고려말 조선초 문신. 1391년(공양왕3)에 연복사(演福寺) 중수불사를 반대하고 조선 건국 후에도 궐내 설행을 반대하였지만, 임종에 이르러서는 자신의 천도를 당부하기도 하였다. 『세종실록』 권61 15년(1433) 7월 15일에 “지난번에 죽은 좌의정 유정현이 나에게 말하기를, ‘수륙재와 승도가 대궐 안에서 불경을 외우는 것은 매우 불가하니 그만두기를 청합니다’라고 하기에, 내가 그 말대로 즉시 불경 외우기를 그만두었다. 그러나 수륙재 설행은 그 유래가 오래되어 갑자기 파할 수 없어 따르지 않았다. 그 후 정현이 임종에 닥쳐서는 부처님께 공양하고 스님에게 재 올리는 비용을 아들 유장에게 맡기니 오천여 섬에 이르자 사람들이 모두 웃었다. 向者 卒左議政柳廷顯 言於予曰 水陸齋 僧誦經闕內 甚爲不可 請罷之 予從其言 卽罷誦經 若水陸之設 其來尙矣 不可遽革 予不卽從之 厥後廷顯臨終 囑飯佛齋僧之費 於其子璋 幾至五千餘石 人皆笑之”라고 하였다. [참고문헌] 『世宗實錄』, 『高麗史』 권46 世家46 恭讓王 3년 4월 8일.

유정혹 有頂惑 Ⓢ bhavāgra, bhāvāgrika. 삼계구지(三界九地) 중 최상인 유정지(有頂地)에서 일어나는 혹. 비상지혹(非想之惑)이라고도 한다. 『구사론』 권24(대정장29, p.126b24 : *Abh-k-bh.*, p.364)에 “여기서 말하는 아라한향 중 유정혹을 끊은 제9의 무간도 또한 금강유정이라 한다. 卽此所說 阿羅漢向中 斷有頂惑 第九無間道 亦說名爲金剛喩定 navamasyāpi bhāvāgrikasya prakārasya prahāṇāyānantaryamārge so 'rhattvapratipannaka eva. sa cānantaryamārgo vajropamaḥ samādhir ity ucyeta”, 『유가사지론약찬』 권9(대정장43, p.127c17)에 “서방에 이사가(Ⓢ Iṣīkā)라는 산이 있다. 이 산은 높고도 험하다. 비유하자면 유정지의 번뇌도 높고 가장 극하여 무학이라야 유정혹을 여의니, 저 이사가를 꺾듯이 한다. 西方有山 名伊師迦 此山高而且峻 譬有頂煩惱 亦高而最極 無學離有頂惑 如摧伊師迦”라고 하였다. [참고문헌] 『俱舍論』, 『瑜伽師地論略纂』, *Abh-k-bh · 367.* ⇨ 유정지 有頂地

유제 有諦 세간사람의 마음으로 보아 있다고 여기는 진실. 속제(俗諦)·가제(假諦)·세제(世諦) 등이라고도 한다. 『유마경현소』 권3(대정장38, p.534c21)에 “유제란 세간사람의 마음이 보는 이치와 같기에 유제라 하고 속제라고도 한다. 有諦者 如世人心所見理 名爲有諦 亦名俗諦”, 『사교의』 권2(대정장46, p.727c4)에 “유제라고 한 것은 이십오유다. 세간중생이 허망한 정으로 본 것이기에 유라 하고, 저 정으로 보아 살펴도 실로 허하지 않기에 제라 한다. 그러므로 유제라 하고 속제라고도 하며 세제라고도 한다. 所言有諦者 二十五有 世間衆生 妄情所見 名之爲有 如彼情見 審實不虛 名之爲諦 故言有諦 亦名俗諦 亦名世諦”라고 하였다. [참고문헌] 『維摩經玄疏』, 『四教義』. ⇨ 가제 假諦, 세제 世諦, 삼제 三諦

유제가화 由提迦花 Ⓢ yūthikā의 음사어. 자스민 꽃의 한 종류로 유지가(喩底迦)·유체가(踰體迦)라고 음사하며, 항화(行花)라 한역한다. 학명은 *Jasminum auriculatum*이다. 『일체경음의』 권26(대정장54, p.476b17)에 “유제가화〈『고음』에는 ‘이 이름 항화이다. 항은 호와 랑을 반절한 음이다’라고 하였다〉. 由提迦花〈古音云 此名行花 行音戶郎反〉”, 『번범어』 권10(대정장54, p.1050a4)에 “유제가화〈한역하면 항이다〉. 由提迦花〈譯曰行也〉”라고 하였다.

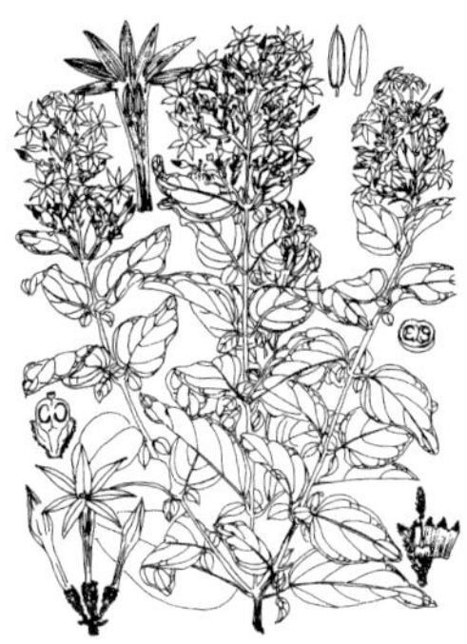

[참고문헌] 『一切經音義』, 『翻梵語』, 『大寶積經』 권1(대정장11, p.2b25), 40권본 『大般涅槃經』 권21(대정장12, p.489a29), 『金剛三業經』 권2(대정장18, p.477a5), 『蘇悉地羯羅經』 권상(대정장18, p.640b4), *Guhy-s.25.*

유제선원 幽濟禪院 자인대사(慈忍大師) 선신(善信 764~827)의 행에 감화받은 당 문종(文宗)이 대사가 주석하던 절에 내린 사액. 『치문경훈』 권10 「수주대홍산 영봉사시방선원기 隨州大洪山靈峯寺十方禪院記」(대정장48, p.1096b17)에 전한다. 극심한 가뭄이 들어 장무릉(張武陵)이 양과 돼지를 희생물로 잡아 기도를 올리고 있었다. 이 모습을 가련하게 생각하던 자인대사가 827년(태화1) 5월 29일 용신(龍神)에게 자신의 몸을 베풀고자 날카로운 칼로 양 무릎을 잘랐으나 잘려 나가지 않은 채 흰 액체만이 흐르다 입적하였다. 산남(山南)의 동도(東道 : 湖北省 襄陽)가 이 일을 상소로 올리자 문종이 가상히 여겨 그 거처에 유제선원이라는 사액을 내렸다. 진(晉) 천복년간(936~943)에는 기봉사(奇峯寺)라 개명하였고, 1078년(원풍1)에 다시 영봉사(靈峯寺)라 고쳐 불렀다. [참고문헌] 『緇門警訓』, 『釋氏稽古略』 권3(대정장49, p.836a10). ⇨ 기봉사 奇峯寺

유제오역비방정법 唯除五逆誹謗正法 Ⓢ sthāpayitvānantaryakāriṇaḥ saddharmapratikṣepāvaraṇakṛt āṃśca sattvān. 아미타불이 인위에서 발한 48원(願) 중 열여덟 번째 발원문 내용으로 정각을 미루면서까지 모든 중생이 정토에 나게 하겠지만 오역죄(五逆罪)를 지은 이와 정법을 비방하는 이는 제한다는 뜻. 억지문(抑止文)이라고 한다. 『무량수경』 권상(대정장12, p.268a26 : *Sukh-vy. I*, p.18)에 "설사 제가 부처가 되더라도 시방중생들이 지극한 마음으로 믿고 즐거워하며 저의 국토에 나고자 하여 십념하고도 나지 못하는 이가 있다면 정각을 취하지 않겠습니다. 오직 오역죄와 정법을 비방하는 일만은 제합니다. 設我得佛 十方衆生 至心信樂 欲生我國 乃至十念 若不生者 不取正覺 唯除五逆誹謗正法 sacen me bhagavan bodhiprāptasyāprameyāsaṃkhyeyeṣu buddhakṣetreṣu ye sattvāḥ mama nāmadheyaṃ śrutvā tatra buddhakṣetre cittaṃ preṣayeyur upapattaye kuśalamūlāni ca pariṇāmayeyus te ca tatra buddhakṣetre nopapadyeran antaśo daśabhiś cittotpādaparivartaiḥ sthāpayitvānantaryakāriṇaḥ saddharmapratikṣepāvaraṇāvṛtāṃś ca sattvān mā tāvad aham anuttarāṃ samyaksaṃbodhim abhisaṃbudhyeyam"라고 하였다. 〔참고문헌〕『無量壽經』, *Sukh-vy. I*. ⇨ 미타인행사십팔원 彌陀因行四十八願, 억지문 抑止文

유제인 有諦人 Ⓟ brāhmaṇa. 진실을 아는 이. 『의족경』 권상(대정장4, p.180b21 : *Sn.*, p.165)에 "유제인이라면 마땅히 어떻게 말해야 하겠는가? 이미 공에 집착하고 있는데 누군들 언쟁할 수 있겠는가? 그릇됨도 옳음도 모두 있는 것 아닌데, 어떤 말을 좇은들 그 짧음을 말할 수 있겠는가? 有諦人當何言 已著空誰有諍 邪亦正悉無有 從何言得其短 saccanti so brāhmaṇo kiṃ vadeyya musāti cā so vivadetha kena, yasmiṃ samaṃ visamaṃ vāpi natthi sa kena vādaṃ paṭisaṃyujeyya"라고 하였다. 〔참고문헌〕『義足經』, *Sn.*

유조 惟照 1084~1128. 북송 때 조동종(曹洞宗) 스님. 속성은 이(李)씨. 사천성(四川省) 간주(簡州) 출신. 유년시절부터 성도부(成都府 : 四川省 成都市)의 녹원청태(鹿苑淸泰)를 따르다가 19세에 출가수계하였다. 청태의 지시로 대자(大慈)에게 『대승기신론』을 배웠다. 대홍산(大洪山) 부용도해(芙蓉道楷) 문하에서 가르침을 받았다. 대관년간(1107~1110)에 부용이 치주(淄州 : 山東省 淄博市)로 유배되었는데 후에 다시 부용을 찾아가 법을 이었다. 초제사(招提寺)에 머물다가 감로사(甘露寺)와 삼조사(三祖寺)로 옮겨 주석했다. 1122년(선화4) 여산(廬山)의 원통사(圓通寺)에 머물다가 늑담(泐潭 : 江蘇省)으로 옮겨서 조동의 선을 펼쳤다. 1128년(건염2) 정월 7일에 세수 45, 법랍 25세로 입적하였다. 탑은 절의 서쪽 봉우리에 세웠다. 〔참고문헌〕『續傳燈錄』 권12(대정장51, p.544b12), 『嘉泰普燈錄』 권5(卍속장137, p.108b18).

유조반조 有條攀條 정한 법이 있으면 그에 따라 판단한다는 뜻. 무조반례(無條攀例)와 대칭한다. 『벽암록』 제10칙 「수시 垂示」(대정장48, p.150a20)에 "만약 오르지도 내리지도 못한다면 또 어떻게 헤아려야 할까? 조목 있다면 조목에 따르고 조목이 없으면 판례에 따라 짐짓 들어 간하라! 儻或不上不下 又作麽生商量 有條攀條 無條攀例 試擧看"라고 하였다. 〔참고문헌〕『碧巖錄』. ⇨ 무조반례 無條攀例

유조유용 有調柔用 고르고 부드럽게 움직일 수 있음. 『순정리론』 권4(대정장29, p.354b7)에 "저 모든 쇳덩어리나 쇳조각이 어느 때 불속에서 달궈지면 그때는 매우 유연하고 가벼우며 적절하고 부드럽게 작용하지만, 이와는 다른 경우 매우 견고하고 무거워 고르게 부드럽지 못하다. 우리 몸도 그러하다. 경안하면 문득 경쾌하여 고르고 부드럽게 움직이게 되니 닦아 끊음을 견뎌낼 수 있으나, 이렇지 못하면 문득 무겁고 고르고 부드럽게 움직일 수 없어 닦아 끊음 견뎌내기 어렵다. 如諸鐵團或諸鐵鍱 若時有火 有極煖熱 爾時 便有極軟 極輕 極調柔用 與此相違 極堅極重 極不調柔 我身亦爾 若有輕安則便有輕 有調柔用 堪任修斷 與此相違 卽便有重 無調柔用 不任修斷"라고 하였다. 〔참고문헌〕『順正理論』.

유종 有宗 제법(諸法)의 유(有)를 주장하는 종파. 유교(有敎)라고도 한다. 일체는 모두 공이라고 주장하는 공종(空宗)에 상대한다. 『법화경구해』 권5(卍속장48, p.120a2)에 "소승의 유종은 일체법이 모두 실로 있다고 집착하고, 소승의 공종은 일체법이 모두 환영·꿈과 같아서 실로 있는 것이 아니라고 설한다. 小乘有宗 執一切法 悉是實有 小乘空宗 說一切法 悉如幻夢 非是實有"라고 하였다. 〔참고문헌〕『法華經句解』. ⇨ 유교 有敎❶, 공유논쟁 空有論爭, 공종 空宗❶

유종 有種 Ⓢ sabīja, sabījatva, Ⓣ sa-bon dang-bcas-pa, sa-bon dang-bcas-pa nyid. 종(種)이 있음. 인(因)으로서의 종자(種子 Ⓢ bīja)를 집지하는 종자과로서의 제8아뢰야식(阿賴耶識)을 말한다. 『성유식론연비』 권3(대정장43, p.862b18)에 "지금 이 종자는 어떤 종자인가? 〔답〕 오직 능히 스스로의 과를 이끄는 종자다. '오직'이란 이때 스스로의 과를 낳을 수 있으면 바로 그때 종자라고 이름한다. 종과 유종은 모두 시작이 없기 때문이다. 〔석〕 종은 종자를 말하고, 유종은 아뢰야식이다. 아뢰야식이야말로 능히 종자를 갖기에 유종이다. 또 인으로서의 이름이 종자고, 과일 때는 유종이다. 今此種子 是誰種子 答 唯能引自果 所言唯者 若於此時 能生自果 卽於爾時 說名種子 種與有種 並無始故 釋種謂種子 有種卽是阿賴耶識 阿賴耶識能有種故 名爲有種 又因名種 果名有種"라고 하였다. [참고문헌]『成唯識論演祕』, *Abh-s.20.*, *Sūtr.152.* ⇨아뢰야식 阿賴耶識, 종자 種子, 유종자성 有種子性

유종 唯種 Ⓢ tan-mātra. 오유종(五唯種). 상키야(Ⓢ Sāṃkhya : 數論)의 오유(五唯)인 색성향미촉(色聲香味觸)을 말한다. 『금칠십론』 권상(대정장54, p.1245c15)에 "오유종은 만(慢)에서 생겨나므로 변이하고, 능히 오대(五大)와 오근(五根)을 낳기에 본(本 Ⓢ mūla)이라 한다. 성유종은 공대(空大)와 이근(耳根)을 낳기에 본이고, 나아가 향유종은 지대(地大)와 비근(鼻根)을 낳는다. 五唯種 從慢生故變異 能生大及根故名本 聲唯種者 生空及耳根故爲本 乃至香唯種 生地及鼻根"라고 하였다. [참고문헌]『金七十論』, *Māṭ-v.7.* ⇨ 오유 五唯

유종성 有種性 종성이 있음. 오종성(五種性) 중 무종성(無種性)을 제한 성문(聲聞)·독각(獨覺)·보살(菩薩)·부정(不定)의 네 가지 종성. 유성(有性)이라고도 하며, 무종성의 상대어이다. 『불지경론』 권6(대정장26, p.319a3)에 "교화력을 인연한다면 종성 있는 이는 성도를 내어 삼계를 해탈하고, 무종성의 중생은 세간의 선을 닦아 늘 선취에 난다. 由教化力 有種性者 令生聖道解脫三界 無種性者 令修世善常生善趣"라고 하였다. [참고문헌]『佛地經論』, 『顯揚聖教論』 권8(대정장31, p.520b20). ⇨무종성 無種性, 유성 有性[1]

유종원 柳宗元 773~819. 당송팔대가(唐宋八大家)로 자(字)는 자후(子厚). 장안(長安 : 陝西省 西安) 출생. 조상 대대로 하동(河東 : 山西省 永濟市)에 살았기에 유하동(柳河東)이라 하거나 유주자사(柳州刺史)를 지냈던 인연으로 유유주(柳柳州)라고도 한다. 21세에 진사(進士)에 급세하여 감찰어사(監察御使)·예부원외랑(禮部員外郞) 등을 역임하였다. 805년(영정1) 헌종(憲宗) 즉위에 따른 왕숙문(王叔文)의 실각으로 영주(永州)로 유배되었다. 이후 여러 선사들과 교유하며 불교에 의지했다. 815년(원화10) 경사(京師)로 소환되었다가 유주자사와 연주자사(連州刺史)로 부임했다. 819년(원화14) 헌종에 의해 사면되었고 같은 해에 세상을 떠났다. 육조혜능(六祖慧能)의 「사시대감선사비 賜謚大鑒禪師碑」를 찬하는 등 여러 선사들의 비문을 지었다. 문장에 능통하여 600여 편의 글을 남겼는데 후세에 『유하동집』 45권으로 집록되었다. 「정토원기 淨土院記」·『동해약 東海若』 1권 등을 남겼다. [참고문헌]『佛法金湯編』 권9(卍속장148, p.913a12), 『名公法喜志』 권2(卍속장150, p.86b17).

유종이생 有種已生 종이 있어 이미 생함. 스물네 가지 이생(已生) 중 하나. '이생'이란 이미 생하여 아직 멸하지 않은 것을 말하며, 아라한의 최후 외에 모든 이생은 유종이다. 무종이생(無種已生)과 대칭한다. 『대승아비달마잡집론』 권3(대정장31, p.707c23)에 "유종이생이란, 아라한의 최후온을 제한 이생을 말한다. 有種已生者 謂除阿羅漢最後蘊"라고 하였다. [참고문헌]『大乘阿毘達磨雜集論』, 『大乘阿毘達磨集論』 권2(대정장31, p.668b29). ⇨무종이생 無種已生

유종자성 有種子性 종자성이 있음. 팔의증유본식(八義證有本識), 즉 본식(本識 : 阿賴耶識)에 대한 여덟 가지 존재 증명 중 하나다. 전육식(前六識)은 찰나 간에 변이가 일어나 일류상속(一類相續)을 만족시키지 못하고, 또 멸진정(滅盡定) 등에 들어갈 때 끊어지는 등 종자를 집지할 수 없기에 종자성은 아뢰야식의 존재를 증명하는 뜻 중의 하나가 된다. 『유가사지론』 권51(대정장30, p.579b23)에 "어떤 까닭으로 만약 아뢰야식이 없다면, 종자성이 있음은 도리에 맞지 않는가? 육식신은 거듭 뒤쳐 달라지기 때문이다. 何故若無阿賴耶識 有種子性不應道理 謂六識身展轉異故", "왜냐하면, 선무간에서 불선성이 생기기도 하고 불선성무간에서 선성이 나기도 하고 이 두 무간에서 무기성이 나기도 하며, 열계무간에서 중계가 나기도 하고 중계무간에서 묘계가 나기도 하고 이와 같이 묘계무간에서 내지 열계가 나기도 하며, 유루무간에서 무루가 나기도 하고 무루무간에서 유루가 나기도 하며, 세간무간에서 출세간이 나기도 하고 출세간무간에서 세간이 나기도 하니, 所以者何 從善無間 不善性生 不善無間復善性生 從二無間無記性生 劣界無間中界生 中界無間妙界生 如是妙界無間乃至劣界生 有漏無間無漏生 無漏無間有漏生 世間無間出世生 出世無間世間生", "이와 같은 특징으로 종자성이 있다고 한다면 바른 도리라 할 수 없다. 또 저 모든 식들은 오랜 시간에 걸쳐 끊어질 수 있고, 상속해서 오랜 시간에 걸쳐 유전할 수도 없으니 그러므로 이 또한 도리에 맞지 않다. 非如是相有種子性應正道理 又彼諸識長時間斷 不應相續長時流轉 是故此亦不應道理", 『유가사지론약찬』 권13(대정장43, p.171b21)에 "[논] 어떤 까닭으로 만약 아뢰야식이 없다면, 종자성이 있음은 (도리에 맞지 않는가?) 論云何故若無阿賴耶識有種子性", "소승들은 육전식이 종자를 집지한다고 주장하기에, 여기서는 여러 심들이 각기 따로인데 어떻게 종자를 가질 수 있는가 하여 마땅히 헤아려 세우기를, '여섯 가지 전식은 능히 종자를 집지할 수 없다〈종〉. 그 이유는 거듭 뒤쳐 달라지기 때문이다. 마치 저 북 등에서 나는 소리와 같기 때문이다. 또 여섯 가지 전식은 종자를 집지할 수 없다. 세 가지 성이 섞이기 때문이다'. 以小乘中計六轉識 能持於種 今以諸心別異云何持種 應立量云 六種轉識不能持種〈宗〉 因云展轉異故由如鼓等所發音聲 又云六種轉識應不持種 三性間故", "가령 무심정에 들어있을 때 그 육전식은 오랜 시간 동안 끊어져 이미 종자를 유지할 수 없으니 상속을 얻어 장시간 유전하면서 생멸할 수는 없다. 如入無心定時 其六轉識長時間斷 既無能持之識 不應所持之種 而得相續長時流轉不生滅也", "또 마땅히 헤아려 세우길, 멸진정에 들어있을 때 육식은 오랜 시간 동안 끊어졌으니 이는 어떤 식도 종자를 집지할 수 없고 종자 이미 망실되었기에 출정시에 상속이 있어서 거듭 다시 장시에 유전하려면 무엇으로써 종자를 일으키겠는가? 又應立量云 入滅定時六識長時間斷 此卽無識持種 卽種已失 不應而有出定相續而復更得長時流轉 用何種生", "육식에는 끊어짐 있어 유근신도 오랫동안 유전할 수 없으니, 저 많은 시간 지나게 되면 식을 유지할 수도 없으니, 문득 그 몸마저 허물어지기 때문이다. 상속하는 것이란 유근신을 말한다. 六識間斷 不應其身而得長時流轉 彼經多時 無識持故 便應爛壞 相續謂身也"라고 하였다. 〔참고문헌〕『瑜伽師地論』, 『瑜伽師地論略纂』. ⇨ 팔의증유본식 八義證有本識

유종절서명수조리 幽宗絕緖名數條理 깊은 뜻과 끊는 실마리와 이름들 그리고 의미있는 갈래들. 4대논사를 기리는 뜻이다. 『남해기귀내법전』 권4(대정장54, p.232a9)에 "그윽한 뜻 닦아 음미하고, 아득한 지 절묘하게 찾는다. 研味幽宗 妙探玄旨", 『출삼장기집』 권12(대정장55, p.85b5)에 "마명은 감추어진 뜻을 끌어냈고, 용수는 끊는 실마리 떨쳤으며, 제바는 이름들을 쪼개 보였고, 하리발마는 그 조리를 모두 거뒀다. 馬鳴抽其幽宗 龍樹振其絕緖 提婆析其名數 訶梨總其條理"라고 하였다. 〔참고문헌〕『南海寄歸內法傳』, 『出三藏記集』. ⇨ 마명 馬鳴, 용수 龍樹, 제바 提婆, 하리발마 訶梨跋摩

유죄법 有罪法 Ⓢ sāvadya-dharma, Ⓟ sāvajja-dhamma, Ⓣ kha-na-ma-tho-ba-dang-bcas-pa'i chos. 죄가 되는 일체의 불선법(不善法)과 유부무기법(有覆無記法). 흑백법(黑白法) 중 흑법이며, 무죄법(無罪法)의 상대어이다. 『법온족론』 권8(대정장26, p.491c27)에 "어떤 것이 유죄법인가? 삼악행·삼불선근·십불선업도를 유죄법이라고 한다. 云何有罪法 謂三惡行 三不善根 十不善業道 是名有罪法", 같은 책 권8(대정장26, p.492a23)에 "무엇이 흑백법인가? 불선법을 흑법이라 하고, 선법을 백법이라 한다. 또 유죄법이 흑법이고, 무죄법은 백법이다. 云何黑白法 謂不善法名黑 善法名白 有罪法名黑 無罪法名白", 『품류족론』 권6(대정장26, p.715b22)에 "유죄법이란 어떤 것인가? 불선법과 유부무기법을 말한다. 有罪法云何 謂不善 及有覆無記法"라고 하였다. 〔참고문헌〕『法蘊足論』, 『品類足論』, *Pañca-pr.2-3.145.*, *AN.5.276.* ⇨ 무죄법 無罪法, 불선법 不善法, 유부무기 有覆無記, 흑법 黑法

유주 有主 ❶ Ⓢ sasvāmika, Ⓟ sassāmika. 주인이 있다는 말. 『선견율비바사』 권9(대정장24, p.735c3)에 "만일 주인이 있는 줄 알면서도 훔칠 마음으로 취한다면 값어치 크고 적음에 따라 죄를 정한다. 若知有主 盜心取 隨直多少結罪"라고 하였다. 〔참고문헌〕『善見律毘婆沙』, *Vin-v.3.135.*, *Sp.1.331.* ❷ 부부에게 상대, 또는 어린이에게 가족이나 무엇인가에 매여 있어 자유롭지 못한 뜻이다. 『심심대회향경』(대정장17, p.867c8)에 "불사음이란 여인에게 임자가 있거나, 부모·형제·친중의 보호 아래 있고(미성년자 등), 다른 남성에게 꽃 한 송이를 받은 여성(약혼자가 있는 경우)이라면 욕상을 일으켜서는 안된다. 不邪婬者 若女有主 父母 兄弟 宗親所護 乃至見彼授華一莖 不起欲想", 『무명나찰집』 권상(대정장16, p.852b5)에 "왕이 설득하자 나찰이 다시 왕에게 말했다. '저는 자유로운 몸이 아닙니다. 저에게도 주인이 있습니다' '누구인가?' '빠르게 나는 금시조입니다'. 王卽推得 復語王言 我不自在 我更有主 問言 是誰 羅刹答言 名速疾金翅鳥"라고 하였다. 〔참고문헌〕『甚深大迴向經』, 『無明羅刹集』. ❸ Ⓢ sasvāmika, Ⓟ sassāmika. 단월(檀越)이 있다는 뜻. 『오분율』 권3(대정장22, p.14c27)에 "만일 비구에게 단월이 있어 자신에게 방을 지어준다면 반드시 모든 비구들에게 지을 곳 물어야 하고, 비구들은 반드시 지을 곳 알려주되 어려움 없고 다니기 편한 곳으로 한다. 만일 다른 비구들에게 지을 곳 묻지 않는다면 승가바시사다. 若比丘 有主 爲身作房 應將諸比丘求作處 諸比丘 應示作處 無難處 有行處 若不將諸比丘求作處 僧伽婆尸沙"라고 하였다. 〔참고문헌〕『五分律』, *Vin.3.156.* ⇨ 단월 檀越

유주 流注 Ⓢ ā-√sru, pra-√ghṛ, dhārā, pravāha, srotas, Ⓣ 'dzag-pa, rab-tu 'bad-pa, rgyun 물이 흘러드는 모양. 찰나마다 생멸을 반복하며 끊임없이 이어지는 유위법의 특징. 제8식을 지목하여 종자와 현행이 끊이지 않는 뜻이기도 하다. 『대견고바라문연기경』 권하(대정장1, p.211c14)에 "저 번뇌의 바다 가득 찬 채로 흘러들기만 하거니, 이 중에 어떻게 수행자 적정을 얻고 저 범천계에 날 수 있으리. 諸煩惱海 充滿流注 是中云何 令修行者 得生寂靜 彼梵天界", 『능가경주해』 권1(대정장39, p.365c15)에 "찰나로 이어지며 흘러든다는 말은 마음이다. 言刹那相續流注者 心也", 『주대승입능가경』 권2(대정장39, p.443b28)에 "유주라는 말은 오로지 제8식의 세 가지 상이 그윽하게 숨어있음을 가리킨다〈업상・전상・현상이니 저『기신론』에서 밝힌 대로다〉. 종자와 현행이 끊이지 않음을 유주라 한다. 言流注者 唯目第八識 三相微隱〈卽業相轉相現相也 如起信論所明〉 種現不斷 名爲流注"라고 하였다. [참고문헌]『大堅固婆羅門緣起經』, 『楞伽經註解』, 『注大乘入楞伽經』, *Abh-k-bh.308.*, *Yogā-bh.80.*, *Laṅk.45.*, *Śrāv.498.*, *Gaṇḍ-vy.99.*

유주무주고혼 有主無主孤魂　천도(薦度)를 주재하는 주인이 있는 영혼들과 주재할 이도 없고 찾아 그 이름을 알 수도 없는 외로운 영혼들. 일체중생에 대한 동체(同體)와 무연(無緣)의 자비로 인연을 가리지 않고 천도한다는 뜻이다.『작법귀감』권상(『한국불교의례자료총서』권3, p.385a6)에 "모든 유주무주고혼불자들이여! 부처님의 위신력 받들어 법에 따라 가지하오니 향단에 오시어 우리의 법공양 받으시고 무생을 깨달으소서. 一切有主無主孤魂佛子 承佛神力 仗法加持 來詣香壇 受我法供以悟無生"라고 하였다. [참고문헌]『作法龜鑑』. ⇨ 무주고혼 無主孤魂, 수륙재 水陸齋, 영산재 靈山齋

유주물 有主物　주인이 있는 물건. 무주물(無主物)에 대칭한다.『사분율』권1(대정장22, p.575b24)에 "주인이 있는 물건이고 주인을 생각하면서 오전 이하를 취하면 투란차이고, 주인이 있는 물건일까 의심하면서 오전 이하를 취하면 돌길라이다. 取有主物有主想 減五錢偸蘭遮 取有主物疑 減五錢 突吉羅",『살바다비니비바사』권2(대정장23, p.517a1)에 "유주물이란 일체의 주인이 있는 물건을 말한다. 예를 들면 빈 땅에 물건이 있거나 땅속에 묻혀 있더라도 왕의 땅이라면 전부 왕에게 속한다. 有主物者 一切有主物 縱使空地有物 地中伏藏 若是王地 盡屬於王", 같은 책 권3(대정장23, p.517c29)에 "주인이 있는 물건인데도 주인이 없다고 생각하며 취한다면 돌길라이다. 若有主物 無主心取 突吉羅"라고 하였다. [참고문헌]『四分律』,『薩婆多毘尼毘婆沙』. ⇨ 무주물 無主物, 투란차 偸蘭遮, 돌길라 突吉羅

유주사미 有主沙彌　스승 즉 화상(恩師)이 있는 사미. 무주사미(無主沙彌)에 상대한다.『조주어록』(고존숙어록13, 卍속장118, p.304b1)에 "남전이 일어나면서 물었다. '그대는 스승 있는 사미인가? 스승 없는 사미인가?' 조주가 답했다. '스승 있는 사미입니다' '무엇이 그대의 스승인가?' '초봄이 여전히 춥습니다. 엎드려 바라옵니다. 화상존체에 만복이 깃들기를'. 南泉乃起問 你是有主沙彌 無主沙彌 師對云 有主沙彌 泉云 那箇是你主 師云 孟春猶寒 伏惟和尙尊體起居萬福"라고 하였다. [참고문헌]『趙州語錄』. ⇨ 무주사미 無主沙彌

유주생 流注生　삼종생(三種生) 중 하나. 상(相)과 상(想)이 사라져도 남아 흐르는 망(妄)의 습기를 말한다.『인천안목』권4(대정장48, p.321b27)에 "무엇이 유주생인가? 석불충(石佛忠)은 '틈 있어 끊어짐 없는 것이다'라고 하였다. 如何是流注生 忠云 無間斷",『벽암록』80칙「평창 評唱」(대정장48, p.206c27)에 "또『능가경』에 이르길 '상(相)이 일어남은 집착이고, 상(想)이 일어남은 망상이며, 유주가 일어난즉 망을 쫓아 흘러 구른다'고 하였다. 만약 무공용지에 이르렀더라도 아직 유주상 중에 있다면 반드시 세 번째 유주생상을 벗어나야 비로소 쾌활자재할 수 있다. 又楞伽經云 相生執礙 想生妄想 流注生則逐妄流轉 若到無功用地 猶在流注相中 須是出得第三流注生相 方始快活自在"라고 하였다. [참고문헌]『人天眼目』,『碧巖錄』. ⇨ 삼종생 三種生

유주생멸 流注生滅　흘러들며 생멸한다는 말. 유정세간에서의 연기의 뜻이다.『화엄경탐현기』권4(대정장35, p.178b1)에 "경 중에 이름하길 '물이 흘러들며 생멸한다'라고 하는 것은『성유식론』권3(대정장31, p.12c5)에서 말하길, '저 폭포수가 끊어지지도 항상하지도 않으면서 이어져 오랜 세월 동안 빠져 헤매는 것들이 있음과 같이 이 식도 그러해서, 시작을 알 수 없이 와서 생멸을 반복하여 상속하며 항상 머물지도 끊이지도 않아 유정들 빠져 헤매어 벗어나지 못한다. 이 식의 성은 시작없이 와서 찰나찰나에 과를 내고 인은 사라진다. 과 생하므로 끊어지고 인 멸하므로 머무르지도 못한다. 끊이지도 머물지도 못함이 연기의 이치다'. 經中名流注生滅 唯識論第三云 如瀑流水 非斷非常 相續長時 有所漂溺 此識亦爾 從無始來 生滅相續 非常非斷 漂溺有情 令不出離 乃至 謂此識性 無始時來 刹那刹那 果生因滅 果生故非斷 因滅故非常 非斷非常 是緣起理"라고 하였다. [참고문헌]『華嚴經探玄記』,『成唯識論』. ⇨ 유주 流注

유주승불처분방계 有主僧不處分房戒　단월의 보시를 받아 비구 개인의 큰 방사(房舍)를 지을 경우 반드시 대중의 승인을 청하고 합의한 후에 지어야 한다는 계. 승잔법(僧殘法 Ⓟ saṃghādisesa) 중 하나다. 무난처(無難處 Ⓢ Ⓟ anārambha)・무방처(無妨處)인가를 확인받아야 하는데, 무난처란 국왕의 소유지이거나 농지이거나 또는 동물이나 곤충류가 서식하는 장소가 아닌 곳을 말하며, 무방처란 마차의 회전이나 대중의 왕래를 장애하지 않아야 할 곳을 의미한다.『사분율』권3(대정장22, p.586b27)에 "만일 비구가 큰 방사를 짓고자 하는데 단월이 있어 짓기로 했으면, 마땅히 다른 비구들과 함께 가서 적절한 부지 정하길 청해야 한다. 비구들은 어려움도 장애도 없는 곳을 정해 주어야 한다. 만일 비구가 적절치 못한 곳에 단월이 지어준다고 하여 다른 비구들의 의견을 청하지 않는다면 승가바시사이다. 若比丘欲作大房 有主爲己作 當將餘比丘 往指授處所 彼比丘應指授處所 無難處無妨處 若比丘有難處妨處 作大房有主爲己作 不將餘比丘 往看指授處所 僧伽婆尸沙"라고 하였다. 〔참고문헌〕『四分律』, 『彌沙塞五分戒本』(대정장22, p.195b9), 『十誦比丘波羅提木叉戒本』(대정장23, p.471b21), 李智冠『南北傳六部律藏比較研究』pp.103~105, *V in.3.156.* ⇨ 유주 有主, 승가바시사 僧伽婆尸沙, 승잔 僧殘, 십삼승가바시사 十三僧伽婆尸沙

유주엽현 遊州獵縣 이곳에서 놀고 저곳으로 달린다는 말. 『운문광록』 권상(대정장47, p.547b6)에 "곧바로 거침없이 마음잡아 헛되이 보내지 마라. 이 고을 저 고을 행각하면서 주장자를 비껴 메고 천 리도 이천 리를 달린다. 여기서 동안거 하고 저기서 하안거 보내면서 산수 즐기고 제멋대로 지내면서 많은 공양을 받고 쉽게 의발을 얻는구나. 괴롭고도 괴롭도다! 남의 쌀 한 말을 얻으려 반년 치 식량을 잃는구나. 이렇게 행각한들 무슨 이익 있겠는가? 直須在意 莫空過時 遊州獵縣 橫擔拄杖 一千里二千里走 這邊經冬 那邊過夏 好山好水 堪取性 多齋供 易得衣鉢 苦屈 苦屈 圖他一斗米 失却半年粮 如此行脚有什麽利益"라고 하였다. 〔참고문헌〕『雲門廣錄』.

유주유계 唯酒唯戒 음주하였지만 계를 어김이 아닌 뜻. 말리(末利 ⓈⓅ Mallikā)부인과 기타(祇陀 ⓈⓅ Jeta)태자가 교화를 위한 방편으로 음주(飮酒)할 수밖에 없었던 일을 말한다. 『화엄경소』 권22(대정장35, p.662c16)에 "먼저 계지키는 일 잠시 놓고 중생 위한 일을 밝힌다. 기타와 말리가 음주하였지만 계도 지켰으니 오직 교화할 일 버리는 것이 길 아닌 길을 가는 것이고, 지혜로운 마음을 버리지 않는 것이 불도에 통달함이다. 初明忘犯濟物 如祇陀末利唯酒唯戒 唯除教化 卽行於非道 不捨智心 卽通達佛道", 『화엄경소초』 권43(대정장36, p.329c3)에 "『소』에서 '기타와 말리가 음주하였지만 계는 지켰다'고 한 것은 말리부인이 요리사를 구하기 위해 술 마시고 화장한 일 등을 말하고, 기타태자가 나라 일에 순하는 사람을 위해 함께 술 마시지만 계는 잊지 않음을 말한다. 저 따로 설한 내용이다. 疏 祇陀末利唯酒唯戒者 末利夫人爲救廚子 飮酒塗飾等 祇陀太子爲順國人 亦和光飮酒而不忘戒 並如別說"라고 하였다. 〔참고문헌〕『華嚴經疏』, 『華嚴經疏鈔』.

유주유자가 幽州猶自可 유주가 차라리 낫다는 말. 유주는 지금의 북경이다. 송나라 흠종(欽宗) 때 유주가 도읍이었는데 금나라의 침입을 피해 강남으로 천도했다가 끊임없는 전란으로 더욱 극심한 어려움을 겪은 일에서 유래하였다. 이에 대응하는 구로 "가장 괴로운 곳은 강남이다. 最苦是江南"라 하거나, "가장 괴로운 곳은 신라이다. 最苦是新羅"라 쓰기도 한다. 『벽암록』 21칙 「본칙 本則」(대정장48, p.161c21)에 "학인이 지문광조에게 물었다. '연꽃이 물 밖으로 나오지 않았을 때는 어떻습니까?'〈낚싯바늘이 틀림없이 낚이는 자리에 던져져 있다. 진흙 속에서 흙덩어리를 씻어내는구나. 어디에서 이 소식을 얻었을까?〉 '연꽃이다'〈일, 이, 삼, 사, 오, 륙, 칠! 세상 사람들을 몹시도 의심하게 만든다〉 '물 밖에 나온 후에는 어떻습니까?'〈귀신의 굴에서 살림살이 하지 마라. 또 이렇게 가는군〉 '연잎'이다〈유주는 차라리 낫지만 가장 괴로운 곳은 강남이다. 두 개의 머리에 세 얼굴일세. 세상 모든 사람들을 참으로 비웃네〉. 擧 僧問智門 蓮花未出水時如何〈鉤在不疑之地 泥裏洗土塊 那裏得這消息來〉 智門云 蓮花〈一二三四五六七 疑殺天下人〉 僧云 出水後如何〈莫向鬼窟裏作活計 又恁麽去也〉 門云 荷葉〈幽州猶自可 最苦是江南 兩頭三面 笑殺天下人〉", 『불과격절록』 권하(卍속장117, p.495b2)에 "운문이 별어(別語)하여 말했다. '인도에서는 목을 베고 팔을 자르지만 여기에서는 스스로 죄를 고한다'〈유주는 오히려 낫다. 가장 괴로운 곳은 신라이다〉. 雲門別云 西天斬頭截臂 這裏自領出去〈幽州猶自可 最苦是新羅〉"라고 하였다. 〔참고문헌〕『碧巖錄』, 『佛果擊節錄』.

유주황룡국 幽州黃龍國 유주의 황룡국. 유주는 오늘날 북경(北京)이고, 황룡은 지금의 조양(朝陽) 일대다. 담무갈(曇無竭)의 고향이다. 〔참고문헌〕『出三藏記集』 권15(대정장55, p.113c16). ⇨ 담무갈 曇無竭

유중 有中 삼유(三有 : 欲有 · 色有 · 無色有) 그 한가운데. 『좌선삼매경』 권상(대정장15, p.270c4)에 "만약 삼유 중을 싫어하지 않고서 편안하게 잠들어 스스로 깨우치지 않고, 세간이 영원하지 않음도 생각하지 않는다면, 두려워해야할 것을 무서워하지 않는 것이다. 若不厭有中 安睡不自悟 不念世非常 可畏而不懼"라고 하였다. 〔참고문헌〕『坐禪三昧經』. ⇨ 삼유 三有

유중살인 乳中殺人 우유에 든 독이 사람을 죽인다는 말. 유중이란 『열반경』에서 말하는 오미(五味) 중 화엄교(華嚴敎)를, 살인은 범부에서 벗어나 깨우치는 뜻이다. 『마하지관』 권3(대정장46, p.31c20)에 "저 인연을 관하거나 인연이 곧 이 불성임을 관하면 불성이 곧 여래이니 유중살인이라 한다. 若觀因緣 又觀因緣卽是佛性 佛性卽是如來 是名乳中殺人", 『불조통기』 권3(대정장49, p.161a20)에 "저 원교 중에 발심한다면 경을 듣자마자 무명을 부수고 불성을 보리니 이는 유중살인이다. 육근을 청정하게 버리면 낙 · 생소 · 숙소 등의 살인이다. 만약 초주로 버린다면 제호살인이 된다. 若圓教中發者 始聞經卽破無明見佛性 是乳中殺人 六根清淨去 是酪

生酥熟酥等殺人 若初住去 是醍醐殺人",『마하지관의례수석』 권2(卍속장99, p.846b7)에 "독이 든 우유 중에란, 과거세에 일찍이 화엄에 깨달음 씨앗을 뿌린 것이다. 이제 돈교설을 들은 즉시 무명을 부수고 단박에 법계에 들었다면 이야말로 유중살인이다. 置毒乳中者 過去之世 曾於華嚴 下了因種 今聞頓說 卽破無明 如頓入法界者 是此乳中殺人也"라고 하였다. 〔참고문헌〕『摩訶止觀』, 『佛祖統紀』, 『摩訶止觀儀例隨釋』. ⇨ 유미 乳味

유중초 庾仲初 생몰연대 미상. 동진(東晋) 때 관리. 본명은 유천(庾闡). 자가 중초. 영천(潁川 : 河南省 許昌) 언릉(鄢陵) 출신. 후에 영릉태수(零陵太守)가 되었다. 『신불갱수형론』 등을 지었으나 전하지 않고, 그 외 20여 편의 글은 전한다. 『출삼장기집』 권12(대정장55, p.85a1)에 "『신불갱수형론』〈유중초 지음〉. 神不更受形論〈庾仲初〉"라고 하였다. 〔참고문헌〕『出三藏記集』.

유즉시무무즉시유 有卽是無無卽是有 유가 곧 무이고 무가 곧 유라는 말. 둘이 아닌(不二)의 뜻이다. 『경덕전등록』 권30 「신심명 信心銘」(대정장51, p.457b18)에 "참으로 급히 상응하고자 한다면 오직 불이라고 말할 뿐이다. 불이여서 다 함께하니 안아 거두지 않음이 없다. 시방의 지혜로운 이는 모두 이 종지로 깨달았다. 종지는 빠르고 느림 아니니 한 생각 만년이다. 있음과 있지 않음도 아니니 시방이 눈앞이다. 한없이 적은 것 큰 것과 같을 뿐이니 경계마저 끊었고, 극히 큰 것이야말로 적은 것이니 끝에 드러남 보지 마라. 유가 곧 무이고 무는 곧 유이니, 만약 이렇게 못한다면 반드시 지킬 것 없어야 하리. 要急相應 唯言不二 不二皆同 無不包容 十方智者 皆入此宗 宗非促延 一念萬年 無在不在 十方目前 極小同大 忘絶境界 極大同小 不見邊表 有卽是無 無卽是有 若不如此 必不須守"라고 하였다. 〔참고문헌〕『景德傳燈錄』.

유증 喩增 증삼종 중 하나로 유의 뜻을 더하여 입론대론을 더욱 분명히 한다. 『방편심론』(대정장32, p.24c26)에 "'오근은 무상하다. 예를 들면 메아리처럼 지은 법이기 때문이다. 소리도 이와 같다. 그것을 어떻게 알 수 있는가? 입술과 입 등이 내기 때문이다'라고 하는 것은 유증이라고 한다. 若言五根無常 如呼聲響 造作法故 聲亦如是 何以知之 爲脣口等之所出故 是名喩增"라고 하였다. 〔참고문헌〕『方便心論』. ⇨ 증삼종 增三種

유증지옥 遊增地獄 ➡ 십육유증지옥 十六遊增地獄

유지 有支 Ⓢ bhava-aṅga, Ⓟ bhavāṅga, Ⓣ srid-pa'i-yan-lag. 십이지 중 하나. 열 번째 지로 취지(取支)를 연으로 생하고 생지(生支)의 연이 된다. '지'는 인(因)으로 풀기도 한다. 『법계도기총수록』 권하1(대정장45, p.746b14・한불전6, p.816a3)에 "유지란, 취착으로 말미암아 유를 일으키고 신구로 지어 능히 미래의 유를 초래한다. 미래의 과는 현재가 되니 세 가지 인 때문에 유라 한다. … 마치 꽃이 열매를 맺음과 같이 이 꽃이 능히 뒤의 열매를 낳으면 다시 인이 되는 것과 같다. 有支者 由取着故 發起於有 身口意造作 能招未來有 以未來果 目爲現在 三因故 名有也 … 如花結果 此花能生後果 復名爲因", 『사분율행사초간정기』 권7하(卍속장68, p.464b8)에 "열 번째 유란, 『구사론』 권9(대정장29, p.48b18)에서는 '유란 반드시 능히 짓고 장차 있을 과는 업을 이끈다'라고 하였다. 내달리며 찾아서 눈앞의 경을 취하고 능히 미래의 과를 부르기에 유지라 한다. 十有者 論云 有謂正能造 牽當有果業 旣以馳求 取得前境 能招當果 故名有支"라고 하였다. 〔참고문헌〕『法界圖記叢髓錄』, 『四分律行事鈔簡正記』, 『俱舍論』, *Ratna-ut.*, *Bodh-bh.71.*, *Mil.299.* ⇨ 십이인연 十二因緣, 십이연기 十二緣起

유지 有志 ❶ 뜻이 있다는 말. 『나선비구경』 권상(대정장32, p.694c26)에 "나선은 우바새이지만 뛰어난 재능에 뜻까지 있음을 알았다. 那先知優婆塞 亦高才有志"라고 하였다. 〔참고문헌〕『那先比丘經』. ❷ Ⓢ mātaṅga. 마등가(摩登伽)의 한역어 중 하나. 『사두간태자이십팔숙경』(대정장21, p.411c5)에 "마등왕〈한역어는 유지〉. 摩登王〈晉曰 有志〉"라고 하였다. 〔참고문헌〕『舍頭諫太子二十八宿經』. ⇨ 마등가 摩登伽❶

유지 有知 ❶ Ⓢ jña, jñāta, Ⓟ viññū, Ⓣ shes-pa. 안다는 것. 『순정리론』 권54(대정장29, p.646b15)에 "모든 앎은 갈망으로 인해 생기고 모든 무지는 어리석음을 인으로 생긴다. 諸有知者 因愛生故 諸無知者 因癡生故"라고 하였다. 〔참고문헌〕『順正理論』, *Buddh-c.138.*, *Abh-k-bh.313.*, *Vin.4.22.* ❷ Ⓢ caitanya, Ⓣ shes-pa yod-pa. 앎이 있는 것. 바이셰쉬카(Ⓢ Vaiśeṣika : 勝論)의 신(神)을 말한다. 『백론』 권상(대정장30, p.171b7)에 "우루가제자는 바이셰쉬카경을 외우며 말한다. '앎과 신은 다르다. 그러므로 신은 무상에 떨어지지 않고 또한 무지도 아니다. 왜 그러한가? 신과 지가 합하기 때문이다. 예컨대 소를 가진 사람과 같다〈경〉. 비유하면 사람과 소를 합하여 그 사람을 소를 가졌다고 부르는 것과 같다. 이와 같이 신과 정이 의와 진으로 합했기에 신이 있고 지가 난다. 이 신과 지가 합하였기에 신을 유지라고 부른다'. 優樓迦弟子 誦衛世師經言 知與神異 是故神不墮無常中 亦不無知 何以故 神知合故 如有牛〈修妬路〉 譬如人與牛合故 人名有牛 如是神情 意塵合故 神有知生 以神合知故 神名有知"라고 하였다. 〔참고문헌]『百論』, *Pad-s.*, *Mvyut.304.*

유지 有智 Ⓢvidvas, paṇḍita, budha, sarva-jña, dhimattva, vijña, Ⓟviññū, Ⓣblo-dang-ldan-pa. 지혜로운 사람. 또는 지혜가 있음.『대승입능가경』권3(대정장16, p.603b6 : *Laṅk.*, p.106)에 "세간의 지혜없는 이는 전도된 알음알이 내고, 지혜 있으면 그렇지 않으리니 드러내지 않을 리 없다. 世無智者 生顚倒解 有智不然 然非不現 loke 'vidvadbhirviparyasyante na tu vidvadbhir na ca punarna khyāyante",『대장엄론경』권5(대정장4, p.280b5)에 "또한 만약 사람이 지혜로운 선한 벗을 가까이 한다면, 능히 몸과 마음을 안팎으로 모두 깨끗하게 할 수 있으니, 이러한 사람을 참되고 선한 장부라고 부른다. 復次 若人親近有智善友 能令身心內外俱淨 斯則名爲眞善丈夫",『별역잡아함경』권15(대정장2, p.483c15)에 "우바새는 지혜가 있으므로 능히 저 옷 베풀 수 있고, 저 옷을 보시하므로 무량복을 얻는다. 優婆塞有智 能施於彼衣 以施彼衣故 獲於無量福"라고 하였다. [참고문헌]『大乘入楞伽經』,『大莊嚴論經』,『別譯雜阿含經』,『俱舍論』,『華嚴經疏鈔』, *Laṅk.*, *Saddh-p.114.*, *Ht.24.*, *Śata-śa.*, *Madhy-vibh.30.*, *Bodh-bh.105.*, *Paṭis.2.21.*

유지 幽旨 그윽한 뜻.『십이문론소』권하본(대정장42, p.205a7)에 "그러나 법상은 묘하게 숨어있어 보통의 분별로 깨우칠 수 없다. 만일 가까운 것으로 먼 것 헤아리는 일 아니라면 그윽한 뜻을 밝히기 어렵다. 然法相微隱 非常情所悟 若不以近況遠 卽幽旨難明",『성유식론술기』권1본(대정장43, p.230a22)에 "드러낸 깊고 미묘한 뜻 역시 양변을 모두 벗어났다. 所顯幽旨 亦離二邊"라고 하였다. [참고문헌]『十二門論疏』,『成唯識論述記』.

유지 喩知 사종지견(四種知見 : 現見·比知·喩知·隨經書) 중 하나. 비유로 아는 것. 비유지(譬喩知)라고도 하며, 사량(四量) 중 하나인 비유량(譬喩量 Ⓢupamana-pramāṇa)과 같은 뜻이다.『아비담비바사론』권2(대정장28, p.16a25)에 "저 경에서 설하길, '나는 어떤 법도 마음보다 빠르게 회전하는 것을 보지 못했고 비유로도 알기 어렵다는 것이다'. [문] 다른 경에서 원숭이를 비유로 삼았거늘 지금 어찌하여 비유로 알기 어렵다고 하는가? [답] 혹 어떤 이는 말하길, '이 경은 「비유로 알기 어렵다」고 하였지, 「비유로 알지 못한다」고는 말하지 않았다. 그 까닭은 무엇인가? 범부중생이 능히 지을 수도 쉽게 지을 수도, 시간이 걸린다 해도 지을 수 없고, 지혜없는 이가 지을 수 없는 일이다. 범인이 지을 수 없다는 것은 오직 부처님만이 알 수 있다는 뜻이다'. 如經說 我不見一法 速疾迴轉 過於心者 難以喩知 問曰 如餘經說 以猨猴爲喩 今何故言 難以喩知 答曰 或有說者 此經難以喩知 不言不以喩知 所以者何 非凡人能作 不易作 不過時作 非無慧者作 非凡人作者 唯佛能作"라고 하였다. [참고문헌]『阿毘曇毘婆沙論』. ⇨비유량 譬喩量, 사종지견 四種知見, 유불여불 唯佛與佛

유지 遊止 Ⓢanuvicarita. 자유롭게 머물다. 유게(遊憩)·소요(逍遙) 등과 통한다.『보살본연경』권하(대정장3, p.67a5)에 "많은 무리 사슴들 함께 강가에서 자유롭게 머물렀다. 與諸群鹿 遊止一河",『불본행경』권4(대정장4, p.81a26)에 "그때 부처님께서 죽림원에 머무시며 중생을 가엾이 여기시기에 주야로 광명을 놓으셨다. 爾時佛聖師 遊止竹林園 慈愍衆生故 晝夜奮光明"라고 하였다. [참고문헌]『菩薩本緣經』,『佛本行經』,『大般若經』권333(대정장6, p.707a16), *Aṣṭ-pr.5.9.*

유지 類智 Ⓢanvaya-jñāna, Ⓣrjes-su-shes-pa, rjes-su-rtogs-pa-shes-pa. ❶십지(十智) 또는 십일지(十一智) 중 하나. 색계·무색계 등 상이계의 사제(四諦)를 관찰하여 그 번뇌를 끊는 무루지(無漏智). 미지지(未知智)·무생지(無生智)·유인류지(類忍類智) 등이라고도 한다. 욕계(欲界) 사제에 대한 법지(法智 Ⓢdharma-jñāna)와 대칭한다.『집이문족론』권7(대정장26, p.393c18)에 "유지란 무엇인가? [답] 색계와 무색계행을 연하는 것들에 대한 모든 무루지, 색계와 무색계행의 인(因)을 연한 것들에 대한 모든 무루지, 색계와 무색계행의 멸을 연한 것에 대한 모든 무루지, 색계와 무색계행을 끊는 도를 연한 모든 무루지이다. 또 유지를 연한 것과 유지지를 연한 것들에 대한 모든 무루지이다. 이것들을 유지라고 한다. 類智云何 答 緣色無色界行諸無漏智 緣色無色界行因諸無漏智 緣色無色界行滅諸無漏智 緣色無色界行能斷道諸無漏智 復次緣類智 及緣類智地諸無漏智 是名類智",『발지론』권8(대정장26, p.957b22)에 "유지란 무엇인가? [답] 색계와 무색계의 모든 행상, 제행의 인과 멸, 끊는 도 등의 무루지, 그리고 유지와 유지위 등의 무루지를 가리켜 유지라 한다. 云何類智 答 於色無色界諸行 諸行因諸行滅 諸行能斷道 所有無漏智 又於類智 及類智地 所有無漏智 是謂類智"라고 하였다. [참고문헌]『集異門足論』,『發智論』, *Abh-k-bh.288.*, *Bodh-bh.147.* ⇨미지지 未知智, 무생지 無生智, 유인류지 類忍類智, 무루지 無漏智, 법류지 法類智, 법지 法智❶ ❷견도(見道) 중 삼심상견도(三心相見道)에서 후득지(後得智)로 두루 일체유정제법가연(一切有情諸法假緣) 즉 이공지(二空智)로 합관(合觀)하여 보내버리는 지(智)를 말한다. ⇨견도 見道❶ ❸차별상에 대해 무상공무아라고 아는 지혜.『대반야경』권489(대정장7, p.488a7)에 "무엇이 유지인가? 지는 무소득으로 방편을 삼아 오온 등의 차별상이 고무상공무아 등이라고 안다. 이것이 유지다. 云何類智 謂若智以無所得而爲方便 知五蘊等差別之相 謂苦 無常 空 無我等 是爲類智"라고 하였다. [참고문헌]『大般若經』. ❹ 십지(十智) 또는 십일지(十一智) 중의 하나. 구역은 비지(比智)다. ⇨ 십지 十智❶, 십일지 十一智, 비지 比智

유지남자 有智男子 지혜로운 남자. 말의 호추와 뜻을 잘 아는 이를 말한다. 지(智)는 지(知)라고도 한다.『십송율』 권9(대정장23, p.70c14)에 "유지남자라는 말에서 '지'는 언어의 아름다움과 추함을 능히 분별할 수 있음을 말한다. 有智男子者 知名能分別 言語好醜",『살바다비니비바사』 권6(대정장23, p.541b13)에 "유지남자란 사람언어의 뜻과 취향을 이해하는 이를 말한다. 有智男子者 謂解人情語言意趣向"라고 하였다. [참고문헌]『十誦律』,『薩婆多毘尼毘婆沙』.

유지부제 類之不齊 같은 무리이지만 같지는 않다는 말.『동산어록』「보경삼매가 寶鏡三昧歌」(대정장47, p.515a17)에 "은쟁반에 백설 가득, 밝은 달빛 백로 숨었네. 류인듯 하나 같지는 않으니, 섞이면 뚜렷이 보인다. 銀盌盛雪 明月藏鷺 類之不齊 混則知處",『열경십이종』 권9(卍속장59, p.298b8)에 "수미산내 개자 있고, 개자안에 수미산이 있다. 무리지만 같지는 않아 섞이면 뚜렷이 알 수 있다. 須彌內芥子 芥子內須彌 類之不齊 混則知處"라고 하였다. [참고문헌]『洞山語錄』,『閱經十二種』.

유지슬치라 喩地瑟致囉 Ⓢ Yudhiṣṭhira. 인도의 대서사시 『마하바라타 *Mahābhārata*』에 등장하는 왕의 이름. 판두왕(Ⓢ Pāṇḍu)의 다섯 왕자 중 첫째이고, 『마하바라타』의 주인공인 아르주나(Ⓢ Arjuna)의 맏형이다. 유지슬치라(喩地瑟恥囉)라고도 쓴다. [참고문헌]『金剛針論』(대정장32, p.171a21), *Mbh.1.8.* ⇨ 마하바라타 Mahābhārata

유지습기 有支習氣 삼유(三有 : 欲·色·無色有)의 인이 되는 습기.『성유식론술기』 권8본(대정장43, p.517a29)에 "[논] 셋째, 유지습기에서 선취와 악취로 갈린 다까지이다. [술] 유는 삼유를 말하고, 지는 인의 뜻이고 분의 뜻이다. 곧 삼유의 인이 되고 선취와 악취의 차별을 일으키는 인인 것이다. 論 三有支習氣至善惡趣別 述曰 有謂三有 支者 因義分義 卽三有因生善惡趣差別因也"라고 하였다. [참고문헌]『成唯識論述記』. ⇨ 삼종습기 三種習氣, 습기 習氣, 삼유 三有

유지인 有智人 Ⓢ matimat, jñāna-kovida, Ⓟ paṇḍita-puggala, viññū, Ⓣ blo-dang-ldan-pa. 지혜로운 사람.『별역잡아함경』 권1(대정장2, p.375b17)에 "만일 능히 모든 근을 잘 다스리는 이라면 또한 능히 생각을 붙잡아 먹고 마시는 것도 절제할 수 있으니 이를 지혜있는 사람이라 한다. 若能善攝諸根者 亦能繫念節飮食 是則名爲有智人",『대승장엄경론』 권4(대정장31, p.609b21 : *Sūtr.*, p.53)에 "지혜로운 사람은 대승성법에 대해 큰 믿음 일으키고 이 대신으로 세 가지 과를 거둔다. [문] 어떤 과를 거두는가? [답] 믿음이 늘고 복이 더하여 부처님 공덕의 몸마저 얻는다. 有智人 於大乘聖法 而生大信 由此大信 得三種果 問 得何等果 答 信增及福增 得佛功德體 vistīrṇe mahāyānadharme 'pariṇīyayodārādhimuktyā matimān trividhaṃ phalaṃ parigṛhṇāti. vipulapuṇyavṛddhiṃ tasyā evādhimukter vṛddhiṃ taddhetukāṃ cātulyaguṇamahātmatāṃ buddhatvaṃ"라고 하였다. [참고문헌]『別譯雜阿含經』,『大乘莊嚴經論』, *Sūtr.*, *Divy.*, *Vin.5.118.* ⇨ 유지자 有智者, 유지 有智

유지자 有智者 Ⓢ vicakṣaṇa, paṇḍita. Ⓟ paṇḍita, vijña-puruṣa, ñāṇin, Ⓣ mkhas-pa, skyes-ba-mkhas-pa. 지혜로운 이.『구사론』 권27(대정장29, p.141b10 : *Abh-k-bh.*, p.415)에 "모든 지혜로운 이들은 여래의 세 가지 원덕을 사유하고 깊이 애경심을 일으킨다. 그 세 가지란 무엇인가? 인원덕·과원덕·은원덕이다. 諸有智者 思惟如來三種圓德 深生愛敬 其三者何 一因圓德 二 果圓德 三 恩圓德 etām eva ca trividhāṃ saṃpadaṃ manasikurvāṇena viduṣā śakyaṃ buddhānāṃ bhagavatām antike tīvrapremagauravaṃ cotpādayituṃ yaduta hetusaṃpadaṃ phalasaṃpadam upakārasaṃpadaṃ ca",『중론』 권3(대정장30, p.20b17 : *Madhy-ś.*, p.134)에 "유라고 단정하면 상에 집착하고, 무라고 정하면 단에 집착한다. 이 때문에 지혜로운 이는 마땅히 유와 무에 집착하지 않는다. 定有則著常 定無則著斷 是故有智者 不應著有無 astīti śāśvatagrāho nāstīty ucchedadarśanam, tasmād astitvanāstitve nāśrīyeta vicakṣaṇaḥ",『나선비구경』 권상(대정장32, p.695c6 : *Mil.*, p.20)에 "이 사문은 크게 통달하여 지혜로운 이지만 왕께서 다그치시니 말하지 못하고 있을 뿐입니다. 是沙門 大明達 有智者 迫促不及言耳 paṇḍito mahārāja thero api ca kho avisārado na kiñci paṭibhāsati",『화엄경소초』 권36(대정장36, p.275c2)에 "모든 지혜로운 이들은 비유로 이해한다. 諸有智者 以譬喩得解"라고 하였다. [참고문헌]『俱舍論』,『中論』,『那先比丘經』,『華嚴經疏鈔』, *Abh-k-bh.*, *Madhy-ś.*, *Mil.*, *Bodh-bh.131.*, *AN.4.340.* ⇨ 유지인 有智人, 유지 有智

유지정수 柳枝淨水 버드나무가지를 꽂은 깨끗한 물. 『석씨요람』 권하(대정장54, p.305a7)에 "유지정수 : 비인(比人 : 北人이라고도 함)의 풍속에 매년 단오 등 독절일이 되면 모두 항아리에 물을 채우고 그 안에 버드나무가지를 꽂아 문 앞에 두어 악귀를 물리친다. 柳枝淨水 比人風俗 每至重午等毒節日 皆以盆盛水 內插柳枝 置之門前 辟惡"라고 하였다. 〔참고문헌〕『釋氏要覽』.

유지품 類智品 Ⓢ anvaya-jñāna-pakṣa, Ⓣ rjes-su-shes-pa'i phyogs－dang-mthun-pa. 유인(類忍)과 유지(類智)를 다 거두는 뜻. 상이계(上二界) 즉 색계와 무색계 사제에 대한 지혜. 『구사론』 권19(대정장29, p.102a28 : *Abh-k-bh.*, p.288)에 "비록 법과 유의 품들이 서로 인이 되지만 유지품은 욕계를 다스리지 않는다. 유지품의 도제(道諦)는 욕계에 있는 세 가지 번뇌를 반연하지 않는다. 雖法類品 亦互相因 而類智品 不治欲界 故類智品道 非欲三所緣 yady api dharmajñānā nvayajñāne apy anyonyahetuke na tv anvayajñā naṃ kāmadhātupratipakṣa iti. na kāmāvacarā m ārgālambanā anvayajñānapakṣān ālambante"라고 하였다. 〔참고문헌〕『俱舍論』, *Abh-k-bh.* ⇨ 유지 類智, 유인유지 類忍類智, 십육심상견도 十六心相見道

유지훈습 有支熏習 삼종훈습(三種熏習 : 三種習氣) 중 하나. 삼유(三有)의 이숙과(異熟果)를 성취하는 선불선업의 훈습으로 이숙습기(異熟習氣)·유지습기(有支習氣)·유분습기(有分習氣)라고도 한다. 『섭대승론석』 권3(대정장31, p.336c10)에 "유지훈습의 차별이란, 선행·불선행·부동행 등의 세력으로 여러 취중에 유전하는 차별이다. 有支熏習差別者 由善不善不動行力故 於諸趣中 流轉差別"라고 하였다. 〔참고문헌〕『攝大乘論釋』. ⇨ 삼종습기 三種習氣, 유지습기 有支習氣

유진 有眞 생몰연대 미상. 조선 후기 스님. 대은낭오(大隱朗旿 1780~1841)의 법을 받은 혜홍(慧洪)의 제자이니, 낭오의 법손이 된다. 〔참고문헌〕『東師列傳』 권4 「大隱禪伯傳」(한불전10, p.1040a18). ⇨ 낭오 朗旿

유진 遊塵 떠도는 티끌. 또는 온갖 떠도는 상념의 비유다. 『십주단결경』 권7(대정장10, p.1019a27)에 "최승자야, 마땅히 알아야 한다. 삼도 다하고 건너는 그 품 같지 않고, 그 뜻과 나아감 각각 다르니, 몸은 번뇌의 뿌리고, 념은 허물의 연못이며, 상은 떠도는 티끌이고, 식은 번뇌의 우두머리다. 最勝 當知 三道滅度 其品不同 志趣各異 身爲垢本 念爲垢池 想爲遊塵 識爲結首"라고 하였다. 〔참고문헌〕『十住斷結經』.

유진 遺塵 **1** Ⓟ chārikā. 화장하고 남은 재. 유신(遺燼)이라고도 한다. 『잡아함경』 권38(대정장2, p.280c7 : *Ud.*, p.93)에 "(존자 陀驃摩羅子가) 허공에 올라 몸속에서 불내어 자신의 몸을 스스로 사르고 무여열반에 들더니 남김없이 다하고 적멸하여 남은 재마저 없도록 하였다. 卽於空中 內身出火 還自焚其身 取無餘涅槃 消盡寂滅 令無遺塵 evameva kho bhikkhave dabba ssa mallaputtassa vehāsaṃ abbhuggantvā ākāse antaḷikkhe pallaṅkena nisīditvā tejodhātuṃ sam āpajjitvā vuṭṭhihitvā parinibbutassa sarirassa jh āyamānassa neva chārikā paññāyi na masi"라고 하였다. 〔참고문헌〕『雜阿含經』, *Ud.* ⇨ 유신 遺燼 **2** 버려진 재. 『불조역대통재』 권13(대정장49, p.592c16)에 "늘그막이 되자 오로지 선송에 뜻을 두었으니 평생사업 벗어나 저 재처럼 가벼웠다. 及晩年 專意於禪頌 平生事業 脫若遺塵矣"라고 하였다. 〔참고문헌〕『佛祖歷代通載』. **3** 남긴 자취. 『석문문자선』 권28 「욕불 浴佛」(가흥장23, p.717b18)에 "앞선 성인이 남긴 자취를 우러러, 후대에 전할 고사를 닦는다. 仰前哲之遺塵 修後來之故事"라고 하였다. 〔참고문헌〕『石門文字禪』.

유진경계 唯眞境界 오직 진만의 경계. 진여(眞如)로서의 법신(法身)을 말한다. 『화엄오교장』 권3(대정장45, p.498b29)에 "오직 진경만으로 법신을 삼는다. 或唯眞境爲法身", 『화엄오교장의원소』 권7(卍속장103, p.290b2)에 "진경계만이 법신이 된다는 것은 이 교법에서 말하는 진여가 비로소 장애를 벗어나서 법신이 되는 뜻이다. 或唯眞境界 爲法身者 此敎所談 眞始出障 爲法身故"라고 하였다. 〔참고문헌〕『華嚴五敎章』, 『華嚴五敎章義苑疏』. ⇨ 법신 法身, 진여 眞如

유진무외 流盡無畏 사무소외(四無所畏) 중 하나. 번뇌(流)를 다하여 무루과를 얻음에 어떤 두려움도 없는 뜻. 누진무외(漏盡無畏)이니 유(流)는 루(漏)와 통한다. 『대보적경』 권39(대정장11, p.224b18)에 "여래대비훈심으로 모든 중생을 위해 유진법을 설하는 까닭은 저 모든 흐름을 길이 끊게 하고자 함이다. 사리자야, 여래무외는 불가사의하며 가없음이 마치 허공과 같으니, 만일 어떤 이가 여래무외의 그 끝을 찾고자 하면 이것은 마치 어떤 사람이 허공의 끝을 찾는 것과 다르지 않다. 사리자야, 보살마하살들은 여래께서 이 부사의무외를 말씀하시는 것을 듣고서는 믿어 지니고 잘 받들어서 청정하여 의심하지 않음은 물론 희유하고 기이하다는 생각을 낸다. 사리자야, 이것을 두 번째 유진무외라고 한다. 由如來大悲熏心 爲諸衆生 說流盡法 欲令永斷彼諸流故 舍利子 如來無畏 不可思議 無邊無際 譬如虛空 若有欲求如來無畏邊際者 不異有人 求空邊際 舍利子 是諸菩薩摩

訶薩 聞如來說是不思議無畏已 信受諦奉 淸淨無疑 乃至 發希奇想 舍利子 是名第二流盡無畏",『섭대승론석』 권14(대정장31, p.257a5)에 "〔논〕 지·멸·출리·장애가 되는 일을 능히 드러내어 설하니, 나와 남에게 이롭고, 삿됨을 항복시키시니 나는 머리를 조아려 예를 올립니다. 〔석〕 이 게는 사무외를 밝힌다. 지는 곧 일체지무외이며, 멸은 바로 유진무외이고, 출리는 곧 설진고도무외이며, 장사란 설장도무외이다. 論曰 智滅及出離 障事能顯說 於自他兩利 降邪我頂禮 釋曰 此偈 明四無畏 智卽一切智無畏 滅卽流盡無畏 出離卽說盡苦道無畏 障事卽說障道無畏畏"라고 하였다. 〔참고문헌〕『大寶積經』, 『攝大乘論釋』. ⇨ 사무소외 四無所畏, 누진 漏盡❶

유진수연현화환유 由眞隨緣顯化幻有 지은 연을 따름으로 해서 화를 드러내고 환(幻)으로 있게 된다(有)는 뜻. 『화엄경탐현기』 권7(대정장35, p.240b15)에 "진이 연을 따름으로 해서 화를 드러내고 환으로서 있게 된다. 이는 화 없지 않고 진 또한 유가 될 수 없다는 것이다. 화신으로서 진리 없지 않고 진중에는 수연의 뜻만이 있을 뿐이다. 又由眞隨緣 顯化幻有 此是化不無眞不有 以爲化身 不無眞理 以有眞中 隨緣義故", 『화엄경소초』 권47(대정장36, p.364b27)에 "'또한 진이 연을 따름으로 해서' 이하는 진 위에 연을 따름을 취하여 타에 의지하여 환과 유가 합한다. 이는 진리가 일을 성취하는 문이니, 화신이 없지 않은 뜻으로 능히 일을 성취시키기에 진마저 있지 않게 온통 다 들어 연을 따르기 때문이다. 又由眞隨緣下 取眞上隨緣 與依他幻有合 此卽眞理成事門 故化不無 以能成事故 眞不有 擧體隨緣故"라고 하였다. 〔참고문헌〕『華嚴經探玄記』, 『華嚴經疏鈔』, 『都序』 권하1(대정장48, p.409a27). ⇨ 불변수연 不變隨緣

유진심 有瞋心 Ⓢ sadoṣa-citta, sadveṣa-citta, Ⓟ sadosa-citta, Ⓣ zhe-sdang-dang-bcas-pa'i-sems. 분노에 사로잡힌 마음. 이진심(離瞋心 Ⓢ vigata-dveṣa-citta)의 상대어이다. 『대비바사론』 권151(대정장27, p.770a2)에 "유진심이란 분노와 상응함이다. 有瞋心者 謂瞋相應", 같은 책 권190(대정장27, p.950b12)에 "분노에 얽히기에 유진심이라고 한다. 瞋所繫故 名有瞋心"라고 하였다. 〔참고문헌〕『大毘婆沙論』, 『瑜伽師地論』 권28(대정장30, p.440c7), *Pañca-pr.4.60.*, *Śrāv-bh.297.* ⇨ 이진심 離瞋心

유진심 唯眞心 오직 진심일 뿐이라는 말. 『화엄경수현기』 권3하(대정장35, p.63b18)에 "십이인연은 오직 진심이 짓는다. 저 물결은 물이 만들고, 저 꿈속의 일 또한 오직 갚으려는 마음이 짓는다. 十二因緣 唯眞心作 如波水作 亦如夢事 唯報心作", 『대반열반경의기』 권7(대정장37, p.812a2)에 "부처님은 오직 진심일 뿐이다. 진심은 상주하므로 (인연 등으로) 일어난 것이 아니라고 말한다. 佛唯眞心 眞心常住故曰不生"라고 하였다. 〔참고문헌〕『華嚴經搜玄記』, 『大般涅槃經義記』. ⇨ 진망이심 眞妄二心

유진언법중즉신성불 唯眞言法中卽身成佛 오직 진언법 중에서만이 이 몸 그대로 부처를 이룬다는 뜻. 『보리심론』(대정장32, p.572c11)에 "과거 인지에서 이 마음을 일으켜 마치고 승의·행원·삼마지를 계로 삼아 성불할 때까지 잠시라도 잊은 적이 없었다. 오로지 진언법 중에 이 몸 그대로 부처를 이루기 때문이다. 昔在因地 發是心已 勝義 行願 三摩地爲戒 乃至成佛 無時暫忘 唯眞言法中卽身成佛故", 『보리심론약기』(卍속장95, p.694a4)에 "모든 불보살은 인위와 과위 중에 항상 보리심의 행원을 일으키며 쉬지 않음을 밝히고 있다. '오로지 진언법중에 이 몸 그대로 부처를 이루기 때문이다'라는 말은, 만일 스스로 내증한 지경계로 닦아 행하는 자는 삼아승기의 길을 지나지 않고도 현생에 부처를 이룬다. 明諸佛菩薩 因果位中 常發菩提心之行願 無有休息 言惟眞言法中卽身成佛故者 若依內證智境界修行者 不過三祇之道 現生成佛"라고 하였다. 〔참고문헌〕『菩提心論』, 『菩提心論略記』. ⇨ 진언법 眞言法

유진유변 有盡有邊 다함도 있고 끝도 있음. 『유가사지론』 권5(대정장30, p.299b13 : *Yogā-bh.*, p.97)에 "또한 성스럽지 못한 재물로 일어나는 즐거움은 수용하고 나서는 다함도 있고 끝도 있지만, 성스런 재물로 일어나는 즐거움은 수용한 후에 더욱더 가득 차오르고 한층 오래가며 넓고 커진다. 又非聖財所生樂 若受用時 有盡有邊 聖財所生樂 若受用時 轉更充盛 增長廣大 punar anāryadhanajamupabhujyamānaṃ parikṣayaṃ paryādānaṃ gacchati. āryadhanajaṃ tu niṣevyamāṇaṃ pṛthuvṛddhivaipulyatāṃ gacchati"라고 하였다. 〔참고문헌〕『瑜伽師地論』, *Yogā-bh.*

유진지 唯塵智 Ⓢ artha-dṛṣṭi, Ⓣ don mthong. 오직 진임을 아는 지. 단지 외경임을 아는 심(心)을 말하며, 차별을 아는 것은 심소(心所)다. 『변중변론』 권상(대정장31, p.465a18)에서는 유료경(唯了境)이라 하였다. 『중변분별론』 권상(대정장31, p.451c25 : *Madhy-vibh.*, p.20)에 "〈게〉 유진지를 심이라 하고, 차별을 심법이라 한다. 〈논〉 심이란 진의 통상을 요별하는 것이며, 저 진의 별상을 아는 것은 심법이라 하니 수상행 등을 말한다. 唯塵智名心 差別名心法 心者 但了別塵通相 若了塵別相 說名爲心法 謂受想行等 〈kārikā〉 tatrārthadṛṣṭir vijñānaṃ tadviśeṣe tu caitasāḥ. 〈bhāṣya〉 tatr ārthamātre dṛṣṭir vijñānaṃ. arthaviśeṣe dṛṣṭiś ca itasā vedanādayaḥ"라고 하였다. [참고문헌] 『辯中邊論』, 『中邊分別論』, *Madhy-vibh.* ⇨ 유료경 唯了境

유진통 流盡通 육신통(六神通) 중 하나. 흐름을 다하게 하는 지혜로 누진통(漏盡通)이라고도 한다. 『삼무성론』 권하(대정장31, p.875a11)에 "이 여섯 가지 통이 삼륜이다. 첫째 신통은 신통륜이다. … 셋째 정교륜은 유진통이니, 괴로움을 여의고 집취를 끊으며 멸을 증득하고 도를 닦도록 하는 것이다. 此六通 卽是三輪 一 身通 卽身通輪 … 三 正敎輪 卽流盡通 令離苦斷集 證滅修道"라고 하였다. [참고문헌] 『三無性論』. ⇨ 누진통 漏盡通, 육신통 六神通, 유진 流盡

유진희 劉進喜 생몰연대 미상. 당나라 때 도사(道士). 626년 부혁(傅奕)의 배불론(排佛論)에 이어 『현정론 顯正論』을 지어 지지하였으며, 『십이구미론 十異九迷論』도 짓고는 이중경(李仲卿)과 함께 거듭 불교를 비판하였다. 이에 맞서 지은 법림(法琳)의 『변정론 辯正論』이 있다. 『당호법사문법림별전』 권상(대정장50, p.202b13)에 "도사 이중경·유진희 등이 짐짓 알음알이에 사로잡혀 용렬한 글을 지어 정법을 비방하고 폄훼하니 속인들 중에 간혹 삿된 믿음을 낸다. 법림법사는 저 맹인이 진창에 빠질 것을 염려하여 이에 대비심을 내어 마침내 『변정론』을 지었다. 乃有道士 李仲卿 劉進喜等 咸陳管見 並作庸文 謗毀正法 在俗人上 或生邪信 法師愍其盲瞽 恐入泥犁 爰發大悲 遂製斯論"라고 하였다. [참고문헌] 『唐護法沙門法琳別傳』, 『佛祖歷代通載』 권11(대정장49, p.563c13). ⇨ 현정론 顯正論, 변정론 辯正論

유질애 有質礙 ➡ 질애 質礙

유집 有執 **1** Ⓢ manyate. 집이 있음. 어떤 견해에 머물러 나오지 못함의 뜻이다. 『구사론』 권13(대정장29, p.68a7 : *Abh-k-bh.*, p.193)에 "최후 찰나의 지각과 소리는 다시 무엇에 의해 소멸하는가? 어떤 이는 '등의 불꽃이 사라지는 것은 머물지 못하게 되는 것이 인이다' 하고, 어떤 이는 '불꽃이 사라지는 것은 사라질 때 법과 비법의 힘으로 말미암는다'라고 한다. 저 두 가지 다 맞지 않다. 왜냐하면 무는 인이 아니기 때문이고 법도 비법도 생멸의 인은 아니며, 찰나찰나에 따르고 거스름으로 서로 바뀔 뿐이다. 最後覺聲 復由誰滅 有執 燈焰滅以住無爲因 有執 焰滅時由法非法力 彼俱非理 無非因故 非法非法爲生滅因 以刹那刹那順違相反故 antyayoś ca katham. yo 'py arciṣām avasthānahetvabhāvād dharmādharmavaśād vā vināśaṃ manyate tad apy ayuktam. na hy abhāvaḥ kāraṇaṃ bhavitum arhati. nacāpy utpādavināśahetvor dharmādharmayoḥ kṣaṇe kṣaṇe vṛttilābhapratibandhau bhavitum arhataḥ"라고 하였다. [참고문헌] 『俱舍論』, *Abh-k-bh.* ⇨ 차실집취 此實執取 **2** ➡ 유집수 有執受

유집 唯什 유식(唯識)을 달리 이르는 말. 『석감계고략속집』 권1(대정장49, p.907b17)에 "길상선사는 진강의 보조사 사문 보희이다. 호는 길상이며, 산동 출신이다. 자은(慈恩)의 법상종을 깊이 공부하였으며, 『성유식론』·『유가사지론』·『인명론』 등의 논을 갈고 닦았다. 吉祥禪師 鎭江 普照寺 沙門普喜 號吉祥 山東人 精究慈恩相宗 硏習唯什 師地 因明等論"라고 하였다. [참고문헌] 『釋鑑稽古略續集』. ⇨ 유식 唯識

유집수 有執受 Ⓢ upātta, Ⓟ upādiṇṇa, Ⓣ zin-pa. 가져 받음이 있다는 뜻. 심과 심소(心心所)를 유지하는 중생의 몸을 말한다. 무집수(無執受 Ⓢ anupātta)·비집수(非執受) 등과 대칭한다. 구역(舊譯)은 내법(內法)·유집의(有執依)다. 구사에서는 오근(五根 : 眼耳鼻舌身)과 사경(四境 : 色香味觸)의 유근신(有根身 Ⓢ sendriya-kāya)을 유집수라고 하며, 유식에서는 아뢰야식(阿賴耶識)의 종자(種子)까지를 유집수라고 한다. 즉 유식에서는 집수를 안위공동(安危共同 Ⓢ anyonya-yoga-kṣema)의 뜻으로 넓혔으니, 안(安)의 선취(善趣)와 위(危)의 악취(惡趣)가 함께하는 종자와 유근신의 안위가 아뢰야식과 운명을 함께하게 된다. 예를 들면 구사의 관점에서 유근신은 유집수고 종자와 기세계는 비집수가 되지만, 유식의 관점에서는 유근신과 종자가 유집수이고 기세계가 비집수가 된다. 『구사론』 권2(대정장29, p.8b16 : *Abh-k-bh.*, p.23)에 "십팔계 중에서 아홉은 무집수이니 앞의 칠심계(七心界)와 법계(法界) 모두이니 이러한 팔계(八界)와 성계(聲界)는 모두 무집수다. 나머지 오색근(五色根)과 색향미촉 등 구계는 각기 두 가지에 통한다. 즉 안(眼) 등의 오근이 현재세에 머물면 유집수이고, 과거미래세에 머물면 무집수다. 색향미촉도 현재에 머물며 오근을 떠나지 않으면 유집수다. 만약 현재에 머물면서도 근을 떠나지 못하는 것과 과거미래에 머무는 것은 무집수라고 한다. 몸 안에 있으면서 근과 화합하지는 않는 머리카락·수염·손톱·이빨·대소변·눈물·침·피 등과 몸 밖에 있는 지·수 등 중의 색향미촉은 비록 현세에 있다 해도 무집수다. 十八界中 九無執受 前七心界 及法界全 此八及聲 皆無執受 所餘九界 各通二門 謂有執受 無執受故 眼等五根 住現在世 名有執受 過去未來 名無執受 色香味觸 住現在世 不離五根 名有執受 若住現在 非不離根 過去未來 名無執受 如在身內 除與根合 髮毛爪齒 大小便利 洟唾血等 及在身外 地水等中 色香味觸 雖在現世 而無執受 ime te navānupāttāḥ. sapta cittadhātavo dharmadhātuḥ śabdadhātuś ca. upāttā anupāttāś ca. tatra cakṣuḥśrotraghrāṇajihvākāyāḥ pratyutpannā upāttāḥ. atītānāgatā anupāttāḥ. rūpagandharasaspraṣṭavyadhātavaḥ pratyutpannā indriyāvinirbhāgiṇa upāttāḥ. anye 'nupāttās tadyathā mūlavarjyeṣu keśaromanakhadanteṣu viṇmūtrakheṭasiṃghāṇakaśoṇitādiṣu bhūmyudakādiṣu ca", "유집수는 무슨 뜻인가? 심·심소법이 함께 집지하고 거두어 의지처가 되는 것을 유집수라고 하니, 덜기도 더하기도 하며 펴고 구르며 거듭 서로 따르기에 언제나 모든 세간에서 알고 부딪힘 있다고 설한다. 가지가지 연들이 부딪히기에 즐거움 등을 느낀다. 이와 다르게 되면 무집수다. 有執受者 此言何義 心心所法 共所執持 攝爲依處 名有執受 損益展轉 更相隨故 卽諸世間 說有覺觸 衆緣所觸 覺樂等故 與此相違 名無執受 upāttam iti ko 'rthaḥ. yac cittacaittair adhiṣṭhānabhāvenopagṛhītam anugrahopaghātābhyām anyonyānuvidhānāt. yal loke sacetanam ity ucyate", 『성유식론』 권3(대정장31, p.16b20)에 "계경에서 설하길 '색근이 있는 식이 유집수다'라고 한다. 만약 이 식이 없다면 저들이 능히 집수하여 있을 수 없기 때문이다. 오색근과 저 의지처는 오직 현재세에서만 유집수이다. 저들은 반드시 능히 집수하는 마음이 있음으로서 있을 수 있다. 契經說 有色根身 是有執受 若無此識 彼能執受 不應有故 謂五色根 及彼依處 唯現在世 是有執受 彼定由有能執受心"라고 하였다. 〔참고문헌〕『俱舍論』, 『成唯識論』, *Abh-k-bh.*, *Dhs.125.* ⇨ 무집수 無執受, 유근신 有根身

유집수대종 有執受大種 Ⓢ upātta-mahā-bhūta, Ⓣ zin-pa'i-'byung-ba chen-po. 유집수의 대종. 유집수인 유근신(有根身)을 유지하는 지수화풍 네 가지를 말한다. 무집수대종(無執受大種)의 상대어이다. 『대비바사론』 권137(대정장27, p.709b1)에 "유집수대종이란, 현재 찰나 유정무리로 거두는 것이고, 그 심심소법이 잡아거두는 대종을 말한다. 有執受大種者 謂現在剎那 有情數攝 心心所法 所執受大種"라고 하였다. 〔참고문헌〕『大毘婆沙論』, 『五事毘婆沙論』 권하(대정장28, p.992b3), *Abh-k-bh.6.* ⇨ 유집수 有執受, 유근신 有根身, 무집수대종 無執受大種, 사대 四大 ❶

유집수대종인성 有執受大種因聲 Ⓢ upātta-mahābhūta-hetuka-śabda, Ⓣ zin-pa'i-'byung-ba-chen-po'i-rgyu-las-byung-ba. 유집수(有執受)의 대종(大種)을 인으로 삼아 일어나는 소리. 유집수인 유근신(有根身)을 유지하는 사대(四大 : 地水火風)를 인으로 삼아 내는 소리를 말한다. 구역(舊譯)은 유집의위인(有執依爲因)이며, 무집수대종인성(無執受大種因聲)의 상대어이다. 『입아비달마론』 권상(대정장28, p.980c28)에 "소리에는 두 가지가 있으니 유집수와 무집수다. 대종으로 인을 삼는데 차별이 있기 때문이다. 즉 스스로에게 떨어지면 유집수라고 하는데 알게 됨이 있다는 뜻이며, 이와 다르게 하면 무집수다. 전에 일어난 것은 유집수라고 하는데, 대종을 인으로 삼은 말과 손 등의 소리를 말한다. 聲有二種 謂有執受 及無執受 大種爲因 有差別故 墮自體者 名有執受 是有覺義 與此相違 名無執受 前所生者 名有執受 大種爲因 謂語手等聲", 『구사론』 권1(대정장29, p.2c11)에 "소리는 오직 여덟 가지다. 말하자면 유집수 또는 무집수이니 대종을 인으로 삼은 경우다. … 유집수의 대종을 인으로 삼은 소리란 언어·손 등으로 내는 음성을 말한다. 聲唯八種 謂有執受 或無執受 大種爲因 … 執受大種爲因聲者 謂言手等 所發音聲"라고 하였다. 〔참고문헌〕『入阿毘達磨論』, 『俱舍論』, *Abh-k-bh.6.* ⇨ 무집수대종인성 無執受大種因聲

유집수법 有執受法 Ⓟ upādinnā dhammā, Ⓣ zin-pa rnams. 잡아 거둠이 있는 법. 정지(正智)로 끊을 수 있는 유애·유신견 등과 전전하여 버리기 어려운 이숙 등의 법을 말한다. 『품류족론』 권6(대정장26, p.715c13)에 "유집수법이란, 유집수의 구처 중 소분이니 성처·의처·법처는 제한다. 有執受法云何 謂有執受 九處少分 除聲意法處", 『순정리론』 권4(대정장29, p.352b18)에 "유집수법은 간략히 두 가지다. 첫째는 유애와 유신견이 집착하여 자기 것으로 삼는 것을 유집수라고 하며, 둘째는 인을 삼아 능히 고락 등을 낳는 것을 유집수라고 한다. 숙업이 이끄는 이숙과 등으로 분위를 상속하는 것을 두 번째라고 한다. 이 중에서 유애와 유신견은 저 정지가 생기면 곧 끊어지지만 이숙의 상속은 모든 번뇌가 다한 이도 단멸하지 못한다. 그러므로 어떤 법을 이미 집수하였다면 반열반에 이를지라도 따라 굴러 버릴 수 없는데 이러한 법들은 한결같이 유집수라고 부른다. 有執受法 略有二種 一者 有愛 及有身見 執爲己有 名有執受 二者 爲因 能生苦樂 名有執受 宿業所引 異熟果等 分位相續 是名第二 此中有愛 及有身見 若正智生 卽便斷滅 異熟相續 諸漏盡者 亦未斷滅 是故若法 旣執受已 至般涅槃 隨轉不捨 此法一向 名有執受"라고 하였다. 〔참고문헌〕『品類足論』, 『順正理論』, *Dhātuk.29.* ⇨ 유집수 有執受, 무집수법 無執受法, 이숙법 異熟法

유차별동분 有差別同分 Ⓢ bhinnā sabhāgatā. 동분의 유정끼리도 차별이 있음. 유정의 만업(滿業 : 別報業)이 초래하는 과를 말하며, 인업(引業 : 總報業)으로 초래하는 과는 무차별동분(無差別同分)이다. 유정의 소의인 오온·십이처·십팔계 등은 법동분(法同分 Ⓢ dha rma-sabhāgata)이라고 한다. 『구사론』 권5(대정장29, p.24a9)에 "〔논〕 따로이 실물이 있으면 동분이라고 한다. 즉 모든 유정이 펴고 구름을 함께하는 류를 말한다. 본론에서는 이것을 중동분이라 하였다. 이것은 다시 두 가지니, 첫째는 무차별동분이고, 둘째는 유차별동분이다. … 유차별동분이란, 모든 유정의 삼계·구지·오취·사생·종성·남·여·근사·비구·유학·무학 등 각각 다르게 분을 같이 함을 말한다. 일류의 유정끼리는 각각이지만 함께하는 평등한 것이 있다. 論曰 有別實物 名爲同分 謂諸有情 展轉類等 本論說此 名衆同分 此復二種 一 無差別 二 有差別 … 有差別者 謂諸有情 界地趣生 種姓男女 近事苾芻 學無學等 各別同分 一類有情 各等有故", 『수능엄의소주경』 권8(대정장39, p.935b22)에 "유차별동분·무차별동분이란 … 저 경중에 따라 보받음이 같지 않음을 차별동분이라고 한다. 有差別同分 無差別同分 … 若隨輕重 受報不同 名差別同分"라고 하였다. 〔참고문헌〕『俱舍論』, 『首楞嚴義疏注經』, *Abh-k-bh. 67.* ⇨ 무차별동분 無差別同分, 중동분 衆同分

유차원왕불상사리 唯此願王不相捨離 오직 이 원왕 즉 보현보살십대원만은 서로 버려 여읠 수 없다는 뜻. 40권본 『화엄경』 권40(대정장10, p.846c8)에 "사람이 목숨을 마치려는 최후찰나에 일체제근은 다 흩어져 무너지고, 일체친속들은 모두 버리고 떠나며, 일체위세마저 모두 잃어 재상·대신·궁전 안팎의 사람·코끼리·말·수레·보물창고 등은 모두 다시는 따르지 않지만, 오직 이 원왕만은 버리고 여읠 수 없다. 어느 때나 앞을 인도하여 한순간에 극락세계에 왕생하게 한다. 극락에 가서는 곧 아미타불·문수사리보살·보현보살·관자재보살·미륵보살 등을 친견한다. 是人臨命終時 最後刹那 一切諸根 悉皆散壞 一切親屬 悉皆捨離 一切威勢 悉皆退失 輔相大臣 宮城內外 象馬車乘 珍寶伏藏 如是一切 無復相隨 唯此願王不相捨離 於一切時 引導其前 一刹那中 卽得往生 極樂世界 到已卽見 阿彌陀佛 文殊師利菩薩 普賢菩薩 觀自在菩薩 彌勒菩薩等"라고 하였다. 〔참고문헌〕『華嚴經』. ⇨ 보현행원 普賢行願

유찰나 有刹那 Ⓢ Kṣaṇika. 찰나만 있음. 제법(諸法)이 나자마자(纔生) 틈새없이 사라지는(無間滅) 유위(有爲)의 특징으로서 유위법의 다른 이름이기도 하다. 『구사론』 권13(대정장29, p.67c10)에 "일체유위는 모두 유찰나이다. 찰나란 무엇인가? 체를 얻자 틈없이 사라지므로 찰나를 가진 법을 유찰나라고 한다. 이는 마치 지팡이를 짚은 이를 유장이라고 부르는 것과 같다. 以一切有爲 皆有刹那故 刹那何 謂得體無間滅 有此刹那法 名有刹那 如有杖人 名爲有杖", "모든 유위법 겨우 체를 얻자마자 무간에 무로 돌아간다. 이곳에 나서 바로 이곳에서 사라질 뿐 이곳에서 다른 곳으로 옮겨가는 일은 있을 수 없다. 그러므로 움직임을 신표라고 할 수는 없다. 만약 유위법이 모두 유찰나라면 다른 곳으로 갈 수 없다는 뜻은 맞지만, 일체유위법이 모두 유찰나라는 뜻으로 보면 끝내 성취될 수 있으니 후에는 반드시 다하기 때문이다. 諸有爲法 纔得自體 從此無間 必滅歸無 若此處生 卽此處滅 無容從此 轉至餘方 故不可言 動名身表 若有爲法 皆有刹那 不至餘方 義可成立 諸有爲法 皆有刹那 其理極成 後必盡故", "유위법 사라짐에는 인을 기다리지 않는다. 그 이유는, 기다려야 과라 할 수 있지만 사라져 없으면 과는 아니니, 인을 기다릴 리도 없고 사라져 이미 기다릴 인도 없기에 나자마자 바로 사라진다. 謂有爲法 滅不待因 所以者何 待因謂果 滅無非果 故不待因 滅旣不待因 纔生已卽滅", 『구사론기』 권13(대정장41, p.201c3)에 "본래 없다가 지금 있어 처음 생겨날 때를 두고 체를 얻는다고 한다. 이 체는 틈없이 사라져 반드시 무로 돌아간다. 이러한 찰나를 지닌 모든 유위법을 유찰나라고 한다. 비유를 가져오면 저 지팡이를 가지고 있는 사람을 유장이라 부르는 것과 같다. 本無今有 法創生時 名爲得體 此體無間 必滅歸無 有此刹那 諸有爲法 名有刹那 寄喩來況 如有杖人 名爲有杖", "모든 유위법은 현재세에 이르러 겨우 체를 얻자마자 이 현재세에 반드시 멸하여 무로 돌아가고, 이곳에 나자마자 버리고 사라져 이곳에 나서 다른 곳으로 옮겨 간다고 할 수 없다. 諸有爲法 至現在世 纔得自體 從此現在 無間必滅歸無 若此處纔生 卽此處謝滅 無容從此生 轉至餘方滅", "색법과 불상응응법은 반드시 유찰나이니 후에 반드시 다하기 때문이다. 저 등의 빛과 같다. 논주는 다시 드러내기를 사라지면서 인을 기다리지 않는 것을 유위법이라 한다. 찰나에 반드시 사라지고 사라지면서 인을 기다리지도 않는다. 왜 그런가? 뜻으로 말하자면 인을 기다려야 과라 하니 사라져 버린즉 법은 없고 법이 없으면 과도 아니어서 인을 기다릴 일 없기 때문이다. 色不相應 定有刹那 後必有盡故 如燈光等 論主復顯 滅不待因 謂有爲法 刹那定滅 滅不待因 所以者何 以理而言 待因謂果 滅是無法 無法非果 故不待因", "비량으로 말하길 사라져 인을 기다리지 않는다면 이는 무이니 저 토끼뿔과 같다 하고, 또 입량하여 말하길 사라져 인을 기다리지 않는다면 과는 아니니 저 거북이 털과 같다 하고, 또 입량하여 이르길 사라져 인을 기다릴 수 없다면 과 아닌 것마저 없어 저 허공꽃과 같다. 比量云 滅不待因 以是無故 猶如兎角 或立量云 滅不待因 以非果故 猶如龜毛 或立量云 滅不待因 無非果故 猶如空花"라고 하였다. 〔참고문헌〕『俱舍論』, 『俱舍論記』.

유참유괴 有慚有愧 Ⓢ hiri, hirimanta, apatrapā, Ⓟ hiri, ottappa. 스스로를 돌아보고 타인에 견주어 돌이켜 부끄러워함. 『장아함경』 권8 「중집경 衆集經」

(대정장1, p.49c26 : *Saṅgīti-sutta, DN.3,* p.212)에 "또 두 가지 법이 있다. 하나는 스스로를 돌아보는 마음이고, 또 하나는 타인에 견주어 돌이켜보는 마음이다. 復有二法 一 有慚 二 有愧 katame dve … hiri ca ottappañ ca", 『순정리론』 권11(대정장29, p.393b13)에 "만일 깨끗한 의요로 선한 이가 좋아하는 뛰어난 업을 익힌다면 유참자라 하고, 선한 이가 좋아하는 뛰어난 과를 얻고자 한다면 유괴자라 한다. 若淨意樂 爲習善人 所樂勝業 名有慚者 爲得善人 所樂勝果 名有愧者"라고 하였다. [참고문헌] 『長阿含經』, 『順正理論』, *DN., Sam-r.33·115.* ⇨ 참 慚, 참괴 慚愧

유창 維昌 생몰연대 미상. 고려 후기 태고보우(太古普愚 1301~1382)의 제자. 「양주태고사원증국사비음기 楊州太古寺圓證國師碑陰記」(『조선금석총람』 권상, p.528) 문도질(門徒秩) 중 107명의 선사란(禪師欄)에 신규(信規)·담교(昆皎)·덕제(德濟)·의경(義瓊)·수윤(壽允)·내유(乃由)·내규(乃圭)·성잠(省岑)·천긍(天亘)·유창(維昌) 등과 함께한 것으로 보아 당시 선사법계에 올라 있었음을 알 수 있다. 저술로는 1383년(우왕9)에 지은 「고려국국사대조계사조전불심인행해묘엄비지원융찬리왕화부종수교대원보제일국대종사마하실다라이웅존자시원증행장 高麗國國師大曹溪嗣祖傳佛心印行解妙嚴悲智圓融贊理王化扶宗樹敎大願普濟一國大宗師摩訶悉多羅利雄尊者謚圓證行狀」이 『태고화상어록』 권하(한불전6, pp.695c10~700b1)에 전한다. [참고문헌] 『朝鮮金石總覽』, 『太古和尙語錄』. ⇨ 보우 普愚

유창렬 劉昌烈 1898~1968. 범패(梵唄) 명인. 법호는 범공(梵公). 11세부터 범패 어장(魚丈) 이범호(李梵湖)에게 영산재(靈山齋)와 홋소리를 배우기 시작하여 12세에 중강(中講)이 되었다. 16~17세에 이범호에게 짓소리를 배우면서 그의 스승인 백련사(白蓮寺) 이만월(李滿月)에게 안채비소리를 배웠다. 16세에 짓소리 중 가장 어렵다는 지반지심(志盤至心)의 장부(丈夫 : 리더)를 훌륭히 해내고는 21세에 어장이 된 이후 묘향산 보현사·함흥 귀주사·정평 환희사·평양 영명사·부산 연대사·계룡산 동학사 등에서 범패를 가르쳤고, 1960년대에 범패소리가 녹음되어 국립국악원에 상재되었다. 1965년 9월 청량사(淸凉寺)에서 김운공(金耘空)·박송암(朴松巖)·윤만순(尹萬淳)·강동진(姜東振)·한동희(韓東熙) 등과 함께 상주권공재(常住勸供齋) 전바탕을 녹음하였고, 1967년에 한만영이 이를 채보하여 남겼다. [참고문헌] 韓萬榮 『韓國佛敎音樂硏究』(서울대출판부, 1990) p.17. ⇨ 범패 梵唄

유처 有處 ❶ Ⓢ keṣāṃcid, karhi-cid. 어떤 곳. 어떤 장소. 60권본 『화엄경』 권34(대정장9, p.620a25)dp "어떤 곳은 염부단금색과 같기도 하고, 어떤 곳은 유리색과 같기도 하다. 或有處 如閻浮檀金色 或有處 如瑠璃色"라고 하였다. [참고문헌] 『華嚴經』. ❷ 유위(有爲 Ⓢ saṃskāra)의 세계를 말한다. 『기세인본경』 권5(대정장1, p.390c27)에 "길이길이 마구니의 그물에서 벗어나고 영원히 세간의 모든 유처를 여읜다. 長得免脫於魔網 永離世間諸有處"라고 하였다. [참고문헌] 『起世因本經』. ❸ 번뇌가 있는 유루계(有漏界)를 말한다. 『대비바사론』 권43(대정장27, p.225b16)에 "이생이 유루선으로 증상만을 일으키고 유처에 의지해 일어나고, 무루선으로 증상만을 일으키면 무처에 의지하여 일어난다. 異生 於有漏善 起增上慢 依有處起 於無漏善 起增上慢 依無處起"라고 하였다. [참고문헌] 『大毘婆沙論』, 『立世阿毘曇論』 권1(대정장32, p.178a8).

유철마 劉鐵磨 생몰연대 미상. 당나라 때 비구니. 속성은 유씨. 준열한 선기(禪機)를 일컫는 철마라는 별명으로만 불려 법명은 전하지 않는다. 담주(潭州 : 湖南省) 위산(潙山)과 10리 지점에 위치한 암자에 머물며 위산영우(潙山靈祐 771~853)에게 법을 묻고 그 법을 이었다. 위산과 나눈 문답의 공안이 철마노자우(鐵磨老牸牛)·유철마대산(劉鐵磨臺山)·유철마도위산(劉鐵磨到潙山) 등으로 남아 전하고, 자호이종(子湖利蹤 800~880)과 나눈 문답은 자호좌전(子湖左轉)이라는 공안으로 전한다. [참고문헌] 『景德傳燈錄』 권10 「子湖利蹤傳」(대정장51, p.278c26), 『祖庭事苑』 권2(卍속장113, p.47b13), 『聯燈會要』 권7 「大潙靈祐章」(卍속장136, p.545b18). ⇨ 철마노자우 鐵磨老牸牛, 자호좌전 子湖左轉

유철마대산 劉鐵磨臺山 ➡ 철마노자우 鐵磨老牸牛

유철마도위산 劉鐵磨到潙山 ➡ 철마노자우 鐵磨老牸牛

유첨 諛諂 Ⓢ śaṭha, Ⓟ sāṭheyya, Ⓣ gyo sgyu-can. 아첨. 이득을 얻고자 거짓으로 꾸며 하는 말이나 몸짓. 『장아함경』 권8 「중집경 衆集經」(대정장1, p.51b17)에 "성품 곧아 아첨하는 일이 없으니 능히 이렇게 하는 이에게 여래께서는 열반의 지름길 보여주신다. 質直無有諛諂 能如是者 如來則示 涅槃徑路", 『사리불아비담론』 권18(대정장28, p.647a23)에 "무엇을 유첨이라 하는가? 남에게 의지하여 이익을 얻고자 의식을 고쳐 바꾸고 몸가짐을 조심하여 드러내면 이를 유첨이라 한다. 何謂諛諂 若依他求利 改變儀式 現攝諸根 是名諛諂"라고 하였다. [참고문헌] 『長阿含經』, 『舍利弗阿毘曇論』, *Lal-v.233., Mvyut.182., MN.1.15.*

유청 留請 더 머물기를 청한다는 말. 소임을 계속 맡아 달라고 부탁한다는 뜻이다. 『백장청규』 권3 「유청양서 留請兩序」(대정장48, p.1126c13)에 "양서는 전사를 정성껏 대하고 나서 규정대로 방장을 예방하여 품을 갖춰 물러나겠다고 아뢴다. … 예를 다하여 머물기를 권한다. 만약 소임이 지나고 찾더라도 너그럽게 참아야 한다. 주지가 잠깐 틈을 낸 뒤 다시 물러나기를 아뢴다. 兩序伺管待專使畢 約詣方丈 咨稟告退 … 盡禮勸留 若職過滿 亦須寬耐 候住持稍暇 再稟辭退"라고 하였다. 『열조제강록』 권27(卍속장112, p.598a15)에는 「유청양서제강 留請兩序提綱」이라는 제목 아래 양서·양반(兩班)의 유임을 청하는 다섯 법문을 수록하고 있다. 〔참고문헌〕『百丈清規』, 『列祖提綱錄』.

유청 惟清 ?~1117. 북송 때 임제종 황룡파(黃龍派) 스님. 자는 각천(覺天), 호는 영원수(靈源叟). 속성은 진(陳)씨. 남창(南昌 : 江西省) 무령(武寧) 출신. 어려서 불문에 들어 하루에 천자를 외었다. 계율을 배우다가 17세에 연은원(延恩院)의 법안(法安)에게 선법을 물었다. 그 뒤 홍주(洪州 : 江西省) 황룡산(黃龍山)의 회당조심(晦堂祖心 1025~1100)을 친견하고 법을 이었다. 황정견(黃庭堅 1045~1105)을 시작으로 문인과 교유하였다. 서주(舒州 : 安徽省) 태평선원(太平禪院)에 주석하였고 황룡산에 들어가 숭은사(崇恩寺)를 주지하였다. 병을 얻은 뒤로 조묵당(照默堂)에 머물며 15년을 보냈다. 1117년(정화7) 9월 10일 「무생상주진귀고명 無生常住眞歸告銘」을 지은 후 18일에 입적하였다. 추밀 등순무(樞密鄧洵武)의 청으로 불수선사(佛壽禪師)라는 호를 받았다. 『영원청선사어요 靈源清禪師語要』 1권을 남겼다. 〔참고문헌〕『佛祖歷代通載』 권19(대정장49, p.681b10), 『釋氏稽古略』 권4(대정장49, p.878c14), 『續傳燈錄』 권22(대정장51, p.613c26), 『嘉泰普燈錄』 권6(卍속장137, p.113a15), 『禪林僧寶傳』 권30(卍속장137, p.563a11), 『五燈會元』 권17(卍속장138, p.668b9).

유체 有體 **1** Ⓢ bhava, bhāva, svabhāva, Ⓣ srid-pa, dngos-po. 의타성(依他性)으로만 있는 가유(假有)로서의 일체법(一切法)을 말한다. 『대승입능가경』 권1(대정장16, p.589c26 : *Laṅk.*, p.17)에 "(부처님께서는) '법도 오히려 버려야 하거늘 어찌 하물며 법 아닌 것이랴!'라고 하셨다. 어떻게 이 두 가지 법을 버릴 수 있는가? 어떤 것이 법이고, 어떤 것이 법 아닌가? 법을 마땅히 버려야 한다면 어떻게 둘이 있는가? 둘이 있다면 곧 분별상에 떨어지고, 유체무체와 실비실 등 이와 같은 일체가 다 분별일 뿐이니, 아뢰야식의 무차별상을 알 수 없다. 마치 저 허공에 먼지들 떠돌듯 하여 정지의 경은 아니다. 법성이 이와 같거늘 어떻게 버릴 수 있겠는가? 法尙應捨 何況非法 云何得捨 此二種法 何者是法 何者非法 法若應捨 云何有二 有二卽墮分別相中 有體無體 是實非實 如是一切 皆是分別 不能了知 阿賴耶識無差別相 如毛輪住 非淨智境 法性如是 云何可捨 dharmā eva prahātavyāḥ prāg evādharmāḥ. tat katham bhagavan dharmadvayaṃ prahāṇaṃ bhavati. ke cādharmā dharmāḥ. kathaṃ sati dvitvaṃ prahāṇadharmāṇāṃ vikalpalakṣaṇapatitānāṃ vikalpasvabhāvābhāvānām abhautikabhautikānām ālayavijñānāparijñānād aviśeṣalakṣaṇānāṃ keśoṇḍukasvabhāvāvasthitānām aśuddhakṣayajñānaviṣayiṇām. tat kathaṃ teṣāṃ prahāṇam evaṃ bhāvinām", 『능엄경』 권1(대정장19, p.107c27)에 "부처님께서 아난에게 말씀하셨다. '네가 지금 설하길 「법이 일어나기에 갖가지 마음이 일어난다. 따라 합하는 곳마다 마음 따라 있게 된다」 하였으니, 이 마음 체가 없어서 합한 바도 없고 체 있는 것 아닐진대는 합한다 하면 이는 십구계가 칠진을 인으로 합한다 하겠으나, 이런 이치는 타당하지 않다. 만일 체가 있다면, 마치 네가 손으로 몸을 찔렀을 때, 네가 아는 마음은 안에서 나오느냐 밖에서 들어오느냐? 안에서 나온다면 몸속을 보아야 하고, 밖에서 들어온다면 먼저 얼굴을 보아야 할 것이다'. 佛告阿難 汝今說言 由法生故 種種心生 隨所合處 心隨有者 是心無體 則無所合 若無有體 而能合者 則十九界 因七塵合 是義不然 若有體者 如汝以手 自挃其體 汝所知心 爲復內出 爲從外入 若復內出 還見身中 若從外來 先合見面", 『불성론』 권2(대정장31, p.795c10)에 "〔문〕 이 삼성에서 어떤 성이 무체면서 능히 유체를 생기게 하는가? 〔답〕 오직 분별성 하나만이 무체이지만 능히 의타성체를 낸다. 〔문〕 이 성이 유체로서 능히 유체를 내는가? 〔답〕 오직 의타성 하나만이 부실한 체로 있어서 다시 의타성체를 생기게 할 수 있으니, 마치 저 무명이 제행을 일으키는 것과 같다. 〔문〕 이 삼성에서 몇 가지 성이 유체로서 능히 무체를 내는가? 〔답〕 진실성 하나만이 능히 의타 멸하여 하여금 체가 없게 하므로 이것을 '저 무' 등이라고 하였다. 問曰 此三性幾性無體 能生有體 答曰 唯分別一性無體 能生依他性體 問曰 此幾性有體 能生有體 答曰 唯是依他一性 有不實體 還能生依他體 猶如無明生諸行等 問曰 此三性幾性有體 能生無體 答曰 眞實一性 能滅依他 令其無體故 是名若無等"라고 하였다. 〔참고문헌〕『大乘入楞伽經』, 『楞嚴經』, 『佛性論』, *Abh-k-bh. 124.*, *Sūtr.10·59.*, *Laṅk.* ⇨ 무체 無體 **2** Ⓢ sattva, astitva, Ⓣ yod-pa-nyid. 종성(種性)의 아홉 가지 차별 중 하나. 유체에는 다시 계신행과(界信行果)의 차별 있다. 『대승장엄경론』 권1(대정장31, p.594b1 : *Sūtr.*, p.10)에 "종성에는 아홉 가지 차별이 있으니, 첫째 유체, 둘째 최승, 셋째 자성, 넷째 상모, 다섯째 품류,

여섯째 과오, 일곱째 공덕, 여덟째 금비, 아홉째 보비이다. 種性有九種差別 一 有體 二 最勝 三 自性 四 相貌 五 品類 六 過惡 七 功德 八 金譬 九 寶譬 anena gotrasyāstitvam agratvaṃ svabhāvo liṅgaṃ prabheda ādīnavo 'nuśaṃso dvidhāupamyaṃ cety eṣa prabhedaḥ saṃgṛhītaḥ", "종성의 유체는 네 가지 차별로 말미암으니, 첫째는 계의 차별, 둘째는 신의 차별, 셋째는 행의 차별, 넷째는 과의 차별이다. 種性有體 由四種差別 一 由界差別 二 由信差別 三 由行差別 四 由果差別 dhātūnām adhimukteś ca pratipatteś ca bhedataḥ phalabhedopalabdheś ca gotrāstitvaṃ nirūpyate", "계의 차별로 말미암는다는 것은, 중생에게는 갖가지 계의 한량없는 차별이 있으니 저 『다계수다라』(대정장1, pp.723a8~724b17)에서 말한 것과 같다. 계의 차별에 말미암기에 삼승의 성차별이 있음을 알아야 한다. 由界差別者 衆生有種種界無量差別 如多界修多羅說 由界差別故 應知三乘種性有差別 nānādhātukatvānām aparimāṇo dhātuprabhedo yathoktam akṣarāśisūtre. tasmād evaṃ jātīyako 'pi dhātubhedaḥ pratyetavya iti. asti yānatraye gotrabhedaḥ", "신의 차별로 말미암는다는 것은, 중생에게는 갖가지 믿음으로 얻을 수 있는 성품이 있다. 인력으로 일으키거나 연력으로 일으키는데, 삼승에서 하나는 믿고 일체를 믿지 않으니, 성차별이 없다면 믿음의 차별도 없다. 由信差別者 衆生有種種信可得 或有因力起 或有緣力起 能於三乘 隨信一乘 非信一切 若無性差別 則亦無信差別 adhimuktibhedo 'pi satvānām upalabhyate pratham ata eva kasyacit kvacid eva yāde 'dhimuktir bhavati so 'ntareṇa gotrabhedaṃ na syāt", "행의 차별로 말미암는다는 것은, 중생이 행을 행함에 능히 나아가고 나아가지 못함이 성차별이 없다면 행의 차별도 없다. 由行差別者 衆生行行 或有能進 或有不能進 若無性差別 則亦無行差別 utpāditāyām api ca pratyayavaśenādhimuktau pratipattibheda upalabhyate kaścin nirvohā bhavati kaścin neti so 'ntareṇa gotraprabhedaṃ na syāt", "과의 차별로 말미암는다는 것은, 중생의 깨달음에는 하중상의 차별이 있다. 씨앗과 열매가 서로 유사하기 때문이다. 성차별이 없다면 과의 차별도 없다. 이 네 가지 차별로 말미암아 종성이라는 체가 있다고 한다. 由果差別者 衆生菩提 有下中上 子果相似故 若無性差別 則亦無果差別 由此四差別 是故應知種性有體 phalabhedaś copalabhyate hīnamadhyaviśiṣṭā bodhayaḥ so 'ntareṇa gotrabhedaṃ na syāt bījānurūpatvāt phalasya"라고 하였다. [참고문헌] 『大乘莊嚴經論』, *Sūtr.* ⇨ 종성구종차별 種性九種差別 **3** 인명용어(因明用語). 자성이 있어 분별할 수 있는 법. 종체(宗體)라고도 한다. 입론자(立論者)와 문난자(問難者)가 공히 인정하는 주장명제(宗)의 주어(主語). 자성(自性)이 있어 법이며(有法) 분별이 가능한 것을 말한다. 무체(無體)의 상대어이다. 『인명입정리론소』 권상(대정장44, p.98b3)에 "일체법에는 대략 두 가지가 있으니, 첫째 체(體), 둘째 의(義)다. 우선 저 오온(五蘊)의 색(色) 등이 체다. 이것들에 유루무루 등의 뜻이 있게 되면 의다. 체와 더불어 의에는 각각 세 가지 이름이 있다. 체의 세 가지 이름이란, 첫째는 자성이니, 『유가론』 등에서 옛날 논사가 말하는 자성이 이것이다. 둘째는 유법(有法)이라 하니, 이 논서에서 말하는 유법이 이것이다. 셋째는 소별(所別)이라 하는 것이다. 一切法中 略有二種 一 體 二 義 且如五蘊 色等是體 此上有漏無漏等義 名之爲義 體之與義 各有三名 體三名者 一 名自性 瑜伽等中 古師所說 自性是也 二 名有法 卽此所說有法者是 三 名所別"라고 하였다. 이와는 다르게 『인명입정리론집해』(卍속장87, p.109a9)에서는 "열어 타인을 깨닫게 하기에 그 이름이 종(宗)이다. 종에는 의(依)도 체도 있어야 하니, 끝내 있어야 하는 것은 유법이니 앞서 종이 의지할 것을 펴는 것이고 끝내 능히 분별을 성취하기 위한 것이 뒤에 펼치는 종체다. 종의 '체'가 의지하기에 종의 '의'라고 하며, 종체가 능히 구별하는 입장이라면 종의는 구별의 뜻이 된다. 啓悟於他 故名爲宗 宗有依有體 極成有法 前陳宗依也 極成能別 後陳宗體也 宗體所依 故名宗依 宗體爲能別 則宗依爲所別矣"라고 하여 주어인 종의 '의'에 대응하는 '체'를 술어라고 하였다. [참고문헌] 『因明入正理論疏』, 『因明入正理論集解』. ⇨ 유종 有宗, 의 義, 체 體, 종체 宗體

유체 流涕 Ⓢ aśru. 눈물 흘리다. 『옥야경』(대정장2, p.866c28)에 "옥야가 눈물 흘리며 부처님 앞으로 다가가 아뢰었다. 玉耶流涕 前白佛言"라고 하였다. [참고문헌] 『玉耶經』, *Lal-v.157.*

유체 惟逮 Ⓢ vīrya. 사유하여 끝내 이르게 힘. 정신(精進)의 뜻이다. 『방광반야경』 권4(대정장8, p.22c21 : *Pañca-pr.*, 1-2, p.59)에 "수보리가 부처님께 여쭈었다. '어떤 것이 유체바라밀입니까?' 부처님께서는 말씀하셨다. '보살의 마음이 살운야여서 다섯 가지 바라밀을 폐하지 않을 뿐만 아니라 거듭 중생이 다섯 가지 바라밀에 들어서도록 하되 의지할 것 없게 하는 것이 보살의 유체바라밀이다. 須菩提白佛言 何等爲惟逮波羅蜜 佛言 菩薩意應薩云若 不廢五波羅蜜 亦復立衆生於五波羅蜜 而無所倚 是爲菩薩惟逮波羅蜜 subhūtir āha. katamā bhagavan bodhisattvasya mahāsattvasya vīryapāramitā. bhagavān āha. iha subhūte bodhisattvo mahāsattvaḥ sarvākārajñatāpratisaṃyuktair manasikāraiḥ pañcasu pāramitāsu anikṣiptadh uro viharati parāṃś ca tāsu pañcasu pāramitāsu samādāpayaty anupalambhayogena. iyaṃ subhū te bodhisattvasya mahāsattvasya vīryapāramit ā",『광찬경』 권1(대정장8, p.150b29)에 "몸과 마음으로 정진하되 피로하고 권태로워하지 않는 것이 유체바라밀이다. 身心精進 不以疲倦 是惟逮波羅蜜"라고 하였다. 〔참고문헌〕『放光般若經』,『光讚經』, *Pañca-pr.* ⇨ 정진 精進, 정진바라밀 精進波羅蜜

유체 喩體　비유함의 근거. 비유가 의지(喩依)하는 사례(事例). 인명(因明)의 삼지작법(三支作法) 중 유지(喩支)의 주요한 두 분이다.『인명입정리문론술기』(卍속장86, p.654a11)에 "『인명정리문론』(대정장32, p.8a3)의 '모든 부지런히 힘써 쉼틈 없이 드러나게 해야 하는 것은 다 보아 무상하다'라 하는 등이 이 유체다. 以諸勤勇無間所發 皆見無常者 此喩體也"라고 하였다. 〔참고문헌〕『因明入正理門論述記』,『因明正理門論』. ⇨ 유의유체 喩依喩體, 삼지작법 三支作法, 인명 因明

유체 類體 ➡ 유성 類性

유체결 有體缺　결과(缺過 : 闕過) 중 하나. 인명(因明)의 형식은 갖추었으나 주장하는 바 자체에 결함이 있는 것을 말한다. 유체궐(有體闕)이라고도 하며, 형식도 갖추지 못한 무체결(無體缺 : 無體闕)의 상대어이다. 〔참고문헌〕『因明大疏融貫鈔』 권4(대정장69, p.55b9). ⇨ 결과 缺過, 궐과 闕過, 무체궐 無體闕

유체무체 有體無體　Ⓢ svabhāvābhāva. 체가 있다거나 체는 없다고 하는 말. 체 즉 자성(自性 Ⓢ svabhāva)은 본래 있지도 않고(無自性) 아주 없지도 않으니 임시로 자성(任持自性)을 가지는 뜻이 있기 때문이다.『대승입능가경』 권1(대정장16, p.589c28)에 "둘이 있다고 한다면 분별상에 떨어진다. 즉 체가 있다거나 체가 없다거나, 이것은 실이라거나 실이 아니라거나 하는 등이와 같은 모든 것은 분별이니 능히 아뢰야식이 차별 없는 상임을 알지 못하는 것이다. 마치 (눈병에 의해) 터럭이 움직이는 듯하여 정지로 보는 경이 아닌 것과 같다. 법성 또한 이와 같으니 어떻게 버릴 수 있는가? 有二卽墮分別相中 有體無體 是實非實 如是一切皆是分別 不能了知阿賴耶識無差別相 如毛輪住非淨智境 法性如是 云何可捨 kathaṃ sati dvitvaṃ prahāṇadharmāṇā ṃ vikalpalakṣaṇapatitānāṃ vikalpasvabhāvābhā vānāmabhautikabhautikānāmālayavijñānāparijñā nādaviśeṣalakṣaṇānāṃ keśoṇḍukasvabhāvāvasthit ānām aśuddhakṣayajñānaviṣayiṇām tatkathaṃ te ṣāṃ prahāṇam evaṃbhāvinām",『반야등론석』 권2(대정장30, p.56b20)에 "나는 지금 그대를 비판하여 이렇게 푼다. '체의 유무를 논하는 것은 두 가지 극단에 떨어져 있음이다'. 我今遮汝 作如此解 有體無體 墮在二邊", 같은 책 권9(대정장30, p.95a18)에 "만약 자성이 없다면, 어떻게 변이가 가능한가? 〔석〕 두 끝설에는 과실이 있다. 지혜로운 이는 받아들이지 않지만, 외도는 말하길 '그대는 자성에 체가 있든 체가 없든 변이마저 없다고 한다'. 若無自性者 云何而可異 釋曰 二邊有過 智者不受 外人言 汝說自性有體無體皆無變異"라고 하였다. 〔참고문헌〕『大乘入楞伽經』,『般若燈論釋』, *Laṅk.* ⇨ 유체 有體, 무체 無體, 무자성 無自性, 자성 自性

유체보살경 惟逮菩薩經　1권. 백법조 한역. 일실되어 전하지 않는다.『출삼장기집』 권2(대정장55, p.9c16)에 "『유체보살경』 1권〈지금은 빠짐〉 이 한 부는 1권이며 진 혜제 때 사문 백법조가 역출했다. 惟逮菩薩經 一卷〈今闕〉 右一部 凡一卷 晉惠帝時 沙門帛法祖譯出"라고 하였다. 〔참고문헌〕『出三藏記集』.

유체분별 有體分別　Ⓢ bhāva-vikalpa. 십종분별(十種分別) 중 하나. 변하지 않는 체가 있다고 여기는 분별.『대승장엄경론』 권5(대정장31, p.618b1 : *Sūtr.*, p.76)에 "열 가지 분별이 있는데 … 둘째는 유체분별이다. … 체가 있다고 하는 분별을 다스리기 위해 경에서 '보살 등을 볼 수 없다'라고 하였다. 有十種分別 … 二者有體分別 … 爲對治有體分別故 經言不見菩薩等 daśavi dhavikalpo … bhāvavikalpo yasya pratipakṣeṇā ha. bodhisatvaṃ na samanupaśyatīty evam ādi" 라고 하였다. 〔참고문헌〕『大乘莊嚴經論』, *Sūtr.* ⇨ 십종분별 十種分別❷, 유체 有體

유체시설가 有體施設假　이가(二假) 중 하나. 체가 있어 시설한 법들. 임시로 자성을 결택하여 시설한 교법을 말하며 허망하여 분별로 드러난 법들은 무체수정가(無體隨情假)라고 한다.『원각경대소석의초』 권6상(卍속장14, p.681a15)에 "둘째, 유체시설가는 위를 따르고 연을 따라 굳이 시설하기에 부처님의 말씀이다. 二 有體施設假 隨位隨緣 强施設故 卽聖敎所說",『성유식론술기』 권2(대정장43, p.295a22)에 "변하는 듯한 것도 없고 능히 설할 방편도 없다면, 변화한 듯한 것 있을 수 없다면 그것은 체 있는 듯 시설한 이 유사함마저 이미 없다면 어떻게 마음이 밖의 경 움직이는 듯하다 하고 외경 없다 하면 마음 어찌 그럴듯하다 하리요. 所變之似旣無 能說之假旣無 所變之似不有 卽有體施設假 此似旣無 如何說心 似外境轉 外境無故 心何所似"라고 하였다. 〔참고문헌〕『圓覺經大疏釋義鈔』,『成唯識論述記』,『宗鏡錄』 권67(대정장48, p.792a23). ⇨ 가 假❶, 이가 二假, 무체수

정가 無體隨情假, 유체 有體 ❶

유촉 遺囑 임종을 맞아 후인에게 남겨 맡기는 말이나 글. 생전에 자신이 하던 일을 전하는 것을 '유', 후사를 맡기는 것을 '촉'이라 한다. 『수호국계주다라니경』 권10(대정장19, p.574a26)에 "임종의 때에 열 가지 모습 드러낸다. … 아홉 번째는 집안일 남겨 맡기고 간직했던 재보를 들추어 보여 드러낸다. 臨命終時 有十相現 … 九者 遺囑家事 藏擧財寶 示之令出", 『불유교경론소절요』(대정장40, p.845a22)에 "세인들도 임종에는 남기는 말이 반드시 간절하므로 유촉이라 한다. … 자손으로서 선인의 유촉을 등지거나 중생으로서 부처님의 유교를 등지거나 하나같이 대역죄라 한다. 世人臨終 語必切要 故云遺囑 … 子孫背先人之遺囑 衆生背先佛之遺教 均名大逆也", 『열반현의발원기요』 권4(대정장38, p.37c12)에 "대사께서 남겨 맡기신 말씀 '아침에는 구름처럼 모였다가 저녁에는 비처럼 흩어진다'. 大師遺囑云 朝同雲集 暮如雨散", 『능엄경관심정해』 권1(卍속장23, p.594b18)에 "부처님께서 세상에 계실 때는 법륜을 따라 구르고, 부처님께서 멸도하신 다음에는 유촉을 깊이 견딘다. 이 모두가 불자가 해야 할 일이다. 마치 아버지가 임종에 반드시 유촉을 남기듯이 부처님께서 교법을 제자들에게 전하시는 일도 유촉이다. 성문은 유촉 감당하지 못함을 알아야 하니, 저 늙고 병든 사람에게는 황금을 맡길 수 없듯이 위없는 불법 마땅히 보살에게 맡겨야 한다. 佛在世 則隨轉法輪 佛滅度後 則妙堪遺囑 皆佛子之事 如父臨終 必有遺囑 佛以教法 付諸弟子 亦名遺囑 須知聲聞 不堪付囑 如老病人 不堪寄金 無上佛法 應付菩薩", 『오등엄통』 권21 「무준사범장 無準師範章」(卍속장139, p.933a5)에 "보름날 대중을 불러모아 유촉으로 게송 한 수를 썼다. '올 적에도 텅 비고 쓸쓸하더니, 갈 때도 알몸에 빈털터리라네. 다시 분명한 뜻 묻고자 한다면, 천태에는 석교가 있다 하리라'. 十五日 集衆 遺囑 書偈曰 來時空索索 去也赤條條 更要問端的 天台有石橋"라고 하였다. [참고문헌] 『守護國界主陀羅尼經』, 『佛遺教經論疏節要』, 『涅槃玄義發源機要』, 『楞嚴經觀心定解』, 『五燈嚴統』, 『禪林象器箋』 권15(불광장, 禪藏, p.1186).

유총 侑聰 1813~1886. 조선 말기 간성 건봉사(乾鳳寺) 스님. 호는 벽오(碧梧), 속성은 최(崔)씨. 아버지의 휘는 강손(江遜), 어머니는 정(鄭)씨 부인. 1813년(순조13) 강원도 고성(高城 : 龍浦)에서 태어났다. 1832년(순조32) 20세 때 건봉사로 찾아가 응직(應直)을 은사로 스님이 되었다. 응직은 청허휴정(清虛休靜)의 9세 법손인 설봉영허(雪峰影虛)의 제자이므로 휴정의 10세 법손이다. 제방에서 경을 배우고 선을 닦은 뒤 다시 건봉사로 돌아와 1851년(철종2) 미타만일회(彌陀萬日會)를 열었던 낙서암(樂西庵)을 중창하였으며, 제4회 만일염불회를 재흥하고 스스로 화주가 되어 적극 후원하였다. 30년 동안 지성으로 염불하며 만일염불회를 회향한 뒤 치아와 눈 등에서 사리가 나오자 탑을 세워 봉안하였다. 이후에도 만일회를 6년 동안 주관하다가 1886년(고종23) 11월 세수 74, 법랍 54세를 일기로 입적하였다. 제자에는 학림의환(鶴林宜還), 만화관준(萬化寬俊) 등이 있다. 여규형(呂圭亨)이 비문을 짓고 이시영(李始榮)이 써서 1904년(광무8)에 세운 비가 간성 건봉사에 있다. [참고문헌] 『乾鳳寺本末事蹟』(亞細亞文化社, 1977) pp.60~61, 『嶺東地方金石文資料集』 pp.53~55, 智冠 『韓國高僧碑文總集 朝鮮朝・近現代』 pp.734~735. ⇨ 만일염불회 萬日念佛會

유출외도 流出外道 하나의 근원으로부터 만유가 흘러나왔다고 주장하는 외도. 자재천(自在天) 등이 일체법을 빚어낸다는 등의 주장이다. 『대일경소』 권1(대정장39, p.593a21)에 "유출이라 분별하면 건립외도와 거의 같다. 건립이란 마음으로부터 일체법이 난다고 하면, 여기에서의 유출도 손으로 만들듯이 일체법을 낸다고 주장하는 것과 같다. 마치 저 도공이 흙을 빚는 것에 따라 쉼없이 갖가지 차별한 형상을 생산하는 것과 같다. 計流出者 與建立大同 建立 如從心出一切法 此中流出 如從手功 出一切法 譬如陶師子 埏埴無間 生種種差別形相", 『관능가경기』 권7(卍속장26, p.13a2)에 "외도는 아가 인이라 헤아려 일체세간은 아로 쫓아 유출된다고 생각한다. 그러므로 '모든 세간을 낳는다'고 주장한다. 外道 計我爲因 一切世間 從我流出 故云生諸世間"라고 하였다. [참고문헌] 『大日經疏』, 『觀楞伽經記』. ⇨ 외도 外道

유충 惟忠 705~782. 당대 스님. 속성은 동(童)씨. 사천성(四川省) 성도(成都) 출신. 어릴 때 대광산(大光山)의 도원(道願) 문하에서 공부를 시작하였다. 그 뒤 하남성(河南省) 숭산(嵩山)을 돌아다니며 수행하다가 결국은 하택신회(荷澤神會 684~758)의 법을 이었다. 당시 황룡산(黃龍山)에 독사가 많아서 인근에 사는 사람들이 피해를 보는 사례가 많았는데 스님이 산에 들어가 초막을 짓고 선정을 닦은 뒤로는 더이상의 피해가 없었다. 이를 계기로 당시 사람들이 산 이름을 복룡산(伏龍山)으로 고쳤다. 782년(건중3) 세수 78세로 입적하였다. 정중사(淨衆寺) 신회(神會 720~794)의 제자인 익주남인(益州南印 ?~821)도 형남유충(荊南惟忠)이라 불리기 때문에 두 인물을 혼동할 수도 있다. [참고문헌] 『宋高僧傳』 권9(대정장50, p.763c8).

유취 有取 Ⓢ sopādāna, sopādānīya, Ⓣ nye-bar-len-pa-dang-bcas-pa, nye-bar-len-pa-dang-mthu n-par-bcas-pa. 취함이 있음의 뜻. 탐애(貪愛) 등을 자성으로 한다. 『구사론』 권13(대정장29, p.69b11 : *Abh-k-bh.*, p.197)에 “색처 등이 한결같이 유루라면 이 경에서는 무슨 까닭에 차별을 말하였는가? 즉 유루·유취의 모든 색이란 마음으로 심어 덮은 일들이니, 성(聲) 등도 그러하다. 若色處等 一向有漏 此經何緣 差別而說 如說有漏有取諸色 心栽覆事 聲等亦爾 yadi ca rūpāyatanādīni ekāntena sāsravāṇi syur iha sūtre kim arthaṃ viśeṣitāni syur yāni rūpāṇi sāsravāṇi sopādānīyāni cetaḥkhilamrakṣavastviti vistaraḥ”, 『삼무성론』 권상(대정장31, p.869b27)에 “‘이 유란 곧 유류와 유취이다’라 한 것은, 유는 아리야식이니 모든 번뇌의 뿌리이며, 유류는 무명이고, 유취는 곧 탐애이다. 此類是有流有取者 類卽是阿梨耶識 爲諸惑本 有流卽是無明 有取卽是貪愛”라고 하였다. 〔참고문헌〕『俱舍論』, 『三無性論』, *Abh-k-bh.*, *Śrāv-bh.489.*, *Bodh-bh.35.* ⇨ 유취법 有取法, 취 取

유취 有趣 Ⓢ bhava-gati, Ⓣ srid-pa-dang-'gro-ba. 유정에 나아감이 있음. 유정이 지은 업에 의지해 반드시 육취(六趣) 등으로 돌아가는 곳이 있음의 뜻이다. 『법원주림』 권5(대정장53, p.301b10)에 “〔문〕 어떤 것을 육취라고 하는가? 『비담론』에서는 다음과 같이 말한다. ‘취란 이른다는 말이고, 도라고도 한다. 곧 저 선악업인의 도로 능히 움직여 태어날 곳에 이르기에 취라고 한다. 또한 지은 업에 의지하여 날 곳으로 가기에 취라 한다. 유취란 돌아가 향하는 귀향의 뜻이다. 지은 업으로 반드시 하늘을 향하거나 지옥에 이른다는 말이다’. 問曰 云何名六趣 依毘曇論云 趣者名到 亦名爲道 謂彼善惡業因道 能運到其生趣處 故名爲趣 亦可依所造之業 趣彼生處 故名爲趣 有趣者 歸向之義 謂所造業 能歸向於天乃至地獄也”라고 하였다. 〔참고문헌〕『法苑珠林』, *Śrāv-bh.420.*, *Śikṣ.198.* ⇨ 육취 六趣, 취 趣

유취 柳翠 남송(南宋) 때 기녀(妓女). 불법(佛法)을 좋아하여 보시를 즐겼다. 유취교(柳翠橋)라는 다리를 놓기도 하고, 유취정(柳翠井)이라는 우물을 파기도 하였다. 월명화상(月明和尙)과 ‘유취’에 관한 고사를 이수경(李壽卿)이 『도유취 度柳翠』라는 작품으로 남겼다. 『사미율의비니일용합참』 권중(卍속장106, p.565a2)에 “월명화상은 옥통선사의 제자이지만 유취는 옥통의 후신이다. 月明 雖是玉通弟子 柳翠爲玉通後身”라고 하였다. 〔참고문헌〕『沙彌律儀毗尼日用合參』, 青木正兒 『喩世明言警世通言醒世恒言』(岳麓書社, 1989) p.246.

유취무취계 有取無取界 취할 만한 계와 취하지 못하는 계. 『사리불아비담론』 권7(대정장28, p.575c28)에 “어떤 것을 유취계라고 하는가? 법에 승함이 있으면 유취계라고 한다. 어떤 것이 무취계인가? 법에 승함이 없으면 무취계라고 한다. 云何有取界 若法有勝 是名有取界 云何無取界 若法無勝 是名無取界”라고 하였다. 〔참고문헌〕『舍利弗阿毘曇論』.

유취무취업 有取無取業 취가 있는 업과 없는 업. 『사리불아비담론』 권7(대정장28, p.580b11)에 “어떤 것이 유취업인가? 업이 승하면 유취업이다. 어떤 것이 무취업인가? 업에 승함이 없으면 무취업이다. 云何有取業 若業有勝 是名有取業 云何無取業 若業無勝 是名無取業”라고 하였다. 〔참고문헌〕『舍利弗阿毘曇論』.

유취법 有取法 Ⓢ sopādānadharmāḥ. 취하고 합하여 욕탐을 일으키는 법. 온처계(蘊處界)를 말한다. 『대승아비달마잡집론』 권1(대정장31, p.695b13 : *Abh-s-bh.*, p.2)에 “〔문〕 어찌하여 취온이라 하는가? 〔답〕 취하여 합하기에 취온이라고 한다. 취란 모든 온 중에 욕탐을 말한다. 무슨 까닭에 욕탐을 취라고 하는가? 미래에 현재의 모든 온을 끌어당겨서 버리지 않기에 미래를 희구하여 현재에 염착하니 욕탐을 취라고 한다. 욕은 희구상이고, 탐은 염착상이다. 욕이 미래자체를 희구하여 방편으로 삼기에 미래온을 끌어 취하여 현전하게 하며, 탐이 현재자체를 염착하는 것이 방편이 되기에 현재온을 집취하여 버리고 떠나지 않게 한다. 그러므로 이 두 가지를 취라고 한다. 〔문〕 무슨 까닭에 계와 처를 유취법이라고 하는가? 〔답〕 온의 설과 같다. 계와 처 또한 취하고 합하기에 유취법이라고 함을 알아야 한다. 問云何名取蘊 答 以取合故 名爲取蘊 取者 謂諸蘊中 所有欲貪 何故欲貪 說名爲取 謂於未來 現在諸蘊 能引不捨故 希求未來 染著現在 欲貪名取 欲者希求相 貪者染著相 由欲希求 未來自體 爲方便故 引取當蘊 令起現前 由貪染著現在自體 爲方便故 執取現蘊 令不捨離 是故此二 說名爲取 問 何故界處 說有取法 答 應如蘊說 當知界處 與取合故 名有取法 upādānaṃ chando rāgaś ca. tatra chando 'bhilāṣaḥ rāgo 'dhyavasānam. chandenānāgatam ātmabhāvam abhilāṣamukhenopādatte yenānāgatān skandhān abhinirvartayati. rāgena vartamānam ātmabhāvam adhyavasānamukhenopādatte yena vartamānān skandhān na parityajati. tasmād etad eva dvayam upādānam ity ucyate. tatra skandhavan nirdeśa iti upādānena yuktās tasmāt sopādānadharmā iti veditavyam”라고 하였다. 〔참고문헌〕『大乘阿毘達磨雜集論』, *Abh-s-bh.* ⇨ 취온 取蘊, 온처계 蘊處界, 삼과 三科

유취식 有取識 Ⓢ sopādāna-vijñāna, Ⓣ nye-bar-le

n-pa-dang-bcas-pa'i rnam-par-shes-pa. 취가 있는 식. 루(漏)를 취한 유루식을 말한다. 『구사론』 권30(대정장29, p.159a9 : *Abh-k-bh.*, p.477)에 "저 유취식처럼 목숨을 마칠 때, 비록 하고많은 후유업이 이끌 훈습을 지닐지라도, 거듭 가까이 자주 익혀 끌어들 것이 명료하며, 다른 것이 아니다. 如有取識 正命終時 雖帶衆多 感後有業 所引熏習 而重近起 數習所引 明了非餘 tad yathā sopādānaṃ maraṇacittaṃ punarbhavasya. trividhakarmapūrvakatve 'pi yat karma guru vā bhavaty āsannam abhyastaṃ vā tatkṛtaṃ sāmarthyaṃ dyotyate na tv anyasya", 『구사론기』 권22(대정장41, p.336c18)에 "계경에서 설하는 다섯 가지 종자는 근・줄기・가지・마디・씨앗인데, 이것은 각각 다른 이름으로 유취식을 비유한 것이다. 취는 번뇌이니, 식에 취가 있으므로 유취식이라 한 것이다. 契經說 五種種子 一 根 二 莖 三 支 四 節 五 子 此卽別名 喩有取識 取是煩惱 識有取故 名有取識", 『변중변론술기』 권상(대정장44, p.5c20)에 "『대법론』에서 말하길 '유취식은 유루식이다. 취는 번뇌이기 때문이다'. 對法論說 有取識者 有漏識也 取是漏故", 『성유식론의온』 권3(卍속장78, p.856b15)에 "유취식이란 결생식이며, 제8식이기도 하다. 名有取識者 卽結生識也 亦是第八"라고 하였다. [참고문헌] 『俱舍論』, 『俱舍論記』, 『辯中邊論述記』, 『成唯識論義蘊』, *Abh-k-bh.333.* ⇨ 유루식 有漏識

유취지 有取智 취함이 있는 지. 『사리불아비담론』 권9(대정장28, p.591a2)에 "무엇이 유취지인가? 지에 승함이 있으면 유취지라고 한다. 云何有取智 智若有勝 是名有取智"라고 하였다. [참고문헌] 『舍利弗阿毘曇論』. ⇨ 무취지 無取智, 유취 有取

유치 由致 불공(佛供) 등 모든 재(齋)에서 이들을 펴고 여는 연유를 아뢰는 글. 제불보살과 성중 그리고 중단의 현왕・사자・산신 등을 청하여 모시는 등 모든 소청의식(召請儀式) 중에 행한다. 다비의례(茶毘儀禮) 중 현왕불공(現王佛供)・사자단작법(使者壇作法)・산신재(山神齋)・미타단작법(彌陀壇作法) 등에도 각각의 유치가 있다. 유치문은 청하는 상단과 중단의 성중들의 공능(功能)을 찬탄하고, 재를 베푼 이(設辦齋者)가 바라는 바를 재에 모인 모든 대중들이 분명히 알게 하는 뜻이다. 절이(切以 : 간절히)・앙유(仰惟 : 오직 바라오니)로부터 시작되는 소청성중의 공능찬탄, 유시(由是 : 그러므로)・시이(是以 : 이러므로)로 이어지는 설판의 유치가 이어진다. 『작법귀감』 권상 「지장청」(한불전10, p.557c18)에 "유치 : 오직 바라옵니다. 지장보살대성이시여! 만월처럼 참된 모습 맑은 강물처럼 깨끗하신 눈 지니신 이여! 마니주를 가져 원만과위 보이신 이여! 연꽃 밟으셨으나 오히려 인문을 밟으심이여! 널리 자비광명을 펼치시고 항상 지혜검을 휘두르시며 어두운 길 밝히시고 죄의 뿌리 끊어 없애시니, 간절히 바라오니 지체없이 감응하시길. 이러므로〈운운〉 금월금일에 〈모〉영가가 입적한 밤〈속인은 기일재〉 정성되이 정찬 베풀어 남방화주지장대성께 공양하오니 자비롭게 살피시고 자세히 비추소서. 우러러 일심을 드러내어 먼저 세 번 청합니다. 由致 仰惟地藏菩薩大聖者 滿月眞容 澄江淨眼 掌摩尼而示圓果位 躋菡萏而猶蹋因門 普放慈光 常揮慧劒 照明陰路 斷滅罪根 倘切歸依 奚遲感應 是以〈云云〉 以今月今日 第當〈某〉靈駕 示寂之辰〈俗人則忌日之齋〉 虔設淨饌 供養南方化主地藏大聖 庶廻慈鑑 曲照微誠 仰表一心 先陳三請"라고 하였다. [참고문헌] 『作法龜鑑』.

유치 有致 Ⓟ bhava. 십이인연(十二因緣) 중 제10지인 유지(有支). 『나선비구경』 권중(대정장32, p.711b28)에 "탐욕(貪欲 : 取)으로부터 유치를 낳고, 곧 생이 늙음으로 이어지며, 늙음으로부터 병들게 된다. 從貪欲生有致 便生因老 從老因病"라고 하였다. [참고문헌] 『那先比丘經』, *Mil.50.* ⇨ 유지 有支, 십이인연 十二因緣

유치 有癡 Ⓢ Ⓟ sa-moha, Ⓣ gti-mug-dang-bcas-pa. 어리석음이 있다는 말. 『구사론』 권26(대정장29, p.136b17 : *Abh-k-bh.*, p.398)에 "저 공상혹의 연이 되므로 마땅히 어리석음이 있다고 하니, 치의 소연이기 때문이다. 若謂由爲共相惑緣 應名有癡 癡所緣故 sāmānya kleśa-ālambanatvād-iti cet. evam-api samohaṃ gṛhṇīyān-moha-ālambanatvāt"라고 하였다. [참고문헌] 『俱舍論』, 『長阿含經』 권13 「阿摩晝經」(대정장1, p.86a26), *Abh-k-bh.*, *DN.1.80.* ⇨ 무치 無癡

유치 幽致 헤아리기 어려운 깊은 뜻. 깊은 이치를 말하기도 한다. 『화엄경소초』 권38(대정장36, p.292b23)에 "소승관법으로는 생멸로 무상의 뜻 삼지만, 대승보살은 불생멸로 무상의 뜻 삼는다. 무상이라는 이름은 같지만 깊은 뜻으로는 전혀 다르다. 小乘觀法 以生滅爲無常義 大乘之士 以不生滅 爲無常義 無常名同 而幽致殊絶矣", 『조론』 「열반무명론 涅槃無名論」(대정장45, p.157a19)에 "그 깊은 이치 텅 비고 그윽하여 결코 뭇중생이 헤아려 미치지 못한다. 幽致虛玄 殆非群情之所測"라고 하였다. [참고문헌] 『華嚴經疏鈔』, 『肇論』.

유치심 有癡心 Ⓢ samoha-citta, sammoha-citta, Ⓟ samohaṃ cittaṃ, Ⓣ gti-mug-dang-bcas-pa'i-sems. 어리석음이 있는 마음. 이치심(離癡心 Ⓢ vigatamoha-citta)과 대칭한다. 『대비바사론』 권151(대정장27, p.770a3)에 "유치심이란 어리석음과 함께한다는

뜻이다. 有癡心者 謂癡相應", 『사리불아비담론』 권27(대정장28, p.698b9)에 "무엇이 유치심인가? 저 마음에 어리석음이 있다면 사람이 어리석은 것과 같다. 이를 가리켜 유치심이라 한다. 云何有癡心 若心有癡 人癡相應 是名有癡心"라고 하였다. [참고문헌] 『大毘婆沙論』, 『舍利弗阿毘曇論』, *Pañca-pr.4.60.*, *Śrāv-bh.297.*, *DN.1.80.* ⇨ 유치 有癡, 이치심 離癡心, 치 癡

유칙 惟則 ❶ 당대 스님 유칙(遺則)의 다른 이름. ⇨ 유칙 遺則❷ ❷ 1286~1354. 원대 임제종 스님. 호는 천여(天如), 속성은 담(譚)씨. 길안(吉安 : 江西省) 출신. 유칙(維則)이라고도 한다. 어렸을 때 화산(禾山)에서 출가한 뒤 천목산(天目山) 일대를 돌아다니다가 중봉명본(中峰明本 1263~1323)의 법을 이었다. 원나라 순제(順帝) 때인 1341년(지정1) 소주(蘇州 : 江蘇省) 사자림(師子林)에 주석하였다. 다음 해에 제자들이 힘을 합하여 보리정종사(菩提正宗寺)를 짓고 설법을 청한 뒤로 임제종의 종풍을 널리 알렸다. 임금에게 불심보제문혜대변선사(佛心普濟文慧大辯禪師)라는 호와 금란가사(金襴衣)를 하사받았다. 저서에 『능엄경회해 楞嚴經會解』 20권·『능엄경원통소 楞嚴經圓通疏』 10권·『정토혹문 淨土或問』·『선종어록 禪宗語錄』·『시방계도설 十方界圖說』 등이 있다. 1354년(지정14)에 세수 69세로 입적하였다. [참고문헌] 『釋鑑稽古略續集』(대정장49, p.914c19), 『五燈嚴統』 권23(卍속장139, p.985a18), 『續燈存稿』 권8(卍속장145, p.189a8). ⇨ 명본 明本 ❸ 1303~1373. 원대 임제종 양기파 스님. 자는 천진(天眞), 호는 빙벽노인(冰檗老人), 속성은 비(費)씨. 절강성(浙江省) 항주(杭州) 출신. 열여덟위나 되는 존숙을 두루 친견한 다음 광려(匡廬)의 무극원(無極源) 문하에서 수행하고 그 법을 이었다. 가흥해문(嘉興海門)에 주석하면서 선풍을 떨치다가 1373년(홍무6)에 세수 71세로 입적하였다. [참고문헌] 『五燈全書』 권51(卍속장141, p.131a6), 『續燈正統』 권25(卍속장144, p.784a12), 『續燈存稿』 권7(卍속장145, p.161a7).

유칙 遺則 ❶ 남아 전하는 법도. 『중본기경』 권하(대정장4, p.156c27)에 "당신이 남겨 전한 칙을 허무는 바람에 이렇게 화가 일어났소. 君毁遺則 禍此興矣"라고 하였다. [참고문헌] 『中本起經』. ❷ 751~830. 당나라 때 스님. 속성은 장손(長孫)씨. 장안(長安 : 陝西省) 출신. 『경덕전등록』 권4(대정장51, p.231a1) 등에는 유칙(惟則)이라 했다. 초서(草書)와 시문에도 능하였고 문장마다 이치가 뚜렷했다. 우두종(牛頭宗) 6세 혜충(慧忠) 문하로 출가하였지만, 나중에 천태산 불굴암(佛窟巖)에 살았다. 『서집융조사문 序集融祖師文』 3권·『보지석제 寶誌釋題』·『남유부대사서 南遊傅大士序』·『무생등의 無生等義』 등의 저술을 남겼고, 시가(詩歌) 수십 편도 전한다. 830년(태화4) 세수 80세로 입적하였다. [참고문헌] 『景德傳燈錄』, 『宋高僧傳』 권10(대정장50, p.768b12).

유타 類墮 유(類)에 떨어짐. 삼종타(三種墮) 중 하나로 사문타(沙門墮)라고도 한다. 사문이 온갖 유정의 이류(異類) 중에 들어가 대비로 방편을 펴기에 온갖 모습을 할 수 있지만 그 모습에 따른 보는 여의었기에 자유롭다. 『조산어록』 권상(대정장47, p.536c20)에 "그때 조포납이 물었다. '털옷 입고 뿔까지 얻었으니 이 어디에 떨어졌는가?' '이는 유타이다'. 時 稠布衲問曰 披毛戴角 是甚麽墮 師曰 是類墮", 『오가종지찬요』 권중(卍속장114, p.541b11)에 "무엇이 유타인가? 삼산등래가 말한다. '비록 축생행을하지만 축생보는 받지 않는다'. 如何是類墮 三山來云 雖行畜生行 不得畜生報"라고 하였다. [참고문헌] 『曹山語錄』, 『五家宗旨纂要』. ⇨ 사문타 沙門墮, 삼종타 三種墮, 이류중행 異類中行

유탐 有貪 Ⓢ bhava-rāga, sarāga, sarāgatā, Ⓟ bhava-rāga, Ⓣ srid-pa'i-'dod-chags, chags-bcas, chag-bcas nyid. 유(有)에 있어서의 탐. 칠수면(七隨眠) 중 하나로 색계와 무색계인 상이계(上二界)에서 일으키는 탐이다. 유탐수면(有貪隨眠)으로 유욕(有欲)이라고도 하며, 욕계(欲界)는 욕탐(欲貪)이다. 색무색계의 선정 중 일어나는 탐욕이다. 『구사론』 권19(대정장29, p.99a16 : *Abh-k-bh.*, p.279)에 "탐을 두 가지로 말하면 욕탐과 유탐이다. 이중 유탐은 무엇을 몸으로 삼는가? 색무색계의 탐이 그것이다. 이 이름은 어떤 인으로 색무색계에만 세웠는가? 저 계의 탐은 다분히 내문에서 구르기 때문이다. 말하자면 저 두 계에서는 흔히 정에 대한 탐을 일으키며, 모든 정에 대한 탐은 내문의 움직임이기에 오직 저 두 계에만 유탐이라는 이름을 붙인다. 言貪分二 謂欲有貪 此中有貪 以何爲體 謂色無色二界中貪 此名何因 唯於彼立 彼貪多託 內門轉故 謂彼二界 多起定貪 一切定貪 於內門轉故 唯於彼立有貪名 ya eṣa sūtre rāgasya bhedaḥ kṛtaḥ kāmarāgo bhavarāga iti. ko 'yaṃ bhavarāgaḥ. … rūpārūpyadhātujo rāgo bhavarāgaḥ kṛtaḥ. kiṃ kāraṇam evaṃ kṛtaḥ. … samāpattirāgo hi teṣāṃ prāyeṇa. sa cāntarmukhapravṛttas tasmāt bhavarāgaḥ", 『순정리론』 권45(대정장29, p.599c23)에 "상이계탐은 흔히 정경 중 내문에서 움직이므로 유탐이다. 또한 어떤 사람은 색무색은 해탈상을 일으키기에 이 상을 가리고자 유탐이라 한다. 곧 상이계로 해탈을 구하면 망상하여 그곳에 먼저 나야 한다고 하여 저곳을 헤아려 진해탈로 삼는다. 부처님께서는 진해탈이라는 상을 막고자 상이계에 유라는 이름을 세우셨다. 上二界貪 多於定境 內門而轉 故名有貪 又由有人 於色無色 起解脫想 爲遮彼故 謂上二界有求解脫 妄想爲先得生於彼 故有計彼 爲眞解脫 佛爲遮其眞解脫想 故於上界 立以有名"라고 하였다. 〔참고문헌〕『俱舍論』, 『順正理論』, *Abh-k-bh·272·396.*, *Mvyut.160.*, *AN.2.10.* ⇨ 칠수면 七隨眠, 욕탐 欲貪 ❷

유탐심 有貪心 Ⓢ sarāga-citta, Ⓣ sems chags-bcas. 탐이 있는 마음. 『구사론』 권26(대정장29, p.135c17 : *Abh-k-bh.*, p.396)에 "유탐심이란, 두 뜻의 유탐이 있다. 하나는 탐과 상응하는 마음이고, 또 하나는 탐에 얽힌 마음이다. 탐과 상응하는 마음이 두 뜻을 함께 하고, 나머지 유루심은 오직 탐에 얽힌 것이다. 有貪心者 二義有貪 一 貪相應 二 貪所繫 貪相應心 具由二義 餘有漏心 唯貪所繫 sarāgaṃ cittam iti dvidhā sarāgatā. saṃsṛṣṭasarāgatā saṃyogasarāgatā ca. tatra sarāgasaṃprayuktaṃ cittaṃ dvābhyāṃ sarāgaṃ tato 'nyat sāsravaṃ saṃyogasarāgatayā sarāgam"라고 하였다. 〔참고문헌〕『俱舍論』, 『大毘婆沙論』 권151(대정장27, p.770a1), *Abh-k-bh.*, *Pañca-pr.4.60.*, *Śrāv-bh.296.* ⇨ 이탐심 離貪心

유탐진치심 有貪瞋癡心 Ⓢ cittasya sarāga-doṣa-mohatā. 삼독(三毒)인 탐진치가 있는 마음. 『대반야경』 권305(대정장6, p.556b20)에 "여실성 중에 심법과 심소법도 있을 수 없으니 하물며 탐진치에 물든 마음도 탐진치를 여읜 마음도 있을 수 있겠는가! 如實性中 心心所法 尙不可得 況有有貪瞋癡心 離貪瞋癡心", 『대비바사론』 권27(대정장27, p.140c10)에 "어떤 등의 마음으로 해탈을 얻는가? 탐진치에 물든 마음일까? 탐진치를 여읜 마음일까? 〔답〕 탐진치 여의면 해탈을 얻는다. 何等心得解脫 有貪瞋癡心耶 離貪瞋癡心耶 答 離貪瞋癡心得解脫"라고 하였다. 〔참고문헌〕『大般若經』, 『大毘婆沙論』, 『瑜伽論記』 권4(대정장42, p.387a2·한불전13, p.235a7), *Pañca-pr.4.61.* ⇨ 탐진치 貪瞋癡

유탕 遊蕩 Ⓢ asaṃvṛta. 놀기를 함부로 함. 방탕(放蕩)·유탕(遊宕·流宕·流蕩) 등이라고도 한다. 『출요경』 권9(대정장4, p.656b5)에 "계로써 마음을 항복시킨다는 말은, 항상 마음을 묶어 잃지 않으며 또한 이리저리 놀아 함부로 하지 않는다. 이 때문에 '계로써 마음을 항복시킨다' 한다. 以戒降心者 常係心不失 亦不遊蕩縱逸 是故說曰 以戒降心也", 『관불삼매해경』 권8(대정장15, p.683c25)에 "형제 셋이 마음대로 놀아 법도가 없고 다투어 음사에 드나들었다. 兄弟三人 遊蕩無度 競奔婬舍", 『신이전이씨부휘고』 권하(卍속장150, p.361a13)에 "진실한 마음도 없고 심지어 술 마시고 고기 먹으며 제멋대로 놀고 음탕하기까지 하여 돌아보고 꺼리는 바 전혀 없었다. 又無誠心 甚至飮酒食肉 遊蕩荒淫 略無顧忌"라고 하였다. 〔참고문헌〕『出曜經』, 『觀佛三昧海經』, 『神異典二氏部彙考』, *Udāna-v.369.* ⇨ 방탕 放蕩

유택성 流澤聲 Ⓢ snigdhā. 부처님의 육십사범음(六十四梵音) 중 하나. 윤택성(潤澤聲)이라고도 한다. 『여래비밀대승경』 권7(대정장11, p.719c7)에 "여래말씀에는 64종의 수묘한 상이 있으니, 어떤 것들이 그 64종인가? 첫 번째는 흘러 윤택하게 한다. 如來語言 具有六十四種殊妙之相 何等名爲六十四種 一者 流澤"라고 하였다. 〔참고문헌〕『如來祕密大乘經』, *Mvyut.36.* ⇨ 윤택성 潤澤聲, 육십사범음 六十四梵音

유통 流通 흘러 막힘이 없게 하다. 유전홍통(流傳弘通)의 줄임이니 흘러 전하여 널리 통해 막힘없도록 한다는 뜻이다. 『인왕반야경소』 권상1(대정장33, p.315c15)에 "유통이라 함에 유는 베풀어 펴는 뜻이고 통은 막히지 않게 하는 뜻이다. 곧 법음을 멀리 퍼뜨림에 막힘이 없도록 한다는 말이다. 流通者 流者 宣布義 通者不擁義 欲使法音 遠布無壅也", 『원각경약소』 권하(대정장39, p.574c1)에 "도무지 전하는 사람이 없다면 이것 흐를 수 없다. 흐른 즉 머물거나 멈추지 않는다. 전해가다 장애를 만나면 이는 통하지 못함이니 통이란 갇히지도 막히지도 않는다는 뜻이다. 都無人傳 是不流 流則不住不滯 傳之遇其障難 是不通 通則不壅不塞", 『유마경약소』 권1(대정장38, p.563b14)에 "유통이란, 유는 물이 아래로 흘러 적심을 비유하고 통은 걸림도 막힘도 없다는 뜻이다. 여래께서 큰 자비로 평등하게 법을 설하심은 비단 설법 당시에만 그치지 않고 멀리 정법·상법·말법대까지 연이 이어 담뿍 적셔 법이 기름지기를 바라서이다. 이런즉 법의 물 흘러 적시길 끝없이 하니 아울러 적셔 이에 기름지니 이 이름이 유통이다. 流通者 流譬水之下霔 通則無滯無壅 如來大慈 平等說法 非止但爲現在 亦欲遠被 正像末代有緣 使咸沾法潤 是則 法水流霔無窮 並沾斯澤 故名流通也", 『대반열반경소』 권32(대정장38, p.219b14)에 "유통이 있었다는 말에는 두 가지가 있다. 첫째는 사도(邪道)를 거두어 정도(正道)로 돌리는 유통이고, 둘째는 부촉하는 유통이다. 비록 부촉이라는 글은 없지만 사도를 거두는 자취는 있기에 유통분이 있다고 말한다. 言有流通者 一 攝邪歸正流通 二 付囑流通 雖無付囑之文 而有攝邪故 言有流通分"라고 하였다. 〔참고문헌〕『仁王般若經疏』, 『圓覺經略疏』, 『維摩經略疏』, 『大般涅槃經疏』.

유통교해 流通敎海 가르침의 바다 흘러 막힘 없게 한다는 말. 『선가귀감』(한불전7, p.635b13)에 "일대란 사십구년간 설하신 오교다. 인천교・소승교・대승교・돈교・원교가 그 다섯이니, 아난이 흘러 통하게 한 가르침의 바다가 바로 이것이다. 一代者 四十九年間 所說五敎也 人天敎一也 小乘敎二也 大乘敎三也 頓敎四也 圓敎五也 所謂阿難 流通敎海者 此也"라고 하였다. 〔참고문헌〕『禪家龜鑑』. ⇨ 유통 流通

유통분 流通分 널리 통하기를 바라는 분. 동진(東晉) 때 도안(道安)의 삼분과경(三分科經)에서 유래한다. 서분(序分)・정종분(正宗分)에 이은 마지막 분이다. 『금강반야경소론찬요』 권상(대정장33, p.155c14)에 "뒤에 경문을 풀어감에 늘 그랬듯이 삼분에 준한다. 서분・정종분・유통분이다. 後釋經文 准常三分 初 序分 二 正宗分 三 流通分", 『인왕호국반야경소』 권1(대정장33, p.255b21)에 "말세중생 모두가 한결같이 법의 이익을 입도록 한 것을 유통분이라 한다. 末世衆生 同霑法利 名流通分", 『신화엄경론』 권8(대정장36, p.770c26)에 "이 경의 유통분은 각 품의 끝마다에 있다. 땅 흔들리고 꽃비 내리며 보살이 공양하는 곳 있다면 모두가 크게 보아 부촉하는 유통분이다. 此經流通分 每在品末 有動地雨華 菩薩供養處 總是大都 付囑流通分", 『아미타경소』(대정장37, p.328b22)에 "이하는 세 번째 유통분을 밝힌다. 이는 교법에 따라 받들어 행하는 부분이다. 自下第三 明流通分 卽依敎奉行分也", 『보살영락본업경소』 권하(한불전1, p.523b1)에 "이 아래는 세 번째 유통분이다. 두 문이 있으니, 먼저 받아 지녀 유통하길 권하고 뒤에 유통방법을 보인다. 처음에도 두 가지가 있으니, 첫째는 받아 지니기를 권하는 유통이고 둘째는 빛 거듭 드러내기를 권하는 유통이다. 此下第三流通分 在文有二 先明勸持流通 後示流通方法 初中亦二 一者勸持受敎流通 二者現光重勸流通", 『금강삼매경론』 권하(한불전1, p.675a21)에 "세 번째 유통분에 여섯이 있다. 첫째는 다른 사람을 찬탄하는 유통이고 둘째는 대중에게 권하는 유통이며, 셋째는 이름을 세우는 유통이고 넷째는 받아 지니는 유통이며, 다섯째는 참회하는 유통이고 여섯째는 받들어 행하는 유통이다. 第三名流通分 於中有六 一者讚人流通 二者勸衆流通 三者立名流通 四者受持流通 五者懺悔流通 六者奉行流通"라고 하였다. 〔참고문헌〕『金剛般若經疏論纂要』, 『仁王護國般若經疏』, 『新華嚴經論』, 『阿彌陀經疏』, 『菩薩瓔珞本業經疏』, 『金剛三昧經論』. ⇨ 삼분과경 三分科經, 유통 流通

유통판 劉通判 생몰연대 미상. 송나라 때 사대부. 자는 언충(彦冲), 호는 병산거사(屛山居士), 명은 자휘(子翬). 주희(朱熹)의 장인. 통판은 군사감(軍事監)이다. 대혜종고(大慧宗杲 1089~1163)와 교유하였으며, 대혜선사가 고요하거나 시끄러운 경계를 따지지 말고 망회(忘懷)와 관대(管帶)도 구분하지 말며 득실에 좌우되지도 않는 자세를 유지하면서 무자(無字)를 참구하라는 취지로 보낸 편지가 『서장』「답유통판」(대정장47, p.926a19)에 전한다. 〔참고문헌〕『書狀』, 李智冠『四集私記』 p.60. ⇨ 병산거사 屛山居士

유퇴인 有退人 물러남이 있는 사람. 해탈심이라도 머물면 유퇴다. 무퇴인의 상대어이다. 『사리불아비담론』 권8(대정장28, p.589a22)에 "어떤 것이 유퇴인인가? 저 사람이 해탈심과 함께 머물러 일으키기만 한다면 저에게는 해탈심과만 함께하여 물러나 변하기만 하니 이를 유퇴인이라고 부른다. 云何有退人 若人於共解脫心住發起 彼有共解脫心退變 是名有退人"라고 한다. 〔참고문헌〕『舍利弗阿毘曇論』. ⇨ 무퇴인 無退人

유파 有派 Ⓢ sāstika darśana. 유(有 Ⓢ sa-asti)를 주장하는 무리들. 인도철학에서 여러 학설들을 크게 두 갈래로 나누는 전통적 방법이 있으니, 베다(Ⓢ Veda)와 자재신(自在神 Ⓢ Īśvara)과 내세(來世 Ⓢ paraloka) 등 세 가지를 '절대로 있다'고 보는 유파와, 그렇지 않고 없거나 또는 있기는 해도 절대적 존재는 아니라고 보는 무파(無派 Ⓢ nāstika-darśana)다. 유파는 유신론적・전통적・정통적 보수학파라 할 수 있고, 무파는 무신론적・이단적・혁신적 학파라고 할 수 있다. 대체로 상고(上古)시대의 바라문교(婆羅門敎)와 중세 육파철학(六派哲學), 근대 힌두교가 유파에 속하고, 육사외도(六師外道)와 불교와 자이나교, 순세파(順世派 Ⓢ Lokāyata)가 무파에 속한다. 베다・자재신・내세 등이 부분적으로든 전적으로든 절대적으로 존재한다고 보아, 첫째 '베다는 전적으로 있다. vedāsti', 둘째 '이슈와라는 절대적으로 있다. īśvarāsti', 셋째 '파라로카 즉 내세가 절대적으로 있다. paralokāsti'는 것이 유파의 입장이다. 인도사상사를 일관하는 중심 개념들로서 다르마(Ⓢ dharma : 法 또는 眞理), 아르타(Ⓢ artha : 뜻 또는 이익・소원), 카마(Ⓢ kāma : 欲樂), 목샤(Ⓢ mokṣa : 解脫), 니르와나(Ⓢ nirvāṇa : 涅槃), 아트만(Ⓢ Ātman : 我 또는 靈魂), 상사라(Ⓢ saṃsāra : 輪迴轉生) 등을 들지만, 이 개념들은 모두 위에 말한 세 가지를 있다고, 또는 없다고 보는 입장에 따라 달리 해석될 수 있기도 하다. 가령 유파에 의하면 어떤 법이나 진리도 오직 창조신의 뜻에 예속된 것이고, 사람의 이익이나 쾌락도 창조신에게 드리는 예배와 기도 여하에 달려있으며, 해탈도 결국은 창조신의 은총을 받는 것에 불과하다. 그러나 무파에 의하면 이 세상의 모든 것은 본래부터 그렇게 되어 있는 법이나 진리에 따른 것이며, 설령 신이 있다손 쳐도 신 역시 그 법이나 진리에 따르는 것이며, 사람의 이익과 욕락, 해탈 등도 법이나 진리에 의하여 사람

자신이 하는 모든 행동 즉 업(業 Ⓢ karma) 여하에 달려있다고 여긴다. 그래서 자이나교나 불교를 업설(業說 Ⓢ karma-vāda)이라고도 한다. 〔참고문헌〕 元義範 『印度哲學思想』(集文堂, 1980) pp.30~33. ⇨ 무파 無派

유파 喩破 Ⓢ pratidṛṣṭānta-sama. 비유로 파하다의 뜻. 이십종난(二十種難) 중 하나다. 반유(反喩)라고도 한역한다. 니야야(Ⓢ Nyāya : 正理)에서는 24종이다. 『방편심론』(대정장32, p.27c25)에 "이 난에 스무 가지가 있다. 첫째 증다 … 열일곱째 유파 … 스무째 불생이다. 이것을 스무 가지 문답법이라고 한다. 如斯難者 有二十種 一曰 增多 … 十七 喩破 … 二十 不生 是名二十問答之法", 같은 책(대정장32, p.28b11)에 "다시 너는 '아는 근으로 알 수 없기에 상이다' 하였다. 나무뿌리와 지하수 역시 근으로 지각되지 않지만 무상하다. 그런데 어떻게 아가 영원한가? 이것을 유파라고 한다. 復次 汝以我非根覺故爲常者 樹根地下水 亦非根覺 而是無常 我云何常 是名喩破"라고 하였다. 〔참고문헌〕 『方便心論』. ⇨ 이십종난 二十種難

유파 鍮婆 Ⓢ stūpa, Ⓟ thūpa의 음사어. 솔도파(率都婆)·사투파(娑偸波)·탑(塔) 등이라고도 한다. 『증일아함경』 권8(대정장2, p.586b15)에 "네 거리 들머리에 유파를 세웠다. 於四道頭起鍮婆"라고 하였다. 〔참고문헌〕 『增壹阿含經』. ⇨ 솔도파 率都婆, 스투파 stūpa

유포 乳哺 Ⓢ āpāyaka, kṣīra-dhātrī, Ⓟ khirassa dāyikā, Ⓣ nu-ma-snun-pa, nu-ma na-ba'i ma-ma. 젖을 먹여 기름. 『불보은경』 권3(대정장3, p.141b25)에 "부모란 열 달 품어주며 마른자리로 옮겨 젖은 자리는 걷어내며 젖을 먹여 기른다. 父母者 十月懷抱 推乾去濕 乳哺長大", 『장아함경』 권4 「대본경 大本經」(대정장1, p.5c24 : *Mahāpadāna-sutta, DN.2*, p.19)에 "그때 부왕이 넷이나 되는 유모를 딸려주었다. 첫째는 젖먹이는 유모, 둘째는 목욕시키는 유모, 셋째는 향 발라주는 유모, 넷째는 놀아주는 유모다. 爾時 父王給四乳母 一者 乳哺 二者 澡浴 三者 塗香 四者 娛樂 atha kho bhikkhave bandhumā rājā vipassissa kumārassa dhātiyo upaṭṭhāpesi. aññā sudaṃ pāyenti. aññā nahāpenti. aññā dhārenti. aññā aṅkena pariharanti", 『우란분경』(대정장16, p.779a29)에 "부모를 제도하여 길러주신 은혜에 보답한다. 欲度父母 報乳哺之恩", 『최승불정다라니정제업장주경』(대정장19, p.359a6)에 "열 달 동안 임신하고, 3년 젖 먹인다. 十月妊娠 三年乳哺"라고 하였다. 〔참고문헌〕 『佛報恩經』, 『長阿含經』, 『盂蘭盆經』, 『最勝佛頂陀羅尼淨除業障呪經』, *Bodh-bh.83., Lal-v.72., Mvyut.606., Vin.2.255., DN.*

유포 流布 Ⓢ spharaṇa. 널리 퍼진다는 말. 『장아함경』 권2 「유행경 遊行經」(대정장1, p.14c15)에 "이름과 덕이 널리 퍼져 사방에 알려졌다. 名德流布 聞於四方", 『중아함경』 권11 「상경 相經」(대정장1, p.493b8)에 "명성이 흘러 퍼져 널리 시방에 알려졌다. 名稱流布 周聞十方"라고 하였다. 〔참고문헌〕 『長阿含經』, 『中阿含經』.

유포양육은 乳哺養育恩 여러 생에 걸친 부모에게 받은 열 가지 큰 은혜(多生父母十種大恩) 중 하나. 젖 먹여 길러주신 부모님의 은혜. 『대방편불보은경』 권5(대정장3, p.153c18)에 "교담미는 어머니이시니 여래색신을 젖 먹여 길러주셨다. 이제 성불하심은 어머니가 키워주신 은혜 때문이다. 憍曇彌母人者 乳哺養育如來色身 至今得佛 依因母人之所成立"라고 하였다. 〔참고문헌〕 『大方便佛報恩經』, 『釋門儀範』 권상 「多生父母十種大恩」 p.87. ⇨ 다생부모십종대은 多生父母十種大恩, 부모십종대은 父母十種大恩, 부모은중경 父母恩重經❶, 유포 乳哺

유포어 流布語 세간에 널리 퍼져 있는 말. 『왕생론주』 권상(대정장40, p.827a15)에 "〔문〕 불법에서는 무아라 하는데 여기서는 어째서 아라 부르는가? 〔답〕 아라는 말에는 세 가지 근본이 있다. 첫째는 사견에서 나오는 말, 둘째는 스스로 크다고 여겨 나오는 말, 셋째는 세간에 널리 퍼져 있는 말이다. 여기서 말하는 아는 천친보살이 스스로를 가리키는 말이다. 이는 세간에 널리 퍼져 있는 말을 사용하는 것일 뿐 사견이나 자만에서 나온 말은 아니다. 問曰 佛法中無我 此中何以稱我 答曰 言我有三根本 一 是邪見語 二 是自大語 三 是流布語 今言我者 天親菩薩 自指之言 用流布語 非邪見自大也"라고 하였다. 〔참고문헌〕 『往生論註』.

유포장양 乳哺長養 젖먹여 기른다는 말. 『대방등대집경』 권36(대정장13, p.247c20)에 "저들 중생을 안은하게 태에 품고 나아가 젖먹여 기름으로써 몸과 마음이 탁하지 않도록 한다. 令彼衆生 安隱住胎 乃至 乳哺長養 身心不濁"라고 하였다. 〔참고문헌〕 『大方等大集經』, 『禪林疏語考證』 권3(卍속장112, p.846a7). ⇨ 유포 乳哺

유폭류 有暴流 Ⓢ bhava-ogha, Ⓣ srid-pa'i-chu-bo. 사폭류(四暴流 : 四流) 중 하나. 견(見)과 무명(無明)을 제한 색계와 무색계의 모든 번뇌를 말하며, 유폭류(有瀑流)라고도 쓴다. 『품류족론』 권7(대정장26, p.719a27)에 "유폭류란 어떤 것인가? 즉 색계와 무색계에 매인 견과 무명을 제한 그 밖의 색계와 무색계에 매인 결·박·수면·수번뇌·전 등을 유폭류라고 한다. 有暴流云何 謂除色無色界繫見及無明 諸餘色無色界繫結縛隨眠隨煩惱纏 是名有暴流", 『유가론기』 권2(대정장4

2, p.355a12 · 한불전13, p.146c17)에 "유폭류는 색계와 무색계에서 외도가 일으키는 견 및 그것과 함께하는 무명을 제한 그 나머지 일체번뇌를 성으로 삼는다. 有暴流 以色無色界 除外道所起見 及俱無明 所餘一切煩惱爲性"라고 하였다. 〔참고문헌〕『品類足論』, 『瑜伽論記』, *Yogā-bh.169.*, *Abh-s.49.* ⇨사류 四流

유표 遺表 대신이 임종 전에 쓰는 장표(章表). 신하로서 죽음을 앞두고 임금께 남기는 글. 죽은 다음에 올린다. 『대당고삼장현장법사행장』(대정장50, p.219c7)에 "또한 유표를 지었고, 제자 규기가 받들어 올렸다. 又造遺表 弟子窺基奉進", 『불조역대통재』 권11(대정장49, p.569b9)에 "법사 현완이 연흥사에서 입적하였고, 유표를 올렸다. 法師玄琬 卒于延興寺 遺表陳", 『운문광록』 권하 「대사유표 大師遺表」(대정장47, p.575a21)에 "엎드려 듣자오니, 유한한 몸뚱이 시들어 감에 탄식한들 어찌 면할 수 있겠으며, 형 없는 실상이 옮겨 변하는 때 말할 수 있으리요? … 신은 하늘을 우러르며 성군을 연모함 어찌 감당하지 못하여 그 감격 넘쳐 감추지 못함에 이르렀기에 삼가 장표를 받들어 올리오니 읽어주시옵소서. 伏聞 有限色身 詎免榮枯之歎 無形實相 孰云遷變之期 … 臣無任瞻天戀聖 激切屛營之至 謹奉表以聞"라고 하였다. 〔참고문헌〕『大唐故三藏玄奘法師行狀』, 『佛祖歷代通載』, 『雲門廣錄』.

유표색 有表色 ➡유표업 有表業

유표업 有表業 Ⓢvijñapti, Ⓣrnam-par-rig-byed. 드러남이 있는 행위. 표업(表業) · 유표색(有表色) 등이라고도 하며, 무표업(無表業 : 無表色)의 상대어이다. 구사에서는 신업(身業)과 구업(口業)을 말하고, 유식에서는 신업과 구업은 물론이고 탐진치(貪瞋癡) 등의 번뇌도 의표업(意表業)이라고 하여 신구의 삼업(三業)의 표업을 말한다. 『구사론』 권1(대정장29, p.3a23 : *Abh-k-bh.*, p.8)에 "무표는 비록 색업을 자성으로 하여 유표업인듯 하지만 겉으로 보여서 타인이 알도록 하지는 않기에 무표라고 한다. 無表雖以色業爲性 如有表業而非表示令他了知 故名無表 sa hy avijñaptir iti hiśabdas tannāmakaraṇavijñāpanārthaḥ. rūpakriyāsv abhāvā 'pi satī vijñaptivat paraṃ na vijñapayatīty avijñaptiḥ", 『유가사지론』 권53(대정장30, p.589b11)에 "무엇이 표업인가? 간략히 세 가지이니, 염오 · 선 · 무기이다. 저 십불선업도가 현행을 여의지 않아서 그 증상력 때문에 있게 되는 신어표업을 염오표업이라고 한다. 저 십불선업도를 멀리 여읠 것을 맹서하여 받게 되면 몸과 말과 뜻을 선표업이라고 한다. 모든 몸가짐과 솜씨 등으로 하는 일분의 신어표업을 무기표업이라고 한다. 겉으로 타인에게 보이려고 하지 않고 오직 스스로 마음을 일으켜 속으로만 생각하고 가릴 뿐 말로는 하지 않고 단지 선 · 염오 · 무기법을 일으켜 현행하는 의표업만을 의표업이라고 한다. 云何表業 謂略有三種 一 染汚 二 善 三 無記 若於身語意十不善業道 不離現行 增上力故 所有身語表業 名染汚表業 若卽於彼 誓受遠離 所有身語表業 名善表業 若諸威儀路 工巧處一分 所有身語表業 名無記表業 若有不欲 表示於他 唯自起心 內意思擇 不說語言 但發善染汚無記法 現行意表業 名意表業", 『대승광오온론』(대정장31, p.851b5)에 "무엇이 무표색 등인가? 유표업과 삼마지로 일으킨 보이지 않고 장애도 없는 색 등을 말한다. 유표업이란 몸과 말이 드러남을 말한다. 云何無表色等 謂有表業 三摩地所生 無見無對色等 有表業者 謂身語表"라고 하였다. 〔참고문헌〕『俱舍論』, 『瑜伽師地論』, 『大乘廣五蘊論』, *Abh-k-bh.*, *Pañ-s.3.* ⇨업 業, 무표업 無表業

유풍 遺風 남아 부는 바람. 부처님께서 남기신 가르침이나 선인들의 자취를 말한다. 『금강경찬요간정기』 권1(대정장33, p.170c15)에 "저 여래께서 입멸하신 지 이천여 년이 지나도 그 유풍이 있는 듯함은 정법을 들어 얻을 수 있다면 이 모두 경으로 꿰어 뚫은 뜻이다. 且如來入滅 二千餘年 遺風若存 得聞正法者 斯皆經之貫穿之義也", 『천태보살계소』 권상(대정장40, p.586a1)에 "상법과 말법대 변방에서 부처님께서 남기신 가르침을 감응하여 만나 귀를 슬쩍 스치기만 해도 천 겁 동안 사라지지 않는다. 像末邊方 感遇遺風 一經於耳 千劫不朽", 『석문정통』 권8 「의천장 義天章」(卍속장130, p.902b11)에 "현장의 유풍을 본받고, 의상의 높은 자취 늘 마음에 새긴다. 敢効玄奘之遺風 緬思義相之高躅", 『건중정국속등록』 권22 「혜명운장 慧明雲章」(卍속장136, p.316a15)에 "달마의 유풍과 육조의 요지를 황벽이 거두고 임제가 일으켰다. 少室遺風 曹溪要旨 黃蘗收來 臨濟扶起"라고 하였다. 〔참고문헌〕『金剛經纂要刊定記』, 『天台菩薩戒疏』, 『釋門正統』, 『建中靖國續燈錄』.

유하 由訶 Ⓟbyūha의 음사어. 중각(重閣) 또는 궁전(宮殿)의 한 종류. 장엄(莊嚴) · 정렬(整列)이라는 뜻이다. 『잡아함경』 권10(대정장2, p.68a10)에 "관정왕법에는 팔만사천사종궁전이 있다. 금 · 은 · 유리 · 파리 · 마니유리 등인데 유하가 그중에 으뜸이었다. 灌頂王法有八萬四千四種宮殿 所謂金 銀 琉璃 頗梨 摩尼琉璃 由訶而爲上首", 상응하는 팔리경전 *Gomaya*(*SN.3*, p.144)에 "비구들이여, 그 크샤트리야 관정왕인 나에게 대장엄중각을 으뜸으로 하는 팔만사천 중각이 있었다. tassa mayhaṃ bhikkhu rañño sato khattiyassa muddhāvasittassa caturāsītikuṭāgārasahassati ahe sum mahābyūhakuṭāgārappamukhāni"라고 하였다. [참고문헌]『雜阿含經』, *SN.*

유하 有河 유의 강. 삼유(三有 : 欲有·色有·無色有)의 강 즉 모든 유위의 세계를 말한다.『증일아함경』권6(대정장2, p.575b25)에 "마음은 쉬어 유하를 건넜고, 마구니 항복시켜 모든 번뇌 넘었네. 그 공덕 바다같아 원하건대 속히 삼매에서 일어나리. 心息渡有河 降魔度諸結 功德如大海 願速從定起"라고 하였다. [참고문헌]『增壹阿含經』. ⇨ 유해 有海, 삼유 三有

유하사 遊夏寺 경상북도 안동시 와룡면 가구리 와룡산(臥龍山)에 있는 절. 대한불교조계종 제16교구 본사 고운사(孤雲寺)의 말사로, 1897년(광무1)에 월선(月仙)보살이 미륵불을 모신 법당 3칸을 짓고 창건하였다. 창건 사적은 이수학(李洙學)이 1932년에 찬술한 것으로 추정되는 국문 필사본「여래임실기 如來任實記」에 전한다. 곧 속명이 박청련(朴靑蓮)인 월선은 천상 선관(仙官)의 명을 받고 찾아온 보살의 예언에 따라 주변에 집성촌을 이루고 있던 충주지씨와 결혼하여 편안히 지냈다. 그 뒤에 보살이 선관의 가르침을 잘 받으라고 일러주자, 선관을 따라 천상계에 올라가 부처님을 뵈었는데, 특히 미륵부처님은 하생하여 용화세계가 도래할 날이 머지 않았다고 하면서 박청련에게 운수를 알려주고 앞날을 헤쳐나갈 능력도 주었다. 이후 박청련은 여러 사람에게 제액초복(除厄招福)하고는 삼정산(三井山)에 유하사를 창건하였으며, 환란을 면하게 한다는『무우경 無憂經』을 짓고 스스로 정한 날에 세상을 떠났다. 그 뒤에 유하사는 점차 사세를 넓혀 마침내 용화세계가 열렸다는 내용이다. 1950년대에 무심(無心)이 중건하였으며, 1969년에 묘행(妙行)이 법당을 중수하고 동선당과 해탈문을 신축하였다. 현존 당우로는 대웅전·용화전·법기헌(法起軒)·요사 등이 있다. 법기헌에는 1934년에 이수학이 쓴「법기헌기 法起軒記」현판이 있다. [참고문헌]『安東의 寺刹』(安東民俗博物館, 1999) pp.142~149. ⇨ 여래임실기 如來任實記

유학 有學 Ⓢ śaikṣa, , śaikṣatva, śaikṣya, śaikṣa-citta, śikṣaṇa-śīla, Ⓟ sekha, Ⓣ slob-pa, slob-pa nyid, slob-pa'i sems, slob-pa'i ngang-tshul-can. 끊어야 할 번뇌가 남아 있어 아직도 닦아야 할 여지가 있다는 말. 또는 그러한 사람. 모든 번뇌를 남김없이 끊기 위하여 무루의 계정혜(戒定慧)와 택멸(擇滅)을 수학하는 사람. 학인(學人)이라고도 한다. 증상 계정혜 삼학(三學)으로 스스로의 체로 삼는 이생(異生)을 말하며 아울러 유학자 즉 배우는 이의 무루의 유위법을 말한다. 사향사과(四向四果) 중 사향삼과의 성자는 유학이고, 제4과인 아라한과(阿羅漢果)를 증득한 성자는 무학이다. 유학은 모두 열여덟 부류가 있는데 그것을 십팔유학 또는 십팔학인이라 한다.『구사론』권24(대정장29, p.127a1)에 "사향삼과를 다 유학이라 한다. 무엇 때문에 전의 7은 유학이라 하는가? 누진을 얻기 위해 항상 기꺼이 배우기 때문이다. 간곡히 세 가지를 배우니 증상계·증상심·증상혜다. 계정혜 이 셋을 스스로 자성으로 삼으니, 이렇게 하는 이생은 마땅히 유학이라 부른다. 그렇지만 아직은 여실히 제의 뜻을 알고 보지 못했기에 저들은 후에도 정학을 잃지 않는다. … 성자는 그 자성에 머물러 행하길 잠시도 쉬지 않고 또 법을 배움에 항상 따라 쫓기 때문이다. 법을 배운다는 것은 무엇인가? 말하자면 유학자 즉 배우는 이의 무루의 유위법이다. 四向三果 皆名有學 何緣前七得有學名 爲得漏盡常樂學故 學要有三 一增上戒 二增上心 三增上慧 以戒定慧爲三自體 若爾異生應名有學 不爾 未如實見知諦理故 彼容後時失正學故 … 聖者住本性 如何名有學 學意未滿故 如行者暫息 或學法得常隨逐故 學法云何 謂有學者無漏有爲法",『구사론기』권24(대정장41, p.367b3)에 "이와 같은 유학과 무학은 사향사과이다. 다 모으면 여덟 류의 성스런 보특가라를 이룬다. 이름은 비록 여덟 이지만 실제로는 다섯 류이다. 곧 사과에 머물지만, 초과향 이후 삼과의 향은 전삼과에서 벗어나지 않는다는 뜻이다. 如是有學 及無學者 四向四果 總成八聖補特伽羅 名雖有八 事唯有五 謂住四果 及初果向以後 三果向 不離前三果故",『유가사지론』권100(대정장30, p.881a3)에 "차후에 점차로 네 가지 사문과를 증한다. 이 중 전삼은 유학지고, 그 네 번째 과는 무학지다. 次後漸證 四沙門果 此中前三 是有學地 其第四果 是無學地", 같은 책 권13(대정장30, p.343b26)에 "무엇이 해탈원만인가? 만일 유학지견에 따라 탐 등에서 해탈했다면 아직 원만이라 할 수 없다. 만일 무학지견에 따라 해탈을 얻었다면 비로소 원만이다. 云何解脫圓滿 謂若由有學智見 解脫貪等 未名圓滿 若由無學智見 得解脫者 乃名圓滿",『법화현찬』권1 말(대정장34, p.671b9)에 "계정혜 삼학을 배움의 바탕으로 삼아 나아가 닦고 익히면 유학이라 하고, 나아감이 원만하여 닦고 익힘도 그쳐 쉬면 무학이라 한다. 오직 무루법만을 체로 삼는다. 戒定慧三 正爲學體 進趣修習 名爲有學 進趣圓滿 止息修習 名爲無學 唯無漏法爲體",『순정리론』권65(대정장29, p.699b25)에 "복전은 두 가지니, 유학·무학이다. 유학은 열여덟이고 무학은 아홉이다. 福田有二 一者 有學 二者 無學 有學十八 無學唯九"라고 하였다. [참고문헌]『俱舍論』,『俱舍論記』,『瑜伽師地論』,『法華玄贊』,『順正理論』, *Yogā-bh.49.*, *Abh-k-bh.50·365·374·398.*, *Dhp.7.* ⇨ 십팔유학 十八有學, 구무학 九無學, 사향사과 四向四果 ❶, 무학 無學 ❶

유학 遊學 멀리 나가 배움. 『불소행찬』 권4(대정장4, p.36c17)에 "태자가 멀리 나가 배우고는 원을 모두 이루고 이제 돌아왔습니다. 太子遠遊學 願滿今來還", 『개복도녕어록』 권하(卍속장120, p.479b10)에 "(개복이) 종산에 나가 배운지 십년 되던 해에 불혜선사는 입적하였다. 鍾山遊學十載 佛慧遷化"라고 하였다. [참고문헌] 『佛所行讚』, 『開福道寧語錄』.

유학계 有學界 삼계(三界 : 有學界・無學界・非學非無學界) 중 하나. 법(法)을 배워 수습할 것이 아직 남아 있는 유학의 오온(五蘊)으로 학계라고도 한다. 『법온족론』 권11(대정장26, p.504c27)에 "무엇이 학계인가? 학의 오온을 학계라고 한다. 云何學界 謂學五蘊 是名學界", 『사리불아비담론』 권7(대정장28, p.576c27)에 "무엇이 학계인가? 저 법이 성스럽고, 무학이 아닌 것을 학계라고 한다. 云何學界 若法聖非無學 是名學界"라고 하였다. [참고문헌] 『法蘊足論』, 『舍利弗阿毘曇論』. ⇨ 무학계 無學界, 비학비무학계 非學非無學界

유학도 有學道 배워 익히는 길. 유학위(有學位)・유학지(有學地)라고도 하며, 무학도(無學道)와 대칭한다. 소승에서는 아라한과(阿羅漢果) 이외의 사향삼과(四向三果)를 유학도라고 하며, 대승에서는 불과(佛果) 이외의 단계를 유학도라고 한다. 삼도(三道) 중에서는 견도(見道)와 수도(修道)가 유학도이다. 『대비바사론』 권198(대정장27, p.989a2)에 "이 세상에도 저 세상에도 정행이 없다는 것은, 네 가지 정행 즉 고지통 등이 있을 수 없다고 하는 것이니, 이는 유학도를 비방하는 것이고, 그 나머지는 무학도를 비방하는 것이다. 無正行此世他世者 謂彼撥無四種正行 則苦遲通等 此是謗有學道 餘是謗無學道", 『구사론』 권4(대정장29, p.23a12)에 "저 유학도로 이끌어 택멸을 얻으면 유학이고, 저 무학도로 이끈 택멸을 얻으면 무학이다. 若有學道所引擇滅得卽有學 若無學道所引擇滅得卽無學"라고 하였다. [참고문헌] 『大毘婆沙論』, 『俱舍論』. ⇨ 유학 有學, 삼도 三道[2], 사향사과 四向四果, 무학도 無學道

유학무루계 有學無漏戒 유학이 수지하는 무루계. 『유가사지론』 권91(대정장30, p.817c14)에 "저 이미 이와 같이 승묘한 불방일력을 성취했으니, 여실히 성제의 뜻을 통달했기에 곧 능히 아와 아소에 잡힘을 길이 끊으니 앞서 행한 견도에서 끊은 일체번뇌여서 또 능히 유학율의를 얻는다. 저 즉 유학율의를 닦고 익혀 다시 능히 망집된 아만을 길이 끊으니 앞서 행한 수도에서 끊은 일체번뇌여서 구경에 무학율의를 증득한다. 彼旣成就如是勝妙不放逸力 如實通達聖諦理故 便能永斷執我我所 以爲前行一切見道所斷煩惱 又能獲得有學律儀 彼卽修習有學律儀 復能永斷妄執我慢 以爲前行一切修道所斷煩惱 究竟證得無學律儀", 『유가론기』 권23(한불전14, p.821a9)에 "'후에 이미 성취하였다' 이하는 유학이 수지하는 무루계를 밝혔고, '저들 닦고 익힌다' 이하는 무학이 수지하는 무루계를 밝혔다. 後旣成就已下 明有學無漏戒 彼卽修習已下 明無學無漏戒"라고 하였다. [참고문헌] 『瑜伽師地論』, 『瑜伽論記』. ⇨ 무루계 無漏戒, 유학 有學

유학무학신 有學無學身 유학과 무학의 몸. 『대방광총지보광명경』 권5(대정장10, p.902b28)에 "이 다문신 삼매에 머물면 유학과 무학의 몸을 얻는다. 住此多聞身三昧 卽得有學無學身"라고 하였다. [참고문헌] 『大方廣總持寶光明經』. ⇨ 유학 有學, 무학 無學[1]

유학법 有學法 유학이 얻은 법. 무루유위(無漏有爲)의 유학오온을 말한다. 『구사론송소론본』 권4(대정장41, p.846b17)에 "유학법이란 유학몸에 유위무루다. 유학법은 유위이기에 얻음도 얻는 바에 따라 가리기에 얻음 역시 유학이다. 有學法者 有學身中 有爲無漏 是也 以有學法 是有爲故 得隨所得判故 得亦是有學也", 『대보적경』 권67(대정장11, p.383c13)에 "이 모든 여래께서 닦고 익힌 법이니 도사 이와 같이 세간을 교화하신다. 만일 누구라도 능히 유학법을 행하면, 무학의 수승한 보리를 획득하리라. 是諸如來修學法 導師如是化世間 若人能行有學法 獲得無學勝菩提", 『대방등대집경』 권10(대정장13, p.65a14)에 "있는 바 일체 세간법과 위없는 출세간법, 그리고 유학법이거나 무학법까지 그 모든 법은 대승에 거둔다. 所有一切世間法 及以無上出世法 若有學法無學法 一切攝在大乘中", 『구사론』 권4(대정장29, p.23a7)에 "또한 유학법으로 얻으면 오로지 유학이고, 무학법으로 얻으면 오로지 무학일 뿐이고, 유학도 무학도 아닌 법으로 얻음도 있어 차별이 있게 되니 곧 이 법으로 얻음에는 모두 세 가지가 있다고 설한다. 又有學法得 唯有學 若無學法得 唯無學 非學非無學得 有差別 謂此法得總說有三", 『유가사지론』 권86(대정장30, p.781b2)에 "또한 청정이란 저 청정행도에 의지하여 충분히 닦고 익히므로 유학법이 무명의 껍질을 부수고 무학지로 나아가게 한다. 又淸淨者 謂卽依彼淸淨行道 多修習故 令有學法 破無明㲉 趣無學地"라고 하였다. [참고문헌] 『俱舍論頌疏論本』, 『大寶積經』, 『大方等大集經』, 『俱舍論』, 『瑜伽師地論』. ⇨ 유학 有學, 유위무루 有爲無漏

유학사 留鶴寺 경상남도 의령군 부림면 묵방리 미타산(彌陀山)에 있는 절. 대한불교조계종 제12교구 해인사(海印寺)의 말사이다. 660년(태종무열왕7)에 원효(元曉 617~686)가 창건하였다고 전한다. 1399년(정종1)에 무학자초(無學自超 1327~1405)의 중창 이후 연이은 중창·중수불사로 법등을 이었으며, 『가람고』·『범우고』 등에도 이름과 위치가 기록되어 전한다. 1935년에 임봉(林峰)이 대웅전과 요사를 중수하였고, 1985년에는 주현(周峴)이 만세루를 중건하였다. 2000년에 들어 원담(元潭)이 극락전을 증축하였다. 현존 당우로는 극락전·칠성각·만세루 등이 있다. [참고문헌] 『伽藍考』, 『梵宇攷』, 『韓國寺刹全書』 권하 p.934a7.

유학십팔 有學十八 ➡십팔유학 十八有學

유학위 有學位 Ⓢśaikṣa-avasthā, śaikṣya-avasthā, śaikṣya, dṛṣṭi-prāpta, Ⓣslob-pa'i sems, slob-pa'i gnas-skabs, mthong-bas-thob-pa. 유학의 위. 보살위에 들기 전 성문의 유학위를 말한다. 『불지경론』 권2(대정장26, p.300a4)에 "만일 유학위에서 보리로 회향한다면 때로는 번뇌를 따라 감하여 나는 세력이니 그에 감하여 난 다음 최후생에서 모든 번뇌를 조복하고 정한 원력을 일으켜 후신의 인을 쌓아 앞선 도리와 같이하여 성불에까지 이른다. 若有學位 迴向菩提 或隨煩惱 感生勢力 感彼生已 於最後生 伏諸煩惱 起定願力 資後身因 如前道理 乃至成佛", 『구사석론』 권3(대정장29, p.183b28 : *Abh-k-bh.*, p.70)에 "서국의 논사들이 설하길 '보살이 유학위에 있으면 먼저 마치고 이 정(멸진정)을 일으키니 그 다음에야 비로소 보리를 얻는다'고 한다. 西國諸師說 菩薩在有學位 先已生此定 後方得菩提 sidhyaty utpāditāyām iva tasyāṃ vaśitvāt prāgeva tāṃ bodhisattvaḥ śaikṣyāvasthāyām utpādayatīti pāścattyāḥ"라고 하였다. [참고문헌] 『佛地經論』, 『俱舍釋論』, *Abh-k-bh·374·379.*, *Abh-s-bh.13.* ⇨유학 有學, 유학지 有學地

유학정견 有學正見 Ⓢśaikṣī dṛṣṭiḥ, Ⓣslob-pa'i lta-ba. 유학의 정견. 무루지(無漏智)를 성취한 성자의 정견. 유학의 소의신(所依身)에 의지한 무루견으로 무학정견(無學正見)에 대칭한다. 『구사론』 권2(대정장29, p.10c12)에 "유학정견은 유학신 중의 모든 무루견이다. 有學正見 謂有學身中諸無漏見", 『순정리론』 권6(대정장29, p.363c28)에 "비유하면, 저 한낮에 구름그림자 위로 올라 태양을 가릴 때 평지를 다니며 본 색과 모양이 차츰 더 밝고 깨끗해 명징해 보이듯이 유학정견으로 법을 관하는 것도 또한 그러하다. 譬如晝分雲翳 上昇掩蔽日輪 而遊平坦 所見色像 漸增明淨 有學正見 觀法亦爾", 『유가론기』 권94(대정장30, p.838b6·한불전14, p.869b14)에 "견도에서 끊은 일체번뇌를 끊으면 무루인 유학정견을 획득한다. 정견을 얻기에 능히 일체고집멸도와 불법승에 대한 의혹을 길이 끊는다. 斷見所斷一切煩惱 獲得無漏有學正見 得正見故 能於一切苦集滅道及佛法僧 永斷疑惑"라고 하였다. [참고문헌] 『俱舍論』, 『順正理論』, 『瑜伽論記』, *Abh-k-bh.29.* ⇨정견 正見, 무루견 無漏見, 무학정견 無學正見

유학지 有學地 Ⓢśaikṣī-bhūmiḥ, Ⓟsekha-bhūmi, Ⓣslob-pa'i sa. 유학의 지. 『능엄경전』 권6(卍속장89, p.176a12)에 "'나 지금 유학지에 머물러 아직 법신을 증득하지는 못하였다'라고 한 말은 멀리 떠돌면서 집에 아직 돌아가지 못한 처지와 아주 비슷하다. 오늘 원통의 설을 들음으로 인하여 닦아 행하여 취하고 증하는 과체의 길을 분명히 알았다. 言我今居有學地 未證法身 大似遠遊 未還其家 今日因說圓通 分明知 修行取證 果體之道路"라고 하였다. [참고문헌] 『如來祕密大乘經』, 『楞嚴經箋』, *Abh-k-bh.146.*, *Vism.442.* ⇨유학위 有學位

유한 有閑 1813~1885. 조선 말기 스님. 호는 응화(應化), 자는 심한(心焊). 1829년(순조29) 17세 때 해남 달마산 미황사(美黃寺)로 찾아가 스님이 되었고, 송월(松月)의 법을 이었다. 낭암시연(郎巖示演)·침명한성(枕溟翰醒)·대운(大雲) 등 강백으로부터 내외의 경적(經籍)을 배웠고, 이어 대흥사(大興寺) 북암(北庵)·장흥 보림사(寶林寺) 서부도암(西浮屠庵)·송광사 보조암(普照庵) 등에서 강석을 열고 학인을 지도하였다. 1865년(고종2)에 남호영기(南湖永奇)와 남명(南溟)화상의 고려대장경 2부 인경불사회향법회 때, 증명법주로 추대되었다. 대흥사 진불암(眞佛庵)과 상원암(上院庵)에서 각각 일하(一夏)씩 안거한 후, 성도암(成道庵)을 중창하고 주석하다가 낭암의 비와 송월의 부도를 세웠다. 1885년(고종22) 4월 2일 인시(寅時 : 오전 3시~5시)에 세수 73, 법랍 57세를 일기로 입적하였다. 체격은 풍만하였고 말과 소리는 웅아(雄雅)하였다. 법통은 소요태능(逍遙太能)→설봉(雪峰)→낭암시연→송월→응화유한으로 이어졌다. 수법제자에는 경담두원(鏡潭斗元)·인담두인(仁潭斗印)·경운화윤(敬雲華允)·혼허상능(渾虛尙能) 등이 있고, 은상좌와 수계제자 등도 많았다. 부도는 대흥사 남암(南庵) 오른쪽 기슭에 세웠다. 문집 1권과 일기(日記) 1권을 남겼으나 지금은 보이지 않는다. [참고문헌] 『東師列傳』 권4 「應化講伯傳」(한불전10, p.1047a4).

유한지 兪漢芝 1760~?. 조선 후기 문인. 자는 덕휘(德輝), 호는 기원(綺園), 본관은 기계(杞溪). 벼슬은 영춘현감(永春縣監)을 지냈으며, 전서(篆書)와 예서(隷書)에 뛰어났다. 남공철(南公轍)이 짓고 심의경(沈宜慶)이 쓴 「은해사영파대사비 銀海寺影波大師碑」의 전액(篆額)을 썼다. [참고문헌] 『林下筆記』 권34 「淸永二使君」, 智冠 『韓國高僧碑文總集 朝鮮朝·近現代』 p.594.

유합 類合 조선 한자학습서. 사찰에서 많이 간행유통되었다. 서거정(徐居正)이 지었다고도 하나 확실하지 않고, 김휴(金烋 1597~1638)의 『해동문헌총록』에도 언급되었으며, 1576년(선조9) 유희춘(柳希春)이 지은 『신증유합 新增類合』 2권도 전한다. 초학자가 『천자문』과 함께 익히며, 글자를 크게 쓰고 아래쪽에 작게 음과 훈을 달아 쉽게 익히도록 하였다. 1664년(현종5) 안성 칠장사(七長寺) 16판, 1700년(숙종26) 남해 망운산 영장사(靈藏寺) 16판, 1730년(영조6) 순천 송광사(松廣寺) 개판 16판, 순천 용문사 개판본의 복각판인 곡성 도림사(道林寺) 5판, 나주 다보사(多寶寺) 5판, 선산 수다사(水多寺) 16판, 순천 선암사(仙巖寺) 13판, 여수 흥국사(興國寺) 16판 등이 전한다. 〔참고문헌〕『海東文獻總錄』, 『全國寺刹所藏木板集』.

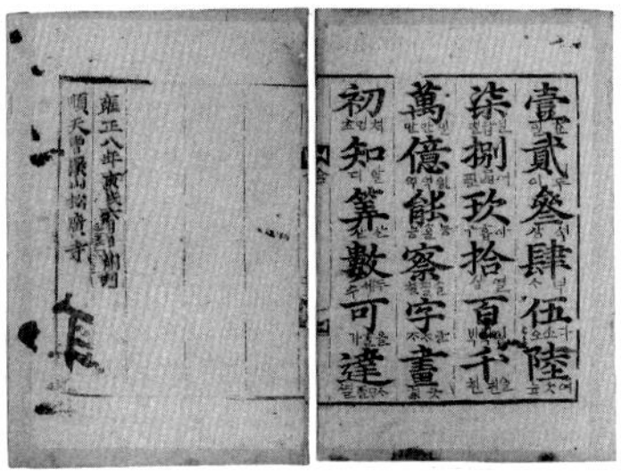

유합 송광사본 고양 원각사 1730년

유해 有海 Ⓢ bhava-sāgara, bhava-arṇava, Ⓣ srid mtsho. 유의 바다. 삼유(三有)·이십오유(二十五有)의 바다. 갖가지로 생사에 표류하여 벗어날 기약없음을 비유함이니 유하(有河)·유류(有流)·유옥(有獄)·유륜(有輪) 등이라고도 한다. 80권본 『화엄경』 권3(대정장10, p.12b20)에 "모든 중생 유의 바다에 살면서 갖가지 악업과 번뇌로 스스로 묶고 덮는다. 一切衆生居有海 諸惡業惑自纏覆", 『구사론』 권1(대정장29, p.1b20 : *Abh-k-bh.*, p.2)에 "번뇌를 따라 세간은 유의 바다를 떠돈다. 由惑世間漂有海 kleśaiś ca bhramati bhavārṇave 'tra lokaḥ", 『구사론송소』 권1(대정장41, p.818a14)에 "번뇌의 미혹으로 말미암아 유정세간은 삼유라는 생사의 바다 중에 떠돈다. 由煩惱惑 令有情世間 漂在三有 生死海中"라고 하였다. 〔참고문헌〕『華嚴經』, 『俱舍論』, 『俱舍論頌疏論本』, *Buddh-c.146.*, *Abh-k-bh.* ⇨ 유하 有河, 삼유 三有, 이십오유 二十五有

유해 乳海 우유 바다. 금강계(金剛界) 대일여래(大日如來)의 지덕(智德)을 나타낸다. 금강계 대일여래의 종자인 밤(鑁 vaṃ)은 지법신(智法身)으로 오대(五大 : 地水火風空) 중 수대(水大)에 배대하고 지수(智水) 또한 중생을 기름지게 하기에 유수(乳水)라고 한다. 『대일경지송차제의궤』(대정장18, p.185c16)에 "바(嚩 va)와 밤()은 대비의 물이 나오는 근원으로서 공덕의 우유바다로 적셔 기름지게 한다는 뜻이다. 마치 물이 높은 곳에서 아래로 흘러 많은 것들에 유익하니 초목과 꽃과 과일을 적셔 기름지게 함과 같으니, 본성청정함이 저 여래지수와 같다. 진언법계를 좇아 세간으로 흘러들어 모든 생명을 기름지게 하고, 도를 돕는 법으로 큰 과실이 된다. 항상 씻어 깨끗하게 하니 보리심이 물들지 않게 하기 위함이다. 言 大悲水臍 功德乳海 所滋潤故 如水能從高赴下 多有饒益 滋潤草木華菓 本性淸淨 如是如來智水 從眞言法界 流趣世間 潤諸持生 助道之法 成大果實 常以洗濯 菩提之心 不令染汚也", 『금강정유가수습비로자나삼마지법』(대정장18, p.329c18)에 "행자는 다음으로 성소작지삼마지로써 응하여 자기 몸 앞의 다함없는 유해에 거대한 연꽃왕 피어난다고 관상한다. 行者 次應以成所作智三摩地 想於己身前 觀無盡乳海 出生大蓮花王"라고 하였다. 〔참고문헌〕『大日經持誦次第儀軌』, 『金剛頂瑜伽修習毘盧遮那三摩地法』.

유해공해 有解空解 유를 알고 공을 안다는 말. 유도 공도 다 알아야 지혜로워진다는 뜻이다. 『마하지관』 권10상(대정장46, p.133c12)에 "꿈이나 허공꽃은 저 허깨비처럼 있을 뿐이다. 이렇게 유를 알면 마음을 알아 지혜로워진다. 또는 허깨비 본래 실이 없고 실이 없어 공이라고 지으면 공을 알게 되어 또한 지혜로워진다. 夢虛空花 如幻之有 作此有解 解心明利 或作幻本無實 無實故空 空解明利"라고 하였다. 〔참고문헌〕『摩訶止觀』.

유해무행유행무해 唯解無行唯行無解 알기는 하는데 행하지 않거나 행하긴 하지만 알지 못하는 뜻. 『제경요집』 권10(대정장54, p.90c22)에 "만일 알기는 하는데 행이 없다면 안 것마저 문득 허망하다. 행만 있고 앎이 없다면 행 문득 고립된다. 반드시 해와 행을 다 갖추어야 마침내 피안에 도달할 수 있다. … 만일 행만 있고 해가 없다면 마치 다리는 있지만 눈이 없어 능히 길을 볼 수 없는 사람과 같다. 若唯解無行 解則便虛 若唯行無解 行則便孤 要具解行 方到彼岸 … 若唯行無解 如人有足無目 不能見道"라고 하였다. 〔참고문헌〕『諸經要集』, 『法苑珠林』 권80(대정장53, p.883b4).

유해진언 乳海眞言 우유바다를 베푸는 진언. 사다라니(四陀羅尼) 중 하나. 아귀(餓鬼)와 고혼(孤魂) 등이 굶주림과 외로움을 거두게 한다. 진언은 『유가집요염구시식의』(대정장21, p.480a19)에 따르면 "나마 사만타붓다남 (옴) 밤 () 那麻 薩鑾答勃塔喃 (唵) 鑁 namaḥ samanta-buddhānāṃ (oṃ) vaṃ 두루하신 제불께 귀의합니다. (옴) 밤!"이다. 『작법귀감』 권상(『한국불교의례자료총서』 권3, p.428a2)에 "유해진언. 나무 삼만다 못다남 옴 밤〈일곱 차례 외운다. 버드나무가지로 공양구 위에 물을 뿌리고 또 공중에 세 차례 뿌리면서 백골의 고혼이 모두 살지고 포만을 성취한다〉. 乳海眞

言 南無 三滿哆 沒馱南 唵 鑁〈七遍 以楊枝洒水於供具上 又洒空中三度 而想使白骨孤魂 皆成肥飽滿也〉", 『염라왕공행법차제』(대정장21, p.375c12)에 "다음으로 비로사나심을 염하며 유해진언을 거듭 관한다. 오른손을 펴서 다섯 손가락을 아래로 향해 식기 중에 마주하도록 한다. 밤(वं)자 손바닥 안에 있다고 관상하며 나무 삼만다 못다남 밤. 次念毘盧舍那心 轉觀乳海眞言 展右手五指向下臨食器中卽成 想鑁字在於掌中 那謨 三滿多 沒馱南 鑁"이라고 한다. 〔참고문헌〕『瑜伽集要焰口施食儀』, 『作法龜鑑』, 『焰羅王供行法次第』, 『雲水壇』(『韓國佛敎儀禮資料叢書』 권2, p.55a6), 『釋門儀範』 권상 p.256a18. ⇨사다라니 四陀羅尼[2], 변식진언 變食眞言, 감로수진언 甘露水眞言, 일자수륜관진언 一字水輪觀眞言

유행 有行 Ⓢ ābhisaṃskārikī, Ⓟ sasaṅkhāra, Ⓣ mngon-par-'du-byed-pa-can. 행(Ⓢ saṃskāra)이 있음의 뜻. 『능가경』 권4(대정장16, p.509a27 : *Laṅk.*, p.211)에 "제7지보살마하살은 념념히 정수함에 일체성자성상을 떠나 정수하나, 성문연각은 아니다. 모든 성문연각은 유행의 섭소섭상에 떨어진 멸정수다. 第七地菩薩摩訶薩 念念正受 離一切性自性相正受 非聲聞緣覺 諸聲聞緣覺 墮有行攝所攝相滅正受 saptamyāṃ bhūmau punaś-cittakṣaṇe cittakṣaṇe bodhisattvā mahāsattvāḥ sarvabhāva-svabhāva-lakṣaṇa-vyudāsātsamāpadyante, na tu śrāvaka-pratyekabuddhāḥ. teṣāṃ hi śrāvaka-pratyekabuddhānām-abhisaṃskārikī grāhya-grāhaka-lakṣaṇa-patitā ca nirodha-samāpattiḥ", 『구사론』 권5(대정장29, p.26b16)에 "삼계업을 따라 이끄는 동분이 머물 때 세의 분으로, 상속이 결정되어 따라 응하고 머무는 때다. 다만 그렇게 머문 시간으로 이런 세력의 분이 있게 되고 그것을 수명의 바탕으로 삼는다. 곡식의 종자 등에 이끌려 일어나 익을 때까지 지속되는 세력과 같고, 또 저 놓아버린 화살이 허공을 나는 동안의 세분과 같다. 어떤 이는 말한다. '유행은 덕의 차별이니 화살 등에 의해 난다. 저 세력으로 말미암아 떨어지지 않을 때까지 항상 행하여 쉬지 않는다'. 由三界業 所引同分 住時勢分 相續決定 隨應住時 爾所時住 故此勢分 說爲壽體 如穀種等 所引乃至熟時勢分 又如放箭 所引乃至 住時勢分 有謂有行 是德差別 依箭等生 由彼力故 乃至未墮 恒行不息", 『섭대승론석』 권7(대정장31, p.359a5)에 "제7지에서는 마땅히 유행을 성취하고, 제8지 중에 무행을 성취한다. 어찌하여 제7지를 원행지라고 하는가? 이 지 중에는 공용이 있어 행하기에 구경에 일체상이 비록 동요하지 않지만, 무상으로 상대해 보면 오히려 그 이름이 유행이다. 第七地當成有行 第八地中 當成無行 何故七地 名爲遠行 謂此地中 於功用行 得至究竟 雖一切相 不能動搖 而於無相 猶名有行"라고 하였다. 〔참고문헌〕『楞伽經』, 『俱舍論』, 『攝大乘論釋』, *Laṅk.*, *Vibh.164.* ⇨행 行

유행 遊行 Ⓢ cārikaṃ √car, prakrānta, √gam, vi-√car, Ⓟ cārika, Ⓣ 'gro-ba. 널리 다니며 문법(問法)하거나 교화하는 행위다. 인연없는 무연중생(無緣衆生)에게까지 법연(法緣)을 넓히고자 하는 뜻으로 부처님재세시에도 여럿이 길을 달리해 유행하게 하였으며 나아가 수행자 자신을 위해서도 세간을 공부삼아 다니기에 이후 대승과 선종에서는 이류중행(異類中行)·만행(萬行)이라고도 하였다. 행각(行脚)·비석(飛錫)·유방(遊方) 등이라고도 하며, 유행(游行)이라고도 쓴다. 『유부율출가사』 권3(대정장23, p.1032b12)에 따르면, 5안거 이상을 보낸 비구는 계율을 숙지하고 바라제목차(波羅提木叉 Ⓢ prātimokṣa)를 잘 지키며 남에게 설할 수 있는 사람으로서 곳곳을 유행하며 공부할 수 있다고 하였다. 그러나 5안거를 채우지 못한 수행자는 설령 삼장(三藏)에 통달하였더라도 유행해서는 안 된다고 하였다. 『증일아함경』 권25(대정장2, p.688c5 : *Dīghacārikaṃ, AN.3,* p.257)에 "그때 세존께서 비구들에게 이르셨다. '오래 유행하는 수행자에게는 다섯 가지 어려움이 있을 수 있다. 무엇이 그 다섯 가지인가? 이와 같이 항상 유행하는 사람은 교법을 외우지 못하고, 외웠던 교법도 잊어버리며, 마음을 안정시킬 수 없고, 삼매를 얻었을지라도 다시 잃어버리며, 법을 들더라도 가지지 못한다. 비구여, 이상을 가리켜 유행을 많이 하는 사람에게 있는 다섯 가지 어려움이라 한다'. 爾時 世尊告諸比丘 長遊行之人 有五艱難 云何爲五 於是 恒遊行人 不誦法敎 所誦之敎 而忘失之 不得定意 以得三昧 復忘失之 聞法不能持 是謂 比丘 多遊行人 有此五難 pañcime bhikkhave ādīnavā dīghacārikaṃ anavatthacārikaṃ anuyuttassa viharato. katame pañca. assutaṃ na suṇāti sutaṃ na pariyodapeti sutenekaccena avisārado hoti bāḷhaṃ rogātaṅkaṃ phusati na ca mittavā hoti. ime kho bhikkhave pañca ādīnavā dīghacārikaṃ anavatthacārikaṃ anuyuttassa viharato", 『장아함경』 권1 「대본경 大本經」(대정장1, p.8c29)에 "마치 사자가 숲에 살면서, 자기 마음대로 돌아다니듯이, 저 부처님께서도 이와 같으시니, 유행하시지만 걸림없으시다. 如師子在林 自恣而遊行 彼佛亦如是 遊行無罣礙", 『마하승기비구니계본』(대정장22, p.563a22)에 "비구니로서 안거 중에 유행하는 이는 바야제다. 비구니로서 안거를 마쳤음에도 유행하지 않는 이도 바야제다. 若比丘尼 安居中 遊行者 波夜提 若比丘尼 安居竟 不遊行者 波夜提", 『법화경현찬요집』 권25(卍속장54, p.489b1)에 "유행이라는 말은 무슨 뜻인가? 가령 누군가 이르는 곳마다 공을 남긴다면 헛된 걸음이 아니지만 가는 곳마다 공이 없다면 헛된 걸음이다. 불제자가 장애를 끊고 이치를 증득하면 헛된 행이라 하지 않지만, 외도가 아래를 꺼려 싫어하고 위만을 좋아하여 삼계를 거듭 구르니 이것이야말로 헛된 행이고 이익 없는 유행이다. 言遊行者 如人所至處 若有功卽不虛行 若所往無功卽虛行 佛弟子 斷障證理 名不虛行 外道 猒下欣上 輪轉三界 名虛行 無利益行 名遊行"라고 하였다. 〔참고문헌〕『有部律出家事』, 『增壹阿含經』, 『長阿含經』, 『中阿含經』, 『摩訶僧祇比丘尼戒本』, 『法華經玄贊要集』, 『釋氏要覽』 권하(대정장54, p.298b11), *AN.*, *DN.2.316.*, *Vin.4.304.*, *Av-ś.31.*, *Saddh-p.102·293.*, *Śrāv-bh.70.* ⇨ 행각 行脚, 이류중행 異類中行

유행경 遊行經 Ⓢ Mahā-parinirvāṇa-sūtra, Ⓟ Mahā-parinibbāna-suttanta. 후진(後秦) 때 불타야사(佛陀耶舍)·축불념(竺佛念) 공역. 3권. 아사세왕(阿闍世王)이 이웃나라 정벌을 고뇌하며 부처님께 법을 청하였고 부처님께서 법문하셨다. 석존 최후의 여정과 대반열반도 전하고 있어 『수행본기경 修行本起經』·『중본기경 中本起經』 등과 함께 한역으로 전하는 불타전으로도 주요한 경이다. 『장아함경』 권2~4에 해당하는 경. 고려장17, pp.826b3~853a17·대정장1, pp.11a7~30b4에 수록되어 있다. 상응하는 팔리경전은 디가니카야 제16경 *Mahāparinibbāna-sutta*(*DN.2*, pp.72~168)이다. 티베트역본(북경판 No.789)이 현존한다. 역자 미상으로 동진(東晉) 때 한역된 『반니원경』 2권(대정장1, No.6)·서진(西晉) 때 백법조(白法祖)가 한역한 『불반니원경』 2권(대정장1, No.5)·동진 때 법현(法顯)이 한역한 3권본 『대반열반경』(대정장1, No.7) 등과 동본이역이다. ⇨ 반니원경 般泥洹經, 불반니원경 佛般泥洹經, 대반열반경 大般涅槃經

유행기 遊行期 Ⓢ saṃnyāsa. 브라만교전통에서 전승한 생의 네 가지 단계(四住期 Ⓢ āśrama : 學習期·家住期·林棲期·遊行期) 중 마지막 시기. 세속의 소유와 속박을 다 버리고 나와 걸식하며 편력하며 인생을 마무리하는 때를 말한다. ⇨ 사주기 四住期

유행반열반보특가라 有行般涅槃補特伽羅 Ⓢ sābhisaṃskāra-parinirvāyī pudgala, Ⓣ gang-zag-mngon-par-'du-byed-pa-dang-bcas-pas-yongs-su-mya-ngan-las-'das-pa. 더할 행이 있어야(有行) 열반에 드는 보특가라. 『집이문족론』 권14(대정장26, p.426a23)에 "어떤 이가 유행반열반보특가라인가? 〔답〕 모든 보특가라는 곧 현법에서 오순하분결은 이미 끊고 이미 두루 알았으나 오순상분결은 아직 끊지도 두루 알지도 못하였기에, 짓기를 더하여 이숙업을 일으키고 이숙업을 낳으며, 몸이 무너져서 목숨을 마치면 저 색계천중유를 일으켜 마쳐서는 색계에 난다. 그곳에 나서는 유행도에 의지하여 유근행과 유근작의로 닦아 가행도를 쉬지 않아서, 나아가 남은 번뇌 끊고 반열반하니 이 이름이 유행반열반보특가라다. 云何有行般涅槃補特伽羅 答 諸有補特伽羅 卽於現法 五順下分結 已斷已遍知 五順上分結 未斷未遍知 造作增長 起異熟業 及生異熟業 身壞命終 彼色界天 中有起已 往生色界 生已後時 依有行道 以有勤行 有勤作意 修不息加行道 進斷餘結 而般涅槃 是名有行般涅槃補特伽羅", "〔문〕 무슨 까닭에 유행반열반보특가라라고 하는가? 〔답〕 이 보특가라는 유행도에 의지하여 유근행과 유근작의로 닦아 가행도를 쉬지 않고 나아가 남은 번뇌를 끊고 반열반하기에 유행반열반보특가라라고 한다. 또 어떤 이는 말한다. '이 보특가라는 유위로 연한 정에 의지하여 나아가 남은 번뇌를 끊고 반열반하기에 유행반열반보특가라라고 한다'. 問 何故名有行般涅槃補特伽羅 答 由此補特伽羅 依有行道 以有勤行 有勤作意 修不息加行道 進斷餘結 而般涅槃故 名有行般涅槃補特伽羅 復次有說 由此補特伽羅 依有爲緣定 進斷餘結 而般涅槃故 名有行般涅槃補特伽羅", 『대승아비달마집론』 권6(대정장31, p.689c3 : *Abh-s.*, p.90)에 "어떤 것이 유행반열반보특가라인가? 저 색계에 나서는 가행력을 써서야 성도 현전하고 고제를 다할 수 있기에 이를 말한다. 何等有行般涅槃補特伽羅 謂生彼已 由加行力 聖道現前 得盡苦際 abhisaṃskāraparinirvāyī katamaḥ. upapanno 'bhisaṃskāreṇa yo mārgaṃ saṃmukhīkṛtya duḥkhasyāntam anuprāpnoti"라고 하였다. 〔참고문헌〕『集異門足論』, 『大乘阿毘達磨集論』, *Abh-s.*, *Śrāv-bh.181.* ⇨ 오종불환 五種不還

유행반열반인 有行般涅槃人 Ⓢ sābhisaṃskāra-parinirvāyin, Ⓟ sasaṅkhāra-parinibbāyin, Ⓣ mngon-par-'du-byed-pa-dang-bcas-pas-yongs-su-mya-ngan-las-'das-pa. 행이 있어야(有行) 열반에 드는 사람. 오종불환(五種不還 : 五種阿那含) 중 하나. 욕계의 수혹(修惑)을 끊고, 색계에 나서도 근행(勤行)도 작의(作意)도 반드시 행함이 있어야(有行) 열반에 드는 아나함을 말한다. 유행반열반보특가라(有行般涅槃補特伽羅)라고도 하며, 줄여서 유행반(有行般)이라고도 한다. 『사리불아비담론』 권8(대정장28, p.587c23)에 "무엇을 유행반열반이라고 하는가? 욕계의 목숨을 마치고 색계천에 나서 얻기 어려운 행 있어 무간도를 얻고서는 곧 저 반열반에 드는 것을 유행반열반이라고 한다. 또 이것은 저 사람들이 거듭 함께하기에 유행반열반이라 해서 유행반열반인이라고 한다. 何謂有行般涅槃 欲界命終 若生色界天上 彼有行難得 無間道得已 便於彼般涅槃 是名有行般涅槃 復次 此是彼人數共制 名有行般涅

槃 是名有行般涅槃人"라고 하였다. 〔참고문헌〕『舍利弗阿毘曇論』, *Mvyut.78.* ⇨ 오종불환 五種不還

유행선 遊行仙 십종선(十種仙) 중 하나. 단사(丹砂)로 심신을 단련하는 이. 『수능엄경』 권8(대정장19, p.145c5)에 "금석(단사)을 견고하게 단련하기를 쉴 틈도 없이 하여 변화의 도술을 원만하게 하는 이를 유행선이라 한다. 堅固金石 而不休息 化道圓成 名遊行仙"라고 하였다. 〔참고문헌〕『首楞嚴經』, 『首楞嚴義疏注經』(대정장39, p.941a22). ⇨ 십종선 十種仙

유행유개발무상주 有行有開發無相住 Ⓢ sābhisaṃskāra-sābhoga-nirmitta-vihāra, Ⓣ mtshan-ma-med-pa-la-gnas-pa-mngon-par-'du-byed-pa-dang-bcas-shing-rtsol-ba-dang-bcas-pa. 보살 십삼주(十三住) 중 제9주. 행도 개발도 끊임없이 틈도 없이 있게 해서 일체법여에 머무는 마음. 유가행유공용무상주(有加行有功用無相住)·원행지(遠行地)라고도 한다. 『보살지지경』 권9(대정장30, p.940a26 : *Bodh-bh.*, p.219)에 "무엇이 유행유개발무상주인가? 보살이 삼종증상혜주(제7주)에서 증상을 마치고는 행도 개발도 있어 끊임없이 틈도 없이 일체법이 여하게 하니 모든 망상을 여의고 수혜가 함께 머문다. 云何有行有開發無相住 菩薩三種增上慧 爲增上已 有行有開發 不斷無間 一切法如 離諸妄想 修慧俱住 tatra katamo bodhisattvānāṃ sābhisaṃskāraḥ sābhogo nirnimitto vihāraḥ. yas tam eva trividham apy adhiprajñavihāram adhipatiṃ kṛtvābhisaṃskāreṇābhogena niśchidraniraṃtaraḥ sarvadharmeṣu tathatānirvikalpaprajñābhāvanāsahagato vihāraḥ", 『대승의장』 권15(대정장44, p.766c29)에 "아홉 번째, 유행유개발무상주는 원행지를 말한다. … 고요함도 비춤도 함께 행하지만 유와 무에 있어 조그만 상마저 여였기에 무상주라 한다. 九 有行有開發無相住 謂遠行地 … 寂用俱行 離於有無 間隔之相 名無相住"라고 하였다. 〔참고문헌〕『菩薩地持經』, 『大乘義章』, 『瑜伽師地論』 권47(대정장30, p.553c2), *Bodh-bh.* ⇨ 원행지 遠行地, 십삼주 十三住

유행처 遊行處 유행하다 머무는 곳. 스님들이 머무는 공간을 가리킨다. 비아라(毘阿羅)·비하라(毘訶羅) 등으로 음사하며, 정사(精舍)·승방(僧房·僧坊)·탑사(塔寺) 등이라고도 한다. 『일체경음의』 권27(대정장54, p.491b16)에 "탑사〈범어 음사어로 비하라라고 하며 유행처라 하니, 수행승들이 각지를 다니다가 머무는 곳이다. 승원이라고도 하는데 요즘은 사로 대신한다〉. 塔寺〈梵云 毘訶羅云 遊行處 謂衆遊履行處 亦謂僧園 今以寺代之〉", 『법화경현찬요집』 권1(卍속장53, p.357b3)에 "사는 무슨 뜻인가? 〔답〕 사는 거처의 이름이며 범어로는 비아라인데 유행처라고 한역하니 수행승들이 유행하다가 머무는 곳이라는 뜻이다. 寺者何義 答 寺是此方名字 梵云 毗訶羅 唐云 遊行處 卽衆遊行處", 『범망경보살계약소』 권5(卍속장60, p.859b17)에 "승방이란 스님들이 머무는 사원이다. … 비아라라고도 음사하는데 이것은 유행처〈수행승들이 널리 다니다 머무는 사원이다〉라고 한역한다. 僧坊 卽僧所住寺也 … 或云 毗訶羅 此云 遊行處〈卽僧所遊履之寺院〉"라고 하였다. 〔참고문헌〕『一切經音義』, 『法華經玄贊要集』, 『梵網經菩薩戒略疏』. ⇨ 비하라 毘訶羅, 사寺[1], 승방 僧房, 탑사 塔寺

유향 乳香 Ⓢ kunduruka, Ⓣ pog. 감람나무 상록교목에서 나오는 액을 굳혀 만든 향. 떨어져 맺힌 액이 유두 모양이기에 유두향(乳頭香)이라 하고 훈육향(薰陸香)이라고도 한다. 작법시 향료나 약으로 쓰인다. 『문수사리근본의궤경』 권16(대정장20, p.891a14)에 "건달바를 항복시키려면 유향으로 호마를 짓는다. 若降伏乾闥婆 用乳香作護摩", 『성지세다라니경』(대정장20, p.672c20)에 "부처님께서 지세에게 이르셨다. '만일 어떤 사람이 좋은 유향을 소와 섞어서 호마를 짓고 전작법에 준한다면 대신에게 닥치는 모든 재난을 그치게 할 수 있다'. 佛告持世 若復有人 用妙乳香 與酥相和 而作護摩 准前作法 能息大臣 所有災難", 『종문무고』(대정장47, p.954c11)에 "향을 사를 때 문득 가슴 앞이 찌르는 듯하더니 기어코 악창이 생기고 구멍이 났다. 유향을 빚어 막았지만 오래가도 낫지 않아 결국은 죽었다. 拈香時 忽覺胸前如擣 遂於痛處 發癰成竅 以乳香作餠塞之 久而不愈 竟卒"라고 하였다. 〔참고문헌〕『文殊師利根本儀軌經』, 『聖持世陀羅尼經』, 『宗門武庫』, *Saddh-p.407.*

유향 劉向 생몰연대 미상. 전한(前漢) 때 경학가(經學家). 자는 자정(子政). 강소성(江蘇省) 패(沛) 출신. 선제(宣帝)와 원제(元帝) 때 중루교위(中壘校尉)를 지냈다. 그가 지은 『열선전 列仙傳』에 등장하는 신선의 이름이 불전에 이미 있었다는 것에 근거해 성제 이전에 이미 불교가 유입되어 있었다는 유향불전설(劉向佛傳說)로 유명하다. 『출삼장기집』 권2(대정장55, p.5b16)에 "부처님의 인연이 중국에 감응한 것은 한대부터 시작되었다. 옛적 유향이 교열한 책에 이미 불경을 보았다 하니 성제 이전에 법전이 이미 전래되었음을 알 수 있다. 緣應中夏 始自漢代 昔劉向校書 已見佛經 故知成帝之前 法典久至矣"라고 하였다. 〔참고문헌〕『出三藏記集』.

유향모 有香茅 Ⓢ Kuśāvatī, Ⓟ Kusāvatī. 지명. 부처님의 전신인 대선견왕(大善見王 Ⓢ Mahā-sudarśana)의 왕도(王都). 구시나게라(拘尸那揭羅 Ⓢ Kuśnagar a)의 옛 이름이라고도 한다. 구사바제(拘舍婆提)라고 음사한다. 『대비바사론』 권126(대정장27, p.660a20)에 "과거에 커다란 왕도가 있었으니 그 이름은 유향모이고, 임금은 선견이었다. 過去有大王都 名有香茅 王名善見"라고 하였다. 〔참고문헌〕『大毘婆沙論』. ⇨ 구사바제 拘舍婆提, 구시나게라 拘尸那揭羅, 대선견왕 大善見王 ❶

유향지 有香地 향기 있는 땅. 향과 맛이 서로 따르는 욕계(欲界)를 말한다. 『잡아비담심론』 권2(대정장28, p.882b10)에 "〔문〕 이 모든 극미는 어떤 세계를 말하는가? 〔답〕 바로 유향지다. 욕계 중의 극미는 향과 합하는데 향과 맛은 서로 떨어지지 않으므로 향기 있으면 맛도 있다. 색계의 극미는 단식(段食 : 揣食)의 자성이 아니기에 향도 맛도 벗어난다. 問 此諸極微 何界說 答 謂是有香地 欲界中極微與香合 香味不相離 有香則有味 色界極微 非揣食性 故離香味"라고 하였다. 〔참고문헌〕『雜阿毘曇心論』. ⇨ 욕계 欲界, 극미 極微, 단식 段食

유허공제천교칙인 遊虛空諸天敎勅印 허공에서 자유로운 제천(諸天)을 부르는 인. 『금강정경유가십팔회지귀』(대정장18, p.285b1)에 "두 번째 유허공제천은 일천자 등 무량한 제천과 천후이다. 第二遊虛空諸天 日天子等 無量諸天及后", 『전법륜보살최마원적법』(대정장20, p.610a13)에 "다음으로 유허공제천교칙인을 맺는다. 두 손으로 금강박을 하고 두 검지를 구부려 첫째 마디를 서로 맞댄 후 엄지 사이를 구부려 빈 공간을 만들어 내리 누른다. 결인을 마치고는 앞의 경문에 의지하여 여법히 부르니 세 차례 진언을 염송한다. 復次當結遊虛空諸天敎勅印 以二手金剛縛 屈二頭指以甲相背 並竪二空押於二風 結印成已 一依前文而敎勅已 卽三遍誦眞言"라고 하였다. 〔참고문헌〕『金剛頂經瑜伽十八會指歸』, 『轉法輪菩薩摧魔怨敵法』. ⇨ 천후 天后

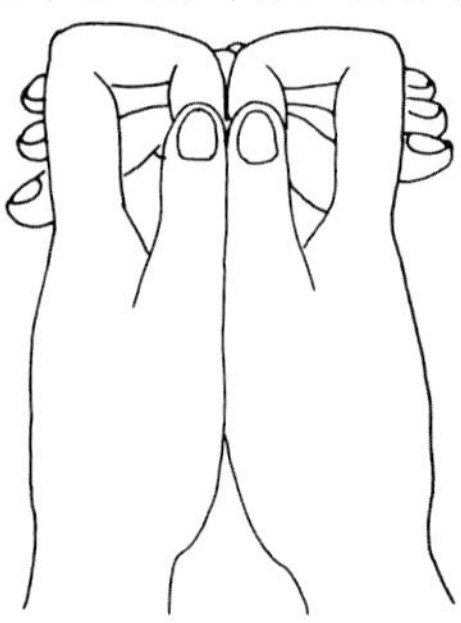

유현유론 唯現有論 오직 현재법만이 실유(實有)한다는 주장. 경량부(經量部)의 주장이다. 『순정리론』 권25(대정장29, p.483b6)에 "유를 얻는다란, 임시로 의지하고 뭇 연이 서로 모여 합하여 하나가 있게 되는 것을 말한다. 쓰고 일으킨다란, 모든 실물이 뭇연으로 합할 때, 과를 끌어 용을 일으키는 것을 말한다. 오직 현재법만이 존재한다고 주장하는 경우에도 반드시 이와 같은 두 가지 존재(世俗有와 勝義有)의 뜻을 인정한다. 만약 이것을 인정하지 않는다면 계경 버려야 한다. 言得有者 謂假所依 衆緣和集 合立一有 言用起者 謂諸實物 衆緣合時 引果用起 唯現有論 亦定應許 如是所說 二種有義 若不許此 應捨契經"라고 하였다. 〔참고문헌〕『順正理論』. ⇨ 경량부 經量部, 세속유 世俗有, 승의유 勝義有

유혐간택 唯嫌揀擇 ➡ 지도무난유혐간택 至道無難唯嫌揀擇

유협 劉勰 465?~521. 남조(南朝) 양(梁)나라 때 문학비평가. 자는 언화(彦和), 호는 운문자(雲門子). 거현(莒縣 : 山東省) 동완(東莞) 출신. 승우(僧祐 445~518) 문하에서 10여 년 동안 경론을 연구하였다. 현존 최고의 경전목록 『출삼장기집 出三藏記集』 15권을 편찬할 때 승우를 조력하였다. 도사(道士) 장융(張融)의 『삼파론 三破論』을 비판한 「멸혹론 滅惑論」을 짓기도 하였다. 소명태자(昭明太子)의 깊은 신뢰를 얻었다. 후에 혜진(慧震) 등과 함께 황제의 명을 받들어 정림사(定林寺)에서 경을 정리하던 중 돌연히 출가의 길을 찾다가 마침내 체도(剃度)하고 혜지(慧地)라는 법명을 얻기도 했지만 얼마 되지 않아 입적하였다. 저서에 『문심조룡 文心雕龍』 10권이 전하는데, 이는 종영(鍾嶸)의 『시품 詩品』과 함께 문학비평서의 쌍벽을 이룬다. 본문에 불교조목을 다수 취함으로써 법도를 건립하였고, 항상 범어와 한문의 음의(音義)를 회통함으로써 자신의 문예사상을 드러내었기에 오늘날까지 전해지며 주목받고 있다. 〔참고문헌〕『佛祖統紀』 권36(대정장49, p.347a29), 『梁高僧傳』 권8 「僧柔傳」(대정장50, p.378c27), 『弘明集』 권8(대정장52, p.49c3).

유형 有炯 1824~1889. 호는 설두(雪竇), 처음의 휘는 봉문(奉聞) 또는 봉기(奉琪), 속성은 이씨, 본관은 완산(完山). 아버지의 휘는 동복(東馥), 어머니는 박씨. 영호정호(映湖鼎鎬)가 지은 「영구산설두대사행장 靈龜山雪竇大師行狀」(『조선불교통사』 권상, p.604)에 따르면 1824년(순조24) 2월 24일 옥과현(玉果縣 : 곡성군 옥과면)에서 태어났다. 어려서는 고향서당에서 공부하다가 19세 때인 1843년(헌종9) 장성 백양사(白羊寺) 지장암(地藏庵)으로 찾아가 정관쾌일(正觀快逸)을 은사로 하여 스님이 되었으며, 다음해인 1844년 순천 선암사(仙巖寺)의 침명한성(枕溟翰醒 1801~1876)에게서 비구계와 참회법을 받았다. 그 후 제방으로 다니면서 경론과 노자학 등을 배웠는데, 순창 영구산 구암사(龜巖寺) 백파긍선(白坡亘璇 1767~1852)의 회하에서 배움을 마치고, 백암산(白巖山) 정토사(淨土寺 : 白羊寺) 백암도원(白巖道圓)의 법을 이었다. 백파의 강석을 이어받아 10여 년간 후학을 지도하면서 아울러 참선도 겸수하여 깊은 깨달음을 얻었다. 1870년(고종7) 대중의 초청을 받아 영광 모악산(母岳山) 불갑사(佛岬寺)에 토굴을 짓고 수년간 정진하다가 황폐해진 당우를 일신중수하였으니 마치 각진국사(覺眞國師) 복구(復丘)가 재림한 것과 같았다. 1889년(고종26) 봄부터 문노(門老)인 환옹환진(幻翁喚眞 1824~1904)의 간곡한 요청에 따라 양주 천마산(天磨山) 봉인사(奉印寺)에서 『선문염송 禪門拈頌』을 강설하여 7월에 마쳤다. 그해 중추(仲秋) 병을 얻고 본산으로 돌아와 제자인 설유처명(雪乳處明 1858~1903)에게 법을 전하고 8월 29일 구암사 소림굴(少林窟)에서 세수 66, 법랍 46세를 일기로 입적하였다. 제자에는 영월호정(詠月縞政)·보월만익(步月萬益)·다륜익진(茶輪翼振)·완성혜감(玩性慧鑑)·용은호각(龍隱皓恪)·서월경우(犀月敬瑀)·청하총환(淸霞寵歡)·설유처명 등이 있다. 경담서관(鏡潭瑞寬)·함명태선(函溟太先)·설두유형 등 세 스님은 모두 백파의 제자인데, 갑신생(甲申生) 동갑으로서 당대 호남의 삼대화엄종주(三大華嚴宗主)로 일컬어졌다. 저서로는 『해정록 楷正錄』 1권·『통방정안 通方正眼』·『선원소류 禪源遡流』 1권·『설두시집 雪竇詩集』 1권·『사기 私記』 등이 있다. 이 중 1889년에 지은 『선원소류』는 초의의순(草衣意恂)의 『선문사변만어 禪門四辨漫語』와 우담홍기(優曇洪基)의 『선문증정록 禪門證正錄』을 논파하고, 백파긍선의 『선문수경 禪文手鏡』을 옹호한 논서이다. 〔참고문헌〕『朝鮮佛敎通史』, 『東師列傳』 권5「雪竇講伯傳」(한불전10, p.1060a2), 『石顚文鈔』「華嚴宗主雪竇堂大師碑銘」, 智冠『韓國高僧碑文總集 朝鮮朝·近現代』 pp.770~771. ⇨선원소류 禪源遡流

유형 遺形 Ⓢsarira. 남긴 모습. 다비 후 남은 유골. 사리(舍利)의 다른 이름이다. 『장아함경』 권4「유행경 遊行經」(대정장1, p.29c12)에 "여래께서 유형의 사리를 남기심은 널리 이익되게 함이다. 사리가 여기에 있으니 마땅히 나누어 가져야 합니다. 如來遺形 欲以廣益 舍利現在 但當分取", 상응하는 팔리경전 *Mahāparinibbāna-sutta*(*DN.2*, p.166)에 "그렇다면, 바라문이여, 그대가 세존사리를 팔등분으로 공평하게 잘 분배하시오. tena hi brāhmaṇa tvaṃ yeva bhagavato sarīrāni aṭṭhadhā samaṃ suvibhattaṃ vibhajāhīti", 『대보적경』 권20(대정장11, p.109b22)에 "저 부동여래 응정등각께서는 몸에서 불을 내어 스스로 다비하시니 사리와 남긴 유골은 모두 금색이었다. 彼不動如來應正等覺 從身出火 而自闍維 舍利遺形 皆作金色", 『순정리론』 권22(대정장29, p.468a7)에 "화생은 어떤 이유로 죽은 뒤에 남기는 모습 없는가? 저들은 단박에 났기에 마땅히 문득 사라질 뿐이다. 化生何故 死無遺形 由彼頓生 故應頓滅"라고 하였다. 〔참고문헌〕『長阿含經』, 『大寶積經』, 『順正理論』, *DN.* ⇨사리 舍利

유형무형 有形無形 Ⓢrūpiṇo vā arūpiṇo vā. 모습 있는 또는 모습 없는 뜻. 볼 수 있으나 상대할 수 있는 색(可見有對色)과 볼 수는 없으나 상대할 수 있는 오근(五根)과 볼 수도 상대할 수도 없는 무작색(無作·無表色) 등 삼종색(三種色)을 구분한 뜻이다. 『중관론소』 권3(대정장42, p.51a20)에 "성론(성실론)의 십사종색은 오근·오진·사대이고, 수인(수론자)의 십일종색은 오근·오진과 무작가색이다. 무색이라는 것은 심·무위 등을 통틀어 무색이라고 이름함이다. 유형무형이라는 것은 형에는 반드시 색(色)이 있지만 색에 반드시 형이 있는 것은 아니므로 수론자들은 삼종색을 두었다. 첫째는 볼 수 있고 대애가 있는 색이니 청·황 등이고, 둘째는 볼 수 없어도 대가 있는 색이니 오근 등을 일컬으며, 셋째는 볼 수 없고 대도 없는 색이니 무작색 등을 말한다. 삼종색 중 가견유대는 바로 유형이고 나머지는 무형이다. 成論十四種色 五根五塵及四大也 數人十一種色 謂五根五塵及無作假色也 無色者 心及無爲等 總名無色 有形無形者 形必是色 色未必形故 數人有三種色 一可見有對色 卽靑黃等 二不可見有對色 謂五根等 三不可見無對色 謂無作色 三種色中 可見有對是有形 餘是無形也"라고 하였다. 〔참고문헌〕『中觀論疏』, *Saddh-p.346.*

유혜 有惠 **1** 생몰연대 미상. 조선 후기 스님. 괄허취여(括虛取如 1720~1789)의 『괄허집』 권2「삼성암불량급등촉계서 三聖庵佛糧及燈燭契序」(한불전10, p.313b20)에 "유혜도인이 옛 암자를 중수하고 단신과 함께 도모하여 논에 물을 대고 등촉계를 모집하여 길이 삼보의 공양을 마련하였다. 아! 자신의 어짊을 미루어 중생을 구제하시는 분 누구인가, 유혜도인이시다. 효를 들어 부모를 높이는 자 누구인가, 단신이로다. 有惠道人 重脩古庵 仍與檀信合謀 灌之以水田 募之以燈燭 永作三寶之供 噫推仁濟衆者誰道人也 擧孝尊親者誰檀信也"라고 하였다. 〔참고문헌〕『括虛集』. **2** 생몰연대 미상. 조선 말기 스님. 1832년(순조32)에 스승인 징월정훈(澄月正訓)의 행장(行狀)을 지었으며, 그 행장은 『징월대사시집』 권3(한불전10, p.504a5~c14)에 수록되어 있다. 〔참고문헌〕『澄月大師詩集』. ⇨정훈 正訓

유혜자 有慧者 Ⓢdhīmat, Ⓟpaṇḍita, Ⓣblo-ldan. 지혜로운 이. 보살의 열여섯 가지 별명 중 하나다. 『대승장엄경론』 권12(대정장31, p.656a17 : *Sūtr.*, p.174)에 "〈게〉 마땅히 알라. 모든 보살은 마하살이며, 유혜자이며, … 정설자라고도 부른다. 〔석〕 이런 열여섯 가지 이름은 모두 뜻에 의하여 세운 것이다. 모든 보살에게는 다 이런 이름이 있으니, 누구라도 이런 이름을 들으면 바로 보살임을 알아야 한다. 應知諸菩薩 亦名摩訶薩 亦名有慧者 … 亦名正說者 釋曰 此十六名 皆依義立

一切菩薩 總有此名 若人聞有此名 應知卽是菩薩 〈śloka〉 bodhisattvo mahāsattvo dhīmāṃś caivottamadyutiḥ, jinaputro jinādhāro … mahāpuṇya īśvaro dhārmikas tathā. 〈bhāṣya〉 etāni ṣoḍaśa sarvabodhisattvānām anvarthanāmāni sāmanyena", 『변중변론』 권상(대정장31, p.467a14 : *Madhy-vibh.*, p.30)에 "유혜자는 보살을 말한다. 有慧者 謂菩薩 dhīmattvaṃ bodhisattvatā"라고 하였다. [참고문헌] 『大乘莊嚴經論』, 『辯中邊論』, *Sūtr.*, *Madhy-vibh.*, *DN.1.173.* ⇨ 보살 菩薩

유혹윤생 留惑潤生 미혹에 머물며 중생을 적심. 번뇌 중에 머물러 중생과 함께하는 보살의 방편을 뜻하며, 부혹윤생(扶惑潤生)·부습윤생(扶習潤生)이라고도 한다. 『신화엄경론』 권25(대정장36, p.890a22)에 "권교의 보살은 팔선을 벗어나 삼계고를 넘어 정토에 나지만 자비가 있기에 미혹함에 머물며 중생을 적시기 위해 세간에 머문다. 성문나한은 팔선을 벗어난 뒤에 제9정에 들어가서 공에 의지해 지마저 다하였으니, 몸도 지혜도 도무지 없다. 權敎菩薩 得出八禪 超三界苦 生於淨土 有慈悲者 留惑潤生 住於世間 聲聞羅漢 出八禪之後 入第九定 依空智滅 身智總無", 『유마경초』(대정장85, p.431b13)에 "보살인 저 인류는 번뇌에 머물러 중생을 적시니 생사를 벗어나지 않고 중생을 제도한다. 菩薩之人 留惑潤生 不出生死 救度衆生"라고 하였다. [참고문헌] 『新華嚴經論』, 『維摩經抄』. ⇨ 부습윤생 扶習潤生

유홍 有洪 조선 말기 호남에서 활약한 강백 인곡(仁谷)의 제자. 호는 지봉(智峰). 『동사열전』 권5 「인곡강백전 仁谷講伯傳」(한불전10, p.1051a12)에 "(인곡의 제자는) 그 밖에도 지봉유홍·인허혜한 등 수레에 싣고 말로 헤아려야 할 만큼 셀 수 없을 정도였다. 其餘 智峰有洪印虛惠閒等 車載斗量 不可勝數者"라고 하였다. [참고문헌] 『東師列傳』. ⇨ 유홍 有洪, 영환 永奐

유홍기 劉鴻基 생몰연대 미상. 근세 불교운동가이자 개화사상가. 호는 대치(大致·大痴)이며, 불교계에서는 유대치(劉大痴)로 널리 알려져 있다. [참고문헌] 『朝鮮佛敎通史』 권하 p.898. ⇨ 유대치 劉大痴

유화 留化 머물러 교화함. 불세존께서는 멸도 후에도 교화를 이어간다는 뜻이다. 외도성문은 그렇지 못하다. 『대지도론』 권8(대정장25, p.116a21)에 "저 부처님께서 일으키는 변화나 한량없는 삼매의 힘은 불가사의하다. 그러므로 부처님께서 스스로 말씀하실 때, 한량없는 천만억 화신불도 일시에 모두 말씀하신다. 또 모든 외도와 성문의 변화로는 또 다른 변화를 짓지 못하나 저 불세존만이 변화가 거듭 변화를 지을 뿐, 모든 외도와 성문은 입멸한 후에 변화를 남기지 못하나 저 불세존만은 열반에 드신 후에도 다시 능히 남겨 교화하시니 저 부처님들과 다르지 않다. 如佛變化 無量三昧力 不可思議 是故 佛自語時 無量千萬億化佛 亦一時皆語 又諸外道及聲聞化 不能作化 如佛世尊 化復作化 諸外道及聲聞 滅後不能留化 如佛世尊 自身滅度後 復能留化 如佛無異"라고 하였다. [참고문헌] 『大智度論』. ⇨ 화사 化事

유화 遊化 Ⓢ cārin, Ⓣ spyod-pa. 널리 다니며 교화함. 안정된 이양을 버리고 교화하는 뜻이다. 『증일아함경』 권10(대정장2, p.595b24)에 "그때 그 바라문은 존자가전연은 이곳 못 근처를 다니며 교화한다는 소식을 들었다. 爾時 婆羅門聞 尊者迦遮延 在此池側遊化", 같은 책 권25(대정장2, p.684a26)에 "존자 시바라는 본국인 사위국(舍衛國)으로 돌아갔다. 많은 사람들이 그를 공경하고 추앙하여 네 가지 공양을 얻었으니 의복·음식·침구·의약 등이다. 이때 존자 시바라는 곧 다음과 같이 생각하였다. '내가 지금 이 본국에 있으니, 매우 번거롭다. 이제 인간 세상에서 돌아다니면서 교화해야겠다'. 尊者 尸婆羅 還在舍衛國 本邦之處 衆人敬仰 得四事供養 衣被 飮食 床褥臥具 病瘦醫藥 是時 尊者 尸婆羅 便作是念 我今在此 本邦之中 極爲煩鬧 今可在人間遊化", 『마하승기율』 권1(대정장22, p.227a13)에 "제방을 유화하며 거리낌 없고자 하면 마땅히 이 율을 받아 지님을 다해야 한다. 欲遊化諸方 而無礙者 當盡受持此律", 『발지론』 권20(대정장26, p.1028c28)에 "부처님께서는 항상 정념에 머물고 계시면서 세간을 다니며 교화하신다. 佛恒住正念 遊化於世間", 『법화현의』 권1상(대정장33, p.683c17)에 "적멸도량 일어난 적 없으시고 녹야에서 교화하시네. 不動寂場 而遊化鹿苑"라고 하였다. [참고문헌] 『增壹阿含經』, 『摩訶僧祇律』, 『發智論』, 『法華玄義』, *Laṅk.160.*

유화 遺化 남은 교화. 다하지 못한 교화연을 말한다. 『증일아함경』 권44(대정장2, p.789a6)에 "대가섭도 열반에 들지 않고 미륵부처님 세상에 출현하실 때까지 기다린다. 왜 그런가. 미륵이 교화할 제자들 모두 석가문불의 제자이며, 내가 남긴 교화로 말미암아 번뇌를 다할 것이기에 대가섭은 마가다국 비제촌 저 산중에 머물리라. 大迦葉亦不應般涅槃 要須彌勒出現世間 所以然者 彌勒所化弟子 盡是釋迦文佛弟子 由我遺化 得盡有漏 摩竭國界 毘提村中 大迦葉於彼山中住"라고 하였다. [참고문헌] 『增壹阿含經』, 『彌勒下生經』(대정장14, p.422b20).

유화미어 柔和美語 Ⓢ madhura-bhāṇin. 부드럽고 감미로운 말. 유화선어(柔和善語)라고도 한다. 『유가사지론』 권48(대정장30, p.564a24 : *Bodh-bh.*, p.250)에 "부드럽고 감미로운 말로 먼저 인사말을 건네면서 무엇보다 미소마저 머금는다. 모든 선한 품성을 항상 닦으면서 마음 내키는 대로 하지 않고 게으름도 떠난다. 이러한 일로써 따르는 무리들 가르쳐 익히고 스스로도 행하게 하면 더욱 나은 경지에 오르게 된다. 柔和美語 先言問訊 含笑爲先 於諸善品 恒常修習 不行放逸 離諸懈怠 卽以是事 敎習徒衆 亦令自行 轉更勝進 madhurabhāṇī pūrvābhilāpī smitapūrvaṅgamaḥ. satatasamitam abhiyuktaś ca bhavati kuśalapakṣe. pramādakausīdyāpagataḥ. tathaiva pariṣado 'nuśikṣaṇārtham ātmaviśeṣatāgamanatāyai ca"라고 하였다. 〔참고문헌〕『瑜伽師地論』, *Bodh-bh.*

유화사 留化事 남겨 교화할 일. 신통변화로 열반 후에도 세간에 변화를 보이고 교화함의 뜻이다. 예를 들면 가섭존자가 미륵불이 출세하여 가르침을 베푸실 때까지 아직도 계족산(鷄足山)에 머무는 등의 일이다. 『대비바사론』 권135(대정장27, p.698b26)에 "만일 남겨 교화함 없다면 이와 같은 일이 어떻게 있을 수 있겠는가? 어떤 이는 남겨 교화함 있다고 한다. 〔문〕 그렇다면 세존께서는 무슨 까닭에 화신으로 남아 열반에 머물러 설법하지 않으시는가? 〔답〕 해야 할 일을 이미 다 마치셨기 때문이다. 부처님께서는 제도해야 할 이를 이미 다 제도했고 아직 제도하지 못한 이는 성제자들이 제도할 것이라고 하셨다. 어떤 이는 남겨 교화할 일 없다 한다. 〔문〕 그렇다면 가섭의 일은 어떻게 있을 수 있는가? 〔답〕 믿고 공경하는 모든 천신들이 맡아서 한 일이다. 若無留化 如此之事 云何有耶 有說 有留化事 問 若爾 世尊 何故 不留化身 至涅槃後 住持說法 答 所應作者 已究竟故 佛謂 所應度 皆已度訖 所未度者 聖弟子度之 有說 無留化事 問 若爾 迦葉波事 云何得有 答 諸信敬天神 所任持故"라고 하였다. 〔참고문헌〕『大毘婆沙論』. ⇨ 능변화심 能變化心, 유화 留化, 화사십사 化事十四

유화사무심당수영대화상비문 遊華寺無心堂壽英大和尙碑文 무심수영(無心壽英 1878~1961)의 행적을 새긴 비문. 권상로(權相老)가 비문을 지어 1963년에 경상북도 안동시 와룡면 유화사에 세웠다. 〔참고문헌〕 智冠 『韓國高僧碑文總集 朝鮮朝·近現代』 p.1024. ⇨ 수영 壽英

유화인욕 柔和忍辱 Ⓢ kṣānti-sauratya, Ⓣ bzod-dang-des-pa. 부드럽고 고르게 욕마저 참아낸다는 말. 『법화경』 권4(대정장, p.32a21)에서는 안으로 자신의 허물을 가리고 밖으로는 온갖 풍상을 막아내기에 옷에 비유해 유화인욕의(柔和忍辱衣 Ⓢ kṣānti-sauratya cīvara)라 한다. 『법화경현찬요집』 권31(卍속장54, p.762b3)에 "부드럽고 온화하게 참아 견딘다는 말은 참괴로 옷을 삼는다는 뜻이다. 두 가지 의미가 있다. 첫째는 풍상을 막고, 둘째는 추한 모습을 가린다. 이 때문에 옷이라 한다. … 참아 견딤에는 두 가지가 있다. 첫째는 원한의 해코지를 참아내고 악한 일을 능히 받아들이며 괴로움을 편안히 감수하는 것이다. (둘째는) 추위와 더위 그리고 비방과 모욕 등의 경계를 참고 받아들이는 것이다. 이상과 같이 막는다는 뜻이 있기에 옷이라 한다. 부끄러움이 있기에 수치와 잘못을 느끼는 마음으로 능히 추한 몸을 가리는 것은 안의 옷이라 하고, 욕을 참는 마음이 있기에 헐뜯는 굴욕의 풍상을 막는 것은 밖의 옷이라 한다. 言柔和忍辱者 慚愧爲衣服 有二義 一 御捍風霜 二 遮形醜 故名爲衣 … 忍辱有二 一 耐怨害忍 惡事能容 安受苦忍 忍受寒熱 毁罵等境 有此御捍之義 名衣 有慚愧故 羞恥過罪 能遮形醜 名內 有忍辱故 遮毁辱之風霜 名外也"라고 하였다. 80권본 『화엄경』 권18(대정장10, p.96b28)에는 모든 보살행을 청정하게 하는(令諸菩薩所行淸淨) 열 가지 법 중 하나로 "세 번째, 부드럽고 온화하게 욕을 참아 다함이 없다. 三者 柔和忍辱 無有窮盡"라고 하고, 『대보적경』 권18(대정장11, p.99b7)에는 "부드럽고 온화하게 굴욕을 참아내니 질투하는 마음이 없다. 柔和忍辱 無嫉妬心"라고 하였다. 〔참고문헌〕『法華經』, 『法華經玄贊要集』, 『華嚴經』, 『大寶積經』, *Saddh-p.234·236.* ⇨ 유화인욕의 柔和忍辱衣, 유화인욕심 柔和忍辱心

유화인욕심 柔和忍辱心 Ⓢ mahā-kṣānti-sauratya, Ⓣ bzod-pa dang des-pa chen-po. 부드럽고 고르게 참아 견디는 마음. 『법화경』 권4(대정장9, p.31c26 : *Saddh-p.*, p.236)에 "여래의 옷이란 부드럽고 온화한 마음으로 욕마저 참아 견디는 마음이다. 如來衣者 柔和忍辱心 是 katamac ca bhaiṣajyarāja tathāgatacīvaram. mahākṣāntisauratyaṃ khalu punar bhaiṣajyarāja tathāgatacīvaram"라고 하였다. 〔참고문헌〕『法華經』, *Saddh-p.* ⇨ 유화인욕 柔和忍辱

유화인욕의 柔和忍辱衣 Ⓢ kṣānti-sauratya cīvaram, Ⓣ bzod dang des-pa chos-gos te. 유화인욕을 옷으로 삼는다는 뜻. 『법화경』 권4 「법사품 法師品」(대정장9, p.32a21)에 "큰 자비를 집으로 삼고, 부드럽고 온화하게 참아 견딤의 옷을 입고, 제법공을 자리 삼아 그곳에서 법을 설하네. 이 경을 설할 때에 만약 어떤 사람이 악한 말로 욕하고 칼·몽둥이·기와·돌을 가하더라도 부처님을 떠올리며 응당 참아야 하네. 大慈悲爲室 柔和忍辱衣 諸法空爲座 處此爲說法 若說此經時 有人惡口罵 加刀杖瓦石 念佛故應忍"라고 하였다. 〔참고문헌〕『法華經』, *Saddh-p.236.* ⇨ 유화인욕 柔和忍辱, 여래의

如來衣, 인욕의 忍辱衣

유화질직자 柔和質直者 Ⓢ sattvā mṛdu-mārdavāś. 부드럽고 고르며 반듯한 사람. 『법화경』 권5(대정장9, p.43c16 : *Saddh-p.*, p.325)에 "모든 공덕 닦아 부드럽고 반듯한 사람들 누구나 나의 몸 이곳에서 설법하는 모습을 본다네. 諸有修功德 柔和質直者 則皆見我身 在此而說法 yadā tu sattvā mṛdumārdavāś ca utpannabhontīha manuṣyaloke, utpannamātrāś ca śubhena karmaṇā paśyanti māṃ dharmu prakāśayantam", 『법화경구해』 권6(卍속장48, p.156b13)에 "저 모든 중생이 선행을 닦고 유연하게 화합하여 따르며 질박하고 정직한 이런 이들이다. 有諸衆生 修習善行 柔軟和順 質樸正直 如是之者"라고 하였다. 〔참고문헌〕 『法華經』, 『法華經句解』, *Saddh-p.*

유회 有會 ❶ 만남이 있음. 『출삼장기집』 권8 「법화종요서 法華宗要序」(대정장55, p.57a6)에 "처음 부처가 된 이후로 이 경전에 이르러 처음으로 중생에 응해 나루터 되셨기에 삼승 따로 흘렀다. 따로 흐른다 함 진은 아니니 끝내 만나기를 기약한다. 만남에 반드시 근원을 함께하니 그 탈것은 오직 하나일 뿐이고, 유일무상이기에 묘법이라고 한다. 從初得佛 暨于此經 始應物開津 故三乘別流 別流非眞 則終期有會 會必同源 故其乘唯一 唯一無上 故謂之妙法"라고 하였다. 〔참고문헌〕 『出三藏記集』. ⇨ 회삼귀일 會三歸一 ❷ 깨달음 있음. 『법원주림』 권23(대정장53, p.459a16)에 "마음을 정각에 돌이켜 나루터 깨달음이라는 복으로 보상하니, 만지는 이마다 깨달음 얻으니 그 공덕 예가 없으리. 歸心正覺 津悟福賞 撫之有會 功超由曩"라고 하였다. 〔참고문헌〕 『法苑珠林』, 『梁高僧傳』 권6(대정장50, p.358b21).

유회 幽懷 그윽이 품은 뜻. 『한거편』 권47 「여우인야화 與友人夜話」(卍속장101, p.195a1)에 "발자취 외딴 구름 앞서거니 뒤서거니, 이 몸 하룻밤 꿈인 듯하니, 그윽이 품은 뜻 말도 하기 전에, 앞 개울 밝은 달 떨어지네. 跡與孤雲並 身將一夢齊 幽懷言未已 明月落前溪"라고 하였다. 〔참고문헌〕 『閑居編』.

유회 誘誨 Ⓢ avavāda-anuśāsanīṃ dadāti. 가르쳐 깨우치다의 뜻. 80권본 『화엄경』 권62(대정장10, p.334a22 : *Gaṇḍ-vy.*, p.48)에 "저는 성자께서 참으로 능히 가르쳐 깨우치신다 들었습니다. 원컨대 자비를 베푸시어 저를 위해 말씀해 주옵소서. 어떻게 보살은 아누다라삼막삼보리를 성취하는지를. 我聞聖者 善能誘誨 唯願垂慈 爲我宣說 云何菩薩 而得成就阿耨多羅三藐三菩提 śrutaṁ ca me āryo bodhisattvānām avavādānuśāsanīṁ dadātīti. tad vadatu me āryaḥ kathaṁ bodhisattvā niryānti anuttarāyāṁ samyaksaṁbodhau", 『화엄경탐현기』 권20(대정장35, p.484c23)에 "유회라는 말은 범본에 따라 풀면 '잘 능히 가르쳐 깨우친다'는 뜻이다. 言誘誨者 依梵本 應云 善能敎誡", 『일체경음의』 권21(대정장54, p.435b24)에 "유회〈『설문해자』에 '이끌어 가르침의 뜻이다'라고 하였고, 유환의 『역』 주석에 '회는 시(示)의 뜻이다'라고 하였다〉. 誘誨〈說文曰 誘敎也 劉瓛注易曰 誨示也〉"라고 하였다. 〔참고문헌〕 『華嚴經』, 『華嚴經探玄記』, 『一切經音義』, *Gaṇḍ-vy.*

유효표 劉孝標 462~521. 남조(南朝) 양(梁)나라 때 학자. 이름은 준(峻)이고, 효표는 자(字)이다. 남의 책을 빌려 공부하였기에 서음(書淫)이라 하였다. 『세설신어 世說新語』에 대한 주석과 『변명론 辨命論』으로 유명하다. 『출삼장기집』 권2(대정장55, p.13b6)에 "『잡보장경』 13권〈궐본〉·『부법장인연경』 6권〈궐본〉·『방편심론』 2권〈궐본〉 등 3부 21권은 송나라 명제 때 서역삼장 길가야가 북국에서 위연흥 2년에 승정 석담요와 함께 한역하였으며, 유효표가 필수하였다. 이 세 가지 경전은 모두 경도에 이르지 못했다. 雜寶藏經 十三卷〈闕〉 付法藏因緣經 六卷〈闕〉 方便心論 二卷〈闕〉 右三部 凡二十一卷 宋明帝時 西域三藏 吉迦夜 於北國 以僞延興二年 共僧正 釋曇曜譯出 劉孝標筆受 此三經 並未至京都"라고 하였다. 〔참고문헌〕 『出三藏記集』, 『緇門警訓』 권1(대정장48, p.1046c22).

유후생사 有後生死 칠종생사(七種生死) 중 하나. 이후의 생사가 한 번 남아 있다는 뜻. 제10법운지(法雲地)의 보살이 최후 1품의 무명을 끊지 못하여 한 차례 더 변역생사(變易生死)가 남아 있으므로 이렇게 말한다. 인연생사(因緣生死)와 무후생사(無後生死) 사이에 위치한다. 『법화경현첨비검』 권1(卍속장44, p.567a1)에 "인연생사는 초지이상이고, 유후생사는 제10지이며, 무후생사는 금강심이다. 因緣生死 卽初地已上 有後生死 卽第十地 無後生死 卽金剛心"라고 하였다. 〔참고문헌〕 『法華經玄籤備撿』. ⇨ 칠종생사 七種生死, 변역생사 變易生死, 인연생사 因緣生死, 무후생사 無後生死

유후심 有後心 이어지는 뒤의 마음이 있다는 말. 무후심(無後心)과 대칭한다. 『정토십요』 권4(卍속장108, p.723b9)에 "결정이란, 잘못을 저지를 때는 찰나의 마음으로 틈새의 마음 있기에 뒤의 마음 있을 수밖에 없고, 염불할 때는 찰나의 마음도 없이 하니 뒤따르는 마음 있을 리 없다. 決定者 造罪時 以有間心 有後心也 念佛時 以無間心 無後心"라고 하였다. 〔참고문헌〕 『淨土十要』. ⇨ 무후심 無後心 ❷

유훈 遺訓 남기는 가르침. 『대일경소』 권8(대정장39, p.667a10)에 "법왕의 유훈으로써 가르쳐 알게 한다. 以法王遺訓 而教訓之", 『반야심경연주기』 「발문 跋文」(대정장33, p.568c22)에 "모든 조사의 유훈을 취하여 지남으로 삼았다. 蓋取諸祖遺訓 以爲指南"라고 하였다. 〔참고문헌〕『大日經疏』, 『般若心經連珠記』. ⇨ 유게 遺偈, 유교 遺教, 유법 遺法

유훈식 類熏識 류(類)가 다른 식들이 훈한다는 설. 인과 과가 서로 다른 식류나 식이 서로 시간을 달리해 훈한다고 하는 경량부(經量部) 비유사(譬喩師)의 주장이다. 『성유식론』 권3(대정장31, p.15c21)에 "육식신은 저 사에서든 류(類)에서든 전념과 후념이 이미 함께 하지 않기에, 마치 틈새가 있는 념과 같아서 서로 훈하지 못한다. 왜냐하면 능훈과 소훈은 반드시 시를 함께해야 하기 때문이다. 六識身 若事若類 前後二念 既不俱有 如隔念者 非互相熏 能熏所熏 必俱時故", 『성유식론술기』 권4(대정장43, p.358a15)에 "사와 류는 앞의 것이 뒤의 것을 훈한다. 지금 논파한다. '전념 사류는 다음 념의 사와 류를 훈하지 못한다. 함께 있지 않기 때문이다. 마치 틈새가 있는 념들처럼'. '틈이 있는 념들처럼'이라는 말은 무슨 뜻인가? 저들은 멀면 훈할 수 없다고 헤아려 이를 비유로 삼았다. 단지 바로 다음만을 훈할 뿐이기 때문이다. 식이 류를 훈하는 것·류가 식을 훈하는 것·식이 식을 훈하는 것·류가 류를 훈하는 것이 모두 성립하지 않는다고 하여 온통 부정하여 '서로 훈하지 않는다'고 하였다. '능훈과 소훈은 반드시 동시여야 하기 때문'이라는 말은, 훈습의 뜻을 나타내었으니 이는 전후가 아니어서 저 틈 있는 념과 같기 때문이다. 事及類前熏於後 今破云 前念事類 不熏次後念事類 不俱有故 如隔多念 隔多念者 彼計不遠熏 故得爲喻 但熏次後故 設遮識熏類 類熏識 識熏識 類熏類 皆不成立 故總遮云 非互相熏 能熏所熏 必俱時故者 顯熏習義 非是前後 如隔念故"라고 하였다. 〔참고문헌〕『成唯識論』, 『成唯識論述記』.

유희 遊戲 **1** Ⓢ vikrīḍita, vikriḍānatā, Ⓣ rnam-par-rtse-ba. 자유롭게 노닐다의 뜻. 『법화의소』 권5(대정장34, p.526a17)에 "생사를 왕래하고 오도 윤회를 치달리며 괴로운 경계를 헤맨다. 성인의 과로 바라보므로 유희라 한다. 生死往來 馳騁五道 踐涉艱辛 聖果望之 故言遊戲也", 『금광명경문구기』 권4(대정장39, p.128c2)에 "삼계에서 자재하므로 유희라 한다. 以於三界 得自在 故名遊戲", 『태암보장어록』 권3(卍속장123, p.984b11)에 "시방세계 다하도록 도무지 이 노사나의 원각가람일 뿐이니, 부처님 나라든 마구니 궁전이든 인연 따라 노닐며 기생집 술집이든 성에 맡겨 편안히 머문다. 염정의 구분 전혀 없으니 어찌 오고 감에 다름이 있겠는가! 이 이름이 정변지해이고 대해탈문이다. 盡十方世界 都盧是箇圓覺伽藍 佛國魔宮 隨緣遊戲 婬坊酒肆 任性安居 了無染淨之分 豈有去來之異 此名正徧知海 亦名大解脫門"라고 하였다. 〔참고문헌〕『法華義疏』, 『金光明經文句記』, 『呆菴普莊語錄』, *Laṅk.1. Yogā-bh.29.* ⇨ 유희신통 遊戲神通 **2** 노닐다. 『잡아함경』 권23(대정장2, p.163b25)에 "또 그때 왕이 채녀들 데리고 정원에 나가 노닐 때 보니 한 그루 무우수 꽃 가득 피어 무성하였다. 又時王將婇女眷屬 出外園中遊戲 見一無憂樹 華極敷盛"라고 하였다. 〔참고문헌〕『雜阿含經』.

유희락무희락 有喜樂無喜樂 Ⓢ prīti-sukhavat prīti-sukha-abhāva. 색계 초선의 이생희락(離生喜樂)과 제2선의 정생희락(定生喜樂)과 함께 제3선을 아울러 이르는 말. 『대지도론』 권86(대정장25, p.665b28)에 "희락이란 무엇인가? 색계에는 이종락이 있으니, 첫째는 유희락, 둘째는 무희락이다. 희락은 초선과 제2선에 있으며, 무희락은 제3선에 있다. 초선과 제2선은 모두 유희락인데 어떤 차별이 있는가? 초선 중의 희락은 욕계를 벗어남으로 생하고, 제2선의 희락은 선정으로 생한다. 〔문〕 또한 초선의 번뇌를 여의고서 제2선을 얻는데 어찌하여 이생이라고 하지 않는가? 〔답〕 욕계에는 산란 때문에 선정이라는 이름이 없으나 행자가 욕계를 여의기에 '이생'이다. 초선 중에는 선정이 있어서 제2선은 초선의 선정에 의하여 생기기에 정생(定生)이다. 喜樂者 色界中有二種樂 一者 有喜樂 二者 無喜樂 喜樂 初禪 二禪中 無喜樂 三禪中 初禪二禪 俱有喜樂 有何差別 初禪中喜樂 從離欲故生 二禪喜樂 從定生 問曰 亦離初禪煩惱得二禪 何以不說離生 答曰 欲界中 散亂故 無定稱 行者能離欲故 名爲離生 初禪中 有定 二禪因初禪定生故 名爲定生"라고 하였다. 〔참고문헌〕『大智度論』, *Abh-k-bh.170·433.* ⇨ 희락 喜樂, 이종락 二種樂, 이생희락 離生喜樂, 정생희락 定生喜樂

유희무희지 有喜無喜智 기쁨과 상응하는 지와 상응하지 않는 지. 『사리불아비담론』 권9(대정장28, p.592b9)에 "무엇이 유희지인가? 지가 기쁨과 상응하여 함께 생기고 머물며 멸한다면 이는 유희지다. 무엇을 무희지라고 하는가? 지가 기쁨과 상응하는 일 없고, 함께 생하지도 머물지도 멸하지도 않는다면 이 이름이 무희지다. 云何有喜智 若智喜相應 共生 共住 共滅 是名有喜智 云何無喜智 若智非喜相應 不共生 不共住 不共滅 是名無喜智"라고 하였다. 〔참고문헌〕『舍利弗阿毘曇論』.

유희법 有喜法 Ⓟ sappītika-dhamma. 희(喜)와 상응하는 법. 구역(舊譯)은 가락법(可樂法)이고, 무희법(無喜法 : 非可樂法)의 상대어다. 『품류족론』 권6(대정

장26, p.716a1)에 "유희법이란 어떤 것인가? 희근과 상응하는 법을 말한다. 有喜法云何 謂喜根相應法"라고 하였다. 〔참고문헌〕『品類足論』·권8(대정장26, p.726a9), *Dhs.6.* ⇨ 무희법 無喜法, 희근 喜根

유희삼매 遊戲三昧 자유롭게 노닐 듯이 하는 삼매. 유희삼매(游戱三昧)라고도 쓴다. 『대방등대집경』 권57(대정장13, p.383a12)에 "혹은 비구비구니 … 혹은 선남자선여인이 이와 같은 선본업의 유희삼매에 대해 염을 이어 사유하면, 머물러 자리하는 곳 따라 저 국토에 일체천왕이 항상 잘 수호하리. 或比丘比丘尼 … 或善男子善女人 於如是禪本業 遊戲三昧 係念思惟者 隨所住處彼國土 一切天王 常善守護", 종보본 『단경』(대정장48, p.358c22)에 "견성한 사람은 세워도 알고 세우지 않아도 얻으며 오감이 자유로워 막힘도 걸림도 없으며 만물에 응하여 쓰고 따라 지으며 말에 따라 화신을 널리 보아 자성을 여의지 않으니 자재신통한 유희삼매를 얻는다. 이를 견성이라 한다. 見性之人 立亦得 不立亦得 去來自由 無滯無礙 應用隨作 應語隨答 普見化身 不離自性 卽得自在神通 游戱三昧 是名見性", 『무무관』 1칙 「평창評唱」(대정장48, p.293a9)에 "생사의 언덕 그 끝에서 대자재를 얻고서는 육도와 사생 중에 유희삼매를 누린다. 於生死岸頭 得大自在 向六道四生中 遊戲三昧"라고 하였다. 〔참고문헌〕『大方等大集經』, 『壇經』, 『無門關』.

유희신통 遊戲神通 Ⓢ abhijñā-vikrīḍanā, abhijñā-vikuruvaṇa, abhijñā-vikrīḍita, vikrīḍita, Ⓣ mngon-par-shes-pa-chen-pos rnam-par-rol-pa, rnam-par-rol-pa. 노닐 듯 자유롭게 변화하고 통함. 『유마의기』 권2(대정장38, p.469b25)에 "유희는 신통과 같이 바른 덕에 머문다. 유희신통은 통하여 자재하다. 모든 통에서 다 노닐며 자재하여 놀이인 듯 하기에 유희라 한다. 遊戲通等 是住正德 遊戲神通 通自在也 遊涉諸通 自在如戲 故言遊戲", 『유마경문소』 권19(卍속장28, p.204b5)에 "경에서 '유희신통'이라 한 말은, 마구니 주인이 이미 항복하니 시방의 인연 있는 중생이 귀의하지 않음이 없다. 신통이 자재하여 변화로 나투는 것마다 성취한다. 經言 遊戲神通者 魔主旣伏 十方有緣衆生 靡不歸依 是以 神通自在 變現成就"라고 하였다. 〔참고문헌〕『維摩義記』, 『維摩經文疏』, *Pañca.223.*, *Sam-r.5.*, *Mvyut.63.*, *Saddh-p.101.* ⇨ 신통유희 神通遊戲, 유희 遊戲

유희애 有喜愛 존재(有)에 대한 기쁨과 애착. 『입세아비담론』 권1(대정장32, p.178a25)에 "늘 청정계율 지니고, 정진하여 마음이 산란하지 않으며, 깊이 생각하여 안으로 생각 바로하고, 지혜로 어려운 일 건너며, 생각하되 욕 없고, 색계번뇌를 조복시켜 멸하며, 유(有)에 대한 기쁨과 애착이 영원히 사라졌으니, 이런 사람 마침내 빠지는 일 없으리. 常持淸淨戒 精進不散心 思擇內正念 由智度難度 欲想無有欲 伏滅色繫縛 永滅有喜愛 是人終不沈"라고 하였다. 〔참고문헌〕『立世阿毘曇論』.

유희야경 蕤呬耶經 Ⓢ Guhya-tantra, Ⓣ dkyil-'khor thams-cad-kyi spyi'i cho-ga gsang-ba'i rgyud. 당나라 때 불공(不空 Ⓢ Amoghavajra) 한역. 3권. 대정장18, pp.760c3~773a4, No.897에 수록되어 있다. 칠일작단법(七日作壇法)을 중심으로 관정작법(灌頂作法)을 시설하고 있는 초기 밀교경전으로 작법차제를 담고 있는 매우 중요한 경전으로 평가된다. 구혜경(瞿醯經)·옥희야경(玉呬耶經)·구혜단다라경(瞿醯壇跢羅經) 등이라고도 하는데, 구혜는 비밀을 뜻하는 범어 구히야(Ⓢ guhya)의 음사어이다. 티베트역본(北京版 No.429)도 전하며, 범명은 *Sarvamaṇḍala-sāmānyavidhi-guhya-tantra*이다. ⇨ 구혜경 瞿醯經

유희정 有喜定 Ⓟ sappītika-samādhi. 기쁨과 함께 하는 정. 기쁨과 생주멸(生住滅)을 함께 나누는 정이다. 『사리불아비담론』 권30(대정장28, p.715c17)에 "무엇이 유희정인가? 저 정이 기쁨과 상응하여 함께 나고 함께 머물며 함께 사라지니 이를 유희정이라 한다. 云何有喜定 若定喜相應 共喜生 共住共滅 是名有喜定"라고 하였다. 〔참고문헌〕『舍利弗阿毘曇論』, *MN.3.162.*

유희좌 遊戲坐 Ⓢ lalitāsana. 자유롭게 놀이하듯 앉아 있음. 불보살상의 좌법(坐法) 중의 하나로 한쪽 다리는 가부좌(跏趺坐)하거나 무릎을 세워 대좌 위에 얹고, 다른 쪽 다리는 대좌 아래로 자유롭게 내린 자세를 말한다. 오른쪽 다리를 내린 우서상(右舒相), 왼쪽 다리를 내린 좌서상(左舒相)이 있다. 인도에서는 팔라(Pala)왕조 이후의 불상에서 모두 보이는데, 내려뜨린 발을 대부분 작은 연꽃(蓮華)이 받치고 있다.

티베트·네팔·동남아시아의 불상과 불화에도 보인다. 중국에서 유희좌상은 윤왕좌상과 함께 송원대(宋元代)에 유행하였으나, 한역(漢譯)경전에 이 좌법을 지칭하는 번역어는 보이지 않지만 『다라니집경』 권7 「불설금강장대위신력삼매법인주품 佛說金剛藏大威神力三昧法印呪品」(대정장18, p.841b26)에 "모든 금강장보살상은 온몸이 황색으로 왼쪽 다리만 올리고 오른쪽 다리는 비스듬히 내려뜨려서, 마치 대좌에 앉으려다 다시 일어

서려는 듯한 모습이다. 一切金剛藏菩薩像 通身黃色 而以左脚偏加 斜垂右脚 欲似下座而復起形"라고 하였다. 고려시대에는 송원대의 불교교류를 통해 유희좌 도상이 유입되었고 새로운 불보살상의 형식으로 수용되었다. 대표적인 작품으로는 국립중앙박물관 소장 금동보살좌상(金銅菩薩坐像)과 목조관세음보살좌상(木造觀世音菩薩坐像)·일본 개인소장 수월관음도(水月觀音圖) 등이 있다. 조선시대에도 유희좌상은 계속 제작되어 보물 제415호 경주기림사 건칠보살반가상(慶州祇林寺乾漆菩薩半跏像)과 보물 제1818호 서울보타사금동보살좌상(普陀寺金銅菩薩坐像) 이외 다수의 불보살상이 전하고 있다. [참고문헌]『陀羅尼集經』, 逸見梅榮『仏像の形式』(東出版, 1970), 『동양미술사』 상·하권(미진사, 2009). ⇨ 좌법 坐法, 윤왕좌 輪王坐, 윤왕가 輪王跏

유희좌 목조관세음보살좌상
국립중앙박물관 13세기

육 肉 P mamsa. 먹거리로서의 고기. 팔종식(八種食) 또는 구종식(九種食) 중 하나. 『선견율비바사』 권18(대정장24, p.799c22)에 "아홉 가지 바야제가 있다는 것은 무슨 말인가? 아홉 가지 맛있는 음식을 구걸하는 것이니, 첫째는 우유, 둘째는 연유, 셋째는 생소, 넷째는 숙소, 다섯째는 기름, 여섯째는 꿀, 일곱째는 석밀, 여덟째는 고기, 아홉째는 생선 등이다. 이것을 아홉 가지라고 한다. 有九波夜提者 乞九種美食 一 乳 二 酪 三 生酥 四 熟酥 五 油 六 蜜 七 石蜜 八 肉 九 魚 是名九種"라고 하였다. [참고문헌]『善見律毘婆沙』, 『摩訶僧祇律』 권40(대정장22, p.544a22), *Sp.822.* ⇨ 구종식 九種食, 팔종식 八種食

육 恧 부끄러워하다. 『방광대장엄경』 권9(대정장3, p.595a3)에 "마왕은 이때 신통한 기운이 꺾여 겸연쩍었으며 위세를 회복하지 못하고 대지가 진동하는 소리를 듣자 마음에 두려움이 생기면서 혼절하여 거꾸러졌다. 魔王是時 神氣挫恧 無復威勢 聞大地聲 心生惶怖 悶絶頓躃"라고 하였다. [참고문헌]『方廣大莊嚴經』.

육가 六家 ➡ 육가칠종 六家七宗

육가사 肉袈裟 탯줄을 머리와 어깨에 걸치고 태어남이 가사를 걸치듯 함의 뜻. 이것은 『나선비구경』 권상(대정장32, pp.694a12)의 코끼리왕 고사(故事)에서 비롯되었다. 선악을 잘 분간하는 현명한 코끼리왕이 부처님을 뵙고 날마다 정성스럽게 모셨다. 부처님께서 열반에 드시자 코끼리왕도 가라원사(加羅洹寺)에 머물며 스님들의 독경소리를 들었다. 명이 다하여 죽은 뒤에는 다시 바라문의 아들로 태어나 도인과 교류하였는데 그중에 국왕을 원했던 사람은 태자로 태어났으며, 사문이 되어 열반도를 성취하고자 했던 다른 한 사람은 '육가사'를 하고 태어났는데 그 이름이 '나선(P Nāgasena)'이다. '나선'이라고 한 까닭은 같은 날 코끼리 한 마리도 태어났기 때문이니, 인도말로 코끼리를 나(那 S P Nāga)라고도 한다(其一人前世欲剃頭作沙門 求羅漢泥洹者 生於天竺字陀獵 與肉袈裟 俱生其家 有一大象同日生 天竺名象爲那 父母便字爲那先). 성장하여 사문인 외삼촌에게 배웠으며, 후에는 화전사(和戰寺)의 알파왈(頞波曰)과 가유왈(加維曰)에게 배웠고 마침내 아라한과를 성취하여 그 이름이 널리 알려졌다. [참고문헌]『那先比丘經』. ⇨ 나선 那先, 미란다 彌蘭陀

육가칠종 六家七宗 **1** 육가(六家)와 칠종(七宗). 동진(東晉)대에 반야공성(般若空性)에 대해 격의(格義)로 여섯 또는 일곱 가지 해석. 인도의 반야학(般若學)이 중국에 소개된 것은 동한(東漢)의 지루가참(支婁迦讖)이 『도행반야경』을 한역한 이후부터였으며, 노장사상(老莊思想)에 의한 격의방식을 거쳐 구마라집(鳩摩羅什)이 『중론』을 한역한 후에야 비로소 정립되었다. 담제(曇濟)의 『육가칠종론 六家七宗論』이 있었으나 지금은 전하지 않는다. 이론의 여지는 있으나 원강(元康)의 『조론소』와 길장(吉藏)의 『중론소』 등에 다음과 같이 전한다. 『조론소』 권상(대정장45, p163a15)에 "양나라 석보창이 『속법론』 160권을 지었는데, '송나라 장엄사 석담제가 『육가칠종론』을 지어 육가가 있음을 논하고, 나누면 칠종이 된다고 하였다. 첫째는 본무종, 둘째는 본무이종, 셋째는 즉색종, 넷째는 식함종, 다섯째는 환화종, 여섯째는 심무종, 일곱째는 연회종이다. 본래는 육가였으나, 첫째를 둘로 나누었기 때문에 칠종이 되었다. 梁朝 釋寶唱 作續法論 一百六十卷云 宋莊嚴寺 釋曇濟 作六家七宗論 論有六家 分成七宗 第一 本無宗 第二 本無異宗 第三 卽色宗 第四 識含宗 第五 幻化宗 第六 心無宗 第七 緣會宗 本有六家 第一家分爲二宗 故成七宗也"라고 하였다. [참고문헌]『肇論疏』, 『中觀論疏』 권2(대정장42, p.29a4). ⇨ 반야학 般若學, 본무종 本無宗, 본무이종 本無異宗, 식함종 識含宗, 심무종 心無宗, 연회종 緣會宗, 즉색종 卽色宗, 환화종 幻化宗 **2** 육사외도(六師外道)와 칠종외도(七種外道). 육사외도란 도덕부정론·숙명론·유물론·불멸론·회의론·자이나교를 말하고, 칠종외도란 일곱 가지 범주의 실재를 주장하는 외도를 말한다. 『관능가경기』 권6(卍속장25, p.943b8)에 "또한 일곱 가지 범주의 실재를 주장하는 외도가 있다. 이들은 첫째 대범, 둘째 시간, 셋째 장소, 넷째 태초의 본질, 다섯째 자연, 여섯째 허공, 일곱째 아 등을 헤아리는 이들이니, 이 일곱 법은 상주하고 실유하며 온갖 공능을 갖추고 있어 일체법을 낳을 수 있다고 한다. … 서역의 외도에는 육사 이외에 또한 일곱 가지를 주장하는 이들이 있었던 것이다. 그래서 고덕들이 육가칠종이라 부른 것이 바로 이들이다. 復有七種外道 一 計大梵 二 計時 三 計方 四 計本際 五 計自然 六 計虛空 七 計我 以此七法爲常住實有 具諸功能 生一切法 … 西域外道 六師之外 又有計七種者 故古德云六家七宗者此也"라고 하였다. [참고문헌] 『觀楞伽經記』. ⇨ 육사외도 六師外道

육가희법 六可喜法 Ⓟ cha sārāṇīya-dhammā. 여섯 가지 기뻐할 만한 행위. 다투지 않고 화합하게 하는 여섯 가지 행위를 말한다. 육화경법(六和敬法)·육가념법(六可念法)·육위로법(六慰勞法) 등이라고도 한다. 『대집법문경』 권하(대정장1, p.231c23)에서는 육리진법(六離塵法)이라 하였다. 『집이문족론』 권15(대정장26, p.431b26)에 "육가희법이란 무엇이 그 여섯인가? 답한다. 저 비구가 부처님 계신 곳에서 지혜롭고 함께하는 도반들에게 자애로운 신업을 일으키는 것이 제일의 가희법이다. 이 법으로 능히 가히 아끼고 존중하며 능히 할 수 있는 뜻 내어 더욱 아끼고 존중한다. 뜻 내고 더욱 내어 거두어 환희하니 어길 일도 다툴 일도 없이 한결같이 나아간다. 六可喜法者 云何爲六 答 若有苾芻 於大師所 及諸有智同梵行者 起慈身業 是名第一可喜法 由此法故 能發可愛 能發尊重 能發可意 能引可愛尊重 可意悅意 攝受歡喜 無違無諍一趣"라고 하였고, 이어 둘째 자애로운 어업을 일으키는 것(起慈語業 是名第二可喜法), 셋째 자애로운 의업을 일으키는 것(起慈意業 是名第三可喜法), 넷째 모든 이양물을 가지런히 함께 수용하는 것(如法利養 下至鉢中 所受飮食 於此利養 與諸有智同梵行者 等共受用 不別藏隱 是名第四可喜法), 다섯째 계율을 고르게 함께 가져 덮고 숨김이 없는 것(等共受持 無所藏隱 是名第五可喜法), 여섯째 괴로움 다하는 일 함께 배우고 익히는 것(等共修學 無所藏隱 是名第六可喜法) 등을 육가희법이라고 하였다. [참고문헌] 『大集法門經』, 『集異門足論』, *MN.2.150*. ⇨ 육화경 六和敬

육갑비축 六甲秘祝 도가(道家)와 병가(兵家)에서 성행하던 비술(秘術). 『포박자』 등에 전하며 구자법(九字法)이라고도 한다. 일본에 전해진 뒤로 진언밀교(眞言密敎)의 일부와 뒤섞여 현재 일본 수험도(修驗道)의 산복(山伏)에서 중시하는 주술(呪術)로 정착하였다. 임·병·투·자·개·진·열·재·전(臨兵鬪者皆陳列在前)이라는 아홉 글자로 구성된 주술이며, 이것으로 축원하면 모든 위험을 피할 수 있다고 한다. 『포박자』 「등섭편登涉篇」에 "산에 들어갈 경우 반드시 육갑비축을 알고 있어야 한다. '임병투자개진열재전'이라고 축원한다. 모두 아홉 글자를 잇달아 항상 은밀하게 축원하면 피하지 못할 위험이 없다. 핵심이 되는 비법은 번잡하지 않으니 이를 가리킨다. 入山宜知 六甲秘祝 祝曰 臨兵鬪者皆陳列在前 行凡九字 常當密祝之 無所不避 要道不煩 此之謂也", 『왕생론주』 권하(대정장40, p.835c10)에 "다만 모든 치아 속에서 임병투자개진열재전을 소리 내어 읊는다. 이 아홉 글자를 잇달아 외우면 다섯 종류의 무기에 맞지 않는다. 『포박자』에서는 이를 '핵심이 되는 비법'이라고 하였다. 但一切齒中誦 臨 兵 鬪 者 皆 陳 列 在 前 行誦此九字 五兵之所不中 抱朴子 謂之要道者也"라고 하였다. [참고문헌] 『抱朴子』, 『往生論註』.

육갑시왕원불가 六甲十王願佛歌 열 가지 상갑(上甲)에 인연 지은 시왕과 원불보살에 염불참회하여 극락왕생을 기원하는 내용의 불교가사. 1969년에 문화재관리국에서 발간한 무형문화재조사보고서 『화청 和請』에 이경협(李璟協 1901~?)의 구술로 수록되었다. 원제목은 「육갑시왕원불지옥십악법 六甲十王願佛地獄十惡法」이다. 참회발원의 서사, 시왕·상갑·10원불보살·10지옥·참회할 10악을 차례로 배대하고 '○○죄를 참회하고 일심(一心)으로 염불(念佛) 모셔 극락(極樂)으로 가옵시다'로 마무리한 본사와 결사로 구성되었다. 본사 내용은 〈표〉와 같다. 결사는 '념일회석(念日會席) 모인 손님 이 내 말씀 들어 보소'로 시작하여 '발원참회 깊이 하여 육자염불(六字念佛) 지성으로 미타성상(彌陀聖相) 친견하러 극락세계 가옵시다'로 끝맺었다. [참고문헌] 이상보 『한국불교가사전집』(집문당, 1980), 임기중 『불교가사 원전연구』(동국대학출판부, 2000). ⇨ 불교가사 佛敎歌辭, 화청 和請, 시왕원불 十王願佛

〈표〉 육갑시왕원불가

시 왕	상 갑	원 불	지 옥	십 악
제 1진광대왕	경 오 갑	정광여래	도산지옥	살 생
제 2초강대왕	무 자 갑	약사여래	화탕지옥	투 도
제 3송제대왕	임 오 갑	현겁천불	한빙지옥	사 음
제 4오관대왕	갑 자 갑	아미타불	검수지옥	기 어
제 5염라대왕	경 자 갑	지장보살	발설지옥	망 어
제 6변성대왕	병 자 갑	대세지보살	독사지옥	악 담
제 7태산대왕	갑 오 갑	관세음보살	좌확지옥	양 설
제 8평등대왕	병 오 갑	노사나불	거해지옥	탐 심
제 9도시대왕	임 자 갑	약왕보살	철상지옥	진 심
제10전륜대왕	무 오 갑	석가여래	흑암지옥	치 심

육개 六蓋 마음을 덮어 선법을 행할 수 없게 하는 여섯 가지 번뇌. 탐욕개(貪欲蓋)·진에개(瞋恚蓋)·혼침수면개(惛沈睡眠蓋)·도거악작개(掉擧惡作蓋)·의개(疑蓋)

등 오개(五蓋)에 제6개인 무명개(無明蓋)를 더한 것이다. 『대비바사론』 권38(대정장27, p.194c26)에 "저 계경에서 오개 설함이 있으니 첫째는 탐욕개, 둘째는 진에개, 셋째는 혼침수면개, 넷째는 도거악작개, 다섯째는 의개이다. 혹 어떤 이는 '개에는 오직 다섯 가지뿐이어서 무명은 개가 아니다'라고 의심하므로 이런 의심을 풀도록 하기 위하여 오개 이외에 따로 여섯 번째가 있다는 것을 드러내니 그것을 무명개라 한다. 이런 인연으로 이 논을 지었다. 如契經說有五蓋 一 貪欲蓋 二 瞋恚蓋 三 惛沈睡眠蓋 四 掉擧惡作蓋 五 疑蓋 或有生疑 蓋唯有五 無明非蓋 欲令此疑 得決定故 顯五蓋外 別有第六 謂無明蓋 由此因緣 故作此論", "오개가 모든 개를 거두는가? 모든 개가 오개를 거두는가? [답] 모든 개가 오개를 거두고, 오개가 모든 개를 거두는 것은 아니다. 어떤 것을 거두지 않는가? 무명개를 말한다. 모든 개는 많기에 오개를 거둘 수 있으나 오개는 적기 때문에 모든 개를 거둘 수 없다. 저 큰 그릇은 작은 그릇을 덮을 수 있으나 작은 그릇은 큰 그릇을 덮을 수 없는 것과 같다. 爲五蓋攝諸蓋 爲諸蓋攝五蓋 答 諸蓋攝五蓋 非五蓋攝諸蓋 不攝何等 謂無明蓋 諸蓋多故 能攝五蓋 五蓋少故 不攝諸蓋 如大器能覆小器 小器不能覆大器", "무명수면도 비록 개이지만 무겁기에 오개 중에서 설하지 않으시고 세존께서 따로 세워 제6개를 삼으셨다. 말하자면 앞의 오개는 그 세력이 모두 같지만 무명만은 치우쳐 무겁기에 따로 말씀하셨다. 無明隨眠 雖亦是蓋 重故不說 在五蓋中 世尊別立 爲第六蓋 謂前五蓋 勢力皆等 無明偏重 是故別說"라고 하였다. [참고문헌] 『大毘婆沙論』, 『生經』 권4(대정장3, p.99b20). ⇨ 오개 五蓋, 무명 無明

육갱 六更 육촉(六觸 : 六更樂)의 다른 이름. 『출요경』 권17(대정장4, p.699a1)에 "'육갱을 가장 중요하게 여긴다'라 한 것은 모든 기관을 닫아 안이비구신의라는 기관들이 징정하여 산란하지 않으면 육정을 지키고 온갖 견해에 물들지 않는다. 이 때문에 '육갱으로서 가장 중요하게 여긴다'라고 말한다. 六更以爲最者 閉塞諸根 眼耳鼻口身意 諸根澄淨不亂 守護六情 不受諸見 是故說 六更以爲最也"라고 하였다. [참고문헌] 『出曜經』. ⇨ 육갱락 六更樂 **1**, 갱락 更樂, 촉 觸

육갱락 六更樂 **1** Ⓟ cha-phassa. 육촉(六觸)을 달리 이르는 말. 갱락(更樂)은 촉(觸)의 구역이다. 『증일아함경』 권46(대정장2, p.797c3)에 "어떤 것을 갱락이라고 하는가? 즉 육갱락신을 말한다. 어떤 것이 그 여섯 가지인가? 안이비설신의갱락을 말하는데, 이것을 갱락이라고 한다. 彼云何名爲更樂 所謂六更樂身 云何爲六 所謂眼耳鼻舌身意更樂 是謂名爲更樂"라고 하였다. [참고문헌] 『增壹阿含經』. ⇨ 갱락 更樂, 육촉 六觸 **2** 지옥 이름. 또는 천상과 같은 선처(善處)의 이름. 육촉입처(六觸入處 Ⓟ Cha-phassāyatanika)라고도 한다. 『중아함경』 권53 「치혜지경 癡慧地經」(대정장1, p.761a6)에 "어떤 것을 지옥의 괴로움이라고 하는가? 저 지옥 중에 지옥이 있는데 육갱락이라고 한다. 云何地獄苦 彼地獄中有獄 名六更樂", 같은 책 권53 「치혜지경 癡慧地經」(대정장1, p.762c20)에 "저기에 선처가 있으니 육갱락이다. 彼有善處 名六更樂"라고 하였는데, 상응하는 *Bālapaṇḍita-sutta*(*MN.3*, pp.165・178)에서는 니라야(Ⓟ niraya : 지옥)와 삭가로카(Ⓟ sagga-loka : 천계)라고 하였다. [참고문헌] 『中阿含經』, 『婆須蜜所集論』 권4(대정장28, p.753c25), *MN.*, *SN.4.126*.

육갱촉 六更觸 Ⓟ cha-phassāyatana. 육촉이 일어나는 곳. 육촉처(六觸處)라고도 한다. 『중아함경』 권28 「우다라경 優陀羅經」(대정장1, p.603a17 : *Uddako-sutta*, *SN.4*, p.83)에 "무엇이 비구의 정관인가? 비구란 육갱촉을 알고 습을 알며 멸을 알고 미를 알며 환을 알고 출요를 알아 혜로써 진실 그대로 안다. 이것을 비구의 정관이라 한다. 云何比丘正觀耶 比丘者 知六更觸 知習 知滅 知味 知患 知出要 以慧知如眞 是謂比丘正觀也 kathañ ca bhikkhave bhikkhu vedagū hoti. yato kho bhikkhave bhikkhu channaṃ phassāyatanānaṃ samudayañ ca atthagamañ ca assādañ ca ādīnavañ ca nissaraṇañ ca yathābhūtam pajānāti. evaṃ kho bhikkhave bhikkhu vedagū hoti"라고 하였다. [참고문헌] 『中阿含經』, *SN.* ⇨ 육촉처 六觸處, 갱촉 更觸, 촉 觸, 갱락 更樂

육건달산 育乾達山 Ⓢ Yugaṃdhara. 칠금산(七金山) 중 하나. 유건달라산(踰健達羅山)・유건다라산(由乾陀羅山) 등이라고도 음사하며, 지쌍산(持雙山)이라 한역한다. 『대보적경』 권73 「보살견실회 菩薩見實會」(대정장11, p.415a10)에 "철위산 … 육건달산 … 모든 나머지 흑산과 삼천대천세계가 이루어 질 때나 저 일체견강이 생할 때에도 무엇으로부터 온 바가 없다. 鐵圍山 … 育乾達山 … 諸餘黑山 及三千大千世界 若成時 彼一切堅强生時 無所從來"라고 하였다. [참고문헌] 『大寶積經』. ⇨ 칠금산 七金山, 유건달라 踰健達羅

육검육전 六劍六箭 여섯 가지 칼과 화살. 윤회하여 삼도(三塗)의 고통을 받게 하는 색성향미화복사념 등의 여섯 가지를 말한다. 『육도집경』 권5(대정장3, p.28a15)에 "나는 나라를 원수의 소굴로 생각한다. 색・소리・향기・맛 그리고 화려한 옷가지와 삿된 생각이 여섯 가지 칼이 되어 나의 몸을 베고 여섯 가지 화살이 되어 나의 몸을 쏜다. 이들 여섯 가지 삿됨으로 말미암아 돌고 돌아 고통을 받으니, 삼악도는 혹독하여 참을 수도 없고 견딜 수도 없다. 나는 그것을 매우 싫어한다. 吾以國爲怨窟 以色聲香味華服邪念 爲六劍截吾身 六箭射吾體 由斯六邪 輪轉受苦 三塗酷烈 難忍難堪 吾甚厭之"라고 하였다. 〔참고문헌〕『六度集經』.

육견법 六堅法 ❶ 여섯 가지 견실한 법. 무너지지 않는 불멸(不滅)의 법을 말한다. 신・법・수・덕・정・각(信法修堅德頂覺)에 있어 견고함이니, 삼현(三賢)・십성(十聖)과 등묘각(等妙覺)에 이르는 보살의 법을 말한다. 『보살영락본업경』 권상(대정장24, p.1012b25)에서는 육종성(六種性)이라 하였고, 이것은 육견이라고도 하는 견신(堅信)・견법(堅法)・견수(堅修)・견덕(堅德)・견정(堅頂)・견각(堅覺)이다. 『화엄경소』 권53(대정장35, p.903a18)에 "여섯 가지 견고한 법의 순위는 『보살영락본업경』 권상에 따른다. 삼현・십성과 등각・묘각의 여섯으로서 곧 신견・법견・수견・덕견・정견・각견을 삼는다. 六堅順位 本業上卷 以三賢十聖等妙二覺爲六 謂信堅 法堅 修堅 德堅 項堅 覺堅"라고 하였다. 〔참고문헌〕『菩薩瓔珞本業經』, 『華嚴經疏』. ⇨ 신견 信堅, 법견 法堅, 수견 修堅, 덕견 德堅, 정견 頂堅, 각견 覺堅, 육종성 六種性 ❷ 육바라밀을 말함. 『도세품경』 권5(대정장10, p.646c14)에 "여섯 자, 시・계・인・진・적・지의 뿌리를 드러내 보이며 육견법을 따름에 되돌아가지 않는다. 顯示六字施戒忍進寂智之本 順六堅法 而不迴還"라고 하였다. 〔참고문헌〕『度世品經』.

육견처 六見處 Ⓟ cha diṭṭhiṭṭhānāni. 견해의 여섯 가지 대상. 소유색(所有色)・소유각(所有覺)・소유상(所有想) 등 여섯 대상. 『잡아함경』 권6(대정장2, p.42a10)에 "만일 많이 듣고 아는 성제자가 이 육견처에 있어 비아・비아소라고 관찰한다면 이와 같이 관하는 이는 부처님에 대한 의심을 끊고 법과 승에 있어서의 의심도 끊는다. 若多聞聖弟子 於此六見處 觀察非我非我所 如是觀者 於佛所 狐疑斷 於法於僧 狐疑斷"라고 하였다. 〔참고문헌〕『雜阿含經』, 『中阿含經』 권54(대정장1, p.764c15), *MN.1.135*. ⇨ 육근 六根

육결 六結 ❶ 여섯 매듭. 육근(六根). 『능엄경』 권5(대정장19, p.125a21)에 "부처님께서 아난에게 이르셨다. '이것은 보배꽃으로 장식한 머리띠다. 너는 이 화관이 원래 한번에 엮었을 것으로 알지만 내가 여섯 번 엮어 여섯 매듭이 있게 되었다 한다. 네가 자세히 관찰하라. 건의 체는 하나지만 맺은 인에는 다름이 있다'. 佛告阿難 此寶花巾 汝知此巾 元止一條 我六綰時 名有六結 汝審觀察 巾體是同 因結有異"라고 하였다. 〔참고문헌〕『楞嚴經』. ⇨ 육근 六根, 육결법 六結法 ❷ 육번뇌구(六煩惱垢)의 다른 이름. 『유가사지론』 권98(대정장30, p.866b2)에 "육결이란 무엇인가? 순하분결과 순상분결이라는 이결, 견도위와 수도위에서 끊는 이결, 저 일어나거나 생하는 이분위결이다. 이와 같이 각각이지만 모두어 육종결이 있음을 알아야 한다. 云何六結 謂順下分上分二結 見道修道所斷二結 若起若生 二分位結 如是別別當知總說 有六種結"라고 하였다. 〔참고문헌〕『瑜伽師地論』. ⇨ 육번뇌구 六煩惱垢 ❸ 구결(九結) 중 삼결(三結)을 제한 것. 『아비담팔건도론』 권8(대정장26, p.810c16)에 "아나함과를 얻으면 구십이사 다함을 작증하고 육결이 길이 다한다〈간결・질결・진결을 제하니, 도적의 셋이다〉. 아라한을 얻으면 구십팔사 다함을 작증하고, 구결이 길이 다한다. 得阿那含果 九十二使盡作證 六結永盡〈慳嫉瞋除 道迹三也〉 得阿羅漢 九十八使盡作證 九結永盡", 『대비바사론』 권154(대정장27, p.784c26)에 "육결에 매임이란 에결・질결・간결을 제하고 나머지 결에는 매임이다. 六結繫者 除恚嫉慳 有餘結繫", 같은 책 권50(대정장27, p.259a24)에 "제유정류는 혹 구결, 혹은 육결, 혹은 삼결을 갖추거나 결이 전혀 없다. 구결 갖춤이란 구박이생이고, 육결 있음이란 욕염 떠난 이생과 욕염을 아직 떠나지 못한 성자다. 諸有情類 或具九結 或有六結 或有三結 或全無結 具九結者 謂具縛異生 有六結者 謂已離欲染異生 及未離欲染聖者"라고 하였다. 〔참고문헌〕『阿毘曇八犍度論』, 『大毘婆沙論』. ⇨ 구결 九結

육결법 六結法 육근(六根)에 의지하여 일어나는 번뇌. 안결(眼結)부터 의결(意結)까지를 말한다. 『법온족론』 권6(대정장26, p.478c14)에 "안의 육결법에서 내법의 모든 상을 관찰하고 사유하라. 안에 안결이 있으면 '나는 안에 안결이 있다'고 여실히 알고, 안에 안결이 없으면 '나는 안에 안결이 없다'고 진실 그대로 안다. 또 '이 안의 안결은 없었던 것이 생겼고 이미 생겼던 것은 끊어졌으며 끊어진 다음에는 더 이상 생하지 않는다'고 진실 그대로 안다. 於內六結法 觀察思惟 內法諸相 於有內眼結 如實知 我有內眼結 於無內眼結 如實知 我無內眼結 復如實知 此內眼結 未生者生 已生者斷 斷已於後 不復更生"라고 하였다. 〔참고문헌〕『法蘊足論』. ⇨ 육근 六根

육결정 六決定 육바라밀(六波羅蜜)을 닦은 보살이 반드시 얻게 되는 여섯 가지와 초지(初地) 이상의 보살이 성지(聖智 : 眞智)로 결정하여 얻게 되는 여섯 가지. ⇨ 육종결정 六種決定❶❷

육경 六敬 육화경(六和敬)의 줄임말. 80권본 『화엄경』 권58(대정장10, p.306c19)에 "항상 육경을 행한다. 常行六敬", 『속화엄경약소간정기』 권14(卍속장5, p.586b16)에 "육경이란 육화경으로 신・어・의와 계・견해·행 여섯 행을 말한다. 어떤 이는 '시'라고도 하고, '학'이라고도 한다. 곧 신어의를 같이 하고, 자비 행함을 같이 하며, 보살계를 같이 하고, 정견마저 같이 하면서 저 언덕에 이르기 때문이다. 六敬者 謂六和敬 身語意 戒見行行 亦有云 施 有云 學 謂身語意同 行慈同 菩薩戒同 正見同 學波羅蜜故"라고 하였다. 〔참고문헌〕『華嚴經』, 『續華嚴經略疏刊定記』. ⇨ 육화경 六和敬

육경 六經 ❶ 법상종(法相宗)에서 소의경전(所依經典)으로 삼는 여섯 가지 경전. ⇨ 육경십일론 六經十一論 ❷ 유교의 육부 경전. 『시 詩』·『서 書』·『예 禮』·『악 樂』·『역 易』·『춘추 春秋』를 말한다. 『장자』「천운 天運」에 "공자가 노담에게 말했다. '저는 시·서·예·악·역·춘추라는 육경을 궁구하여 저절로 오래되니 그 사리도 잘 알게 되었습니다'. 孔子謂老聃曰 丘治詩書禮樂易春秋 六經 自以爲久矣 孰知其故矣", 『양고승전』 권1 「강승회전 康僧會傳」(대정장50, p.325a16)에 "삼장을 환히 알 뿐 아니라 육경마저 널리 보았다. 明解三藏博覽六經", 『신승전』 권2 「혜원전 慧遠傳」(대정장50, p.957a9)에 "육경에 널리 꿰었고, 노장에는 더욱 조예가 깊었다. 博綜六經 尤善莊老"라고 하였다. 〔참고문헌〕『莊子』, 『梁高僧傳』, 『神僧傳』.

육경 六境 Ⓢ ṣaḍ viṣaya, ṣaḍ viṣaya-dhātavaḥ, Ⓣ yul-gyi-khams-drug po. 육식(六識)이 상대하는 여섯 가지 경. 또는 육근(六根)이 취하는 여섯 가지 경계. 색·성·향·미·촉·법(色聲香味觸法)을 통틀어 말한다. 외육처(外六處)로서 마음을 오염시키기에 육진(六塵), 미망에 빠지게 하므로 육망(六妄), 선법(善法)을 물러나게 하기에 육쇠(六衰), 빼앗아 가기에 육적(六賊)이라고도 한다. 『대비공지경』 권3(대정장18, p.596c4 : *Ht.*, p.56)에 "또 경에는 육진이 있으니, 색성향미와 그리고 촉경계와 아울러 법계자성, 이들을 이름하여 육경이라 한다. 전의 근과 경 이 두 가지를 십이처라고 한다. 又境有六塵 謂色聲香味 及與觸境界 幷法界自性 是名爲六境 卽前根境二 翻名十二處 rūpa śabdas tathā gandho rasa sparśas tathaiva ca, dharmadhātusvabhāvaś ca ṣaḍ ete viṣayā mataḥ", 『구사론』 권2(대정장29, p.9c17 : *Abh-k-bh.*, p.27)에 "〔논〕 육근과 육식 이 열두 가지를 내(內)라고 하면, 외(外)는 그 나머지 색 등의 육경을 말한다. 論曰 六根六識 十二名內 外謂所餘 色等六境 ṣaḍ vijñānāni ṣaḍ āśrayā ity ete dvādaśa dhātava ādhyātmikāḥ. rūpādayas tu ṣaḍ viṣayadhātavo bāhyāḥ"라고 하였다. 〔참고문헌〕『大悲空智經』, 『俱舍論』, *Ht.*, *Abh-k-bh.*, *Lal-v.306.* ⇨ 육근 六根, 육식 六識, 육진 六塵, 육망 六妄, 외육처 外六處, 십이처 十二處

육경멸 六輕蔑 여섯 가지 경멸. 불·법·승 삼보를 믿지 않고 계·정·혜 삼학을 배우지 않음을 다하여 말한다. 멸(蔑)은 멸(懱)로도 쓴다. 『유가사지론』 권14(대정장30, p.353a26)에 "또한 삼보와 삼학에 있어 여섯 가지로 경멸을 품어서 선법에 대하여 얻지 못해 물러나고 이미 얻은 선법에서마저 물러나니, 부처님의 성스러운 가르침을 버리고 하찮은 믿음마저도 모두 물러나 잃는다. 又於寶學 有六輕懱 能令善法 或未得退 或已得退 捨佛聖教 乃至微信 亦皆退失", 『유가론기』 권5(대정장42, p.409b17 · 한불전13, p.304c10)에 "'또한 삼보와 삼학에 대하여 여섯 가지 경멸을 품는다'라는 말은 삼보를 믿어야 함에도 믿지 않고 삼학을 배워야 함에도 배우지 않는다는 뜻이다. 又於寶學 有六輕蔑等者 於三寶中 應信不信 於三學中 應得不得"라고 하였다. 〔참고문헌〕『瑜伽師地論』, 『瑜伽論記』. ⇨ 삼학 三學, 삼보 三寶

육경십일론 六經十一論 육경과 십일론. 유식학이 의지하는 여섯 가지 경전과 열한 가지 논서를 말한다. 여섯 가지 경은 『화엄경 華嚴經』·『해심밀경 解深密經』·『여래출현공덕장엄경 如來出現功德莊嚴經』·『대승아비달마경 大乘阿毘達磨經』·『능가경 楞伽經』·『후엄경 厚嚴經』(또는 『대승밀엄경 大乘密嚴經』)이고, 열한 가지 논은 『유가사지론 瑜伽師地論』·『현양성교론 顯揚聖教論』·『대승장엄경론 大乘莊嚴經論』·『집량론 集量論』·『섭대승론 攝大乘論』·『십지경론 十地經論』·『분별유가론 分別瑜伽論』·『관소연연론 觀所緣緣論』·『이십유식론 二十唯識論』·『변중변론 辯中邊論』·『아비달마집론 阿毘達磨集論』이다. 『성유식론술기』 권1(대정장43, p.229c28)에 "지금 이 『성유식론』은 여섯 가지 경을 끌어 의지하였으니 화엄·심밀·여래출현공덕장엄·아비달마·능가·후엄이고, 열한 가지 논인 유가·현양·장엄·집량·섭론·십지·분별유가·관소연연·이십유식·변중변·집론으로 증거를 삼았다. 今此論 爰引六經 所謂華嚴 深密 如來出現功德莊嚴 阿毘達磨 楞迦 厚嚴 十一部論 瑜伽 顯揚 莊嚴 集量 攝論 十地 分別瑜伽 觀所緣緣 二十唯識 辨中邊 集論等爲證", 『성유식론소초』 권1(卍속장80, p.213b3)에 "단지 육경십일대론만 말하고 무슨 까닭에 다시 그 이외의 경론은 들지 않는가? 〔답〕 이 육경십일론이 오직 유식의 도리를 성립시키기에 그 까닭으로 여기에서 육경십일론만을 말한 것이다. 但言六經十一大論 何故更不列餘經論耶 答 今此六經十一論 唯成立唯識理 所以此中 但說六經十一論"라고 하였다. 〔참고문헌〕『成唯識論述記』, 『成唯識論疏抄』. ⇨ 성유식론 成唯識論, 유식사상 唯識思想

육경합부 六經合部 조선 전기의 불전 합본. 『금강반야바라밀경 金剛般若波羅密經』·『대방광불화엄경입불사의해탈경계보현행원품 大方廣佛華嚴經入不思議解脫境界普賢行願品』·『대불정수능엄신주 大佛頂首楞嚴神呪』·『관세음보살예문 觀世音菩薩禮文』·『묘법연화경관세음보살보문품 妙法蓮華經觀世音菩薩普門品』·『불설아미타경 佛說阿彌陀經』 등 6종의 주요 대승경전을 대중이 손쉽게 지녀 독송하기 편하게 한 책으로 엮어 널리 제작·간행·유통한 한국불교의 주요한 소의경전이다. 1424년(세종6)에 전라도 고산 안심사(安心寺)의 신현(信玄)이 성달생(成達生)에게 대승불교의 핵심 경전인 『금강경』을 강조하며 필서를 요청하자, 성달생은 『금강경』은 물론 당시 대중이 널리 받아들였던 『화엄경보현행원품』·『수능엄신주』·『관음예문』·『법화경보문품』·『아미타경』을 차례로 묶어 개판(開板)하였다. 이 판본은 경기도 유형문화재로 지정되어 고양시 원각사에 소장되어 있다. 다만 현재까지 인출사실이 확인된 49차례 중에 19차례는 『금강경』 중심으로 하되 각 경전을 편차를 바꾸어 엮기도 하였다. 안심사본에는 '육경합부'라는 제목을 붙이지 않았는데, 1472년(성종3)에 인수대비(仁粹大妃 : 昭惠王后)가 안심사본으로 인출하면서 권말에 갑인소자(甲寅小字)로 찍어 붙인 김수온(金守溫)의 발문에는 '육경합부'라고 적었다. 그러나 현재 전하는 대부분의 판본에는 '육경합부'라는 제목이 거의 붙지 않은 편이다. 이 책은 대중에게 널리 환영받았기에, 안심사 초판 이래 30여 종의 판본이 꾸준히 인출되었다. 1440년(세종22)에 화악산(華岳山) 영제암(永濟菴)에서 간행하였고, 1472년에 성종의 모후인 인수대비가 세조와 의경왕(懿敬王 : 덕종)·예종·인성대군(仁城大君 : 예종의 장남)의 명복을 빌고 대왕대비 등 왕실의 장수를 발원하며 29종의 불전 2,815부를 여러 사찰에서 간행하였을 때도 500부 인출하였는데, 이 판본은 대전광역시 유형문화재로 지정되어 현재 대전광역시 성현사에 소장되어 있다. 주요판본 30종 중에 28종은 세종대 6종·세조대 12종·예종대 1종·성종대 5종·명종대 2종, 15세기 인출추정 2종 등 주로 임진왜란 이전의 조선 전기에 집중적으로 인출되었고, 조선 후기인 인조와 현종대에는 각각 1종씩 간행되었다. 간행처는 안심사·정림사(正林寺)·영제암·군자사(君子寺)·금사사(金沙寺)·원암사(圓岩寺)·중대사(中臺寺)·견불암(見佛菴)·원각사(圓覺寺)·금장암(金藏庵)·청룡사(青龍寺)·자비령사(慈悲嶺寺)·증심사(證心寺)·용담사(龍潭寺)·심원사(深原寺)·광덕사(廣德寺)·대흥사(大興寺) 등 사찰은 물론 세조대에는 특별히 경적의 인쇄를 담당하는 국가 관서인 교서관(校書館)에서도 인출하였고, 보림사 사천왕상복장에서 발견된 판본에는 '천순사년경진 선종개판 天順四年庚辰 禪宗開板'이라고 하였으며, 2종의 간행처는 미상이다. 화암사(花岩寺)·천룡사(天龍寺)·징광사(澄光寺)에서는 두 차례 인출하였는데, 징광사는 1491년(성종22)와 1660년(현종1)으로 인출 간격이 가장 넓다. 주요판본 중에 1465년(세조11)에 원각사에서 인출된 을유자본 금속활자본을 제외하고는 모두 목판본으로 인출하였다. 보물로 지정된 상원사 목조문수동자좌상복장 유물과 동학사 목조석가여래삼불좌상복장전적에 포함된 판본을 비롯하여 유형문화재로 지정된 대구 금성사(錦城寺)·부산 자비암(慈悲庵)·고양 길상사(吉祥寺)·고양 대성암(大聖庵)·익산 정각사(正覺寺)·양주 송암사(松巖寺)·김해 원명사(圓明寺)·양산 광천사(光天寺)·포항 죽림사(竹林寺)·하동 법성선원(法成禪院)·합천 법연사(法然寺)·제주 남국선원(南國禪院) 소장 및 보림사 사천왕상복장 등의 판본 등은 대표적인 성보문화재이다. 특히 불갑사 복장에서는 안심사본을 비롯하여 1457년(세조3) 전주 원암사본, 1460년 진안 중대사본, 1488년(성종19) 고산 화암사본 등 모두 9종의 판본이 발견되기도 하였다. [참고문헌] 『전국사찰소장목판집』(문화재관리국, 1987), 『대전광역시유형문화재정밀학술조사보고서』(대전광역시청, 2010), 송일기·김유리, 「『육경합부』의 판본 연구」(『서지학연구』 52, 2012).

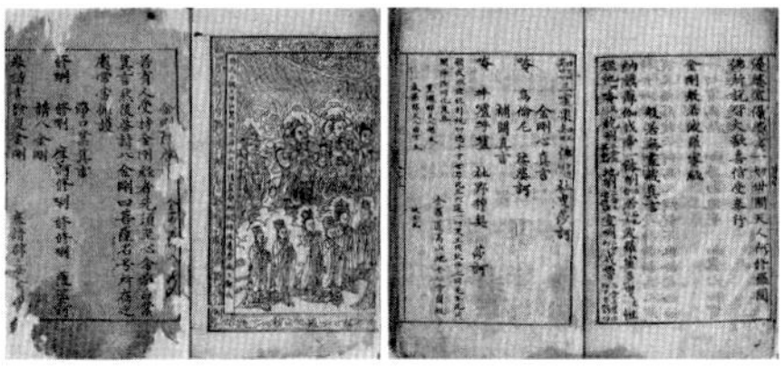

육경합부 금강경 안심사본 고양 원각사 1424년

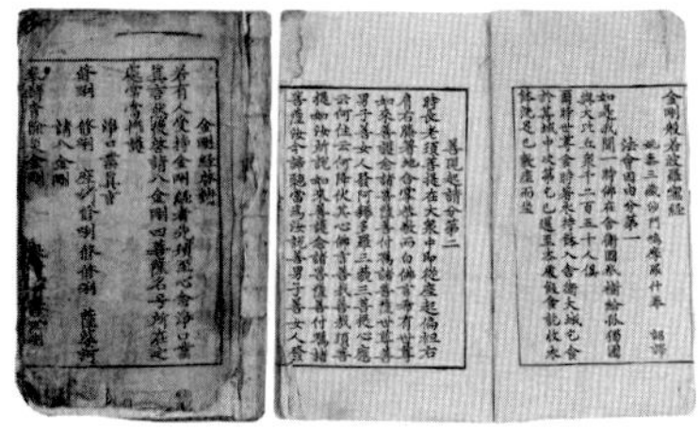

육경합부 금강경 영제암본 보물제793-13호 평창 상원사 1472년(좌)·육경합부 화암사본 보물 제793-14호 평창 상원사 1488년(우)

육계 六界 **1** Ⓢ ṣaḍ-dhātu, Ⓟ cha dhātuyo, Ⓣ khams-drug-po-dag. 지·수·화·풍·공·식(地水火風空識). 여섯 갈래 분제(分齊)의 계(界). 일체법(一切法) 즉 유정(有情 Ⓢ sattva)과 기세간(無情 Ⓢ vastu)의 바탕이 되기에 종(種 Ⓢ gotra)이라고도 한다. 『장아함경』 권8 「중집경 衆集經」(대정장1, p.52a6 : *DN. 3*, p.247)에 "다시 육법이 있으니 지계·화계·수계·풍계·공계·식계의 육계가 그것이다. 復有六法 謂六界 地界 火界 水界 風界 空界 識界 cha dhātuyo. paṭhavīdhātu āpodhātu tejodhātu vāyodhātu ākāsadhātu viññānadhātu", 『중아함경』 권3 「도경 度經」(대정장1, p.435c23)에 "육계로 합하므로 문득 모태에 나고 육계로 인하여 문득 육처가 있으며 육처로 인하여 갱락이 있고 갱락으로 인하여 문득 각도 있게 된다. 以六界

合故 便生母胎 因六界便有六處 因六處便有更樂 因更樂便有覺", 같은 책 권7「분별성제경 分別聖諦經」(대정장1, p.468a17)에 "여러분! 중생에게는 실로 육계가 있는데, 불애의 지계·수계·화계·풍계·공계·식계이다. 저들이 하나로 모여 거두고 화합하고 쌓여 더불어 합하면 고통이 되니 이 이름이 원증회고다. 諸賢 衆生實有六界 不愛地界水火風空識界 彼同會一 有攝和習 共合爲苦 是名怨憎會", 같은 책 권21「설처경 說處經」(대정장1, p.562c17)에 "아난이여! 나는 본래 그대에게 육계를 설하리니 지계·수계·화계·풍계·공계·식계다. 아난이여! 이 육계를 그대는 마땅히 어린 비구들에게 설하여 그들을 가르쳐야 한다. 어린 비구들에게 이 육계를 설하여 가르치면, 저들은 안온을 얻고 힘을 얻고 즐거움 얻어 심신이 번뇌로 뜨거워지지 않아서 이 몸이 마칠 때까지 범행을 행할 것이다. 阿難 我本爲汝說六界 地界水火風空識界 阿難 此六界 汝當爲諸年少比丘 說以教彼 若爲諸年少比丘 說教此六界者 彼便得安隱 得力得樂身心不煩熱 終身行梵行", 『증일아함경』 권29(대정장2, p.710b13)에 "무엇을 육계의 법이라 하는가? 비구들은 마땅히 알아야 한다. 육계로 된 사람은 부모의 정기를 받아 난다. 무엇이 그 여섯 가지인가? 지계·수계·화계·풍계·공계·식계를 말한다. 비구들이여! 이 육계가 있기에 몸이 정기를 품받아 육입이 일어난다. … 저 비구가 이 육계와 육입과 육식을 안다면 능히 육천(六天 : 六欲天)을 건너 다시 몸을 받고 설사 저 목숨 다하여 내생에 이 세간에 나더라도 총명하고 재주가 뛰어나서 현생의 몸으로 번뇌를 다하고 열반에 이른다. 彼云何名爲六界之法 比丘當知 六界之人 稟父母精氣而生 云何爲六 所謂地界水界火界風界空界識界 是謂 比丘 有此六界 人身稟此精氣而生六入 … 若有比丘 解此六界六入六識者 能度六天 而更受形 設於彼壽終來生此間 聰明高才 於現身上 盡於結使 得至涅槃", 『잡아비담심론』 권5(대정장28, p.908b11)에 "지 등의 육계를 말한다. 지계는 수계로 윤택해지므로 떨어져나가지 않고, 수계는 지계로 떠받쳐지기 때문에 흩어져 사라지지 않으며, 화계가 단단하게 익히므로 물러서 터지지 않고, 풍계가 흔들어 퍼뜨리기 때문에 늘어날 수 있으며, 공계가 비어 있으므로 음식 등이 드나들 수 있고, 식계가 합하여 지은 바가 있게 된다. 謂地等六界 彼地界爲水界潤 故不相離 水界爲地界持 故不流散 火界成熟 故不淤壞 風界動搖故得增長 空界空故 食等入出 識界合故 有所造作"라고 하였다. [참고문헌] 『長阿含經』, 『中阿含經』, 『增壹阿含經』, 『雜阿毘曇心論』, 『集異門足論』 권2(대정장26, p.371b4), 고익진 『아함법상의 체계성 연구』(동국대학교 출판부, 2002) pp.93~97, *Śrāv-bh.211.*, *Abh-k-bh.18.*, *DN.*, *MN.1.175.* ⇨ 계 界, 육대 六大 **2** 육근(六根)·육경(六境)·육식(六識). 즉 십팔계(十八界)를 6근·6경·6식계 셋으로 각기 부르는 말. 『구사론』 권2(대정장29, p.12b21 : *Abh-k-bh.*, p.34)에 "'안 등'이라 한 말은 안 등의 육계를 가리킨다. 안 등의 근에 굴러 변함이 있기에 모든 식 또한 거듭 다르게 된다. 眼等卽是 眼等六界 由眼等根 有轉變故 諸識轉異 dhātava ity adhikāraḥ. cakṣurādīnāṃ hi vikāreṇa tadvijñānānām vikāro bhavaty"라고 하였다. [참고문헌] 『俱舍論』, *Abh-k-bh.* ⇨ 십팔계 十八界 **3** 종종의 심소(心所)가 상응하여 드러내는 갖가지 여섯 갈래의 계들도 육계라 한다. 『중아함경』 권47「다계경 多界經」(대정장1, p.723b22)에 "다시 아난아! 육계를 보고 진실 그대로 알아야 하니, 욕계·에계·해계·무욕계·무에계·무해계다. 아난아! 이 육계도 여진임을 알아야 한다. 다시 아난아! 육계를 보고 여진임을 알아야 하니, 낙계·고계·희계·우계·사계·무명계다. 復次 阿難 見六界知如眞 欲界 恚界 害界 無欲界 無恚界 無害界 阿難 見此六界知如眞 復次 阿難 見六界知如眞 樂界 苦界 喜界 憂界 捨界 無明界"라고 하였다. [참고문헌] 『中阿含經』, 『大寶積經』 권94(대정장11, p.534b15).

육계 六階 **1** 소(牛)에서부터 제호(醍醐)까지의 여섯 단계. 소·우유(乳)·낙(酪)·생소(生蘇)·숙소(熟蘇)·제호(醍醐)의 단계를 말한다. 이것은 각각 부처님·십이부경(十二部經)·수다라(修多羅)·방등경(方等經)·반야경(般若經)·열반경(涅槃經)에 비유된다. 40권본 『대반열반경』 권14(대정장12, p.449a6)에 "비유하면 소에서 우유가 나오고, 우유에서 낙이 나오며, 낙에서 생소가 나오고, 생소에서 숙소가 나오며, 숙소에서 제호가 나오는데, 제호야말로 가장 좋아서 먹는 이들마다 모든 병이 사라지니 모든 약이 다 그 속에 들어 있는 것과 같다. 譬如從牛出乳 從乳出酪 從酪出生穌 從生穌出熟穌 從熟穌出醍醐 醍醐最上 若有服者 衆病皆除 所有諸藥 悉入其中", "선남자야, 부처님도 이와 같아서 부처님께서 십이부경을 내셨고, 십이부경에서 수다라가 나오며, 수다라에서 방등경이 나오고, 방등경에서 반야바라밀이 나오며, 반야바라밀에서 대열반이 나왔으니 저 제호와 같다. 제호는 불성을 비유한 것이니, 불성은 곧 이 여래이다. 善男子 佛亦如是 從佛出生十二部經 從十二部經出修多羅 從修多羅出方等經 從方等經出般若波羅蜜 從般若波羅蜜出大涅槃 猶如醍醐 言醍醐者 喩於佛性 佛性者卽是如來", 『대반열반경의기』 권5(대정장37, p.745c14)에 "비유 중에서 '소에서'로부터 '제호'까지를 합하여 여섯 계가 있다. 비록 모두 여섯 계를 들지만 뜻은 '제호'에 있다. … 부처님으로부터 열반까지 역시 여섯 계가 있으니 차제로 앞의 것을 합한다. 喩中 從牛乃至醍醐 合有六階 雖擧六階 意在醍醐 … 從佛乃至涅槃亦有六階 次第合前"라고 하였다. [참고문헌] 『大般涅槃

經』, 『大般涅槃經義記』. ❷ 육바라밀(六波羅蜜)을 달리 이르는 말. 『승만보굴』 권중(대정장37, p.34b9)에 "이 중에서 밝힌 것은 육도로 곧 육계를 삼음이다. 此中明六度卽爲六階"라고 하였다. [참고문헌] 『勝鬘寶窟』. ⇨ 육바라밀 六波羅蜜 ❸ 악(惡)에 있어서의 여섯 계. 『대반열반경의기』 권2(대정장37, p.656c15)에 "악에 육계가 있다. 첫째 일천제, 둘째 방등을 비방하는 것, 셋째 오역을 짓는 것, 넷째 중금(바라이)을 범하는 것, 다섯째 십악을 짓는 것, 여섯째 일체위의를 범하는 죄이다. 惡有六階 一者 闡提 二 謗方等 三 作五逆 四 犯重禁 五 作十惡 六 犯一切威儀之罪"라고 하였다. [참고문헌] 『大般涅槃經義記』, 『大乘義章』 권17(대정장44, p.811b11). ⇨ 일천제 一闡提, 중금죄 重禁罪, 오역죄 五逆罪, 십악죄 十惡罪, 위의 威儀 ❹ ➡ 육위 六位

육계 肉髻 Ⓢ uṣṇīṣa, Ⓟ uṇhīsa, Ⓣ dbu-gtsug. 삼십이상(三十二相) 중 하나. 부처님 정수리에 상투처럼 튀어나온 혹. 불정(佛頂)·정계(頂髻)·무견정상상(無見頂上相)·육계상(肉髻相) 등이라고도 한다. 음사어는 오슬니사(烏瑟膩沙)이다. 『승가라찰소집경』 권하(대정장4, p.136c29)에 "그때 기바가 그 왕에게 아뢰었다. '이는 육계입니다'. 그때 왕이 다시 물었다. '이것은 타고난 것입니까? 타고나지 않은 것입니까?' 기바가 왕에게 대답했다. '행과로 심은 것이며 지금 만든 것은 아닙니다'. 時耆婆奏彼王言 此名肉髻 時王復問 此自然耶 爲非自然 耆婆白王言 行果所種 非今所造", 40권본 『화엄경』 권28(대정장10, p.788c16)에 "정수리의 육계는 저 천개와 같다. 頂有肉髻 猶如天蓋", 『신화엄경론』 권35(대정장36, p.966c27)에 "정수리의 육계는 지혜가 높고 덕이 가득한 보를 낳는다. 頂有肉髻者 智高德滿報生也", 『능엄경보경소』 권7(卍속장90, p.799a4)에 "육계란, 『무상의경』 권하(대정장16, p.474b19)에 따르면 '정수리 뼈가 솟아올라 자연스럽게 상투가 된다'고 하였다. 이는 크신 부처님 정수리에 볼 수 없는 모습으로서 부동본체를 보인 것이다. 肉髻者 准無上依經云 乃是頂骨涌起 自然成髻 卽大佛頂無見之相 表不動本體也"라고 하였다. 우슈니샤(uṣṇīṣa)는 인도에서 터번(turban)의 일종으로 머리를 덮는 천 종류를 뜻하며, 또는 고행자의 긴 머리카락을 올려 묶은 상태라는 뜻도 있다. 터번은 그 형태나 재질, 크기, 장식 등의 차이로 신분을 상징하기도 한다. 부처님은 삭발하였으므로 머리 장식이 있을 리 없었으나, 화려한 장식이 아닌 높은 머리 모양을 한 귀인(貴人)의 모습으로 초기 불상이 조성되었다. 이후 본래의 의미는 사라지고 정수리에 살이나 머리뼈가 솟아오른 형태로 바뀌게 되었다. 육계는 불상의 대표적 특징 중 하나로 다양한 형태로 표현하였다. 간다라 불상은 물결 모양의 긴 머리카락을 상투구슬과 상투끈으로 높이 묶은 형태로 조성하였다. 점차 상투의 의미는 사라지고 표현이 양식화되면서 상투끈이 없고 상투가 솟아 있거나 머리 위가 불룩한 모습으로 바뀌었다. 마투라 불상은 주변의 머리카락을 깎고 정수리 머리카락만 모아 소라 모양으로 상투를 틀어 올린 주라계(周羅髻) 형태로 조성하였다. 이후 머리카락을 의미하는 가로줄 무늬만 남는 등 상투의 의미는 점차 사라졌고, 머리 위에 살이 솟아오른 육계 형태로 변화되었다. 굽타시대 불상은 완전한 육계 형태에 32상 중 발모우선상(髮毛右旋相 : 머리카락이 오른쪽으로 도는 상호)이 표현된 나발(螺髮)로 이루어졌다. 사르나트박물관 소장의 초전법륜(初轉法輪) 석불좌상은 굽타시대 대표 불상으로 육계와 나발의 분명한 표현을 볼 수 있다. [참고문헌] 『僧伽羅刹所集經』, 『華嚴經』, 『新華嚴經論』, 『楞嚴經寶鏡疏』, 『無上依經』. ⇨ 나발 螺髮, 나계 螺髻, 불정 佛頂, 불정존 佛頂尊, 오슬니사 烏瑟膩沙, 오솔니사 烏率膩沙, 무견정상상 無見頂上相, 삼십이상 三十二相, 팔십종호 八十種好

간다라불두 파키스탄 샤와르박물관 2세기 · 간다라불두 파키스탄 핫타출토 4~6세기 · 불두 인도 마투라박물관 5세기 · 마투라불두 인도 마투라박물관 2세기(시계방향으로)

육계법 六戒法 육법계(六法戒)를 달리 이르는 말. 『점찰선악업보경』 권상(대정장17, p.904c27)에 "저 사미니 나이가 이미 열여덟이면 또한 마땅히 스스로 서원하여 비니장 중 식차마나의 육계법을 받고, 비구니의 일체 계취를 두루 배워야 한다. 若沙彌尼 年已十八者 亦當自誓 受毘尼藏中 式叉摩那 六戒之法 及遍學比丘尼一切戒聚"라고 하였다. [참고문헌] 『占察善惡業報經』, 『占察善惡業報經義疏』 권상(卍속장35, p.156a6). ⇨ 육법계 六法戒, 식차마나법 式叉摩那法

육계상 肉髻相 부처님 정수리에 상투처럼 솟은 상호. 『비화경』 권1(대정장3, p.168a24)에 "정수리의 육계상에서 육십억나유타의 백천광명을 놓아 상방의 미진수

등제불세계를 비추었다. 頂肉髻相 放六十億那由他 百千光明 照於上方微塵數等諸佛世界」,『대비바사론』권8(대정장26, p.65a22)에 "육계는 둥근 모양에 머리털이 오른쪽으로 말려 있다. 이 때문에 육계상이라 한다. 肉髻團圓 髮右上旋 故名肉髻相"라고 하였다. [참고문헌]『悲華經』,『大毘婆沙論』. ⇨ 육계 肉髻, 무견정상상 無見頂上相, 정성육계상 頂成肉髻相

육계원호고승 肉髻圓好高勝 육계가 둥글고 아름답게 높이 솟아 뛰어남.『대승백복장엄상경』(대정장16, p.332b26)에 "무엇을 삼십이종대인상이라 하는가? 첫 번째는 정수리에 육계가 둥글고 아름답게 무엇보다 높이 솟아 있는 모습이다. 何謂三十二種大人之相 一者 頂有肉髻圓好高勝"라고 하였다. [참고문헌]『大乘百福莊嚴相經』. ⇨ 육계 肉髻

육계음입 六界陰入 육계(地水火風空識)와 오음(五陰)과 십이입(十二入)을 말함. 법계(法界)를 통틀어 말하는 뜻이다.『불퇴전법륜경』권1(대정장9, p.230b16)에 "중생을 교화하여 불법을 믿음으로써 마음을 조복하여 보리로 회향하여도 또한 마음의 온갖 상은 보지 않으니, 육계와 음입이 평등하여 모두 법계와 같다고 알아서 분별이 없기에 법계에 다른 상이 있지 않다고 안다. 이것이야말로 믿음의 보시 즉 신시다. 敎化衆生 令信佛法 以調伏心 迴向菩提 亦不見心相 能知六界陰入 平等悉同法界 以無分別故 則知法界無有異相 是名信施"라고 하였다. [참고문헌]『不退轉法輪經』. ⇨ 삼과 三科, 육계 六界❶, 음계입 陰界入, 십이입 十二入

육계취 六界聚 Ⓟ cha-dhātura. 중생을 있게 하는 여섯 가지 계의 모임. 계는 계분(界分)을 뜻하고, 취는 취집(聚集)을 뜻한다. 중생은 지·수·화·풍·공·식(地水火風空識) 여섯 가지 요소가 임시로 모여 있게 되지만 계마다의 특성과 한계가 있기 때문에 계취라 한다.『중아함경』권42「분별육계경 分別六界經」(대정장1, p.690b27 : *MN.3*, p.239)에 "사람에게는 육계취가 있다. 이는 어떤 인을 설하는가? 지계·수계·화계·풍계·공계·식계를 말한다. 人有六界聚 此說何因 謂地界 水界 火界 風界 空界 識界 chadhāturo ayaṃ bhikkhu puriso ti iti kho panetaṃ vuttaṃ. kiñ cetaṃ paṭicca vuttaṃ. paṭhavīdhātu āpodhātu tejodhātu vāyodhātu ākāsadhātu viññāṇadhātu"라고 하였으며, 이어서 다음과 같이 각 계취를 설한다. 첫째, 지계취(地界聚)의 지는 견고함을 특성으로 한다. 사람의 몸에는 내지계(內地界)로 말미암아 몸을 이루는 요소로 머리카락(髮)·털(毛)·손톱(爪)·치아(齒)·뼈(骨)·살(肉)·힘줄(筋)·콩팥(腎)·심장(心)·간(肝)·지라(脾)·폐(肺)·거칠거나 미세한 피부(粗細皮膚) 등이 있는데 이를 지계취라 한다. 둘째, 수계취(水界聚)의 수는 윤택하게 적시는 작용을 특성으로 한다. 사람의 몸에는 내수계(內水界)로 말미암아 몸을 이루는 요소로 가래·골수·눈물·땀·침·고름·기름·피·점액 등이 있는데 이를 수계취라 한다. 셋째, 화계취(火界聚)의 화는 뜨겁게 덥히는 기능을 특성으로 한다. 사람의 몸에는 내화계(內火界)로 말미암아 몸을 이루는 요소로 열신(熱身)·난신(暖身)·번민신(煩悶身)·온장신(溫壯身) 그리고 음식을 소화하는 등의 부류가 있는데 이를 화계취라 한다. 넷째, 풍계취(風界聚)의 풍은 움직이는 작용을 특성으로 한다. 사람의 몸에는 내풍계(內風界)로 말미암아 몸을 이루는 요소로 날숨·들숨과 모든 동작을 풍계취라 한다. 다섯째, 공계취(空界聚)의 공은 걸림이 없음을 특성으로 한다. 사람의 몸에는 내공계(內空界)로 말미암아 몸을 이루는 요소로 안공(眼空)·이공(耳空)·비공(鼻空)·구공(口空) 그리고 목구멍의 움직임과 음식을 내리는 작용 등을 공계취라 한다. 여섯째, 식계취(識界聚)의 식은 심식(心識)으로서 분별을 특성으로 한다. 사람의 몸에 있는 낙·고·희·우(樂苦喜憂) 등의 식도 식대의 임시화합이므로 식계취라 한다.『천태삼대부보주』권5(卍속장44, p.49a1)에 "육계취란 지수화풍공식을 말한다. 이 여섯으로 인하여 육촉처가 있다. 곧 안촉으로 색을 보고, 이촉으로 소리를 들으며, 비촉으로 냄새를 맡고, 설촉으로 맛을 보며, 신근으로 느끼고, 의촉으로 법을 안다. 六界聚者 所謂地水火風空識 因此六故 有六觸處 所謂 眼觸見色 耳觸聞聲 鼻觸聞香 舌觸嘗味 身根覺觸 意觸知法"라고 하였다. [참고문헌]『中阿含經』,『天台三大部補注』, *MN*. ⇨ 육계 六界❶, 육대 六大❶

육공 六空 ❶ 여섯 가지 공. 오온공(五蘊空)·십이입공(十二入空)·십팔계공(十八界空)·육대법공(六大法空)·사제공(四諦空)·십이인연공(十二因緣空)을 설한『인왕경』권상(대정장8, p.826a7)을 주석하면서 길장(吉藏)과 천태지의(天台智顗)는『대지도론 大智度論』에 의지해 육공이라 불렀다. 길장의『인왕반야경소』권상2(대정장33, p.325b22)에 "색수상행식의 공이란 오음의 과보공을 밝힌다. 십이입은 수용공이요, 십팔계는 성별공이다. … 육대는 변도공이라 한다. 사제는 경공이요, 십이인연은 의공이다. 色受想行識空者 明五陰果報空 十二入是受用空 十八界是性別空 … 六大名遍到空 … 四諦者是境空 十二因緣是義空"라고 하였고, 천태의『인왕호국반야경소』권3(대정장33, p.266c11)에도 같은 뜻의 주석이 전한다. [참고문헌]『仁王經』,『仁王般若經疏』,『仁王護國般若經疏』. ❷ 조선 전기 스님. 청허휴정(淸虛休靜 1520~1604)의 증계사(證戒師) 중 한 스님이다. 『청허집』 권7(한불전7, p.720c9)에 "일선대사를 수계사, 석희법사・육공장로・각원상좌를 증계사, 영관대사를 전법사로 삼았다. 以一禪大師爲授戒師 以釋熙法師六空長老覺圓上座爲證戒師 以靈觀大師爲傳法師"라고 하였다. 벽송지엄(碧松智嚴 1464~1534)이 그의 문법(問法)을 받고 지어준 시 「새육공구어 賽六空求語」가 『벽송당야로송』(한불전7, p.384b1)에 수록되어 전한다. 〔참고문헌〕『淸虛集』, 『碧松堂埜老頌』, 『東師列傳』 권2 「淸虛尊者傳」(한불전10, p.1015c3). ⇨ 휴정 休靜

육관 六觀 별교보살(別敎菩薩)의 여섯 가지 관법. 『영락본업경』 권상(대정장24, p.1012c2)에 "다시 육관이라 하니, 주관・행관・향관・지관・무상관・일체종지관이다. 復名六觀 住觀 行觀 向觀 地觀 無相觀 一切種智觀"라고 시설되었다. 『대명삼장법수』 권19(영락장182, p.197a9)에 따르면, 첫째 주관은 별교보살이 십주위(十住位)에서 수습하는 공관(空觀)으로 주(住)는 마음으로 이치에 부합한다는 뜻이다. 둘째 행관은 십행위에서 수습하는 가관(假觀)으로 행(行)은 나아간다는 뜻이다. 셋째 향관은 십회향위(十廻向位)에서 수습하는 중관(中觀)으로 향(向)은 선근(善根)과 같은 인(因)을 돌려 과(果)를 향해 간다는 뜻이다. 넷째 지관은 십지위(十地位)에서 수습하는 중관으로 지(地)는 불지(佛智)를 낳아 이를 유지하며 흔들리지 않는다는 뜻이다. 다섯째 무상관은 등각위(等覺位)에서 수습하는 중관으로 번뇌의 자성이 공임을 알기에 이렇게 부른다. 여섯째 일체종지관은 별교의 묘각위(妙覺位)에서 중도관을 성취하여 모든 존재의 개별적인 특징에 대해 아는 것을 말한다. 〔참고문헌〕『瓔珞本業經』, 『大明三藏法數』.

육관대 六觀待 여섯 가지(색성향미촉법)로 마주하여 번뇌를 일으키는 것. 『집이문족론』 권16(대정장26, p.434a8)에 "육관대란 어떤 것이 그 여섯인가? 〔답〕 첫째 관대색, 둘째 관대성, 셋째 관대향, 넷째 관대미, 다섯째 관대촉, 여섯째 관대법이다. 어떤 것이 관대색인가? 〔답〕 저 색은 유루이고 유취이니 저 모든 색에 대해서 과거나 미래나 현재에 욕하거나 탐내거나 성내거나 어리석거나 낱낱의 심소를 따라 수번뇌가 당연히 일어나고 때에 따라 일어난다면 이것을 관대색이라 한다. 성향미촉 등의 관대 역시 그러하다. 어떤 것을 관대법이라고 하는가? 〔답〕 저 법은 유루이고 유취이니 과거나 미래나 현재에 욕구하거나 탐내거나 성내거나 어리석거나 낱낱의 심소를 따라 수번뇌가 마땅히 생기고 때마다 생기면 이것을 관대법이라 한다. 六觀待者 云何爲六 答 一 觀待色 二 觀待聲 三 觀待香 四 觀待味 五 觀待觸 六 觀待法 云何觀待色 答 若色有漏有取 於此諸色 若過去 若未來 若現在 或欲或貪 或瞋或癡 或隨一一心所 隨煩惱 應生時生 是名觀待色 聲香味觸 觀待亦爾 云何觀待法 答 若法有漏有取 於此諸法 若過去 若未來 若現在 或欲或貪 或瞋或癡 或隨一一心所 隨煩惱 應生時生 是名觀待法"라고 하였다. 〔참고문헌〕『集異門足論』. ⇨ 관대 觀待

육관대사 六觀大師 서포(西浦) 김만중(金萬重 1637~1692)의 소설 『구운몽 九雲夢』에 등장하는 스님. 서역(西域) 출신으로 당나라 때 남악 형산(衡山) 연화봉에 주석하며 대승법을 강론하여 사람들을 가르치고 귀신을 제도하였으며, 제자 성진(性眞)의 깨달음을 도와 극락세계로 인도하는 스승으로 묘사된다. 특히 소설의 결말 부분에서 육관대사가 성진에게 들려주는 마지막 게송은 『금강경』 사구게(대정장8, p.752b28)로 "일체의 유위법은 꿈・허깨비・물거품・그림자 등과 같으며, 이슬과 같고 번갯불과 같으니, 마땅히 이와 같이 관해야 한다. 一切有爲法 如夢幻泡影 如露亦如電 應作如是觀"이다. 〔참고문헌〕『金剛經』. ⇨ 구운몽 九雲夢

육관음 六觀音 육도(六道)의 중생을 각기 맡아 교화하는 여섯 분의 관세음보살. 천태의 대비관음(大悲觀音)・대자관음(大慈觀音)・사자무외관음(師子無畏觀音)・대광보조관음(大光普照觀音)・천인장부관음(天人丈夫觀音)・대범심원관음(大梵深遠觀音), 태밀(台密)의 천수관음(千手觀音)・성관음(聖觀音)・마두관음(馬頭觀音)・십일면관음(十一面觀音)・준지관음(准胝觀音 : 准提觀音)・여의륜관음(如意輪觀音)을 말한다. 천태의 육관음과 태밀의 육관음을 위의 순서대로 각각 배대시키기도 한다. 『마하지관』 권2(대정장46, p.15a29)에 "육자는 곧 육관세음이니 능히 육도의 삼장(三障 : 惑・業・苦)을 부순다. 곧 대비관세음은 지옥도삼장을 부수니, 이곳의 괴로움은 마땅히 무거워 대비를 쓴다. 대자관세음은 아귀도삼장을 깨뜨리니, 이곳도 기갈로 대자를 쓴다. 사자무외관세음은 축생도삼장을 깨뜨리니, 짐승의 왕들로 사납기에 무외를 쓴다. 대광보조관세음은 아수라도삼장을 깨뜨리니, 이곳은 시기와 질투에 기울었기에 마땅히 써 널리 비춘다. 천인장부관세음은 인도삼장을 깨뜨리니, 인도에는 사리가 있으니 사로 교만을 조복하여 천인이라 부르고, 이로 불성을 보기에 장부라고 한다. 대범심원관세음은 천도삼장을 깨뜨린다. 범은 천주이니, 임금이 신하를 얻는 것을 보인다. 六字卽是六

〈표1〉 육관음

태 밀	천 태	육 도
천수 sahasrahasta	대 비 大 悲	지옥도
성 ārya	대 자 大 慈	아귀도
마두 Hayagrīva	사자무외 師子無畏	축생도
십일면 Ekadaśamukha	대광보조 大光普照	수라도
준지 caṇḍi	천인장부 天人丈夫	인 도
여의륜 cintāmaṇicakra	대범심원 大梵深遠	천 도

觀世音 能破六道三障 所謂大悲觀世音 破地獄道三障 此道苦重 宜用大悲 大慈觀世音 破餓鬼道三障 此道飢渴 宜用大慈 師子無畏觀世音 破畜生道三障 獸王威猛 宜用無畏也 大光普照觀世音 破阿脩羅道三障 其道猜忌嫉疑偏 宜用普照也 天人丈夫觀世音 破人道三障 人道有事理 事伏憍慢 稱天人 理則見佛性 故稱丈夫 大梵深遠觀世音 破天道三障 梵是天主 標主得臣也", 『삼보감응요략록』 권하(대정장51, p.853b27)에 "나의 양친은 삿되이 삼보를 믿지 않았으니, 어느 곳에 계신지 알 수 없다. 여섯 분 관세음보살상을 그려 장차 육도중생을 구제하려 하니, 부모님이 어찌 그 무리에 들지 않았겠는가? 吾双親邪見不信 不知何處 須圖六觀世音像 將救六道 父母豈不入其數", "화가를 들여 육관음상을 그리는데 아직 채색을 하지 않았는데도 밤에 꿈속에서 육관음을 뵈었다. 문시(文侍)가 합장하고 여섯 분의 관세음보살께 이렇게 말씀드렸다. '바라옵니다. 자비로우신 분이시여, 부모님께서 나신 곳 알고자 합니다'. 그때 대비관세음이 문시에게 말씀하셨다. '너의 아버지는 대초열지옥에서 타는 듯한 고통을 받고 있다. 너는 나의 초상을 그리고, 나는 그 지옥에 가서 빛을 놓아 법을 설하여 지옥고에서 구하겠다'. 대자관음은 말씀하셨다. '(너의 아버지가) 아귀도에 오면 나 마땅히 구제하리라. 다만 너의 어머니만은 지금 아귀도에 있으니, 내가 그곳에 가서 감로를 뿌려 포만하게 하고 그를 위해 설법하리라'. 雇巧手圖六觀音像 未加綵畫 夜夢見六觀音 文侍合掌 白六觀世音言 願慈悲者 將知父母生處 爾時 大悲觀世音 告文侍曰 汝父在大焦熱地獄 受燒煮苦 汝圖我像 我往彼地獄 放光說法 救地獄苦 大慈觀音言 若移餓鬼 我當救濟 但母正在餓鬼 我往彼處 手雨甘露 令得飽滿 而爲說法", "대범심원관음보살은 말씀하셨다. '만일 천상에 나면 내가 구제하여 괴로움을 없애고 삼계마저 벗어나게 하겠다'. 육관음이 말씀을 하시고 나서는 홀연히 꿈에서 깨어났다. 大梵深遠觀音言 若生天上 我能救退沒苦 出三有界 六觀音說 如是語已 忽然覺悟"라고 하였다. 〔참고문헌〕『摩訶止觀』, 『三寶感應要略錄』. ⇨ 관세음보살 觀世音菩薩

천수천안관음·성관음·마두관음·십일면관음·준지관음·여의륜관음(왼쪽 상단부터)

육괄 六刮 여섯 가지를 차제로 도려냄. 경청도부(鏡淸道怤)가 풍혈연소(風穴延沼)에게 여섯 가지 도려냄에 대하여 던진 질문. 털의 먼지를 터는 방법(就毛刮塵)에서 시작하여 피부에서 털을, 살에서 피부를, 뼈에서 살을, 골수에서 뼈를 도려냄에 대하여 묻고는 마지막으로 골수는 어떻게 도려내는지 묻는다. 이 여섯 질문에 대하여 풍혈의 답과 설봉의존(雪峰義存)의 착어가 함께한다. 『인천안목』 권6 「경청문풍혈육괄 鏡淸問風穴六刮」(대정장48, p.330b22)에 "어떻게 털에 먼지를 떨어내는지요? 풍혈이 이르길 '잎이 떨어져도 번거롭게 남 시켜 쓸지 않고 자연히 맑은 바람 있어 쓸어 간다'라 하니, 설봉은 '언 털은 빼어나 설 뿐이다' 하였다. … '그렇다면 저 골수 도대체 어떻게 도려내는지요?' 풍혈은 '설사 허공 꽃이 허공 열매를 맺는다 한들 목마가 어찌 천마에게 쫓으라 하겠는가!' 하니, 설봉은 '도둑이 텅 빈 성에 들었구나' 하였다. 如何是就毛刮塵 穴云 葉落不煩人掃去 自有淸風爲掃來 峯云 寒毛卓竪 … 只如髓又如何刮 穴云 設使空花結空果 木馬那教天馬追 峯云 賊入空城", 『오등회원』 권20 「도능장 道能章」(卍속장138, p.800a7)에 "학인이 물었다. '경청의 육괄 뜻은 무엇인가요?' '뚫어야 할 것은 자네 콧구멍인 듯' '학인에게 콧구멍이 있다면 뚫겠지만 콧구멍이 없는데 또 무엇을 뚫는지요?' '훔친 물건을 끌어안고 억울하다고 외치는군'. 僧問 鏡淸六刮 意旨如何 師曰 穿却你鼻孔 曰 學人有鼻孔卽穿 無鼻孔又穿箇甚麼 師曰 抱贓叫屈"라고 하였다. 〔참고문헌〕『人天眼目』, 『五燈會元』.

육광대천궁천녀 六廣大天宮天女 광대천궁의 여섯 천녀. 거문고를 켜 구살라국(拘薩羅國 Ⓢ Kośalā : 憍薩羅國)의 추우(麤牛 Ⓟ Guttila)에게 천상에 태어나게 된 인연을 설해준 여섯 천녀들이다. 『잡아함경』 권48(대정장2, p.353b26)에 "구살라국에 거문고 켜는 '추우'라는 이가 있었다. 구살라국에서 사람들 사이에서 놀다 들판에서 쉬고 있었다. 그때 광대천궁의 천녀들이 구살라국의 거문고연주자인 추우에게 와서 말했다. '아저씨, 아저씨! 저희들을 위해 거문고를 켜주시면 저희들은 노래하고 춤추겠습니다'. 거문고연주자 추우는 말했다. '그렇게 하자. 자매들아, 내가 너희들을 위해서 거문고를 켜면 너희들은 마땅히 너희들이 누구이고 어찌하여 천녀로 났는지를 말해야 한다'. 천녀들은 '아저씨, 우선 거문고부터 켜주세요. 저희들 노래하고 춤추겠습니다. 노래하고 춤을 추며 자연스레 나게 된 인연을 말하겠습니다'. 拘薩羅國 有彈琴人 名曰麤牛 於拘薩羅國 人間遊行 止息野中 時 有六廣大天宮天女 來至憍薩羅國 麤牛彈琴人所 語麤牛彈琴人言 阿舅 阿舅 爲我彈琴 我當歌舞 麤牛彈琴者言 如是 姊妹 我當爲汝彈琴 汝當語我 汝是何人 何由生此 天女答言 阿舅 且彈琴 我當歌舞 於歌頌中 自說所以生此因緣", 상응하는 *Guttila-jātaka*(*Jā.2,* p.248)에는 바라나시(P Bārāṇasī)에 사는 추우가 제석(帝釋 P Sakka)의 천궁에 칠 일간 머물면서 비파(琵琶 P vīṇa)를 켜준 대가로 서른일곱 천녀들이 하늘에 나게 된 인연을 말해주었다고 하였다. [참고문헌] 『雜阿含經』, 『別譯雜阿含經』 권14(대정장2, p.472a5), *Jā.*

육교보 六交報 여섯 가지로 교차하며 받는 보. 육근(六根)으로 짓는 업보로 쉬지 않고 받는 지옥 등의 고통을 말한다. 『능엄경』 권8(대정장19, p.143c4)에 "(지옥에 떨어지는) 십습인을 지어서 육교보를 받는다. 造十習因 受六交報", 『태고어록』 권상 「시당선인 示當禪人」(한불전6, p.680b7)에 "이 칠정을 좇아 삼업마저 부려 망업을 지으니 언젠가는 도산·검수·확탕·양동 등의 지옥에서 육교보를 받을 터이니 그 고통 참으로 참기 어려울 것이다. 縱此七情 而使其三業 故造妄業 雖易他時 刀山劍樹 鑊湯洋銅 受六交報 苦苦最難"라고 하였다. [참고문헌] 『楞嚴經』, 『太古語錄』, 『宗鏡錄』 권36(대정장48, p.625a22). ⇨ 칠정 七情, 삼업 三業

육구 六垢 S ṣaṭ-kleśa-mala, T nyon-mongs-pa'i-dri-ma-drug. 마음을 더럽히는 여섯 가지 심소. 뇌(惱 S pradāśa)·해(害 S vihiṃsā)·한(恨 S upanāha)·첨(諂 S śāthya)·광(誑 S māyā)·교(憍 S mada) 등 여섯 가지로 때 묻히기에 이렇게 부른다. 육구법(六垢法)·육번뇌구(六煩惱垢) 등이라고도 한다. 『구사론』 권21(대정장29, p.109c6)에 "번뇌구는 여섯이니, 뇌·해·한·첨·광·교이다. 광과 교는 탐으로부터 나고, 해와 한은 분노로부터 생기고, 뇌는 견취로부터 일어나고, 첨은 뭇 견으로부터 난다. 煩惱垢六 惱害恨諂誑憍 誑憍從貪生 害恨從瞋起 惱從見取起 諂從諸見生", 『법화현찬』 권4(대정장34, p.719b10)에 "구는 육구를 말한다. 심신을 오염시켜 더럽히고 부정하게 하므로 구라고 하고, 점점 강해져 깨뜨리기 어려워서 중이라고 한다. … 모든 중생에게는 이 육구가 무겁기에 사문을 알아보지 못하고 선법을 닦지도 않는다. 이 때문에 중생은 어두워진다. 垢謂六垢 汚染身心 黠染不淨 名之爲垢 增强難破 名之爲重 … 由諸衆生 六垢重故 不識沙門 不修善法 故衆生濁"라고 하였다. [참고문헌] 『俱舍論』, 『法華玄贊』, 『俱舍論頌疏論本』 권21(대정장41, p.934b21), 『大乘義章』 권5(대정장44, p.573b7), *Abh-k-bh. 313.* ⇨ 구 垢, 번뇌 煩惱, 무구 無垢

육구의 六句義 바이셰쉬카(S Vaiśeṣika : 勝論)에서 주장하는 여섯 가지 원리. 실(實)·덕(德)·업(業)·동(同 : 大有)·이(異)·화합(和合)을 말한다. 우루거(優樓佉 S Ulūka)의 주장이며, 이것에 근거하여 후대의 혜월(慧月 S Maticandra)은 십구의(十句義)를 말하였다. 첫째 실구의(實句義 S dravya-padārtha)란 모든 법의 실체를 말한다. 주제(主諦)·소의제(所依諦) 등이라고도 하는데, 지·수·화·풍·공·시·방·아·의(地水火風空時方我意) 아홉 가지다. 둘째 덕구의(德句義 S guṇa-padārtha)란 실구의의 속성을 말한다. 의제(依諦)라고도 하는데, 색(色)·향(香)·미(味)·촉(觸)·수(數)·양(量)·별체(別體)·합(合)·이(離)·피체(彼體)·차체(此體)·각(覺)·낙(樂)·고(苦)·욕(欲)·진(瞋)·근용(勤勇)의 열일곱 가지다. 『십구의론』(대정장54, p.1263b18)에서는 중체(重體)·액체(液體)·윤(潤)·행(行)·법(法)·비법(非法)·성(聲) 등 일곱 가지를 더한다. 셋째 업구의(業句義 S karma-padārtha)란 실체의 운동을 말하며 작제(作諦)라고도 하는데, 취·사·굴·신·행(取捨屈伸行)의 다섯 가지다. 넷째 동구의(同句義 S sāmānya-padārtha)란 모든 법의 공통성을 말하며, 총상제(總相諦)·총제(總諦) 등이라고도 한다. 다섯째 이구의(異句義 S viśeṣa-padārtha : 同異句義)란 모든 법의 차별성을 말하고, 별상제(別相諦)·별제(別諦) 등이라고도 한다. 여섯째 화합구의(和合句義 S samavāya-padārtha)란 실·덕·업·동·이(實德業同異)의 오구의가 서로 포용하여 여의지 않음을 말하며, 무장애제(無障礙諦)라고도 한다. 『화엄경소초』 권13(대정장36, p.101c26)에 "육구의법이란, 첫째 실, 둘째 덕, 셋째 업, 넷째 대유, 다섯째 동이, 여섯째 화합이다. 실이란, 모든 법의 체가 실이니 덕업이 의지하는 것이어서 덕과 업은 대유 등의 성에 의지하지 않기 때문이다. 덕이란 도덕이고, 업이란 작용이니 동작의 뜻이다. 六句義法 一 實 二 德 三 業 四 大有 五 同異 六 和合 實者 諸法體實 德業所依 名之爲實 德業不依有性等故 德者道德 業者作用 動作義也", 『자은전』 권4

(대정장50, p.245b8)에 "승론사는 육구의를 세웠으니, 실·덕·업·유·동이성·화합성을 말한다. 이 여섯 가지를 아가 받아서 갖추고 있는데, 아직 해탈하지 못하였을 때에는 앞의 여섯 가지를 마음대로 받아 쓰지만, 해탈하여 이 여섯 가지 벗어나면 열반이라 한다. 勝論師立六句義 謂實 德 業 有 同異性 和合性 此六是我所受具 未解脫已來 受用前六 若得解脫 與六相離 稱爲涅槃"라고 하였다. [참고문헌]『十句義論』, 『華嚴經疏鈔』, 『慈恩傳』. ⇨ 십구의 十句義

육국 六國 ❶ 먼 옛날 지주(地主)라는 왕과 자비(慈悲)라는 태자가 왕위를 이어가며 세상을 다스릴 때, 전존(典尊)이라는 대신의 아들 염만(焰鬘)이 아버지를 이어서 재상이 되어 여섯 왕을 보좌하여 다스린 여섯 나라. 이때의 염만이 곧 석가모니부처님의 전생이라고 한다. 『장아함』 권4 「전존경」(대정장1, p.32a20)에 "여섯 찰리왕이 바로 전존에게 명하여 고하길 '우리나라에 정승이 필요하니, 경이 마땅히 우리를 위해 국사를 통령해 주시오'라 하고, 이 육국에서 각기 정승의 인을 내려주었다. 六刹利王 卽命典尊 而告之曰 吾國須相 卿當爲吾通領國事 於是六國 各授相印"라고 하였다. [참고문헌]『長阿含經』. ❷ 부처님께서 육사외도(六師外道)들과 만나 담론하고 겨루며 사위국(舍衛國)에 이르시기 전까지 유행했던 여섯 나라. 비사리국(毘舍離國)·구섬미국(拘睒彌國)·월지국(越祇國)·특차시리국(特叉尸利國)·바라나국(波羅柰國)·가비라위국(迦毘羅衛國)을 말한다. 『현우경』 권2 「항육사품 降六師品」(대정장4, p.362a18)에 "범마달왕은 팔억의 사람들과 함께했고 병사왕 등 왕들은 육국의 인민과 더불어 모두 앞뒤로 부처님이 가시는 데로 좇아 따랐다. 육사는 이미 이르러 있었고 여러 석종들에게 어지럽게 하며 스스로 떠들었다. 梵摩達王 與八億人 洴沙諸王 六國人民 皆悉前後 隨逐佛往 六師旣到 向諸釋種 紛紜自說"라고 하였다. [참고문헌]『賢愚經』. ❸ 중국 전국시대(戰國時代) 때 전국칠웅(戰國七雄) 중 진(秦)나라를 제외한 나머지 여섯 나라. 한·제·조·위·연·조(韓齊楚魏燕趙)를 말한다. [참고문헌]『止觀輔行傳弘決』 권5(대정장46, p.302b11).

육국행자 六局行者 여섯 부국(部局)의 업무를 맡은 행자. 육두수(六頭首)에 속하는 행자로 추정하지만 확실하지 않다. 『선림상기전』 권8(불광장, 禪藏, p.565)에 "육국행자 : 『백장청규』 「존숙천화·제차」(대정장48, p.1128c12)에 육국행자라는 용어가 보인다〈이전의 풀이는 없다〉. 『품자전』에 '국은 관아를 뜻하는 조(曹)로서 부분이다'라고 하였다. 『곡례』에 '각자 자신의 국을 맡는다'라고 하였다. 도충이 말한다. '육국에 대한 이전의 해석은 없다. 아마도 육두수를 가리키는 듯하다. 육두수소속의 행자이므로 육국행자라 한듯하다. 의심스럽기에 보류한다'〈육두수는 『선원청규』에서 수좌·서장·장주·지객·고두·욕주라고 열거하고 있다. 이상을 아울러 여섯 두수라 한다〉. 六局行者 勅修淸規 尊宿遷化祭次 有六局行者〈舊解闕〉 品字箋云 局 曹也 部分也 曲禮 各司其局也 忠曰 六局古無解 蓋謂六頭首歟 六頭首所屬行者 故云六局行者歟 且闕疑〈六頭首者 禪苑淸規 列首座 書狀 藏主 知客 庫頭 浴主 云 已上並爲六箇頭首〉"라고 하였다. [참고문헌]『禪林象器箋』, 『百丈淸規』. ⇨ 육두수 六頭首

육군독자 六群禿子 육군이라는 대머리. 육군비구를 경멸하여 하는 말이다. 독자도 독두사문(禿頭沙門 Ⓟ muṇḍa)에서 변한 말이다. 『정법안장』 권14 「산수경 山水經」(대정장82, p.64a4)에 "육군의 대머리와 같은 무리들이 많아 자비로운 불조의 대도가 사라질 것이다."라고 하였다. [참고문헌]『正法眼藏』. ⇨ 육군비구 六群比丘

육군비구 六群比丘 Ⓢ ṣaḍ-vargīka-bhikṣu, Ⓟ chabbaggiyā bhikkhū. 부처님 재세 시 무리를 지어 비법행(非法行)을 일삼던 여섯 무리의 비구. 육중비구(六衆比丘)·육군 등이라고도 한다. 부처님께서는 이들의 악행을 인연으로 계율을 제정하신 경우가 많았기에 후대에는 청정승가를 위해 방편으로 출현한 이들이라 하기도 하였다. 첫째 난다(難陀 Ⓢ Nanda)는 난도(難途), 둘째 발난다(跋難陀 Ⓢ Upananda)는 오파난다(鄔波難陀)라고도 한다. 셋째 가류다이(迦留陀夷 Ⓢ Kālodāyin, Udāyin), 넷째 천나(闡那 Ⓢ Chanda)는 차닉(車匿)이라고도 한다. 다섯째 아설가(阿說迦 Ⓢ Aśvaka)는 아습바(阿濕婆)라고도 하며, 마숙(馬宿)·마사(馬師)라 한역한다. 여섯째 불나발(弗那跋 Ⓢ Punarvasu)은 부나바사(富那婆娑)·부날바소가(補捺婆素迦)라고도 하며, 만숙(滿宿)이라 한역한다. 『선견율비바사』 권14(대정장24, p.770a10)에서는 마사·만숙이 육군비구 중 우두머리로 전하며, 『마하승기율』 권17(대정장22, p.366b28)과 『십송율』 권14(대정장23, p.102b22) 등에는 난다·발난다는 형제라 전한다. 『비나야』 권2(대정장24, p.857c28)에서는 마사·불나발은 목건련(目犍連)의 제자로서 목건련이 집장범지(執杖梵志)에게 죽임을 당하자 제자로서 분노를 참지 못하고 그 범지를 살해하였다고도 전한다. 또한 『살바다비니비바사』 권4(대정장23, p.526a1)에 따르면, 육군비구 중 가류다이·천나는 무여열반(無餘涅槃)에 들었고, 난도·발난다는 천상에 태어났으며, 마숙·만숙은 용(龍)으로 태어났다고 전한다. 또한 『마하승기율』 권7(대정장22, p.287b16)·권15(대정장22, p.350a17) 등에는 난다·발난다를 제하고 삼문달다(三聞達多)·마혜사달다(摩醯沙達多)로 전한다. 같은 책 권26(대정장22, p.44

3a25)에 "그때 제바달다가 화합승가를 무너뜨리려 하자 육군비구도 파승의 무리로 함께 하였다. 爾時 提婆達多破僧 六群比丘 破僧伴黨"라고 하였다. 『대승본생심지관경』 권4(대정장3, p.306c12)에 "세존께서 어느 때인가 가란다의 죽림정사에서 악성육군비구들에게 교법으로 경계하시어 이르셨다. '너희 비구들아, 잘 새겨듣고 또 자세히 들어라! 불법의 바다에 들어가자면 믿음을 근본으로 삼고 생사의 강을 건너려거든 계를 뗏목으로 삼아야 한다. 만일 출가한 사람으로서 금계를 지키지 않고 세간락을 탐착하여 보배와 같은 불·계를 훼손하고, 정견을 잃고 사견의 숲으로 들어가 수많은 사람을 깊은 구덩이에 떨어뜨릴 것이다. 이와 같은 비구는 출가했다고 할 수 없고 사문이 아니며 바라문도 아니다. 형색은 사문인 듯하지만 마음은 늘 속가에 있으니 이와 같은 사문을 멀리 벗어나는 행이라곤 없다고 한다'. 世尊 或有一時 於迦蘭陀 竹林精舍 爲其惡性 六群比丘 說敎誡法 而告之言 汝等比丘 諦聽 諦聽 入佛法海 信爲根本 渡生死河 戒爲船筏 若人出家 不護禁戒 貪著世樂 毁佛戒寶 或失正見 入邪見林 引無量人 墮大深坑 如是比丘 不名出家 非是沙門 非婆羅門 形似沙門 心常在家 如是沙門 無遠離行"라고 하였다. 〔참고문헌〕『善見律毘婆沙』, 『摩訶僧祇律』, 『十誦律』, 『鼻奈耶』, 『薩婆多毘尼毘婆沙』, 『大乘本生心地觀經』. ⇨ 난다 難陀[4], 발난다 跋難陀[1], 가류다이 迦留陀夷, 천나 闡那, 마사비구 馬師比丘[2], 만숙 滿宿, 삼문달다 三聞達多, 마혜사달다 摩醯沙達多

육군비구니 六群比丘尼 Ⓟ cha-bbhaggiyā bhikkhunī. 부처님 재세 시 무리 지어 비법을 행하여 계를 제정하는 계기가 된 여섯 비구니. 육군니(六群尼)라고도 한다. 육군비구와 달리 경전이나 율장에 이름이 전하지는 않는다. 『오분율』 권6(대정장22, p.45b10)에 "다시 육군비구들이 몰려와 비구니들을 모이도록 하여 '가르침을 주겠다'라고 하더니 도리어 음욕과 추악한 말을 일삼았고, 육군비구니들도 '더할 나위 없이 훌륭한 말씀이군요' 라고 칭송하기까지 하였다. 復有六群比丘來 令比丘尼集云 當敎誡 反說婬欲麤惡語 六群比丘尼讚 以爲善無復過者", 『사분계본약의』 권2(卍속장63, p.288b2)에 "육군비구가 육군비구니와 함께 속인들과 섞여 놀자 거사들이 보고서 비난하고 혐오하였다. 六群比丘 與六群比丘尼 同遊人間 諸居士見之譏嫌"라고 하였다. 〔참고문헌〕『五分律』, 『四分戒本約義』, 『大方便佛報恩經』 권5(대정장3, p.152b27), *Vin.5.55.* ⇨ 육군비구 六群比丘

육권초 六卷鈔 당나라 때 남산대사(南山大師) 도선(道宣)이 지은 『사분율산번보궐행사초 四分律刪繁補闕行事鈔』(대정장40, No.1804)를 달리 이르는 말. 상하(上下)로 나누어 6권이므로 이렇게 부른다. 『율종장소』(대정장55, p.1145a26)에 "『육권초』 6권〈도선 저술. 다음과 같이 설명한다. 『남산록』에 '『사분율산번보궐행사초』 3권. 6권인 경우도 있으며, 여기서는 12권으로 분권하였다.'라고 하였다〉. 六卷鈔六卷〈道宣述 按南山錄云 四分律刪繁補闕行事鈔三卷 或爲六卷 今分十二卷〉"라고 하였다. 〔참고문헌〕『律宗章疏』. ⇨ 사분율산번보궐행사초 四分律刪繁補闕行事鈔

육극 六極 [1] 여섯 가지 극한의 일. 단명(凶短折)·질병(疾)·우환(憂)·빈곤(貧)·죄악(惡)·병약(弱)을 말한다. 『죄업응보교화지옥경』(대정장17, p.451c12)에 "(이 지옥에서는) 죽고자 해도 죽을 수 없고 살고자 해도 살 수 없으며, 다섯 가지 액운과 여섯 가지 극한의 일로 영원한 밤 동안 고통을 당하니, 술을 탐했던 죄과 때문이다. 求死不得 求生不得 五窮六極 長夜受苦 以坐貪酒"라고 하였다. 〔참고문헌〕『罪業應報敎化地獄經』. [2] 상·하와 사방. 세상 전체. 『벽암록』 50칙 「평창 評唱」(대정장48, p.185c7)에 "세상 어디에서나 늘 고통을 받는다. 六極常嬰苦"라고 하였다. 〔참고문헌〕『碧巖錄』.

육근 六根 Ⓢ ṣaḍ-indriya, Ⓟ cha indriyāni, Ⓣ dbang-po-drug. 여섯 가지 근. 안근(眼根)·이근(耳根)·비근(鼻根)·설근(舌根)·신근(身根)·의근(意根)을 말한다. 육정(六情)이라고도 하며, 십이처(十二處) 중 내육처(內六處) 또는 십팔계(十八界) 중 육계(六界)를 말한다. 무색근(無色根)인 의근을 제한 오근을 색근이라고 하는데, 여기에는 사대(四大)로 이루어진 부진근(扶塵根)과 작용을 하는 승의근(勝義根)이 있다. 의식(意識)의 의지처인 의근을 구사에서는 등무간연(等無間緣)이라 하고, 유식에서는 제7말나식(末那識)이라고 한다. 『구사론』 권1(대정장29, p.5c24)에 "〔논〕 육근 중에서 안근 등 앞의 오근은 오로지 현재의 경만을 취하기에 먼저 설한다. 의근의 경은 정할 수 없으니 삼세의 법이나 무위 등이 그것이며, 혹은 하나의 경만을 취하거나 둘이나 서너 경을 취하기도 한다. 論曰 於六根中 眼等前五 唯取現境 是故先說 意境不定 三世無爲 或唯取一 或二三四", "'네 가지의 경은 소조일 뿐이다'라는 말은, 앞에서부터 여기까지 오근 중 앞의 사근의 경은 오직 소조색일 뿐이기에 먼저 설한다. 신근의 경도 일정하지 않아서 어떤 경우에는 대종을 취하고, 혹 어떤 경우에는 소조색을 취하며, 어떤 경우에는 두 가지 모두를 취하기도 한다. 所言四境唯所造者 前流至此 五中前四境唯所造 是故先說 身境不定 或取大種 或取造色 或二俱取", "'나머지'라는 말은, 앞의 안이비설의 사근을 말하니, 저 응하는 바에 따라 용이 멀리 미치거나 신속하거나 분명하기에 먼저 설한 것이다. 즉 안근과 이근은 멀리 있는 경을 취하기에 비근이나 설근보다 먼저 설한 것이고, 안근과 이근 중에서도 안의 용이 멀리까지 미치기에 먼저 설한 것이다. 멀리 있는 산이나 강은 볼 수는 있어도 소리는 들을 수 없기 때문이다. 또한 안의 용이 신속한데, 먼저 멀리 떨어져 있는 사람이 종이나 북을 치는 것을 보고 난 후에 그 소리를 듣기 때문이다. 비근과 설근의 용은 모두 먼 경을 대하지는 않지만 비근을 먼저 설한 것은 그 용이 빠르고 분명하기 때문이다. 저 향기롭고 맛있는 온갖 음식을 대할 때, 비근이 먼저 냄새를 맡고 설근은 그 후에 맛을 보는 것과 같다. 餘謂前四 如其所應 用遠速明 是故先說 謂眼耳根 取遠境故 在二先說 二中眼用遠故先說 遠見山河 不聞聲故 又眼用速 先遠見人 撞擊鍾鼓 後聞聲故 鼻舌兩根 用俱非遠 先說鼻者 由速明故 如對香美 諸飮食時 鼻先嗅香 舌後嘗味", "혹은 신중에 의지한 위치에 따라 위에서 아래로 근의 차제를 설하기도 하니 안근의 위치는 몸의 가장 위쪽에 있고, 다음에는 이근·비근·설근이며, 신근은 대부분 아래에 있고, 의근은 정한 처소가 없이 있게 된 즉 의지하여 모든 근을 일어나게 하기에 가장 뒤에 설하는 것이다. 或於身中 隨所依處 上下差別 說根次第 謂眼所依 最居其上 次耳鼻舌 身多居下 意無方處 有卽依止 諸根生者 故最後說", 『법문명의집』(대정장54, p.195b2)에 "육근이란, 안이비설신의가 육근이고, 육근에서 육식을 낳으며 그 중간에 물듦을 연하면 육식의 육진이다. 六根 眼耳鼻舌身意 是爲六根 發生六識 中間緣染 是識六塵", "안은 어떤 티끌을 수용하는가? 색으로 그 상을 어지럽게 한다. 이는 어떤 진을 취하는가? 소리이니 뜻을 들끓게 한다. 비는 무엇을 물들이는가? 욕을 익히는 향이다. 설은 무엇을 받아들이는가? 기호를 오래가게 하는 맛이다. 신은 무슨 진을 취하는가? 섬세하고 부드러운 것에 집착한다. 의근을 물들이는 것 무슨 티끌인가? 분별에 휩쓸린다. 眼受何塵 色亂其想 耳取何塵 聲蕩其志 鼻染何塵 香熏其欲 舌受何塵 味長其嗜 身取何塵 著於細滑 意染何塵 流於分別", "무슨 까닭에 티끌이라 하는가? 육근으로 연한 것들이 합하여 염착을 내고 마음을 물들여 분별이 있게 하니 저 티끌이 날아가 사물을 덮음과 같기 때문이다. 何以謂之塵 六根所緣 合生染著 汚心智有 等塵埃之坋物也", "이처럼 육식이 티끌을 따라다니기에 더럽 없는 지혜를 가린다. 행하는 이가 공을 관하면 진없는 해를 얻기에 소리도 색에도 물들지 않고, 혀로 맛 탐하지 않으며, 부드러운 것에 집착하지 않고, 분별도 일으키지 않아서 무상의 도리에 통달하여 성인이라는 이름을 얻게 된다. 六識隨塵 障無塵智 行者觀空 得無塵解 故能不染聲色 不貪舌味 不著細滑 不起分別 達無想之理 得聖人之名"라고 하였다. 〔참고문헌〕『俱舍論』, 『法門名義集』, *Abh-k-bh. 15·39., Suv-pr.49., SN.2.205.* ⇨부진근 扶塵根, 승의근 勝義根, 육근청정 六根淸淨, 육근호용 六根互用

육근공덕 六根功德 ❶『법화경』 수지 등의 공덕으로 얻는 육근공덕의 차별상. 『법화경』 권6 「법사공덕품 法師功德品」(대정장9, p.47c3)에 "만약 선남자나 선여인이 이 『법화경』을 수지하거나 읽거나 외우거나 해설하거나 서사한다면, 이 사람 마땅히 팔백안공덕, 천이백이공덕, 팔백비공덕, 천이백설공덕, 팔백신공덕, 천이백의 공덕을 얻어서 이 공덕으로 육근을 장엄하고 모두 청정하게 되리라. 若善男子善女人 受持是法華經 若讀若誦若解說若書寫 是人當得 八百眼功德 千二百耳功德 八百鼻功德 千二百舌功德 八百身功德 千二百意功德 以是功德 莊嚴六根 皆令淸淨"라고 하였다. 이에 대해 『법화문구』 권10(대정장34, p.139b3)에서는 "육근공덕이 있으니 영리한 지혜는 의공덕이요, 말할 수 있는 것은 설공덕이요, 코가 길고 높으며 곧은 것은 비공덕이요, 부처님을 뵙는 것은 안공덕이요, 법을 듣는 것은 이공덕이다. 나머지는 신공덕이다. 有六根功德 利根智慧意功德 不瘖瘂舌功德 鼻修高直鼻功德 見佛眼功德 聞法耳功德 餘是身功德"라고 하였고, 『법화현론』 권10(대정장34, p.446b10)에서는 "〔문〕 어떤 까닭에 육근공덕은 고르지 않은가? 〔답〕 앞에서 말한 것과 같이 세 근의 용은 강하고, 나머지 세 근의 용은 약하다. 그러므로 많고 적음이 같지 않은 것이다. 問 何故不六根功德等耶 答 如前云 三根用强 三根用弱 故多少不同"라고 하였다. 〔참고문헌〕『法華經』, 『法華文句』, 『法華玄論』. ⇨육근청정 六根淸淨❷, 육근청정위 六根淸淨位 ❷중생이 본래 구족한 육근공덕. 원통(圓通)을 성취하는 진성(眞性)의 승용(勝用)을 말한다. 『능엄경』 권4(대정장19, p.122c19)에 "무엇을 중생세계라고 하는가? 세는 옮겨 흐르는 것이고, 계(界)는 방위이다. 너는 이제 반드시 알아야 한다. 동서남북·동남서남·동북서북·상·하를 계라 하고, 과거·현재·미래를 세라고 하니, 방위에는 열이 있고 흐름에는 셋이 있다. 일체중생이 망상을 직조해내어 몸속을 옮겨 다니며 세와 계가 서로 섞인다. 그런데 이 계성은 비록 시방으로 위를 정하여 밝힐 수는 있으나, 세간에서는 다만 동서남북만을 지목할 뿐이며, 상하는 자리가 없고 중 또한 정해진 방이 없으므로 넷이라는 수는 반드시 밝힐 수 있으나 세와 더불어 서로 섞어, 셋에 넷을 곱하거나 넷에 셋을 곱하여 완연히 열둘이 된다. 흘러 변하는 것이 세 번 중첩되어 일과 십이 백과 천이 된다. 시종을 총괄하면 육근 중에 각각의 공덕이 천이백이나 있게 된다. 云何名爲衆生世界 世爲遷流 界爲方位 汝今當知 東西南北 東南西南 東北西北 上下爲界 過去未來現在爲世 位方有十 流數有三 一切衆生織妄相成 身中貿遷 世界相涉 而此界性 設雖十方定位可明 世間祇目東西南北 上下無位 中無定方 四數必明 與世相涉 三四四三宛轉十二 流變三疊一十百千 總括始終 六根之中 各各功德有千二百"라고 하였으며, 다시 각각의 근을 천이백공덕이라 하지만 공덕에도 차별이 있으니 안근은 전좌우

(前左右)에만 밝기에 사백을 제하고 팔백공덕이다. 또 이근은 방에 한계 없기에 천이백공덕, 비근은 들숨과 날숨 사이 중간(中交)에는 없으므로 팔백공덕, 설근은 언설로 모든 것을 말할 수 있기에 모든 공덕, 신근은 붙고 떨어지는 사이에 중간이 없으므로 팔백공덕, 의근은 묵묵히 일체법을 수용할 수 있으므로 모든 공덕을 갖춘다고 밝혔다. 또 같은 책 권4(대정장19, p.123a13)에 "다만 일문에 깊이 들어가되 그 하나에 들어가 거짓이 없어지면 저 여섯 지근이 일시에 청정해진다. … 이런 까닭에 응당 알아야 한다. 하나의 근이 아니라 마침내 여섯인 듯 하다가도 여섯이 아니라 결국 하나이니, 끝내 너의 근은 원래 하나도 원래 여섯도 아니다. 但於一門深入 入一無妄 彼六知根 一時淸淨 … 是故應知 非一終六 非六終一 終不汝根元一元六"라고 하였고, 『능엄경합철』 권4(卍속장22, p.414b1)에서는 "육근공덕은 모두 자체로 본래부터 갖추어져 있어 원만하지 않은 것이 없다. 삼세와 사방에 따라서 본래 조금 더하거나 많이 드러나지만 그 자체로는 원만할 뿐이다. 또한 이 공덕은 모두 통론 상의 범부가 갖춘 것이며, 진실한 성품의 뛰어난 용은 아니다. 六根功德 皆是自體本具 無不圓滿 故約三世四方 自少增多顯 其圓滿而已 且此功德 皆是統論凡夫所具 非眞性勝用"라고 하였고, 『능엄경원통소』 권4(卍속장19, p.602a5)에서는 "고산이 말하였다. '이 경에서 밝힌 육근공덕은 『법화경』과는 다르다'. 孤山曰 此經明六根功德 與法華不同"라고 하였다. 〔참고문헌〕『楞嚴經』, 『楞嚴經合轍』, 『楞嚴經圓通疏』. ⇨ 육근 六根, 육근호용 六根互用, 원통 圓通

육근구족 六根具足 Ⓢ ṣaḍ-aṅga-samanvāgata, Ⓣ yan-lag-drug dang-ldan-pa. 안근(眼根)부터 의근(意根)까지 육근을 빠짐없이 갖춘 것. 육근완구(六根完具)라고도 한다. 상대어는 육근불구(六根不具)이다. 『불본행집경』 권9(대정장3, p.693c1)에 "저 왕(정반왕)의 가장 큰 부인이 아들을 낳으니, 극도로 단정하고 사랑스러워 더할 나위 없었다. 몸은 황금색이고 머리는 산개 같으며 코는 높고 둥근 듯 곧으며, 두 팔은 아래로 드리워져 형체가 단엄하였다. 육근을 빠짐없이 갖추고 구석구석 모두 충만하여 마치 금과 구리로 빚은 듯 삼십이대장부상과 팔십종미묘한 호상을 모두 갖추었다. 彼王最大夫人生子 極大端正 可喜絶殊 身色黃金 頭如傘蓋 鼻高圓直 兩臂下垂 形體端嚴 六根具足 處處皆充 如鑄金鋌 具三十二大丈夫相 備八十種微妙之好"라고 하였다. 〔참고문헌〕『佛本行集經』, 『大寶積經』 권56(대정장11, p.330b20), *Divy.124.*, *Mvyut.* ⇨ 육근 六根

육근불구 六根不具 육근을 갖추지 못함. 상대어는 육근구족(六根具足)이다. 『불본행집경』 권15(대정장3, p.724a9)에 "(정반왕이) 성안에 고하였다. '한 사람도 태자 앞에 있게 해서는 안 된다. 늙은 이·병든 이·죽은 이와 육근 갖추지 못한 이도, 태자가 보게 되면 싫어하여 떠나려는 마음을 일으키게 될 것이기에'. 告城內言 莫使一人 在太子前 老病及死 六根不具 令太子見 生厭離心"라 하였다. 〔참고문헌〕『佛本行集經』, 『方廣大莊嚴經』 권5(대정장3, p.569c28), 『無門關』 41칙 「評唱」(대정장48, p.298a21). ⇨ 육근 六根, 육근구족 六根具足

육근불구칠식부전 六根不具七識不全 육근도 제대로 갖추지 못하고 칠식도 온전하지 않다는 말. 몸과 마음 모두 온전치 못함을 뜻한다. 『가태보등록』 권5 「고목법성전 枯木法成傳」(卍속장137, p.105b12)에 "법좌에 올라 말했다. '불조의 더없는 일 있는 줄 알아야 비로소 말할 거리 있다. 여러 선덕이여, 말해보라. 어떤 것이 불조의 저 높은 곳 향해 감인가? 어떤 집 아이 육근도 불구요 칠식마저 온전치 못하네. 이 대천제이니 부처 될 종성 없어 부처를 만나면 부처를 죽이고 조사를 만나면 조사를 죽이니 천당에서 거둘 수 없고 지옥마저 들일 문 없다. 대중이여, 도리어 이 사람을 알겠는가?' 잠시 침묵하다가 말했다. '얼굴을 마주하고도 알아차리지(仙陀) 못하더니, 잠들어 꿈속 말 끝이 없네'. 上堂 知有佛祖向上事 方有說話分 諸禪德 且道 那箇是佛祖向上事 有箇人家兒子 六根不具七識不全 是大闡提 無佛種性 逢佛殺佛 逢祖殺祖 天堂收不得 地獄攝無門 大衆還識此人麽 良久曰 對面不仙陀 睡多饒寐語"라고 하였다. 〔참고문헌〕『嘉泰普燈錄』, 『續傳燈錄』 권6(대정장51, p.500c10). ⇨ 육근 六根, 칠식 七識

육근상사위 六根相似位 ➡ 육근청정위 六根淸淨位

육근식 六根食 육근의 먹이. 육근이 각기 육진(六塵)을 의지하여 분별함을 먹이에 비유함이다. 존자 아나율(阿那律)의 고행에서 비롯한 술어이다. 『증일아함경』 권31(대정장2, p.719a13)에 "의사 기역이 '아나율이 조금이라도 수면을 취한다면 제가 그의 눈을 치료할 수 있습니다'라고 알리자, 세존께서 아나율에게 말씀하셨다. '그대는 잠을 자는 게 좋겠다. 그 이유는 일체제법은 먹음으로 말미암아 존재하고 먹지 않으면 살아남을 수 없다. 눈이란 잠을 먹이로 삼고, 귀라는 것은 소리를 먹이로 삼으며, 코는 향을 먹이로 삼고, 혀는 맛을 먹이로 삼으며, 몸은 부드러움을 먹이로 삼고, 의는 법을 먹이로 삼는다'. 耆域報曰 若阿那律 小睡眠者 我當治目 世尊告阿那律曰 汝可寢寐 所以然者 一切諸法 由食而存 非食不存 眼者以眠爲食 耳者以聲爲食 鼻者以香爲食 舌者以味爲食 身者以細滑爲食 意者以法爲食"라고 하였다. 〔참고문헌〕『增壹阿含經』, 『止觀輔行傳弘決』 권4(대정장46,

p.274c18), 『宗鏡錄』 권50(대정장48, p.709b2). ⇨ 육근 六根, 육진 六塵, 아나율 阿那律

육근참회 六根懺悔 육근으로 지은 죄업을 참회하는 것. 법화참법(法華懺法 : 法華三昧) 중 하나이며 그 행법은 『법화삼매참의』 「명삼칠일행법화참법권수 明三七日行法華懺法勸修」(대정장46, p.949b13)에 상세히 설해져 있다. 『마하지관』 권2(대정장46, p.14a5)에 "『법화경』에 의지하여 또 방법과 권수를 밝힌다. 방법이란 몸으로 열거나 막는 것, 입으로 설하거나 침묵하는 것, 뜻으로 그치거나 관하는 것이다. 몸을 여는 것은 열 가지이다. 첫째 엄정도량, … 여섯째 육근참회, … 열째 증상이다. 따로 1권의 책이 있으니 『법화삼매』라고 한다. 이 책은 천태대사가 저술하여 세간에 흘러 전한 것이니 행자는 으뜸으로 삼는다. 約法華 亦明方法勸修 方法者 身開遮 口說默 意止觀 身開爲十 一 嚴淨道場 … 六 六根懺悔 … 十 證相 別有一卷 名法華三昧 是天台師 所著流傳於世 行者宗之", 『사명존자교행록』 권2(대정장46, p.869b18)에 "육근참회를 이룰 수만 있다면 육근청정 가히 얻는다. 六根懺悔若成 六根淸淨可獲", 『백론소』 권중(대정장42, p.280c9)에 "여러 방등경은 모두 육근참회를 밝히니, 육근이 본래 공함을 깨달으면 육근으로 지은 죄는 사라진다. 諸方等經 皆明六根懺悔 悟六本空 卽六根罪滅"라고 하였다. [참고문헌] 『法華三昧懺儀』, 『摩訶止觀』, 『四明尊者敎行錄』, 『百論疏』. ⇨ 법화참법 法華懺法, 법화삼매 法華三昧

육근청정 六根淸淨 **1** 수행공덕 등으로 성취하는 육근청정. 『대승본생심지관경』 권6(대정장3, p.320a19)에 "이 아란야는 육근청정을 증득하는 곳이다. 是阿蘭若 證得六根淸淨之處", 『대지도론』 권11(대정장25, p.141b1)에 "보시를 할 때 육근이 청정하여 선한 의욕이 일어나고 선한 의욕이 일어나기에 마음 안이 청정해진다. 布施時 六根淸淨 善欲心生 善欲心生故 內心淸淨", 『유마경현소』 권2(대정장38, p.529a16)에 "육근청정을 얻으면 상사증이라고 하니, 곧 십신위이다. 若得六根淸淨 名相似證 卽十信位也"라고 하였다. [참고문헌] 『大乘本生心地觀經』, 『大智度論』, 『維摩經玄疏』, 『緇門警訓』 권4 「戒賢論師祈禱觀音文」(대정장48, p.1064b5). ⇨ 육근 六根, 원통 圓通 **2** 『법화경』 독송 등의 공덕으로 성취하는 육근청정. 이에 따라 천태에서는 육근청정위를 시설한다. 『법화경』 권6 「상불경보살품 常不輕菩薩品」(대정장9, p.51a3)에 "이 비구가 목숨을 마치고자 하는 순간에 허공으로부터 들려오는 '위음왕불(Ⓢ Bhīṣma-garjita-svara-rāja)이 앞서 설한 『법화경』 이십천만억게송'을 온전히 듣고 모두 받아서 지니니 곧 저 위에서와 같이 안근청정과 이비설신의의 청정을 얻었다. 이 육근청정을 얻고 나서 수명이 이백만억나유타세로 늘어나 널리 사람들에게 이 『법화경』을 설하였다. 是比丘臨欲終時 於虛空中 具聞威音王佛 先所說法華經 二十千萬億偈 悉能受持 卽得如上 眼根淸淨 耳鼻舌身意根淸淨 得是六根淸淨已 更增壽命 二百萬億那由他歲 廣爲人說 是法華經", 『묘법연화경우파제사』 권하(대정장26, p.10a12)에 "독송·해설·서사 등으로 육근청정을 얻는다. … 이 육근청정을 얻는다는 말은 여러 범부가 경의 힘으로 뛰어난 근의 용을 얻는다는 뜻이다. … 또 육근청정이란 낱낱의 근 중에 다른 근도 다 능히 구족하여 색을 보고 소리를 들으며 향을 가리고 맛을 분별하며 촉각을 느끼고 법을 아는 일을 모든 근이 서로 쓴다는 뜻이다. 讀誦解說書寫等 得六根淸淨 … 此得六根淸淨者 謂諸凡夫 以經力故 得勝根用 … 又六根淸淨者 於一一根中 悉能具足見色聞聲 辨香別味 覺觸知法 諸根互用"라고 하였다. [참고문헌] 『法華經』, 『妙法蓮華經憂波提舍』, *Saddh-p.379.* ⇨ 육근공덕 六根功德**1**, 육근 六根

육근청정위 六根淸淨位 육근청정을 얻은 위. 육근상사위(六根相似位)·육근정위(六根淨位)라고도 한다. 천태에서는 별교(別敎) 오십이위(五十二位) 중 십신위(十信位)와 팔위(八位) 중 오품제자위(五品弟子位)에 배대하고, 원교(圓敎) 육즉(六卽)으로는 상사즉(相似卽)에 배대한다. 『법화문구』 권10(대정장34, p.138b7)에 "한 품이 나뉘어 두 마음이 되니, 오품은 곧 십신심이다. 이는 철륜성왕의 육근청정위이다. 分一品爲兩心 五品卽十信心 卽是鐵輪六根淸淨位也", 『천태사교의』(대정장46, p.779b14)에 "다음으로 육근청정위로 나아가니 곧 십신이다. 次進六根淸淨位 卽是十信"라고 하였다. [참고문헌] 『法華文句』, 『天台四敎儀』, 『止觀輔行傳弘決』 권5(대정장46, p.288b2). ⇨ 육근청정 六根淸淨**2**, 십신 十信, 상사즉 相似卽, 오품제자위 五品弟子位

육근호용 六根互用 육근을 서로 쓰다의 뜻. 육근청정(六根淸淨)을 얻어 서로 통하는 뜻이다. 『능엄경』 권10(대정장19, p.155a1)에 "너의 육근이 서로 쓰고 합하기도 열기도 하지 않는다면 이렇게 일어난 망상은 사라질 때를 얻을 수 없다. 그러므로 네가 현재 보고 듣고 깨우쳐 아는 중에 가늠해 익힌 기틀로는 내려앉은 안의 망상 허무만을 알 뿐이니, 다섯 번째 전도되고 미세한 정상이다. 非汝六根互用合開 此之妄想 無時得滅 故汝現在 見聞覺知 中串習幾 則湛了內罔象虛無 第五顚倒細微精想", 『화엄경소초』 권73(대정장36, p.582b24)에 "안처가 능히 이처 등 일을 짓고, 이처가 안비의 일을 짓기에 육근이 서로 쓴다고 하는 것이다. 眼處能作 耳處等事 耳處能作 眼鼻事等 故六根互用", 『대승의장』 권20(대정장44, p.856a12)에 "모든 불보살은 육근을 서로 쓰니, 낱낱의 근 중에 모든 용을 갖춘다. 諸佛菩薩六根互用 一一根中具一切用", 『지관보행전홍결』 권1(대정장46, p.153c13)에 "저 『사념처』에 이르길 육근호용에 두 가지가 있다. 첫째는 그럴듯한 것이고, 둘째는 진이다. 그럴듯함이란 『법화경』의 설과 같고, 진이란 『화엄경』의 설과 같다. 『화엄경』에 따르면 초주 이상이라야 참된 호용이다. 如四念處云 六根互用 凡有二種 一似二眞 似如法華 眞如華嚴 今依華嚴 初住已上 卽眞互用"라고 하였다. [참고문헌] 『楞嚴經』, 『華嚴經疏鈔』, 『大乘義章』, 『止觀輔行傳弘決』, 『宏智廣錄』 권4(대정장48, p.38a9). ⇨ 육근청정 六根淸淨 1 2, 육근공덕 六根功德 2

육긍 陸亘 764~834. 당대 관리. 자는 경산(景山). 강소성(江蘇省) 소주(蘇州) 출신. 육긍대부(陸亘大夫)·육대부((陸大夫) 등이라고도 하는데, 756년(지덕1) 선흡(宣歙: 宣州) 관찰사(觀察使)로 부임하며 어사대부(御史大夫)를 겸하였기에 붙여진 이름이다. 주요 관직을 두루 역임하며 선정(善政)을 펼쳤고, 오랫동안 남전보원(南泉普願 748~834)에게 참학하였다. 육긍병아(陸亘甁鵝)·육긍좌와(陸亘坐臥)·육긍합곡(陸亘合哭) 등 남전보원과의 문답·기연에 따른 여러 칙의 공안이 전한다. [참고문헌] 『碧巖錄』 40칙 「本則」(대정장48, p.178a3), 『從容錄』 91칙 「本則」(대정장48, p.286a21), 『祖庭事苑』 권2(卍속장113, p.45a6), 『居士分燈錄』 권상(卍속장147, p.874a14), 『吳郡誌』 권11. ⇨ 육긍좌와 陸亘坐臥, 육긍합곡 陸亘合哭, 남전 南泉 1

육긍병아 陸亘甁鵝 육긍의 병속에 든 거위. 남전보원(南泉普願)과 문답한 공안이며, 남전양아(南泉養鵝)라고도 한다. 『선원몽구』 권중(卍속장148, p.253a7)에 "육긍병아〈『경덕전등록』 권10에 전한다〉: 육긍대부가 남전에게 물었다. '옛사람이 병속에 거위 한 마리 키웠는데 점점 자라서 병에서 나올 수 없게 되었습니다. 지금 병을 깨뜨려 꺼낼 수도 거위를 상하게 할 수도 없으니, 화상께서는 어떻게 구하시겠습니까?' 남전이 '대부여!'라 부르자 육긍이 '네'라 답하였고 남전이 이르길 '나왔네' 하자 이로써 육긍은 해가 열렸고 감사의 절 올렸다. 陸亘甁鵝〈傳燈十〉 陸亘大夫 問南泉曰 古人甁中養一鵝 鵝漸漸長大 出甁不得 如今不得毁甁 不得損鵝 和尙作麽生出得 泉召曰大夫 陸應諾 泉曰 出也 從此開解卽禮謝"라고 하였다. [참고문헌] 『禪苑蒙求』, 『景德傳燈錄』 권10 「陸亘大夫傳」(대정장51, p.279b1). ⇨ 남전양아 南泉養鵝

육긍좌와 陸亘坐臥 육긍의 앉았다가 눕기도 하는 돌. 남전보원(南泉普願)과 문답한 공안으로 남전석불(南泉石佛)이라고도 한다. 『청익록』 50칙(卍속장117, p.857a1)에 "육긍좌와: 육긍대부가 남전에게 물었다. '제자 집에 넓적한 돌이 하나 있는데, 어떤 때에는 앉고 어떤 때에는 눕습니다. 쪼아서 불상을 만들고자 하는데 괜찮겠습니까?'〈손님은 주인결정에 귀 기울이고, 병사들 장군명령 따른다〉 '괜찮고 말고'〈명령서 당도했으니 받들어 행할 뿐〉 '아무래도 안 되겠습니까?'〈도리어 의심을 내다〉 '안 되고 말고'〈사사롭게 되는대로 입 열 뿐〉. 陸亘坐臥 擧陸亘大夫問南泉 弟子家中有一片石 有時坐 有時臥 欲鐫作佛得不〈客聽主裁 兵隨印轉〉 泉云 得〈符到奉行〉 陸云 莫不得不〈却又疑着〉 泉云 不得〈隨邪 撲簸箕〉"라고 하였다. 또 이에 대해서는 운암담성(雲巖)과 동산양개(洞山) 간의 문답이 전한다. [참고문헌] 『請益錄』, 『景德傳燈錄』 권8 「南泉普願傳」(대정장51, p.258b21). ⇨ 남전석불 南泉石佛

육긍천지동근 陸亘天地同根 ➡ 남전지화 南泉指花

육긍합곡 陸亘合哭 육긍의 합당한 곡. 남전보원(南泉普願)의 입적 때 곡을 하지 않은 인연에 따른 공안. 육긍소곡(陸亘笑哭)이라고도 한다. 『선원몽구』 권상(卍속장148, p.200b8)에 "육긍합곡〈『경덕전등록』 권10〉: 남전이 입적하자 원주가 물었다. '대부께서는 어찌하여 선사를 위해 곡하지 않으십니까?' '일러주면 곡하겠습니다'. 원주 말이 없자 장경이 대신하여 답하길 '웃어야 마땅하리, 울어야 합당하리?' 陸亘合哭〈傳燈十〉 陸亘大夫因南泉示寂 院主問曰 大夫何不哭先師 亘曰 道得卽哭 主無語 長慶代云 合笑不合哭"라고 하였다. [참고문헌] 『禪苑蒙求』, 『景德傳燈錄』 권10 「陸亘大夫傳」(대정장51, p.279b4). ⇨ 남전 南泉

육기 六氣 몸을 다스려 병을 치유하는 여섯 가지 기식(氣息). 취(吹)·호(呼)·희(嘻·嘻)·가(呵)·허(噓)·시(呬·呬)이다. 육종기(六種氣)·육종식(六種息)이라고도 한다. 『마하지관』 권8(대정장46, p.108b27)에 "기를 써 병을 다스림에 취·호·희·가·허·시를 말하니, 모두 입술로 내쉬고 들이마시며 치아와 혀를 돌려 세운다. 用氣治者 謂吹呼嘻呵噓呬 皆於脣吻吐納 轉側牙舌", "서서히 세밀하게 마음을 움직여 상 잡고 숨 쉰다. 저 차가운 즉 부니, 불을 불듯 한다. 저 뜨거우면 호를 쓰고 온갖 마디들 욱신거려 아프면 희를 쓰니 이는 풍을 다스린다. 장이 답답하고 상기하면 가를 쓰고 가래가 끓고 가슴이 답답하면 허를 쓴다. 피곤하면 시를 쓴다. 徐詳運心 帶想作氣 若冷用吹 如吹火法 熱用呼 百節疼痛用嘻 亦治風 若煩脹上氣用呵 若痰癊用噓 若勞倦用呬", "육기로 오장을 다스린다는 것은 가는 간을 치유하고, 호와 취는 심장을 치유하며, 허는 폐를 치유하고, 희는 신장을 치유하며, 시는 비장을 치유한다. 또 육기는 한결같이 하나의 장기를 다스리니 장이 냉하면 취를 쓰고, 열이 있으면 호를 쓰고, 통증이 있으면 희를 쓰고, 답답하고 가득 찬 느낌이면 가를 쓰고, 담이 있으면 허를 쓰며, 피로한 느낌이 있으면 시를 쓴다. 나머지 네 장기 또한 이와 같이 한다. 六氣治五藏者 呵治肝 呼吹治心 嘘治肺 嘶治腎 嘻治脾 又六氣同治一藏 藏有冷用吹 有熱用呼 有痛用嘶 有煩滿用呵 有痰用嘘 有乏倦用嘻 餘四藏 亦如是", 『석선바라밀차제법문』 권4 「분별선바라밀전방편 分別禪波羅蜜前方便」(대정장46, p.506a1)에 "숨쉬어 병을 다스리니, 육종식 및 십이종식을 말한다. 어떤 것들이 육종기인가? 첫째는 취, 둘째는 호, 셋째는 희, 넷째는 가, 다섯째는 허, 여섯째는 시이다. 氣息治病 所謂六種息及十二種息 何等爲六種氣 一吹二呼 三嘻四呵 五嘘六呬"라고 하였다. 〔참고문헌〕『摩訶止觀』, 『釋禪波羅蜜次第法門』, 『修習止觀坐禪法要』(대정장46, p.471c27), 『翻譯名義集』 권6(대정장54, p.1166b2).

육기 六器 여섯 가지 법기. 작법할 때 공양물을 담아 호마단 위에 올리는 그릇. 대단(大壇)의 향로(香爐)를 좌우에 세 쌍으로 배열하는데, 이 여섯 개 한 벌을 육기라 부른다. 이 중 행자의 오른쪽 법기는 전공양(前供養)

육기

에, 중앙에 배치한 것은 후공양(後供養)에 쓴다. 알가(閼伽)·도향(塗香)·화만(華鬘) 등을 담는다. 그릇의 모양과 크기는 모두 같고, 금·은·동·옥·유리보·자기·놋쇠 등으로 만든다. ⇨사면기 四面器, 육종공양 六種供養

육나한 六羅漢 ❶ Ⓟ cha arahanto. 여섯 분의 나한. 석가모니부처님과 부처님께서 처음으로 교화하신 오비구(五比丘)를 아울러 부르는 뜻으로, 지의(智顗)의 『인왕경소』(대정장33, p.260b8)에 "저 삼장 중에 부처님도 나한이다. 그러므로 『본행경』에 이르기를 '그때 세간에 여섯 나한이 계셨으니 다섯은 교진여 등 다섯 비구이고 한 분은 바로 부처님이시다'라 하였다. 若三藏中佛卽是羅漢 故本行云 爾時世間有六羅漢 五是陳如等五人 一卽是佛也"라 하였으니, 『본행경』은 『불본행집경』으로서 권34(대정장3, p.813c3)에 "이때를 당하여 이 세간에 여섯 아라한 있었으니, 한 분은 세존이시고 다섯은 비구다. 當於是時此世間有六阿羅漢 一是世尊 五是比丘"라고 하였다. 『석씨요람』 권상(대정장54, p.271a15)에 "삼귀계 : 『오분율』에서 이르길 '부처님께서 녹야원에서 오구린을 제도하셨으니 인간 중에 여섯 나한이 있게 되었다. 다음으로 야사부모에게 가장 먼저 삼귀의계를 주셨다'라 하였다. 三歸戒 五分云 佛於鹿苑度五俱隣 人間已有六羅漢故 次爲耶舍父母 最先授三歸依也"라고 하였다. 〔참고문헌〕『仁王經疏』, 『佛本行集經』, 『釋氏要覽』, *Vin.1.14.* ⇨오비구 五比丘 ❷ ➡육종아라한 六種阿羅漢

육나한 전묘법륜
『석씨원류응화사적』권1
양주불암사판 1673년

육난 六難 ➡육사난득 六事難得

육내입 六內入 Ⓢ ṣaḍ ādhyātmikāny āyatanāni, Ⓟ cha ajjhattikāni āyatanāni. 십이처(十二處) 중 육근(六根)을 이르는 말. 내육입(內六入)·육내입처(六內入處)라고도 한다. 『장아함경』 권9 「십상경 十上經」(대정장1, p.54a20 : *Dasuttara, DN.3,* p.280)에 "무엇이 육각법인가? 육내입이니, 안입·이입·비입·설입·신입·의입을 말한다. 云何六覺法 謂六內入 眼入 耳入 鼻入 舌入 身入 意入 katame cha dhammā pariññeyyā. cha ajjhattikāni āyatanāni. cakkhāyatanaṃ sotāyatanaṃ ghānāyatanaṃ jivhāyatanaṃ kāyāyatanaṃ manāyatanaṃ", 『해탈도론』 권10(대정장32, p.450a28)에 "육입이란 육내입이다. 六入者 六內入"라고 하였다. 〔참고문헌〕『長阿含經』, 『解脫道論』, *Madhy-vibh.45., DN.* ⇨십이처 十二處, 육근 六根

육내입처 六內入處 십이처(十二處) 중 내 육근(六根)을 이르는 말. 『잡아함경』 권13(대정장2, p.86c28)에 "무엇이 육내입처인가? 안입처·이입처·비입처·설입처·신입처·의입처이다. 何等爲六內入處 謂眼入處 耳入處 鼻入處 舌入處 身入處 意入處", 같은 책(대정장2, p.91c24)에 "이때 세존께서 비구들에게 말씀하시길 '육내입처 있으니, 안내입처·이·비·설·신·의내입처를 말한다'. 爾時 世尊告諸比丘 有六內入處 謂眼內入處 耳鼻 舌 身 意內入處"라고 하였다. 〔참고문헌〕『雜阿含經』. ⇨십이처 十二處, 육근 六根, 육내처 六內處

육내처 六內處 Ⓢ ṣaḍ ādhyātmikāny āyatanāni, Ⓟ cha ajjhattikāni āyatanāni. 육근(六根)을 이르는 말. 육입(六入)·육처(六處)·육내입처(六內入處)라고도 한다. 『집이문족론』 권15(대정장26, p.429a4)에 "육내처란 어떤 것으로 여섯인가? 〔답〕 첫째 안내처, 둘째 이내처, 셋째 비내처, 넷째 설내처, 다섯째 신내처, 여섯째 의내처이다. 무엇이 안내처인가? 눈이 색에 대하여 보았거나 보고 있거나 볼 것이거나 혹은 저것과 동분일 경우 이것을 안내처라고 한다. 이내처·비내처·

설내처・신내처・의내처도 그 상응하는 바에 따라 널리 설한다. 六內處者 云何爲六 答 一 眼內處 二 耳內處 三 鼻內處 四 舌內處 五 身內處 六 意內處 云何眼內處 答 若眼於色 或已見 或今見 或當見 或彼同分 是名眼內處 耳鼻舌身意內處 隨所應 當廣說"라고 하였다. [참고문헌]『集異門足論』, *Abh-k-bh.143.*, *MN.3.280.* ⇨ 십이처 十二處, 육근 六根

육년고행 六年苦行 Ⓢ ṣaḍ-varṣāṇi duṣkara. 석존(釋尊)께서 태자의 몸으로 출가하여 성도하기 전까지 육년 동안 고행하신 일. 부처님의 구뇌(九惱) 중 하나이기도 하다.『잡아함경』 권23(대정장2, p.167a15 : *Divy.*, p.392)에 "(優波崛이 阿育王에게 설하기를) '이곳은 보살께서 육년고행하신 곳입니다'라 하니 저 게로 설한 것과 같다. '고행이 육년이니, 모든 고뇌 한없이 받았네. 이것이 진실한 도 아님을 알고, 익히던 행 여지없이 버리셨네'. 此處菩薩 六年苦行 如偈所說 苦行於六年 極受諸苦惱 知此非眞道 棄捨所習行 asmin pradeśe bodhisattvena ṣaḍvarṣāṇi duṣkaraṃ cīrṇam. āha ca. ṣaḍvarṣāṇi hi kaṭukaṃ tapastaptvā mahāmuniḥ, nāyaṃ mārgo hyabhijñāya iti jñātvā samutsṛjet",『방광대장엄경』 권7「고행품 苦行品」(대정장3, p.581c5)에 "보살이 육년고행하실 때 사위의 일찍이 무너진 적 없었으니 한여름 찌는 더위에도 시원한 곳 가지 않으시고 한겨울 혹독한 추위에도 따뜻한 곳 찾지 않으셨다. 모기나 등에가 몸을 물어도 떨쳐버리지 않고 결과부좌한 채 몸과 마음을 움직임 없으셨네. 菩薩六年苦行之時 於四威儀曾不失壞 盛夏暑熱 不就淸涼 隆冬嚴寒 不求厚煖 蚊虻唼體 亦不拂除 結加趺坐 身心不動", 40권본『대반열반경』 권27「사자후보살품 師子吼菩薩品」(대정장12, p.528b21)에 "육년고행을 이겨내고도 얻은 것이 없자 이렇게 말씀하셨다. '이런 고행을 닦는 일은 헛되고 얻는 것 없다. 만약 이것이 참된 것이었다면 나는 마땅히 무엇인가 얻었어야 하나 허망한 것이기에 나는 얻은 것이 없다. 이를 삿된 술이라 하니 바른 도는 아니다'. 六年苦行 無所剋獲 卽作是言 修是苦行 空無所得 若是實者 我應得之 以虛妄故 我無所得 是名邪術 非正道也",『대지도론』 권1(대정장25, p.58a20)에 "니련선강가에서 육년고행하며 하루에 깨 또는 쌀 등을 한 톨씩 먹었다. 이에 스스로 생각하고 말하기를 '이렇게 하는 것 길이 아니다'라고 하였다. 그때 보살은 고행하던 곳을 버리고 보리수 밑에 이르러 금강처에 앉았다. 마왕이 십팔억만 무리를 거느리고 와서 보살을 무너뜨리려 하였으나 보살은 지혜공덕으로 마구니무리를 굴복시키고 바로 아누다라삼막삼보리를 얻으셨다. 於泥連禪河側 六年苦行 日食一麻 或食一米等 而自念言 是處非道 爾時 菩薩捨苦行處 到菩提樹下 坐金剛處 魔王將十八億萬衆 來壞菩薩 菩薩以智慧功德力故 降魔衆已 卽得阿耨多羅三藐三菩提"라고 하였다. [참고문헌]『雜阿含經』,『方廣大莊嚴經』,『大般涅槃經』,『大智度論』,『法華義疏』 권8(대정장34, p.570a24), *Divy.* ⇨ 고행 苦行, 구뇌 九惱

육년고행『석씨원류응화사적』권1 양주불암사판 1673년

고행상 파키스탄 라호르국립박물관 2~3세기(좌)
고행상 파키스탄 카라치국립박물관 2~3세기(우)

육년고행 설산수도상 팔상도
순천 송광사 1728년

육년삼의 六年三衣 육년이 못 되어 새 옷을 만드는 것을 금하는 계. 삼십니살기바일제(三十尼薩耆波逸提) 중 하나로 감육년작삼의계(減六年作三衣戒)라고도 한다.『사분율』 권8(대정장22, p.615c9)에 "그때 부처님께서는 사위국의 기수급고독원에 계실 때 육군비구들이 와구가 무겁거나 가벼운 것을 꺼려하고, 얇거나 두꺼운 것도 싫어하여 낡은 와구들은 버리지 않은 채 다시 새것을 만들었다. 저들이 이처럼 항상 와구를 구하였으므로 쌓이는 와구들이 상당히 많았다. … 세존께서는 이 인연으로 비구승들을 불러 모으시고 여러 가지 방편으로 육군비구를 꾸짖으셨고 … 여러 비구들에게 이르셨다. … '만약 비구가 새로 와구를 만들거든 만 육년이 되도록 유지할 것이며, 낡은 것을 버리지 않고 새 와구를 만들면 니살기바일제이다'. 爾時 佛在舍衛國祇樹給孤獨園 時六群比丘 嫌臥具或重或輕 或嫌薄或嫌厚 不捨故臥具更作新者 彼如是常營求臥具 藏積衆多 …世尊以此因緣集比丘僧 無數方便訶責六群比丘 … 告諸比丘言 … 若比丘作新臥 具持至六年 若減六年 不捨故更作新臥具 尼薩耆波逸提"라고 하였다. [참고문헌]『四分律』,『五分律』 권5(대정장22, p.30b7), 李智冠『南北傳六部律藏比較硏究』pp.

146~148. ⇨ 감육년작삼의계 減六年作三衣戒, 니살기바일제 尼薩耆波逸提

육년회 六年會 Ⓢ ṣaḍ-varṣa. 육년에 한 번씩 여는 큰 법회. 육세회(六歲會)·육세연(六歲筵)이라고도 하며, 사바바슬(沙婆婆瑟)이라고 음사한다. 『십송율』 권48(대정장23, p.352b5)에 "(수달장자는 생각했다) '부처님께 청하여 제가 육년회를 개최해도 좋은가 하였고'. 이 일을 부처님께 말씀드리자 부처님께서 말씀하셨다. '개최하는 걸 허락하노라'. 佛聽我作六年會者善 是事白佛 佛言 聽作", 『유부율』 권17(대정장23, p.715a19)에 "저 오년회·육년회·정계회·성년회 등에서 나는 마땅히 옷을 얻는다. 若五年會 若六年會 若頂髻會 若盛年會 我當得衣"라고 하였다. [참고문헌] 『十誦律』, 『有部律』. ⇨ 육세회 六歲會, 사바바슬 沙婆婆瑟

육념 六念 ➡ 육수념 六隨念, 육념법 六念法 ❶

육념법 六念法 ❶ 비구가 마음에 지녀 잊지 말아야 할 여섯 가지 법. 첫째는 염지일월(念知日月)로 수계(受戒)·포살(布薩)·자자(自恣)의 날들을 잊지 않는 것, 둘째는 염지식처(念知食處)로 공양받을 곳을 아는 것, 셋째는 염지하랍(念知夏臘)으로 수계 이후의 햇수인 하랍을 기억해 아는 것, 넷째는 염지의발(念知衣鉢)로 자신이 삼의(三衣)와 발우를 구족해야 함을 잊지 않으며 여분을 갖게 되면 설정(說淨 : 淨施 Ⓢ vikalpa)을 행해야 함을 아는 것, 다섯째는 염동별식(念同別食)으로 대중공양할 때와 따로 공양할 때를 아는 것, 여섯째는 염신강리(念身康羸)로 몸에 병 있고 없음을 헤아려 다스릴 줄 아는 것 등을 말한다. 『사분율산보수기갈마』 권하(대정장40, p.508c2)에 "육념법. … 제1염지일월수. … '오늘은 흑월소일일(작은달 음력 15일)〈내지 14일이라고 말한다. 큰달이면 큰달이라고 말한다. 백월일 경우 '오늘은 백월일일 내지 15일이라고 말한다〉'. 제2염지식처. … '나는 항상 걸식한다'. '〈만약 말한다면〉나는 항상 직접 걸식하여 스스로 먹는다'. '〈만약 말한다면〉나는 항상 승단의 음식을 먹는다'. … '나는 청함이 없는 곳에서 지금 걸식한다'. … 만약 말한다면 '나는 아무개 비구이다. 오늘 아침 단월이 정식을 베풀었는데 비구인 나에게 돌아왔다. 단월이 나에게 얽매이지 않으니 나는 이 음식을 먹으리라'. … 제3염지수계시하수. … '나는 ○년 ○월 ○일 ○시에 구족계를 받았기에 아직 하납은 없다〈나중에 하안거 지나면 매년 햇수에 따라 ○세라고 부른다〉'. 제4염지의발수정. … '나는 지금 의발 받아 지녔으며, 늘 지닐 물건도 설정을 행했다'. … 제5염지식동별. … '나는 지금 별중식하지 않는다'. … '나 지금 별중식연이 있다'. … 제6염신강리. … 마땅히 말해야 한다. '나는 지금 병없어 충분히 불도를 수행할 수 있다'. 〈병이 있다면 응당 말해야 한다〉'나는 병이 있어 치료해야 한다고 생각한다'. 六念法 … 第一念知日月數 … 今朝黑月小一日〈乃至十四日 言之 若大 言大也 其白月者 以純大故 但言今朝白月一日 乃至十五日〉第二念知食處 … 我常乞食〈若言〉我常自食已食〈若言〉我常食僧食 … 我無請處今乞食 … 若言 我某甲比丘 今朝檀越 施與正食 迴施比丘某甲 檀越於我不繫 我當食 … 第三念知受戒時夏數 … 我於某年某月某日某時 受具戒 今無夏〈後若有夏隨多少稱〉第四念知衣鉢受淨 … 我今三衣鉢 具並受持 長財並說淨 … 第五念知食同別 … 我不別衆食 … 我有別衆食緣 … 第六念身强羸 … 應言 我今不病堪行道〈若有病者 應言〉我有病念須療治"라고 하였다. [참고문헌] 『四分律刪補隨機羯磨』, 『彌沙塞羯磨本』(대정장22, p.225b18), 『摩訶僧祇律大比丘戒本』(대정장22, p.549a10), 『新受戒比丘六念五觀法』(卍속장105, p.479a13). ❷ ➡ 육수념 六隨念

육념오관장 六念五觀章 송(宋) 나라 때 윤감(允堪) 지음. 1권. 자세한 내용은 알 수 없고, 『신편제종교장총록』 권2(한불전4, p.691c7)에 책 이름이 보인다. [참고문헌] 『新編諸宗敎藏總錄』.

육념처 六念處 마음에 두고 버리지 않아야 할 여섯 가지. 육수념(六隨念)이라고도 한다. 40권본 『대반열반경』 권25(대정장12, p.515a22)에 "보살이 성취하는 여섯 가지 일이란, 육념처를 말한다. 무엇이 그 여섯인가? 첫째 염불, 둘째 염법, 셋째 염승, 넷째 염천, 다섯째 염시, 여섯째 염계이니 이것이야말로 보살이 성취할 여섯 가지 일이다. 云何菩薩成就六事 謂六念處 何等爲六 一者 念佛 二者 念法 三者 念僧 四者 念天 五者 念施 六者 念戒 是名菩薩成就六事"라고 하였다. [참고문헌] 『大般涅槃經』, 『摩訶止觀』 권6(대정장46, p.77c25). ⇨ 육수념 六隨念, 삼보 三寶, 삼론 三論

육념회향 六念迴向 육념수행의 공덕을 회향하여 정토왕생의 원을 발하는 것. 『관무량수경』(대정장12, p.344c13)에 "다시 세 갈래 중생이 있으니 마땅히 왕생할 수 있다. 무엇이 그 세 가지인가? … 셋째 육념을 수행하여 회향하며 저 불국토에 태어나기를 발원하는 것이니, 이런 공덕을 갖추면 하루 내지 이레에 바로 왕생할 수 있다. 復有三種衆生 當得往生 何等爲三 … 三者 修行六念迴向 發願生彼佛國 具此功德 一日乃至七日 卽得往生"라고 하였다. [참고문헌] 『觀無量壽經』, 『遊心安樂道』(대정장47, p.116a3). ⇨ 왕생 往生

육다바제 育多婆提 Ⓢ Yukta-vādin의 음사어. 설일체유부(說一切有部)의 일파. 상응론자(相應論者)·응리론자(應理論者)·응리론사(應理論師) 등으로 한역한다. 『잡아비담심론』 권9(대정장28, p.947a8)에 "육다바제는 안립과·방편과·화합과·수를 설하니 이것을 사과라 한다. 育多婆提說 安立及方便 亦說和合修 是名爲四果", 『비바사론』 권14(대정장28, p.516c15)에 "〔문〕 중음이 있다고 한다면, 이 육다바제는 저 비바사바제(鞞婆闍婆提 Ⓢ Vibhajya-vādin)가 계경으로 증명한 것과 어떻게 통하는가? 〔답〕 이 계경으로 증명하면 뜻은 통할 수 있다. 問曰 若有中陰者 此育多婆提云何通 彼鞞婆闍婆提 所說契經證 答曰 此契經證 有意可通", 『아비담비바사론』 권15(대정장28, p.108c17)에 "이 말은 비바사바제〈비바사바제는 분별론이라고 한역한다〉가 육다바제〈육다바제는 상응론이라고 한역한다〉의 말을 인정한 것으로서, 만약 상대방의 말을 인정하지 않고 상대의 허물 말하면 이는 이치에 맞지 않기 때문이다. 此是毘婆闍婆提〈毘婆闍婆提 秦言分別論〉 定育多婆提之言〈育多婆提 秦言相應論〉 若不定他言 說他過者 此則非理故"라고 하였다. 이 『아비담비바사론』의 신역에 해당하는 현장(玄奘) 역본 『대비바사론』 권9(대정장27, p.43a6)에서는 육다바제를 '응리론자'라고 한역하였다. 〔참고문헌〕 『雜阿毘曇心論』, 『鞞婆沙論』, 『阿毘曇毘婆沙論』, 『大毘婆沙論』, 『翻梵語』 권1(대정장54, p.984c3). ⇨ 상응론자 相應論者 ❸, 응리론자 應理論者, 설일체유부 說一切有部

육단 肉段 살덩어리. 『기세경』 권4(대정장1, p.329a13)에 "저 니라부다지옥 중에 모든 중생들이 가진 몸의 모양은 비유하면 저 살덩어리와 같다. 그러므로 니라부다라고 부른다. 彼泥羅浮陀地獄中 諸衆生等 所有身形 譬如肉段 是故名爲泥羅浮陀"라고 하였다. 〔참고문헌〕 『起世經』. ⇨ 니라부다지옥 泥羅浮陀地獄

육단 肉團 ❶ Ⓢ māṃsa-piṇḍa, māṃsa-peśī, Ⓣ sha'i-gong-bu. 살덩어리. 육단(肉段)·육단자(肉團子)라고도 한다. 중생의 육신(肉身)을 말한다. 『구사론소』 권1(대정장41, p.476c22)에 "유부 등은 오근을 헤아려 정색으로 몸을 삼는다고 여기고, 대중부는 오근이 육단으로 체를 삼는다고 여긴다. 有部等計五根以淨色爲體 大衆部五根以肉團爲體", 『금강경찬요간정기』 권6(대정장33, p.218c13)에 "육단 등이란, 사진(四塵 : 色香味觸)을 이름하여 육이라고 하니, 청정안근도 육에 의지하여 머묾으로 육안이라고 한다. 肉團等者 謂四塵名肉 淸淨眼根 依肉而住 名爲肉眼"라고 하였다. 〔참고문헌〕 『俱舍論疏』, 『金剛經纂要刊定記』, *Abh-k-bh.24.*, *Av-ś.168.* ❷ Ⓢ peśi. 태내오위(胎內五位) 중 탁태한 후 3주째 되는 제삼위(第三位). 폐시(閉尸)의 한역이다. 『창소지론』 권하(대정장32, p.232b13)에 "태내에 머무는 상태에 따라 나뉘는데 … 폐시〈육단이라고 한역한다〉 … 등의 다섯 가지 명색이다. 處胎分位 … 閉尸〈此云 肉團〉 … 等五名色", 『일체경음의』 권47(대정장54, p.622a7)에 "폐시〈비시라고도 한다. 육단으로 한역한다. 삼칠일이 되면 뭉쳐져서 육단이 되는데 아들인 경우 위가 넓고 아래가 좁으며, 딸인 경우 위가 좁고 아래가 넓다〉. 閉尸〈亦名卑尸 此云肉團 至三七日 結聚成肉團 若男則上闊下狹 若女則上狹下闊〉"라고 하였다. 〔참고문헌〕 『彰所知論』, 『一切經音義』, *Abh-k-bh.130.* ⇨ 폐시 閉尸, 태내오위 胎內五位

육단심 肉團心 오장(五臟) 중 하나. 또는 사종심(四種心) 중 하나. 심장(心臟 Ⓢ hṛdaya). 『번역명의집』 권6(대정장54, p.1152b27)에 "흘〈호와 결을 반절한 음〉리다야는 육단심으로 한역한다. 『황정경』 「오장론」의 설명과 같다. 『정법염처경』에서 '심장은 연꽃의 여단음과 같다'고 하였고, 『제위경』에서 '심장은 제왕과 같다'고 하였는데 모두 육단심을 말하며, 색법에서 거둔다. 紇〈胡結〉利陀耶 此云肉團心 如黃庭經五藏論所明 正法念經云 心如蓮華開合 提謂云 心如帝王 皆肉團心 色法所攝"라고 하였다. 〔참고문헌〕 『翻譯名義集』. ⇨ 간률타 干栗馱, 심장 心藏, 사종심 四種心, 오장 五藏 ❸

육대 六大 ❶ Ⓢ ṣaḍ-dhātavaḥ. 법계(法界)를 드러나게 하는 여섯 가지 대(大). 육계(六界)라고도 한다. 지(地 Ⓢ pṛthivī)·수(水 Ⓢ ap)·화(火 Ⓢ tejas)·풍(風 Ⓢ vāyu)·공(空 Ⓢ ākāśa)·식(識 Ⓢ vijñāna)을 말하며, '대'란 법계에 가득하여 있지 않은 곳 없기에 붙여진 이름이다. 앞의 5대는 색법(色法)이고 식대만은 심법(心法)이다. 『능엄경』 권3(대정장19, p.119a24)에는 육대에 근대(根大)를 더한 칠대(七大)를 시설한다. 『능엄경의소석요초』 권4(卍속장16, p.930b7)에 "마땅히 알라. 육근이 법계에 두루 가득하고 근이 두루 가득하기 때문이고, 마땅히 알라. 육진 또한 법계에 두루 가득함 마찬가지다. 또한 광명에도 육대가 있으니, 모두 드러나 빛나지는 않지만 오직 이 칠대만은 가장 밝게 드러난다. 當知 六根徧滿法界 根徧滿故 當知 六塵遍滿法界等 又光明亦有六大 皆不彰灼 唯此七大 最顯明也", 『선비요법경』 권상(대정장15, p.247a22)에 "이 몸과 같다 함은 육대가 화합하여 인연으로 이루어졌다가 육대가 흩어져 사라지니 몸 또한 무상하다. 如此身者 六大和合 因緣成之

〈표1〉 육대

육대	종자	색色	형形	성性	용用
지대 地大		황黃	방方	견堅	지持
수대 水大		백白	원圓	습濕	섭攝
화대 火大		적赤	삼각 三角	연煙	숙熟
풍대 風大		흑黑	반월 半月	연煙	양養
공대 空大		청靑	단형 團形	무애 無碍	부장 不障
식대 識大		백白	원圓	요지 了知	결단 決斷

六大散滅 身亦無常"라고 하였다. [참고문헌]『楞嚴經』, 『楞嚴經義疏釋要鈔』, 『禪祕要法經』. ⇨ 사대 四大, 칠대 七大, 육계 六界❶ ❷ Ⓢ ṣaḍ-dhātu. 법계체성으로서의 육대. 밀교에서 시설한 대일여래의 몸을 말한다. 육대 각각을 종자(種子)·형(形)·색(色)·성(性)에 배대하면 지대는 본불생(本不生)의 아(𑖀 a) 자를 종자로 하고 황색에 방형(方形)이며 견고함을 자성으로 한다. 수대는 이언설(離言說)의 바(𑖪 va) 자를 종자로 하고, 백색에 원형이며 습성이다. 화대는 무구진(無垢塵)의 종자 라(𑖨 ra)이고 적색에 삼각형이며 따뜻한 성이다. 풍대는 이인연(離因緣)의 하(𑖮 ha) 자를 종자로 삼고, 흑색과 반월형 그리고 그 자성은 움직임이다. 공대는 등허공(等虛空)의 카(𑖏 kha) 자를 종자로 삼고, 청색과 단형(團形)에 배대되며 걸림없음(無礙)을 자성으로 삼는다. 식대는 요의불가득(了意不可得)의 훔(𑖮𑖳𑖽 huṃ) 자를 종자로 하고, 흰색 또는 잡색에 원형 또는 잡형에 배대되며 요별(了別)을 자성으로 한다. 업용의 측면에서 육대는 각각 지(持)·섭(攝)·숙(熟)·장양(長養)·부장(不障)·결단(決斷)의 뜻을 갖는다.『대일경소지심초』 권4(선본불전18, p.144a13)에 "부처님께서는 '육대는 법계의 체성이다'라고 말씀하셨다. 그러므로 본존 행자의 삼업과 삼밀은 비록 거칠거나 미세한 차별이 있다해도 육대는 하나의 체이다. 이 때문에 부처님의 몸이 내 몸으로 들어오고 내 몸이 부처님의 몸으로 들어가는 즉신성불의 뜻이 성취된다. 佛說 六大爲法界體性 故本尊行者 三業三密 雖麤細別 六大是一體 故成入我我入 卽身成佛義也"라고 하였다. [참고문헌]『大日經疏指心鈔』. ⇨ 밀교육대 密教六大

육대관 六大觀 육대의 실상을 꿰뚫어보는 관법. 현교(顯教)와 밀교(密教)의 차이가 있는데, 현교에서는 육대의 공(空)·무아(無我)·부정(不淨)을 관하나 밀교에서는 육대의 원융(圓融)과 무애(無礙)를 관한다.『인왕반야경소』 권하5(대정장33, p.348c5)에 "네 번째, 육대관을 지으니 사대(地水火風)와 공·식이다. 第四 作六大觀 四大空識也", 『열반경소사기』 권6(卍속장58, p.241a18)에 "육대를 쪼갠다는 말은 무슨 뜻인가? 저 『유마경』 권상(대정장14, p.539b21)에서 '이 몸은 주인이 없으니 저 땅과 같고, 이 몸은 아가 없으니 화와 같다고 하며, 이 몸은 목숨이 없으니 바람과 같다고 하고, 이 몸은 인이랄 것 없으니 물과 같다고 한다. 이 몸이 허공과 같아서 아와 아소마저 여의었으니 공대를 관함이다. 이 몸 앎도 없어 초목이나 돌멩이와 같다 하니 식대를 관함이다'라고 한 말과 같다. 이상의 육대관으로 아집을 무너뜨린다. 拆六大者 如維摩經云 是身無主爲如地 是身無我爲如火 是身無壽爲如風 是身無人爲如水 是身如空 離我我所 觀空大也 是身無知 如草木瓦礫 觀識大也 此六大觀 破我執也"라고 하였다. [참고문헌]『仁王般若經疏』, 『涅槃經疏私記』, 『維摩經』. ⇨ 육대 六大

육대국 六大國 ➡ 육대성 六大城

육대번뇌 六大煩惱 ➡ 육번뇌 六煩惱

육대법계 六大法界 육대(六大 : 地水火風空識)로 성취된 법계를 일컫는 말. [참고문헌] 馬定波『中國佛教心性說之研究』(正中書局, 1978) p.379. ⇨ 육대 六大

육대법성 六大法性 육대라는 법의 자성.『대범천왕문불결의경』 권하(卍속장87, p.636b5)에 "실상을 몸소 증명하고자 하여 이와 같이 최상이자 위없는 법불을 나툰다. … 불가사의라고도 하고 … 육대법성이라고도 한다. 爲欲實相親證故 現如是最上 無上法佛 … 或云 不可思議 … 或云 六大法性"라고 하였다. [참고문헌]『大梵天王問佛決疑經』. ⇨ 육대 六大❶❷

육대상부 六代相付 선종의 육대조사(六代祖師)가 가사와 함께 법을 대대로 전수한 일.『치문경훈』 권7「대지조율사송의발여원조본선사서 大智照律師送衣鉢與圓照本禪師書」(대정장48, p.1079a13)에 "달마가 서쪽에서 온 이래로 육대에 걸쳐 서로 부촉함은 법을 이은 유래를 드러냄이며, 이 또한 조사에서 조사에게로 받들어 온 일이다. 祖師西至 六代相付 表嗣法之有自 此又祖祖之所尙也"라고 하였다. [참고문헌]『緇門警訓』. ⇨ 육대조사 六代祖師, 육대상전 六代相傳, 육대전의 六代傳衣

육대상전 六代相傳 선종의 육대조사(六代祖師)가 심인(心印)을 서로 전함.『도서』 권상2(대정장48, p.405b11)에 "그러므로 '묵묵히 심인을 전했다'라고 말한다. '묵묵히'라는 말은 오직 지(知)라는 한 글자에 대해 침묵했다는 것이지 온통 말하지 않았다는 뜻은 아니다. 육대로 서로 전함은 모두 이와 같았다 故云 默傳心印 所言默者 唯默知字 非總不言 六代相傳 皆如此也"라고 하였다. [참고문헌]『都序』, 『宗鏡錄』 권34(대정장48, p.615c1), 『無異元來廣錄』 권28(卍속장125, p.338b3). ⇨ 육대조사 六代祖師, 육대전의 六代傳衣

육대성 六大城 석가모니부처님 재세 시 중인도(中印度) 여섯 곳의 대도시. 육대국(六大國)이라고도 한다. 슈라바티(Ⓢ Śrāvastī)·사케타(Ⓢ Sāketa)·참파(Ⓢ Campā)·바이샬리(Ⓢ Vaiśālī)·바라나시(Ⓢ Vārāṇasī)·라자그리하(Ⓢ Rāja-gṛha)로 당시 석가모니부처님께서 교화를 펼치시던 주요 거점이다. 40권본『대반열반경』 권29「사자후보살품 師子吼菩薩品」(대정장12,

p.539b24)에 "사자후보살이 부처님께 아뢰었다. '세존이시여! 십육대국에 육대성이 있으니, 이른바 사바제성·사지다성·첨파성·비사리성·바라나성·왕사성입니다. 이와 같은 여섯 곳의 성은 세상에서 가장 큰데, 어찌하여 여래께서는 그 곳들을 버리고 이곳 변두리 황폐하며 극히 낡고 비좁은 구시나성(Ⓢ Kuśi-nagara)에서 반열반에 드시려고 하십니까?' '선남자야! 그대는 구시나성을 변두리에 황폐하며 가장 낡고 비좁다고 말해서는 안 되고, 이 성은 미묘한 공덕으로 장엄한 곳이라고 말해야 한다. 왜인가? 여러 불보살께서 행하신 곳이기 때문이다'. 師子吼言 世尊 十六大國有六大城 所謂舍婆提城 娑枳多城 瞻婆城 毘舍離城 波羅奈城 王舍城 如是六城 世中最大 何故如來 捨之 在此邊地弊惡 極陋隘小 拘尸那城 入般涅槃 善男子 汝不應言 拘尸那城 邊地弊惡 最陋隘小 應言是城 微妙功德之所莊嚴 何以故 諸佛菩薩所行處故", 『대비바사론』 권180(대정장27, p.901c27)에 "세존께서는 육대성을 여섯 차례 오가셨다. 世尊於六大城 循環六反"라고 하였다. 〔참고문헌〕『大般涅槃經』, 『大毘婆沙論』, 40권본 『華嚴經』 권14(대정장10, p.724a25), 『有部律』 권11(대정장23, p.681c23), 『大智度論』 권11(대정장25, p.136b3), 『法華義疏』 권1(대정장34, p.456a26), 『四分律名義標釋』 권36(卍속장70, p.947b5).

육대성 슈라바티·사케타·참파·바이샬리·바라나시·라자그리하

육대악인 六大惡人　육사외도(六師外道)를 달리 이르는 말. 『중허마하제경』 권2(대정장3, p.938b25)에 "(降誕을 알린 보살에게) 욕계의 여섯 천자들이 고하였다. '남섬부주에는 육대악인이 있습니다. 첫째는 노가섭(Ⓢ Pūraṇa-Kāśyapa), 둘째는 마사가리우사자(Ⓢ Maskarin-Gośālīputra), 셋째는 사야야미라치자(Ⓢ Sañjayin-Vairaṭṭīputra), 넷째는 아이다계사가마라(Ⓢ Ajita-Keśakambala), 다섯째는 가지야〈한 음절로 발음(切身)〉야(Ⓢ Kakuda-Kātyāyana), 여섯째는 니야라예야〈한 음절로 발음〉제자(Ⓢ Nirgrantha-Jñātiputra)입니다'. 天子告言 南瞻部洲有六大惡人 一 老迦葉 二 摩娑迦梨虞娑子 三 娑惹野尾囉致子 四 阿嚩多繼捨迦摩羅 五 迦底也〈切身〉野 六 儞誐囉儞也〈切身〉帝子"라고 하였다. 〔참고문헌〕『衆許摩訶帝經』. ⇨ 육사외도 六師外道

육대역사 六大力士　부처님 재세 시 유력한 여섯 명의 외도들. 『중허마하제경』 권2(대정장3, p.938c2)에 "남섬부주에 또 육대역사가 있으니, 첫째는 오날라구라마자(Ⓢ Udraka-Rāmaputra : 鬱頭藍弗), 둘째는 아라나(Ⓢ Ārāḍa : 阿羅邏), 셋째는 가류마(Ⓢ Kālāma : 迦羅摩), 넷째는 소발날라(Ⓢ Subhadra), 다섯째는 파리몰라야가(Ⓢ Parivrājaka), 여섯째는 산야마나박가(Ⓢ Saṃjaya-Māṇavaka)이다. 南瞻部洲 復有六大力士 一 烏捺囉矩囉摩子 二 阿囉拏 三 迦類摩 四 酥跋捺囉 五 波里沒囉惹迦 六 散耶摩拏縛迦"라고 하였다. 같은 책 권6(대정장3, p.948b10)에는 둘째와 셋째의 역사 이름을 하나로 묶어 아라나가라마(阿囉拏迦羅摩 Ⓢ Ārāḍa-Kālāma)라고 하였다. 〔참고문헌〕『衆許摩訶帝經』.

육대적 六大賊　➡ 육적 六賊❶

육대전의 六代傳衣　선종의 육대조사(六代祖師)가 가사(衣)를 대대로 전한 일. 종보본 『단경』「행유 行由」(대정장48, p.348b3)에서 "(五祖弘忍이 학인들에게 말하였다) 만약 대의를 깨달으면 너희에게 가사와 법을 주고 제6대 조사로 삼겠노라. 若悟大意 付汝衣法 爲第六代祖", 『증도가』(대정장48, p.396b19)에 "법이 동쪽으로 흘러 이 땅에 들어오니 보리달마가 초조가 되었네. 육대에 걸쳐 가사 전한 일 온천하에 알려졌고, 후인들 중 도를 깨달은 이 어찌 그 수를 다 헤아리랴! 法東流入此土 菩提達磨爲初祖 六代傳衣天下聞 後人得道何窮數"라고 하였다. 〔참고문헌〕『壇經』, 『證道歌』, 『緇門警訓』 권3 「傳禪觀法」(대정장48, p.1055a23). ⇨ 육대조사 六代祖師, 육대상전 六代相傳

육대조사 六代祖師　선종 초조(初祖) 보리달마(菩提達磨)부터 육조(六祖) 혜능(慧能)까지 여섯 분의 조사. 삼세제불(三世諸佛)과 함께 자리하고 불리워진다. 『가태보등록총목록』 권상(卍속장137, p.4b4)에 "육대조사 : 초조 보리달마대사, 이조 혜가대사, 삼조 승찬대사, 사조 도신대사, 오조 홍인대사, 육조 혜능대사. 六代祖師 初祖菩提達磨大士 二祖慧可大士 三祖僧璨大士 四祖道信大士 五祖弘忍大士 六祖慧能大士"라고 하였다. 『원오어록』 권14 「시해지욕 示諧知浴」(대정장47, p.779c21)에 "이 하나의 큰 법 삼세제불이 한결같이 증하였고 육대조사 또한 전하였다. 오직 한 도장 찍어 정하니 사람의 마음을 곧바로 가리켜 자성 보아 부처 되니 문자 어구를 세우지 않았네. 이를 일컬어 교문 밖에 따로 행하며 오직 심인만을 전할 뿐이다. 此箇大法 三世諸佛同證 六代祖師共傳 一印印定 直指人心 見性成佛 不立文字語句 謂之教外別行 單傳心印", 『대혜어록』 권5(대정장47, p.831c18)에 "학인이 대혜에게 물었다. '무엇이 불법의 분명한 대의입니까?' '노승에게 적적대의는 없다.

뿐만 아니라 그 무엇도 없다' '이미 없다고 하셨는데, 화상께서는 어디에서 이 소식을 얻으셨습니까?' '나(育王)에게는 이런 소식 또한 없다. 다만 이 소식 삼세제불이 설하여도 미치지 못하고 육대조사가 전한다 해도 이르지 못한다'. 問 如何是佛法的的大意 師云 老僧無的的大意 亦無如何 進云 旣是無 和尙甚處得這消息 師云 育王亦無這消息 乃云 只這消息 三世諸佛說不及 六代祖師傳不到"라고 하였다. [참고문헌]『嘉泰普燈錄總目錄』,『圜悟語錄』,『大慧語錄』. ⇨ 삼세제불 三世諸佛

육대체대 六大體大 **1** 열반의 뜻을 대(大)로 풀면 상·광·고·심·다·승(常廣高深多勝)이 되고 이를 다시 둘로 모으면 체대(體大)인 법성(法性)으로 거둔다는 뜻. 『열반경유의』(대정장38, p.233a20)에 "비록 육대라는 이름이 있지만 체대와 용대라는 둘을 벗어나지 않는다. 체대는 이 법성이며, 열반이야말로 모든 부처님의 법성이다. 용대는 여덟 가지 자재아이니 이런 연유로 용대라 한다. 雖有六大名 不出二種 一 體大 二 用大 體大者 則是法性也 涅槃者 則諸佛之法性也 用大者 八自在我故名用大也"라고 하였다. [참고문헌]『涅槃經遊意』. **2** ➡ 육대 六大, 밀교육대 密敎六大

육대학파 六大學派 ➡ 육파철학 六派哲學

육덕 六德 박가범(薄伽梵 Ⓢ Bhagavat)이 갖춘 여섯 가지 덕. 육종의(六種義)·육덕의(六德義)라고도 한다. 『설무구칭경소』 권1(대정장38, p.1005b29)에 "능히 네 마구니를 부수기에 박가범이라고 한다. 또 육덕 갖추었으니, 여섯 덕이란 『불지경론』 권1(대정장26, p.292a27)에 이르길, '자재(自在)·치성(熾盛)·단엄(端嚴)·명칭(名稱)·길상(吉祥)·존귀(尊貴)라 하니, 이런 여섯 가지 뜻 구족하기에 마땅히 통틀어 박가라고 한다'라고 한 것이다. 能破四魔 名薄伽梵 又具六德 六德者 佛地論云 自在熾盛與端嚴 名稱吉祥及尊貴 具足如是六種義 應知總名爲薄伽"라고 하였다. [참고문헌]『說無垢稱經疏』,『佛地經論』,『翻譯名義集』 권1(대정장54, p.1057b29),『解深密經疏』 권1(한불전1, p.141b7). ⇨ 박가범 薄伽梵, 육종의 六種義

육덕론 六德論 Ⓢ ṣāḍguṇyopadeśa. 외도의 여섯 가지 덕. 육분(六分)이라고도 하며, 승론(勝論)의 육구의(六句義)를 가리킨다. 『능가경』 권3(대정장16, p.504c27 : *Laṅk.*, p.184)에 "대혜야! 혹자는 스물다섯 가지 진실을 깨닫는 것, 혹자는 왕이 나라를 지키기 위해 육덕론을 수용하여 열반상(想)을 짓는다. 大慧 或有覺二十五眞實 或王守護國 受六德論 作涅槃想 anye punar mahāmate pañcaviṃśatitattvāvabodhāt anye prajāpālena ṣāḍguṇyopadeśagrahaṇānnirvāṇaṃ kalpayanti"라고 하였으니, 『능가경종통』 권6(卍속장26, p.629b17)에서는 "'혹자는 육덕론을 받아들인다'라고 한 말은 곧 앞서 승론사가 헤아린 육구를 생인으로 삼는 것이다. 或受六德論者 卽受前勝論師所計六句 爲生因者也"라고 하였다. [참고문헌]『楞伽經』,『楞伽經宗通』, *Laṅk.* ⇨ 육분 六分, 육구의 六句義, 바이셰쉬카 Vaiśeṣika

육덕행 六德行 여섯 가지 덕행. 광육도행(廣六度行)이라고도 한다. 『성구광명정의경』(대정장15, p.452c23)에 "부처님께서 (善明에게) 말씀하셨다. '나는 본디 앞서 여섯 가지 덕행을 행하여 세세생생 그만두지 않았다. 이렇게 부처가 되었고 뜻하는 대로 변화하고 어디서나 하는 일마다 일체지를 이루니 통달하지 못할 것이 없었다' '무엇을 여섯 가지 덕행이라고 합니까?' '광시·광계·광인·광정진·광일심·광지혜다'. 佛言 我本先行六德之行 世世不廢 是以至於得佛 恣意變化 在所作爲 爲一切智 無物不達也 則曰 何謂六德之行 曰 廣施廣戒 廣忍廣精進 廣一心廣智慧"라고 하였다. [참고문헌]『成具光明定意經』. ⇨ 광육도행 廣六度行

육도 六度 Ⓢ ṣaṭ-pāramitā. 육바라밀(六波羅蜜)의 한 역어. 피안에 이르기 위한 여섯 가지 수행. 도는 생사의 고해(苦海)를 건넌다는 뜻이며, 육도무극(六度無極)·도피안(到彼岸) 등이라고도 한다. 『인왕반야경소』 권상1(대정장33, p.322b9)에 "육도란, 첫째, 단(보시)은 재물의 희사를 능히 한다. 둘째, 시라(지계)는 그릇됨 막는 것을 뜻으로 삼는다. 셋째, 인(인욕)은 분노의 종식을 공으로 삼는다. 넷째, 정진은 깨우쳐 부지런히 함을 용으로 삼는다. 다섯째, 선은 마음 거둠을 덕으로 삼는다. 여섯째, 반야는 무(공)의 뜻 관하여 통달함이다. 六度者 一 檀捨財爲能 二 尸羅防非爲義 三 忍以息瞋爲功 四 精進以策懃爲用 五 禪攝心爲德 六 般若觀達無義", 『원각경소초수문요해』 권8(卍속장15, p.654a16)에 "육도란, 여섯 가지 가림막 맞서 다스린다. 여섯 가지 덮어 가림이란 첫째 인색, 둘째 악행, 셋째 분노, 넷째 게으름, 다섯째 산란, 여섯째 어리석음이다. 六度者 對治六蔽 六蔽者 一 慳貪 二 造惡 三 瞋恚 四 懈怠 五 散亂 六 愚癡", 『소실육문』 「파상론 破相論」(대정장48, p.368a3)에 "육도란, 나른다는 뜻이다. 육바라밀은 저 뗏목과 같아 능히 중생을 실어 피안에 이르게 한다. 이 때문에 육도라 한다. 六度者 運也 六波羅蜜 若船筏 能運衆生 達於彼岸 故名六度"라고 하였다. [참고문헌]『仁王般若經疏』,『圓覺經疏鈔隨文要解』,『少室六門』, *Gaṇḍ-vy.* *361.* ⇨ 육바라밀 六波羅蜜, 육도무극 六度無極, 육도만상 六度滿相, 육도만행 六度萬行, 비지육도 悲智六度

육도 六盜 ➡ 육적 六賊[1]

육도 六道 Ⓢ ṣaḍ-gati, Ⓣ 'gro-ba-rigs-drug. 여섯 갈래의 길. 중생이 몸을 바꿔 윤회로 드는 길로 육취(六趣)라고도 한다. 지옥도(地獄道 Ⓢ naraka-gati)·아귀도(餓鬼道 Ⓢ preta-gati)·축생도(畜生道 Ⓢ tiryag yoni-gati)·수라도(修羅道 Ⓢ asura-gati)·인간도(人間道 Ⓢ manuṣya-gati)·천도(天道 Ⓢ deva-gati)인데, 앞의 셋은 삼악도(三惡道)고 뒤의 셋은 삼선도(三善道)다. 오도(五道)만을 설하기도 하니, 『대지도론』 권10(대정장25, p.135c22)·『대비바사론』 권172(대정장27, p.864c23) 등에 따르면 설일체유부(說一切有部)에서는 아수라도 없는 오도만을 설한다 하였으며, 육도에 성문(聲聞)·연각(緣覺)·보살(菩薩)·불(佛)의 사계(四界)를 더하여 십계(十界)라 부른다. 육관음(六觀音)·육지장(六地藏) 등의 보살들은 육도를 나누어 교화하기에 육도능화(六道能化)라 부르기도 한다. 『대품반야경』 권19(대정장8, p.360a25)에 "중생은 전도된 인연 때문에 신구의 삼업을 짓고 욕이 바탕이 된 업보에 따라 육도에서의 몸을 받는다. 지옥·아귀·축생·인·천·아수라에서의 몸이다. 衆生顚倒因緣故 造作身口意業 隨欲本業報 受六道身 地獄 餓鬼 畜生 人 天 阿修羅身", 같은 책 권26(대정장8, p.411c14)에 "수보리가 부처님께 말했다. '세존이시여! 부처님이 아누다라삼먁삼보리를 얻고 나서도 육도생사를 받습니까?' 부처님께서 말씀하셨다. '받지 않는다'. 須菩提白佛言 世尊 佛得阿耨多羅三藐三菩提已 得六道生死不 佛言 不得也", 『승천왕반야경』 권7(대정장8, p.724b6)에 "육도로 고통받아 벗어날 수 없는 것은 번뇌가 중생을 얽힘 때문이라네. 세존께서 능히 저 삼독이라는 결박 풀어주시니 뒤쳐 대비에 휩싸였네. 六道受苦無免脫 煩惱繫縛衆生故 世尊能解他毒結 飜爲大悲之所縈", 『대지도론』 권30(대정장25, p.280a15)에 "〔문〕 경에서는 오도 있다고 설하는데, 어째서 육도를 말하는가? 〔답〕 부처님 가신 지 오래되고 경법 흐른 지 오백년 되자 많은 차이가 생겼고 부파마다 같지 않아 오도를 말하기도 육도를 말하기도 한다. … 다시 선악분별로 육도가 있다. 선한 상중하가 있기에 삼선도가 있어 천·인·아수라다. 악한 곳에 상중하가 있으니 지옥·축생·아귀도다. 만약 이렇게 하지 않으면 악함에 세 과보가 있고 선함에 두 과보가 있게 되어 이 사실 어긋난다. 육도 있다 하면 뜻에 어긋남이 없다. 問曰 經說有五道 云何言六道 答曰 佛去久遠 經法流傳五百年後 多有別異 部部不同 或言五道 或言六道 … 復次 分別善惡故 有六道 善有上中下故 有三善道 天 人 阿修羅 惡有上中下故 地獄 畜生 餓鬼道 若不爾者 惡有三果報 而善有二果 是事相違 若有六道 於義無違"라고 하였다. 〔참고문헌〕 『大智度論』, 『大毘婆沙論』, 『大品般若經』, 『勝天王般若經』, 『法華經』 권1(대정장9, p.2c16), 『法華文句』 권3(대정장34, p.43a1), 『大乘義章』 권8(대정장44, p.624c15), *Saddh-p.9.* ⇨ 육취 六趣, 지옥도 地獄道, 아귀도 餓鬼道, 축생도 畜生道, 아수라도 阿修羅道, 인도 人道[1], 천도 天道, 삼악도 三惡道, 삼선도 三善道, 오도 五道, 십계 十界[2]

육도가타경 六道伽陀經 Ⓢ Saddharmasmṛtyupasthāna-kārikā, Ⓣ Dam-pa'i-chos-dran-pa-nye-bar gshag-pa'i tshig-le'ur-byas-pa. 북송(北宋) 때 법천(法天) 한역. 1권. 짧은 게송으로 육도의 모습을 설한 경. 고려장33, pp.967a1~969a9, No.1117·대정장17, pp.452c3~455a12, No.725에 수록되어 있다. 내용과 구성 면에서 마명(馬鳴)이 짓고 송대 일칭(日稱) 등이 한역한 『육취윤회경 六趣輪廻經』(대정장17, No.726)과 흡사하며, 『정법염처경 正法念處經』과 관련이 있다. 사람은 신구의 삼업(三業)에 의해 갖가지 과보를 받으며, 살생으로 등활지옥(等活地獄)에 떨어지고 부모를 기만하면 흑승지옥(黑繩地獄)에 떨어지는 등 팔대지옥(八大地獄)을 묘사한 「지옥품 地獄品」을 필두로 「축생품 畜生品」·「아귀품 餓鬼品」·「인품 人品」·「수라품 修羅品」 등으로 구성되어 있다. 끝으로 「천품 天品」에서는 명예나 이익·환락 등을 버리고 권속과 멀리 떨어져 지내는 사람은 사왕천(四王天)에 태어나는 등을 설한다. 범본은 현존하지 않으며, 티베트역본(北京版 No.5415, 5679)이 있다. ⇨ 육취윤회경 六趣輪廻經

육도경 六度經 ➡ 대승이취육바라밀다경 大乘理趣六波羅蜜多經

육도과보 六度果報 육바라밀로 성취하는 과보. 『보살선계경』 권9(대정장30, p.1009a28) 등의 설이며, 『성유식론자고』 권9(卍속장82, p.358a3)에 "육도과보는 부·온전한 신체·힘·장수·안락·뛰어난 말솜씨이다. 또한 보시의 보는 부, 지계의 보는 선도, 인욕의 보는 단정, 정진의 보는 신통, 선정의 보는 천계에 태어남, 지혜의 보는 번뇌를 부순다. 六度果報 富 具色 力 壽 安辯 又施報富 戒報善道 忍報端正 進報神通 禪報生天 智報破煩惱"라고 하였다. 〔참고문헌〕 『菩薩善戒經』, 『成唯識論自攷』. ⇨ 육도 六度, 오구족 五具足

육도만상 六度滿相 육바라밀로 가득 채운 모습. 육도수행을 원만성취한 모습 등을 말한다. 『묘경문구사지기』 권6(卍속장45, p.960b16)에 "육도의 원만성취상이라면 논중에 깊고 넓지만 여기서는 간략하게 그 사람들을 가리켜 보겠다. 其六度滿相者 論中甚廣 今略指其人者", "저 시비왕(Ⓢ Śib)이 자신의 살을 모두 베어서 비둘기 한 마리를 구하고도 번뇌도 한도 없었다 하니 보시가득 채운 본보기이다. 如尸毗王 割盡身肉 以救一鴿 而無惱恨者 檀滿之類也", "저 수다왕이 진실을 말하다 죽음에 이르고도 두려움이 없었던 경우는 지계를 다한 일이다. 如須陀王 實語而就死 無怯懼者 尸羅滿之類也", "저 찬제선인(Ⓢ Kṣānti)이 숲에서 가리왕에게 몸을 갈기갈기 잘리고도 분노하지 않았으니 경우는 인욕의 완벽한 실현이다. 如羼提仙人 在於林中 爲歌利王 割截身體 而無嗔恨者 忍辱滿也", "저 호시태자가 바닷물을 퍼내 진주를 구하여 모든 이들에게 나누어주겠다는 생각으로 찾으리라 기약하며 게으르지 않아 하늘이 감응하여 도왔으니 더할 나위 없는 정진의 예이다. 如好施太子抒海求珠 施於一切 以得爲期 而不懈廢 感天助者 精進滿也", "저 나계선인(Ⓢ Śikhin)이 제4선에 들어 들숨과 날숨을 끊고 나무 아래 앉았으니, 새가 한 마리 그 상투에 보금자리를 틀고 새끼마저 길렀는데 선정에서 일어나면 그 어미 새 놀라 다시 오지 않을까 염려하여 끝내 오랫동안 선정에 들어 있다가 새끼가 날아가고 나서야 일어났으니 선정을 다한 예이다. 如螺髻仙人 得第四禪 入出息斷 坐於樹下 有鳥巢其髻而養子 定起恐其母驚不來 逐劫入定 待其子飛去方起 禪滿也", "저 구빈대신(Ⓢ Kapphiṇa)이 말싸움을 그치게 할 목적으로 염부제를 일곱 등분하여 성읍과 취락을 모두 균등하게 만들고 더 이상 다툼의 소지가 없도록 함도 역시 반야를 다하고 채운 일이다. 如劬嬪大臣 爲息諍故 分閻浮提 而爲七分 城邑聚落 一切悉使均等 無復諍競 名般若滿"라고 하였다. [참고문헌] 『妙經文句私志記』, 『觀音玄義記』 권하(대정장34, p.909b29), 『四教義』 권7(대정장46, p.744c29). ⇨ 육도 六度, 육바라밀 六波羅蜜

육도만행 六度萬行 육도와 만행. 또는 육도라는 만행. 보살행을 크게 거두어 육바라밀이라 하고, 넓게 열어 말하면 만행이라 할 수 있다. 그 중 대승보살도에서는 특히 반야바라밀을 바탕하여야 나머지 다섯 바라밀도 성취함을 강조한다. 『대승본생심지관경』 권6(대정장3, p.322a17)에 "위없는 길에서 영원히 물러나지 않아 육도만행으로 속히 원만을 얻고 지체 없이 아누다라삼막삼보리를 성취하리라. 於無上道 永不退轉 六度萬行 速得圓滿 疾成阿耨多羅三藐三菩提", 『발보리심론』(대정장32, p.573a24)에 "모든 법문을 두루 닦지 않음이 없고 다시 삼아승기겁을 지나 육도만행을 닦아 모두 다 구족했다. 그러나 불과에 오름은 오랜 세월 지나서야 이루었으니 이는 익힌 법으로 말미암았다. 於諸法門 無不遍修 復經三阿僧祇劫 修六度萬行 皆悉具足 然證佛果 久遠而成 斯由所習法", 『금강경주해』(대정장33, p.229b11)에 "보살이 닦는 육도만행은 보시로서 첫 번째 바라밀로 삼고 나머지 다섯 바라밀을 그 안에 모두 거둔다. 菩薩所修 六度萬行 以布施爲初度 攝後五度", 『주대승입능가경』 권8(대정장39, p.495a1)에 "육도만행 각각은 서로서로 어울려 거두어 보리분을 성취한다. 그 모두가 반야로 말미암아 성립되므로 오도는 맹인과 같고 반야는 저 길잡이와 같다. 六度萬行 互相融攝 成菩提分 皆由般若成立故 五度如盲 般若如導", "만일 보시에 반야가 없다면 단지 일세의 영화만 얻을 뿐 후세에는 나머지 재앙의 빚을 떠안게 된다. 지계에 반야가 없다면 잠시 욕계에 나더라도 다시 지옥에 떨어지게 된다. 인욕에 반야가 없다면 보로 보기 좋은 모습을 얻을지라도 적멸의 인욕을 증하지는 못한다. 정진에 반야가 없다면 한갓 금방 사라질 공적을 세울 뿐 참되고 불변하는 법의 바다에 나아가지는 못한다. 선정에 반야가 없다면 색계선을 행할 뿐 금강정에 들지는 못한다. 若布施無般若 唯得一世榮 後受餘殃債 若持戒無般若 暫生上欲界 還墮泥犁中 若忍辱無般若 報得端正形 不證寂滅忍 若精進無般若 徒興生滅功 不趣眞常海 若禪定無般若 但行色界禪 不入金剛定", "만일 모든 선행에 반야가 없다면 부질없이 유루인만 되고 무위과는 상응하지 못한다. 若萬善無般若 空成有漏因 不契無爲果", 『증도가』(대정장48, p.395c14)에 "몰록 여래선 깨달으면, 육도만행 체중에 두렷하리라. 頓覺了如來禪 六度萬行體中圓", 『증도가주』(卍속장114, p.892a7)에 "다 거두면 육도이고, 널리 펼치면 만행이다. 그 실은 한 마음일 뿐이니 '체중에 두렷하리라'고 한다. 總爲六度 廣爲萬行 其實一心也 故曰體中圓", 『담연원징어록』 권8(卍속장126, p.324a18)에 "오직 육도만행 행하되 집착하는 마음을 일으키지 마라. 취하고 버림 다 잊고 곧바로 무위로 들어가니 이래야 진실로 육도만행을 닦는 수행자이리라. 但行於六度萬行 不起著心 取捨兩忘 直入無爲 此眞修六度萬行者也"라고 하였다. [참고문헌] 『大乘本生心地觀經』, 『發菩提心論』, 『金剛經註解』, 『注大乘入楞伽經』, 『證道歌』, 『證道歌註』, 『湛然圓澄語錄』. ⇨ 육도 六度, 만행 萬行[1], 보살만행 菩薩萬行

육도무극 六度無極 Ⓢ ṣaṭ-pāramitā. 육바라밀을 행함에 다할 날이 없음의 뜻. 육도를 행함에 끝이 없기에 무극이다. 『증일아함경』 권1(대정장2, p.550a13)에 "사람 중 가장 존귀한 분께서 육바라밀 끝이 없음을 설하셨으니 보시·지계·인·정진·선·지혜다. 그 힘 저 초승달과 같았으나 거듭거듭 건너고 건져 끝이 없이 하여 모든 법을 보네. 人尊說六度無極 布施 持戒 忍 精進 禪 智慧 力如月初 逮度無極覩諸法", 『현겁경』 권2(대정장14, p.17b14)에 "무엇을 가득 채워 건넘에 끝이 없는 여섯 가지일이라 하는가? 何謂充滿度無極有六事"라 하고는 "저 가진 것 나누어 부지런히 하면서 해탈에 이를 때까지 생사를 그리워하지 않는 것이 보시다. 若有所與勸至解脫不慕生死 是曰布施", "받들어 가져 삼가 다른 사람 잊지 않고 또 보살심으로 계를 지녀서는 끝내 성문 연각의 겁약한 법을 건립하지 않는 것이 지계다. 奉持謹愼不忘他人 又菩薩心以念戒時 終不建立聲聞緣覺怯弱之法 是曰持戒", "어질고 고르게 마음으로 무수한 불국토 엄정하고 삼사(貪瞋癡)를 없애기를 바라고 또 교화하게 하니 이것이야말로 인욕의 교화다. 若以仁和 嚴淨成就無數佛國 滅於三事志願敎 是曰忍辱化", "정진함에 언제나 게으르지 않아 마음이 지극한 뜻에 나아가는 것이 정진이다. 其用精進 常不懈惓 心進至義 是曰精進", "뒤쳐 거듭 뜻을 풀지만 마음이 고요해 어지럽지 않음이 선정이다. 反覆解義心寂不亂 是曰一心", "설령 성인의 밝음으로 삼해탈문을 거두어도 거기에 빠져 있지 않음이 지혜이다. 設以聖明 攝三脫門 不中取證 是曰智慧", 『방광반야경』 권1(대정장8, p.1b24 : *Pañca-pr.*, p.3)에 "낱낱 꽃들 위에 모두 부처님 앉으시고 낱낱 부처님들 육도무극 설하시네. 一一華上 皆有坐佛 一一諸佛 皆說六度無極 teṣu ca padmeṣu buddhavigrahā niṣaṇṇāḥ saṃsthitāś cābhūvan dharmaṃ deśayanto yad uta imām eva ṣaṭpāramitāpratisaṃyuktāṃ dharmadeśanām"라고 하였다. 〔참고문헌〕『增壹阿含經』, 『賢劫經』, 『放光般若經』, 『普門品經』(대정장11, p.774c19), *Pañca-pr.* ⇨ 육바라밀 六波羅蜜, 도무극 度無極

육도무극경 六度無極經 ➡ 육도집경 六度集經

육도무극난체고행 六度無極難逮高行 육도무극이라는 도달하기 어려운 저 높은 행. 『육도집경』 권1(대정장3, p.1a10)에 "보살은 육도무극이라는 미치기 어려운 저 높은 행으로 속히 부처가 된다. 무엇이 그 여섯인가? 첫째는 보시, 둘째는 지계, 셋째는 인욕, 넷째는 정진, 다섯째는 선정, 여섯째는 지혜바라밀로 끝간데 없이 드높은 행이다. 菩薩 六度無極難逮高行 疾得爲佛 何謂爲六 一曰 布施 二曰 持戒 三曰 忍辱 四曰 精進 五曰 禪定 六曰 明度無極高行"라고 하였다. 〔참고문헌〕『六度集經』. ⇨ 육도 六度, 육도무극 六度無極, 도무극 度無極

육도범부 六道凡夫 육도에서 윤회하는 범부. 『대일경소』 권1(대정장39, p.582c14)에 "살타(薩埵 Ⓢ sattva : 有情)는 대략 세 가지다. 첫째는 어리석어 아이같은 살타로 육도범부를 말한다. 이들은 진실한 인과를 알지 못하며 마음속으로 삿된 길을 생각하고 고통의 인을 닦고 익히며 삼계를 좋아해 착하여 굳이 잡아 버리지 않는다. 이 때문에 이런 이름으로 불린다. 薩埵略有三種 一者 愚童薩埵 謂六道凡夫 不知實諦因果 心行邪道 修習苦因 戀著三界 堅執不捨 故以爲名", 『수능엄의소주경』 권5(대정장39, p.892c15)에 "육도범부는 업과 번뇌에 얽매여 자재 얻지 못하기에 그 이름이 박이고, 삼승현성은 번뇌를 끊고 진리를 증득하여 업을 따라 얽히지 않기에 그 이름이 해다. 六道凡夫 業惑所繫 不得自在 故名爲縛 三乘賢聖 斷惑證理 不隨業繫 故名爲解"라고 하였다. 〔참고문헌〕『大日經疏』, 『首楞嚴義疏注經』, 『都序』 권하(대정장48, p.409b5). ⇨ 육도 六道, 범부 凡夫

육도보설언해 六道普說諺解 ➡ 몽산화상육도보설 蒙山和尙六道普說

육도비유 六度譬喩 육바라밀(六波羅蜜)을 아기양육에 비유함. 80권본 『화엄경』 권79(대정장10, p.438b16)의 경문을 『신화엄경론』 권40(대정장36, p.1007a19)에서 풀기를 "반야는 낳으신 어머니, 방편은 아버지, 단도(보시)는 젖먹이는 어미, 지계는 기르는 어미, 인욕은 장엄이 되고, 정진은 양육이 되어, 선정은 씻겨주는 이다. 般若爲生母 以方便爲父 檀度爲乳母 持戒爲養母 忍辱爲莊嚴 精進爲養育 禪定爲浣濯"라고 하였다. 〔참고문헌〕『華嚴經』, 『新華嚴經論』, 『翻譯名義集』 권4(대정장54, p.1116c18). ⇨ 육도 六度, 육바라밀 六波羅蜜

육도사생 六道四生 육도와 사생. 육도(六道 : 地獄 餓鬼 畜生 阿修羅 人 天)로 윤회하며 사생(四生 : 胎卵濕化)으로 세계에 나는 뜻이다. 인간과 축생도는 사생에 모두 있는 반면에 아귀도는 태생과 화생만 있으며, 지옥도와 천도 및 중유는 화생뿐이다. 『대승본생심지관경』 권5(대정장3, p.317b10)에 "보살은 고통을 싫어하여 산림으로 들어갔고 중생을 제도하기 위해 성자의 길을 구하였으며, 자신이 성불하기 전에 먼저 남을 제도하면서 육도사생을 슬프고 가엾게 여겼다네. 菩薩厭苦入山林 爲度群生求聖道 自未成佛先度佗 六道四生皆悲愍", 『분양어록』 권중(대정장47, p.614a13)에 "'부처님께서 말씀하시길 「일체중생 모두 불성이 있다」 하셨는데, 무슨 일 있기에 육도사생은 각자 이를 알지 못할까?' 대신 말하였다. '해와 달의 허물이 아니거늘'. 佛言 一切衆生皆有佛性 爲什麽 六道四生 各不能知 代云 非日月咎", 『우란분경신소』(卍속장35, p.310b12)에 "세간이란, 삼계는 기세간이고 육도사생은 중생세간이다. 世間者 三界爲器世間 六道四生 爲衆生世間也"라고 하였다. 〔참고문헌〕『大乘本生心地觀經』, 『汾陽語錄』, 『盂蘭盆經新疏』. ⇨ 육도 六道, 사생 四生 1

육도사성 六道四聖 육도와 사성. 미혹의 세계인 육도와 깨달음의 세계인 사성을 아울러 부르는 말. 육도는 중생이 윤회하는 여섯 곳으로서 범부의 세계이기 때문에 육범(六凡)이라고도 하며, 사성은 성문·연각·보살·불의 네 부류 성자를 가리킨다. 십계(十界 Ⓢ daśa-dhātu) 중 제1 지옥계에서부터 제6 천계까지는 육도에 해당되고, 제7 성문계부터 제10 불계까지는 사성에 해당한다. 『법화현의』 권2(대정장33, p.693c5)에 "이제 방편과 진실을 밝힌다 함은, 십여시로 십법계를 잡아 육도와 사성이라 부른 것이다. 今明權實者 以十如是約十法界 謂六道四聖也", 『승만경소의사초』 권1(卍속장30, p.641b11)에 "경문에는 비록 33신이 있지만 말하자면 육도사성이다. 이 때문에 『정명경』에서 '부처님께서는 일음으로 법을 펼치시지만, 중생은 류에 따라 각각 앎을 얻는다'라고 하였다. 經文雖有三十三身 所謂六道四聖也 故淨名云 佛以一音演說法 衆生隨類各得解"라고 하였다. [참고문헌] 『法華玄義』, 『勝鬘經疏義私鈔』, 『維摩經』 권상(대정장14, p.538a2), 『法華文句』 권3(대정장34, p.43a1). ⇨ 육도 六道, 사성 四聖❶, 십계 十界❷

육도삼계이십오유 六道三界二十五有　육도와 삼계와 이십오유. 중생계를 통틀어 부르는 이름들이다. 『사교의』 권4(대정장46, p.733a19)에 "이 두 가지로 맺은 업은 능히 육도와 삼계와 이십오유에서의 생사라는 고통스런 과를 부르기에 이를 통틀어 집이라고 하며, 모으는 이치 살펴 진실이기에 이를 지목하여 제(諦)라고 한다. 此二種結業 能招聚六道三界二十五有生死苦果 故通名集 集理審實 目之爲諦"라고 하였다. [참고문헌] 『四教義』. ⇨ 육도 六道, 삼계 三界❶, 이십오유 二十五有

육도신광 六道神光　육도의 신령한 빛. 육도는 육근(六根)이 육경(六境)으로 닿는 곳마다 비춰(六識) 하지 못한 일이 없음을 말한다. 『임제록』(대정장47, p.497b12)에 "도를 구하는 이들이여! 나의 견처 석가와 다르지 않다. 오늘 이런저런 마음 쓴 곳 하지 못한 일 무엇인가? 육도의 신령한 빛이 일찍이 쉰 적이 없으니, 만일 이와 같이 능히 보아 얻으면 이야말로 평생토록 일 없는 사람. 道流 約山僧見處 與釋迦不別 今日多般用處 欠少什麽 六道神光 未曾間歇 若能如是見得 秖是一生無事人", 『분양어록』 권하 「도석육근원명단가 都釋六根圓明短歌」(대정장47, p.625c10)에 "여섯 갈래 신령한 빛은 항상 닫힌 적이 없어, 마음이 만경을 따르나 경은 오직 마음일 뿐이다. 六道神光常不閉 心隨萬境境唯心"라고 하였다. [참고문헌] 『臨濟錄』, 『汾陽語錄』, 『天如惟則語錄』 권1(卍속장122, p.824a7). ⇨ 육근 六根

육도윤회 六道輪廻　➡ 육도 六道, 윤회 輪廻

육도윤회도 六道輪回圖　육도로 윤회하는 중생의 모습을 그린 도상. 육도륜은 생사륜(生死輪)이라고도 한다. 『유부율』 권34(대정장23, p.811a25)에 "'나 이제 모든 비구에게 이르노니 사문 지붕 아래에 생사륜을 그리도록 하라' 그때 모든 비구들이 그리는 법을 모르자 세존께서 일러주셨다. 我今勅諸苾芻 於寺門屋下畫生死輪 時諸苾芻不知畫法 世尊告曰", "마땅히 크고 작은 원으로 바퀴 모양을 만들어 가운데에 바퀴통을 두고, 다음으로 다섯 바퀴살을 두어 오취상을 드러내어라. 바퀴통 아래에는 나락가를 그리고 그 두 변에 방생·아귀를, 그 위쪽에 인·천을 그리며 인취 가운데에는 사주를 그려야 한다. 應隨大小圓作輪形 處中安轂 次安五輻表五趣之相 當轂之下畫捺洛迦 於其二邊畫傍生餓鬼 次於其上可畫人天 於人趣中應作四洲", "바퀴통에 흰색 원을 만들어 가운데 불상을 그리고 불상 앞에는 마땅히 세 가지 모습을 그리니 비둘기 모양으로 탐욕을, 뱀 모양으로 진에를, 돼지 모양으로 많은 우치를 드러낸다. … 바퀴테에는 물을 대는 바퀴 모양을 만들어야 하니 두레박을 여럿 놓아 유정의 나고 죽는 모습을 그려야 한다. 於其轂處作圓白色 中畫佛像 於佛像前應畫三種形 初作鴿形表多貪染, 次作蛇形表多瞋恚, 後作猪形表多愚癡 … 於其輞處應作溉灌輪像 多安水罐 畫作有情生死之像", "원 둘레에 다시 십이연생생멸상을 그리니 … 무명지에 나찰상, 행지에 와륜상, 식지에 원숭이상, 명색지에 배에 탄 사람, 육처지에 육근상, 촉지에 서로 닿는 상, 수지에 고락을 받는 상, 애지에 서로 안는 상, 취지에 장부가 병에 물을 담는 상, 유지에 대범천상, 생지에 여인이 아기 배어 낳는 상, 노지에 노쇠해지는 상, 사지에 주검을 싣고 가는 상을 그려야 한다. 근심은 걱정하는 상, 슬픔은 울며 부르짖는 상, 괴로움은 고통을 받는 상, 힘겨움은 길들이기 어려운 낙타를 끄는 상으로 그려야 한다. 周圓復畫十二緣生生滅之相 … 無明支應作羅刹像 行支應作瓦輪像 識支應作獼猴像 名色支應作乘船人像 六處支應作六根像 觸支應作男女相摩觸像 受支應作男女受苦樂像 愛支應作女人抱男女像 取支應作丈夫持瓶取水像 有支應作大梵天像 生支應作女人誕孕像 老支應作男女衰老像 病應作男女帶病像 死支應作輿死人像 憂應作男女憂慼像 悲應作男女啼哭像 苦應作男女受苦之像 惱應作男女挽難調駱駝像", "그 바퀴 위에 무상대귀를 그리되, 쑥대머리에 입을 크게 벌린채 길게 늘어뜨린 두 팔로 생사륜을 안은 모습을 그린다. … 마지막으로 무상귀 위에 흰 원단을 그려 열반원정상을 드러내라. 저 부처님의 가르침대로 문의 지붕 아래에 마땅히 생사륜을 그려야 한다. 於其輪上應作無常大鬼蓬髮張口, 長舒兩臂抱生死輪 … 次於無常鬼上應作白圓壇 以表涅槃圓淨之像 如佛所教 於門屋下應作生死輪者"라고 하였다. 인도 아잔타 제17굴 입구에 가장 오래된 도상이 남아 있고, 티베트의 경우는 사원입구 등에 윤회도상이 많이 유통되고 있다. 중국에서는 대족석굴(大足石窟)에 남아 전한다. 티베트 탕카 육도윤회도는 도상 전체에 걸쳐 청흑색의 나찰이 윤회의 바퀴를 감싸고 있으며, 그 중심에서부터 탐진치 삼독을 상징하는 비둘기·뱀·돼지, 중생의 업도인 백도(白道)·흑도(黑

道), 천(天)에서 지옥까지의 육도(六道)와 십이인연도 등이 그려져 있다. 〔참고문헌〕『有部律』, *Art of Thangka*(한빛문화재단, 1997). ⇨ 생사륜 生死輪❷

육도인연 六度因緣 육도를 인연한다는 말. 보살이 육도중생을 인연하여 보살도 닦음을 말한다.『대방등대집경』 권10(대정장13, p.63b20)에 "다시 세 가지 법이 있다. 첫째, 음성인연이니 성문의 해탈이다. 둘째, 십이인연으로 연각이 해탈하고, 셋째, 육도를 인연해서는 보살이 해탈한다. 復有三法 一者 音聲因緣 聲聞解脫 二者 十二因緣 緣覺解脫 三者 六度因緣 菩薩解脫"라고 하였다. 〔참고문헌〕『大方等大集經』. ⇨ 육도 六度

육도집경 六度集經 삼국시대 때 오(吳)나라의 강승회(康僧會) 한역. 8권. 고려장11, pp.285a1~356a13, No.206·대정장3, pp.1a3~52b2, No.152에 수록되어 있다.『육도무극경 六度無極經』·『육도무극도경 六度無極度經』·『육도무극집 六度無極集』·『육도집』·『도무극경 度無極經』·『잡무극경 雜無極經』이라고도 한다. 부처님께서 보살행을 실천하시던 과거세의 아흔한 가지 본생담(本生譚 Ⓢ Ⓟ jātaka)을 보시·지계·인욕·정진·선정·지혜라는 육도(Ⓢ ṣaṭ-pāramitā)의 갈래로 엮은 경이다. 보시행은 권1~권3에 수록하였고, 지계 이하 지혜행은 각 1권이다. 부처님 본생담으로 불교수행 요체인 육바라밀의 실재들을 생생하게 이야기로 접할 수 있다. 특히 본 경 본생담은 여러 경전에서 널리 전승되는 유명한 일화들로서,『불설섬자경 佛說睒子經』(대정장3, No.175)·『태자수대나경 太子須大拏經』(대정장3, No.171)·『태자모백경 太子慕魄經』(대정장3, No.167)·『불설구색록경 佛說九色鹿經』(대정장3, No.181) 등 따로 전하는 별역본들이다. 본 경에는 부처님의 본생담뿐 아니라 미래부처 미륵(彌勒)의 본생담도 전하고 있어 과거로도 미래로도 길이 이어지는 부처되는 이야기들이 모아져 있다. 본생담 대부분은 팔리어본(*Jā.*, No.28~39 등)과 기타 한역본으로 전하고 있어 본 경의 온전한 원전은 전하지 않지만 성립시기를 2세기로 추정한다. 〔참고문헌〕『歷代三寶紀』 권5(대정장49, p.59a18),『出三藏記集』 권2(대정장55, p.7a25),『大唐內典錄』 권2(대정장55, p.230a6),『大周刊定衆經目錄』 권5(대정장55, p.402a1), *Jā.1.193·224.*

육도피안행 六到彼岸行 육바라밀로 저 언덕에 이르게 하는 행.『대반야경』 권44(대정장5, p.250c13)에 "모든 법이 다 공이어서 아와 아소가 없거늘 누가 능히 육도피안을 닦는가? 諸法皆空 無我我所 誰能修習 六到彼岸",『설무구칭경소』 권4(대정장38, p.1066c4)에 "다음으로 육도피안의 수행으로 모든 중생들로 하여금 간탐 등의 마음을 버리도록 한다. 잘 능히 고요하게 하고 조복한 마음으로 행하며 보시하도록 이끌고 계 범하는 이 깨끗한 계 가지게 한다. 次 六到彼岸行 令諸衆生 除慳貪等 善能寂靜 調伏心行 引於布施 化犯戒者 引於淨戒"라고 하였다. 〔참고문헌〕『大般若經』,『說無垢稱經疏』. ⇨ 육도 六度, 육바라밀 六波羅蜜

육도행 六度行 Ⓢ ṣaṭ-pāramitā. 육바라밀(六波羅蜜)을 행함.『미증유정법경』 권3(대정장15, p.438c25)에 "널리 모든 중생을 이롭고 즐겁게 하기 위해 육도행이라면 모두 다 능히 성취한다. 普爲利樂 一切衆生 於六度行 悉能成就",『대승장엄경론』 권12(대정장31, p.652a11 : *Sūtr.*, p.165)에 "저 육도행 함께하고 저 여섯 장애 버리게 하니, 보살이 중생을 교화하는 것은 지지가 모두 이와 같다네. 與彼六度行 除彼六蔽障 菩薩化衆生 地地皆如是 te dānādyupaṃsahāraiḥ sattvānāṃ vinayanti hi, ṣaṭprakāraṃ vipakṣaṃ hi dhīmantaḥ sarvabhūmiṣu"라고 하였다. 〔참고문헌〕『未曾有正法經』,『大乘莊嚴經論』, *Sūtr.* ⇨ 육도 六度, 육바라밀 六波羅蜜

육도화 六度華 육바라밀로 활짝 핀 꽃. 십지행(十地行)을 비유하는 말.『인왕경합소』 권하(卍속장40, p.826a12)에 "육바라밀꽃이란 십지행이다. 六度華者 十地行也"라고 하였다. 〔참고문헌〕『仁王經合疏』. ⇨ 육바라밀화 六波羅蜜華, 십지 十地

육동유삼 六動有三 여섯 가지로 울림에 세 갈래(時 方 相) 있음.『법화현찬』 권2(대정장34, p.679c29)에 "육동은 세 가지다.『장아함경』에서 설하는 첫 번째 육시동이니, 입태·출태·출가·성도·전법륜·입열반을 말한다. 지금의 동이란 법륜을 굴리는 때다. 두 번째 육방동은『대반야경』 제8질에서 설한 것이니, '동쪽이 솟아오르면 서쪽이 내려앉고, 서쪽이 솟아오르면 동쪽이 내려앉고, 남쪽이 솟아오르면 북쪽이 내려앉고, 북쪽이 솟아오르면 남쪽이 내려앉고, 변두리가 솟아오르면 중앙이 내려앉고, 중앙이 솟아오르면 변두리가 내려앉았다'라고 한 것이다. 지금『법화경』의 진동은 이것인 듯하다. 세 번째 육상동은『대반야경』에서 설한 흔들리고 솟으며 떨치고 부딪치며 소리 울려 폭발하는 등을 말한다. 六動有三 長阿含說 一 六時動 謂入胎出胎 出家成道 轉法輪 入涅槃 今時動者 轉法輪時 二 六方動 大般若經 第八袟說 謂東涌西沒 西涌東沒 南涌北沒 北涌南沒 中涌邊沒 邊涌中沒 今或是此 三六相動 大般若說 謂動涌震擊吼爆"라고 하였다. 〔참고문헌〕『法華玄贊』,『妙經文句私志記』 권8(卍속장46, p.101b8). ⇨ 육종진동 六種震動

육두수 六頭首 여섯 가지 주요 소임. 선림(禪林)을 이끌어 화합하여 감에 주요한 여섯 가지 소임을 말한다. 수좌(首座 : 副方丈)·서기(書記 : 書狀)·장주(藏主)·지객(知客)·지욕(知浴 : 浴主)·지전(知殿 : 爐殿)을 말한다. 시대나 총림에 따라 약간의 출입이 있고 이름도 조금씩 다르다. 지전 대신 고두(庫頭)를 꼽기도 한다. 이들 소임을 맡은 스님들은 대중법석에서 서쪽에 자리하므로 서서두수(西序頭首)라고 하며, 지금 한국선원에서는 청산좌(青山座)라고도 한다. 한편 선수행에 전념하는 스님들은 수좌(首座)라 부르고 동쪽 백운좌(白雲座)에 앉는다. 『선원청규』 권5 「하두수 下頭首」(卍속장111, p.902a6)에 "당사(堂司 : 維那)가 청한 두수들은 시절에 구애받지 않고 유나처소에서 쉬고, 장주 아래 두수는 장주처소에서 파한다. 육두수는 퇴위를 알리고 방장실에서 차를 함께 마신다. 如堂司所請頭首等 卽不拘時節 於維那處解罷 藏下頭首卽於藏主處解罷 六頭首告退方丈茶湯同"라고 하였다. 〔참고문헌〕『禪苑清規』. ⇨ 선림직위 禪林職位, 두수 頭首, 오두수 五頭首, 서서 西序, 육지사 六知事, 청산좌 青山座

육등 肉燈 살을 베어 등불을 밝히는 것. 『종경록』 권26(대정장48, p.562a26)에 "몸을 자리 삼고 살로 등불을 밝히듯 목숨 바쳐 공양하고, 살가죽 종이 삼고 뼈로 붓을 삼아 엮고 베껴 받아 지닌다. 身座肉燈 歸命供養 皮紙骨筆 繕寫受持"라고 하였다. 〔참고문헌〕『宗鏡錄』, 『心賦注』 권4(卍속장111, p.141b5).

육등법 六等法 Ⓟ cha satata-vihārā. 육근(六根)이 육경(六境)을 대하고도 어떠한 괴로움이나 기쁨도 일으키지 않고 평등하며 고요하게 머무는 것. 육항주법(六恒住法)이라고도 한다. 『장아함경』 권9 「십상경 十上經」(대정장1, p.54a28 : *Dasuttara-sutta, DN.3*, p.281)에 "무엇이 육생법인가? 육등법을 말한다. 곧 비구가 눈으로 색을 봄에 걱정도 기쁨도 없이 놓음에 머물러 전념하는 것이며, 귀와 소리, 코와 향, 혀와 맛, 몸과 접촉, 의와 법도 기뻐하지도 걱정하지도 않아 평정함에 머물러 전념하는 것이다. 云何六生法 謂六等法 於是 比丘眼見色 無憂無喜 住捨專念 耳聲 鼻香 舌味 身觸 意法 不喜不憂 住捨專念 katame cha dhammā uppādetabbā. cha satatavihārā. idhāvuso bhikkhu cakkhunā rūpaṃ disvā neva sumano hoti na dummano upekkhako ca viharati sato sampajāno. sotena saddaṃ sutvā … ghānena gandhaṃ ghāyitvā … jivhāya rasaṃ sāyitvā … kāyena phoṭṭhabbaṃ phusitvā … manasā dhammaṃ viññāya … ime cha dhammā uppādetabbā"라고 하였다. 〔참고문헌〕『長阿含經』, *DN*. ⇨ 육항주 六恒住

육락 六樂 여섯 가지 즐거움. 육근(六根)이 육경(六塵 : 色聲香味觸法)과 함께하는 즐거움을 말한다. 『육도집경』 권4 「계도무극장 戒度無極章」(대정장3, p.16c22)에 "진실 놓아 삿됨 좇아 제왕 자리 빼앗고 목숨이 하늘 땅 같아지고 더 없는 부귀에 육락 마음대로 누린다 해도 나 끝내 그러지 않으리라. 釋眞從邪 獲爲帝王 壽齊二儀 富貴無外 六樂由心 吾終不爲也", 『사리불아비담론』 권19(대정장28, p.652c23)에 "무엇을 육락이라 하는가? 색에 대한 락과 성향미촉법에 대한 락을 육락이라 한다. 何謂六樂 於色中樂 聲香味觸法中樂 是名六樂"라고 하였다. 〔참고문헌〕『六度集經』, 『舍利弗阿毘曇論』.

육량 六量 오량(五量)에 무체량(無體量 Ⓢ abhāva-pramāṇa : 비존재를 앎)을 더한 것. 무체량이란 존재했다 사라져 지금은 없는(已滅無), 본래부터 없는(本來無) 등의 헤아림을 말한다. 현량(現量 Ⓢ pratyakṣa-pramāṇa : 직접지각)·비량(比量 Ⓢ anumāna-pramāṇa : 추리)·성교량(聖教量 Ⓢ āgama-pramāṇa, śabda-pramāṇa : 증언)·비유량(譬喩量 Ⓢ upamāna-pramāṇa : 유비)·의준량(義准量 Ⓢ arthāpatti-pramāṇa : 요청)·무체량을 말한다. 『인명입정리론소』 권상(대정장44, p.95b13)에 "여러 가지 헤아림 중에서 … 때론 육량을 세우는데, (현량·비량·성교량·비유량·의준량의 오량에) 무체량을 더하는 것이다. (무체량이란) 이 방안에 들어가서야 주인이 없는 것을 보고 방의 주인이 떠난 곳임을 아는 것이다. 諸量之中 … 或立六量 加無體量 入此室中 見主不在 知所往處"라 하였다. 〔참고문헌〕『因明入正理論疏』. ⇨ 양 量, 오량 五量[1]

육려 六呂 율려(律呂) 중 음성(陰聲)에 속하는 여섯 가지 음. 『취만어록』 권20(가흥장29, p.551a16)에 "음이란 육려가 있음이다. 陰則有六呂"라고 하였다. 〔참고문헌〕『吹萬語錄』, 『法華經疏義纘』 권3(卍속장45, p.478a2), 『四分律刪補隨機羯磨疏濟緣記』 권4(卍속장64, p.930a4). ⇨ 율려 律呂

육려 六沴 육기(六氣 : 陰陽風雨晦明)의 조화가 무너져 세간이 어지러워짐. 『백장청규』 권1 「일식 日蝕」(대정장48, p.1115b17)에 "오늘 해가 잠식되니 오기 어그러질 수도 있다 점쳐집니다. 하늘의 위세 두려우니 육려가 장차 일어날까 염려됩니다. 그러므로 민심을 보살펴 구호하고, 부처님의 힘에 기도하여 물리쳐야 할 것입니다. 此日而食 占五紀之或乖 畏天之威 虞六沴之將作 故徇民情而救護 盍依佛力以禱禳"라고 하였다. 〔참고문헌〕『百丈清規』, 『禪林疏語考證』 권2(卍속장112, p.825b3).

육력 六力 ➡ 육범상지력 六凡常之力

육로진량 六路津梁 여섯 갈래 길에 놓인 나루터와 다리. 육도중생을 해탈로 이끄는 법문을 비유한 말이다. 『석원사림』 권191(한불전4, p.649b8)에 "이때 정종 문명왕께서 홍주에 잠시 머물며 수선원에 유하시었다. 사생에게 베풀지 않은 약이 없으니 숙세의 번뇌 모두 끊어 다하였고, 여섯 갈래의 길에 나루터와 다리를 놓아 모두가 정도로 돌아가게 하였다. 時定宗文明王 徵住興州 宿水禪院 莫不施四生之藥石 盡絶沈痾 架六路之津梁 咸歸正道"라고 하였다. 〔참고문헌〕『釋苑詞林』.

육론 六論 고대 인도의 성전인 베다(Ⓢ Veda)의 여섯 가지 보조학(Ⓢ Veda-aṅga). 외지(外智) 또는 육피다분(六皮陀分)이라고도 한다. 4베다(Ⓢ Veda)·팔론(八論) 등과 합하여 십팔대경(十八大經)이라고도 한다. 『백론소』 권상(대정장42, p.244a18)에 "외지는 육종론을 말한다. 첫째, 64능법(能法)을 풀이한(音韻學) 식차론(Ⓢ Śikṣa)이다. 둘째, 음성에 관한 방법을 풀이한(文法學) 비가라론(Ⓢ Vyākaraṇa)이다. 셋째, 상고 이래로 전해지는 모든 천선(天仙)의 인연과 명자를 풀이한(祭事學) 겁파론(Ⓢ Kalpa)이다. 넷째, 천문·지리·산수 등의 법을 풀이한(天文學) 수제론(Ⓢ Jyotiṣa)이다. 다섯째, 수로가(首盧迦 Ⓢ śloka) 곧 게송의 형식을 풀이한(音律學) 천다론(Ⓢ Chandas)이다. 여섯째, 만물의 이름에 들어 있는 인연을 풀이한(語源學) 니록다론(Ⓢ Nirukta)이다. 이상의 육론을 외지라 한다. 外智者 謂六種論 一 式叉論 二 毘伽羅論 三 劫波論 四 樹提論 五 闡陀論 六 尼祿多論 知此六論 名爲外智"라고 하였다. 〔참고문헌〕『百論疏』, 『金七十論』 권상(대정장54, p.1251a2). ⇨ 식차론 式叉論, 비가라론 毘伽羅論, 겁파론 劫波論, 수제론 樹提論, 천다론 闡陀論, 니록다론 尼祿多論❶, 십팔대경 十八大經, 베다 吠陀

육룡 六龍 여섯 마리 용. 희화(羲和)가 몰고 육룡이 끄는 태양신의 수레에서 기원한 이야기로 여기서는 달마 이후 육조(六祖)를 말한다. 『경덕전등록』 권20 「석문헌온전 石門獻蘊傳」(대정장51, p.366a7)에 "헌온이 마침내 담주에 이르자 마침 초왕 마씨가 성을 나와 맞이하면서 물었다. '무엇이 달마가 서쪽에서 전해온 대도인지요?' '훌륭한 형제시여! 천자수레 끄는 육룡이 천고의 빼어났으니 제왕자리 박차고 금문을 나왔네'. 師遂至潭州 時楚王馬氏 出城延接 王問 如何是祖師西來大道 師曰 好好大哥 御駕六龍千古秀 玉堦排仗出金門", 『요암청욕어록』 권1(卍속장123, p.592a8)에 "설날 법좌에 올랐다. '어제는 한 해가 저물었고 오늘 아침 참으로 새날이다. 묵은 것 보내고 새날 맞는 일이야 일찍이 보았던 일이다'. 주장자를 한번 치고는, '육룡 이미 끌고 희화를 따르니, 세상 가득히 빛으로 찬란하다'. 元旦 上堂 昨日是歲除 今朝是正旦 送舊與迎新 司空曾見慣 卓拄杖 六龍已駕隨羲和 四海八荒光燦爛"라고 하였다. 〔참고문헌〕『景德傳燈錄』, 『了菴淸欲語錄』.

육룡사 六龍寺 전라남도 나주시 남평읍에 있던 절. 『사탑고적고』에 "사각형 석탑등 1좌가 남아 있는데, 입으로 전하길 고려시대 육룡사 터라 한다. 有四角形石塔燈一座 口碑相傳 高麗時代六龍寺址"라고 하였다. 남평초등학교 경내에 문화재자료 제95호 동사리석등이 있는데, 이 일대가 육룡사 터라고 전한다. 〔참고문헌〕『寺塔古蹟攷』, 『韓國寺刹全書』 권하 p.945b1, 『羅州市의 文化遺蹟』(羅州市·木浦大博物館, 1999) pp.244~245.

육루 六漏 여섯 갈래 누의 뜻. 누자성(漏自性)·누상속(漏相屬)·누소박(漏所縛)·누소수(漏所隨)·누수순(漏隨順)·누종류(漏種類)를 말한다. 『대승아비달마잡집론』 권3(대정장31, p.706c4)에 "어떤 것이 유루이고, 몇 가지가 유루이며, 어떤 뜻으로 유루를 관하는가? 누자성·누상속·누소박·누소수·누수순·누종류가 유루의 뜻이다. 云何有漏 幾是有漏 爲何義故 觀有漏耶 謂漏自性故 漏相屬故 漏所縛故 漏所隨故 漏隨順故 漏種類故 是有漏義", "누자성이란, 모든 누의 자성을 말하니, 누의 성은 합하기에 유루다. 漏自性者 謂諸漏自性 漏性合故 名爲有漏", "누상속이란, 누가 심심법과 안근 등의 루와 함께 상응하고 의지하기에 이같은 차제를 유루라고 한다. 漏相屬者 謂漏共有心心法 及眼等 漏相應故 漏所依故 如其次第 名有漏", "누소박이란, 유루선법을 말하니, 누세력이 후유를 부르기 때문이다. 漏所縛者 謂有漏善法 由漏勢力 招後有故", "누소수란, 그 나머지 법 또한 나머지 심지의 모든 추중으로 따라 쫓기 때문이다. 漏所隨者 謂餘地法 亦爲餘地 諸漏麤重 所隨逐故", "누수순이란, 순결택분을 말하니, 비록 번뇌추중에 따를지라도 건립함을 얻어 무루법을 삼으니 일체유루를 등지고저 대치를 순하기 때문이다. 漏隨順者 爲順決擇分 雖爲煩惱麤重所隨 然得建立 爲無漏性 以背一切有 順彼對治故", "누종류란, 아라한의 유루제온을 말하니, 전생의 번뇌로 일어났기 때문이다. 漏種類者 謂阿羅漢 有漏諸蘊 前生煩惱所起故"라고 하였다. 〔참고문헌〕『大乘阿毘達磨雜集論』. ⇨ 유루 有漏

육류성중 六類聖衆 여섯 무리의 성중. 신라 진평왕(재위 579~632) 때에 비구니 지혜(智惠)가 선도산(仙桃山) 성모(聖母)의 보시를 받아 안흥사(安興寺) 벽화에 그려 모신 성중을 말하지만 자세히 알 수 없다. 『삼국유사』 권5(대정장49, p.1011c15·한불전6, p.357b4) 감통(感通)7 선도성모수희불사(仙桃聖母隨喜佛事)에 "마땅히 금을 취하여 저 자리 아래에서 주존과 삼상을 옷입혀 단장하여 점안하고, 벽 위에 오십삼불과 육류성중, 그리고 여러 천신과 오악신군을 그린다. 宜取金於予座下 粧點主尊三像 壁上繪五十三佛 六類聖衆 及諸天神五岳神君"라고 하였다. [참고문헌] 『三國遺事』. ⇨ 선도성모수희불사 仙桃聖母隨喜佛事, 성중 聖衆, 오류성중 五類聖衆

육륜 六輪 ❶ 천태에서 삼현십성(三賢十聖)위에 배대한 여섯 가지 윤보(輪寶). 『영락본업경』 권상(대정장24, p.1016a22)의 설에 근거한다. 여섯 윤은 금륜(金輪)·은륜(銀輪)·동륜(銅輪)·마니륜(摩尼輪)·유리륜(琉璃輪)·수정륜(水晶輪)이다. 마니륜은 마노륜(瑪瑙輪) 또는 철륜(鐵輪)으로 대신하기도 한다. 육륜위의 상응을 육륜대위(六輪對位)라고 한다. [참고문헌] 『瓔珞本業經』, 『止觀輔行傳弘決』 권1(대정장46, p.180a19). ⇨ 육륜대위 六輪對位, 삼현십성 三賢十聖 ❷ 점찰법회(占察法會)에서 갖추는 법구(法具). 사각으로 깎은 여섯 개의 윷. 한 개의 윷 네 면 중 한 면은 남겨두고 세 면만 각각 숫자를 적어서 여섯 윷에 모두 열여덟 숫자를 적는다. 육륜회(六輪會)에서는 이것을 세 번 던져서 나온 숫자를 모두 합한 숫자를 『점찰경』에서 찾아 삼세과보를 점치고 참법을 행하게 하는 방편이다. 『점찰선악업보경』 권상(대정장17, p.905a15)에 "만약 삼세에 받는 과보의 차별을 살피고자 한다면 나무를 깎아 육륜을 만든다. 이 육륜에 일이삼·사오륙·칠팔구·십 십일 십이·십삼 십사 십오·십육 십칠 십팔 숫자를 적는다. 하나의 숫자를 한 면씩 각각 삼면에 적되 각각의 숫자를 차제로 써서 착란이 없도록 한다. 若欲占察三世中受報差別者 當復刻木爲六輪 於此六輪 以一二三 四五六 七八九 十十一十二 十三十四十五 十六十七十八等數 書字記之 一數主一面 各書三面 令數次第不錯不亂", 『점찰선악업보경의소』 권상(卍속장35, p.158b10)에 "이제 육륜으로 육근육진육식을 드러내고, 십팔이라는 수로 십팔계(十八界)를 보여 받아들인다. 이것들은 모두 저 하나인 실경을 좇아 미하여 일어났으니 마음 밖에 법 없음을 알아 삿된 인이라거나 인 없다는 희론에 떨어지지 않는다. 今以六輪表示六根六塵六識 以十八數表十八受 並從迷于一實境界而起 則知心外無法 不墮邪因及無因論"라고 하였다. [참고문헌] 『占察善惡業報經』, 『占察善惡業報經義疏』. ⇨ 육륜회 六輪會, 점찰법회 占察法會

육륜대위 六輪對位 불보살이 펼치는 가르침을 육륜(六輪)으로 오십일보살위에 배대한 것. 『지장본원경과주』 권1(卍속장35, p.483a8)에 "육륜대위는 다음과 같다. 철륜은 십신위로 마주하고, 동륜은 십주위에 대하며, 은륜은 십행위에 대하고, 금륜은 십회향위로 마주한다. 유리륜은 십지에 대하고, 마니륜이 마주하는 위는 등각위다. 六輪對位 鐵輪對十信 銅輪對十住 銀輪對十行 金輪對十向 瑠璃輪對十地 摩尼輪對等", 『범망경보살계초진』 권8(卍속장95, p.212a7)에 "육륜대위 : 륜에 두 뜻이 있다. 하나는 움직여 구른다는 뜻이고 다른 하나는 갈아 부순다는 뜻이니, 모든 불보살이 법륜을 굴려서 능히 중생의 번뇌업을 부술 수 있음을 말한다. 그러므로 육륜을 모든 위차에 마주하게 하였다. 六輪對位 輪有二義 一運轉 二摧碾 謂諸佛菩薩轉於法輪 則能摧碾衆生惑業 故以六輪對諸位次也"라고 하였다. [참고문헌] 『地藏本願經科註』, 『梵網經菩薩戒初津』. ⇨ 육륜 六輪 ❶

육륜회 六輪會 점찰법회. 『점찰선악업보경 占察善惡業報經』에 의거지여 목륜(木輪 : 나무로 만든 簡子)을 굴려 전생의 업과 앞으로의 과보를 살피게 하고는 참회하게 하는 법회이다. 먼저 열 개의 목륜으로 숙세 선악업 차별을 살피고, 이어 세 개의 목륜으로 전생업의 크기를 살피며, 마지막으로 여섯 개의 목륜으로 앞으로 받아야 할 과보의 내용을 살펴 그에 따른 참법을 행하게 하였다. 이 중 마지막 육륜행법이 중시되었으므로 이 법회를 육륜회 또는 점찰육륜(占察六輪)이라고 불렀다. 육륜마다 세 가지 숫자가 적혀 있어 열여덟 숫자가 있고 이를 세번 던져 합한 숫자로 미래과를 점친다. 합의 수는 모두 189가지로 각각에 대응하는 과보가 『점찰선악업보경』에 시설되어 있다. 『삼국유사』 권5(대정장49, p.1018a6·한불전6, p.367c4) 효선(孝善)9 대성효이세부모신문대(大城孝二世父母神文代)에 "때에 고승 점개는 흥륜사에서 육륜회를 베풀고자 하였다. 권화하며 화주하다 복안의 집에 이르러 베 50필을 시주받았다. 점개가 축원하기를, '단월께서는 기꺼이 시주하니 천신이 항상 보호할 것입니다. 한번 시주해도 만 배를 얻고 안락하며 수명 또한 오래갈 것입니다'. 時有開士漸開 欲設六輪會於興輪寺 勸化至福安家 安施布五十疋 開呪願曰 檀越好布施 天神常護持 施一得萬倍 安樂壽命長"라고 하였다. 한편 『삼국유사』 권4(대정장49, p.1007c19·한불전6, p.350c9) 의해(義解)5 진표전간(眞表傳簡)에 "단을 짓는 법은 점찰육륜과 조금 다르다. 作壇之法 與占察六輪稍異"라고 하였는데, 목륜의 놀이 같은 방편으로, 세간의 일들을 과거·현재·미래인 삼세로 돌아보고 참회케 하여 선업을 증장시키는 법회다. [참고문헌] 『三國遺事』. ⇨ 점찰경 占察經, 점찰법회 占察法會, 점찰선악업보경 占察善惡業報經, 진표 眞表

육률 六律 율려(律呂) 중 양성(陽聲)에 속하는 여섯 가지 음. 『대혜어록』 권5(대정장47, p.832a15)에 "비록 구멍 없는 피리였지만 털로 짠 박자판 마주치자 곧바로 오음이 고르게 울려 퍼지고 육률 또한 더없이 어울렸다. 雖然無孔笛 撞著氈拍板 直是五音調暢 六律諧和"라고 하였다. [참고문헌]『大慧語錄』,『雲門廣錄』권중(대정장47, p.565a3),『碧巖錄』88칙「評唱」(대정장48, p.213b27). ⇨ 율려 律呂

육리증 六理證 여섯 가지 뜻으로 증함. 제7말나식(末那識)일 수밖에 없는 뜻을 여섯 가지 뜻으로 증명한 것이다.『섭대승론본』권상「소지의분 所知依分」(대정장31, p.133c12)에 의지해『성유식론』권5(대정장31, p.24c13)에서 시설하였는데, 말나식이 없으면 무명과 함께할 수 없다는 불공무명증(不共無明證), 전오식(前五識)이 각각의 근과 진에 의지하는 것처럼 제6의식(意識)도 말나식을 소의처(所依處)로 삼는다는 육이연증(六二緣證), 의식이 의지하는 의는 항상 사량(思量)하는 것이라는 의명증(意名證), 성자의 멸진정(滅盡定)에는 말나식이 없지만 외도(外道)의 무상정(無想定)에는 말나식이 있다는 이정차별증(二定差別證), 무상정을 닦아서 나는 무상천(無想天)에는 아집이 있기에 말나식이 있어야 한다는 무상유염증(無想有染證), 보시 등의 선행을 하지만 무루(無漏)가 되지 못하고 아집을 벗어나지 못하는 것은 말나식이 있기 때문이라는 유정아불성증(有情我不成證) 여섯 가지다. [참고문헌]『攝大乘論本』,『成唯識論』. ⇨ 말나식 末那識, 이교육리 二敎六理, 불공무명증 不共無明證, 육이연증 六二緣證, 의명증 意名證, 이정차별증 二定差別證, 무상유염증 無想有染證, 유정아불성증 有情我不成證

육리합석 六離合釋 여섯 가지로 버리고 합하여 복합어를 푸는 방식. 의주(依主)·지업(持業)·유재(有財)·상위(相違)·인근(隣近)·대수(帶數)로 하는 풀이(釋)를 말한다. 육합석(六合釋)이라고도 한다.『법화경현찬요집』권6(卍속장53, p.577b4)에 "범어 살삼마사(Ⓢ ṣaṭ-samāsa)는 육리합석으로 한역한다. 범어 살은 육, 마사는 합이라는 뜻이니 곧 육합석이라 한다. 규기의『소』에서는 '이(離) 자를 더한다'고 하였으니 그 뜻은 이름을 풀이할 때 먼저 분리한 후에 합하여 해석하므로 육리합석이라 한다. 梵云殺三磨娑 此云六離合釋 梵云殺者六義 磨娑云合也 卽名六合釋 慈恩疏云 更加離字 意道釋名中 先離後合解 故名六離合釋", "하나의 법에 하나의 뜻으로 이름을 삼으면 여섯 가지 해석이 필요 없고 혼란도 없다. 다만 저 보리같이 비록 글자가 두 자라도 글자의 뜻이 각이라는 하나의 체이므로 육리합석을 요하지 않는다. 불타라는 음사어를 각자라고 한역할 경우 두 개의 뜻이 되고 육리합석이 필요하게 된다. 각은 혜라는 뜻이고 자는 주의 뜻이다. 이에 각은 자가 아니고 자는 각이 아니라고 하면 이것을 이석이라 한다. 만약 각을 가진 자를 각자라고 한다고 말하면 이것은 합석이다. 凡一个法 一義爲名 不要六釋 於中無雜亂 只如菩提 雖然字是兩个 字義只是一个覺體 所以不要六離合釋 若言佛陀此云覺者 便是兩个義 便要六離合釋 覺是慧義 者是主義 覺不是者 者不是覺 此名離釋 若言有覺之者爲覺者 合釋也",『아미타경약주』(卍속장91, p.717a14)에 "육리합석:'부처님의 설법'이라 하면 곧 의주석이다. '불설이 곧 아미타'라 하면 지업석이다. '불설아미타유경'은 유재석이다. '미타경은 천친론이 아니다'는 상위석이다. '사바세계의 석가불이 이웃나라 안양국의 미타불에 대해 설한다'라 하면 인근석이다. '한 분의 부처님이 아미타불의 의정이보에 대해 설했다'라 하면 대수석이다. 六離合釋 佛之說 依主釋 佛說卽阿彌陀 持業釋 佛說阿彌陀有經 有財釋 彌陀經 非天親論 相違釋 娑婆釋迦佛 說隣邦安養彌陀佛 隣近釋 一佛說阿彌陀佛依正二報 帶數釋"라고 하였다. [참고문헌]『法華經玄讚要集』,『阿彌陀經略註』. ⇨ 육합석 六合釋, 의주석 依主釋, 지업석 持業釋, 유재석 有財釋, 상위석 相違釋, 인근석 鄰近釋, 대수석 帶數釋

육리합석법식 六離合釋法式 육리합석(六離合釋)을 간단하게 설명한 글. 징관(澄觀)의『화엄경소초』에서 초록(抄錄)한 내용이다. 법상종이 의지하는 여덟 가지 전적 중 하나이다. 이에 대한 해설로 명대 지욱(智旭)의『육리합석법식약해 六離合釋法式略解』1권과 명욱(明昱)의『육석통관 六釋通關』이 전한다.『상종팔요해』(卍속장98, p.686a4)에 "『육리합석법식』은 비록 논을 지은 스님과 한역한 스님의 이름이 전하지 않으나 이것 역시 저 땅(인도)에서 지은 것이다. 글에 얽혀 막힘이 있어서 여러 가지로 붙은 말들을 통하게 하였기에 제명을『육석통관』이라 하였다. 六離合釋法式 雖失造論及譯師名 亦彼土所作 因文有關隘 故著數語通之 題名六釋通關"라고 하였다. [참고문헌]『相宗八要解』. ⇨ 상종팔요 相宗八要, 육합석 六合釋, 육리합석 六離合釋

육만법취 六萬法聚 육만의 법 무더기. 육만향상경(六萬香象經)·육만장(六萬藏)이라고도 한다. 법취는 법장(法藏)을 뜻한다.『대지도론』권14(대정장25, p.164c7)에 "곡반왕의 아들 제바달다는 출가하여 도를 배우며 육만법취를 외우고 정진수행하여 12년을 꽉 채웠다. 斛飯王子 提婆達多 出家學道 誦六萬法聚 精進修行 滿十二年"라고 하였다. [참고문헌]『大智度論』,『觀無量壽佛經疏』(대정장37, p.190a10). ⇨ 육만향상경 六萬香象經

육만장 六萬藏 ➡ 육만향상경 六萬香象經, 육만법취 六萬法聚, 제바달다 提婆達多

육만향상경 六萬香象經 육만 마리의 코끼리가 실어 나를 만큼의 많은 경. 육만법취(六萬法聚)·육만장(六萬藏)이라고도 한다. 제바달다(提婆達多 Ⓢ Devadatta)

가 외웠다고 전하는 경전의 규모를 가늠하는 말이다. 『대방편불보은경』 권4 「악우품 惡友品」(대정장3, p.147a26)에 "제바달다가 비록 다시 부처님을 따라 출가하였지만 질투심이 깊고 이양마저 엿보고 바랐으니, 비록 다시 능히 육만코끼리가 실어 나를 만큼의 경전을 많이 읽고 외웠더라도 아비지옥에 떨어지는 죄는 면하지 못한다. 提婆達多 雖復隨佛出家 嫉妬情深 窺望利養 雖復能多讀誦六萬香象經 而不能免阿鼻地獄罪"라고 하였다. [참고문헌] 『大方便佛報恩經』. ⇨ 육만법취 六萬法聚

육망 六妄 여섯 가지 허망한 것. 육경(六境) 또는 육진(六塵)을 달리 일컫는 말. 『능엄경』 권4(대정장19, p.120a26)에 "듣는 일 소리를 벗어나지 못하고, 본다 하나 색을 넘지 못하니, 색향미촉으로 여섯 갈래 망이 성취되고, 이로 말미암아 나뉘어 열리니 보고 느끼고 듣고 아는 것이 같은 업으로 서로 얽혀 만나고 헤어지며 변화를 보인다. 聽不出聲 見不超色 色香味觸 六妄成就 由是分開 見覺聞知 同業相纏 合離成化", 『능엄경관심정해』 권4(卍속장23, p.778a7)에 "거친 티끌 이미 드러났다면 그 이름 여섯 갈래 허망 가득함이네. 麤塵旣彰 名六妄成就"라고 하였다. [참고문헌] 『楞嚴經』, 『楞嚴經觀心定解』. ⇨ 육경 六境, 육진 六塵

육매 六罵 삼매(三罵 : 面罵·喩罵·自比罵)를 다시 선법매(善法罵)와 악법매(惡法罵)로 나누어서 여섯으로 나눈 경우. 출가자가 악법매로 상대에게 꾸짖어 욕하는 것은 바일제(波逸提)고, 선법매로 모욕하면은 돌길라(突吉羅)다. 또 악법매든 선법매든 모욕을 주다가 중간에 중단하면 돌길라다. 『사분율』 권11(대정장22, p.635b24)에 의지한다. 『사분율행사초』 권중(대정장40, p.74c21)에 "모욕하는 행위에 세 가지 있다. 첫째는 면매이니 '너는 똥 치우는 집안 출신이다'라고 말하는 것 등이다. 둘째는 유매이니 '너는 마치 똥을 치우는 종성같다'라고 말하는 것 등이다. 셋째는 자비매이니 '나는 똥 치우는 종성은 아니다' 또는 '나는 물건을 팔지도 소와 양을 죽이지도 절름발이도 아니다'라고 말하는 것 등이다. 모두 타(墮 : 波逸提)이다. 또 다른 하나는 선법매이니 세 가지다. 면매는 '너는 아련야에서부터 좌선인이다'라고 말하는 것이다. 나머지 두 가지 욕은 예로서 알 수 있다. 말하다 끝내면 모두 돌길라이다. 有三行罵法 初面罵者 言汝是除糞家生等 二 喩罵者 汝似除糞種等 三自比罵者 我非除糞種 乃至 我非販賣殺牛羊跛躄人等 皆墮 二者 善法罵 亦有三種 面罵者 汝是阿練若 乃至 坐禪人 餘二罵例知 了了說者 皆吉"라고 하였다. [참고문헌] 『四分律』, 『四分律行事鈔』, 『四分律比丘含注戒本』 권중(대정장40, p.442c11). ⇨ 매계 罵戒

육면자 六面子 Ⓢ Ṣaṇmukha. 위타천(韋馱天 Ⓢ Kārttikeya)의 다른 이름. 얼굴이 여섯이어서 붙여진 이름이다. 『불소행찬』 권1 「생품 生品」(대정장4, p.3c21 : *Buddh-c.*, p.11)에 "마혜수라가 홀연히 육면자를 낳을 때 갖가지 여러 법구를 베풀어 공급하며 복을 청하였던 것처럼 이제 왕도 태자를 낳으니 갖은 법구 베풂도 또한 그러하네. 如摩醯首羅 忽生六面子 設種種衆具 供給及請福 今王生太子 設衆具亦然 bhavanamatha vigāhya śākyarājo bhava iva ṣaṇmukhajanmanā pratītaḥ, idamidamiti harṣapūrṇavaktro bahuvidha puṣṭiyaśaskaraṃ vyadhatta"라고 하였다. [참고문헌] 『佛所行讚』, *Buddh-c.* ⇨ 위타천 韋馱天

육면존 六面尊 ➡ 육족존 六足尊

육명 六名 위앙종(潙仰宗)에서 원상(圓相)을 부르는 여섯 가지 이름. 원상·암기(暗機)·의해(義海)·자해(字海)·의어(意語)·묵론(默論)이다. 『오등회원속략』 권1(卍속장138, p.891b8)에 "위앙종으로써 논하면 이러한 할 한 번으로 곧장 대월륜삼매를 드러낸다 하니 이것이 원상이다. 이 한번의 할로 향상의 한 기틀 보이니 이것을 암기라고 한다. 이 할이 원래 자기 마음에서 흘렀으니 이를 의어라 한다. 이 할을 보고 듣는 이는 묵묵하게 알아차리니 이것을 묵론이라 한다. 이 할에 한량없는 묘한 뜻 일시에 거두어 다하니 이를 의해라 한다. 이 할에 사십이자모와 세간의 문자가 다 거두지 않음이 없으니 이를 자해라 한다. 以潙仰宗論之 卽此一喝 直顯大月輪三昧 謂之圓相 卽此一喝 示向上一機 謂之暗機 卽此一喝 元從自心流出 謂之意語 卽此一喝 見者聞者 默默知歸 謂之默論 卽此一喝 無量妙義 一時收盡 謂之義海 卽此一喝 四十二字母及世間文字 無不統攝 謂之字海"라고 하였다. [참고문헌] 『五燈會元續略』. ⇨ 원상 圓相, 원상인기 圓相因起, 원수육문 圓收六門

육명분법 六明分法 여섯 가지 지혜의 갈래법. 육지도(六支道) 중 하나이다. 『사리불아비담론』 권16(대정장28, p.637b1)에 "어떤 것을 육명분법이라고 하는가? 저 세존께서 설하신 여섯 가지 법이다. 가까이하여 많이 닦고 배움으로써 지혜를 낳고 지혜분을 얻어 능히 그 지혜를 넓고 크게 함이다. 어떤 것이 그 여섯 가지인가? 무상상·무상고상·고무아상·식부정상·일체세간불락상·사상이다. 何謂六明分法 如世尊說六法 親近多修學 生明得明分 能令明廣大 何謂六 無常想 無常苦想 苦無我想 食不淨想 一切世間不樂想 死想"라고 하였다. [참고문헌] 『舍利弗阿毘曇論』. ⇨ 육지도 六支道, 육순명분상 六順明分想, 무상상 無常想❶, 무상고상 無常苦想, 고무아상 苦無我想, 식부정상명분법 食不淨想明分法, 일체세

간불락상 一切世間不樂想, 사상 死想

육몽 六夢 여섯 가지 꿈. 『화엄경소초』 권75(대정장36, p.595a19)에 "여섯 가지 꿈이란, 첫째는 정몽, 둘째는 악몽, 셋째는 사몽, 넷째는 오몽, 다섯째는 희몽, 여섯째는 구몽이다. 정몽은 생각하지도 않았으나 문득 나타나는 꿈으로 천신이 함께하는 꿈과 대체로 같다. 나머지 다섯 꿈은 생시에 보고 들었던 많은 것들을 거둔 것이다. 言六夢者 一 正夢 二 噩夢 三 思夢 四 寤夢 五 喜夢 六 懼夢 正夢 謂不思慮 忽然而夢 共天神與夢大同 餘五多是 見聞多攝"라고 하였는데, 악몽은 생시에 놀랐던 경험이, 사몽은 마음에 품고 있던 생각이, 오몽은 낮에 보았던 장면이, 희몽은 마음에 담아둔 기쁨이, 구몽은 마음에 잠재된 두려움이 각기 나타난 꿈이다. [참고문헌] 『華嚴經疏鈔』.

육묘문 六妙門 ❶ 천태에서 시설한 여섯 갈래 문. 수식문(數息門)·수식문(隨息門)·지문(止門)·관문(觀門)·환문(還門)·정문(淨門)을 말한다. 네 가지 지관(止觀) 중 부정지관(不定止觀)에 속한다. 『법계차제초문』 권상(대정장46, p.673a25)에서 다음과 같이 시설한다. 첫째 수식문 : 의식을 호흡에 거두어 하나에서 열까지 헤아린다(數). 하나에서 열까지 헤아리면 거칢과 산란함이 고요하게 그치고 의식이 머무르니 이것이 삼매에 드는 중요한 방법이다. 둘째 수식문 : 호흡에 의지하여 호흡을 미세하게 하고 들숨과 날숨을 알기에 따른다(隨)라고 한다. 의식이 호흡에 의지하여 들숨과 날숨, 호흡의 길고 짧음 및 차가움과 따뜻함을 아는 것을 말한다. 셋째 지문 : 의식을 멈추고 생각을 고요하게 함을 지(止)라 한다. 의식을 호흡에 대한 관찰에 의지하면 미세한 산란이 남아 있으므로 의식을 집중하는 지법을 많이 활용한다. 넷째 관문 : 분별하고 분석하는 의식을 관(觀)이라 한다. 고요한 의식에 머무르면 무명에 탐착하는 잘못을 방지하기 위해 사념처를 실관하여 의식을 분명하게 관찰하는 방법이다. 다섯째 환문 : 의식을 돌이켜 반조함을 환(還)이라 한다. 자아가 존재하므로 관찰하고 분석하여 전도를 부술 수 있다고 계착하는 병폐를 해소하기 위해 의식을 되돌려 다시 관찰하는 의식을 반조함으로써 무루의 방편을 밝히는 방법이다. 여섯째 정문 : 의식이 의지하는 대상이 사라지면 망념이 일어나지 않으니 이를 정(淨)이라 한다. 의식이 염오를 알아차리되 집착이 없으므로 청정하다 하고 여기에서 지혜가 일어나 삼계의 번뇌를 끊고 삼승의 도를 증득한다. 이것을 문으로 삼아 일심의 청정을 증득하고 온갖 망념이 사라진다. 『육묘법문』(대정장46, p.549a6)에 "육묘문은 내행의 뿌리이고 삼승이 도를 얻는 긴요한 길이다. 그러므로 석가모니부처님께서 처음 보리수 아래로 가셔서 풀 위에 가부좌하고 안으로 사유하고 호흡하되, 첫째 헤아리고, 둘째 따르며, 셋째 그치고, 넷째 관하며, 다섯째 돌이키고, 여섯째 깨끗이 하셨다. 이것으로 인하여 만행이 개발되어 마구니를 항복시키고 불도를 이루셨다. 부처님께서 중생을 위해 이와 같은 자취를 드러내셨음을 알아야 하니 삼승의 성문·연각·보살이 어찌 이 길에서 함께 노닐지 않았겠는가? 六妙門者 蓋是內行之根本 三乘得道之要逕 故釋迦初詣道樹 跏趺坐草 內思安般 一數 二隨 三止 四觀 五還 六淨 因此萬行開發 降魔成道 當知佛爲物軌示跡若斯 三乘正士 豈不同遊此路", "여섯이라 함은 헤아린 법이니 수에 따라 선을 밝혔기에 여섯이라 한다. … 묘란 그 의미가 많다. 바른 뜻을 논하자면 멸제열반이다. 그러므로 멸사행 중에서 멸지묘리를 말한다. 열반은 단도 상도 아니며, 있으나 계합하기 어렵고 없으나 얻기 쉽다. 그러므로 묘라 한다. 육법으로 능히 통할 수 있으므로 문이라 한다. 문은 비록 여섯이지만 묘에 계합한다는 점에서 다름이 없다. 그러므로 경에서 열반이라는 진법보에 중생이 갖가지 문을 따라 들어간다고 하였다. 이것은 육묘문의 큰 뜻을 통석한 것이다. 所言六者 卽是數法 約數明禪 故言六也 … 妙者其意乃多 若論正意 卽是滅諦涅槃 故滅四行中 言滅止妙離 涅槃非斷非常 有而難契 無而易得 故言妙也 六法能通 故名爲門 門雖有六 會妙不殊 故經言泥洹眞法寶 衆生從種種門入 此則通釋六妙門之大意也", 『석선바라밀차제법문』 권1(대정장46, p.480b1)에 "행자가 근선을 얻은 다음에는 이 선 중의 견착을 없애기 위해 다시 돌이켜 욕계로부터 돌아와 육묘문을 닦는다. 왜 그러한가? 이 육묘문에서 수·수·지는 입정방편이고, 관·환·정은 혜방편이다. 정은 갈망하고 혜는 견책하니, 갈망하므로 유루를 설하고 견책하므로 무루를 설한다. 이 여섯 법은 대부분 욕계미도지로서 사선 중에 구족하고 또한 위로 무색지에 이르기도 한다. 行者旣得根本禪已 爲欲除此禪中見著 次還從欲界修六妙門 所以者何 此六門中 數隨止是入定方便 觀還淨是慧方便 定愛慧策 愛故說有漏 策故說無漏 此六法多是欲界未到地 四禪中具足 亦有至上無色地者"라고 하였다. [참고문헌] 『法界次第初門』, 『六妙法門』, 『釋禪波羅蜜次第法門』. ⇨ 부정지관 不定止觀 ❷ 수대 천태지의(天台智顗)가 지은 『육묘법문』(대정장46, No.1917)의 줄인 이름. ⇨ 육묘법문 六妙法門

육묘문선법 六妙門禪法 『육묘법문 六妙法門』(대정장46, No.1917)의 다른 이름. 『법화경삼대부보주』 권11(卍속장44, p.353a5)에 "『육묘문』「서」에서 천태대사가 진나라 수도 와관사에서 『육묘문선법』을 지었다고 하였다. 六妙門序云 天台大師 於陳都瓦官寺 出六妙門禪法"라고 하였다. [참고문헌] 『法華經三大部補注』, 『新編諸宗敎藏總錄』 권3(대정장55, p.1178a7).

육묘법문 六妙法門 수대 천태지의(天台智顗) 지음. 1권. 대정장46, pp.549a3~555c7, No.1917에 수록되어 있다. 『부정지관』·『육묘문』·『육묘문선법 六妙門禪法』·『수선육묘문 修禪六妙門』이라고도 한다. 진(陳)나라 상서령(尙書令) 모희(毛喜)의 청으로 천태대사가 567~575년 사이에 금릉(金陵) 와관사(瓦官寺)에서 설법한 것을 엮었다. 정한 법칙에 의지하지 않고 하기에 알맞고 마땅한 방식으로 관(觀)을 닦는 부정지관(不定止觀)에 속하는 육묘문을 설한 내용이다. 본서에서는 역별대제선(歷別對諸禪)·차제상생(次第相生)·수편의(隨便宜)·대치(對治)·상섭(相攝)·통별(通別)·시전(施轉)·원관(圓觀)·증상(證相)의 십문(十門)으로 나누어 풀이하였다. 〔참고문헌〕『大唐內典錄』 권10(대정장55, p.332a20). ⇨ 수선육묘문 修禪六妙門, 사본지관 四本止觀, 육묘문六妙門

육묘행 六妙行 ➡ 육행관 六行觀

육무감 六無減 대승십팔불공법(大乘十八不共法) 중에서 감하지 않는 여섯 가지(欲 精進 念 慧 解脫 解脫知見) 법. 육사무감(六事無減)이라고도 한다. 『대품반야경』 권8 「광승품 廣乘品」(대정장8, p.255c24)에 의지해 『대지도론』 권26(대정장25, p.247b13)에서 시설한다. 욕무감(欲無減)은 선법을 구함에 쉬지 않는 것, 정진무감(精進無減)은 정진함에 그치지 않는 것, 염무감(念無減)은 뜻으로 일체지혜를 기억하여 잃지 않는 것, 혜무감(慧無減)은 얻은 일체지혜를 유지하는 것, 해탈무감(解脫無減)은 유위해탈(有爲解脫)과 무위해탈(無爲解脫)에 물러남이 없는 것, 해탈지견무감(解脫知見無減)은 해탈한 지혜에 모자람이 없는 것이다. 『대지도론』 권26(대정장25, p.250c12)에 "〔문〕 부처님의 일체법 중에는 감이란 있을 수 없을 터이니 어떤 까닭에 다만 여섯 가지만 감이 없다 하는가? 〔답〕 일체자리이타 중의 네 가지만은 욕무감을 갖추고 있다. 일체선법의 근본을 구함에 정진하여 능히 행하고, 염으로 능히 수호한다. 마치 수문장이 좋은 사람은 들게 하고 나쁜 사람 막는 것과 같다. 혜는 일체법문을 비추어서 일체번뇌를 끊는다. 이 네 가지 법을 써야만 일이 성취되어 마칠 수 있다. 問曰 佛一切法中無減 何以故但六事中無減 答曰 一切自利他利中 四事能具足欲 求一切善法之根本 精進能行 念能守護 如守門人 善者聽入 惡者遮 慧照一切法門 斷一切煩惱 用是四法 事得成辦", 『십지경론의기』 권3(卍속장71, p.429b4)에 "욕·염·정진·지혜·해탈·해탈지견의 이 육무감이 다시 여섯이 된다. 欲 念 精進 智慧 解脫 解脫知見 此六無減 復以爲六"라고 하였다. 〔참고문헌〕『大品般若經』, 『大智度論』, 『十地經論義記』, 『大乘義章』 권20(대정장44, p.871c12), 『本業經疏』 권하(한불전1, p.517a4), 『瑜伽師地論義演』 권32(금장120, p.848a5). ⇨ 육사무감 六事無減, 욕무감 欲無減, 정진무감 精進無減, 염무감 念無減, 혜무감 慧無減, 해탈무감 解脫無減, 해탈지견무감 解脫知見無減, 대승십팔불공법 大乘十八不共法, 십팔불공법 十八不共法

육무루처 六無漏處 팔무루처(八無漏處 : 無漏五蘊·三無爲) 중 비택멸(非擇滅)과 허공(虛空)을 제한 처. 『품류족론』 권11(대정장26, p.736a2)에 "(四沙門果와) 팔무루처와 더불어 서로 거둔다는 것은, 팔무루처에서 육무루처의 소분이 사사문과를 거두며, 사사문과 역시 팔육무루처의 소분만을 거둔다. 與八無漏處相攝者 八六無漏處少分 攝四沙門果 四沙門果 亦攝八六無漏處少分"라고 하였다. 〔참고문헌〕『品類足論』. ⇨ 육무위 六無爲, 팔무루처 八無漏處

육무명 六無明 여섯 가지 무명. 『석마하연론』 권4(대정장32, p.623a21)에 "석가모니부처님의 일대시교에서 갖가지 이설을 모으면 모두 여섯 가지가 있다. 여섯 가지란 무엇인가? 첫째 명무명, 둘째 암무명, 셋째 명과 암을 모두 긍정하는 무명, 넷째 명과 암을 모두 부정하는 무명, 다섯째 공무명, 여섯째 구족무명을 여섯이라 한다. 이러한 여섯 가지는 뜻에 따라 이름을 세웠지만 바탕에서는 차이가 없다. 凡集牟尼尊一代中種種異說 總有六種 云何爲六 一者 明無明 二者 闇無明 三者 俱是無明 四者 俱非無明 五者 空無明 六者 具足無明 是名爲六 如是六種 隨義立名 據體無別"라고 하였다. 〔참고문헌〕『釋摩訶衍論』. ⇨ 근본무명 根本無明, 무명 無明 ❶

육무상 六無上 Ⓢ ṣad anuttaryāni, Ⓟ cha anuttariyāni, Ⓣ bla-na-med-pa-drug. 여섯 가지 위없음. 견·문·이·학·행·염(見聞利學行念)에 있어 더없이 뛰어난 법. 견무상(見無上 Ⓢ darśana-anuttarya)·문무상(聞無上 Ⓢ śravaṇa-anuttarya)·이무상(利無上 Ⓢ lābha-anuttarya)·학무상(學無上 Ⓢ śikṣā-anuttarya : 戒無上)·행무상(行無上 Ⓢ paricaryā-anuttarya : 恭敬無上)·염무상(念無上 Ⓢ anusmṛty-anuttarya)을 말한다. 육행(六行)·육난해법(六難解法) 등이라고도 한다. 『장아함경』 권9 「십상경 十上經」(대정장1, p.54a26 : *Dasuttara-sutta*, *DN.3*, p.281)에 "무엇이 여섯 가지 알기 어려운 법인가? 육무상을 말하니, 견무상·문무상·이양무상·계무상·공경무상·염무상이다. 云何六難解法 謂六無上 見無上 聞無上 利養無上 戒無上 恭敬無上 念無上 katame cha dhammā abhiññeyyā. cha anuttariyāni. dassānānuttariyaṃ savaṇānuttariyaṃ, lābhānuttariyaṃ sikkhānuttariyaṃ pāricariyānuttariyaṃ anussatānuttariy aṃ", 『집이문족론』 권16(대정장26, p.433b9)에 "육무상법이란, 견무상・문무상・이무상・학무상・행무상・염무상이다. 六無上法者 云何爲六 一 見無上 二 聞無上 三 利無上 四 學無上 五 行無上 六 念無上"라고 하였다. ［참고문헌］『長阿含經』, 『集異門足論』, *Mvyut.126.*, *DN・250.* ⇨ 견무상 見無上, 문무상 聞無上, 염무상 念無上, 이무상 利無上, 학무상 學無上, 행무상 行無上

육무색 六無色 여섯 가지 무색. 바이셰쉬카(Ⓢ Vaiśeṣika : 勝論)에서 주장하는 실구의(實句義 Ⓢ dravya : 地水火風空時方我意) 중 지수화 세 가지 유색(有色)을 제한 그 나머지를 말한다. 『십구의론』(대정장54, p.1264a19)에 "이와 같은 아홉 가지 실(實) 가운데 몇 가지가 유색이고 몇 가지가 무색인가? 세 가지가 유색인 지수화를 말하고, 여섯 가지가 무색이니 그 나머지를 말한다. 如是九實 幾有色 幾無色 三有色 謂地水火 六無色 謂餘實"라고 하였다. ［참고문헌］『十句義論』. ⇨ 실구의 實句義, 십구의 十句義

육무소외 六無所畏 ➡ 육무외 六無畏

육무외 六無畏 진언행자가 얻는 여섯 무외. 선・신・무아・법・법무아・일체법자성평등(善身無我法法無我一切法自性平等)에 있어 차제로 무외를 얻는다. 『대일경』 권1(대정장18, p.3c3)에 "마하비로자나세존께서 금강수보살에게 말씀하셨다. '잘 듣고 잘 기억해라. 비밀주여, 저 어리석은 범부가 갖가지 선업을 닦고 불선업을 없애면 선무외를 얻는다. 摩訶毘盧遮那世尊 告金剛手言 諦聽 極善思念 祕密主 彼愚童凡夫 修諸善業 害不善業 當得善無畏", "여실하게 자기를 알면 신무외를 얻는다. 若如實知我 當得身無畏", "모인 온들이 나의 몸에 대해서 자기의 색상을 버리고 관한다면 무아무외를 얻는다. 若於取蘊所集我身 捨自色像觀 當得無我無畏", "온을 버리고 법을 반연하여 머문다면 법무외를 얻는다. 若害蘊住法攀緣 當得法無畏", "법마저 버리고 연마저 없이 머물면 법무아무외를 얻는다. 若害法住無緣 當得法無我無畏", "일체 온처계와 능집・소집, 아・수명 등과 법에 연이 없어 공이고 자성 또한 성이 없으니 이러한 공의 지혜가 일어나면 일체법자성평등무외를 얻는다. 若復一切蘊界處 能執所執 我壽命等 及法無緣空 自性無性 此空智生 當得一切法自性平等無畏", 『대일경소』 권3(대정장39, p.605c12)에 "범어 아습바사(Ⓢ āśvāsa)는 바르게 한역하면 소식이라 해야 한다. 어떤 사람이 강력한 이에게 목을 눌려서 기도가 막혀 기절하려던 차에 갑자기 소생하는 것과 같다. 중생 역시 이와 같이 망상업에 의해 번뇌에 묶여 있어서 마주치는 대상마다 모두 막혀 있다가 이러한 여섯 가지 곳에 이르러 다시 살아나는 것과 같다. 그러므로 소식처라고 한다. 또한 험한 길을 갈 때 그 마음이 태연하여 두려움이 없기에 무외처라 한다. 梵音阿濕嚩娑 正譯當言蘇息也 如人爲强力者所持 扼喉閉氣 垂將悶絶 忽蒙放捨 還復得蘇 衆生亦復如是 爲妄想業煩惱所纏 觸緣皆閉 至此六處 如得再生 故名蘇息處 亦如度險惡道時 其心泰然無所畏懼 故名無畏處也", 『대일경의석연밀초』 권4(卍속장37, p.84b9)에 "부처님께서 이러한 육무외를 설하신 뜻은 얕은 곳에서 깊은 곳까지, 범부에서 성인을 향하여 오름에 위차에 따라 오증이 다름을 밝힌 것이다. 佛說此六無畏意 明從淺至深 從凡向聖 堦降位次 悟證不同也", "첫째, 선무외는 어리석은 범부와 천인이 십선도를 닦아 늘 인천으로 나서 삼악도의 극심한 괴로움과 닥쳐오는 번뇌를 면하니 최초의 소식처고 십신이전위에 당한다. 第一 善無畏 卽當愚童凡天修十善道 常生人天 得免三塗 劇苦逼惱 名最初穌息處 卽當十信已前", "둘째, 신무외는 몸은 서른여섯 가지 사물이 모여서 이루어짐을 관하는 것이다. 다섯 가지 부정관 다음으로 수・심・법을 관하여 네 가지 전도를 여의고 몸의 속박을 벗어나 소식처를 얻으니 십신위에 당한다. 第二 身無畏 謂觀身三十六物之所集成作 五種不淨觀 次觀受心法 得離四種顚倒 於身扼縛 得穌息處 卽當十信位也", "셋째, 무아무외는 오온 십이처 십팔계가 모두 연을 따라 일어나는 것을 관하는 것이다. 도무지 자성이란 없으니 어느 곳에 아가 있다고 하겠는가? 이는 아의 속박에서 소식처를 얻으니 십신십행위에 당한다. 第三 無我無畏 謂觀五蘊十二處十八界 悉從緣生 都無自性 何處有我 是於我之扼縛 得穌息處 卽當十信十行位也", "넷째, 법무외는 행자의 마음이 법 중 머묾을 말한다. 환영과 아지랑이 등의 다섯 가지 비유로 제법이 공임을 깨우쳐 적연계를 증하면 오온속박을 벗어나 소식처를 얻는다. 십회향 사가행위에 당한다. 第四 法無畏 謂行者心住法中 約幻燄等五喩 達諸法卽空 證寂然界 卽離蘊之扼縛 得穌息處 卽當十迴向四加行位也", "다섯째, 법무아무외는 행자가 무연승심을 일으켜서 법에 자성이 없음을 관하고 마음이 자유롭게 되어 법무아에서 소식처를 얻으니 초지에서 8지 이전위에 당한다. 第五 法無我無畏 謂行者發無緣乘心 觀法無我性 心得自在 於法無我 得穌息處 卽當初地至八地已前位也", "여섯째, 일체법자성평등무외는 실제의 공성을 관할 때 유위계와 무위계의 두 가지 속박에서 소식처를 얻고 8지 이상위에 이른다. 第六 一切法自性平等無畏 謂觀實際空性時 於有爲無爲界二種扼縛 得穌息處 卽當八地已去位也"라고 하였다. ［참고문헌］『大日經』, 『大日經疏』, 『大日經義釋演密鈔』. ⇨ 무외 無畏, 십육중현의 十六重玄義

육무위 六無爲 진여법성(眞如法性 : 無爲法)을 여섯 가지로 분류하여 설명한 것. 허공무위(虛空無爲)・택멸무위(擇滅無爲)·비택멸무위(非擇滅無爲)·부동무위(不動無爲)·상수멸무위(想受滅無爲)·진여무위(眞如無爲)를 말한다. 허공무위란 진여가 다른 것을 장애하거나 장애를 받지 않는 것이 허공과 같음을 말하고, 택멸무위란 일체유루번뇌를 끊어버린 진여를 말하며, 비택멸무위란 진여의 자성이 본래 청정함을 일컫는다. 부동무위란 제사정려(第四靜慮)의 무위이니 고·락(苦樂) 등을 떠난 사수(捨受)만 있기 때문이다. 상수멸무위란 멸진정(滅盡定)의 무위이니, 육식(六識)의 심상(心想)과 고·락 등을 다했기 때문이다. 진여무위란 허망하게 변이하지 않는 진실한 무위를 말하며, 이것을 다시 선법진여(善法眞如)·불선법진여(不善法眞如)·무기법진여(無記法眞如) 등 셋으로 나누어 팔무위(八無爲)를 말하기도 한다. 또한 앞의 다섯 가지는 법성(法性)의 상을 말하는 가명(假名)이라 하고, 진여무위만을 법성의 체를 드러낸 가명이라고 한다. 『유마경소』 권6(대정장85, p.404b20)에 "이 무위에는 여러 가지가 있다. 此無爲有其多種", "『잡심론』·『구사론』·『대품경』 등에 의하면 세 가지가 있으니, 첫째 허공, 둘째 택멸, 셋째 비택멸이고, 依雜心 俱舍 大品經等 有其三種 一 虛空 二 擇滅 三 非擇滅", "『장진론』과 『오온론』에서도 네 가지 무위를 세웠으니, 첫째 허공, 둘째 택멸, 셋째 비택멸, 넷째 진여이다. 依掌珍論 及五蘊論 立四無爲 一 虛空 二 擇滅 三 非擇滅 四 眞如", "『백법론』과 『유식론』에 의지해서는 여섯 가지 무위를 세웠으니, 첫째 허공, 둘째 택멸, 셋째 비택멸, 넷째 부동, 다섯째 상수멸, 여섯째 진여 등이고, 依百法論 及唯識 立六無爲 一 虛空 二 擇滅 三 非擇滅 四 不動 五 想受滅 六 眞如", "『유가론』·『대법론』 등에 의하면 여덟 가지 무위를 세웠으니, 다섯 가지는 앞에 말한 것과 같고, 다시 선법진여·불선법진여·무기법진여를 더하면 여덟 가지가 된다. 依瑜伽 對法等論 立八無爲 五種如前 更加善法眞如 不善法眞如 無記法眞如 卽爲八種", 『백법명문론논의』(卍속장76, p.857b4)에 "『대승백법명문론』(대정장31, p.855c17)에 '무위법에는 여섯 가지가 있다'라고 한 것은 허공무위·택멸무위·비택멸무위·부동무위·수상멸무위·진여무위를 말한다. 이 여섯 가지 법은 유위와 다름을 가려내서 무위라고 이름을 세웠다. 無爲法 有六種者 謂虛空無爲 擇滅無爲 非擇滅無爲 不動無爲 受想滅無爲 眞如無爲 此六種法 揀異有爲 故立無爲名"라고 하였다. [참고문헌] 『維摩經疏』, 『百法明門論義』, 『大乘百法明門論』, 『八識規矩論義』(卍속장98, p.681b5). ⇨ 무위 無爲, 무위법 無爲法, 부동무위 不動無爲, 비택멸무위 非擇滅無爲, 상수멸무위 想受滅無爲, 진여무위 眞如無爲, 택멸무위 擇滅無爲, 허공무위 虛空無爲

육무착 六無著 여섯 가지 착이 없는 법. 퇴법(退法)·염법(念法)·호법(護法)·등주(等住)·필승진(必昇進)·부동법(不動法)을 말한다. 『아비담심론』 권2(대정장28, p.819c10)에 "'무착에는 여섯 가지가 있다'라는 말은, 세존께서 여섯 가지 무착을 말씀하셨으니, 퇴법·염법·호법·등주·필승진·부동법이다. 無著有六種者 世尊說六無著 退法 念法 護法 等住 必昇進 不動法", "저 중에 만약 연지연진이면 퇴구를 얻게 되어 문득 물러나므로 퇴법이라고 한다. 於中若軟智及軟進 是得退具 便退 故說退法", "연지연진하다 자주 몸을 미워하고, 몸을 미워하고 나서 무너질 것을 생각하면 염법이다. 軟智及軟進 數數惡身 惡身已念壞 故說念法", "연지로서 광진이면 힘을 다하여 항상 스스로 마음을 보호하므로 호법이라고 한다. 軟智而廣進 進力常自護心 故說護法", "중지로서 등진 더하지도 덜하지도 않는 중도에 적정하게 머물기에 등주라고 한다. 中智及等進 是不增不損 等住於中道 故說等住", "소리로서 광진하여 반드시 부동을 얻으므로 필승진이라고 한다. 少利而廣進 彼必得不動 故說必昇進", "이지로서 광진하여 비로소 부동을 얻으므로 부동이라고 한다. 利智及廣進 是始得不動 故說不動"라고 하였다. [참고문헌] 『阿毘曇心論』. ⇨ 오무착 五無著

육문 六文 경의 문(文)이 갖추는 여섯 가지 요소. 명(名)·구(句)·자(字)·어(語)·행상(行相)·기청(機請)을 말한다. 『유가사지론』 권81(대정장30, p.750a6)에 "어떤 것이 문(文)인가? 즉 여섯 가지가 있으니, 첫째 명신, 둘째 구신, 셋째 자신, 넷째 어, 다섯째 행상, 여섯째 기청이다. 云何爲文 謂有六種 一者 名身 二者 句身 三者 字身 四者 語 五者 行相 六者 機請", 같은 책 권82(대정장30, p.756c15)에 "문이란 이 경에서 말하는 '너희들 비구는 응당 안주하여 계학의 수승한 이익을 닦고 배운다'이다. 이 중에는 열두 자와 네 낱말과 한 구가 있으니, 이와 같이 명신·구신·자신을 거둔다. 이 중의 언설은 이 학처상이니 행상을 거둔다. 여래의 말씀은 본디 비구 청하는 질문에 상응하는 응답이므로 기청도 있어야 한다. 여래께서 설하시며 내는 말과 소리인 즉 어로 거둔다. 그러므로 이 경의 한 구는 육문을 다 갖추고 거두었다. 文者 謂此經言 汝等苾芻 應當安住 修學勝利 此中有十二字 四名 一句 如是則攝名句字身 此中言說 是學處相 則攝行相 如來言說 本爲苾芻請問 則攝機請 如來所說言音 則攝於語 是故 此經一句 具攝六文"라고 하였다. [참고문헌] 『瑜伽師地論』, 『顯揚聖敎論』 권12(대정장31, p.536c3).

육문 六門 **1** 여섯 갈래 문. 안이비설신의(眼耳鼻舌身意) 여섯 가지 근문을 말한다. 종보본 『단경』(대정장48, p.360b1)에 "삼과법문이란 음계입이다. 음이란 오음이니 색수상행식이다. 입이란 십이입이니 외육진인

색성향미촉법과 내육문인 안이비설신의이다. 계는 십팔계이니 육진・육문・육식이다. 三科法門者 陰 界 入也 陰是五陰 色 受 想 行 識是也 入是十二入 外六塵 色 聲 香 味 觸 法 內六門 眼 耳 鼻 舌 身 意是也 界是十八界 六塵 六門 六識是也"라고 하였다. 〔참고문헌〕『壇經』. ⇨ 육근 六根, 육내처 六內處 ❷ 무상정(無想定)과 멸진정(滅盡定)의 여섯 가지 다른 점. 무상정은 범부나 외도도 들 수 있고, 멸진정은 성인만의 정이기에 지・가행・상속・과보・과보를 받는 시기・선정이 처음 일어나는 등에 차이가 있다. 『순정리론』 권12(대정장29, p.402c21)에 "이와 같이 무상정과 멸진정의 차이점을 자세하게 풀면 모두 여섯 가지이다. 즉 지・가행・상속・이숙・순수・초기라는 차별이 있다. 如是廣釋 二定異相 總有六門 謂地 加行 相續 異熟 順受 初起 有差別故"라고 하였다. 〔참고문헌〕『順正理論』. ⇨ 무상정 無想定, 멸진정 滅盡定 ❸ 삼십칠도품(三十七道品)의 일곱 가지 범주 중 오근(五根)과 오력(五力)을 하나로 합한 여섯 가지. 사념주(四念住)・사정단(四正斷)・사신족(四神足)・오근과 오력・칠각지(七覺支)・팔성도지(八聖道支)를 말한다. 『유가사지론』 권98(대정장30, p.864a17)에 "다시 육문으로 모든 선법 수습하니 염주・정단・신족・근력・각지・도지다. 復由六門 修習諸善 謂念住 正斷 神足 根力 覺支 道支"라고 하였다. 〔참고문헌〕『瑜伽師地論』. ⇨ 삼십칠도품 三十七道品 ❹ 선정을 수습하는 이가 갖추어야 할 여섯 가지 법문. 삼원만(三圓滿)과 삼유의(三有依)를 말한다. 『육문교수습정론』(대정장31, p.774a16)에 "〔송〕 해탈을 구하는 이는 쌓고 모으니, 부지런히 닦고 익힘에 머물러 세 가지 원만함을 얻고서는 의지함이 있어 정을 닦는 사람이네. 頌曰 求脫者積集 於住勤修習 得三圓滿已 有依修定人", "〔석〕 이 처음 게송 한 수는 '육문'을 다 드러냈다. '벗어남을 구하는 이'란 해탈을 구하는 사람이다. '적집'이란 능히 뛰어난 행의 자량을 쌓음이다. '부지런히 닦고 익힘에 머물러'란 인연 닿는 곳마다 마음을 아름답게 머무니 그 이름이 정이다. 산란하지도 동요하지도 않기 때문이다. 釋曰 此初一頌 總標六門 言求脫者 謂是求解脫人 積集者 謂能積集 勝行資糧 於住勤修習者 於所緣處 令心善住 名之爲定 由不散亂不動搖故", "〔문〕 어떤 것이 닦고 익힘인가? 세 가지 원만함을 얻은 후에 의지함 있어 정을 닦는 사람을 말한다. 원만에 셋 있으니, 첫째 사자원만, 둘째 소연원만, 셋째 작의원만이다. '의가 있다'란 세 가지 정이니, 첫째 유심유사정, 둘째 무심유사정, 셋째 무심무사정이다. '정을 닦는 사람'이란 사마타와 비발사나를 능히 닦아 익히는 것을 말한다. 問 云何修習 謂得三圓滿已 有依修定人 圓滿有三 一 師資圓滿 二 所緣圓滿 三 作意圓滿 有依謂是三定 一 有尋有伺定 二 無尋唯伺定 三 無尋無伺定 修定人者 謂能修習 奢摩他 毘鉢舍那"라고 하였다. 〔참고문헌〕『六門教授習定論』, 『大慧度經宗要』(대정장33, p.68b22). ❺ 비유를 논파하는 여섯 갈래 문. 『중론』 권2 「관연가연품 觀燃可燃品」(대정장30, p.14b15)에서 불과 연료를 실례로 여섯 가지 관점에서 부정한다. 『중관론소』 권6(대정장42, p.94c24)에 "품을 열면 셋이다. 첫째는 외도의 비유를 파한다. … 비유 파함에 나아가 설할 때 무릇 여섯 문이 있다. 첫째는 다름을 가리는 문, 둘째는 서로 대하여 가려 보는 문, 셋째는 인과 인이 아닌 문, 넷째는 내외의 문, 다섯째는 삼시의 문, 여섯째는 다섯 가지로 구하는 문이다. 品開爲三 第一 破外喩說 … 就破喩說 凡有六門 初 一異門 二 相待門 三 因不因門 四 內外門 五 三時門 六 五求門"라고 하였다. 〔참고문헌〕『中論』, 『中觀論疏』.

육문경 六門經 ➡ 육문다라니경 六門陀羅尼經

육문교수습정론 六門教授習定論 무착(無着)이 지은 37칙의 게송에 세친(世親)이 장행석(長行釋)을 붙인 글. 당나라 때인 703년(장안3)에 의정(義淨) 한역. 1권. 고려장17, pp.775a1~779b6, No.633・대정장31, pp.774a11~777b3, No.1607에 수록되어 있다. 『습정론 習定論』이라고도 한다. 선정 수습을 육문으로 나누어 설한다. 제1송은 육문에 대한 총설이며, 중간의 35송은 별석, 마지막 송은 결론이다. 육문은 첫째 해탈을 구하는 사람(求解脫人), 둘째 수승행의 자량(勝行資糧), 셋째 선정의 내용, 넷째 세 가지 원만, 다섯째 선정의 분류, 여섯째 선정을 닦는 사람이다. 안혜(安慧 Ⓢ Sthiramati)의 범본 『유식삼십송석 *Triṃśikāvijñāpti-bhāṣya*』에서는 본론의 제3게송을 인용하고 있다. 유가행파에서 선정에 대한 문헌으로 중시한다. 〔참고문헌〕『開元釋教錄』 권9(대정장55, p.567c15).

육문다라니경 六門陀羅尼經 Ⓢ Āryaṣaṇmukha-nāma-dhāraṇīsūtra, Ⓣ 'phags-pa sgo drug-pa shes-bya-ba'i gzungs. 당대 645년(정관19)에 현장(玄奘) 한역. 1권. 『육문경』이라고도 한다. 고려장13, p.1164a1~b8, No.447・대정장21, p.878a3~a28, No.1360에 수록되어 있고 티베트역본(北京版 No.312・809)이 전한다. 부처님께서 정거천(淨居天)에 머물러 보살대중에게 중생의 이익과 안락을 위해 육문다라니법을 전수하셨다. 이 다라니로는 세간과 출세간의 모든 보살을 섭수하기에 법 그대로 지니고 외우면 속히 무상정등각보리(無上正等覺菩提)를 얻는다고 설한다. 주석서로 세친(世親)의 『육문다라니경론 六門陀羅尼經論』 1권(대정장21, No.1361), 그리고 당대 지위(智威)의 『육문다라니경론광석 六門陀羅尼經論廣釋』 1권(『육문다라니경론』의 부록으로 수록됨)이 있다. 〔참고문헌〕『慈恩

傳』 권6(대정장50, p.254a7), 『衆經目錄』 권1(대정장55, p.185a1), 『大唐內典錄』 권5(대정장55, p.282b25), 『開元釋教錄』 권8(대정장55, p.556a19). ⇨ 육문다라니경론 六門陀羅尼經論

육문다라니경론 六門陀羅尼經論 세친(世親)보살 지음. 당나라 때 한역. 역자는 미상. 1권. 대정장21, pp.878b3~881b29, No.1361에 수록되어 있고 돈황본 P2165·2861 등이 전한다. 『육문다라니경』의 주석서로, 육문다라니의 여섯 가지 뜻을 밝히고 있다. 첫째는 지혜원만, 둘째는 자력청정, 셋째는 자성청정, 넷째는 남이 지은 장애를 알게 하는 것, 다섯째는 일체의 보리자량을 거둬들임, 여섯째는 다라니로 얻은 과(果)는 정지(正智)와 진여(眞如)라는 것이다. 이상의 여섯 가지 뜻이 있으므로 육문다라니라고 부른다. 당대 지위(智威)가 본 논서를 자세히 설명한 『육문다라니경론광석 六門陀羅尼經論廣釋』이 부록으로 실려 있다. ⇨ 육문다라니경 六門陀羅尼經

육물 六物 스님이 반드시 소지해야 할 여섯 가지 물품. 삼의(三衣)와 발우 그리고 좌구·녹수낭, 또는 좌구·침통 등을 가리킨다. 『근본살바다부율섭』 권7(대정장24, p.568b15)에 "육물이란 삼의와 발우·좌구·물을 거르는 주머니를 말하니 공을 헤아려 양껏 받는다. 言六物者 三衣 鉢 坐具 濾水羅 計功量授", 『금광명경문구기』 권6(대정장39, p.160a3)에 "삼의란 승가리·울다라회·안다회이며, 육물이란 겸하여 좌구·발우·녹수낭이다. 三衣者 僧伽梨 鬱多羅僧 安陀會也 六物者 兼尼師壇 鉢多羅 漉水囊也", 『미사새갈마본』(대정장22, p.223b24)에 "일곱째, 상을 내리는 법에 대해 바로 밝힘〈다른 율전에서 내리는 상은 삼의육물 또는 남은 약인데, 이 율에서는 삼의와 발우만을 준다고 한다〉. 七 正明賞法〈餘律所賞三衣六物 或以殘藥 此律 唯以衣鉢與之〉", 『사분율행사초』 권하(대정장40, p.116a12)에 "『사분율』에서 말하는 육물이란 삼의와 삼의를 담는 그릇·보자기로 싼 발우·포대 인의 좌구·침동을 말한다. 四分六物者 三衣盛衣器 襆鉢 及袋坐具 針筩也"라고 하였다. [참고문헌] 『根本薩婆多部律攝』, 『金光明經文句記』, 『彌沙塞羯磨本』, 『四分律行事鈔』. ⇨ 비구육물 比丘六物

육물도 六物圖 『불제비구육물도 佛制比丘六物圖』(대정장45, pp.896c1~902a10)의 줄인 이름. 비구가 늘 가져 여의지 않아야 할 육물인 삼의(三衣 : 대의·울다라승·안타회)와 발다라(鉢多羅)·니사단(尼師壇)·녹수낭(漉水囊)에 대한 그림과 해설을 함께 수록한 책이다. 『사교의비석』 권2(卍속장102, p.203a17)에 "삼의를 지녀 보호하고 법을 더하는 등의 글은 저 『육물도』에

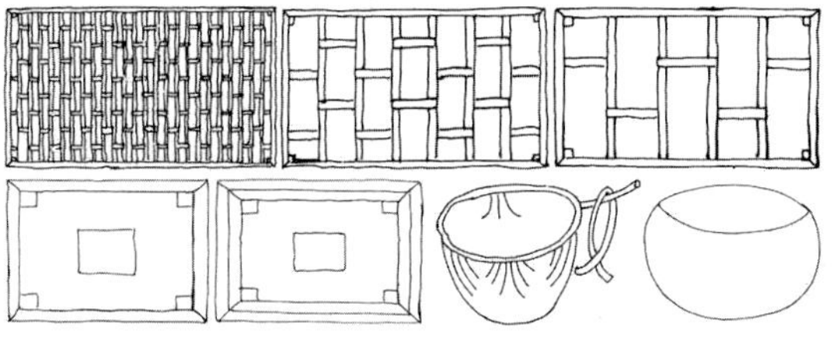

육물도 승가리대의25조·울다라승7조·안다회5조·니사단본초·니사단개후·녹수당·발다라

간략하고 『율초』(『사분율행사초』)에 자세히 수록되어 있다. 若三衣持護加法等詞 略如六物圖 廣在律鈔"라고 하였다. [참고문헌] 『四教儀備釋』. ⇨ 불제비구육물도 佛制比丘六物圖, 비구육물 比丘六物

육미 六味 Ⓢ ṣaḍ-rasa. 여섯 가지 맛. 신맛(Ⓢ amla)·짠맛(Ⓢ lavaṇa)·쓴맛(Ⓢ tikta)·단맛(Ⓢ madhura)·매운맛(Ⓢ katuka)·담백한 맛(Ⓢ kaṣāya)을 말한다. 『대반열반경』에서는 여섯 가지 맛을 고(苦)·무상(無常)·무아(無我)·낙(樂)·아(我)·상(常) 등에 비유한다. 40권본 『대반열반경』 권4(대정장12, p.385c13)에 "나는 이 경에서 여섯 가지 맛을 설하였다. 무엇이 여섯 가지 맛인가? 괴로움은 신맛이고, 무상은 짠 맛이며, 무아는 쓴 맛이고, 낙은 단맛이며, 아는 매운 맛이고, 상은 담백한 맛이라고 설한다. 저 세간에 세 가지 맛 있으니 무상·무아·무락이다. 번뇌를 땔감으로 삼고 지혜를 불로 삼아 이 인연으로 열반의 밥 지으니 상·락·아라 한다. 모든 제자들로 하여금 모두 맛나게 즐기도록 하였다. 我於是經 爲說六味 云何六味 說苦醋味 無常鹹味 無我苦味 樂如甛味 我如辛味 常如淡味 彼世間中 有三種味 所謂無常 無我 無樂 煩惱爲薪 智慧爲火 以是因緣 成涅槃飯 謂常樂我 令諸弟子 悉皆甘嗜"라고 하였다. [참고문헌] 『大般涅槃經』, *Sāṃkhy-k.22.* ⇨ 삼덕육미 三德六味 ❶

육바라 六波羅 육바라밀(六波羅蜜)의 줄임말. 『중허마하제경』 권5(대정장3, p.945c1)에 "육바라를 원만하게 실현하여 최상의 지혜를 성취한다. 圓滿六波羅 成就無上智", 『연종보감』 권10(대정장47, p.351c21)에 "이 보신이 다하면 함께 안양국에 나길 바라노니, 항상 육념과 육바라를 닦아야 하리라. 願盡此報身 同生安養國 常修六念 及六波羅", 『정토오회염불약법사의찬』 권말(대정장47, p.489a9)에 "소리 소리마다 모두 육바라를 설하네. 聲聲皆說六波羅"라고 하였다. [참고문헌] 『衆許摩訶帝經』, 『蓮宗寶鑑』, 『淨土五會念佛略法事儀讚』. ⇨ 육바라밀 六波羅蜜, 육도 六度

육바라밀 六波羅蜜 Ⓢ ṣaṭ-pāramitā, Ⓣ pha-rol-tu-phyin-pa-drug. 보살이 불도를 위해 닦아야 하는 여

섯 가지 행. 일체행(一切行)을 이 여섯 갈래 행으로 거둔다. 온전한 이름은 육바라밀다(六波羅蜜多)이다. 한역어는 육도(六度)·육도무극(六度無極)·육도피안(六到彼岸) 등이다. 육바라밀은 다음과 같다. 첫째, 보시바라밀(布施波羅蜜 Ⓢ dāna-pāramitā)은 시바라밀·단나(檀那)바라밀·보시도무극(布施度無極)이라고도 한다. 재시(財施)·법시(法施)·무외시(無畏施)로 나눈다. 인색한 마음(慳貪)을 물리치고 빈궁을 제거한다. 둘째, 지계바라밀(持戒波羅蜜 Ⓢ śīla-pāramitā)은 계바라밀·시라(尸羅)바라밀·계도무극이라고도 한다. 계를 지키고 악업을 물리침으로써 몸과 마음을 청정하게 한다. 셋째, 인욕바라밀(忍辱波羅蜜 Ⓢ kṣānti-pāramitā)은 인바라밀·찬제(羼提)바라밀·인욕도무극이라고도 한다. 남의 공격을 참아내어 분노를 물리침으로써 마음을 편안하게 한다. 넷째, 정진바라밀(精進波羅蜜 Ⓢ vīrya-pāramitā)은 진바라밀·비리야(毘梨耶)바라밀·정진도무극이라고도 한다. 나머지 바라밀을 행할 때 부지런히 하게 하여 게으름을 물리치고 선법(善法)을 늘린다. 다섯째, 선정바라밀(禪定波羅蜜 Ⓢ dhyāna-pāramitā)은 선바라밀·선나(禪那)바라밀·선도무극이라고도 한다. 선정을 닦아 산란한 마음을 물리침으로써 마음을 고요하게 가라앉힌다. 여섯째, 지혜바라밀(智慧波羅蜜 Ⓢ prajñā-pāramitā)은 혜바라밀·반야(般若)바라밀·명(明)도무극이라고도 한다. 어리석음을 물리침으로써 진실한 지혜를 열어 준다. 『대지도론』 권12(대정장25, p.145c1)에 "이 육바라밀은 능히 사람들이 인색한 마음 등 번뇌로 물든 큰 바다를 건너 저 언덕에 이르게 한다. 그러므로 바라밀이라 한다. 此六波羅蜜 能令人渡慳貪等 煩惱染著大海 到於彼岸 以是故名波羅蜜", 『증일아함경』 권19(대정장2, p.645b3)에 "부처님께서 미륵에게 이르셨다. '만일 보살마하살이 네 가지 법본을 행하고 육바라밀을 다 갖춘다면 속히 무상정진등정각을 이룰 것이다'. 佛告彌勒 若菩薩摩訶薩 行四法本 具足六波羅蜜 疾成無上正眞等正覺", 『법화경』 권1(대정장9, p.3c24 : *Saddh-p.*, p.17)에는 성문에게 사제법을 설하고 연각에서 십이인연을 설한다고 한 뒤에 "모든 보살을 위해서는 응당 육바라밀을 설해주어 아누다라삼막삼보리를 얻고 일체종지를 성취하도록 한다. 爲諸菩薩說應六波羅蜜 令得阿耨多羅三藐三菩提 成一切種智 bodhisattvānāṃ ca mahāsattvānāṃ ca ṣaṭpāram itāpratisaṃyuktam anuttarāṃ samyaksaṃbodhim ārabhya sarvajñajñānaparyavasānaṃ dharmaṃ deśayati sma", 『소품반야경』 권8(대정장8, p.571c1)에 "과거 부처님들께서도 모두 육바라밀에서 나셨고, 미래의 부처님들께서도 모두 육바라밀을 좇아 나실 것이며, 현재 시방에 계신 헤아릴 수 없는 아승기세계의 부처님들께서도 모두 육바라밀을 따라 나신다. 過去諸佛 皆從六波羅蜜生 未來諸佛 皆從六波羅蜜生 現在十方無量阿僧祇世界諸佛 皆從六波羅蜜生", 『대법거다라니경』 권3(대정장21, p.671b5)에 "바라밀이란 헤아릴 수 없고 그 수 또한 다 알 수 없어 그 끝 있을 수 없다. 이 때문에 바라밀이라 한다. 또한 바라밀은 가장 높고 뛰어나 범부와 모든 성문·벽지불 등은 그 경계가 아니다. 그러므로 바라밀이라 한다. 所言波羅蜜者 不可度量 不可數知 無有邊際 故名波羅蜜 又波羅蜜者 最爲尊勝 一切凡夫 一切聲聞 辟支佛等 非其境界 故名波羅蜜", 『대승밀엄경소』 권2(卍속장34, p.520a18)에 "일체바라밀이라 하지만, 간략하게 세 가지가 있다. 첫째 육바라밀, 둘째 십바라밀, 셋째 팔만사천바라밀문이다. 一切波羅蜜者 略有三種 一 六波羅蜜 二 十波羅蜜 三 八萬四千波羅蜜門"라 하였고, 『해심밀경』 권4(대정장16, p.705a8)에는 육바라밀을 계정혜(戒定慧) 삼학(三學)에 배대한다. 곧 보시·지계·인욕 바라밀은 증상계학(增上戒學)과 하나로 묶고, 선정바라밀은 증상심학(增上心學)에, 반야바라밀은 증상혜학(增上慧學)에 배대하고, 정진바라밀은 삼학 모두에 통한다 하였으나, 『유가사지론』 권49(대정장30, p.566b20)에는, 보시·지계·인욕·정진 바라밀을 증상계학으로 묶고, 나머지 둘은 각각 증상심학과 증상혜학에 배대하기도 하였다. 『아비달마잡집론』 권11(대정장31, p.746c24)에서는 육바라밀을 두 가지 보살도(菩薩道)에 배대하는데, 보시·지계·인욕 바라밀은 증상생도(增上生道 Ⓢ abhyudaya-mārga : 最勝生道), 정진·선정·반야 바라밀은 결정승도(決定勝道 Ⓢ niḥśreyasa-mārga)에 대응시켰다. 『대승장엄경론』 권8(대정장31, p.629b8)에는 육바라밀 각각이 지니는 다른 뜻을 자성(自性)·인(因)·과(果)·업(業)·상응(相應)·품류(品類)로 시설하기도 하였다. 『유가사지론』 권49(대정장30, p.565c18) 등에서는 육바라밀에 더하여 방편선교(方便善巧)·원(願)·역(力)·지(智)라는 사바라밀을 펼침으로써 도합 십바라밀을 보살의 구경행으로 삼아 이를 보살십지(菩薩十地)에 배대하였다.

[참고문헌] 『大智度論』, 『增壹阿含經』, 『法華經』, 『小品般若經』, 『大法炬陀羅尼經』, 『大乘密嚴經疏』, 『解深密經』, 『大乘莊嚴經論』, 『阿毘達磨雜集論』, 『瑜伽師地論』, 『菩薩地持經』 권1(대정장30, p.888b20), 『法界次第初門』 권하(대정장46, p.686a16), 『一切經音義』 권21(대정장54, p.439b18), *Saddh-p.* ⇨ 보시바라밀 布施波羅蜜, 단바라밀 檀波羅蜜, 계바라밀 戒波羅蜜, 시라바라밀 尸羅波羅蜜, 지계바라밀 持戒波羅蜜, 인욕바라밀 忍辱波羅蜜, 정진바라밀 精進波羅蜜, 비리야바라밀 毘梨耶波羅蜜, 선바라밀 禪波羅蜜, 반야바라밀 般若波羅蜜, 십바라밀 十波羅蜜, 바라밀 波羅蜜, 보살도 菩薩道, 보살육도요익 菩薩六道饒益, 증상생도 增上生道, 결정승도 決定勝道

육바라밀경 六波羅蜜經 ➡ 대승이취육바라밀다경 大乘理趣六波羅蜜多經

육바라밀경소 六波羅蜜經疏 『대승이취육바라밀다경 大乘理趣六波羅蜜多經』 10권(대정장8, No.261)을 풀이한 소. **1** 도홍(道弘) 지음. 10권. 『신편제종교장총록』 권1(한불전4, p.687a13)에 책 이름만 전한다. 〔참고문헌〕『新編諸宗敎藏總錄』. **2** 초오(超悟) 술. 4권(10권이라고도 함). 『동역전등목록』 권상(대정장55, p.1152a5) 등에 책 이름만 보인다. 〔참고문헌〕『東域傳燈目錄』, 『眞言密敎部類總錄』 권상(대정장55, p.1116b4).

육바라밀경수소의원 六波羅蜜經隨疏義苑 저작 시기 미상. 도홍(道弘) 지음. 10권. 저자가 지은 『육바라밀경소』에 따른 해설서로 보이나 『신편제종교장총록』 권1(한불전4, p.687a14)에 책 이름만 전한다. 〔참고문헌〕『新編諸宗敎藏總錄』.

육바라밀계 六波羅蜜戒 육바라밀을 계로 삼아 지킴. 보살이 지켜야 할 삼취정계(三聚淨戒) 중 섭선법계(攝善法戒)에서 거둔다. 『영락본업경』 권하(대정장24, p.1017a18) 등에 의지하며, 원효(元曉)의 『본업경소』 권하(한불전1, p.504a12)에 "육바라밀계는 섭선법계이다. 六波羅蜜戒者 是攝善法戒也"라고 하였다. 『권발보리심집』 권중 「수정문 受正門」(대정장45, p.388c16)에 "불자야, 지금의 몸이 불신이 되기까지 그 중간에 항상 단바라밀을 행하여 모두 빠짐없이 갖추고 게을러 범하는 일 없이 하니 만일 범한다면 보살이 아니다. 능히 지키겠느냐? 〈'능히 지키겠습니다' 답하도록 한다〉 佛子 從今身至佛身 於其中間 常行檀波羅蜜 悉令具足 不得懈怠有所犯 若犯非菩薩 能持不〈敎答能持〉", "반야바라밀〈단바라밀에 준하여 설한다〉. 다음으로 설하여 이르길 '불자야, 이 육바라밀계를 항상 마땅히 보호해 지켜야 하며 부지런히 닦고 익히며 게을리하지 말아야 하니, 만일 물러나 잃을 경우 42현성법으로 그 마음을 견고히 하여 고의로 범해서는 안 된다. 능히 지키겠느냐?'〈'능히 지키겠습니다' 라고 답한다〉. 般若波羅蜜〈准檀說之〉 次說云 佛子 此六波羅蜜戒 常當護持 勤行修習 勿令懈怠 若退失 四十二賢聖法 堅固其心 不得故犯 能持不〈敎答能持〉"라고 하였다. 〔참고문헌〕『瓔珞本業經』, 『本業經疏』, 『勸發菩提心集』. ⇨ 육바라밀 六波羅蜜, 섭선법계 攝善法戒

육바라밀다 六波羅蜜多 ➡ 육바라밀 六波羅蜜

육바라밀다상응경 六波羅蜜多相應經 Ⓢ ṣaṭ-pāramitā-pratisaṃprayukta. 육바라밀다와 상응하는 경. 『반야경』을 이르는 말. 『대반야경』 권302(대정장6, p.541a11)에 "사리자가 말했다. '세존이시여, 저들 선남자 선여인들이 만일 육바라밀다와 상응하는 경을 얻지 못할 경우 어떻게 설해야 저들이 이 육바라밀다를 얻을 수 있는지요?' 舍利子言 世尊 彼善男子 善女人等 若不得六波羅蜜多相應經時 如何可說 彼得此六波羅蜜多"라고 하였다. 〔참고문헌〕『大般若經』, *Pañca-pr.4.34*.

육바라밀화 六波羅蜜華 육바라밀로 피어난 꽃으로 십지행(十地行)이다. 육도화(六度華)라고도 한다. 『인왕경』 권하(대정장8, p.833b4)에 "그 이외의 일체중은 도적과를 증하고, 심공화·심수화·육바라밀화·묘각화 등으로 부처님 위로 그리고 일체중들에게 흩날렸다. 其餘一切衆 證道迹果 散心空華 心樹華 六波羅蜜華 妙覺華 而散佛上 及一切衆", 원측(圓測)의 『인왕경소』 권하(대정장33, p.424c23·한불전1, p.118b10)에 "심수화란 연생관이다. 십이연생을 꽃피는 나무라고 하고 육바라밀화란 십지행이다. 心樹華者 緣生觀也 十二緣生 名爲華樹 六波羅蜜華者 十地行也"라고 하였다. 〔참고문헌〕『仁王經』, 『仁王經疏』. ⇨ 십지 十地**2**, 육도화 六度華, 심공화 心空華, 심수화 心樹華

육바라이 六波羅夷 **1** 대승계 십중(十重) 즉 십바라이(波羅夷) 중 소승계 사바라이를 뺀 나머지에 해당되는 여섯 가지 중계(重戒). 『법화경삼대부보주』 권2(卍속장43, p.942b9)에 "더하여 육이를 제정한 것이 소승과 다를 뿐이다 : 소승에는 단지 음·살·도·망의 사바라이만 있을 뿐인데, 대승에서는 첫째 술을 팔며, 둘째 남의 잘못을 말하고, 셋째 스스로를 칭찬하고 남은 헐뜯으며, 넷째 인색하고, 다섯째 화내며, 여섯째 삼보를 비방하는 등 육바라이를 더하였으니 소승과 사바라이만 다를 뿐이다. 加制六夷 與小異耳 小乘但有 婬 殺 盜 妄 四波羅夷 大乘更加 一 沽酒 二 說人罪過 三 自讚毁他 四 慳 五 瞋 六 謗三寶 六波羅夷 故與小乘 但有其四 而爲異耳"라고 하였다. 〔참고문헌〕『法華經三大部補注』, 『法華玄義釋籤』 권8(대정장33, p.873b26), 『法華經玄籤備撿』 권2(卍속장44, p.603b9). **2** 재가보살이 지켜야 할 여섯 가지 무거운 계. ⇨ 육중계 六重戒

육박 六博 여섯 개의 막대와 바둑돌 등으로 하는 놀이. 36권본 『대반열반경』 권11 「성행품 聖行品」(대정장12, p.674b29)에 "저포·위기·바라새희·사자투·상투·탄기·육박·박국·척석·투호·견도·팔도행성 등 일체의 놀이와 웃음거리는 그 어떠한 것도 보거나 해서는 안 된다. 摴蒲圍碁 波羅塞戲 師子象鬪 彈碁六博 拍鞠擲石 投壺牽道 八道行成 一切戲笑 悉不觀作", 『일체경음의』 권59(대정장54, p.705b6)에 "박엄〈박은 박으로 하는 놀이이다. 여섯 막대나 여섯 개의 바둑돌을 쓰면 육박이라고 한다. 엄은 장막을 두른 것이다〉. 博掩〈博 博戲也 用六箸 六棊 謂之六博 掩 圍幕也〉"라고 하였다. [참고문헌] 『大般涅槃經』, 『一切經音義』, 『梵網菩薩戒經疏註』 권하(卍속장59, p.616a14). ⇨ 쌍륙 雙陸

육반신용 六般神用 여섯 가지 신통한 작용. 눈 등 여섯 가지 인식기관(六根)이 그 각각의 대상(六境)에 반응할 때 어떤 장애와 오염도 없이 자유자재한 경지를 말한다. 『증도가』(대정장48, p.395c22)에 "여섯 갈래로 신통하게 움직여 비었지만 빈 것 아니고, 한 덩이 둥근 빛 색이지만 색은 아니네. 六般神用空不空 一顆圓光色非色", 『증도가송』(卍속장114, p.874a1)에 "성에게나 범부에게나 다른 바탕 있을 리 없고, 불이문 열려 마음대로 가고 오거늘, 어찌 다시 유마힐에게 묻는가! 在聖在凡無異質 不二門開任往還 何須更問維摩詰"라고 하였고, 이에 대한 『증도가주』(卍속장114, p.907b14)에 각각 "은산은 다만 은산일 뿐이다. 銀山只是銀山", "철벽은 그저 철벽일 뿐이다. 鐵壁只是鐵壁"라고 착어하였다. [참고문헌] 『證道歌』, 『證道歌頌』, 『證道歌註』.

육반십팔동진 六反十八動震 육반 각각에 진과 동을 더해 이름 붙인 뜻. 보통 육반진동(六反震動) 또는 육종진동(六種震動)이라고 한다. 『사분율명의표석』 권34(卍속장70, p.919b3)에 "육반십팔동진 : 육반은 움직여, 일어나고, 솟구쳐, 떨치며, 소리쳐, 때리는 것이다. 동기용 세 가지는 모습이고, 진후격 세 가지는 소리다. 이 모습과 소리 중에서 각기 한 가지만을 들어 동진이라고 말하고, 육반에 다시 각각 세 가지 상이 있게 되면 드디어 십팔동진이 성립한다. 六反十八動震 六反者 一 動 二 起 三 涌 四 震 五 吼 六 擊 動起涌三種是形 震吼擊三種是聲 於此形聲中 各擧一種 故言動震 於六反中 復各有三相 遂成十八動震"라고 하였다. [참고문헌] 『四分律名義標釋』. ⇨ 육반진동 六反震動, 육종진동 六種震動, 십팔종진동상 十八種震動相

육반진동 六反震動 여섯 가지로 뒤쳐 떨치고 움직임. 육종진동(六種震動)이라고도 한다. 『범망육십이견경』(대정장1, p.270c14)에 "부처님께서 이 경을 설하실 때 삼천대천세계가 여섯 가지로 뒤쳐 떨쳐 움직였다. 佛說是經時 三千大千世界 六反震動", 『우란분경소초여의』(卍속장94, p.842a18)에 "육반진동은 응당 육종진동이라고 해야 한다. 『화엄경소』 권8(대정장35, p.561b28)에서 '진은 소리이고, 동은 모습과 소리를 겸한 것이다'라고 하였다. 六反震動 應云六種震動 大疏云 震卽是聲 動卽是形聲兼"라고 하였다. [참고문헌] 『梵網六十二見經』, 『盂蘭盆經疏鈔餘義』, 『華嚴經疏』, 『方廣大莊嚴經』 권12(대정장3, p.615b27). ⇨ 육종진동 六種震動

육방 六方 Ⓢ ṣaḍ-dig-bhāga, Ⓟ chaddisā, Ⓣ phyogs-drug. 동서남북 사방에 상하를 합친 방위. 시방(十方)에서 사유(四維)를 제한 것으로 법수 육(六)에 해당하는 여러 술어를 이 육방에 배대한다. 『장아함경』 권11 「선생경 善生經」(대정장1, p.70b11)에 "장자의 아들은 사악행을 여의고 육방으로 예경한다. 長者子離四惡行 禮敬六方", 『우바새계경』 권1(대정장24, p.1034b8)에 "우리 불법에도 육방이 있으니, 육바라밀을 말한다. 我佛法中 亦有六方 所謂六波羅蜜", 같은 책 권3(대정장24, p.1047a27)에 "재가보살이 우바새계를 받아서 지니고자 한다면 먼저 차제로 육방으로 공양해야 하니, 동방·남방·서방·북방·하방·상방이다. 在家菩薩 若欲受持優婆塞戒 先當次第供養六方 東方南方 西方北方 下方上方"라고 하였다. [참고문헌] 『長阿含經』, 『優婆塞戒經』, 『瑜伽師地論』 권44(대정장30, p.538c6), 『無量壽經連義述文贊』 권하(대정장37, p.163c19·한불전2, p.66b18), *Bodh-bh.174.*, *DN.3.181.* ⇨ 시방 十方, 사유 四維, 육방례 六方禮, 육방제불 六方諸佛

육방례 六方禮 육방을 예경하는 것. 육방 각각에 대상을 정하고 존중하고 예로써 대하는 것을 말한다. 『장아함경』 권11 「선생경 善生經」(대정장1, p.71c5)·『중아함경』 권33 「선생경」(대정장1, p.640c28)·『시가라월육방예경』(대정장1, p.251b1)·『선생자경』(대정장1, p.254a9) 등에서 시설하였다. 부처님께서 왕사성에 머무실 때 선생(善生 Ⓟ Siṅgālaka : 尸迦羅越)이라는 장자의 아들이 있었다. 선생은 장자의 유언에 따라 영문도 모른 채 바라문의 예법에 따라, 새벽에 일어나 육방을 향해 예배를 올렸다. 부처님께서 이를 보고 육방에 예경하는 뜻을 설하셨다. 곧 동방은 부모(父母), 남방은 사장(師長), 서방은 처부(妻婦), 북방은 친당(親黨), 상방은 사문(沙門)과 바라문(婆羅門), 하방은 동복(僮僕)에 각각 당한다. 『중아함경』 권33 「선생경」(대정장1, p.638c17)에 "거사의 아들 선생은 아버지가 돌아가신 후 새벽에 목욕을 하고서 새 추마의를 입고 손에는 싱싱한 구사엽을 쥔 채 물가로 가서 차수하고 육방을 향해 예배를 올렸다. 善生居士子 父命終後 平旦沐浴 著新芻磨衣 手執生拘舍葉 往至水邊 叉手向六方禮", 『장아함경』 권11 「선생경」(대정장1, p.72a28)에 "부모는 동방이고 사장은 남방이며 처부는 서방이고 친족은 북방이며 동복은 하방이고 사문은 상방이네. 여러 장자의 아들이 모든 방면을 예경하고, 섬겨 따름에 적당한 때를 잃지 않으면, 죽어서 모두 천상에 태어나리. 父母爲東方 師長爲南方 妻婦爲西方 親族爲北方 僮僕爲下方 沙門爲上方 諸有長者子 禮敬於諸方 敬順不失時 死皆得生天"라고 하였다. 팔리경전 디가니카야 제31경 *Siṅgālovāda-sutta*(*DN*.3, p.191)에서는 "부모는 동쪽, 스승은 남쪽, 자식과 아내는 서쪽, 친구와 지기는 북쪽이네. 하인과 일꾼은 아래쪽, 사문과 바라문은 위쪽, 가문에 재가자라 할 만한 이는 이들 방향으로 예배해야 하네. mātāpitā disā pubbā ācariyā dakkhiṇā disā, puttadārā disā paccā mittāmaccā ca uttarā. dāsakammakarā heṭṭhā uddhaṃ samaṇabrāhmaṇā, etā disā namassevya alamattho kule gihī"라고 하였다. [참고문헌]『長阿含經』, 『中阿含經』, 『尸迦羅越六方禮經』, 『善生子經』, 『優婆塞戒經』 권3(대정장24, p.1047a28), 『律宗新學名句』 권중(卍속장105, p.645b17), *DN.* ⇨ 육방 六方

육방예경 六方禮經 Ⓢ Śṛgālavāda-sūtra, Ⓟ Siṅgālovāda-sutta. 『시가라월육방예경 尸迦羅越六方禮經』(대정장1, No.16)의 줄인 이름. 『사분율행사초자지기』 권상(대정장40, p.227b15)에 "『육방예경』에는 부처님 재세 시 장자가 있었으니 이름이 시가라월(Ⓟ Siṅgālaka)이다. 일찍 일어나 육방 각각에 예를 올려 네 번씩 절을 하였다. 六方禮經 佛世有長者 名尸迦羅越 早起六方各禮四拜", 『율종신학명구』 권중(卍속장105, p.645b17)에 "육방예불〈출전은 『육방예경』이다〉. 六方禮佛〈六方禮經〉"라고 하였다. [참고문헌]『四分律行事鈔資持記』, 『律宗新學名句』. ⇨ 시가라월육방예경 尸迦羅越六方禮經

육방제불 六方諸佛 아미타불의 공덕을 찬탄하는 육방의 여러 부처님들. 육방마다에 주하시는 항하수 만큼의 부처님들로서 광장설상(廣長舌相)으로 삼천대천세계에서 아미타불의 불가사의한 공덕을 칭찬하시며 『아미타경』을 호념(護念)하신다. 『아미타경』(대정장12, pp.347b18~348a6 : *Sukh-vy. II*, pp.90~92)의 설로서 다음과 같다. 동방에는 아촉비불(阿閦鞞佛 Ⓢ Akṣobhya)・수미상불(須彌相佛 Ⓢ Meru-dhvaja)・대수미불(大須彌佛 Ⓢ Mahāmeru)・수미광불(須彌光佛 Ⓢ Meru-prabhāsa)・묘음불(妙音佛 Ⓢ Mañju-ghoṣa) 등이 주하신다. 남방에는 일월등불(日月燈佛 Ⓢ Candra-sūrya-pradīpa)・명문광불(名聞光佛 Ⓢ Yaśa-prabha)・대염견불(大焰肩佛 Ⓢ Mahārci-skandha)・수미등불(須彌燈佛 Ⓢ Meru-pradīpa)・무량정진불(無量精進佛 Ⓢ Ananta-vīrya) 등이 머무신다. 서방에는 무량수불(無量壽佛 Ⓢ Amitāyus)・무량상불(無量相佛 Ⓢ Amita-skndha)・무량당불(無量幢佛 Ⓢ Amita-dhvaja)・대광불(大光佛 Ⓢ Mahāprabha)・대명불(大明佛 Ⓢ Mahāraśmi-prabha)・보상불(寶相佛 Ⓢ Mahāratna-ketu)・정광불(淨光佛 Ⓢ Śuddha-raśmi-prabha) 등이 주하신다. 북방에는 염견불(焰肩佛 Ⓢ Mahārci-skandha)・최승음불(最勝音佛 Ⓢ Duṃdubhi-svara-nirghoṣa)・난저불(難沮佛 Ⓢ Duṣpradharṣa)・일생불(日生佛 Ⓢ Āditya-saṃbhava)・망명불(網明佛 Ⓢ Jālinī-prabha) 등이 계시며, 하방(下方)에는 사자불(師子佛 Ⓢ Siṃha)・명문불(名聞佛 Ⓢ Yaśas)・명광불(名光佛 Ⓢ Yaśa-prabhāsa)・달마불(達摩佛 Ⓢ Dharma)・법당불(法幢佛 Ⓢ Dharma-dhvaja)・지법불(持法佛 Ⓢ Dharma-dhara) 등이 머무신다. 상방(上方)에는 범음불(梵音佛 Ⓢ Brahma-ghoṣa)・수왕불(宿王佛 Ⓢ Nakṣatra-rāja)・향상불(香上佛 Ⓢ Gaṃdhottama)・향광불(香光佛 Ⓢ Gaṃdha-prabhāsa)・대염견불(大焰肩佛 Ⓢ Mahārci-skandha)・잡색보화엄신불(雜色寶華嚴身佛 Ⓢ Ratna-kusuma-saṃpuṣpita-gātra)・사라수왕불(娑羅樹王佛 Ⓢ Sālendra-rāja)・보화덕불(寶華德佛 Ⓢ Ratnotpala-śrī)・견일체의불(見一切義佛 Ⓢ Sarvārtha-darśa)・여수미산불(如須彌山佛 Ⓢ Sumeru-kalpa) 등이 항상 머무시고 광장설로 장엄하신다. 『아미타경요해』(대정장37, p.364b29)에 "다른 것을 믿는다는 것은 저 석가여래께는 결정코 헛된 말이 없으시고, 미타세존께는 결정코 헛된 서원이 없으시며, 육방제불의 광장설 또한 결정코 두 말이 없음을 믿는 것이다. 信他者 信彼釋迦如來決無誑語 彌陀世尊決無虛願 六方諸佛廣長舌決無二言", 『무량수경연의술문찬』 권하(대정장37, p.163c18・한불전2, p.66b18)에 "(서방정토에 나기 쉬운 이유 중) 둘째는 제불이 보호하며 잊지 않기(護念) 때문이다. 곧 『칭찬정토불섭수경』에서 '육방제불이 보호하며 잊지 않는다'는 등이 이것이다. 二 諸佛護念故 卽稱讚經曰 六方諸佛護念等是也"라고 하였다. [참고문헌]『阿彌陀經』, 『阿彌陀經要解』, 『無量壽經連義述文贊』, 『稱讚淨土佛攝受經』(대정장12, p.350a20), *Sukh-vy. II*. ⇨ 육방호념 六方護念

육방호념 六方護念 육방제불(六方諸佛)이 『아미타경』을 보호하며 잊지 않는 것(護念). 『아미타경』 법문의 진실성을 증명한다는 뜻에서 육방증성(六方證誠) 또는 육방증명(六方證明)이라고 한다. 『아미타경』(대정장12, p.347b22 : *Sukh-vy. II*, p.90)에 "(육방제불은) 정성스럽고 진실하게 '너희 중생들은 마땅히 이 「불가사의 공덕이라 칭찬하며 일체제불이 보호하며 잊지 않는 경」을 믿어야 한다'라고 설한다. 說誠實言 汝等衆生 當信是稱讚 不可思議功德一切諸佛所護念經 pratīyatha yūyam idam acintyaguṇaparikīrtanaṃ sarvabuddhaparigrahaṃ nāma dharmaparyāyam", 『아미타경의기』(대정장37, p.306a14)에 "설함에는 광략과 시간・장소가 같지 않다. 영추산(廣本 大經의 說法處)에서는 (왕생하는 인이 되는) 세 가지 정업을 드날렸고, 사위성(略本 小經의 說法處)에서는 육방에서 호념을 펼쳐보였다. 說有廣略時處不同 靈鷲宣揚三種淨業 舍衛敷演六方護念"라고 하였다. [참고문헌]『阿彌陀經』, 『阿彌陀經義記』, 『念佛鏡』 권말(대정장47, p.132a6), 『往生禮讚偈』

(대정장47, p.448a11),『淨土五會念佛略法事儀讚』권말(대정장47, p.486b1), *Sukh-vy.Ⅱ.* ⇨ 육방 六方

육백반야 六百般若 『대반야바라밀다경 大般若波羅蜜多經 *Mahāprajñāpāramitā-sūtra*』(대정장5~7, No. 220)의 별명. 육백 권이기에 이렇게 부른다.『삼국유사』권5(대정장49, p.1013c25·한불전6, p.360c13) 감통(感通)7 선율환생(善律還生)에 "망덕사 스님 선율은 시주 받은 돈으로 육백반야를 만들려 하였으나, 그 공을 마치기도 전에 갑자기 음부에 붙잡혀 명부에 이르렀다. 望德寺僧善律 施錢欲成六百般若 功未周 忽被陰府所追至冥",『목인잉고』권5「각금강경후서 刻金剛經後序」(가흥장35, p.504b25)에 "이제 이『금강경』1권이야말로 육백반야의 정미로운 요체다. 今此金剛一經 乃六百般若之精要"라고 하였다.〔참고문헌〕『三國遺事』,『木人剩稿』. ⇨ 대반야바라밀다경 大般若波羅蜜多經

육백육십법 六百六十法 Ⓢṣaṣṭy-uttarāṇi ṣat-prabheda-śatāni.『유가사지론』에서 말하는 일체법의 수.『유가사지론』권3(대정장30, p.293c14 : *Yogā-bh.*, p.69)에 "다시 또 법계를 한 가지로 세우기도 하는데, 이는 마음으로 행한 뜻에 의한 것을 말한다. 두 가지로 세우기도 하는데, 이는 방편으로 거둔 법과 방편 아닌 법으로 거둔 법을 말한다. 세 가지로 세우기도 하는데, 이는 유색무색과 유위무위를 말한다. … 만약 안이나 밖이라 하면 육처로 거두는 법이니 차별을 분별하면 육백육십법이 있게 된다. 復次法界 或立一種 謂由意所行義 或立二種 謂假所攝法 非假所攝法 或立三種 謂有色無色及有爲無爲 … 若內若外 六處所攝法 差別分別 有六百六十 sa punar ekavidho dharmadhātur manogocarārthena. dvividhaḥ. prajñaptidharmasaṃgṛhīto ʼprajñaptidharmasaṃgṛhītaś ca. trividho rūpyarūpī saṃskṛtāsaṃskṛtaś ca … tāny etāny ādhyātmikabāhyānāṃ āyatanānāṃ ṣaṣṭyuttarāṇi ṣaṭ prabhedaśatāni",『백법명문론논의』(卍속장76, p.852a3)에 "이제 유식종에서 단지 백법만을 말한 것은, 처음에 미륵보살이 유식관을 닦음으로 인하여 만법의 광박함을 알았으나 둔근중생은 닦아 익히기 어렵다 여겨 만법 중에서 가장 절실하고 요긴한 것으로 '육백육십법'을 특별히 뽑아『유가사지론』을 짓고 드러내 밝혔으니, 간명하다고 할 만하다. 천친보살에 이르러 도솔천으로부터 받은 미륵의 상종법문을 또 번잡하다고 보아, 육백육십법 중에서 강요를 가려내어 모두 백법이 되게 하여 이미 대승의 깊은 뜻 다했다. 그러므로 논서를 지어『백법명문론』이라 하였은 즉 이 백법을 밝히는 것이 대승에 들어가는 문임을 말한다. 따라서 유식을 알고자 하면 먼저 이 백법을 밝혀야 하니, 이 백법은 바로 팔식이 변한 것일 뿐이다. 今唯識宗 但言百法者 始因彌勒菩薩 修唯識觀 見得萬法廣博 鈍根衆生 難以修習 故就萬法中 最切要者 特出六百六十法 造瑜伽師地論 以發明之 可謂簡矣 及至天親菩薩 從兜率稟受 彌勒相宗法門 又見其繁 乃就六百六十法中 提出綱要 總成百法 已盡大乘奧義 故造論曰百法明門 謂明此百法 可入大乘之門矣 故欲知唯識 要先明此百法 以此百法 乃八識所變耳"라고 하였다.〔참고문헌〕『瑜伽師地論』,『百法明門論論義』, *Yogā-bh.* ⇨ 오위백법 五位百法, 백법 百法

육번뇌 六煩惱 Ⓢṣaḍ kleśa. 여섯 가지 근본번뇌. 탐(貪)·진(瞋)·치(癡)·만(慢)·의(疑)·악견(惡見)을 말하며, 육수면(六隨眠)·육대번뇌(六大煩惱)라고도 한다. 이 중에서 '악견'을 유신견(有身見)·변집견(邊執見)·사견(邪見)·견취견(見取見)·계금취견(戒禁取見)의 오견(五見)으로 나누면 육번뇌는 십수면(十隨眠)이 된다. 이에 다시 나눠 오견은 오리사(五利使), 나머지 다섯 번뇌는 오둔사(五鈍使)라 한다.『유가사지론』권55(대정장30, p.603a21)에 "〔문〕번뇌의 자성은 몇 가지인가?〔답〕여섯 가지니, 첫째 탐, 둘째 진, 셋째 치, 넷째 무명, 다섯째 견, 여섯째 의이다. 問 煩惱自性有幾種 答 有六種 一 貪 二 瞋 三 無明 四 慢 五 見 六 疑",『성유식론』권6(대정장31, p.31b16)에 "〔송〕번뇌란 탐욕·분노·어리석음·만·의심·악견을 말한다네.〔논〕이 탐 등 여섯 자성은 근본번뇌로 거두기에 번뇌라는 이름을 얻었다. 頌曰 煩惱謂貪瞋 癡慢疑惡見 論曰 此貪等六性是根本煩惱攝故 得煩惱名", "무엇이 탐인가? 삼유와 그 유에 염착함을 성으로 삼아 무탐을 장애하여 고통을 낳고 업으로 삼는다. 즉 갈망의 힘으로 오취온이 생기기 때문이다. 云何爲貪 於有有具 染著爲性 能障無貪 生苦爲業 謂由愛力 取蘊生故", "무엇이 진인가? 삼고와 고를 갖춰 미워하고 성냄으로 성을 삼아 무진을 장애하여 불안과 악행의 의지함을 업으로 삼는다. 즉 진은 반드시 몸과 마음을 매우 괴롭혀서 여러 악업을 일으키게 하는 불선의 성이기 때문이다. 云何爲瞋 於苦苦具 憎恚爲性 能障無瞋 不安惡行所依爲業 謂瞋必令身心熱惱 起諸惡業 不善性故", "무엇이 치인가? 모든 이사에 미혹하고 어두움을 성으로 삼아 무치를 장애하고 모든 잡염법의 의지함을 업으로 삼는다. 즉 무명에 의해서 의·사견·탐 등 번뇌와 수번뇌업을 일으켜서 후생의 잡염법을 초래하기 때문이다. 云何爲癡 於諸理事 迷闇爲性 能障無癡 一切雜染所依爲業 謂由無明 起疑邪見貪等 煩惱隨煩惱業 能招後生雜染法故", "무엇이 만인가? 타인보다 자신을 추켜세워 성으로 삼아 불만을 장애하여 고통을 일으켜 업으로 삼는다. 즉 만이 있으면 덕이나 덕 있는 이에게 마음을 겸손히 내리지 않는다. 이렇게 생사윤회함이 끝이 없고 모든 고통을 받는다. 云何爲

慢 恃己於他高擧爲性 能障不慢 生苦爲業 謂若有慢 於德有德 心不謙下 由此生死輪轉無窮 受諸苦故", "무엇이 의인가? 모든 제의 뜻에 대해 유예를 성으로 삼아 불의선품을 장함을 업으로 삼는다. 유예란 선이 생겨날 수 없게 한다. 云何爲疑 於諸諦理 猶豫爲性 能障不疑善品爲業 謂猶豫者 善不生故", "무엇이 악견인가? 모든 제의 뜻에 대해 뒤집고 좇아 물든 분별만을 구함으로 성으로 삼고, 능히 선견 장애하여 고통을 부르는 것을 업으로 삼는다. 악견은 많은 고통을 받는다. 云何惡見 於諸諦理 顚倒推求染慧爲性 能障善見招苦爲業 謂惡見者 多受苦故"라고 하였다. [참고문헌]『瑜伽師地論』, 『成唯識論』. ⇨근본번뇌 根本煩惱, 오리사 五利使, 오둔사 五鈍使, 번뇌 煩惱, 육수면 六隨眠, 십수면 十隨眠

육번뇌 肉煩惱 삼번뇌(三煩惱 : 三麤重) 중 하나. 보살 십지 중 팔지(八地) 이상에서 끊어지는 번뇌. 부장(膚障)·부과(膚過)·부추중(膚麤重)·육번뇌장(肉煩惱障)이라고도 한다. 『섭대승론석』 권4(대정장31, p.180b3)에 "만약 이 이름으로 내법을 분별하여 혹 더하거나 혹 덜하며, 정리를 부수기도 비리를 세우기도 하니 이름이 육번뇌다. 若以此名 分別內法 或增或減 壞正理立非理 名肉煩惱", 『삼무성론』 권상(대정장31, p.870b29)에 "육번뇌는 아만사의 부류이다. 肉煩惱 卽我慢事類"라고 하였다. [참고문헌]『攝大乘論釋』, 『三無性論』. ⇨삼번뇌 三煩惱❷, 상품번뇌 上品煩惱❷

육번뇌구 六煩惱垢 Ⓢṣaṭ-kleśa-mala, Ⓣnyon-mongs-pa'i-dri-ma-drug. 육구(六垢)의 갖춘 이름. 육번뇌와 함께하는 불선법 중 여섯 구. 『대비바사론』 권47(대정장27, p.245c29)에 "수면은 또한 육번뇌구를 이끄는데, 육번뇌구 중 해와 한은 진의 등류이고 뇌는 견취의 등류이며 광과 교는 탐의 등류이고 첨은 오견의 등류이다. 隨眠 亦引六煩惱垢 謂害恨垢 是瞋等流 惱垢是見取等流 誑憍垢 是貪等流 諂垢 是五見等流"라고 하였다. [참고문헌]『大毘婆沙論』, 『俱舍論記』 권15(대정장41, p.250b2), *Abh-k-bh.313·314.* ⇨육구 六垢

육범 六凡 육도(六道)의 범부. 지옥·아귀·축생·수라·인간·천을 말한다. 육도범부(六道凡夫)·육범법계(六凡法界)라고도 한다. 『유마경약소수유기』 권8(대정장38, p.810b20)에 "아비지옥은 육범의 시작이고, 등각위는 사성의 끝이다. 阿鼻是六凡之始 等覺是四聖之終", 『관음현의기』 권4(대정장34, p.915b14)에 "고락으로 나누면 사취는 고, 인천은 낙이다. 또는 육범은 고이고, 사성은 낙이다. 또는 구계는 고이고, 불계는 낙이다. 若分苦樂者 應以四趣爲苦 人天等爲樂 或六凡爲苦 四聖爲樂 或九界爲苦 佛界爲樂", 『종경록』 권4(대정장48, p.435c14)에 "육범법계란 첫째 천법계, 둘째 인법계, 셋째 수라법계, 넷째 지옥법계, 다섯째 아귀법계, 여섯째 축생법계이다. 六凡法界者 一 天法界 二 人法界 三 脩羅法界 四 地獄法界 五 餓鬼法界 六 畜生法界"라고 하였다. [참고문헌]『維摩經略疏垂裕記』, 『觀音玄義記』, 『宗鏡錄』. ⇨육도범부 六道凡夫, 육범사성 六凡四聖, 범부 凡夫, 육도 六道, 육취 六趣

육범법계 六凡法界 ➡육범 六凡

육범사성 六凡四聖 육범과 사성. 육도의 범부와 성문·연각·보살·불 등의 성인. 양자를 합해 십계(十界)라고도 한다. 『원각경심경』 권1(卍속장93, p.958b4)에 "법계란 곧 십법계고 육범과 사성이다. 法界 卽十界法 六凡四聖也", 『능엄경설약』(卍속장89, p.361a1)에 "무릇 육범과 사성이란 모두 마음에서 비롯됨을 알아야 한다. 무명에 물든 연을 따르면 구계가 생겨나고, 교행의 맑은 연을 따르면 불계가 나타난다. 須知六凡四聖 皆由於心 隨無明之染緣 則生九界 隨敎行之淨緣 則出佛界"라고 하였다. [참고문헌]『圓覺經心鏡』, 『楞嚴經說約』. ⇨육범 六凡, 사성 四聖❶, 사성육범 四聖六凡, 십계 十界❷, 구계 九界, 불계 佛界

육범상지력 六凡常之力 여섯 가지 늘 쓰는 힘. 육종력(六種力)·육력(六力)이라고도 한다. 어린 아이, 여인, 사문 또는 바라문, 국왕, 아라한, 제불세존의 여섯 류가 각기 늘상 행하는 방편의 힘이다. 『증일아함경』 권31(대정장2, p.717b18)에 "세존께서 여러 비구에게 알리셨다. '여섯 가지 늘 행하는 힘이 있으니, 무엇이 그 여섯인가? 어린 아이는 우는 것을 힘으로 삼으니 말하고 싶은 것이 있으면 반드시 먼저 운다. 여인은 성냄을 힘으로 삼으니 먼저 성낸 다음에 말한다. 사문과 바라문은 참는 것을 힘으로 삼으니 항상 생각을 내려놓고 남보다 자신을 낮춘 다음에 자신의 의견을 말한다. 국왕은 교만을 힘으로 삼으니 이 강한 세로써 자신의 의견을 말한다. 그러나 아라한은 오롯한 정진을 힘으로 삼고서 자신의 의견을 말하고, 제불세존은 대자비를 이루었으니 대비를 힘으로 삼아서 중생을 널리 이롭게 한다'. 世尊告諸比丘 有六凡常之力 云何爲六 小兒以啼爲力 欲有所說要當先啼 女人以瞋恚爲力 依瞋恚已 然後所說 沙門婆羅門以忍爲力 常念下 下於人 然後自陳 國王以憍慢爲力 以此豪勢 而自陳說 然阿羅漢以專精爲力 而自陳說 諸佛世尊成大慈悲 以大悲爲力 弘益衆生"라고 했는데, 상응하는 팔리경전에서는 아라한과 제불세존의 힘 대신 도둑·우인(愚人)·현인(賢人)·지식인(知識人)의 힘을 더하였다. 앙굿타라니카야 앗타카니파타(Aṭṭhaka-nipāta) 제27경 *Paṭhamabala-sutta*(*AN.4,* p.223)에

"비구들이여, 여덟 가지 힘이 있다. 무엇이 여덟인가? 비구들이여, 아이들은 우는 힘, 여인은 성내는 힘, 도둑은 흉기의 힘, 왕은 통치의 힘, 어리석은 이는 불만의 힘, 현인은 만족의 힘, 지식인은 성찰의 힘, 사문・바라문은 인욕의 힘이 있다. 이것이 비구들이여, 여덟 가지 힘이다. aṭṭhimāni bhikkhave balāni. katamāni aṭṭha. ruṇṇabalā bhikkhave dārakā kodhabalo mātugāmo āvudhabalā corā issariyabalā rājāno ujjhattibalā bālā nijjhattibalā paṇḍitā paṭisaṅkhānabalā bahussutā khantibalā samaṇabrāhmaṇā. imāni kho bhikkhave aṭṭhabalānīti"라고 하였다. 한편 원효(元曉)는 『기신론소』 권상(한불전1, p.700c3)에서 범상지력을 범성지력(凡聖之力)이라고 하여 제불세존과 나머지 다섯 류를 달리하였다. [참고문헌] 『增壹阿含經』, 『起信論疏』, 『法華義疏』 권2(대정장34, p.475c5), 『法苑珠林』 권64(대정장53, p.779a20), 『翻譯名義集』 권4(대정장54, p.1120c3), *AN*. ⇨ 범성 凡聖

육법 六法 **1** 가져 잊지 않아야 할 여섯 가지 법. 불법승 삼보와 시계천(施戒天) 삼론을 잊지 않는 것. 육념(六念)・육수념(六隨念)이라고도 한다. 『마하지관』 권6(대정장46, p.77c25)에 "또는 육법이 약이 되는데, 육념처를 가리킨다. 지관으로 깨달아 견혹과 사혹이 그대로 불법계여서 법신에 무너짐 없는 것이 염불이라 하고, 항상 기억해 가져 멈춰 관하니 지관으로 하나와 다른 상들 분별하지 않으면 그 이름 념법이다. 그쳐 관한 뜻으로 고르게 함이 바로 무위상이니 이것은 념승이다. 지관으로 따를 길과 계가 있으면 이는 염계라 하며, 지관이 곧 제일의이면 그 이름 염천이고, 지관이 견혹과 사혹을 버리면 염사다. 或六法爲藥 謂六念處 以止觀覺 見思惑卽是佛法界 不破法身 名念佛 常憶持止觀 不分別止觀一異相 名念法 止觀理和是無爲相 故名念僧 止觀有隨道戒 名念戒 止觀卽第一義 名念天 止觀捨見思惑 名念捨"라고 하였다. [참고문헌] 『摩訶止觀』, 『長阿含十報法經』 권상(대정장1, p.236a27), 『優婆塞戒經』 권2(대정장24, p.1045b10). ⇨ 육념 六念[1] **2** 식차마나(式叉摩那 Ⓢ śikṣamāṇā) 즉 정학녀(正學女)가 지켜야 할 여섯 가지 계. 육법계(六法戒)・육법사(六法事)・정학율의(正學律儀)라고도 한다. 구족계를 받기 전 2년 동안 수습한다. 『사분율수현록』 권2(卍속장95, p.329a12)에 "육법이란 다음과 같다. 첫째, 번뇌에 물든 마음으로 남자와 어루만지거나 접촉하지 않는다. 첫 계 범함을 막기 때문이다. 둘째, 남의 돈 4전을 훔치지 않는다. 이로써 대도계 범함을 막는다. 셋째, 개미 같은 미물이라도 죽여서는 안 된다. 살인을 막기 위해서다. 넷째, 소망어를 하지 않는다. 대망어를 막기 위해서다. 이들 네 가지는 오편(五篇) 중 첫 범주의 네 가지 근본계(四波羅夷)를 미리 보호하기 위해서다. 다섯째, 때 아닌 때 먹는 것이다. 여섯째, 술 마시는 것이다. 이 두 가지는 차계다. 지금까지 설한 여섯 가지 법들은 여인들이 좋아하는 것들이기에 치우쳐 제정하여 배우게 한다. 六法者 一 不受染心男子摩觸 防初戒故 二 不盜四錢 防大盜故 三 不煞蟻子 防煞人故 四 不得小妄語 防大妄語故 此四爲護初篇根本四性戒故 五 非時食 六 飮酒 此二是遮戒 此六種法 女人喜爲 偏制令學也"라고 하였다. [참고문헌] 『四分律搜玄錄』, 『四分律行事鈔』 권하(대정장40, p.155a13). ⇨ 식차마나 式叉摩那, 정학녀 正學女, 이년학계 二年學戒, 오편칠취 五篇七聚, 계 戒 **3** 열반에 드는 여섯 가지 법. 수식(數息)・수식(隨息)・지심(止心)・수관(修觀)・환(還)・정(淨)의 육묘문(六妙門)을 가리킨다. 『법계차제초문』 권상(대정장46, p.673a17)에 "여기서 설하는 육법 중 앞의 셋은 정이고 뒤의 셋은 혜다. 정을 좋아하고 혜로 살피면 능히 참된 밝음 드러나 생사로부터 벗어날 수 있으니, 어찌 위와 같겠는가? 이 여섯을 모두 묘문이라고 부르는 것은 열반을 묘문이라고 하는데, 능히 육법에 통한다는 뜻이다. 서로 통하여 참되고 미묘한 열반에 이르기에 이들을 묘문이라고 한다. 今之六法 前三是定 後三是慧 定愛慧察 能發眞明 出離生死 豈同上也 此六通言妙門者 涅槃爲妙門 謂能通六法 次第相通 能至眞妙泥洹 故云妙門"라고 하였다. [참고문헌] 『法界次第初門』, 『圓覺經心鏡』 권6(卍속장93, p.1044b7). ⇨ 육묘문 六妙門 **4** 여래가 끊임없이 행하는 여섯 가지 일. 『증일아함경』 권31(대정장2, p.719b2)에 "세존께서 말씀하셨다. '세간에서 복을 구하는 사람 중에 나보다 더한 이는 없다. 여래가 육법을 행함에 싫어하거나 족하여 그만두는 일이 없기 때문이다. 여섯 가지란, 첫째 보시, 둘째 가르쳐 깨우치는 일, 셋째 참아냄, 넷째 법을 설함, 다섯째 중생을 아껴 보호함, 여섯째 위없고 바르며 참된 깨달음을 구하는 여섯 가지 일이다. 아나율이여! 여래는 이들 여섯 가지 일에 대해 싫어하거나 만족함이 없다'. 世尊告曰 世間求福之人 無復過我 如來於六法 無有厭足 云何爲六 一者 施 二者 敎誡 三者 忍 四者 法說義說 五者 將護衆生 六者 求無上正眞之道 是謂六 阿那律 如來於此六法 無有厭足"라고 하였다. [참고문헌] 『增壹阿含經』. **5** 여섯 가지 장애가 되는 법. 『수호국계주다라니경』 권6(대정장19, p.550a22)에 "또한 육법이 있어서 장애가 된다. 부처님을 존경하지 않고, 부처님이 설한 일체의 가르침을 존경하지 않으며, 승가를 존경하지 않고, 계율을 존경하지 않으며, 선정을 존경하지 않고, 선지식들을 존경하지 않는 것을 말한다. 復有六法能爲障礙 謂不尊敬佛 不尊敬法 不尊敬僧 不尊敬戒 不尊敬定 不能尊敬諸善知識"라고 하였다. [참고문헌] 『守護國界主陀羅尼經』. **6** ➡ 육법령타환희 六法令他歡喜

육법계 六法戒 식차마나(式叉摩那 Ⓢ śikṣamāṇā)가 수습할 여섯 가지 계. 육법이라고도 하고, 2년 동안 배우는 계라는 의미에서 이년학계(二年學戒) 또는 이세학계(二歲學戒)라고도 한다. 『법계차제초문』 권상(대정장46, p.671a16)에 "이어 마땅히 밝힌다. 재가 우바새·우바이는 하루 낮과 밤 동안 팔계를, 출가 사미·사미니는 십계를, 식차마나니는 육법계를, 비구·비구니는 십종득계와 오편칠취상을, 보살은 십중사십팔경계 및 삼천위의와 팔만율의를 가진다. 次此應明在家優婆塞優婆夷 一日一夜八戒 出家沙彌沙彌尼十戒 式叉摩那尼六法戒 比丘比丘尼十種得戒 五篇七聚相 乃至菩薩十重四十八輕戒 及三千威儀 八萬律儀"라고 하였다. 〔참고문헌〕『法界次第初門』. ⇨ 육법 六法❷, 이년학계 二年學戒

육법공양 六法供養 여섯 가지로 공양함. 이공(理供)과 사공(事供)에 각각 여섯가지로 공양한다. 이공은, 「재공편 齋供篇」 '영산각배 靈山各拜'(『석문의범』 권상, p.126a15)에 "육법공양 : 만년토록 천자의 수명을 비오니 적시어 오분법왕신을 이루소서. 전단림 속 우두머리를 차지하고 난향·사향 무더기 중에 상품을 차지하였네. 六法供養 曾祝萬年天子壽 熏成五分法王身 栴檀林裡占都魁 蘭麝叢中居上品", "해탈향 절하여 올립니다. 계정의 진향 기운 하늘 위에 닿고, 시주의 굳은 정성 금화롯가에서 태우니 잠깐 사이에 자욱하여 곧 시방에 두루하네. 옛날 야수도 어려움 면하여 재장을 없애네. 拜獻解脫香 戒定眞香 氛氣衝天上 施主虔誠 爇在金爐傍 頃刻氤氳 卽遍滿十方 昔日耶輸 免難除災障", "반야등을 절하여 올립니다. 층층 등불 대천에 두루 비치며 지혜의 마음 등불 밝고 또렷하여 절로 그러하네. 나 이제 절로 등잔을 채워 먼 하늘 비추니 광명으로 어둠을 부수고 죄를 없애 복 가없네. 拜獻般若燈 燈光層層遍照於大千 智慧心燈明了得自然 我今自然滿盞照長天 光明破暗滅罪福無邊", "만행화를 절하여 올립니다. 모란 작약 있어도 연꽃이 가장 존귀하여 일찍이 여래께 드려 진금색의 몸을 베풀었네. 구품 못 중에 보리아들 화생하니 금전을 아까워하지 않고 사서 용화회상에 바친다네. 拜獻萬行花 牧丹芍藥蓮花爲尊貴 曾與如來襯足眞金體 九品池中化生菩提子 不惜金錢買獻龍華會", "보리과를 절하여 올립니다. 은행·복숭아·여지·용안과, 가지 달린 능금과 비파 쌍으로 늘어졌네. 맡아지고 적셔지는 향기로 맛있는 맛 많으며 오얏·능금·빈파를 여래좌에 바칩니다. 拜獻菩提果 金杏盤桃荔芰龍眼果 帶葉林檎琵琶成雙朶 氛鼻熏香成就滋味多 李柰蘋婆獻上如來座", "감로다를 절하여 올립니다. 온갖 풀과 꽃잎으로 차꽃술을 이루어 옥사발로 끓여냄은 양자강 심수로다. 어둠을 깨트린 장주는 나비되어 놀라 꿈에서 돌아왔고, 혼미함 씻어버린 조씨는 좋은 맛 알도다. 拜獻甘露茶 百草花葉採取成茶蘂 烹出玉甌楊子江心水 破暗莊周蝴蝶驚夢廻 滌去昏迷趙氏知滋味", "선열미를 절하여 올립니다. 먹기에 맛있는 소락은 하늘부엌에서 만들어 내어 공양하며, 성도 당초에 목녀가 먼저 와서 드렸네. 노모 일찍이 받침 가져와 금쟁반에 올려 여래대각석가존께 바쳤도다. 拜獻禪悅味 食味酥酪造出天廚供 成道當初牧女先來送 老母曾將托在金盤奉 獻上如來大覺釋迦尊"라고 하였다. 사공은 긍선(亘璇)의 『작법귀감』 권상(한불전10, p.556a10)과 「안위공양 安慰供養」(『석문의범』 권상, p.163a15)에 향·등·화·과·다·미(米)를 들었고, 『백열록』 「화공양기 花供養記」(한불전12, p.533a21)에 "향·등·꽃·과일·차·밥 육법공양. 香燈花果茶飯 六法供養"라고 하였다. 〔참고문헌〕『釋門儀範』, 『作法龜鑑』, 『栢悅錄』, 『雲水壇歌詞』(한불전7, p.746a19). ⇨ 공양 供養

육법공양 감로탱 원광대박물관 1750년

육법니 六法尼 여섯 가지 법(六法)을 가져 배우는 식차마나(式叉摩那 Ⓢ śikṣamāṇā). 『범망보살계경소주』 권하(卍속장59, p.626b15)에 "육법니란 식차마나로서 여섯 가지 법을 배우는 이다. 六法尼 卽式叉摩那學六法者"라고 하였다. 〔참고문헌〕『梵網菩薩戒經疏註』, 『梵網菩薩戒經義疏發隱』 권5(卍속장59, p.795a5). ⇨ 식차마나 式叉摩那, 육법 六法❷, 정학녀 正學女

육법령타환희 六法令他歡喜 여섯 가지 법으로 다른 이를 기쁘게 함. 『유부율잡사』 권35(대정장24, p.383c23)에 "너희 비구들이여! 또한 육법령타환희가 있으니 그대들은 마땅히 잘 들어라. 汝等苾芻 復有六法令他歡喜 汝應諦聽", "첫째, 나는 이제 다음과 같이 신업으로 자비를 행하니, 부처님의 처소나 성현들이 함께하는 범행처에서 자선심을 일으켜 몸으로 예경하며, 물 뿌려 쓸고 바르며 만다라를 만들고 온갖 꽃들 배열하고 향을 살라 공양하며, 또한 손발을 안마해 주고 저 병고를 보면 무엇이든 해 준다. 一者 我今應以身業行慈 謂於大師所 及諸賢聖同梵行處 起慈善心 以身禮敬 灑掃塗拭 作曼荼羅 布列衆華 燒香供養 或復爲其按摩手足 若見病苦 隨時供給", "둘째, 나는 이제 다음과 같이 어업으로 자비를 행한다. 부처님의 처소나 성현들 함께하는 범행처에서 자선심을 일으켜 말로 그들의 진실한 덕을 찬탄하며 드러내고, 듣지 못한 이들도 널리 알게 하며, 밤낮으로 쉬지 않고 경전을 독송한다. 二者 我今應以語業行慈 謂於大師所及諸賢聖同梵行處 起慈善心 以語讚歎 彰其實德 他不聞者 令其普知 讀誦經典 晝夜無歇", "셋째, 나는 이제 다음과 같이 의업으로 자비를 행한다. 성현들이 함께 하는 범행처에서 자선심을 일으켜 시기하거나 인색하거나 질투하는 생각을 내지 않으며, 신어업으로 자비 행함에 생각만으로 사유하여 설령 위급하고 곤란한 상황이 와도 잠시도 멈추지 않아야 하니 하물며 평안하게 있으면서 바른 생각을 어그러뜨릴 수 없다. 또한 모든 함식들에 연민심 일으켜 그들의 목숨을 해치거나 고초를 겪게 하지 않으니 번뇌 멀리 벗어나 해탈처에 이르게 한다. 三者 我今應以意業行慈 謂於賢聖同梵行處 起慈善心 不生妬害慳嫉之想 於身語業所有行慈 繫念思惟 無令斷絶 設在危難 亦不暫停 況復平居而乖正念 於諸含識 起悲愍心 不斷其命 不行楚苦 遠離煩惱 至解脫處", "넷째, 모두가 여법한 이양이나 발우 안에 얻은 적은 음식이라도 다 같이 기뻐하며 다른 이들과 함께하니 은폐된 곳에서 먹지 않으며, 함께 범행을 행하는 이들에 대해 피차가 없이 한다. 四者 諸有所得如法利養 乃至鉢中獲少飮食 悉皆歡喜 共他受用 不屛處食 於同梵行者 情無彼此", "다섯째, 받은 계를 깨뜨리거나 구멍 내지 않고 섞이거나 더러워지지 않게 하여 처음도 끝도 깨끗하게 가져 지혜로운 이들이 찬탄할 바 되며, 함께 범행하는 이들 가벼이 업신여기지 않아 함께 정계를 가져 법식을 함께한다. 五者 於所受戒 不破不穴 不雜不垢不穢 初後淨持 智人所讚 同梵行者 不生輕鄙 共持淨戒 法食俱同", "여섯째, 정견을 일으켜 의혹이 없으니 이 성스런 벗어남이다. 능히 부술 수 없고 속히 고통의 끝 다하리니 함께 범행하는 이들과 더불어 이 정견 함께하네. 六者 能生正見 無有疑惑 是聖出離 無能破壞 速盡苦邊 與同梵行者 共同此見"라고 하였다. 〔참고문헌〕『有部律雜事』.

육법불이 六法不異 여섯 가지 법에 다름이 없음. 방편으로 세운 이름일 뿐 깊은 뜻에서 다르지 않음이니, 사(捨)·무기(無起)·무념(無念)·이상(離相)·무주(無住)·무희론(無戱論)을 말한다. 『돈오입도요문론』 권상(卍속장110, p.843b3)에 "다시 여섯 가지 법이라는 이름을 붙이지만 다르지 않다. 첫째는 사, 둘째는 무기, 셋째는 무념, 넷째는 이상, 다섯째는 무주, 여섯째는 무희론이다. 이와 같은 여섯 가지 법은 주어진 일에 따르는 방편으로 잠시 세운 명자일 뿐 깊은 뜻에서는 둘도 없고 다르지도 않다. 다만 한번 버린 즉 일체의 버림이고, 일어남 없다 하면 일체가 일어나지 않음인 줄 알아야 한다. 길 잃은 사람들은 이렇게 못하므로 모두들 차이가 있다고 여긴다. 今更名六法不異 一 捨 二 無起 三 無念 四 離相 五 無住 六 無戱論 如是六法 隨事方便 假立名字 至於妙理 無二無別 但知一捨卽一切捨 無起卽一切無起 迷途不契 悉謂有差"라고 하였다. 〔참고문헌〕『頓悟入道要門論』.

육법사 六法師 ➡ 육종법사 六種法師

육법장 六法藏 ❶ 성문삼장(聲聞三藏)과 보살삼장(菩薩三藏)을 합한 육장(六藏)을 말한다. ⇨ 육장 六藏 ❷ 여섯 가지 법장. 바이셰쉬카(Ⓢ Vaiśeṣika : 勝論)의 육구의(六句義 Ⓢ ṣaṭ-padārtha)를 가리킨다. 『대지도론』 권10(대정장25, p.133b18)에 "〔문〕 어째서 방(方 Ⓢ diś)은 없다고 말하는가? 그대의 사법장(四法藏 : 四諦)에서는 설하지 않지만 나의 육법장에서는 설한다. 그대의 5음·12입·18계 중에서는 거두지 않지만, 나의 다라표(陀羅驃 Ⓢ dravya : 實句義)에는 포함된다. 이 방이라는 법은 영원하다는 특징이 있고 실재한다는 특징이 있기에 실재하기도 하고 영원하기도 한다. 저 경에서 설하길 '해가 뜨는 곳이 동방이고, 해가 지는 곳이 서방이며, 해가 가는 곳이 남방이고, 해가 가지 않는 곳이 북방이다'라고 하지 않았는가! 問曰 何以言無方 汝四法藏中不說 我六法藏中說 汝陰入界中不攝 我陀羅驃中攝 是方法 常相故 有相故 亦有亦常 如經中說 日出處是東方 日沒處是西方 日行處是南方 日不行處是北方"라고 하였다. 〔참고문헌〕『大智度論』. ⇨ 육구의 六句義

육보 六報 여섯 갈래 보. 육식(六識)이 지은 업이 부른 악보로 육근(六根)을 좇아 일어난다. 견보(見報)·문보(聞報)·후보(嗅報)·미보(味報)·촉보(觸報)·사보(思報)이다. 『능엄경』 권8(대정장19, p.144a28)에 "무엇이 육보인가? 아난아! 일체중생은 육식으로 업을 짓고 불러들인 악보로 육근에서 일어난다. 무엇을 '악보가 육근에서 일어난다'라고 하는가? 云何六報 阿難 一切衆生 六識造業 所招惡報 從六根出 云何惡報 從六根出", "첫째, 견보가 악과를 불러들인다. 이 견과 업이 섞이면 임종할 때 먼저 맹렬한 불이 시방계에 가득함을 보게 된다. 망자의 신식은 날다 떨어져 연기를 타고는 무간지옥에 든다. 一者 見報 招引惡果 此見業交 則臨終時 先見猛火 滿十方界 亡者神識 飛墜乘煙 入無間獄", "둘째, 문보가 악과를 불러들인다. 이 문업이 뒤섞이면 임종할 때 먼저 파도가 천지삼킴을 보게 된다. 망자신식은 물에 떨어져 흐름을 타고 무간지옥에 든다. 二者 聞報 招引惡果 此聞業交 則臨終時 先見波濤 沒溺天地 亡者神識 降注乘流 入無間獄", "셋째, 후보가 악과를 불러들인다. 이 후업이 뒤섞이면 임종할 때 먼저 독기가 멀고 가까움 없이 꽉 막힘을 본다. 망자신식은 땅에서 솟아나와 무간지옥으로 든다. 三者 嗅報 招引惡果 此嗅業交 則臨終時 先見毒氣 充塞遠近 亡者神識 從地涌出 入無間獄", "넷째, 미보가 악과를 불러들인다. 이 미업이 뒤섞이면 임종할 때 철망이 맹렬한 불꽃으로 타올라 세계를 뒤덮는 것을 본다. 망자신식은 아래로 나가려다 걸려 그 머리가 거꾸로 매달린 채로 무간지옥에 든다. 四者 味報 招引惡果 此味業交 則臨終時 先見鐵網 猛炎熾烈 周覆世界 亡者神識 下透挂網 倒懸其頭 入無間獄", "다섯째, 촉보가 악과를 불러들인다. 이 촉업이 뒤섞이면 임종할 때 큰 산의 네 면으로 와서 합하니 다시는 나갈 길이 없음을 본다. 망자신식은 대철성에서 불뱀·불개·호랑이·사자와 함께 소머리 옥졸, 말머리 나찰이 손에 창을 들고 성문으로 몰아넣는 것을 보며 무간지옥으로 향한다. 五者 觸報 招引惡果 此觸業交 則臨終時 先見大山 四面來合 無復出路 亡者神識 見大鐵城 火蛇火狗 虎狼師子 牛頭獄卒 馬頭羅刹 手執槍矟 驅入城門 向無間獄", "여섯째, 사보가 악과를 불러들인다. 이 사업이 뒤섞이면 임종할 때 먼저 악풍이 불어와 국토를 무너뜨리는 것을 보게 된다. 망자신식은 불어오는 바람에 의해 공중으로 솟구치고 뱅뱅 돌다 떨어져 바람 타고 무간지옥에 떨어진다. 六者 思報 招引惡果 此思業交 則臨終時 先見惡風 吹壞國土 亡者神識 被吹上空 旋落乘風 墮無間獄"라고 하였다. [참고문헌] 『楞嚴經』, 『首楞嚴義疏注經』 권8(대정장39, p.939b18), 『楞嚴經集註』 권8(卍속장17, p.437a15), 『楚石梵琦語錄』 권18(卍속장124, p.267a18).

육보살 六菩薩 『육보살역당송지경 六菩薩亦當誦持經』의 사자희보살(師子戲菩薩)·사자분신보살(師子奮迅菩薩)·사자번보살(師子幡菩薩)·사자작보살(師子作菩薩)·견용정진보살(堅勇精進菩薩)·격금강혜보살(擊金剛慧菩薩)을 말한다. 『육보살역당송지경』(대정장14, p.752a19)에 보살명호만 시설할 뿐이다. 『칭양제불공덕경』 권하(대정장14, p.104b6)에도 시설하였는데, 일체보치색지여래(一切寶緻色持如來)의 명호를 가지고 있으며 능히 대정진행을 일으킨다고 하였다. 또 일체보치색지여래와 이 육보살의 명호를 듣는 것만으로도 여래십력·십팔불공법을 얻어 항상 불퇴전법륜을 굴림으로써 육백겁 동안 생사윤회하며 지은 죄업을 버릴 수 있다고 한다(誰能發起大精進行 有菩薩摩訶薩 其有捉持此名號者 其名曰 師子戲菩薩 師子奮迅菩薩 師子幡菩薩 師子作菩薩 堅勇精進菩薩 擊金剛慧菩薩 其有得聞一切寶緻色持如來名號 及諸菩薩大士名者 皆悉當得如來十力 十八不共特異之法 常能轉於不退法輪 却六百劫生死之罪). [참고문헌] 『六菩薩亦當誦持經』, 『稱揚諸佛功德經』. ⇨ 육보살역당송지경 六菩薩亦當誦持經

육보살명경 六菩薩名經 『육보살역당송지경 六菩薩亦當誦持經』(대정장14, No.491)의 줄인 이름. 『개원석교록』 권1 「총괄군경록 總括群經錄」(대정장55, p.483c15)에 "『육보살명경』 1권〈비장방(費長房)의 입장(入藏) 목록에는 『육보살명역당송지』라고 하였다〉. 六菩薩名經 一卷〈房入藏云 六菩薩名亦當誦持〉"라고 하였다. [참고문헌] 『開元釋敎錄』, 『歷代三寶紀』 권4 「譯經後漢」(대정장49, p.54c19), 『出三藏記集』 권4 「新集續撰失譯雜經錄」(대정장55, p.23b2). ⇨ 육보살역당송지경 六菩薩亦當誦持經

육보살역당송지경 六菩薩亦當誦持經 역자 미상. 후한(後漢) 때 역출. 1권. 고려장30, p.608a1~b13, No.1030·대정장14, p.752a16~b27, No.491에 수록되어 있다. 『육보살명경』·『육보살당송지경』 등이라고도 한다. 먼저 육보살(六菩薩)의 명호를 들고, 다음으로 시방불(十方佛)을 찬탄하는 게송이 이어진다. 마지막으로는 시방불의 스승이 되는 사대사(四大士)의 명호를 들고 있다. 사대사는 기음개보살(棄陰蓋菩薩)·적근보살(寂根菩薩)·혜위보살(慧威菩薩)·불리보살(不離菩薩: 常不離世菩薩)이다. [참고문헌] 『大周刊定衆經目錄』 권11 「大乘失譯經」(대정장55, p.440a12), 『閱藏知津』 권5(가흥장31, p.821b22), 『大藏聖敎法寶標目』 권8(건륭장143, p.677b2). ⇨ 육보살 六菩薩

육부 六覆 여섯 가지 덮개. 육진(六塵: 色聲香味觸法)을 말한다. 『잡아함경』 권13(대정장2, p.92b10)에 "그때 세존께서 비구들에게 이르셨다. '여섯 가지 덮개가 있다. 무엇이 여섯 가지인가? 색 중 유루는 이 취이니 마음을 덮어 가린다. 성향미촉법은 유루여서 취이니 마음을 덮어 가린다. 이 이름이 여섯 가지 가림이다. 爾時世尊 告諸比丘 有六覆 云何爲六 謂色有漏 是取 心覆藏 聲香味觸法有漏 是取 心覆藏 是名六覆"라고 하였다. [참고문헌] 『雜阿含經』. ⇨ 육진 六塵

육부대승경 六部大乘經 육부(六部)의 대승경전. 규기(窺基 632~682)가 주장하는 법상종(法相宗)의 소의경전인 육경십일론(六經十一論) 중 육경을 가리킨다. 『화엄경 華嚴經』·『해심밀경 解深密經』·『여래출현공덕장엄경 如來出現功德莊嚴經』·『대승아비달마경 大乘阿毘達磨經』·『능가경 楞伽經』·『후엄경 厚嚴經』(또는 『대승밀엄경 大乘密嚴經』)을 말한다. [참고문헌] 高觀如 『佛學講義』(河洛圖書出版社, 1973) p.407. ⇨ 육경십일론 六經十一論

육부정 六不定 ➡ 육부정과 六不定過

육부정과 六不定過 Ⓢ ṣāḍ-anaikāntika. 인명(因明) 용어. 사인(似因 Ⓢ hetvābhāsa)이 되는 여섯 가지 부정과. 인(因)의 삼상(三相) 중 변시종법성(遍是宗法性)은 갖추었으나 동품정유성(同品定有性)이나 이품변무성

(異品遍無性)을 갖추지 못함으로 인해 주장하는 바를 결정할 수 없게 하는 허물이 되는 것들이다. 공부정(共不定 Ⓢ sādhārana-anaikāntika)·불공부정(不共不定 Ⓢ asādhārana-anaikāntika)·동품일분전이품변전부정(同品一分轉異品遍轉不定 Ⓢ sapakṣa-eka-deśa-vṛtti-vipakṣa-vyāpy-anaikāntika)·이품일분전동품변전부정(異品一分轉同品遍轉不定 Ⓢ vipakṣa-eka-deśa-vṛtti-sapakṣa-vyāpy-anaikāntika)·구품일분전부정(俱品一分轉不定 Ⓢ sapakṣa-vipakṣa-eka-deśa-vṛtti-anaikāntika)·상위결정부정(相違決定不定 Ⓢ viruddha-avyabhicārin-anaikāntika)을 말한다. 첫째, 공부정이란 입론자의 인(因)이 종(宗)의 동품(同品)과 이품(異品) 모두에 관계되어 종의 주장을 성립시키지 못하는 과실이다. 예를 들면 '소리는 불변한다. 인식되는 것이기 때문이다. 마치 항아리 등처럼'라고 하는 경우에 '인식되는 것이기 때문'이라는 이유가 동품과 이품 모두에 관계되기에 주장을 성립시키지 못한다. 둘째, 불공부정이란 입론자의 인이 종의 동품과 이품 모두에 관계가 없어 종의 주장을 성립시키지 못한다. 예를 들면 '소리는 불변한다. 들리는 것이기 때문이다'라고 하는 경우와 같다. 즉 '들리는 것이기 때문'이라는 이유는 오직 소리에만 해당하여 동품과 이품 모두와 무관하기에 주장을 성립시키지 못한다. 셋째, 동품일분전이품변전부정이란 입론자의 인이 종의 동품 일분에만 관계하고 오히려 이품 전체에 관계하므로 종을 성립시키지 못한다. 예를 들면 '소리는 뜻대로 만들어 질수 있는 것이 아니다. 무상하기 때문이다. 번갯불이나 하늘 등처럼'이라고 하는 경우에 '무상하기 때문'이라는 이유는 동품의 일분에 관계하고 이품의 모든 것에 관계하기에 주장을 성립시키지 못한다. 넷째, 이품일분전동품변전부정이란 입론자의 인이 이품 일분에 관계하면서 동품 전체에도 관계하므로 주장을 성립시키지 못한다. 예를 들면 '소리는 뜻대로 만들 수 있다. 무상하기 때문이다. 항아리 등처럼'라고 하는 경우처럼 '무상하기 때문'이라는 이유는 이품의 일분에도 관계하면서 동품 모두에 관계하기에 주장을 성립시키지 못한다. 다섯째, 구품일분전부정과란 입론자의 인이 동품과 이품의 일분 모두에 관계하므로 주장을 성립시키지 못한다. 예를 들면 '소리는 불변한다. 부피가 없기 때문이다. 하늘이나 극미 등처럼'이라고 하는 경우처럼 '부피가 없기 때문'이라는 이유는 동품이나 이품의 일분에 함께 관계하기에 주장은 성립되지 못한다. 여섯째, 상위결정부정과란 두 사람이 상반되는 인과 유로 서로 다른 주장을 논증하는데 각각의 인과 유가 정당하기에 서로의 주장을 논파할 수 없는 과실이다. 예를 들면 '소리는 무상하다. 지어낼 수 있는 것이기에. 마치 항아리 등처럼'이라고 하는 경우처럼 반대되는 결론도 타당할 수 있기 때문이다. 즉 '소리는 불변한다. 언제나 들리는 것이기에. 마치 소리의 자성처럼'이라고 하는 주장도 성립한다. 이런 경우는 교파나 학파의 주장에 근거하여 대립하기에 끝내 정(定)할 수 없는 주장들이다. 『인명입정리론』(대정장32, p.11c17)에 "정할 수 없는 여섯 가지가 있으니, 첫째 공, 둘째 불공, 셋째 동품일분전이품변전, 넷째 이품일분전동품변전, 다섯째 구품일분전, 여섯째 상위결정이다. 不定有六 一共 二 不共 三 同品一分轉異品遍轉 四 異品一分轉同品遍轉 五 俱品一分轉 六 相違決定", 『능가경주해』 권3(대정장39, p.396c17)에 "여섯 가지 부정이 있으니, 동분이전부정·이분동전부정·구품일분전부정·공부정·불공부정·결정상위부정을 말한다. 有六不定 曰同分異全不定 異分同全不定 俱品一分轉不定 共不定 不共不定 決定相違不定"라고 하였다. [참고문헌] 『因明入正理論』, 『楞伽經註解』, *Nyāy-pr.3.* ⇨ 종인유 宗因喩, 인삼상 因三相, 사인 似因, 사인십사과 似因十四過, 변시종법성 遍是宗法性, 동품정유성 同品定有性, 이품변무성 異品遍無性, 공부정과 共不定過, 불공부정과 不共不定過, 구품일분전 俱品一分轉, 동품일분전이품변전부정과 同品一分轉異品遍轉不定過, 상위결정부정과 相違決定不定過, 이품일분전동품변전 異品一分轉同品遍轉

육분 六分 Ⓢ Ṣāḍguṇyopadeśa. 승론(勝論)에서 주장하는 육구의(六句義). 『대승입능가경』 권4(대정장16, p.614a21)에 "혹자는 25제를 제대로 알면 열반을 얻는다고 말하며, 혹자는 육분을 수용하고 중생을 수호하는 것이 열반을 얻는 것이라고 한다. 或謂能解二十五諦卽得涅槃 或有說言 能受六分 守護衆生 斯得涅槃"라고 하였다. 이역본으로 구나발다라(求那跋陀羅)가 한역한 4권본 『능가경』 권3(대정장16, p.504c28)에서는 육분은 육덕론(六德論)이라고 하였다. [참고문헌] 『大乘入楞伽經』, 『楞伽經』, *Laṅk.184.* ⇨ 육구의 六句義, 육덕론 六德論

육분아비담 六分阿毘曇 육족론(六足論)을 달리 이르는 말. 『대지도론』 권2(대정장25, p.70a6)에 "팔건도아비담과 육분아비담 등은 어디서 나왔는가? 八犍度阿毘曇 六分阿毘曇等 從何處出"라고 하였다. [참고문헌] 『大智度論』. ⇨ 육족론 六足論

육불 六佛 과거칠불(過去七佛) 중 석가모니부처님 외의 여섯 부처님. 비바시불(毘婆尸佛)·시기불(尸棄佛)·비사부불(毘舍浮佛)·구류손불(拘留孫佛)·구나함모니불(拘那含牟尼佛)·가섭불(迦葉佛)을 말한다. 『마등가경』 권상(대정장21, p.400c11)에 "아난아, 이 진언은 모두 과거 여섯 분의 부처님들께서 함께 베풀어 설하신 것이다. 지금 나 석가모니삼막삼불타 역시 이 진언을 설한다. 阿難 此呪 皆爲過去六佛 所共宣說 今我釋迦牟尼三藐三佛陀 亦說是呪", 『허공장보살문칠불다라니주경』(대정장21, p.561c6)에 "이때 세존께서 위신력을 보이시자 허공 중에 곧바로 여섯 부처님이 나타나셨다. 이때 석가모니부처님께서 허공에 올라 차례로 앉으셨고 이때의 대중들 모두 일곱 분의 불세존을 친견하였다. 爾時世尊 現威神力 於虛空中 卽現六佛 時 釋迦牟尼佛 卽騰虛空 依次而坐 是時大衆 悉皆觀見 七佛世尊"라고 하였다. [참고문헌] 『摩登伽經』, 『虛空藏菩薩問七佛陀羅尼呪經』. ⇨ 과거칠불 過去七佛, 비바시불 毘婆尸佛, 시기불 尸棄佛, 비사부불 毘舍浮佛, 구류손불 拘留孫佛, 구나함모니불 拘那含牟尼佛, 가섭불 迦葉佛

육불과 석가모니불 과거칠불부조
파키스탄 페샤와르박물관 2~3세기

육불경법 六不敬法 여섯 갈래 불경한 법. 육퇴법(六退法)을 말한다. [참고문헌] 『長阿含經』 권9 「十上經」(대정장1, p.54a23). ⇨ 육퇴법 六退法

육불수 六不收 ➡ 운문육불수 雲門六不收

육불퇴법 六不退法 Ⓟ cha aparihāniya-dhammā. 정법을 증장시켜 조금도 사라지지 않게 하는 여섯 가지 법. 여러 갈래로 시설하였다. 크게는 육수념(六隨念 : 念三寶·念三論)이 중심이 된다. ①『장아함경』 권2 「유행경 遊行經」(대정장1, p.12a6)에 "부처님이 비구에게 말씀하셨다. '육불퇴법이 있어 법을 증장시키고 소모되지 않게 하니, 무엇이 그 여섯 가지인가? 첫째, 몸으로 늘 자비를 행하여 중생을 해치지 않는다. 둘째, 말로 인자함을 베풀어 악언을 퍼붓지 않는다. 셋째, 뜻으로 자애로운 마음 가져 무너뜨리려는 마음을 품지 않는다. 넷째, 깨끗한 이양 얻어 대중과 함께 나누되 평등하며 다름이 없게 한다. 다섯째, 현성계를 가져 빠짐없고 물들지 않고 끝내 흔들리지 않게 한다. 여섯째, 현성도를 보아 고통의 끝 다한다. 이와 같은 여섯 가지 법은 법을 증장시켜 터럭만큼도 사라지지 않게 한다'. 佛告比丘 有六不退法 令法增長 無有損耗 何謂爲六 一者 身常行慈 不害衆生 二者 口宣仁慈 不演惡言 三者 意念慈心 不懷壞損 四者 得淨利養 與衆共之 平等無二 五者 持賢聖戒 無有闕漏 亦無垢穢 必定不動 六者 見賢聖道 以盡苦際 如是六法 則法增長 無有損耗"라고 하였다. ② 같은 책 권2 「유행경」(대정장1, p.12a12)에 "부처님이 비구에게 말씀하셨다. '다시 육불퇴법이 있어 법을 증장시키고 털끝만큼도 사라지지 않게 하니, 첫째는 염불, 둘째는 염법, 셋째는 염승, 넷째는 염계, 다섯째는 염시, 여섯째는 염천이다. 이 여섯 가지 염을 닦으면 법을 증장시키고 소모되지 않게 한다'. 佛告比丘 復有六不退法 令法增長 無有損耗 一者 念佛 二者 念法 三者 念僧 四者 念戒 五者 念施 六者 念天 修此六念 則法增長 無有損耗"라고 하였다. [참고문헌] 『長阿含經』, *Mp-s.128, DN.2.80.* ⇨ 육수념 六隨念, 육법 六法 ❶

육비 六譬 ❶ 부처님께서 중생을 교화하신 인연을 여섯 가지로 말함. 『법화의소』 권5(대정장34, p.520c21)에 "다 거두는 비유에 다시 육비를 연다. 첫째는 교화 주체의 비유, 둘째는 교화할 곳의 비유, 셋째는 문의 비유, 넷째는 교화받을 이의 비유, 다섯째는 교화 뜻의 비유, 여섯째는 근기에 대한 비유이다. 시방삼세의 모든 부처님께서 세상에 출현하시어 교화를 베풀려면 다 이 여섯 가지 있어야 한다. 석가모니불께서 오탁악세에 출현하셨을 때도 이 여섯 가지를 밝혔다. 이 여섯 중에서 교화 주체와 교문 능히 교화하는 이의 일이고, 나머지 네 가지는 교화받는 이들의 일이다. 就總譬中 更開六譬 一 化主譬 二 化處譬 三 教門譬 四 所化人譬 五 化意譬 六 根性譬 十方三世諸佛 出世施化 皆有此六 釋迦出五濁世 亦明此六也 就此六中 化主教門 是能化事 餘之四種 是所化事"라고 하였다. [참고문헌] 『法華義疏』. ❷ 연화육비(蓮華六譬)·연화경육비(蓮華經六譬)의 줄임말. 『법화경』 설함을 여섯 가지 비유로 드러낸 뜻이다. 관정(灌頂)의 「법화사기연기 法華私記緣起」(『법화현의』 권1, 대정장33, p.681b23)에 "육비는 자취와 본사를 편 것이다. 六譬 敍迹本也"라 하였고 『법화문구』 권3(대정장34, p.58b19)에 "용사(龍師)가 이르길, 첫째, 집에 아버지와 아들의 비유이니 부처님께서 삼계의 왕으로서 중생을 교화하심이다. 둘째, 장자가 불난 것을 본 비유이니 부처님눈으로 육도에 빠진 중생을 보심이다. 셋째, 장자가 불에서 자식을 구한 비유이니 부처님께서 중생을 제도하기 위해 대승을 펴지 않으심이다. 넷째, 장자가 방편으로 세 가지 수레로 유인한 비유이니 부처님께서 삼승교를 설하심이다. 다섯째, 장자가 큰 수레 선물한 비유이니 묘법화를 설하심이다. 여섯째, 허망하지 않다는 비유다. 龍師云六譬 一舍宅父子 譬佛王三界化衆生也 二長者見火 譬我以佛眼觀見六道衆生也 三長者救火 譬佛三七欲度衆生不得用大也 四長者方便誘以三車 譬佛設三乘教也 五長者賜一大車 譬說妙法華 六不虛妄譬也", 「국청사묘응대선사교웅묘지명 國淸寺妙應大禪師教雄墓誌銘」에 "우리 스님과 대선사 사선에게 명하여 서로 주인과 반려가 되어 연화육비를 높이 들어 설하시니, 권교(權教)와 실교(實敎)의 근원에 대한 의문이 마치 얼음 녹듯이 확 풀려 애초부터 경계가 없었던 것 같았다. 命吾師與大禪師嗣宣爲主伴 演揚蓮花六比 權實之源 渙然氷釋 未始有畛域"라고 하였다. [참고문헌]『法華玄義』, 『法華文句』, 『法華義疏』 권5(대정장34, p.520b1), 李智冠『校勘譯註歷代高僧碑文』 高麗篇3 p.248.

육비구대법원할복 六比丘大法院割腹 여섯 비구가 대법원 법정에서 할복으로 항거한 일. 1956년 비구승으로부터 시작된 한국불교의 교단정화 불사는 수년간 지속되었고 마침내 법정으로 번지게 되었다. 그 결과 초심(지방법원)에서는 비구측이 승소했다. 그러나 이심(고등법원)에서는 대처승측의 승소가 우려되었다. 이에 비구측은 대법원장 앞에서 할복할 순교단을 규합하였고, 당시 30대 초반 스님들인 문성각(文性覺)·유월탄(柳月誕)·이도명(李道明)·최진여(崔眞如)·정성우(鄭惺牛)·권진정(權眞定) 등의 자원을 받았다. 이들 스님은 종로사거리 화신상회(和信商會 : 현재 종로타워빌딩 국세청 건물)에서 30cm 정도의 칼을 구입·비장(祕藏)한 채 속복(俗服)과 모자로 위장하고는 1960년 11월 24일 정동(貞洞)에 있는 대법원 2층 원장실로 진입했다. 그러나 대법원장은 미리 정보를 알고 뒷문으로 피신하였고, 고재욱 대법관만이 원장실에 남아있었다. 여섯 비구들은 '불교에는 대처승이라는 명자도 없거늘 어찌하여 당신들이 세속법의 잣대로써 종권을 판단하려 하는가?'라고 하면서 일제히 할복하였고 곧 병원으로 옮겨져 사망자는 없었다. 여섯 비구가 대법원으로 들어간 즉시 김홍도(金弘道)스님이 조계사로 달려가 여섯 비구가 방금 대법원에서 할복하였다고 전언(傳言)하였으며, 이 소식을 듣고 분기한 조계사의 비구측 스님 5백여 명이 경무대(景武臺 : 지금의 청와대)로 몰려가 항거하였다. 이후 여섯 비구 전원이 입건되었으나 난입이나 폭언·폭력이 없었다는 고재욱 대법관의 증언으로 법원난입죄가 적용되지 않았으며, '자진순교'라는 사건명으로 얼마 되지 않아 석방되었다. 이후 대법원 판결은 비구측 승소로 정리되었고 교단정화불사에 따른 세간의 쟁송은 드디어 끝이 났다. 일제강점기 이후 대처왜색으로 오염된 교단을 정화해 간 여정 중에 가장 극적인 장면으로 회자된다. [참고문헌]『曹溪宗史』 근현대편(대한불교조계종교육원, 2001) pp.209~210. ⇨ 불교교단정화운동 佛教敎團淨化運動

육비구와 대법관 1960년 11월 24일

육사 六邪 육진(六塵)을 말한다. 『음지입경주』 권상(대정장33, p.14a15)에 "여섯 정(六根)으로 여섯 가지 삿됨(六塵)을 바라고 마음으로 받아들이니 이에 법이 있게 된다. 六情望六邪 而心受之 以成法也"라고 하였다. [참고문헌]『陰持入經註』. ⇨ 육욕 六欲❷

육사 六事 ❶ Ⓟ chakkāni. 안팎으로 기뻐하거나(喜) 슬퍼하거나(愁) 기뻐하지도 슬퍼하지도 않게(不喜不愁) 하는 여섯 가지 일. 『나선비구경』 권중(대정장32, p.710a1)에 "불경에 말씀하시길, 무릇 여섯 가지로 일이 일어나니, 일 있어 사람은 안으로 기쁘기도 슬프기도 하며, 또 이 여섯 가지 일 있어 기쁘지도 슬프지도 않으며, 또 밖으로도 여섯 가지 일 있어 이렇게 슬프게 한다. … 첫째, 눈으로 본 곳에 다시 소망하던 것이 있으면 안으로 기뻐한다. … 여섯째, 마음으로 즐겁다고 느껴 다시 소망하던 대로이면 그 사람을 안으로 기쁘게 한다. 佛經說之 凡有六事 令人內喜 有六事 令人內愁 復有六事令人不喜亦不愁 外復有六事令人愁 … 一者 目有所視 復有所望 是故 令人內喜 … 六者 心得樂受 復有所望 是故 令人內喜"라고 하였다. [참고문헌]『那先比丘經』. ❷ 육근이 육진을 만나는 일. 『관정경』 권12(대정장21, p.534c15)에 "저들 세간인에게 비록 안이비설신의가 있지만 그들은 항상 이 여섯 가지로 일을 만들어 스스로 미혹된다. 其世間人 雖有眼耳鼻舌身意 人常用是六事 以自迷惑"라고 하였다. [참고문헌]『灌頂經』. ⇨ 육근 六根 ❸ 비구가 항상 반드시 지니고 다녀야 하는 여섯 가지 물건(比丘六物). 『불조통기』 권11 「혜변장 慧辯章」(대정장49, p.210c19)에 "여섯 가지 물건을 몸에 지니고 초당으로 돌아와 은거하였다. 以六事隨身 歸隱草堂"라고 하였다. [참고문헌]『佛祖統紀』. ⇨ 비구육물 比丘六物 ❹ Ⓢ ṣaḍvidha-pradhāna. 보살이 육바라밀(六波羅蜜)을 성취하기 위하여 반드시 해야 할 여섯 가지 일. 공양(供養)·학계(學戒)·수비(修悲)·권선(勸善)·이훤(離諠)·낙법(樂法)을 말한다. 『대승장엄경론』 권12(대정장31, p.652b24)에 "모든 보살들은 육바라밀을 성취하기 위하여 여러 수행지에서 반드시 해야 할 여섯 가지 일이 있다. 諸菩薩爲成就六度故 於諸地中 決定應作六事", "첫째 반드시 마땅히 공양해야 한다. 이것은 단도(布施波羅蜜)를 성취하기 위함이다. 오래도록 공양하지 않으면 단도가 원만할 수 없다. 공양의 뜻은 「공양품」에서 말한 것과 같다. 一者 必應供養 此爲成就檀度 若不長時供養 則檀度不得圓滿 供養義 如供養品說", "둘째 반드시 마땅히 계율을 배운다. 이것은 계도(持戒波羅蜜)를 성취하기 위함이다. 오래도록 계를 익히지 않으면 계도가 원만할 수 없다. 二者 必應學戒 此爲成就戒度 若不長時學戒 則戒度不得圓滿", "셋째 반드시 마땅히 자비를 닦는다. 이것은 인도(忍辱波羅蜜)를 성취하기 위함이다. 오래도록 요익이 되지 못하는 일을 참아내지 못하면 인도가 원만할 수 없다. 三者 必應修悲 此爲成就忍度 若不長時忍諸不饒益事 則忍度不得圓滿", "넷째 반드시 마땅히 선에 힘써야 한다. 이것은 진도(精進波羅蜜)를 성취하기 위함이다. 마음이 방일하여 모든 선을 닦지 않으면 진도가 원만할 수 없다. 四者 必應勤善 此爲成就進度 若心放逸 不修諸善 則進度不得圓滿", "다섯째 반드시 마땅히 소란스럼 여의어야 한다. 이것은 선도(禪定波羅蜜)를 성취하기 위함이다. 마을에 머물면서 많이 다투고 마음을 어지럽히면 선도가 원만할 수 없다. 五者 必應離諠 此爲成就禪度 若在聚落 多諍擾心 則禪度不得圓滿", "여섯째 반드시 마땅히 정법을 즐겨야 한다. 이것은 지도(般若波羅蜜)를 성취하기 위함이다. 여러 부처님을 두루 찾아뵙고 아무리 법을 듣더라도 싫어함 없으니 저 바다가 모든 물 받아들여도 넘침 없듯이 하지 않으면 지도 가득 채울 수 없다. 六者 必應樂法 此爲成就智度 若不遍歷諸佛 聽法無厭 如海納流 無時盈溢 則智度不得圓滿"라고 하였다. 〔참고문헌〕『大乘莊嚴經論』, *Sūtr.167.* ⇨ 육바라밀 六波羅蜜

육사 六使 여섯 가지 번뇌. **1** 오견(五見)과 의(疑). 신견(身見)·계취견(戒取見)·변견(邊見)·사견(邪見)·견취견(見取見)·의(疑)의 여섯 가지 번뇌를 말한다. 『아비담비바사론』 권25(대정장28, p.184b25)에 "십사란, 오견과 애·에·만·무명·의를 말한다. 수다원은 육사인 오견과 의를 영원히 끊는데, 육사 중에서 삼사인 신견·계취견·의만을 말하고, (그 이외의) 삼사인 변견·사견·견취견을 말하지 않는가? 피차 서로 좇아 나기 때문이다. 즉 신견은 변견을 낳고 변견은 신견으로부터 생기며, 계취견은 견취견을 낳고 견취견은 계취견으로부터 생기며, 의는 사견을 낳고 사견은 의로부터 생긴다. 十使者 謂五見 愛 恚 慢 無明 疑 須陀洹永斷六使 謂五見疑 於六使中 唯說三使 謂身見戒取疑 不說三使 謂邊見邪見見取 所以者何 此從彼生故 身見生邊見 邊見從身見生 戒取生見取 見取從戒取生 疑生邪見 邪見從疑生", 『유마경의소』 권5(대정장38, p.973b23)에 "〔문〕 이미 육사를 끊었는데, 무슨 까닭에 세 가지만을 말하는가? 〔답〕 세 가지가 근본이고, 그 외 세 가지는 따라 난다. 즉 신견은 본이고 변견은 끝에 따르며, 계취견은 본이고 견취견은 끝에 따르며, 의는 본이고 사견은 끝에 따르기에 치우쳐 세 가지만 말한다. 본에 있어 이미 깨끗하면 세 가지 끝도 깨끗함을 알 수 있다. 問 旣斷六使 何故偏說三耶 答 三是根本 三則隨之 身見爲本 邊見末隨 戒取爲本 見取末隨 疑爲本 邪見末隨 故偏說三也 在本旣淨 卽知三末亦淨"라고 하였다. 〔참고문헌〕『阿毘曇毘婆沙論』, 『維摩經義疏』. **2** 욕계(欲界) 수도위(修道位)에서 다스려야 할 여섯 가지 근본번뇌. 탐(貪)·진(瞋)·만(慢)·무명(無明 : 癡)·신견(身見)·변견(邊見)을 말한다. 『신화엄경론』 권26(대정장36, p.900c5)에 "욕계사제에 각각 열 가지 번뇌가 있어 사제에 마흔 가지가 된다. 또한 수도의 근본번뇌에 여섯 가지가 있는데, 첫째 탐, 둘째 진, 셋째 치, 넷째 만, 다섯째 신견, 여섯째 변견으로 근본이 되므로, 욕계번뇌는 마흔여섯 가지가 된다. 그 이외의 견취견·계취견·사견·의 등 이 네 가지는 위의 여섯으로부터 일어나기에 근본이 아니다. 위의 두 세계(색계·무색계)는 각각 진을 제하고 나머지는 욕계와 같다. 즉 색계사제상에 각각 아홉이 있으니 모두 마흔한 가지가 있으며, 무색계사제에도 각각 아홉이 있어 모두 마흔한 가지가 있어서 합하면 백스물여덟 가지가 있다. 欲界四諦上 各有十種煩惱 四諦上各有四十 以修道根本煩惱有六 一 貪 二 瞋 三 癡 四 慢 五 身見 六 邊見 以爲根本 欲界煩惱 有四十六 自餘見取 戒取 邪見 疑 此四從六上起 非根本故 上二界 各除瞋 餘如欲界 從色界四諦上 各有九 共有四十一 無色界四諦上 各有九 共有四十一 合有一百二十八種", 원측(圓測)의 『해심밀경소』 권1(한불전1, p.149b8)에 "번뇌란 백스물여덟 가지 근본번뇌이다〈욕계의 사제에 각각 열이 있고, 색계와 무색계의 사제에 진을 제하고 각각 아홉 있으니, 합하면 백열두 가지다. 욕계수도에 육사인 탐·진·만·무명·신견·변견이 있고, 색계와 무색계의 수도에 각각 진을 제한 다섯이 있으니, 합하면 백스물여덟 가지다. 이것은 『현양성교론』 권1에서 말한 것과 같다〉. 煩惱者 一百二十八根本煩惱〈欲界四諦 各有十 色無色界四諦 除瞋各九 合有一百一十二 欲界修道 有六使 謂貪 瞋 慢 無明 身見 邊見 色無色界修道各五 除瞋 合有一百二十八 如顯揚第一說〉"라고 하였다. 〔참고문헌〕『新華嚴經論』, 『解深密經疏』. ⇨ 번뇌 煩惱

육사 六師 ➡ 육사외도 六師外道

육사가 六師迦 부처님께서 입멸하신 뒤 약 600년 후 전쟁으로 전소된 기원정사(祇園精舍)를 원상으로 중건한 왕. 『중천축사위국기원사도경』 권상(대정장45, p.833b23)에 "(전소된 후) 13년이 지난 후에 왕 '육사가'가 예전의 모습대로 거듭 지으니 당우는 웅장하고 화려하였으며 갖가지 보배로 장엄하였다. 經十三年 有王六師迦者 依前重造 屋宇壯麗 皆寶莊嚴"라고 하였다. 〔참고문헌〕『中天竺舍衛國祇洹寺圖經』, 『法苑珠林』 권39(대정장53, p.591b17). ⇨ 기원정사 祇園精舍

육사경 六事經 『마등녀해형중육사경 摩登女解形中六事經』(대정장14, No.552)의 줄인 이름. ⇨ 마등녀해형중육사경 摩登女解形中六事經, 마등녀경 摩鄧女經

육사근행 六捨近行 십팔의근행(十八意近行 : 十八受)

중 여섯 가지. 의(意)를 근연(近緣)으로 하여 육경(六境 : 色聲香味觸法)에 대해 희(喜)도 우(憂)도 아닌 평정함으로 행함. 육사행(六捨行)이라고도 한다. 『집이문족론』 권15(대정장26, p.430a21)에 "육사근행에서 여섯 가지는 어떤 것인가? 〔답〕 첫째 눈으로 색을 보고서 처색을 따라 버림에 가까워지는 행, 둘째 귀로 소리를 들어도 처성을 따라 버려 가까워지는 행, 셋째 코로 향내를 맡아도 처향에 따라 버려 가까워지는 행, 넷째 혀로 맛을 보지만 처미에 따라 버려 가까워지는 행, 다섯째 몸으로 감촉을 느끼고서 처촉에 따라 버려 가까워지는 행, 여섯째 마음으로 법을 알지만 처법에 따라 버려 가까워지는 행 등이다. 눈으로 색을 보고서 처색에 따라 버리는 근행이란, 눈으로 색을 보고서 마음에 들 만하지 않거나 마음에 들 만하거나 즐거워할 만하지 않거나 즐거워할 만하거나 기뻐할 만하지 않거나 기뻐할 만하거나 마음에 들지 않거나 마음에 드는 등의 색에 대하여 따라 버리는 곳에서 뜻을 짓고 사유한다. 이 색에 있어 따라 버리는 처를 의지해 뜻 지어 사유하여 일어난 사수는 그 이름이 안으로 색을 보고도 따라 버리는 곳의 색을 가까이하는 행이라 하니, 이비설신의 등의 사근행 역시 그러하다. 六捨近行者 云何爲六 答 一 眼見色已 順捨處色近行 二 耳聞聲已 順捨處聲近行 三 鼻嗅香已 順捨處香近行 四 舌嘗味已 順捨處味近行 五 身覺觸已 順捨處觸近行 六 意了法已 順捨處法近行 眼見色已 順捨處色近行者 謂眼見色已 於非可愛非不可愛 非可樂非不可樂 非可欣非不可欣 非可意非不可意色 以順捨處 作意思惟 若於此色 由順捨處 作意思惟 所生捨受 是名眼見色已 順捨處色近行 耳鼻舌身意捨近行亦爾", 『구사론송소론본』 권10(대정장41, p.875b15)에 "희로 육경을 반연하면 육희근행이 있게 되고, 우로 육경을 연하면 육우근행이 생기며, 사로 육경을 연하면 육사근행으로 산다. 〔문〕 자성에 의한 것이라면 마땅히 셋만 있어야 하니, 희·우·사 등 세 가지의 자성이 다르기 때문이다. 저 상응을 말미암는다면 오직 하나뿐일 터이니, 일체가 모두 의와 상응하기 때문이다. 만약 소연을 연유한다 하면 마땅히 다만 여섯만 있어야 하니, 색 등의 육경이 소연이기 때문이다. 〔답〕 이렇게 열여덟 가지가 성립된다. 세 가지 유래를 구족해야 하니, 자성·상응·소연이라는 뜻으로 열여덟 가지가 된다. … 〔문〕 이 의근행이라는 이름은 어떤 뜻이 인이 되는가? 〔답〕 전하는 설명에는 희 등에 의가 근연이 되어 모든 경 중에 자주 놀아 다니기 때문이라 하였다. 어떤 사람은 설하길 희 등이 능히 근연이 되어 의로 하여금 경에 거듭 놀아 행하게 하기 때문이다'. 且喜緣六境 有六喜近行 憂緣六境 有六憂近行 捨緣六境 有六捨近行 問 若由自性 應但有三 喜憂捨三自性異故 若由相應 應唯有一 一切皆與意相應故 若由所緣 應但有六 色等六境 爲所緣故 答 此成十八 具足由三 由自性相應所緣三義 乃成十八也 … 問 此意近行名 爲因何義 答 傳說 喜等 意爲近緣 於諸境中 數遊行故 有說 喜等能爲近緣 令意於境 數遊行故"라고 하였다. 〔참고문헌〕『集異門足論』, 『俱舍論頌疏論本』. ⇨ 십팔의근행 十八意近行, 육사행 六捨行, 사수 捨受

육사난득 六事難得 얻기 어려운 여섯 가지 일. 육난(六難)이라고도 한다. 40권본 『대반열반경』 권23 「광명변조고귀덕왕보살품 光明遍照高貴德王菩薩品」(대정장12, p.499a10)에 "세상에 여섯 가지가 있는데 참으로 만나기 어렵다. 내가 이제 이미 얻었으니 어찌 마땅히 나쁜 생각 마음에 두고자 하겠는가? 어떤 것들이 여섯인가? 첫째 부처님께서 출현하신 세계를 만나기 어렵다. 둘째 정법을 듣기 어렵다. 셋째 두려운 마음 일으키기 어렵다. 넷째 정법이 구현되는 좋은 나라에 나기 어렵다. 다섯째 인간몸을 받기 어렵다. 여섯째 모든 근 온전한 몸 받기 어렵다. 이와 같이 여섯 가지 얻기 어려운 것을 이미 얻었으므로 응당 나쁜 생각 일어날 일 있으랴. 世有六處 難可値遇 我今已得 云何當令惡覺居心 何等爲六 一 佛世難遇 二 正法難聞 三 怖心難生 四 難生中國 五 難得人身 六 諸根難具 如是六事難得已得 是故不應起於惡覺"라고 하였다. 〔참고문헌〕『大般涅槃經』. ⇨ 난 難[1], 팔난 八難

육사념 六思念 여섯 가지를 사유하여 잊지 않음. 육념(六念)이라고도 한다. 『장아함경』 권10 「삼취경 三聚經」(대정장1, p.59c20)에 "어떤 여섯 법이 열반을 향하는가? 여섯 가지로 사유하고 기억하니 불·법·승·계·시·천을 잊지 않는 것이다. 云何六法向涅槃 謂六思念 念佛 念法 念僧 念戒 念施 念天", 『홍명집』 권13(대정장52, p.86b21)에 "공을 행할 수 없다면 마땅히 여섯 가지 사유하고 기억하는 일을 익혀야 한다. 여섯 가지 사념이란 불·경·승·계·시·천을 잊지 않는 것이다. 천을 잊지 않는다는 말은, 십선과 사무량심 등은 마땅히 하늘 가는 길이 된다. 若不能行空 當習六思念 六思念者 念佛 念經 念僧 念施 念戒 念天 何謂念天 十善四等 爲應天行"라고 하였다. 〔참고문헌〕『長阿含經』, 『弘明集』. ⇨ 육념 六念[1], 육수념 六隨念

육사망 六思望 육촉(六觸)을 달리 이르는 말. 『음지입경』 권상(대정장15, p.174c14)에 "저 육입을 인연으로 하여 몸에 육사망이 있게 되니, 안·이·비·설·신·심을 몸으로 여섯 가지로 생각 바람이라 한다. 彼六入因緣 身六思望 眼 耳 鼻 舌 身 心 是名爲身六思望"라고 하였다. 〔참고문헌〕『陰持入經』. ⇨ 육촉 六觸

육사명경의 六事明經意 여섯 가지 일로 경의 뜻을 밝힘. 바른 길(正道)·선한 방편(善權)·지극한 가르침(至教)·달래서 이끔(誘導)·복과 덕(福德)·끊고 지키는 일(禁戒)이다. 『오고장구경』(대정장17, p.546b16)에 "대략 여섯 가지 일로 그 중요함을 알 수 있다. 첫째 정도, 둘째 선권, 셋째 지교, 넷째 유도, 다섯째 복덕, 여섯째 금계다. 粗以六事 可知其要 一曰 正道 二曰 善權 三曰 至教 四曰 誘導 五曰 福德 六曰 禁戒", "무엇이 정도인가? 설하신 가르침에 단서가 없고 조작도 없으며 텅 비어 실체가 없고 생겨난 근원도 없으며 행하는 것도 없고 얻는 것도 없으며 스스로 그렇게 떳떳한 것을 정도라고 한다. 何謂正道 說無端緒 無造無作 虛無所有 無所從生 無行無得 自然如也 是謂正道", "무엇이 선권인가? 변화함에 정한 곳 없어 나가기도 하고 처하기도 하며 류를 따라 들어 더불어 인연이 되며 때에 맞게 설하고 구에 합하지 않으면서도 가서 교화하여 제도하는 것이 선권이다. 何謂善權 變化無方 或出或處 隨類而入 與爲因緣 時宜而說 不合章句 趣化度之 是謂善權", "무엇이 지교인가? 죄복을 가리켜 보이니 이를 지으면 이를 얻으니 모두 행한 대로여서 느닷없이 주는 일 없이 일에 있어 명백히 함을 지교라고 한다. 何謂至教 指示罪福 作是得是 皆行所致 無橫與者 其事明白 是謂至教", "무엇이 유도인가? 어리석은 사람들을 열어 깨우치니 보호하면 덕이 있고 목숨 또한 더하는 등 현세에 얻을 수 있다는 것을 유도라고 한다. 何謂誘導 開童蒙人 有護有德 增壽益算 現世可獲 是謂誘導", "무엇이 복덕인가? 육바라밀 끝이 없이 하여 주로 육정을 다스려 근문을 지키면 하늘 또는 인간과 전륜성왕이 되어 긴 즐거움 끝이 없으리니 복덕이라고 한다. 何謂福德 六度無極 主治六情 制守根門 可得天人 轉輪聖王 長樂無極 是謂福德", "무엇이 금계인가? 입을 단속하고 뜻을 거두며 몸으로 살생도 도둑질도 음사도 거짓말도 하지 않고 받들어 효도하며 취하지 않으면 삼악취의 고통에 오래 머물지 않으리니 이를 금계라고 한다. 何謂禁戒 守口攝意 身不殺不盜 不婬不欺 奉孝不醉 三惡趣苦 不可久處 是謂禁戒"라고 하였다. 〔참고문헌〕『五苦章句經』.

육사무감 六事無減 여섯 가지 일은 줄어들지 않게 함. 육무감(六無減)이라고도 한다. 『대승의장』 권20(대정장44, p.871c11)에 "'부처님의 덕에 헤아릴 수도 그 끝도 없는데 어찌하여 다만 욕·정진 등의 여섯 가지 무감만을 설하는가?' 용수가 풀어 말하길 '부처님의 자리이타덕 중에 네 가지 사가 있어서 능히 이룰 수 있다. 첫째 욕락으로 일체선법근본을 삼는다. 둘째 정진은 능히 모든 선 짓고, 셋째 염심은 근문을 지키며, 넷째 지혜는 득실을 관찰하여 악이 있으면 바로 끊는다. 이 네 가지 일로 두 가지 과보를 얻으니, 이른바 해탈무감과 해탈지견무감이다. 이와 같으므로 다만 여섯으로 설한다. 問曰 佛德無量無邊 何故但說欲精進等 六事無減 龍樹釋言 佛於自利利他德中 有四種事 能有成辨 一者 樂欲能爲一切善法根本 二者 精進能作諸善 三者 念心守護根門 四者 智慧觀察得失 有惡斯斷 以此四事得二果報 所謂解脫及解脫知見 故但說六"라고 하였다. 〔참고문헌〕『大乘義章』, 『圓覺經大疏』 권중(卍속장14, p.298b14). ⇨ 육무감 六無減

육사법 六師法 육사외도(六師外道)의 법. 『법원주림』 권81(대정장53, p.884c29)에 "만약 따로 스님을 청하는 이가 있다면, 이 사람은 나의 제자가 아니다. 이는 육사법이며 칠불께서도 옳지 않다고 하신다. 若有別請僧者 非吾弟子 是六師法 七佛所不可"라고 하였다. 〔참고문헌〕『法苑珠林』. ⇨ 육사외도 六師外道

육사상 六事相 여섯 가지로 일어나는 현상. 즉 육근육진으로 일어나는 일체사를 말한다. 『대지도론』 권14(대정장25, p.164a12)에 "육사상을 버리고 나면 다시는 아도 인도 없다. 除六事相 更無我人"라고 하였다. 〔참고문헌〕『大智度論』. ⇨ 육사 六事❷, 육근 六根

육사성취 六事成就 ❶ 대비(大悲 Ⓢ mahā-karuṇā)를 성취하기 위한 여섯 가지 해야 할 일. 대비(大悲 Ⓢ karuṇā)·인욕(忍辱 Ⓢ kṣānti)·사유(思惟 Ⓢ sattva-artha-cintā)·승원(勝願 Ⓢ praṇidhānaṃ śobhaneṣu janmasu)·승생(勝生 Ⓢ śobhanaṃ janma)·성숙(成熟 Ⓢ sattva-paripāka)을 말한다. 『대승장엄경론』 권9(대정장31, p.637b27)에 "이 대비의 나무는 반드시 여섯 가지로 성취할 수 있다. 첫째 대비, 둘째 인욕, 셋째 사유, 넷째 승원, 다섯째 승생, 여섯째 성숙이니 이는 뿌리·줄기·가지·잎·꽃·열매의 여섯 위와 같다. 〔문〕 이 일은 무엇인가? 〔답〕 이 나무는 대비를 뿌리로 삼고, 인욕을 줄기로 삼으며, 중생을 이롭게 하려는 생각을 가지로 삼고, 빼어난 생원으로 잎을 삼으며, 빼어난 생 얻는 것으로 꽃을 삼고, 중생을 성숙케 함을 열매로 삼는다. 此大悲樹 應知以六事成就 一者 大悲 二者 忍辱 三者 思惟 四者 勝願 五者 勝生 六者 成熟 此即是根莖枝葉華果六位 問 此事云何 答 此樹以大悲爲根 以忍辱爲莖 以利益衆生思惟爲枝 以勝生願爲葉 以所得勝生爲華 以成熟衆生爲果"라고 하였다. 〔참고문헌〕『大乘莊嚴經論』, *Sūtr.125*. ⇨ 대비 大悲 ❷ ➡ 육사 六事❹

육사수 陸師壽 생몰연대 미상. 남송(南宋) 때 학자. 전당(錢塘 : 浙江省 杭州市) 출신. 1155년(소흥25)에 『신편고금왕생정토보주집 新編古今往生淨土寶珠集』 8권을 편집하였다. 『불조통기』 권28(대정장49, p.286b29)에 조청대부(朝請大夫) 왕여(王璵)의 부인인 육(陸)

씨의 숙부라는 기사가 전한다. 〔참고문헌〕『佛祖統紀』· 권47(대정장49, p.426b28). ⇨ 신편고금왕생정토보주집 新編古今往生淨土寶珠集

육사신 六思身 Ⓢ ṣaṭ cetanā-kāyāḥ, Ⓣ sems-pa'i-tshogs-drug-po. 여섯 가지로 생각(思)을 일으키는 것들. 삼사(三事 : 根境識)가 화합하여(觸) 일어난다. 안촉소생(眼觸所生)의 색사신(色思身), 이촉소생(耳觸所生)의 성사신(聲思身), 비촉소생(鼻觸所生)의 향사신(香思身), 설촉소생(舌觸所生)의 미사신(味思身), 신촉소생(身觸所生)의 촉사신(觸思身), 의촉소생(意觸所生)의 법사신(法思身)을 말한다. '사'는 마음의 의지적 작용을 말하고, '신'은 복수의 뜻이다. 『중아함경』 권21 「설처경 說處經」(대정장1, p.562c9)에 "아난이여! 나는 본래 너를 위해 육사신을 설했다. 안이비설신의사신이다. 아난이여! 이 육사신을 너는 다시 어린 비구들을 위해 설하고 가르쳐야 한다. 저 어린 비구들에게 이 육사신을 설하고 가르친다면, 그들은 안은함 얻고 힘을 얻고 즐거움을 얻으며 심신이 번뇌로 뜨거워지지 않아서 마침내 몸소 범행을 행할 것이다. 阿難 我本爲汝 說六思身 眼思耳鼻舌身意思 阿難 此六思身 汝當爲諸年少比丘 說以敎彼 若爲諸年少比丘 說敎此六思身者 彼便得安隱 得力得樂 身心不煩熱 終身行梵行", 『잡아함경』 권2(대정장2, p.9c7)에 "무엇을 일러 행 여실히 안다고 하는가? 말하자면 육사신이다. 눈으로 부딪혀 일어나는 사, 귀로 부딪혀 일어나는 사, 코로 부딪혀 일어나는 사, 혀로 부딪혀 일어나는 사, 몸으로 부딪혀 일어나는 사, 의로 부딪혀 일어나는 사를 행이라고 하는데, 이와 같음을 알면 행을 여실히 아는 것이다. 云何行如實知 謂六思身 眼觸生思 耳鼻舌身意觸生思 是名爲行 如是行如實知", 같은 책 권3(대정장2, p.15c28)에 "무엇이 행수음(行受陰 : 行取蘊)인가? 육사신을 말한다. 여섯 가지는 무엇인가? 안촉으로 일어나는 사 내지 의촉으로 일어나는 사를 행수음이라고 한다. 云何行受陰 謂六思身 何等爲六 謂眼觸生思 乃至意觸生思 是名行受陰", 같은 책 권11(대정장2, p.74c14)에 "'이비설신과 같이 의와 법이 연하여 의식이 생겨나고 삼사(三事 : 根境識)가 화합하여 촉하며 촉이 사를 연하는데, 저 사가 아입니까? 아와 다릅니까? 아니면 서로 같이 있는 겁니까?' 비구니들이 답했다. '아닙니다. 존자 난다여! 왜냐하면 저희는 이미 이 육사신이 무아임을 여실히 관찰하였으며, 저희들 이렇게 알아 마쳤으니 이 육사신은 여실히 무아다'. 耳鼻舌身 意法緣生意識 三事和合觸 觸緣思 彼思是我 異我相在不 答言 不也 尊者難陀 所以者何 我曾於此六思身 如實觀察無我 我常作此意解 此六思身 如實無我", 『집이문족론』 권15(대정장26, p.429b16)에 "육사신이라 했는데 무엇이 여섯 가지인가? 〔답〕 첫째는 안촉소생사신, 둘째는 이촉소생사신, 셋째는 비촉소생사신, 넷째는 설촉소생사신, 다섯째는 신촉소생사신, 여섯째는 의촉소생사신이다. 〔문〕 무엇이 안촉소생사신인가? 〔답〕 눈과 제색이 연이 되어 안식이 생기는데, 세 가지가 화합하기에 촉이며, 촉이 연이 되면 사다. 이 중에서 눈은 증상연이고, 색이 소연연이며, 안촉이 인이 되니 안촉이 일제히 일어나면 안촉종류가 안촉으로 일어나 의(意)와 상응하면 눈으로 본 색에 대한 온갖 사, 온갖 사 현전하면, 과거로 생각하고 미래로 생각하며 마음과 뜻으로 업을 짓는다. 이것을 안촉소생사신이라 한다. 이비설신의 촉으로 일어나는 사신도 그 상응함에 따라 자세하게 설한다. 六思身者 云何爲六 答 一 眼觸所生思身 二 耳觸所生思身 三 鼻觸所生思身 四 舌觸所生思身 五 身觸所生思身 六 意觸所生思身 云何眼觸所生思身 答 眼及諸色爲緣生眼識 三和合故觸 觸爲緣故思 此中眼爲增上 色爲所緣 眼觸爲因 眼觸等起 眼觸種類 眼觸所生 眼觸所起 作意相應 於眼所識色 諸思等思 現前等思 已思當思 作心意業 是名眼觸所生思身 耳鼻舌身意觸所生思身 隨所應當廣說", 『대승아비달마집론』 권1(대정장31, p.664a13 : *Abh-s.*, p.5)에 "어떻게 행온을 건립하는가? 육사신을 말한다. 즉 안촉소생사·이촉소생사·비촉소생사·설촉소생사·신촉소생사·의촉소생사이다. 이 같은 사로 말미암아 모든 선 생각해 짓고, 잡염도 생각해 지으니, 분위차별 또한 지을 생각한다. 또 이 사가 수와 상을 제하고 그 나머지 심소법과 심불상응행과 함께 하는 것을 통틀어 행온이라 한다. 云何建立行蘊 謂六思身 眼觸所生思 耳觸所生思 鼻觸所生思 舌觸所生思 身觸所生思 意觸所生思 由此思故 思作諸善 思作雜染 思作分位差別 又卽此思 除受及想 與餘心所法 心不相應行 總名行蘊 saṃskāraskandhavyavasthānaṃ katamat. ṣaṭ cetanākāyāḥ. cakṣuḥsaṃsparśajā cetanā śrotraghrāṇajihvā kāyamanaḥsaṃsparśajā cetanā yayā kuśalatvāya cetayate saṃkleśāya cetayate avasthābhedāya cetayate itīyaṃ cetanā vedanāṃ saṃjñāñ ca sthāpayitvā tad anye caitasikā dharmāścittaviprayuktāś ca saṃskārāḥ saṃskāraskandha ity ucyate"라고 하였다. 〔참고문헌〕『中阿含經』, 『雜阿含經』, 『集異門足論』, 『大乘阿毘達磨集論』, 『雜阿含經』 권3(대정장2, p.15c29), *Abh-s.* ⇨ 육육법 六六法, 오온 五蘊

육사외도 六師外道 Ⓢ ṣaṭ śāstārāḥ, Ⓟ cha satthāro. 기원전 5~6세기경 석가모니부처님 재세시 갠지스강 중류의 마가다지방을 중심으로 활동한 여섯 사문(沙門 Ⓢ śramaṇa, Ⓟ samaṇa). 외도육사(外道六師)라고도 한다. 윤리적 회의론·도덕무용론(道德無用論)을 설한 푸라나 캇사파(Ⓟ Pūraṇa-Kassapa 不蘭迦葉), 사명외도(邪命外道 Ⓢ Ⓟ Ājīvika)로 숙명론을 주장한 막칼리고살라(Ⓟ Makkhali-Gosāla 末伽梨拘舍梨), 차르바카(Ⓢ Cārvāka)·순세외도(順世外道 Ⓢ Lokāyata)의 선구로 유물론과 쾌락주의를 설한 아지타 케사캄발라(Ⓟ Ajita-Kesakambala 阿耆多翅舍欽婆羅), 칠신(七身 Ⓟ satta kāyā)의 무인상주(無因常住)와 기계적 불멸을 주장한 파쿠다 캇차야나(Ⓟ Pakudha-Kaccāyana 婆浮陀伽旃那), 불가지론자(不可知論者)로 한때 사리불(舍利弗)과 목건련(目犍連)의 스승이었던 산자야 벨랏티풋타(Ⓟ Sañjaya-Belaṭṭhiputta 散若夷毘羅梨沸), 자이나교의 비조 니간타 나타풋타(Ⓟ Nigaṇṭha-Nātaputta 尼乾陀若提子)를 말한다. 『장아함경』 권17 「사문과경 沙門果經」(대정장 1, p.108a26 : *Sāmaññaphala-sutta, DN.1*, p.52)에 "저 불란가섭이 저에게 되돌려 말하되 '왕이여, 만약 스스로 짓든 남을 시켜 짓게 하든 베고 치고 죽이고 해치거나, 삶고 굽고 끊고 쪼개거나, 중생을 괴롭히고 근심케 하고 울리거나, 죽이고 훔치고 음탕하거나, 담을 넘어 겁탈하고 불을 놓아 태우거나 도를 끊고 악한 일을 한다 합시다. 대왕이여, 이런 일을 해도 악이 되지 않으니, 날카로운 칼로 일체중생을 저미고 잘라 고깃덩이 만들어서 세간을 가득 채워도 이는 악이 되지 않고 죄 값도 없습니다. 항수 남쪽에서 중생을 저며 잘라도 악보는 있지 않고, 항수 북안에서 대시회를 열어 일체중에게 베풀어 이롭게 하고 고루 이롭게 한다 해도 복보 또한 없습니다'. 彼不蘭迦葉報我言 王若自作 若教人作 斫伐殘害 煮炙切割 惱亂衆生 愁憂啼哭 殺生偸盜 婬逸妄語 踰牆劫奪 放火焚燒 斷道爲惡 大王 行如此事 非爲惡也 大王 若以利劍 臠割一切衆生 以爲肉聚 彌滿世間 此非爲惡 亦無罪報 於恒水南 臠割衆生 亦無有惡報 於恒水北岸 爲大施會 施一切衆 利人等利 亦無福報 evaṃ vutte bhante pūraṇo kassapo maṃ etad avoca, karoto kho mahārāja kārayato chindato chedāpayato pacato pācayato socayato kilamayato phandato phandāpayato pāṇaṃ atimāpayato adinnaṃ ādiyato sandhiṃ chindato nillopaṃ harato ekāgārikaṃ karoto paripanthe tiṭṭhato paradāraṃ gacchato musā bhaṇato karoto na karīyati pāpaṃ. khurapariyantena ce pi cakkena yo imissā paṭhaviyā pāṇe ekamaṃsakhalaṃ ekamaṃsapuñjaṃ kareyya n'atthi tatonidānaṃ pāpaṃ n'atthi pāpassa āgamo. dakkhiṇañ ce pi gaṅgātīraṃ āgaccheyya hananto ghātento chindanto chedāpento pacanto pācento n'atthi tato nidānaṃ pāpaṃ n'atthi pāpassa āgamo. uttarañ ce pi gaṅgātīraṃ gaccheyya dadanto dāpento yajanto yajāpento n'atthi tato nidānaṃ puññaṃ n'atthi puññassa āgamo. dānena damena saṃyamena saccavajjena n'atthi puññaṃ n'atthi puññassa āgamo ti", "저(말가리구사리)가 답하여 말하되 '대왕이여, 베풂도 줌도 제사법도 없고, 선악도 선악보도 없으며, 금세도 후세도 부모도 없고, 하늘도 화함도 중생도 없습니다. 세간에 사문바라문의 평등행도 없고 금세후세에 스스로의 몸 작증하여 남에게 펼쳐 나타냄도 없으니, 모든 있다고 여기는 말은 다 허망합니다'. 彼報我言 大王 無施無與 無祭祀法 亦無善惡 無善惡報 無有今世 亦無後世 無父無母 無天無化 無衆生 世無沙門婆羅門平等行者 亦無今世後世 自身作證 布現他人 諸言有者 皆是虛妄 n'atthi mahārāja dinnaṃ n'atthi yiṭṭhaṃ n'atthi hutaṃ n'atthi sukaṭadukkaṭānaṃ kammānaṃ phalaṃ vipāko n'atthi ayaṃ loko n'atthi paro loko n'atthi mātā n'atthi pitā n'atthi sattā opapātikā n'atthi loke samaṇabrāhmaṇā sammaggatā sammāpaṭippannā ye imañ ca lokaṃ parañ ca lokaṃ sayaṃ abhiññā sacchikatvā pavedenti", "저(아기다시사흠바라)가 답하여 말하되 '사대를 받은 사람이 목숨이 다하면 지대는 흙으로, 수대는 물로, 화대는 불로, 풍대는 바람으로 돌아가니, 다 남김없이 무너지고 부서져 모든 근은 공으로 돌아갑니다. 사람이 죽을 때면 상여에 들린 몸 무덤에 버려두고, 불이 그 뼈 사르니 저 비둘기색 잿더미로 변합니다. 어리석거나 지혜롭거나 목숨이 다하면 다 남김없이 무너지고 부서져 단멸법이 됩니다'. 彼報我言 受四大人 取命終者 地大還歸地 水還歸水 火還歸火 風還歸風 皆悉壞敗 諸根歸空 若人死時 牀輿擧身 置於塚間 火燒其骨 如鴿色 或變爲灰土 若愚若智 取命終者 皆悉壞敗 爲斷滅法 cātummahābhūtiko ayaṃ puriso yadā kālaṃ karoti paṭhavī paṭhavikāyaṃ anupeti anupagacchati āpo āpokāyaṃ anupeti anupagacchati tejo tejokāyaṃ anupeti anupagacchati vāyo vāyokāyaṃ anupeti anupagacchati ākāsaṃ indriyāni saṃkamanti. āsandipañcamā purisā mataṃ ādāya gacchanti yāva āḷāhanā padāni paññāpenti kāpotakāni aṭṭhīni bhavanti bhassantāhutiyo. dattupaññattaṃ yad idaṃ dānaṃ tesaṃ tucchaṃ musā vilāpo ye keci atthikavādaṃ vadanti. bāle ca paṇḍite ca kāyassa bhedā ucchijjanti vinassanti na honti param maraṇā ti", "저(파부다가전나)가 답하여 말하되 '대왕이여, 힘도 정진도 없으니, 사람은 힘도 방편도 없습니

육사외도 항복육사
『석씨원류응화사적』권1
양주불암사판 1673년

다. 인도 연도 없이 중생은 물들고, 인도 연도 없이 중생은 청정합니다. 일체중생은 명이 있는 류로, 다 남김 없이 무력하여 자재하지 못합니다. 원수가 있지 않고 정해진 운명 중에 이 육생에서 모든 고락을 받습니다'. 彼答我言 大王 無力 無精進 人無力 無方便 無因無緣 衆生染著 無因無緣 衆生淸淨 一切衆生 有命之類 皆悉無力 不得自在 無有冤讐 定在數中 於此六生中 受諸苦樂 n'atthi mahārāja hetu n'atthi paccayo sattānaṃ saṃkilesāya ahetu apaccayā sattā saṃkilissanti. n'atthi hetu n'atthi paccayo sattānaṃ visuddhiyā ahetuapaccayā sattā visujjhanti. n'atthi attakāre n'atthi parakāre n'atthi purisakāre n'atthi balaṃ n'atthi viriyaṃ n'atthi purisathāmo n'atthi purisaparakkamo. sabbe sattā sabbe pāṇā sabbe bhūtā sabbe jīvā avasā abalā aviriyā niyatisaṅgatibhāvapariṇatā chass'evābhijātisu sukhadukkhaṃ paṭisaṃvedenti", "저(산야이비라리불)이 답하여 말하되 '대왕이여, 현세에 사문과보가 있느냐고 이와 같이 물으시면 답하길, 이 일은 이렇습니다, 사문과보는 있고, 없으며, 없는 것도 있는 것도 아닙니다. 대왕이여, 현세에 사문과보가 없냐고 물으시면 답하길, 이 일은 이렇습니다, 사문과보는 없고, 있으며, 있는 것도 없는 것도 아닙니다. 대왕이여, 현세에 사문과보가 있기도 없기도 하냐고 물으시면 답하길, 이 일은 이렇습니다, 사문과보는 있기도 없기도 하고, 있지 않기도 없지 않기도 하며, 있는 것도 없는 것도 아닙니다. 대왕이여, 현세에 사문과보가 있는 것도 없는 것도 아니냐고 물으시면 답하길, 이 일은 이렇습니다, 사문과보는 있는 것도 없는 것도 아니고, 있지 않기도 없지 않기도 하며, 있지 않은 것도 없지 않은 것도 아닙니다'. 彼答我言 大王 現有沙門果報 問如是 答 此事如是 此事實 此事異 此事非異非不異 大王 現無沙門果報 問如是 答 此事如是 此事實 此事異 此事非異非不異 大王 現有無沙門果報 問如是 答 此事如是 此事實 此事異 此事非異非不異 大王 現非有非無沙門果報 問如是 答 此事如是 此事實 此事異 此事非異非不異 atthi sukaṭadukkaṭānaṃ kammānaṃ phalaṃ vipāko ti iti ce maṃ pucchasi, atthi sukaṭadukkaṭānaṃ kammānaṃ phalaṃ vipāko ti iti ce me assa, atthi sukaṭadukkaṭānaṃ kammānaṃ phalaṃ vipāko ti iti te naṃ byākareyyaṃ. evanti pi me no. tathā ti pi me no. aññathā ti pi me no. no ti pi me no. no no ti pi me no", "저(니건타야제자)가 답하여 말하되 '대왕이여, 나 일체지 일체견인은 다 알아 남음 없으며, 다니거나 머물거나 앉거나 눕거나 깨우쳐 앎에 남음 없으니, 지혜 언제나 앞에 있다네'. 彼報我言 大王 我是一切智一切見人 盡知無餘 若行 若住坐臥 覺悟無餘 智常現在前 idha mahārāja nigaṇṭho cātuyāmasaṃvarasaṃvuto hoti. katham ca mahārāja nigaṇṭho cātuyāmasaṃvarasaṃvuto hoti. idha mahārāja nigaṇṭho sabbavārivārito ca hoti, sabbavārīyuto ca, sabbavārīdhuto ca, sabbavārīphuṭṭho ca. evaṃ kho mahārāja nigaṇṭho cātuyāmasaṃvarasaṃvuto hoti. yato kho mahārāja nigaṇṭho evaṃ cātuyāmasaṃvarasaṃvuto hoti, ayaṃ vuccati mahārāja nigaṇṭho gatatto ca yatatto ca ṭhitatto cāti"라고 하였다. 상응하는 *Sāmaññaphala-sutta*(*DN.1*, p.53·55)와 비교하면 아기다시사흠바라(阿耆多翅舍欽婆羅)의 사견(邪見) 중 일분(一分)이 「사문과경」에서는 말가리구사리의 설로, 또 말가리구사리의 설은 파부다가전나의 설로 소개되었다. 파부다가전나의 칠신설(七身說)은 니카야를 통해 그 내용을 알 수 있으니, 위의 책(*DN.1*, p.56)에 "대왕이여, 칠신(七身)이 있으니 … 무엇이 일곱일까요? 땅의 몸·물의 몸·불의 몸·바람의 몸·기쁨·고통·영혼입니다. 이 칠신은 만들어지지 않았고 … 창조되지 않아 창조주가 없고, 만들어내지도 않으며 산처럼 움직임이 없습니다. … 죽이는 이도 죽이게 하는 이도, 듣는 이도 말하는 이도, 아는 이도 알게 하는 이도 없습니다. 날카로운 칼로 머리를 잘라도 누가 누구의 목숨을 앗아간 것 아니니, 그저 칼이 칠신 사이를 지나간 것에 불과합니다. satt'ime mahārāja kāyā … katame satta. paṭhavikāyo āpokāyo tejokāyo vāyokāyo sukhe dukkhe jīve sattame. ime satta kāyā akaṭā … animmitā animmātā vañjhā kūṭaṭṭhā … n'atthi hantā vā ghātetā vā sotā vā sāvetā vā viññātā vā viññāpetā vā. yo pi tiṇhena satthena sīsaṃ chindati na koci kiñci jīvitā voropeti. sattannaṃ yeva kāyānam antarena satthavivaraṃ anupatatīti"라고 하였다. [참고문헌] 『長阿含經』, 『大般涅槃經』 권하(대정장1, p.203c25), 『雜阿含經』 권43(대정장2, p.317b10), 『陀羅尼集經』 권1(대정장18, p.785b23), *DN.*, *Mp-s.374.*
⇨ 산사야비라지자 刪闍夜毘羅胝子, 아기다시사흠바라 阿耆多翅舍欽婆羅, 말가리구사리 末伽梨拘舍梨, 부란나가섭 富蘭那迦葉, 가라구다가전연 迦羅鳩馱迦旃延, 니건타야제자 尼乾陀若提子, 사명외도 邪命外道, 십팔종외도사 十八種外道師, 외도 外道, 불수외도 不修外道

육사종 六師宗 ➡ 육사외도 六師外道

육사차별소연관 六事差別所緣觀 Ⓣ gzhi rab-tu-dbye-ba la dmigs-pa drug. 여섯 갈래(義事相品時道理)로 차별하게 연들을 깊이 사유함. 육사차별소연비발사나(六事差別所緣毗鉢舍那)라고도 한다. 『유가사지론』 권13(대정장30, p.347a1)에 "어떻게 관하는가? 삼사관 또는 사행관 또는 육사차별소연관을 말한다. … 육사차별소연관이란 무엇인가? 첫째 의소연관, 둘째 사소연관, 셋째 상소연관, 넷째 품소연관, 다섯째 시소연관, 여섯째 도리소연관이다. 云何觀 謂或三事觀 或四行觀 或六事差別所緣觀 … 六事差別所緣觀者 一 義所緣觀 二 事所緣觀 三 相所緣觀 四 品所緣觀 五 時所緣觀 六 道理所緣觀"라고 하였다. [참고문헌] 『瑜伽師地論』.

육사차별소연비발사나 六事差別所緣毗鉢舍那 제법의 드러남을 여섯 갈래로 자세히 살핌. 원측(圓測)의 『해심밀경소』 권6(한불전1, p.309c9)에 "어떤 것이 육사차별소연비발사나인가? 깊이 사유함에 여섯 가지를 깊이 사유하는 것을 말한다. 云何六事差別所緣毗鉢舍那 謂尋思時 尋思六事", "첫째 뜻을 심사한다. 이러저러한 말에는 이러저러한 뜻이 있음을 바르게 심사함을 말한다. 一 尋思於義 謂正尋思 如是如是語 有如是如是義", "둘째 일에 대해 심사함이니, 안팎의 일을 바르게 심사함을 말한다. 二 尋思於事 謂正尋思 內外二事", "셋째 제법의 양상을 심사함이니, 제법의 두 상을 바르게 심사함이다. 제법의 두 상이란 첫째는 자상이고, 둘째는 공상이다. 三 尋思於相 謂正尋思 諸法二相 一者 自相 二者 共相", "넷째 품에 대해 심사함이니, 제법의 두 품을 바르게 심사함이다. 그 두 품이란 첫째는 흑품이고 둘째는 백품이다. 즉 흑품의 과실과 과환을 심사하고, 백품공덕의 승한 이익을 심사함이다. 四 尋思於品 謂正尋思 諸法二品 一者 黑品 二者 白品 尋思黑品過失過患 尋思白品功德勝利", "다섯째 때에 대해 심사함이니, 과거미래현재 삼시를 바르게 심사함을 말한다. 즉 이와 같은 일은 일찍이 과거세 있었고, 이와 같은 일은 미래세에 있을 것이며, 이와 같은 일은 지금 현재세에 있음을 심사함이다. 五 尋思於時 謂正尋思 過去未來現在三時 尋思如是事 曾在過去世 尋思如是事 當在未來世 尋思如是事 今現在世", "여섯째 뜻에 대해 심사함이니, 네 가지 도리인 첫째 관대도리·둘째 작용도리·셋째 증성도리·넷째 법이도리를 바르게 심사함을 말한다. 六 尋思於理 謂正尋思 四種道理 一 觀待道理 二 作用道理 三 證成道理 四 法爾道理"라고 하였다. [참고문헌] 『解深密經疏』.

육사행 六捨行 여섯 갈래(內外六處)로 평정을 유지함. 육사근행(六捨近行)이라고도 한다. 『잡아함경』 권13(대정장2, p.93a11)에 "육사행이 있으니, 어떤 것이 육사행인가? 비구들아, 눈으로 색을 보되 저 색처에 있어 평정하게 행하고, 귀로 소리를 듣거나 코로 냄새를 맡거나 혀로 맛을 보거나 몸으로 느끼거나 뜻으로 법을 알거나 할 때 저 법처에 있어 평정을 행하면 비구의 육사행이라고 한다. 有六捨行 云何爲六 諸比丘 謂眼見色 捨於彼色處行 耳聲 鼻香 舌味 身觸 意識法 捨於彼法處行 是名比丘六捨行", 『성실론』 권6(대정장32, p.285c12)에 "육사행은 성인만이 행하는 것이고 범부는 아니다. 범부도 간혹 사를 행하기도 하니 모두 능히 연을 보고 알아서는 아니다. 저 경에서 말한 것처럼 범부의 색중에 사심이 있다면 모두 색을 그친 것일 뿐 색중 탐을 떠난 것은 아니다. 그러므로 알라. 범부에게는 평정한 마음이란 없다. 六捨行 唯聖所行 非凡夫也 凡夫 或時行捨 皆以未能 知見緣故 如經中說 凡夫色中 所有捨心 皆依止色 貪色不離 故知凡夫 無捨心也"라고 하였다. [참고문헌] 『雜阿含經』, 『成實論』, *MN.3.217*. ⇨ 육사근행 六捨近行, 십팔의근행 十八意近行

육산 肉山 ❶ 몸을 던져 쌓은 산. 『비화경』 권9 「단바라밀품 檀波羅蜜品」(대정장3, p.226a7)에 "그때 나는 수애호산에 스스로 몸을 던지니 원력 때문에 육산이 되었다. 높이가 일유순이고 넓고 크기도 같아 일유순이었다. 이때의 인민들과 나는 새와 짐승들이 처음으로 이때 맞아 고기를 먹고 피를 마셨다. 爾時 我於水愛護山 自投其身 以願力故 卽成肉山 高一由旬 縱廣正等 亦一由旬 是時 人民飛鳥禽獸 始於是時 噉肉飮血"라고 하였다. [참고문헌] 『悲華經』. ❷ 지옥에 떨어진 사람들의 무더기. 『인연승호경』(대정장17, p.570c4)에 "그대가 본 육산은 육산이 아니고 지옥의 사람들이다. 가섭불 때 출가인이 승중의 전좌가 되었으나 오덕을 갖추지 못하고 위세도 부족하여 승물을 훔치고 가사마저 끊었다. 이 인연으로 지옥 중에 떨어져 큰 육산이 되었고 불타는 고통 받기를 지금까지 쉬지 못한다. 汝見肉山 非是肉山 是地獄人 迦葉佛時 是出家人 爲僧典坐 五德不具 少有威勢 偸取僧物 斷僧衣裳 以是因緣 墮地獄中 作大肉山 火燒受苦 至今不息", 『능엄경』 권8(대정장19, p.144b24)에 "움직여 부딪힌 즉 터지거나 문드러지거나 큰 육산이 되니, 백천의 눈 있는 것들이 한없이 빨고 먹어치운다. 衝觸則能爲綻爲爛 爲大肉山 有百千眼 無量咂食"라고 하였다. [참고문헌] 『因緣僧護經』, 『楞嚴經』. ❸ 기름진 산. 물산이 풍부하고 덕 있어 대중이 모여 머물만한 산을 뜻한다. 『경덕전등록』 권9 「위산영우전 潙山靈祐傳」(대정장51, p.264b27)에 "그때 사마두타가 호남에서 오자 백장이 말했다. '노승이 위산에 가고 싶은데 괜찮은가?'〈사마두타는 참선 외에 인륜 보는 식견을 쌓았음은 물론 지리도 함께 궁구하였다. 제방에서 사원을 창건할 때 여러 번 나가서 정해주었다〉. 대답하길 '위산은 기절하더라도 천오백중 모이게 할 수 있습니다. 그러나 화상께서 머물 곳은 아닙니다' '어째서인가?' '화상은 골인이고, 저곳은 육산입니다. 설령 머무신다고 해도 무리가 천을 채우지 못할 것입니다' '우리 대중 중에 머물 사람 있지는 않은가?' '기다려 둘러보겠습니다'. 時司馬頭陀 自湖南來 百丈謂之曰 老僧欲往潙山 可乎〈司馬頭陀參禪外 蘊人倫之鑒 兼窮地理 諸方剏院

多取決焉〉 對云 潙山奇絶 可聚千五百衆 然非和尙所住 百丈云 何也 對云 和尙是骨人 彼是肉山 設居之 徒不盈千 百丈云 吾衆中 莫有人住得否 對云 待歷觀之"라고 하였다. 〔참고문헌〕『景德傳燈錄』. ⇨ 골산 骨山 ❷

육상 六相 일체법(一切法) 삼대(三大 : 體相用)의 각각 두 가지 모습. 60권본『화엄경』 권23「십지품 十地品」(대정장9, p.545b25)의 초지(初地) 십대원(十大願) 중 제4수행원(修行願)과『십지경』 권1「보살극희지 菩薩極喜地」(대정장10, p.538c24)에서 설하고 있다. 체대(體大)는 총상(總相)과 별상(別相)이고 상대(相大)는 동상(同相)과 이상(異相)이며 용대(用大)는 성상(成相)과 괴상(壞相)이다. 이 육상으로 제법이 걸림없이 어울리는 뜻을 육상원융이라 한다. ⇨ 육상원융 六相圓融

육상 六想 Ⓟ cha saññā. 육상신(六想身)의 줄임말.『대집법문경』 권하(대정장1, p.231c2)에 "육상은 부처님의 말씀이시니 색상·성상·향상·미상·촉상·법상이다. 六想是佛所說 謂色想聲想 香想味想 觸想法想"라고 하였다. 〔참고문헌〕『大集法門經』,『大智度論』 권36(대정장25, p.325b20), *AN.3.413.* ⇨ 육상신 六想身

육상신 六想身 Ⓢ ṣaṭ saṃjñā-kāyāḥ, Ⓟ cha saññā-kāyā, Ⓣ 'du-shes-kyi-tshogs-drug-po. 육근(六根)이 각각의 육경(六境)을 감촉할 때 식(識)과 상응하여 일어나는 상념. 신(身 Ⓢ kāya)은 같은 범주로 묶이는 집합을 뜻한다.『잡아함경』 권13(대정장2, p.92a19)에 "육상신이 있으니 무엇이 그 여섯인가? 눈으로 부딪혀 상이 일어나고, 귀·코·혀·몸·의 또한 촉하여 상을 일으킨다. 이것이 육상신이다. 有六想身 云何爲六 謂眼觸生想 耳鼻舌身意觸生想 是名六想身",『집이문족론』 권15(대정장26, p.429b6)에 "육상신이라는 말에서 여섯은 무엇인가? 〔답〕 첫째는 눈으로 보아 일어난 상신, 둘째는 귀로 들어 일어난 상신, 셋째는 코로 맡아 일어난 상신, 넷째는 혀로 맛보아 일어난 상신, 다섯째는 몸으로 만나 일어난 상신, 여섯째는 뜻으로 부딪혀 일어난 상신이다. 六想身者 云何爲六 答 一 眼觸所生想身 二 耳觸所生想身 三 鼻觸所生想身 四 舌觸所生想身 五 身觸所生想身 六 意觸所生想身",『유가사지론』 권25(대정장30, p.419a29 : *Śrāv-bh.*, p.141)에 "상이라고 말하는 것은 곧 육상신이니, 이를 상온이라고 한다. 所言想者 卽六想身 是名想蘊 ṣaṭ saṃjñākāyāḥ saṃjñāskandhaḥ"라고 하였다. 〔참고문헌〕『雜阿含經』,『集異門足論』,『瑜伽師地論』, *Śrāv-bh.·240., Abh-k-bh.10., DN.3.244.* ⇨ 상 想❶, 상온 想蘊

육상원융 六相圓融 법계연기(法界緣起)의 원융(圓融)한 상(相)을 총과 별(總別), 동과 이(同異), 성과 괴(成壞)의 여섯 갈래로 풀어 보인 뜻. 십현문(十玄門)과 함께 화엄의 주요 교의여서 함께 불러 십현육상(十玄六相)이라 한다. 그 연원은 초지보살의 십대원 중 제4수행원을 설하는 다음의 경문이다. 60권본『화엄경』 권23「십지품 十地品」(대정장9, p.545b25)에 "일체보살이 행한 바 광대무량하여 부술 수조차 없으며, 무분별제바라밀로 거둔 것들이며, 모든 지로 깨끗이 한 모든 조도법이니 총상·별상·유상·무상·유성·유괴이다. 일체보살 행한 모든 지와 도 그리고 모든 바라밀본행으로 일체를 교화하여 하여금 그 행을 받고 마음으로는 증장을 얻는다. 一切菩薩 所行廣大無量 不可壞 無分別諸波羅蜜所攝 諸地所淨生諸助道法 總相 別相 有相 無相 有成 有壞 一切菩薩 所行諸地道 及諸波羅蜜本行 敎化一切 令其受行 心得增長"라고 하였고,『십지경』 권1「보살극희지 菩薩極喜地」(대정장10, p.538c24)에서도 "모든 보살행 끌어 일으키고자 함은, 광대무량하고 무분별바라밀로 많은 것 거두어들여 모든 지 깨끗이 다스리니 총상과 별상, 동상과 이상, 성상과 괴상이다. 爲欲引發諸菩薩行 廣大無量 及無分別波羅蜜多之所攝受 淨治諸地 總相 別相 同相 異相 成相 壞相"라 하였으니 보살의 모든 바라밀행과 그 조도법으로서의 행상으로 밝히고 있다. 이후 세친(世親)의『십지경론』 권1(대정장26, p.124c29)에 "모든 것 설한 열 구 중에는 모두 여섯 가지 차별상의 문이 있다. 이에 언설하여 해석하지만, 사는 제했음을 알아야 한다. 사란 오음·십팔계·십이입 등이고, 여섯 가지 상이란 총상·별상·동상·이상·성상·괴상을 말한다. 一切所說十句中 皆有六種差別相門 此言說解釋 應知除事 事者 謂陰界入等 六種相者 謂 總相 別相 同相 異相 成相 壞相"라고 한 후 각각의 뜻을 풀기를 "총상이란 근본에 듦이요 별상이란 나머지 아홉이 듦이니, 별이 본에 의지하여 저 본을 채운다. 동상이란 든다는 것이고 이상이란 더한 모습이다. 성상이란 간략히 하는 것이고 괴상이란 넓게 하는 것이니 저 세계의 성괴와 같다. 總相者 根本入 別相者 餘九入 別依止本滿彼本故 同相者入故 異相者增相故 成相者略說故 壞相者廣說故 如世界成壞"라 하고 이어 "나머지 일체십구중의 경우도 뜻을 따라 유추하여 알지니라. 餘一切十句中 隨義類知"라 하였으니, 보살의 수행상으로서만이 아닌 일체법의 행상임을 밝히고 있다. 이후 중국 화엄가 지상(至相)에 의해 더욱 체계화되었고, 현수(賢首)의 옥사(屋舍) 비유로 전개되기도 하였다.『

〈표1〉 육상원융

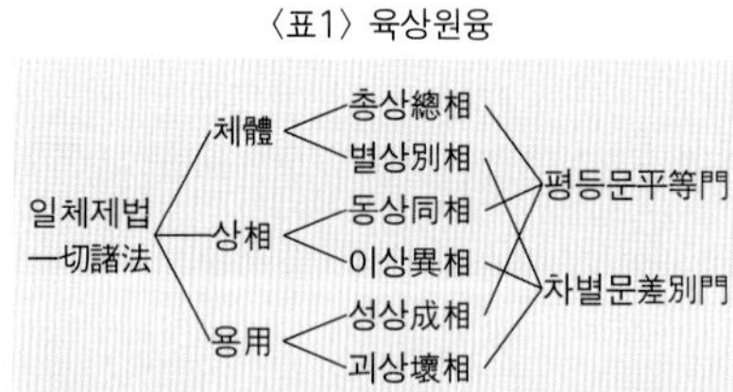

화엄오교장』 권4(대정장45, p.507c6)에 "총상이란 하나가 많은 덕을 머금고 있음이다. 별상은 많은 덕이 하나가 아닌 것이다. 별상은 총상에 의지하여 저 총상을 채운다. 동상은 많은 뜻들이 서로 어긋나지 않아서 같이 하나의 총상을 성취하기 때문이다. 이상이란 많은 의미들이 서로 바라서 각각 다르기 때문이다. 성상이란 이러한 모든 뜻으로 연기가 성립한다. 괴상은 여러 뜻들이 각자의 자리에 머물러 이동하지 않는다. 總相者 一含多德故 別相者 多德非一故 別依止總 滿彼總故 同相者 多義不相違 同成一總故 異相者 多義相望 各各異故 成相者 由此諸義 緣起成故 壞相者 諸義各住自法 不移動故", 『화엄현담회현기』 권10(卍속장12, p.141a2)에 "총동성에 의지한 즉 원융을 설하고, 별이괴에 의지하면 항포를 설한다. … 총이라 한 즉 별들을 다 거둬 모은 즉 총이고, 별이라 한 즉 총을 나누어 된 별일 뿐이며, 같다 함은 별들이 각기 총을 띨 때이고, 다르다 함은 별별들이 서로 어긋나 있음이다. 성이라 한 즉 같고 다름 한꺼번에 거두고 있음이고 무너졌다 함인 즉 각자 자성에 머물 때이다. 依總同成 則說圓融 依別異壞 則說行布 … 總則攬別而成總 別則分總而爲別 同則別別帶總 異則別別互乖 成則雙攬同異 壞則各住自性", 『화엄오교장』 권4(대정장45, p.508c20)에 "또한 총이란 하나의 집이고, 별이란 온갖 연들이며, 동이란 서로 어긋나지 않음이고, 이인 즉 온갖 연들이 각각 따로이고, 성인 즉 온갖 연들이 과를 가림이이며, 괴인 즉 각각 스스로의 법에만 머문 때이다. 又總卽一舍 別卽諸緣 同卽互不相違 異卽諸緣各別 成卽諸緣辦果 壞卽各住自法", "따로 송으로 설한다. '하나가 곧 많은 것 갖추니 그 이름 총상이고 많은 것 곧 하나가 아니니 이는 별상이며 많은 류 스스로 같이하여 큰 모듬 이루고 각각의 몸 따로 다르지만 한가지로 드러난다. 하나와 많은 것들의 연기 뜻 묘하게 성취되니, 무너져서는 자법에 머물기에 항상 지을 일조차 없네. 오직 지혜의 경계일 터 분별로 알 길 없네. 이 방편을 써 일승으로 돌아가네'. 別爲頌曰 一卽具多名總相 多卽非一是別相 多類自同成於總 各體別異現於同 一多緣起理妙成 壞住自法常不作 唯智境界非事識 以此方便會一乘"라고 하였다. 위의 송에서 지상도 육상의 뜻은 분별사식의 경계라 하고 저 위의 『십지경론』에서는 사(事)인 온처계는 제한다 하였듯이, 깊이 사유하여 체득할 경계지만 인문육의(因門六義)에서 논하고 있는 체(體)의 공유(空有)로 보는 상즉(相卽), 역용(力用)의 유무(有無)에서의 상입(相入), 연(緣)의 대(待)·부대(不待)와 상유(相由)·불상유(不相由)에서의 동체(同體)·이체(異體) 등의 뜻과 십현문(十玄門)의 교의를 상망하면 육상의 이해를 깊이 할 수 있다. [참고문헌] 『華嚴經』, 『十地經』, 『十地經論』, 『華嚴五教章』, 『華嚴懸談會玄記』, 李智冠 『韓國佛教所依經典研究』 pp.315~318. ⇨ 총상 總相, 별상 別相❷, 동상 同相, 이상 異相❷, 성상 成相, 괴상 壞相❶, 십현육상 十玄六相, 십현문 十玄門

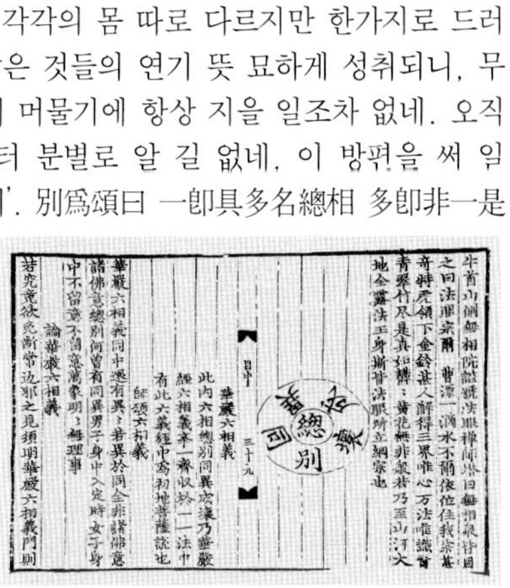

육상원융도 인천안목 권중 순천 송광사 1529년

육상행 六常行 여섯 가지 변함없는 행. 육항주(六恒住)라고도 한다. 『잡아함경』 권13(대정장2, p.93a17)에 "육상행이 있으니 그 여섯은 무엇인가? 비구가 눈으로 색을 보고 괴롭지도 즐겁지도 않아서 바르게 생각하고 바르게 알아 평정한 마음에 머문다. 또한 귀로 듣거나 코로 맡거나 혀로 맛보거나 몸으로 느끼거나 마음으로 법을 분별하지만, 괴롭지도 즐겁지도 않아 사심으로 머물고 바르게 생각하고 바르게 안다. 이것을 비구육상행이라고 부른다. 有六常行 云何爲六 若比丘眼見色 不苦不樂 正念正智 捨心住 耳聲 鼻香 舌味 身觸 意識法 不苦不樂 捨心住 正念正智 是名比丘六常行"라고 하였다. [참고문헌] 『雜阿含經』. ⇨ 육항주 六恒住

육색 肉色 Ⓢ chavi-varṇa, Ⓣ sha-mdog. 살색. 붉은 빛을 띤 살코기를 뜻한다. 기색(肌色)이라고도 한다. 『대장엄론경』 권11(대정장4, p.320c22)에 "내(鵝珠比丘)가 붉은 색 가사를 입었고, 구슬에 살색인 듯 비쳤다. 이에 거위는 '아! 고기다' 하며 바로 삼켜서 먹었네. 我著赤色衣 映珠似肉色 此鵝謂是肉 卽便呑食之"라고 하였다. [참고문헌] 『大莊嚴論經』, 『樹提伽經』(대정장14, p.826b1), *Saddh-p.369.*

육색방 六色榜 안거(安居) 또는 큰 불사를 수행할 때 적절하게 소임을 배분한 후 걸어두는 알림판. 색은 색목(色目)의 줄임말이니 종류의 명목(名目)이라는 뜻이고, 방이란 대중의 소임에 따른 명단을 대중이 볼 수 있도록 알리는 형식이다. 육소(六所)·육색장(六色掌)·육색장방(六色掌榜)이라고도 한다. 큰 천도법회·영산대재·특별법회·불탄일과 열반재일 등 사대 법회일 결제 때 구성하며, 용상방(龍象榜) 또는 집사단(執事單)이라고도 한다. 법회나 대중의 규모에 따라 소임을 세분하여 십오색·이십이색 등 다양하나 이름만은 그대로 육색방이라 한다. 육(六)이란 숫자는 모든 수를 아우르는 큰 수로 육바라밀의 육이 모든 바라밀을 섭수하는 큰 수이며, 선림에서는 육지사(六知事)라 하여 전통적으로 소임을 크게 여섯으로 나누기도 하였다. 해인사 홍제암(弘濟庵)에 걸려 있는 육색방에는 조병(造餠 : 떡을 만듦)・반두(飯頭 : 밥을 짓는 공양주)・숙두(熟頭 : 채소를 익혀 먹게 함)・채로(菜露 : 채소를 재배하는 일)・연기(鍊器 : 유기로 된 촛대・향로・다기・불기・수저 등을 닦고 거둠)・대도(大都 : 여타의 소임들을 거두어 보살핌) 등으로 구성되어 있다. 1899년(광무3) 해인사에서 대장경 4부를 인출할 때의 육색방에는 앙산(仰山)・운문(雲門 : 雲門造餠에서 유래하여 떡을 만드는 조병과 같음)・진주(鎭州 : 鎭州蘿蔔에서 유래하여 반찬을 만드는 菜供과 같음)・동평(東平)・자색(炙色)・다색(茶色)・반색(盤色 : 고임새를 위해 은행 등에 색을 물들임)・시색(匙色 : 수저를 관리함)・기색(器色)・과색(果色)・배과(排果)・급수(汲水 : 물을 길어오거나 우물을 보살핌)・지배(地排 : 마당청소)・별공(別供)・포색(泡色 : 두부를 만듦)・면색(麵色)・조화(造花 : 종이꽃을 만듦)・화개(畫盖) 등으로 구성되었고, 『요집』「육색장방」에는 반두・조과・조병・다각・숙두・채로・공기・반색・시색・화대・정통・지배・지전(知殿)・별좌・도감 등 15가지 소임명부가 전한다. 이십이색방도 있으니 조화・조과(造菓 : 유과・다식 등 과자를 만듦)・조병・반두・숙두・채로・공기(工器 : 각종 기물을 만들거나 수리함)・세면(細麵・洗麵 : 국수를 뽑음)・자색(煮色 : 적을 붙임)・반색・시색・다각(茶角 : 차와 다과를 준비함)・지전(知殿 : 각 법당인 殿堂을 맡음)・정통(淨桶 : 화장실을 청소하며 필요한 물건을 준비해 둠)・급수・화대(火臺 : 負木과 같으니 땔감을 준비하며 각방에 불을 땜)・지배・지빈(知賓 : 知客과 같으니 손님을 접대함)・별좌(別座 : 後園에서 식자재 등을 보살핌)・도감(都監 : 이십이부 소임들을 보살펴 거둠)・서기(書記 : 공문서 수발과 서사를 맡음)・유

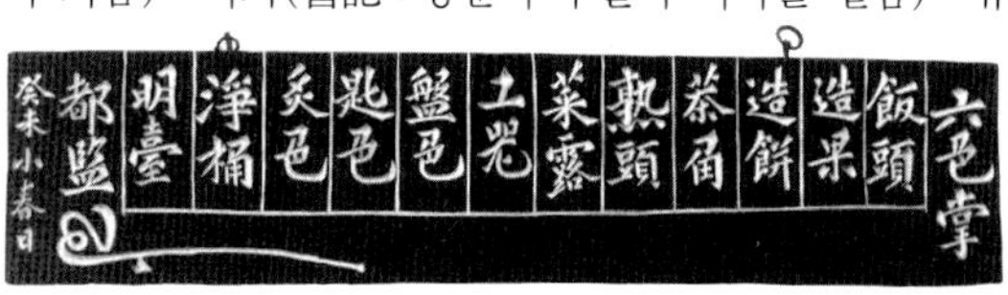

육색방

나(維那 : 사중의 크고 작은 모든 일을 통어함) 등으로 법회의 성격과 대중의 수에 따른 개차가 있다. 〔참고문헌〕 李智冠 『伽倻山海印寺誌』 p.307・611, 「三冬結制榜」・「齋時龍象榜」(『釋門儀範』 권하, pp.164a18~165a16). 『要集』(『한국불교의례자료총서』 권4, p.468a7). ⇨ 용상방 龍象榜, 집사단 執事單

육색장축원 六色掌祝願 여섯 소임인 육색장(六色掌)의 축원. 『산보집』 권중 「육색장축원 六色掌祝願」(한불전11, p.502b22)에 반두(飯頭)・조과(造菓)・조병(造餠)・다각(茶角)・숙두(熟頭)・채로(菜露)의 소임 축원을 수록하였으며, 그중 조병 축원에 "구름처럼 눈처럼 아름답고 깨끗한 진미로다. 부시도록 희고 부드러운 떡은 같고 달 같고, 옥같은 낟알 물로 쪄내니 운문의 호병과 덕산의 점심이네. 원융하신 조병 모 비구시여. 如雲若雪 妙潔眞味 細白軟餠 如銀如月 玉粒蒸水 雲門餬餠 德山點心 圓融造餠 某人比丘"라고 하였다. 〔참고문헌〕 『刪補集』, 『枕肱集』 권하 「上堂及六色掌祝願」(한불전8, p.365b8). ⇨ 육색방 六色榜, 축원 祝願

육생류 六生類 여섯 가지 생류(生類). 『집이문족론』 권16(대정장26, p.434a17)에 "육생류에서 여섯 가지는 어떤 것인가? 〔답〕 첫째 흑생류보특가라(補特伽羅 Ⓢ pudgala)가 있어서 흑법을 일으키는 것, 둘째 흑생류보특가라가 백법을 일으키는 것, 셋째 흑생류보특가라가 흑도 아니고 백도 아닌 열반법을 일으키는 것, 넷째 백생류보특가라가 백법을 일으키는 것, 다섯째 백생류보특가라가 흑법을 일으키는 것, 여섯째 백생류보특가라가 흑도 아니고 백도 아닌 열반법을 일으키는 것이다. 六生類者 云何爲六 答 一 有黑生類補特伽羅 生起黑法 二 有黑生類補特伽羅 生起白法 三 有黑生類補特伽羅 生起非黑非白涅槃法 四 有白生類補特伽羅 生起白法 五 有白生類補特伽羅 生起黑法 六 有白生類補特伽羅 生起非黑非白涅槃法"라고 하였다. 〔참고문헌〕 『集異門足論』. ⇨ 생류 生類, 보특가라 補特伽羅

육생유 六生喩 Ⓢ sat-prāṇakopama, Ⓣ srog-chags drug-pa lta-bu. 육근(六根)을 매어 있는 여섯 중생으로 비유함. 육중생(六衆生)이라고도 한다. 『잡아함경』 권43(대정장2, p.313b2)에 "이 여섯 가지 근의 가지가지 행처와 가지가지 경계는 각각이어서 다른 근의 경계는 구하지 않는다. 이 여섯 가지 근에 힘이 있다는 것은 감히 능히 자재하여 경계 따라 깨우치니 마치 저 장부가 여섯 중생을 견고한 기둥에 묶어둔다면 저들은 있는 힘을 다하여 자기 뜻대로 가려고 거듭하다가 극도로 지치는 것과 같다. 밧줄에 묶여 있기에 끝내 기둥에 의지할 뿐이다. 此六種根 種種行處 種種境界 各各 不求 異根境界 此六種根 其有力者 堪能自在 隨覺境界 如彼士夫 繫六衆生 於其堅柱 正出用力 隨意而去 往反疲極 以繩繫故 終依於柱"라고 하였고, 『구사론』 권29(대정장29, p.154a7 : *Abh-k-bh*., p.464)에 "만약 그렇다면 의근경도 마땅히 달라야 하니, 저 육생유와 같으니 계경중에 말하길 '이와 같이 육근이 행하는 곳의 경계에는 각각의 차별이 있으며 각기 달리 기꺼이 구하는 스스로의 행처와 자신이 작용하는 대상 경계가 있다'. 若爾意根境亦應別 如六生喩 契經中言 如是六根 行處境界 各有差別 各別樂求 自所行處 及自境界 yady evaṃ manaindriyasyāpy avyabhicāraḥ prāpnoti. ṣaḍ imānīndriyāṇi nānā gocarāṇi nānāviṣayāṇi svaṃ svaṃ gocaraviṣayam ākāṅkṣantīty uktaṃ ṣaṭprāṇakopame"라고 하였다.

〔참고문헌〕『俱舍論』, 『俱舍論記』 권29(대정장41, p.442a26), *Abh-k-bh.* ⇨ 육중생 六衆生

육생유경 六生喩經 Ⓟ Chapāṇakopama-sutta. 경 이름. 육근(六根)을 개·새·뱀·자칼(또는 여우)·악어·원숭이 등 여섯 류의 중생에 비유하여 근들을 잘 다스릴 것을 설한 내용의 경. 『육생유계경 六生喩契經』이라고도 하며, 이와 같은 내용으로는 『잡아함경』 권43(대정장2, p.313a14~b13), 『증일아함경』 권32(대정장2, pp.723c6~724a6)가 있다. 상응하는 팔리경전은 상윳타니카야 제35상윳타(Salayatana-saṃyutta) 제206경(*SN.4*, pp.198~200)이다. 『구사론』 권29(대정장29, p.154a8)에서도 이 경을 인용하여 근(根)과 경(境)이 여섯 갈래로 다름을 말하고 있다. 〔참고문헌〕『雜阿含經』, 『增壹阿含經』, 『俱舍論』, *SN.*

육서 六書 한자(漢字)가 만들어진 여섯 가지 원리. 상형(象形)·지사(指事)·회의(會意)·형성(形聲)·전주(轉注)·가차(假借)가 이에 해당한다. '제자(製字) 원리'라는 의미로서 범어의 육리합석(六離合釋)에 대응되기도 한다. 『법화현찬』 권9(대정장34, p.820c22)에 "(경에서 말한) 서(書)란 『주례』에서 육예(六藝)에 대해 '다섯 번째는 육서이다'라고 했으니, 곧 상형 등을 말한다. 서의 본뜻은 '써서 드러내는 것'이니 죽간이나 비단 등에 써 드러낸다. 書者 周禮六藝 五曰六書 謂象形等書 著也 著於竹帛等"라고 하였다. 〔참고문헌〕『法華玄贊』, 『北山錄』 권9 「異學」(대정장52, p.627c8), 『一切經音義』 권27(대정장54, p.490c3). ⇨ 육리합석 六離合釋

육서 六瑞 『법화경』 설하기 전에 보이신 여섯가지 상서. 갖추어서 법화육서(法華六瑞)라고 한다. 『법화의소』 권2(대정장34, p.469b16)에 "이 땅에서 육서를 드러내셨으니, 첫째 설법, 둘째 입정, 셋째 우화, 넷째 동지, 다섯째 중환희, 여섯째 방광이다. 現六瑞於此土者 一 說法 二 入定 三 雨華 四 動地 五 衆歡喜 六 放光"라고 하였다. 〔참고문헌〕『法華義疏』, 『法華文句』 권2(대정장34, p.27a20). ⇨ 법화육서 法華六瑞

육서성 陸西星 1520~1606. 명(明)나라 때 도사. 호는 방호외사(方壺外史)·온공거사(蘊空居士), 자는 장경(長庚). 양주(揚州 : 江蘇省) 흥화(興化) 출신. 어려서 유학을 공부하여 과거를 치렀으나 아홉 차례 낙방하고, 도교를 연구하며 수행하였다. 성명쌍수(性命雙修)를 주창하고 내단동파(內丹東派)를 창시하며 수많은 저술을 남겼고 만년에는 불교에 심취하여 『능엄경설약 楞嚴經說約』 1권·『능엄경술지 楞嚴經述旨』 10권 등이 있으나, 도교의 이치로 불법을 해석하였다. 또 명나라 때 신마소설(神魔小說)의 대표작인 『봉신연의 封神演義』의 작자로 지목되기도 한다. 〔참고문헌〕『楞嚴經說約』 「刻楞嚴述旨楞伽句義通說二經題辭」(卍속장89, p.353b5). ⇨ 능엄경설약 楞嚴經說約, 능엄경술지 楞嚴經述旨

육석 六釋 ➡ 육합석 六合釋

육선주처 六善住處 Ⓟ cha satata-vihārā. 육근(六根)이 육진과 만나지만 언제나 평정에 머물러 정념정지를 유지함. 육항주(六恒住)라고도 한다. 『중아함경』 권3 「화파경 䛒破經」(대정장1, p.434c18 : *Vappa-sutta*, *AN.2*, p.198)에 "화파야! 비구는 이와 같이 정심으로 해탈하여 문득 육선주처를 얻는다. 어떤 것이 그 여섯인가? 화파야! 비구는 눈으로 색을 봄에 기쁘지도 괴롭지도 않으니 다 버려 무위의 정념과 정지를 구한다. 화파야! 비구가 이와 같이 정심으로 해탈하면, 이를 첫 번째 선주처를 얻었다고 일컫는다. 이와 같이 귀·코·혀·몸으로도 그러하다. 생각으로 법을 앎에 기쁘지도 괴롭지도 않아 평등한 마음으로 무위의 정념정지를 구한다. 화파야! 비구가 이와 같이 정심으로 해탈하면, 이를 여섯 번째 선주처를 얻었다고 한다. 䛒破 比丘如是正心解脫 便得六善住處 云何爲六 䛒破 比丘眼見色 不喜不憂 捨求無爲 正念正智 䛒破 比丘如是正心解脫 是謂得第一善住處 如是耳鼻舌身 意知法 不喜不憂 捨求無爲 正念正智 䛒破 比丘如是正心解脫 是謂得第六善住處 evaṃ sammāvimuttacittassa kho vappa bhikkhuno cha satatavihārā adhigatā honti. so cakkhunā rūpaṃ disvā n'eva sumano hoti na dummano upekhako viharati sato sampajāno. sotena saddaṃ sutvā … ghānena gandhaṃ ghāyitvā … jivhāya rasaṃ sāyitvā … kāyena poṭṭhabbaṃ phusitvā … manasā dhammaṃ viññāya n'eva sumano hoti na dummano upekhako viharati sato sampajāno"라고 하였다. 〔참고문헌〕『中阿含經』, *AN.* ⇨ 육항주 六恒住

육성례 六聖禮 사성(四聖 : 彌陀·觀音·勢至·一切淸淨大海衆菩薩)에 석가모니불(釋迦牟尼佛)을 모시면 오성례(五聖禮)를 성취하고 지장보살(地藏菩薩)을 더 모시면 육성례가 성취된다. 제일 먼저 석가모니불로 시작하여 아미타불, 관세음·대세지·지장 세 보살과 일체 청정대해중 순으로 예경하며, 무량수불설왕생정토주·결정왕생정토진언·상품상생진언·아미타불심주·아미타불심중심주·무량수여래심주·무량수여래근본다라니를 차제로 지송 후 상례(常禮)로 회향한다. 〔참고문헌〕『釋門儀範』 권상 p.9a19, 『朝夕持誦』(서울 安養庵, 1932). ⇨ 사성례 四聖禮, 오성례 五聖禮, 예불 禮佛

육성부 六城部 ➡ 밀림산부 密林山部

육성취 六成就 ❶ 여섯 가지로 성취됨. 여시아문(如是我聞)으로 시작하는 모든 경전의 서분(序分)으로 신문시처주중(信聞時處主衆)이라는 여섯 인연이 빠짐없이 갖춤을 말한다. 육사성취(六事成就)·육종성취(六種成就)라고도 한다. 『대지도론』 권2(대정장25, p.66a27)에 "'이와 같이 나는 들었다. 일시에'라 함을 이제 마땅히 거두어 설하리라. 묻는다. 저 제불일체지인은 스스로 그러하여 스승 없으며, 다른 가르침을 따르지 않고, 다른 법을 받지 않으며, 다른 도를 쓰지 않으며, 다른 이로부터 듣고서 법을 설하시지 않음에 어찌 '여시아문'이라 말하는가. 如是我聞一時 今當總說 問曰 若諸佛一切智人 自然無師 不隨他教 不受他法 不用他道 不從他聞而說法 何以言 如是我聞", "답한다. … 다시 '여시아문'은 아난 등 부처님의 대제자 무리를 설함이나, 부처님의 법상에 들었기에 불법이라 한다. 부처님 반열반 즈음에 … 아난은 친속인지라 애를 마저 덜지 못하여 … 마음이 슬픔의 바다에 빠져 능히 스스로 나오지 못하였다. 答曰 … 復次 如是我聞 是阿難等 佛大弟子輩說 入佛法相故 名爲佛法 如佛般涅槃時 … 阿難親屬愛未除 … 心沒憂海 不能自出", "이때 장로 아니로두가 아난에게 말하였다. '그대는 불법을 지켜 담은 사람이다. … 그대는 마땅히 부처님께 여쭈어야 하니, 불반열반 후에 우리들은 어떻게 도를 행하며, 누구를 마땅히 스승으로 삼으며, 악구차닉과는 어떻게 함께 머물며, 불경 앞에 어떤 등의 말을 지어야 합니까'. 爾時 長老阿泥盧豆語阿難 汝守佛法藏人 … 汝當問佛 佛般涅槃後 我曹云何行道 誰當作師 惡口車匿 云何共住 佛經初作何等語", "부처님께서 아난에게 고하셨다. '… 모인 법보장 처음에 응당 설하길 「이와 같이 나는 들었다. 일시에 부처님께서 어느 방면 어느 국토 어느 곳 숲에서」라 해야 한다'. 佛告阿難 … 所集法寶藏 是藏初應作是說 如是我聞 一時 佛在某方 某國土 某處樹林中", "이런 고로 마땅히 부처님께서 가르치신 바, '여시아문'은 부처님 자신의 말씀이 아니다. … 아난이 부처님께 여쭙고 부처님께서 이 말을 가르치셨으니, 제자가 말한 바로서의 '여시아문'에 허물이 없다. 是故當知 是佛所教 非佛自言 如是我聞 … 阿難問佛 佛教是語 是弟子所言 如是我聞 無有咎", "다시 불법을 오래도록 세간에 머물게 하려고 장로 마하가섭 등 모든 아라한이 아난에게 물었다. '부처님께서는 처음 어느 곳에서 법을 설하셨으며, 어떤 등의 법을 설하셨는가?' 아난이 답하였다. '이와 같이 나는 들었습니다. 일시에 부처님께서 바라나국 선인녹림 중에서 오비구를 위해 이 고성제를 설하시며 「나는 본디 다른 이로부터 듣지 않고 법 중에 바르게 억념하여 안지명각을 얻었노라」 하셨습니다'. 復次 欲令佛法久住世間故 長老摩訶迦葉等 諸阿羅漢 問阿難 佛初何處說法 說何等法 阿難答 如是我聞 一時佛在波羅捺國 仙人鹿林中 爲五比丘 說是苦聖諦 我本不從他聞 法中正憶念 得眼智明覺", 『우란분경소』 권하(대정장39, p.507a23)에 "일체경은 처음에 모두 '이와 같이 나는 들었다. 언젠가 부처님께서 어느 곳 어느 대중 몇몇 사람과 함께 있으셨다'라 하니, 모든 경은 대부분 이 육종성취를 갖춘다. 一切經 初皆云 如是我聞 一時佛在某處 與某衆若干人俱 諸經多具六種成就", 원측(圓測)의 『인왕경소』 권상본(대정장33, p.362a27·한불전1, p.20a11)에 "사의 다소는 예로부터 삼설이 있다. 첫 번째는 진제의 『칠사기』 중에서 칠사를 열어놓음이다. 첫째 '여시'란 들은 법인 한 부의 문리가 믿을 만함을 표한다. 둘째 '아'란 능히 들은 사람이 곧 아난임을 출한다. 셋째 '문'이란 소리와 뜻을 친히 받든다. 넷째 '일시'란 들은 법이 시기 잘 만남을 드러낸다. 다섯째 '불세존'은 능히 설한 스승을 출한다. 여섯째 '주처'란 설함에 있던 자리를 드러낸다. 일곱째 '대비구'는 홀로 들은 바 아님을 나타낸다. 事多少者 自有三說 一者眞諦七事記中 開爲七事 一 如是者 標所聞法 一部文理 決定可信 二言我者 出能聞人 卽是阿難 三言聞者 親奉音旨 四一時者 顯所聞法 善會時機 五佛世尊 出能說師 六住處者 顯說有處 七大比丘 顯非獨聞", 원효(元曉)의 『아미타경소』(대정장37, p.348c18·한불전1, p.563c13)에 "서분 중에 그 육구가 있다. 이 중에 앞 둘은 그로써 구를 표하고, 그 뒤 네 일은 앞의 둘을 증하여 이룬다. '여시'란 들은 법을 거두고 들어서, 믿고 따르는 마음이 있음을 표한다. '아문'이란 능히 들은 사람을 따로 끌어서, 어긋나 다툴 뜻이 없음을 표한다. 아래 넷은 곧 두 마주함을 끌어서 증하여 이룬다. 들은 때와 자리를 떠올려 능히 들음에 틀림 없음이 이루어짐을 밝힌다. 이미 대사와 대중이 있으니, 설한 바가 믿을 만함을 증한다. 이 중에 자세함은 저 한결같음 대로 알 만하다. 여섯 번째 서인 '대중'은 셋이 있으니, 먼저 성문중, 다음 보살중, 마지막은 잡류중이다. 序分之中 有其六句 於中前二 是其標句 其後四事 證成前二 言如是者 總擧所聞之法 表有信順之心 言我聞者 別提能聞之人 表無違諍之意 下四 則引二對證成 明憶聞時處 成能聞之不謬 旣有大師大衆 證所說之可信 於中委悉 如常可知 第六序大衆 有三 先聲聞衆 次菩薩衆 後雜類衆"라고 하였다. 앞서 원측이 진제(眞諦)의 칠사(七事)를 끌어 문성취(聞成就)인 '아문'을 '아'와 '문' 두 갈래로 보이고 있듯이, 육성취에는 열고 닫음이 있다. 양(梁)나라 때 보량(寶亮) 등의 설을 모은 『대반열반경집해』 권2(대정장37, p.383c15)·법운(法雲)의 『법화의기』 권1(대정장33, p.575b19)·관정(灌頂)의 『대반열반경소』 권1(대정장38, p.43c12) 등은 주성취(主成就)를 처성취(處成就)에 섭한다고 보아 오성취를 내세웠다. 이 밖에 법상종(法相宗)의 규기(窺

基)는 『법화현찬』 권1말(대정장34, p.661c26)에서 친광(親光)의 『불지경론』에 의지하여 "통서에 다섯이 있으니, 첫째 총현이문, 둘째 설교시, 셋째 설교주, 넷째 소화처, 다섯째 소피기다. 通序有五 一 總顯已聞 二 說教時 三 說教主 四 所化處 五 所被機"라고 하였는데, 이 중 첫째 총현이문은 '이미 들은 설법을 거두어서 드러낸다'라는 뜻으로 육성취 중 '여시'(信成就)와 '아문'(聞成就)을 합한 것이다. [참고문헌] 『大智度論』, 『盂蘭盆經疏』, 『仁王經疏』, 『阿彌陀經疏』, 『大般涅槃經集解』, 『法華義記』, 『大般涅槃經疏』, 『法華玄贊』. ⇨ 신성취 信成就, 문성취 聞成就, 시성취 時成就, 주성취 主成就, 처성취 處成就, 중성취 衆成就, 오성취 五成就, 여시아문 如是我聞, 서분 序分 **2** ➡ 육사성취 六事成就[1]

육세회 六歲會 Ⓢ ṣaḍ-vārṣika-maha, Ⓣ lo-drug-gi-dus-ston. 육 년에 한 번 개최하는 큰 법회. 육년연(六年筵)·육세연(六歲筵) 등이라고도 하며, 사바바슬회(沙婆婆瑟會)라고도 한다. 석가모니부처님께서 6세 때 정수리의 육계(肉髻)가 다시 났던 일을 기념하기 위해 육 년 마다 한 번씩 거행된다. 『십송율』 권48(대정장23, p.355b13)에 "육세회를 거행해도 좋다고 부처님께서 허락하시는 문제에 대해 급고독(給孤獨)거사가 말씀드리자 부처님께서는 '육세회를 거행하는 것을 허락한다'라고 하셨다. 佛聽作六歲會者善 是事白佛 佛言 聽作六歲會"라고 하였다. [참고문헌] 『十誦律』, *Mvyut.370.* ⇨ 사바바슬 沙婆婆瑟, 오세회 五歲會

육소 六銷 여섯 가지로 사라짐. 육근(六根)이 육진(六塵)을 취하지 않음의 뜻. 『능엄경』 권4(대정장19, p.123a28)에 "그대는 수다원으로서 비록 여섯 가지 사라짐을 얻었지만 여전히 하나는 잊지는 못했다. 汝須陀洹 雖得六銷 猶未亡一", 『수능엄의소주경』 권4(대정장39, p.887b17)에 "또한 초과인이 육진을 취하지 않음을 육소라고 한다. … 어떤 사람은 '육진이 사라진 처에는 견혹이 일어나지 않지만 하나의 무위라는 과체에 집착함 알기에 「여전히 하나를 잊지 못함」이라고 한다.' 又初果人 不取六塵 名爲六銷 … 或認六塵銷處 見惑不生 執一無爲果體 故云猶未亡一", 『능엄경집주』 권4(卍속장17, p.233a18)에 "『금강경』(대정장8, p.749b28)에 '수다원은 입류라고 하지만 들어갈 곳이 없다. 색성향미촉법에 들지 않기 때문이다'. 이러한즉 여섯 가지 사라졌다 한다. '오히려 아직 하나를 버리지 못함'이란 열반이 있다고 집착함이다. 그러기에 소승이 증한 바는 전적으로 무명이다. 金剛般若云 須陀洹 名爲入流 而無所入 不入色聲香味觸法故 此卽六銷也 猶未亡一者 執有涅槃也 以小乘所證 全是無明故"라고 하였다. [참고문헌] 『楞嚴經』, 『首楞嚴義疏注經』, 『楞嚴經集註』, 『金剛經』. ⇨ 육진 六塵

육손재업 六損財業 Ⓟ cha bhogānaṃ apāya-mukhāni. 재물의 손실을 초래하는 여섯 가지 업. 육손재법(六損財法)·육손재(六損財)라고도 한다. 『장아함경』 권11 「선생경 善生經」(대정장1, p.70b25 : *Sigālovāda-sutta, DN.3,* p.182)에 "육손재업이란 첫째 술에 탐닉하는 것, 둘째 도박, 셋째 방탕, 넷째 기악에 심취하는 것, 다섯째 나쁜 친구와 어울리는 것, 여섯째 게으름이다. 이것을 육손재업이라고 한다. 六損財業者 一者耽湎於酒 二者 博戲 三者 放蕩 四者 迷於伎樂 五者 惡友相得 六者 懈墮 是爲六損財業 katamāni cha bhogānaṃ apāyamukhāni na sevati. surāmerayamajjapamādaṭṭhānānuyogo kho gahapatiputta bhogānaṃ apāyamukhaṃ. vikālavisikhācariyānuyogo … samajjābhicaraṇaṃ … jūtappamādaṭṭhānānuyogo … pāpamittānuyogo … ālassānuyogo bhogānaṃ apāyamukhaṃ"라고 하였다. [참고문헌] 『長阿含經』, 『法華玄贊』 권9(대정장34, p.821b25), 『大乘義章』 권7(대정장44, p.614c11), *DN.*

육쇠 六衰 **1** 육진(六塵 : 六外入處)의 다른 이름. 『잡아함경』 권1(대정장2, p.499b25)에 "몸이 우선은 색임을 관하는 것, 오음을 관하는 것이 두 번째, 육쇠를 관하는 것이 세 번째이다. 그러므로 삼관이라고 한다. 觀身爲一色 觀五陰二 觀六衰三 故言三觀", 『유마의기』 권4(대정장38, p.504c11)에 "육쇠라고 말한 이유는 육진이라는 큰 도적이 선법을 쇠잔하게 하기에 육쇠라고 한다. 言六衰者 六塵大賊衰耗善法 故名六衰"라고 하였다. [참고문헌] 『雜阿含經』, 『維摩義記』, 『翻譯名義集』 권5(대정장54, p.1142b8). ⇨ 육경 六境, 육적 六賊[1] **2** 십이지(十二支) 중 육입(六入 Ⓢ ṣaḍ-āyatana)을 일컫는 말. 『아함구해십이인연경』(대정장25, p.53a9)에 "다섯째, 명색을 쫓아 육쇠가 된다. 여섯째, 육쇠를 쫓아 촉(觸 ; 更)이 성립한다. 五者 從名色爲六衰 六者從六衰爲所更"라고 하였다. [참고문헌] 『阿含口解十二因緣經』. ⇨ 육입연 六入緣, 육입 六入

육수 六受 Ⓢ ṣaḍ-vedanā, Ⓣ tshor-ba-drug. 육근(六根)이 육진(六塵)을 만난 후 고락희우사(苦樂喜憂捨) 등으로 받아들임. 안촉수(眼觸受)에서 의촉수(意觸受)까지 육수법(六受法)이라고도 한다. 『잡아함경』 권17(대정장2, p.124a13)에 "무엇을 육수라 하는가? 눈으로 본 후 일어난 받아들임이며, 귀·코·혀·몸·뜻으로 만난 것들을 받아들임이다. 云何說六受 謂眼觸生受 耳鼻舌身意觸生受", 『구사론』 권10(대정장29, p.52c29 : *Abh-k-bh.*, p.144)에 "앞선 육촉으로 여섯 가지 수가 일어난다. 곧 눈으로 본 것에서 일어난 수부터 뜻으로 부딪혀 일어난 수까지를 말한다. 여섯 가지 중 앞의 다섯은 몸으로 느끼는 것이기에 색근에 의지한 것이고, 의로 부딪혀 일어난 것은 심수라 하니 단지 마음에만 의지했기 때문이다. 從前六觸 生於六受 謂眼觸所生受 至意觸所生受 六中前五 說爲身受 依色根故 意觸所生 說爲心受 但依心故 〈kārikā〉 tajjāḥ ṣaḍvedanāḥ 〈bhāṣya〉 cakṣuḥsaṃsparśajā vedanā śrotraghrāṇajihvākāyamanaḥ saṃsparśajā vedanāḥ. tāsāṃ punaḥ 〈kārikā〉 pañca kāyikī caitasī parā 〈bhāṣya〉 cakṣuḥśrotraghrāṇajihvākāyasaṃsparśajāḥ pañcavedanāḥ kāyikī vedanety ucyate. rūpīndriyāśritatvāt. manaḥsaṃsparśajā punar vedanā caitasikīty ucyate. cittamātrāśritatvāt", 『마하지관』 권2상(대정장46, p.15c17)에 "만일 저 온통 티끌(煩惱)들 뿐이라면 모름지기 여섯 수를 버리면 되고, 만약 재물 없다면 모름지기 여섯 가지로 움직이면 된다. 若有諸塵 須捨六受 若無財物 須運六作"라고 하였다. 〔참고문헌〕『雜阿含經』, 『俱舍論』, 『摩訶止觀』, *Abh-k-bh*. ⇨수 受❶

육수 六修 여섯 가지로 닦음. ❶ 득수(得修 Ⓢpratilambha-bhāvanā)·습수(習修 Ⓢniṣevaṇa-bhāvanā : 行修)·대치수(對治修 Ⓢpratipakṣa-bhāvanā : 斷修)·제견수(除遣修 Ⓢvinirdhāna-bhāvanā : 除修·出離修·治淨修)·방수(防修 Ⓢsaṃvara-bhāvanā : 律儀修·防護修·守修)·관수(觀修 Ⓢvibhāvana-bhāvanā : 觀察修·分別修·擇修)를 말한다. 『구사론』 권26(대정장29, p.140a3)에 "닦음에는 네 가지가 있으니 첫째 득수, 둘째 습수, 셋째 대치수, 넷째 제견수다. 이와 같은 네 가지 수는 어떤 법에 의지하여 세우는가? 修有四種 一 得修 二 習修 三 對治修 四 除遣修 如是四修 依何法立", "〔송〕 득수와 습수를 세움에는 선한 유위법에 의지하고, 모든 유루법에 의지하여 대치수와 제견수를 세운다. 〔논〕 득수와 습수, 이 두 가지 수행은 유위선에 의지하는데, 미래에는 '득수'만 있으나 현재는 두 가지 수를 다 갖춘다. 대치수와 제견수, 이 두 가지 수행은 유루법에 의지한다. 그러므로 유루선은 네 가지 수를 다 갖추고, 무루유위와 나머지 유루법은 차례대로 각각 전후의 두 수를 갖춘다. 頌曰 立得修習修 依善有爲法 依諸有漏法 立治修遣修 論曰 得習二修 依有爲善 未來唯得 現具二修 治遣二修 依有漏法 故有漏善 具足四修 無漏有爲 餘有漏法 如次是具 前後二修", "외국의 여러 논사들은 말하길, '수행에는 여섯 가지가 있으니, 앞의 네 가지에 방수와 관수를 더하니 모든 근을 방호하고 몸을 관찰하기 때문이다. 저 계경에 설하길 「무엇이 수근인가? 즉 육근을 잘 방호하는 것이다. 내지 널리 설한다」. 또 계경에서 「무엇이 수신인가? 즉 자신 몸의 머리카락·털·손톱 등을 관하는 것 내지 널리 설한 것 등」이다'. 外國諸師說 修有六 於前四上 加防觀修 防護諸根 觀察身故 如契經說 云何修根 謂於六根 善防善護 乃至廣說 又契經說 云何修身 謂於自身 觀髮毛爪 乃至廣說", "가습미라국의 여러 논사들은 말하길 '방관, 이 두 수는 대치와 견수로 거둔다'. 迦濕彌羅國 諸論師言 防觀二修 卽治遣修攝"라고 하였다. 〔참고문헌〕『俱舍論』, *Abh-k-bh.410*. ⇨득수 得修, 습수 習修, 대치수 對治修, 제견수 除遣修, 방호수 防護修, 분별수 分別修, 사수 四修❷ ❷ 무비수(無比修 : 비할 수 없는 수)·사택수(思擇修 : 사유해 가리는 수)·수법수(隨法修 : 법을 따르는 수)·이변수(離邊修 : 치우침 여읜 수)·별수(別修 : 십바라밀 중 따로이 닦음)·통수(通修 : 십바라밀을 모두 다 닦음)의 여섯 가지 수행. 육정행(六正行)이라고도 한다. 『중변분별론』 권하(대정장31, p.460b19 : Madhy-vibh., p.60)에 "이와 같이 육수는 첫째 무비수, 둘째 사택수, 셋째 수법수, 넷째 이변수, 다섯째 별수, 여섯째 통수 등이다. 如是六修 一 無比修 二 思擇修 三 隨法修 四 離邊修 五 別修 六 通修 ity eṣā ṣaḍvidhā pratipattir yad uta paramā pratipattiḥ. manaskārapratipattir anudharmapratipattiḥ. antadvayavarjitā pratipattiḥ viśiṣṭā pratipattiḥ. aviśiṣṭā ca pratipattiḥ"라고 하였으며, 『변중변론』 권하(대정장31, p.473c17)에서는 이를 육정행(六正行)이라 하였다. 〔참고문헌〕『中邊分別論』, 『辯中邊論』, *Madhy-vibh*. ⇨육정행 六正行❷, 십바라밀 十波羅蜜

육수념 六隨念 Ⓢṣaḍ-anusmṛti, Ⓟcha anussatiyo, Ⓣrjes-su-dran-pa-drug. 여섯 가지 따라 기억함. 불·법·승·계·시·천(佛法僧戒施天)을 마음에 가져 따라 기억해 잊지 않는 것. 육념(六念)이라고도 한다. 『집이문족론』 권16(대정장26, p.433a2)에 "육수념이라 했는데 그 무엇이 여섯 가지인가? 〔답〕 첫째 불수념, 둘째 법수념, 셋째 승수념, 넷째 계수념, 다섯째 사수념, 여섯째 천수념이다. 六隨念者 云何爲六 答 一 佛隨念 二 法隨念 三 僧隨念 四 戒隨念 五 捨隨念 六 天隨念", "무엇이 불수념인가? 〔답〕 저 세존께서 말씀하셨으니 '비구들아, 마땅히 알라. 성제자라면 세존소에서 이와 같은 상으로 따라 모든 부처님을 생각한다. 말하자면 「이 세존이 바로 여래·아라한 나아가 불·박가범이시다」라고'. 성제자가 이와 같은 상으로 따라 모든 부처님을 생각할 때, 본대로 근본으로 삼아 증지상응하니 모든 것 생각하고 따라 생각하고, 따로 생각하고 기억하며, 그 자성을 생각하고 따라서 자성을 생각하고, 따로 자성 생각해 자성 잃지 않고 법성 잃지 않아 마음으로 그 자성 밝게 기억하기까지 하니, 이것을 불수념이라고 한다. 云何佛隨念 答 如世尊說 苾芻 當知 有聖弟子 於世尊所 以如是相 隨念諸佛 謂此世尊 是如來 阿羅漢 廣說乃至 佛 薄伽梵 若聖弟子 以如是相 隨念諸佛 見爲根本 證智

相應 諸念隨念 別念憶念 念性隨念性 別念性不忘性 不忘法性 心明記性 是名佛隨念", "무엇이 천수념인가? 〔답〕 저 세존께서 말씀하셨으니, '비구들아 마땅히 알라. 성제자라면 이와 같은 상 따라 모든 하늘 념하니 사대왕중천·삼십삼천·야마천·도사다천·낙변화천·타화자재천이 있음을 성취한다'. … 저 성제자가 이와 같은 상으로 따라 모든 하늘 생각할 때, 본대로 근본이 되어 증지상응하니, 모든 염·수념·별념·억념·염성·수념성·별념성·불망성·불망법성·심명기성이어서 이를 천수념이라 한다. 云何天隨念 答 如世尊說 苾芻當知 有聖弟子 以如是相 隨念諸天 謂有四大王衆天 有三十三天 有夜摩天 有覩史多天 有樂變化天 有他化自在天 若有成就 … 若聖弟子 以如是相 隨念諸天 見爲根本 證智相應 諸念隨念 別念憶念 念性隨念性 別念性不忘性 不忘法性 心明記性 是名天隨念"라고 하였다. 〔참고문헌〕『集異門足論』, 『雜阿含經』 권33(대정장2, p.237c20), *Pañca-pr.6.10.*, *Mvyut.87.*, *Vism.226.* ⇨ 십수념 十隨念

육수면 六隨眠 Ⓢ ṣaḍ anuśayāḥ, Ⓣ phra-rgyas-drug po. 여섯 가지 근본번뇌. 육번뇌(六煩惱)라고도 한다. 『구사론』 권19(대정장29, p.98b29 : *Abh-k-bh.*, p.277)에 "(隨眠의) 차별에 간략히 여섯 가지가 있음을 알라. 즉 탐·진·만·무명·견·의다. … 제수면의 체가 오직 여섯 개만 있다면 무슨 연유로 경은 칠수면이 있다고 설하는가? … 앞에 설한 육수면 중 탐을 둘로 나누니, 경은 일곱을 설한다. 此略應知 差別有六 謂貪瞋 慢 無明 見 疑 … 若諸隨眠 體唯有六 何緣經說 有七隨眠 … 卽前所說 六隨眠中 分貪爲二 故經說七 〈bhāṣya〉 kati ceme 'nuśayāḥ. samāsena ṣaṭ. katame. 〈kārikā〉 ṣaḍ rāgaḥ pratighas tathā, māno 'vidyā ca dṛṣṭiś ca vicikitsā ca … 〈bhāṣya〉 ṣaḍrāga-bhedāt-saptoktāḥ. ta ete ṣaḍ-anuśayāḥ sūtre rāgasya dvidhā bhedaṃ kṛtvā saptoktāḥ"라고 하였다. 〔참고문헌〕『俱舍論』, *Abh-k-bh.* ⇨ 근본번뇌 根本煩惱, 육번뇌 六煩惱, 번뇌 煩惱

육수법 六修法 Ⓟ cha dhammā bhāvetabbā. 여섯 가지로 닦는 법. 육념(六念), 육수념(六隨念)을 말한다. 『장아함경』 권9 「십상경 十上經」(대정장1, p.54a19 : *Dasuttara-sutta, DN.3,* p.280)에 "무엇이 육수법인가? 육념이니, 염불·염법·염승·염계·염시·염천이다. 云何六修法 謂六念 念佛 念法 念僧 念戒 念施 念天 katame cha dhammā bhāvetabbā. cha anussatiṭṭhānāni buddhānussati dhammānussati saṅghānussati sīlānussati cāgānussati devatānussati. ime cha dhammā bhāvetabbā"라고 하였다. 〔참고문헌〕『長阿含經』, *DN.* ⇨ 육념 六念❶, 육수념 六隨念

육수신 六受身 Ⓢ ṣaḍ vedanā-kāyāḥ, Ⓟ cha vedanā-kāyā, Ⓣ tshor-ba'i-tshogs-drug-po. 육근(六根)이 육진(六塵)과 만난 후 일어난 고락사(苦樂捨) 등을 받아 가지게 된 뜻. 『장아함경』 권8 「중집경 衆集經」(대정장1, p.51c21 : *Saṅgīti-sutta, DN.3,* p.243)에 "다시 육법이 있으니 육수신이다. 안수신과 이·비·설·신·의수신을 말한다. 復有六法 謂六受身 眼受身 耳鼻舌身意受身 cha vedanākāyā. cakkhusamphassajā vedanā sotasamphassajā vedanā ghānasamphassajā vedanā jivhāsamphassajā vedanā kāyasamphassajā vedanā manosamphassajā veda", 『집이문족론』 권15(대정장26, p.429a26)에 "육수신이라 하였으니 무엇이 여섯인가? 첫째, 눈으로 보아 일어나고 받아 가진 몸이다. … 여섯째, 뜻으로 만나 일어나고 받아 가지게 된 몸이다. 六受身者 云何爲六 答 一 眼觸所生受身 … 六 意觸所生受身"라고 하였다. 〔참고문헌〕『長阿含經』, 『集異門足論』, *DN.*, *Śrāv-bh.240.* ⇨ 육수 六受, 육육법 六六法, 수 受❶

육수의 六銖衣 지극히 가볍고 얇은 옷. 1수는 4분의 1리(厘) 모(毛) 여섯 개로 꼬아 만든 실이다. 『장아함경』 권20 「세기경 世記經」(대정장1, p.133a17)에 따르면 도리천(忉利天)의 옷은 6수, 염마천(焰摩天)의 옷은 3수, 도솔천(兜率天)의 옷은 1수 반, 화락천(化樂天)의 옷은 1수, 타화자재천(他化自在天)의 옷은 반수다. 『벽암록』 75칙 「평창 評唱」(대정장48, p.203b1)에 "오백 년마다 하늘사람 내려와 육수의 옷자락으로 한 번 바위 스치기를 오백 년이 지나도록 오고 가길 똑같이 하여 그 돌이 다 닳아야 일겁이라 하였으니, 이를 경의불석겁이라 한다. 凡五百年 乃有天人下來 以六銖衣 袖拂一下 又去至五百年 又來如此拂 拂盡此石 乃爲一劫 謂之輕衣拂石劫"라고 하였다. 〔참고문헌〕『長阿含經』, 『碧巖錄』. ⇨ 수의 銖衣, 불석겁 拂石劫

육순 六淳 북두(北斗)의 자미성(紫微星)을 지키는 삼태성(三台星) 중 하나. 삼태성은 상·중·하 각각에 쌍을 이룬 별들을 삼태육성(三台六星)이라 하고, 그중 가운데가 육순이며 사공성군(司空星君)이다. 『작법귀감』 권상(한불전10, p.570b5)에 "상태의 허정은 개덕진군, 중태의 육순은 사공성군, 하태의 곡생은 사록성군이다. 上台虛精開德眞君 中台六淳司空星君 下台曲生司祿星君", 『같은 책』 권하 「칠성청 七星請」(한불전10, p.596a2)에 "삼태의 허정·육순·곡생은 나를 낳아 기르시고 나의 몸 보호하시네. 三台 虛精 六淳 曲生 生我養我 護我身形"라고 하였다. 〔참고문헌〕『作法龜鑑』. ⇨ 북두주 北斗呪, 칠성청 七星請

육순명분상 六順明分想 여섯 가지로 깊이 사유하여 삼명(三明 : 宿命明·天眼明·漏盡明)을 낳고 증장하여 광대해지게 하는 생각. 일체가 무상하다는 무상상(無常想), 무상하기에 고통이라는 무상고상(無常苦想), 괴롭기에 무아라는 고무아상(苦無我想), 허망함만 기르는 먹음을 꺼리는 염식상(厭食想), 일체세간은 즐거워할 만하지 않다는 일체세간불가락상(一切世間不可樂想), 죽음을 생각하는 사상(死想)을 말한다. 『집이문족론』 권16(대정장26, p.432c17)에 "육순명분상에서 여섯이란 〔답〕 첫째 무상상, 둘째 무상고상, 셋째 고무아상, 넷째 염식상, 다섯째 일체세간불가락상, 여섯째 사상이다. 이 중에서 다섯 상은 저 성숙해탈상에서 설한 것과 같다. 六順明分想者 云何爲六 答 一 無常想 二 無常苦想 三 苦無我想 四 厭食想 五 一切世間不可樂想 六 死想 此中五想 如成熟解脫想說", "무엇이 일체세간불가락상인가? 〔답〕 세간은 오취온, 곧 색취온 내지 식취온을 말한다. 어떤 비구들은 오취온에 대해 사려있는 마음가짐으로 자세하게 사유하고, 두려운 마음가짐으로 자세하게 사유하며, 즐겁지 않은 마음가짐으로 자세하게 사유하고, 기쁘지 않은 마음가짐으로 자세하게 사유하는데, 그가 오취온에 대해 이와 같이 사유할 때 모든 상과 등상·현전등상·이상·당상 등을 일체세간불가락상이라고 여긴다. 云何一切世間不可樂想 答 世間 謂五取蘊 卽色取蘊 乃至識取蘊 有諸苾芻 於五取蘊 以有思慮俱行作意 審諦思惟 以有恐懼俱行作意 審諦思惟 以不可樂俱行作意 審諦思惟 以不可喜俱行作意 審諦思惟 彼於五取蘊如是思惟時 諸想等想 現前等想 已想當想 是名一切世間不可樂想", "〔문〕 무슨 까닭으로 순명분상이라고 하는가? 〔답〕 명에는 세 가지니, 첫째 무학숙주지증명, 둘째 무학사생지증명, 셋째 무학누진지증명이다. 앞의 여섯 가지 상으로 이 삼명이 아직 생기지 않은 이에게는 생기게 하고, 이미 생긴 이는 더욱 자라서 광대해지게 하기에 이것을 순명분상이라고 한다. 問 何故名爲順明分想 答 明有三種 一 無學宿住智證明 二 無學死生智證明 三 無學漏盡智證明 由前六想 令此三明未生者生 已生者增長廣大故 名順明分想"라고 하였다. 〔참고문헌〕 『集異門足論』. ⇨ 성숙해탈상 成熟解脫想

육순불퇴법 六順不退法 여섯 갈래로 순하여 물러남이 없는 법. 일체선법을 더욱 증대시킨다. 불(佛)·법(法)·승(僧)·유학(有學)을 공경하고, 아름다운 말(善言)을 가지며, 선우(善友)를 만나는 법이다. 육공경법(六恭敬法)이라고도 하며, 육순퇴법(六順退法)의 상대어이다. 『집이문족론』 권15(대정장26, p.429c13)에 "육순불퇴법에서 여섯 가지는 무엇인가? 〔답〕 첫째 부처님을 공경하며 머무는 것, 둘째 부처님의 가르침을 공경하며 머무는 것, 셋째 승가를 공경하며 머무는 것, 넷째 유학을 공경하며 머무는 것, 다섯째 좋은 말들을 갖추는 것, 여섯째 선우를 만나는 것이다. 六順不退法者 云何爲六 答 一 於佛有恭敬住 二 於法有恭敬住 三 於僧有恭敬住 四 於學有恭敬住 五 具善言 六 遇善友", "부처님을 공경하며 머문다는 말에서 어떤 것이 부처님을 공경하는 성인가? 〔답〕 불세존에 대한 모든 공경성이니 공경하는 성품, 자재함을 찬탄하는 성품, 자재함 따라 자성을 달리 할 수 있음을 경외하는 성품이니, 이를 부처님을 향한 공경성이 있다고 한다. 부처님의 가르침·승가·유학 등에 대해서도 그러하다. 於佛有恭敬住者 云何於佛有恭敬性 答 於佛世尊 諸恭敬性 有恭敬性 有與自在性 有怖隨自在轉性 是名於佛有恭敬性 於法 於僧 於學亦爾", "선언을 갖춘다 하니 무엇이 선언성인가? 〔답〕 앞의 선어설과 같다. 선우를 만난다 하니 무엇이 선우성인가? 〔답〕 선우란 부처님과 부처님의 제자, 나아가 어리석음을 멀리 여의고 어리석음을 조복하는 행위를 선우성이라 한다. 만약 이런 선우를 익혀 가까이하고, 같이 익혀 가까이하고, 친히 가까이하고, 한결같이 가까이하고 공경승사하니 이를 선우를 만나는 것이다. 具善言者 云何善言性 答 如前善語說 遇善友者 云何善友性 答 善友 謂佛 及佛弟子 廣說乃至 行遠離癡 調伏癡行 是名善友性 若於如是善友 諸習近 等習近 親近 等親近 恭敬承事 是名遇善友"라고 하였다. 〔참고문헌〕 『集異門足論』. ⇨ 육순퇴법 六順退法

육순퇴법 六順退法 일체선법을 물리치는 여섯 가지 법. 불(佛)·법(法)·승(僧)·유학(有學)을 공경하지 않고, 악언(惡言)을 버리지 않으며, 악우(惡友)를 만나는 것이다. 육불공경법(六不恭敬法)이라고도 하며, 육순불퇴법(六順不退法)의 상대어다. 『집이문족론』 권15(대정장26, p.429c5)에 "육순퇴법에서 무엇이 여섯인가? 〔답〕 첫째 부처님을 공경하여 머물지 않는 것, 둘째 부처님의 가르침을 공경하여 머물지 않는 것, 셋째 승가를 공경하여 머물지 않는 것, 넷째 유학을 공경하여 머물지 않는 것, 다섯째 악언하여 버리지 않음, 여섯째 악우와 함께하는 것이다. 六順退法者 云何爲六 答 一 於佛不恭敬住 二 於法不恭敬住 三 於僧不恭敬住 四 於學不恭敬住 五 具惡言 六 遇惡友", "부처님을 공경하여 머물지 않는다 하였으니, 무엇이 부처님을 공경하지 않는 성인가? 〔답〕 불세존에 대한 모든 불공경성들이니 한결같이 공경하지 않음, 자재하다고 여기지 않는 성, 한결같이 자재하다고 여기지 않는 성을 부처님을 공경하지 않는 성품이라고 한다. 부처님의 가르침·승가·유학에 대해서도 그러하다. 於佛不恭敬住者 云何於佛不恭敬性 答 於佛世尊 諸不恭敬性 不等恭敬性 不與自在性 不等與自在性 是名於佛不恭敬性 於法於僧於學亦爾", "악언을 갖춘다는 말에서 어떤 것이 악언성인가? 〔답〕 앞의 악어의 설과 같다. 악우를 만난다 하였는데, 무엇이 악우성인가? 〔답〕 앞의 악우의 설과 같다. 具惡言者 云何惡言性 答 如前惡語說 遇惡友者 云何惡友性 答 如前惡友說"라고 하였다. 〔참고문헌〕『集異門足論』.

육술 六術 여섯 가지 학설. 육사외도(六師外道)의 사상을 가리킨다.『광홍명집』「서문 序文」(대정장52, p.97b9)에 "이 때문에 부처님 당시에 육술이 성행하였으며, (後漢末 五斗米道의 수령이었던) 삼장(三張 : 張陵·張衡·張魯)의 세력이 면면히 흐르던 불법을 침범하였으니, 이는 모두 대사(大士)의 권모이고 지인(至人)의 적절한 교화이다. 是以 六術揚於佛代 三張冒於法流 皆大士之權謀 至人之適化也"라고 하였다. 〔참고문헌〕『廣弘明集』. ⇨ 육사외도 六師外道

육승리 六勝利 견도(見道)에서 얻는 여섯 가지 승리. 원측(圓測)의『해심밀경소』권7(한불전1, p.365c1)에 "『섭대승론』에 의하면 '육승리'가 있다. 그러므로『섭대승론본』권중(대정장31, p.143a21)에서 '극희지에 들어 법계를 잘 통달하고는 여래가에 나니, 일체유정의 평등심성을 얻으며, 일체보살의 평등심성을 얻고, 일체부처님의 평등심성마저 얻는다'고 여섯 갈래 승한 이익을 말한다. 依攝大乘 有六勝利 故攝論云 入極喜地 善達法界 生如來家 得一切有情平等心性 得一切菩薩平等心性 得一切佛平等心性 六種勝利", "더 자세히 분별하였으니, 저 무성과 세친의『섭대승론석론』권6에서는 여덟 가지 승리를 말하였고, 진제의『섭대승론석』권8에서는 열 가지 승리를 말하였다. 진제의『섭대승론석』권10의 경우는 이제 이 경에 의지하여 네 가지 승리가 있다고 하였으니, 첫째 보살정성리생에 들어가는 것, 둘째 여래가에 나는 것, 셋째 초지를 증득하는 것, 넷째 능히 초지의 수승한 공덕을 수용하는 것이다. 若廣分別 如無性世親 釋論第六 八種勝利 如梁論第八 十種勝利 如梁論第十 今依此經 有四勝利 一 入菩薩正性離生 二 生如來家 三 證得初地 四 又能受用此地勝德"라고 하였다. 〔참고문헌〕『解深密經疏』,『攝大乘論本』.

육승입처 六勝入處 Ⓟcha abhibhāyatanāni. 여섯 갈래로 입처(內入處六根 外入處六塵)를 이김. 승(勝 Ⓟabhibhū)은 조복의 뜻이다.『잡아함경』권11(대정장2, p.76a13 : *Parihānam-sutta, SN.4*, p.77)에 "무엇이 육승입처인가? 안식으로 색을 연해 보지만 욕각이 일어나지 않고 번뇌에 물들지 않는다. 마땅히 알라, 이 비구는 저 입처를 이김이다. 이는 세존의 말씀이다. 이비설신의 역시 이와 같다. 만약 비구가 육승입처를 이기면 탐욕의 번뇌를 끊고 진에와 우치의 번뇌마저 끊는다. 비유컨대 저 왕이 적을 무찔러 원한을 이기면 승왕이라고 하듯이, 모든 번뇌를 끊어 버렸으니 승바라문이라 한다. 云何六勝入處 眼識色緣 不生欲覺 結染著 當知 是比丘勝彼入處 勝彼入處 是世尊所說 耳鼻舌身意 亦復如是 若彼比丘 於六勝入處勝已 貪欲結斷 瞋恚 愚癡結斷 譬如王者 摧敵勝怨 名曰勝王 斷除衆結 名勝婆羅門 katamā ni ca bhikkhave cha abhibhāyatanāni. idha bhikkhave bhikkhuno cakkhunā rūpaṃ disvā nūppajjanti pāpakā akusalā sarasaṅkappā saññojaniyā. veditabbam etam bhikkhave bhikkhunā abhibhūtam etam āyatanaṃ. abhibhāyatanaṃ hetaṃ vuttam bhagavatā ti. … puna ca param bhikkhave bhikkhuno manasā dhammaṃ viññāya … imāni vuccanti bhikkhave cha abhibhāyatanānīti"라고 하였다. 〔참고문헌〕『雜阿含經』, *SN.* ⇨ 육입처 六入處, 육내입처 六內入處, 육외입처 六外入處

육시 六時 ❶ Ⓢṣaṭsu kāleṣu, ṣaṭ-kṛtvas, Ⓣdus-drug. 하루를 낮과 밤 각각 삼시(三時)로 나눔. 아침(晨朝), 한낮(午時), 해질녘(晡時), 초저녁(初夜), 한밤중(中夜), 새벽(後夜)을 말한다. 일야육시(日夜六時)·주야육시(晝夜六時)라고도 한다. 낮 삼시는 오전 6시부터 10시까지의 신조(晨朝), 10시부터 오후 2시까지의 일중(日中), 오후 2시부터 오후 6시까지의 일몰(日沒)이다. 밤 삼시는 오후 6시부터 10시까지를 초야(初夜), 네 시간마다 중야(中夜)와 후야(後夜)가 이어진다.

〈표1〉 육시

『찬집백연경』권1(대정장4, p.204a20)에 "이때 세존께서는 항상 대비심으로 밤낮 육시로 중생을 관찰하시고 누군가 고뇌를 당하면 그곳에 가서 그를 위해 설법하셨다. 爾時 世尊常以大悲 晝夜六時觀察衆生 誰受苦惱 輒往至彼爲其說法", 『범망경술기』권하「무소지위타사계 無所知爲他師戒」(한불전2, p.160a9)에서 "날마다 여섯때라 한 것은 아직 익히지 못한 이는 참으로 날마다 여섯때에 계를 외우고 보살계와 교리를 가져야 함이니, 낮과 밤의 각각 세 때를 '육시'라 한다. 日日六時者 未串習者 當應日日六時 誦戒持菩薩戒敎理 晝夜各三 名爲六時"라고 하였다. 〔참고문헌〕『撰集百緣經』,『梵網經述記』, *Abh-k-bh.262.*, *Sūtr.187.* ⇨ 일야육시 日夜六時, 주야육시 晝夜六時 ❷ Ⓢṣaḍ-ṛtu, Ⓣdus-drug. 인도에서 한 해를 여섯으로 나

눈 것. 천축삼시(天竺三時)를 각각 다시 둘로 나누었으니, 승가의 안거기간이 이에 준하여 전승되었다. 『화엄경소초』 권41(대정장36, p.316b7)에 "일 년을 여섯으로 나누면 다음과 같다. 정월 16일부터 3월 15일까지는 점열시(漸熱時), 3월 16일부터 5월 15일까지는 성열시(盛熱時), 5월 16일부터 7월 15일까지는 우시(雨時), 7월 16일부터 9월 15일까지는 무성시(茂盛時), 9월16일부터 11월 15일까지는 점한시(漸寒時), 11월 16일부터 정월 15일까지는 성한시(盛寒時)이다. 又分一歲以爲六時 正月十六日至三月十五日 漸熱時也 三月十六日至五月十五日 盛熱時也 五月十六日至七月十五日 雨時也 七月十六日至九月十五日 茂盛時也 九月十六日至十一月十五日 漸寒時也 十一月十六日至正月十五日 盛寒時也"라고 하였다. 〔참고문헌〕『華嚴經疏鈔』, *Laṅk.27.*, *Suv-pr.164.* ⇨천축삼시 天竺三時 **3** 시해탈아라한(時解脫阿羅漢)이 해탈하는 여섯 가지 때. 『대비바사론』 권101(대정장27, p.525a9)에 "시해탈이란 무슨 뜻인가? 〔답〕 저 해탈은 때를 기다려서 얻기 때문이다. 때가 비록 많지만 대략 여섯 가지가 있다. 첫째 좋은 옷을 얻었을 때, 둘째 좋은 음식을 얻었을 때, 셋째 좋은 와구를 얻었을 때, 넷째 좋은 장소를 얻었을 때, 다섯째 좋은 설법을 들었을 때, 여섯째 좋은 보특가라를 얻었을 때를 말한다. 時解脫是何義耶 答 由彼解脫待時得故 時雖有多 略有六種 一得好衣時 二得好食時 三得好臥具時 四得好處所時 五得好說法時 六得好補特伽羅時"라고 하였다. 〔참고문헌〕『大毘婆沙論』.

육시관음 六時觀音 삼십삼관음(三十三觀音) 중 한 분. 깊은 자비심으로 하루 종일 중생을 보살피므로 붙여진 이름이다. 오른손에 범협(梵篋)을 들고 서 있는 모습이다. 『집제경예참의』 권상(대정장47, p.461a14)에 "관음보살 크게 자비로워 이미 보리 얻었으되 버려 증하지 않으시고, 일체오도와 내신 중에 육시로 관찰하여 삼륜 응하시며, 마땅히 몸 나투시니 그 빛 자금색이요, 상호 위의 굴리심에 다함이 없고 언제나 백억광옥수 내미시네. 觀音菩薩大慈悲 已得菩提捨不證 一切五道內身中 六時觀察三輪應 應現身光紫金色 相好威儀轉無極 恒舒百億光王手"라고 하였다. 〔참고문헌〕『集諸經禮懺儀』. ⇨삼십삼관음 三十三觀音

육시동 六時動 부처님 일생에 대지가 여섯 번 진동한 일. 『장아함경』 권2 「유행경 遊行經」(대정장1, p.16a4)의 설이며, 입태(入胎)·출태(出胎)·출가(出家)·성도(成道)·전법륜(轉法輪)·입열반(入涅槃) 등 부처님 일생의 주요 장면 때 대지가 진동하였다. 『대반열반경』 권1(대정장1, p.191c28)에 "셋째 보살이 도솔천에 계시다 장차 내려오고자 하여 모태에 강신하니 대지가 진동하고, 넷째 보살이 비로소 나심에 오른쪽 옆구리로 나오시니 대지가 진동한다. 다섯째 보살이 왕궁을 버리고 출가, 도를 배워 일체종지를 이루시니 대지가 진동하고, 여섯째 여래께서 도를 이뤄 처음 인천을 위해 묘한 법륜 굴리시니 대지가 진동한다. 일곱째 여래께서 수명을 버리시되 신통력으로 명을 이어 머무시니 대지가 진동하고, 여덟째 여래께서 반열반하심에 대지가 진동한다. 三者 菩薩在兜率天 將欲來下 降神母胎 故大地動 四者 菩薩初生 從右脅出 故大地動 五者 菩薩捨於王宮 出家學道 成一切種智 故大地動 六者 如來成道 始爲人天轉妙法輪 故大地動 七者 如來捨壽 以神通力 住命而住 故大地動 八者 如來般涅槃時 故大地動", 『법화의소』 권2(대정장34, p.470a27)에 "첫 번째는 육시동이니, 강태·초생·출가·성도·설법 및 입열반이다. 一 六時動 謂降胎初生 出家成道 說法幷入涅槃"라고 하였다. 〔참고문헌〕『長阿含經』, 『大般涅槃經』, 『法華義疏』.

육시부단 六時不斷 하루 종일 끊이지 않음. 『낙방문류』 권5(대정장47, p.229c9)에 "하루 육시 동안 끊임없이 하늘에서 꽃비가 내리니, 풍미가 신기하여 그 누가 더할 수 있으랴. 六時不斷雨天華 風味新奇孰有加"라고 하였다. 〔참고문헌〕『樂邦文類』. ⇨육시 六時 **1**

육시삼매 六時三昧 주야 육시로 행하는 삼매. 염불(念佛)·참회(懺悔)·예찬(禮讚) 등 다양한 불사를 전일한 마음으로 하루 종일 행하는 것을 말한다. 『정토간요록』 「서문 序文」(卍속장108, p.199a2)에 "정토의 가르침은 진(晉)나라 때 일어났는데, 누번보살께서 여산에 오셔서 수많은 현사를 모아 백련결사를 개창하고 육시삼매로 청정한 염불행을 닦으니, 왕생의 자취가 저 푸른 하늘의 빛나는 태양처럼 끝내 이지러짐 없으리. 淨土之教 興始于典午之世 樓煩大士來廬山 集群賢以創蓮社 六時三昧 清修淨念 其往生之蹟 如靑天白日 終古不磨"라고 하였다. 〔참고문헌〕『淨土簡要錄』. ⇨육시 六時 **1**

육시어입승당문 陸侍御入僧堂問 육시어가 승당에 들어와 위산(潙山)에게 법을 물었던 인연. ⇨시어입승당간 侍御入僧堂問

육시예배 六時禮拜 밤낮의 육시로 예배 올림. 『약사여래본원경』(대정장14, p.404a4)에 "마땅히 음식과 갖가지 공양구로써 힘 따라 가려 비구승을 공양하고 밤낮 육시로 저 세존이신 약사유리광여래께 예배공양 올린다. 當以飮食 及種種衆具 隨力所辦 供養比丘僧 晝夜六時 禮拜供養 彼世尊藥師琉璃光如來", 『안택신주경』(대정장21, p.911c1)에 "낮과 밤 육시로 예배하고 참회하며 부지런한 마음으로 정진한다. 日夕六時 禮拜懺悔 勤

心精進"라고 하였다. [참고문헌]『藥師如來本願經』, 『安宅神呪經』. ⇨ 육시 六時 **1**

육시예불 六時禮佛 하루 중 육시에 하는 여섯 차례의 예불. 『화엄공목장』 권4(대정장45, p.577b7)에 "평생토록 육시에 예불하고 참회하며 허물을 돌이키니, 오고 감 거듭할 때마다 언제나 참배하며 예배하고, 허물 돌이켜 뛰어난 위의 끊임이 없는 이는 왕생하게 된다. 盡其一生 六時禮佛 懺悔謝過 及來去往還 皆參辭禮拜 謝過尊儀 無間絶者 驗得往生", 『법화경현찬결택기』 권2(卍속장53, p.320a6)에 "육시란 주야 각각 삼시이니 지금의 육시예불이 이것이다. 六時者 晝夜各三 卽今六時禮佛是也"라고 하였다. [참고문헌]『華嚴孔目章』, 『法華經玄贊決擇記』. ⇨ 육시 六時 **1**

육시예찬 六時禮讚 하루 여섯 차례 아미타불을 예찬하는 의식. 중국 정토교 선도(善導 613~681)의 『왕생예찬게』(대정장47, No.1980)에 의지한 행법이다. ⇨ 왕생예찬게 往生禮讚偈

육시예찬게 六時禮讚偈 당나라 때 선도(善導 613~681)가 찬한 왕생예찬게(往生禮讚偈 : 대정장47, No.1980)의 다른 이름. 『집제경예참의』 권하(대정장47, p.466a7)에 "『육시예찬게』는 대승경과 용수 및 천친보살, 그리고 이 땅의 사문들의 저술에 의지하여 왕생예찬을 한 곳에 모았으니 나누어 육시로 짓는다. 六時禮讚偈 謹依大乘經 及龍樹天親此土沙門等所造 往生禮讚集在一處 分作六時"라고 하였다. [참고문헌]『集諸經禮懺儀』. ⇨ 왕생예찬게 往生禮讚偈

육시예참 六時禮懺 하루 여섯 때 행하는 예참. 『고승전』 권12 「혜미전 慧彌傳」(대정장50, p.408c26)에 "새벽부터 밤까지 정을 익히고 항상 『반야경』을 외우며 육시로 예참하였으니, 반드시 대중들의 귀감이 되었다. 曉夜習定 常誦般若 六時禮懺 必爲衆先", 『법화전기』 권9(대정장51, p.92b21)에 "효자는 나이가 오십이었다. 어려서부터 신행선사에게 의탁하였고 삼계불법을 설하였다. 고행을 닦고 항상 걸식을 업으로 삼았으며, 육시로 예참하고 분소의를 입었으며, 가는 곳마다 삼계불법을 설하였다. 僧孝慈 年可五十 幼少已來 依投信行禪師 說三階佛法 以修苦行 常乞食爲業 六時禮懺 著糞掃衣 隨所至處 說三階佛法", 『관보현보살행법경』(대정장9, p.390b8)에 "밤과 낮의 육시로 시방부처님께 예배하고 참회법을 행하며, 대승경을 외우고 대승경을 읽으며, 대승의 뜻을 사유하고 대승의 일만 기억하며, 대승 지니는 이를 공경하고 공양하며, 온갖 사람 보기를 저 부처님인 듯 하고, 모든 중생은 저 부모인 듯 생각하라. 晝夜六時禮十方佛 行懺悔法 誦大乘經 讀大乘經 思大乘義 念大乘事 恭敬供養 持大乘者 視一切人 猶如佛想 於諸衆生 如父母想"라고 하였다. [참고문헌]『高僧傳』, 『法華傳記』, 『觀普賢菩薩行法經』.

육시자 六侍者 방장(方丈 : 住持)을 모시는 여섯 명의 시자. 『선림상기전』 권6(불광장, 禪藏, p.408)에 "육시자 : 각랑(覺浪)의 『존정규』에서 말하길 '방장에게 육시자가 있다. 첫째 건병, 둘째 응객, 셋째 서록, 넷째 의발, 다섯째 다반, 여섯째 간변이다. 이들은 모두 방장실 가까이에서 친히 가르침을 받으니, 반드시 법을 위해 몸마저 잊는다. 영기하고 엄밀한 제자로 이 소임을 맡기니 누구도 이 법유를 저버리지 않을 것이다'. 六侍者 覺浪尊正規云 方丈有六侍者 一 巾瓶 二 應客 三 書錄 四 衣鉢 五 茶飯 六 幹辨 是皆室中親炙 必須爲法忘軀 英奇嚴密之子 以任此職 庶不孤此法乳也"라고 하였다. [참고문헌]『禪林象器箋』. ⇨ 선림직위 禪林職位, 시자 侍者

육시찬 六時讚 ➡ 육시예찬 六時禮讚

육시참 六時懺 ➡ 육시예참 六時禮懺

육식 六識 **1** Ⓢ ṣaḍ-vijñāna, Ⓟ cha-viññāna, Ⓣ rnam-par-shes drug. 여섯 가지 식. 십팔계(十八界) 중 육식계(六識界). 육식신(六識身)이라고도 하며, 8식 중 제8 아뢰야식과 제7 말나식을 제한 안식·이식·비식·설식·신식·의식의 전육식(前六識)을 말한다. 이 중 전오식(前五識)은 각각의 경만을 분별하지만 제6 의식은 법(法)을 경으로 삼는다. 경(塵)을 요별(了別)하기에 요별경식(了別境識 : 分別事識·了別識)이라고 한다. 『대집법문경』 권하(대정장1, p.231b23)에 "육식이란 부처님께서 말씀하신 안식·이식·비식·설식·신식·의식이다. 六識 是佛所說 謂眼識 耳識 鼻識 舌識 身識 意識", 『좌선삼매경』 권하(대정장15, p.283a16)에 "행(行)은 식(識)을 연한다. 어떤 것을 식이라고 하는가? 여섯 가지 식계(識界)이니, 안식 내지는 의식을 육식이라고 한다. 식은 명색(名色)을 연한다. 行因緣識 云何名識 六種識界 眼識乃至意識 是名六識 識因緣名色", 『정법염처경』 권67(대정장17, p.399b5)에 "어떻게 육식으로 법을 취하는가? 그가 들어서 알게 되니 천안으로 외법을 보는데 장애가 없으면 바로 능히 법을 안다. 어떤 것이 육식인가? 즉 안식·이식·비식·설식·신식·의식이니, 이것을 내법이라 하는데, 외법을 분명하게 안다. 이 내외의 법은 서로 인연한다. 云何六識 而取於法 彼以聞慧 或以天眼 見於外法 無所障礙 則能知法 何等六識 所謂眼識 耳識 鼻識 舌識 身識 意識 是名內法 了知外法 是內外法 互相因緣", 『대지도론』 권12(대정장

25, p.148b4)에 "부처님께서 육식을 설하시길 '안식 및 안식과 상응하는 법은 함께 색을 반연하는 것이지, 집이나 성곽 등 갖가지 여러 이름들을 반연하지 않는다. 이식·비식·설식·신식 역시 이와 같다. 의식 및 의식과 상응하는 법도 안을 알고 색을 알고 안식을 알며 나아가 의와 법과 의식을 안다'. 이 식이 반연하는 법은 모두 공무아이니, 생멸하기 때문이며 자재할 수 없기 때문이다. 佛說六識 眼識 及眼識相應法 共緣色 不緣屋舍 城郭 種種諸名 耳鼻舌身識 亦如是 意識 及意識相應法 知眼 知色 知眼識 乃至知意 知法 知意識 是識所緣法 皆空無我 生滅故 不自在故", 『전식론』(대정장31, p.61c8)에 "첫째는 과보식이니 곧 아리야식이고, 둘째는 집식이니 바로 아타나식이며, 셋째는 육진을 아는 식이니 곧 육식이다. 一 果報識 卽是阿梨耶識 二 執識 卽阿陀那識 三 塵識 卽是六識", 『인왕경소』 권중(대정장33, p.400c1)에 "여러 가르침에서 식을 세우는 것이 일정하지 않다. 어떤 곳에서는 단지 육식만을 말하고 칠식과 팔식을 말하지 않으니 저 여러 『반야경』이고, 혹 팔식을 말하기도 하는데 저 『금광명경』 등이다. 그런데 여러 『반야경』에서 말하는 육식에 본래 상중하의 삼품이 있고, 삼품중에 미세한 것을 '뢰야'라고 하며 중품은 '말나', 하품은 '육식'이라고 한다. 諸敎立識不定 有處但說六識 不說七八 如諸般若 或說八識 如金光明等 而諸般若 所說六識 自有三品 謂上中下 上品細者 名爲賴邪 中末那 下名六識", 『대승백법명문론소』 권상(대정장44, p.55b17)에 "세 가지 성품이란 선불선무기를 말하는데, 안식 등의 육식은 삼성에 통하고 제7 말나는 두 가지 성에만 통하니 선성과 무기성이다. … 제8 아뢰야식 역시 두 가지 성에 통하니 이숙무기성과 선성이다. 三性謂善 不善 無記 眼等六識 通於三性 第七末那 通於二性 謂善性 無記性 … 第八阿賴耶識 亦通二性 謂異熟無記 及與善性"라고 하였다. [참고문헌] 『大集法門經』, 『坐禪三昧經』, 『正法念處經』, 『大智度論』, 『轉識論』, 『仁王經疏』, 『大乘百法明門論疏』. ⇨ 십팔계 十八界, 육식신 六識身, 전육식 前六識, 요별경식 了別境識 **2** ➡ 제육의식 第六意識

육식 肉食 Ⓢ māṃsa-bhakṣaṇa, Ⓣ sha-za. 고기를 먹는 것. 식육(食肉)이라고도 한다. 자비의 씨앗인 불살생계(不殺生戒)에 위배되므로 출가수행자에게는 육식을 금하지만 삼종(三種)·오종(五種)·구종(九種) 등의 정육(淨肉)만은 허락하기도 한다. 『대승입능가경』 권6(대정장16, p.624a20)에 "대혜야, 미래세에 어리석은 사람이 나의 법 중에 출가하여 거짓으로 비니(毘尼 Ⓢ vinaya : 계율)를 말하며 정법을 무너뜨려 어지럽힌다. 나를 비방하여 '고기 먹는 것을 허락하고 또한 스스로도 드셨다'라고 할 것이다. 대혜야, 내가 성문의 '식육'을 허락하였다면 나는 자비심에 머무는 이, 관행을 닦는 이, 두타를 행하는 이, 대승에 나아가는 이라고 할 수 없다. 大慧 未來之世 有愚癡人 於我法中 而爲出家 妄說毘尼 壞亂正法 誹謗於我 言聽食肉 亦自曾食 大慧 我若聽許聲聞食肉 我則非是 住慈心者 修觀行者 行頭陀者 趣大乘者", "그렇다고 어떻게 모든 선남자선여인에게 '모든 중생을 하나밖에 없는 자식이라 생각하여 일체고기를 끊으라'고 하겠느냐? 대혜야, 내가 모든 곳에서 열 가지를 막고 세 가지를 허락한 것은 점점 금하고 끊어서 그들이 닦고 익히게 하려는 것일 뿐이다. 云何而勸 諸善男子 及善女人 於諸衆生 生一子想 斷一切肉 大慧 我於諸處 說遮十種 許三種者 是漸禁斷 令其修學", "지금 이 경에서는 스스로 죽은 것이든 타인이 죽인 것이든 무릇 고기란 고기는 모두 다 끊는다. 대혜야, 나는 일찍이 제자에게 '식육'을 허락하지 않았고, 또한 현재에도 허락하지 않았으며, 미래에도 허락하지 않을 것이다. 대혜야, 무릇 육식이란 출가인에게는 모두 부정한 것이다. 今此經中 自死他殺 凡是肉者 一切悉斷 大慧 我不曾許 弟子食肉 亦不現許 亦不當許 大慧 凡是肉食 於出家人 悉是不淨"라고 하였다. [참고문헌] 『大乘入楞伽經』, 『撰集百緣經』 권5(대정장4, p.223c24), *Laṅk.254.*, *Śikṣ.134.* ⇨ 구정육 九淨肉, 삼종정육 三種淨肉

육식신 六識身 Ⓢ ṣaḍ-vijñāna-kāya, Ⓟ cha-viññāṇa-kāya, Ⓣ rnam-par-shes-pa'i-tshogs-drug. 여섯 가지로 아는 몸. 육식(六識)이 각기 자성을 유지해 스스로의 분(分)이 있기에 신(身)이라 부른다. 『대승아비달마집론』 권1(대정장31, p.666a10 : *Abh-s.*, p.12)에 "어떤 것들을 식이라 하는가? 육식신을 일컬음이니 안식·이식·비식·설식·신식·의식이다. 안식이란 무엇인가? 안에 의지하고 색을 연으로 알아 구별하는 것을 그 자성으로 한다. 이식이란 무엇인가? 이근에 의지하고 소리를 연으로 하여 알아차리는 성이 있다. 비식이란 무엇인가? 비근에 의지하고 냄새를 연으로 식별하는 성이 있다. 설식이란 무엇인가? 설근에 의지하고 맛을 연으로 구별하여 아는 것을 그 성으로 여긴다. 신식이란 무엇인가? 신근에 의지하고 촉을 연으로 구별해 아는 것을 성으로 삼는다. 의식이란 무엇인가? 의근에 의지하고 모든 법을 연으로 식별하는 성이 있다. 何等爲識 謂六識身 眼識 耳識 鼻識 舌識 身識 意識 何等眼識 謂依眼緣色 了別爲性 何等耳識 謂依耳緣聲 了別爲性 何等鼻識 謂依鼻緣香 了別爲性 何等舌識 謂依舌緣味 了別爲性 何等身識 謂依身緣觸 了別爲性 何等意識 謂依意緣法 了別爲性 vijñānaṃ katamat. ṣaḍ vijñānakāyāḥ. cakṣurvijñānaṃ śrotraghrāṇajivhākāyamanovijñānam. cakṣurvijñānaṃ katamat. cakṣurāśrayā rūpālambanā prati vijñaptiḥ. śrotravijñānaṃ katamat. śrotrāśrayā śabdālambanā prativijñaptiḥ. ghrāṇavijñ ānaṃ katamat. ghrāṇāśrayā gandhālambanā prat ibijñaptiḥ. jilhāvijñānaṃ katamat. jivhāśrayā ras ālambanā prativijñaptiḥ. kāyavijñānaṃ katamat. kāyāśrayā spraṣṭavyālambanā prativijñaptiḥ. ma novijñānaṃ katamat. manaāśrayā dharmālamba nā prativijñaptiḥ"라고 하였다. [참고문헌]『大乘阿毗達磨集論』, 『集異門足論』 권15(대정장26, p.429a14), 『識身足論』 권3(대정장26, p.545b24), *Abh-s.*, *Yogā-bh.200.*, *DN.3.243.* ⇨ 육식 六識

육식십과 肉食十過 육식의 열 가지 허물. 『법원주림』 권93(대정장53, p.974c22)에 "일체중생이 무시이래 다 친척이니 식육은 맞지 않음을 밝힌다. 明一切衆生 無始已來 皆是己親 不合食肉", "고기 먹는 중생을 보면 모두 하나같이 놀라고 두려워하기 때문이다. 明食肉衆生 見者 皆悉驚怖故", "고기 먹는 이 타인의 신심을 무너뜨린다. 明食肉之人 壞他信心", "자심소욕행인은 마땅히 고기를 먹지 말아야 한다. 慈心少欲行人 不應食肉", "모두 과거에 일찍이 악나찰이었으니, 저 습기로 인해 지금 고기를 탐한다. 皆是過去曾作惡羅刹 由習氣故 今故貪肉", "고기 먹는 이 세간의 주술 배워도 오히려 이루지 못하거늘, 하물며 출세간법을 어찌 가히 증하리. 明食肉之人 學世呪術尙不得成 況出世法 何由可證", "중생 모두 몸과 목숨 사랑하니 자기와 다름없다. 衆生皆愛身命 與己無別", "제천현성이 다 하나같이 멀리하고 악신마저 놀라 두려워한다. 諸天賢聖 皆悉遠離 惡神恐怖", "깨끗한 고기도 오히려 마땅히 먹지 말아야 하거늘, 하물며 깨끗하지 못한 고기랴. 淨者尙不應食 況不淨肉", "죽어 악나찰 등에 환생함이다. 死則還生惡羅刹等中"라고 하였다. [참고문헌]『法苑珠林』. ⇨ 식육십과 食肉十過

육식십명 六識十名 제6식(Ⓢ mano-vijñāna)을 부르는 열 가지 이름. 육식(六識)·의식(意識)·반연식(攀緣識)·순구식(巡舊識)·파랑식(波浪識)·분별사식(分別事識)·인아식(人我識)·사주식(四住識)·번뇌장식(煩惱障識)·분단사식(分段死識)이다. 『종경록』 권50(대정장48, p.712c15)에 "첫째로 제6식의 열 가지 이름이란 첫째, 근에 대하여 얻은 이름이 육식이다. 둘째, 능히 옳고 그름을 헤아리기에 의식이라고 한다. 셋째, 능히 대상에 응하여 이르기에 반연식이라고 한다. 넷째, 오진을 두루 연하기에 순구식이라고 한다. 다섯째, 념념이 흘러 흩어지기에 파랑식이다. 여섯째, 능히 마주한 경을 가릴 줄 알기에 분별사식이라 한다. 일곱째, 있기만 하면 타인을 무너뜨리기에 인아식이다. 여덟째, 애업으로 생을 끌어들이기에 사주식이라 부른다. 아홉째, 바른 해가 생겨나지 못하게 하므로 번뇌장식이다. 열째, 보를 감하고 마침내 다하면 마음과 경이 둘로 따로이기에 그 이름이 분단사식이다. 一 第六識十名者 一 對根得名 名爲六識 二 能籌量是非 名爲意識 三 能應涉塵境 名攀緣識 四 能遍緣五塵 名巡舊識 五 念念流散 名波浪識 六 能辨前境 名分別事識 七 所在壞他 名人我識 八 愛業牽生 名四住識 九 令正解不生 名煩惱障識 十 感報終盡 心境兩別 名分段死識"라고 하였다. [참고문헌]『宗鏡錄』. ⇨ 의식 意識, 제육식 第六識

육식처대 肉食妻帶 고기를 먹고 아내를 두는 것. 육식대처(肉食帶妻)·담육축처(噉肉蓄妻)이라고도 한다. 출가승단에서 금한다. 육식에 대하여 소승불교에서 정육(淨肉)의 경우에만 허용할 뿐이며 대승불교에서도 자비의 씨앗을 끊는 것이라 여겨 금하고, 처대 등 음사(淫事)를 행하는 것에 대하여도 비범행(非梵行)·부정행(不淨行)이라 하여 엄격히 금한다. 『오분비구니계본』 권(대정장22, p.212c3)에 "비구니가 병이 없는데도 스스로 육식을 구걸하면, 이 비구니는 응당 여러 비구니들에게 잘못을 참회해야 한다. 若比丘尼 無病 自爲乞肉食 是比丘尼應諸比丘尼邊悔過", 『유부율』 권37(대정장23, p.828a24)에 "세존께서 설하신 상묘음식이란 유락·생소·어육이다. 만약 비구가 병이 없는데도 자기를 위하여 다른 집에 가서 이러한 음식을 걸식하는 것은 바일지가에 해당된다. 如世尊說上妙飮食 乳酪生酥魚及肉 若苾芻無病 爲己詣他家乞取食者 波逸底迦", 『비니모경』(대정장24, p.839a1)에 "비구가 비범행을 행하고 심지어 거느리고 살기까지 한다면 바라이죄를 범한 것이므로 함께 머물지 못한다. 若比丘行非梵行乃至畜生 犯波羅夷 不共住", 『대한불교조계종종단법령집』 종헌 제3장 9조에 "승려는 구족계(具足戒)와 보살계(菩薩戒)를 수지하고 수도 또는 교화에 전력하는 출가 독신자라야 한다."라고 하였다. [참고문헌]『有部律』, 『五分比丘尼戒本』, 『毘尼母經』, 『大韓佛教曹溪宗宗團法令集』. ⇨ 담육축처 噉肉蓄妻, 대처승 帶妻僧, 비범행 非梵行

육신 肉身 부모가 낳아준 몸. 『능엄경』 권8(대정장19, p.141c22)에 "청정한 사람이 삼마지를 닦으면, 부모가 낳아준 몸으로 비록 천안은 아닐지라도 저절로 시방세계를 보고, 부처님 뵙고서 법을 들으며, 친히 성스런 뜻을 받들어 대신통을 얻어서 시방세계를 유행하고, 숙명마저 청정해지니 겪어야 할 험난함 없다. 是淸淨人 修三摩地 父母肉身 不須天眼 自然觀見 十方世界 覩佛聞法 親奉聖旨 得大神通 遊十方界 宿命淸淨 得無艱險", 『능엄경소해몽초』 권8(卍속장21, p.520b7)에 "계를 가져 청정하니 마사 일어날 일 없고, 관행 이미 성취했으니 능히 마음 열어 쓸 수 있으니, 부모가 낳아준 몸으로도 상사오통을 얻는다. 持戒淸淨 魔事不生 觀行旣成 故能發用 於父母所生之身 得相似五通"라고 하였다. [참고문헌〕『楞嚴經』, 『楞嚴經疏解蒙鈔』.

육신병상 六神病相 여섯 가지로 드러난 병의 양상. 심·폐·간·신·비·담(心肺肝腎脾膽) 여섯 장기에 혼·신·백·지·의·정(魂神魄志意精) 등이 결여되어 일어나는 병증이라 하였으나, 속설에 준한다. 『마하지관』 권8(대정장46, p.106c19)에 "자주 혼미하다면 간 중에 혼이 없고, 전후의 일을 자주 잊는다면 심 중에 신이 없으며, 심한 공포나 간질의 병은 폐 중에 백이 없고, 자주 슬퍼하거나 웃는 까닭은 신 중에 지가 없으며, 자주 돌이켜 의심함은 비 중에 의가 없고, 원망이 깊다면 음 중에 정이 없기 때문이다. 이런 것을 육신병상이라고 한다. 若多惛惛 是肝中無魂 多忘失前後 是心中無神 若多恐怖癲病 是肺中無魄 若多悲笑 是腎中無志 若多迴惑 是脾中無意 若多悵怏 是陰中無精 此名六神病相", 『지관보행전홍결』 권8(대정장46, p.398b20)에 "'자주 혼미해지는 까닭' 이후는 '육신병상'이다. 이는 속설로 하나의 신이 각각 하나의 장기를 지키며 육근을 다스린다는 뜻이다. 음은 몸의 근본으로서 오장과 오근에 통한다. 從有多惛惛去 是六神病相 此準俗說故 一神各守一藏 王於六根 陰是身之根本 通於五藏五根"라고 하였다. 〔참고문헌〕『摩訶止觀』, 『止觀輔行傳弘決』.

육신보살 肉身菩薩 부모에게 받은 몸 그대로 보살의 지위에 오른 사람. 생신보살(生身菩薩)이라고도 한다. 『주유마힐경』 권1(대정장38, p.328b13)에 "비구와 보살은 합하여 헤아리지 않는다고 한 것은, 비구는 모두 육신이고 보살은 대부분 법신이라 몸이 다르기 때문이다. 저 육신보살은 아직 정위의 취가 아니니 증한 마음이 다르기 때문이다. 이상의 두 가지 인연 때문에 비구와 보살은 섞어서 말하지 않는다. 比丘菩薩 不合數者 以比丘盡是肉身 菩薩多是法身 身異故 若肉身菩薩 未正位取 證心異故 以二因緣故 比丘菩薩 不合說也", 『법화문구』 권7하(대정장34, p.100c29)에 "『대지도론』에서 밝히길 '육신보살은 분단생사를 겪고 법신보살은 변역생사를 겪는다'고 하고, 또한 '아라한은 삼계보신을 버리고 법성신을 받는다'고 하였다. 그러므로 알라, 생사에 차이가 있을 따름이다. 大論明 肉身菩薩 卽分段 法身菩薩 謂變易 又云 阿羅漢 捨三界報身 受法性身 故知 生死二耳", 『불조통기』 권14(대정장49, p.220b16)에 "백 년 뒤에 참으로 한 육신보살이 이 땅을 중흥시킬 것이다. 後百年 當有肉身菩薩 重興此地", 종보본 『단경』 「육조대사연기외기 六祖大師緣記外記」(대정장48, p.362c15)에 "그 계단은 송대 구나발다라삼장이 창건하였는데 비를 세워 새기길 '훗날 어떤 육신보살이 이곳에서 계를 받으리라'고 하였다. 其戒壇 乃宋朝求那跋陀羅三藏創建 立碑曰 後當有肉身菩薩 於此授戒", 『경덕전등록』 권5 「혜능전 慧能傳」(대정장51, p.235c9)에 "인종은 제자의 예를 갖추고 선의 요체 받기를 청하면서 사부대중에게 '나는 범부의 몸이지만 이제 육신보살을 만났다'라고 고한 뒤 법좌 아래 노거사를 가리키며 말했다. '여기 있는 이 분이다'. 印宗 執弟子之禮 請受禪要 乃告四衆曰 印宗具足凡夫 今遇肉身菩薩 卽指坐下 盧居士 云 卽此是也"라고 하였다. 〔참고문헌〕『注維摩詰經』, 『法華文句』, 『佛祖統紀』, 『壇經』, 『景德傳燈錄』. ⇨ 생신보살 生身菩薩

육신애 六身愛 ➡ 육애신 六愛身

육신육인육혜육정육관 六信六忍六慧六定六觀 육종성(六種性)에 상응하는 신인혜정관(信忍慧定觀)에 따른 각각의 여섯 가지 다른 이름을 말한다. 『영락본업경』 권상(대정장24, p.1012b25)에 "불자야, 성이란 습종성·성종성·도종성·성종성·등각성·묘각성을 말한다. 佛子 性者 所謂習種性 性種性 道種性 聖種性 等覺性 妙覺性", "또 육견이라고도 하는데, 견신·견법·견수·견덕·견정·견각이다. 復名六堅 亦名堅信 亦名堅法 亦名堅修 亦名堅德 亦名堅頂 亦名堅覺", "다시 육인이라고도 하는데, 신인·법인·수인·정인·무구인·일체지인이다. 復名六忍 信忍 法忍 修忍 正忍 無垢忍 一切智忍", "또 육혜라고도 하는데, 문혜·사혜·수혜·무상혜·조적혜·적조혜다. 復名六慧 聞慧 思慧 修慧 無相慧 照寂慧 寂照慧", "다시 육정이라고도 하는데, 습상정·성정·도혜정·도종혜정·대혜정·정관정이다. 復名六定 習相定 性定 道慧定 道種慧定 大慧定 正觀定", "또한 육관이라고도 하는데, 주관·행관·향관·지관·무상관·일체종지관이다. 復名六觀 住觀 行觀 向觀 地觀 無相觀 一切種智觀", 『인왕반야경소』 권하(대정장33, p.349b11)에 "〔문〕 습종성에도 이명이나 별칭이 있는가? 〔답〕 『영락본업경』에서 여섯 가지 이름을 밝혔다. 즉 성품으로는 습종성이라 하고, 신(信)으로는 견신이라고 하며, 인(忍)으로는 신인이라 하고, 혜(慧)로는 문혜라고 하며, 정(定)으로는 습상정이라 하고, 관(觀)으로는 주관이다. 問 習種性 更有異名 復有別稱 答 瓔珞經明有六名 在性名習種性 在信名堅信 在忍名信忍 在慧名聞慧 在定名習相定 在觀名住觀"라고 하였다. 〔참고문헌〕『瓔珞本業經』, 『仁王般若經疏』, *Laṅk.10.* ⇨ 육종성 六種性 ■

육신통 六神通 Ⓢ ṣaḍ abhijñāḥ, ṣaḍ-abhijña, Ⓟ cha abhiññā, chaḷ-abhiññā, Ⓣ mngon-par-shes-pa-drug-po, mngon-par-shes-pa-drug. 불보살이 정혜(定慧)의 힘으로 얻는 여섯 가지 불가사의하고 무애자재한 능력. 육통(六通)·육종신통(六種神通)이라고도 한다. 천안통(天眼通 Ⓢ divya-cakṣur-abhijñā), 천이통(天耳通 Ⓢ divya-śrotra-abhijñā), 타심통(他心通

Ⓢ cetaḥ-paryāya-abhijñā), 숙명통(宿命通 Ⓢ pūrva-nivāsa-anusmṛty-abhijñā), 신족통(身足通 Ⓢ ṛddhy-abhijñā), 누진통(漏盡通 Ⓢ āsrava-kṣaya-abhijñā)을 말한다. 『장아함경』 권9 「십상경 十上經」(대정장1, p.54b9)에 "무엇이 육증법(六證法)인가? 육신통을 말한다. 첫째 신족통증, 둘째 천이통증, 셋째 지타심통증, 넷째 숙명통증, 다섯째 천안통증, 여섯째 누진통증이다. 云何六證法 謂六神通 一者 神足通證 二者 天耳通證 三者 知他心通證 四者 宿命通證 五者 天眼通證 六者 漏盡通證"라고 하였다. 『구사론』 권27 「분별지품 分別智品」(대정장29, p.142c24 : *Abh-k-bh.*, p.421)에서는 "통은 여섯이다. 첫째 신경지증통, 둘째 천안지증통, 셋째 천이지증통, 넷째 타심지증통, 다섯째 숙주수념지증통, 여섯째 누진지증통이다. 그러나 육통 중에 여섯째는 오직 성인만이 얻을 수 있고, 그 앞의 다섯 가지는 범부 또한 얻을 수 있다. 通有六種 一 神境智證通 二 天眼智證通 三 天耳智證通 四 他心智證通 五 宿住隨念智證通 六 漏盡智證通 雖六通中 第六唯聖 然其前五異生亦得 ṛddhiviṣaye jñānasākṣātkriyā abhijñā. divyaśrotracetaḥparyāyapūrvanivāsānusmṛticyutyutpādāsravakṣayajñānasākṣātkriyā abhijñā. etāḥ ṣaḍ abhijñāḥ. āsāṃ pañca pṛthagjanaiḥ sādhāraṇāḥ"라고 하여 오신통은 범부이생도 얻을 수 있으나 누진통은 성인만이 얻을 수 있다고 하였고, 『대지도론』 권28(대정장25, p.264a23)에서는 "오통은 보살이 얻을 수 있다. 지금 '육신통지에 머물고자 하면'이라고 한 것은 이 부처님이 얻을 바다. 五通是菩薩所得 今欲住六神通 是佛所得"라고 하여 부처님만이 얻을 수 있다 하였다. 또 육신통을 얻기 위해 갖추어야 하는 인연에 대해서는 『대품반야경』 권1(대정장8, p.219a29)에 "보살마하살이 육신통에 머물려면 마땅히 반야바라밀을 익혀야 한다. 菩薩摩訶薩 欲住六神通 當學般若波羅蜜"고 하였고, 『법계차제초문』 권중(대정장46, p.678c14)에서는 "깊은 선정 중에 발하여 신통을 얻는다. 於深禪定中 發得身通"고 하였다. 불보살이 육신통을 보이는 뜻은 『대지도론』 권28(대정장25, p.264b15)에 "보살은 오욕을 여의어 모든 선정을 얻고, 자비가 있기에 중생을 위해 신통을 취할 수 있고, 모든 희유하고 기특한 일을 보여 중생의 마음을 청정하게 한다. 왜인가? 희유한 일이 없으면 능히 많은 중생을 제도할 수 없기 때문이다. 菩薩離五欲得諸禪 有慈悲故 爲衆生取神通 現諸希有奇特之事 令衆生心淸淨 何以故 若無希有事 不能令多衆生得度"라 하였고, 『법계차제초문』 권중(대정장46, p.678b29)에서는 육도중생(六道衆生)의 실상을 보고 듣고 알기 위해 신통을 갖춘다고 하였다. 『신화엄경론』 권18(대정장36, p.839c5)에 "육통이란 신통·천이통·천안통·숙명통·타심통·누진통이다. 신통이란 한 찰나에 몸이 지를 따라 쓰니 시방 그 어디든 가득 색신을 마주하듯 근기에 따라 널리 응한다. 천이통은 이근으로 항상 시방의 일체 모든 소리를 듣는다. 천안통은 안근으로 항상 시방의 거칠고 미세한 등등의 모든 색을 본다. 숙명통이란 지혜로 삼세일체중생이 이에 죽고 저에 남에 지은 업행과 인과를 모두 능히 안다. 타심통은 한 찰나에 삼세 일체중생이 마음으로 하고자 하는 바를 안다. 누진통은 지혜를 따라 일체제법을 두루 알아서 정욕으로 무명과 갈애를 따르는 마음이 없는 것이다. 云六通者 身通 天耳通 天眼通 宿命通 他心通 漏盡通 身通者 於一刹那際 身隨智用 周遍十方 對現色身 隨根普應 天耳通者 耳根常聞十方 一切諸聲 天眼通者 眼根常視十方一切麤細等色 宿命通者 智隨三世一切衆生死此生彼 所作業行因果悉能知之 他心通者 一念能知三世一切衆生心念所欲 漏盡通者 隨智遍知一切諸法 而無情欲順癡愛心"라고 하였다. 또 같은 책 권27(대정장36, p.905b26)에 "이승과 정토보살의 육통은 그 이름과 수가 비슷하다. 다만 통용의 넓고 좁음이 같지 않으니, 이승의 신통변화는 타방불토에 두루하지 못하나 보살의 신통은 타방불토를 찾아간다. 二乘六通 與淨土菩薩 名數相似 但通用廣狹不同 二乘神通變化 不得遍他方佛土 菩薩神通 得往他方淨土"고 하였다. 한편 육신통 중 천안통·숙명통·누진통의 셋은 무학위(無學位)로 얻기에 삼명(三明)이라 부르니, 『순정리론』 권75(대정장29, p.747c4)에 "육통 중 이 셋이 수승하여 무학위에 있으니 이를 세워 삼명이라 한다. 六通中 此三殊勝 在無學位 立爲三明"라고 하였다. [참고문헌] 『長阿含經』, 『俱舍論』, 『大智度論』, 『大品般若經』, 『法界次第初門』, 『新華嚴經論』, 『順正理論』, 『寶雨經』 권4(대정장16, p.301a26), 『瑜伽師地論』 권37(대정장30, p.491b27), *Abh-k-bh.*, *Pañca-pr.21.*, *Bodh-bh.40.*, *Mvyut.4.*, *DN.3.281.*, *Vin.2.161.* ⇨ 천안통 天眼通, 천이통 天耳通, 타심통 他心通, 숙명통 宿命通, 신족통 身足通, 누진통 漏盡通, 십통 十通, 오신통 五神通, 신통 神通, 삼명 三明 ❶

육실물 六實物 Ⓢ ṣaṭ dravyāṇi, Ⓣ rdzas-drug. 세간에 여실히 존재하는 뜻으로, 무루오온과 택멸 즉 열반을 성취한 사문의 과를 말한다. 『구사론』 권30(대정장29, p.158b5 : *Abh-k-bh.*, p.476)에 "육실물이라는 이름은 사문과라고 하는 것이다. 六實物名 沙門果故 ṣaṭ dravyāṇi śrāmaṇyaphalānīti vacanāt", 『구사론소』 권30(대정장41, p.811a21)에 "'육실물이라 부르는 것은 사문과다'의 육실은 곧 무루의 오온과 택멸이다. 六實物名 沙門果故 六實卽是無漏五蘊 幷擇滅也"라고 하였다. [참고문헌] 『俱舍論』, 『俱舍論疏』, *Abh-k-bh.* ⇨ 무루오온 無漏五蘊, 택멸무위 擇滅無爲

육심 六心 ❶ Ⓢ ṣaṭ-citta, Ⓣ sems-drug. 보살의 상명(想名)·요구(了句)·사의(思義)·의지(義知)·법총(法總)·의구(義求)라는 차제에 따른 여섯 가지 마음. 『대승장엄경론』 권7(대정장31, p.624a13)에 "〔석〕 육심이란 첫째 근본심(Ⓢ mūla-citta), 둘째 수행심(Ⓢ anucara-citta), 셋째 관찰심(Ⓢ vicāraṇā-citta), 넷째 실해심(Ⓢ avadhāraṇā-citta), 다섯째 총취심(Ⓢ saṃkalana-citta), 여섯째 희망심(Ⓢ āśāsti-citta)을 말한다. 釋曰 六心者 一根本心 二隨行心 三觀察心 四實解心 五總聚心 六悕望心", "상명을 근본심이라 한다. 처음 경 등의 법을 관찰함에 두 뜻이 없으니 오직 명취를 생각한다. 요구란 수행심이다. 다음은 모든 구를 따라 차별과 차제를 분명히 안다. 사의란 관찰심이다. 다음에는 저 뜻을 안으로 바르게 사유하는 것이다. 의지란 실해심이다. 저 사의를 여실히 아는 것이다. 법총은 총취심이다. 앞의 법을 다시 모아서 다시 다 모아 관하는 것이다. 의구는 희망심이다. 저 의취에서 뜻 얻기를 바라는 것이다. 想名者 謂根本心 初於修多羅等法觀察無有二義 唯想名聚故 了句者 謂隨行心 次隨諸句決了差別及次第故 思義者 謂觀察心 次於彼義內正思惟故 義知者 謂實解心 於彼思義如實知故 法總者 謂總聚心 更聚前法復總觀故 義求者 謂悕望心 於彼義趣求得意故"라고 하였다. 〔참고문헌〕『大乘莊嚴經論』, *Sūtr.91.* ❷ 여섯 가지 깊은 뜻의 받드는 마음. 『대승의장』 권14(대정장44, p.742b26)에 "공양심에 여섯이 있으니 저 『보살지지경』의 설과 같다. 첫째, 복전은 무상심이다. 내는 복 중에 승이다. 둘째, 은덕은 무상심이다. 모든 선락이 삼보로부터 나온다. 셋째, 일체중생의 최승심을 낸다. 넷째, 저 우담발화처럼 만나기 어려운 마음이다. 다섯째, 삼천세계도 오직 한마음이다. 여섯째, 일체세간과 출세간법이 의지하는 뜻을 구족한 마음이다. 이것은 여래께서 구족하신 세간과 출세간법으로 능히 중생에게 의지처가 되어주심을 밝힌 것으로, 이를 이름하여 의지의 뜻을 갖춤이라 한다. 이 여섯 가지 마음으로 적은 물건이라도 공양한다면 헤아릴 수 없이 끝없는 공덕을 얻을 수 있거늘, 하물며 많이 하는 것이랴. 供心有六 如地持說 一 福田無上心 生福中勝 二 恩德無上心 一切善樂依三寶出 三 生一切衆生最勝心 四 如優曇鉢華難遇心 五 三千世界獨一心 六 一切世間出世間具足依義心 此明如來具足世間出世間法 能與衆生爲依止處 名具依義 以此六心少物供養 能獲無量無邊功德 何況多"라고 하였다. 〔참고문헌〕『大乘義章』.

육심 肉心 Ⓢ hṛdaya-deśa, Ⓣ snying gyi phyogs. 육단심(肉團心). 심장을 말한다. 『유가사지론』 권1(대정장30, p.283a18 : *Yogā-bh.*, p.24)에 "이 갈라람(羯羅藍 Ⓢ kalala)은 식이 최초로 의탁하는 곳이니, 곧 그 이름 육심이다. 이와 같이 식이 이곳에 최초로 의탁하므로 이곳에서 최후도 버린다. 此羯羅藍 識最初託處 卽名肉心 如是 識於此處 最初託 卽從此處最後捨 yatra ca kalaladeśe tad vijñānaṃ sammūrcchitaṃ so 'sya bhavati tasmin samaye hṛdayadeśaḥ. evaṃ hi tad vijñānaṃ yasmād eva deśāc cyavate tasminn eva deśe tat prathamataḥ sammūrchati", 『유가론기』 권1(대정장42, p.322a22·한불전13, p.31c5)에 "최초로 의탁한 곳이니 육심이라고 한다. 저 식이 육심을 버리면 곧 불러 죽음이라 한다. 最初託處 卽名肉心 若識捨肉心 卽名爲死"라고 하였다. 〔참고문헌〕『瑜伽師地論』, 『瑜伽論記』, *Yogā-bh.* ⇨ 육단심 肉團心

육십방 六十棒 주장자 육십방. 삼돈방(三頓棒)이라고도 한다. 『동산공화상어』(속고존숙어요6, 卍속장119, p.161a4)에 "큰 비바람 몰아친 뒤 이르길 '임제는 세번이나 육십방 맞았고, 보화는 두번이나 밥상 걷어차 뒤집었다. … 한번 큰 비바람 몰아치듯 하더니 두들겨 곯던 것들 모조리 사라졌네. 납승이 얻은 법 용처 또한 이렇구나'. 大風雨後云 臨濟三回喫六十棒 普化兩度趯倒飯床 … 一似大風雨 鼓蕩直無前 衲僧所得法 用處亦如是"라고 하였다. 〔참고문헌〕『東山空和尙語』. ⇨ 삼돈방 三頓棒

육십법 六十法 ➡ 육십심 六十心

육십사능 六十四能 Ⓢ catuḥṣaṣṭi-kalā-vidhi. 인도 전통에서 학습하는 예순네 가지 기예(技藝). 육십사예(六十四藝)·육십사기예(六十四技藝)라고도 한다. 오명(五明) 중 의방명(醫方明 Ⓢ cikitṣā-vidyā)과 공교명(功巧明 Ⓢ śilpa-karma-sthāna-vidyā)에 포함된다. 『일체경음의』 권25(대정장54, p.467c12)에 "모든 기예를 배운다〈기는 기와 의를 반절한 음이다. 재능이라는 뜻이다. 예라면 중국에 육예가 있으니 예·악·사·어·서·수이다. 서방의 기예는 오명에 대한 학습이다. 첫째는 인명, 둘째는 성명, 셋째는 의방명, 넷째는 공교명, 다섯째 내명이다. 앞에서 말한 육십사능은 의방명과 공교명을 벗어나지 않는다〉. 學諸技藝〈奇蟻反 才能也 藝也 此方有六藝 謂禮樂射御書數是也 西方技藝 卽習五明是也 一者 因明 二 聲明 三 醫方明 四 功巧明 五者 內明 前說六十四能 不出醫方四巧也〉", 『대반열반경소』 권11(대정장38, p.100b19)에 "육십사능이란 무엇인가? 부처님에게 삼십이상이 있으니 외도가 부처님보다 배로 수승함을 과시하기 위해 육십사능 있다고 한 것이다. 六十四能者 佛有三十二相 外道夸毘謂倍勝佛 故云有六十四能"라고 하였다. 〔참고문헌〕『一切經音義』, 『大般涅槃經疏』, *Gaṇḍ-vy.126.* ⇨ 오명 五明

육십사범음 六十四梵音 여래(如來)께서 갖춘 64종의 청정하고 미묘한 음성. 육십사종범음(六十四種梵音)이라고도 한다. 범음(梵音)의 범(梵)은 청정을 뜻한다. 『주대승입능가경』 권6(대정장39, p.472b23)에서는 "『밀적역사경』 제2의 설에 따르면, 부처님의 음성에 팔전(八轉)이 있으니 곧 체·업·구·위·종·소·어·호이다. 이 팔전성에 각기 팔덕이 있으니, 이른바 조화성·유연성·제료성·이해성·무착류성·무자소성·광대성·심원성이다. 여덟에 여덟을 곱하여 64종이 성립한다. 비단 석가불뿐만 아니라 일체제불이 모두 이와 같다. 密跡力士經第二說 佛聲有八轉 謂體業具爲從屬於呼是八轉聲 各具八德 所謂調和聲 柔軟聲 諦了聲 易解聲 無錯謬聲 無雌小聲 廣大聲 深遠聲 八八卽成六十四種 非唯釋迦佛 一切諸佛皆如是"라고 하여 범음이 64종으로 나누어지는 근거를 문법론의 틀로 해석하였다. 『여래비밀대승경』 권7 「여래어밀부사의품 如來語密不思議品」(대정장11, p.719c4)에 "적혜여! 여래는 또한 입술·이·혀·목구멍 및 그 얼굴이라는 문에서 나오는 모든 음성을 듣는 것이 아니다. 여래가 내는 음성은 허공으로부터 나오지만, 다만 중생은 불여래의 모든 음성이 입이라는 문에서 나온다고 생각한다. 적혜여! 마땅히 알라. 여래의 말은 64종의 훌륭하고 미묘한 상을 갖추고 있으니, 어떤 이름들이 64종인가? 寂慧 如來亦非脣齒舌喉及其面門 出諸音聲 有所聞聽 如來所出音聲 從虛空出 但以衆生 謂佛如來所有音聲 從口門出 寂慧當知 如來語言具有六十四種殊妙之相 何等名爲六十四種"라고 하고, 그 아래에 육십사범음을 시설하였다. 육십사범음과 그에 상응하는 범어 60종을 *Mahāvyutpatti*(飜譯名義大集 : *Mvyut.*, p.36)에 의지하면 다음과 같다. ① 유택성(流澤聲 Ⓢ snigdhā), ② 유연성(柔軟聲 Ⓢ mṛdukā), ③ 열의성(悅意聲 Ⓢ manojñā), ④ 가락성(可樂聲 Ⓢ manoramā), ⑤ 청정성(淸淨聲 Ⓢ śuddhā), ⑥ 이구성(離垢聲 Ⓢ vimalā), ⑦ 명량성(明亮聲 Ⓢ prabhāsvarā), ⑧ 감미성(甘美聲 Ⓢ valgu), ⑨ 낙문성(樂聞聲 Ⓢ śravaṇīyā), ⑩ 무열성(無劣聲 Ⓢ anelā), ⑪ 원구성(圓具聲 Ⓢ kālā, kalā), ⑫ 조순성(調順聲 Ⓢ vinītā), ⑬ 무삽성(無澀聲 Ⓢ akarkaśā), ⑭ 무악성(無惡聲 Ⓢ apaṣā), ⑮ 선유성(善柔聲 Ⓢ suvinītā), ⑯ 열이성(悅耳聲 Ⓢ karṇa-sukhā), ⑰ 적신성(適身聲 Ⓢ kāya-prahlādana-karī), ⑱ 심생용예성(心生勇銳聲 Ⓢ cittodvilya-karī), ⑲ 심희성(心喜聲 Ⓢ hṛdaya-saṃtuṣṭi-karī), ⑳ 열락성(悅樂聲 Ⓢ prīti-sukha-jānanī), ㉑ 무열뇌성(無熱惱聲 Ⓢ niṣparidāhā), ㉒ 여교령성(如教令聲 Ⓢ ājñeyā), ㉓ 선료지성(善了知聲 Ⓢ vijñeyā), ㉔ 분명성(分明聲 Ⓢ vispaṣṭā), ㉕ 선애성(善愛聲 Ⓢ premaṇīyā), ㉖ 영생환희성(令生歡喜聲 Ⓢ abhinandanīyā), ㉗ 사타여교령성(使他如教令聲 Ⓢ ājñāpanīyā), ㉘ 영타선료지성(令他善了知聲 Ⓢ vijñāpanīyā), ㉙ 여리성(如理聲 Ⓢ yuktā), ㉚ 이익성(利益聲 Ⓢ sahitā), ㉛ 이중복과실성(離重復過失聲 Ⓢ punar-ukta-doṣa-jahā), ㉜ 여사자음성(如獅子音聲 Ⓢ siṃha-svara-vegā), ㉝ 여용음성(如龍音聲 Ⓢ nāga-svara-śabdā), ㉞ 여운뢰후성(如雲雷吼聲 Ⓢ megha-svara-ghośā), ㉟ 여용왕성(如龍王聲 Ⓢ nāgendra-rutā), ㊱ 여긴나라묘가성(如緊那羅妙歌聲 Ⓢ gandharva-saṃgīti-ghośā), ㊲ 여가릉빈가성(如迦陵頻伽聲 Ⓢ kalaviṅka-svara-rutā), ㊳ 여범왕성(如梵王聲 Ⓢ brahma-svara-rutā-ravitā), ㊴ 여공명조성(如共命鳥聲 Ⓢ jīvaṃjīvaka-svara-rutā-ravitā), ㊵ 여제석미묘성(如帝釋美妙聲 Ⓢ devendra-madhura-nirghośā), ㊶ 여진고성(如振鼓聲 Ⓢ dundubhi-svarā), ㊷ 불고성(不高聲 Ⓢ anunnatā), ㊸ 불하성(不下聲 Ⓢ anavanatā), ㊹ 수입일체음성(隨入一切音聲 Ⓢ sarva-śabdānupraviṣṭā), ㊺ 무결감성(無缺減聲 Ⓢ apaśabda-vigatā), ㊻ 무파괴성(無破壞聲 Ⓢ avikalā), ㊼ 무염오성(無染汚聲 Ⓢ alīnā), ㊽ 무희취성(無希取聲 Ⓢ adīnā), ㊾ 구족성(具足聲 Ⓢ prasṛtā), ㊿ 장엄성(莊嚴聲 Ⓢ saritā), (51) 현시성(顯示聲 Ⓢ lalitā), (52) 원만일체음성(圓滿一切音聲 Ⓢ sarva-svara-pūraṇī), (53) 제근적열성(諸根適悅聲 Ⓢ sarvendriya-saṃtoṣaṇī), (54) 무기훼성(無譏毁聲 Ⓢ aninditā), (55) 무경전성(無輕轉聲 Ⓢ acañcalā), (56) 무동요성(無動搖聲 Ⓢ acapalā), (57) 수입일체중회성(隨入一切衆會聲 Ⓢ sarva-parṣad-anuravitā), (58) 제상구족성(諸相具足聲 Ⓢ sarvākāra-varopetā), (59) 영중생심의환희성(令衆生心意歡喜聲 Ⓢ pramuditā), (60) 설중생심행성(說衆生心行聲 Ⓢ sakhilā), (61) 입중생심의성(入衆生心意聲), (62) 수중생신해성(隨衆生信解聲), (63) 문자무분량성(聞者無分量聲), (64) 중생불능사유칭량성(衆生不能思惟稱量聲). 이외에도 『불본행집경』 권26 「향보리수품 向菩提樹品」(대정장3, p.773a23)에서는 육십사범음과 유사한 육십오종성(六十五種聲)을 시설히였으며, 『내보적경』 권10 「밀적금강역사회 密迹金剛力士會」(대정장11, p.55c20)와 『대승장엄경론』 권6 「홍법품 弘法品」(대정장31, p.619b24 : *Sūtr.*, p.79)에도 육십종성(六十種聲)을 시설하였다. 한편 밀교에서는 이 여래의 여러 음성을 존격화하여 금강가보살(金剛歌菩薩 Ⓢ Vajra-gītā)이라 하고, 금강계삼십칠존(金剛界三十七尊) 중 한 존격으로 위치시킨다. [참고문헌] 『注大乘入楞伽經』, 『如來祕密大乘經』, 『佛本行集經』, 『大寶積經』, 『大乘莊嚴經論』, *Mvyut.*, *Sūtr.* ⇨ 육십종성 六十種聲, 금강가보살 金剛歌菩薩

육십사서 六十四書 Ⓢ catuṣṣaṣṭī-lipi. 고대 인도와 그 문화권에 유통되던 64종의 외전(外典) 또는 그에 따르는 서체나 문체. 『보요경』 권3 「현서품 現書品」(대정장3, p.498a3)에 따르면, 이때 태자 실달타 7세였는데

〈표〉 육십사서 六十四書

*『석가보』시설이름. 나머지는 생략됨(文多不悉載).
**『불본행집경』"한역할 수 있는 말이 없다. 無隋語"라고 되어 있어, 추정 한역어임.

No	*Lalita-vistara*	『보요경』권3·『석가보』권1	『방광대장엄경』권4	『불본행집경』권11·『법원주림』권9	
1	Brāhmī	범서梵書*	범매서梵寐書	범천소설서梵天所說書	바라문서정십사음 婆羅門書正十四音
2	Kharoṣṭī	거류서佉留書*	거로슬지서佉盧虱底書	거로슬타서佉盧虱吒書	여순驢脣
3	Puṣkarasāri	불가라서佛迦羅書	포사가라서布沙迦羅書	부사가라선인설서富沙迦羅仙人說書	연화蓮花
4	Aṅgalipi	안거서安佉書	앙가라서央伽羅書	아가라서阿迦羅書	절분節分
5	Vaṅgalipi	만거서曼佉書	마가지서摩訶底書	모가라서瞢伽羅書	길상吉祥
6	Magadhalipi	안구서安求書	앙구서央瞿書	야매니서耶寐尼書	대진국서大秦國書
7	Maṅgalyalipi	대진서大秦書	엽반니서葉半尼書	앙구리서鴦瞿梨書	지서指書
8	Angulīyalipi	호중서護衆書*	파리가서婆履迦書	야나니가서耶那尼迦書	태승馱乘
9	Sakārilipi	취서取書	아파로사서阿波盧沙書	사가바서娑伽婆書	자우牸牛
10	Brahmavalilipi	우서半書	답비라서沓毘羅書	바라바니서波羅婆尼書	수엽樹葉
11	Pārṣyalipi	구여서久與書	계라다서罽羅多書	파류사서波流沙書	악언惡言
12	Drāviḍalipi	질견서疾堅書*	다차나서多瑳那書	비다다서毘多荼書	기시起屍
13	Kirātalipi	다비라서陀比羅書	욱가라서郁伽羅書	다비다국서陀毘荼國書	남천축南天竺
14	Dākṣiṇyalipi	이적새서夷狄塞書	승기서僧祇書	지러지서脂羅低書	나형인裸形人
15	Ugralipi	시여서施與書	아발모서阿跋牟書	탁기차나바다서度其差那婆多書	우선右旋
16	Saṃkhyālipi	강거서康居書	아노로서阿奴盧書	우가서優伽書	엄치嚴熾
17	Anulomalipi	최상서最上書	달라다서達羅陀書	승거서僧佉書	산계算計
18	Avamūrdhalipi	다라서陀羅書	가색서可索書	아파물타서阿婆勿陀書	복覆
19	Daradalipi	거사서佉沙書	지니서支那書	아누로마서阿㝹盧摩書	순順
20	Khāṣyalipi	진서秦書	호나서護那書	비야매사라서毘耶寐奢羅書	잡雜
21	Cīnalipi	흉노서匈奴書	말제악찰라서末提惡刹羅書	다라다서陀羅多書	오장변산烏場邊山
22	Lūnalipi	중간자서中間字書	밀달라서蜜怛羅書	서구야니서西瞿耶尼書	우화牛貨**
23	Hūnalipi	유기다서維耆多書	불사서弗沙書	가사서珂沙書	소륵疏勒
24	Madhyākṣaravistaralipi	부사부서富沙富書	제바서提婆書	지나국서脂那國書	대수大隋
25	Puṣpalipi	천서天書	나가서那伽書	마나서摩那書	두승斗升
26	Devalipi	용귀서龍鬼書*	야차서夜叉書	말다차라서末荼叉羅書	중자中字
27	Nāgalipi	건답화서揵沓和書*	건달바서乾闥婆書	비다실지서毘多悉底書	척尺
28	Yakṣalipi	진다라서眞陀羅書	마후라서摩睺羅書	부수파서富數波書	화花
29	Gandharvalipi	마휴륵서摩休勒書	아수라서阿修羅書	제바서提婆書	천天
30	Kinnaralipi	아수륜서阿須倫書*	가루라서迦婁羅書	나가서那伽書	용龍
31	Mahomgalipi	가류라서迦留羅書	긴나라서緊那羅書	야차서夜叉書	경첩輕捷**
32	Asuralipi	녹륜서鹿輪書*	밀리가서蜜履伽書	건달바서乾闥婆書	천음성天音聲
33	Garuḍalipi	언선서言善書	마유서摩瑜書	아수라서阿修羅書	불음주不飮酒
34	Mṛgacakralipi	천복서天腹書*	폭마제바서暴磨提婆書	가루라서迦婁羅書	금시조金翅鳥
35	Vāyasarutalipi	풍서風書	안다력차제바서安多力叉提婆書	긴나라서緊那羅書	비인非人
36	Bhaumadevalipi	항복서降伏書	구야니서拘耶尼書	마후라가서摩睺羅伽書	대사大蛇
37	Antarīkṣadevalipi	북방천하서北方天下書	울단월서鬱單越書	미가차가서彌伽遮伽書	제수음諸獸音
38	Uttarakurudvīpalipi	구나니천하서拘那尼天下書	불바제서弗婆提書	가가루다서迦迦婁多書	조음鳥音
39	Aparagoḍānīlipi	동방천하서東方天下書	옥게파서沃憩婆書	부마제바서浮摩提婆書	지거천地居天
40	Pūrvavideha	거서擧書	닉게파서匿憩波書	안다리차제바서安多梨叉提婆書	허공천虛空天
41	Utkṣepalipi	하서下書	반라게파서般羅憩波書	울다라구로서鬱多羅拘盧書	수미북須彌北
42	Niksepalipi	요서要書	사갈라서娑竭羅書	포루파비제하서逋婁婆毘提訶書	수미동須彌東
43	Vikṣepalipi	견고서堅固書	발사라서跋闍羅書	오차파서烏差波書	거擧
44	Prakṣcpalipi	다아서陀阿書	려거발라지례서戾佉鉢羅底隸書	니차파서膩差波書	척擲
45	Sāgaralipi	득주서得晝書	비게파서毘憩波書	사가라서娑伽羅書	해海
46	Vajralipi	염거서厭擧書	안노발도다서安奴鉢度多書	발사라서跋闍羅書	금강金剛
47	Leknapratilekhalipi	무여서無與書	사살다바서舍薩多婆書	리가파라지리가서梨迦波羅低梨伽書	왕복往復
48	Anudrutalipi	전수서轉數書*	갈니나서竭膩那書	비기서毘棄書	음첩音牒
49	Śāstrāvartā	전안서轉眼書*	오차파서嗚差波書	다서多書	잔식食殘
50	Gaṇanāvartalipi	폐구서閉句書	닉차파서匿差波書	아누부다서阿㝹浮多書	미증유未曾有
51	Utkṣepāvartalipi (Nikṣepāvartalipi)	상서上書	파다려거서波陀戾佉書	사사다라발다서奢娑多羅跋多書	여복전如伏轉
52	Pādalikhitalipi	차근서次近書	지오달산지서地烏怛散地書	가나나발다서伽那那跋多書	산전算轉
53	Dviruttarapadasaṃdhilipi	내지서乃至書	야바달서夜婆達書	우차파발다서優差波跋多書	거전擧轉
54	Yāvaddaśottara	탁친서度親書	발다산지서鉢陀散地書	니치파발다서尼差波跋多書	척전擲轉
55	Madhyāhāriṇīlipi	중어서中御書	말제하리니서末提訶履尼書	피다리거서波陀梨佉書	족足

56	Sarvarutasaṃgrahanīlipi	실위음서悉滅音書	살바다증가하서薩婆多增伽訶書	비구다라파다나지서毘拘多羅婆陀那地書	종이증상구從二增上句
57	Vidyānulomāvimi`aritalipi	전세계서電世界書	바시서婆尸書	야바다수다라서耶婆陀輸多羅書	증십구이상增十句已上
58	Bṣitapastaptā	치우서馳叉書	비다아노로마서比陀阿奴路摩書	말다바신니서末荼婆哂尼書	중류中流
59	Rocamānā	선적지서善寂地書	니사답다서尼師答多書	리사야사다파치비다서梨沙耶娑多波恀比多書	제선고행諸仙苦行
60	Dharaṇīprekṣiṇīlipi	관공서觀空書*	호로지마나서乎盧支磨那書	다라니비차리서陀羅尼卑叉梨書	관지觀地
61	Gagaṇaprekṣiṇīlipi	일체약서一切藥書	다라니폐차서陀羅尼閉瑳書	가가나비려차니서伽伽那卑麗叉尼書	관허공觀虛空
62	Sarvāṣāuṣadhiniṣyandā	선수서善受書	가가나필리기나서伽伽那必利綺那書	살포사지니산다서薩蒱沙地尼山陀書	일체약초인一切藥草因
63	Sarvasārasaṃgrahaṇī	섭취서攝取書*	살바옥살지이산다서薩婆沃殺地儞産陀書	사라승가하니서沙羅僧伽何尼書	총람總覽
64	·	개향서皆響書	사갈라승가하서娑竭羅僧伽訶書	살사루다서薩沙婁多書	일체종음一切種音
65	·	·	살바부다후루다서薩婆部多睺婁多書	·	·

이미 육십사서 모두에 통달하였고, 당시 태자에게 문예를 가르치던 스승 선우(選友 Ⓢ Viśvāmitra : 毘奢婆蜜多羅)조차 그 존재를 알지 못한 것들이었다(爾時太子厥年七歲 … 菩薩答曰 其異書者 有六十四 時師選友 歡然悅豫 棄捐自大). 범본 출전은 *Lalitavistara*의 Lipiśālāsaṃdarśana-parivarta에 따르고, 그 제2역 『보요경』(西晉 竺法護 308년 한역) 권3 「현서품」(대정장3, p.498b4)과 제4역 『방광대장엄경』(唐 地婆訶羅 683년 한역) 권4 「시서품 示書品」(대정장3, p.559b13)에 역어 및 음사가 전한다. 제1역과 제3역은 실전되었다. 『불본행집경』(隋 闍那堀多 587~591년 한역) 권11 「습학기예품 習學技藝品」(대정장3, p.703c11)에도 음사와 뜻풀이된 자주(子注)가 함께 전한다. 이들을 출전에 따라 정리하면 〈표〉와 같다. 보는 바와 같이 *Lalitavistara*·『보요경』·『방광대장엄경』·『불본행집경』 등 각 경에 따라 시설된 순서나 이름에 차이가 있고, 또 *Lalitavistara*에는 63서, 『방광대장엄경』에는 65서이다. 양(梁)의 승우(僧祐)가 저술한 『석가보』 권1과 보창(寶唱) 등이 편집한 『경율이상』 권4에는 『보요경』 육십사서의 부분만을 인용하고 있으나, 당(唐)의 도세(道世)가 찬술한 『법원주림』 권9에는 『불본행집경』의 육십사서를 온전히 인용하고 있다. 『불조통기』도 『붊본행집경』의 부분난을 인용하고 해석하였으니, 『불조통기』 권2(대정장49, p.143b1)에 "태자가 스승에게 물었다. '글은 몇 가지나 있습니까?' 스승이 침묵하고 답하지 못했다. 마음속으로 부끄러워 태자의 발에 예를 올리고 '염부제의 서가 대략 얼마나 되는지 설해주십시오'라고 하자 태자가 답하였다. '범서〈바라문서〉, 거루서〈여순선인〉 등 이와 같은 육십사서〈『불본행집경』에 따르면 태자는 여덟 살에 글을 익혔고 스승은 비사다라이다. 육십사서 중 제바서는 하늘의 것이고, 나가서는 용의 것이며, 지나국서는 대당 것이다. 이 육십사서 안에 하늘과 땅의 팔부와 사대주의 새와 짐승 등의 음성 등 모든 글이 다 갖추어져 있다〉가 있습니다'. 수궁을 하고서 왕에게 아뢰었다. '태자는 천신과 인간의 스승입니다'. 太子問師 書有幾種 師默不答 內懷慚愧 禮太子足 惟願爲說閻浮提書 凡有幾種 太子答言 或有梵書〈婆羅門書〉 或佉婁書〈驢脣仙人〉 有如是等六十四書〈按佛本行經 太子八歲學書 師毘奢多羅 六十四書中 有提婆書 天也 那伽書 龍也 支那國書 大唐也 此下具有天地八部 四洲鳥獸等音聲諸書〉 諸 白王言 太子是天人中師"라고 하였다. 이상의 주요 경론에 의지한 육십사서는 〈표〉와 같다. [참고문헌] 『普曜經』, 『方廣大莊嚴經』, 『佛本行集經』, 『釋迦譜』 권1(대정장50, p.6a13), 『經律異相』 권4(대정장53, p.15c20), 『法苑珠林』 권9(대정장53, p.351a18), 『佛祖統紀』, *Lal-v.88.*

육십사안 六十四眼 예순네 개의 눈. 아비지옥(阿鼻地獄) 옥졸(獄卒)의 눈을 가리키며, 이들은 예순네 개의 눈을 갖추고 아비지옥을 감시한다. 『관불삼매해경』 권5 「관불심품 觀佛心品」(대정장15, p.668c10)에 "(아비지옥에는) 열여덟 명의 옥졸이 있으니, 머리는 나찰머리에 입은 야차의 입을 하고 있다. 예순네 개의 눈이 있는데, 눈에는 쇠구슬이 뒤섞여 박혀 있어 마치 십 리 크기의 수레바퀴와 같다. 有十八獄卒 頭羅刹頭 口夜叉口 六十四眼 眼散迸鐵丸 如十里車"라고 하였다. [참고문헌] 『觀佛三昧海經』, 『佛名經』 권11(대정장14, p.229a9), 『慈悲道場懺法』 권4(대정장45, p.939b17). ⇨ 십팔옥졸 十八獄卒, 아비지옥 阿鼻地獄

육십사안 태고사시왕도
국립중앙박물관 19세기

육십사예 六十四藝 ➡ 육십사능 六十四能

육십소겁 六十小劫 소겁(小劫)이 육십(六十)인 것. 대범천(大梵天)의 수명. 또는 괴겁(壞劫)·공겁(空劫)·성겁(成劫) 등 삼겁 각각의 이십소겁을 합한 것을 말한다. 『법원주림』 권1(대정장53, p.270a9)에 "어찌하여 육십소겁도 일겁이라고 하는가? 저 대범천의 수명은 육십소겁인데, 부처님께서 머무시는 수명은 일겁이라고 하셨다. 云何六十小劫 亦名一劫 如大梵天壽量 六十小劫 佛說住壽一劫"라고 하였다. [참고문헌] 『法苑珠林』, 『立世阿毘曇論』 권10(대정장32, p.221b15). ⇨ 겁 劫, 소겁 小劫, 대범천 大梵天

육십송여리론 六十頌如理論 Ⓢ Yuktiṣaṣṭikā, Ⓣ Rigs-pa-drug-cu-pa'i-tshig-le'ur-byas-pa. 용수(龍樹 Ⓢ Nāgārjuna) 지음. 북송(北宋) 때 시호(施護 Ⓢ Dānapāla) 한역. 1권. 『육십여리송』·『여리론』이라고도 한다. 고려장40, pp.457c1~460a21, No.1441·대정장30, pp.254b17~256a12, No.1575에 수록되어 있다. 본서는 경서분(敬叙分)·광성분(廣成分)·결택분(結擇分)의 세 부분으로 구성되어 있다. 첫 번째 분은 7언4구의 게송 1수, 두 번째 분은 5언4구의 게송 60수, 마지막 분은 7언4구의 게송 6수로 이루어져 있는데, 본서의 경명은 두 번째 분이 60수의 게송으로 되어 있는 것에서 유래하였다. 연기(緣生)의 뜻으로 일체법의 실체성(有性)과 비실체성(無性)을 논파하는 내용이며, 열반과 생사는 서로 다르지 않고 두 가지 모두 본래부터 존재하지 않으며 만약 생사가 열반임을 여실히 안다면 생사의 바다를 건널 수 있음을 설한다. 범본(梵本)은 전하지 않으나 티베트역본(北京版 No.5225)이 전하며, 월칭(月稱 Ⓢ Candrakīrti)의 주석 *Yuktiṣaṣṭikā-vṛtti*(六十頌如理論註, 北京版 No.5265)가 있다.

육십수 六十數 Ⓢ ṣaṣṭiḥ sthāna-antarāṇi, Ⓣ gnas-gzhan drug-cu. 일(一 Ⓢ eka)부터 불가설(不可說 Ⓢ anabhilāpya)까지 십진법에 따른 수의 단위. 예순 가지. 1^0부터 10^{59}까지를 말한다. 즉 일·십(十 Ⓢ daśa)·백(百 Ⓢ śata)·천(千 Ⓢ sahasra)·만(萬 Ⓢ prabheda)·낙차(洛叉 Ⓢ lakṣa)·도락차(度洛叉 Ⓢ atilakṣa)·구지(俱胝 Ⓢ koṭi)·말타(末陀 Ⓢ madhya)·아유다(阿庾多 Ⓢ ayuta, niyuta)·대아유다(大阿庾多 Ⓢ mahāyuta, mahāniyuta)·나유다(那庾多 Ⓢ nayuta)·대나유다(大那庾多 Ⓢ mahānayuta)·발라유다(鉢羅庾多 Ⓢ prayuta, prasutaḥ)·대발라유다(大鉢羅庾多 Ⓢ mahāprayuta, mahāprasuta)·긍갈라(矜羯羅 Ⓢ kaṃkara)·대긍갈라(大矜羯羅 Ⓢ mahākaṃkara)·빈바라(頻婆羅 Ⓢ bimbara, visvara)·대빈바라(大頻婆羅 Ⓢ mahābimbara, mahāvisvara)·아추바(阿閦婆 Ⓢ akṣobhya : 阿閦婆)·대아추바(大阿芻婆 Ⓢ mahākṣobhya)·비바하(毘婆訶 Ⓢ vivāha)·대비바하(大毘婆訶 Ⓢ mahāvivāha)·올층가(嗢蹭伽 Ⓢ utsaṅga)·대올층가(大嗢蹭伽 Ⓢ mahotsaṅga)·바갈나(婆喝那 Ⓢ vāhana)·대바갈나(大婆喝那 Ⓢ mahāvāhana)·지치바(地致婆 Ⓢ tiṭibha)·대지치바(大地致婆 Ⓢ mahātiṭibha)·혜도(醯都 Ⓢ hetu)·대혜도(大醯都 Ⓢ mahāhetu)·갈랍바(羯臘婆 Ⓢ karabha)·대갈랍바(大羯臘婆 Ⓢ mahākarabha)·인달라(印達羅 Ⓢ indra)·대인달라(大印達羅 Ⓢ mahendra)·삼마발탐(三磨鉢耽 Ⓢ samāpta)·대삼마발탐(大三磨鉢耽 Ⓢ mahāsamāpta)·게지(揭底 Ⓢ gati)·대게지(大揭底 Ⓢ mahāgati)·염벌라사(拈筏羅闍 Ⓢ nimbaraja)·대염벌라사(大拈筏羅闍 Ⓢ mahānimbaraja)·모달라(姥達羅 Ⓢ mudrā)·대모달라(大姥達羅 Ⓢ mahāmudrā)·발람(跋藍 Ⓢ bala)·대발람(大跋藍 Ⓢ mahābala)·산야(珊若 Ⓢ saṃjñā)·대산야(大珊若 Ⓢ mahāsaṃjñā)·비보다(毘步多 Ⓢ vibhūta)·대비보다(大毘步多 Ⓢ mahāvibhūta)·발라참(跋羅攙 Ⓢ balākṣa)·대발라참(大跋羅攙 Ⓢ mahābalākṣa)·아승기야(阿僧企耶 Ⓢ asaṃkhya)·무량(無量 Ⓢ apramāṇa)·무가량(無可量 Ⓢ aprameya)·무한량(無限量 Ⓢ aparimita)·무변량(無邊量 Ⓢ aparimāṇa)·무비(無比 Ⓢ atulya)·불가량(不可量 Ⓢ amāpya)·불가사의(不可思議 Ⓢ acintya)·불가설 등을 말한다. 『구사론』 권12(대정장29, p.63b13 : *Abh-k-bh.*, p.181)에 "『해탈경』에서 아승기야는 육십수 중의 하나라고 하였다. 무엇을 육십수라고 하는가? 저 경에서 말한 것과 같다. 하나만 있어 나머지가 없는 수의 시작이 일이고, 일의 열배가 십이며, 십의 열배가 백이다. … 발라참의 열배가 대발라참이며, 대발라참의 열배가 아승기야이다. 이러한 육십수 중 그 나머지 여덟 가지는 망실이다. 대겁을 헤아려 이러한 수 중 아승기야를 겁무수라고 하며, 겁무수를 다시 세 번 더하면 경에서는 삼겁무수라고 한다. 解脫經說 六十數中 阿僧企耶 是其一數 云何六十 如彼經言 有一無餘 數始爲一 一十爲十 十十爲百 … 十跋羅攙爲大跋羅攙 十大跋羅攙爲阿僧企耶 於此數中 忘失餘八 若數大劫 至此數中 阿僧企耶 名劫無數 此劫無數 復積至三 經中說爲 三劫無數 ṣaṣṭiḥ sthānāntarāṇy asaṃkhyeyam iti muktakasūtraṃ paṭhyate. katamāni ṣaṣṭiḥ. eko hy advitīyaḥ prathamaṃ sthānāntaram. ekakānāṃ daśako dvitīyam.daśa daśakāni śataṃ tṛtīyam. daśa śatāni sahasram. daśa sahasrāṇi prabhedaḥ. daśa prabhedā lakṣam. … daśa balākṣā mahābalākṣam. daśa mahābalākṣāṇy asaṃkhyam. aṣṭakaṃ madhyād vistṛtam. ity eteṣāṃ ṣaṣṭhisthānāntaragatāṃ saṃkhyām anuprāptāḥ kalpā asaṃkhyeyānīty ucyante. tato vyāvṛtya punar gaṇyante. evaṃ trīṇi asaṃkhyeyānīty ucyante"라고 하였다. [참고문헌] 『俱舍論』, 『大毘婆沙論』 권177(대정장27, p.891a11), 『飜譯名義大集』 pp.511~513, *Abh-k-bh.* ⇨ 오십이수 五十二數

육십심 六十心 범부중생의 번뇌에 오염된 예순 가지 마음. 아집(我執)에서 생기는 분별망심(分別妄心)이므로 소승의 성문(聲聞)이 끊어야 할 견혹(見惑)으로 여긴다. 『대일경』 권1(대정장18, p.2c5)에 탐심(貪心)부터 수생심(受生心)까지 쉰아홉 가지 마음이 있고, 『대일경소』 권2(대정장39, p.600b13)에는 원후심(猨猴心)을 더하여 예순 가지 마음을 시설하고 있다. 티베트대장경(北京版 No.126)에서는 원후심이 아닌 탁심(濁心 Ⓣ rnyog-pa'i sems)을 말한다. 육십심은 다음과 같다. ① 탐심(貪心 Ⓣ 'dod-chags-kyi sems) : 염법(染法)에 따르는 마음. ② 무탐심(無貪心 Ⓣ 'dod-chags-dang-bral-ba'i sems) : 무염법(無染法)에 따르는 마음. ③ 진심(瞋心 : zhe-sdang-gi sems) : 분노법(忿怒法)에 따르는 마음. ④ 자심(慈心 Ⓣ byams-pa'i sems) : 자비법(慈悲法)을 닦는 마음. ⑤ 치심(癡心 Ⓣ gti-mug-gi sems) : 법의 시비선악(是非善惡)을 지혜롭게 분별하지 못하는 어리석은 마음. ⑥ 지심(智心 Ⓣ shes-rab-kyi sems) : 우수한 것과 열등한 것을 가려 선택하는 마음. ⑦ 결정심(決定心 Ⓣ gtan-la-phab-pa'i sems) : 가르침대로 받들어 행하는 마음. ⑧ 의심(疑心 Ⓣ the-tsom-gyi sems) : 의혹을 일으켜 결정하지 않는 마음. ⑨ 암심(暗心 Ⓣ mun-par-gyur-pa'i sems) : 의심할 것이 없는 법에 대해 의심하는 마음. ⑩ 명심(明心 Ⓣ snang-bar-gyur-pa'i sems) : 의심할 것이 없는 법에 대해 의심없이 수행하는 마음. ⑪ 적취심(積聚心 Ⓣ sdud-pa'i sems) : 경험과 지식이 축적되어 형성되는 마음. ⑫ 투심(鬪心 Ⓣ 'thab-pa'i sems) : 서로 옳고 그름을 가리는 마음. ⑬ 쟁심(諍心 Ⓣ rtsod-pa'i sems) : 자기 마음속에서 시비를 가리는 것. ⑭ 무쟁심(無諍心 Ⓣ mi-rtsod-pa'i sems) : 시비를 가리는 마음을 버리는 것. ⑮ 천심(天心 Ⓣ lha'i sems) : 마음먹은 대로 성취되는 것. ⑯ 아수라심(阿修羅心 Ⓣ lha-ma-yin-gyi sems) : 기꺼이 생사에 처하는 마음. ⑰ 용심(龍心 Ⓣ klu'i sems) : 탐욕이 많은 마음. ⑱ 인심(人心 Ⓣ mi'i sems) : 타인을 이롭게 하는 것을 바라는 마음. ⑲ 여심(女心 Ⓣ bud-med-kyi sems) : 애욕법(愛欲法)을 따르는 마음. ⑳ 자재심(自在心 Ⓣ dbang-phyug-gi sems) : 모든 것이 내 뜻대로 되기를 생각하는 마음. ㉑ 상인심(商人心 Ⓣ tshong-pa'i sems) : 먼저 거두어들인 다음 잘 쓸 것을 생각하는 마음. ㉒ 농부심(農夫心 Ⓣ zhing-pa'i sems) : 먼저 잘 배운 다음 행하는 마음. ㉓ 하심(河心 Ⓣ thu-bo'i sems) : 두 가지 치우친 법에 따라 닦는 마음. ㉔ 피지심(陂池心 Ⓣ lteng-ka'i sems) : 갈구하여 만족할 줄 모르는 마음. ㉕ 정심(井心 Ⓣ khron-pa'i sems) : 깊고 멀리 생각하는 마음. ㉖ 수호심(守護心 Ⓣ kun-tu-bsrung-ba'i sems) : 자신의 견해가 진실하다고 여겨 수호하는 마음. ㉗ 간심(慳心 Ⓣ ser-sna'i sems) : 자신만을 위할 뿐, 타인에게 베풀지 않는 마음. ㉘ 구심(狗心 Ⓣ khyi'i sems) : 작은 것을 얻고서 기뻐하는 마음. ㉙ 이심(狸心 Ⓣ byi-la'i sems) : 은혜를 받고서 갚을 줄 모르는 마음. ㉚ 가루라심(迦樓羅心 Ⓣ nam-kha'i-lding-gi sems) : 함께 무리지어야 비로소 가는 마음. ㉛ 서심(鼠心 Ⓣ byi-ba'i sems) : 모든 얽매임을 끊으려고 하나 오래 유지하지 못하는 마음. ㉜ 가영심(歌詠心 Ⓣ glu'i sems) : 배워서 가르치려는 마음. ㉝ 무심(舞心 Ⓣ gar-gyi sems) : 신통을 구하려는 마음. ㉞ 격고심(擊鼓心 Ⓣ sil-snyan-gi sems) : 법고를 두드려 타인을 깨닫게 하려는 마음. ㉟ 실택심(室宅心 Ⓣ khyim-gyi sems) : 자신을 보호하려는 마음. ㊱ 사자심(師子心 Ⓣ seng-ge'i sems) : 두려움이 없는 마음. ㊲ 휴류심(鵂鶹心 Ⓣ 'ug-pa'i sems) : 어두운 밤에 사유하는 마음. ㊳ 오심(烏心 Ⓣ bya-rog-gi sems) : 항상 시기하고 두려워하는 마음. ㊴ 나찰심(羅刹心 Ⓣ srin-po'i sems) : 착한 것에서 착하지 않은 것을 일으키는 마음. ㊵ 자심(刺心 Ⓣ tsher-ma'i sems) : 어느 곳에서나 항상 후회하는 마음. ㊶ 굴심(窟心 Ⓣ sa-'og-gi sems) : 용이나 아수라가 되기 위하여 굴속에 들어가 수행하려는 마음. ㊷ 풍심(風心 Ⓣ rlung-gi sems) : 산란하여 하나에 집중하지 못하는 마음. ㊸ 수심(水心 Ⓣ chu'i sems) : 허물이 되는 악업의 중죄를 닦아내는 마음. ㊹ 화심(火心 Ⓣ me'i sems) : 불꽃처럼 맹렬한 마음. ㊺ 니심(泥心 Ⓣ 'dam-gyi sems) : 분별하고 기억하지 못하는 무지하고 어리석은 마음. ㊻ 현색심(顯色心 Ⓣ tshon-rtsi'i sems) : 선악 등의 환경에 적응하여 그것에 순응하는 마음. ㊼ 판심(板心 Ⓣ shing-leb-kyi sems) : 물에 뜨는 널빤지처럼 분수에 맞는 것만 따르는 마음. ㊽ 미심(迷心 Ⓣ nor-ba'i sems) : 진실이 아닌 것을 생각하고 집착하는 마음. ㊾ 독약심(毒藥心 Ⓣ dug-gi sems) : 무인무과의 단면공에 빠진 마음. ㊿ 견삭심(羂索心 Ⓣ zhags-pa'i sems) : 단견(斷見)·아견(我見) 등에 속박된 마음. 51 계심(械心 Ⓣ lcags-sgrog-gi sems) : 단정한 몸가짐으로 조용히 머무는 마음. 52 운심(雲心 Ⓣ sprin-gyi sems) : 세간의 우희(憂喜)를 생각하는 마음. 53 전심(田心 Ⓣ zhing-gi sems) : 자기 몸만을 닦는 마음. 54 염심(鹽心 Ⓣ lan-tshva'i sems) : 거듭하여 생각하는 마음. 55 체도심(剃刀心 Ⓣ spu-gri'i sems) : 삭발하고 출가하는 등의 모습에만 만족하는 마음. 56 수미등심(須彌等心 Ⓢ ri-rab-lta-bu'i sems) : 스스로를 수미산처럼 높다고 생각하는 마음. 미로등심(彌盧等心)이라고도 한다. 57 해등심(海等心 Ⓢ rgya-mtsho-lta-bu'i sems) : 스스로를 바다처럼 넓다고 생각하는 마음, 58 혈등심(穴等心 Ⓣ phug-lta-bu'i sems) : 처음 결심했던 것을 바꾸는 마음. 59 수생심(受生心

Ⓣ skye-bar-gyur-ba'i sems) : 미래에 나고자 하는 마음. 제60심은 『대일경소』 권2(대정장39, p.600b12)에 "제60심은 범본에 문장이 빠져있는데, 아사리는 '자그마한 한 마리 원숭이의 마음이다'라고 하였다. 원숭이의 성품은 몸과 마음이 산란하여 항상 잠시도 머물지 못하는데, 수행자도 그러하다. 그 성품이 조급하게 움직여 가만히 있지 못하기 때문이다. 第六十心 梵本缺文 阿闍梨云 少一猨猴心也 猨猴之性 身心散亂 常不暫住 行人亦爾 其性躁動不安故"라고 하였다. 〔참고문헌〕『大日經』, 『大日經疏』. ⇨ 견혹 見惑

육십오서 六十五書 고대 인도와 그 인근의 문화권에서 유통되던 65종의 문자. 보통은 육십사서(六十四書)라고 한다. 『방광대장엄경』 권4 「시서품 示書品」(대정장3, p.559c4 : *Lipiśālāsaṃdarśana-parivarta*, *Lal-v.*, p.88)에 "위에서 설한 것처럼 육십오서 중에 어떤 서로 가르치려 하십니까? 如上所說六十五書 欲以何書而相敎乎 āsāṃ bho upādhyāya catuṣṣaṣṭīlipīnāṃ katamāṃ tvaṃ śiṣyāpayiṣyasi"라고 하였다. 이 구절은 대정장의 교감본인 송·원·명(宋元明) 판본의 '육십오서 六十五書'를 따른 것이고, 대정장에는 '육십사서 六十四書'다. 그러나 실제로 열거된 이름들을 헤아리면 65종이다. 〔참고문헌〕『方廣大莊嚴經』, 『無量壽經連義述文贊』 권상(대정장37, p.136c3·한불전2, p.25b21), *Lal-v.* ⇨ 육십사서 六十四書

육십오종성 六十五種聲 ➡ 육십사범음 六十四梵音

육십이견 六十二見 Ⓢ dvāṣaṣṭi-dṛṣṭi, dvāṣaṣṭi-dṛṣṭigata, Ⓟ dvāsaṭṭhi-diṭṭhi, dvāsaṭṭhi-diṭṭhigata, Ⓣ lta-ba'i-rnam-pa-drug-cu-rtsa-gnyis. 불교에서 외도(外道)의 주장을 62종의 견해로 분류한 것. 전승된 내용은 문헌에 따라 다르다. 먼저 『장아함경』 권14 「범동경 梵動經」(대정장1, p.89c24 : *Brahmajāla-sutta*, *DN.1*, p.39)에서는 과거세와 현세에 해당하는 본겁(本劫)에 관한 18종의 본견(本見)과 미래세인 말겁(末劫)에 관한 44종의 말견(末見)을 합하여 육십이견이라 한다. 먼저 열여덟 가지 본견이란 각각 4종의 상론(常論)·상무상론(常無常論)·변무변론(邊無邊論)·불사교란론(不死憍亂論)과 2종의 무인론(無因論)을 말한다. 44종의 말견이란 16종의 유상론(有想論)·18종의 무상론(無想論)·18종의 비유상비무상론(非有想非無想論)·7종의 단멸론(斷滅論)·5종의 현재론과 열반론을 말한다. 다음으로 『대품반야경』 권14 「불모품 佛母品」에 근거하여 『대지도론』에서 시설한 색수상행식(色受想行識)의 오온(五蘊) 각각에 상(常)·무상(無想)·변(邊)·무변(無邊)을 대입하여 모두 20종의 견해가 성립하는데, 이것을 과거·현재·미래의 삼시로 전개하여 60종이 되고 여기에 근본 단론(斷論)과 상론(常論) 두 가지를 더하면 62종이 된다. 또한 『열반경』의 교설에 근거하면 오온 각각에 즉·리(卽離) 등의 4종 견해를 배대하여 20종이 되고, 다시 욕계·색계·무색계의 경우를 합하여 60종이 되며, 여기에 근본 단상(斷常) 두 가지를 합하여 62종의 견해가 된다. 『대반열반경』 권23(대정장12, p.759a22)에 "보살은 다섯 가지를 멀리 여읜다. 다섯 가지 견이란 첫째 신견, 둘째 변견, 셋째 사견, 넷째 계취, 다섯째 견취이다. 이 다섯 가지 견해로 인하여 육십이견이 일어나고 이 여러 가지 견들로 인하여 생사가 끊이지 않는다. 菩薩遠離五事 所謂五見 何等爲五 一者 身見 二者 邊見 三者 邪見 四者 戒取 五者 見取 因是五見生六十二見 因是諸見生死不絶", 『대반열반경소』 권32(대정장38, p.223c17)에 "육십이견은 두 가지로 푼다. 하나는 신견과 변견이 함께하여 62견이 된다는 것이다. 신견에 56견이 있고 변견에 6견이 있다. 六十二見有二解一云 身見邊見共六十二 何者身見五十六 邊見有六", "5음 각각에 4집이 있다. 색을 긍정하고, 색을 부정하며, 긍정도 부정도 하며, 긍정하지도 부정하지도 않는 것이다. 나머지 4음(수상행식)에도 이와 같이 하여 20견이 되고, 욕계와 색계로 40견이 된다. 무색계는 4음만이어서 16견이다. 그렇게 신견에 56견이 있음을 알 수 있다. 변견에 6견이 있다는 것은 삼계 각각에 단견과 상견이 있게 되면 신견과 더불어 62견이 된다. 約於五陰各有四執 卽色離色 亦卽亦離 不卽不離 餘四例然 則爲二十 欲界色界則爲四十 無色無色但說四陰 四四十六 故知

〈표上中下〉 장아함경·대품반야경·열반경

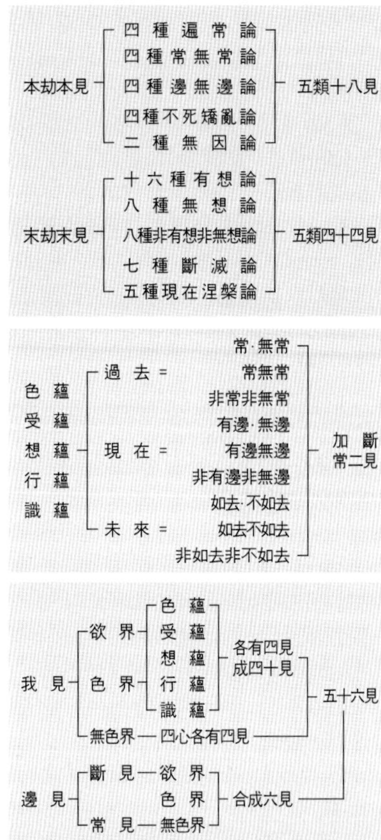

身見有五十六 邊見六者 謂三界中各有斷常 以足身見成六十二", "그러므로 『대품반야경』에서 '비유컨대 저 아견으로 육십이견을 거둔다' 한 것이다. 둘째, 곧바로 변견만 잡아서도 저절로 육십이견이 된다. 현재세에서 색을 바로 아로 여기면 색이 사라진 즉 아도 끝난다. 색을 떠난 것이 아라 하면 색 사라지면 아는 상주한다. 색이라 해도 색을 떠나도 단멸이고 상주일 뿐이며, 색도 아니고 떠나서도 아니라고 한 즉 또한 끊어져 허무한 것도 영원한 것도 아니다. 4음 역시 그러하여 아에 관해 20가지 견이 된다. 과거와 미래 역시 그러하므로 60견이 성립한다. 비록 60견이 있지만 단견과 상견을 벗어나지 않는다. 그러므로 단과 상을 그 머리에 두면 62견이 된다. 故大品云 譬如我見攝六十二見 二直就邊見 自六十二現在世中 卽色爲我 則色滅我斷 離色爲我則色滅我常 亦卽亦離 亦斷亦常 不卽不離 則不斷不常 四陰亦然則我二十 去來例然 則成六十 雖有六十不出斷常 故以斷常而標其首 爲六十二", 『화엄공목장』 권2(대정장45, p.551c16)에 "육십이견이란, 색음을 알지 못해 일어나는 12견으로 상·무상·역상역무상·비상비무상·유변·무변·역유변역무변·비유변비무변·여거·불여거·역여거역불여거·비여거비불여거를 말한다. 거친 아와 음은 하나이니 음이 멸하면 아 역시 멸하니, 이 무상의 뜻이다. 미세한 아와 음은 다르니 음이 멸하더라도 아는 멸하지 않는다. 이것은 상의 뜻이다. 다른 뜻도 이에 준한다. 六十二見者 不知色陰起十二見 謂常 無常 亦常亦無常 非常非無常 有邊 無邊 亦有邊亦無邊 非有邊非無邊 如來滅後 如去 不如去 亦如去亦不如去 非如去非不如去 麤我與陰一 陰滅我亦滅 是無常義 細我與陰異 陰滅我不滅 是常義 餘義準之", "거친 아와 음이 하나이고 음을 따

〈표4〉 육십이견

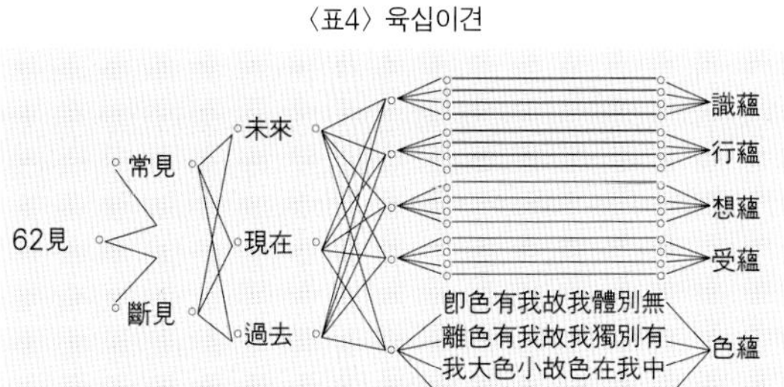

라 멸하므로 있는 그대로 와 있지 않았는데 가버린 것이고, 미세한 아와 음은 다르므로 음이 멸하면 있는 그대로 왔던 것이 가버린 것이다. 한 음에 12가지 있어 오음은 60이 되며 근본인 단견과 상견을 더하여 62가지 견해가 된다. 麤我與陰一 隨陰滅故 不如來時去 細我與陰異 陰滅時還 如來時去 一陰有十二 五陰成六十 加根本斷常 成六十二", 『대승법원의림장』 권4(대정장45, p.322b25)에 "『대지도론』에서 설하길, 신변이견을 근본으로 하여 이십구의 아와 아소의 견이 있다. 삼세를 헤아려 합하고 근본 이견을 더하면 육십이견이 되는데, 이 논의 뜻은 아니다. 『아함경』에 무색계유색신이 있기 때문이다. 대중부의 경전도 온전히 의지할 수 없다. 『범망육십이견경』과 『사리불아비담론』은 모두 정량부이니 역시 종지로 삼지 않는다. 『대비바사론』 권199와 권200에서 비록 다시 자세히 밝혔으나, 이는 설일체유부이니 이것 역시 근거가 되지 않는다. 이 모두 대승의 뜻이 아니어서 여기서는 모두 의지하지 않는다. 大智度論說 身邊二見以爲根本 有二十句我我所見 三世合數幷本二見成六十二 非此所宗 阿含經有許無色界有色身故 大衆部經非可全憑 梵網六十二見經 與舍利弗阿毘曇 同是正量部 亦非所宗 大毘婆沙第一百九十九 及第二百 雖復廣明 是薩婆多 亦非依憑 以上皆非大乘之義 今竝不依", "여기서는 『유가사지론』 제87·6·7·8·58, 『현양성교론』 제9·10, 『대법』 제1, 『성유식론』 제6권 등에 근거한다. 상하의 글들을 널리 풀고 있어 이미 자체의 뜻이 있으나, 이치에 근거가 있어야 하니 먼저 총명상을 들면 후에 별명상을 분별한다. 총명상을 들면 『유가사지론』 권87(대정장30, p.785c14)에 '살가야견을 근본으로 삼아 예순두 가지 악견취가 있다. 이는 4변상견론·4일분상견론·2무인론·4유변무변상론·4불사교란론을 말한다. 今依瑜伽第八十七 第六 第七 第八 及五十八 顯揚第九 第十 對法第一 成唯識第六卷 上下諸文 自廣解釋 旣是自義 理應依憑 初列總名相 後辨別名相 列總名相者 八十七云 薩迦耶見以爲根本 有六十二諸惡見趣 謂四遍常見論 四一分常見論 二無因論 四有邊無邊想論 四不死矯亂論", "이와 같은 십팔악견취는 과거를 헤아려 아를 말한 것이다. 또한 16유견상론·8무상론·8비유상비무상론·7단견론·5현법열반론이 있다. 이러한 사십사악견취는 미래를 헤아려 아론을 설한다'고 하였다. 이와 같이 전제와 후제에 각각 다섯 가지여서 모두 십류가 된다. 전후제란, 제는 끝이 있는 경계이니 시간을 나눈 뜻이다. 『아함경』에서 말하는 본겁본견과 말겁말견과 같다. 如是十八諸惡見趣 是計前際說我論者 又有十六有見想論 八無想論 八非有想非無想論 七斷見論 五現法涅槃論 此四十四諸惡見趣 是計後際說我論者 如是前際 及於後際 各有五故 總成十類 前後際者 際謂際畔 時分之義 卽阿含云 本劫本見末劫末見", "『유가사지론』 권87(대정장30, p.786b16)에서 '모든 견이 세에 의지한다는 말은 과거와 현재세에 의지하여 분별을 일으키므로 전제를 헤아리고, 미래세에 의지하여 분별을 일으키므로 후제 헤아린다'고 하였다. 八十七云 諸見依世者 謂依過去及現在世 起分別故名計前際 依未來世起分別故名計後際" 라고 하였다. [참고문헌] 『長阿含經』, 『大般涅槃經』, 『大般涅槃經疏』, 『華嚴孔目章』, 『大乘義章』, 『大乘法苑義林章』, 『瑜伽師地論』, *Abh-k-bh.140.*, *Pañca-pr.5.33.*, *Vism.603.*, *DN.*, *SN.4.286.* ⇨ 외도 外道, 본겁본견 本

劫本見, 말겁말견 末劫末見

육십이견장 六十二見章 신라(新羅) 때 원측(圓測) 지음. 1권 또는 3권. 『법상종장소』(대정장55, p.1140a16) 등에 책 이름만 전한다. [참고문헌] 『法相宗章疏』, 『東域傳燈目錄』(대정장55, p.1163a6).

육십이견취 六十二見趣 외도(外道)의 62종 견해. 육십이견(六十二見)이라고도 한다. 『대비바사론』 권46(대정장27, p.238b26)에 "이 삼결(有身見結 戒禁取見結 疑結)은 끊기도 깨뜨리기도 어렵고 가히 뛰어넘기도 어렵기에 치우쳐 설한다. 또한 이 삼결의 허물과 근심은 날로 더하고 성해지고 견고해지고 많아지는 까닭에 특별히 설하는 것이니, 말하자면 유신견의 결은 육십이견취의 근본이고, 모든 견취는 그 밖의 다른 번뇌의 근본이며, 그 밖의 다른 번뇌는 업의 근본이고 모든 업은 이숙과의 근본이며, 이숙과에 의하여 온갖 선·불선·무기의 법이 모두 생장하게 된다. 由此三結 難斷難破 難可越度 是故偏說 復次 由此三結過患 增盛堅固衆多 是故偏說 謂有身見結是六十二見趣根本 諸見趣是餘煩惱根本 餘煩惱是業根本 諸業是異熟果根本 依異熟果一切善不善無記法 皆得生長"라고 하였다. [참고문헌] 『大毘婆沙論』. ⇨ 육십이견 六十二見, 유신견 有身見, 삼결 三結

육십이계 六十二界 일체(一切)·세간(世間)을 예순두 가지 계(界)로 나눔. 육근(六根)·육경(六境)·육식(六識)의 십팔계(十八界), 지·수·화·풍·공·식(地水火風空識)의 육계(六界), 욕(欲)·에(恚)·해(害)·무욕(無欲)·무에(無恚)·무해(無害)의 육계(六界), 낙(樂)·고(苦)·희(喜)·우(憂)·사(捨)·무명(無明)의 육계(六界), 각·상·행·식(覺想行識)의 사계(四界), 욕(欲)·색(色)·무색(無色)의 삼계(三界), 색(色)·무색(無色)·멸(滅) 등 삼계(三界), 과거·미래·현재 등 삼계(三界), 묘(妙)·불묘(不妙)·중(中)의 삼계(三界), 선(善)·불선(不善)·무기(無記)의 삼계(三界), 학(學)·무학(無學)·비학비무학(非學非無學)의 삼계(三界), 유루(有漏)와 무루(無漏) 이계(二界), 유위(有爲)와 무위(無爲) 이계(二界)를 모두 합한 것. 지혜로운 행자가 알아야 하는 내용 중 하나이다. 『잡아비담심론』 권1(대정장28, p.874a4)에 "세간에는 갖가지 '계'가 있고, 즉 모든 견은 계의 이름으로 설하여 저들 모두 법계 중에 들어간다. 저 『다계경』과 다른 계경에서처럼 계이름으로 설한다는 것은 각기 그 뜻을 따라 십팔계 중에 들어간다. 世有種種界 謂諸見以界名說 彼悉入法界中 若彼說六十二界 如多界經說 及餘契經 以界名說者 各隨其義 入十八界中"라고 하였다. [참고문헌] 『雜阿毘曇心論』, 『中阿含經』 권47 「다계경 多界經」(대정장1, p.723c13), *MN.3.62.* ⇨ 십팔계 十八界, 육계 六界, 사계 四界, 삼계 三界, 유루계 有漏界, 무루계 無漏界, 유위계 有爲界, 무위계 無爲戒

육십이불 六十二佛 과거 제칠백아승기겁에 세간에 머무르셨던 선적(善寂)이란 이름의 예순두 분의 부처님. 『불장경』 권하(대정장15, p.797c26)에 "사리불아! 내가 과거세를 기억해 보니 또한 제칠백아승기겁중에 예순두 분의 부처님을 만났는데, 모두 명호가 선적이셨다. 나는 그때 부처님들을 만났을 때마다 언제나 전륜성왕이었으니, 일체의 좋은 물품들 공양하기를 목숨이 다하도록 했지만 나에게 수기를 내리시지 않았다. 이는 내가 바라는 바 있는 마음이었기 때문이다. 舍利弗 我念過世 亦於第七百阿僧祇劫中 得值六十二佛 皆號善寂 我時皆作轉輪聖王 以一切樂具 盡形供養 亦不記我 以有所得故"라고 하였다. [참고문헌] 『佛藏經』.

육십이억항하사보살 六十二億恒河沙菩薩 Ⓢ dvāṣaṣṭīnāṃ gaṅgā-nadī-vālikā-samānāṃ buddhānāṃ bhagavatāṃ. 육십이억이나 되는 갠지스강에 있는 모래와 같은 수의 보살. 삼천대천세계에 머무시는 보살의 숫자다. 『법화경』 권7 「관세음보살보문품 觀世音菩薩普門品」(대정장9, p.57a12)에 "무진의여! 어떤 이가 육십이억항하사보살의 명호를 받아 지니고서 목숨이 다할 때까지 음식·의복·와구·의약품 등을 공양한다면, 그대의 생각은 어떠한가? 이 선남자선여인의 공덕은 많은 것인가? 無盡意 若有人 受持六十二億恒河沙菩薩名字 復盡形供養 飮食 衣服 臥具 醫藥 於汝意云何 是善男子 善女人 功德多不"라고 하였는데, 상응하는 범본 『법화경』(*Saddh-p.*, p.442)에는 불세존(佛世尊 Ⓢ buddhānāṃ bhagavatāṃ)이라 하였다. 『능엄경술지』 권6(卍속장89, p.429a10)에 "삼천대천세계의 백억찰토에는 백억의 해와 달이 있고, 백억찰토 마다에 백억 분의 법왕이 계셔서 모범 드리워 가르침을 세심이 각각 같지 않다. 그러므로 육십이억항하사보살이 계신 것이다. 三千大千世界 百億刹土 卽有百億日月 百億刹土 卽有百億法王 垂範立敎 各各不同 故有六十二億恒河沙菩薩"라고 하였다. [참고문헌] 『法華經』, 『楞嚴經述旨』, 『阿彌陀經疏鈔』 권4(卍속장33, p.490b15), *Saddh-p.*

육십이위 六十二位 보살위 중 십신위(十信位)를 가십신(假十信)과 중십신(中十信)으로 나누어 육십이위를 세웠다. 당대(唐代)의 혜균(慧均)이 지은 『대승사론현의』에 나온다. 『삼론현소문의요』 권7(대정장70, p.311b28)에 "삼론종에 두 논사가 있다. 균승(均僧)은 육십이위로 나누었으니, 가십신·중십신이라 한 것이다. 가상(嘉祥)은 오십이위만 두었다. 三論有二師 均僧正分六

十二位 謂假十信 中十信云云 嘉祥但有五十二位云云"라고 하였다. ［참고문헌］『三論玄疏文義要』, 『大乘四論玄義』 권2(卍속장74, p.16b18). ⇨ 보살계위 菩薩階位

육십이유정 六十二有情 ➡ 육십이종유정 六十二種有情

육십이종외도 六十二種外道 ➡ 육십이견 六十二見

육십이종유정 六十二種有情 모든 유정을 육십이종으로 분류한 것. 『유가사지론』 권2(대정장30, p.288c26)·『성유식론장중추요』 권상(대정장43, p.615b18) 등에 의하면, 지옥·축생·아귀·천·인간 등 오취(五趣), 크샤트리야·바라문·바이샤·수드라 등 사성(四姓), 여·남·비남비녀(非男非女) 등 셋(三), 열등한 자·중간인 자·훌륭한 자 등 셋(三), 재가자·출가자·고행자·비고행자 등 넷(四), 율의자·불율의자·비율의비불율의자(非律儀非不律儀者) 등 셋(三), 이욕자(離欲者)·미리욕자(未離欲者) 등 둘(二), 사성취정(邪性聚定)·정성취정(正性聚定)·부정취정(不定聚定) 등 셋(三), 비구·비구니·정학(正學)·근책남(勤策男)·근책녀(勤策女)·근사남(近事男)·근사녀(近事女) 등 칠중(七衆), 습단자(習斷者)·습송자(習誦者)·정시인(淨施人)·숙장(宿長)·중년(中年)·소년(少年)·궤범사(軌範師)·친교사(親教師)·공주제자(共住弟子)와 근주제자(近住弟子)·빈객(賓客)·영승사자(營僧事者)·탐이양공경자(貪利養恭敬者)·염사자(厭捨者)·다문자(多聞者)·대복지자(大福智者)·법수법행자(法隨法行者)·지경자(持經者)·지율자(持律者)·지론자(持論者) 등 열아홉(十九), 이생(異生)·견제(見諦)·유학(有學)·무학(無學) 등 넷(四), 성문·독각·보살·여래 등 넷(四), 전륜왕(轉輪王) 하나(一) 등을 모두 합하여 육십이종유정'이라고 하였다. 『현양성교론』 권8(대정장31, p.520a3)과 범본 『유가사지론』(*Yogā-bh.*, p.48)에서는 탐이양공경자를 낙이양자(樂利養者)·낙공경자(樂恭敬者)로, 대복지자를 유지자(有智者)·대복자(大福者)로 나누어 육십사종유정(六十四種有情 Ⓢcatuḥṣaṣṭiḥ sattva-nikāyāḥ)을 말한다. ［참고문헌］『瑜伽師地論』, 『成唯識論掌中樞要』, 『顯揚聖教論』, *Yogā-bh.* ⇨ 유정 有情

육십일곡반 六十日穀飯 Ⓢṣaṣṭika-odana. 60일 된 곡물로 지은 밥. 잘 익지 않아 거친 뜻이며. 육십일반이라고도 한다. 『대반야경』 권560(대정장7, p.891b18)에 "또한 선현이여! 만약 저 굶주린 이가 있어 온갖 맛이 나는 훌륭한 음식을 얻고도 이를 버리고 60일 된 곡물로 지은 밥을 먹으려 한다면, 저 사람들은 매우 어리석다는 것을 알아야 한다. 이와 같이 장래에 보살들이 깊은 반야바라밀다를 버리고 이승상응의 경전을 배워 구한다면, 이는 어리석은 이들이 뛰어남을 버리고 열한 법을 구하는 것으로서 결코 일체지지(Ⓢsarva-jñātā)를 얻지 못한다. 復次 善現 如有饑人 得百味美食 棄而求噉六十日穀飯 當知 彼類甚爲愚癡 如是當來 有諸菩薩 棄深般若波羅蜜多 求學二乘相應經典 是愚癡類 棄勝求劣 終不能得一切智智"라고 하였다. ［참고문헌］『大般若經』, 『小品般若經』 권5(대정장8, p.556b12), *Aṣṭ-pr.118.*

육십조의 六十條衣 Ⓢṣaṣṭi-khaṇḍa, Ⓣdum-bu-bdun-pa. 구품대의(九品大衣) 중 하나. 대의(大衣 : 僧伽梨) 중 중하품(中下品)에 해당하는 십오조가사다. 삼장일단(三長一短)의 십오조는 모두 육십 조각이기에 이렇게 부른다. 『유가론기』 권6(대정장42, p.437a2)에 "육십조를 어떤 이는 십오조가사라고 푼다. 낱낱 조마다 각기 삼장일단의 조각이 있어서 육십조가 된다. 六十條者 有人釋言是十五條袈裟也 一一條各有三長一短 故成六十條"라고 하였다. ［참고문헌］『瑜伽論記』, 『瑜伽師地論』 권24(대정장30, p.414b25), *Śrāv-bh.115.* ⇨ 십오조의 十五條衣, 승가리 僧伽梨, 대의 大衣❶, 구품대의 九品大衣, 삼의 三衣❶, 가사 袈裟

육십종성 六十種聲 Ⓢṣaṣṭyaṅga-sarvanāmāni, Ⓣdbyangs-kyi-yan-lag-drug-cu'i-ming-la. 여래(如來)의 60종 소리. 성(聲) 대신 범음(梵音)이라고도 한다. 경설에 꼭 60이라 하였지만 약간의 출입이 있다. 〈표〉와 같이 9세기에 편집된 『번역명의대집 *Mahāvyut*

〈표〉 육십종성 六十·六十五種聲

No	*Mahāvyutpatti*	『대보적경』권10·『화엄경소초』권51	『대승장엄경론』권6·『화엄경소초』권51	『불본행집경』권26	『여래부사의비밀대승경』권7·8『삼장법수』권37
1	Ⓢsnigdhā Ⓣmñen pa	길상음吉祥音	윤택성潤澤聲 ; 衆生善根能持攝故중생이 선근을 능히 가져둠	청량성淸亮聲	유택성流澤聲
2	Ⓢmṛdukā Ⓣ'jam pa	유연음柔軟音	유연성柔軟聲 ; 現前聞法得樂觸故현전한 법을 듣고 낙촉을 얻음	윤택지성潤澤之聲	유연성柔軟聲
3	Ⓢmanojñā Ⓣyid du 'oṅ ba	가락음可樂音	가의성可意聲 ; 由善義故선한 뜻만을 따라함	묘성妙聲	열의성悅意聲
4	Ⓢmanoramā Ⓣyid du 'thad pa	열의청정음悅意淸淨音	의락음意樂聲 ; 由善字故선한 아름다운 글자만을 인연함	희성喜聲	가락성可樂聲
5	Ⓢśuddhā Ⓣdag pa	이구음離垢音	청정성淸淨聲 ; 無上出世後得故위 없이 세상을 벗어난 후득지를 얻음	문승봉성聞承奉聲	청정성淸淨聲

6	S vimalā T dri ma med pa	현요음顯曜音	무구성無垢聲；諸惑習氣不相應故모든 번뇌습기와 함께 하지 않음	문불위성聞不違聲	이구성離垢聲
7	S prabhāsvarā T gsal dbyaṅs (gsal ba)	미묘음微妙音	명량성明亮聲；字句易解故자구를 쉽게 이해함	문류미성聞流靡聲	명량성明亮聲
8	S valguḥ T sñan źiṅ 'jebs pa	명청음明聽音	선력성善力聲；具足功德破諸外道惡邪見故공덕을 온전히 갖추어 외도악사견을 깨뜨림	화성化聲	감미성甘美聲
9	S śravaṇīyāḥ T mñan par 'os pa	무란음無亂音	낙문성樂聞聲；信順出離故믿고 순하여 벗어남	도성導聲	낙문성樂聞聲
10	S anelā T mi tshugs pa	무궤음無憒音	부절성不絶聲；一切外道無能斷故일체 외도들이 능히 끊을 수 없음	불건흘성不謇吃聲	무열성無劣聲
11	S kalā, kālā T sñan pa	사부음師父音	조복성調伏聲；貪等煩惱能對治故탐진 등의 번뇌를 능히 다스림	불축신성不縮伸聲	원구성圓具聲
12	S vinītā T dul ba	무강경음無剛鞕音	무자성無刺聲；制戒樂方便故계를 제정하여 방편을 즐김	불추삽성不麤澁聲	조순성調順聲
13	S akarkaśā T mi rtsub pa	무추광음無麁獷音	불삽성不澁聲；令犯戒人得正出故계를 범한 사람을 정히 나오게 함	불쌍파성不雙破聲	무삽성無澀聲
14	S aparuṣā T mi brlaṅ ba	선순음善順音	선조성善調聲；敎化敎授故가르쳐 교화하고 가르침을 전함	연활택성軟滑澤聲	무악성無惡聲
15	S suvinītā T rab tu dul ba	안중음安重音	열이성悅耳聲；亂心對治故어지러운 마음을 상대해 다스림	첨담미성恬淡美聲	선유성善柔聲
16	S karṇasukhā T rnar sñan pa	신소길화음身所吉和音	신의성身倚聲；能引三摩提故능히 삼마제를 이끌 수 있음	분명적적요입이성分明的的遙入耳聲	열이성悅耳聲
17	S kāyaprahlādanakarī T lus sim par byed pa	수심시음隨心時音	심료성心了聲；能引毘鉢舍那故능히 비발사나를 이끌 수 있음	문심구의개실희성聞心口意皆悉喜聲	적신성適身聲
18	S cittodvilyakarī T sems sim par byed pa	공열음空悅音	심희성心喜聲；善斷疑故잘 의심을 끊음	문이제멸욕치진에투쟁분노개실령득청정지성聞已除滅欲癡瞋恚鬪諍忿怒皆悉令得清淨之聲	심생용예성心生勇銳聲
19	S hṛdayasaṃtuṣṭikarī T sñiṅ dga' bar byed pa	여애안상음與愛安想音	희락생성喜樂生聲；決定拔邪故결정하여 삿됨을 뽑아냄	문여가라빈가조성聞如迦羅頻伽鳥聲	심희성心喜聲
20	S prītisukhajananī T dga' ba daṅ bde ba bskyed pa	무뇌열음無惱熱音	무열뇌성無熱惱聲；信受不悔故믿고 받으면 후회하지 않음	명명조성命命鳥聲	열락성悅樂聲
21	S niṣparidāhā T yoṅs su gduṅ ba med pa	방정음方正音	능지지성能持智聲；成就聞因智依止故듣고 성취한 지혜를 의지함	뇌은은성雷隱隱聲	무열뇌성無熱惱聲
22	S ājñeyā T kun tu śes par bya ba	식달음識達音	능지해성能持解聲；成就思因智依止故사유로 지혜를 의지함	여제음악가찬영성如諸音樂歌讚詠聲	여교령성如敎令聲
23	S vijñeyā T rnam par rig par bya ba	친근음親近音	불은부성不隱覆聲；不慳法而說故법에 있어 아낌없이 설함	심원고성深遠高聲	선료지성善了知聲
24	S vispaṣṭā T rnam par gsal ba	의호음意好音	가애성可愛聲；令得自利果故스스로 이롭게 하는 과를 얻음	무장애성無障礙聲	분명성分明聲
25	S premaṇīyā T dga' bar byed pa	환열음歡悅音	갈앙성渴仰聲；已得果人深願樂故이미 과를 얻은 사람도 깊이 원하며 좋아함	비비출성非鼻出聲	선애성善愛聲
26	S abhinandanīyā T mṅon par dga' bar byed pa	화교음和敎音	교칙성敎勅聲；不思議法正說故불가사의한 법을 바르게 설함	청정지성清淨之聲	영생환희성令生歡喜聲
27	S ājñāpanīyā T kun tu śes par byed pa	효료음曉了音	영해성令解聲；思議法正說故생각하고 의론할 만한 법을 바르게 설함	진정지성眞正之聲	사타여교령성使他如敎令聲
28	S vijñāpanīyā T rnam par rig par byed ba	정근음精勤音	상응성相應聲；不違驗故경험과 어긋나지 않음	실어지성實語之聲	영타선료지성令他善了知聲
29	S yuktā T rigs pa	인화음忍和音	유익성有益聲；如其所應敎示導故저 응해 오는 바와 같이 가르쳐보이고 이끎	여범천성如梵天聲	여리성如理聲
30	S sahitā T 'brel ba	중료음重了音	이중성離重聲；不虛說故헛되게 설하지 않음	여해파성如海波聲	이익성利益聲
31	S punaruktadoṣajahā T tshig zlos pa'i skyon med pa	기향거예음其響去穢音	사자성師子聲；怖外道故외도들을 두렵게 함	여산붕성如山崩聲	이중복과실성離重復過失聲
32	S simhasvaravegā T seṅ ge'i sgra'i śugs	응사자음應師子音	상성象聲；振大故크게 떨침	진동지성震動之聲	여사자음성如獅子音聲
33	S nāgasvaraśabdā T glaṅ po che'i sgra skad	용명음龍鳴音	뇌성雷聲；深遠故깊고 멀리감	여제천왕소찬탄성如諸天王所讚歎聲	여용음성如龍音聲
34	S meghasvaraghoṣā T 'brug gi sgra dbyaṅs	우호음雨好音	용성龍聲；令信受故믿어 받게 함	제아수라가영미성諸阿修羅歌詠美聲	여운뢰후성如雲雷吼聲
35	S nāgendrarutā T klu'i dbaṅ po'i sgra	해뢰용왕음海雷龍王音	긴나라성緊那羅聲；歌音美故노래하듯 소리가 아름다움	심난득저단마력성深難得底斷魔力聲	여용왕성如龍王聲
36	S gandharvasaṃgītighoṣā T dri za'i glu dbyaṅs	진다라기음眞陀羅伎音	가릉빈가성迦陵頻伽聲；韻清亮故운이 맑고 밝음	항복일체제외도성降伏一切諸外道聲	여긴나라묘가성如緊那羅妙歌聲

37	[S] kalaviṇkasvararutā [T] ka la piṅ ka'i sgra dbyaṅs	애난음哀鸞音	범성梵聲；出遠去故벗어나 멀리까지 감	사자지성師子之聲	여가릉빈가성 如迦陵頻伽聲
38	[S] brahmasvararutāravitā [T] tshaṅs pa'i sgra dbyaṅs bsgr ags pa	응창음鷹暢音	명명조성命命鳥聲；初得吉祥一切事成故처음 길상을 얻고 일체사를 이룸	사풍지성駛風之聲	여범왕성如梵王聲
39	[S] jīvañjīvakasvararutāravitā [T] śaṅ śaṅ te'u'i sgra dbyaṅs bs grags pa	학명음鶴鳴音	천왕성天王聲；無敢違故감히 어김이 없음	상왕지성象王之聲	여공명조성如共命鳥聲
40	[S] devendramadhuranirghoṣā [T] lha'i dbaṅ po'i dbyaṅs ltar sñan pa	기역음耆域音	천고성天鼓聲；破魔初故마구니의 시작부터를 깨뜨림	여운마성如雲磨聲	여제석미묘성 如帝釋美妙聲
41	[S] dundubhisvarā [T] rṅa'i sgra	영조음英鳥音	이만성離慢聲；讚毁不高故칭찬하든 헐뜯든 오르내리지 않음	능지시방불찰토성 能至十方佛刹土聲	여진고성如振鼓聲
42	[S] anunnatā [T] ma kheṅs pa	뇌진음雷震音	입일체성入一切聲；入毘伽羅論一切種相故비가라론 등 일체종상에 들어감	고제소화중생지성 告諸所化衆生之聲	불고성不高聲
43	[S] anavanatā [T] mi dma' ba	부졸음不卒音	이부정성離不正聲；憶不忘故기억하여 잊지 않음	불급질성不急疾聲	불하성不下聲
44	[S] sarvaśabdānupraviṣṭā [T] sgra thams cad kyi rjes su źugs pa	불폭음不暴音	응시성應時聲；敎化事一切時起故교화의 일을 일체시에 일으킴	부지완성不遲緩聲	수입일체음성 隨入一切音聲
45	[S] apaśabdavigatā [T] tshig zur chag pa med pa	보입향음普入響音	무수성無羞聲；不依利養故이양에 의지하지 않음	부정주성不停住聲	무결감성無缺減聲
46	[S] avikalā [T] ma tshaṅ ba med pa	거비시음去非時音	불포성不怖聲；離慚羞故두려움과 부끄러움을 떠남	불결감성不缺減聲	무파괴성無破壞聲
47	[S] alīnā [T] ma źum pa	무핍음無乏音	환희성歡喜聲；聞無厭故들어도 싫증이 나지 않음	불탁예성不濁穢聲	무염오성無染汚聲
48	[S] adīnā [T] mi źan pa	무겁음無怯音	수사성隨捨聲；一切明處善巧入故일체명처에 훌륭한 방편으로 들어감	합일체성合一切聲	무희취성無希取聲
49	[S] pramuditā [T] rab tu dga' ba	열예음悅豫音	선우성善友聲；一切衆生利成就故일체중생의 이익을 성취함	입제성성入諸聲聲	구족성具足聲
50	[S] prasṛtā [T] khyab pa	통창음通暢音	상류성常流聲；相續不斷故상속하여 끊어지지 않음	해탈지성解脫之聲	장엄성莊嚴聲
51	[S] sakhilā [T] chub pa	계금음戒禁音	엄식성嚴飾聲；種種顯現故갖가지로 드러내 보임	무계박성無繫縛聲	현시성顯示聲
52	[S] saritā [T] rgyun chags pa	미감음美甘音	만족성滿足聲；一音無量聲說法故하나의 음으로 무량한 소리로 법을 설함	무염착성無染著聲	원만일체음성 圓滿一切音聲
53	[S] lalitā [T] 'brel ba	진행음進行音	중생근희성衆生根喜聲；一語無量義顯現故한마디 말에 무량한 뜻이 드러남	합어의성合語義聲	제근적열성諸根適悅聲
54	[S] sarvasvarapūraṇī [T] sgra thams cad rdzogs par byed pa	광보음廣普音	불훼자성不毁呰聲；如所立義信順故세운 뜻대로 믿고 따름	의시어성依時語聲	무기훼성無譏毁聲
55	[S] sarvendriyasaṃtoṣaṇī [T] dbaṅ po thams cad tshim pa r byed pa	구족음具足音	부증감성不增減聲；應時量說故때와 양에 응하여 설함	불과시성不過時聲	무경전성無輕轉聲
56	[S] aninditā [T] ma smad pa	제근무하음諸根無瑕音	부조급성不躁急聲；不疾疾說故빨리빨리 설하시지 않음	교능선설팔천만억법문지성巧能宣說八千萬億法門之聲	무동요성無動搖聲
57	[S] acañcalā [T] mi 'gyur ba	불경질음不輕疾音	변일체성遍一切聲；遠近徒衆同依止故멀거나 가까운 대중이 함께 의지함	무옹새성無壅塞聲	수입일체중회성 隨入一切衆會聲
58	[S] acapalā [T] ma brtabs pa	무주음無住音	일체종성취성一切種成就聲；世間法義皆譬喩令解故세간의 법과 뜻을 모두 비유로서 이해시킴	부지식성不止息聲	제상구족성諸相具足聲
59	[S] sarvapariṣadanuravitā [T] 'khor kun tu grags pa	향보입중회음 響普入衆會音	(누락)	능변일체제성지성 能辯一切諸聲之聲	영중생심의환희성 令衆生心意歡喜聲
60	[S] sarvākāravaropetā [T] rnam pa thams cad kyi mch og daṅ ldan pa	선제덕음宣諸德音	(누락)	수심능만일체원성 隨心能滿一切願聲	설중생심행성 說衆生心行聲
61	·	·	·	능생일체안락지성 能生一切安樂之聲	입중생심의성 入衆生心意聲
62	·	·	·	시현일체해탈지성 示現一切解脫之聲	수중생신해성 隨衆生信解聲
63	·	·	·	유통일체제도로성 流通一切諸道路聲	문자무분량성 聞者無分量聲
64	·	·	·	중중설시불출중외령제대중환희지성衆中說時不出衆外令諸大衆歡喜之聲	중생불능사유칭량성 衆生不能思惟稱量聲
65		·	·	성출지시순어일체제불법성聲出之時順於一切諸佛法聲	·

patti』에 온전히 전한다. 한역본으로는『대보적경』권10 축법호(竺法護 : 西晉 三藏) 한역의「밀적금강역사회 密迹金剛力士會」(대정장11, p.55c20)에서 "여래말씀은 60품으로 각기 다른 음성을 낸다. 如來言辭 出六十品 各異音聲"라고 하며 온전한 60종의 소리를 시설하였다. 또『대승장엄경론』권6「홍법품 弘法品」(대정장31, p.619b22)에 "〔게〕 보살이 글을 성취함은 저 앞의 뜻임을 알아야 하고, 소리에 60종 있으니 이를 여래사라 하네. 〔석〕 여래께는 60종의 불가사의 음성이 있다. 저『불비밀경』에 '적정혜여! 여래는 60종 소리와 말을 갖춘다. 윤택하고 유연하며 뜻에 맞고 뜻으로 즐거우며 청정하기까지 하다' 하니, 이렇듯 널리 설하였다. 偈曰 菩薩字成就 如前義應知 聲有六十種 是說如來事 釋曰 如來有六十種不可思議音聲 如佛祕密經中說 寂靜慧 如來具足六十種聲語 所謂潤澤柔軟可意意樂淸淨 如是廣說 vyañjanasaṃpac caiṣā vijñeyā sarvathāgrasatvānāṃ. ṣaṣṭyaṅgī sācintyā ghoṣo 'nantas tu sugatānāṃ. ṣaṣṭyaṅgī sācintyā yā guhyakādhipatinirdeśe buddhasya ṣaṣṭyākārā vāg nirdiṣṭā. punar aparaṃ śāntamate tathāgatasya ṣaṣṭyākāropetā vāg niścarati snigdhā ca mṛdukā ca manojñā ca manoramā ca śuddhā ceti vistaraḥ"라 한 후 58종 소리를 짧게 주해하였고,『화엄경소초』권51(대정장36, p.404c11)에서는『대보적경』권10·『대승장엄경론』권6을 끌어와 80권본『화엄경』권32「십회향품 十迴向品」(대정장10, p.173c20)에 시설된 사십오종음성(四十五種音聲)을 풀기도 하였다. 이외에 4종이 많은 육십사범음(六十四梵音)은 북송(北宋) 때 한역된『여래부사의비밀대승경』권7「여래어밀부사의품 如來語密不思議品」(대정장11, p.719c4)에 "적혜여! 여래는 또한 입술과 이와 혀와 목구멍 등 얼굴에 있는 문으로 모든 음성을 내는 것이 아니다. 여래께서 내는 음성은 허공으로부터 나오지만, 다만 중생은 불여래의 음성이 입에서 나온다고 말한다. 적혜여! 마땅히 알라. 여래의 말씀은 64종의 아름다운 상을 갖추고 있다. 寂慧 如來亦非脣齒舌喉 及其面門出諸音聲 有所聞聽 如來所出音聲從虛空出 但以衆生謂佛如來所有音聲從口門出 寂慧當知 如來語言 具有六十四種殊妙之相"라고 하였다. 한편『능가경』권3(대정장16, p.498c5)에도 이 '육십사범음'이 등장하는데, 이에 대해『주대승입능가경』권6(대정장39, p.472b23)에서는 "『밀적역사경』권2에 설하길 부처님의 소리에는 여덟가지 변화가 있으니, 곧 체·업·구·위·종·속·어·호이다. 이 팔전성에 각기 팔덕이 있으니 곧 조화롭고 유연하며, 진실을 알게 하고, 쉽게 알게 하고, 착류가 없고, 힘없고 작지 않고, 넓고 깊고 멀리 가는 등의 소리를 말한다. 8에 8을 곱하여 64종이 성립한다. 석가불뿐만 아니라 일체제불이 모두 이와 같다. 密跡力士經第二說 佛聲有八轉 謂體業具爲 從屬於呼 是八轉聲 各具八德 所謂調和聲 柔軟聲 諦了聲 易解聲 無錯謬聲 無雌小聲 廣大聲 深遠聲 八八卽成六十四種 非唯釋迦佛 一切諸佛皆如是"라고 하였다. 이외에도『불본행집경』권26에는 육십오종성(六十五種聲)이 시설되어 있다. 이상 주요 경론에서 시설한 육십종성은 〈표〉와 같다. 〔참고문헌〕『大寶積經』,『大乘莊嚴經論』,『華嚴經疏鈔』,『華嚴經』,『楞伽經』,『注大乘入楞伽經』,『佛本行集經』「向菩提樹品」(대정장3, p.773a23). ⇨ 육십사범음 六十四梵音

육십팔대선 六十八大仙 『대공작주왕경』에서 시설한 육십팔위의 선인(仙人). 계율을 수지하고 고행하여 대광명과오신통이 있으며, 자타를 이롭게 하는 공덕이 있어 불법을 외호한다. 범본『대공작주왕경』에서는 칠십이위의 선인을 시설하고 있는데, 한역명에 있어 반드시 상응하지는 않는다.『대공작주왕경』권하(대정장19, p.474b4)에 "아난다여! 그대는 반드시 육십팔대선인들의 모든 이름을 기억해야 한다. 이 선인들 모두 금계를 수지하고 늘 고행을 닦아 대광명이 있다. 혹은 강변이나 산림이나 연못에 머물면서 선악을 지으려 하고 진언을 외워 길흉을 바라며 말하는 대로 성취하고 대위력오통에 자재하여 걸림 없이 허공을 비행한다. 내가 이제 저들의 이름을 말하리라. 阿難陀 汝當憶持六十八諸大仙人所有名號 此諸仙人 皆持禁戒 常修苦行 有大光明 或住江河山林池沼 欲作善惡 呪願吉凶 隨言成就 具大威力五通自在 飛行虛空無有障礙 我今說彼名字", "그 이름은 알슬타가대선(Ⓢ Aṣṭamaka)·바막가대선(Ⓢ Vāmaka)·바마제바대선(Ⓢ Vāmadevaka)·마리지대선(Ⓢ Mārīcin)·발리나마대선·말건제야대선(Ⓢ Mārkaṇḍeya)·안은지식대선·바사슬차대선(Ⓢ Vaśiṣṭha)·발미가대선(Ⓢ Balamīka)·가섭파대선Ⓢ Kāśyapa)·노가섭파대선(Ⓢ Vṛddhakāśyapa)·비율구대선(Ⓢ Bhṛgu)·앙기라대선(Ⓢ Aṃgirasa)·앙기락가대선·앙기자사대선(Ⓢ Aṃgīraja)·유상분대선·유자대선·유자수대선·녹정대선(Ⓢ Sthūlaśira)·염마화대선(Ⓢ Yamadagni)·주저대선(Ⓢ Dvaisaṃpāyana)·흑주저대선(Ⓢ Kṛṣṇavaipāyana)·하리지대선(Ⓢ Harīta)·하리다야나대선(Ⓢ Haritāyana)·심심대선·삼망기라대선(Ⓢ Samaṅgira)·올게다대선(Ⓢ Udgata)·삼몰게다대선(Ⓢ Samudgata)·설인대선(Ⓢ Kṣāntivādin)·명칭대선(Ⓢ Kīrtin)·선명칭대선(Ⓢ Sukīrtin)·존중대선(Ⓢ Guru)·아설라야나대선(Ⓢ Aśvalāyana)·겁포득가대선·향산대선·주설산대선(Ⓢ Himavat)·호상대선·난주대선(Ⓢ Durvāsa)·말달나대선(Ⓢ Madana)·설랍바대선(Ⓢ Śarabha)·조복대선(Ⓢ Surata)·존자대선·앵무대선·비하발지대선(Ⓢ Bṛhaspati)·망륜대선·산니절라대선(Ⓢ Śanaiścara)·각오대선(Ⓢ Budha)·상구리대선(Ⓢ Jāṃgulin)·건다라대선(Ⓢ Gandhāra)·독각대선(Ⓢ Ekaśṛṅga)·선각대선(Ⓢ Ṛṣiśṛṅga)·게가대선(Ⓢ Garga)·단다야나대선(Ⓢ Bhāṇḍāyana)·간다야나대선(Ⓢ Kāṇḍyāyana)·마등가대선(Ⓢ Mātaṅga)·가외마등가대선(Ⓢ Bhīṣmamātaṅga)·교답마대선(Ⓢ Gautama)·황색대선(Ⓢ Kapila)·백색대선(Ⓢ Śukra)·적마대선(Ⓢ Lohitāśva)·백마대선·지마대선·묘안대선(Ⓢ Sunetra)·주목대선(Ⓢ Lohitākṣa)·바라기라대선(Ⓢ Bālikhilya)·나자타대선(Ⓢ Nārada)·산거대선(Ⓢ Parvata)·흘률미라대선(Ⓢ Kṛmila)이다. 其名曰 頞瑟吒迦大仙 婆莫迦大仙 婆摩提婆大仙 摩唎支大仙 鉢利擎摩大仙 末建提也大仙 安隱知識大仙 婆斯瑟侘大仙 跋彌迦大仙 迦攝波大仙 老迦攝波大仙 毘栗眙大仙 蒼祇羅大仙 蒼祇洛迦大仙 蒼祇剌四大仙 有相分大仙 有慈大仙 有剌須大仙 鹿頂大仙 琰摩火大仙 洲渚大仙 黑洲渚大仙 訶利底大仙 訶利多也那大仙 甚深大仙 三忙祇羅大仙 嗢揭多大仙 三沒揭多大仙 說忍大仙 名稱大仙 善名稱大仙 尊重大仙 阿說羅也那大仙 劫布得迦大仙 香山大仙 住雪山大仙 護相大仙 難住大仙 末達那大仙 設臘婆大仙 調伏大仙 尊者大仙 鸚鵡大仙 毘訶鉢底大仙 網輪大仙 珊尼折羅大仙 覺悟大仙 上具里大仙 健陀羅大仙 獨角大仙 仙角大仙 揭伽大仙 單荼也那大仙 干陀也那大仙 摩登伽大仙 可畏摩登伽大仙 喬答摩大仙 黃色大仙 白色大仙 赤馬大仙 白馬大仙 持馬大仙 妙眼大仙 朱目大仙 婆羅器攞大仙 那剌拕大仙 山居大仙訖栗彌羅大仙", "이들 선인들은 모두 옛 대선들로 사베다를 짓고 주술에 능했으며 온갖 행을 갖추어 자타 모두를 이롭게 한다. 저들 또한 이 대공작주왕으로 우리들 모두 그리고 모든 권속을 옹호하여 수명이 백 년에 이르고 온갖 번뇌를 여의게 한다. 此等諸仙 皆是古舊大仙 造四明論 善閑呪術 衆行備成 自他俱利 彼亦以此大孔雀呪王 擁護我某甲 幷諸眷屬 壽命百年 離諸憂惱"라고 하였다. [참고문헌]『大孔雀呪王經』, *Mmayu.52.*

육십현부 六十賢部 Ⓢ ṣaṣṭi-bhadravarga, Ⓣ sde-bzang drug-cu. 62명의 현인(賢人). 야사(耶舍)의 친구 60인 혹은 화지부(化地部)의 대중이라고도 하니, 『구사론기』 권14(대정장41, p.222c21)에서 육십현화중부(六十賢和衆部)라고 하였다. 『유부율파승사』 권6(대정장24, p.130b16)에 "그때 부처님께서 바라니사성 우루빈라마을에 가셨다. 그곳에 이르러 백첩림에 나아가 한 나무 아래 편안하게 앉으셨다. 그 때 육십현부가 마을 밖에서 날마다 여러 여인 악사와 함께 즐기던 중 한 여인이 여러 사람과의 약속을 어기고 가버렸다. 그때 육십현부가 이 여인을 찾아다니다가 백첩림에 이르러 나무 아래 단엄한 모습으로 앉아계신 부처님을 뵙게 되었다. 爾時世尊 往波羅痆斯城 優樓頻螺聚落 旣到於彼 詣白疊林 在一樹下 宴坐而住 時有六十賢部 在聚落外 於日日中 與諸女樂 共相嬉戲 有一女人 失衆所期 棄而出去 時六十賢部 尋覓此女 漸次往詣 至白疊林 便見世尊 坐一樹下 顔貌端嚴", 『구사론』 권14(대정장29, p.74c4 : *Abh-k-bh.*, p.212)에 "(구족계를 받는 열 가지 경우 중) 열째, 세 번에 걸쳐 불법승 삼보에 귀의한다고 말하는 것이다. 즉 육십현부가 함께 모여 구족계를 받은 경우다. 十 由三說歸佛法僧 謂六十賢部 共集受具戒 śaraṇagamanaṃ traivācikena ṣaṣṭibhadravargapūgopasaṃpāditānām"라고 하였다. [참고문헌]『俱舍論記』, 『有部律破僧事』, 『俱舍論』, *Abh-k-bh.*

육십화엄 六十華嚴 동진(東晋) 때 불타발다라(佛馱跋陀羅 Ⓢ Buddhabhadra)가 한역한 60권본 『대방광불화엄경 大方廣佛華嚴經』(대정장9, No.278)의 줄인 이름. 당대 일행(一行)이 지은 『대일경소지심초』 권2(臺灣國圖善本18, p.515b3)에 "'자연히 십무진계에서'라고 한 말은 『육십화엄』 권24〈「십지품」〉에서 '십불가진법으로 이 원을 일으키니 이 원 가득 채우기 위해 부지런히 행하여 정진한다. 어떤 것들이 열 가지인가? … '라고 한 부분에 해당한다. 自然於十無盡界者 六十華嚴第卄四〈十地品〉云 以十不可盡法 而生是願 爲滿此願 勤行精進 何等爲十 … "라고 하였다. 여기에서 권24라 한 부분은 권23이다. [참고문헌]『大日經疏指心鈔』, 60권본 『華嚴經』 권23(대정장9, p.546a18), 『大日經疏』 권2(대정장39, p.604c22). ⇨ 대방광불화엄경 大方廣佛華嚴經 ❶

육쌍 六雙 여섯 개의 짝. ❶ 제법(諸法)을 여섯 류의 짝으로 살펴본 뜻. 원효(元曉)의 『금강삼매경론』 권중(대정장34, p.985c13·한불전1, p.642c14)에 "마음 그림자 차별하니 여섯 쌍이다. 첫째 심과 심소가 쌍이고, 둘째 허공과 색이 쌍이 되며, 셋째 불상응행과 모든 무위가 쌍이고, 넷째 영상과 본질이 쌍이 되며, 다섯째 자성과 차별이 쌍이고, 여섯째 명언과 상의가 한 쌍이다. 이 육쌍 중 처음 한 쌍은 능연심의 류이고, 뒤의 다섯 쌍은 소연영의 류이다. 이 육쌍마저 여의기에 마음도 그림자도 아니라고 하였으니, 이런 차제로 여섯 쌍의 구가 있다. 心影差別 略有六雙 一者 心及心所爲雙 二者 虛空與色爲雙 三者 不相應行及諸無爲爲雙 四者 影像及與本質爲雙 五者 自性差別爲雙 六者 名言及與相義爲雙 此六雙中 初之一雙 能緣心類 後五雙者 所緣影類 離此六雙 故非心影 如其次第 有六雙句"라고 하였다. [참고문헌]『金剛三昧經論』. ❷ 일체계의 고르고 두루한 모습을 여섯 쌍으로 드러내 보임. 원효의 『기신론소』 권상(대정장44, p.205c14·한불전1, p.703b12)에 "이제 간략하게 육쌍을 들어 어디에나 있는 고르게 두루한 모습 드러낸다. 첫째 일체중생과 일체법에 있어서 차별없이 가지런함, 둘째 시방제찰과 삼세제겁이 고르고, 셋째 일체응신여래와 일체화신제불이 고르며, 넷째 일체법계와 허공계의 등, 다섯째 걸림없이 서로 드는 계와 끝없이 출생하는 계의 등, 여섯째 일체 움직이는 계와 적정한 열반계에 있어서도 한결같이 이지러짐 없이 고르고 두루하다. 且略擧六雙 顯其等遍之相 一者 等於一切衆生 及一切法 二者 等於十方諸刹 及三世諸劫 三者 等於一切應身如來 及一切化身諸佛 四者 等於一切法界 及虛空界 五者 等於無礙相入界 及無量出生界 六者 等於一切行界 及寂靜涅槃界"라고 하였다. 〔참고문헌〕『起信論疏』, 『陰持入經註』 권상(대정장33, p.15c21).

육아라한 六阿羅漢 ➡ 육종아라한 六種阿羅漢

육아백상 六牙白象 여섯 개의 상아를 지닌 흰 코끼리. ❶ Ⓢ gaja-vara-mahā-pramāṇaḥ ṣaḍ-dantaḥ, ṣaḍ-danta-pāṇḍara-gaja-pota. 석가모니부처님의 모친인 마야부인 태몽에 등장한 코끼리. 『불본행집경』 권7(대정장3, p.683b11)에 "보살은 바르게 사유한 뒤 도솔천에서 내려와 정반왕의 제일대비인 마야부인에게 탁태하여 오른쪽 옆구리에 머물렀다. 이때 대비 잠자던 중 꿈에서 여섯 상아의 흰 코끼리 한 마리

육아백상 마야탁몽부조 바르후트대탑난순 인도 콜카타국립박물관 2세기

를 보았다. 머리는 붉은색이었고 일곱 개의 다리로 땅을 딛고서 황금으로 장식된 상아로 허공을 날아 내려와 오른쪽 옆구리로 들어왔다. 菩薩正念 從兜率下 託淨飯王第一大妃 摩耶夫人 右脇住已 是時大妃 於睡眠中 夢見有一六牙白象 其頭朱色 七支拄地 以金裝牙 乘空而下 入於右脇"라고 하였다. 〔참고문헌〕『佛本行集經』, 『過去現在因果經』 권1(대정장3, p.624a24), 『大莊嚴論經』 권14(대정장4, p.336b12), *Lal-v.28.* ❷ Ⓢ śveta-ṣaḍ-danta-gaja-rāja. 보현보살(普賢菩薩)을 태우고 다니는 코끼리왕. 『법화경』 권7(대정장9, p.61a22)에 "이때 보현보살이 부처님께 말씀드렸다. '세존이시여! 부처님 입멸 후 저 오탁악세에 이

육아백상 보현동자상 영암 도갑사 조선전기

경전을 받아 지니는 이가 있다면, 나 마땅히 지켜 보호하리니 … 나는 이때 여섯 개의 상아를 지닌 흰 코끼리왕을 타고 대보살들과 함께 그곳으로 나아가 스스로

육아백상 기상보살 운강석굴 제9굴 중국 북위

몸을 나투어 공양하고 수호하며 그의 마음을 편안하게 위로할 것이다. 爾時普賢菩薩白佛言 世尊 於後五百歲 濁惡世中 其有受持是經典者 我當守護 … 我爾時乘六牙白象王 與大菩薩衆 俱詣其所 而自現身 供養守護 安慰其心"라고 하였다. 〔참고문헌〕『法華經』, 『法華經句解』 권8(卍속장48, p.257b6), *Saddh-p.474.*

육악 六惡 여섯 가지로 어두운 세계. 악시(惡時)·악세계(惡世界)·악중생(惡衆生)·악견(惡見)·악번뇌(惡煩惱)·악사무신성시(惡邪無信盛時)를 말한다. 이는 오탁악세의 겁탁(劫濁)·중생탁(衆生濁)·견탁(見濁)·번뇌탁(煩惱濁) 등과 상응한다. 『관무량수불경소』 권4(대정장37, p.272a17)에 "다음으로 아래 문장에서 '시방 각각에 항하사등제불이 계셔서 한결같이 찬탄하시길, 석가모니부처님께서 능히 오탁인 악시·악세계·악중생·악견·악번뇌·악하고 삿되어 신이 없어 치성할 때 아미타불명호를 가리켜 찬탄하시고 중생에게 권하고 독려하시기를 늘 불러 잊지 않으면 반드시 왕생하리라' 하셨으니 그에 대한 증거이다. 次下文云 十方各有恒河沙等諸佛 同讚釋迦 能於五濁 惡時 惡世界 惡衆生 惡見 惡煩惱 惡邪無信盛時 指讚彌陀名號 勸勵衆生稱念必得往生 卽其證也"라고 하였다. 〔참고문헌〕『觀無量壽佛經疏』. ⇨ 오탁 五濁

육악적 六惡賊 ➡ 육적 六賊

육안 肉眼 Ⓢ māṃsa-cakṣus, Ⓟ maṃsa-cakkhu, Ⓣ sha'i-mig, sha'i-spyan. 사대로 구성된(四大所造) 승의근(勝義根)에 의지한 눈(眼). 삼안(三眼) 또는 오안(五眼) 중 하나. 『장아함경』 권7 「폐숙경 弊宿經」(대정장1, p.44a29)에 "너 번뇌로 물든 육안으로는 사무쳐 보지 못하니, 중생이 가는 길 느닷없이 없다고 말해서는 안 된다. 汝不可以 穢濁肉眼 不能徹見 衆生所趣 便言無也", 상응하는 *Pāyāsi-sutta*(*DN.2*, p.329)에 "왕족이시여, 이와 같이 저 다른 세상은 당신이 생각하는 것처럼 이 육안으로는 결코 볼 수 없다. na kho rājañña evaṃ paro loko daṭṭhabbo yathā tvaṃ maññasi iminā maṃsacakkhunā", 『집이문족론』 권5(대정장26, p.388a15)에 "〈문〉 육안이란 무엇인가? 〔답〕 뼈·살·피 등이 뒤섞인 미세한 사대종으로 구성된 안계·안처·안근을 육안이라고 한다. 肉眼云何 答 雜骨

肉血 淨四大種所造 眼界眼處眼根 是名肉眼", 『주대승입능가경』 권1(대정장39, p.437a11)에 "혜안이지 육안으로는 보지 못한다는 말은 육안에 막혀 통하지 못하기에 능히 두루 관하지 못함으로 혜안으로 본다 하였다. 言慧眼非以肉眼者 爲肉眼礙 而非通故 不能普觀故 以慧眼觀之", 『대승의장』 권20(대정장44, p.852a25)에 "육안이란, 형체와 피부를 육신이라 하고, 미세한 육신의 눈에 능히 비추고 보는 것 있기에 육안이라 한다. 言肉眼者 形膚曰肉 淨肉之眼 能有照矚 故名肉眼", 『금강반야경소론찬요』 권하(대정장33, p.165c11)에 "부처님의 육안으로는 인계의 무수한 세계를 능히 본다. 佛肉眼能見 人中無數世界"라고 하였다. 〔참고문헌〕『長阿含經』, 『集異門足論』, 『注大乘入楞伽經』, 『大乘義章』, 『金剛般若經疏論纂要』, *Vajr-pr.50.*, *Laṅk.13.*, *Abh-k-bh.429.*, *DN.* ⇨ 삼안 三眼, 오안 五眼

육안소견 肉眼所見 육안으로 볼 수 있는 것. 『출요경』 권30(대정장4, p.774b9)에 "마음이란 모습 없음은 물론 깃들어 머물 둥지조차 없으니, 세상 사람 육안으로 볼 수 있는 것 아니라네. 心之無形 亦無窠窟 非是世人肉眼所見"라고 하였다. 〔참고문헌〕『出曜經』, 『中論』 권1(대정장30, p.5a19). ⇨ 육안 肉眼

육애 六愛 ➡ 육애신 六愛身

육애신 六愛身 Ⓢ ṣaṭ-tṛṣṇā-kāya, Ⓟ cha-taṇhā-kāya, Ⓣ sred-pa'i tshogs-drug. 수(受)를 연으로 하여 여섯 가지(眼耳鼻舌身意)로 일어난 갈애의 몸. 『계신족론』 권1(대정장26, p.614c8)에 "육애신이란 무엇인가? 첫째 안촉소생애, 둘째 이촉소생애, 셋째 비촉소생애, 넷째 설촉소생애, 다섯째 신촉소생애, 여섯째 의촉소생이이다. 六愛身云何 一 眼觸所生愛 二 耳觸所生愛 三 鼻觸所生愛 四 舌觸所生愛 五 身觸所生愛 六 意觸所生愛", 같은 책(대정장26, p.616a20)에 "안촉소생애란 무엇인가? 눈과 색이 연이 되어 안식을 내는데, 이 셋이 화합하기에 촉이다. 촉이 연이 되어 수하고, 수가 연이 되어 애다. 이 중 눈은 증상이고 색상은 소연이며, 눈으로 가져 두고 보호하여 기꺼워 즐겨 탐착하니 이 이름이 안촉소생애다. 眼觸所生愛云何 謂眼及色爲緣 生於眼識 三和合故觸 觸爲緣故受 受爲緣愛 此中 眼爲增上 色爲所緣 於眼所識色 諸貪等貪 執藏防護 愛樂耽著 是名眼觸所生愛", "귀·코·혀·몸·의로 만나 일으킨 애 또한 어떠한가? 의와 법이 연이 되어 의식이 생하니, 이 삼자가 화합하기에 촉이며, 촉이 연이 되어 수하며, 수가 연이 되면 애다. 耳鼻舌身意觸所生愛云何 謂意及法爲緣 生於意識 三和合故觸 觸爲緣受 受爲緣愛", "이 중 의는 증상이고 법은 소연이며, 의로 아는 법들에게 온갖 탐들로 탐내고 가져 두고 막아 보호해서 즐겨 탐착함을 뜻으로 만나 일어난 갈망이라 부른다. 此中 意爲增上 法爲所緣 於意所識法 諸貪等貪 執藏防護 愛樂耽著 是名意觸所生愛"라고 하였다. 〔참고문헌〕『界身足論』, 『集異門足論』 권15(대정장26, p.429b26), 『大毘婆沙論』 권49(대정장27, p.256b20), *Abh-k-bh.143.*, *MN.3.280.*

육야계 六夜戒 니살기바일제(尼薩耆波逸提 Ⓢ naiḥsargika-prāyaścittika) 중 하나. 안거 후에 가제월(迦提月 Ⓢ Kārttika) 동안 아란야처에 머물 때, 삼의 중 하나를 정사에 맡기되 육일 밤 이상은 금하는 계이다. 이의육숙계(離衣六宿戒)·난야리의육숙계(蘭若離衣六宿戒)·유난난야리의계(有難蘭若離衣戒)이라고도 한다. 『십송율』 권54(대정장23, p.401b11)에 "〔문〕 가치나의를 수지하면 몇 가지 이익을 얻습니까? 〔답〕 아홉 가지 이익을 얻는다. 열흘 밤이나 엿새 밤이나 하루 밤 동안 다섯 가지 인연이 없어도 승가리 입는 것을 보류할 수 있는 것, 다섯 가지 인연이 없어도 우욕의 입는 것을 보류할 수 있는 것, 자주 식사할 수 있는 것, 별중식을 할 수 있는 것, 식전이나 식후에 다른 비구에게 말하지 않고도 마을에 들어갈 수 있는 것 등이다. 問 受迦絺那衣 得幾種利 答 得九種利 得至十夜六夜一夜 無有五因緣 留僧伽梨 無有五因緣 留雨浴衣 數數食 別衆食 二時不白 得入聚落", 『사분비구계본소』 권하(대정장40, p.481c17)에 "스물아홉 번째는 아란야에 가제월 동안 머무는데, 의혹과 공포가 있다면 6일 밤까지는 삼의를 지니지 않아도 되는 계이다. 第二十九 住阿蘭若迦提月中 有疑恐怖 得離三衣逕六夜戒", 『사분율』 권10(대정장22, p.632b25)에 "만일 어떤 비구가 여름 석 달의 안거를 마치고 뒤의 가제월 한 달 동안 아란야에 있는데, 의혹과 두려움 있는 장소에 머문다면 그 비구는 이러한 곳에 머물며 삼의 가운데 한가지씩 옷을 사내에 두고자 할 것이다. 그러나 어떤 비구가 되었건 특별한 사정이 있어 옷을 여윈 채로 숙박하면 6일 밤까지는 머물 수 있다. 만약 넘기면 니살기바일제다. 若比丘夏三月竟 後迦提一月滿在阿蘭若 有疑恐懼處住 比丘在如是處住 三衣中欲留一一衣置舍內 諸比丘有因緣離衣宿 乃至六夜 若過者 尼薩耆波逸提"라고 하였다. 〔참고문헌〕『十誦律』, 『四分比丘戒本疏』, 『四分律』, 『五分律』 권5(대정장22, p.32a20), 『摩訶僧祇律』 권11(대정장22, p.323a16), 『四分律行事鈔資持記』 권상(대정장40, p.252c11), 李智冠 『南北傳六部律藏比較硏究』, *Vin.3.263.* ⇨ 난야리의 蘭若離衣, 니살기바일제 尼薩耆波逸提

육야마나타 六夜摩那埵 Ⓢ sad-rātra-mānāpya, ṣaḍ-rātra-mānatva, Ⓟ cha-rattaṃ mānattam. 육일 밤 동안의 마나타. 마나타는 팔리어 마낫타(Ⓟ mānatt a)의 음사어로 참회의 한 방법이다. 참회하여 스스로도 대중도 모두 기꺼워함으로 의희(意喜)로 푼다. 승잔법을 범한 비구는 별주기간이 지난 후 재차 '마나타'라 불리는 6일간의 참회시간을 보내는데, 이 기간 중 94중행법을 행하면서 근신한다. 육일 밤 이를 행하기에 이렇게 부른다. 『사분계본여석』 권3(卍속장63, p.86a9)에 "'다시 더하여 육야마나타를 준다'라는 말은, 마나타는 의희다. 따로 떨어져 지내기를 마치면 다시 더하여 육일 밤 동안의 의희행을 부과하는데, 이 행위를 할 때 죄가 깨끗해지고 스스로의 마음도 기쁘고 대중도 기쁘게 한다. 승가는 이 비구가 그로 인해 뉘우치고 고쳐 다시는 거듭 번뇌를 일으키지 않고 정한 사람이 되었음을 알고는 죄를 면해 준다. 만약 비구가 자신의 죄를 감추지 않았다면, 따로 머물게 하지 않고 곧바로 이 육야의희를 행하는데, 날을 셀 때 밤을 지나야 하므로 육야라고 한다. 增上與六夜摩那埵者 摩那埵 此云意喜 謂行別住竟 更加上與其六夜意喜行 行斯行時 罪得淸淨 自心歡喜 亦令衆僧歡喜 僧知此人 因斯改悔 更不重起煩惱 成淸淨人 乃與之出罪 若不覆藏 不須行其別住 但直行此六夜意喜 以日該夜 故云六夜也"라고 하였다. [참고문헌] 『四分戒本如釋』, 『四分律比丘戒本』(대정장22, p.1016c26), 『四分比丘戒本疏』 권상(대정장40, p.474c19), *Prāt-m., Vin.2.45.* ⇨ 마나타 摩那埵

육야의희 六夜意喜 ➡ 마나타 摩那埵, 육야마나타 六夜摩那埵

육어 六語 육근(六根)의 무상함을 설하는 말. 『유부율』 권26(대정장23, p.771b22)에서는 이를 육구법(六句法)이라 부른다. 『십송율』 권9(대정장23, p.70c11)에 "육어란 안근이 무상하고 이근·비근·설근·신근·의근이 무상하다는 말이다. 六語 名眼無常 耳鼻舌身意無常"라고 하였다. [참고문헌] 『有部律』, 『十誦律』, 『四分律』 권11(대정장22, p.640c24), 『毘尼關要』 권9(卍속장63, p.764b18). ⇨ 육근 六根

육업 六業 여섯 가지 업. 오취(五趣)로 윤회하는 업들과 부정업(不定業)을 말한다. 십불선업(十不善業)의 상중하(上中下) 삼품은 삼도업(三途業)으로, 산선(散善) 상하(上下) 이업(二業)은 인천도(人天道)에 나며, 그외 미말지인 부정업(不定業)은 삼도처와 인천에 나지만 정해지지 않는다. 『대승의장』 권7(대정장44, p.610c1)에 "육업의 의미는 저 『성실론』 설로서 소위 지옥·축생·아귀·인·천의 업과 부정업이 바로 이 여섯이다. 六業之義 如成實說 所謂 地獄 畜生 餓鬼 人天之業 及不定業 是其六也", "삼도업도 저 경에서 설한 대로 십불선업 중 상품은 지옥에 나고, 중품은 축생으로 나며, 하품은 아귀로 난다. 또 신구의로 함께 불선을 일으키면 지옥 중에 나더라도 둘 다 무거우면 축생으로 나며, 둘 다 가벼우면 아귀로 난다. 三塗業者 如經中說 十不善業 上生地獄 中生畜生 下生餓鬼 又身口意 具起不善 生地獄中 具二重者 生畜生中 具二輕者 生餓鬼中", "인천업이란, 산선하업은 인간으로 나고, 산선상업은 욕계천에 나며, 팔선정업은 색계와 무색계에 난다. 人天業者 散善下業 生於人中 散善上業 生於欲天 八禪定業 生色無色", "부정업이란, 저 논에서 설한 대로 미한 선업과 하품악업을 두고 부정업이라고 한다. 미말의 선업으로 삼도의 생을 받거나 욕계에 있어 인천을 받기에 부정이라고 한다. 하품의 악업도 마찬가지다. 不定業者 如論中說 微善下惡 名不定業 微末之善 或三塗受 或在欲界 人天中受 故曰不定 下惡亦然"라고 하였다. [참고문헌] 『大乘義章』, 『成實論』 권8(대정장32, p.300b26).

육여 六如 여섯 가지로 언제나 그러함. 일체유위법의 비유로 육유(六喩)라고 한다. 『금강경주해』 권4(卍속장38, p.963a17)에 "진웅이 말했다. '부처님께서 말씀하신 일체법이란 진공인 무상법이다. 그러므로 모든 성현은 누구나 무위법으로서 유위법을 이르길, 곧 꿈·허깨비·물거품·그림자·이슬·번개와 같으니 이 어찌 허망하지 않은가! 오직 진공무상을 깨달은 사람만이 능히 이렇게 관해서 육여의 허망을 깨달은 즉 반드시 육여를 여의고 여여부동의 뜻을 증한다'. 陳雄曰 佛所謂一切法者 眞空無相法也 故一切賢聖 皆以無爲法 曰有爲法 則夢幻泡影露電之如 不其妄乎 惟了眞空無相者 能作是觀 以悟六如之妄 則必離六如 以證如如不動之理"라고 하였다. [참고문헌] 『金剛經註解』. ⇨ 육유 六喩

육연 六然 생몰연대 미상. 고려 제25대 충렬왕(忠烈王 재위 1274~1308) 때 기와굽던 스님. 『고려사』 권28 세가(世家)28 충렬왕 3년(1277) 5월 4일에 "왕이 육연스님을 강화도에 보내 유리기와를 굽게 하였는데, 그 제작법에 황단(黃丹 : 납과 황을 끓여 합하여 만든 약재. 癲癎·驚悸 등에 쓰임)을 많이 사용하였다. 경기도 광주의 의안토를 가져다 구워 만드니 그 품질과 빛깔이 남상들이 파는 것 보다 훨씬 좋았다. 遣僧六然于江華 燔琉璃瓦 其法多用黃丹 乃取廣州義安土 燒作之 品色愈於南商所賣者"라고 하였다. [참고문헌] 『高麗史』.

육연 六緣 ❶ 육외입처(六外入處) 즉 외육계(外六界)인 색성향미촉법(色聲香味觸法)을 말한다. 『비바사론』 권5(대정장28, p.448b16)에 "무엇으로 십팔계를 건립하는가? [답] 삼사로써 하니 신·의·연이다. 즉 십팔계인 육신·육의·육연을 말한다. 육신이란 육내계이니 안이비설신의계다. 육의란 육식계이니 안이비설신의식계다. 육연이란 육외계이니 색성향미세활법계다. 云何名立十八界 答曰 以三事故 身依緣 謂十八界 六身 六依六緣 六身者 六內界 眼界耳鼻舌身意界 六依者 六識界 眼識界耳鼻舌身意識界 六緣者 六外界 色界聲香味細滑法界"라고 하였다. [참고문헌]『鞞婆沙論』. ⇨ 육외입처 六外入處, 육경 六境 **2** 사물이 생기는 여섯 가지 연. 지수화풍공시(地水火風空時)를 말한다. 『도간경』(대정장16, p.817b3)에 "어떤 것을 외연으로 법을 낸다 하는가? 지수화풍공시를 말한다. … 이와 같은 여섯 연을 갖추면 문득 일어나지만 여섯 연이 갖춰지지 않으면 물은 생겨나지 않는다. 지수화풍공시 여섯 연이 조화롭고 증감 없으면 물들은 생겨날 수 있다. 云何名外緣生法 所謂地水火風空時 … 如是六緣 具足便生 若六緣不具 物則不生 地水火風空時 六緣調和 不增減故 物則得生"라고 하였다. [참고문헌]『稻芉經』. **3** ➡ 병기육연 病起六緣

육열인법 六悅因法 기꺼움(喜)으로 인이 되어 여실지견을 얻게 되는 여섯 가지 차제인. 『사리불아비담론』 권16(대정장28, p.638b4)에 "무엇을 육열인법이라고 하는가? 저 비구가 기꺼워하면(悅已) 기쁨을 낳고, 기뻐하여 마치면 신제(身除 : 輕安)를 얻으며, 신제하고서는 즐거움 누리고, 즐거움 누리고서는 마음이 정에 들며, 마음이 정에 들고서는 여실히 알고 보니, 이것을 육열인법이라고 한다. 何謂六悅因法 如比丘 悅已生喜 喜已得身除 身除已受樂 受樂已心定 心定已如實知見 是名六悅因法"라고 하였다. [참고문헌]『舍利弗阿毘曇論』.

육염 六染 여섯 가지 염심. 심생멸(心生滅)의 법을 근본불각(根本不覺)인 삼세(三細)와 지말불각(支末不覺)인 육추(六麤)의 구상차제(九相次第)로 대응하여 여섯 가지 상으로 시설한 뜻이다. 육염이란 곧 육추 중 제3집취상(執取相)과 제4계명자상(計名字相)에 상응한 집상응염(執相應染心)·제2상속상(相續相)에 상응한 부단상응염(不斷相應染)·제1지상(智相)에 상응한 분별지상응염(分別智相應染)·삼세(三細) 중 제3경계상(境界相) 불상응의 현색불상응염(現色不相應染)·제2능견상(能見相) 불상응의 능견심불상응염(能見心不相應染)·제1의 무명업상(無明業相) 불상응의 근본업불상응염(根本業不相應染)을 말한다. 『원각경약소초』 권9(卍속장15, p.381a2)에 "육염이란 무엇인가? 첫째 집상응염〈(六麤 중) 세 번째와 네 번째의 두 가지 '추'〉, 둘째 부단상응염〈두 번째 '추'〉, 셋째 분별지상응염〈첫 번째 '추'〉, 넷째 현색불상응염〈(三細 중) 세 번째 경계상〉, 다섯째 능견심불상응염〈두 번째 능견상〉, 여섯째 근본업불상응염〈첫 번째 업상〉이다. … 염(染)은 혹장이고 업보가 아니기에 다섯 번째 기업상(起業相)과 여섯 번째 업계고상(業繫苦相) 두 가지 추는 배대하지 않는다. 六染者 一執相應染〈三四兩麤〉 二 不斷相應染〈第二麤〉 三 分別智相應染〈第一麤〉 四 現色不相應染〈三境界相〉 五 能見心不相應染〈二能見相〉 六 根本業不相應染〈第一業相〉 … 染是惑障 非業非報故 不配五六兩麤"라고 하였다. [참고문헌]『大乘起信論』, 『圓覺經略疏鈔』. ⇨ 육염심 六染心, 집상응염 執相應染心, 부단상응염 不斷相應染, 분별지상응염 分別智相應染, 현색불상응염 現色不相應染, 능견심불상응염 能見心不相應染, 근본업불상응염 根本業不相應染, 삼세육추 三細六麤, 육추 六麤

육염심 六染心 여섯 갈래로 물든 마음. 육염(六染)이라고도 한다. 『대승기신론』(대정장32, p.577c2)에 "이 마음은 본래부터 자성청정하지만 무명이 있어서 무명에 물들어 염심이 있게 된다. 是心從本已來自性淸淨 而有無明 爲無明所染 有其染心", "염심에는 여섯 가지 있으니, 어떤 것이 그 여섯인가? 첫째는 집상응염이니, 이승해탈과 신상응지에 의하여 멀리 여읜다. 둘째는 부단상응염이니, 신상응지에 의하여 방편을 닦아 배워 점점 버려서 정심지를 얻고서 구경에는 다 여읜다. 셋째는 분별지상응염이니, 구계지에 의지하여 점차 여의고 무상방편지에 이르러 구경에 다 여읜다. 넷째는 현색불상응염이니, 색자재지에 의지하여 여읜다. 다섯째는 능견심불상응염이니, 심자재지에 의지하여 능히 여읜다. 여섯째는 근본업불상응염이니, 보살진지에 의지하여 여래지에 들어가고 능히 여읜다. 染心者 有六種 云何爲六 一者 執相應染 依二乘解脫 及信相應地 遠離故 二者 不斷相應染 依信相應地 修學方便 漸漸能捨 得淨心地 究竟離故 三者 分別智相應染 依具戒地漸離 乃至無相方便地 究竟離故 四者 現色不相應染 依色自在地 能離故 五者 能見心不相應染 依心自在地 能離故 六者 根本業不相應染 依菩薩盡地 得入如來地 能離故"라고 하였다. [참고문헌]『大乘起信論』. ⇨ 육염 六染

육예 六藝 고대 중국에서 교육하던 여섯 가지 과목. 예·악·사·어·서·수(禮樂射御書數)를 말한다. 『무량수경의소』(대정장37, p.118c15)에 "육예는 다음과 같다. 산계(九數)가 그중 하나이고, 문예·시·서(六書) 및 예·악·활쏘기·말 등을 타고 끌기가 그 여섯이다. 그중에서도 수레 타고 모는 일이 여섯 덕목 중 상위이다. 六藝者 算計是一 文藝詩書 及禮樂射御 是六也 能御車上 於六目之上"라고 하였다. [참고문헌]『無量壽經義疏』, 『法華玄義』 권3(대정장33, p.707b23).

육왕 育王 ➡ 아육왕 阿育王

육왕사 育王寺 ➡ 아육왕사 阿育王寺 **1**

육왕산 育王山 ➡아육왕산 阿育王山

육외입 六外入 ➡육외처 六外處

육외입처 六外入處 Ⓟcha-bāhira-āyatana. 육경(六境)을 달리 이르는 말. 『잡아함경』 권13(대정장2, p.86c29 : *Chachakka-sutta, MN.3*, p.281)에 "무엇이 육외입처인가? 색입처·성입처·향입처·미입처·촉입처·법입처다. 何等爲六外入處 色入處 聲入處 香入處 味入處 觸入處 法入處 cha bāhirāni āyatanāni veditabbānīti iti kho panetaṃ vuttaṃ. kiñcetaṃ paṭicca vuttaṃ. rūpāyatanaṃ saddāyatanaṃ gandhāyatanaṃ rasāyatanaṃ phoṭṭhabbāyatanaṃ dhammāyatanaṃ"라고 하였다. [참고문헌] 『雜阿含經』, *MN.* ⇨ 육경 六境, 육외처 六外處, 입 入, 처 處

육외처 六外處 Ⓢṣaḍ-bāhya-āyatana, Ⓟcha-bāhira-āyatana, Ⓣphyi-rol-gyi-skyed-mched drug. 색성향미촉법(色聲香味觸法)인 육경(六境)을 이르는 말. 일체(一切)를 십이처(十二處)라 하면 육경은 육외처다. 외육입(外六入)·외육처(外六處)·육외입(六外入)·육외입처(六外入處) 등이라고 하며 육근(六根)은 육내처(六內處)다. 처(處)는 범어 아야타나(Ⓢāyatana)의 한역어로서 양육(養育)·생장(生長)의 뜻으로 심과 심소의 법들이 일어나는 의지처다. 『집이문족론』 권15(대정장26, p.429a9)에 "육외처라 했으니 무엇이 여섯인가? [답] 첫째 색외처, 둘째 성외처, 셋째 향외처, 넷째 미외처, 다섯째 촉외처, 여섯째 법외처다. 색외처란 무엇인가? [답] 저 색이 눈에 들었으니 혹 이미 보았거나 지금 보거나 앞으로 보더라도 혹 저 같게 보인다면 색외처라고 한다. 성·향·미·촉·법외처도 마땅함 따라 자세히 설한다. 六外處者 云何爲六 答 一 色外處 二 聲外處 三 香外處 四 味外處 五 觸外處 六 法外處 云何色外處 答 若色爲眼 或已見 或今見 或當見 或彼同分 是名色外處 聲香味觸法外處 隨所應當廣說"라고 하였다. [참고문헌] 『集異門足論』, 『中阿含經』 권21 「說處經」(대정장1, p.562b16), *Abh-k-bh.143, MN.3.281.* ⇨ 육경 六境, 육입 六入, 육처 六處, 육내처 六內處

육욕 六欲 ❶육근(六根)이 육진 각각을 향해 내는 마음. 『법구비유경』 권1 「심의품 心意品」(대정장4, p.584b12)에 "달리는 마음과 흩어지는 뜻으로 다만 여섯 갈래 욕만을 생각하니 눈은 색을, 귀는 소리를, 코는 향을, 입은 맛을, 몸은 감촉을, 마음은 법을 생각한다. 몸이 고요해도 마음은 쉬지 않아 일찍이 편안하게 쉬어본 적 없어 12년 중에도 능히 도는 얻지 못하였다. 走心散意 但念六欲 目色耳聲 鼻香口味 身更心法 身靜意遊 曾無寧息 十二年中 不能得道", 『마하승기율』 권28(대정장22, p.455c20)에 "만약 어떤 비구가 방일한 마음을 품고서 게으르며 정진하지 않는다면, 모든 근 부여잡지 못하여 여섯 갈래 하고자 하는대로 치달릴 것이다. 若有比丘 心懷放逸懈怠 不精進 不能執持諸根 馳騁六欲"라고 하였다. [참고문헌] 『法句譬喩經』, 『摩訶僧祇律』, 『自誓三昧經』(대정장15, p.345b18). ⇨ 육근 六根, 육적 六賊❶ ❷욕망을 초래하는 여섯 가지 부정한 욕. 육종욕(六種欲)이라고도 한다. 색·형용·위의·언성·세활(色形容威儀言聲細滑) 등에 대한 집착을 말한다. 부정관(不淨觀)으로 대치한다. 『선법요해』 권상(대정장15, p.286b17)에 "만약 음욕이 많은 이라면 반드시 부정을 관하게 하라. 부정에는 두 가지가 있다. 첫째는 악이어서 꺼릴 부정이고, 둘째는 악이고 꺼릴 것은 아니면서 부정이다. 若婬欲多者 應敎觀不淨 不淨有二種 一者 惡厭不淨 二者 非惡厭不淨", "왜 그런가? 중생에게는 여섯 가지 욕이 있다. 첫째 색에 착하고, 둘째 모양에 착하고, 셋째 몸에 착하며, 넷째 말소리에 착하며, 다섯째 부드러움 착하고, 여섯째 사람이라는 상에 착한다. 何以故 衆生有六種欲 一者 著色 二者 著形容 三者 著威儀 四者 著言聲 五者 著細滑 六者 著人相", "앞의 다섯 가지 욕에 집착하는 이에게는 악이고 꺼려야 할 부정이라고 관하게 한다. 사람이라는 상에 집착하면, 그로 하여금 백골이 된 사람의 상을 관하게 한다. 또 사체가 허물어지거나 허물어지지 않은 것을 관하되, 허물어지지 않은 것을 관하면 위의와 말소리에 집착하는 두 가지 욕을 끊고, 이미 허물어진 것을 관하면 여섯 가지 욕을 모두 끊는다. 著五種欲者 令觀惡厭不淨 著人相者 令觀白骨人相 又觀死屍若壞若不壞 觀不壞斷二種欲威儀言聲 觀已壞悉斷六種欲", 『마하지관』 권6(대정장46, p.70a29)에 "여인에게 육욕이 있다. 색욕·형모욕·위의자태욕·언어음성욕·세활욕·인상욕이다. … 육욕으로 저 행인과 만나면 여러 근을 오염시켜 안에서는 혈맥이 움직여 탐상이 겉으로 드러난다. 초과를 얻어도 오히려 아직 끊지 못함인데, 하물며 범부가 끊을 수 있겠는가! 女有六欲 謂色欲 形貌欲 威儀姿態欲 言語音聲欲 細滑欲 人相欲 … 六欲若觸行人 能染汚諸根 內動血脈 貪相外現 初果尙所未斷 何況凡夫", 『석선바라밀차제법문』 권9(대정장46, p.536c17)에 "육욕이란, 첫째 색욕, 둘째 형모욕, 셋째 위의자태욕, 넷째 언어음성욕, 다섯째 세활욕, 여섯째 인상욕 등이다. 이 육욕 중에 능히 여섯가지 애착을 낳는다. 六欲者 一者 色欲 二 形貌欲 三 威儀姿態欲 四 言語音聲欲 五 細滑欲 六 人相欲 此六欲中 能生六種著라고 하였다. 또 『법화현의』 권4(대정장33, p.719b16)에서는 육욕을 수행자를 침몰시키는 못(六欲淵), 수행공덕을 강탈하는 도적(六賊)으로 비유하여, 부정관을 시설한 구상관(九想觀)으로 대치할 수 있다고 하였다. [참고문헌] 『

禪法要解』, 『摩訶止觀』, 『釋禪波羅蜜次第法門』, 『法華玄義』, 『禪要經』(대정장15, p.237c23). ⇨ 육적 六賊 3, 부정관 不淨觀, 구상관 九想觀 3 육욕천(六欲天)의 줄임말. 『원각경대소석의초』 권7(卍속장14, p.741a7)에 "육욕이란 지상에 거주하는 두 천과 구름에 머무는 네 천이다. 六欲者 地居二天 雲居四天"라고 하였다. [참고문헌] 『圓覺經大疏釋義鈔』. ⇨ 육욕천 六欲天

육욕계천 六欲界天 Ⓢ ṣaṭ kāmāvacarā deva-nikāyaḥ, Ⓣ 'dod-pa-na-spyod-pa'i-lha'i-ris-drug po. 욕계의 여섯 하늘. 육욕천(六欲天)이다. 『구사석론』 권8(대정장29, p.217c5 : *Abh-k-bh.*, p.169)에 "[게] 육수욕이라. [석] 이십이천중에 육욕계천이 능히 진욕을 수용하니, 그 외의 하늘은 아니다. 사대왕천 내지는 타화자재천이 이 육천이다. 偈曰 六受欲 釋曰 於二十二中 有六欲界天 能受用塵欲非餘 謂四大王天 乃至他化自在天 此六天 <kārikā> kāmabhujas tu ṣaṭ. <bhāṣya> teṣāṃ tu ṣaṭ kāmāvacarā devanikāyāḥ kāmān paribhuñjate na śeṣāḥ. tad yathā caturmahārājakāyikā yāvat paranirmitavaśavartinaḥ"라고 하였다. [참고문헌] 『俱舍釋論』, 『阿毘曇心論經』 권5(대정장28, p.860a7), *Abh-k-bh.* ⇨ 육욕천 六欲天

육욕사선 六欲四禪 욕계의 육천(六天)과 색계의 사선천(四禪天)을 아울러 부르는 말. 『불조통기』 권32(대정장49, p.313a23)에 "유가에서도 땅에 대해 논하지만 만 리에 그치므로 오천축의 번영과 서해 그 너머에 있는 것들 알지 못함이다. 도가에서도 하늘에 대해 말하지만 삼경에 그치므로 육욕천·사선천·사공처의 높고 먼 것과 무색계 끝없음은 알지 못한다. 儒家談地 止及萬里 則不知五竺之殷盛 西海之有截也 道家談天 止及三境 則不知六欲四禪四空之高遠 無色之無極也", "하물며 만억수미산과 삼천대천이라는 천지에 대해 알려고 하겠으며, 화장세계가 인다라망처럼 온 법계에 겹겹이 건립되어 있음을 알려고 하겠는가? 이것이야말로 천지의 그 끝을 논하는 일이니, 불경에 의지하지 않는다면 그 이르는 곳 다할 수 없다. 況欲知萬億須彌 三千大千之天地耶 況欲知華藏世界 周遍建立 如帝網耶 是則談天地之極際者 非憑佛經 不足以盡其致也"라고 하였다. [참고문헌] 『佛祖統紀』, 『楞嚴經正脈疏』 권9(卍속장18, p.817b2). ⇨ 육욕천 六欲天, 사선천 四禪天 1, 천 天

육욕지 六浴池 보현보살(普賢菩薩)을 태운 크고 흰 코끼리의 여섯 개 상아 끝에 고인 여섯 연못. 팔해탈(八解脫)을 상징한다. 『관보현보살행법경』(대정장9, p.390a3)에 "여섯 개 상아 그 끝에 여섯 연못이 있다. 於六牙端有六浴池", 『보현관경의소』 권상(卍속장55, p.331a14)에 "그 코끼리의 여섯 상아는 육신통이고 상아 끝에 있는 연못은 팔해탈이다. 팔해탈은 선의 몸이고 육신통은 정의 용이니 체용상즉을 뜻한다. 其象六牙卽六神通 牙端有池卽八解脫 八解是禪體 六通是定用 體用相卽也"라고 하였다. [참고문헌] 『觀普賢菩薩行法經』, 『普賢觀經義疏』. ⇨ 육아백상 六牙白象, 보현보살 普賢菩薩

육욕천 六欲天 Ⓢ ṣaṭ kāma-avacarā devāḥ, ṣaṭ kāma-avacarā deva-nikāyāḥ, Ⓟ cha-kāmasaggā, Ⓣ 'dod-pa'i-lha'i ris drug-po. 욕계에 열린 여섯 하늘(天). 욕계육천(欲界六天)이라고도 한다. 사천왕천(四天王天)·도리천(忉利天)·야마천(夜摩天)·도솔천(兜率天)·화락천(化樂天)·타화자재천(他化自在天)을 말한다. 육욕천은 염부제 위로 수직적 단계에 따라 다음과 같이 위치한다. ① 사천왕천(Ⓢ Catur-mahā-rāja-kāyika) : 염부제에서 사만유순 위에 있다. 수미산 중간의 넷째 층에 있는데 수미산을 중심으로 동쪽에 지국천(持國天 Ⓢ Dhṛtarāṣṭra), 남쪽에 증장천(增長天 Ⓢ Virūḍhaka), 서쪽에 광목천(廣目天 Ⓢ Virūpākṣa), 북쪽에 다문천(多聞天 Ⓢ Vaiśravaṇa)이 있다. 네 층위에는 순서대로 견수(堅手)·지만(持鬘)·항교(恒憍) 등의 야차에 이어 사천왕과 그 권속들이 머문다. 이곳에서는 인간세계의 오십 년을 하루로 삼아 오백 년의 수명을 누린다. ② 도리천(Ⓢ Trāyas-triṃśa) : 삼십삼천(三十三天)이라고도 한다. 염부제에서 팔만유순 위에 있다. 크기는 종횡으로 각각 팔만유순이다. 중앙의 제석천을 중심으로 사방에 각각 여덟 하늘이 있어서 모두 삼십삼천이 된다. 이곳에서는 인간의 백 년을 하루 밤낮으로 삼아 천 년을 산다. ③ 야마천(Ⓢ Yāma) : 시분천(時分天)이라고도 한다. 염부제 위로 십육만유순 거리에 있다. 주재자는 수야마천(Ⓢ Suyāma-deva-rāja)이다. 이곳에서는 인간의 이백 년을 하루로 삼아 이천 년의 수명을 누린다. ④ 도솔천(Ⓢ Tuṣita) : 도시다천(覩史多天)·희족천(喜足天)이라고도 한다. 염부제에서 삼십이만유순 위에 있다. 누리는 것보다 더 크게 만족하는 마음이 일어나는 곳이다. 인간세계의 사백 년을 하루 밤낮으로 삼아 사천 년의 수명을 누린다. ⑤ 화락천(Ⓢ Nirmāṇa-rati) : 화자재천(化自在天)·낙변화천(樂變化天)·무교락천(無憍樂天)·무공고천(無貢高天)이라고도 한다. 이곳에서는 자재한 신통력으로 수승한 오욕(五欲)의 경계를 만들어서 스스로 누린다. 염부제에서 육십사만유순 위에 있다. 인간세계의 팔백 년이 이곳의 하루에 해당하는데 팔천 년의 수명을 누린다. ⑥ 타화자재천(Ⓢ Para-nirmita-vaśa-vartin) : 자재천(自在天)이라고도 한다. 타인이 화작하여 만든 수승한 오욕의 경계를 자유롭게 누리는 곳이다. 염부제에서 백이십팔만유순 위에 있다. 인간세계의 천육백 년을 하루의 밤낮으로 삼아 만육천 년의 수명을 누린다. 수미산 중턱에 있는 사천왕천과 정상에 있는 도리천은 땅에 의지하므로 지거천(地居天)이라 하고, 그 위에 있는 나머지 네 하늘은 허공에 머물러서 공거천(空居天)이라 한다.『대지도론』 권22(대정장25, p.227c16)에 "음욕을 끊지 못하면 육욕천에 난다. 그곳에는 미묘하고 청정한 오욕이 있다. 若不能斷婬欲 卽生六欲天中 是中有妙細淸淨五欲", 같은 책 권30(대정장25, p.279c28)에 "육욕천이란 사천왕천 등이다. 육욕천의 중간에 따로 또 천이 있으니, 지영락천·희망천·심에천·조족천·낙견천이다. 이들 천은 모두 육천이 거느린다. 六欲天者 四王天等 於六天中間 別復有天 所謂持瓔珞天 戲忘天 心恚天 鳥足天 樂見天 此諸天等 皆六天所攝",『현종론』 권16(대정장29, p.853b10)에 "오직 육욕천에서만 묘욕의 경계를 누린다. 육욕천은 다음과 같다. 첫째, 사대왕중천은 사대왕과 그들이 이끄는 무리들을 말한다. 혹 저 천중들이 사대왕을 모시는 것은 사대왕이 다스리기 때문이다. 둘째, 삼십삼천이다. 이곳은 삼십삼부의 천들이 머무는 곳이다. 수미산 정상 사방에 각각 팔부의 천중이 있고 중앙에 제석천이 있어서 삼십삼천이 된다. 셋째, 야마천이다. 이곳에서는 시시각각 즐겁다고 말한다. 넷째, 도사다천이다. 그 천에서는 자신이 받은 것보다 많이 기뻐하고 만족하는 마음을 일으킨다. 다섯째, 낙변화천이다. 이곳에서는 기꺼이 자주 욕경을 지어 그 안에서 즐거움을 누린다. 여섯째, 타화자재천이다. 저 천에서는 타인이 화작한 욕경에서 자재롭게 즐거움을 누린다. 唯六欲天 受妙欲境 六欲天者 一 四大王衆天 謂彼有四大王及所領衆 或彼天衆事四大王 是四大王之所領故 二 三十三天 謂彼天處 是三十三部諸天所居 妙高山頂四面 各有八部天衆 中央有一 卽天帝釋 故三十三 三 夜摩天 謂彼天處 時時多分 稱快樂哉 四 覩史多天 謂彼天處 多於自所受 生喜足心 五 樂變化天 謂彼天處 樂數化欲境 於中受樂 六 他化自在天 謂彼天處 於他所化欲境 自在受樂"라고 하였다. 〔참고문헌〕『大智度論』,『顯宗論』,『俱舍論記』 권8(대정장41, p.148b1), *Dharm-s.339.*, *Abh-k-bh.169.* ⇨ 천 天, 욕계육천 欲界六天, 사천왕천 四天王天, 도리천 忉利天, 야마천 夜摩天, 도솔천 兜率天, 화락천 化樂天, 타화자재천 他化自在天, 욕계 欲界

육욕천음상 六欲天婬相 욕계천(欲界天)이 음욕을 벗어나지 못하는 모습.『구사론』 권11(대정장29, p.60b4 : *Abh-k-bh.*, p.169)에 "〔논〕 오직 육욕천에서 묘욕경을 누린다. 이 중 첫 두 곳의 천(사천왕천과 도리천)은 땅에 의지하여 천에 머무니 사람과 다름 없이 몸을 섞어서 음행한다. 論曰 唯六欲天受妙欲境 於中初二依地居天 形交成婬與人無別 teṣāṃ tu ṣaṭ kāmāvacarā devanikāyāḥ kāmān paribhuñjate na śeṣāḥ. tadyathā caturmahārājakāyikā yāvat paranirmitavaśavartinaḥ. te punaḥ dvaṃdvāliṅganapāṇyāptihasitekṣitamaithunāḥ"라고 하였다. 〔참고문헌〕『俱舍論』, *Abh-k-bh.* ⇨ 육욕천 六欲天, 사도리교형 四忉利交形

육욕천자 六欲天子 육욕천(六欲天)을 달리 이르는 말. 또는 육욕천과 더불어 그곳의 모든 천자들을 아울러 일컫기도 한다.『범망경합주』 권3(卍속장60, p.675b14)에 "육욕천자는 욕계를 달리 가리키는 말이다. 첫째 사천왕천, 둘째 도리천, 셋째 야마천, 넷째 도솔천, 다섯째 화락천, 여섯째 타화자재천이다. 六欲天子 別指欲界 一 四王天 二 忉利天 三 夜摩天 四 兜率天 五 化樂天 六 他化自在天",『범망경보살계주』 권상(卍속장60, p.525a9)에 "육욕천자 : 욕계육천과 모든 천자들을 합친 것이다. 六欲天子 欲界六天 幷諸天子"라고 하였다. 〔참고문헌〕『梵網經合註』,『梵網經菩薩戒注』. ⇨ 육욕천 六欲天

육욕천주 六欲天主 욕계육천(欲界六天)의 주. 마왕(魔王)을 말한다.『대지도론』 권10(대정장25, p.134c23)에 "마왕은 육욕천주이다. 魔王 六欲天主",『사교의주휘보보굉기』 권3하(卍속장102, p.425b5)에 "또한 제석천은 지거천주이고, 마왕은 육욕천주이다. 비록 욕계를 주재하지만 제석과 사왕천이 불법을 행하고자 하면 마왕도 막지 못함은 저『감통전』과 같다. 又帝釋爲地居天主 魔王爲六欲天主 雖主欲界 帝釋四王 欲行佛法 魔不得制 如感通傳"라고 하였다. 〔참고문헌〕『大智度論』,『四教儀註彙補輔宏記』. ⇨ 마왕 魔王, 육욕천 六欲天

육용사 六榕寺 중국 광동성(廣東省) 광주(廣州)에 있는 절. 당대 문인 왕발(王勃 650~676)이 찬한 「광주보장엄사사리탑비 廣州寶莊嚴寺舍利塔碑」에 따르면, 양(梁)나라 537년(대동3)에 법사 담유(曇裕)가 화탑과 함께 건립할 당시에는 보장엄사(寶莊嚴寺)라고 하였다. 당대에 중수하였고, 오대(五代) 때 장수사(長壽寺)로 개칭하였다. 1099년 북송 때 소동파(蘇東坡)가 들렀을 때 여섯 그루의 큰 용나무(榕 : 菩提樹)를 보고서 '육용 六榕'이라는 두 글자를 직접 액문(額文)을 썼고 이후 육용사라 부르기 시작했으며, 남송 단평년간(1234~1236)에 정혜사(淨慧寺)라는 이름이 붙여졌음에도 여전히 육용사로도 불리었다. 육조혜능(六祖慧能)이 홍인(弘忍)으로부터 의발을 전수받은 후 머문 적 있어 후대에 조성한 육조동상이 전한다. 또 여러 차례 중보수를 거친 누각식 육용사화탑이 현존하는데, 전체 높이는 57m이고 벽돌과 목재로 이루어져 있다. 〔참고문헌〕『廣東新語』 권19 「墳語」. ⇨ 정혜사 淨慧寺

육우 陸羽 733~803. 당대 은사(隱士). 호는 상저옹

(桑苧翁)·경릉자(竟陵子)·동강자(東岡子)·동원선생(東園先生), 자는 홍점(鴻漸). 복주(復州 : 湖北省) 경릉(竟陵) 출신. 차(茶)에 관한 최초의 전문서인 『다경 茶經』 3권을 지었기에 다신(茶神)·다선(茶仙)·다성(茶聖)으로 널리 추앙받는다. 출생은 상세하지 않고, 어려서 경릉지적(竟陵智積)선사가 데려다 키웠다고 전한다. 커서 점을 쳤는데, 『주역 周易』 「점괘 漸卦」의 "기러기 점차 육지로 날아드니 그 날개를 가히 위의로 삼을 만하다. 鴻漸于陸 其羽可用爲儀"라는 효사(爻辭)가 나와 스스로 이름을 '육우' 또는 '육홍점'이라 했다고 전한다. 지적선사가 두루 가르쳤으나 훗날 도망가 광대(優人)가 되었다. 지적이 입적한 후에는 매우 슬퍼하며 시를 지어 부치기도 하였다. 초계(苕溪 : 浙江省 湖州)에 은거하면서부터 교연(交然)·안진경(顔眞卿) 등과 교유하였다. 말년에는 명성이 퍼져 조정에서 부르기도 하였으나 문을 닫아걸고 저술에 몰두하였다 한다. [참고문헌] 『佛祖歷代通載』 권14(대정장49, p.611b18), 『祖庭事苑』 권4(卍속장113, p.107b6), 『名公法喜志』 권2(卍속장150, p.85b6).

육우근행 六憂近行 십팔의근행(十八意近行)으로 거두는 여섯 우근행(憂近行). 육근이 육경(色聲香味觸法)을 만난 후 일어난 각각에 우처(憂處)로 가까이 행함. 『집이문족론』 권15(대정장26, p.430a11)에 "육우근행에서 여섯 가지는 무엇인가? [답] 첫째 눈으로 색을 보고는 우처색을 따라 근행하고, 둘째 귀로 소리를 듣고는 우처성을 순해 근행하며, 셋째 코로 냄새를 맡고는 우처향을 순해 근행하고, 넷째 혀로 맛을 본 후 우처미를 순해 근행하며, 다섯째 몸으로 감촉을 느낀 다음 우처촉을 순해 근행하고, 여섯째 의로 법을 안 다음 우처법을 순해 근행한다. 六憂近行者 云何爲六 答 一 眼見色已 順憂處色近行 二 耳聞聲已 順憂處聲近行 三 鼻嗅香已 順憂處香近行 四 舌嘗味已 順憂處味近行 五 身覺觸已 順憂處觸近行 六 意了法已 順憂處法近行", "눈으로 색을 보고 나서 우처색을 순해 근행한다는 말은, 눈으로 색을 보고 나서는 한결같이 좋지 않고 즐겁지 않으며 기쁘지 않고 마음에 들지 않아 근심스럽게 생각하니, 이 색에 대한 근심스런 생각 때문에 생겨난 근심을 수용하니 이것이 눈으로 색을 보고 우처색을 순하는 근행이라고 한다. 귀코혀몸의의 근행 역시 그러하다. 眼見色已 順憂處色近行者 謂眼見色已 於一向不可愛 一向不可樂 一向不可欣 一向不可意色 以順憂處 作意思惟 若於此色 由順憂處 作意思惟 所生憂受 是名眼見色已順憂處色近行 耳鼻舌身意憂近行亦爾"라고 하였다. [참고문헌] 『集異門足論』, 『俱舍論』 권10(대정장29, p.53c3). ⇨ 십팔의근행 十八意近行, 의근행 意近行

육위 六位 ❶ 보살의 수행위를 여섯으로 구분함. 십신(十信)·십주(十住)·십행(十行)·십회향(十廻向)·십지(十地)·불지(佛地)를 말한다. 60권본 『화엄경』에서 설하고 있으며, 80권본에서는 등각위(等覺位)를 더하여 칠위를 설하고 있다. 『화엄오교장』 권2(대정장45, p.489b25)에 "첫째로 차별적인 위에 의지하여 나타낸다는 말은, 수행의 십신으로 시작하여 불지에 이르기까지 육위로 같지 않으니, 하나의 위를 얻음에 따라 일체위를 얻는다. 一 約寄位顯 謂始從十信 乃至佛地 六位不同 隨得一位 得一切位"라고 하였다. [참고문헌] 『華嚴五教章』. ⇨ 보살계위 菩薩階位 ❷ 무심지(無心地)의 여섯 위. 『유가사지론』 권13(대정장30, p.345a9)에 "분위를 건립한다는 것은, 육위를 제하면 그 나머지는 유심지라고 함을 알아야 한다. 어떤 것이 여섯인가? 무심수면위·무심민절위·무상정위·무상생위·멸진정위·무여의열반계위를 말한다. 이와 같은 육위를 무심지라고 한다. 分位建立者 謂除六位 當知所餘名有心地 何等爲六 謂無心睡眠位 無心悶絶位 無想定位 無想生位 滅盡定位 及無餘依涅槃界位 如是六位 名無心地", 『유가사지론의연』 권1(금장120, p.186a5)에 "육위란 말은 무상천이라는 이숙과 두 무심정과 수면과 민절, 무여의열반 이렇게 여섯이다. 言六位者 無想異熟 二無心定 睡眠 悶絶 及無餘依 是爲六也"라고 하였다. [참고문헌] 『瑜伽師地論』, 『瑜伽師地論義演』. ❸ 육종관으로 얻은 여섯 과의. ⇨ 육종관 六種觀 ❹ ➡ 육위심소 六位心所

육위심소 六位心所 여섯 범주의 심소. 심왕(心王)에 의지해 일어나는 자성이 다른 마음씀의 모습들이다. 설일체유부와 유식학파의 두가지 설이 있다. [설일체유부의 육위심소] 총 46종의 심소를 여섯으로 나눴다. 첫째, 대지법(大地法 Ⓢ mahā-bhūmika)이다. 갖가지 마음이 일어날 때 함께하는 심소로 선악무기(善 惡 無記)에 관계없이 모든 마음에 동반되기에 이렇게 부른다. 10종이 있다. 둘째, 대선지법(大善地法 Ⓢ kuśala-mahābhūmika)이다. 선심과 함께하는 심소로 10종이 있다. 셋째, 대번뇌지법(大煩惱地法 Ⓢ kleśa-mahābhūmika)이다. 모든 불선심(不善心)과 유부무기심(有覆無記心) 등과 함께하는 심소로 일체번뇌가 동반한다. 6종이 있다. 넷째, 대불선지법(大不善地法 Ⓢ akuśala-mahābhūmika)이니 모든 불선심과 함께하는 심소로 2종이 있다. 다섯째, 소번뇌지법(小煩惱地法 Ⓢ parītta-kleśa-bhūmika)이니 특정의 불선심과 유부무기심과만 함께하는 심소로 수번뇌지법(隨煩惱地法)이라고도 한다. 10종이 있다. 여섯째, 부정지법(不定地法 Ⓢ aniyata)이다. 위의 다섯 범주로 확정할 수 없는 심소로 이들도 선악무기에 모두 통하고 8종이 있다. 『법화경현찬요집』 권5(卍속장53, p.534a16)에 "(유부의) 심소유법은 육위의 마흔 여섯가지다. 우선 첫째로 대지법에 열인데 수·상·사·촉·욕·혜·염·작의·승혜·삼마지가 그것으로서 일체심에 편재한다. 둘째로 대선지법도 열인데 신·불방일·경안·사·참·괴·두가지 근(무탐·무진)·불해·근으로서 오직 선심에만 편재한다. 셋째로 대불선지법은 둘인데 무참·무괴로서 오직 불선심에만

〈표1〉 설일체유부 육위심소

육위 六位	분류	종수	심소	합계
육위 六位	대지법 大地法	10종	수·상·사·촉·욕·혜·염·작의·승해·삼마지	46종
	대선지법 大善地法	10종	신·불방일·경안·사·참·괴·무탐·무진·불해·근	
	대번뇌지법 大煩惱地法	6종	치·방일·해태·불신·혼침·도거	
	대불선지법 大不善地法	2종	무참·무괴	
	소번뇌지법 小煩惱地法	10종	분·부·간·질·뇌·해·한·첨·광·교	
	부정지법 不定地法	8종	심·사·수면·악작·탐·진·만·의	

편재한다. 넷째로 대번뇌지법에는 여섯이 있다. 치·방일·해태·불신·혼침·도거이다. 다섯째로 소번뇌지법은 열가지다. 분·부·간·질·뇌·해·한·첨·광·교이다. 여섯째로 부정지법은 여덟이니 탐·진·만·의·악작·수면·심·사이다. 心所有法有六位四十六 且第一大地法有十 謂受想思觸欲 慧念與作意 勝解三摩地 遍於一切心 二 大善地法有十 謂信及不放逸 輕安捨慚愧 二根及不害勤 唯遍善心 三 大不善法有二 謂無慚 無愧 唯遍不善心 四 大煩惱地有六 癡 放逸 懈怠 不信 惛沉 掉擧 五 小煩惱有十 忿 覆 慳 嫉 惱 害 恨 諂 誑 憍 六 不定有八 謂貪 嗔 慢 疑 惡作 睡眠 尋 伺", 『사분율소식종의기』 권7(卍속장66, p.426b9)에 "심소 오위에 부정지법을 합하여 육위가 되고, 총 마흔여섯가지가 있다. 첫째는 대지법으로서 열가지다〈대승의 변행심소와 별경심소에 해당하며, 구역에서는 통대지라고 하였다〉. 둘째는 대선지법으로서 열가지다〈대승의 선심소 열한가지 중 무치를 제외한 것이다〉. 셋째는 대번뇌지법으로서 여섯가지다〈무명·방일·해태·불신·혼침·도거다〉. 넷째는 대불선지법으로서 두가지다〈무참·무괴다〉. 다섯째는 소번뇌지법으로서 열가지다〈대승의 이십수번뇌 중 앞의 열가지에 해당한다〉. 여섯째는 부정지법으로서 여덟가지다〈대승의 부정심소 네가지 외에 탐·진·만·의를 더한다〉. 心所五位 幷不定地 合有六位 總四十六 第一 大地法十〈卽大乘遍行 及別境舊名通大地〉 第二 大善地十〈大乘十一中 除無癡〉 第三 大煩惱六〈無明 放逸 懈怠 不信 惛沈 掉擧〉 第四 大不善地二〈無慚 無愧〉 第五 小煩惱十〈卽大乘二十隨煩惱中 初十是也〉 第六 不定地八〈大乘四外 加貪嗔慢疑〉"라고 하였다. 〔유식의 육위심소〕 총 51심소를 여섯으로 나눴다. 첫째, 변행심소(遍行心所 Ⓢsarvatra-ga)다. 모든 심왕·심소와 함께하는 심소로 5종이다. 둘째, 별경심소(別境心所 Ⓢviniyata)이니 한정된 경들과만 함께하는 심소로 5종이다. 셋째, 선심소(善心所 Ⓢkuśala)다. 선심과 함께하는 심소로 11종이다. 넷째, 번뇌심소(煩惱心所 Ⓢkleśa)이니 근본번뇌의 심소로 6종이다. 다섯째, 수번뇌심소(隨煩惱心所 Ⓢupakleśa)다. 근본번뇌를 따라 일어나는 심소로 20종이다. 여섯째, 부정심소(不定心所

〈표2〉 유식학파 육위심소

육위 六位	분류	종수	심소	합계
육위 六位	변행遍行	5종	촉·작의·수·상·사	51종
	별경別境	5종	욕·승해·염·정·혜	
	선善	11종	신·정진·참·괴·무탐·무진무치 경안·불방일·행사·불해	
	번뇌煩惱	6종	탐·진·치·만·의·악견	
	수번뇌 隨煩惱	20종	분·한·뇌·부·광·첨·교 해·질·간·무참·무괴불신 해태·방일·혼침·도거 실념·부정지·산란	
	부정不定	4종	회·면·심·사	

Ⓢaniyata)이니 위의 다섯으로 정할 수 없는 부류의 심소로 4종이다. 『대승백법명문론』(대정장31, p.855b23)에 "심소유법에는 크게 51종이 있는데 나누면 육위다. 첫째로 변행심소에 다섯이 있고, 둘째로 별경심소도 다섯이 있으며, 셋째로 선심소는 열한가지다. 넷째로 번뇌심소에 여섯이 있고, 다섯째로 수번뇌심소에는 열두가지가 있고, 여섯째로 부정심소에는 네가지다. 心所有法 略有五十一種 分爲六位 一 遍行有五 二 別境有五 三 善有十一 四 煩惱有六 五 隨煩惱有二十 六 不定有四", "첫째, 변행심소의 다섯은 작의·촉·수·상·사다. 둘째, 별경심소의 다섯은 욕·승해·염·정·혜다. 셋째, 선심소의 열가지는 신·정진·참·괴·무탐·무진·무치·경안·불방일·행사·불해다. 넷째, 번뇌심소의 여섯은 탐·진·만·무명(치)·의·부정견(악견)이다. 다섯째, 수번뇌심소의 스무가지는 분·한·뇌·부·광·첨·교·해·질·간·무참·무괴·불신·해태·방일·혼침·도거·실념·부정지·산란이다. 여섯째, 부정심소는 수면·악작·심·사다. 一 遍行五者 一作意 二觸 三受 四想 五思 二 別境五者 一欲 二勝解 三念 四定 五慧 三 善十一者 一信 二精進 三慚 四愧 五無貪 六無嗔 七無癡 八輕安 九不放逸 十行捨 十一不害 四 煩惱六者 一貪 二嗔 三慢 四無明 五疑 六不正見 五 隨煩惱二十者 一忿 二恨 三惱 四覆 五誑 六諂 七憍 八害 九嫉 十慳 十一無慚 十二無愧 十三不信 十四懈怠 十五放逸 十六惛沈 十七掉擧 十八失念 十九不正知 二十散亂 六 不定四者 一睡眠 二惡作 三尋 四伺"라고 하였다. 이상의 내용을 정리하면 〈표〉와 같다. 〔참고문헌〕『法華經玄贊要集』, 『四分律疏飾宗義記』, 『大乘百法明門論』. ⇨심소 心所 [1], 오위칠십오법 五位七十五法, 오위백법 五位百法, 대지법 大地法, 대선지법 大善地法, 대번뇌지법 大煩惱地法,

대불선지법 大不善地法, 소번뇌지법 小煩惱地法, 부정지법 不定地法, 변행심소 遍行心所, 별경 別境, 선심소 善心所, 번뇌 煩惱, 수번뇌 隨煩惱, 부정사 不定四

육유 六喩 ❶ 일체유위법의 연기(緣起) 무자성(無自性) 공(空)의 뜻을 여섯 가지로 비유함. 『금강경』에서 특히 반야의 뜻을 밝히기 위한 비유로 널리 알려져 금강육유(金剛六喩)라고 부른다. 『금강경』(대정장8, p.752b28)에 "일체유위법은 꿈·허깨비·물거품·그림자와 같고, 이슬과도 같고 번개와도 같으니 마땅히 이와 같이 관하라. 一切有爲法 如夢幻泡影 如露亦如電 應作如是觀", 『대품반야경』 권12 「무작품 無作品」(대정장8, p.310a2)에 "보살마하살은 제법이 꿈과 같고 아지랑이 같으며 그림자와 같고 메아리와 같으며 허깨비와 같고 환화와 같다는 것을 안다. 菩薩摩訶薩 知諸法如夢 如焰 如影 如響 如幻 如化", 같은 책 권23 「육유품」(대정장8, p.390a10)에 "이 오음 실로 꿈과 같고 메아리와 같으며 그림자와 같고 아지랑이와 같으며 허깨비와 같고 환화와 같다고 안다. 오음 저 꿈과 같아서 상 없고 내지는 환화와 같이 상이 없다. 왜 그런가? 꿈은 자성이 없으니 메아리·그림자·아지랑이·허깨비·환화 또한 모두 자성이 없기 때문이다. 知是五陰 實如夢 如響 如影 如焰 如幻 如化 五陰如夢無相 乃至如化無相 何以故 夢無自性 響影焰幻化 皆無自性", 『금강경휘찬』 권상 「전경대강 全經大綱」(卍속장40, p.255a7)에 "여섯 가지 비유를 보여서 반야를 바로 보는 긴요한 문으로 삼았으니 모든 수행인은 마땅히 이에 들어가야 한다. 示以六喩 爲般若正觀要門 諸修行人 宜從此入", 『감산집』 권14 「여종현선인 與宗玄禪人」(卍속장127, p.395a12)에 "『금강경』에서는 여섯 가지 비유로 반야에 들어가는 깊은 문으로 삼았으니, 꿈을 여섯 유 중 그 머리에 두었다. 당신이 능히 이 몽사로 모든 법 관하여 법법이 저 꿈 같아서 마침내 가히 얻을 길 없으리니, 그 얻을 것 없는 곳이야말로 반야가 돌아갈 끝이 되리라. 金剛以六喩 爲入般若之玄門 且夢爲六喩之首 公能以此夢事 例觀諸法 則法法如夢 畢竟不可得 不可得處 爲般若歸極", 『유마경』 권하(대정장14, p.553c24 : *Vikī-n.*, p.402)에 "꿈·허깨비·그림자·메아리·거울에 비친 영상·물에 잠긴 달·더울 때 아지랑이, 이와 같은 것으로 비유하여 불사를 짓는다. 有以夢 幻 影 響 鏡中像 水中月 熱時炎 如是等喩而作佛事 evaṃ svapna-pratibhāsa-dakacandra-pratiśrutkā-māyā-marīcy-upamopanyā-sākṣara-vibhakti-nirdeśāḥ sattvānāṃ buddhakṛtyaṃ kurvanti"라고 하였다. 〔참고문헌〕『金剛經』, 『大品般若經』, 『金剛經彙纂』, 『憨山集』, 『維摩經』, *Vikī-n.*, *Vajr-pr.62.* ⇨ 여몽환포영여로역여전 如夢幻泡影如露亦如電, 금강경육비유 金剛經六譬喩, 대승십유 大乘十喩, 육여 六如

❷ 염불삼매(念佛三昧)의 뛰어난 공덕을 여섯 가지로 비유함. 『관불삼매해경』 권10(대정장15, p.695b24)에서는 염불삼매의 뛰어난 공덕을 장자(長者)의 염부단나자금(閻浮檀那紫金)·왕의 보인(寶印)·장자의 여의주(如意珠)·선인(仙人)의 선주(善呪)·역사의 계주(髻珠)·겁말(劫末)의 금강산(金剛山) 등 여섯 가지 수승함으로 비유한다. 〔참고문헌〕『觀佛三昧海經』. ⇨ 관불삼매해경육비 觀佛三昧海經六譬

육육경 六六經 Ⓟ Chachakka-sutta. 육육법문(六六法門)을 설한 경. 『육육계경 六六契經』이라고도 하며, 『잡아함경』 권13 제304경인 「육육법경 六六法經」(대정장2, pp.86c23~87a26 : *Chachakka-sutta, MN. 3,* pp.280~287)을 일컫는다. 〔참고문헌〕『雜阿含經』, *MN.* ⇨ 육육법문 六六法門

육육법 六六法 육이라는 법수(法數)를 지닌 법들. 육내입처(六內入處)·육외입처(六外入處)·육식신(六識身)·육촉신(六觸身)·육수신(六受身)·육애신(六愛身)을 말한다. 『잡아함경』 권13(대정장2, p.86c26)에 "무엇들로 육육법을 삼는가? 육내입처·육외입처·육식신·육촉신·육수신·육애신을 말한다. 何等爲六六法 謂六內入處 六外入處 六識身 六觸身 六受身 六愛身", 같은 책(대정장2, p.93a17)에 "이때 세존께서 비구들에게 말씀하셨다. '늘 행해야 할 여섯 가지 행이 있다. 무엇이 여섯인가? 저 비구가 눈으로 색을 보고도 괴롭지도 즐겁지도 않아 바르게 기억하고 바르게 알아 평정한 마음으로 머무니, 귀로 듣고 코로 맡으며 혀로 맛보고 몸으로 느끼며 마음으로 법을 앎에도 괴로움도 즐거움도 아니어서 다 버려 머문다. 이를 비구의 육상행이라고 한다'. 爾時 世尊告諸比丘 有六常行 云何爲六 若比丘眼見色 不苦不樂 正念正智捨心住 耳聲 鼻香 舌味 身觸 意識法 不苦不樂 捨心住正念正智 是名比丘六常行"라고 하였다. 〔참고문헌〕『雜阿含經』.

육육법문 六六法門 Ⓢ Ṣaṭṣaṭko dharma-paryāyaḥ, Ⓣ Drug-tsan-drug-pa. 여섯이란 법수로 열린 법들. 육육법이란 육근(六根)·육경(六境)·육식(六識)·육촉(六觸)·육수(六受)·육애(六愛) 등을 말한다. 『구사론』 권10(대정장29, p.52b15 : *Abh-k-bh.*, p.143)에 "어떤 이는 '따로 법이 마음과 상응하고, 셋이 화합하여 생겨남을 촉이라고 한다'하고 저 경을 이끌어 증하니 경에서 말하길 '무엇이 육육법문인가? 첫째 육내처, 둘째 육외처, 셋째 육식신, 넷째 육촉신, 다섯째 육수신, 여섯째 육애신이다'라고 하였는데, 이 계경 중에 근경식 외에 따로 육촉을 설하였기에 촉이 따로 있다는 것이다. 그러나 셋이 화합한 바로 그것을 촉이라 한다고 설했으니, 이는 뒤에서 인용한 『육육경』을 해석하여 말하길 '별도로 설했다고 해서 별체가 있는 것은 아니다. 수(受)도 애(愛)도 법처섭이 아니라고 할 수 없다'. 有說別法與心相應 三和所生 說名爲觸 彼引經證 經言 云何六六法門 一 六內處 二 六外處 三 六識身 四 六觸身 五 六受身 六 六愛身 此契經中 根境識外 別說六觸 故觸別有說卽三和 名爲觸者 釋後所引 六六經言 非由別說 便有別體 勿受及愛 非法處攝 kecit punaś cittasaṃprayuktaṃ dharmāntaram eva sparśaṃ vyācakṣate, sūtraṃ cātra jñāpakam ānayanti ṣaṭṣaṭko dharmaparyāyaḥ katamaḥ. ṣaḍ ādhyātmikāny āyatanāni. ṣaṭ bāhyāny āyatanāni. ṣaṭ vijñānakāyāḥ. ṣaṭ sparśakāyaḥ. ṣaṭ vedanākāyāḥ. ṣaṭ tṛṣṇākāyā iti. atra hīndriyārthavijñānebhyaḥ sparśakāyāḥ pṛthag deśitāḥ. tatra ye saṇipātam eva sparśam āhus ta evaṃ parihāram āhuḥ. na vai pṛthagnirdeśāt pṛthagbhāvo bhavati. mā bhūd dharmāyatanād vedanātṛṣṇayoḥ pṛthagbhāva iti"라고 하였다. 〔참고문헌〕『俱舍論』, 『順正理論』 권4(대정장29, p.348c22), 『俱舍論記』 권10(대정장41, p.175b22), *Abh-k-bh.*

육음 六陰 **1** 오음(五陰 : 五蘊)에 하나를 더한 것. 실제 법상(法相)은 없으며 순전히 언설로만 세운다. 육온(六蘊)이라고도 하며, 음(陰)은 음(蔭)이라고도 쓴다. 경론에 따라서는 '여섯 번째 음'(第六陰)이라 쓰고 같은 의미다. 또 이같은 맥락에서 사제(四諦)에 대한 오제, 십이입(十二入)에 대한 십삼입, 십팔계(十八界)에 대한 십구계, 육근(六根)에 대한 칠근, 일두(一頭)에 대한 이두, 양수(兩手)에 대한 삼수 등이 있는데, 이들 모두 육음과 마찬가지다. 법수(法數)의 정법(正法)으로서의 위상을 견고히 하기 위함도 있으나, 한편 이 언어분별을 넘어서 있는 무자성(無自性) 공(空)을 역설적으로 드러내기위한 가설로 등장한다. 40권본 『대반열반경』 권36(대정장12, p.578a12)에 "마왕이 부처님 모습으로 변하자 수라장자가 이를 보고 놀랐다. 마왕은 장자의 마음이 이미 움직였음을 보고 장자에게 말하길, '내가 앞서 사진제를 설하였지만 진실이 아니다. 이제 너에게 다시 오제·육음·십삼입·십구계를 설하겠다'. 장자가 듣고서 법상을 자세히 살피니 도무지 이런 이치가 없었다. 이런 까닭에 자신의 마음을 굳건히 지키고서 흔들리지 않았다. 魔王化作佛像 首羅長者 見已心驚 魔見長者 其心動已 卽語長者 我先所說 四眞諦者 是說不眞 今當爲汝更說 五諦六陰 十三入十九界 長者聞已 尋觀法相 都無此理 是故堅持其心不動", 『심부주』 권3(卍속장111, p.88a15)에 "마음이 만약 분별하지 않는다면 법에는 끝내 그 어떤 허물도 없다. 옳게 여기기에 육음과 칠정이고, 그르게 여기기에 머리 둘에 손 셋이 된다. 〈주〉 한 마음 진경 위에서 옳거니 그르니 하거늘, 모두 정식에서 일어난 뜻풀이여서 실의 뜻은 있지 않다. 그러므로 『신심명』(대정장48, p.376c5)에서는 '시비가 일어나자마자 어지럽게 마음을 잃고 만다'라고 하였고, 『대방등대집경』 권5(대정장13, p.78b4)에 '저 제5대·제7정·제19계와 같이 나옴도 없고 들어감도 없으며 생도 없고 멸도 없으며 조작도 없고 심의식마저 없어야 허물이 없다고 한다'라고 하였다. 心若不分 法終無咎 是之而六蔭七情 非之而二頭三手 於一心眞境之上 說是說非 皆是情生意解 無有實義 故信心銘云 纔有是非 紛然失心 如大集經云 如第五大 如第七情 如十九界 無出無入 無生無滅 無有造作 無心意識 乃名無過", 『조계진각국사어록』 「최상서우축수재소참 崔尙書瑀祝壽齋小叅」(한불전6, p.20b16)에 "학인이 진각에게 물었다. '앞서 (寒山의 시에) 「곧장 보리의 길을 밟아 가라」고 하였거늘, 그 길 어디에 있습니까?' '상좌여!' '네!' '이 무엇인가?' '지금 능히 듣고 능히 답한 것이 문득 이것입니까?' '그중에 어떤 시비 없거늘 네가 만약 무엇인가 알아 취한다면 이야말로 한점 흔적만 남길 뿐이다. 옛사람이 「옳다 여기면 두 번째 머리와 세 번째 손이고, 그르다 하면 육음과 칠정이다」고 하였으니, 그런 군더더기 견해 물리침이다' '어떻게 보호해야 한 점의 얼룩 없으리까?' '내가 너를 향해 일러준들 말 따라 알음알이 일으켜 얼룩에 또 얼룩을 더 할까 걱정일 뿐이다' '알음알이 걱정 마시고 청컨대 간곡히 보여주십시오' '다만 그대로 볼 뿐 보려 하지 말며 곧바로 들을 뿐 듣지 않아야 하리'. 僧問 前云直取菩提路 未審路頭在甚麽處 師召上座 僧應喏 師云 是甚麽 問 卽今能聞能應底便是否 答 箇中無是非 你若伊麽認着 卽是有點痕也 古人云 是之而二頭三手 非之而六陰七情 盖斥其剩見也 問 如何保護 卽無點痕 答 我若向汝道 恐隨語生解 痕上加痕 問 不怕生解 請師委示 答 直見不見 直聞不聞"라고 하였다. 〔참고문헌〕『大般涅槃經』, 『心賦注』, 『信心銘』, 『大方等大集經』, 『曹溪眞覺國師語錄』, 『大乘義章』 권1(대정장44, p.486c15), 『宗鏡錄』 권67(대정장48, p.792b3). ⇨ 오온 五蘊, 삼과 三科 **2** 음이 극에 달한 것. 육효(六爻)가 모두 음효(陰爻)로 구성된 곤괘(坤卦 : ䷁)의 형상에 따른다. 절기로는 동지(冬至), 음력으로는 해월(亥月 : 10월)에 해당한다. 육양(六陽)과 정반대다. 『대지도론소』 권21(卍속장74, p.442a1)에 "4월은 육양이 다투어 일어나니 어찌 몹시 덥지 않겠으며, 10월은 육음이 아울러 일어나니 어찌 몹시 춥지 않겠는가. 四月六陽爻並起 何不極熱 十月六陰爻並起 何不極寒", 『요암청욕어록』 권2(卍속장123, p.611a11)에 "잡아 머문즉 육음으로 꽉 차서 막히고, 놓아 버린즉 일양이 다시 일어난다. 把住則六陰充塞 放行則一陽復生", 『열조제강록』 권42(卍속장112, p.786a16)에 "천암원장(千巖元長)이 동짓날 법좌에 올랐다. '육음이 이미 극에 달하나 일양을 낳고, 불도 도리어 세도와 함께해야 형통하리라. 오직 조사문하에 객들만 있어 예전 그대로 정오에 삼경 알리는 종 치는구나'. 千巖長禪師 冬至上堂 六陰已極一陽生 佛道還同世道亨 惟有祖師門下客 依前日午打三更"라고 하였다. [참고문헌] 『大智度論疏』, 『了菴淸欲語錄』, 『列祖提綱錄』. ⇨ 육효 六爻

육의 六依 여섯 가지 의지처. 육근(六根)을 이르는 말. 육경(六境)을 육연(六緣)이라 하니, 육의와 육연으로 일어난 육식계(六識界)를 가리키기도 한다. 『잡아비담심론』 권1(대정장28, p.873a22)에 "또한 의처와 연을 차별하여 열두 가지로 설한다. 곧 육식신에 여섯 의와 여섯 연이 있다. 又依緣差別說十二 謂六識身 有六依六緣", 『중관론소』 권4(대정장42, p.63b7)에 "육정 또한 육의라 한다. 육식이 의지하기 때문이다. 六情亦名六依 爲六識所依", 『비바사론』 권5(대정장28, p.448b18)에 "여섯 가지 의란 육식계를 말한다. 안식계를 비롯한 이비설신의식계다. 六依者 六識界 眼識界 耳鼻舌身意識界"라고 하였다. [참고문헌] 『雜阿毘曇心論』, 『中觀論疏』, 『鞞婆沙論』. ⇨ 육근 六根, 육경 六境, 육식 六識

육의 六意 여섯 가지 마음가짐. 뜻은 육바라밀(六波羅蜜)이다. 『시가라월육방예경』(대정장1, p.251c10)에 "사문과 도사는 여섯 가지 마음가짐으로 모든 백성을 대해야 한다. 첫째 보시하게 해서 스스로 인색하거나 탐욕을 부리지 않게 하고, 둘째로 계를 가지게 해서 스스로 몸으로 죄를 짓지 않게 하며, 셋째로 인욕하게 해서 스스로 분노하지 않게 하고, 넷째로 정진하게 해서 스스로 게으르지 않게 하며, 다섯째로 마음 한결같이 하게 해서 스스로 방일하지 않게 하고, 여섯째로 지혜롭게 해서 스스로 어리석지 않게 한다. 이처럼 사문도사는 사람들이 악을 버려 선하게 하기 위해 정도를 열어 보여주니 그 은혜 부모보다 크다. 沙門道士 當以六意 視凡民 一者 教之布施 不得自慳貪 二者 教之持戒 不得自犯色 三者 教之忍辱 不得自恚怒 四者 教之精進 不得自懈慢 五者 教人一心 不得自放意 六者 教人黠慧 不得自愚癡 沙門道士 教人去惡爲善 開示正道 恩大於父母"라고 하였다. [참고문헌] 『尸迦羅越六方禮經』. ⇨ 육바라밀 六波羅蜜

육의 六義 Ⓢṣaḍ-arthāḥ. 여섯 가지 뜻(義). 이에 의지하여 뜻을 결택한다. 『대승아비달마집론』 권7(대정장31, p.693a12 : *Abh-s.*, p.102)에 "무엇이 뜻을 결택함인가? 여섯 가지 뜻에 의지해 결택을 일으킴이니, 여섯 가지 뜻이란 자성의·인의·과의·업의·상응의·전의다. 何等義決擇 謂依六義 而起決擇 何等六義 謂自性義 因義 果義 業義 相應義 轉義 artha-viniścayaḥ katamaḥ. yatra ṣaḍarthān ārabhya viniścayo bhavati. katame ṣaḍarthāḥ. svabhāvārthaḥ hetvarthaḥ phalārthaḥ karmārthaḥ yogārthaḥ vṛttyarthaśca", 『대승아비달마잡집론』 권15(대정장31, p.765b19)에 "자성의란 변계소집 등 세 가지 자성을 말한다. 인의란 세 가지 인이니 생인·전인·성인이다. 생인은 인 등 사연을 말하니, 이로부터 능히 모든 유위를 낳기 때문이다. 전인은 이로부터 차제로 저 법이 구르는 것이니, 저 무명을 연하여 행 등이 있게 됨이다. … 성인이란 현량으로 가히 얻을 수 있음과 없음 등 정설로 거두어짐을 말한다. 自性義者 謂遍計所執等三自性 因義者 謂三因 一 生因 二 轉因 三 成因 生因者 謂因等四緣 由此能生諸有爲故 轉因者 謂由此次第彼法轉 如無明緣行等 … 成因者 謂現量可得不可得等 正說所攝", "과의란 다섯 가지 과이니, 다섯이란 이숙·등류·증상·사용·이계과다. 果義者 謂五果 何等爲五 一 異熟果 二 等流果 三 增上果 四 士用果 五 離繫果", "업의란 다섯 가지 업이니, 취수·작용·가행·전변·증득업이다. 業義者 謂五種業 一 取受業 二 作用業 三 加行業 四 轉變業 五 證得業", "상응의란 다섯 가지 상응을 말하니, 다섯이라 함은 취결·수축·연철·분위·전변상응이다. 相應義者 謂五種相應 何等爲五 一 聚結相應 二 隨逐相應 三 連綴相應 四 分位相應 五 轉變相應", "전의란 다섯 갈래로 구름이니 상·안주·전도·부전도·차별전이다. 轉義者 謂五種轉 一 相轉 二 安住轉 三 顚倒轉 四 不顚倒轉 五 差別轉"라고 하였다. [참고문헌] 『大乘阿毘達磨集論』, 『大乘阿毘達磨雜集論』, *Abh-s.* ⇨ 결택 決擇, 오과 五果❶, 오업 五業❷, 전도전 顚倒轉❷

육의박가범 六義薄伽梵 여섯 가지 뜻의 박가범. 박가범은 바가바트(Ⓢbhagavat)의 음사로서 세존(世尊)·유덕(有德)·총섭중덕(總攝重德) 등으로 한역하였다. 『불지경론』 권1(대정장26, p.292a24)에 "박가범이란, 박기리는 소리는 여섯 가지 뜻으로 날리한다. 첫째 자재의 뜻, 둘째 치성의 뜻, 셋째 단엄의 뜻, 넷째 명칭의 뜻, 다섯째 길상의 뜻, 여섯째 존귀의 뜻이다. 薄伽梵者 謂薄伽聲 依六義轉 一 自在義 二 熾盛義 三 端嚴義 四 名稱義 五 吉祥義 六 尊貴義", "이와 같은 일체를 여래는 갖추고 있으며, 이들 일체로부터 벗어나지 않기에 여래를 박가범이라고 부른다. 이는 무슨 뜻인가? 모든 여래는 영원히 어떠한 번뇌에도 속박되지 않기에 자재의 뜻을 갖추고, 맹렬한 지혜의 불꽃이 타오르기에 치성의 뜻을 갖추며, 미묘한 삼십이대사상 등으로 장식한 바여서 단엄의 뜻을 갖추고, 일체의 뛰어난 공덕이 가득 차올라 모르는 이 없기에 명성의 뜻을 갖추며, 일체세간에서 가까이하고 공양하며 모두들 칭찬하기에 길상의 뜻을 갖추고, 일체덕을 갖추고 항상 방편을 일으켜 일체유정을 이롭고 안락하게 하며 나태하지 않게 하기에 존귀의 뜻마저 갖춘다. 如是一切 如來具有 於一切種皆不相離 是故如來 名薄伽梵 其義云何 謂諸如來 永不繫屬諸煩惱故 具自在義 焰猛智火所燒煉故 具熾盛義 妙三十二大士相等所莊飾故 具端嚴義 一切殊勝功德圓滿無不知故 具名稱義 一切世間親近供養咸稱讚故 具吉祥義 具一切德 常起方便利益安樂 一切有情 無懈廢故 具尊貴義"라고 하였다. 〔참고문헌〕『佛地經論』. ⇨ 박가범 薄伽梵

육이 六夷 ➡ 육바라이 六波羅夷

육이 六耳 여섯 개의 귀. 세 사람. 들어서 분별을 일으킨다는 뜻이 있다. 『열조제강록』 권22(卍속장112, p.523b2)에 "그대 한 무리여, 수단이라곤 전혀 없구나. 여섯 귀 함께 도모한들 무슨 좋은 계책이 있으랴! 你者一隊 全無巴鼻 六耳同謀 有甚良計", 『종감법림』 권50(卍속장116, p.635a16)에 "향림에게 학인이 물었다. '무엇이 방안의 등잔불 하나입니까?' '삼인이 증언하면 거북이 자라 된다'. … 여섯 귀 함께 도모하면 할 일 없으니 곧은 말과 마음 적나라한 이에게 드러난다. 방안의 등잔 불꽃 누가 돋으러 오리오? 백발아동의 양쪽 귀밑털이 참신하구나〈투자의청(投子義靑)의 송〉. 香林因僧問 如何是室內一盌鐙 師曰 三人證龜成鼈 … 六耳同謀事不成 直言心表赤心人 室中燈焰誰來撥 白髮兒童兩鬢新〈投子靑〉", 『공곡도징어록』 권17(가흥장39, p.996b29)에 "노승의 법은 외도와 소승 아니니 여섯 귀에게는 전하지 않는다. 老僧之法 不是外道小乘 六耳不傳"라고 하였다. 〔참고문헌〕『列祖提綱錄』, 『宗鑑法林』, 『空谷道澄語錄』. ⇨ 육이부동모 六耳不同謀

육이법 六二法 여섯으로 된 두 법. 내육처(內六處)와 외육처(外六處)인 십이처(十二處)를 말한다. 『성유식론』 권7(대정장31, p.39b11)에 "무슨 까닭에 세존께서는 십이처를 말씀하시는가? 식에 의지하여 변한 것이고 따로 실로 있는 것이 아니니, 아공에 들게 하기 위하여 육이법을 말씀하신다. 저 단견을 끊기 위해 상속유정을 말씀하시는 것과 같이, 법공에 들게 하기 위하여 다시 유식을 말씀하시어 외법 또한 있지 않음을 알도록 하신 것이다. 何緣世尊 說十二處 依識所變 非別實有 爲入我空 說六二法 如遮斷見 說續有情 爲入法空 復說唯識 令知外法 亦非有故", 『유식이십론』(대정장31, p.75b27)에 "〔논〕 이 십이처 말씀에 의지하여 교화를 받는 이는 삭취취(數取趣 Ⓢ pudgala : 有情衆生)의 무아에 들 수 있다. 말하자면 육이법을 좇아 육식구름이 있을 뿐이어서, 보는 이도 아는 이도 도무지 없음을 분명히 알아서 유정에게는 아가 없다는 가르침을 받게 되면 곧 유정무아에 깨달아 들어간다. 또 이 이외에 설하신 유식의 가르침을 의지하여 교화를 받는 이는 법무아에 증입한다. 論曰 依此所說 十二處教 受化者 能入數取趣無我 謂若了知 從六二法 有六識轉 都無見者 乃至知者 應受有情無我教者 便能悟入有情無我 復依此餘說唯識教 受化者 能入所執法無我"라고 하였다. 〔참고문헌〕『成唯識論』, 『唯識二十論』. ⇨ 십이처 十二處, 육처 六處

육이부동모 六耳不同謀 여섯 귀로는 함께 할 수 없다는 말. 세 사람만 함께 해도 분별 여의기 어렵다는 뜻이다. 『서장』 「답탕승상장 答湯丞相狀」(대정장47, p.942a12)에 "이 일 전하고 받을 수 없다네. 기껏해야 기특현묘함 말할 뿐이니 여섯 귀로 함께 도모한들 이는 곧 서로 속일 뿐이다. 此事無傳授 纔說有奇特玄妙 六耳不同謀之說 卽是相欺", 『경덕전등록』 권6 「늑담법회전 泐潭法會傳」(대정장51, p.248a6)에 "늑담이 마조에게 물었다. '무엇이 달마가 서쪽에서 온 뜻인지요?' '목소리 낮추고 가까이 오너라'. 늑담이 가까이 가자 마조가 한 대 후려치고서 말했다. '여섯 개의 귀로는 함께 도모하지 못한다'. 問馬祖 如何是西來祖師意 祖曰 低聲近前來 師便近前 祖打一摑云 六耳不同謀", 『염팔방주옥집』 권하(卍속장119, p.301a15)에 "불과가 집어 말한다. '금봉은 그린 모습 그대로 따라 그렸고 저 학인이란 이는 생살에 상처 냈으니 눈에다 서리를 더했을 뿐만 아니라 그르친 것 가져 다침 면치 못하리라. 산승에게도 한 가지 인연 있지만 여러분을 향해 들지는 않으리. 왜 그런가? 여섯 귀로 도모할 일은 아니라네'. 佛果拈云 金峯起模畫樣 這僧好肉剜瘡 不唯雪上加霜 未免將錯就錯 山僧亦有一則因緣 只是不擧向諸人 何故 六耳不同謀"라고 하였다. 조선 후기 인악의첨(仁岳義沾)에 따르면, 육이(六耳)란 문답하는 두 사람과 담벽 틈새에 숨어있는 이를 합하여 여섯 귀라고 하였으니, 스승과 제자 간에 은밀히 법을 주고 받는다 하지만 장벽 틈 엿듣고 있는 이(竊聽之人)가 또 있다는 뜻으로 풀었다. 〔참고문헌〕『書狀』, 『景德傳燈錄』, 『拈八方珠玉集』, 李智冠 『書狀私記』(海印叢林僧伽學院, 1963). ⇨ 육이 六耳

육이연증 六二緣證 마나식(末那識 Ⓢ manas)의 존재 증명을 위한 이교육리(二敎六理) 중 하나. 전오식(前五識)이 오근(五根)과 오경(五境)을 연으로 하는 것처럼 제육의식(第六意識)도 법경(法境)과 함께 소의가 되는 마나식을 의근(意根)으로 연해야 한다는 말이다. 『성유식론』 권5(대정장31, p.25b4)에 "또 계경에서 설하길, '안과 색이 연이 되어 안식을 낳는다. 내지는 의와 법이 연이 되어 의식을 낳는다'. 만약 이 마나식이 없다면 저 의는 없다. 말하자면 저 전오식에 '안' 등이 있는 것처럼 (第六意識도) 증상연으로 함께하지 않는 뜻과 함께 의지하는 뜻이 있어야 한다. 의식은 이미 육식으로 거두기에 논리적으로 마땅히 이와 같은 소의가 있어야 한다.

이 마나식이 없다면 저 의지 어떻게 있겠는가? 又契經說 眼色爲緣 生於眼識 廣說乃至 意法爲緣 生於意識 若無此識 彼意非有 謂如五識 必有眼等 增上不共 俱有所依 意識旣是 六識中攝 理應許有 如是所依 此識若無 彼依寧有", 『성유식론술기』 권5(대정장43, p.411c2)에 "『성유식론』 권5의 '또 계경에서 말하였다'로부터 '저 의는 없다'까지에 대하여. 〔풀이〕 이 이하는 두 번째 육이연을 증명하는 경의 내용이다. 論 又契經說至彼意非有 述曰 自下 第二 證六二緣經"라고 하였다. 〔참고문헌〕『成唯識論』, 『成唯識論述記』. ⇨ 이교육리 二敎六理

육인 六因 Ⓢ ṣaḍ-hetu. ❶ 여섯 가지 인. 일체유위법(一切有爲法) 일으킨 인으로 능작인(能作因 Ⓢ kāraṇa-hetu)·구유인(俱有因 Ⓢ sahabhū-hetu)·상응인(相應因 Ⓢ samprayukta-hetu)·동류인(同類因 Ⓢ sabhāga-hetu)·변행인(遍行因 Ⓢ sarvatraga-hetu)·이숙인(異熟因 Ⓢ vipāka-hetu)을 말한다. 첫째 능작인이란 모든 만물의 출생의 인을 말하며 무장인(無障因)·소작인(所作因)·수조인(隨造因) 등이라고도 한다. 그 자신을 제외한 모든 법을 말한다.

〈표1〉 육인

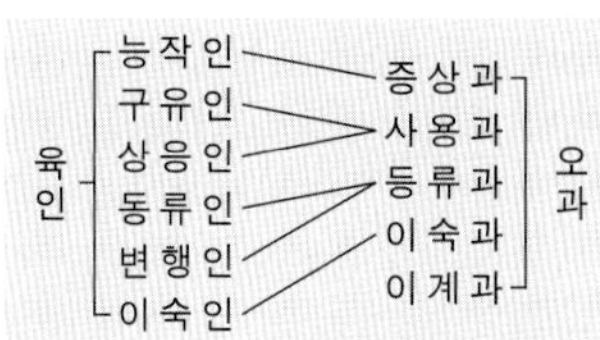

여기에는 적극적으로 작용하여 과를 초래하는 유력(有力 : 與力)의 능작인과 소극적으로 과 발생을 방해하지 않는 무력(無力 : 不障)의 능작인이 있으며, 이런 인에 의해 성취되는 과를 증상과(增上果)라고 한다. 둘째 구유인이란 세 개의 막대가 서로 의지하여 서는 것처럼 동시에 존재하여 어떤 과를 성취시키는 인을 말하며, 공유인(共有因)·공생인(共生因) 등이라고도 한다. 이런 인에 의해 성취되는 과를 구유과(俱有果)라고 한다. 셋째 상응인이란 식이 일어날 때 심과 심소가 서로서로 인이 되는 경우를 말하며, 이런 인에 의해 성취되는 과를 사용과(士用果)라고 한다. 넷째 동류인이란 선법이 선법의 인이 되고 무기법(無記法)이 무기법의 인 되는 것처럼 과와 성이 같은 인을 말하며, 자분인(自分因)·자종인(自種因) 등이라고도 한다. 이런 인에 의해 성취되는 과를 등류과(等流果)라고 한다. 다섯째 변행인이란 모든 염법에 두루 미치는 십일변행(十一遍行)의 번뇌를 말하며, 일체변행인(一切遍行因)이라고도 한다. 이런 인에 의해 성취되는 과를 등류과(等類果)라고 한다. 여섯째 이숙인이란 오역(五逆)의 악업이 지옥의 과보를 불러오는 것처럼 삼세의 고과(苦果)·낙과(樂果)·무기과(無記果)를 초래하는 선악의 인을 말하며, 보인(報因)이라고도 한다. 이런 인에 의해 성취되는 과를 이숙과(異熟果)라고 한다. 『구사론』 권6(대정장29, p.30a12 : *Abh-k-bh.*, p.82)에 "〔논〕 인에는 여섯이 있으니, 첫째 능작인, 둘째 구유인, 셋째 동류인, 넷째 상응인, 다섯째 변행인, 여섯째 이숙인이다. 論曰 因有六種 一 能作因 二 俱有因 三 同類因 四 相應因 五 遍行因 六 異熟因 ṣaḍ ime hetavaḥ. kāraṇahetuḥ sahabhūhetuḥ sabhāgahetuḥ saṃprayuktakahetuḥ sarvatragahetuḥ vipākahetur iti", 『화엄공목장』 권1(대정장45, p.539b19)에 "육인이란, 첫째 능작인이니 소작인이라고도 하며, 둘째 구유인이니 공유인이라고도 하고, 셋째 상응인이며, 넷째 동류인이니 자분인이라고도 하고, 다섯째 변행인이니 변인이라고도 하며, 여섯째 이숙인이니 보인이라고도 한다. 六因者 一 能作因 亦云所作因 二 俱有因 亦云共有因 三 相應因 四 同類因 亦云自分因 五 遍行因 亦云遍因 六 異熟因 亦云報因"라고 하였다. 〔참고문헌〕『俱舍論』, 『華嚴孔目章』, *Abh-k-bh.* ⇨ 구유인 俱有因, 능작인 能作因, 동류인 同類因, 변행인 遍行因, 상응인 相應因, 이숙인 異熟因 ❷ 무시이래 망상(妄想)의 습인(習因). 『능가경』에서 설하는 육인이다. 당유인(當有因 Ⓢ bhaviṣyadd-hetu)·상속인(相屬因 Ⓢ saṃbandha-hetu)·상인(相因 Ⓢ lakṣaṇa-hetu)·능작인(能作因 Ⓢ kāraṇa-hetu)·현료인(顯了因 Ⓢ vyañjana-hetu)·관대인(觀待因 Ⓢ upekṣā-hetu)을 말한다. 첫째 당유인이란 미래의 과보를 초래하는 망식(妄識)을 말하며, 당인(當因)이라고도 한다. 둘째 상속인이란 내외의 팔식(八識)과 육진(六塵)이 인연이 되어 과를 초래하여 끊임없이 상속하는 망심(妄心)을 말하며, 상속인(相續因)이라고도 한다. 셋째 상인이란 전념(前念)이 멸하면 계속하여 후념(後念)이 생기는 선악업의 양상을 말한다. 넷째 능작인이란 전변하여 일체법을 낳는 모든 식을 말하며, 작인(作因)이라고도 한다. 다섯째 현료인이란 만들어진 일의 주객을 분명하게 드러내는 망상(妄想)을 말하며, 요인(了因)·현시인(顯示因) 등이라고도 한다. 여섯째 관대인이란 망상이 사라질 때 열반이 생겨나는 경우와 같은 것인데, 상대하기에 있게 되는 망상과 열반을 일컬으며 대인(待因)·상대인(相待因) 등이라고도 한다. 『대승입능가경』 권2(대정장16, p.600a16 : *Laṅk.*, p.83)에 "상속인이란 내외법이 연이 되어 과인 오온과 종자 등을 낳는 것을 말한다. 상인이란 간단없이 상을 짓고 상속과를 낳는 것이다. 능작인이란 연을 더하여 과를 낳는 것이니, 예를 들면 전륜성왕과 같은 경우다. 현료인이란 분별이 일어나면 능히 경상을 드러내는 것이니, 예를 들면 등불이 사물을 비추는 것과 같다. 관대인이란 멸할 때 상속이 끊어져 망상이 일어나지 않는 것을 말한다. 相屬因者 謂內外法作緣 生果蘊種子等 相因者 作無間相 生相續果 能作因者 謂作增上 而生於果 如轉輪王 顯了因者 謂分別生 能顯境相 如燈照物 觀待因者 謂滅時相續斷 無妄想生 atra bhaviṣyaddhetur mahāmate hetukṛtyaṃ karoty adhyātmabāhyotpattau dharmāṇām. saṃbandhahetuḥ punar mahāmate ālambanakṛtyaṃ karoty adhyātmikabāhyotpattau skandhabījādīnām. lakṣaṇahetuḥ punar aparaṃ mahāmate anantarakriyālakṣaṇoparibaddhaṃ janayati. kāraṇahetuḥ punar mahāmate ādhipatyādhikārakṛtyaṃ karoti cakravartinṛpavat. vyañjanahetuḥ punar mahāmate utpannasya vikalpasya bhāvasya lakṣaṇoddyotanakṛtyaṃ karoti pradīpavad rūpādīnām. upekṣāhetuḥ punar mahāmate vinivṛttikāle prabandhakriyāvyucchittiṃ karoty avikalpotpattau"라고 하였다. 〔참고문헌〕『大乘入楞伽經』, 『楞伽經』 권2(대정장16, p.490a12), *Laṅk.* ⇨ 관대인 觀待因, 능작인 能作因, 당유인 當有因, 상속인 相屬因, 상인 相因❶, 현료인 顯了因 ❸ 인명(因明)의 삼지작법(三支作法) 중 이류육종(二類六種)의 인(因). 이류란 생인(生因 : 생의 인)과 요인(了因 : 이해의 인)을 말하고, 육종이란 생인의 언생인(言生因)·지생인(智生因)·의생인(義生因) 세 가지와 요인의 언료인(言了因)·지료인(智了因)·의료인(義了因) 등 세 가지를 합한 육종을 육인이라 한다. 첫째 언생인이란 대론자(對論者)가 세운 바(宗) 명제를 이해할 수 있게 하는 입론자(立論者)의 인(因)인 명제를 말한다. 둘째 지생인이란 종을 세운 입론자의 지혜를 말한다. 셋째 의생인이란 세운 종의 뜻을 말한다. 언료인이란 대론자가 입론자의 종을 이해하게 하는 입론자의 인을 말한다. 지료인이란 종의 뜻을 이해하는 대론자의 지혜를 말한다. 의료인이란 세운 바 종의 뜻과 경을 말한다. 이런 육인이란 기능에 의거한 분류인데, 본에 의지하면 입론자의 지혜·대론자의 지혜·인명제·도리와 대상 등 네 가지로 나눌 수 있다. 즉 언생인과 언료인이란 인명제를 가리키고, 의생인과 의료인은 공통의도리와 대상을 말한다. 『인명입정리론소』 권상(대정장44, p.101c28)에 "생인과 요인을 분별하면 비록 육인을 이루지만 바른 뜻으로는 언생인과 지료인만을 취한다. 언생인으로 말미암아 대론자의 이해가 생기고, 지료인으로 말미암아 숨은 뜻이 지금 드러난다. 그러므로 정히두 가지를 취하여 인의 상과 체로 삼는다. 分別生了 雖成六因 正意唯取 言生智了 由言生故 敵證解生 由智了故 隱義今顯 故正取二 爲因相體", 『인명입정리론집해』(卍속장87, p.106b13)에 "인에는 두 가지가 있으니 생인과 요인을 말한다. 생인은 저 종자가 싹을 틔우는 것과 같고, 요인은 등불이 사물을 비추는 것과 같다. 그런데 이 두 가지 인에는 각각 세 가지가 있다. 생인의 세 가지란 첫째 언생인, 둘째 지생인, 셋째 의생인이고, 요인의 세 가지란 첫째 지료인, 둘째 언료인, 셋째 의료인이다. 因有二種 謂生因 了因 生因 如種生芽 了因 如燈照物 然此二因 各有三種 生因三者 一 言生因 二 智生因 三 義生因 了因三者 一 智了因 二 言了因 三 義了因"라고 하였다. 〔참고문헌〕『因明入正理論疏』, 『因明入正理論集解』, 『起信論疏筆削記』 권2(대정장44, p.304b16). ⇨ 생인 生因, 요인 了因, 언료인 言了因, 언생인 言生因, 의료인 義了因, 의생인 義生因, 지료인 智了因, 지생인 智生因

육인 六忍 보살지(菩薩地)에 상응하는 여섯 가지 법인(法忍). 『영락본업경』 권상(대정장24, p.1012b28)에 "육인이란 신인·법인·수인·정인·무구인·일체지인이다. 六忍 信忍 法忍 修忍 正忍 無垢忍 一切智忍"라 하였고, 이에 의지하여 『대명삼장법수』 권19(영락장182, p.195b1)에 "첫째 신인은, 별교보살이 십주위에서 공관을 닦아 익혀 일체법 모두 다 공적함을 믿어 능히 공법에 인가·인증하는 것을 말한다. 一信忍 謂別教菩薩 於十住位中 修習空觀信一切法 皆悉空寂 能於空法忍可忍證 故名信忍", "둘째 법인은, 별교보살이 십행위에서 가관을 닦아 익혀 비록 일체법 공하여 있는 바 없음을 알더라도 능히 일체법을 가립하여 모든 중생을 교화하고 가법 중에서 인가·인증하는 것을 말한다. 二法忍 謂別教菩薩 於十行位中修習假觀 雖知一切法空無所有 而能假立一切法 化諸衆生 於假法中忍可忍證 故名法忍", "셋째 수인은, 별교보살이 십회향위에서 중관을 닦아 익혀 일체법 일의 도리와 고루 어우러짐을 알아 중도 중에서 인가·인증하는 것을 말한다. 三修忍 謂別教菩薩 於十回向位中修習中觀 知一切法事理和融 於中道中忍可忍證 故名修忍", "넷째 정인은, 별교보살이 십지위에서 정히 무명혹을 깨트려 중도의 이치를 인가·인증하는 것을 말한다. 四正忍 謂別教菩薩 於十地位中正破無明之惑 而於中道之理 忍可忍證 故名正忍", "다섯째 무구인, 별교보살이 등각위에서 무명혹염을 끊어 없애고서 자성청정심체를 인가·인증하는 것을 말한다. 五無垢忍 謂別教菩薩 於等覺位中 斷除無明惑染 而於自性淸淨心體忍可忍證 故名無垢忍", "여섯째 일체지인의 지는 아는 앎이니, 별교의 묘각과불이 12품 무명혹을 끊어 없애고 두루 일체 중도법을 알고 이 법에 대하여 인가·인증하는 것을 말한다. 六一切智忍 智者知也 謂別教妙覺果佛 斷一十二品無明惑盡 徧知一切中道之法 而於此法忍可忍證 故名一切智忍"라고 하였다. 〔참고문헌〕『瓔珞本業經』, 『大明三藏法數』. ⇨ 인 忍, 보살계위 菩薩階位, 신인 信忍, 법인 法忍❶, 수인 修忍, 정인 正忍, 무구인 無垢忍, 일체지인 一切智忍, 별교 別教❶❷

육인법 六忍法 ➡ 육인 六忍

육인사연 六因四緣 육인(六因)과 사연(四緣). 육인이란 일체유위법(一切有爲法)을 낳는 여섯 가지 인(因)인

능작인(能作因)·구유인(俱有因)·상응인(相應因)·동류인(同類因)·변행인(遍行因)·이숙인(異熟因)을 말하고, 사연이란 일체유위법이 의지하는 연(緣)인 인연(因緣)·등무간연(等無間緣)·소연연(所緣緣)·증상연(增上緣)을 말한다.『구사론』 권7(대정장29, p.36b16)에 "육인 내에서 능작인을 제한 나머지 다섯 가지 인은 모두 인연의 성이다. … 증상연의 성은 바로 능작인이니 능작인이어야 증상연이 되기 때문이다. 於六因內除能作因 所餘五因是因緣性 … 增上緣性 卽能作因 以卽能作因爲增上緣故",『현종론』 권11(대정장29, p.824b7)에 "연과 인의 뜻은 어떻게 차별하는가? 어떤 사람은 말한다. '인과 연은 모든 것에 두루하는가 그렇지 않은가 차이다. 첫째의 인연과 넷째의 증상연 두 가지 연은 육인을 거두고, 둘째 등무간연과 셋째 소연연 두 가지 연은 인으로 거두지 않기 때문이다'. 육인과 사연의 바탕은 다름이 없으나 그 뜻에는 다름이 있으니, 우선 등무간연과 소연연은 이미 인에서 거두지 않기에 그 나머지 두 연의 뜻도 다름이 있음을 알라. 연의 뜻은 가지런하고 인과 더불어 모두 구별되므로 다 모아 인과 연의 차이를 말하면 다음과 같다. '인은 능히 낳는 것이고 연은 능히 기르는 것이니, 마치 저 생모와 양모의 차별과 같다'. 緣與因義 差別云何 有說 因緣遍不遍異 初四二緣 攝六因故 二三二緣 非因攝故 六因四緣體 雖無別而義有異 且等無間 及所緣緣 旣非因攝 故知餘二義亦有殊 緣義等故 與因皆別故 有總辯因緣異 言因謂能生 緣能長養 猶如生養二母差別"라고 하였다. 육인과 사연의 상응함을 도시(圖示)하면 〈표1〉과 같다. [참고문헌]『俱舍論』,『顯宗論』,『俱舍釋論』 권5(대정장29, p.195a22). ⇨ 육인 六因❶, 사연 四緣

〈표1〉 육인사연

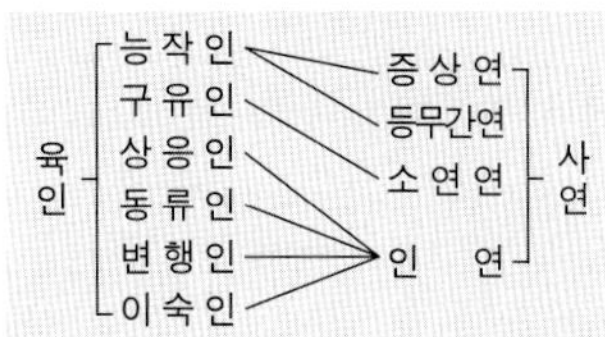

육인연 六因緣 여섯 가지 인연. ❶ 일천제(一闡提)들의 여섯 가지 인연. 40권본『대반열반경』 권32(대정장12, p.554b20)에 "일천제들에게는 여섯 가지 인연이 있어서 삼악도에 빠져 벗어나지 못한다. 어떤 것이 그 여섯인가? 첫째 악심이 치성하기에, 둘째 후세를 보지 못하기에, 셋째 즐겨 번뇌를 익히기에, 넷째 선근을 멀리 여의기에, 다섯째 악업에 장애로 막혔기에, 여섯째 악지식을 가까이하기 때문이다. 一闡提輩 有六因緣 沒三惡道 不能得出 何等爲六 一者 惡心熾盛故 二者 不見後世故 三者 樂習煩惱故 四者 遠離善根故 五者 惡業障隔故 六者 親近惡知識故"라고 하였다. [참고문헌]『大般涅槃經』. ❷ 사람들이 가볍게 여기는 인연.『정법염처경』 권60(대정장17, p.353a26)에 "재가나 출가나 여섯 가지 인연 있으면 지체없이 사람들이 가벼이 여긴다. 어떤 것이 그 여섯인가? 즉 뜻없이 말하고, 남의 집에 느닷없이 들어가며, 타인의 음식을 탐애하고, 윗사람의 자리에 함부로 앉으며, 거짓되게 말하여 실답지 못한 것이다. 이와 같은 여섯 가지로 사람들의 비웃음을 받으니, 재가나 출가나 이들 잘못 여의어야 한다. 在家出家 有六因緣 速爲人輕 何等爲六 謂無義語 突入人家 貪愛他食 坐於尊處 虛說無實 如是六法 人所輕笑 在家出家 應離此法"라고 하였다. [참고문헌]『正法念處經』. ⇨ 인연 因緣

육인의 六因義 인문(因門)의 여섯 가지 뜻. 공유력부대연(空有力不待緣)·공유력대연(空有力待緣)·공무력대연(空無力待緣)·유유력부대연(有有力不待緣)·유유력대연(有有力待緣)·유무력대연(有無力待緣)을 말한다. 갖춘 이름은 연기인문육의법(緣起因門六義法)이고, 줄여서 인문육의라고 한다. ⇨ 인문육의 因門六義

육일 六日 육재일(六齋日).『기세경』 권7(대정장1, p.347b25)에 "모든 비구들이여! 이러한 육일에는 제천이 내려와서 인간의 선악을 살피니 마땅히 재계를 닦아야 한다. 그래서 이 날을 오포사타라고 한다. 諸比丘 由此六日 諸天下觀人間善惡 應修齋戒 故名此日 爲烏晡沙他",『나선비구경』 권상(대정장32, p.694b6)에 "코끼리왕은 육일 동안 경을 외운다는 것을 알고, 그날 사원에 들어가 경을 들었다. 象王知有六日誦經 至其日當行入寺中聽經"라고 하였다. [참고문헌]『起世經』,『那先比丘經』,『起世因本經』 권7(대정장1, p.402b28). ⇨ 육재일 六齋日, 오포사타 烏晡沙他

육일거사 六一居士 ➡ 구양수 歐陽修

육입 六入 Ⓢ ṣaḍ-āyatana, Ⓣ skyed-mched-drug. 내육처(內六處)인 육근과 외육처(外六處)인 육경을 각각 부르는 말. 육입처(六入處 Ⓟ saḷāyatana)라고도 하며, 신역에서는 육처(六處)라고 한다.『대승의장』 권4(대정장44, p.547c1)에 "육입이란, 식이 일어나는 곳을 입이라고 부른다. 입은 각각이어서 같지 않으니 떨어진 분은 여섯 가지다. 안·이·비·설·신·의를 말한다. 言六入者 生識之處 名之爲入 入別不同 離分六種 所謂 眼 耳 鼻 舌 身 意"라고 하였다. [참고문헌]『大乘義章』, *Abh-k-bh.40*. ⇨ 육처 六處, 육내입처 六內入處, 육외입처 六外入處, 십이입 十二入

육입법문 六入法門 여섯 가지(種性 堅 忍 慧 定 觀) 법을 여섯 갈래로 열어 보임. 보살육위에 상응한다.『영락본업경』 권상「현성학관품 賢聖學觀品」(대정장24, p.1012b25)에 "불자여! 성이란 습종·성종·도종·성종·등각·묘각성이다. 佛子 性者 所謂 習種性 性種性

道種性 聖種性 等覺性 妙覺性", "또 이름하여 육견이니 견신·견법·견수·견덕·견정·견학이다. 復名六堅 亦名堅信 亦名堅法 亦名堅修 亦名堅德 亦名堅頂 亦名堅覺", "또 이름하여 육인이니 신·법·수·정·무구·일체지인이다. 復名六忍 信忍 法忍 修忍 正忍 無垢忍 一切智忍", "또 이름하여 육혜니 문·사·수·무상·조적·적조혜다. 復名六慧 聞慧 思慧 修慧 無相慧 照寂慧 寂照慧", "또 이름하여 육정이니 습상·성·도혜·도종혜·대혜·정관정이다. 復名六定 習相定 性定 道慧定 道種慧定 大慧定 正觀定", "또 이름하여 육관이니 주·행·향·지·무상·일체종지관이다. 復名六觀 住觀 行觀 向觀 地觀 無相觀 一切種智觀", 같은 책 권하(대정장24, p.1022b12)에 "불자여! 이때 시방의 끝없는 불국토의 일체대중은 부처님께서 영락 중에 설하신 육입법문을 들었으니 십주·십행·십회향·십지·무구지·묘각지 중의 각각 무상보리심을 일으키고는 본국으로 돌아갔느니라. 佛子 爾時 十方無極佛刹 一切大衆 聞佛說瓔珞中六入法門 所謂 十住 十行 十迴向 十地 無垢地 妙覺地 各各發無上菩提心 還歸本國"라고 하였다. [참고문헌]『瓔珞本業經』, 『梵網經菩薩戒略疏』 권1(卍속장60, p.786a4). ⇨ 육종성 六種性, 육견법 六堅法, 육인 六忍, 육혜 六慧, 육정 六定, 육관 六觀

육입연 六入緣 Ⓢ ṣaḍ-āyatana-pratyaya, Ⓟ saḷāyatana-paccayā, Ⓣ skye-mched-drug gi rkyen. 육입의 연. 육입이 연이 되는 명색(名色)을 말한다. 『장아함경』 권10 「대연방편경 大緣方便經」(대정장1, p.60b19)에 "'무엇이 촉을 연하는가?'라고 다시 묻는다면, 마땅히 답하길 '저 육입이 촉연입니다'라고 하라. '무엇이 육입연인가?'라고 다시 묻는다면 '명색이 육입연입니다'라고 답하라. 若復問言 誰爲觸緣 應答彼言 六入是觸緣 若復問言 誰爲六入緣 應答彼言 名色是六入緣"라고 하였다. [참고문헌]『長阿含經』, *Saddh-p.179.*, *Suv-pr.176.*, *DN.2.32.* ⇨ 육입 六入, 육처 六處

육입처 六入處 ➡ 육입 六入

육자 六字 ➡ 육자대명다라니 六字大明陀羅尼, 육자명호 六字名號, 육자장구다라니 六字章句陀羅尼, 육자진언 六字眞言

육자가륜 六字加輪 ➡ 육자하림법 六字河臨法

육자경 六字經 육자신주경(六字神呪經)의 줄임말. 이역본으로 『문수사리보살육자주공능법경 文殊師利菩薩六字呪功能法經』(대정장20, No.1179)이 있다. ⇨ 육자신주경 六字神呪經, 문수사리보살육자주공능법경 文殊師利菩薩六字呪功能法經

육자경만다라 六字經曼荼羅 육자경법(六字經法) 본존의 만다라. 육자경법의 본존에 있어서는 금륜불정(金輪佛頂)·성관음(聖觀音)·육관음(六觀音)·육자명왕(六字明王) 등 다양한 시설이 있으며 이에 따른 몇 가지 형태의 만다라가 있다. 먼저 일본 제호사(醍醐寺) 삼보원(三寶院)에 소장된 관숙(觀宿)의 전승은 7중으로 구획된 원만다라 중심에 금륜불정이 있고 그 주위를 앞에서부터 오른쪽 방향으로 돌며 마두(馬頭)·관음(觀音)·천수(千手)·여의륜(如意輪)·십일면(十一面)·준지(准胝)의 순서로 육관음이 위요하며 원 바깥 협시의 위치에 항마(降魔)의 제존으로서 대위덕명왕(大威德明王)과 부동명왕(不動明王)이 위치한다. 아래쪽 중앙에 있는 원경(圓鏡) 주변에 육신(六神)이 물속에 있고 상부에는 천개(天蓋)와 비천(飛天)이 있다. 『유기경』에서는 원경을 성관음의 삼형(三形)으로 설한다. 다음으로 명선(明仙)이 전한 것은 4중의 원만다라 중심에 성관음이 자리하고 그 주변을 십일면·마두·천수·여의륜·준지 등이 위요한다. 제2중에는 관음부의 십육존(十六尊), 제3중에는 십이지신(十二支神), 외원에는 십이지천(十二支天)이 배열되어 있다. 고야산사(高野山寺) 보수원(寶壽院)에 소장된 조복법에 쓰는 만다라는 육비(六臂)의 육자명왕을 본존으로 한다. 첫째 양손으로 일체왕인(一切王印)을 맺었고, 나머지 왼손은 연꽃 위의 마니보와 당(幢)을 쥐고 있으며, 나머지 오른손은 염주와 보검을 든 형상이다. 광배에 십이지신이 있고 아래쪽에 여우 두 마리와 개 한 마리가 그려져 있다.

육자경법 六字經法 『청관세음보살소복독해다라니주경 請觀世音菩薩消伏毒害陀羅尼呪經』과 『육자신주경 六字神呪經』 등에 의지하여 식재(息災)와 조복(調伏)을 목적으로 행하는 밀교작법. 육자법(六字法)·육자공(六字供)·육자호마법(六字護摩法)이라고도 한다. 다라니의 글자 수가 여섯이 아니라 육관음(六觀音)의 종자에 의지하기에 육자경법이라 한다. 본존에 관해서는 문헌과 유파에 따라 다른데 육관음이나 금륜불정(金輪佛頂) 또는 육자명왕(六字明王) 등을 모신다. 대체로 식재법에는 성관음(聖觀音)을, 조복법에는 육자명왕을 모신다. 호마단은 상궁(桑弓)과 노전(蘆箭)으로 장엄하고 종이로 천호(天狐 : 솔개)·지호(地狐)·인형(人形)의 삼류형(三類形)을 만들어서 토기에 넣었다가 작법 후에 태워서 시주가 마시게 한다. 식재법에서는 동·남·서·북·상·하의 순서대로 여섯 차례 상궁으로 노전을 쏜다. 작법 후에는 화살을 모아서 태운다. 결선법(結線法)에서는 길이가 3자 5촌인 흰색 실을 묶는데 진언을 한 번 외우고 방울을 한 번 흔들 때마다 한 번씩 묶어서 백팔 번 묶는다. 배를 강에 띄워놓고 그 위에서 결원(結願)하면 육자하림법(六字河臨法)이 된다. 『전수집』 권1(대정장78, p.226c2)에 “육자경법 : 본존은 육관음이다. 중앙에 금륜불정을 안치하고 함께하는 스님이 독경한다〈소야승정의 정설이다〉. 육관음의 종자와 삼매야형 및 관법의 수인은 모두 육자인을 쓴다. 근본인은 양손의 소지와 무명지는 안으로 깍지 끼고 양손의 중지는 곧게 세운다. 양손의 검지는 중지 뒤에 붙이고 양손의 엄지는 두 무명지를 누르는 형태가 된다. 진언은 ‘가지가지 가비지 함수함수 다지바지 katṭi-katṭi kaviti haṃśe-haṃśe tatipati’이다. 끈을 묶어서 작법하되〈고좌는 근래에 쓰지 않는다〉 가늘고 긴 실을 쓴다. 아사리는 한쪽 끝을 잡고 한 번 진언을 염송하고 방울을 흔든다. 단월은 한쪽 끝을 무명지에 한 번 묶는다. 이와 같이 백팔 번 묶는다. 또한 매번 앞의 설명처럼 백팔 번 묶을 때마다 방울을 흔들어서 단월에게 실을 묶는다는 뜻을 알린다. 또한 시주가 먼 곳에 있거나 중병에 걸린 경우에는 아사리가 직접 묶거나 보좌하는 스님이 묶는다. 六字經法 本尊 六觀音 中置金輪佛頂 件僧讀經〈小野僧正說云云〉 六觀音種子 三昧耶形 觀之印 總用六字印 根本印 二小指二無名指內相叉 二中指直立 以風付中指背 以二大指押二無名指 佉知佉知 佉毘知緘壽緘壽 多知婆知 結線作法〈近代不用高座〉 以細長線 阿闍梨取片端 一度誦呪振鈴 檀越取片端懸無名指一結 如此滿一百八結 又每時如前百八結 振鈴者 示告檀越 令知結線之義也 又施主若在遠處 若重病者 阿闍梨自結 若件僧結之”, 『박쌍지』 권3(대정장78, p.627c10)에 “삼류형을 태우는 일은 호마가 끝나고 영저를 내려놓기 전에 태운다. 본존 오른쪽 협탁에 작은 토기를 올리고 삼류형을 넣고서 금강반 위에 둔다. 먼저 부동자구주를 백팔 번 지송하고 다음으로 육족존주를 백팔 번 지송한다. 그 후에 항삼세진언을 외우고 독고저로 스물한 번 가지한다. 그 다음에 화로 가장자리에 삼류형을 놓고 ‘가지가지…’ 진언을 지송하면서 태운다. 태우는 동안 관상하되 일체 중생은 지은 업 대로 윤회하므로 이 업을 깨끗하게 씻어야 해탈관정의 이름을 얻는다고 관상한다. 먼저 천호를 태우고 〈일곱 번〉 외우고, 다음으로 지호를 태우고 〈일곱 번〉 외우며, 다음으로 인형을 태우고 〈일곱 번〉 외운다. 집게로 화로의 불을 뒤져서 그릇〈본래 삼류형을 넣었던 그릇이다〉에 그 재를 담고 뚜껑을 덮어서 재가 흩어지지 않게 한다. 결원한 후에 결선을 갖추어 단월에게 보내 복용하게 하여 원수의 마음을 조복시킨다. 탕으로 먹을 수는 있지만 술로 담가 먹어서는 안 된다. 燒三類形事護摩了 未置鈴杵以前燒之 謂右脇機入置小土器 取三類形置金剛盤上 先以不動慈救呪誦一百八遍 次以六足尊呪誦一百八遍 然後誦降三世眞言 以獨古二十一遍加持 其後爐緣上置三類形 誦佉知佉知眞言燒之 燒間觀想 一切衆生依作業輪迴 淨除此業得解脫灌頂名 云云 先燒天狐 〈七〉 次地狐 〈七〉 次人形 〈七〉 燒之 夾箸燒爐火 次以器〈本入三類形之器也〉 受取其灰覆蓋不令散件灰 結願之後相具結線 送檀越令服之 伏怨敵之心也 以湯可服之 以酒不可服之”라고 하였다. 〔참고문헌〕 『傳受集』, 『薄雙紙』, 『厚造紙』(대정장78, p.263c8). ⇨ 육관음 六觀音, 육자존 六字尊, 육자인 六字印

육자공 六字供 ➡ 육자문수법 六字文殊法, 육자경법 六字經法

육자공능법경 六字功能法經 ➡ 문수사리보살육자주공능법경 文殊師利菩薩六字呪功能法經

육자대다라니주경 六字大陀羅尼呪經 잡밀 계통의 파주법(破呪法). 양(梁)나라 때 한역. 역자 미상. 고려장13, p.1170b1~c12, No.451 · 대정장20, pp.43c5~44a4, No.1046에 수록되어 있다. 『육자주왕경』(대정장20, No.1044)의 동본이역으로 내용은 동일하나 약 350자 가량의 소본(小本)이며 진언이 간략하다. ⇨ 육자주왕경 六字呪王經

육자대명왕다라니 六字大明王陀羅尼 ➡ 관세음보살본심미묘육자대명왕진언 觀世音菩薩本心微妙六字大明王眞言

육자대명왕다라니경 六字大明王陀羅尼經 송나라 때 시호(施護)가 한역한 『성육자대명왕다라니경』(대정장20, No.1047)의 줄인 이름. ⇨ 성육자대명왕다라니경 聖六字大明王陀羅尼經

육자대명왕진언 六字大明王眞言 ➡ 관세음보살본심미묘육자대명왕진언 觀世音菩薩本心微妙六字大明王眞言

육자대명주 六字大明呪 ➡ 관세음보살본심미묘육자대명왕진언 觀世音菩薩本心微妙六字大明王眞言

육자대명진언 六字大明眞言 관세음보살의 육자진언. 옴마니반메훔(唵嘛呢叭𡀔吽 oṃ maṇi-padme hūṃ). 갖춘 이름은 관세음보살본심미묘육자대명왕진언(觀世音菩薩本心微妙六字大明王眞言)이다. 아미타불이 관세음보살을 찬탄하는 보칭(寶稱)이며, ‘연꽃 위의 보주에게 귀명한다’는 뜻이다. 이 진언 여섯 자는 모든 복덕과 지혜의 근본이 되고, 이것을 억념·서사·송창하는 것은 무수한 복덕을 낳는 수승한 행으로 여겨진다. 티베트 밀교 보전인 『마니캄붐 *Ma-ṇi-bka'-'bum*』에서 진언 여섯 자에 대해 각각 의미를 부여한다. 여기서 옴은 모든 천을 닫는다는 뜻이고, 마는 아수라를, 니는 인간을, 반은 축생도를, 메는 아귀도를, 훔은 지옥을 닫는다는 뜻이 있다. 『현밀원통성불심요집』 권상(대정장46, p.994b15)에 "다음으로 육자대명진언을 백팔 편 외운다. 진언은 '옴마니반메훔'이다. 이 진언을 외우면 따라 머무는 곳마다 한량없는 불보살과 천룡팔부가 모이고, 또한 한량없는 삼매의 법문을 갖춘다. 次誦六字大明眞言一百八遍 眞言曰 唵 麽 抳 鉢 訥銘(二合) 吽 若誦此呪 隨所住處 有無量諸佛菩薩天龍八部集會 又具無量三昧法門", "이 진언을 염송하는 사람은 칠대의 종족이 모두 해탈하고 뱃속의 벌레들도 보살의 지위를 얻는다. 이 사람은 매일 육바라밀의 원만한 공덕을 갖추고, 무량한 변재와 청정한 지혜를 얻으며, 입에서 나오는 기운이 타인의 몸에 닿으면 닿은 사람은 분노의 독을 여의고 보살의 지위를 얻을 것이다. 설령 사천하의 사람이 모두 칠지보살의 지위를 얻는다 하더라도 제보살들이 가진 모든 공덕은 육자진언을 한번 염송한 공덕과 전혀 다름이 없다. 誦持之人七代種族皆得解脫 腹中諸蟲當得菩薩之位 是人日日得具六波羅蜜圓滿功德 得無盡辯才淸淨智聚 口中所出之氣觸他人身 蒙所觸者離諸嗔毒當得菩薩之位 假若四天下人 皆得七地菩薩之位 彼諸菩薩所有功德 與誦六字呪一遍功德等無有異", "이 진언은 관음보살의 미묘한 본심이다. 어떤 이가 이 육자대명진언을 서사하면 팔만사천의 법장을 서사한 것과 같고 얻는 공덕도 전혀 다름이 없다. 금보로 여래상을 미진수처럼 많이 만들어도 이 육자진언 중 한 글자를 서사하는 공덕만 못하다. 만약 어떤 이가 이 육자대명진언을 얻으면 그 사람은 탐진치가 물들이지 못한다. 此呪是觀音菩薩微妙本心 若人書寫此六字大明 則同書寫八萬四千法藏 所獲功德等無有異 若以金寶造如來像數如微塵 不如書寫此六字中一字功德 若人得此六字大明 是人貪嗔癡不能染著", "이 진언을 몸에 가지한 이 역시 탐진치의 병이 물들이지 못한다. 이 진언을 몸에 가지한 이의 몸을 손으로 닿거나 눈으로 보면 모든 중생이 빠르게 보살의 지위를 얻어 영원히 생로병사의 괴로움을 다시 받지 않는다. 若戴持此呪在身者 亦不染著貪嗔癡病 此戴持人身 手所觸眼目所覩 一切有情速得菩薩之位 永不復受生老病死等苦"라고 하였다. 〔참고문헌〕『顯密圓通成佛心要集』, 『大乘莊嚴寶王經』(대정장20, p.61b14). ⇨ 옴마니반메훔 唵嘛呢叭彌吽, 관세음보살본심미묘육자대명왕진언 觀世音菩薩本心微妙六字大明王眞言

육자대명진언 안정사동종 탁본
보물제1699호 통영 안정사 1580년

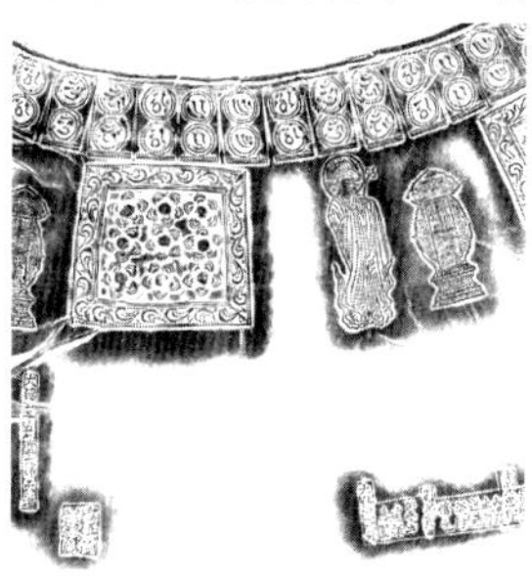

육자대명진언 사인비구제작동종 탁본
안성 청룡사 1674년

육자명호 六字名號 나(南)무(無)아(阿)미(彌)타(陀)불(佛)의 여섯 글자로 된 이름을 부르고 귀의함. 아미타부처님께 귀명한다는 뜻이다. 육자보호(六字寶號)·육자홍명(六字洪名)이라고도 한다. 정토종에서는 구품(九品) 중 하하품(下下品)의 중생이라도 임종 직전 십념을 채워서 육자명호를 칭념하면 극락국토에 왕생한다고 하였다. 『서귀직지』 권1(卍속장109, p.339a17)에 "서방 극락세계의 대자대비하신 아미타불께 귀명합니다. 육자명호 또는 사자명호를 칭념하되 수백 또는 수천 번을 각자 힘에 따라 칭념한다. 칭념을 마치면 관세음과 대세지보살의 명호를 칭념한다. 곧 회향문을 한번 칭념하고 서방국토에 회향한다. 南無西方極樂世界大慈大悲阿彌陀佛 隨念六字名號 或四字名號 或幾百聲 或幾千聲 各隨其力 念完 卽念觀音勢至二菩薩名號 卽念回向文一徧 回向西方", 같은 책 권2(卍속장109, p.345b18)에 "간단하고 쉽다는 것은 처음부터 어렵고 수고로운 수행이 없이 단지 육자명호만 수지하면 바로 왕생함을 말한다. 簡易者初無艱難 勞苦之行 但持六字名號 卽便往生", 원효(元曉)의 『유심안락도』(대정장47, p.117a18·한불전1, p.576b14)에 "(그러나 임종전에) 이와 같이 지극한 마음으로 이처럼 소리가 끊어지지 않도록 십념을 갖추어 나무아미타불을 칭념하면, 부처님 명호를 칭념하였기에 찰나마다 팔십억겁 동안 지은 생사의 죄를 없애고 임종한 후에는 태양처럼 밝은 금련화가 눈 앞에 머무는 것을 보고 한 찰나 사이에 극락세계에 왕생한다. 如是至心 如是令聲不絶 具足十念 稱南無阿彌陀佛 稱佛名故 於念念中 除八十億劫生死之罪 命終之後 見金蓮華 猶如日輪 住其人前 如一念頃 卽得往生極樂世界"라고 하였다. 〔참고문헌〕『西歸直指』, 『遊心安樂道』. ⇨ 명호 名號, 구자명호 九字名號, 십자명호 十字名號, 나무아미타불 南無阿彌陀佛, 아미타불 阿彌陀佛

육자문수법 六字文殊法 문수보살을 본존으로 모시고 행하는 화상법(畵像法)과 주법(呪法) 등의 밀교 작법. '암바계다나마 闇婆計陀那摩 oṃ va ke d a na maḥ'라는 육자진언을 외우며 작법하기에 이름한 것이다. 『문수사리보살육자주공능법경』(대정장20, p.778b11)에 "모든 이에게 이익을 주는 존자이신 문수사리동자보살마하살의 진언은 '암바계다나마'이다. 이 문수사리보살육자주공능법을 내가 지금 설한다. 만약 어떤 이가 이 진언을 매일 일곱 번 외우면 결정된 죄업을 없앨 수 있다. 어떤 이가 이 진언을 매일 백팔 번 외우면 그 사람은 임종할 때 문수사리보살을 눈앞에서 보게 된다. 南無一切利益尊者 文殊師利童子菩薩摩訶薩呪曰 闇婆計陀那摩 於此文殊師利菩薩六字呪功能法 我今說 若有人每日誦此呪七遍 決定罪業得除滅 若有人能每日誦此呪一百八遍 其人臨命終時 現前見文殊師利菩薩", "어떤 이가 이 진언을 수지하여 작법을 성취하려면 먼저 채소 또는 유죽이나 보리죽 혹은 보릿가루를 먹거나 걸식하며, 매일 아침·정오·일몰 삼시에 목욕하고 따로 깨끗한 옷을 한 벌씩 입고서 이 진언을 육십만 번 염송하면 작법이 성취된다. 이후 잘리지 않은 비단을 화폭에 걸고 팔계를 수계한 화공이 아교를 사용하지 않고 문수사리보살을 그린다. … 그 오른쪽에서는 성관자재보살이 연화좌에 불자를 들고 앉은 모습을 그린다. 왼쪽에는 성보현보살과 그 위 양쪽 허공의 구름에서 손에 화만을 든 주선(呪仙)이 나오는 모습을 그린다. 보살 아래에는 진언행자가 손에 향로를 들고 문수사리보살을 우러러 보고 있는 모습으로 그린다. 보살상 네 귀퉁이에 산봉우리를 그리고, 보살좌 아래에는 연꽃이 가득한 연못을 그려야 한다. 若有人受持此呪得成法者 先食菜 或食乳糜 或食大麥子粥 或食大麥麨 或乞食 每日平旦日午日沒 三時洗浴 別著一具淨衣 卽誦此呪六十萬遍 法卽成就 於後 不割斷縷槙上 其畫匠人受八戒 不用膠畫文殊師利菩薩 … 於右應畫作聖觀自在菩薩 坐蓮華座手執拂 左邊應畫聖普賢菩薩 像上兩邊虛空 於雲中出呪仙手執花鬘作 畫像下應畫持呪人手執香爐 瞻仰文殊師利菩薩 其像四邊皆應作山峯 於菩薩座下 應作花池充滿蓮華"라고 하였다. 〔참고문헌〕『文殊師利菩薩六字呪功能法經』. ⇨ 육자문수보살 六字文殊菩薩, 육자진언 六字眞言 ❶

육자문수보살 六字文殊菩薩 육자진언을 가진 문수보살. 육자진언은 '옴바계나낭막 唵嚩髻娜曩莫 oṃ va ke da na maḥ'이다. 문수육자(文殊六字)·육자문수(六字文殊)라고도 한다. 육자문수는 멸죄조복(滅罪調伏)의 삼매에 머무는 보살이다. 몸은 금색(金色)이고 동자형이며, 오른손은 설법인(說法印)을 하고 왼손을 가슴 높이에서 손바닥을 위로 한 채 연꽃 위에 결가부좌를 한 모습이다. 종자는 (vaṃ)이고, 삼매야형은 범협(梵篋)이다. 수인은 삼고인(三股印) 또는 오고인(五股印)이다. 극락왕생이나 장수를 목적으로 육자문수보살을 본존으로 모시고 행하는 작법을 육자문수법이라고 한다. 『승어집』 권하(대정장78, p.217b24)에 "『육자문수법궤』에서 '문수사리보살은 연꽃 위에 앉아 설법하는 상이다.

일체의 장엄을 갖춘 동자형이며 천의를 어깨에 걸치고 머리에는 오지계를 올렸다. 인상은 양손의 무명지를 구부리되 오른손으로 왼손을 눌러서 손바닥 안으로 넣는다. 양손의 소지와 중지는 곧게 세우고 끝을 붙인다. 양손의 검지는 구부려서 각각 중지의 뒤쪽 윗마디에 붙인다. 진언은 「옴 바계다나마 사하 oṃ vakedanamaḥ svāhā」이다. 육자진언은 「엄바계다나마」이다〈수인은 설하지 않았다〉'라고 하였다. 六字文殊法軌云 文殊師利菩薩於蓮花上坐說法之像 一切莊嚴具童子形 天衣絡在肩 首戴五智髻 印相 反鉤二無名指 右押左於掌中合腕 二小指二中指 直竪頭相柱 二頭指曲 各捻中指背上節上頭指 呪曰 唵 婆雞陀那麼 莎呵 六字呪 闇婆計陀那麼〈不說印相〉"라고 하였다. 〔참고문헌〕『勝語集』. ⇨ 문수보살 文殊菩薩, 육자진언 六字眞言 ❶

육자문수화상법 六字文殊畵像法 ➡ 육자문수법 六字文殊法

육자법 六字法 ➡ 육자문수법 六字文殊法, 육자경법 六字經法

육자법문 六字法門 '나무아미타불 南無阿彌陀佛' 여섯 글자를 칭념하여 극락왕생하는 정토종의 염불법문. 『선가귀감』(한불전7, p.640b7)의 "나무아미타불 육자법문이 바로 윤회를 벗어나는 지름길이다. 마음으로 부처님의 세계를 생각하여 잊지 않고, 입으로는 부처님의 명호를 불러서 생각이 어지럽지 않고 분명한 상태가 되어야 한다. 이와 같이 마음으로 생각하고 입으로 부르는 것이 하나가 되는 것을 염불이라 한다. 阿彌陀佛六字法門 定出輪廻之捷徑也 心則緣佛境界 憶持不忘 口則稱佛名號 分明不亂 如是心口相應 名曰念佛", 『예념미타도량참법』 권9(卍속장128, p.236b13)에 "어떤 이가 임종 시에 서방을 향해 합장하고 지성으로 '나무아미타불'의 육자법문을 칭념하면 한 번 칭념하는 소리로 팔십억겁 동안 지은 생사의 중죄를 소멸하고, 열 번 칭념하는 소리로 팔백억겁 동안 지은 생사의 중죄를 소멸시킨다. 설령 천겁의 생사 동안 지은 중죄일지라도 십념을 구족하면 남김없이 완전히 소멸할 수 있으니 아미타부처님께서 반드시 성중을 데리고 친히 오셔서 영접하신다. 若人臨終合掌向西 志心苾念南無阿彌陀佛 六字法門 一聲能滅 八十億劫 生死重罪 十聲能滅 八百億劫生死重罪 縱有千劫生死重罪 十念具足 滅盡無餘 彌陀決定 將諸聖衆 親來迎接"라고 하였다. 〔참고문헌〕『禪家龜鑑』, 『禮念彌陀道場懺法』. ⇨ 나무아미타불 南無阿彌陀佛

육자삼대법 六字三對法 육상(六相 : 總別同異成壞)의 세 갈래로 마주한 법. 각각 총별·동이·성괴로 마주한다.『신화엄경론』 권24(대정장36, p.885c26)에 "발심이란 일시에 다 거둬 문득 닦는다. 한 때에 한 행에 머무는 것이지 끊어진 단계를 좇아 차제로 가져와 닦는 것은 아니다. 총과 별, 동과 이, 성과 괴의 육상법으로 두렷이 어울려 볼 수 있으니 이 여섯 자의 세 갈래 대법 중에는 한 글자마다에 여섯이 있다. 然發心者 一時總頓修 居一時一行之內 非是要從節級次第來修 以總別同異成壞六相法 圓融可見 於此六字三對法中 一字有六"라고 하였다. 〔참고문헌〕『新華嚴經論』. ⇨ 육상원융 六相圓融

육자석의 六字釋義　나무아미타불(南無阿彌陀佛)이라는 여섯 자의 뜻을 풀이한 것. 『관무량수불경소』 권1(대정장37, p.246b28)에 "나무아미타불이란 서국의 바른 음이다. 남은 귀이고, 무는 명이다. 아는 무, 미는 량, 타는 수, 불은 각이라는 뜻이다. 그러므로 무량수각에 귀명한다는 말이다. 이것은 범어와 중국어가 상응한 것이니 그 뜻이 이와 같다. 여기서 무량수라고 하는 것은 법이고 각은 사람이니, 사람과 법이 함께 드러난 것이다. 그러므로 아미타불이라고 한다. 言南無阿彌陀佛者 又是西國正音 又南者是歸 無者是命 阿者是無 彌者是量 陀者是壽 佛者是覺 故言歸命無量壽覺 此乃梵漢相對 其義如此 今言無量壽者是法 覺者是人 人法並彰 故名阿彌陀佛", 같은 책 권1(대정장37, p.250a27)에 "지금 이『관무량수경』에서 열 차례 부처님의 명호를 칭념하는 것은 열 가지 원을 가진 것이고 십행을 갖추는 것이니, 갖추어졌다는 것은 무슨 뜻인가? 나무라고 한 것은 목숨으로 돌아가는 것이니 원을 발하고 회향한다는 뜻이다. 아미타불이라고 말한 것은 그 행이다. 이러한 뜻 때문에 반드시 왕생한다. 今此觀經中 十聲稱佛 卽有十願 十行具足 云何具足 言南無者 卽是歸命 是發願迴向之義 言阿彌陀佛者 卽是其行 以斯義故 必得往生"라고 하였다. 〔참고문헌〕『觀無量壽佛經疏』. ⇨ 나무아미타불 南無阿彌陀佛, 육자명호 六字名號, 십념十念, 십념왕생 十念往生, 십념칭명 十念稱名

육자선정언해 六字禪定諺解　➡ 성관자재구수육자선정언해 聖觀自在求修六字禪定諺解

육자신주경 六字神呪經　당나라 때인 693년(장수2)에 보리유지(菩提流志) 한역. 1권. 고려장11, p.1253a1~c16, No.316 · 대정장20, pp.779b11~780a10, No.1180에 수록되어 있다. 문수보살을 본존으로 모시고 행하는 육자문수법을 설하는 의궤이다. 『육자주법경 六字呪法經』이라고도 한다. 화상법(畵像法) · 주법(呪法) · 육자주(六字呪)의 공덕 등을 설한다. 『문수사리보살육자주공능법경　文殊師利菩薩六字呪功能法經』(대정장20, No.1179)과 『다라니집경 陀羅尼集經』 권6 「문수사리보살법인주 文殊師利菩薩法印呪」(대정장18, No.901)의 이역본이다. ⇨ 문수사리보살육자주공능법경 文殊師利菩薩六字呪功能法經, 육자문수법 六字文殊法

육자신주왕경 六字神呪王經　잡밀계통의 파주법(破呪法). 양(梁)나라 때 한역. 역자 미상. 고려장12, pp.41a1~43c10, No.341 · 대정장20, pp.41c2~43c1, No.1045에 수록되어 있다. 『육자주왕경 六字呪王經』(대정장20, No.1044)의 동본이역으로 그 내용은 대체로 동일하나 상대적으로 진언이 자세하게 실려 있다. ⇨ 육자주왕경 六字呪王經

육자염불 六字念佛　**1** 나무아미타불(南無阿彌陀佛) 여섯 글자를 마음으로 생각하며 입으로 외우는 수행. 육자명호를 부르는 것이어서 칭명염불(稱名念佛)이라고도 한다. '나무'를 빼고 '아미타불'만 부르면 사자염불(四字念佛)이라 한다. ⇨ 염불 念佛, 육자명호 六字名號, 육자법문 六字法門 **2** 나무아미타불과 같은 여섯 글자로 된 부처님 명호를 가락을 얹어 부르는 범패. 서유구(徐有榘 1764~1845)의 『유예지』 권6에 「육자염불」이 수록되어 있다. 모두 4장으로 구성되어 있고 가사는 탈락된 채 가락만 남아 거문고로 연주되었는데, 유사 선율과 염불도드리가 교차하며 반복된다. 〔참고문헌〕『遊藝志』.

육자인 六字印　육자경법에서 쓰는 근본인(根本印). 『전수집』 권1(대정장78, p.226c5)에 "육관음종자와 삼매야형 및 관법의 수인은 모두 육자인을 쓴다. 근본인은 다음과 같은 형태로 맺는다. 양손의 소지와 무명지는 안으로 깍지 끼고 양손의 중지는 곧게 세우며 양손의 검지는 중지 뒤에 붙이고 양손의 엄지는 두 무명지를 누른다. 六觀音種子 三昧耶形 觀之印 總用六字印 根本印 二小指二無名指內相叉 二中指直立 以風付中指背 以二大指押二無名指"라고 하였다. 〔참고문헌〕『傳受集』, 『祕藏金寶鈔』 권3(대정장78, p.350a13). ⇨ 육자경법 六字經法

육자장구 六字章句　육자장구다라니(六字章句陀羅尼)의 줄임말. 『청관음경소』(대정장39, p.975b27)에 "세 가지 육자는 세 곳에서 이 육이라는 글자가 나온다. 먼저 과보로서 육자장구를 밝힌 것은 게를 설한 후에 '만약 사부대중으로서 육자장구를 듣는 이가 있다면' 한 부분이니 여기서는 육도에서 고통을 뿌리 뽑는 공용의 일에 대해 널리 설했다. … 다음으로 인위를 닦는 육자장

구를 밝힌 것은 저 우파사나가 육자장구를 듣고 마음의 흐름을 관한 예와 같다. 육묘를 널리 밝혔다. … 육근의 육자장구를 밝힌 것은 사리불이 한림에 있을 때 우파사나가 '안과 색이 상응하면 거두어 머무는가?'라 한 것이니 육근에 대해 널리 밝혔다. 결구에서 '육자장구를 듣고 수식하고 계념하는 청정한 수행법이다'라고 하였다. 此三種六字 凡有三處六出 初明果報六字章句者 說偈竟卽云 若有四部聞六字章句去 便廣說六道中拔苦功用之事 … 次明修因六字章句者 如斯那聞六字章句觀心心脈者 廣明六妙 … 明六根六字章句者 從舍利弗在寒林中 斯那問眼眼與色相應 云何攝住者 廣明六根 後卽結云 聞此六字障句 數息繫念淨行之法"라고 하였다. [참고문헌] 『請觀音經疏』. ⇨ 육자장구다라니 六字章句陀羅尼

육자장구다라니 六字章句陀羅尼 수·수·지·관·환·정(數隨止觀還淨)의 육묘(六妙)를 증득하고, 육도의 고통에서 벗어나며, 육근을 청정히 하는 다라니. 『청관세음경』에서 설하는 세 가지 다라니 중 하나. 육자장구(六字章句)·육자장구주(六字章句呪)·대길상육자장구구고신주(大吉祥六字章句救苦神呪)라고도 한다. 『마하지관』 권2(대정장46, p.15a28)에 "육자장구다라니는 능히 번뇌장을 부수고, 삼독의 뿌리를 청정케 하여 의심 없이 불도를 이루게 한다. 육자는 여섯 관세음이니 육도의 세 가지 장애를 부순다. 六字章句陀羅尼能破煩惱障 淨於三毒根 成佛道無疑 六字卽是六觀世音 能破六道三障", 『청관세음경』(대정장20, p.36a3)에 "어떤 중생이 옥에 갇혀서 형틀에 묶이고 칼을 쓴 채 갖가지 형벌로 큰 고통을 받는다면, 하루에서 열흘 또는 한 달에서 다섯 달 동안 마음을 청정하게 하여 생각을 한곳에 붙들어 매 관세음보살을 칭념하고 삼보에 귀의하며 나의 명호를 세 번 칭념하고 대길상육자장구구고신주를 외워야 한다. 진언은 다음과 같다. '다질타 안다리 반다리 지유리〈영락을 걸친 귀신〉 단다리〈쇠몽둥이를 든 귀신〉 전다리〈도끼를 든 귀신〉 지야파다〈사람에게 빛을 주는 귀신〉 야사파다〈듣는 귀신〉 파라니기〈치아가 길게 나온 귀신〉 난다리〈몸이 큰 귀신〉 파가리〈얼굴이 큰 귀신〉 아로녜〈눈을 감은 귀신〉 박구리〈종을 매단 귀신. 이 귀신은 양쪽 귀신에 큰 종을 달았다〉 모구례〈머리가 찢어진 귀신〉 두비례〈석굴에 사는 귀신〉 사하'. 若有衆生 受大苦惱 閉在囹圄 杻械枷鎖 及諸刑罰 一日乃至十日 一月乃至五月 應當淨心係念一處 稱觀世音菩薩歸依三寶 三稱我名 誦大吉祥六字章句救苦神呪 而說呪曰 多姪哋 安陀詈 般茶詈 枳由詈〈名著瓔珞鬼〉 檀陀詈〈名捉鐵捧鬼〉 羶陀詈〈名捉釿鬼〉 底耶婆陀〈名與人光鬼〉 耶賖婆陀〈名聞鬼〉 頗羅膩祇〈名長出齒鬼〉 難多詈〈名大身鬼〉 婆伽詈〈名大面鬼〉 阿盧爾〈名閉目鬼〉 薄鳩詈〈名著鍾鬼 此鬼兩耳著大鍾〉 摸鳩隷〈名披頭鬼〉 兜毘隷〈名住石窟鬼〉 娑呵", 『법원주림』 권60(대정장53, p.737b20)에 "관세음보살의 명호를 세 번 부르고, 이 다라니를 지송하면 모든 재앙이 멀리 떠나지 않음이 없고, 온갖 번뇌에서 벗어나며, 현생에 낙과를 받고 후생에는 부처님을 만난다. 三稱觀世音名 誦持此呪 一切禍對無不遠離 解脫衆惱 今世受樂 後生見佛"라고 하였다. [참고문헌] 『摩訶止觀』, 『請觀世音經』, 『法苑珠林』. ⇨ 육자장구 六字章句

육자재왕 六自在王 안(眼) 등 육근(六根)을 달리 이르는 말. 물들지 않은 청정한 육근은 걸림없이 자재한 뜻을 왕의 위세에 비유함. 『대품반야경』 권5(대정장8, p.256a15)에 "사(Ⓢṣa)자문은 모든 법에 관계하는 육자재왕이니 그 성이 청정하기 때문이다. 沙字門 諸法六自在王 性淸淨故", 『법화현의석첨』 권4(대정장33, p.839a28)에 "처음에 육자재왕이라 한 것은, 범부는 육근에 부림을 당하기에 왕이라 하지 않고 자재한 지위도 아니며, 오직 물들어 행하기에 청정하지도 않다. 그러나 이제 육근이 뜻을 얻고 그 이치 넘어설 존재는 없으므로 왕이라 하고, 일체처 두루하므로 자재라 한다. 자성에는 물듦이 없고 미혹에 묶이지도 않으므로 청정이라 한다. 初言六自在王者 凡夫爲六所使 不名爲王 亦非自在 純行染汚 又非淸淨 今六根得理 理無過上 故名爲王 遍一切處 故名自在 自性無染 不爲惑拘 故云淸淨", 『종경록』 권28(대정장48, p.578b20)에 "경에 '육자재왕은 항상 청정하다'라고 한다. 왕이라 부르는 까닭은 왕이 자재의 뜻이니, 이런 까닭으로 안근은 움직이는 그대로 색을 관하지만 어떤 걸림도 없이 자재하다. 經云 六自在王常淸淨 所以稱王 王是自在義 是以 眼根任運觀色 自在無礙"라고 하였다. [참고문헌] 『大品般若經』, 『法華玄義釋籤』, 『宗鏡錄』. ⇨ 육근 六根

육자존 六字尊 육자경법(六字經法)에서 모시는 본존. 작법에 따라 다양하지만 일반적으로 육관음(六觀音)의 변화신으로서 육자명왕(六字明王)을 말한다. 몸은 검푸른 색이고 육비(六臂) 또는 사비(四臂)에 한 발을 든 모습이다. 육비의 존상은 좌우의 첫째 손은 수인을 맺고 오른쪽 둘째 손은 큰 칼을 쥐었으며, 오른쪽 세째 손에는 원륜(圓輪)을 들었다. 왼쪽 둘째 손은 삼지창을 들었고, 왼쪽 셋째 손은 월륜(月輪)을 들었다. 육자경법의 본존으로 금

륜불정(金輪佛頂)을 모신 경우에는 그 주위를 관음(觀音)·천수(千手)·마두(馬頭)·십일면(十一面)·준지(准胝)·여의륜(如意輪)의 육관음이 둘러싸고 그 아래에 부동명왕(不動明王)과 대위덕명왕(大威德明王)을 안치한다. 성관음보살(聖觀音菩薩)을 본존으로 모시는 경우에는 그 주위에 연화부(蓮華部)의 제존들을 안치한다. ⇨ 육자경법 六字經法, 육관음 六觀音

육자주경 六字呪經 ➡ 문수사리보살육자주공능법경 文殊師利菩薩六字呪功能法經

육자주공능법경 六字呪功能法經 ➡ 문수사리보살육자주공능법경 文殊師利菩薩六字呪功能法經

육자주법 六字呪法 **1**『문수사리보살육자주공능법경 文殊師利菩薩六字呪功能法經』(대정장20, No.1179)의 줄인 이름. ⇨ 문수사리보살육자주공능법경 文殊師利菩薩六字呪功能法經 **2**『육자신주경 六字神呪經』(대정장20, No.1180)의 다른 이름.『진언밀교부류총록』권상(대정장55, p.1123a3)에 "『육자신주경』 1권〈『육자주경』이라고도 한다.『정원범석주』에서 '『육자주법』이라고도 한다'고 하였다. 제목은『문수사리보살육자공능법』이다〉. 六字神呪經一卷〈或云六字呪經 貞元梵釋注云 或云六字呪法 題云文殊師利菩薩六字功能法〉"라고 하였다. [참고문헌]『眞言密教部類總錄』. ⇨ 육자신주경 六字神呪經

육자주왕경 六字呪王經 Ⓢ Ṣaḍ-akṣara-vidyā-mantra. 동진(東晋) 때 한역. 역자 미상. 1권. 고려장12, pp.50a1~52a5, No.345·대정장20, pp.38a23~39c2, No.1044에 수록되어 있다. 잡밀 계통의 문헌. 주문을 물리치는 파주법(破呪法)을 설하고 있다.『육자신주왕경 六字神呪王經』(대정장20, No.1045)과 동본이역이며 육자경법(六字經法)의 의궤에 해당한다. 외도 전다라여인(旃陀羅女 Ⓢ caṇḍālī)이 악한 주문으로 아난 존자를 미혹하자 그 주술을 풀기 위해 부처님께서 설하신 내용이다. 일체 외도의 사악한 주문이 끊어지고 죄업과 장애가 소멸하는 육자주의 공덕을 설하고 있다. ⇨ 육자신주왕경 六字神呪王經

육자진언 六字眞言 **1** 육자문수보살(六字文殊菩薩)의 진언. '옴바계나낭막 唵嚩髻娜曩莫 oṃ va ke da na maḥ'이다.『대성묘길상보살설제재교령법륜』(대정장19, p.345b2)에 "옴바계나낭막〈육자문수〉. 다음으로 금강수이니 인상은 이후의 설명과 같네. 두 손의 약지는 안에서 교차하고, 양손의 소지와 중지는 각각 붙여서 곧게 세우네. 두 엄지 역시 소지와 같게 하고 검지는 펼쳐서 오고형을 만들면 이것이 대비밀의 표치이네. 唵嚩髻娜曩莫〈六字文殊〉 復次金剛手 印相如後明 二水內相交 地火並合竪 二空亦如地 風開五股形 是大祕密標"라고 하였다. [참고문헌]『大聖妙吉祥菩薩說除災教令法輪』. **2** ➡ 육자장구다라니 六字章句陀羅尼, 관세음보살본심미묘육자대명왕진언 觀世音菩薩本心微妙六字大明王眞言

육자하림법 六字河臨法 강에 배를 띄우고 그 위에서 행하는 육자경법(六字經法). 육자경법을 7일 동안 행하고 마지막 날 밤 결원(結願)할 때 대단(大壇)을 배로 옮겨서 행한다. 조복법은 본존을 북향으로 하고, 식재법은 본존을 남향으로 한다.『삼매류구전집』권하(대정장77, p.38c29)에 의하면 원수를 저주하기 위한 방법으로도 쓰였다고 하였다. [참고문헌]『三昧流口傳集』. ⇨ 육자경법 六字經法

육자호마법 六字護摩法 ➡ 육자문수법 六字文殊法, 육자경법 六字經法

육작 六作 **1** 몸으로 짓는 여섯 가지 동작. 행·주·좌·와(行住坐臥)의 사위의(四威儀)에 어·묵(語默)의 두 가지를 합한 것.『금광명경문구기』권3(대정장39, p.114a7)에 "걸어 다니고 머무는 두 동작은 반드시 앉고 눕고 말하고 침묵하는 네 가지 동작을 겸해야 한다. 이들을 육작이라고 한다. 行住二作 必兼坐臥語默四作 是名六作"라고 하였다. [참고문헌]『金光明經文句記』,『刪定止觀』권중(卍속장99, p.181b11). ⇨ 사위의 四威儀, 어묵 語默 **2** ➡ 육수 六受

육장 六藏 부처님 가르침을 여섯 갈래로 나누어 담는 뜻. 성문장(聲聞藏)과 보살장(菩薩藏)에 각기 경율론(經律論) 삼장(三藏)이 있어 육장이라 한다.『성유식론술기』권1(대정장43, p.231b14)에 "삼장을 설하기도 한다. 첫째 소달람(Ⓢ sūtra : 經藏), 둘째 비나야(Ⓢ vinaya : 律藏), 셋째 아비달마(Ⓢ abhidharma : 論藏) 등이다. 때론 육장을 설하기도 하는데, 보살장과 성문장에 각각 삼장이 있기 때문이다. 독각의 경우는 따로 계율 등이 없으므로 삼장은 구장이 될 수 없다. 或說三藏 一 素呾覽 二 毘奈耶 三 阿毘達磨 或說六藏 菩薩聲聞 各有三故 獨覺更無別戒律等 故無三藏可得成九"라고 하였다. [참고문헌]『成唯識論述記』,『大乘法苑義林章』권2(대정장45, p.271b19). ⇨ 삼장 三藏, 성문장 聲聞藏, 보살장 菩薩藏, 독각 獨覺

육재 六栽 삼사(三事 : 根境識) 화합하여 일어나는 여섯 갈래(眼耳鼻舌身意) 촉. 육촉(六觸)의 구역. 심소들을 불러들여 가꾼다는 뜻에 따른다.『방광반야경』권2

(대정장8, p.14b14)에 "보살이 반야바라밀을 행할 때 … 육식 마땅히 그 중에 머물지 말아야 하고, 육재 또한 그 중에 머물지 않는다. 菩薩行般若波羅蜜 … 六識不當於中住 六栽不當於中住", 『일체경음의』 권9(대정장54, p.356c19)에 "육재〈재는 작과 재를 반절한 음이다. 경에 촉이라고도 한다. 아마도 촉이 심수법을 기르듯이 재라는 말도 가지·잎·꽃·열매를 가꾼다는 뜻이라는 점에서 그 의미가 유사하여 붙여진 이름으로 보인다〉. 六栽〈作才反 經中亦名觸 案觸能長養心數法 栽能長養枝葉花條 其義相似 因以名焉〉"라고 하였다. 〔참고문헌〕『放光般若經』, 『一切經音義』. ⇨ 육촉 六觸, 육식 六識

육재 六齋 ❶ 매월 정해진 여섯 날에 계를 가져 청정히 함. 매월육재(每月六齋)·월육재(月六齋)라고도 하며, 육재일(六齋日)을 말한다. 『대보적경』 권31(대정장11, p.169a28)에 "내가 예전에 이 경을 지을 때 모든 오욕락을 버리고 매월 육재를 항상 행하여 모든 금계를 수지하였다. 我昔爲是經 捨諸五欲樂 常於月六齋 受持諸禁戒", 『불위우전왕설왕법정론경』(대정장14, p.799c2)에 "정계를 수지함은, 연중 삼장월과 매월 육재에 살생·투도·사행·망언·음주 등 모든 방일처를 멀리 여의는 것이다. 이와 같다면 왕이 정계를 구족하였다고 이름하리라. 受持淨戒 於年三長 每月六齋 遠離殺生及偸盜邪行妄言 飮酒諸放逸處 如是名王具足淨戒"라고 하였다. 〔참고문헌〕『大寶積經』, 『佛爲優塡王說王法政論經』. ⇨ 육재일 六齋日 ❷ 칠칠재(七七齋 : 사십구재)의 여섯 번째 재. 사후 육칠일(六七日 : 42일째)에 지내는 천도재(薦度齋)를 말한다. 『세종실록』 권9 2년(1420) 8월 20일에 "길창군 권규를 개경사에 보내어 육재를 올리게 하였다. 遣吉昌君 權跬 設六齋 于開慶寺"는 등 조선 초기 왕실의 국상(國喪) 중 설행사가 태종·세종·문종·세조·성종 등의 실록에 전한다. 성현(成俔)은 어머니를 위해 육재를 지냈으며, 강희맹(姜希孟)이 소문을 지었다. 〔참고문헌〕『世宗實錄』. ⇨ 사십구재 四十九齋

육재일 六齋日 여섯 날 계를 가짐. 매월 음력 8·14·15·23·29·30일 여섯 날에 팔계(八戒)를 가져 지켜 청정히 함을 말한다. 육재일에 초하루·18·24·28일을 더하면 십재일(十齋日)이다. 『재경』(대정정1, pp.910c25~912a11) 따르면, 부처님께서 코살라국의 사위성 동쪽 어느 승상의 집에 머무실 때, 승상의 어머니 유야(維耶)가 목욕하고 깨끗한 옷으로 갈아입고 며느리들을 이끌고 부처님께 나아가 재계(齋戒)를 받기를 청하였다. 이때에 부처님께서 목우재(牧牛齋)·니건재(尼犍齋)·불법재(佛法齋) 등 삼재(三齋)를 설하셨다. 같은 책(대정장1, p.911a15)에 "부처님법에 있어 재란 제자가 매월 육재일에 팔계를 가져 지키는 것을 말한다. … (유야가 말하기를) 지금 이후로 달마다 육재를 지켜 목숨 마칠 때까지 힘을 다해 복을 짓겠습니다. 佛法齋者 道弟子月六齋之日受八戒 … 從今已後 月月六齋 竭力作福至死"라고 하였다. 『사분율행사초자지기』 권하(대정장40, p.405b23)에 "백과 흑 각 3일을 육재일이라 이름한다. 白黑各三日 名六齋日"라고 하였으니, 백과 흑 각 3일이란 고대인도에서 달이 밝은 15일 백월(白月)과 달이 지는 15일 흑월(黑月) 중 각각 3일인 8·14·15·23·29·30일을 말한다. 『반니원경』 권하(대정장1, p.188a24)에 "육재일에 높은 자리에서 경을 외워 마음을 다하여 경에 돌아가니 저 부처님 계신 듯 한다. 六齋之日 高座誦經 歸心於經 令如佛在", 『대반야경』 권437(대정장7, p.200c6)에 "이 선남자 선여인 등이 육재일에 독송하니 이와 같은 반야바라밀다를 선설하였다. 이때에 사대왕과 여러 천과 정거천에 이르기까지 모두 와서 이 법사가 계신 곳에 모여 반야바라밀다를 들었다. 是善男子善女人等 於六齋日讀誦 宣說如是般若波羅蜜多 是時四大王衆天乃至淨居天 皆來集會此法師所 聽受般若波羅蜜多"라고 하였다. 『범망경술기』 권하말(한불전2, p.168b1)에 "『대지도론』 권15에 '〔문〕 무엇 때문에 육재일에 팔계를 수지하고 복을 닦는가? 〔답〕 이날은 악귀가 사람을 따라다니며 인명을 빼앗고자 질병과 흉한 재앙으로 사람을 불길하게 하므로 겁초에 성인이 사람들에게 계를 가져 지키게 하였다'라 하였고, …『구질경』과 『사천왕경』에서는 '이 여섯날에는 제석천왕이 사천왕과 태자를 사자로 삼아 내려와서 화도 복도 얻게 한다'라고 하였으며, 『보살수재경』에서는 '재일 밤에는 한편은 좌선하고 한편은 경을 읽으며 한편은 눕기도 한다. 이것이 보살이 재일을 보내는 법이다'라고 하였다. 大智度論第十五云 問 何六齋日 受八戒修福 答 是日 惡鬼 逐人欲奪人命 疾病凶衰 令人不吉故 劫初聖人 教人持齋 … 救疾經及四天王經云 此六日 帝釋四王及太子幷使者 卜來 令得禍福 初說受齋經云 齋日夜 一分禪 一分讀經 一分臥 是爲菩薩齋日法"라고 하였다. 〔참고문헌〕『齋經』, 『四分律行事鈔資持記』, 『般泥洹經』, 『大般若經』, 『梵網經述記』, 『菩薩受齋經』(대정장24, p.1116b23), 『大智度論』 권13(대정장25, p.160a4). ⇨ 법재일 法齋日, 불법재 佛法齋, 삼장육재일 三長六齋日, 십재일 十齋日, 재경 齋經, 팔계 八戒, 팔재계 八齋戒, 포살 布薩

육재팔계경 六齋八戒經 구나발다라 한역. 1권. 비장방(費長房)의 『역대삼보기』 권14 「소승비니실역록 小乘毘尼失譯錄」(대정장49, p.119c18)에 경명만 전한다. 『대주간정중경목록』 권10(대정장55, p.433c21)에 "『육재팔계경』 1권. 이는 송문제 원가년간(424~453)에 구나발다라가 양도(楊都 : 남조 송의 수도. 금릉(金陵) 또는 건업(建業)이라고도 함)에서 한역하였다. 『장방록

』(『역대삼보기』의 별칭)에 나온다. 六齋八戒經一卷 右宋文帝代元嘉年 求那跋陀羅於楊都譯 出長房錄"라고 하였다. 〔참고문헌〕『歷代三寶紀』, 『大周刊定衆經目錄』. ⇨ 육재 六齋, 팔계 八戒, 팔재계 八齋戒

육쟁근 六諍根 여섯 가지 다툼의 뿌리. 『유가론기』 권24(대정장42, p.866c13·한불전14, p.953b16)에 "육쟁근이란, 아래 문의 상에 따른다. 첫째 분한, 둘째 부와 교만, 셋째 탐욕이나 광첨, 넷째 부끄러움이 없어 계를 범하는 것, 다섯째 산란이나 혼침, 여섯째 도거나 악혜다. 마이(摩夷 Ⓢ mātṛkā)에 의지해 말하면 다툼의 근본에는 여섯 가지가 있다. 첫째 진에, 둘째 뇌해, 셋째 초위, 넷째 간질, 다섯째 견취, 여섯째 변견과 사견이다. 六諍根者 準下文想 一 忿恨 二 覆憍慢 三 貪欲 或誑諂 四 無慚愧故犯戒 五 散亂 或惛沈 六 掉擧 或惡慧 若依摩夷說 諍根本有六 一 瞋恚 二 惱害 三 初僞 四 慳嫉 五 見取 六 邊邪二見"라고 하였다. 〔참고문헌〕『瑜伽論記』. ⇨ 쟁근 諍根❶, 육쟁본 六諍本

육쟁근법 六諍根法 여섯 가지 다툼의 뿌리가 되는 법. 분(忿)·한(恨)·염착(染著)·경(輕)·농(弄)·투쟁(鬪諍)을 말한다. 『집이문족론』 권15(대정장26, p.431a16)에 "육쟁근법에서 무엇이 그 여섯 가지인가? 〔답〕 한 무리에게 분이 있고 한이 있는 것을 말한다. 만약 분과 한이 있다면 대사께 공경공양하고 존중찬탄을 할 수 없으며, 만약 대사께 공경공양과 존중찬탄을 할 수 없다면 법을 알 수 없고, 만약 법을 알 수 없다면 사문을 돌아볼 수 없고, 만약 사문을 돌아볼 수 없다면 문득 염착과 경롱과 투쟁을 일으키며, 염착과 경롱과 투쟁을 일으키는 것이 의지처가 되어 많은 중생들이 뜻도 이익도 없이 온갖 고뇌 받는다. 六諍根法者 云何爲六 答 謂有一類有忿有恨 若有忿恨 便於大師 不能恭敬供養 尊重讚歎 若於大師 不能恭敬供養 尊重讚歎 卽不見法 若不見法 卽不顧沙門 若不顧沙門 便起染著輕弄鬪諍 由起染著輕弄鬪諍 爲所依止 令多衆生 無義無利 受諸苦惱"라고 하였다. 〔참고문헌〕『集異門足論』.

육쟁본 六諍本 Ⓟ cha vivāda-mūlāni. 여섯 가지 다툼의 바탕이 되는 것. 『장아함경』 권8「중집경 衆集經」(대정장1, p.51c26)에 "다시 여섯 가지 법이 있으니, 곧 육쟁본이다. 저 비구가 화내기를 좋아하고 버리지 않으면 여래도 법도 대중도 받들 수 없다. … 만약 맺힌 원이 이미 사라졌다면, 다시 방편으로 그 마음을 막아 그쳐 다시는 일어나지 않게 하라. 여러 비구여! 치우쳐서 살피지 못하는 것(佷戾不諦 Ⓟ makkhī paḷāsī), 인색하고 시기함(慳悋嫉妬 Ⓟ issukī maccharī), 교묘하게 속이고 거짓됨(巧僞虛妄 Ⓟ saṭho māyāvī), 스스로 본 것만을 고집하여 그릇됨 받아도 버리지 않는 것(自因已見謬受不捨 Ⓟ pāpiccho micchā-diṭṭhi), 사견과 치우친 견 모두에 빠지는 것(迷於邪見與邊見俱 Ⓟ sanditthi-parāmāsī ādhāna-gāhī duppaṭinissaggi) 또한 이와 같다. 復有六法 謂六諍本 若比丘好瞋不捨 不敬如來 亦不敬法 亦不敬衆 … 若結恨已滅 當更方便 遮止其心 勿復使起 諸比丘 佷戾不諦 慳悋嫉妬 巧僞虛妄 自因已見謬受不捨 迷於邪見與邊見俱 亦復如是", 『십송율』 권50(대정장23, p.367a7)에 "육쟁본이 있으니, 첫째는 화내고 원망하며 말하지 않는 것, 둘째는 악한 마음으로 해치려고 하는 것, 셋째는 탐하고 질투함, 넷째는 아첨, 다섯째는 부끄러움이 없는 것, 여섯째는 악한 욕과 삿된 견해다. 이를 육쟁본이라고 한다. 有六諍本 一者瞋恨不語 二者惡性欲害 三者貪嫉 四者諂曲 五者無慚愧 六者惡欲邪見 是名六諍本"라고 하였다. 〔참고문헌〕『長阿含經』, 『十誦律』, 『中阿含經』 권52「周那經」(대정장1, p.753c12), 『四分律行事鈔』 권중(대정장40, p.74c17), *DN.3.246.*, *MN.2.245.*

육적 六賊 ❶ 여섯 가지 도적. 색성향미촉법(色聲香味觸法)의 육진(六塵). 이들은 육근(六根)과 화합하여 모든 선법을 빼앗기에 도적에 비유한다. 육도(六盜), 마음을 빼앗음에 그보다 더한 것이 없기에 육대적(六大賊)이라고도 한다. 40권본『대반열반경』 권23(대정장12, p.501b10)에 "비유하자면 어떤 사람이 종족도 많고 패거리도 치성하다면 저들 여섯 도적에게 빼앗기지 않는 이치와 같다. 중생도 그와 같아서 선지식이 있으면 육진이라는 악한 도적에게 빼앗기지 않는다. 이 여섯 큰 도적이 사람이든 물건이든 능히 빼앗듯이 육진도 그와 같아 보거나 알거나 듣거나 냄새 맡거나 부딪혀 알게 된 모든 것 다 빼앗는다. 譬如有人 多諸種族 宗黨熾盛 則不爲彼 六賊所劫 衆生亦爾 有善知識 不爲六塵 惡賊所劫 是六大賊 若見人物 則能偸劫 六塵亦爾 若見若知 若聞若嗅 若觸若覺 皆悉能劫", 『금광명경문구기』 권4상(대정장39, p.129b22)에 "육적은 외육진이다. 六賊卽外六塵"라고 하였다. 〔참고문헌〕『大般涅槃經』, 『金光明經文句記』. ⇨ 육진 六塵, 번뇌적 煩惱賊 ❷ 여섯 기관의 애희(愛喜)를 비유하는 말. 『잡아함경』 권43(대정장2, p.313b23)에 "사부여, 그대 안에 여섯 도둑 있어 따라 좇아다니며 엿보다가 기회가 되면 죽이려 드니 그대 마땅히 막아야 한다. … 안에 있는 육적은 여섯 가지 애희를 비유한다. 士夫 內有六賊 隨逐伺汝 得便當殺 汝當防護 … 六內賊者 譬六愛喜"라고 하였다. 〔참고문헌〕『雜阿含經』. ❸ 육욕(六欲)을 비유한 말. 『지관보행전홍결』 권9(대정장46, p.419c9)에 "육적이란 육욕이다. 六賊者 六欲也", 『법화현의』 권4(대정장33, p.719b16)에 "이 육욕이라는 못은 행자를 침몰시키니 구상관을 잘 닦아야 이 육적을 사라지게 할 수 있다. 此六欲淵 沈沒行者 能修九想 除此六賊"라고 하였다. [참고문헌] 『止觀輔行傳弘決』, 『法華玄義』. ⇨ 육욕 六欲 2

육적 六籍 유교의 여섯 경전인 육경(六經)을 달리 이르는 말. 『송고승전』 권6 「법해전 法海傳」(대정장50, p.739a1)에 "선현들이 풀지 못한 뜻을 펼쳐보이고 일시에 외학의 육적에도 능통하였다. 剖先賢不決之義 一時外學六籍該通", 같은 책 권7 「항기전 恒起傳」(대정장50, p.749a29)에 "나이 열다섯에 벌써 육적에 능통하였고 무엇보다 시문에 뛰어났다. 年十五 早通六籍 尤善風騷"라고 하였다. [참고문헌] 『宋高僧傳』. ⇨ 육경 六經

육적번뇌 六賊煩惱 여섯 가지 도둑과 같은 번뇌. 육진(六塵)을 말한다. 『원오어록』 권17(대정장47, p.792a6)에 "들어 말하길, 옛 사람이 이르길 '생명을 지키려면 모름지기 죽여야 하고, 죽여 다해야 비로소 편히 살 수 있다. 이 말속의 뜻을 알아차린다면 철선이 물 위에 뜨리라' 하니, 원오가 이르길 '일러보라. 무엇을 죽였는가? 중생목숨을 죽였는가? 범부견해로는 육적번뇌를 죽이고, 좌주견해로는 부처도 조사도 죽인다. 대천제인견해인 납승분상에서 마침내 죽일 것 그 무엇이겠는가? 擧古者道 護生須是殺 殺盡始安居 會得箇中意 鐵船水上浮 師云 且道 殺箇什麽 殺衆生物命 凡夫見解 殺六賊煩惱 座主見解 殺佛殺祖 大闡提人見解 衲僧分上 畢竟殺箇什麽"라고 하였다. [참고문헌] 『圜悟語錄』. ⇨ 육적 六賊, 번뇌적 煩惱賊

육전 六箭 여섯 가지 화살. 화살처럼 쉴새 없이 달려드는 육진(六塵)의 비유다. 육검(六劍)과 통한다. 『경율이상』 권26(대정장53, p.142c3)에 "나는 나라를 원수로 여기고 육진을 여섯 칼로 여긴다. 이것이 언제나 내 몸을 자르고 때론 여섯 가지 화살이 되어 나의 몸을 쏘기 때문이다. 吾以國爲怨 六塵爲六劍 常截吾身 六箭射吾體"라고 하였다. [참고문헌] 『經律異相』. ⇨ 육검 六劍

육전의 六轉依 여섯 위에 있어서 염분(染分)을 뒤쳐 버리고 정분(淨分)을 바꿔 얻는 뜻. 육종전의(六種轉依)라고도 한다. 『성유식론』 권10(대정장31, p.54c1)에서는 전의를 이에 손력익능전(損力益能轉)·통달전(通達轉)·수습전(修習轉)·과원만전(果圓滿轉)·하열전(下劣轉)·광대전(廣大轉)으로 시설하였다. 손력익능전은 자량위(資糧位)·가행위(加行位)에서 승혜와 참회로 염종자 세력을 강하고 청정분을 증대시켜 현행을 조복시키는 전의이고, 통달전은 통달위의 전의로서 견도(見道)의 힘으로 진여를 통달하고 분별로 일어나는 종자와 습기의 추중장애를 끊는다. 수습전은 수도위(修道位)의 전의로서 유상무상의 관법으로 속제와 진제를 통달하니 추중을 끊어 진실상만 현전한다. 과원만전은 구경위(究竟位)의 전의이니 금강유정(金剛喩定)이 현전할 때 불과(佛果)를 증득하여 미래제가 다하도록 유정을 이익케 한다. 하열전은 이승위(二乘位)의 전의인데 오직 자리(自利)만을 구하여 괴로움을 싫어하고 적멸만을 좋아하니 뛰어난 자재함이 없다. 광대전은 대승위(大乘位)의 전의로서 이장(二障)의 종자를 끊어 대보리를 성취하며, 생사와 열반을 가리지 않고 수승한 자재함으로 중생을 위해 대비를 수행한다. 『섭대승론본』 권하(대정장31, p.148c17)에 "전의란 의타기성에 즉해서 대치가 일어날 때 잡염분을 뒤쳐 버리고청정분을 바꿔 얻는다는 뜻이다. 또한 이 전의에는 간략하게 여섯 종류가 있다. 轉依謂卽 依他起性 對治起時 轉捨雜染分 轉得清淨分 又此轉依 略有六種", 『원각경대소석의초』 권11(卍속장14, p.888a9)에 "여섯 위의 전의 가운데 네 번째인 과만전의는 과원만전이라 한다. 곧 구경위로서 금강유정이 눈앞에 실현되는 순간 근본이 되는 거칠고 위중한 모든 번뇌를 영원히 끊고 불과를 단번에 증득하여 전의가 원만해지면 미래제가 다하도록 이락이 끝이 없다. 그러므로 이 두 가지 과는 여섯 번째인 광대전이니 과원만전은 이 위의 체이다. 六位轉依中 第四果滿轉依 云果圓滿轉 謂究竟位 金剛喩定 現在前時 永斷根本 一切麤重 頓證佛果 圓滿轉依 窮未來際 利樂無盡 然此二果 卽是第六 廣大轉也 是此位體", 『대승백법명문론개종의결』(대정장85, p.1068c7)에 "여섯 가지 전의 가운데 손력익능전·통달전·수습전은 과의 일분만 얻은 전의이고, 구경의 전의는 만과다. 하열과 광대라는 두 가지 전의는 대소승에 모두 통하며 인과를 모두 채운 전의이다. 如六種轉依義中 損力益能轉 通達轉 修習轉 卽是分果 究竟轉者 是滿果 下劣廣大 二種轉依 通大小乘 因果滿分", 『성유식론술기』 권10(대정장43, p.593c27)에 "이미 '광대전을 취하여 원만전도 그 중에 있음을 밝힌다'라고 하였으니 간략하게 한 측면만 들었기 때문이다. 곧 육전의 가운데 첫 번째(손력익능전)는 임시로 세운 전이니 진실을 증득하지 못했기 때문이다. 나머지 다섯 가지는 참으로 전의라고 이름을 붙였으니 진실을 증득하였기 때문이다. 旣言取廣大轉 明圓滿轉 亦在其中 略擧一隅故 卽六轉依中 第一假立轉 未得眞故 餘五眞名轉 眞實證得故"라고 하였다. [참고문헌] 『攝大乘論本』, 『圓覺經大疏釋義鈔』, 『大乘百法明門論開宗義決』, 『成唯識論述記』, 『成唯識論』 권10(대정장31, p.54c1). ⇨ 전의 轉依, 손력익능전 損力益能轉, 통달전 通達轉, 수습전 修習轉, 과원만전 果圓滿轉, 하열전 下劣轉, 광대전 廣大轉 1

육절 六節 Ⓢ ṣaḍ-ṛtu. 1년을 여섯 절기로 나눈 것. 육시(六時)라고도 한다. 『관능가경기』 권1(卍속장25, p.

737b14)에 "어떻게 육절로 거두는가?〈당대 한역된『대승입능가경』권1(대정장16, p.591b22)에는 '육시로 거둔다' 하였고, 옛 주석에서는 '서역에서는 두 달을 한 계절로 삼기에 1년을 여섯 절로 나눈다. 외도에는 육절사가 있다'라고 하였다〉. 云何六節攝〈唐譯云 六時攝 舊注 西域兩月爲時 年分六節 外道有六節師〉"라고 하였다. 〔참고문헌〕『觀楞伽經記』, 『大乘入楞伽經』, *Laṅk.27.*, *Suv-pr.164.* ⇨ 육시 六時 2

육정 六情 1 Ⓢ cakṣurādi-indriya. 육근(六根 Ⓢ ṣaḍ-indriya)을 달리 이르는 말. 안이비설신의(眼耳鼻舌身意)의 여섯 가지 근이 모두 정식(情識)을 일으키므로 이렇게 부른다.『중관론소』권4(대정장42, p.63b4)에 "〔문〕 의는 정이라고 할 수 있지만, 여타 오근은 어째서 정이라고 하는가? 〔답〕 의근은 그 자체로 정이라고 하며, 나머지 오근은 정식의 과를 낳기에 과를 따라 이름을 부여받았다. 육정은 육근이라고도 한다. 오근은 오식을 능히 내며, 의근은 의식을 낸다. 육정은 또한 육의라고도 하니 육식이 의지하기 때문이다. 問 意可是情 餘五云何是情 答 意當體名情 餘五生情識之果 從果受稱也 六情亦名六根 五根能生五識 意根能生意識 六情亦名六依 爲六識所依",『중론』권1「관육정품 觀六情品」(대정장30, p.5c16)에 "〔문〕 경중설에 육정은 〈송〉 안이비설신의 등은 육정이며, 이 안 등의 육정은 색 등의 육진으로 움직인다네. 이 중 눈은 내정이고 색은 외진이니 눈으로 색을 보고, 이와 같이 의는 내정이어서 법은 외진이며 의가 능히 법을 아는가? 〔답〕 그런 것은 없다. 問曰 經中說有六情 所謂 眼耳及鼻舌身意等六情 此眼等六情 行色等六塵 此中眼爲內情 色爲外塵 眼能見色 乃至意爲內情 法爲外塵 意能知法 答曰 無也"라고 하였다. 〔참고문헌〕『中觀論疏』,『中論』,『十住毘婆沙論』권8(대정장26, p.62c9), *Madhy-ś.48.* ⇨ 육근 六根, 오정 五情 2 기쁨·노여움·슬픔·즐거움·사랑·미움(喜怒哀樂愛惡)의 여섯 가지.『능엄경훈문기』권5(卍속장17, p.657a4)에 "〔주〕 희·노 등이란『백호통』「정성 情性」에 '사람은 음양의 기를 받아 나기에 안으로 오성〈인의예지신의 오상의 성이다〉 품고 있다. 육정성이란 양으로 베푼 것이고, 정이란 음으로 화한 것이다'라고 하였다. 육정이란 무엇인가? 희노애락애오를 말한다.『예기 禮記』「예운 禮運」에 따르면, 낙 대신 구로 대체하고 여기에 욕을 더하여 칠정이라 한다. 유가에서는 정은 음에 속하고 음은 수에서 난다고 설하는데, 이 또한 본경 뜻에도 들어맞는다. 注 喜怒等者 白虎通云 人稟陰陽氣而生 故內懷五性〈五常性之〉六情 性者 陽之施 情者 陰之化 六情者何 謂喜 怒 哀 樂 愛 惡 若準禮運 以樂爲懼 更加於欲 謂之七情也 儒說旣云 情屬於陰 陰生於水 亦符此經之義"라고 하였다. 〔참고문헌〕『楞嚴經熏聞記』, 『慈悲道場水懺法隨聞錄』권상(卍속장129, p.333b2). ⇨ 칠정 七情

육정견 六正見 여섯 가지 바른 견.『십지경론』권1(대정장26, p.126a3)에 "여덟째는 무량변재이니, 일체지에 있어서 따라 순해서 베풀어 설한 수다라 등 법의 여섯 가지 정견이다. 마치 저 경이 일체지인의 지무애분별법의 정견과 함께하는 것과 같다. 八者 無量辯才 於一切智 隨順宣說 修多羅等法 六種正見故 如經與一切智人智無礙分別法正見故",『화엄경소』권31(대정장35, p.741c3)에 "여섯 가지 바른 견이란 곧 법문이다.『금강선론』에 '첫째는 진실지정견으로 이법을 안다. 둘째는 행정견이니 능히 행할 법을 안다. 이 둘은 가르침의 취지다. 셋째는 교정견으로 교법을 잘 안다. 넷째는 이이변정견으로 전의 이법이 정으로 취함과 같지 않음을 안다. 다섯째는 부사의정견으로 전의 행법이 덕을 성취하고 정으로부터는 나온다는 것을 안다. 여섯째는 근욕성정견으로 앞서 말한 교법이 중생의 마음에 따라 설해짐을 안다.『유가사지론』권64에서 설한 육종이문과 큰 뜻에서 다름이 없다'라고 하였다 六正見者 卽是法門 金剛仙論云 一 眞實智正見 能知理法 二 行正見 能知行法 此二敎旨 三 敎正見 能知敎法 四 離二邊正見 知前理法不同情取 五 不思議正見 知前行法成德出情 六 根欲性正見 知前敎法說隨物心 瑜伽六十四名六種理門 大旨無異"라고 하였다. 〔참고문헌〕『十地經論』,『華嚴經疏』,『瑜伽師地論』(대정장30, p.653c12). ⇨ 육종이문 六種理門

육정상인 陸淨上人 생몰연대 미상. 조선 중기 스님. 운곡충휘(雲谷沖徽 ?~1613)와 같은 때에 활동하였다.『운곡집』「증육정상인 贈陸淨上人」(한불전8, p.274b7)에 "신선 같은 모습 상왕루에서 처음 뵈었는데 서로 헤어진 해 손꼽아보니 십년이나 흘렀습니다. 만나고 헤어짐에 기약 없기로는 땅위를 구르는 낙엽 같고, 빠른 세월을 잡기 어려움은 여울에 내리는 배와 같습니다. 비갠 창 아래에서 천권 경을 익히고 오래된 불전에 등 밝힌 지 다섯 차례입니다. 육정스님의 정중한 마음 매우 감사드리며 단 한 번 태어났으니 세상의 덧없음 밝게 깨달으시길 바랍니다. 仙姿初見象王樓 屈指相離歲十周 聚散無期飄地葉 光陰難繫下灘舟 晴窓鍊業經千卷 古殿懸燈夜五籌 多謝淨公心鄭重 一生明悟世虛浮"라고 하였다. 〔참고문헌〕『雲谷集』. ⇨ 충휘 沖徽

육정행 六正行 1 Ⓢ ṣaḍvidhā pratipattiḥ. 여섯 가지 바른 행.『유가사지론』에서 시설한 문·사·수(聞思修) 삼행과 견·수·무학도(見修無學道)의 삼행을 말한다. 같은 책 권51(대정장30, p.582c26)에 "모든 비구들은 세 가지로 주에 머물고, 육정행을 행하여 대사의 가르침에서 많은 것을 한다. … 문혜(聞慧)인 무간행·사혜(思慧)인 선수사유행·수혜(修慧)인 수소인선근생기행·견도(見道)인 이제애미간택제행·수도(修道)인즉어차무증상만행·무학(無學)의 정청정수용행을 행한다. 有諸苾芻 住三種住 行六正行 於大師教 多有所作 … 行無間行 行善受思惟行 行修所引善根生起行 行離諸愛味簡擇諦行 行卽於此無增上慢行 行正淸淨受用行"라고 하였다. [참고문헌] 『瑜伽師地論』. ❷ 십바라밀에 상응하는 육정행. 『변중변론』 권하(대정장31, p.473c16 : *Madhy-vibh.*, p.60)에 "열 가지 바라밀다에는 닦음의 차별에 따라 육정행이 있으니, 첫째 최승정행, 둘째 작의정행, 셋째 수법정행, 넷째 이이변정행, 다섯째 차별정행, 여섯째 무차별정행이다. 於十種波羅蜜多 隨修差別 有六正行 一 最勝正行 二 作意正行 三 隨法正行 四 離二邊正行 五 差別正行 六 無差別正行 tāsu pāramitāsu … ity eṣā ṣaḍvidhā pratipattir yad uta paramā pratipattiḥ manaskārapratipattir anudharmapratipattiḥ antadvayavarjitā pratipattiḥ viśistā pratipattiḥ aviśiṣṭā ca pratipattiḥ"라고 하였다. [참고문헌] 『辯中邊論』, *Madhy-vibh.* ⇨ 육수 六修❷ ❸ 『대승장엄경론』에서의 보살의 육종정행. 같은 책 권12(대정장31, p.651c17)에 "여윔을 구함이란 보시정행이니 보답을 바라지 않는다. 후유를 구하지 않음이란 계인정행이니 후유를 구하지 않는다. 두루 모든 공덕을 일으킨다는 말은 정진정행이다. 선을 닦아 무색마저 버린다는 말은 선정정행이다. 지로 방편에 합하는 행이란 반야정행이니, 삼륜청정으로 지혜 삼고, 보리로 회향함이 방편이다. 저 『보적경』에 '베풀되 보를 바라지 않는다'라는 등 널리 설했다. 이상으로 보살의 여섯 가지 정행을 말하였다. 離求者 布施正行 不望報故 離後有者 戒忍正行 不求後有故 遍起諸功德者 精進正行 修禪捨無色者 禪定正行 智合方便行者 般若正行 三輪淸淨爲般若 迴向菩提爲方便 如寶積經說 施不求報 如是廣說 已說菩薩六種正行"라고 하였다. [참고문헌] 『大乘莊嚴經論』.

육제 六諦 ❶ 사제(四諦 : 苦集滅道)에 진제(眞諦)와 속제(俗諦)를 합한 것. 원측(圓測)의 『인왕경소』 권중(대정장33, p.392a13·한불전1 p.67a3)에 "이제란 세속제와 제일의제이고, 사제란 고제·집제·멸제·도제이며, 팔제란 여러 설이 같지 않다. … 앞의 육제라 한 것은 이 경 중에서는 이제와 사제이다. 言二諦者 卽世俗諦 第一義諦 言四諦者 卽苦集滅道諦 言八諦者 諸說不同 … 前之六諦 卽此經中 二諦四諦"라고 하였다. [참고문헌] 『仁王經疏』. ⇨ 사제 四諦, 속제 俗諦, 진제 眞諦 ❷ ➡ 육구의 六句義

육조 六祖 ❶ 중국에서의 6대 조사를 아울러 부르는 말. 달마(達磨)·혜가(慧可)·승찬(僧璨)·도신(道信)·홍인(弘忍)·혜능(慧能)으로 이은 조사들을 가리킨다. 『경덕전등록』 권12 「경통전 景通傳」(대정장51, p.293c19)에 "서천의 28대 조사도 이와 같이 행하였고, 중국의 6대 조사도 이와 같이 행하였다. 西天二十八祖 亦如是 中華六祖 亦如是", 『전법정종론』 권하(대정장51, p.783a11)에 "가섭부터 달마까지 모두 28대 조사이고, 달마가 전하여 다시 혜능까지 와서 육조가 되었다. 自迦葉至于達磨 凡二十八祖 達磨傳之 又至于能 爲六祖矣"라고 하였다. [참고문헌] 『景德傳燈錄』, 『傳法正宗論』. ❷ 선종의 제6대 조사. 혜능(慧能 638~713)을 말한다. 『사가어록』 「서문 序文」(卍속장119, p.809a2)에 "달마대사가 서천에서 중국으로 와 불립문자·직지인심·견성성불·심심상인의 선법으로 육조에게까지 미쳤고, 육조 이후 남악과 청원으로 갈라졌다. 達摩大師西來 不立文字 直指人心 見性成佛 心心相印 以迨六祖 六祖以下 分爲南嶽靑原"라고 하였다. [참고문헌] 『四家語錄』. ⇨ 혜능 慧能 ❸ 신수(神秀)가 육조라는 주장. 『경덕전등록』 권9 「홍변전 弘辯傳」(대정장51, p.269b4)에 "신수의 문인 보적은 자신의 스승을 제6조로 세우고 자신은 7조라 칭하였다. 神秀門人普寂 立本師爲第六祖 而自稱七祖"라고 하였다. [참고문헌] 『景德傳燈錄』. ⇨ 신수 神秀 ❹ 천태종 형계담연(荊溪湛然). 천태지의(天台智顗)를 비조로 하여 제6대에 해당하므로 육조라 부른다. ⇨ 담연 湛然

육조난소 六祖難塑 육조혜능의 모습을 진흙으로 빚은 방변(方辨)을 점검한 인연. 『선원몽구』 권상 「육조난소」(卍속장148, p.215a15)에 "〈출전 『경덕전등록』 권5〉 육조에게 촉 출신 방변이 와서 아뢰길 '저는 소상(塑像)을 잘 빚습니다'라고 말했다. 육조가 정색을 하고 '한번 빚어보거라'고 하였다. 방변이 주신 말씀 알아차리지 못하고 육조의 진신을 7촌 크기로 빚었고 자세함까지 다하였다. 육조가 보더니 '그대 소성은 잘 알지만, 불성은 잘 모르는구나'라고 한 뒤 가사 등 선물로 답례하자 감사의 절을 올리고 떠났다. 〈傳燈五〉 六祖 因蜀僧名方辨來謁祖云 善捏塑 祖正色曰 試塑看 方辨不領旨 乃塑祖眞可高七寸 曲盡其妙 祖觀之曰 汝善塑性 不善佛性 酬以衣物 僧禮謝而去"라고 하였다. [참고문헌] 『禪苑蒙求』.

육조능선사비명 六祖能禪師碑銘 당나라 때 문인인 왕유(王維 700~761) 지음. 『전당문 全唐文』 권327에 수록되어 있다. 혜능(慧能)을 선종의 적통으로 부각시키며 육조로 널리 알린 신회(神會)의 요청에 따라 지은 비명이다. 혜능의 선법에 대한 신회의 찬탄으로 시작하며, 뒤이어 유년 시기부터 성장과정, 구법에서 적멸에 이르기까지 혜능의 일생을 위주로 서술하고, 그 중간중간에 신회의 자기 자신에 대한 평가, 돈점(頓漸)에 대한 관점 등도 적어 새겼다.

육조단경 六祖壇經 ➡ 단경 壇經, 남종돈교최상대승마하반야바라밀경육조혜능대사어소주대범사시법단경 南宗頓教最上大乘摩訶般若波羅蜜經六祖慧能大師於韶州大梵寺施法壇經, 고본육조단경 古本六祖壇經

육조대사 六祖大師 6조 혜능(慧能)에 대한 존칭. 종보본『단경』(대정장48, p.357c6)에 "현책(玄策)이 (영가현각에게) 말했다. '제 말이 가벼웠습니다. 조계에는 육조대사가 계시기에 사방에서 운집하여 다들 법을 받고 있습니다. 만일 떠나신다면 함께 가겠습니다'. 策云 我言輕 曹溪有六祖大師 四方雲集 並是受法者 若去 則與偕行"라고 하였다. [참고문헌]『壇經』. ⇨ 혜능 慧能

육조대사법보단경 六祖大師法寶壇經 종보본(宗寶本)『단경』의 원제목. 돈황본(敦煌本)은 물론이고 종보본과 가장 가까운 편집 형태를 지닌 덕이본(德異本)도『육조단경』을 표제로 하며 '대사'라는 2자는 없고 덕이의「서문 序文」도 마찬가지이다. 그 밖에 대승사본(大乘寺本)·흥성사본(興聖寺本)도 크게 다르지 않다. 오직 종보본만의 표제로, 덕이와 계숭(契嵩)의「서문」과「찬贊」의 제목에 '대사' 2자를 덧붙였다. 우리나라에서는 1207년(희종3) 조계산 수선사(修禪社) 담묵(湛默)이 계숭본(契崇本) 1권을 구해 와서 중각(重刻)하고 지눌(知訥)이「육조법보단경발 六祖法寶壇經跋」을 지었다. 이후 우리나라에 유통된 판본들은 다음과 같은 것이 있다.

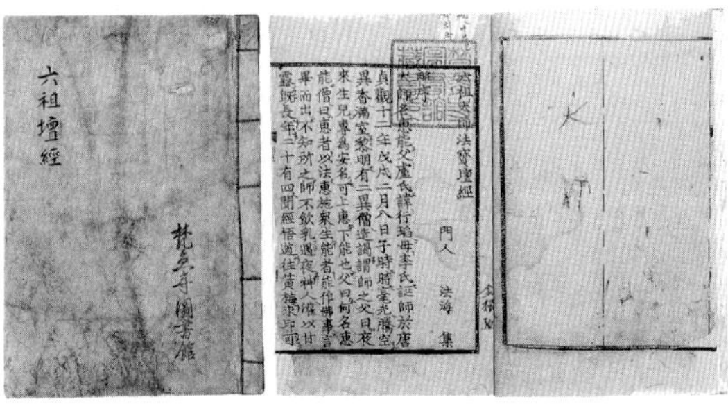

육조대사법보단경 해탈사개판
부산 범어사 1569년

1370년(공민왕19) 8월에 개판하여 남원 귀정사(歸正寺)에 모신 판본, 1479년(성종10) 백운산 병풍암(屛風庵) 개판본(경남유형문화재 제597호 김해여여정사소장), 1496년(연산군2) 인수대비(仁壽大妃) 발원 언해본(서울대학교소장본), 1569년(선조2) 평안도 상원 대청산(大靑山) 해탈사(解脫寺)에서 개판하고 심곡사(深谷寺)에 모신 판본(부산유형문화재 제37호 범어사소장, 경북유형문화재 제354호 구미금강사소장), 1574년(선조7) 안심광제원((安心廣濟院) 개판 추정본(전북유형문화재 제227호 남원백련사소장), 1703년(숙종29) 송천사(松川寺) 판본(하동쌍계사소장), 1883년(고종20) 합천 해인사 중간본(重刊本) 등이 있다. [참고문헌] 朴相國 『全國寺刹所藏木板集』(文化財管理局, 1987) p.335·385, 千惠鳳 『韓國典籍印刷史』(汎友社, 1990) p.181. ⇨ 단경 壇經

육조대사법보단경요해 六祖大師法寶壇經要解 1845년(헌종11) 백파긍선(白坡亘璇 1767~1852) 지음. 1권. 필사본. 1846년(헌종12) 전라도 옥과 관음사의 현당허주(玄堂虛舟) 필사본이 경기도 일산 원각사에, 1910년 전라도 백양사 청류암(淸流庵) 필사본이 동국대학교 중앙도서관에 전한다. 종보본(宗寶本)『단경』을 선가의 요지를 다음과 같은 분제로 해설하였다. 곧 오법전의(悟法傳衣)·석공덕정토(釋功德淨土)·정혜일체(定慧一體)·교수좌선(敎授坐禪)·전향참회(傳香懺悔)·참청기연(參請機緣)·남돈북점(南頓北漸)·당조징조(唐朝徵詔)·법문대시(法門對示)·부촉유통(付囑流通) 등의 순으로 각 조목의 요지를 드러내고, 선의 종지를 중심으로 율과 교를 거두어 풀고 있다. ⇨ 긍선 亘璇, 단경 檀經

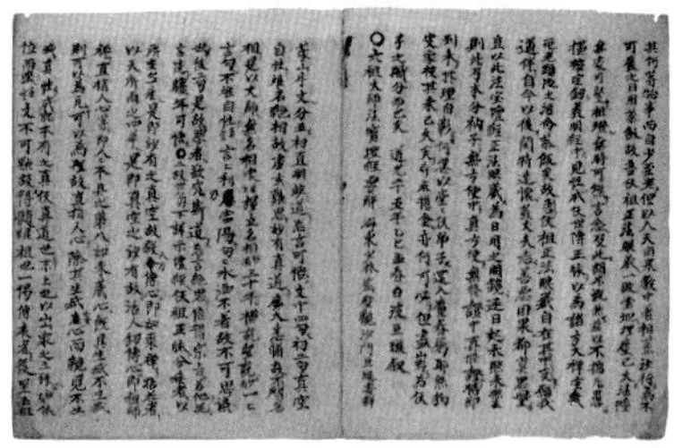

육조대사법보단경요해 필사본
고양 원각사 1846년

육조대사연기외기 六祖大師緣起外紀 당대 육조의 문인(門人) 법해(法海) 등 모음. 1권. 덕이본(德異本)『단경』앞에 붙인 법해가 지은「약서 略序」제명이다. 이「약서」는『전당문 全唐文』권915에 수록된「육조대사법보단경약서」와 같은 글이지만, 종보본(宗寶本)에서는 증보된 형태로 말미(대정장48, p.362b23)에 있으며, 제목은「육조대사연기외기 六祖大師緣記外記」이다. 육조행장을 간략히 기록하였다. ⇨ 혜능 慧能

육조법보단경발 六祖法寶壇經跋 1207년(희종3) 지눌(知訥) 지음. 1편.「육조단경발문」이라고도 한다. 한불전4, p.739b1~c20에 전한다. 수선사(修禪社) 담묵(湛默)이 소지하고 있던 계숭본(契嵩本)『육조법보단경』을 널리 유포하고자 지눌에게 받은 발문이다. 지눌은 그 취지에 공감하여 "이 책은 내가 평생 종지로 받들어 수학한 귀감이다. 此予平生宗承修學之龜鑑也"라고 하며 후대에 널리 유행하길 기원하였다. ⇨ 단경 檀經

육조법보단경언해 六祖法寶壇經諺解 학조(學祖) 언해. 3권. 덕이본(德異本)『단경』을 저본으로 하여 본문에 현토하고 한글로 풀었다.『육조언해』라고도 한다. 한

자를 모르는 사람들을 염두에 두어 한자 뒤에 한글을 표기하고 친절한 주석도 곁들였다. 1496년(연산군2) 인수대비(仁粹大妃)와 정현왕후(貞顯王后)의 주도 아래 『진언권공언해 眞言勸供諺解』와 함께 목활자로 300부를 간행하였다. 『진언권공』(『한국불교의례자료총서』 권1, p.496b10)에 "나(학조)에게 명하시어 나랏말로 『육조단경』을 번역하고 목활자를 만들어 간행케 하시므로 삼백건을 인출하여 반포하였다. 命僧以國語翻譯六祖壇經 刊造木字 印出三百件頒施"라고 하였다. 한자 주음(注音)은 당시 통용되고 있던 음을 쓴 점이 특별하다.

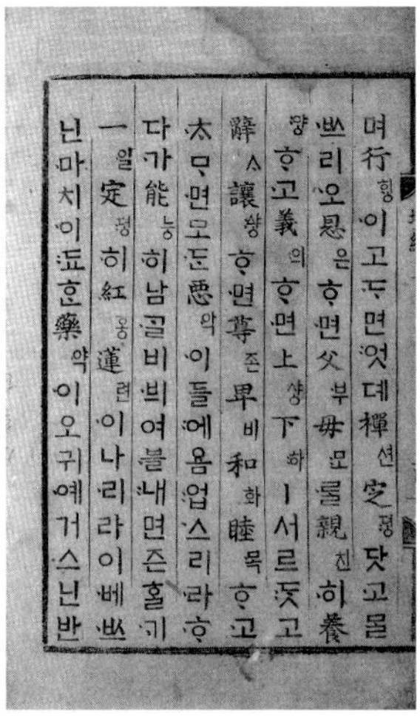

육조대사법보단경언해
서울대학교도서관

국어 연구와 서지학에도 귀중한 자료다. 홍문각(弘文閣)에서 상(1983)·중(1992)·하(2000) 3권의 영인본을 출간했다. 서울유형문화재 제374호 육조대사법보단경(언해)권상이 서울대학교도서관에 소장되어 있는데, 『육조대사법보단경』 중 오법전의(悟法傳衣)와 석공덕정토(釋功德淨土) 등 2장(章)만이 실려 있다. [참고문헌] 『眞言勸供』. ⇨ 단경 壇經

육조법보단경해수일적 六祖法寶壇經海水一滴 일본 천계전존(天桂傳尊 1648~1735) 지음. 5권. 1725년(형보10)과 1867년(경응3)에 간행. 『법보단경해수일적 法寶壇經海水一滴』이라고도 한다. 이본을 교감하여 각 구절을 평가한 주석서이다.

육조부금 六祖負金 6조 혜능(慧能)과 지철(志徹) 사이에 있었던 인연. '황금으로 갚다'의 뜻. 『선원몽구』 권중 「육조부금」(卍속장148, p.245b2)에 『경덕전등록』 권5(대정장51, p.238c16)에 의지하여 다음과 같이 전한다. 출가하기 전 지철선사는 장(張)씨 성에 이름은 행창(行昌)이었다. 선종이 남북종으로 나뉘어져 갈등하고 있던 당시에 북종문인들이 신수(神秀)를 6조로 옹립하고자 하나 이미 혜능이 5조에게 인가를 받고 달마 이래의 의발을 전수받았다는 소문이 세상에 퍼져 있었다. 저들이 혜능의 목숨을 빼앗으려 모의하였는데 혜능이 미리 예측하고 황금 열 냥을 방장에 두었다. 행창이 북종문인들의 청부로 칼을 품고 방장에 들어오자 6조는 목을 빼어 내주었다. 행창이 칼을 세 번이나 휘둘렀지만 아무런 손상도 입히지 못하자 6조가 "바른 검은 삿되게 쓸 수 없고, 삿된 검 또한 바르게 쓰일 리 없다. 오직 그대에게 황금 얹어 줄망정 너의 목숨 짐질 일 없다. 正劒不邪 邪劒不正 只負汝金 不負汝命"라고 하는 소리에 놀라 쓰러져 있다가 깨어나 잘못을 후회하고 출가의 뜻을 밝혔다. 6조가 황금 열 냥을 주면서 당장은 북종의 무리를 피하여 살다가 다음을 기약하자고 말했다. 행창은 훗날 6조 문하로 출가하여 지철이라는 법명을 받았다. [참고문헌] 『禪苑蒙求』, 『景德傳燈錄』.

육조오도게 六祖悟道偈 육조 혜능(慧能)이 도를 깨닫고 지은 게송. 신수(神秀)의 게송을 보고 그 대구로 지은 것으로 종보본 『단경』(대정장48, p.349a7)에 "보리수는 본래 나무가 아니요, 밝은 거울 또한 대(臺)가 아니네. 본래 하나의 물건도 없으니, 어디서 티끌이 일어나리오. 菩提本無樹 明鏡亦非臺 本來無一物 何處惹塵埃"라고 전한다. [참고문헌] 『壇經』. ⇨ 본래무일물 本來無一物, 신수오도게 神秀悟道偈, 혜능 慧能

육조인자심동 六祖仁者心動 '그대 마음 움직일 뿐'이라 한 육조의 화두. 『경덕전등록』 권16 「설봉의존전 雪峯義存傳」(대정장51, p.327c17)에 "육조가 '바람 움직인 것도 아니고 깃발 움직인 것도 아니며, 그대 마음 움직였을 뿐'이라 한 말 들어 평했다. '크고도 어린 조사여! 용 머리 뱀 꼬리구나. 주장자 20방 맞을 만하구나'. 因舉 六祖云 不是風動 不是旛動 仁者心動 師曰 大小祖師 龍頭蛇尾 好與二十拄杖"라고 하였다. [참고문헌] 『景德傳燈錄』. ⇨ 비풍비번 非風非幡

육조전법게 六祖傳法偈 달마(達磨) 이래로 다음 조사에게 법을 담아 전하는 게송. 육조 이후에는 갈등의 실마리가 된다고 하여 가사는 전하지 않고 게송으로 대체하였다는 설(衣不合傳)이 돈황본 『단경』(대정장48, p.344a21)에 보이지만 역사적 사실은 아니다. 이에 초조 달마부터 육조까지의 게송이 있고 그중에 "마음 밭에 정품은 씨앗 법비 맞아 꽃이 피네. 스스로 꽃 정 씨앗 깨우치면 보리의 열매 저절로 이루리라. 心地含情種 法雨卽花生 自悟花情種 菩提果自成"라는 혜능의 게송이 보인다. 『보림전』·『조당집』·『경덕전등록』 등에도 이를 조금씩 다르게 전하고 있다. 돈황본 『단경』에는 위의 게송에 이어서 다음과 같은 두 수를 더 전한다. "마음 밭에 삿된 꽃 피우고, 다섯 잎 뿌리 좇아 따르네. 함께 무명의 업 지었으니, 업의 바람 맞게 되리라. 心地邪花放 五葉逐根隨 共造無明業 見被業風吹", "마음 밭에 반듯한 꽃 피니, 다섯 잎 뿌리 좇아 따르네. 더불어 반야지혜 닦았으니, 오는 날엔 불보리 깨치리라. 心地正花放 五葉逐根隨 共修般若惠 當來佛菩提"라고 하였다. [참고문헌] 『壇經』. ⇨ 전법게 傳法偈

육조전서 六祖傳序 육조혜능전의 서문. 종밀(宗密 780~841) 당시에 유통되다가 현존하지 않는 『육조전』으로 추정한다. 『도서』 권2하(대정장48, p.413a1)에 “석가모니부처님에게서 친히 품받아 대대로 서로 이어 일일이 얼굴 맞대 37세다(‘서천에 이미 28조가 있었다’라고 하는 주장이 『육조전』 「서문」에 갖추어 분석하였다). 親稟釋迦 代代相承 一一面授 三十七世〈有云 西國已有二十八祖者 六祖傳序中 卽具分析〉”라고 하였다. 대정장을 비롯한 모든 판본에 하조(下祖)로 되어 있지만, 우리나라 관음사(觀音寺) 개판본(開板本)에 따라 육조(六祖)로 교정한다. ［참고문헌］『都序』. ⇨ 혜능 慧能

육조전의 六祖傳衣 6조에게 전한 가사. 초조 달마(達磨)부터 전법(傳法)의 징표로 전수되던 가사를 5조 홍인(弘忍)이 혜능에게 전한다. 『희수소담광록』 권5(卍속장122, p.281a11)에 “육조전의를 든다. 해왔던 일 따르지 않고 짊어진 땔나무 버린 뒤, 황매에서 방아 찧으며 집안일 점검하였네. 깊은 밤 삼경에 새벽 한끝 보였더라도 쌀겨 뒤섞인 절구에 오래된 마름꽃 피우리. 擧六祖傳衣 不依本分去擔柴 負石黃梅驗作家 半夜三更設分曉 和糠舂出古菱花”, 『오등회원속략』 권3 「서암혜장 西巖惠章」(卍속장138, p.949b18)에 “육조전의 이야기 읊는다. ‘나무꾼 버리고 방아장이 되더니, 오직 다리 힘만 가져 곱고 거친 것 가려내네. 어느 누군들 밟았는지 밟지 않았는지 알겠는가? 쌀도 겨도 그대로 발우에 담겼네’. 頌六祖傳衣話曰 不作樵夫作碓夫 只將脚力驗精麤 知他踏著踏不著 和米和糠到鉢盂”라고 하였다. ［참고문헌］『希叟紹曇廣錄』, 『五燈會元續略』. ⇨ 혜능 慧能, 전의 傳衣, 육조전법게 六祖傳法偈

육조정상탑전 六祖頂相塔殿 육조 혜능(慧能 638~713)의 정상(頂相 : 두개골)을 모신 탑전. ⇨ 쌍계사육조정상탑전 雙磎寺六祖頂相塔殿

육조탑 六祖塔 육조 혜능(慧能 638~713)의 등신(等身)을 봉안한 탑. 당나라 헌종이 815년(원화10) 시호와 함께 영조지탑(靈照之塔)이라는 탑명을 내렸다. 『경덕전등록』 권5 「혜능전」(대정장51, p.236c10)에 따르면, 713년(개원1) 11월 13일 결가부좌하고 입적한 대사의 영골 그대로 달마대사(達磨大師)부터 전승되어 왔던 가사와 함께 봉안하였고, 전 소주자사(韶州刺史) 위거(韋據)가 비문을 지었다고 한다. 종보본 『단경』(대정장48, p.363b20)에 수록된 유종원(柳宗元)의 「사시대감선사비 賜謚大鑒禪師碑」에 “임금의 명으로 대감선사라는 시호를 받고 탑명은 영조지탑이라 하였다. 詔謚大鑒禪師 塔曰 靈照之塔”라고 하였다. 『석씨계고략』 권3 「조산장 曹山章」(대정장49, p.841c27)에 “조산이 마침내 동산의 종지를 직접 전수받고 곧바로 조계로 가서 육조탑에 절을 올리고 길수로 돌아왔다. 山遂密授洞上宗旨 直趨曹溪 禮六祖塔 回吉水”라고 하였다. 육조와 관련된 탑으로는 삭발한 후 머리카락을 봉안한 예발탑(瘞髮塔)도 유명하다. ［참고문헌］『景德傳燈錄』, 『壇經』, 『釋氏稽古略』, 『佛祖統紀』 권41(대정장49, p.381c2). ⇨ 광효사예발탑기 光孝寺瘞髮塔記

육조풍동번동 六祖風動幡動 ➡ 비풍비번 非風非幡

육조혜능대사전법종지 六祖惠能大師傳法宗旨 『조계대사별전 曹溪大師別傳』의 다른 이름. 원제목은 『당소주조계보림산국녕사육조혜능대사전법종지병고종대제칙서겸사물개사액급대사인가문인병멸도육종서상급지화삼장현기등전 唐韶州曹溪寶林山國寧寺六祖慧能大師傳法宗旨幷高宗大帝敕書兼賜物改寺額及大師印可門人幷滅度六種瑞相及智華三藏懸記等傳』이며, 긴 제목 때문에 후인들이 편의상 줄여서 부르는 이름 중 하나이다. ⇨ 조계대사별전 曹溪大師別傳

육조혜능선사비명 六祖慧能禪師碑銘 당나라 때 송정(宋鼎) 지음. 송나라 때 조명성(趙明誠)이 지은 『금석록 金石錄』 권7 「목록 目錄」에 보이고, 『송고승전』 권8 「혜능전」(대정장50, p.755b11)에 “병부시랑 송정이 비문을 지었다. 兵部侍郞宋鼎 爲碑焉”라고 하였지만 현존하지 않는다. ［참고문헌］『宋高僧傳』. ⇨ 혜능 慧能

육족 六足 유부(有部)의 근본 논장인 육족론(六足論). 『구사론기』 권1(대정장41, p.1a15)에 “육족의 강요를 채록하여 남김없이 모두 구비하였다. 採六足之綱要 備盡無遺”라고 하였다. ［참고문헌］『俱舍論記』, 『出三藏記集』 권14(대정장55, p.100b29). ⇨ 육족론 六足論

육족론 六足論 Ⓢ Ṣaṭ-pāda-śāstra. 설일체유부(說一切有部)가 의지하는 여섯 가지 논서. 아비달마육족론(阿毘達磨六足論)이라고도 하며, 다음과 같다. 『아비달마집이문족론 阿毘達磨集異門足論 *Saṃgīti-paryāya*』(대정장26, No.1536) : 사리불(舍利弗 Ⓢ Śāriputra) 지음. 당나라 때 현장(玄奘) 한역. 20권. 『아비달마법온족론 阿毘達磨法蘊足論 *Dharma-skandha*』(대정장26, No.1537) : 대목건련(大目犍連 Ⓢ Mahā-maudgalyāyana) 지음. 현장 한역. 12권. 『아비달마시설족론 阿毘達磨施設足論 *Prajñapti-śāstra*』 : 대가다연나(大迦多衍那 Ⓢ Mahā-kātyāyana) 지음. 부분 발췌 한역인 『시설론 施設論』(대정장26, No.1538) 7권을 법호(法護) 등이 한역. 『아비달마식신족론 阿毘達磨識身足論 *Vijñāna-kāya*』(대정장26, No.1539) : 제바설마

(提婆設摩 ⓈDevaśarman) 지음. 현장 한역. 16권. 『아비달마품류족론 阿毘達磨品類足論 *Prakaraṇa-pāda*』(대정장26, No.1542) : 벌소밀다라(筏蘇蜜多羅 ⓈVasumitra : 世友) 지음. 현장 한역. 18권. 『아비달마계신족론 阿毘達磨界身足論 *Dhātu-kāya*』(대정장26, No.1540) : 벌소밀다라 지음. 현장 한역. 3권. 이상 여섯 논서는 모두 설일체유부에서 근본으로 삼는 법으로 『대지도론』 권2(대정장25, p.70a6)에서는 육분아비담(六分阿毘曇)이라 한다. 또한 가다연니자(迦多衍尼子 ⓈKātyāyaniputra)가 지은 『아비달마발지론 阿毘達磨發智論』(대정장26, No.1544)이 방대한 분량의 자세한 논서이기 때문에 몸에 비유하여 신론(身論)이라고 하는 데 반해, 육족론은 부분적이고 간략하기에 발에 빗대어 족론(足論)이라고 하였다. 『구사론송소론본』 권1(대정장41, p.817b4)에 "모든 논이라 하면 육족론 등을 말한다. 첫째 사리자는 『집이문족론』을 지었고, 둘째 대목건련은 『법온족론』을 지었으며, 셋째 가다연나는 『시설족론』을 지었으니, 이상 세 논서는 부처님 재세 시에 지었다. 부처님께서 열반에 드신 지 일백년후에 제바설마가 『식신족론』을 지었으며, 삼백년초에 존자세우가 『품류족론』과 『계신족론』을 지었다. 言諸論者 謂六足論等 一 舍利子 造集異門足論 二 大目犍連 造法蘊足論 三 迦多演那 造施設足論 已上三論 佛在世造 佛涅槃後 一百年中 提婆設磨 造識身足論", "삼백년말에 가다연니자가 『발지론』을 지었다. 앞의 여섯족론은 뜻을 펼친 문이 조금 협소하고 『발지론』만은 법문이 가장 넓다. 그러므로 후대논사들이 여섯 논서는 발이고 『발지론』은 몸이라 하였다. 후대 논사들이 대부분 『발지론』을 으뜸으로 여기고 이것에 의지하여 『대비바사론』을 지었다. 至三百年初 尊者世友 造品類足論 又造界身足論 至三百年末 迦多演尼子 造發智論 前六足論 義門稍少 發智一論 法門最廣 後代論師 說六爲足 發智爲身 後代論師 多宗發智 大毘婆娑 依之而造", 『구사론기』 권1(대정장41, p.8b25)에 "육족이란, 사리자(ⓈŚāriputra)는 『집이문족론』 일만이천송을 지었으니, 약본은 팔천송이다〈사리는 백설조(百舌鳥 : 꾀꼬리·지빠귀)라 한역하며, 자(子)는 한역어이다〉. 言六足者 舍利子 造集異門足論 一萬二千頌 略本八千頌〈舍利此云百舌鳥也 子是唐言〉", "대목건련(ⓈMahāmaudgalyāyana)은 『법온족론』 육천송을 지었다〈목건련은 채숙씨라 한역하며, 대(大)는 한역어이다. 그러므로 『법온족론』에서 대채숙씨라고 하였다〉. 大目乾連造法蘊足論 六千頌〈目乾連 此云採菽氏 大是唐言 故法蘊足論 云大採菽氏〉", "대가다연나(ⓈMahākātyāyana)는 『시설족론』 일만팔천송을 지었다〈가다는 전체(剪剃)로 한역하며, 연은 종(種)으로 한역하며, 나는 남성(男聲)으로 바라문종성 중 하나이다〉. 이상의 세 논은 부처님 재세 시 지어진 것이다. 大迦多衍那 造施設足論 一萬八千頌〈迦多此云剪剃 衍此云種 那是男聲 婆羅門中一姓也〉 已上三論 佛在世時造", "부처님께서 열반하신 후 백년 중에는 제바설마(ⓈDevakṣema)〈천적(天寂)으로 한역한다〉가 『식신족론』 칠천송을 지었다. 佛涅槃後一百年中 提婆設摩 造識身足論 七千頌〈此云天寂〉", "삼백년초에 오면 벌소밀다라(ⓈVasumitra)가 『품류족론』〈곧 옛 『중사분아비담』이다〉 육천송을 지었다. 또 『계신족론』을 지었는데, 광본은 육천송이고 약본은 칠백송이다〈벌소밀다라는 세우라고 한역하는데, 바사회사대논사(婆沙會四大論師 : 法救·妙音·世友·覺天) 중의 세우가 아니고 동명이인이다〉. 至三百年初 筏蘇密多羅 造品類足論 六千頌〈卽是舊衆事分阿毘曇也〉 又造界身足論 廣本六千頌 略本七百頌〈筏蘇密多羅 此云世友 非婆沙會世友 同名異體〉", "삼백년말에 이르면 가다연니자(ⓈKātyāyanīputra)가 『발지론』 이만오천송을 지었는데, 후대의 암송한 사람들의 광략이 서로 달랐으니, 한 본은 일만팔천송이었고 다른 한 본은 일만육천송이었다. 至三百年末 迦多衍尼子 造發智論 二萬五千頌 後代誦者廣略不同 一本一萬八千頌 一本一萬六千頌"라고 하였다. 이중 한역 『품류족론』은 송나라 때 구나발다라(求那跋陀羅)가 한역한 『중사분아비담론 衆事分阿毘曇論』 12권(대정장26, No.1541)의 별역본(別譯本)이다. 또한 요진(姚秦)의 담마야사(曇摩耶舍)와 담마굴다(曇摩崛多) 등이 공역한 『사리불아비담론 舍利弗阿毘曇論』 30권(대정장28, No.1548)은 체제와 법에 대한 해설에서 『집이문족론』과 같은 류다. [참고문헌] 『大智度論』, 『俱舍論頌疏論本』, 『俱舍論記』, 『法華文句記』 권1(대정장34, p.153a10). ⇨ 집이문족론 集異門足論, 아비달마법온족론 阿毗達磨法蘊足論, 시설족론 施設足論, 식신족론 識身足論, 품류족론 品類足論, 계신족론 界身足論, 아비달마발지론 阿毘達磨發智論, 설일체유부 說一切有部

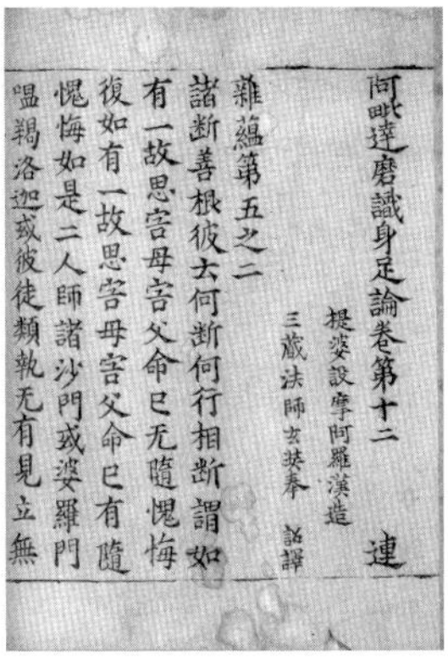
阿毗達磨識身足論卷第十二 連
提婆設摩阿羅漢造
三藏法師玄奘奉 詔譯
雜蘊第五之二
諸斷善根彼云何斷何行相斷謂如
有一故思害母害父命已无隨愧悔
復如有一故思害母害父命已有隨
愧悔如是二人師諸沙門或婆羅門
嗢羯洛迦或彼徒類執无有見立無

육족론 아비달마식신족론 권제12
국보제267호 호림박물관 12세기

육족존 六足尊 밀교 오대명왕(五大明王) 중 한 존인 대위덕명왕(大威德明王 ⓈYamāntaka). 항염마존(降閻魔尊)·염만덕가(閻曼德迦)·육면존(六面尊)·육두존(六頭尊)이라고도 한다. 태장만다라에서 반야보살의 오른쪽에 안치한다. 『태장금강교법명호』(대정장18, p.206a18)에 "육족존〈밀호는 대위덕금강〉. 六足尊〈大威德金剛〉", 『표치만다라의궤』(대정장20, p.130a8)에 "육족존〈무량수불의 분노형이고 자성륜은 문수사리보살이다〉. 六足尊〈無量壽佛忿怒 自性輪文殊師利菩薩〉", 『대일경소연오초

』 권16(대정장59, p.177c25)에 “『인왕염송의궤』에서 ‘문수사리보살은 교령륜에 의지하여 위노육족존으로 현현한다. 손·팔·머리가 각각 여섯이고 물소 위에 올라앉아서 일체 악독한 용이 일으키는 거센 비바람이 유정을 해치는 것을 꺾어서 조복시킨다. 仁王念誦軌云 文殊師利菩薩 依教令輪現作威怒六足尊 手臂頭各六 坐水牛上 摧伏一切諸惡毒龍興惡風雨損害有情者 令調伏故”라고 하였다. 〔참고문헌〕『胎藏金剛教法名號』, 『幖幟曼茶羅儀軌』, 『大日經疏演奧鈔』. ⇨염만덕가명왕 閻曼德迦明王, 대위덕명왕 大威德明王, 오대명왕 五大明王

육종 六宗 **1** 기사법사(耆闍法師) 안름(安廩 507~583)의 교판을 천태지의(天台智顗 538~597)가 일컬은 말. 화엄종의 현수법장(賢首法藏 643~712)은 이를 육종교(六宗教 : 耆闍六宗)라고 하였는데 내용이 서로 다르다. 『법화현의』 권10(대정장33, p.801b17)에 “어떤 사람이 광통을 평가하며 ‘사종으로는 거둘 수 없어, 다시 육종을 연다’라고 하였다. 『법화경』을 지목해서는, 온갖 선이 한 곳으로 돌아가니 제불법은 오랜 후에야 반드시 진실을 설하게 될 터이니 이름이 진종이다. 『대집경』을 지목해서는, 염정이 함께 어울리고 법계가 두렷이 넓으니 원종이라 한다. 나머지 사종은 전과 같으니 기사의 름사가 쓴 바이다. 有人稱光統云 四宗有所不收 更開六宗 指法華 萬善同歸 諸佛法久後 要當說眞實 名爲眞宗 大集 染淨俱融 法界圓普 名爲圓宗 餘四宗如前 卽是耆闍凜師所用”라고 하였다. 여기에서 광통의 사종은 인연종(因緣宗)·가명종(假名宗)·광상종(誑相宗)·상종(常宗)이다. 이에 반해 법장은 육종교를 인연종·가명종·부진종(不眞宗)·진종·상종·원종이라 하여 제6종 원종의 경우에는 화엄법문(華嚴法門)이라 하였으므로 천태와 입장을 달리 했다. 〔참고문헌〕『法華玄義』, 『維摩經略疏垂裕記』 권10(대정장38, p.851a24), 『四教義』 권1(대정장46, p.724c26). ⇨기사육종 耆闍六宗, 사종 四宗[1] **2** 화엄교판에서 소승교(小乘教)를 여섯 갈래로 분류한 것. 소승이십부(小乘二十部)를 여섯 범주로 나눠 거둔 것이다. 십종(十宗) 중에 앞선 아법구유종(我法俱有宗)·유법무아종(有法無我宗)·법무거래종(法無去來宗)·현통가실종(現通假實宗)·종망진실종(從妄眞實宗)·제법단명종(諸法但名宗 : 諸法假名宗)이며, 소승이십부의 배속은 〈표1〉과 같다. 『대승백법명문론개종의기』(대정장85, p.1047b17)에 “비록 다른 바 헤아리면 이십부로 나누지만 중류로 묶으면 육종이 된다. 雖所計殊 分二十部 於中類束 以爲六宗”, “첫 번째는 아법구유종으로 독자부 등이 해당되며 오온·십이처와 온 등에 의지하여 따로 아가 있다고 승인한다. 一 我法俱有宗 謂犢子部等 許有五蘊 十二處等 及依蘊等 別有我故”, “두 번째는 유법무아종으로 일체유부 등이 삼세온 등이 실로 있고 보특가라이지 실아는 없다고 설한다. 二 有法無我宗 一切有部等 說三世蘊等 而皆實有 補特加羅 實我無故”, “세 번째는 법무거래종으로 대중부 등이며 온처계 등이 현법으로서는 있지만 가고 오는 온 등은 모두 없는 것이라고 설한다. 三 法無去來宗 大衆部等 說蘊處界等 現法卽有 去來蘊等 皆是無故”, “네 번째는 현통가실종으로 설가부 등이며 현재온은 실로 적취법이고 처와 계는 임시로 화합한 법이라고 설한다. 四 現通假實宗 說假部等 說現在蘊實積聚法故 處界則假和合法故”, “다섯 번째는 종망진실종으로 설출세부 등이며 출세법이야말로 실이어서 허망하지 않고 세간은 실이 아니어서 다 허망하다고 고집한다. 五 從妄眞實宗 說出世部等 執出世可實 非虛妄故 世間非實 皆虛妄故”, “여섯 번째는 제법가명종으로 일설부 등이며 세간출세간도 모두 실이 아니어서 다만 임시로 세운 이름일 뿐, 성상은 없다고 집한다. 이들 모두 초시의 가르침에 의지하여 일어났기에 그 국집하는 바만을 종으로 삼기에 소승이라고 한다. 六 諸法假名宗 一說部等 執世出世間 亦皆非實 但是假名 無性相故 此等皆依初時教起 故所執宗爲小乘矣”라고 하였다. 〔참고문헌〕『大乘百法明門論開宗義記』. ⇨십종 十宗, 소승이십부 小乘二十部 **3** 불대승다(佛大勝多) 문하에서 일어난 여섯 종파. 『경덕전등록』 권3 「보리달마전 菩提達磨傳」(대정장51, p.217b2)에 “불대승다가 다시 나눈 길이 육종이 되었다. 제1 유상종, 제2 무상종, 제3 정혜종, 제4 계행종, 제5 무득종, 제6 적정종이다. 각각 자기 견해에 묶여 따로 교화의 물줄기 폈으니 취락은 번성하고 따르는 무리 또한 매우 많아졌다. … (보리달마가 육종을 비판하자) 이미 여섯 무리는 모두 귀의를 맹세하였다. 佛大勝多 更分途而爲六宗 第一 有相宗 第二 無相宗 第三 定慧宗 第四 戒行宗 第五 無得宗 第六 寂靜宗 各封己解 別展化源 聚落崢嶸 徒衆甚盛 … 旣而六衆 咸誓歸依”, 『원오어록』 권14 「시융지장 示隆知藏」(대정장47, p.777a4)에 “달마가 육종과 외도가 세운 뜻을 부수자 천하가 태평해졌다. 達磨破六宗 與外道立義 天下太平”라고 하였다. 〔참고문헌〕『景德傳燈錄』, 『圜悟語錄』. ⇨불대승다 佛大勝多 **4** 육사외도(六師外道). 『번역명의집』 권2(대정장54, p.1085a4)에 “『지관보행전홍결』에서 ‘육사의 원조는 가비라이고 그 지류가 나뉘어 달리하니 드디어 육종이 되었다’라고 하였다. 輔行云 六師元祖 是迦毘羅 支流分異 遂爲六宗”라고 하였다. 〔참고문헌〕『翻譯名義集』, 『止觀輔

〈표1〉 육종 구분에 따른 소승이십부 분류

육종구분	소승이십부 분류
아법구유종	독자부·법상부·현주부·정량부·밀림부·경량부
유법무아종	설일체유부·설산부·음광부·다문부
법무거래종	화지부·법장부·대중부·계윤부·제다산부·서산주부·북산주부
현통가실종	설가부
종망진실종	설출세부
제법단명종	일설부

行傳弘決』 권10(대정장46, p.436a10). ⇨ 육사외도 六師外道

육종 六種　육대(六大 : 地水火風空識)를 달리 이르는 말. 『아비담감로미론』 권상(대정장28, p.971b13)에 “육종이 화합하여 사람의 몸을 얻는다. 무엇이 육종인가? 사대와 공대·식대를 말한다. 지수화풍 중에 지수화 삼대는 색이어서 길고 짧음과 거칠고 미세함을 헤아릴 수 있지만, 풍대는 풍종 한 종이다. 六種合得人身 云何六種 四大空識 地水火風 三大有色 地水火 量度長短麤細 風風種一種”, “사대가 늘 합함은 차별이 없지만 견고한 특징은 지, 습함은 수, 뜨거운 특징은 화, 움직이는 특징은 풍이다. 외의 사대로 내부의 사대종을 성취한다. 색중 빈자리는 안식으로 연하기에 내외가 있기에 공종이라 한다. 오식과 유루의식을 식종이라고 한다. 세간이 일어남도 육종 중 견고함은 지, 수는 적시며, 화가 썩은 냄새를 끓여 없애며, 풍은 움직여 앉고 일어나고 동작하며, 공을 인으로 생장하며, 음식의 소화는 풍이 가져가며, 식의 힘으로 목숨이 있게 된다. 이것을 사람이라고 한다. 四大常合無差別 堅相地 濕相水 熱相火 動相風 外四大 成就內四大種 色中空 眼識緣 有內外 是謂空種 五識及有漏意識 是謂識種 生世六種 堅高地 水潤治 火煮除爛臭 風動坐起動作 生長因空 飮食消化風持去 識力有命 是謂人”라고 하였다. [참고문헌] 『阿毘曇甘露味論』, 『般若燈論釋』 권4(대정장30, p.71a1), 『成實論』 권2(대정장32, p.251a8), 『大日經義釋演密鈔』 권6(卍속장37, p.143b4). ⇨ 육대 六大, 육계 六界, 사대 四大

육종결정 六種決定　❶ Ⓢ ṣaḍvidha-niyatipāta. 보살이 육바라밀(六波羅蜜)을 닦아 결정코 얻는 재성·생승·불퇴·수습·정업·무공용(財成 生勝 不退 修習 定業 無功用)에 있어서의 결정. 『대승장엄경론』 권12(대정장31, p.652b14 : *Sūtr.*, p.166)에 “보살은 육바라밀의 뛰어남으로 여섯 가지 결정을 얻는다. 첫째 재성결정이니, 보시로 말미암아 항상 커다란 재물을 성취하기 때문이다. 둘째 생승결정이니, 계로 말미암아 항상 뜻대로 나기 때문이다. 셋째 불퇴결정이니, 모든 고통 참아 항상 물러나지 않기 때문이다. 넷째 수습결정이니, 정진하여 언제나 선을 익혀 쉼이 없기 때문이다. 다섯째 정업결정이니, 선정으로 중생업을 성취하여 영원히 물러나지 않기 때문이다. 여섯째 무공용결정이니, 지혜로 무생인을 얻어 무분별지로 자연스레 머물기 때문이다. 菩薩 由六度增上 得六種決定 一者 財成決定 由施常得 大財成就故 二者 生勝決定 由戒常得 隨意受生故 三者 不退決定 由忍諸苦 常不退故 四者 修習決定 由進恒時習善無間息故 五者 定業決定 由禪成就衆生業 永不退故 六者 無功用決定 由智得無生忍 無分別智 自然住故 ṣaḍpāramitādhikāreṇa ṣaḍvidho niyatipāta eṣa nirdiṣṭaḥ. saṃpattiniyatipāto nityam udārabhogasaṃpattilābhāt. upapattiniyatipāto nityaṃ yatheṣṭopapattiparigrahāt. akhedaniyatipāto nityaṃ saṃsārad uḥkhair akhedāt. bhāvanāsātatyaniyatipāto nityaṃ bhāvanāsātatyāt. samādhānācyutau kṛtasiddhau ca niyatipāto nityaṃ samādhyaparihāṇitaḥ satkṛtyasādhanataś ca. anābhogānutpattikadharmakṣāntilābhe niyatipātaś ca nityam anābhogan irvikalpajñānavihārāt”라고 하였다. [참고문헌] 『大乘莊嚴經論』, 『勸發菩提心集』 권하(대정장45, p.401a29), *Sūtr.* ⇨ 무공용결정 無功用決定, 불퇴결정 不退決定, 생승결정 生勝決定, 수습결정 修習決定, 재성결정 財成決定, 정업결정 定業決定, 육바라밀 六波羅蜜 ❷ 초지(初地) 이상의 보살이 성지(聖智 : 眞智)로 잘 결정하여 얻게 되는 여섯 가지. 관상(觀相)·진실(眞實)·승(勝)·인(因)·대(大)·불겁약(不怯弱)에 있어 잘 결정한다. 『십지경론』 권1(대정장26, p.126c18)에 “선결정에는 여섯 가지가 있다. 첫째는 관상선결정이니, 진여로 관하면 일미상이기 때문이다. 저 경에서 ‘잡이 없다’(60권본 『화엄경』 권32, 대정장9, p.604c6)고 한 말과 같다. 둘째는 진실선결정이니, 일체세간경계 아닌 출세간이기 때문이다. 저 경에서 ‘볼 수 없다’고 한 말과 같다. 셋째는 승선결정이니, 대법계이기 때문이며 모든 부처님의 근본이므로, 저 경에서 ‘광대하기가 법계와 같다’고 한 말과 같다. … 넷째는 인선결정이니, 두 종류가 있다. 첫째 무상한 갈애의 과를 성취하는 인을 잘 결정하는 것이고, … 둘째 변함없는 과를 성취하는 인을 잘 결정하는 것이다. … 다섯째는 대선결정이니, 수순하며 이타행을 실천는 것이니 저 경에서 ‘일체중생세계를 덮어 보호한다’고 한 말과 같다. 앞의 선결정은 세간이나 열반이나 어느 한편에 치우쳐 머물지 않기를 발원한 것이다. 여섯째는 불겁약선결정이니, 일체제불지지에 들어가서도 겁내지 않는 것이다. 此善決定有六種 一者 觀相善決定 眞如觀 一味相故 如經無雜故 二者 眞實善決定 非一切世間境界 出世間故 如經不可見故 三者 勝善決定 大法界故 一切佛根本故 如經廣大 如法界故 … 四者 因善決定 有二種 一 成無常愛果因善決定 … 二 常果因善決定 … 五者 大善決定 隨順作利益他行 如經覆護一切衆生界故 次前善決定 此願世間涅槃中 非一向住故 六者 不怯弱善決定 入一切諸佛智地 不怯弱故”라고 하였다. [참고문헌] 『十地經論』, 『華嚴經』, 『大乘義章』 권12(대정장44, p.712a20). ⇨ 십지 十地

육종계 六種戒　Ⓢ ṣaḍ-vidha-śīla. 보살이 가져야 할 일체종계를 크게 여섯으로 나눈 계. 『유가사지론』 권42(대정장30, p.522a25 : *Bodh-bh.*, p.127)에 “보살일

체종계란 무엇인가? 요약해서 말하면 여섯 가지 또는 일곱 가지로 총 열세 가지다. 云何菩薩一切種戒 當知此戒 以要言之 六種七種 總十三種 tatra katamadbodhisattvasya sarvākāraṃ śīlam. tat ṣaḍvidhaṃ saptavidhaṃ caikadhyam abhisaṃkṣipya trayodaśavidhaṃ veditavyam.", "여섯 가지란 다음과 같다. 첫째는 회향계(Ⓢ pariṇamita-śīla)로 대보리에 회향한다. 둘째는 광박계(Ⓢ viśada-śīla)로 배워야 할 모든 학처를 널리 거둔다. 셋째는 무죄환희처계(Ⓢ anavadya-pramoda-sthānīya-śīla)로 욕락에 탐착하거나 스스로 고행하는 두 극단적인 행으로부터 멀리 벗어난다. 넷째는 항상계(Ⓢ sātatya-śīla)로 수명이 다한다 해도 배워야 할 학처들을 버리지 않는다. 다섯째는 견고계(Ⓢ dṛḍha-śīla)로 일체의 이익·공경·타론·근본번뇌·수번뇌 등에 정복당하지도 빼앗기지도 않는다. 여섯째는 시라장엄구상응계(Ⓢ śīla-alaṃkāra-saṃyukta-śīla)로 일체계장엄을 구족히 한다. 시라장엄은 저 성문지에서 그 모양 알 수 있으리라. 言六種者 一 迴向戒 迴向大菩提故 二 廣博戒 廣攝一切所學處故 三 無罪歡喜處戒 遠離耽著欲樂自苦二邊行故 四 恒常戒 雖盡壽命 亦不棄捨所學處故 五 堅固戒 一切利養 恭敬他論 本隨煩惱不能伏故 不能奪故 六 尸羅莊嚴具相應戒 具足一切戒莊嚴故 尸羅莊嚴 如聲聞地 應知其相 mahābodhau pariṇamitam. vistīrṇaśikṣāpadaparigṛhītatvād viśadam. kāmasukhallikātmaklamathāntadvayavivarjitatvād anavadyapramodasthānīyam. yāvaj jīvenāpi śikṣāpratyākhyānāt sātatyam. sarvalābhasatkāraparapravādikleśopakleśair anabhibhavanīyatvād ahāryatvād dṛḍham. śīlālaṅkārasaṃyuktaṃ ca. śīlālaṅkāro veditavyas tadyathā śrāvakabhūmau prāṇātipātādiviratyā"라고 하였다. [참고문헌]『瑜伽師地論』, 『勸發菩提心集』 권하(대정장45, p.402a22), *Bodh-bh.* ⇨ 칠종계 七種戒

육종고행외도 六種苦行外道 여섯 류의 고행하는 외도. 『법화현의석첨』 권8(대정장33, p.872c11)에 "이 모든 외도들의 헤아림은 동시에 저 늑사바(Ⓢ Ṛṣabha)종의 이십오제에도 속한다. 저들 고행에 여섯 가지가 있다고 한다. 첫째는 스스로 굶주리는 것, 둘째는 연못에 뛰어드는 것, 셋째는 불에 들어가는 것, 넷째는 높은 곳에서 뛰어내리는 것, 다섯째는 묵언하는 것, 여섯째는 우계나 구계 등의 계를 가지는 것이다. 此諸外計並屬勒沙婆宗 二十五諦中 彼云苦行有六 一 自餓 二 投淵 三 赴火 四 自墜 五 寂默 六 持牛狗等戒", 『범망경보살계초진』 권2(卍속장95, p.49a6)에 "위의 여섯 부류 외도가 이러한 고행에 집착하는 까닭은 이것으로 과 얻을 수 있는 인을 삼기 때문이다. 如上六種外道 執此苦行 以爲得果之因故"라고 하였다. [참고문헌]『法華玄義釋籤』, 『梵網經菩薩戒初津』. ⇨ 외도 外道

육종공구 六種供具 **1** 삼보에 올리는 여섯 가지 공양구(供養具). 『인왕경』 권2(대정장8, p.830a5)에 "켜두는 백 개의 등, 사르는 백 개의 좋은 향, 백 가지 색의 꽃으로 삼보에 공양한다. 삼의와 집물로는 법사에 공양하고, 소반에 담긴 음식 또한 때맞춰 거듭 올린다. 燃百燈 燒百和香 百種色花 以用供養三寶 三衣什物供養法師 小飯中食亦復以時", 『인왕반야경소』 권3(대정장33, p.344b20)에 "육종공양구 중 첫째는 백사자좌 … 둘째는 켜두는 백등, 셋째는 백화향, 넷째는 백종색화, 다섯째는 삼의와 집물 … 여섯째 소반에 담긴 음식이니 이 여섯가지로 삼보에 공양한다. 六種供養具中一百師子坐 … 二燃百燈 三百和香 四百種色華 五三衣什物 … 六小飯中食 用此六種供養三寶"라고 하였다. [참고문헌]『仁王經』, 『仁王經疏』. **2** ➡ 육법공양 六法供養

육종공심 六種供心 삼보(三寶)에 공양할 때 지녀야 할 여섯 가지 청정한 마음. 『대승의장』 권14(대정장44, p.742b25)에 "다음으로 공양할 때 지녀야 할 마음을 밝힌다. 그 마음에는 『보살지지경』에서 설한 대로 여섯 가지가 있다. 첫째는 복전이 위없는 마음이니 이로부터 나는 복이 가장 뛰어나다. 둘째는 은덕무상의 마음이니 일체의 선과 즐거움이 삼보에 의지하여 나온다. 셋째는 일체중생의 가장 뛰어난 마음을 낸다. 넷째는 저 우담발화처럼 만나기 어려운 마음이며, 다섯째는 삼천세계가 오직 이 마음뿐이다. 여섯째는 일체세간과 출세간이 남김없이 의지하는 뜻을 구족하고 있는 마음이니, 이는 여래께서 세간과 출세간법을 구족하여 능히 중생과 더불어 의지처가 됨을 밝혔기에 이를 일러 갖추고 의지한 뜻이라 한다. 이 여섯 가지 마음으로 적은 물을 공양해도 능히 헤아릴 수 없고 끝없는 공덕을 획득할 수 있으니, 어찌 많이 공양하는 뜻이겠는가. 간략히 이와 같음을 가렸을 뿐이다. 次明供心 供心有六 如地持說 一 福田無上心 生福中勝 二 恩德無上心 一切善樂 依三寶出 三 生一切衆生最勝心 四 如優曇鉢華難遇心 五 三千世界獨一心 六 一切世間出世間具足依義心 此明如來具足世間出世間法 能與衆生 爲依止處 名具依義 以此六心 少物供養 能獲無量無邊功德 何況多供養之義 略辨如是"라고 하였다. [참고문헌]『大乘義章』. ⇨ 육종정심 六種淨心

육종공양 六種供養 여섯 가지로 공양함. 육법공양(六法供養)이라고 한다. 『백장청규증의기』 권6(卍속장111, p.748a17)에 "사르는 향·꽃·켜두는 등·바르는 향·과일·음악이 육종공양이다. 香花燈塗果樂 六種供養"라 하였고, 『법계성범수륙승회수재의궤』 권2(卍속장

129, p.551b3)에 "사루어 아뢴 후 진령하고 육종으로 공양하는데 처음에는 향을 올리고 게송을 읊은 다음 주문을 베푼다. 表白振鈴獻六種供養 初獻香 述偈 幷宣呪"라 하고, 다음 차례로 화·등·의(衣)·보(寶)·법공양(法供養)을 올리고 게와 주문을 지송한다. [참고문헌] 『百丈淸規證義記』, 『法界聖凡水陸勝會修齋儀軌』. ⇨ 육법공양 六法供養, 육종공구 六種供具❶

육종과실 六種過失 ❶ 모든 삼마지(三摩地 Ⓢ samādhi)를 수습할 때 생겨나는 여섯 가지 과실. 『광석보리심론』 권2(대정장32, p.567b12)에 "또 일체삼마지를 수습할 때에는 여섯 가지 과실이 있음을 알아야 한다. 첫째는 게으르게 됨이며, 둘째는 소연인 삼매를 잃어버림이며, 셋째는 한없이 가라앉음이며, 넷째는 지나치게 들떠 있음이며, 다섯째는 마음이 움직여 성성하지 못함이며, 여섯째는 계속되는 각성의 상태다. 이 여섯 가지 과실이 생겨날 때 여덟 가지 단행으로 대치해야 한다. 復當知 諸修一切三摩地時 有六種過失 一 懈怠 二 所緣忘失 三 沈下 四 高擧 五 無發悟 六 發悟 此六過失生時 當起八種斷行對治"라고 하였다. [참고문헌] 『廣釋菩提心論』. ⇨ 단행 斷行❷ ❷ 아직 전의(轉依)하지 못한 소의신(所依身)에 수반되는 여섯 가지 과실. 『유가사지론』 권80(대정장30, p.747a29)에 "또 여섯 가지 허물을 멀리 여읨으로써만이 마땅히 몸으로 행하는 것임을 알아야 한다. 무엇을 여섯 가지 과실이라 하는가? 첫째는 걱정하여 우울한 상의 과실, 둘째는 분명히 알지 못하면서 거듭하기만 하는 과실, 셋째는 두 가지 상으로 인한 위의의 과실, 넷째는 세 가지 상으로 인해 두려워하는 상의 과실, 다섯째는 두 가지 상으로 인한 알리슬타의 과실, 여섯째는 몸이 고르고 부드럽지 못한 과실이다. 又由遠離六種過失 應知身行 何等名爲六種過失 一者 愁憂相過失 二者 不了知數習過失 三者 由二種相威儀過失 四者 由三種相怖畏相過失 五者 由二種相遏履瑟吒過失 六者 身不調柔過失", 『유가론기』 권21(대정장42, p.799c21·한불전14, p.636b12)에 "몸으로 행함에 의지해 여섯 가지 과실을 여의게 한다는 것은 뒤쳐 의지한 몸이야말로 의지신이 될 수 있다고 푼다. '셋째의 두 가지 상으로 인한 위의의 과실'이라고 하였는데, 여기에 두 가지 풀이가 있다. 하나는 위의는 네 가지지만, 합하면 두 가지로, 첫째는 걷는 것이고, 둘째는 서거나 앉고 눕는 것이기에 두 가지 상이라 한다. 다른 하나는 너무 서두르거나 너무 느린 두 가지 상으로서의 위의과실이다. '넷째는 세 가지 상으로 인해 두려워하는 상의 과실'이라고 하였는데, 늙고 병들고 죽음이다. '다섯째는 두 가지 상으로 인한 알리슬타의 과실'이라고 하였는데, 알리슬타란 잡염의 뜻이다. 번뇌와 업을 두 가지 상이라 하였다. 또 푼다면 경을 거슬러도 한편 경을 따라다녀도 두 경에 물듦이니 두 가지 상이라 하였다. 據身行離六過失以釋轉依身是所依故也 言三者由二種相威儀過失者 此有兩釋 一云 威儀有四 合則爲二 一 行 二 住坐及臥 故云二相 一云 大疾大遲爲二相威儀過失 四者由三種相怖畏相過失者 老病死也 五者由二種相遏履瑟吒過失者 遏履瑟吒者雜染義也 煩惱業名爲二相 又解違順二境染 名爲二相也"라고 하였다. [참고문헌] 『瑜伽師地論』, 『瑜伽論記』.

육종관 六種觀 ❶ ➡ 육현관 六現觀 ❷ 상키야(Ⓢ Sāṃkhya 數論)의 이십오제 중에 혜로 오대(五大)·십일근(十一根)·오유(五唯)·만(慢)·각(覺)·자성(自性) 등을 차제로 관찰하는 것. 『금칠십론』 권하(대정장54, p.1258a9)에 "이십오진실의 중에 혜를 일으키고 이 혜로 육종관을 일으킨다. … 이십오의를 깨우쳐 곧 사량위에 들어 오대를 여의고, 능위에 들어 십일근을 여의며, 여위에 들어 오유를 여의고, 지위에 들어 만 등을 여의며, 축위에 들어 각을 여의고, 독존위에 들어 자성을 여의니 이것을 해탈이라고 한다. 二十五眞實義中起智慧 由此智慧 起六種觀 … 覺知二十五義 卽入思量位 離五大 入能位 離十一根 入如位 離五唯 入至位 離慢等 入縮位 離於覺 入獨存位 離自性 是名解脫"라고 하였다. [참고문헌] 『金七十論』. ⇨ 이십오제 二十五諦

육종교 六宗敎 ➡ 기사육종 耆闍六宗, 육종 六宗❶, 안름 安廩

육종교방편 六種巧方便 Ⓢ ṣaḍ-vidha upāyaḥ. 보살이 중생을 위하는 여섯 가지 뛰어난 방편. 『보살지지경』 권8(대정장30, p.932c17 : *Bodh-bh.*, p.180)에 "마땅히 알라. 간략히 설하면 육종교방편이다. 첫째 수순, 둘째 입요, 셋째 이상, 넷째 핍박, 다섯째 보은, 여섯째 청정이다. 當知 略說六種巧方便 一者 隨順 二者 立要 三者 異相 四者 逼迫 五者 報恩 六者 淸淨"라고 하고, 아래와 같이 풀었다. 수순교방편(隨順巧方便) : 저 중생에게 애경을 일으켜 기꺼이 법을 듣게 하고 그런 다음에는 마땅히 여법하게 설하여 쉽게 듣고 쉽게 알게 한다(彼生愛敬樂欲聞法 然後乃爲如應說法 易入易解). 입요교방편(立要巧方便) : 수계 등을 하게 하되 만약 그렇게 하면 나 망땅히 너에게 너와 약속한 것을 베풀리라(乃至受戒 若能如是 我當施汝). 이상교방편(異相巧方便) : 저 중생들 가르침 따르지 못할 때는 분노하고 꾸짖기도 한다(若彼衆生不隨其敎 爾時菩薩現瞋責相). 핍박교방편(逼迫巧方便) : 악을 짓거나 계를 범하면 공급을 중단하고 벌을 줌으로써 악에서 벗어나게 한다(若我眷屬有不供養父母 乃至犯戒者 我當斷其供給 或加謫罰或至驅擯). 보은교방편(報恩巧方便) : 먼저 모든 은혜 베풀어 중생이 은혜 알아 보은의 마음을 일으키게 한다(若菩薩先於

衆生施諸恩分 若施財物 若度衆難 … 衆生知恩欲報德者). 청정교방편(淸淨巧方便) : 보살이 보리를 얻어 중생에게 견고하게 믿고 즐겁게 하여 함께 불도를 구한다(成無上菩提 令餘衆生 堅固信樂 同求佛道). 『유가사지론』 권45(대정장30, p.540c23) 등에서 자세히 풀었다. 〔참고문헌〕『菩薩地持經』, 『瑜伽師地論』, 『大乘義章』 권15(대정장44, p.766b29), *Bodh-bh.* ⇨ 수순교방편 隨順巧方便, 입요교방편 立要巧方便, 이상교방편 異相巧方便, 핍박교방편 逼迫巧方便, 보은교방편 報恩巧方便, 청정교방편淸淨巧方便, 육종방편 六種方便

육종구생혹 六種俱生惑 여섯 가지 구생혹(俱生惑). 탐(貪)·진(瞋)·만(慢)·무명(無明)·의(疑)·부정견(不正見 : 覺)의 여섯 가지 선천적인 번뇌. 여섯 가지 근본번뇌의 뜻이다. 『대승백법명문론』(대정장31, p.855b29)에 "번뇌 여섯이란, 첫째 탐, 둘째 진, 셋째 만, 넷째 무명, 다섯째 의, 여섯째 부정견 등이다. 煩惱六者 一 貪 二 嗔 三 慢 四 無明 五 疑 六 不正見", 『자비수참법』 권상(卍속장129, p.322b5)에 "『정명소』에서 말하길 '탐·진·치·만·의·각의 여섯 가지는 구유의이다〈구생혹이라고도 한다〉'. 淨名疏云 貪 嗔 癡 慢 疑 覺 六者俱有疑〈亦名俱生惑〉", 『대명삼장법수』 권20(영락장182, p.255a9)에 "육종구생혹〈『대승백법명문론』이 출전이다〉이란, 혹은 혼미하여 깨닫지 못한다는 뜻이다. 즉 탐진 등의 혹은 몸과 함께 생기므로 구생혹이라고 한다. 六種俱生惑〈出大乘百法明門論〉 惑 卽昏迷不了之義 謂貪瞋等惑與身俱生 故名俱生惑", "첫째 탐혹이란, 마음에 드는 오진의 경을 끌어 취하여 싫어하지 않아서 혼미하여 깨닫지 못하는 것이 탐혹이다〈오진이란 색진·성진·향진·미진·촉진이다〉. 一 貪惑 謂於五塵順情境上 引取無厭 昏迷不了 是名貪惑〈五塵者 色塵 聲塵 香塵 味塵 觸塵也〉", "둘째 진혹이란, 마음에 거슬리는 오진의 경에 대해 몹시 분노하여서 혼미하여 깨닫지 못하는 것이 진혹이다. 二 瞋惑 謂於五塵違情境上 忿怒暴起 昏迷不了 是名瞋惑", "셋째 치혹이란, 일체 드러난 일과 그 뜻을 분별하지 못하고 거꾸로 잘못 집착하여 뭇 사견을 일으켜서 혼미하여 깨닫지 못하는 것이 치혹이다. 三 癡惑 謂於一切事理之法 無所分別 顚倒妄執 起諸邪見 昏迷不了 是名癡惑", "넷째 만혹이란, 나는 능히 할 수 있으나 다른 사람은 할 수 없다거나 나는 알지만 다른 이는 알지 못한다는 생각으로 경만심을 일으켜 타인을 능멸하여 오만하니 혼미하여 깨닫지 못하는 것이 만혹이다. 四 慢惑 謂我能他不能 我解他不解 因此 起輕慢心 凌傲於人 昏迷不了 是名慢惑", "다섯째 의혹이란, 바르게 믿는 마음이 없어 정법에 대해 망설여 결정하지 못하여서 혼미하여 깨닫지 못하는 것이 의혹이다. 五 疑惑 謂無正信之心 於正法中 猶豫無決 昏迷不了 是名疑惑", "여섯째 각혹이란, 정지정견이 없어 오진의 경에 대해 항상 잘못된 생각을 일으키고 염애심으로 매달려 혼미하여 깨닫지 못하는 것이 각혹이다. 六 覺惑 謂無正知正見 而於五塵之境 常起惡覺 染愛生着 昏迷不了 是名覺惑"라고 하였다. 〔참고문헌〕『大乘百法明門論』, 『慈悲水懺法』, 『大明三藏法數』. ⇨ 구생혹 俱生惑, 근본번뇌 根本煩惱

육종권 六種拳 ➡ 육종권인 六種拳印

육종권인 六種拳印 밀교에서 모든 수인(手印)의 근본이 되는 여섯 가지 인상(印相). 육종권이라고도 한다. 첫째, 금강권인(金剛拳印)은 엄지를 손바닥안으로 넣고 나머지 네 손가락을 구부려서 주먹을 쥔다. 둘째, 연화

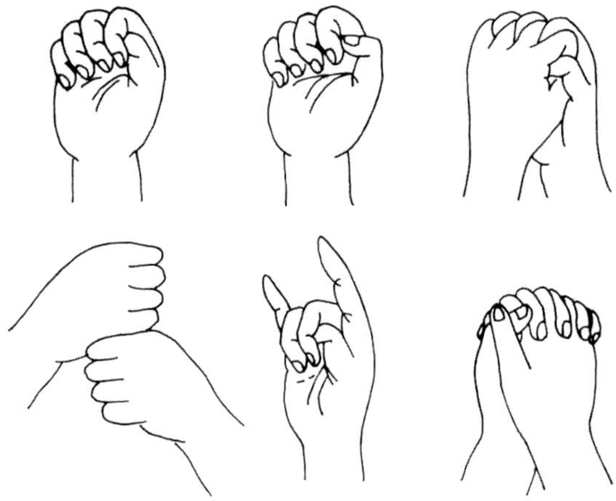

금강권인·연화권인·내박권인·외박권인·
분노권인·여래권인(시계방향으로)

권인(蓮華拳印)은 태장권(胎臟拳)이라고도 하는데 검지부터 소지까지 네 손가락을 구부려 주먹을 쥐고 엄지는 검지 옆에 붙인다. 셋째, 내박권인(內縛拳印)은 양손의 열 손가락을 손바닥 안으로 넣어서 교차시키되 오른손 엄지로 왼손 엄지를 누르는 모습이다. 넷째, 외박권인(外縛拳印)은 양손의 열 손가락을 바깥에서 교차하되 오른손 엄지를 왼손 엄지 위에 둔다. 다섯째, 분노권인(忿怒拳印)은 먼저 금강권을 만든 다음 검지와 소지를 위로 세운 인상이다. 여섯째, 여래권인(如來拳印)은 오른손으로는 금강권을 만들어 위에 놓고 왼손으로는 연화권을 만들어 아래 두되 왼손 엄지를 오른손 손바닥 안으로 넣는다. 육종권인은 십이합장(十二合掌)과 함께 밀교 수인의 기본형태를 이룬다. 육종권인에서 분노권인과 여래권인을 제외한 네 가지만 근본 인모(印母)로 분류하기도 한다. 『십팔도구결』 권본(대정장79, p.64c10)에 "〔문〕 권인에는 몇 가지가 있는가? 〔답〕 『어구결』에서 '다섯 가지 권인이 있다. 첫째 금강권, 둘째 연화권, 셋째 여래권〈이상 세 권인은 앞서와 같다〉, 넷째 내박권〈보통 내박인이라 한다〉, 다섯째 외박권〈보통 외박인이라

한다〉이다'. 여기에 다시 분노권인을 갖추면 여섯 가지가 된다. 尋云 拳有幾種乎 答 御口決云 有五種拳 一 金剛拳 二 蓮花拳 三 如來拳〈已上三拳如先〉 四 內縛拳〈常內縛印也〉 五 外縛拳〈常外縛印也〉 又具忿怒拳 成六種也"라고 하였다. 〔참고문헌〕『十八道口訣』. ⇨금강권 金剛拳 1, 연화권 蓮華拳, 내박권 內縛拳, 외박권 外縛拳, 분노권 忿怒拳, 여래권인 如來拳印, 사종권 四種拳, 오종권 五種拳, 십이합장 十二合掌, 인계 印契

육종금강 六種金剛 반야라는 지혜의 공덕을 여섯 가지 색(青黃赤白空碧)의 금강보로 비유함. 『금강반야경소론찬요』 권상(대정장33, p.155b20)에 "진제의 『기』에서 여섯 가지 금강을 설명한다. 첫째, 청색은 재액을 없애니 반야가 능히 업장을 사라지게 한다. 둘째, 황색은 사람이 원하는 대로 따르는 무루공덕의 비유다. 셋째, 적색은 태양을 마주해 불을 내니 지혜가 본각을 마주하여 무생지의 불을 일으킨다. 넷째, 백색은 탁한 물을 맑게 하니 반야가 의심을 깨끗하게 한다. 다섯째, 공색은 사람이 공중으로 다닐 수 있게 하니 지혜가 법집을 부수고 진공리에 머문다. 여섯째, 벽색은 모든 독을 해독하니 지혜가 삼독을 없앤다. 又眞諦記說六種金剛 一 青色能消災厄 喩般若能除業障 二 黃色隨人所須 喩無漏功德 三 赤色對日出火 慧對本覺出無生智火 四 白色能淸濁水 般若能淸疑濁 五 空色令人空中行坐 慧破法執住眞空理 六 碧色能消諸毒 慧除三毒"라고 하였다. 〔참고문헌〕『金剛般若經疏論纂要』. ⇨금강 金剛 2

육종나한 六種羅漢 ➡육종아라한 六種阿羅漢

육종대치출리계 六種對治出離界 ➡육출리계 六出離界

육종력 六種力 1 Ⓢ ṣaḍ-vidha-bala. 구종심주(九種心住 Ⓢ nava-ākārā citta-sthitiḥ)를 성취하는 여섯 가지 힘. 『유가사지론』 권30(대정장30, p.451a20 : *Śrāv-bh.*, p.365)에 "육종력으로 말미암아 비로소 구종심주를 성취할 수 있으니, 첫째 청문력, 둘째 사유력, 셋째 억념력, 넷째 정지력, 다섯째 정진력, 여섯째 관습력이다. 由六種力 方能成辦九種心住 一 聽聞力 二 思惟力 三 憶念力 四 正知力 五 精進力 六 串習力 tatra ṣaḍvidhabalair navākārā cittasthitiḥ sampadyate. tadyathā śrutacintābalena. smṛtibalena. vīryabalena. paricayabalena ca"라고 하였다. 〔참고문헌〕『瑜伽師地論』, 『瑜伽論記』 권7(대정장42, p.463a10 · 한불전13, p.555a24), *Śrāv-bh.* ⇨구종심주 九種心住 2 여래의 여섯 가지 여실지력(如實知力). 여래십력(如來十力) 및 육신통(六神通)과 부분 상응한다. 『잡아함경』 권26(대정장2, p.187b28)에 "여래에게는 육종력이 있다. 육종력으로 여래응공정각을 성취하는데, 앞선 부처의 최승처지를 얻어 범륜을 굴리며 대중 속에서 사자후로 외친다. 곧 처비처를 여실하게 아는 것이니 여래의 첫 번째 힘이다. 다음으로 과거미래현재에 대해 심락법수를 여실하게 아니 저 위의 설과 같으며 이것이 두 번째 여래력이다. 다음으로 여래는 선해탈삼매정수를 여실히 아니 저 위의 설과 같으며 여래의 세 번째 힘이다. 다음으로 여래는 과거의 갖가지 숙명사를 여실하게 아니 위의 설과 같으며 이것이 여래의 네 번째 힘이다. 다음으로 여래는 인간의 눈보다 훨씬 깨끗한 천안으로 모든 중생이 이에 죽고 저에 나는 것을 보니 위의 설과 같으며 여래의 다섯 번째 힘이다. 다음으로 결루가 이미 다하여 무루의 심해탈과 혜해탈을 이루니 위의 설과 같으며 나아가 대중 중에서 사자후를 외치니 이것이 여래의 여섯 번째 힘이다. 如來有六種力 若六種力 成就如來應等正覺 得先佛最勝處智 能轉梵輪 於大衆中師子吼而吼 謂處非處如實知 如來初力 復次過去未來現在 心樂法受如實知 如上廣說 是名第二如來力 復次 如來禪解脫三昧正受如實知 如上廣說 是名如來第三力 復次 如來過去種種宿命之事如實知 如上廣說 是名如來第四力 復次 如來天眼淨過於人眼 見諸衆生死此生彼 如上廣說 是名如來第五力 復次 如來結漏已盡 無漏心解脫慧解脫 如上廣說 乃至於衆中師子吼而吼 是名如來第六力"라고 하였다. 〔참고문헌〕『雜阿含經』. ⇨여래십력 如來十力, 육신통 六神通 3 ➡육범상지력 六凡常之力

육종론 六種論 여섯 갈래 논. 『유가사지론』 권15(대정장30, p.356a19)에 "무엇이 논이라는 것의 자성인가? 여섯 가지가 있으니, 첫째 언론, 둘째 상론, 셋째 쟁론, 넷째 훼방론, 다섯째 순정론, 여섯째 교도론이다. 云何論體性 謂有六種 一 言論 二 尙論 三 諍論 四 毀謗論 五 順正論 六 教導論", 『대승아비달마집론』 권7(대정장31, p.693b16)에 "논체에는 다시 여섯 가지가 있으니, 첫째 언론, 둘째 상론, 셋째 쟁론, 넷째 훼론, 다섯째 순론, 여섯째 교론이다. 언론이란, 일체세간의 언어를 말한다. 상론이란, 모든 세간을 들은 논으로 세간이 존중하는 것이다. 쟁론이란 서로 어긋나게 내세우는 것이다. 훼론이란 서로 분노하여 추악한 말을 하는 것이다. 순론이란 청정한 지견에 따라 결택된 언론을 말한다. 교론이란 유정을 가르치고 인도하여 마음을 아직 정하지 못한 이는 그 마음 정하도록 하고, 마음이 이미 정해진 이는 해탈을 얻도록 하는 모든 언론을 말한다. 論體 復有六種 一 言論 二 尙論 三 諍論 四 毀論 五 順論 六 教論 言論者 謂一切世間語言 尙論者 謂諸世間 所隨聞論 世智所尙故 諍論者 謂互相違返 所立言論 毀論者 謂更相憤怒 發麤惡言 順論者 謂隨順淸淨智見所有決擇言論 教論者 謂教導有情 心未定者 令其心定 心已定者 令得解脫 所有言

論"라고 하였다. 〔참고문헌〕『瑜伽師地論』, 『大乘阿毘達磨集論』. ⇨ 언론 言論, 상론 尙論, 쟁론 諍論, 훼방론 毁謗論, 순정론 順正論 1, 교도론 敎導論

육종료간 六種料簡 일념(一念) 중에도 살펴야 할 여섯 가지 요긴한 일. 『선종영가집』(대정장48, p.390b8)에 "저 한 생각 상응할 때에도 반드시 여섯 가지 요간을 알아야 한다. 첫째 병을 알아야 하고, 둘째 약을 알아야 하며, 셋째 다스려 물리치는 방법을 알아야 하고, 넷째는 허물이 일어남 알아야 하며, 다섯째는 시비를 알아야 하고, 여섯째는 앞선 바름과 그 따름을 알아야 한다. 若一念相應之時 須識六種料簡 一 識病 二 識藥 三 識對治 四 識過生 五 識是非 六 識正助"라고 하였다. 〔참고문헌〕『禪宗永嘉集』.

육종륜 六種輪 여섯 가지 바퀴로 보살육위를 비유함. 『금광명경문구기』 권2(대정장39, p.105b22)에 "철륜이란 무엇인가? 『본업영락경』에서 여섯 가지 바퀴로 육인위를 비유하였으니 철륜은 십신, 동륜은 십주, 은륜은 십행, 금륜은 십회향, 유리륜은 십지, 마니륜은 등각이다. 言鐵輪者 本業瓔珞經 以六種輪 譬六因位 鐵輪十信 銅輪十住 銀輪十行 金輪十向 瑠璃輪十地 摩尼輪等覺"라고 하였다. 〔참고문헌〕『金光明經文句記』. ⇨ 육위 六位 1, 보살계위 菩薩階位

육종망상박 六種妄想縛 여섯 가지 망상으로 얽힘. 『유가사지론』 권75(대정장30, p.713a3)에 "여섯 가지 망상박 중이라면 마땅히 그 마음 빨리 해탈을 얻도록 해야 한다. 어떤 것이 여섯 가지 상박인가? 즉 몸에 대하여 내지는 법에 대하여 내상을 일으키는 것이 첫 번째 상박이며, 이 중에서 다시 외상을 일으킨다면 이것이 두 번째 상박이고, 이 중에서 내외상을 일으키면 세 번째 상박이다. 만약 저 시방무수무량제유정계에서 해탈하기를 원하여 염주 닦아 익히는 생각에 머문다면 이 중의 모든 상은 네 번째 상박이다. 이것으로 말미암아 몸 등의 경에 순관하고 머물면, 이 중의 모든 상은 다섯 번째 상박이다. 저 몸 등을 순관하며 머물면, 이 중의 모든 생각은 여섯 번째 상박이니, 이 중에서 순관하기 때문이다. 於六種妄想縛中 當令其心速得解脫 云何名爲六種想縛 所謂於身 乃至 於法 發起內想 是初想縛 卽於是中 發起外想 是第二想縛 卽於是中 起內外想 是第三想縛 若於十方無數無量諸有情界 願令解脫修習念住 此中諸想 是第四想縛 若由此故 於身等境 循觀而住 此中諸想 是第五想縛 卽於身等循觀住者 此中諸想 是第六想縛 卽於此中 循環觀故"라고 하였다. 〔참고문헌〕『瑜伽師地論』.

육종명자 六種名字 미래세에 출현할 지장보살(地藏菩薩)의 여섯 가지 명호. 세존으로부터 수기(授記)를 받은 예천하지장(預天賀地藏)·방광왕지장(放光王地藏)·금강당지장(金剛幢地藏)·금강비지장(金剛悲地藏)·금강보지장(金剛寶地藏)·금강원지장(金剛願地藏)이다. 『지장보살발심인연시왕경』(卍속장150, p.774a13)에 "이때 세존께서 걸차저설파보살에게 말씀하셨다. '선재선재라. 잘 들어라. 지장은 미래세에 인연에 따라 몸을 드러내리니, 나 마땅히 여섯 가지 이름으로 수기할 것이다'. 爾時 世尊 告乞叉底孽波菩薩言 善哉善哉 諦聽 地藏 於未來世爲緣現身 我當授記六種名字"라고 하였다. 〔참고문헌〕『地藏菩薩發心因緣十王經』. ⇨ 지장보살 地藏菩薩, 육지장 六地藏

육종무상 六種無上 여섯 가지 위 없음. 벗어나기 어려운 세 가지(難超越處)를 벗어날 수 있게 하는 여섯 가지 무상. 사무량심(四無量心 : 慈悲喜捨) 넷과 무상삼마지와 아만을 끝내 없이 하는 것(我慢永盡)을 말한다. 『유가사지론』 권14(대정장30, p.353b19)에 "또 세 가지 있어서 모든 수행자가 초월하기 어려워한다. 첫째 욕탐·에·해·불락으로 거둔다. 하계를 초월하는 것이며, 둘째 일체행상이 현행을 초월하는 것이고, 셋째 유정마저 초월하는 것이다. 이 세 가지 초월하기 어려운 것을 초월할 수 있으니 마땅히 여섯 가지 무상으로 대치됨을 알아야 한다. 사무량이 첫 대치이고, 무상심삼마지는 두 번째 대치이며, 아만이 끝내 사라지는 것이 세 번째 대치다. 復有三處 諸修行者 難可超越 一者 超越欲貪恚 害 不樂 所攝下界 二者 超越一切行相現行 三者 超越有頂 超越此三難 超越處 當知由六種無上對治 四無量是初對治 無相心三摩地是第二對治 我慢永盡是第三對治"라고 하였다. 〔참고문헌〕『瑜伽師地論』.

육종몽 六種夢 꿈을 여섯 종류로 나눈 것. 『화엄경소초』 권75(대정장36, p.595a19)에 "육종이란 첫째 정몽, 둘째 악몽, 셋째 사몽, 넷째 오몽, 다섯째 희몽, 여섯째 구몽이다. 言六夢者 一 正夢 二 噩夢 三 思夢 四 寤夢 五 喜夢 六 懼夢"라고 하였다. 『대명삼장법수』 권21(영락장182, p.273b2)에 "육종몽〈출처는 『화엄경수소연의초』〉: 첫째, 정몽. 정몽이란 마음속에서는 느끼고 움직이는 것이 없는데 저절로 꿈에 나타나는 것이다. 둘째, 악몽. 악몽이란 마음속으로 몹시 놀라는 것이 있어 꿈에 나타나는 것을 말한다〈악은 『운회 韻會』에서 악(愕)이라고 하였다〉. 셋째, 사몽. 사몽이란 마음속으로 사유한 내용이 꿈에 나타나는 것이다. 넷째, 오몽. 오몽이란 낮에 본 사실들이 밤이 되어 꿈에 나타나는 것을 말한다. 다섯째, 희몽. 희몽이란 마음속으로 기뻐하는 것이 있어 꿈에 나타나는 것을 말한다. 여섯째, 구몽. 구몽이란 마음속으로 두려워하는 것이 있어 꿈에 나타나는 것을 말한다. 六種夢〈出華嚴經隨疏演義鈔〉 一 正夢 正夢者 謂內心無所感動 而自形於夢也 二 噩夢 噩夢者 謂因內心有所驚愕 而形於夢也〈噩韻會作愕〉 三 思夢 思夢者 謂因內心有所思惟 而形於夢也 四 寤夢 寤夢者 謂因晝有所見夜則形於夢也 五 喜夢 喜夢者 謂因內心有所欣喜 而形於夢也 六 懼夢 懼夢者 謂因內心有所怖懼 而形於夢也"라고 풀었다. [참고문헌]『華嚴經疏鈔』,『大明三藏法數』.

육종발 六種鉢 여섯 종류 발우. 『비니지지회집』 권7(卍속장61, p.792a18)에 "발우에는 여섯 종류가 있으니, 철발·소마국발·오가라국발·우가사국발·흑발·적발이다. 鉢有六種 鐵鉢 蘇摩國鉢 烏伽羅國鉢 優伽賖國鉢 黑鉢 赤鉢"라고 하였다. [참고문헌]『毘尼止持會集』,『四分律』 권9(대정장22, p.622a12). ⇨ 철발 鐵鉢, 소마국발 蘇摩國鉢, 오가라국발 烏伽羅國鉢, 우가사국발 優伽賖國鉢, 적발 赤鉢, 발 鉢

육종방편 六種方便 Ⓢ ṣaḍ-vidha upāyaḥ. 중생들에게 이익을 주기 위한 보살의 여섯 가지 뛰어난 방편. 육종교방편(六種巧方便)이라고도 한다. 수순회통방편(隨順會通方便 Ⓢ ānulomika upāyaḥ)·공립요계방편(共立要契方便 Ⓢ vibandhasthāyī upāyaḥ)·이분의요방편(異分意樂方便 Ⓢ visabhāgāśaya upāyaḥ)·핍박소생방편(逼迫所生方便 Ⓢ avaṣṭambhaja upāyaḥ)·시은보은방편(施恩報恩方便 Ⓢ kṛtaprakṛtika upāyaḥ)·구경청정방편(究竟淸淨方便 Ⓢ viśuddha upāyaḥ)을 말한다. 『보살지지경』 권8(대정장30, p.932c17)과 『유가사지론』 권45(대정장30, p.540c23)에서 시설하고 있으며, 『금광명최승왕경소』 권4(대정장39, p.257a24)에서는 "여섯 가지 뛰어난 방편을 닦는다. 첫째는 수순회통방편이니, 모든 가르침 서로 어긋남을 모아 푸는 것이다. 둘째는 공립요계방편이니, 먼저 악을 끊고 선을 닦도록 하는 방편이익 등이다. 셋째는 이분의요방편이니, 불선행 등을 보면 뜻을 어겨 버려 앞선 약속을 어기는 것을 드러내는 것이니, 염심으로 하지 않고 고쳐 닦게 함이다. 넷째는 핍박소생방편이니, 높고 뛰어난 위에 머물게 하여 거듭 선을 닦게 함이다. 다섯째는 시은보은방편이니, 은혜가 있으면 반드시 보답을 바라니 다만 선을 은혜에 닦아 보은하도록 한다. 여섯째는 구경청정방편이니, 여덟 가지 모습을 나타내어 구경에는 중생을 이롭게 하는 것 등을 말한다. 修六種方便善巧 一 隨順會通 卽爲會釋 諸敎相違 二 共立要契 令先斷惡修善 方便利益等 三 異分意樂 見不善等 現違背意 乖先許等 非染心爾 令改修故 四 逼迫所生 居尊勝位 逼令修善 五 施恩報恩 謂於有恩 他欲來報 但令修善 爲惠報恩 六 究竟淸淨 謂現八相 究竟利生等"라고 하였다. [참고문헌]『菩薩地持經』,『瑜伽師地論』,『金光明最勝王經疏』, *Bodh-bh.180.* ⇨ 육종교방편 六種巧方便, 방편 方便

육종법사 六種法師 법의 스승이 되는 여섯 갈래 길. 『대지도론』 권56(대정장25, p.461a9)의 설에 따른 분류이다. 이는 『법화경』 권4 「법사품 法師品」(대정장9, p.30c9)에서 오종법사(五種法師 : 受持·讀·誦·解說·書寫)를 설하였고, 『법화문구』 권8 「석법사품 釋法師品」(대정장34, p.107c27)에서는 "『대지도론』에서 육종법사를 밝혔으니 다음과 같다. 믿음의 힘으로 받아들이고, 기억의 힘으로 가지며, 글을 보고 읽으며, 잊지 않고 외우며, 펴서 전하기 위해 설하며, 성인의 경서는 알기 어려우니 반드시 풀어 알게 한다. 大論明六種法師 信力故受 念力故持 看文爲讀 不忘爲誦 宣傳爲說 聖人經書難解須解釋"라고 하였고, 『법화의기』 권3(대정장85, p.173b25)에서는 "육종법사가 있으니, 첫째 수지, 둘째 독, 셋째 송, 넷째 해설, 다섯째 서사이고, 공양을 다섯에 더하였다. 有六種法師 一者 受持 二者 讀 三者 誦 四者 解說 五者 書寫 供養上五"라고 하였다. [참고문헌]『大智度論』,『法華經』,『法華文句』,『法華義記』,『法華玄論』 권8(대정장34, p.431b10),『法華玄贊』 권8(대정장34, p.808a1). ⇨ 오종법사 五種法師

육종부정 六種不淨 여섯 가지로 깨끗하지 못함. 관행(觀行)을 닦는 이의 여섯 가지 부정한 관찰 대상인 후예부정(朽穢不淨)·고뇌부정(苦惱不淨)·하열부정(下劣不淨)·관대부정(觀待不淨)·번뇌부정(煩惱不淨)·속괴부정(速壞不淨)을 말한다. 『유가사지론』 권26(대정장30, p.428c20)에서 시설한 것으로, 구체적으로는 다음과 같다. 첫째 후예부정에는 의내후예부정과 의외후예부정의 두 종류가 있는데, 의내후예부정은 내신(內身) 중의 머리카락·털·손톱·이빨·티끌·피부·근육·해골·힘줄·맥·심장·쓸개·간·폐·대장·소장 등의 류를 말하고, 의외후예부정이란 푸른 멍·고름·변괴·종창·씹어 먹거나 붉게 변하는 것 등을 말한다(云何名爲朽穢不淨 謂此不淨 略依二種 一者 依內 二者 依外 云何依內朽穢不淨 謂內身中 髮毛爪齒 塵垢皮肉 骸骨筋脈 心膽肝肺 大腸小腸 … 如是等類 名爲依內朽穢不淨 云何依外朽穢不淨 謂或靑瘀 或復膿爛 或復變壞 或復膖脹 或復食噉 或復變赤 … 如是等類 名爲依外朽穢不淨), 둘째, 고뇌부정은 고를 따라 받아 만나는 것을 인연으로 생겨나는 저 몸과 마음으로 고르지 못하고 받아 거두는 것들(云何名爲苦惱不淨 謂順苦受觸爲緣所生 若身若心 不平等受受所攝 如是名爲苦惱不淨). 셋째, 하열부정이란 가장 하열한 사와 계 곧 욕계를 말하니, 이를 제하고 다시 더 극히 하열하고 더러운 계는 얻을 수 없다(云何名爲下劣不淨 謂最下劣事 最下劣界 所謂欲界 除此更無 極下極劣 最極鄙穢 餘界可得 如是名爲下劣不

淨). 넷째 관대부정이란 저 한 가지 청정사 있다 해도 그 나머지 승한 청정사에 관대하면 곧 부정한 듯하며, 저 무색의 승청정사에 관대하면 색계의 모든 법은 부정한 듯하고, 살가야의 적멸열반에 관대하면 유정에 이르기까지의 모든 것이 부정한 듯하다(云何名爲觀待不淨 謂如有一 劣淸淨事 觀待其餘 勝淸淨事 便似不淨 如待無色 勝淸淨事 色界諸法 便似不淨 待薩迦耶寂滅涅槃 乃至有頂 皆似不淨 如是等類 一切名爲觀待不淨). 다섯째 번뇌부정이란 삼계 중에 있는 일체의 결박과 수면과 수번뇌에 얽혀 있는 전(纏) 일체가 번뇌부정이다(云何名爲煩惱不淨 謂三界中 所有一切 結縛隨眠 隨煩惱纏 一切名爲煩惱不淨). 여섯째, 속괴부정이란 오취온은 무상이고 무항이니, 믿을 수 없는 변괴법성이라고 하는 것이다(云何名爲速壞不淨 謂五取蘊 無常無恒 不可保信 變壞法性 如是名爲速壞不淨). 『인왕경소』 권하(대정장33, p.415b7)에서는 속괴부정을 위괴부정(違壞不淨)이라고 하였다. 〔참고문헌〕『瑜伽師地論』, 『仁王經疏』.

육종불가사의 六種不可思議 생각으로 알거나 말로 설명할 수 없는 여섯 가지. 아(我)·유정(有情)·세간(世間)·업보(業報)·정려자경계(靜慮者境界)·제불경계(諸佛境界)의 불가사의를 말한다. 『유가사지론』 권64(대정장30, p.655a7)에 "무엇이 불가사의인가. 마땅히 알아야 할 여섯 가지 불가사의가 있으니, 아를 사의하는 것, 유정을 사의하는 것, 세간을 사의하는 것, 유정과 유업과를 사의하는 것, 모든 정려를 닦음과 정려경계, 그리고 제불세존과 제불경계를 말한다. 이 중에 아·유정·세간을 사의하는 것은 때론 견에 의지하고 때론 견에 의지함이 없이도 사의한다. 云何不可思議 當知 略有六種不可思議 謂我思議 有情思議 世間思議 有情業果思議 諸修靜慮靜慮境界 諸佛世尊諸佛境界 此中 我思議有情思議世間思議 或依見思議 或不依見思議", "아(我)를 사의한다는 것은, 마치 저 하나가 있다 여기는 유신견에 의지하여 나는 과거에도 있었는가 없었는가 하며 삼세 중에 있음을 생각하며, 또 생각하길 아는 색이니 미래에도 마땅히 상으로 있을 수 있을까 없을까 사의하거나, 아 색인가 무색인가 하며 끊임없이 사의한다. 我思議者 謂如有一依止身見 如是思議 我於過去爲曾有耶 爲復無耶 於三世中乃至廣說 又復思議 我是有色後當有想 後當無想 後當非有想非無想 如我有色 我無色亦爾 若廣宣說", "유정을 사의한다는 것은, 마치 하나 있다 여겨 신견에 의지하여 사의하길 지금 이 유정 무엇으로부터 좇아 났으며, 이 유정 누가 지었으며, 나아가 유정 당래에 어디로 가고 이에 모든 유정 어느 곳에서 다 사라지는가 하는 등이다. 有情思議者 謂如有一卽依身見 如是思議 今此有情從何而生 是諸有情誰之所作 乃至 有情當何所往 是諸有情何處滅盡", "세간을 사의한다는 것은 저 하나 있는 듯 여겨 곧바로 신견에 의지하여 사의하니, 세간은 영원하다 하는 등의 여러 가지 생각이다. 때론 법성에 의지하여 그렇다 사의하니 아법성·유정법성·세간법성이 무엇으로부터 났는가 하여 능히 법 그대로의 도리에 의지할 줄 모르니 이 이름 사의불사의처다. 世間思議者 謂如有一卽依身見 如是思議 世間是常 乃至廣說 或依法性如是思議 此我法性有情法性世間法性 從何而生 不能唯依法爾道理 是故 說此名爲思議不思議處", "유정업과를 사의한다는 것은 네 가지로 불가사의하니, 처소·사·인·이숙과 있어서 차별하기 때문이다. 有情業果思議者 由四種相不可思議 謂處所差別故 事差別故 因差別故 異熟果差別故", "모든 정려를 닦고 그 정려경계도 세 가지로 불가사의하니, 진여심심의 뜻이기에, 자재하게 움직이기에, 무루계로 증득하기에 그렇다. 諸修靜慮靜慮境界 由三種相不可思議 謂眞如甚深義故 自在轉故 無漏界證得故", "제불세존과 제불경계도 다섯 가지로 불가사의하니 앞서 말한 세 가지에 다시 두 가지를 더하니, 장애 따윈 없는 것이고, 세우는 바가 유정들이 하는 일들이라는 것이다. 諸佛世尊諸佛境界 由五種相不可思議 卽由如先所說三相 復由二相 謂無障故 成立有情所作事故"라고 하였다. 『현양성교론』 권17(대정장31, p.563c19)에서는 구종불가사의(九種不可思議)를 시설하였는데 십사불가기사(十四不可記事)·비정법(非正法)·일체번뇌지소인섭(一切煩惱之所引攝)을 더하였다. 〔참고문헌〕『瑜伽師地論』, 『顯揚聖敎論』·권6(대정장31, p.510c2). ⇨ 구종불가사의 九種不可思議 [보]

육종불생 六種不生 인위(忍位 Ⓢ kṣānti)에 이른 이가 얻는 여섯 가지 불생(不生 Ⓢ anutpatti). 악취(惡趣)에 태어나지 않는 취불생(趣不生), 난생(卵生)과 습생(濕生)을 받지 않는 생불생(生不生), 무상천처(無想天處)·북구로처(北俱盧處)·대범처(大梵處) 등에 태어나지 않는 처불생(處不生), 선차(扇搋)·반택가(半擇迦)·이형(二形 : 남근과 여근을 모두 갖춘 이) 등의 몸을 받지 않는 신불생(身不生), 비택멸(非擇滅)을 얻어 욕계에 여덟 번째 다시 태어나지 않는 등의 유불생(有不生), 견소단(見所斷)의 번뇌가 생기지 않는 혹불생(惑不生) 등의 이익을 말한다. 『구사론』 권23(대정장29, p.120c4 : *Abh-k-bh.*, p.348)에 "'이 인위에서는 모든 악취에 떨어지지 않는다'라는 말은 이미 악취의 업과 번뇌를 멀리 여의었다는 뜻이다. 인위에 이르면 어떤 취·생·처·신·유·혹에 대해서 불생법(不生法)을 얻기 때문이다. '취'란 모든 악취를 말하고, '생'이란 난생과 습생을 말하며, '처'란 무상·북구로·대범처를 말한다. '신'이란 선차·반택가·이형 등의 몸을 말하고, '유'란 여덟 번째 등의 유이며, '혹'이란 견소단의 번뇌를 말한다. 此位不墮諸惡趣者 已遠趣彼業煩惱故 若至忍位 於

少趣生處身有惑中 得不生法故 趣謂諸惡趣 生謂卵濕生處謂無想北俱盧大梵處 身謂扇搋半擇迦二形身 有謂第八等有 惑謂見所斷惑 vihīnāyām api kṣāntau na punar apāyān yāti tadbhūmikakarmakleśadūrīkaraṇāt. kṣāntilābhād eva hi gatiyonyupapattyāśrayāṣṭamādibhavakleśānāṃ keṣāṃcid anutpattidharmatāṃ pratilabhate. apāyagatīnām aṇḍajasaṃsvedajayonyor asaṃjñisattvottarakurumahābrahmopapattīnāṃ ṣaṇḍhapaṇḍakobhayavyañjanāśrayāṇām aṣṭamādibhavānāṃ darśanaheyakleśānāṃ ca"라고 하였다. [참고문헌]『俱舍論』, 『俱舍論記』 권23(대정장41, p.349c9), *Abh-k-bh.* ⇨ 오종불생 五種不生

육종불환 六種不還 Ⓢ ṣaḍ-anāgamin, Ⓣ phyir-mi-'ong-ba drug. 여섯 가지 불환(不還). 불환과(不還果)의 성자를 여섯 가지로 나눈 것을 말한다. 중반불환(中般不還)·생반불환(生般不還)·유행반불환(有行般不還)·무행반불환(無行般不還)·상류반불환(上流般不還) 등 색계의 오종불환(五種不還)에 무색계에서 반열반하는 무색불환(無色不還)을 더한 것이다. 『구사론』 권24(대정장29, p.125a3 : *Abh-k-bh.*, p.360)에 "이 다섯 가지 이름은 색계에 가서 (열반에 드는) 불환이다. 무색계에 가서 (열반에 드는) 불환의 차별에는 네 가지가 있다. 즉 욕계에서 색계의 탐(貪)을 여의고 여기에서 목숨을 마쳐 무색계에 태어나는 경우, 이 중에는 차별이 오직 네 가지만 있을 뿐이니, 생반열반 등의 차별이 있기 때문이다. 이것에 앞의 다섯 가지를 합하면 여섯 가지 불환이 된다. 다시 색계에도 가지 않고 무색계에도 가지 않고서 여기에 머물며 열반에 드는 불환을 현반열반불환이라고 하는데, (이것에) 앞의 여섯 가지를 합하면 일곱 가지가 된다. 此五名爲行色界者 行無色者 差別有四 謂在欲界 離色界貪 從此命終 生於無色 此中差別 唯有四種 由生般涅槃 有差別故 此幷前五 成六不還 復有不行 色無色界 卽住於此 能般涅槃 名現般涅槃 幷前六爲七 ime tāvat pañca rūpopagā anāgāminaḥ. … anya ārūpyago anāgāmī yo rūpavītarāga itaś cyutvārūpyeṣūpapadyate. sa punaś caturvidha upapadyādiparinirvāyibhedāt. ta ete ṣaḍ anāgāmino bhavanti. tataḥ … ihaiva janmany aparaḥ parinirvāti. sa dṛṣṭadharmaparinirvāyī saptamaḥ", 『구사론기』 권24(대정장41, p.362a24)에 "'무색계에 가서'로부터 '여섯 가지 불환이 된다'까지는 무슨 뜻인가? 위에서는 앞의 여섯 구를 풀이하였고, 이것은 제7구를 풀이하여 무색계의 네 가지 불환을 설명한다. '무색계에 가서 (열반에 드는) 불환의 차별에는 네 가지가 있다'란 욕계에서 목숨을 마치고서 색계에 태어나지 않고 (색계를) 뛰어넘어 무색계에 태어나는 경우, 이 중에는 차별이 오직 네 가지만 있을 뿐이니, 생반열반 등의 차별이 있기 때문임을 말한다. 앞의 다섯 가지 중에서 오직 중반열반만을 제외한 네 가지를 합하여 '무색불환'이라고 하는데, 이 무색불환 한 가지에 앞의 다섯 가지 불환을 합하면 여섯 가지 불환이 된다. 行無色者 至成六不還者 上來釋前六句 此釋第七句 明無色界四種不還 行無色者 差別有四 謂在欲界 從此命終 不生色界 超生無色 此中差別 唯有四種 由生般等 有差別故 於前五內 唯除中般 此四合名 無色不還 此無色一 幷前五種 成六不還"라고 하였다. [참고문헌]『俱舍論』, 『俱舍論記』, *Abh-k-bh.* ⇨ 오종불환 五種不還

육종비발사나 六種毘鉢舍那 여섯 가지 비발사나. 『유가사지론』 권30(대정장30, p.452a3)에 "[문] 무슨 까닭에 이와 같은 여섯 가지로 차별되는 비발사나(毘鉢舍那 Ⓢ vipaśyana)를 건립하는가? [답] 세 가지 각에 의거하여 이와 같이 건립한다. 어떤 것이 세 가지 각인가? 첫째는 어의각(語義覺)이고, 둘째는 사변제각(事邊際覺)이며, 셋째는 여실각이다. 뜻을 거칠게 관찰하므로 어의각을 일으키고, 내외(內外)의 일과 자상(自相)을 거칠게 관찰하기 때문에 사변제각을 일으키며, 공상의 흑품(黑品)과 백품(白品)·삼시(三時 : 과거·현재·미래)·사도리(四道里 : 觀待道理·作用道理·證成道理·法爾道理) 등을 거칠게 관찰하므로 여실각을 일으킨다. 問 何因緣故 建立如是六事差別毘鉢舍那 答 依三覺故 如是建立 何等三覺 一 語義覺 二 事邊際覺 三 如實覺 尋思義故 起語義覺 尋思其事 及自相故 起事邊際覺 尋思共相 品時理故 起如實覺"라고 하였다. [참고문헌]『瑜伽師地論』. ⇨ 비발사나 毘鉢舍那

육종산란 六種散亂 Ⓢ ṣaḍ-vidha-vikṣepa, Ⓣ rnam-par-gyeng-ba rnam-pa-drug. 여섯 가지 산란심(散亂心). 『현양성교론』 권18(대정장31, p.568b4)에서는 작의심산란(作意心散亂 Ⓢ manasikāra-vikṣepa : 思惟散動)·외심산란(外心散亂 Ⓢ bahirdhā-vikṣepa : 外緣散動)·내심산란(內心散亂 Ⓢ adhyātma-vikṣepa : 內散動)·상심산란(相心散亂 Ⓢ nimitta-vikṣepa : 相散動)·추중심산란(麤重心散亂 Ⓢ dauṣṭhulya-vikṣepa : 麤惑散動)·자성심산란(自性心散亂 Ⓢ prakṛti-vikṣepa : 自性散動)이다. 『변중변론』 권하(대정장31, p.474c13 : *Madhy-vibh.*, p.64)에서는 "여섯 가지 산란이란, 첫째 자성산란, 둘째 외산란, 셋째 내산란, 넷째 상산란, 다섯째 추중산란, 여섯째 작의산란이다. 六散亂者 一 自性散亂 二 外散亂 三 內散亂 四 相散亂 五 麤重散亂 六 作意散亂 tatra ṣaḍvidho vikṣepaḥ. prakṛtivikṣepaḥ. bahirdhāvikṣepaḥ. adhyātmavikṣepaḥ nimittavikṣepaḥ dauṣṭhulyavikṣepaḥ m anasikāravikṣepaś ca"라 하였으니, 원측(圓測)의 『해심밀경소』 권7(한불전1, p.355a18)에서 "풀기를 오종산란 중 상산동을 버리고 자성을 더하였으니 당 세친본과 무성의 『석론』에서는 모두 분별하지 않았다. 『집론』과 『잡집론』 제1에서도 모두 육종산란을 설했고, 『변중변론』 제3과 『중변론』 제2와도 같다. … 다 갖춘 것이 『현양성교론』 18과도 똑같으니 다른 것은 작의가 처음이고 여섯 번째가 자성일 뿐이다. 解云 五中除相散動 加於自性 唐世親本無性釋論 皆不分別 集論雜集第一 皆說六種散亂 同辨中邊第三中邊第二 … 顯揚十八 亦說六種 同辨中邊 而差別者 作意爲初 第六自性"라 하였다. 『대승아비달마집론』 권1(대정장31, p.665b9 : *Abh-s.*, p.9)에 "무엇이 자성산란인가? 오식신을 말한다. 무엇이 외산란인가? 선법을 닦을 때 오묘욕으로 그 마음이 달려 흩어지는 것을 말한다. 무엇이 내산란인가? 선법을 닦을 때의 혼침・도거・미착 등을 말한다. 무엇이 상산란인가? 타인이 믿도록 하기 위하여 거짓으로 선법을 닦아 보이는 것이다. 무엇이 추중산란인가? 아・아소 등의 집착과 아만품의 추중번뇌의 힘에 의하여 선법을 닦을 때 이미 일어난 모든 수에 있어 아・아소・아만 등을 일으켜 집수하고 뒤섞은 다음 상으로 취하는 것이다. 무엇이 작의산란인가? 여타의 가르침이나 정에 의지하고 들어가는 등 있던 것마저 흘러 흩어져 능히 욕을 여읠 수 없게 하는 업이다. 云何自性散亂 謂五識身 云何外散亂 謂正修善時 於五妙欲 其心馳散 云何內散亂 謂正修善時 沈掉味著 云何相散亂 謂爲他歸信 矯示修善 云何麤重散亂 謂依我我所執 及我慢品 麤重力故 修善法時 於已生起 所有諸受 起我我所 及與我慢 執受 間雜 取相 云何作意散亂 謂依餘乘餘定 若依若入 所有流散 能障離欲爲業 svabhāvavikṣepaḥ katamaḥ. pañca vijñānakāyāḥ. bahirdhā vikṣepaḥ katamaḥ. kuśalaprayuktasya paṃcasu kāmaguṇeṣu cetaso visāraḥ. adhyātmavikṣepaḥ katamaḥ. kuśalaprayuktasya layauddhatyāsvādanā. nimittavikṣepaḥ katamaḥ. parasaṃbhāvanāṃ puraskṛtya kuśalaprayogaḥ. dauṣṭhulyavikṣepaḥ katamaḥ. ahaṃkāramamakārāsmimānapakṣyaṃ dauṣṭhulyam āgamya kuśalaprayuktasyotpannotpanneṣu veditesv aham iti vā mameti vā asmīti vā udgraho vyavakiraṇā nimittīkāraḥ. manasikāravikṣepaḥ katamaḥ. samāpattyantaraṃ vā yānāntaraṃ vā samāpadyamānasya saṃśrayato vā yo visāraḥ. vairāgyaparipanthakarmakaḥ"라고 하였다. 원측은 위의 책에서 이어, 『해심밀경』 권3(대정장16, p.701c14)과 『유가사지론』 권77(대정장30, p.727b15)에 의지해 오종산란(作意 外心 內心 相 麤重)에 없던 '자성산란'으로 오종산란이 달라지거나 육종산란이 된 것에 대하여 "묻기를 (해심밀)경설은 다섯인데 어찌 여러 논에서 다시 자성을 더하여 여섯이라 하는가. 풀어 말하길 여러 논들이 다 경에 의지해 다섯이라 설하면서 이에 따로 자성을 말한 것은 불과위는 제하고 오직 나머지 위 오식 만으로 오직 산심일 뿐 정은 아니라고 보았기 때문에 따로 자성산동을 말하였지 경에서는 설하지 않은 것이다. 자성산동이란 정을 장애하기에는 멀어 끝내 장애가 될 수 없기에 간략히 하여 설하지 않았을 뿐이다. 問 經說五 如何諸論 更加自性合說爲六 解云 諸論皆依此經 應說五種 而別說者 除佛果位 餘位五識 唯散非定 是故 別說自性散動 而經不說 自性散動者 障定遠故 非極故障 略而不說"라 하였다. [참고문헌] 『顯揚聖敎論』, 『辯中邊論』, 『解深密經疏』, 『大乘阿毘達磨集論』, 『解深密經』, 『瑜伽師地論』, *Madhy-vibh.*, *Abh-s.* ⇨ 산란 散亂, 산동 散動, 오종산란 五種散亂

육종살생 六種殺生 여섯 가지 살생. 자살(自殺)・타살(他殺)・방편살(方便殺)・수희살(隨喜殺)・찬탄살(讚歎殺)・주살(呪殺)을 말하며, 십중금계(十重禁戒) 중 첫 번째인 불살생계(不殺生戒)의 내용에 해당한다. 『범망경』 권하(대정장24, p.1004b16)에 "불자들이여! 몸소 살생을 저지르거나, 남에게 살생을 저지르게 하거나, 방편을 써서 죽게 하거나, 찬탄함으로써 살생을 저지르게 하거나, 남이 살생을 저지르는 걸 보고서 이를 따라 기뻐하거나, 주술을 써서 죽게 한다면, 이는 살생의 인이고 살생의 연이며 살생의 법이고 살생의 업이니, 생명이 있는 일체에 이르기까지 고의로 살생을 저질러서는 안 된다. 佛子 若自殺 敎人殺 方便殺 讚歎殺 見作隨喜 乃至呪殺 殺因 殺緣 殺法 殺業 乃至一切有命者 不得故殺"라고 하였다. [참고문헌] 『梵網經』, 『梵網菩薩戒經義疏發隱』 권3(卍속장59, p.712b18), 『梵網經合註』 권3(卍속장60, p.677b8), 『梵網經菩薩戒初津』 권3(卍속장95, p.58a13). ⇨ 불살생계 不殺生戒

육종삼보 六種三寶 불・법・승(佛法僧) 삼보를 여섯 범주로 구별한 것. 동체삼보(同體三寶)・별체삼보(別體三寶)・일승삼보(一乘三寶)・삼승삼보(三乘三寶)・진실삼보(眞實三寶)・주지삼보(住持三寶)의 여섯 가지를 말한다. 『대승법원의림장』 권6(대정장45, p.344c13)에 "동체삼보는 바로 청정법계의 진여라는 법신을 말한다. 『열반경』에 '부처님이 바로 법이고, 법이 바로 승가이며, 승가는 상주하는데 상주하는 건 허공이다. 그런데 허공은 불성이므로 불성이 그대로 법신이다'라고 하였다. … 별체삼보에서 불보는 삼신불을 자성으로 하는데, 「삼신의림 三身義林」에서 설한 내용과 같다. 법보는 삼승의 무루에 속하는 교・리・행・과의 네 가지를 자성으로 한다. 교는 소리(聲)와 단어(名)・구절(句)・음절(文)들을 말하는데, 「총료간장 總料簡章」에서 설한 내용과 같다. 리는 이제(二諦)·사제(四諦) 등의 진리를 말한다. … 행은 삼승의 인위(因位)에서 성인이 일으키는 자리(自利)와 이타(利他)의 모든 행위들을 말한다. 과는 삼승의 무학(無學)이 얻은 이전의과(二轉依果)를 말한다. … 삼승의 성중(聖衆)이 이화(理和)와 사화(事和)를 갖추고 있으면 승보라고 한다. 번뇌가 없는 계와 견해 등을 갖추고 있기 때문이다. … 일승은 근본인 일승의 모든 삼보를 말하는데, 부정종성(不定種姓)이 방편적으로 닦는 가르침이다. 법보나 승보도 일승삼보의 바탕에 속한다. … 삼승에서 삼신인 불보는 삼승불이라고 한다. … 교·리·행·과는 대승의 법보이며, 인각유독각(麟角喩獨覺)과 나머지 정성(定性)들이 닦는 네 가지 법(교·리·행·과)은 각각 적합한 대로 이승의 법보이다. 그리고 이렇게 닦는 무루의 네 가지 법에 따라 방편적인 가르침을 닦는 이들이 각각 저 삼승의 승보이다. 진실은 앞에서 설한 동체·별체·일승·삼승의 모든 삼보에 담긴 진실한 의미를 말한다. 성위(聖位)만을 취하여 승보라 한다. 이화로 상번뇌(上煩惱)를 단멸하고 도과(道果)를 얻어 귀중하다고 할 만하므로 바로 승보라고 한다. … 주지에서 불보는 오직 네 가지를 자성으로 한다. 사리와 불상의 색·향·미·촉을 자성으로 하기 때문이다. 법보는 모두 오온을 자성으로 한다. 同體三寶 卽淨法界眞如法身 涅槃經云 佛卽是法 法卽是僧 僧卽是常 常卽虛空 虛空卽佛性 佛性卽法身 … 別體三寶 佛 以三身佛爲自性 如三身義林說 法 謂三乘無漏所攝敎理行果四法爲性 敎 謂音聲名句文身 如總義林說 理 謂二諦四諦等理 … 行 謂三乘因聖所起二利諸行 果 謂三乘無學所得二轉依果 … 三乘聖衆 具理事和 名爲僧寶 以具無漏戒見等故 … 一乘者 根本一乘 所有三寶 不定種姓方便所修 若法若僧 亦是一乘三寶體攝 … 三乘者 三身佛寶名三乘佛 … 敎理行果 大乘法寶 麟角獨覺 及餘定性 所修四法 各隨所應 二乘法寶 隨此所修無漏四法 能修假者各卽是彼三乘僧寶 眞實者 卽前所說 同體 別體 一乘 二乘 所有三寶實義 唯取聖位 名僧寶 理和以上煩惱斷滅 得道得果 可貴可珍 正名僧寶 … 住持者 佛寶 唯以四處爲性 舍利及像色香味觸爲自性故 法寶通以五蘊爲性", 같은 책(대정장45, p.344b7)에 "시도사문(示道沙門)과 명도사문(命道沙門) 중에서 계율이나 견해를 갖추고 있는 범부(異生)의 부류들로서 정법·상법·말법 시대에도 보존되어 머물러 유지하는 이들이 주지삼보의 승보이다. 示道命道 二沙門中 異生具戒具見等類 正像末法 能住持者 是住持僧"라고 하였다. [참고문헌] 『大乘法苑義林章』. ⇨ 삼보 三寶[1], 동체삼보 同體三寶, 별상삼보 別相三寶, 일승삼보 一乘三寶, 삼승삼보 三乘三寶, 진실삼보 眞實三寶, 주지삼보 住持三寶

육종상응사 六種相應事 네 가지 금강법(四金剛法)을 여섯 가지로 상응하는 법. 『금강삼업경』 권7(대정장18, p.509b4 : *Guhy-s.*, p.123)에 "이 모든 것 평등히 행하면 이 이름이 사종법이고 사금강지나며 최상지감로다. 此諸平等行 是名四種法 四金剛枳拏 最上智甘露 sāmānyottamabhedena sevā tu dvividhā bhavet, vajracatuṣkeṇa sāmānyam uttamaṃ jñānāmṛtena ca", "첫째는 보리공성이고 둘째는 종자모음이고 셋째는 영상출생이고 넷째는 문자상이다. 一菩提空性 二種子所集 三影像出生 第四文字相 prathamaṃ śūnyatābodhiṃ dvitīyaṃ bījasaṃhṛtam, tṛtīyaṃ bimbaniṣpattiś caturthaṃ nyāsam akṣaram", "이 등이 네 가지 법에 친근소성취와 최상지감로이면 육종상응사다. 此等名四法 親近所成就 最上智甘露 六種相應事 ebhir vajracatuṣkeṇa sevāsāmānyasādhanam, uttame jñānāmṛte caiva kāryaṃ yogaṣaḍaṅataḥ", "육법 만약 상응한다면 최상성취를 얻게 된다. 이를 일러 성취법이라 하고 최상성취생이라 한다. 六法若相應 得最上成就 所謂成就法 最上成就生 sevāṣaḍaṅgayogena kṛtvā sādhanam uttamam, sādhayed anyathā naiva jāyate siddhir uttamā"라고 하였다. [참고문헌] 『金剛三業經』, *Guhy-s.* ⇨ 사금강 四金剛, 육지유가 六支瑜伽

육종석 六種釋 ➡ 육리합석 六離合釋

육종섭 六種攝 Ⓢ ṣaḍ-vidha-parigraha. 보살이 중생을 끌어들이고 받아들이는 여섯 가지 방식. 돈섭(頓攝 Ⓢ sakṛt-sarva-sattva-parigraha)·증상섭(增上攝 Ⓢ adhipatya-parigraha)·취섭(取攝 Ⓢ upādāna-parigraha)·구섭(久攝 Ⓢ dīrghakālikaḥ parigrahaḥ)·불구섭(不久攝 Ⓢ adīrghakālikaḥ parigrahaḥ)·후섭(後攝 Ⓢ caramaḥ parigrahaḥ)을 말한다. 『보살지지경』 권10(대정장30, p.953b17 : *Bodh-bh.*, p.249)에 "보살은 일체수(一切住)에서 일체행으로 중생을 평등하게 끌어들이고 받아들이는데, 대략 여섯 가지가 있다고 설한다. 첫째는 돈섭, 둘째는 증상섭, 셋째는 취섭, 넷째는 구섭, 다섯째는 불구섭, 여섯째는 후섭이다. 보살이 처음 발심하여 일체중생에 대해 부모라는 생각을 가지고 힘닿는 데까지 일체의 일들로 중생을 즐겁게 하고 이익 되게 하는 것을 돈섭이라고 한다. 보살은 가장으로서 부모를 존중하고 갖가지 방편으로 선법을 닦을 것을 권장하고 수시로 공양함으로써 부모에 대한 은혜를 알고 그것을 갚으며, 처자나 권속을 돌아보고 가르쳐서 범한 죄가 있으면 참고 질병이 있으면 치료해주며 선법을 닦게 하여 향상시키고, … 보살은 왕으로서 인민을 끌어들이고 받아들여서 법에 맞게 올바로 교화하고 잘못된 벌을 가하지 않으며, 재물이나 법으로 중생을 이롭게 하고 자신의 국토를 잘 지키고 남의 땅을 침범하지 않으며, 능력에 따라 중생들을 교화하여 선법을 닦게 한다. 보살은 아버지로서 다른 중생에 대해 차별이 없으며 자신의 권속에 대해서는 더 말할 것도 없다. 말은 항상 부드럽고 진실 되어 거짓이 없으며, 일체의 살해·구속·핍박·상해로부터 멀리 벗어나게 하는 것을 증상섭이라고 한다. 두 가지 인연으로 문도들을 평등하게 끌어들인다. 첫째는 탐심을 버리고 재물로 이롭게 하여 빈궁에서 벗어나게 하고, 둘째는 올바른 이치를 닦게 하고 법으로 이롭게 하여 악하고 삿된 견해를 뿌리 뽑게 한다. … 이와 같은 법으로 문도들을 가르치고 자신도 수행한다. 보살이 모든 때에 문도들을 섭취하지는 않지만 그렇다고 섭취하지 않는 것도 아니며 그들을 재촉하여 섭취하지도 않는 것을 취섭이라고 한다. 근기가 열등한 중생을 성숙시켜 오랜 세월 끝에 청정해지도록 하는 것을 구섭이라고 한다. 중간 수준의 근기를 가진 중생을 성숙시켜 오래지 않아 청정하게 하는 것을 불구섭이라고 한다. 근기가 뛰어난 중생을 성숙시켜 이번 생에 청정해질 수 있게 하는 것을 후섭이라고 한다. 菩薩 一切住 一切行 等攝衆生 略說有六種 一者 頓攝 二者 增上攝 三者 取攝 四者 久攝 五者 不久攝 六者 後攝 菩薩初發心 於一切衆生 作父母想 隨力所能 以一切種 安樂饒益 是名頓攝 菩薩爲主 於父母尊重 種種方便 勸修善法 隨時供養 知恩報恩 妻子眷屬 瞻視敎授 所犯堪忍 疾病救療 敎修善法 令其勝進 … 菩薩爲王 攝受人民 如法正化 不加非罰 以財以法 而爲饒益 自守境界 不侵他土 隨其力能 敎諸衆生 令修善法 菩薩爲父 於他衆生 尙無偏黨 況自眷屬 而不平等 言常柔軟 眞實不虛 一切殺縛 逼迫苦切 皆悉遠離 是名增上攝 有二因緣 等攝徒衆 一者 捨於貪心 以財饒益 離於貧窮 二者 敎修正義 以法饒益 拔惡邪見 … 以如是法 敎於徒衆 亦自修行 菩薩 不於一切時攝取徒衆 亦非不取 亦不趣爾取 是名取攝 軟成熟衆生 久久乃淨 是名久攝 中成熟衆生 不久得淨 是名不久攝 上成熟衆生 於此生堪能淸淨 是名後攝"라고 하였다. [참고문헌] 『菩薩地持經』, 『大乘義章』 권12(대정장44, p.714a20), 『地持論義記』 권5(卍속장61, p.471a17), *Bodh-bh.*

육종성 六種性 ❶ 무명을 구성하는 여섯 가지 요소. 지성(地性)·수성(水性)·화성(火性)·풍성(風性)·공성(空性)·식성(識性)을 말한다. 『불아비담경출가상품』 권상(대정장24, p.958c4)에 "무명이란 여섯 가지 요소에 의지하며 남녀라고 한다. 여섯 가지란 무엇인가? 지성·수성·화성·풍성·공성·식성이다. 所言無明者 依六種性稱爲男女 何者爲六種性 如是地性 水性 火性 風性 空性 識性"라고 하였다. [참고문헌] 『佛阿毘曇經出家相品』. ⇨ 무명 無明 ❷ 견도위(見道位)에 있는 아라한의 여섯 가지 종성. 첫째 퇴법(退法), 둘째 사법(思法), 셋째 호법(護法), 넷째 안주법(安住法), 다섯째 감달법(堪達法), 여섯째 부동법(不動法)의 아라한이다. 『구사론』 권25(대정장29, p.129b14 : *Abh-k-bh.*, p.373)에 "퇴법이란 작은 조건을 만나면 바로 증득한 것에서 퇴전하는 것으로 사법 등이 아니다. 사법이란 퇴전하고 잃을 것을 두려워하여 항상 생각으로 자해하는 것을 말한다. 호법은 증득한 것에 대해 스스로 지키길 좋아하는 것을 말한다. 안주법은 퇴전의 조건을 이겨 떠났고 비록 스스로 지키지 않아도 퇴전하지 않으며 가행을 떠났기에 증진되지도 않는 것을 말한다. 감달법이란 이 종성의 아라한은 수련을 좋아하는 근기로서 빠르게 도달하고 흔들리지 않음을 말한다. 부동법은 이 종성의 아라한은 반드시 퇴전하지 않음을 말한다. 言退法者 謂遇少緣 便退所得 非思法等 言思法者 謂懼退失 恒思自害 言護法者 謂於所得 喜自防護 安住法者 離勝退緣 雖不自防 亦能不退 離勝加行 亦不增進 堪達法者 彼性堪能 好修練根 速達不動 不動法者 彼必無退 tatra parihāṇadharmā yaḥ parihātuṃ bhavyo na cetanādidharmā. cetanādharmā yaś cetayituṃ bhavyaḥ. anurakṣaṇādharmā yo 'nurakṣituṃ bhavyaḥ. sthitākampyo yaḥ parihāṇipratyayaṃ balavantamantareṇānurakṣannapi sthātuṃ bhavyo na hātum nāpi vardhayituṃ vinābhiyogena. prativedhanābhavyo yo 'kopyaḥ prativeddhuṃ bhavyaḥ. akopyadharmā yo naiva parihātuṃ bhavyaḥ"라고 하였다. [참고문헌] 『俱舍論』, *Abh-k-bh.* ⇨ 육종아라한 六種阿羅漢 ❸ 십주(十住)에서 등각(等覺)에 이르는 보살의 여섯 가지 계위를 종성에 배대한 것. 『영락본업경』 권상(대정장24, p.1012b25)의 설이다. 습종성(習種性)은 십주위(十住位), 성종성(性種性)은 십행위(十行位), 도종성(道種性)은 십회향위(十迴向位), 성종성(聖種性)은 십지(十地), 등각성(等覺性)은 등각위(等覺位), 묘각성(妙覺性)은 묘각위(妙覺位)에 각각 해당한다. 성(性)은 여섯 계위에 공통한 반면 종(種)은 인위(因位)에만 해당하므로 앞의 네 가지에만 붙이고 수승한 지위인 등각위에는 각(覺)을 붙여 구분한다. 『화엄경소초』 권73(대정장36, p.580c10)에 "경전에서 '불자야! 육종성이란 습종성·성종성·도종성·성종성·등각성·묘각성이다'라고 하였다. [석] 첫째 습종성은 십주이고, 둘째 성종성은 십행이며, 셋째 도종성은 십회향이고, 넷째 성종성은 십지이니, 다섯째와 여섯째는 알 수 있으리라. 佛子 六種性者 所謂習種性 性種性 道種性 聖種性 等覺性 妙覺性 釋曰 一習種性卽十住 二性種性卽十行 三道種性卽十迴向 四聖種性卽十地 五六可知"라고 하였다. [참고문헌] 『瓔珞本業經』, 『華嚴經疏鈔』. ⇨ 습종성 習種性, 성종성 性種性, 도종성 道種性, 성종성 聖種性❶, 등각성 等覺性, 묘각성 妙覺性, 보살계위 菩薩階位

육종수 六種修 여섯 가지 수행. 『아비담심론경』 권4(대정장28, p.853a24)에 "'수'에는 여섯 가지가 있으니, 득수·습수·대치수·출리수·계수·관찰수를 말한다. 그중 득수란 얻지 못한 선법(善法)을 현재나 미래에 얻는 도리이고, 습수란 앞서 얻은 공덕을 바로 지금 닦아 익히는 도리이며, 대치수란 모든 유루법으로 대치도를 닦는 것이다. 출리수란 수도할 때 예법(穢法)을 버리고 여의는 것이며, 계수란 육근을 조복하는 방도이고, 관찰수란 몸 등을 관찰하는 것이다. 修有六種 所謂得修 習修 對治修 出離修 戒修 觀察修 彼得修者 若於善法不得 得現在未來故 習修者 先所得功德 現前修習 對治修者 諸有漏法 修對治道 出離修者 若修道時 捨離穢法 戒修者 若能調伏諸根道 觀察修者 若觀察身等", 『구사론』 권26(대정장29, p.140a8 : *Abh-k-bh.*, p.411)에 "득수와 습수 이 두 가지는 유위선(有爲善)에 의지하는데, 미래에는 득수만 있을 뿐이고, 현재는 두 가지 '수'를 모두 갖춘다. 대치수와 제견수(除遣修) 이 두 가지는 유루법에 의지한다. 그러므로 유루선은 네 가지 '수'를 다 갖추며, 무루의 유위와 그 밖의 유루법은 차례대로 전후의 두 가지 '수'를 다 갖춘다. 외국의 여러 논사들은 다음과 같이 말한다. '수에는 여섯 가지가 있으니, 앞의 네 가지에 방수(防修)와 관수(觀修)를 더한 것이다. 육근을 방호하고, 몸을 관찰하기 때문이다. 경전에서 「무엇을 수근(修根)이라고 하는가? 육근을 잘 막고 잘 지키는 것이다」라면서 자세히 설명하는 경우와 같다. 또 경전에서 「무엇을 수신(修身)이라고 하는가? 자신의 몸에서 머리카락·털·손톱 등을 관하는 것이다」라면서 자세히 설명한 것과 같다'. 가습미라국의 여러 논사들은 다음과 같이 말한다. '방수와 관수 이 두 가지 수는 대치수와 제견수에 포함된다'. 得習二修 依有爲善 未來唯得 現具二修 治遣二修 依有漏法 故有漏善 具足四修 無漏有爲 餘有漏法 如次是具 前後二修 外國諸師 說修有六 於前四上 加防觀修 防護諸根 觀察身故 如契經說 云何修根 謂於六根 善防善護 乃至廣說 又契經說 云何修身 謂於自身 觀髮毛爪 乃至廣說 迦濕彌羅國 諸論師言 防觀二修 卽治遣修攝 pratilambhaniṣevanabhāvane kuśalasaṃskṛtānāṃ dharmāṇām anāgatānām ekā pratyutpannānām ubhe. pratipakṣavinirdhāvanabhāvane sāsravāṇāṃ dharmāṇāṃ. tad evaṃ kuśalasāsravāṇāṃ catasro bhāvanā bhavanti. anāsravāṇāṃ dve kliṣṭāvyākṛtānāṃ ca. bāhyābhidhārmikāṇāṃ ṣaṭ bhāvanāḥ. etāś catasraḥ saṃvarabhāvanā vibhāvanabhāvanā ca. indriyāṇāṃ pūrvī kāyasyottarā. ṣaḍ imānīndriyāṇi sudāntāni yāvat subhāvitāni tathā santy asmin kāye kleśā iti vistaraḥ. te tu pratipakṣanirdhāvabhāvanāntarbhūte iti kāśmīrāḥ"라고 하였다. [참고문헌] 『阿毘曇心論』, 『俱舍論』, 『雜阿毘曇心論』 권10(대정장28, p.954a17), *Abh-k-bh.* ⇨ 수 修

육종수기 六種授記 여래의 수기를 여섯 가지로 분류한 것. 『보살지지경』 권8(대정장30, p.936b7 : *Bodh-bh.*, p.196)에 "보살이 여섯 가지로 여래로부터 위없는 깨달음을 얻으리라는 수기를 받는다. 첫째 종성미발심, 둘째 이발심, 셋째 현전, 넷째 불현전, 다섯째 시량시정득무상보리, 여섯째 시무량시부정수기이다. 菩薩有六事爲如來授無上菩提記 一者 種性未發心 二者 已發心 三者 現前 四者 不現前 五者 時量時定得無上菩提 六者 時無量時不定授記 ṣaḍbhir ākāraiḥ samāsatas tathāgatā bodhisattvam anuttarāyāṃ samyaksaṃbodhau vyākurvanti. katamaiḥ ṣaḍbhiḥ. gotrastham anutpāditacittam. tathotpāditaṃ cittam sammukhāvasthitam. viparokṣāvasthitam. parimitaṃ kālam iyatā kālenānuttarāṃ samyaksaṃbodhim abhisaṃbhotsyata iti. aparimitakālaṃ vyākurvanti na tu kālaniyamaṃ kurvanti"라고 하였다. 길장은 『법화의소』 권8(대정장34, p.566b6)에서 『대승장엄경론』 권12(대정장31, p.652a20)의 사종수기(四種授記)와 앞의 『보살지지경』의 설을 따라 여섯 가지 수기를 말하고 해석하였다. 첫째 종성미발심수기는 발심치 못한 중생에게 내리는 수기로 비둘기 등의 새들과 마음을 내긴 했으나 아직 세워지지 않은 이에게 준다(未發心授記有二 一 都未發心而授記 如鳩鳥等 二 雖已發心而未成立 亦名未發心也). 둘째 이발심수기는 발심을 이룬 이에게 주니, 초발심한 류와 발심을 이미 세운 십신위다(已發心授 記有二種 一者 初始發心卽與授記 二者 發心成立名爲發心 卽十信位). 셋째 불현전수기는 삼현보살에게 주니, 무생인을 아직 얻지 못하여서 앞에서 드러내고 무생기를 줄 수가 없다(不現前授記 謂三賢菩薩 未得無生忍 故不堪現前與無生記). 넷째 현전수기는 초지이상의 보살로 무생인을 얻어서 현전하여 무생기 줌을 감당한다(現前授記 初地已上 得無生忍 堪爲現前授無生記). 다섯째 시량시정수기는 겁수가 유한하고(時量時定 謂劫數有限), 여섯째 시무량시부정수기는 겁수의 분한 정해짐이 없다(時無量時不定 謂劫數無限). [참고문헌] 『菩薩地持經』, 『法華義疏』, 『大乘莊嚴經論』, 『瑜伽師地論』 권46(대정장30, p.546c28), *Bodh-bh.* ⇨ 수기 授記, 종성미발심수기 種性未發心授記, 이발심수기 已發心授記, 현전수기 現前授記, 불현전수기 不現前授記, 시량시정기 時量時定記, 시무량시부정기 時無量時不定記

육종순출리계 六種順出離界 여섯 가지 순출리계(順出離界). 에(恚)·해(害)·불락(不樂)·탐에(貪恚)·중상(衆相)·의혹(疑惑) 등 삼계의 번뇌를 대치하여 여의기 위한 자(慈)·비(悲)·희(喜)·사(捨)·무상(無相)·

이아만(離我慢) 등 여섯 가지 정심(定心)을 말하며, 육출계(六出界)·육출리계(六出離界) 등이라고도 한다.『유가사지론』권11(대정장30, p.332a20)에 "여섯 가지 순출리계 있으니, 경전에서 다음과 같이 자세하게 말하였다. '나는 이미 자를 닦았고 내지는 이미 모든 아만을 여의었다. 그러나 나는 여전히 의혹의 독화살 때문에 그 마음이 매우 산란하다. 그러므로 자 등은 에·해 등에 대한 바른 대치가 아니다. 이와 같은 삿된 집착을 버리도록 하기 위해서 이 계(界)를 건립한 줄 알아야 한다'. 이 중에서 에 등의 이욕대치(離欲對治)에는 차별이 있기 때문에 앞의 네 가지 대치상을 건립한 것이고, 성주(聖住)를 관찰하여 도리를 얻기 때문에 무상(無相)을 건립한 것이며, 궁극의 정도리(正道理)를 관찰하기 때문에 여섯 번째를 건립한 것이다. 자는 에를 대치하는데 무손(無損)의 작용이 있기 때문이고, 비는 해를 대치하는데 타인의 고통을 제거하기 위해 뛰어난 즐거움으로 행하기 때문이며, 희는 불락을 대치하는데 타인의 즐거운 일에 대하여 따라서 기뻐하여 행하기 때문이고, 사는 탐·에를 대치하는데 사와 함께 작용하기 때문이다. 무상은 일체의 중상(衆相)을 대치하는데 상(相)과 상위하기 때문이다. 아만을 여의면 자신의 해탈이나 증득한 것에 대하여 결코 의혹이 없기 때문에 아만을 여의는 것은 저것의 대치이다. 이러한 여러 가지 출리로 반드시 일체의 에 등을 벗어나 여읠 수 있으나 잘 닦지 않기 때문에 에 등의 과실이 현행하게 된다. 또한 앞의 다섯 가지 순출리계 중 앞의 네 가지는 천주(天住)에 포함되며, 다섯 번째 한 가지는 성주에 포함된다. 지금 이 여섯 가지의 순출리계는 앞의 네 가지가 범주(梵住)에 포함되며, 다섯 번째와 여섯 번째는 성주에 포함된다. 또한 에 등의 과실들을 뛰어넘기 때문에 출리라고 한다. 復有六種順出離界 如經廣說 謂我已修慈 乃至我已離諸我慢 然我猶爲疑惑毒箭 悶亂其心 是故慈等 於恚害等 非正對治 當知爲捨如是邪執 建立此界 是中恚等 離欲對治 有差別故 建立前四對治相故 觀察聖住 得道理故 建立無相 觀察究竟正道理故 建立第六 慈對治恚 無損行轉故 悲對治害 爲除他苦 勝樂行轉故 喜治不樂 於他樂事 隨喜行轉故 捨治貪恚 俱捨行轉故 無相對治 一切衆相 相相違故 若離我慢於自解脫 或所證中 定無疑惑故 離我慢 是彼對治 此諸出離 定能出離 一切恚等 不善修故 恚等過失 容可現行 又前五種順出離界 初之四種 天住所攝 第五一種 聖住所攝今此六種順出離界 前之四種 梵住所攝 第五第六 聖住所攝 復次能超恚等諸過失故 名爲出離"라고 하였다. [참고문헌]『瑜伽師地論』. ⇨ 육출리계 六出離界

육종승 六種乘 여섯 갈래로 오름. 대승을 닦는 이가 타야 할 여섯 가지 행상.『신화엄경론』권4(대정장36, p.741a17)에 "무릇 대승심을 일으키는 것은 그 근품에 따라 여섯 수레로 나누니, 삼종오위십지의 차별행상으로 같지 않다. 그 이름과 수는 어떠한가? 첫째는 부처님의 원력으로 정토에 나는 문이다. 둘째는 정토관을 지어서 나는 문이다. 셋째는 공·무아의 관을 닦아 오르는 문이다. 넷째는 유와 무를 화해시킨 관지의 문이다. 다섯째는 점차로 불성을 보고 나아가 닦는 문이다. 여섯째는 단박에 불성을 증하는 원융문이다. 대승을 닦는다는 것은 이 여섯 갈래로 행상에 올라 떠나지 않는 것이다. 凡發大乘心者 依其根品 有六種乘 三種五位十地 差別行相不同 其名數如何 一佛願生淨土門 二作淨土觀行所生淨土門 三修空無我觀所乘門 四和會有無觀智門 五漸見佛性進修門 六頓證佛性圓融門 修大乘者 不離此六種所乘行相"라고 하였다. [참고문헌]『新華嚴經論』,『華嚴論節要』권1(한불전4, p.791b1).

육종식 六種食 비구가 음식을 취하는 여섯 가지 방식. 걸식(乞食)·차제걸식(次第乞食)·부작여식법식(不作餘食法食)·일좌식(一坐食)·일췌식(一揣食)·부중후음장(不中後飲漿)을 말한다.『대일경공양차제법소』권상(대정장39, p.792a12)에 "음식을 먹는 여섯 가지 방식이란 첫째 걸식, 둘째 차제걸식, 셋째 부작여식법식, 넷째 일좌식, 다섯째 일췌식 또는 절량식, 여섯째 부중후음장이다. 걸식이란 다음과 같다. 뛰어난 행위를 하는 사람은 승식(僧食)이나 단월의 초대를 받지 않으며 걸식만을 행한다. 어째서 승식이나 단월의 초대를 받지 않을까? 앞서와 같은 잘못이 있기 때문이다. 무슨 의미로 걸식만을 행하는가? 다음의 두 가지 의미가 있으니, 첫째로 스스로를 위해 할 일을 간소화하여 도를 닦고, 둘째로 남을 위해 세간 사람들에게 복덕과 이익을 준다. … 차제걸식이란 다음과 같다. … 뛰어난 행위를 하는 부류는 탐욕에서 벗어났고 편협심을 없애서 중생에게 평등하게 자비를 베풂으로 빈부를 따지지 않고 차례대로 동등하게 걸식한다. … 부작여식법이란 말은 다음과 같다. … 수행자는 이렇게 생각한다. '이 여식(餘食)이라는 방법을 세존께서는 병자에게 허락하셨지만, 나는 지금 병이 없으니 받아서는 안 된다'. 이 때문에 여식을 행하지 않는다. … 일좌식이란 다음과 같다. 어떤 사람이 수시로 공양을 받지는 않았지만 정오 이전에 남은 떡·과일·죽 등을 여러 차례 먹었을 때 수행자는 이렇게 생각한다. '범부는 몸을 보양하여 번뇌를 증장시키기 때문에 계속해서 공양을 받는다. 나는 지금 도를 위하지 몸을 위하지 않으며, 번뇌를 깨뜨리기 위함이지 번뇌를 증장시키려 하지 않는다. 그러므로 한 번의 식사만을 받는다. … 일췌식이란 다음과 같다. 경전에서는 절량식이라고도 한다. 한 번 받고 마는 것을 일췌식이라고 하며, 음식을 절약하고 검소하게 함을 절량식이라고 한다. … 부중후음장이란, 어떤 사람이 양을 줄여서 먹고 마셨지만 여전히 맛에 탐닉하여 정오 이후에 갖가지 즙과 과일 즙과 꿀 즙과 석밀 즙 등을 마시면, 이 즙맛을 구하여 사명을 행하고 공력을 소비해서 도를 폐하게 된다. 이 때문에 마시지 않는다. 食中六者 一 乞食 二 次第乞食 三 不作餘食法食 四 一坐食 五 一揣食 亦名節量 六 不中後飮漿 乞食者 … 上行之人 不受僧食且越請食 唯行乞食 何不受僧且越請 過同前 何義故專行乞食 所謂有二 一 爲自省事修道 二 爲他福利世人 … 次第乞食者 … 上行之流 離貪去狹 等慈衆生 不簡貧富 次第等乞 言不作餘食法者 … 行者作念 此餘食法 世尊雖開聽病者 我今無病不應受 是故 不作餘食法 … 一坐食者 有人雖不數數生食 而於中前 數食其餘餠菓粥等 行者作念 愚夫養身 爲增煩惱受數數 我今爲道 不爲養身 爲破煩惱 不爲增結 故受一食 … 一揣食者 經中亦名節量食 一受便止 名一揣食 節儉少食 名節量食 … 所言不中後飮漿者 有人雖節量飮食 而猶貪味 於中後 飮種種漿菓漿蜜漿石蜜漿等 爲求是漿 多致邪命 費功廢道 是故不飮"라고 하였다. [참고문헌]『大日經供養次第法疏』. ⇨ 걸식 乞食, 차제걸식 次第乞食, 부작여식법 不作餘食法, 일좌식 一坐食, 일췌식 一揣食, 부중후음장 不中後飮漿, 십이두타행 十二頭陁行

육종신풍 六種身風 몸에서 일어나는 여섯 종류의 바람. 『현종론』 권29(대정장29, p.918b8)에 "몸에 속하는 바람에 간략하게 여섯 종류가 있음을 밝힌다. 첫째는 입식풍, 둘째는 출식풍, 셋째는 발어풍, 넷째는 제기풍, 다섯째는 수전풍, 여섯째는 동신풍이다. 辯屬身風 略有六種 一 入息風 二 出息風 三 發語風 四 除棄風 五 隨轉風 六 動身風"라고 제시한 다음 각 조목을 다음과 같이 설한다. 첫째, 입식풍은 모든 중생이 태란위(胎卵位)에 있을 시기에 먼저 배꼽에서 일어난 업의 바람이 몸을 뚫어서 난 구멍인 입과 코를 통해 점차로 이어서 들어오는 바람을 가리킨다. 둘째, 출식풍은 입식풍이 몸 안으로 들어왔다가 다시 이어서 나가는 바람이다. 셋째, 발어풍은 배꼽에서 발생하여 흐르다가 목구멍을 흔들고 혀를 진동시키는 바람을 말하며, 이 바람의 세력으로 인하여 목소리가 나온다. 넷째, 제기풍은 몸 안의 더러운 물질을 제거하는 바람이다. 마음에서 아픈 느낌을 일으킴으로 인하여 그것을 제거하고자 이 바람으로 끌어낸다. 이 바람의 세력은 몸을 편안하게 만든다. 다섯째, 수전풍은 신체 모든 부위에 고루 난 털구멍을 따라 움직이는 바람이다. 여섯째, 동신풍은 몸의 모든 동작에서 일어나는 바람이다. [참고문헌]『顯宗論』.

육종십겁 六種十劫 십겁(十劫)에 대한 여섯 가지 관점. 『아미타경』(대정장12, p.347a29 : *Sukh-vy. II*, p.88)에 "아미타불은 성불한 이래 지금까지 십겁이 흘렀다. 阿彌陀佛 成佛已來 於今十劫 tasya ca śāriputra tathāgatasya daśa kalpā anuttarāṁ samyaksaṁbodhim abhisaṁbuddhasya"라는 문에 대한 여섯 가지 관점이다. 일본의 고범(高範)이 찬술한『교상추요초』 권하에 근거한다. 첫째 상연십겁(常演十劫) : 삼세 제불이 항상 설하는 십겁이다. 둘째 부기십겁(赴機十劫) : 중생의 근기에 맞추어 의심을 없애주기 위해 가정적으로 말하는 십겁이다. 셋째 단십겁(單十劫) : 구겁도 아니고 십일겁도 아닌 본래 수로서의 십겁이다. 넷째 연촉겁지십겁(延促劫智十劫) : 부처님이 겁을 자유자재로 늘리거나 줄이는 신통으로써 드러낸 십겁이다. 다섯째 본문십겁(本門十劫) : 본각(本覺)을 온전히 갖춘 만수(滿數)로서의 십겁이다. 여섯째 적문십겁(迹門十劫) : 시각(始覺)을 얻기까지 걸린 세월로서의 십겁이다. [참고문헌]『阿彌陀經』,『敎相樞要鈔』, *Sukh-vy. II*.

육종아 六種我 자아를 여섯 가지로 분류한 것. 화엄종 법장(法藏)의 설로서 집아(執我)·만아(慢我)·습기아(習氣我)·수세유포아(隨世流布我)·자재아(自在我)·진아(眞我)를 말한다. 『범망경보살계본소』 권1(대정장40, p.606a22)에 "일반적으로 자아를 의미상 변별하면 대략 여섯 가지가 있다. 첫째는 집아로 분별에 의해서 혹은 태어나면서부터 집착되는 자아이며 범부의 지위에서 대상이 된다. 둘째는 만아로 태어나면서부터 집착되는 자아이며 유학의 지위에서 대상이 된다. 셋째는 습기아로 전술한 두 가지 자아의 남은 습기이며 무학의 지위에서 대상이 된다. 넷째는 수세유포아로 제불이 동등하게 세속의 사정에 따라 임시로 칭하는 자아이다. 다섯째는 자재아로 팔자재 등과 같이 여래의 후득지를 성질로 하는 것이다. 여섯째는 진아로 진여를 말한다. 상·락·아·정 등의 덕이 진여를 바탕으로 하기 때문이다. 然通辨我義 略有六種 一 執我 謂分別俱生 在於凡位 二 慢我 謂但俱生 在有學位 三 習氣我 謂二我餘習 在無學位 四 隨世流布我 謂諸佛等 隨世假稱 五 自在我 謂八自在等 如來後得智爲性 六 眞我 謂眞如 常樂我淨等以眞如爲性"라고 하였다. [참고문헌]『梵網經菩薩戒本疏』,『宗鏡錄』 권67(대정장48, p.792a26). ⇨ 아 我

육종아라한 六種阿羅漢 아라한을 종성의 우열에 따라 여섯 종류로 분류한 것. 다음의 여섯 부류가 있다. ① 퇴법아라한(退法阿羅漢) : 질병 등의 악연을 만나 번뇌를 일으킴으로써 획득한 아라한과를 잃고 수다원과(須陀洹果)까지 퇴전하는 가장 열등한 종성의 아라한. ② 사법아라한(思法阿羅漢) : 획득한 아라한과를 잃고 퇴전해 버릴까 두려워하여 자살하여 무여열반에 들려고 생각하는 아라한. ③ 호법아라한(護法阿羅漢) : 스스로 깨달은 법을 잃을까 두려워하여 늘 이를 수호하는 아라한. ④ 안주법아라한(安住法阿羅漢) : 획득한 아라한과에 안주하는 아라한. 특별한 인연을 만나지 않는 한 퇴전하는 일이 없지만, 동시에 뛰어난 수행도 없고 향상도 없다. ⑤ 감달법아라한(堪達法阿羅漢) : 근성(根性 : 根機)을 수련해서 뛰어나게 증진시키는 연근(練根) 수행을 잘 감당하여 번뇌에 흔들림이 없는 부동법(不動法)에 도달하는 아라한. ⑥ 부동법아라한(不動法阿羅漢) : 근기가 가장 뛰어나기 때문에 한번 아라한과를 얻고 나면 번뇌로 인해 퇴전하거나 흔들릴 염려가 결코 없는 아라한. 상기한 여섯 부류의 아라한 가운데 앞의 다섯은 우둔한 근기(鈍根)에 속하므로 의식주·스승·도반 등의 여러 인연이 구족되어야 멸진정(滅盡淨) 등에 들 수 있다. 이처럼 뛰어난 인연이 구족되었을 때 비로소 번뇌의 속박으로부터 해탈한다는 의미에서 이들을 시해탈(時解脫)이라고 부르며, 이들은 진지(盡智)만을 증득할 수 있다. 반면에 마지막 부동법아라한은 뛰어난 근기(利根)에 속하기 때문에 의식주 등의 뭇 인연들이 구족되지 않아도 스스로 불법의 이치를 이해할 수 있으며 때와 조건을 기다릴 필요 없이 마음먹은 대로 선정에 들어가 번뇌의 속박으로부터 해탈한다는 점에서 불시해탈(不時解脫)이라고 부른다. 이들은 진지뿐만 아니라 무생지(無生智)까지도 증득할 수 있다. 또한 부동법아라한을 다시 두 부류로 나누기도 하는데, 수련을 통해 이 종성을 얻은 이들을 부동법이라 칭하고 본래 태어날 때부터 이 종성을 지니고 있는 이들을 불퇴법이라 칭한다. 이들 양자를 상기한 다섯 부류의 아라한과 합쳐 칠종아라한이라고 부르며, 여기에 혜해탈(慧解脫)과 구해탈(俱解脫)을 추가하여 구무학(九無學)이라고 한다. 『구사론』 권25(대정장29, p.129a24)에 "아라한에는 종성의 차이로 말미암아 여섯 부류가 있다. 첫째는 퇴법, 둘째는 사법, 셋째는 호법, 넷째는 안주법, 다섯째는 감달법, 여섯째는 부동법이다. 이 여섯 부류 중 앞의 다섯 부류는 앞에서 말한 유학위의 신해(信解)의 종성으로부터 생겨난 것인데, 이것을 총괄하여 시애심해탈이라고 한다. 항상 애호하여 심해탈에 이르기 때문이다. 또한 시해탈이라고도 하는데, 때를 기다려 해탈에 이르기 때문이다. 阿羅漢由種性異 故有六種 一者 退法 二者 思法 三者 護法 四 安住法 五 堪達法 六 不動法 於此六中 前之五種 從先學位 信解性生 卽此總名 時愛心解脫 恒時愛護 及心解脫故 亦說名爲 時解脫者 以要待時 及解脫故", 『현종론』 권33(대정장29, p.935b17)에 "퇴법이란 무엇인가? 이와 같은 부류의 근기를 획득하고서 이러한 근기에 안주하다가 퇴보의 연과 만나면 곧 획득된 지위에서 물러나지만, 퇴보의 연을 만나지 않으면 열반에 들기도 하며, 또는 어떤 이는 부지런히 정진하여 수승한 종성을 획득하나 연을 만나면 대부분 퇴보하기 때문에 퇴법이라 한다. 사법이란 무엇인가? 어떤 이가 이와 같은 부류의 근기를 획득하고서 이러한 근기에 안주하며, 염력(念力)이 견고하여 대부분 염관(厭觀)에 머물면서도 수승한 공덕을 상실할까 두려워하여 스스로 권면하는 마음으로 자신을 해치려고 생각하기 때문에 사법이라고 한다. 호법이란 무엇인가? 어떤 부류는 항상 시애심해탈에 계박된 마음이 눈앞에 나타나 한결같이 방호에 힘쓰며 방일하지 않으며 머물기 때문에 호법이라 한다. 안주법이란 무엇인가? 퇴보의 연을 여의어 벗어나 비록 스스로 방호하지 않더라도 퇴보하지 않으며, 가행(加行)을 여의어 벗어나 근기를 수련하지 않더라도 대부분 그 상태에 머물기 때문에 안주법이라고 한다. 감달법이란 무엇인가? 본성이 감당할 만한 능력이 있어서 수행을 좋아하여 근기를 단련하며, 신속하게 부동에 도달하여 예리한 근기를 바로 증득할 수 있기 때문에 감달법이라 한다. 부동법이란 무엇인가? 어떤 부류는 근성이 수승하고 의지가 나약하지 않아 획득한 공덕이 퇴보의 연을 만나도 또한 반드시 퇴보하지 않기 때문에 부동이라 한다. 言退法者 謂彼獲得 如是類根 安住此根 與退緣會 便退所得 無退緣者 便般涅槃 或有精勤 進得勝性 遇緣多退 故名退法 言思法者 謂有獲得 如是類根 安住此根 念力堅固 多住厭觀 恐失勝德 爲自勵心 多思害己 故名思法 言護法者 謂有一類 恒於時愛心解脫中 繫念現前 專精防護 不放逸住 故名護法 安住法者 謂離勝退緣 雖不自防 而亦能不退 離勝加行 亦不練根 多住處中 故名安住 堪達法者 謂性堪能 好修練根 速達不動 能親證利 故名堪達 不動法者 謂有一類 根性殊勝 志不怯弱 所獲功德 遇勝退緣 亦必不退 故名不動"라고 하였다. 〔참고문헌〕『俱舍論』, 『顯宗論』, 『大毘婆沙論』 권62(대정장27, p.319c20), 『阿毘曇毘婆沙論』 권33(대정장28, p.241a23), 『瑜伽師地論』 권100(대정장30, p.881b16), *Abh-k-bh.372.* ⇨ 아라한 阿羅漢, 구무학 九無學, 퇴법아라한 退法阿羅漢, 사법아라한 思法阿羅漢, 호법아라한 護法阿羅漢, 안주법아라한 安住法阿羅漢, 감달법아라한 堪達法阿羅漢, 부동법아라한 不動法阿羅漢, 시해탈 時解脫, 불시해탈 不時解脫

육종의 六種義 여섯 가지 뜻. 경전에 따라 다음과 같이 여섯 가지 뜻에 다소 차별이 있다. 『불지경론』 권1(대정장26, p.292a24)에 "박가범이란 무엇인가? '박가'라는 말은 여섯 가지 뜻에 의지하여 변화한다. 첫째 자재의, 둘째 치성의, 셋째 단엄의, 넷째 명칭의, 다섯째 길상의, 여섯째 존귀의이다. 예를 들면 다음과 같이 계송으로 노래하는 것과 같다. '자재·치성·단엄·명칭·길상·존귀 이와 같은 여섯 가지 뜻의 차별을 총체적으로 '박가'라고 함을 알아야 한다오'. 이와 같은 일체를 여래께서는 다 갖추고 계셔서 일체의 것을 여의지 않으므로 여래를 박가범이라고 한다. 그 뜻은 무엇인가? 모든 여래께서는 영원히 온갖 번뇌에 얽매이지 않기 때문에 자재의를 갖추고, 맹렬한 지혜의 불에 단련되기 때문에 치성의를 갖추며, 훌륭한 서른두 가지 대사의 모습 등으로 장엄되기 때문에 단엄의를 갖추고, 일체의 수승한 공덕이 원만하여 알지 못함이 없기 때문에 명칭의를 갖추며, 일체세간이 가까이 하며 공양하고 모두 칭찬하므로 길상의를 갖추고, 일체의 공덕을 갖추고 항상 방편을 일으켜 모든 유정에게 이익을 주고 안락하게 하며 게으름이 없기 때문에 존귀의를 갖춘다. 薄伽梵者 謂薄伽聲 依六義轉 一 自在義 二 熾盛義 三 端嚴義 四 名稱義 五 吉祥義 六 尊貴義 如有頌言 自在熾盛與端嚴 名稱吉祥及尊貴 如是六種義差別 應知總名爲薄伽 如是一切 如來具有 於一切種 皆不相離 是故 如來 名薄伽梵 其義云何 謂諸如來 永不繫屬 諸煩惱故 具自在義 焰猛智火 所燒練故 具熾盛義 妙三十二 大士相等 所莊飾故 具端嚴義 一切殊勝功德圓滿 無不知故 具名稱義 一切世間 親近供養 咸稱讚故 具吉祥義 具一切德 常起方便 利益安樂 一切有情 無懈廢故 具尊貴義", 『사제론』 권4(대정장32, p.399b16)에 "이 성도(聖道)에는 여섯 가지 뜻이 있어 바퀴에 비유한다. 첫째 속질행(速疾行)이니, 일심·십이심·십오심 등으로 삼계의 사제를 두루 행하기 때문에 속질이라고 한다. 둘째 여기를 버리고 저기에 도달하는 것이니, 세간을 버리고 출세간에 이르는 것 등을 말한다. 셋째 상하행(上下行)이니, 법인(法忍)이나 유인(類忍) 등에 머무는 것을 말한다. 넷째 여기에서 저기에 이르는 것이니, 스승의 상속해(相續解)로부터 제자의 상속해에 이르는 것을 말한다. 다섯째 바퀴와 바퀴살과 바퀴테가 서로 유사한 것이니, 계율의 세 가지는 바퀴이고, 정견·정각·정정진·정념은 바퀴살이며, 정정은 바퀴테이다. 여섯째 전륜성왕의 바퀴로 아직 조복하지 못한 것을 조복하고, 이미 조복한 것을 수호하는 것이니, 무애도(無礙道)로 조복하고 해탈도(解脫道)로 수호하는 것이다. 이런 뜻으로 범륜(梵輪)이라고 한다. 此聖道 有六種義 譬之如輪 一 速疾行 謂或一心 或十二心 或十五心 遍行三界四諦 故名速疾 二 捨此到彼 謂捨世間 到出世間 等 三 上下行故 謂或在法忍 或在類忍等 四 從此至彼 謂從師師相續解 至弟子相續解 五 轂輻輞相似故 戒有三分爲轂 正見正覺正精進正念爲輻 正定爲輞 六 聖王輪 未伏能伏 已伏能守護 由無礙道能伏 解脫道能守 以是義故 名爲梵輪"라고 하였다. 〔참고문헌〕『佛地經論』, 『四諦論』.

육종의락 六種意樂 ➡ 육종의요 六種意樂

육종의요 六種意樂 여섯 가지 의요. 광대의요(廣大意樂)·장시의요(長時意樂)·환희의요(歡喜意樂)·하은의요(荷恩意樂)·대지의요(大志意樂)·순선의요(純善意樂) 등을 말한다. 사수육의(思修六意)라고도 한다. 『섭대승론본』 권중(대정장31, p.144c7)에 "또한 작의로 닦음이란 육종의요에서 거두는 애중·수·희·흔요 작의를 말한다. 첫째 광대의요, 둘째 장시의요, 셋째 환희의요, 넷째 하은의요, 다섯째 대지의요, 여섯째 순선의요이다. 又作意修者 謂修六種意樂所攝愛重隨喜欣樂作意 一 廣大意樂 二 長時意樂 三 歡喜意樂 四 荷恩意樂 五 大志意樂 六 純善意樂", "설령 단번에 목숨을 버리고, 갠지스 강의 모래알 수와 같은 세계를 가득 채울 만큼의 칠보로 여래께 공양하며, 묘보리좌에 편안하게 앉게 된다 해도 보시에 대한 보살의 이와 같은 의요는 만족되는 일이 없다. … 이를 보살의 광대의요라고 한다. 假使頓捨一切身命 以殑伽河沙等世界盛滿七寶 奉施如來 乃至安坐妙菩提座 如是菩薩布施意樂 猶無厭足 … 是名菩薩廣大意樂", "또한 보살들이 여기에서 의요에 만족하는 일이 없으며 묘보리좌에 편안하게 앉게 되더라도 늘 쉬는 일이 없는 것을 보살의 장시의요라고 한다. 又諸菩薩 卽於此中 無厭意樂 乃至安坐妙菩提座 常無間息 是名菩薩長時意樂", "또한 보살들이 여섯 가지 바라밀다로 유정을 이롭게 하여 이로 인해 마음 깊이 환희할지라도 이로움을 입은 유정에게 입은 은덕에는 미치지 못하였다 여김이 보살의 환희의요다. 又諸菩薩 以其六種波羅蜜多饒益有情 由此所作 深生歡喜 蒙益有情所不能及 是名菩薩歡喜意樂", "또한 보살들이 여섯 가지 바라밀다로 유정을 이롭게 하더라도 저들 자신에게 큰 은덕이 있음이라 보아야지 저 은덕이 자신에게 있다고 여기지 않아야 보살의 하은의요다. 又諸菩薩 以其六種波羅蜜多 饒益有情 見彼於已有大恩德 不見自身於彼有恩 是名菩薩荷恩意樂", "또한 보살들이 이와 같은 육바라밀로 쌓은 선근을 깊은 마음으로 일체유정에게 회향하여 원하는 승과이숙을 얻게 하는 것을 보살의 대지의요라고 한다. 又諸菩薩 卽以如是六到彼岸所集善根 深心迴施一切有情 令得可愛勝果異熟 是名菩薩大志意樂", "또한 보살들이 이와 같은 육바라밀로 모은 선근을 모든 유정과 함께하고 돌이켜 무상정등보리를 구하는 것을 보살의 순선의요라고 한다. 又諸菩薩 復以如是六到彼岸所集善根 共諸有情 迴求無上正等菩提 是名菩薩純善意樂"라고 하였다. 〔참고문헌〕『攝大乘論本』, 『攝大乘論釋』 권7(대정장31, p.356a19). ⇨ 의요 意樂

육종의정무애 六種依正無礙 의보(依報)와 정보(正報)의 여섯 가지 걸림 없는 관계. 모든 불보살은 번뇌가 없는 청정한 업으로 인하여 그 과보로 법성의 몸(정보)을 얻고 청정한 국토(의보)에 거주한다. 부처님들은 상적광토(常寂光土)에 거주하시지만 중생을 제도할 목적으로 마침내 하삼국토(下三國土)와 구계신(九界身)을 시현함으로써 불가사의한 신통력으로 몸에서 국토를 나타내기도 하고 국토에서 몸을 나타내시기도 한다. 이것이 정보인 몸과 의보인 국토가 걸림 없이 원융하게 어울리는 관계이므로 의정무애라 부른다. 『화엄경소』 권1(대정장35, p.504b10)에 "의보와 정보의 걸림 없는 관계는 모두 여섯 구절로 드러낸다. 첫째, 의보 안에서 의보를 나타낸다. 마치 티끌 속에 찰해가 들어 있듯이. 둘째, 정보 안에 정보를 나타낸다. 마치 털구멍에서 부처님이 출현하듯이. 셋째, 정보 안에 의보를 나타낸다. 넷째, 의보 안에 정보를 나타낸다. 다섯째, 의보 안에 의보와 정보를 나타낸다. 여섯째, 정보 안에 정보와 의보를 나타낸다. 그 문구가 하나가 아니니 또 네 구절이 있다. 첫째, 때로는 오직 의보일 뿐이다. 부처님(정보)이 찰토(의보)이기 때문이다. 둘째, 때로는 오직 정보일 뿐이다. 찰토가 부처님이기 때문이다. 셋째, 둘이 함께한다. 넷째, 모두 소멸한다. 생각해 보면 알 수 있으니 하나의 문을 제기함에 따라 모든 문이 그것에 거두어진다. 依正無礙 通有六句 一 依內現依 如塵中刹海 二 正內現正 如毛孔現佛 三 正內現依 四 依內現正 五 依內現依正 六 正內現正依 其文非一 又有四句 一 或唯依 佛卽刹故 二 或唯正 刹卽佛故 三 俱 四 泯 思之可知 隨擧一門 則攝一切"라고 하였다. 『주화엄법계관문송』 권상(대정장45, p.693b19)에는 의보와 정보가 서로 포용하는 이치(依正相容義)라는 제명 아래 동일한 여섯 구절을 풀이하고 있다. 〔참고문헌〕『華嚴經疏』, 『註華嚴法界觀門頌』, 『華嚴經疏鈔』 권3(대정장36, p.20b11), 『十不二門指要鈔』 권하(대정장46, p.717b20)』. ⇨ 의정이보 依正二報

육종이문 六種理門 부처님의 가르침을 올바르게 해석하기 위한 여섯 가지 이치. 안립진실(安立眞實)·비안립진실(非安立眞實) 등 여섯 가지 이치에 의한 진의리문(眞義理門), 유정업과증득(有情業果證得)·삼승증득(三乘證得) 등 네 가지 이치에 의한 증득리문(證得理門), 사교(事教)·상차별교(想差別教)·관자종교(觀自宗教)·관타종교(觀他宗教) 등 열두 가지 이치에 의한 교도리문(教導理門), 증익비실유(增益非實有)·손감진실유(損減眞實有) 등 여섯 가지 이치에 의한 원리이변리문(遠離二邊理門), 아사의(我思議)·유정사의(有情思議) 등 여섯 가지 이치에 의한 불가사의리문(不可思議理門), 시현의취(示現意趣)·괴리의취(乖離意趣)·권도의취(勸導意趣)·찬려의취(讚勵意趣) 등 열여섯 가지 이치에 의한 의취리문(意趣理門)을 말한다. 『현양성교론』 권6(대정장31, p.509b23)의 육종이취(六種理趣), 『십지경론』 권1(대정장26, p.126a4)의 육종정견(六種正見)과 같은 뜻이다. 『유가사지론』 권64(대정장30, p.653c12)에 "모든 부처님의 성스런 가르침을 간략하게 풀이하려면, 육종이문으로 말미암아 그에 따라 분명하게 분별해야 한다. 첫째는 진의이문, 둘째는 증득이문, 셋째는 교도이문, 넷째는 원리이변이문, 다섯째는 불가사의이문, 여섯째는 의취이문이다. 이 중 앞의 세 가지 이문은 뒤의 세 가지 이문으로 말미암아 그에 따라 분명히 해야 하니, 진의이문은 원리이변이문으로 말미암아 그에 따라 분명하게 분별해야 하며, 증득이문은 불가사의이문으로 말미암아 그에 따라 분명하게 분별해야 하고, 교도이문은 의취이문으로 말미암아 그에 따라 분명하게 분별해야 한다. 이 중에서 진의(眞義)가 곧 이문(理門)이므로 진의이문이라고 하며, 나아가 의취(意趣)가 바로 '이문'이므로 의취이문이라 한다. '이문'의 뜻은 무엇인가? 즉 저 각각에 거꾸로 뒤바뀐 자성이 없는 것이니, 저 실다운 성에서 뒤바뀜을 여읜 성을 말한다. 諸佛聖教 若欲略釋 由六種理門 應隨決了 一 眞義理門 二 證得理門 三 教導理門 四 遠離二邊理門 五 不可思議理門 六 意趣理門 此中前三理門 由後三理門 應隨決了 謂眞義理門 由遠離二邊理門 應隨決了 證得理門 由不可思議理門 應隨決了 教導理門 由意趣理門 應隨決了 此中眞義 卽是理門 是故名爲眞義理門 乃至 意趣卽是理門 是故名爲意趣理門 理門義者 謂於彼彼 無顚倒性 如其實性 離顚倒性"라고 하였다. 〔참고문헌〕『瑜伽師地論』, 『瑜伽論記』 권18(대정장42, p.707a8). ⇨ 육종정견 六種正見

육종인 六種印 여섯 가지 인(印). 육바라밀(六波羅蜜)을 달리 이르는 말. 『보살선계경』 권1(대정장30, p.963a9)에 "보살성에는 여섯 가지 인이 있다. 일체중생은 이 인으로 보살인지 안다. 무엇이 여섯 가지인가? 단바라밀에서 반야바라밀까지를 말한다. 菩薩性者 有六種印 以是印故 一切衆生 則得識知 此是菩薩 何等爲六 所謂檀波羅蜜 乃至般若波羅蜜"라고 하였다. 〔참고문헌〕『菩薩善戒經』. ⇨ 육바라밀 六波羅蜜

육종인 六種因 ➡ 육인 六因

육종장 六種障 진여삼매(眞如三昧)에 들지 못하는 여섯 가지 장애. 『대승기신론의기』 「수행신심분」 제5'지관문' 중(대정장44, p.283a16)에 "〈논〉 만약 지(止)를 닦는 이 … 따라 순하여 진여삼매에 들고 깊이 번뇌를 소복하고 신심이 증장하니 빠르게 물러남 없음 얻는다. … 다만 의혹·불신·비방·중죄업장·아만·해태 등 이들은 능히 들어갈 수 없기에 제한다. 若修止者 … 隨順得入眞如三昧 深伏煩惱 信心增長 速成不退 … 唯除疑惑 不信 誹謗 重罪業障 我慢 懈怠 如是等人 所不能入", "〈의기〉 들어갈 수 없게 하는 것 중에 여섯 장애 때문에 들어갈 수 없다. 첫째 의혹은 이에 있어 머뭇거림이고, 둘째 불신이란 바로 일천제이며, 셋째 비방이란 이 외도이고, 넷째 중죄업장은 오역죄와 사중금을 범한 사람이며, 다섯째 아만은 아를 자랑하며 스스로 높이는 사람이고, 여섯째 해태는 제멋대로 하면서 부지런하지 못한 사람을 말한다. 이들 여섯인들 중 어느 한 종을 따르더라도 능히 진여삼매에 들 수 없다. 不能中六種障 故不能也 一 疑惑者

於理猶豫故 二 不信者 是闡提故 三 誹謗者 是外道故 四 重罪業障者 謂五逆四重人故 五 我慢者 是恃我自高故 六 懈怠者 是放逸不勤故 是六種人 隨有一種 卽不能入也"라고 하였다. [참고문헌] 『大乘起信論義記』, 『大乘起信論』(대정장32, p.582a27).

육종전위 六種轉位 ➡ 육전의 六轉依

육종전의 六種轉依 ➡ 육전의 六轉依

육종정심 六種淨心 Ⓢ ṣaḍ-adhyāśaya. 보살이 여래가 계신 곳에서 일으키는 여섯 가지 청정한 마음. 『보살지지경』 권7(대정장30, p.926b26 : *Bodh-bh.*, p.163)에 "보살은 여래 계신 곳에서 여섯 가지 깨끗한 마음 일으키니, 복전무상심·은덕무상심·어일체중생무상심·여우담발화난우심·어삼천대천세계독일심·어세간출세간법일체구족의의심이다. 이 여섯 가지 마음으로 여래·법·승가를 조금이라도 생각하고 공양해도 무량공덕을 얻으니, 하물며 많이 함에서야 말해 무엇하겠는가! 菩薩 於如來所 起六種淨心 謂福田無上心 恩德無上心 於一切衆生無上心 如優曇鉢花難遇心 於三千大千世界獨一心 於世間出世間法一切具足依義心 以此六心 少想供養 如來法僧 獲無量功德 何況多 tatra triṣu ratneṣv etāṃ daśākārāṃ pūjāṃ kurvan bodhisattvas tathāgatālambanaiḥ ṣaḍbhir adhyāśayaiḥ karoti. guṇakṣetraniruttarādhyāśayatayā upakāriniruttarādhyāśayatayā 'padadvipadādisarvasattvāgryādhyāśayatayā udumbarapuṣpavat sudurlaṃbhā'dhyāśayatayā ekākinas trisāhasramahāsāhasre loka utpādāt kevalādhyāśayatayā laukikalokottarasampatsarvārthaṃ pratisaraṇādhyāśayatayā. tasyaibhiḥ ṣaḍbhir adhyāśayaiḥ tathāgate tasya vā dharme tasya vā saṃghe pūjā prakalpitā parīttāpy aprameyaphalā bhavanti prāg eva prabhūtā"라고 하였다. 『대승의장』 권14(대정장44, p.742b25)에서는 이 여섯 가지 마음을 공심(供心)이라 하였다. [참고문헌] 『菩薩地持經』, 『大乘義章』, *Bodh-bh.*

육종정행 六種正行 ➡ 육정행 六正行

육종조복 六種調伏 여섯 가지로 조복함. 보살이 성·중생·행·방편·숙·숙인으로 장애를 조복하는 뜻이다. 『보살선계경』 권3(대정장30, p.974a9)에 "무엇이 보살조복인가? 조복에 여섯 가지가 있다. 첫째 성조복, 둘째 중생조복, 셋째 행조복, 넷째 방편조복, 다섯째 숙조복, 여섯째 숙인조복이다. 云何名爲菩薩調伏 調伏者 有六種 一者 性調伏 二者 衆生調伏 三者 行調伏 四者 方便調伏 五者 熟調伏 六者 熟印調伏", "성조복이란 선종자 있기에 선법을 닦으며, 선법을 닦기에 두 가지 장애를 부순다. … 일체중생 또한 이와 같으니, 선도를 수습하여 필경에는 아누다라삼막삼보리를 얻고자 할 때 그 이름은 숙이고 성조복이다. 性調伏者 有善種子 故修善法 修善法故 壞二種障 … 一切衆生 亦復如是 修習善道 畢竟欲得阿耨多羅三藐三菩提時 是名爲熟 是名性調伏", "중생조복에 네 가지가 있다. 첫째 성문성 있는 이가 성문도를 얻고, 둘째 연각성 있는 이가 연각도를 얻고, 셋째 불성 있는 이가 불도를 얻고, 넷째 인천성 있는 이가 인천락을 얻는 것 등 네 가지이니 중생조복이다. 衆生調伏者 有四種 一者 有聲聞性 得聲聞道 二者 有緣覺性 得緣覺道 三者 有佛性 得佛道 四者 有人天性 得人天樂 是名爲四 是名衆生調伏", "행조복에는 여섯 가지가 있다. 첫째 근조복, 둘째 선근조복, 셋째 지혜조복, 넷째 하조복, 다섯째 중조복, 여섯째 상조복이다. … 만약 근조복·선근조복·지혜조복을 구족하면 소지장을 깨끗이 하고, 근조복을 구족하면 보장을 깨끗이 하며, 선근지혜조복을 구족하면 능히 소지장과 번뇌장을 깨끗이 한다. 行調伏者 有六種 一者 根調伏 二者 善根調伏 三者 智慧調伏 四者 下調伏 五者 中調伏 六者 上調伏 … 若能具足根調伏善根調伏智慧調伏者 能淨智障 若具根調伏 能淨報障 若具善根智慧調伏 能淨智障及煩惱障", "방편조복에는 스물두 가지가 있다. … 처음 발심했을 때 생사를 즐기지 않으며, 생사를 즐기지 않기에 신심이 생겨날 수 있고 도를 수습하여 불법을 증익시킨다. … 발심한 이후에는 제불과 불제자들을 가까이하며, 금계를 수지하고 독송서사하며 널리 남에게 설해 주어 더 없이 높은 선법을 증장시키기까지 한다. 方便調伏者 有二十二 … 初發心時 不樂生死 不樂生死故 信心得生 修習於道 增益佛法 … 發心已後 親近諸佛及佛弟子 受持禁戒 讀誦書寫 廣爲人說 乃至增長上上善法", "불성이 없는 중생을 조복시키고자 인천의 즐거움을 설해 주어 물러나지 않게 하고, 종성을 지닌 중생에게는 조복하여 선법을 증장하게 하니 이것이 숙조복이다. 爲欲調伏無性衆生 說人天樂 令得不退 爲有性說 令得調伏增長善法 是名熟調伏", "숙조복인이란 성문인이 무량한 생애 동안 선근을 수습하는 것을 하숙조복인이라고 한다. 또한 하숙조복인이란 낮은 연심·장엄·선근으로는 삼악도라는 과보를 부술 수 없으며, 현생에 사사문과나 열반도 얻지 못하여 하숙조복인이다. 무엇이 중숙조복인인가? 중간의 마음·장엄·선근으로 삼악도를 부술 수 있지만, 현생에 사사문과나 열반을 얻을 수는 없는 것 중숙조복인이다. 상숙조복인이란, 높은 마음·장엄·선근이 있어서 삼악도를 부수고, 현생에 사사문과와 열반을 얻기에 상숙조복인이다. 熟調伏印者 聲聞之人 於無量世 修習善根 是名下熟調伏印 復有下熟調伏印 謂下軟心下莊嚴下善根 不能破

壞三惡道報 現在不得四沙門果及以涅槃 是名下熟調伏印 云何中熟調伏印 若得中心中莊嚴中善根破三惡道 現在不得四沙門果及以涅槃 是名中熟調伏印 上熟調伏印者 有上心上莊嚴上善根破三惡道 現在能得四沙門果及以涅槃 是名上熟調伏印"라고 하였다. ［참고문헌］『菩薩善戒經』. ⇨ 성조복 性調伏, 중생조복 衆生調伏, 행조복 行調伏, 방편조복 方便調伏, 숙조복 熟調伏, 숙조복인 熟調伏印

육종종류 六種種類 중생을 나누는 여섯 가지 범주. 『잡아비담심론』 권9(대정장28, p.943a17)에 "저 종류에는 여섯 가지가 있으니, 즉 계에 따른 종류·육취 등 취에 따른 종류·사생 등 남에 따른 종류·처소에 따른 종류·스스로의 몸에 따른 종류·자성에 따른 종류이다. 彼種類有六種 所謂界種類 趣種類 生種類 處所種類 自身種類 性種類"라고 하였다. ［참고문헌］『雜阿毘曇心論』. ⇨ 계종류 界種類, 취종류 趣種類, 생종류 生種類, 처소종류 處所種類, 자신종류 自身種類, 성종류 性種類

육종주 六種住 초발심주(初發心住)부터 십지(十地)까지의 보살의 수행위를 여섯 가지 주(住)로 구분한 것. 주란 머물러 물러나지 않는 뜻이다. 『마하지관』 권5(대정장46, p.60b17)에 "『보살지지경』에서 초발발심주로부터 십지까지를 묶어 육주로 삼았으니, 첫째는 종성주, 둘째는 해행주, 셋째는 정심주, 넷째는 행도적주, 다섯째는 결정주, 여섯째는 구경주다. 地持云 從初發心住至十地 束爲六住 一 種性住 二 解行住 三 淨心住 四 行道迹住 五 決定住 六 究竟住", "종성주란, 사람에게 종성이 없으면 선도에 날지라도 자주 물러났다가 나아갔다 하여 보살의 여섯 류 중에 들어가지 못하지만, 종성처를 성취하면 퇴실함이 없이 거듭하여 계속 나아가 그 중 한 류가 된다. 해행인이란 초지의 방편이고, 정심주란 초지에 들어가 출세간심을 얻고 범부중생의 아상장을 여의기에 정심주라고 한다. 행도적주란 제2지부터 제7지까지이니, 수도에 머무는 것이다. 결정주란 제8지와 제9지이니, 이미 보행을 얻어 다시는 돌아갈 일도 물러날 일도 없으므로 결정주라고 한다. 구경주란 제10지이니, 학행이 더할 나위 없이 원만하므로 구경주라고 한다. 種性住者 若人無有種性 雖生善道 數退數進 不得在菩薩六人數中 若種性處成就 無有退失 數數增進 得是一人也 解行人是初地方便 淨心住是入初地 得出世間心 離凡夫我相障 故名淨心住 行道迹住者 從二地至七地 住修道也 決定住者 八地九地也 已得報行 不還不退 故名決定 究竟住者 第十地 學行窮滿 故言究竟住也"라고 하였다. ［참고문헌］『摩訶止觀』, 『菩薩地持經』 권3(대정장30, p.901a7).

육종증상의요 六種增上意樂 Ⓢ ṣaḍmir-adhyāśaya. 여래(如來)를 반연(攀緣)하는 여섯 가지 증상의요. 삼보(三寶)에 공양을 올릴 때 일으키는 불과(佛果)를 향한 보살의 여섯 가지 수승한 지향 또는 염원을 말한다. 『유가사지론』 권44(대정장30, p.534c13 : *Bodh-bh.*, p.163)에 "이와 같이 보살은 삼보소에 십종상으로 공양을 일으킴에 마땅히 여래를 반연하여 여섯 가지 증상의요를 일으켜야 한다. 如是菩薩 於三寶所 由十種相興供養時 應緣如來發起六種增上意樂 tatra triṣu ratneṣve tāṃ daśākārāṃ pūjāṃ kurvanbodhisattvastathāgatālambanaiḥ ṣaḍmiradhyāśayaiḥ karoti", "첫째는 위없는 대공덕전이 되겠다는 증상의요이고, 둘째는 위없는 대은덕을 지니신 분처럼 되겠다는 증상의요이고, 셋째는 다리가 없거나 두 개거나 여러 개 등의 모든 유정들 중에서 가장 존귀한 분처럼 되겠다는 증상의요이고, 넷째는 극히 만나기 어려운 우담바라꽃과 같은 분처럼 되겠다는 증상의요이고, 다섯째는 삼천대천세계에서 홀로 출현하신 분처럼 되겠다는 증상의요이고, 여섯째는 모든 세간출세간의 공덕원만해 모든 것의 의지처가 되겠다는 증상의요이다. 一者 無上大功德田增上意樂 二者 無上有大恩德增上意樂 三者 一切無足二足及多足等有情中尊增上意樂 四者 猶如鄔曇妙華極難值遇增上意樂 五者 獨一出現三千大千世界增上意樂 六者 一切世出世間功德圓滿一切義依增上意樂 guṇakṣetraniruttarādhyāśayatayā upakāriniruttarādhyāśayatayā 'padadvipadādisarvasattvāgryādhyāśayatayā udumbarapuṣpavat sudurlaṃbhā 'dhyāśayatayā ekākinastrisāhasrama sāhasre loka utpādātkevalādhyāśayatayā laukikalokottarasampatsarvārthaṃpratisaraṇādhyāśayatayā", "이 여섯 가지 증상의요에 의지해 여래가 계신 곳이나 여래의 법이나 승가가 있는 곳에서 조금이라도 사유하여 공양을 올린다면, 오히려 무량한 대공덕의 과를 얻으리니, 어찌 하물며 많음에 비하겠는가! 由是六種增上意樂 於如來所 若於如來法所僧所 少分思惟而興供養 尙獲無量大功德果 何況其多 tasyaibhiḥ ṣaḍbhiradhyāśayaiḥ tathāgate tasya vā dharme tasya vā saṃghe pūjā prakalpitā parīttāpyaprameyaphalā bhavanti prāgeva prabhūtā"라고 하였다. ［참고문헌］『瑜伽師地論』, *Bodh-bh.*

육종지 六種持 육계(六界)를 달리 이르는 말. 종지(種持)는 계(界 Ⓢ dhātu)의 뜻이다. 『사제경』(대정장1, p.815b2)에 "현자들이여! 사람은 육종으로 유지될 뿐이라고 애석해 할 것은 아니다. 무엇이 육종인가? 지·수·화·풍·공·식이라는 종들입니다. 賢者 人爲六種持不哀 何等六種 若地種 若水種 火種 風種 空種 識種"라고 하였다. ［참고문헌］『四諦經』. ⇨ 육계 六界 ■

육종진동 六種震動 불보살의 설법이나 신통 등으로 대지가 떨쳐 움직이는 여섯 가지 양상. 육종동상(六種動相)·육진동(六震動)·육진(六震)·육종동(六種動)·육동(六動)·육반진동(六反震動) 등 다양하게 일컫는다. 크게 두 가지 형식이다. 첫째, 방위의 용몰(踊沒·涌沒)에 따른 분류로서 이를 특칭하여 육방동(六方動)이라고도 하니 동용서몰(東踊西沒), 서용동몰(西踊東沒), 남용북몰(南踊北沒), 북용남몰(北踊南沒), 변용중몰(邊踊中沒), 중용변몰(中踊邊沒)이다. 둘째, 떨치는 모습과 소리 각각에 따른 분류로서 이를 특칭하여 육상동(六相動)·육종동상(六種動相)이라고 한다. 우선 모습에 셋이 있으니 흔들리는 동(動 Ⓢ kampita), 일어나는 기(起 Ⓢ calita), 솟구치는 용(涌 Ⓢ vedhita)이며, 다시 소리에 있어 셋이니 놀랍게 부딪치는 소리인 각(覺 Ⓢ garjita), 울려 퍼지는 소리인 진(震 Ⓢ kṣubhita), 토해내듯 큰소리인 후(吼 Ⓢ raṇita)이다. 이 여섯 가지에 다시 변(遍 Ⓢ pra)과 등변(等遍 Ⓢ sam-pra : 普遍)을 각기 더하면 십팔종진동상(十八種震動相)이 된다. 『장아함경』 권14 「범동경 梵動經」(대정장1, p.94a9)에 "부처님께서 이 법(六十二見 비판)을 설하실 때 대천세계가 세 번 여섯 가지 양상으로 진동하였다. 當佛說此法時 大千世界 三返六種震動", 『대품반야경』 권1 「서품 序品」(대정장8, p.217c5 : *Pañca-pr.*, p.8)에 "그때 세존께서 일부러 사자좌에서 사자유희삼매에 들어가 신통력으로 삼천대천국토를 감동시키자 여섯 가지로 진동하였다. 동쪽이 솟아오르며 서쪽이 내려앉고, 서쪽이 솟아오르고 동쪽이 내려앉으며, 남쪽이 솟아오르며 북쪽이 내려앉고, 북쪽이 솟아오르고 남쪽이 내려앉으며, 변두리가 솟아오르며 중앙이 내려앉고, 중앙이 솟아오르고 변두리가 내려앉았다. 땅이 온통 유연해져 중생들을 평화롭고 기쁘게 하였다. 爾時世尊故在師子座 入師子遊戲三昧 以神通力 感動三千大千國土 六種震動 東踊西沒 西踊東沒 南踊北沒 北踊南沒 邊踊中沒 中踊邊沒 地皆柔軟 令衆生和悅 atha khalu bhagavāṃs tasminn eva siṃhāsane niṣaṇaḥ siṃhavikrīḍitaṃ nāma samādhiṃ samāpede. tathārupaṃ carddhyabhisaṃskāram abhisaṃskaroti sma yathārūpeṇarddhyabhisaṃskāreṇābhisaṃskṛtenāyaṃ trisāhasramahāsāhasro lokadhātuḥ ṣaḍvikāram akampata prākampata saṃprākampata. acalat prācalat saṃprācalat. avedhat prāvedhat saṃprāvedhat. araṇat prāraṇat saṃprāraṇat. akṣubhyat prākṣubhyat saṃprākṣubhyat. agarjat prāgarjat saṃprāgarjat. ante unnamati madhye avanamati, madhye unnamati ante avanamati. mṛdukaḥ snigdhaḥ sarvasattvamukhajanano 'bhūt", 60권본 『화엄경』 권36 「보왕여래성기품 寶王如來性起品」(대정장9, p.630b23)에 "그때 시방으로 불가설불가설백천억나유타불찰과 미진등세계가 여섯 가지로 진동하였다. … 또 열여덟 가지 상으로도 움직이니, 이른바 동·변동·등변동하고, 기·등기·등변기하며, 각·변각·등변각하고, 진·변진·등변진하며, 후·변후·등변후하고, 용·변용·등변용하였다. 爾時 十方不可說不可說百千億那由他佛刹 微塵等世界 六種震動 … 及十八相動 所謂 動遍動等遍動 起遍起等遍起 覺遍覺等遍覺 震遍震等遍震 吼遍吼等遍吼 涌遍涌等遍涌", 『법화문구』 권2(대정장34, p.28c22)에 "그러므로 널리 부처님 세계가 여섯 가지로 진동하였다. 여섯 가지란 십주·십행·십향·십지·등각·묘각으로 여섯 번이다. 『우바새청정행경』에 이르길 '보살이 태어날 때 땅이 움직이고 이렇게 나서 마치고는 다시 번뇌가 없으며, 일체중생이 마땅히 도를 얻고자 하면 번뇌가 장차 사라질 것이기에 진동한다'라고 한 것이 바로 이 뜻이다. 故普佛世界六種震動也 六種表住行向地等妙六番也 優婆塞淸淨行經云 菩薩生時動地 示此生已盡無復煩惱 一切衆生應得道者 煩惱將滅故動 卽此義也"라고 하였다. [참고문헌] 『長阿含經』, 『大品般若經』, 『華嚴經』, 『法華文句』, 『法華經』 권1 「序品」(대정장9, p.2c12), 『法華義疏』 권2(대정장34, p.470a29), 『一切經音義』 권25(대정장54, p.465c7), *Pañca-pr.* ⇨ 육종동상 六種動相, 십팔종진동상 十八種震動相

육종최승 六種最勝 여섯 가지 가장 뛰어남. 보시(布施) 등이 바라밀다(波羅蜜多)라는 이름을 얻으려면 갖추어야 할 가장 뛰어난 여섯 가지. 소의최승(所依最勝)·사최승(事最勝)·처최승(處最勝)·방편선교최승(方便善巧最勝)·회향최승(迴向最勝)·청정최승(淸淨最勝)이다. 『섭대승론석』 권7(대정장31, p.355b27)에 "[석] 어떤 모습이기에 보시 등이 바라밀다란 이름을 얻었는가? 모든 세간과 성문 등에게도 보시 등은 있기에 따라서 반드시 그 특징을 설해야 할 것이다. 이를테면 여섯 가지 최승을 보시 등의 상으로 삼는다. 釋曰 以何等相 施等得名波羅蜜多 由諸世間及聲聞等 亦有施等 是故 決定應說其相 謂六最勝爲施等相", "소의최승이란 보리심을 의지처로 함을 말한다. 사최승이란 어떤 사람도 내외사 구족히 현행하는 일은 없고 오직 보살만이 능히 구족해 현행한다. 처최승이란 모든 유정의 이익안락함을 처로 삼을 뿐이다. 방편선교최승이란 삼륜이 청정함을 말하니 취한 방편선교란 베푸는 물건·베푸는 이·받는 이라는 세 가지 분별마저 없기 때문이다. 이와 같은 무분별지로 거두는 보시 등만이 바라밀다라는 이름을 얻는다. 회향최승이란 보시 등으로써 돌이켜 무상정등보리를 구하기 때문이다. 청정최승이란 불과에 이르러서야 보시 등이 비로소 청정해지니 그때 번뇌장과 소지장으로 일어나는 것들로부터 해탈하기 때문이다. 所依最勝者 謂菩提心爲所依止 事最勝者 謂無有一於內外事

具足現行 唯有菩薩能具現行 處最勝者 謂以一切有情利益安樂爲處 方便善巧最勝者 謂三輪淸淨是 此中所取方便善巧 由無施物施者受者三分別故 如是無分別智所攝 施等得名波羅蜜多 迴向最勝者 謂以施等迴求無上正等菩提 淸淨最勝者 謂至佛果施等方淨 爾時解脫煩惱所知二種障礙所集起故", "'보시가 바로 바라밀다인가? 아니면 바라밀다가 바로 보시인가?'란 물음이다. 답 중에서 '보시가 있는 한 바라밀다는 아니다'란 여섯 가지 최승마저도 여의어야 이에 보시를 행함이다. 若施是波羅蜜多耶 設波羅蜜多是施耶者 是問 於答中 有施非波羅蜜多 謂離六種最勝而行布施"라고 하였다. 〔참고문헌〕『攝大乘論釋』.

육종현관 六種現觀 Ⓢ ṣaḍ-vidho 'bhisamayaḥ, Ⓣ mngon-par-rtogs-pa drug. 여섯 갈래(思 信 戒 現觀智諦 現觀邊智諦 究竟)로 눈앞에 드러난 것을 관함. 육현관(六現觀)이라고도 한다. 『유가사지론』 권10(대정장30, p.328b20 : *Yogā-bh.*, p.232)에 "이 세 가지 잡염, 즉 번뇌잡염·업잡염·생잡염을 끊기 위하여 육종현관을 닦는다는 것을 알아야 한다. 어떤 것이 그 여섯인가? 사현관·신현관·계현관·현관지제현관·현관변지제현관·구경현관을 말한다. 此三種雜染 謂煩惱雜染 業雜染 生雜染 爲欲斷故 修六種現觀 應知 何等爲六 謂思現觀 信現觀 戒現觀 現觀智諦現觀 現觀邊智諦現觀 究竟現觀 asya khalu trividhasya saṃkleśasya kleśasaṃkleśasya karmasaṃkleśasya janmasaṃkleśasya ca prahāṇāya ṣaḍvidho 'bhisamayo veditavyaḥ. tad yathā. cintābhisamayaḥ śraddhābhisamayaḥ śīlābhisamayo 'bhisamayajñānasatyābhisamayo 'bhisamāntikajñānasatyābhisamayo niṣṭhābhisamayaś ca"라고 하였다. 〔참고문헌〕『瑜伽師地論』, *Yogā-bh.* ⇨ 육현관 六現觀

육종호마 六種護摩 여섯 가지 호마법. 식재(息災 Ⓢ śāntika)·증익(增益 Ⓢ pauṣṭika)·경애(敬愛 Ⓢ vaśīkaraṇa)·조복(調伏 Ⓢ ābhicāraka)·구소(鉤召 Ⓢ ākarṣaṇa)·연명(延命 Ⓢ janita)호마법을 말한다. 『호마구결』(대정장79, p.89c18)에 "〔문〕 참으로 호마라 할 수 있는 것은 몇 가지인가? 〔답〕 좁은 것에서 넓은 것까지 2·4·5·6종이 있다. 2종이란 내·외의 호마이니 저 『존승궤』에서 갖춰 설하고 있다. 4종이란 식재·증익·경애·조복이고 저 『비장기』 등에서 설하고 있다. 5종은 여기에 구소법을 더한 것이고 저 『소야천심』 등에 설하고 있다. 6종은 여기에 연명법까지 더한 것이니 저 『육종외호마기』에서 다 설하고 있다〈안연은 '증익단에 연명을 더한다'고 하였다〉. 問 於眞護摩有幾種乎 答 自狹之寬二四五六也 謂二者 內外護摩也 具如尊勝軌 四者 息災 增益 敬愛 調伏也 具如祕藏記等 五者 更加鉤召也 具如小野千心等 六者 又加延命也 具如六種外護摩記〈安然云 增益壇中更加延命云云〉"라고 하였다. 〔참고문헌〕『護摩口決』. ⇨ 내호마 內護摩, 외호마 外護摩, 식재법 息災法, 증익법 增益法, 경애법 敬愛法, 구소법 鉤召法, 조복법 調伏法, 연명법 延命法, 사종호마 四種護摩, 오종호마 五種護摩, 호마 護摩

육종환원관 六種還源觀 허망함을 버리고 근원으로 돌아가는 여섯 갈래의 관법. 법장(法藏)의 『수화엄오지망진환원관』(대정장45, p.637b4)에 "여섯 번째, 여섯 가지 관을 일으킨다. 첫째, 경을 거두어 마음으로 돌아가는 진공관. 둘째, 마음을 좇아 경을 드러내는 묘유관. 셋째, 마음과 경이 그윽해지는 원융관. 넷째, 지혜의 몸이 비추어 드러나는 중연관. 다섯째, 수많은 몸들이 하나의 몸으로 들어가는 경상관. 여섯째, 주와 반이 서로 나투는 제망관이다. 六 起六觀 一者 攝境歸心 眞空觀 二者 從心現境 妙有觀 三者 心境祕密 圓融觀 四者 智身影現 衆緣觀 五者 多身入一 境像觀 六者 主伴互現 帝網觀"라고 하였다. 〔참고문헌〕『修華嚴奧旨妄盡還源觀』. ⇨ 망진환원관 妄盡還源觀

육종회향 六種迴向 서방으로 회향하는 여섯 가지 방법. 도작(道綽)의 설이다. 『안락집』 권하(대정장47, p.20c6)에 "회향의 공은 여섯 가지를 넘지 않는다. 어떤 것들이 그 여섯인가? 첫째, 닦아온 모든 업을 가져 아미타불께 회향한다. 일단 그 불국에 이르면 다시 육신통을 얻어 중생을 제도한다. 이것이 길에 머물지 않음이다. 둘째, 인을 돌려 과로 회향한다. 셋째, 하위를 돌려 상위로 회향한다. 넷째, 느림을 돌려 빠름으로 회향한다. 이상은 세간에 머물지 않음이다. 다섯째, 중생에게 돌려 베풀고는 비심으로는 선을 향한다. 여섯째, 분별의 마음 모두 버리는 것으로 돌이켜 들어간다. 迴向之功 不越於六 何等爲六 一者 將所修諸業 迴向彌陀 旣至彼國 還得六通 濟運衆生 此卽不住道也 二 迴因向果 三 迴下向上 四 迴遲向速 此卽不住世間也 五 迴施衆生 悲念向善 六 迴入去却 分別之心"라고 하였다. 〔참고문헌〕『安樂集』. ⇨ 회향 迴向

육죄인 六罪人 여섯 가지 중죄를 범한 이. 사바라이(四波羅夷)와 파화합승(破和合僧)·출불신혈(出佛身血)등을 범한 이를 가리킨다. 『비니지지회집』 권11 「음의 音義」(卍속장61, p.895b14)에 "육죄인 : 네 가지 중죄(四重 : 四波羅夷)와 승가의 화합을 깨뜨리는 일과 부처님의 몸에 피를 내는 일을 말한다. 六罪人 謂犯四重 破和合僧 出佛身血"라고 하였다. 〔참고문헌〕『毘尼止持會集』, 『薩婆多毘尼毘婆沙』 권4(대정장23, p.527a21), 『四分律疏』 권6(卍속장65, p.647a10). ⇨ 사바라이 四波

羅夷, 파화합승 破和合僧, 출불신혈 出佛身血

육주 六舟 여섯 가지 배. 육바라밀(六波羅蜜)을 비유한 말. 『대당내전록』 권4 「송조전역불경록 宋朝傳譯佛經錄」(대정장55, p.256c23)에 "생사라는 큰 바다는 넓고 끝이 없어 저 여섯 가지 배가 아니면 넘어 갈 수조차 없네. 그러므로 지혜로운 사람은 육바라밀이 생사를 넘는 근본이라고 믿는다. 生死大海 浩汗無涯 非夫六舟 無以超越 是以 智士信六度 爲超生之本"라고 하였다. [참고문헌] 『大唐內典錄』. ⇨ 육바라밀 六波羅蜜

육주보살 六住菩薩 보살십주(菩薩十住) 중 제6주에 머무는 보살. 『십주제구단결경』 권2(대정장10, p.977b3)에 "육주보살은 모든 법이 공함을 알고 거듭 위의와 예절을 닦고 익히며, 미래에 집착 없고 과거는 이미 버렸으며 현재마저 마음에 두지 않으니, 아소도 없고 받아 취할 것도 없으니 어떤 주인마저 있을 리 없다. 六住菩薩 解諸法空 復當修習 威儀禮節 不取當來 已捨過去 不念現在 亦無我所 無所受取 亦不有主", 『지관보행전홍결』 권3(대정장46, p.251c14)에 "『본업영락경』 권상에 '제6주보살은 지관을 실현하여 불보살과 선지식의 가호를 받기 때문에 제7주에 들어가 이미 물러나지 않는다'라고 하였다. 本業瓔珞上卷云 第六住菩薩 止觀現前 值佛菩薩 及善知識之所護故 入第七住 已得不退"라고 하였다. [참고문헌] 『十住除垢斷結經』, 『止觀輔行傳弘決』. ⇨ 정심주 正心住, 십주 十住[1]

육주삼가 六舟三駕 여섯 배와 세 수레. 육바라밀(六波羅蜜)과 삼승(三乘). 수행과 가르침 다 거두는 비유이다. 『광홍명집』 권3 「가훈귀심편 家訓歸心篇」(대정장52, p.107b18)에 "여섯 배와 세 수레로 모든 중생을 실어 나른다. 六舟三駕 運載群生"라고 하였다. [참고문헌] 『廣弘明集』. ⇨ 육바라밀 六波羅蜜, 삼승 三乘

육중 六衆 여섯 비구로 무리 지음. 육군(六群)의 신역어(新譯語). 의정(義淨)의 한역어다. 『사분율명의표석』 권8(卍속장70, p.521a5)에 "육군비구 : 육군은 육중이라고도 한다. 서로 모여 무리를 이룬 뒤 위의에 맞지 않는 일들을 하며 몰려다니기 때문이다. 첫째 난다, 둘째 발난다, 셋째 가류다이, 넷째 천다, 다섯째 마숙, 여섯째 만숙 이 여섯 사람은 모르는 법이 없었고 삼장과 십이부경도 잘 알았으며 오명과 온갖 예술 등 외도술도 잘 알았다. 六羣比丘 六羣 或云六衆 謂聚集成衆 作諸非威儀事 羣出隊入故也 一 難陀 二 跋難陀 三 迦留陀夷 四 闡陀 五 馬宿 六 滿宿 此之六人 無法不通 達三藏十二部經 曉五明百藝之異術也"라고 하였다. [참고문헌] 『四分律名義標釋』, 『毘尼止持會集』 권5(卍속장61, p.761b17). ⇨ 육군비구 六群比丘

육중계 六重戒 재가보살(在家菩薩)이 지켜야 할 여섯 가지 무거운 계. 육중법(六重法)이라고도 한다. 실의(失意)로 여기는 경계(輕戒)에 비해 무겁게 여기므로 중(重) 즉 바라이(波羅夷)의 뜻이 있으며, 승속이 함께 하는 범망계(梵網戒)에서는 십중(十重), 『보살지지경 菩薩地持經』에서는 사중(四重)이고, 비구·비구니는 각각 사중·팔중(四重 八重)으로 이를 어기면 승가로부터 축출되어 비구·비구니의 위를 영원히 잃는다. 불살생계(不殺生戒)·불투도계(不偸盜戒)·불망어계(不妄語戒)·불사음계(不邪婬戒)·불설사중과죄계(不說四衆過罪戒)·불고주계(不酤酒戒)를 말한다. 『범망경직해사의』(卍속장61, p.226a3)에 "재가보살의 육중이십팔경계 : 육중계란 첫째 살생하지 않음, 둘째 도둑질하지 않음, 셋째 거짓말하지 않음, 넷째 배우자 이외의 상대와 부적절한 관계를 가지지 않음, 다섯째 사부중의 허물을 말로 퍼뜨리지 않음, 여섯째 고의로 술을 팔지 않음을 말한다. 在家菩薩 六重二十八輕戒 六重戒者 一 不殺生 二 不偸盜 三 不虛說 四 不邪婬 五 不宣說四衆過罪 六 不酤酒", 『우바새계경』 권3(대정장24, p.1049a28)에 "선남자야, 우바새가 계를 받아 지녔다면 설사 천녀 내지 개미 새끼라도 죽여서는 안 된다. … 이것이 첫째로 중한 우바새계이니라. 善男子 優婆塞受持戒已 雖爲天女乃至蟻子 悉不應殺 … 是名初重優婆塞戒", "비록 몸과 목숨을 위한 것일지라도 한 푼이라도 훔치지 말아야 한다. … 이것이 둘째로 중한 우바새계이니라. 雖爲身命不得偸盜乃至一錢 … 是名二重優婆塞戒", "비록 몸과 목숨을 위한 것일지라도 '나는 부정관을 증득하여 아나함에 이르렀다'고 허튼말을 해서는 안 된다.… 이것이 셋째로 중한 우바새계이니라. 雖爲身命 不得虛說我得不淨觀至阿那含 … 是名三重優婆塞戒", "비록 몸과 목숨을 위한 것이어도 사음을 행하지 마라. … 이것이 넷째로 중한 우바새계이니라. 雖爲身命 不得邪婬 … 是名四重優婆塞戒", "비록 몸과 목숨을 위한 것이어도 비구·비구니·우바새·우바이의 허물을 선전하거나 말하지 마라. … 이것이 다섯째로 중한 우바새계이니라. 雖爲身命不得宣說比丘 比丘尼 優婆塞 優婆夷所有過罪 … 是名五重優婆塞戒", "비록 몸과 목숨을 위한 것이어도 술을 팔아서는 안 된다. 이 계를 파하면 이 사람은 우바새계를 잃는 것이니라. … 이것이 여섯 가지로 무거운 우바새계다. 雖爲身命 不得酤酒 若破是戒 是人卽失優婆塞戒 … 是名六重"라고 하였다. [참고문헌] 『梵網經直解事義』, 『優婆塞戒經』, 『法苑珠林』 권24(대정장53, p.464b2), 『傳戒正範』 권4(卍속장107, p.122a4). ⇨ 육바라이 六波羅夷, 중계 重戒, 십중대계 十重大戒, 이십팔경계 二十八輕戒, 보살계 菩薩戒, 불살생계 不殺生戒, 불투도계 不

偸盜戒, 불망어 不妄語, 불사음계 不邪婬戒, 불설사중과죄계 不說四衆過罪戒, 불고주계 不酤酒戒

육중법 六重法 ❶ Ⓢ ṣaṭ saṃrañjanīyā dharmāḥ, Ⓟ cha-sārāṇīyā dhammā. 승가의 구성원들이 서로 지켜야 할 여섯 가지 무거운 법. 육화경법(六和敬法)·육불퇴법(六不退法)과 같다. 『반니원경』 권상(대정장1, p.177a13)에 "또한 비구에게 여섯 가지 무거운 법이 있으니, 잘 기억하고 행해야만 정법은 오래 머물 수 있다. 又比丘復有六重法 當善念行 可得久住", "첫째 몸을 닦기 위해 자심을 일으키며 성스러움을 고르게 다하는 모든 청정한 이들에게 의지하여 이 막중한 임무를 행하는데, 어울려 한결같이 애경하여 동학에게 베풀어 집착이나 다툼이 없으며, 힘써 함께 지키고 행한다. 一 爲修身 以起慈心 依聖旬通 諸淸淨者 行此重任 和一愛敬 施於同學 無取無諍 勉共守行行", "둘째 입으로 선행을 닦아 자심을 일으키며, 二 爲修口善行 以起慈心", "셋째 뜻으로 선행을 닦아 자심을 일으키며, 三 爲修意善行 以起慈心", "넷째 법의 그 끝을 보아야 하니 저 옷과 음식과 응기와 기타 물품을 얻으면 결코 아까워하여 쌓아 놓지 않는다. 四 爲所見法際 若得衣食應器餘物 終不愛藏", "다섯째 계를 지켜 어기지 않으며 겉으로만 하지 않고 능히 남에게도 권한다. 五 爲持戒不犯 不以撲質 能用勸人", "여섯째 정견으로부터 벗어나는 바른 뜻 얻어 도에 있어 고가 다하는 해탈지견을 받아 마친다. 六 爲若從正見 得出正要 受道苦盡度知見了", "이러한 막중한 임무를 행하면, 모두가 성스럽고 고르게 아는 청정혜로써 어울려 아끼고 받들어 같은 길에서 베풀되 취함도 다툼도 없이 거듭 서로 세워가니 함께 가야 할 길 지킨다. 行此重任 皆以聖旬通淸淨慧 用和愛敬 施於同道 無取無諍 轉相建立 共守道行"라고 하였다. [참고문헌] 『般泥洹經』, *Mp-s.128.*, *DN.3.279.* ⇨ 육화경 六和敬, 육불퇴법 六不退法 ❷ ➡ 육중계 六重戒, 육바라이 六波羅夷

육중본적 六重本迹 여섯 갈래(理事 理教 教行 體用 權實 已今)로 본문과 적문을 푼 뜻. 육종본적(六種本迹)이라고도 한다. 『아미타경요해편몽초』 권중(卍속장91, p.963b10)에 "통한 즉 육중본적이 있고 따로 한 즉 법화를 과거 현재 두 문으로 가리켜 본다. 여섯 가지 본적은 다음과 같다. 첫째, 이사이니 진제이를 본으로 삼고 속제사를 적으로 삼는다. 둘째, 이교란 이가 사를 품어 이를 본으로 삼고, 사리의 가르침을 자취로 삼는다. 셋째, 교행이란 사로 가르침 드러냄을 본으로 삼고, 가르침을 받아 행하는 것을 적으로 삼는다. 넷째, 체용은 행을 인해 체를 증함을 본으로 삼고 체를 좇아 용을 일으킴으로 자취를 삼는다. 다섯째, 권실은 최초의 진실을 본으로 삼고, 중간방편을 적으로 삼는다. 여섯째, 이금이란 적문 이미 설한 것으로 자취 삼고 본문 이제 설하는 것으로 본을 삼는다. 通則有六重本迹 別則別指法華已今二門也 六本迹者 一者 理事 眞諦之理爲本 俗諦之事爲迹 二者 理教 理含事理爲本 說事理教爲迹 三者 教行 現事之教爲本 稟教修行爲迹 四者 體用 因行 證體爲本 從體起用爲迹 五者 權實 最初實得爲本 中間權施爲迹 六者 已今 迹門已說爲迹 本門今說爲本"라고 하였다. [참고문헌] 『阿彌陀經要解便蒙鈔』. ⇨ 본적이문 本迹二門, 본지수적 本地垂迹, 본적 本迹

육중생 六衆生 Ⓟ chappāṇaka. 여섯 무리로 일어난 것들. 개(狗 Ⓟ kukkura)·새(鳥 Ⓟ pakkhi)·독사(毒蛇 Ⓟ ahi)·승냥이(野干 Ⓟ sigāla)·악어(失收摩羅 Ⓟ suṃsumāra)·원숭이(獼猴 Ⓟ makkaṭa) 등 여섯 중생. 육근(六根)에 비유하여 육생유(六生喩)라고 한다. 여섯 중생이 각자 허공·구멍·물 등으로 즐기는 바가 다르지만 얽혀 벗어나지 못함은 다르지 않은 뜻의 비유다. 『잡아함경』 권43(대정장2, p.313a21 : *Chapāṇa-sutta*, *SN.4*, p.200)에 "이들 육중생은 다 한 곳에 묶여 있으나 즐기는 것 같지 않아 각자 바라는 대로 편한 곳으로 가기에 서로 다른 곳 즐길 수 없지만, 뒤섞여 얽혀 있기에 각기 힘은 기꺼운 곳을 향해 쓰지만 능히 벗어나진 못한다. … 육중생이란 육근을 비유함이며, 묶어두는 견고한 기둥이란 신념처를 비유한다. 此六衆生 悉繫一處 所樂不同 各各嗜欲 到所安處 各各不相樂於他處 而繫縛故 各用其力 向所樂方 而不能脫 … 六衆生者 譬猶六根 堅柱者 譬身念處 seyyathāpi bhikkhave puriso chappāṇake gahetvā nānāvisaye nānāgocare daḷhāya rajjuyā bandheyya, ahiṃ gahetvā daḷhāya rajjuyā bandheyya, suṃsumāraṃ gahetvā, pakkhiṃ gahetvā, kukkuraṃ gahetvā sigālaṃ gahetvā, makkaṭaṃ gahetvā, daḷhāya rajjuyā bandheyya, daḷhāya rajjuyā bandhitvā daḷhe khīle vā thambhe va upanibandheyya. atha kho te bhikkhave chappāṇakā nānāvisayā nānāgocarā sakaṃ sakaṃ gocaravisayam āviñcheyyuṃ … daḷhe khīle vā thambe vā ti kho bhikkhave kāyagatāya satiyā etam adhivacanaṃ"라고 하였다. [참고문헌] 『雜阿含經』, *SN.* ⇨ 육생유경 六生喩經, 육근 六根

육중이십팔경계 六重二十八輕戒 재가보살(在家菩薩)이 지켜야 할 여섯 가지 무거운 계(六重戒)와 스물여덟 가지 가벼운 계(二十八輕戒)를 함께 일컫는 말. 출가와 재가 함께 수지하는 십중사십팔경계(十重四十八輕戒)와 구별된다. 『우바새계경』 권3 「수계품 受戒品」(대정장24, p.1049a28)에 의지한다. 『범망경순주』 권하(卍속장61, p.345a2)에 "삭발하고 가사를 입는 출가보살이 있고, 육중이십팔경계를 받은 재가보살도 있다. 아울러 모든 베풀기를 좋아하는 단나까지도 아우른다. 有剃髮染衣出家菩薩 有受六重二十八輕戒之在家菩薩 并及一切好行惠施之檀那", 『백장청규증의기』 권7 「부거가이중포살 附居家二衆布薩」(卍속장111, p.787b18)에 "저 대승의 재가 두 대중은 받는 계상이 다르다. 하나는 『범망경』을 소의로 하는 십중사십팔경계이니 이는 진속의 보살과 칠중이 함께 받는다. 다른 하나는 『우바새계경』을 소의로 하는 육중이십팔경계이다. 오직 집에 거주하는 이만 거두고 출가자는 거두지 않는다. 其大乘在家二衆所受戒相有殊 一是梵網十重四十八輕 此則眞俗菩薩 七衆同受 一是優婆塞戒經 六重二十八輕 惟攝居家 不收出家"라고 하였다. [참고문헌] 『優婆塞戒經』, 『梵網經順硃』, 『百丈清規證義記』, 『四分律疏飾宗義記』 권2(卍속장66, p.46b1), 『梵網經直解事義』(卍속장61, p.226a3). ⇨ 우바새계경 優婆塞戒經, 육중계 六重戒, 이십팔경계 二十八輕戒, 십중사십팔경계 十重四十八輕戒

육즉 六卽 상즉(相卽)을 여섯 가지(理 名字 觀行 相似 分眞 究竟) 즉(卽)으로 구분한 것. 또는 여섯 계위. 육시(六是)·육절(六絶)·육여(六如)·육종즉(六種卽)·육즉위(六卽位)라고도 한다. 천태에서는 원교(圓敎)보살의 별립된 행위(行位)로서 십신(十信)·십주(十住)·십행(十行)·십회향(十廻向)·십지(十地)·등묘각(等妙覺) 여섯 위에 상응한다. 첫째 이즉이란 『마하지관』 권1(대정장46, p.10b15)에 "이즉이란 일념의 마음이 곧 여래장리이니, 여인 고로 곧 공이고, 장인 고로 즉 가이며, 리인 고로 즉 중이어서 삼지가 일심 중에 갖춰져 불가사의하다. 저 위에서 설하길 삼제와 일제 셋도 하나도 아니어서 일색일향에 일체법을 다 갖추었다. 일체심도 이와 같아 이 이름이 이즉이고, 이 보리심 또한 이 이인 즉 지관이어서 적에 즉한 것이 지이고 조에 즉하면 관이다. 理卽者 一念心卽如來藏理 如故卽空 藏故卽假 理故卽中 三智一心中 具不可思議 如上說 三諦一諦非三非一 一色一香 具一切法 一切心 亦復如是 是名理卽是菩提心 亦是理卽止觀 卽寂名止 卽照名觀", 둘째 명자즉이란 "명자즉이란 이 비록 바로 시라 하지만 일용에선 알 수 없다. 삼제를 듣지 못하면 온전히 불법 알지 못하니 저 소와 양의 눈과 같아 어디가 어딘지 알지 못한다. 때론 지식으로 때론 경권을 쫓지만, 위에서 설한 명자 중에서 말하는 일실보리를 듣고 통달해 알아 마치면, 일체법 모두 다 불법인 줄 안다. 이것이 명자즉보리고, 명자지관이다. 名字卽者 理雖卽是 日用不知 以未聞三諦全不識佛法 如牛羊眼 不解方隅 或從知識 或從經卷 聞上所說一實菩提 於名字中 通達解了 知一切法皆是佛法 是爲名字卽菩提 亦是名字止觀", 셋째 관행즉이란 관행오품위(觀行五品位)라고도 하며 "관행즉시란 … 반드시 마음으로 관하고 명료히 하여 이와 지혜 상응하니 행하는 것 말과 같고 말한 것도 행함과 같다. 觀行卽是者 … 必須心觀明了 理慧相應 所行如所言 所言如所行"라고 하였는데 수희(隨喜)·독송·설법·겸행육도(兼行六度)·정행육도(正行六度)의 다섯 위로 다시 나뉘며 원교 중 외범위(外凡位), 별교 중 십신위에 상응한다. 넷째 상사즉이란 "상사 즉 보리란 관에도 혜에도 가깝고 지에도 적에도 가까이하여 저 화살이 적중한 듯 가까이 하는 것은 상사관혜다. … 저 육근청정 중에서 설하길 두루 무명을 조복하면 지라 하고 중도혜인 듯 하는 것을 관이라 한다. 相似卽是菩提者 以其逾觀逾明 逾止逾寂 如勤射隣的 名相似觀慧 … 如六根清淨中說 圓伏無明名止 似中道慧名觀"라고 하였는데, 십신위와 같다. 다섯째 분진즉이란 분증즉(分證卽)이라고도 하며 "분진즉이란 … 무명이 점점 옅어지고 지혜 거듭 밝아짐이 저 처음 달이 열나흘에 이르면 달빛 점점 둥글게 커져 어둠 모두 사라지게 하듯 한다. 分眞卽者 … 無明微薄 智慧轉著 如從初日 至十四日 月光垂圓闇垂盡"라고 하였는데 십주에서 등각위까지에 해당한다. 여섯째 구경즉이란 "구경즉 보리란 등각으로 한번 뒤쳐 묘각에 들어가니 지혜 광명 원만하여 다시 더할 일 없어 보리과고, 대열반으로 끊었으니 다시 끊을 것 없어 그 이름 과과다. 등각으로도 통할 수 없고 오직 부처만이 능히 통한다. 究竟卽菩提者 等覺一轉 入於妙覺 智光圓滿 不復可增 名菩提果 大涅槃斷 更無可斷 名果果 等覺不通 唯佛能通"라고 하였는데 묘각위에 해당한다. 같은 책 권1(대정장46, p.10b11)

〈표1〉 육즉

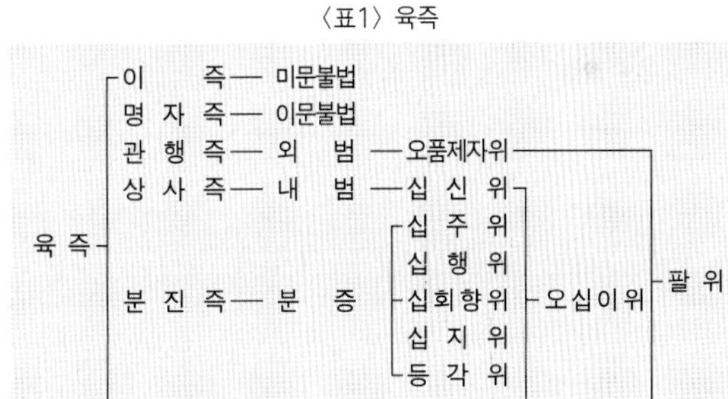

에 "지혜가 없으면서 증상만을 일으켜서 자기는 부처와 같다고 여긴다면 처음도 끝도 모두 틀렸다. 이 때문에 반드시 육즉을 알아야 한다. 이즉·명자즉·관행즉·상사즉·분진즉·구경즉이다. 육즉이란 범부로 시작해서 성인으로 끝난다. 범부로 시작하기에 의심과 겁을 없게 하고, 성인으로 마쳐서는 만 커져 있음 없앤다. 若無智起增上慢 謂己均佛 初後俱非 爲此事故 須知六卽 謂理卽 名字卽 觀行卽 相似卽 分眞卽 究竟卽 此六卽者 始凡終聖 始凡故除疑怯 終聖故除慢大", 관정(灌頂)의 『관심론소』 권3(대정장46, p.620c25)에 "만약 일체중생 마음의 신령함 그윽하고 묘하여 가히 잡아 가질 수 없다. 단

지 명자만이 있을 뿐이어서 이즉이라 한다. 다시 독송 등이 있게 되니 명자즉이고, 관행을 더하면 마음에 털끝과 겨자만큼의 의심이 없이 맑게 하니 관행즉이며, 저 육근청정하게 서로 쓸 줄 알면 이 상사즉이고, 십신위를 상대하고 저 십주위에서 한번 마음 내면 일체를 일으켜 불지견 열게 되니 이것이 분진즉이다. 묘각지에 이르르니 드디어 구경즉이다. 若一切衆生 心神冥妙 不可執持 但有名字 名爲理卽也 若更讀誦等 是名字卽也 又加觀行 明淨心無纖芥疑閡 名觀行卽也 若得六根淸淨互用 是相似卽也 亦對十信位 若十住位 一發一切發 開佛知見 是分眞卽也 到妙覺地 是名究竟卽也", 『법화문구기』 권8(대정장34, p.304a17)에 "저 「통서」의 해석처럼 관심을 잡아서는 육즉 중에 구경즉은 무학위가 되고 나머지 네 가지는 유학이 되며, 이즉은 학위도 무학위도 아니다. 또한 육즉이란 모두 학위도 무학위도 아니며, 분진즉 이후에야 학이면서 무학이다. 如通序中釋 若約觀心者 六卽之中 究竟卽爲無學位 餘四名爲學 理卽非學非無學 又六卽者 通皆非學非無學 分眞已去而學而無學", 『천태팔교대의』(대정장46, p.772c12)에 "구경불성의 이가 같으므로 즉이고 사가 다르기에 여섯이다. 그러므로 육즉이라 한다. 저 모든 대교에는 '즉'이라는 이름이 있다. '생사즉열반'이나 '번뇌즉보리' 등이다. 육즉을 가릴 수 있어야 비로소 넘쳐 어지러운 잘못을 면할 수 있다. 究竟佛性理同故卽 事異故六 故名六卽 如諸大敎有卽名者 生死卽涅槃 煩惱卽菩提等 並判六卽 方免濫非"라고 하였다. [참고문헌] 『摩訶止觀』, 『法華文句記』, 『天台八敎大意』. ⇨ 이즉 理卽, 명자즉 名字卽, 관행오품위 觀行五品位, 상사즉 相似卽, 분증즉 分證卽, 구경즉 究竟卽

육즉불 六卽佛 육즉을 불과(佛果) 성취에 배대한 것. 『아미타경소초』 권2(卍속장33, p.367b12)에 "육즉이란 처음 이즉을 불러내고 끝내 구경을 불러낸다. 대개 시작인 즉 온통 알든지 온통 미하든지 한다. 중간에는 알아차리지만 미진하며, 끝에는 깨닫지 못한 것이 없다. 여기서 불이라고 칭하는 것은 구경을 가리킨다. 六卽者 始乎理卽 終乎究竟 蓋始則全覺全迷 中則覺而未盡 末乃無所不覺 今稱佛者 指究竟也", 『교관강종』(대정장46, p.941b11)에 "이즉불이란 부사의이성이다. … 명자즉불이란 듣고서 이해하는 것이다. … 관행즉불이란 오품의 외범위다. 첫째 수희, 둘째 독송, 셋째 강설, 넷째 겸행육도, 다섯째 정행육도다. 원교에서는 오주번뇌를 조복시키는 위로서 별교의 십신위와 같지만 훨씬 수승하다. 상사즉불이란 십신내범위이다. … 분증즉불은 십주·십행·십향·십지·등각의 성위다. … 구경즉불이란 묘각의 극과다. 사십이품의 미세무명을 끊어 영원히 다하고는 구경인 열반산정에 올라 허공을 자리로 삼아 청정법신이 된다. 理卽佛者 不思議理性也 … 名字卽佛者 聞解也 … 觀行卽佛者 五品外凡位也 一 隨喜 二 讀誦 三 講說 四 兼行六度 五 正行六度 圓伏五住煩惱 與別十信齊 而復大勝 相似卽佛者 十信內凡位也 … 分證卽佛者 十住十行十向十地等覺聖位也 … 究竟卽佛者 妙覺極果 斷四十二品微細無明永盡 究竟登涅槃山頂 以虛空爲座 成淸淨法身"라고 하였다. [참고문헌] 『阿彌陀經疏鈔』, 『敎觀綱宗』. ⇨ 육즉 六卽

육즉위 六卽位 ➡ 육즉 六卽

육즉판위 六卽判位 육즉으로 위를 가림. 『천태사교의』(대정장46, p.780a11)에 "상적광토에 머무는 것이 원교부처의 모습이다. 그러나 원교에 위차는 육즉으로 가리지 않으면 다분히 성위를 흩뜨린다. 그러므로 반드시 육즉으로 위를 가린다. 居常寂光土 卽圓敎佛相也 然圓敎位次 若不以六卽判之 則多濫上聖 故須六卽判位"라고 하였다. [참고문헌] 『天台四敎儀』. ⇨ 육즉 六卽

육증상왕 六增上王 Ⓢ ṣaṣṭha adhipatī rājā. 의(意)를 이르는 말. 내육처(內六處 : 眼 耳 鼻 舌 身 意) 중 의(意)가 나머지 오처(五處) 즉 오계(五界)에 들어 다 갈무리하는 뜻이다. 『출요경』 권18(대정장4, p.706a16)에 "육증상왕이라 하였으니, 왕이란 무엇인가? 의(意)를 말한다. 차례로 헤아려도 여섯이고 거꾸로 세어도 여섯이다. 증상이란 무슨 뜻인가? 의가 움직인 즉시 다섯이 따라 달려 다섯 분별 짓는다. 설사 모든 들임이 다 의가 지은 바라도 부처님의 계경에서 말씀하신 것처럼 저 다섯 가지 근에는 각각의 경계가 있어서 서로 뒤섞이거나 서로 침입하지 않는다. 그러나 의만은 그 다섯 처에 이르러 제일 우두머리가 되어 그 다섯 계에 침입하여 오정으로 하여금 가만히 있지 못하도록 하니, 다섯 가지 일 중 가장 승하고 묘하기에 왕이라 하고, 그러므로 '여섯을 증상왕으로 삼는다' 한다. 六增上王者 所謂王者 何者 是曰意也 以入數者則名六 逆數者亦爲六 增上者 意動則五隨走作五情 設使諸入盡意所造 如佛契經說 猶如五根 各各有境界 不相錯涉 亦不相侵 意者 至此五處 最爲原首 侵彼五界 役使五情 不得停住 於五事中 最勝最妙 是故 名爲王 是故說 六爲增上王也"라고 하였다. [참고문헌] 『出曜經』, 『發智論』 권20(대정장26, p.1029c17), *Udāna-v.231*. ⇨ 의 意, 내육처 內六處

육지 六地 ❶ Ⓢ ṣaḍ-bhūmika, Ⓣ sa-drug. 여섯 가지 선정. 미지정(未至定)·중간정(中間定)·사근본정(四根本定 : 初禪~第四禪)의 여섯 지를 말한다. 『대비바사론』 권3(대정장27, p.15a11)에 "묘음존자는 이렇게 말한다. '색계의 육지에서는 욕계혹에 대하여 두 가지 대치를 갖춰 다 얻었으며, 위의 오지도로 끊지 못할 것도 아니어서, 미지지로 말미암아 먼저 이미 끊었기에 비록 끊을 힘이 있지만 끊을 만한 것이 없다. 尊者妙音作如是說 色界六地 於欲界惑 皆得具有 二種對治 上五地道 非不能斷 由未至地 先已斷故 雖有斷力 而無可斷", 『구사론』 권23(대정장29, p.120a27 : *Abh-k-bh.*, p.346)에 "이 사선근은 모두 육지에 의지하니, 즉 사정려·미지정·중간정이다. 此四善根 皆依六地 謂四靜慮未至 中間 anāgamyaṃ dhyānāntaraṃ catvāri ca dhyānāny asya bhūmis tatsaṃgṛhītatvāt"라고 하였다. 〔참고문헌〕『大毘婆沙論』, 『俱舍論』, *Abh-k-bh.* ⇨ 미지정 未至定, 사근본정 四根本定, 중간정 中間定 **2** ➡보살십지 菩薩十地

육지 六知 Ⓟ sal-āyatana. 십이연기(十二緣起) 중 제5지인 육입(六入)을 달리 이르는 말. 여섯 가지 알음알이의 영역. 『나선비구경』 권중(대정장32, p.711b21)에 "나선비구가 말했다. '과거의 일과 미래의 일과 현재의 일에 모두 몽매함이 그 근본이 됩니다. 몽매함이 생겨난 즉 신을 낳고, 신은 몸을 낳으며, 몸은 이름(名)을 낳고, 이름은 보이는 것들(色)을 낳으며, 색은 여섯 갈래 알음알이를 낳습니다. 첫째 눈으로 보게 되고, 둘째 귀로 들으며, 셋째 코로 맡고, 넷째 혀로 맛보며, 다섯째 몸으로 느끼고, 여섯째 뜻으로 알게 되니, 여섯 가지 알음알이입니다'. 那先言 已過去事 當來事 今現在事 愚癡者 是其本也 愚癡生卽生神 神生身 身生名 名生色 色生六知 一 爲眼知 二 爲耳知 三 爲鼻知 四 爲口知 五 爲身知 六 爲心知 是爲六知"라고 하였는데, 상응하는 『밀린다팡하』(*Mil.*, p.50)에는 "대왕이시여, 과거시간과 미래시간과 현재시간은 무명에 뿌리를 두고 있습니다. 무명을 연하여 상이, 상을 연하여 식이, 식을 연하여 명색이, 명색을 연하여 육입이, 육입을 연하여 촉이 생겨납니다. atītassa ca mahārāja addhānassa anāgatassa ca addhānassa paccuppannassa ca addhānassa avijjā mūlaṃ. avijjāpaccayā saṅkhārā. saṅkhārapaccayā viññāṇaṃ. viññāṇapaccayā nāmarūpaṃ. nāmarūpapaccayā saḷāyatanaṃ. saḷāyatanapaccayā phasso"라고 하였다. 〔참고문헌〕『那先比丘經』, *Mil.* ⇨ 육입 六入, 육처 六處

육지 六智 **1** 견도위(見道位 Ⓢ darśana-mārga) 삼계(三界 : 欲色無色)의 사제지(四諦智 : 苦集滅道智)와 법지(法智)·비지(比智)의 여섯 가지 지혜. 『인왕호국반야경소』 권1(대정장33, p.259a9)에 "유학육지란 견도 중에 단지 사제지와 법지와 비지 등 육지만 있다. 有學六智者 謂見道中 但有四諦 及法比等 六智也", 『대승의장』 권15(대정장44, p.762c28)에 "여섯을 닦는다 하면 차제의 인이니, 반드시 미래에 견제도에 들어갈 것을 기대하여 일시에 여섯을 닦으니 사제지·법지·비지다. 言修六者次第之人 必依未來入見諦道 一時修六 謂四諦智法智 比智", 원측(圓測)의 『인왕경소』 권1(대정장33, p.366c5·한불전1, p.26c20)에 "이제 대승에 의지하는 이 이 경을 의지하고 위의 차별을 잡아서 세 가지로 말한다. 첫째 무학위에 있으면서 십지를 구족한다. 둘째 닦음의 위에 있으면서 오직 8지를 가지니, 다한 무생지는 제한다. 만약 견도에서라면 오직 육지를 가지니 사제지와 법지·유지다. 今依大乘者 依此經 約位差別 且說三種 一在無學 具足十智 二在脩位 唯有八智 除盡無生若在見道 唯有六智 謂四諦智 及法類智"라고 하였다. 〔참고문헌〕『仁王護國般若經疏』, 『大乘義章』, 『仁王經疏』, 『俱舍論記』 권26(대정장41, p.384b25). ⇨ 고지 苦智, 집지 集智, 멸지 滅智, 도지 道智, 법지 法智 **1**, 비지 比智, 유지 類智, 견도 見道 **1** **2** 보살의 신통자성으로 삼는 여섯 가지 지혜. 육신통(六神通)의 뜻이다. 『대승장엄경론』 권2(대정장31, p.599b18)에 "〔석〕 기멸이란 생사지의 경이다. 모든 중생의 생사를 알기 때문이다. 언음이란 천이지의 경이다. 저 일어난 언어를 따라 전부 듣고 알기 때문이다. 심행이란 타심지경이다. 타인 마음 길 차별을 알기 때문이다. 선주란 숙명지경이다. 저들 앞서 머물던 선악의 쌓임을 알기 때문이다. 향피란 여의지경이니, 저들 처처로 따라 가서 교화하기 때문이다. 출리란 누진지경이다. 저 중생들이 반드시 벗어날 수 있는지 없는지를 알기 때문이다. 이러한 육지로 모든 세계에 있어 여섯 뜻의 차별로 두루 알아 걸림 없으며 용맹자재하다. 이를 이름하길 보살신통자성이라고 한다. 釋曰 起滅者 謂生死智境 知諸衆生生死故 言音者 謂天耳智境 隨彼所起言語悉聞知故 心行者 謂他心智境 能知他人心行差別故 先住者 謂宿命智境 知彼先住善惡所集故 向彼者 謂如意智境 隨彼處處往敎化故 出離者 謂漏盡智境 知彼衆生出離應不應故 如此六智 於諸世界六義差別 遍知無礙勇猛自在 是名菩薩神通自性"라고 하였다. 〔참고문헌〕『大乘莊嚴經論』. ⇨ 육신통 六神通

육지도 六支道 여섯 가지 길. 『사리불아비담론』 권15(대정장28, p.625a18)에 "어떤 것이 육지도인가? 육념·육향·육출계·육명분법·육열인법·육무희정각을 육지도라고 한다. 云何六支道 六念 六向 六出界 六明分法 六悅因法 六無喜正覺 是名六支道"라고 하였다. 〔참고문헌〕『舍利弗阿毘曇論』.

육지사 六知事 선림(禪林)의 동서(東序)에 자리하는 여섯 가지 주요 소임. 도사(都寺 : 주지)·감사(監寺)·부사(副寺 : 부주지)·유나(維那 : 입승)·전좌(典座 : 別座)·직세(直歲 : 營繕)를 말한다. 북송(北宋) 때 성립한 『선원청규』 권2 「청지사 請知事」(卍속장111, p.8

89a12)에서는 감원(監院)·유나·전좌·직세의 사지사(四知事)를 언급하였는데, 후대에 선원의 규모가 커지면서 감원이 도사·감사·부사로 분화되어 육지사가 되었다. 이들 여섯 소임은 법당 또는 대중모임 때 동쪽에 자리하므로 동서(東序)라고도 한다. 감원의 소임이 나뉜 이유는 『백장청규』 권4 「동서지사 東序知事」(대정장48, p.1132a10)에서 밝히고 있다. 『영평청규』 권상 「전좌교훈 典座敎訓」(대정장82, p.320a4)에 "불가에는 예부터 육지사가 있었으니, 함께 부처님의 제자가 되어 공동으로 불사를 지었다. 佛家從本有六知事 共爲佛子 同作佛事"라고 하였다. 〔참고문헌〕『禪苑淸規』, 『百丈淸規』, 『永平淸規』. ⇨선림직위 禪林職位, 지사 知事, 오지사 五知事, 동서 東序, 감원 監院, 육두수 六頭首

육지성취인 六支成就人 여섯 가지 사행(捨行)을 성취한 사람. '사'란 평정하고 고요한 마음을 말한다. 『사리불아비담론』 권8(대정장28, p.588b27)에 "무엇이 육지성취인인가? 저 육사를 성취한 사람이 저 눈으로 색을 보아도 근심도 기쁨도 없어 사행으로 생각하고 알며, 귀로 소리를 듣고·코로 냄새를 맡으며·혀로 맛을 보고·몸으로 느끼며·뜻으로 법을 알지만 근심도 기쁨도 없는 사행으로 기억하고 안다. 이러한 사람을 육지성취인이라고 한다. 云何六支成就人 若人六捨成就 彼眼見色無憂無喜 捨行念知 耳聞聲 鼻嗅香 舌嘗味 身覺觸 意知法 無憂無喜 捨行念知 是名六支成就人"라고 하였다. 〔참고문헌〕『舍利弗阿毘曇論』. ⇨사행 捨行, 육사 六捨

육지유가 六支瑜伽 Ⓢṣaḍ-aṅga-yoga. 인도 후기밀교 관법 중 하나. 여섯 가지 관법. 비밀집회탄트라(ⓈGuhyasamāja-tantra) 중 웃타라탄트라(ⓈUttara-tantra)에서 설하며 시륜(時輪)탄트라(ⓈKālacakra-tantra)에서 특히 중시한다. 첫째, 제감(制感 Ⓢpratyāhāra)은 욕(欲)을 십근(十根)에 모두 모으는 것이다. 둘째, 정려(靜慮 Ⓢdhyāna)는 오욕(五欲)을 보아서 오불(五佛)과 상응하는 관법이다. 심(尋 Ⓢvitarka)·사(伺 Ⓢvicāra)·희수(喜受 Ⓢprīti)·낙수(樂受 Ⓢsukha)·심일경성(心一境性 Ⓢcittasya-ekāgratā) 등이 있다. 셋째, 조식(調息 Ⓢprāṇāyāma)은 오대(五大)와 오지(五智)의 자성인 호흡을 코끝에서 관찰하는 관법이다. 넷째, 집지(執持 Ⓢdhāraṇā)는 근을 사라지게 하는 방법이다. 다섯째, 억념(憶念 Ⓢanusmṛti)은 반야와 방편을 합해 일체를 모으는 관법이다. 여섯째, 삼마지(三摩地 Ⓢsamādhi)는 사금강관법을 성취하는 것으로 4종 방편관법(親近·近成就·成就·大成就) 중 각각 최상의 것으로서 구경차제(究竟次第) 행법의 기본을 삼는다. ⇨사금강 四金剛, 육종상응사 六種相應事

육지장 六地藏 육도(六道)를 윤회하는 중생을 교화하시는 6존(尊)의 지장보살. 육도능화지장원왕보살(六道能化地藏願王菩薩)이라고도 한다. 이름과 형상에 이설(異說)이 있다. 태장만다라 지장원(地藏院)의 지장·보처(寶處)·보수(寶手)·지지(持地)·보인수(寶印手)·견고의(堅固意) 등 6존의 보살에 근거한다. 『지장보살발심인연시왕경』(卍속장150, p.774a15)에 "예천하지장은 왼손에 여의주를 들고 오른손에는 설법인을 결인하며 천과 인의 대중을 이롭게 한다. 방광왕지장은 왼손에 석장을 쥐고 오른손에 여원인을 맺고 비를 내려 오곡을 기른다. 금강당지장은 왼손에 금강당을 쥐고 오른손에 시무외인을 맺고서 아수라를 교화한다. 금강비지장은 왼손에 석장을 들고 오른손에 인섭인을 맺고서 축생계를 이롭게 한다. 금강보지장은 왼손에 보주를 들고 오른손에 감로인을 맺고서 아귀에게 배불리 베푼다. 금강원지장은 왼손에 염마당을 들고 오른손에 변인을 맺고서 지옥에 들어가 중생을 구제한다. 預天賀地藏 左持如意珠 右手說法印 利諸天人衆 放光王地藏 左手持錫杖 右手與願印 雨雨成五穀 金剛幢地藏 左持金剛幢 右手施無畏 化修羅靡幡 金剛悲地藏 左手持錫杖 右手引攝印 利傍生諸界 金剛寶地藏 左手持寶珠 右手甘露印 施餓鬼飽滿 金剛願地藏 左持閻魔幢 右手成辨印 入地獄救生"라고 하여 예천하지장 등 육지장을 시설하고 있으나 『연화삼매경 蓮華三昧經』에는 이름이 다르다. 일본 천태밀교의 『지장보살비기 地藏菩薩祕記』는 『연화삼매경』에 근거하여 육지장을 다음과 같이 설한다. 첫째, 단다(檀陀)

예천하지장보살·방광왕지장보살
금강당지장보살·금강비지장보살
금강보지장보살·금강원지장보살

지장은 지옥도(地獄道)를 교화한다. 손에 단다당(檀陀幢)을 들었다. 둘째, 보주(寶珠)지장은 아귀도(餓鬼道)를 교화하고 손에 보주를 들었다. 셋째, 보인(寶印)지장은 축생도(畜生道)를 교화한다. 수인은 여의보인(如意寶印)을 결인한다. 넷째, 지지(持地)지장은 아수라(阿修羅)를 교화하고 대지(大地)를 호지한다. 다섯째, 제개장(除蓋障)지장은 인취(人趣)를 교화하고 팔고(八苦)의 장애를 없앤다. 여섯째, 일광(日光)지장은 천취(天趣)를 교화하고 천인의 오쇠(五衰)를 비추어 번뇌를 사라지게 한다. 『비초문답』 권10(대정장79, p.461b5)에 "『십권초』에서는 육지장에 대해 다음과 같이 설한다. '첫째〈지옥도〉 흰색〈또는 본래 살색〉 적련화인〈왼손에 연꽃을 들었는데 그 위에 동자의 머리와 당이 있다. 오른손은 월륜인이다〉. 범어 이름은 미살바발리포라가이다. 둘째〈아귀도〉 흰색〈또는 살색〉 적련화인〈왼손에는 연꽃을 들었고 그 위에 삼고저가 있으며 그 위에 보주가 있다. 오른손은 시무외인을 맺었다〉. 범어 이름은 라달낭가라(Ⓢ Ratnākara)이다. 셋째〈축생도〉 흰색〈또는 살색〉 적련화인〈왼손은 연꽃을 들었고 그 위에 윤보가 있다. 오른손은 가슴에 두었다〉. 범어 이름은 라달낭번니(Ⓢ Ratna-pāṇi)이다. 넷째〈수라도〉 흰색〈또는 살색〉 적련화인〈왼손에는 연꽃이 있고 그 위에 칼이 있다. 오른손은 시무외인을 맺었다〉 범어 이름은 다라니다라염(Ⓢ Dharaṇi-dhara)이다. 다섯째〈인도〉 흰색〈또는 살색〉 청련화인〈왼손에는 연꽃이 있고 그 위에 위의 수인을 맺었다〉. 범어 이름은〈누락〉. 여섯째〈천도〉 흰색〈또는 살색〉 적련화인〈왼손에는 연꽃이 있다. 그 위에 갈마대일이 삼매에 들어 있는데 일륜 안에 대일이 있다〉. 범어 이름은 달라다야사야(Ⓢ Dṛḍhādhyāśaya)이다'. 十卷抄云 六地藏 第一〈地獄道〉 白色〈或本肉色〉 赤蓮花印〈左手蓮花 其上童子頭幷幢 右手月輪〉 梵號 尾薩嚩鉢哩布羅迦 第二〈餓鬼道〉 白色〈或肉色〉 赤蓮花印〈左蓮花 其上三胡寶殊 右施無畏〉 梵號 羅怛曩迦羅 第三〈畜生道〉 白色〈或肉色〉 赤蓮花印〈左蓮花 其上輪寶 右手有胸意〉 梵號 羅怛曩幡尼 第四〈修羅道〉 白色〈或肉色〉 赤蓮花印〈左蓮花 其上釰 右施無畏〉 梵號 馱羅抳馱羅髯 第五〈人道〉 白色〈或肉色〉 青蓮花印〈左蓮花 其上印 右上〉 梵號 第六〈天道〉 白色〈或肉色〉 赤蓮華印〈左蓮花 其上羯磨大日處三昧 日輪之內有日也〉 梵號 怛羅荼也捨也", 『제회향청규』(대정장81, p.661a1)에 "육지장이라는 이름은 육도를 능히 교화하시는 지장이라는 뜻이다. 법성지장은 손에 향로를 들었다. 지옥도의 교주이고 적련화좌에 앉아있다. 다라니지장은 손에 보주를 들었다. 아귀도의 교주이고 연화좌에 앉았다. 보릉지장은 합장했다. 축생도의 교주이고 박련화좌에 앉았다. 보인시지장은 손에 깃발을 들었다. 수라도의 교주이고 적련화좌에 앉았다. 도지장은 손에 석장을 들고 인도의 교주로서 백련화좌에 앉았다. 지지지장은 손에 염주를 들었다. 천도의 교주이고 청련화좌에 앉았다. 六地藏之名號 謂之六道能化地藏 法性地藏 手持香爐 地獄道教主 赤蓮華座 陀羅尼地藏 手持寶珠 餓鬼道教主 蓮華座 寶陵地藏 合掌 畜生道教主 薄蓮華座 寶印施地藏 手持旌旗 修羅道教主 赤蓮華座 兜地藏 手持錫杖 人道教主 白蓮華座 地持地藏 手持念珠 天道教主 青蓮華座"라고 하였다. [참고문헌] 『地藏菩薩發心因緣十王經』, 『地藏十王經』, 『祕鈔問答』, 『諸回向淸規』. ⇨ 지장보살 地藏菩薩

육지화 育坻華 Ⓢ yuktā. 꽃 이름. 상응화(相應華)로 한역한다. 『번역명의집』 권3(대정장54, p.1104a12)에 "육지〈직과 시를 반절한 음〉: 상응화라고 한역한다. 育坻〈直尸切〉 此云 相應華", 『번범어』 권10(대정장54, p.1050b5)에 "육지화〈상응으로 한역한다〉. 育坻花〈譯曰相應〉"라고 하였다. [참고문헌] 『翻譯名義集』, 『翻梵語』, 『大方等大集經』 권3(대정장13, p.22a15).

육진 六塵 Ⓢ ṣaḍ-viṣaya, Ⓣ yul-drug. 색·성·향·미·촉·법. 육근(六根)으로 각각 상응하기에 육경(六境)이라 하고, 분별을 일으켜 번뇌로 덮어 가리기에 티끌(塵)이라고 한다. 모든 선법을 어지럽게 하여 빼앗기에 육쇠(六衰) 또는 육적(六賊)이라 하고, 바라서 경이 되기에 육욕(六欲)이라고도 한다. 『점찰선악업보경』 권상(대정장17, p.905a25)에 "안의 육근에 의지하므로 밖의 색·성·향·미·촉·법 등 육진에 대하여 안·이·비·설·신·의 등의 육식을 일으키고, 육식에 의지하므로 색·성·향·미·촉·법에 있어 거스르는 상과 따르는 상, 거스르지도 순하지도 않는 등 상을 일으켜 열여덟 가지 수(受)를 낳는다. 以依內六根故 對外色聲香味觸法等六塵 起眼耳鼻舌身意等六識 以依六識故 於色聲香味觸法中 起違想 順想 非違非順等想 生十八種受", 『대승의장』 권8(대정장44, p.630a8)에 "안·이·비·설·신·의와 색·성·향·미·촉·법의 열두 가지 중에서 처음의 여섯 가지는 안이고, 뒤의 여섯 가지는 밖인데, 안은 육근이라 하고 밖은 육진이라고 한다. 眼耳鼻舌身意 色聲香味觸法 此十二中 初六是內 後六是外 內名六根 外名六塵"라고 하였다. [참고문헌] 『占察善惡業報經』, 『大乘義章』, 『中論』 권1(대정장30, p.6a2). ⇨ 육경 六境, 육쇠 六衰[1], 육적 六賊[1]

육진 六震 여섯 가지로 떨침. 육종진동(六種震動)의 줄임말. 『운봉문열어록』(고존숙어록40, 卍속장118, p.677a12)에 "말로는 기에 들어맞지 못하니 말 받들다 잃으리라. 곧바로 넉넉히 네가 설하여 하늘에서 네 가지 꽃비 내리고 땅이 여섯 가지로 떨쳐 흔들린다 해도, 납승문하에선 죄다 방망이 거듭할 일일 뿐. 語不投機 承言者喪 直饒你說得 天雨四花 地搖六震 衲僧門下 總是喫棒數"라고 하였다. [참고문헌] 『雲峰文悅語錄』, 『雪竇語錄』

권1(대정장47, p.669b12). ⇨ 육종진동 六種震動

육진동 六震動 육종진동(六種震動). 『보살본생만론』 권2(대정장3, p.337a13)에 "그 모습 높고 높아 마치 뭇 별 속의 달과 같았다. 그 문에 이르려 하자 땅은 여섯 가지로 떨쳐 움직였고, 병으로 시름하는 유정은 모두 치유되고, 눈먼 이는 보고 귀먼 이는 들었으며, 중독된 이는 해독이 되고 미친 이 바르게 되었다. 身相巍巍如星中月 將至其門地六震動 病苦有情 皆得痊愈 盲者得視 聾者能聽 毒者得消 狂者得正", 『부자합집경』 권2(대정장11, p.922b15)에 "옛날 태자가 처음 강생할 때 땅이 여섯 가지로 진동하였으니, 동·변동·극변동·기·변기·극변기·용·변용·극변용·진·변진·극변진·격·변격·극변격·후·변후·극변후였다. 往昔太子 初降生時 地六震動 所謂動 遍動 極遍動 起 遍起 極遍起 涌 遍涌 極遍涌 震 遍震 極遍震 擊 遍擊 極遍擊 吼 遍吼 極遍吼"라고 하였다. [참고문헌] 『菩薩本生鬘論』, 『父子合集經』, 『不空羂索神變眞言經』 권20(대정장20, p.335b23), 『三國遺事』 권3(대정장49, p.987c11·한불전6, p.316a17). ⇨ 육종진동 六種震動

육진사 六塵事 육식의 분별로 일어나는 육경의 온갖 일. 『대승기신론의소』 권상(대정장44, p.186c11)에 "분별사식이란, 육식이라는 마음으로 육진의 온갖 일 분별하기에 분별사라고 한다. 分別事識者 六識之心 以能分別六塵事故 名分別事"라고 하였다. [참고문헌] 『大乘起信論義疏』. ⇨ 육식 六識, 육진 六塵

육진악적 六塵惡賊 여섯 가지 티끌(色聲香味觸法)이라는 육진을 나쁜 도둑에 빗댄 말. 육진적(六塵賊)·육대적(六大賊)·육적(六賊) 등이라고도 한다. 40권본 『대반열반경』 권23(대정장12, p.501a10)에 "육대적이란 즉 밖의 여섯 티끌이다. … 만약 안에 이런저런 상 있지 않다면 육진악적이라도 일체선법을 빼앗을 수 없다. 지혜가 있는 사람이라면 마음속에 이런 상이 없지만 범부라면 있으니, 이런 까닭에 육진이 언제나 찾아와 선법이라는 재산을 약탈해간다. 六大賊者 卽外六塵 … 若內無有 如是等相 六塵惡賊 則不能劫 一切善法 有智之人 內無是相 凡夫則有 是故六塵 常來侵奪 善法之財"라고 하였다. [참고문헌] 『大般涅槃經』, 『勝鬘寶窟』 권중(대정장37, p.34c27), 『法苑珠林』 권71(대정장53, p.826a20). ⇨ 육대적 六大賊, 육적 六賊, 육진 六塵

육착 六著 여섯 가지 번뇌. 탐애진치욕만(貪愛瞋癡欲慢)을 말한다. 『화엄공목장』 권3(대정장45, p.571c23)에 "열세 가지 번뇌가 있으니, 칠견육착을 말한다. … 육착심이란 무엇인가? 첫째 탐, 둘째 애, 셋째 성냄, 넷째 어리석음, 다섯째 욕, 여섯째 만이다. 有十三煩惱 謂七見六著 … 六著心者 一 貪 二 愛 三 嗔 四 癡 五 欲 六 慢"라고 하였다. [참고문헌] 『華嚴孔目章』, 『華嚴經疏鈔』 권45(대정장36, p.346b23). ⇨ 육착심 六著心, 십삼박 十三縛, 칠견 七見

육착심 六著心 여섯 가지로 언제나 집착하는 마음. 『화엄경소초』 권45(대정장36, p.346b23)에 "또 육착심을 일으키니 탐·애·진·의·욕·만으로 법계 중에 일체시에 일어난다. 復起六著心 貪 愛 瞋 癡 欲 慢 於法界中 一切時起"라고 하였다. [참고문헌] 『華嚴經疏鈔』, 『瓔珞本業經』 권상(대정장24, p.1016b29), 『華嚴孔目章』 권3(대정장45, p.571c25).

육찰행 六察行 여섯 가지로 살피는 행. 『장아함경』 권8 「중집경 衆集經」(대정장1, p.52a7)에 "또한 여섯 가지 법이 있으니 육찰행이다. 눈으로 색을 살피고, 귀로 소리 듣고, 코로 냄새 맡고, 혀로 맛보고, 몸으로 느끼며, 뜻으로 법들을 살핀다. 復有六法 謂六察行 眼察色 耳聲 鼻香 舌味 身觸 意法察"라고 하였다. [참고문헌] 『長阿含經』. ⇨ 육근 六根, 육경 六境

육창 六窓 여섯 개의 창. 육근(六根)을 비유한다. 『금강경과의회요주해』 권8(卍속장92, p.411a10)에 "육근 문끝에서 빛 놓아 대지 흔드니 원숭이 조용히 그대로고 여섯 창 고요해 적막하네. 六根門頭 放光動地 獼猴安然 六窓闃寂也"라고 하였다. [참고문헌] 『金剛經科儀會要註解』. ⇨ 육창일원 六窓一猿, 육근 六根

육창문 六瘡門 Ⓢ ṣaḍ-āyatana-varaṇa. 번뇌나 부정한 것을 누설하는 여섯 가지 문. 육근(六根)을 말한다. 안(眼)·이(耳)·비(鼻)·구(口)·대소변도(大小便道) 등도 육창문이라 하며, 안·이·비 등을 각각 둘로 헤아리면 구창문이라 한다. 『순정리론』 권53(대정장29, p.642a20)에 "저가 말한 '모든 경계 중에 흘러들어 상속하여 허물 세어 끊임없기에 누라고 한다'란 바로 우리 종에서 '저 상속으로 육창문에서 허물 세어 끊임없기에 누라고 한다' 한 것이다. 곧 온갖 번뇌 떠나 따로 상속이 있는 것은 아니다. 저 세력이 경에 허물을 흘린즉 모든 번뇌 온통 그리고 따로 흘러 끊일 줄 모르니 상속이라 한다. '육창문에서'는 '육경에서'라는 말이며, 저가 '끊임없이'라 한 말은 바로 내가 '무궁하게'라고 한 말과 같다. 彼所說 諸境界中 流注相續 泄過不絶 故名爲漏 卽我宗說 由彼相續 於六瘡門 泄過無窮 故名爲漏 非離諸漏 有別相續 由彼勢力 於境泄過 卽諸煩惱 或總或別 流注不絶 得相續名 說於六瘡門 卽說於六境 彼言不絶 卽我無窮"라고 하였다. [참고문헌] 『順正理論』, 『俱舍論』 권20(대정장29, p.108a28), *Abh-k-bh.308.* ⇨ 육근 六根, 육문 六門 **1**, 창문 瘡門

육창일원 六窓一猿 여섯 창과 한 마리 원숭이. 육식을 주재하는 체성이 따로 있다는 삿된 분별을 가리는 비유다. 『성실론』 권5(대정장32, p.278c1)에 "비유하자면 저 원숭이 한 가지 놓고 다른 가지 잡듯이 마음도 이와 같다. 譬如猨猴捨一枝攀一枝 心亦如是", 『대승의장』 권3(대정장44, p.538a4)에 "어떤 사람은 이렇게 주장한다. '육식의 마음은 근을 따라 비록 다르지만 체성은 하나여서 이리저리 오고간다. 마치 한 마리 원숭이가 여섯 창에 동시에 나타나더라도 여섯 마리 원숭이가 있는 것은 아닌 것과 같다. 심식도 이와 같아서 육근 중에 나타나더라도 여섯 마음이 있는 것은 아니다'. 이렇게 삿된 집착을 물리치고자 마음은 하나가 아니고 식에도 별도의 체는 없다고 설한다. 연하여 아는 것만을 뜻으로 삼아 육식의 마음은 의지하는 근이 다르면 반연함도 또한 다르니 어떻게 정할 수 있겠는가? 有人宣說 六識之心 隨根雖別 體性是一 往來彼此 如一猨猴 六窓俱現 非有六猴 心識如是 六根中現 非有六心 對此邪執 說心非一 識無別體 緣知爲義 六識之心 所依根異 所緣亦異 云何定", 『성유식론소초』 권11(卍속장80, p.626a14)에 "저 원숭이 한 마리가 여섯 창으로 보는 것과 같이 이 오온 또한 그러하여 결정코 오직 식일 뿐이고, 다만 전후의 분위만 다를 뿐이기에 수상행식 등의 오온이 있다고 설할 뿐이다. 如一獼猴 於六窓中看 此五蘊亦爾 定唯識 但前後分位別故 說有受想行識五蘊"라고 하였다. 선가에서는 앙산(仰山)과 중읍(中邑) 사이의 문답을 소재로 한 미후육창(獼猴六窓)이라는 공안이 가장 널리 알려져 있다. [참고문헌] 『成實論』, 『大乘義章』, 『成唯識論疏抄』. ⇨ 미후육창 獼猴六窓, 일식외도 一識外道

육처 六處 Ⓢ ṣaḍ-āyatana, Ⓟ saḷ-āyatana, Ⓣ skye-mched-drug. 십이지(十二支) 중 다섯 번째 지(支). 육입(六入)이라고도 한다. 십이연기에서는 육근을 의미한다. 『연기경』(대정장2, p.547c12)에 "명색이 육처를 연한다는데, 육처란 무엇인가? 육내처를 말한다. 첫째 안내처, 둘째 이내처, 셋째 비내처, 넷째 설내처, 다섯째 신내처, 여섯째 의내처를 이름하길 육처라 한다. 名色緣六處者 云何六處 謂六內處 一 眼內處 二 耳內處 三 鼻內處 四 舌內處 五 身內處 六 意內處 是謂六處"라고 하였다. [참고문헌] 『緣起經』, 『瑜伽師地論』 권91(대정장30, p.814b11), 『集大乘相論』 권상(대정장32, p.145c20), *Yogā-bh.21.* ⇨ 육입 六入, 육경 六境, 육근 六根

육처명존 六處命存 Ⓟ kāyaṃ paṭicca saḷāyatanikaṃ jīvitapaccayā. 육처(六處 : 眼耳鼻舌身意)에 의지하여 목숨을 유지하는 것. 『중아함경』 권49 「소공경 小空經」(대정장1, p.737c14)에 "그는 이렇게 알아서 욕루도 유루도 무명루도 비운다. 그러나 비우지 못하는 것 있으니 오직 나의 몸만은 육처로 목숨 보존한다. 저 피로함 있다면 욕루 때문이지만 이것은 없으며, 또 어떤 경우 피로는 유루·무명루 때문이지만 나에게는 이것도 없다. 피로한 까닭은 오로지 나의 이 몸이 육처의 목숨으로 존재하기 때문이다. 彼如是知 空欲漏 空有漏 空無明漏 然有不空 唯此我身 六處命存 若有疲勞 因欲漏故 我無是也 若有疲勞 因有漏 無明漏故 我亦無是 唯有疲勞 因此我身 六處命存故"라고 하였다. [참고문헌] 『中阿含經』, *MN.3.107.* ⇨ 육처 六處

육처문 六處門 Ⓢ ṣaḍ-āyatana-dvāra. 육입(六入)을 이르는 말. 『자씨보살소설대승연생도간유경』(대정장16, p.820b9)에 "명과 색이 더 자라나 육처문을 짓고 이렇기에 명색이 육처를 연으로 한다고 하며, 육처신이 뒤치기에 육처는 촉을 연으로 한다고 한다. 名色增長 作六處門 是故 名爲名色緣六處 六處身轉 是故 名爲六處緣觸"라고 하였다. [참고문헌] 『慈氏菩薩所說大乘緣生稻䔖喩經』, *Śikṣ.233.* ⇨ 육입처 六入處

육처위 六處位 Ⓢ ṣaḍ-āyatana-avasthā. 태장팔위(胎藏八位) 중 하나. 명색위(名色位)와 촉위(觸位) 사이. 또는 근위(根位)와 형위(形位) 사이로 육근은 갖추었으나 아직 촉을 반연한 의지처 되지 못한 위다. 『대비바사론』 권23(대정장27, p.119a5)에 "무엇이 명색인가? 모태에 의탁하고 나서 아직 눈 등의 네 색근이 생기기 전이며, 육처가 아직 차지 않은 그 중간의 갈랄람·알부담·폐시·건남·발라사거위를 명색위라고 한다. 무엇이 육처인가? 이미 네 색근이 생겼고, 육처까지 이미 다 찬 발라사거위이나 눈 등의 제근이 아직 능히 촉과 더불어 의지가 되지 못한 위가 육처위이다. 云何名色 謂結生已 未起眼等 四種色根 六處未滿 中間五位 謂羯剌藍 頞部曇 閉尸 鍵南 鉢羅奢佉 是名色位 云何六處 謂已起四色根 六處已滿 卽鉢羅奢佉位 眼等諸根 未能與觸 作所依止 是六處位", 『유가사지론』 권2(대정장30, p.284c22 : *Yogā-bh.*, p.27)에 "또한 이 태장의 육처위 중에 엄마가 먹는 거친 진미로도 자라지만, 갈라람 등의 미세위에서는 미세진미여야 자라게 됨을 알아야 한다. 又此胎藏 六處位中 由母所食 生麤津味 而得資長 於羯羅藍等微細位中 由微細津味資長應知 tasyāṃ punaḥ ṣaḍāyatanāvasthāyāṃ māturabhyantarajātaudariko rasoyenāsya puṣṭir-bhavati. kalalādyāsu punaḥ sūkṣmatarāsv-avasthāsu sūkṣmeṇa rasena puṣṭir-veditavyā"라고 하였다. [참고문헌] 『大毘婆沙論』, 『瑜伽師地論』, *Yogā-bh.* ⇨ 태장팔위 胎藏八位

육처취락 六處聚落 육처라는 취락. 육근(六根)을 취락에 비유한 것. 『십지경』 권2(대정장10, p.539c22)에 "욕·유와 무명이라는 누에 얽힌 심·의·식으로 삼계 가운데 종자를 틔우고 후유라는 싹을 내니, 이른바 명색은 함께 생겨나서 서로 여의지 않고, 명색은 증장하여 육처라는 취락을 이룬다. 육처 이루어졌으니 서로 서로 만나 인과 연으로 수가 있게 된다. 由以欲有及無明漏所繫心 意 意識 種子於三界中生 後有芽 所謂名色俱生不相捨離 名色增長成六處聚落 六處成已 由互相觸因緣有受", 『대승집보살학론』 권21(대정장32, p.130a20)에 "저 경에서 다시 설하였다. '모든 유정들은 … 신견이라는 나찰에 사로잡혀 있으며, 아만이라는 모래톱에서 의지할 데 없으며, 육처라는 취락을 넘어서지 못하며, 어떤 선근도 없어 능히 건널 수 없으니, 이 때문에 내가 지금 대비력으로 저 중생들을 건져낼 것이다'. 彼經復說 是諸有情 … 身見羅刹之所執持 我慢洲渚無所依怙 不能超越六處聚落 無少善根而能濟渡 是故我今以大悲力拔彼衆生"라고 하였다. 〔참고문헌〕『十地經』, 『大乘集菩薩學論』. ⇨ 육근 六根, 육입 六入, 육처 六處

육척단전 六尺單前 육척 바로 그 자리. 승당에서 한 사람이 차지하는 자리. 좌상(坐牀)의 길이 육척에 두께 일척을 합하여 칠척단전(七尺單前)이라고도 한다. 차지하는 너비는 서까래 세 칸이니 삼조연하(三條椽下)라 한다. 『건중정국속등록』 권8 「강서선계장 江西禪繼章」(卍속장136, p.133a2)에 "낱낱 법 위에 한 여래가 계시고 낱낱 티끌 중에 한 분의 미륵 계신다. 만일 알지 못하거든 삼조 서까래 아래 육척 바로 그 자리 그 앞을 향하여 거침없이 알아채야 하리. 一一法上一如來 一一塵中一彌勒 若也不知 且向三條椽下 六尺單前 快須究取"라고 하였다. 〔참고문헌〕『建中靖國續燈錄』, 『大慧杲禪師語』(속고존숙어요5, 卍속장119, p.71a4). ⇨ 삼조연하칠척단전 三條椽下七尺單前, 칠척단전 七尺單前

육척지 六尺地 Ⓢ yuga-mātra. 여섯 자 거리쯤의 땅. 수행승이 걸으면서 주시(注視)하는 앞쪽의 육척쯤 되는 지점을 말한다. 『입능가경』 권9(대정장16, p.573b8 : *Laṅk.*, p.308)에 "걸식을 하기 위하여 출행함에 좌우를 두리번거리지 않고, 앞으로 여섯 자 되는 땅을 보고 천천히 곧바로 나아가네. 벌이 여러 꽃에서 꿀을 취하여 고르게 인연 맺듯이 걸식도 이와 같이 한다네. 爲乞食出行 亦不左右視 視前六尺地 安庠而直進 如蜂採諸花 乞食亦如是 yugamātrānusārī syātpiṇḍabhakṣaparāyaṇaḥ, kusumebhyo yathā bhramarāstathā piṇḍaṁ samācaret"라고 하였으며, 『대승입능가경』 권6(대정장16, p.630c15)에서는 일심지(一尋地)라고 하였다. 〔참고문헌〕『入楞伽經』, 『大乘入楞伽經』, *Laṅk.*

육천 六天 Ⓢ ṣaḍ devanikāyāḥ. 욕계(欲界)의 여섯 하늘. 육욕천(六欲天)을 말한다. 『반니원경』 권상(대정장1, p.182b12)에 "부처님 또한 올라가 제1사천왕에 드시고 제2도리천·제3염천·제4도술천·제5불교락천·제6화응성천에 두루 드셨다. 佛亦上入第一四天王 遍上第二忉利天 第三焰天 第四兜術天 第五不憍樂天 第六化應聲天", 『구사석론』 권6(대정장29, p.198a27 : *Abh-k-bh.*, p.111)에 "〔게〕 지옥·아귀·축생·인도·육천을 욕계라 부르네. 〔석〕 사도와 육천취이다. 육천이란 첫째 사천왕천, 둘째 삼십삼천, 셋째 창락천, 넷째 선지족천, 다섯째 화락천, 여섯째 타화자재천을 욕계와 기세계라고 한다. 偈曰 地獄鬼畜生 人道及六天 名欲界 釋曰 四道及六天聚 六天者 一 四天王天 二 三十三天 三 唱樂天 四 善知足天 五 化樂天 六 他化自在天 是名欲界 及器世界 〈kārikā〉 narakapretatiryañco manuṣyāḥ ṣaḍ divaukasaḥ, kāmadhātuḥ. 〈bhāṣya〉 catasro gatayaḥ. ṣaṭ ca devanikāyās tadyathā cāturmahārājakāyikās trāyastriṃśā yāmās tuṣitā nirmāṇaratayaḥ paranirmitavaśavarttinaś cety eṣa kāmadhātuḥ saha bhājanalokena"라고 하였다. 〔참고문헌〕『般泥洹經』, 『俱舍釋論』, 『俱舍論』 권11(대정장29, p.61a21), *Abh-k-bh.* ⇨ 육욕천 六欲天, 천 天

육촉 六觸 Ⓢ ṣaṭ-sparśa, Ⓟ cha phassā, Ⓣ reg-pa-drug. 여섯 가지로 근(根)과 경(境)이 만나는 뜻. 안촉(眼觸)·이촉(耳觸)·비촉(鼻觸)·설촉(舌觸)·신촉(身觸)·의촉(意觸)이다. 『중론』 권4 「관십이인연품 觀十二因緣品」(대정장30, p.36b24 : *Madhy-ś.*, p.242)에 "명색이 증장되기에 이로 인해 육입이 생겨나며, 정과 진과 식이 화합하여 육촉이 생겨난다. 육촉으로 인해 세 가지 받아들임이 생겨나며, 세 가지 감수로 인해 갈애가 생겨난다. 名色增長故 因而生六入 情塵識和合 而生於六觸 因於六觸故 卽生於三受 以因三受故 而生於渴愛 niṣikte nāmarūpe tu ṣaḍāyatanasaṃbhavaḥ, ṣaḍāyatanam āgamya saṃsparśaḥ saṃpravartate. cakṣuḥ pratītya rūpaṃ ca samanvāhāram eva ca, nāmarūpaṃ pratītyaivaṃ vijñānaṃ saṃpravartate. saṃnipātas trayāṇāṃ yo rūpavijñānacakṣuṣām, sparśaḥ sa tasmāt sparśāc ca vedanā saṃpravartate. vedanāpratyayā tṛṣṇā vedanārthaṃ hi tṛṣyate"라고 하였다. 〔참고문헌〕『中論』, 『俱舍釋論』 권7(대정장29, p.209a23), 『大乘緣生論』(대정장32, p.487a23), *Madhy-ś.*, *Vism.202.* ⇨ 촉 觸, 육갱락 六更樂, 육근 六根, 육경 六境, 육식 六識

육촉신 六觸身 Ⓢ ṣaṭ-sparśa-kāya, Ⓟ cha phassa-kāyā, Ⓣ reg-pa-drug. 육촉(六觸)의 몸. 갖가지로 일

어나는 촉들 모두어 말하는 뜻이다. 신은 범어 카야(Ⓢ kāya)의 한역어로 집합·다수 등의 뜻을 가지고 있다. 『집이문족론』 권15(대정장26, p.429a20)에 "육촉신이라 하니, 무엇이 그 여섯인가? 〔답〕 첫째 안촉신, 둘째 이촉신, 셋째 비촉신, 넷째 설촉신, 다섯째 신촉신, 여섯째 의촉신이다. 무엇이 안촉신인가? 〔답〕 눈과 모든 색이 연이 되어 안식을 낳으며 셋이 화합하기에 부딪혀 만난다. 이 중 눈은 증상연이고, 색은 소연이 된다. 눈으로 알게 되는 색들과의 모든 만남, 차별없는 등촉, 등촉성, 이미 만난 것들, 미래에 만날 것 등을 이름하여 안촉신이라 한다. 이·비·설·신·의촉신 등에 대해서도 마땅함 따라 널리 설한다. 六觸身者 云何爲六 答 一 眼觸身 二 耳觸身 三 鼻觸身 四 舌觸身 五 身觸身 六 意觸身 云何眼觸身 答 眼及諸色爲緣 生眼識 三和合故觸 此中 眼爲增上 色爲所緣 於眼所識色 諸觸 等觸 等觸性 已觸 當觸 是名眼觸身 耳 鼻 舌 身 意觸身 隨所應當廣說"라고 하였다. 〔참고문헌〕 『集異門足論』, 『品類足論』 권2(대정장26, p.698c21), *Abh-k-bh.143.*, *DN.3.243.*

육촉입처 六觸入處 ❶ Ⓟ cha phassāyatanāni. 여섯 갈래로 만나 들어가 처함. 삼사(三事 : 根境識)가 화합하는 장이다. 『잡아함경』 권2(대정장2, p.11b9)에 "육촉입처로 부딪혀 만나기에 어리석고 들은 것 없는 범부는 고락 일으켜 촉입처로부터 일어난다. 어떤 것이 그 여섯 가지인가? 즉 안촉입처와 이·비·설·신·의 등의 촉입처다. … 많이 들어 아는 성스런 제자는 이 육촉입처에서 무명을 버리고 여의어서 지혜만을 낳는다. 六觸入處所觸故 愚癡無聞凡夫 起苦樂覺 從觸入處起 何等爲六 謂眼觸入處 耳 鼻 舌 身 意觸入處 … 多聞聖弟子 於此六觸入處 捨離無明而生明"라고 하였다. 〔참고문헌〕 『雜阿含經』, *SN.4.43·44.* ⇨ 육촉 六觸 ❷ 지옥의 이름(Ⓟ cha phassāyatanikā nirayā). 또는 하늘의 이름(Ⓟ cha phassāyatanikā saggā). 『잡아함경』 권8(대정장2, p.53a12 : *Saṅgayha-sutta*, *SN.4*, p.126)에 "즐겁다고도 괴롭다고도 하지 마라. 왜 그런가? 육촉입처라는 지옥이 있다. 중생이 그 지옥에 나면, 눈으로 보는 것은 사랑할 색 아니고 사랑할 색은 보지 못하며, 본 것은 마음에 담아둘 만한 색 아니고 마음에 담아둘 만한 색은 보지 못하며, 보는 것은 좋은 색 아니고 좋은 색은 보지 못한다. 이런 이유로 한결같이 근심과 고통뿐이다. 莫樂莫苦 所以者何 有六觸入處地獄 衆生生彼地獄中者 眼所見不可愛色 不見可愛色 見不可念色 不見可念色 見不善色 不見善色 以是因緣故 一向受憂苦 diṭṭhā mayā bhikkhave cha phassāyatanikā nāma nirayā. tattha yaṃ kiñci cakkhunā rūpam passati, aniṭṭharūpaññeva passati no iṭṭharūpaṃ, akantarūpaññeva passati no kantarūpaṃ, amanāparūpaññeva passati no manāparūpaṃ", "비구들아, 육촉입처(천)이 있다. 저 중생이 그곳에 나면 눈으로 본 것 사랑할 만한 것이고, 사랑할 수 없는 것 보지 않으며, 기억할 것만 보고 기억하지 않을 색은 보지 않으며, 좋은 색을 보고 좋지 않은 색은 보지 않는다. 이런 이유로 한결같이 오래도록 기쁨과 즐거움을 누린다. 諸比丘 有六觸入處 其有衆生生彼處者 眼見可愛 不見不可愛 見可念色 非不可念色 見善色 非不善色 以是因緣故 一向長受喜樂 diṭṭhā mayā bhikkhave cha phassāyatanikā nāma saggā. tattha yaṃ kiñci cakkhunā rūpaṃ passati, iṭṭharūpaññeva passati no aniṭṭharūpaṃ, kantarūpaññeva passati no akantarūpaṃ, manāparūpaññeva passati no amanāparūpaṃ"라고 하였다. 〔참고문헌〕 『雜阿含經』, *SN.* ⇨ 육갱락 六更樂❷

육촉처 六觸處 Ⓢ ṣaṭ-sparśa-āyatana, Ⓟ cha-phassāyatana, saḷ-phassāyatana, Ⓣ reg-pa'i-skye-mched drug-po. 육촉이 의지하는 육근(六根). 『구사론기』 권2(대정장41, p.41c12)에 "촉이 의지하는 곳 그 이름이 육촉처니, 바로 안 등의 육근이다. 觸所依處 名六觸處 卽眼等六根"라고 하였다. 〔참고문헌〕 『俱舍論記』, 『大乘集菩薩學論』 권17(대정장32, p.123a6), 『俱舍論頌疏論本』 권4(대정장41, p.842a16), *Abh-k-bh.25.*, *MN.2.238.* ⇨ 육근 六根

육촉처여실통달무지 六觸處如實通達無知 Ⓢ ṣaṭsu sparśāyataneṣu yathā-bhūta-saṃprativedhe 'jñānam, Ⓣ reg-pa'i-skye-mched-drug-la-yang-dag-pa-ji-lta-ba-bzhin-du-yang-dag-par-rtog-pa-mi-shes-pa. 십구종무지(十九種無知) 중 하나. 육촉처에 대해 여실히 통달하지 못한 무지. 『유가사지론』 권9(대정장30, p.322c8 : *Yogā-bh.*, p.205)에 "육촉처에 있어 여실히 통달하지 못한 무지란 무엇인가? 증상만에 빠진 사람이 증한 것이라 여기는 것 중에 전도되게 사유하는 모든 무지를 말한다. 於六觸處如實通達無知云何 謂增上慢者 於所證中 顚倒思惟 所有無知 ṣaṭsu sparśayataneṣu yathābhūtasaṃprativedhe'jñānaṃ katamat. adhigame viparyastacetasa ābhimānikasya yadajñānaṃ"라고 하였다. 〔참고문헌〕 『瑜伽師地論』, *Yogā-bh.* ⇨ 십구종무지 十九種無知

육추 六麤 지상(智相)·상속상(相續相)·집취상(執取相)·계명자상(計名字相)·기업상(起業相)·업계고상(業繫苦相). 심왕과 심소가 상응하여 작용하는 모습이 비교적 잘 드러나기에 추라고 하며, 삼세(三細)를 더하여 구상(九相)이다. 『대승기신론』(대정장32, p.577a12)에 "(삼세 중) 경계 있음(境界相)을 연하므로 다시 여섯 가지 상 일어나게 된다. 무엇이 여섯인가? 첫째는 지상이니 경계에 의지해서 마음이 분별 일으켜 갈망하거나 애착하지 않거나 한다. 둘째, 상속상이니 지상(智相)에 의지하므로 고락을 일으키고 마음을 깨워 생각 일으키길 계속하여 끊지 못한다. 셋째, 집취상이니 상속에 의지하여 생각과 경계를 반연하여 고락에 머물러 가지니 마음에 착을 일으킨다. 넷째, 계명자상이니 망집에 의지해 헛된 이름들과 말꼴을 분별한다. 다섯째, 업상을 일으키니 명자에 의지해 이름 찾아 취하고 애착하니 가지가지 업을 짓는다. 여섯째, 업계고상이니 업에 의지해 과를 받고 자재할 수 없게 된다. 以有境界緣故 復生六種相 云何爲六 一者 智相 依於境界 心起分別 愛與不愛故 二者 相續相 依於智故 生其苦樂 覺心起念 相應不斷故 三者 執取相 依於相續 緣念境界 住持苦樂 心起著故 四者 計名字相 依於妄執 分別假名言相故 五者 起業相 依於名字 尋名取著 造種種業故 六者 業繫苦相 以依業受果不自在故", 이에 대하여 원효(元曉)의 『대승기신론소기회본』 권3(한불전1, p.758b4)에서 풀기를 "다음으로 추상을 밝힌다. 그중에 둘이니 모두 들어 보이고 따로 푼다. 처음에 유경계연이란 전의 현식으로 드러난 경에 의지하여 칠식 중에 여섯 가지 추상이 일어난다. 이는 경에서 말씀하신 경계풍이 움직여 칠식의 파랑이 구르는 뜻이다라 하였다. 次明麤相 於中亦二 總標 別釋 初言以有境界緣者 依前現識所現境故 起七識中六種麤相 是釋經言境界風所動 七識波浪轉之意也", "[별기] 경계연 있음으로서란 육상이 일어난다는 것은 앞의 삼세(三細: 業相 轉相 境界相) 중에 능견이 경계 나툼을 의지한 것이지 경계가 능견을 움직인다는 것은 아니다. 이 뒤의 육상이 저 드러난 경계 움직임 때문이지 이 육종이 능히 저 경을 드러낸 것은 아니다. 다른 뜻 이와 같으니 다 들어 말하자면 저 또한 도리어 스스로 드러낸 경계에 의지하고 이 또한 도리어 능히 스스로 의지할 경 짓는다. 이 근 중에 마당히 별문에 나아가서 경계 있기에 육종상 난다고 말한 것이다. 別記 以有境界緣故 生六相者 前細相中 依能見現境界 非境界動能見 此後六相 爲彼所現境界所動 非此六種能現彼境 別義如是 通而言之 彼亦還依自所現境 此還能作自所依境 今此論中 宜就別門 故言有境界故 生六種相", "처음 지상이라 하였으니 이는 제7식이니, 추중에 처음이고 이에 비로소 혜들 있게 되어 아의 티끌들 분별하니 그 이름 지상이다. 初言智相者 是第七識麤中之始 始有慧數 分別我塵 故名智相", "그 두 번째 상속상이란 생기식이다. 식온으로서 이 추분별이고 제법을 두루 헤아려 길이 상속하게 한다. 또 능히 애와 취 일으켜 과거를 이끌어 가져서 제행이 끊이지 않게 하며, 이에 생을 계속하게 하니 능히 미래과보 또한 이어지게 한다. 이 뜻에 의지해 상속상이라 하니, 전에 말한 상속심과 다르다. 第二相續相者 是生起識 識蘊 是麤分別 徧計諸法 得長相續 又能起愛取 引持過去諸行不斷 亦得潤生 能令未來果報相續 依是義故 名相續相 不同前說相續心也", "세 번째 집취상이란 바로 수온이다. 식온에 의지해 분별하고 거스르고 순하며 고락을 받는다. 그래서 상속을 의지해 고락에 머물게 된다고 한다. 第三執取相者 卽是受蘊 以依識蘊 分別違順 領納苦樂 故言依於相續 乃至住苦樂等也", "네 번째 계명자상이란 곧 상온이다. 앞의 수온에 의지해 분별하고 거스르고 순하는 등 말모양 있게 되니 망집에 의지해 이름과 모양에 이른다. 第四計名字相者 卽是想蘊 依前受蘊 分別違順等名言相 故言依妄執乃至名言相故也", "다섯 번째 업을 일으킨다는 것은 이 행온이다. 상온으로 취한 명상에 의지해 생각 가득 일으키고 선악을 짓는다. 명자에 의지하고 드디어는 종종업을 짓게 된다. 第五起業相者 卽是行蘊 依於想蘊所取名相 而起思數 造作善惡 故言依於名字乃至造種種業故也", "여섯 번째 업계고상이란 전에 행온으로 지은 업에 의지해 삼유(三有: 欲有 色有 無色有)와 육취의 고과를 받으니, 업에 의지해 과를 받고 자재할 수 없다 한다. 第六業繫苦相者 依前行蘊所造之業 而受三有六趣苦果 故言依業受果不自在故也", 『번역명의집』 권5(대정장54, p.1142c12)에 "석벽법사는 꿈의 비유로 풀었다. '저 한 사람〈진여인 일심이다〉이 문득 잠에 들어〈불각인 무명이 문득 일어난다〉 꿈을 꾸었는데〈삼세 최초의 업식상(業相)〉, 보았다〈둘째 전식상(轉相)〉. 갖가지 일들을〈셋째 현식상(現相)〉. 그리고는 마음속으로 분별을 일으켜〈육추초인 지상〉 매 순간 틈 없으며〈둘째 상속상〉, 순하고 거스르며 깊이 취하고 착하여〈셋째 집취상〉 이것은 선하고 이것은 악하다 또는 이는 친하고 저는 멀다 헤아리며〈넷째 계명자상〉, 선하거나 친한 것에 갖가지로 은혜를 베풀고 이롭게 하며 악하거나 먼 것에는 갖가지로 업신여겨 해를 끼쳐서〈다섯째 기업상〉 혹 은혜에 대해 보답하면 즐거움을 느끼고 원한에 대한 보복을 당하면 괴로움을 느낀다〈여섯째 업계고상〉. 그러다 문득 깨어나면 지금껏 있었던 일들이 도무지 사라지고 없는 듯하다〈오직 마음뿐임을 깨달았기 때문이다. 부처란 저 꿈에서 깬 것과 같고 연꽃이 핀 것과 같다〉. 石壁法師 釋夢喩云 如有一人〈眞如一心〉 忽然睡著〈不覺無明忽起〉 作夢〈最初 業識相〉 見〈轉識相〉種種事〈現識相〉 起心分別〈六麤初 智相〉 念念無間〈二 相續相〉 於其違順 深生取著〈三 執取相〉 爲善爲惡 是親是疎〈四 計名字相〉 於善於親 則種種慧利 於惡於疎 則種種凌損〈五 起業相〉 或有報恩受樂 或有報怨受苦〈六 業計苦相〉 忽然覺來 上事都遣〈覺唯心故 佛如夢覺 如蓮華開〉"라고 하였다. [참고문헌] 『大乘起信論』, 『大乘起信論疏記會本』, 『翻譯名義集』. ⇨ 삼세육추 三細六麤, 구상 九相

육축 六畜 **1** Ⓟ aj-eḷaka-go-mahisa-oṭṭha-gadrabha. 집에서 기르는 가축 중에 여섯 류. 산양(山羊)·양

(羊)·암소(牝牛)·수소(牡牛)·낙타(駱駝)·당나귀(驢馬) 또는 말(馬)·소(牛)·양(羊)·개(犬)·돼지(豚)·닭(鷄). 산양·양·닭(Ⓟ kukkuṭa)·돼지(Ⓟ sūkara)·개(Ⓟ soṇa)·쟈칼(Ⓟ sigāla)을 들기도 한다. 『나선비구경』 권상(대정장32, p.707b16)에 "왕이 나선비구에게 물었다. '소·말 등 육축도 자못 지가 있습니까?' '소·말 등 육축도 각자 지는 있지만 그 마음이란 것은 다릅니다'. 王問那先 牛馬六畜 頗有智 無有智 那先言 牛馬六畜 各自有智 其心不同", 상응하는 『밀린다팡하』(*Mil.*, p.32)에 "이들 산양·양·암소·수소·낙타·당나귀에도 작의(作意)는 있지만 그들에게 지혜까지 있다고 할 수는 없습니다. imesaṃ kho mahārāja ajelakagomahisaoṭṭhagadrabhānampi manasikāro atthi. paññā pana tesaṃ natthiti", 태현(太賢)의 『범망경고적기』 권하(대정장40, p.711a2·한불전3, p.462c6)에 "육축이란 『주례』에 '소·말·개·양·돼지·닭이 육축이다'라고 하였는데, 이치상 실제로는 일체축생에 통한다. 言六畜者 周禮云 牛 馬 犬 羊 豕 雞 爲六 理實通於一切畜生"라고 하였다. 〔참고문헌〕『那先比丘經』, 『梵網經古迹記』, 『止觀輔行傳弘決』 권1(대정장46, p.161c19), 『四分律名義標釋』 권15(卍속장70, p.625b2), *Mil.*, *AN.1.51.* ❷ ➡ 육중생 六衆生

육출계 六出界 ➡ 육종순출리계 六種順出離界

육출리 六出離 ➡ 육출리계 六出離界

육출리계 六出離界 Ⓟ cha nissāraṇīyā dhātuyo. 여섯 갈래로 벗어난 계. 여섯 가지 정(慈心定 悲心定 喜心定 捨心定 無相心定 離我慢) 즉 여섯 가지 마음(慈解心 悲解心 喜解心 捨解心 無想定心 斷我慢)으로 여섯 가지 굴레(嗔 害 不樂 欲貪嗔 隨相識 疑猶豫箭)를 끊어 벗어난 계. 육출요계(六出要界)·육종대치출리계(六種對治出離界)·육종순출리계(六種順出離界) 등이라고도 한다. 『집이문족론』 권15(대정장26, p.430b21)에 "육출리계라 하였는데, 어떻게 여섯 가지인가? 〔답〕 첫째, 어떤 장로가 '나는 자심정을 이미 익혔고 닦았으며 많이 지었으나 내 마음은 아직도 분노에 얽혀 있다'고 하면 그에게 말해주길 '이렇게 말하지 마시오. 그 까닭은 어떤 장로가 자심정을 이미 익혔고 닦았으며 많이 지었다면 들이지 못할 일이 없을 것인데, 그 마음이 아직 분노에 얽매인다는 것은 있을 수 없다. 자심정으로는 반드시 일체분노의 속박에서 벗어날 수 있다'. 〔문〕 이 중에서 벗어난다란 무엇을 말하는가? 〔답〕 속박을 영원히 끊는 것이 출리며, 진박을 초월하는 것도 출리이고, 모든 자심정 그대로 출리여서 지금 이 뜻으로 자심정을 출리라 이름한다. 六出離界者 云何爲六 答 一 有具壽 作如是言 我於慈心定 雖已習 已修 已多所作 而我心猶爲嗔所纏縛 應告彼曰 勿作是言 所以者何 若有具壽 於慈心定 已習已修 已多所作 無處無容 其心猶爲嗔所纏縛 若心猶爲嗔所纏縛 無有是處 謂慈心定 必能出離 一切嗔縛 問 此中出離 何所謂耶 答 嗔縛永斷 亦名出離 超越嗔縛 亦名出離 諸慈心定 亦名出離 今此義中 意說慈心定名出離", "둘째, 어떤 장로가 '나는 비심정을 이미 익혔고 닦았으며 많이 지었으나 나의 마음은 아직 해에 얽매인다'라고 하면 그에게 이렇게 말해주어야 한다. … 〔답〕 해박을 영원히 끊는 것이 출리며, 해박을 초월하는 것도 출리이고, 모든 비심정 그대로 출리여서 지금 이 뜻으로 비심정을 출리라 이름한다. 二 有具壽 作如是言 我於悲心定 雖已習 已修 已多所作 而我心猶爲害所纏縛 應告彼曰 … 答 害縛永斷 亦名出離 超越害縛 亦名出離 諸悲心定 亦名出離 今此義中 意說悲心定名出離", "셋째, 어떤 장로가 '나는 희심정을 이미 익혔고 닦았으며 많이 지었으나 나의 마음은 아직 불락에 얽매인다'라고 하면 그에게 이렇게 말해주어야 한다. … 〔답〕 불락을 영원히 끊는 것이 출리며, 불락을 초월하는 것도 출리이고, 모든 희심정 그대로 출리여서 지금 이 뜻으로 희심정을 출리라 이름한다. 三 有具壽 作如是言 我於喜心定 雖已習 已修 已多所作 而我心猶爲不樂纏縛 應告彼曰 … 答 不樂永斷 亦名出離 超越不樂 亦名出離 諸喜心定 亦名出離 今此義中 意說喜心定名出離", "넷째, 어떤 장로가 '나는 사심정을 이미 익혔고 닦았으며 많이 지었으나 나의 마음은 아직 욕탐과 분노에 얽매인다'라고 하면 그에게 이렇게 말해주어야 한다. … 〔답〕 욕탐과 분노를 영원히 끊는 것이 출리며, 욕탐과 분노를 초월하는 것도 출리이고, 모든 사심정 그대로 출리여서 지금 이 뜻으로 사심정을 출리라 이름한다. 四 有具壽 作如是言 我於捨心定 雖已習 已修 已多所作 而我心猶爲欲貪嗔纏縛 應告彼曰 … 答 欲貪嗔永斷 亦名出離 超越欲貪嗔 亦名出離 諸捨心定 亦名出離 今此義中 意說捨心定名出離", "다섯째, 어떤 장로가 '나는 무상심정을 이미 익혔고 닦았으며 많이 지었으나 나의 마음은 아직 수상식에 얽매인다'라고 하면 그에게 이렇게 말해주어야 한다. … 〔답〕 수상식을 영원히 끊는 것이 출리며, 수상식을 초월하는 것도 출리이고, 무상심정 그대로 출리여서 지금 이 뜻으로 무상심정을 출리라 이름한다. 五 有具壽作 如是言 我於無相心定 雖已習 已修 已多所作 而我心猶爲隨相識纏縛 應告彼曰 … 答 隨相識永斷 亦名出離 超越隨相識 亦名出離 無相心定 亦名出離 今此義中 意說無相心定名出離", "여섯째, 어떤 장로가 '나는 아만을 멀리 여의고 아·아소 등을 보지 않으나 나의 마음은 아직 의와 유예의 화살에 매여 손해를 받는다'라고 하면 그에게 이렇게 말해주어야 한다. … 〔답〕 아만을 영원히 끊는 것이 출리며, 아만을 초월하는 것도 출리여서 지금 이 뜻으로 모든 아만을 초월하는 것을 출리라 이름한다. 六 有具壽 作如是言 我雖遠離 我慢 不觀見我我所 而我心猶爲疑猶豫箭纏縛損害 應告彼曰 … 答 我慢永斷 亦名出離 超越我慢 亦名出離 今此義中 意說超越諸慢名出離"라고 하였다. [참고문헌]『集異門足論』, *AN.3.290.* ⇨ 육종순출리계 六種順出離界, 출리계 出離界, 출리 出離

육출리법 六出離法 ➡ 육출요계 六出要界

육출요계 六出要界 Ⓟ cha nissāraṇīyā dhātuyo. 여섯 갈래 번뇌(瞋恚 憎嫉心 憂惱心 憎愛心 狐疑心 衆亂想)를 벗어난 여섯 갈래 마음의 세계(出要界). 자해탈심(慈解脫心 Ⓟ mettā ceto-vimutti)·비해탈심(悲解脫心 Ⓟ karuṇā ceto-vimutti)·희해탈심(喜解脫心 Ⓟ muditā ceto-vimutti)·사해탈심(捨解脫心 Ⓟ upekhā ceto-vimutti)·무상정심(無想定心 Ⓟ animittā ceto-vimutti)·이아만(離我慢 Ⓟ asmīti māna-samugghāto)이다. 육출리계(六出離界)·육출리법(六出離法)·육종대치출리계(六種對治出離界)·육종순출리계(六種順出離界)라고도 한다. 『장아함경』 권8 「중집경 衆集經」(대정장1, p.52a8)에 "또한 육법이 있으니, 여섯 갈래로 벗어나는 요긴한 계다. 만약 비구가 '나 자심을 닦지만 다시 진에가 생긴다' 하면, 다른 비구들은 '그렇게 말해서는 안 된다. 여래를 비방하지 마라. 여래께서는 그렇게 말씀하지 않으셨다. 바야흐로 자해탈을 닦았는데도 다시 진에상이 일어날 리 없다'라고 한다. 부처님께서는 '진에심 다 사라져야 자비로울 수 있다'라고 하셨다. 만약 비구가 '나는 비해탈 행하지만 증질심 일어나고, 희해탈 행하지만 우뇌심 일어나며, 사해탈 행하지만 증애심 일어나고, 무아행 행하지만 호의심 일어나며, 무상행 행하지만 중란상 일어난다'라고 말한다면 또한 이럴 리 없다. 復有六法 謂六出要界 若比丘作是言 我修慈心 更生瞋恚 餘比丘語言 汝勿作此言 勿謗如來 如來不作是說 欲使修慈解脫 更生瞋恚想 無有是處 佛言 除瞋恚已 然後得慈 若比丘言 我行悲解脫 生憎嫉心 行喜解脫 生憂惱心 行捨解脫 生憎愛心 行無我行 生狐疑心 行無想行 生衆亂想 亦復如是"라고 하였다. [참고문헌]『長阿含經』, *DN.3.247.* ⇨ 육출리계 六出離界

육취 六聚 비구·비구니가 지켜야 할 계들을 여섯 범주로 묶은 것. 육취계(六聚戒)라고도 한다. 『사분율행사초』 권중(대정장40, p.46c7)에 따르면, 바라이(波羅夷 Ⓢ pārājika)·승가바시사(僧伽婆尸沙 Ⓢ saṃgha-avaśeṣa)·투란차(偸蘭遮 Ⓢ sthūla-atyaya)·바일제(波逸提 Ⓢ pāyattika)·바라제제사니(波羅提提舍尼 Ⓢ pratideśanīya)·돌길라(突吉羅 Ⓢ duṣkṛta)이다. 『사분율』 권17(대정장22, p.678b9)에서 악설(惡說)을 따로 하여 추가한 칠취(七聚)이지만, 『사분율행사초』에서는 돌길라와 악설 모두 가벼운 죄로 구분하지 않고 돌길라로 거두었다. 또한 『비니모경』 권3(대정장24, p.813b18)·『율이십이명료론』(대정장24, p.666c4) 등에는 여기에 니살기바일제(尼薩耆波逸提 Ⓢ naiḥsargika-prāyaścittika)를 더하여 칠취로 들었고, 『사분율행사초』에서는 니살기바일제와 바일제 모두 범하면 타죄(墮罪)에 속하기에 구분하지 않고 바일제로 거두었다. 『금광명경문구기』 권1상(대정장39, p.84c1)에 "편취란 오편과 육취를 말한다. 첫째 바라이, 둘째 승잔(僧殘 : 僧伽婆尸沙), 셋째 바일제, 넷째 제사니(提舍尼 : 波羅提提舍尼), 다섯째 돌길라를 오편이라고 한다. 승잔 다음에 투란차를 더하면 육취라 하고, 저 돌길라에서 다시 악설을 열어 다시 칠취가 된다. 篇聚者 謂五篇六聚 一 波羅夷 二 僧殘 三 波逸提 四 提舍尼 五 突吉羅 此謂五篇也 於僧殘之下 加偸蘭遮 卽名六聚 若於吉羅 更開惡說 復爲七聚"라고 하였다. [참고문헌]『四分律行事鈔』, 『四分律』, 『毘尼母經』, 『律二十二明了論』, 『金光明經文句記』. ⇨ 칠취 七聚, 오편 五篇, 편취 篇聚

육취 六趣 Ⓢ ṣaḍ-gati, Ⓣ 'gro-ba-drug. 중생이 윤회하는 여섯 갈래의 길. 육도(六道·六途)라고도 한다. 『법집명수경』 권1(대정장17, p.662a15)에 "무엇이 육취인가? 천취·인취·수라취·축생취·아귀취·지옥취이다. 云何六趣 所謂天趣 人趣 修羅趣 畜生趣 餓鬼趣 地獄趣", 원측(圓測)의 『해심밀경소』 권3(한불전1, p.221b5)에 "육취란, 저 아래 경에서 설하니, 나락가·방생·아귀·천·아소락·인이다. 그러나 이 육취는 제종이 다르다. 言六趣者 如下經說 那落迦 傍生 餓鬼 天 阿素洛 人 然此六趣 諸宗不同", 40권본 『대반열반경』 권25(대정장12, p.516b4)에 "마음의 인연을 능히 알지 못하기에 육취로 윤회하며 생사를 빠짐없이 받는다. 以不能知 心因緣故 輪迴六趣 具受生死", 『관불삼매해경』 권6(대정장15, p.674b22)에 "삼계의 중생이 육취로 윤회함이 불바퀴 도는 듯하다. 三界衆生 輪迴六趣 如旋火輪", 『대승의장』 권8(대정장44, p.625a7)에 "이들 여섯 가지를 경에서는 취라 하지만 도라고도 한다. 취라는 말은 대체로 인에 상대하여 과에 붙인 이름이다. 인은 능히 과를 향하고 과는 인이 간 길이기에 취라 한다. 도라는 말은 인을 좇아 붙인 이름이다. 선과 악이라는 두 업은 인을 통하여 과에 이른다는 뜻에서 이름하여 도라 하였다. 지옥 등의 보는 길이 가리키는 곳이기에 도라 한다. 此之六種 經名爲趣 亦名爲道 所言趣者 蓋乃對因以名果也 因能向果 果爲因趣 故名爲趣 所言道者 從因名也 善惡兩業 通因至果 名之爲道 地獄等報 爲道所詣 故名爲道"라고 하였다. [참고문헌]『法集名數經』, 『解深密經疏』, 『大般涅槃經』, 『觀佛三昧海經』, 『大乘義章』, *Sadd* *h-p.135.*, *Laṅk.347.* ⇨ 육도 六道

육취사생 六趣四生 Ⓢ sattvāḥ santaḥ saṃvidyamānāḥ ṣaṭsu gatiṣu. 중생이 윤회하는 여섯 갈래의 길과 몸을 받아 나는 네 가지를 아울러 부르는 말. 또는 통틀어 일컫는 모든 중생. 『법화경』 권6(대정장9, p.46c6)에 "육취사생의 중생은 난생 태생 습생 화생이다. 六趣四生衆生 卵生 胎生 濕生 化生", 『이취육바라밀다경』 권2(대정장8, p.875a23)에 "보살마하살도 이와 같아서 보리심을 일으켜 시방의 육취사생이 모두 나의 숙세부모라고 관한다. 菩薩摩訶薩 亦復如是 發菩提心 觀於十方 六趣四生 皆是我之宿世父母", 『아미타경요해』(대정장37, p.371b3)에 "귀천과 노소를 따지지 않고 육취와 사생에도 상관없이 다만 부처님 명호를 듣기만 해도 누구나 오랜 겁 동안 쌓은 선근이 성숙하여 오역과 십악마저도 모두 '착한 남녀'라고 한다. 不論貴賤老少 亦復不拘六趣四生 但得聞佛名者 卽是多劫善根成熟 卽五逆十惡亦皆名善男女也", 『기신론소필삭기』 권8(대정장44, p.337c13)에 "일체취생이란 육취사생이니 그중에는 선과 불선이 아울러 있다. 一切趣生者 六趣四生 其中兼有 善與不善"라고 하였다. 〔참고문헌〕『法華經』, 『理趣六波羅蜜多經』, 『阿彌陀經要解』, 『起信論疏筆削記』, *Saddh-p.346.* ⇨ 육취 六趣, 사생 四生❶

육취윤회경 六趣輪迴經 마명보살(馬鳴菩薩) 집(集). 북송(北宋) 때 일칭(日稱) 등 한역. 1권. 고려장41, pp.607a1~610a7, No.1490 · 대정장17, pp.455a16~457b28, No.726에 수록되어 있다. 내용과 구성이 북송 때 법천(法天)이 한역한 『육도가타경 六道伽陀經』(대정장17, No.725)과 유사하다. 짧은 게송으로 육도윤회 각각의 상을 밝혔다. 신구의 삼업으로 지은 선악에 따라 갖가지 과보를 받는다 설한다. 먼저 살해하면 등활지옥(等活地獄)에 떨어지고, 부모를 속이면 흑승지옥(黑繩地獄)에 떨어지는 등 팔대지옥을 설한 다음, 축생 · 아귀 · 인 · 수라도를 묘사하고, 마지막으로 명리와 환락을 버리고 친속을 멀리하는 사람은 사천왕(四王天)으로 태어난다고 설한다. ⇨ 육도가타경 六道伽陀經

육취죄 六聚罪 ➡ 육취 六聚

육친 六親 Ⓢ bandhu. 가장 가까운 여섯 친족. 육족(六族) · 육권(六眷) 등이라고도 한다. 부 · 모 · 형 · 제 · 처 · 자(父母兄弟妻子), 처 · 자 대신에 부부(夫婦)를, 외조부모(外祖父母)를 넣기도 한다. 『일체경음의』 권20(대정장54, p.432a4)에 "육친〈『한서』에 '육친을 받든다'라고 하였고, 응소(應劭)의 주석에 '육친은 부모형제처자이다'라고 하였다. 『창힐편』에 '친은 애(愛)를 뜻한다'라고 하였다〉. 六親〈漢書 以奉六親 應劭曰 六親者 父母兄弟妻子也 蒼頡篇 親 愛也〉", 『화엄경소초』 권59(대정장36, p.472c22)에 "위에서 육친이라 한 말은 부모부처형제라는 친속이다. 上言六親者 卽父母夫妻兄弟之親", 『범망경고적기』 권하말(대정장40, p.711a17)에 "육친은 부모백숙형제로 여섯이다. 言六親者 父母伯叔兄弟爲六", 『무량수경연의술문찬』 권하(대정장37, p.167c14 · 한불전2, p.72b3)에 "육친에 대하여 어떤 설은 부친계에 셋이 있고 모친계에 셋을 합하여 육친이다. 六親者 有說 父親有三母親有三 合有六親", 『능가경』 권4(대정장16, p.513c13)에 "일체중생은 본래부터 거듭 바뀌는 인연으로 언젠가는 육친이었다. 가깝다 생각하면 고기를 먹을 수 없다. 一切衆生 從本已來 展轉因緣 嘗爲六親 以親想故 不應食肉"라고 하였다. 〔참고문헌〕『一切經音義』, 『華嚴經疏鈔』, 『梵網經古迹記』, 『無量壽經連義述文贊』, 『楞伽經』, *Laṅk.245.*

육친권속 六親眷屬 Ⓢ svajana-bandhu-bhāva, Ⓣ gnyen-bshes dang gnyen. 육친과 권속. 내외의 모든 친속을 말한다. 『대승본생심지관경』 권3(대정장3, p.301c14)에 "혹은 이 어려움으로 인하여 목숨을 잃기도 하여 육친과 권속이 모두 슬퍼한다. 이와 같은 온갖 괴로움이 모두 자식으로 말미암으니 근심과 슬픔이 끊어내듯 아프니 입으로 다 펼 수도 없다. 或因此難而命終 六親眷屬咸悲惱 如是衆苦皆由子 憂悲痛切非口宣", 『우란분경소』 권하(대정장39, p.511b7)에 "육친은 부모형제부처이고, 권속이란 모든 혼인으로 맺어진 친가와 외가를 아우른다. 六親者 父母兄弟夫妻 眷屬者 一切姻戚 通於表裏"라고 하였다. 〔참고문헌〕『大乘本生心地觀經』, 『盂蘭盆經疏』, *Laṅk.246.* ⇨ 육친 六親, 권속 眷屬

육친불화 六親不和 육친이 화목하지 못하다는 말. 『인왕경』 권하(대정장8, p.833c8)에 "사람들이 부처님가르침 무너뜨리니 더 이상 효자도 없고 육친이 불화하며 천신도 돕지 않는다. 人壞佛教 無復孝子 六親不和 天神不祐", 『송고승전』 권17 「도비전 道丕傳」(대정장50, p.820a22)에 "노자는 '육친이 불화하면 효자가 있게 된다'라고 하였다. 저 효자라는 이름조차 없어야 참으로 육친이 크게 화목할 것이다. 老氏云 六親不和 則有孝子 如無孝子之名 信六親大和也"라고 하였다. 〔참고문헌〕『仁王經』, 『宋高僧傳』. ⇨ 육친 六親

육칠능변계 六七能遍計 팔식(八識) 중 제6식과 제7식이 능변계라는 뜻. 제7식은 제8식의 견분(見分)을 아(我)라고 헤아려 가지고, 제6식은 일체법을 연하여 아법(我法) 헤아려 가지는 것을 능히 널리 헤아린다 한다. 호법(護法)의 주장이며, 오팔무집(五八無執)의 상대어다. 『성유식론』 권8(대정장31, p.45c25)에 "제6과 제7의 심품이 아와 법에 가진다는 것이 능변계다. 오직 의식만을 능변계라고 하며, 의와 의식을 의식이라 이름하니, 헤아려 분별하는 것이 능변계이기 때문이다. 第六第七心品 執我法者 是能遍計 唯說意識 能遍計故 意及意識 名意識故 計度分別 能遍計故", 『대승입도차제』(대정장45, p.452a1)에 "유루의 제7식과 염오의 제6식, 이 두 가지 식이 허망하게 '아' 등을 가지는 것을 능변계라고 한다. 때문에 『섭대승론』 등에서 의식을 능변계이기에 팔식 중 오직 이 두 가지뿐이다. 〔문〕 제6식의 그릇된 집은 일체를 연하여 일어나므로 변계라고 할 만하나 제7식은 단지 제8식만을 연하여 일어나는데 어떻게 변이라 할 수 있는가? 〔답〕 제7식이 가지는 마음의 제6식이 집착하는 류이기에 역시 변계라고 한다. 有漏第七 及染第六 此之二識 妄執我等 名能遍計 故攝論等言 意識名爲 能遍計故 故八識中 唯此二也 問 第六妄執 緣一切起 可名遍計 第七 但緣第八起執 何得名遍 答 第七執心 是第六識 執之類故 亦名遍計"라고 하였다. 〔참고문헌〕 『成唯識論』, 『大乘入道次第』. ⇨ 변계소집성 遍計所執性, 오팔무집 五八無執, 능변계 能遍計

육침 陸沈 땅채로 무너져내림. 온통 잘못되어 설 자리가 없음. 또는 사유의 근거마저 사라져버림의 뜻이다. 『벽암록』 20칙 「본칙 本則」(대정장48, p.160a26)에 "임제가 말했다. '나의 허물방석 건네 다오'〈조계물결 저와 같으니 한없이 평화롭던 이들 땅채로 무너져내렸군. 한 장의 허물로 한 구덩에 파묻히는군〉. 濟云 與我過蒲團來〈曹溪波浪如相似 無限平人被陸沈 一狀領過 一坑埋却〉", 『설암조흠어록』 권2(卍속장122, p.511b18)에 "그대 만약 이곳 향해 깨우쳐 사무치지 못한다면 너 스스로 해치고 버리리니 스스로 땅채로 내려앉아 하열하고 어리석은 인간 되리라. 你若不向這裡 打敎徹去 是你自暴自棄 自甘陸沈爲下劣愚癡之漢", 『논형』 「사단 謝短」에 "오래됨만 알고 지금을 모르니 이를 육침이라 한다. 夫知古不知今 謂之陸沈", 『일체경음의』 권11(대정장54, p.369c23)에 "『집훈』에 '침은 가라앉는다' 하였고, 『장자』에는 '땅채로 가라앉는다' 하였다. 고야왕은 '사람이 땅 위에 살아도 빠져 헤매듯 한데도 조정이 모른다면 이는 육침이다'라고 하였다. 集訓云 沈沒也 莊子曰 是陸沈者 顧野王曰 人之居陸 而若沈溺 無聞朝廷 是陸沈也", 『변비집』(卍속장103, p.896a2)에 "이 경문은 거의 그대로 사라질 뻔하였다. 此之經文 幾乎陸沈"라고 하였다. 〔참고문헌〕 『碧巖錄』, 『雪巖祖欽語錄』, 『論衡』, 『一切經音義』, 『辨非集』.

육침선 陸沈船 물 없는 육지에서 침몰하는 배. 『벽암록』 69칙 「본칙 本則」(대정장48, p.198c12)에 "남전이 땅 위에 원상 하나 그리고 '얻은 것 있는 즉 가겠다'라고 하였다〈바람도 없는데 물결 이는군. 누군가 알기를 바란다. 육지로 빠져드는 배는 던져버려라. 점검하지 못한 허물 어찌 분명히 가리지 않으리요!〉. 南泉於地上 畫一圓相云 道得卽去〈無風起浪 也要人知 擲却陸沈船 若不驗過 爭辨端的〉"라고 하였다. 〔참고문헌〕 『碧巖錄』.

육탄 陸坦 ?~1781. 조선 후기 스님. 호는 남파(南坡). 14세 때 스님이 되었고, 1761년(영조37) 영변 보현사(普賢寺)에 큰 화재가 일어나 모든 건물이 전소되었을 때 서원을 세워 복구하였다. 청송각준(青松覺俊)으로부터 경을 배웠으며, 경율론 삼장에 정통한 후 많은 후학을 지도하였다. 말년에는 보현사 화장암(華藏庵)으로 돌아가 정진하던 중 1781년(정조5) 9월 7일에 입적하였다. 스님의 계보는 청허휴정(淸虛休靜) → 편양언기(鞭羊彦機) → 풍담의심(楓潭義諶) → 월저도안(月渚道安) → 설암추붕(雪巖秋鵬) → 자응신화(慈應信和) → 청송각준 → 남파육탄으로 이어진다. 〔참고문헌〕 智冠 『韓國高僧碑文總集 朝鮮朝·近現代』 p.552. ⇨ 남파 南坡 **1**, 보현사 普賢寺 **19**

육탐기의 六耽嗜依 여섯 가지 탐기의(耽嗜依 Ⓢ gardha-āśrita). 여섯 가지(色聲香味觸法)로 탐하여 맛보고 의지하는 뜻으로 물든 희우사(喜憂捨) 삼수(三受)를 말하며, 출리의(出離依)의 상대어이다. 『대비바사론』 권139(대정장27, p.715a23)에 "삼십육수가 있다. 육탐기의의 희, 육출리의의 희와 육탐기의의 우와 육출리의의 우와 육탐기의의 사와 육출리의의 사를 말한다. 有三十六受 謂六耽嗜依喜 六出離依喜 六耽嗜依憂 六出離依憂 六耽嗜依捨 六出離依捨"라고 하였다. 〔참고문헌〕 『大毘婆沙論』. ⇨ 탐기의 耽嗜依, 출리의 出離依

육통 六通 Ⓢ ṣaḍ-abhijña. 육신통(六神通). 『문수사리문경』 권1(대정장14, p.500c21)에 "육통이란, 천안·천이·타심지·숙명지·신통·누진통이다. 六通者 天眼 天耳 他心智 宿命智 身通 漏盡通", 『대화엄경략책』 권1(대정장36, p.708b22)에 "육통이란, 첫째 신경통, 둘째 천안통, 셋째 천이통, 넷째 타심통, 다섯째 숙명통, 여섯째 누진통이다. 言六通者 一神境通 二天眼通 三天耳通 四他心通 五宿命通 六漏盡通", 『잡아함경』 권23(대정장2, p.169b11 : *Divy.*, p.399)에 "그때 저 대중 중에 한 비구가 있었으니 이름은 야사이다. 그는 대아라한으로서 육통을 빠짐없이 갖추었다. 時彼大衆中有一比丘 名曰耶舍 是大阿羅漢 具足六通 tatra yaśo nāmnā vṛddhaḥ ṣaḍabhijñaḥ", 『임제록』(대정장47, p.500a2)에 "그대들은 '부처님에 육통이 있으니 불가사의하다'라고 말한다. 그렇다면 일체의 모든 천·신선·아수라와 대력귀신 또한 신통을 가지고 있으니 이들도 부처님이라 해야 하는가? 爾道佛有六通 是不可思議 一切諸天 神仙阿修羅 大力鬼 亦有神通 應是佛否"라고 하였다. [참고문헌] 『文殊師利問經』, 『大華嚴經略策』, 『雜阿含經』, 『臨濟錄』, 『菩薩地持經』 권2(대정장30, p.896c7), *Divy*. ⇨ 육신통 六神通

육통 六痛 여섯 아픔. 육수(六受)를 말한다. 통(痛)은 수(受)의 구역(舊譯)이다. 『잡아함경』 권1(대정장2, p.499a11)에 "여섯 가지 아프고 가려움이란, 안이 심은 통양과 이비설신의가 심은 통양이니 이처럼 통양을 알아야 한다. 六痛癢 眼栽痛癢 耳鼻舌身意栽痛癢 如是爲知痛癢", 『음지입경』 권1(대정장15, p.173b11)에 "통종은 몸의 육통이니 안이비설신심으로 아는 아픔이니 이것이 몸의 육통이다. 痛種爲身六痛 一眼知痛 二耳知痛 三鼻知痛 四舌知痛 五身知痛 六心知痛 是爲身六痛"라고 하였다. [참고문헌] 『雜阿含經』, 『陰持入經』, 『阿毘曇八犍度論』 권27(대정장26, p.894b22). ⇨ 육수 六受

육통나한 六通羅漢 육신통이 있는 아라한. 명리나 이양을 위해 신통을 보이는 아라한을 말한다. 『법화경』 권4 「권지품 勸持品」(대정장9, p.36b29 : *Utsāha-parivarta*, *Saddh-p.*, p.272)에 "이양에 탐착하기에 속인에게 설법하고 세간공경을 받으려 하나 저 육통나한과 같네. 貪著利養故 與白衣說法 爲世所恭敬 如六通羅漢 rasesu gṛddha saktāśca gṛhīṇāṃ dharma deśayī, satkṛtāśca bhaviṣyanti ṣaḍabhijñā yathā tathā", 『아육왕경』 권4(대정장50, p.144b11)에 "절에 상좌인 육통나한이 있었는데, 이름이 야사였다. 寺有上座六通羅漢 名耶舍"라고 하였다. [참고문헌] 『法華經』, 『阿育王經』, 『出曜經』 권24(대정장4, p.738c19), *Saddh-p.* ⇨ 아라한 阿羅漢, 육신통 六神通

육통삼명 六通三明 육신통과 삼명을 아울러 이르는 말. 부처님과 아라한이 갖추신 덕을 말한다. 『유마의기』 권1(대정장38, p.444b28)에 "육통삼명은 바로 그 행과이다. 육통이란 신통·천안·천이·타심·숙명·누진이 그 여섯이며, 삼명이란 숙명·천안과 누진에 이른다. 六通三明是其行果 言六通者 身通天眼天耳他心宿命漏盡是其六也 言三明者 宿命天眼及以漏盡", 『묘법연화경』 권4(대정장9, p.28a2)에 "그 성문들은 수로 헤아리려 해도 알 수가 없는데, 모두 육통삼명과 팔해탈을 얻어 구족하였다. 其聲聞衆 算數校計所不能知 皆得具足六通三明及八解脫"라고 하였다. [참고문헌] 『維摩義記』, 『妙法蓮華經』. ⇨ 삼명육통 三明六通, 삼명 三明[1], 육신통 六神通, 팔해탈 八解脫

육통신 六痛身 여섯으로 아픔을 받는 몸. 육통은 육수(六受)이다. 『존바수밀보살소집론』 권10(대정장28, p.801c2)에 "여섯으로 받는 고뇌가 있는 것은 육통신이다. 有六受苦惱者 六痛身也"라고 하였다. [참고문헌] 『尊婆須蜜菩薩所集論』. ⇨ 육수 六受

육통원 六通願 아미타불이 인위에서 발한 48원 중 제5원에서 제10원까지의 여섯 가지 서원. [참고문헌] 『無量壽經』(대정장12, p.267c25). ⇨ 미타인행사십팔원 彌陀因行四十八願, 사십팔원 四十八願, 육신통 六神通

육통인 六通人 육신통(六神通)을 성취한 이. 『사리불아비담론』 권8 「비문분인품 非問分人品」(대정장28, p.587a2)에 "무엇이 육통인인가? 저 사람이 육통을 성취하고 이러한 행을 많이 행하면, 이를 육통인이라 한다. 云何六通人 若人六通成就 多行是行 是名六通人"라고 하였다. [참고문헌] 『舍利弗阿毘曇論』. ⇨ 육신통 六神通

육통지 六通地 벽지불십지(辟支佛十地) 중 여덟째 지. 육신통(六神通)에 통달한 지. 『대승동성경』 권하(대정장16, p.650a14)에 "부처님께서 말씀하셨다. '선장부야! 벽지불지에 열 가지가 있다. 어떤 것들이 열인가? … 여덟째는 육통지이다. 佛言 善丈夫 辟支佛地有其十種 何等爲十 … 八者 六通地"라고 하였다. [참고문헌] 『大乘同性經』, 『四教儀集解』 권중(卍속장102, p.77b6). ⇨ 십지 十地[5], 육신통 六神通

육통혜 六通慧 육신통 중 여섯째 누진통(漏盡通). 『유가사지론의연』 권4(금장120, p.239b10) "육통혜란, 육통 중 제6누진통이다. 六通慧者六通之中 第六漏盡通也", 『보살종도술천강신모태설광보경』 권5(대정장12, p.1041a16)에 "이때에 세존과 묘승보살이 이 법을 설하시자, 백칠십억중생이 세속의 오통을 버리고 육통혜마저 얻었다. 爾時 世尊與妙勝菩薩說此法時 有百七十億衆生 捨俗五通得六通慧"라고 하였다. [참고문헌] 『瑜伽師地論義演』, 『菩薩從兜術天降神母胎說廣普經』. ⇨ 육신통 六神通, 누진통 漏盡通

육퇴법 六退法 Ⓟ cha agāravā. 여섯 가지 물러나게 하는 법. 『장아함경』 권9 「십상경 十上經」(대정장1, p.54a23)에 "무엇이 여섯 가지 물러나게 하는 법인가? 여섯 가지 불경한 일로 불·법·승·계·정·부모를 섬기지 않는 것을 말한다. 云何六退法 謂六不敬法 不敬佛 不敬法 不敬僧 不敬戒 不敬定 不敬父母"라고 하였다. 팔리경문에는 계율·선정·부모 대신 학계(學戒 Ⓟ sikkhā)·불방일(不放逸 Ⓟ appamāda)·가까운 이들(Ⓟ paṭisanthāra)이라 하였으니, 디가니카야 제34경 *Dasuttara-sutta*(*DN.3*, p.280)에 "무엇이 여섯 가지 퇴전법인가? 여섯 가지로 공경하지 않음이다. 이제, 법우들이여, 비구는 스승을 존경하지도 따르지도 않고 머문다. … 학계를 존경하지도 따르지도 않고 머문다. 불방일을 높이 여겨 존경하지도 따르지도 않고 머문다. 가까운 이들을 존경하지도 따르지도 않고 머문다. katame cha dhammā hānabhāgiyā. cha agāravā. idhāvuso bhikkhu satthari agāravo viharati appatissavo. … sikkhāya agāravo viharati appatissavo. appamāde agāravo viharati appatissavo. paṭisanthāre agāravo viharati appatissavo. ime cha dhammā hānabhāgiyā"라고 하였다. [참고문헌] 『長阿含經』, *DN.* ⇨ 육불퇴법 六不退法

육파 六波 생몰연대 미상. 조선 말기 스님. 법호는 육파, 법명은 기운(奇雲), 속성은 김씨. 전라도 영암 출신. 포운응원(浦雲應元 1807~1867)의 법손이며, 예암광준(禮庵廣俊 1834~1894)의 제자이다. [참고문헌] 『東師列傳』 권6 「浦雲禪師傳」(한불전10, p.1055b9). ⇨ 응원 應元, 광준 廣俊

육파철학 六派哲學 인도 바라문교의 여섯 갈래 철학을 아울러서 부르는 말. 첫째, 상키야(Ⓢ Sāṃkhya)로 승거(僧佉)라 음사하고 수론(數論)이라 한역한다. 개조(開祖)는 카필라(Ⓢ Kapila). 『상키야카리카 *Sāṃkhya-kārika*』를 소의로 25제(諦)를 인정하며, 순수정신(純粹精神 Ⓢ Puruṣa)과 원질(原質 Ⓢ Prakṛti)이라는 형이상학적 원리로 세계의 전개를 설명한다. 둘째, 요가(Ⓢ Yoga)로 개조는 파탄잘리(Ⓢ Patañjali). 『요가수트라 *Yoga-sūtra*』를 소의로 하는 한편 상키야의 형이상학에 의지하고, 지배신으로서의 자재신(Ⓢ Īśvara)이 아닌 빠라아트만(Ⓢ Parātman)을 인정한다. 셋째, 바이셰쉬카(Ⓢ Vaiśeṣika)로 위세사(衛世師) 등으로 음사하고 승론(勝論)이라 한역한다. 개조는 카나다(Ⓢ Kaṇāda). 『바이셰쉬카수트라 *Vaiśeṣika-sūtra*』를 소의로 하며 여섯 또는 열 가지 원리(句義 Ⓢ padārtha)로 세계를 설명한다. 넷째, 니야야(Ⓢ Nyāya)로 정리(正理)라 한역한다. 개조는 가우타마(Ⓢ Gautama). 『니야야수트라 *Nyāya-sūtra*』를 소의로 바이셰쉬카의 형이상학에 의지하며 인명(因明)과 양론(量論)을 중시한다. 다섯째, 미망사(Ⓢ Mīmāṃsā)로 개조는 자이미니(Ⓢ Jaimini). 『미망사수트라 *Mīmāṃsā-sūtra*』를 소의로 베다의 절대성과 성언(聖言) 및 소리(聲)의 상주성(常住性), 제의를 통한 생천(生天)을 주장하였다. 여섯째, 베단타(Ⓢ Vedānta)로 개조는 바다라야나(Ⓢ Bādarāyaṇa). 『베단타수트라 *Vedānta-sūtra*』를 소의로 범아일여(梵我一如)의 일원론을 주장한다. 불교는 위의 육파가 설정한 의제를 제불설법이 아닌 것들의 류(類)로 비판하였으니, 『대승입능가경』 권3(대정장16, p.602a4)에 "다시 대혜야, 모든 부처님의 설하신 법은 사구를 여의는 것이다. 하나다 다르다, 다 있고 다 없다, 있다와 없다 등을 건립하여 비방하는 것을 여읜다. 대혜야, 제불의 설법은 제·연기·멸·도·해탈을 그 으뜸으로 삼을 뿐이니 저 승성·자재·숙작·자연·시·미진 등과 함께 상응하는 것들은 아니다. 復次 大慧 諸佛說法離於四句 謂離一異俱不俱及有無等建立誹謗 大慧 諸佛說法以諦 緣起 滅 道 解脫 而爲其首 非與勝性 自在 宿作 自然 時 微塵等 而共相應"라 하였고, 나아가 원측(圓測)의 『해심밀경소』 권1(한불전1, p.124b21)에서 비판하기를 "법수에서 체가 난다는 것은 이 또한 사교를 가리는 것이다. 수론외도는 성제 즉 소리를 체로 삼고, 승론종에서는 성덕으로 자성을 삼으며, 순세외도는 사대로 체를 삼고 일체를 모두 대를 써 성을 삼는다. 성론제사들이 소리를 써서 체로 삼으니, 이들은 성을 상주한다고 여겨 능히 정해진 기준으로 삼고 모든 법을 이에 준해 말한다. 言法數出體者 且辨邪敎 數論外道 聲諦爲體 依勝論宗 聲德爲性 順世外道 四大爲體 一切皆用大爲性故 聲論諸師 用聲爲體 明論聲常 能爲定量 詮諸法故"라 하였고, 원효는 『대승기신론소기회본』 권2(한불전1, p.745a1)에서도 아울러 언급하였으니 "수론외도는 유등의 성으로 제법과 하나라고 여겨 마땅히 있다는 명제 즉 유구를 설정하게 되니, 이야말로 진실 아닌 것에 집착하는 것이다. 왜 그런가. 만약 청색 등 색이 저 색성으로 하나라면 마땅히 저 색성 그 체도 같아야 한다. 다섯 가지 등의 소리가 저 성성으로 하나라면 마땅히 저 소리의 성 또한 체도 같아야 한다. 數論外道 執有等性與諸法一 卽當有句 此執非眞 所以者何 若靑等色 與色性一 應如色性 其體皆同 五樂等聲 與聲性一 應如聲性 其體皆同", "안 등 제근이 저 근성으로 하나라면 마땅히 저 근성 그 체도 같아야 하고, 낱낱 근이 모든 경을 취해야 하며, 마땅히 낱낱의 경에 응해 일체근을 대해야 하고, 또 일체법마저 저 유성으로 하나라면 마땅히 저 유성으로 그 체도 같아야 한다. 眼等諸根 與根性一 應如根性 其體皆同 應一一根 取一切境 應一一境 對一切根 又一切法 與有性一 應如有性 其體皆同也", "승론외도가 설하는 유 등의 성은 제법과 더불어 하나가 아니라 하니, 이는 마땅히 유구도 될 수 없어 진실이 아니다. 왜 그런가. 저 청 등

〈표1〉 육파철학

학 파 명	개 조	근본전적
상키야	카필라 Kapila	상키야카리카
요가학파	파탄잘리 Patañjali	요가수트라
니야야학파	가우타마 Gautama	니야야수트라
바이셰쉬카학파	카나다 Kaṇāda	바이셰쉬카수트라
미망사학파	자이미니 Jaimini	미망사수트라
베단타학파	바다라야나 Bādarāyaṇa	베단타수트라

색이 색의 자성과 다르다면 마땅히 저 소리 등이 눈으로 보는 것이 아니듯 소리 또한 귀로 듣는 것이 아닐 것이다. 일체법이 달리 자성을 갖는다면 마치 저 토끼뿔과 같이 그 체 본래 없음이니, 나머지 널리 파한다. 勝論外道 說有等性 與諸法非一 當非有句 此亦非眞 所以者何 若青等色 與色性異 應如聲等 非眼所行 聲等亦爾 又一切法 異有性者 應如免角 其體本無 乃至廣破"라고 하였다. 〔참고문헌〕『大乘入楞伽經』, 『解深密經疏』, 『大乘起信論疏記會本』, 元義範 『印度哲學思想』(集文堂, 1980), 木村泰賢 『印度六派哲學』(丙午出版社, 1924). ⇨ 외도 外道, 상키야학파 Sāṃkhya學派, 요가학파 Yoga學派, 니야야학파 尼夜耶學派, 바이셰쉬카 Vaiśeṣika, 미망사 Mīmāṃsā, 베단타학파 Vedānta學派

육팔원 六八願 아미타불이 인위에서 발한 미타인행사십팔원(彌陀因行四十八願)을 이르는 말. 육팔대원(六八大願)·육팔홍서(六八弘誓)·육팔홍원(六八弘願)·육팔초세본원(六八超世本願)이라고도 한다. 아미타부처님께서 과거 한량없이 많은 오랜 옛적의 어느 생에 국왕(國王)으로 있다가 당시 세자재왕(世自在王 Ⓢ Lokeśvara-rāja) 부처님으로부터 법문을 듣고 발심하고는 국왕의 자리를 물려주고 출가하여 스님이 되었는데, 그때 스님의 법명이 법장비구(法藏比丘 Ⓢ Dharmākara)다. 그때 불국토를 개척할 뜻을 품고 세운 마흔여덟 가지 큰 서원이다. 『준제정업』 권3(卍속장104, p.767a4)에 "『화엄경』에서 설하길 '큰 서원 일으키지 않는다면 이는 한갓 마구니의 일일 뿐이다'고 하였다. 그래서 보현보살에게 광대무변원해가 있고, 아미타불에게 육팔원문이 있다. 이로써 시방제불과 옛 선현들이 모두 원력을 인으로 보리를 성취하였음을 알 수 있다. 華嚴經云 不發大願 是爲魔事 所以普賢廣無邊願海 彌陀有六八願門 是知十方諸佛 上古先賢 皆因願力而得成就菩提", 『정토극신록』(卍속장110, p.138a3)에 "아미타불이 인지에서 발한 육팔의 큰 원력 때문에 거두지 않는 중생이 없고 이익없는 중생도 없다. 以其阿彌陀佛 因地中所發六八弘願力故 所以無機不攝 無生不利也", 『정토종요집』 권하(대정장83, p.456a22)에 "육팔홍서 모두 진실하여 허망하지 않다. 六八弘誓皆實不虛"라고 하였다. 〔참고문헌〕『準提淨業』, 『淨土極信錄』, 『淨土宗要集』, 60권본 『華嚴經』 권42(대정장9, p.664b28). ⇨ 미타인행사십팔원 彌陀因行四十八願, 사십팔원 四十八願

육편집 六偏執 여섯 가지로 치우쳐 집착한 견해. 자성(自性)·숙작(宿作)·자재(自在)·아(我)·무인(無因)·작자수자(作者受者)를 말한다. 자성을 주장하는 상키야(Ⓢ Sāṃkhya : 數論), 숙작을 말하는 순세외도(順世外道), 자재천이 원인이라고 하는 외도, '아'를 내세우는 바이셰쉬카(Ⓢ Vaiśeṣika : 勝論), 무인론자(無因論者) 등 외도들의 견해를 말한다. 『섭대승론석』 권2(대정장31, p.165b1)에 "〔논〕 여러 맹인들 중 어떤 이는 코를 만지고, 혹은 어금니를 만지고, 어떤 이는 귀를 만지고, 어떤 이는 다리를 만지고, 어떤 이는 꼬리를 만지고, 어떤 이는 등뼈를 만지고는 사람이 묻기를 '코끼리는 어떤 모습인가?'라고 하면 '코끼리는 쟁기자루와 같다'고 하고, 어떤 이는 '절굿공이와 같다거나 키와 같다거나 절구통과 같다거나 마당을 쓰는 비와 같다거나 바위와 같다'고 말한다. 누구라도 두 가지로(根境) 연하여 일어남을 알지 못하면 무명의 태생적 맹인이 되어 자성을 인이라 하거나 숙작을 말하고 자재변화를 주장하거나 혹은 팔자재아를 말하거나 무인을 주장하거나 자아는 작자 또는 수자라고 주장한다. 〔석〕 여섯 가지로 만진 것은 육편집을 비유한다. 즉 첫째 자성, 둘째 숙작, 셋째 자재, 넷째 아, 다섯째 무인, 여섯째 작자수자이다. '등은'에서 '등'이란 육십이견 등 말한다는 뜻이다. 論曰 有諸盲人 或觸其鼻 或觸其牙 或觸其耳 或觸其脚 或觸其尾 或觸其脊等 有人問之 象爲何相 盲人答云 象如犁柄 或說如杵 或說如箕 或說如臼 或說如箒 或說如山石 若人不了 二種緣生 無明生盲 或說自性爲因 或說宿作 或說自在變化 或說八自在我 或說無因 或說作者受者 釋曰 六觸譬六偏執 一 自性 二 宿作 三 自在 四 我 五 無因 六 作者受者 等者等 六十二見等"라고 하였다. 〔참고문헌〕『攝大乘論釋』. ⇨ 군맹무상 群盲撫象, 맹인모상 盲人摸象, 육사외도 六師外道, 육십이견 六十二見

육폐 六蔽 여섯 가지 덮개. 육바라밀을 장애하는 여섯 가지 마음. 육폐(六弊)·육폐심(六弊心)이라고도 한다. 『대승장엄경론』(대정장31, p.652a13 : *Sūtr.*, p.166)에 "중생들에게 여섯 가지 가림이 있어서 능히 육바라밀을 장애하니, 이른바 간탐과 파계와 성냄과 게으름과 어지러운 마음과 우치다. 보살은 이 차제로 그들에게 필요한 것을 주어 보시하게 하고, 또한 반야를 행하게 한다. 그래서 저 중생이 여섯 장애를 없애도록 한다. 이것이 곧 보시를 주는 것이요, 또 지혜를 주는 것이다. 衆生有六蔽 能障彼六波羅蜜 所謂慳貪 破戒 嗔恚 解怠 亂心愚癡 菩薩如其次第 給其所須 令行布施 乃至令行般若 使彼衆生得除六障 卽是與施 乃至 與智 ṣaḍprakāro vipakṣaḥ. ṣaṇṇāṃ pāramitānāṃ mātsaryadauḥśīlyakrodhakausīdyavikṣepadauṣprajñyāni yathākramāḥ", 『법화의소』 권2(대정장34, p.479b6)에 "처음에는 보시 등 육바라밀을 행하고, 중간에는 아끼는 마음 등 육폐를 무너뜨리며, 마지막에는 일체지로 회향한다. 初行施等六度 中破慳等六弊 後迴向一切智", 『대지도론』 권33(대정장25, p.303c24)에 "보살마하살로서 아끼는 마음·파계하는 마음·성내는 마음·게으른 마음·산란한 마음・어리석은 마음을 일으키지 않으려면 마땅히 반야바라밀을 배워야 한다. … 보살은 반야바라밀을 행하는 힘으로 능히 이 여섯 가지 덮개를 막아 육바라밀을 깨끗이 한다. 菩薩摩訶薩 欲不起慳心 破戒心 瞋恚心 懈怠心 亂心 癡心者 當學般若波羅蜜 … 菩薩行般若波羅蜜力故 能障是六蔽 淨六波羅蜜"라고 하였다. 〔참고문헌〕『大乘莊嚴經論』, 『法華義疏』, 『大智度論』, 『華嚴經疏鈔』 권22(대정장36, p.171b28), 『摩訶止觀』 권8하(대정장46, p.116c26), *Sūtr.* ⇨ 육바라밀 六波羅蜜

육포 六皰 몸을 구성하는 여섯 부위. 머리・몸통・양팔・양다리로 나눈다. 『마하지관』 권7(대정장46, p.93b12)에 "(탁태한 種子는) 육포가 형성되면 형상이 온전히 갖추어지고 날과 달이 꽉 차면 뒤쳐 산문으로 향한다. 若六皰成就 形相具足 日月已滿 轉向産門", 같은 책 권9(대정장46, p.125c22)에 "육포가 열리고 자라는 것을 색화합이라고 한다. 六皰開張 名色和合", 『지관보행전홍결』 권9(대정장46, p.425b4)에 "육포는 머리・몸통・양팔・양다리이다. 六皰者 頭身二手二足"라고 하였다. 〔참고문헌〕『摩訶止觀』, 『止觀輔行傳弘決』.

육풍경 六諷經 여섯 당우(堂宇)에서 매월 2회 경전을 독송하는 의식. 일본 선종의 전통이다. 『선림상기전』 권13(불광장, 禪藏, p.982)에 "육풍경 : 도충이 말한다. '매월 2회 여섯 당우에서 경전을 독송한다. 초2일은 토지당, 초3일은 조사당, 초4일은 화덕, 초5일은 위천, 초6일은 보암, 초7일 저녁은 진수이다. 16일부터 21일까지 거듭 위의 차제로 행한다. 초2일과 16일에 토지당에서 행하는 풍경은 『환주청규』에 보이지만 그 나머지는 중국전적에 수록된 기사를 찾을 수 없다. 또한 어느 곳 누가 짓고 시작했는지 알 수 없다'. 六諷經 忠曰 每月兩回 六諷經 謂初二日土地 初三日祖師 初四日火德 初五日韋天 初六日普菴 初七日晚鎭守 自十六日 至二十一日 亦如上次第矣 其初二及十六 土地諷經 見幻住淸規 自餘未得 中華書所載 又未知此方何人肇製也"라고 하였다. 〔참고문헌〕『禪林象器箋』.

육피다분 六皮陀分 외도의 육론(六論). 피다는 범어 베다(Ⓢ Veda)의 음사어이며 여기에 분(分 Ⓢ aṅga)을 붙였으니 베당가(Ⓢ Vedāṅga)를 의미한다. 『금칠십론』 권상(대정장54, p.1251a1)에 "어떤 것을 지라 하는가? 지에는 두 가지가 있으니, 첫째 외지, 둘째 내지다. 외지란 육피다로 분류되니, 첫째 식차론(式叉論 Ⓢ Śikṣa), 둘째 비가라론(毘伽羅論 Ⓢ Vyākaraṇa), 셋째 겁파론(劫波論 Ⓢ Kalpa), 넷째 수제론(樹提論 Ⓢ Jyotiṣa), 다섯째 천다론(闡陀論 Ⓢ Chandas), 여섯째 니록다론(尼祿多論 Ⓢ Nirukta)이다. 이 여섯 곳의 지를 외지라고 한다. 何者名爲智 智有二種 一 外智 二 內智 外智者 六皮陀分 一 式叉論 二 毘伽羅論 三 劫波論 四 樹提論 五 闡陀論 六 尼祿多論 此六處智名爲外"라고 하였다. 〔참고문헌〕『金七十論』, 『百論疏』 권상(대정장42, p.244a19). ⇨ 육론 六論

육하 六河 여섯 갈래로 흐르는 강. 생사와 열반, 번뇌와 불성, 선법과 악법이라는 세 쌍. 생사와 번뇌와 불선법이 끝없는 한 열반도 불성도 선법 또한 끝날 수 없기에 끝없이 흐르는 강에 비유하였다. 『대반열반경소』 권27(대정장38, p.194b21)에 "이 경 전후로 무릇 여섯 강을 설한다. 생사열반의 강과 번뇌불성의 강과 선법악법의 강이 둘씩 짝이 된다. 생사에 벗어남과 벗어나지 못함을 따진다면, 열반에서는 들어감과 들어가지 못함을 따진다. 번뇌는 끊음과 끊지 못함을 따져야 하지만, 불성은 알아차림과 알아차리지 못함을 따진다. 악법은 떠남과 떠나지 못함을 따지지만, 선법은 구경에 이름과 구경에 이르지 못함을 따진다. 此經前後 凡說六河 謂生死涅槃河 煩惱佛性河 善法惡法河 兩兩相對 生死論得出不得出 涅槃論得入不得入 煩惱論能斷不能斷 佛性論能見不能見 惡法論能離不能離 善法論至極不至極"라고 하였다. 〔참고문헌〕『大般涅槃經疏』.

육학승전 六學僧傳 ➡ 신수과분육학승전 新脩科分六學僧傳

육합 六合 천지(天地)와 사방을 아울러 이르는 말. 천하를 말한다. 『장아함경』 「서문 序文」(대정장1, p.1a21)에 "겁수가 비록 멀다 하지만 가깝게는 오히려 시간은 조석이고, 육합이 비록 아득히 넓다 하지만 드러난즉 눈앞이다. 劫數雖遼 近猶朝夕 六合雖曠 現若目前", 『조정사원』 권5(卍속장113, p.150a14)에 "육합 : 『장자』에 '육합 밖을 성인은 있다고 여기지만 말하지 않고, 육합 안을 성인이 말은 하지만 맘과 뜻만으로 알 수 없다'라고 하였다. 六合 莊子 六合之外 聖人存而不論 六合之內 聖人論而不議", 『장자내편주』 권2(건릉장153, p.388b12)에 "성인의 마음 도와 합하니 육합 밖을 알지 못할 일 없으나, 다만 있다고만 할 뿐 드러내 말하지 못한다. 듣고 보아 미칠 수 없고 시비를 두려워 논하지 않는다. 聖人心與道合 卽六合之外 未嘗不知 但存之而不論 以非耳目之所及 恐生是非 故不論耳", 『남송원명선림승보전』 권4 「보암인숙전 普菴印肅傳」(卍속장137, p.660b18)에 "갈대밭 그 틈엔 병든 새 깃들 수 있지만 육합 그 밖은 곡사들에겐 아득할 뿐이다. 荻葦之間 病鳥棲焉 六合之外 曲士藐焉"라고 하였다. 〔참고문헌〕『長阿含經』, 『祖庭事苑』, 『莊子內篇註』, 『南宋元明禪林僧寶傳』, 『止觀輔行傳弘決』 권1(대정장46, p.162b13).

육합산 六合山 중국 강소성(江蘇省) 남경시(南京市) 육합현(六合縣) 서남쪽으로 60리 지점에 있는 산. 『석가방지』 권하(대정장51, p.969b3)에 "깊고 고요함 깃들기 즐기더니 육합산에서 생을 마쳤다. 而樂栖幽靜 終於六合山"라고 하였다. 〔참고문헌〕『釋迦方誌』.

육합석 六合釋 Ⓢṣaṭsamāsā. 범어에서 합성어를 푸는 여섯 가지 방식. 육리합석(六離合釋)·육석(六釋)이라고도 한다. 의주석(依主釋 Ⓢtat puruṣa), 지업석(持業釋 Ⓢkarma dhāraya), 유재석(有財釋 Ⓢbahu vrīhi), 상위석(相違釋 Ⓢdvandva), 인근석(隣近釋 Ⓢavyayībhāva), 대수석(帶數釋 Ⓢdvigu)을 말한다. 『대승법원의림장』(대정장45, p.254c24)에 "모든 이름들의 뜻을 푸는 것은 모두 다른 방법에 의지하니 이를 육합석이라 한다. 이는 범어로 살삼마사라 하고 육합으로 한역한다. 살(Ⓢṣaṭ)이란 여섯이라는 뜻이고, 삼마사(Ⓢsamāsā)는 합이라는 뜻이다. 解諸名義 皆依別論 謂六合釋 梵云殺三磨娑 此云六合 殺者六也 三磨娑者合也", "제법에 단지 두 가지 뜻이 있는 경우, 위와 같이 이름을 붙인 것은 육합석에 해당한다. 단지 한 가지 뜻만으로 된 이름은 이 석에 해당하지 않으니, 한 가지 뜻만으로 된 이름은 이치가 자체를 지시하므로 다른 법을 따라서 이름을 세우지 않는다. 두 가지 의미로 된 이름은 이치에 여지가 있다. 그러므로 육합석에는 하나의 뜻인 이름은 없다. 諸法但有二義 以上而爲名者 卽當此釋 唯一義名卽非此釋 一義爲名理目自體 不從他法而立自名 二義爲名理有相濫 故六合釋無一義名", "먼저 두 가지 의미의 차이를 각각 해석한 후에 그것을 합한다. 예컨대 '불타'를 '깨달은 사람'이라고 해석하는 경우 사람은 주체라는 뜻으로서 오온에 통한다. '깨달음'은 살핀다는 뜻이니 오직 지혜에 속한다. 이렇게 각각 해석한 후에 '깨달음을 가진 사람'을 '깨달은 사람'이라고 하면 이것은 두 가지 의미를 합한 것이다. 그러므로 '합'이라 한다. 이러한 합성명사를 해석하는 방식에 여섯 가지가 있으므로 육합석이라 한다. 初但別釋二義差別 後乃合之 如說佛陀名爲覺者 者是主義 通於五蘊 覺是察義 唯屬於智 此別解已 有覺之者名爲覺者 此卽合之故名爲合 釋此合名有其六種 名六合釋", "비록 '보리'라는 말에 두 개의 문자가 있지만 두 개의 문자는 '깨달음'이라는 한 가지 뜻을 지시한다. 의미가 하나라면 이치상 자체를 지시하므로 해석의 여지가 없으니 어찌 육합석을 쓸 필요가 있겠는가? 육합석은 개념들 중 해석의 여지가 있어서 의심할만한 것들을 해석하는 것이다. 육합석을 의미로 해석하면 육리합석이라고도 부를 수 있다. 雖如菩提 有其二字 二字但目一覺之義 義旣是一 理目一體 旣無相濫 何用六合 六合之釋 解諸名中相濫 可疑諸難者故 此六合釋以義釋之 亦可名爲六離合釋"라고 하였다. 〔참고문헌〕『大乘法苑義林章』. ⇨ 육리합석 六離合釋

〈표1〉 육합석

범어문전梵語文典		육합석六合釋
1 상위석相違釋		4 상위석相違釋
2 의주석依主釋	a 본래의주석本來依主釋	2 의주석依主釋
	b 지업석持業釋	1 지업석持業釋
	c 대수석帶數釋	6 대수석帶數釋
3 유재석有財釋		3 유재석有財釋
4 불변사不變詞		
		5 인근석隣近釋

육항주 六恒住 Ⓢṣaṭ sātatā vihārāḥ, Ⓟcha sātata-vihārā, Ⓣrtag-tu-yod-pa drug gnas-pa. 육근(六根)과 육경(六境)이 만난 후 다 기억하고 바르게 알아 언제나 불고불락(不苦不樂)의 사심(捨心)에 머무는 것. 육상행(六常行)이라고도 한다. 『집이문족론』 권15(대정장26, p.430b2)에 "육항주라 하니 여섯 가지는 무엇인가? 〔답〕 첫째 눈으로 색을 보고서 기쁨도 근심도 없어 빠짐없이 기억하고 바르게 알아 항상 평정에 편안히 머무는 것, … 여섯째 마음으로 법을 알고서 기뻐하지도 근심하지도 않아 구족히 기억하고 바르게 알아 언제나 편안히 평정에 머문다. 六恒住者 云何爲六 答 一 眼見色已 不喜不憂 具念正知 恒安住捨 … 六 意了法已 不喜不憂 具念正知 恒安住捨", "눈으로 색을 보고서 기뻐하지도 근심하지도 않으며 기억하고 바르게 알아 항상 평정에 머문다는 말은 무슨 뜻인가? 곧 눈으로 색을 보는데, 사랑할 만하거나 사랑할 만하지 않거나, 즐거워할 만하거나 즐거워할 만하지 않거나, 기뻐할 만하거나 기뻐할 만하지 않거나, 뜻에 맞거나 뜻에 맞지 않거나, 혹 의지하거나, 등무간연이거나 소연연이거나, 처소이거나, 증상연인 색에 있어서, 평정함을 따라 뜻 지어 사유하여 생겨난 뛰어난 평정이니, 이를 이르길 눈으로 보아 마치고는 희도 우도 없이 온전히 기억하고 바르게 알아 언제나 편안히 머물고 버림에 머문다 한다. 이비설신의의 항주 역시 그러하다. 眼見色已 不喜不憂 具念正知 恒安住捨者 謂眼見色 於可愛不可愛 可樂不可樂 可欣不可欣 可意不可意 或所依止 或等無間 或所緣 或處所 或增上色 以順捨處 作意思惟 若於此色 由順捨處 作意思惟 所生妙捨 是名眼見色已 不喜不憂 具念正知 恒安住捨 耳鼻舌身意恒住亦爾", 『구사론』 권10(대정장29, p.54b6 : *Abh-k-bh.*, p.150)에 "오직 잡염이란 것이 의와 더불어 서로 끌어 자주 소연을 행함이 의근행이다. 무엇이 의와 더불어 서로 끌고 자주 행하는가? 때론 갈망하고 때론 미움으로 때론 가려 버리지 못함이다. 이를 대치하기 위하여 육항주를 설하는데, 곧 색을 보고서 기뻐하지도 근심하지도 않으며, 마음이 항상 평정함에 머물러 다 기억하고 바르게 아는 것이며 나아가 법을 아는 것까지에도

그렇게 한다. 唯雜染者 與意相牽 數行所緣 是意近行 云何與意 相牽數行 或愛或憎 或不擇捨 爲對治彼 說六恒住 謂見色已 不喜不憂 心恒住捨 具念正智 廣說乃至 知法亦爾 sāṃkleśikā yair mano viṣayān upavicaratīti. katham copavicarati. anunīyate ca pratihanyate cāpratisaṃkhyāya copekṣate yeṣāṃ pratipakṣeṇa ṣaṭ sātatā vihārā bhavanti. cakṣuṣā rūpāṇi dṛṣṭvā naiva sumanā bhavati na durmanā upekṣako viharati smṛtimān saṃprajānan evaṃ yāvan manasā dharmān vijñāyeti"라고 하였다. [참고문헌]『集異門足論』,『俱舍論』, *Abh-k-bh.*, *DN.3.250.* ⇨ 육상행 六常行, 사심 捨心, 육사행 六捨行

육해일망 六解一亡 여섯을 풀면 하나마저 잊는다는 말.『능엄경』의 화려하게 수놓은 수건으로 여섯 개의 매듭을 짓고 다시 푸는 비유로서, 중생이 여섯 가지(六根 六塵六境)로 생사하니 이 화합을 푼 즉 무명(無明)마저 다하여 열반이라는 뜻이다.『능엄경』권5(대정장19, p.125b4)에 "여섯이 풀리면 하나마저 잊는다는 것 또한 이와 같다. 그대 시작도 없이 심성이 미친 듯 어지러워 지견 헛되이 일어나고 허망하게 일어나 쉴 줄도 모른다. 수고로이 보아 티끌 날리니, 마치 저 피로한 눈동자 없는 꽃 있게 하듯, 맑고 곱고 밝은 곳에서 까닭 없이 어지럽게 일어난다. 일체세간과 산하대지와 생사열반이 모두 바로 미친 듯 수고로이 뒤치고 고꾸라져 피어난 꽃들의 모습일 뿐이다. 六解一亡 亦復如是 由汝無始 心性狂亂 知見妄發 發妄不息 勞見發塵 如勞目睛 則有狂花 於湛精明 無因亂起 一切世間 山河大地 生死涅槃 皆卽狂勞 顚倒花相"라고 하였다. 이에 대해『수능엄의소주경』권5(대정장39, p.894b19)에서는 "근경식 셋이 일시에 함께 드러나니 생사는 여섯이 되고 열반을 하나라고 한다. 맞선 것들 상대할 때 있는 듯하지만 본래 있던 것은 없다. 根境識三 一時俱現 生死爲六 涅槃名一 由對待成 本無所有"라고 하였고,『능엄경통의』권5(卍속장19, p.191a2)에서는 "대개 하나는 무명을 비유하고, 여섯 비유는 육근이다. 蓋以一喩無明 六喩六根"라고 하였다. [참고문헌]『楞嚴經』,『首楞嚴義疏注經』,『楞嚴經通議』,『宗鏡錄』권96(대정장48, p.935a7),『續傳燈錄』권35(대정장51, p.707a9). ⇨ 무명 無明, 육근 六根

육행지사 六行之士 ❶ 불과(佛果)에 이르기 위해 육위를 닦는 보살.『금강삼매경』(대정장9, p.370a11)에 "허공경계는 안팎을 헤아릴 수 없으나 육행을 닦는 이이에 능히 알 수 있는 것 있다. … 첫째 십신행, 둘째 십주행, 셋째 십행행, 넷째 십회향행, 다섯째 십지행, 여섯째 등각행이다. 이와 같이 행하는 이 능히 알아 갈 수 있다. 虛空境界 內外不測 六行之士 乃能知之 … 一者十信行 二者 十住行 三者 十行行 四者 十迴向行 五者 十地行 六者 等覺行 如是行者 乃能知之"라고 하였다. [참고문헌]『金剛三昧經』. ❷ ➡ 육종고행외도 六種苦行外道, 육행관 六行觀

육행관 六行觀 유루지(有漏智)로 닦는 여섯 갈래 관행. 낮은 위에서 세 가지로 관하여 떠나고 수승한 세 가지를 구해 가는 관법이다. 육행상관(六行相觀)·육묘행(六妙行)이라고도 한다. 설일체유부에서는 유루지로 수혹(修惑)을 끊을 때 닦는 관법으로서 견도(見道)에 들어가기 이전에 이 관법으로 수혹의 일부를 끊고 견도에 들어간다고 설한다. 자신이 처한 그 아래위에 대해 고(苦 Ⓢ duḥkhilatas)·추(麤 Ⓢ dauṣṭhulya)·장(障 Ⓢ sthūla-bhittikatas)으로 여겨 싫어하는 마음(厭心)을 일으키고, 자신이 처한 위보다 높은 위에 대해서는 승(勝 : 靜 Ⓢ śānta)·묘(妙 Ⓢ praṇīta)·출(出 : 離 Ⓢ niḥsaraṇākāra)로 여겨 좋아하는 마음(欣心)을 일으킨다.『구사론』에서는 무간도(無間道)에서 고·추·장 세 가지를 끊고 해탈도(解脫道)에서 승·묘·출마저 끊는다고 한다. 구차제정(九次第定)에서 마지막 유정위(有頂位)의 번뇌는 육행관으로 끊을 수 없고 사제(四諦)의 무루지(無漏智)로써 끊는다.『구사론』권24(대정장29, p.127c20 : *Abh-k-bh.*, p.368)에 "모든 무간도는 차제로 모든 하지유루법으로 지은 추고 등을 반연하되 세 가지 행상 중 하나의 행상만을 따른다. 저 모든 해탈도는 차제로 저 상지의 모든 유루법으로 지은 정묘 등을 반연하되 세 가지 행상 중 하나의 행상만을 따른다. 적정이 아닌 것을 추라고 하였는데, 크게 힘써야 비로소 넘어설 수 있기 때문이다. 미묘가 아니어서 고라고 하였는데, 대단히 거칠고 무거워 능히 위해가 되기 때문이다. 출리라 하지 않고 장이라고 하였는데, 이것이 자기의 경지를 넘어서지 못하게 장애하는 것이 마치 저 감옥의 두꺼운 벽이 능히 벗어날 수 없게 하는 것과 같기 때문이다. 정·묘·리의 세 가지는 이를 뒤집으면 마땅히 알 수 있다. 諸無間道 緣自次下地 諸有漏法 作麤苦等 三行相中 隨一行相 若諸解脫道 緣彼次上地 諸有漏法 作靜妙等 三行相中 隨一行相 非寂靜故說名爲麤 由大劬勞方能越故 非美妙故 說名爲苦 由多麤重能違害故 非出離故 說名爲障 由此能礙越自地故 如獄厚壁能障出離 靜妙離三 翻此應釋 ānantaryamārgā adharāṃ bhūmim audārikato duḥkhilataḥ sthūlabhittikataś ca. aśāntatvād audārikato mahābhisaṃskārataratvāt. apraṇītatvād duḥkhilato bahudauṣṭhulyataratvena pratikūlabhāvāt. sthūlabhittikatas tayaiva tadbhūmyaniḥsaraṇād bhittyaniḥsaraṇavat. eṣām viparyayeṇa śāntapraṇītaniḥsaraṇākārāḥ",『석선바라밀차제법문』권2(대정장46, p.490c25)에 "육행관이란, 먼저 아래로 고·추·장 세 가지를 싫어하는 것이니, 욕계부정으로 거짓이며 천하다고 관하는 것이다. 다음으로 위로 승·묘·출 세 가지를 반연하는 초선이야말로 중하며 귀하다고 관하는 것이다. 六行觀者 一 厭下苦麤障爲三 卽是觀欲不淨欺誑可賤 攀上勝妙出爲三 卽是觀初禪爲尊重可貴", "여기서 여섯 가지 법을 풀이하면 두 가지 뜻으로 나눌 수 있다. 하나는 과를 잡아 밝히는 것이고 다른 하나는 인에 따라 밝히는 것이다. 今釋六法自可爲二意 一 約果明 二 約因明", "먼저 욕계과에 따라 밝힌다. 고·추·장을 싫어한다는 말은 욕계바닥 낮은 색심의 거칠고 무거움을 싫어하는 것이다. 행자는 사유하길 욕계보신을 받아 굶주림과 목마름·추위와 더위·병통과 형벌 등으로 다양하게 핍박받는 것이 고이고, 거칢이란 몸이 똥·오줌 등 냄새나고 더러운 서른여섯 가지 것들로 이루어졌음을 말한다. 거친 것이란 추하고 남루하기 때문이다. 장이란 몸에 막힘이 있어 자재하지 못한 것이니 산하와 석벽 등에 막혀 있으므로 장애라고 한다. 先約欲界果明 言厭下苦麤障者 厭患欲界底下色心麤重故 行者思惟 今感欲界報身 饑渴寒熱 病痛刀杖等 種種所逼故名苦 麤者 此身爲三十六物屎尿臭穢之所成 故名爲麤 麤者 醜陋故 障者 此身質礙不得自在 爲山河石壁所隔礙 故名爲障", "다음으로 색계과보에 따라 밝히면, 위의 수승함을 반연한다는 것은 행자가 사유하되 색계락은 수승하고 욕계락은 고통임을 아는 것이다. 색계락은 수승하여 낙으로 고통 이길 수 있기에 위의 수승함이고, 묘란 색계의 몸을 받음이 저 거울 속의 상과 같이 비록 형색은 있지만 막힘이 없기에 묘라고 한다. 출이란, 다섯 가지 신통을 얻어 장애물 밖의 일을 사무쳐 보니 산과 벽 등의 걸림이 없기에 벗어남이라고 한다. 次約色界果明 攀上勝者 行者思惟 知色界樂爲上勝故 如欲界樂爲苦 色界樂爲勝 得樂勝苦故名上勝 妙者 受得色界之身 如鏡中像 雖有形色 無有質礙 故名爲妙 出者 獲得五通 徹見障外等事 山壁無礙 故名爲出", 『능엄경관심정해』 권1(卍속장23, p.638a14)에 "만약 외도가 단지 낮은 것을 싫어하고 높은 것을 좋아하는 육행관만 닦을 줄만 알아서 온전히 망을 본 것만으로도 사혹이 사라졌다고 안다. 이것은 구차제정은 비록 성취하였더라도 사혹은 아직 끊지 못한 것이다. 그러므로 비록 위의 정을 성취하였더라도 번뇌도 다하지 못하고 과보도 성취하지 못한다. 예컨대 본래 번뇌를 끊은 중생이 견혹과 사혹을 가지런히 끊었더라도 그 위에서 아래로 퇴전하는 경우가 바로 이에 해당한다. 若外人但知修六行觀厭下忻上 全用見妄而滅思惑 此則九次第定雖成 未斷思惑 故雖成上定 漏不盡果不成 如本斷超人見思齊斷 其位退下是也"라고 하였다. [참고문헌] 『俱舍論』, 『釋禪波羅蜜次第法門』, 『楞嚴經觀心定解』, *Abh-k-bh.* ⇨ 염고관 厭苦觀, 염장관 厭障觀, 염추관 厭麤觀, 흔묘관 欣妙觀, 흔승관 欣勝觀, 흔출관 欣出觀, 정묘리 靜妙離

육행신 六行身 육근이 육경을 만나 여섯 갈래로 생겨난 모든 행. 『집이문족론』 권11(대정장26, p.413c18)에 "무엇을 이름하여 모든 있을 수 있는 행이라 하는가? [답] 있는 바 행을 다한 것이란 육행신을 말한다. 어떤 것이 그 여섯인가? 눈으로 부딪혀 생겨난 행, 귀·코·혀·몸·뜻으로 만나 일어난 행이니, 이와 같은 것을 모든 존재할 수 있는 행이라고 한다. 云何名爲 諸所有行 答 盡所有行 謂六行身 何等爲六 謂眼觸所生行 耳鼻舌身意觸所生行 如是名爲 諸所有行"라고 하였다. [참고문헌] 『集異門足論』.

육향장자 鬻香長者 Ⓢ gāndhika-śreṣṭhin. 『화엄경』 「입법계품 入法界品」의 오십삼선지식(五十三善知識) 스물한째 선지식. 향을 파는 장자. 이름은 우발라화(優鉢羅華 Ⓢ Utpalabhūti : 40권본에서는 具足優鉢羅華)이다. 일체향(一切香)을 잘 분별하고 화합(和合)에도 뛰어났다. 80권본 『화엄경』 권67 「입법계품」(대정장10, p.360c4 : *Gaṇḍ-vy.*, p.139)에 "선남자야! 여기에서 남쪽으로 가면, 한 국토 있으니 광대(廣大 Ⓢ Pṛthu-rāṣṭra)이고 그곳에 육향장자가 있어 이름은 우발라화다. 너는 그를 찾아가 보살이 어떻게 보살행을 배우고 보살도를 닦는지 물어야 하리. 善男子 於此南方 有一國土 名爲廣大 有鬻香長者 名優鉢羅華 汝詣彼問 菩薩云何學菩薩行 修菩薩道 gaccha kulaputra ihaiva dakṣiṇāpathe pṛthurāṣṭraṁ nāma janapadaḥ. tatrotpalabhūtirnāma gāndhikaśreṣṭhī prativasati. tamupasaṁkramya paripṛccha kathaṁ bodhisattvānāṁ bodhisattvacaryāyāṁ śikṣitavyam kathaṁ pratipattavyam"라고 하였다. [참고문헌] 『華嚴經』, 40권본 『華嚴經』 권14 「入不思議解脫境界普賢行願品」(대정장10, p.725b15), 『新華嚴經論』 권20(대정장36, p.857c18), 『北山錄』 권3(대정장52, p.591a1), *Gaṇḍ-vy.* ⇨ 오십삼선지식 五十三善知識

육험 六驗 ➡ 사상육험 死相六驗

육현관 六現觀 Ⓢ ṣaḍ-abhisamaya. 여섯 갈래 현관(現觀). 눈앞에 드러난 경계를 유루(有漏)와 무루(無漏)의 지혜로 관하는 사현관(思現觀 Ⓢ cintāmayī-abhisamaya)·신현관(信現觀 Ⓢ śraddha-abhisamaya)·계현관(戒現觀 Ⓢ śīla-abhisamaya)·현관지제현관(現觀智諦現觀 Ⓢ abhisamaya-jñāna-satya-abhisamaya)·현관변지제현관(現觀邊智諦現觀 Ⓢ abhisamayāntika-jñāna-satya-abhisamaya)·구경현관(究竟現觀 Ⓢ niṣṭha-abhisamaya)을 말한다. 『성유식

론』 권9(대정장31, p.50c1)에 "육현관이란, 첫째는 사현관이니 최상의 희수와 상응하는 사로 성취한 혜다. 이는 능히 제법공상을 관찰하여 난위(煖位) 등으로 이끈다. 가행도 중에서 제법을 관찰할 때, 이 용이 가장 맹렬하므로 치우쳐 세운 현관이다. 난위 등에서는 능히 널리 법을 분별할 수 없고, 리를 증하지는 못했기에 현관은 아니다. 六現觀者 一 思現觀 謂最上品 喜受相應 思所成慧 此能觀察 諸法共相 引生煖等 加行道中 觀察諸法 此用最猛 偏立現觀 煖等不能 廣分別法 未證理故 非現觀", "둘째는 신현관이니, 삼보를 연으로 세간과 출세간에 있어 결정된 깨끗한 믿음을 말한다. 이것이 현관을 도와서 퇴전하지 않게 하기에 현관이란 이름을 세운다. 二 信現觀 謂緣三寶 世出世間 決定淨信 此助現觀 令不退轉 立現觀名", "셋째는 계현관이니, 무루계를 말한다. 파계의 허물을 버리게 해서 관을 한층 밝게 하므로 역시 현관이다. 三 戒現觀 謂無漏戒 除破戒垢 令觀增明 亦名現觀", "넷째는 현관지제현관이니, 일체종으로 비안립제를 반연하는 근본후득의 무분별지를 말한다. 四 現觀智諦現觀 謂一切種 緣非安立 根本後得 無分別智", "다섯째는 현관변지제현관이니, 현관지제현관 다음에 모든 안립제를 반연하는 세간・출세간의 지혜를 말한다. 五 現觀邊智諦現觀 謂現觀智諦現觀後 諸緣安立 世出世智", "여섯째는 구경현관이니, 진지(盡智) 등 구경위의 지혜를 말한다. 六 究竟現觀 謂盡智等 究竟位智"라고 하였다. [참고문헌]『成唯識論』, 『華嚴經疏鈔』 권55(대정장36, p.433c23). ⇨ 육종현관 六種現觀, 현관 現觀

육현관의발보리심의정의함 六現觀義發菩提心義淨義含 신라 때 원효(元曉) 찬. 1권. 제명으로도 육현관과 보리심과 정(淨)의 뜻을 분명히 하고 있어 유루무루심의 보살수행도를 아우른 글이 분명하지만, 일본 『나량조현재일체경소목록』에 서명만 전한다. [참고문헌]『奈良朝現在一切經疏目錄』(2767・2768). ⇨ 원효 元曉

육혜 六慧 여섯 가지 지혜. 별교보살(別敎菩薩)이 육위를 따라 상응하여 여섯 가지 지혜를 일으킴을 말한다. 『영락본업경』 권상 「현성학관품 賢聖學觀品」(대정장24, p.1012b29)에 "다시 육혜라 부르니, 문혜・사혜・수혜・무상혜・조적혜・적조혜다. 復名六慧 聞慧 思慧 修慧 無相慧 照寂慧 寂照慧"라 하였고, 『대명삼장법수』 권19(영락장182, p.193a9)에서 "육혜법〈출전 『보살영락본업경』〉을 풀었으니. 六慧法〈出菩薩瓔珞本業經〉", "첫째, 십주위 중에서 중도의 이(理)를 들은 인으로 일체법이 공・유 두 근단을 떠나 있다고 아는 것을 문혜라 한다. 一 … 於十住位中 因聞中道之理 知一切法 離二邊相 故 名聞慧", "둘째, 십행위 중에서 중도리를 사유하고 일체지혜를 일으키면 그 이름이 사혜다. 二 … 於十行位中 思惟中道之理 發生一切智慧 故名思慧", "셋째, 십회향 중에 중도리를 수습해서 일체지혜를 일으키는 것이 수혜다. 三 … 於十回向位中 修習中道之理 發生一切智慧 故名修慧", "넷째, 십지위 중에서 중도리의 공하여 성상도 없음을 증지하고 일체지혜를 발생함이 무상혜다. 四 … 於十地位中 證知中道之理空無性相 發生一切智慧 故名無相慧", "다섯째, 조적혜이니 비춘즉 중도의 용이고 고요한즉 중도의 체다. 별교등각보살이 중도의 관혜로 중도의 이체를 비추는 것이 조적혜다. 五 照寂慧 照卽中道之用 寂卽中道之體 謂別敎等覺菩薩 以中道之觀慧 照中道之理體 故名照寂慧", "여섯째, 적조혜니 별교묘각과 불의 지혜로 능히 중도리에 있어 고요하면서도 비추고 비추면서도 고요하여 적조가 둘이 아니고 정혜평등함을 적조혜라 한다. 六 寂照慧 謂別敎妙覺果佛之智慧 能於中道之理 卽寂而照 卽照而寂 寂照不二 定慧平等 故名寂照慧"라고 하였다. [참고문헌]『瓔珞本業經』, 『大明三藏法數』. ⇨ 보살계위 菩薩階位

육호일축성 六好日祝聖 제왕의 본명일(本命日)에 축성하는 것으로 한 해 중 여섯 날 축성한다는 말. 본명이란 태어난 해의 간지(干支)이고, 두 달마다 60간지가 반복되면 한 해에 여섯 날이 있게 된다. 『선림상기전』 권13 「육호일축성」(불광장, 禪藏, p.946)에 "제왕탄생한 간지에 해당하는 날에 경을 외우며 축원하고 찬탄한다. 한 해 중에 여섯 번의 본명호일이 있기에 육호일이라고 한다. 『환주암청규』에 '한 해 중 여섯 날이 본명호일이다. 이 여섯 날은 또한 삭망과도 같이 하니, 아침 공양(粥) 전에 대비주를 외우며 축성한다. 帝王誕生支干相當之日 諷經祝讚 一年有六箇本命好日 故曰六好日也 幻住淸規云 一年內有六日是本命好日 此六日亦與朔望同 粥前諷大悲咒祝聖"라고 하였다. [참고문헌]『禪林象器箋』, 『幻住庵淸規』(卍속장111, p.973a17).

육홍점 陸鴻漸 당대 은사 육우(陸羽 733~803)의 다른 이름. 『치문경훈』 권2 「우가녕승록면통외학 右街寧僧錄勉通外學」(대정장48, p.1050b14)에 "육홍점과 교연스님은 『시식 詩式』으로써 벗이 되었다. 이들 모두 다른 술법을 쓰지 않고 오직 외학으로만 통했을 뿐이다. 陸鴻漸皎然 以詩式而友之 此皆不施他術 唯通外學耳"라고 하였다. [참고문헌]『緇門警訓』, 『宋高僧傳』 권29 「皎然傳」(대정장50, p.892a24). ⇨ 육우 陸羽

육화 六和 여섯 가지로 고르게 함. 『치문경훈』 권6(대정장48, p.1069b8)에 "여섯 가지를 고르게 하며 함께 모여 마치 물과 젖이 서로 함께 하듯함이 유나에게 보답하는 길이다. 六和共聚 水乳相參 所以報維那也", 『조정사원』 권5(卍속장113, p.133a18)에 "육화 : 첫째, 몸으로 화합하여 함께 머물고, 둘째, 입으로 화합하여 다툼이 없으며, 셋째, 뜻을 고르게 하여, 넷째, 계로 화합하여 함께 닦으며, 다섯째, 견으로 화합하여 같이 알며, 여섯째, 이로움 고르게 하여 모두 같아 기울지 않게 함이다. 六和 一 身和共住 二 口和無諍 三 意和同事 四 戒和同修 五 見和同解 六 利和同均"라고 하였다. 〔참고문헌〕『緇門警訓』, 『祖庭事苑』. ⇨ 육화경 六和敬

육화경 六和敬 여섯 가지로 고르게 하고 서로 섬김. 여섯 가지(身・口・意・戒・見・利)에 있어서 화합하고 섬겨 함께하는 뜻이다. 육가희법(六可憘法)・육위로법(六慰勞法)・육합념법(六合念法)・육화(六和)・육화합(六和合) 등이라고도 한다. 『조정사원』 권5(卍속장113, p.133a18)에 "여섯 가지로 고르게 어울린다는 것은 첫째 몸으로 어울려 함께 머물고, 둘째 입으로 고르게 하니 다툼이 없고, 셋째 뜻으로 화합하여 함께 일하며, 넷째 계를 한가지로 하여 함께 닦으며, 다섯째 견해 고르게 하여 같이 알며, 여섯째 이롭게 함에도 어울려 같이 고르게 한다. 六和 一 身和共住 二 口和無諍 三 意和同事 四 戒和同修 五 見和同解 六 利和同均", 『대승의장』 권12 「육화경의 六和敬義」(대정장44, p.712c26)에 "여섯 가지로 화합하고 섬긴다는 것은, 같이 멈추고 안락하여 괴롭게 하지 않음이다. 행하되 어긋남 없이 하니 이름하여 '화'라 하고, 행으로 고르게 하니 정으로도 서로 가깝고 무겁게 여기는 것을 가리켜 경을 삼으니 화와 경은 같지 않다. 하나의 문에 여섯 가지 이름이 있다. 첫째 신업을 같이 하고, 구업을 같이 하고, 뜻을 같이 한다. 같은 계를 가지고, 같이 베풀고, 같게 본다. 여섯 중에 앞의 셋은 몸으로 같이 함을 드러냈고, 뒤의 셋은 행에 나아가 같이 함을 말한다. 六和敬者 同止安樂不惱行也 起行不乖名之爲和 以行和故情相親重 目之爲敬 和敬不同 一門說六 六名是何 一身業同 二口業同 三意業同 四者同戒 五者同施 六者同見 六中前三 就身彰同 後之三種 就行說同", 『법계차제초문』 권하(대정장46, p.693a4)에 "밖으로 다른 이와 같이 선함을 화라 하고 안으로 스스로 겸손하여 낮추는 것을 경이라 한다. 보살은 중생과 더불어 함께 하니, 밖인즉 중생과 함께 선을 행하고 안인즉 언제나 스스로 겸손하여 낮추는 것을 화경이라 한다. 外同他善 謂之爲和 內自謙卑 名之爲敬 菩薩與物共事 外則同物行善 內則常自謙卑 故名和敬", "첫째, 계를 같이 함으로써 화합하고 섬기니, 보살이 실상에 통달하여 죄불가득임을 알아 중생을 안립하게 하고자 실상의 뜻에 있어 계방편으로 잘 모든 것과 같이 하니, 모든 계품 가져 어긋나 다툴 일 없이 한다. 또 중생이 이 계선함을 함께 하여 끝나지도 영원하지도 않지만 미래에는 반드시 보리대과를 얻는다고 안다. 이 때문에 저 부처님처럼 섬긴다. 이것이 동계로 화경한다 하는 것이다. 一 同戒和敬 菩薩通達實相 知罪不可得 爲欲安立衆生 於實相理 以戒方便 巧同一切 持諸戒品 無有乖諍 亦知衆生同此戒善 不斷不常 未來必得菩提大果 是以敬之如佛 故說同戒爲和敬", "둘째, 견을 같이 하여 화경하니 보살이 실상을 통달하여 제법 얻을 수도 알 수도 볼 수도 없으니, 중생을 안립하고자 저 실상정견에 있어 방편 잘 알아 일체를 같이 하니 종종의 지견 어긋나 다툴 일 없다. 또한 이러한 지견분별로 한층 나아가 열고 알아 반드시 종지원명을 얻는다. 이런 까닭으로 중생 섬기기를 부처님 같이 하니 이를 동견으로 화경한다 한다. 二 同見和敬 菩薩通達實相 不得諸法 不知不見 爲欲安立衆生 於實相正見 方便巧同一切 種種知見 無有乖諍 亦知衆生 因此知見分別 增進開解 必得種智圓明 是以敬之如佛 故說同見爲和敬", "셋째, 행을 같이 하는 화경이니, 보살이 실상을 통달하여 무념무행으로 중생을 안립하고자 방편 잘해 일체를 같이 한다. 종종행을 닦아 어긋나고 다툴 일 없이 하며, 또한 중생을 잘 알아 같이하여 점점 공덕 쌓아서 모두 마땅히 불도 이룰 것이니, 이 때문에 저 부처님처럼 섬긴다. 그러므로 동행으로 화경한다 한다. 三 同行和敬 菩薩通達實相 無念無行 爲欲安立衆生 於實相正行 方便巧同一切 修種種行 無有乖諍 亦知衆生同此諸行 漸漸積功德 皆當成佛道 是以敬之如佛 故說同行爲和敬", "넷째, 몸을 자비롭게 하여 화경하니, 보살이 무연평등대자에 머물러 그 몸을 닦으니 자비로운 선근력으로 능히 삼매를 일으킴도 사라지게 함도 없이 모든 위의를 드러내지만, 일체락과 함께 하여 저 몸으로 저 아홉 가지 길로 함께 한다. 또한 전에 중생을 기껍게 함을 얻었기에 실로 불성이 있어 미래에는 반드시 금강지신을 얻을 것을 알아 저 부처님 같이 섬기니 몸을 자비롭게 하여 화경한다 한다. 四 身慈和敬 菩薩住無緣平等大慈 以修其身 慈善根力 能不起滅定 現諸威儀 與一切樂 故身與九道和同 亦知前得樂衆生 悉有佛性未來必定當得金剛之身 是以敬之如佛 故說身慈爲和敬", "다섯째, 입을 자비롭게 하여 화경하니, 보살이 무연평등대자에 머물러 그 입을 닦으니 능히 삼매 일으킴도 사라짐도 없이 일체 음성어언을 널리 펴되 일체락과 함께 한다. 그러므로 입은 구도와 더불어 고르게 함께 한다. 또한 전에 얻은 중생을 기껍게 함으로 실로 불성 있어 미래에는 반드시 무상구업을 얻는다고 알아 이렇듯 저 부처님 같이 섬기니, 구자로 화경한다 한다. 五 口慈和敬 菩薩以無緣平等大慈 以修其口 慈善根力 能不起滅定 普出一切音聲語言 與一切樂 故口與九道和同 亦知前所得樂衆生 悉有佛性 未來必定當得無上口業 是以敬之如佛故說口慈爲和敬", "여섯째, 뜻을 자비롭게 하여 화경하여, 보살이 언제나 무연자삼매에 있어 뜻을 닦고, 자비로운 선근력으로 능히 정에 기별이 없이 모든 마음과 뜻을 드러내어 중생과 함께 하니, 뜻으로 아홉도와 함께 한다. 또한 전에 얻은 중생 기꺼워함으로 실로 불성과 여래장리 있기에 미래에는 반드시 마음이 저 부처의 마음과 같아지리라 여겨, 부처님 같이 섬기니 의자로 화경한다 한다. 六 意慈和敬 菩薩心常在無緣慈三昧 以修於意 慈善根力 能不起滅定現諸心意 與衆生樂 故意與九道和同 亦知前所得樂衆生悉有佛性 如來藏理 未來必定當得心如佛心 是以敬之如佛 故說意慈爲和敬"라고 하였다. [참고문헌] 『祖庭事苑』, 『大乘義章』, 『法界次第初門』, 『仁王經』 권하(대정장8, p.831b6), 『瓔珞本業經』 권상(대정장24, p.1013b12), 『仁王般若經疏』 권3(대정장33, p.348c18), 『說無垢稱經疏』 권4(대정장38, p.1067a7). ⇨ 사화 事和, 이화 二和

육화경법 六和敬法 여섯 가지로 화합하고 서로 섬기는 법. 육화경(六和敬)이라고도 한다. 『신화엄경론』 권18(대정장36, p.842a17)에 "육화경법이란, 몸과 말과 뜻으로, 계와 시와 견으로 고르게 하여 새로 섬기는 것이다. 육화경법이라고 한다. 六和敬法者 一 身 二 口 三 意 四 戒 五 施 六 見 名爲六和敬法"라고 하였다. [참고문헌] 『新華嚴經論』. ⇨ 육화경 六和敬

육화대사 六和大士 조선중기 스님. 운곡충휘(雲谷沖徽 ?~1613)가 봄날 그의 내참(來參)을 반기면서 읊은 시가 전한다. 『운곡집』 「춘일희육화대사견방 春日喜六和大士見訪」(한불전8, p.272b20)에 "비온 뒤 산들바람 부니 남은 꽃마저 하루저녁에 사라졌네. 새는 날아 산색 그 속으로 들어가고 스님의 말씀 물소리 중에 있습니다. 소나무 위로 찬 안개 서리고 수풀 사이로 난 작은 길 따라, 은근하신 육화대사께서 고개 넘어 늙은 저를 만나러 오셨군요. 雨後微風起 殘花一夕空 鳥飛山色裡 僧語水聲中 松上寒烟積 林間小逕通 殷勤和大士 隔嶺訪衰翁"라고 하였다. [참고문헌] 『雲谷集』. ⇨ 충휘 沖徽

육화려 六和侶 ➡ 육화경 六和敬

육화탑 六和塔 중국 절강성(浙江省) 항주시(杭州市) 전당강(錢塘江) 주변 월륜산(月輪山)에 있는 탑. 탑명은 '육화경(六和敬)'의 뜻을 취하고 있으며, 육합탑(六合塔)이라고도 하여 '천지사방'의 뜻도 취한다. 송나라 태조 때인 970년(개보3) 강물의 조수를 진정시키고자 탑을 세웠다. 송나라 태종 때인 태평흥국년간(976~983)에 절 이름을 개화사(開化寺)라 고쳤지만 탑명은 그대로 유지하여 지금까지 전한다. 높이는 60m에 이른다. 건조할 당시에는 9층이었는데, 남송(南宋) 초년에 중건하면서 탑 내부는 7층으로 만들고 외곽은 8각의 목조 처마를 두르고 13층이다. 탑 안에는 송나라 고종 때인 1132년(소흥2) 간행한 『금강경 金剛經』·『관음경 觀音經』을 기념하는 비석과 1159년(소흥29)의 발문(跋文)과 개국 관련 42명의 인사들이 쓴 글이 앞뒤로 있는 『사십이장경 四十二章經』을 보존하고 있다.

육화합 六和合 ❶ 여섯 가지로 어울려 합함. 삼사(三事 : 六根·六塵·六識)로 화합함을 말한다. 『전심법요』(대정장48, p.382a25)에 "한가지로 일정명이 나뉘어 여섯 가지로 화합한다 하니, 일정명이란 일심이고 육화합이란 육근이다. 이 육근 각각 육진과 더불어 화합하니 눈은 색으로 더불어 합하고 귀는 소리와 함께 합하고 혀는 맛을 들여 합하고 몸은 촉으로 합하고 뜻은 법과 함께 합한다. 중간에 육식 일어나 십팔계가 된다. 십팔계 본래 있는 것 아님을 안다면 여섯 가지 화합 묶어 한 가지 뚜렷한 밝음 되리라. 일정명이란 즉 마음이다. 도를 배우는 이는 다 이를 안다. 所言同是一精明分爲六和合 一精明者 一心也 六和合者 六根也 此六根各與塵合 眼與色合 耳與聲合 鼻與香合 舌與味合 身與觸合 意與法合 中間生六識爲十八界 若了十八界無所有 束六和合爲一精明 一精明者 卽心也 學道人皆知此"라고 하였다. [참고문헌] 『傳心法要』. ⇨ 육육법 六六法, 삼사화합 三事和合, 일정명 一精明 ❷ ➡ 육화경 六和敬

육환 六環 여섯 개의 고리. 석장(錫杖)의 상부에 달려 있으며 환(環)은 환(鐶)으로도 쓴다. 두 개의 고(股·鈷)에 세 개씩 걸기에 이고육환(二股六環)이라고도 한다. 육환은 육바라밀(六波羅蜜)과 육도(六道)를 상징하며 행각할 때 울리는 소리로 미물들이 놀라지 않게 하고 아울러 들짐승의 위험으로부터 수행자를 보호한다. 뜻이 전화되어 육환 그대로 석장을 뜻한다. 『증도가주』(卍속장111, p.376a2)에 "두 개의 고는 진속이제를 나타내고 육환은 육바라밀을 보이며 중심은 중도다. 兩鈷者 表眞俗二諦也 六鐶者 表六波羅蜜也 中心 表中道也", 『백장청규』 권5 「석장」(대정장48, p.1139b24)에 "이고육환은 가섭불이 만든 것이다. 二股六環 是迦葉佛製", 『삼국유사』 권5(대정장49, p.1010b11·한불전6, p.355a10) 신주(神呪)6 밀본최사(密本摧邪)에 "(밀본법사가) 지니시던 육환석장이 침실안으로 날아 들어가 늙은 여우와 법척을 찌르고는 뜰앞에 내동댕이쳤다. 왕의 병환이 곧 나았다. 所持六環 飛入寢內 刺一老狐與法惕 倒擲庭下 王疾乃瘳"라고 하였다. [참고문헌] 『證道歌註』, 『百丈淸規』, 『三國遺事』. ⇨ 육환장 六環杖, 석장 錫杖

육환금석 六環金錫 여섯 개의 금속 고리가 달려 있는 석장(錫杖). 『경덕전등록』 권13 「풍혈연소전 風穴延沼傳」(대정장51, p.303a26)에 "학인이 풍혈에게 물었다. '최초자자는 누구와 맞서야 할까요?' '한 줌 향을 사루기도 전에 육환금석이 허공을 울리는구나'. 問 最初自恣 合對何人 師曰 一把香芻拈未下 六環金錫響搖空"라고 하였다. 〔참고문헌〕『景德傳燈錄』, 『圜悟語錄』 권18(대정장47, p.797b1), 『虛堂錄』 권9(대정장47, p.1053c27). ⇨ 육환장 六環杖, 금석 金錫

육환장 六環杖 여섯 개의 고리가 달린 지팡이. 제방을 유행하는 스님들이 지녀야 하는 비구십팔물(比丘十八物)의 하나. 석장은 스님들이 유행할 때 소리를 울려 독사나 해충을 쫓고 걸식할 때 멀리서도 들리게 하는 용도로 수지하였다. 석장 머리에 두세 개의 고를 만들고 각 고에 세 개씩 둥근 고리를 달아 부딪혀 소리 나게 한다. 환장(環杖)이라 부르고 고리 수에 따라 육환장·구환장·십이환장 등이 있다. 조선시대 임진왜란 때 승병장으로 활동한 사명(四溟)은 구환석장(九環錫杖)을 수지하였다 하며, 고승대덕의 법력을 상징하는 의미로도 육환장을 수지한다. 평안북도 영변군 보현사(普賢寺) 수충사(酬忠祠)에는 고려 말 나옹화상(懶翁和尙)의 유품으로 전하다가 조선 중기에 서산대사(西山大師)가 이어 수지했던 육환석장이 전한다. 『영해대사시집초』 「차운송변상인지천관산 次韻送辯上人之天冠山」(한불전9, p.481c24) "손에는 오직 육환장뿐이고 배속엔 능히 천권 글 감췄네. 手中唯有六環杖 腹裡能藏千卷文"라고 하였다. 〔참고문헌〕『影海大師詩集抄』, 『북한의 문화재와 문화유적』 조선시대Ⅱ 사찰편 p.358. ⇨ 극기라 隙棄羅, 명장 鳴杖, 명석 鳴錫, 부석 負錫, 구환선장 九環禪杖, 육환 六環, 환장 環杖, 석장 錫杖, 비구십팔물 比丘十八物

육환장 묘향산 보현사 고려시대

육획성괘 六畫成卦 여섯 개의 효(爻)로 하나의 괘가 성립하는 뜻. 『화엄경소초』 권16(대정장36, p.124b13)에 "『역』에서는 여섯 획으로 괘가 성립한다. 易六畫而成卦", 『원각경대소석의초』 권1(卍속장14, p.410a6)에 "다만 처음에는 세 획만 있었는데 만물에 있어 미진하여 다시 거듭하여 여섯 획이 있게 되고 만물의 형상을 갖췄다. 천지능사도 다하였기에 여섯 획으로 하나의 괘가 되었다. 이 건괘(乾卦 : ䷀)는 본래 하늘을 본떴으니, 하늘은 이에 모든 양기가 쌓여 만들어졌기에 이 괘의 육효는 모두 양획이다. 但初有三畫 於萬物有未盡 故更重之 而有六畫 備萬物之形象 窮天地之能事 故六畫成卦 此乾之卦 本以象天 天乃積諸陽氣而成故 此卦六爻 皆是陽畫"라고 하였다. 〔참고문헌〕『華嚴經疏鈔』, 『圓覺經大疏釋義鈔』. ⇨ 육효 六爻

육효 六爻 『역 易』의 64괘(卦)에서 각 괘를 구성하는 기본 단위인 여섯 개의 획(畫). 다시 양효(⚊)와 음효(⚋)로 갈라진다. 『지관보행전홍결』 권3(대정장46, p.244a23)에 "팔괘란 진·태·이·감·건·곤·간·손을 말한다. 한 괘에 육효가 있다. 효는 때에 맞는 변화다. 또한 효는 본뜬다는 뜻의 효다. 음양의 기다. 『역』에 이르길 '괘 하나로 삼재를 보인다'라고 하며, '열여덟 번 변화하여 괘가 된다'라고 하였다. 八卦者 謂震兌离坎乾坤艮巽 一卦六爻 爻謂適時之變 又爻者 效也 謂陰陽氣也 易曰 掛一以象三 十有八變而成卦", 『주역선해』 권1(가흥장20, p.397a7)에 "육효로 드러내는 법을 다 들어 논하면 세간과 출세간 온통 불러들인다. 만약 삼재를 잡으면 상 이효는 천, 중 이효는 인이고 하 이효는 지다. 統論六爻表法 通乎世出世間 若約三才 則上二爻爲天 中二爻爲人 下二爻爲地", 같은 책 권1(가흥장20, p.397b4)에 "불법으로 건괘 육효를 푼다. 용은 이에 신통이고 변화하는 존재로 불성을 비유한다. 이즉위에서 불성은 번뇌에 덮여 있기에 '쓸이 없다'고 한다. … 구경위에서는 열반에 들지 않고 중생과 함께 구계에 섞인다. 그러므로 '돌이킴 있다'고 한다. 佛法釋乾六爻者 龍乃神通變化之物 喩佛性也 理卽位中 佛性爲煩惱所覆故 勿用 … 究竟位中 不入涅槃 同流九界 故云有悔", 『각호집』 권하(卍속장109, p.546b13)에 "우리의 이 염불삼매법문은 오직 일심의 순수정만을 취한다. 저 『역』의 건괘육효가 상하 내외로 하나의 순수정 아님이 없는 것과 같다. 我此念佛三昧法門 獨取一心之純粹精 如大易之乾卦六爻 上下內外 無非一純粹精"라고 하였다. 〔참고문헌〕『止觀輔行傳弘決』, 『周易禪解』, 『角虎集』.

육희 六喜 ➡ 육희근행 六喜近行, 육희행 六喜行

육희근행 六喜近行 Ⓟ cha somanassūpavicārā. 삼수(三受 : 喜憂捨)로 일어나는 십팔의근행(十八意近行 : 十八受) 중 여섯 가지 희수(喜受). 의식을 근연(近緣)으로 육경(六境)을 만나 일으키는 희수로 육희행(六喜行)이라고도 한다. 『집이문족론』 권15(대정장26, p.430a1)에 "육희근행에서 여섯 가지는 무엇인가? 〔답〕 첫째 눈으로 색을 보고서는 희처색을 따르는 근행, 둘째 귀로 소리 듣고서 희처성에 따르는 근행, 셋째 코로 맡고서 희처향에 따르는 근행, 넷째 혀로 맛보고서 희처미에 따르는 근행, 다섯째 몸으로 느끼고서 희처촉에 따르는 근행, 여섯째 마음으로 법을 분별하고서 희처법에 따르는 근행이다. 六喜近行者 云何爲六 答 一 眼見色已 順

喜處色近行 二 耳聞聲已 順喜處聲近行 三 鼻嗅香已 順喜處香近行 四 舌嘗味已 順喜處味近行 五 身覺觸已 順喜處觸近行 六 意了法已 順喜處法近行", "눈으로 색을 보고서 희처색에 따르는 근행이란, 눈으로 색을 보고서는 한결같이 사랑할 만하거나 즐거워할 만하거나 기뻐할 만하거나 마음에 들거나 하는 등의 색에 대하여 기쁜 마음 따라 뜻을 지어 사유하여 일어난 희수를 눈으로 색을 보고서 희처색에 따라 근행이 한다고 한다. 이비설신의의 희근행 역시 그러하다. 眼見色已 順喜處色近行者 謂眼見色已 於一向可愛 一向可樂 一向可欣 一向可意色 以順喜處 作意思惟 若於此色 由順喜處 作意思惟 所生喜受 是名眼見色已 順喜處色近行 耳鼻舌身意喜近行亦爾"라고 하였다. 〔참고문헌〕『集異門足論』. ⇨십팔의근행 十八意近行, 육사행 六捨行, 육우행 六憂行

육희행 六喜行 Ⓟcha somanassūpavicārā. 육희근행(六喜近行)을 말하는 것. 『잡아함경』 권13「육희행경 六喜行經」(대정장2, p.92c28)에 "육희행이 있다. 어떤 것이 그 여섯인가? 다음과 같다. 비구들아, 눈으로 색을 보고 기뻐하고 그 색처로 행한다. 귀로 소리를 듣고, 코로 향기를 맡으며, 혀로 맛을 보고, 몸으로 감촉을 느끼며, 마음으로 법을 분별하여 기뻐하니 저 법처대로 행한다면, 비구들아 이것이 육희행이다. 有六喜行 云何爲六 如是 比丘 若眼見色喜 於彼色處行 耳聲 鼻香 舌味 身觸 意識法喜 於彼法處行 諸比丘 是名六喜行"라고 하였다. 〔참고문헌〕『雜阿含經』, 『舍利弗阿毘曇論』 권3(대정장28, p.543c25), *MN.3.217.* ⇨육희근행 六喜近行

윤 潤 ❶사대(四大 : 地水火風) 중 수대(水大)의 특성. 『결정장론』 권하(대정장30, p.1032c5)에 "지와 수 등의 대에 견·윤·열·동은 사대의 자상이다. 地水等大堅潤熱動 四大自相"라고 하였다. 〔참고문헌〕『決定藏論』. ❷기름지게 한다는 말. 『마하지관』 권4(대정장46, p.43a5)에 "애는 업을 기르는 법이니 물이 종자를 기름지게 하는 것과 같다. 愛是養業之法 如水潤種"라고 하였다. 〔참고문헌〕『摩訶止觀』. ❸Ⓢsneha. 인도 바이셰쉬카(Ⓢ Vaiśesiká : 勝論)에서 말하는 이십사덕(二十四德) 중 하나. 『십구의론』(대정장54, p.1263b20)에 "윤이란 무엇인가? 수라는 실이 하나의 실인 지 등과 화합하여 인으로 거두면 그 이름이 윤이다. 潤云何 謂水實和合 一實地等 攝因名潤"라고 하였다. 〔참고문헌〕『十句義論』. ⇨이십사덕 二十四德

윤 輪 ❶Ⓢcakra, maṇḍala, Ⓟcakka, Ⓣ'khor-lo. 바퀴. 쉬지 않고 도는 수레바퀴 또는 언제나 빛을 내는 태양(日)처럼 쉬지 않고 도는 정법 또는 대비행 등을 상징한다. 음사어는 작걸라(斫訖囉)·작갈라(斫羯羅)이다. 『장아함경』 권1「대본경 大本經」(대정장1, p.5a20 : *Mahānidāna-sutta, DN.2,* p.17)에서는 천륜왕의 칠보(七寶 : 輪·象·馬純白·居士·珠·女寶·典兵寶) 중 하나로 적을 무찌르는 큰 무기였으나, 전(轉)하여 굴러 번뇌를 부수고 열반을 더하니 정법의 무진유통을 상징하는 법륜(法輪 Ⓢ dharma-cakra)으로 자리잡았다. 『방광대장엄경』 권11(대정장3, p.607a28 : *Lal-v.*, p.302)에 "이 보살의 앞선 원력으로 이 법륜을 감득한 후 나서 여래를 공양하였으며, 과거의 부처님들께서도 모두 이 법륜이 있은 다음에야 법을 굴리셨다. 由是菩薩 先願力故 感此輪生 供養如來 過去諸佛 皆有此輪 然後轉法 tathāgatāya dharmacakrapravartanāya pūrvapraṇidhānābhinirhṛtaṃ bodhisattvāśayaviśodhitaṃ tathāgatapūjārhaṃ sarvatathāgatasamanvāhṛtaṃ sarvabuddhādhiṣṭhānāvilopitaṃ pūrvakais tathāgatair arhadbhiḥ samyaksaṁbuddhaiḥ pratyeṣitaṃ pravartitapūrvaṃ ca dharmacakram upanāmayati sma", 80권본 『화엄경』 권62「입법계품 入法界品」(대정장10, p.332c25 : *Gaṇḍ-vy.*, p.42)에 "미묘한 지혜 청정한 해와 같고, 크나큰 자비 원만한 바퀴 같아 능히 번뇌바다 없애시니, 원하건대 조금이라도 보게 하소서. 妙智清淨日 大悲圓滿輪 能竭煩惱海 願賜少觀察 kleśasāgarakṣayārtham udgata sūryabhūta avabhāsayāhi me. maitrabhāvanasu pūrṇamaṇḍalā puṇyajyotsnakiraṇā sukhaṃ dada", 『범어잡명』(대정장54, p.1238c4)에 "윤 : 군도(𑖎𑖲𑖡𑖿𑖝𑖲 kuntu) 또는 작걸라(𑖓𑖎𑖿𑖨 cakra). 輪 棍都 又斫訖囉 𑖎𑖲𑖡𑖿𑖝𑖲 𑖓𑖎𑖿𑖨", 『법화현론』 권8(대정장34, p.424b7)에 "윤이라는 말은 바퀴를 굴린다는 뜻이다. 부처님께서 여실한 깨달음 얻고 뒤에 오실 부처님께 전수하시는 뜻은 중생 나알 닐 없으니 수레바퀴 굴러 쉴 틈이 없기에 전륜이라 한다. 所言輪者 轉輪爲義 前佛得如實悟 授於後佛 衆生不盡 輪無息時 故云輪轉也", 『대승의장』 권8(대정장44, p.629c6)에 "윤이라는 말은 비유로 나아간 이름이다. 능히 팔난을 꺾고 성도를 출생하니 무루법의 바퀴이므로 윤이라 한다. 所言輪者 就喩名也 能摧八難 出生聖道 無漏法輪 故名爲輪"라고 하였다. 〔참고문헌〕『長阿含經』, 『方廣大莊嚴經』, 『華嚴經』, 『梵語雜名』, 『法華玄論』, 『大乘義章』, *Lal-v., Gaṇḍ-vy., DN.96.* ⇨윤보 輪寶, 전륜성왕 轉輪聖王, 법륜 法輪, 금륜보 金輪寶, 칠보 七寶 ❷Ⓢcakrī, Ⓣ'khor-lo. 명비(明妃)가 지닌 다섯 가지 지물(持物) 중 하나. 『대비공지경』 권2「대상응륜품 大相應輪品」(대정장18, p.592c26)에 "앞의 오인이란 윤·귀고리·팔찌·머리장식·허리띠이다. 前

五印者 卽是輪鐶寶釧寶鬘寶帶"라고 하였다. [참고문헌] 『大悲空智經』, *Ht.12.* ⇨ 오인 五印

윤가 輪跏 윤왕가(輪王跏). 전륜왕의 앉은 모양의 뜻. 『금강정일자정륜왕유가일체시처염송성불의궤』(대정장19, p.321c20)에 "결가부좌에 온전히 다 전결가부좌·반가부좌 또는 윤가는 모두 오른 다리로 왼 다리를 누르는 모양이며 몸을 꼿꼿이 하도록 등골은 반듯하게 세운다. 卽結跏趺坐 全半或輪跏 皆以右押左 端身定支節"라고 하였다. [참고문헌] 『金剛頂一字頂輪王瑜伽一切時處念誦成佛儀軌』. ⇨ 윤왕가 輪王跏

윤갈마 輪羯磨 ➡ 갈마금강 羯磨金剛

윤감 允堪 ?~1061. 송대 율학(律學)에 정통했던 스님. 절강성(浙江省) 전당(錢塘) 출신. 어릴 때 혜사(慧思) 문하로 출가하여 공부한 끝에 내외전적에 두루 해박하였다. 후에 택오(擇悟) 문하로 들어가 남산율(南山律)을 학습하여 그 내밀한 뜻을 터득하였다. 그 시기 전후로 항주대소경사(杭州大昭慶寺)·소주개원사(蘇州開元寺)·수주정엄사(秀州精嚴寺) 등 명찰에 계단(戒壇)을 건립하여 남산율종을 널리 알렸다. 남산율사 도선(道宣 596~667)이 지은 계율 관계 10종의 전적에 주석을 달고 강설하여 그 성과물로 『회정기 會正記』·『발휘기 發揮記』·『정원기 正源記』 등 12부를 완성하였다. 이 공로로 십본기주(十本記主)라는 별명이 붙었다. 부처님을 중심으로 도는 좌우 방향과 의제(衣制)의 장단에 대한 견해가 당시 영지사(靈芝寺) 원조(元照 1048~1116)율사가 지은 『사분율행사초자지기 四分律行事鈔資持記』의 논조와 달라서 그 차이점에 주목하여 당시 사람들이 윤감을 회정종(會正宗)이라 하고 원조는 자지가(資持家)라 불렀다. 1061년(가우6) 11월에 입적하였다. 시호는 진오지원율사(眞悟智圓律師)다. [참고문헌] 『佛祖統紀』 권45(대정장49, p.413a24), 『釋氏稽古略』 권4(대정장49, p.870c12).

윤감 允鑑 조선후기 화사(畫師). 호는 명응(明應). 당대 주로 수화승(首畵僧)인 금곡영환(金谷永環)·경선응석(慶船應釋)과 함께 서울과 경기도에서 활동하였다. 서울 백련사(白蓮寺) 「괘불도」(1868년), 안성 청룡사(靑龍寺) 「아미타후불도」(1874년), 남양주 흥국사(興國寺) 영산전(靈山殿) 「석가모니후불도」·「십육나한도」(1892년), 파주 보광사(普光寺) 「현왕도」(1898년), 서울 청룡사 심검당(尋劍堂) 「가사도」(1902년) 등 조성에 참여하였다. ⇨ 화사 畫師

윤개 輪蓋 ➡ 윤상 輪相 [2]

윤개용왕 輪蓋龍王 부처님께 법을 청한 용왕. 갖춘 이름은 무변장엄해운위덕윤개대용왕(無邊莊嚴海雲威德輪蓋大龍王)이며, 『대운륜청우경』에서 단비를 내려 중생을 이익케 하고자 청법하였다. 수인은 금강합장(金剛合掌)이다. 같은 책 권상(대정장19, p.495c16)에 "이때에 세존께서 이 말을 들어 마치시고 곧바로 무변장엄해운위덕윤개대용왕에게 말씀하셨다. 훌륭하고 훌륭하도다. 너는 지금 저 모든 중생을 고루 이익되게 하고자 능히 여래에게 이와 같은 일을 물은 것이다. … 윤개용왕이여! 나에게 한 법이 있으니 너희들 만약 능히 행을 구족한다면, 일체용이 모든 고통을 멸하고 구족히 안락할 것이다. 무엇이 일법인가? 큰 자비를 행하는 것이다. 爾時世尊 聞是語已 卽告無邊莊嚴海雲威德輪蓋大龍王言 善哉善哉 汝今爲彼諸衆生等作利益故 能問如來如是等事 … 輪蓋龍王 我有一法 汝等若能具足行者 令一切龍除滅諸苦具足安樂 何者一法 謂行大慈"라고 하였다. [참고문헌] 『大雲輪請雨經』. ⇨ 대운륜청우경 大雲輪請雨經 [1]

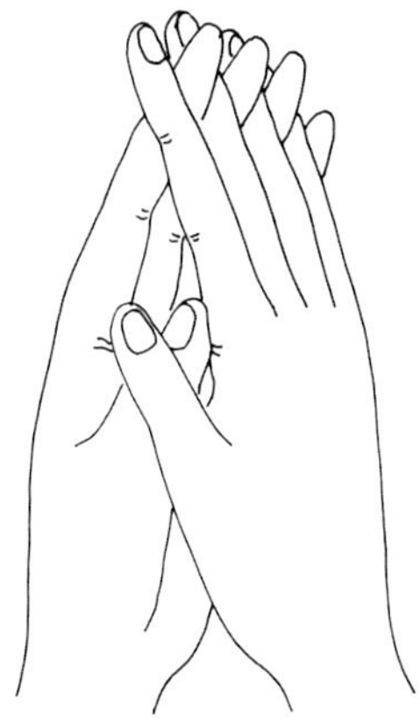

윤개용왕금강합장

윤경 閏褧 19세기 후반 대구 팔공산 동화사(桐華寺)를 중심으로 활동한 화엄강주(華嚴講主). 호는 포운(布雲). 동화사 성보박물관에 봉안된 스님의 영정 제호(題號)에 '화엄강주대각등계포운당대선사윤경지진영 華嚴講主大覺登階布雲堂大禪師閏褧之眞影'이라 하였으니 법계와 덕망이 상당히 높았던 것으로 추정된다. 환성지안(喚醒志安 1664~1729)의 7세 법손이고, 1852년(철종3) 동화사금당암서삼층석탑을 중수할 때 증명법사로 참여하였다. [참고문헌] 『팔공산 동화사』(동화사·국립대구박물관, 2009) p.178. ⇨ 지안 志安

윤경 화엄강주대각등계포운당대선사윤경지진영 대구 동화사 19세기후반

윤경회 輪經會 고려시대 행하던 불교 의식. 『고려사절요』 권7 문종(文宗) 원년(1047) 1월에 "왕이 명하기를, '여러 고을에서 해마다 크게 윤경회를 거행하는데,

향리들이 이를 핑계로 재물을 거두어 폐단이 될까 염려되니 이는 진실로 복을 비는 뜻에 맞지 않는다. 지금 이후로는 먹고 마시고 즐기는 일을 마땅히 금할 것이다'라고 하였다. 制曰 諸州府郡縣 逐年盛設輪經會 慮外吏憑此聚斂 以成勞弊 固非作福之意 今後 醉飽娛樂之事 竝宜禁斷"라고 하였다. 윤경회에 관한 기록은 이 기사가 유일하므로 그 구체적인 내용은 자세히 알 수 없다. 다만 정월에 시행된 것으로 보아 정월 또는 2월에 고을의 중심 사찰에서 거행하던 연등회(燃燈會)와 관련된 행사일 수도 있다. 윤경은 다른 곳에서는 보이지 않지만, 뜻으로만 보면 경전을 돌리거나 수레에 싣고 돌아다니는 것으로 해석할 수 있다. 경전을 돌린다 하면 많은 경전을 회전이 가능한 팔각으로 된 윤장(輪藏)에 모셔놓고 이를 돌리기만 하여도 경전을 읽는 것과 같은 공덕을 짓는다고 하는 전륜장(轉輪藏) 의식으로 볼 수 있다. 경전을 수레에 싣고 돌아다니는 것이라면 개경에서 채색한 누각 형태의 수레에 『반야경』을 싣고 큰 길을 돌아다니며 백성들의 복을 비는 가구경행(街衢經行)을 생각할 수 있다. 고려시대 지방의 연등회는 정월 보름 또는 2월 보름에 고을의 중심 사찰에 사람들이 모여 많은 등을 켜고 밤새 즐겼는데, 이때 사찰에 마련된 윤장을 돌리거나 경전을 수레에 싣고 고을의 큰길을 돌아다니는 형태의 윤경회를 거행하였던 것으로 추정해 볼 수 있다. 〔참고문헌〕『高麗史節要』. ⇨ 윤장 輪藏, 경행 經行 ■

윤관 綸貫 ➡ 금강반야바라밀경륜관 金剛般若波羅蜜經綸貫, 대화엄경윤관 大華嚴經綸貫

윤광 輪光 수레바퀴 모양의 둥근 빛. 해와 달의 빛을 일륜광(日輪光)·월륜광(月輪光)이라고 한다. 80권본 『화엄경』 권8(대정장10, p.41b3)에 "이때에 보현보살이 거듭 그 뜻을 펼치고자 부처님의 신묘한 힘을 받아 시방을 관찰하고 송을 설하여 말하였다. 그 땅은 평탄하고 지극히 청정하며 순금과 마니로 장엄되었다네. 줄지어 서있는 나무그늘 속에 솟거나 드리워진 큰 가지 끝 꽃들이 구름처럼 화려하고, 가지들은 오묘한 보배로 장엄되었으며, 화려한 불꽃이 수레처럼 둥근 빛을 이루어 사방을 비추네! 爾時 普賢菩薩 欲重宣其義 承佛神力 觀察十方 而說頌言 其地平坦極淸淨 眞金摩尼共嚴飾 諸樹行列蔭其中 聳幹垂條華若雲 枝條妙寶所莊嚴 華焰成輪光四照"라고 하였다. 〔참고문헌〕『華嚴經』.

윤광택 潤光澤 1611~1682. 명말청초(明末淸初) 때 임제종 스님. 윤광은 법호. 속성은 진(陳)씨. 숭정년간(1628~1644)에는 전란과 기아로 고통 받았으며, 후에 소주(蘇州 : 江蘇省)에서 퇴옹홍저(退翁弘儲)가 선법을 펼친다는 소문을 듣고는 서신을 왕래하며 법을 물었다. 이후 아들이 요절하고 아내마저 죽자 출가를 결심하고서 우수산(牛首山)으로 옮겨 머물고 있던 퇴옹을 찾아가 출가하고 제자가 되었다. 스승을 모시고 마안산(馬鞍山)에 머물렀으며 영암사(靈巖寺)에서 스승으로부터 기별(記莂)을 얻었다. 스승의 입적 후에는 해보(海寶)의 빈아(斌雅)화상을 친견하였고 그 후 정각사(正覺寺) 개창에 10년간 노력하다가 끝내 병을 얻어 1682년(강희21) 5월에 세수 72세를 일기로 입적하였다. 정각사 뒤에 탑이 건립되었다. 『정각윤광택선사조설집 正覺潤光澤禪師澡雪集』 1권(가흥장39, No.B458)이 전하지만, 긴 병으로 상당법문과 소참은 없다. 〔참고문헌〕『正覺潤光澤禪師澡雪集』 권1 「自狀」(가흥장39, p.710c10). ⇨ 정각윤광택선사조설집 正覺潤光澤禪師澡雪集

윤궐 輪闕 두 바퀴 중 하나가 없다는 말. 지관(止觀) 중 어느 하나가 결여됨을 비유한다. 『석마하연론』 권10(대정장32, p.666a17)에 "다음에 다 모아 끝냄이니 두 바퀴가 함께 구르는 문을 설한다. 총결이란 위에서 언급했듯이 바퀴 빠진 채 수행하는 것은 큰 허물이다. 저 본(『기신론』)에서는 이러한 뜻으로 지문과 관문이 함께 서로 도와 성취하니 서로 버려 여읠 수 없다 한 것과 같다. 만일 지와 관이 갖추어지지 않으면 능히 보리의 도에 들 수 없기 때문이다. 次說總結 兩輪俱轉門 所謂總結 如上所說 輪闕行者 大過失故 如本 以此義故 是止觀門 共相助成 不相捨離 若止觀不具 則無能入菩提之道故"라고 하였다. 〔참고문헌〕『釋摩訶衍論』. ⇨ 지관 止觀

윤눌 潤訥 조선후기 스님. 호는 자운(慈雲). 구례 화엄사(華嚴寺) 스님으로 '화엄대선겸선교판직 華嚴大選兼禪敎判職'을 지냈다. 임진왜란이 발발하자 수군에 입대하여 이순신(李舜臣)장군의 부장(副將)으로 활약하였다. 『불조록찬송』「조계종자운대사 曹溪宗慈雲大師」(한불전12, p.350a22)에 "윤눌 : 찬하노라. 집과 모습 꾸미지만 그 이름 다 밀칠 수 없고, 화엄강조로 선분장에 계셨네. 진양에서 몸바쳐 이겨 공훈 세우시어, 충무사중에 그 빛남 함께 기리네. 潤訥 贊曰 潤屋潤身名益訥 華嚴講祖中選佛 晋陽獻捷建勳功 忠武祠中同享烈", 이순신의 조카 이분(李芬)이 쓴 「행록 行錄」(『이충무공전서』 권9)에 "자운이라는 스님은 공(이순신)을 따라 진중에서 늘 승군 이끌어 자못 공을 세웠다. 공이 돌아가시자 쌀 육백석으로 노량에서 크게 수륙재를 베풀었고 또한 성대히 모셨으니 충민사의 제사다. 有慈雲者 隨公陣中 常將僧軍 頗立功 公歿之後 以米六百石 大設水陸於露梁 又以盛奠 祭於忠愍祠"라고 하였다. 〔참고문헌〕『佛祖錄讚頌』, 『李忠武公全書』 권9(韓國文集叢刊55, p.321b14), 『華嚴寺誌』. ⇨ 화엄사 華嚴寺, 설홍 雪泓

윤닉 淪溺 빠져 나오지 못함. 『이취육바라밀다경』 권9(대정장8, p.909a27)에 "정법을 듣지 못하여 생사에 빠져 허우적댄다. 正法不聞 淪溺生死", 『제법집요경』 권9(대정장17, p.506c14)에 "저 바른 지혜를 온전히 갖추었기에, 욕망을 진흙탕처럼 보는 해탈한 사람이니, 빠져서 허우적대는 것을 면할 수 있네. 由具彼正慧 觀欲如淤泥 此爲解脫人 得免於淪溺", 『인천안목』 권1 「극부송 克符頌」(대정장48, p.300c10)에 "묘용 능히 밝힐 수 없다면, 연 없는 그 자리에 빠져 나오지 못하리. 不能明妙用 淪溺在無緣"라고 하였다. [참고문헌] 『理趣六波羅蜜多經』, 『諸法集要經』, 『人天眼目』, 『雲門廣錄』 권하 「遺誡」(대정장47, p.575b19).

윤다 允多 864~945. 신라말 고려초 스님. 자는 법신(法信), 시호는 광자대사(廣慈大師). 어머니는 박(朴)씨. 864년(경문왕4) 4월 5일 경사(京師 : 경주)에서 태어났다. 8세 때인 871년(경문왕11)에 이미 세상의 명리와 영광에는 뜻이 없어 출가하고자 하였다. 부모님의 허락을 받지 못하자 '옹자(翁子)의 금의(錦衣)보다 산승(山僧)의 취납(毳衲)이 근원적으로는 비교할 수 없는 큰 효도가 된다'고 설득하였으니, 이에 재삼 간청하여 끝내 허락을 받고 곡성(谷城) 태안사(太安寺 : 一名 大安寺)로 찾아가 상방(上方)을 은사로 하여 스님이 되었다. 이어 가야갑사(迦耶岬寺 : 충남 서산시 운산면 용현리 가야산 普願寺)에서 비구계를 받았다. 적인선사(寂忍禪師) 혜철(惠哲)의 법제자인 □여화상(□如和尙)으로부터 수학한 후 법을 이어 받았다. 참선수행으로 선지(禪旨)를 깨닫고 선풍을 크게 떨쳤다. 스님의 높은 이름을 들은 효공왕(재위 897~912)이 친서를 보내 궁중으로 맞아들여 법문과 국정을 자문하여 들었고, 고려의 태조(재위 918~943)도 사신을 보내 내전(內殿)으로 초빙하여 스승의 예로 모셨다. 이후 스님이 동리산(桐裡山)으로 돌아가자 왕은 본도(本道)의 수상(守相)에게 명하여 전결(田結)과 노비를 헌납하여 향적(香積)을 베풀토록 하였다. 945년(혜종2) 2월 2일 대중을 불러 앉히고, "생이란 유한한 것이며, 멸 또한 때 정해진 일 아니지만 나 이제 떠나고자 하니 각기 뜻있게 잘 살도록 하라. 生也有限 滅而未定 吾今欲行 各宜珍重"는 유훈이 담긴 임종게(臨終偈)를 설한 다음, 합장하고 단정히 앉아 조용히 입적하시니 세수 82, 법랍 66세였다. 손소(孫紹)가 비문을 짓고, □□□이 써서 950년(광종1)에 세웠다. 비는 많이 파손된 상태로, 보물 제275호로 지정되어 보물 제274호인 스님의 탑과 함께 나란히 태안사에 있다. [참고문헌] 『韓國金石全文』 中世上 pp.351~357, 李智冠 『校勘譯註歷代高僧碑文』 高麗篇1 pp.284~304. ⇨ 대안사광자대사탑 大安寺廣慈大師塔, 대안사광자대사비 大安寺廣慈大師碑

윤다리화 輪多梨花 주변 사물을 비춰 밝고 깨끗하게 한다는 보주(寶珠). 명요주(明耀珠)라고도 한다. 화(花)는 화(華)로도 쓴다. 줄여서 윤화(輪花)라고도 한다. 『석마하연론』 권3(대정장32, p.622a9)에 "이 중에서 경이란 윤다리화거울을 말한다. 저 윤다리화를 한곳에 모아두고 주위에 사물들을 모아두면 이 꽃의 훈향으로 일체제물이 모두 밝고 깨끗해진다. 또한 밝고 깨끗한 사물은 모두 남김없이 꽃 중에 현전하고, 일체제물 중에 저 꽃 역시 모두 남김없이 현전한다. 인훈습이란 거울 또한 이와 같아 일체법 훈하여 청정한 깨달음 되게 하니 하여금 고르고 한결같게 하기 때문이다. 此中鏡者 謂輪多梨花鏡 如取輪多梨花安置一處 周集諸物 由此花熏 一切諸物 皆悉明淨 又明淨物 華中現前皆悉無餘 一切諸物中 彼華現前 亦復無餘 因熏習鏡 亦復如是 熏一切法 爲淸淨覺 令平等故"라고 하였다. [참고문헌] 『釋摩訶衍論』.

윤단 輪壇 **1** 만다라의 다른 이름. 둥글고 평탄한 단에서 유래했다. 『행법간엽초』 권상(대정장78, p.882a24)에 "대금강륜은 윤단이다. 윤단에서 윤이란 거두어 가진다는 뜻이다. 저 세간의 수레바퀴가 바퀴살과 바퀴통과 바퀴테를 가져 지녀야 곧 바퀴일 수 있으니 원만히 구족함의 뜻이다. 단이란 평탄하다는 뜻으로 만다라의 구역이 단이다. 신역은 륜이니 둥글게 구족했다는 뜻이다. 인도에서 정결하게 작법하여 평탄한 단을 만들고 그 위에 제존의 상을 그려 작법했으니 이것을 만다라라고 한다. 大金剛輪 是輪壇 輪壇者 輪者攝持 如世車輪 攝持輻轂輞 卽輪 圓具足義也 壇者平坦義 卽曼荼羅古云壇 新翻輪 圓具足是也 天竺以潔淨作法築平坦壇 其上畫作諸尊像行之 是云曼荼羅"라고 하였다. [참고문헌] 『行法肝葉鈔』. ⇨ 만다라 曼荼羅 **2** 식재법(息災法) 때 시설하는 호마단. 원단(圓壇)이라고도 한다. ⇨ 원단 圓壇**2**

윤당 允當 진실하여 타당함. 『중허마하제경』 권13(대정장3, p.973c10)에 "지금 세존의 주변은 모두 연로한 제자들로서 훌륭한 상호와 위의를 갖추어 진실로 존경받을 자격이 있지만 세존을 시봉하기에는 참으로 마땅하지는 않습니다. 今世尊左右 皆是耆年 善相威儀 誠堪仰重 然侍奉世尊 未爲允當", 『금광명경문구』 권1(대정장39, p.47a23)에 "글로 쓴 뜻이 진실로 타당하여 그릇됨 없으면 틀림없으니 옳다 한다. 간략히 말하자면 글이 저 뜻다우면 옳다. 文下之理 允當無謬 故無非曰是 略而言之 文如理是"라고 하였다. [참고문헌] 『衆許摩訶帝經』, 『金光明經文句』.

윤등 輪燈 수레바퀴 모양의 등. 약사여래를 공양하기 위한 의궤에서는 칠층(七層)으로 설한다. 『관정경』 권12(대정장21, p.535b14)에 "일곱 층의 등은 각각의 한

층마다 일곱 개의 등을 안치하니 등이 저 수레바퀴 같다. 七層之燈 一層七燈 燈如車輪", 『본원약사경고적』 권하(대정장38, p.262a12)에 "각각 일곱 개의 등을 안치한다는 것에 대해 매법사는 말하길 '불상 앞의 한 자리에 일곱 층의 등을 만들어 올리니 그 모습 수레바퀴 같다. 각각의 불대좌 마다 각각 하나의 윤등을 안치하는데 각각의 수레 위에 일곱 개의 잔등을 올려 놓는다'. 各置七燈者 邁師云 像前一座 造七輪燈 形如車輪 一一像座前 各置一輪燈 一一輪上 各安七盞燈", 『고려사』 권67 지(志)23에 "태조 원년(918) 11월에 유사에서 아뢰길 '이전의 군주는 매해 중동에 팔관회를 크게 베풀어 복을 빌었으니 그 제도를 따라주십시요'라 하니 왕이 따랐다. 마침내 구정(正殿 會慶殿 앞뜰)에 윤등일좌를 설치하고 네 곁으로는 향등을 배열했다. 太祖元年十一月 有司言 前主 每歲仲冬 大設八關會 以祈福 乞遵其制 王從之 遂於毬庭 置輪燈一座 列香燈於四旁"라고 하였다. [참고문헌] 『灌頂經』, 『本願藥師經古跡』, 『高麗史』.

윤론 輪論 이십억이(二十億耳 Ⓢ Śroṇakoṭiviṃśa)의 다른 이름. 『오백제자본기경』(대정장4, p.191c23)에 "「윤론품」 제6〈명청의 11수 게송〉. 輪論品第六〈明聽十一偈〉"이라고 하고, 이하에 존자 이십억이의 게송 11수를 설하였다. 이 경의 다른 품명이 모두 부처님의 제자 이름이므로, '윤론'이 이십억이의 다른 이름임은 알 수 있으나, 그 어원은 상세하지 않다. [참고문헌] 『五百弟子本起經』. ⇨ 이십억이 二十億耳

윤망 輪輞 수레바퀴의 테. 바퀴테가 모든 바퀴살을 붙들고 있듯이 사섭법(布施 愛語 利行 同事)으로 온갖 중생 거두는 뜻의 비유다. 『순정리론』 권3(대정장29, p.343a2)에 "'신(信) 등의 오근은 혜근으로 거둔다'·'나는 사섭으로 모든 중생들을 거둔다'·'누각의 중심은 온갖 재목들을 거둔다'·세간에서도 '경첩은 문을 지탱하고, 바퀴테는 바퀴살을 지지하며, 실로 옷을 깁는다'고 하는데 그 뜻은 어떤 것인가? 信等五根 慧根所攝 我以四攝 攝諸徒衆 臺觀中心 攝衆材等 世間亦說 雙枯攝扉 輪輞攝輻 縷攝衣等 其義云何"라고 하였다. [참고문헌] 『順正理論』. ⇨ 사섭법 四攝法

윤명 允明 1913~1983. 현대 스님. 호는 석문(石門), 아호(雅號)는 남곡(南谷), 처음 이름은 남현(南鉉), 속성은 김씨, 본관은 김해(金海). 아버지의 휘는 용기(龍基)고 어머니는 이인촌(李仁村)이다. 1913년 8월 18일 전라북도 고창군 성내면 조동리에서 둘째 아들로 태어났다. 1931년 19세 때 장성 백양사(白羊寺)로 찾아가 한영정호(漢永鼎鎬)를 은사로, 만암종헌(曼庵宗憲)을 계사로 하여 스님이 되었다. 1934년 백양사에서 만암으로부터 비구계를 받았다. 1935년 3월 백양사 강원에서 대교과(大敎科)를 졸업하였다. 이후 1945년까지 백양사 운문선원(雲門禪院)에서 참선하다가 8·15광복과 함께 고향에 있는 도솔산 선운사(禪雲寺) 주지를 맡았다. 1963년 조계·태고 양종의 통합종단이 구성되었을 때 태고종측 일원으로 양쪽 갈등을 완화시키는 등의 역할을 하였으며, 통합종단 총무원의 재무부장과 교무부장을 역임하면서 당시 조계종측 총무원장 영암기종(映巖淇宗)을 보좌하여 종단안정의 기틀을 마련하는 데 기여하였다. 또 종립동국학원 이사·조계사(曹溪寺) 주지를 역임하면서 교육과 포교에도 전력하였다. 1955년 남한 전역의 사찰을 25개 교구로 나눌 때 백양사의 말사이던 선운사를 제24교구 본사로 승격시키고 초대 주지가 되었다. 취임 후 사천왕문과 산내 도솔암의 대웅전을 창건하는 등 건물을 일신·중수하였다. 1983년 7월 28일(음력 6월 19일) 새벽 5시에 세수 73, 법랍 54세를 일기로 입적하였다. 월운해룡(月雲海龍)이 비문을 짓고 일중(一中) 김충현(金忠顯)이 써서 1986년에 세운 스님의 행적비가 선운사에 있다. 상좌에는 청곡(淸谷)·선파(禪坡)·선봉(禪峰)·지현(智賢)·진성(眞成)·진성(震星)·금곡(錦谷)·선휴(禪休) 등 26명을 두었다. [참고문헌] 『佛敎新聞』 1983년 8월 7일, 智冠 『韓國高僧碑文總集 朝鮮朝·近現代』 pp.1334~1336.

윤문 允文 805~882. 당대 스님. 자는 집경(執經), 속성은 주(朱)씨. 수주(秀州 : 浙江省 嘉興) 가화(嘉禾) 출신. 어려서 출가하여 16세에 삭발득도하였다. 상부율종(相部律宗)과 중관론(中觀論)에 정통하였다. 836년(개성1)에 월주(越州 : 浙江省 紹興) 가상사(嘉祥寺)에 머무르며 율장연구에 매진하며 엄격하게 율의를 지켰다. 843년(회창3)에 정림사(靜林寺)로 옮겨 『열반경』을 강의하였다. 회창법난(會昌法難) 때 핍박을 받고 잠깐 환속하였다가, 선종(宣宗)이 즉위하자 회계(會稽 : 江蘇省) 개원사(開元寺)로 옮겨 율승(律乘)을 강의하였다. 882년(중화2)에 미질을 앓다가 입적하니 법랍 55 세수 78세였다. [참고문헌] 『宋高僧傳』 권16 「允文傳」(대정장50, p.808b27).

윤문 潤文 역경장(譯經場)에서 잘 읽을 수 있도록 문장을 다듬는 소임. 또는 소임을 맡은 사람. 역경관직으로서의 윤문은 역장에서 남쪽을 향해 앉아 번역된 글을 자세히 참고하여 아름답고 유연하게 다듬는다.『불조통기』 권43(대정장49, p.398a7)에 "태평흥국사 서쪽에 세운 역경원은 세 개의 당으로 구성된다. 중앙은 역경을 위해서고, 동서는 윤문을 위한 당이며, 서서는 증의를 위한 당이다. 於太平興國寺 西建譯經院 爲三堂 中爲譯經 東序爲潤文 西序爲證義", 40권본『화엄경』권40「후기 後記」(대정장10, p.848c22)에 "윤문은 성도부 정각사 사문 홍도. 成都府 正覺寺 沙門 道弘 潤文"라고 하였다. [참고문헌]『佛祖統紀』,『華嚴經』. ⇨ 번역 翻譯

윤문자 潤文者 역경장에서 윤문을 맡은 이.『불모대공작명왕경』「서문 序文」(대정장19, p.415a21)에 "대개 지난날에는 한역자가 쓰는 어휘 질박하고 문은 딱딱했으며, 윤문자도 방편의 묘한 말이 부족했다. 비록 경전의 뜻과 어긋나지는 않았지만 찾아 읽는 이들은 어깨를 끌어 모으고 안목을 높여야 했다. 蓋緣往時 譯者 詞質而文梗 潤文者 闕方便之妙言 雖聖旨不乖 尋讀者 引肩而矗目",『능엄경정맥소』권1(卍속장18, p.316b15)에 "필수자가 때로는 졸속하게 하여도 윤문자가 드디어 다듬는다. 若筆受者 或成拙俗 而潤文者 方潤色之"라고 하였다. [참고문헌]『佛母大孔雀明王經』,『楞嚴經正脈疏』. ⇨ 번역 翻譯, 번역관직 翻譯官職, 역경장구직 譯經場九職

윤발 綸綍 밧줄과 상엿줄. 천자의 칙명. 분별로는 뒤집을 수 없는 위없음(無上)의 비유다. 실(絲)이 거듭한 것이 밧줄이고 상엿줄이듯이 어떻게 해도 여실한 그 뜻 뒤칠 수 없다는 뜻이다. 유사한 말로 윤언(綸言)·윤음(綸音)·윤지(綸旨)·윤명(綸命) 등이 있다.『예기』「치의 緇衣」에 "왕의 말이 실처럼 가늘게 시작해도 널리 퍼지고 나면 밧줄처럼 굵어지고, 왕의 말이 밧줄로 시작해도 널리 퍼지고 나면 상엿줄로 커진다. 王言如絲 其出如綸 王言如綸 其出如綍"라 하였다.『종감법림』권1(卍속장116, p.21a13)에서는 "세존께서 법좌에 오르시자 문수가 추를 울리며 이르길 '법왕법을 자세히 보라. 법왕법은 이와 같다'하니, 세존께서는 문득 법좌에서 내려오셨다. 世尊陞座 文殊白椎曰 諦觀法王法 法王法如是 世尊便下座" 이에 대하여 자암범(蔗菴範)이 "지엄한 명령과 기밀 문서는 천자의 거처에서 나오지만, 도모하는 솜씨는 유후(張良)에게 달렸네. 綸綍封章出御樓 克謀借箸有留侯"라고 읊었다. [참고문헌]『禮記』,『宗鑑法林』,『玄沙廣錄』권하(卍속장126, p.402a18).

윤발 輪撥 사원에서 번갈아가며 소임을 뽑는 것.『선원청규』권3「전좌 典座」(卍속장111, p.892b14)에 "만일 지사나 두수가 거듭 행자를 머무르게 하려면, 마땅함 살펴 수순하되 반드시 번갈아 뽑는 것을 지킬 필요는 없다. 如知事頭首再留行者 卽當權宜隨順 不須堅要輪撥"라고 하였다. [참고문헌]『禪苑淸規』.

윤번 輪番 총림에서 차례로 번갈아가며 소임을 맡는 것. 윤차(輪差)라고도 한다.『나호야록』권상(卍속장142, p.978b5)에 "원고목(元枯木)은 후에 연강현 복엄암에 머물렀는데, 밥을 축내는 많은 대중들로 하루종일 겨를이 없었다. 암자에는 가람을 지키는 토우(土偶)가 아주 많았다. 마침내 사당에다가 게송을 써 붙여 깨우쳐 이르길 '작은 암자 작은 당우 작은 총림인데, 토지신 모시는 이가 어찌하여 이리도 많은가! 만약 윤번을 정하고 찾아와 공양할 줄 안다면, 한 무더기 흙 부서진 꼴은 면하게 해주리'. 元後居連江縣福嚴菴 食指猥衆日不暇給 庵有伽藍土偶甚夥 遂揭偈於祠 曉之曰 小菴小舍小叢林 土地何須八九人 若解輪番來打供 免教碎作一堆塵"라고 하였다. [참고문헌]『羅湖野錄』,『新修科分六學僧傳』권23(卍속장133, p.838a17),『護法錄』권1(가흥장21, p.613a8). ⇨ 윤차 輪差

윤법 潤法 신라하대 스님. 수철(秀澈 817~893)에게 비구계를 주었다.「심원사수철화상능가보월탑비문 深源寺秀澈和尙楞伽寶月塔碑文」(『조선금석총람』권상, p.57)에 "동원경 복천사에 가서 윤법 대덕으로부터 구족계를 받았다. 至東原京福泉寺 受具于潤法大德"라고 하였다. [참고문헌]『朝鮮金石總覽』. ⇨ 수철 秀澈

윤보 輪寶 Ⓢ cakra-ratna, Ⓟ cakka-ratana, Ⓣ 'khor-lo-rin-po-che. 고대 인도 제왕(帝王)의 상징. 전륜성왕(轉輪聖王 Ⓢ cakravarti-rāja)이 소지한 칠보(七寶) 중 하나로, 왕이 가는 곳마다 적을 물리치는 무기였다.『장아함경』권4「유행경 遊行經」(대정장1, p.24a18)에 "팔만사천수레 중 윤보가 으뜸이다. 八萬四千車 輪寶爲第一",『삼미륵경소』(대정장38, p.321a28)에 "윤보란 금륜이다. 곧『성불경』에서 말하는 '금륜보'이고,『증일아함경』권33(대정장2, p.731c26)에서 '바퀴살 천 개를 구족한 윤보가 동방에서 와 맞이한다'라고 한 말과 같다. 言輪寶者 金輪 謂成佛經曰 金輪寶故 增一經云 具足千輪 東方來應"라고 하였다. [참고문헌]『長阿含經』,『三彌勒經疏』,『增壹阿含經』,『中阿含經』권14「大天㮈林經」(대정장1, p.512a4),『俱舍論』권12(대정장29, p.65b7), *Abh-k-bh.184.*, *DN.2.172.* ⇨ 윤 輪❶, 금륜보 金輪寶, 칠보 七寶

윤복벽지불 輪輻辟支佛 Ⓢ Nemi-pratyeka-buddha. 태장만다라 석가원(釋迦院)에 안치된 보살. 밀호는 최장금강(摧障金剛), 삼매야형은 석장(錫杖), 종자는 व:(vaḥ), 수인은 원만석장인(圓滿錫杖印)이다. 형상은 황백색 몸으로 오른손은 주먹을 쥐어 가슴에 붙였고 왼손은 가슴 높이에서 가사의 두 끝단을 쥔 채 적련화에 앉은 모습이다. 진언은 "나마 사만타붓다남 바하 namaḥ samanta-buddhānāṃ vaḥ 두루하신 제불께 귀의합니다. 바하"이다. 범어 nemi는 수레바퀴의 가장자리·둘레라는 뜻인데 윤복은 고대의 무기인 차크라(Ⓢcakra 輪)와 같이 번뇌를 부순다는 의미이다. 『태장금강교법명호』(대정장18, p.205a15)에 "윤복벽지불〈밀호는 최장금강이다〉. 輪輻辟支佛〈摧障金剛〉"라고 하였다. [참고문헌]『胎藏金剛敎法名號』, 『玄法寺儀軌』(대정장18, p.120b24).

윤분 允汾 1622~1680. 명말청초(明末淸初) 때 임제종 스님. 자는 유소(兪昭). 별호는 소당(嘯堂). 속성은 오(吳)씨. 경릉(竟陵 : 湖北省) 출신. 20세에 영주(郢州 : 湖北省) 연대사(蓮臺寺)의 현췌(玄萃)를 찾아가 출가하였으며, 타잠(沱潛) 법운사(法雲社)로 가서 삼매(三昧)율사에게 구족계를 받았다. 환란을 피해 형남(荊南 : 湖北省)의 옥천산(玉泉山)에 숨어 지내며 3년간 경론을 배웠는데, 선종에 뜻을 두어 29세에 무림산(武林山)의 구덕홍례(具德弘禮)를 찾아갔고, 퇴옹홍저(退翁弘儲)가 청을 받고 태주(台州 : 浙江省) 천녕사(天寧寺)로 가던 중에 잠시 머물렀을 때 만나 뵙고는 서로 기연이 부합하였으니 30세에 그의 법을 얻었다. 이후 스승의 명을 따라 1657년(순치14)에 여산(廬山) 서림(西林) 건명사(乾明寺)에 주석하였고, 영주 법흥사(法興寺)·천대(天台) 적성사(赤城寺)·악주(鄂州) 광혜사(廣慧寺)·대홍산(大洪山) 보통(寶通) 보국사(報國寺)·경릉 자지암(紫芝菴) 등에 차례대로 주석하였다. 1680년(강희19) 2월 13일에 세수 59, 법랍 38세를 일기로 입적하였다. 『유소선사어록 兪昭禪師語錄』 6권(가흥장37, No.B389)이 전하는데, 효청(曉靑)이 지은 「소당화상탑명 嘯堂和尙塔銘」이 수록되어 있다. [참고문헌]『五燈全書』 권85(卍속장141, p.728a17).

윤사국 尹師國 1728~1809. 조선 후기 문신·문필가. 호는 직암(直庵)·소고(嘯皐), 자는 빈경(賓卿), 본관은 칠원(漆原). 동래부사·강원도관찰사·한성부윤(漢城府尹) 등을 역임하였다. 붓글씨에 뛰어나 사찰과 누각의 편액(扁額)을 많이 썼다. 『임하필기』 권37 「봉래비서 蓬萊祕書」에 "비로소 절에 들어갔다. 문의 편액은 '장안사'이고 또 '해동제일명산대찰'이란 여덟 글자가 걸려 있는데 윤소고 사국의 글씨다. … 삼불암은 표훈사 남쪽 3리에 있는데, 길가의 큰 바위에 석가미륵미타 삼불상이 새겨져 있다. … 왼쪽에 새겨진 '삼불암'은 윤소고 글씨고 … (백운대 묘길상) 오른쪽에 새겨진 '묘길상' 큰 글자 셋도 윤소고 글씨다. 始入寺 門扁曰長安寺 又揭海東第一名山大刹八字 尹嘯皐師國筆也 … 三佛巖 在表訓南三里 巨石當路 刻釋迦彌勒彌陀三佛像 … 左刻三佛巖 尹嘯皐筆 … 右刻妙吉祥三大字 尹嘯皐筆"라고 하였다. [참고문헌]『林下筆記』, 『經山集』.

윤산 輪山 Ⓢcakra-vāḍa, cakra-vāla. 철위산(鐵圍山)의 다른 이름. 수미세계를 둘러싸고 있어 윤위산(輪圍山)이라고도 한다. 『번역명의집』 권3(대정장54, p.1098c24)에 "자〈지와 야를 반절한 음〉가라는 작갈라 또는 작가라라고도 음사한다. 현응(玄應)법사는 '한역하여 윤산이라 한다'라고 하였다. 柘〈之夜〉迦羅 或云灼羯羅 又云斫迦羅 應法師云 此云輪山", 『불지경』(대정장16, p.722b7)에 "저 세계가 크고 작은 윤산에 의해 둘러싸여 있듯이 이와 같이 여래의 묘관찰지 또한 어리석지 않은 일체의 자상과 공상으로 둘려쌓여 있다. 如世界大小輪山之所圍繞 如是如來妙觀察智 不愚一切自相共相之所圍繞"라고 하였다. [참고문헌]『翻譯名義集』, 『佛地經』, 『正法念處經』 권16(대정장17, p.91b10), *Sam-r.66.* ⇨ 철위산 鐵圍山, 윤위산 輪圍山

윤상 輪相 ❶ 여래의 삼십이상 중 하나. 천폭륜상(千輻輪相)의 줄임말. 발바닥에 있는 천폭(千輻)의 수레바퀴 무늬를 말한다. 『대당서역기』 권6(대정장51, p.904b24)에 "이때 부처님께서 관속에서 양 발을 밖으로 내놓으셨는데 윤상 위에 기이한 모습이 보였다. 是時 佛於棺內爲出雙足 輪相之上 見有異色"라고 하였다. [참고문헌]『大唐西域記』. ⇨ 천폭륜상 千輻輪相, 삼십이상 三十二相 ❷ 탑 정상부의 윤반형 장엄물. 승로반(承露盤)·윤개(輪蓋)·상륜(相輪)·공륜(空輪), 층층이 위로 높아 금당(金幢)·금찰(金刹)이라고도 한다. 윤반이 9층이면 구륜(九輪)이라고 한다. 『번역명의집』 권7(대정장54, p.1168a13)에 "부처님께서 아난에게 말씀하셨다. '내가 열반에 들면 다비한 다음 사부대중 모두가 사리를 수습하여 칠보병에 담아 구시나성 네거리 길 중앙에 칠보탑을 올리되 높이는 13층이고 정상에 윤상이 있어야 한다'. … 〈윤상이란 『승기율』에서 '부처님께서 가섭불탑을 만드

윤상 불족적 인도
뉴델리국립박물관 2세기

시고 정상에 쟁반모양의 덮개를 올려 길게 윤상을 보였다'고 하였다. 경전에서 자주 상륜을 언급하니 사람들이 그 상륜을 우러러 본다〉. 佛告阿難 佛般涅槃茶毘旣訖 一切四衆 收取舍利 置七寶甁 當於拘尸那城內 四衢道中 起七寶塔 高十三層 上有輪相 …〈言輪相者 僧祇云 佛造迦葉佛塔 上施槃蓋 長表輪相 經中多云相輪 以人仰望而瞻相也〉"라고 하였다. [참고문헌]『翻譯名義集』,『摩訶僧祇律』 권33(대정장22, p.497c4). ⇨ 노반 露盤❷, 상륜 相輪, 승로반 承露盤❶ ❸점찰법회에서 사용하는 나무로 만든 윷. 『점찰선악업보경』에 근거하여 숙세의 선악업을 점치는 도구를 말한다. 열 가지 선업과 악업을 점치는 십륜(十輪)과 그 경중을 점치는 삼륜(三輪), 그리고 미래의 과보를 점치는 육륜(六輪) 등 세 가지가 있다. 『점찰선악업보경』 권상(대정장17, p.902b23)에 "선남자야, 나무로 만든 윤상을 배우려거든 먼저 나무를 새끼손가락 크기로 깎아서 길이가 한 치가 되게 하고, 정중앙은 네 면의 네모 반듯한 모양으로 만들고 나머지는 양끝 방향으로 경사지게 깎아서 손에 올려놓고 비스듬히 던져 잘 구르도록 만든다. 이러한 뜻으로 윤(輪)이라 한다. 또한 이러한 모양에 의지하여 중생의 사견과 의혹의 그물을 부수고 정도를 향하도록 전환하여 안은한 경지에 도달하게 하므로 윤이라 한다. 그 윤상에 세 가지 차별이 있다. 셋이란 무엇인가? 첫째 윤상은 숙세에 지은 선업과 악업의 차별을 나타낸다. 이 윤은 열 개나. 둘째, 윤상은 숙세에 쌓인 업의 시간적 거리와 지은 업의 강약 그리고 대소의 차별을 나타내는데 이 윤은 세 개다. 셋째, 삼세에 받을 과보의 차별을 드러내는데 이 윤에는 여섯 개가 있다. 善男子 欲學木輪相者 先當刻木如小指許 使長短減於一寸 正中令其四面方平 自餘向兩頭斜漸去之 仰手傍擲 令使易轉 因是義故 說名爲輪 又依此相 能破壞衆生邪見疑網 轉向正道 到安隱處 是故名輪 其輪相者 有三種差別 何等爲三 一者 輪相能示宿世所作善惡業種差別 其輪有十 二者 輪相能示宿世集業久近 所作强弱大小差別 其輪有三 三者 輪相能示三世中受報差別 其輪有六"라고 하였다. [참고문헌]『占察善惡業報經』. ⇨ 육륜 六輪❷

윤상 세존사리탑 서울 조계사 2009년·윤상 실상사동삼층석탑 보물제37호 남원 실상사 통일신라 (왼쪽부터)

윤생 潤生 ❶적셔 기르는 뜻. 번뇌를 더욱 활발하게 하는 취지(取支) 또는 취와 애지(愛支)를 말한다. 『유가사지론약찬』 권1(대정장43, p.10b5)에 "일체번뇌가 모두 적셔 기른다는 것은, 취지를 말함이니 (십이지 중) 처음 일어난 취지 때문에 이 뒤의 취지가 있어 서로 어긋나지 않는다는 말이다. 言一切煩惱 皆潤生者 謂是取支 初起取支故 此是後取支 亦不相違", 『성유식론집해』 권8(卍속장81, p.545a1)에 "무명이라는 하나의 지가 발업이 되고, 애와 취 두 지는 윤생이라 한다. 이들 세 번뇌를 다 들어 혹이라 한다. 無明一支 名爲發業 愛取二支 名爲潤生 此三煩惱 總名爲惑", 『현수오교의』 권2(卍속장104, p.42a6)에 "발업 후 같이 나는 혹이므로 이름하여 세라 하는데, 몸과 함께 생겨서 임운히 일어나므로 또한 윤생이라고도 하니 번뇌가 더욱 활발하게 일어나기 때문이다. 後俱生惑名之爲細 與身俱生 任運起故 亦名潤生 煩惱能潤生故"라고 하였다. [참고문헌]『瑜伽師地論略纂』,『成唯識論集解』,『賢首五教儀』. ⇨ 발업 發業❶, 발업윤생 發業潤生, 윤생번뇌 潤生煩惱, 윤생위 潤生位 ❷기름지게 키운다는 말. 『유마경약소』 권1(대정장38, p.578c1)에 "우레 쳐 겨울잠 든 미물들 깨우고, 비 내려 기름지게 자라네. 감로법 설하여 비 내리고 여덟 우레처럼 떨치니, 양끝단 사견에 잠자던 이들 놀라 깨어 모든 선근의 싹 열어 피우게 하셨네. 今明雷以驚蟄 雨以潤生 說甘露法雨 震八音雷 用驚二邊邪見之蟄 使一切善根萌芽開發"라고 하였다. [참고문헌]『維摩經略疏』.

윤생금강 潤生金剛 밀교 수길상보살(水吉祥菩薩 ⓢDakaśrī)의 밀호. 『태장금강교법명호』(대정장18, p.204a14)에 "수길상보살〈밀호는 윤생금강이다〉. 水吉祥菩薩〈潤生金剛〉"라고 하였다. 진언은 "옴 아리요다카슈리 스바하 [실담] oṃ āryodakaśrī svāhā 옴. 성스러운 수길상이시여, 스바하"이다. [참고문헌]『胎藏金剛教法名號』. ⇨ 수길상보살 水吉祥菩薩

윤생무명 潤生無明 모든 번뇌가 자라나게 하여 생을 받게 하는 무명. 발업무명 후에 일어난다. 『유가론기』 권5(대정장42, p.405b26·한불전13, p.290c14)에 "발업무명을 앞선 때라 하고, 윤생무명을 뒤이은 때라 한다. 發業無明 名爲前際 潤生無明 名後際故", 『능엄경보경소』 권4(卍속장90, p.704b18)에 "근본은 윤생무명이다. 종자를 기름지게 해서 생을 받기에 저 증애가 일어나는 것과 같다. 根本卽潤生無明 以能潤種子 而受生故 如生憎愛"라고 하였다. [참고문헌]『瑜伽論記』,『楞嚴經寶鏡疏』. ⇨ 수생 受生❶, 발업무명 發業無明

윤생번뇌 潤生煩惱 일단 발생한 업을 한층 자라도록 하는 번뇌. 윤생혹(潤生惑)이라고도 하며, 발업번뇌(發

業煩惱)와 대칭한다. 십이지 중 애와 취(愛取) 지로서 장차 유(有)를 연하여 생을 기름지게 하므로 능윤지(能潤支)라 한다. 『성유식론』 권8(대정장31, p.43b19)에 "또한 생사상속은 혹·업·고로 말미암는다. 발업번뇌와 윤생번뇌를 혹이라 하고, 능히 후유의 온갖 업을 감득한다 하여 업이라 하며, 업으로 일어나는 모든 괴로움을 고라 하니, 혹업고의 종자는 다 습기라 부른다. 復次生死相續 由惑業苦 發業潤生煩惱 名惑 能感後有諸業 名業 業所引生衆苦 名苦 惑業苦種 皆名習氣", 원효(元曉)의 『대승기신론별기』(대정장44, p.236a10·한불전1, p.691b12)에 "또한 식이 능히 윤생번뇌를 일으켜서 업과로 하여금 연이어 일어나 끊어지지 않도록 한다. 그러므로 '현재와 미래 등의 보를 성취한다' 함에 있어 조금도 어긋남이 없다. 又識能起 潤生煩惱 能使業果 續生不絶 故言 成就現未等報 無差違故"라고 하였다. 〔참고문헌〕『成唯識論』, 『大乘起信論別記』. ⇨ 윤생 潤生 ❶, 윤업 潤業, 발업번뇌 發業煩惱

윤생섭화 潤生攝化 중생을 자라게 하고 거두어 교화한다는 말. 『화엄오교장』 권3(대정장45, p.493a23)에 "초지의 진견도 때는 한 찰나에 저 종자를 단번에 끊는다. 함께 타고난 번뇌장은 초지에서 이미 보냈기에 자재롭게 끊을 수 있지만 일부러 남겨두고 끊지 않는다. 왜 그런가? 중생을 자라게 하고 거두어 교화하기 위함이며, 이승지에 떨어지지 않기 위함이고, 소지장을 끊기 위해서며, 대보리를 얻기 위해서다. 初地眞見道時 一刹那中 頓斷彼種 其俱生中煩惱障 初地已去 自在能斷 留故不斷 何以故 潤生攝化故 不墮二乘地故 爲斷所知障故 爲得大菩提故"라고 하였다. 〔참고문헌〕『華嚴五敎章』. ⇨ 윤생 潤生 ❷, 섭화 攝化

윤생업 潤生業 생을 기름지게 하는 업. 윤업(潤業)이라고도 한다. 『대반열반경집해』 권68(대정장37, p.596a15)에 "다음으로 오문 가운데 초인을 말한다. 첫째, 업을 짓는다는 것은 색계의 정보업이다. 둘째, 생을 받는 업이란 색계에서 생을 기름지게 하는 업이다. 색계는 다만 중음보를 받아야만 열반을 얻을 수 있다. 次解五門中之初人 一 作業者 卽是色界正報業 二 受生業者 是色界潤生業 色界但受中陰報 而得涅槃也"라고 하였다. 〔참고문헌〕『大般涅槃經集解』. ⇨ 윤업 潤業

윤생위 潤生位 생을 적셔 기르는 위. 윤업위(潤業位)라고도 한다. 『법화경현찬요집』 권20(卍속장54, p.347a10)에 "저 윤생위에서는 탐애력이 더하기에 애를 말하여 물이라 이름하니 능히 활발하게 적시기 때문이다. 如潤生位 貪愛力增 說愛名水 能發潤故", 같은 책 권29(卍속장54, p.688a11)에 "윤생위에서는 애가 없으면 생을 받을 수 없다. 반드시 애를 얻어야 한다. 저 발업위 중에서는 무명이 으뜸이지만 윤생위에서는 탐애가 으뜸이다. 潤生位中 非愛不受生 事須得愛 若發業位中 無明爲上 潤生位中 貪愛爲上"라고 하였다. 〔참고문헌〕『法華經玄贊要集』. ⇨ 윤생 潤生 ❶, 발업위 發業位

윤생혹 潤生惑 ➡ 윤생번뇌 潤生煩惱

윤소 允韶 남송(南宋) 때 임제종(臨濟宗) 호구파(虎丘派) 스님. 호는 철편(鐵鞭)·승천(承天). 밀암함걸(密庵咸傑)의 법을 이어받아 천주(泉州 : 福建省) 광효사(光孝寺)에서 개당을 하였고, 후에 소주(蘇州 : 平江) 승천사(承天寺)에서 주석하였다. 무용정전(無用淨全)의 제자로 보기도 한다. 상당(上堂)과 소참(小參) 등을 모은 『철편소화상어 鐵鞭韶和尙語』가 속고존숙어요4, 卍속장119, pp.49a14~52a2에 전한다. 〔참고문헌〕『續傳燈錄』 권33(대정장51, p.700c5), 『五燈全書』 권48 「鐵鞭允韶章」(卍속장141, p.80b12), 『增集續傳燈錄』 권2 「鐵鞭允韶傳」(卍속장142, p.772a1).

윤수마발타 輪輸摩跋吒 아수륜왕(阿須倫王 : 阿修羅王)이 다스리는 작은 성. 『장아함경』 권20 「세기경 世記經」(대정장1, p.129b7)에 "그 아수륜왕이 다스리는 소성은 대성 중에 있으며, 윤수마발타라고 한다. 其阿須倫王 所治小城 當大城中 名輪輸摩跋吒"라고 하였다. 〔참고문헌〕『長阿含經』.

윤수태 尹壽台 고려 말 서원을 세우고 성취한 후 장수한 불자. 『고려사』 권45 세가(世家)45 공양왕(恭讓王) 2년(1390) 10월 27일에 "지금 윤수태의 나이가 96세다. … 수태가 일찍이 말하였다. '서른 살도 되기 전에 왼쪽 다리를 쓸 수 없었다. 어느 날 천마산사 약사불상 앞에서 맹서하길 「만약 부처님이 병을 낫게 해주신다면 불전을 지으리라」 하였다. 꿈에 한 스님이 나타나 「너의 병 낫게 할 터이니 참으로 불전을 지으라」 하였다. 꿈에서 깨자 병은 곧 나았다. 마침내 불전을 짓고 삼매참법석을 열며 낙성하니 이렇게 수명을 얻었다'. 今有尹壽台者 年至九十六 … 壽台嘗言 年未三十 左脚不仁 一日 往天磨山寺藥師前 誓曰 佛若愈吾疾 爲作佛殿 夢一僧曰 汝病可療 能作佛殿乎 夢覺 病卽愈 遂作佛殿 設三昧懺法席以落之 故得壽如此"라고 하였다. 〔참고문헌〕『高麗史』.

윤순 尹淳 1680~1741. 자는 중화(仲和), 호는 백하(白下)·학음(鶴陰), 본관은 해평(海平). 1713년(숙종39)에 문과에 급제하였으며, 이후 감호제군사(監護諸軍使)·평안도관찰사(平安道觀察使) 등을 역임하였다. 글씨와 문장에 뛰어났는데, 『임하필기』 권4 「비갈지속 碑

碣之屬」에 "석봉 한호는 해서의 바름을 얻었으며, 백하 윤순은 동방의 거칢을 깨뜨렸다. 韓石峰得楷之正 尹白下破東之荒"라고 하였다. 저서로는 『백하집 白下集』이 있으며, 「봉암사상봉당정원선사비문 鳳巖寺霜峰堂淨源禪師碑文」·「적석사사적비문 積石寺事蹟碑文」을 썼다. 〔참고문헌〕『林下筆記』, 智冠 『韓國高僧碑文總集』 朝鮮朝·近現代 p.283, 『朝鮮金石總覽』 권하 p.1080.

윤순거 尹舜擧 1596~1668. 자는 노직(魯直), 호는 동토(童土). 1633년(인조11)에 사마시(司馬試)에 급제하였으며, 이후 상의원주부(尙衣院主簿)·공조정랑(工曹正郎) 등을 역임하였다. 저술로는 『동토집 童土集』·『노릉지 魯陵志』 등이 있으며, 정두경(鄭斗卿)이 지은 「심원사취운당대사비문 深源寺翠雲堂大師碑文」을 썼다. 〔참고문헌〕『國朝人物考』 권35 休逸, 李智冠 『校勘譯註歷代高僧碑文』 朝鮮篇1 p.391.

윤습수 潤濕水 Ⓢ ambha. 상키야(Ⓢ Sāṃkhya : 數論)에서 말하는 내사종희(內四種喜)와 외오종희(外五種喜)인 아홉 가지 희 중 자성희(自性喜 Ⓢ prakṛti-tuṣṭi)를 비유하는 말. 『금칠십론』 권하(대정장54, p.1257c24)에 "선인이 세운 아홉 이름은 능히 티끌의 더러움을 청정케 하기에 구희를 설하여 이름하되 물이라 하였으니, 첫째는 습윤수 … 아홉째는 승청정수(Ⓢ uttamāmbhasika)이며 이를 구희라 번역한다. 구무능이라 함은 비습윤 내지 비승청정수를 말한다. 仙人立九名 能淸淨塵汚 故說九喜 名爲水 一 潤濕水 … 九 勝淸淨水 翻此九喜 名九無能 謂非潤濕 乃至 非勝淸淨水"라고 하였다. 〔참고문헌〕『金七十論』, *Māṭ-v.49.* ⇨ 자성희 自性喜, 구희 九喜, 상키야학파 Sāṃkhya學派

윤승 輪僧 돌아가며 같은 소임을 맡는 스님. 윤차승(輪差僧)이라고도 한다. 『백장청규』 권1 「성절 聖節」(대정장48, p.1113b15)에 "모월 모일에 삼가 천수를 비는 황제의 탄신일을 맞습니다. 모사에서는 모월 모일부터 침여하여 금강처럼 난난하고 한량없는 (황제의) 수명을 비는 도량을 세워서 열고, 한 달여 동안 매일 윤승을 전각에 상번시켜서 금문을 독경하게 합니다. 某月某日 欽遇天壽聖節 某寺預於某月某日 啓建金剛無量壽道場 一月日逐日 輪僧上殿 披閱金文"라고 하였다. 〔참고문헌〕『百丈淸規』. ⇨ 부단륜 不斷輪

윤식 潤飾 더하여 꾸미다. 역경장 소임인 윤문(潤文)의 다른 이름이기도 하다. 『역대삼보기』 권4(대정장49, p.54a12)에 "위의 경(『문지옥사경 問地獄事經』)은 1권으로 외국 사문 강거가 후한 영제 중평 4년(187) 낙양에서 한역하였다. 직역이면서 이치에 부합하여 윤식을 더하지 않았다. 右一經一卷 外國沙門 康巨 靈帝中平四年 於洛陽譯 並言直理詣 不加潤飾", 『능엄경의소석요초』 권2(卍속장16, p.870a8)에 "윤색하는 이는 그 재주로 부드럽게 다듬으니 말이 흐르는 듯 아름답고 이의 맛 환하고 자연스럽게 한다. 潤色者 以其才力潤飾 使語言流美 理味煥然也"라고 하였다. 〔참고문헌〕『歷代三寶紀』, 『楞嚴經義疏釋要鈔』, 『成唯識論掌中樞要』 권상본(대정장43, p.608c1). ⇨ 윤문 潤文, 역경장구직 譯經場九職

윤신 輪身 ➡ 삼륜신 三輪身

윤약 允若 1280~1359. 원대 천태종 스님. 법호는 부휴(浮休), 자는 계형(季蘅). 속성은 이(李)씨. 소흥(紹興 : 浙江省) 약야(若耶) 출신. 15세에 운문원(雲門元) 문하에서 구족계를 받았고, 대산(大山) 회법사(恢法師)에게 천태교관(天台敎觀)을 수학하였다. 남축(南竺)으로 가서 담당성징(湛堂性澄)에게 인정받고 그를 따라 연경(燕京)으로 들어갔다. 연경에서 대장경을 교정하여 그 공로로 조정에서 '자광원조 慈光圓照'라는 호를 받았다. 정성원(淨聖院)·흥화원(興化院) 등 여러 사찰에 주석하며 세간에 이름을 알려 당시 전당사의(錢塘四依)로 불렸다. 만년에 소흥의 운문사(雲門寺)로 돌아와 머물렀는데, 운문의 삼대 고승(雲門三高)으로 추앙받았다. 1359년(지정19)에 전란을 만나 세수 80, 법랍 65세로 입적하였다. 평생 진중하고 함부로 말하거나 웃지 않아, 조맹부(趙孟頫)는 '스님 중의 어사 僧中御史'라 불렀다. 저서로는 『내외집 內外集』이 있다. 〔참고문헌〕『釋鑑稽古略續集』 권1(대정장49, p.918b26), 『大明高僧傳』 권1(대정장50, p.903c18), 『補續高僧傳』 권4(卍속장134, p.92b8). ⇨ 운문삼고 雲門三高

윤언 輪言 신라 말 고려 초 스님. 『동인지문사륙』 권8 「신성왕친제개태사화엄법회소 神聖王親製開泰寺華嚴法會疏」에 "어제는 화엄으로 이름난 스님 윤언과 승담 두 대덕에게 주지를 청하였다. 겨울이 시작되려는 때에 비로소 법연을 열어 화엄을 강경하고 금문을 연설하는데 윤언에게 청하여 옥병을 잡았다. 昨請華嚴名釋輪言承淡二大德住持 方臨玄律 始啓法筵 講華嚴而演金文 請輪言而操玉柄"라고 하였다. 〔참고문헌〕『東人之文四六』. ⇨ 개태사 開泰寺

윤언이 尹彦頤 ?~1149. 고려 중기 문신. 호는 금강거사(金剛居士), 시호는 문강(文康), 본관은 파평(坡平). 명장(名將) 윤관(尹瓘 ?~1111)의 아들로, 불교에 대한 신심(信心)이 돈독하였다. 기거랑(起居郎)이 되어 좌사간(左司諫) 정지상(鄭知常)·우정언(右正言) 권적(權適) 등과 함께 정치의 득실을 논하며 왕을 보좌하였다. 일찍이 예종(재위 1105~1122) 때 아버지인 윤관이 왕명을 받아 지은 대각국사(大覺國師) 의천(義天)의 비문(碑文)을 김부식(金富軾)이 함부로 고친 일이 있은 후, 1133년(인종11)에 김부식의 『주역 周易』 강의를 문난(問難)하라는 왕명을 받고 정연한 논리로 반박하여 아버지를 위해 설분(雪憤)하였다. 1135년(인종13) 묘청(妙淸)의 난에 토벌군의 원수(元帥) 김부식의 막료로 출전하여 이듬해에 서경(西京)을 탈환할 때 공을 세웠으나, 도리어 정지상과 내통하였다는 김부식의 간언에 의해 양주방어사(梁州防禦使)로 쫓겨났다. 그 후 광주목사(廣州牧使)가 되자 지난날 억울했던 사실을 왕에게 해명하였고, 1147년(의종1) 정당문학(政堂文學)이 되었다. 예종·인종 양조에 걸쳐 문장으로 이름이 높았다. 특히 『주역』에 밝았으며, 말년에는 불교를 깊이 믿어 관승(貫乘)과 깊은 친교를 맺었다. 저서로는 「하신납왕비표 賀新納王妃表」(『동문선』 권31), 「광주사상표 廣州謝上表」(『동문선』 권35), 「김기손걸퇴표 金起孫乞退表」(『동문선』 권42) 등이 있다. [참고문헌] 『高麗史』 권96 列傳9 諸臣, 『東文選』.

윤업 潤業 업을 잘 자라게 하는 것. 애(愛)를 말한다. 윤생업(潤生業)의 줄임말이다. 『대승광백론석론』 권8(대정장30, p.236a18)에 "무아견으로 영원히 일체 무명과 유애라는 두 가지 수면을 끊는다. 이 두 가지는 발업인과 능한 윤업인이어서 생장하여 과를 맺게 한다. 이 두 가지 끊으면 업과가 발생하지 않는다. 由無我見 永斷一切 無明有愛 二種隨眠 由此二種 是發業因 及能潤業 令生果故 斷此二種 業果不生", 『금강경찬요간정기』 권2(대정장33, p.180a21)에 "능히 마음을 해탈하지 못하게 하고 업을 짓고 지은 업을 자라도록 한다. 업은 선업·악업·부동업이다. 유업의 인으로서 반드시 과보를 부르니 곧 몸을 받는 것이다. 不唯令心不解脫 復能造業 潤業 業卽善惡不動業也 以有業因 必招果報 卽受生也"라고 하였다. [참고문헌] 『大乘廣百論釋論』, 『金剛經纂要刊定記』. ⇨ 윤생업 潤生業, 윤생 潤生 ■

윤업번뇌 潤業煩惱 업을 증장시키는 번뇌. 업을 일으키는 발업번뇌(發業煩惱)와 대칭한다. 『석마하연론』 권4(대정장32, p.630a28)에 "이 상속식에는 세 가지 뜻이 있다. 어떤 것이 그 세 가지인가? 첫째 이전의 업을 거둬 잃지 않는다는 뜻, 둘째 과를 불러 성취하는 뜻, 셋째 허망한 생각으로 두루 연하는 뜻이다. 첫 번째 뜻은 무슨 말인가? 이 상속식은 능히 윤업번뇌를 일으켜서 과거의 무명이 일으킨 일체의 갖가지 선업과 불선업이 머물러 유지시켜 능히 과를 이루도록 하는 역용을 하기 때문이다. 此相續識 卽有三義 云何爲三 一者 攝前不失義 二者 感果成就義 三者 妄慮遍緣義 初義云何 此相續識 而能發起 潤業煩惱 住持過去無明所起 一切種種 善不善業 而能令作成果力用故", 『대승의장』 권4(대정장44, p.549c22)에 "윤업번뇌란 (십이지 중에서) 애와 취를 말한다. 潤業煩惱 說爲愛取", 『열반경소삼덕지귀』 권20(卍속장58, p.969a11)에 "윤업이란 번뇌로 말미암아 삼업을 지음이니, 저 물로 인하여 싹이 트고 이에 능히 더욱 자라나기에 윤업번뇌라 한다. 言潤業者 由煩惱故 造作三業 如因水潤牙 乃能滋長故 曰潤業煩惱"라고 하였다. [참고문헌] 『釋摩訶衍論』, 『大乘義章』, 『涅槃經疏三德指歸』, 『大乘起信論疏筆削記會編』(한불전8, p.725a18). ⇨ 번뇌 煩惱, 발업번뇌 發業煩惱

윤업위 潤業位 업을 기르는 위. 윤생위(潤生位)라고도 한다. 『성유식론』 권8(대정장31, p.44a22)에 "윤업위에서는 애의 힘만이 치우쳐 더하기에 애가 저 물과 같다고 한다. 기름지게 적시기 때문이다. 於潤業位 愛力偏增 說愛如水 能沃潤故"라고 하였다. [참고문헌] 『成唯識論』. ⇨ 발업위 發業位, 윤생위 潤生位

윤영 允英 조선 말기 스님. 법호는 영월(映月). 전라도 나주 덕룡산(德龍山) 운흥사(雲興寺)로 찾아가서 대운(大雲)을 은사로 하여 스님이 되었다. 경론을 두루 익히고 스승의 법맥을 계승하여 후학을 지도하다가 운흥사에서 입적하였다. 『동사열전』 권5 「영월선사전 映月禪師傳」(한불전10, p.1060c16)에 "행이 자비로우면서도 위엄 떨쳤으며 기개는 걸출하고 몸은 가벼웠다. 한번 잃어버린 움직이던 기틀 다시는 되돌려 굴릴 수 없으니, 빈 산에 사람 없고 물 흐르고 꽃은 피네. … 운흥사를 지나다가 눈물 흘리는 비를 생각하니 진야의 옹중(翁仲 : 金人)이요 진(晉) 조정에 구리 낙타로구나. 行慈振威 氣傑身輕 一失事機 未復覆轍 空山無人 水流花開 … 過雲興寺 思墮淚碑 秦野之翁仲 晋廷之銅駝"라고 하였다. [참고문헌] 『東師列傳』. ⇨ 운흥사 雲興寺 ■

윤왕 輪王 Ⓢcakra-vartin, cakra-varti-rāja, Ⓟcakkavattin, Ⓣ'khor-los-sgyur-ba. 전륜성왕(轉輪聖王)의 줄임말. 『대반야경』 권392(대정장6, p.1028b10)에 "혹은 윤왕이 되어 사주계에서 부귀롭고 자재하였다. 或作輪王 於四洲界 富貴自在", 『유가사지론』 권2(대정장30, p.287b22 : *Yogā-bh.*, p.41)에 "윤왕이 세상에 출현하면 그의 무릎만큼 바닷물은 준다. 若輪王出世 如彼膝量 海水減焉 cakravartirājasya prādurbhāvājjānumātraṃ mahāsamudrātpānīyaṃ śuṣyat"라고 하였다. [참고문헌] 『大般若經』, 『瑜伽師地論』, 『俱舍論』 권12(대정장29, p.64b19), *Pañca-pr.1-2.48.*, *Yogā-bh., Ap.34.* ⇨ 전륜성왕 轉輪聖王

윤왕가 輪王跏 전륜왕(轉輪王)의 가부좌(跏趺坐). 전륜왕좌법(轉輪王坐法)을 일컫는다. 윤왕좌(輪王坐) 또는 줄여서 윤가(輪跏)라고도 한다. 『관자재보살여의륜유가』(대정장20, p.207b14)에 "제불전에 예배 마치고는 전가부좌 혹은 윤왕가로 뜻에 따라 앉는다. 禮諸佛已 全跏半跏 或輪王跏 隨意而坐"라고 하였다. 〔참고문헌〕『觀自在菩薩如意輪瑜伽』. ⇨ 윤왕좌 輪王坐, 전륜왕좌법 轉輪王坐法, 전륜왕 轉輪王

윤왕계보 輪王髻寶 윤왕계주(輪王髻珠)라고도 한다. 『법화경현찬요집』 권11(卍속장53, p.854b5)에 "만일 다른 사람 모두에게도 이 법 있다면 남들과 함께 호념하겠지만 오로지 부처님뿐이시고 다른 이에게는 없는 까닭에 부처님 스스로만 호념하신다. 그러므로 저 윤왕계보와 같다 하니 다른 사람에게는 없기 때문이다. 若他人總有此法 交他人護念 今唯佛有餘人無 所以 佛自護念 故如輪王髻寶 餘人無故", 『굉지광록』 권4(대정장48, p.44a1)에 "크게 쓰고 자재하니 윤왕계보를 얻음이다. 大用自在也 獲輪王髻寶"라고 하였다. 〔참고문헌〕『法華經玄贊要集』, 『宏智廣錄』. ⇨ 윤왕계주 輪王髻珠

윤왕계주 輪王髻珠 법화칠유(法華七喩) 중 하나. 전륜성왕(轉輪聖王)의 상투 속에 있는 보배 구슬. 윤왕계보(輪王髻寶)・윤왕정상주(輪王頂上珠) 등이라고 한다. 『주화엄법계관문송』 권상(대정장45, p.699c8)에 "비와 지를 굴리는 마음으로 권교와 실교를 베풀어 자비로는 가난하고 병든 이들을 보듬고 지혜로는 홀로되고 외로운 이들 손내민다. 마치 윤왕계주를 얻어서 널리 모든 일을 돕는 듯 한다. 運悲智心 設權實敎 慈廕貧病 智拔孤獨 如得輪王髻珠 普資一切也"라고 하였다. 〔참고문헌〕『註華嚴法界觀門頌』. ⇨ 윤왕계보 輪王髻寶, 윤왕정상주 輪王頂上珠, 법화칠유 法華七喩

윤왕공덕 輪王功德 Ⓢcakra-varti-guṇa, Ⓣ'khor-los-sgyur yon-tan. 윤왕의 공덕. 전륜공덕(轉輪功德)이라고도 한다. 『증일아함경』 권21(대정장2, p.656b13)에 "저 염부제 중의 중생에게 있는 공덕은 바로 한 명 윤왕의 공덕과 같다. 其中衆生 所有功德 正可與一輪王功德等"라고 하였다. 〔참고문헌〕『增壹阿含經』, 『大乘入楞伽經』 권7(대정장16, p.638b4), 『法苑珠林』 권69(대정장53, p.815a8), *Laṅk.362.* ⇨ 전륜성왕 轉輪聖王

윤왕석범 輪王釋梵 전륜성왕(轉輪聖王)과 제석천(帝釋天) 그리고 범천(梵天)을 아울러 이르는 말. 천태법화에서 성문과 연각보다 낮은 위로 여겨 소약초(小藥草)라 한다. 『법화현찬』 권1본(대정장34, p.656b20)에 "이 경에서는 또한 전륜성왕・제석천・범천은 소약초, 성문과 연각은 중약초, 대소승의 보살은 대약초라 한다. 此經亦言 輪王釋梵 是小藥草 聲聞緣覺 是中藥草 大小菩薩 名大藥草", 『청관음경소천의초』 권4(대정장39, p.1004a5)에 "윤왕석범에게도 상은 있지만 볼 만한 특징도 모습도 없어 미묘하지 않다. 輪王釋梵亦有相 以無好故 相不微妙"라고 하였다. 〔참고문헌〕『法華玄贊』, 『請觀音經疏闡義鈔』. ⇨ 전륜성왕 轉輪聖王, 제석천 帝釋天, 범천 梵天, 상호 相好, 약초유 藥草喩

윤왕선근 輪王善根 Ⓢcakra-varti-kuśala-mūla. 전륜성왕의 선근. 『화엄경탐현기』 권16(대정장35, p.402b28)에 "한 갠지스강의 모래알 수와 같은 윤왕의 선근을 얻으면 모두가 저 백정보망과 같아진다. 得一恒沙 輪王善根 皆如白淨寶網等"라고 하였다. 〔참고문헌〕『華嚴經探玄記』, 『華嚴經疏鈔』 권78(대정장36, p.612c6), *Gaṇḍ-vy.213.* ⇨ 전륜성왕 轉輪聖王

윤왕위 輪王位 Ⓢcakra-varti-rājya. 전륜성왕의 지위. 『윤왕칠보경』(대정장1, p.821a24)에 "이미 관정을 받고 윤왕위를 얻어 위덕이 자재하기에 사람들이 존중한다. 已受灌頂 得輪王位 威德自在 人所尊重", 『득도인연경』 권상(대정장2, p.846b15)에 "윤왕위를 버리고 출가수도하였으니 저 세간의 부귀 등을 싫어하였다. 捨輪王位 出家修道 厭彼世間 富貴等事"라고 하였다. 〔참고문헌〕『輪王七寶經』, 『得度因緣經』, *Lal-v.194.* ⇨ 전륜성왕 轉輪聖王

윤왕자 輪王子 Ⓢcakra-varti-putra, Ⓣ'khor-los-sgyur-ba'i bu. 전륜성왕의 왕자. 윤왕태자(輪王太子)라고도 한다. 『대보적경』 권28(대정장11, p.155a5)에 "저 윤왕의 왕자는 이와 같이 배워 마쳤으니 어떻게 정통의 왕자가 아니라고 하겠는가! 彼輪王子 如是學已 豈可非是 王正子耶", 『화엄경탐현기』 권14(대정장374b1)에 "윤왕자가 왕위를 받을 때 문무백관이 함께 보필하듯이 보살도 이와 같아서 부처님의 직위를 받을 때 모든 대보살이 함께 둘러싸고 호위한다. 如輪王子受位之時 文武百官 共相輔弼 菩薩如是 受佛職時 諸大菩薩 共相圍遶"라고 하였다. 〔참고문헌〕『大寶積經』, 『華嚴經探玄記』, *Laṅk.70.* ⇨ 윤왕태자 輪王太子

윤왕정상주 輪王頂上珠 전륜성왕의 정수리에 있는 구슬. 윤왕계주(輪王髻珠)라고도 한다. 『천성광등록』 권25 「승천사확장 承天辭確章」(卍속장135, p.853b2)에 "'가난한 아들의 옷 속 보배와 윤왕 정수리 구슬이라 하였는데 무엇이 전륜성왕의 정수리 구슬인가요?' '비단으로 짠 것만이 귀한 것이 아니다. 소박한 베옷이 도리어 진귀하다' '더 나아가 무엇이 가난한 아들의 옷 속 보배인가요?' '다만 다리 앞뒤를 잘 살필 뿐이다'. 問 貧子衣中寶 輪王頂上珠 如何是輪王頂上珠 師云 羅紈不是貴 布素却爲珍 進云 如何是貧子衣中寶 師云 秪看脚前脚後"라고 하였다. 〔참고문헌〕『天聖廣燈錄』.

윤왕좌 輪王坐 전륜왕(轉輪王)의 좌법(坐法). 윤왕가(輪王跏)라고도 한다. 『금강정일자정륜왕유가일체시처염송성불의궤』(대정장19, p.326b29)에 "윤왕좌로 앉기도 하니, 두 다리를 교차하거나 하나를 늘어뜨리는 자세이다. 或作輪王坐 交脚或垂一"라고 하였다. 〔참고문헌〕『金剛頂一字頂輪王瑜伽一切時處念誦成佛儀軌』. ⇨ 윤왕가 輪王跏, 전륜왕좌법 轉輪王坐法

윤왕칠보경 輪王七寶經 송대 시호(施護 Ⓢ Dānapāla) 한역. 1권. 고려장40, pp.155b1~158b5, No.1422·대정장1, pp.821a18~822b8, No.38에 수록되어 있다. 『칠보경』이라고도 한다. 전륜성왕이 출현할 때, 윤보(輪寶)·상보(象寶)·마보(馬寶)·주장신보(主藏臣寶)·주병신보(主兵臣寶)·마니보(摩尼寶)·여보(女寶)라는 칠보도 함께 출현하듯이 여래정등각(如來正等覺)께서도 염각지(念覺支) 등 칠각지(七覺支)의 법보를 함께 출생하신다는 뜻이다. 팔리경전 상윳타니카야 제46상윳타 제5품(Cakkavatti-vaggo) *Cakkavatti-sutta*(*SN.5*, p.99)이고, 『잡아함경』 권27(대정장2, p.194a5~a22)·『중아함경』 권11 「칠보경 七寶經」(대정장1, p.493a10~a23)·『증일아함경』 권33(대정장2, p.731b14~b25)이 동본이역이다. 〔참고문헌〕『歷代三寶紀』 권4(대정장49, p.55b13), 『出三藏記集』 권4(대정장55, p.30b1), 『衆經目錄』 권4(대정장55, p.133c16), 『開元釋敎錄』 권1(대정장55, p.485a2).

윤왕태자 輪王太子 전륜성왕의 뒤를 계승하여 왕위에 오를 태자. 윤왕자(輪王子)·전륜왕태자(轉輪王太子)·전륜왕자(轉輪王子)라고도 한다. 부처님위에 이르기 직전의 보살을 비유한다. 『인왕호국반야경소』 권4(대정장33, p.275b19)에 "60권본 『화엄경』 권27(대정장9, p.572b15)에 이르길 '비유하자면 윤왕태자가 왕의 모습을 갖추려면 사해의 바닷물을 길어다 태자의 정수리에 붓기에 관정대왕이라 하는 것과 같다. 보살도 이와 같으니 부처님의 직위를 받을 때 모든 부처님들이 지혜의 물로 보살의 정수리를 적시니 그제야 관정법왕이라 이름한다'라고 하였으니 이는 보살입지혜직지라 하는 법운지보살이다. 華嚴二十七云 譬如輪王太子 成就王相 取四大海水 灌子頂上 卽名灌頂大王 菩薩亦如是 受佛職時 諸佛以智水 灌是菩薩頂 名灌頂法王 是名菩薩入智慧職地 卽法雲地菩薩也", 『유가론기』 권21(대정장42, p.791c19·한불전14, p.608c18)에 "저 윤왕태자가 부왕의 직위를 받을 때 사해의 바닷물을 길러다가 향탕을 만들어 태자의 정수리에 붓고는 관정찰리대왕이라 하는 것과 같다. 십지 또한 그러하여 학행이 이미 원만하여 시방제불의 상투에서 놓는 빛이 모두 그의 정수리로 들어가 불지직을 받는다. 如輪王太子 受父職時 取四海水 用作香湯 灑太子頂 名爲灌頂刹利大王 十地亦爾 學行旣圓 十方諸佛 放頂髻光 皆入其頂 受佛智職"라고 하였다. 〔참고문헌〕『仁王護國般若經疏』, 『華嚴經』, 『瑜伽論記』. ⇨ 윤왕자 輪王子, 전륜성왕 轉輪聖王

윤우 倫佑 1758~1826. 조선 후기 스님. 자는 삼여(三如), 호는 완호(玩虎·玩湖), 속성은 김씨. 13세 때 해남 대흥사(大興寺)로 찾아가 서일(瑞日)을 은사로 하여 스님이 되었다. 1774년(영조50)에 비구계를 받고, 백련도연(白蓮禱演)에게서 경론을 배우고, 백련의 법을 이었다. 연담유일(蓮潭有一)로부터 선학(禪學)을 배우고 그의 참회상좌(懺悔上佐)가 되었다. 1795년(정조19)에 나주 불호사(佛護寺 : 一名 佛會寺) 일봉암(日封庵), 1796년에는 나주 쌍계사(雙溪寺) 보현암(普賢庵), 그해 겨울에는 장흥 천관사(天冠寺) 서운암(瑞雲庵)에 각각 주석하였다. 1797년에는 영암 도갑사(道岬寺) 하동암(下東庵)으로 이석(移錫)했다가 1798년 본사인 대흥사에서 개최한 대회(大會)의 법주로 초청받았다. 그해 10월부터 대흥사 청풍료(淸風寮)에서 강설할 때 백여 명의 학인이 모였다. 1799년 대흥사 상원암(上院庵)으로 옮겨 있을 때, 은암정호(銀巖正浩)에게 전강(傳講)하고 강석(講席)을 넘겨주어 입실제자(入室弟子)로 삼았다. 9월에는 해남 미황사(美黃寺)의 청을 받아 중암(中庵)에 주석하였고, 1800년(정조24) 다시 본사로 돌아와 남암(南庵)에 있으면서 큰절 대웅보전(大雄寶殿) 불상의 개금불사를 하였다. 1801년(순조1)에는 불호사 일봉암에서 주석하였고, 1802년 3월부터 전라도 함평 용천사(龍泉寺) 용문암(龍門庵)에서 정진하다가 그해 12월 남평(南平 : 和順近處) 운흥사(雲興寺) 관음전으로 옮겼다. 1803년(순조3) 미황사의 여주(如裯)와 함께 서울에 가서 원석(原石)을 구해 연담(蓮潭)의 비를 대흥사에 세웠다. 1804년 나주 쌍계사 은선암(隱仙庵)으로 갔다가 1805년 장

윤우 완호화상응진탑 1828년(좌)
완호대사비 1857년(우) 해남 대흥사

홍 보림사(寶林寺) 동암(東庵)에서 지냈다. 1817년 서울로 가서 불상을 조성할 화가를 구하였으며, 경주 기림사(祇林寺)를 조성도량으로 정하고 남산옥돌로 천불(千佛)을 조성하였다. 이후 인봉덕준(仁峰德俊)·풍계현정(楓溪賢正)·호의시오(縞衣始悟) 등과 함께 큰 배에 768불(佛), 작은 배에 232불을 각각 나누어 모시고 11월 16일 울산 앞바다에서 대흥사로 출항하였다. 그러나 동래 앞 오륙도(五六島) 근처 해상에서 풍랑을 만나 작은 배는 바닷가로 밀려났으나, 큰 배는 11일 동안 표류한 후 일본 장기도(長崎島) 축전주(筑前州)에 표착했다. 처음에는 해적으로 오인받았으나 장기도주의 귀환허가를 받고 이듬해 6월 17일 일본을 떠나 여러 섬을 경유한 후 마지막으로 대마도(對馬島)를 거쳐 11일 만인 6월 28일에 부산진 앞바다에 귀착(歸着)하였다. 7월 14일 완도 원동(院洞)의 대진강(大津江)에 도착하고, 15일 마침내 대흥사로 옮겨졌으며 8월 15일 새로 지은 천불전(千佛殿)에 봉안되었다. 이때 일본을 거쳐 온 768존의 석불에는 모두 어깨 위에 일(日)자가 표시되었다. 제방을 돌며 불사를 진흥하던 스님은 1826년(순조26) 8월 23일 대흥사 한산전(寒山殿)에서 세수 69, 법랍 53세를 일기로 입적하였다. 제자에는 전선제자(傳禪弟子)가 20여 명, 전교(傳敎)제자가 10여 명, 전계(傳戒)제자가 80여 명이 있었다. 그 중 덕행이 뛰어난 스님은 성묵(聖默)·호의시오·하의정지(荷衣正持) 등이 있고, 변재가 뛰어난 스님은 환봉섭민(煥峰攝旻)·중화(中和)·영서(靈瑞) 등이 있으며, 종무행정에 뛰어난 스님은 설암의성(雪巖義誠)·치암(癡庵) 등이고, 문학에 출중한 스님은 화담영원(華潭靈源)·초의의순(草衣意恂) 등이다. 권돈인(權敦仁)이 비문을 짓고 김상희(金相喜)가 써서 1857년(철종8)에 세운 비와 부도가 해남 대흥사에 있다. [참고문헌] 『日本漂海錄』(한불전10, p.711b1), 『東師列傳』 권4 「玩虎講師傳」(한불전10, p.1032a3), 『大芚寺志』(亞細亞文化社, 1980) pp.305~308, 智冠 『韓國高僧碑文總集 朝鮮朝·近現代』 pp.656~657. ⇨ 대흥사천불전 大興寺千佛殿, 현정 賢正

윤원 輪圓 바퀴처럼 둥근 만다라의 형상. 『대일경』 권3(대정장18, p.20c4)에 "이와 같은 만다라는 모든 부처님께서 희유하다 하셨으니, 사유하길 '순백의 바퀴처럼 둥근 원이 아홉 겹이나 거듭한다'라고 한다. 如是漫荼羅 諸佛說希有 思惟以純白 輪圓成九重", 『대일경소』 권4(대정장39, p.625a21)에 "만다라는 바퀴처럼 둥글다는 뜻이다. 漫荼羅是輪圓之義"라고 하였다. [참고문헌] 『大日經』, 『大日經疏』.

윤원구족 輪圓具足 **1** 구르는 수레처럼 다 갖춰 모자람 없는 뜻. 『신화엄경론』 권2(대정장36, p.730c21)에 "오직 이것은 화엄법계비로자나근본불문이다. 이와 사의 성과 상을 구르는 둥근 수레처럼 구족하였으니 그 나머지 차제로 배우는 것들 구경에는 다 거둬 돌아간다. 唯是華嚴法界毘盧遮那根本佛門 理事性相輪圓具足 諸餘漸學究竟總歸"라고 하였다. [참고문헌] 『新華嚴經論』. **2** 만다라(曼荼羅)의 한역어. 『교상추요초』 권상(국가도서관선본30, p.40a2)에 "만다라를 윤원구족이라 한역한다. 공덕이 원만하여 빠짐도 부족함도 없기 때문이다. 曼荼羅 此云輪圓具足 功德圓滿 無闕減故"라고 하였다. [참고문헌] 『敎相樞要鈔』. ⇨ 만다라 曼荼羅

윤위산 輪圍山 Ⓢ cakra-vāḍa, Ⓣ ri-khor-yug. 사대주를 둥글게 둘러싼 산. 철위산(鐵圍山)이라고도 한다. 『구사석론』 권8 「분별세간품 分別世間品」(대정장29, p.214b14 : *Abh-k-bh.*, p.159)에 "[게] 사대주 밖에 또 윤위산이 있네. 偈曰 於四大洲外 復有輪圍山 bahiś cakravāḍaḥ", 『일체경음의』 권47(대정장54, p.622b5)에 "윤위산〈범어 작가라는 한역하면 윤산이고 구역에서는 철위라고 하였으니, 위는 윤의 뜻이고 본래 철이라는 이름은 없으나 역자가 뜻에 따라 붙인 이름일 뿐이다〉. 輪圍山〈梵語 柘迦羅 此云輪山 舊云鐵圍 圍卽輪義 本無鐵名 譯人義名耳〉"라고 하였다. [참고문헌] 『俱舍釋論』, 『一切經音義』, 『起世經』 권10 「最勝品」(대정장1, p.359c17), 『大般若經』 권1(대정장5, p.2c11), *Abh-k-bh.* ⇨ 철위산 鐵圍山

윤은 綸恩 임금이 베푼 은혜. 『치문경훈』 권7 「석문등과기서 釋門登科記序」(대정장48, p.1079a29)에 "임금의 은혜 이슬처럼 떨어져 세상 마칠 때까지 편안하고 한가할 수 있었다. 綸恩露墜 許畢世以安閑"라고 하였다. [참고문헌] 『緇門警訓』.

윤익 閏益 조선후기 화사(畫師). 윤익(潤益·允益)이라고도 한다. 호는 범화(梵化·梵華). 19세기 후반에 서울과 경기도를 중심으로 활동하였고, 강원도 평창 상원사(上院寺) 전라남도 해남 대흥사(大興寺)의 불화조성에도 참여하였다. 의왕 청계사(淸溪寺) 「괘불도」(1862년), 남양주 흥국사(興國寺) 영산전(靈山殿) 「석가모니후불도」, 서울 봉은사(奉恩寺) 영산전 「나한도」·「신중도」(1895년), 서울 미타사(彌陀寺) 칠성각 「칠성도」(1897년)·「신중도」(1899년), 해남 대흥사 「삼세후불도」·「삼장도」, 강화 전등사(傳燈寺) 「칠성도」(1905년) 등의 조성에 참여하였다.

윤익 潤益 기름지고 이롭게 함. 『불본행집경』 권17 「사궁출가품 捨宮出家品」(대정장3, p.732c9)에 "이곳에서 이제 큰 용이 출현하여 세간에 크나큰 법우를 내릴 것이니, 삼계의 모든 중생을 윤택하고 이롭게 하리니 그 열기 어린 번뇌와 모든 삿된 병을 없게 하리. 此處今出是大龍 當雨世間大法雨 潤益三界諸衆生 除其熱惱諸邪病", 『십주비바사론』 권17 「찬계품 讚戒品」(대정장26, p.120a27)에 "시라계는 모든 선한 공덕 더욱 빛나게 하니, 또한 마치 하늘비를 내려 종자를 윤택하고 이롭게 함이 능히 오근을 성장시키는 것과 같다. 尸羅潤益 諸善功德 亦如天雨 潤益種子 能成五根"라고 하였다. 〔참고문헌〕『佛本行集經』, 『十住毘婆沙論』, 『阿毘曇毘婆沙論』 권43(대정장28, p.324c12).

윤익어 潤益語 부드러워 이롭게 하는 말. 악구(惡口)를 대치하는 방편이다. 『십지경론』 권4(대정장26, p.147a24)에 "〔논〕 악구를 여의는 것에 따르면 두 가지 여의는 것이 있다. 첫째는 해왔던 대로 하지 않는 것이고, 둘째는 맞서 다스려 버림이다. … 대치리란 윤택하고 이로운 말이니, 이것에 두 가지가 있다. 첫째는 거칠지 않고 미워하지 않는 말이고, 둘째는 기껍게 하는 말이다. 論曰 依離惡口 有二種離 一 果行離 二 對治離 … 對治離者 謂潤益語 於中有二種 一者 不麤不疾語 二者 可樂語"라고 하였다. 이에 대해 『십지론의소』 권3(대정장85, p.778a3)에서는 "부드럽고 이롭게 하는 말이란 위의 함부로 말해 괴롭게 하거나 타인에게 해를 입히는 등의 말을 대치한다. 거칠지 않고 미워하지 않는다 한 것은 부드러운 말의 바탕을 푼 것이다. 즐거울 만한 것은 미묘한 말을 푼 것이다. 潤益語 對治上侵惱 損他等語 不麤不疾 釋軟語體 可樂 卽釋妙語"라고 하였다. 〔참고문헌〕『十地經論』, 『十地論義疏』, 『華嚴經探玄記』 권11(대정장35, p.318b22). ⇨ 이악구 離惡口

윤자 輪字 ■1 실담자 𑖦𑖽(maṃ)자. 바퀴의 뜻이고 만다라의 체로 삼는다. 연꽃 위에 혀가 놓인 형상이다. 『금강정대교왕경사기』 권6(대정장61, p.188a21)에 "비밀경에서 𑖦𑖽자는 윤자라고 하였다. 祕經𑖦𑖽云 輪字", 같은 책 권11(대정장61, p.266b8)에 "𑖦𑖽은 바퀴라는 뜻이다. 그러므로 윤자라고 하였다. 만다라에서 𑖦𑖽자가 바탕이 된다. 비밀종에서 자륜의 삼중 만다라가 삼전법륜이 되는 것은 『대일경』의 「전자륜」에 대한 소에서 밝힌 것과 같다. 그러므로 𑖦𑖽자를 윤자라고 부른다. 𑖦𑖽(maṃ)是輪義故云輪字 𑖦𑖜𑖿𑖚𑖩(maṇḍala)者𑖦𑖽(maṃ)字爲體 凡祕密宗 字輪三重曼荼羅 爲三轉法輪 具如大日經轉字輪疏明之 故稱𑖦𑖽(maṃ)字云輪字"라고 하였다. 〔참고문헌〕『金剛頂大敎王經私記』. ■2 ➡ 윤자법문 輪字法門 ■2

윤자법문 輪字法門 ■1 Ⓢ Cakrākṣara-parivarto nāma prajñāpāramitā-nayārthaḥ. 반야바라밀다심심이취윤자법문(般若波羅蜜多甚深理趣輪字法門)의 줄인 이름. 반야바라밀의 가르침이 저 바퀴(輪)처럼 굴러 쉬지 않아서 가지 않는 곳이 없고(周圓), 부수지 못할 것이 없는(摧壞) 뜻이다. 무희론반야이취윤자법문(無戲論般若理趣輪字法門)·이제희론윤자법문(離諸戲論輪字法門)이라고도 한다. 『대반야경』 권578(대정장7, p.988b28 : *Adhy-pr.*, p.16)에 "이때 세존께서 일체희론 없는 법인 여래상에 의지하여 보살들에게 반야바라밀다심심이취윤자법문을 널리 설하셨다. '일체법 공이니 자성이 없기 때문이다. 모든 법은 상도 없으니 온갖 상을 여의었기 때문이다. 모든 법은 바랄 일도 없으니 바라는 바 없기 때문이다. … 모든 법의 본성은 깨끗하니 매우 깊은 반야바라밀다의 본성이 깨끗하기 때문이다'. 爾時世尊復依一切無戲論法如來之相 爲諸菩薩 宣說般若波羅蜜多甚深理趣輪字法門 謂一切法空 無自性故 一切法無相 離衆相故 一切法無願 無所願故 … 一切法本性淨 甚深般若波羅蜜多本性淨故 atha bhagavān sarvadharmas amatāprapañcas tathāgataḥ punar apīmaṃ cakrākṣaraparivartaṃ nāma prajñāpāramitānayārtham abhāṣata. śūnyāḥ sarvadharmā niḥsvabhāvatā yogena. animittāḥ sarvadharmā nirnimittatām upādāya. araṇihitāḥ saradharmā apraṇidhānayogena. pakṛtiprabhāsvarāḥ prajñāpāramitāpariśuddhā", 『반야이취분술찬』 권3(대정장33, p.53b23)에 "윤자법문이라 하면 윤에는 두 가지 뜻이 있다. 첫째는 두루 원만하다는 뜻이고, 둘째는 꺾고 부순다는 뜻이다. 진여성은 희론이 없고 모든 법 그 어디에나 있음을 관하므로 두루 원만이라고 부른다. 이렇게 관하는 까닭으로 분별과 집착을 떠나 생사의 일체집착을 꺾고 부수므로 꺾고 부순다 한다. 이 바퀴의 이치로 있게 된 법문을 말하여 윤자법이라 하였고, 가르쳐 말로 드러낼 수 있으므로 문이라고 하였다. 이러한 가르침을 듣고서 마침내 바퀴의 작용을 일으킨다. 바퀴의 작용을 일으켜서 바퀴처럼 행하고, 행한 후에는 바퀴과보 얻고, 얻은 후에도 거듭 타인을 위해 굴린다. 輪字法門者 輪有二義 一周圓義 二摧壞義 由觀眞如性無戲論遍一切法 故名周圓 由觀此故 離分別執摧壞生死一切執著 故名摧壞 詮此輪理所有法門 名輪字法 教能詮顯 故名爲門 由聞此教 遂起輪行 起輪行已 得輪果 得輪果已復爲他轉"라고 하였다. 〔참고문헌〕『大般若經』, 『般若理趣分述讚』, *Adhy-pr.* ■2 Ⓢ cakra-akṣara. 세간의 언어와 문자로 시설한 청정하고 원만하며 장엄한 법문. 『화엄경』 「입법계품」 중 미가보살의 윤자품장엄법문(輪字品莊嚴法門)·윤자장엄문(輪字莊嚴門)을 말한다. 수레바퀴(輪)는 문자의 자취와 내용의 원만함과 교의의 전수, 그리고 번뇌를 없앤다는 뜻을 비유한다. 80권본 『화엄경』 권63(대정장10, p.337b27)에 "(선재동자가) 점차 남쪽으로 가는 길에 자재성에 이르러 미가보살을 찾다가 그 사람을 저잣거리에서 보았다. 그는 설법하는 사자좌에 앉아 만 명의 대중에 둘러싸인 채 윤자품장엄법문을 설하고 있었다. 漸次南行 至自在城 求覓彌伽 乃見其人於市肆中 坐於說法師子之座 十千人衆 所共圍遶 說輪字莊嚴法門", 『화엄경소』 권56(대정장35, p.927a19)에 "윤자품장엄법문에 대해 현수법장은 일조삼장의 풀이를 이끌어 말하길 '윤에는 여러 가지 뜻이 있다. 첫째, 자상을 잡아보면 『능가경』에서 「자륜원만함이 저 코끼리자취와 같다」고 하였다. 둘째, 말하고자 하는 뜻에서는 뜻을 다하여 이지러짐 없이 다 갖추어 저 바퀴구름 만족한 것과 같다. 셋째, 용의 측면에서는 묘음다라니에 굴려 준다는 뜻과 번뇌 다한다는 뜻이 있어 저 법륜 등과 같다. 곧 윤자교법으로 베풀어 보임이 끝없어 장엄하다는 뜻이다'. 言輪字品莊嚴法門者 賢首引日照三藏解云 輪有多義 一約字相 楞伽中云 字輪圓滿 猶如象迹等 二約所詮 盡理圓備 如輪滿足 三約用 謂妙音陀羅尼 有轉授義 滅惑義 如法輪等 即輪字教法詮示莊嚴", 『화엄경결의론』 권2(대정장36, p.1027a1)에 "'윤자품을 설한다'는 구절에서 윤이란 원만의 뜻이다. 세간의 문자로 법을 설함에 원만청정하여 생사의 온갖 불선업을 능히 부순다. 爲說輪字品者 輪者圓滿之義 以俗間名字 說法圓滿淸淨 能壞生死諸不善業"라고 하였다. [참고문헌] 『華嚴經』, 『華嚴經疏』, 『華嚴經決疑論』.

윤장 輪藏 돌 수 있게 설치한 경장(經藏). 전륜장(轉輪藏)·전관경장(轉關經藏)이라고도 한다. 창시자는 양(梁) 선혜대사(善慧大士) 부흡(傅翕)이라 전한다. 『석문정통』 권3 「탑묘지 塔廟志」(卍속장130, p.791a18)에 "옛날 양조 선혜대사〈부흡현풍〉는 세속인들이 비록 불도를 자못 알아 믿기도 한다. 목숨과 바꿀 만한 법보이지만 태어날 때부터 글자를 모르는 이가 있고, 혹은 글을 알아도 다른 일에 몰려서 들쳐 볼 틈마저 없음을 안타깝게 생각하였다. 대사는 이러한 연고로 특별한 방편을 베풀었으니 돌아가는 경장을 처음으로 만들고 신심이 있는 이들이 밀어서 한 바퀴 돌리면 보아 읽는 공덕과 같도록 하였다. 初梁朝 善慧大士〈傅翕玄風〉 愍諸世人 雖於此道 頗知信向 然於贖命法寶 或有男女 生來不識字者 或識字而爲他緣逼迫 不暇披閱者 大士爲是之故 特設便方 創成轉輪之藏 令信心者 推之一匝 則與看讀同功", 『선혜대사록』 권1(卍속장120, p.12a13)에 "대사는 생전에 항상 경전의 목록이 지나치게 많아 사람에 따라서는 두루 열람할 수 없다고 여겨, 절 안에 여러 층의 큰 감실을 세우고 중심 기둥 하나를 팔면으로 깎아 참으로 모든 경전이 걸림 없이 돌아가도록 조성하였으니 이를 윤장이라 불렀다. 이에 원마저 세웠으니 '내 윤장의 문에 오르는 이들이여, 태어날 때마다 사람의 몸 잃지 말고, 세상 다른 사람들에게도 권하시라. 보리심을 일으킨 사람이여, 지성으로 있는 힘 다하여 윤장을 밀고, 돌리는 수일랑 헤아리지 마시라. 그 사람은 모든 경을 지니고 외우는 공덕과 다르지 않을 것이니, 각자 원하는 마음에 따라 모두 큰 이익을 획득하리라'. 지금 천하에 세운 윤장마다에는 모두 대사상을 안치하니 실로 여기가 시작이다. 大士在日 常以經目繁多 人或不能遍閱 乃就山中 建大層龕 一柱八面 實以諸經 運行不礙 謂之輪藏 仍有願言 登吾藏門者 生生世世 不失人身 從勸世人 有發菩提心者 志誠竭力 能推輪藏 不計轉數 是人即與 持誦諸經 功德無異 隨其願心 皆獲饒益 今天下所建輪藏 皆設大士像 實始於此"라고 하였다. 현재 경북 예천 용문사(龍門寺)에 남아 있는 윤장대 2기가 유일한데, 1173년(고려 명종3)에 조성되어 1621년(조선 광해군13)에 중수된 것으로 보물 제684호로 지정되었다. 당나라에 이르러 윤장은 상층부에 불감(佛龕)·채화(彩畫)·현경(懸鏡) 등을 더하여 장엄하였다. 티베트에서도 마니륜(麻尼輪)·마니차(麻尼車)라고 부르는 소규모 경장 또는 경문을 새긴 것이 있다. [참고문헌] 『釋門正統』, 『善慧大士錄』, 『佛祖統紀』 권33(대정장49, p.318c2), 『全唐文』 권67. ⇨경장 經藏❷, 부흡 傅翕, 윤장 輪藏, 마니륜 麻尼輪❷, 용문사윤장대 龍門寺輪藏臺

윤장 법장연기
『석씨원류응화사적』권3
양주불암사판 1673년

윤장대 보물제684호
예천 용문사 1173년

윤적 允迪 진실로 행함. 『송고승전』 권23 「승장전 僧藏傳」(대정장50, p.855a27)에 "약관에 범속함 벗어나기 무성하고 신은 맑았으며, 진실로 행하여 따라 어질었으며, 삼가 낮은 자리에 머물렀다. 弱齡拔俗 氣茂神淸 允迪循良 恪居下位"라고 하였다. [참고문헌] 『宋高僧傳』.

윤적 淪寂 가라앉아 고요함. 『참동계』 권하에 "산비탈 의지하고 적막한 곳 돌아다니며 귀신과 더불어 이웃하고, 몸 바꾸면 신선이니 고요에 가라앉아 소리마저 없다. 依託丘山 循遊寥廓 與鬼爲隣 化形而仙 淪寂無聲"라고 하였다. [참고문헌] 『參同契』.

윤전 輪轉 Ⓢ √bhram, saṃsāra, Ⓟ saṃsarata, Ⓣ 'khyams-pa, 'khor-ba. 바퀴 구르듯 돌고 돈다는 뜻. 『잡아함경』 권34(대정장2, p.242c24)에 "이렇듯 비구여! 시작 없는 생사로 긴긴밤 구르듯 돌고 도니 고통의 그 끝 알 수 없네. 비구여! 마땅히 이렇게 익혀야 하니, 모든 있는 것들 끊어 사라지게 하고 더하고 기르는 일 없게 하리. 如是 比丘 無始生死 長夜輪轉 不知苦之本際 是故 比丘 當如是學 斷除諸有 莫令增長", 『과거현재인과경』 권4(대정장3, p.650c23)에 "저는 지난날에 불을 섬긴 공덕으로 인천에 생을 얻어 오욕락을 받았습니다. 늘 이처럼 윤전하며 생사해에 빠져있으니, 이러한 허물과 우환을 알았기에 그것을 버렸습니다. 我於昔日中 所事火功德 得生天人中 受於五欲樂 恒如是輪轉 沒於生死海 我見此過患 所以棄捨之", 『대지도론』 권5(대정장25, p.100a22)에 "먼저 세간 업 마음대로이고 사람은 과보 받고, 업력으로 돌고 돌아 생사 바다 중에 헤멘다. 先世業自在 將人受果報 業力故輪轉 生死海中迴", 같은 책 권9(대정장25, p.125c4)에 "이와 같은 죄인은 삼악도를 돌고 돌므로 간혹 인간과 천계에 부처님께서 출현하시더라도 이 사람은 부처님을 보지 못한다. 如是罪人 輪轉三惡道 或在人天中 佛出世時 其人不見", 같은 책 권72(대정장25, p.569b27)에 "마치 지금은 비천하지만 후세에 천왕이 되기도 하니 이와 같이 업인연으로 세간에 돌고 돎이 있다. 귀천과 대소 정해진 바 없으니 저 물과 불이 귀천을 따라 쓰고 버려지듯이 정해진 것은 없다. 如今世卑賤 後世爲天王 如是業因緣 在世間輪轉 貴賤大小無定 如水火貴賤隨時 用捨無定"라고 하였다. [참고문헌] 『雜阿含經』, 『過去現在因果經』, 『大智度論』, *Abh-k-bh.2.*, *Śikṣ.186.*, *SN.2.187.* ⇨ 윤전생사 輪轉生死, 윤전오도 輪轉五道, 윤회 輪廻

윤전삼유 輪轉三有 삼유(欲色無色有)를 윤회하는 것. 『묘법성염처경』 권4(대정장17, p.428b27)에 "일체유정은 삼유를 끊임없이 떠돌다 미혹하여 물든 경계로 산란하여 얽혀 헤맨다. 一切有情 輪轉三有 迷染境界 散亂纏縛"라고 하였다. [참고문헌] 『妙法聖念處經』. ⇨ 윤전 輪轉, 삼유 三有❶❷, 삼계 三界❶

윤전생사 輪轉生死 Ⓢ ājavaṃ-javī-bhāva, saṃsāra-saṃsṛti, saṃ-√sṛ, Ⓟ saṃsarata, Ⓣ sgyur-byas, 'khor-ba-na-'khor-ba, 'khor-ba. 돌고 돌면서 나고 죽음. 『증일아함경』 권17(대정장2, p.631b2)에 "이때 세존께서 문득 게를 설하시니, '지금 여기 사제법 있으니 여실히 알지 못하면 생사중에 돌고 돌아 벗어나지 못하리라. 이제 사제 있는 줄 알아 깨달아 밝히 알면 생사의 뿌리 끊고 다시는 고통의 생 받지 않는다'. 爾時 世尊便說此偈 今有四諦法 如實而不知 輪轉生死中 終不有解脫 如今有四諦 已覺已曉了 已斷生死根 更亦不受有", 『대반야경』 권528(대정장7, p.712a10)에 "저 물들고 깨끗함, 얽히거나 자유롭게 되는 뜻 잘 알지 못하므로, 계·견·위의·정명을 부순다. 이렇기에 삼악취중에 떨어져 온갖 고통 받고 생사를 돌고 돌아 벗어나지 못한다. 彼於染淨縛解義中 不了知故 破戒 破見 破威儀 破淨命 由此當墮三惡趣中 受種種苦 輪轉生死 難得解脫", 같은 책 권563(대정장7, p.908a1)에 "유정이 긴긴밤을 마음으로 상·락·아·정만을 생각하고 거듭하여 집착하니 생사로 돌고 돌아 고통받음 끝이 없다. 有情長夜 其心常起常想 樂想 我想 淨想 由此引生顛倒執著 輪轉生死 受苦無窮", 『삼법장경』 권19(대정장8, p.654c4)에 "수보리 말하길 '이와 같습니다. 세존이시여! 중생은 아와 아소에서 벗어나지 못해 바퀴 구르듯 나고 죽습니다'. 須菩提言 如是 世尊 衆生著我我所故 輪轉生死", 『대보적경』 권97(대정장11, p.545b8)에 "저 색향미촉에 애착하는 마음 일으켜 생사중에 돌고 도니 마치 저 원숭이 나무기둥에 붙은 듯하다. 於聲香味觸 而生愛著心 輪轉生死中 如獼猴繫柱", 『잡아비담심론』 권1(대정장28, p.872a8)에 "두 가지로 중생은 생사를 거듭한다. 즐겨 받아들이고 탐하며 뒤집어 생각하기다. 낙수탐으로 갈애가 움직이고 전도상으로 헤아려 집착하니 견을 일으킨다. 二事故衆生輪轉生死 謂樂受貪 及顚倒想 樂受貪故行愛 倒想計著故行見", 『구사석론』 권1(대정장29, p.165c19)에 "받아들이고 상상하는 이 두 가지 법이야말로 생사의 두드러진 인이다. 왜 그런가? 중생은 탐착하여 받아들이고는 다시 뒤집힌 상 일으켜 돌고 돌아 나고 죽는다. 受想二法 是生死勝因 何以故 衆生貪著受起倒想 輪轉生死", 『삼미저부론』 권상(대정장32, p.465a22)에 "만약 업 없다면 과보 또한 없고 업과 과보 없을진댄 생사마저 없다. 그러니 중생은 업과보로 돌고 돌아 나고 죽는다. 若業無者 果報亦無 業果報無者 亦無生死 而衆生以業果報 輪轉生死", 『십주비바사론』 권16(대정장26, p.108b15)에 "중생 가련하구나. 제법실상 알지 못하여 허다하게 망상 짓고 온갖 사견을 일으키며, 사견 때문에 숱한 번뇌를 일으키고, 번뇌로 온갖 업 일으키니, 업 일으킨 인연으로 돌고 돌아 생사한다. 衆生可愍 不知諸法實相故 多行妄想 生諸邪見 因邪見故 起諸煩惱 因煩惱故 而起諸業 起業因緣故 輪轉生死"라고 하였다. [참고문헌] 『增一阿含經』, 『大般若經』, 『三法藏經』, 『大寶積經』, 『雜阿毗曇心論』, 『俱舍釋論』, 『三彌底部論』, 『十住毘婆沙論』, 『中論』 권4(대정장30, p.35b9), *Madhy-ś.260.*, *Abh-k-bh.14.*, *Bodh-bh.178.*, *SN.2.187.* ⇨ 생사윤전 生死輪轉, 윤회 輪廻

윤전여 輪轉如 Ⓢ pravṛtti-tathatā, Ⓣ 'jug-pa'i-de bzhin-nyid. 칠진여(七眞如 : 七如·七種如如) 중 하

나. 돌고 돎의 진실. 생사유전함이 분별과 의타성 즉 인연일 뿐인 뜻이다. 유전진여(流轉眞如)·생진여(生眞如)·생여여(生如如)·생기진실(生起眞實)이라고도 한다. 『대승장엄경론』 권12(대정장31, p.653a17 : *Sūtr.*, p.168)에 "일곱으로 차별한 것이 곧 이 칠여이니, 첫째 윤전여, 둘째 공상여, 셋째 유식여, 넷째 의지여, 다섯째 사행여, 여섯째 청정여, 일곱째 정행여 등이다. 윤전여란 생사이니 즉 삼계의 심과 심법이다. 이는 분별을 좇아 일어나고, 이 분별은 다시 인연 따라 일어난다. 자재천 등의 인으로부터 생기지도 않고, 인도 없이 나지도 않는다. 분별경계가 공이기에 언제나 단지 분별과 의타라는 두 가지 성만이 돌고 돌 뿐이다. 七種差別 卽是七如 一 輪轉如 二 空相如 三 唯識如 四 依止如 五 邪行如 六 淸淨如 七 正行如 輪轉如者 謂生死 卽是三界心心法 此從分別起 此分別 復從因緣起 不從自在等因生 亦非無因生 由分別境界空故 一切時 但有分別依他二性輪轉 satyavyavasthānaṃ tu saptavidhāṃ tathatām āśritya pravṛttitathatāṃ lakṣaṇatathatāṃ vijñaptitathatāṃ saṃniveśatathatāṃ mithyāpratipattitathatāṃ samyakpratipattitathatāṃ ca"라고 하였다. 〔참고문헌〕『大乘莊嚴經論』, *Sūtr.* ⇨ 칠진여 七眞如, 생기진실 生起眞實, 유전진여 流轉眞如

윤전오도 輪轉五道 중생이 다섯 갈래로 돌고 돈다는 말. 『대지도론』 권90(대정장25, p.697a15)에 "중생이 뒤집힌 인연으로 모든 번뇌 일으키고 불선한 죄업 짓고서는 다섯 갈래 돌고 돌며 나고 죽는 고통 받는다. 衆生顚倒因緣故 起諸煩惱 作惡罪業 輪轉五道 受生死苦", 『별역잡아함경』 권16(대정장2, p.488c2)에 "이때 부처님께서 비구들에게 말씀하셨다. '마치 저 다섯 빗살바퀴 돌듯이 그 힘으로 돌려 빠르게 나아가듯이, 일체중생 이와 같이 무명에 덮여 다섯 갈래 길로 돌고 돈다. 인, 천, 지옥, 아귀, 축생이니, 저 시작 없는 때로부터 생사한다. 이러하니 비구여, 마땅히 저 모든 것들 끊고 선법을 지을지니라'. 爾時 佛告諸比丘 譬如五輻車輪 其有力者 旋轉迷疾 一切衆生 亦復如是 爲無明覆 輪轉五道 所謂人 天 地獄 餓鬼 及以畜生 如是無始生死 是故比丘 當斷諸有 應作善法", 『대지도론』 권16(대정장25, p.175b1)에 "보살이 천안을 얻어 중생이 오도를 돌고 도는 것을 보았다. 그중에서 돌고 또 도니, 천중에 죽어 인간으로 나고, 인중에 죽어 하늘에 나며, 하늘에서 죽어 지옥중에 나고, 지옥중에 죽어 하늘에 난다. 하늘에서 죽어 아귀중에 나고, 아귀중에 죽었으나 뒤쳐 천상에 난다. 천상에서 죽어 축생으로 나고, 축생중에 죽어 천상에 나며, 천상에서 죽고 다시 천상으로 돌아오기도 한다. 지옥 아귀 축생도 이와 같다. 菩薩得天眼 觀衆生輪轉五道 迴旋其中 天中死人中生 人中死天中生 天中死生地獄中 地獄中死生天上 天上死生餓鬼中 餓鬼中死還生天上 天上死生畜生中 畜生中死生天上 天上死還生天上 地獄餓鬼畜生 亦如是", 『증일아함경』 권17(대정장2, p.631a27)에 "비구들이여! 여기 네 가지 진실 있다. 그러나 깨닫지 못하면 기나긴 곳으로 생사하여 오도를 돌고 돌리라. 나 이제 이 사제를 얻어 이 언덕 버리고 저 세계 이르렀다. 이 뜻 성취하면 생사근본 끊으리니 다시는 고통의 삶 받을 리 없다. 여실히 알아야 하리. 比丘 有此四諦 然不覺知 長處生死 輪轉五道 我今以得此四諦 從此岸至彼岸 成就此義 斷生死根本 更不復受有 如實知之"라고 하였다. 〔참고문헌〕『大智度論』, 『別譯雜阿含經』, 『增一阿含經』. ⇨ 윤전 輪轉, 오도 五道

윤절간 倫絶磵 고려 후기 스님 절간익륜(絶磵益倫)을 말한다. 『목은문고』 권2 「천보산회암사수조기 天寶山檜巖寺修造記」(한국문집총간5, p.15b11)에 "회암사 주지 윤절간. 檜巖住持倫絶磵"이라고 하였다. 〔참고문헌〕『牧隱文藁』. ⇨ 익륜 益倫

윤제 輪臍 수레바퀴의 중심. 만다라(曼茶羅) 중심을 말한다. 『금강봉유기경』 권하(대정장18, p.269a25)에 "행자 스스로 부처되어 만다라 중심에 자리하고 사시로 끊임없이 삼십만 번 염송하며 앞선 관행문에 의지하면 속히 본존신을 얻는다. 行人自爲佛 處於輪臍中 四時不間斷 誦滿三十萬 依前觀行門 速得本尊身", 『반야이취석』 권하(대정장19, p.614a18)에 "금강륜보살삼마지를 닦으려면 만다라를 건립해야 한다. 여덟 바퀴살 원을 그리되 바퀴 중앙에 금강륜보살을 그리고, 여덟 바퀴살 사이에는 팔대보살을 그린다. 若修金剛輪菩薩三摩地 應建立曼茶羅 畫八輻輪形 當輪臍中 畫金剛輪菩薩 於八輻間 畫八大菩薩"라고 하였다. 〔참고문헌〕『金剛峯瑜祇經』, 『般若理趣釋』. ⇨ 만다라 曼茶羅

윤제타 輪提陀 부처님 오백제자 중 한 분. 『오백제자본기경』 「윤제타품」(대정장4, p.191b21)에 "이처럼 윤제타는 모든 비구 앞에서 아누달대지에서의 과거세 인연을 스스로 말하였다. 如是輪提陀 在諸比丘前 阿耨達大池 自說本所因", 『번범어』 권6(대정장54, p.1025c22)에 "윤제타〈마땅히 구지타라 해야 한다. 경에는 깨끗하다는 뜻의 정제다〉. 전거는 『오백제자자설본기경』. 輪提陀〈應云 久持陀 經曰淨除〉 五百弟子自說本起經"라고 하였다. 대정장본에는 윤(輪)이 수(輸)로 되어 있다. 〔참고문헌〕『五百弟子本起經』, 『翻梵語』.

윤조 輪鳥 Ⓢ cakravāka. 수레의 두 바퀴와 같은 새. 원앙(鴛鴦)의 별명이며 금슬이 좋은 부부나 함께 행하는 도반(道伴)에도 비유한다. 『불소행찬』 권2(대정장4,

p.15c2)에 "한 쌍의 원앙이 헤어진 듯이, 나도 이제 의지하던 벗 잃었다. 같은 법 행하다가 생이별하고, 법을 즐기던 동행을 버렸으니, 어디서 다시 법을 구하리오? 雙輪鳥分乖 我今失依怙 同法行生離 樂法捨同行 何處更求法", 상응하는 범본 『불소행찬』(*Buddh-c.*, p.88)에 "그리고는 서로 떨어진 윤조와 같이 아조라 할 야쇼다라는 바닥에 쓰러졌다. 그리고 아연실색하여 조용히 흐느꼈는데, 소리높여 거듭하니 멈출 줄 몰랐다. tato dharāyām apatad yaśodharā vicakravākeva rathāṅga sāhvayā, śanaiś ca tat tad vilalāpa viklavā muhur muhur gadgadaruddhayā girā", 『능엄경강록』 권3(卍속장89, p.985b9)에 "작가라(Ⓢ cakra)는 원앙 또는 윤이라고 한역한다. 斫迦羅 此云鴛鴦 亦云輪"라고 하였다. 〔참고문헌〕『佛所行讚』, 『楞嚴經講錄』, 『正法念處經』 권24(대정장17, p.137c15), *Buddh-c.*

윤좌 輪座　전륜성왕이 앉는 자리. 불조(佛祖)의 자리를 비유한다. 전륜좌(轉輪座)라고도 한다. 『증집속전등록』 권4 「천경원정전 天鏡原瀞傳」(卍속장142, p.827b16)에 "성조 홍무 5년(1372) 종산에서 광천법회를 열고 천하의 이름있는 존숙을 모시고 윤좌에서 설법하도록 하였다. 聖朝洪武五年 設廣薦法會于鍾山 詔天下名尊宿　輪座說法"라고　하였다. 〔참고문헌〕『增集續傳燈錄』. ⇨ 전륜성왕 轉輪聖王

윤주 倫儔　뜻을 함께 하는 무리. 『당고승전』 권14 「도기전 道基傳」(대정장50, p.532c23)에 "글을 끌어 나눔에는 빠르게 빛났으나 느긋한 정신과 너른 포부는 높음도 언덕도 다 거두어 무리지었네. 文疏抽引 亟發英采 遑神志包 總高岸倫儔"라고 하였다. 〔참고문헌〕『唐高僧傳』.

윤주 潤州　중국 강소성(江蘇省) 진강시(鎭江市)의 일내를 일컫는 옛 이름. 연릉(延陵)·단양(丹陽)·단도(丹徒)라고도 한다. 인근의 금산(金山)에 있는 금산사(金山寺)는 양무제 때 수륙재(水陸齋)가 처음으로 시설되었고, 불인요원(佛印了元)이 주석하기도 하였다. 또 인근의 초산(焦山) 정혜사(定慧寺 : 焦山寺)는 원오극근(圜悟克勤)·고목법성(枯木法成)·불인요원 등이 주석하였다. 우두법융(牛頭法融)이 이곳 출신이다. 〔참고문헌〕『佛祖統紀』 권33(대정장49, p.321b26), 『釋氏稽古略』 권2(대정장49, p.795a12), 『銷釋金剛經科儀會要註解』 권1(卍속장92, p.256a2). ⇨ 금산사 金山寺 2

윤주일 尹柱逸　현공묵암(玄空默菴 1895~1969)의 속명. ⇨ 묵암 默菴 3

윤중 允中　조선 후기 설봉회정(雪峰懷淨 1678~1738)의 자(字). 〔참고문헌〕『東師列傳』 권3 「雪峰禪師傳」(한불전10, p.1025a18). ⇨ 회정 懷淨

윤진 潤津　물이 차오른 나루터. 『출요경』 권23 「니원품 泥洹品」(대정장4, p.734a16)에 "갈망은 형질이 되고, 욕망은 가지와 잎이 되며, 어리석음 물찬 나루가 된다. 만약 저 학인이 사유하고 자세히 관하여 능히 이런 것들 끊는다면 고제를 훤출히 벗어나리. 愛爲形質 欲爲枝葉 癡爲潤津 若彼學人 思惟妙觀 能斷此者 超越苦際"라고 하였다. 〔참고문헌〕『出曜經』.

윤질 尹質　고려 태조(재위 918~943) 때 문신. 복부경(福府卿)으로서 후량(後梁)에 입조사(入朝使)로 다녀오면서 오백나한을 모시고 왔다. 『삼국유사』 권3(대정장49, p.993b25·한불전6, p.325c2) 탑상(塔像)4 전후소장사리(前後所將舍利)에 "본조(고려) 태조 즉위 6년(923)에 입조사 윤질이 모셔온 오백나한상은 지금 북숭산 신광사에 있다. 本朝太祖卽位六年 入朝使尹質所將五百羅漢像　今在北崇山神光寺"라고　하였다. 〔참고문헌〕『三國遺事』, 『高麗史』 권1 世家1 太祖 6년 6월 10일.

윤차 輪次　돌아가며 차례대로. 『선원청규』 권10 「백장규승송 百丈規繩頌」(卍속장111, p.933a12)에 "복전의를 입은 객들은 예부터 징집과 부역을 면제받았네. 기도를 인연한 것 아니라면 어찌 성조의 인연이 아니리오! 총림은 황제의 탄신일을 맞아 돌아가며 차례대로 간경한다. 일 마치고야 앞서 있던 곳으로 돌아갈지니 은혜 갚기를 스스로 가벼이 여기지 마라. 福田衣下客 自古免征徭 不是因祈禱 何緣等聖朝 叢林逢聖節 輪次預看經 事訖方前去　酬恩勿自輕"라고　하였다. 〔참고문헌〕『禪苑清規』, 『百丈清規』 권5 「坐禪」(대정장48, p.1142c26).

윤차 輪差　돌아가며 소임을 맡는 것. 윤번(輪番)이라고도 하며 법랍에 따라야 하는 소임은 축년윤차(逐年輪差)로 한다. 『선림상기전』 권12(불광장, 禪藏, p.909)에 "옛날부터 전하길 '윤차는 윤번이다'라고 하였다. 도충이 말한다. '상위부터 층차에 따라 차제로 하위에 이르고 다시 돌아 상위에 미치니 저 수레바퀴 돌듯 하여 윤차라고 한다'. 舊說曰 輪差 輪番也 忠曰 自上位差 次第到下位 復還及上位 若車輪環轉 故云輪差"라고 하였다. 또 서열에 따라 소임을 수행할 차례를 적어놓은 명부를 윤차승부(輪差僧簿)라고　한다. 〔참고문헌〕『禪林象器箋』. ⇨ 윤번 輪番, 축년윤차 逐年輪差

윤차승부 輪差僧簿　계랍에 따른 차제를 적은 명부. 『백장청규』 권1 「성절 聖節」(대정장48, p.1113a5)에 "윤차승부는 계랍차제에 따르되 각기 두 글자의 이름을 적는다. 輪差僧簿依戒次 各書雙字名"라고 하였다. [참고문헌] 『百丈淸規』, 『禪林備用淸規』 권1(卍속장112, p.60a14). ⇨ 윤차 輪差, 축년윤차 逐年輪差

윤창암 閏昌庵 충청남도 보령시 남포면 창동리에 있는 암자. 1841년(헌종7)에 참판 김광용이 창건하였다고 전한다. 현존 당우로는 법당과 요사가 있다. [참고문헌] 『전통사찰현황』(문화관광부, 2004) p.121.

윤철산 輪鐵山 철위산(鐵圍山)의 다른 이름. 『석가방지』 권상 「봉강 封疆」(대정장51, p.948b29)에 "윤철산이 둘렀고 산 밖은 허공이다. 허공은 헤아릴 수 없다. 산 밑은 땅이고 땅 밑은 쇠이며 쇠 밑은 물이다. 물 밑은 바람인데, 그 바람은 견실하기가 금강을 뛰어넘는다. 周輪鐵山 山外是空 空不可測 山下是地 地下是金 金下是水 水下是風 其風堅實 逾於金剛"라고 하였다. [참고문헌] 『釋迦方志』, 『法界安立圖』 권상 「娑婆疆域」(卍속장150, p.899b6). ⇨ 철위산 鐵圍山

윤청 輪請 돌아가며 청하는 것. 『백장청규』 권6 「망승 亡僧」(대정장48, p.1148a6)에 "불사를 청하다 : 병거는 반드시 주지에게 청하여 불사를 거행해야 한다. 그 나머지 쇄감·기감·기골·입탑 등의 불사는 유나가 수좌에게 물어 물자와 차례를 헤아리고, 두수에게 번갈아 가며 청하여 행하게 한다. 請佛事 秉炬必請住持 擧佛事 其餘鎖龕起龕 起骨入塔佛事 維那稟首座 商量依資次 輪請頭首爲之"라고 하였다. [참고문헌] 『百丈淸規』, 『禪苑淸規』 권4 「寮主寮首座」(卍속장111, p.899a18).

윤추 輪鎚 큰문을 열고 닫을 때 돌아 움직이게 만든 굵은 쇠막대. 『연등회요』 권6 「조주종심장 趙州從諗章」(卍속장136, p.533a4)에 "학인이 묻기를 '무엇이 조주입니까?' 조주가 이르길 '동문 서문 남문 북문'이라 하였다. 설두가 송하기를 '말 중에 드린 기틀 도려내 가져와 보라. 삭가라안(金剛眼) 티끌 하나 없구나. 동서남북 서로 마수했거늘 끝없이 윤추 내리쳐도 열 수 없구나'. 僧問 如何是趙州 師云 東門西門南門北門 雪竇頌云 句裏呈機劈面來 爍迦羅眼絶纖埃 東西南北門相對 無限輪鎚擊不開", 『열조제강록』 권18 「영대존숙치사제강 迎待尊宿致謝提綱」(卍속장112, p.453b15)에 "천암원장(千巖元長)선사가 쌍림옥계화상을 맞이하여 법좌에 올랐다. '하늘 위에 미륵 없고, 땅 아래 미륵 없다. 세상의 온갖 문호가 활짝 열렸으니, 추돌림 단지 한번에 칠 일이다'. 법좌를 내려오다. 千巖長禪師雙林玉溪和尙至上堂 天上無彌勒 地下無彌勒 千門萬戶開 輪鎚只一擊 下座"라고 하였다. [참고문헌] 『聯燈會要』, 『列祖提綱錄』, 『碧巖錄』 9칙 「評唱」(대정장48, p.150a12).

윤타 輪埵 귓바퀴 단단하고 또렷함. 부처님 팔십종호(八十種好) 중 하나다. 『대반야경』 권381(대정장6, p.968b23)에 "세존의 귀는 두텁고 넓고 길면서 귓바퀴는 단단했다. 이는 마흔두 번째 상호이다. 世尊耳厚 廣大脩長 輪埵成就 是四十二"라고 하였다. [참고문헌] 『大般若經』. ⇨ 팔십종호 八十種好

윤택성 潤澤聲 Ⓢ snigdhā, Ⓣ mnyen-pa. 육십종성(六十種聲) 중 하나. 길러 기름지게 하시는 소리. 『대승장엄경론』 권6 「홍법품 弘法品」(대정장31, p.619b28 : *Sūtr.*, p.80)에 "윤택성이란 중생의 선한 근기를 능히 가져 거두시기 때문이다. 潤澤聲者 衆生善根 能持攝故 snigdhā sattvadhātukuśalamūlopastambhikatvāt"라고 하였다. 『대보적경』 권10 「밀적금강역사회 密迹金剛力士會」(대정장11, p.55c21)에서는 길상음(吉祥音)이라고 하였고, 육십사범음(六十四梵音)에서는 유택성(流澤聲)이라 한다. [참고문헌] 『大乘莊嚴經論』, 『大寶積經』, 『如來祕密大乘經』 권7(대정장11, p.719c8), *Sūtr.* ⇨ 육십종성 六十種聲

윤탱 輪橖 탑 위의 노반(露盤) 중심을 지지하는 기둥. 상륜탱(相輪橖)이라고도 한다. 『속일체경음의』 권6(대정장54, p.960c3)에 "윤탱〈탱은 택과 경을 반절한 음이다. 『자서』에 '탱은 기둥이다. 탱(樘)이라고도 쓴다'라고 하였다. 『설문해자』에도 '기둥이다. 뜻은 목(木)을 따랐고, 탱(堂)은 소리이다'라고 하였다. 윤탱은 탑 위에서 노반을 꿰어 받치는 기둥이다. 『십이인연경』에 이렇게 전한다. '여덟 인류에 한해서 탑을 세울 수 있다. 위로 여래부터 아래로 전륜성왕까지를 말한다. 노반이 여덟 개 이상이면 모두 불탑이다. 전륜성왕 이하는 노반이 하나뿐이니 보더라도 절을 올리지 않으니 성탑은 아니기 때문이다'〉. 輪橖〈下澤耕反 字書云 橖 柱也 亦作樘 說文亦云 柱也 從木堂聲 案輪橖卽 塔上持露盤之柱杆也 十二因緣經云 八人得起塔 從如來下至輪王 八露盤已上 皆是佛塔 自輪王已下 安一露盤 見之不得禮 以非聖塔故〉"라고 하였다. [참고문헌] 『續一切經音義』. ⇨ 상륜텡 相輪橖

윤파 倫婆 Ⓢ stūpa. 탑(塔). 윤파(輪婆)라고도 한다. 투파(偸婆)·수파(輸婆) 등 모두 음사의 변형이다. 『변정론』 권6 「내충효무위지 內忠孝無違指」(대정장52, p.533a20)에 "석제환인이 천상에다 삼천 윤파를 조성하였다. 釋提桓因 天上造三千倫婆也"라고 하였다. [참고문헌] 『辯正論』, 『地持論義記』 권4(卍속장61, p.446b7). ⇨ 투파 偸婆, 스투파 stūpa

윤판암 輪板庵 전라남도 장흥군 관산읍 천관산(天冠山) 천관사(天冠寺)의 산내암자였다. 『지제지』 사우(寺宇)에 "지장암 서쪽에 있으며, 또한 큰 암자이다. 在地

藏西 亦巨庵"라고 하였다. 〔참고문헌〕『支提誌』, 『韓國寺刹全書』 권하 p.945b3.

윤포 尹誧 1063~1154. 고려 문신. 초명은 해(諧), 시호는 정렬(靖烈), 본관은 횡성(橫城). 문학·음률·가사 등에 뛰어났으며, 말년에 불경에 심취하여 향수(享壽) 92세를 독경과 사경으로 여생을 마친 돈독한 불자다. 현장법사의 『대당서역기 大唐西域記』에 의거하여 오천축국도(五天竺國圖)를 그려 왕에게 바쳤으며, 만년에는 직접 사경한 『법화경 法華經』 한 축을 올리기도 하였다. 황문통(黃文通)이 지은 「윤포묘지 尹誧墓誌」가 『조선금석총람』 권상 pp.369~371에 전한다. 〔참고문헌〕『朝鮮金石總覽』. ⇨ 오천축국도 五天竺國圖

윤필 尹弼 신라 스님. 이유원(李裕元)의 『임하필기』 권31 「순일편 旬一編」 삼막(三幕)에 "신라 스님 원효의 성은 설씨, 의상은 아씨, 윤필은 윤씨다. … 관악산에 나누어 살았는데, 원효의 첫 막은 지금 폐허이지만 의상의 셋째 막은 그대로 남아 있다. 윤필의 둘째 막은 염불암이다. 新羅僧元曉姓薛 義湘姓牙 尹弼姓尹 … 分居冠岳 元曉一幕今只墟 義湘三幕尙存 尹弼二幕念佛庵是也"라고 하였다. 〔참고문헌〕『林下筆記』. ⇨ 염불사 念佛寺 2

윤필 倫匹 견줄 만한 무리. 동류(同類)가 될 만한의 뜻이다. 상대어인 빼어나다의 뜻인 무윤필(無倫匹)·무유윤필(無有倫匹)로도 쓰인다. 『내녀기바경』(대정장14, p.902c23)에 "범지가 말하기를 '이 국왕의 아들은 의료기를 잡았으니 필시 의왕이 될 것입니다'라고 하였다. 이름은 기바였고 여덟 살이 되자 총명하면서 뛰어난 재주로 공부와 글쓰기는 윤필보다 뛰어났다. 또래 아이들과 놀 때도 마음에 늘 모든 아이들이 가볍게 보여 자기만 같지 않다고 여겼다. 여러 아이들이 함께 욕하며 '아비도 없이 음녀에게 태어난 놈이 어찌 감히 나를 가볍게 보느냐?'라고 말하면 기바는 당황한 채 묵묵부답이었다. 梵志曰 此國王之子 而執持醫器 必是醫王 名曰耆婆 至年八歲 聰明高才 學問書疏 越殊倫匹 與比隣小兒遊戲 心常輕諸小兒 以不如己 諸小兒共罵之曰 無父之子 婬女所生 何敢輕我 耆婆愕然 默而不答", 『일체경음의』 권27(대정장54, p.485c12)에 "윤필〈앞 글자는 력과 균을 반절하여 발음한다. 『광아』에서는 같은 무리들과 비교할 만하면 윤필이라 하였다. 륜은 류이고, 필은 배이다. 필은 방(匚)과 팔(八)로 이루어진 글자이다. 여덟 잎이 1필이다. 또 '팔'은 소리다〉. 倫匹〈上力均反 廣雅 同等比輩 倫匹也 又倫類也 匹配也 匹從匚從八 八葉一匹 又八亦聲〉"라고 하였다. 〔참고문헌〕『奈女耆婆經』, 『一切經音義』, 『別譯雜阿含經』 권9(대정장2, p.441c22). ⇨ 기바 耆婆 1

윤필 潤筆 붓을 적시게 한다는 말. 글이나 글씨를 쓴 수고에 대한 사례의 물건을 비유한다. 『사명존자교행록』 권5 「진종황제유지유사명주세 眞宗皇帝諭旨留四明住世」(대정장46, p.897c24)에 "천희년간(1017~1021) 말에 추밀사 마지절이 대년(大年 : 楊億의 字)에게 부친의 신도비 짓기를 청하였다. 윤필로 보답하려 하였으나 일절 받지 않고 다만 사명스님 딱 한 분의 호를 추천해 주기를 원하였다. 至天禧末 有樞密使馬〈知節〉 請大年撰父神道碑 酬以潤筆 一切不受 止求奏薦 四明師一師號"라고 하였다. 〔참고문헌〕『四明尊者教行錄』, 『佛祖統紀』 권8(대정장49, p.193a25), 『枯崖漫錄』 권하(卍속장148, p.186a7). ⇨ 사명 四明 3

윤필거사 潤筆居士 신라 때 원효·의상 등과 함께 불리워지는 거사. 「대예참례 大禮懺禮」(『석문의범』 권상, p.37a12)에 "해동초조 원효국사 의상조사 윤필거사 자장율사. 海東初祖 元曉國師 義湘祖師 潤筆居士 慈藏律師"라고 하였다. 〔참고문헌〕『釋門儀範』.

윤필사 潤筆寺 황해북도 금천군 성거산(聖居山)에 있던 절. 『동국여지승람』 권42 황해도 우봉현(牛峯縣) 불우에 이름과 위치가 전한다. 〔참고문헌〕『東國輿地勝覽』.

윤필암 尹弼庵 전라북도 완주군 경천면 가천리 불명산(佛明山)에 있던 암자. 신라시대 윤필(尹弼)이 창건하였다고 전하며, 일제강점기에는 대본사인 보적사(寶積寺)의 말사였다. 경허성우(鏡虛惺牛 1846~1912)가 지은 「과불명산윤필암 過佛明山尹弼庵」·「윤필암해하후우음 尹弼庵解夏後偶吟」이 『경허집』(한불전11, p.617c5~c10)에 전한다. 〔참고문헌〕『鏡虛集』, 『韓國寺刹全書』 권하 p.945b5.

윤필암 潤筆庵 **1** 강원도 회양군 금강산(金剛山)에 있던 암자. 표훈사(表訓寺)의 산내암자였으며, 원래 이름은 선주암(善住庵)이다. 『목은문고』 권2 「금강산윤필암기 金剛山潤筆庵記」(한국문집총간5, p.13b18)에 "한산자가 왕명을 받아 (나옹의) 명을 찬술한 것이 윤필암이란 이름이 지어진 유래이다. 무릇 일곱 곳에 좌선에 필요한 물건 등을 공양하였다. … 금강산 선주암은 건물은 있으나 사람이 머물지 않은 지 거의 30년이고, 보제가 한 해를 거하였다. 韓山子奉教譔銘 潤筆庵之所由作也 凡七所而供養坐禪之具 … 金剛山善住庵 有屋無人者近三十年 普濟居一夏"라고 하였다. 이로 미루어 한산자 이색(李穡 1328~1396)이 나옹(懶翁)의 비명을 찬술하고 받은 윤필물(潤筆物)로 여러 곳에 공양하였고 그 인연으로 절 이름을 윤필이라 부른 곳 중에 하나다. 〔참고문헌〕『牧隱文藁』, 『韓國寺刹全書』 권하 p.949a8. **2**

경기도 양평군 용문면 신점리 용문산(龍門山)에 있던 암자. 용문사의 산내암자였다. 『목은문고』 권4 「지평현미지산윤필암기 砥平縣彌智山潤筆庵記」(한국문집총간 5, p.33b15)에 "지선·지수스님이 분주히 노력하였고, 더불어 지금은 비구니가 되어 묘덕이라 불리는 정안군 부인 임씨가 사재를 희사하였으므로 미지산에 이 암자가 있게 되었다. 此釋志先志守之奔走 與夫定安君夫人任氏 今爲比丘尼名妙德 德捨財 而彌智之有是庵也", 『동국여지승람』 권8 경기 지평현 불우에 "미지산에 있다. 이색이 왕명을 받아 나옹의 부도명을 지었는데, 그 문도들이 윤필물을 드렸으나 이색이 받지 아니하고 폐사를 수선하게 하였기에 절 이름으로 삼았다. 在彌智山 李穡以王旨 撰懶翁浮屠銘 其徒致潤筆物 穡不受 使修廢寺 因名之"라고 하였으니 고려 말에 창건 또는 중수되었음을 알 수 있다. 『가람고』·『범우고』에도 절의 이름과 위치가 전한다. 1859년(철종10)에 정안(正眼)이 중창, 1905년(광무9)에 장훈(莊訓)이 중수, 1928년에 상원(祥元)이 중수하였다. 1941년에도 중수되었으나, 한국전쟁 때 전소·폐사된 것으로 전한다. [참고문헌] 『牧隱文藁』, 『東國輿地勝覽』, 『伽藍考』, 『梵宇攷』, 『韓國寺刹全書』 권하 p.945b9. **3** 경상북도 문경시 산북면 전두리 사불산(四佛山)에 있는 암자. 대승사(大乘寺)의 산내암자이다. 『목은문고』 권3 「윤필암기 潤筆庵記」(한국문집총간 5, p.24b1)에 "각관스님과 찬성 김득배의 부인 김씨가 윤필암을 창건하였다. … 경신년 가을 8월 초하룻날에 짓다. 釋覺寬與金贊成諱得培之室金氏造潤筆庵 … 庚申秋八月初吉 記"라고 하였으므로 1380년(우왕6)에 창건되었음을 알 수 있다. 이후 1645년(인조23)에 서조(瑞祖)·탁잠(卓岑), 1765년(영조41)에 야운(野雲), 1806년(순조6)에 취운종백(醉雲宗伯), 1885년(고종22)에 창명(滄溟)이 각각 중건하였다. 한국불교 중흥불사인 1947년 봉암사결사(鳳巖寺結社) 때는 김룡사(金龍寺)·윤필암은 봉암사결사의 외연 비구니도량이었다. 당시에 현대 한국불교 비구니 중흥의 일익을 담당하였던 비구니 본공(本空)·묘전(妙典) 등 여러 스님들이 주석하였으며, 한국불교 대표상사인 세주묘엄(世主妙嚴)도 윤필암에서 출가하였다. 이후 윤필암은 비구니 수선도량(修禪道場)으로서 명성을 이어왔다. 법련(法蓮)을 은사로 온양 세심사(洗心寺)에서 득도(得度)한 후 동학사강원에서 수학하고 제방선원에서 수선안거하던 천택은우(天澤恩雨)가 1982년에 윤필암 원주(院主)로 부임한 후 1984년에 불사도감(佛事都監)을 자처하고 본격적인 중창불사를 시작하여 사불전(四佛殿)을 중수하고 선방(禪房)인 사불선원을 낙성하였다. 1985년에는 관음전과 산신각을 중수하고 운문당과 고월당을 증축하며 육화당을 개수하였고, 1994년에는 다향산방(茶香山房)도 건립하였다. 1994년 음력 9월 9일에 십삼조사다례재를 복원·봉행한 이후 해마다 정례화하였다. 이후 천택은우의 만상좌인 인해탁용(仁海卓勇)이 선원대중을 외호하였다. 현재도 비구니 수선도량으로의 위상을 지켜오고 있다. 현존 당우로는 사불전·관음전·산신각·사불선원·운문당·고월당·육화당·다향산방 등이 있다. 특히 법당인 사불전에는 부처님을 모시지 않고 큰 창을 설치하여 사불산 정상에 모셔져 있는 사불을 향해 예참한다. 성보문화재로는 조선 중기에 조성된 것으로 추정되는 유형문화재 제300호 목조아미타여래좌상및지감(紙龕), 문화재자료 제348호 후불탱화, 고려시대에 건립된 것으로 추정되는 제595호 삼층이형석탑 및 제596호 삼층석탑 등이 있다. [참고문헌] 『牧隱文藁』, 『韓國寺刹全書』 권하 p.947b12. ⇨ 사불산 四佛山, 사방불신앙 四方佛信仰 **4** 평안남도 순천군 천성산(天聖山)에 있던 암자. 『범우고』에 "관음사 인근에 있다. 在觀音寺傍"라고 하였다. [참고문헌] 『梵宇攷』. **5** 평안북도 영변군 묘향산(妙香山)에 있던 암자. 『목은문고』 권2 「향산윤필암기 香山潤筆庵記」(한국문집총간5, p.13a17)에 "각청 또한 보제의 제자이다. 옛터를 얻어 건물을 지었는데, 세 칸으로 그쳤다. 공사를 마친 후 스님의 진영을 맞아 불당 가운데 걸고는 밤낮으로 예를 올렸다. 覺淸者 亦師之弟子也 得舊址而屋之 三楹而止 功訖矣 而邀師之眞 垂之堂中 以修朝夕之禮"라고 하였다. 『동국여지승람』 권54 평안도 영변대도호부 불우·『가람고』에 절의 이름과 위치가 기록되어 있으며, 『범우고』에는 "보제스님의 화상이 있다. 有普濟師畵像"라고 하였다. [참고문헌] 『牧隱文藁』, 『東國輿地勝覽』, 『伽藍考』, 『梵宇攷』.

윤필암목조아미타여래좌상및지감 潤筆庵木造阿彌陀如來坐像○紙龕 조선 중기 불상과 감실. 경상북도 유형문화재 제300호. 불상 높이 32cm·어깨 폭 16cm·무릎 폭 23cm. 복장(腹藏)의 「개금원문 改金願文」에 의하면 1851년(철종2)과 목불상에 1908년에 개금되었다. 불두(佛頭)의 나발(螺髮)과 목의 삼도(三道)가 뚜렷하다. 상체가 비교적 길면서, 통견의(通肩衣)를 걸쳐 간결하다. 엄지와 검지를 맞댄 상품중생인(上品中生印)을 하고 있다. 지감은 두터운 한지로 만든 검은색 감실로 아미타불이 모셔져 있으나 조성의 인연은 알 수 없다. ⇨ 대승사 大乘寺 **1**, 윤필암 潤筆庵 **3**

윤행풍 輪行風 둥글게 돌면서 부는 바람. 지륜(地輪)·수륜(水輪)·화륜(火輪) 등 모든 윤(輪)을 지탱하고 움직이게 하는 큰 바람(旋嵐). 바람의 두 가지 자성(恒相續風·不恒相續風) 중 하나인 항상속풍이며, 한편 만물에 깃들어 흩어지지 않게 하는 바람은 항섭수(恒攝受)라고 한다. 『유가사지론』 권54(대정장30, p.599a27)에 "바람에는 두 가지가 있으니, 항상속풍과 불항상속풍이다. 모든 돌면서 부는 바람은 항상속풍이라 하고, 허공에서 움직이는 것은 불항상속풍이라고 부르며, 사물마다에서 미세하게 움직이는 것은 항섭수풍이라고 한다. 風有二種 謂恒相續 不恒相續 諸輪行風 名恒相續 在空行者 名不恒相續 在物行者 名恒攝受", 『유가론기』 권14(대정장42, p.634b20 · 한불전14, p.115c2)에 "'모든 돌면서 부는 바람을 항상속풍이라 한다'라는 말은, 해와 달을 지탱하는 바람인 비람바(Ⓢvairambha)와 풍륜 등을 항상속풍이라 하고, 사물 중에 행하는 것을 항섭수풍이라 하였으니, 경사(景師)는 말하길 '저 사람 몸속의 모든 맥 중 바람 항상 행하여 쉬지 않음을 항섭수라고 한다'. 신태(神泰)는 이르길 '풍대가 만물을 유지하여 흩어지지 않게 하는 것을 항섭수라고 한다' 하였고, 규기도 이렇게 말한다. '만물을 유지하여 흩어지지 않게 하는 것을 항섭수라고 한다'. 諸輪行風 名恒相續者 持日月輪風 名鞞藍婆 及風輪等 名恒相續 在物行者 名恒攝受者 景云 如人身內 諸脈中 風常行不息 名恒攝受 泰云 風大持物 便不離散 名恒攝受 基云 持物令不散 名恒攝受"라고 하였다. [참고문헌] 『瑜伽師地論』, 『瑜伽論記』. ⇨ 항상속항섭수 恒相續恒攝受

윤협 允愜 온당함. 타당함. 적당함. 적합함. 『금광명경문구기』 권2하(대정장39, p.106b22)에 "만일 십선의 인과만 설한다면 이는 깊이가 없이 한 편으로 치우친 설이니 방등경에 있어서 보면 온당치 않다. 若其但說 十善因果 斯乃淺近 一塗之說 於方等經 未爲允愜", 『양고승전』 권5 「승선전 僧先傳」(대정장50, p.355a26)에 "이치를 담은 교설을 널리 찬양하려면 무엇보다 온당할 일이다. 법의 북이 다투어 울리면 무엇이 먼저고 무엇이 뒤이겠는가? 弘贊理教 宜令允愜 法鼓競鳴 何先何後"라고 하였다. [참고문헌] 『金光明經文句記』, 『梁高僧傳』.

윤형 綸逈 당대 유학승 균여(均如)의 『십구장원통기』 권하(한불전4, p.63c3)에 "윤형화상이 당나라에 가서 전해왔다. 綸逈和尙 往大唐傳來云"라고 하였다. [참고문헌] 『十句章圓通記』. ⇨ 삼해인 三海印

윤호 輪浩 1907~1981. 비구니. 현재 한국비구니승가의 큰 주류가 된 금강산 법기암(法起庵)의 대선사 대원(大願)비구니를 일세사(一世師)로 하는 법기문중(法起門中) 제8대로서 근현대를 걸친 고승들과의 인연 등 불교사 현장에서 산증인으로서의 역할을 다하였다. 법호는 백련(白蓮) · 묘각(妙覺). 속성은 김씨. 1907년(융희1) 11월 7일에 경기도 광주군 언주면 신원리에서 아버지 김춘식(金春植)과 어머니 수성(隋城) 최씨(崔氏)의 장녀로 태어났다. 1911년 3월에 상근(祥根)을 은사로 하여 스님이 되어 그해 가을에 스님을 따라 금강산 장안사(長安寺) 관음암(觀音庵)으로 갔다. 1918년에 서울 청룡사로 돌아와 상근의 중창불사를 시봉하였다. 1927년에 금강산 신계사(神溪寺) 법기암 선원에서 하안거를 시작으로 사철 안거를 마쳤고, 1929년부터는 만공월면(滿空月面)을 모시고 금강산 마하연(摩訶衍) · 유점사(楡岾寺) 반야암(般若庵)에서 안거하였으며, 1930년에 만공으로부터 백련(白蓮)이라는 호와 게문을 받았다. 1931년에 다시 청룡사로 돌아와 은사를 시봉하면서 경전을 읽고 포교하며 제자들을 가르쳤다. 1936년에 서울 안국동 선학원(禪學院)에서 권일봉(權日鳳) 율사에게서 비구니계를 받고, 35세가 되던 1941년에 제방으로 행각하며 선지식을 친견하고 오대산 적멸보궁(寂滅寶宮)에서 기도한 후 상원사(上院寺)에서 방한암(方漢巖)으로부터 묘각(妙覺)이라는 호와 게문을 받았다. 1943년 가을에 청룡사로 돌아와 효심을 다해 은사를 봉양하였고, 1951년 은사의 입적 후 청룡사 주지에 취임하였다. 1954년부터 1960년까지 대대적인 중창불사를 수행하였다. 엄정한 수행자의 품격을 유지함과 아울러 알뜰하고 빈틈없는 사판의 역량을 발휘해 주변 임야와 대지 수백평을 매입하여 사역(寺域)을 확대하는 등 청룡사 중흥을 위해 헌신하다가 1981년 11월 27일에 세수 75 법랍 71세를 일기로 입적하였다. 2000년에 건립한 묘각당윤호대선사(妙覺堂輪浩大禪師) 사리탑이 경내에 있다. [참고문헌] 『法起門中系譜』(도서출판 교림, 2008), 『청룡사 青龍寺의 歷史와 文化』(한국미술사연구소, 2010) pp.197~202. ⇨ 청룡사 青龍寺 1

윤화 輪火 수레바퀴 모양의 불. 어둠 속에서 불이 붙은 화대를 허공에 계속 빠르게 돌리면 수레바퀴 모양의 불꽃으로 보인다. 실재하지 않는 것을 비유하며 선화륜(旋火輪)이라고도 한다. 『금광명경문구』 권4(대정장39, p.71c17)에 "예컨대 불꽃을 잡고 돌리면 어둠 속에서 춤추듯 둥근 수레바퀴가 이어져서 둥글게 둥글게 끊어짐 없다. 불은 실법이고, 수레바퀴 모양은 가명이다. 중생은 긴긴밤 가명에 착하여 불꽃놀이로 쉬지 않으니, 오온과 십이입에 미혹되어 불에 땔감을 넣기를 멈추지 않으니 십이인연이 무엇으로 그치겠는가? 저 바퀴 불에 의지함 알아 손을 멈추면 바로 돌고 도는 일 없다. 불이란 땔감을 믿을 뿐이니 땔감을 버리면 불도 없다. 수레바퀴도 불도 모두 무생법이어서 둘 다 공이다. 如捉火爐闇中舞之 圓輪相續 團團不斷 火者實法也 輪者假名也 衆生長夜 著於假名 舞爐不息 迷於陰入 薪火不息 十二因緣何由可盡 若知輪依於火 止手則無輪 火賴於薪 除薪則無火 輪火雙無生法二空也"라고 하였다. [참고문헌] 『金光明經文句』. ⇨ 선화륜 旋火輪

윤회 輪廻 ⓈⓅsaṃsāra, Ⓣ'khor-ba. 돌고 돌아 끊

임이 없는 것. 유정(有情)이 삼유(三有 : 欲有 色有 無色有)와 육도(六道 : 地獄 餓鬼 畜生 阿修羅 人 天)로 거듭 나고 죽어 끊임이 없는 뜻이다. 나아가 기세간(器世間)이 성주괴공(成住壞空)을 거듭함도, 마음이 전념과 후념으로 거듭 생멸함도 다 윤회의 뜻으로 볼 수 있다. 『불소행찬』 권3(대정장4, p.30a19)에 "있는 것들 있게 된 자성으로 상속하여 천상에서 악취에 이르기까지 윤회하여 쉬지 못하니 이는 탐욕으로부터 생겨나네. 有有性相續 從天至惡趣 輪迴而不息 斯由貪欲生", 『불모반야바라밀다원집요의석론』 권1(대정장25, p.903a26)에 "모든 유정 끝없이 이에 죽어 저에 나서 육취로 돌고 돌아 윤전생사 다할 날이 없다. 이렇게 나고 죽는 것을 윤회라 한다. 而諸有情 無有邊際 死此生彼 六趣循環 無有窮盡 輪轉生死 此生死者 卽是輪迴", 『구사론』 권1(대정장29, p.5b14)에 "생사법이란 받아 상상함이 가장 큰 인이니, 탐착하기에 받아들이고 이어 뒤집힌 상 일으켜 나고 죽어 돌고 돈다. 又生死法 以受及想 爲最勝因 由耽著受 起倒想故 生死輪迴", 『원각경협송집해강의』 권5(卍속장87, p.827a14)에 "저 모든 윤회 몇 가지나 되는가? 모든 온갖 윤회라 하면 사생육도로 모든 윤회라 하지만, 윤회의 상 아주 많아서 그 종과 자성 얼마나 되는지는 다 헤아릴 수 없네. 於諸輪迴 有幾種性 諸輪迴者 四生六道 諸輪迴也 輪迴之相甚多 未審有幾種性", 『위산경책구석기』 권상(卍속장111, p.305b4)에 "여기 이십이지야말로 삼세인과다. 순환하여 끊이지 않는 법이다. 과거세의 무명과 행을 인으로 현재의 식·명색·육입·촉·수를 감하여 과가 되고, 이 과를 말미암아 애·취·유를 일으키니 현재의 인이 된다. 이 인으로 미래의 생사라는 과를 불러들이고, 이 과는 다시 인이 되고 인은 또다시 과를 불러 삼세로 계속하니 마치 저 차바퀴 구르듯 한다 하여 윤회라 한다. 斯十二支 是三世因果 循環不斷之法 以由過去世無明行爲因 感斯現在識名色六入觸受爲果 由斯果故 起愛取有 爲現在之因 由斯因故 招感未來世生老死之果 果復造因 因復感果 三世相續 無有間斷 如車輪轉 故曰輪迴", 『법화경문구격언』 권중(卍속장46, p.601b7)에 "생사란 윤회하는 풍경이고, 열반이란 안락한 법이다. 生死者 輪回之境也 涅槃者 安樂之法也", 『대방광원각수다라요의경설의』 권중(한불전7, p.141c11)에 "육근의 몸이 있는 한 나서 죽고 죽어서는 다시 난다. 기세간 있으니 일어났다 무너지고 무너진 다음에 다시 일어난다. 이것 진실로 윤회의 상이다. 마음이라 한다면 앞생각 사라지면 곧이어 뒷생각 이어진다. 뒷생각 나면 앞생각 사라지듯 저 보이는 것들도 갖고 버림 하나가 아니다. 이것 역시 윤회의 상이다. 그래서들 말하기를 이들 모두 윤회라 한다. 根身 則生已就死 死已復生 器界 則成已而壞 壞已復成 此固輪廻之相也 心 則前念滅而引後知 後念生而續前滅 而於境上 取捨非一 此亦輪廻之相也 所以云 皆是輪廻", 『삼가귀감』 권하(한불전7, p.622b24)에 "미한 마음으로 부처님 생각하면 취하고 버리는 뜻 있으니 저 극락은 기꺼이 취하고 저 사바는 싫어 버린다. 경에서 말씀하셨다. 갖가지로 취하고 버리는 것 모두 다 윤회다. 迷心念佛 有取捨義 欣彼極樂爲取 厭此娑婆爲捨 經云種種取捨 皆是輪廻", 『원각경석의소』 권3(卍속장94, p.137a12)에 "처음 다섯 구는 바로 윤회근본 읊었다. (分段死와 變易死라는) 두 가지 죽음이 완전히 없어지면 이를 대해탈이라고 한다. 탐욕은 윤회근본인데 끊지 못하기에 생사에 떨어진다. 그래서 벗어나지 못하고 오래도록 윤회한다. 初五句 正頌輪廻根本 二死永亡 名大解脫 貪欲爲輪廻根本 由不斷故 墮落生死 所以不得解脫 久在輪廻"라고 하였다. [참고문헌] 『佛所行讚』, 『佛母般若波羅蜜多圓集要義釋論』, 『俱舍論』, 『圓覺經夾頌集解講義』, 『潙山警策句釋記』, 『法華經文句格言』, 『大方廣圓覺修多羅了義經說誼』, 『三家龜鑑』, 『圓覺經析義疏』, *DN.2.55.*, *Mvyut.162.* ⇨ 생사 生死, 업業, 삼계 三界[1], 육도 六道, 해탈 解脫, 윤전생사 輪轉生死, 윤전오도 輪轉五道, 천상미탈윤회 天上未脫輪廻

윤회부절 輪迴不絶 생사를 거듭하여 끊임이 없는 뜻. 『달마다라선경』 권하(대정장15, p.323a21)에 "나는 문이란 사생(四生 : 胎卵濕化)으로 상속하여 돌고 돌아 끊임이 없음이니 이를 나는 문 이어져 얽힌다고 하는 것이다. 生門者 謂四生相續 輪迴不絶 是名生門連縛也", 『대승아비달마잡집론』 권6(대정장31, p.720a20)에 "상이 상속한다는 것은 시작 없는 때부터 생멸이 상속하여 끊임 없음이니 무시생사로 거듭 구르며 서로 올라 윤회함이 끊어짐이 없는 것이다. 相續相者 謂無始時來 諸行生滅 相續不斷 由無始生死 展轉相乘 輪迴不絶故", 『법화경현찬요집』 권2(卍속장53, p.431a1)에 "만약 마음 있게 되면 곧 념려하는 인연 있게 되고 연려 있으면 갈망과 분노 있게 되고 애에 나기 시작하면 생사는 상속하여 윤회 끊을 수 없다. 어찌해야 열반이란 말 얻겠는가? 若言有心 卽有緣慮 有緣慮故 有愛恚生 愛恚生故 卽生死相續 輪迴不絶 如何得言涅槃", 『도서』 권상(대정장48, p.403b3)에 "받은 몸 도리어 집착하여 아라 여기고 뒤쳐 탐마저 일으키니 업을 짓고 보를 받아 몸으로는 생로병사하고 죽어서는 다시 난다. 계인 즉 성주괴공하지만 공은 다시 성겁으로 나고 나서 윤회 끊이지 않는다. 於所受身 還執爲我 還起貪等 造業受報 身則生老病死 死而還生 界則成住壞空 空而復成 劫劫生生 輪迴不絶"라고 하였다. [참고문헌] 『達摩多羅禪經』, 『大乘阿毘達磨雜集論』, 『法華經玄贊要集』, 『都序』. ⇨ 윤회 輪廻

윤회업 輪迴業 생사하며 돌고 돌게 하는 업. 『금광명경문구기』 권5(대정장39, p.143c2)에 "만약 스스로의 몸으로 오욕락 즐기고 재보만을 희망한다면 이는 바로 윤회업이어서 뭇 성인이 꾸짖을 일이니 하늘을 받든들 어찌 보호해주리! 若爲自身 受五欲樂 希望財寶 卽輪迴業 衆聖所訶 尊天寧護", 『종경록』 권16(대정장48, p.499c7)에 "저 범부 이 마음이라 집착하여 윤회업을 짓지만, 이승은 이 마음 싫어하여 이 몸 버려 영원히 사라지는 열반과만을 구한다. 若凡夫 執著此心 造輪迴業 二乘厭棄此心 求灰斷果"라고 하였다. 〔참고문헌〕『金光明經文句記』, 『宗鏡錄』, 40권본 『華嚴經』 권19(대정장10, p.748a21). ⇨ 윤회 輪廻, 업 業

윤회유지 輪迴有支 윤회의 생존이 시작되는 분기점. 십이지(十二支) 중에 유지(有支)를 수식하는 말이다. 『유부율』 권19(대정장23, p.723c22)에 "내가 과거에 탐진치 가득하여 갈망하고 취하였고, 온갖 아만으로 생로병사와 우비고뇌 등 보내 버리지 못하여 윤회로 존재하는 사슬에 걸려 해탈하지 못했다. 일체지를 얻지는 못했지만 소군들이 나를 위해 욕심이 적음은 찬탄하고 탐욕 많은 것은 꾸짖었기에 이 500인으로 하여금 다섯 가지 신통을 얻게 하였다. 如我往昔 具欲瞋癡 有愛有取 於諸我慢 生老病死 憂悲苦惱 皆不遣除 輪迴有支 未得解脫 非一切智 亦由我爲小軍 讚歎少欲 呵責多貪 令此五百人得五通具足"라고 하였다. 〔참고문헌〕『有部律』. ⇨ 윤회 輪廻, 유지 有支, 십이지 十二支

윤회육도 輪迴六道 육도로 윤회함. 『과거현재인과경』 권2(대정장3, p.634c1)에 "모든 하늘 비록 즐겁다지만 복이 다하면 끝나며, 육도를 윤회하며 끝내 고통만 쌓인다. 그대들은 어째서 모든 고통의 인만을 닦아 고통스런 과보를 구하는가? 諸天雖樂 福盡則窮 輪迴六道 終爲苦聚 汝等云何 修諸苦因 以求苦報", 『안락집』 권상(대정장47, p.13a4)에 "이처럼 육도를 윤회하며 고락의 과보를 받고 생사 끝없다, 태로 남이 이미 이러한데 나머지 삼생(卵濕化) 또한 이와 같다. 如是 輪迴六道 受苦樂二報 生死無窮 胎生旣爾 餘三生亦如是"라고 하였다. 〔참고문헌〕『過去現在因果經』, 『安樂集』. ⇨ 윤회 輪廻, 육도 六道, 사생 四生

윤훤 允暄 ?~1837. 조선후기 스님. 호는 설곡(雪谷), 속성은 장(張)씨. 전라도 해남 현산(縣山)에서 태어났다. 어릴 때 두륜산 대흥사(大興寺)로 찾아가 찰탄(察坦)을 은사로 하여 스님이 되었으며, 응성민훈(應星旻訓)의 법을 이어받았다. 1837년(헌종3) 9월 8일 대흥사 백설당(白雪堂)에서 입적하였다. 다비하는 날 범패법락(梵唄法樂) 가득한 중에 옥구슬 같은 사리(玉粒珠粟)가 많이 나왔다. 제자로는 은상좌가 다섯, 수계제자가 열, 수법제자가 두 명이 있었다. 『동사열전』 권4 「설곡화상전 雪谷和尙傳」(한불전10, p.1034c7)에 "겨울에는 모든 사미들을 모아 주야로 가르쳤으며, 작법이 온화하고 구독이 잘 맞아 옥천여음(玉泉餘響 : 진감선사의 범패)이 남방세계에 다시 떨쳤다. 冬則會諸沙彌 晝夜訓導 作法雍容 句讀吻合 玉泉餘響 復振於南方世界矣"라고 하였다. 〔참고문헌〕『東師列傳』.

윤희 尹喜 노자(老子)의 제자. 중국 주(周)나라 때 함곡관(函谷關) 관령(關令)으로 있으면서, 당시 그곳을 지나던 노자에게 『도덕경 道德經』을 전수 받았다. 노자화호설(老子化胡說)에 따르면, 노자의 명을 받고 석가모니불로 화작(化作)하여 인도를 교화하였다고 한다. 『노자화호경』 권1 「노자서승화호경서설 老子西昇化胡經序說」(대정장54, p.1267b10)에 "내(太上老君)가 윤희를 저 월정에 태우고 중천축국에 내려주어 백정부인의 입속으로 들어가게 한 다음 탁태한 후 나니 이름이 실달이었다. 我令尹喜 乘彼月精 降中天竺國 入乎白淨夫人口中 託廕而生 號爲悉達", 『변위록』 권2 「삼번작불위 三番作佛僞」(대정장52, p.759a29)에 "노군이 오랑캐왕에게 말하기를 '내 제자를 부처가 되게 하였으니 그대는 그를 스승으로 받드시오'라고 하였다. 곧 윤희를 부처로 변신시키고 오랑캐의 스승이 되게 하였다. 老君告胡王曰 使我弟子爲佛 汝當師之 卽使尹喜變身爲佛 與胡人爲師"라고 하였다. 〔참고문헌〕『老子化胡經』, 『辯僞錄』. ⇨ 노자화호설 老子化胡說

율 律 Ⓢ Ⓟ vinaya, Ⓣ 'dul-ba 승가(Ⓢ saṃgha) 구성원들의 약속과 합의로 수행되는 바른 법들(正法律). 삼장(三藏) 가운데 율장(律藏 Ⓢ Ⓟ Vinaya-piṭaka)을 구성하는 내용들을 일컫는다. 비나야(毘奈耶·毘那耶·鼻那夜)라고 음사하며, 조복(調伏)·선도(善導)·멸(滅) 등이라고도 한역한다. 율은 구성원 각자가 수지해 지켜갈 행위와 공동의 약속과 그 약속이 수행되지 않았을 때의 화합규범 등을 모두 일컫는다. 비나야는 가져 버리다(將去), 건너다(濟度), 다스리다(制) 등을 뜻하는 동사 비니(Ⓢ Ⓟ vi-√nī)로부터 파생된 말로서 '평정(律)·제도(度)·교화(化)·끊음(斷)·조복(調伏)·이행(離行)·바른법으로 평정함(正法律) 등으로 한역되었다. 구성원 각각의 수지규범인 계(戒 Ⓢ śīla, Ⓟ sīla)와는 달리, 율은 승가의 청정과 화합을 유지하기 위한 모든 판례들이 수범수제(隨犯隨制)의 전통으로 정착되었고, 율장(律藏)은 그 모든 일들을 체계적으로 담아 전승하였다. 『마하승기율』 권23(대정장22, p.412b24)에 "세존께서 성도하신 이후 5년까지는 비구승들이 모두 청정하였다. 하지만 이후 점점 비법행 행해지자 세존께서 일이 있을 때마다 대중의 말과 뜻을 듣고 살펴 계를 제정하여 바라제목차를 세우고 설하셨다. 世尊成道五年

比丘僧悉淸淨 自是已後 漸漸爲非 世尊隨事爲制戒 立說波羅提木叉”라고 하였다. 율 조문을 학처(學處 Ⓟ sikkhāpada)라 부르며, 이들 학처를 모아놓은 조문집은 바라제목차(波羅提木叉 Ⓟ pāṭimokkha)다. 『선견율비바사』 권1(대정장24, p.674c22 : *Sp.*, p.13)에 “비니장이란 곧 불법의 목숨이다. 비니장이 머물면 불법 또한 머문다. 毘尼藏者 是佛法壽 毘尼藏住 佛法亦住 vinayo nāma buddhasāsanassa āyu vinaye ṭhite sāsanaṃ ṭhitam hoti”라고 하여 매우 중시하였으며, 제1결집에서도 법(Ⓟ dhamma)보다 율을 먼저 결집하였다. 율장 서두에서는 계율을 제정하는 당위성을 들고 있는데 열 가지다. 『사분율』 권1(대정장22, p.570c2)에 “지금부터 모든 비구들과 더불어 계를 맺고, 열 가지 의미를 담는다. 첫째 승가를 거두어 모으게 하고, 둘째 승가를 기쁘게 하며, 셋째 승가를 안락하게 하고, 넷째 아직 믿음이 없는 이를 믿게 하며, 다섯째 이미 믿음이 있는 이는 더욱 증장시키고, 여섯째 조복받기 어려워하는 이를 어울려 순할 수 있게 하며, 일곱째 참회하고 부끄러워하는 이도 안락하게 하고, 여덟째 현재의 번뇌를 끊게 하며, 아홉째 미래의 번뇌도 끊게 하고, 열째 정법이 오래도록 머물도록 한다. 自今已去 與諸比丘結戒 集十句義 一 攝取於僧 二 令僧歡喜 三 令僧安樂 四 令未信者信 五 已信者令增長 六 難調者令調順 七 慚愧者得安樂 八 斷現在有漏 九 斷未來有漏 十 正法得久住”라고 하였다. 이를 흔히 제계십리(制戒十利)라고 한다. 40권본 『대반열반경』 권4(대정장12, p.386c25)에 “율이란 약속한 위의에 들어 경의 아름다운 뜻마저 깊이 하니, 모든 부정한 사물들과 부정한 인연들을 버려 거두지 않는 것이니, 사중·십삼승잔·이부정법·삼십사타·구십일타·사회과거·중다학법·칠멸쟁 등도 막아 다스린다. 律者 入戒威儀 深經善義 遮受一切不淨之物 及不淨因緣 亦遮四重 十三僧殘 二不定法 三十捨墮 九十一墮 四悔過法 衆多學法 七滅諍等”라고 하였다. [참고문헌] 『摩訶僧祇律』, 『善見律毘婆沙』, 『四分律』, 『大般涅槃經』, *Sp.*, *Vin.3.21.* ⇨ 율의 律儀, 율장 律藏, 비나야 毘奈耶, 비니 毘尼, 바라제목차 波羅提木叉, 계 戒, 계율 戒律, 건도 犍度

율강 律講 계율을 가르치는 강석(講席). 『송고승전』 권16 「정준전 貞峻傳」(대정장50, p.810b7)에 “다시 율강을 열자 비구·비구니 제자들이 매일 50여 인 참석하였다. 復開律講 僧尼弟子 日有五十餘人”라고 하였다. [참고문헌] 『宋高僧傳』.

율견 律堅 조선후기 스님. 현해모윤(懸解慕閏)의 은제자(恩弟子)이다. [참고문헌] 『東師列傳』 권4 「懸解禪師傳」(한불전10, p.1031c20). ⇨ 모윤 慕閏

율계 律戒 **1** 율과 계. 『중본기경』 권하(대정장4, p.158c16)에 “부처님께서 아난에게 이르셨다. ‘가령 여인들이 사문이 되고자 하면 존중해야 할 여덟 가지 법을 넘어서는 안 되니 마땅히 죽을 때까지 배우고 행해야만 한다. 비유컨대 저 수해를 막으려면 제방을 잘 다스려 새지 않도록 해야 하는 일이니, 능히 이와 같은 이라야 나의 율계를 가져 승가에 들어올 수 있다’. 佛告阿難 假使女人 欲作沙門者 有八敬之法 不得踰越 當以盡壽 學而行之 譬如防水 善治堤塘 勿漏而已 其能如是者 可入我律戒”, 『사분율행사초』 권중(대정장40, p.103c13)에 “율계에 의지하여 스스로 참법을 세우고 다른 이의 말은 듣지 않는다. 今依律戒 自立懺法 不取人語”, 『사분율행사초간정기』 권7(卍속장68, p.424b17)에 “경에 이르길 ‘맹세코 모든 악을 끊겠습니다’라고 하면 ‘율계를 거두어 법신을 얻는다’고 한다. 經云 誓斷一切惡 名攝律戒得法身”라고 하였다. [참고문헌] 『中本起經』, 『四分律行事鈔』, 『四分律行事鈔簡正記』. ⇨ 계율 戒律, 계 戒, 율 律 **2** 『범망경』에서 내세우는 십이분교(十二分敎) 중 하나. 『범망경』 권상(대정장24, p.1001a9)에 “십이법품 명미구(名句文)는, 중송 기별 직어 게 불청설 율계 비유 불계 석사 방정 미증유 담설이다. 十二法品名味句 重誦 記別 直語 偈 不請說 律戒 譬喩 佛界 昔事 方正 未曾有 談說”, 『범망경고적기』 권상(대정장40, p.696c14·한불전3, p.435a6)에 “계율이란 인연(Ⓢ nidāna)이다. 戒律者 因緣”라고 하였다. [참고문헌] 『梵網經』, 『梵網經古跡記』. ⇨ 십이부경 十二部經

율곡사 栗谷寺 경상남도 산청군 신등면 율현리 정수산(淨水山)에 있는 절. 대한불교조계종 제12교구 본사 해인사(海印寺)의 말사이다. 651년(진덕여왕5)에 원효(元曉 617~686)의 창건과 930년(경순왕4)에 감악조사(紺岳祖師)의 중창으로 전한다. 고려시대 사적에는 기록이 전하지 않으며, 『동국여지승람』·『가람고』·『범우고』 등에는 이름과 위치가 기록되어 있다. 1679년(숙종5)에 대웅전을 중건, 1870년(고종7)에 현당(玄堂)을 중건하였다. 현존 당우로는 대웅전·현당·관심당·영봉당·삼성각 등이 있다. 주요 성보문화재로는 보물 제374호 대웅전·제1316호 괘불탱, 조선전기에 조성한 것으로 추정하는 유형문화재 제373호 목조아미타삼존불좌상이 있다. [참고문헌] 『東國輿地勝覽』 권31 慶尙道 丹城縣 佛宇, 『伽藍考』, 『梵宇攷』.

율곡사괘불탱 栗谷寺掛佛幀 조선후기 괘불탱. 보물 제1316호. 세로 827cm·가로 475cm. 삼베에 채색. 1684년(숙종10)에 법림(法琳)·숙련(淑連)·자명(自明) 등이 조성하였고, 1729년(영조5)에 명열(明悅)·신영(信暎)·최우(最祐) 등이 중수하였다. 세로로 긴 화면에 보관을 쓴 단독 불입상을 그린 괘불탱이다. 다섯 분의 화불(化佛)이 모셔진 화려한 보관을 쓰고, 양손으로 만개한 연꽃 가지를 잡고 양발도 연꽃 위에 놓여있다. 이런 본존상은 보통 석가모니불의 보신(報身) 노사나불(盧舍那佛)로 비정하며, 연꽃가지는 염화시중(拈花示衆)을 상징한다고 여긴다. 자비롭고 단정한 상호에 적갈색 법의를 걸쳤으며 가사의 끝단과 소매 및 늘어뜨린 매듭장식 등에 섬세하고 세련된 꽃무늬가 그려져 있다. 황갈색의 바탕에는 천우보화(天雨寶華)가 흩날리고 있다. 바탕의 황갈색과 채도가 낮은 적록색으로 정려와 장엄함을 아울러 느끼게 한다. 하단에는 1684년의 조성기와 시주질, 1729년의 중수기와 시주질이 자세히 적혀 있고, 풍계명찰(楓溪明察 1640~1708)이 지은 「단성율곡사괘불탱기 丹城栗谷寺掛佛幀記」(『풍계집』 권하·한불전9, pp.147c15~148a19)에도 전하는 사적이 분명한 탱화다. [참고문헌] 『楓溪集』, 『韓國의 佛畵』 권5(聖寶文化財研究院, 1997), 『괘불』(국립문화재연구소, 2004), 『山淸栗谷寺掛佛幀』(통도사성보박물관, 2008). ⇨ 율곡사 栗谷寺

율곡사괘불탱

율곡사대웅전 栗谷寺大雄殿 조선 중기 목조건축. 보물 제374호. 정면 3칸·측면 3칸의 다포식(多包式) 팔작지붕이다. 장대석을 바른층쌓기 막돌초석을 놓고 민흘림 두리기둥을 세웠다. 정후면에 각 2구, 측면에 1구씩의 주간포(柱間包)를 두었는데, 포작은 내외3출목 교두형(翹頭形)으로 고양식을 따랐다. 내부는 우물천장으로 중앙에 닫집을 마련하고 삼존불을 봉안했다. 어칸에는 사분합문을, 양 퇴칸에는 삼분합문을 달았다. 2003년 해체수리를 하던 중, 어칸 종도리 하부에서 '강희십팔년기미월일상량기 康熙十八年己未月日上樑記'라는 묵서가 발견되어 1679년(숙종5)에 중수하였음을 확인하였다. 웅장하고 내부장엄이 화려할 뿐 아니라, 특히 내외면 모두 교두형 첨차를 사용하는 고식수법을 보이는 조선중기를 대표하는 건축물로 평가받는다. ⇨ 율곡사 栗谷寺

율곡사대웅전

율곡암 栗谷庵 **1** 충청북도 청주시에 있던 암자. 『여지도서』 충청도 청주 방리(坊里)에 "관문에서 동쪽으로 30리 떨어져 있다. 自官門東距三十里"라고 하였다. [참고문헌] 『輿地圖書』. **2** 평안북도 의주군 판막산(板幕山)에 있던 암자. 『가람고』·『범우고』·『여지도서』 등에 절의 이름과 위치가 전하며, 『사탑고적고』에는 "옛터가 의주군 광평면 판막리에 남아있다. 古址在義州郡 廣平面 板幕里"라고 하였다. [참고문헌] 『伽藍考』, 『梵宇攷』, 『輿地圖書』, 『寺塔古蹟攷』.

율극봉 栗棘蓬 가시 돋은 밤송이. 극율봉(棘栗蓬)·율극포(栗棘蒲)라고도 한다. 삼킬 수 없는 가시 돋은 밤송이로 분별 저 너머를 비유한다. 『원오어록』 권2(대정장47, p.722b2)에 "마침내 불자를 들고 이르길, '대중이여, 보았는가? 말해보라. 이것은 금강 울타리에 밤송이 천지다. 천견의 납승은 알 수 없으리라. 오직 막힘없이 짓는 자만이 들 수 있으리라'. 遂舉拂子云 大衆還見麼 且道 這箇是金剛圈 是栗棘蓬 不容淺見衲僧會 唯許通方作者知", 『대혜어록』 권15(대정장47, p.873a27)에 "삼켰는데 밤송이라면 굳이 대법 밝힐 필요도 없다. 대법 저절로 밝음이다. 吞得栗棘蓬 不須要明大法 大法自明矣", 『오가종지찬요』 권상(卍속장114, p.528b11)에 "임제종지를 읊다 : 분명히 손님과 주인 뚜렷이 나뉜다. 위 없는 참 사람 가까이할 수 없다. 가시밤송이 중에 능히 손 내밀고, 금강울타리 안에서 몸 뒤쳐 풀려나네. 臨濟宗旨頌 堂堂賓主歷然分 無位眞人不可親 栗棘蓬中能出手 金剛圈裏解翻身", 『선림보훈음의』(卍속장113, p.295b9)에 "율극봉 : 양기방회(楊岐方會)가 대중에게 말했다. '금강울타리 부수고 가시밤송이를 삼킨다면, 문득 삼세제불 함께 손 맞잡고 함께 다니며 역대조사와는 한 콧구멍 함께 공유하리라. 아직 그렇지 못하다면, 참하되 반드시 진실참 하고 깨우치되 실로 깨우쳐야 하리. 栗棘蓬 楊岐示衆云 透得金剛圈 吞得栗棘蓬 便與三世諸佛 把手共行 歷代祖師 共一鼻孔 其或未然 參須實參 悟須實悟者也"라고 하였다. [참고문헌] 『圜悟語錄』, 『大慧語錄』, 『五家宗旨纂要』, 『禪林寶訓音義』. ⇨ 조사관 祖師關

율다 律陀 **1** Ⓢ niruddha의 음사어. 사라져버림. 로다(嚧陀·盧陀)·니율다(尼律陀) 등으로도 음사하고, 멸(滅)이라고 한역한다. 한편 천안제일(天眼第一) 아나율(阿那律 Ⓢ Aniruddha : 阿尼律陀)은 '율다'의 부정형으로 무멸(無滅)이다. 『불소행찬』 권5 「탄열반품 歎涅槃品」(대정장4, p.50b8)에 "그때 아나율다는 세간은 사라질 일 없고 이미 사라진 것 다시는 사라질 일 없으며 생사 다하였으니 여래적멸을 탄했다. 時阿那律陀 於世不律陀 已滅不律陀 生死尼律陀 歎如來寂滅", 『불퇴전법륜경』 권2(대정장9, p.240a8)에 "율다는 제법과 같아서 묵연히 펼쳐 보이니, 이렇게 드러나 보는 데 이르면 다른 인연 좇을 일 없어 그 이름 정각이라 하니, 깨우친 인연 불가사의하다. 律陀同諸法 默然而演說 於此現見到 不從他因緣 是名爲正覺 緣覺不思議"라고 하였다. [참고문헌] 『佛所行讚』, 『不退轉法輪經』. **2** 자재천(自在天)의 다른 이름. 『우바새계경』 권5(대정장24, p.1062c16)에 "자재천이란 자재천이라고도 하고, 영원한 것인 상이라고도 하고, 세간을 창조한 주라고도 하고, 실체로 존재하는 유라고도 하고, 율다라고도 하고 시바라고도 한다. 이와 같은 낱낱의 이름은 각기 이유가 있다. 自在天者 名自在天 名常 名主 名有 名曰律陀 名曰尸婆 如是一一名 各有異事"라고 하였다. [참고문헌] 『優婆塞戒經』. ⇨ 자재천 自在天

율당 律幢 율의 당간. 『원형석서』 권13 「실범장 實範章」(대정장보편32, p.238b13)에 "실범은 여러 종파의 종지를 널리 뒤져보다가 율의 당간이 기울었음을 한탄하였다. 範博搜索諸宗 而嘆律幢之傾頹", 같은 책 권13 「예존장 叡尊章」(대장경보편32, p.241a2)에 "세월이 오래되면서 그 배움 또한 잠자듯 감감해지자 예존은 율의 당간마저 무너져 내림을 항상 아프게 여겼다. 年代悠久 其學寢微 尊常痛律幢之摧圮"라고 하였다. [참고문헌] 『元亨釋書』.

율려 律呂 육률(六律 : 陽律)과 육려(六呂 : 陰呂). 여율(呂律)이라고도 한다. 육률은 음양 중 양성(陽聲)으로 황종(黃鍾)·태주(太蔟)·고선(姑洗)·유빈(蕤賓)·이칙(夷則)·무역(無射)이고, 육려는 음성(陰聲)으로 대려(大呂)·협종(夾鐘)·중려(仲呂)·임종(林鐘)·남려(南呂)·응종(應鐘)이다. 고르고 합쳐서 십이율(十二律)이라고 하며, 이를 조율하는 대나무 율관(律管)을 율려라 하기도 하고, 음악 자체를 뜻하기도 한다. 너 나아가 세계를 조화롭게 하거나 조화로운 세계를 율려라 한다. 『동산어록』 「보경삼매가 寶鏡三昧歌」(대정장47, p.515a29)에 "적다하면 틈 없는 데 들어가고, 크다면 방소마저 끊었네. 터럭만큼의 어긋남이 있어도 율려라 할 수 없네. 細入無間 大絶方所 毫忽之差 不應律呂"라고 하였으며, 이에 대해 각범혜홍(覺範慧洪)은 『지증전』(卍속장111, p.225a12)에서 "저 악기 황종율관 구촌에 1홀이라도 어긋나면 그 소리 궁성에 맞출 수 없다. 그러므로 삼조승찬은 '터럭 끝 어긋남 있으면 하늘과 땅만큼 벌어진다'. 如樂黃鍾之管九寸 差一忽則音不應宮 故三祖曰 毫釐有差 天地懸隔"라고 하였다. 『사분율수기갈마소정원기』 권7(卍속장64, p.405b3)에 "율려는 육률과 육려이다. 십이관과 두척으로 헤아리니, 모두 황종관에서 비롯한다. 律呂 六律六呂 十二管并斗尺秤量皆起於黃鐘管", 『사분율행사초간정기』 권2(卍속장68, p.154a1)에 "율이란 나누는 것이다. 저 율려로 기를 나눔과 같다. 律者分也 如律呂之分氣", 『사분율함주계본소행종기』 권4(卍속장62, p.1008a1)에 "일년 열두 달은 홀수 달이 율이 되고 짝수 달이 려가 된다. 율은 양이고 려는 음이다. 한 번은 율이고 한 번은 려이니 각각 두 기운이 있고 육률과 육려가 24절기를 함께 한다. 一年十二月 奇月爲律 偶月爲呂 律爲陽 呂爲陰 一律一呂 各有二氣 六律六呂 共二十四節氣", 『석씨계고략』 권3(대정장49, p.858b3)에 "음악은 사람의 마음에서 생겨나고 소리는 물에서 성립한다. 물소리 이미 성취되면 다시 사람의 마음을 감동시킨다. 옛날에 황제가 구촌관을 불어 황종의 바른 소리를 얻었다. 반만 불면 청성이 되고, 배로 하면 완성이 나며, 삼분하여 덜고 더하면 십이율이 되었다. 夫樂生於人心 而聲成於物 物聲旣成 復能感人之心 昔者 黃帝吹九寸之管 得黃鍾正聲 半之爲淸聲 倍之爲緩聲 三分損益之 以生十二律"라고 하였다. [참고문헌] 『洞山語錄』, 『智證傳』, 『四分律隨機羯磨疏正源記』, 『四分律行事鈔簡正記』, 『四分律含注戒本疏行宗記』, 『釋氏稽古略』. ⇨ 십이율 十二律, 신심명 信心銘

율론 律論 **1** 경율론(經律論) 삼장 중 율장과 논장을 함께 일컫는 말. 『삼국유사』 권4(대정장49, p.1004a27·한불전6, p.344b19) 의해(義解)5 귀축제사(歸竺諸師)에 "(아리나발마가) 오천축국에 이르러 나란다사(Ⓢ Ⓟ Nālanda)에 머물며 율론을 많이 열람하고 패협도 베껴썼다. 到五天住那蘭陀寺 多閱律論 抄寫貝莢", 『금광명경문구기』 권1(대정장39, p.84b29)에 "율론이장의 문구기류는 모두 편과 취와 건도의 절과 단이 있어서 저 경의 품류 같다. 律論二藏 文句氣類 咸有篇聚犍度之節段 猶經之品類"라고 하였다. [참고문헌] 『三國遺事』, 『金光明經文句記』. ⇨ 경율론 經律論, 율장 律藏, 논장 論藏, 삼장 三藏 **2** 율장에 내한 논서. 『사분율행사초자지기』 권상(대정장40, p.186a21)에 "범어 이름 중 여러 율론에서는 대부분 건퇴라 하며 혹은 건치라고도 쓴다. 梵號中 若諸律論 並作犍槌 或作犍稚"라고 하였다. [참고문헌] 『四分律行事鈔資持記』, 『翻譯名義集』 권7(대정장54, p.1168c1).

율법 律法 **1** 율(律)의 법. 『식쟁인연경』(대정장1, p.905a20)에 "이들 두 비구는 율법을 잘 가진다. 是二苾芻 善持律法", 『십송율』 권3(대정장23, p.17a13)에 "계를 가진다는 말은 대계율법을 모두 받아서 지킨다는 뜻이다. 持戒者 大戒律法 盡能受持", 『유마경의소』 권3(대정장38, p.945c23)에 "행함에 율법을 순하는 것을

'율을 받든다'고 한다. 行順律法 故名奉律"라고 하였다. 〔참고문헌〕『息諍因緣經』, 『十誦律』, 『維摩經義疏』. ⇨ 계율 戒律 ❷ 율과 법. 삼학(三學) 중 계(戒)와 혜(慧)에 상응한다. 『화엄경소초』 권7(대정장36, p.51a20)에 "저 삼학대덕선사가 비록 계정혜 있다 해도 단지 선의 뜻만을 성취하고 선을 오래 해서 나머지 단지 겸하였을 뿐이니, 묘를 다하지는 못하였기에 율법이라 하지 않는다. 나머지 둘도 그렇다. 如三學大德禪師 雖有戒定慧 但成禪義 以禪長故 餘但兼故 不盡妙故 不名律法 餘二亦然"라고 하였다. 〔참고문헌〕『華嚴經疏鈔』. ⇨ 삼학 三學 ❶, 계정혜 戒定慧

율봉 栗峰 조선후기 청고(靑杲 1738~1823)의 법호. 〔참고문헌〕『朝鮮佛敎通史』 권하 p.911. ⇨ 청고 靑杲

율봉당청고대사행장 栗峰堂靑杲大師行狀 찬자 미상. 율봉청고(1738~1823)의 행장으로 『유점사본말사지』 pp.529~530에 수록되어 있다. 〔참고문헌〕『楡岾寺本末寺誌』(아세아문화사, 1977). ⇨ 청고 靑杲

율봉문보 栗峰門譜 율봉청고(栗峰靑杲 1738~1823) 문도의 계보를 기록한 서적. 율봉청고의 6대 후손 남파영진(南坡永鎭)이 편찬하고 태화사문(泰華沙門) 보륜(寶輪)이 서문을 지어 1913년 각황사(覺皇寺)에서 간행하였고, 현재 동국대와 국립중앙도서관에 소장되어 있다. 서천이십팔사(西天二十八師), 중국6조와 남악정전(南岳正傳) 23조, 조선14조사로 이어졌는데, 태고보우(太古普愚) - 환암혼수(幻庵混修) - 귀곡각운(龜谷覺雲) - 벽계정심(碧溪淨心) - 벽송지엄(碧松智嚴) - 부용영관(芙蓉靈觀) - 청허휴정(淸虛休靜) - 편양언기(鞭羊彦機) - 풍담의심(楓潭義諶) - 월담설제(月潭雪霽) - 환성지안(喚惺志安) - 호암체정(虎巖體淨) - 청봉거안(靑峰巨岸) - 율봉청고로 잇고, 이어 다시 율봉청고를 1세로 하여 12세 해운봉협(海雲奉洽)에 이르는 전승계보를 밝히고 있다. ⇨ 청고 靑杲

율부 律部 삼장(三藏) 중 율장(律藏)을 거두어 모은 부분. 『사분율행사초자지기』 권1(대정장40, p.161c28)에 "율부를 듣고자 하나 들으면 들을수록 아득했다. 今聽律部 逾增逾暗", 같은 책 권1(대정장40, p.190c12)에 "저 경론선종과 나머지 잡학과 같이 율부를 익히지 못하였다. 아울러 거두어 옆에 두고 율을 배우는 양하지만 배움터에서 시간만 보내고 벼리의 연은 맺지 못하니 도무지 성패마저 알 수 없다. 如經論禪宗 及餘雜學 不需律部 並在此收 縱稱學律 時過學肆 不了綱緣 都迷成敗", 『사명존자교행록』 권1(대정장46, p.856c27)에 "스님은 나이 열다섯에 구족계를 받은 뒤 오로지 율부만을 탐구하였다. 師年十五受具戒 而專探律部"라고 하였다. 〔참고문헌〕『四分律行事鈔資持記』, 『四明尊者敎行錄』.

율부오론 律部五論 율종(律宗)에서 소의(所依)로 하는 오부(五部)의 논서. 역자 미상의 『비니모경 毘尼母經』 8권(대정장24, No.1463), 유송(劉宋) 승가발마(僧伽跋摩 Ⓢ Saṃghavarman) 한역의 『살바다부비니마득륵가 薩婆多部毘尼摩得勒伽』 10권(대정장23, No.1441), 남제(南齊) 승가발다라(僧伽跋陀羅 Ⓢ Saṃghabhadra) 한역의 『선견율비바사 善見律毘婆沙』 18권(대정장24, No.1462), 역자 미상의 『살바다비니비바사 薩婆多毘尼毘婆沙』 9권(대정장23, No.1440), 진(陳) 진제(眞諦) 한역의 『율이십이명료론 律二十二明了論』 1권(대정장24, No.1461)을 말한다. 『조선불교통사』 권중(대장경보편31, p.472b20)에 "우파리는 지율제일이었기에 우파리존자는 율종의 종조다. 천축율학은 여러 부파여서 하나가 아니다. 그중 중국에 전한 것은 사율과 오론이다. … 오론이란 첫째 『비니모론』, 둘째 『마득륵가론』, 셋째 『살바다론』, 넷째 『선견론』, 다섯째 『명료론』이다. 優波離 持律第一 故以優波離尊者 爲律宗之祖 天竺律學 諸部不一 其傳於支那者 則有四律五論 … 五論者 一 毘尼母論 二 摩得勒伽論 三 薩婆多論 四 善見論 五 明了論 是也"라고 하였다. 〔참고문헌〕『朝鮮佛敎通史』. ⇨ 비니모경 毘尼母經, 살바다부비니마득륵가 薩婆多部毘尼摩得勒伽, 선견율비바사 善見律毘婆沙, 살바다비니비바사 薩婆多毘尼毘婆沙, 율이십이명료론 律二十二明了論, 사율오론 四律五論, 율종 律宗

율부종요 律部宗要 북송(北宋) 때 윤감(允堪) 지음. 1권. 『신편제종교장총록』 권2(대정장55, p.1174c1 · 한불전4, p.691c4)에 책이름만 전한다. 〔참고문헌〕『新編諸宗敎藏總錄』.

율비바사 律毘婆沙 Ⓢ Vinaya-vibhāṣa, Vinaya-vaibhāṣika, Ⓣ Bye-brag-tu-smra-ba 'dul-ba-pa. 율에 대한 자세한 풀이. 또는 그렇게 하는 사람. 『잡아비담심론』 권3(대정장28, p.890c24)에 "율비바사에 구족계를 받는 열 가지를 설하고 있다. 律毘婆沙 說十種受具足", 『아미타경소』 권1(대정장37, p.315c23)에 "율비바사가 이르길 '가섭에게는 여러 가지 뛰어남 있었기에 그 이름에 대로 드러내 보였다'라고 말한다. 律毘婆沙云 以迦葉多有勝故 以大標之"라고 하였다. 〔참고문헌〕『雜阿毘曇心論』, 『阿彌陀經疏』, 『仁王經疏』 권상(대정장33, p.364c19 · 한불전1, p.24a9), 『法華義疏』 권1(대정장34, p.456b13), *Abh-k-bh.212.* ⇨ 비나야비바사 毘奈耶毘婆沙, 비바사 毘婆沙

율사 律寺 율종(律宗)의 사원. 선종총림이 아닌 절을 말하기도 한다. 『사분율명의표석』 권40「발어 跋語」(卍속장70, p.1002a2)에 "백장회해(百丈懷海)선사는 율사에 머물다가 따로 총림을 세웠다. 百丈離律寺居止 別建叢林", 『백장청규』 권8「고청규서 古淸規序」(대정장48, p.1157c27)에 "백장대지선사는 선종 초기 달마로부터 육조혜능에 이르기까지 대부분 율사에 머물렀고, 비록 별원을 두었지만 설법과 주지에 있어 아직 합당한 법도 갖추지 못했기에 항상 이런저런 생각을 하였다. 百丈大智禪師 以禪宗肇 自少室至曹溪以來 多居律寺 雖列別院 然於說法住持 未合規度 故常爾介懷"라고 하였다. 〔참고문헌〕『四分律名義標釋』, 『百丈淸規』. ⇨ 율원 律院

율사 律師 **1** Ⓟ vinaya-dhara. 율장에 정통하여 구계(具戒)의 청풍을 유지케 하며, 가지고 범함(持犯)과 열고 닫음(開遮)을 능히 잘 분별해 설하고, 갈마를 여법히 하여 화쟁(和諍)으로 이끄는 등 정법구주(正法久住)의 기틀이 되는 선지식. 비니사(毘尼師)라고 음사하며, 지율사(持律師)·율자(律者)라고도 한다. 중국 북위(北魏) 때 혜광(慧光)이나 당나라 때 법려(法礪)·도선(道宣)·회소(懷素) 등이 모두 대표적인 율사이고, 한국불교에서는 신라 계율초조(戒律初祖) 자장(慈藏), 1826년(순조26) 서상수계(瑞祥受戒)한 대은낭오(大隱朗旿 1780~1841), 1892년(고종29) 중국 법원사계단(法源寺戒壇)에서 창도한파(昌濤漢波)로부터 수계한 이후 우리나라에서 전계(傳戒)한 만하승림(萬下勝林), 율서(律書) 간행과 수계(授戒) 의식을 복원하여 근대율풍을 진작한 자운성우(慈雲盛祐 1911~1992) 등이 대표적인 율사이다. 『보운경』 권5(대정장16, p.233c13)에 "선남자야! 보살은 또한 열 가지 법이 있기에 율사다. 무엇이 그 열 가지인가? 율이 일어난 인연을 잘 알고, 율의 깊고 깊은 의미를 잘 알며, 율의 미세한 조목도 잘 알고, 율에 근거하여 저 일의 타당함을 잘 알며, 율에서 자성을 해치는 무거운 계가 무엇인지 잘 알고, 율에서 중계 다스림을 잘 알며, 율에서 계목을 제정한 인연을 잘 알고, 성문율을 잘 알며, 벽지불율을 잘 알고, 보살율을 잘 안다. 善男子 菩薩復有十法 名爲律師 何等爲十 善解毘尼 所起因緣 善解毘尼 甚深之處 善解毘尼 微細之事 善解毘尼 此事得彼事不得 善解毘尼 性重戒 善解毘尼 制重戒 善解毘尼 制起因緣 善解聲聞毘尼 善解辟支佛毘尼 善解菩薩毘尼", 40권본 『대반열반경』 권3(대정장12, p.384c3)에 "율을 잘 가지는 사람은 중생을 이익케 하려 조복하기 때문에 갖가지 계상을 알아 경죄든 중죄든 이 율이 아닐진대는 증명하고 알려주지 않아도 되지만 이 지켜야 할 것이라면 곧바로 반드시 증명하여 알게 한다. 善持律者 爲欲調伏 利衆生故 知諸戒相 若輕若重 非是律者 則不證知 若是律者 則便證知", 같은 책 권3(대정장12, p.384c13)에 "이 율에 응하여 증하는 사람은 계율을 잘 배우니 파계와는 거리가 멀다. 행할 일을 보아 계율을 그대로 따르니 마음에서 기쁨이 일어난다. 이와 같이 능히 알아 불법으로 짓는 바 잘 능히 풀어 말할 수 있다면 이를 율사라 한다. 是律應證者 善學戒律 不近破戒 見有所行 隨順戒律 心生歡喜 如是能知 佛法所作 善能解說 是名律師", 『유부율』 권13(대정장23, p.695b21)에 "경사·율사·논사·법사·선사들은 같은 무리가 아닌데 한곳에 모여 지내게 하고는 이와 같이 같은 무리를 고려하지 않은 채 방사를 분배하던 때였다. … 경사는 경사와 함께하고, 율사는 율사와 함께하며, 논사는 논사와 함께하고, 법사는 법사와 함께하며, 선사는 선사와 함께한다. 저들이 뜻에 따라 함께 지내니 말로 논의하되 다툼이 없고 닦는 선품 또한 나날이 증장한다. 저 연꽃들 못에 뿌리내리자 그 물 가득 일렁이고, 해맞아 활짝 핀 듯하다. 於經師 律師 論師 法師 禪師 不以同類 令聚一處 如是 不依同類 分與房舍 臥具之時 … 經師經師共同 律師律師共同 論師論師共同 法師法師共同 禪師禪師共同 彼得隨意同住 言議無違 所修善品 日夜增長 如蓮處池 其水充盈 見日開發", 『사분율행사초』 권하3(대정장40, p.138b28)에 "율을 따르는 사람을 보면 마음에서 기쁨이 일어나서 잘 풀어 말할 수 있으면 이는 율사다. (율이라는) 한 글자를 잘 푼다. 見順律者 心生歡喜 善能解說 是名律師 善解一字", 같은 책 권하4(대정장40, p.147b18)에 "소리내어 계목을 외우되 막힘없어 들려 듣는 이에게 이롭다면 이는 율사다. 諷誦通利 是名律師", 『석씨요람』 권상(대정장54, p.260c3)에 "율사: … 『십송율』 권50(대정장23, p.367c7)에 '율을 가지는 이는 일곱 가지 공덕이 있다. 첫째, 능히 부처님의 교법을 그대로 가진다. 둘째, 능히 다툼을 잘 그친다. 셋째, 계를 가진다. 넷째, 외도의 정수리에 눌러앉는다. 다섯째, 더 물을 것 없으니 대중에게 계를 설해도 두려움 없다. 여섯째, 어떤 의혹도 끊는다. 일곱째, 정법이 오랫동안 머물도록 한다'라고 하였다. 『선견율비바사』 권4(대정장24, p.694b24)에 '부처님께서 말씀하셨다. 율을 가지는 사람이 공덕의 근본이니 이 뿌리를 인하여 모든 법을 거두어 이끈다'라고 하였다. 律師 … 十誦律云 持律人有七功德 一 能持佛內藏 二 能善斷諍 三 持戒 四 外道頂住以律故 五 不咨問他 於衆說戒無畏故 六 能斷有疑故 七 能令正法久住故 善見律云 佛說 持律人 卽是功德根本 因根故 攝領諸法", 『경덕전등록』 권28「대주혜해전 大珠慧海傳」(대정장51, p.441a27)에 "참으로 율사란 비니의 법장을 펼쳐 보여 목숨이 다하도록 유풍을 전하며, 지키고 범하는 것에 밝고 따라서 열고 닫음에도 자유롭다. 위의를 유지하고 궤범대로 행하며, 거듭 세 번 물어 갈마하고 네 번의 결과로 처음 물은 인을 짓는다. 덕이 오래된 흰 눈썹의 큰스님 아니라면 어찌 감히 이렇게 할 수 있으리! 夫律師者 啓毘尼之法藏 傳壽命之遺風 洞持犯而達開遮 秉威儀而行軌範 牒三番羯磨 作四果初因 若非宿德白眉 焉敢造次"라고 하였다. 〔참고문헌〕『寶雲經』, 『大般涅槃經』, 『有部律』, 『四分律行事鈔』, 『釋氏要覽』, 『景德傳燈錄』, 『汾陽語錄』 권하 「略序四宗頓漸義」(대정장47, p.619c23), 伽山智冠 『한국불교계율전통』, *Sp.1.235.* ⇨비니사 毘尼師, 율사삼법 律師三法, 논사 論師❶, 법사 法師❶, 선사 禪師 ❷ 일본 승강(僧綱) 중 하나. 승정(僧正)·승도(僧都)와 합하여 삼강(三綱)이라 한다. 비구비구니를 이끄는 관직을 대중소 세 가지로 나눈 계위였지만, 후세에 없애고 권율사(權律師)를 세웠다. 1285년에 율사는 오위전상인(五位殿上人)으로 임명되었으나 명치유신(明治維新) 이후 폐지되었다. 〔참고문헌〕『日本書紀』 권29, 『弘安禮節』.

율사 栗寺 충청남도 공주시 계룡산(鷄龍山)에 있던 절. 『동국여지승람』 권17 충청도 공주목 불우·『가람고』·『범우고』 등에 이름과 위치가 전한다. 1606년(선조39)에 『선원제전집도서 禪源諸詮集都序』를 개간(開刊)하였으며, 회암정혜(晦庵定慧 1685~1747)가 1710년(숙종36)에 개강하고 학인을 지도하였다. 〔참고문헌〕『東國輿地勝覽』, 『伽藍考』, 『梵宇攷』, 『禪源集都序科記』 권하 「晦菴大師行蹟」(한불전9, p.545a1), 『韓國寺刹全書』 권하 p.950a15.

율사발차 律師跋蹉 석존 본생담에 등장하는 왕. 부처님은 다라후타(多羅睺柁 : 株杌)라는 추남왕자였고 절세미인의 딸을 시집보냈다. 『현우경』 권2 「항육사품 降六師品」(대정장4, p.364c20)에 "율사발차가 혼인을 허락하니, 사신은 돌아와 왕에게 아뢰었다. 왕은 크게 기뻐하며 곧장 수레와 말을 보내 맞이하여 데려왔다. 스스로 주올에게 명하여 '낮에는 신부를 보지 말 것이며, 지금 이후로는 항상 해가 저물면 보고 만나라'. 律師跋蹉 卽許爲婚 使還白王 王大歡喜 尋遣車馬 往迎將來 自勅株杌 莫晝見婦 自今以後 常以日暮 乃見交會"라고 하였다. 〔참고문헌〕『賢愚經』. ⇨다라후타 多羅睺柁

율사삼법 律師三法 Ⓟ vinaya-dharassa tilakkhano. 율사가 가져야 할 세 가지 법. 『선견율비바사』 권6(대정장24, p.716c6)에 "율사라 한다면 세 가지 법을 갖춘 다음이라야 성취한다. 〔문〕 무엇이 그 세 가지인가? 〔답〕 첫째, 율본을 막힘없이 송하고 구의 뜻을 가려내어 익히며 문자 또한 잊지 않는다. 둘째, 율본에 굳게 가져 잡됨이 없게 한다. 셋째, 스승을 따라 차제로 수지하여 잃지 않도록 한다. 若律師者 有三法者 然後成就 問曰 何謂爲三 答曰 一者 於本諷誦通利 句義辯習 文字不忘 此是一法 第二者 於律本中 堅持不雜 三者 從師次第 受持不令忘失"라고 하였다. 〔참고문헌〕『善見律毘婆沙』, *Sp.1.235·238.* ⇨율사 律師

율삼대부 律三大部 ➡삼대부 三大部❷, 삼대오부 三大五部

율삼종 律三宗 ➡율종삼가 律宗三家

율상 律相 오편칠취(五篇七聚) 및 칠중(七衆)을 위한 모든 바라제목차와 그에 따른 연기상 등을 말한다. 『선견율비바사』 권8(대정장24, p.730c20)에 "그때 율사는 주라수마나(Ⓢ Cūlābhayasumana)였다. 율상을 잘 알아 모든 율사 가운데 으뜸이었다. 是時律師 名周羅須摩那 善解律相 諸律師中 最爲第一", 『사분율』 권1(대정장22, p.568c4)에 "장차 대중을 위해 율상을 가려 알게하고자 먼저 게송으로 찬한 다음에 설한다. 將欲爲衆辨釋律相故 先偈讚然後說之", 『대반열반경집해』 권10(대정장37, p.424b20)에 "먼저 법을 수호하는 방법을 밝히고, 다음으로 파계를 다스림을 밝히며, 끝으로 율상을 잘 알아 밝혔다. 初明護法之方 次明能治破戒 後明善解律相"라고 하였다. 〔참고문헌〕『善見律毘婆沙』, 『四分律』, 『大般涅槃經集解』, *Sp.2.305.* ⇨계율 戒律, 율 律

율상감통전 律相感通傳 667년(건봉2) 도선(道宣) 지음. 1권. 대정장45, pp.874a14~882a28에 수록되어 있다. 줄여서 『감통전』이라고도 한다. 일본의 고순원(高淳元)이 고려(高麗) 대장도감본(大藏都監本) 『도선율사감통록 道宣律師感通錄』(고려장32, pp.635b1~646a20) 등과 대조교감(對照校勘)하여 중각(重刻)하였다. 1718년(향보3) 3월 기망일(旣望日 : 음력 16일)에 하남(河南) 용산사문(龍山沙門) 혜숙(慧淑)이 지은 「중각율상감통전서 重刻律相感通傳序」(대정장45, p.874a27)에 "천신이 묻고 답한 것 중 대사가 계율상에 대한 말씀을 기록하여 1권으로 만들었으니 바로 『율상감통전』이다. 이 전이 본방(本邦 : 일본)에 전해진 지 오래되었으나, 인본이 어(魚)와 로(魯)의 오류가 있어 안타까워하였는데, 근래에 스님 고순원이 여러 판본을 대교하여 중각유행시키려고 나에게 서문을 요청하였다. 天神隨問隨答 大師錄其有談戒律之相者 以爲一卷 律相感通傳是也 是傳傳於本邦尙矣 惜其印本未免有魚魯之謬 近有僧高淳元者 得諸本對挍 將欲重梓行之 來謁予序"라고 하였고, 그 말미(같은 책, p.882a19)에 '고려본(『도선율사감통록』) 권미기 高麗本卷尾記'라 하였다. ⇨감통전 感通傳, 도선율사감통록 道宣律師感通錄

율선 律禪 율종과 선종. 『법집별행록절요』 「서문 序文」(한불전4, p.740a9)에 "녹야원에서 비롯하여 마지막으로 발제하의 열반에 드시기까지 삼승으로 미묘한 도를 여시고 승승마다 실에 돌아가게 하셨다. 비원으로 일심을 여시고 원마다 중생을 건지셨다. 그러므로 하나인 부처님의 가르침에는 밀종과 상종의 숨기고 드러냄과 율종과 선종의 다르고 같음을 갖추지 않음이 없다. 始於鹿苑 終至跋提 開妙道於三乘 乘乘歸實 闡一心於悲願 願願度生 故一佛之教 密相之隱顯 律禪之異同 無不備矣"라고 하였다. [참고문헌]『法集別行錄節要』. ⇨ 율종 律宗, 선종 禪宗, 율사 律師, 선사 禪師

율소 律疏 율장(律藏)에 대한 주석서. 당(唐) 도선(道宣)이 찬술한 『사분율산번보궐행사초 四分律刪繁補闕行事鈔』(12권, No.1804)·『사분율비구함주계본 四分律比丘含注戒本』(3권, No.1806)·『사분율산보수기갈마 四分律刪補隨機羯磨』(2권, No.1808)를 비롯하여, 신라(新羅) 의적(義寂)의 『보살계본소 菩薩戒本疏』(3권, No.1814), 신라 태현(太賢)이 찬집한 『범망경고적기 梵網經古迹記』(3권, No.1815) 등이다. 『조선불교통사』 권중 p.76에 "(백제) 성왕 때 사문 겸익이 인도에 가서 율부를 배우고 범본율문을 가지고 귀국하여 72권을 번역하였다. 담욱과 혜인 두 법사는 율소 36권을 지었다. 聖王時沙門謙益 入印度學律部 齎梵本律文歸國 譯成七十二卷 曇旭惠仁兩法師 著律疏三十六卷"라고 하였다. 『송고승전』 권14 「애동전 愛同傳」(대정장50, p.796b2)에 "(당나라 개업사의 애동스님이) 『오분율소』 10권을 지었다. 著五分律疏十卷"라고 하였다. [참고문헌] 『朝鮮佛教通史』, 『宋高僧傳』, 伽山智冠 『한국불교계율전통』. ⇨ 사분율소 四分律疏, 율장 律藏

율승 律乘 율의 가르침. 율장에 의지해 배워 나아갈 길을 말한다. 『사분율행사초자지기』 권상(대정장40, p.157b7)에 "이전의 현인들이 상세히 밝혀놓지 않아 참으로 넘쳐 헷갈림이 많았고, 아울러 지나치게 넓게 말하고 배우기만 하니 율에 의지해 가야할 길을 어지럽혔다. 往哲未詳 固多濫涉 竝廣談論學 以亂律乘", 『송고승전』 권16 「윤문장 允文章」(대정장50, p.808c24)에 "대중 7년(853) 절의 덕망있는 노숙들이 율의 가르침 강설하도록 명하였다. 七年 寺之耆舊 命講律乘", 『경덕전등록』 권9 「대안전 大安傳」(대정장51, p.267b20)에 "어릴 때 황벽산에서 가르침을 받으며 율승을 배우고 익혔다. 幼於黃檗山 受業聽習律乘"라고 하였다. [참고문헌] 『四分律行事鈔資持記』, 『宋高僧傳』, 『景德傳燈錄』. ⇨ 율 律

율승 律僧 율을 으뜸으로 삼는 스님. 『신수과분육학승전』 권18 「당종량전 唐宗亮傳」(卍속장133, p.745b17)에 "건주태수 이빈이 절에 비를 세웠는데 어떤 이는 '율승종량과 선승전우가 그들이다'라고 말했다. 建州太守李頻 爲寺碑 有曰 律僧宗亮 禪僧全祐 是也", 『매월당전집불교관계시문초』(한불전7, p.383a23)에 "영일은 율승이니 맑고 높으심 세간에서도 받들었다. 靈一律僧 以淸高爲世所推"라고 하였다. [참고문헌] 『新修科分六學僧傳』, 『梅月堂全集佛教關係詩文抄』.

율신 律身 몸을 다스림. 율기(律己)라고도 한다. 『종문무고』(대정장47, p.943c23)에 "소경순(小景淳)은 악록사에 머물 때 몸을 다스려 정진하였다. 淳居嶽麓寺 律身精進", 『사미율의요략술의』 권상(卍속장106, p.388a14)에 "몸을 다스림에는 법도가 있다. 그러므로 공자 드러내 말하길 '변변치 못한 음식을 먹으면서도 귀신 섬기는 마음 다하였고, 낡은 옷을 입으면서도 제사옷은 아름답게 꾸몄으며, 궁실은 형편없더라도 농수로를 파는 일은 힘을 다했다. 우임금 나 그 틈없음 어찌하랴'(『논어』 「태백 泰伯」) 律身有法度 故孔子稱曰 菲飮食 而致孝乎鬼神 惡衣服 而致美乎黻冕 卑宮室 而盡力乎溝洫 禹吾無間然矣", 『경덕전등록』 권21 「나한계침전 羅漢桂琛傳」(대정장51, p.371a4)에 "어느 날 대중을 위하여 계단에 오르고 계본을 펴 포살을 마친 다음 이어 이르길 '계를 가지고 범하는 것은 단지 몸을 다스림에 있을 뿐이니 진실한 해탈 아니며, 글에 의지해 알음알이 지을 뿐이라면 어찌 성인이 나겠는가!' 一日 爲衆升臺 宣戒本布薩已 乃曰 持犯但律身而已 非眞解脫也 依文作解 豈發聖乎"라고 하였다. [참고문헌] 『宗門武庫』, 『沙彌律儀要略述義』, 『景德傳燈錄』, 『論語』.

율암 律庵 조선후대 스님 보인(輔仁)의 법호. [참고문헌] 李智冠 『伽倻山海印寺誌』 p.775. ⇨ 보인 輔仁

율암 栗庵 조선후대 스님 찬의(贊儀 1867~1929)의 법호. [참고문헌] 「松廣寺栗庵堂贊儀大宗師碑文」(智冠 『韓國高僧碑文總集 朝鮮朝·近現代』 p.916). ⇨ 찬의 贊儀

율암 栗巖 강원도 고성군 서면 백전교리 금강산(金剛山)에 있던 암자. 유점사(楡岾寺)의 산내암자였다. 『백헌집』 권10 「풍악록 楓嶽錄」(한국문집총간95, p.504a12)에 "유점사 산내암자 중 동쪽에는 종련암 … 율암·성불암·불정대·불정암 등이 있었으나 모두 폐사되었다. 寺傍庵子東有種蓮庵 … 栗巖 成佛庵 佛頂臺 佛頂庵 皆廢"라고 하였다. [참고문헌] 『白軒集』.

율암당찬의대종사비문 栗庵堂贊儀大宗師碑文 조선후대 율암찬의(栗庵贊儀 1867~1929)의 행적비. 비문은 인산재덕(仁山再德)이 짓고 최건(崔鍵)이 글씨와 전액을 써서 1982년 순천 조계산(曹溪山) 송광사(松廣寺)에 건립하였다. 음기(陰記)에는 조계총림(曹溪叢林) 방장(方丈) 구산수련(九山秀蓮) 이하 총림 소임과 각방암(各房庵) 원로, 상좌·수계상좌·손상좌·속가친척·영건도감(營建都監)·영건준비책임 등을 새겼으며, 음기의 끝에 '당시 대중 백여 명. 時衆百餘數', '석재는 감포산이다. 石出藍浦'라고 하였다. [참고문헌] 智冠『韓國高僧碑文總集 朝鮮朝·近現代』pp.916~918. ⇨ 찬의 贊儀

율업수좌도행관고 律業首座都行官誥 율업(律業) 즉 율종의 수좌(首座) 스님들에게 일률로 지급하는 관고(官誥). 고려 무인집권기의 대표적 문장가인 이규보(李奎報 1168~1241)가 지었으며, 『동문선』 권27·『동국이상국집』 권34에 수록되어 있다. 율업은 율학을 전공하는 승가대중을 일컬으며, 수좌는 교종스님에게 수여하는 두 번째로 높은 법계(法階)이고, 도행은 일률로 시행한다는 의미이며, 관고는 나라에서 지급하는 공식 임명장이다. 고려시대에 교종의 승통(僧統)·수좌, 선종의 대선사(大禪師)·선사(禪師)에게 내리는 관고는 '아무개에게 교한다. 教某'로 시작되는 교서형식을 취하였다. 「율업수좌도행관고」 역시 교서형식을 취하였을 것이지만, 관고 상에 특정 개인을 언급하는 '教某'라는 표현은 없다. 따라서 해당 법계를 받는 모든 스님에게 배포하는 표준관고로 추정되며, 『동문선』에 수록되어 있는 「유가업수좌관고 瑜伽業首座官誥」·「해동종수좌관고 海東宗首座官誥」·「소승업수좌관고 小乘業首座官誥」 등이 다 도행관고다. [참고문헌] 『東文選』, 『東國李相國集』(韓國文集叢刊2, p.57a12). ⇨ 율종 律宗

율염 律炎 중국 삼국시대의 역경승 축율염(竺律炎). 장염(將炎)·지염(持炎)이라고도 한다. 『개원석교록』 권2(대정장55, p.487c22)에 "스님의 이름은 여러 기록에 같지 않다. 혹은 장염, 혹은 지염, 혹은 율염이라고 한다. 어느 것이 맞는지 알 수 없어 모두 열거하였다. 其名群錄不同 或云將炎 或云持炎 或云律炎 未詳孰是 故備列之"라고 하였다. [참고문헌] 『開元釋教錄』, 『歷代三寶紀』 권5(대정장49, p.57a16). ⇨ 축율염 竺律炎

율오론 律五論 ➡ 율부오론 律部五論

율원 律院 율의(律儀)를 전문으로 하고 수행하는 율사(律師)와 지율대중(持律大衆)이 주석하는 곳. 율사(律寺)라고도 한다. 원(院)이라 할 때는 총림(叢林) 안에 율원·선원(禪院)·강원(講院) 등의 독립된 구역을 의미한다. 당나라의 담일(曇一 692~771)은 771년(대력6)에 개원사(開元寺) 율원에서 입적하였고, 여정(如淨 729~782)도 안국사(安國寺) 율원에 주석하였다. 일본의 원인(圓仁)은 840년(개성5) 5월 1일 중국 오대산 죽림사(竹林寺)에 들어갔는데, 『입당구법순례행기』 권2(대장경보편18, p.65a11)에 "죽림사에는 여섯 개의 원(院)이 있으니 율원·고원·화엄원·법화원·각원·불전원이다. 竹林寺有六院 律院 庫院 花嚴院 法花院 閣院 佛殿院"라고 하였다. 율원의 전각구성에 대해서는 도선(道宣 596~667)이 인도 구법승의 순례기를 참고하여 지은 『중천축사위국기원사도경』에 자세하다. 같은 책 권하(대정장45, p.890c20)에 "중원의 동문 왼쪽은 다섯 개의 원으로 구분되었고 남쪽 머리 통로 남쪽은 다시 두 개의 원으로 나뉘었는데, 서쪽은 지율원이고 동쪽은 계단이다. 율원의 삼문은 열어두지 않으며 가운데 큰당에는 율부의 율사들이 많이 모여서 주석한다. 중방이 세 겹으로 둘러있는데 모든 지율대중이 이곳에서 묻고 배운다. 中院東門之左自分五院 南頭巷南又分兩院 西名持律 東曰戒壇 律院三門惟不開 中有大堂 律部律師多集住 中房遶三匝 諸持律衆 於此諮受"라고 하였다. 이처럼 율원은 대중이 머무는 방사와 계단(戒壇)으로 구성되어 있다. 원인이 남긴 죽림사 율원의 기록에, 갖춘 이름은 정원계율원(貞元戒律院)이고 율원 안에는 국가에 공덕이 있는 72명의 현성(賢聖)과 제존만다라(諸尊曼荼羅)를 배치한 누각과 만성계단(萬聖戒壇)이 있다고 하였다. 우리나라에서도 신라 자장(慈藏)이 중국에서 부처님사리를 모시고 와서 통도사(通度寺)에 봉안하고 계단을 설치한 이래로 신라와 고려시대에 서산 보원사(普願寺)·개성 영통사(靈通寺)·장단 불일사(佛日寺) 등에 관단(官壇)이 설치되었다. 앞서 중국 율원의 전각구성으로 미루어 우리나라에도 계단이 있는 사찰에 율원구역이 있었을 것으로 추정하지만 문헌자료로는 확인되지 않는다. 다만, 불일사의 절터가 세 개의 큰 구역으로 구분되는 원 구성을 보여주므로 관단을 포함한 율원이 있었을 것으로도 추정할 수 있다. 국가에서 정책적으로 억불을 시행한 조선에서 관단을 통한 계단산림(戒壇山林)은 개설되지 않았지만 통도사·해인사·범어사 등의 사단(寺壇)에서 수계산림(受戒山林) 전통이 계승되었다. 현재 한국불교전통의 대한불교조계종 총림(叢林)의 경우 삼원(三院 : 講院·律院·禪院)을 구족하였으며, 총림에 귀속되지 못했지만 김천 청암사(青巖寺)와 청도 운문사(雲門寺)에도 비구니율원이 별도로 시설되어 있다. [참고문헌] 『入唐求法巡禮行記』, 『中天竺舍衛國祇洹寺圖經』, 『宋高僧傳』 권14 「曇一傳」(대정장50, p.798a22)·권15 「圓照傳」(대정장50, p.804b18)·권16 「貞峻傳」(대정장50, p.810a19), 伽山智冠『한국불교계율전통』 pp.99~102, 『曹溪宗史』 근현대편(대한불교조계종교육원, 2001) pp.174~182. ⇨ 계율 戒律, 계단 戒壇, 계단원 戒壇院, 총림 叢林, 율종 律宗, 율사 律寺

율원사규 律苑事規 원나라 때인 1324년(태정1)에 성오(省悟) 편술(編述). 사량(嗣良) 참정(參訂). 10권.

卍속장106, pp.1a1~104b14에 수록되어 있다. 1325년(태정2) 간행. 율장(律藏)에 근거하여 율종 행자들의 행사의식(行事儀式) 등을 상세하게 설명하였다. 율종 중 남산도선(南山道宣 596~667)과 영지원조(靈芝元照 1048~1116)의 저서를 기반으로 삼아 『선원청규 禪苑淸規』·『교정청규 校定淸規』·『비용청규 備用淸規』 등에서 선림의 궤식(軌式)을 참조하여 엮었다.

율원승보전 律苑僧寶傳 1689년(원록2)에 일본 혜견(慧堅) 지음. 15권. 중국과 일본에서 율을 기반으로 하는 대덕 300여 인의 전기를 모아 편찬하였다. 앞 9권은 중국율사에 관한 부분으로 조위(曹魏) 때 담마가라(曇摩迦羅 Ⓢ Dharmakāla)존자부터 명(明)대 자운여시사(紫雲如是思)율사에 이르는 모두 220여 인의 전기를 수록하고 있다. 후반 6권은 일본율사에 관한 부분으로 남도(南都) 초제사(招提寺)의 감진대사(鑑眞大師)부터 대조산(大鳥山) 신봉사(神鳳寺) 진정인(眞政忍)율사에 이르기까지 모두 130여 인의 전기를 수록하고 있다.

율의 律衣 율에 따라 지은 법의(法衣). 『사리불문경』(대정장24, p.900c18)에 "후에 다섯 가지 율의를 바꿔가며 입는다. 後以五種律衣 更互而著"라고 하였다. [참고문헌] 『舍利弗問經』.

율의 律義 율의 뜻 또는 율의(律儀)의 다른 이름. 『대승입능가경』 권6(대정장16, p.630c9)에 "항상 모든 근을 지켜 보호하고, 경과 율의 뜻을 잘 이해한다. 常守護諸根 善解經律義", 『화엄경소초』 권59(대정장36, p.471b26)에 "죽임은 악이고, 죽임에서 벗어나면 선이라 한다. 그러므로 율의에서도 죽임을 여의라는 등이 있다. 殺卽是惡 離殺名善 故律義中 亦離殺等"라고 하였다. [참고문헌] 『大乘入楞伽經』, 『華嚴經疏鈔』. ⇨ 율의 律儀

율의 律儀 ❶ Ⓢ Ⓟ saṃvāra, Ⓣ sdom-pa 신구의 삼업(三業)을 지켜 보호하는 일체의 행의(行儀). 나아가 삼계차별로 율의를 나누면 욕계의 별해탈율의, 색계의 정려율의, 무색계는 무루계로 도생율의(道生律儀)다. 등호(等護)·방호(防護)·옹호(擁護)·호(護)·제어(制禦)·금계(禁戒) 등이라고 하며, 삼바라(三婆囉·三婆邏)·삼발라(三跋羅) 등으로 음역한다. 무루법(無漏法)을 성취하는 도생율의까지를 섭수하는 모든 유형의 계율(戒律)에 널리 통한다. 율은 평정한다는 뜻이고, 의란 약속한 법도를 따르는 행위의 뜻이며, 위의를 드러내는 뜻으로 특별히 근율의(根律儀)라고 한다. 율의를 벗어나면 불율의(不律儀)·불선율의(不善律儀)다. 『잡아함경』 권11(대정장2, p.75c25)에 "율의란 무엇인가? 안근은 율의로 거두어 보호하니 안식으로 색을 보아도 마음이 물들어 착하지 않는다. 마음이 염착하지 않으면 항상 즐겁게 머문다. 마음이 즐겁고 나면 언제나 그 마음 한결같다. 그 마음 하나이면 진실 그대로 안다. 여실히 알고 나면 모든 의혹에서 벗어난다. 모든 의혹에서 벗어나면 다른 것으로 그르지 않아 언제나 안락하게 머문다. 이비설신의도 이와 같으면 이 이름이 율의다. 云何律儀 眼根律儀所攝護 眼識識色 心不染著 心不染著已 常樂受住 心樂住已 常一其心 一其心已 如實知見 如實知見已 離諸疑惑 離諸疑惑已 不由他誤 常安樂住 耳鼻舌身意 亦復如是 是名律儀", 『유가사지론』 권91(대정장30, p.817b2)에 "무엇을 율의라 하는가? 저 어떤 사람이 마음에 드는 경에 있어 온갖 물든 마음을 참아내지도 받아들이지도 집착하지도 취하지도 않으며, 설령 잠깐 일어났더라도 살피고 돌이켜 여지없이 버린다. 이 이름이 율의다. 云何律儀 謂如有一 於可愛境 諸雜染心 不忍不受 不執不取 設令暫起 尋還棄捨 是名律儀", 『대승의장』 권9(대정장44, p.649c17)에 "율의란, 저 『보살지지경』에서 설하길 안으로 고르게 함을 율이라 하고 행하여 진실에 합한 즉 율의라 한다. 또한 가히 고르게 하는 법을 율이라 하고, 행이 약속된 법과 합하므로 율의라 한다. 言律儀者 如地持說 內調名律 行合眞則 故曰律儀 亦可調法 名之爲律 行合戒律 故曰律儀", 같은 책 권10(대정장44, p.659a7)에 "말하되 율의란, 악을 다스리는 법은 율이라 하고, 행이 법으로 약속한 바를 의지하면 율의라 부른다. 또다시 안으로 고르게 함을 율이라 하고, 밖으로 진실에 응한즉 가리켜 의라 하며, 막고 금하면 계라 한다. 이 율의로 살생 등의 허물을 벗어나게 하므로 이계라 한다. 言律儀者 制惡之法 說名爲律 行依律戒 故號律儀 又復內調 亦名爲律 外應眞則 目之爲儀 防禁名戒 卽此律儀 離殺等過 故名離戒", 『사분율소식종의기』 권2본(卍속장66, p.265a14)에 "율의란 방호의 뜻이다. 곧 기억하고 지혜가져 버림으로 육근을 방호하기에 근율의라 한다. 구역에서 호라 한 까닭에 대하여 진제가 풀기를 '능히 악한 일을 막고 선한 일을 거두므로 능히 육근문을 수호할 수 있고, 혹업이 들어오지 못하도록 하므로 능히 행자를 지켜, 사악도에 떨어지지 않도록 한다. 또 행자를 지켜 범부위에서 나와 성위에 들도록 한다. 이러한 많은 뜻에서 호라 한다'. 言律儀者 是防護義 謂念智捨 防護六根 名根律儀 舊名護者 眞諦釋云 能障惡事 攝善事故 能守護六根門 令惑業不入故 能防守行人 令不墮四惡道故 又能防守行人 令出凡位 入聖位故 由斯多義 故名爲護", 『성유식론속전』 권9(卍속장81, p.265a14)에 "율의란 법을 행하는 것에 대해 말하여 아는 것이다. 불선법에서 능히 멀리 벗어나 방호하기 때문이다. 言律儀者 談法式也 於不善法 而能遠離 及防護故", 『식쟁인연경』(대정장1, p.906a28)에 "존자가 다시 말하길 '그대는 마땅히 법답게 율의를 받들어 가져야 한다'

라고 하면, 비구는 답하길 '저는 이제부터 법답게 율의를 받들어 지키겠습니다'라고 한다. 이와 같이 세 번 문답한다. 이와 같이 함을 이름하길 '해야 할 법도 알아 다툼이 사라지게 하는 법'이라 한다. 이 법 때문에 능히 다툼을 사라지게 할 수 있다. 尊者復言 汝當如法 奉持律儀 苾芻答言 我今如法 奉持律儀 如是三說 如是名爲知所作滅諍法 以此法故 能令諍事 而得息滅",『대비바사론』 권117(대정장27, p.607a20)에 "무엇이 율의인가? 생명을 끊는 악행에서 벗어나는 일부터 때묻어 어지러운 말에서 떠남에 이르기까지 일곱 가지(七犍度)를 말한다. 云何律儀 謂有七種 卽離斷生命 乃至離穢雜語",『구사론』 권14(대정장29, p.72b10 : *Abh-k-bh.*, p.205)에 "능히 악계상속을 막고 멸하기에 율의라고 한다. 이런 율의차별은 몇 가지인가? 〔송〕 율의에는 별해탈·정려·도생이 있다. 〔논〕 율의차별에는 간략히 세 가지가 있다. 첫째는 별해탈율의이니 말하자면 욕계의 계다. 둘째는 정려생율의이니 말하자면 색계의 계다. 셋째는 도생율의이니 말하자면 무루계다. 能遮能滅惡戒相續故名律儀 如是律儀差別有幾 頌曰 律儀別解脫 靜慮及道生 論曰 律儀差別略有三種 一別解脫律儀 謂欲纏戒 二靜慮生律儀 謂色纏戒 三道生律儀 謂無漏戒 dauḥśīlyaprasarasya saṃvaraṇaṃ saṃrodhaḥ saṃvaraḥ. tatra punaḥ 〈kārikā〉 saṃvaraḥ prātimokṣākhyo dhyānajo 'nāsravastathā. 〈bhāṣya〉 trividhaḥ saṃvaraḥ. prātimokṣasaṃvara ihatyānāṃ kāmāvacaraṃ śīlam. dhyānasaṃvaro rūpāvacaraṃ śīlam. anāsravasaṃvaro 'nāsravaṃ śīlam"라고 하였다. 여기서 별해탈율의란 바라제목차율의(波羅提木叉律儀 Ⓟ pātimokkha-saṃvara)라고도 한다. 이미 행해진 비법행(非法行)을 해탈로 인도하는 학처로 명시하여 방비지악(止犯持戒)하여 행자를 보호함이고, 정려생율의는 선정의 힘으로 위의를 갖추는 것이며, 무루율의란 깨우쳐 지혜로워져 힘이없이 위없는 위의를 행함을 말한다. 〔참고문헌〕『雜阿含經』, 『瑜伽師地論』·권53(대정장30, p.590a29), 『大乘義章』, 『四分律疏飾宗義記』, 『成唯識論俗詮』, 『息諍因緣經』, 『大毘婆沙論』, 『俱舍論』, *Abh-k-bh.*, *Śrāv-bh.72.*, *DN.2.281.*, *Vism.6.*, 平川彰『原始佛教の研究』(東京 : 春秋社, 1964) pp.117~121. ⇨ 계 戒, 율 律, 불율의 不律儀, 방호율의 防護律儀, 삼율의 三律儀, 별해탈율의 別解脫律儀, 정려생율의 靜慮生律儀, 도생율의 道生律儀, 불선율의 不善律儀, 사종율의 四種律儀, 칠건도 七犍度, 율장 律藏 ❷ ➡ 율의자 律儀者

율의계 律儀戒 Ⓢ saṃvara-śīla, Ⓣ sdom-pa'i-tshul-khrims. 삼취정계(三聚淨戒) 중 하나. 섭율의계(攝律儀戒)의 줄임말. 칠중이 각기 따로이 수지하는 별해탈율의인 바라제목차를 말한다. 『보살지지경』 권4(대정장30, p.910b8)에 "율의계란 칠중이 받는 계를 말한다. 비구·비구니와 식차마니와 사미·사미니와 우바새·우바이 등 재가와 출가대중이 그 마땅함을 따르는 것을 율의계라 한다. 律儀戒者 謂七衆所受戒 比丘比丘尼 式叉摩尼 沙彌沙彌尼 優婆塞優婆夷 在家出家 隨其所應 是名律儀戒",『화엄경탐현기』 권11(대정장35, p.317a17)에 "살 등을 떠났기 때문에 정수계정이라고도 하고, 율의계라고도 한다. 以離殺等故 亦名正受戒淨 亦名律儀戒",『잡아함경』 권25(대정장2, p.179b7)에 "율의계는 영원히 침몰하고, 법등 더 이상 비추지 않으며, 법륜은 다시 구르지 않으니, 감로문이 막힘이로다. 律儀戒永沒 法燈不復照 法輪不復轉 閉塞甘露門"라고 하였다. 〔참고문헌〕『菩薩地持經』, 『華嚴經探玄記』, 『雜阿含經』, 『大般若經』 권378(대정장6, p.952c11), *Bodh-bh.96.* ⇨ 섭율의계 攝律儀戒, 별해탈계 別解脫戒, 별해탈율의 別解脫律儀,, 칠중계 七衆戒, 삼취정계 三聚淨戒

율의계선 律儀戒善 율의계가 선이라는 말. 『유가론기』 권15(대정장42, p.641b11·한불전14, p.134a5)에 "또는 앞의 무루도와 뒤의 유루도가 상속하여 깨끗함을 율의계선이라 한다. 或前無漏 後有漏道 相續淨者 謂律儀戒善"라고 하였다. 〔참고문헌〕『瑜伽論記』. ⇨ 율의계 律儀戒, 섭율의계 攝律儀戒

율의단 律儀斷 Ⓢ saṃvaraṇa-prahāṇa, Ⓟ saṃvarappadhāna, Ⓣ bsdoms-pas-spong-ba. 율의로 끊음. 사정단(四正斷) 중 하나. 이미 일어난 악과 불선사들을 돌이켜 일어나지 않은 현재·미래의 불선법을 끊어 행하지 않는 뜻이다. 『잡아함경』 권31(대정장2, p.221b7)에 "무엇이 율의단인가? 아직 일어나지 않은 악과 선하지 않은 법이 일어나지 않도록 수행하려는 마음을 일으켜 방편을 알고 부지런히 정진하여 거두어 간직하면 그것은 율의단이다. 云何律儀斷 未起惡不善法不起 生欲方便 精勤 攝受 是名律儀斷",『유가사지론』 권29(대정장30, p.443a25 : *Śrāv-bh.*, p.312)에 "이미 일어난 악하고 선하지 않은 일에 대하여 응당 율의를 닦음으로 끊어 참아 받아들이지 않는다. 이러한 인연을 따르기에 율의단이다. 由於已生惡不善事 應修律儀 令其斷滅 不應忍受 由是因緣 名律儀斷 samvaraṇaprahāṇaṃ yadutpannānāmpāpakānāmakuśalānāṃ dharmāṇāṃ prahāṇāyac-chandaṃ janayatīti vistareṇa",『유가론기』 권5(대정장42, p.406c29·한불전13, p.295b3)에 "지금 일어나는 모든 선하지 않은 법을 끊는 것이 율의단이다. 斷現行諸不善法者 是律儀斷"라고 하였다. 〔참고문헌〕『雜阿含經』, 『瑜伽師地論』, 『瑜伽論記』, *Śrāv-bh.*, *DN.3.225.*, *AN.2.74.* ⇨ 사정단 四正斷, 율의 律儀

율의무표색 律儀無表色 율의에 의지해 세력이 발생하고 유지되지만 보이지는 않는 색법(Ⓢ avijñapti). 삼종율의무표색 중 하나. 색법(色法)이지만 십이처・십팔계에서는 법처(法處)・법계(法界)에서 거둔다. 『성유식론집해』 권1(卍속장81, p.335b18)에 "이 무표에도 두 가지가 있다. 하나는 율의무표색이고, 다른 하나는 불율의무표색이다. 『구사론』 권14(대정장29, p.74a6)에 '만일 율의에 머물지라도 힘있는 번뇌에 의해 죽이거나 결박하는 등 온갖 선하지 않은 업을 짓는다면 이에 따라 곧바로 불선무표가 일어난다. 또한 불율의에 머물지라도 맑고 깨끗한 믿음에 의해 예불 등의 온갖 뛰어난 선업을 짓는다면 이로 말미암아서도 온갖 선한 무표가 일어난다'라고 하였다. 이 이름이 무표색이다. 此有二種 一 律儀無表色 二 不律儀無表色 俱舍云 若住律儀 由勝煩惱 作殺縛等 諸不善業 由此便發 不善無表 住不律儀 由淳淨信 作禮佛等 諸勝善業 由此亦發 諸善無表 名無表色"라고 하였다. [참고문헌] 『成唯識論集解』, 『俱舍論』, *Abh-k-bh.210.* ⇨ 삼종율의무표색 三種律儀無表色, 팔종별해탈율의무표색 八種別解脫律儀無表色, 율의 律儀, 무표색 無表色, 색법 色法

율의삼종 律儀三種 ➡ 삼종율의 三種律儀

율의소섭 律儀所攝 Ⓢ saṃvara-saṃgṛhīta, Ⓣ sdom-pas-bsdus-pa. 율의에서 거두는 것들. 법처(法處) 무표색(無表色)의 색법(色法)으로 사대종(四大種)으로 짓는 업이다. 『유가사지론』 권9(대정장30, p.319b29)에 "율의로 거두는 업이란, 별해탈율의로 거두는 업이나, 정려・등지・과・단의 율의로 거두는 업이나, 무루율의로 거두는 업을 말한다. 律儀所攝業者 謂或別解脫律儀所攝業 或靜慮等至果斷 律儀所攝業 或無漏律儀所攝業", 『대비바사론』 권132(대정장27, p.684c17)에 "율의로 거두는 것에는 또한 일곱 가지가 있다. 생명을 해치는 일부터 추한 말을 여의는 일에 이르기까지 이와 같은 일곱 가지 하나하나는 사대종으로 짓는다. 생명을 해치는 것으로부터 떠나는 일에도 두 가지가 있다. 곧 유표와 무표인데, 이들 두 가지 하나하나는 사대종으로 짓는다. 律儀所攝 復有七種 謂離害生命 乃至離雜穢語 如是七種 各一四大種所造 離害生命 復有二種 謂表無表 此二各一 四大種所造"라고 하였다. [참고문헌] 『瑜伽師地論』, 『大毘婆沙論』, *Yogā-bh.191.* ⇨ 율의 律儀, 비리율의소섭 非離律儀所攝

율의자 律儀者 Ⓢ sāṃvarika, Ⓣ sdom-pa-can. 육십이종유정(六十二種有情) 중 하나. 율에 의지해 살아가는 유정. 『유가사지론』 권2(대정장30, p.289a2)와 『성유식론장중추요』 권상본(대정장43, p.615b23)에 스무 번째 유정이다. 이어 불율의(不律儀)와 비율의비불율의(非律儀非不律儀) 유정으로 이어진다. [참고문헌] 『瑜伽師地論』, 『成唯識論掌中樞要』, *Yogā-bh.48.* ⇨ 육십이종유정 六十二種有情

율이십이명료론 律二十二明了論 불타다라다(佛陀多羅多 Ⓢ Buddhatrāta : 覺護) 지음. 진(陳)대 진제(眞諦) 한역. 1권. 고려장24, pp.683a1~694b23, No.942・대정장24, pp.665b13~673a28, No.1461에 수록되어 있다. 『명료론』이라고도 한다. 정량부(正量部)에 전해오던 율의 요지를 22수게송으로 정리하고, 이에 대한 장행의 주석을 붙였다. 본서의 첫머리에는 신구업에 대한 계율 여덟 가지를 기준으로 하여 모두 아흔여섯 가지로 계목이 더하는 것을 설하고 있다. 본서는 율부(律部)의 5대 논서 중 하나로, 『살바다비니비바사 薩婆多毘尼毘婆沙』(대정장23, No.1440) 9권・『살바다부비니마득륵가경 薩婆多部毘尼摩得勒伽經』(대정장23, No.1441) 10권・『선견율비바사 善見律毘婆沙』(대정장24, No.1462) 18권・『비니모경 毘尼母經』(대정장24, No.1463) 8권과 함께 율장(律藏)에 관한 중요한 논서로 여겨진다. [참고문헌] 『歷代三寶紀』 권9(대정장49, p.88a5), 『開元釋敎錄』 권7(대정장55, p.545c14). ⇨ 율이십이명료론의기 律二十二明了論義記

율이십이명료론의기 律二十二明了論義記 진(陳)대 진제(眞諦) 지음. 5권. 『율이십이명료론』에 대한 주석서. 『신편제종교장총록』 권2(대정장55, p.1174b5・한불전4, p.691b2)에 책 이름만 전한다. 『대당내전록』 권5(대정장55, p.273b19)에 "『율이십이명료론』〈『명료론』이라고도 한다. 『소』 5권도 있다〉. 律二十二明了論〈亦云明了論 幷疏五卷〉"라고 하였는데, 이 『소』와 같은 문헌으로 추정된다. [참고문헌] 『新編諸宗敎藏總錄』, 『大唐內典錄』. ⇨ 율이십이명료론 律二十二明了論

율장 律藏 Ⓢ Ⓟ Vinaya-piṭaka, Ⓣ 'Dul-ba'i-sde-snod. 삼장(三藏) 중 하나. 승가(僧伽 Ⓢ saṃgha)의 청정과 화합 그리고 정법(正法)의 불멸(久住) 등을 위해 약속하고 지켜 함께 하는 행의(行儀)의 법들을 대중회의인 합송(合誦 Ⓟ saṅgīti)으로 결집하여 담아 전승한 모든 것. 율장은 바라제목차(波羅提木叉 Prātimoksa)와 그의 주석(註釋)과 건도분(犍度分)으로서 현재 한역 율부에는 5부의 광율(廣律)과 별행(別行)의 계본(戒本) 등이 전한다. 모든 율장은 공통의 원형으로부터 차제로 발전변화하여 현재 전하는 형태로 남게 되었다. 율장의 기원은 물론 부처님 재세시다. 부처님은 처음부터 법(法)과 율(律)을 구분하여 설하신 것은 아니다. 제1결집에 있어서 법과 율이 구분되었으니 부처님께서 제자들의 수도함에 있어 여법하지 못하거나 혹은 승가의 화합에 위배되는 행동에 대하여 교계(敎誡)하신 일이 그 시작이다. 제1결집에 있어서는 계본의 원형과 그의 주석 및 승가규정의 근본을 결집한 정도였는데, 당시 교단의 장로들은 보수적 입장에서 교단을 통솔하는 데 필요한 차제로 계본의 조목을 증광하고 또 조직화하였으므로 점차 복잡게 되었다. 계본을 규범화하고 경분별(經分別)의 증광과 건도분(犍度分)을 조직화 등의 과정이 있었다. 아육왕(阿育王 Aśoka) 석각문의 비나야(毘奈耶) 중 최승법설(最勝法說)이라는 말에 비추어 볼 때, 아육왕시대에는 이미 율장이 성립되어 있었음을 알 수 있다. 교단은 근본분열이전부터 일정한 율장을 보유하였으나, 분열이후에는 각 부파에서 전지(傳持)하여 지금에 이르고 있다. **【율장의 기초와 구성】** 율장은 하지 말아야 할 여러 가지 금제조항(禁制條項)들과 적극 행해야 할 당연학처(當然學處), 승가내의 공동행사들에 대한 상세한 약속들로 이루어져 있다. 우선, 계본(戒本)인 『바라제목차 波羅提木叉 *Prātimokṣa*』와 행의작법(行儀作法)인 『갈마본 羯磨本 *Karma-vācanā*』이 근거가 된다. 바라제목차는 비구 8장과 비구니 7장으로 나뉜다. 『갈마본』이란 입단(入團)·수계의식·포살(布薩)·자자(自恣)·안거(安居) 그리고 승가의 공동생활에 대한 다양하고 주요한 목록들을 다루고 있다. 위의 두 가지에 기초한 율장은 다시 3부분으로 구성되어 있다. 2종류의 경분별(經分別 Sūtravibhaṅga : 비구분별 bhikṣuvibhaṅga와 비구니분별 bhikṣuṇīvibhaṅga)과 약 20개 건도(犍度 Ⓢ Skandhaka, Vastu Ⓟ Khandhaka), 그리고 부수(附隨 Parivāra)가 있다. 〔경분별 經分別 Sūtravibhaṅga〕 바라제목차의 조문들을 상세하게 설명한 부분으로 비구분별(比丘分別 Bhikṣuvibhaṅga)은 8장의 비구계(Bhikṣuprātimokṣa) 227조문을 해석하고 있다. ① 바라이법(波羅夷法 Pārājika, āpatti) : 교단에서 추방당하게 되는 법. ② 승잔법(僧殘法 Saṃghāvaśeṣa, Saṅghādisesa) : 교단에서 일시적으로 추방당하게 되는 법. ③ 부정법(不定法 Aniyata) : 분명치 못한 행위에 대한 법. ④ 사타법(捨墮法 Niḥsargika 또는 Naiḥsargika Pātayantika, Nissaggiya Pācittya) : 여법하지 못하게 얻은 물건을 버려야 하는 법. ⑤ 바일제법(波逸提法 Pātayantika, Pācittya) : 참회해야 하는 법. ⑥ 바라제제사니법(波羅提提舍尼法 Pratideśanīya, Pātidesaniya) : 고백해야 하는 힘. ⑦ 중학법(衆學法 Śaikṣa, Sekhiya) : 일상에서 지녀

〈표〉 각율장 건도부 현황

범본梵本	근본유부율根本有部律	십송율十誦律	팔리율 Pāli律	사분율四分律	오분율五分律
1 Pravrajyā-vastu	1 출가사出家事	1 수구족계법受具足戒法	1 대건도大犍度	1 수계건도受戒犍度	1 수계법受戒法
2 Poṣadha-v.	2 포살사布薩事	2 포살계법布薩戒法	2 포살건도布薩犍度	2 설계건도說戒犍度	2 포살법布薩法
4 Varṣā-v.	4 안거사安居事	4 안거계법安居戒法	3 우안거건도雨安居犍度	3 안거건도安居犍度	3 안거법安居法
3 Pravāraṇā-v.	3 수의사隨意事	3 자자계법自恣戒法	4 자자건도自恣犍度	4 자자건도自恣犍度	4 자자법自恣法
5 Carma-v.	5 피혁사皮革事	5 피혁계법皮革戒法	5 피혁건도皮革犍度	5 피혁건도皮革犍度	6 피혁법皮革法
7 Cīvara-v.	7 의사衣事	7 의계법衣戒法	8 의건도衣犍度	6 의건도衣犍度	5 의법衣法
6 Bhaiṣajya-v.	6 약사藥事	6 의약계법醫藥戒法	6 약건도藥犍度	7 약건도藥犍度	7 약법藥法 8 식법食法
8 Kaṭhina-v.	8 가치나의사衣事	8 가치나의계법迦絺那衣戒法	7 가치나의건도迦絺那衣犍度	8 가치나의건도迦絺那衣犍度	9 가치나의법迦絺那衣法
9 Kośāmbaka-v.	9 코삼비사事	9 구사미계법俱舍彌戒法	10 구섬미건도拘睒彌犍度	9 구섬미건도拘睒彌犍度	
10 Karma-v.	10 갈마사羯磨事	10 첨파계법瞻波戒法	9 첨파건도瞻波犍度	10 첨파건도瞻波犍度	
11 Pāṇḍulohitaka-v.	11 황적비구사黃赤比丘事	11 반다로가계법般荼盧伽戒法	11 갈마건도羯磨犍度	11 가책건도呵責犍度	11 갈마법羯磨法
12 Pudgala-v.	12 Pudgala事	12 승잔회계법僧殘悔戒法	13 집건도集犍度	12 인건도人犍度	
13 Pārivāsika-v.	13 별주사別住事		12 별주건도別住犍度	13 부장건도覆藏犍度	17 별주법別住法
14 Poṣadhasthāpana-v.	14 차사 遮事	13 차계법遮戒法	19 차설계건도遮說戒犍度	14 차건도遮犍度	16 차포살법遮布薩法
17 Saṅghabheda-v.	17 파승사破僧事	16 조달계법調達戒法	17 파승건도破僧犍度	15 파승건도破僧犍度	12 파승법破僧法
16 결缺	16 쟁사諍事	15 쟁사계법諍事戒法	14 멸쟁건도滅諍犍度	16 멸쟁건도滅諍犍度	10 멸쟁법滅諍法
		18 비구니팔경계법比丘尼八敬戒法	20 비구니건도比丘尼犍度	17 비구니건도比丘尼犍度	19 비구니법比丘尼法
			18 위의건도威儀犍度	18 법건도法犍度	15 위의법威儀法
15 Śayanāsana-v.	15 와구사臥具事	14 와구계법臥具戒法	16 와좌구건도臥坐具犍度	19 방사건도房舍犍度	13 와구법臥具法
Kṣudraka-v. (결缺)	잡사雜事	17 잡계법雜戒法	15 잡사건도雜事犍度	20 잡건도雜犍度	14 잡법雜法
		19 오백비구결집삼장법품五百比丘結集三藏法品	21 오백인건도五百人犍度	21 집법비니오백인集法毘尼五百人	20 오백집법五百集法
		20 칠백비구집멸악법품七百比丘集滅惡法品	22 칠백인건도七百人犍度	22 칠백집법비니七百集法毘尼	21 칠백집법七百集法
					18 조복법調伏法

야 할 행의작법(行儀作法)에 대한 참회죄. ⑧ 멸쟁법(滅諍法 Adhikaraṇaśamatha) : 승가내에 일어난 다툼을 화쟁하는 법이다. 이에 비해 비구니분별(Bhikṣuṇīvibhaṅga)은 7장으로 구성되었고 비구니계(Bhikṣuṇīprātimokṣa) 311조문의 인연을 설명한다. 부정법(不定法 Aniyata)만을 제하면 비구분별과 같다. 각 조문이 공포된 인연과 이를 어겼을 때 다스리는 법, 즉 제정된 규칙(Padabhajaniya)들을 상세히 설명하고 더불어 예외의 경우들도 다루고 있다. 〔건도부 犍度部 Skandhaka〕 갈마본의 행의작법(行儀作法)들을 바탕으로 승가 내에서 수행되는 모든 일들을 자세히 설정하고 있는 건도부는 20건도로 구성되었지만 율장에 따라 출입이 있으니 〈표〉와 같다. ① 수계(受戒 Pravrajyā) : 출가입단법. ② 포살(布薩 Poṣadha) : 보름마다 행하는 설계와 참회. ③ 안거(安居 Varṣā) : 우기동안 안거. ④ 자자(自恣 Pravāraṇā) : 안거 끝의 회향법회. ⑤ 피혁(皮革 Carma) : 가죽 등의 일용물에 관한법. ⑥ 약(藥 Bhaiṣajya) : 약의 종류와 가지는 법. ⑦ 의(衣 Cīvara) : 가사 등의 종류, 수량, 만드는 법. ⑧ 가치나의(迦絺那衣 Kaṭhina) : 가사 등의 분배법. ⑨ 구섬미(拘睒彌 Kośāmba) : 코샴비 비구들간의 분쟁 처치법. ⑩ 갈마(羯磨 Karma) : 승가의 소송절차법으로 처벌과 사면법. ⑪ 가책(呵責 Pāṇḍulohitaka) : 다툼하는 비구들을 벌하는 법. ⑫ 인(人 Pudgala) : 승잔죄의 치죄법. ⑬ 별주(別住 Pārivāsika) : 승잔죄를 범한 비구들의 별주법. ⑭ 차(遮 Poṣadhasthāpana) : 범한 비구들을 포살에서 추방하는 법. ⑮ 멸쟁(滅諍 Śamatha) : 다툼을 진정시키는 법. ⑯ 파승(破僧 Saṃghabheda) : 승가내 분열을 다스리는 법. ⑰ 방사(房舍 Śayanāsana) : 방사와 와구들에 대한 규범. ⑱ 법(法 Ācāra) : 온갖 경우에 있어서의 예의작법(禮儀作法). ⑲ 잡(雜 Kṣudraka) : 도구등을 사용하는 등 잡사(雜事). ⑳ 비구니(比丘尼 Bhikṣuṇī) : 비구니의 출가수계법이다. 그 외 율장에 따라 오백결집사(五百結集事)·칠백결집사(七百結集事) 등의 건도명으로 제1차·2차 결집사가 편입되기도 하였다. 〔부수 附隨 Parivāra〕 몇몇 율장만 있는 부수는 분별부(Vibhaṅga)와 건도부(Skandhaka)에 대한 개요를 암송과 문답형식으로 재정리하고 교단역사에서 의미있었던 기사들도 상세히 전하고 있다. 팔리율장 부수에 의지해 살펴보면, 대분별(大分別 Mahāvibhaṅga)·비구니분별(比丘尼分別 Bhikkhunīvibhaṅga)·등기섭송(等起攝頌 Samuṭṭhāna)·무간생략(無間省略 Anantarapeyyāla)·문건도장(問犍度章 Khandhakapucchāvāra)·증일법(增一法 Ekuttaraka)·포살초해답장(布薩初解答章 Uposathādivissajjanā)·가타집(伽陀集 Gāthāsaṃgaṇika)·쟁사분해(諍事分解 Adhikaraṇabheda)·별가타집(別伽陀集 Apara Gāthāsaṃgaṇika)·가책품(呵責品 Codanākaṇḍa)·소쟁(小諍 Cūḷasaṃgāma)·대쟁(大諍 Mahāsaṃgāma)·가치나의분해(迦絺那衣分解 Kaṭhinabheda)·우파리문오법(優婆離問五法 Upālipañcaka)·등기(等起 Samuṭṭhāna)·제2가타집(第二伽陀集 Gāthāsaṃgaṇika)·발한게(發汗偈 Sedamocakagāthā)·오품(五品 5 Vagga)의 19장으로 되어 있다. 위와 같이 3부를 구비한 율장을 광율(廣律)이라 하여 팔리율장과 한역율장인 『사분율 四分律』 60권, 『오분율 五分律』 30권, 『십송율 十誦律』 61권, 『마하승기율 摩訶僧祇律』 40권, 『근본설일체유부비나야 根本說一切有部毘奈耶』 50권 등의 오부율장(五部律藏)이 전한다. 앞의 넷은 팔리율과 상응하여 옛부터 사율(四律)이라 달리 불렀다. 티베트 전승 또한 광율로서 유부율(有部律)에 상당한다. 이들 남북전 각부 광율은 모두 한 뿌리로부터 나와 전승과 부파에 따라 다소 상이한 변이를 거쳐 현재에 이르고 있다. **【남전 팔리율장 Pāli Vinaya】** 스리랑카 상좌부 전승 광율로서 3부분으로 구성되어 있다. 첫째 경분별(經分別 Suttavibhaṅga)은 대분별(大分別 Mahāvibhaṅga) 또는 비구분별(比丘分別 Bhikkhuvibhaṅga)과 비구니분별(比丘尼分別 Bhikkhuṇivibhaṅga)이다. 건도부(犍度部 Khandhaka)는 22건도로 대품(大品 Mahāvagga) 10건도와 소품(小品 Cullavagga) 12건도이며, 석존의 정각에서 샤리뿌뜨라 귀의까지의 붓다전기와 20건도의 해설 그리고 라자그리하 결집과 바이샬리 결집 이야기로 구성되어 있다. 부수(附隨 Parivāra)는 19장인데 경분별과 건도부의 내용을 문답형식으로 요약하고 있다. **【북전 오부율장】** 〔담무덕부(曇無德部 Dharmaguptaka, Dhammagutta : 法藏部)의 광율인 『사분율 四分律』 60권(대정장22, No.1428)〕 인도인 불타야사(佛陀耶舍 Ⓢ Buddhayaśas)가 암송수지해 온 것을 중국인 축불념(竺佛念)의 협력으로 410~412년에 걸쳐 장안(長安 : 陝西省西安)에서 한역되었으며, 비구계 250조와 비구니계 348조가 설해져 있다. 제1분(分)인 1권~21권까지는 비구의 4바라이법·13승잔법·2부정법·30사타법·90단제법(單提法)·4제사니법·100중학법·7멸쟁법을 설하였고, 제2분인 22권~37권까지는 비구니의 348계와 수계건도·설계건도·안거건도·자자건도를 설하였으며, 제3분인 38권~49권까지는 자자건도·피혁건도·의건도·약건도·가치나의건도·구섬미건도·첨파건도·가책건도·인건도(人犍度)·부장건도(覆藏犍度)·차건도(遮犍度)·파승건도·멸쟁건도·비구니건도·법건도(法犍度)를 설하였고, 제4분인 50권~60권까지는 방사건도(房舍犍度)·잡건도(雜犍度)·집법비니오백인(集法毗尼五百人)·칠백집법비니(七百集法毗尼)·조부(調部)·비니증일(毘尼增一) 등을 설하였다. 〔살바다부(薩婆多部 Ⓢ Sarvāsti-vāda : 說一切有部)의 『

십송율 十誦律』 61권(대정장23, No.1435)〕 인도인 불야다라(弗若多羅 Ⓢ Puṇyatāra)가 암송수지한 내용을 구마라집(鳩摩羅什)과 함께 3분의 2 정도 한역하였는데 불야다라가 죽자 담마유지(曇摩流支 Ⓢ Dharmaruci)가 가지고 온 경본(經本)에 의해 나머지를 404~409년에 함께 한역했다고 하며, 비구계 257조(또는 263조)와 비구니계 354조가 설해져 있다. 제1송(誦)인 1권~6권까지는 4바라이법·13승잔법·2부정법·30니살기법(尼薩耆法)을 설하였고, 제2송인 7권~13권까지는 30니살기법·90바일제법을 설하였으며, 제3송인 14권~20권까지는 90바일제법·4바라제제사니법·107중학법·7멸쟁법 등을 설하였고, 제4송인 21권~28권까지는 수구족계법(受具足戒法)·포살법·자자법·안거법·피혁법·의약법·의법(衣法) 등을 설하였으며, 제5송인 29권~35권까지는 가치나의법·구사미법(俱沙彌法)·첨파법·반다로가법(般茶盧伽法)·승잔회법(僧殘悔法)·차법(遮法)·와구법·쟁사법(諍事法) 등을 설하였고, 제6송인 36권~41권까지는 잡송(雜誦)으로서 조달사(調達事)와 잡법(雜法)을 설하였으며, 제7송인 42권~47권까지는 니율(尼律)로서 8바라이법·17승잔법·30사타법·178단바야제법(單波夜提法)·8바라제제사니법·비구니팔경법(比丘尼八敬法)을 설하였고, 제8송인 48권~51권까지는 증일법(增一法)으로서 일법(一法)~십법(十法)까지와 후일법(後一法)과 이법(二法)~십법까지와 증십일상(增十一相) 등을 설하였으며, 제9송인 52권~55권까지는 우파리문법(優婆離問法)인 음사(婬事)·도사(盜事)·살사(殺事)·망어사(妄語事)·십삼사(十三事)·2부정법·30사타법·바야제법·7멸쟁법·7법(受戒法·說戒法·布薩法·自恣法·安居法·藥法·衣法)·8법(迦絺那衣法·拘舍彌法·瞻波法·般茶盧伽法·順行法·遮法·臥具法·滅事法)·잡사(雜事) 등을 설하였고, 제10송인 56권~59권까지는 비구송(比丘誦)·2종비니(毘尼)와 잡송·바라이법·승가바시사법(僧伽婆尸沙法)을 설하였으며, 60권~61권까지는 선송비니서(善誦毘尼序)로 「오백비구결집삼장법품 五百比丘結集三藏法品」·「칠백비구집멸악법품 七百比丘集滅惡法品」·「비니중잡품 毘尼中雜品」·「인연품 因緣品」을 설하였다. 〔미사새부(彌沙塞部 Mahīśāsaka, Mahiṃsāsaka : 化地部)의 『오분율 五分律』 30권(대정장22, No.1421)〕 법현(法顯)이 사자국(師子國 : 스리랑카)에서 가져온 범본을 미사새부 스님 불타집(佛陀什 Ⓢ Buddhajīva)이 축도생(竺道生)과 함께 424년에 한역하였으며, 비구계 251조와 비구니계 373조(또는 370조)가 설해져 있다. 제1분인 1권~10권까지는 비구의 4바라이법·13승잔법·2부정법·30사타법·91타법(墮法)·4회과법(悔過法)·100중학법·7멸쟁법을 설하였고, 제2분인 11권~14권까지는 비구니의 8바라이법·17승잔법·30사타법·207타법·8회과법·100중학법·7멸쟁법을 설하였으며, 제3분인 15권~22권까지는 수계법·포살법·안거법·자자법·의법·피혁법·약법·식법(食法)·가치나의법을 설하였고, 제4분인 23권~24권까지는 멸쟁법·갈마법을 설하였으며, 제5분인 25권~30권까지는 파승법·와구법·잡법·위의법(威儀法)·차포살법(遮布薩法)·별주법·조복법(調伏法)·비구니법·오백집법(五百集法)·칠백집법(七百集法)을 설하였다. 〔마하승기율부(摩訶僧祇律部 Mahāsaṅghika, Mahāsaṅghikā : 大衆部)의 『마하승기율 摩訶僧祇律』 40권(대정장22, No.1425)〕 399년에 인도를 방문한 법현이 중인도 마가다국의 파탈리푸트라(Ⓢ Pāṭaliputra) 아육왕탑 천왕정사(天王精舍)에서 범본을 입수하여 가져온 뒤 불타발다라(佛陀跋陀羅 Ⓢ Buddhabhadra)의 도움을 받아 418년에 한역하였으며, 비구계 218조와 비구니계 290조가 설해져 있다. 1권~35권까지는 비구계법(比丘戒法)인 4바라이법·13승가바시사법·2부정법·30니살기바야제법·92단제사법(單提事法)·잡송발거법(雜誦跋渠法)·4회과법·66중학법·7멸쟁법·위의법을 설하였고, 36권~40권까지는 비구니계법(比丘尼戒法)인 8바라이법·19승가바시사법·30니살기바야제법·141단제사법·8회과법·77중학법·7멸쟁법을 설하였다. 〔근본유부(根本有部 Ⓢ Mahāsamgika)의 『근본설일체유부비나야 根本說一切有部毘奈耶』 50권(대정장23, No.1442)과 『근본설일체유부필추니비나야 根本說一切有部苾芻尼毘奈耶』 20권(대정장23, No.1443)〕 의정(義淨)이 37세부터 25년 간 인도에 유학하면서 얻은 범본을 중국에 가지고 돌아와 695~700년에 걸쳐 한역하였는데, 경분별부와 계경 등 191권을 역출하였지만 건도부에 속하는 부분인 7부 48권은 한역만 하고 산철(刪綴)하지 못한 채 죽었다고 한다. 비구계 249조와 비구니계 358조가 설해져 있다. 전자는 비구의 4바라시가법(波羅市迦法)·13승가벌시사법(僧伽伐尸沙法)·2부정법·30니살기바일저가법(尼薩耆波逸底迦法)·90바일저가법·4바라저제사니법(波羅底提舍尼法)·81중다학법(衆多學法)·7멸쟁법을 설하였으며, 후자는 비구니의 8바라시가법·20승가벌시사법·33니살기바일저가법·180바일저가법·11바라저제사니법·81중다학법·7멸쟁법을 설하였다. 지금까지의 6종의 광율 중 대중부계에서 전승한 『마하승기율』을 제외하면 모두 상좌부계 부파전승으로서 내용과 형식에 있어 유사하다. 이외에 근본설일체유부율은 티베트역본도 전하는데, スズキ(鈴木)재단판인 티베트대장경에서는 경부(經部)의 41~45권(北京版 No.1030~1055)에 건도부·계경 및 경분별·부수가 있고, 논부(論部)의 120~127권(北京版 No.5605~5649)에는 계본소(戒本疏) 등의 35부가 담겨 있다. **【율장의 의미】** 율장은 출가비구승가의 면면을 기록하여 전승한 귀한 법보로서, 대단한 정보들이 중층으로 압축된 불교교단사의 토대이기도 하다. 계경분별의 기록 또한 매우 섬세하여 바라제목차의 공표와 그 실행, 그리고 예외적 상황까지 남기고 있다. 인간사회에서 공동의 삶으로는 으뜸(無上)이라 여기며 불법을 전지해온 화합승가의 전승이 어떻게 가능할 수 있었는지를 보여주는 간곡한 고백들이 빽빽히 담겨 있다. 특히 건도부 수계건도 등에 편재되어 있는 불전(佛傳)과 과거칠불(過去七佛)의 본사(本事), 그리고 석존의 열반 후 경율(經律)을 합송하여 잊지 않도록 하기 위해 오백 그리고 칠백의 장로비구들이 모여 합송한 제1차 라자그리하와 제2차 바이샬리의 결집사도 율장내에 섭수하고 있다. 이렇게 율장은 불교의 시작 즉 그 기원이 석존의 정각(正覺)과 사부중에게 간곡히 전한 수계등을 기원으로 한 전승임을 낱낱이 밝히고 있으며, 아울러 결집사(結集事)로 그 권위를 영속화하고 있다. 당대 유일절대를 신봉하는 유파(有派 sāstika)의 전통적 권위를 타파하고 연기무아공(緣起無我空)의 교설로 새롭게 문을 연 승가가 어떻게 무엇을 근거로 새로운 공동체를 성취시켜 갔는지를, 즉 불교의 위대한 시작을 사유하게 하는 온갖 이야기들이 별처럼 박혀 있는 보고(寶庫)라 할 수 있다. [참고문헌]『四分律比丘戒本』, 『大般涅槃經』, 『有部律雜事』 권39(대정장24, p.407c7), 『毘尼心』(대정장85, p.659a13), 『四分戒本緣起事義』(卍속장63, p.10a5), 『四分律』「序文」(대정장22, p.567a22), 『梁高僧傳』 권2 「弗若多羅傳」(대정장50, p.333a14)·「曇摩流支傳」(대정장50, p.333a28), 『歷代三寶紀』 권10(대정장49, p.89b12), 『摩訶僧祇律』 권40 「摩訶僧祇律私記」(대정장22, p.548a29), 李智冠 『南北傳六部律藏比較研究』, pp.17~44, 李智冠 『韓國佛教所依經典研究』 pp.508~510, 平川彰 『律藏の研究』(山喜房佛書林, 1970) pp.365~416·511~588, 에띠엔라모뜨 호진譯 『인도불교사1·2』(시공사, 2005). ⇨ 삼장 三藏[1], 비나야피타카 Vinaya-piṭaka, 결집 結集, 합송 合誦, 사분율 四分律, 오부율장 五部律藏, 경분별 經分別, 건도 犍度, 부수 附隨, 수범수제 隨犯隨制, 경 經[1], 논장 論藏

율조 律祖 율종(律宗)의 조사. 『달마다라선경』(대정장15, p.301c6)에 "부처님께서 열반에 드신 후 존자대가섭 존자아난 … 존자달마다라 그렇게 존자불야밀다라에 이르기까지 법을 지닌 모든 이들이 이 지혜의 등불로써 차제로 전하고 받아 나 이제 저 들은 대로 이 뜻을 설한다. 佛滅度後 尊者大迦葉 尊者阿難 … 尊者達摩多羅 乃至尊者不若蜜多羅 諸持法者 以此慧燈 次第傳授 我今如其所聞而說是義"라고 하였다. 경율(經律)과 사전상(史傳上)의 율조 초전계맥(初傳戒脈)으로 위의 책(대정장15, p.301a7~c6)에 전한 26조는 가섭(迦葉)·아난(阿難)·말전지(末田地)·사나바사(舍那婆斯)·우바굴(優波崛)·바수밀(婆須密)·승가라차(僧伽羅叉)·달마다라(達摩多羅)·복태밀다(伏馱密多)·협존자(脇尊者)·부나야사(富那夜奢)·마명(馬鳴)·가비마라(迦毘摩羅)·용수(龍樹)·가나제바(迦那提婆)·라후라다(羅睺羅多)·승가난제(僧伽難提)·가야사다(伽耶舍多)·구마라다(鳩摩羅多)·사야다(闍夜多)·바수반두(婆修盤頭)·마나라(摩拏羅)·학륵나(鶴勒那)·사자(師子)·바사사다(婆舍斯多)·불야밀다라(不若蜜多羅)이고, 『마하승기율』 권32(대정장22, p.492c19)의 27조는 우파리(優波離)·타사바라(陀娑婆羅)·수제타사(樹提陀娑)·기치(耆哆)·근호(根護)·법고(法高)·거혜(巨醯)·목치(目哆)·능호(能護)·마하나(摩訶那)·마구치(摩求哆)·거사라(巨舍羅)·우호(牛護)·선호(善護)·호명(護命)·차타(差陀)·야사(耶舍)·불제라(弗提羅)·기바가(耆婆伽)·법호(法護)·제나가(提那伽)·법전(法錢)·용각(龍覺)·승가제바(僧伽提婆)·법승(法勝)·불사바다라(弗沙婆陀羅)·도력(道力)이다. 『선견율비바사』 권1(대정장24, p.677b17)과 권2(대정장24, p.684b19)에는 우파리에서 사바(私婆)의 24조를 시설하였고, 『아육왕경』 권7(대정장50, p.152c11)에는 마하가섭·아난·말전지·사나바사·우파급다(優波笈多)·치징가(絺徵柯)의 6조를 시설하였다. 『부법장인연전』(대정장50, p.297~322)은 『달마다라선경』과 비슷한 25조를 시설했는데, 제6·7·8·23조가 제다가(提多迦)·미차가(彌遮迦)·불타난제(佛陀難提)·야사(夜奢)인 점이 다르고, 『출삼장기집』 권12(대정장55, p.89a20)에서는 『십송율』계 사자상승 53조설을 시설하여 『불조통기』 권21(대정장49, p.242a15)에 "또 승우의 『출삼장기집』에 따르면, 율을 전한 조사는 53인이고 마지막은 달마다라(Ⓢ Dharmatrāta)다. 又據僧祐三藏記 傳律祖承五十三人 最後名達摩多羅"라고 하였다. 스리랑카 승가의 『일체선견율주서 *Samantapāsādikā*』(남전장65, p.42)에는 목갈리뿟따띠샤의 제자 마힌다(Mahinda)를 비롯한 다섯 비구가 스리랑카에 불교를 전한 후 A.D.4세기 경 시와테라(Sīvatthera)에 이르는 33조를 시설하였다. 중국 남산율종(南山律宗)에서는 도선(道宣 596~667)이 개산율조인데 영지원조(靈芝元照)가 1081년(원풍4)에 지은 『남산율종조승도록 南山律宗祖承圖錄』(卍속장105, p.566a14)에는 9조와 그외 보령법명(普寧法明)의 5조·삽계인악(霅溪仁岳)의 10조·영원수인(靈源守仁)의 7조 등 제가의 입조(立祖)를 전하고 있으며, 『백장청규증의기』 권4 「도선율조기 道宣律祖忌」(卍속장111, p.646a4)에도 전한다. 한국은 『삼국유사』 권5(대정장49, p.1011b24·한불전6, p.357a3) 신주(神呪)6 명랑신인(明朗神印)에 "그러므로 법사를 아울러 위로 용수까지 9조로 삼았다〈「본사기」에 세 스님을 율조로 삼았으나 자세하지 않다〉. 故幷師而上至龍樹爲九祖〈本寺記 三師爲律祖 未詳〉" 라고 하였으며, 전래이후 수수계법(授受戒法)으로 1700여년 한국불교사에 승가대중이 전멸했던 시절은 없었다. 조선후기 특히 환성지안(喚醒志安)의 순교가 있었을 정도로 적막한 상태에 놓이기도 하였지만, 대은낭오(大隱朗旿 1780~1841)가 계율중흥을 서원하고 하동 쌍계사 칠불암(七佛庵)에서 서상수계(瑞祥受戒)를 감득(感得)하였고, 1892년(고종29) 대구 용연사(龍淵寺) 만하승림(萬下勝林)이 한국계맥의 쇠미함을 염려하여 중국 법원사황성계단(法源寺皇城戒壇)에서 창도한파(昌濤漢波)로부터 비구계와 보살계를 받고 귀국하여 1897년(광무1)에 양산 통도사금강계단(通度寺金剛戒壇)에서 계맥을 이었으며, 백파긍선(白坡亘璇) 또한 스스로 계율을 진작하고 후배를 양성하였다. 2000년에 해인사에 건립한 근대율풍을 진작시킨 자운대율사의 전불심등홍천계율자운대율사원명탑비(傳佛心燈弘闡戒律慈雲大律師圓明塔碑) 중단 팔각에는 우파리·도선(道宣)·겸익(謙益)·자장(慈藏)·진표(眞表)·금담(金潭)·대은(大隱)·자운 여덟 분의 조사상이 새겨져 있다. [참고문헌]『達摩多羅禪經』, 『摩訶僧祇律』, 『善見律毘婆娑』, 『阿育王經』, 『付法藏因緣傳』, 『出三藏記集』, 『佛祖統紀』, 『歷代三寶紀』, 『百丈淸規證義記』, 『三國遺事』, 伽山智冠 『한국불교계율전통』, 「慈雲大律師律風振作事業一次報告書」(2000년 해인사건립)., 「慈雲大律師律風振作事業二次報告書」(2005년 경국사건립). ⇨ 율종 律宗

율종 律宗 율학과 그 수행을 으뜸으로 삼는 불교 종파. 인도 법장부(法藏部 Ⓢ Dharma-guptaka)의 담무덕(曇無德 Ⓢ Dharmagupta)을 개조로 하며, 중국 당대(唐代)의 도선(道宣)이 종파로 크게 일으켰다. 도선은 『사분율 四分律』을 의지했기에 사분율종이라고도 한다. 중국 율종은 조사로서 법정(法正)·법시(法時)·법총(法聰)·도복(道覆)·혜광(慧光)·도운(道雲)·도조(道照)·지수(智首)·도선의 9조를 꼽는다. 율종은 당대에 성행하여 도선의 남산종(南山宗), 법려(法礪)의 상부종(相部宗), 회소(懷素)의 동탑종(東塔宗) 등이 있었으나 후에 남산종만 계승되었다. 신라의 자장(慈藏) 율사는 당나라 종남산(終南山) 운제사(雲際寺)에서 수학하며 도선과 교유하였고, 귀국할 때 불사리 백과를 가져와 통도사(通度寺)에 금강계단(金剛戒壇)을 세우고 율종의 문호를 열었다. 백제의 겸익(謙益)은 인도에 가서 계율을 배우고 배달다(倍達多)삼장과 함께 돌아와 율장 72권을 한역했고, 담욱(曇旭)과 혜인(惠仁)이 율소(律疏) 36권을 지었다고 전한다. 경덕왕 때 진표(眞表)율사는 금산사(金山寺)에서 계법(戒法)과 점찰법(占察法)으로 참회수행을 제창하고 법주사(法住寺) 등에서 교화를 펼쳤다. 고려 때에는 율업(律業)으로도 불렸으며, 935년(태조18) 개성에 개국사(開國寺)를 세워 남산종(南山宗) 곧 율종의 본사로 삼았고, 의천(義天)은 송나라에 다녀와서 도선이 지은 율종의 주요 전적인 『사분율행사초 四分律行事鈔』를 강의하기도 하였다. 조선시대인 1407년(태종7)에 남산종과 총지종(摠持宗)을 합쳐 총남종(摠南宗)이라 하였고, 다시 1424년(세종6)에 선교양종으로 통합할 때 총남종은 선종(禪宗)에 통합되었다. 조선후기에는 선사 백파긍선(白坡亘璇)이 계율을 일으켜 침명한성(枕溟翰醒)과 설두유형(雪竇有炯)을 거쳐 석전한영(石顚漢永)에게 전승되었다. 도갑사(道岬寺)의 대은낭오(大隱朗旿)와 금담(金潭)은 지리산 칠불사(七佛寺)에서 용맹기도 끝에 서상수계(瑞相受戒)를 받아 대은파(大隱派) 계맥을 수립하였고, 이는 해인사·송광사·대흥사·망월사·화엄사·용화사에 계승되었다. 용연사의 만하승림(萬下勝林)율사는 1892년 중국 북경 법원사 관단(官壇)에서 창도한파(昌濤漢波)로부터 비구계를 받고 돌아왔다. 이 전승은 통도사·범어사·월정사·선학원·해인사 계단에 전수되었다. 만하파를 계승한 자운성우(慈雲盛祐)율사는 오대산 적멸보궁에서 문수기도 후 계율중흥의 원력을 세우고 적극 실행하였으니, 1941년 선학원 유교법회(遺敎法會)에서 『범망경 梵網經』을 강설하고 1948년 봉암사결사 때 보살계수계를 설행한 후 천화율원(千華律院)과 금강계단을 설립하여 수많은 계율서를 편찬유통하고, 전국 주요사찰을 근거로 율장강설과 수계산림법회를 계속하였으며, 이후 정비된 종단의 통합계단 전계대화상(傳戒大和尙)으로서 이부승수계(二部僧授戒) 의식을 확립하고는 1953년부터 40여 년 동안 수만 명의 수계제자를 배출하는 등 조선조 이후 일제강점기를 거치는 동안 침체되어 있던 승풍을 크게 진작함은 물론 사부대중을 위한 보살계수지도 적극 유통하였으니, 한국불교의 전래없는 청풍이 일어나고 크게 율풍이 진작되었다. 일본에서 율종의 전래는 일반적으로 감진(鑑眞 687~763)에 의한 것으로 본다. 천무(天武)천황 때 입당한 도광(道光 ?~694)에 의해 계율이 전해진 이후 계율사(戒律師) 초청을 위해 제9차 견당사를 733년에 보냈고, 동대사 대불전 앞 임시계단에서 감진에 의해 수계법식이 행해졌다. 그러나 일본 내부에서 삼사칠증(三師七證)제도의 실행과 확립 등, 이미 일본불교초기에 백제불교의 영향으로 계율이 정비된 정황을 확인할 수 있음에도 일부를 인정하는 것 이외에는 정식전래로 보지 않으려고 한다. 6세기 이후부터는 신라불교의 영향도 받았을 것으로 보이지만 감진 이전의 계율수용 흐름을 배제하고 있다. 이후 일본의 율종은 감진의 계율을 그대로 전수한 남도(南都)불교계와 평안조(平安朝)의 신흥 세력에 의해 비예산(比叡山)에 새 계단을 세우고 범망계

(梵網戒)만을 수계하는 교단으로 나뉘었고, 지금까지 두 갈래로 이어지고 있다. [참고문헌] 伽山智冠『한국불교계율전통』. ⇨ 계율종 戒律宗, 사분율종 四分律宗, 율종삼가 律宗三家, 남산종 南山宗, 상부종 相部宗, 동탑종 東塔宗, 계율 戒律, 사분율 四分律, 사율오론 四律五論, 율업 律業

율종강요 律宗綱要 ■1 율종의 핵심이 되는 종지. 『갈마의식』「갈마의식연기 羯磨儀式緣起」(卍속장107, p.259a18)에 "누락된 부분을 보충하고 번잡한 부분을 덜어내어 시사와 비시사로 나누고 상하 양권으로 편집한 뒤 문득 검토하였다. 비록 율종강요가 이에 있지는 않더라도 가려낼 바탕은 대략 여기에 갖추었다. 마치 저 금을 녹여 내는 법은 틀림없이 불에 있고, 그릇을 주조하는 방법은 반드시 그 틀에 달려 있으니, 금은 불 없으면 변할 수 없고 그릇은 틀 없으면 나올 수 없다. 불법도 이와 같아서 번뇌 씻어 깨끗해지려면 반드시 갈마의 힘을 빌려서 깊은 마음을 불러일으켜야 한다. 補失刪繁 將時事 與非時事 分開上下兩卷 以便檢討 雖律宗綱要 不在於玆 而作辦之體 大略備矣 譬如鎔金之法 必在火 鑄器之方 必在模 金無火 則不化 器無模 則不成 佛法亦若是也 浣染成淨 須假羯磨 感發殷心"라고 하였다. [참고문헌] 『羯磨儀式』. ■2 1306년(가원4)에 일본의 응연(凝然) 지음. 2권. 대정장74, pp.5a17~20c25, No.2348에 수록되어 있다. 율종의 종지와 보편적으로 통하는 강요를 기술하였다. 본서 첫 머리(대정장74, p.5a19)에 "비니(율)라는 큰 창고에는 만법을 가득 쌓아도 그 끝이 없고, 시라(계)라는 드넓은 행은 억만번 헤아려도 헤아리기 어렵다. 오주라는 망혹은 계행으로 문득 다하고, 두 개의 죽음이라는 번뇌의 둥지 또한 목차(Ⓢ prātimokṣa)로써 영원히 끊는다. 夫毘尼大藏 蘊萬法而無涯 尸羅廣行 攝億度而難測 五住妄惑 由戒行而頓盡 二死煩籠 以木叉而永絶"라 하여 법을 지키고 승단을 거두는 강령으로 불지(佛地)에 이름이라 하고, 삼취정계(三聚淨戒)를 취하였으며, 통수(通受)와 별수(別受)라는 수계(受戒)의 행상도 설한다.

율종삼가 律宗三家 당(唐) 나라 때 사분율종(四分律宗)에서 갈라진 세 파. 상부종(相部宗)·남산종(南山宗)·동탑종(東塔宗)을 일컫는다. 이 중 상부종은 상주(相州 : 河南省 安陽)의 일광사(日光寺)를 본거지로 삼고 당의 법려(法礪 569~635)를 종조로 성립하였다. 법려는 『사분율소 四分律疏』 10권·『갈마소 羯磨疏』 3권 등의 저서를 남겼으며, 제자 정빈(定賓)은 개원년간(712~741)에 『사분율』의 해설서인 『사분율식종의기 四分律飾宗義記』 10권을 지어 회소(懷素 624~697)의 『개종기 開宗記』를 논파한 것으로 유명하다. 남산종은 장안(長安 : 陝西省 西安) 남쪽의 종남산(終南山)을 본거지로 하고 도선(道宣 596~667)을 종조로 한다. 율장의 정통한 해석을 지향했던 도선은 626년(무덕9)에 『사분율』을 주석하여 『사분율산번보궐행사초 四分律刪繁補闕行事鈔』를 저술하였으며, 이어 『습비니의초 拾毘尼義鈔』·『갈마소』·『계본소 戒本疏』·『비구니의초 比丘尼義鈔』를 저술하였는데, 이들은 남산오대부(南山五大部)라 불리며 율학의 필독서가 되어 후세에 큰 영향을 미쳤다. 동탑종은 장안의 숭복사(崇福寺) 동탑에 주석한 회소를 종조로 하였고, 회소는 구족계를 받은 후 오율종사(五律宗師)라 불리는 법려에게 『행사초』와 『사분율소』 등의 율을 배웠으나, 충분히 뜻을 다하지 못함을 한탄하며 모든 설을 다시 편집하여 『사분율개종기』 10권을 짓기도 하였다. 『율종강요』 권상(대정장74, p.16b6)에 "사분율의 뜻은 세 종으로 나뉘었다. 상부종·남산종·동탑종이다. 四分律 義分三宗 相部宗 南山宗 東塔宗"라고 하였다. 응연(凝然 1240~1321)에 의하면, 분파의 원인은 주로 계체론(戒體論)에 관한 의견차이였다고 한다. [참고문헌] 『律宗綱要』. ⇨ 율종 律宗, 사분율종 四分律宗, 상부종 相部宗, 남산종 南山宗, 동탑종 東塔宗

율종양가 律宗兩家 소가(疏家)와 초가(鈔家). 당나라 때 사분율종(四分律宗)에서 분파한 상부종(相部宗)과 남산종(南山宗)을 일컫는다. 상부종의 종조인 법려(法礪 569~635)는 『사분율소 四分律疏』를, 남산종을 연 도선(道宣 596~667)은 『사분율산번보궐행사초 四分律刪繁補闕行事鈔』를 지어 『사분율』에 대한 독자적인 해석과 교의를 세웠다. 이 때문에 상부종은 소가, 남산종은 초가라 부른다. ⇨ 율종삼가 律宗三家

율종인원 律宗引源 당(唐) 회계(會稽) 운문사(雲門寺)의 영철(靈澈) 지음. 『송고승전』 권15 「석영철전」(대정장50, p.802b17)에 "다시 『율종인원』 21권을 지어 스님들이 돌아갈 것으로 삼았다. 復著律宗引源二十一卷 爲緇流所歸"라고 하여 책 이름이 전한다. [참고문헌] 『宋高僧傳』. ⇨ 영철 靈澈, 율종 律宗

율종행사의 律宗行事儀 석기(釋其) 지음. 일설에는 저자 이름이 택기(擇其)라고도 한다. 2권. 『신편제종교장총록』 권2(대정장55, p.1174c6·한불전4, p.691c9)에 책 이름이 전한다. [참고문헌] 『新編諸宗敎藏總錄』.

율종회원 律宗會元 ■1 남송(南宋) 때 수일(守一) 지음. 3권. 卍속장105, pp.805a1~939a17에 수록되어 있다. 도선(道宣)의 삼대부(三大部)와 원조(元照)의 주소(註疏)에서 핵심이 되는 문구를 발췌하여 남산율종

(南山律宗)의 종의를 체계적으로 해설한 책이다. 원교(原敎)·관법(觀法)·심경(心境)·계법(戒法)·계체(戒體)·계행(戒行)·계상(戒相)·지범(持犯)·회죄(悔罪)·삼귀(三歸)의 십문(十門)으로 나누어 풀었다. 십문의 해제(解題)에 따르면 율종의 근본은 행의(行儀)에만 치우치지 않고 대승의 이관(理觀)도 중요하다 하였으니, "편마다 사안마다 아울러 이관을 밝힌다. 篇篇事事 並明理觀"(卍속장105, p.805b9)라고 하였다. **2** 남송(南宋) 때 수일(守一)이 지은 『종남가업 終南家業』(卍속장105, pp.703a1~803b18) 3권의 다른 이름. 『서암요혜어록』 권하 「복원철옹율사상 福源鐵翁律師像」(卍속장122, p.367a5)에 "『율종회원』을 지어 율의 종주는 무너뜨리고 (율종) 조사가업을 모아 조사가 보인 사범의 문을 비방하였으니, 구업의 허물은 심히 컸지만 명성과 덕은 그럴수록 높아졌다. 이것을 가리켜 남산정파를 일으켜 만세에 유전하여 도도히 흘러 다함이 없게 한 복의 근원이라 한다. 著律宗會元 眞破律之宗主 集祖師家業 乃謗祖之師門 口過甚大 名德愈尊 是所謂起南山正派 流傳萬世 滔滔不盡之福源"라고 하였다. 〔참고문헌〕『西巖了慧語錄』.

율좌 律座 율사(律師)의 자리. 율맥(律脈)을 이어받은 이를 말한다. 『보속고승전』 권17 「오민장 悟敏章」(卍속장134, p.289b12)에 "선으로는 스스로 법열을 맛보고 계로는 사람들을 거둔다. 보현이 계단의 종사인 제1세로서 그가 유규(裕窺)에게 전했고, 유규가 입적하면서 오민에게 전하여 제3세가 되었다. … 잇고 이어 끊이지 않았으니 율좌는 더욱 거룩하였다. 禪以自悅 戒以攝人 普賢爲戒壇 宗師第一世 普賢傳窺 窺沒而傳敏 爲第三世 … 繩繩不絶 律座益尊", 백거이(白居易)가 지은 「명원대사탑비」에 "전후로 계단에 임한 이가 여덟 명이었고, 율좌에 오른 이는 열다섯 명이었다. 前後臨戒壇者八 登律座者十有五"라고 하였다. 〔참고문헌〕『補續高僧傳』, 「明遠大師塔碑」. ⇨ 율사 律師[1], 계맥 戒脈

율주 律主 율부(律部)를 송출(誦出)한 부주(部主). 또는 율원(律院) 대중을 지도하는 소임. 『역대삼보기』 권5(대정장49, p.56c3)에 "담무덕은 … 바로 사분율주이다. 曇無德者 … 卽四分律主也"라고 하였다. 〔참고문헌〕『歷代三寶紀』, 智冠『한국불교계율전통』 p.63. ⇨ 율장 律藏, 율원 律院, 담무덕 曇無德

율지 栗地 Ⓢṛddhi의 음사어. 신족(神足). 율(栗)은 속(粟)으로 쓰기도 한다. 『잡아비담심론』 권9(대정장28, p.947a17)에 "신족은 몇 가지인가?〈범어로 율지라고 한다. 혹은 신족, 혹은 여의족(如意足), 혹은 자재(自在), 혹은 부만(富滿)이라고 한역하였으나 모두 뜻만을 드러낼 뿐이지 본명을 온전히 얻었다고 할 수는 없다〉. 神足幾種〈梵言栗地 或言神足 或言如意足 或言自在 或言富滿 皆義出耳 悉不全得本名〉"라고 하였다. 〔참고문헌〕『雜阿毘曇心論』.

율지사명 律之四名 율의 네 가지 이름. 비니(毘尼 Ⓢ Ⓟvinaya), 목차(木叉 Ⓢprātimokṣa), 시라(尸羅 Ⓢśīla), 율(律 Ⓢvinaya)을 말한다. 『대승의장』 권1(대정장44, p.467c14)에 "비니에는 다르게 부르는 이름이 네 가지가 있다. 첫째는 비니, 둘째는 목차, 셋째는 시라, 넷째는 율이다. 言毘尼者 名別有四 一曰 毘尼 二名木叉 三曰 尸羅 四名 爲律", 『지관보행전홍결』 권4(대정장46, p.256b5)에 "『사분율』 상하에 오로지 네 가지 이름이 있을 뿐이지만, 전통적인 여러 해석에 준하면 시라·비니·목차의 세 가지 이름만이 있다. 그러므로 남산 도선율사가 이끈 십팔법 가운데 비니와 율이라는 두 이름은 나란히 하지 않는다. 오늘날 율종의 생각으로는 다들 여러 이름에 의지하지만 네 가지 이름만은 그대로 둔다. 이름을 병칭하지는 않더라도 율이라는 이름을 붙여놓고 다시 비니라고 한다. 四分上下 唯有四名 準古諸釋 但存三名 謂尸羅 毘尼 木叉 故南山引十八法中 毘尼與律 二名不並 今家意者 具依諸名 以存於四 名雖不並 旣得名律 復名毘尼", 『사분율개종기』 권1(卍속장66, p.694b2)에 "모두 네 가지 이름을 세운다. 네 이름이 비록 다르지만 뜻이 가리키는 바는 다르지 않으니 하나의 이름을 따라 드러내도 아울러 다 잃는 일은 없다. 이런 이유 때문에 비니장·사분율장·사분계본이라 하고, 나 이제 바라제목차라고 말하려 한다고 하니, 이들 모두 옳다 할 수 있으니 다 차별한 여러 가지 이름일 뿐이다. 具立四名 四名雖殊 理趣無別 隨以一名標之 並皆無失 由此故云 毗尼藏 四分律藏 四分戒本 我今欲說 波羅提木叉 又可此等 皆是差別衆名"라고 하였다. 〔참고문헌〕『大乘義章』, 『止觀輔行傳弘決』, 『四分律開宗記』. ⇨ 비니 毘尼, 바라제목차 波羅提木叉, 시라 尸羅[1], 율 律

율참 律懺 율에 근거한 참법. 도중(道衆) 곧 출가오중(出家五衆)만 행하는 작법으로, 재가(俗家)에는 해당하지 않는다. 『사분율행사초』 권중(대정장40, p.96a27)에 "참회법에는 대략 둘이 있다. 첫째는 이참, 둘째는 사참이다. 이 두 참법은 출가와 재가에 모두 통한다. 만약 율에 근거한 참법을 말하자면 오직 도중에게만 국한된다. 今懺悔之法 大略有二 初則理懺 二則事懺 此之二懺 通道含俗 若論律懺 唯局道衆", 『사분율행사초자지기』 권중(대정장40, p.350a1)에 "율참이란 소종에 국한한다. 저 문 스스로 말하고 있듯이 도중에 국한한다. 言律懺者 局小宗也 如文自述 局道衆也"라고 하였다. 〔참고문헌〕『四分律行事鈔』, 『四分律行事鈔資持記』. ⇨ 참법 懺法

율초 律鈔 『사분율산번보궐행사초 四分律刪繁補闕行事鈔』(대정장40, No.1804)의 줄인 이름. 『유마경약소수유기』 권10(대정장38, p.844c3)에 "율에 준하면 무릇 네 가지 약이 있다. 그러므로 『율초』에 '목숨을 유지하는 데 약보다 나은 수단은 없다. 약이라는 이름으로 다 통하지만 요약해 나누면 네 가지다'라고 한다. 準律 凡有四藥 故律鈔云 報命支持 勿過於藥 藥名乃通 要分爲四"라고 하였다. [참고문헌] 『維摩經略疏垂裕記』, 『四分律刪繁補闕行事鈔』 권하1(대정장40, p.117c16). ⇨ 사분율산번보궐행사초 四分律刪繁補闕行事鈔

율초사절구의 律鈔私節口義 저자 미상. 3권. 제명으로 보아 『사분율산번보궐행사초 四分律刪繁補闕行事鈔』(대정장40, No.1804) 내용을 발췌하여 그 뜻을 구술한 작품이다. 송대 율종(律宗) 소속의 택기(擇其)가 고려의 대각국사(大覺國師) 의천(義天)에게 편지와 함께 필사하여 부친 책이다. 『대각국사외집』 권4 「대송율교사문택기서 大宋律敎沙門擇其書」 제2서(한불전4, p.573c9)에 "근래에 멀리서 온 교지를 받았습니다. 무릎 꿇고 받아서 존경하는 마음으로 읽다보니 율승 제부의 구의를 탐색하는 기회가 되더군요. 더불어 『율초사절구의』 1부 상중하 3책을 천천히 필사하여 마친 뒤에 봉하여 재배 올리고 바치옵니다. 엎드려 승통(의천)께서 개증하여 주시기를 기대하겠습니다. 近以遠承敎旨 跪受尊聽 蒙索律乘 諸部口義 今且謾寫 律鈔私節口義一部 上中下三冊 已具 封再拜呈 伏乞僧統 改證爲望"라고 하였다. [참고문헌] 『大覺國師外集』. ⇨ 사분율산번보궐행사초 四分律刪繁補闕行事鈔

율치암 栗峙庵 충청북도 청주시에 있던 암자. 『여지도서』 충청도 청주 방리(坊里)에 "관문에서 동쪽으로 40리 떨어져 있다. 自官門東距四十里"라고 하였다. [참고문헌] 『輿地圖書』.

율파 律派 율종(律宗)의 유파(流派). 『종교율제종연파』(卍속장150, p.538a15)에 "남산율종의 유파 : 종남산 도선율사가 율문의 제1세가 된 다음부터 13세까지 전하여 금릉 고림암의 혜운여형율사에 이르렀고, 여형은 삼매적광율사에게 전하여 그가 보화산 제1대가 되었다. 南山律派 自終南山 道宣律師 爲律門第一世 十三世傳 至金陵古林庵 慧雲如馨律師 馨傳三昧寂光律師 爲寶華山第一代"라고 하였다. [참고문헌] 『宗敎律諸宗演派』. ⇨ 율종 律宗, 남산종 南山宗

율학발인 律學發軔 명(明)대 1586년(만력14)에 원현(元賢) 지음. 3권. 卍속장106, pp.922a1~967a11에 수록되어 있다. 운서주굉(雲棲袾宏)을 거쳐 계승하였던 천태(天台)의 계소(戒疏)를 요약하여 율학의 대강을 설한 책이다. 「서문 序文」(卍속장106, p.922a8)에 "모든 계의 큰 실마리를 보여 후학들이 향할 바를 배워 알도록 하니 비록 그 광대하고 정미한 이치를 다하지는 못할지라도 이렇게라도 구한다면 광대정미한 것이라도 진실로 이것을 벗어나지 않는다. 姑示諸戒之大端 使後學知所向方 雖未極其廣大 精微之致 然卽是而求之 則所謂廣大精微者 固不出此"라고 하였다. 상권에 삼귀의(三歸依)·오계(五戒) 이하 보살계(菩薩戒)에 수반되는 열 항목을 시설하고, 중권에는 결계(結界)·포살(布薩)·안거(安居)·참법(懺法) 등 여덟 항목을, 하권에서는 자구(資具)·일용궤칙(日用軌則)·율가법수(律家法數) 등을 시설하였다. [참고문헌] 『永覺廣錄』 권14(卍속장125, p.554b7). ⇨ 율 律, 율장 律藏

율해 律海 율의 바다. 『사분율행사초』 권1 「표종현덕 標宗顯德」(대정장40, p.4a29)에 "율의 바다는 넓고 깊어 그 나루터 삼라만상으로 통하네. 비록 밖이 없이 감싸 안지만 주검들 머물지 못한다. 夫律海沖深 津通萬象 雖包含無外 而不宿死戶", 『사분율수현록』 권2(卍속장95, p.345a10)에 "사대의 바닷물 실로 능히 잠겨 기른다. 사천하 중의 산림만상이 봄에 나고 여름에 기르며 꽃 토해내고 열매 맺으며 때를 잃지 않게 한다. 율의 바다 이와 같아서 넓게는 법계에 두루 하니 충이라 하고 깊게는 허공과 같아서 심이라 한다. 또한 해탈의 맛 있어서 나루터라 하고, 시방법계를 두루 아우르기에 통한다고 한다. 四大海水 悉能潛潤 四天下中 山林萬象 而今春生夏長 吐花結實 而不失時 律海亦爾 橫遍法界 故謂之冲 竪等虛空 謂之深 有解脫味 謂之津 遍十法界 謂之通"라고 하였다. [참고문헌] 『四分律行事鈔』, 『四分律搜玄錄』. ⇨ 계율 戒律, 율 律, 율장 律藏

율행 律行 율을 따르는 행. 『유마경』 권상 「방편품 方便品」(대정장14, p.539a19)에 "비록 세간에 있지만 사문의 청정한 율행을 받들어 지켰나. 雖爲白衣 奉持沙門 淸淨律行", 『유마경약소』 권10(대정장38, p.697a27)에 "두 번째로 율행이라 한 것은 대승의 바라제목차다. 저 정명이 우파리로서 두 비구를 교화한 일과 같다. 그의 이와 같은 행위는 진실로 율을 받든 것이었다. 이변에 치우친 잘못이 없고 중도의 행을 얻었으니 이를 이름하여 율이라 한다. 第二答律行者 卽大乘波羅提木叉 如淨名爲優婆離 敎二比丘 其如是者 是眞奉律 無二邊之非 得中道之行 名之爲律"라고 하였다. [참고문헌] 『維摩經』, 『維摩經略疏』. ⇨ 계율 戒律, 율 律, 율의 律儀

율호 律虎 뛰어난 율사를 일컫는 말. 경에 밝은 이는 의룡(義龍)이라 하여 상대한다. 『석씨요람』 권중(대정장54, p.293a15)에 "율호 : 수대 고승 법원은 율장에 대단히 밝고 말솜씨도 고상하고 명석하여 대적할 수 없을 정도로 걸출하여 율호라 불렸다. 律虎 隋高僧法願 大明律藏 詞辯高亮 彭亨難敵 號律虎"라고 하였고, 『송고승전』 권16 「징초전 澄楚傳」(대정장50, p.811a7)에도 율장에 박통한 징초를 율호라 불렀다고 한다. 그 뒤로도 율종의 법장(法將)들은 모두 율호라는 칭호를 얻었다. 『고운집』 권1 「신라가야산해인사결계장기 新羅伽倻山海印寺結界場記」에 "이로써 산문을 해인이라 드러내자 의룡이 울창한 숲에 구름 차오르듯 하고, 도는 산왕에 의지하니 율호 벼랑에 바람 일 듯하였다. 由是 門標海印 而雲蔚義龍 道倚山王而風嚴律虎", 『삼봉집』(한불전10, p.483a13)에 "법을 받은 이는 백여인이지만, 유독 정계로는 율호에 걸맞고 강설로는 의룡과 짝이 되며 행화로는 선현과 같으셨으니, 생사를 벗어나 초연히 홀로 뛰어난 이는 우리 대사 바로 이분이시다. 有授法者 百餘人 而獨以精戒稱律虎 講說侔義龍 行化如禪賢 脫於生死 超然獨出者 我大師其人也"라고 하였다. 〔참고문헌〕『釋氏要覽』, 『宋高僧傳』, 『孤雲集』(韓國文集叢刊1, p.163b5), 『三峯集』. ⇨ 법원 法願 2

융 融 모든 것 거둬 남김없이 통하게 하는 뜻. 『화엄경소초』 권1(대정장36, p.3b28)에 "융이란 풀어 섞여 통하면서도 깊고도 넓은 뜻이다. 融者 融通兼深廣也"라고 하였다. 〔참고문헌〕『華嚴經疏鈔』.

융 癃 뿌리 깊어 고치기 어려운 병. 『일체경음의』 권2(대정장54, p.322c1)에 "『회남자』에 '융은 창질(瘡)이다'라고 하였고, 『창힐편』에는 '고질'이라 하였으며, 『설문』에 '병풍의 끝이다'라고 하였다. 淮南子云 癃 瘡也 蒼頡篇云 固疾也 說文 病風結也"라고 하였다. 〔참고문헌〕『一切經音義』, 『四分律』 권27(대정장22, p.756c29).

융갈 戎羯 고대 중국 서북쪽과 파미르고원 동쪽을 거점으로 활동한 유목민족. 또는 융족과 갈족을 아울러 흉노(匈奴)를 연원으로 한다. 『당고승전』 권7 「석홍언전 釋洪偃傳」(대정장50, p.476c9)에 "예우가 더욱 도타워지고 있는데 융갈의 침탈이 거듭되고 전쟁과 기근마저 번갈아 계속되자 진운으로 피난 가서 물과 돌 돌아볼 뿐이었다. 加優其禮 屬戎羯陵踐 兵飢相繼 因避地于縉雲 眷眄泉石"라고 하였다. 〔참고문헌〕『唐高僧傳』, 『一切經音義』 권5(대정장54, p.336c7), 『新脩科分六學僧傳』 권19(卍속장133, p.760b4). ⇨ 변이 邊夷, 달서 達絮

융골사 隆骨寺 평안남도 대동군 용악면 서리에 있던 절. 『사탑고적고』에 "석축 일부가 남아있고 기와조각도 흩어져 있다. 石垣一部殘存 瓦片散在"라고 하였다. 〔참고문헌〕『寺塔古蹟攷』, 『韓國寺刹全書』 권하 p.950b1.

융기 隆琦 1592~1673. 명말청초(明末靑初) 임제종 선사. 일본 황벽종(黃檗宗)의 개조. 호는 은원(隱元)·황벽(黃檗). 속성은 임(林)씨. 복건성(福建省) 복주(福州) 복청(福淸) 출신. 6세에 아버지가 객사하고 가세가 기울어 학업에 전념하지 못하였다. 농사일(耕樵)을 업으로 삼다가 20세에 집안에서 혼인을 주선하자 아버지의 유종(遊踪)을 보고 오겠다는 핑계로 집을 떠났다. 23세에 보타산(普陀山) 조음동(潮音洞)에 들어가 다두(茶頭)로 지냈다. 28세에 어머니가 돌아가시자 29세에 황벽산(黃檗山)에서 감원흥수(鑑源興壽) 밑으로 출가하였다. 제방을 유력하다가 1624년(천계4)에 금율산(金栗山) 광혜사(廣慧寺)의 밀운원오(密雲圓悟)에게 참학하였고, 1633년 황벽산으로 가서 원오의 문하인 비은통용(費隱通容)에게 법을 받았다. 이후 황벽산 만복사(萬福寺), 숭덕(崇德)의 복엄사(福嚴寺), 장락(長樂)의 용천사(龍泉寺) 등에서 주석하였으니, 이미 중국 선종계의 중요한 인물이 되었다. 1654년(순치11)에 제자 20여 명과 함께 일본으로 건너가 장기(長崎)의 흥복사(興福寺)·숭복사(崇福寺), 섭진(攝津)의 보문사(普門寺)에 머무르며 천황은 물론 당시 막부의 실세 덕천가강(德川家康)과 교류하였다. 막부의 후원으로 1661년(관문1) 경도(京都) 우치(宇治)에 중국에서 주로 머물렀던 주석지의 산호·사호를 그대로 따서 황벽산만복사(黃檗山萬福寺)를 창건하였다. 1673년 세수 82, 법랍 54세로 시적하였다. 일본 선종에 큰 영향을 끼쳤으며 『비은선사어록 費隱禪師語錄』 14권과 『은원선사어록 隱元禪師語錄』 16권 등이 전한다. 〔참고문헌〕『五燈全書』 권70(卍속장141, p.467a4), 『高僧摘要』 권4(卍속장148, p.796a14). ⇨ 황벽종 黃檗宗

융례 隆禮 융숭한 예법. 『당고승전』 권25 「전명전 轉明傳」(대정장50, p.652c26)에 "태무황제가 일찍이 명성을 들은 바 있어 신이함 깊이 알고 있었기에 융숭한 예법으로 공경하였다. 太武皇帝 夙奉音聞 深知神異 隆禮敬之"라고 하였다. 〔참고문헌〕『唐高僧傳』.

융법사 隆法師 당(唐)대 구법승. 『대당서역구법고승전』 권상(대정장51, p.3b26)에 "융법사는 출신은 알 수 없다. 정관년간(627~649)에 북도를 떠나 북인도까지 갔다. 중천국을 보고 배우며 범본 『법화경』을 외워 얻기까지 하였으나, 건다라국에 이르러 병을 얻어 입적하였다. 隆法師者 不知何所人也 以貞觀年內 從北道而出 取北印度 欲觀化中天 誦得梵本法華經 到健陀羅國 遇疾而亡"라는 행적만 전한다. 〔참고문헌〕『大唐西域求法高僧傳』.

융복사 隆福寺 중국 북경(北京) 동성(東城) 북서쪽에 있는 절. 명(明)대 경제(景帝)가 태감(太監) 홍안(興安)의 주청으로 시작하여 4년여에 걸쳐 완성하였으며 막대한 재원이 소요되었는데, 유생(儒生)들의 반대가 심했다. 낙성(落成)의 때는 『석감계고략속집』 권3(대정장49, p.946a2)에서는 1454년(경태5), 『석교부휘고』 권6(卍속장133, p.402b11)에서는 1453년(경태4)이라고 하여 다르게 전한다. 청(靑)대인 1731년(옹정9)에 중수하였고, 명대에 유일한 라마교사원으로서 선승도 함께 주석하다가 청대에 온전히 라마묘(喇嘛廟)가 되었다. 조선후기 우리나라 사신단의 장계(狀啓)와 연행기록(燕行記錄)에 위치와 규모 및 사시(寺市)의 풍경이 전한다. 홍대용(洪大容)의 1766년(영조42) 「연기燕記」 '융복시 隆福市'(『담헌서』 외집 권9)에 "융복사는 대시가 서북에 있고, 명 경태 중에 세워졌다. 정원과 전각이 크고 탁트여 역시 큰 절이다. 근년에 열흘마다 8·9·10 사흘 동안 그 안에서 장이 열린다. 隆福寺 在大市街西北 明景泰中所建 庭廡弘敞 亦巨刹也 近年 以每旬八九十凡三日 開市于其中", 이유준(李有駿)의 『몽유연행록』 권하 1849년(헌종15) 정월 초8일에 "한 절 융복사에 들어가니 전각이 무릇 다섯 겹이다. 한 높은 곳에 올라보니 옥난간을 두른 중에 하나의 탑을 모셨는데, 청람색에 연꽃술 모양으로 크기가 5, 6아름이며 사면 틈 내어 깎은 곳마다 각기 모신 작은 금불은 천백 만이 아니었으며, 맨 위에 큰 부처님 한 분을 모셨다. 그 나머지 전각의 배치는 옹화궁과 비슷하며 매월 이곳에서 열리는 장은 세 차례라고 한다. 入一刹 曰隆福寺 殿閣凡五重 見一卓上 繚以玉欄 中設一塔 其色靑藍 其狀蓮蘂大五六圍 四面罅刻處 各安小金佛 不啻千百 最上置大佛一像 其餘鋪置 與雍和彷彿 而每月於此開市者三云"라고 하였다. [참고문헌] 『釋鑑稽古略續集』, 『釋敎部彙考』, 『湛軒書』, 『夢遊燕行錄』.

융본말 融本末 본과 말이 서로 어울려 장애하지 않음. 동교일승(同敎一乘)에 대한 두 가지 해석 중 하나로 분제승(分諸乘)의 상대어다. 본이란 일승(一乘)이고 말은 삼승(三乘)이다. 화엄종은 『법화경』의 회삼귀일(會三歸一)을 동교일승으로 삼는데, 그 법체(法體)를 분제승이라 하고 명의(名義)를 융본말이라 하였다. 융본말은 다시 민권귀실(泯權歸實)과 남실성권(攬實成權) 두 문으로 나눈다. 『화엄경문의요결문답』 권3(卍속장12, p.692b12)에 "본말이 어울린다는 것에 두 문이 있으니, 첫째는 방편을 끊고 실로 돌아가는 문〈일승이다〉이고, 둘째는 실을 잡아 방편을 성취하는 문〈삼승이다〉이다. 처음인즉 방편을 무너뜨리지 않고 끊었기에 삼승이 곧 일승이어서 삼승을 장애하지 않는다. 후자는 실과 다르지 않은 방편이므로 일승이 곧 삼승이어서 일승을 장애하지 않는다. 그러므로 일승과 삼승이 어울려 거두니 바탕에서 다름이 없다. 融本末者 有其二門 一 泯權歸實門〈卽一乘也〉 二 攬實成權門〈卽三乘也〉 初卽不壞權而卽泯故 三乘卽一 而不礙三 後卽不異實而卽權故 一乘卽三 而無礙一 是故 一三融攝 體無二也"라고 하였다. [참고문헌] 『華嚴經文義要決問答』, 『華嚴五敎章』 권1(대정장45, p.479c15). ⇨ 동교일승설 同敎一乘說, 남실성권 攬實成權, 민권귀실 泯權歸實, 분제승 分諸乘

융불 融咄 신라 스님. 지증대사(智證大師) 지선(智詵 824~882)의 은사인 영주 부석사(浮石寺) 범체(梵體) 대덕과 동시대거나 조금 늦은 9세기 중엽에 활동했던 스님이다. 고려 초기 균여(均如 923~973)가 지은 『십구장원통기』와 『석화엄교분기원통초』 등에 '융불대덕운 融咄大德云'이라 하였고, 『십구장원통기』 권상(한불전4, p.44b3)에 "이 중에 융불대덕은 이르길 '만약 정분에 준해 보면 능히 따르는 것은 이 토해고 따라지는 것들은 세계해다. 하지만 만약 이를 기준한다면 일미법계가 바로 토해다'. 此中融咄大德云 若約情分 能隨是土海 所隨是世界海 若約理云 一味法界 是土海也", 『석화엄교분기원통초』 권7(한불전4, p.426b16)에 "그러므로 융불대덕이 말하길 '종자의 여섯 뜻에는 열 가지 겹이 있으니, 초교사중과 종교삼중 및 일승중후삼관인데 각각 육의를 갖추었다'. 故融咄大德云 種子六義 有十重 謂初敎四重 終敎三重 一乘中後三觀 各具六義故也"라고 하였다. [참고문헌] 『十句章圓通記』, 『釋華嚴敎分記圓通鈔』. ⇨ 범체 梵體, 십구장원통기 十句章圓通記, 석화엄교분기원통초 釋華嚴敎分記圓通鈔, 지선 智詵

융사상입유식 融事相入唯識 어울리는 사들이 서로 들이는 뜻으로서의 유식. 화엄종에서 시설한 십중유식(十重唯識) 중 하나다. 『화엄경탐현기』 권13(대정장35, p.347b11)에 "여덟 번째, 사가 어울려 서로 들이니 유식이라 설한다. 곧 이성이 두렷이 어울려 걸림이 없음으로 이로써 사를 성취하고 사 또한 녹아 스며드니 서로 걸림이 없다. 일이 일체로 들어가기도 하고 일체가 일로 들어가 어떤 장애도 없다. 八 融事相入 故說唯識 謂由理性 圓融無礙 以理成事 事亦鎔融 互不相礙 或一入一切 一切入一 無所障礙"라고 하였다. [참고문헌] 『華嚴經探玄記』. ⇨ 십중유식 十重唯識

융삼세간십신 融三世間十身 삼세(過現未)로 열 가지 몸이 서로 어울려 자유로운 뜻. 화엄종에서 시설한 이종십신(二種十身) 중 하나. 융삼세간십불(融三世間十佛)이라고도 한다. 60권본 『화엄경』 권26(대정장9, p.565b17)·80권본 『화엄경』 권38(대정장10, p.200a20) 등에서 설하는 십신에 따른다. 『화엄경소초』 권4(대정장36, p.31a22)에 "삼신이 곧 십신이고 십신 그대로 삼신이다. 융삼세간십신을 잡아보면 삼신이란 (십신 중 제7신인)여래신으로 삼신과 통하고 (제8신인)지신으로도 삼신에 통하며 (제9신인)법신과 (제10신인)허공신은 법신에 해당한다. 그 나머지 여섯 신(衆生身·國土身·業報身·聲聞身·緣覺身·菩薩身)은 법신과 화신에 통한다. 법신의 체이기 때문이며 중생을 따르고 국토에 응하기 때문이다. 卽三是十 卽十是三 若約融三世間十身 卽三身者 如來身通三身 智身亦通三身 法身虛空身 卽法身 餘六通法化 法身體故 隨物應國土等故", 『화엄약책』(대정장36, p.705a28)에 "융삼세간십신이란 첫째 중생신 … 열째 허공신이다. 일여래신에 이미 십신이 있고 그 나머지 아홉 가지 몸도 또한 그러해서 문득 백 가지 몸이 된다. 또한 서로에게 몸이 되면 다시 천신이 된다. 진실로 응하여 서로 어울리면 하나와 여럿이 스스로 자유롭다. 言融三世間十身者 一 衆生身 … 十 虛空身 於一如來身 旣有十身 餘九身亦然 便成百身 又互相作 便成千身 而眞應相融 一多自在", 『화엄오교장복고기』 권3상(卍속장103, p.523b9)에 "원교일승불이기에 두 가지 십신을 설한다. 융삼세간십신과 불신자구십신이 그것이다. 여기서는 체상용 세 뜻에 따라 설한다. 圓敎一乘佛故說二種十身 融三世間十身 及佛身自具十身 今約體相用三義說", 『수화엄오지망진환원관』(대정장45, p.640b16)에 "이와 같이 십신 중 한 몸을 따라 들면 그 나머지 아홉 가지 몸도 거두기에 '수많은 몸들 한 거울에 비춰 보이고'라 한다. 저 한 몸에 열 가지 몸이 있어 서로 짓는 듯하다. 낱낱의 모공과 낱낱의 몸 어디에나 낱낱의 마디마디마다 십신이 있어 서로 짓는다. 如是十身 隨擧一身 攝餘九身 故曰 多身入一鏡像觀 如一身有十身互作 一一毛孔 一一身分 一一支節中 皆有十身互作"라고 하였다. 이 십신 중 제1신~3신(衆生身·國土身·業報身)은 염분(染分)이고, 제4신~9신(聲聞身·緣覺身·菩薩身·如來身·智身·法身)은 정분(淨分)이며, 제10신인 허공신은 염정에서 벗어나 염정이분이 의지한다. 또한 제2국토신은 국토세간(國土世間), 제1중생신과 제3~6 등 다섯 몸은 중생세간(衆生世間), 제7~10의 네 신은 지정각세간(智正覺世間)으로도 나눈다. [참고문헌] 『華嚴經』, 『華嚴經疏鈔』, 『華嚴略策』, 『華嚴五敎章復古記』, 『修華嚴奧旨妄盡還源觀』, 『十地經論』 권10(대정장26, p.182c17). ⇨ 십신 十身[1], 해경십불 解境十佛, 불신 佛身

융선사정후음 融禪師定後吟 삼매 후 읊은 글. 불교시가. 2종의 돈황본(S2944·P2279)이 현존한다. 이 시는 오언을 기본으로 삼언·칠언도 섞여 있으며, 총287자 59구다. 작자는 S2944에는 융선사로 되어 있으나, P2279에는 '명선사작 命禪師作'이라 하였다. '정후음'이라 하여 정(定)에서 나온 후 읊었다고 하였으니, 육바라밀 각 뜻을 삼매의 입장에서 해설하였다.

융섭 融攝 어울려 서로 거두는 뜻. 『화엄오교장』 권1(대정장45, p.479c20)에 "일승이 그대로 삼승이지만 그러나 하나에 걸리지 않는다. 이렇기에 일승과 삼승을 풀어 거두니 그 바탕에는 둘이 없다. 一乘卽三乘 而不礙一 是故 一三融攝 體無二也", 『화엄경소』 권5(대정장35, p.534b10)에 "만일 어울려 거두면 낱낱이 모이는 중에 일백칠십다섯 무리를 모두 갖춘다. 若融攝 一一會中 皆具一百七十五衆"라고 하였다. [참고문헌] 『華嚴五敎章』, 『華嚴經疏』. ⇨ 해섭 該攝

융섭해섭 融攝該攝 풀어 거두고 꾸려 거두는 뜻. 진여문에서 염정(染淨)의 분별을 넘어서 거두는 뜻과 생멸문에서 염정의 문을 그대로 두고 어울리는 뜻으로 나뉬다. 『기신론소필삭기』 권6(대정장44, p.326c5)에 "이렇게 하면 생멸문 중에서는 해섭이라 이름하고 진여문에서는 풀어 거둔다는 뜻으로 융섭이라 한다. 해섭이란 거두지만 염정이 함께 하는 것이고, 융섭이란 염정이 다 사라진 뜻이다. 斯則生滅門中 名爲該攝 眞如門中 名爲融攝 該攝則染淨俱存 融攝則染淨俱泯"라고 하였다. [참고문헌] 『起信論疏筆削記』. ⇨ 해섭 該攝

융성 隆盛 Ⓢ samṛddhi, Ⓣ yang-dag-par-'grub-pa. 크게 일어나다. 『출요경』 권26(대정장4, p.748c16)에 "신심이 융성하여 불도에 탐락한다. 信心隆盛 貪樂佛道", 『찬집백연경』 권10(대정장4, p.254b25)에 "왕이 이 일을 듣더니 분노가 거세게 일어나 곧바로 활과 화살을 잡고 몸소 쏘았다. 王聞此事 瞋恚隆盛 便取弓箭自手射之", 『십주단결경』 권2(대정장10, p.973c26)에 "어리석은 마음이 거세게 일면 문득 분노가 일어난다. 癡心隆盛 便興恚怒"라고 하였다. [참고문헌] 『出曜經』, 『撰集百緣經』, 『十住斷結經』, *Bodh-bh.233.*

융성 隆聖 당(唐)대 율사인 홍준(洪遵 530~688)의 법호. [참고문헌] 『唐高僧傳』 권21(대정장50, p.611a27). ⇨ 홍준 洪遵

융소 融炤 고려시대 지광국사(智光國師) 해린(海麟 984~1067)의 법호. 스님은 1056년(문종10) 11월 내제석원(內帝釋院)에서 왕사(王師)의 예를 받고 이듬해 융소라는 법칭을 받았으며 1058년(문종12) 5월 초하루에 국사(國師)로 책봉되었다. 「원주법천사지광국사현묘탑비문 原州法泉寺智光國師玄妙塔碑文」에 "청령 3년(1057) 법칭을 드리니 융소이다. 三季 進法稱曰融炤"라고 하였다. [참고문헌] 李智冠 『校勘譯註歷代高僧碑文』 高麗篇2, p.383. ⇨ 해린 海麟

융수 融秀 신라 스님. 8세기 신라 화엄의 중심인물인 신림(神琳)의 제자다. 『법계도기총수록』 권상(대정장45, p.724c17 · 한불전6, p.781b9)에 "이 위에서 설한 것은 처음에 비록 『구사론』에서 인용하였지만 실은 그 논의 뜻은 아니다. 이것은 바로 신림대덕이 융수에게 가르쳐주었던 뜻이니, 관심의 체를 잡아 성교로서 설한 것이다. 此上所說 初雖引俱舍 實非彼論義 此是林德授融秀之義 約觀心體聖敎而說也"라고 하였다. 〔참고문헌〕『法界圖記叢髓錄』. ⇨신림 神琳

융식 融識 심식(心識)을 다 비워 통하여 밝게 하였다는 말. 세친이 제 부파들이 식의 자성을 채워 세식(細識) 등으로 법보의 뜻을 어지럽게 하던 것을 다 평정하고 그 자성을 비워 새롭게 한 뜻이다. 『성유식론술기』 권1(대정장43, p.229a15)에 "법보를 돌이켜보건대 그 글이 무너져 가던 즈음에 이렇게 심식을 통하게 한 이가 출생했으니, 빼어난 자취로 등불 전하니 즈믄밤에 외로이 『구사론』을 밝혔다. 顧惟法寶 斯文行墜 誕玆融識 秀迹傳燈 晦孤明於俱舍", 『성유식론술기서석』(臺灣國圖善本24, p.11b4)에 "이 문은 세친과 겸하여 그 부모를 아울러 찬탄하였다. … 융식이란 보살이 스스로 능히 그 심식을 비워 거둬 통하게 하였다는 뜻이다. 此文兼歎 世親及父母也 … 融識者 謂菩薩自能 虛融其心識", 『거사전』 권38 「만민망 萬民望」(卍속장149, p.929a12)에 "저 거울 모습 비추어도 거울에 자취 남는 일이 없고, 저 새 허공을 날아도 허공에 새의 자취가 없는 듯하다. 이러한 즉 식을 다 풀어 통하게 하여 진실로 돌아가게 하였으니 정을 뒤쳐 그 성을 찾게 하였음이라. 如鏡照形 鏡無留形 如鳥飛空 空無鳥跡 斯則 融識歸眞 反情復性矣"라고 하였다. 〔참고문헌〕『成唯識論述記』, 『成唯識論述記序釋』, 『居士傳』. ⇨세친 世親

융심여법광대 融心如法廣大 마음이 밝게 통해 저 법의 광대함과 같다는 뜻. 『섭대승론석』 권1(대정장31, p.321b12)에 "총명한 사람이 마음 통하여 밝게 하면, 아첨도 교만도 없어 애경하게 되리라. 能令聰敏者融心 無諂無憍生愛敬", 『대승의장』 권9(대정장44, p.640b23)에 "금강심 중의 모든 미혹의 바탕은 망식으로 반연하는 마음이다. 반연하는 마음 쉬지 않으니 정은 법과 따로여서 능히 마음이 저 법의 광대함과 함께 섞일 수 없게 한다. 金剛心中 所有之惑體 是妄識攀緣之心 緣心未息 情與法別 不能融心如法廣大"라고 하였다. 〔참고문헌〕『攝大乘論釋』, 『大乘義章』.

융의 融義 서로 거둬 다 밝은 뜻. 『화엄경소초』 권47(대정장36, p.372b28)에 "십신이 어울리는 뜻 있는 그대로 알 수 있다. 十身融義 居然可知", 『화엄공목장』 권1(대정장45, p.539b8)에 "삼천계가 평등하기에 그 서로 어울리는 뜻 드러내고, 연화장계가 평등하기에 인다라망의 미세하고 평등한 뜻을 밝힌다. 三千界等 顯其融義 蓮華藏界等 明因陀羅微細等義"라고 하였다. 〔참고문헌〕『華嚴經疏鈔』, 『華嚴孔目章』.

융이마외 戎夷魔外 중국의 입장에서 서융(西戎)과 동이(東夷)란 오랑캐가 있듯이, 정법에도 마구니와 외도가 있다. 『경덕전등록』 권13 「규봉종밀전 圭峯宗密傳」(대정장51, p.307a11)에 "왕도가 흥성하면 밖으로 난문을 닫지 않으니 지키는 일 융이에게 있듯이, 불도 갖춘즉 모든 법 다 거둬 가졌으니 막아내는 일 마구니와 외도에게 맡겨둔다. 王道興則外戶不閉 而守在戎夷 佛道備則 諸法總持 而防在魔外"라고 하였다. 〔참고문헌〕『景德傳燈錄』, 『都序』 「敍文」(대정장48, p.399a3).

융입 融入 걸림없이 어울려 서로 듦. 『화엄경소』 권48(대정장35, p.865b14)에 "낱낱의 씀 두루하니 모양과 씀이 드넓다. 낱낱 헤아리기 어려울 만큼 서로서로 통하여 드니 체와 용 깊음이다. 이런 모습 오로지 원교에만 속한다. 一一用遍 相用廣矣 一一難思 互相融入 體用深矣 若此之相 唯屬圓敎", 『마하지관의례수석』 권3(卍속장99, p.887a18)에 "하나하나가 모두 네 가지로서 자유롭게 통하지 않음이 없고 그 모두가 모든 문과 더불어 섞여 들어가는 뜻에서 같다. 一一皆四 無不融通 皆與諸門 融入義同"라고 하였다. 〔참고문헌〕『華嚴經疏』, 『摩訶止觀義例隨釋』.

융조 融肇 구마라집(鳩摩羅什)의 큰 제자 승융(僧融)과 승조(僧肇)를 함께 일컫는 말. 『불조역대통재』 권19(대정장49, p.683a20)에 "(覺範慧洪은 眞淨克文의 인가를 받고) 비로소 호상에서 자유롭게 되었다. 형주 장승상이 그의 이름을 듣고 협주천녕사에서 법 전해주기를 청하였으나 시 두 편으로 고사하였다. 이후 석장 짚고 장승상을 보러가니, 장승상이 스님을 보고 반기면서 '지금 세상의 승융이자 승조이십니다'라고 하였다. 始自放於湖湘之間 荊州張丞相聞其名 請傳法於峽州天寧寺 以二詩辭焉 已而杖策謁公 公見之喜曰 今世融肇也"라고 하였다. 〔참고문헌〕『佛祖歷代通載』, 『出三藏記集』 권1(대정장55, p.4c29). ⇨승융 僧融, 승조 僧肇

융종 融宗 신라 중대 스님. 진문대덕방(眞門大德房)에 주석하던 진표율사를 참방하여 계법을 간청한 세 스님 중 한 분이다. 『삼국유사』 권4(대정장49, p.1008c14 · 한불전6, p.352b5) 의해5 관동풍악발연수석기(關東楓岳鉢淵藪石記)에 "속리산 대덕 영심이 대덕 융종 · 불타 등과 율사 계신 곳(진문대덕방)에 함께 나아가 청하였다. '저희들 천리를 멀다 여기지 않고 와서 계법을 구하오니 원컨대 법문을 받고자 합니다'. 俗離山大德永深 與大德融宗佛陁等 同詣律師所 伸請曰 我等不遠千里來求戒法 願授法門"라고 하였다. [참고문헌]『三國遺事』. ⇨ 진표 眞表, 영심 永深, 법주사 法住寺 ❷

융즉 融卽 어울려 함께 섞이나 낱낱의 자성 그대로인 뜻. 『화엄경소』 권46(대정장35, p.851b27)에 "색과 공이 통하여 진법계고, 연기가 다함 없으니 하나 그대로 모든 것들 드러낸다. 色空融卽 爲眞法界 緣起無盡 卽一現多", 『화엄경소초』 권17(대정장36, p.132b15)에 "서로서로 통하여 그대로이니 다르다고 할 수 없으며, 각기 모양 뚜렷이 그대로여서 하나도 아니다. 互相融卽 故曰非異 兩相歷然 故曰非一"라고 하였다. [참고문헌]『華嚴經疏』. ⇨ 융통 融通, 상즉상입 相卽相入

융질 融質 신라 스님. 『십구장 十句章』이 유포된 9세기초 이후에 활동하였던 스님으로 추정된다. 고려 초기 균여(均如 923~973)가 지은 『십구장원통기』와 『법계도기총수록』 등에 '융질대덕운 融質大德云'이라 하여 융질의 화엄에 관한 견해가 수록되어 전한다. 『십구장원통기』 권하(한불전4, p.63b16)에 "융질대덕이 이르길 '해인의 분상문이 있고 해인의 통상문이 있다'고 하였다. 만약 해인분상문을 잡아보면, 『화엄경』의 법은 해인정에 의지해 일어나며 하교법은 불후득지에 의지해 일어난다. 融質大德云 有海印分相門 有海印通相門 若約海印分相門 則華嚴經法 依海印定起 下教之法 依佛後得智起", 『법계도기총수록』 권상(대정장45, p.734a16 · 한불전6, p.796a19)에도 "융질대덕께서 이르시길 육상이라는 것은 오직 이 교문의 시설일 뿐이다. 법체상으로는 관련될 것이 없으므로 방편이라 이름한다. 融質德云六相者 唯是教門施設耳 於法體上無所關也 故言方便也"라고 하였다. [참고문헌]『十句章圓通記』, 『法界圖記叢髓錄』. ⇨ 십구장원통기 十句章圓通記, 법계도기총수록 法界圖記叢髓錄, 삼해인 三海印

융창사 隆昌寺 중국 강소성(江蘇省) 구용시(句容市) 보화산(寶華山)에 위치한 절. 양(梁)대인 502년(천감1)에 처음 세웠다. 양나라의 고승 보지화상(寶志和尙)이 이곳에 암자를 짓고 경을 전파하였기에 보지공암(寶志公庵)이라 불렀다. 이후 명(明)대 신종(神宗)이 만력년간(1573~1620)에 대장경과 호국성화융창사(護國聖化隆昌寺)라는 이름을 내렸고, 이로 인해 융창사로 개명하였다. 또한 관음성상(觀音聖像)도 조성하여 나라에 대사(大事)가 있을 경우 관리를 파견하여 기도를 올리기도 하였다. 삼매율사(三昧律師) 적광(寂光 1508~1645)이 주장석(主丈席)에 들어오면서 율사(律寺)로 바뀌었고, 제자 견월(見月)이 이어 크게 융창하면서 계율을 공부하는 이들이 세상에 널리 퍼졌다. 강희년간(1662~1722)에 혜거사(慧居寺)로 개명하기도 하였다. [참고문헌]『沙彌尼律儀要略』(卍속장106, p.698a2), 『百丈淸規證義記』 권7(卍속장111, p.829a15).

융천 融天 신라 제26대 진평왕(재위 579~632) 때 스님. 『삼국유사』 권5(대정장49, p.1015a7 · 한불전6, p.362c7) 감통(感通)7 융천사혜성가진평왕대(融天師彗星歌眞平王代)에 "제5거열랑 · 제6실처랑 · 제7보동랑 등 세 화랑 무리가 풍악을 유람하고자 하였는데, 마침 혜성이 심대성을 침범하므로 낭도들이 불길함을 예측하고 여행마저 파하였다. 그때 융천이 노래를 지어 불렀더니 혜성이 곧 사라졌을 뿐만 아니라, 일본 병사들도 물러갔다. 다시 복되고 기쁜 세월 돌아왔기에, 왕이 크게 기꺼워하면서 낭도들을 풍악으로 보내어 유람하게 하였다. 第五 居烈郎 第六 實處郎 第七 寶同郎等 三花之徒 欲遊楓岳 有彗星犯心大星 郎徒疑之 欲罷其行 時天師作歌歌之 星怪卽滅 日本兵還國 反成福慶 大王歡喜 遣郎遊岳焉"라고 하였다. 이때 지어 부른 노래가 「혜성가 彗星歌」이다. [참고문헌]『三國遺事』. ⇨ 혜성가 彗星歌

융천 融闡 신라말 고려초 스님. 대경대사(大鏡大師) 여엄(麗嚴 862~930)의 오백제자 중 흔정(昕政)과 더불어 수제자(首弟子)로 꼽혔던 스님이다. 「지평보리사대경대사현기탑비문 砥平菩提寺大鏡大師玄機塔碑文」에 "학업을 전해 받은 제자 융천과 흔정 등 오백에 가까운 사람들이 공손히 스님의 유덕을 펴고자 비석을 세울 것을 윤허해 달라는 표를 올렸다. 傳業弟子 融闡昕政等 五百來人 恭叙遺德 表以上聞"라고 하였다. [참고문헌]『朝鮮金石總覽』 권상 p.133, 李智冠『校勘譯註歷代高僧碑文』高麗篇1 p.78. ⇨ 여엄 麗嚴

융철정선사어록 融徹頂禪師語錄 청대 스님 융철원정(融徹圓頂)의 어록. 1권. 사법제자 명성(明盛) · 명총(明聰) 엮었다. 1695년(강희34) 간행. 『옥천기백부선사어록 玉泉其白富禪師語錄』의 부록으로 가흥장38, pp.970b1~973a24에 수록되었다. 원제목은 『반룡산옥천융철정선사어록 蟠龍山玉泉融徹頂禪師語錄』이다. 상당(上堂) · 소참(小參), 여자출정(女子出定)을 비롯한 7편의 송고(頌古)와 상찬(像贊) 등으로 구성되었다.

융체 隆替 일어나고 쇠함. 『선림보훈』 권1(대정장48, p.1019b12)에 "예부터 불법은 비록 일어나고 쇠하길 거듭하지만 흥쇠의 이치는 가르쳐 교화함을 따르지 않은 적이 없었다. 自古佛法雖隆替有數 而興衰之理 未有不由教化而成", 『경덕전등록』 권4 「전식전 全植傳」(대정장51, p.232c10)에 "문경이 전식선사에게 물었다. '장차 닥칠 불법의 융성과 쇠퇴는 어떠합니까?' '참되고 알찬 존재는 옛도 없고 지금도 없으며 자취마저 남기지 않는다'. 文卿問曰 將來佛法 隆替若何 師曰 眞實之物 無古無今 亦無軌躅"라고 하였다. 〔참고문헌〕『禪林寶訓』, 『景德傳燈錄』.

융체 融諦 신라말 고려초 스님. 상주(尙州) 공산(公山) 삼랑사(三郎寺)에 주석하였고, 원종대사(元宗大師) 찬유(璨幽)가 스님을 은사로 득도하였다. 「여주고달원 원종대사혜진탑비문 驪州高達院元宗大師惠眞塔碑文」에 "원종대사께서 원대로 해후하여 삭발하고 출가하였으니, 상주 공산 삼랑사의 융체선사를 스승으로 엎드려 모시면서 '도를 논함에 현현하고 중생을 교화함에 혁혁하시니 제자가 되길 원하여 멀리서 선사를 찾아 왔습니다'라고 하였다. 이때 융체선사가 이르기를 '오늘 네가 나를 찾아온 뜻을 헤아려보건대, 이는 후일 크게 중생을 이롭게 하려는 것이로구나'라고 하였다. 大師以邂逅適願 卽落髮出家 伏承尙州 公山 三郎寺 融諦禪師 論道玄玄 化人赫赫 願爲弟子 遙詣禪師 禪師若曰 格汝見今日之來儀 認他時之利見"라고 하였다. 〔참고문헌〕李智冠『校勘譯註歷代高僧碑文』高麗篇2 p.19. ⇨ 찬유 璨幽

융통 融通 ❶ 어울려 걸림없이 통함. 만법(萬法)을 다 거두어 함께 해도 제법의 자성은 그대로여서 통하여 자유로운 뜻이다. 『화엄경소초』 권78(대정장36, p.614b29)에 "융통이란 하나의 티끌 그대로이면서 일체를 거둔다. 言融通者 一塵卽攝一切", 『화엄경탐현기』 권16(대정장35, p.414a5)에 "이는 법성융통문으로 푼다. 곧 사는 이를 따라 자유롭게 통하므로 상즉상입을 얻는다. 此是以法性融通門釋 謂事隨理以融通故 得相卽相入故也", 『화엄오교지관』(대정장45, p.512b21)에 "〔문〕공과 유 둘이 없으면 그대로 들어가 자유롭게 통한다 하였으니, 어떻게 다시 '눈귀 등으로 보는 대로 법계로 들어간다'고 말하는가? 〔답〕 만일 능히 공과 유가 이와 같다고 본다면 망령되이 보는 마음이 다해야 비로소 이를 따라 법계로 들어간다. 問 旣言空有無二 卽入融通者 如何復云 見眼耳等 卽入法界中耶 答 若能見空有如是者 卽妄見心盡 方得順理 入法界也", 『법화문구기』 권5상(대정장34, p.236c21)에 "융통이란, 따로이 있는 것들을 빌어와야 비로소 걸림없이 통한다 할 수 있다. 融通者 爲借別故 故須融通", 『대반열반경소』 권21(대정장38, p.164a16)에 "신이란 대열반으로서 천연의 이치다. 이 이치 융통하여 자재하여 꾸리지 않음 없으니 그 이름 신통이다. 神是大涅槃 天然之理 此理融通 自在無閡 故稱神通", 『원오어록』 권14(대정장47, p.775c21)에 "덕산의 방과 임제의 할은 모두 무생을 사무쳐 깨닫고 저 끝도 저 바닥마저 꿰뚫어 걸림없이 통하여 자재하다. 德山棒 臨濟喝 皆徹證無生 透頂透底 融通自在"라고 하였다. 〔참고문헌〕『華嚴經疏鈔』, 『華嚴經探玄記』, 『華嚴五敎止觀』, 『法華文句記』, 『圜悟語錄』. ⇨ 융통무애 融通無礙, 상즉상입 相卽相入 ❷ ➡ 융통도태 融通淘汰

융통도태 融通淘汰 걸림없이 통하게 하여 가려내다의 뜻. 『천태사교의』(한불전4, p.519b4)에 "다음으로 반야를 설하여 가르침을 뒤치고 좋은 것을 주며 어울려 통하여 가려냈다. 次說般若 轉敎付財 融通淘汰", 『석가여래행적송』 권상(한불전6, p.499a8)에 "모든 반야부에서 수보리와 사리불에게 명하여 보살들에게 뒤쳐 가르쳐 제법의 융통도태를 알게 하셨다. 諸部般若 命空生身子 轉敎菩薩 令知諸法融通淘汰"라고 하였다. 〔참고문헌〕『天台四敎儀』, 『釋迦如來行蹟頌』. ⇨ 반야시 般若時, 반야전교 般若轉敎, 도태교 淘汰敎

융통도태견탕집정 融通淘汰遣蕩執情 융통하여 가려내고 집정을 보냄. 『인왕호국반야바라밀경소신보기』 권1(대정장33, p.289c9)에 "이승은 이에 융통하여 가려내고 집정을 보내야 법화의 개현일미 감당해 얻는다. 二乘於是 融通淘汰 遣蕩執情 堪至法華 開顯一味"라고 하였다. 〔참고문헌〕『仁王護國般若波羅蜜經疏神寶記』.

융통망상 融通妄想 이리저리 통하는 망상. 사망상(四妄想) 또는 오망상(五妄想) 중 하나. 생각한 일을 몸도 따라 응하여 색법의 장애도 넘어 움직이는 망상의 특징이다. 『수능엄의소주경』 권9(대정장39, p.953a15)에 "융통망상이란, 상이란 것은 능히 통하여 변하고 몸은 마음을 따른다. 마음으로 신 매실을 생각하면 입 안에 침 흐르듯 물질의 장애마저 통하니 융통이다. 融通妄想者 想能融變 身隨於心 心想酢梅 口中流水 融通質礙 故名融通"라고 하였다. 〔참고문헌〕『首楞嚴義疏注經』. ⇨ 상온 想蘊, 사망상 四妄想, 오망상 五妄想

융통무애 融通無礙 어울려 통하여 걸림없다는 뜻. 『수화엄오지망진환원관』(대정장45, p.640c22)에 "융통하여 걸림 없고 하나도 모두도 서로 만나 함께하니 이지러짐 없이 두렷이 다 알아 상응하니 그 이름 불지다. 融通無礙 一多交參 圓證相應 名爲佛地", 『화엄삼보장』 권하(대정장45, p.621a11)에 "저 하나 음 그대로 수많은 음과 같이하니 융통하여 걸림 없다. 이것을 하나의 범음이라 한다. 以彼一音 卽多音故 融通無礙 名一梵音", 『화엄경문의요결문답』 권1(卍속장12, p.653a3)에 "때라 한 것은, 구경을 설하고 듣는 때이니 처음으로 정각을 이룬 때를 말한다. 한 찰나든 무량한 겁이든 융통하여 걸림도 없으니 일체 빠짐없이 거두기에 모두 거두지 못할 것이 없다. 時者 說聽究竟之時 謂始成正覺時 一刹那 或無量劫 融通無礙 具攝一切 無不皆攝"라고 하였다. [참고문헌]『修華嚴奧旨妄盡還源觀』, 『華嚴經三寶章』, 『華嚴經文義要決問答』. ⇨ 융통 融通

융통즉변 融通卽遍 함께하여 통하면 곧바로 일체에 두루하여 미치지 못함이 없게 된다는 뜻. 『화엄경지귀』(대정장45, p.595c15)에 "발심의 이익이란, 신위 가득 차면 저 부처님 경지와 부합한다는 뜻이다. 이 대심을 일으키면 이 마음 그대로 보현법으로 거둔다. 그러므로 함께하여 통하면 곧바로 두루 미친다. 發心益者 謂信位滿 稱彼佛境 發此大心 此心卽是普賢法攝 是故 融通卽遍"라고 하였다. [참고문헌]『華嚴經旨歸』. ⇨ 융통 融通

융하 戎夏 ❶ 변방과 중국. 융(戎)은 서융(西戎)으로 변방민족을 대표하고, 하(夏)는 하화(夏華)로 중국을 뜻한다. 『고금도서집성신이전이씨부휘고』 권상(卍속장150, p.344b1)에 "만백성이 삼가고 부지런히 자신을 닦고 자애로움과 검소함으로써 다른 이를 기르니, 변방과 중국이 이에 평화롭고 조정과 민간에 아무런 탈이 없다. 萬姓 恭勤以修己 慈儉以養人 戎夏乂安 朝野無事"라고 하였다. [참고문헌]『古今圖書集成神異典二氏部彙考』. ❷ 한여름. 융(戎)은 크고 사나운 모양을 뜻한다. 『당고승전』 권25 「혜달전 慧達傳」(대정장50, p.644c21)에 "혜달은 훗날 출가하여 문성군에서 머물렀으니, 지금의 자주(慈州 : 山西省 臨分市) 동남쪽 고평원으로 그의 출생지이기도 하다. 묘상이 있는 것을 발견하고 한여름에 예경을 드리고는 자신이 관할하던 안민사로 옮겨 모셨다. 達後出家 住于文成郡 今慈州東南高平原 卽其生地矣 見有廟像 戎夏禮敬 處于治下安民寺中"라고 하였다. [참고문헌]『唐高僧傳』.

융합 融合 ❶ 어울려 섞이고 합함. 환으로 있고(幻有) 체로 공한(體空) 제법들이 합하고 서로 통하는 뜻이다. 『화엄경탐현기』 권1(대정장35, p.124b29)에 "여섯째, 체와 용이 쌍으로 어울리는 뜻이다. 모든 연기법요로서 쓰임이 서로 섞이고 온전한 체가 어울려 합하는 것이다. 바야흐로 연기가 성취된다. 六 體用雙融義 謂諸緣起法要 力用交涉 全體融合 方成緣起", 같은 책 권7(대정장35, p.240b9)에 "융합에도 두 가지 뜻이 있다. 첫째는 별합이고, 둘째는 통융이다. 처음 진중에 연을 따르나 변하지 않기에 진이면서 진이 아니고 진 아니면서 진 아닌 것도 아니다. 이를 진법신이라 한다. 변화중에도 체는 공하기에 환으로 있을 뿐이다. 변화이면서 변화하지 않으며, 변화 아니면서 변화하지 않는 것도 아니다. 이를 부처님의 화신이라 한다. 둘째, 통융은 진은 변화하지 않기에 드러난 변화의 체는 공이다. 이는 진 없지 않고 변화 실로 있는 것이 아니니 법신에 화용이 없지 않다고 여긴다. 변화 속에 공의 뜻 있기 때문이다. 融合亦二義 一 別合 二 通融 初中由眞中隨緣 則不變故 是故 亦眞亦不眞 非眞不非眞 名爲眞法身 化中體空 則幻有故 是故 亦化亦不化 非化非不化 名爲佛化身 二 通融 謂由眞不變 顯化體空 此是眞不無化不有 以爲法身不無化用 以有化中空義故"라고 하였다. [참고문헌]『華嚴經探玄記』. ❷ 삼매의 뜻으로 번뇌 그대로 온전히 깨달음인 경지. 『수능엄의소주경』 권9(대정장39, p.948a13)에 "지금 삼매란 저들이 증한 바와 같고 섞이고 합하여 한 몸이니 허망한 그 자리 온전히 깨달음일 뿐이다. 마땅히 이 자리 고요하고 자유롭다. 今三昧者 同彼所證 融合一體 妄處全覺 故云 當處湛然"라고 하였다. [참고문헌]『華嚴經探玄記』, 『首楞嚴義疏注經』.

융화 隆化 수말당초(隋末唐初) 선사(禪師) 혜만(慧滿)의 법호. 상주(相州 : 河南省 安陽市) 융화사(隆化寺)에 주석했기에 붙여진 법호다. [참고문헌]『景德傳燈錄』 권3(대정장51, p.221b28), 『五燈全書』 권3(卍속장140, p.202a13). ⇨ 혜만 慧滿

융화사 隆化寺 중국 하남성(河南省) 상주(相州 : 安陽市)에 있던 절. 당나라 때 혜만선사(慧滿禪師)가 주석하였던 곳이다. [참고문헌]『唐高僧傳』 권16(대정장50, p.552c8), 『景德傳燈錄』 권3(대정장51, p.221b28), 『禪苑蒙求』 권중(卍속장148, p.233a18). ⇨ 혜만 慧滿

융회 融會 풀고 어울려 서로 만남. 『인왕호국반야바라밀경소신보기』 권1(대정장33, p.287c13)에 "양가의 설을 다 풀어 만나게 한다. 融會兩家之說", 『화엄경소』 권55(대정장35, p.917c11)에 "인과 법이 서로 섞여 만나게 함은 참으로 널리 통하게 하려는 뜻이다. 人法融會 貴在弘通", 『대승백법명문론개종의기서석』(대정장85, p.1065c26)에 "만일 어울려 만난다면 만법이 함께 하나의 자취로 돌아간다. 若融會者 則萬法同歸一轍"라고 하였다. [참고문헌]『仁王護國般若波羅蜜經疏神寶記』, 『華嚴經疏』, 『大乘百法明門論開宗義記序釋』.

융흥불교편년통론 隆興佛教編年通論 남송(南宋) 1164년(융흥2) 석실조수(石室祖琇) 편찬. 29권. 卍속장130, pp.417a1~712b1에 수록되어 있다. 줄여서 『융흥편년통론』·『편년통론』이라고도 한다. 편년체 불교사서로서 불교가 중국에 전래된 동한(東漢)의 기원전 64년(영평7)부터 후주(後周) 957년(현덕4)까지의 불교와 관련된 주요한 사실(史實)을 기술하고 각 기사 아래에 '논왈 論曰'로 시작하는 찬자의 평을 실었다. 선승(禪僧)에 관련된 기사가 상세한 점이 특징이다. 또한 각 시대의 대덕(大德)과 그 업적의 본말을 기록하였는데, 이는 『석씨계고략 釋氏稽古略』(대정장49, No.2037)에 영향을 주었다. 본책은 28권이고, 제29권은 대종(代宗)·진종(眞宗)·인종(仁宗)·휘종(徽宗)의 「어제서 御製序」로 이루어져 있다. ⇨ 계고략 稽古略

융흥사 隆興寺 중국 하북성(河北省) 정정현(正定縣)에 위치한 사찰. 대불사(大佛寺)·정정대불사(正定大佛寺)라고도 한다. 586년(개황6)에 창건하였는데 처음에는 용장사(龍藏寺)라고 하였다. 당오대(唐五代)를 거치면서 병란과 폐불로 영락했다가 971년(개보4) 북송 태조의 칙명으로 현재의 지역으로 확장·이전하면서 용흥사(龍興寺)로 중창하였고 천수천안관음대상도 모셨다. 1180년(대정20) 순도(順道)가 사찰 동쪽에 불정존승다라니석당(佛頂尊勝陀羅尼石幢)을 세웠는데, 여러 차례 중수하였지만 송대양식을 유지하고 있다. 1052년(황우4)에 건축한 마니전(摩尼殿)의 벽면에는 명대(明代) 성화년간(1465~1487)에 그린 고사화가 남아 있고, 중앙의 단에 오존의 불상을 모셨는데 그중 석존·아난·가섭상은 송대에 제작한 소조(塑造)이다. 971년에 건축한 주각(主閣)에는 높이 22미터의 동조(銅造) 천수천안관세음보살상이 모셔져 있었으나 현재 주각은 파괴되어 남아 있지 않다. 사찰 후전(後殿)의 아미타불상과 중앙의 정전(正殿)에 천수관음소상(小像)이 전한다.

융흥사 마니전

은 恩 Ⓢupakāra, upakārin, kṛta, Ⓟupakāra, kata, Ⓣphan-pa, byas-pa. 베풀고 갚을 일 있음. 크게 세간과 출세간을 아울러 네 가지 은(四恩：父母恩·衆生恩·國王恩·三寶恩)이라 하지만, 중생에게는 모두 중생이 서로 은이고, 보살에게는 중생이 은 그 바탕이다. 『대승본생심지관경』 권2(대정장3, p.297a12)에 "세간과 출세간을 아우르는 은혜에는 네 가지가 있다. 첫째 부모은, 둘째 중생은, 셋째 국왕은, 넷째 삼보은이다. 이와 같은 네 가지 은혜는 일체중생 모두가 한결같이 짊어지고 있는 것이다. 世出世恩 有其四種 一 父母恩 二 衆生恩 三 國王恩 四 三寶恩 如是四恩 一切衆生 平等荷負", 『대승본생심지관경천주』 권2(卍속장34, p.136b11)에 "부모에게는 기른 은혜가 있고, 중생에게는 서로 나게 한 은혜가 있고, 나라에는 덮어 감싸 준 은혜가 있고, 삼보에게는 생사의 바다 건너게 해 준 은혜가 있다. 父母有養育之恩 衆生有互生之恩 國王有覆燾之恩 三寶有濟度之恩"라고 하였다. 또한 *Puggala-paññatti*(人施設論, *Pp.*, p.26)에 "무엇이 세간에서 얻기 어려운 두 사람인가? 하나는 먼저 은혜를 베푸는 사람이고, 다른 하나는 은혜를 알아 갚을 줄 아는 사람이니, 이들이 세간에서 얻기 어려운 두 사람이다. katame dve puggalā dullabhā lokasmiṃ. yo ca pubbakārī yo ca kataññu-katavedī. ime dve puggalā dullabhā lokasmiṃ"라고 하였는데, 여기서 '은혜를 아는 사람'에 해당하는 원어 카타뉴(Ⓟkataññu)를 직역하면 '행해진 것을 아는 사람'이라는 뜻이다. 『유가사지론』 권25(대정장30, p.420c18)에 "누군가에 베푼다면 네 가지로 베푼다. 첫째 고통받는 이, 둘째 은혜 있는 이, 셋째 친히 사랑하는 이, 넷째 섬겨 뛰어난 이다. … 은혜 있는 이란, 때론 부모고 양모이며, 양육시켜 기른 이다. 때론 광야의 모래언덕에서 능히 구한 이, 굶주려 죽게 됐을 때 피마저 짜 준 이, 적중에 두려워할 때 구한 이, 잡혀 꼼짝할 수 없을 때 풀어준 이, 가르쳐 지혜롭게 하고 안락하게 한 이, 함께 기뻐하고 함께 슬퍼한 이, 액난을 당해도 서로 버리지 않은 이, 이외에도 이와 같은 모든 이들이 은혜로운 이들이다. 誰所施者 謂四種所施 一 有苦者 二 有恩者 三 親愛者 四 尊勝者 … 云何有恩者 謂或父母 或乳飮者 或養育者 或成長者 或於曠野沙磧等中能濟度者 或飢儉時能賑恤者 或怖怨敵而救援者 或被執縛而能解者 或遭疾病而救療者 敎利益者 敎安樂者 引利益者 引安樂者 隨所生起諸事務中 爲助伴者 同歡喜者 同憂愁者 遭厄難時 不相棄者 復有所餘 如是等類 名有恩者", 같은 책 권40(대정장30, p.511b19：*Bodh-bh.*, p.4)에 "또한 보살들은 앞서 은혜를 입었던 유정들의 처소에서 그들을 잘 지켜 주고 그들의 은혜를 알며, 적절하게 눈앞에 나타나 보답한다. 又諸菩薩 於先有恩 諸有情所 善守知恩 隨其所應 現前酬報 upakāriṣu ca sattveṣu kṛtajño bhavati kṛtavedī. arthikeṣu ca sattveṣu ṛjutāṃ pratipadyate", 같은 책 권72(대정장30, p.695b22)에 "은이 있는 이들이란, 첫째 아버지, 둘째 어머니, 셋째 처자, 넷째 노비와 나를 돕는 이들, 다섯째 친우·형제·친속·관리 등이다. 其有恩者 亦有五種 一 母 二 父 三 妻子 四 奴婢僕使 五 朋友兄弟親屬宰官", 같은 책 권83(대정장30, p.760b4)에 "권속이 아니면서 은혜를 베푼다면 그 이름 은이 있는 이다. 若非眷屬 而施恩惠 名有恩者", 『대승장엄경론』 권12(대정장31, p.651b21：*Sūtr.*, p.164)에 "중생은 여섯 가지로 은혜 갚는다. 집착하지도 범하지도 않는다. 지을 줄 알고 또한 선으로 행하니 이와 같이 육바라밀 닦는다. 이것이야말로 보살의 은혜 갚는 일이다. 풀어 말하길 저 보살께서 중생을 요익케 하셨으니, 중생은 보살의 은혜 갚기를 보살과 같이 한다. 衆生六種報恩 偈曰 不著及不犯 知作亦善行 如是修六度 是報菩薩恩 釋曰 如菩薩饒益

衆生 衆生報菩薩恩亦如是 ṣaṭsu pāramitāsv eva vartamānā hi dehinaḥ, bhavanti bodhisatvānāṃ tathā pratyupakāriṇaḥ. tatheti yathā teṣāṃ bodhisatvā upakāriṇaḥ", 『화엄경소초』 권61(대정장36, p.492a16)에 "〔소〕 은을 받고 항상 적은 은혜에도 크게 갚아야 한다고 하는 것은 열반문이다. 십행 이미 행하였으니, 이제는 중생이야말로 나에게는 은이 있는 이다. 만약 중생이 없다면 어찌 능히 내가 보현행 성취할 수 있으리오. 疏 受恩常念小恩大報者 卽涅槃文 十行已引 衆生於我有恩者 若無衆生 不能成我普賢行故", 『범망경고적기』 권4(한불전3, p.477a7)에 "다섯째 은을 베풀고 은혜 갚는 방편선교다. 유정에게 힘따라 적건 많건 베푸는 것으로 은혜 짓는다. 때론 액난에서 구하지만, 저들이 은혜 갚고자 하면 보살은 그때 권하여 선을 닦게 하는 것만이 은혜를 갚고 받는 일일 뿐, 세간의 재물로 서로 주고받아서는 안 된다. 五 施恩報恩方便善巧 謂於有情 隨力少多 施作恩惠 或濟厄難 彼欲報恩 菩薩爾時 勸令修善 以受報恩 告言莫以 世財相酬"라고 하였다. 〔참고문헌〕『大乘本生心地觀經』, 『大乘本生心地觀經淺註』, 『瑜伽師地論』, 『大乘莊嚴經論』, 『華嚴經疏鈔』, 『梵網經古迹記』, 36권본 『大般涅槃經』 권27(대정장12, p.785a18), 『法華玄贊』 권3(대정장34, p.696a8), *Pp.*, *Bodh-bh.*, *Sūtr.*, *Abh-k-bh.260.* ⇨ 사은 四恩❶❷, 은애 恩愛, 은혜 恩惠, 보현행 普賢行

은 銀 Ⓢ rajata, rūpya, Ⓟ rajata, rūpiya, sajjha, Ⓣ dngul, stang-zil. 칠보(七寶) 중 하나. 금(金) 다음가는 보배로 여겨 은보(銀寶)라고도 한다. 『대지도론』 권10(대정장25, p.134a17)에 "〔문〕 이 여러 보배는 어디에서 나오는가? 〔답〕 금은 산의 광석이나 모래, 적동에서 나온다. … 은은 광석을 불로 녹여 나온다. 問曰 是諸珍寶 從何處出 答曰 金出山石沙赤銅中 … 銀出燒石", 『번역명의집』 권3(대정장54, p.1105b22)에 "아로파 : 야다(惹多)라고도 하며, 은이라고 한역한다. 阿路巴 或惹多 此云銀", 『사분율명의표석』 권19(卍속장70, p.690a16)에 "생상(生像) : 외국에서는 금을 생이라고 부르고, 은을 상이라고 부른다. 금은 나올 때부터 색이 본래 누른 빛이어서 생이라고 하고, 상이란 그럴듯하다는 뜻이니, 은은 물들여 금인듯 하므로 상이라고 한다. 生像 外國喚金爲生 稱銀名像 謂金生色本自黃 故云生 像者 似也 謂銀可以染色似金 故云像", 『종경록』 권39(대정장48, p.648b28)에 "큰 복인은 금을 얻고, 중복인은 은을 얻으며, 하복인은 동을 얻는 것과 같다. 若大福人得金 中福人得銀 下福人得銅"라고 하였다. 〔참고문헌〕『大智度論』, 『翻譯名義集』, 『四分律名義標釋』, 『宗鏡錄』, *Bodh-bh.3.*, *Laṅk.128.*, *Mvyut.*, *Vin.4.163.*, *SN.3.146.* ⇨ 칠보 七寶

은거 隱居 세간을 떠나 한적한 곳에 지내는 것. 은둔(隱遁)·은일(隱逸)이라고도 한다. 『수행본기경』 권상 「현변품 現變品」(대정장3, p.461c17)에 "그때 범지인 유동이 있었으니 이름은 무구광이었다. 어렸음에도 총명하고 지혜로웠으며 뜻은 크고 포부가 넓었다. 산림에 은거하며 그윽함을 지키고 선을 행하였다. 是時 有梵志儒童 名無垢光 幼懷聰叡 志大苞弘 隱居山林 守玄行禪", 『경덕전등록』 권4 「유정전 惟政傳」(대정장51, p.234b5)에 "무종이 즉위하자 유정은 홀연히 종남산에 들어가 은거하였다. 至武宗卽位 師忽入終南山隱居"라고 하였다. 〔참고문헌〕『修行本起經』, 『景德傳燈錄』, 『坐禪三昧經』 권하(대정장15, p.277b25). ⇨ 은둔 隱遁, 은사 隱士

은고사 銀古寺 평안남도 중화군 관음산(觀音山)에 있던 절. 은구사(銀口寺)라고도 한다. 『동국여지승람』 권55 평안도 상원군 불우·『범우고』에 절의 이름과 위치가 전한다. 〔참고문헌〕『東國輿地勝覽』, 『梵宇攷』, 『韓國寺刹全書』 권하 p.950b9. ⇨ 은구사 銀口寺

은공 誾公 생몰연대 미상. 일본 스님. 『정종실록』 권52년(1400) 8월 21일에 "박다성 승천선사 주지 은공이 사람을 보내어 예물을 바치고 대장경을 구하였다. 博多城 承天禪寺住持誾公 使人獻禮物 求藏經"라고 하였다. 〔참고문헌〕『定宗實錄』.

은공현유종 隱空顯有宗 공은 숨기고 유만을 드러내는 종. 부처님의 일대시교를 공·유(空有)의 은·현(隱現)에 따라 셋으로 나눈 원측(圓測)의 설로서 나머지는 은유설공종(隱有說空宗)과 원리이변종(遠離二邊宗)이다. 원측의 『해심밀경소』 권5(한불전1, p.287a9)에는 "그러나 초법륜은 공은 숨기고 유만 설했으며, 지금 이것은 제2로 유는 숨기고 공만 설했다. 然初法輪 隱空說有 今此第二 隱有說空"라고 하여 은공설유(隱空說有)라고 되어 있다. 『범망경술기』 권상(한불전2, p.115b6)에 "공을 숨기고 유를 드러내는 종이란 사제의 법륜 등 모든 소승경을 말한다. 所言隱空顯有宗者 謂四諦法輪等 諸小乘經"라고 하였다. 〔참고문헌〕『解深密經疏』, 『梵網經述記』. ⇨ 은유설공종 隱有說空宗, 원리이변종 遠離二邊宗

은구사 銀口寺 평안남도 중화군 관음산(觀音山)에 있던 절. 은고사(銀古寺)라고도 한다. 『여지도서』 평안도 상원 사찰·『가람고』에 절의 이름과 위치가 전한다. 〔참고문헌〕『輿地圖書』, 『伽藍考』, 『韓國寺刹全書』 권하 p.950b11. ⇨ 은고사 銀古寺

은굴암 隱窟庵 평안북도 희천군 묘향산(妙香山)에 있던 암자. 일제강점기에는 대본사(大本寺) 보현사(普賢

寺)의 말사였다. [참고문헌]『韓國寺刹全書』 권하 p.951a13. ⇨ 보현사 普賢寺 ⑲

은근 慇懃 Ⓢ adhimātra, tivra, Ⓟ anukūla-bhava. 드러나지 않게 꾸준히 함. 은근(殷勤)이라고도 쓴다. 『법화경』 권1 「방편품 方便品」(대정장9, p.6b8 : *Saddh-p.*, p.34)에 "세존이시여, 어떤 인과 어떤 연으로 (세존께서는) 제불의 제일방편이자 깊고 미묘하며 난해한 법을 은근히 칭찬하십니까? 世尊 何因何緣 慇懃稱歎諸佛第一方便 甚深微妙 難解之法 ko bhagavan hetuḥ kaḥ pratyayo yad bhagavānadhimātraṃ punaḥ punastathāgatānāmupāyakauśalyajñānadarśanadharmadeśanāṃ saṃvarṇayati", 『운문광록』 권중(대정장47, p.561a10)에 "들기를, '운암담성(雲巖曇晟)이 마당을 쓸고 있는데 도오원지(道悟圓智)가 말했다. '어찌 그렇게나 구석구석 쓰는가!' '구석구석하지 않을 일도 있습니다'. '그렇다면 두 번째 달이 있구나'. 운암이 빗자루 꼿꼿이 세우고 말했다. '이것은 몇 번째 달입니까?' 도오가 소매를 털고 나가버렸다. 운문이 말했다. '사내종이 계집종에게 은근한 마음을 품었다'. 擧 雲巖掃地次 道吾云 何得太區區生 巖云 須知有不區區者 吾云 與麽則第二月也 巖竪起掃帚云 這箇是第幾月 吾拂袖出去 師云 奴見婢殷勤"라고 하였다. [참고문헌]『法華經』, 『雲門廣錄』, *Saddh-p.*

은근위해정향결 慇懃爲解丁香結 은근히 정향 가득 품은 꽃봉우리 터뜨린다는 말로 시절인연(時節因緣)을 잘 알아 행하는 선지식의 기틀을 비유한다. 왕안석(王安石)의 시 「출정력원작 出定力院作」에 나오는 구절이다. 곧 "강 언덕은 한적하여 아무도 보이지 않고, 오랜 세월 쌓인 티끌 꿈에 본 몸일세. 은근히 정향 맺힌 꽃봉오리 터지게 하니, 가지마다 향기 놓아내니 저절로 봄이라네. 江上悠悠不見人 十年塵垢夢中身 殷懃爲解丁香結 放出枝間自在春"라고 하였다. 『종용록』 1칙 「평창 評唱」(대정장48, p.228b5)에 "말해보라! 어느 곳이 동군이 눈물 뿌린 곳인가? 간절한 마음으로 정향 가둔 봉오리 터지게 하니 가지 끝마다 한껏 나와 저절로 봄이네. 爾道 那箇是東君漏泄處 慇懃爲解丁香結 放出枝頭自在春", 『부석어록』 권2(가흥장26, p.579a29)에 "향산의 제장로가 이르자 법좌에 올랐다. '어젯밤 등불 꽃처럼 터지고 오늘 아침 까치마저 지저귀기에 장차 오실 손님 계시리라 하였는데, 도리어 문인이 오셨습니다. 오신 후 일은 어떠하신가요? 간절한 마음으로 정향 봉오리 터지게 하니, 가지마다 뿜는 향기로 여기저기 봄이라네'. 香山濟長老至 上堂 昨夜燈花爆 今朝喜鵲噪 將謂有客來 恰是門人到 到後事如何 慇懃爲解丁香結 放出枝頭自在香"라고 하였다. [참고문헌]『從容錄』, 『浮石語錄』, 『蓮宗寶鑑』 권6(대정장47, p.332c28), 『天界覺浪盛語錄』 권3(가흥장25, p.698c18). ⇨ 정향 丁香, 시절인연 時節因緣

은근정진 慇懃精進 Ⓢ abhi-√yuj, Ⓟ āraddha-viriya. 힘써 부지런히 정진하는 것을 말하며, 근정진(勤精進)·발근정진(發勤精進)이라고도 한다. 『잡아함경』 권18(대정장2, p.132c23)에 "나는 세존께 여쭈었네. '은근정진이라고들 말하는데, 무엇을 은근정진이라고 합니까?' 세존께서 나에게 다음과 같이 말씀하셨네. '목건련아! 비구가 낮에는 경행하거나 좌선하며 법에 장애 없이 하여 스스로 마음을 깨끗이 하고, 초저녁에도 좌선하거나 경행하며 장애가 되지 않는 법으로써 스스로 마음을 깨끗이 하며, 한밤에도 방 밖으로 나가서 발을 씻고 다시 방으로 들어와 오른쪽 옆구리를 바닥에 붙이고 누워 발과 발을 서로 포개고 생각을 묶고 상을 밝히며 정념과 정지로 사유하고, 새벽에는 조용히 깨고 조용히 일어나 좌선하거나 경행하며 장애 없는 법으로써 스스로 마음을 깨끗이 한다. 목건련아! 이를 비구의 은근정진이라고 한다'. 我能問世尊 所謂慇懃精進 云何名爲慇懃精進 世尊答我言 目揵連 若此比丘 晝則經行 若坐 以不障礙法 自淨其心 初夜若坐 經行 以不障礙法 自淨其心 於中夜時 出房外洗足 還入房 右脇而臥 足足相累 繫念明相 正念正知 作起思惟 於後夜時 徐覺徐起 若坐亦經行 以不障礙法 自淨其心 目揵連 是名比丘慇懃精進"라고 하였다. [참고문헌]『雜阿含經』, 『長阿含經』 권13 「阿摩晝經」(대정장1, p.83c17), 『法華經』 권2 「譬喩品」(대정장9, p.13b19), 『大智度論』 권16(대정장25, p.180a29), *Saddh-p.80.*, *SN.2.276.* ⇨ 근정진 勤精進, 발근정진 發勤精進, 은근 慇懃, 정진 精進

은덕 恩德 Ⓢ upakāra, Ⓣ phan-btag-pa. 부처님께서 구족하고 계신 세 가지 덕(三德 : 恩德 斷德 智德) 중 하나. 여래는 위대한 원력으로 중생을 제도하기에 중생에게는 크나큰 은덕이다. 『법화현찬』 권3(대정장34, p.711a14)에 "이미 이 두 가지를 증하고 나서 중생을 이롭고 즐겁게 하며, 중생에 응하여 모습을 드러내고 근기에 응하여 법을 설하는데, 이것은 바로 화신과 타수용이며 이를 은덕이라고 한다. 旣證此二 利樂衆生 應物現形 應機說法 卽是化身及他受用 名爲恩德", 『화엄경탐현기』 권6(대정장35, p.220b18)에 "셋째 무상보리과를 얻는 것이니, 율의계를 말미암아 단덕의 법신과를 얻고, 섭선계로서 지덕의 보신과를 얻으며, 요익중생계로서 화신의 은덕과를 얻는다. 三得無上菩提果 謂由律儀戒 得斷德法身果 由攝善戒 得智德報身果 由益衆生戒 得化身恩德果", 『화엄경소』 권12(대정장35, p.589c12)에 "중생을 구호하여 은덕을 성취하고, 길이 번뇌를 끊어 단덕을 성취하고, 제행을 분명하게 알아 지덕을 성취한다.

救護衆生 成就恩德 永斷煩惱 成於斷德 了知諸行 成於智德"라고 하였다. [참고문헌] 『法華玄贊』, 『華嚴經探玄記』, 『華嚴經疏』. ⇨ 삼덕 三德 ❷, 은 恩

은덕무상심 恩德無上心 여래의 은덕이 위없다고 여기는 마음. 『대승의장』 권14(대정장44, p.742b25)에 "다음으로 공양하는 마음을 밝힌다. 공양하는 마음에 여섯 가지가 있는데, 저 『보살지지경』에서 설한 대로 첫째는 복전무상심이니, 복 중에서도 뛰어난 복을 낳는다. 둘째는 은덕무상심이니, 일체의 선과 즐거움이 삼보를 의지해 나온다. 次明供心 供心有六 如地持說 一 福田無上心 生福中勝 二 恩德無上心 一切善樂 依三寶出"라고 하였다. [참고문헌] 『大乘義章』, 『菩薩地持經』 권7(대정장30, p.926b27). ⇨ 육종정심 六種淨心

은도 恩度 은사를 정하고 득도(得度)함. 또는 중생의 은혜를 갚는 구경의 뜻으로서의 득도의 뜻이기도 하다. 『석문정통』 권8 「징관전 澄觀傳」(卍속장130, p.911a17)에 "자는 대휴이며, 속성은 회계(會稽) 하후(夏侯)씨이다. 9세에 보림사(寶林寺)의 체진(體眞)선사를 스승으로 모셨으며, 11세에 출가하였다. 字大休 會稽夏侯氏 九歲師寶林體眞 十一恩度", 『건중정국속등록』 권8 「본각약주전 本覺若珠傳」(卍속장136, p.133a10)에 "복주 출신이다. 속성은 탁 씨며 어머니는 이상한 꿈을 꾸고는 회임하였고, 태어날 때 상서로운 빛이 방 안 가득했다. 7세에 출가하여 은사 정해 득도하고 구족계도 받았다. 福州人也 姓卓氏 母懷妊時 常感異夢 及生 祥光照室 七歲出家 恩度受具"라고 하였다. [참고문헌] 『釋門正統』, 『建中靖國續燈錄』. ⇨ 은 恩, 은혜 恩惠

은동사 恩洞寺 황해남도 해주시 자단산(紫丹山)에 있던 절. 『동국여지승람』 권43 황해도 해주목 불우·『가람고』·『범우고』에 절의 이름과 위치가 전한다. [참고문헌] 『東國輿地勝覽』, 『伽藍考』, 『梵宇攷』.

은둔 隱遁 세간의 번잡함을 피하여 숨어 지내는 것. 은거(隱居)·은일(隱逸) 등이라고도 한다. 『출요경』 권27 「낙품 樂品」(대정장4, p.758b28)에 "성인이 세상에 처하지만 언제나 스스로 은둔하여 욕된 상념에 집착하지 않고 욕망의 허물도 일으키지 않는다. 聖人處世 多自隱遁 不著欲想 不興欲垢", 『원오어록』 권1(대정장47, p.715c12)에 "법등(法燈 : 淸涼泰欽)이 이르길, '산승 본래 욕심 깊어 바위굴에 깃들어 숨어 살고자 하였건만 세월이 가자 이렇듯 청량노인에게 미쳐 사무치지 못한 공안이 있다 하니 드러내 가져와 모두들 알아 마치길 바란다'. 法燈云 山僧本欲深 棲巖竇隱 遁過時 蓋緣淸涼老人有未了底公案 出來爲諸人了却"라고 하였다. [참고문헌] 『出曜經』, 『圓悟語錄』. ⇨ 은거 隱居

은련 恩憐 은혜로 가엾이 여김. 『대승본생심지관경』 권3(대정장3, p.302a8)에 "자식이 만약 어리석어 사람들이 싫어한다 해도 어머니는 은혜를 베풀고 가엾이 여겨 버려 놔두지 않는다. 子若愚癡人所惡 母亦恩憐不棄遺"라고 하였다. [참고문헌] 『大乘本生心地觀經』, 『宗鏡錄』 권89(대정장48, p.900b24).

은롱 銀籠 은으로 만든 새장. 귀한 은으로 만든 새장도 날지 못하게 하는 굴레일 뿐이라는 말로 분별의 장엄이 아무리 대단해도 장애일 뿐이라는 비유다. 『굉지광록』 권1(대정장48, p.4c23)에 "법좌에 올라 말했다. '아득하여 낯선 흔적조차 없고, 빽빽하여 그윽한 공마저 사라졌네. 달은 갈대꽃 언덕을 지나고, 가을 강물 큰 허공을 삼켰네. 알겠는가? 탄생왕자의 아버지를 알고 싶은가? 학은 푸른 하늘 오른 후라야 은롱도 벗어난다'. 上堂云 寥寥無異轍 密密去玄功 月轉蘆花岸 水秋呑太空 還會麽 欲識誕生王子父 鶴騰霄漢出銀籠"라고 하였다. [참고문헌] 『宏智廣錄』, 『人天眼目』 권3(대정장48, p.317a6), 『五家宗旨纂要』 권중(卍속장114, p.542b11).

은룡사 隱龍寺 평안남도 강서군 검암산(檢巖山)에 있던 절. 『동국여지승람』 권52 평안도 함종현 불우·『가람고』·『범우고』에 절의 이름과 위치가 전한다. [참고문헌] 『東國輿地勝覽』, 『伽藍考』, 『梵宇攷』.

은륜 隱倫 은둔하다. 침몰하다. 또는 그렇게 사는 은자(隱者). 신선(神仙)을 가리키기도 한다. 륜은 무리 또는 부류를 나타내는 말이다. 은륜(隱淪)과 통한다. 『국청백록』 권2 「왕답광산서 王答匡山書」(대정장46, p.805b6)에 "선인 머물던 곳에 이르러 멈추었으니 은둔의 무리되어 돌아가지 않으리. 仙人之所戾止 隱倫於焉不歸", 『양고승전』 권10 「보지전 保誌傳」(대정장50, p.394b28)에 "그가 깨우친 부처님 뜻으로 말하자면 성문을 넘어서고, 은둔의 무리로 따지자면 숨은 신선으로 고상했다. 語其佛理 則聲聞以上 談其隱倫 則遁仙高者"라고 하였다. [참고문헌] 『國淸百錄』, 『梁高僧傳』.

은륜보 銀輪寶 사륜보(四輪寶) 중 하나. 전륜성왕 중 은륜왕(銀輪王)이 가진 보배. 은륜(銀輪)·은륜응(銀輪應 Ⓢ rūpya-mayaṃ cakram)이라고도 한다. 『대비바사론』 권30(대정장27, p.156c5)에 "세 주를 다스리는 왕은 은륜보를 갖는데, 그 크기가 정방형으로 3구로사이다. 王三洲者 有銀輪寶 其量正等 三俱盧舍"라고 하였다. [참고문헌] 『大毘婆沙論』, 『仁王護國般若經疏』 권4(대정장33, p.273c16), 『仁王經疏』 권중(대정장33, p.3

93c12·한불전1, p.69c3), 『瑜伽師地論』 권2(대정장30, p.289a19), *Yogā-bh.49.* ⇨ 사륜보 四輪寶, 육륜 六輪 ❶, 은륜왕 銀輪王, 전륜성왕 轉輪聖王

은륜왕 銀輪王 Ⓢ rūpya-cakra-vartin. 사륜왕(四輪王) 중 한 명. 사대주(四大洲) 중 세 주를 통치하는 전륜성왕(轉輪聖王). 보살위에 배대하면 은륜왕을 십행보살(十行菩薩)이나 성종성보살(性種性菩薩)에 위치한다. 『구사론』 권12 「분별세품 分別世品」(대정장29, p.64c1)에 "역순으로 왕의 영역으로서 한 주, 두 주, 세 주, 네 주를 다스린다. … 은륜왕은 세 주를 다스린다. 逆次能王領 一二三四洲 … 銀輪王三", 『인왕반야경소』 권중(대정장33, p.329c12)에 "성종성보살은 은륜왕이니 북방을 제외한 세 주의 천하를 교화한다. 性種性 銀輪王化三天下 除北方", 『대범천왕문불결의경』(卍속장87, p.661a9)에 "십행보살은 은륜왕이 된다. 十行菩薩 成銀輪王"라고 하였다. 〔참고문헌〕 『俱舍論』, 『仁王般若經疏』, 『大梵天王問佛決疑經』, *Abh-k-bh.184.* ⇨ 사륜왕 四輪王, 전륜성왕 轉輪聖王

은륜왕보 銀輪王報 은륜왕이 되는 과보. 십행보살(十行菩薩)이 얻는 과보다. 『화엄경탐현기』 권6(대정장35, p.216b22)에 "고를 두려워하는 성문의 장애를 조복시켜 없앰으로써 은륜왕보를 얻고 세 주의 천하를 다스린다. 伏除聲聞畏苦 使得銀輪王報 王三天下"라고 하였다. 〔참고문헌〕 『華嚴經探玄記』, 『華嚴五敎章』 권3(대정장45, p.494c18). ⇨ 은륜왕 銀輪王, 사륜왕보 四輪王報

은린 隱嶙 깊고 가파르다. 높고 가파르다. 보는 관점에 따라서 계곡의 깊은 모양 또는 산봉우리의 높은 모양을 묘사한다. 『대당서역기』 권9(대정장51, p.920a1)에 "계족산 동북 방향으로 백여 리를 가면 불타벌나산에 이르는데, 봉우리와 벼랑이 험준하며 깊고 가파르다. 鷄足山東北 行百餘里 至佛陀伐那山 峯崖崇峻 巘崿隱嶙", 『광홍명집』 권24 「동양금화산서지 東陽金華山栖志」(대정장52, p.276b15)에 "즐비한 산이 높고 가팔라 오르면 해와 달도 기울어 보인다. 巑岏隱嶙 上虧日月", 『일체경음의』 권82(대정장54, p.841a22)에 "은린〈뒤 글자는 린과 진을 반절한 음이다. 은린이란 산등성이 서로 이어지며 점점 높아지는 모양새를 말한다〉. 隱嶙〈隣軫反 隱嶙者 山脊相連 漸遠之皃〉"라고 하였다. 〔참고문헌〕 『大唐西域記』, 『廣弘明集』, 『一切經音義』.

은망 隱亡 흔적 없이 사라지다. 『파사론』 권하(대정장52, p.484c5)에 "탑 건립은 주나라 때 한창이어서 12대 왕을 거쳤으나, 진시황 34년에 이르러 전적을 불살랐고, 아육왕의 여러 탑도 이 일로 흔적 없이 사라졌다. 塔興周世 經十二王 至秦始皇三十四年 焚燒典籍 育王諸塔由此隱亡"라고 하였다. 〔참고문헌〕 『破邪論』, 『海東高僧傳』 권1(한불전6, p.89c13·대정장50, p.1015b28).

은몰 隱沒 ❶ Ⓢ antar-√dhā, antar-dhāna, antar-hita, Ⓟ antaradhāna, Ⓣ mi-snang-bar-byed-pa, med-par-'gyur-ba, nub-par-'gyur-ba. 숨어 사라지다. 잦아들다. 잠기다. 『별역잡아함경』 권16(대정장2, p.492a21)에 "그때 화천신은 이 게를 읊은 다음 그 자리에서 사라진 뒤 나타나지 않았다. 時化天神 說是偈已 卽於其處 隱沒不現", 『불본행집경』 권17(대정장3, p.731a24)에 "(태자가 탄) 이 말의 울음소리마저 잦아들게 하여 들리지 않도록 하였으니 누군가 태자를 가로막아 출가하지 못하도록 할까 우려했기 때문이다. 令此馬聲 隱沒不聞 恐畏有人 障礙太子 不得出家", 『대방등여래장경』(대정장16, p.458b2)에 "마치 금이 탁한 물에 잠겨 있어 능히 볼 수 없는 것과 같다. 如金在不淨 隱沒莫能見"라고 하였다. 〔참고문헌〕 『別譯雜阿含經』, 『佛本行集經』, 『大方等如來藏經』, *Bodh-bh.43., Yogā-bh.34., Mañj-m.17., Abh-k-bh.91., Mil.187.* ❷ Ⓢ nivṛta. 덮어서 가리다. 번뇌가 정심(淨心)을 덮어서 가리는 것을 말한다. 음사어는 니불율다(昵佛栗多)이다. 유부(有覆)의 구역이며, 불은몰(不隱沒)과 대칭한다. 『아비담심론』 권1(대정장28, p.812c28)에 "'색에 있는 무기는 두 가지니, 은몰과 불은몰(不隱沒)이다'라는 말은 무슨 뜻인가? 신업과 구업은 색성이니, 그 업이 색의 성질이기 때문이다. '두 가지 은몰과 불은몰'이란, 은몰이란 번뇌로 덮인 것이고, 또한 모든 번뇌로부터 생긴 것이다. 이것과 다른 것이 불은몰이다. '은몰은 색에 얽혀 있다' 하였으니, 저 은몰은 한결같이 색계에 매인다는 것이다. 그 까닭은 사유로 번뇌를 끊고도 능히 신구업은 일어나기 때문이다. 色有無記二 隱沒不隱沒者 身口業是色性 以業色性故 二種隱沒及不隱沒 隱沒者 謂煩惱所覆 亦從諸煩惱生 異者 是不隱沒 隱沒繫在色者 若隱沒 一向繫色界 所以者何 思惟斷煩惱 能起身口業"라고 하였다. 〔참고문헌〕 『阿毘曇心論』, 『阿毘曇心論經』 권2(대정장28, p.840b3). ⇨ 은몰무기 隱沒無記, 유부무기 有覆無記, 불은몰 不隱沒, 불은몰무기 不隱沒無記

은몰무기 隱沒無記 유부무기(有覆無記)의 구역(舊譯). 바른 지혜가 생기는 것을 방해하는 무기다. 불은몰무기(不隱沒無記)와 대칭한다. 무기란 선도 아니고 악도 아닌 유루법(有漏法)을 말한다. 『중사분아비담론』 권4(대정장26, p.648a15)에 "어떤 것을 유죄법이라고 하는가? 불선법과 은몰무기를 말한다. 云何有罪法 謂不善法及隱沒無記", 『잡아비담심론』 권3(대정장28, p.888c21)에 "〔문〕 신업과 구업은 몇 가지인가? 〔답〕 염오와 불염오이다. 저 색(色)에는 두 가지가 있으니, 염오와 불염오이다. 염오란 무엇인가? 번뇌가 일으킨 것이다. 여기에도 두 가지가 있으니, 은몰무기와 불선이다. 은몰무기란 보도 없고, 제 부끄러움이나 남부끄러움도 없는 마음과는 상응하지 않고, 한 가지 과만을 낳는 번뇌와 등기한다. 불선이란, 과도 제 부끄러움도 남부끄러움도 없는 마음과 상응하고, 두 가지 과를 낳는 번뇌와 등기한다. 問 身口業幾種 答 染汚不染汚 彼色二種 染汚不染汚 染汚者 煩惱所起 彼有二種 隱沒無記及不善 隱沒無記者 無報無慚無愧不相應 一果煩惱等起 不善者 有報無慚無愧相應 二果煩惱等起", 『대승의장』 권8(대정장44, p.623a12)에 "은몰무기란 욕계 중의 신견과 변견과 색계・무색계의 일체번뇌와 상응하는 마음이다. 隱沒無記 謂欲界中 身邊見兩 及上二界 一切煩惱 相應之心"라고 하였다. [참고문헌] 『衆事分阿毘曇論』, 『雜阿毘曇心論』, 『大乘義章』. ⇨ 은몰 隱沒[2], 유부무기 有覆無記, 무기 無記[1], 불은몰무기 不隱沒無記

은몰상 隱沒相 보신불(報身佛)의 다섯 가지 상 중 하나. 휴식은몰상(休息隱沒相)이라고도 한다. 『유마경소』 권6(대정장85, p.416a13)에 "네 번째, 은몰상이니, 열반에 들기 때문이다. 四 隱沒相 入涅槃故"라고 하였다. [참고문헌] 『維摩經疏』. ⇨ 보신오종상 報身五種相

은몰여래장 隱沒如來藏 십종여래장(十種如來藏) 중 하나. 법신이 번뇌와 골육으로 덮여 여래장이 숨어 버린 뜻으로 은부여래장(隱覆如來藏)이라고도 한다. 『석마하연론』 권2(대정장32, p.608c29)에 "열번째, 은부여래장은 법신여래가 번뇌에 덮여 여래장을 숨겨 감춘다는 뜻이다. 十者 隱覆如來藏 法身如來 煩惱所覆 隱沒藏故", 『대반열반경소』 권10(대정장38, p.95a23)에 "골육으로 덮여 법신이 숨어 버리면 그 이름이 여래장이다. 骨肉所覆 法身隱沒 名如來藏"라고 하였다. [참고문헌] 『釋摩訶衍論』, 『大般涅槃經疏』. ⇨ 십종여래장 十種如來藏[1], 여래장 如來藏[1], 법신 法身

은몰장 隱沒障 Ⓢ antar-dhāpanīya, Ⓣ mi-nang-bar-byed-pa. 숨어 볼 수 없게 된 장애. 사종장(四種障 : 覆蔽障・隱沒障・映奪障・幻惑障) 중 하나다. 『유가론기』 권1(대정장42, p.333b25・한불전13, p.67b16)에 "은몰장이란 신통한 약초 등이 숨어 볼 수 없게 된 것을 말한다. 隱沒障者 謂神通藥草等隱令不見"라고 하였다. [참고문헌] 『瑜伽論記』, 『瑜伽師地論』 권3(대정장30, p.291a18), *Yogā-bh.58.*

은묵 隱默 조선후기 스님. 법호는 은묵, 법명은 만정(萬正). 설월봉준(雪月奉準)의 출가스승으로 달마산(達摩山)에 주석하였다. [참고문헌] 『東師列傳』 권4 「雪月大師傳」(한불전10, p.1042a1). ⇨ 봉준 奉準

은미 隱微 886~961. 북송대 스님. 속성은 양(楊)씨. 신금(新淦 : 江西省) 출신. 청원행사(靑原行思 671~741)의 문하다. 나이 일곱에 석두원(石頭院) 도견(道堅) 문하로 출가하였다. 나산도한(羅山道閑)에게 심인(心印)을 얻었다. 이맹준(李孟俊)의 청으로 십선도량(十善道場)에 머물고 951년(광순1) 금릉(金陵 : 江蘇省 南京) 이(李)씨의 소명에 따라 용광선원(龍光禪苑)으로 옮겼다. 961년(건륭2) 강남(江南) 이씨의 청에 따라 홍주(洪州 : 江西省) 대녕정사(大寧精舍)에 주석하였다. 같은 해 10월 27일 세수 76, 법랍 56세로 입적하였다. 시호는 각적선사(覺寂禪師)이다. 『경덕전등록』 권23(대정장51, p.392a29)에는 현적선사(玄寂禪師)라 하였다. [참고문헌] 『景德傳燈錄』, 『祖堂集』 권12(고려장45, p.312b14), 『五燈會元』 권8(卍속장138, p.274b11).

은밀 隱密 Ⓢ guhya, gahana, upagūḍha, Ⓣ gsang, glags-dka'-ba, nye-bar-bskor-ba. 숨어 드러나지 않는다는 말. 알기 어렵다는 뜻으로 현료(顯了)와 대칭한다. 『해심밀경』 권3(대정장16, p.700a29)에 "변지의 뜻이란, 내지 있는 바 품류차별은 응당 알아야 할 경이니, 세속이고 승의이기 때문이며 … 은밀이고 현료이기 때문이다. 이와 같은 류들을 마땅히 알아야 하니, 이 일체를 변지의 뜻이라 한다. 遍知義者 乃至所有品類差別 所應知境 謂世俗故 或勝義故 … 或隱密故 或顯了故 如是等類 當知 一切名遍知義"라고 하였듯이 현료와 함께 반드시 알아야 할 뜻 중 하나로 거론된다. 『해의보살소문경』 권2(대정장13, p.477c26)에 "내심이 고요하므로 능히 모든 근 은밀하고, 외경마저 고요하면 모든 과실을 잘 관한다. 內心寂靜故 能隱密諸根 外境寂靜故 善觀諸過失", 『인왕경소법형초』 권1(卍속장41, p.110a14)에 "은밀이란 머금어 숨은 뜻이고 드러내 알 수 없는 뜻이기도 하다. 유에 집착하는 병을 없애고자 일부러 그윽히 공을 설한다. 隱密者 含隱之義 不顯了義 爲除有病 故密說空"라고 하였다. [참고문헌] 『解深密經』, 『海意菩薩所問經』, 『仁王經疏法衡鈔』, *Bodh-bh.56・75.*, *Śrāv-bh.470.* ⇨ 불현료 不顯了[1], 비밀 祕密, 현료 顯了

은밀교 隱密教 Ⓣ gsang-ba-bshad-pa. 십이교(十二教) 중 하나. 현료교(顯了教)와 짝이다. 깊은 뜻을 감추고 세간 방편의 교설을 설하는 소승 성문교의 교설이다. 『현양성교론』 권6(대정장31, p.510b1)에 "아홉 번째, 은밀교는 다분히 성문장교를 일컬으며 열 번째, 현료교란 다분히 대승장교를 말한다. 九 隱密教 謂多分聲聞藏教 十 顯了教 謂多分大乘藏教"라고 하였다. [참고문헌]

『顯揚聖教論』, 『瑜伽師地論』 권64(대정장30, p.654c6), 『解深密經疏』 권5(한불전1, p.289c23). ⇨십이교 十二教 3, 은밀 隱密, 현료교 顯了教

은밀부기 隱密赴機 숨어 그윽이 중생의 기에 나아간다는 말. 『천태사교의집주』 권2(영락장189, p.43a2)에 "숨어 그윽이 기에 나아가지만 서로 알지 못하기에 비밀이라 한다. 隱密赴機 互不相知 故名祕密", 『불조통기』 권3(대정장49, p.160c2)에 "세 번째, 비밀이란 현묘함으로 세운 비밀교다. '여래께서 숨어 그윽이 기에 나아가지만 서로 알아보지 못한다' 하였으니 『석첨』에서는 '은밀 중의 밀이다'라고 하였다. 三者 祕密 卽妙玄所立祕密教 如來隱密赴機 互不相知者 籤云 是隱密之密"라고 하였다. 〔참고문헌〕『天台四教儀集註』, 『佛祖統紀』.

은밀상 隱密相 숨어 그윽한 상. 제법(諸法)의 무자성(無自性) 공(空)을 말한다. 『해심밀경』 권2(대정장16, p.695b13)에 "숨어 그윽한 상으로써 모든 법요를 설한다. 모든 법은 다 자성이 없어 생도 멸도 없이 본래 고요하기에 자성 그대로 열반이다. 以隱密相 說諸法要 謂一切法 皆無自性 無生無滅 本來寂靜 自性涅槃", 같은 책 권2(대정장16, p.697b1)에 "은밀상으로써 정법륜을 굴린다. 비록 더없이 대단히 기특하고 매우 드문 법이지만 저 때에 굴린 법륜 또한 유에서의 법이고 받아들임도 있었으나 오히려 다 알지는 못했다 하니 이 모든 쟁론이 쉬어 만족하는 바다. 以隱密相 轉正法輪 雖更甚奇 甚爲希有 而於彼時 所轉法輪 亦是有上 有所容受 猶未了義 是諸諍論 安足處所"라고 하였다. 〔참고문헌〕『解深密經』.

은밀현료구성문 隱密顯了俱成門 제법(諸法)이 숨어 그윽하고 드러나 분명함을 함께 성취하는 문. 화엄종에서 시설한 십현문(十玄門) 중 다섯 번째. 비밀은현구성문(祕密隱顯俱成門)이라고도 한다. 『화엄경탐현기』에서는 은밀현료구성문에 대해 다음과 같이 설명한다. 『화엄경탐현기』 권1(대정장35, p.123c11)에 "다섯 번째, 꽃은 능히 저들을 거두니 곧 하나가 드러나면 많은 것들은 숨으며, 모든 것이 꽃을 거두면 하나는 숨고 다수가 드러난다. 드러나는 낱낱의 것들이 모두 함께 하지 못하고, 숨는 하나하나도 아울러 있지 못한다. 숨고 드러남 그리고 드러나고 숨음이 동시에 걸림이 없다. 온전히 거두어 다 없기도 하니 있다가 사라짐이 함께한다. 五 華能攝彼 卽一顯多隱 一切攝華 卽一隱多顯 顯顯不俱 隱隱不竝 隱顯顯隱 同時無礙 全攝俱泯 存亡俱成"라고 하였다. 〔참고문헌〕『華嚴經探玄記』. ⇨비밀은현구성문 祕密隱顯俱成門, 십현문 十玄門, 은현문 隱現門

은밀현료문 隱密顯了門 1 은밀현료구성문(隱密顯了俱成門)의 줄인 이름. 『화엄경문의요결문답』 권2(卍속장12, p.669b13)에 "은밀현료문이란 하나로 많은 것 거두면 하나는 드러나지만 많은 것 숨으며, 일체로 하나를 거두면 하나는 숨지만 많은 것 드러난다. 隱密顯了門者 謂一能攝多 則一顯多隱 一切攝一 則一隱多顯"라고 하였다. 〔참고문헌〕『華嚴經文義要決問答』. ⇨은밀현료구성문 隱密顯了俱成門 2 은밀과 현료를 대칭하여 부처님의 교설을 분류하는 방법. 원측(圓測)의 『해심밀경소』 권6(한불전1, p.335a11)에 "〈경〉 때론 숨어 그윽하고, 때론 드러나 분명하기 때문이다. 〔석〕 제11 은밀현료문이다. 가령 『현양성교론』 권6(대정장31, p.510b1)에 '은밀교란 다분히 성문장교를 말하고, 현료교란 다분히 대승장교를 말한다'라고 한 말과 같다. 『유가사지론』 권64(대정장30, p.654c6)의 설도 『현양성교론』과 같다. 『대지도론』 권65(대정장25, p.517a29)에는 '모든 불사에는 두 가지가 있다. 하나는 밀이고, 또 하나는 현이다. 초전법륜으로는 성문과를 얻은 것이 현료교에 의지했다 하고, 만약 보살무생인 등을 얻는 것이고, 은밀교에 의지한 것이다' 하니 널리 논서설과 같다. 때론 '삼성교를 현료라 하고 삼무성교는 은밀이라 한다'고 주장한다. 或隱密故 或顯了故 釋曰 第十一 隱密顯了門 如顯揚論第六卷云 隱密教者 謂多分聲聞藏教 顯了教者 謂多分大乘藏教 瑜伽六十四 亦同顯揚 依智度論六十五云 諸佛事有二種 一 密 二 顯 初轉法輪 得聲聞果 依顯了教 若得菩薩無生忍等 依隱密教 廣如彼說 或可說三性教 名爲顯了 三無性教 名爲隱密"라고 하였다. 〔참고문헌〕『解深密經疏』, 『顯揚聖教論』, 『瑜伽師地論』, 『大智度論』.

은백도 殷伯道 ➡은의 殷顗

은봉 隱峰 1 당대 스님으로 남악(南嶽) 문하다. 속성은 등(鄧)씨. 복건성(福建省) 소무(邵武) 출신. 보통 등은봉이라 불린다. 마조도일(馬祖道一) 문하에서 공부하는 중에도 마조와 석두희천(石頭希遷)을 오고가며 거침없는 선풍을 드러내다 미숙함 깨우친 봉장작희(逢場作戲)라는 인연구로 잘 알려져 있다. 마조전족(馬祖展足)·남전정병시경(南泉淨缾是境) 등 공안에서 선기(禪機)를 드러냈다. 마조의 법을 잇고 나서 남전(南泉)·위산(潙山) 등과 교유하였다. 원화년간(806~820)에 오대산으로 가던 중 석장을 날려 전투를 멈추게 한 일화를 남기기도 했으며, 마침내 오대산에 들어가 금강굴(金剛窟) 앞에서 물구나무선 채로 입적(倒化)하였다. 〔참고문헌〕『宋高僧傳』 권21(대정장50, p.847a2), 『景德傳燈錄』 권8(대정장51, p.259b5), 『五燈會元』 권3(卍속장138, p.112a3), 『祖堂集』 권15(고려장45, p.329a7). ⇨봉장작희 逢場作戲, 마조전족 馬祖展足, 남전정병시경 南泉淨缾是境, 은봉도화 隱峰倒化, 은봉비석 隱

峰飛錫 ❷조선후기 스님 두운(斗云)의 법호. 〔참고문헌〕『東師列傳』 권4 「隱峰大師傳」(한불전10, p.1035a21). ⇨두운 斗云 ❸조선후기 스님 지척(志倜)의 법호. 〔참고문헌〕『東師列傳』 권4 「晦山講伯傳」(한불전10, p.1044b17). ⇨지척 志倜

은봉도화 隱峰倒化 은봉선사가 물구나무선 채로 입적한 고사. 좌탈(坐脫)·입탈(立脫) 등 죽음의 상마저 뒤쳐 보이며 끝까지 미혹을 깨우쳤다. 『경덕전등록』 권8 「은봉전」(대정장51, p.259c4)에 "금강굴 앞에서 장차 열반을 보이려 할 때 대중에게 물었다. '모든 선문에서 몸 바꿔 떠나고자 할 때 앉아서 가기도 하고 누워서 가기도 하는 것을 나 일찍이 보았지만 선 채로 가신 일도 있는가?' '있습니다' 하였다. '거꾸로 서서 입적한 이도 있는가?' 대중이 '들은 일이 없습니다' 하니, 은봉이 마침내 거꾸로 선 채로 입적하였다. 반듯한 입은 옷마저 몸에 붙은 채로였다. 그때 대중이 논의하여 모시고 다비하려 했지만 꼼짝도 하지 않았다. 모든 곳의 사람들이 우러러보며 경탄을 그치지 못하였다. 선사에게는 비구니인 누이동생이 있었는데 당시 그곳에 있다가 허리를 굽히고 다가서서 꾸짖는 소리로 말했다. '오빠! 살아서도 법도를 따르지 않더니만 죽어서까지 남들을 미혹시키시오'. 그러고 나서 손으로 밀자 풀썩 넘어져 마침내 다비를 하고 사리를 수습하여 탑에 봉안하였다. 於金剛窟前 將示滅 先問衆云 諸方遷化 坐去臥去 吾嘗見之 還有立化也無 衆云 有也 師云 還有倒立者否 衆云 未嘗見有 師乃倒立而化 亭亭然其衣順體 時 衆議舁就荼毘 屹然不動 遠近瞻視 驚歎無已 師有妹爲尼 時在彼乃俯近而咄曰 老兄 疇昔 不循法津 死更熒惑於人 於是 以手推之 僨然而踣 遂就闍維 收舍利入塔"라고 하였다. 〔참고문헌〕『景德傳燈錄』. ⇨은봉 隱峰❶

은봉비석 隱峰飛錫 은봉선사 서장을 날리다 전투를 멈추게 하였다는 고사다. 『경덕전등록』 권8 「은봉전」(대정장51, p.259b28)에 "당 원화년간(806~820)에 (은봉선사가) 다시 오대산에 오르려고 회서 지방을 지나고 있었다. 때마침 오원제가 자신의 병력을 믿고서 왕명을 거역하고 반란을 일으켰다. 관군과 반란군이 서로 교전하였으나 승패를 가리지 못하고 있었다. 선사는 '내가 마땅히 저들의 우환을 없애 주리라'하고는, 석장을 공중으로 내던지고 몸도 날려 그곳을 지나갔다. 양쪽 군사들이 이 광경을 바라보았는데, 이 일이 꿈에서 미리 본 것과 같았으므로 싸우려는 마음 단번에 그쳤다. 唐元和中 荐登五臺 路出淮西 屬吳元濟阻兵 違拒王命 官軍與賊交鋒 未決勝負 師曰 吾當去解其患 乃擲錫空中 飛身而過 兩軍將士仰觀 事符預夢 鬪心頓息"라고 하였다. 〔참고문헌〕『景德傳燈錄』. ⇨은봉 隱峰❶

은봉해진 『석씨원류응화사적』 권4 양주불암사판 1673년

은봉사 銀鳳寺 경상북도 영주시에 있던 절. 『영가지』 권6 고적(古跡)에 "개단부곡 동남쪽 8리에 있었으나, 지금은 폐사되었다. 在皆丹部曲東南八里 今廢" 하였다. 〔참고문헌〕『永嘉誌』.

은봉사 隱峯寺 ❶평안북도 용천군 읍동면 용골산(龍骨山)에 있던 절. 은봉암(隱峯庵)이라고도 한다. 『가람고』·『범우고』에 절의 이름과 위치가 전하며, 『사탑고적고』에도 '기와 조각이 흩어져 있다'라고 하였다. 〔참고문헌〕『伽藍考』, 『梵宇攷』, 『寺塔古蹟攷』, 『韓國寺刹全書』 권하 p.951a20. ❷함경북도 명천군 칠보산(七寶山)에 있던 절. 황사사(黃士寺)라고도 한다. 『동국여지승람』 권50 함경도 명천현 불우에 절의 이름과 위치가 전하고, 『범우고』에는 폐사되었다고 하였다. 〔참고문헌〕『東國輿地勝覽』, 『梵宇攷』, 『輿地圖書』 咸鏡道 明川 寺刹, 『韓國寺刹全書』 권하 p.951a18.

은봉암 隱峯庵 ❶전라남도 순천시 대광산(大光山)에 있던 암자. 무용수연(無用秀演 1651~1719)이 1704년(숙종30)에 이곳에 은거하였다. 『무용당집』 권하 「승평부대광산은봉암기 昇平府大光山隱峯庵記」(한불전9, p.360a3)에 "이듬해 초안장로가 마침 낙포 어귀에서 허름한 다리를 돌 무지개 모양으로 보수하다가 내가 이곳으로 옮겼다는 소식을 들었다. 장로가 노구에 걸어 오지 못하여 나귀를 타고 와서는 나에게 감사의 말을 전하였다. '내가 이 암자를 창건하고 10여 년 동안 스승을 봉양하였다. … 암자의 터를 닦고 낙성한 해는 정묘년이며, 부처님을 새기고 그린 해는 기사년이었습니다'. 明年楚安長老 方在樂浦口 營斷橋虹以石 聞予移此 脚老不能行 騎驢而來 謝予曰 吾卓此庵 奉養師 十餘年 … 庵之經之成之丁卯 佛之雕之畵之己巳"라고 하였으니, 초안장로가 1687년(숙종13)에 은봉암을 창건하고, 1689년에 불상·불화 등을 조성하였음을 알 수 있다. 〔참고문헌〕『無用堂集』. ❷전라북도 정읍시 내장동 내장산(內藏山)에 있던 암자. 은적암(隱寂庵)이라고도 한다. 『이재유고』 권17 「유명조선국고선교랑활인서별제물재안공행장 有明朝鮮國故宣教郎活人署別提勿齋安公行狀」(한국문집총간246, p.369a8)에 "결국 왜적이 금산군에 침입하여 전주부를 노리고 있었다. 부 안에 있는 경기전에는 태조어용이 있고, 사고에는 조종의 실록이 소장되어 있어, 오싹오싹 아침저녁으로 근심하였다. … 실록을 먼저 용굴암에 옮기고 7월에 어용마저 옮겨 함께 안치하였다. 다시 실록을 은봉암에 옮겼다가 재차 더욱 험한 곳을 택한 끝에 비래암으로 옮겼다. 會賊入錦山郡 窺全州府 府中慶基殿太祖御容 史庫所藏祖宗實錄 凜凜有朝夕之虞 … 實錄首藏龍窟巖 七月御容以次偕安 實錄旋移隱峰庵 再相尤險絶處 移飛來庵"라고 하였다. [참고문헌]『頤齋遺藁』. ❸ 평안북도 선천군 북송산(北松山)에 있던 암자. 『가람고』·『범우고』에 절의 이름과 위치가 전한다. [참고문헌]『伽藍考』, 『梵宇攷』, 『韓國寺刹全書』 권하 p.951b2. ❹ 평안북도 선천군 심천면 보리산(菩提山)에 있던 암자. 일제강점기 대본사(大本寺) 보현사(普賢寺)의 산외말사였다. [참고문헌]『韓國寺刹全書』 권하 p.951b4. ❺ 평안북도 영변군 백령면 묘향산(妙香山)에 있던 암자. 일제강점기 대본산 보현사의 말사였다. [참고문헌]『韓國寺刹全書』 권하 p.951a22. ❻ 평안북도 용천군 용골산(龍骨山)에 있던 은봉사(隱峯寺). [참고문헌]『韓國寺刹全書』 권하 p.951b6. ⇨ 은봉사 隱峯寺 ❶

은봉암 隱鳳庵 경상남도 통영시 광도면 안정리 벽발산(碧鉢山)에 있는 암자. 안정사(安靜寺)의 산내암자이다. 634년(선덕여왕3)에 징파(澄波)가 창건하였으며, 1855년(철종6)에 수일(秀一)이 중창하였다. 퇴옹성철(退翁性徹 1912~1993)이 1951년에 은봉암에서 하안거하였다. [참고문헌]『韓國寺刹全書』 권하 p.951b8. ⇨ 안정사 安靜寺 ❸

은봉추거 隱峰推車 은봉이 언덕에서 수레를 거침없이 밀어 마조(馬祖)의 다리를 부러뜨린 고사. ⇨ 마조전족 馬祖展足

은부 隱覆 Ⓢ praticchādanata, Ⓣ bcabs-pa. ❶ 선행 등을 숨고 덮다. 『대방광선교방편경』 권2(대정장12, p.169b7)에 "이 사람 한때 날선 검을 숨기고 홀로 광야의 험난한 곳으로 갔다. 是人一時 隱覆利劍 獨行曠野 險難之處", 『유가사지론』 권83(대정장30, p.762a21)에 "은부라는 말은 자신의 선한 법을 항상 숨기고 덮는 뜻이다. 言隱覆者 謂常隱覆 自善法故"라고 하였다. [참고문헌]『大方廣善巧方便經』. ❷ 뛰어난 뜻이 숨고 덮힘. 허위(虛僞)가 판치는 세간의 뜻이다. 『화엄경소』 권24(대정장35, p.676b2)에 "세간의 세라 함은 숨어 덮는 뜻이다. 뛰어난 뜻 숨어 덮기 때문이다. 파괴된다는 뜻이니 삼세에 결쳐 옮겨가기 때문이다. 세간의 간이란 허위 중에 떨어진다는 뜻이다. 덮어서 가리는 법은 허위에 떨어지기에 세는 곧 간이다. 世卽隱覆義 隱覆勝義故 又可破壞義 三世所遷故 間者 墮虛僞中故 隱覆之法 卽墮虛僞故 世卽是間"라고 하였다. [참고문헌], 『瑜伽師地論』, 『華嚴經疏』, *Bodh-bh.58.*

은부설 隱覆說 진실한 의미를 숨기고 하는 말. 방편설. 『대법고경』 권상(대정장9, p.291a29)에 "은부설이란 여래께서 마침내 열반에 드셨지만 실로 여래께서는 상주하여 사라진 것 아니니 반열반이란 부서지고 무너지는 법이 아니라고 말하는 것이다. 隱覆說者 謂言如來 畢竟涅槃 而實如來 常住不滅 般涅槃者 非毁壞法", 『능가경』 권4(대정장16, p.513b15)에 "하열한 이들을 유인해 나아가고자 진실은 숨기고 말한다. 誘進諸下劣 是故隱覆說"라고 하였다. [참고문헌]『大法鼓經』, 『楞伽經』.

은부수기 隱覆授記 은밀히 모르게 수기함. 사종수기(四種授記) 중 하나다. 밀수기(密授記)·불현전수기(不現前授記)와 같은 뜻이다. 어떤 사람에게 성불하리라는 기별을 줄 때 부처님의 신력을 당사자에게는 숨기고 다른 사람들에게는 알리는 방식이다. 『보리자량론』 권3(대정장32, p.528b23)에 "이 사람이 자신의 수기를 들어도 육바라밀에 정진을 일으키지는 못한다. 만일 그가 듣지 않고도 다시 정진을 일으킨다면 듣지 못한 이들에게 수기를 알도록 하여야 하니, 의심을 끊고자 함이다. 부처님께서 위신력으로 은밀히 숨은듯 기별하신다. 此人 或聞自授記 於六波羅蜜 不發精進 如其不聞 更發精進 爲令不聞 欲使他人聞 其授記 斷疑心故 佛以威神 隱覆授記"라고 하였다. [참고문헌]『菩提資糧論』. ⇨ 밀수기 密授記, 불현전수기 不現前授記, 사종수기 四種授記, 수기 受記, 기별 記別

은사 恩師 출가득도를 인연하고 친히 가르쳐 돌보는 스승. 득도 시 화상(和尙)으로서 승적(僧籍)에 등재된다. 양육사(養育師)·친교사(親敎師)라고도 한다. 은사의 입적 후 다례를 모시며 문도(門徒)를 구성하고 문중(門衆)의 일원으로서 은사의 가르침을 승계한다. 『석문가례초』 권상 「승속오복도 僧俗五服圖」(한불전8, p.277c4)에 "양육사〈3년〉 養育師〈三年〉"라고 하여 부모와 같은 3년복을 입는다. 『묵암집』 권후 「천사주별 薦師書別」(한불전10, p.17c6)에 "엎드려 가신 넋을 기리옵니다. 나의 은사는 어려서 출가하여 일찍이 운수계에 물들어 계셨으며 길이 장수하시다가 돌아가셨다. … 제자들은 일찍이 길러주신 큰 은택을 입었으므로 이제 정녕 은혜를 되새기며 애통할 따름이니 마땅히 이 소상법연으로 저 모든 성현의 자비로우신 힘만을 두드립니다. 伏念逝魄 曰余恩師 幼年出家 早捿染於雲水之界 遐壽歸化 … 弟子等 早蒙養有之休澤 今丁報效之哀辰 當此小祥之法筵 扣彼諸聖之慈力", 『연담대사임하록』 권3 「축시왕소 祝十王疏」(한불전10, p.253c11)에 "이에 보잘것없는 비구 한 조각 정성스런 마음으로 돌아가신 은사와 구천명혼을 천도합니다. 肆罄小比丘 一片丹悃 用薦亡恩師 九泉冥魂", 『백열록』「은사다비축 恩師茶毘祝」(한불전12, p.528a20)에 "출가하여 옷 갈아입고 태산처럼 의지하였네. 입히고 먹이셨으며 한가함을 다독여 더욱 한가하게 하였으며, 저 집이기도 하고 대들보이기도 하셨으니, 나를 위해 머물러 편안케 하셨다. 때로 교해에 있게 하시고 때론 선의 빗장에 서게 하셨다. 남겨주신 것 마음뿐이고 전해받은 것 법의 뿐이다. 산은 적적해 쓸쓸하고 물은 눈물 흐르듯 슬프다. 出家更衣 倚若泰山 衣我食我 推閑與閑 作彼屋梁 爲我家安 或在敎海 或在禪關 所遺者心 所傳者衣 山寂寂凄 水潺潺悲"라고 하였다. 〔참고문헌〕『釋門家禮抄』, 『默庵集』, 『蓮潭大師林下錄』, 『栢悅錄』. ⇨ 친교사 親敎師, 화상 和尙

은사 銀寺　충청남도 예산군 금롱산(金籠山)에 있던 절. 『동국여지승람』 권20 충청도 대흥현 불우조에 절의 이름과 위치 전하고, 『범우고』에는 폐사로 전한다. 〔참고문헌〕『東國輿地勝覽』, 『梵宇攷』.

은사 隱士　숨어 지내는 이. 세간에 나가지 않고 지내는 사람. 『유부필추니비나야』 권1(대정장23, p.911a5)에 "출가를 하고 나니 때의 사람들이 은사가섭파라고 불렀고, 다자탑(多子制底) 주변에 머물렀다. 이때 보살은 아란야에 머무르며 6년 고행을 마쳤다. 旣出家已 時人號爲隱士迦攝波 住多子制底邊 是時菩薩 住阿蘭若 於六年中修苦行已", 『대당서역기』 권7(대정장51, p.906c20)에 "여러 선지들이 하는 말을 들으니, 수백 년 전에 한 은사가 이 연못(救命池) 주변에 오두막을 짓고 자취 숨기고는 기술을 널리 익히며 신묘한 이치를 다하였다고 한다. 聞諸先志曰 數百年前 有一隱士 於此池側 結廬屛迹 博習伎術 究極神理"라고 하였다. 『낙방유고』 권상(대정장47, p.237c4)에서는 한산(寒山)·습득(拾得)·풍간(豊干)을 '국청사의 삼은사'(國淸寺三隱士)라고 하였다. 〔참고문헌〕『有部苾芻尼毘奈耶』, 『大唐西域記』, 『樂邦遺稿』, 『中觀論疏』 권2(대정장42, p.29b16), 『大乘義章』 권1(대정장44, p.465a11). ⇨ 은거 隱居

은산 隱山　❶ 당대 율사인 도표(道標 740~823)의 호. 〔참고문헌〕『宋高僧傳』 권15(대정장50, p.803c7). ⇨ 도표 道標❷ ❷ 당대 스님 담주용산(潭州龍山)의 별호. 〔참고문헌〕『禪苑蒙求瑤林』 권2(卍속장148, p.236a1). ⇨ 담주용산 潭州龍山, 은산회적 隱山晦迹

은산비 隱山碑　은산에서 전한 비기. 은산은 중국 호남성(湖南省) 장사시(長沙市)에 있고, 도선(道詵 827~898)이 이곳의 일행선사(一行禪師)에게 전해받은 도참비기(圖讖祕記)를 말한다. 『청허당집』 권7 「답양창해서 答楊滄海書」(한불전7, p.731c1)에 "은산비에서 간략히 전하길, '일행이 도선에게 부촉하여 이르길 「부처님께서는 가장 위대한 의사이시니 이로써 몸을 다스리면 병환이 다하고 이로써 마음을 다스리면 번뇌마저 사라진다」'. 隱山碑略曰 一行囑道詵云 佛者大醫王也 以之治身 則灾病消 以之治心 則煩惱亡"라고 하였다. 〔참고문헌〕『淸虛堂集』. ⇨ 도선 道詵

은산사 殷山寺　평안남도 순천군 풍산면 성중동 자모산성(慈母山城) 내에 있던 절. 1872년(고종9)에 편찬한 『지방도』 「평안도자산자모산성진지도 平安道慈山慈母山城鎭地圖」에 절의 이름과 위치가 전한다. 〔참고문헌〕『地方圖』, 『韓國寺刹全書』 권하 p.950b8.

은산찬 隱山璨　생몰연대 미상. 남송(南宋)대 스님. 진강(晉江 : 福建省 泉州) 출신. 1174년(순희1)경에 은산을 중심으로 활동하였다. 퇴암공(退庵空)의 제자이다. 『고애만록』 권상 「천주법석은산찬선사 泉州法石隱山璨禪師」(卍속장148, p.156b13)에 "덕산은 방을 비오듯 했고 임제는 할하길 우뢰치듯 하였지만 은산이 당시에 그 모습을 보았다면 망설임 없이 삼문 밖으로 내쫓았을 것이다. 어째서 이렇게 하는가? 문앞에는 가시나무 심을 일 없다. 후대 자손들 옷자락 잡아당길 터이니. 德山棒如雨點 臨濟喝似雷奔 隱山 當時若見 一時趂出三門 爲什麽如此 當門不用栽荊棘 後代兒孫惹著衣"라는 등의 법어와 송고(頌古) 몇 수가 전해진다. 『은산찬화상어요』 1권을 남겼다. 〔참고문헌〕『枯崖漫錄』.

은산찬화상어요 隱山璨和尙語要　남송(南宋)대 스님 은산찬의 어록. 1238년(가희2) 간행되었고 속고존숙어요2, 卍속장118, pp.933b10~936b5에 수록되어 있다. ⇨ 은산찬 隱山璨

은산철벽 銀山鐵壁　은빛 산과 쇠로 된 벽. 오를 수도 더 나아갈 수도 없어 분별의 극한과 마주한 풍경이다. 『선림보훈순주』 권2(卍속장113, p.480a2)에 "묻는 끝 철벽 같고, 답하는 말 은산인 듯하다. 견뎌 찬하기만 하는 깨닫지 못한 이들이여! 열 가지 난관에 만 가지 어려움 겹치리라. 問頭如鐵壁 答話似銀山 堪嗟未悟者 十難與萬難", 『원오어록』 권12(대정장47, p.769c8)에 "곧바로 가시나무 숲을 뚫었더라도 아직 훌륭한 솜씨는 아니다. 게다가 은산철벽 있음을 알아야 하니 반드시 그 은산철벽을 뚫어야 한다. 그런 다음이라야 천 가지를 깨우치고 백 가지를 감당할 사람이니 비로소 향상사 있음을 알아야 비로소 발우대 나눠 갖게 되리라. 直饒透得荊棘林 亦未是好手 更須知有銀山鐵壁 直須透得銀山鐵壁

然後 是千了百當底人 方知有向上事 可以分付鉢袋子", 같은 책 권17(대정장47, p.793c4)에 "은산철벽이거늘 어찌 밟고 오를 곳 있겠는가! 산승이 오늘밤 비단에 꽃을 놓듯 이리저리 치고 열어 저 공안 헤아려보겠다. 살았다 하니 온전히 기틀이 드러났고 죽었다 해도 남김없이 그 기틀 드러난다. '말 못하고 다시 말 못한다' 하니 앞뒤도 없어 곧바로 문득 알아차린다. 한 가닥의 실만큼의 틈새 없이 큰 허공 밀쳐 막을 뿐이어서 붉은 마음 언제나 조각조각 그대로네. 銀山鐵壁 有什麽階昇處 山僧今夜 錦上鋪華 八字打開 商量這公案去也 生也全機現 死也全機現 不道復不道 箇中無背面 直下便承當 不隔一條線 逼塞大虛空 赤心常片片", 『대혜어록』 권5(대정장47, p.831b6)에 "학인이 물었다. '선을 참한다면 반드시 번뇌의 그물을 뚫어야 하고, 도를 배운다 하면 또한 돌이켜 생사를 벗어나야 한다 하니, 철벽과 은산은 앞뒤가 없고, 금강울타리와 가시밤송이 거듭 다투지도 못합니다. 이것이 학인이 평소 찾아 쓰는 일입니다. 화상의 견처는 어떻게 지으십니까?' '봄날은 화창하고 꾀꼬리는 운다'. 僧問 參禪 要透塵勞網 學道 還期出死生 鐵壁銀山 無向背 金圈栗棘不多爭 這箇是學人尋常用底 未審和尚見處作麽生 師云 春日晴黃鸝鳴", 『벽암록』 「보조서 普照序」(대정장48, p.139a8)에 "은산철벽인데 누군들 뚫고자 하겠는가! 모기가 무쇠소 깨물고 싶지만 뿌리 내릴 일마저 어렵듯이 큰 어른 만나지 못하고서 어찌 깊고 자세함 다할 수 있으리오? 銀銀山鐵壁 孰敢鑽研 蚊咬鐵牛 難爲下口 不逢大匠 焉悉玄微", 같은 책 45칙 「평창 評唱」(대정장48, p.181c27)에 "이 공안(趙州의 萬法歸一)은 비록 보기 어려워도 오히려 쉽게 알 수 있고 비록 쉽게 알지만 도리어 보기는 어렵다. 어렵다면 은산철벽이고 쉽다면 곧바로 성성하리라. 하지만 어디에도 계교시비처는 없다. 這箇公案 雖難見却易會 雖易會却難見 難則銀山鐵壁 易則直下惺惺 無爾計較是非處", 같은 책 57칙 「수시 垂示」(대정장48, p.190c27)에 "뚫어 얻기 전에는 은산철벽인 듯하지만, 막상 뚫어 얻고 나니 자기 원래 은산철벽이었다. 만일 어떤 인간 있어 어떻게 하였는가 하면 다만 저를 향해 일러주길 만약 떳떳이 그 속에서 한 기틀 드러내 얻고 한 경계 보아 얻을 수만 있다면 길목에 눌러앉아 범부도 성인도 가지 못하게 한들 분밖의 일은 아니다. 진실로 그렇게도 못한다면 옛사람 본보기 보아 취하라. 未透得已前 一似銀山鐵壁 及乎透得了 自己元來是鐵壁銀山 或有人問 且作麽生 但向他道 若尙箇裏 露得一機 看得一境 坐斷要津 不通凡聖 未爲分外 苟或未然 看取古人樣子", 『박산선경어』 권상(卍속장112, p.952b3)에 "만일 진실로 참선하는 이라면 눈은 멀고 귀는 농아와 같으며 상념 겨우 일어나려 하면 마치 은산철벽 마주한 듯 한다. 이와 같이 한즉 공부 비로소 상응하게 될 것이다. 若眞是個參禪漢 眼如盲 耳如聾 心念纔起時 如撞著銀山鐵壁相似 如此則工夫始得相應耳", 『설암어록』 권2(卍속장122, p.515a2)에 "무릇 옛사람 공안이란 뜻으로 통하는 길이 있어 씹어 맛볼 수 있지만, 도리로 알아 얻는 분상에선 뜻만으론 알 길 없다. 저 은산철벽과 같다 하였으니 이 또한 도무지 알 길도 없고 얻을 수도 없다. 凡古人公案 有義路可以咬嚼者 則理會得下 無義路 如銀山鐵壁者 又却都會不得", 『선요』 「결제시중 結制示衆」 제4(卍속장122, p.708a5)에 "바로 이러한 때 은산철벽이니 나아가자니 문이 없고 물러서자니 모두 잃는다. 正恁麽時 銀山鐵壁 進則無門 退之則失", 『송고연주통집』 권2(卍속장115, p.23b6)에 "들은 일도 설한 일도 없으나 뜻만은 무궁하다. 철벽은산이 한 줄로 통한다면, 어느 곳이 이 진성제도량인가? 갈바람 어젯밤에 오동나무에 와 계시네. 無聽無說意無窮 鐵壁銀山一線通 何處是渠眞聖諦 秋風昨夜到梧桐", 『나옹어록』(한불전6, p.715c9)에 "삼라만상과 유정무정 도무지 아울러 하나 무자로 지어 일거에 들어 올린다. 다닐 때도 그렇게 들고 앉거나 누워도 잠들어 꿈꾸고 마시고 먹어도 다만 이와 같이 들을 뿐이다. 면면히 밀밀히 틈도 없이 끊임도 없이 하면 쳐 버려 한 조각뿐이어서 바늘마저 꽂을 곳 없이 하니 은산철벽과 같다. 알아차리지도 깨우치지도 못하는 사이 한번 밀고 밀어 뚫으면, 자기의 한 끝 그 자리 기다릴 틈도 없이 마땅히 받아 마치리니, 자연스레 분명히 다 밝아지리라. 森羅萬像 情無情等 都盧幷作一箇無字 一舉舉起 行也恁麽舉 乃至坐臥睡夢喫飯 一切處 只如此舉 綿綿密密 無間無斷 打成一片 針箚不入 銀山鐵壁相似 不知不覺 一拶拶透 自己一着子 不待承當 而自然分曉矣"라고 하였다. [참고문헌] 『禪林寶訓順硃』, 『圜悟語錄』, 『大慧語錄』, 『碧巖錄』, 『博山禪警語』, 『雪巖語錄』, 『禪要』, 『頌古聯珠通集』, 『懶翁語錄』. ⇨ 무한윤추격불개 無限輪鎚擊不開, 부모구상 父母俱喪, 백마입노화 白馬入蘆華, 벽립 壁立

은산회적 隱山晦迹 은산선사가 깊은 산에 자취 감춘 일화. 『선원몽구』 권중(卍속장148, p.236a1)에 "은산회적 : 담주용산선사를 은산이라고도 한다. 동산양개(洞山良价)선사가 예전에 제방을 유행할 때 밀사백과 함께 다녔는데 장사의 용산아래를 지나다가 냇물에 떠내려가는 푸성귀잎을 보았다. 산 높아 깊고 수려한 경치를 뒤돌아 살피더니 밀사백에게 말했다. '이곳에 틀림없이 은자가 있을 것이다'. 隱山晦迹 潭州龍山禪師 亦名隱山 洞山价禪師初遊方 與密伯師者偕行 經長沙龍山之下 見溪流菜葉 价回瞻峯巒深秀 謂密曰 箇中必有隱者", "마침내 냇물을 따라 십리 정도 갔더니 심하게 야윈 어떤 노승이 손으로 이마를 긋고는 '이곳에는 길이 없는데, 그대들은 어느 곳으로 왔는가?' '길이 없다는 말씀은 그만 두시고 암주께서는 어디로 들어오셨습니까?' '나는 지금까지 구름이나 물처럼 돌아다닌 적이 없다' '암주께서는 이 산에 머무신 지 얼마나 되셨습니까?' '나는 세월 가는 것 모른다' '암주께서 가장 먼저 이곳에 계셨습니까?' '모르겠다' '어째서 모르십니까?' '나는 인천 위해 오지 않았다' '암주께서는 어떤 도리를 깨달았기에 이 산에 머무십니까?' '나는 이전에 두 마리 진흙소가 싸우면서 바닷물로 들어가는 것을 보았는데, 지금껏 소식조차 없다'. 乃並溪而進十許里 有老僧癯甚 以手加額呼日 此間無路 汝輩何自而至 价日 無路且置 庵主自何而入 日 我不曾雲水 价日 庵主住山幾計時 日 春秋不涉 价日 庵主先住耶 日 不知 价日 爲什麽不知 日 我不曾人天來 价日 得何道理 便爾住山 日 我見泥牛鬪入海 直至而今無消息", "노승이 웃으며 '초가삼간에 이전부터 사노라니, 한 줄기 신령한 빛에 온갖 경계가 한가롭다. 시비로 나를 분변하려 들지 마라! 덧없는 인간이 분별로 천착한들 서로 알 수 없다네'라고 한 뒤 스스로 암자를 불사르고 첩첩쌓인 봉우리 속으로 깊이 들어가 버렸다. 老僧笑云 三間茆屋從來住 一道神光萬境閑 莫作是非來辨我 浮生穿鑿不相關 於是自焚其庵 深入層峯"라고 하였다. [참고문헌]『禪苑蒙求』. ⇨ 담주용산 潭州龍山

은색계 銀色界 은빛 가득한 세계. 보현보살(普賢菩薩)이 상주하는 세계이기도 하다. 『증도가송』 권1(卍속장114, p.881b9)에 "한 생각도 난 일 없으니 하나라 해도 틀렸다. 대지가 온통 은색계와 같으니 어느 기로인들 함께 돌아가지 못하리. 一念無生一亦非 大地盡同銀色界 有何岐路不同歸", 「향수해례 香水海禮」(『석문의범』 권상, p.2a2)에 "아미산 은색계 보현해회 제불제보살께 귀의합니다. 南無峨眉山 銀色界 普賢海會 諸佛諸菩薩", 『월파집』 「향산지 香山誌」(한불전9, p.672c6)에 "아미산 은색 연화계에 중생을 교화하고자 범당(梵堂 : 사찰)을 일으켰다. 峨嵋銀色蓮花界 敎化衆生 建梵堂"라고 하였다. [참고문헌]『證道歌頌』, 『釋門儀範』, 『月波集』 ⇨ 보현보살 普賢菩薩

은색녀경 銀色女經 북위(北魏) 때인 539년(원상2)에 불타선다(佛陀扇多 Ⓢ Buddhaśānta) 한역. 1권. 고려장11, pp.547a1~549c21, No.252・대정장3, pp.450a11~452a11, No.179에 수록되어 있다. 부처님께서 비구들에게 들려주신 전생의 보시공덕과 그 과보를 설한 경이다. 과거세에 연화국(蓮華國)에 살던 은색이라는 아름다운 여성이 굶주린 산모가 갓난아기를 먹으려 하자 스스로 대신 젖을 먹여 살생을 면하게 하였고, 그 덕으로 남자의 몸을 받아 연화국을 다스렸으니, 신하들에게 십선업(十善業)을 권하는 등 선정을 베풀다 다시 몸을 받았으니, 장자의 아들로 태어나 나이 여덟에 보리심을 성취하겠다는 마음을 일으키고 육바라밀을 실천하였으며, 묘지의 시신을 쪼아 먹는 새들에게 자신의 몸마저 보시하였다. 그 다음생에도 다시 바라문의 아들로 태어나 바라문을 익혔고 굶주린 어미 호랑이에게 자신의 몸을 보시하였다. 이 모두 부처님께서 전생에 실천하신 보시공덕의 일들이다. 동본이역으로는 서진(西晋) 때 법거(法炬)가 한역한 『전세삼전경 前世三轉經』(대정장3, No.178)이 있다. [참고문헌]『歷代三寶紀』 권9(대정장49, p.86c5), 『衆經目錄』 권1(대정장55, p.121c16). ⇨ 전세삼전경 前世三轉經

은석사 恩石寺 충청남도 천안시 동남구 북면 은지리에 있는 은석사(銀石寺). [참고문헌]『韓國寺刹全書』 권하 p.950b5. ⇨ 은석사 銀石寺 ❸

은석사 銀石寺 ❶ 과거 경성부(서울시)에 있던 절. 『한국사찰전서』 권하 p.950b14에 "경성부 동소문(혜화문) 바깥에 있었다. 지금은 자세하지 않다. 在京城府 東小門外 今未詳其地"라고 하였다. [참고문헌]『韓國寺刹全書』. ❷ 경기도 구리시 아차산(峨嵯山) 대성암(大聖庵) 동쪽에 있던 절. 『동국여지승람』 권11 경기 양주목 불우에 이름과 위치가 전하며, 『범우고』에는 폐사라 하였다. [참고문헌]『東國輿地勝覽』, 『梵宇攷』. ❸ 충청남도 천안시 동남구 북면 은지리에 있는 절. 대한불교조계종 제6교구본사 마곡사(麻谷寺)의 말사이다. 은석사(恩石寺・隱石寺)라고도 한다. 원효(元曉)의 창건으로 전하며, 『동국여지승람』 권16 충청도 목천현 불우・『가람고』・『범우고』 등에 이름과 위치가 전하므로 끊임없이 법등을 이었음을 알 수 있다. 2007년에 복원불사를 하였고, 현존 당우로는 보광전・삼성각이 있으며, 성보문화재로는 조선후기에 조성된 목조여래좌상과 아미타극락도가 있다. [참고문헌]『東國輿地勝覽』, 『伽藍考』, 『梵宇攷』.

은석사 隱石寺 충청남도 천안시 동남구 북면 은지리에 있는 은석사(銀石寺)의 다른 이름이다. [참고문헌]『韓國寺刹全書』 권하 p.951b10. ⇨ 은석사 銀石寺 ❸

은석암 銀石庵 전라북도 정읍시 수광산(水光山)에 있던 절. 『범우고』에 절의 이름과 위치가 전한다. [참고문헌]『梵宇攷』, 『韓國寺刹全書』 권하 p.950b19.

은선대 隱仙臺 ❶ 전라남도 장흥군 억불산(億佛山) 부암(婦巖)에 있던 대(臺). [참고문헌]『韓國寺刹全書』 권하 p.952b17. ❷ 충청북도 보은군 속리산면 사내리 속리산(俗離山)에 있던 대. 은선대(隱僊臺)라고도 한다. 대한불교조계종 제5교구 본사 법주사(法住寺)의 산내(山內)에 있었다. [참고문헌]『俗離山大法住寺事蹟記』, 『韓國寺刹全書』 권하 p.952b16.

은선사 隱仙寺 경기도 이천시 부발읍 산촌리 효양산(孝養山)에 있는 절. 대한불교조계종 제2교구 본사 용주사(龍珠寺)의 말사이다. 문무왕(文武王 재위 661~681) 때 의상(義湘)이 창건했다 하나 817년(헌덕왕9)에 아방공(阿方公) 서거사(徐居士)가 창건하였다고도 전한다. 임진란 때 소실된 후 중건하였으며, 1764년(영조40)에 읍인(邑人) 김씨가 선영을 위해 중창하였다. 1937년에 김상필(金商珌)이 지은 광명전은 한국전쟁 때 소실되었다. 1979년에 김영규(金榮奎)가 대웅전 등을 신축하였으며, 이때 은선암을 은선사라 하였다. 현존 당우로는 대웅전·삼성각 등이 있다. [참고문헌]『韓國寺刹全書』 권하 p.951b13, 『京畿道佛蹟資料集』(경기도박물관, 1999) pp.379~380, 『文化遺蹟分布地圖-利川市』(利川市·漢陽大博物館, 2007) p.187.

은선암 隱仙庵 ❶ 광주광역시 무등산(無等山)에 있던 암자. 은선암(隱禪庵)이라고도 한다. 『가람고』·『범우고』·『여지도서』 전라도 광주 사찰조에 절의 이름과 위치가 전한다. [참고문헌]『伽藍考』, 『梵宇攷』, 『輿地圖書』, 『韓國寺刹全書』 권하 p.952a9. ❷ 강원도 금강산(金剛山)에 있던 암자. 『백헌집』 권10「풍악록 楓嶽錄」(한국문집총간95, p.503a20)에 "적목정에서 7~8리쯤 내려온 후 동북쪽으로 3리쯤 들어가면 은선암이 있는데, 무너져 폐사되었다. 自赤木下七八里 由東北而入三里許 則有隱仙庵而頹廢"라고 하였다. [참고문헌]『白軒集』, 『韓國寺刹全書』 권하 p.952b2. ❸ 강원도 삼척시 두타산(頭陀山)에 있던 암자. [참고문헌]『韓國寺刹全書』 권하 p.952a19. ❹ 강원도 안변군 설봉산(雪峯山)에 있던 암자. 『범우고』에 "석왕사에 속한다. 屬釋王"라고 하였다. [참고문헌]『梵宇攷』, 『韓國寺刹全書』 권하 p.952b4. ❺ 강원도 인제군 북면 용대리 설악산(雪嶽山)에 있던 암자. 백담사(百潭寺)의 산내암자였으나, 창건 및 폐사 연대는 알 수 없다. [참고문헌]『乾鳳寺本末事蹟』(亞細亞文化社, 1977) p.70, 『韓國寺刹全書』 권하 p.952a17. ❻ 경기도 수락산(水落山) 동쪽에 있던 암자. 『서계집』 권8「석림암기 石林庵記」(한국문집총간134, p.146b10)에 "산의 동쪽에는 옛날에 매월당·홍국사·은선암 등 여러 절이 있었다. … 은선암은 뒤에 지어져 온전하였는데, 지금은 16~7명의 스님이 주석하고 있다. 山之東 舊有梅月堂 興國寺 隱仙庵 數寺 … 隱仙 後起稍完 今有十六七僧居之"라고 하였다. [참고문헌]『西溪集』. ❼ 경상북도 경산시 용성면 용전리 구룡산(九龍山)에 있던 암자. 반룡사(盤龍寺)의 산내암자였다. [참고문헌]『梵宇攷』, 『韓國寺刹全書』 권하 p.952a15. ❽ 경상북도 김천시 대항면 운수리 황악산(黃岳山)에 있는 암자. 은선암(隱僊庵)이라고도 한다. 대한불교조계종 제8교구 본사 직지사(直指寺)의 산내암자이다. 현존당우로는 법당·산신각·요사 등이 있다. [참고문헌]『直指寺誌』(亞細亞文化社, 1980). ❾ 경상북도 상주시 내서면 북장리 천주산(天柱山)에 있던 암자. 북장사(北長寺)의 산내암자였다. [참고문헌]『韓國寺刹全書』 권하 p.952a11. ❿ 전라남도 광양시 진상면 섬거리에 있는 암자. 1952년에 박연엽(朴燕葉)이 창건하였다. [참고문헌]『文化遺蹟總覽』 권하(文化財管理局, 1977) p.234. ⓫ 전라남도 영광군 법성면 대덕리 대덕산(大德山)에 있는 암자. 창건연대에 대해서는 1504년(연산군10)·1540년(중종35)·1627년(인조5) 등 여러 가지로 전한다. 입암리에 있던 마천사(馬川寺)가 폐사된 후 한 스님이 본존불을 모시고 와 지은 암자가 은선암이라 전한다. 1677년(숙종3)에 중수되었으며, 현존 당우로는 대웅전·칠성각이 있다. [참고문헌]『靈光郡誌』(영광군지편찬위원회, 2013) pp.602~603. ⓬ 전라북도 고창군 아산면 삼인리 도솔산(兜率山)에 있던 암자. 대한불교조계종 제24교구 본사 선운사(禪雲寺)의 산내암자였다. 「도솔산선운사창수승적기 兜率山禪雲寺刱修勝蹟記」(『조선사찰사료』 권하 「전라북도사찰사료집 全羅北道寺刹史料集」 p.30)에 "만력 원년(1573) 계유에 중창하였는데, 화주는 상일이다. 萬曆元年癸酉重刱 化主尙日"라고 하였다. [참고문헌]『朝鮮寺刹史料』, 『韓國寺刹全書』 권하 p.952a7. ⓭ 전라북도 완산군 모악산(母岳山)에 있던 암자. 두타승 신해(信海)가 1695년(숙종21)에 수행처임을 알아보고 창건한 후 사방에서 납자들이 모여들자 원준(元俊)과 함께 단월(檀越)을 모아 봄에 불사를 시작하여 여름에 마쳤다. 『무경집』 권2「모악산은선암기 母岳山隱仙庵記」에 "그 위에 모두가 은선암이 있다고 하는데, 살펴보니 그 너른 터가 시원스레 높고 보이는 곳마다 깨끗하였으며 불 때 밥 짓는 이가 아니어야만 능히 깃들 수 있었다. 나이 드신 분에게 어느 대 열렸는지 여쭤보아도 들은 바 없다고만 하는데, 다만 어떤 이 말하길 '진묵대사가 일찍이 여기에 건당하였다'라고 하였다. 其上盖有隱仙庵云 觀其盤基爽塏 觸境瀟洒 非烟火食者所能栖也 問古老以肇闢何代 曰未有聞 但有人言 震默大師曾建幢於此"라고 하였다 [참고문헌]『無竟集』. ⇨ 모악산은선암기 母岳山隱仙庵記 ⓮ 충청북도 단양군에 있던 암자. 『가람고』에 절의 이름과 위치가 전하며, 『범우고』에는 폐사되었다고 하였다. [참고문헌]『伽藍考』, 『梵宇攷』, 『韓國寺刹全書』 권하 p.951b16. ⓯ 충청북도 보은군 묵령산(墨嶺山)에 있던 암자. [참고문헌]『伽藍考』, 『梵宇攷』, 『韓國寺刹全書』 권하 p.951b18. ⓰ 평안북도 강계군에 있던 암자. 『범우고』에 "부 남쪽 250리에 있다. 在府南二百五十里"라고 하였다. [참고문헌]『梵宇攷』, 『韓國寺刹全書』 권하 p.952b13. ⓱ 평안북도 강계군에 있던 암자. 『범우고』에 "부 북쪽 80리에 있다. 在府北八十里"라고 하였다. [참고문헌]『梵宇攷』, 『韓國寺刹全書』 권하 p.

952b12. ⓲ 평안북도 박천군 효성령(曉星嶺)에 있던 암자. [참고문헌]『伽藍考』, 『梵宇攷』, 『韓國寺刹全書』 권하 p.952b14. ⓳ 평안북도 희천군 북면 묘향산(妙香山)에 있던 암자. 일제강점기 대본산 보현사(普賢寺)의 말사였다. [참고문헌]『韓國寺刹全書』 권하 p.952b10. ⓴ 함경남도 홍원군 함관령(咸關嶺)에 있던 암자. [참고문헌]『伽藍考』, 『梵宇攷』, 『韓國寺刹全書』 권하 p.952b6. ㉑ 함경북도 학성군 학서면 설봉산(雪峯山)에 있던 암자. 일제강점기 대본산 귀주사(歸州寺)의 말사였다. [참고문헌]『韓國寺刹全書』 권하 p.952b8. ㉒ 황해북도 개풍군 청량산(淸涼山)에 있던 암자. 전등사(傳燈寺)의 말사였다. [참고문헌]『傳燈本末寺誌』(亞細亞文化社, 1978) p.351, 『韓國寺刹全書』 권하 p.952b12.

은선암 隱善庵 ❶ 경상북도 문경시 문경읍 상초리 주흘산(主屹山)에 있던 암자. 혜국사(惠國寺)의 산내암자였다. 18세기에 편찬한 『해동지도』 「조령성 鳥嶺城」에 "혜곡사 법당 뒤에 있다. 在惠谷寺法堂後"라고 하였다. [참고문헌]『海東地圖』. ❷ 경상북도 상주시 내서면에 있던 암자. 『상산지』에 "(내서면 백운산에 있던) 백운암 뒤쪽 1리쯤에 있었으나, 지금은 폐사되었다. 在白雲庵後一里許 今無"라고 하였다. [참고문헌]『商山誌』.

은선암 隱禪庵 ❶ 광주광역시 무등산(無等山)에 있던 은선암(隱仙庵). [참고문헌]『韓國寺刹全書』 권하 p.952b18. ⇨ 은선암 隱仙庵❶ ❷ 강원도 고성군 금강산(金剛山)에 있던 암자. 건봉사(乾鳳寺)의 산내암자이며, 창폐(創廢) 연대는 알 수 없다. [참고문헌]『乾鳳寺本末事蹟』(亞細亞文化社, 1977) p.19, 『韓國寺刹全書』 권하 p.952b21. ❸ 강원도 고성군 명파역(鳴波驛) 북쪽 산골짜기에 있던 암자. 『범우고』에는 폐사로 전한다. [참고문헌]『梵宇攷』, 『韓國寺刹全書』 권하 p.952b20. ❹ 함경남도 단천군 화개산(花開山)에 있던 암자. [참고문헌]『伽藍考』, 『梵宇攷』, 『韓國寺刹全書』 권하 p.953a2.

은섬 銀蟾 은두꺼비. 달의 다른 이름으로 은두꺼비는 달이 하얗게 보일 때이고, 노랗게 보일 때는 금두꺼비 곧 금섬(金蟾)이라 한다. 『원오어록』 권20 「자문감사청찬 子文監寺請讚」(대정장47, p.807c26)에 "위세는 맹호가 깊은 숲에서 나오는 듯 하고 빛나기는 저 은두꺼비가 크게 맑은 하늘 도는 듯하다. 威如猛虎出深林 皎若銀蟾轉太淸", 『별봉운화상어』(속고존숙어요6, 卍속장119, p.183b1)에 "한 조각 은두꺼비(달마) 푸른 하늘 걸려 있고, 맑은 빛 싸늘하게 봉루(양무제) 앞을 비춘다. 一片銀蟾掛碧天 淸光冷照鳳樓前", 『송원숭악어록』 권하(卍속장121, p.604b6)에 "화로 지피고 법좌에 올라 주장자를 잡고 이르길 '마음도 아니고 부처도 아니다. 가시 돋친 밤송이요 금강 두른 우리다. 고목은 차디찬 재로 사라지고 은두꺼비가 바다 입구에서 이리저리 흩어진다'라고 말한 뒤 주장자 치고는 법좌에서 내려왔다. 開爐 上堂 拈拄杖云 不是心 不是佛 栗棘蓬 金剛圈 枯木寒灰去 銀蟾迸海門 卓拄杖 下座"라고 하였다. [참고문헌]『圜悟語錄』, 『別峯雲和尙語』, 『松源崇嶽語錄』.

은성암 隱聖庵 함경남도 함주군 천서면 백운산(白雲山)에 있던 암자. 일제강점기에는 광흥사(廣興寺)의 산내암자로 대본사(大本寺) 귀주사(歸州寺)의 말사였다. [참고문헌]『韓國寺刹全書』 권하 p.953a4.

은소법 隱所法 ➡ 측작법 厠作法, 은소작법 隱所作法

은소작법 隱所作法 수행자가 측간에 가거나 또는 일체의 부정(不淨)한 곳에 들어갈 때 행하는 작법. 은소법(隱所法)·측작법(厠作法)이라고도 한다. 정수리에서는 람( ) 자를 관상하고 좌우의 옆구리에서는 훔( ) 자를 관상하는 동시에 또한 람 자와 우 자 두 글자 모두 두 주위를 모두 화염으로 불태워버린다고 관상한다. 왼손은 금강권(金剛拳)을 오른손은 연화권(蓮花拳)을 맺어 이마·좌·우 어깨·심장·목구멍의 다섯 곳을 가지(加持)하며, 입으로는 오추사마명왕(烏蒭沙摩明王)의 진언을 염송한다. 은소작법의 소주(小呪)는 '옴 구로다낭훔약 唵 矩嚕馱囊吽弱'이다. ⇨ 입측오주 入厠五呪, 측작법 厠作法, 상측법 上側法, 오추사마명왕 烏芻沙摩明王

은수사 銀水寺 전라북도 진안군 마령면 동촌리 마이산(馬耳山)에 있는 절. 조선초에 창건되었으며 당시 상원사(上院寺)라 하였다. 이후 숙종(肅宗 재위 1674~1720) 때에 정명암(正明庵)으로 이름을 바꾸었다. 1919년에 이규헌이 중창하고 1925년에 이름을 은수사라 하였다. 현존당우로는 대적광전·무량광전·태극전·산신각 등이 있다. [참고문헌]『전통사찰총서』 권8 전북의 전통사찰Ⅰ(寺刹文化硏究院, 1997) pp.422~426.

은수암 隱水庵 전라북도 김제시 묘고산(妙高山)에 있던 암자. [참고문헌]『韓國寺刹全書』 권하 p.953a6.

은수암 隱秀庵 강원도 원주시에 있던 암자. [참고문헌]『伽藍考』, 『梵宇攷』, 『輿地圖書』 江原道 原州 寺刹.

은승창렬은 隱勝彰劣恩 여래께서 뛰어난 모습 감추시고 낮은 모습을 드러내시는 은혜. 『화엄경』의 십종대은(十種大恩) 중 하나이다. 『화엄경소초』 권35(대정장36, p.265b13)에 "일곱 번째, 마침내 정각 이루셨지만 그 뛰어난 덕을 감춘다는 말은 은승창렬은을 가리킨다. 십연화장세계의 티끌만큼이나 무수한 상호와 바다의 물방울처럼 헤아릴 수 없을 정도로 한없는 덕을 모두 감추고 드러내지 않으신다. 다만 백겁 동안 닦아서 성취한 삼십이상·삼십사심·단견수혹·오분법신·각수초원만을 말씀하실 뿐이니 저 늙은 비구와 같아 제자인 다섯 아라한과 다르지 않았다. 그러므로 『법화경』 권2(대정장9, p.18a21)에 '장자가 진귀한 옷을 벗고 낡고 더러운 옷을 입은 채 똥치는 삽을 들고 아들이 있는 곳에 갔다'라고 했던 것이다. 七 迄成正覺 隱其勝德者 卽隱勝彰劣恩 十蓮華藏塵數之相 海滴難稱無盡之德 並隱不彰 但云百劫修成三十二相 三十四心 斷見修惑 五分法身覺樹初圓 如老比丘 同五羅漢 故法華中 脫珍御服 著弊垢衣 執除糞器 往到子所"라고 하였다. 〔참고문헌〕『華嚴經疏鈔』, 『法華經』. ⇨ 십종대은 十種大恩❶, 여래십은 如來十恩

은신 隱身 Ⓢ pracchanna, ākarṣaṇa. 몸을 감춤. 『대지도론』 권25(대정장25, p.247a14)에 "이 보살은 때론 몸을 감추고 드러내지 않고 중생을 위해 모든 모공을 써 설법하였는데, 응해 따르지만 보살행은 잃지 않는다. 是菩薩或隱身不現 而爲衆生用一切毛孔說法 隨其所應 不失本行"라고 하였다. 〔참고문헌〕『大智度論』, *Buddh-c.107.*, *Mañj-m.* ⇨ 은형법 隱形法

은신굴 隱神窟 강원도 고성군 금강산(金剛山) 유점사(楡岾寺) 동쪽에 있던 암자. 『백헌집』 권10「풍악록 楓嶽錄」(한국문집총간95, p.504a12)에 "절의 암자로, 동쪽에는 종련암 … 은신굴 … 불정암 등이 있었으나, 모두 폐사되었다. 寺傍庵子東有種蓮庵 … 隱神窟 … 佛頂庵皆廢"라고 하였다. 〔참고문헌〕『白軒集』.

은신삼매 隱身三昧 몸을 감추는 삼매. 『앙산어록』(대정장47, p.586b28)에 "내가 뜻으로 그대에게 풀이해주겠다. 이것은 8종 삼매이니 각해 변하여 의해가 된 것이어서 바탕은 같다. 이 뜻은 유인·유과·즉시·이시를 합한 것이니 총별로 은신삼매를 떠나지 않는다. 吾以義爲汝解釋 此是八種三昧 是覺海變爲義海 體則同然 此義合有因 有果 卽時 異時 總別不離隱身三昧也", 『설두석기어록』 권2(가흥장26, p.487c2)에 "물었다. '경전 감춘 바다 저 밑에서 비를 뿌리고 구름을 일으킨다면 그 머리의 뿔은 어디 있는지요?' '발 밑에 있다' '뿔 다 드러나면 온전히 드러나리니 어떻게 몸 감춘 삼매 얻겠는가?' '한번 몸을 뒤쳐 보라'. 학인이 몸을 뒤치는 시늉 짓자 석기가 말했다. '사자는 흙 던진 사람을 물지만, 한나라 개는 흙덩이를 쫓는다지'. 問 龍藏海底 布雨興雲 頭角在甚麼處 師云 在脚下 進云 頭角全彰 如何得隱身三昧 師云 試轉身看 僧作轉身勢 師云 獅子咬人 韓盧逐塊"라고 하였다. 〔참고문헌〕『仰山語錄』, 『雪竇石奇語錄』.

은신암 隱身庵 경상남도 함양군 안의면 상원리 덕유산(德裕山) 장수사(長水寺) 위쪽에 있던 절. 『범우고』에 "고려말 무학자초(無學自超)가 화를 피해 이곳에 은신하였기에 은신암이라 하였다. 僧無學麗末避禍 隱身於此故因名", 『난중잡록』 권3「정유 丁酉」에 "황류천을 건너 은신암의 옛터〈향로봉 북쪽 기슭 아래에 있다〉로 가서 장막을 치고 주둔하였다. 渡黃流川 入隱身庵舊基〈在香爐峯北麓下〉 結幕留住", 「은신암사적 隱身庵事蹟」(『조선사찰사료』 권상, pp.530~531)에 "돌이켜보건대 이 암자는 홍무년간(1368~1398)에 창건되었으며, 순치 9년 임진(1652)에 이르러 이전의 구조를 새롭게 하였다. … 태조대왕 즉위 7년 무인(1398)에 무학대사가 창건하였다. 顧惟此庵 刱從洪武之代 流至順治九年壬辰之歲 重新舊制 … 太祖大王 卽位七年戊寅 無學大師創建"라 하였으니 1398년에 창건하였으며, 정유재란 전에 폐사되었다가 1652년(효종3)에 중창하였음을 알 수 있다. 일제강점기에는 대본산 해인사(海印寺)의 말사였으나, 한국전쟁 때 소실되었다. 〔참고문헌〕『梵宇攷』, 『亂中雜錄』, 『朝鮮寺刹史料』, 『韓國寺刹全書』 권하 p.953a9.

은신암 隱神庵 ❶ 강원도 영월군에 있던 암자. 『범우고』에 "부 동쪽 30리에 있다. 在府東三十里"라고 하였다. 〔참고문헌〕『梵宇攷』, 『伽藍考』, 『韓國寺刹全書』 권하 p.953b9. ❷ 황해북도 곡산군 무산(霧山)에 있던 암자. 은신암(隱新庵)이라고도 한다. 『가람고』에 "부 서쪽 35리에 있다. 在府西三十五里"라고 하였다. 〔참고문헌〕『伽藍考』, 『梵宇攷』, 『韓國寺刹全書』 권하 p.953b11.

은신암 隱新庵 황해북도 곡산군 무산(霧山)에 있던 은신암(隱神庵). 〔참고문헌〕『伽藍考』, 『韓國寺刹全書』 권하 p.953b16. ⇨ 은신암 隱神庵❷

은신암사적 隱身庵事蹟 1762년(영조38)에 제수(提殊) 지음. 무학자초(無學自超)의 수행이력 및 무학자초가 창건한 은신암의 사적을 기록한 글로, 『조선사찰사료』 권상 pp.530~531에 수록되어 있다. 〔참고문헌〕『朝鮮寺刹史料』. ⇨ 은신암 隱身庵

은실시권은 隱實施權恩 실은 감추고 방편을 보이시는 여래의 은혜. 『화엄경』에서 설한 십종대은(十種大恩) 중 하나이다. 『화엄경소초』 권35(대정장36, p.265b19)에 "여덟 번째, 가난한 이들이 즐거워하는 법으로 유인하여 구제하니 은실시권은이다. 원돈일승은 감추어 설하지 않고 삼승인천의 작은 법으로 중생을 교화하였다. 八以貧所樂法 誘攝拯救 卽隱實施權恩 圓頓一乘隱而

不說 乃以三乘人天小法敎化衆生"라고 하였다. [참고문헌] 『華嚴經疏鈔』. ⇨ 십종대은 十種大恩 ❶, 여래십은 如來十恩, 원돈일승 圓頓一乘

은악사 隱嶽寺 중국 절강성(浙江省) 소흥(紹興)과 승현(嵊縣) 사이의 석성산(石城山)에 있는 절. 동진(東晉) 영화년간(345~356) 초기에 백승광(帛僧光)이 창건하였다. 남제(南齊) 건무년간(495~497)에 승호(僧護)가 절 북쪽의 수십 길에 이르는 청벽(靑壁)에서 불염광(佛焰光)의 형세를 보고 석불을 조성하기 시작하였다. 승호 입적 후 승숙(僧淑)이 석불조성불사를 이었으나 성취하지 못하다가 양(梁)나라 무제(武帝)가 승우(僧祐)를 파견하여 천감년간(502~519)에 완성하였다. 이 석불은 중국 강남의 최대 규모이다. [참고문헌] 『梁高僧傳』 권13 「僧護傳」(대정장50, p.412a9), 『宋高僧傳』 권14 「道宣傳」(대정장50, p.790b13). ⇨ 백승광 帛僧光, 승호 僧護, 승우 僧祐

은암 銀巖 조선후기 정호(正浩 ?~1834)의 법호. [참고문헌] 『東師列傳』 권4 「銀巖講師傳」(한불전10, p.1034b5). ⇨ 정호 正浩

은암 隱庵 ❶ 조선전기 부용영관(芙蓉靈觀 1485~1571)의 다른 법호. 『동사열전』 권2 「부용조사전 芙蓉祖師傳」(한불전10, p.1012a8)에 "호는 은암선자, 또는 연선도인이다. 몸이 비록 세간에 있으나 마음만은 서방에 두었으므로 부용당으로 불렀다. 號隱庵禪子 一曰蓮船道人 身雖寄世 想在西方故 以芙蓉堂稱之"라고 하였다. [참고문헌] 『東師列傳』. ⇨ 영관 靈觀 ❷ 옛 도성(서울) 주변에 있던 암자. 조선건국초에 비보를 위해 창건되었다가 1470년(성종1) 이후에 철거되었을 것으로 추정된다. 『성종실록』 권7 1년 9월 26일에 "(국초에 비보사사를 세운) 이후의 사찰 … 은암 … 등은 지맥이 망가져 매우 편치 아니하니 철거를 청합니다. 邇來寺刹 … 隱庵 … 地脈虧損 甚未便 請令撤去"라고 하였다. [참고문헌] 『成宗實錄』, 『韓國寺刹全書』 권하 p.953b17. ❸ 평안남도 대동군에 있던 암자. [참고문헌] 『梵宇攷』, 『韓國寺刹全書』 권하 p.953b18.

은애 恩愛 Ⓢ tṛṣṇā, priya, prīti, sneha, Ⓟ taṇhā, piya. 얽혀 갇으며 갈망함. 유정(有情)이 세간에 출생하게 되는 서로 갇고 갈망하는 뿌리로서 얽힌 애욕을 말한다. 십이지(十二支)로는 애지(愛支)로서 취유(取有) 그리고 생노병사우비고뇌에 이르는 분기점이다. 『장아함경』 권1 「대본경 大本經」(대정장1, p.7a3)에 "또 묻기를 '무엇을 사문이라 합니까?' '갇고 갈망함 멀리 떠나 출가하여 길 닦는다'. 又問 何謂沙門 答曰 沙門者 捨離恩愛 出家修道", 『잡아함경』 권12(대정장2, p.79b2)에 "이와 같이 비구여! 얽힌 법들 맛들여 가져 기르니 결국 갇아 애착하는 것으로 난다. 애는 취를 부르고 취는 유를 불러 생존하게 한다. 생노병사와 우비고뇌를 불러 이렇게 이렇듯 온통 크나큰 고통의 무더기가 돼 버린다. 如是 比丘 結所繫法 味著將養 則生恩愛 愛緣取 取緣有 有緣生 生緣老 病 死 憂 悲 惱 苦 如是如是純大苦聚集", 같은 책 권36(대정장2, p.261a9)에 "구견바라문 서둘러 열반에 드셨다. 일체 두려움 다 지나시고 길이 세간의 얽힌 갈망 벗어나셨네. 久見婆羅門 逮得般涅槃 一切怖已過 永超世恩愛", 『증일아함경』 권35(대정장2, p.745a6)에 "이때 존자 나가파라가 문득 게로 이르길, '은애야말로 무명의 뿌리여서 모든 고통 번뇌 근심마저 일으키네. 저 사라져 남음 없으면 문득 다시 고통 있을 리 없네'. 是時 尊者那伽婆羅 便說此偈 恩愛無明本 興諸苦惱患 彼滅而無餘 便無復有苦", 『법구경』 권하 「애욕품 愛欲品」(대정장4, p.570c21 : *Dhp.*, p.94)에 "사람이란 얽힌 갈망과 미혹일 뿐이다. 능히 정과 욕망 버릴 수 없다. 저 우울함과 갈망 가득하니 눈물 끝없이 흐르듯 못 가득 채운 듯 하다. 人爲恩愛惑 不能捨情欲 如是憂愛多 潺潺盈于池 yo c'etaṃ sahatī jammiṃ taṇhaṃ loke duraccayaṃ sokā tamhā papatanti udabindu va pokkharā", 『법집요송경』 권1(대정장4, p.779c27 : *Udāna-v.*, p.139)에 "부인이 우수에 젖어 세상 고통 헤아릴 수 없었다. 이것들 다 은애를 떨치지 못하기 때문이다. 생각하지 않으면 슬픔도 없으리. 夫人懷憂愁 世苦無數量 斯由念恩愛 無念則無愁 śokā hi ye vai paridevitaṃ ca duhkhaṃ ca lokasya hi naikarūpam, priyaṃ pratītyeha tad asti sarvaṃ priye 'sati syān na kathaṃcid etat", 『대지도론』 권42(대정장25, p.365a23)에 "떠난다 함에는 두 가지 있다. 하나는 몸으로 떠나는 것이고 다른 하나는 마음으로 떠난다. 몸으로 떠난다는 것은 집과 은애와 세간사를 버리고 정처에 고요히 머무는 것이다. 마음으로 여읜다는 것은 모든 번뇌를 다 멀리 여의는 것이다. 離有二種 一者 身離 二者 心離 身離者 捨家恩愛世事等 閑居靜處 心離者 於諸結使 悉皆遠離", 『법원주림』 권22(대정장53, p.448b3)에 "삼계를 흘러 도는 중에 은애로부터 벗어나지 못하니, 은애를 버리고 무위에 들어야 진실로 은혜를 갚는 것이라네. 流轉三界中 恩愛不能脫 棄恩入無爲 眞實報恩者"라고 하였다. [참고문헌] 『長阿含經』, 『雜阿含經』, 『增一阿含經』, 『法句經』, 『法集要頌經』, 『大智度論』, 『法苑珠林』, 『無量壽經』 권하(대정장12, p.275a18), *Dhp.*, *Udāna-v.*, *Lal-v.159.*, *MN.1.106.*, *SN.2.89.* ⇨ 은 恩

은애노 恩愛奴 은애의 노비. 은애는 부부나 육친 간의 애정으로 예속되어 자유롭지 못하므로 노예에 비유한다. 『수호국계주다라니경』 권3(대정장19, p.537b25)에 "애처롭구나, 중생이여! 은애의 노비되어 채찍질을 당하며, 처첩남녀로서 칼·사슬·수갑·족쇄 등이 되고, 물들어 집착하며 탐닉하여 능히 버리지도 벗어나지도 못한다. 신구의 삼업마저 마음대로 못한다. 내가 저들 위해 탐욕에서 벗어나는 법을 설하여, 그 삼업으로 하여금 움직이고 그침에 걸림없이 하리라. 傷哉衆生 爲恩愛奴 受其驅策 妻妾男女 以爲枷鎖 杻械繫縛 染著耽味 不能捨離 令身口意 不得自在 我當爲彼 說離貪法 令其三業 動止無羈"라고 하였다. [참고문헌] 『守護國界主陀羅尼經』, 『受十善戒經』(대정장24, p.1027a7), 『摩訶止觀』 권4(대정장46, p.44a3). ⇨ 은애 恩愛, 애 愛 ❶❷❸

은애리고 恩愛離苦 은혜 입은 사랑하는 이들과 헤어지는 고통. 팔고(八苦) 중에 하나로 애별리고(愛別離苦)라고도 한다. 『십주단결경』 권2(대정장10, p.975a24)에 "또한 고습진도(苦集滅道 : 四諦)로 오음을 분별하면 다음과 같다. 생겨나는 것과 사라지는 것에 증도 있고 감도 있어 전부 그 모양 없다. 태어나서 괴롭고, 늙어서 괴롭고, 병들어서 괴롭고, 죽어서 괴롭고, 근심하고 슬퍼하며 번뇌해서 괴롭고, 원망하고 미워하는 이들은 만나서 괴롭고, 사랑하는 이들과는 헤어져서 괴롭고, 욕망하는 것을 얻지 못해서 또다시 괴롭다. 요점을 취해 말하면 다섯 갈래 치성한 오음이기에 괴롭다. 최승보살이여! 이를 두고 괴로움에 대해 안다고 한다. 復以苦習盡道 分別五陰 生者滅者 有增有減 而悉無形 生苦老苦 病苦死苦 憂悲惱苦 怨憎會苦 恩愛離苦 所欲不得 亦復是苦 取要言之 五盛陰苦 是謂 最勝 名曰知苦"라고 하였다. [참고문헌] 『十住斷結經』, 『出曜經』 권8(대정장4, p.650a25). ⇨ 애별리고 愛別離苦, 은애별고 恩愛別苦, 은애 恩愛, 팔고 八苦, 은 恩, 애 愛 ❶❷❸

은애마왕 恩愛魔王 은애라는 마왕. 삼계윤회하며 고통을 받게 하는 은애를 마왕에 비유한다. 『대반열반경후분』 권상(대정장12, p.900b15)에 "삼계로서 몸을 받아 고통의 수레바퀴 끝이 없다. 무명이라는 주인과 은애라는 마왕이 마음과 몸을 부려 종으로 삼아 채찍질한다. 온갖 경계 반연하여 생사업을 짓고 탐욕·분노·어리석음으로 매 순간 상해를 입으며, 무량겁 이래로 늘 고통받고 번뇌한다. 三界受身 苦輪無際 無明郎主 恩愛魔王 役使身心 策爲僮僕 遍緣境界 造生死業 貪恚狂癡 念念傷害 無量劫來 常受苦惱"라고 하였다. [참고문헌] 『大般涅槃經後分』, 『宗鏡錄』 권32(대정장48, p.599c25). ⇨ 은애 恩愛, 마왕 魔王, 삼계 三界

은애별고 恩愛別苦 사랑하는 이들과 헤어지는 고통. 애별리고(愛別離苦)·은애리고(恩愛離苦)라고도 한다. 『오왕경』(대정장14, p.796c9)에 "무엇을 은애별고라고 하는가? 가정을 이룬 내외와 형제처자들이 서로 연모하다가 하루아침에 무너지고 사라지기도 하니 남들에게 빼앗겨 각기 흩어지니 아버지는 동으로, 아들은 서로, 어머니는 남으로, 딸은 북으로 한곳에 함께하지 못할 뿐만 아니라 노비가 되어 각자 슬피 불러보지만 마음이 끊어질 듯 아픈데, 아득하고 막막하여 상봉할 기약이 없는 것을 말한다. 何謂恩愛別苦 室家內外 兄弟妻子 共相戀慕 一朝破亡 爲人抄劫 各自分張 父東子西 母南女北 非唯一處 爲人奴婢 各自悲呼 心內斷絶 窈窈冥冥 無有相見之期"라고 하였다. [참고문헌] 『五王經』, 『阿那律八念經』(대정장1, p.836b2), 『雜阿含經』 권14(대정장2, p.95a2), 『增壹阿含經』 권19(대정장2, p.643b19). ⇨ 은애리고 恩愛離苦, 애별리고 愛別離苦, 은애 恩愛

은애옥 恩愛獄 은애라는 감옥. 『장아함경』 권1 「대본경 大本經」(대정장1, p.7a25)에 "부처님께서 이때 송으로 이르시길 '깊고 미묘한 법 택하자 저들 듣고 따라서 출가하였네. 은애의 감옥 벗어나 온갖 결박 있을 리 없다네'. 佛時頌曰 選擇深妙法 彼聞隨出家 離於恩愛獄 無有衆結縛"라고 하였다. [참고문헌] 『長阿含經』, 『中本起經』 권상(대정장4, p.149a22), 『未曾有因緣經』 권상(대정장17, p.577a6). ⇨ 은애 恩愛

은애의 恩愛意 Ⓟ taṇhā. 은애에 대한 생각. 『법구경』 권하(대정장4, p.571a23 : *Dhp.*, p.98)에 "마음속 생각이 방일한 이는 음한 것 보아도 깨끗하다고 여겨 은애에 대한 생각이 치성하게 더하여 이를 따라 감옥을 자초한다네. 그러나 깨우친 생각으로 음을 소멸한 이는 항상 욕망은 부정하다고 생각하며 이로 인해 삿된 감옥에서 벗어나 능히 노사의 근심마저 끊을 수 있다네. 心念放逸者 見婬以爲淨 恩愛意盛增 從是造獄牢 覺意滅婬者 常念欲不淨 從是出邪獄 能斷老死患 vitakkapamathitassa jantuno tibbarāgassa subhānupassino, bhiyyo taṇhā pavaḍḍhati esa kho daḷhaṃ karoti bandhanaṃ. vitakkupasame ca yo rato asubhaṃ bhāvayati sadā sato, esa kho vyantikāhiti esa checchati mārabandhanaṃ"라고 하였다. [참고문헌] 『法句經』, *Dhp.* ⇨ 은애 恩愛, 애 愛 ❶❷❸

은애지정 恩愛之情 은애의 정. 육친이나 부부 간에 아껴 사랑하는 심정. 『과거현재인과경』 권2(대정장3, p.633a21)에 "이때 태자는 또다시 사자후하였다. '내가 만일 생로병사와 근심·슬픔·괴로움 끊지 못한다면 결코 궁으로 돌아가지 않으리라. 내가 만일 아누다라삼먁삼보리를 얻지 못하고, 또한 법륜을 굴릴 수 없다면, 끝내 돌아가 부왕을 뵙지 않을 것이다. 그리고 은애의 정이

다하지 않는다면, 마침내 돌아가 마하파사파제와 야수다라도 보지 않을 것이다'. 爾時 太子 又師子吼 我若不斷生老病死憂悲苦惱 終不還宮 我若不得阿耨多羅三藐三菩提 又復不能轉於法輪 要不還與父王相見 若當不盡恩愛之情 終不還見摩訶波闍波提及耶輸陀羅"라고 하였다. [참고문헌]『過去現在因果經』,『釋迦如來應化錄』권상(卍속장130, p.339b4). ⇨ 은애 恩愛, 애 愛❶❷❸

은애탐욕 恩愛貪欲 Ⓟ kilesa. 은애와 탐욕. 생사윤회하고 후유(後有)를 계속하게 하는 가장 힘센 인연이다.『나선비구경』권상(대정장32, p.707b9 : *Mil.*, p.32)에 "왕이 말했다. '내세에 다시 태어나는 이는 누구이며, 다시 태어나지 않는 이는 누구입니까?' 나선비구가 말했다. '은애와 탐욕을 지닌 사람은 내세에 다시 나고, 은애와 탐욕이 없는 사람은 후세에 다시는 나지 않습니다'. 王言 誰於後世生者 誰不復生者 那先言 人有恩愛貪欲者 後世便復生 人無恩愛貪欲者 後世不復生也 ko paṭisandahati. ko na paṭisandahatīti. sakkileso mahārāja paṭisandahati. nikkileso na paṭisandahatīti"라고 하였다. [참고문헌]『那先比丘經』,『圓覺經略疏』권하(대정장39, p.551a11), *Mil.*. ⇨ 은애 恩愛, 탐욕 貪欲

은애하 恩愛河 은애라는 강. 흘러 끊기 어려우므로 강에 비유한다.『치선병비요법』권하(대정장15, p.340c15)에 "약을 복용하고 선정을 행하며 이 다라니를 외우고 한마음으로 부처님들을 생각하면 번뇌는 영원히 생기지 않으리. 번뇌라는 바다가 영원히 다하면 은애의 강 또한 끊어지리니, 모든 욕망의 인마저 없어 스스로 해탈했다고 말하리. 服藥行禪定 誦此陀羅尼 一心念諸佛 結使永不起 煩惱海永盡 恩愛河亦絶 諸欲無所因 自稱是解脫"라고 하였다. [참고문헌]『治禪病祕要法』,『大智度論』권2(대정장25, p.67a25). ⇨ 은애 恩愛

은열현승식 隱劣顯勝識 오중유식(五重唯識) 중 하나. 식체(識體)의 변현(變現)에는 심왕(心王)과 심소(心所)의 변현이 있으나 '심소'보다 상대적으로 수승한 '심왕' 자체만을 유식이라고 관찰하는 것. 승유식(勝唯識)과 같은 뜻이다.『대승법원의림장』권1(대정장45, p.259a4)에 "넷째는 은열현승식이니, 심과 심소는 함께 능히 변현하나 유심이라고만 하고 유심소라고는 하지 않는다. 심왕의 체는 수승하고 심소는 열하여 승한 것에 의지하여 생기니, 열한 것을 숨겨 드러내지 않고 승한 법만을 나타낸다. 四 隱劣顯勝識 心及心所 俱能變現 但說唯心 非唯心所 心王體殊勝 心所劣依勝生 隱劣不彰 唯顯勝法", "그러므로 자존(慈尊 : 미륵보살)은 말하길 '심왕은 언뜻 둘로 드러난다네. 이처럼 탐인 듯 보이거나 또는 신인 듯 드러난다. 별도의 염법이나 선법은 없다'. 심왕 자체가 저것인 양 능히 변하여 견분과 상분 두 가지로 보이고, 탐·신 등 (심소) 체도 역시 견분과 상분 두 가지로 보이지만 심왕이 승하기에 '심왕이 둘인 듯 하다'라고 하였으며, 심소는 열하기에 숨기고 말하지 않았으나 사현하지 않는 것은 아니다. 무구칭(유마거사)이 '마음에 허물 있기에 유정도 허물 있다. 마음이 깨끗하다면 유정도 깨끗하다' 하였으니 모두 이 문으로 거둔다. 故慈尊說 許心似二現 如是似貪等 或似於信等 無別染善法 雖心自體 能變似彼 見相二現 而貪信等 體亦各能 變似自見相現 以心勝故 說心似二 心所劣故 隱而不說 非不能似 無垢稱言 心垢故有情垢 心淨故有情淨等 皆此門攝"라고 하였다. [참고문헌]『大乘法苑義林章』,『維摩經』권상(대정장14, p.541b18),『成唯識論俗詮』권1(卍속장81, p.18b14). ⇨ 오중유식 五重唯識

은염창정 隱染彰淨 물든 것 감추고 깨끗함 드러낸다는 말. 희망 의욕을 일으키는 방편이다.『십구장원통기』권상(한불전4, p.40a23)에 "세계해를 설하면서 물듦은 숨기고 깨끗함 드러냄으로써 바래서 하고자 하는 마음 성취시킨다. 說世界海 隱染彰淨 成希欲心", 같은 책 권상(한불전4, p.41b3)에 "아직 깨닫지 못한 사람 있기에 놓아 설하는 분 중에 물든 것 감추고 깨끗함 드러낸다. 화장세계의 과를 설하는 것은 중생들이 바라고 하고자 하는 마음 성취시키고자 할 따름이다. 有未悟者 放說分中 隱染彰淨 說華藏果 成衆生希欲心故爾也 라고 하였다. [참고문헌]『十句章圓通記』.

은영 隱映 ❶ 숨어 사무치다.『화엄경탐현기』권5(대정장35, p.204c25)에 "(欲網의 세 가지 뜻 중) 세 번째는 숨어 사무친다는 뜻이다. 저 제석의 망이 차별하여 염정 등의 욕으로 서로 섞이지만 걸림이 없으니 거듭거듭 서로 들어가는 것과 같으므로 그물이라 한다. 이는 욕의 체를 잡은 것이다. 三 隱映義 如帝網差別 染淨等欲交涉無礙 重重相入 故云網也 此約欲體",『화엄오교장』권4(대정장45, p.505b16)에 "그윽이 사무쳐 서로 나투며 거듭거듭 한다는 것은 인드라망으로 거둔다는 것이다. 隱映互現重重者 屬因陀羅攝"라고 하였다. [참고문헌]『華嚴經探玄記』,『華嚴五敎章』. ❷ 가리다. 은폐(隱蔽)하다.『대비바사론』권71(대정장27, p.368c28)에 "저 색계는 숨어 비추는 곳에 있기에 무량중생 능히 보지 못한다. 彼色界 在隱映處 無量有情 不能見故",『조론소』권상(대정장45, p.171b10)에 "은이란 숨어 비추는 뜻이다. 보기 어렵기에 모든 사람이 능히 다 볼 수는 없다. 隱是隱映 以難見故 非諸人所能窮盡也"라고 하였다. [참고문헌]『大毘婆沙論』,『肇論疏』.

은완리성설 銀椀裏盛雪 은쟁반에 눈 가득하다는 말.

제법(諸法)의 자성(自性)을 분별(分別)하여 실상(實相)을 체득함에는 끝 간 데 없는 난관(難關)이 도사리고 있음을 보이는 비유다. 파릉삼전어(巴陵三轉語) 중 하나이다. 『벽암록』 13칙 「본칙 本則」(대정장48, p.153c20)에 "학인이 파릉에게 물었다. '무엇이 제바종인가요?' 〈백마는 갈대꽃밭으로 들어간다. 무슨 말인가? 점검하라!〉 '은쟁반에 눈 가득하네'〈그대 목구멍을 닫아라! 일곱 송이 여덟로 찢겼구나〉. 僧問巴陵 如何是提婆宗〈白馬入蘆花 道什麽點〉 巴陵云 銀椀裏盛雪〈塞斷爾咽喉 七花八裂〉", 『오등전서』 권61 「경강장 慶江章」(卍속장141, p.312a14)에 "'은쟁반엔 눈 가득할 때 어떠합니까?' '눈으로 보려 한즉 먼다' '달빛이 백로를 숨길 때는 어떻습니까?' '움직인즉 화만 낳는다'. 曰 銀椀盛雪時 如何 師曰 眼見卽瞎 曰 明月藏鷺時 如何 師曰 動卽禍胎"라고 하였다. 〔참고문헌〕 『碧巖錄』, 『五燈全書』. ⇨ 파릉삼전어 巴陵三轉語

은왕사 恩旺寺 경기도 파주시 웅산(雄山) 남쪽에 있던 절. 〔참고문헌〕 『韓國寺刹全書』 권하 p.950b7.

은외 慇猥 심히 어지러워 근심함. 『출삼장기집』 권8 「대열반경기 大涅槃經記」(대정장55, p.60a19)에 "범본은 도합 2만 5천게인데 뒤에 보내온 범본도 생각한 대로 거의 다 갖추었다. 다만 그 당시 국가가 근심할 만큼 어지러워 한역할 틈이 없었다. 梵本都二萬五千偈 後來梵本 想亦近具足 但頃來國家慇猥 未暇更譯"라고 하였다. 〔참고문헌〕 『出三藏記集』.

은우 隱愚 생몰연대 미상. 조선후기 스님. 1681년(숙종7)에 중국의 평림섭(平林葉)거사가 불교의 해외홍포를 위하여 많은 경전을 배에 실어 보냈는데, 배가 전라도 칠산도(七山島)에 이르러 풍랑으로 부서져 불서(佛書)가 해상에서 유산(流散)되는 일이 있었다. 그 중 『선원제전집도서 禪源諸詮集都序』를 건져 전라도 창평(昌平 : 담양의 옛 지명) 용악산(龍岳山) 용흥사(龍興寺)에서 판각할 때 스님이 화주(化主)가 되었다. 〔참고문헌〕 「全羅南道昌平地龍岳山龍興寺板都序刊記」. ⇨ 도서 都序

은우구 銀牛口 사대하(四大河)의 각 발원지인 사수구(四獸口) 중 하나. 긍가하(殑伽河 Ⓢ Gaṅgā) 또는 신도하(信度河 Ⓢ Sindhu)의 발원지로 아누달지(阿耨達池 Ⓢ Anavatapta : 無熱惱池)를 기준 삼아 전하는 바가 각기 다르다. 『대비바사론』 권5(대정장27, p.22a7)에 "신도하는 아누달지 남쪽면의 은우구에서 흘러나와 오른쪽으로 한 바퀴 돌고 남해로 흘러든다. 信度河 從池南面銀牛口出 右遶池一匝 流入南海", 『법화문구기』 권3(대정장34, p.200a14)에 "아누달지에는 사면에서 각각 강물이 시작되는데, 동쪽 은우구에서는 긍가하가 흐른다. 阿耨達池 四面各出一河 東銀牛口 出殑伽河", 『화엄공목장』 권3(대정장45, p.575b10)에 "(아누달지의) 서쪽에 은우구가 있으니 신두하가 흐르기 시작한다. 西有銀牛口 出辛頭河"라고 하였다. 〔참고문헌〕 『大毘婆沙論』, 『法華文句記』, 『華嚴孔目章』. ⇨ 사대하 四大河, 아누달지 阿耨達池, 긍가하 殑伽河, 신도하 信度河

은우사부 殷憂四部 사부대중(四部大衆)에 대한 깊은 근심. 『법원주림』 권10(대정장53, p.354a25)에 "위곤(韋琨 : 韋馱天)이 삼주를 두루 통솔함에 주지로선 최고였다. 나를 잊고 허무마저 잊고서는 사부대중만을 근심하고 걱정하니 중생을 잘 알아 교화하니 크게 오승(五乘)을 모두 건진다. 周統三洲住持爲最 亡我亡瑕 殷憂於四部 達物達化 大濟於五乘", 『작법귀감』 권상 「신중조모작법 神衆朝暮作法」(한불전10, p.570b37)에 "사부중을 걱정하고 삼주를 외호하는 위타천신이다. 殷憂四部 外護三洲韋馱天神"라고 하였다. 〔참고문헌〕 『法苑珠林』, 『作法龜鑑』. ⇨ 위타천 韋馱天

은원 隱元 일본 황벽종(黃檗宗)의 개조 융기(隆琦 1592~1673)의 법호. 〔참고문헌〕 『禪燈世譜』 권6(卍속장147, p.609a4), 『高僧摘要』 권4(卍속장148, p.796a14). ⇨ 융기 隆琦

은원덕 恩圓德 Ⓢ upakāra-saṃpad, Ⓣ phan-'dogs-pa phun-sum-tshogs-pa. 부처님께서 중생에게 베푸시는 은혜로운 더없이 가득한 덕. 부처님의 삼종원덕(三種圓德) 중 하나. 삼악취(三惡趣 : 地獄 餓鬼 畜生)와 생사에서 벗어나거나 선취(善趣 : 阿修羅 人 天)와 삼승(三乘 : 聲聞 緣覺 菩薩)에 편히 머물도록 하는 부처님의 은혜롭고 가득한 이타덕을 말한다. 『구사론』 권27(대정장29, p.141b29 : *Abh-k-bh.*, p.415)에 "은원덕에도 네 가지가 있으니, 영원히 삼악취와 생사에서 해탈하도록 하거나 선취와 삼승에 들도록 하는 것을 말한다. 恩圓德亦有四種 謂令永解脫三惡趣生死 或能安置善趣三乘 caturvidhopakārasaṃpat. apāyatrayasaṃsāraduḥkhātyantanirmokṣasaṃpat yānatrayasugatipratiṣṭhānapanasaṃpad vā", 『구사론소』 권27(대정장41, p.780a10)에 "은원덕은 네 가지인데, 두 종류의 네 가지가 있다. 첫 번째 (종류의 은원덕은) 삼악취에서 해탈하도록 하는 것이 셋이 되고, 생사를 벗어나도록 하는 것이 네 번째다. 두 번째는 선취에 편히 머물게 하는 것이 하나고, 삼승에 안전하게 머물게 하는 것이 나머지 셋이 된다. 恩圓德爲四 有二種四 一 解脫三惡趣爲三 解脫生死爲第四 二 安置善趣爲一 安置三乘爲後三"라고 하였다. 〔참고문헌〕 『俱舍論』, 『俱舍論疏』, 『俱舍論記』 권27(대정장41, p.407b12), *Abh-k-bh.* ⇨ 삼

종원덕 三種圓德

은원선사어록 隱元禪師語錄 명말청초(明末淸初) 때 선사인 은원융기(隱元隆琦 1592~1673)의 어록. 16권. 청나라 때 해녕(海寧) 등 편집. 가흥장27, pp.223a1~307a20에 수록되어 있다. 담정묵(譚貞默)·당세제(唐世濟)·왕곡(王谷)·채련벽(蔡聯壁) 등이 서문을 썼다. 권1~7은 황벽산(黃檗山) 만복사(萬福寺)·숭덕(崇德) 복엄사(福嚴寺)·장락(長樂) 용천사(龍泉寺) 등에서 행한 상당법문이다. 권8은 소참(小參), 권9는 원류송(源流頌), 권10은 송고(頌古)·염고(拈古)·행실(行實), 권11은 입실(入室)·기연(機緣) 등이고, 권12~16은 각종 서(書)·시게(詩偈)·찬(贊) 등으로 구성되었다. ⇨ 융기 隆琦

은유설공종 隱有說空宗 유는 숨기고 공만을 설하는 종. 부처님 일대의 말씀을 공유(空有)의 은현(隱顯)에 따라 세 가지로 분류한 원측(圓測)의 설로 나머지는 은공현유종(隱空顯有宗)과 원리이변종(遠離二邊宗)이다. 『범망경술기』 권상(한불전2, p.115b8)에 "유는 숨기고 공만을 설하는 종이란 제부반야 등 무상의 가르침이다. 隱有說空宗者 諸部般若等 無相之敎"라고 하였다. 〔참고문헌〕『梵網經述記』, 『解深密經疏』 권5(한불전1, p.287a10). ⇨ 은공현유종 隱空顯有宗, 원리이변종 遠離二邊宗, 원측 圓測

은은 隱隱 소리 등이 아득히 퍼지는 양상. 『방광대장엄경』 권6 「출가품 出家品」(대정장3, p.577b23)에 "(태자의) 말소리가 은은하여 마치 북 치는 듯 우레소리인 듯 하였다. 言音隱隱 如鼓如雷", 『임제록』(대정장47, p.504b25)에 "저자의 사람들이 앞다퉈 가서 (普化의) 관을 열어 보니 온몸 통째로 떠나버리고, 허공 중에 방울소리만이 은은히 퍼져 있다. 市人競往開棺 乃見全身脫去 秖聞空中鈴響隱隱而去"라고 하였다. 〔참고문헌〕『方廣大莊嚴經』, 『臨濟錄』.

은을암 隱乙庵 울산광역시 울주군 범서읍 척과리에 있는 암자. 울산광역시 기념물 제1호. 대한불교조계종 제15교구본사 통도사(通度寺)의 말사다. 신라 충신 박제상(朴堤上)이 왕자 미사흔(未斯欣)을 구하고자 일본으로 갔다가, 왕자는 신라로 탈출시켜 돌려보냈지만 자신은 붙잡혀 처형을 당하였다. 치술령(鵄述嶺)에서 남편을 기다리다 죽은 부인은 망부석(望夫石)이 되고 그 넋은 새가 되어 바위틈에 숨었는데, 그 바위 이름이 은을암(隱乙巖)이며, 바위 옆의 암자가 은을암이다. 현존 당우로는 극락전·범종각·요사채 등이 있다. 〔참고문헌〕『蔚山廣域市史』 전통문화편(울산광역시, 2002) p.128.

은의 殷顗 ?~397. 동진(東晉) 때 현사(賢士). 은백통(殷伯通)이라고도 한다. 당대의 실력자 은중감(殷仲堪)의 종형(從兄)이다. 397년(융안1) 남만교위(南蠻校尉)로 있을 때 은중감이 전횡을 일삼던 왕국보(王國寶)를 처단하고 반정을 꾀하자 극렬히 반대하였다. 『치문경훈』 권10 「송문제집조재론불교 宋文帝集朝宰論佛敎」(대정장48, p.1095c3)에 "손작·장현·은의 등은 재상이 될 만한 인재였다. … 아울러 귀의의 뜻을 품더니 마음을 거둬 귀의했다. 孫綽張玄殷顗等 或宰輔之冠蓋 … 並稟志歸依 措心歸信"라고 하였다. 『출삼장기집』 권12(대정장55, p.84c15)에는 『살생문 殺生問』의 저자를 은백도(殷伯道)라고 하였는데, 이는 은백통(殷伯通)이다. 〔참고문헌〕『緇門警訓』, 『出三藏記集』.

은자 恩慈 은혜롭고 자비로움. 부모의 덕. 『불본행집경』 권19(대정장3, p.743b17)에 "아울러 태자가 당부하는 은혜롭고 자비한 말씀을 듣고 자신도 모르게 문득 크게 부르짖으며 소리 놓아 크게 통곡하였다. 兼復聞於太子所囑 恩慈言語 不覺忽然 大叫唱呼 失聲大哭", 『승가라찰소집경』 권상(대정장4, p.120b21)에 "이 새는 은혜 알고 자비로우며 그 형색마저 매우 단정하다. 此鳥有恩慈 其色甚端正", 『연종보감』 권6(대정장47, p.335a1)에 "얼마나 부모의 은혜와 자비로움 갚을 생각을 했던가? 幾心念報 父母恩慈"라고 하였다. 〔참고문헌〕『佛本行集經』, 『僧伽羅刹所集經』, 『蓮宗寶鑑』. ⇨ 인자 仁慈

은자대장경 銀字大藏經 감지(紺紙)나 상지(橡紙) 등의 바탕 위에 아교를 섞은 은분(銀粉)으로 글자를 써서 조성한 대장경. 줄여서 은자장경이라고도 한다. 사경(寫經)은 바탕종이의 재질에 따라 감지·상지·백지(白紙) 등이 있다. 고려시대 사경원(寫經院)·금자원(金字院)·은자원(銀字院) 등에서 금은장경(金銀藏經)을 조성하였다. 『감지은니불공견삭신변진언경권십삼 紺紙銀泥不空羂索神變眞言經卷十三』 말미에 "지원 12년(1275·충렬왕1) 을해세 고려국왕 발원사성 은자대장. 至元十二年乙亥歲 高麗國王發願寫成銀字大藏", 『고려사』 권20 세가(世家)20 명종

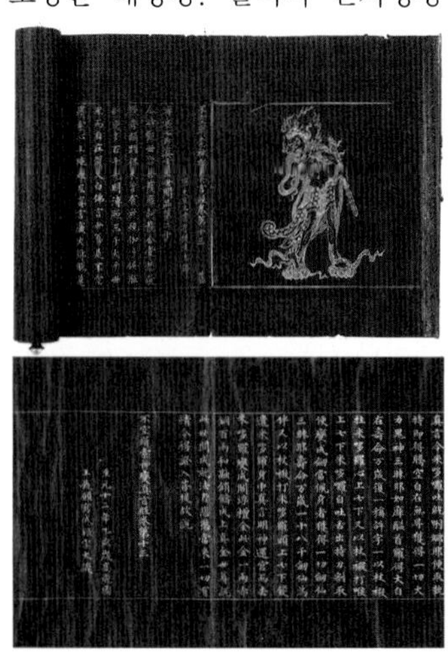

감지은니불공견삭신변진언경 권13 권수(위)·권말(아래) 국보제210호 삼성미술관리움 1275년

(明宗) 11년(1181) 1월에 "사경원에 불이 났다. 이에 앞서 은자장경 사성을 명하자 공사가 다투어 비용과 재물을 들여 도왔는데, 무뢰배가 그 물건을 훔치려고 불을 질렀다. 寫經院火 先是命寫成銀字藏經 公私競納錢財而助之 無賴輩欲盜其物因火之"라고 하였다. [참고문헌]『高麗史』, 『寫經變相圖의 世界』(국립중앙박물관, 2007), 張忠植 「高麗金銀字大藏經」(『伽山李智冠스님華甲紀念論叢 韓國佛敎文化思想史』 권하, 1992) pp.302~331. ⇨ 사경 寫經[1], 사경원 寫經院, 은자원 銀字院, 금니경 金泥經, 금자원 金字院

은자원 銀字院 고려시대 개경(開京)에 있던 절. 사경원(寫經院)·금자원(金字院)과 더불어 은자장경(銀字藏經)을 조성하던 곳이다. 『고려사』 권89 열전2 충렬왕후비숙창원비김씨(忠烈王后妃淑昌院妃金氏)에 "은자원에 가서 법회를 열자 재추들도 참여하였다. 如銀字院設法會 宰樞亦與焉", 같은 책 권34 세가34 충숙왕(忠肅王) 원년(1314) 1월 5일에 "왕이 은자원에서 스님 만항(수선사 제10세 慧鑑國師)을 예방하였다. 王訪僧萬恒于銀字院"라고 하였다. [참고문헌]『高麗史』 권34 世家34·권89 列傳2 后妃 淑昌院妃金氏, 「松廣寺慧鑑國師廣照塔碑」(『朝鮮金石總覽』 권상, pp.601~602). ⇨ 은자대장경 銀字大藏經, 사경원 寫經院, 금자원 金字院, 만항 萬恒

은장 隱藏 Ⓢ pracchādana, Ⓣ 'khyud-pa. 숨겨 감추다. 『구사론』 권21 「분별수면품 分別隨眠品」(대정장 29, p.109b29 : *Abh-k-bh.*, p.312)에 "자신의 죄를 드러나지 않게 숨기는 것을 덮는다(覆)라고 한다. 隱藏自罪 說名爲覆", 『굉지광록』 권6(대정장48, p.74c3)에 "법 법마다 숨어 감출 수 없으니, 옛날이든 지금이든 언제나 나타나고 드러난다. 法法不隱藏 古今常顯露"라고 하였다. [참고문헌]『起世經』, 『俱舍論』, 『宏智廣錄』, *Abh-k-bh.* ⇨ 은폐 隱蔽

은장소애 隱障所礙 가려져 보이지 않는 장애. 『유가사지론』 권15(대정장30, p.357a26)에 "은장소애란 저 약초의 힘이나 주술의 힘이나 신통력은 가려져 볼 수 없는 장애가 있다는 것을 말한다. 隱障所礙者 謂或藥草力或呪術力 或神通力之所隱障"라고 하였다. [참고문헌]『瑜伽師地論』, 『顯揚聖敎論』 권11(대정장31, p.532a20), 『宗鏡錄』 권49(대정장48, p.703b6).

은장암 銀藏庵 강원도 회양군 금강산(金剛山)에 있던 암자. 『율곡전서』 권1(한국문집총간45, p.467b9)에 "금장암과 은장암은 푸르게 우거진 절벽 끝자락에 높이 자리잡고 있다〈금장·은장이라는 두 암자는 장안사 동쪽에 있다〉. 金藏與銀藏 高占蒼厓旁〈金藏銀藏二庵 在長安寺東〉", 『하음집』 권7 「관동록하 關東錄下」(한국문집총간 속집 20, p.148b15)에 "달마봉 서쪽에 또 토산이 있는데, 그 산 남쪽에 금장암과 은장암의 옛터가 있다. 達摩之西又有土山 山之南 金銀藏兩庵故基"라고 하였다. [참고문헌]『栗谷全書』, 『河陰集』, 『韓國寺刹全書』 권하 p.951a1.

은적사 隱寂寺 ❶ 대구광역시 남구 봉덕동 비슬산(琵瑟山 : 成佛山)에 있는 은적사(隱跡寺). [참고문헌]『韓國寺刹全書』 권하 p.954b17. ⇨ 은적사 隱跡寺[1] ❷ 강원도 원주시 미륵산(彌勒山)에 있던 절. 은적암(隱寂庵)이라고 한다. [참고문헌]『梵宇攷』, 『伽藍考』, 『韓國寺刹全書』 권하 p.954b18. ❸ 강원도 통천군에 있던 은적사(隱跡寺). [참고문헌]『韓國寺刹全書』 권하 p.955a2. ⇨ 은적사 隱跡寺[2] ❹ 강원도 평강군 청룡산(青龍山)에 있던 절. 청룡사(青龍寺)라고도 하며, 『가람고』에는 은적암(隱寂庵)이라 하였다. [참고문헌]『伽藍考』, 『梵宇攷』, 『韓國寺刹全書』 권하 p.955a3. ❺ 전라남도 고흥군 운람산(雲嵐山)에 있던 절. 『범우고』에는 폐사로 전한다. [참고문헌]『梵宇攷』, 『韓國寺刹全書』 권하 p.954b14. ❻ 전라남도 여수시 돌산읍 군내리 천왕산(天王山)에 있는 절. 대한불교조계종 제19교구 본사 화엄사(華嚴寺)의 말사이며, 은적암(隱寂庵)이라고도 한다. 1195년(명종25)에 보조국사(普照國師) 지눌(知訥 1158~1210)이 창건하였다고 전한다. 1656년(효종7)에 영변(靈卞)이 중창하였으며, 1777년(정조1)에 중수되었다. 이후 법등을 이어오다가 일제강점기 때 거의 폐사되었으나, 1951년에 지방민들이 중건하였다. 현존 당우로는 극락전·관명루·칠성각·요사 등이 있으며, 사역은 문화재자료 제39호로 지정되어 있다. [참고문헌]『전통사찰총서』 권6 전남의 전통사찰 I (寺刹文化研究院, 1996) pp.425~428. ❼ 전라남도 해남군 마산면 장촌리 금강산(金剛山)에 있는 은적사(隱跡寺). [참고문헌]『韓國寺刹全書』 권하 p.954b15. ⇨ 은적사 隱跡寺[3] ❽ 전라북도 군산시 소룡동 설림산(雪琳山)에 있는 절. 대한불교조계종 제17교구 본사 금산사(金山寺)의 말사이다. 618년(무왕19)에 원광(圓光)국사의 창건설과 나당연합군이 백제를 공격할 때 창건하였다는 설 등이 전한다. 952년(광종3)에 정진(靜眞)국사가 2창, 1373년(공민왕22)에 나옹(懶翁)왕사가 3창, 1781년(정조5)에 보경(寶鏡)선사가 4창, 1937년에 허옹(虛翁)화상이 5창하였다. 한편 「은적사중수기 隱寂寺重修記」(『조선사찰사료』 권하 「전라북도사찰사료집 全羅北道寺刹史料集」 pp.51~53)에는 1856년(철종7)에 보경상인(寶鏡上人)이 4창하였다고 한다. 이후 1993년에 대우가 대웅전과 명부전을 증축하였으며, 1995년부터 성우는 대웅전·지장전·극락전·범종각 등을 증축하거나 단청하였다. 성보문화재로는 1629년(인조7)에 조성한 유형문화재 제184호 석가여래삼존상·1666년(현종7)에 혜정(惠淨)이 조성한 제237호 목조아미타불좌상이 있다. [참고문헌]『朝鮮寺刹史料』,『韓國寺刹全書』권하 p.954b9. **9** 평안남도 안주군 대니면 문남리 오도산(悟道山)에 있던 절.『동국여지승람』권52 평안도 안주목 불우에 이름과 위치가 전하고『범우고』에는 폐사로 전한다.『사탑고적고』에는 "동서로 약 15칸이며 남북으로 약 20칸이다. 높이 5척·직경 3척의 부도 4기는 거의 제대로 보존되어 있다. 東西約十五間 南北約二十間 有高五尺直徑三尺浮屠四個 稍完"라고 하였다. 1769년(영조45)에『염불인유경』을 개판(開板)하였다. [참고문헌]『東國輿地勝覽』,『梵宇攷』,『寺塔古蹟攷』,『念佛因由經』(한불전6, p.877c14),『韓國寺刹全書』권하 p.955a13. **10** 함경남도 단천군 연화산(蓮花山)에 있던 절.『가람고』·『범우고』에 "부 북쪽 60리에 있다. 府北六十里",『여지도서』함경도 단천부 사찰에 "연화산에 있으며, 스님은 46명이다. 在蓮花山 僧徒四十六名"라고 하였다. [참고문헌]『伽藍考』,『梵宇攷』,『輿地圖書』,『韓國寺刹全書』권하 p.955a10. **11** 함경남도 원산시 반룡산(盤龍山)에 있던 절.『동국여지승람』권49 함경도 덕원도호부 불우에 이름과 위치가 전하나,『범우고』에는 폐사라 하였다. [참고문헌]『東國輿地勝覽』,『梵宇攷』,『韓國寺刹全書』권하 p.955a5. **12** 함경남도 홍원군 보현면 두무산(豆無山)에 있던 절. 일제강점기 대본산 귀주사(歸州寺)의 말사였다.『동국여지승람』권49 함경도 홍원현 불우·『가람고』·『범우고』에 이름과 위치가 전하며,『여지도서』함경도 홍원현 사찰에는 "스님은 42명이다. 용화루·명부전·천수불은 모두 볼 만하다. 僧徒四十二名 龍華樓 冥府殿 千手佛 皆可玩賞"라고 하였다. [참고문헌]『東國輿地勝覽』,『伽藍考』,『梵宇攷』,『輿地圖書』,『韓國寺刹全書』권하 p.955a7. **13** 함경북도 부령군 쌍계산(雙溪山)에 있던 절.『동국여지승람』권50 함경도 부령도호부 불우에 이름과 위치가 전하나,『범우고』에는 폐사라 하였다. [참고문헌]『東國輿地勝覽』,『梵宇攷』,『韓國寺刹全書』권하 p.955a11. **14** 황해남도 해주시 수양산성(首陽山城)에 있던 절. [참고문헌]『伽藍考』,『梵宇攷』,『韓國寺刹全書』권하 p.955a19. **15** 황해남도 해주시 자단산(紫丹山)에 있던 절. 은적사(隱跡寺)라고도 한다.『동국여지승람』권43 황해도 해주목 불우·『가람고』·『범우고』에 이름과 위치가 전한다. [참고문헌]『東國輿地勝覽』,『伽藍考』,『梵宇攷』,『韓國寺刹全書』권하 p.954a20. **16** 황해북도 평산군 감악산(紺岳山)에 있던 절.『동국여지승람』권41 황해도 평산도호부 불우에 이름과 위치가 전하나,『범우고』에는 폐사라 하였다. [참고문헌]『東國輿地勝覽』,『梵宇攷』,『韓國寺刹全書』권하 p.955a17.

은적사 隱跡寺 **1** 대구광역시 남구 봉덕동 비슬산(琵瑟山 : 成佛山)에 있는 절. 대한불교조계종 제9교구 본사 동화사(桐華寺)의 말사이며, 은적사(隱寂寺)·은적암(隱寂庵·隱跡庵)이라고도 한다. 926년(경애왕3)에 영조(靈照)가 창건하였다. 고려 태조 왕건은 후백제 견훤과의 전투에서 크게 패하고 동굴에 은신하였는데, 훗날 그곳에 절을 짓게 하고는 은적사라 하였다. 1644년(인조22)에 취감(就甘)이 중창, 1947년에 해응이 3창, 1979년에 종원이 중수하였다. 현존 당우로는 대웅전·삼성각·요사 등이 있으며, 성보문화재로는 조선 후기에 조성한 것으로 추정하는 유형문화재 제72호 목조석가여래좌상이 있다. [참고문헌]『梵宇攷』,『文化遺蹟分布地圖-大邱廣域市 I』(大邱廣域市·嶺南文化財硏究院, 2006) p.214. **2** 강원도 통천군 신림리 금강산(金剛山)에 있던 절. 일제강점기에는 대본산 유점사(楡岾寺)의 말사였다. 은적암(隱跡庵)이라고도 한다. 원래 이곳에는 고려시대부터 용공사(龍貢寺)가 있었는데, 1718년(숙종44)에 산불로 소실되자 청계(淸溪)선사가 터를 옮겨 중건하였다. 그리고 이와는 별도로 영월(永月)·만월(滿月)·청파(靑坡) 등은 용공사의 옛터에 다시 암자를 창건하였는데, 이 암자가 용흥암(龍興庵)이다. 이후 1876년(고종13)에 도적들의 방화로 용흥암이 소실되자 수봉(秀峯)·제하(霽霞) 등이 중건하고 은적사라 하였다. 1892년에 벽담(碧潭)선사가 산신각을 신축하였고, 1927년에 주지 해은(海恩)이 사우(寺宇)를 중수하였다. [참고문헌]『楡岾寺本末寺誌』(亞細亞文化社, 1977) pp.721~722,『韓國寺刹全書』권하 p.953b21. ⇨ 용공사 龍貢寺 **3** 전라남도 해남군 마산면 장촌리 금강산(金剛山)에 있는 절. 대한불교조계종 제22교구 본사 대흥사(大興寺)의 말사이다. 본래 다보사(多寶寺)의 부속암자인 은적암(隱跡庵)이었으나, 19세기 중반에 다보사가 폐허가 된 뒤 이름을 은적사로 바꾸었다. 임진왜란 때 폐허가 된 절을 1648년에 일신(一新)하였다. 1793년(정조17)에 봉총(奉摠)이 3창하였으며 1858년(철종9)에 준활(俊活)이 4창하였다. 현존 당우로는 약사전·비로전·산령각·칠성각이 있으며, 성보문화재로는 나말여초에 조성한 것으로 추정하는 유형문화재 제86호 철조비로자나불좌상이 있다. [참고문헌]『韓國寺刹全書』권하 p.953b19. **4** 평안북도 희천군에 있던 절. [참고문헌]『伽藍考』,『梵宇攷』,『韓國寺刹全書』권하 p.954a12. **5** 함경남도 함흥시 기린산(麒麟山)에 있던 절.『동국여지승람』권48 함경도 함흥부 불우·『가람고』·『범우고』에 이름과 위치가 전한다. [참고문헌]『東國輿地勝覽』,『伽藍考』,『梵宇攷』,『韓國寺刹全書』권하 p.954a10. **6** 황해남도 해주시 자단산(紫丹山)에 있던 은적사(隱寂寺). [참고문헌]『伽藍考』. ⇨ 은적사 隱寂寺 15

은적사 隱積寺 황해북도 수안군 언진산(彦眞山)에 있던 절. 『동국여지승람』 권42 황해도 수안군 불우에 절의 이름과 위치가 전하나, 『범우고』에는 폐사라고 하였다. 〔참고문헌〕『東國輿地勝覽』, 『梵宇攷』.

은적사사적 隱跡寺事蹟 1883년(고종20)에 범해각안(梵海覺岸 1820~1896) 편찬. 1권 1책. 필사본. 현재 미국 하버드대학교 옌칭도서관에 있다. 권두에는 1883년에 유장렬(柳漳烈)이 쓴 「은적암기 隱跡庵記」와 1882년에 각안이 쓴 「전라해남금강산은적사사적 全羅海南金剛山隱跡寺事蹟」이 있으며, 본문은 「제일사내고금문적 第一寺內古今文蹟」·「제이산저사방인물 第二山底四方人物」·「제삼사중출입주장 第三寺中出入主張」·「제사유석유상음영 第四儒釋遊賞吟咏」으로 구성되어 있다. ⇨ 은적사 隱跡寺[3]

은적사중수기 隱寂寺重修記 1856년(철종7)에 황종현(黃鍾顯) 지음. 은적사를 중수한 보경상인(寶鏡上人)의 요청으로 지은 기문으로, 『조선사찰사료』 권하 「전라북도사찰사료집 全羅北道寺刹史料集」 pp.51~53에 전한다. 〔참고문헌〕『朝鮮寺刹史料』. ⇨ 은적사 隱寂寺[8]

은적암 隱寂庵 ❶ 대구광역시 남구 봉덕동 비슬산(琵琶山 : 成佛山)에 있는 은적사(隱跡寺). 〔참고문헌〕『韓國寺刹全書』 권하 p.956b2. ⇨ 은적사 隱跡寺[1] ❷ 강원도 원주시 미륵산(彌勒山)에 있던 은적사(隱寂寺). 〔참고문헌〕『韓國寺刹全書』 권하 p.956b4. ⇨ 은적사 隱寂寺[2] ❸ 강원도 인제군 동쪽 10리에 있던 암자. 〔참고문헌〕『伽藍考』, 『梵宇攷』, 『韓國寺刹全書』 권하 p.956b7. ❹ 강원도 평강군 청룡산(青龍山)에 있던 은적사(隱寂寺). 〔참고문헌〕『韓國寺刹全書』 권하 p.956b6. ⇨ 은적사 隱寂寺[4] ❺ 강원도 회양군 금강산(金剛山)에 있던 암자. 『백헌집』 권10 「풍악록 楓嶽錄」(한국문집총간95, 497a14)에 "(망고)대 아래에 돈도암이 있으며, 돈도암 동북쪽에 은적암이 있다. 臺下有頓道庵 頓道之東北有隱寂庵", 『범우고』에 "정양사 동쪽에 있다. 在正陽東"라고 하였다. 〔참고문헌〕『白軒集』, 『梵宇攷』, 『韓國寺刹全書』 권하 p.956b8. ❻ 경기도 안성시 서운면 청룡리 서운산(瑞雲山)에 있는 암자. 대한불교조계종 제2교구 본사 용주사(龍珠寺)의 말사인 청룡사(青龍寺)의 산내암자이다. 1364년(공민왕13)에 나옹(懶翁)화상이 청룡사를 중수할 때 창건하였다고 전한다. 현존 당우로는 대웅전·산신각이 있다. 〔참고문헌〕『韓國寺刹全書』 권하 p.955b3, 『전통사찰총서』 권3 경기도 I (寺刹文化硏究院, 1993) p.308. ❼ 경기도 여주시 앵자산(鸎子山)에 있던 암자. 〔참고문헌〕『梵宇攷』, 『韓國寺刹全書』 권하 p.955b5. ❽ 경상남도 거제시 삼거동 옥림산(玉林山)에 있던 암자. 『범우고』에 폐사로 전한다. 〔참고문헌〕『梵宇攷』, 『韓國寺刹全書』 권하 p.955b19. ❾ 경상남도 창원시 마산합포구 진전면 평암리 평암산(平巖山)에 있던 암자. 〔참고문헌〕『伽藍考』, 『梵宇攷』, 『韓國寺刹全書』 권하 p.955b18. ❿ 경상북도 경주시 내남면 용장리에 있던 암자. 김시습(金時習 1435~1493)이 은거한 곳이라 전한다. 유의건(柳宜健 1687~1760)의 『화계집』 권9 「은적암중창기 隱寂庵重刱記」(한국문집총간 속집68, p.298a18)에 "천룡사는 신라대의 고찰이다. 절의 북쪽에 있는 고개를 넘어 동쪽으로 조금만 가면 은적암이라는 암자가 있는데, 폐허가 된 지 30년이 넘었다. 풍수가들은 이 암자가 천룡사의 저울추에 해당하기에 절의 경중은 이 암자와 관련이 있다고 하였다. 天龍羅代古刹也 寺之北 踰嶺而稍東 有一菴名隱寂 毁而墟者 餘三十年 堪輿家言 此菴是天龍之秤錘 寺之輕重 於此焉係"라고 하였다. 〔참고문헌〕『花溪集』. ⓫ 경상북도 상주시 은척면 칠봉산(七峯山)에 있던 암자. 황령사(黃嶺寺)의 산내암자였다. 〔참고문헌〕『韓國寺刹全書』 권하 p.956a1. ⓬ 경상북도 포항시 운제산(雲梯山)에 있던 암자. 〔참고문헌〕『梵宇攷』, 『韓國寺刹全書』 권하 p.956b1. ⓭ 전라남도 순천시 송광면 신평리 조계산(曹溪山)에 있던 암자. 대한불교조계종 제21교구 본사 송광사(松廣寺)의 산내암자였다. 보조암(普照庵)의 동쪽에 있어 동암(東庵)이라 불렸고, 고려 각진국사(覺眞國師)가 창건하였으며, 1531년(중종26) 이곳에서 개판(開板)한 『종경촬요 宗鏡撮要』 목판본이 동국대에 전한다. 『조계고승전』 「응암선사전 應庵禪師傳」(한불전12, p.404c9)에 "조계산의 보조·은적암은 모두 스님(응암낭윤)이 건추를 들고 불자를 세웠던 도량이다. 曹溪之普照隱寂庵 皆師之拈鎚竪拂之場", 『다송문고』 권1 「은적암보조암회록기〈무신(1908) 4월 18일 불탐〉 隱寂庵普照菴回祿記〈戊申四月十八日回祿〉」(한불전12, p.701c14)에 "일병 수십인이 … 직접 동암 별당 모퉁이에 곧 불을 놓아 거창한 암자 눈 깜짝할 사이에 타버렸다. 日兵數十人 … 直接于東菴別堂隅 卽爲沖火 巨刹一庵 頃刻燒燼"라고 하였다. 현재 절터에 석문(石門)과 맷돌, '화주 취암당. 광무 6년(1902). 化主翠岩堂 光武六年'이 새겨진 석조(石槽)가 남아있다. 〔참고문헌〕『曹溪高僧傳』, 『茶松文稿』, 『韓國의 寺址』 전라남도 I (문화재청·불교문화재연구소, 2011) pp.651~655. ⓮ 전라남도 여수시 돌산읍 군내리 천왕산(天王山)에 있는 은적사(隱寂寺). 〔참고문헌〕『韓國寺刹全書』 권하 p.955b16. ⇨ 은적사 隱寂寺[6] ⓯ 전라북도 고창군 소요산(逍遙山)에 있던 암자. 『범우고』에 폐사라고 하였다. 〔참고문헌〕『梵宇攷』, 『韓國寺刹全書』 권하 p.955b15. ⓰ 전라북도 고창군 아산면 삼인리 도솔산(兜率山)에 있던 암자. 대한불교조계종 제24교구 본사 선운사(禪雲寺)의 산내암자였다. 「도솔산선운사창수승적기 兜率山禪雲寺刱修勝蹟記」(『조선사찰사료』 권하 「전라북도사찰사료집 全羅北道寺刹史料集」 p.30)에 "만력 4년(1576) 병자에 중창하였으며, 화주는 상희이다. 萬曆四年丙子重刱 化主尙熙"라고 하였다. 〔참고문헌〕『朝鮮寺刹史料』, 『韓國寺刹全書』 권하 p.955b14. ⓱ 전라북도 군산시 천방산(千房山)에 있던 암자. 〔참고문헌〕『伽藍考』, 『梵宇攷』, 『韓國寺刹全書』 권하 p.955b13. ⓲ 전라북도 전주시 묘고산(妙高山)에 있던 암자. 〔참고문헌〕『韓國寺刹全書』 권하 p.955b12. ⓳ 충청남도 공주시 사곡면 운암리 태화산(泰華山)에 있는 암자. 대한불교조계종 제6교구 본사 마곡사(麻谷寺)의 산내암자이다. 〔참고문헌〕『韓國寺刹全書』 권하 p.955b10. ⓴ 충청북도 단양군 남쪽 20리에 있던 암자. 『범우고』에 폐사로 전한다. 〔참고문헌〕『梵宇攷』, 『伽藍考』, 『韓國寺刹全書』 권하 p.955b8. ㉑ 평안남도 영원군 덕화면 은적산에 있던 암자. 일제강점기에는 대본산 법흥사(法興寺)의 말사였다. 〔참고문헌〕『韓國寺刹全書』 권하 p.956b18. ㉒ 평안북도 선천군 검산(劍山)에 있던 암자. 〔참고문헌〕『伽藍考』, 『梵宇攷』, 『韓國寺刹全書』 권하 p.956b16. ㉓ 함경남도 신흥군 신흥면 기린산(麒麟山)에 있던 암자. 일제강점기에는 대본산 귀주사(歸州寺)의 말사였다. 〔참고문헌〕『韓國寺刹全書』 권하 p.956b10. ㉔ 함경남도 영흥군 거사령(居士嶺) 아래에 있던 암자. 〔참고문헌〕『伽藍考』, 『韓國寺刹全書』 권하 p.956b14. ㉕ 함경남도 홍원군 보현면 두무산(豆無山)에 있던 은적사. 〔참고문헌〕『韓國寺刹全書』 권하 p.956b12. ⇨ 은적사 隱寂寺[12] ㉖ 황해남도 신천군 구월산(九月山)에 있던 암자. 『동국여지승람』 권42 황해도 문화현 불우에 이름과 위치가 전하며, 『범우고』에는 폐사로 전한다. 〔참고문헌〕『東國輿地勝覽』, 『梵宇攷』, 『韓國寺刹全書』 권하 p.957a2. ㉗ 황해남도 안악군 구월산(九月山)에 있던 암자. 『가람고』에 "군 서쪽 20리에 있는 문일방에 있다. 在門一坊 郡西二十里"라고 하였다. 〔참고문헌〕『伽藍考』, 『韓國寺刹全書』 권하 p.956b20.

은적암 隱跡庵 ❶ 광주광역시 무등산(無等山 : 瑞石山)에 있던 암자. 『동국명산기』에 "봉우리 아래에 삼일암이 있다. … 암자 동쪽에 금탑이 있고 금탑 동쪽에 은적암이 있다. 峯下有三日庵 … 庵東金塔又其東隱迹"라고 하였다. 〔참고문헌〕『東國名山記』, 『韓國寺刹全書』 권하 p.954a20. ❷ 대구광역시 남구 봉덕동 비슬산(琵瑟山 : 成佛山)에 있는 은적사(隱跡寺). 〔참고문헌〕『韓國寺刹全書』 권하 p.954b4. ⇨ 은적사 隱跡寺[1] ❸ 강원도 통천군 신림리 금강산(金剛山)에 있는 은적사(隱跡寺). 〔참고문헌〕『韓國寺刹全書』 권하 p.954b8. ⇨ 은적사 隱跡寺[2] ❹ 경상북도 김천시 문의산(文義山)에 있던 암자. 〔참고문헌〕『梵宇攷』, 『韓國寺刹全書』 권하 p.954b2. ❺ 전라남도 화순군 춘양면 천태산(天台山)에 있던 암자. 개천사(開天寺)의 산내암자였다. 〔참고문헌〕『韓國寺刹全書』 권하 p.954a18. ❻ 충청남도 예산군 동쪽 11리에 있던 암자. 〔참고문헌〕『伽藍考』, 『梵宇攷』, 『韓國寺刹全書』 권하 p.954a16.

은전 恩田 Ⓢ upakāri-kṣetra, upakārin, Ⓣ phan-' dogs-pa. 은혜의 밭. 삼복전(三福田) 또는 사복전(四福田) 중 하나. 부모 등의 은혜에 보답하는 일로 중생의 복이 나기에 은전이라 부른다. 보은전(報恩田)이라고도 한다. 『구사론』 권18 「분별업품 分別業品」(대정장29, p.93c25 : *Abh-k-bh.*, p.262)에 "어떤 연유로 어머니를 해치는 것 등은 무간업이고 나머지는 아닌가? 은전을 버리고 덕전을 허물기 때문이다. 부모를 해치는 것은 은전을 버리는 것이다. 어떻게 은혜가 있게 되는가? 몸이 나는 바탕이기 때문이다. 무엇이 저 부모를 버리는 것인가? 저 부모의 은혜를 버리는 것이다. 何緣害母等成無間非餘 由棄恩田壞德田故 謂害父母是棄恩田 如何有恩 身生本故 如何棄彼 謂捨彼恩 kasmāt mātṛvadhādiṣv ānantaryaṃ nānyatra. mātāpitṛvadhe tāvad upakāriṇo nirākaraṇāt. kathaṃ tāv upakāriṇau. ātmabhāvasya tatprabhavatvāt. kiṃ tayor nirākaraṇam. parityāgaḥ", 『사분율행사초자지기』 권하(대정장40, p.388a16)에 "아버지와 어머니는 은전이 된다. 父母爲恩田", 『기신론소필삭기』 권4(대정장44, p.316a5)에 "둘째는 은전이다. 부모에게 은혜를 보답하면 복이 나기 때문이다. 二 恩田 卽父母報恩生福故"라고 하였다. 〔참고문헌〕『俱舍論』, 『四分律行事鈔資持記』, 『起信論疏筆削記』, *Abh-k-bh.* ⇨ 보은전 報恩田, 삼복전 三福田, 사복전 四福田, 복전 福田

은전형 銀田形 신라대 오대산 진여원(眞如院)에 현신한 문수보살이 서른여섯 가지 모습 중 하나. 『삼국유사』 권3(대정장49, p.999a6 · 한불전6, p.335a2) 탑상(塔像)4 대산오만진신(臺山五萬眞身)에 "매일 새벽에 문수대성께서 진여원에 이르셨다. 지금의 상원인데 서른여섯 가지 모습으로 변하여 나투신다. … 혹은 은전의 모습을 짓기도 하였다. 每日寅朝 文殊大聖 到眞如院 今上院 變現三十六種形 … 或作銀田形"라고 하였다. 〔참고문헌〕『三國遺事』. ⇨ 대산오만진신 臺山五萬眞身

은정심 殷淨心 매우 깨끗한 마음. 『구사론』 권12(대정장29, p.66a19)에 "하나의 하리달계(訶梨怛雞 Ⓢ haritakī)라도 매우 깨끗한 마음을 일으켜 스님들에게 받들어 베푼다면 미래세에 반드시 질역재가 일어나는 일 만나지 않는다. 또 한 덩이의 음식이라도 지극히 청정한 마음을 일으켜 스님들에게 공양한다면 미래세에 반드시

기근재가 일어나는 일 만나지 않게 된다. 若能以一訶梨怛雞 起殷淨心 奉施僧衆 於當來世 決定不逢疾疫災起 若有能以一摶之食 起殷淨心 奉施僧衆 於當來世 決定不逢飢饉災起"라고 하였다. [참고문헌] 『俱舍論』, 『大毘婆沙論』 권134(대정장27, p.693b10).

은중경 恩重經 ➡ 대보부모은중경 大報父母恩重經, 부모은중경 父母恩重經❶

은중경언해 恩重經諺解 ➡ 대보부모은중경언해 大報父母恩重經諺解, 대보부모은중경 大報父母恩重經, 부모은중경 父母恩重經❶

은중수 殷重修 은근히 거듭 닦음. 공용(功用)에 따라 네 갈래로 닦음 중 하나이다. 『법화경현찬요집』 권2(卍속장53, p.403a13)에 "넷째, 은중수는 지성으로 용맹하게 신구의 삼업으로 채찍질하고 힘쓰는 등이다. 四殷重修 志誠勇猛 三業策勵等故", 『화엄경소』 권13(대정장35, p.598a3)에 "은중수는 뜻을 굳게 하여 즐겨 물러나지 않는 것이다. 殷重修 志樂不退故"라고 하였다. [참고문헌] 『法華經玄贊要集』, 『華嚴經疏』. ⇨ 사수 四修❶

은중심 殷重心 은근하고 무거운 마음. 교만하지 않고 삼가 정성을 다하는 마음을 가리킨다. 『우란분경소회고통금기』 권하(卍속장35, p.296b12)에 "은근하고 정중하여 성품에 교만이 없음을 은중심이라 한다. 殷勤鄭重性離憍慢 名殷重心", 『대승본생심지관경』 권4(대정장3, p.309c16)에 "은근하고 정중한 마음을 일으켜 일념으로 참회한다면 저 불이 산택을 태우듯이 온갖 죄가 모두 사라진다. 若起殷重心 一念求懺悔 如火焚山澤 衆罪皆銷滅", 『선법방편다라니경』(대정장20, p.581c4)에 "선남자선여인등 수행하려는 이는 반드시 스스로 신구의를 깨끗하게 한 뒤 새벽에 은근하고 정중한 마음으로 여법하게 수지·정심·독송을 해야 한다. 이렇게 행하는 이는 천룡과 모든 악인·귀신 등에게 보이지 않는다. 若善男子善女人等 欲修行者 應當自淨身口意已 於晨朝時以殷重心 如法受持淨心讀誦 能如是者 不見天龍諸惡人鬼"라고 하였다. [참고문헌] 『盂蘭盆經疏會古通今記』, 『大乘本生心地觀經』, 『善法方便陀羅尼經』.

은중지례 慇重之禮 은근하고 정중한 예법. 『선원청규』 권5 「당두전점 堂頭煎點」(卍속장111, p.902b15)에 "대중 가운데 좌정할 때는 시자가 먼저 주지의 곁에 서서 좌구와 향을 청하여 은근하고 정중한 예를 표한다. 有處衆坐定 侍者先在住持人邊立 請坐具及請香 以表慇重之禮"라고 하였다. [참고문헌] 『禪苑淸規』.

은지 銀地 천태지의(天台智顗 539~598)가 천태산을 개산할 때 처음으로 암자를 창건하였던 곳. 천태산 불롱봉(佛隴峰) 북쪽 봉우리 나계(螺溪) 인근이다. 근처에 신승(神僧) 정광(定光)이 머무르던 금지(金地)가 있다. 후에 진(陳)나라 선제(宣帝)가 은지에 세운 암자를 중창하고 '수선사 修禪寺'라 사액하였다. 『석씨통감』 권6(卍속장131, p.865a9)에 "(천태는) 일찍이 꿈에서 높은 산에 올라 한 스님이 손짓으로 부르는 것을 보았다. 한 문인이 '그곳은 천태산일 것입니다'라고 하였다. 이해(575년) 9월 무리를 이끌고 천태산에 당도하자 정광이 마중을 나와서 '예전에 불렀던 것을 기억하십니까?'라고 말하자, 천태가 신이함에 경탄하며 예를 올렸다. 정광이 '지금 이 자리는 금지로서 제가 이미 점유하고 있으니, 불롱의 북봉 나계의 은지가 머무르며 도를 행하기에 적합할 것입니다'라고 하였다. 이에 천태가 개산하고 암자를 창건하였다. 嘗夢登高山 見一僧以手招之 門人曰 此天台山也 是年九月 領徒至天台山 定光出迎曰 憶昨相招否 師驚異而禮之 光曰 此處金地 吾旣有之 佛隴北峰 螺溪銀地 宜居行道 於是師開山創庵"라고 하였다. [참고문헌] 『釋氏通鑑』, 『景德傳燈錄』 권27 「天台智顗傳」(대정장51, p.432a3), 『隆興編年通論』 권9(卍속장130, p.512b14). ⇨ 불롱 佛隴❶, 수선사 修禪寺❷, 지의 智顗

은진관촉리비로자나석불입상 恩津灌燭里毘盧遮那石佛立像 고려시대 석불입상. 충청남도 유형문화재 제88호. 충청남도 논산시 관촉동 관촉사에 위치한다. 높이 3.4m. 광배는 결실되었고, 사각대좌 위에 서 있으며 전체적으로 불두(佛頭)가 크고 통통한 불상이다. 낮고 넓은 육계(肉髻)에 귀는 어깨까지 처져 있고 네모난 얼굴에 선명한 눈썹과 작은 입술이 특징이다. 불신(佛身)은 직사각형으로 목이 거의 없다. 통견(通肩)의 법의(法衣)가 길게 늘어지다 허벅지쯤에서 접혀 있다. 손은 지권인(智拳印)을 맺고 발은 보이지 않게 하였다. [참고문헌] 『문화재대관』(충청남도, 1985). ⇨ 관촉사 灌燭寺

은진미륵 恩津彌勒 충청남도 논산시 은진면에 있는 관촉사보살입상(灌燭寺菩薩立像). 박윤묵(朴允默 1771~1849)의 『존재집』 권6 「은진미륵」에 "은진미륵상 해동 어디에도 없었네. 아로새긴 황금 치마 웅위한 백석 몸. 솟은 듯한 오십척 우뚝 서 그 기세 높고 높네. 밤마다 백호의 광명 놓아 울창한 숲 돌아 다가가 마을마저 밝게 하네. 恩津彌勒像 海東之所無 雕鏤黃金帔 雄偉白石軀 屹然五十尺 特立勢高孤 夜夜白毫光 盤鬱逼淸都"라 하였다. [참고문헌] 『存齋集』(韓國文集叢刊292, p.111b11). ⇨ 관촉사보살입상 灌燭寺菩薩立像, 관촉사 灌燭寺

은진쌍계사중건비 恩津雙溪寺重建碑 ➡ 쌍계사중건비

雙溪寺重建碑, 쌍계사 雙溪寺[21]

은처 隱處 ❶ 보이거나 드러나지 않는 곳.『사분율』권18(대정장22, p.688a29)에 "만약 두 사람이 은처에서 말하면 또한 손가락을 튕기거나 기침을 해야 하니, 만약 그렇게 하지 않으면 돌길라다. 若二人隱處語 亦當彈指謦欬 若不者 突吉羅"라고 하였다.〔참고문헌〕『四分律』,『尼拘陀梵志經』권하(대정장1, p.224c27). ⇨ 돌길라 突吉羅 ❷ 가리어 드러내지 않는 음부(陰部). 율장에는 이와 관련된 범계로 바일제(Ⓢ pāyattika 單墮)·승가바시사(Ⓢ saṃghāvaśeṣa 僧殘)·투라차(Ⓢ sthūlātyaya 麤罪) 등이 시설되었다.『오분율』권12「니율사타법 尼律捨墮法」(대정장22, p.87b2)에 "그때 여러 비구니들이 두 곳, 겨드랑이와 은처의 털을 깎고 애욕심을 일으켜 마침내 환속하고 외도가 되는 이가 있었다. … 비구니가 겨드랑이와 은처의 털을 깎으면 바일제다. 爾時諸比丘尼 剃二處毛 腋下隱處 生愛欲心 遂有反俗 作外道者 … 若比丘尼 剃腋下隱處毛 波逸提", 같은 책 권28「칠조복법 七調伏法」(대정장22, p.185a6)에 "어느 때 한 비구가 은처를 긁다가 부정이 나오고 말았다. 의문이 생겨 부처님께 여쭙자 부처님께서 비구에게 말하였다. '그대는 어떤 마음을 가졌는가?' '처음이나 끝이나 나오게 하려는 의도는 없었습니다' '범한 것이 없다. 만약 나오게 하고 싶어서 나왔다면 승가바시사이고, 나오게 하고 싶었으나 나오지 않았다면 투라차다. 時有比丘搔隱處 不淨出 生疑問佛 佛言 汝以何心 答言 始末無有出意 佛言 無犯 若欲出而出 僧伽婆尸沙 欲出不出 偸羅遮",『유부필추니비나야』권17「체은처모학처 剃隱處毛學處」(대정장23, p.911a5)에 "은처는 드러내지 않는 곳이다. 隱處者 謂非顯處",『근본설일체유부필추니계경』(대정장24, p.514a12)에 "또한 필추니가 손으로 은처를 어루만지면 바일제다. 若復苾芻尼 以手拍隱處者 波逸底迦"라고 하였다.〔참고문헌〕『五分律』,『有部苾芻尼毘奈耶』,『根本說一切有部苾芻尼戒經』. ⇨ 바일제 波逸提, 승가바시사 僧伽婆尸沙, 투란차 偸蘭遮

은천 銀千 조선후기 스님. 호는 경송(慶松). 월초거연(月初巨淵 1858~1934)의 법을 이은 법제자이며 운허용하(耘虛龍夏 1892~1980)의 은사이니, 석존제76세이고 태고보우(太古普愚 1301~1382)의 19세이며 청허휴정(淸虛休靜 1520~1604)의 13세이고 백파긍선(白坡亘璇 1767~1852)의 4세 법손이 된다. 운허는 출가 이전 독립운동에 가담하여 국내외로 활약하다가 동지인 이호원(李浩源)이 체포됨에 따라 부득이 박용하(朴龍夏)로 이름을 바꾸고 서울을 탈출하였다. 강원도 회양군 난곡면 토동리 천보산(天寶山) 봉일사(鳳逸寺)에서 은신하다가 그 절 암주(庵主)인 경송은천을 은사로 하여 득도(得度)하였다.〔참고문헌〕『耘虛禪師語文集』(東國譯經院, 1989), 智冠『韓國高僧碑文總集 朝鮮朝·近現代』pp.1120~1122. ⇨ 거연 巨淵, 용하 龍夏

은천쌍탑 銀川雙塔 중국 영하회족자치구(寧夏回族自治區) 은천시 평원에 위치한 서탑과 북탑. 시 서남쪽에 있는 승천사탑(承天寺塔)을 보통 서탑이라 부른다. 서하(西夏) 때인 1050년(천경3) 건립된 이 탑은 팔각형 13층에 높이는 약 70m이다. 형식면에서 인도의 건축기술을 수용하는 동시에 전통적인 중국건축의 풍격을 유지하고 있다. 시 북쪽의 해보탑(海寶塔)을 북탑이라 부르는데 서탑과 1.7km 정도 떨어져 있고 동진(東晉)대에 건립되었다. 전하는 말로는 흉노(匈奴) 혁련발발(赫連勃勃)이 세운 뒤로 지금까지 일천오백년이나 되었다고 한다. 9층에 탑신 평면은 십자형(十字形)이며 높이는 약 60m에 이른다.

은철 銀哲 ?~1864. 조선후기 스님. 호는 화운(化運), 속성은 이(李)씨. 전라남도 해남군 화산면(華山面)에서 태어났다. 대흥사(大興寺) 온곡영택(溫谷永澤)을 은사로 하여 스님이 되었고 만우(萬愚)로부터 비구계를 받았으며, 침교(枕蛟)의 법을 이어 받았고, 초의의순(草衣意恂)에게서 보살계를 받았다. 성품은 엄숙하고 지혜로웠다. 계보로는 연파혜장(蓮坡惠藏)의 손자, 화악문신(華岳文信)의 6세손이며, 등운무가(等運無可)와는 백중(伯仲 : 兄弟) 간이 된다. 법제자에는 설허지연(雪虛智演)과 찬률(贊律) 등이 있고, 수계제자에는 세원(世元)·예운(禮云)·도홍(道弘) 등 21명이 있다. 1864년(고종1) 4월 5일 술시(戌時)에 대둔산(大屯山) 상원암(上院庵)에서 입적하였다.〔참고문헌〕『東師列傳』권4「化運禪師傳」(한불전10, p.1045b22).

은폐 隱蔽 Ⓢ abhibhava, antarāya, jihmī-√kṛ, dhyāmī-√kṛ. 드러나지 않게 덮어 가리다. 숨다. 은장(隱藏)과 상통한다.『대장엄론경』권1(대정장4, p.260c7)에 "불일(佛日)이 세간을 비추니 뭇 삿된 것들이 모두 숨어버렸네. 佛日照世間 群邪皆隱蔽",『무량수경』권하(대정장12, p.278a6)에 "저 부처님 광명 또한 이와 같아 성문과 보살의 일체광명이 죄다 가려졌다. 彼佛光明 亦復如是 聲聞菩薩 一切光明 皆悉隱蔽",『종경록』권52(대정장48, p.721b21)에 "성도를 장애하고 진심을 은폐하니 이름하여 유부라 하고, 선도 불선도 아니기에 무기라 한다. 障礙聖道 隱蔽眞心 說名有覆 非善不善 故名無記"라고 하였다.〔참고문헌〕『大莊嚴論經』,『無量壽經』,『宗鏡錄』, *Laṅk.169.*, *Gaṇḍ-vy.300.*, *Rāṣṭr.120.*, *Daś-bh.6.* ⇨ 은장 隱藏, 유부무기 有覆無記

은폐부장 隱蔽覆藏 Ⓢ praticchādayati, Ⓣ gyogs pa'am sbed-pa'am 'chad-pa. 덮거나 가려서 드러나지 않게 하는 것. 불법(佛法)을 덮어 사라지게 하려는 행위로 오역죄 중에 하나다. 『니건자소설경』 권4 「왕론품 王論品」(대정장9, p.336b3)에 "성문과 벽지불법 그리고 대승법을 비방하고 헐뜯어 어려움에 처하게 하고 덮거나 가려서 드러나지 않게 하면 이를 '두 번째 근본중죄'라고 한다. 若謗聲聞 辟支佛法 及大乘法 毁呰留難 隱蔽覆藏 是名第二根本重罪"라고 하였다. 〔참고문헌〕『尼乾子所說經』, 『大方廣十輪經』 권5 「衆善相品」(대정장13, p.704a1), *Mvyut.342.* ⇨ 오역죄 五逆罪

은하사 銀河寺 경상남도 김해시 삼방동 신어산(神魚山)에 있는 절. 대한불교조계종 제14교구 본사 범어사(梵魚寺)의 말사이며 서림사(西林寺)라고도 한다. 42년(수로왕1)에 허황옥(許黃玉)의 오빠 장유(長遊)화상이 창건하였다고 전한다. 「활천면서림사 活川面西林寺」 『조선사찰사료』 권상, pp.521~522에 따르면 임진왜란 후 중창하였으며, 1803년(순조3)·1831년·1892년(고종29)에도 거듭 중수하였다. 또한 1761년(영조37)에 시왕전, 1797년(정조21)에 취운루(翠雲樓), 1801년에 대웅전, 1812년에 취운루, 1866년(고종3)에 청량암(淸涼庵)을 중창·중수하였다. 현존 당우로는 대웅전·명부전·응진전·삼성각 등이 있으며, 성보문화재로는 유형문화재 제238호 대웅전과 제402호 대웅전벽화 등이 있다. 〔참고문헌〕『朝鮮寺刹史料』, 『韓國寺刹全書』 권하 p.951a3. ⇨ 허황옥 許黃玉

은합 銀盒 은으로 제작한 합(盒). 사리장엄구(舍利莊嚴具) 중 하나다. 『오등전서』 권54 「요만장 了滿章」(卍속장141, p.169b8)에 "당시 예장의 오차탑을 개수하는데, 강서행성의 승상 한적이 예전에 봉장한 세존사리를 봉안하라 명하고, 사신을 보내어 요만선사의 눈동자 사리를 나누어 은합에 담아서 부장하게 하였다. 時改作豫章烏遮塔 江西行省丞相幹赤 命以舊藏世尊舍利 奉于中

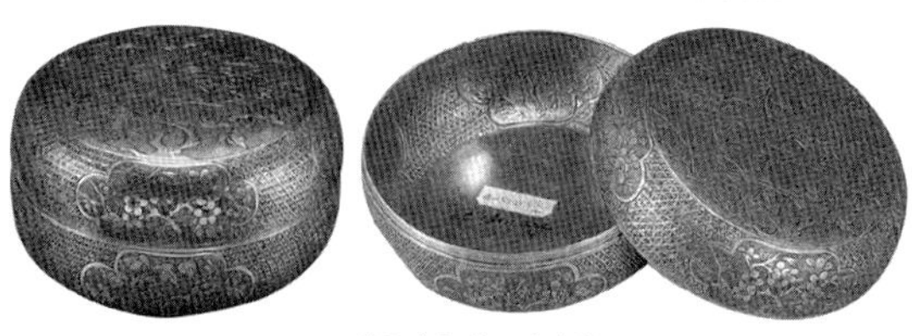

은제음각초화문사리합
평양조선중앙력사박물관 고려 11~12세기

而遣使分師之目睛舍利 貯之銀盒 陪葬焉", 「법광사석가불사리탑중수비 法廣寺釋迦佛舍利塔重修碑」(『청천집』 권5·한국문집총간200, p.336a18)에 "9월 16일에 대중을 모으고 탑의 맨 아래층을 거두니, 돌로 봉한 그 안에 둥글고 깨끗한 옥함이 하나 있고 그 안에 있는 순은합은 더욱 아름다웠다. 九月十六日 會衆爰撤最下一層 石縫中得一玉函圓淨 內有純銀盒益妙"라고 하였다. 국보 제126호 불국사삼층석탑사리장엄구 중에도 은제(銀製) 사리내외합이 출현했고, 보물 제1375호 월정사팔각구층석탑사리장엄구 중에도 은제내합이 내장되어 있었다. 고려 11~12세기 제작으로 추정되는 은제음각초화사리합은 매우 정교한 음각과 어자문(魚子文)을 촘촘히 시문하고, 안상(眼象) 형의 능형곽(菱形廓)을 사방에 넣은 후 그 사이에 칠보무늬를 연속 시문한 매우 아름다운 사리구 은제외합이다. 〔참고문헌〕『五燈全書』, 『青泉集』. ⇨ 사리장엄구 舍利莊嚴具

은해사 銀海寺 경상북도 영천군 청통면(淸通面) 치일리(治日里) 479번지 팔공산(八公山) 동쪽 기슭에 자리하고 있는 대한불교조계종 제10교구본사이며, 경상북도 5개교구본사 중 하나이기도 하다. 원효성사다례제·삼국유사대제전 등 원효(元曉)·일연(一然)·설총(薛聰) 등 삼성(三聖) 현창을

은해사전경

수행하는 도량이다. 〔팔공산〕『동국여지승람』 권26 대구도호부(大邱都護府) 산천(山川)에 "공산은 팔공산이라고도 하는데, 해안현 북쪽 17리(里 : 약 6㎞)에 있다. 신라 때에는 부악이라 칭했고 숭악에 비겨 중사를 지낸다. 公山或稱八公山 在解顔縣北十七里 新羅時稱父嶽 擬中嶽爲中祀"라고 했다. 대구광역시와 경상북도 군위군·영천군·칠곡군·경산군 등이 둘러 있는 산으로 해발 1,193m이다. 태백산맥이 보현산(普賢山 : 1,124m, 新寧地方)에서 서남쪽으로 화산(華山 : 828m)·팔공산·가산(架山 : 902m, 漆谷에 있음)으로 연결된다. 최고봉인 비로봉을 중심으로 동봉(東峰)과 서봉(西峰)이 마치 좌우 날개를 펴고 있는 모습으로 솟아 있다. 팔공산에는 은해사(銀海寺)·동화사(桐華寺)·파계사(把溪寺)·부인사(夫仁寺)·거조암(居祖庵)·기기암(寄寄庵) 등 많은 전통사찰(신라고찰)이 깃들어 있다. 〔창건과 절이름〕 1943년에 김정래(金鼎來)가 지은 「조선불교

조계종경상북도영천군대본산은해사사적비명병서 朝鮮佛敎曹溪宗慶尙北道永川郡大本山銀海寺事蹟碑銘並序」에는 "사찰의 연고를 살펴보면, 신라 기축년(809 헌덕왕1)에 혜철국사(791~861)가 개산하고 절 이름을 해안사라 하였는데, 헌덕왕이 축리소(원찰)로 삼았다. … 조선 인종 을사년(1545)에 … 불에 타서 명종 병오년(1546)에 천교화상이 내탕금으로 이곳으로 이건하고서 은해사라고 하였다. 按寺之故 新羅憲德王己丑 惠哲國師開山 而額以海眼寺 憲德王以爲祝釐所 … 朝鮮仁宗乙巳 … 入於灰燼 明宗丙午 天敎和尙蒙內帑之賜 移建于此 改額以銀海寺"고 하였다. 혜철은 동리산(桐裏山) 태안사(泰安寺)를 개창한 신라 하대의 대표적인 선승(禪僧)으로, 은해사는 개산 때에 선찰(禪刹)이었다. 다만 절 이름은 『가람고』 경상도 영천에 '은해성사 銀海城寺', 『범우고』 경상도 영천에 '은해사 銀海寺'라 하였고, 이보다 앞선 『동국여지승람』 권22 경상도 영천군 불우에도 "거조사와 은해성 … 〈모두 공산에 있다〉. 居祖寺 銀海城 … 〈俱在公山〉"라고 하였다. 해안사라고 불리다가 조선초에 은해성사·은해사로 불렸던 듯하다. 또한 「조선불교조계종경상북도영천군대본산은해사사적비명병서」에는 "대개 여기저기서 '안'이라고 하던 것을 취하여 은해의 뜻으로 삼았으니, 옛터가 바로 운부암 아래 해안평이라고 부르던 곳이다. 盖取諸謂眼爲銀海之義 舊址則雲浮庵下海眼坪云者是也"라 하였고, 1879년에 이학래(李鶴來)가 쓴 「은해사연혁변 銀海寺沿革辨」에는 신령(新寧)의 이지은소(梨旨銀所)는 고려말에 현으로 승격하여 영천에 속하였는데, "은해사의 은이란 바로 이 은을 품은 곳과 같이 여겨서 불가의 은지를 취하였으니, 은해의 은은 또한 먼저 빛나는 바다를 취한 뜻이 있어서 반야해·청정해·묘법해의 해라 하겠다. 銀海銀以其銀所之同符 於佛家銀地而取之歟 銀海之銀亦有取於先明海 般若海 淸淨海 妙法海之海歟"라고 하였다. 1798년(정조22)에 영파성규(影波聖奎 1728 1812)가 「영천군은해사사적」, 1862년(철종13) 혼허지조(混虛智照)는 「은해사중건기 銀海寺重建記」, 이학래는 「은해사연혁변」, 1920년 김달현(金達鉉)은 「은해사중수기」, 김정래는 「팔공산은해사사적비문」 등을 남겼다. 사적을 정리하면 〈표1〉과 같다. 동화사(桐華寺)와 더불어 팔공산의 대표적 사찰로서 보조지눌(1158~1210)이 거조암(居祖庵)에서 수선결사(修禪結社)를 도모한 이래로 은해사는 더욱 주목을 받게 되었다. 특히 홍진국사 혜영(惠永 1228~1294)이 주석한 이후부터 오교도승통(五敎都僧統)의 자격으로서 교풍 특히 유가사상을 크게 떨치기도 하였다. 〔중창과 중수〕 고려시대에 혜영과 원참(元旵)은 중창의 주요인물이다. 혜영은 속리사(俗離寺)·동화사를 중심으로 활동한 대표적 유가종(瑜伽宗) 스님으로 '고려국대유가동화사사주지오교승통보자국존 高麗國大瑜伽桐華寺住持五敎僧統普慈國尊'이라는 존호를 더하였고, 원참은 거조사(居祖社)에 주석하던 1298년(충렬왕24)에 악서(樂西)라는 도인을 만나 법을 전해받고 정토왕생의 참법(懺法)을 닦는 내용의 『현행서방경 現行西方經』을 짓기도 하였고, 한편 진표의 미륵신앙과 동화사 창건 배경인 간자(簡子)신앙 등과 관련되는 등 고려후기의 은해사는 중층의 사상적 기틀이 교차하는 도량이었다. 조선시대의 중건과 중수는 왕실이나 문인과 깊이 연고되었다. 1486년(성종17)에 죽청희찬(竹淸義贊)이 중수하였고, 1543년(중종3

불광·은해사·대웅전·보화루
편액 추사 김정희書

〈표1〉 은해사 사적

연 대	주 요 사 적
809년헌덕왕1	혜철국사(惠哲國師) 체공(體空) 해안사(海眼寺)로 창건
1270년원종11	홍진국사(弘眞國師) 혜영(惠永) 중창
1275년충렬왕1	원참(元旵) 중수
1486년성종17	죽청희찬(竹淸義贊) 중수
1543년중종38	보주(寶珠) 중수
1544년중종39	삼인지징(三印志澄) 중수
1545년인종 1	화재로 전소
1546년명종 1	인종(仁宗) 태실(胎室) 봉장 천교(天敎) 중창 은해사로 이름 바꿈
1563년명종18	묘진(妙眞) 중건
1589년선조22	법영(法英) 극락전 중건
1651년효종 2	법당·누각·조계문 등 단청 백흥암(百興庵)·명부전 건립
1667년현종 8	백흥암과 명부전 보수
1712년숙종38	종친부(宗親府)에 귀속. 각종 잡역 면제
1730년영조 6	백흥암 보화루(寶華樓) 중창
1737년영조13	큰법당·누각·천왕문 등 단청불사
1750년영조26	괘불탱·아미타후불도·염불왕생첩경도 등 조성
1772년영조48	자암(慈庵) 대웅전 불상 개금
1777년정조 1	신중탱조성 무오갑헌토유공비戊午甲獻土有功碑 건립
1780년정조 4	혜옥(惠玉)·서징(瑞澄)·덕윤(德玧) 체주(體周) 등 묘봉암(妙峰庵) 중창
1785년정조 9	쾌민(快敏) 거조암(居祖庵) 중수
1801년순조 1	기기암(寄寄庵) 중창
1833년순조33	보봉(寶峰)·응암(應庵) 등 서운암 중창
1834년순조34	우일(宇一)·유엽(有曄) 등 중암암 중수
1847년헌종13	화재로 전소. 팔봉(八峰) 등 당·향실(香室)·심검당(尋劍堂)·청풍당(淸風堂) 등 건립
1849년헌종15	옹호문(擁護門)·안양문(安養門)·동별실(東別室)·만월당(滿月堂)·향적각(香積閣) 등 건립
1850년철종 1	보화루와 종각 중수·단청
1858년철종 9	영파성규(影波聖奎) 「영천군은해사사적」 지음
1860년철종11	운부암 소실. 응허(應虛)·침운(枕雲) 등 중건
1920년	석담(石潭) 삼당(三堂)·일루(一樓)·고방(庫房)·주지실·요사 4동·대문 등 중수
1997년	지장전 건립 삼천불 봉안
1998년	성보박물관 건립 개원

8)에 보주(寶珠)대사가 중수하였으며, 다음 해인 1544년에 삼인지징(三印志澄)이 보수하였다. 그러나 1545년 화재로 모두 잿더미로 변하였다. 1546년(명종1)에 인종(仁宗)의 태실(胎室)을 운부암(雲浮菴) 남쪽 서운암(瑞雲庵) 서쪽 5리 지점인 운부암 옆에 봉장하고, 천교(天敎)가 법당을 중창한 후 사적비를 세우고 은해사로 편액을 바꾸었다. 1563년(명종18)에 화재로 소실되자 묘진(妙眞)대사가 중건하였고, 1589년(선조22)에는 법영(法英)이 법당인 극락전을 중건하고 주변 건물을 세우고 단청불사까지 마무리했다. 1651년(효종2)에 법당・누각・조계문・요사 등을 단청하였고 백흥암(百興庵)과 명부전을 신축하였다. 1667년(현종8)에는 백흥암과 명부전을 수리하였다. 1712년(숙종38)에는 인종의 태실을 모신 곳이라 하여 종친부(宗親府)에 귀속되어 각종 잡역을 면제받았다. 1714년(숙종40)에는 일주문의 좌우 일대의 땅을 매입하여 소나무를 심었다. 1730년(영조6)에는 백흥암의 보화루(寶華樓)를 중창하였고, 1737년(영조13)에는 은해사의 큰법당・누각・천왕문 등에 단청불사를 하였다. 1750년(영조26)에는 「괘불탱」과 현재 극락보전에 봉안되어 있는 「아미타후불도」를 조성하였고, 이 시기에 「염불왕생첩경도 念佛往生捷徑圖」도 조성되었다. 1755년(영조31)에 극락보전의 「삼장보살도」를 봉안하였다. 1761년(영조37)에는 천왕문을 신건하였다. 1765년(영조41)에 목암의정(牧菴宜定)의 비를 건립하였고, 1772년(영조48)에는 자암(慈庵)이 대웅전 불상을 개금하였다. 1777년(정조1)에 신중탱화를 조성하고 무오갑헌토유공비(戊午甲獻土有功碑)를 건립하였으며, 1780년(정조4)에는 혜옥(惠玉)・서징(瑞澄)・덕윤(德允)・체주(體周) 등 이 힘을 모아 묘봉암(妙峰庵)을 중창하였고, 1785년(정조9)에 본사의 신중탱화를 조성하였고 쾌민(快敏)대사가 거조암(居祖庵)을 중수하였다. 1787년에 요사인 설선당을 건립하였고, 1797년(정조21)에는 극락전을 중수하였다. 1801년(순조1)에는 기기암(奇奇庵 : 본래 이름은 安興寺)을 중창하였고, 1833년(순조33)에는 보봉(寶峰)・응암(應庵) 등이 서운암을 중창하였으며, 1834년(순조34)에는 우일(宇一)・유엽(有曄) 등이 중암암(中巖庵)을 중수하였다. 1825년(순조25)에 「현왕도」, 1830년에 「후불도」, 1831년에 「신중도」, 1876년(고종13)에 「대웅전신중도」, 1897년에 「산신도」 등 불화를 차례로 조성・봉안하였다. 1847년(헌종13)에는 은해사가 창건된 이래 가장 큰 화재로 1천여 칸의 건물이 모두 소실되었다. 바로 그해에 팔봉(八峰) 등이 주관하여 사방 9칸의 법당과 향실(香室)・심검당(尋劒堂)・설

〈표2〉 전당우 현황

전각	내력・인연대중
극락보전(대웅전)	• 1589(선조22) 법영·의연·광심 등 중건 • 1797(정조21)중수 • 1847(헌종13)소실·중건 • 1906중수 • 1920석담石潭중수 정·측3·3칸 다포식팔작지붕 • 편액 추사김정희金正喜
지장전	• 1997건립 정·측3·3칸 • 1996지장보살상 삼천위 봉안 • 1995지장후불탱 봉안
단서각	• 1920석담중수 정·측3·1칸 • 최근 독성탱봉안
산신각	• 정·측1·1칸 • 1897(광무1)산신탱 봉안
조사전	• 2011건립 정·측3·2칸 • 혜철(惠哲)·고경법전(古鏡法典)·동곡일타(東谷日陀) 진영 봉안·옛 영정 성보박물관 이전 봉안
심검당	• 1847소실·중건 • 1985중수 정·측6·5칸 ㅁ자 누각형 법회장 및 유사
설선당	• 1787(정조11)상량 • 1987해체·보수 정·측6·3칸 ㄷ자 • 은해사승가대학 강의실이었으며 현재 법회장
청풍당	• 1847소실·중건 정·측5·2칸 • 원주실·종무소
도선당	• 정·측7·3칸 • 법회장 • 삼천불 봉안
범종각	• 1850(철종1)중수·단청 정·측·칸 2층 • 범종 1976조성 1층·운판·목어·2층 법고
보화루	• 1847소실 • 1848중건 • 1849~1850 석연碩演 시주로 태백산인太白山人중수·단청 • 1920수리 • 1994이건 정·측5·2칸 • 편액 추사김정희
우향각	• 1847중건 정·측5·3칸 • 과거 향실香室 • 현재 주지실 • 편액 '불광佛光' 추사김정희
호연당	• 정·측9·3칸 • 과거 승가대학원 연구소 및 기숙사 현재 요사
중악관	템플스테이 수행처
성보박물관	• 1999건립 정·측10·5칸 • 2009개관 • 2012 1종 전문박물관 개원

〈표3〉 산내암자 현황

암자이름	창건·연혁·성보문화재
운부암 雲浮庵	• 711(성덕왕10) 의상義湘창건 • 1308(충렬왕34)소실직후 중건 • 1860(철종11)소실 • 1862 응허도협應虛燾冶·침담성연枕曇聖演중수 • 1957중건 • 1967중건 • 1860원통전 소실 • 1862중건 • 1862보화루 중건 • 1900(고종4)건립 • 1920중건 • 동산혜일東山慧日·운봉성수雲峰性粹·퇴옹성철退翁性徹·향곡혜림香谷蕙林 주석처
서운암 瑞雲庵	• 809(헌덕왕1)창건 • 1833(순조33) 보봉寶峯·응암應庵중창 • 6·25전쟁후 중건 • 산령각 정측 각 1칸
기기암 寄寄菴	• 816(헌덕왕8) 정수正秀창건 • 1741(영조17) 기성쾌선箕城快善 안흥사安興寺로 중건 • 1773 명암재징鳴岩再澄 옛터로 이건 • 1828(순조28)중수 • 1858 정곡淨谷중수 • 1970년대 중건
묘봉암 妙峰庵	• 833(흥덕왕8) 심지心地창건 • 1485(성종16) 죽청竹淸·희찬羲贊중수 • 1543(중종38) 보주寶珠중수 • 1544 삼인지징三印志澄중수 • 1780(정조4) 혜옥惠玉·서징瑞澄·덕윤德允·체주體周중수 • 6·25전쟁 폐사 • 1975이후 법운法雲중건 • 원통전 1982건립 1층 관음보살상·2층 석가모니불상 • 관음보살·산신기도처
중암암 中庵菴	• 834(흥덕왕9) 심지창건 • 1823(순조23) 태여太如중수 • 1834(순조34) 우일宇一·유엽有曄중수 • 삼층석탑 2층기단·3층탑신 고려초 건립 • 원효 수도처·극락굴(화엄굴) 김유신설화 전승
백흥암 百興庵	• 873(경문왕13) 혜철 송지사松旨寺(栢旨寺)로 창건 • 1546(명종1) 천교天敎중건·백흥암으로 개창·인종태실 수호사찰 • 1651(효종2)중건 • 1673(현종14)단청 • 1677(숙종3)중수 • 1858(철종9) 청봉윤화靑峯潤和중수 • 극락전 1643(인조21)중건·1685중건·1817(순조17) 운악의현雲岳義玄단청·1831보수·1913보수·1985해체·수리 정·측3·3칸·1673 아미타삼존상 보수·1792(정조16)감로탱 봉안·1782현왕탱 봉안 • 영산전 1767(영조43)건립·1858 청봉윤화중수 정·측3·2칸·1786(정조10)나한상 중수·1897(광무1) 석가후불탱 봉안·1782현왕탱 봉안·1782시왕탱 봉안 • 명부전 1932중건 정·측3·2칸 • 보화루 1730(영조6)중건·1878(고종15)중수 • 요사 '십홀방장十笏方丈' 편액 추사김정희 • 비구니 수도처
백련암 白蓮庵	• 운부암 속암屬庵 • 1546창건 정·측7·3칸 • 능인중·고 전신 오산학교 • 일연학연구원

현당(說玄堂)·청풍당(淸風堂) 등을 새로 지었고 1848년에는 보화루를, 1849년에는 옹호문(擁護門)·안양문(安養門)·동별실(東別室)·만월당(滿月堂)·향적각(香積閣) 등을 세웠다. 1850년(철종1)에 보화루와 종각을 중수하고 단청하였으며, 1857년(철종8)에 심검당과 설선당에 「석가여래도」를 봉안하였다. 이로써 불사가 마무리가 되어 이것을 기념하기 위해 1858년에 영남 지방의 대표적 학승이었던 영파성규(影波聖奎)가 「영천군은해사사적」을 지었다. 1860년(철종11)에는 운부암이 소실되었는데 바로 그해에 응허(應虛)·침운(枕雲) 등이 중건하되 법당·설선당·조실·영각·노전 등을 함께 세웠다. 1920년에 석담(石潭)이 삼당(三堂)·일루(一樓)·고방(庫房)·주지실·요사 4동·대문 등을 중수하였고, 1953년에 대웅전의 칠성탱화를 조성하였으며, 1976년에 종각의 범종을 조성하였고, 1985년에 심검당을 중수하였다. 1987년에 설선당을 수리하는 중에 1787년 당시의 상량문이 발견되었다. 1997년에 지장전을 새로 건립하고 1998년에 성보박물관을 건립하였다. 〔현존전당〕 현존전당은 〈표2〉와 같다. 〔산내암자〕 과거에는 상용암(上聳庵)·백흥암·운부암·안흥암(安興庵)·서운암·백련암·충효암(忠孝菴)·미타암(彌陁菴)·묘봉암·중암암·기기암·봉서암(鳳棲庵)·거조암(居祖庵) 등 많았으나, 현재는 운부암·백흥암·중암암·묘봉암·기기암·서운암·백련암 등 7곳만 남았고, 1785년(정조9)에 쾌민이 중수한 거조암은 2021년에 거조사로 이름을 바뀌었다. 충효암과 미타암은 백흥암과 같은 계곡에 있었는데, 충효암은 자암(慈庵)이 중수하였고, 지연(指演)은 1794년에 미타암을 중수한 뒤 1816년에는 정엽(定曄)과 함께 다시 중수하기도 하였다. 묘봉암에서 골짜기를 건너면 상용암이 있었는데, 상용암은 신라 헌덕왕 때 창건되었다고 전한다. 봉서암과 거조암은 은해사가 자리한 주산의 바깥 골짜기에 자리하였다. 〈표3〉은 현재 산내암자의 연혁이다. 〔부도림과 승탑비〕 현존하는 부도와 비석은 〈표4〉와 같다. 영파당 성규대사비(影波堂 聖奎大師碑)는 사영 남공철(思穎南公轍 1760~1840)이 비문을 짓고 심의경(沈宜慶)이 써서 1816년(순조16) 은해사 입구에 세웠다. 이 밖에 순찰사비(巡察使碑)·유공불망비(有功不忘碑) 등 15기(基)가 있고, 판독할 수 없는 부도(浮圖) 5기 등이 있다. 〔성보문화재〕 성보문화재는 〈표5〉와 같다. 특히 은해사에는 추사의 유적이 남아 전한다. 1862년 혼허지조의 「은해사중수기」에 "대웅전·보화루·불광 세 편액은 모두 추사 김정희의 묵묘(墨妙)"라고 했다. 그 뒤 18

〈표4〉 승탑비와 공덕불망비 현황

	탑 비 현 황
승탑비	• 영파당성규대사비影波堂聖奎大師碑 1816(순조16) 건립·남공철南公轍(1760~1840)찬·심의경沈宜慶서書 • 국일도대선사부종수교행양종정사목암당선정비國一都大禪師扶宗樹敎行兩宗正事牧菴堂宣定碑 1765(영조41)건립 • 그외 승탑 5위
공덕불망비	• 운허대화상문오만일회신창송공비運虛大和尙文午萬日會新剏誦功碑 1831건립 • 은해사유공불망비銀海寺有功不忘碑 1740(영조16) • 비각헌답수호기碑閣獻畓守護記 1820(순조20) 취우取禹찬 • 무오갑헌토유공비戊午甲獻土有功碑 1777건립 • 갑오갑수공비甲午甲樹功碑 1787(정조11)건립 • 무오갑수공비戊午甲樹功碑 1787 인악의첨仁岳義沾건립 • 갑자갑수공비甲子甲樹功碑 1793 호령이원선교종정湖嶺二院禪敎宗正 영파성규찬 • 갑오갑유공비甲午甲有功碑 1824(순조24) 유동신柳東新찬 • 병자갑헌납유공기丙子甲獻納有功記 1850 혼허지조混虛智照찬 • 군수김공호사감은기郡守金公護寺感恩記 1862(철종13)건립 진해기수鎭海琪守찬 • 군수김공휘기철영세불망비郡守金公諱箕哲永世不忘碑 1863건립 • 군수민후휘치만영세불망비郡守閔侯諱致萬永世不忘碑 1863건립 • 권씨마마공덕불망비權氏媽媽功德不忘碑 1906건립

〈표5〉 성보문화재 현황

등 급	지정번호	명 칭	조성연대	규격(cm)·시주 및 제작
국 보	14	은해사거조암영산전 銀海寺居祖庵靈山殿	고려말 조선초	정면 7칸·측면 3칸 주심포식 맞배지붕
보 물	486	은해사백흥암수미단 銀海寺白興庵須彌壇	조선중기	높이 125·너비 413
	514	은해사운부암금동보살좌상 銀海寺雲浮庵金銅菩薩坐像	조선초기	높이 102
	790	은해사백흥암극락전 銀海寺百興庵極樂殿	조선초기	정면 3칸·측면 3칸 다포계 팔작지붕
	1270	은해사괘불탱 銀海寺掛佛幀	1750년영조26	세로 1,056·가로 474 / 普聽·處一
	1604	은해사청동북및북걸이 銀海寺靑銅○○○○○	1646년인조24	지름 77.2·두께 12.7 / 金巖·虛幹
	1857	은해사염불왕생첩경도 銀海寺念佛往生捷徑圖	1750년영조26	세로 160·가로 306
유 형 문화재	319	은해사백흥암감로왕도 銀海寺百興庵甘露王圖	1792년정조16	세로 225·가로 218
	332	은해사중암암삼층석탑 銀海寺中巖庵三層石塔	고려시대	높이 300
	342	은해사대웅전후불탱화및삼장탱화 銀海寺大雄殿後佛幀畵○三藏幀畵	1750년영조26 1755년영조31	세로433·가로310 / 普揔·處一 세로 246.5·가로 286 / 常悟·貫佺·性淸·性澄
문화재 자 료	104	은해사거조암삼층석탑 銀海寺居祖庵三層石塔	삼국시대	높이 360
	367	은해사대웅전 銀海寺大雄殿	조선후기	정면 3칸·측면 3칸 다포계 팔작지붕
미지정		은해사아미타삼존탱화 銀海寺阿彌陀三尊幀畵	1897년광무 1	세로 219·가로 188.8
		은해사오층석탑 銀海寺五層石塔	1897년광무 1	높이 350
		은해사지장보살탱화 銀海寺地藏菩薩幀畵	1747년영조23	세로 158·가로 133.7

79년 영천군수 이학래가 쓴 「은해사연혁변」에도 "문의 편액인 은해사, 법당의 대웅전과 보화루가 모두 추사 김정희의 글씨이며 노전(爐殿)의 '일로향각(一爐香閣)'이란 글씨 또한 추사의 예서체이다"라고 했다. 그중 은해사 성보박물관의 '대웅전' 편액은 서울 봉은사 '판전'이라는 추사의 마지막 작품과 함께 최고 걸작으로 손꼽힌다. 〔참고문헌〕『東國輿地勝覽』 권22 永川郡 佛宇 銀海城 및 같은 책 권26 大邱都護府 山川 公山, 『朝鮮寺刹史料』 권상 pp.454~478, 『韓國寺刹全書』 권하 p.951, 『伽藍考』, 『永川郡銀海寺事蹟』, 『文化遺蹟總覽』 권중 pp.261~264, 智冠 編 『韓國高僧碑文總集 朝鮮朝·近現代』 p.594.

은해사거조암영산전 銀海寺居祖庵靈山殿　고려 말 조선 초 목조건축. 국보 제14호. 정면 7칸·측면 3칸의 주심포식 맞배지붕 건물. 기둥이 낮고 간살이 넓어 안정감을 주며 주심포 건축의 초기 양식을 보여주는 수작이다. 잡석기단 위에 자연석 주초를 놓고 두리기둥을 세워 그 위에 가구를 조립하였다. 가구는 간결한 수법이며, 측면 중앙칸을 형성하는 두 개의 고주(高柱)와 앞뒤의 평주(平柱)에는 배흘림이 뚜렷하다. 천장가구는 전혀 없으며, 주심포 건축의 특징인 연등천장(椽燈天障)으로 되어 있다. 평주 위에 놓인 공포의 형태와 대들보 위에 놓인 포대공(包臺工) 형태가 가장 특징적이며, 출목(出目) 첨차의 처리방법도 유례를 찾아볼 수 없을 정도로 특이하다. 영산전 안에는 청화화상이 앞산의 암석을 채취하여 만들었다는 석가여래삼존불과 오백나한상, 상언이 그린 탱화가 봉안되어 있다. ⇨은해사 銀海寺

은해사 거조암 영산전

은해사괘불탱 銀海寺掛佛幀　조선 후기 괘불탱. 보물 제1270호. 세로 1,056cm·가로 474cm. 비단에 채색. 은해사성보박물관 소장. 1750년(영조26)에 화승(畵僧) 보총(普聰)과 처일(處一)이 조성하였다. 석가모니불을 단독으로 그린 영산회괘불탱(靈山會掛佛幀)이다. 괘불탱의 상부와 좌우의 녹색 테두리에는 범자(梵字)가 새겨진 원문(圓紋)을 상부 15자, 좌우 각기 33자씩 배치하였다. 화면의 상부에는 영락(瓔珞)으로 화려하게 장식된 천개(天蓋)가 드리워졌고 주위에는 연꽃을 문 여섯 마리의 극락조(極樂鳥)가 날고 있으며, 붉은색 모란꽃과 연꽃 꽃비가 내린다. 중앙의 본존은 연못에 가득 피어있는 붉은 연꽃 위에 서서 오른손은 아래로 내리고 왼손은 가슴 앞에 대고 손바닥을 위로 향하여 엄지와 중지를 맞대었다. 높은 육계(肉髻)에 붉은 정상계주(頂上髻珠)가 있으며 온화한 표정을 짓고 있다. 통견(通肩)의 법의는 붉은 바탕에 금색의 띠무늬가 종횡으로 새겨져 있는데 그 내부에 국화꽃무늬가 빈틈없이 표현되어 있으며, 끝단에도 다양한 문양이 베풀어져 있다. 황갈색 바탕에 적색과 녹색이 주조를 이루어 선명하면서도 우아한 색감이 잘 보존되어 있다. 세로로 긴 화폭에 독존의 불상을 그린 괘불은 특히 18세기에 유행하였는데 여기에 만개한 연꽃이 가득한 연못, 산화(散花), 극락조 등 정토를 상징하는 요소들을 적절히 배치한 구성이 돋보인다. 〔참고문헌〕『韓國의 佛畵』 권30(聖寶文化財硏究院, 2003), 『永川銀海寺掛佛幀畵』(통도사성보박물관, 2014).

은해사괘불탱

은해사백흥암극락전 銀海寺百興庵極樂殿　조선 중기 목조건축. 보물 제790호. 정면 3칸·측면 3칸의 다포식(多包式) 팔작지붕 건물. 백흥암의 주불전으로 1546년(명종1)에 건립하여 1643년(인조21)에 중건하였다. 자연막돌을 이용하여 쌓은 기단 위에 두리기둥을 놓았는데, 귀기둥을 약간 높게 하여 귀솟음을 주었다. 공포는 정면과 후면에는 2구, 측면에는 1구씩의 주간포(柱間包)를 두었다. 포작은 내외면 3출목으로 첨차는 교두형(翹頭形)이며 제공(提栱)의 끝부분을 구름무늬의 운두(雲頭)로 처리하였다. 선불 내부는 우물천장으로 어칸을 높이고 협칸을 낮춘 층단형으로 꾸몄으며, 어칸의 내고주(內高柱)에 후불벽을 마련하고 조선시대 최고의 불단으로 평가받는 수미단(須彌壇) 위에 아미타삼존상과 아미타삼존불화를 안치했다. 문은 어칸에 사분합문, 양 퇴칸에 삼분합문을 달았으며 측면 뿐 아니라 배면 양 협칸에도 문을 달아 법당 내부의 채광에도 많은 배려를 했다. 정면에 걸려있는 극락전 편액 향좌측에는 "성상이십이년을축유월일서 聖上二十二年乙丑六月日書"라고 하여 17

백흥암 극락전 내부

45년(영조21)에 쓴 것임을 알 수 있다. 암자의 건물로는 규모가 큰 편이며 전체적으로 공포의 짜임이 매우 조밀하여 조선 전기 건축기법을 보여주는 대표적 건물로 손색이 없다. [참고문헌] 『영천은해사백흥암극락전』(문화재청, 2013). ⇨ 은해사 銀海寺, 백흥암 百興庵

은해사백흥암수미단 銀海寺百興庵須彌壇 조선시대 목조불단. 보물 제486호. 높이 125cm · 폭 413cm. 수미산 형태로 꾸민 장방형의 탁자로 주존인 아미타삼존불상을 받치고 있다. 상대 · 중대 · 하대의 3단으로 이루어져 있으며, 각 면에는 안상(眼象) · 봉황 · 공작 · 학 · 용 · 동자 · 물고기 · 개구리 · 코끼리 · 사자 · 사슴 등이 사실적으로 조각되어 있다. 문양과 조각의 조형미가 매우 우수하여 우리나라에 남아 있는 불단 중에서 가장 뛰어나고 아름다운 것으로 평가된다. 백흥암 극락전은 1546년(명종1)에 창건하고 1643년(인조21)에 중건한 목조건물로 수미단 역시 조선 중기에 제작한 것으로 추정된다. [참고문헌] 『영천은해사백흥암수미단』(은해사성보박물관, 2013). ⇨ 은해사백흥암극락전 銀海寺百興庵極樂殿, 은해사 銀海寺, 백흥암 百興庵, 수미단 須彌壇

백흥암 극락전수미단

은해사병자갑헌납유공기 銀海寺丙子甲獻納有功記 1850년(철종1) 5월 혼허지조(混虛智照) 지음. 『조선사찰사료』 권상 pp.462~465에 전한다. 1849년에 은해사 대중과 대구에 사는 신도가 병자갑(丙子甲)의 토지 700민(緡) 4두(斗)를 헌납한 사실을 기록하고 있다. [참고문헌] 『朝鮮寺刹史料』. ⇨ 은해사 銀海寺

은해사비각헌답수호기 銀海寺碑閣獻畓守護記 1820년(순조20) 5월 취우(取禹) 지음. 『조선사찰사료』 권상 pp.461~462에 전한다. 팔공산 은해사 영파성규(影波聖奎 1728~1812) 비각을 제자 설허(雪虛)가 지켜내기 위해 한 일을 적었다. "슬프다. 비를 세우고 수호할 길이 없다면 집 짓고 기와 덮지 않음과 다르지 않다. … 무릇 스승을 받드는 길에 물이 없다면 정성도 없기에, 5두락 밭을 사 본사에 들이고, 또 동전 30꾸러미를 내어 따로 지곡 사람들에게 주었다. 嗚呼樹碑而無守護之道 則無異於建屋而不用瓦者也 … 大凡尊師之道 無物則亦不誠故 玆買五斗落畓 納于本寺 又出三十緡銅 別給知谷人"라 하였다. [참고문헌] 『朝鮮寺刹史料』.

은해사사적 銀海寺事蹟 1798년(정조22)에 영파성규(影波聖奎) 지음. 1책 12장. 갖춘 이름은 『영천군은해사사적 永川郡銀海寺事蹟』이다. 인종의 태실수호사찰로 지정된 이후 18세기 말까지 여러 차례 화재를 겪으면서도 중창 · 중수한 사적을 기록하였다. 책의 마지막에 "읊노라. '삼백 년 전 절을 연 인, 손끝 신령한 촟불 국사 참모습이네. 도 흐르는 은빛바다 물결 속 달뜨고 종 공산에 걸려 그림 같은 봄이었지. … 이때 유나는 전승통 체주이고 이때 승통은 보옥. 偈曰 三百年前刱寺因 指端靈燭國師眞 道流銀海波中月 鍾掛公山畵裏春 … 時維那前總攝體周 時僧統 寶玉"라고 하였다. ⇨ 은해사 銀海寺

은해사연혁변 銀海寺沿革辨 조선말기 청전(靑田) 이학래(李鶴來) 지음. 『조선사찰사료』 권상 pp.458~461에 전한다. 글에 "이지(영천의 고려 이름) 회복함은 지원 을해(1335년 · 충숙왕4)고 태실 봉함은 정덕 을해(1515년 · 중종10)다. … 지원 후 오백사십년 사이 연혁이 증명되었다. 梨旨之復 在於至元乙亥 胎室之奉 在於正德乙亥 … 至元後五百四十年之間 沿革之明證"라고 하였다. [참고문헌] 『朝鮮寺刹史料』. ⇨ 은해사 銀海寺

은해사염불왕생첩경도 銀海寺念佛往生捷徑圖 조선후기 불화. 보물 제1857호. 세로 160cm · 가로 306cm. 비단 바탕에 채색. 원래 은해사 심검당(尋劍堂)에 봉안되었으나, 도난 후 회수하여 현재 은해사 성보박물관에 있다. 현재 화기(畵記)는 남아 있지 않지만 도난전 조사자료로 '건륭(乾隆) 15년' 1750년(영조26)에 조성한 것임을 알 수 있다. 『관무량수경 觀無量壽經』에서 설하는 극락왕생(極樂往生)의 장면과 극락의 장엄한 모습을 표현한 불화로, 각 장면에는 '염불지인용선왕생 念佛之人龍船往生', '아미타불현전접인염불중생 阿彌陀佛現前接引念佛衆生' 등 스물두 개의 방제(旁題)가 있어 그림의 내용을 알 수 있도록 하였다. 조선후기 염불수행이 유행하면서 다수 제작되었는데, 현존하는 20여 점의 조선후기 극락왕생불화 중 가

은해사염불왕생첩경도

장 이른 작품이다. 다른 불화에서는 볼 수 없는 독특한 구도와 사실적인 묘사, 세련된 필선 등에서 불교회화사적 가치가 높은 작품이다. 〔참고문헌〕『한국의 사찰문화재』 전국Ⅰ(문화재청·불교문화재연구소, 2014) p.290. ⇨ 은해사 銀海寺, 반야선 般若船 ▮

은해사영파당성규대사비문 銀海寺影波堂聖奎大師碑文 조선후기 영파성규(影波聖奎 1728~1812)의 행적을 담은 비문. 이조판서를 지낸 남공철(南公轍)이 비문을 짓고 심의경(沈宜慶)이 글씨를 썼으며 유한지(兪漢芝)가 전액을 썼다. "길이 간절한 그리움을 잡아 큰 비 세우기로 하고 그 이목에 듣고 본 바 분주히 모아 왔다. 그 문도 정운몽필과 용허석민 등이 싸맨 발로 천리길 와서 나에게 비문을 청하였다. 永切追攀 謀樹豊碑 撮其耳目之所睹記走 其徒夢弼碩旻等 裹足千里 請文於余"라고 하였다. 음기(陰記)는 문손(門孫) 취우(取禹)가 글씨를 썼으며, 문도 명부와 큰절 및 운부암(雲浮庵)의 대중명부와 각수(刻手) 및 석수(石手) 등의 이름도 전한다. 〔참고문헌〕趙東元 『韓國金石文大系』 권3(圓光大出版部, 1998) pp.279~280, 智冠 『韓國高僧碑文總集 朝鮮朝·近現代』 pp.594~598. ⇨ 성규 聖奎

은해사운부암금동보살좌상 銀海寺雲浮庵金銅菩薩坐像 조선초기 금동보살좌상. 보물 제514호. 높이 102cm. 화려한 보관을 쓰고 영락(瓔珞)으로 장식한 보살상으로 넓고 네모난 다리에 비해 머리와 상체가 크다. 높은 보관의 중앙에 화불이 있고 그 주위로 극락조와 화염보주가 장식되어 있으며, 그 아래에는 양 옆으로 입체적이면서 큼직한 관대가 리본형으로 묶여 달려 있는 것이 특징이다. 이러한 관대장식은 조선초기불상 중에서 가장 화려한 예에 속하며 고려 후기의 티베트 불상양식에 영향을 받은 것이다. 몸에는 양 어깨를 덮으면서 내려오는 여래형 옷을 입고 있다. 가슴 위에는 수평으로 입은 내의와 띠매듭이 보이며 그 위로 세 줄로 늘어진 목걸이가 장식되어 있다. 두 손은 위아래에 두고 각각 엄지와 중지를 맞대고 있다. 띠주름 모양의 삼도(三道), 내의와 띠매듭 표현, 다리 위에 좌우 대칭으로 흘러내린 옷주름 등은 조선초기보살상의 전형적인 특징이다. 특히 화려한 보관과 여래식의 착의법·경직된 신체·손모양 등은 1395년(태조4)에 조성한 영덕장륙사건칠보살좌상과 문경대승사금동보살좌상 등 경상북도에서 조성된 조선초기보살상과도 유사하다. 보관의 화불로 관음보살임을 알 수 있다. ⇨ 은해사 銀海寺

은해사운부암금동보살좌상

은해사종각단확서문 銀海寺鐘閣丹雘序文 1850년(철종1) 혼허지조(混虛智照) 지음. 『조선사찰사료』 권상 p.466에 전한다. "이듬해 경술(1850년)에 전 기실 석연이 약간의 구리를 내어 채목을 갖추고 흰 벽과 날 기둥에 분칠하게 하였다. … 일을 살핀 이 진허영관, 일을 한 이 박월손. 翌年庚戌 前記室碩演 出若干銅 備彩木 使壁之素者 樑之白者 塗以爲粉 … 監役震噓永冠 施役朴月孫"라고 하였다. 〔참고문헌〕『朝鮮寺刹史料』.

은해사중건기 銀海寺重建記 1862년(철종13)에 혼허지조(混虛智照) 지음. 『조선사찰사료』 권상 pp.454~457에 전한다. 1847년(헌종13)에 화재 후 중건한 사적을 적었다. "정미(1847)의 은해사 실화로 천여 칸 불타고 오직 극락전만 남았다. … 대웅전·보화루·불광각 세 글자 얼굴은 모두 추사 김상공의 묵묘다. … 여러 해가 지나면 그 해와 사람 알 수 없다. 어떤 이 흥이나 짓고자 하는 훗날, 기사조차 없다는 꾸짖음 있어서야 되겠는가! 丁未之銀海寺失火 燒千餘架 惟極樂殿了遺 … 大雄殿 寶華樓 佛光閣 三字顏 皆秋史金相公墨妙 … 若過數年 莫知其年人 何人興造後無記事之責焉"라고 하였다. 기문 끝에는 중건에 참여한 소임자 대중명단이 있다. 〔참고문헌〕『朝鮮寺刹史料』. ⇨ 은해사 銀海寺

은해사청동북및북걸이 銀海寺青銅○○○○○ 조선후기 청동북과 목조 북걸이. 보물 제1604호. 지름 77.2cm·두께 12.7cm. 원형의 몸체 위쪽과 옆쪽에 세 개의 고리를 달아 북걸이에 매달아 놓았다. 문양의 구성과 표현 등에서 조선후기 작품으로 잘 보존되었다. 뒷면에 새겨진 명문에 "경상도 신녕현에 위치한 팔공산 수도사 금고는 순치 삼년 병무(1646 인조24) 사월 초하루에 190근을 들여 주조하였고, 야장은 금암이며 별좌는 허간이었다. 新寧縣 八公山修道寺金鼓 … 順治三年丙戌四月初一日一百九十斤鑄成 … 治匠金巖□別座虛幹"라고 하였다. 북

은해사청동북및북걸이

걸이도 조각수법과 단청고색 등으로 보아 청동북과 같은 시기에 제작한 것으로 추정된다. ⇨은해사 銀海寺, 금고 金鼓, 금구 禁口, 반자 飯子

은해사호사감은기 銀海寺護寺感恩記 찬자 미상. 『조선사찰사료』 권상 pp.453~457에 전한다. "주사 이공 등이 말하길 '절은 막중한 태실수호처이기에 마땅히 내가 수반이 되어 지금처럼 비고 허술하게 해서는 안되겠다'. … 절을 지키려는 마음 실로 헤아리기 어렵고 잊을 수도 없다. 主吏李公等曰 寺以莫重胎室守護之處 而當我爲班首 時空虛不可也 … 爲寺護念 實爲難量 而難可忘也" 하였다. 〔참고문헌〕『朝鮮寺刹史料』. ⇨은해사 銀海寺

은행법 隱行法 ➡은형법 隱形法

은행사 銀杏寺 **1** 경상남도 고성군 대가면 양화리에 있던 절. 『문화유적총람』 권중(문화재관리국, 1977) p.576에 "양화리석조여래좌상은 고성읍 우산리에 있었던 것을 현재의 은행사로 이안했다"라고 하였지만 2018년 현재 양화리석조여래좌상은 양화리 대무량사(大無量寺) 용화전(龍華殿)에 봉안되어 있다. 〔참고문헌〕『文化遺蹟總覽』. ⇨양화리석조여래좌상 楊化里石造如來坐像 **2** 황해남도 송화군 달마산(達摩山)에 있던 절. 『연재집』 권19 「서유기 西遊記」(한국문집총간329, p.325b18)에 "(1867년 9월) 기해일에 송화에 도착했다. 달마산을 지나다가 은행사를 보았다. 己亥 到松禾 過達摩山 見銀杏寺"라고 하였다. 〔참고문헌〕『淵齋集』.

은현 隱顯 숨고 드러남. 『법화현론』 권3(대정장34, p.387c6)에 "불성은 일찍이 숨은 적도 드러난 적도 없다. 저 중생이 깨닫지 못하면 은이라고 하고, 만약 깨달음을 얻으면 저절로 나타남이라 한다. 佛性未曾隱顯 約衆生不了 故名爲隱 若得了悟 自爲顯也", 『종경록』 권31(대정장48, p.599a9)에 "은현에 차이가 있으니 숨은즉 여래장이라 이름하고 드러나면 법신이다. 隱顯有殊 隱名如來藏 顯名法身", 『경덕전등록』 권1 「마명전 馬鳴傳」(대정장51, p.209c23)에 "여래의 대법안장을 이제 그대(迦毘摩羅)에게 맡기나니 그대는 게송을 들으라. '숨고 드러나야 본래 법이다. 밝고 어두움 원래 둘이 아니다. 이제 깨달은 법을 맡기니, 취하지도 떠나려 하지도 말게나'. 如來大法眼藏 今當付汝 汝聽偈言 隱顯卽本法 明暗元不二 今付悟了法 非取亦非離"라고 하였다. 〔참고문헌〕『法華玄論』, 『宗鏡錄』, 『景德傳燈錄』.

은현문 隱現門 숨고 드러나는 문. 제법(諸法)이 나투고 숨는 갖가지 모습을 여러 가지로 열고 닫아 보이는 뜻이다. 『화엄발보리심장』(대정장45, p.655a15)에 "다섯 번째 한 가지 일이 숨고 드러나는 문이니, 한 가지 일로 많은 것 바라보면, 거두기도 하고 들이기도 하며 숨고 드러남에 자재한 것 또한 열 가지 뜻이 있다. 첫째 많은 것 거두기에 하나만 드러난다. 둘째 하나가 많은 것에 들기에 하나가 숨는 뜻이다. 셋째 거두고 들이는 것 동시이면 한 법뿐이어서 숨고 또 나툰다 한다. 넷째 온전히 거두어 버리고 서로 빼앗아 각기 다하는 것으로 숨을 일도 드러날 일도 없다. 다섯째 능히 여러 곳으로 들어가니 드러나는 것 있으면 항상 숨는다. 여섯째 많은 것으로 들어가서 능히 많은 것 다 거두는 것이니 이는 숨는 즉시 항상 드러난다. 일곱째 앞의 여섯 가지 다 갖추는 것이니 뜻으로 하나가 되는 것이다. 여덟째 두 가지 뜻이 하나가 되어 서로 빼앗아 둘 다 사라지는 것으로 숨는 것도 드러나는 것도 아니다. 아홉째 앞의 여덟을 합하여 한 법에 있게 하니 걸림이 없어 문득 드러난다. 열째 앞의 모든 뜻 각각 서로 빼앗아 다하여 모두 사라져 의지할 것도 없다. 말과 생각 멀리 벗어나기에 다 없다 하고 아울러 각각이 그 정 버려 저 이로만 사유한다. … 여섯 번째 여러 가지 일로 숨고 나타나는 문이다. 많은 것으로 하나를 바라보아 거두고 들이니 숨고 나타남이 자재한 것에 열 가지 뜻이 있다. 第五 一事隱現門 一事望多 有攝 有入 隱顯自在 亦有十義 一 由攝多 故一現也 二 由一入多 故一隱也 三 以攝入同時一法 故亦隱亦顯也 四 全攝相奪各盡 故非隱非現也 五 由一能攝多 方能入於多 是卽現常隱也 六 由入多故 方能攝多 是卽隱常現 七 由具前六 義方爲一 故俱隱俱現也 八 二義同一 相奪俱盡 故非隱非現也 九 合前八義 同在一法 無礙頓現前 十 由前諸義 各相奪盡 泯然無寄 逈超言慮 卽俱泯也 並各去情 如理思之 … 第六 多事隱現門 多事望一 有攝 有入 隱顯自在 亦有十義"라고 하였다. 〔참고문헌〕『華嚴發菩提心章』. ⇨은현자재 隱顯自在

은현사구 隱顯四句 별교일승(別敎一乘)의 해섭문(該攝門) 중 불이문(不異門)의 해석 중 하나. 숨고 나투는 네 갈래 삼승의 뜻으로 일승을 따로 세울 일 없다는 입장이다. 현수법장(賢首法藏)의 설이다. 존괴사구(存壞四句)와 대칭한다. 『화엄오교장』 권1(대정장45, p.478c6)에 "두 번째, 일승이 곧 삼승임을 써서 다르지 않음을 밝히리니, 은현사구이다. 위에서 말한 것(存壞四句) 뒤쳐 보아라. 이런 까닭에 오직 삼승만 있고 다시 일승은 없다. 二 以一乘卽三 明不異者 隱顯四句 反上思之 是故唯有三乘 更無一也"라고 하였으니 『화엄오교장복고기』 권1(卍속장103, p.409a11)에서 "첫째, 삼승에 즉했기에 숨으려 하지 않는다. 둘째, 삼승에 즉했기에 일승의 드러남 장애하지 않는다. 셋째, 삼승에 즉했기에 숨지 않음이 없다. 넷째, 삼승에 즉했기에 다시 하나도 없다. 사구 갖춘 즉 삼승에 즉한다. 그러므로 오직 삼승만 있을 뿐 다시 일승은 없다. 一 由卽三故不待隱 二 由卽三故不礙顯 三 由卽三故無不隱 四 由卽三故無可顯 由四句俱卽三 故唯有三乘 更無一也"라고 하였다. [참고문헌] 『華嚴五敎章』, 『華嚴五敎章復古記』. ⇨ 해섭문 該攝門, 존괴사구 存壞四句, 별교일승 別敎一乘

은현자재 隱顯自在 Ⓢ āvirbhāvas-tirobhāvaḥ vaśitva, āvirbhāvaṃ tirobhāvam pratyanubhavati. 숨고 드러남이 자재함. 제법(諸法)이 가지가지로 숨고 또 드러나지만 걸림이 없는 뜻이다. 나아가 유정(有情)이 삼매의 힘으로 숨고 나타남을 능히 하는 것과 무정(無情)의 이류(異類)들이 서로 덮고 일어나는 등의 모습을 말한다. 『대품반야경』 권2 「왕생품 往生品」(대정장8, p.228b3 : *Pañca-pr.*, p.83)에 "한 몸이 무수한 몸이 되고 무수한 몸이 다시 한 몸이 되니, 숨고 드러남 자재하다. 變一身爲無數身 無數身還爲一身 隱顯自在 eko 'pi bhūtvā bahudhā bhavati, bahudhāpi bhūtvā eko bhavati, āvirbhāvaṃ tirobhāvam api pratyanubhavati", 『인왕호국경』 권상(대정장8, p.837c1)에 "아주 잘 능히 삼매에 통달하면 숨고 보이는 일 자재하고 삼명도 갖춘다. 환희지·이구지·발광지에서는 능히 색에 얽힌 온갖 번뇌는 능히 사라진다. 善能通達三摩地 隱顯自在具三明 歡喜離垢與發光 能滅色縛諸煩惱", 『보살지지경』 권2(대정장30, p.896c14 : *Bodh-bh.*, p.40)에 "무엇을 변신족이라 하는가? 나누어 분별하면 떨쳐 움직이고, 불타오르며, 가득 채우는 등을 보이는 것이니 뒤쳐 바꾸며 다른 양상 보이는 것이다. 오고 가며 크고 작게 하고 빛깔과 모양이 몸에 들어가는 듯 숨고 드러남이 자재하다. 云何變神足 以種分別 所謂震動 熾然 充滿 示現 轉作異分 去來 大小 色像入身 所往相似 隱顯自在 tatra pāriṇāmikyā ṛddheḥ prakāra-prabhedaḥ katamaḥ. tadyathā kampanaṃ jvalanaṃ spharaṇaṃ vidarśanam-anyathībhāva-karaṇaṃ gamana-āgamanaṃ saṃkṣepaḥ prathanaṃ sarva-rūpa-kāya-praveśanaṃ sabhāgata-upasaṃkrāntir-āvirbhavas-tırobhāvaḥ vaśitva-karaṇaṃ", 『화엄경소』 권60(대정장35, p.958c15)에 "일곱 번째, 같은 곳에서 다르게 보는 비유니 은현이 자재한 것의 비유다. 七 同處異見喩 喩隱顯自在", 『화엄경소초』 권26(대정장36, p.196b9)에 "풀어 말하길 한 티끌 기꺼워함 따라 가지가지로 다 짓는 것이 은현자재다 하였다. 그러나 소문중에서는 간략히 두 가지 은현이라 하였으니 첫째는 염과 정이 숨고 드러나는 것으로 저 사바를 감득하는 것이라 했으니 화장세계에 맞서 사바세계를 보이는 것이어서 정은 숨고 염은 보이는 것이다. 화장을 감한다 하면 사바에 상대하여 화장을 보인 뜻이니 염은 숨고 정은 보이는 것이 마갈제국의 그 땅이 금강인 것 등이다. 두 번째 이류들이 숨거나 나타나는 것이니 저 수미산 모양의 세계에서 한 류가 드러날 때 강과 물들이 다 숨어버리는 것이다. 오래 갈 국토가 일어나면 짧은 국토는 숨는 등이니 나머지 예도 같다. 釋曰 旣一塵隨樂種種皆作 則隱顯自在也 然疏文中 略出二種隱顯 一 染淨隱顯 如感娑婆者 對華藏而見娑婆 則淨隱染顯 感華藏者 對娑婆而見華藏 則染隱淨顯故 摩竭提國 其地金剛等 二 明異類隱顯 如須彌山形世界 一類顯時 江河等形 卽皆隱也 長刹顯時 短刹則隱 餘可例知", 『승만보굴』 권중(대정장37, p.48c9)에 "세 번째 진실법신을 증득하여 은현자재한 것을 이름하여 변역이라 한다. 이 변역은 죽음이 아니다. 다만 이 변역이 마치 무상하게 죽는 법을 따르는 듯하기에 변역사라 할 뿐이다. 三 證得眞實法身 隱顯自在 名爲變易 變易非死 但此變易 猶爲無常死法所隨 名變易死"라고 하였다. [참고문헌] 『大品般若經』, 『仁王護國經』, 『菩薩地持經』, 『華嚴經疏』, 『華嚴經疏鈔』, 『勝鬘寶窟』, *Pañca-pr.*, *Bodh-bh.* ⇨ 은현문 隱現門, 은현 隱顯

은형 隱形 형체를 숨기는 것. 신통력이나 약의 힘을 빌어 몸을 감추는 비법을 말한다. 『대일경소』 권3(대정장39, p.606c14)에 "불설이라는 약의 힘은 부사의하여 사람이 약의 힘으로 허공에 오르고 몸을 감추며 물과 불위를 걷는 것과 같다. 佛說藥力不思議 如人以藥力故 昇空隱形履水蹈火"라고 하였다. [참고문헌] 『大日經疏』. ⇨ 은형법 隱形法

은형법 隱形法 몸을 감추어 보이지 않게 하는 술법. 은형산(隱形算)·은행법(隱行法)이라고도 한다. 몸을 감추는 약을 몸에 바른다. 또는 마리지천(摩利支天 Ⓢ Marīci)을 본존으로 모시고 수인과 진언으로 작법한다. 『마리지천일인법』(대정장21, p.285c5)에서는 삿된 천마·귀신과 외도가 진언행자의 몸을 볼 수 없게 하는 수인과 진언을 설한다. 수인에는 두 가지가 있다. 먼저 신

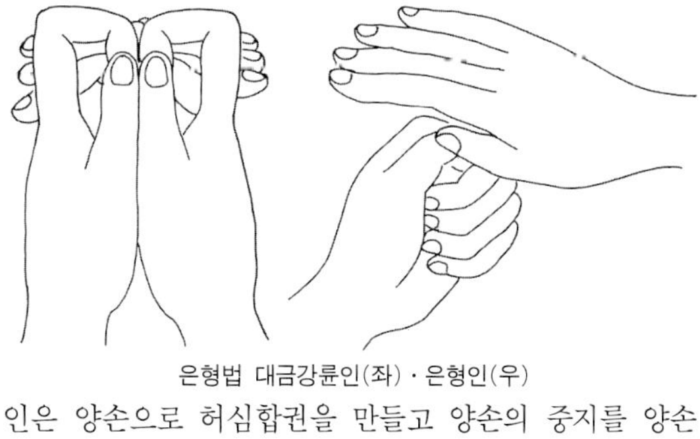

은형법 대금강륜인(좌)·은형인(우)

인은 양손으로 허심합권을 만들고 양손의 중지를 양손의 검지 끝에 붙인다. 이것은 대금강륜인이라고도 한다. 이 수인을 맺고 가슴·이마·왼쪽 어깨·오른쪽 어깨·정수리 다섯 곳을 가지하면서 마리지천진언을 일곱 번 외운다. 진언은 "옴 마리지 사바하 oṃ mālişi svāhā 唵 摩利支 娑嚩訶 옴. 마리지여, 스바하”이다. 다음으로 은형인(隱形印)은 왼손은 주먹을 쥐고 오른손은 펴서 왼손 위를 덮는 형태이다. 이 수인으로 일곱 가지 경우에 신체의 다섯 곳을 가지하면서 진언을 백팔 번 외운다. 일곱 가지 경우란 잘 때 · 깰 때 · 목욕할 때 · 멀리 갈 때 · 손님 맞을 때 · 식사할 때 · 화장실 갈 때를 말한다. 진언은 “옴 아이지야 마리지 사바하 oṃ adityā māliṣi svāhā 唵 阿爾底也 摩利支 娑嚩賀 옴. 아이지여, 마리지여, 스바하”이다. [참고문헌]『摩利支天一印法』. ⇨ 마리지천도량 摩利支天道場, 안달다나 安怛陀那

은형산 隱形算 ➡ 은형법 隱形法

은형약 隱形藥 몸을 감추어 보이지 않게 하는 약. 예신약(翳身藥)이라고도 한다. 『대흑천신법』(대정장21, p.356a3)에 “대흑천신은 마혜수라의 변화신이다. 귀신들과 헤아릴 수 없이 많은 권속들과 항상 야간에 숲을 돌아다닌다. 큰 신력과 많은 보배, 그리고 형체를 감추는 약과 수명을 늘리는 약을 가지고 허공을 날아다니다가 사람들과 환술약을 교환하되 오직 산 사람의 피와 살만 취한다. 有大黑天神 是摩醯首羅變化之身 與諸鬼神無量眷屬 常於夜間 遊行林中 有大神力 多諸珍寶 有隱形藥有長年藥 遊行飛空 諸幻術藥 與人貿易 唯取生人血肉”라고 하였다. [참고문헌]『大黑天神法』. ⇨ 예신약 翳身藥

은형인 隱形印 보병인(寶甁印)이라고도 한다. 은형법(隱形法)의 수인이다. 『마리지천일인법』(대정장21, p.285c19)에 “은형인은 왼손은 손바닥을 폈다가 주먹을 쥐고, 오른손 다섯 손가락을 펴서 왼손의 빈주먹 위를 덮는다. 其隱形印 左手作虛掌拳之 舒右掌五輪 覆其左虛掌拳上”라고 하였다. [참고문헌]『摩利支天一印法』. ⇨ 마리지안달단나인 摩利支安怛袒那印, 보병인 寶甁印[4], 은형법 隱形法

은혜 恩惠 Ⓢkṛta, Ⓣbyas-pa, bya-dga′. 다른 이로부터 무엇이든 얻거나 받는 일. 중생에게 베푸는 것(施)이 은혜고, 권하여 선을 닦게 하는 것(修善)이 그 은혜를 갚는 일이니, 시(施)와 선(善)이 대승에 있어서 은혜의 뜻이다. 『보살계본』(대정장24, p.1114c12)에 “모든 보살들은 보살의 정계율의에 안주해서 은을 있게 한다. 유정중생들이 은혜를 모르고 그 은혜를 잘 알지 못하더라도 미워하는 마음만을 품고 드러나지 않게 되갚으면 범하는 것이다. 어겨 지나친다면 이것은 물들어 어겨 범하는 것이다. 若諸菩薩 安住菩薩淨戒律儀 於先有恩 諸有情所 不知恩惠 不了恩惠 懷嫌恨心 不欲現前如應酬報 是名有犯 有所違越 是染違犯”, 『유가론기』 권10(한불전13, p.994a23)에 “모든 보살이 다른 이를 이롭게 한다고 하지만 스스로를 위한 일일 뿐이다. 일체 유정에게 자기와 같은 평등한 마음을 일으키니, 이렇게 평등심 일으키기에 모든 유정에게 항상 은혜를 베풀지만 그 보답은 바라지 않는다. 由諸菩薩 用利他事 爲自事故 於一切有情 起如自己平等之心 由起如是平等心故 於諸有情 常施恩惠 不望其報”, 『유가사지론』 권45(대정장45, p.542b3 : *Bodh-bh.*, p.183)에 “무엇이 보살이 은혜를 베풀고 은혜를 갚는 방편선교인가? 말하자면 모든 보살이 먼저 유정에게 힘따라 많건 적건 은혜를 짓는다. 때론 필요한 것 베풀고, 때론 액난에서 건지며, 때론 두려움 없애주고, 때론 만나서 아껴주고, 때론 아낄 수 없어 헤어지며, 때론 병고를 치료하여 안락하게 한다. 저 모든 유정이 깊이 은혜를 알고 갚고자 한다면 보살은 그때 선을 닦게 함으로써 은혜를 갚게 한다. 云何菩薩施恩報恩方便善巧 謂諸菩薩 先於有情 隨力多少 施作恩惠 或施所須 或濟厄難 或除恐怖 或會所愛 或離非愛 或療病苦 令得安樂 彼諸有情 深知恩惠 欲報德者 菩薩爾時 勸令修善 以受報恩 tatra katamo bodhisattvasya kṛta-pratikṛtika upāyaḥ. saha bodhisattvena yeṣāṃ sattvānāṃ pūrvam-eva-upakāraḥ parīttaḥ prabhūto vā kṛto bhavati dānena vā vyasanaparitrāṇatayā vā bhayaparitrāṇatayā vā priya-apriya-saṃyoga-visayoga-upasaṃharaṇatayā vā vyādhisaśamanatayā vā teṣāṃ kṛta-jñānāṃ kṛta-vedināṃ pratyupakāra-kāmānāmantikād-bodhisattvaḥ kuśala-samādānam-eva pratikārato yācate saṃpratīcchati”, 『대지도론』 권91(대정장25, p.704a6)에 “보살 또한 이와 같으니, 모든 부처님 따라 일체법 그 성이 공하여 저 아지랑이 같음을 듣고는 보시 등으로 중생을 이익케 하니 달리 은혜나 복 구하면 이는 잘못된 것이다. 菩薩亦如是 從諸佛聞一切法性空如幻 而以布施等 利益衆生 欲求恩惠福報 卽是顚倒”라고 하였다. [참고문헌]『菩薩戒本』, 『瑜伽論記』, 『瑜伽師地論』, 『大智度論』, *Bodh-bh.* ⇨ 은 恩

은호 恩好 은애와 호의. 『불본행경』 권3(대정장4, p.72c7)에 “어리석은 이에게는 은혜를 베풀어도 은덕은 끝내 머물지 않지만 지혜로운 이에게는 적은 선을 베풀어도 그 은애와 호의는 나날이 두터워지네. 雖施恩於愚人 恩德終不居之 施少善於賢人 其恩好日日厚”라고 하였다. [참고문헌]『佛本行經』.

은휼 恩卹 가엾이 여겨 베풂. 『대법고경』 권상(대정장9, p.292a2)에 “이때 파사익왕(ⓈPrasenajit)은 (전사들을) 가엾이 여겨서 많은 하사품을 주었다. 전투가 시작되었을 때는 진귀한 보배와 성읍을 더 보태주었고,

만약 능히 적을 이기면 흰 비단으로 만든 모자를 씌워주고 왕에 봉했다. 時王恩郵 多所賜賚 及當戰時 加賜珍寶 及以城邑 若能剋敵 冠以素繒 封以爲王"라고 하였다. [참고문헌] 『大法鼓經』. ⇨ 파사익왕 波斯匿王

을사라산 乙師羅山 Ⓢ Ṛṣigiri, Ⓟ Isigiri, Isigili. 왕사성(王舍成 Ⓢ Rājagṛha)을 둘러싼 다섯 산 중 하나. 줄여서 을라산(乙羅山)이라고도 한다. 『오분율』 권18 「포살법 布薩法」(대정장22, p.121c27)에 "그때 겁빈나(劫賓那 Ⓟ Kappina)가 을사라산에 머무르며 이렇게 생각했다. '내가 지금 승중이 모인 곳으로 가서 포살을 해야 할까?' 또 이렇게 생각했다. '나는 언제나 청정하니 무엇하러 왔다 갔다 하겠는가?' 그때 세존께서 그의 생각을 알아차리고 왕사성을 떠나 문득 그의 앞에 나타나서는 자리에 앉게 하고는 말씀하셨다. '그대 그렇게 생각해서는 안 된다'. 爾時劫賓那 住乙師羅山 作是念 我今當往僧集會處 布薩不 復作是念 我常淸淨 何須復往 爾時世尊 知其所念 於王舍城沒 涌出其前 就座而坐語言 汝莫作是念"라고 하였다. [참고문헌] 『五分律』, *SN.1.120.* ⇨ 포살 布薩, 겁빈나 劫賓那

을유 乙乳 조선초 스님. 『세종실록』에 화엄종승(華嚴宗僧)·도류승(道流僧)으로 전한다. 의술에 밝아 가난하고 병든 백성을 한증으로 치료하는 데에 앞장서는 등 자비행을 실천한 스님이다. 『세종실록』 권8 2년 6월 21일에 "임금이 밤에 대비를 모시고 미행을 나가 이궁 남교 2리쯤 되는 풀밭에 자리를 잡았다. … 정줄과 도류승 을유 등이 앞서 인도하며 갔다. 上夜奉大妃微行 次于離宮南郊二里許草地 … 鄭茁及道流僧乙乳等前導而行", 같은 책 6월 25일에 "을유와 정줄에게 각각 옷 한 벌씩을 내렸다. 賜乙乳鄭茁 衣各一領"라고 하였다. 탕욕소(湯浴所)를 마련하던 명호(明昊)가 일을 마치지 못하고 입적하자 왕실에 청원하기도 하였으니, 『세종실록』 권36 9년 4월 24일에 "한증승(汗蒸僧) 대선사 천우와 을유 등이 아뢰었다. … 엎드려 바라옵건대 성상께서 아시어 쌀 50섬과 무명 50필만 내려수신다면, 본전은 그대로 보전하고 이자만을 가지고 본전은 관에 환납하고서 영구히 보(寶)를 세워 병자들을 구제하는 것이 저희들의 지극한 바람이옵니다. 蒸僧大禪師天祐乙乳等言 … 伏望轉聞于上 給米五十石 緜布五十匹 則存本取利 還納于官 永立爲寶 以救病人 小僧之至願也"라고 하였다. 이외 스님의 의료활동에 대해서 『세종실록』 권60 15년(1433) 6월 14일에 "(임영대군 부인 남씨가) 어릴 때에 미친병이 생겼는데 화엄종스님 을유가 의술로 다스렸다. 幼時發狂疾 華嚴宗僧乙乳醫治之"라고 하였다. [참고문헌] 『世宗實錄』. ⇨ 한증승 汗蒸僧

을유자 乙酉字 1465년(세조11)에 동(銅)으로 주조한 활자. 경전을 간인(刊印)하기 위해 제작한 인경자(印經字) 중 하나이다. 세조는 1464년에 원각사(圓覺寺)를 중창하면서 효령대군(孝寧大君)에게 명하여 『원각경 圓覺經』을 교정하게 하고 자신이 직접 구결(口訣)을 다는 한편, 정난종(鄭蘭宗)의 글씨를 자본(字本)으로 한 한자활자인 '을유자'와 구결을 위한 '을유한글자'도 제작하여 『구결원각경 口訣圓覺經』을 간행하였다. 『구결원각경』은 대문(大文)은 대자(大字), 대문의 구결과 요해(了解)는 중자(中字), 요해의 구결과 주석은 소자(小字)를 사용하여, 한문글자 대중소 세 가지와 구결자 중소 두 가지로 모두 5종의 활자가 사용된 인쇄물로서,

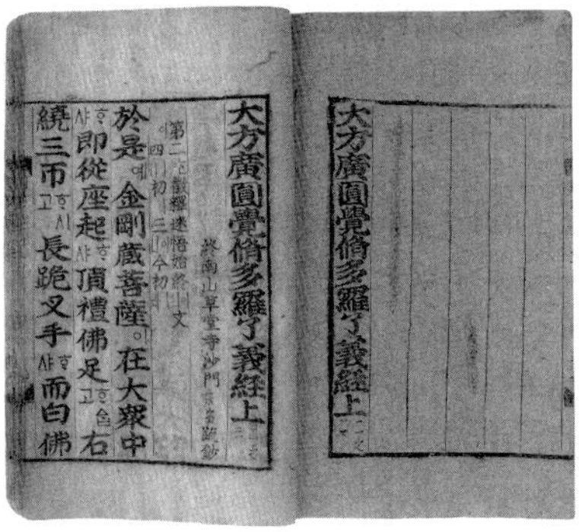

을유자 대방광원각수다라요의경
보물제793-11호 평창 월정사 1465년

조선시대 인쇄기술사상 유례가 없는 특별한 경우이다. 을유자의 대중소 세 가지 활자 중 대자는 1457년(세조3)의 을축자(乙丑字)나 1458년(세조4)의 무인자(戊寅字 : 또는 交食大字) 등에 비해 크기가 1~2mm 작고 자체도 아름다운 편이 아니다. 정난종은 송설체(松雪體)의 해서에 능한 당대의 명필이었으나, 송설체 글자가 진체(晋體 : 왕희지체)처럼 바르지 못하므로 그 글씨를 바탕으로 주성한 을유자도 단정하지 못하다고 평가되었다. 김종직(金宗直)이 쓴 「신주자발 新鑄字跋」(『치평요람』)에 "성화 을유년(1465)에 완성한 것을 을유자라고 하는데 정난종이 쓴 것이다. … 을유자는 단정한 모양이 아니라 쓸 가치가 없기에 나(성종)는 따로 새 활자를 주조하려 한다. 成於成化乙酉者 謂之乙酉字 鄭蘭宗所書 … 乙酉字則其字不端正不可用 予欲別鑄新字", 『용재총화』 권7에 "그후 을유년에 『원각경』을 인출하고자 정난종에게 (자본을) 쓰도록 하였는데, 글자체가 가지런하지 않았다. 을유자라고 이름한다. 其後乙酉年 欲印圓覺經 命鄭蘭宗書之 字體不整 名曰乙酉字"라고 하였다. 따라서 당시에 을유자로 인쇄하기를 꺼렸으므로 을유자 인본(印本)이 많지 않으며, 이후 20년만 사용되고 1484년(성종15)에 갑진자(甲辰字)를 새로 주조할 때에 을유자를 녹여 제작하였다. 현재까지 알려진 인본으로는 『구결원각경』을 비롯하여 육경합부(六經合部) 중의 『금강경계청 金剛經啓請』·『보현행원품 普賢行願品』·『관세음보살예문 觀世音菩薩禮文』 합편, 『벽암록 碧巖錄』·『병장설 兵將說』·『당서 唐書』 등이 있을 뿐이

다. [참고문헌] 『治平要覽』, 『慵齋叢話』, 千惠鳳 『韓國典籍印刷史』(범우사, 1990). ⇨ 인경자 印經字, 원각경구결 圓覺經口訣, 육경합부 六經合部

음 吟 운문 형식으로 선사들의 소회를 드러내는 글로 전한다. 『경덕전등록』 권30 「단하화상완주음기일 丹霞和尙翫珠吟其一」(대정장51, p.463b16)에 "반야라는 영묘한 구슬 헤아리기 어렵고, 법성의 저 바다 중에 들어 몸소 알 수밖에 없네. 숨고 드러내며 언제나 오온 중에 노니 안팎으로 빛나는 크나큰 신비로운 힘일세. … 때론 자성이라 부르고 때론 마음이라 하지만 자성도 마음도 아니고 어제와 오늘도 넘어서 있네. 온통 그 바탕 빛날 때 그 빛남 잡을 수 없고, 방편의 한때에 구슬 놀이라 이름하고 읊을 뿐이네. 般若靈珠妙難測 法性海中親認得 隱顯常遊五蘊中 內外光明大神力 … 亦名性亦名心 非性非心超古今 全體明時明不得 權時題作弄珠吟", 같은 책 권30 「향엄화상지한여각음 香嚴和尙智閑勵覺吟」(대정장51, p.463c25)에 "할 말 가득하지만 설할 곳 없고 밝디 밝지만 사람에게 일러준들 알 수 없다네. 급히 서두르고 힘써 되새겨 보지만 무상함 닥쳐와 구해도 벗어나지 못하네. … 이 생의 일도 마침내 설할 수 없으니, 깊이 배워 다른 것 구하던 옛 늙은이 읊조리길 선 익혀 모름지기 마음 다하면, 그림자마저 끊어지리. 滿口語無處說 明明向人道不決 急著力勤咬齧 無常到來救不徹 … 此生事終不說 玄學求他古老吟 禪學須窮心影絕"라고 하였다. 이외에 동산양개(洞山良价 807~869)의 「신풍음 新豐吟」, 관남장로(關南長老)의 「획주음 獲珠吟」 등도 저명하다. [참고문헌] 『景德傳燈錄』·권30(대정장51, p.463c12), 『洞山語錄』(대정장47, p.515c10).

음 音 Ⓢ ghoṣa, svara, nirghoṣa, bhāṣā, Ⓟ ghosa, sadda, nigghosa, Ⓣ sgra, skad, dbyangs. 뜻이 담긴 소리. 『현우경』 권9 「선사태자입해품 善事太子入海品」(대정장4, p.413b7)에 "소리 더욱 청아하여 성중에 인민 그 소리 들은 이들 다 즐겨 듣고 보고자 하였다. 音甚淸雅 城中人民 聞其音者 皆樂聽觀", 『무량수경』 권상(대정장12, p.271a8)에 "그 소리를 들으면 깊은 법인을 얻는다. 其聞音者 得深法忍", 『법화경대관』 권1(卍속장50, p.74a13)에 "곧바로 내는 소리는 성이라 하고, 소리에 완곡이 있으면 음이라고 한다. 直聲名聲 聲有宛曲名音", 『법화문구기』 권5(대정장34, p.252a7)에 "(涅槃音이라는 말에서) 음이란 소리로 전하는 가르침이다. 音者聲教"라고 하였다. [참고문헌] 『賢愚經』, 『無量壽經』, 『法華經大窾』, 『法華文句記』, *Saddh-p.9.26.*, *Sūtr.143.*, *Vin.2.155.*, *DN.1.79.* ⇨ 성 聲

음 婬 Ⓢ rāga, maithuna, Ⓟ rāga, methuna, Ⓣ 'khrig-pa. 삼독(三毒) 또는 십악(十惡) 중 하나. 남녀 사이에 벌어지는 음란한 일. 탐욕에 해당하므로 음탐(婬貪)·탐음(貪淫)·음욕(婬欲) 등이라 불리고, 음일(婬佚·淫泆·婬逸) 등으로도 쓴다. 선정(禪定)을 비롯한 모든 수행의 근본적 장애이다. 『능엄경』 권6(대정장19, p.131c24)에 "음을 끊지 않고 선정을 닦는다는 것은 마치 모래를 쪄서 밥을 짓고자 함과 같아서 백천겁이 지나도 단지 뜨거운 모래일 뿐이다. … 그대가 음란한 몸으로 부처님의 묘과를 구하고 설령 미묘한 깨달음을 얻었다 한다 해도 모두 음의 뿌리다. 若不斷婬 修禪定者 如蒸沙石 欲其成飯 經百千劫 秖名熱沙 … 汝以婬身 求佛妙果 縱得妙悟 皆是婬根", 『범망경』 권하(대정장24, p.1004b26)에 "너희 불자들아, 스스로 음행을 하거나 남을 시켜 음행하도록 하거나 어떤 여인과도 고의로 음행을 해서는 안 된다. … 음행을 한다는 것은 자비심이 없는 것이어서 보살의 바라이죄다. 若佛子 自婬教人婬 乃至一切女人 不得故婬 … 行婬無慈悲心者 是菩薩波羅夷罪", 『일체경음의』 권25(대정장54, p.465a2)에 "음은 이와 초를 반절한 음이다. 『옥편』에 '음은 유희다'라고 하였다. 형(婬)이라고도 하는데 오와 경을 반절한 음이며, 『절운』에 '크고 좋은 모양'이라 하였다. 婬 以招反 玉篇云 婬 遊戲也 或作婬 五耕反 切韻 長好貌也"라고 하였다. [참고문헌] 『楞嚴經』, 『梵網經』, 『一切經音義』, *Lal-v.55.*, *Abh-k-bh.113.*, *Sn.37·156.* ⇨ 음욕 婬欲, 음일 婬佚, 음노치 婬怒癡, 삼독 三毒, 십악 十惡

음 淫 ➡ 음 婬

음 陰 Ⓢ skandha, Ⓟ kandha, Ⓣ phung-po. 쌓아서 모은다(積聚)는 뜻. 또는 덮어서 가린다(陰覆)는 뜻. 신역은 온(蘊)이다. 오음(五陰)에서 오중(五衆) 그리고 오온(五蘊)으로 변한 번역어의 끝말로서, 쌓이고 모인 유위법(有爲法)으로 중생의 진성인 반야를 가려 덮는 뜻이다. 『법문명의집』(대정장54, p.195a29)에 "무엇을 음이라 하는가? 가려 덮고 쌓아 모으는 것을 말한다. 이로써 중생을 있게 한다. 何謂爲陰者 陰蓋積聚 以成衆生", 『번역명의집』 권6(대정장54, p.1159c29)에 "새건다는 온으로 한역한다. 온은 쌓고 모은다는 뜻이다. 구역은 음이다. 음은 덮어 가린다는 뜻인데 유위법을 쌓아서 모으고 진성을 가려 덮는 뜻이다. … 『음의지귀』에 따르면 한대 이후 경을 번역할 때 음이었으나 진대에 이르러 승예가 중으로 고쳤으며, 당대에 이르러 현장이 고쳐 온으로 하였다. 塞健陀 此云蘊 蘊謂積聚 古翻陰 陰乃蓋覆 積聚有爲 蓋覆眞性 … 音義指歸云 漢來翻經爲陰 至晉僧叡改爲衆 至唐三藏改爲蘊"라고 하였다. [참고문헌] 『法門名義集』, 『翻譯名義集』, *Laṅk.35.*, *Abh-k-bh.4.*, *SN.3.83.* ⇨ 음부 陰覆, 음개 陰蓋, 오음 五陰, 온

蘊, 오온 五蘊, 유위 有爲, 유위법 有爲法

음 瘖 벙어리. 소리는 내지만 말을 하지는 못하는 상태. 『육도집경』 권3(대정장3, p.13b5)에 "(孔雀王이 호수에 몸을 던져 그 물을 축원하였고) 나라사람들이 물을 마시니 귀먼 이 듣고 눈먼 이들 보고 벙어리는 말하고 앉은뱅이는 일어섰다. 온갖 질병이 다 나았다. 國人飮水 聾聽盲視 瘖語躄申 衆疾皆然", 『대아미타경』 권하(대정장12, p.338c13)에 "그때 모든 천신과 인민에서부터 날고 기며 움직이는 것들에 이르기까지 모두 아미타불의 광명을 목도하니, … 모든 눈먼 이들 죄다 볼 수 있었고, 귀먼 이들 모두 들을 수 있었으며, 말 못하는 이 모두 말을 할 수 있게 되었다. 爾時 諸天人民 以至蜎飛蠕動之類 皆覩見阿彌陀佛光明 … 諸盲者悉皆能視 聾者卽皆能聽 瘖者卽皆能言"라고 하였다. 〔참고문헌〕『六度集經』, 『大阿彌陀經』. ⇨ 아 瘂, 음아 瘖瘂

음개 陰蓋 오음(五陰)이 진성(眞性)과 선법(善法)을 가린다는 말. 오음개부(五陰蓋覆)라고도 한다. 음(陰)은 음(蔭)으로도 쓴다. 『사자침경』(대정장17, p.539a2)에 "음으로 덮음이 없음을 열반이라 한다. 그 열반이라는 것에는 오음이 없다. 無陰蓋者 謂之泥洹 其泥洹者 亦無五陰", 『다라니잡집』 권2(대정장21, p.589c10)에 "선정을 닦으려는 이로서 음개에 뒤덮인 이는 이 다라니를 외워야 한다. 그리하면 마음이 안정되고 번뇌가 속히 사라진다. 欲修禪定者 陰蓋所覆者 當誦此陀羅尼 其心則定 睡眠速除", 『중관론소』 권4(대정장42, p.66a22)에 "일반적으로 음이라 함은 음개라는 뜻이다. 이 오음이 있어 중생을 가려 해탈하지 못한다. 마치 참새는 병 속에 있고 다른 것으로 그 입구를 막는 것과 같아서 음이라고 한다. 또한 음은 음살이라고도 한다. 그 뜻은 주인을 죽인다는 것이니 이 다섯 가지 법이 지혜로운 목숨을 해치기 때문이다. 通稱陰者 謂陰蓋爲義 有此五陰 蓋於衆生 不得解脫 如雀在瓶 物覆其口故云陰 又云陰者 陰殺也 其義主殺 以此五法 能害慧命"라고 하였다. 〔참고문헌〕『四自侵經』, 『陀羅尼雜集』, 『中觀論疏』. ⇨ 오음 五陰

음경 陰境 십경(十境) 중 하나. 오음(色受想行識)에 의해 일어난 번뇌를 말한다. 『지관보행전홍결』 권8(대정장46, p.389a27)에 "모름지기 탐욕과 진에를 관한다 하면 여기서 말하는 경의 뜻은 아니다. 오직 지금 일어나는 선악의 번뇌들은 모두 5음과 12입으로 거둔다. 그러므로 오음에 의해 일어난 번뇌는 모두 음경이라 한다. 雖觀貪瞋 非今境意 但是現起 善惡諸惑 皆陰入攝 是以因陰所起煩惱 皆名陰境", 『사명십의서』 권하(대정장46, p.852b23)에 "일심으로 관을 성취하면 거듭 나머지 마음도 그렇게 된다. 하나의 음은 색에 속하고 네 가지 음(受想行識)은 심에 속한다. 삼계에 다른 법이 없으니 오직 이 일심으로 한결같이 지은 것이다. 음경을 세움이 이와 같이 분명한데 다섯 가지 마음 일으키는 중에 음경 사라지는 것 기다리지 않고 지을 수 있겠는가? 一心成觀 轉教餘心 一陰屬色 四陰屬心 三界無別法 唯是一心作 等 立於陰境 如此分明 那得起五心中作不待陰境消之耶"라고 하였다. 〔참고문헌〕『止觀輔行傳弘決』, 『四明十義書』. ⇨ 오음 五陰, 십경 十境

음계 婬戒 Ⓢ śikṣādattaka-śrāmaṇera. 네 가지 바라이(波羅夷 Ⓢ pārājika) 중 하나. 보살십중대계(菩薩十重大戒) 중 하나. 비구계 오편칠취 중 제1계목(戒目)으로서, 어기면 청정비구로서의 자격은 물론 35종의 참여결정권 등을 박탈당하는 바라이계다. 다른 바라이를 범하면 승단에서 영구히 퇴출당하지만, 제1계인 이 음계는 수행의지가 있어도 유혹에 의한 범계 여지가 있어 구제법으로 불공주(不共住)를 결의하고, 비구 중 최하위에 처한다. 불공주 중에 다시 음계를 범하면 그때는 멸빈으로 영구히 퇴출한다. 음계제정인연의 주인공은 수제나(須提那)였고, 혈통을 잇겠다는 부모의 강권에 못이긴 부정행으로 제계의 기원이 되었고, 부처님께서는 이 첫 계목 제정하는 차제에 결계십구(結戒十句)라는 계율제정의 의미도 설하셨다. 『대지도론』 권35(대정장25, p.317b11)에 "범행보살은 세간에 집착하지 않으므로 보살도를 빠르게 성취한다. 저 음욕이란 마치 아교와 같아서 헤어나기 어렵다. 왜 그러한가? 몸으로 누리는 욕락 중 음욕의 뿌리가 깊기 때문이다. 그러므로 출가법 중 음계를 처음에 두고 또한 무거운 바라이계로 삼았다. 梵行菩薩 不著世間故 速成菩薩道 若婬欲者 譬如膠漆 難可得離 所以者何 身受欲樂 婬欲根深 是故出家法中 婬戒在初 又亦爲重"라고 하였다. 〔참고문헌〕『大智度論』. ⇨ 불음계 不婬戒, 바라이계 波羅夷戒, 불공주 不共住, 사바라이 四波羅夷, 십중대계 十重大戒

음계 淫戒 음욕을 범하는 것을 금하는 계. 음계(婬戒)라고도 한다. 『사분율행사초』 권하4(대정장40, p.156a6)에 "음계를 범하고 나서 다시 음을 범한 경우는 돌길라다. 犯淫戒已 更犯淫者 吉羅"라고 하였다. 〔참고문헌〕『四分律行事鈔』. ⇨ 음계 婬戒

음계 陰界 ❶ 오음(五陰)과 십팔계(十八界). 『장아함경』 권4 「유행경 遊行經」(대정장1, p.27b2)에 "이는 참으로 최후의 몸이니 음계가 이제야 사라지네. 슬픔도 기쁨도 생각하지 않고 늙고 죽는 근심 또한 없네. 此是末後身 陰界於此滅 無憂無喜想 無復老死患", 『불퇴전법륜경』 권2(대정장9, p.232c8)에 "부처의 모양 닦는 이라면 곧바로 중생 하나인 상이 무상임을 증득한다. 중생이 생사윤회하는 음계를 벗어나 무위의 필경공을 집으로 삼아 안주하고는 일체법이 무생이고 무주임을 본다. 修佛相者 則得衆生一相無相 出離衆生生死陰界 安住無爲畢竟空舍 見一切法無生無住"라고 하였다. 〔참고문헌〕『長阿含經』, 『不退轉法輪經』. ⇨ 오음 五陰, 십팔계 十八界 **2** 몽매한 계(界). 견문각지(見聞覺知) 어설프게 단아걸고 모든 것 쉬었다 하거나 깨우친 바 있다 여기는 허망한 살림살이를 가리켜 하는 말이다. 『운문광록』 권상(대정장47, p.552a15)에 "다시 한 무리들 있어 겨우저 헐떡거림 쉬는 곳 듣고서는 문득 음계 저 속을 향하여 눈감아버렸으니, 늙은 쥐구멍 속에서 활개치고 흑산저 아래 귀신 소굴에 들어앉았네. 몸소 얻은 바 있다며 문득 이르길, '나 저 들어가는 길 알았다' 한다. 도리어 꿈에서 본 것은 아닌가. 저 무리를 만이나 때려 죽인들 무슨 죄나 허물 있으랴. 更有一般底 纔聞說箇休歇處 便向陰界裏 閉目合眼 老鼠孔裏作活計 黑山下坐鬼趣裏 體當便道 我得箇入路也 還夢見麽 這一般底 打殺萬箇 有什麽罪過"라고 하였다. 〔참고문헌〕『雲門廣錄』. ⇨ 음계리활계 陰界裏活計

음계근 陰界根 Ⓢ skandha-dhātv-indriya. 5음과 18계와 12근. 음계입(陰界入)이라고도 한다. 『보성론』 권3(대정장31, p.832c12 : *Ratna-ut.*, p.42)에 "이와 같이 음계근이 번뇌업 중에 머무는데, 모든 번뇌업 등은 불선한 사유에 의지한다네. 如是陰界根 住煩惱業中 諸煩惱業等 依不善思惟 skandhadhātvindriyaṃ tadvatkarmakleśapratiṣṭhitam, karmakleśāḥ sadā yonimanaskārapratiṣṭhitāḥ"라고 하였다. 〔참고문헌〕『寶性論』, *Ratna-ut.* ⇨ 음계입 陰界入

음계리활계 陰界裏活計 음계 그 속에서 살림살이 한다는 말. 분별로 얻은 것들과 보고 들은 것들로 이리저리 헤아릴 뿐 이어서 의단(疑團) 들어 공부하지 않는다는 뜻. 『경덕전등록』 권25「천태덕소전 天台德韶傳」(대정장51, p.408a29)에 "가령 상좌들이 전에 배운 바 좇아 가려 헤아리고 문답하거나 기억에 담아두고 주장하는 도리가 극히 많기만 하고, 어째서인지 마음속 의심은 쉴 줄을 모른다. 옛 성현의 방편으로 보인 특별한 경지 전혀 이해하지 못하고 다만 한없이 허하고 실은 없을 뿐이다. 상좌들 서 있는 다리 밑 그 자리 좇아 일시에 다 놓고 보기를 '이 무슨 도리인가' 하는 것만 못하다. 다소의 법문들은 상좌들에게 의심 짓고 앎을 구하게 하리니, 그때 비로소 전에 배운 바 따르는 것이 단지 생사의 근원이요 음계 속 살림살이일 뿐인 줄 안다. 그래서 옛사람은 '보고 들음 벗어나지 못하니 저 물에 잠긴 달이다'라고 했다. 如上座從前所學 簡辯問答記持 說道理極多 爲什麽 心疑不息 聞古聖方便 特地不會 只爲多虛少實 上座不如從脚跟下 一時覷破看 是什麽道理 有多少法門 與上座作疑求解 始知從前所學底事 只是生死根源 陰界裏活計 所以 古人道 見聞不脫 如水裏月"라고 하였다. 〔참고문헌〕『景德傳燈錄』. ⇨ 귀굴리활계 鬼窟裏活計

음계입 陰界入 Ⓢ skandha-dhātv-āyatana, Ⓣ phung-po dang khams-dang-skye-mched. 5음(陰 Ⓢ skandha)과 18계(界 Ⓢ dhātu)와 12입(入 Ⓢ āyatana). 음입계(陰入界)·음계근(陰界根)·온처계(蘊處界)라고도 한다. 『장아함경』 권1「대본경 大本經」(대정장1, p.8a24)에 "5음18계12입에 있어 욕도 물들 일도 없는 이, 모든 보시 받아 마땅하리. 시주의 은혜 깨끗이 갚을 수 있네. 能於陰界入 離欲無染者 堪受一切施 淨報施者恩", 『잡아함경』 권2(대정장2, p.10c12 : *Sattaṭṭhāna-sutta, SN.3*, p.65)에 "고요한 곳 나무 아래 노지에서 음계입을 관찰하고 바른 방편으로 그 뜻 사유하는 것, 이를 비구가 행하는 세 가지 관의 뜻이라 한다. 若於空閑 樹下露地 觀察陰界入 正方便思惟其義 是名比丘三種觀義 idha bhikkhave bhikkhu dhātuso upaparikkhati. āyatanaso upaparikkhati. paṭiccasamuppādaso upaparikkhati. evaṃ kho bhikkhave bhikkhu tividhūpaparikkhī hoti", 40권본 『대반열반경』 권8(대정장12, p.414a26)에 "성이 그 바탕 깨끗하므로 비록 음계입 중에 있지만 음계입과 같지 않다. 그러므로 중생은 마땅히 모두 보살들에게 귀의하여야 한다. 불성으로 인하여 중생을 차별없이 평등하게 본다. 性本淨故 雖復處在陰界入中 則不同於陰入界也 是故衆生悉應歸依諸菩薩等 以佛性故等視衆生無有差別", 『정법염처경』 권33(대정장17, p.191c6)에 "집제란 음계입을 말한다. 集諦者 謂陰界入", 『삼법도론』 권하(대정장25, p.25b8)에 "중생은 음계입을 의지로 삼아 덕도 악도 행한다. 그러므로 반드시 알아야 한다. 이것이야말로 덕과 악이 의지하는 곳이다. 衆生於陰界入作依 行德及惡 是故當知 此是德惡所依", 『불성론』 권4(대정장31, p.811c6)에 "법신은 생사하는 음계입 등에 의해 물들지 않는다. 그러므로 물듦이 없다고 한다. 法身不爲生死陰界入等所汚 故言無染", 『법화문구』 권4(대정장34, p.58a14)에 "세간을 풀어보면 곧 5음·18계·12입이다. 又釋世間者 卽是陰界入也", 『대반열반경집해』 권21(대정장37, p.465a10)에 "보량이 말하길 '불성은 비록 음계입 중에 있지만 음에 속하지 않는다는 것은 진속 이제가 함께 하나의 신비롭게 밝은 법이 되니, 속의 편에서는 항상 음계입이고 참된 바탕으로는 언제나 함이 없다'라고 하였다. 寶亮曰 佛性雖在陰界入中 而非陰所攝者 眞俗兩諦 乃是共成一神明法 而俗邊恒陰入界 眞體恒無爲也", 『지관대의』(대정장46, p.460a22)에 "보고 있다는 것은 무엇인가? 음계입은 색과 심을 벗어나지 않고 색 또한 마음 따라 지으니 전체가 이 마음일 뿐이다. 所觀者何謂陰界入 不出色心 色從心造 全體是心"라고 하였다. [참고문헌]『長阿含經』, 『雜阿含經』, 『大般涅槃經』, 『正法念處經』, 『三法度論』, 『佛性論』, 『法華文句』, 『大般涅槃經集解』, 『止觀大意』, *Abh-k-bh.219.*, *Ratna-ut.45.*, *SN.* ⇨ 온처계 蘊處界, 오음 五陰, 십이입 十二入, 십팔계 十八界, 삼과 三科, 일체 一切

음계입성 陰界入性 Ⓢ skandha-dhātv-āyatana-bhāva. 5음·18계·12입의 자성(自性). 『능가경』 권1(대정장16, p.483c2 : *Laṅk.*, p.41)에 "이와 같이 대혜여, 음계입의 자성은 이미 사라졌고, 지금도 사라지며, 미래에도 사라진다. 자기 마음의 망상견일 뿐, 인 없으니 저 차제로 일어날 일마저 없다. 如是 大慧 若陰界入性 已滅今滅當滅 自心妄想見無因故 彼無次第生 evameva mahāmate ye skandhadhātvāyatanabhāvā niruddhā nirudhyante nirotsyante, svacittadṛśyavikalpadarśanāhetutvān nāsti nairantaryapravṛttiḥ", 『십주비바사론』 권17(대정장26, p.117a13)에 "음계입의 그 바탕 생할 때 온 곳이 없고, 멸할 때 가는 곳 없으니 불법의 뜻 역시 이러하네. 諸陰界入性 生時無從來 滅時無所去 佛法義如是"라고 하였다. [참고문헌]『楞伽經』, 『十住毘婆沙論』, *Laṅk.* ⇨ 음계입 陰界入

음곡 音曲 소리의 곡조. 범음(梵音) 등의 운율을 말한다. 『칭찬정토불섭수경』(대정장12, p.349a12)에 "소릿가락 고르고 아름다워 매우 듣기 좋다. 音曲和雅 甚可愛樂", 『지관보행전홍결』 권6(대정장46, p.354c11)에 "건너가게 하는 곡조라는 말에서 곡이란 소릿가락을 말한다. 무생의 뜻으로 나머지 모든 문에 들어가도록 한다. 言度曲者 曲謂音曲 以無生義 度入餘門"라고 하였다. [참고문헌]『稱讚淨土佛攝受經』, 『止觀輔行傳弘決』.

음관 音觀 1855~1928. 선승. 호는 수월(水月), 속성은 전(田)씨. 1855년(철종6)에 충청남도 홍성군 구항면 신동에서 태어났다. 일찍이 부모를 여의고 집안이 가난하여 부잣집 머슴살이를 하였는데, 어느 날 그의 집에 동량(棟樑)나온 스님이 하룻밤 묵기를 청했다. 동량승이 밤새 들려준 이야기에 출가를 결심했으나 주인은 허락 대신 가죽신을 던져 주면서 다 떨어지거든 떠나라고 했다. 2년의 세월동안 일을 마친 밤마다 들판에 나가 가죽신으로 무수히 벼포기를 걷어찼고, 드디어 29세에 길을 떠나 1883년(고종20)에 서산시 고북면 장요리 연암산(燕巖山) 천장사(天藏寺)로 찾아가 태허성원(泰虛性圓)을 은사로 하여 스님이 되었다. 1887년(고종24) 33세 때까지 3년 동안 부목(負木) 소임을 맡아 섶나무를 담당하면서 계속 신묘장구대다라니(神妙章句大陀羅尼)인 천수주(千手呪)를 수만 번 염송하였고 무엇이든지 한 번만 들으면 잊지 않는 불망염지(不忘念智)를 얻고 성원의 법을 이어 받았다. 글을 몰라 축원문을 쓸 수는 없었지만 불공 재자(齋者)의 구술만을 듣고는 재자명부를 한 글자 착오 없이 외웠다고 한다. 뿐만 아니라 같은 해 천장사에서는 몸에서 큰 광명을 발하는 기적을 보이기도 했다. 그 후 경허성우(鏡虛惺牛)로부터 비구계를 받았다. 1908년(융희2) 8월 간성 건봉사(乾鳳寺) 보살계 법회 때 허조정기(虛照正淇)·용운도흔(龍雲道昕)·무념봉엽(無念奉葉)·청호학밀(淸湖學密)·청담재원(淸潭在元)·월인기선(月印基善) 등과 함께 칠증사로 추대되었다. 스님의 법문은 기록으로 남은 것이 거의 없고 오직 다음의 구술만이 전한다. 독립군연설단원이 화엄사(華嚴寺)에 머물 때 스님께서 그에게 들려준 법문이다. '도를 닦는 것은 마음을 모으는 거여, 별거 아녀! 하늘 천(天) 따 지(地) 하든지, 하나 둘을 세든지 주문(呪文)을 외든지 어찌하든 마음을 모으기만 하면 그만인 겨. 무엇이든지 한 가지만 가지고 끝까지 하여야 하는 겨'라고 말했다. 이때의 법문을 기억한 독립군단원은 훗날 몽골에서 스님이 되었다. 한암중원(漢巖重遠)은 오대산 상원암(上院庵) 선원에서 함께 지낸 절친한 도반이다. 순종(純宗 재위 1907~1910) 때 영변 묘향산(妙香山) 비로암(毘盧庵)에서 3년간 결사(結社)하고 정진한 후, 평안북도 강계군 강계면 고당동 천마산(天摩山) 자북사(子北寺)를 거쳐 만주지방으로 들어가 백두산(白頭山) 밑 농가에서 3년 동안 소를 기르며 지냈다. 그 후 동녕현(東寧縣) 동삼차구(東三岔溝) 토굴에서 6년 동안 정진하였다. 1921년부터는 왕청현(汪淸縣) 나자구(蘿子溝) 태평촌 절당골 송림산(松林山)에 화엄사를 창건하고 주석하였다. 1927년은 용성(龍城)이 용정에 대각교당을 세울 때여서 여러 차례 찾아와 법담(法談)을 나누었다. 8년 동안 주석하다가 1928년 7월 16일 화엄사 곁에 있는 개울에서 목욕한 다음 바위 위에 단정히 앉아 조용히 입적하였으니 세수 74, 법랍 45세였다. 스님은 경허의 수제자(首弟子) 다섯 스님(枕虛玄住·水月音觀·慧月慧明·滿空月面·漢巖重遠) 중 세 개의 달이라 불리는 삼월(三月 : 水月·慧月·月面) 중 한 분이다. 만공은 생전에 스님만 생각하면 가슴이 뛴다며 스님에 대한 흠모의 정을 나타내기도 하였고, 한용운(韓龍雲)은 자신이 펴낸 잡지에서 스님을 조선의 마지막 대선사라고 평하였다. 상좌에는 금강산 만회암(萬灰庵)에서 30년간 묵언정진하였던 묵언(默言)과 해담치익(海曇致益)이 있고 손상좌에는 금산 태고사의 도천(道川)이 있으며 증손상좌에는 여수 흥국사(興國寺) 명선(明煽)이 있다. 명선은 1990년대 초까지 여러 차례 연변(延邊)지방을 오가면서 스님의 행적을 찾았다. 도문시(圖們市) 회막동의 일광산(日光山 :

독립군이 왕래하던 곳)과 송림산 화엄사·흑룡강의 수분하 등지에서 스님을 직접 만났던 흑룡강 왕청현 태평촌 방씨(方氏) 노인의 증언에 따르면, 스님은 매일 아침 공양 뒤엔 독립군들에게 주먹밥을 만들어 주기 위해 산에서 내려와 탁발을 하였으며, 겨울에는 눈이 쌓여 먹이를 구하지 못한 산짐승들이 굶어 죽는 일이 없게 하기 위해서 추수한 들판에서 이삭이나 무시래기 등을 주워 두었다고 한다. 또한 다음과 같은 기적들도 남겼다. 즉 연변에서 블라디보스톡까지 삼백리가 넘는 산길을 단시간에 돌아와 사람들은 축지법을 쓴다고 생각했으며, 스님이 병자에게 손을 대기만 하면 병이 곧 쾌차하여 그 지방에는 의사가 필요없었다고도 한다. 또 방씨노인이 12세 때 스님이 그의 부모를 찾아와 '이 아이를 그대로 두면 호랑이 밥이 될 터이니 없는 아이로 생각하고 내 곁에 맡겨두라'고 말하여 단칸방 흙집에서 일주일 머물게 하였다. 아이를 맡은 스님은 일절 눕지도 잠들지도 않았다. 5일째 되는 날 오줌이 마려운데도 나가지 못하게 하던 스님이 밖을 향해 '이놈아 이제 그만 가거라'고 하시니 눈에 불을 켠 호랑이가 아이를 노리고 있다가 물러갔다고 한다. 스님을 길이 추모하기 위해서 2007년 3월 대한불교조계종 총무원장 지관(智冠)이 주도하고 서울시 강남 봉은사(奉恩寺) 주지 명진(明盡)의 주선으로 연길시에 수월정사(水月精舍) 창건불사를

수월정사 창건불사법회

시작하여 2008년 5월 27일에 준공법회를 가졌다. 스님의 행적을 담은 책으로는 검찰총장을 역임한 김진태(金鎭泰)의 『물속을 걸어가는 달』과 명선의 『수월평전』 등이 있다. [참고문헌] 「水月禪師追悼式」(『佛教』56, 1929) p.119, 『韓國佛教雜誌叢書』 권6(寶蓮閣, 1976) p.621, 『佛教新聞』 제2431호(2008년 6월 4일), 『中央日報』 제13489호(2008년 5월 29일), 『한겨레신문』 2008년 5월 30일 제28면, 『물속을 걸어가는 달』(학고재, 2004). ⇨성우 惺牛, 수월정사 水月精舍

음광 飮光 ❶ Ⓢ Mahākāśyapa. 부처님 십대제자 중 두타제일(頭陀第一) 가섭(迦葉)의 한역 이름 중 하나. 광명으로 해와 달의 빛을 삼킨다는 뜻이다. 『화엄경소초』 권84(대정장36, p.657c23)에 "진제 등이 한가지로 음광이라 한역하였다. 眞諦等同譯爲飮光", 『법화현찬』 권1말(대정장34, p.670a25)에 "먼 옛날 선인이 있었는데 몸에 광명이 가득해 해와 달의 빛마저 삼켜 덮었다. 가섭은 그의 종족이었고, 가섭의 몸에도 해와 달을 삼킬 정도의 광명이 있었다. 성으로 이름을 삼았기에 음광이라 한다. 上古有仙 身有光明 飮蔽日月之光 迦葉是彼之種 迦葉身亦有光 能飮日月 以姓爲名 故名飮光"라고 하였다. [참고문헌] 『華嚴經疏鈔』, 『法華玄贊』. ⇨가섭 迦葉❶ ❷신라 제51대 진성여왕(재위 887~897) 때 스님. "문하제자 비구 음광. 門下弟子 比丘 飮光"이라는 새김글이 「남원실상사수철화상능가보월탑비문 南原實相寺秀澈和尙楞伽寶月塔碑文」의 음기 각자(刻者) 위치에 새겨진 것으로 보아, 893년(진성여왕7)에 수철의 비를 세울 때 제자로서 주도적 역할을 한 것으로 보인다. [참고문헌] 『朝鮮金石總覽』 권상 p.56.

음광대 飮光臺 경상북도 문경시 문경읍 당포리 운달산(雲達山)에 있던 암자. 쌍계사(雙溪寺)의 산내암자였으며 은광대(隱光臺)라고도 한다. [참고문헌] 『韓國寺刹全書』 권하 p.957a8.

음광대사 飮光大士 부처님 십대제자 가섭(迦葉). 『선문보장록』 권하(한불전6, p.480)에 "25조 바사사다(婆舍斯多) 조사가 이르길 '음광대사가 친히 불인을 받은 뒤로 거듭 펴서 24조 사자존자에 이르렀고, 나는 그로부터 받았다.' 祖曰 飮光大士 親受佛印 展轉至二十四世師子尊者 我從彼得"라고 하였다. [참고문헌] 『禪門寶藏錄』. ⇨음광 飮光❶, 가섭 迦葉❶

음광부 飮光部 Ⓢ Kāśyapīya, Ⓟ Kassapika, Kassapiya, Ⓣ 'Od-srungs-pa, 'Od-bsrung-ba'i-sde. 소승이십부(小乘二十部) 중 하나고, 오부율(五部律)을 전승한 부파 중 하나다. 가섭비야부(迦葉臂耶部)·가섭유부(迦葉遺部·迦葉維部)라고도 음사하고, 음광제자부(飮光弟子部)·선세부(善歲部 Ⓢ Suvarṣaka) 등이라고도 한역한다. 이 부파의 비조 가섭의 이름을 썼다. 그 교의는 유부(有部) 및 법장부(法藏部)류로 묶인다. 이 부파에서 전승한 율은 『해탈계경 解脫戒經』만으로 광율(廣律)은 중국에 전래되지 않았다. 『이부종륜론』(대정장49, p.15b17)에 "설일체유부에서 또 한 부파가 나왔는데 음광부라고도 하고 선세부라고도 한다. 從說一切有部 復出一部 名飮光部 亦名善歲部", 『대비바사론』 권19(대정장27, p.96b6)에 "또한 어떤 이들은 집착하길 '모든 이숙인은 과가 익기 전에는 그 체가 항상 있지만 과가 익고 나면 그 체도 사라진다'라고 하니 저 음광부에서 이렇게 말하는 것과 같다. 마치 종자는 싹이 트기 전에는 그 체가 항상 그대로 있지만 싹이 트는 즉시 사라지는 것과 같다. 或復有執 諸異熟因 果若未熟 其體恒有 彼果熟已 其體便壞 如飮光部 彼作是說 猶如種子 芽

若未生 其體恒有 芽生便壞"라고 하였다. [참고문헌]『異部宗輪論』, 『大毘婆沙論』, *Abh-k-bh.356., Dīp.37., Mvyut.581.* ⇨가섭비야부 迦葉臂耶部, 선세부 善歲部, 소승이십부 小乘二十部, 오부율장 五部律藏❶

음광불 飮光佛 Ⓢ Kāśyapa-buddha. 가섭불(迦葉佛)의 한역어. 『대비바사론』 권32(대정장27, p.167a24)에 "음광불이 세상에 계실 때 반열반한 이들 중 비택멸을 얻은 경우가 많았다. 如飮光佛時 般涅槃者 得非擇滅多"라고 하였다. [참고문헌]『大毘婆沙論』. ⇨가섭불 迦葉佛, 과거칠불 過去七佛

음광선인 飮光仙人 부처님 십대제자 가섭(迦葉)의 조상. 몸에서 광명 나와 해와 달의 빛마저 가렸다는 선인. 『법화의소』 권1(대정장34, p.459b8)에 "지금 이 가섭은 음광선인의 종자이다. 今此迦葉 是飮光仙人種", 『신화엄경론』 권33(대정장36, p.947b23)에 "마하가섭은 금색의 몸으로 햇볕도 삼킬 수 있었고, 또한 이는 음광선인후예라는 뜻이다. 摩訶迦葉者 以身金色 能飮日光 亦云是飮光仙人之裔也"라고 하였다. [참고문헌]『法華義疏』, 『新華嚴經論』. ⇨가섭 迦葉❶, 음광 飮光❶

음광존자 飮光尊者 Ⓢ Ārya-kāśyapa, Ⓣ 'phags 'Od-srungs-chen-po. 부처님 십대제자 가섭(迦葉)에 대한 존칭. 『구사론』 권27(대정장29, p.144b26 : *Abh-k-bh.*, p.428)에 "음광존자가 골쇄의 몸을 남긴 까닭은 모든 천신들이 지켜 오래 머물수 있었기 때문이다. 飮光尊者 留骨瑣身 由諸天神 持令久住 āryakāśyapena … asthiśaṃkalāvasthānaṃ tu devatānubhāvād iti", 『가태보등록』 권3 「대녕도관장 大寧道寬章」(卍속장137, p.70b16)에 "'음광존자는 세존께서 꽃을 들어 보이자 무슨 뜻으로 미소 지었는지요?' '뛰어남 차마 숨길 수 없었다'. 問 飮光尊者 見世尊拈花 因甚麽微笑 曰 忍俊不禁"라고 하였다. [참고문헌]『俱舍論』, 『嘉泰普燈錄』, *Abh-k-bh.* ⇨가섭 迦葉❶, 음광 飮光❶

음광좌선 飮光坐禪 음광(가섭)이 좌선 중에 있다가 뒤늦게 세존의 열반처에 임한 인연. 『선원몽구』 권중(卍속장148, p.256a7)에 "음광좌선 : … 황룡혜남(黃龍慧南)이 천대도와 탄솔을 나무라며 놀려 게송으로 말하길 '음광은 영원토록 좌선만 하였고, 포대는 평생토록 구걸하며 살았네. 옴이 오른 개조차도 천상에 나길 원치 않으니, 도리어 구름 속 백학에 미소지을 뿐이네'. 보태어 말한다. 『열반경』에 이르길 '그때는 세존께서 열반에 드시려 하였고 가섭은 모인 대중 가운데 없었다. 부처님께서 제자들에게 이르셨다. 「가섭이 왔을 때 정법안장을 널리 드러냄이 좋겠다」. 그때 가섭은 기사굴산의 필발라굴에서 뛰어난 광명을 마주하고 삼매에 들었고 정천안으로 세존께서 희련하 가에서 반열반에 드시는 광경을 보았다. 이에 그 문도들에게 「여래께서 열반에 드셨다. 어찌 이리도 빨리 가시는가!」라고 말한 뒤 곧바로 쌍수간에 이르러 비통하게 소리내며 울었다'. 飮光坐禪 … 黃龍南 譏泉大道怛率 戲酬以偈曰 飮光論劫坐禪 布袋經年落魄 疥狗不願生天 却笑雲中白鶴 和補曰 涅槃經云 爾時 世尊 欲涅槃時 迦葉不在衆會 佛告諸大弟子 迦葉來時 可令宣揚 正法眼藏 爾時 迦葉 在耆闍崛山 畢鉢羅窟 覩勝光明 卽入三昧 以淨天眼 觀見世尊 於熈連河側 入般涅槃 乃告其徒曰 如來涅槃也 何其駛哉 卽至雙樹間 悲戀號泣"라고 하였다. [참고문헌]『禪苑蒙求』.

음교 音敎 Ⓢ ghoṣa. 소리로 가르침. 소리내어 말씀으로 남기신 부처님의 가르침(音聲敎體)을 말한다. 『법화경』 권2(대정장9, p.17c11 : *Saddh-p.*, p.110)에 "우리들은 오늘 부처님께서 소리로 설하신 가르침을 듣고 뛸 듯이 환희하였고 일찍이 없었던 것 얻었네. 부처님 설하시길 성문들도 반드시 성불할 수 있다 하셨으니 위없는 보배무더기를 구하는 일 없이 절로 얻었네. 我等今日 聞佛音敎 歡喜踊躍 得未曾有 佛說聲聞 當得作佛 無上寶聚 不求自得 āścaryabhūtāḥ sma tathādbhutāś ca audbilyaprāptāḥ sma śruṇitva ghoṣam, saha saiva asmābhir ayaṃ tathādya manojñaghoṣaḥ śrutu nāyakasya"라고 하였다. [참고문헌]『法華經』, *Saddh-p.* ⇨음성교체 音聲敎體, 교체 敎體

음궁 婬宮 십이궁(十二宮) 중 하나. 미투나(彌偸那 Ⓢ Mithuna)라고 음사하며, 남녀궁·쌍녀궁·부부궁(夫婦宮) 등이라고도 한다. 『수요경』 권상(대정장21, p.387c26)에 "열한 번째, 자에서 2족, 삼에서 4족, 정에서 3족에 진성이 위치한다. 그 궁신은 부부와 같으므로 음궁이라 하는데, 자손을 잉태하는 일을 주관한다. 만약 태어난 때가 이 궁에 속하는 사람은 대개 처첩을 많이 두고 사람들에게 사랑과 공경을 받으며, 관문을 지키는 소임을 관장하는 일에 적합하다. 第十一 觜二足 參四足 井三足 辰星位焉 其神如夫妻 故名婬宮 主胎妊子孫之事 若人生屬此宮者 法合多妻妾得人愛敬 合掌戶鑰之任"라고 하였다. [참고문헌]『宿曜經』. ⇨미투나 彌偸那, 남녀궁 男女宮, 쌍녀궁 雙女宮, 십이궁 十二宮

음기 音寄 소리에 의지해 부치는 소식. 소식을 전하는 서신(書信)을 말한다. 『자은전』 권7(대정장50, p.262a2)에 "서신을 주고받지 못하니 아무도 간절한 그리움을 달랠 수 없네. 音寄不通 莫慰傾渴", 『조론』 「유유민서문부 劉遺民書問附」(대정장45, p.154c25)에 "세말의 혹독한 추위에 건강은 어떠신지요? 소리 전할 길이 막혀 쌓아둔 그리움만 늘어날 뿐입니다. 歲末寒嚴 體中如何 音寄壅隔 增用抱蘊", 『조론소』 권중(대정장45, p. 182a8)에 "그 당시에 남쪽은 진(晋)나라이고 북쪽은 진(秦)나라였는데 양국의 국교가 트이지 않아 서신을 전할 수 없으니 마음 속에 쌓아둔 그리움이 이로써 늘어난다는 뜻이다. 當爾之時 南是晉 北是秦 兩國旣其不通 書信難得傳寄懷抱 以此增加蘊積也"라고 하였다. 〔참고문헌〕『慈恩傳』, 『肇論』, 『肇論疏』.

음기 陰記 석비(石碑)의 뒷면인 비음(碑陰)에 새긴 기록. 비의 앞면인 비양(碑陽)에는 제액(題額)·산문(散文) 형식의 서문(序文)·시부(詩賦) 형식의 명문(銘文)·찬술 시기와 찬자 이름 등을 새긴다. 비음에는 비양에서 다하지 못한 내용을 보충하거나 도속제자(道俗弟子)·산중대덕(山中大德)·사중소임(寺中所任)·단월(檀越)·각자(刻字) 공역(工役)에 참여한 모든 이들의 명부를 기록하였다. 그 외 중수(重修) 등 입비(立碑) 중에 일어난 일을 비의 좌우 측면과 비음의 여백에 추가로 기입하기도 한다. 〔추보·후기가 있는 음기〕「개풍서운사요오화상진원탑비음기 開豊瑞雲寺了悟和尙眞原塔碑陰記」에는 국주대왕(國主大王 : 고려 태조)이 비명을 중수한 후기를 기록하였고, 「풍기비로암진공대사보법탑비음기 豐基毘盧庵眞空大師普法塔碑陰記」에는 소백산대사(小伯山大師 : 진공대사)가 천화(遷化)할 때에 남긴 유계(遺誡)를 수록하였으며, 「봉화태자사낭공대사백월서운탑비음기 奉化太子寺朗空大師白月棲雲塔碑陰記」에는 탑비건립 과정을 자세히 새겼다. 「회양표훈사백화암청허당휴정대사비음기 淮陽表訓寺白華庵淸虛堂休靜大師碑陰記」에는 비명의 찬자가 아닌 덕수(德水) 이식(李植)이 지은 후기가 수록되어 있고, 「순천송광사용운당처익대종사비음기 順天松廣寺龍雲堂處益大宗師碑陰記」에는 1894년(고종31) 탑비건립 시 기록한 최초 음기와 1924년에 중수하면서 기록한 음기 2종이 나란히 새겨져 있다. 〔음기의 구성〕「지평보리사대경대사현기탑비음기 砥平菩提寺大鏡大師玄機塔碑陰記」에는 "대사를 의지한 도속제자와 삼강 및 각자 등의 이름은 다음과 같다. 依志大師 道俗弟子 三剛幷刻者等 烈名如後"라 한 후 그 이름들을 새겼다. 「합천반야사원경왕사비음기 陝川般若寺元景王師碑陰記」에는 "가야산반야사원경왕사비명 음기는 아래와 같다. 수좌 각순, 삼중대사 염간과 담주, 중대사 현칙 … 현규 등은 직접 가르침을 받은 이들이다. 삼중대사 안언 … 관규 등은 왕사의 법화를 선양한 이들이다. 중대사 정선 … 정근 등은 병건을 받들어 시봉한 이들이다. 중대사 모량 … 현보 등은 사무를 도와 수행한 이들이다. 위의 건은 문도의 직명과 개과이니 그 명단을 새겨 후세에 전한다. 천경 8년 무오(1118·고려 예종13)에 시작하여 지금 11년 만인 병신년(1128·고려 인종6) 11월에 세우다. 대장 김윤이 비문을 새기고 유림랑 상서도관원외랑 비어대를 하사받은 이원부가 왕명을 받들어 쓰다. 伽耶山般若寺元景王師碑銘陰記如左 首座 覺純 三重大師 廉幹 曇書 重大師玄則 … 賢規等 親承敎訓者也 三重大師 安彦 … 冠規等師 揚法化者也 重大師正宣 … 正根等 奉待甁巾者也 重大師矛良 … 玄甫等 補翼事務者也 右件門徒職名開科彫錄施行 時自天慶八年戊戌至今十一戊申歲仲冬立 大匠金允刻 儒林郎 尙書都官員外郎 賜緋魚袋 臣李元符 奉宣書"라고 하였으니, 제자의 범위를 친승교훈(親承敎訓)·양법화(揚法化)·봉대병건(奉待甁巾)·보익사무(補翼事務) 등으로 구분하고 삼중대사와 중대사 순으로 수록하였다. 「충주청룡사보각국사환암정혜원융탑비음기 忠州靑龍寺普覺國師幻庵定慧圓融塔碑陰記」는 소임의 구분 없이 대선사·선사·대선(大選)·사미·비구니·우바새·우바이 순으로 이름만 기록하였다. 조선 후기에 이르러 문중의 융성함과 사세(寺勢)에 따라 음기의 구조는 더욱 세분화되고 그 양도 방대해지는데, 명단의 성격에 따라 문도질(門徒秩)·산중질(山中秩)·화주질(化主秩)·연화질(緣化秩 : 시주질)·소임질(所任秩) 등으로 불린다. 「회양표훈사백화암청허당휴정대사비음기」는 제자의 명단을 문정(門庭)과 문조(門助)로 나누고 문정에는 유정(惟政)을, 문조에는 송계(松桂)를 각기 필두로 하였다. 시주자 명단을 경기·황해·강원·함경 등 지역으로 구분하고 그 외 도에서 시주한 이들은 합도(合道) 항에 기록하였으며, 소임으로는 변수(邊手)·각수(刻手)·별좌(別坐)·화주·주지(住持) 정도만 남겼다. 「해남대흥사서산대사표충사기적비음기 海南大興寺西山大師表忠祠紀

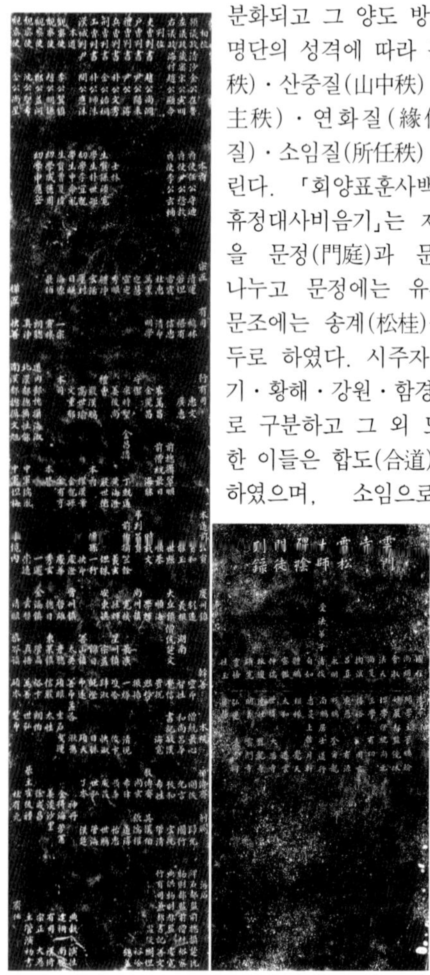

표충사사적비 음기 탁본 밀양 표충사 1742년(좌)
설송대사비 음기 탁본 청도 운문사 1754년(우)

蹟碑陰記」에는 대왕대비·주상전하(정조) 등 왕실에 대한 축원(祝願)이 있고, 상궁(尙宮)과 재상(宰相) 및 재상가의 아내, 군수(郡守) 등 다수의 인명을 기록하였으며, 도화주(都化主)·원장(院長)·총섭(摠攝)·도유사(都有司)·주관(主管)·승통(僧統)·전곡(典穀)·신총섭(新摠攝)·구종정(舊宗正)·본사종사(本寺宗師)·화주·전종정대공덕(前宗正大功德)·전함(前啣)·감역(監役)·조연(助緣)·주지·삼강·운석(運石)·서기(書記)·간사(幹事)·휴자(鐫字)·조역(助役) 등 매우 다양한 소임도 새겨 넣었다. 현대에 들어서 「합천해인사자운당성우대율사비음기 陜川海印寺慈雲堂盛祐大律師碑陰記」는 해인총림(海印叢林) 방장을 필두로 하여 종무소질(宗務所秩)·한주단질(閒住單秩)·산내암자질(山內庵子秩)·문도질·찬조단질(贊助單秩)·지방관질(地方官秩) 등을 두었으며, 문도질은 다시 은법제자(恩法弟子)·수법(受法)제자·전계(傳戒)제자·참회(懺悔)제자·은손상좌(恩孫上佐)·법손상좌(法孫上佐)·재가제자로 구분함은 물론 비 제작에 참여한 이들을 빠짐없이 새겼다. 음기는 당대를 살았던 승도와 단월의 이름이 전할 뿐 아니라 사자전승의 법맥과 문도의 구성과 사찰의 운영 실태 등을 이해조망할 수 있는 많은 이야기들이 담겨 있다. 가산지관(伽山智冠)은 신라대에서 조선초에 이르는 모든 고승비문을 모아 『교감역주역대고승비문』에서 역주하고 『한국고승비문총집 조선조·근현대』에서는 음기를 판독하여 현대인이 이해하기 쉽도록 재편집함으로써 음기구성과 판독에 대한 이해를 도왔다. [참고문헌] 『朝鮮金石總覽』, 『韓國金石文大系』, 李智冠 『校勘譯註歷代高僧碑文』 新羅篇~朝鮮篇1, 智冠 『韓國高僧碑文總集 朝鮮朝·近現代』. ⇨ 금석학 金石學

음기탄성 飮氣呑聲 숨 마시고 소리 삼켰다는 말. 아무 말 할 수 없는 또는 말로는 전할 수 없는 경계를 말한다. 『설두어록』 권4(대정장47, p.692b26)에 "한 때 설두가 말했다. '거두어 한 자로 거둔다 해도 숨을 마시고 소리 삼킴을 어떻게 가려야 할까?' 대신 말하기를, '납사라넌 속일 순 없다'라고 하였다. 有時云 收之一字 飮氣呑聲 作麽生辯 代云 衲子難瞞", 『열조제강록』 권10(卍속장112, p.327a5)에 "명인혜윤(明因慧贇)선사가 법좌에 올라 주장자 뉘인 채로 잡고 이르길 '만약 이렇게 해 간다면 바로 하늘에 두 개의 태양 없고 나라에 두 왕이 없으리니, 석가모니부처님도 숨 막혀 소리내지도 못하고, 일생의 가르침마저 저 벌레 먹은 나무인 듯하리라'. 明因贇禪師上堂 橫按拄杖曰 若恁麽去 直得天無二日 國無二王 釋迦老子 飮氣呑聲 一大藏教 如蟲蝕木"라고 하였다. [참고문헌] 『雪竇語錄』, 『列祖提綱錄』, 『黃龍慧南語錄』(대정장47, p.632a16), 『人天眼目』 권1(대정장48, p.304a5). ⇨ 불조음기탄성 佛祖飮氣呑聲

음녀 *婬女* Ⓢ gaṇikā, veśyā, vāra-mukhyā, Ⓟ gaṇikā, vesiyā, Ⓣ smad-'tshong-ma, res-ma'i-gtsomo. 몸 파는 여인. 창녀(倡女)·매음녀(賣淫女)·매춘부(賣春婦). 음녀(淫女)라고도 쓴다. 『유마경』 권중(대정장14, p.550b6 : *Vikī-n.*, p.318)에 "때로는 음녀의 모습으로 나타나 색을 좋아하는 모든 이들을 끌어들인다. 먼저 애욕의 갈고리 쓰지만, 뒤에는 불도에 들어가도록 한다. 或現作婬女 引諸好色者 先以欲鉤牽 後令入佛道 saṃcintya gaṇikā bhonti puṃsām ākarṣaṇāya te, rāgāṅkuśena lobhetvā buddhajñāne sthapenti te", 『앙굴마라경』 권2(대정장2, p.531a15)에 "항상 음녀의 집에서 놀며 그들과 즐겼다. 恒遊婬女舍 與彼相娛樂", 『일체경음의』 권47(대정장54, p.620a10)에 "창녀〈창은 치와 양의 반절음이다. 음녀를 말한다. 『설문해자』에는 창을 낙(樂)으로 풀었다〉. 倡女〈齒揚反 婬女也 說文 倡樂也〉"라고 하였다. [참고문헌] 『維摩經』, 『央掘魔羅經』, 『一切經音義』, 『十誦律』, 『長阿含經』 권2 「遊行經」(대정장1, p.13b19), 『般泥洹經』 권상(대정장1, p.163b29), *Vikī-n., Saddh-p.280., Śrāv-bh.40., DN.2.95.*

음노치 婬怒癡 Ⓢ rāga-dveṣa-moha, Ⓟ rāga-dosa-moha. 욕망과 분노와 어리석음. 다른 모든 번뇌를 부르는 가장 근본적인 번뇌. 삼독(三毒)이라 한다. 현장(玄奘) 이전의 구역이며 신역은 탐진치(貪瞋癡)이다. 『증일아함경』 권40(대정장2, p.766b9)에 "열반에 이르러도 열반에 집착하지 않아 열반이라는 생각조차 일어나지 않는다. 왜 그런가? 모두 음노치로 행하는 것들 무너졌기 때문이다. 至於涅槃 不著涅槃 不起涅槃之想 所以然者 皆由壞婬怒癡之所致也", 『별역잡아함경』 권8(대정장2, p.431c4)에 "삼결을 끊은 다음에 음노치가 줄어들면 사다함이라 한다. 斷三結已 薄婬怒癡 名斯陀含", 『팔건도론』 권2(대정장26, p.779a6)에 "음노치가 남김없이 사라지고 다른 모든 번뇌도 다하여 남음이 없으면 이것을 지(智)라 한다. 婬怒癡盡無餘 一切結盡無餘 是曰智也", 『유마의기』 권2(대정장38, p.451b11)에 "둔한 번뇌 중에 있으면서도 음노치를 끊지 않는다는 말은 부처님께서 무위행에만 머무시지 않는다는 뜻이다. 음노치에서 음은 탐이고 노는 진이며 치는 무명이다. 교화를 따라 항상 일어나기 때문에 끊지 않는다고 한다. 鈍中不斷 婬怒癡者 是佛不住 無爲行也 婬者是貪 怒者是瞋 癡是無明 隨化常起 故曰不斷", 『사유약요법』(대정장15, p.300a16)에 "또한 음노치법이 곧 그대로 실상이라 관한다. 왜 그런가? 이 법은 안에도 없고 밖에도 없다. 만일 안에 있다면 밖의 인연을 기다려 일어날 수 없고, 밖에 있다고 하더라도 머무는 곳이 없다. 만일 머무는 곳도 없고 생멸도 없어 공이어서 있는 곳 없어 청정무위라면 이 이름이 음노치실상관이다. 又觀

婬怒癡法 卽是實相 何以故 是法不在內不在外 若在內 不應待外因緣生 若在外 則無所住 若無所住 亦無生滅 空無所有 淸淨無爲 是名婬怒癡實相觀也", 『원각경구석정백』 권하(卍속장16, p.377a1)에 "모든 계정혜는 속박을 벗어난 신업이고, 음노치란 얽혀 있는 신업이다. 諸戒定慧者 出纏身業 及婬怒癡者 在纏身業", 『유마경무아소』 권8(卍속장30, p.264a13)에 "음노치는 중생이 쌓는 악 중에 더없이 악한 것이다. 악을 행하는 줄도 모르니 성이 악한 이들이다. 내버려두면 삼독이 불타오르듯 하고, 벗어나게 하려면 원수 보듯이 한다. 婬怒癡者 衆生修惡中之尤惡者也 不知修惡 卽性惡者 縱之則三毒熾然 奪之則視爲仇寇"라고 하였다. [참고문헌] 『增壹阿含經』, 『別譯雜阿含經』, 『八犍度論』, 『維摩義記』, 『思惟略要法』, 『圓覺經句釋正白』, 『維摩經無我疏』, *Mp-s.160.*, *MN.1.467.* ⇨ 삼독 三毒, 탐진치 貪瞋癡

음뇨우 飮尿友 자신의 오줌을 마시게 한 친구. 『유가론기』 권20(대정장42, p.764a6 · 한불전14, p.514a2)에 "음뇨우를 풀다. 경법사와 비법사 같이 말하길 '어떤 사람이 맞아서 땅위에 혼절해 있었다. 다른 이가 나쁜 마음으로 그 입안에 오줌을 누었는데 그 사람이 마침내 살아났다. 살아나자 그에게 이렇게 말했다. 「너는 내 오줌을 마셨기에 살아났다」. 그 사람은 이 말을 듣고서 곧바로 갠지스강에 들어가 여섯 달을 잠겨 있다가 마을로 갔다. 인도 사람들은 똥과 오줌에 닿는 것조차 꺼리는데, 하물며 먹으려 했겠는가?' … 신태(神泰)는 말하길 '두 벗이 함께 사막의 물 없는 곳을 건너는데, 한 사람이 겨우 물을 조금 얻어서 다 마시고, 자기 오줌을 다른 친구에게 주었기에 음뇨우라고 한다'. 釋飮尿友者 景備同云 有人被打 悶絶在地 有人惡心 尿其口中 其人遂活 活已告言 汝飮我尿 是故得活 其人聞已 卽入恒河 經六月浸 方得入村 以西國人 諱觸屎尿 何況肯服 … 泰云 如二朋友 共度沙路 無水之處 一人得小水 卽便飮盡 以自之尿將與彼人 故名飮尿友"라고 하였다. [참고문헌] 『瑜伽論記』, 『瑜伽師地論』 권74(대정장30, p.706b8).

음단 音短 [S] hrasvatva. 발음이 짧아진 것. 『순정리론』 권24(대정장29, p.477b22)에 "향기를 마시기에 건달바(健達縛 [S] gandharva)라고 하는데, 발음을 짧게 한 설건도([S] śakandhu : śaka-andhu)와 갈건도([S] karkandhu : karka-andhu)처럼 (gandha-arva에서 연음인 a를) 생략한 것은 허물이 없다. 以食香故 名健達縛 而音短者 如設建途及羯建途 略故無過"라고 하였다. [참고문헌] 『順正理論』, 『俱舍論』 권9(대정장29, p.46b10), *Abh-k-bh.125.*

음대가성 陰大假成 중생의 신체는 오음(五陰)과 사대(四大)가 결합하여 만들어졌다는 뜻. 『정심계관법』 권상(대정장45, p.825c24)에 "몸의 모습이란 육도중생의 오음과 사대가 임시로 성취된 것일 뿐이고, 현전의 과를 감득하고 과거의 인을 갚는 것이다. 이를 몸의 모습이라 한다. 身相者 六道異類 陰大假成 感現前果 酬過去因 故名身相", 『정심계관법발진초』 권중(卍속장105, p.369b3)에 "음대가성이란 오음과 사대가 임시로 합하고 몸을 이룬 것이다. 陰大假成者 卽五陰四大假合 以成其身也"라고 하였다. [참고문헌] 『淨心誡觀法』, 『淨心誡觀法發眞鈔』. ⇨ 오음 五陰, 사대 四大 ❶

음독 陰毒 독을 품음. 『능엄경』 권8(대정장19, p.144a8)에 "마치 독을 품은 이는 마음 속에 악을 품고 있는 듯하다. 如陰毒人 懷抱畜惡", 『능엄경집주』 권8(卍속장17, p.434a8)에 "독을 품은 이는 다른 이를 상하게 한다. 마치 돌을 던지거나 벼락을 치는 등이다. 陰毒傷人 如飛石投礰等"라고 하였다. [참고문헌] 『楞嚴經』.

음라 婬羅 음욕의 그물. 덮치면 벗어날 수 없는 뜻이다. 『대지도론』 권14(대정장25, p.166a4)에 "갖가지 병 중 여인에 미혹되는 병이 참으로 중하다. … 음욕의 그물로 덮쳐오면 사람들 모두 몸을 던진다. 衆病之中 女病最重 … 婬羅彌網 人皆沒身"라고 하였다. [참고문헌] 『大智度論』.

음락개 淫樂蓋 선정(禪定)을 가리는 다섯 가지 덮개, 즉 번뇌 중 하나. 『육도집경』 권7(대정장3, p.39a19)에 "또 다섯 덮음이 있다. 재물을 탐하고, 분노하고, 게으르고, 음욕에 빠지고, 돌이켜 의심하는 등의 덮힘들이다. 又有五蓋 貪財蓋 恚怒蓋 睡眠蓋 淫樂蓋 悔疑蓋"라고 하였다. [참고문헌] 『六度集經』.

음량 陰涼 [S] śītala, [T] grang-mo. 그늘져 시원함. 음량(陰凉 · 廕涼 · 蔭涼)이라고도 쓴다. 번뇌의 열기를 식혀주는 법이나 사람을 비유한다. 『증일아함경』 권49(대정장2, p.817c10)에 "마치 저 사람이 극히 더운 곳에서 목마르기까지 하였는데 그늘져 시원한 곳 만나 차가운 샘물까지 얻어 마심과 같다. 猶如人處 極熱之中 兼復飢渴 遇得陰涼之處 得冷泉水飮", 『의족경』 권하(대정장4, p.188b10)에 "여기에 넉넉하고 큰 나무 있으니 가지와 잎이 무성하여 충분히 그늘지고 시원하다. 그 큰 나무 이름은 가전이다. 今有餘大樹 枝葉茂盛 多陰涼 大樹名爲迦旃", 『임제록』 「행록 行錄」(대정장47, p.504c12)에 "나아가며 그 뒤를 천착하면 한 그루 큰 나무가 되어 천하의 사람들에게 그늘 시원한 곳 만들고 가서 머물게 한다. 向後穿鑿 成一株大樹 與天下人 作廕涼去在"라고 하였다. [참고문헌] 『增壹阿含經』, 『義足經』, 『臨濟

錄』, *Saddh-p.126.*

음려 淫麗 꾸며 빛나게 함. 『경덕전등록』 권30 「승망명식심명 僧亡名息心銘」(대정장51, p.458a25)에 "순박함 버리고, 꾸며 빛나게 함에 빠져 있네. 捨棄淳朴 耽溺淫麗", 『운계량정정어록』 권12 「습유하화 隰有荷華」(가흥장33, p.781b26)에 "〔문〕 청정한 보배 연꽃은 어째서 시인이 읊어내기만 하면 그윽이 빛나는가? 〔답〕 보잘것없고 습한 진흙에서 피기 때문이다. 問 淸淨寶蓮花 爲甚麽風人出之 則爲淫麗 師云 卑隰淤泥"라고 하였다. 〔참고문헌〕『景德傳燈錄』, 『雲溪俍亭挺語錄』.

음마 陰魔 Ⓢ skandha-māra. 사마 또는 십마 중 하나. 오음(五陰 : 色受想行識)의 장애가 뿌리 깊기에 마구니에 비유한 말. 온마(蘊魔)라고도 한다. 『대방등대집경』 권9(대정장13, p.53b5)에 "모든 유위법이 괴로움이라는 것을 알면 음마는 무너진다. 若見一切有爲法苦 則壞陰魔", 『대지도론』 권5(대정장25, p.99b13)에 "법신을 증득하므로 음마를 부순다. 得法身故 破陰魔", 『승만보굴』 권하(대정장37, p.59a9)에 "만약 이 몸 능히 관하면 음마는 무너진다. 若能觀身 壞陰魔", 『수능엄의소주경』 권9(대정장39, p.947b12)에 "음마 등이라고 한 것은 보통 네 가지 마를 말하는데 번뇌마는 생사의 인이고 음마와 죽음의 마는 생사과이며 천마란 생사의 연이다. 陰魔等者 常說四魔 謂煩惱魔生死因也 陰魔死魔生死果也 天魔生死緣也"라고 하였다. 〔참고문헌〕『大方等大集經』, 『大智度論』, 『勝鬘寶窟』, 『首楞嚴義疏注經』, *Saddh-p.290.* ⇨ 온마 蘊魔, 사마 四魔❶, 십마 十魔❶, 오음 五陰

음마장 陰馬藏 Ⓢ kośopagata-vasti-guhya, Ⓟ kosohita-vatthaguyha. 음장상(陰藏相)을 달리 이르는 말. 『법원주림』 권9(대정장53, p.348b5)에 "여래의 몸에서 음마장대인상이란 지난 과거세에 자신의 몸을 삼가고 신중하였고 색욕법을 멀리했기 때문이다. 如來之身其陰馬藏大人相者 乃往古世 謹愼已身 遠色欲法故"라고 하였다. 〔참고문헌〕『法苑珠林』, *Lal-v.75., DN.2.17.* ⇨ 음장상 陰藏相

음망일념 陰妄一念 오음에서 일어난 허망한 일념. 천태에서 관법의 대상인 일념은 진여가 아니라 오음에서 일어난 한 찰나의 무명심이라는 뜻이다. 개이일념(介爾一念)이라고도 한다. 천태종 산가파의 입장이다. 『십불이문지요초』 권상(대정장46, p.709c20)에 "지금 마음을 관하려 한다면 지금 찰나가 삼천대천세계를 갖추는가? 아니면 진여체 드러나야 비로소 삼천대천세계를 갖추는가? 만약 지금 이 순간이라면 어찌 문득 그 이름음심이라 하지 않고 묘경이라 하고는 진심이라는 것 건립하는가? 또한 대사께서 직접 오음 등의 경계를 관하라 하고 한 찰나 무명의 마음을 관하라고 하셨으니 어찌 가르침을 어기겠는가? 且如今欲觀心 爲今刹那便具三千 爲須眞如體顯 方具三千 若卽刹那 何不便名陰心 爲於妙境 而須立眞心邪 又大師親令觀於陰等諸境 及觀一念無明之心 何違敎耶", 『사교의주휘보보굉기』 권10(卍속장102, p.832b3)에 "〔주〕 이러한 초승관은 허망한 능소이므로 경을 좇아 이름을 받았다. 또한 구승본이 되니 본에 맞게 구승관을 닦아야 위에 들어갈 수 있다〈들어가는 위란 관행위다〉. 일념심 관한다는 말은, 현전하는 오음의 허망한 한 찰나의 마음이다. 註 此初乘觀 忘能所故 從境受名 又爲九乘本 稱本修九 方堪入位〈所入位 卽觀行位也〉謂觀一念心等者 卽現前陰妄一刹那心", 『산가서여집』 권하(卍속장101, p.544a14)에 "단지 일념 분별의 상은 오히려 오음의 망경에 있을 뿐이니, 비록 후박과 강약에 차이가 있지만 분별을 반조하여 도리에 통달하면 망 그대로 진실을 드러내서 비로소 원관의 빛을 발해 망을 부수고 진실을 드러내는 공이 있게 된다. 오음의 경계로서 도리를 깨닫는 것이 관법을 행하는 핵심이다. 但有一念情想 尙在是卽陰妄之境 雖有厚薄强弱之異 然必照情而達理 卽妄而顯眞 方彰圓觀 有破妄顯眞之功 陰境得入理 起觀之要也"라고 하였다. 〔참고문헌〕『十不二門指要鈔』, 『四敎儀註彙補輔宏記』, 『山家緖餘集』. ⇨ 개이일념 介爾一念, 일념삼천 一念三千

음명 陰冥 덮혀 어두움. 『대루탄경』 권3(대정장1, p.291a25)에 "왕이 구슬의 밝기를 시험할 생각으로 모두들 잠든 이후 덮여 어둡기가 저 칠흙 같을 때 쇠막대기 끝에 구슬을 매달았다. 王意欲試珠明 人定已後 陰冥如漆 以珠繫著金竿頭", 『관정경』 권12(대정장21, p.534c18)에 "세존이시여, 세상의 많은 악하고 천한 이들이 만약 부처님께서 설하신 경전을 듣는다면, 사람들 눈과 귀를 열어주고 병이 낫도록 하며, 그들을 덮고 있는 어둠은 거두어 광명을 보게 합니나. 世尊 世人多有 惡逆下賤之者 若聞佛說經 開人耳目 破治人病 除人陰冥 使覩光明"라고 하였다. 〔참고문헌〕『大樓炭經』, 『灌頂經』.

음미 吟味 거듭 새겨 생각함. 『법화경대성』 권8(卍속장51, p.383b11)에 "눈으로 읽어서 문을 익히고 뜻을 되새기며, 소리내 읊어서 거듭 새겨 정신을 기른다. 讀則熟文陶義 誦則吟味資神", 『보살계갈마문』 「서문 序文」(대정장24, p.1106c21)에 "특별히 새기며 거듭할 만한 것들이어서 가슴 깊이 담아 그 중요한 것들 버리지 않았다. 特所吟味 匪替喉衿", 『반야심경제결』 「심경주제사 心經注題辭」(卍속장41, p.913a13)에 "앉으나 누우나 깊이 사유하고 조석으로 음미하였다. 坐臥覃思 朝夕

吟味"라고 하였다. [참고문헌]『法華經大成』, 『菩薩戒羯磨文』, 『般若心經際決』.

음박건국 淫薄健國 당대 현장(玄奘)이 인도에서 귀국하면서 경유했던 나라 중 하나. 현재의 파미르(Pamirs)고원 서남부지역에 해당하는데, 아프가니스탄 북동쪽에 있는 코크차(Kokcha)강 상류의 얌간(Yamgan)지구로 비정된다. 『대당서역기』 권12(대정장51, p.940c4)에 "음박건국은 도화라국(覩貨邏國 Ⓢ Tukhāla)의 옛 땅이다. 사방 천여 리이고 도성은 사방 십여 리이다. 산줄기 잇달아 뻗어 있어서 시내와 농터는 좁다. 淫薄健國 覩貨邏國故地也 周千餘里 國大都城 周十餘里 山嶺連屬 川田隘狹"라고 하였다. [참고문헌]『大唐西域記』.

음방편 陰方便 음(色受想行識)을 관하여 잘 아는 것. 『대방등대집경』 권28(대정장13, p.196c28)에 "모든 음은 저 꿈 같고, 메아리 같고, 저 거울에 비춘 모습과 그림자 같아서 아도 중생도 명도 인도 없으니, 음들 역시 그러하고 이와 같음을 아는 것을 보살이 음을 관하는 방편이라 부른다. 諸陰如夢如響 如像如影 如化如化等性 無我無衆生無命無人 是諸陰等亦復如是 能如是知 是名菩薩觀陰方便", 『해탈도론』 권10(대정장32, p.448c23)에 "음에 대해 분별하여 아는 방편을 음방편이라 한다. 於陰知分別方便 此謂陰方便"라고 하였다. [참고문헌]『大方等大集經』, 『解脫道論』.

음범 淫犯 음을 범한다는 말. 음을 금하는 계를 범한다는 뜻이다. 『화엄경해인도량참의』 권11(卍속장128, p.392b14)에 "(육십사지옥 중) 스물일곱 번째인 흑이옥귀지옥에서는 칼로 마디마디를 찢는다. 살아생전에 음을 범한 비구는 후생에 하천한 여인 중에 태어나 오백세 동안 황문의 몸으로 죄보를 참회해야 한다. 二十七日 黑耳獄鬼 以刀節節支解 生時淫犯比丘 後生下賤女人之中 五百歲作黃門身 罪報懺悔"라고 하였다. [참고문헌]『華嚴經海印道場懺儀』. ⇨ 음계 婬戒

음법 婬法 Ⓟ methuno dhammo. 음을 행하는 것. 『오분율』 권1(대정장22, p.4c19)에 "음법을 행한다는 것은, 음법이란 범행법이 아니고 게으른 법이며, 개에게나 어울리는 법이고, 미워해야 할 법이라 한다. 두 몸이 섞여서 부정한 것이 나오게 하면 이를 음법을 행한다고 한다. 行婬法者 婬法 名非梵行法 懈怠法 狗法 可惡法 二身交會出不淨 是名行婬法", 『발피보살경』(대정장13, p.922b1)에 "이 남자들은 모두 예쁜 여인을 본 적이 없었고 다만 멀리서 듣고는 자주 마음을 일으켜 생각하면서 음욕을 일으키곤 하였으며, 자면서는 꿈에서 보고 여인에게 가기까지 하였다. 이 때문에 나열기성에 사는 남자들은 이와 같이 마음을 일으키고 생각대로 보면서 함께 모여 어지럽게 음법을 익혔다. 是諸男子 皆未見好女 但遙聞數數起意生念 便有婬起 從臥便夢見 便往到女處 是故 羅閱祇城中男子 如是起意 如是便見 與共會合 便亂習婬法"라고 하였다. [참고문헌]『五分律』, 『拔陂菩薩經』.

음부 陰府 감춰진 곳. 저승을 말한다. 『용서증광정토문』(대정장47, p.268a6)에 "방저(房翥)가 갑자기 죽어서 음부에 이르러 염라왕을 만났다. 왕이 이르길 '장부를 보니 그대가 예전에 한 노인에게 염불을 권하여 이미 정토에 나게 하였다. 그대도 이 복을 이어 또한 정토에 나는 것이 맞다' 하고는 불러오게 하여 서로 만났다. 翥暴死至陰府 見閻羅王 王曰 據案簿 君曾勸一老人念佛 已生淨土 君承此福 亦合生淨土 故召來相見", 『삼국유사』 권5(대정장49, p.1013c25・한불전6, p.360c13) 감통(感通)7 선율환생(善律還生)에 "망덕사 스님 선율은 보시금으로 『육백반야경』을 조성하려 하였다. 일을 마치기도 전에 갑자기 음부에 잡혀 명부까지 쫓겨났다. 望德寺僧善律 施錢欲成六百般若 功未周 忽被陰府 所追至冥"라고 하였다. [참고문헌]『龍舒增廣淨土文』, 『三國遺事』. ⇨ 명부 冥府

음부 陰覆 가리고 덮는다는 뜻. 온(蘊 Ⓢ skandha)의 구역인 음(陰)을 풀이한 말이다. 원측(圓測)의 『인왕경소』 권중(대정장33, p.401a21・한불전1, p.81b15)에 "'덮는다'는 말은 음이란 이름의 뜻을 푼 것이다. 구역에서는 '개'라고 하였는데 가리고 덮는다는 뜻이다. 자은삼장은 이것을 온으로 한역했다. 온은 쌓이고 모였다는 뜻이다. 낱낱의 온은 많은 법들이 모여 이루어졌으므로 온이라 하였다. 所言蓋者 釋陰名義 舊翻爲蓋 陰覆爲義 慈恩三藏 翻之爲蘊 蘊是積聚義 於一一蘊 多法集成 故名爲蘊", 『수능엄의소주경』 권9(대정장39, p.949a1)에 "정과 혜가 밝아지면 저 가리고 덮은 것 부수고 다 트여 밝게 드러낸다. 그러므로 '음'이 나했다고 한다. 今定慧發明 破其陰覆 洞然明顯 故云陰盡", 『구사론기』 권1(대정장41, p.27c25)에 "범어 색건다(Ⓢ skandha)는 한역하면 온이다. 구역은 음이라 하였다. 음은 가리고 덮는다는 뜻이다. 梵云 塞建陀 唐云 蘊 舊譯名陰 此陰是陰覆義", 『기신론소필삭기』 권15(대정장44, p.381b4)에 "음은 가리고 덮는다는 뜻이다. 진리를 덮어서 드러나지 않게 한다. 이것을 온이라고도 한다. 陰謂陰覆 能覆眞理 令不顯現 亦名爲蘊"라고 하였다. [참고문헌]『仁王經疏』, 『首楞嚴義疏注經』, 『俱舍論記』, 『起信論疏筆削記』. ⇨ 음 陰, 온 蘊, 개 蓋 ❶

음부갱계 飮覆羹戒 공양을 받을 때 더 많이 받기 위해 밥으로 국이나 반찬을 가리는 행위를 금하는 계. 백중학법(百衆學法) 중 하나이다. 『사분율』 권20(대정장22, p.704c25)에 "그때 거사가 육군비구 한 사람에게 국을 주고 차례를 기억한 후에 다시 국을 가져갔다. 비구가 그후 밥으로 국을 덮으니 거사가 되돌아와 물었다. '국은 어디에 있습니까?' 비구가 잠자코 있자 거사가 즉시 비난하였다. … (부처님께서 말씀하시기를) '밥으로 국을 덮지 말지니 식차가라니(중학)이니라'. 時居士與一六群比丘羹已 識次更取羹 比丘 於後卽以飯覆羹 居士還問言 羹在何處 比丘默然 時居士卽嫌言 … 不得以飯覆羹 式叉迦羅尼"라고 하였다. 〔참고문헌〕『四分律』, 『摩訶僧祇律大比丘戒本』(대정장22, p.554c7), 李智冠 『南北傳六部律藏比較硏究』 pp.299~300, *Vin.4.192.* ⇨ 백중학법 百衆學法, 식차가라니 式叉迦羅尼

음불음 *婬不婬* Ⓟ rāga virāga. 음욕과 음욕을 벗어난 경계. 또는 탐욕과 탐욕에서 벗어나는 이욕(離欲). 『의족경』 권상(대정장4, p.178a16)에 "가진 것 없이 범지가 되고서 법을 듣자마자 곧바로 알고 가졌네. 음하다 음하지 않다 하는 것도 음에 물들고 집착하는 것이고, 이미 이것들 없다 하면 다시 깨끗함에 집착함이다. 無所有爲梵志 聞見法便直取 婬不婬著汚婬 已無是當著淨"라고 하였다. 〔참고문헌〕『義足經』, *Sn.156.*

음비 廕庇 그늘지게 함. 감싸 보호하거나 보이지 않게 은근히 돕다. 『약사칠불공양의궤여의왕경』(대정장19, p.49b7)에 "도를 행하는 자를 도와 기르고 은근히 감쌌다. 資育廕庇行道者", 『문수사리근본의궤경』 권17(대정장20, p.895c6)에 "만일 맵쌀 1락차로 호마하면 옷과 식량을 얻어 천명을 감싸 보호할 수 있다. 若以粳米一洛叉護摩 得衣食廕庇千人", 『선원청규』 권2 「해하 解夏」(卍속장111, p.888b1)에 "이는 모두 화상의 도력으로 그윽이 도우셨기 때문이니, 미천한 몸은 감격 지극하여 견딜 수 없습니다. 此蓋和尙道力廕庇 下情無任感激之至"라고 하였다. 〔참고문헌〕『藥師七佛供養儀軌如意王經』, 『文殊師利根本儀軌經』, 『禪苑淸規』.

음사 音寫 ➡ 음역 音譯 ❶

음사 淫祀 삿된 것 모시고 섬김. 『경덕전등록』 권14 「석두희천전 石頭希遷傳」(대정장51, p.309b3)에 "마을의 거친 주민들은 귀신을 두려워하고 음사를 허다히 행하여 소를 죽이고 술을 올리는 습속이 일상이었다. 선사가 매번 가서 사당을 부수고 소를 빼앗아 돌아가게 했다. 鄕洞獠民畏鬼神多淫祀 殺牛釃酒習以爲常 師輒往 毁叢祠奪牛而歸"라고 하였다. 〔참고문헌〕『景德傳燈錄』.

음사 淫詞 ❶ 잘못된 섬김. 『심진문집』 권12(대정장52, p.714a17)에 "그 고을에 먼저 있던 음사는 모두 옛법으로 바로 잡고 지나친 차림도 거두어 버렸다. 其邑先有淫詞者 皆爲考古法正之 濫饗者 徹去"라고 하였다. 〔참고문헌〕『鐔津文集』. ⇨ 음사 淫祀 ❷ 음한 가사. 『자비지장보살참법』 권중(卍속장129, p.155a4)에 "남녀 배우들이 부르는 요염한 곡조와 갖가지 음한 가사는 경에 착하여 마음을 어지럽게 하며 잘못된 생각을 일으키니 죄를 지음이 끝이 없네. 男女優伶 妖嬈曲調 種種淫詞 著境迷心 起非法想 造罪無邊"라고 하였다. 〔참고문헌〕『慈悲地藏菩薩懺法』. ⇨ 음성 淫聲

음사 陰司 음(陰)의 세계를 관장하는 곳. 지옥(地獄). 음사지부(陰司地府)라고도 한다. 『지장본원경과주』 권3(卍속장35, p.557a10)에 "어쩌면 오음의 저주 두려우니 삼세의 원수를 부르거나 혼은 지옥에 얽히고 세간에 재난을 일으키리니, 인간의 세속의 비루한 눈으로 어찌 이렇게 업으로 일어나는 일을 가릴 수 있겠는가? 恐是五音呪詛 或招三世冤仇 魂縶陰司 災生陽世 人間俗陋之眼 焉能辯此業對之事哉", 『자비도량수참법수문록』 권중(卍속장129, p.366b8)에 "부처님의 땅에는 가람이 있고 지옥에는 염라대왕이 있다. 佛地有伽藍 陰司有閻老"라고 하였다. 〔참고문헌〕『地藏本願經科註』, 『慈悲道場水懺法隨聞錄』. ⇨ 지옥 地獄

음사행 *婬邪行* Ⓟ para-dāra-gamana. 사바라이(四波羅夷) 중 하나. 법도에 맞지 않는 음행. 사음(邪婬)이라고도 한다. 남의 부인에게 다가선다는 뜻도 된다. 『선생자경』(대정장1, p.252b25)에 "사람은 네 가지 잘못으로 수고롭게 되니, 마땅히 알아야 할 네 가지가 있다. 첫째는 살생을, 둘째는 도둑질을, 셋째는 음사행, 넷째는 거짓말을 즐겨 하는 것이다. 부처님께서 그 뜻을 송으로 밝히셨다. '살생과 도둑질, 속이며 거짓말하기, 남의 부인에게 다가서기, 지혜로운 이의 칭찬을 받지 못하리라'. 夫人以四事爲勞 當識知 何謂四 一 爲好殺生 二 爲好盜竊 三 爲婬邪行 四 爲喜妄語 佛頌其義曰 殺生與盜竊 欺詐爲妄語 趣向他人婦 不爲智者譽"라고 하였다. 〔참고문헌〕『善生子經』, 『八犍度論』 권30(대정장26, p.913b19), *DN.3.182.* ⇨ 사음 邪婬, 사바라이 四波羅夷

음산 陰山 Ⓢ Daṇḍaka-parvata, Ⓟ Daṇḍaka-pabbata. 북인도 간다라국에 있는 단특산(檀特山)의 한역 이름. 선지산(善持山)이라고도 한역한다. 『일체경음의』 권33(대정장54, p.528a8)에 "단특산〈단다라가산 또는 단다산이라고도 한다. 음산으로 한역한다〉. 檀特山〈或言單多囉迦山 或云檀陀山 此譯云陰山也〉"라고 하였다. 〔참고문헌〕『一切經音義』. ⇨ 단특산 檀特山

음상 陰相 ❶ 오음(五陰)의 모습. 오음을 드러내는 모든 특성을 말한다. 원측(圓測)의 『해심밀경소』 권3(한불전1, p.206c16)에 "어떤 비구가 음상을 참으로 보았다 하니, 이것이 두 번째로 오음상을 드러낸 것이다. 가명상 또는 실법상·공덕상·과악상·인연상·삼세상·생주멸상·고 등의 사제상·삼계상·무루계상·일향답상·분별답상·문답상·치답상·사식상 내지 유루의 색심등상, 물질도 아니고 마음도 아닌 것에 이르기까지 음에 이와 같은 가지가지 도리가 있다. 이 이름들은 음상이다. 或有比丘 證見陰相者 此卽第二顯五陰相 或假名相 或實法相 功德相 過惡相 因緣相 三世相 生住滅相 苦等四諦相 三界相 無漏界相 一向答相 分別答相 及問答相 置答相 四食相 乃至有漏色心非色心等相 陰有如是種種道理 名爲陰相"라고 하였다. 〔참고문헌〕『解深密經疏』. ⇨ 오음 五陰 ❷ 음장상(陰藏相)의 줄임말. 『대승동성경』 권하(대정장16, p.649a11)에 "음상은 드러나지 않아 저 말의 감춰진 모습 같다. 陰相不現如馬藏"라고 하였다. 〔참고문헌〕『大乘同性經』. ⇨ 음장상 陰藏相

음상장밀 陰相藏密 음장상(陰藏相)을 달리 이르는 말. 『사분율명의표석』 권21(卍속장70, p.722b8)에 "(32상 중) 열째 마왕음장상〈음경이 은밀하게 감추어졌다는 뜻이다. 마왕처럼 음경이 보이지 않는 것이다〉. 十 馬王陰藏相〈謂陰相藏密 如彼馬王 陰不可見也〉"라고 하였다. 〔참고문헌〕『四分律名義標釋』. ⇨ 음장상 陰藏相

음성 音聲 Ⓢ śabda, ghoṣa, svara, Ⓟ sadda, ghosa, sara, Ⓣ sgra, nga-ro. 소리. 부처님 법을 알게 하는 교체(敎體) 중에 하나다. 『인왕호국경』 권상(대정장8, p.839b12)에 "부처님께서 설하신 음성·언어·문자·장구 등 일체는 모두 여여하여 실상 아닌 것이 없다. 만약 문자상을 취한다면 곧바로 실상이 아니게 된다. 所有宣說音聲 語言 文字 章句 一切皆如 無非實相 若取文字相者 卽非實相"라고 하였다. 〔참고문헌〕『那先比丘經』, 『仁王護國經』, *Saddh-p.358.*, *Abh-k-bh.39.*, *Bodh-bh.48.*, *MN.2.140.* ⇨ 음성교체 音聲敎體

음성 淫聲 음한 소리. 속된 곡조. 희노애락을 자극하기 때문에 '음'이라 한다. 『서방합론』 권1 「가설재기몽 珂雪齋紀夢」(대정장47, p.389b1)에 "음한 소리와 아름다운 색이 없기에 탁월한 이해를 쉽게 성취하고 얼마 지나지 않아 하늘로 올라가 정토의 사람이 될 것이다. 以無淫聲美色 故勝解易成 不久陞進 爲淨土中人耳", 『변정론』 권2(대정장52, p.501c18)에 "오음이 닿으면 귀가 먼다. 이는 속된 소리에 빠지면 온화한 기운의 마음이 손상되어 소리 밖의 음악은 듣지 못한다. 五音致聾 謂耽淫聲 則損和氣心 不能聽無聲之樂也", 『감산집』 권12(卍속장127, p.369b18)에 "눈은 삿된 색에 가리고 귀는 음한 소리에 닫혔다. 目蔽邪色 耳蔽淫聲"라고 하였다. 〔참고문헌〕『西方合論』, 『辯正論』, 『憨山集』, 『觀心論疏』 권3(대정장46, p.606a28), 『景德傳燈錄』 권4 「智巖傳」(대정장51, p.228b20). ⇨ 음사 淫詞❷

음성고 陰盛苦 ➡ 오음성고 五陰盛苦

음성공양 音聲供養 범음(梵音)으로 공양하는 의식. 부처님의 공덕을 찬탄하고, 그 소리로써 중생을 교화하는 범패(梵唄) 등을 말한다. 『세종실록』 권80 20년(1438) 2월 19일에 "스님들께 공양을 올릴 때에 악공과 광대들이 많이 모여 따라 돌며 주악으로 즐겁게 해드리니 이를 음성공양이라 한다. 其饋餉也 樂工俳優之徒 多聚循行 奏樂以娛之 名之曰音聲供養", 같은 책 권122 30년(1448) 12월 5일에 "불당을 건립하고 경찬회를 베풀었다. … 이때 신곡을 지어 관현에 올리고, 악기는 모두 새로 만들어서 공인 50명과 무동 10명을 미리 익히게 해서 부처님께 공양하니 이를 음성공양이라 하였다. 佛堂成 設慶讚會 … 爲製新曲 被之管弦 樂器皆令新造 以工人五十 舞童十人預習之 用以供佛 謂之音聲供養"라고 하였다. 〔참고문헌〕『世宗實錄』. ⇨ 범패 梵唄

음성과 音聲果 교법은 부처님의 음성에 의지한 열매라는 말. 『인왕경』 권상(대정장8, p.829b10)에 "법을 굴렸다는 것은 법본·중송·수기·불송게·무문이자설·계경·비유·법계·본사·방광·미증유·논의를 모두 여여히 한 뜻이다. 이러한 명미구인 음성과이니 문자로 새긴 구 모든 것들이 여다. 法輪者 法本如 重誦如 受記如 不誦偈如 無問而自說如 戒經如 譬喩如 法界如 本事如 方廣如 未曾有如 論議如 是名味句音聲果 文字記句一切如", 원측의 『인왕경소』 권중(대정장33, p.405b20·한불전1, p.88a4)에 "여기서 설하는 '명미구음성과'에서 명 등은 가이고 성의 체는 실이니, 실성에 의지하여 명 등을 가립하기에 음성과라고 하였다. 이와 같이 문자로 새긴 구 모두 여다. 而今所說 名味句音聲果者 名等是假 聲體是實 依實聲上 假立名等 故言聲果 如是文字記句 皆是如也"라고 하였다. 〔참고문헌〕『仁王經』, 『仁王經疏』. ⇨ 명구미 名句味, 명구문 名句文, 음성교체 音聲敎體, 교체 敎體, 십이부경 十二部經

음성교체 音聲敎體 음성이 가르침(敎)의 체(體)라는 말. 성명구문(聲名句文) 등의 교체(敎體)론에서 특별히 음성을 교체로 삼는 뜻이다. 부처님의 뜻을 중생에게 전하고 알게 하는 뜻에서는 음성이 뛰어난 교체지만, 교체를 논함에는 제종의 바다 열고 닫음이 있다. 『순정리론』 권3(대정장29, p.346c11)에 "〔논〕 어떤 이는 설한다.

‘부처님의 가르침은 말을 자체로 삼기에, 저 법온은 모두 색온으로 거둔다. 말은 음성을 자성으로 삼기 때문이다’. 또 어떤 이는 말하길 ‘부처님의 가르침은 명을 자체로 삼기에 부처님께서 설한 법온은 모두 행온이다. 명은 불상응행을 자성으로 하기 때문이다’. 論曰 有說 佛敎語爲自體 彼說法蘊 皆色蘊攝 語用 音聲爲自性故 有說 佛敎 名爲自體 彼說法蘊 皆行蘊攝 名 不相應行爲性故”, 『인왕경소』 권상(대정장33, p.359b20)에 “가르침의 체를 드러냄에 종마다 차이가 있다. 살바다종·비담구사·구비바사는 모두 두 가지 설인데, 첫째는 음성이라고 하고, 둘째는 명구문이라고 한다. 비록 두 가지 설이 있지만 따로 가리지는 않는다. 出敎體 諸宗不同 薩婆多宗 毘曇俱舍 及舊毘婆沙 皆有兩說 一說音聲 二名句文 雖有兩說 而無別判”, 『화엄경소』 권3(대정장35, p.518b9)에 “다섯째로 교체의 얕고 깊음이란, 바다와 같이 드넓고 깊어 다함이 없는 가르침은 그 체성 또한 생각으로 헤아릴 수 없으므로 얕음에서 깊음에까지 대략 열 가지로 체를 밝힌다. 첫째로 음성언어가 체이다. …『대비바사론』 권126(대정장27, p.659a23)에 ‘〈문〉 이와 같은 부처님의 가르침은 무엇을 체로 하는가? 이에 대해 일설에 「마땅히 어업이 체가 된다고 설해야 한다」라고 하였는데, 이는 부처님의 말씀·게송과 서사·평론·음성·어로·어업·어표를 말한다’라고 하였다. 第五敎體淺深者 無盡敎海 體性難思 從淺至深 略明十體 一 音聲言語體 … 婆沙一百二十六云 如是佛敎 以何爲體 一云應作是說 語業爲體 謂佛語言 唱辭 評論 語音 語路 語業語表是”, 『열반종요』(대정장38, p.254c10)에 “저 『대비바사론』 권40의 내용에 따른다면 음성을 가르침의 체로 본 것은 불타제바의 뜻이고, 명구문(미)를 가르침의 체로 본 것은 화수밀의 뜻이다. 若准婆沙第四十卷 以音聲爲敎體者 是佛陀提婆義 以名句味爲敎體者 是和須蜜義”, 『대승법원의림장』 권1(대정장45, p.251c7)에 “가르침은 유루와 무루의 성에 통하여야 체로 삼을 수 있다. 부처님의 오음은 무루이기 때문이다. 敎通以有漏無漏之聲 而爲其體 以佛五音是無漏故”, 『성유식론집해』 권2(卍속장81, p.346b3)에 “이 땅에서는 음성을 가르침의 체로 삼는다 하는데, 일체가 소리에 의해 성립한다는 말은 아니다. 다른 국토에서는 빛을 놓는 것만으로 불사로 삼으니 광명을 능전으로 삼는 것이며, 미묘한 향기와 맛 등을 불사로 삼기도 하니 미묘한 향기와 맛 등을 능전으로 본다. 그러므로 능전에는 각각 다름이 있으며 온통 소리에 의지해 성립한다는 말은 아니라는 점을 알아야 한다. 此土以音聲爲敎體故 非謂一切皆依聲立 餘國土中 有以放光爲佛事 卽以光明爲能詮 有以妙香味等爲佛事 卽以妙香味等爲能詮 故知 能詮各各有異 非謂悉依聲立也”, 『이부종륜론소술기』(卍속장83, p.453b8)에 “〔술〕 음은 음성을 말하는데 바로 가르침의 체이다. 述曰 音謂音聲 卽是敎體”라고 하였다. 〔참고문헌〕『順正理論』, 『仁王經疏』, 『華嚴經疏』, 『涅槃宗要』, 『大乘法苑義林章』, 『成唯識論集解』, 『異部宗輪論疏述記』. ⇨ 교체 敎體

음성다라니 音聲陀羅尼 Ⓢghoṣa-praveśa-dhāraṇī. 소리내어 부르는 다라니. 분별의 자성을 넘어서게 하는 공덕이 있는 다라니의 뜻이다. 『대지도론』 권6(대정장25, p.107c10)에 “승의보살이 아직 음성다라니를 배우기 전에는 부처님의 설법을 들으면 환희하고 외도의 말을 들으면 분노했으며, 세 가지 불선한 일을 들으면 기뻐하지 않았고 세 가지 선한 일을 들으면 크게 기뻐했으며, 생사에 관한 설을 들으면 근심했고 열반에 관한 설을 들으면 기뻐했다. 是勝意菩薩未學音聲陀羅尼 聞佛所說便歡喜 聞外道語便瞋恚 聞三不善則不歡悅 聞三善則大歡喜 聞說生死則憂 聞涅槃則喜”라고 하였다. 〔참고문헌〕『大智度論』. ⇨ 다라니 陀羅尼

음성방편 音聲方便 음성으로 교체를 삼으심. 부처님께서 음성을 방편으로 교법을 펼치셨음을 말한다. 『무량수경』 권하(대정장12, p.274a8)에 “여래를 따라 나서 법을 알아 여여하고 습을 사라지게 하고 음성방편을 잘 안다. 從如來生 解法如如 善知習滅 音聲方便”, 『무량수경연의술문찬』 권하(대정장37, p.162a13·한불전2, p.64a1)에 “참으로 온갖 상 끊고 사제를 설하심은 오직 가르침만을 시설하셨으니 음성방편이라고 한다. 眞絶衆相 而說四諦 唯敎施設 故云音聲方便”라고 하였다. 〔참고문헌〕『無量壽經』, 『無量壽經連義述文贊』. ⇨ 음성교체 音聲敎體, 교체 敎體

음성법문 音聲法門 불보살이 일체중생이 알아들을 수 있는 음성으로 가르침을 연 문. 80권본 『화엄경』 권6(대정장10, p.29a19)에 “(모든 보살들은) 순간순간에 일체중생의 언사를 널리 아우르는 부처님의 음성법문으로 바다만큼의 세계에 티끌 같은 중생을 깨우친다. 念念中 以普攝一切衆生言辭 佛音聲法門 開悟世界海微塵數衆生”, 『신화엄경론』 권32(대정장36, p.944b9)에 “부사의로 가르침의 바탕으로 삼는다. 드러난 음성법문은 입으로 말하거나 마음으로 생각한 것이 아니라 법에 맡겨 드러났을 뿐이다. 以不思議爲敎體 所現音聲法門 非口言心思 任法現故”, 『제법무행경』 권하(대정장15, p.758a27)에 “욕심 없는 음성에서 기쁜 생각 일으키고 욕심 가득한 음성으로 장애상 일으킨다면 이것은 음성법문을 행함이 아니고, 족함을 아는 음성으로 기쁜 상 내고 알지 못하는 음성으로 장애를 일게 한다면 이것 또한 음성법문이 아니다. 若於少欲音聲生喜想 於多欲音聲生礙想 卽是不行音聲法門 於知足音聲生喜想 於不知足音聲生礙想 則是不行音聲法門”라고 하였다. 〔참고문헌〕『華嚴經』,

『新華嚴經論』, 『諸法無行經』. ⇨ 음성교체 音聲敎體

음성본말상 音聲本末相 소리에 그 물건이나 사람의 처음과 끝이 있음. 『오분율』 권20(대정장22, p.134a10)에 "기역(Ⓢ Jīvaka)은 음성본말상을 잘 분별했다. 부처님께서 무덤가에 가서 다섯 사람의 해골을 보여주자 기역이 두루 두드려보고는 부처님께 사뢰길 '처음 두드린 이는 지옥에 났고, 둘째로 두드린 이는 축생도에 났으며, 셋째로 두드린 이는 아귀도에 났고, 넷째로 두드린 이는 인간세계에 났으며, 다섯째로 두드린 이는 천상에 났습니다'. 부처님께서 '잘했다. 모두 그대가 말한 대로다'라고 하셨다. 耆域善別音聲本末之相 佛將至塚間 示五人髑髏 耆域遍叩 白佛言 第一叩者生地獄 第二叩者生畜生 第三叩者生餓鬼 第四叩者生人道 第五叩者生天上 佛言 善哉 皆如汝說"라고 하였다. [참고문헌] 『五分律』.

음성불사 音聲佛事 음성으로 법을 알게 하는 일. 『법화문구』 권1(대정장34, p.2b3)에 "지금 사바국토의 음성불사를 논하자면, 감로문을 열고 교에 의지한 것 중에서 설명한다. 근기에 응하여 교법을 베푼다면 교법마다 방편과 진실이 있고 얕고 깊음이 같지 않다. 반드시 손가락을 버리고 달에 있어야 자취는 잊고 본을 찾는다. 今論娑婆國土 音聲佛事 則甘露門開 依敎釋者中說明矣 若應機設敎 敎有權實 淺深不同 須置指存月 亡迹尋本", 『유마경약소』 권10(대정장38, p.696a15)에 "앞서 유마가 실내에서 수승한 법 펼쳐 설했던 음성불사가 바로 이것이다. 음성은 보살근 일으킨다. 다음으로 향과 맛 두 가지 법을 응용하여 보살근을 일으킨다. 上來室內 敷說勝法 音聲佛事卽是 音聲起菩薩根 次應用香味二法 起菩薩根", 『금광명경현의습유기』 권1(대정장39, p.15a24)에 "소리의 굴곡에 따라 비로소 명구가 성립되니 가를 밀어 실에 닿는다. 그러므로 이 국토의 음성불사를 논함에 만약 부처님과 선지식을 따를 경우 소리가 인이고, 경권을 따를 경우는 색이 인이다. 그러나 그 색으로서의 경은 본디 소리로 가르치신 것들을 모은 것이다. 由聲屈曲 方成名句 推假由實 故論此土音聲佛事 然若從佛及善知識 名則因聲 若從經卷 名雖因色 而其色經 本集聲敎"라고 하였다. [참고문헌] 『法華文句』, 『維摩經略疏』, 『金光明經玄義拾遺記』. ⇨ 음성교체 音聲敎體

음성설법 音聲說法 음성으로 법을 설함. 『대품반야경』 권22(대정장8, p.381c6)에 "제법의 모습은 반드시 드러나 보이는 법임을, 보살은 반드시 바르게 알아야 한다. 바르게 안 다음에 다른 이에게 펴 설하고 열어 보여야 하니 중생들이 알도록 해야 한다. 이 보살마하살은 일체의 음성과 언어를 알아야 하니, 음성으로 설법하여 삼천대천세계 가득히 메아리치게 해야 한다. 若諸法相貌所可顯示法 菩薩應正知 正知已 爲他演說開示 令諸衆生得解 是菩薩摩訶薩 應解一切音聲語言 以是音聲說法遍滿三千大千世界如響相", 『대지도론』 권17(대정장25, p.188c9)에 "이때 보살이 항상 선정에 들어 마음 거두고는 움직이지 않으며, 각관이 일어나지 않고도 능히 시방일체중생에게 헤아릴 수 없는 음성으로 설법하여 그들을 건져 벗어나게 하는데 이것을 선바라밀이라고 한다. 爾時菩薩常入禪定 攝心不動 不生覺觀 亦能爲十方一切衆生 以無量音聲說法而度脫之 是名禪波羅蜜", 『법화현론』 권9(대정장34, p.438c1)에 "또한 법신은 이름과 모습 다 끊었는데 어찌 음성설법이 있겠는가? 설법하는 일은 모두 응신의 일이다. 又法身名相斯絶 豈有音聲說法 說法之事皆是應身"라고 하였다. [참고문헌] 『大品般若經』, 『大智度論』, 『法華玄論』. ⇨ 음성교체 音聲敎體

음성염송 音聲念誦 금강계 밀교의 네 가지 염송 중 하나. 입으로 소리를 내고 마음으로 관하고 몸으로 인(印)도 하는 삼밀(三密)에 상응하는 염송법이다. 『금강정약출염송경』 권4(대정장18, p.248a27)에 "음성염송〈모든 소리란 이것이다〉. 所謂音聲念誦〈一切聲是也〉", 『능엄경지장소』 권7(卍속장24, p.584b12)에 "네 가지 염송 중에는 음성염에서 진실염까지 있다〈『관정경』에 '유가 중에 네 가지 염송이 있다. 첫째, 음성염송이다. 소리를 내면서 염송하는 것이다'라고 하였다〉. 四念誦中 音聲念及眞實義念也〈灌頂云 瑜伽中有四種念誦 一 音聲念誦 出聲念也〉"라고 하였다. [참고문헌] 『金剛頂略出念誦經』, 『楞嚴經指掌疏』. ⇨ 사종염송 四種念誦❷, 염송 念誦❶

음성읍내리삼층석탑 陰城邑內里三層石塔 고려시대 삼층석탑. 충청북도 유형문화재 제129호. 높이 2.1m. 충청북도 음성군 음성읍 읍내리에 위치한다. 단층기단에 3층의 탑신이다. 1매의 지대석 위에 양 우주(隅柱)가 새겨진 면석, 위에는 평평한 갑석(甲石)을 두었다. 탑신부도 각층마다 1석에 양 우주가 새겨져 있다. 옥개석은 받침이 3단이고 네 귀퉁이가 살짝 올라가 반전이 적당하며 경쾌하다. 상면 중앙에 찰주공(擦柱孔)은 직경 14cm · 깊이 10cm의 크기다. 탑신석을 받치는 굄이 없어서 고려중기 이후에 건립되었을 것으로 추정한다. 상륜부에는 연꽃봉오리 장식이 있으나 석등의 상대석인 듯하다. [참고문헌] 『韓國의 寺址』 대전광역시 · 충청북도下(문화재청·불교문화재연구소, 2014) p.296.

음성읍내리오층모전석탑 陰城邑內里五層模塼石塔 고려시대 모전석탑. 충청북도 유형문화재 제9호. 높이 3.72m. 충청북도 음성군 음성읍 읍내리에 있다. 2층과 5층의 탑신석은 결실된 5층의 모전석탑이다. 기단은 단층이며, 2매로 구성된 정사각형의 지대석 위에 양 우주

(隅柱)가 새겨진 면석이 있다. 갑석(甲石)에는 부연(附椽)을 표현하였고, 1단의 굄만이 탑신부를 받치고 있다. 초층탑신의 각 면에 직사각형의 감실(龕室)이 있다. 초층 옥개석은 2매의 굄돌이고, 받침과 층단은 모두 3단이다. 4층은 받침과 층단이 2단이며 5층은 받침만 2단이다. 상면에는 직경 6cm・깊이 9cm의 찰주공(擦柱孔)이 있다. 비례 및 체감형태・구조 등으로 보아 지역의 영향을 받은 고려전기의 작품으로 보인다. ［참고문헌］『韓國의 寺址』 대전광역시・충청북도下(문화재청・불교문화재연구소, 2014) p.296.

음세 陰世　오음(五陰 : 色受想行識)이 치성한 세간. 오음세간(五陰世間)이라고도 한다. 『출요경』 권6(대정장4, p.639b21)에 "음세란 욕계와 색계로 오음이 치성한 음과 무색계의 색(色)을 뺀 네 가지 음을 말한다. 이것을 음세라고 부른다. 陰世者 欲界色界五盛陰 無色界四陰 是謂陰世"라고 하였다. ［참고문헌］『出曜經』. ⇨ 삼세간 三世間, 오음세간 五陰世間, 세간 世間

음수 婬睡　음한 잠. 엎드려 자는 자세를 가리킨다. 음수(淫睡)라고도 한다. 오른쪽 옆구리를 바닥에 붙이고 자는 자세가 바른 수면이다. 『입중일용』(卍속장111, p.947a8)에 "잠은 반드시 오른쪽 옆구리를 바닥에 붙이고 자야 하며 위로 눕거나 엎드리면 안 된다. 위로 누우면 시체처럼 잔다고 하며 엎드리면 음한 잠이다. 악몽을 많이 꾼다. 睡須右脇 不得仰臥 仰爲屍睡 覆爲婬睡 多惡夢"라고 하였다. ［참고문헌］『入衆日用』, 『增修敎苑淸規』 권하(卍속장101, p.776a11). ⇨ 와법 臥法

음수 飮樹　Ⓢ pāna-vṛkṣa, Ⓣ btung-ba-'byung-ba'i-shing-ljon-pa. 마시는 것들을 내어주는 나무. 십종수(十種樹) 중 하나다. 『유가사지론』 권4(대정장30, p.298a29)에 "먹을 것이 나오는 나무가 있으니, 그 나무에서 청황적백 네 가지 맛의 먹을 것이 나오는데, 소다(Ⓢ sudhā : 甘露)라고 한다. 또 마실 것이 나오는 나무가 있으니, 이 나무에서도 맛있는 음료가 나온다. 또 탈 것을 내는 나무가 있으니, 이 나무에서는 수레・임금의 수레・손수레・가마 등 여러 가지 좋은 탈 것이 나온다. 復有食樹 從其樹裏 出四食味 名曰蘇陀 所謂靑黃赤白 復有飮樹 從此流出 甘美之飮 復有乘樹 從此出生 種種妙乘 所謂車輅輦輿等", 『법화경현찬요집』 권10(卍속장53, p.824a16)에 "나무에는 열 가지가 있다. … 둘째는 음수이니 모든 탕약과 마실 것이 나온다. 樹有十種 … 二飮樹 出諸湯藥飮"라고 하였다. ［참고문헌］『瑜伽師地論』, 『法華經玄贊要集』, *Yogā-bh.92.*

음습인 婬習因　십습인(十習因) 중 하나. 열지옥(熱地獄)의 과보를 초래하는 인인 음한 습관. 『능엄경』 권8(대정장19, p.143c5)에 "어떤 것이 열 가지 인인가? 아난아, 첫째는 음란한 습으로 교접하는 것이 서로 비비는 데서 일어나 그칠 줄 모른다. 이와 같으므로 매우 맹렬한 불길이 그 속에서 일어나는데, 마치 사람이 손을 서로 비비면 따뜻해지는 것과 같다. 이 두 가지 습이 서로 타므로 쇠침상이나 구리기둥들이 있게 된다. 그러므로 시방의 모든 여래께서 색으로 보고 음을 행함이 같이 욕의 불이라고 하셨으며, 보살들은 욕을 보면 불구덩이를 피하듯 한다. 云何十因 阿難 一者 婬習交接 發於相磨 硏磨不休 如是故有 大猛火光 於中發動 如人以手 自相磨觸 暖相現前 二習相然 故有鐵床銅柱諸事 是故 十方一切如來 色目行婬 同名欲火 菩薩見欲 如避火坑"라고 하였다. ［참고문헌］『楞嚴經』. ⇨ 십습인 十習因

음식기 飮食器　밀교작법시 단(壇)의 사방에 배치하는 사면기(四面器) 또는 육기(六器) 중 하나. 공양을 올릴 때 쓰는 공헌기(供獻器) 중 음식을 담는 그릇을 말한다. 『현밀원통성불심요집』 권하(대정장46, p.1004c12)에 "람자진언의 가지와 수인력으로 그 음식기와 물건들이 자연히 청정해져 법계에 두루한다. 由誦囕字眞言加持及手印力 其飮食器物等 自然淸淨 遍法界也"라고 하였다. ［참고문헌］『顯密圓通成佛心要集』. ⇨ 사면기 四面器, 밀교법기 密敎法器, 육기 六器

음식욕 飮食欲　삼욕(三欲) 또는 오욕(五欲) 중 하나. 음식에 대한 욕망. 『비니관요사의』 권1(卍속장63, p.980a10)에 "오욕 : … 셋째, 마시고 먹는 욕망. 음식은 세간의 온갖 맛난 음식 등을 가리킨다. 사람은 반드시 음식에 의지해야만 몸을 돕고 목숨을 유지하기에 탐내어 구하기까지 하고 즐기고 집착하면서 싫어할 줄 모른다. 이를 두고 음식에 대한 욕망이라고 한다. 五欲 … 三 飮食欲 飮食 卽世間肴饍衆味也 謂人必假飮食 資身活命 故至貪求 樂著無厭 是爲飮食欲"라고 하였다. ［참고문헌］『毘尼關要事義』, 『法華經卓解』 권4(卍속장50, p.885b13), 『四敎義註彙補輔宏記』 권3(卍속장102, p.388a15). ⇨ 음식 飮食, 삼욕 三欲[3], 오욕 五欲[2]

음식진언 飮食眞言　음식을 올릴 때 부르는 진언. 오공양진언(五供養眞言) 중 하나다. 진언은 "나마 삼만다발다남 아라라 가라라 말린 날나미 말린날니 마하말리 사하 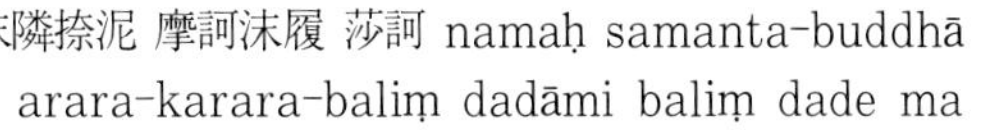 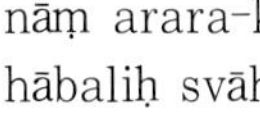 南麼 三漫多勃陀喃 阿囉囉 迦羅羅 沫隣捺娜弭 沫隣捺泥 摩訶沫履 莎訶 namaḥ samanta-buddhānāṃ arara-karara-baliṃ dadāmi baliṃ dade mahābaliḥ svāhā 널리 제불께 귀의합니다. 저는 선도 불선도 여윈 법희선열의 음식으로 공양올립니다. 저의 헌

공 다시 묘한 음식으로 돌아오니 비할 바 없고 위없는 맛이여, 스바하"이다. 『대일경소』 권9(대정장39, p.676c13)에 "다음으로 음식진언 : … 첫마디는 '아라라'인데, 즐겁게 들을 수 없는 소리로서 불선한 소리라는 뜻이다. 마치 사람들이 큰소리로 떠들썩거려서 듣는 이가 마음이 평온하지 못한 것과 같다. 다음으로 '가라라'는 앞선 불선한 고성을 그쳤기에 고요하고 평안하다는 뜻이다. 이 중에서는 바로 법을 좋아하고 선을 좋아하는 것으로 음식을 삼는다는 뜻이다. 次飮食眞言 … 右初云 阿囉囉 是不可樂聞聲 不善聲義 如人高聲喧聒 令聽聞者心不寂靜 次云迦囉囉 是止前不善高聲 是恬漠寂怕之義 此中正以法喜禪悅爲食義", "'말린날나미'는 서천의 제사 음식으로 위로는 제불께 바치고 아래로는 귀신에게 올리는데 통칭하여 말리(Ⓢ bali)라고 한다. 이 구의 뜻은 '저는 이미 음식 올렸습니다'이다. 다음으로 '말린날니'는 '저의 헌공 받으시고는 오히려 제게 미묘한 음식을 주셨습니다'라는 뜻이다. 이는 마치 세간인이 음식을 복전에 베풂으로써 금세와 후세에 음식에 모자람이 없게 되는 것과 같다. 이 때문에 지금 다함이 없는 법식으로 세간 공양을 가지하여 제존께 바쳤는데 오히려 나의 소원을 들어주셔서 불생불사의 법미를 항상 만끽하게 하신다. 다음으로 '마하말리'라는 말은 바로 모든 음식들에 커다란 풍미마저 배가되었다는 뜻이다. 沫隣捺娜弭者 凡西方享祭之食 上獻諸佛 下及神鬼 通名沫㗚 其句義云 我已飮食奉獻也 次云沫隣捺泥者 此意言 受我所獻食已 當還與我妙食 如世間人 以餚饍奉施福田 爲令今世後世飮食無乏 故今以無盡法食 加持世間之供養 奉施諸尊 還當與我所願 令常充足 不死不生之味也 次云摩訶沫履者 卽是於諸食中 倍加廣大豐美", "이로써 앞 구를 가려보았으니, '제가 지금 헌공하고 기도하였으니 모두 참으로 비할 바 없고 위없는 맛에 있게 하여지이다. 헤아릴 맛 구하지 않겠습니다'라는 말이다. 以此料簡上句云 我今所獻及與所祈 皆在極無比味無過上味 不求有量之食也"라고 하였다. 〔참고문헌〕『大日經疏』, 『大日經』 권2(대정장18, p.13a14), 『胎藏梵字眞言』 권상(대정장18, p.165a16). ⇨ 오공양진언 五供養眞言

음신 陰身 Ⓢ skandha, Ⓟ khandha. 오음으로 된 몸. 오음신(五陰身)이라고도 하며, 음(陰)을 말하기도 한다. 『잡아함경』 권10(대정장2, p.69a29 : *Phena-sutta, SN.3*, p.143)에 "비구가 부지런히 수습하여 이 음신을 관찰하되 밤낮으로 늘 정진하고 바른 지혜로 정념에 머물면, 유위행이 오래도록 멈추고 청량한 경지 길이 얻으리. 比丘勤修習 觀察此陰身 晝夜常專精 正智繫念住 有爲行長息 永得淸涼處 evaṃ khandhe avekkheyya bhikkhu āraddhavīriyo, divāvāya divārattiṃ sampajāno paṭissato. jaheyya sabbasaññogaṃ kareyya saraṇattano, careyyādittasīsova pattha yaṃ accutaṃ padanti"라고 하였다. 〔참고문헌〕『雜阿含經』, *SN.*, *Ratna-ut.34.* ⇨ 오음신 五陰身

음실 婬室 음녀(淫女)의 침실. 『능엄경』 권1(대정장19, p.106c9)에 "그때 아난이 걸식하러 다니던 중 매음굴을 지나가다가 환술에 아주 뛰어난 마등가족의 음녀와 마주쳤다. 그녀는 사비가라의 선범천주로 아난을 끌고 들어가 음탕한 몸으로 만지고 비비면서 계체를 훼손하려 하였다. 爾時 阿難因乞食次 經歷婬室 遭大幻術 摩登伽女 以娑毘迦羅 先梵天呪 攝入婬席 婬躬撫摩 將毁戒體", 『능엄경강록』 권1(卍속장89, p.894a9)에 "아난이 잘못하여 매음굴에 떨어지자 세존께서 정수리에서 빛을 놓았는데 그 빛에서 연꽃이 피어났고 연꽃 중에 화신불이 다라니를 설하신 뒤 문수에게 가지고 가라고 명하였으며 문수는 아난을 끌고 부처님 처소로 돌아왔다. 因阿難誤墮淫室 世尊自頂門放光 光中出生蓮華 華中化佛說呪 勅命文殊持去 提奬阿難 歸來佛所", 『정명경관중석초』 권하(대정장85, p.527a27)에 "「방편품」에 보면, 유마거사는 매음굴과 술집에도 머문다. 方便品中淨名 居婬室酒肆"라고 하였다. 〔참고문헌〕『楞嚴經』, 『楞嚴經講錄』, 『淨名經關中釋抄』.

음심 淫心 음탕한 마음. 번뇌. 『사분율행사초』 권중(대정장40, p.61a25)에 "음심이 있는 사람은 애욕으로 마음을 더럽힌다. 有淫心者 愛染汚心"라고 하였다. 〔참고문헌〕『四分律行事鈔』.

음아 瘖瘂 Ⓢ mūka, eḍa-mūka, jaḍatva, Ⓣ lkugs-pa, nyig-pa dang lkugs-pa. 소리도 낼 수 없고 말도 할 수 없는 이. 『법화경통의』 권6(卍속장49, p.913b5)에 "소리는 낼 수 있으나 말은 하지 못하는 것을 음이라 하고, 소리도 말도 모두 하지 못하는 것을 아라고 한다. 有音無字曰瘖 音字俱無曰瘂", 『장아함경』 권9 「십상경 十上經」(대정장1, p.55c16)에 "혹여 어떤 중생이 중국에 나더라도 귀 멀며 보지 못하고 소리내 말할 수 없다면 법을 들을 수 없다. 或有衆生 生於中國 聾盲瘖瘂 不得聞法", 『속일체경음의』 권4(대정장54, p.951b3)에 "음아〈첫 글자는 음과 금을 반절한 음이다. 『설문해자』에 '능히 말할 수 없다'라고 하였다. 음은 소리마저 낼 수 없다는 것이다. 둘째 글자는 조와 고를 반절한 음이다. 『고성』에 '말할 수 없다'라고 하였다. 아인은 소리를 낼 수 있으나 말만 하지 않는다〉. 瘖瘂〈上飮今反 說文 不能言也 瘖猶無聲也 下烏賈反 考聲云 不能言也 瘂人 雖有聲無詞也〉"라고 하였다. 〔참고문헌〕『法華經通義』, 『長阿含經』, 『續一切經音義』, *Laṅk.102.*, *Śrāv-bh.187.*, *Saddh-p.96.* ⇨ 음 瘖, 아 啞

음아유시 飮兒乳時 Ⓢ pāyayantī, Ⓣ nu-zho-'thung-ba, nu-zho 'dzin-pa. 아기에게 젖을 먹일 때. 『구사론』 권16(대정장29, p.87a13 : *Abh-k-bh.*, p.244)에 "모두 네 가지로 해서는 안 될 것을 행하는 것이니, 모두 다 욕사행죄다. … 넷째 때가 아닌 때 해서는 안 될 것을 행하는 것이다. '적절하지 않은 때'란 어떤 때인가? 임신했을 때, 아기에게 젖을 먹일 때, 재계를 받을 때 등을 말한다. 설사 자신의 처나 첩일지라도 삿된 행을 범하는 것이다. 總有四種 行不應行 皆得名爲 欲邪行罪 … 四 於非時 行不應行 非時者何 謂懷胎時 飮兒乳時 受齋戒時 設自妻妾 亦犯邪行 catuṣprakāram agamyagamanaṃ kāmamithyācāraḥ. … akāle vā gacchati. kaḥ punaḥ akālaḥ. garbhiṇīṃ vā gacchati pāyayantīṃ vā saniyamāṃ vā"라고 하였다. 〔참고문헌〕『俱舍論』, 『瑜伽師地論』 권59(대정장30, p.631b16), *Abh-k-bh.* ⇨ 욕사행 欲邪行, 사행 邪行❷

음악발오 音樂發悟 부처님께서 인위(因位)의 보살 시절 음악을 듣고 깨달은 인연. 『방광대장엄경』 권5 「음악발오품」(대정장3, p.565c8)에 "궁중 채녀들이 현을 켜고 노래 부르며 보살을 유혹하였지만, 시방제불의 위신력으로 이 소리는 법의 말씀으로 바뀌었네. … 무수한 음악소리 미묘하여 보살에게 빨리 출가하기를 권청하였네. … 제일의 중에서는 도무지 얻을 것 없으니, 마치 목구멍과 입술과 혀가 부딪쳐 움직여야 소리가 나는 것과 같네. 낱낱의 것들로는 소리를 얻을 수 없고, 여러 인연이 화합하여야 소리 있을 수 있네. 지혜로운 이가 소리를 관하면 염념이 실법 없으니, 골짜기 메아리와 같아 잡을 수 없고 저 공후(箜篌)와 같은 줄로 된 악기가 손과 화합하여 소리가 일어나듯 하니 본래부터 오고 감은 없네. 여러 인연들 중에서 소리를 찾아도 얻지 못하고, 연을 떠나서 소리를 찾아도 또한 얻을 수 없다네. 宮中婇女絃歌聲 以欲而惑於菩薩 十方諸佛威神力 變此音聲爲法言 … 無數音樂聲微妙 勸請菩薩速出家 … 第一義中 都不可得 譬如咽喉 及以唇舌 擊動出聲 一一分中 聲不可得 衆緣和合 有此聲耳 智者觀聲 念念相續 無有實法 猶如谷響 聲不可得 譬如箜篌 絃器及手 和合發聲 本無去來 於諸緣中 求聲不得 離緣求聲 亦不可得"라고 하였다. 〔참고문헌〕『方廣大莊嚴經』.

음악수 音樂樹 Ⓢ vādya-vṛkṣa. 아름다운 소리가 흘러나오는 나무. 악음수(樂音樹)라고도 한다. 80권본 『화엄경』 권60(대정장10, p.323b18)에 "갖가지 옷나무에서 고운 옷이 나오고, 갖가지 꽃나무에서 아름다운 꽃이 피며, 음악나무들에서는 천상의 음악이 연주된다. 種種衣樹 出妙衣服 種種華樹 開敷妙華 諸音樂樹 奏天音樂", 『정생왕인연경』 권2(대정장3, p.396a7)에 "저 궁중에는 퉁소·피리·거문고·공후 등 갖가지 미묘한 음악이 연주되는 나무가 있다. 저 하늘의 남녀들이라면 음악을 생각한다고 하는 것은 마음 일으키자마자 음악이 저절로 울린다. 彼宮中有其種種妙音樂樹 所謂簫笛琴箜篌等 若彼天男及天女等 思音樂者 纔起心時 其樂自鳴"라고 하였다. 〔참고문헌〕『華嚴經』, 『頂生王因緣經』, *Gaṇḍ-vy.148.* ⇨ 악음수 樂音樹

음악천 音樂天 ❶ 음악을 관장하는 신인 긴나라(緊那羅 Ⓢ kiṃnara)의 다른 이름. 팔부중(八部衆) 중 하나이다. 『일체경음의』 권11(대정장54, p.374c9)에 "진다라〈구역에서 긴나라라고 하였다. 음악천이다. 미묘한 음성을 지닌 데다 가무에도 능하다. 남신은 말 머리에 사람의 몸으로 노래에 능하고 여신은 단정하고 춤에 능하다〉. 眞陀羅〈古云緊那羅 音樂天也 有美妙音聲 能作歌舞 男則馬首人身能歌 女則端正能舞〉"라고 하였다. 〔참고문헌〕『一切經音義』. ⇨ 긴나라 緊那羅, 팔부중 八部衆 ❷ ➡ 묘음악천 妙音樂天

음애 婬愛 Ⓢ maithuna, Ⓣ 'khrig-pa. 남녀 사이의 성애(性愛). 『대보적경』 권56(대정장11, p.328a11)에 "어떻게 몸을 받아 모태에 들어가는가? 저 부모가 물든 마음으로 함께 음애를 일으키고 그 모의 자궁이 깨끗하여 매달 적절한 때에 이르러 중온이 나타난다면 이때가 모태에 드는 때임을 알아야 한다. 云何受生 入母胎中 若父母染心 共爲婬愛 其母腹淨 月期時至 中蘊現前 當知爾時 名入母胎", 『구사론소』 권9(대정장41, p.594b24)에 "보살의 복혜가 가장 뛰어날 때에 모태에 들어가려 하면, 전도상이 없어 음애를 일으키지 않는다. 菩薩福慧 極增上故 將入胎時 無顚倒想 不起婬愛"라고 하였다. 〔참고문헌〕『大寶積經』, 『俱舍論疏』, *Abh-k-bh.132.*

음양 陰陽 ❶ 천지만물을 있게 하는 두 가지 길. 『지관보행전홍결』 권3(대정장46, p.244a19)에 "음양이란, 『태현경』에 '큰 공을 살피고 만물을 밝히는 그것은 양이고, 그윽하고 모양 없어 헤아릴 수 없는 그것은 음이다'라고 하였고, 『역』에 '한 번 양이면 한 번은 음이 되는 것을 도라 하고, 음양의 헤아릴 수 없는 것을 신이라 한다'라고 하였다. 陰陽者 太玄經云 營大功明萬物者 曰陽 幽無形不可測者 曰陰 易曰 一陰一陽之謂道 陰陽不測之謂神", 『어제소요영』 권4(고려장35, p.970b16)에 "음양의 도로 이룬 바다〈해의 정과 달의 백으로서 양은 주물하고 음은 녹인다. 그 도는 반드시 이루어지고 그 공 틀림없이 드러나므로 『역』에 '하늘의 도는 남성이 되고 땅의 도는 여성이 된다'라고 한다〉. 陰陽道所成〈日精月魄 陽鑄陰銷 其道必成 其功必著 故易曰 乾道成男 坤道成女也〉", 『절의론』 권5(대정장52, p.816c15)에 "음양이 함께 함으로써 어둡기도 하고 밝기도 하다〈음양이란 해와 달을 가리킨다. 음양과 더불어 어두움과 함께하고 밝음과도 같아진다〉. 共陰陽以晦明〈陰陽者 指日月 與陰陽而同暗同明也〉"라고 하였다. [참고문헌]『止觀輔行傳弘決』,『御製逍遙詠』,『折疑論』. ❷ 음양에 의지해 천체운행이나 절기순환 등을 연구하는 학문. 이것을 토대로 점을 치는 이를 음양사(陰陽師)라 한다.『송고승전』권29「홍사전 泓師傳」(대정장50, p.890a10)에 "국사는 음양과 술수에 정통했다. 國師通陰陽術數",『법원주림』권100「구나발다라장 求那跋陀羅章」(대정장53, p.1029c4)에 "어려서 오명의 모든 론을 비롯하여 음양과 주술을 배워 널리 통하지 않은 분야가 없었다. 출가한 다음에도 오로지 학문에만 마음을 기울여 삼장에 박통하였다. 幼學五明諸論 陰陽呪術 靡不該博 落髮之後 專精志學 博通三藏"라고 하였다. [참고문헌]『宋高僧傳』,『法苑珠林』,『緇門警訓』권1「非博覽無以據」(대정장48, p.1046b27). ⇨ 음양사 陰陽師

음양무곡순 陰陽無曲狥 음양은 애써 일부러 따르는 일이 없다. 순(狥)은 순(徇)과 같이 쓴다.『종용록』1칙「송 頌」(대정장48, p.228a17)에 "좋은 비단 짜내서 봄 풍경 담더라도〈지나친 솜씨는 오히려 서툴다〉, 동군이 봄소식 누설함을 어찌하랴!〈음양은 애써 따르는 일이 없다. 절기는 서로 너그럽지 않다〉. 織成古錦含春象〈大巧若拙〉無柰東君漏泄何〈陰陽無曲狥 節氣不相饒〉",『공곡집』16칙「평창 評唱」(卍속장117, p.550a16)에 "천지자연의 조화는 애써 따르는 일이 없고, 절기 또한 서로 여지없이 한다. 춘분 지나면 만 가지 나무에서 싹이 트고, 땅과 하늘 어디에나 봄빛 아닌 곳 없으니, 어찌 산 앞에 그칠 뿐이겠는가! 陰陽無曲徇 節令不相饒 春分之後 萬木皆萌 匝地普天 無非春色 何止山前而已哉"라고 하였다. [참고문헌]『從容錄』,『空谷集』.

음양사 陰陽師 해와 달을 점쳐 인간사를 예측하는 이들.『정법염처경』권9(대정장17, p.49b15)에 "어떤 사람은 음양사와 같아서 점치는 방법을 잘 알아 점을 칠 때마다 모두 맞는다. 所謂有人 若陰陽師 善知卜術 卜事皆當",『유부율잡사』권32(대정장24, p.367b9)에 "곧바로 모든 음양사를 불러 모아 길일을 점치게 했다. 卽便召集諸陰陽師 占其吉日"라고 하였다. [참고문헌]『正法念處經』,『有部律雜事』. ⇨ 음양 陰陽 ❷

음양지기 陰陽之忌 음양이 꺼리는 것. 인정(人情)으로 피하고 가리는 자연의 일들을 말한다.『법원주림』권55「사정상번제이 邪正相翻第二」(대정장53, p.701a26)에 "나라는 천지가 바라는 바를 무겁게 여겨 복을 빌고, 가정은 음양이 꺼리는 것을 피하기에 화를 꺼린다. 복은 의심하지만 좇아 취하고 화는 의심하며 좇아 버리니, 그저 사람들의 생각이다. 國重天地之祈 祈於福也 家避陰陽之忌 忌於禍也 福疑從取 禍疑從去 人之情也"라고 하였다. [참고문헌]『法苑珠林』.

음양지화 陰陽之化 음양의 조화. 음과 양이라는 두 가지 원리에 의해 생성소멸하는 자연의 조화.『홍명집』권5「사문불경왕자론형진신불멸 沙門不敬王者論形盡神不滅」(대정장52, p.31b15)에 "대저 기를 받음이 극한 일생인데, 생이 다하면 사라져서 무와 같게 된다. 신이 비록 묘한 그 무엇이라 하지만 음양의 조화일 따름이다. 일단 변화하면 나는 것이고 다시 화하면 죽음이다. 모이면 시작이고 흩어지면 끝이다. 이로써 미루어보면 알리라. 정신과 몸 아울러 드러나니, 원래 달리 거느리는 것 없다. 夫稟氣極於一生 生盡則消液而同無 神雖妙物 故是陰陽之化耳 旣化而爲生 又化而爲死 旣聚而爲始 又散而爲終 因此而推 故知 神形俱化 原無異統"라고 하였다. [참고문헌]『弘明集』. ⇨ 음양 陰陽 ❶❷

음역 音譯 ❶ 외국어를 소리 나는 대로 옮긴 것. 음사(音寫)라고도 한다.『범어천자문』(대정장54, p.1197a9)에 "첫 번째 사본은 오직 의역만 있고 음역은 없다. 이는 아마도 후대 학자가 덧붙인 것인 듯하다. 第一寫本唯有義譯而無音譯 是恐後代學者之所加也"라고 하였다. [참고문헌]『梵語千字文』. ❷ 발음과 번역.『출삼장기집』권14(대정장55, p.101b17)에 "구마라집은 많은 경전을 암송하여 통달하지 못한 것이 없었다. 점차 중국어에도 능숙하여 발음도 번역도 유려해졌다. 구역 경전을 열람하니 뜻에 많은 오류가 있었는데, 이는 모두 이전의 번역들이 종지를 잃어 범본과 상응하지 않았기 때문이었다. 什率多闇誦無不究達 轉能晉言 音譯流利 旣覽舊經義多乖謬 皆由先譯失旨 不與胡本相應"라고 하였다. [참고문헌]『出三藏記集』.

음연 陰緣 음(陰)과 연(緣). 오온(五蘊)과 내외(內外)로 서로 연하는 십이처(十二處)와 6근·6진·6식으로 서로 연하는 십팔계(十八界)를 말한다. 음계입(陰界入)이라고도 한다.『능가경주해』권4(대정장39, p.405a22)에 "음연에서 음은 오음이고 연이란 18계와 12입 등이니 반연으로 연하는 것들이다. 陰緣者 陰卽五陰 緣卽界入等 攀緣之緣"라고 하였다. [참고문헌]『楞伽經註解』. ⇨ 음계입 陰界入, 십이처 十二處, 십팔계 十八界

음영 吟詠 Ⓢ gīta, Ⓣ glu. 운율에 맞추고 소리내어 읽거나 말함. 음영(吟咏)이라고도 쓴다.『정법염처경』권32(대정장17, p.188b10)에 "노래하고 춤추거나 떠들고 웃으며 가지가지로 읊고 비속한 이야기를 함께하며 이 천자의 마음을 미혹케 했다. 歌舞戲笑 種種吟詠 鄙褻調話 令此天子心意迷惑",『유부율잡사』권4(대정장24,

p.223b18)에 "부처님께서 비구들에게 이르셨다. '노래 소리를 지어서 모든 경법을 읊어서는 안 되며, 그것에 따라 경을 읽거나 교설을 청하거나 일을 알리거나 모두 해서도 안 된다. 그러나 두 가지 경우에는 노래 소리를 지어도 된다. 하나는 대사의 덕을 찬양할 경우, 다른 하나는 삼계경을 읊을 경우이다. 그 나머지는 모두 합당하지 않다'. 佛言苾芻 不應作吟詠聲 誦諸經法 及以讀經 請敎白事 皆不應作 然有二事 作吟詠聲 一 謂讚大師德 二 謂誦三啓經 餘皆不合", 『대승본생심지관경천주』 권3(卍속장34, p.236b5)에 "찬(讚)은 아름다운 말로 덕을 찬탄하는 것이고, 영(詠)이란 음율에 맞추어 송을 읊는 것이고, 설(說)은 강연하며 분별하는 것이다. 이 모두가 바른 견해로 타인을 이롭게 하는 덕이다. 讚卽美言歎德 詠卽吟咏稱頌 說卽講演分別 皆正見利他之德也", 같은 책 권8(卍속장34, p.483b6)에 "송이란 소리내어 노래하듯 하니 정신을 돕는다. 誦者 吟咏資神"라고 하였다. [참고문헌] 『正法念處經』, 『有部律雜事』, 『大乘本生心地觀經淺註』, *Bodh-bh.115.*

음예 陰曀 Ⓢ abhra-maṇḍala. 구름이 끼어 어둡다는 말. 구름이 햇볕을 가려 흐린 상태를 묘사한다. 정치적 혼란 또는 난세를 비유한다. 음예(陰翳)라고도 한다. 『월등삼매경』 권2(대정장15, p.557c11)에 "저 허공에 구름이 없다가 갑자기 어두워 가리듯이 알음알이 어디선가 좇아 나오니 모든 법 또한 이와 같다. 如虛空無雲 忽然起陰曀 知從何所出 諸法亦復然", 『대지도론』 권6(대정장25, p.102c2)에 "저 허공의 성 항상 청정하듯이 사람들은 구름 가려 어두워지면 청정하지 않다고 여긴다. 모든 법도 이와 같아서 자성 언제나 청정하지만 음욕과 분노 등에 가리므로 청정하지 않다고 말한다. 如虛空性常淸淨 人謂陰曀爲不淨 諸法亦如是 性常淸淨 婬欲瞋恚等曀故 人謂爲不淨", 『일체경음의』 권46(대정장54, p.611a14)에 "음예〈『고문』에 '예는 예(壇)와 같고, 어와 계를 반절한 음이다'라고 하였다. 『시』에 '마침내 바람이 불고 구름이 끼었다'라고 하였고, 『모전 毛傳』에 '구름 끼고 바람이 부는 날씨를 예라 한다'고 하였다. 『석명』에 '예는 가린다는 뜻의 예(翳)이다. 구름이 햇볕을 가려 어둡게 한다는 뜻이다'〉. 陰曀〈古文 壇同 於計反 詩云 終風且曀 傳曰 陰而風曰曀 釋名云 曀翳也 言雲氣晻翳日光 使不明也〉"라고 하였다. [참고문헌] 『月燈三昧經』, 『大智度論』, 『一切經音義』, *Sam-r.45.*

음요 婬妖 음욕을 일으키는 요괴. 『우전왕경』(대정장12, p.71a29)에 "저는 삼존(삼보)에 무거운 허물 저질렀습니다. 저 음요가 하고자 하는 대로 삿됨을 일으킨 까닭에 부처님의 성스러운 대중에게 매번 한 가지 나쁜 생각 품었습니다. 吾有重咎在三尊 所以彼婬妖 縱欲興邪 於佛聖衆 每一惡念"라고 하였다. [참고문헌] 『優塡王經』. ⇨ 사음 邪婬, 음욕 婬欲

음욕 婬欲 ❶ Ⓢ maithuna, maithuna-chanda, Ⓟ methuna, Ⓣ 'khrig-pa, mi-tshangs-par-spyod-pa, 'khrig-pa-la-'dun-pa. 사욕(四欲) 또는 오욕(五欲) 중 하나. 음행을 하려는 탐욕. 애욕(愛欲)·색욕(色欲) 등과 같은 뜻이다. 『원각경』(대정장17, p.916b4)에 "모든 중생은 시작 없는 때로부터 온갖 은애와 탐욕으로 말미암아 윤회한다. 갖가지 세계에 사는 난생·태생·습생·화생 등 모든 종성은 무엇이 되었건 음욕으로 인하여 생명을 이어가니 윤회는 애욕을 근본으로 한다는 사실을 알아야 한다. 一切衆生 從無始際 由有種種恩愛貪欲 故有輪迴 若諸世界 一切種性 卵生胎生 濕生化生 皆因婬欲 而正性命 當知輪迴愛爲根本", 『대지도론』 권23(대정장25, p.232a14)에 "중생의 죄는 음욕이 과다하여 발생한다. 호·추를 구별하지 않고 부모나 어른의 가르침을 따르지 않아 부끄러움이 없으니 금수와 다르지 않다. 衆生之罪 婬欲多故 不別好醜 不隨父母師長敎誨 無有慚愧 與禽獸無異"라고 하였다. [참고문헌] 『圓覺經』, 『大智度論』, *Yogā-bh.180.*, *Śrāv-bh.205.* ⇨ 음욕화 婬欲火, 사욕 四欲❷, 오욕 五欲❷ ❷ 탐욕(貪欲)의 다른 이름. ⇨ 음욕법 婬欲法❶

음욕공양 婬欲供養 Ⓟ kāma-paricariyā. 음욕을 채워주는 공양. 성애의 상대가 되어주는 공양. 『오분계본』(대정장22, p.195b1)에 "만일 비구가 음욕이 가득해지면서 마음을 바꾸어 여인에게 스스로 찬탄하며 '자매여, 음욕공양이 가장 뛰어난 공양이다'라고 말하면 승가바시사에 해당한다. 若比丘 欲盛變心 向女人 自讚身言 姊妹 婬欲供養 是第一供養 僧伽婆尸沙"라고 하였다. [참고문헌] 『五分戒本』, 『十誦律』 권3(대정장23, p.17a13), 『解脫戒經』(대정장24, p.660a23), *Sp.3.551.*

음욕법 婬欲法 ❶ Ⓢ maithuna-dharma, Ⓣ 'khrig-pa'i-chos. 탐욕법(貪欲法)의 다른 이름. 『대반야경』 권480(대정장7, p.433a12)에 "우리들은 갖가지 방편을 시설하여 이 보살이 음욕법에서 벗어나 초발심부터 목표로 구하던 무상정등보리를 증득할 때까지 항상 범행을 닦아 번뇌를 따르는 법에 대하여 탐욕을 일으키지 않도록 해야 한다. 我等當設 種種方便 令是菩薩 離婬欲法 從初發心 乃至證得 所求無上正等菩提 常修梵行 於順結法 不生貪染", 『유가사지론』 권42(대정장30, p.524b6 : *Bodh-bh.*, p.133)에 "결행하는 자리의 괴로움이란, 마땅히 이 괴로움에 대략 일곱 가지 있음을 알아야 한다. … 여섯 번째는 목숨 다하도록 인간의 모든 욕을 막고 그치며 범행 아닌 음욕법을 여읨이다. 乞行處苦者 當知此苦 略有七種 … 六者 盡壽遮止人間諸欲 離非梵行

婬欲法故 bhikṣāka-vṛttam-api saptākāraṃ veditavyam … yāvaj-jīvaṃ mānuṣyakebhyaḥ kāmebhya āvaraṇakriyā abrahmacarya-maithuna-dharma-prativivaraṇatayā"라고 하였다. [참고문헌]『大般若經』,『瑜伽師地論』, *Bodh-bh.* ❷ Ⓟ methuna-dhamma, methunūpasaṃhita. 음욕에 따른 행위.『사분율』권1(대정장22, p.570c7)에 "비구가 부정한 행위를 범하였거나 음욕을 따르는 행위를 저질렀다면 이 비구는 바라이에 해당하니 함께 승단에 살 수 없다. 若比丘 犯不淨行 行婬欲法 是比丘 波羅夷 不共住"라고 하였다. [참고문헌]『四分律』, *Vin.3.22·128.* ⇨ 음욕 婬欲

음욕병 婬欲病 음욕이라는 병. 음욕은 탐욕의 다른 이름이기도 하다.『대지도론』권59(대정장25, p.478b16)에 "근본이 되는 네 가지 병은 탐·진·치로 등분한다. 음욕병(탐병)은 이만일천으로 나뉘고, 진에병도 이만일천으로 나뉘며, 우치병도 이만일천으로 나뉘고, 등분병도 이만일천으로 나뉜다. 부정관으로 탐욕을 버리고 자비관으로 진에를 버리며, 인연을 관함으로써 우치를 사라지게 한다. 위의 세 가지 약 가운데 부정이나 자비나 관인연 등 그 어느 것으로도 등분의 병을 버릴 수 있다. 根本四病 貪瞋癡等分 婬欲病 分二萬一千 瞋恚病 分二萬一千 愚癡病 分二萬一千 等分病 分二萬一千 以不淨觀除貪欲 以慈悲觀除瞋恚 以觀因緣 除愚癡 總上三藥 或不淨 或慈悲 或觀因緣 除等分病"라고 하였다. [참고문헌]『大智度論』,『摩訶止觀』권9상(대정장46, p.122b4).

음욕즉시도 婬欲卽是道 음욕 그대로 도라는 말. 번뇌즉보리(煩惱卽菩提)와 같은 이치다. 음법의 자성이 공(空)하여 생멸이 없다(不生滅)고 보아 떠나고 깨우치면 도와 다르지 않게 되니 평등한 일법(一法)이라는 뜻이다.『대지도론』권6(대정장25, p.107c21)에 "음욕 그대로 도이니, 분노와 어리석음도 이와 같다. 저 세 가지 번뇌 중에 헤아릴 수 없이 많은 불도가 있다. 婬欲卽是道 恚癡亦如是 如此三事中 無量諸佛道",『화엄경소초』권86(대정장36, p.673c28)에 "만일 누군가 음욕·분노·어리석음과 도가 다르다고 여긴다면 그 사람은 불도와 거리가 멀다. 마치 저 하늘과 땅처럼 도와 음노치도 한 가지 법으로 평등하다. 이를 듣고서 두려워한다면 불도와 거리가 매우 멀다. 음법은 생멸하지 않기에 마음을 괴롭힐 수 없다. 누구라도 나와 저를 헤아린다면 음욕에 빠져 언젠가는 악도에 떨어지리라. 若有人分別 婬怒癡及道 是人去佛遠 譬如天與地 道及婬怒癡 是一法平等 若人聞怖畏 去佛道甚遠 婬法不生滅 不能令心惱 若人計吾我 婬將入惡道"라고 하였다. [참고문헌]『大智度論』,『華嚴經疏鈔』,『中觀論疏』권5본(대정장42, p.73c19),『止觀輔行傳弘決』권8(대정장46, p.393c20). ⇨ 번뇌즉보리 煩惱卽菩提, 음노치 婬怒癡

음욕화 婬欲火 음욕의 불. 마음을 태우는 듯하기에 음화(婬火)라고도 한다.『현우경』권5(대정장4, p.381a21)에 "나이 겨우 열여섯에 음욕의 불을 태우며 사미 앞에서 온갖 요염한 몸짓을 보였다. 年始十六 婬欲火燒 於沙彌前 作諸妖媚",『천수경』(대정장20, p.108c23)에 "음욕의 불이 타오르면 마음은 어지럽게 무너진다. … 음욕의 불이 꺼지면 삿된 마음도 사라진다. 婬欲火盛 心迷倒 … 婬欲火滅邪心除",『대지도론』권17(대정장25, p.185c4)에 "이미 음욕의 불 벗어났으니, 곧바로 청량한 정을 얻었네. 저 사람이 뜨겁게 번민하다가 차가운 못에 들어간 즉시 쾌락한 것과 같다. 已得離婬火 則獲淸涼定 如人大熱悶 入冷池則樂",『다라니잡집』권2(대정장21, p.586a27)에 "이 다라니는 모든 마음 잃은 이들이 정념을 되찾아 음욕의 불을 끄고 마음을 시원하게 해주며 아만을 버리고 번뇌의 불마저 끄게 한다. 是呪能令諸失心者 還得正念 滅婬欲火 心得淸涼 除其我慢 滅結使火"라고 하였다. [참고문헌]『賢愚經』,『千手經』,『大智度論』,『陀羅尼雜集』. ⇨ 음욕 婬欲

음운미묘 音韻美妙 Ⓢ madhura-cāru-mañju-svara, Ⓣ gsung-snyan cing mnyen-la 'jam-pa. 여래의 팔십종호(八十種好) 중 하나로 소리의 운이 미묘함. 음운미호(音韻美好)·음운화창(音韻和暢)이라고도 한다.『대반야경』권470(대정장7, p.377b11)에 "여래의 음운 미묘하고 구족하니 저 깊은 계곡의 메아리 같다. 如來音韻美妙具足 如深谷響"라고 하였다. [참고문헌]『大般若經』, *Pañca-pr.8.66.* ⇨ 팔십종호 八十種好

음을사 陰乙寺 황해북도 평산군 멸악산(滅惡山)에 있던 절.『동국여지승람』권41 황해도 평산도호부 불우에 절의 이름과 위치가 전하고,『범우고』에는 폐사라고 하였다. [참고문헌]『東國輿地勝覽』,『梵宇攷』.

음의 音義 ❶ 글의 소리와 뜻. 또는 그것을 모아 만든 전적을 말한다. 불교 전적 중에서는 유송(劉宋) 때 혜예(慧叡)의『십사음훈서 十四音訓敍』, 북제(北齊) 때 도혜(道慧)의『일체경음 一切經音』이 있었지만 일실되어 전하지 않는다. 당(唐)대는 현응(玄應)의『일체경음의 一切經音義』25권·혜원(慧苑)의『신역화엄경음의 新譯華嚴經音義』2권(고려장11, No.252)·혜림(慧琳)의『일체경음의』100권(대정장54, No.2128)·희린(希麟)의『속일체경음의 續一切經音義』10권(대정장54, No.2129) 등이 있었다. 이 모든 전적에서는 어휘 배열은 모두 의지한 원래 전적의 순서를 따랐다. 북송(北宋) 처관(處觀)의『소흥중조대장음 紹興重雕大藏音』

3권은 일종의 자전(字典) 체제로서 한자부수의 배열에 따라 구성한 저작이다. 일본의 음의류 전적으로는 권중만 남아 있는 『대반야경음의 大般若經音義』, 상세한 한문주석이 붙어 있는 중산(仲算)의 『법화경석문 法華經釋文』 3권·신서(信瑞)의 『정토삼부경음의집 淨土三部經音義集』 4권 등이 있고, 일어 독법의 순서에 따라 구성한 심공(心空)의 『법화경음의 法華經音義』 2권이 있다. 『일체경음의』 권1 「신수일체장경음의서 新收一切藏經音義序」(대정장54, p.311a6)에 "혜림법사의 속성은 배씨고, 소륵국의 사람이다. 스승인 불공삼장이 경론을 가져오시자 자학을 더욱 정밀하게 하였으니, 건중(780~783) 말에 경들의 소리와 뜻을 모아 일백권에 약 육십만어였다. 『대반야경』에서 시작하여 소승의 기전까지 망라했다. … 문자에는 소리와 뜻이 있어 마치 방향을 잃고 헤매다가 길을 얻은 듯하고 등불을 켜 어둠을 헤치게 한다. 잠겨 비록 엎드렸을 뿐인데도 조용히 알게 된다. 慧琳法師 俗姓裴氏 疎勒國人也 … 師不空三藏 至於經論 尤精字學 建中末乃著經音義一百卷 約六十萬言 始於大般若經 終於小乘記傳 … 文字之有音義 猶迷方而得路 慧燈而破闇 潛雖伏矣 默而識之"라고 하였다. 〔참고문헌〕『一切經音義』, 『宋高僧傳』 권25 「行瑫傳」(대정장50, p.871b12), 『出三藏記集』 권15(대정장55, p.111b11), 『開元釋敎錄』 권8(대정장55, p.562a25). ⇨ 일체경음의 一切經音義, 속일체경음의 續一切經音義 ❷ 부처님의 한 음(一音)에 다 갖춘 중생의 소리와 뜻. 『비바사론』 권9(대정장28, p.482c16)에 "〈게〉 한 음성으로 설법하니 실로 빠짐없이 소리와 뜻 성취한다. 저들 각각 이런 생각 지으리니 가장 뛰어난 나를 위한 설법이네. 〈偈〉 一音聲說法 悉遍成音義 彼各作是念 最勝爲我說", 『대비바사론』 권79(대정장27, p.410a15)에 "송으로 말하였으니, '부처님께서 한 소리로 법을 펴 설하시지만 중생은 류를 따라 각기 알아듣네. 모두 다 말하길 세존께서는 같은 말로 하시지만 유독 나를 위해서는 종종의 뜻으로 설하시네'. 일음이라는 것은 범음이니, 만약 지나인 법회에 와서 앉아 있게 되면 부처님께서 지나의 소리와 뜻으로 설하시고 … 도화라와 박갈라 등의 사람들이 법회에 와서 앉으면 각각 말하길 '부처님께서 유독 나를 위해 우리나라 소리와 뜻으로 설하신다' 하니, 듣고 나서 보면 류를 따라 각각 이해를 얻는다. 有頌言 佛以一音演說法 衆生隨類各得解 皆謂世尊同其語 獨爲我說種種義 一音者 謂梵音 若至那人來在會坐 謂佛爲說至那音義 … 覩貨羅 博喝羅等 人來在會坐 各各謂佛獨爲我說自國音義 聞已隨類 各得領解"라고 하였다. 〔참고문헌〕『鞞婆沙論』, 『大毘婆沙論』. ⇨ 일음 一音, 원음 圓音

음익 喑嗌 말을 할 때 목에서만 소리를 내고 입에서 울리지 않게 하는 것. 소곤거리거나 속닥이는 것을 뜻한다. 음희(喑噫)·음개(喑喈)라고도 한다. 『십송율』 권40(대정장23, p.291b24)에 "비구니가 비구니에게 소곤거리면 돌길라이다. 식차마니·사미·사미니에게 소곤거려도 돌길라이다. 비구니가 비구에게 소곤거리면 바일제이다. 若比丘尼向比丘尼喑嗌 突吉羅 若向式叉摩尼沙彌沙彌尼喑嗌 突吉羅 若比丘尼向比丘喑嗌 波逸提"라고 하였다. 〔참고문헌〕『十誦律』, 『四分律疏飾宗義記』 권6(卍속장66, p.390a15).

음인 婬人 음욕에 속박된 사람. 『좌선삼매경』 권하(대정장15, p.285c22)에 "만일 음욕이 많고 애욕으로 어지러운 마음이라면, 이때 자비 등을 행할 수 없다. 음인이 자비를 행한들 어리석음만 더한다. 마치 냉병에 차가운 약을 복용하는 것과 같다. 음인의 마음이 산란하면 부정을 관해야 하니, 부정을 진실로 관하면 마음은 가라앉는다. 若多婬欲愛亂心 是時不應行慈等 婬人行慈益癡悶 如人冷病服冷藥 婬人心亂觀不淨 諦觀不淨心得定"라고 하였다. 〔참고문헌〕『坐禪三昧經』. ⇨ 음욕 婬欲

음일 婬佚 Ⓢ kāma-mithyā-caraṇa, Ⓟ methuna-gāma-dhamma. 음욕을 함부로 하여 방탕한 모양. 음일(淫佚·婬泆·婬逸·淫泆)·음질(婬妷) 등이라고도 한다. 60권본 『화엄경』 권54(대정장9, p.744a14)에 "중생은 서로 해칠 뿐이니 도둑질하며 함부로 음욕을 부린다. 衆生相殘害 竊盜縱婬佚", 『일체경음의』 권26(대정장54, p.479c2)에 "음일〈일은 질(妷)과 같고 여와 일을 반절한 음이다. 『창힐편』에 '음질은 방탕함이다'라고 하였다〉. 婬佚〈今作妷同 與一反 蒼頡篇 婬妷蕩也〉", 『관음의소기』 권2(대정장34, p.942b22)에 "비록 악귀가 사람을 음란하게 한다 하지만 이 또한 음업으로 부른 것이다. 음란한 생각을 많이 일으켰기에 음귀가 마음대로 할 기회를 얻도록 하기 때문이다. 진에와 사견도 이와 같다. 雖是惡鬼 使人婬佚 亦是婬業所召 以其多起婬思 致令婬鬼得便 瞋恚邪見 亦復如是", 『앙굴계경』(대정장2, p.512a16)에 "이전에는 음욕을 마음내로 부렸지만 나중에 그를 고쳐 더는 범하지 않았다. 이로써 세간을 밝게 비추니 저 달을 가리던 운무가 사라진 듯하다. 前爲婬逸行 後改不復犯 此明照世間 如月雲霧消", 『장아함경』 권14 「범동경 梵動經」(대정장1, p.88c23)에 "또한 찬탄하기를 '사문 고타마는 음욕을 버리고 범행을 깨끗이 닦으며 한결같이 계 지키고 방탕함도 익히지 않으시니 행하는 일마다 맑고 순결하시네' 하였다. 又嘆 沙門瞿曇 捨於婬欲 淨修梵行 一向護戒 不習婬逸 所行淸潔", 『증일아함경』 권16(대정장2, p.625b20)에 "나는 이제 이 목숨 다할 때까지 음행하지 않고 삿된 생각도 품지 않으니 항상 범행을 닦아 이 몸 향기롭고 깨끗하다. 我今盡形壽 不淫泆 無有邪念 恒修梵行 身體香潔", 『무량수경기신론』 권하

(권속장32, p.548a18)에 "단지 음행만 생각하느라 가슴에는 번민이 가득하고 애욕으로 어지러우니 앉아 있어도 불안하다. 但念婬泆 煩滿胸中 愛欲交亂 坐起不安"라고 하였다. 〔참고문헌〕『華嚴經』, 『一切經音義』, 『觀音義疏記』, 『鴦崛髻經』, 『長阿含經』, 『增壹阿含經』, 『無量壽經起信論』, *Gaṇḍ-vy.315.*, *DN.1.4.* ⇨ 음욕 婬欲

음일요진 婬泆窈盡 음욕이 아득히 사라졌다는 말. 『육도집경』 권3(대정장3, p.13c1)에 "옛날 어떤 범지는 나이 120세가 되도록 정절을 지키고 장가들지 않았는데 음욕이 아득히 사라진 채로 조용히 산천에 살며 세속의 영화를 즐기지 않았다. 昔有梵志 年百二十 執貞不娶 婬泆窈盡 靜處山澤 不樂世榮"라고 하였다. 〔참고문헌〕『六度集經』. ⇨ 음욕 婬欲

음입 陰入 ➡ 음계입 陰界入

음입계 陰入界 오음(五陰)·십이입(十二入)·십팔계(十八界)를 아울러 부르는 말. 『대지도론』 권36(대정장25, p.326a8)에 "〔문〕 그렇다면 어째서 다시 십이입과 십팔계를 설했는가? 〔답〕 '중'의 의미는 당연히 그렇고, 입과 계의 뜻은 다르다. 부처님은 법왕이시니 중생을 위한 까닭에 어떤 때에는 간략히 설하셨고 어떤 때에는 자세히 설하셨다. … 어떤 중생은 심과 심수법에 삿된 혹을 일으키지 않지만 다만 색에 대해서만 미혹되는데, 이런 중생을 위하여 색은 십처라고 설하셨고 심과 심수법은 이처를 설하셨다. … 나머지 입과 계라는 제법은 모두 오중차제로 말미암아 있으며, 법입과 법계 중에만 무위법을 더하였고 사제 중에 지연멸(擇滅)을 더하였다. 問曰 若爾者 何以故復說十二入十八界 答曰 衆義應爾 入界義異 佛爲法王 爲衆生故 或時略說 或時廣說 … 有衆生 心心數法中 不生邪惑 但惑於色 爲是衆生故 說色爲十處 心心數法 總說二處 … 餘入界諸法等 皆由五衆次第有 唯法入法界中 增無爲法 四諦中 增智緣滅", 『법계차제초문』 권상(대정장46, p.665c25)에 "오음으로 십이입을 가린다는 것은 미혹된 이가 색에 치우쳐 무겁게 미혹되기에 대성은 교문에서는 색을 열어 열이 되게 하고 마음은 두 가지로서 도합 열둘이 된다. 통칭 입이라고 하는데 입은 거두어 들인다는 뜻이다. 근과 진이 상대하면 식의 생이 있는데, 식은 근과 진에 의지하므로 능입이 되며 근과 진은 소입이 된다. 지금 이 십이입은 소입으로부터 이름을 받았기에 모두 입이라는 이름을 받았다. 次五陰而辨十二入者 以惑者迷色偏重故 大聖教門 開色爲十 心但爲二 合爲十二也 通稱入者 入以涉入爲義 根塵相對 則有識生 識依根塵 仍爲能入 根塵卽是所入 今此十二 從所入受名 故通受入名", 같은 곳(대정장46, p.666b26)에 "십이입으로 십팔계를 가린다. 미혹된 이가 명과 색에 있어 거듭 미혹하기에 색을 열어 열이 되고 명은 따로 여덟로 나누었으니, 도합 십팔계가 된다. 모두 계라고 하는데 계가 다름을 뜻으로 삼았다. 이 열여덟 법은 각각 다른 체가 있어서 뜻으로는 섞이거나 넘치지 않기에 모두 계라는 이름을 받았다. 次十二入 而辨十八界者 以惑者迷於名色俱重故 開色爲十 離名作八 合爲十八界也 通名界者 以界別爲義 此十八法 各有別體 義無渾濫 故通受界名也"라고 하였다. 〔참고문헌〕『大智度論』, 『法界次第初門』. ⇨ 삼과 三科, 온처계 蘊處界

음장 陰障 음이라는 장애. 『잡아함경』 권11(대정장2, p.73b15)에 "초저녁에 경행하고 좌선하며 음장을 제거하여 몸을 깨끗이 한다. 於初夜時 經行坐禪 除去陰障 以淨其身", 『보살지지경』 권6(대정장30, p.919b2)에 "밤낮 두 때에 음장을 제거하면 마음이 청정하다. 晝夜二時 除去陰障 心得淸淨"라고 하였다. 〔참고문헌〕『雜阿含經』, 『菩薩地持經』.

음장상 陰藏相 Ⓢ kośopagata-vasti-guhya, Ⓟ kosohita-vatthaguyha, Ⓣ 'doms-kyi-sba-ba-sbubs-su-nub-pa. 여래 삼십이상 중 음경이 보이지 않게 몸속에 감추어진 것. 마음장상(馬陰藏相)·음마장(陰馬藏)·음장(陰藏) 등이라고도 한다. 40권본 『대반열반경』 권28(대정장12, p.535a11)에 "만약 보살마하살이 두려워하는 이를 보고 구호의 손길이 되어 주거나 알몸에 맨발인 사람을 보고 의복을 주면 이 업연으로 음장상을 얻는다. 若菩薩摩訶薩 見怖畏者 爲作救護 見裸跣者 施與衣服 以是業緣 得陰藏相", 『대방등대집경』 권6(대정장13, p.37b20)에 "타인의 허물을 덮어주었기에 음장상을 얻었다. 覆藏他過故 得陰藏相", 『십주비바사론』 권8(대정장26, p.65a13)에 "좋은 말과 좋은 코끼리처럼 음경이 드러나지 않으므로 음장상이라고 한다. 如寶馬寶象 陰不現故 名陰藏相", 『사분율행사초자지기』 권상(대정장40, p.183a28)에 "(32상 중) 열다섯째 음장상〈두려워하는 이를 보고 구호의 손길이 되어 주며, 알몸에 맨발인 이에게 의복을 준 공덕이다. 마음장상이라고도 한다〉. 十五 陰藏相〈見怖畏者 爲作救護 見裸跣者 施與衣服 有云馬陰藏相〉"라고 하였다. 〔참고문헌〕『大般涅槃經』, 『大方等大集經』, 『十住毘婆沙論』, 『四分律行事鈔自持記』, *Lal-v.75.*, *DN.1.109.* ⇨ 마음장상 馬陰藏相, 삼십이상 三十二相

음장여마왕 陰藏如馬王 Ⓢ kośa-gata-vasti-guhya. 음장상(陰藏相)을 달리 이르는 말. 『보살지지경』 권10(대정장30, p.955a13)에 "(32상 중) 열째는 마왕과 같이 음경이 감추어진 상이다. 十者 陰藏如馬王"라고 하였다. 〔참고문헌〕『菩薩地持經』, *Bodh-bh.259.* ⇨ 음장상 陰藏相

음장은밀 陰藏隱密 Ⓢ kośa-gata-vasti-guhya. 음장상(陰藏相)을 달리 이르는 말. 『보살행방편경계신통변화경』 권중(대정장9, p.308c27)에 "음경이 은밀하게 감추어진 이는 사문구담이다. 陰藏隱密 是沙門瞿曇"라고 하였다. [참고문헌] 『菩薩行方便境界神通變化經』, *Abh-k-bh.21.* ⇨ 음장상 陰藏相

음전 陰錢 제사나 천도 의식에서 귀신이나 망자가 떠나는 데 노자로 여겨 놓는 모양만인 돈. 지전(紙錢) 또는 우전(寓錢). 『선림상기전』 권20(불광장, 禪藏, p.1628)에 "음전 : 종이 돈을 음전이라고도 한다. 『군담채여』에 '왕발이 장려를 지나다가 귀신을 달래고자 십만의 음전을 태웠다'라고 한다. 陰錢 紙錢 又名陰錢 群談採餘云 王勃過長廬 爲神焚陰錢十萬"라고 하였다. [참고문헌] 『禪林象器箋』. ⇨ 지전 紙錢

음정 陰精 음의 정수. 달을 말한다. 태양을 지칭하는 양정(陽精)에 대칭한다. 혼백(魂魄)을 나눌 때는 백에 당한다. 『대반열반경소』 권4(대정장38, p.60a16)에 "가을은 음의 때이고, 달은 음의 정수이다. 秋是陰時 月是陰精", 『광홍명집』 권3(대정장52, p.107c7)에 "하늘은 정기이고 태양은 양의 정이며, 달은 음의 정이고 별은 만물의 정이다. 天爲精氣 日爲陽精 月爲陰精 星爲萬物之精", 『선림소어고증』 권1(卍속장112, p.799b1)에 "달은 음의 정이기에 백이라고 한다. 月爲陰精 故曰魄"라고 하였다. [참고문헌] 『大般涅槃經疏』, 『廣弘明集』, 『禪林疏語考證』. ⇨ 양정 陽精

음제주 飮諸酒 Ⓢ surā-maireya-madya-pāna, madya-pa, madya-pāna, Ⓣ myos-'gyur 'thung-ba. 오법(五法 : 近事律儀) 또는 팔법(八法 : 近住律儀) 중에 하나. 갖가지 술을 마시는 행위. 구역(舊譯)은 음주류취처(飮酒類醉處 Ⓢ madyapāna)이다. 술 마시는 행위는 근본죄(性罪)는 아니지만 방일(放逸)을 초래하고 다른 악행으로 유도하기에 금하는 차죄(遮罪)이다. 『묘법성념처경』 권2(대정장17, p.422a17)에 "부처님께서 비구에게 이르셨다. '만일 어떤 사람이 불사르는 지옥의 원해에서 멀리 벗어나는 길을 구하고자 한다면 갖가지 술을 마시지 말고 보시와 지계의 업을 닦아야 한다'. 佛告比丘 若復有人 欲求遠離 焚燒冤害 不飮諸酒 修施戒業"라고 한 다음 선법을 파괴하고, 벗을 잃으며, 재물이 흩어지고, 건강을 해치며, 삼도(三塗)를 증장하는 등 음주로 인해 일어나는 모두 스물네 가지의 악한 과보를 설하셨다. 『법온족론』 권1(대정장26, p.458a9)에 "갖가지 술을 마신다는 말은 무슨 뜻인가? 위에서 언급한 갖가지 술을 마셔서 목구멍으로 넘기는 것을 가리켜 갖가지 술을 마신다고 한다. 방일처란 위에서 말한 갖가지 술을 마시고 나면 마음이 교만방자하고 혼미하게 취하여 광란하며 존비도 구분하지 못하니, 위중한 미혹과 악업이 모두 이로 인하여 일어난다. 이처럼 방일의 의지가 되므로 방일처라 한다. 飮諸酒者 謂飮咽嗾 如上諸酒 名飮諸酒 放逸處者 謂上諸酒飮已 能令心生憍傲 惛醉狂亂 不識尊卑 重惑惡業 皆因此起 放逸所依 名放逸處", 『구사론기』 권14(대정장41, p.229c23)에 "『순정리론』 권38(대정장29, p.561a25)에 갖가지 술 이름을 해설하면서 약간 다른 점이 없지 않지만 『법온족론』 권1(대정장26, p.458a2)의 설과 대체로 같다. 이 갖가지 술을 마시는 것이 비록 차죄이긴 하지만 방일하여 널리 온갖 악을 짓는다. 세존께서는 간절하고 무겁게 갖가지 음주를 끊도록 하셨기에 이러한 술은 방일처라 설하셨던 것이다. 술이야말로 방일의 의지처이기에 방일처라 한다. 正理三十八 釋諸酒名 非無少異 大同法蘊 飮此諸酒 雖是遮罪 而令放逸 廣造衆惡 世尊爲令殷重 遮斷飮諸酒 故說此酒是放逸處 諸不善業 名爲放逸 酒是放逸所依處 故名放逸處"라고 하였다. [참고문헌] 『妙法聖念處經』, 『法蘊足論』, 『俱舍論記』, 『順正理論』, 『瑜伽師地論』 권9(대정장30, p.320b18), *Prāt-m.231.* ⇨ 불음주계 不飮酒戒, 근사율의 近事律儀, 근주율의 近住律儀, 방일처 放逸處

음제호 飮醍醐 ❶ 제호를 마신다는 말. 으뜸의 맛을 보았다는 말로 법의 진수를 음미하는 것의 비유다. 『유심결』(대정장48, p.996b10)에 "때론 두렷한 이치에 힘쓰다가 집착하는 마음만 일으킨다. 제호만을 마시다가 독이 되는 격이다. 或敦圓理 而起著心 飮醍醐 而成毒", 『경덕전등록』 권5 「남악회양전 南嶽懷讓傳」(대정장51, p.240c28)에 "한 번 듣고 보며 깨우치니 제호를 마신 듯하였다. 一聞示誨 如飮醍醐"라고 하였다. [참고문헌] 『唯心訣』, 『景德傳燈錄』. ⇨ 제호 醍醐 ❷ 일본 원각사(圓覺寺) 스님 금북홍천(今北洪川 1816~1892) 지음. 1권. 1878년(명치11) 간행. 내제는 『창룡노사근고 蒼龍老師近稿』이다. 임제종 소속 저자의 시집이다.

음종제입 陰種諸入 음과 종과 제입. 음계입(陰界入 Ⓢ skandha-dhātu-āyatana)의 구역이다. 오온(五蘊)·십팔계(十八界)·십이처(十二處)를 말한다. 『광찬경』 권8(대정장8, p.200a19)에 "그 본제라는 것 또한 얻을 수 없으며 본말이 모두 맑다. 그러므로 모든 계는 불가사의하여 모두 얻을 수 없으며 본말이 모두 청정하다. 그러므로 음·종·제입도 다 얻을 수 없고 본말이 청정하다. 음·종·제입을 얻을 수 없으므로 본말이 청정하다. 其本際者 亦不可得 本末悉淨 是故諸界不可思議 悉不可得 本末淸淨 是故陰種諸入 悉不可得 本末淸淨 陰種諸入 不可得故 本末淸淨"라고 하였다. [참고문헌] 『光讚經』. ⇨ 음계입 陰界入, 온처계 蘊處界

음주 飮酒 ➡음주계 飮酒戒, 음주삼십오실 飮酒三十五失, 음주삼십육과 飮酒三十六過

음주계 飮酒戒 Ⓢmadya-pāna-virati. 오계(五戒) 또는 사십팔경계(四十八輕戒) 중 하나. 술을 마시는 것을 금하는 계. 불음주계(不飮酒戒)라고도 한다. 오계 중 이 계만은 나머지 네 가지 실죄(實罪)를 범하도록 하기에 미리 막는다는 뜻의 차죄(遮罪)다. 대소승과 도속을 불문하고 금하고 있다. 『구사론』 권14(대정장29, p.77b8 : *Abh-k-bh.*, p.218)에서도 "〔논〕 술 마시는 모든 이들은 마음이 대부분 방일하고 능히 여타 율의들을 지킬 수 없다. 이 때문에 다른 것들을 보호하기 위해 음주를 멀리하게 한다. 論曰 諸飮酒者 心多縱逸 不能守護 諸餘律儀 故爲護餘 令離飮酒 madyaṃ pivato 'nyānyap yaṅgānyaguptāni syuḥ"라고 설하고 있다. 『사분율』 권16(대정장22, p.671b21)에서는 음주계 제정의 연기를 다음과 같이 기술하고 있다. 부처님께서 지타국(支陀國 ⓅCeti)에 계실 적에 사가타(娑伽陀 ⓅSāgata)존자가 구섬미국(拘睒彌國 ⓅKosambi) 국왕으로부터 공양받을 때 흑주(黑酒)를 곁들였다. 이를 마신 사가타존자는 돌아오는 길에 땅에 넘어지며 구토하였고, 이를 아신 부처님께서는 비구들에게 음주를 금하는 계를 제정하셨고, 이를 어기면 바일제라고 하셨다. 이어서 술 마셨을 때의 열 가지 과실을 설하셨다. 『장아함경』 권11 「선생경 善生經」(대정장1, p.70c3)에서는 여섯 가지 과실을, 『대지도론』 권13(대정장25, p.158b8)에서는 서른다섯 가지 과실을 시설하였다. 『대방편불보은경』 권6(대정장3, p.158a3)에 "(五戒 중) 네 가지는 그 자체로 실죄이고, 음주라는 한 가지 계는 차죄(遮罪)이다. 음주가 나머지 네 가지 죄와 같은 류로 묶여 오계에 편입된 까닭은 이것이 방일의 근본이어서 나머지 네 가지 계를 범하게 하기 때문이다. 四是實罪 飮酒一戒 是遮罪 飮酒所以得與四罪同類結爲五戒者 以飮酒是放逸之本 能犯四戒", "가섭불 시대에 어떤 우바새가 음주로 인해 남의 부인과 음행을 저지르고 남의 닭을 훔치고 죽였는데, 다른 이들이 왜 그렇게 했는지 물으면 하지 않았다고 답하였다. 술로 산란하여 일시적으로 사계를 깨뜨릴 수 있고, 술을 마셨기에 네 가지 역죄를 지을 수 있으며 오직 승단을 파괴하는 짓만 할 수 없다. 전생에 지은 업이 아닌데도 미친 듯이 어지럽게 날뛰는 과보가 있게 되니, 술을 마셨기 때문에 미혹되고 전도되고 어지러워져서 미친 사람처럼 된다. 또한 술로 인해 어지럽기에 좌선하거나 경전을 외우거나 갖가지 일들을 돕는 등의 올바른 행위들을 그만두고 상실하게 된다. 비록 그 자체로 실제 죄는 아니더라도 이러한 이유들 때문에 실죄들과 같다 한다. 如迦葉佛時 有優婆塞 以飮酒故 邪婬他婦 盜殺他雞 他人問言 何以故爾 答言 不作 以酒亂故 一時能破四戒 有以飮酒故 能作四逆 唯不能破僧耳 雖非宿業 有狂亂報 以飮酒故 迷惑倒亂 猶若狂人 又酒亂故 廢失正業 坐禪 誦經 佐助衆事 雖非實罪 以是因緣 與實罪同"라고 하였다. 〔참고문헌〕『俱舍論』, 『四分律』, 『長阿含經』, 『大智度論』, 『大方便佛報恩經』, *Abh-k-bh.*, *DN.3.182.*, *Vin.4.110.* ⇨불음주계 不飮酒戒, 음주십과 飮酒十過, 음주삼십오실 飮酒三十五失, 오계 五戒, 십계 十戒

음주삼십오실 飮酒三十五失 술을 마셔서 생기는 서른다섯 가지 과실. 음주삼십오과(飮酒三十五過)라고도 한다. 『대지도론』 권13(대정장25, p.158b8)에 "부처님께서는 난제가우바새에게 말씀하셨다. '술을 마시는 데 서른다섯 가지 과실이 있다. 무엇인가? 첫째, 현세의 재물을 탕진한다. 어째서인가? 사람이 술을 마셔 취하면 마음에 절제함이 없어서 한없이 낭비한다. 둘째, 만병의 근원이다. 셋째, 다툼의 원인이다. 넷째, 발가벗고도 부끄러움이 없다. 다섯째, 추한 소문으로 인해 남들에게 존경받지 못한다. 여섯째, 지혜도 덮여 사라진다. 일곱째, 필요한 물품은 얻지 못하고 이미 얻은 물품도 잃는다. 여덟째, 덮어야 할 일을 모든 이들에게 말한다. 아홉째, 갖가지 사업 망쳐서 성공하지 못한다. 열째, 취하는 것은 근심의 뿌리다. 어째서인가? 취중에 실수를 많이 하여 깨고 난 뒤엔 부끄러워한다. 열한째, 체력이 점점 떨어진다. 열두째, 몸과 안색이 나빠진다. 열셋째, 부친을 공경할 줄 모른다. 열넷째, 모친을 공경할 줄 모른다. 열다섯째, 사문을 공경하지 않는다. 열여섯째, 바라문을 공경하지 않는다. 열일곱째, 백부・숙부・어른을 공경하지 않는다. 어째서인가? 취해 혼미하고 황홀하여 분별을 못하기 때문이다. 열여덟째, 부처님을 공경하지 않는다. 열아홉째, 법을 공경하지 않는다. 스무째, 승가를 공경하지 않는다. 스물한째, 악인과 패를 짓는다. 스물두째, 현명하고 선량한 이와 멀어진다. 스물셋째, 파계한 이가 된다. 스물넷째, 부끄러움이 없게 된다. 스물다섯째, 여섯 가지 감각 기관을 제어하지 못한다. 스물여섯째, 제멋대로 굴며 방일하게 된다. 스물일곱째, 남들이 싫어해서 보고 싶어 하지 않는다. 스물여덟째, 소중한 친속이나 지인들로부터 배척된다. 스물아홉째, 불선한 법을 행한다. 서른째, 선법을 포기한다. 서른한째, 지혜로운 이들에게 신용을 받지 못한다. 어째서인가? 술 마셔서 방일하기 때문이다. 서른두째, 열반으로부터 멀리 벗어난다. 서른셋째, 미치거나 몽매한 인연을 심는다. 서른넷째, 죽어서 악도나 지옥에 떨어진다. 서른다섯째, 사람으로 난다 해도 늘 미치거나 어리석게 된다'. 이상의 갖가지 과실 때문에 술을 마시면 안 된다. 如佛語難提迦優婆塞 酒有三十五失 何等三十五 一者 現世財物虛竭 何以故 人飮酒醉 心無節限 用費無度故 二者 衆病之門 三者 鬪諍之本 四者 裸露無恥 五者 醜名

惡聲 人所不敬 六者 覆沒智慧 七者 應所得物而不得 已所得物而散失 八者 伏匿之事 盡向人說 九者 種種事業廢不成辦 十者 醉爲愁本 何以故 醉中多失 醒已慚愧憂愁 十一者 身力轉少 十二者 身色壞 十三者 不知敬父 十四者 不知敬母 十五者 不敬沙門 十六者 不敬婆羅門 十七者 不敬伯叔及尊長 何以故 醉悶怳惚 無所別故 十八者不尊敬佛 十九者 不敬法 二十者 不敬僧 二十一者 朋黨惡人 二十二者 踈遠賢善 二十三者 作破戒人 二十四者無慚無愧 二十五者 不守六情 二十六者 縱已放逸 二十七者 人所憎惡 不喜見之 二十八者 貴重親屬及諸知識所共擯棄 二十九者 行不善法 三十者 棄捨善法 三十一者 明人智士所不信用 何以故 酒放逸故 三十二者 遠離涅槃 三十三者 種狂癡因緣 三十四者 身壞命終 墮惡道泥梨中 三十五者 若得爲人 所生之處 常當狂騃 如是等種種過失 是故不飮"라고 하였다. [참고문헌]『大智度論』, 『大乘義章』 권7(대정장44, p.615a29). ⇨ 음주계 飮酒戒

음주삼십육과 飮酒三十六過 술을 마셔서 생기는 서른여섯 가지 허물. 음주삼십육실(飮酒三十六失)이라고도 한다. 『분별선악보응경』 권하(대정장1, p.899b26)에 "또한 술을 마시는 데 서른여섯 가지 과실이 있다. 무엇인가? 첫째, 자산이 흩어져 잃게 된다. 둘째, 많은 질병이 나타난다. 셋째, 흥분하여 다투게 된다. 넷째, 살해함이 더한다. 다섯째, 분노를 더한다. 여섯째, 뜻대로 되지 않는 게 많다. 일곱째, 지혜가 점점 적어진다. 여덟째, 복덕이 더하지 않는다. 아홉째, 복덕이 점점 준다. 열째, 비밀을 드러내게 된다. 열한째, 사업이 성취되지 않는다. 열두째, 근심과 괴로움이 많이 늘어나게 된다. 열셋째, 모든 근들이 무뎌진다. 열넷째, 부모를 비방하고 욕하게 된다. 열다섯째, 사문을 공경하지 않게 된다. 열여섯째, 바라문을 불신하게 된다. 열일곱째, 부처님을 존경하지 않게 된다. 열여덟째, 승보와 법보를 공경하지 않게 된다. 열아홉째, 악한 벗을 가까이하게 된다. 스무째, 선한 벗을 멀리하게 된다. 스물한째, 음식을 버리게 된다. 스물두째, 감출 것 감추지 못한다. 스물셋째, 음욕이 왕성해진다. 스물넷째, 많은 이들이 기뻐하지 않게 된다. 스물다섯째, 말과 웃음이 헤프게 된다. 스물여섯째, 부모가 기쁘지 않게 된다. 스물일곱째, 권속이 싫어하여 멀리하게 된다. 스물여덟째, 잘못된 가르침을 받아 지니게 된다. 스물아홉째, 올바른 가르침으로부터 멀리 벗어나게 된다. 서른째, 현명하고 선량한 이를 공경하지 않게 된다. 서른한째, 잘못을 저지르게 된다. 서른두째, 끝내 열반으로부터 멀리 떠나게 된다. 서른셋째, 뒤쳐 미침이 점점 더한다. 서른넷째, 심신이 산란하다. 서른다섯째, 악행을 저지르며 방일하게 된다. 서른여섯째, 몸을 버려 목숨이 다하면 대지옥에 떨어져 끝없이 고통을 받게 된다. 復次 飮酒三十六過其過云何 一 資財散失 二 現多疾病 三 因興鬪諍 四 增長殺害 五 增長瞋恚 六 多不遂意 七 智慧漸寡 八 福德不增 九 福德轉減 十 顯露祕密 十一 事業不成 十二 多增憂苦 十三 諸根闇昧 十四 毁辱父母 十五 不敬沙門 十六 不信婆羅門 十七 不尊敬佛 十八 不敬僧法 十九 親近惡友 二十 捨離善友 二十一 棄捨飮食 二十二 形不隱密 二十三 淫欲熾盛 二十四 衆人不悅 二十五 多增語笑 二十六 父母不喜 二十七 眷屬嫌棄 二十八 受持非法 二十九 遠離正法 三十 不敬賢善 三十一 違犯過非 三十二 遠離圓寂 三十三 顚狂轉增 三十四 身心散亂 三十五 作惡放逸 三十六 身謝命終 墮大地獄 受苦無窮"라고 하였다. [참고문헌]『分別善惡報應經』. ⇨ 음주계 飮酒戒

음주십과 飮酒十過 술을 마셔서 생기는 열 가지 허물. 부처님께서 음주계를 제정하시면서 설하셨다. 『사분율』 권16(대정장22, p.672a16)에 "부처님께서 아난에게 말씀하셨다. '술을 마시는 데 열 가지 과실이 있다. 그 열 가지란, 첫째, 안색이 나빠진다. 둘째, 힘이 없어진다. 셋째, 시야가 어두워진다. 넷째, 분노하게 된다. 다섯째, 농업 등 생계를 유지하는 법들을 파괴한다. 여섯째, 질병을 초래한다. 일곱째, 다툼이 늘어난다. 여덟째, 선한 면이 없다는 평판과 악명이 유포된다. 아홉째, 지혜가 감소한다. 열째, 몸이 무너져 목숨이 다하면 삼악도에 떨어진다. 아난이여! 이를 일컬어 술 마시는 데 열 가지 과실이 있다고 한다'. 佛告阿難 凡飮酒者 有十過失 何等十 一者 顔色惡 二者 少力 三者 眼視不明 四者 現瞋恚相 五者 壞田業資生法 六者 增致疾病 七者 益鬪訟 八者 無善名稱 惡名流布 九者 智慧減少 十者 身壞命終 墮三惡道 阿難 是謂飮酒者 有十過失也"라고 하였다. [참고문헌]『四分律』. ⇨ 음주계 飮酒戒

음주육실 飮酒六失 Ⓟ cha ādīnavā surā-meraya-majja-pamāda-ṭṭhānānuyoge. 술을 마시면 잃게 되는 여섯 가지 실. 『장아함경』 권11 「선생경 善生經」(대정장1, p.70c3 : *Sigālovāda-sutta*, *DN.3*, p.182)에 "반드시 알아야 한다. 술을 마시면 여섯 가지 손실이 있다. 첫째 재산을 잃는다. 둘째 병이 생긴다. 셋째 다투게 된다. 넷째 악명이 널리 퍼진다. 다섯째 분노가 사납게 일어난다. 여섯째 지혜가 날로 줄어든다. 當知飮酒有六失 一者 失財 二者 生病 三者 鬪諍 四者 惡名流布 五者 恚怒暴生 六者 智慧日損 cha kho'me gahapatiputta ādīnavā surāmerayamajjapamādaṭṭhānānuyoge. sandiṭṭhikā dhanajānī kalahappavaḍḍhanī rogānaṃ āyatanaṃ akittisañjananī kopīnanidaṃsanī paññāyadubbalīkaraṇī tveva chaṭṭhaṃ padaṃ bhavati. ime kho gahapatiputta cha ādīnavā surāmerayamajjapamādaṭṭhānānuyoge"라고 하였다.

〔참고문헌〕『長阿含經』, 『大乘義章』 권7(대정장44, p.614c13), *DN*. ⇨ 음주계 飮酒戒, 음주삼십오실 飮酒三十五失, 음주삼십육과 飮酒三十六過, 음주십과 飮酒十過

음지 音旨 말씀에 담긴 뜻. 『유마경문소』 권2(卍속장27, p.877a2)에 "아난이 몸소 말씀하신 뜻을 받았으므로 '나는 들었다'라고 말했다. 阿難 親承音旨 故言我聞", 『대혜어록』 「진대혜선사어록주차 進大慧禪師語錄奏箚」(대정장47, p.811a9)에 "여러 차례 용안을 우러러보면서 말씀하시는 뜻을 받고보니 성스러운 말씀 높아 아득하여 범부가 미칠 수 있는 경지는 아니었다. 屢獲瞻望淸光 稟承音旨 聖言高遠 非凡所及"라고 하였다. 〔참고문헌〕『維摩經文疏』, 『大慧語錄』.

음지입 陰持入 온처계(蘊處界) 또는 음계입(陰界入)의 다른 이름. 5음(온)·18계·12처(입)를 말한다. 『증일아함경』 권28(대정장2, p.707c21)에 "음지입의 온갖 종을 모두 무상이라고 관한다. 陰持入諸種 皆悉觀無常", 『출삼장기집』 권6 「음지입경서 陰持入經序」(대정장55, p.44c1)에 "음지입은 세간의 깊은 병이다. 사람의 마음을 이리저리 달리게 하고 심지어 덕을 뒤치고 미친듯 하며, 귀 멀고 말 못하며 영화와 총애에 빠지고 어리석음 끌어안고 어둠에 몸을 던지다가 삼악도에 빠져서는 울부짖는다. 이것이야말로 병이라 할 수밖에 없으니 저 문둥병과 같아 뼛속 깊이 골수까지 파고드니 뛰어난 의사도 손쓸 방도가 없다. 陰持入者 世之深病也 馳騁人心 變德成狂 耳聾口爽 耽醉榮寵 抱癡投冥 酸號三趣 其爲病也 猶癩疾焉 入骨徹髓 良醫拱手", 『대지도론』 권1(대정장25, p.65b1)에 "찾아 얻을 수 없는데 어떻게 음지입으로 거둔다 하는가? 不可得故 云何陰持入攝"라고 하였다. 〔참고문헌〕『增壹阿含經』, 『出三藏記集』, 『大智度論』. ⇨ 온처계 蘊處界, 음계입 陰界入

음지입경 陰持入經 동한(東漢) 때 안세고(安世高) 한역. 2권. 고려장20, pp.1078a1~1092c6, No.807·대정장15, pp.173b2~180b9, No.603에 수록되어 있다. 오음(五陰)과 십이입(十二入)의 법상을 밝히고 37품 경법에 대해 설하고, 나아가 도제(道諦)로 해탈에 이르는 길을 설한다. 권말에는 「불설혜인백육십삼정해 佛說慧印百六十三定解」를 부록으로 달았다. 삼국시대 대승의 반야학(般若學)을 대표했던 지루가참(支婁迦讖 Ⓢ Lokakṣema)과 중국 불교사상계를 양분했던 안세고가 『안반수의경 安般守意經』(대정장55, No.602)과 함께 중시했던 경이다. 삼국시대 오(吳)의 진혜(眞慧)가 이 경을 해설한 『음지입경주 陰持入經註』(대정장33, No.1694)는 3세기 중국불교의 사상과 번역어를 살필 수 있는 중요한 자료로 평가한다. 〔참고문헌〕『歷代三寶紀』 권4(대정장49, p.50b8), 『衆經目錄』 권3(대정장55, p.128a6), 『大唐內典錄』 권1(대정장55, p.221b2).

음진 音塵 소리. 소식. 음성이나 말의 자취. 『관음의소기』 권4(대정장34, p.960a25)에 "단지 소리라는 티끌 한 법, 실지인 불안으로 보면 실제의 미묘한 소리이지만 방편의 지인 법안으로 보면 속제의 세간 소리일 뿐이다. 秖音塵一法 以實智佛眼觀之 卽實諦妙音 權智法眼觀之 卽俗諦世音", 『치문경훈』 권7 「부용해선사소참 芙蓉楷禪師小參」(대정장48, p.1074c17)에 "말 먼지들 고요해지고 소식마저 가라앉으니 한 맛으로 고요하여 문득 향할 일도 없다. 音塵寂爾 消息沈然 一味蕭條 無可輒向", 『능엄경증소광해』 권6(卍속장22, p.146a18)에 "이제 처음으로 흐름에 드니 곧바로 법성이 본래 고요함 알아 소리의 티끌마저 사라져 버렸기에 움직임도 고요함도 일어나지 않는다. 今初入流 則知法性本寂 音塵亦亡 故動靜不生"라고 하였다. 〔참고문헌〕『觀音義疏記』, 『緇門警訓』, 『楞嚴經證疏廣解』.

음질 婬妷 음일(婬佚·婬泆)이라고도 한다. 삼독 중 탐(貪)을 말하기도 한다. 『태자서응본기경』 권상(대정장3, p.475b16)에 "음질은 덕을 망가뜨려 그 사람을 어리석게 만드니 저 부처님들과 달리 깨달은 진인들도 칭찬할 일이 아니다. 그러므로 '탐음으로 늙음에 이르고, 분노로 병에 이르며, 어리석음으로 죽음에 이르니, 이 세 가지를 버려야 도를 터득할 수 있다'라고 한다. 婬妷敗德 令人愚癡 非彼諸佛 別覺眞人 所稱譽也 故曰 貪婬致老 瞋恚致病 愚癡致死 除此三者 乃可得道"라고 하였다. 〔참고문헌〕『太子瑞應本起經』. ⇨ 음일 婬佚

음참양서 陰慘陽舒 음하면 침울하고 양하면 즐겁다는 말. 음양참서(陰陽慘舒)라고도 한다. 장형(張衡)의 「서경부 西京賦」에 "사람은 양의 계절에는 즐겁고 음의 계절에는 침울하다. 이는 사람은 자연에 매이기 마련이다. 夫人在陽時則舒 在陰時則慘 此牽乎天者也"라는 말에서 유래한다. 『종용록』 73칙 「본칙 本則」(대정장48, p.273b9)에 "광명이 거듭하는 곳에 남은 달마저 기울어 가고〈막힘 다하면 트임 일어난다〉, 효와 상이 나뉠 때가 정월이다〈음하면 침울하고 양하면 즐겁다〉. 光明轉處傾殘月〈否極泰生〉 爻象分時刦建寅〈陰慘陽舒〉", 『당호법사문법림별전』 권중(대정장50, p.204c22)에 "만물이 이미 이럴진대 사람도 마찬가지이다. 그런 까닭에 머리와 다리 생김대로 모난 신발 신고 둥근 모자 쓰며, 성정의 씀도 음에는 침울하고 양에는 즐거운 것이다. 物旣如此 人亦如斯 所以 首足之儀 方履圓戴 性情之用 陰慘陽舒"라고 하였다. 〔참고문헌〕『從容錄』, 『唐護法沙門法琳別傳』.

음척록 陰騭錄 명대 원료범(袁了凡) 지음. 1권. 『요범사훈 了凡四訓』이라고도 한다. 중국 세간도덕을 서술한 대표적인 작품이다. 원료범이 운곡선사(雲谷禪師)를 몇 차례 친견하여 법문을 듣고 입명설(立命說)을 깨우쳐 선악의 행위와 인과응보의 진실을 알고 나서 편찬하였다. 사람을 지배하는 하늘인 음척이 사람들이 행한 선악에 따라 화복을 결정한다고 여긴다. 먼저 겸허리중(謙虛利中)을 언급하고, 다음으로 적선여경(積善餘慶)의 예를 들고 동시에 선행의 열 가지 덕목을 나열한다. 권말에는 "과오를 알고 고치면 이보다 큰 선이 없다. 知過能改 善莫大焉"라 하였다. 유도불(儒道佛) 삼교를 한 가지로 보고 불교의 인과응보설을 큰 배경으로 하였다. 당대의 도덕과 습속을 알 수 있는 자료이다. 〔참고문헌〕『觀音慈林集』 권하(卍속장149, p.634a16).

음충수계 飮蟲水戒 벌레가 살아 움직이는 물을 마시지 못하게 한 계. 바일제법(波逸提法)에 해당한다. 『사분율』 권16(대정장22, p.677b15)에 "한때 세존께서 사위국 기수급고독원에 계셨다. 그때 육군비구가 벌레 섞인 물을 떠다 마시니 거사들이 보고 비난하며 말하길 '저 사문석자들은 자비로운 마음 없어 벌레의 목숨을 해치는구나. 겉으로는 스스로 정법을 닦는다고 하지만, 지금 보니 무슨 정법이 있단 말인가? 벌레 섞인 물을 마시다니' … 만약 비구가 벌레 있는 물인 줄 알면서도 마신다면 바일제다. 爾時 世尊 在舍衛國 祇樹給孤獨園 時 六群比丘 取雜虫水而飮用 諸居士見已 皆嫌責言 此沙門釋子 無有慈心 殺害虫命 外自稱言 我修正法 如今觀之 何有正法 乃取雜虫水用 … 若比丘 知水有虫 飮用者 波逸提"라고 하였다. 〔참고문헌〕『四分律』, 『摩訶僧祇律』 권18(대정장22, p.373a18), 『十誦律』 권14(대정장23, p.97b16), 李智冠 『南北傳六部律藏比較硏究』 pp.232~233, *Vin.4.125.* ⇨ 구십단타 九十單墮

음탐 婬貪 Ⓢ maithuna-rāga, Ⓣ 'khrig-pa'i-'dod-chags. 혈족이나 친구 등에게 애착하는 탐욕. 다섯 가지 담욕(五貪 : 色貪 財貪 名聞貪 善法貪 親戚貪) 중 하나이며, 친척탐(親戚貪)이라고도 한다. 모든 중생에게 평등한 마음을 지니는 사무량심(捨無量心)으로 대치한다. 『법온족론』 권1(대정장26, p.457a14)에 "말하여 욕이라는 것은 음탐이고 때론 탐하는 경이다. 所言欲者 謂是婬貪 或所貪境", 『잡아비담심론』 권7(대정장28, p.925c29)에 "색탐은 부정관으로 대치하고, 음탐은 집착을 버리는 사심으로 대치한다. 色貪 以不淨觀對治 婬貪 以捨對治", 『구사론』 권29(대정장29, p.150b25 : *Abh-k-bh.*, p.452)에 "비바사의 논사는 '욕탐에는 두 가지가 있다. 하나는 색이고, 다른 하나는 음이다. 부정과 사로 대치한다'라고 한다. 이치로 따져보면 부정으로는 음탐을 다스릴 수 있고, 그 외에 친한 벗에 대한 탐은 사심으로 대치한다. 毘婆沙說 欲貪有二 一 色 二 婬 不淨與捨 如次能治 理實不淨 能治婬貪 餘親友貪 捨能對治 varṇarāgasyāśubhā maithunarāgasyopekṣeti vaibhāṣikāḥ. evaṃ tu yujyate. maithunarāgasyāśubhā mātāpitṛputrajñātirāgasyopekṣeti"라고 하였다. 〔참고문헌〕『法蘊足論』, 『雜阿毘曇心論』, 『俱舍論』, *Abh-k-bh.* ⇨ 친척탐 親戚貪, 사무량심 捨無量心

음탕 淫湯 묽은 미음. 승가에서 아침에 죽을 먹는 전통에서 비롯한 여러 이야기가 전하지만, 이른 아침 조찬을 죽(飮)으로 하는 본래의 뜻은 정재를 아끼고 신심(身心)을 경안(輕安)하게 하는 데 있다. 『선림상기전』 권17(불광장, 禪藏, p.1290)에 "음탕 : 옛 설에 따르면, '때론 음탕을 마시면 음심을 능히 꺾어 옅게 할 수 있어서 이름을 붙였다고 하지만 이 뜻은 맞지 않다. 음(淫)의 바른 글자는 음(飮)이다. 승당에서 발우를 펴는 건추를 울릴 때 「탕을 드시오!」라고 소리내며 행한다'라고 한다. 도충이 말한다. '… 쌀가루로 탕을 끓이면 걸쭉하게 가라앉으므로 음탕이라 하니 미음이다'. 淫湯 舊說曰 或謂淫湯飮之 則能折薄淫心 故名 此義非也 淫當作飮 僧堂鳴開鉢槌時 唱飮湯而行之 忠曰 … 蓋米粉點湯 混濁滯留 故言淫湯 卽米湯也", "옛말에 따르면, '동산양개선사가 어머니와 작별하고 출가하자 애석한 마음에 편지보내는 일은 허락하지 않다가 기왕에 그 뜻을 따르기로 하고는 말하길 「목련이 어머니를 구제했듯이 하라」고 말했다. 후에 그 어머니가 아들 양개를 떨치지 못하여 몸소 사방으로 다니다가 마침내 길에서 죽고 말았다. 동산이 가서 어머니를 알아보고는 유해를 거두어 다비하였다. 어머니 주머니에 낟알이 조금 남아 있었다. 동산이 대중과 좋은 인연을 맺고자 하였지만 쌀이 적어 미치지 못하자 솥에 붓고 탕으로 만들어 대중에게 올렸으니 이것이 음탕의 시작이다'라고 한다. … 도충은 말하길, '적음선사 생각으로는 음탕이 동산의 사연이 된 것은 사실이 아니다'. 舊說曰 洞山价禪師 辭母出家 母愛惜 遺書不許 旣而隨其志 告曰 汝須如目連救母 後其母憶价不已 躬往尋求四方 遂斃于道路 洞山適知之 爲收遺骸荼毘 母囊中 蓄米粒少許 山欲行大衆結良緣 則米少而不及 便投之釜中 以湯普進大衆 此淫湯之始也 … 忠曰 依寂音之議 則淫湯爲洞山事緣 妄矣"라고 하였다. 〔참고문헌〕『禪林象器箋』. ⇨ 목련구모 目連救母

음하만복 飮河滿腹 강물을 아무리 마시려 해도 배를 채우는 정도에 그친다는 말. 자신의 분수에 만족해야 한다는 취지. 또는 작은 견해로는 크나큰 경지를 헤아릴 수 없다는 뜻을 나타낸다. 『장자』 「소요유 逍遙遊」에 "뱁새가 무성한 숲에 둥지를 틀어도 나뭇가지 하나를 차지할 뿐이고, 두더지가 강물을 마셔도 배를 채우면 그만이다. 鷦鷯巢於深林 不過一枝 偃鼠飮河 不過滿腹"라는 대목에서 유래한다. 『자은전』 권8(대정장50, p.265a10)에 "드넓은 이치의 바다(義海)는 흘러드는 크고 작은 물줄기를 모두 받아들인다. 이처럼 다른 지방의 석덕과 이역의 고승들이 감복하여 도를 물으며 쌓였던 의문을 풀어 달라고 배움을 청하러 몰려들었다. 그러나 진실로 강물을 아무리 마시려 해도 배를 채우는 정도에 그칠 뿐이니 아무도 자은의 깊이를 헤아리지 못하였다. 廓義海 納朝宗之巨細 於是殊方碩德 異域高僧 伏膺問道 蓄疑請益 固已飮河滿腹 莫測其淺深"라고 하였다. 〔참고문헌〕『莊子』, 『慈恩傳』, 『憨山集』 「序文」(卍속장127, p.205b8).

음행 陰行 오음(五陰)으로 움직일 뿐의 뜻. 『장아함경』 권4 「유행경 遊行經」(대정장1, p.26c20)에 "그때 석제환인이 다시 게송으로 말하길, '오음으로 움직여 변치 않는 것 있을 리 없다. 다만 일어났다가 사라지는 법일 뿐. 태어난 자 죽지 않는 법은 없으니, 부처님께서는 생도 사도 사라진 열반을 낙으로 삼으셨네'. 爾時 釋提桓因 復作頌曰 陰行無有常 但爲興衰法 生者無不死 佛滅之爲樂"라고 하였다. 〔참고문헌〕『長阿含經』.

음향인 音響忍 Ⓢghoṣa-anuga-kṣānti. 삼법인(三法忍) 중 하나. 음향을 인연하여 부처님의 교설을 듣고 깨달아 들지만, 그 소리 실로 있는 것 아님도 알며, 어떤 소리를 듣더라도 수순하여 어긋남이나 잃는 것이 없는 등의 뜻이다. 『아미타경소초연의』 권3(卍속장33, p.646b15)에 "음향인이란, 부처님의 교설을 들은 인으로 깨달아 들기 때문이다. 音響忍 因聞聖敎 得悟入故", 『무량수경의소』 권하(대정장37, p.106a7)에 "소리를 찾아 깨달아 알지만 메아리와 같다고 아는 것이 음향인이다. 尋聲悟解 知聲如響 名音響忍", 『무량수경연의술문찬』 권중(대정장37, p.156c9 · 한불전2, p.56a1)에 "나무에서 나는 소리를 찾아보면 바람을 따라 생겨났을 뿐, 있지만 실은 아니다. 이렇게 음향인을 얻는다. 今卽尋樹音聲 從風而有 有而非實 故得音響忍"라고 하였다. 『여래흥현경』 권4(대정장10, p.614b21)에 "저들은 무엇을 음향인이라 하는가? 들리는 모든 소리에 공포를 품지도 무서워하지도 부끄러워하지도 않으며, 기껍고 즐거운 마음으로 생각하여 따르고 따르는 행위마다 어긋나 잃는 것이 없으면 음향인이다. 彼則何謂 爲音響忍 諸所聞音 不懷恐怖 不畏不慷 喜樂思順 諸所遵行 無所違失 是音響忍"라고 하였다. 〔참고문헌〕『阿彌陀經疏鈔演義』, 『無量壽經義疏』, 『無量壽經連義述文贊』, 『如來興顯經』, *Sukh-vy. I.58.* ⇨ 삼법인 三法忍 ❶

음혈지옥 飮血地獄 자신의 피를 마시는 지옥. 피 뿐만 아니라 자기 몸의 모든 것을 차례로 먹어치운다. 『지장보살본원경』 권상 「지옥명호품 地獄名號品」(대정장13, p.782a22)에 그 이름이 보이며, 『정법염처경』 권7 「지옥품」(대정장17, p.35b8)에 "지옥에 떨어져 자신의 살을 먹고 그 피마저 마시며, 피를 다 마시고 나서는 힘줄을 끊고, 힘줄을 끊고 나서는 뼈를 부수고, 뼈를 부수고 나서는 그 골수를 마시며, 골수를 마시고 나서는 대소장까지 먹는다. 在地獄中 噉食其肉 復飮其血 旣飮血已 次斷其筋 旣斷筋已 次破其骨 旣破骨已 次飮其髓 旣飮髓已 食大小腸"라고 하였다. 〔참고문헌〕『地藏菩薩本願經』, 『正法念處經』.

음환 陰幻 오음(五陰 : 色受想行識)이 실체없이 쌓인(蘊) 환(幻)이라는 말. 『지관보행전홍결』 권2(대정장46, p.213b23)에 "오음이 환이라는 설법을 듣고 죄마저 남이 없음을 안다. 聞說陰幻 知罪無生", 『태종정영집』 권5(卍속장101, p.649a1)에 "오음이 환이어서 공임을 알지 못한다면 어찌 능히 스승이 될 수 있겠는가? 不達陰幻卽空 安能堪爲師"라고 하였다. 〔참고문헌〕『止觀輔行傳弘決』, 『台宗精英集』. ⇨ 오음 五陰

음휴 廕庥 그늘이 되어 쉬게 함. 감싸 보호하다의 뜻이다. 음비(廕庇)와 통한다. 『선원청규』 권5(卍속장111, p.901b15)에 "모두 수좌와 대중이 법력으로 감싸주신 덕택입니다. 皆荷首座大衆法力廕庥", 『총림교정청규총요』 권상(卍속장112, p.23a3)에 "이는 모두 화상께서 도력으로 덮어주셨기 때문이니, 미천한 몸은 지극한 감격을 이기지 못하겠습니다. 此蓋和尙 道力廕庥 下情無任 感激之至"라고 하였다. 〔참고문헌〕『禪苑淸規』, 『叢林校定淸規總要』. ⇨ 음비 廕庇

읍 揖 가슴 위에 두 손을 가지런히 모아서 내밀고 위로 올린 뒤 허리를 굽혔다가 다시 펴면서 손을 내리는 예법. 중국 전통의 구배(九拜) 가운데 무릎을 꿇지 않고 손을 올렸다가 내리는 숙배(肅拜)에 해당한다. 그러나 선림에서는 대중이 모여 주지나 선덕을 모시고 묻고 답하는(問訊) 것을 말한다. 『선림상기전』 권10(불광장, 禪藏, p.742)에 "읍 : 『백장청규』 권1 「성절 聖節」(대정장48, p.1113b21)에 '유나가 향로 앞으로 몸을 돌리고 주지에게 읍하고 향을 올린다'라고 하였다. 옛 설에는 '승가에서 말하는 읍이란 묻고 바로잡는 일이다. 차수하고 가슴에 붙이면 재가의 읍에 해당한다'라고 한다. 도충이 말한다. '가령 읍반 · 읍좌 · 읍향 · 읍당다 등은 모두 물어 답하고 바로잡는 것으로서의 읍이다. 다만 조사의 기일에 진영 앞에서 행하는 읍탕 · 읍다 그리고 축례 이후 서로 읍하는 예법은 차수하고 고개를 숙이므로 승가에도 이 법이 없다고 할 수 없다'. 揖 敕修淸規聖節云 維那轉身爐前 揖住持上香 舊說曰 僧家言揖者 卽問訊是也 若叉手著胸 是在家所謂揖也 忠曰 如揖班 揖坐揖香 揖湯茶 皆問訊名揖也 但祖忌眞前之揖湯 揖茶 及觸禮之後相揖正是叉手低頭 故僧家亦非無此法", 『대지도론』 권10(대정장25, p.130c29)에 "또한 하중상의 예법이 있다. 하품은 읍하고, 중품은 한쪽 무릎을 꿇는 궤이며, 상품은 무릎을 꿇고 머리를 바닥에 붙이는 계수다. 復次 有下中上禮 下者揖 中者跪 上者稽首", 『석문귀경의』 권하(대정장45, p.862b21)에 "아홉 번째 숙배란 허리를 구부리고 손을 내리는 예법으로 오늘날의 읍이 그것이다. 九曰肅拜者 但俯下手 今時揖者是也", 『석씨요람』 권2(대정장54, p.278a4)에 "읍 : 『주례』의 구배 중 아홉 번째 숙배에 해당한다. 또한 내법으로는 하품의 예다. 『서』에 '읍은 저 경쇠 꺾인 것과 같다. 만일 고개를 들고 몸을 곧게 하고 손을 모아 삼가지 않는다면 만이 심한 자세다'라고 하였다. 그러므로 공자는 '예로서 공경하지 않는다면 내가 어찌 그대로 보고만 있겠는가!'라고 한 것이다. 揖 卽周禮第九肅拜也 又是內法 下品禮也 書云 揖如磬折 若仰首直身 叉手不謹 卽慢甚也 故孔子曰 爲禮不敬 吾何以觀之"라고 하였다. 〔참고문헌〕『禪林象器箋』, 『百丈淸規』, 『大智度論』, 『釋門歸敬儀』, 『釋氏要覽』. ⇨ 문신 問訊, 구배 九拜 ❷

읍 소조동자상
익산 숭림사 18세기

읍다 揖茶 대중이 모여 차를 마시는 법. 대중이 함께 차를 마시며(行茶) 덕있는 이를 모시고 묻고 답하는 일(問訊)을 함께 하는 것을 말한다. 지금의 다담법회(茶談法會)다. 『백장청규』 권7 「신괘탑인점입료다 新掛搭人點入寮茶」(대정장48, p.1150c2)에 "요사 안의 소판을 두 번 울리고 나서 차를 돌린다. 병은 반드시 천당에서 들인다. 이에 먼저 나아가서 묻고는 다시 물러나 한 줄로 늘어서 있다가 문신한다. 이를 읍다라 한다. 鳴寮內小板二下 行茶遍 甁須從穿堂入 仍如前進前問訊 復退作一行問訊 謂之揖茶", 『선림상기전』 권10(불광장, 禪藏, p.751)에 "읍다 : 읍향과 읍대중다 항목을 참조하라. 읍하면서 차를 권하는 예법이다. 옛 설에 따르면, '돌아가며 읍다를 할 때 도리상 읍하기를 기다렸다가 마치고 나서 차를 마심이 마땅하지만 돌아가며 읍다하는 데 걸리는 시간이 조금 지체되면 마치기를 기다렸다가는 차가 식을 우려가 있으므로 각자 주변 사람들에게 먼저 차부터 마시라고 작은 소리로 이른다. 돌아가며 읍다하는 사람이 승당 중앙으로 되돌아와 선 자세로 문신하면 다만 빈잔을 들고서 응답한다'라고 한다. 揖茶 見揖香 及揖大衆茶處 揖而勸茶也 舊說曰 如巡揖茶時 理應俟揖 畢而喫茶 然巡揖經時稍久 若俟畢 恐冷 故各少報左右先喫了 及巡揖人 歸堂中立問訊 但當擧空盞 而應之也"라고 하였다. 〔참고문헌〕『百丈淸規』, 『禪林象器箋』.

읍반상향 揖班上香 양반(兩班 : 東西班) 함께 나와 향을 올리는 예법. 출반상향(出班上香)과 통한다. 『백장청규』 권7 「사절토지당염송 四節土地堂念誦」(대정장48, p.1152c3)에 "행자가 발을 쳐 울리면 유나가 나와서 동서 양반이 함께 나와 향을 올린다. 行者鳴鈸 維那出揖班上香"라고 하였다. 〔참고문헌〕『百丈淸規』. ⇨ 출반상향 出班上香, 읍 揖, 상향 上香

읍양 揖讓 몸을 낮춰 묻거나 겸양을 표하는 것. 『장아함경』 권2 「유행경 遊行經」(대정장1, p.11b18)에 "그때 대신 우사가 자리에서 일어나 부처님을 세 번 돌고는 읍양하고 물러났다. 時 禹舍卽從座起 遶佛三匝 揖讓而退", 『법화현의』 권8상(대정장33, p.780b19)에 "윗 사람을 공경하고 아랫 사람을 아끼며 인의로 읍양한다. 敬上愛下 仁義揖讓", 『일체경음의』 권44(대정장54, p.599c3)에 "읍양〈읍은 이와 입을 반절한 음이다. 손을 가지런히 내밀거나 잠시 드는 것이다. 『광아』에 '읍은 다가가는 것이다'라고 하였다〉. 揖讓〈伊入反 平推也 亦手小擧之也 廣雅 揖 進也〉", 『허당록』 권9(대정장47, p.1048c8)에 "공양과 죽 먹는 두 때마다 낮은 자리에서 문신하고 들고 남에 읍하고 겸양하는 것을 예라 한다. 齋粥二時 下地問訊 進退揖讓 謂之禮", 『번역명의집』 권5(대정장54, p.1144b17)에 "도가의 무리는 약함을 지키고 스스로 낮추며 요순이 읍양했던 덕을 펼치고, 『주역』에서 보인 겸공을 받든다. 道流 守弱自卑 陳堯舜揖讓之德 奉周易之謙恭也"라고 하였다. 〔참고문헌〕『長阿含經』, 『法華玄義』, 『一切經音義』, 『虛堂錄』, 『翻譯名義集』. ⇨ 읍 揖, 사양 辭讓

읍의 邑義 Ⓢ pūga, Ⓣ 'dren-ma. 재가 중심의 모임이나 결사체. 범어 푸가(Ⓢ pūga)에서 기원한 조합(組合). 다중(多衆)의 뜻이다. 중국에서는 북위때부터 오대(五代)까지 존속했다. 의읍(義邑)·읍회(邑會)·사읍(社邑)·의사(義社) 등이라고도 하는데, 중당(中唐)대 이후에는 주로 '사읍'이라고 불렀다. 승기호(僧祇戶)에서 발전한 것으로 보기도 한다. 운강(雲崗)·용문(龍門)·천룡산(天龍山) 등 이름난 석굴의 조상기(造像記)에서 이 결사조직을 빈번하게 확인할 수 있다. 읍의 회원은 공동으로 출자하여 불보살상 또는 사원을 조성하였으며, 재회(齋會)·사경(寫經)·송경(誦經) 등을 주요 행사로 개최하였다. 큰 조직은 오백여 명 이상이 참여하기도 하였는데, 이들의 대표를 읍의주(邑義主)·읍주(邑主)·읍장(邑長)이라고 하였으며, 실무를 담당하는 간사는 읍유나(邑維那), 일반 회원은 읍자(邑子)·읍인(邑人)·읍도(邑徒) 등이라고 하였다. 또 이들과 함께하는 스님은 읍사(邑師)라고 하였다. 『유가사지론』 권33(대정장30, p.469c20 : *Śrāv-bh.*, p.465)에 "장자대중이나 읍의대중 또는 여타의 대중이 넓고 긴 곳이나 집 또는 방에서 갖가지 품류의 여러 대중집회를 열었는데, 그곳에서 내는 갖가지 소리들을 떠들썩한 소리라고 한다. 或長者衆 或邑義衆 或餘大衆 或廣長處 或家或室 種種品類諸衆集會 所出種種雜類音聲 名諠譟聲 yasmin grāme vā nigame vā śreṇyāmvā pūge vā parṣadi vā āyataviśāle vā gṛhe avavarake vā nānāprakārasya janakāyasya sanniṣaṇṇasya sannipatitasya yo vyatimiśro vicitro nirghoṣo niścarita. yaḥ kalakalaśabda ityucyate", 『대반열반경의기』 권9(대정장37, p.861a2)에 "과거세 바라내국에 한 바라문이 있었는데 그 사람의 성은 교시가였다. 복업 닦기를 좋아하여 벗 서른두 명과 함께 읍의를 만들었다. 교시가는 죽은 뒤 도리천의 왕이 되고 나머지는 보좌하는 신하가 되었다. 過去世時 波羅㮈國 有婆羅門 姓憍尸迦 好修福業 與其同友三十二人 共爲邑義 憍尸命終 爲忉利王 餘爲輔臣", 「동황두칠십인등조상기 董黃頭七十人等造像記」에 "또 바라옵나니, 읍의의 모든 사람이 나는 곳마다 항상 여러 부처님을 만나서 법을 듣고 깨달아 해탈케 하옵시며, 법계중생은 보리심을 일으켜 빨리 부처가 되게 하소서. 又願邑義諸人 生生之處 恒值諸佛 聞法悟解 法界衆生 發菩提心 速致作佛", 「도략등조신비상기 道略等造神碑像記」에 "드디어 읍의 삼백여 명이 함께하여 뜻을 보리에 두고 높고도 큰 서원을 세웠다. 遂能共邑義三百餘人等 託志菩提 建崇弘願", 『당고승전』 권24 「담선전 曇選傳」(대정장50, p.641c22)에 "여러 곳에서 읍의를 설치하고 달마다 재를 열었다. 多置邑義 月別建齋"라고 하였다. 〔참고문헌〕『瑜伽師地論』, 『大般涅槃經義記』, 『唐高僧傳』, 『本事經』 권7(대정장17, p.697b1), 『有部苾芻尼毘奈耶』 권2(대정장23, p.917a7), *Śrāv-bh.* ⇨ 사읍 社邑, 승기호 僧祇戶

읍청 揖請 읍하고 청하는 법. 『백장청규』 권4 「양서진퇴 兩序進退」(대정장48, p.1134b2)에 "시자가 읍하고는 새로 온 스님을 주지 앞에 가게 해서 대면하고 촉례로 일배를 올리도록 청한다. 侍者揖請新人 至住持前 對觸禮一拜"라고 하였다. 〔참고문헌〕『百丈淸規』. ⇨ 읍 揖

읍탕 揖湯 읍을 하며 탕을 권하는 법. 권탕(勸湯)이라고도 한다. 『백장청규』 권2 「달마기 達磨忌」(대정장48, p.1117c26)에 "주지는 향을 올리고 삼배한 다음 좌구는 거두지 않고 탕을 올리고 물러나서 삼배한 뒤 다시 나아가 앞서 문신하고 읍탕한 뒤 다시 자리로 돌아와서 삼배한다. 住持 上香三拜 不收坐具 上湯退身 三拜再進 前問訊揖湯 復位三拜", 『선림상기전』 권10(불광장, 禪藏, p.753)에 "읍탕 : 도충이 말한다. '탕 올리는 예법인즉 읍탕이다. 마땅히 읍다에 준하여 알아야 한다. 읍하고 권하기에 권탕이다'. 揖湯 忠曰 湯禮則有揖湯 當準揖茶而知之 揖而勸之 卽勸湯也"라고 하였다. 〔참고문헌〕『百丈淸規』, 『禪林象器箋』. ⇨ 권탕 勸湯, 읍다 揖茶

읍회 邑會 Ⓢgoṣṭhika. 가까운 이들끼리 모여 즐김. 『찬집백연경』 권8(대정장4, p.242c12)에 "세도 있는 무리들이 함께 읍회를 여는 것이 나날이 새로웠다. 회동할 때면 부부가 함께 오고 남녀가 어울려 서로 즐겁게 논다. 與諸豪族 共爲邑會 日月更作 會同之時 夫婦共來 男女雜合 共相娛樂"라고 하였다. 〔참고문헌〕『撰集百緣經』, 『說無垢稱經』 권1(대정장14, p.560b27), 『大智度論』 권96(대정장25, p.732b12), 『瑜伽師地論』 권45(대정장30, p.541c4), *Av-ś.197.*

응 應 ❶ⓈarhatⓅ, arahant. 응공(應供)의 줄임말. 아라한(阿羅漢)의 뜻이고 여래십호(如來十號) 중 하나. 40권본 『대반열반경』 권18(대정장12, p.468b14)에 "응이란 모든 인천이 마땅히 갖가지 향·꽃·영락·당번·기악 등으로 공양해야 한다는 뜻이다. 이 때문에 응이라 한다. 應者 一切人天 應以種種 香花瓔珞 幢幡妓樂 而供養之 是故名應", 『유가사지론』 권83(대정장30, p.765a15)에 "응이라는 말은 마땅히 공양해야 한다는 뜻이다. 所言應者 應供養故"라고 하였다. 〔참고문헌〕『大般涅槃經』, 『瑜伽師地論』. ⇨ 응공 應供, 여래십호 如來十號 ❷ ➡ 응감 應感 ❸ 마땅히, 반드시, 틀림없이의 뜻. 『장아함경』 권18 「세기경 世記經」(대정장1, p.114b18)에 "부처님께서 모든 비구들에게 말씀하셨다. '훌륭하고도 참으로 훌륭하다. 무릇 출가자란 마땅히 두 가지 법을 행해야 하니, 첫째는 현성의 선정을 행하는 것이고 둘째는 법어를 강론하는 것이다'. 佛告諸比丘言 善哉 善哉 凡出家者應行二法 一 賢聖默然 二 講論法語", 60권본 『화엄경』 권12(대정장9, p.475c16)에 "나는 법에 맞지 않는 그 어떠한 일도 반드시 행하지 않는다. 이것으로 인해 탐욕과 분노와 어리석음, 나아가 아첨마저 생겨나기 때문이다. 我不應行是諸非法事 因是生長貪恚癡 乃至諂曲", 『원오어록』 권14(대정장47, p.776b7)에 "마땅히 맹렬한 기세에 당하여 진실한 마음과 두터운 신심으로 머리에 붙은 불을 끄듯이 해야 비로소 적게라도 상응할 것이다. 應當猛利 誠志信重 如救頭然 始有少分相應", 『무문관』 16칙 「평창 評唱」(대정장48, p.295a18)에 "만일 귀로 들으려 한다면 틀림없이 알 수 없을 것이니, 눈으로 소리 들어야 비로소 가깝다. 若將耳聽應難會 眼處聞聲方始親", 『조당집』 권3 「남양혜충장 南陽慧忠章」(고려장45, p.253c8)에 "중생이 부처와 더불어 같다면 단지 한 부처님만이 수행하더라도 모든 중생 마땅히 일시에 해탈할 것이다. 衆生與佛旣同者 只用一佛修行 一切衆生 應一時解脫"라고 하였다. 단유(但有)라고도 하니, 같은 책 권17 「통효범일장 通曉梵日章」(고려장45, p.339b18)에 "이와 같은 서상은 참으로 일찍이 없었던 일이니 이는 선사가 오실 조짐이다. 如此瑞祥 實未曾有 應是禪師 來儀之兆也"라고 하였다. [참고문헌] 『長阿含經』, 『華嚴經』, 『圜悟語錄』, 『無門關』, 『祖堂集』. ⇨ 응당 應當, 응수 應修, 단유 但有

응 鷹 Ⓢ śyena, padeka, Ⓟ sakuṇagghi, Ⓣ khra. 매. 맹금류로서 지조(鷙鳥)라 한다. 『육도집경』 권1(대정장3, p.1b24)에 "천제석은 매로 변하고, 변방의 왕은 비둘기로 변하였다. 釋卽化爲鷹 邊王化爲鴿", 『일체경음의』 권52(대정장54, p.653c9)에 "지조〈지는 저와 리를 반절한 음. 맹금류로서 매를 가리킨다. 어디를 가거나 군림한다는 뜻이다. 곧 뭇 새들을 복종시킨다〉. 鷙鳥〈諸利反 猛鳥也 謂鷹也 謂所至能執也 執服衆鳥也〉"라고 하였다. [참고문헌] 『六度集經』, 『一切經音義』, *Laṅk.251.*, *Mvyut.324.*, *SN.5.146.*

응가 應伽 Ⓢ aṅga의 음사어. 몸. 한역어는 신(身) 또는 지분(支分)의 뜻이다. 『일체경음의』 권23(대정장54, p.456b10)에 "대응가약〈응가는 신이라 한역한다. 신에는 네 가지 이름이 있다. 첫째는 가야(Ⓢ kāya), 둘째는 설리라(Ⓢ śarīra), 셋째는 제하(Ⓢ deha), 넷째는 응가이다. 한편 응가는 분이라고도 한역한다. 곧 지분의 뜻이다〉. 大應伽藥〈應伽 此云身 身有四名 一曰 迦耶 二曰 設哩羅 三曰 第訶 四曰 應伽 然應伽 亦云分 謂支分也〉"라고 하였다. [참고문헌] 『一切經音義』, 80권본 『華嚴經』 권78(대정장10, p.431a7), 『華嚴經疏鈔』 권89(대정장36, p.694b29).

응가가 應可訶 Ⓢ avasādana-arha, Ⓣ sma-dbab-pa'i-rigs-pa. 결계(結界) 내의 정족수인 대중이 출죄(出罪)갈마에서 만장일치로 가결하는 형식. 응가가책(應可訶責)이라고도 한다. 『마하승기율』 권5(대정장22, p.263a15)에 "응당 스무 명 대중 중에서 출죄해야 한다. 스무 명 가운데 한 비구라도 참석하지 않은 상태로 출죄하려 할 경우 이 비구를 출죄할 수 없다. 여기 모인 모든 비구가 마땅히 잘못이라고 인정해야 한다. 當應二十僧中出罪 二十僧中 少一比丘 欲出罪者 是比丘不得出罪 是諸比丘 應可訶"라고 하였다. [참고문헌] 『摩訶僧祇律』, *Bodh-bh.123.* ⇨ 출죄갈마 出罪羯磨

응감 應感 따라 응하고 응한 것 돌이켜 아는 뜻. 부처님은 중생을 따라 응하고 중생은 그것을 감하는 뜻이며, 감응(感應)이라고도 한다. 『원각경대소석의초』 권13하(卍속장15, p.79b15)에 "응감이란, 모든 보살중은 청하고 묻기에 능히 감하고, 부처님은 이들이 감동하는 대상이다. 부처님은 능히 응하시고 모든 보살은 따라 응한다. 應感者 諸菩薩衆 請問是能感 佛是所感 佛是能應 諸菩薩是所應", 『법화현론』 권10(대정장34, p.448b19)에 "다음으로 관음이름을 논한다. 관음은 두 가지 뜻을 갖추고 있다. 첫째는 지와 경을 합한 제고, 둘째는 응과 감을 쌍으로 든다. 관이란 능히 관하는 이의 지고, 세음이란 보살펴야 할 경이므로 경지라 한다. 관이란 즉 보아 자세히 살펴 다가서서 응한다는 뜻이고, 세음은 중생의 근기로 만나는 것이다. 그러므로 응감이라 한다. 次論觀音名 觀音可具二義 一者 智境合題 二者 應感雙擧 觀謂能觀之智 世音卽所觀之境 故名境智也 觀卽是觀察赴應 世音卽是衆生機感 故名應感也", 『십일면신주심경의소』(대정장39, p.1007b8)에 "부처님께서는 악에 응해서도 감동시키시고 선할 때도 부처님께서 응하신다. 만일 악이 없다면 어떻게 응하여 중생을 교화하겠는가? 감이란 부른다는 뜻이고 응은 따라 나타난다는 뜻이다. 응에 두 가지 상이 있다. 하나는 곧바로 불보살로 응하여 나타난다. 『청관세음경』에서 아미타불과 보살이 왕사성에 몸을 나타낸 것과 같다. 다른 하나는 은밀하게 방편의 몸으로 응하여 나타난다. 이러한 사례는 기와 전에 매우 많이 실려 있다. 佛應感惡 生善時佛應也 若無惡者 何應而化物耶 感者召義 應者應現義也 應有二相 一直以佛菩薩應現 如請觀世音經 明阿彌陀及菩薩 現於王舍城也 二 密以方便身而應現 是事甚多 載於記傳也"라고 하였다. [참고문헌] 『圓覺經大疏釋義鈔』, 『法華玄論』, 『十一面神呪心經義疏』. ⇨ 감응 感應, 응신 應身, 법응화삼신 法應化三身

응객시자 應客侍者 객승을 응대하는 소임. ⇨ 육시자 六侍者

응건 應乾 1034~1096. 송대 임제종(臨濟宗) 황룡파(黃龍派) 스님. 속성은 팽(彭)씨. 원주(袁州 : 江西省宜春) 평향(萍鄕) 출신. 구족계를 받은 후부터는 법을 묻기 위해 제방을 다니다가 동림상총(東林常總)에게 조과취모(鳥窠吹毛) 화두를 받고 궁구하다가 타파하고 그 법을 이었다. 그 오도송이 『건중정국속등록』 권19(卍속장136, p.274b9)에 "기력 쇠하고 기틀 잊어 빈 둥지일 뿐, 서호 위를 내려앉은 안개 움켜쥐네. 옷털 불어 가며 복잡한 일 없지만, 쇠눈에 구리 눈동자 어찌할 거나. 潦倒忘機是鳥窠 西湖湖上控煙蘿 布毛吹去無多子 鐵眼銅睛不奈何"라고 전한다. 상총이 1080년(원풍3) 임금의 명으로 여산(盧山) 동림사(東林寺)의 주지로 옮기자 응건이 늑담(泐潭)의 보봉선원(寶峰禪院)을 이어서 관장하였다. 1096년(소성3) 세수 63세로 입적하였다. 〔참고문헌〕『建中靖國續燈錄』, 『嘉泰普燈錄』 권6(卍속장137, p.117b8), 『五燈會元』 권17(卍속장138, p.672b13).

응결 凝結 ❶ 엉기고 뭉치는 뜻. 『대반열반경집해』 권7(대정장37, p.407c20)에 "바람 일어 급하게 몰아치는 것 분노를 비유하고, 차가운 성질이 엉기는 것으로써 어리석음에 비유하며, 뜨거운 성질로 열나고 탁한 것을 애욕에 비유한다. 風起卒暴 譬瞋也 冷性凝結 譬癡也 熱性煩濁 譬愛也", 『능엄경직해』 권8(卍속장89, p.829b4)에 "선하거나 악한 생각으로 말미암아 응결된 것이 칠취로 바뀌었을 뿐 본래 있던 것은 아니다. 謂由善惡想 所凝結 以成七趣 非本有者也"라고 하였다. 〔참고문헌〕『大般涅槃經集解』, 『楞嚴經直解』. ❷ Ⓢ peśī. 결태오위(結胎五位) 중 세 번째. 탁태(托胎) 후 21일까지. 폐시(閉尸)라 음사한다. 피가 엉긴 모습이라 하여 응결로 한역하고, 육단(肉團)이라고도 한다. 『법화현찬』 권4본(대정장34, p.725a14)에 "삼칠일 이전까지를 폐시라 한다. 응결이라 한역한다. 마치 피가 모여들어 점점 뭉치는 모양과 같기 때문이다. 三七日內 名閉尸 此云凝結 猶如就血 稍凝結故"라고 하였다. 〔참고문헌〕『法華玄贊』. ⇨ 육단 肉團, 폐시 閉尸, 결태오위 結胎五位, 팔위태장 八位胎藏

응고갈마거죄 應告羯磨擧罪 반드시 갈마를 행할 것임을 알린 다음에 죄를 들추어 가려야 함을 말한다. 다섯 가지 거죄(擧罪) 중 하나다. 『집이문족론』 권4(대정장26, p.381a19)에 "〔문〕 무엇이 응고갈마거죄인가? 〔답〕 '마땅히 알려 말하는 것이니 장로여, 응답도 말씀도 없으시기에 제가 조용하심 깨우니 이곳에서 나오셔서 가셔야 합니다. 저 장로에게 드릴 말씀 있습니다'라고 말하는 것이 응고갈마거죄다. 云何應告羯磨擧罪 答 謂應告言 具壽 不應不令 我覺默然 從此住處出去 我於具壽 欲有少言 是名應告羯磨擧罪"라고 하였다. 〔참고문헌〕『集異門足論』. ⇨ 거죄 居罪

응공 應供 Ⓢ arhat, arhant, Ⓟ arahat, arahant, Ⓣ dgra-bcom-pa. 아라한의 뜻이며, 불십호(佛十號) 중 하나. 응진(應眞)·응(應)·응인(應人)·응의(應儀)라고도 한다. 음사어는 아라한(阿羅漢)·아라하(阿羅訶) 등이다. 인천(人天)의 공양을 받아 마땅한 분이라는 뜻이다. 『잡아함경』 권4(대정장2, p.25a14)에 "어찌하여 이름을 밭이라 하는가. 세간에 복이 되어 마땅히 공양받을 분이어서 밭이라 부른다. 이 선남자는 때에 따라 공경하고 봉사하고 공양하며 베풀어 안락하게 한다. 다시 게로 설하시길, '근본이든 집에서든 응공복전의 불꽃 있고 그 불꽃 더하며 공양하니, 안은한 낙 가득하고 죄 없어 기꺼운 세간이네. 이 지혜자는 저에 나고 저 법과 재로 다시 만나 공양받을 분께 공양하고 공양하는 이 응당 길러져서 하늘에 남을 얻는다'. 何故名田 爲世福田 謂爲應供 是故名田 是善男子 隨時恭敬 奉事供養 施其安樂 爾時世尊 復說偈言 根本及居家 應供福田火 是火增供養 充足安隱樂 無罪樂世間 慧者往生彼 如法財復會 供養所應養 供養應養故 生天得名稱", 『법온족론』 권3(대정장26, p.464b5)에 "세존께서 모든 중생 가엾이 여겨 아름다운 게송으로 제석천에게 고하기를, '… 만약 사성으로 향해 행하고 성과에 머물 수 있다면 이는 마땅히 공양받으실 참된 스님이라네. 계정혜 갖추어 뛰어나시네. …'. 이와 같이 설하기에 이름이 복전이라 한다. 세간에 마땅히 공양받으실 분이란 성제자 능히 세간을 깨끗하게 하고 이미 행하신 바로 마땅히 공양받으시며, 청정한 길 여셨기에 응공 성취하고 삼업마저 깨끗하기에 세간의 응공이란 부름 받았다. 世尊哀愍諸衆生故 以妙伽他 告天帝曰 … 若行四聖向 及住四聖果 是應供眞僧 具勝戒定慧 … 由如是說 故名福田 世應供者 謂聖弟子能淨世間 應供器故 已行應供 淸淨道故 成就應供 三淨業故 名世應供", 『대지도론』 권24(대정장25, p.236a26)에 "마땅히 모든 세간의 공양을 받을 분이므로 응공인이라 한다. 應受一切世間供養故 名爲應供人", 『보성론』 권2(대정장31, p.825b2 : *Ratna-ut.*, p.16)에 "보살승보의 공덕은 헤아릴 수 없으므로 마땅히 공양해야 한다. 마땅히 공양해야 하므로 예배 올리고 찬탄하며 공양한다. 菩薩僧寶 功德無量 是故應供 以應供故 合應禮拜 讚歎供養 bodhisattvagaṇaratnānantaraṃ tatpūjāna rhatvāt", 『집이문족론』 권15(대정장26, p.432a23)에 "응공이란, 모든 유정이 탐진치가 있으면 급사라 부르고 모든 유정이 탐진치를 여의면 응공이다. 마땅히 받고 나누어 주는 것이어서 중생이 의복·음식·침구·의약 등으로 항상 올리는 공양을 받을 자격이 있나는 뜻이다. 言應供者 謂諸有情 有貪嗔癡 名爲給使 若諸有情 離貪嗔癡 名爲應供 應受給使 以衣服飮食 臥具醫藥等 常供養故", 『무량수경의소』 권상(대정장37, p.101a18)에 "응공이란 적멸의 끝을 보이고 증득한 열반과 상응하므로 응이라 한다. 또한 적멸을 증득하였으므로 응당 공양받을 만하므로 응공이라 한다. 言應供者 顯其滅極 證滅相應 故名爲應 又證滅故 合應供養 故云應供", 『대승의장』 권20(대정장44, p.863c5)에 "십호 중 두 번째 응공의 범어 음사어는 아라아이다. 한역어는 응공이다. 이것 또한 덕에 나아가 세운 이름이다. 덕에는 정한 것 없지만 풀이하면 네 가지 뜻이 있다. 첫째, 장애를 상대한 풀이다. 저 『열반경』에서 설하길 '모든 악법을 부처님께서는 마땅히 끊으셨으므로 응이라 한다'라고 한 예와 같다. 둘째, 법을 상대한 풀이다. 적멸의 열반을 여래께서는 반드시 증득하셨으므로 응이다. 셋째, 사람을 상대한 풀이다. 모든 중생을 여래께서는 반드시 교화하시므로 응이다. 그러므로 40권본 『대반열반경』 권18(대정장12, p.468b11)에 '응은 낙(樂)이라 한다. 모든 부처님은 과거세 보살이실 때 무량겁 동안 중생을 위하여 온갖 고뇌를 당하지만, 마침내 즐겁지 않은 일이 없이 하여 항상 즐거워하셨으므로 응이라 한다'라고 한다. 第二應供 外國名爲阿羅呵也 此云應供 此亦就德以立其名 德中不定 解有四義 一對障解 如涅槃說 一切惡法 佛應斷故 名之爲應 二對法解 寂滅涅槃 如來應證 故名爲應 三對人解 一切衆生 如來應化 故名爲應 故涅槃云 應名爲樂 諸佛過去 爲菩薩時 於無量劫 爲衆生故 受諸苦惱 終無不樂 而常樂之 故名爲應"라고 하였다. 〔참고문헌〕『雜阿含經』, 『法蘊足論』, 『大智度論』, 『寶性論』, 『集異門足論』, 『無量壽經義疏』, 『大乘義章』, 『大般涅槃經』, 『善見律毘婆沙』 권4(대정장24, p.695c28), *Ratna-ut*. ⇨ 아라한 阿羅漢, 불십호 佛十號, 십호 十號, 여래십호 如來十號, 삼응공양 三應供養, 복전 福田

응공게 應供偈 공양하기 전에 읊는 게송. 오관게(五觀偈)·관식게(觀食偈)라고도 한다. ⇨ 오관게 五觀偈, 관식게 觀食偈, 식시오관 食時五觀, 발우공양 鉢盂供養, 소심경 小心經

응공승 應供僧 공양받아 마땅한 승(僧). 『화엄삼보장』 권1(대정장45, p.614c21)에 "응공승이란 위로는 모든 제불과 아래로 범부사미에 이르기까지를 통틀어 이 승이다. 應供僧 上盡諸佛 下極至於凡夫沙彌 通是僧", 『석화엄경삼보장원통기』 권상(한불전4, p.174a2)에 "응공승이란 단월이 승을 청할 때에 상하를 가리지 않으니, 차례대로 청하여 무릇 저 사미로부터 위로는 부처님에 이르기까지 평등한 마음으로 공양을 청하는 것이다. 만약 승열을 헤아려 공양을 청한다면 공양하는 마음이 좁아 복을 냄도 좁으며, 승열을 가리지 않고 평등한 마음으로 공양을 청하면 공양하는 마음 두텁고 생기는 복 또한 넓다. 應供僧者 丹越請僧 不簡上下 依次而請 從凡沙彌 上至於佛 等心請供 若計勝劣而請供養 供養心狹 生福亦狹 不簡勝劣 等心請供 供養心寬 生福亦廣"라고 하였다. 〔참고문헌〕『華嚴三寶章』, 『釋華嚴經三寶章圓通記』. ⇨ 삼귀승 三歸僧, 이종승 二種僧❷

응공양화 應供養火 삼화(三火 : 應奉事火·應給施火·應供養火) 중 하나. 삼화란 세간의 가진 이(族姓子)가 반드시 꺼지게 해서는 안 되는 세 가지 불꽃으로 봉양해야 할 부모, 보살펴야 할 가족과 이웃, 공양해야 할 바라문과 아라한이다. 옛부터 인도에서 세 가지 불씨(三火 : 家住火·供養火·先祖祭火)를 따로 소중히 여긴 전통에서 유래했다. 공양받아야 할 꺼져서는 안 되는 불꽃(火). 공양을 받을 만한 참된 사문과 바라문을 말한다. 『집이문족론』 권5(대정장26, p.385b22)에 "응공양화란 어떤 것인가? 〔답〕 참된 사문과 바라문이라면 모든 시주가 마땅히 공양해야 한다. 저 세존께서 크고 곧은 몸을 가진 바라문에게 말씀하시길 '응공양화란 어떤 것인가? 사문과 바라문이 이미 탐욕을 여의었거나 탐욕을 조복하는 행을 닦으며, 이미 분노를 여의었거나 분노를 조복하는 행을 닦고, 이미 어리석음을 여의었거나 어리석음을 조복하는 행을 닦으면, 이와 같은 사문과 바라문 공양받아야 하니, 때와 장소를 따라 갖가지 좋은 물품으로 가리지 않고 공양한다'. 應供養火云何 答 眞沙門婆羅門 是諸施主 所應供養 如世尊爲高直身形婆羅門說 云何名爲 應供養火 謂沙門婆羅門 若已離貪 或復修行調伏貪行 若已離瞋 或復修行調伏瞋行 若已離癡 或復修行調伏癡行 如是沙門及婆羅門 應受施主 種種樂具 隨處隨時 無倒供養", "어찌하여 '시주가 어떤 때와 장소가 되었거나 가리지 않고 갖가지 즐거움을 주는 물품으로 행하는 공양'을 응공양화라고 하는가? 즉 족성자가 정진력·수족력·한혈력 등으로 여법하게 얻은 재물과 즐거움을 주는 것을 어떤 때와 장소가 되었거나 가리지 않고 공양하는 것은 앞에서 설한 바와 같거늘 모든 사문과 바라문을 무슨 까닭에 응공양화라고 하는가? 족성자가 아라한과 모든 유학에게 공양하는 까닭은 그들이 세간의 참된 복전이기 때문이다. 시주가 거기에 복을 심어 이 세상과 다른 세상에서 가장 수승한 부락의 이숙과와 해탈과를 얻도록 하기에 참된 사문과 바라문을 모든 부처님께서는 응공양화라고 한다. 云何施主 以諸樂具 隨處隨時 無倒供養 應供養火 謂族姓子 以精進力 及手足力 若汗血力 如法所得 財物樂具 隨處隨時 無倒供養 如前所說 諸沙門婆羅門 何故名爲 應供養火 謂族姓子 供養阿羅漢 及諸有學者 彼是世間 眞福田故 能令施主 於中樹福 感得最勝 此世他世 富樂異熟 及解脫果 是故 眞沙門及眞婆羅門 諸佛說爲應供養火"라고 하였다. 〔참고문헌〕『集異門足論』. ⇨ 삼화 三火❷❸, 응사삼화 應事三火, 응봉사화 應奉事火, 응급시화 應給施火

응과 應果 Ⓢ arhat, Ⓣ dgra-bcom-pa. 아라한과(阿羅漢果). 응은 아라한(Ⓢ arhat)의 한역어이다. 모든 번뇌가 끊어져 인천의 공양을 받을만한 과를 말한다. 『구사론』 권24(대정장29, p.128a6)에 "정견을 내기는 하지만 설하지 않는다는 것은 모든 응과는 다 이것이 있기 때문이다. 有正見生 而不說者 一切應果 皆有此故", 『화엄경소초』 권82(대정장36, p.647c26)에 "응과란 인천의 모든 공양을 받을만하다는 뜻이다. 만일 마음의 념이 있다면 무위와 상응하지 못한 것이니, 이것은 아만이어서 아와 인 등에 집착하고 있는 것이다. 마음에 어떤 념도 없어야 응과라 한다. 言應果者 應受人天一切供養 若有心念 不契無爲 卽是我慢 著我人等 由無心念 故名應果"라고 하였다. 〔참고문헌〕『俱舍論』, 『華嚴經疏鈔』, *Abh-k-bh.365.* ⇨아라한과 阿羅漢果, 응공 應供

응규 應奎 조선후기 순조(재위 1800~1834) 때 스님. 호는 호봉(虎峰). 수도산(修道山) 봉은사(奉恩寺)의 스님으로서 1810년(순조10) 호남표충사총섭(湖南表忠祠摠攝)을 맡았다. 문장과 글씨에도 조예가 깊어 재주와 덕을 겸비하였다. 『화엄경』 1부를 사경하였는데, 추사(秋史) 김정희(金正喜)가 스님께 올린 편지글 「서시호봉 書示虎峰」(『완당전집』 권7)에 "이제 호봉께서 손수 80권 『화엄경』을 사경하였으니 그 공덕이야 어찌 말로 다 표현할 수 있겠는가! 今虎峰之手寫華嚴經八十卷 其福當如何"라고 하였다. 전국의 큰스님들을 초빙하여 화엄법회를 열고 힘을 모아 그 필사본을 판각·인출하고는 봉은사에 판전을 세우고 판본도 진장하였다. 그때 김정희는 '판전 板殿'이라는 편액을 마지막으로 쓰고 절필(絶筆)하였다고 전한다. 남호영기(南湖永奇)도 자신의 몸에서 피를 내어 『아미타경』을 서사하고, 그의 주관으로 『화엄경소초 華嚴經疏鈔』 80권·『별행 別行』 1권·『준제천수합벽 準提千手合璧』 1권·『천태삼은시집 天台三隱詩集』 등을 판각하여 봉은사에 함께 진장한 일도 이때의 일이다. 〔참고문헌〕『阮堂全集』(韓國文集叢刊301, p.141b14), 『東師列傳』 권5 「虎峰禪伯傳」(한불전10, p.1053a14), 李智冠 『韓國佛敎所依經典硏究』 pp.325~326. ⇨영기 永奇

응급시화 應給施火 꺼져서는 안 되는 세 가지 불, 즉 삼화(三火 : 應奉事火·應給施火·應供養火) 중 하나. 공급받아 마땅한 불. 물품을 공급받을 자격이 있는 처자·노비·집사·친한 벗 등을 말한다. 『집이문족론』 권5(대정장26, p.385b10)에 "응급시화란 어떤 것인가? 〔답〕 처자·노비·심부름꾼·친한 벗 등에게는 그 집의 주인이 물품을 공급해야 한다. … 족성자가 여법하게 집에 거주하고, 그 처자들은 전도됨이 없이 받들어 모시며, 가르침대로 해야 할 일을 하고 부족함이 없도록 하며 속히 성취하도록 하기 때문에 처자·노비·심부름꾼·모든 친한 벗 등을 모든 부처님께서는 응급시화라고 하신다. 應給施火云何 答 妻子奴婢 作使親友 是其家主 所應給施 … 謂族姓子 如法居家 其妻子等 無倒承事 如敎爲作 所應作業 令無匱乏 速得成辦 是故妻子 奴婢作使及 諸親友 諸佛說爲 應給施火"라고 하였다. 〔참고문헌〕『集異門足論』. ⇨삼화 三火❷❸, 응사삼화 應事三火, 응공양화 應供養火, 응봉사화 應奉事火

응기 應其 1536~1608. 일본 전국(戰國)시대 진언종 스님. 법호는 심각(深覺). 출가한 후 나무 열매와 산채만을 섭식하여 목식상인(木食上人)으로도 불린다. 1573년 38세에 고야산(高野山)으로 출가하여 수계하였다. 이때 십곡(十穀)을 끊고 목식행(木食行)을 발원하였다. 풍신수길(豊臣秀吉)의 귀의를 받고, 고야산을 중흥하였다. 저작으로 『무언초 無言抄』 3권이 전한다.

응기 應器 Ⓢpātra. 응량기(應量器)의 줄임말. 발우(鉢盂)를 말한다. 『사분율행사초자지기』 권하(대정장40, p.385a24)에 "발은 그릇에 국한된 말이고, 기는 기물을 두루 일컫는 말이다. 갖추어 말하면 발다라이며 응기라고 한역한다. 『하가법』에서 '양에 맞게 받는다' 하였으니 양에 상응하는 그릇이고, 법에 따른 이름이다. 『장복의』에서는 '공양을 받을 만한 이가 쓰므로 응기라고 한다'고 하였으니, 사람에 맞추어 이름으로 삼은 것이다. 어떤 곳에서는 먹을 만큼 헤아려 먹기에 응기라고도 하는데 이것은 음식에 따른 이름이다. 鉢則局收器皿 器則名通衆具 具云鉢多羅 此翻應器 準下加法云應量受 則是應量之器 對法爲名 準章服儀云 堪受供者用之 名爲應器 此卽對人爲目 或處說云 量腹而食故云應器 卽對食爲名"라고 하였다. 〔참고문헌〕『四分律行事鈔持資記』. ⇨응량기 應量器, 발우 鉢盂

응기 應機 Ⓢyathā-arha, Ⓣci-rigs-pa. 서로 다른 중생의 근기에 따른다는 말. 『니건자소설경』 권6(대정장9, p.344c26)에 "(팔십종호 중) 일흔여섯째는 사문 구담이 한 치의 어긋남도 없이 중생의 근기에 응하여 법을 설하시는 것이다. 七十六者 沙門瞿曇 說法應機 無有差謬", 『구사론』 권12(대정장29, p.65a6)에 "부처님은 근기에 응하여 신통을 보이고 설법을 하시니, 허물이 있어도 아직 일어나지 않은 경우는 그대로 일어나지 않도록 하신다 佛便應機 現通說法 令其過失 未生不生", 『법화현찬』 권3(대정장34, p.711a15)에 "중생에 응하니 그 모습 드러내고 근기에 따라 법을 설하니, 이는 화신과 타수용신이고 은덕이라 부른다. 應物現形應機說法 卽是化身及他受用 名爲恩德"라고 하였다. 〔참고문헌〕『尼乾子所說經』, 『俱舍論』, 『法華玄贊』, *Sūtr.79.* ⇨은덕 恩德, 삼덕 三德, 삼신 三身, 사신 四身, 응감 應感

응기비선교 應機非善巧 기에는 응했으나 아름다운 방편은 아니었다는 뜻. 『벽암록』 48칙 「평창 評唱」(대정장48, p.184b19)에 "'와서 묻기를 바람 일으키듯 하지만 기에 응함은 아름답지 못하네' 설두가 송으로 읊었고, 왕태부가 물은 것이 마치 도끼 휘둘러 바람을 일으키듯 하다 하였으니 이것은 『장자』 고사다. 영 지방 사람이 진흙으로 벽을 바르다가 작은 구멍이 남았는데 진흙덩이 던져 막았다. 이때 진흙 조금 튀어서 그의 코끝에 붙었다. 곁에 있던 장인이 말하기를 '그대 구멍 메우는 솜씨는 대단하오. 내가 도끼 휘둘러 그대 코끝에 붙은 진흙을 떼 주겠소'라고 하였다. 코끝 진흙은 파리의 날개 같았는데 장인에게 떼도록 하자 장인 도끼 휘둘러 바람 일으켜 떼어냈다. 진흙은 모두 떼어냈지만 코는 상하지 않았고, 영 지방 사람은 꼿꼿이 선 채로 흐트러짐도 없었다. 이것을 일러 둘 다 교묘하다 하는 것이다. 낭상좌는 비록 기에 응하였지만 말에 훌륭한 솜씨는 없었다. 그래서 설두가 이르길 '와서 묻기를 바람 일으키듯 하지만 기에 응함은 아름답지 못하다'고 읊은 것이다. 來問若成風 應機非善巧 太傅問處 似運斤成風 此出莊子 郢人泥壁 餘一少竅 遂圓泥擲補之 時有少泥 落在鼻端 傍有匠者云 公補竅甚巧 我運斤 爲爾取鼻端泥 其鼻端泥若蠅子翼 使匠者斲之 匠者運斤成風而斲之 盡其泥而不傷鼻 郢人立不失容 所謂二俱巧妙 朗上座雖應其機 語無善巧 所以雪竇道 來問若成風 應機非善巧"라고 하였다. ［참고문헌］『碧巖錄』. ⇨ 응기선교 應機善巧

응기선교 應機善巧 기에 따른 훌륭한 방편. 『천익상어록』 권하(가흥장40, p.77a24)에 "단하, 이 노련한 도둑놈! 어리석은 척하는 솜씨가 대단하구나. 날래다, 영조(방거사의 딸)여! 기에 응하는 솜씨 아름답구나. 두 손 모으고 선 저 자태, 하늘 땅 눌러 앉힌 듯하고, 바구니 들고 나서는 모습 별이 날고 번개 치듯 하누나. 다만 들어 보인 곳 있기에 이말 저말에 걸릴 뿐이니, 고금의 총림이 다 아닌 말 믿다가 무너져 버렸다. 丹霞 老賊 放憨不少 俊哉 靈照 應機善巧 叉手立兮 乾坤坐斷 提籃行也 星飛電掃 只因擧處帶淆訛 今古叢林俱靠倒라고 하였다. ［참고문헌］『天翼翔語錄』. ⇨ 응기비선교 應機非善巧

응기수대 應機酬對 근기에 응하여 문답함. 『불조역대통재』 권19(대정장49, p.678c17)에 "남악과 청원 이하로부터 오가로 나뉘어 각각 종풍을 드날리고 근기에 따라 문답을 주고받았다, 비록 건립한 종파는 달랐으나 귀착하는 뜻은 하나였다. 自南嶽靑原而下 分爲五宗 各擅門風 應機酬對 雖建立不同 而會歸則一"라고 하였다. ［참고문헌］『佛祖歷代通載』. ⇨ 응기 應機

응기접물 應機接物 근기에 따라 중생을 맞이하여 교화한다는 뜻. 줄여서 응물(應物)이라고도 한다. 『원오어록』 권4(대정장47, p.731b27)에 "이것은 오히려 기에 따라 중생을 맞이하고 모난 것 따르고 둥근 것 좇는 시절이다. 본분만 고스란히 들어 보이자면 다르고 같음 앉아 끊어 범부도 성인도 통할 수 없다. 此猶是應機接物 隨方逐圓時節 若論本分提持 坐斷異同不通凡聖", 『인천안목』 권1(대정장48, p.304a15)에 "비추고 씀을 같은 때 하지 못한다. 물음이 있으니 답이 있고, 주인이 있어야 손님도 모신다. 물에 합하고 진흙에 섞이니 기를 따라 중생 모시네. 照用不同時 有問有答 立主立賓 合水和泥 應機接物"라고 하였다. ［참고문헌］『圜悟語錄』, 『人天眼目』. ⇨ 응기 應機, 대기설법 對機說法

응기지돈점 應機之頓漸 근기에서 나눈 돈점. 『도서』 권하(대정장48, p.408a9)에 "오직 돈점이라는 말만 있을 뿐 전혀 분석되지 않았다. 교에 대해 논하면 화의의 돈점이 있고, 교화 대상인 중생에게 근기에 응하는 돈점이 있다. 사람에 대해 논하면 가르침에서 방편의 돈점이 있고, 근성과 깨달음의 돈점이 있으며, 발심수행의 돈점이 있다. 이중에서 오직 선돈오후점수만을 말한다면 도리에 어긋난다. 但有頓漸之言 都不分析 就教有化儀之頓漸 應機之頓漸 就人有教授方便之頓漸 根性悟入之頓漸 發意修行之頓漸 於中唯云先頓悟後漸修 似違反也"라고 하였다. ［참고문헌］『都序』. ⇨ 화의돈점 化儀頓漸

응능 應能 ➡ 응문 應文

응단 應端 1069~1129. 송대 임제종(臨濟宗) 황룡파(黃龍派) 스님. 속성은 서(徐)씨. 남창(南昌 : 江西省) 출신. 법륜응단(法輪應端)이라 불린다. 어릴 때 화도사(化度寺) 선월(善月) 문하로 출가하여 화엄종지에 정통하였다. 뒤에 진정극문(眞淨克文)선사를 친견하였지만 기연이 맞지 않았고, 황룡산(黃龍山) 영원유청(靈源惟淸)에게 인가를 받고 법을 이었다. 법륜사(法輪寺)에 주석하던 1129년(건염3)에 세수 61세로 입적하였다. ［참고문헌］『大明高僧傳』 권7(대정장50, p.926b19), 『嘉泰普燈錄』 권10(卍속장137, p.167a14).

응단 應斷 Ⓢ prahātavya, parihāṇa, praheya, vinayana, Ⓟ pahātabba, Ⓣ spang-bar-bya-ba, yongs-su-nyams-pa. 반드시 끊을 것. 번뇌나 후유(後有) 등이나. 『별역잡아함경』 권16(대정장2, p.487c16)에 "마치 물거품처럼 핏방울로 몸을 받아 지옥과 아귀와 축생이라는 악한 길과 사람 중에서도 나쁜 곳에 거듭 난다. 그러므로 반드시 후유를 끊어야 하니, 마땅한 방편 부지런히 닦아서 모든 유를 멀리 여읜다. 猶如聚沫 血滴受身 數受地獄 餓鬼畜生 惡趣之中 人中惡趣 是故 應斷後有 宜勤方便 遠離諸有", 『유가사지론』 권59(대정장30, p.628c20)에 "가장 먼저 끊어야 할 것은 불선사업과 모든 악견이니 재가자를 말한다. 다음 끊어야 할 것은 출가를 장애하는 것이니, 탐진치로 심사하는 것을 말한다. … 다음으로 다시 한 류의 보특가라는 소지장품의 모든 장애를 끊어야 한다. 이런 차제로 번뇌를 끊어야 한다. 最初應斷 不善事業 及諸惡見 謂在家者 次復應斷

樂出家障 謂欲尋思 恚尋思 害尋思 … 次復有一補特伽羅 應斷所知障品諸障 由此次第 應斷煩惱"라고 하였다. 〔참고문헌〕『別譯雜阿含經』, 『瑜伽師地論』, *Bodh-bh.15.*, *Abh-k-bh.10.*, *Sūtr.58.*, *AN.4.44.*

응단안 應斷眼 Ⓢ cakṣuḥ prahātavyam. 구종안(九種眼) 중 하나. 십지(十地) 전의 유루안(有漏眼). 불안(佛眼)인 불응단안(不應斷眼)의 상대어다. 『유가사지론』 권3(대정장30, p.292b25)에 "아홉 가지 눈을 말하니, … 응단안·불응단안 … 등이다. 或立九種 … 應斷眼 不應斷眼", 『유가론기』 권1(대정장42, p.335a8·한불전13, p.72b24)에 "십지 이전의 유루안이 응단안이니, 연박을 끊기 때문이다. 十地已還 有漏應斷 斷緣縛故"라고 하였다. 〔참고문헌〕『瑜伽師地論』, 『瑜伽論記』, *Yogā-bh.64.* ⇨ 구종안 九種眼[보], 불응단안 不應斷眼

응당 應當 마땅히 ~해야 한다. ~하지 않으면 안 된다. 『신불공덕경』(대정장1, p.258a1)에 "그대 사리불아! 마땅히 이와 같이 유포하여 널리 설해야 한다. 汝舍利弗 應當如是 流布宣說", 『조당집』 권7 「암두장 巖頭章」(고려장45, p.279c19)에 "그렇다, 그래. 마땅히 잘 지켜야 한다. 如是 如是 應當善護持"라고 하였다. 〔참고문헌〕『信佛功德經』, 『祖堂集』.

응당여시 應當如是 '당연히 그렇다'는 말. 상대의 말을 전적으로 받아들인다는 의미다. 『대응어록』 권상(대정장80, p.97a4)에 "그 학인이 때에 당해서 저 운문이 말한 '불전이 어째서 저 속을 뚫고 지나갔느냐?'를 듣자마자 다만 이르길 '당연히 그렇겠지요'라고 했더라면, 자기광명을 드러냈을 뿐만 아니라 운문의 살림살이 엿보았을 텐데. 這僧當時 才聞他雲門道 佛殿因甚從這裏過 但云 應當如是 不唯表顯 自己光明 亦乃覰破 雲門脚跟"라고 하였다. 〔참고문헌〕『大應語錄』.

응당학 應當學 Ⓢ śikṣitavya, śikṣā karaṇīyā, Ⓟ sikkhitabba. 백중학법(百衆學法)의 다른 이름. 비구·비구니가 반드시 배워야 하는 계목의 이름이다. 음사어는 식차가라니(式叉迦羅尼)다. 율장에 따라 편차가 가 있다. 『사분율행사초자지기』 권중(대정장40, p.257b28)에 "〔문〕 어떤 이유로 이 편만 응당학이라는 이름을 붙였는가? 〔답〕 다른 계는 지키기는 쉬워도 범하면 죄가 무겁고 참회하기도 어렵다. 반면에 이 계는 지키기는 어렵지만 범하기는 쉬워 항상 생각에 두고 배워야 한다. 何故此篇 獨名應當學 答 餘戒易持 而罪重犯懺是難 此戒難持而易犯 常須念學", 『사분계본여석』 권12(卍속장63, p.239a8)에 "응당학이란 비구가 반드시 배워야 할 여러 가지 일로서 방일하지 말고 부지런히 닦고 익혀야 한다는 뜻이다. 應當學者 謂是比丘 所應學事 勿生放逸 當勤修習也"라 하였다. 〔참고문헌〕『四分律行事鈔資持記』, 『四分戒本如釋』, *Pañca-pr.164.*, *Prāt-m.240.*, *SN.4.203.* ⇨ 백중학법 百衆學法, 식차가라니 式叉迦羅尼

응덕비다살화라 應德毘多薩和羅 천수관음을 따르는 선신 중 한 분. 『천수관음조차제법의궤』 권1(대정장20, p.138b15)에 "열째 응덕비다살화라는 왼손에 활을 지니고 오른손에 삼차저와 화살 있으며 몸은 황흑색이다. 十應德毘多薩和羅 左手持弓 右手三叉杵箭 色黃黑也"라고 하였다. 〔참고문헌〕『千手觀音造次第法儀軌』.

응도인 應度人 마땅히 제도해야 할 사람. 제자를 말한다. 『대일경』 권1(대정장18, p.5b18)에 "또한 나머지 날에는 제도해야 할 사람을 거두어야 한다. 만일 제자가 신심을 지닌다면, 종성이 청정한 곳에 나리라. 復次於餘日 攝受應度人 若弟子信心 生種姓淸淨"라고 하였다. 〔참고문헌〕『大日經』.

응득인 應得因 마땅히 인을 얻음. 공(空)으로 드러난 진여. 삼인(三因) 중 하나다. 『불성론』 권2(대정장31, p.794a13)에 "응득인이란, 이공(二空 : 我空과 法空)으로 드러난 진여이니, 이 이공으로 말미암아 마땅히 보리심과 가행방편 나아가 도후의 법신마저 얻기에 응득이라고 부른다. 應得因者 二空所現眞如 由此空故 應得菩提心 及加行等 乃至道後法身 故稱應得"라고 하였다. 〔참고문헌〕『佛性論』, 『般若心經略疏連珠記』 권하(대정장33, p.565c4). ⇨ 삼인 三因 ❷

응량기 應量器 Ⓢ pātra, Ⓟ patta, Ⓣ lhung-bzed. 발다라(鉢多羅)·발화라(鉢和羅)라고도 음사하고 발(鉢)·발우(鉢盂)·응기(應器)·응발(應鉢)이라고도 한다. 비구육물(比丘六物) 중 하나다. 공양을 받는 이가 응분의 지덕을 갖추고, 보시하는 이도 그에 상응하는 법도에 따르기에 응량이다. 『금강반야소』 권2(대정장33, p.98a2)에 "발다라는 응량기라고 한역한다. 이것은 출가인의 체에 지혜와 열반을 갖추어 안팎으로 상응함을 표함이니, 인천의 공양을 받을 만한 그릇이라는 뜻이다. 鉢多羅 此云應量器 卽表出家人 體具智斷 內外相應 卽是應受人天供養之器也", 『금강반야경찬술』 권상(대정장33, p.127a23)에 "지발이란 응량기다. 첫째 자신이 먹을 양에 상응하고, 둘째 밖에서 보시하는 양에 상응하여 크지도 작지도 않아서 응량이다. 부처님의 무분별지로 도리를 내증하는 것이 마치 발우에 음식 담은듯함을 표한다. 持鉢者 應量器 一者 應自所食量 二者 應外所施量故 不大不小 名應量也 爲表佛無分別智 內證於理 如鉢受食", 『수능엄의소주경』 권1(대정장39, p.829c27)에

"발다라는 응량기라고 한역한다. 색과 크기와 양이 모두 법도에 상응한다는 뜻이다. 鉢多羅 此云應量器 色與體量皆應法度也"라고 하였다. [참고문헌]『金剛般若疏』, 『金剛般若經贊述』, 『首楞嚴義疏注經』, *Lal-v.175.*, *Abh-k-bh.43.*, *Mvyut.574.*, *Vin.1.46.* ⇨비구육물 比丘六物, 발우 鉢盂, 응기 應器, 응공 應供

응량작 應量作 Ⓢ prāmāṇikaṃ kārāyitavyam. 정해진 규격에 맞게 만드는 것. 『마하승기율』 권38(대정장22, p.528b10)에 "부처님께서 말씀하셨다. '지금부터는 누더기를 여러 겹으로 짓는 것은 허락하지 않는다. 정해진 규격에 맞게 만들어야 한다'. 佛言 從今已後 不聽合縷作衣 當應量作", 『사분율』 권19(대정장22, p.694b11)에 "비구가 니사단(Ⓢ niṣīdana : 坐具)을 지을 경우에는 반드시 정해진 크기에 맞게 만들어야 한다. 여기서 크기란, 길이로는 부처님의 손을 기준으로 두 뼘이고 넓이로는 한 뼘 반이다. 넘치게 자르고 만들면 바일제(Ⓢ pāyattika)다. 若比丘 作尼師壇 當應量作 此中量者 長佛二磔手 廣一磔手半 過者裁竟 波逸提"라고 하였다. [참고문헌]『摩訶僧祇律』, 『四分律』, *Prāt-m.233.*

응룡 應龍 조선후기 스님 문찬(文贊)의 법호. [참고문헌]『東師列傳』 권6 「應龍禪師傳」(한불전10, p.1066b19). ⇨문찬 文贊

응륜 應崙 조선후기 화사(畵師). 호는 덕월(德月). 수화승(首畵僧) 금곡영환(金谷永煥)과 함께 서울과 경기도를 중심으로 활동하였다. 금어(金魚)로서 1868년에 서울 청룡사(靑龍寺) 대웅전 「칠성도」·「현왕도」와 1884년 서울 미타사(彌陀寺) 대승암(大乘庵) 「관음도」와 1895년 서울 봉은사(奉恩寺) 영산전 「영산회상도」를 조성하였고, 1878년 경기도 안성 청룡사 대웅전 「삼세후불도」를 출초(出草)하였다. [참고문헌] 장희정 『조선후기 불화와 화사 연구』(일지사, 2003) pp.302~303.

응률 應律 조선후기 스님. 호는 환묵(喚默). 인악의첨(仁岳義沾 1746~1796)의 법손(法孫)이며, 제자로는 진암계선(進庵戒善)·형월정원(亨月定元)·호운지호(浩雲智皓) 등이 있다. 동화사성보박물관에 진영이 소장되어 있다. [참고문헌]『霜峰門譜』 p.9·16.

응리 應理 Ⓢ nyāya, yukta, √yuj, Ⓟ ṭhānāraha, Ⓣ rigs-pa, rung-ba. 이치에 맞음. 마땅한 진실. 『구사론』 권10(대정장29, p.56a12 : *Abh-k-bh.*, p.155)에 "후신보살로 섬부림에 머무는 이를 저 이생이라고 하였으니, 이 말은 이치에 맞는다. 그때의 보살은 이욕선과 같았기에 저 선인들과 서로 헤아려서 훌륭하다고 찬탄하는 것이다. 後身菩薩 居贍部林 名彼異生 此說應理 爾時菩薩 同離欲仙故 對彼仙挍量歎勝 bodhisattva eva tv eṣu jambūdvīpaṣaṇḍeṣu niṣaṇṇo yujyate. sa hi pṛthagjana kāmavairāgyasaṃbandhena tadānīṃ tebhyo viśiṣyamāṇa ukta iti", 『유가사지론』 권6(대정장30, p.304b19)에 "저 인과현료론이 도리에 맞지 않는 것처럼 성상론자 역시 도리에 맞지 않음을 알아야 한다. 이 중 차별은, 외도의 성론사는 다음과 같은 견해와 주장을 내세운다. '성상은 상주하기에 생멸이 없다. 그러나 입 밖에 내뱉음으로 비로소 나타난다'. 그러므로 이 이론도 저 현료론처럼 도리에 맞지 않는 주장이다. 如因果顯了論 不應道理 當知聲相論者 亦不應理 此中差別者 外聲論師 起如是見 立如是論 聲相常住 無生無滅 然由宣吐 方得顯了 是故 此論 如顯了論 非應理說"라고 하였다. [참고문헌]『俱舍論』, 『瑜伽師地論』, *Abh-k-bh.330.*, *Bodh-bh.75.*, *Yogā-bh.122.*, *Vin.1.313.*

응리론자 應理論者 ➡상응론자 相應論者[3]

응리원실종 應理圓實宗 자은팔종(慈恩八宗) 중 하나. 일체(一切)는 식(識)일 뿐이라고 주장하는 법상종(法相宗 : 唯識宗)의 네 가지 이름 중 하나. 공유(空有)를 쌍으로 버리고 드러내는 유식중도(唯識中道)의 뜻이 원만한 진실이기에 이렇게 부르며, 줄인 이름은 응리종(應理宗)이다. 『대승백법명문론해』 권상(대정장44, p.46c15)에 "부처님 일대의 성교를 통틀어 깊이의 차이에 따라 순서를 나누면 여덟 가지가 된다. … 여덟째는 응리원실종이다. 마지막 두 가지는 오로지 대승일 뿐이고, 이 『대승백법명문론』의 취지는 여덟 번째 종파에 해당하니, 『해심밀경』의 삼시교에서는 제삼시에 대응한다. 삼시교라 한 것은, 처음 사부 『아함경』이니 유(有)를 설한다. 두 번째 시에는 팔부의 『반야경』이니 공을 설한다. 세 번째 시에는 『해심밀경』이니 공과 유를 함께 드러내는 중도교이다. 總一代聖教 淺深爲次 分而爲八 … 八 應理圓實宗 後二唯大 此論旨趣 卽第八宗 於深密三時 乃第三時也 言三時者 初四阿含言有 第二時 八部般若言空 第三時 卽解深密經 空有雙彰 中道教也", 『설무구칭경소』 권1(대정장38, p.999b5)에 "여덟 번째는 응리원실종이다. 호법 등이 『화엄경』·『해심밀경』 등의 경에서 그 취지를 널리 펼치면서 비록 이제를 설했지만, 응하는 바 따라 모두 유공의 뜻을 갖추어 두렷이 묘하여 이지러짐 없어서 실로 수승하기 때문이다. 八 應理圓實宗 謂護法等 弘暢花嚴深密等經 雖說二諦 隨其所應 具有空理 圓妙無闕 實殊勝故"라고 하였다. [참고문헌]『大乘百法明門論解』, 『說無垢稱經疏』, 『法華玄贊』 권1(대정장34, p.657b5). ⇨법상종 法相宗, 자은팔종 慈恩八宗

응멸빈 應滅擯 Ⓢ pravāsanīya. 마땅히 승가에서 사라져 버린다는 말. 응빈(應擯)·빈출(擯出)이라고도 한다. 중죄(重罪)인 사바라이죄(四波羅夷罪)의 경우다. 『오분율』 권17(대정장22, p.117b10)에 "부처님께서 말씀하셨다. '부모를 해친 사람은 나의 법 안에서 더 이상 살 수 없으니, 출가하여 구족계를 받게 해서는 안 되며, 이미 구족계를 받았다면 마땅히 멸빈해야 한다'. 佛言 害父母人 於我法中 不復生 不應與出家 受具足戒 若已受具足戒 應滅擯"라고 하였다. [참고문헌] 『五分律』. ⇨ 사바라이 四波羅夷, 멸빈 滅擯, 빈출 擯出

응무소주이생기심 應無所住而生其心 Ⓢ apratiṣṭhitaṃ cittam utpādayitavyam. 마땅히 머무는 바 없이 마음을 낸다는 말. 특히 선종에서 6조 혜능(慧能)이 불문에 들어가는 계기로 널리 회자되었고, 5조 홍인(弘忍)이 혜능을 인가하면서 들려준 구(종보본 『단경』, 대정장48, p.349a17)이기도 하기에 그의 일생에 걸쳐 부단히 재생된다. 『금강경』(대정장8, p.749c21 : *Vajr-pr.*, p.35)에 "마땅히 색에 머묾 없이 마음을 내고 성향미촉법에도 머물지 말고 마음을 일으켜야 하니, 그 어디에도 머물지 말고 마음을 낸다. 不應住色生心 不應住聲香味觸法生心 應無所住而生其心 evam apratiṣṭhitaṃ cittam utpādayitavyaṃ yan na kvacit pratiṣṭhitaṃ cittam utpādayitavyam. na rūpa pratiṣṭhitaṃ cittam utpādayitavyaṃ na śabdagandharas aspraṣṭavyadharma pratiṣṭhitaṃ cittam utpādayitavyam", 『금강경과의회요주해』 권4(卍속장92, p.324a13)에 "'반드시 머무는 바 없이 한다'는 말은 육진에 머물지 않고 선악에도 머물지 않으며 범부나 성인 그 어디에도 머물지 않고 생사와 열반에도 머물지 않는 뜻이다. '그렇게 마음을 일으켜야 한다'라는 말은 제불의 청정한 마음의 바탕이니, 생하지도 멸하지도 않으며 늘어나지도 줄어들지도 않아 시방세계에 가득하니 오롯이 이 한 가지 진심만을 드러낼 뿐인 뜻이다. 應無所住者 卽不住六塵 不住善惡 不住凡聖 不住生死涅槃等也 而生其心者 卽是諸佛淸淨心體 不生不滅 不增不減 盡十方世界 獨露此一箇眞心也"라고 하였다. 종보본 『단경』(대정장48, p.353a3)에 "마음이 법에 머물지 않으면 도는 통하고 흐르지만, 마음이 만약 법에 머문다면 그 이름 스스로 속박이다. 心不住法 道卽通流 心若住法 名爲自縛", 같은 책(대정장48, p.353a13)에 "머무름이 없는 것이야말로 사람의 본성이다. 無住者 人之本性", 『신회어록』 「제일잔권 第一殘卷」(神會和尙遺集, p.102)에 "마땅히 머물 곳 없으니 본래 고요한 바탕이고, 그렇게 마음 일으킨다 함은 본래 지혜로운 쓰임이다. 다만 생각짓지 말지니 스스로 마땅히 깨달아 들리라. 應無所住 本寂之體 而生其心 本智之用 但莫作意 自當悟入", 『완릉록』(대정장48, p.386b10)에 "만약 연에 응하지 않을 때는 있다 없다 말할 수 없지만, 응해야 할 때는 흔적조차 없이 한다. 이미 이렇게 알았다면 지금 다만 나아가되 언제나 아무 것도 없는 중에 깃들고 머문다. 이런즉 제불의 길을 나서는 것이다. 경에서 말씀하셨네. 마땅히 머문 바 없이 하여 그 마음 일어난다. 若不應緣之時 不可言其有無 正應之時 亦無蹤跡 旣知如此 如今但向 無中棲泊 卽是行諸佛路 經云 應無所住而生其心", 『원오어록』 권16 「시무주도인 示無住道人」(대정장47, p.787a11)에 "『유마경』 권중(대정장14, p.547c22)에 '무주라는 바탕에 의지해 모든 법을 세운다'고 하였고, 『금강경』에 '그 어디에도 머물지 말고 마음을 일으켜야 한다'고 하였으며, 고덕은 '일체에는 마음도 없고 머물러 붙은 것도 없다'고 하였으니, 세간과 출세간에서 그렇지 않은 법이라곤 없다. 조금이라도 머묾이 있으면 굳고 견고하여 어떻게 변하고 통할 수 있겠는가! 維摩經 依無住本立一切法 金剛經 應無所住而生其心 古德云 一切無心無住著 世出世法 莫不皆爾 使有住則膠固 豈得能變通耶", 『종용록』 74칙 「평창 評唱」(대정장48, p.273c29)에 "머물 일 없이 한다는 것은 색에도 소리에도 머물지 않고, 미에도 깨달음에도 머물지 않으며, 체에도 용에도 머물지 않는 뜻이다. 그렇게 마음을 일으키라는 말은 곧바로 일체처에 일심만을 나툰다는 것이다. 선에 머물러 마음을 일으키면 선이 나타나고, 악에 머물러 마음을 일으키면 악이 나타난다. 본심인즉 종적도 없다. 머무는 바 없이 한다면 시방세계 오로지 일심일 뿐이다 無所住者 不住色不住聲 不住迷不住悟 不住體不住用 而生其心者 則是一切處 而顯一心 若住善生心則善現 若住惡生心則惡現 本心則隱沒 若無所住 十方世界 唯是一心也", 『송고연주통집』 권5(卍속장115, p.55a18)에 "그 어디에도 머물지 않고 마음을 일으킨다. 트여 사무치고 두렷이 밝아서 처처가 진신이네. 곧바로 정수리 문 열어 바른 눈 뜨니 대천세계 온통 그대로 몸을 나투네〈애당정의 송〉 應無所住生其心 廓徹圓明處處眞 直下頂門開正眼 大千沙界現全身〈獃堂定〉", 『금강경보주』 권상(卍속장92, p.523a12)에 저 야보(冶父)는 송하기를 "산사에 고요히 앉아 말 없으니, 적적하고 요요하여 본래 그대로네. 무슨 일로 서풍은 숲과 들 흔드나. 외마디 쓸쓸한 기러기 울음 소리 먼 하늘 가득하네. 山堂靜坐夜無言 寂寂寥寥本自然 何事西風動林野 一聲寒鴈唳長天"라고 하였다. [참고문헌] 『金剛經』, 『金剛經科儀會要註解』, 『壇經』, 『神會語錄』, 『宛陵錄』, 『圜悟語錄』, 『維摩經』, 『從容錄』, 『頌古聯珠通集』, 『金剛經補註』, *Vajr-pr.* ⇨ 무주 無住 ❶

응문 應文 1337~?. 휘는 윤문(允炆). 명나라 태조(太祖) 주원장(朱元璋)의 손자로 후에 즉위하여 연호를 건문(建文)이라 하였다. 후에 영락제(永樂帝)가 되는 연왕(燕王) 정난(靖難)의 변을 당하면서 삭발하고 응문이라 개명한 뒤 서울을 떠났다. 호상(湖湘)을 지나 촉(蜀 : 四川省)으로 들어가서 운남(雲南)에서 지내다가 다시 민(閩 : 福建省)으로 돌아가 광서수불사(廣西壽佛寺)에서 15년 머물렀다. 그 뒤 남녕일소사(南寧一蕭寺)에 살았다. 39년 동안 떠돌이 생활을 한 다음에 은주지사(恩州知事) 잠영(岑瑛)이 그 존재를 위에 알린 후에 노불(老佛)이라는 호를 하사받고 서내(西內 : 北京市)로 맞아들였다. 당시 64세였다. 『대명고승전』 권3 「응능전 應能傳」(대정장50, p.911b3)에 북경에 도착하여 지은 다음의 시가 전한다. "강호에 흘러 다닌 세월 40년, 돌아와 보니 어느새 머리엔 하얀 눈 내렸네. 천지가 한만 가득 내 집은 어디던가? 장강과 한수는 무정하게 흐를 뿐. 장락궁에 구름 그림자 짙고, 소양전 속에 빗소리 애처롭다. 어린 창포와 버드나무 해마다 푸르건만, 촌 늙은이 소리 삼켜 곡하여 쉴 줄 모르네. 流落江湖四十秋 歸來不覺雪盈頭 乾坤有恨家何在 江漢無情水自流 長樂宮中雲影暗 昭陽殿裡雨聲愁 新蒲細柳年年綠 野老呑聲哭未休". 응능은 응문의 오자이다. 〔참고문헌〕 『大明高僧傳』.

응물 應物 ➡ 응기접물 應機接物, 응물현형 應物現形

응물현형 應物現形 중생의 근기(根機)에 응하여 적절한 몸을 드러낸다는 말. 본지(本地)의 법신이 교화를 위해 중생의 근기와 상황에 맞게 자취를 나타내는 작용을 말한다. 줄여서 응물(應物)이라고도 한다. 『금광명경』 권2(대정장16, p.344b3)에 "부처님의 참된 법신은 허공과 같아 중생에 응하여 몸을 나툰다. 저 물속 달과 같이 걸림 없네. 佛眞法身 猶如虛空 應物現形 如水中月 無有障礙", 『화엄경소』 권10(대정장35, p.568a11)에 "법신은 색이 없기에 중생에 응하여 모습 나투네. 法身無色 應物現形", 『금강반야경찬술』 권상(대정장33, p.135b21)에 "화신이란 중생에 응하는 방편의 자취다. 법신의 묘한 이치 보살도 헤아릴 수 없고, 보신의 실한 지혜는 이승이 알지 못하므로 중생에 따라 모습 나투고 상황에 따라 변화하며 만난다. 化身應物之權跡 謂法身妙理 菩薩所不測 報身實智 二乘所不知故 應物現形 隨方化接"라고 하였다. 〔참고문헌〕 『金光明經』, 『華嚴經疏』, 『金剛般若經贊述』. ⇨ 응기 應機

응반힐기문 應反詰記問 Ⓢ paripṛcchya-vyākaraṇīya, Ⓟ paṭipucchā-vyākaraṇīya-pañha. 타인의 질문에는 반드시 되물어 답함. 누군가 법에 대해 물어오면 반드시 그 질문의 한계를 되물은 다음에 분명히 답해야 한다는 뜻이다. 사기문(四記問) 중 하나다. 이와 반대로 응하는 것은 응사치기문(應捨置記問)이다. 『집이문족론』 권8(대정장26, p.401c20)에 "어떤 것이 응반힐기문인가? 〔답〕 어떤 이가 물어 말하길 '나에게 법을 말해줄 수 있는가?'라고 하고 이렇게 묻는다면 마땅히 대답해야 한다. '법에는 여러 가지가 있는데, 당신은 어떤 법을 묻는가? 과거법인가, 미래법인가, 현재법인가, 선법인가, 불선법인가, 무기법인가, 욕계에 얽매인 법인가, 색계에 얽매인 법인가, 무색계에 얽매인 법인가, 학법인가, 무학법인가, 비학비무학법인가, 견소단법인가, 수소단법인가, 비소단법인가?' 이와 같은 등의 법에는 또 한량없는 갈래가 있다 (당신은 어떤 법을 말하는가?)라고 반문하여 대답해야 하는데 이것을 응반힐기라고 한다. 云何應反詰記問 答 若有問言 爲我說法 得此問時 應反詰記 法有多種 汝問何法 爲過去 爲未來 爲現在 爲善 爲不善 爲無記 爲欲界繫 爲色界繫 爲無色界繫 爲學 爲無學 爲非學非無學 爲見所斷 爲修所斷 爲非所斷 如是等法 有無量門 應反詰記 是名應反詰記", "〔문〕 무슨 까닭에 이 물음에 다시 물어 답해야 하는가? 〔답〕 이 물음에 다시 물어 답하면 능히 뜻으로 이롭고, 능히 선법으로 이끌고, 범행마저 능히 나아가게 하고, 능히 막힘없는 지혜를 내서 능히 등각을 일으켜 능히 열반을 증한다. 그러므로 이런 물음이 있으면 반드시 뒤쳐 되묻고 답해야 한다. 問 何故此問 應反詰記 答 以於此問 若反詰記 能引義利 能引善法 能引梵行 能發通慧 能生等覺 能證涅槃 故於此問 應反詰記"라고 하였다. 〔참고문헌〕 『集異門足論』, 『大毘婆沙論』 권15(대정장27, p.75c8), *Abh-k-bh.292.*, *AN.2.46.* ⇨ 사기문 四記問, 사기답 四記答, 반힐문 反詰問, 반힐기 反詰記, 응사치기문 應捨置記問

응발 應鉢 마땅한 그릇. 발우 즉 응량기(應量器)를 말한다. 『석가보』 권1(대정장50, p.51a22)에 "이때 대성께서 제자들에게 '내일 가유라위로 가서 부왕을 뵐 것이니 모두 의복을 엄격히 정돈하고 응발을 호지하라'고 하셨다. 於時大聖告諸弟子 明日當發至迦維羅衛見於父王 皆嚴整衣服 護持應鉢"라고 하였다. 〔참고문헌〕 『釋迦譜』. ⇨ 발우 鉢盂, 응량기 應量器

응법 應法 법을 따르거나 맞게 함. 여법(如法)과 같다. 『장아함경』 권17 「포타파루경 布吒婆樓經」(대정장1, p.111c14)에 "범지여, 저 사문과 바라문의 말은 진실한가? 법에 맞는가? 梵志 彼沙門婆羅門所言 爲是誠實 爲應法不", 『유부율송』 권상(대정장24, p.623c3)에 "반드시 지극히 진실한 마음 있고 속이 깊어 거짓 없으며, 한 번 뉘우치면 거듭 범하지 않으니, 이러한 이 법에 떳떳한 사람이라 한다. 須有至誠心 慇重無欺誑 一悔不重犯 斯名應法人"라고 하였다. 〔참고문헌〕 『長阿含經』, 『有部律頌』. ⇨ 여법 如法

응법경 應法經 서진(西晉) 때 축법호(竺法護 Ⓢ Dhar

maraksa) 한역. 1권. 고려장19, pp.601a1~602c8, No.709·대정장1, pp.902b4~903b19, No.83에 수록되어 있다. 『중아함경』 권45 「수법경 *受法經*」(대정장1, pp.711b17~712c3 : *Mahādhammasamādāna-sutta*, *MN.1*, p.309)과 동본이역이다. 남북 양전(兩傳) 이전에 성립된 고경(古經)으로 추정한다. 전고후고(前苦後苦)·전고후락(前苦後樂)·전락후고(前樂後苦)·전락후락(前樂後樂) 등으로 업을 분류하여 설한 경이다. 〔참고문헌〕『歷代三寶紀』 권6(대정장49, p.64a22), 『衆經目錄』 권4(대정장55, p.134a22), 『開元釋敎錄』 권13(대정장55, p.613a17). ⇨ 수법경 *受法經*

응법기 應法記 송나라 때 원조(元照) 지음. 1권. 卍속장105, pp.437a1~473a5에 수록되어 있다. 갖춘 이름은 『석문장복의응법기 釋門章服儀應法記』이다. 당대 도선(道宣)이 지은 『석문장복의 釋門章服儀』에 대한 주석서이다. ⇨ 석문장복의 釋門章服儀

응법묘복 應法妙服 가사(袈裟)를 달리 이르는 말. 법에 따른 아름다운 옷. 체·색·양(體色量)에 있어 부처님께서 제정한 법도에 맞는 옷이라는 뜻이다. 아미타불(阿彌陀佛)이 인위에서 발한 48원(願) 중 하나인 의복수념원(衣服隨念願)에 부대하는 말이다. 『석문장복의응법기』(卍속장105, p.438b13)에 "석문의 법복은 모름지기 차이가 없게 하여야 하니 체·색·양 세 가지 모두 법에 따라야 한다. 釋門法服 雖無差降 體色量三 並須應法"라고 하였다. 〔참고문헌〕『釋門章服儀應法記』. ⇨ 가사 袈裟, 의복수념원 衣服隨念願

응법사미 應法沙彌 삼사미(三沙彌) 중의 한 이름. 법과 상응하는 사미라는 말. 사미의 위의에 부합한다는 뜻이다. 『마하승기율』 권29(대정장22, p.461b10)·『사분율행사초』 권하(대정장40, p.150a3) 등에 따르면, 출가십계(出家十戒)를 받았지만 구족계를 받기까지의 14세부터 19세까지에 해당하는 사미를 가리킨다. 『선원청규』 권9 「사미수계문 *沙彌受戒文*」(卍속장111, p.925b6)에 "다음으로 사미십계를 받으면 그 모습이 법과 위의를 갖추게 되니 이를 근책이라 한다. 은사에 의지하여 머물고 대중 가운데 있으면서 서로 이롭게 하고 모든 일 함께하니 이를 응법사미라 한다. *次受沙彌十戒 卽形備法儀 此稱勤策 依師而住 受利同僧 是爲應法沙彌*"라고 하였다. 〔참고문헌〕『摩訶僧祇律』, 『四分律行事鈔』, 『禪苑淸規』. ⇨ 근책 勤策, 삼사미 三沙彌, 사미 沙彌

응변 應辯 Ⓢ pratibhāna-pratisaṃvid, Ⓟ paṭibhāna-paṭisambhidā. 따라 가려서 말함. 중생에 따라 듣고 알 수 있도록 말할 수 있음을 말한다. 사변재(四辯才) 또는 칠종변(七種辯) 중 하나. 변무애해(辯無礙解)의 구역(舊譯)이며 수응변(隨應辯)이라고도 한다. 『증일아함경』 권21(대정장2, p.657a9)에 "어떤 것을 응변이라고 하는가? 설법할 때 겁을 내거나 두려워하지 않고 사부대중을 기쁘게 할 수 있으면 응변이라고 한다. 彼云何名爲應辯 當說法時 無有怯弱 無有畏懼 能和悅四部之衆 是謂名爲應辯", 『아차말보살경』 권5(대정장13, p.603a26)에 "어떻게 하는 것이 응변인가? 널리 일체의 소리와 말, 즉 모든 하늘·세간인·용·귀신·건답화·아수륜·가류라·진다라·마휴륵·인·비인 등의 모든 소리를 다 들을 수 있고, 오취중생들이 내는 울림에 따라 뭇 중생을 위해 경의 법을 설한다. 이것을 응변이라고 한다. 何謂應辯 若能普入一切音詞 諸天之聲 世間人聲 諸龍 鬼神 揵沓惒 阿須倫 迦留羅 眞陀羅 摩休勒 人與非人 所有音聲 悉能得聞 五趣衆生 所說之響 隨其音響 而爲黎庶 講說經法 是謂應辯"라고 하였다. 〔참고문헌〕『增壹阿含經』, 『阿差末菩薩經』. ⇨ 변무애해 辯無礙解, 수응변 隨應辯, 사변재 四辯才, 칠종변 七種辯

응병여약 應病與藥 병에 따라 약을 주다. 중생의 번뇌와 집착을 병에 비유하고 그에 따른 방편과 교설을 약에 비유한 것이다. 『대보적경』 권8(대정장11, p.44a15)에 "보살은 모두 깊고 낮음, 두텁고 얇음, 어렵게 건너고 쉽게 교화함 등을 다 안다. 병에 맞게 약을 주듯 위해서 법을 설하니, 모든 탐음으로 재물과 욕망을 탐하지 않게 한다. 菩薩皆知 深淺厚薄 難度易化 應病與藥 而爲說法 使諸貪婬 不貪財業", 『대혜어록』 권19(대정장47, p.893c18)에 "부처님께서는 할 일을 다 마친 분으로서 사십구 년간 세간에 머물며 중생근성에 따르고 병에 맞게 약을 주셨으니, 권실과 돈점·반만과 편원으로 설하신 석존 일대의 남겨진 교법도 모두 더할 일 없는 법이다. 佛是無事底人 住世四十九年 隨衆生根性 應病與藥 權實頓漸 半滿偏圓 說一大藏敎 皆無事法也", 『능가경심인』 권1(卍속장27, p.152b12)에 "부처님을 훌륭한 의사에 비유하는 것은 여래께서 연에 따라 변화를 보이시고 병에 따라 약을 주시는 것이 저 세간의 훌륭한 의사와 같아서다. 佛喩良醫 謂如來隨緣化現 應病與藥 如世良醫也"라고 하였다. 〔참고문헌〕『大寶積經』, 『大慧語錄』, 『楞伽經心印』. ⇨ 대기설법 對機說法

응보 應報 마땅한 갚음. 『전륜오도죄복보응경』(대정장17, p.564c6)에 "부처님께서 아난에게 말씀하셨다. '세상 사람들 지혜가 없어 생사한다. 육안으로는 죄와 복 알 수 없다. 나는 도의 눈으로 무수한 겁 내지 현생의 몸에 이르기까지 죄복의 마땅한 갚음을 보는데, 마치 손바닥 안에 유리구슬을 보듯 안팎이 밝아 사무치니 어떤 의심도 없다'. 佛告阿難 世人無智生死 肉眼不知罪福 吾

以道眼 覩無數劫 乃至今身 罪福應報 猶觀掌中瑠璃珠 內外明徹 無狐疑想라고 하였다. 〔참고문헌〕『輪轉五道罪福報應經』. ⇨인과보응 因果報應

응본 應本 응화의 바탕. 천태에서 장통별원(藏通別圓)의 화법사교(化法四教) 가운데 별・원 이교만이 중도를 응본으로 한다. 『사교의집해』 권하(卍속장102, p.91a11)에 "통교는 중도응본을 밝히지 못했는데 어떻게 중생에 맞추어 베풀 수 있는가? 그러므로 보살은 비록 정히 부리는 것 즉 번뇌는 끊었지만 공의 증함에는 오롯하지 못하고 자비심으로 중생을 연민하여 저들을 모두 구제하고자만 한다. 以通教不明中道應本 何能稱物施爲 是故 菩薩雖斷正使 不專證空 慈悲愍物 欲濟含生"라고 하였다. 〔참고문헌〕『四教儀集解』. ⇨중도응본 中道應本

응봉사화 應奉事火 마땅히 받들어 모셔야 할 불. 부모를 말한다. 『집이문족론』 권5(대정장26, p.385b2)에 "응봉사화란 어떤 것인가? 〔답〕 부모는 자식이 받들어 모셔야만 한다. … 즉 족성자는 정진력・수족력・한혈력 등으로 여법하게 얻은 재물과 즐거움으로 때와 장소를 가리지 않고 부모를 받들어 모시고 공양한다. 무슨 까닭에 응봉사화라 하는가? 족성자는 부모로부터 태어났으며, 성장하고 양육되어 마침내 독립하기에 부모를 모든 부처님께서 설하시길 응봉사화라고 하신다. 應奉事火云何 答 父母是子所應奉事 … 謂族姓子 以精進力及手足力 若汗血力 如法所得 財物樂具 隨處隨時 無倒奉事 供養父母 何故名爲 應奉事火 謂族姓子 從彼而生 由彼長養 乃得成立 是故 父母 諸佛說爲 應奉事火"라고 하였다. 〔참고문헌〕『集異門足論』. ⇨삼화 三火❷❸, 응공양화 應供養火, 응급시화 應給施火

응부 應夫 생몰연대 미상. 송대 운문종(雲門宗) 스님. 호는 광조선사(廣照禪師), 속성은 장(蔣)씨. 저주(滁州 : 安徽省 滁州市) 청류(淸流) 출신. 강녕부(江寧府 : 江蘇省 南京) 보령선원(保寧禪院) 승태(承泰) 문하로 출가하여 구족계를 받았다. 그 뒤에 천의의회(天衣義懷) 문하로 들어가 운문의 종지를 전수받았다. 윤주(潤州 : 江蘇省 鎭江) 감로사(甘露寺)・진주(眞州 : 江蘇省 儀征) 장로숭복선원(長蘆崇福禪院) 등에 주석하였다. 『속전등록』 권11(대정장51, p.535b26)에 따르면, 장로종색(長蘆宗賾)・설두도영(雪竇道榮)・혜일지각(慧日智覺)을 비롯한 25인의 법제자가 있다. 〔참고문헌〕『續傳燈錄』, 『五燈會元』 권16(卍속장138, p.617b14), 『五燈嚴統』 권16(卍속장139, p.692b18).

응부 應副 마땅히 따르다의 뜻. 부응(副應)과 같다. 『선원청규』 권3 「서장 書狀」(卍속장111, p.894b4)에 "매년 화주에게 보낼 편지는 미리 안배해 두었다가 때가 되면 마땅히 따른다. 자세하게 점검하고 손본다. 每年化主書疏 預先安排 卽時應副 子細點捨"라고 하였다. 〔참고문헌〕『禪苑淸規』, 『蓮宗寶鑑』 권6(대정장47, p.334a21), 『宗門武庫』(대정장47, p.947c5).

응분별기문 應分別記問 Ⓢ vibhajya-vyākaraṇīya, Ⓟ vibhajja-vyākaraṇīya-pañha. 마땅히 분별하여 물음에 답해야 함. 사기문(四記問) 중 하나. 응분별기(應分別記)라고도 한다. 『집이문족론』 권8(대정장26, p.401c11)에 "무엇이 응분별기문인가? 〔답〕 어떤 사람이 '무엇이 법인가?'라고 물으면, 이런 물음 받았을 때는 반드시 분별하여 답해야 한다. 법에는 여러 가지가 있으니, 즉 과거법・미래법・현재법・선법・불선법・무기법・욕계에 얽힌 법・색계에 얽힌 법・무색계에 얽힌 법・학법・무학법・비학비무학법・견소단법・수소단법・비소단법 등과 같이 법은 무량하게 열려있다. 분별하여 답해야 하는데, 이것을 응분별기라고 한다. 云何應分別記問 答 若有問言 云何爲法 得此問時 應分別記 法有多種 或過去 或未來 或現在 或善 或不善 或無記 或欲界繫 或色界繫 或無色界繫 或學 或無學 或非學非無學 或見所斷 或修所斷 或非所斷 如是等法 有無量門 應分別記 是名應分別記", "〔문〕 무슨 까닭에 이 물음에 분별하여 답해야 하는가? 〔답〕 이 물음에 마땅하게 분별하여 답해야 뜻에 지혜롭고, 능히 선법・청정한 행위 등을 이끌고, 신통한 지혜를 일으키며, 등각이 일어나 열반을 증할 수 있기에 이런 질문에는 반드시 분별하여 답해야 한다. 問 何故此問 應分別記 答 以於此問 若分別記 能引義利 能引善法 能引梵行 能發通慧 能生等覺 能證涅槃 故於此問 應分別記", 『대비바사론』 권15(대정장27, p.75c2)에 "무엇이 응분별기문인가? 물어오면 반드시 분별해서 답해야 한다. 云何名應分別記問 此問應以分別記故"라고 하였다. 〔참고문헌〕『集異門足論』, 『大毘婆沙論』, *Abh-k-bh.292.*, *AN.2.46.* ⇨사기문 四記問, 사기답 四記答, 분별기 分別記

응불 應佛 응신(應身)의 부처님. 『삼미륵경소』(대정장38, p.311b17・한불전2, p.89c23)에 "응불께서 법을 설하셨다 하니 곧 석가여래이다. 應佛說法 卽釋迦也", 『대승의장』 권19(대정장44, p.839a29)에 "공한 지혜가 주가 되고 온갖 덕 다 갖추어 장륙 등으로 화현한 것을 응불이라고 한다. 空智爲主 諸德悉是 丈六等化 名爲應佛"라고 하였다. 〔참고문헌〕『三彌勒經疏』, 『大乘義章』. ⇨응신 應身, 삼신 三身, 사신 四身

응사삼화 應事三火 마땅히 섬겨야 할 세 가지 불. 불씨를 꺼지지 않게 하여야 하듯이 부모・처자 그리고 응공복전인 승가를 섬겨야 한다는 뜻이다. 『유가사지론』 권14(대정장30, p.349b16)에 "세 가지 불이 있다. 복과 낙이 된다고 하여 사사롭게 섬기는 외도들의 불이다. 수승하게 아는 유정에는 헛되지 않고 마땅히 섬겨야 할 불이 있으니, 비록 실로 불은 아니지만 방편으로 불꽃이란 이름을 세웠다. 첫째는 부모, 둘째는 처자, 셋째는 진실하여 마땅히 공양받으실 복전이다. 又有三火 爲化樂福邪事外火勝解有情 示無虛誑所應事火 雖實非火 假立火名 一者 父母 二者 妻子 三者 眞實應供福田"라고 하였다. [참고문헌] 『瑜伽師地論』. ⇨ 응공양화 應供養火, 응급시화 應給施火, 응봉사화 應奉事火, 삼화 三火 ❷❸

응사인 應死人 마땅히 죽을 사람. 『대보적경』 권105(대정장11, p.588c14)에 "그때 문수사리가 다시 선주의천자에게 말했다. '천자여, 그대가 만일 마땅히 죽어야 할 사람 있어 날카로운 칼을 잡고 그 머리를 자른다면, 나는 당연히 그대에게 이와 같은 범행을 하게 하리라'. 爾時 文殊師利 復語善住意天子言 天子 汝今若能取應死人 手執利刀 斬其頭者 吾當許汝 如是梵行"라고 하였다. [참고문헌] 『大寶積經』, 『出曜經』 권10(대정장4, p.661c10).

응사자음 應師子音 육십종성(六十種聲) 중 하나. 사자가 포효하듯 한 부처님의 음성. 사자성(師子聲)이라고도 한다. 『대보적경』 권10(대정장11, p.55c20)에 "여래의 말씀에서 육십품류가 나오는데 각각 다른 음성이다. 무엇이 그 육십 가지인가? … 사자가 포효하듯 한 음성 … 이런 여래의 음성들은 널리 시방의 모든 부처님 세계로 통하니 일체중생심성을 기쁘게 할만하다. 如來言辭 出六十品 各異音聲 何謂六十 … 應師子音 … 其如來音 普通十方 諸佛世界 可悅一切衆心性行", 『대승장엄경론』 권6(대정장31, p.619c18 : *Sūtr.*, p.80)에 "(육십종성 중) 사자의 소리란 외도를 두렵게 하기 때문이다. 師子聲者 怖外道故 siṃhasvaravegā sarvatīrthyasaṃtrāsakatvāt"라고 하였다. [참고문헌] 『大寶積經』, 『大乘莊嚴經論』, *Sūtr.* ⇨ 육십종성 六十種聲, 사자성 師子聲, 십육종성 十六種聲

응사치기 應捨置記 ➡ 응사치기문 應捨置記問

응사치기문 應捨置記問 Ⓢ sthāpanīya-vyākaraṇīya, Ⓟ ṭhapanīya-vyākaraṇīya-pañha. 사기문(四記問) 중 하나. 반드시 대답하지 않아도 되는 질문. 응사치문·응사치기(應捨置記)라고도 한다. 깨우침에 이익이 없고 정의하거나 또는 논의할 수 없는 것들, 즉 무기(無記 Ⓢ avyākṛta)라는 형이상학적 범주를 상대하는 불교의 기본입장이다. 이와 반대로 마땅히 분별해 알려주어야 하는 경우는 응분별기문(應分別記問)이다. 『집이문족론』 권8(대정장26, p.401c29)에 "무엇이 응사치기문인가? [답] 어떤 사람이 '세상은 상인가 무상인가? 상이기도 하고 무상이기도 한가? 상도 아니고 무상도 아닌가? 세간은 끝이 있는가 끝이 없는가? 끝이 있기도 하고 없기도 한가? 끝이 있는 것도 아니고 없는 것도 아닌가? 목숨은 몸인가 몸과 다른가? 여래는 사후에 있는가 없는가? 있기도 하고 없기도 한가? 있는 것도 아니고 없는 것도 아닌가?' 이와 같이 이치에 맞지 않는 물음들에 대해서는 내버려두고 답하지 않는다. 즉 다음과 같이 대답해야 한다. '부처님께서는 「이런 질문에는 대답을 하지 않아야 한다. 왜냐하면 상무상 등은 뜻으로는 마땅하게 할 수 없기 때문이다」라고 하셨다'. 이것을 응사치기라고 한다. 云何應捨置記問 答 若有問言 世間常耶 無常耶 亦常亦無常耶 非常非無常耶 世間有邊耶 無邊耶 亦有邊亦無邊耶 非有邊非無邊耶 命者卽身耶 命者異身耶 如來死後有耶 非有耶 亦有亦非有耶 非有非非有耶 於如是等不應理問 應捨置記 謂應記言 佛說此問 是不應記 常無常等 不應理故 是名應捨置記", "[문] 무슨 까닭에 이 물음에 답하지 않고 내버려두는가? [답] 이런 물음에 답하지 않고 내버려두면 뜻으로 이롭고 선법·청정한 행위 등을 이끌어 내고, 신통한 지혜를 일으키며, 등각을 낳고 열반을 증득할 수 있기 때문이다. 이런 질문에 대하여는 내버려두고 답하지 않아야 한다. 問 何故此問應捨置記 答 以於此問 若捨置記 能引義利 能引善法 能引梵行 能發通慧 能生等覺 能證涅槃 故於此問 應捨置記", 『대비바사론』 권15(대정장27, p.76a17)에 "어떤 것을 응사치기문이라고 하는가? 이 물음에 대해서는 버려두고 답하지 않아야 하기 때문이다. 云何名應捨置記問 此問應以捨置記故"라고 하였다. [참고문헌] 『集異門足論』, 『大毘婆沙論』, *Abh-k-bh.292.*, *AN. 2.46.* ⇨ 무기 無記❷, 무기사 無記事❷, 십사무기 十四無記, 사기문 四記問, 사기답 四記答, 사치기 捨置記, 응분별기문 應分別記問

응상 應祥 ❶ 1572~1645. 조선후기 스님. 호는 송월(松月), 자는 경우(慶愚), 속성은 방(方)씨, 속명은 명후(命厚). 아버지의 휘는 유범(有範), 어머니는 노(盧)씨다. 신선으로부터 아름다운 구슬을 얻는 태몽 후 1572년(선조5) 5월 27일 황해도 문화현(文化縣)에서 태어났다. 8세 때 『소학 小學』을, 15세에 『대학 大學』을 배웠다. 15세 때 황해도 신천 패엽사(貝葉寺)로 가서 성행(性幸)을 은사로 하여 스님이 되었다. 경론을 연마한 후, 사명유정(四溟惟政)의 법을 이어 받고 제자가 되었는데, 전법게와 함께 신물(信物)로써 금선가사(金線袈裟)·전조심인원상(傳祖心印圓相)·관음친필패엽범서(觀音親筆貝葉梵書)·지공친필소장금함금강경(誌公親

筆所藏金函金剛經)·염주 등을 받았다. 그 후 오대산(五臺山)에서 참선하였고, 금강산 유점사(榆岾寺)에서 무려 30여 년 동안 『금강경』을 강설하였다. 유점사 비문에 "도가 높고 덕 또한 두터우시니 선교마저 다 거두셨다는 풍문이 멀리까지 퍼지자 이르는 대중 헤아릴 수 없었고 실로 얻은 바 있어 헛되게 가는 이 없었다. 道高德厚 禪敎具收 遠近聞風 至者甚衆 莫不虛往實歸"라고 하였다. 1624년(인조2) 전국 스님들을 징발하여 남한산성을 쌓을 때 스님에게 팔도도총섭(八道都摠攝)으로 명하여 두 차례에 걸쳐 축성을 감독하게 하였으나, 스님은 끝내 고사하고 맡지 않았다. 조정에서 스님의 절조가 고상함을 높이 평가하여 '묘담국일도대선사 妙湛國一都大禪師'라는 존호를 드렸다. 1645년(인조23) 6월 15일 금강산 유점사에서 세수 74, 법랍 60세를 일기로 입적하였다. 제자에는 허백명조(虛白明照)·춘파쌍언(春坡雙彦) 등이 가장 뛰어났다. 정두경(鄭斗卿)이 비문을 짓고 오준(吳竣)이 써서 1647년(인조25)에 금강산 유점사에 세운 비, 이경석(李景奭)이 비문을 지어서 같은 해(1647년)에 신천 패엽사에 세운 비, 백곡(栢谷) 김득신(金得臣)이 비문을 지어 금강산에 세운 비 등 3기가 전한다. 〔참고문헌〕 智冠 『韓國高僧碑文總集 朝鮮朝·近現代』 pp.150~158, 『四溟集』 권1 「贈應祥禪子」(한불전8, p.48c12). ⇨명조 明照 ❷ 조선후기 화사(畵師). 호는 하은(霞隱). 응상(應相) 또는 위상(偉相)이라고도 한다. 경상도 근역에서 금어(金魚)이자 수화승(首畵僧)으로 활동하였다. 초기작은 1855년 영천 은해사(銀海寺) 목조아미타불좌상이고, 양산 통도사(通度寺) 「신중도」(문화재자료 제301호), 합천 해인사(海印寺) 법보전 「비로자나불도」는 완숙기에 조성된 수작으로 평가된다. 〔참고문헌〕 장희정 『조선후기 불화와 화사 연구』(일지사, 2003) pp.193~203. ⇨해인사법보전비로자나불도 海印寺法寶殿毘盧遮那佛圖

응색 應色 중생에 응하여 드러낸 색신(色身). 『법화문구기』 권7(대정장34, p.291a10)에 "응하여 드러낸 색신은 하나가 아니니, 무릇 다섯을 든 것은 오승에 응한 것이다. 應色非一 且汎擧五 以應五乘", 『능엄경집주』 권6(卍속장17, p.310a4)에 "응하여 드러낸 색신들 많지만 치우쳐 보인다. 법신은 한 가지로 두렷할 뿐이다. 應色之多偏敎也 法身之一圓意也"라고 하였다. 〔참고문헌〕 『法華文句記』, 『楞嚴經集註』.

응생 應生 따라 남. 불보살이 중생의 뜻에 따라 응신(應身)의 몸을 나투는 뜻이다. 원을 세우고 세간에 출현하는 원생(願生)과 상대한다. 『유마경약소수유기』 권1(대정장38, p.718a25)에 "중생에 따라 함께 머문다는 것은 저 달이 물에 비쳐 저절로 가는 것과 같다. 그러므로 응생이라 하였다. 이것은 원을 세우고 생각을 지어서 나는 것과는 다르다. 應生同居者 如月現水 不謀而往 故名應生 不同願牽作意而生也", 『유마경약소』 권1(대정장38, p.564b13)에 "실보와 적광, 법신보살 및 묘각불이 중생을 이롭게 하려는 인연으로 세간에 응하여 출현하고 동거하는 것은 모두 방편이다. 이들 성인은 범부와 함께 머무므로 범성동거라고 하였다. 若實報及寂光法身大士及妙覺佛 爲利有緣應生同居 皆是權也 是等聖人與凡共住 故云凡聖同居", 같은 책 권5(대정장38, p.634c28)에 "여래께서 응하여 출현하시니 연에 나아가 중생을 이롭게 하시고 네 가지 불신을 보이시며 네 가지 큰 수레를 설하셨다. 如來應生 赴緣利物 示四佛身 說四大乘"라고 하였다. 〔참고문헌〕 『維摩經略疏垂裕記』, 『維摩經略疏』. ⇨응신 應身, 삼신 三身, 사신 四身

응서 應瑞 조선후기 스님. 추파홍유(秋波泓宥 1718~1774)와 동시대 스님이다. 전라도 대둔산 안심사(安心寺) 화장암(華藏庵)에서 풍계선사(豊溪禪師 1640~1708)를 법사로 모시며 오랫동안 주석하였다. 『추파집』 권2 「응서상인북귀청여증어여연기명이새 應瑞上人北歸請余贈語余演其名以塞」(한불전10, p.68b4)에 "상인은 북쪽 출신이고 풍계공을 스승으로 섬겼다. 공이 남쪽으로 갈 때 상인이 따라서 수천 리 밖에까지 왔다. 잡수심에 반드시 먼저 맛보고 앉으심에 자리펴 드리며 기거를 살펴 우러러 순히 받들었다. 하나라도 거스르고 넘치는 적 없어 여여하였다. … 사랑함에 부모와 스승보다 큰 것이 없고, 이 사랑을 넓혀 중생에서 곤충초목에까지 미치니 바로 대자대비이다. 자비 크다 할진대 어찌 석가모니부처님이 아니겠는가! 上人北人 師事豊溪公 公之南也 上人隨而來數千里之外 食必嘗 席必設 其起居俯仰順承焉 一未有忤愉如也 翼如也 … 愛莫大於親師 以是愛而廣之 及於衆生 及於昆蟲草木 乃大慈大悲也 慈悲之大 豈非能仁氏乎"라고 하였다. 〔참고문헌〕 『秋波集』. ⇨홍유 泓宥, 명찰 明詧

응석 應石 밀양 표충사(表忠寺) 스님. 항일독립운동에 앞장섰다. 속성은 오(吳)씨. 1919년 4월 4일 밀양군 단장면 대룡리 장날에 도반인 장옥(章玉)·찰수(刹修)·학성(學城)·영식(永植)·성흡(性洽)·연운(蓮紜) 등과 함께 독립만세 시위로 항거하였다. 〔참고문헌〕 『독립운동사』3(독립운동사편찬위원회, 1971). ⇨성흡 性洽, 연운 蓮紜

응석 應釋 조선후기 화사(畵師). 호는 경선(慶船·慶善). 응석(應碩)이라고도 한다. 초기작은 수화승 응성환익(應惺幻翼)과 함께한 남양주 봉영사(奉永寺) 「아미타후불도」다. 이후 문경 대승사(大乘寺) 「신중도」·예천 용문사(龍門寺) 「신중도」 등 다수를 조성하였다. 해남 대흥사의 「삼세후불도」 중 「약사불도」와 명부전 「지장시왕도」를 출초(出草)하였다. 그의 불화 속 존상들은 동세(動勢)가 풍부하고 이목구비가 섬세하며, 유연하고 가는 필선으로 색감 역시 화사한 다홍색이 주조를 이루어 산뜻한 느낌을 준다. 1883년에 남양주 흥국사에서 조성하여 현재 의정부 회룡사(回龍寺)에 봉안된 「신중도」(문화재자료 제118호)에 그의 화풍이 잘 드러난다. 〔참고문헌〕 장희정 『조선후기 불화와 화사 연구』(일지사, 2003) pp.131~135.

응석사 凝石寺 **1** 경기도 안성시 일죽면 고은리에 있던 절. 『동국여지승람』 권8 경기 죽산현 불우에 "생현 서쪽에 있다. 고려 명종이 즉위하기 전에 소향사로서 이 절에 왔었다. 在柱峴西 高麗明宗在潛邸時 以燒香使至此寺"라고 하였으며, 『범우고』에는 폐사로 전한다. 〔참고문헌〕 『東國輿地勝覽』, 『梵宇攷』, 『韓國寺刹全書』 권하 p.957a9. **2** 경상남도 진주시 집현면 정평리 집현산(集賢山)에 있는 절. 대한불교조계종 제12교구본사 해인사(海印寺)의 말사이다. 554년(진흥왕15) 연기(緣起)조사 창건설, 662년(문무왕2)에 의상(義湘) 강설처라 하고, 고려시대 지공(指空)·나옹(懶翁)·무학(無學)과 조선시대 사명유정(四溟惟政)·진묵일옥(震默一玉) 등 주석처로 전하고 있으나 고기록은 남아있지 않다. 임진왜란 때 소실되었다가 이후 1736년(영조12)과 1899년(광무3)에 중수하였다. 현존 당우로는 조선후기에 조성한 유형문화재 제141호 대웅전·관음전·나한전·산신각 등이 있으며, 성보문화재로는 보물 제1687호 목조석가여래삼불좌상 등이 있다. 〔참고문헌〕 『東國輿地勝覽』 권30 慶尙道 晉州牧 佛宇, 『韓國寺刹全書』 권하 p.957a14. **3** 경상북도 영주시 봉황산(鳳凰山)에 있던 절. 『동국여지승람』 권25 경상도 영천군(榮川郡) 불우에 절의 이름과 위치가 전하며, 『범우고』에는 폐사라 하였다. 〔참고문헌〕 『東國輿地勝覽』, 『梵宇攷』, 『韓國寺刹全書』 권하 p.957a17.

응석사목조석가여래삼불좌상 凝石寺木造釋迦如來三佛坐像 조선후기 불상. 보물 제1687호. 높이는 석가불좌상 141.5cm·아미타불좌상 127.3cm·약사불좌상 123.1cm. 불상조성기에 의하면 1643년(인조21)에 청헌(淸憲)·법현(法玄)·원택(元澤)·현윤(賢允)·정혜(定惠)·나흠(懶欽) 등 6명의 조각승이 삼존상을 제작하여 봉안하였다고 한다. 삼불상은 크기와 손모양 등만이 다를 뿐 착의법 등은 유사하다. 석가불상은 양 어깨를 덮은 통견(通肩)의 법의를 입었다. 목 주위에 옷깃이 얇게 접혀 있고 오른쪽 어깨에서 내려온 옷자락은 층단을 이루며 늘어져 있는데 청헌 유파의 불상에 나타나는 공통된 요소다. 수인은 항마촉지인(降魔觸地印)이고 좌우의 아미타불상과 약사불상은 두 손을 위아래로 올려 엄지와 중지를 맞대고 있으며 손의 위치는 서로 어긋나

응석사목조석가여래삼불좌상

있다. 〔참고문헌〕 『국보보물지정보고서』(문화재청, 2010), 『목조불』(문화재청, 2013). ⇨ 응석사 凝石寺 **2**

응성 應星 **1** 조선후기 스님. 법명은 민훈(旻訓). 해남 대흥사(大興寺) 설곡윤훤(雪谷允暄 ?~1837)의 전법사(傳法師)이다. 〔참고문헌〕 『東師列傳』 권4 「雪谷和尙傳」(한불전10, p.1034b20). ⇨ 윤훤 允暄 **2** 조선후기 스님. 백련도연(白蓮禱演 1737~1807)에게 외전(外典)을 가르쳤던 스님이다. 〔참고문헌〕 『東師列傳』 권4 「白蓮禪師傳」(한불전10, p.1031b14). ⇨ 도연 禱演

응성문 應聲聞 중생에 응하여 성문으로 화현한 보살. 응화성문(應化聲聞)·변화성문(變化聲聞)이라고도 한다. 『대승의장』 권18(대정장44, p.820a25)에 "성문으로 응현함을 응성문이라 하고 연각으로 응현함을 응연각이라 한다. 應爲聲聞 名應聲聞 應現緣覺 名應緣覺", 원측(圓測)의 『해심밀경소』 권4(한불전1, p.263b5)에 "변화성문〈『법화론』의 응화이고, 『보적론』의 응성문이다〉. 變化聲聞〈法華論應化 寶積論應聲聞〉"라고 하였다. 〔참고문헌〕 『大乘義章』, 『解深密經疏』. ⇨ 응화성문 應化聲聞, 변화성문 變化聲聞

응성즉현미타 應聲卽現彌陀 소리에 응하여 곧바로 몸을 드러내시는 아미타불. 『관무량수경』에서 일곱 번째 관(觀)을 행할 때 위제희부인(韋提希夫人) 앞에 나타나신 아미타불. 또는 석가모니불께서 고뇌를 버리는 법을 설하실때 출현하셨다. 『관무량수경』(대정장12, p.342c14)에 "부처님께서 아난과 위제희에게 이르셨다. '자세히 듣고 자세히 들어라! 그리고 잘 생각해 보거라. 내가 그대들에게 고뇌를 버리는 법에 대하여 분별하여 해설하겠다. 그대들은 기억해 두었다가 널리 대중들에게 분별해 설해 주거라'. 이 말씀을 하시는 순간 무량수불께서 허공 중에 서 계셨고 관세음과 대세지 두 보살이 좌우에 모시고 서 있었다. 佛告阿難 及韋提希 諦聽 諦聽 善思念之 吾當爲汝 分別解說 除苦惱法 汝等憶持 廣爲大

衆 分別解說 說是語時 無量壽佛住立空中 觀世音 大勢至 是二大士 侍立左右"라고 하였는데, 이에 대해 선도(善導)는 『관무량수불경소』 권3(대정장37, p.265c26)에서 "두 번째는 아미타불께서 소리에 응하여 바로 나타나셔서 왕생을 증득함을 밝혔다. 二明彌陀 應聲卽現 證得往生也"라고 풀었다. [참고문헌] 『觀無量壽經』, 『觀無量壽佛經疏』. ⇨ 위제희 韋提希

응세 應世 세간의 인연에 응함. 60권본 『화엄경』 권56(대정장9, p.755c5)에 "보살행을 닦되 부처의 지위를 여의지 않고 세간을 초월하며, 법신이 원만하지만 세간에 응하여 널리 몸을 받아 나니 갖가지 모든 방편신을 드러낸다. 修菩薩行 不離佛地 超出世間 法身圓滿 應世受生 普現種種諸方便身", 『구마라집법사대의』 권상(대정장45, p.127b1)에 "전륜성왕은 사람 중의 제일이니 홀로 삼십이상이 있다. 그러므로 보살이 세간에 응현한 몸이어서 삼십이상이 있는 것이다. 轉輪聖王 人中第一 唯有三十二相 是故菩薩應世之身 有三十二相"라고 하였다. [참고문헌] 『華嚴經』, 『鳩摩羅什法師大義』. ⇨ 전륜성왕 轉輪聖王, 응신 應身

응송 應松 ❶ 1892~1990. 의병이자 독립운동가. 속성은 박(朴)씨, 속명은 영희(英熙), 본관은 밀양. 1892년 전라남도 완도에서 태어났다. 16세 때부터 조국의 독립을 위해 의병으로 활동하였다. 1909년(융희3) 18세 때 그 지방 의병대장이었던 황준성(黃俊聖)대령이 전사하자 대흥사(大興寺)로 찾아가 취은민욱(取隱旻旭 1815~1899)의 위패상좌가 되었다. 그후 중앙학림을 다니다가 1919년 만해(卍海) 한용운(韓龍雲)의 권유로 3·1독립운동에 동참하여 만해의 밀명(密命)을 민족대표들에게 전달하는 연락책을 맡았고 탑골공원의 만세시위에도 앞장섰다. 이후 일경의 추적을 피해 만주로 가서 길림성(吉林省) 통화시(通化市) 유하현(柳河縣) 고산자(孤山子)에 있는 만주군관학교에 입교하여 장교가 된 후 무장독립투쟁을 전개하였다. 1920년 다시 국내에 잠입하여 금강산의 사찰로 다니면서 3년여 동안 스님들을 상대로 반일독립정신을 고취시키는데 헌신하였다. 이어 고향으로 돌아가 완도의 소학교와 홍사의 장충보통학교 등에서 교편생활을 하였다. 1928년 중앙불교전수학교에 입학하였으며, 만해의 만당(卍黨)조직에서도 주도적 역할을 하였다. 이 학교를 졸업한 후 대흥사 주지를 지내면서 만당의 활동자금조달에 주력하였으며, 1938년 만당당원들이 검거됨에 따라 일경에 체포되어 40여 일 고문을 당하고 풀려났다. 8·15광복 후에는 한때 동국대학교에서 인명학(因明學)을 강의하기도 하였다. 1955년 불교 교단정화 후 광주광역시 서구 쌍촌동 극락암(極樂庵)에서 만년을 보내다가 1990년 2월 6일 세수 99, 법랍 81세를 일기로 입적함에 대전국립묘지에 안장되었다. [참고문헌] 『佛教新聞』 1989년 3월 1일·1990년 2월 14일. ❷ 20세기 초 대구 팔공산 동화사(桐華寺) 스님인 의율(儀律)의 법호. ⇨ 의율 儀律

응송 應頌 Ⓢ geya, Ⓟ geyya, Ⓣ dbyangs-kyi-bsnyad-pa'i-de. 구분교(九分教) 또는 십이분교(十二分教) 중 하나. 앞서 서술한 산문을 거듭하거나 더하고 외워 기억하여 잊지 않게 하는 뜻에서의 송이다. 음사어는 기야(祇夜). 중송(重頌)·중송게(重頌偈)·응송(應誦)이라고도 한다. 상대적으로 가타(伽陀 Ⓢ gāthā)는 거듭 설하는 운문이 아니라는 뜻에서 고기송(孤起頌)·부중송게(不重頌偈)라 한다. 『대비바사론』 권126(대정장27, p.659c21)에 "응송이란 무엇인가? 모든 경 중에 앞에서 보인 산문의 계경문구를 뒤에서 맺어 송으로 바꾸어 읊는 것이다. 곧 결집한 문구 또는 결집한 품 등이다. 저 세존께서 비구들에게 이르셨다. '나는 지견이 모든 번뇌를 없앤다고 설한다. 지견이 없이 번뇌를 없앨 수 있다는 말은 있을 리 만무다'. 세존께서 산문으로 이 문구를 설하시고 나서 다시 맺어 송으로 바꾸어 읊으신다. '지견 있으면 번뇌 다하지만, 지견 없으면 그렇지 않다네. 오온의 생멸 통달하는 그때, 마음은 번뇌에서 해탈하리라'. 應頌云何 謂諸經中 依前散說 契經文句 後結爲頌 而諷誦之 卽結集文 結集品等 如世尊告苾芻衆言 我說知見 能盡諸漏 若無知見 能盡漏者 無有是處 世尊散說此文句已 復結爲頌 而諷誦言 有知見盡漏 無知見不然 達蘊生滅時 心解脫煩惱", 『순정리론』 권44(대정장29, p.595a4)에 "응송이란 뛰어나고 아름답게 이어지는 구와 언사로서, 앞서 풀어 찬한 계경의 말씀을 따라서 읊어 찬탄하는 것이다. 言應頌者 謂以勝妙緝句言詞 隨述讚前契經所說", 『화엄경소』 권24(대정장35, p.682a5)에 "기야는 응송이라 한역한다. 첫째, 장행의 산문과 상응하는 게송이다. 장행에서 다하지 못함이 있기 때문이다. … 둘째, 뒤에 올 이들을 위해 마땅히 거듭 송으로 읊는다. 祇夜者 此云應頌 一 與長行相應之頌 由於長行說未盡故 … 二 爲後來應更頌故"라고 하였다. [참고문헌] 『大毘婆沙論』, 『順正理論』, 『華嚴經疏』, 『瑜伽師地論』 권38(대정장30, p.500c10), 『翻譯名義集』 권4(대정장54, p.1111b20), *Śrāv-bh.100.*, *AN.2.7.* ⇨ 기야 祇夜, 가영 歌詠❷, 구부경 九部經, 십이부경 十二部經

응수 應修 Ⓢ antaś-cārin, stheyaṃ bhavet. 마땅히 닦아야 한다는 말. 『별역잡아함경』 권13(대정장2, p.467a17)에 "분명하게 모든 법에 통달하고 닦아야 할 수행을 모두 닦았고 끊어야 할 번뇌를 모두 끊어 없앴으니 이러한 까닭에 부처라 한다. 明達了諸法 應修者悉修 應斷盡斷除 以是故名佛", 『기세인본경』 권7(대정장1,

p.402a27)에 "사람들의 수명 지극히 짧아 잠시 살아 있을 뿐이니, 마땅히 온갖 선을 닦아야 저 후세 이르러서 안락을 얻을 수 있다. 人輩壽命 極成短促 止少時活 應修諸善 至彼後世 可得安樂", 『법화경현찬요집』 권10(卍속장53, p.788a17)에 "마음을 낸 이후부터 십지에 이르기까지를 응수라 한다. 出心已後 至十地已來 名應修"라고 하였다. 〔참고문헌〕『別譯雜阿含經』, 『起世因本經』, 『法華經玄贊要集』, *Laṅk.10.*, *Śata-śa.84.*

응수 應須 Ⓢkartum arhati, Ⓣbya-bar-rigs. 반드시 ~해야만 한다. 『법집요송경』 권1 「방일품 放逸品」(대정장4, p.779c6)에 "제멋대로 놀 마음을 일으키지 말고, 선법 마땅히 닦아야만 한다. 放逸不發起 善法應須修", 『조당집』 권11 「보복장 保福章」(고려장45, p.304a8)에 "옛 사람이 말하길 '다시는 나지 않는 길에 이르고자 한다면 반드시 본원을 알아야만 한다'고 하는데, 무엇이 본원인지요? 問 古人有言 欲達無生路 應須識本源 如何是本源"라고 하였다. 〔참고문헌〕『法集要頌經』, 『祖堂集』, *Sūtr.19.*

응수생자 應受生者 반드시 생을 받을 존재. 중유(中有)를 말한다. 『유부율』 권19(대정장23, p.724a7)에 "오직 세 가지 나타나야만 비로소 자식이 생긴다. 무엇이 그 세 가지인가? 첫째, 부모가 염심이 있어야 한다. 둘째, 그 모친의 자궁이 깨끗하여 임신할 수 있어야 한다. 셋째, 반드시 생을 받을 존재인 중유가 현전해야 한다. 이 세 연을 갖추어야 비로소 자식이 생긴다. 但由三事現前 方有子息 云何爲三 一者 父母有染心 二者 其母腹淨 應合有娠 三者 應受生者 中有現前 具此三緣 方有男女"라고 하였다. 〔참고문헌〕『有部律』. ⇨중유 中有

응수식 應受識 십일식(十一識) 중 하나. 마땅히 식을 받아들이는 외육계(外六界 : 色聲香味觸法)를 말한다. 구종현식(九種顯識) 중 진식(塵識)을 말한다. 『섭대승론석』 권5(대정장31, p.181c11)에 "응수식이란 색 등 육외계를 말한다. 應受識 謂色等六外界", 『현식론』(대정장31, p.879a9)에 "진식에는 여섯 가지가 있으니, 색계 등에서부터 식의 진까지를 말하며 이를 통틀어 응수식이라고 한다. 塵識 有六種 色界等 乃至識塵 通名應受識"라고 하였다. 〔참고문헌〕『攝大乘論釋』, 『攝大乘論』 권상(대정장31, p.118a25). ⇨육경 六境, 진식 塵識, 십일식 十一識, 현식 顯識

응시 應是 ❶틀림없이 ~이다. 반드시(꼭) ~라야 한다. 『조당집』 권12 「화산장 禾山章」(고려장45, p.309c15)에 "반드시 이러한 근기라야 비로소 얻는다. 應是與摩根器始得", 같은 책 권17 「통효장 通曉章」(고려장45, p.339b18)에 "이와 같이 상서로움 참으로 일찍이 없었던 일이다. 틀림없이 이것은 선사가 올 조짐이다. 如此瑞祥 實未曾有 應是禪師來儀之兆也"라고 하였다. 〔참고문헌〕『祖堂集』. ❷모든. 모두의. 다시(多是)와 같은 뜻이다. 돈황본 『단경』(대정장48, p.341c8)에 "법좌 아래에서 설법을 듣고는 칭송하는 소리가 하늘까지 퍼졌다. 모두 미혹한 사람들이었으나 뚜렷하게 그 자리에서 알아차렸다. 座下聞說 讚聲徹天 應是迷人 了然便見"라고 하였다. 〔참고문헌〕『壇經』. ⇨다시 多是

응시 應時 ❶Ⓢākālika, kālena, kāla, Ⓟkāla, Ⓣdus-chad-pa-med-pa, dus-la-bab-pa, dus-su. 때에 응함. 시절에 응하여 어긋남이 없거나 적절한 때를 따른다는 뜻이다. 『변중변론술기』 권중(대정장44, p.25b14)에 "때에 응한다는 말은, 때에 맞게 준비하고 때가 아닌 물건은 구하지 않는다. 應時者 隨時所積 不求非時物", 『오조법연어록』 권하(대정장47, p.663b26)에 "천지 가득 은빛 덮였네. 참으로 적절히 때에 응하고 절기에 응하네. 普天普地鋪銀 且要應時應節"라고 하였다. 〔참고문헌〕『辯中邊論述記』, 『五祖法演語錄』, *Bodh-bh.86·141.*, *AN.2.140.* ❷상응하는 그 때. 도(道)가 상응해 현전하는 때를 말한다. 『법온족론』 권2(대정장26, p.462b24)에 "말하여 응시라 하니, 팔지성도를 응시라 한다. 왜 그런가? 바르게 수습하려 하기에 세존께서 말씀하신 고집멸도에서 팔정도를 현관할 때는 곧바로 고집멸도를 현관해 들어가므로 응시라 한다. 言應時者 謂八支聖道 名爲應時 所以者何 由正修習 世尊所說 苦集滅道 現觀道時 卽入苦集滅道現觀 故名應時"라고 하였다. 〔참고문헌〕『法蘊足論』. ❸바로 그때. 등시(登時)와 통한다. 『조당집』 권15 「염관제안장 鹽官齊安章」(고려장45, p.327a26)에 "선사께서 바로 그때 오셨다. 禪師應時來"라고 하였다. 〔참고문헌〕『祖堂集』. ⇨등시 登時

응시납우 應時納祐 때에 맞춰 들이고 돕는다는 뜻. 『밀암어록』(대정장47, p.963a12)에 "'때에 맞게 들이고 돕는 일 한 구는 어떻게 말해야 할까?' 한 소리 내지르고 말했다. '칼이란 평하지 못할 때 귀한 칼집 떠나고, 약이라면 병든 이 있을 때 금병에서 나온다'. 且應時納祐一句 作麼生道 喝一喝云 劍爲不平離寶匣 藥因救病出金甁", 『종용록』 54칙 「송 頌」(대정장48, p.262a7)에 "한 구멍 막힘없이 뚫리니〈삼제를 다한다〉, 팔면이 온통 영롱하구나〈횡으로는 시방 가득하구나〉. 조짐도 없이 소식도 없이 봄은 제때 돌아왔고〈때에 맞춰 들이고 돕는다〉, 머묾도 걸림도 없이 달은 허공에 떠가네〈거침없이 움직이다가 앞개울에 떨어진다〉. 一竅虛通〈竪窮三際〉 八面玲瓏〈橫遍十方〉 無象無私春入律〈應時納祐〉, 不留不礙月行空〈任運落前溪〉"라고 하였다. 〔참고문헌〕『密菴語錄』, 『從容錄』.

응시성 應時聲 Ⓢ avikalā. 육십종성(六十種聲) 중 하나. 상응하는 때에 적절한 소리. 『대승장엄경론』 권6(대정장31, p.619c25 : *Sūtr.*, p.80)에 "응시성이란 교화하는 일이란 것은 모든 때에 일어날 수 있기 때문이다. 應時聲者 教化事一切時起故 avikalā vineyakṛtya sarvakālapratyupasthitatvāt"라고 하였다. 〔참고문헌〕『大乘莊嚴經論』, 『華嚴經疏鈔』 권51(대정장36, p.405a13), *Sūtr.* ⇨ 육십종성 六十種聲

응시시 應時施 Ⓢ Ⓟ kāla-dāna, Ⓣ dus-su-sbyin-par byed-pa. 사시(四施) 또는 십보시(十布施 : 施物清淨十相) 중 하나. 때에 맞춰 베푸는 것. 『증일아함경』 권24(대정장2, p.681b23)에 "지혜로운 이는 때에 맞게 베풀고 신심이 끊어지지 않는다. 智者應時施 信心不斷絶", 80권본 『화엄경』 권28(대정장10, p.154b16)에 "원하건대 모든 중생이 어느 때나 베풀어 때아닌 때 길이 없게 하면 크게 베풀고 구경이게 하옵소서. 願一切衆生 爲應時施 永離非時 大施究竟", 『대반니원경』 권1(대정장12, p.860b2)에 "시기에 적절하게 행하는 보시와 법을 베푸는 보시가 모든 류의 보시를 벗어난다. 때에 맞춘 베풂이란, 비구・비구니나 우바새・우바이가 먼 곳에 갔다가 오거나 오가는 길에 머물러 있을 때 힘따라 필요한 물품에 재빨리 응하여 베푼다면, 이러한 보시바라밀의 종자에서는 크나큰 과보가 싹트리라. 應時施及法施 出於一切衆施之上 應時施者 若比丘 比丘尼 優婆塞 優婆夷 若遠行來 若在道路 隨其力 能疾應所須 是檀波羅蜜種子 生大果報", 『구사론』 권18(대정장29, p.96a26)에 "응시시를 행하면 제때에 재물을 감득하고 필요한 때에 시기를 놓치지 않기 때문이다. 若應時施 感應時財 所須應時 不過時故", 『유가사지론』 권74(대정장30, p.709a19)에 "어떤 것을 시물청정십상이라고 하는가? … 셋째는 응시시이니, 그가 좋아하는 때에 마땅히 하는 것이다. 云何施物清淨十相 … 三 應時施 謂當彼所樂故"라고 하였다. 〔참고문헌〕『增壹阿含經』, 『華嚴經』, 『大般泥洹經』, 『俱舍論』, 『瑜伽師地論』, *Abh-k-bh.269.*, *AN.3.41.* ⇨ 사시 四施**4**, 보시 布施, 시물청정십상 施物清淨十相, 십보시 十布施

응시어 應時語 **1** 팔종논법(八種論法) 중 하나. 방편을 잘 알아 때에 맞게 차제로 말하는 것. 어응시(語應時)・수시이어(隨時而語) 등이라고도 한다. 『방편심론』(대정장32, p.23c11)에 "어응시란 무엇인가? 먼저 18계와 12입을 설하고 난 뒤에 오음을 설하면 불응시라 하고, 언어차제에 잘 통달하면 이것을 응시어라고 한다. 語應時者 若先說界入後說五陰 名不應時 若善通達言語次第 是則名曰應時語也", 같은 책(대정장32, p.25a4)에 "〔문〕 어떤 말이 능히 세상 사람들이 믿어 받아들일 수 있는가? 〔답〕 어리석은 이에게는 깊은 뜻은 분별해 주어야 한다. 이른바 모든 법은 모두 공적하여 무아이고 무인이니, 마치 아지랑이와 같고 변화한 것들과 같아 진실이라 할 것이 없다. 이와 같은 깊은 뜻은 지혜로운 이라야 이해한다. 問曰 何語能令世人信受 答曰 若爲愚者 分別深義 所謂諸法 皆悉空寂 無我無人 如幻如化 無有眞實 如斯深義 智者乃解", "범부중생이 들으면 미혹되어 잘못된 곳으로 떨어지니 이것은 '응시어'라고 할 수 없다. 반면에 모든 법에는 업과 보가 있으며 속박과 해탈 등을 짓는 이와 받는 이가 있다고 말하면, 얕은 지혜로도 듣고 곧바로 믿는데 마치 부싯돌에 나무를 비비면 불이 피어나는 것과 같다. 이렇게 설한 것은 앞의 중생에게도 상응하여 모두 믿고 즐거워하니 이와 같은 것을 '수시이어'라고 한다. 凡夫若聞 迷沒墮落 是則不名應時語也 若言諸法 有業有報 及縛解等 作者受者 淺智若聞 卽便信受 如鑽燧和合 則火得生 若所演說 應前衆生 則皆信樂 如是名爲隨時而語"라고 하였다. 〔참고문헌〕『方便心論』. ⇨ 팔종논법 八種論法 **2** 오어(五語) 중 하나. 말을 해야 할 때인지를 잘 알아서 말하는 것. 때와 장소를 가리고, 듣는 이를 먼저 생각하는 등과 들어가는 말과 해야할 말 등 차제로 하는 등이다. 응시묵(應時默)의 상대어다. 『대비바사론』 권179(대정장27, p.898b29)에 "응시어와 묵이란, 저 아라한은 다른 이가 오는 것을 보면 문득 그 뜻을 관하여 말을 건네야 할지 침묵해야 할지를 안다. 관찰해 마치고는 말을 건네는 것이 저에게 번민을 일으킬 것이라면 몹시 말을 하고 싶어도 곧바로 말없이 그대로 있고, 말하지 않는 것이 저에게 번민을 일으킬 것이면 말하고 싶지 않아도 곧 그에게 말을 건넨다. 길을 걸을 때 두 사람이 오는 것을 보면 누구에게 먼저 말을 건넬 것인가를 관찰한다. 관찰하고서 이 사람에게 말을 건네는 것이 저 사람에게 번민을 일으킬 것임을 알면 곧 저 사람에게도 말을 건네며, 저 사람에게 말을 건네는 경우도 마찬가지이다. 모두에게 말을 건네는 것이 번민을 일으킬 것임을 알면 곧 침묵하며, 모두에게 침묵하는 경우도 마찬가지이다. 말을 하거나 침묵하는 것이 모두 번민을 일으킨다면 길을 피할 뿐이니 번민이 일어나지 않도록 한다. 應時語默者 彼阿羅漢 見他來時 便觀其意 爲應與語 爲應默耶 觀已若見 語起彼結 雖極欲語 卽便默然 若見由默 起彼結者 雖不欲言 而便與語 若涉道路 見二人來 卽觀誰應先可與語 觀已若見 與此語時 彼起結者 卽與彼語 與彼亦然 若俱與語 而起結者 卽便默然 俱默亦爾 若語若默 俱起結者 卽爲避路 令不起結", 『유가사지론』 권97(대정장30, p.855c9)에 "어떤 것을 응시어라고 하는가? 소란스러운 때, 즉 생각이 많거나, 기꺼이 들으려고 하지 않거나, 편안히 앉아 위의를 바르게 하지 않거나, 할 때가 아닌 때에만 설한다. 또 먼저 시작하는 말하여 처음에 할 말 한 후에 찬탄하고 권장하고는 정말 해야 할 언설을 하기 시작하는 것, 다른 사람의 말이 끝나기를 기다렸다가 말하기 시작하는 것 등이니, 이와 같은 모든 것을 응시어라고 함을 알아야 한다. 云何應時語 謂非紛擾 或遽尋思 或不樂聞 或不安住正威儀時 而有所說 又應先序 初時所作 然後讚勵 正起言說 又應待他語論終已 方起言說 如是等類一切 當知名應時語"라고 하였다. 〔참고문헌〕『大毘婆沙論』, 『瑜伽師地論』.

응신 應身 Ⓢ nirmāṇa-kāya, Ⓣ sprul-pa'i-sku. 삼신(三身) 또는 이신(二身) 중 하나. 법신(法身)에 의지해 드러난다는 것으로는 보신(報身)·화신(化身)과 같지만, 응신(應身)은 보화이신(報化二身)에 앞선 몸이라고도 한다. 하지만 경론에 따라 선후상보의 설정이 다르다. 『금광명경』이나 『대승동성경』에서는 응신과 화신을 별개로 설하지만, 『대승기신론』에서는 응신 밖에 따로 화신을 세우기도 하는데, 응신은 초지 이상의 위를 교화하기 위해 나타나고 화신은 지전(地前)의 범부를 위해 나타난다. 또는 응신은 32상과 82종호를 갖춘 장엄신이고, 화신은 중생에 따라 다르게 나타나는 것으로 구분한다. 『대승동성경』 권하(대정장16, p.651c10)에 "선장부야, 지금의 용보건여래·마공포여래·대자의여래 등과 같은 일체여래와 오탁악세 중에 성불하거나 앞으로 성불하게 될 이가 여래로서 현현하여 도솔천으로부터 하강하여 일체정법·일체상법·일체말법을 머물러 가진다. 선장부야! 그대는 반드시 알아야 한다. 이와 같이 화현하는 사례가 모두 응신이다. 善丈夫 猶若今日踊步揵如來 魔恐怖如來 大慈意如來 有如是等一切彼如來穢濁世中現成佛者 當成佛者 如來顯現 從兜率下 乃至住持一切正法 一切像法 一切末法 善丈夫 汝今當知 如是化事 皆是應身", 『섭대승론석』 권1(대정장31, p.155c15)에 "법신을 떠나서는 응신은 성취할 수 없다. 비유하면 저 안식이 안근을 떠나서 성립하지 않음과 같다. 若離法身 應身不成 譬如眼識 離根不成", 같은 책 권14(대정장31, p.255c2)에 "시방제불의 응신은 한결같이 법신을 의지한다. 의지가 다르지 않으므로 응신에도 차별이 없다. 응신은 화신을 업으로 삼는다. 모든 부처님의 응신은 화신이 의지하지 않음이 없으며, 화신을 일으킴에 그 업이 같으므로 차별이 없다. 十方諸佛應身同依止法身 依止不異故應身無差別 應身以化身爲業 諸佛應身無不皆爲化身依止 起於化身以業同故無有差別", 『금광명최승왕경』 권2(대정장16, p.408b21)에 "모든 여래께서 보살이 통달할 수 있게 진제를 설하고 생사열반이 한맛임을 알게 하기 위해, … 그 신체에 삼십이상과 팔십종호 그리고 목 뒤로 원광을 갖춰 보인 것을 응신이라고 한다. 謂諸如來爲諸菩薩得通達故 說於眞諦 爲令解了生死涅槃是一味故 … 是身得現具三十二相 八十種好 項背圓光 是名應身", 『금강선론』 권2(대정장25, p.811a26)에 "왕궁에서 나심으로부터 사라쌍수에서 열반을 보이시기까지 응신의 방편상 밝힌 것이다. 明從王宮生至雙林滅相 此是應身方便之相", 『대승기신론』(대정장32, p.579b20)에 "분별사식에 의지하여 범부와 이승이 볼 수 있어야 응신이라 한다. … 범부에게 보이기 위해서는 거친 색이고 육도에 따라 각각 보는 것이 같지 않아서 갖가지 중생무리가 좋은 모습 받아들일 일 없는 등이 응신이라고 한다. 依分別事識 凡夫二乘心所見者 名爲應身 … 又爲凡夫所見者 是其麤色 隨於六道各見不同 種種異類非受樂相故 說爲應身", 『금강반야경소』(대정장33, p.75a14)에 "관조는 보신이니 금강삼매가 모든 번뇌를 부숨과 같다. 문자는 응신이니 근기에 따른 이익을 널리 드러내 끝없다. 觀照卽報身 如金剛三昧破諸煩惱 文字卽應身 隨機利益普現無邊", 『금강경찬요간정기』 권2(대정장33, p.181c14)에 "저 경에서 '여래께서 설하시길 삼십이상은 상이 아니다'라고 하심은 진신을 밝힌 것이고, '그러므로 삼십이상이라고 한다'고 다시 하심은 응신을 밝힌 것이다. 如經云 如來說三十二相卽是非相者 發明眞身也 是名三十二相者 發明應身也", 『법화의소』 권10(대정장34, p.599a21)에 "진신과 응신에 두 가지 뜻을 갖추어야 한다. 첫째, 법신은 생멸이 없고 응신은 생멸이 있다. 둘째, 법신은 유일하고 응신은 무수하다. 眞應二身 要具二義 一者 法身無生滅 應身有生滅 二者 法身唯一 應身卽多", 『승만보굴』 권상(대정장37, p.8b11)에 "『섭대승론』에서 '십지 전에는 화신불을 보고 십지에 오르면 응신을 본다'고 하였으니, 이 응신은 진여와 상응하므로 응신이라고 하는데, 응신은 두 가지다. 첫째, 내응신이니 진여와 상응하여 진여토에 머문다. 둘째, 외응신이니 정토에 머물며 기특한 상호로 보살을 가르친다. 攝論云 地前見化佛 登地見應身者 此應身是與眞如相應名爲應身 應身有二 一 內應 與眞如相應 住眞如土 二 外應 住淨土 奇特相好教菩薩也", 『합부금광명경』 권1(대정장16, p.364c9)에 "법신에 의지하여 응신을 낳고, 응신에 의지하여 화신을 낳는다. 그러므로 자성 극히 청정하여 법신을 섭수하고, 지혜청정하여 응신을 섭수하며, 삼매가 청정하여 화신을 섭수한다. 依於法身故出應身 依於應身故出化身 是故 性極清淨攝受法身 智慧清淨攝受應身 三昧清淨攝受化身", 『중관론소』 권5(대정장42, p.70b17)에 "법신에 즉해 드러나고 법신과 상응하면 응신이라 한다. 이미 여실하게 깨닫고 돌이켜 중생에게 여실하게 연설하면 화신이다. 卽法身現與法身相應卽名應身 旣得如實悟 還爲衆生如實演說 卽是化身"라고 하였다. 〔참고문헌〕『大乘同性經』, 『攝大乘論釋』, 『金光明最勝王經』, 『金剛仙論』, 『大乘起信論』, 『金剛般若經疏』, 『金剛經纂要刊定記』, 『法華義疏』, 『勝鬘寶窟』, 『合部金光明經』, 『中觀論疏』, *Mah-saṃ.73.* ⇨ 불신 佛身, 법신 法身, 보신 報身, 화신 化身, 법응화삼신 法應化三身, 불

삼종신 佛三種身, 삼신 三身[1], 사신 四身, 변화신 變化身, 승응신 勝應身, 열응신 劣應身

응신 應信 1833~1894. 조선후기 스님. 자는 필문(弼文), 호는 금파(金波), 속성은 김(金)씨, 본관은 김해(金海). 1833년(순조33) 전라도 청해의 세포(細浦 : 현 완도군 완도읍 대신리 일대)에서 태어났다. 해남 대흥사(大興寺)로 찾아가 석호(石虎)를 은사로 하여 스님이 되었으며, 지허(止虛)에게서 비구계(比丘戒)를, 범해각안(梵海覺岸)으로부터 보살계를 받았고, 뒤에 은사인 석호의 법을 이어 받아 은법(恩法)을 겸하였다. 범해・운곡(雲谷)・보제심여(普濟心如)・응화유한(應化有閑) 등의 강백으로부터 경론을 수학하였다. 계행과 학덕을 겸비하여 사부대중의 존경을 받아 항상 수승(首僧)의 위치에 있었으며 여러 차례 대흥사 총섭(摠攝)의 직책을 맡아 가람수호와 대중외호에 본보기가 되었다. 스님으로부터 수계한 이와 가르침을 받은 제자가 매우 많았다. 1894년(고종31) 세수 62세를 일기로 입적하였다. 제자로는 무위완함(無爲玩咸)・만파무착(萬波無著)・봉언(奉彦)・봉환(奉煥)・월현(月現)・봉화(奉和) 등이 있다. 법계로는 석가(釋迦)의 제74세, 태고보우(太古普愚)의 17세, 청허휴정(淸虛休靜)의 11세, 연담유일(蓮潭有一)의 5세, 완호윤우(玩虎倫佑)의 증손이며, 석호의 제자다. [참고문헌]『東師列傳』권6「金波禪師傳」(한불전10, p.1066c16). ⇨석호녹일 石虎祿一

응신기 應身記 응신의 약속과 맹서. 응신불이 되리라는 불멸의 약속(記)을 주고 받는다(授受). 기(記)란 흔들리지 않는 약속 또는 분명히 정해진 것의 뜻이다. 무기(無記)가 정할 수 없는 뜻인 것에 반한다. 상대어는 법신기(法身記)이다.『법화의소』권5(대정장34, p.517b9)에 "응신기를 받는 것은 바로 법신기를 받는 것이다. 닦은 인 차 바로 법신을 증득하고 비로소 본지로 자취를 드리워서 정토나 예토에 의탁하여 성불하고 중생을 제도한다. 다만 법신은 저 허공 같아 없는 곳이 없지만 중생을 이끌 수 없기에 법신기를 받지 않는다. 응신은 국토・무리・교화의 주・교문 등이 있어서 중생을 이끄는 뜻의 방편으로 수기한다. 授應身記 卽是授法身記 修因旣滿便證法身 方能以本垂迹 託淨穢國土成佛化人 但法身猶如虛空無所不在 引物不便故不授法身記 應身有國土 徒衆 化主 教門 引物義便故記之也"라고 하였다. [참고문헌]『法華義疏』. ⇨응신 應身, 기별 記別, 수기 授記, 법신기 法身記

응신불 應身佛 인위로 정한 세계에만 주하시는 부처님. 화신불과 달리 정토에 머무신다.『법화의소』권12(대정장34, p.632b15)에 "법신불은 모든 곳에 계시고, 응신불은 정토에 계시며, 화신불은 예토에 머무신다. 法身佛遍一切處 應身佛在淨土 化身佛處於穢土"라고 하였다. [참고문헌]『法華義疏』. ⇨응신 應身, 불신 佛身

응신토 應身土 응신이 머무는 세계.『법화의소』권10(대정장34, p.609c27)에 "응신토는 상이기도 무상이기도 하다. 안의 응신토는 상주지만 밖의 응신토는 무상이다. 應身之土 亦常亦無常 內應身土 此卽是常 外應身土 此卽無常也",『화엄경소』권15(대정장35, p.611b5)에 "다른 인 때문에 차별한 과를 초래한다. 위에서 같은 인이라 하였듯이 같은 인이면 진신과 응신토 등의 과를 같이 얻는다. 이것은 불신을 잡아서 말한다면 같지만 다른 것을 따르는 것이고, 중생의 입장에서는 같은 곳이지만 보는 것이 다를 뿐이다. 由此異因感差別果 由上同因 同感眞應身土等果 是則約佛卽同能隨異 約機同處而見異"라고 하였다. [참고문헌]『法華義疏』,『華嚴經疏』. ⇨응토 應土, 삼신토 三身土, 사토 四土

응심 凝心 잡들인 마음. 마음을 모아 흩어지지 않게 하는 뜻이다. 이는 남종선(南宗禪)에서 정(定)에 치우친 응심입정(凝心入定)이라 여겨 북종선의 특정으로 드러내 비판하였다.『육문교수습정론』(대정장31, p.776b20)에 "그 마음이 고요히 그침에 의지하면 마음인즉 집중하여 머문다. 정에 의지하고 이 정이 다름 아닌 다잡은 마음이 머무는 곳이어서 사마타라 한다. 據其心寂止之處 心得凝住 依止於定 此定卽是 凝心住處 故名奢摩他",『대승의장』권15(대정장44, p.759c26)에 "오래 보아 잡념없이 익어 흩어짐 없는 마음이면, 보인다. 久觀純熟 凝心卽見",『법계차제초문』권상(대정장46, p.673b9)에 "잡들인 마음으로 분별 고요하면 마음에 파동이 없어 모든 선정 저절로 열린다. 그러므로 그치는 것으로써 문을 삼는다. 凝心寂慮 心無波動 則諸禪定 自然開發 故以止爲門",『도서』권상1(대정장48, p.401b8)에 "하택은 언제나 응심을 배척하였다. 荷澤每斥凝心",「오경전」(『神會和尙遺集』, p.474)에 "성문과 연각은 그 말의 본래 뜻을 모르고 산중 굴속에 머물거나 선림에 앉아서 헛된 정에 들어 문득 마음을 모아 한번 앉으면 팔만겁과 같이 하니, 단지 삼실 짊어지고 황금 무거운 줄 모른다. 聲聞緣覺 不知音 住山窟 坐禪林 入空定 便凝心 一坐還同八萬劫 只爲擔麻不重金"라고 하였다. [참고문헌]『六門敎授習定論』,『大乘義章』,『法界次第初門』,『都序』,「五更轉」. ⇨응심입정 凝心入定

응심입정 凝心入定 마음을 한 곳에 집중하여 정에 들어가는 선법. 남종선(南宗禪)의 기치를 내세웠던 하택신회(荷澤神會)가 북종선(北宗禪)의 특징이라 드러내 비판한 4구 중 하나다.『보리달마남종정시비론』(『神會

和尙遺集』, p.287)에 "만일 사람들에게 좌선하게 하면서 그들에게 마음을 모아 정에 들라하고, 마음을 머물게 하되 깨끗한 것을 보라 하며, 마음을 내어 밖을 비추라 하거나 마음을 거두어 안으로 증해야 한다고 가르친다면 이는 깨달음을 가로막을 일이다. 若敎人坐 敎人凝心入定 住心看淨 起心外照 攝心內證者 此是障菩提", 『임제록』(대정장47, p.499b13)에 "보통의 눈먼 머리깎은 이들은 배불리 밥 먹고는 좌선관행하며 생각이 새나감을 꽉 부여잡고는 놓아 일어나지 않게 하니, 떠들썩함을 싫어하고 고요함을 구한다. 이는 외도법일 뿐이다. 조사께서 말씀하시길, 그대들이 저 마음에 머무름에 고요함 지키며 마음 들어 밖을 비추고, 마음 거둠에 안을 맑게 하고 마음 모아 정에 들어간다면, 이와 같은 갈래는 모두 조작일 뿐이다. 有一般瞎禿子 飽喫飯了 便坐禪觀行 把捉念漏 不令放起 厭喧求靜 是外道法 祖師云 爾若住心看靜 擧心外照 攝心內澄 凝心入定 如是之流 皆是造作"라고 하였다. [참고문헌] 『菩提達摩南宗定是非論』, 『臨濟錄』. ⇨ 응심 凝心, 기심외조 起心外照, 섭심내증 攝心內證, 주심간정 住心看淨

응암 應庵 ❶ 1103~1163. 송대 임제종 양기파(楊岐派) 스님. 법명은 담화(曇華), 속성은 강(江)씨. 기주(蘄州 : 湖北省 黃岡) 출신. 응암(應菴)이라고도 한다. 17세에 동선사(東禪寺)에서 출가하였다. 처음에는 수주(隨州 : 湖北省)의 수남수수(水南守遂 1072~1147)에게 의탁했지만 후에 운거(雲居)로 가서 원오극근(圜悟克勤 1063~1135)을 찾아뵈었으며, 그의 명에 따라 호구소륭(虎丘紹隆 1077~1136)을 찾아가 그의 법을 이었다. 여러 사찰에 주석하였고 나중에 경원부(慶元府 : 浙江省 寧波) 천동산(天童山)에 머물며 종풍을 드날렸다. 남송 융흥 원년(1163) 6월에 세수 61, 법랍 43세를 일기로 입적하였다. 『응암담화선사어록 應庵曇華禪師語錄』 10권이 있다. [참고문헌] 『大明高僧傳』 권6(대정장50, p.921b11), 『五家正宗贊』 권2(卍속장135, p.948b3), 『佛祖歷代通載』 권20(대정장49, p.689b5). ⇨ 응암담화선사어록 應庵曇華禪師語錄, 소륭 紹隆❷ ❷ 조선후기 스님 낭윤(朗允 1718~1794)의 법호. [참고문헌] 『茶松文庫』 권1 「應庵先祖行裝草」(한불전12, p.708a). ⇨ 낭윤 朗允 ❸ 조선후기 스님 학성(學性 1830~1886)의 법호. [참고문헌] 『東師列傳』 권6 「應庵禪師傳」(한불전10, p.1072c1). ⇨ 학성 學性 ❹ 조선후기 스님 훈경(訓璥)의 법호. [참고문헌] 智冠 『韓國高僧碑文總集 朝鮮朝·近現代』 p.638. ⇨ 훈경 訓璥

응암 應菴 ➡ 응암 應庵❶

응암 應巖 조선후기 스님. 추파홍유(秋波泓宥 1718~1774)가 장형(丈兄)이라 불렀던 스님이다. 『추파집』 권2 「여응암장형서 與應巖丈兄書」(한불전10, p.66b19)에 따르면, 스님은 풍암노사(楓巖老師)의 제자인 연(演)스님과 법형제간이며, 당시 여역(癘疫)이 돌자 양친을 모시기 위해 고향으로 돌아갔다고 한다. [참고문헌] 『秋波集』. ⇨ 홍유 泓宥

응암담화선사어록 應菴曇華禪師語錄 송대 스님 응암담화의 어록. 사법문인(嗣法門人) 수전(守詮) 등 엮음. 10권. 卍속장120, pp.804a1~898a17에 수록되어 있다. 『응암화상어록 應菴和尙語錄』이라고도 한다. 암(菴)은 암(庵)으로도 쓴다. 1166년(건도2) 간행되었다. 권1~6은 주묘엄선원(州妙嚴禪院)·명주천동산경덕선사(明州天童山景德禪寺) 등 제14회의 어록, 권7~9는 법어(法語)·서(書), 권10은 송고(頌古)·진찬(眞贊)·게송(偈頌)·불사(佛事) 등으로 구성되어 있다. 권말에 부록으로 탑명(塔銘)·제문(祭文)·송원화상보설(松源和尙普說) 등이 실려 있다. ⇨ 응암 應庵❶

응암선조행장초 應庵先祖行裝草 1917년에 금명보정(錦溟寶鼎 1861~1930) 지음. 응암낭윤(應庵朗允 1718~1794)의 행장으로, 『다송문고』 권1(한불전12, p.708a1~b23)에 수록되어 있다. [참고문헌] 『茶松文庫』, 『曹溪山松廣寺史庫』(亞細亞文化社, 1977) pp.606~608. ⇨ 낭윤 朗允, 보정 寶鼎

응암화상어요 應菴和尙語要 송대 스님 응암담화(應菴曇華)의 어록. 1권. 『속고존숙어요 續古尊宿語要』 권4, 卍속장119, pp.23b1~36b8에 수록되어 있다. 『응암화화상어 應菴華和尙語』라고도 한다. 1238년(가희2)에 간행되었다. 상당(上堂)·소참(小參)·법어(法語)·송고(頌古) 등으로 구성되어 있다. ⇨ 응암 應庵❶

응언 應彦 조선후기 스님. 호는 철경(掣鯨), 속성은 김씨. 전라남도 영암에서 태어났다. 만덕사(萬德寺)로 찾아가 스님이 된 후, 내외의 경전에 정통한 다음 연파혜장(蓮坡惠藏 : 또는 兒庵惠藏 1772~1811)의 법을 이어 받았다. 제자에는 성관(性貫) 등이 있고, 저서에는 문집 2권이 있었다고 하나 전하지 않는다. [참고문헌] 『東師列傳』 권4 「掣鯨講師傳」(한불전10, p.1037a19). ⇨ 혜장 惠藏, 성관 性貫

응연상 凝然常 고요히 그러하여 떳떳함의 뜻. 삼상(三常 : 本性常 不斷常 相續常) 중 하나다. 진여(眞如)의 특징이지만 제법(諸法)을 드러내는 데 장애 없어야 하고, 무상(無常) 중에서 그러하기에 부사의상(不思議常)이라고 한다. 『화엄경소초』 권9(대정장36, p.67a25)

에 "응연상이란 즉 법신이다. 여기서 '상신인 법신이다' 라고 한 말은 화신 그대로 법신의 응연상임을 밝힌다. 凝然常者 卽是法身 今云卽是常身法身 明知化身 卽是法身 凝然常也", 『화엄오교장』 권(대정장45, p.485a9)에 "〔문〕 진여는 상법이라고 이미 말해 놓고 어떻게 훈습을 따라 기멸한다고 말할 수 있는가? 기멸을 인정한다면 어떻게 다시 응연상이라고 말할 수 있는가? 〔답〕 진여가 상이라고 말하기는 했지만 당신이 말하는 상의 뜻은 아니다. 무슨 뜻인가? 부처님께서 '진여를 응연이라' 하신 것은 연에 따라 갖가지 법이 되더라도 자신의 바탕을 잃지 않기에 상이라고 한 말씀이다. 이것은 무상과 다르지 않은 상이기에 부사의상이며, 제법을 지을 수 없는 저 분별로 아는 꼼짝 못하는 응연은 아니다. 問 眞如旣言常法 云何得說 隨熏起滅 旣許起滅 如何復說 爲凝然常 答 旣言眞如常 非如言所謂常也 何者 聖說眞如爲凝然者 此是隨緣 作諸法時 不失自體 故說爲常 是卽不異無常之常 名不思議常 非謂不作諸法 如情所謂之凝然也", 『성유식론요의등』 권7(대정장43, p.810b11)에 "상무분별에 대하여 『요집』에는 다음과 같이 말한다. '두 가지 해석이 전한다. 하나는 「자성법신의 바탕은 고요히 자연스럽고 떳떳하지만, 수용신과 변화신은 모두 무상하다」라고 하였고, 다른 하나는 「삼신이 모두 고요히 자연스럽고 변함없다. 무상이라는 말은 변화의 모습을 따를 뿐이다」라고 푼다'. 常無分別 要集云 相傳二釋 一云 自性法身 體凝然常 受用變化 皆是無常 一云 三身皆凝然常 說無常者 據化相故"라고 하였다. 〔참고문헌〕『華嚴經疏鈔』, 『華嚴五敎章』, 『成唯識論了義燈』, 『釋淨土群疑論』 권2(대정장47, p.38a18). ⇨본성상 本性相, 자성상 自性常, 삼상 三常❶, 법신 法身

응열 應悅 조선후기 화사(畵師). 충청도에서 활동하였다. 초기작은 1650년 수화승 경잠(敬岑)과 함께한 공주 갑사(甲寺) 「괘불도」며, 1657년에는 조선 후기 화사 삼겸(三謙) 중 한 분인 신겸(信謙)을 수화승으로 한 연기 비암사(碑巖寺) 「괘불도」와 공주 신원사(新元寺) 「괘불도」(1664년)와 예산 수덕사(修德寺) 「괘불도」(1673년) 등을 조성하였다.

응용무방 應用無方 따라 움직임에 막힐 곳 없음. 『화엄경소』 권7(대정장35, p.556b25)에 "얽힘에서 나왔기에 따라 움직임에 어느 곳에도 막힘 없다. 由出纏故 應用無方"라고 하였다. 〔참고문헌〕『華嚴經疏』.

응용무변 應用無邊 따라 움직여 씀에 가이없음. 『무량수경소묘종초』 권5(대정장37, p.224c5)에 "하나가 일체를 거두니 일마다 서로를 거두고, 따라 움직여 씀에 끝이 없으니 한 터럭 물방울도 버리지 않는다. 一攝一切 事事相收 應用無邊 不離毫末", 『오등회원』 권15 「승천유간장 承天惟簡章」(卍속장138, p.599a12)에 "만일 그 지혜 씀에 따른다면 저 꽃 가득 핀 봄날의 골짜기 같으리니 따라 움직임에 끝이 없다. 비록 설하기는 모래알처럼 가득하다 하지만 이렇듯 한결같이 따르기는 저 한 길 뿐이라네. 若也隨其智用 如花開春谷 應用無邊 雖說徧恒沙 乃同遵一道"라고 하였다. 〔참고문헌〕『無量壽經疏妙宗鈔』, 『五燈會元』.

응용무애 應用無礙 가는 곳마다 움직여 걸림이 없음. 종보본 『단경』(대정장48, p.358a4)에 "그대가 다만 마음이 허공 같다 하면서도 공이라는 견에 집착하지 않아 응하여 움직여도 걸림 없고 동정에 무심하여 범부와 성인마저 놓아버린다면 능소가 다 사라지고 성상은 여여하여 삼매 아닌 때 없으리라. 汝但心如虛空 不著空見 應用無礙 動靜無心 凡聖情忘 能所俱泯 性相如如 無不定時也"라고 하였다. 〔참고문헌〕『壇經』.

응용무진 應用無盡 따라 움직임에 다함이 없음. 『수능엄의소주경』 권9(대정장39, p.943a19)에 "기에 따라 열어 보이니 밝히 알지 못할 일 없음을 '응해 씀에 끝이 없다'고 한다. 隨機開示 無不明了 故云應用無盡"라고 하였다. 〔참고문헌〕『首楞嚴義疏注經』.

응용무휴 應用無虧 응하여 쓰지만 어떤 흠결도 없다는 말. 『경덕전등록』 권21 「취령명원전 鷲嶺明遠傳」(대정장51, p.377a18)에 "어떤 학인이 '한 법도 일어나지 않았는데, 따라 움직임에 어떤 흠결도 없는 때라 함은 어떠한가요?'라고 하자 명원이 손으로 불을 세웠고 그 학인은 이를 보고 깨우침이 있었다. 僧問 無一法當前 應用無虧時 如何 師以手卓火 其僧因爾有悟", 『송원숭악어록』 권상(卍속장121, p.582b18)에 "모든 것 마다마다에 그 자취 합하니 응하여 쓰지만 어떤 흠결도 없다. 頭頭合轍 應用無虧"라고 하였다. 〔참고문헌〕『景德傳燈錄』, 『松源崇嶽語錄』.

응용진사 應用塵沙 따라 쓰고자 함에 바다의 모래알만큼이나 끝이 없음. 『주대승입능가경』 권5(대정장39, p.472a26)에 "두 가지 죽음 영원히 끊고 성인의 자성 드러났네. 응하여 씀에 모래알처럼 하시니 그 이름 부처라네. 二死永斷 卽聖性現前 應用塵沙 名之爲佛"라고 하였다. 〔참고문헌〕『注大乘入楞伽經』.

응용처 應用處 따라 움직여 머무는 곳. 『임제록』(대정장47, p.499a25)에 "그대들이 지금 따라 쓰는 곳에 모자람 있는가? 儞如今應用處 欠少什麽"라고 하였다. 〔참고문헌〕『臨濟錄』.

응운 應雲 ❶1794~?. 조선후기 스님. 법명은 공여(空如). 율봉청고(栗峰靑杲)의 법손인 용암혜언(龍巖慧彦 1783~1841)의 제자이며, 제월전유(霽月典卣 : 『율봉문보』에는 霽月壯卣)·봉민(奉旻)과는 법형제(法兄弟)이다. 원적산(圓寂山) 영원암(靈源庵)에 주석하였으며, 영안부원군(永安府院君) 김조순(金祖淳 1765~1832)과 깊이 교유하였다. 『응운대사유망록』「답영안부원군서 答永安府院君書」(한불전10, p.735a1)에 "대감께서 불초한 저에게 공여 두 글자로 불러주신 것은 어떠한 까닭이 있어서 그러하리라. 大監不肖山人 以空如兩字呼之者 有何所以而然也"라고 하였다. [참고문헌] 『應雲空如大師遺忘錄』(한불전10, pp.719a1~757c23), 『栗峰門譜』. ⇨ 공여 空如, 율봉문 栗峰門, 응운공여대사유망록 應雲空如大師遺亡錄 ❷조선후기 스님. 법명은 성능(性能). 한양용주(漢陽龍珠)에게 입실건당(入室建幢)하여 법을 이었으니, 양악계선(羊岳啓璇 ?~1837)의 4세 법손이고, 덕휘(德運)의 법손이며 보경(寶鏡)과는 법형제이다. 영구산(靈龜山)·조계산·지리산을 유력하며 당대의 강백(講伯)들로부터 내외전을 배워 두루 겸비한 후 장성 백양산 정토사(淨土寺)로 돌아가서 학인을 지도하였다. 동문들과 천촌만가(千村萬家)를 돌아다니며 청동과 백미를 모연(募緣)하여 정토사를 중창할 때, 스님은 운문암(雲門庵)을 중흥하니 강론과 독송이 끊이지 않았다. [참고문헌] 『東師列傳』 권4 「羊岳禪師傳」(한불전10, p.1034b2)·권6 「應雲講伯傳」(한불전10, p.1068c9). ❸조선후기 스님. 설월봉준(雪月奉準)의 제자이다. 응운을 다비하던 날 밤에 방광(放光)이 있었고 법형(法兄)인 청연(淸淵)은 달마산(達摩山) 기슭에 법사(法師) 설월의 부도와 법제(法弟) 응운의 부도를 각각 건립하였다고 전한다. [참고문헌] 『東師列傳』 권4 「雪月大師傳」(한불전10, p.1042a7). ⇨ 봉준 奉準

응운공여대사유망록 應雲空如大師遺忘錄 응운공여(應雲空如 1794~?)의 문집. 1권. 한불전10, pp.719a1~758a1에 수록되어 있다. 논설(論說)·기문(記文)·서문(序文)·권선문(勸善文)·서(書)·소문(疏文)·축문(祝文)·제문(祭文) 등 문(文) 89편이 있다. 「삼교사적론 三教事迹論」·「삼교성명설 三教性命說」·「인과차별설 因果差別說」·「수미곤륜양산설 須彌崑崙兩山說」·「지리설 地理說」·「복서설 卜筮說」·「오계배오상설 五戒配五常說」 등의 논설, 「사행강목서 事行綱目序」·「삼교양진보감서 三教養眞寶鑑序」·「화엄경발 華嚴經跋」 등의 서문과 발문, 영안부원군(永安府院君) 김조순(金祖淳 1765~1832)과 주고받은 편지와 염송대의(拈頌大義)·삼경대지(三經大旨) 등에 관한 문답, 「보림대사보살계첩 寶林大師菩薩戒牒」·「기암로사십구일소 奇巖老四十九日疏」·「밀양쉬이공관음점축사 密陽倅李公觀音占祝詞」·「영안부원군관음점축사 永安府院君觀音占祝詞」·「장처사사금자행원품여금자법화경상축병서 張處士寫金字行願品與金字法華經上祝幷序」 등의 의례문, 금강산 마하연(摩訶衍)·지리산 칠불암·대둔산 석천암·영천암(靈泉庵) 영각(影閣)·선암사(仙巖寺) 향로암(香爐庵), 「화엄전응향각기 華嚴殿凝香閣記」 등의 기문에 이어 불사를 권하는 불량계서문(佛粮稧序文)과 「염장등촉계서 鹽醬燈燭稧序」·「지장탄일계서문 地藏誕日稧序文」 등이 전하는데, 등촉(燈燭)·염장(鹽醬)·불량(佛粮)·불기(佛器)·식정(食鼎 : 밥솥)·주종(鑄鍾)·발라(鈸羅)·개와(盖瓦)·개금(改金)·가사(袈裟)·시왕도분(十王塗粉)·나한도분(羅漢塗粉)·작교(作橋)·석축(石築) 등을 망라한 다수의 권선문을 지었고, 윤성대사(潤成大師)·법제(法弟) 봉민(奉旻)·김조순 등의 제문과 스승의 전기인 「용암전 龍巖傳」 등도 남겼다. ⇨ 공여 空如, 응운 應雲❶

응원 應元 1807~1867. 조선후기 스님. 호는 포운(浦雲), 속성은 김씨. 1807년(순조7) 전라도 강진 파미에서 태어났다. 1823년(순조23) 17세 때 해남 대흥사(大興寺)로 찾아가 은암정호(銀巖正浩 ?~1834)를 은사로 하여 스님이 되었고, 연하간순(緣何侃淳)에게서 비구계를 받았으며, 겸하여 간순의 법을 이어 받았다. 그 후 여러 강원으로 다니면서 경론을 연마하고, 본사인 대흥사로 돌아와 주지직과 총섭직 등을 역임하면서 가람수호와 대중외호에 모범을 보였다. 그러나 1866년(고종3)부터 도중사(途中事)는 접고 가리사(家裡事)의 길로 들어 견성 달도를 서원하고 토굴을 지어 수행에만 전념했다. 1867년 봄 영암 월출산(月出山) 상견성암(上見性庵)에서 정진하였으며 여름 결제를 계룡산 동악사(東岳寺)로 옮겨 정진하다가 5월 29일에 "마음도 아니고 부처도 아니다. 곧 마음이고 곧 부처이다. 非心非佛 卽心卽佛"라는 임종게를 끝으로 우협으로 누워 입적하니 세수 61, 법랍 45세였다. 법계로는 태고보우(太古普愚)의 제15세이고, 청허휴정(淸虛休靜)의 9세이며, 의암창인(義庵暢印)의 손제자이니, 태고(15세)→청허(9세)→의암창인→은암정호→포운응원으로 이어진다. 수법제자에는 예암광준(禮庵廣俊 1834~1894) 등이 있다. [참고문헌] 『東師列傳』 권5 「浦雲禪師傳」(한불전10, p.1055a15). ⇨ 정호 正浩

응월 應月 현대스님 경수(敬修)의 법호. [참고문헌] 李智冠 『伽倻山海印寺誌』 p.773. ⇨ 경수 敬修

응윤 應允 조선후기 스님 경암(鏡巖 1743~1804)의 나중 이름. 처음 이름은 관식(慣拭)이다. 『경암집』 권하 「행장 行狀」(한불전10, p.454c22)에 "스승의 법휘는 관식이며 후에 응윤으로 바꾸었다. 師法諱慣拭 後改應允"라고 하였다. 〔참고문헌〕『鏡巖集』. ⇨ 관식 慣拭, 경암집 鏡巖集, 연적전 硯滴傳

응응 應應 응신의 감응. 법신의 감응은 법응(法應)이다. 『법화현의석첨』 권12(대정장33, p.901b16)에 "사의 입장에서야 반드시 응하시는지 응하시지 않는지가 있다. 법응과 응응은 모두 응이기에 법신과 응신이 함께 응이라고 부른다. 約事 必有應與非應 法應應應 俱皆應故 得法應俱名應"라고 하였다. 〔참고문헌〕『法華玄義釋籤』. ⇨ 법응 法應 ❶, 응신 應身, 삼신 三身, 사신 四身

응의 應儀 마땅히 공양받아야 할 위의(威儀)를 갖춘 분. 응공(應供)을 달리 이르는 말. 『육도집경』 권1(대정장3, p.1a7)에 "어느 때 부처님께서 왕사국의 요산중에 계셨다. 그때 오백의 응의와 보살 그리고 천인과 함께 앉으셨다. 一時 佛 在王舍國 鷂山中 時 與五百應儀菩薩千人共坐"라고 하였다. 〔참고문헌〕『六度集經』. ⇨ 응공 應供, 아라한 阿羅漢

응이 應爾 Ⓢ īdṛśa, siddhaṃ bhavati, Ⓟ sāmīcī, Ⓣ de-lta-bu-yin-pa, grub-pa yin-pa. 마땅히 그렇게 한다는 말. 반드시 해야 할 행위나 방법 등이다. 『잡아함경』 권11(대정장2, p.74a8)에 "내가 비구니들에게 법을 설해주니 그대도 마땅히 그래야 한다. 我爲比丘尼說法 汝亦應爾", 『미사새오분계본』(대정장22, p.198a25)에 "만약 승방 안이나 묵는 곳에서 보배 등의 물건을 주었다가 나중에 그것을 찾는 주인이 나타나면 돌려주어야 한다. 이런 일은 마땅히 그렇게 해야 한다. 若僧坊內及宿處 取寶等物 後有主索應還 是事應爾"라고 하였다. 〔참고문헌〕『雜阿含經』, 『彌沙塞五分戒本』, *Śrāv-bh.143.*, *Abh-k-bh.129.*, *Vin.4.80.*

응인 應人 응공(應供)을 달리 이르는 말. 『남해기귀내법전』 권1(대정장54, p.205a19)에 "다음으로 법을 널리 알리고자 함에 응인이 결집하였다. 次有弘法 應人結集"라고 하였다. 〔참고문헌〕『南海寄歸內法傳』. ⇨ 응공 應供, 아라한 阿羅漢

응일향기 應一向記 ➡ 응일향기문 應一向記問

응일향기문 應一向記問 Ⓢ ekāṃśa-vyākaraṇīyaḥ praśnaḥ, Ⓟ ekaṃsa-vyākaraṇīya-pañha, Ⓣ mgo-gcig-tu-lung-bstan-par bya-ba'i dri-ba. 사기문(四記問) 중에 하나. 명확하여 이론의 여지가 없는 것에 대해 묻거나 긍정적으로 답하는 것. 예를 들면 '일체법은 무아인가?'라고 묻는 것을 '응일향기문'이라 하고, 이 질문에 대해 한결같고 확정적으로 '그렇다'라고 답하는 것은 '응일향기'라고 한다. 『집이문족론』 권8(대정장26, p.401b28)에 "〈문〉 무엇이 응일향기문인가? 〔답〕 어떤 사람이 묻기를 '세존께서는 여래·아라한·정등각·명행원만·선서·세간해·무상장부·조어사·천인사·불·박가범 등이신가? … 열반은 적정인가?'라고 하면, 이와 같은 질문은 한량이 없겠지만 반드시 거침없이 답해야 한다. '세존께서는 여래·아라한이시다부터 열반은 적정이다'에 이르기까지 주저함 없이 답한다. 이것을 응일향기라고 한다. 云何應一向記問 答 若有問言 世尊是如來 阿羅漢 正等覺 明行圓滿 善逝 世間解 無上丈夫 調御士 天人師 佛 薄伽梵耶 … 涅槃寂靜耶 如是等問 有無量門 應一向記 世尊是如來 阿羅漢 廣說乃至 涅槃是寂靜等 是名應一向記", "〔문〕 무슨 까닭에 이러한 질문에는 거침없이 답을 해야 하는가? 〔답〕 이 질문에 주저없이 답할 수 있어야 능히 뜻에 지혜롭고, 선법과 청정한 행위 등으로 이끌고, 신통한 지혜를 일으키며, 등각을 낳고, 열반을 증득할 수 있기에 이런 질문에는 망설임 없이 답한다. 問 何故此問 應一向記 答 以於此問 若一向記 能引義利 能引善法 能引梵行 能發通慧 能生等覺 能證涅槃 故於此問 應一向記"라고 하였다. 〔참고문헌〕『集異門足論』, 『俱舍論』 권19(대정장29, p.103a27), *Abh-k-bh.293.*, *AN.2.46.* ⇨ 사기문 四記問, 사기답 四記答, 일향기 一向記, 응반힐기문 應反詰記問, 응분별기문 應分別記問, 응사치기문 應捨置記問

응작 應作 ❶ Ⓢ karaṇīya, kartavya. 반드시 해야 할 일. 응(應)·응당작(應當作)이라고도 한다. 학(學)으로 한역하는 식차(式叉 Ⓢ śikṣā)를 붙이면 식차가라니(式叉迦羅尼)라고 하여 비구로서 반드시 배워서 지켜야 할 계목의 이름을 응당학(應當學)이라고 한다. 『번범어』 권3(대정장54, p.1004a18)에 "제사가라니죄〈제사는 발로라고 한역하고, 가라니는 응작이라고 한역한다〉. 提舍迦羅尼罪〈譯曰提舍者發露 迦羅尼者應作〉", 『사분율함주계본소행종기』 권4(卍속장62, p.985b8)에 "식차가라니에서 식사는 학으로 한역하고, 가라니는 응당작으로 한역하는데 조금 바꿔 응학이라고 한다. 言式叉迦羅尼者 見云式沙是學 迦羅尼者 云應當作 語倒故言應學也"라고 하였다. 〔참고문헌〕『翻梵語』, 『四分律含注戒本疏行宗記』. ⇨ 식차가라니 式叉迦羅尼, 응당학 應當學 ❷ 따라 짓는다는 말. 변한 모습을 지어 보인다는 뜻이다. 『법화문구』 권2(대정장34, p.24a15)에 "명월은 보길상월천자이니 대세지보살의 응작이고, 보향은 명성천자이니 허공장보살의 응작이고, 보광은 보의일천자이니 관세음보살의 응작이다. 이것은 본지(本地)와 수적(垂迹)으로 풀이한 것이다. 名月是寶吉祥月天子 大勢至應作 普香是明星天子 虛空藏應作 寶光是寶意日天子 觀世音應作 此

卽本迹釋也"라고 하였다. 〔참고문헌〕『法華文句』. ⇨ 응화 應化[1], 응현 應現 [3] 차닉(車匿 Ⓢ chandaka)의 한역 이름. ⇨ 차닉 車匿

응적 應迹 따라 자취를 보임. 응화수적(應化垂迹)이라고도 한다. 『법화현론』 권3(대정장34, p.387b19)에 "가까이는 여래께서 응하신 자취이고, 멀게는 상주하는 법신이다. 近謂如來應迹 遠卽常住法身", 『대반열반경집해』 권5(대정장37, p.394b28)에 "응하신 자취는 제불경계이다. 중생에 응한 다음에는 사라지고 사라져 아마저 있지 않으니 마치 몸이 가버리면 그림자도 사라지는 것과 같다. 應迹是諸佛境界也 應物而滅 滅不在我 猶形遷而影謝", 『유마경의소』 권5(대정장38, p.970b27)에 "법신보리에는 삼세가 없지만 응신의 자취는 도를 성취하는 등 과거와 미래 그리고 현재가 있다. 法身菩提 則非三世 應迹成道 有去來今"라고 하였다. 〔참고문헌〕『法華玄論』, 『大般涅槃經集解』, 『維摩經義疏』. ⇨ 응신 應身

응정 凝淨 고려 때 진각국사(眞覺國師) 혜심(慧諶)이 지은 가전체 소설 「빙도자전 氷道者傳」의 주인공. 『무의자시집』 권하 「빙도자전」(한불전6, p.64b14)에 "스님의 성은 음씨, 휘는 응정, 자는 교연이니 수향 사람이다. 道者姓陰氏 諱凝淨 字皎然 水鄕人也"라고 하였다. 〔참고문헌〕『無衣子詩集』. ⇨ 교연 皎然, 빙도자전 氷道者傳, 혜심 慧諶

응정 凝靜 멈춘 듯 고요함. 『월등삼매경』 권9(대정장15, p.606b9)에 "그 지혜는 청정하여 티끌도 섞임도 없고, 멈춘 듯 고요적멸하여 항상 정에 있다. 其智淸淨無穢雜 凝靜寂滅恒在定", 『출삼장기집』 권14 「담마밀다전 曇摩蜜多傳」(대정장55, p.105a28)에 "선사는 천성이 일없이 고요하고 산수를 좋아했다. 禪師 天性凝靜 雅愛山水"라고 하였다. 〔참고문헌〕『月燈三昧經』, 『出三藏記集』, 『釋禪波羅蜜次第法門』 권7(대정장46, p.524c10), 『大乘本生心地觀經淺註』 권6(卍속장34, p.361a4).

응정 應淨 조선후기 스님. 1660년(현종1) 팔공산 부인사(夫人寺 : 符仁寺) 개판(開板) 『선문조사예참의문』에 "판자에 새기는 공덕의 대시주는 응정비구이다. 板子功德刻 大施主 應淨比丘"라고 하였다. 〔참고문헌〕『禪門祖師禮懺儀文』. ⇨ 선문조사예참문 禪門祖師禮懺文

응주 凝住 Ⓢ kūṭa-stha. 마음을 모아 머문다는 뜻. 『금강삼매경』(대정장9, p.369c9)에 "집중해 머물러 살펴 관하되 자세히 관하길 불성은 있지도 않고 없지도 않으며 자도 없고 타도 없어 범부와 성인이 다르지 않다고 한다. 凝住覺觀 諦觀佛性 不有不無 無己無他 凡聖不二", 『관무량수불경소』 권3(대정장37, p.261c28)에 "또한 몸은 오대(地水火風空)일 뿐이고 모두 공이며 오직 식대만이 보이지 않게 맺은 듯 머문다. 又想身之五大皆空 唯有識大 湛然凝住"라고 하였다. 〔참고문헌〕『金剛三昧經』, 『觀無量壽佛經疏』, 『瑜伽論記』 권22(대정장42, p.814a14 · 한불전14, p.689a2), *Abh-s.40.* ⇨ 응심 凝心

응주벽관 凝住壁觀 ➡ 벽관 壁觀

응준 應俊 1587~1672. 병자호란(丙子胡亂) 때 승병장(僧兵將)을 지낸 스님. 호는 회은(晦隱 · 悔隱), 속성은 기(奇)씨. 어머니는 윤씨부인(尹氏婦人). 어머니가 지리산에서 칠성기도 끝에 이채로운 광명이 품안으로 들어오는 태몽을 꾼 후 1587년(선조20) 전라도 남원(南原)에서 태어났다. 16세 때인 1602년(선조35)에 옥섬(玉暹)을 은사로 하여 스님이 되었다. 이어 소요태능(逍遙太能) · 호연유우(浩然有愚) · 벽암각성(碧巖覺性) 등의 강백으로부터 경론을 배웠고, 벽암의 법을 이었다. 스님은 7척 장신에 옹골찬 풍모를 지녔으며, 몸은 비록 승가(僧伽)에 속했지만, 뜻은 나라를 다스리고 세상을 구하는 경국제세(經國濟世)에 있었다. 1633년(인조11) 봄에 호남안렴사(湖南按廉使)가 스님의 포부를 알고 입암성(笠巖城 : 전남 長城郡)을 수호하는 승병장으로 임명하여 여러 차례 공을 세웠다. 1636년 12월 청나라 군대가 갑자기 침입하여 국토를 유린할 때, 전라감사인 이시방(李時昉 1594~1660)이 벽암각성을 의승병(義僧兵) 대장으로 하고 스님을 그 휘하에 종사하도록 하였다. 1637년 여름 많은 의병을 모은 공으로 절충장군(折衝將軍)에 올라 양호도총섭(兩湖都摠攝)을 제수(除授)받았으며, 1647년(인조25)에 가선대부(嘉善大夫)로 승진하고 팔도도총섭에 임명되어 남한산성(南漢山城)을 방어하였다. 1651년(효종2)에는 남한산성의 남쪽 옹성을 축조한 공으로 가의(嘉義)대부에 올랐다. 1660년(현종1) 겨울에는 자헌(資憲)대부로 승격하고 승대장(僧大將)이 되었다. 1663년(현종4) 여름 정헌(正憲)대부로 특진되어, 무려 30여 년 동안 나라를 위해 최선을 다하였다. 1672년(현종13) 3월 15일 성부산(星浮山) 천주봉(天柱峰) 밑 토굴에서 세수 86, 법랍 71세를 일기로 입적하였다. 스님의 젊었을 때 행적이 있는 전라남도 광양시 옥룡면 동곡리 백계산(白鷄山) 송천사(松川寺)에 비를 세웠다. 〔참고문헌〕『大覺登階集』 권2 「正憲大夫八道都摠攝兼僧大將悔隱長老碑銘」(한불전8, p.333b15), 智冠 『韓國高僧碑文總集 朝鮮朝 · 近現代』 pp.202~203. ⇨ 각성 覺性[3]

응지 應知 Ⓢ jñeya. 마땅히 앎. 반드시 알아야 할 것. 일체법(一切法)의 자성인 삼성(三性)과 승상인 삼무성

(三無性)을 말한다. 『섭대승론석』 권7(대정장31, p.198c29)에 "일체법은 마땅히 알아야 할 것이다. 세 가지 자성(依他性·分別性·眞實性)은 모든 법의 뛰어난 상이라 한다. 다시 이 세 가지 자성은 마땅히 알아야 할 것이다. 한결같이 세 가지 자성이 없어서(三無性) 그 이름이 승상이다. 一切法 名應知 三性 名諸法勝相 復次三性 名應知 同一無性 故名勝相"라고 하였다. 〔참고문헌〕 『攝大乘論釋』. ⇨ 삼성 三性[1], 삼무성 三無性, 일체법 一切法, 일체 一切

응지견 應知見 ➡ 지견 知見

응진 應辰 대혜종고(大慧宗杲)의 재가제자. 응진이 본래 이름이지만 왕장원(汪狀元)으로 많이 알려져 있다. 『대혜연보』(가홍장1, p.801b6)에 "대혜는 52세에 천승각을 창건하였다. 당시 시랑 장구성과 장원 왕응진이 산에 오르면서 대혜에게 도를 물었다. 장구성과 대혜는 격물을 주제로 이야기를 나누었다. 師 五十二歲 剏建千僧閣 時 侍郎張公九成 狀元汪公應辰 登山問道於師 張與師談格物之旨"라고 하였다. 〔참고문헌〕 『大慧年譜』. ⇨ 왕장원 汪狀元, 종고 宗杲

응진 應眞 ❶ 응공(應供)을 달리 이르는 말. 아라한(阿羅漢 Ⓢ arhat)의 한역어 중 하나로 진실에 상응한다는 뜻이다. 『출삼장기집』 권1(대정장55, p.5a21)에 "구역 경에는 무착과〈응진 또는 응의라고도 한다〉라 하였고, 신역 경에는 아라한〈아라하라고도 한다〉이라 하였다. 舊經 無著果〈亦應眞 亦應儀〉 新經 阿羅漢〈亦言阿羅訶〉", 『법화문구』 권1상(대정장34, p.7b5)에 "『아발경』에 '응진'이라 하고, 『서응경』에 '진인'이라 하였는데 모두 무생이며 나한에 대한 한역이다. 阿颰經云 應眞 瑞應云 眞人 悉是無生 釋羅漢也", 『법화문구기』 권1하(대정장34, p.168a10)에 "『아발경』에서는 능소를 동시에 드러냈다. 응은 능히 응하는 지혜이고, 진은 응해야 할 뜻이다. 지혜로써 이치에 따르는 사람이라는 뜻에서 응진이라 한다. 阿跋經 能所雙標 應謂能應之智 眞卽所應之理 以智應理之人 故云應眞"라고 하였다. 〔참고문헌〕 『出三藏記集』, 『法華文句』, 『法華文句記』. ⇨ 응공 應供, 아라한 阿羅漢 ❷ 신라대 스님. 경상남도 산청군 지리산 지곡사(智谷寺) 창건주이다. 『추파집』 권3 「유산음지곡사기 遊山陰智谷寺記」(한불전10, p.75b7)에 "양 봉우리 아래에 절을 창건하고는 국태사라 하였다. 또 지곡사라고도 하였는데, 지역 사람들이 그 골짜기 이름을 절 이름으로 한 것이다. 대개 이 절의 창건은 신라 응진에게서 시작되어 고려 혜월이 중흥했고 마지막으로 진관에 이르러 또한 새롭게 중수되었는데, 진관 또한 고려 사람이다. 兩峰之下 建寺曰國泰寺 又稱以智谷者 土人以其谷名名之也 蓋此寺之刱 始於新羅應眞 中於高麗慧月 終至眞觀而又新之 觀亦麗時人也"라고 하였다. 1019년(현종10)에 건립된 국태사응진대사비(國泰寺應眞大師碑)의 31자(字) 비편문(碑片文)이 전한다. 〔참고문헌〕 『秋波集』, 『韓國金石全文』 中世上 p.454, 李智冠 『校勘譯註歷代高僧碑文』 高麗篇2 pp.182~183. ⇨ 국태사 國泰寺, 지곡사 智谷寺, 국태사응진대사비편 國泰寺應眞大師碑片 ❸ 조선중기 스님. 법호는 영월(影月). 환성지안(喚惺志安 1664~1729)의 적손(嫡孫)이며 포월초민(抱月楚玟)의 제자다. 제자로는 야운시성(野雲時聖 1710~1776)·계월석민(桂月碩敏)·설봉사욱(雪峰思旭) 등이 있다. 〔참고문헌〕 『野雲大禪師文集』 권3 「野雲堂大禪師行狀」(한불전9, p.758b22), 『西域中華海東佛祖源流』(한불전10, p.114a13). ⇨ 지안 志安

응진 영월당대선사응진영
안동 봉정사 조선중기

응진대 應眞臺 전라남도 장흥군 관산읍 농안리 천관산 천관사(天冠寺)에 있던 누대. 『지제지』에 "방광적 아래에 있다. 在放光磧下"라고 하였다. 〔참고문헌〕 『支提誌』, 『韓國寺刹全書』 권하 p.957a19.

응진도 應眞道 아라한도(阿羅漢道)를 달리 이르는 말. 『잡비유경』(대정장4, p.500b2)에 "스스로 맹세하길 '도를 얻지 않으면 결코 일어나지 않겠다' 하였지만, 졸음이 닥쳐오면 오직 자고 싶을 뿐이었다. 사람을 시켜 여덟 마디 크기의 송곳을 만들어 잠이 올 때마다 넓적다리를 찌름으로써 그 아픔에 잠을 자지 않았다. 이와 같이 하여 일년 안에 응진도를 얻었다. 自誓曰 不得道終不起 而廕蓋來 但欲睡眠 使人作錐長八寸 睡來時 便刺兩髀 以瘡痛不睡 一年之中 得應眞道", 같은 책(대정장4, p.506b19)에 "오백제자가 모두 육신통을 얻고 응진도를 이루었다. 五百弟子 皆得六通 成應眞道"라고 하였다. 〔참고문헌〕 『雜譬喩經』. ⇨ 아라한도 阿羅漢道

응진사 應眞寺 충청북도 음성군 음성읍 용산리 가섭산에 있는 가섭사(迦葉寺)의 옛 이름. 1910년부터 1937년까지의 지리서인 『조선환여승람』 음성군 사찰에 "가섭산에 있으며, 예전에는 서가섭사라 하였다. 在迦葉山上 古稱西迦葉寺"라고 하였다. 〔참고문헌〕 『朝鮮寰輿勝覽』. ⇨ 가섭사 迦葉寺[2], 서가섭사 西迦葉寺

응진전 應眞殿 부처님의 제자 중 아라한과(阿羅漢果)를 증득한 현성(賢聖)을 봉안한 법당(法堂). 나한전(羅

漢殿)이라고도 한다. 주로 십육나한을 모신 전각을 응진전이라 하고 오백나한을 모신 전각을 나한전이라 한다. 법당 중앙에 석가모니를 모시고 좌우에 가섭(迦葉)이나 아난(阿難) 또는 미륵보살과 제화갈라보살을 모셔 삼존을 이루는 경우가 많고, 그 좌우에 십육나한과 오백나한을 모시는 것이 일반적이다. 주불전에서 떨어져 위치하며, 화려한 닫집이나 불단을 갖춘 주불전인 대웅전과 달리 소박하게 조성하고 지붕도 단촐한 맞배지붕인 경우가 많다. 대표적으로 보물 제730호 울진불영사응진전이 있다. ⇨ 나한전 羅漢殿, 십육나한 十六羅漢, 오백나한 五百羅漢, 불영사응진전 佛影寺應眞殿

응진전 편액 보물제730호
울진 불영사 조선중기

응진전 보물제730호
울진 불영사 조선중기

응진환원 應盡還源 응화의 몸 다하시고 적멸로 돌아가심. 석가모니부처님께서 대열반에 드신 뜻과 남기신 말씀을 사적(事蹟)의 한 장면으로 묶은 그림의 표제이다. 『석씨원류응화사적』 권2 p.156에 "응진환원 : 『대반열반경후분』에 이르길 그때 세존께서 모든 대중들에게 알리셨다. '나는 이제 때가 이르렀다. 온몸이 온통 아프다'. 이 말씀을 마치고 나서 곧 초선에 드셨고, 초선에서 깨어나 제2선에 드셨으며, … 그때 세존께서는 이와 같이 역순으로 모든 선정에 드셨다 나오셨다. 應盡還源 涅槃經後分云 爾時世尊告諸大衆 我今時至 擧身疼痛 說是語已 卽入初禪 從初禪出 入第二禪 … 入第二禪 從二禪出 入第一禪 爾時世尊 如是逆順 入諸禪已", "다시 대중들에게 고하셨다. '나는 불안(佛眼)으로 두루 삼계를 보았다! 모든 육도와 대지가 품은 유정무정의 이와 같은 삼계는 근본성을 여의면 필경에는 적멸이어서 허공의 모습과 같다. 일체 모든 법은 무명이 본제이고 성품은 본래 해탈이지만 시방세계로 구해도 끝내 얻을 수가 없으니 뿌리마저 없는 까닭에 인으로 된 지엽도 다 해탈이다. 무명이 해탈인 까닭에 내지는 늙고 죽는 일에까지도 모두 해탈이다. 이 인연으로 해서 나는 이제 항상 적멸의 빛으로 안주할 것이니 이름하여 대열반이다'. 復告大衆 我以佛眼 徧觀三界 一切六道 大地含生 有情無情 如是三界 根本性離 畢竟寂滅 同虛空相 一切諸法 無明本際 性本解脫 於十方求 了不能得 根本無故 所因枝葉 皆悉解脫 無明解脫故 乃至老死 皆得解脫 以是因緣 我今安住 常寂滅光 名大涅槃"라고 하였다. [참고문헌] 佛巖寺板 『釋氏源流應化事蹟』, 『大般涅槃經後分』 권상(대정장12, p.904b7). ⇨ 대열반 大涅槃, 반열반 般涅槃, 해탈 解脫, 반본환원 返本還源 ❶

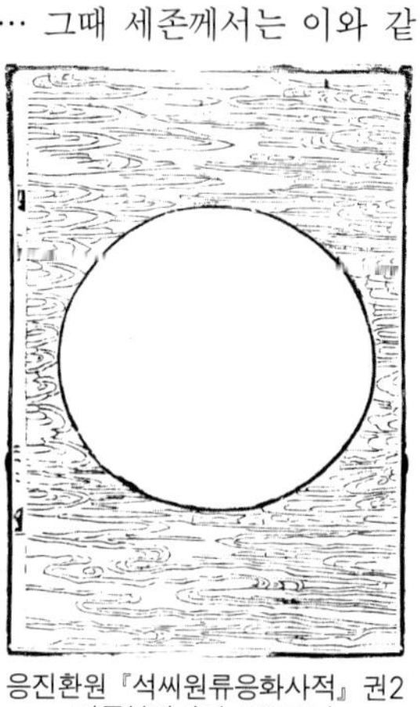
응진환원 『석씨원류응화사적』 권2
양주불암사판 1673년

응창음 鷹暢音 육십종성(六十種聲) 중 하나. 매의 울음과 같이 높고 멀리 퍼지는 부처님의 음성. 『대보적경』 권10(대정장11, p.55c20)에 "여래의 언사에서 육십품이 나오는데 각각 다른 음성이다. 무엇이 육십인가? … 응창음이다. 如來言辭 出六十品 各異音聲 何謂六十 … 鷹暢音"라고 하였는데, 『화엄경소』 권30(대정장35, p.732b8)에 "매가 높이 소리내거나 학의 울음 등은 비유에 따르는 말이므로 여기서는 생략하고 풀지 않는다. 鷹暢鶴鳴等 以從喩說 此略不論"라고 하였다. [참고문헌] 『大寶積經』, 『華嚴經疏』. ⇨ 육십종성 六十種聲

응천사 應天寺 ❶ 충청북도 청주시 용자산(龍子山)에 있던 절. [참고문헌] 『東國輿地勝覽』 권15 忠淸道 淸州牧 佛宇, 『伽藍考』, 『梵宇攷』. ❷ 중국 하남성(河南省) 낙양(洛陽) 협마영(夾馬營)에 위치한 절. 협마영은 문성(紋城) 동쪽 교외에 있으며 송나라 태조(太祖)의 출생지이다. 진종(眞宗)이 칙명으로 이곳에 태조를 모실 절을 세우고 태조상을 봉안한 뒤 응천선사(應天禪寺)라는 사액을 내렸다. 후에 발상사(發祥寺)라고 개칭하였고, 세속에서는 동대사(東大寺)라 불렀다. 1928년 풍옥상(馮玉祥)이 훼손하여 스님들이 사방으로 흩어졌다가, 1931년 그가 세력을 잃고 달아나자 대중이 돌아와 불상과 법기를 정돈하면서 절을 복구하였다. 1937년 항전군이 발흥하여 다시 훼불을 자행하여 스님들을 쫓아내고 불상을 파괴하고는 하남염무국(河南鹽務局)과 세경단영방(稅警團營房)으로 바꾸었다.

응철 應哲 생몰연대 미상. 조선후기 스님. 울진 불영사(佛影寺) 양성혜능(養性惠能 1562~1636)의 은사이다. 『명곡집』 권21 「양성당선사혜능부도비명 養性堂禪師惠能浮屠碑銘」(한국문집총간154, p.296a11)에 "12세에 응철장로에게 계를 받고 8년이 지나자 내외전을 두루 통달하였다. 年十二 遂從應哲長老 受戒八閱歲 淹通內外典"라고 하였다. [참고문헌] 『明谷集』, 『佛國寺誌』(亞細亞文化社, 1983) p.516, 『韓國金石文大系』 권3 p.190. ⇨ 혜능 惠能

응체 凝滯 멈춘 듯 머물러 있음. 자유롭게 움직이거나 흐르지 못하는 뜻이다. 『조론약주』 권5(卍속장96, p.627b8)에 "출생해서 죽음에 이르기까지 중생과 함께 밀고 옮겨가는 것을 여래께서 기에 응하여 중생을 이롭게 한다고 한다는 것이다. 감응이 있으면 드러나고 연이 다하면 사라진다. 그러므로 '태어나고 죽음에 든다'라고 하며, 기에 마땅함을 그대로 따르므로 '밀어 옮겨간다'고 한다. 『초사』에 '성인은 세상과 함께 따라 옮겨가지만 만물에 멈춘 듯 머물러 있지 않는다'라고 한다. 至能出生入死 與物推移 言如來應機利物 有感卽現 緣盡卽滅 故云 出生入死 隨順機宜 故云推移 楚辭 聖人與世推移 而不凝滯於物", 『양기어록』 「담주운개산회화상어록서 潭州雲蓋山會和尙語錄序」(대정장47, p.646a8)에 "거령신께서 태화산과 수양산을 쪼개자 황하의 물길은 빠르고 급하게 흘러 조금도 멈추거나 막힘이 없었다. 若巨靈神 劈開太華首陽 河流迅急 曾無凝滯", 『경덕전등록』 권18 「염관전 鹽官傳」(대정장51, p.347b19)에 "영운선사를 친견했지만 오히려 맺혀 풀리지 않았다. 후에 설봉을 만나 막혔던 의심스런 분별 살얼음 녹듯 풀렸다. 訪靈雲 尙有凝滯 後之雪峯 疑情氷釋"라고 하였다. 〔참고문헌〕『肇論略註』, 『楊岐語錄』, 『景德傳燈錄』.

응취 應趣 마땅히 가야 할 곳의 뜻. 고(苦)가 다하여 멸(滅 : 涅槃)에 이른 고멸성제(苦滅聖諦)를 달리 이르는 말. 『법온족론』 권6(대정장26, p.481b19)에 "이 고멸성제를 집・섬・구호・귀의・응취・무우・무병・불사・무치연・무열뇌・안은・청량・적정・선사・길상・안락・부동・열반 등이라고 이름한다. 此苦滅聖諦 亦名室宅 亦名洲渚 亦名救護 亦名歸依 亦名應趣 亦名無憂 亦名無病 亦名不死 亦名無熾然 亦名無熱惱 亦名安隱 亦名淸涼 亦名寂靜 亦名善事 亦名吉祥 亦名安樂 亦名不動 亦名涅槃"라고 하였다. 〔참고문헌〕『法蘊足論』. ⇨ 멸제 滅諦, 열반 涅槃, 적정 寂靜

응토 應土 응신불이 중생에 응하여 드러내는 국토. 응신토(應身土)・응화토(應化土) 또는 화토(化土)라고도 한다. 『정명현론』 권7(대정장38, p.902a19)에 "응토는 거칠든 묘하든 연을 따르는 곳이고, 보토는 업 따라 감득한 곳이니 모두 부사의하다. 應土則麤妙適緣 報土隨業所感 皆不思議", 같은 책 권8(대정장38, p.906a10)에 "불토는 모두 응토이지 보토가 아니다. 어떻게 그런 줄 아는가? 정토든 예토든 모두 삼계 안팎에서 벗어나지 않지만, 부처님에게는 삼계 안팎 그 어디에도 번뇌의 업이 이미 없다. 그러므로 달리 국토가 없다. 국토가 있다는 것은 모두 중생에 응한 것이기에 응토라고 부른다. 爲佛土者 皆是應土 非是報土 何以知然 夫淨穢諸土 不出三界內外 而佛旣無三界內外惑業 故無復土 今有土者 皆是應物 名爲應土", 『대승의장』 권19(대정장44, p.835b28)에 "두렷하여 이즈러짐 없는 응토란, (법성토와 보토라는) 앞의 두 가지 진실한 국토는 마치 깨끗한 구슬과 같아서 능히 중생에 따라 갖가지로 다르게 나투면서도 움직임에 조금도 빠지는 일 없으니 두렷하여 이즈러짐 없는 응토라 한다. 圓應土者 前二眞土 猶如淨珠 能隨衆生 種種異現 用無缺少 名圓應土"라고 하였다. 〔참고문헌〕『淨名玄論』, 『大乘義章』. ⇨ 변화토 變化土, 보토 報土, 보화이토 報化二土, 삼불토 三佛土

응파 凝波 조선후기 스님 태인(兌仁)의 법호. 〔참고문헌〕『東師列傳』 권4 「洛波禪師傳」(한불전10, p.1041c11). ⇨ 태인 兌仁

응향각 凝香閣 향내 서린 전각. 사찰의 중심이 되는 법당 옆에 자리한 시좌 전각이라 할 수 있다. 향초등과 불기(佛器) 및 공양미 등을 상시 모아 관리하며 삼시(三時)로 종을 치고 날이 어두우면 등을 밝히는(明燈) 등 사원 내 매일 반복되는 주요의식을 알리는 중심이 되는 곳이다. 이를 맡은 소임인 상노전(上爐典)이 머물기도 하며 부속법당이나 전각의 수용물도 여기서 분배한다. 가산지관 『가야산해인사지』(p.143)에서는 '응향각은 일명 상노전(上爐殿)이며 본래 대적광전(大寂光殿)의 노전채였으나 지금은 조사영각이다'라고도 하였다. 호연선찬(浩然善贊)의 「해인사응향각상량문」에 "대저 이 전각은 맑은 향연 자욱한 방이고 물시계 걸려있는 집이다. … 삼경에 달이 밝으면 옥루소리 듣고 별 보아 야반삼경에 등불 밝히네. 운판 쳐 불기에 공양미 올리고 향 무늬 그려 오르기 시작하면 오체 던져 정성스레 예배한다. 경쇠 세 번 울리면 이미 어느덧 향불 타오르는 보배궁전이네. 原夫是殿 爇淸香之室 掛玉漏之堂 … 三更朗月 聽玉漏而看星 半夜明燈 打雲鍾而掛佛器供玉粒 香生篆烟 禮投五體之誠 磬落三聲之響 旣作香火之寶殿", 권상로(權相老)의 「해인사응향각상량문」에 "응향각은 단향 자욱한 집이고 연루 걸어두는 당이니, 종경을 삼시로 울리는 그 처음이다. 凝香閣者 爇檀香之室 掛蓮漏之堂 鍾磬鳴於三時 其初也", 『조선사찰사료』 권상(p.508) 「학가산진월사응향각중구개와기 鶴駕山陳月寺凝香閣重搆盖瓦記」에 "저 부처님께 차를 끓여 바치는 향전 없다면, 무엇에 기대어 복을 빌고 또한 어떻게 축원 올리리요! 若無煮茶獻佛之香殿則 憑何以祚福 亦何以祝奉乎"라고 하였다. 『응운공여대사유망록』 「화엄전응향각기 華嚴殿凝香閣記」(한불전10, p.740c18)에는 1834년(순조34)의 산불로 경상남도 덕유산 영각사가 모두 불탔으나 오직 화엄전만이 남았으므로 용암화상(龍岩和尙)이 먼저 큰 재원을 내놓고 명암선사(明庵禪師)에게 대웅전의 불량계원(佛粮稧員)들 모으게 하여 응향각을 중건했다고 한 것 또한 화엄전에 딸린 응향각을 서둘러 마련한 것이다. 그외 『허정집』 권하 「와룡산용천사비명〈병서〉 臥龍山湧泉寺碑銘〈幷序〉」(한불전9, p.512b21)와 『극암집』 권3 「환성사응향각상량문 環城寺凝香閣上樑文」(한불전11, p.583b1) 등의 기문이 전하고 있으며, 『조선사찰사료』에 경상북도 남지장사(南地藏寺)·선방산(船放山) 지보사(持寶寺)와 평안북도 양화사(陽和寺)·묘향산(妙香山) 보현사(普賢寺)에 응향각 기록을 남기고 있으며, 『조선불교통사』 권상에도 전라북도 보석사(寶石寺)와 전라남도 선암사(仙巖寺) 등에서 널리 응향각을 언급하고 있다. 〔참고문헌〕『伽倻山海印寺誌』, 『朝鮮寺刹史料』, 『應雲空如大師遺忘錄』, 『虛靜集』, 『克庵集』, 『朝鮮佛教通史』. ⇨ 향로전 香爐殿

응해 應海 ❶ 조선후기 스님 성홍의 법호. 성홍은 『동사열전』 권4 「용운선백전 龍雲禪伯傳」(한불전10, p.1045b19)에서는 '晟弘', 「순천송광사용운당처익대종사비음기 順天松廣寺龍雲堂處益大宗師碑陰記」(지관 『한국고승비문총집 조선조·근현대』 p.740)에서는 '晟洪'이라 하였다. 〔참고문헌〕『東師列傳』, 智冠 『韓國高僧碑文總集 朝鮮朝·近現代』. ⇨ 성홍 晟弘 ❷ 조선 말기 스님 대용(大溶 1862~1918)의 법호. 〔참고문헌〕『霜峰門譜』 「應海大溶禪師行狀」. ⇨ 대용 大溶

응행 應行 수행위 중 십지주(十地住) 중 세 번째 지위. 『보살본업경』(대정장10, p.450a8)에 "무엇을 응행이라 하는가? 보살법주에 열 가지가 있으니 저 경의 말씀대로 들어간다. 첫째 무상을 보는 것, 둘째 중생의 괴로움을 보는 것, 셋째 제행이 공이라는 것을 보는 것, 넷째 몸이 아님을 보는 것, 다섯째 주재자가 없음을 보는 것, 여섯째 탐할 것이 없는 것, 일곱째 착할 것이 없는 것, 여덟째 고의로 함이 없는 것, 아홉째 욕심이 없는 것, 열째 추구함이 없는 것이다. 다시 열 가지 배움이 있다. 반드시 사람을 생각한다. 국토를, 법을, 땅의 종자를, 물의 종자를, 불의 종자를, 바람의 종자를, 욕계를, 색계를, 무색계를 반드시 마음에 두고 생각하지만 마음에 연모함이 없다. 이렇게 해야 분별해서 마땅히 행해야 할 지라고 말할 수 있다. 何謂應行 菩薩法住 有十事 入如經 一 見無常 二 見生苦 三 見行空 四 見非身 五 見無主 六 無所貪 七 無所著 八 無爲 九 無欲 十 無求 復有十學 當念人 當念刹 當念法 當念地種 當念水種 當念火種 當念風種 當念欲界 當念色界 當念無色界 心無戀慕 是爲分別應行之地"라고 하였다. 〔참고문헌〕『菩薩本業經』. ⇨ 십주 十住❶

응허 應虛 조선 말기 스님. 법명은 성안(聖按). 보운석일(寶雲碩一 1813~1883)의 손제자(孫弟子)이자 호은경은(虎隱敬恩)의 제자이며, 취운혜오(翠雲慧悟 1866~?)의 은사(恩師)이자 전법사(傳法師)이다. 〔참고문헌〕『東師列傳』 권4 「寶雲禪師傳」(한불전10, p.1055c1)·권6 「翠雲講伯傳」(한불전10, p.1073c9). ⇨ 석일 碩一, 혜오 慧悟

응현 應現 중생에 응하여 자취를 드러냄. 응화(應化)·응신(應身)·권현(權現) 등이라고도 한다. 『대보적경』 권81(대정장11, p.470b22)에 "불신을 드러내는 곳은 저 허공과 같고, 그림자·물에 비친 달·꿈·허깨비와 같으니, 불신이 중생에 응해 나타남도 이와 같네. 佛身現處如虛空 如影水月夢幻化 佛身應現亦如是", 『대반열반경의기』 권4(대정장37, p.721a23)에 "응신은 응하여 나타나 몸을 받고 도를 닦아 성불한다. 應身 應現受形 修道成佛"라고 하였다. 〔참고문헌〕『大寶積經』, 『大般涅槃經義記』. ⇨ 응신 應身, 응화 應化❶, 권현 權現

응현목탑 應縣木塔 중국 산서성 응현 불궁사석가탑(佛宮寺釋迦塔)의 별칭. 요(遼) 도종(道宗) 때인 1056년(청녕1)에 창건된 이후 금(金) 1191년(명창2)·원(元) 1320년(연우7)·명(明) 1508년(정덕3)·청(淸) 1722년(강희61)·1866년(동치5) 평균 약 150년 주기로 중수되어 오늘에 이른다. 팔각형 목조탑으로서 밖에서는 오층이나 내부는 각 층마다 암층(暗層)을 두어 9층이다. 제1층에 안팎 겹으로 된 불전을, 2층부터 5층까지에는 단실불전을 설치하고 층마다 불상을 봉안하고 벽화로 장엄하였다. 제1층은 외벽에 차양칸을 두고 내외진 사이에 통로로 탑돌이를 할 수 있도록 하였다. 1966년에는 제3층 불좌대 아래에서 불아사리와 칠보가 담긴 은합(銀盒) 및 석가설법상 釋迦說法相) 3폭이, 1974년에는 제2층 본존불에서도 사리와 칠보가 담긴 은합이, 제4층 본존불의 복장에서는 사리장엄구를 비롯하여 요(遼)나라 대장경인 요장(遼藏 : 金藏) 단권 12종 및 각경(刻經) 35권·사경(寫經) 8권 등 선석, 채약도(採藥圖)·치성광불항구요성관방수상(熾盛光佛降九曜星官房宿相)·약사유리광불(藥師琉璃光佛) 등 불화 등 다수의 성보문화재가 보존되다가 세간에 알려졌다. 요장 단권 중에 『칭찬대승공덕경』은 요나라 성종(聖宗)때인 1003년(통화21)에 사문 도선(道詵)의 복각판으로서 요장이 통화년간 이전에 새겨졌음을 알려주는 귀중한 자료이다. 『산서통지』(대장경보편15, p.691c23)에 "불궁사 안에 5층목탑이 있는데 편액은 '석가탑'이며 높이는 36장이고 둘레 또한 그와 같다. 寺內有木塔五層 額書釋迦塔 高三十六丈 周圍如之"라고 하였다. 〔참고문헌〕『山西通志』, 陳明達 『應縣木塔』(北京文物出版社, 2001), 山西省文物局 『應縣木塔遼代秘藏』(北京文物出版社, 2001). ⇨ 불궁사석가탑 佛宮寺釋迦塔

응형 應形 응하여 모습을 드러냄. 응신(應身)이라고도 한다. 『화엄경소』 권42(대정장35, p.822c4)에 "자세하게 법을 설하여 중생을 제도하는 것은 응형의 작용이다. 廣說化生 應形作用", 『변정론』 권6(대정장52, p.525c20)에 "모습을 보여 가르침을 베푸는 일은 반드시 연이 있어야 한다. 夫應形設教 必藉有緣", 『인왕경과소』 권3(卍속장94, p.967a17)에 "응형이란 원력에 따라 헤아릴 수 없이 많은 방편으로 중생의 마음에 따라 법락을 보이는 것이다. 應形 卽隨其願力 以無量方便 隨衆生心 示以法樂也"라고 하였다. [참고문헌] 『華嚴經疏』, 『辯正論』, 『仁王經科疏』. ⇨ 응신 應身

응혜 應惠 1827~1894. 조선후기 스님. 호는 상운(祥雲), 속성은 박(朴)씨. 1827년(순조27) 전라남도 해남에서 태어났다. 어려서 부모를 모두 잃고 인간무상을 깊이 느꼈다. 외롭고 어렵게 살다가 해남 대흥사(大興寺)로 찾아가 가선대부(嘉善大夫)인 승일(勝日)의 주선으로 출가하여 호연유우(浩然有愚) 문하에서 계율을 배웠고, 금계(錦溪)선사를 은사로 하여 사미계를 받았다. 그 뒤 서암선기(恕庵善機 1812~1876)의 법을 이어받았으며, 범해각안(梵海覺岸)에게서 비구계와 보살계를 받았으니, 연담유일(蓮潭有一)의 5세 법손이며, 초의의순(草衣意恂)의 손자가 된다. 쌍수(雙修)와 송원(松源) 등 사형사제(師兄師弟)와 함께 뜻을 모아 대흥사 주지와 유나(維那)의 소임을 잘 이행하였으므로 자헌대부규정총섭(資憲大夫糾正摠攝)이 되어 정사와 송사를 바르게 처리했다. 말년에는 조용히 수행하다가 1894년(고종31) 대흥사 별당에서 세수 68세를 일기로 입적하였다. 제자에는 처흔(處欣)·묘원(妙元)·법윤(法允) 등이 있다. [참고문헌] 『東師列傳』 권5 「祥雲禪師傳」(한불전10, p.1062c3). ⇨ 선기 善機

응화 應化 **1** Ⓢ nirmita, nairmita, paripācya, Ⓣ sprul-ba, yong-su-smin-par-bya-ba. 중생계를 따라 걸림없이 법과 몸을 보임. 응작(應作)·응현(應現)이라고도 한다. 40권본 『대반열반경』 권34(대정장12, p.567a2)에 "내가 경중에서 설한 여래신에 두 가지가 있으니 하나는 생신이고 다른 하나는 법신이다. 생신이란 방편으로 중생에 응하여 변화한 몸이다. 이러한 몸은 생로병사를 겪는다는 것이어서 길고 짧으며 희거나 검다. 我於經中說如來身 凡有二種 一者 生身 二者 法身 言生身者 卽是方便應化之身 如是身者 可得言是生老病死長短黑白", 『대우화상어록』(고존숙어록25, 卍속장118, p.480b16)에 "만약 자세함 얻을 수 있다면 근기에 따라 중생을 이롭게 하고 마땅하게 변화 보여 가지 못할 곳 없으리니, 천상과 인간에 출몰하여 펴고 거둠에 종횡으로 자재하리라. 若委得 隨機利物 應化無方 天上人間出沒卷舒 縱橫自在"라고 하였다. [참고문헌] 『大般涅槃經』, 『大愚和尙語錄』, *Gaṇḍ-vy.*, *Laṅk.*, *Sūtr.170.* ⇨ 응작 應作, 응현 應現, 권현 權現 **2** 응신(應身)과 화신(化身). 『십팔공론』(대정장31, p.861c28)에 "여래께서 비록 열반에 드셨지만 오히려 중생의 근기와 인연에 따라 응신과 화신 두 몸을 나타내서 중생을 이롭게 인도하신다. 이것이 다시 마음을 일으킨 뜻이다. 그러므로 중생이 다함이 없으니 응신과 화신의 작용 역시 다함이 없다. 如來雖入涅槃 猶隨衆生機緣 現應化兩身 導利含識 卽是更起心義 故衆生不盡 應化之用亦不盡"라고 하였다. [참고문헌] 『十八空論』. ⇨ 응신 應身, 화신 化身 **3** 조선말기 스님 유한(有閑 1813~1885)의 법호. [참고문헌] 『東師列傳』 권4 「應化講伯傳」(한불전10, p.1047a5). ⇨ 유한 有閑 **4** 조선말기 스님 허령(虛靈)의 법호. [참고문헌] 『東師列傳』 권5 「蓮舟講伯傳」(한불전10, p.1063a17). ⇨ 허령 虛靈

응화 應和 **1** 조선중기 스님. 청허휴정(淸虛休靜 1520~1604)이 스님에게 내린 법게(法偈)가 전한다. 『청허집』 권2 「응화선자 應和禪子」(한불전7, p.685c13)에 "하늘을 우러러 한 소리 울부짖어도 화살이 다하면 활 또한 도리어 꺾이리니 만약 다시 헤아리려 한들 예전처럼 귀신의 소굴로 들어가리. 仰天噓一聲 箭盡弓還折 若也更商量 依前入鬼窟"라고 하였다. [참고문헌] 『淸虛集』. ⇨ 휴정 休靜 **2** 조선중기 스님. 제월경헌(霽月敬軒 1544~1633)의 제자로서, 스승이 입적하자 지제산(支提山) 천관사(天冠寺) 서쪽에 스승의 부도(浮圖)를 건립하였다. [참고문헌] 『霽月堂集』 권하 「霽月堂大師行蹟」(한불전8, p.127b10). ⇨ 경헌 敬軒 **3** 조선후기 스님. 백암성총(栢庵性聰 1631~1700)이 스님에게 내린 법게가 전하니, 『백암집』 권상 「조응화선자 調應和禪子」(한불전8, p.447a22)에 "차가운 밤 풀벌레 어찌 저리도 고달프게 울어 더욱 춥고, 두 귀로 들려 뒤척여 잠들지 못하네. 붉은 꽃 지고 녹음 짙은 날인 듯해도 꾀꼬리 울음 좋아서 두세 가락 보낸다. 寒蟲何苦咽寒更 兩耳聞來轉不平 那似紅殘綠暗日 好鸎啼送兩三聲"라고 하였다. [참고문헌] 『栢庵集』. ⇨ 성총 性聰 **2**

응화법신 應化法身 법신불에 의지하여 일으킨 응화신(應化身). 법성신(法性身) 또는 과극법신(果極法身)의 상대어이다. 타수용보신(他受用報身)·응신(應身)·화신(化身)이라고도 한다. 『영락본업경』 권하(대정장24, p.1019c26)에 "응화법신은 저 그림자가 몸을 따르듯 한다. 과로서 몸이 있게 되니, 응신 역시 언제나 계신다. 其應化法身 如影隨形 以果身常 故應身亦常", 『유마경현소』 권5(대정장38, p.553b28)에 "비로자나불은 자성 그대로 깨끗한 법신이고, 진실로 지혜로워 해탈한 이는 보신이다. 노사나불은 깨끗해 법 가득 채운 몸이시고 방편으로 해탈하신 분은 응신이며 석가모니부처님은 따라 변화로 보이신 법신이다. 毘盧遮那佛 性淨法身 實慧解脫 卽是報身 盧舍那佛 淨滿法身也 方便解脫 卽是應身 釋迦牟尼佛 應化法身也"라고 하였다. [참고문헌] 『瓔珞本業經』, 『維摩經玄疏』. ⇨ 응신 應身, 과극법신 果極法身, 법성신 法性身

응화불 應化佛 Ⓢ nirmita-buddha, nirmāṇa-kāya. 응신(應身)을 달리 이르는 말. 『입능가경』 권8(대정장16, p.560c28 : *Laṅk.*, p.242)에 "응화불이란 업도 없고 비방도 없지만 중생에 응하여 화현한 부처님으로서 법신불이나 보신불과 다르지 않지만 여래로서 하나라고 할 수 없다. 應化佛者 無業無謗 而應化佛 不異法佛報佛 如來而亦不一", 『종경록』 권32(대정장48, p.599b10)에 "타인을 교화하는 법의 경우 방편을 아비로 삼고 자비를 어미로 삼아 응화불의 몸을 낳는다. 반야진성으로부터 동체의 대비가 일어난다. 若化他法 則方便爲父 慈悲爲母 而生應化佛身 從般若眞性 起同體大悲 sarve hi nirmitabuddhā na karmaprabhavāḥ. na teṣu tathāgato na cānyatra tebhyas tathāgataḥ"라고 하였다. [참고문헌] 『入楞伽經』, 『宗鏡錄』, *Laṅk.* ⇨ 응신 應身, 불신 佛身, 삼신 三身, 사신 四身

응화불보리 應化佛菩提 보리를 삼신불에 배대한 삼불보리(三佛菩提) 중 하나. 응화불이 드러낸 깨달음. 방편보리(方便菩提)라고도 한다. 팔상성도(八相成道)를 보이는 등의 석가모니부처님의 깨달음을 말한다. 『묘법연화경론우파제사』(대정장26, p.18c3)에 "응화불보리는 마땅함 따라 나타나니 보여 드러내기 위함이다. 저 경에서 다 말씀하시길 여래께서 석씨궁에서 나와 가야성에서 멀지 않은 곳으로 가 도량 삼아 앉아 아누다라삼막삼보리를 증득했다고 하는 등이다. 應化佛菩提 隨所應見 而爲示現故 如經皆謂如來出釋氏宮 去伽耶城不遠 坐於道場 得阿耨多羅三藐三菩提故"라고 하였다. [참고문헌] 『妙法蓮華經論優波提舍』. ⇨ 보리 菩提, 삼불보리 三佛菩提, 방편보리 方便菩提, 응신 應身

응화성문 應化聲聞 Ⓢ nirmita-śrāvaka. 4종 성문. 또는 5종 성문 중 하나. 성문의 몸으로 화현하여 중생이 대승에 나아가도록 이끄는 응화신(應化身 Ⓢ nirmāna-kāya). 가립성문(假立聲聞)·변화성문(變化聲聞)이라고도 한다. 『입능가경』 권8(대정장16, p.560c7 : *Laṅk.*, p.241)에 "응화불이 응화성문에게 수기하지, 보불과 법신불이 수기하는 것은 아니다. 應化佛 爲應化聲聞授記 非報佛法身佛而授記菂 tannirmitaśrāvakān nirmāṇakāyair vyākaroti na ca dharmatābuddhaiḥ", 『대승법원의림장』 권1(대정장45, p.267a2)에 "응화성문이란 경전에서 설한 바 삼매의 술에 취해 겁의 시간이 지나는 줄도 모르다가, 나중에 삼매에서 깨어나 대승의 보리심을 일으킨다고 한 것이다. 불보살 등이 이러한 몸으로 화현하여 성문류가 된다. 앞선 성인이 열반에 들어 겁의 세월이 흐른 뒤인 지금에야 발심한 것이다. 하물며 우리들이야 말할 것도 없다. 그러므로 응화신이 되어 일승법을 설하고 수기받아 부처가 되신다. 應化聲聞者 卽經所說 耽三昧酒 經劫不覺 後從彼起 方發大心 佛菩薩等 作此化形 作聲聞類 先聖入滅 經劫久時 今尙發心 況於我等 故爲應化 而說一乘 受記作佛", 원측(圓測)의 『해심밀경소』 권4(한불전1, p.257a2)에 "두 부류 성문에게 여래께서 수기를 주신다. 응화성문과 물러나 마쳤다가 다시 보리심을 일으킨 이를 말한다. 결정성문과 증상만성문 두 부류는 근기가 아직 익지 못했으므로 여래께서 수기하지 않으신다. 二種聲聞 如來與授記 謂應化聲聞 退已還發菩提心者 決定增上二種聲聞 根未熟故 如來不與授記"라고 하였다. [참고문헌] 『入楞伽經』, 『大乘法苑義林章』, 『解深密經疏』, *Laṅk.* ⇨ 변화성문 變化聲聞, 사종성문 四種聲聞, 오종성문 五種聲聞

응화신 應化身 응신(應身)을 달리 이르는 말. 『석마하연론』 권5(대정장32, p.638c21)에 "능연이란 말은 즉 응화신이다. 중생을 위해 본각의 경계를 짓는 것이니 저 본을 써 훈습하는 것과 같다. 言能緣者 卽應化身 能爲衆生造作成本覺之境界故 如本用熏習者故", 『화엄경탐현기』 권1(대정장35, p.118c21)에 "부처님이란 중생심중에 진여가 성불해 마친 것이다. 또한 시각으로서 본각과 같아지게 함이다. 그러므로 온통 중생심중에서 일어나는 일이어서 체를 따라 용을 일으킴이니, 응화의 몸일 때는 중생심중에 진여의 용이 더할 수 없이 큰 것이 다시 따로 부처가 있는 것이 아니다. 佛證衆生心中眞如成佛 亦以始覺同本覺故 是故總在衆生心中 從體起用 應化身時 卽是衆生心中 眞如用大 更無別佛"라고 하였다. [참고문헌] 『釋摩訶衍論』, 『華嚴經探玄記』. ⇨ 응신 應身

응화신보리 應化身菩提 중생을 응해서 변화한 몸으로 나툰 깨달음. 이미 깨우친 모든 부처님들께서 굳이 세간 중생들에 응해서 몸을 받아 나시고 끝내 깨달음 얻는 것마저 드러내 보이시는 것은 모두 방편이란 뜻이다. 『심밀해탈경』 권5(대정장16, p.685b1)에 "부처님께서 문수사리에게 말씀하셨다. '일체불국토의 삼천대천세계 중에 큰 세력 있는 집이나 복전의 집으로 한때 물러나서 태에 들고, 태에 머물며, 태에서 나오고, 태어나 자라서 오욕락을 받으며, 크게 버림을 행하고, 출가하여 고행하며, 깨달음을 증득하고, 법의 수레바퀴를 굴리며, 열반에 든다. 문수사리여, 이것이 응화신으로 지은 방편으로 드러내 보이시는 것임을 알아야 한다'. 佛告文殊師利 一切佛國土 三千大千世界中 大勢力家 及福田家 一時退 入胎 住胎 出胎 生已增長 受五欲樂 而行大捨 出家苦行 證菩提 轉法輪 入涅槃 文殊師利 是應化身所作方便示現應知", 『華嚴懸談會玄記』 권2(卍속장12, p.14b12)에 "초구는 방편보리이니, 일체의 보리수아래에서 정각을 이룸을 보이시기 때문이다. 初句 方便菩提 一切菩提樹下示成正覺故"라고 하였다. 라고 하였다. [참고문헌] 『深密解脫經』, 『華嚴懸談會玄記』. ⇨ 방편보리 方便菩提, 삼보리 三菩提, 삼신보리 三身菩提

응화여래 應化如來 Ⓢ nairmāṇika-buddha. 중생을 응하여 몸을 나투시는 여래. 응신(應身)과 같다. 『입능가경』 권3(대정장16, p.532a21 : *Laṅk.*, p.93)에 "대혜야, 유법과 무법의 자상과 동상을 설하는 것은 응화불의 설이지 법신불의 설은 아니다. 그리고 대혜야, 응화여래가 이와 같이 설한 것은 어리석은 범부의 견해를 따라 수행하도록 하기 위함이지 여실수행을 건립하여 여래 자신이 내증한 성지와 삼매의 낙행을 드러내기 위함은 아니다. 大慧 說有無法自相同相 是名應化佛說 非法佛說 復次 大慧 應化如來說如是法 隨順愚癡凡夫見心令其修行 非爲建立如實修行 示現自身內證聖智三昧樂行故 yā punar evaṃ mahāmate bhāvasvabhāvasvasāmānyalakṣaṇadeśanā eṣā mahāmate nairmāṇikabuddhadeśanāḥ na dharmatābuddhadeśanā. deśanā punar mahāmate bālaśayagatadṛṣṭipravṛttā na ca pratyavasthānagatisvabhāvadharmāryajñānapratyātmādhigamasamādhisukhavihāram udbhāvayati"라고 하였다. [참고문헌] 『入楞伽經』, *Laṅk.* ⇨ 응신 應身, 삼신 三身, 사신 四身

응화이생 應化利生 중생을 따라 모습 나퉈 중생을 이롭게 함. 『광석보리심론』 권4(대정장32, p.571b14)에 "저 위 즉 제9지의 보살은 가장 수승한 사무애해지혜력과 상응하여 역바라밀다를 원만하게 증득한다. 그러나 불국도의 회중을 따라 화현설법하여 중생을 이롭게 하는 자재원만에는 아직 이르지 못한다. 만약 따로 얻을 수 있다면 십지에 나아가 머문다. 此位菩薩得 彼最勝四無礙解慧力相應 於力波羅蜜多而得圓滿 乃至未能於佛刹會中隨應化現說法利生自在圓滿 若能分得 進居十地"라고 하였다. [참고문헌] 『廣釋菩提心論』. ⇨ 응화 應化 ❶

응화화불 應化化佛 Ⓢ nirmita-nirmāṇa. 따라 변해서 나투신 부처님. 응신(應身)을 달리 이르는 말. 근본여래(根本如來 Ⓢ mauna-tathāgata)와 상대하는 말이다. 『입능가경』 권1(대정장16, p.518a20 : *Laṅk.*, p.16)에 "세존이시여, 응화신으로 화현하신 부처님께서는 이러한 두 가지 법을 설하시기에 근본여래는 아닙니다. 세존이시여, 근본여래는 삼매의 즐거운 경계를 닦아 모을 뿐이라 하였으니 심식 밖의 경계를 설하지 않습니다. 世尊 應化化佛 說此二法 非根本如來 世尊 根本如來修集三昧樂境界者 不說心識外諸境界 nirmitanirmāṇabhāṣitam idaṃ bhagavan dharmadvayam. na maunais tathāgatair bhāṣitam. maunā hi bhagavaṃstathāgatāḥ samādhisukhagocaram evodbhāvayanti. na ca gocaraṃ vikalpayanti. taṃ deśayanti"라고 하였다. [참고문헌] 『入楞伽經』, *Laṅk.* ⇨ 응신 應身, 불신 佛身, 삼신 三身

응활 凝滑 Ⓢ kalala, Ⓣ mer-mer-po. 엉겨 부드러움. 결태오위(結胎五位) 중 첫 번째. 탁태(托胎) 후 7일까지의 기간. 갈라람(羯邏藍)의 한역어이다 『번역명의집』 권6(대정장54, p.1160b7)에 "가라라 : 갈라람이라고도 한다. 응활 또는 잡예라 한역한다. 모양은 응결된 연유와 같다. 모태의 다섯 단계 중 첫 번째 7일 동안을 말한다. 歌羅邏 或羯邏藍 此云凝滑 又云雜穢 狀如凝酥 胎中五位 此初七日"라고 하였다. [참고문헌] 『翻譯名義集』. ⇨ 갈라람 羯邏藍, 결태오위 結胎五位

응후 凝厚 Ⓢ ghana. 뭉쳐 두터워짐. 태내오위(胎內五位) 중 하나. 수태한지 22일부터 28일까지의 상태. 점차 맺히고 두터워지는 때다. 건남(鍵南)·갈남(羯南)·경육(硬肉)으로 음사한다. 『법화현찬』 권4(대정장34, p.725a16)에 "(수태한지) 이십팔일이 지나지 않은 시기를 건남이라 한다. 이는 응후라고 한역하는데 점차 엉겨서 두터워진다는 뜻이다. 四七日內 名健南 此云凝厚 漸凝厚故", 『번역명의집』 권6(대정장54, p.1160b25)에 "건남 : 갈남이라고도 음사하고 응후라고 한역한다. 점차 견고하게 굳으므로 경육이라고도 한다. 수태한지 이십팔일은 비록 몸이라는 의미는 있지만 눈과 사근과 육처가 아직 온전하지 않아서 단지 명색이라 부를 뿐이다. 『열반경』에서 부처님 말씀하시길 '명색이 중생을 계박한다고 설한 것과 같이 명색이 사라지면 중생이라 할 것이 없고 중생을 떠나면 달리 명색이 없다. 명색을 계박한 것이 중생이고 중생을 계박하는 것이 명색이다'라고 말씀하셨다. 健男 或羯南 此云凝厚 漸堅硬故 亦云硬肉 胎四七日 雖有身意 缺眼四根六處未全 但號名色 涅槃佛言 如說名色繫縛衆生 名色若滅則無衆生 離名色已無別衆生 離衆生已 無別名色 亦名名色繫縛衆生 亦名衆生繫縛名色"라고 하였다. [참고문헌] 『法華玄贊』, 『翻譯名義集』, 40권본 『大般涅槃經』 권29(대정장12, p.536a16). ⇨ 건남 鍵南, 경육 硬肉, 태내오위 胎內五位

의 衣 Ⓢ vastra, cīvara, paṭa, vāsas, Ⓟ cīvara, s

āṭaka, Ⓣgos, chos-gos. 몸에 걸치고 가리는 것을 말함. 승가에서는 스님이 착용하는 가사(袈裟)・부견의(覆肩衣) 등의 법의(法衣)를 가리킨다. 『장아함경』 권2 「유행경 遊行經」(대정장1, p.12b13 : *Mahāparinibbāna-sutta, DN.2,* p.85)에 "이에 세존께서는 바로 자리에서 일어나 옷을 입고 발우를 들고서 대중과 함께 저 강당으로 가셔서 손과 발을 씻으신 다음 가운데 자리를 잡고서 앉으셨다. 於是 世尊 卽從座起 著衣持鉢 與大衆俱 詣彼講堂 澡手洗足 處中而坐 atha kho bhagavā sāyaṇhasamayaṃ nivāsetvā pattacīvaram ādāya saddhiṃ bhikkhusaṅghena yena āvasathāgāraṃ tenupasaṅkami. upasaṅkamitvā pāde pakkhāletvā āvasathāgāraṃ pavisitvā majjhimaṃ thambhaṃ nissāya puratthābhimukho nisīdi", 『비니지지회집』 권5(卍속장61, p.747a3)에 "의(衣)라 함에는 열 가지가 있다. 교사야의〈야잠의라고 한다. 이 나라의 명주・비단과 같은 종류이다〉, 겁패의〈목면의라고 한역한다. 이 나라의 가늘게 짜인 베와 같은 류이다〉, 흠바라의〈세모의라고 한역한다. 서역에서 왕・신하・장자들은 흔히 아주 가는 최상의 양털을 짜서 옷감으로 쓰길 즐기는데, 이를 상묘첩이라고 한다. 이 나라의 모직과 같은 류다〉, 추마의〈마의라고 한역하는데, 마와 비슷한 류이다. 추마라고도 하는데, 세연의라고 한역한다〉, 참마의〈추포의라고 한역한다〉, 선나의〈사나의라고도 하는데, 이는 나무이름이다. 이 나무의 껍질이 마와 비슷하므로 가져다가 옷을 짠다. 재질은 거친 베 같은데, 이 나라에는 없다〉, 마의〈서역에는 마에 여러 종류가 있는데, 천연의 청색・황색・적색을 띠고 있기에 염색을 하지 않는다〉, 참이라의, 구이라의, 참라반니의다. 衣者 有十種 憍賒耶衣〈此翻云 野蠶衣 如此方紬綾絹帛之類〉 劫貝衣〈此翻云 木綿衣 如此方細布之類〉 欽婆羅衣〈此翻云 細毛衣 西域王臣長者 多以上好極細羊毛 織成其財 名曰 上妙氎也 如此方絨褐之類〉 芻摩衣〈此翻云 麻衣 乃似麻之類 亦名芻摩 翻云 細輭衣〉 讖摩衣〈此翻云 麤布衣〉 扇那衣〈或云 奢那衣 乃樹名也 此樹皮似麻 取以織衣 體如麤布 此方無有〉 麻衣〈西域 麻有多種 自然青黃赤色 不以染成〉 讖夷羅衣 鳩夷羅衣 讖羅半尼衣", "〈이들 세 옷에 대해서는 한역어가 없다. 비록 10종의 옷을 허용했지만 비구가 이 열 가지 옷을 쌓아 두어도 된다는 말은 아니다. 세상 사람들이 입는 옷의 재료는 이 10종을 벗어나지 않기에 누군가가 이 열 가지 옷감을 보시하면 비구는 어떤 것이든 받을 수 있지만 물들여서 괴색으로 만든 다음 조각내어 자르고 꿰매어 삼의로 만들고 받아 지닌다. 『사분율』 권39 「의건도 衣揵度」(대정장22, p.849b11)에 '부처님께서 녹야원에 계실 때 교진여 등 오비구가 엎드려 이마를 부처님의 발에 대고 예를 표한 후 말했다. 「저희들은 어떤 옷을 지녀야 합니까?」 「분소의와 10종의 옷을 지니는 걸 허용하지만, 반드시 가사색(袈裟色 : 歪色)으로 만들어 지녀야 한다.」'라고 하였다. 이로 인해 옷 짓고 가지는 법이 만들어졌는데, 후에 자비롭고 아끼는 마음이 없어져 세상 사람들의 비난과 혐오가 생겨났다. 예컨대 다음의 제11계에서는 교사야의의 착용을 허용하지 않았다〉. 〈此三無翻譯 雖聽十種衣者 非謂比丘畜十衣也 以世人所著之衣財 不出此十 若有施此十種衣財者 比丘皆可納取 染成壞色 割截縫作三衣受持 衣犍度云 佛在鹿野苑 時憍陳如五比丘 頂禮白佛言 我等當持何等衣 佛言 聽持糞掃衣及十種衣 應作袈裟色持 斯乃創制 後因無悲慇心 起世譏嫌 如下第十一戒中 憍賒耶衣 不聽著用〉"라고 하였다. [참고문헌] 『長阿含經』, 『毘尼止持會集』, 『四分律』, *Abh-k-bh.7・43., Maṭ-v.18., Laṅk.333., DN., Vin.3.48.* ⇨법의 法衣, 가사 袈裟, 십종의 十種衣

의 依 ❶Ⓢsam-upā-√śri. 의지(依止)하다. 『중론』 권4(대정장30, p.32c16 : *Madhy-ś.,* p.240)에 "제불은 이제에 의지하여 중생을 위해 설법하니 하나는 세속제이고 다른 하나는 제일의제다. 諸佛依二諦 爲衆生說法 一以世俗諦 二第一義諦 dve satye samupāśritya buddhānāṃ dharmadeśanā, lokasaṃvṛtisatyaṃ ca satyaṃ ca paramārthataḥ"라고 하였다. [참고문헌] 『中論』, *Madhy-ś.* ❷Ⓢnidhi. 의지처(依止處). 이지(貳地)라고 음사한다. 부처님께서 열반하신 후 중생의 의지처가 될 만한 이들을 말한다. 『번역명의집』 권5(대정장54, p.1131a24)에 "이지는 의(依)로 한역한다. 『법화경소』에서 '중생을 이롭게 하는 것은 자비로 입실하는 것을 으뜸으로 삼고, 유(三有)에 섞여 인욕함을 터로 삼으며, 다른 이를 위해 자기를 잊는 것을 바탕으로 한다. 이 세 가지 법을 능히 해야 크신 가르침을 널리 펼 수 있다면 세간의 의지가 될 수 있어 법사라고 한다'고 하였다. 『수유기』에서 '의란 안으로 도법이 있어 인천의 의지처가 될 수 있음을 말한다. 의란 기댄다는 뜻이다. 부처님께서 멸도하신 후에는 이러한 네 부류 사람(十信・住行・十向・十地)에게 기대어 취하고 알아간다'라고 하였다. 膩地 此云依 法華疏云 利物以慈悲入室爲首 涉有忍辱爲基 濟他以忘我爲本 能行三法 大敎宣通 卽世間依止 名爲法師 垂裕記云 皆言依者 以內有道法 可爲人天依止 依者憑也 於佛滅後 憑此四人 取解故也"라고 하였다. [참고문헌] 『翻譯名義集』, 『法華文句』 권8(대정장34, p.108a22), 『維摩經略疏垂裕記』 권1(대정장38, p.712b23)・권9(대정장38, p.828b10). ❸Ⓢāśraya, anusārin, saṃniśraya, niśraya, upadhi, Ⓟnissaya, upadhi, Ⓣrten, brten-pa. 서로 의지하는 뜻. 제법(諸法)의 자성(自性)이 공(空)하기에 서로 의지(相依)해서야 비로소 존재(諸有)하는 뜻으로서의 의(依)다. 『능가경』 권1(대정장16, p.483a25 : *Laṅk.,* p.38)에 "의란 시작 없는 망상의 익힘이다. 依者 謂無始妄想薰 tatra yad āśrayam anādikālaprapañcadauṣṭhulyavāsanā", 『구사론』 권1(대정장29, p.4c25 : *Abh-k-bh.,* p.13)에 "식온이 오근에 의지하면 거칠다고

하고, 오직 의근에 의지하면 세라고 한다. 依五根名麤唯依意根名細 audārikaṃ pañcendriyāśrayam sūkṣmaṃ mānasam", 『집이문족론』 권3(대정장26, p.378b27)에 "욕계색계무색계를 두루 알고 모든 것들 의지처를 뛰어넘으니 감각이 일어날 때 의지할 곳 어디에도 없네. … 앞에서 말한 과거의 제행 역시 의라고 이름한다. 諸有能遍知 欲色無色界 超一切依故 當觸無餘依 … 卽前所說 過去諸行 亦名爲依"라고 하였다. [참고문헌] 『楞伽經』, 『俱舍論』, 『集異門足論』, *Laṅk.112.*, *Abh-k-bh.114.*, *Bodh-bh.265.*, *Śrāv-bh.236.*, *Sn.63.* ❹ Ⓢ āśrita, tantra. 상키야(Ⓢ Sāṃkhya : 數論)의 개념. 다른 것에 의존하는 것. 자성이 아니어서 변이(變異)하는 성질을 말한다. 『금칠십론』 권상(대정장54, p.1247b10)에 "여덟째 다른 것에 의존한다는 것은 대가 자성에 의존하고, 아만이 대에 의존하며, 오유는 아만에 의존한다. 오대 등 열여섯 가지는 모두 오유에 의존함을 말한다. 자성은 그렇지 않으니 다른 것을 말미암아 일어나지 않는다. 八 依他者 謂大依自性 我慢依於大 五唯依我慢 五大等十六 並依於五唯 自性不如是 不由他生故"라고 하였다. [참고문헌] 『金七十論』, *Māṭ-v.14.* ❺ 빈 바탕에 의지해 드러난 겉모습. 『임제록』(대정장47, p.497b21)에 "경론가에 의하면 세 가지 몸을 최고의 기준으로 삼지만 산승의 견처로는 그렇지 않다. 이러한 세 가지 몸은 이름이고 또한 세 가지 겉모습일 뿐이다. 옛사람이 '몸이란 뜻에 의지하여 서고 국토는 바탕에 근거하여 논한다'라고 하였으니, 법성신도 법성토도 밝혀 보면 빛과 그림자다. 據經論家 取三種身爲極則 約山僧見處不然 此三種身是名言 亦是三種依 古人云 身依義立 土據體論 法性身 法性土 明知是光影"라고 하였다. [참고문헌] 『臨濟錄』. ❻ ~에서. 『화엄오교장』 권4(대정장45, p.505a13)에 "이러한 열 가지 뜻이 동시에 상응하여 하나의 연기를 이루니 앞과 뒤·처음과 끝의 구별이 없고, 일체의 자재한 역순을 갖춘다. 상호 침투하되 뒤섞이지 않으면서 연기를 이룰 때 이것이 해인삼매에서 뚜렷하게 동시에 현성한다. 此上十義 同時相應 成一緣起 無有前後始終等別 具足一切自在逆順 參而不雜 成緣起際 此依海印三昧 炳然同時顯現成矣", 『의상법사법성게』(대장경보편32, p.825a2)에 "화엄은 오로지 해인삼매에서 일미법계를 설한다. 華嚴專依海印三昧 說於一味法界"라고 하였다. [참고문헌] 『華嚴五教章』, 『義相法師法性偈』.

의 猗 Ⓢ prasrabdhi, Ⓟ passaddhi. 칠각지(七覺支) 중 하나. 몸과 마음이 경쾌하고 평온한 것. 경안(輕安)의 구역이다. 의식(猗息)과 같은 뜻이다. 『아비담심론』 권1(대정장28, p.810c21)에 "의란 선심일 때 몸과 마음이 악을 여의었기에 가볍고 안락한 것을 말한다. 猗者善心時 於身心離惡故快樂"라고 하였다. [참고문헌] 『阿毘曇心論』, 『雜阿含經』 권26(대정장2, p.190c21), 60권본 『華嚴經』 권24(대정장9, p.554a10), *Daś-bh.24.*, *SN.* ⇨ 칠각지 七覺支, 의각지 猗覺支, 의각의 猗覺意

의 意 ❶ Ⓢ Ⓟ manas, Ⓣ yid. 항상 헤아려(恒審) 사량(思量) 또는 사유(思惟)하는 마음. 아비달마나 중관 등 육식가(六識家)는 심·의·식(心意識)을 체로는 같지만 이름을 달리한다(同體異名) 하지만, 팔식가(八識家)는 각각 제8식·제7식·전6식에 배대해 별체를 상정한다. 범어 마나스(Ⓢ manas)의 음사어인 말나(末那)는 유식에서는 제7식을 특칭하지만, 제8식을 반연(攀緣)해 아(我)를 계탁함이 특징적이다. 한편, 아비달마에서는 이미 사멸(謝滅 : 已滅)한 과거의 6식을 의라고 하지만, 유식에서는 이를 비판하여 아애집장현행위(我愛執藏現行位)까지 간단없이 현전한다고 본다. 나아가 『기신론』에서는 심생멸의 인연(心生滅因緣)으로서의 제7식인 의(意)에 진식(眞識)인 제8식과 분별사식(分別事識)인 제6식과 구별하여 다섯 가지 이름을 붙인다. 『대비바사론』 권72(대정장27, p.371b24)에 "사량은 의의 업이다. … 사량과 사유가 의의 업이다. … 사량이란 유루의 의이고, 사유란 무루의 의이다. 思量是意業 … 思量思惟是意業 … 思量者是有漏意 思惟者是無漏意", 둔륜(遁倫)의 『유가론기』 권7(대정장42, p.450a8·한불전13, p.504a20)에 "사량하고 헤아리며 염려함이 있는 것을 의라 한다. 有思量籌慮義名意", 『성유식론』 권5(대정장31, p.24c10)에 "사량을 의라 한다. … 제7식의 이름이 의다. 장식 등을 반연해 항상 헤아려 사량함으로 아 등을 삼기 때문이다. 思量名意 … 第七名意緣藏識等 恒審思量 爲我等故", 같은 책 권5(대정장31, p.25b16)에 "또 계경에서 설하길 '사량을 의라 한다'. 만약 이 식이 없다면 저 또한 없다. 의식이 현전할 때에는 등무간의 의는 이미 사라져 존재하지 않을 것이다. 과거와 미래는 이치상 존재하지 않기에 저 사량 작용이 결코 성립할 수 없다. 이미 그렇다면 어째서 설하고 의라고 이름하는가? 저 가설이라 해도 이치상은 그럴 수 없다. 실제로는 사량이 없다면 그 가설은 무엇에 의지해 안립하는가? 만약 현재 이미 사량이 있다고 말한다면 그때는 식이라 해야지 어찌 의라고 설하는가? 따라서 따로 제7말나식이 있어 항시 살피고 사량하는 것을 바로 의라 한다. 이미 사라진 것이 제7말나식에 의지해 임시로 세운 의라는 이름이다. 又契經說 思量名意 若無此識彼應非有 謂若意識現在前時 等無間意已滅非有 過去未來理非有故 彼思量用定不得成 既爾如何說名爲意 若謂假說 理亦不然 無正思量假依何立 若謂現在曾有思量 爾時名識寧說爲意 故知別有第七末那 恒審思量正名爲意 已滅依此假立意名", 『성유식론술기』 권4(대정장43, p.377a28)에 "어째서 모든 식을 의라 하지 않는가? 항시 살피고 사량함이 다른 식보다 뛰어나기 때문이다. 何故諸識 不別名意 恒審思量 勝餘識故", 『대승아비달마집론』 권1(대정장31, p.666a6 : *Abh-s.*, p.12)에 "무엇 등이 의인가? 모든 때에 아뢰야식을 반연해 사량하고 헤아림을 성으로 한다. 네 번뇌와 항시 상응하니 아견·아애·아만·무명이다. 또 이 의는 일체의 선·불선·무기위에 두루 작용하는데, 다만 성도가 현전할 때, 멸진정에 처할 때, 무학지에 있을 때는 제한다. 何等爲意 謂一切時 緣阿賴耶識 思度爲性 與四煩惱恒相應 謂我見我愛我慢無明 又此意遍行 一切善不善無記位 唯除聖道現前 若處滅盡定 及在無學地 manaḥ katamat. yan nitya kālam manyanātmākam ālayavijñānaṃ caturbhiḥ kleśaiḥ saṃprayuktam ātmadṛṣṭyātmasnehenāsm imānenāvidyayā ca. tac ca sarvatragaṃ kuśale 'py akuśale 'py avyākṛte 'pi sthāpayitvā mārgas ammukhībhāvaṃ nirodhasamāpattim aśaikṣabhū miṃ ca", "또한 6식으로서 무간에 멸하는 식을 의로 삼는다. 마땅히 알아야 할 것은 이것은 그 소연을 말미암아서이고, 그 뜻을 푼 것이고, 상응 때문이고, 생기하는 때에 의지하는 등으로 의를 드러내 알게 한 것이다. 又復六識 以無間滅識爲意 當知此中 由所緣故 釋義故 相應故 生起時故 顯了於意 yac ca ṣaṇṇāṃ vijñānānāṃ sa manantaraniruddhaṃ vijñānam", 『대승아비달마잡집론』 권2(대정장31, p.702a11 : *Abh-s-bh.*, p.13)에 "어째서 성도가 현전할 때는 염오의는 없는가? 승의지는 아견현행과 끝내 어긋나기 때문이다. 성도에서 나온 뒤에는 아뢰야식을 좇아 다시 현기한다. 유학위로는 영원히 끊지 못하기 때문이다. 또 멸진정으로 무상정을 바라보면, 극히 적정하기에 이 염오의가 현행할 수 없다. 무간에 멸하는 의란 조건에 따른 각(隨覺 Ⓢ anubo dha)에서 연유하기 때문에 무간의 각이란 뜻이 의의 뜻이다. 何故聖道現前 無染汚意耶 由勝義智 與我見現行 極相違故 出聖道後 從阿賴耶識復更現起 以有學位未永斷故 又滅盡定望無想定 極寂靜故 此染汚意不得現行 無間滅意者 由隨覺故 無間覺義是意義 mārgasaṃmukhībh āve tadabhāvaḥ paramārthajñānasyātmadṛṣṭisam udācāreṇa atyantavirodhāt. tadūrdhvam ālayavij ñānāt pravṛttiḥ śaikṣasyāprahīṇatvāt asaṃjñisam āpattito nirodhasamāpatteḥ śāntataratvaṃ tada samudācārād eva veditavyam. samanantaraniru ddhaṃ mano'numatam iti kṛtvānantaraṃ mata m ity arthaḥ", 『대승기신론』(대정장32, p.577b6)에 "이 의(意)에는 다섯 가지 이름이 있다. 어떤 것이 그 다섯 가지인가? 첫째는 업식이다. 무명의 힘으로 불각심이 움직이는 것이다. 둘째는 전식이라 하니, 움직이는 마음에 의지해 능히 상을 보는 것이다. 셋째는 현식이라 하니, 능히 일체경계를 드러내는 것을 말한다. 마치 저 밝은 거울에 색상이 나타나는 것처럼 현식도 그러하니 그 오진을 따라 상대하여 이르른즉 바로 나타나 전후가 없다. 일체시에 저절로 일어나 늘 눈앞에 있기 때문이다. 넷째 그 이름은 지식이니, 염정법을 분별하기 때문이다. 다섯째는 상속식이라는 이름이니, 념에 상응하여 끊이지 않기 때문이다. 과거무량세 등의 선악업을 머물러 가지게 하여 잃지 않기 때문이며 다시 능히 현재와 미래의 고락등보를 성숙시켜 어긋남이 없게 하기 때문이다. 此意復有五種名 云何爲五者 名爲業識 謂無明力不覺心動故 二者 名爲轉識 依於動心能見相故 三者 名爲現識 所謂能現一切境界 猶如明鏡現於色像 現識亦爾 隨其五塵對至 卽現無有前後 以一切時任運而起常在前故 四者 名爲智識 謂分別染淨法故 五者 名爲相續識 以念相應不斷故 住持過去無量世等善惡之業令不失故 復能成熟現在未來苦樂等報無差違故"라고 하였다. [참고문헌] 『大毘婆沙論』, 『瑜伽論記』, 『成唯識論』, 『成唯識論述記』, 『大乘阿毘達磨集論』, 『大乘阿毘達磨雜集論』, 『大乘起信論』, *Abh-s.*, *Abh-s-bh.* ⇨ 말나 末那, 말나식 末那識, 심의식 心意識 **2** Ⓢ manas. 바이셰쉬카(Ⓢ Vaiśeṣika : 勝論)의 구실(九實) 중 하나. 의를 일으키는 인이 되는 실체. 『십구의론』 권1(대정장54, p.1262c28)에 "의는 무엇인가? 각·낙·고·욕·진·근용·법·비법·행의 불화합인연(Ⓢ asamavāyi-kāraṇa)이며, 지를 일으킴으로 상이 되니 이를 의라 한다. 意云何 謂是覺 樂 苦 欲 瞋 勤勇 法 非法 行 不和合因緣 起智爲相 是爲意"라고 하였다. [참고문헌] 『十句義論』. ⇨ 구실 九實

의 義 **1** Ⓢ artha, Ⓟ attha. 법(法)에 의해 드러나는 의미 즉 뜻. 소리(音聲)에 의지해 언설(言說)과 문자(文字)로 성취된 모든 법(諸法)들은 다 뜻(義)을 갖게 된다. 뜻으로 드러내고자 하는 것들은 진실(實), 드러남(用), 선불선무기(善不善無記) 등의 자성, 인과(因果)와 그에 따른 공덕(功德) 등이다. 팔만사천가지 법이 있기에 뜻(義) 또한 불가사의하다. 법(法)이 '임시로 자성을 가져 중생에게 알게 한다(任持自性軌生物解)'는 뜻이어서, 임시로 가진 자성은 법이고 중생이 서로 알게 되는 것은 의이니, 법(法)과 의(義)는 서로 의지한다. 『대보적경』 권52(대정장11, p.304a2)에 "저 여래께서 펴신 팔만사천법장은 부처님께서 소리내 말씀하신 것이어서 모두 문이라 한다. 모든 말씀과 문자를 떠나서는 이치를 드러낼 수 없으니 이것을 이름하여 의라 한다. 如來所演 八萬四千 法藏聲教 皆名爲文 諸離一切 言音文字 理不可說 是名爲義", 『대방등대집경』 권29(대정장13, p.205a27)에 "능히 설하신 팔만사천법을 모은 것이 말씀이고, 모든 문자를 다 알아도 다 설할 수 없으니 이것을 뜻이라 한다. 能說八萬四千法聚 是名爲語 知諸文字不可宣說 是名爲義", 『능가경』 권3(대정장16, p.500b

25)에 "망상으로 빚어진 모든 상과 언설을 떠난 것을 의라 한다. 離一切妄想相 言說相 是名爲義", 『법화경의기』 권8(대정장33, p.670c9)에 "번뇌에 시달리므로 고라 하고, 불러 모으기에 집이라 하며, 본래 있던 법이 무로 돌아가면 멸이라 하고, 만물에 통하기에 도라 한다. 이상의 관계를 의라 한다. 逼惱故名苦 招集故名集 本有法還無名滅 通物故名道 如是等名爲義也", 『유마의기』 권4(대정장38, p.516a16)에 "의에 대한 풀이에는 네 가지가 있다. 첫째, 상에 대하여 실을 드러내는 까닭에 의라 한다. 둘째, 체에 대하여 용을 밝히기에 의의 쓰임을 의라 한다. 셋째, 악에 대하여 선을 말하기에 의의 이로움을 의라 한다. 저 『보살지지경』 권9(대정장30, p.939b17)의 말씀처럼 선법은 의의 요익함이 모인 것이고, 불선은 뜻에 요익이 없는 것들이 모인 것이며, 무기는 의도 아니고 비의도 아니다. 넷째, 인에 대하여 과를 밝히기에 덕으로서의 의를 의라 한다. 그러므로 『보살지지경』 권3(대정장30, p.902c15)에서 '무상보리를 가리켜 의를 얻었다고 하며, 보살의 모든 행위를 가리켜 방편을 얻었다고 한다'라고 하였다. 갖가지 경전에서 설하는 의는 이처럼 다양한 종류를 갖추고 있다. 義解有四 一 對相顯實 所以名義 二 對體彰用 義用名義 三 對惡論善 義利名義 如地持說 善法名爲義饒益聚 不善名爲非義饒益 無記名爲非義非非義 四 對因彰果 德義名義 故地持中 無上菩提 名爲得義 菩薩所行 名得方便 諸經說義 具此多種"라고 하였다. 원효(元曉)의 『대승기신론소기회본』 권1(대정장32, p.575c19 · 한불전1, p.739c10)에 "다음으로 뜻(義)을 세워 말한다. 마하연이란 다모아 말하면 두 가지이니, 그 두 가지란 첫째는 법이고 둘째는 의다. 次說立義分 摩訶衍者 總說有二種 云何爲二 一者法 二者義", "법이라 하는 것은 중생심이다. 이 마음인즉 일체세간법과 출세간법을 거두니, 이 마음에 의지해서 마하연의 뜻을 드러내 보인다. 왜 그런가? 이 마음이란 것은 진여상이어서 마하연의 몸을 보이고, 이 마음이란 것은 생멸인연상이어서 능히 마하연의 체상용을 보이기 때문이다. 所言法者 謂衆生心 是心則攝一切世間法出世間法 依於此心顯示摩訶衍義 何以故 是心眞如相 卽示摩訶衍體故 是心生滅因緣相 能示摩訶衍自體相用故", "말해서 뜻이란 세 가지가 있으니, 그 셋이란 첫째는 체대이니 일체법이 진여로 평등하고 증감이 없기 때문이요, 둘째는 상대이니 여래장에 무량성공덕이 구족하기 때문이며, 셋째는 용대이니 능히 일체세간과 출세간의 선인과를 내기 때문이다. 일체제불께서 본래 오르셨던 것이며, 일체보살이 언제나 타시는 뜻이니, 모두 이 법을 타고 여래지에 이른다. 所言義者 則有三種 云何爲三 一者體大 謂一切法眞如平等不增減故 二者相大 謂如來藏具足無量性功德故 三者用大 能生一切世間出世間善因果故 一切諸佛本所乘故 一切菩薩 皆乘此法 到如來地故"라고 하였다. [참고문헌] 『大寶積經』, 『大方等大集經』, 『楞伽經』, 『法華經義記』, 『維摩義記』, 『菩薩地持經』, 『大乘起信論』. ⇨ 법 法, 임지자성궤생물해 任持自性軌生物解, 음의 音義 **1** **2** **2** 의례(儀禮). 의(儀)와 통한다. 『사분율행사초비』 권13말(卍속장68, p.19a9)에 "서로 섬기는 것을 예라 하고, 서로 물러나는 것을 의라 한다. 또한 의는 위의 즉 행위를 뜻한다. 행이 예의 의에 합하는 것을 예의라 한다. 相敬曰禮 相讓曰義 又義者儀也 行合禮儀 故曰禮義"라고 하였다. [참고문헌] 『四分律行事鈔批』. **3** 인명(因明) 용어. 주어에 대한 술어. 명제인 종(宗)의 전진(前陳 : 主詞)을 체(體)라 하고, 후진(後陳 : 述詞)을 의라 한다. 가령 "소리는 무상하다. 聲是無常"라는 명제에서 무상은 의, 소리는 체이다. 『인명입정리론소』 권상(대정장44, p.98b4)에 "오온인 색 등은 '체'이고, 이것의 유루와 무루 등의 뜻은 '의'라고 한다. 五蘊 色等是體 此上有漏無漏等義 名之爲義", 같은 책 권중(대정장44, p.116b22)에 "종(宗 : 주장명제)이 의지하는 것을 법(法 : 서술어)과 유법(有法 : 주어)이라고 하는데, 유법이란 바로 '체'이고, 법이란 바로 그 뜻이다. 宗之所依 謂法有法 有法是體 法是其義"라고 하였다. [참고문헌] 『因明入正理論疏』. ⇨ 유법 有法 **2**

의 疑 **1** Ⓢ vicikitsā, vimati. Ⓟ vicikicchā. 심소(心所) 중 하나. 머뭇거려(猶豫) 정하지 못함. 의결(疑結) · 의수면(疑隨眠) · 의혹(疑惑) · 의개(疑蓋)라고 하며, 신(信)과 맞선다. 내도인(內道人)으로서 사성제(四聖諦)와 삼보(三寶) · 인과(因果) 등 진실의 교법에 머뭇거리며 회의하는 마음을 말한다. 예류과(預流果) · 초지보살(初地菩薩) 이상의 성자에게는 없다. 아비달마에서는 부정지법(不定地法) 중 하나이고, 유식에서는 근본번뇌(根本煩惱) · 십수면(十睡眠) 중 하나다. 유예하고 간택하는 것으로서 혜(慧)의 속성으로 보기도 한다. 『법온족론』 권9(대정장26, p.497b1)에 "무엇이 의인가? 불법승과 고집멸도에 일으키고, 갈팡질팡 하거나 내지 한결같이 나아가지 못하는 것을 통틀어 의라 한다. 云何疑 謂於佛法僧 及苦集滅道 生起疑惑 二分二路 乃至非現一趣 總名爲疑", 『대승의장』 권6(대정장44, p.583c25)에 "의라는 말은 경의 자성을 분명히 하지 못하는 것이다. 유예를 의라 한다. 의에는 두 가지가 있다. 첫째는 일어난 일을 잘 분간하지 못해 야밤에 나무를 보고서 사람일까 아닐까 등으로 의심하는 것이다. 둘째는 이치에 대한 의심이니 모든 진실의 말들을 의심하는 것이다. 소승법에서는 이치에 대한 의심을 취해 의번뇌라고 하지만 대승에서는 다 취한다. 모두 끊어야 할 것이기 때문이다. 所言疑者 於境不決 猶預曰疑 疑有二種 一者疑事 如夜觀樹 疑爲是人爲非人等 二者 疑理 疑諸諦等 小乘法中 唯取疑理 說爲疑使 大乘通取 皆須斷故", 『유가사지론』 권58(대정장30, p.622a17)에 "이 의는 간략히 다섯 가지 상의 차별에 따라 건립하였으니, 마땅히 알아야 할 것이다. 또 다른 생(他世 Ⓢamutra)·작용·인과·모든 삼보(寶)에 대해 마음으로 머뭇거려 정하지 못하고 여지를 남기는 것을 말한다. 當知此疑 略由五相差別建立 謂於他世 作用 因果 諸諦 寶中 心懷猶豫", 『성유식론』 권6(대정장31, p.31c2)에 "무엇을 의라 하는가? 모든 진실한 이치에 대해 유예하는 것으로 자성으로 하고, 능히 의심할 일 없는 선품을 장애업으로 삼는다 한다. 유예하면 선이 생겨나지 않기 때문이다. 어떤 이는 '이 의는 혜를 체로 한다. 유예해서 간택하는 것을 의(Ⓢvimati)라 하기 때문이다. 비(毘 Ⓢvi)가 말지(末底 Ⓢmati : 慧)를 돕는다는 것이 의의 뜻이기 때문이고, 말지는 반야와 그 뜻에 있어 다르지 않기 때문이다'고 주장한다. 어떤 이는 '이 의에는 별도의 체가 있다. 혜로 하여금 결정하지 못하게 하므로, 의심 없는 것이 곧 혜이기 때문이다'라고 하였다. 云何爲疑 於諸諦理猶豫爲性 能障不疑善品爲業 謂猶豫者善不生故 有義 此疑以慧爲體 猶豫簡擇說爲疑故 毘助末底是疑義故 末底般若義無異故 有義 此疑別有自體 令慧不決 非卽慧故", 『관심각몽초』 권1(대정장71, p.67b2)에 "의는 모든 진실한 이치에 대해 유예하는 것을 성으로 하고, 불의선품을 장애하는 것을 업으로 한다. 종자와 삼성과 계에 있어서도 위와 같다. 결코 현량이나 비량이 아니다. 오직 제6식에만 있다. 疑 所謂於諸諦理猶預爲性 能障不疑善品爲業 種子三性界亦同上 定非現比 唯在第六"라고 하였다. [참고문헌] 『法蘊足論』, 『大乘義章』, 『瑜伽師地論』, 『成唯識論』, 『觀心覺夢鈔』. ⇨ 심소법 心所法, 근본번뇌 根本煩惱, 십수면 十隨眠, 십사 十使, 십근본번뇌 十根本煩惱, 삼의 三疑, 의망 疑網, 의단 疑團, 신 信 ❷ Ⓢsādhya. 논의(論義) 과정에서 세울 수밖에 없는(所立) 모든 명언(名言)을 따라 일어나는 물음. 『중론』 권1(대정장30, p.7a21)에 "사람들끼리 논의하게 되면 각기 주장하는 것이 있는데, 공의 뜻을 떠나서 묻고 답한다는 것은 끝내 성취할 수 없는 문답이다. 예를 들면 어떤 사람이 '병은 무상하다'고 주장하고, 묻는 사람이 '무슨 까닭에 무상한가?'라고 물으면, 답하기를 '무상한 인으로부터 생기기 때문이다'라고 하면 이것은 답이라 할 수 없다. 왜냐하면 그 인에 대해서도 의문을 갖게 되고 상이라든가 무상이라 하는 것 또한 알지 못한다. 이것이 '동시에 일어나는 의심'이다. 若人論議時 各有所執 離於空義 而有問答者 皆不成問答 俱亦同疑 如人言 瓶是無常 問者言 何以故無常 答言 從無常因生故 此不名答 何以故 因緣中亦疑 不知爲常 爲無常 是爲同彼所疑"라고 하였다. [참고문헌] 『中論』, *Pras.49.* ⇨ 소립 所立 ❷

의 擬 헤아리다. 살펴 하려는 듯하다의 뜻이다. 『완릉록』(대정장48, p.385b27)에 "만일 알아 얻고자 한다면 다만 마음 없음을 알아 홀연히 깨우친즉 얻으리라. 만일 마음을 써가며 배워 취하려 한즉 거듭 멀어지리라. 若欲會得 但知無心 忽悟卽得 若用心擬學取 卽轉遠去", 『조당집』 권4 「석두혜랑장 石頭惠朗章」(고려장45, p.263a9)에 "학인이 헤아려 고향으로 돌아가고자 할 때는 어떻게 해야 합니까? 學人擬欲歸鄕去時 如何", 같은 책 권11 「보복종전장 保福從展章」(고려장45, p.302b8)에 "보복이 다가오려 하자 설봉이 주장자로 막았는데 여기서 보복이 단번에 깊은 요체 알아차리고 다시는 떠돌 마음 없었다. 師欲擬近前 雪峯以杖拄柱之 師頓契玄要 更無遊心"라고 하였다. [참고문헌] 『宛陵錄』, 『祖堂集』.

의 蟻 Ⓢpipīlaka, pipīlika, Ⓟkuntha, kuntha-kipillika, upacikā, Ⓣgrog-sbur. 개미. 의자(蟻子)라고도 한다. 비비리야(臂卑履也)라고 음사한다. 『구사석론』 권10(대정장29, p.226b8 : *Abh-k-bh.*, p.195)에 "비유하면 저 개미 등이 차별이 없되 말하길 '행륜 등 다름이 있다'고 한다. 모양 또한 그렇다. 譬如蟻等 無有差別 而說有行輪等異 相貌亦爾 tathā ca pipīlikādīnām abhede paṅkti-cakrādīnāṃ bhedaḥ prajñāyate tathā saṃsthānasya-api"라고 하였다. [참고문헌] 『俱舍釋論』, *Abh-k-bh.195.*, *Yogā-bh.172.*, *Sn.118.*, *Vin.4.41.* ⇨ 비비리야 臂卑履也

의가소래처 衣價所來處 옷값이 나온 곳. 시주(施主)를 가리킨다. 시주가 비구에게 옷을 보시하기 위해 치르는 값을 집사(執事)에게 맡겨두는 관례에서 비롯한 말이다. 『해탈계경』(대정장24, p.661c8)에 "옷이 필요한 비구가 집사에게 가서 두 번이나 세 번 '나는 옷이 필요하다'라고 말한다. 만약 두세 번 가서 기억나게 하여 옷을 얻는다면 문제가 없다. 만약 옷을 얻지 못하면 네 번·다섯 번·여섯 번 가되 앞에서 말없이 머물러 집사가 생각나게 한다. 만약 네 번·다섯 번·여섯 번 앞에 가서 말없이 머물다가 옷을 얻는다면 문제가 없다. 만약 옷을 얻지 못하여 그 이상으로 구하면 니살기바일제다. 만약 옷을 얻지 못하면 옷값이 오는 곳에 스스로 가거나 잘하는 이를 시켜 시주에게 말하게 한다. '그대는 전에 심부름꾼을 시켜서 옷값을 아무개 비구에게 보냈는데 그 비구가 아직 옷을 얻지 못했소. 시주가 도로 가져가서 사라지는 일 없도록 하시오'. 이렇게 하는 것이 법다운 것이다. 須衣比丘往執事人所 二返三返語言 我須衣 若二返三返爲作憶念 得衣者善 若不得衣 四返五返六返 在前默然住 令彼憶念 若四返五返六返 在前默然住 得衣者善 若不得衣 過是求得衣 尼薩耆波逸提 若不得衣 隨衣價所來處 若自往 若遣好使 往語施主言 汝先遣使送衣價與某甲比丘 是比丘未曾得衣 施主還取 莫使失 是名如法"

라고 하였다. [참고문헌]『解脫戒經』.

의가열타 醫迦熱吒 Ⓢ Ekajaṭā의 음사어. 태장만다라 소실지원(蘇悉地院)의 팔존(八尊) 중 한 분인 일계나찰(一髻羅刹). 『소실지갈라경』 권중(대정장18, p.624a29)에 "만다라 밖 동쪽에 하리제모를 안치하고, 남면에 수리니를 안치하고, 서면에 의가열타를 안치한다. 於曼荼羅外東面 別安訶利帝母 南面安置輸利尼 西面安置醫迦熱吒"라고 하였다. [참고문헌]『蘇悉地羯羅經』. ⇨ 예가야타 翳迦惹吒, 일계나찰 一髻羅刹

의각 衣角 Ⓢ cīvara-karṇika, vastra-anta. 옷자락. 『현우경』 권4(대정장4, p.377c27)에 "목련이 이를 듣고 생각하길 '이 사람이 마땅히 생사라는 두려워해야 할 일에 대해 두려워하지 않는다면, 출가해도 얻는 것 없을 것이다'하고는 이르길 '그대는 이제 성심껏 나의 옷자락을 잡아라. 중간에 놓아버려서는 안 된다'. 目連聞已 卽作是念 此人設當不以生死恐畏之事而怖之者 於出家利 空無所獲 卽告之言 汝今至心 捉我衣角 莫中放捨"라고 하였다. [참고문헌]『賢愚經』, 『大寶積經』 권37(대정장11, p.215a19), *Divy.90·179.*

의각 衣閣 대중요사(衆寮)에서 대중이 의복 등의 생활용품을 놓는 곳. 탈의와 착의의 편의를 위해 만든 곳. 『선림상기전』 권2(대장경보편19, p.49a3)에 "의각 : 중료에 속한다. 도충이 말한다. '중료에서 온갖 일용품을 두는 곳이다. 『비용청규』와 『일용청규』에서 「중료에서 의각에 올라가 요주에게 법명을 말하고 판을 세 번 친 뒤 의각 위의 대바구니를 연다」라고 하였다'. 衣閣 衆寮 忠曰 蓋衆寮 安衆資具處 備用淸規 日用淸規云 衆寮登衣閣 白寮主上名 打板三下 上閣開籠"라고 하였다. [참고문헌]『禪林象器箋』, 『禪林備用淸規』 권10(卍속장112, p.139b4). ⇨ 중료 衆寮

의각 義覺 백제 의자왕(義慈王 재위 641~660) 때 일본에 건너가 선법한 스님. 일본의 『본조고승전』에 "의각은 백제사람으로 이땅에 침입하였다가 귀국하는 일본군인과 함께 왔으며 칙명으로 난파 백제사에 주석하였다. 신장이 7척이나 되고 경론에 두루 정통하였으며 특히 『반야심경』을 수지독송하였다. 같은 절의 혜의가 어느 날 밤에 의각의 방에서 광명이 훤하게 비추므로 문틈으로 엿보았다. 단정히 앉아 경을 외우고 있는 의각의 입으로부터 빛이 흘러나오는 것을 보고는 이튿날 아침 대중에게 이 사실을 알렸다. 의각이 대중에게 말하길, "내가 어느 날 밤, 눈을 감은채 『심경』을 백 번 외우고 나서 눈을 뜨고 방 안을 돌아보니, 사방의 벽이 텅비어 방밖의 뜰까지 구애없이 모두 보였습니다. 내가 희유하다는 생각이 나서 일어나 벽을 두들겨 보니 벽과 문이 모두 그대로였습니다. 다시 앉아 경을 외우려니 텅 비어 막힘없음이 전과 같았으니, 이는 『반야심경』의 부사의한 묘용인 것입니다"라고 하였다. 이를 보고 들은 대중들은 한층 더 분발하여 정진하였다. 釋義覺 百濟國人也 此方征彼國時 伴軍士來 詔住難波百濟寺 覺長七尺 博綜梵學 持般若心經 同寺慧義 夜半見覺室光明燿曜 窓隙窺之 覺端坐誦經 光從口出 義以驚悚 明朝告衆 覺語徒曰 吾一夕 閉目誦心經一百許遍 開目視室 四壁空洞 庭外皆見 吾爲希有之想 起而撲之 壁戶皆關 歸座誦經 空廓如先 是般若不思議之妙用也 徒皆增精進焉"라고 하였다. [참고문헌]『本朝高僧傳』, 『元亨釋書』, 『朝鮮佛教通史』 권상 pp.42~43. ⇨ 반야심경 般若心經

의각라 衣角羅 물을 거르기 위한 촘촘한 명주 조각. 물병의 목에 걸거나 발우 위에 펼쳐 놓고 물을 거르는 용도로 쓴다. 다섯 가지 여수낭(濾水囊 Ⓢ parisrāvaṇa) 중 하나다. 『백장청규』 권5(대정장48, p.1139c20)에 "다섯째 의각라〈의각이란 가사조각이 아니다. 단지 사방 일책수만한 촘촘한 명주조각을 가져다 병입구에 걸거나 발우 안에 놓고 물을 거르기 위해 쓴다〉. 五. 衣角羅〈言衣角者 非袈裟角也 但取密絹一方磔手 或繫甁口 或 安鉢盂中 濾水用也〉"라고 하였다. [참고문헌]『百丈淸規』. ⇨ 여수낭 濾水囊

의각의 猗覺意 Ⓢ prasrabdhi-saṃbodhyaṅga, Ⓟ passaddhi-sambojjhaṅga. 의각지(猗覺支)를 달리 이르는 말. 심신을 쉬어 편안하게 함. 『증일아함경』 권34(대정장2, p.739a6)에 "그러나 이 일곱 가지 번뇌라는 법들에는 또한 일곱 가지 약이 있다. … 교만을 부릴 때는 그쳐 편안하게 다스린다. 然此七使之法 復有七藥 … 憍慢使者 猗覺意治之"라고 하였다. [참고문헌]『增壹阿含經』, 『長阿含十報法經』 권상(대정장1, p.236b13), 『陰持入經註』 권상(대정장33, p.12c14), *DN.2.79., MN.1.62.* ⇨ 의각지 猗覺支

의각의 意覺意 Ⓢ smṛti-saṃbodhyaṅga, Ⓟ sati-sambojjhaṅga. 칠각지(七覺支) 중 하나. 늘 선정과 지혜를 등지(等持)하는 것을 말하며, 염각지(念覺支)라고도 한다. 『아차말보살경』 권7(대정장13, p.608c27)에 "무엇이 의각의인가? 사유해야 할 법으로 경을 보아 살피고, 바른 전적을 살펴서 경의 가르침을 사유하며, 그것을 칭송하고 전념하여 그 뜻을 스스로 살펴 법의 모습 얻을 수 없음을 분명하게 안다. 제법에 모습이 없다는 말은 무슨 뜻인가? 그 모습이란 스스로 그러할 뿐 제법은 다 공함을 능히 깨우쳐 안다. 이와 같이 깨닫고 생각하면 이를 의각의라고 한다. 何謂意覺意 所思念法 而觀察經 審於正典 思惟經法 稱揚專念 自察其意 不得法相

能曉了此 何謂諸法無有相者 其相自然 諸法悉空 其能曉了 如是覺念 是謂意覺意"라고 하였다. [참고문헌] 『阿差末菩薩經』, 『那先比丘經』 권상(대정장32, p.708a10), *Mi 1.340.* ⇨ 염각지 念覺支, 칠각지 七覺支

의각지 猗覺支 Ⓢ prasrabdhi-saṃbodhyaṅga, Ⓟ pasaddhi-saṃbojjhaṅga. 칠각지(七覺支 Ⓟ satta bojjhaṅgā) 중 하나. 심신이 가볍고 편안한 것. 경안각지(輕安覺支)·의각의(猗覺意) 등이라고도 한다. 『중사분아비담론』 권5(대정장26, p.652c6)에 "무엇이 의각지인가? 현성제자들이 무루의 뜻으로 사유하고 상응하여 저 몸이 가볍고 마음이 편안하며, 가벼움 기꺼워하고 편안해지면 이를 의각지라고 한다. 云何猗覺支 謂賢聖弟子 乃至無漏意思惟相應 若身猗心猗 樂猗所猗 是名猗覺支라고 하였다. [참고문헌] 『衆事分阿毘曇論』, *SN.5.93·97.* ⇨ 칠각지 七覺支, 경안각지 輕安覺支

의개 疑蓋 Ⓢ vicikitsā-nivaraṇa, vicikitsā, Ⓟ vicikicchā-nīvaraṇa, Ⓣ the-tshom-gyi-sgrib-pa. 오개(五蓋) 중 하나. 의로 뒤덮어 진실을 가림. 개(蓋)는 번뇌의 다른 이름이니, 의번뇌(疑煩惱)라고 할 수 있다. 『집이문족론』 권12(대정장26, p.416b23)에 "의개라 하는데 무엇이 의인가? [답] 불법승 삼보와 고집멸도 사성제에 대하여 의혹을 일으켜 둘로 나누고, 두 갈래 길에서 주저하여 망설이고, 망설여 기뻐하지 않으며, 기꺼이 행하지 않고, 결단하지 못하며, 깨우쳐 들지 못하여 이미 길 하나도 없어서 의다. 무엇이 의개인가? [답] 이런 의로 마음을 막고 가리며, 누르고 숨기며, 덮고 씌우며, 얽매고 감싸기에 의개라고 한다. 疑蓋者 云何疑 答 於佛法僧 及苦集滅道 生起疑惑 二分二路 躊躇猶豫 猶豫箭不悅 不悅行 不決度 不悟入 非已一趣 非當一趣 非現一趣 是名疑 云何疑蓋 答 由此疑故障心 蔽心 鎭心 隱心 蓋心 覆心 纏心 裹心 故名疑蓋"라고 하였다. [참고문헌] 『集異門足論』, 『法界次第初門』 권상(대정장46, p.668a28), *Pañca-pr.4.48., Abh-s.48.* ⇨ 오개 五蓋

의개당번 衣蓋幢幡 의·개·당번을 함께 이르는 말. 의는 입는 옷이고, 개는 햇볕 등을 가리는 산개(傘蓋)이며, 당번은 높이 달아 알리는 깃발이다. 『장아함경』 권2 「유행경 遊行經」(대정장1, p.13c5)에 "이때 비사리성의 례차족 사람들이 부처님께서 암바바리원에 머무신다는 소식을 들었다. … 의복·산개·당번 그리고 시중드는 무리들이 모두 푸른 색이었다. 時 毘舍離 諸隷車輩 聞佛在菴婆婆梨園中止住 … 衣蓋幢幡 官屬皆靑"라고 하였다. [참고문헌] 『長阿含經』.

의개정 疑蓋淨 Ⓟ kaṅkhā-vitaraṇa-visuddhi. 의심의 덮개 버려 깨끗함. 무유예청정(無猶豫淸淨)과 같은 뜻이다. 『중아함경』 권2 「칠거경 七車經」(대정장1, p.430c28 : *Rathavinīta-sutta, MN.1,* p.149)에 "이와 같이 현자야, 계 깨끗하기에 마음 깨끗하고, 마음이 맑기에 견 깨끗하며, 견해가 맑기에 의개의 청정을 얻는다. 如是 賢者 以戒淨故 得心淨 以心淨故 得見淨 以見淨故 得疑蓋淨 evam eva kho āvuso sīlavisuddhi yāvad eva cittavisuddhatthā. cittavisuddhi yāvad eva diṭṭhivisuddhatthā. diṭṭhivisuddhi yāvad eva kaṅkhāvitaraṇavisuddhatthā"라고 하였다. [참고문헌] 『中阿含經』, *MN.* ⇨ 의개 疑蓋

의거 意車 ❶ Ⓢ mano-ratha, Ⓣ thugs-la-bgongs-pa. 뜻의 수레. 움직여 쉬지 않는 마음을 비유한 뜻이다. 『유가사지론』 권50(대정장30, p.574b11 : *Yogā-bh.,* p.279)에 "여래십력을 시작으로 삼고 일체종묘지가 끝이 되게 하니, 모두 다 극히 청정하며 다 위없다. … 사유 원만하고 뜻의 수레 빠짐없이 가득하여 일체보살행보살지를 초월하여 일체여래행여래지에 깨달아 들어간다. 如來十力爲初 一切種妙智爲後 皆極淸淨 悉爲無上 … 思惟圓滿 意車圓滿 超過一切菩薩行菩薩地 證入一切如來行如來地 daśabalādīnāṃ buddhadharmāṇāṃ sarvākāravarajñānaparyavasānānāṃ suviśuddhatām niruttaratāṃ sakṛtpratilabhate … paripūrṇasaṃkalpaś ca bhavati. tathā paripūrṇamanorathaḥ samatikrānto bodhisattvacaryā bodhisattvabhūmim. tathāgatacaryāṃ tathāgatabhūmim avakrānto bhavati", 『유가론기』 권12(대정장42, p.587a22·한불전13, p.990c1)에 "마음과 뜻이 흘러 굴러서 머물지 못함이 저 수레와 같다. 법과 비유를 아울러 들어서 의거라고 한다. 心意流轉 不住如車 法喩並擧 名爲意車"라고 하였다. [참고문헌] 『瑜伽師地論』, 『瑜伽論記』, *Yogā-bh.* ❷ 부처님 명호. [참고문헌] 『過去莊嚴劫千佛名經』(대정장14, p.371a3).

의거 義車 신라 스님. 보조체징(普照體澄 804~880)의 제자이다. 「장흥보림사보조선사창성탑비문 長興寶林寺普照禪師彰聖塔碑文」에 "중화 3년(883·헌강왕9) 봄 3월 15일에 문인 의거 등이 행장을 모아 엮어 멀리 왕경에 나아가 비명을 세워 불도를 빛나게 할 것을 청하였다. … 시호를 정하여 보조, 탑호를 창성, 절 이름을 보림이라 하니, 이는 그 선종의 예로 기렸다. 中和三年 春 三月十五日 門人義車等 纂輯行狀 遠詣王居 請建碑銘 用光佛道 … 諡曰普照 塔號彰聖 寺額寶林 褒其禪宗禮也"라고 하였다. [참고문헌] 李智冠 『校勘譯註歷代高僧碑文』 新羅篇 p.99·111. ⇨ 체징 體澄

의거죄사 疑擧罪事 삼거죄사(三擧罪事) 중 하나. 색성향미촉으로 인하여 인연한 의(五緣疑)로 비구의 부정(不淨)을 의심하고 그 죄를 들추어내는 것. 『집이문족론』 권4(대정장26, p.381b8)에 "의거죄사라는 말에서 무엇이 의이고, 어떤 것이 거죄이며, 무엇이 사이기에 의거죄사라 하는가? 〔답〕 의란 다섯 가지 연유로 의심이 생겨나는 것을 말하니, 첫째는 색 때문이고, 둘째는 소리 때문이며, 셋째는 냄새 때문이고, 넷째는 맛 때문이며, 다섯째는 감촉 때문이다. 무엇을 색 때문이라 하는가? 비구가 때아닌 때에 마을에 들락거리거나, 혹은 여인과 우거진 숲에 들락거리거나, 혹은 외도・선체・반택가・비구니・음란한 여자・어린 남자・큰 여인・과부 등과 격의 없이 친하게 지내는 것 등의 일을 보면 참으로 의심스런 일이라 여긴다. … 거죄란, 다섯 가지로 죄를 드러내는 것을 말하니 앞에서 설한 것과 같다. 이것을 거죄라 한다. 사란 무엇인가? 앞에서 범했으리라고 의심되는 일을 말하니, 이것을 사라고 한다. 이상의 뜻을 합하여 의거죄사라 한다. 疑擧罪事者 云何疑 云何擧罪 云何事 而說疑擧罪事耶 答 疑謂五緣 而生於疑 一由色故 二 由聲故 三 由香故 四 由味故 五 由觸故 由色故者 謂見苾芻 非時入聚落 非時出聚落 或與女人 入出叢林 或親狎外道 或親狎扇搋半擇迦 或親狎苾芻尼 或親狎婬女 或親狎小男 或親狎大女 或親狎寡婦 見如是等 可疑事已 便生疑念 … 擧罪 謂五種擧罪 如前說 是名擧罪 事謂卽前所疑犯事 是名爲事 如是合名 疑擧罪事"라고 하였다. 〔참고문헌〕『集異門足論』. ⇨ 삼거죄사 三擧罪事

의거주지 議擧住持 주지자리를 의론하여 뽑는 것. 『백장청규』 권3 「의거주지」(대정장48, p.1130b9)에 대략의 과정과 원칙이 제시되어 있다. "양서와 근구는 고사에 모여 차를 마시며 궐석인 주지자리 청하는 것을 의론하고, 이에 강호에 이름나고 훌륭한 이를 청하되 대중이 공적으로 함께 가려서 뽑는다. 반드시 종지를 보는 안목이 명백하고 덕망 높으며 나이가 지긋하고 행하고 그침이 청렴하고 견뎌 엎드릴 줄 알아 대중이 바라는 바여야 한다. 또한 마땅히 여러 산문의 여론에도 맞아야 한다. … 갖춘 듯한데 자질이 따르지 못하면 안되고, 바탕은 좋지만 갖춘 덕 없어도 안된다. 모두 좋아야 버텨 머문다. 兩序勤舊就庫司會茶 議請補處住持 仍請江湖名勝 大衆公同選擧 須擇宗眼明白 德劭年高 行止廉潔 堪服衆望者 又當合諸山輿論 … 善其具不善其資 不可也 善其資而不善其具 不可也 皆善則可以持而住之也"라고 하였다. 〔참고문헌〕『百丈淸規』, 『增修敎苑淸規』 권상(卍속장101, p.704b13). ⇨ 주지 住持

의건도 衣犍度 Ⓟ Cīvara-kkhandhaka. 가사 등 삼의(三衣)를 구하고 나누며 입는 법도 등을 자세히 정한 법들을 모아놓은 부분이다. 옷과 관련한 모든 내용, 즉 보시와 분배, 재료와 염료로 물들이는 법, 짓는 법, 남은 옷감이나 죽은 비구가 입던 옷의 처분, 삼의는 물론 비옷 등에 관하여 자세히 시설되어 있다. 의건도란 『사분율』의 경우 이십건도 중 의복에 관한 조항을 모아 놓은 편명이다. 팔리본은 대품(大品)인 「마하박가 *Mahāvagga*」(*Vin.1*, pp.268~311)에 「의건도 衣犍度」, 티베트본은 「의사 衣事 *Gos kyi gshi*」의 이름으로 전한다. 『사분율』 권54(대정장22, p.968b8)에 "의복에 관한 모든 법을 한곳에 모아서 의건도로 삼는다. 一切衣法集一處 爲衣犍度"라고 하였다. 〔참고문헌〕『四分律』. ⇨ 이십건도 二十犍度, 건도 犍度, 율장 律藏

의견 意見 뜻을 보이다. 또는 뜻으로 본 것. 『불본행집경』 권27(대정장3, p.780b28)에 "이와 같이 일천마구니에 이르기까지 그 중간에는 백을 돕는 이도 있고 흑을 돕는 이도 있어서 각자 마음따라 자기의 생각을 설하였다. 如是乃至一千魔子 於其中間 或有助白 或有助黑 各自隨心說其意見"라고 하였다. 〔참고문헌〕『佛本行集經』.

의견 疑見 ❶ 칠견(七見) 또는 십종견(十種見) 중 하나. 의혹을 품는 것. 머뭇거려 믿지 못함의 뜻이다. 『영락본업경』 권상(대정장24, p.1016b26)에 "불자야, 무명이란 일체법을 알지 못하는 것을 말한다. 법계에 미해 삼계업과를 일으키기에 나는 '무명장으로부터 열세 가지 번뇌가 일어난다'고 한다. 말하자면 사견・아견・상견・단견・계도견・과도견・의견의 칠견이니, 일체를 보고 구하기 때문에 견이라고 한다. 다시 견으로부터 육착심이 일어나니, 탐・애・진・치・욕・만이며, 법계 중에서는 어느 때나 일어난다. 佛子 無明者 名不了一切法 迷法界 而起三界業果 是故我言 從無明藏 起十三煩惱 所謂 邪見 我見 常見 斷見 戒盜見 果盜見 疑見 七見 見一切處求故說見 從見復起六著心 貪 愛 瞋 癡 欲 慢 於法界中一切時起", 원효(元曉)의 『본업경소』 권하(한불전1, p.502b17)에 "의견이란 도리를 구함에 있어 머뭇거리며 분별하는 것이다. 혜로 분별하기에 견이라 하고, 유예하는 혜를 의라 한다. 疑見者 推求道理 猶預分別 是慧分別 故名爲見 猶預之慧 以爲疑故"라고 하였다. 〔참고문헌〕『瓔珞本業經』, 『本業經疏』. ⇨ 칠견 七見, 십견 十見❶ ❷ 의(疑 Ⓢ vicikitsā)와 견(見 Ⓢ dṛṣṭi). 여섯 가지 근본번뇌 중 두 가지 번뇌를 말한다. 『대승아비달마잡집론』 권6(대정장31, p.722c14)에 "번뇌란 헤아릴 수 있고 모양을 띠며 연기하기에 … 끊음으로 말미암기에 모든 번뇌는 관할 수 있다. 수라는 것은 혹은 여섯 또는 열 가지다. 여섯 가지는 탐・진・만・무명・의・견이고, 열 가지는 앞의 다섯 가지와 견을 다섯으로 나눈 살가야견・변집견・사견・견취견・계금취견을 말한다. 煩惱者

謂由數故 相故 緣起故 … 斷故 觀諸煩惱 數者 謂或六或十 六謂貪瞋慢無明疑見 十謂前五 見又分五 謂薩迦耶見 邊執見 邪見 見取 戒禁取"라고 하였다. 〔참고문헌〕『大乘阿毘達磨雜集論』, *Abh-s.43.*, *Yogā-bh.161.* ⇨ 근본번뇌 根本煩惱, 의 疑, 견 見

의결 意結 Ⓢ manaḥ-saṃyojana. 육결(六結) 중 하나. 의처(意處)를 말한다. 『법온족론』 권6(대정장26, p.478c14)에 "다시 저 비구는 안의 육결법(六結法)에 대하여 내법의 모든 상을 관찰사유한다. 안의 안결이 있으면 나에게 안의 안결이 있다고 여실하게 알고, 안의 안결이 없으면 나에게 안의 안결이 없음 또한 여실하게 안다. … 안의 안결을 설한 것처럼 안의 이결·비결·설결·신결·의결 등에 대한 설도 그러하다. 復有苾芻 於內六結法 觀察思惟內法諸相 於有內眼結 如實知我有內眼結 於無內眼結 如實知我無內眼結 … 如說內眼結 說內耳鼻舌身意結亦爾"라고 하였다. 〔참고문헌〕『法蘊足論』, 『楞嚴經』 권5(대정장19, p.125a27), *Śrāv-bh.299.* ⇨ 의근 意根, 육결 六結 ■1

의결 疑結 Ⓢ vicikitsā-saṃyojana, Ⓟ vicikicchā-samyojana, Ⓣ the-tshom gyi kun-tu-sbyor-ba. 삼결(三結) 또는 구결(九結) 중 하나. 의심이라는 번뇌. 제(諦)나 정도(正道) 등에 있어 유예하고 정하지 못하여 믿음(信)을 일으키지 못하거나, 결정할 수 없는 것들 즉 무기(無記 Ⓢ avyākṛta)의 것들에 대해 번민하는 것을 말한다. 『집이문족론』 권19(대정장26, p.446b11)에 "무엇이 의결인가? 〔답〕 제에 대해 머뭇거려 남겨놓는 것을 의결이라고 한다. 云何疑結 答 於諦猶豫 是名疑結", 『대승의장』 권5(대정장44, p.580b17)에 "의결이라는 것은 정도에 대하여 미루어 두고 결정하지 못하는 것을 의라고 한다. 이는 두고 의심하는 번뇌다. 言疑結者 於正道中 猶預不決 故名爲疑 此猶疑使", 『증일아함경』 권16(대정장2, p.630a13)에 "무엇이 의결인가? '유아인가, 무아인가? 유생인가, 무생인가? … 세상에 아라한은 있는가 없는가? 깨달음을 얻은 이는 있는가 없는가?'라고 하는 것을 의결이라고 한다. 云何名爲疑結 所謂有我耶 無我耶 有生耶 無生耶 … 世有阿羅漢耶 世無阿羅漢耶 有得證者耶 無得證者耶 是謂名爲疑結"라고 하였다. 〔참고문헌〕『增壹阿含經』, 『集異門足論』, 『大乘義章』, *Madhy-vibh.29.*, *DN.3.254.* ⇨ 삼결 三結, 구결 九結, 의 疑 ■1, 결 結

의겸 義謙 조선후기 불모(佛母 : 佛畵僧). 의겸(義兼)이라고도 한다. 1713년 수화사(首畵師) 봉각(奉覺)과 함께 한 보림사팔상전후불탱을 시작으로 전국 사찰의 괘불과 많은 탱화를 조성하였다. 신암봉천(信庵奉千)의 『전법계통첩 傳法繼通帖』「전법게 傳法偈」 별지(別紙)에 전하는 환성지안(喚惺志安 1664~1729)부터 혜명대식(慧明大植)까지 17명의 법손 중 8대 법손으로서 완화봉각(翫花奉覺)이 있고, 그 다음에 '죽암의겸선사 竹庵義謙禪師'가 기록되었다. 1719년 운흥사팔상도 이후 수화사가 되었고 수십 명의 화승을 이끌고 활동하였는데, 채인(彩仁)·향오(香悟)·향민(向敏) 등과 함께 하였다. 『석씨원류응화사적 釋氏源流應化事蹟』 등에 기초한 새롭고 다양한 불화도상도 창출하였고, 수묵담채 기법을 응용한 화풍, 안정감 있는 구도와 짜임새 있는 구성, 선홍색과 녹색·황토색 등 격조 높은 색감, 섬세한 인물묘사 등으로 조선후기 새로운 불화양식을 이루었다고 평가된다. 〔참고문헌〕『불서를 통해 본 조선시대 스님의 일상-김민영소장 귀중불서 특별전』(동국대학교출판부, 2007) p.173, 장희정 『조선후기 불화와 화사 연구』(일지사, 2003) pp.227~238. ⇨ 삼겸 三謙

의겸등필수월관음도 義謙等筆水月觀音圖 조선후기 불화. 보물 제1204호. 세로 143.7cm·가로 105.5cm. 비단 바탕에 채색. 국립중앙박물관 소장. 하단의 화기(畵記)를 통해 1730년(영조6)에 수화승(首畵僧) 의겸을 필두로 하여 진행(陳行)·행종(幸宗)·채인(采仁) 등이 제작하였음을 알 수 있다. 관음보살을 화면에 가득 앉히고 정면을 바라보게 한 것은, 측면으로 하계를 내려다보게 한 고려의 수월관음도와 다른 점이다. 구슬장식의 높고 화려한 붉은 보관에 녹청색의 두광은 대비로 돋보인다. 유희좌로 편안히 앉아 전체적으로 선정하다. 흰 선으로 테두리만 강조한 신광은 둥근 달을 뒤로한 듯 부드럽다. 오른쪽에 버들가지를 꽂은 정병(淨甁)이 있고, 그 위에 극락조(極樂鳥)가 앉았고 그 아래 합장한 선재동자(善財童子)가 있다. 왼쪽에는 대나무 두 그루가 솟아 있다. 암석의 수묵과 바다 물결은 담채로 표현하였다. 구도와 채색 등에서 조선시대 수월관음도 도상의 새로운 변화를 볼 수 있는 작품으로 가치가 높다. 〔참고문헌〕『서울의 문화재』 권5(서울시사편찬위원회, 2011) pp.20~21. ⇨ 수월관음도 水月觀音圖, 유희좌 遊戲坐

의겸등필수월관음도

의겸양향 義兼兩向 한 가지 이름인데 뜻으로는 겸하여 두 갈래로 향한다는 말. 양향석(兩向釋)이라고도 한다. 『법화경입소』 권1(卍속장47, p.42a10)에 "이렇게 제법을 무량이라고 부르면 실상을 뜻에 둔 것이고, 한 가지 뜻 둔 곳을 쫓아 무량법을 낸다고 하면, 무량법이 한 뜻에 들어가는 곳에 그 시작이 있게 한다. 이러기에 능생의처가 법화의 별명이고 일어난 무량이 법화의 서가 된다. 그러므로 서문 중에는 한 가지 이름에 뜻은 두 갈래로 향한다. 如此諸法 名爲無量 實相爲義處 從一義處出無量法 得爲無量法入一義處作序 故能生義處 法華別名所生無量 爲法華序 故序中一名義兼兩向"라고 하였다. [참고문헌] 『法華經入疏』, 『法華文句記』 권2(대정장34, p.193b24). ⇨ 양향석 兩向釋

의경 意經 서진(西晉) 때 축법호(竺法護 Ⓢ Dharmarakṣa) 한역. 1권. 고려장19, pp.595a1~596a9, No.706・대정장1, pp.901b23~902a28, No.82에 수록되어 있다. 『중아함경』 권45(대정장1, p.709a12~c21 : *AN.2*, p.177)에 수록된 「심경 心經 *Ummaṅgo*」과 동본이역이다. 본경(대정장1, p.901c7)에 "이 의 때문에 세간에 끌려 매여 사니, 뜻으로서 고통받는다. 뜻을 내고 뜻을 낸 다음에는 따라 좇는다. … 성제자아라한은 능히 스스로 뜻을 다스릴 줄 아니, 스스로 뜻을 좇아 헤매지 않는다. 以意故世間牽 以意故受於苦 生意生意已入隨從 … 聖弟子阿羅漢 能自御意 不自隨意"라고 하였다. 한편 그렇게 되려면 많이 듣는 비구(多聞比丘)가 되어야 한다 하시며, 다문이란 십이부경을 의지함을 강조하였다. 본경은 후대 유식사상형성에 영향을 주었다고 평가한다. [참고문헌] 『開元釋敎錄』 권17(대정장55, p.667c1). ⇨ 의 意, 십이부경 十二部經

의경 疑經 불설인지가 의심되는 경. 의위경(疑僞經)・위의경(僞疑經)・위경(僞經) 등이라고도 하며, 이러한 목록을 의경록(疑經錄) 또는 의록(疑錄)이라고 한다. 자세히는 한역과정이 뚜렷하지 않은 경을 의경, 위작으로 의심되는 경을 위경이라고 구분하기도 한다. 『사분율행사초비』 권6(卍속장67, p.585b8)에 "실역일 뿐 의위가 아니라는 말은, 사실은 정경이나 다만 역경목록에 누락되었기에 실역이라고 한다. 의위라는 것은 무엇인가? 경전목록에는 의경도 있고 위경도 있다. 위란 사람이 지은 것이며, 의경이란 진위에 통하면서 다만 역경목록에 없어 의경으로 입장 되었기에 기존 목록에 보이지 않는다고 일컬은 것이다. 경문이 진짜인 듯 보이나 위작임이 의심스러워 진위를 결정할 수 없으므로 의경이라고 한다. 非失譯疑僞者 實是正經 但失却譯目 故曰失譯 言疑僞者 經目中 有疑經 有僞經 僞者謂人造也 疑經通眞僞 但無譯目者 入疑經故 謂既不見目 經文似眞疑僞 眞僞不決 故曰疑經", 『역대삼보기』 권11(대정장49, p.96a14)에 "『불법유육의제일응지경』 1권, 『육통무애육근정업의문경』 1권, 이상의 2부 2권은 양무제 때 사문 법원이 여러 경을 초집하여 뜻에 맞게 찬술한 것이다. 비록 경의 뜻을 넓히기 위해 거짓으로 지은 것과는 다르지만, 이미 드러낸 경제명부터 따로 만들어 묶어 냈기에 세간에서는 모두 공히 보여 의경이라고 여기기에 이제 다시 실어서 전한다. 뒷날의 잎새가 그 근원 알려하고자 하면 다행히 같이 비춰 보는데 힘쓸 일이다〈『출삼장기집』과 『보창록』에 보인다〉. 佛法有六義第一應知經一卷 六通無礙六根淨業義門經一卷 右二部合二卷 武帝世沙門法願抄集衆經 依義撰出 雖弘經旨 異於僞造 既標名號則別成卷部 世皆共列用爲疑經 故復載傳 後葉識源 幸同鑒勗〈見三藏記及寶唱錄〉", 『개원석교록』 권5(대정장55, p.531c3)에 "『약사유리광경』〈『관정발제과죄생사득도경』이라고도 하며, 『대관정경』에서 초출한 것이다. 『승우록 僧祐錄』에서는 의경이다라고 언급하였으나 옳지 않다〉. 藥師琉璃光經〈亦云灌頂拔除過罪生死得度經 出大灌頂經 祐錄注爲疑經者非〉", 『율종신학명구』 권중(卍속장105, p.645b15)에 "중국의 번역에는 여섯 가지로 다르다〈출처는 『양처경중의』〉. 첫째는 단역, 둘째는 중역, 셋째는 실역, 넷째는 잡록, 다섯째는 의경, 여섯째는 위인이다. 此方翻譯六別〈輕重儀〉 一單翻 二重譯 三失譯 四雜錄 五疑經 六僞引"라고 하였다. [참고문헌] 『四分律行事鈔批』, 『歷代三寶紀』, 『開元釋敎錄』, 『律宗新學名句』. ⇨ 위경 僞經

의경 儀冏 조선후기 스님. 청허휴정(淸虛休靜 1520~1604)의 제자로서 1631년(인조9)에 언기(彦機)・쌍흘(雙仡) 등과 함께 금강산 백화암(白華庵)에 스승의 비를 세웠다. [참고문헌] 『東師列傳』 권2 「淸虛尊者傳」(한불전10, p.1016c11). ⇨ 휴정 休靜

의경계 意境界 Ⓢ mano-gati, Ⓣ yid kyi 'jug-pa'i-gnas. 의(意)가 드러나는 계. 마음(心)을 말한다. 의취제경계(意趣諸境界)라고도 한다. 『대승입능가경』 권3(대정장16, p.606a12 : *Laṅk.*, p.127)에 "의식은 마음의 인이고 마음은 의경계이니, 인과 소연인 까닭에 모든 식은 의지하여 생기네. 意識爲心因 心爲意境界 因及所緣故 諸識依止生 taddhetukaṃ tadālambyaṃ manogatisamāśrayam, hetuṃ dadāti cittasya vijñānaṃ ca samāśritam"라 하였고, 위(魏)역 『입능가경』 권4(대정장16, p. 538c13)에서는 "저 인과 념에 의지하니 의가 향한 모든 경계, 식과 심이 인을 지어 식의 소의가 되네. 依彼因及念 意趣諸境界 識與心作因 爲識之所依"라고 하였다. [참고문헌] 『大乘入楞伽經』, 『入楞伽經』, 『楞伽經會譯』 권2(卍속장1, p.553b1), *Laṅk.* ⇨ 심의식 心意識, 의 意, 의식 意識

의경암 義敬庵 전라북도 고창군 아산면 삼인리 도솔산(兜率山) 선운사(禪雲寺)의 옛 산내암자. 「도솔산선운사창수승적기 兜率山禪雲寺刱修勝蹟記」(『조선사찰사료』 권상)에 "만력 3년(1575·선조8) 을해에 중창하였으며, 화주는 철심이다. 萬曆三年乙亥重刱 化主哲心"라고 하였다. 〔참고문헌〕『朝鮮寺刹史料』 권상(文現, 2013) p.265, 『韓國寺刹全書』 권하 p.957a22.

의경해의 依經解義 경에 의지하여 뜻을 해설함. 의문해의(依文解義)라고도 한다. 『십우도송』 「견적 見跡」(卍속장113, p.917b13)에 "경에 의지하여 뜻을 풀고, 가르침을 두루 살펴 자취를 알아낸다. 依經解義 閱教知蹤", 『사명존자교행록』 권4(대정장46, p.894c12)에 "스스로 경에 의지하여 뜻 풀기에 당하여서 지혜로운 이의 참다운 풍모 잇게 되었다. 自當依經解義 續智者之眞風"라고 하였다. 〔참고문헌〕『十牛圖頌』, 『四明尊者教行錄』. ⇨의문해의 依文解義

의경해의삼세불원 依經解義三世佛冤 경에 의지하여 뜻을 풀면 삼세제불의 원수라는 말. 경의 한 글자라도 여의면 마구니설과 같아진다는 이경일자즉동마설(離經一字卽同魔說)과 함께 먼저 등져 버리고 뒤쳐 다시 만나는 배촉관(背觸關)을 성취한다. 『경덕전등록』 권6 「백장회해전 百丈懷海傳」(대정장51, p.250a8)에 "학인이 백장에게 물었다. '경에 의지해 뜻을 풀면 삼세제불의 원수이고 경의 한 글자라도 벗어나면 마구니설과 같다한다. 무슨 일입니까?' '동정 고수하면 삼세제불 원수되고, 이밖에서 따로 구하면 곧바로 마구니설과 같아진다'. 問 依經解義 三世佛怨 離經一字 如同魔說 如何 師云 固守動靜 三世佛怨 此外別求 卽同魔說", 『선문염송설화』 1176칙(한불전5, p.799a5)에 "〈본칙〉 학인이 동안도비(同安道丕)에게 물었다. '경에 의지하여 불법의 본의를 해설하면 삼세제불의 원수이고 한 글자라도 경을 벗어나면 마구니설과 같다고 합니다. 이 이치는 무엇입니까?' '우뚝 솟은 봉우리는 멀리 빼어나서 안개도 넝쿨도 걸치지 않는다. 초승달 허공을 가로지르고 흰 구름 스스로 모습 바꾸네'. … 〈본칙설화〉 '경에 의지하여 뜻을 푼다면 ~ '이라고 한 구절은 배촉관이다. 우뚝 솟은 봉우리와 초승달은 배와 촉 모두 여읜 경계다. 안개와 넝쿨, 흰 구름은 배촉이다. 同安因僧問 依經解義三世佛冤 離經一字卽同魔說 此理如何 師云 孤峯迥秀 不掛煙蘿 片月橫空 白雲自異 … 依經解義云云者 背觸關也 孤峰片月者 背觸俱離處也 烟蘿白雲 背觸也"라고 하였다. 〔참고문헌〕『景德傳燈錄』, 『禪門拈頌說話』, , 『從容錄』 58칙 「示衆」(대정장48, p.263b29), 『虛堂集』 98칙 「評唱」(卍속장124, p.615a5). ⇨배촉관 背觸關

의계 衣界 섭의계(攝衣界)의 줄임말. 삼의를 거두고 밤을 새우는 등 위의를 갖추게 하는 뜻으로서의 계. 『사분율행사초자지기』 권상(대정장40, p.202c17)에 "『미사새갈마본』(대정장22, p.214c16)에서 주하길 '의계란 삼의를 거두게 함으로써 비구들이 이삼의숙계를 범하지 않게 하는 것이다. 注羯磨云 衣界者 攝衣以屬人 令無離宿罪"라고 하였다. 〔참고문헌〕『四分律行事鈔資持記』, 『彌沙塞羯磨本』. ⇨의건도 衣犍度, 이의숙계 離衣宿戒, 섭의계 攝衣界

의계 意界 Ⓢmano-dhātu, mana-āyatana, Ⓟmano-dhātu, Ⓣyid-kyi-khams, yid-kyi-skye-mched. 십팔계(十八界) 또는 칠심계(七心界) 중 하나. 십이처(十二處) 중 의처(意處). 일체(一切)의 의(意)라는 구성요소 또는 의의 영역. 의근(意根)이라고도 한다. 과거로 떨어져 사멸(落謝)한 전찰나의 육식(六識)으로서 후찰나의 의식을 견인해 일으키는(引起) 기반(所依)이 되는 것을 말한다. 『대비바사론』 권71(대정장27, p.370b23)에 "〔문〕 의계는 무엇인가? 〔답〕 모든 의는 법에 있어 이미 알고 있고 지금 알며 앞으로도 알 수 있는 저 피동분(Ⓢtat-sabhāga)이다. 이것들을 의계라 한다. '이미 안 법'이란 과거의계이고, '바로 알고 있는 법'이란 현재의계이며, '마땅히 알아야 할 법'이란 미래의계이다. '그리고 피동분이다'란 미래에도 끝내 일어나지 않을 의계이다. 問 意界云何 答 諸意於法 已正當了 及彼同分 是名意界 已了法者 謂過去意界 正了法者 謂現在意界 當了法者 謂未來意界 及彼同分者 謂未來畢竟不生意界", 『구사론』 권1(대정장29, p.4b3 : *Abh-k-bh.*, p.11)에 "〔송〕 육식신에 즉해 무간에 멸하는 것을 의라 여긴다. 〔논〕 육식신에 즉해 무간에 멸하고는 능히 뒤의식을 내기에 의계라 한다. 마치 여기에서 아들이 다른 곳에서 아버지로 불리는 것과 같고, 또 여기서 열매인 것이 다른 곳에서 종자로 불리는 것과 같다. 由卽六識身 無間滅爲意 論曰 卽六識身無間滅已 能生後識 故名意界 謂如此子 卽名餘父 又如此果 卽名餘種 〈kārikā〉 ṣaṇṇām anantarātītaṃ vijñānaṃ yad dhi tan manaḥ. 〈bhāṣya〉 yad yat samanantaraniruddhaṃ vijñānaṃ tan manodhātur ity ucyeta. tad yathā sa eva putro 'nyasya pitā bhavati tad eva phalam anyasya bījam iti.", "〔논〕 오식계의 경우처럼 안 등의 오계가 따로 있어 의지로 삼지만, 제6의식은 따로 의지하는 것이 없으니 이것의 의를 성립시키기 위해서도 의계를 설한다. 論曰 如五識界 別有眼等五界爲依 第六意識無別所依 爲成此依故說意界 pañcānāṃ vijñānadhātūnāṃ cakṣurdhātvāyatanādayaḥ pañcāśrayāḥ. ṣaṣṭhasya manovijñānadhātor āśrayo 'nyo nāsti. atas tadāśrayaprasiddhyartham manodhātur upadiṣṭaḥ.",

"만약 그렇다면 무학의 최후심은 마땅히 의계일 수 없지 않은가? 이는 무간에 사라지고는 후식은 다시 나지 않기에 의계는 아니지 않은가? 그렇지 않다. 이는 이미 의라는 자성에 머물고 있기 때문이며, 다른 나머지 연이 빠졌기에 후식이 일어나지 못할 뿐이다. 若爾 無學最後念心 應非意界 此無間滅後識不生 非意界故 不爾 此已住意性故 闕餘緣故 後識不生 arhatas tarhi caramaṃ cittaṃ na mano bhaviṣyati. na hi tad asti yasya tatsamanantarātītaṃ syād iti. na. tasyāpi mano bhāvenāvasthitatvāt. anyakāraṇavaikalyāt tu nottaravijñānasaṃbhūtiḥ", 『현종론』 권2(대정장29, p.783c28)에 "어째서 이미 멸한 것을 현행하는 식이 의지한다고 하는가? 이는 현행하는 식이 생하는 가장 가까운 연이 되기 때문이다. 마치 비록 색이 있더라도 반드시 안근에 의지해야 안식이 생할 수 있는 경우와 같다. 이와 같이 비록 소연경계가 있더라도 후식이 생겨나려면 반드시 전찰나의 무간에 멸한 의에 의지해야 한다. 그렇기 때문에 앞에서 '무간에 멸한'이라고 말한 것은 전찰나에 간극있는 마음이 있다는 것을 막기 위해서다. 비록 먼저 열어 피한 다음이어도 아직 나지 않았기 때문이다. 무간에 이미 멸한 육식은 현행하는 식의 의가 되기에 의계를 삼았다. 如何已滅 名現識依 是現識生隣近緣故 如雖有色 而要依眼眼識得生 如是雖有所緣境界 而後識生 要依前念無間滅意 是故前言無間滅者 爲遮前念有間滅心 雖先開避而未生故 由此無間已滅六識 爲現識依 說爲意界, 『구사론기』 권1(대정장41, p.27a26)에 "의계에는 비록 별도의 체가 없지만 육식과는 다르게 움직이는 위에 따라 이름이 붙여졌다. 드러난 것만으로는 과거에 있었던 존재라 해도 그 체를 따지면 실제로는 삼세에 다 통한다. 다른 것을 따라 생한다는 면에서는 육식이라 할 수 있지만, 능히 다른 것을 낳는다는 면에서는 의계라 한다. 意界雖無別體 與六識異轉位得名 據顯說在過去論體實通三世 從他生邊名識 能生他邊名意", 『유가사지론』 권52(대정장30, p.584b29)에 "만약 이 육식이 저 육식의 등무간연이라면 이것을 시설해 의근이라 하고, 의처라고도 하며 의계라고도 한다. 若此六識 爲彼六識等無間緣 卽施設此 名爲意根 亦名意處 亦名意界"라고 하였다. [참고문헌] 『大毘婆沙論』, 『顯宗論』, 『俱舍論』, 『俱舍論記』, 『瑜伽師地論』, *Abh-k-bh.*, *MN.3.62.* ⇨ 의意❶, 의근 意根, 의처 意處, 십팔계 十八界, 칠심계 七心界, 십이처 十二處

의계업 意戒業 선심(善心)과 상응하여 사유함. 불선심(不善心)과 상응하면 의무계업(意無戒業)이다. 『사리불아비담론』 권7(대정장28, p.581b17)에 "무엇이 의계업인가? 의업이 선하면 선심과 상응하여 사유하니, 이것을 의계업이라고 한다. 云何意戒業 若意業善 善心相應思 是名意戒業"라고 하였다. [참고문헌] 『舍利弗阿毘曇論』. ⇨ 의무계업 意無戒業

의곡사 義谷寺 경상남도 진주시 상봉동 비봉산(飛鳳山)에 있는 절. 대한불교조계종 제12교구본사 해인사(海印寺)의 말사이다. 665년(문무왕5)에 진언종(眞言宗 : 摠持宗)의 시조인 혜통(惠通)이 창건하였다고 전한다. 창건 이후 월명사(月明寺)·숭의사(崇義寺) 등으로 이름이 바뀌었다가, 임진왜란 때 의승군이 왜적에 맞서 싸운 후에 '의로운 골짜기에 있는 절'이라 하여 의곡사로 이름을 바꾸었다. 808년(애장왕9)에 원측(圓測)이 중창, 1194년(명종24)에 월명(月明)이 3창하였다. 임진왜란 때 무너진 사찰을 1618년(광해군10)에 성간(性侃)이 4창하였으며, 이후 1879년(고종16)에 덕운(德雲)이 5창, 1898년(광무2)에 성석(成碩)이 6창하였다. 현존 당우로는 대웅전·천불전·회광당 등이 있으며, 성보문화재로는 조선전기 간행으로 추정되는 유형문화재 제612호 불설장수멸죄호제동자다라니경·제613호 불설대보부모은중경, 문화재자료 제596호 한글비석 및 근대에 조성한 등록문화재 제624호 괘불도 등이 전한다. [참고문헌] 『韓國寺刹全書』 권하 p.957a23.

의공 義空 ❶ 당대 스님. 염관제안(鹽官齊安 ?~842)에게 남종선(南宗禪)의 종지를 사사받고 수좌가 되었다. 일본 선종의 비조(鼻祖)이다. 일본 차아천황(嵯峨天皇)의 황후(皇后) 귤씨(橘氏)가 당나라에 불심종(佛心宗)이 있다는 소문을 듣고 839년(승화6) 혜악(慧蕚)을 파견하여 덕이 있는 선사를 초빙해 오도록 명하였다. 혜악이 제안을 친견하고 황후의 의중을 전하자 의공을 파견하여 그 청에 응하였다. 도방(道昉) 등과 함께 일본으로 건너가니, 황후가 기쁘게 궁으로 맞아들여 선에 대하여 물었고 응답한 대의 또한 알아들었다. 이를 계기로 단림사(檀林寺)를 창건하여 의공을 개산조로 삼았는데 이것이 일본 최초의 선종 사원이다. 높은 지위의 벼슬아치들 가운데 법을 물으러 찾아오는 이들이 매우 많았다. 3년 정도 머문 뒤 다시 당나라로 돌아왔다. [참고문헌] 『卽非禪師全錄』 권10 「唐義空大和尙」(가흥장38, p.674a12), 『元亨釋書』 권6, 『慧蕚和尙年譜』, 『延寶傳燈錄』 권1. ❷ 조선전기 스님. 김일손(金馹孫 1464~1498)의 『탁영집』 권5 「두류기행록 頭流紀行錄」에 "절 북쪽에 최고운이 올랐다는 팔영루 터가 있는데, 쌍계사에 주석하는 의공이 재목을 모아 복원하려 한다고 하였다. 寺北有孤雲所登八詠樓遺址 居僧義空 欲鳩財而起樓云"라고 하였다. 김일손은 1489년(성종20) 4월 26일 하동 쌍계사에 들어갔다. [참고문헌] 『濯纓集』(韓國文集叢刊17, p.265a15). ⇨ 쌍계사 雙磎寺, 최치원 崔致遠

의공양 依供養 Ⓢ āśrayāt pūjā. 팔종공양(八種供養) 중 하나. 공양의 의지처가 되는 삼세의 모든 부처님을 말한다. 『대승장엄경론』 권9(대정장31, p.634b21 : *Sūtr.*, p.118)에 "'현전하거나 현전하지 않거나'라고 한 것은 의공양을 말하는 것임을 알아야 한다. 현재와 과거 그리고 미래의 모든 부처님께 의지하여 공양하기 때문이다. 應知 現前不現前者 謂依供養 依現在 及過去 未來 諸佛 而供養故(saṃmukhaṃ vimukhaṃ …) veditavyā. tatrāśrayaḥ samakṣaparokṣā buddhāḥ"라고 하였다. [참고문헌] 『大乘莊嚴經論』, 『勸發菩提心集』 권중(대정장45, p.391c26), *Sūtr.* ⇨ 팔종공양 八種供養

의공자 依空字 공에 의지한 글자. 공에 바탕해 진실을 드러내는 글자를 말한다. 『석마하연론』 권2(대정장32, p.606a24)에 "자에는 두 가지가 있다. 무엇이 두 가지인가? 첫째는 소리에 의지한 자이고, 둘째는 공에 의지한 자이다. 『입능가경』 권4(대정장16, p.536a27)에서는 다음과 같이 설하였다. '대혜여! 다음으로 자(字)의 바탕(身)이 무엇인지에 대해 설하겠다. 소리의 길고 짧음과 음운의 높고 낮음을 자의 몸이라 한다'. … 이와 같이 둘 중에서 각각 첫째 의성자로는 깊고 깊은 진리를 능히 드러낼 수 없지만, 둘째인 의공자로는 진리를 드러낼 수 있다. 字有二種 云何爲二 一者 依聲字 二者 依空字 楞伽契經中 作如是說 大慧 復次字身者 謂聲長短 音韻高下 名爲字身 … 如是二中 各初一種 不能詮表甚深眞理 各後一種得詮眞理故", 『변현밀이교론현경초』 권4(대정장77, p.456b6)에 "이 낱낱의 자로 드러내는 불가득의 뜻을 의공자라 한다. 以此一一字之所詮表 不可得義 名爲依空字也"라고 하였다. [참고문헌] 『釋摩訶衍論』, 『入楞伽經』, 『辨顯密二教論懸鏡抄』.

의과 依果 ❶ 유정(有情)이 의지해 머물게 되는 국토. 유정이 정보(正報)인데 빈하여 기세간(器世間)이다 『찬아미타불게』(대정장47, p.423c22)에 "번뇌 없는 (정토의) 의과는 생각으로 헤아릴 수 없다. 無漏依果難思議", 돈황본 『대승기신론약술』 권하(대정장85, p.1110b19)에 "의과란 의지하는 국토다. 의지하는 정보가 끝이 없으므로 머물며 의지하는 과도 헤아릴 수 없다. 言依果者 卽所依土 能依正報 無有邊故 所住依果有無量"라고 하였다. [참고문헌] 『讚阿彌陀佛偈』, 『大乘起信論略述』. ⇨ 의보 依報 ❷ 업에 의지한 과. 『보살지지경』 권3(대정장30, p.904a20)에 "만일 선하지 않은 법을 익히면 기꺼이 불선법에 머물며 불선법을 더욱 늘리게 되고, 선법을 익히면 선법에 머물기 좋아하여 선법을 더욱 늘리게 된다. 전에 쌓은 업으로 유사한 후의 과가 생한다면 이를 의과라 한다. 若習不善法 樂住不善法 增不善法 若習善法 樂住善法 增益善法 先業相似後果生 是名依果"라고 하였다. [참고문헌] 『菩薩地持經』. ⇨ 십종의과 十種依果 ❸ ➡ 등류과 等流果

의과 義科 일본불교 용어. 경전과 주석서의 분석에 중점을 둔 논제를 말한다. 종요(宗要)와 문요(問要)에 대비되는 용어이다. ⇨ 종요 宗要, 문요 問要

의관 誼寬 1811~1888. 조선후기 스님. 호는 금월(錦月), 속성은 송(宋)씨. 1811년(순조11) 낭주(朗州 : 지금의 전라남도 靈巖郡)의 금강(錦江 : 德津面 錦江里)에서 태어났다. 16세 때인 1827년(순조27)에 해남 대흥사(大興寺)로 찾아가 성묵지원(聖默志遠)을 은사로 하여 스님이 되었고, 만허색척(萬虛賾陟)으로부터 비구계를 받았으며, 초의의순(草衣意恂)에게서 선법(禪法)을 받고, 철선혜즙(鐵船惠楫)의 회하에서 내외의 경전을 배웠다. 문암영유(聞庵永愈)·화담경화(華潭敬和)·용연(龍淵) 등 강사들로부터 대승경전을 수학한 후, 은사인 성묵지원의 법을 이어 받았다. 대흥사 주지·유나·총섭(摠攝) 등 종무직을 맡아 모범적인 외호(外護)도 수행하였다. 보리산 석문사(石門寺)·조계산 송광사 삼일암(三日庵)·선암사 칠전(七殿)·두륜산 대흥사 만일암(挽日庵)·적련암(赤蓮庵) 등에서 정진하며 후학을 지도했다. 말년 대흥사 명적암(明寂庵)에서 주석하다가 1888년(고종25) 4월 25일 세수 78, 법랍 62세를 일기로 입적하였다. 계보로는 설곡윤훤(雪谷胤烜)의 손제자이고, 연담유일(蓮潭有一)의 제4세 법손이다. 수법제자는 능오(能悟)·문오(文悟) 등 21명이, 상좌는 완파창기(玩坡昶基) 등이 있다. [참고문헌] 『東師列傳』 권5 「錦月禪師傳」(한불전10, p.1054c12).

의광 意光 Ⓢ mana-ābhāsa. 삼광(三光 : 意光·受光·分別光) 중 하나. 의(意)인 염오식(染汚識)이 능히 취하는 상을 말한다. 『대승장엄경론』 권5(대정장31, p.614a2 : *Sūtr.*, p.65)에 "능취상에 삼광이 있으니 의광·수광·분별광을 말한다. 의란 일체시염오식을 말하고, 수란 오식신이며, 분별이란 의식을 말한다. 能取相有三光 謂意光 受光 分別光 意謂一切時染汚識 受謂五識身 分別謂意識 punas trividhābhāso manaudgraha vikalpābhāsaḥ. mano yat kliṣṭaṃ sarvadā. udgrahaḥ pañca vijñānakāyāḥ. vikalpo manovijñānaṃ"라고 하였다. [참고문헌] 『大乘莊嚴經論』, *Sūtr.*

의광 義光 ❶ Ⓢ artha-khyāna, artha-prakhyānatā, artha-ābhāsa, Ⓣ don-du-snang-ba. 소취상(所取相)의 삼광(三光 : 句光·義光·身光) 중 하나. 뜻(義)이 드러난다는 말이다. 『대승장엄경론』 권5(대정장31, p.613c17)에 "이 상에 다시 셋이 있다. 첫째 유각

분별상, 둘째 무각분별상, 셋째 상인분별상이다. 뜻으로 말한다는 것은 의미있는 상을 말하는데, 의란 생각의 경계이고 생각이란 마음의 헤아림이다. 이 상으로 말미암아 의에 대하여 능히 이런저런 뜻과 말로 알게 하는 것이 유각분별상이다. 습광이란 습은 의언종자를, 광은 이 종자로부터 곧바로 일어난 의광인데 이것으로는 이런저런 이해를 일으키지 못하기에 무각분별상이다. '이름과 뜻이 서로 빛을 일으킨다'는 것은 이름에 의하여 의광이 일어나고, 이 의에 의하여 이름이 빛을 낸다. 此相復有三種 一 有覺分別相 二 無覺分別相 三 相因分別相 意言者 謂義想 義卽想境 想卽心數 由此想 於義 能如是如是起意言解 此是有覺分別相 習光者 習謂意言種子 光謂從彼種子直起義光 未能如是如是起意言解 此是無覺分別相 名義互光起者 謂依名起義光 依義起名光"라고 하였다. [참고문헌]『大乘莊嚴經論』, *Sūtr.55·64·65.* **2** 고려 전기 스님. 호는 정각(正覺), 속성은 김씨. 강원도 명주(溟州) 출신. 아버지의 휘는 고(沽), 어머니는 류(柳)씨. 정혜왕사(正慧王師) 담휴(曇休)의 제자이다. 16세 때 불일사(佛日寺) 계단에서 계를 받았으며, 33세 때인 1124년 왕륜사(王輪寺)에서 승과에 합격하였다. 1141년에는 충주 용두사(龍頭寺)에 주석하였고 1145년에 삼중대사(三重大師)의 법계가 첨가되었으며, 1147년 이산(伊山) 가야사(伽耶寺)로 이석(移錫)하였고 수좌(首座)의 법계가 진가(進加)되었다. 1148년 궁중에서 설법하였으며 1155년 숭교사(崇敎寺) 주지에 취임하였다. 1157년 겨울에 병을 얻어, 12월 28일 묘시(卯時) 현화사(玄化寺) 상청원(上淸院)에서 세수 51, 법랍 40세를 일기로 입적하였다. 1158년 2월 22일 영취산(靈鷲山) 서쪽 산기슭에 유골을 안장하였다. [참고문헌]「正覺首座義光墓誌銘」(『韓國金石全文』 中世上, p.753). ⇨ 정각수좌의광묘지명 正覺首座義光墓誌銘

의광무극사사 意廣無極四事 보살이 네 가지 일에 있어 끝이 없음. 『해룡왕경』 권3(대정장15, p.148b8)에 "보살은 네 가지 일이 있어 뜻이 넓고 끝이 없으니, 무엇이 네 가지인가? 그 마음이 깨끗하여 아첨함이 없고, 두터운 애욕을 버려 어디에 있든 싫증 내거나 피곤하다 여기는 일이 없으며, 미묘한 데 뜻을 두어 깊이 법요에 드니 모든 법의 처음과 끝에 있어 법에 깊이 들어가는 것 이 네 가지 때문에 보살의 뜻이 넓고 끝이 없다. 菩薩有四事意廣無極 何等爲四 其心淸淨而無諛諂 除重愛欲 所在中間而無厭疲 志於微妙深入要法 一切諸法本末皆空 是爲四 菩薩意廣無極"라고 하였다. [참고문헌]『海龍王經』.

의교 意巧 의업의 방편지. 신교(身巧)·구교(口巧)도 의교에 의하여 인도된다. 실지(實智)와 짝을 이루기에 이지(二智)다. 『대승의장』 권19(대정장44, p.846c1)에 "세 번째는 의교로서 방편혜를 말한다. 앞의 몸과 입으로 하는 두 가지 교화도 이에 의지해 교화한다. 저 『법화경』에서 '과거불이 행한 방편력을 깊이 생각하여 내가 현재 깨달은 도로도 응당 삼승을 설해야 하리라'고 한 예와 같다. 의교를 방편지라고 설한다. 이 방편지는 전의 실지를 향해 함께하여 상대하니, 두 가지 지혜는 이와 같다. 三是意巧 謂方便慧 起前身口二種巧化 如法花經 尋念過去佛 所行方便力 我今所得道 亦應說三乘 如是等也 今說意巧 爲方便智 此方便智 得與向前 實智相對 二智如是"라고 하였다. [참고문헌]『大乘義章』, 『法華經』 권1(대정장9, p.9c17). ⇨ 권실이지 權實二智

의교봉행분 依敎奉行分 경전을 크게 삼분할 경우 끝분. 가르침에 의지해 받들어 행하는 뜻을 드러낸 분이다. 삼분과경(三分科經) 중 유통분(流通分)에 해당한다. 『불지경론』 권1(대정장26, p.291c2)에 "이 경에는 모두 삼분이 있으니 첫째 교기인연분, 둘째 성교소설분, 셋째 의교봉행분이다. … 그때 대중이 부처님의 가르침을 듣고 기뻐하며 받들어 행함을 드러내기에 의교봉행분이라고 한다. 於此經中 總有三分 一 教起因緣分 二 聖教所說分 三 依教奉行分 … 顯彼時衆 聞佛聖教 歡喜奉行故 名依教奉行分", 『아미타경소』(대정장37, p.328b22)에 "이 이하는 세 번째로 유통분을 밝힌 것이니, 곧 의교봉행분이다. 自下第三明流通分 卽依敎奉行分也"라고 하였다. [참고문헌]『佛地經論』, 『阿彌陀經疏』. ⇨ 유통분 流通分, 삼분과경 三分科經

의교분종 依敎分宗 교설에 의지해 종을 가려 나눔. 교상판석(敎相判釋)의 바탕이 된다. 화엄종에서 『화엄경』에 의지하여 부처님 일대교설을 십종(十宗)으로 나누는 예 등이다. 반대로 종지에 근거하여 가르침을 다르게 보는 것은 의종교별(依宗敎別)이라고 하는데, 화엄종의 오교(五敎)와 천태종의 팔교(八敎)가 그것이다. 『신화엄경론』 권1(대정장36, p.721b25)에 "첫번째, 교에 의지해 종을 나눈다는 것은 여래께서 성도하여 성취하신 그 몸은 참된 바탕에 따른 것이다. 이사 두 문으로 하나와 여럿이 서로 사무치고 지혜와 경계 두렷이 고요하니 그 어떤 법인들 두루하지 않으리. 다만 그릇에 다름이 있어 그에 따른 모양새 달리한다. 처음과 끝 그리고 느림과 빠름으로 근기에 따름이 같지 않으니 법을 설함도 응당 그렇게 한다. 第一 明依敎分宗者 夫如來成道 體應眞源 理事二門 一多相徹 智境圓寂 何法不周 只爲器有差殊 軌儀各異 始終漸頓 隨根不同 設法應宜"라고 하였다. [참고문헌]『新華嚴經論』. ⇨ 십종 十宗, 교상판석 敎相判釋, 의종교별 依宗敎別

의구 依舊 옛 그대로. 『보살본생만론』 권4(대정장3,

p.343a28)에 "숲의 모든 나무가 부처님을 향해 기울어졌으니 나무신이 몸을 드러내 공경의 예를 올린 탓이다. 부처님이 지나가시자 숲의 나무들은 옛 그대로였다. 一切林木 傾側向佛 樹神現身 曲躬禮敬 佛經遊已 林木依舊", 『양기어록』(대정장47, p.644c22)에 "옛과 지금 해와 달 있고, 산하 또한 옛 그대로이네. 만일 밝히 알아 얻을 수 있다면 시방의 박가범 한 길로 열반문에 계시리라. 그렇지 못한다면 이 경을 비방하는 꼴이라 마땅한 죄를 받으리라. 古今日月 依舊山河 若明得去 十方薄伽梵 一路涅槃門 若也不明 謗斯經故 獲罪如是"라고 하였다. 〔참고문헌〕『菩薩本生鬘論』, 『楊岐語錄』.

의구 意句 뜻과 구. 뜻으로 이해함과 말로 표현함에 있어 사구(四句 : 意到句不到 句到意不到 意句俱到 意句俱不到)로 분별한다. 『연등회요』 권12 「섭현귀성장 葉縣歸省章」(卍속장136, p.622b13)에 "때로는 뜻으로 알았으나 구에는 이르지 못하여 맹인이 코끼리 더듬고 각각 다르게 말하는 격이다. 때로는 구로는 이르렀지만 뜻에는 못 미쳤으니, 눈앞의 경계 잘못 알아 그림자만 분별하는 경우다. 때로는 구와 뜻이 함께 맞으니 하늘 땅 세계 다 쳐서 빛이 시방에 가득할 때다. 때로는 뜻도 구도 다 뒤집혀 눈없는 이가 이리저리 달리다가 홀연히 깊은 구렁에 빠지는 격이다. 有時 意到句不到 如盲摸象 各說異端 有時 句到意不到 妄認前塵 分別影事 有時 意句俱到 打破乾坤界 光明照十方 有時 意句俱不到 無目之人縱橫走 忽然不覺落深坑", 『인천안목』 권6 「구의 句意」(대정장48, p.331c6)에 "구로는 이르렀지만 뜻으로는 알지 못하였다 하니, 오랫동안 적시더니 찬 샘물 솟고 푸른 소나무는 이슬 맺어 차디차다. 뜻으로는 알았지만 구로는 닿지 못했으니, 바위에서 뿌리 없는 풀 자라고 산에는 흐르지 않는 구름 감췄다. 마음과 말 모두 다했으니 하늘과 구름 함께 밝아 강물 달빛 여울져 흐르네. 마음과 말 모두 미치지 못했으니, 푸른 하늘에 구름 한 점 없고 푸른 강물에 풍파가 일뿐이다. 句到意不到 古澗寒泉涌 青松帶露寒 意到句不到 石長無根草 山藏不動雲 意句俱到 天共白雲曉 水和明月流 意句俱不到 青天無片雲 綠水風波起", 『대혜어록』 권19 「시지통거사 示智通居士」(대정장47, p.892c15)에 "고덕이 이르길 '구는 능히 뜻을 쳐내고 쳐내니 뜻도 능히 구를 쳐내고 쳐내, 뜻과 구 서로 치달려 참으로 두렵구나'라 하였고, 또한 '뜻 중에 어떤 구라도 머물지 못하고 구중에도 뜻 결코 머물지 못한다'라고도 하였다. 古德云 句能劉意 意能劉句 意句交馳 是爲可畏 又云 意中不停句 句中不停意"라고 하였다. 〔참고문헌〕『聯燈會要』, 『人天眼目』, 『大慧語錄』, 『開福道寧語錄』 권상(卍속장120, p.465b5). ⇨ 의도구부도 意到句不到, 구도의부도 句到意不到, 의구구도 意句俱到, 의구구부도 意句俱不到

의구 意垢 마음의 때. 번뇌를 가리킨다. 『관정경』 권12(대정장21, p.533a15)에 "이 약사유리광여래의 국토는 청정하여 오탁이 없고 애욕도 없으며 마음의 때마저 없다. 此藥師琉璃光如來 國土清淨 無五濁 無愛欲 無意垢", 『견정경』(대정장17, p.742a19)에 "(삼십칠도품으로) 마음의 때를 벗겨내어 삼독을 소멸한다. 以除意垢 消滅三毒"라고 하였다. 〔참고문헌〕『灌頂經』, 『見正經』, 『僧伽羅刹所集經』(대정장4, p.115c13).

의구 義句 뜻을 드러내는 구. 글의 형식으로 보는 문구(文句)와 대칭한다. 『원각경요해』 권하(卍속장16, p.268b15)에 "의구를 기준으로 판단한다면 '곧 모든 법이 본래 공적하다'라는 구절은 반만 보인 게송이고, 공과 불공을 모두 드러내어야 비로소 온전한 게송이라 한다. 若約義句 卽一切法 本來空寂 是爲半偈 顯空不空 方爲全偈"라고 하였다. 〔참고문헌〕『圓覺經要解』.

의구 義求 육심(六心) 중 하나. (대승의) 뜻을 성취하고자 하는 희망심(悕望心). 『대승장엄경론』 권7(대정장31, p.624a20)에 "'뜻으로 구한다는 것은' 희망심을 말하니, 저 뜻이 가고자 함에 있어 구하여 뜻을 얻는 것이다. 義求者 謂悕望心 於彼義趣 求得意故"라고 하였다. 〔참고문헌〕『大乘莊嚴經論』. ⇨ 육심 六心 1

의구 疑垢 믿지 않고 유예하는 번뇌. 칠구(七垢) 중 하나. 80권본 『화엄경』 권39(대정장10, p.842a10)에 "그대들은 마땅히 모든 의심의 때를 벗어나서 한마음으로 어지럽지 않게 한 다음 잘 들어야 한다. 汝等應離諸疑垢 一心不亂而諦聽"라고 하였다. 〔참고문헌〕『華嚴經』, 『德光太子經』(대정장3, p.413c3). ⇨ 칠구 七垢

의구 疑懼 Ⓢ vicikitsa, Ⓣ the-tshom. 의심하고 두려워함. 『삼법장경』 권16(대정장8, p.643b16)에 "또한 어떤 사람은 무간지옥에 떨어질 죄를 짓고 언제나 두려움을 일으켜 목숨을 마칠 때까지 이와 같이 죄에 속박된 마음에서 벗어나지 못한다. 又如有人 造無間罪 常生疑懼 乃至命盡 不能捨離 如是罪心", 『법화경』 권3(대정장9, p.21a6 : *Saddh-p.*, p.147)에 "저 굶주리던 나라에서 온 사람이 문득 대왕의 음식을 받으면 마음을 놓지 못하고 여전히 의심하고 두려워 감히 먹지 못하는 것과 같다. 如從饑國來 忽遇大王饍 心猶懷疑懼 未敢卽便食 durbhikṣādāgataḥ kaścinnaro labdhvā subhojanam, pratīkṣa bhūya ucyeta hastaprāptasmi bhojane", 『무량수경의소』 권하(대정장37, p.110c7)에 "매우 깊은 법을 듣고 의심도 두려움도 없다라 함은 깊은 법을 능히 이해할 수 있기에 의심 없이 깊이 능히 들어가 두려워하지 않는다. 聞甚深法 不疑懼者 於深能解

所以不疑 於深能入 爲是不懼"라고 하였다. [참고문헌] 『三法藏經』, 『法華經』, 『無量壽經義疏』, *Saddh-p.308.*

의구구도 意句俱到 뜻으로도 말도 모두 이르렀다는 뜻. 의구(意句)의 사구(四句) 중 하나다. 『가태보등록』 권11 「개복도녕장 開福道寧章」(卍속장137, p.185a11)에 "'무엇이 뜻으로도 말도 모두 이르렀다인가?' '대비관세음 굳이 손길 내밀지 않아도 온몸 가득 푸른 눈동자라네'. 云 如何是意句俱到 曰 大悲不展手 通身是眼睛"라고 하였다. [참고문헌] 『嘉泰普燈錄』. ⇨ 의구 意句

의구구부도 意句俱不到 뜻도 말도 미치지 못함. 『진헐청료어록』(卍속장124, p.620b16)에 "일러 보라! 뜻도 말도 모두 미치지 못했으니 어떻게 하겠는가? 〈잠깐 침묵하다가 말했다〉 수많은 성인의 말씀으로도 전하지 못한다면 만 가지 기틀로도 향하지 마라. 且道 意句俱不到 又作麽生 〈良久云〉 不傳千聖口 莫向萬機求"라고 하였다. [참고문헌] 『眞歇淸了語錄』. ⇨ 의구 意句

의구맹춘유한 依舊孟春猶寒 옛 그대로 봄이 왔고 여전히 춥다는 말. 『오등회원』 권15 「개선선섬장 開先善暹章」(卍속장138, p.594a13)에 "'해도 세월도 다한 때에 어떠하신지요?' '옛 그대로 봄 왔지만 오히려 춥구나'. 問 年窮歲盡時 如何 師曰 依舊孟春猶寒", 『단교묘륜어록』 권하(卍속장122, p.431a13)에 "이 문을 집어 단교가 말한다. '바람이 불을 붙였으니 힘쓸 일 없구나. 문득 누군가 「한 해 다한 이때 어떤지요?」라고 묻는다면 「그믐밤 고드름 천 가닥 꺾어 보내고, 가슴엔 봄버들 한 가지 품으리」라고 답하겠다'. 師拈云 開先可謂 因風吹火 用力不多 忽有問淨慈 年窮歲盡時如何 遣臘冰千筋 勾春柳一絲"라고 하였다. 단교의 마지막 구는 섭적(葉適)의 시 「증승상인 贈勝上人」에 나온다. [참고문헌] 『五燈會元』, 『斷橋妙倫語錄』. ⇨ 맹춘유한 孟春猶寒

의구일반 依舊一般 옛 그대로라는 말. 『벽암록』 12칙 「송 頌」(대성장48, p.153a14)에 "꽃 무리지어 피고 비단 너울대네〈거듭 겹친 공안이다. 판결장 하나에 모든 허물 씻어내리. 언제나 그렇군〉, 남쪽은 대나무요 북쪽은 수목일세〈세 겹인가 했더니 네 겹의 공안이로군. 머리 위에 머리 붙였다〉. 花簇簇錦簇簇〈兩重公案 一狀領過 依舊一般〉 南地竹兮北地木〈三重也有 四重公案 頭上安頭〉", 『원암어록』 권13(가흥장37, p.390c10)에 "이미 이렇게 다른 것 없어서 옛 그대로라면, 이렇게 산승이 한 번 불어본 일이 저 새둥지에서 분 것인 양 무엇이 다르리. 旣是都不相異 依舊一般 則適來山僧者一吹 也與當時 鳥窠底者一吹 不相異也"라고 하였다. [참고문헌] 『碧巖錄』, 『遠菴語錄』.

의궤 儀軌 Ⓢ kalpa, vidhi, ācāra, tantra, Ⓟ tantra, Ⓣ cho-ga zhib-mo, cho-ga, tshul, sngas-kyi-rgyud. 밀교의 작법행을 위한 구체적인 형식. 불보살·명왕·천신 등 제존(諸尊)을 공양하기 위해 불보살 등의 형상과 만다라를 제작하는 화상법(畵像法)·작단법(作壇法)·진언의 염송법(念誦法)과 수인의 결인법(結印法) 등의 삼밀가지(三密加持)·공양법 등을 시설한 문헌을 말한다. 밀교에서 매우 중시하며 경우에 따라서는 경전과 구분하지 않고 양자를 병칭하여 경궤(經軌)라고도 한다. 공양하는 본존의 내증본서(內證本誓)와 작법에 따라 의궤는 다양하다. 인도에서 찬술된 의궤들은 금강지(金剛智 Ⓢ Vajrabodhi)·선무외(善無畏 Ⓢ Śubhakarasiṃha)·불공(不空 Ⓢ Amoghavajra) 등에 의해 한역되었다. 구체적인 시행방법이 구전(口傳)되었으니 일본 밀교에서는 구전을 기록으로 남긴 문헌이 전한다. 전통적으로 일본의 동밀(東密)은 스승의 구전을 중시하고 태밀(台密)은 의궤를 중시하는데, 동밀 안에서도 광택류(廣澤流)는 의궤를 따르고 소야류(小野流)는 구전을 중시한다. 의궤의 경우도 혼자서는 그 내용을 알 수 없도록 의도적으로 은어(隱語)를 쓰고 글자를 누락시켜 스승의 구전에 의지하지 않을 수 없게 한 경우가 많다. 또한 스승에게 전수받지 않고 작법하는 것은 아무런 공덕도 없고 월삼매야죄(越三昧耶罪)를 범한다는 교설 탓으로 의궤는 점차 감소하게 되었다. 일본은 에도(江戶)시대에 황벽산(黃檗山)에서 녹내의궤(錄內儀軌) 187부 324권을 개판하였고, 황벽산·영운사(靈雲寺)·대화장곡사(大和長谷寺) 등지에서 총 133부 180권의 녹외의궤(錄外儀軌)를 개판하였다. 근대 이후에는 축쇄대장경(縮刷大藏經)에 570부 931권, 대정신수대장경(大正新修大藏經)에 612부 961권의 녹내·녹외 의궤가 수록되었다. [참고문헌] *Mañj-m.4·17., Śikṣ.125., Bodh-bh.281., Jā.4.184.* ⇨ 녹내의궤 錄內儀軌, 녹외의궤 錄外儀軌

의궤공양방편회 儀軌供養方便會 ➡ 섭대비로자나성불신변가지경입연화태장해회비생만다라광대염송의궤공양방편회 攝大毘盧遮那成佛神變加持經入蓮華胎藏海會悲生曼荼羅廣大念誦儀軌供養方便會

의귀 依歸 의지해 돌아감. 『대장엄론경』 권13(대정장4, p.332a27)에 "내가 이제 나쁜 벗 되어 독사에게 물린 처지 되었으니, 뛰어난 의사에 의지해 돌아가 독을 없애주기를 바란다. 我今爲惡友 毒蛇之所螫 依歸善良醫 望得除毒害", 『대승보요의론』 권4(대정장32, p.59a12)에 "오직 선법만은 버렸다 하니 이런 때 당하여 의지해 돌아갈 곳이고 구해 보호할 것이거늘, 대왕이여 세간의 부와 쾌락 등 법은 도무지 얻을 것 없으니 탐착할 일

아니네. 唯除善法 當於爾時 是所依歸 是爲救護 大王 世間富樂等法 都無所得 勿生耽著"라고 하였다. 〔참고문헌〕『大莊嚴論經』, 『大乘寶要義論』.

의규 儀規 행의를 위한 약속된 규범. 『법화경대성』 권1(卍속장51, p.65a17)에 "마음으로 바라는 바 같이 그러하고 행의의 규범 하나로 정했으면 본에 이른다 한다. 心願同然 儀規一定 日本致", 『시식단의』(卍속장104, p.831b5)에 "의란 의규이니 천고의 세월 동안 바뀌지 않는 법식이다. 요지를 간추려 말하면 몸과 마음을 닦아서 거두고 단장을 설치하여 유가시식의 법식을 짓는다. 儀者 儀規 乃千古不易之式也 要而言之 謂修攝身心 鋪設壇場 作瑜伽施食之法也", 『백장청규증의기』 권7(卍속장111, p.757b2)에 "그대는 법문에 들어온 초심자이니 의규를 모르고 있을 것이다. 汝旣法門初入 儀規罔諳"라고 하였다. 〔참고문헌〕『法華經大成』, 『施食壇儀』, 『百丈淸規證義記』. ⇨위의 威儀, 율의 律儀

의균 義均 조선 후기 화사(畵師). 대구 팔공산(八公山)을 중심으로 활동하였다. 1699년에 대화원(大畵員)으로서 대구 동화사(桐華寺) 「아미타회상도」(보물 제1610호)를 시작으로 대구 파계사(把溪寺) 원통전 「석가모니후불도」와 포항 보경사(寶鏡寺) 「괘불탱」(보물 제1609호) 등을 조성하였다. 화사이면서 대시주로도 활약하여 1728년에 동화사 대웅전 「삼장보살도」(보물 제1772호)의 화기에 '본사공양보시대시주 本寺供養布施大施主'로 기록되었다. 제자로는 쾌민(快敏)·체환(體環)·체준(體俊)·굉원(宏遠) 등이 있다. 〔참고문헌〕『韓國의 佛畵』 권21·22 桐華寺本末寺篇.

의극 衣裓 Ⓢ puṭa. 꽃 가득 담은 옷자락. 옷 끝자락(衣襟·衣衿)을 위로 들어 올려 꽃을 가득 담아 불보살께 공양 올리는 경우나 따로 천으로 만든 꽃바구니를 말한다. 밀교에서는 산화보살(散花菩薩)의 삼매야형이다. 『법화경』 권3(대정장9, p.23a27 : *Saddh-p.*, p.165)에 "그때 오백만억 국토의 모든 범천왕은 궁전과 함께 각각 의극에 온갖 하늘꽃을 가득 담고서는 함께 서방으로 나아가 그 모습 찾아다녔다. 爾時 五百萬億國土諸梵天王 與宮殿俱 各以衣裓 盛諸天華 共詣西方推尋是相 atha khalu bhikṣavasteṣu pañcāśatsu lokadhātukoṭīnayutaśatasahasreṣu ye mahābrahmāṇaḥ te sarve sahitāḥ samagrāstāni divyāni svāni svāni brāhmāṇi vimānānyabhiruhya divyāṃśca sumerumātrān puṣpapuṭān gṛhītvā catasṛṣu dikṣvanucaṃkramanto 'nuvicarantaḥ paścimaṃ digbhāgaṃ prakrāntāḥ", 『아미타경』(대정장12, p.347a8 : *Sukh-vy. II*, p.86)에 "그 국토중생은 항상 맑은 새벽마다 각각 의극에 아름다운 꽃 가득 담고는 타방십만억부처님께 공양드렸다. 其國衆生 常以淸旦 各以衣裓 盛衆妙華 供養他方十萬億佛 tatra ye sattvā upapannās ta ekena purobhaktena koṭiśatasahasraṃ buddhānāṃ vandanty anyāṃl lokadhātūn gatvā", 『아미타경소』(대정장37, p.354c15)에 "의극에 대해 옛 주석에서는 옷깃이라고 하였다. 진제는 '외국에서 꽃을 담는 그릇이다'라고 하였다. 衣裓 古釋云 衣襟也 眞諦云 外國盛華器也", 『아미타경약해원중초』 권상(卍속장91, p.802a10)에 "〔초〕 진제삼장은 '외국에서 꽃을 담는 그릇이다'라고 하였는데, 해석에 두 가지 풀이가 있으며, 첫 번째 풀이가 바르다. 극은 본래 옷깃이다. 하늘에서 꽃비가 내리는데 어찌 그릇을 찾겠는가? 그래서 옷깃으로 가득 채웠다. 옷깃에 꽃을 주워서 뿌렸고, 뿌리고 나서는 깃을 놓아버려 잊고 만다. 鈔 眞諦云 外國盛花器也 解存兩釋 初釋爲正 以裓本衣襟 況天花雨時 何必尋器 卽以衣裓而盛之 就襟拾花而散之 散已放襟而忘之"라고 하였다. 〔참고문헌〕『法華經』, 『阿彌陀經』, 『阿彌陀經疏』, 『阿彌陀經略解圓中鈔』, *Sukh-vy. II.*, *Saddh-p.*

의극의적 意極猗適 생각이 극하여 아름답다는 말. 『대반야경』 권578(대정장7, p.986c2)에 "'생각이 극하여 아름답다'는 청정구의 뜻이니 보살에게 맞는 구다. 意極猗適 淸淨句義 是菩薩句義", 『불공견삭신변진언경』 권22(대정장20, p.346a1)에 "모든 유정들에게 마음으로 늘 겸손하게 대하며 공경하는 마음으로 섬기고 연민하며 마음으로 싫다고 버리지 않으니 뜻 끝내 아름답다. 於諸有情 心常謙下 敬事憐愍 心不厭捨 意極猗適"라고 하였다. 〔참고문헌〕『大般若經』, 『不空羂索神變眞言經』.

의근 依根 근(根 : 眼耳鼻舌身意)에 의지함. 식(識)을 말한다. 『미륵보살소문경론』 권9(대정장26, p.271a21)에 "비록 세 가지(根境識) 화합하여 촉을 낳지만 근에 의지하여 생기기에 설하길 내인이라 하니 근이 승하기 때문이다. 근에 의지하기에 육식이 생기니, 장님이나 듣지 못하는 이 등에게는 식이 없다. 색 등의 법은 식의 경계이기에 근에 의지하고, 세 가지 법이 화합하여 능히 저 법을 낳는다. 비록 세 가지 법으로 나지만 근이 승하기에 여래께서는 오직 승한 법을 말씀하신다. 저 육입을 말씀하신다. 雖有三事 和合生觸 以依根能生 而說內因 以彼勝故 以依根故 諸識能生 以盲聾等 無識等故 以色等法 識境界故 是故依根 三法和合 能生彼法 雖三法生 而根是勝 是故 如來唯說勝法 如說六入"라고 하였다. 〔참고문헌〕『彌勒菩薩所問經論』, 『識身足論』 권3(대정장26, p.547a5). ⇨근 根, 근경식 根境識, 삼사화합 三事和合, 육입 六入, 십이입 十二入

의근 意根 ■1 Ⓢ mana-indriya, manendriya, manas, Ⓟ manindriya, Ⓣ yid-kyi-dbang-po. 육근(六根) 또는 이십이근(二十二根) 중 하나. 의(意)의 근거 또는 의식(意識)의 소의(所依)고 제6식이 의지(所依)한다. 십팔계(十八界)에서는 의계(意界)다. 『법온족론』 권10(대정장26, p.499b3)에 "무엇이 의근인가? 의는 법에 대해 이미 바로 알고 지금도 앞으로도 알기에 피동분을 의근이라 한다. 또한 의의 증상력으로 의식이 발생할 때 법에 대해 이미 요별했고 지금 요별하고 앞으로 요별하는 것으로서의 피동분을 의근이라 한다. 또 의가 법에 있어 걸리고 걸려 있으며 앞으로 걸리는 것과 피동분을 의근이라 한다. 또 법에 대해 이미 행했고 지금 행하고 있으며 앞으로 행하는 것과 피동분을 의근이라 한다. 이와 같이 과거·미래·현재에 존재하는 모든 의를 의근이라 한다. 云何意根 謂意於法已正當知 及彼同分 是名意根 又意增上發意識 於法已正當了別 及彼同分 是名意根 又意於法已正當礙 及彼同分 是名意根 又意於法已正當行 及彼同分 是名意根 如是過去未來現在 諸所有意 名爲意根", 『구사론』 권29(대정장29, p.154a4 : *Abh-k-bh.*, p.464)에 "오근이란 안이비설신을 말한다. 의근은 오근이 행하는 곳과 그 경계를 겸하여 수용한다. 저 오근이 의근에 의지하기 때문이다. … 다만 안 등의 뛰어난 세력에 이끌린 의식을 설하여 안 등의 근이라 한 것이다. 홀로 행하는 의근의 뛰어난 세력에 이끌린 의식은 안 등의 오근이 행하는 경계를 즐겨 구하지는 않는다. 五根謂眼耳鼻舌身 意兼受用五根行處及彼境界 彼依意故 … 但說眼等增上勢力所引意識 名眼等根 獨行意根增上勢力 所引意識 不能樂求眼等五根所行境界 mana eṣāṃ pañcānām indriyāṇāṃ gocaraviṣayaṃ pratyanubhavati manaś caiṣāṃ pratisaraṇam iti. … atas tadādhipatyādhyākṛtam atra manovijñānendriyaṃ kṛtvoktam. yac ca tat kevalaṃ manaādhipatyādhyākṛtaṃ manovijñānaṃ naiva tadanyeṣāṃ viṣayam ākāṅkṣaty ato nāsty eṣa doṣaḥ", 『순정리론』 권7(대정장29, p.366c4)에 "의근에는 용이 없다. 과거법이기 때문이다. 의식은 의와 함께 방편을 짓지 않기에 의식에 있어서의 의라 하지 않는 것이다. 의는 의식이 법을 알기 위한 방편이 된다. 반드시 의근에 의지해야 법을 알 수 있기 때문이다. 意根無用 以過去故 意識與意 不作方便故 於意識不說名意 意爲意識了法方便要依意根能了法故", 『성유식론관심법요』 권4(卍속장82, p.494a16)에 "한 찰나 틈도 없이 곧바로 사라져 가는 심왕이 다음 찰나에 마음을 바라서만이 의근이라 한다. 이 심왕은 후찰나의 심왕과 심소법을 열어 이끌기에 개도의라고도 한다. 無間卽滅之心王 望於後心 名爲意根 此能開導後念心心所法故 亦名開導依"라고 하였다. [참고문헌] 『法蘊足論』, 『俱舍論』, 『順正理論』, 『成唯識論觀心法要』, *Abh-k-bh.37.*, *Bodh-bh.72.*, *MN.3.2.* ⇨ 의계 意界, 육근 六根, 이십이근 二十二根■1, 근 根 ■2 ➡ 의지 意地

의근 義懃 송대 조동종 스님. 동산(洞山) 계열 석문혜철(石門慧徹)의 제자. 가주(嘉州 : 浙江省) 승천원(承天院)에 주석한 사실 외의 행적은 알 수 없다. 『오등회원』 권14(卍속장138, p.521a13)에 "'무엇이 진실한 말씀인지요?' '선비의 두건이 검구나'. 問 如何是諦實之言 師曰 措大巾子黑"라는 등의 문답이 전한다. [참고문헌] 『五燈會元』, 『天聖廣燈錄』 권24(卍속장135, p.864b3).

의근 疑根 의심의 뿌리. 『능엄경』 권2(대정장19, p.111a6)에 "원하건대 부처님께서 저희를 불쌍히 여기시고 가득한 소리 베풀어 보이시어 저희들 의심의 뿌리를 뽑아 무상도로 돌아가게 하소서. 願佛哀愍 宣示圓音 拔我疑根 歸無上道", 『만선동귀집』 권상(대정장48, p.967c27)에 "깊이 심어진 의심의 뿌리 어찌 믿음의 힘만으로 능히 뽑으리오! 深種疑根 汎信之力焉能拔"라고 하였다. [참고문헌] 『楞嚴經』, 『萬善同歸集』, 『修心訣』(한불전4, p713a15). ⇨ 의 疑■1

의근본심 依根本心 근본심(아뢰야식)에 의지하는 마음. 제7의(意)를 말한다. 이 마음이 다하면 응신을 나툴 수 있다. 『금광명최승왕경』 권2(대정장16, p.409a16)에 "모든 범부들은 이 세 가지 마음을 버려 보내지 못하기에 삼신을 멀리 여의고 능히 이르지 못한다. … 법단도(초지부터 金剛定 이전까지의 위)에 의지해서야 의근본심이 다한다. … 의근본심이 사라져야 응신을 드러낸다. 諸凡夫人 未能除遣 此三心故 遠離三身 不能得至 … 依法斷道 依根本心盡 … 依根本心滅故 得顯應身", 『금광명최승왕경소』 권2말(대정장39, p.218c1)에 "선불선업에 상응하는 마음을 의근본심이라 한다. 善不善業 相應之心 名依根本心", 『화엄오교장』 권3(대정장45, p.494b27)에 "의근본심이란 바로 말나식이다. 아뢰야식이라는 본심을 연하고 의지하기 때문이다. 依根本心是末那 以依緣賴耶識本心故"라고 하였다. [참고문헌] 『金光明最勝王經』, 『金光明最勝王經疏』, 『華嚴五教章』, 『起信論疏』 권상(대정장44, p.210c4·한불전1, p.710b2).

의근행 意近行 Ⓢ manopavicāra, Ⓣ yid-kyi-nye-bar-rgyu-ba. 의(意)가 가까이 행하는 희우사(喜憂捨) 등 삼수(三受)를 말한다. 이 삼수는 의(意)를 근연(近緣)으로 일어나고, 삼수 각각에 여섯 가지가 있으므로 의근행은 모두 십팔의근행(十八意近行 : 十八受)이 된다. 삼법근행(三法近行)과 같은 뜻이다. 『대비바사론』 권139(대정장27, p.716a26)에 "무슨 까닭에 의근행이라 이름하는가? 〔답〕 이 열여덟 가지 수가 의를 근연으로 삼아 경계를 행하기에 의근행이라고 한다. 또는 이 열여덟 가지 수가 근연이 되어 의가 경에 있어 거듭거듭 행하기에 의근행이라고 한다. 何因緣故 名意近行 答 此十八受 意爲近緣 行於境界 名意近行 又此爲近緣 令意於境 數數行故 名意近行", 『구사론』 권10(대정장29, p.53c9 : *Abh-k-bh.*, p.147)에 "의근행이란 이름은 무슨 뜻인가? 전하여 설하길, '희 등이 의를 근연으로 삼아 모든 경 중에 자주 돌아다니기 때문이다'. 어떤 이 말하길, '희 등이 근연이 되고 의로 하여금 경에 자주 유행하게 하기 때문이다'. 意近行名 爲目何義 傳說 喜等意爲近緣 於諸境中 數遊行故 有說 喜等能爲近緣 令意於境數遊行故. manopavicārā iti ko 'rthaḥ, manaḥ kila pratītyaite saumanasyadayo viṣayān upavicarantīti, viṣayeṣu vā mana upavicārayantīty apare"라고 하였다. 〔참고문헌〕『大毘婆沙論』, 『俱舍論』, *Abh-k-bh.* ⇨ 십팔의근행 十八意近行, 삼법근행 三法近行

의근현량 依根現量 삼종현량(三種現量) 중 하나. 오근(五根)이 오경(五境)을 직접 헤아리는 것. 『순정리론』 권73(대정장29, p.736a10)에 "의근현량이란 오근에 의지하여 바로 색 등 다섯 가지 밖의 경계를 취하는 것을 말한다. 依根現量 謂依五根 現取色等 五外境界"라고 하였다. 〔참고문헌〕『順正理論』. ⇨ 삼종현량 三種現量

의금 衣襟 옷깃. 옷고름. 의금(衣衿)이라고도 한다. 『일체경음의』 권13(대정장54, p.382c14)에 "의금〈금과 음을 반절한 음이다. 곽박이 주를 단 『이아』에서 옷깃이라고 하였다. 또한 옷소매라고도 한다. 미와 예를 반절한 음이다. 『설문』에서는 금이라 쓰고 옷깃이라고 하였다〉. 衣襟〈錦陰反 郭璞注爾雅云 交領也 亦曰衣袂 彌曳反 說文作衿交衽也〉"라고 하였다. 〔참고문헌〕『一切經音義』.

의금혜말 衣衾鞋襪 옷과 이부자리 그리고 신발과 버선. 일용할 물품들을 대표한다. 『불조통기』 권28 「왕생여륜전 往生女倫傳」(대정장49, p.287a24)에 "사명손씨는 과부로서 재계를 지키고 살며 예불·송경과 염불하기를 30년 동안 게을리하지 않으면서도 옷과 이부자리 그리고 신발과 버선을 손수 지어서 스님들에게 베풀었으니 헤아릴 수 없을 정도로 많았다. 四明孫氏 寡居齋戒 禮誦念佛 三十年不懈 手製衣衾鞋襪 施僧不記其數"라고 하였다. 〔참고문헌〕『佛祖統紀』.

의기 依起 Ⓢ āśraya-bhāva, Ⓣ rten-gyi-dngos-po. 의지해 일어나는 것. 십사종기(十四種起 : 初起·續起·長起·依起·變起·熟起·劣起·勝起·明起·無明起·異處起·種起·無種起·像起) 중 하나. 『대승장엄경론』 권11(대정장31, p.647a15 : *Sūtr.*, p.151)에 "열네가지로 일어나서 내법의 제행을 성립시키니 바로 찰나인 뜻이다. … 넷째는 의지해 일어남이니, 안 등의 모든 식이 안 등의 근에 의지하여 생기는 것을 말한다. 以十四種起 成立內法諸行 是刹那義 … 四者 依起 謂眼等諸識依止眼等根生 katham eṣām ebhiḥ kṣaṇikatvaṃ sidhyati. ādyātmikānāṃ hi saṃskārāṇāṃ caturdaśavidha utpādaḥ … āśrayabhāvataḥ yaś cakṣurvijknānādīnāṃ cakṣurādibhir āśrayaiḥ"라고 하였다. 〔참고문헌〕『大乘莊嚴經論』, *Sūtr.* ⇨ 찰나의 刹那義

의기 意氣 뜻과 기세. 『건중정국속등록』 권30 「기주사조산연선사 蘄州四祖山演禪師·사시반야 四時般若」(卍속장136, p.405a11)에 "삭풍은 눈과 어울려 계림에 떨치고, 만물 아무리 숨겨도 깊지 못해 안타깝구나. 오직 대유령 매화만은 의기 한창이러니, 섣달 가기 전에 절개 토해낸다네. 朔風和雪振溪林 萬物潛藏恨不深 唯有嶺梅多意氣 臘前吐出歲寒心", 『금강경주정와』(卍속장39, p.689a17)에 "세존께서 뜻과 기세 서로 보시니 참으로 허공으로 허공과 합하고 물로 물에 섞인 듯하였다. 그러므로 인증하여 말씀하셨네. '그렇지! 그렇고말고'. 世尊 見其意氣相投 眞爲以空合空 以水投水 故印證之曰 如是如是"라고 하였다. 〔참고문헌〕『建中靖國續燈錄』, 『金剛經註正訛』.

의기금강녀 意氣金剛女 Ⓢ Mānavajriṇī. 만금강녀(慢金剛女)의 다른 이름. 『불정존승다라니진언』(대정장19, p.392b5)에 "호마단 서남쪽에 𑖝𑖿𑖪(tva)를 안치하면 의기금강녀가 된다. 西南安𑖝𑖿𑖪(tva) 爲意氣金剛女", 같은 책(대정장19, p.392c28)에 "다음으로 이전과 같이 두 주먹을 허리춤에 붙인다. 이는 의기금강녀인이다. 次如前安二拳腰側 是爲意氣金剛女印"라고 하였다. 〔참고문헌〕『佛頂尊勝陀羅尼眞言』. ⇨ 만금강녀 慢金剛女

의기무애 依起無礙 의지해 일어나서 걸림이 없음. 십무애(十無礙) 중 하나. 삼매에 의지해 무심으로 드러내 보이지만 걸림이 없다는 뜻이다. 『화엄경소초』 권4(대정장36, p.30a10)에 "소에서 '네 번째, 의기무애란 무심으로 단번에 드러내는 해인력이다'라고 한 말을 푼다. 비록 고요한 용은 무심이어서 방해받지 않지만, 둘 모두 해인삼매력에 의지하거나 바로 정에 의지하여 일어나는 용이다. 80권본 『화엄경』 권14 「현수품」(대정장10, p.73c25)에 '동남과 동녀의 형상으로 나타나고, 천룡과 아수라에서 마후라가 등에 이르기까지 저들이 좋아하는 모습에 따라 모두 보게 하니, 중생의 형상이 각각 같지 않고, 행업이나 음성 또한 무량하지만, 이와 같은 모든 것이 다 능히 나타나는 것은 해인삼매위신력 등이다'라고 한 뜻이다. 疏 四 依起無礙 無心頓現 海印力故者 謂 雖寂用無心不妨 皆依海印之力 叉正依定 卽起用故 賢首品云 或現童男童女形 天龍及以阿修羅 乃至摩睺羅伽等 隨其所樂悉令見 衆生形相各不同 行業音聲亦無量 如是一切皆能現 海印三昧威神力等", 『화엄경지귀』(대정장45, p.591a27)에 "네 번째, 의기무애란 이와 같이 나타나는 것이 비록 공용은 없지만 모두가 해인삼매력에 의지하여 나타날 수 있다. 60권본 『화엄경』 권6(대정장9, p.434c6)에 '모든 것을 드러내 보여 남김 없으니 해인삼매의 세력 때문이다'라고 한 말이 그 뜻이다. 四 依起無礙者 如此所現 雖無功用 皆依海印三昧之力 而得顯現 經云 一切示現無有餘 海印三昧勢力故"라고 하였다. [참고문헌] 『華嚴經疏鈔』, 『華嚴經』, 『華嚴經旨歸』, 『華嚴經疏』 권1(대정장35, p.506a10). ⇨ 십무애 十無礙

의기신수륙재용납촉여부 議忌晨水陸齋用蠟燭與否 기신(忌晨)의 수륙재에서 납촉(蠟燭) 사용여부를 논의함. 납촉은 벌을 죽이고 벌집에서 채취한 밀랍으로 만든 초로서 고가의 품목이었으며, 조선시대에는 선왕선후의 상제례(喪祭禮)와 고위관료를 위한 부의(賻儀) 용품에 해당되었다. 그런데 1420년(세종2) 태종비(太宗妃) 원경왕후(元敬王后) 국상(國喪)부터 불교상제례를 축소하면서 재(齋)의례품 또한 간소화하였으니, 『세종실록』 권9 2년 9월 22일 예조의 계문(啓文)에 "나라에서 행하는 수륙재 물품 중 … 납촉은 등롱으로 대용한다. 其國行物品 … 蠟燭代用燈籠"라고 하였다. 같은 책 권37 9년(1427) 12월 21일에 "정사를 보았는데, 기신수륙재에서 납촉 사용여부를 논의하였다. 모두 '초의 밀랍은 오로지 벌을 죽이고 취하여 쓰는 것이라 수륙재에 써서는 안됩니다'라고 하였다. 임금이 '유등을 쓰면 되겠다'라고 말하니, 참의 고약해가 '수륙도량은 성인의 법이 아니므로 진실로 불가하옵니다. 백성들이 보고 느끼게 하려면 혁파하는 것이 옳습니다. 어찌 구구하게 등촉이나 다과 등을 논의하오리까'라고 하였다. 임금이 '경이 전일에 글을 올려서 힘써 말하였고, 이제 또 이렇게 마주보고 이처럼 간쟁하니 그 의도는 매우 좋다. 하지만 조종께서 다 없애지는 못할 일이니 아직 약례대로 행할 따름이다'라고 하였다. 視事 議忌晨水陸齋用蠟燭與否 皆曰 燭蜜全用殺蜂取之 不可用於水陸 上曰 用油燈可矣 參議高若海曰 水陸道場 非聖人之法誠不可 使民觀感 革之可也 何規規燈燭茶果之議乎 上曰 卿前上書力言 今又面諍若此 意甚善也 然祖宗未盡汰去之事 姑從略禮行之耳"라고 하였다. [참고문헌] 『世宗實錄』.

의난유예 疑難猶豫 의문점을 풀지 못하여 머뭇거림. 『출삼장기집』 권14 「불타야사전 佛陀耶舍傳」(대정장55, p.102c3)에 "그때 구마라집이 『십주경』 역출을 시작한지 한 달 남짓 지났으나 의문을 풀지 못하여 머뭇거리며 여전히 써 내려가지 못하였는데, 불타야사가 와서 함께 서로 묻고 해결하였으니 말과 그 이치를 비로소 정하였다. 于時羅什 出十住經 一月餘日 疑難猶豫 尙未操筆 耶舍旣至 共相徵決 辭理方定"라고 하였다. [참고문헌] 『出三藏記集』, 『梁高僧傳』 권2(대정장50, p.334b10).

의낭 衣囊 ➡ 가사대 袈裟袋 ❶

의내 依內 ❶ 제10법운지(法雲地)에 머무는 보살에게 있는 해탈・삼매・다라니・신통 등의 내면적인 특징. 『십지경론』 권12(대정장26, p.198c24)에 "(법운지 보살의) 신통력에 위가 없고 위가 있다고 한 것은, 여기에는 여섯 가지로 상응함이 있음을 알아야 한다. 첫째 의내, 둘째 의외, 셋째 자상, 넷째 주지지음, 다섯째 환희하게 함, 여섯째 크게 수승함이다. 이 중에서 신통력에 위가 없다는 말은 나머지 모든 중생의 신통력과 비교한 것이고, 위가 있다는 말은 여래의 신통력과 비교한 것이다. 이 중에서 의내라 한 것에는 네 가지가 있으니, 첫째 부사의해탈, 둘째 삼매, 셋째 지를 일으키는 다라니, 넷째 신통이니 앞에서 말한 것과 같다. 神通力無上有上者 有六種相應知 一 依內 二 依外 三 自相 四 作住持 五 令歡喜 六 大勝 是中 神通力無上者 比餘衆生神通力故 有上者 比於如來神通力故 是中 依內者 有四種 一 不思議解脫 二 三昧 三 起智陀羅尼 四 神通 如前所說"라고 하였다. [참고문헌] 『十地經論』. ❷ ➡ 의내원만 依內圓滿 ❸ ➡ 의내장 依內障 ❹ ➡ 의내고 依內苦

의내고 依內苦 Ⓢ ādhyātmikaṃ duḥkham. 상키야(Ⓢ Sāṃkhya : 數論)에서 설하는 삼고(三苦) 중 하나. 육체적인 고통이나 분노와 같은 자기 내적인 심신(心身)의 괴로움. 『금칠십론』 권상(대정장54, p.1245a20)에 "(삼고 중) 의내고란 무엇인가? 풍・열・담 등이 고르게 분포되어 있지 않기에 병고를 낳으니, 의방의 설명과 같다. 배꼽 아래부위는 풍처라 하고, 심장 아래부위는 열처라고 하며, 심장 그 위 부위는 모두 담처에 속하는데, 때로 풍대의 세력이 더 늘어나 담처와 열처를 핍박하면 풍병을 일으킨다. 열과 담 역시 그러한데, 이런 것을 신고라고 한다. 심고란 무엇인가? 사랑하는데 이별하고, 증오하지만 만나며, 구하는데 얻지 못하는 것이다. 이런 세 가지 생각이 심고를 낳는다. 이와 같은 괴로움을 의내고라고 한다. 依內者 謂風熱淡 不平等故 能生病苦 如醫方說 從齊以下 是名風處 從心以下 是名熱處 從心以上 並皆屬淡 有時 風大增長 逼淡熱 則起風病 熱淡亦爾 是名身苦 心苦者 可愛別離 怨憎聚集 所求不得 分別此三 則生心苦 如是之苦 名依內苦"라고 하였다. [참고문헌] 『金七十論』, *Māṭ-v.2.* ⇨ 삼고 三苦 ❹, 의외고

依外苦, 의천고 依天苦

의내명주 衣內明珠 옷 속에 숨어 있는 밝은 구슬. 법화칠유(法華七喩) 중 하나인 의주유(衣珠喩) 또는 계주유(繫珠喩)로 의중보(衣中寶)라고도 한다. 『대승기신론의기』 권상(대정장44, p.240c29)에 "대사께서 입멸하신 후 서로 다른 주장들이 난무해서 잘못된 길로 가거나 좁은 길로 뛰어드니, 결국 집안의 보물창고로 가난한 이를 고독과 빈곤에서 구제하지 못하여 옷 안의 밝은 구슬도 가난한 아들을 품팔이에서 해방시켜 주지 못했다. 大師沒後 異執紛綸 或趣邪途 或奔小徑 遂使宅中寶藏 叵濟乏於孤窮 衣內明珠 弗解貧於傭作", 『기신론소필삭기』 권1(대정장44, p.301b24)에 "둘째는 옷 안의 밝은 구슬비유이니, 『법화경』 「오백제자수기품」의 글이다. 자세한 설은 저와 같다. 二 衣內明珠喩 卽法華五百弟子受記之文 廣說如彼", 『종경록』 권9(대정장48, p.463a29)에 "이 때문에 이 종지에 통달하면 자기 자리로 돌아오니, 집안의 보물 창고가 어찌 밖에서 온 것이겠는가! 옷 안의 밝은 구슬도 남으로부터 얻는 게 아니다. 만약 감춰진 비밀 열어 보일 수 있다면 눈앞에서 향유하는 영광을 얻을 것이며, 신주와 교환하여 오랜 세월 쌓인 빈궁의 고통마저도 그치게 할 것이니, 다른 이의 보물 세는 것이 아니다. 是以 若達此宗 歸於自地 室中寶藏 豈是外來 衣內明珠 非從他獲 若能開發祕藏 得現前受用之榮 貨易神珠 息積劫貧窮之苦 非數他寶", 『금강경소기과회』 권1(卍속장39, p.733a9)에 "진실에 미했다는 말은, 진심은 본래 생멸하지 않고, 덕의 모습 업의 용은 모래보다 많아서 날마다 쓰면서도 알지 못하니 저 미친 듯 취한 듯하다. 가난한 여인의 집에 있는 보배 창고나 가난한 아들의 옷 안에 있는 밝은 구슬과 같아서, 비록 있지만 없는 것처럼 억울하게 고난을 당한다. 그래서 『화엄경』(「십지품」, 대정장10, p.194a3)에서 '제일의를 알지 못하므로 빛이 사라졌다'고 하였다. 迷眞者 卽眞心本不生滅 德相業用 量過塵沙 日用不知 如狂如醉 若貧女宅中寶藏 窮子衣內明珠 雖有如無 枉受艱苦 故華嚴云 於第一義不了 名曰無明"라고 하였다. [참고문헌] 『大乘起信論義記』, 『起信論疏筆削記』, 『宗鏡錄』, 『金剛經疏記科會』. ⇨ 의중보 衣中寶, 궁자 窮子, 법화칠유 法華七喩

의내부정 依內不淨 몸(身)의 부정물. 두 가지 후예부정(朽穢不淨) 중 하나다. 원측(圓測)의 『인왕경소』 권하(대정장33, p.415b1 · 한불전1, p.103c16)에 "(六種不淨 중) 첫째는 후예부정이니, 여기에 두 가지가 있다. 첫째는 의내부정인데, 머리카락이나 털 등을 말한다. 둘째는 의외부정이니, 시신의 푸른 반점 등을 말한다. 一 朽穢不淨 自有二種 一 依內不淨 謂髮毛等 二 依外不淨 謂靑瘀等"라고 하였다. [참고문헌] 『仁王經疏』, 『瑜伽論記』 권6(대정장42, p.446b1 · 한불전13, p.490b5). ⇨ 후예부정 朽穢不淨

의내원만 依內圓滿 생원만(生圓滿) 중 부족함이 없는 몸과 마음으로 출생하게 되는 다섯 가지 인연. 『유가사지론』 권20(대정장30, p.388b19)에 "무엇이 생원만인가? 대략 열 가지가 있다. 의내에 다섯이 있고 의외에 다섯이 있으니, 의내와 의외를 통틀어 열 가지다. 생원만 중에 의내에 다섯이 있다 하였으니 중동분원만 · 처소원만 · 의지원만 · 무업장원만 · 무신해장원만을 말한다. 云何生圓滿 當知略有十種 謂依內有五 依外有五 總依內外 合有十種 云何生圓滿中 依內有五 謂衆同分圓滿 處所圓滿 依止圓滿 無業障圓滿 無信解障圓滿", "중동분원만이란, 어떤 이가 사람으로 태어나서 장부의 몸을 얻어 남근을 성취하는 예와 같다. 衆同分圓滿者 謂如有一 生在人中 得丈夫身 男根成就", "처소원만이란, 어떤 이가 사람으로 태어나서는 중국에 처하고 변방에 태어나지 않는 예와 같다. 이곳에는 사중의 행이 있으니 필추 · 필추니 · 근사남 · 근사녀를 말한다. 달수와 멸려차에는 태어나지 않는데, 이곳에는 사중의 행이 없으며 현성 · 정지 · 정행 등 훌륭한 장부들이 없다. 處所圓滿者 謂如有一 生在人中 又處中國 不生邊地 謂於是處 有四衆行 謂苾芻 苾芻尼 近事男 近事女 不生達須篾戾車中 謂於是處 無四衆行 亦無賢聖 正至 正行 諸善丈夫", "의지원만이란, 어떤 사람이 중국에 태어나 눈귀 등 어떤 하나의 지분에도 결함이 없고, 성질이 완고하지도 않으며, 벙어리도 아니어서 선설과 악설의 모든 법의를 완전히 이해할 수 있는 예와 같다. 依止圓滿者 謂如有一 生處中國 不缺眼耳 隨一支分 性不頑嚚 亦不瘖瘂 堪能解了 善說惡說 所有法義", "무업장원만이란, 어떤 사람이 의지가 원만하고 오무간업에서 어떤 하나의 업장이라도 스스로도 짓지 않으며, 다른 사람으로 하여금 짓게 하지도 않는 예와 같다. 만약 이것을 지으면 현재의 몸으로는 현성을 증득하는 법기는 결코 아니다. 無業障圓滿者 謂如有一 依止圓滿 於五無間 隨一業障 不自造作 不敎他作 若有作此 於現身中 必非證得 賢聖法器", "무신해장원만이란, 어떤 사람이 결코 오무간업을 성취하지 않고, 악처에 대해서 믿고 이해하지 않으며, 악처에 대해서 청정심을 일으키지 않는 예와 같다. 즉 이것은 갖가지 삿된 하늘의 처소와 갖가지 외도의 처소에 대한 것이다. 그는 전생에 부처님의 성교와 선설의 법처에 대해서 깨끗한 믿음을 닦아 익히고 오랜 세월 동안 상속하였기에 이런 인연으로 말미암아 금생에 오직 성처에 대해서만 믿고 이해하고 청정심을 일으킨다. 無信解障圓滿者 謂如有一 必不成就 五無間業 不於惡處 而生信解 不於惡處 發淸淨心 謂於種種邪天處所 及於種種外道處所 由彼前生 於佛聖教 善說法處 修習淨信 長時相續 由此因緣 於今生中

唯於聖處 發生信解 起淸淨心"라고 하였다. [참고문헌] 『瑜伽師地論』. ⇨ 이종생원만 二種生圓滿

의내장 依內障 Ⓢ adhyātmam upādāya-antarāya, Ⓣ nang-la-brten-pa'i-bar-chad. 두 가지 장(障 Ⓢ antarāya) 또는 무장(無障 Ⓢ anantarāya) 중 하나. 『유가사지론』 권25(대정장30, p.419c15 : *Śrāv-bh.*, p.144)에 "무엇을 장애 없음이라 하는가? 이 무장에는 대략 둘이 있으니 첫째 의내, 둘째 의외이다. 나는 우선 의내장과 의외장을 설하겠으니, 이것과 서로 어긋나면 두 가지의 무장임을 알아야 한다. 云何無障 謂此無障 略有二種 一者 依內 二者 依外 我當先說 依內外障 與彼相違 當知卽是二種無障 anantarāyaḥ katamaḥ. anantarāyo dvividhaḥ. adhyātmam upādāya bahirdhā ca. tatrādhyātmaṃ bahirdhā copādāyāntarāyaṃ vakṣyati. tadviparyayeṇānantarāyo veditavyaḥ.", "어떤 것을 의내장이라고 하는가? 어떤 사람이 전생에서 복을 닦은 적이 없고, 복을 닦지 않았기에 때때로 그에 따라 삶을 돕는 뭇 도구들인 의복·음식·여러 가지 침구·병에 대한 의약·그 밖의 집기류 등을 얻을 수 없으며, 맹렬한 탐욕과 오랜 세월의 탐욕이 있었고, 맹렬한 분노와 오랜 세월의 분노가 있었고, 맹렬한 어리석음과 오랜 세월의 어리석음이 있었으며, 혹은 전생에 질병이 많은 업을 쌓고 지어서 그런 인연으로 여러 가지 질병이 많다. … 이와 같은 것 일체를 의내장이라고 함을 알아야 한다. 云何名依內障 謂如有一 於其先世 不曾修福 不修福故 不能時時 獲得隨順 資生衆具 所謂衣食 諸坐臥具 病緣醫藥 及餘什具 有猛利貪 及長時貪 有猛利瞋 及長時瞋 有猛利癡 及長時癡 或於先世 積集造作 多疾病業 由彼爲因 多諸疾病 … 如是等類 應知一切 名依內障 adhyātmam upādāyāntarāyaḥ katamaḥ. yathāpīhaikatyaḥ pūrvam eva kṛtapuṇyo bhavati. saukṛtatvāt puṇyānāṃ ca lābhī bhavati. kālena kālam ānulomikāṃ jīvitapariṣkārāṇāṃ. yaduta cīvarapiṇḍapātaśayanāsanaglānapratyayabhaiṣajyapariṣkārāṇāṃ tīvrarāgo bhavaty āyatarāgaḥ. tīvradveṣaḥ āyatadveṣaḥ. tīvramoha āyatamohaḥ. pūrvaṃ vā nenābādhasaṃvarttanīyāni karmāṇi kṛtāni bhavanti. yad dhetor ābādhabahulo bhavati. … ity evaṃ bhāgīyā antarāyā adhyātmam upādāya veditavyāḥ"라고 하였다. [참고문헌] 『瑜伽師地論』, *Śrāv-bh.* ⇨ 이종무장 二種無障

의내주 衣內珠 ➡ 의중보 衣中寶

의내희 依內喜 Ⓢ ādhyātmikī tuṣṭiḥ. 상키야(Ⓢ Sāṃkhya : 數論)에서 설하는 두 가지 희(喜) 중 하나. 『금칠십론』 권하(대정장54, p.1257a26)에 "'의내희에 네 가지 희가 있으니, 자성·취·시·감이다'라 하였으니, 의내희란 각(覺 Ⓢ buddhi)·만(慢 Ⓢ ahaṃkara)·심(心 Ⓢ manas)에 의하여 네 가지 희를 낳는 것이다. 첫째는 자성희(Ⓢ prakṛti-tuṣṭi), 둘째는 구하여 취하는 기쁨(Ⓢ upādāna-tuṣṭi), 셋째는 시절에 의한 기쁨 Ⓢ kāla-tuṣṭi), 넷째는 감득한 기쁨(Ⓢ bhāgya-tuṣṭi)이다. 依內有四喜 自性取時感者 依內者 依覺慢心 生四種喜 一 由自性喜 二 由求取喜 三 由時節喜 四 由感得喜"라고 하였다. [참고문헌] 『金七十論』, *Māṭ-v.49.* ⇨ 자성희 自性喜, 구취희 求取喜, 시절희 時節喜, 감득희 感得喜, 의외희 依外喜, 사희 四喜❸, 구희 九喜

의념 意念 ❶ Ⓢ manas, smṛtimat, samanvā-√hṛ, Ⓟ mana-sañña, manasā susaṃvuto, Ⓣ yid. 뜻으로 생각함. 『장아함경』 권6 「전륜성왕수행경 轉輪聖王修行經」(대정장1, p.39c15)에 "몸으로 행함도 질직하고, 입으로 하는 말도 질직하며, 뜻으로 생각함도 질직하다. *身行質直 口言質直 意念質直*", 『대방등정왕경』(대정장14, p.591c15)에 "만일 모든 법에 대하여 생각한다면 마침내 알지 못하리라. 이는 진실한 말이기에 그것을 의념이라 한다. *若念於諸法 究竟不可見 此則眞實言 故名曰意念*", 『잡아비담심론』 권9(대정장28, p.947a23)에 "의념이 자재하다는 말은, 저 안식이 색에 이르는 때에 뜻을 따라 곧바로 이른다. 이 의념의 자재는 오직 부처님의 경지일 뿐 나머지 다른 사람들은 미치지 못한다. 일체지로 알아야 피안에 이르기 때문이다. 意念自在者 如眼識至色 頃隨意卽至 此意念自在者 唯佛非餘 一切智所知 到彼岸故"라고 하였다. [참고문헌] 『長阿含經』, 『大方等頂王經』, 『雜阿毘曇心論』, *Saddh-p.335., Udāna-v.214., Gaṇḍ-vy.13., Sp.115., Dhp.79.* ❷ 마음속으로 부처님 명호를 생각하는 수법. 입으로 소리 내어 외우는 구칭(口稱)과 짝이 된다. 『무량청정평등각경』 권3(대정장12, p.293a27)에 "한 마음으로 재계하여 청정히면 지극한 의념으로 무량청정불국에 나리라. 一心齋戒淸淨 至意念生無量淸淨佛國", 『정토법사찬』 권하(대정장47, p.433c23)에 "임종 시에 미타를 어김없이 의념하면 부처님의 자비로운 광명이 와서 내 몸 비춤을 보리니, 이 미타본원력을 타고 한 찰나에 보당에 든다. 終時正意念彌陀 見佛慈光來照身 乘此彌陀本願力 一念之間入寶堂"라고 하였다. [참고문헌] 『無量淸淨平等覺經』, 『淨土法事讚』. ⇨ 구칭염불 口稱念佛

의념왕생 意念往生 사종왕생(四種往生) 중 하나. 마음으로 부처님명호를 생각하여 왕생한다는 말. 『약사칠불공양의궤여의왕경』(대정장19, p.57a3)에 "임종을 맞이하여 법해승혜유희신통여래의 명호를 귀로 듣고 마음으로 그 명호를 생각함에 따라 선도고품세계에 왕생하고 구경보리에 이르러 항상 인천의 즐거움을 누린다. 臨命終時 法海勝慧遊戲神通如來名號 耳得聽聞 隨順意念往生善道 高品世界 乃至究竟菩提 常受人天之樂", 『취만어록』 권15 「무량금성제사 無量金聲題辭」(가흥장29, p.532a1)에 "고존숙께서 이르시길 '선이 없어도 정토는 있다. 만 가지로 닦고 만인이 간다. 아미타불을 친견하기만 한다면 어찌 깨닫지 못할까 걱정하겠는가!'라고 한 이 말은 의념으로 왕생한다 하는 것이다. 古尊宿云 無禪有淨土 萬修萬人去 但得見彌陀 何愁不開悟 此以意念往生也"라고 하였다. [참고문헌] 『藥師七佛供養儀軌如意王經』, 『吹萬語錄』. ⇨ 사종왕생 四種往生

의뇌비구계 疑惱比丘戒 비구가 의혹을 일으키거나 번뇌하게 하는 행위를 금하는 계. 구십단타(九十單墮) 중 하나다. 『사분율』 권17(대정장22, p.677c24)에 "그때 십칠군비구가 육군비구에게 가서 말했다. '장로여, 어떻게 해야 초선·제2선·제3선·제4선에 들며, 어떻게 해야 공·무상·무원에 들며, 어떻게 해야 수다원과·사다함과·아나함과·아라한과를 얻습니까?' 그러자 육군비구가 답하기를 '너희들이 던진 질문 자체가 이미 바라이법을 범한 것이니 비구가 아니다'. … 만약에 비구가 다른 비구에게 의혹과 번뇌하게 한다면 바일제이니라'고 하였다. 爾時 十七群比丘 往語六群比丘 長老 云何入初禪 第二 第三 第四禪 云何入空 無相 無願 云何得須陀洹果 斯陀含果 阿那含果 阿羅漢果耶 時六群比丘報言 如汝等所說者 則已犯波羅夷法 非比丘 … 若比丘 與他作疑惱 波逸提"라고 하였다. [참고문헌] 『四分律』, 『摩訶僧祇律』 권19(대정장22, p.378b14), 『十誦律』 권16(대정장23, p.111b15), 李智冠 『南北傳六部律藏比較研究』 pp.233~234. ⇨ 구십단타 九十單墮, 바일제 波逸提

의눌 義訥 1666~1737. 조선후기 스님. 호는 낙암(洛巖), 자는 능허(凌虛), 속성은 박(朴)씨. 1666년(현종7) 1월 9일 경상도 일선(一善) 해평촌(海平村 : 경북 구미시 해평면 해평리)에서 태어났다. 12세 때인 1678년(숙종4) 비봉산(飛鳳山) 대곡사(大谷寺)로 찾아가 천곡학공(泉谷學公)을 은사로 하여 스님이 되었고 황악산 직지사(直指寺)의 모운진언(慕雲震言 1622~1703)으로부터 비구계를 받았다. 28세 때인 1694년(숙종20) 상봉정원(霜峰淨源)의 법을 이어 받았으니, 법맥은 석옥(石屋) → 태고(太古) → 환암(幻菴) → 귀곡(龜谷) → 벽계(碧溪) → 벽송(碧松) → 부용(芙蓉) → 청허(清虛) → 편양(鞭羊) → 풍담(楓潭) → 상봉 → 낙암이다. 스님은 평소 "몸에서 한시도 가사를 벗지 아니하였고 손에는 염주를 놓지 않았으며, 얼굴에 희로의 빛도 드러내지 않았고 입으로는 시비를 따지지 않았으며, 먹고 입음에는 가난함을 싫어하지 않았고, 거처 또한 비좁거나 누추한 곳을 마다하지 않았다. 身不釋袈裟 手不放念珠 色不形喜怒 口不著是非 服食不厭貧 居處不厭陋". 또한 해인사(海印寺)·유가사(瑜伽寺)·용연사(龍淵寺)·동화사(桐華寺) 등에서 많은 후학들을 지도하였다. 입적하기 1년 전인 1736년에 잠시 해인사 홍제암(弘濟庵)에서 주석하였다. 1737년(영조13) 7월 10일 비슬산(琵瑟山) 유가사에서 "자성의 거울 원래 거울 아니고, 마음의 저울 본래 기운 적 없네, 삼라만상 드러난 그대로고, 물물은 온통 두렷이 밝았네. 性鏡元無鏡 心秤本自平 頭頭皆現露 物物摠圓明"라는 임종게를 읊고 자신이 죽은 후 유골을 봉안하거나 영정을 그려 안치하지 말기를 당부한 후에, 단정히 앉아 세수 72, 법랍 60세를 일기로 입적하였다. 제자로는 청파태숙(清波泰淑)·해봉유기(海峯有璣)·야봉환선(冶峰幻善) 등이 있다. 신유한(申維翰)이 비문을 짓고, 유반(柳潘)이 써서 1752년(영조28)에 세운 비가 유가사에 있으며, 그 비문은 『상봉문보』와 신유한의 『청천집』 권5(한국문집총간200, p.337a20) 및 지관(智冠) 『한국고승비문총집 조선조·근현대』 pp.378~379에 전한다. 해봉유기의 『호은집』 권2에 「제낙암화상문 祭洛巖和尙文」(한불전9, p.712a3), 의눌과 제자 야봉의 법맥을 제시한 「야봉찬 冶峰贊」(같은 책, p.714b2)이 수록되어 있다. 해인사 성보박물관에 스님의 진영이 있는데, 영제(影題)는 '임제종낙암대선사진상 臨濟宗洛巖大禪師眞相'이다. [참고문헌] 『霜峰門譜』, 『青泉集』, 『韓國高僧碑文總集 朝鮮朝·近現代』, 『好隱集』, 『朝鮮寺刹史料』 권상 pp.428~430, 權相老 『朝鮮佛教略史』 권하 p.220, 李智冠 『伽倻山海印寺誌』 p.774.

의눌 낙암대사비
대구 유가사 1752년

의눌 낙암당진영
합천 해인사 조선후기

의능 義能 조선전기 스님. 『청허집』 권5 「금강산장안사신주종명병서 金剛山長安寺新鑄鐘銘幷序」(한불전7,

p.709a3)에 "이에 금강산의 의능이 또한 대원을 발하여 … 대종 1구를 주조하였으니, 무게는 팔천 근이며 무신년 봄에 착수하여 신해년 여름에 마쳤다. 於是 山之道人義能 亦發大願 … 鑄大鍾一口焉 重八千斤 始役於戊申春 訖工於辛亥夏"라고 하였다. 청허휴정(淸虛休靜 1520~1604)의 생몰연대를 감안해보면 종을 제작한 무신년은 1548년(명종3)이고 신해년은 1551년(명종6)이다. [참고문헌] 『淸虛集』. ⇨ 장안사 長安寺

의능엄구경사참 依楞嚴究竟事懺 명대 선수(禪修) 지음. 2권. 『능엄경』에 근거하여 죄를 소멸하고 재앙을 물리치는 참법(懺法)의 의식과 순서 및 염송문 등을 기록한 책이다. 줄여서 능엄참법(楞嚴懺法)이라고도 한다. 卍속장129, pp.10a1~43a5에 수록되어 있다. 송대 진수정원(晉水淨源)이 지은 『수능엄단장수증의 首楞嚴壇場修證儀』를 계승한 참법을 서술하고 있다. 능엄참법은 당송대(唐宋代) 이후로 규봉종밀(圭峰宗密)에서 비롯한 『원각경』의 참법과 함께 선림에 성행했다.

의다라니 義陀羅尼 Ⓢ artha-dhāraṇī, Ⓣ don-gyi-gzungs. 사종다라니(四種陀羅尼) 중 하나. 법의 무량한 의취를 오랜 세월 능히 가져 잊지 않는 것. 『유가사지론』 권45(대정장30, p.542c23 : Bodh-bh., p.185)에 "무엇이 보살의 의다라니인가? 앞에서 설한 법다라니와 같다. 다른 점은 저 법에 헤아릴 수 없이 많은 의취가 있으나, 마음으로 아직 다 익히지 못하고 잘 통달하지 못했더라도 무량시 지나도록 능히 가져 잊지 않는 것을 보살의 의다라니라고 한다. 云何菩薩義陀羅尼 謂如前說 此差別者 卽於彼法無量義趣 心未溫習未善通利 經無量時 能持不忘 是名菩薩義陀羅尼 tatrārthadhāraṇī katamā. pūrvavat. tatrāyaṃ viśeṣaḥ. teṣām eva dharmāṇām apramāṇam artham anāmnātam aparicitaṃ manasā 'pramāṇaṃ kālaṃ dhārayati", 『대승의장』 권11(대정장44, p.685b1)에 "이제를 의라고 한다. 모든 법의 뜻에 대해 다 가져 잊지 않음을 의다라니라고 한다. 二諦名義 於諸法義 總持不忘 名義陀羅尼"라고 하였다. [참고문헌] 『瑜伽師地論』, 『大乘義章』, *Bodh-bh.* ⇨ 사종다라니 四種陀羅尼

의단 意斷 ➡ 사정근 四正勤, 사의단 四意斷

의단 疑團 물음덩어리. 온통 물음뿐인 뜻이다. 간화(看話)에서 화두(話頭)를 든다는 것은 '이 무엇인가? 何以故'라는 의단(疑團)의 시작이다. 헤아려 닿을 곳 없이 하고 분별해 머물 곳 없이 묻고 또 물을 뿐이어서, 몸도 마음도 다 잊고 온통 물음덩어리인 채로 참구하는 뜻이다. 또한 '다 물리쳐 한 조각 화두만이 성성하게 하다'의 타성일편(打成一片)과 의단독로(疑團獨露)는 화두와 의단이 한 바탕으로 현전하는 뜻이다. 『무문관』 1칙 「평창 評唱」(대정장48, p.293a3)에 "온몸으로 의심덩어리를 일으켜 이 무자를 참구하라. 通身起箇疑團 參箇無字", 『선관책진』 「처주백운무량창선사보설 處州白雲無量滄禪師普說」(대정장48, p.1100a3)에 "온종일 내내 화두따라 행하고 화두따라 머물며 화두따라 앉고 화두따라 눕는다. 마음이 저 가시밤송이 돌아다니는 듯 하여 모든 인아나 무명오욕과 삼독 등이 삼켜버릴 일 없다. 행주좌와에 온통 이몸 그대로 의심덩어리일 뿐이니, 의심해 오고 의심해 갈 뿐이어서 종일토록 어리숙하게 말뚝과 같은 모습으로 소리 듣고 색 본다면 어림잡아 무엇인가 취하고는 한 소리하고 가버린다. 二六時中 隨話頭而行 隨話頭而住 隨話頭而坐 隨話頭而臥 心如棘栗蓬相似 不被一切人我 無明五欲 三毒等之所呑噉 行住坐臥 通身是箇疑團 疑來疑去 終日呆椿椿地 聞聲覩色 管取囫地一聲去在", 『선요』 「시중 示衆」2(卍속장122, p.706a16)에 "우선 육정·육식과 사대·오온, 산하대지와 삼라만상을 가져다 모두 녹여 한 개 의심덩어리 지어 문득 눈앞에 둔다. 창 한 자루 깃발 하나 빌리지 않고도 고요하고 한없이 쓸쓸하여 문득 이 청평세계 아닌가 한다. 이와 같이 행하더라도 다만 이 의심덩어리일 뿐이며, 앉아 있어도 의심덩어리일 뿐이고, 옷을 입거나 밥을 먹어도 의심덩어리일 뿐이며, 대소변을 볼 때도 의심덩어리일 뿐이고, 보고 듣고 일어나 알더라도 다잡아 오직 이 의심덩어리일 뿐이다. 의심해 오고 의심해 갈 뿐이어서 의심 깨우쳐 힘 있는 곳에 이르면 문득 이곳이 힘 얻는 그때다. 의심하지 않아도 스스로 일어나고 들지 않아도 저절로 들린다. 先將六情六識 四大五蘊 山河大地 萬象森羅 摠鎔作一箇疑團 頓在目前 不假一鎗一旗 靜悄悄地 便似箇淸平世界 如是 行也只是箇疑團 坐也只是箇疑團 着衣喫飯也 只是箇疑團 屙屎放尿 也只是箇疑團 以至見聞覺知 摠只是箇疑團 疑來疑去 疑至省力處 便是得力處 不疑自發 不擧自擧", 『청주백문』(卍속장119, p.348a18))에 "(산하내시가 있는가 없는가?) 있고 없음 다 앉아 끊으면, 한끝 산하 우뚝 드러나리라. 사람과 경이 원래 둘이 아니고, 마음과 티끌도 멀지 않다네. 다만 능히 더욱 높은 곳 눈 붙인다면, 어찌 창칼 쓸 일 있겠는가? 의심덩어리 쳐 부수면 다시 다 비워 가벼우리니, 평지에 바람 일 일 없으리라. 有無俱坐斷 獨露一山河 人境元非二 心塵不隔多 但能高著眼 何用動干戈 擊碎疑團還磬快 莫教平地起風波", 『통현백문』(卍속장119, p.349b4)에 "의심덩어리 쳐 부수면 문득 만사 그칠 터인데, 어찌 다시 유 입고 무 거두겠는가! 참된 뜻을 밝히고자 하는가? 구름은 스스로 높이 날고 물은 저절로 흐르네. 擊碎疑團便好休 何須又被有無收 欲令於是明眞意 雲自高飛水自流", 『선종결의집』 「철저궁연문 徹底窮淵門」(대정장48, p.1011b16)에 "요즘 이들 의심한다지만 의심해 집착할 뿐이다. 조주가 설한대로 쉼없이 그렇게 할 뿐이니, 의단이라는 그놈 위에 땅 터지듯 한 소리 있어 저곳 소식 사무쳐 보게 되리라. 今人疑的 卽是疑著 趙州說的 驀然 疑團子上 爆地一聲 徹見那邊消息去也",『설암조흠어록』 권2(卍속장122, p.517b2)에 "저 조주의 하나 무자는 진실로 한 입 불어 날아갈 예리한 칼이니, 가히 의단 부수고 생사마저 끊었네. 만법은 다 비었고 옛과 지금 함께하네. 如趙州一箇無字 眞箇是一口吹毛利劒 可以破疑團 斷生死 空萬法 融古今",『종용록』 30칙「시중示衆」(대정장48, p.247a5)에 "모든 맞서 있는 것들 끊고, 머리 둘인 것도 앉아 끊는다. 저 의심덩어리 쳐 부수니 어찌 한 구마저 쓸 일 있겠는가? 장안은 한 걸음도 옮긴 적 없고, 태산 그저 세 근일 뿐이네. 일러 보라! 무슨 대단한 령이라도 있어 감히 이런 길 있다 하는가? 絶諸對待 坐斷兩頭 打破疑團 那消一句 長安不離寸步 太山只重三斤 且道 據甚麽令 敢恁麽道",『천목명본잡록』 권3(卍속장122, p.791a15)에 "아미타불 서쪽에 머무시고 조사는 서쪽에서 왔지만, 염불 참선 그 몸 함께 하네. 겁으로 쌓인 의심덩이 쳐 부순다면, 마음은 꽃같이 그렇게 열리리라. 彌陀西住祖西來 念佛參禪共體裁 積劫疑團如打破 心花同是一般開"라고 하였다. [참고문헌]『無門關』,『禪關策進』,『禪要』,『青州百問』,『通玄百問』,『禪宗決疑集』,『雪巖祖欽語錄』,『從容錄』,『天目明本雜錄』. ⇨ 의정 疑情❶, 대의 大疑, 대의단 大疑團, 타성일편 打成一片, 화두 話頭

의단 疑斷 Ⓢ saṃśaya-cchedana, Ⓣ the-tshom-gcod-pa. 의심을 끊음.『대승장엄경론』 권8(대정장31, p.633c20 : *Sūtr.*, p.116)에 "애어란, 법에 대해 능히 믿음을 일으키게 하는 것이니, 법의 뜻을 가르쳐 저 의심 끊기 때문이다. 愛語者 能令於法起信 由敎法義 彼疑斷故 priyavāditayā taṃ dharmam adhimucyate tad-artha-vyutpādana-saṃśaya-cchedanataḥ",『반주삼매경』 권하(대정장13, p.915c28)에 "의심하지 않는 이라야 부처님을 볼 수 있으며, 부처님을 볼 수 있어야 의심도 끊는다. 不疑者爲見佛 見佛者爲疑斷",『법화의소』 권5(대정장34, p.516a3)에 "마음과 정신이 이미 산이나 바다와 같아진즉 마가 아니라고 알아 의심도 끊어진다. 心神旣同山海 則知非魔 故疑斷也"라고 하였다. [참고문헌]『大乘莊嚴經論』,『般舟三昧經』,『法華義疏』,『仁王經疏』 권상(대정장33, p.370c7 · 한불전1, p.33a21), *Sūtr.*

의단독로 疑團獨露 의심덩어리 오롯이 드러남.『수선결사문과석』(한불전10, p.542c16)에 "또렷함과 고요함 가지런히 지녀 가라앉거나 뜨지도 않으며, 물음덩어리 오롯이 드러나 확연히 어둡지 않네. 惺寂等持 不沉不浮 疑團獨露 廓然不昧",『조선사찰사료』 권상「칠현산칠장사상운암중건기 七賢山七長寺上雲菴重建記」에 "의단이 오롯이 드러나 확연히 사무쳐서 크게 깨달으면 여러분이 혜소국사요, 혜소국사가 여러분이다. 疑團獨露 廓徹大悟 則諸君卽慧炤 慧炤卽諸君"라고 하였다. [참고문헌]『修禪結社文科釋』,『朝鮮寺刹史料』. ⇨ 의단 疑團❶

의단하 衣單下 승당(僧堂)에서 수행자가 각기 앉는 자리. 가사걸이 그 아래에 있기에 의단아래라 부르고, 좌선하는 자리이기도 하다. 본분사에 충실함을 비유한다.『선원청규』 권10「백장규승송 百丈規繩頌」(卍속장111, p.933b7)에 "자기 자리를 항상 살펴 가지런하게 한다. 自己衣單下 尋常要整齊",『천여유칙어록』 권3「시정상인 示定上人」(卍속장122, p.860a4)에 "납승이 자기의 단하 단번에 드러내니 천지를 포괄하고 고금을 꿰뚫는다. 衲僧自己衣單下一著子 包括天地 洞貫古今",『원오어록』 권9(대정장47, p.753c27)에 "오늘밤 숭녕(원오)은 조주의 답에도, 답 없는 덕산에게도 괘념치 않으니 우연히 의단아래 향해서 천년 복숭아씨 얻어 대중에게 들어 보일 뿐. 崇寧今夜 也不管答話 亦不管不答話 偶然向衣單下 拾得箇千年桃核 擧似大衆",『총림성사』 권상(卍속장148, p.62a17)에 "형제들이 돌아다니며 수행하더라도 의단하의 본분사는 가려내야만 한다. 兄弟家行脚 當辨衣單下本分事"라고 하였다. [참고문헌]『禪苑淸規』,『天如惟則語錄』,『圜悟語錄』,『叢林盛事』. ⇨ 의발하 衣鉢下, 의발 衣鉢

의당 義堂 가난한 이와 수행자·여행자 등에게 숙식을 베푸는 곳. 복짓는 일이기에 복사(福舍)라고 한다. 율장에서는 이곳에서 하룻밤의 유숙 또는 한 끼니 식사 이상을 하지 못하게 하였기에 일숙처(一宿處) 또는 시일식처(施一食處)라고 한다.『유부율』 권46(대정장23, p.882a28)에 "대신 묘음은 재물과 음식이 죄다 부상한 것임을 몸소 알아 마침내 의당을 짓고 옷과 음식을 베풀었다. 妙音大臣體知 財食皆悉無常 遂造義堂 給施衣食",『유부율약사』 권13(대정장24, p.58a13 : *Bhaiṣajya, Vin-v.3-1*, p.107)에 "부처님께서 대왕에게 말했다. '나의 그때 이름은 모초전륜왕으로 육십만 의당을 설치해 제를 행하고 법을 베풀어 널리 공덕을 닦았다'. 佛告大王 我於爾時 名茅草轉輪王 置六十萬義堂 行祭施法 廣修功德 syāt khalu te mahārājānyaḥ sa tena kālena tena samayena kuśo nāma rājā babhūva balacakravartī yena tatṣaṣṭiṣu nagarasahasreṣu dānāni dattāni puṇyāni kṛtāni"라고 하였다. [참고문헌]『有部律』,『有部律藥事』, 40권본『華嚴經』 권9(대정장10, p.704b2), *Vin-v.* ⇨ 복사 福舍, 시일식처 施一食處

의당금동보살입상 儀堂金銅菩薩立像 백제시대 보살상. 국보 제247호. 높이 25cm. 충청남도 공주시 의당면 송정리에서 발견되었으며, 현재는 국립공주박물관에 있다. 미소를 띠고 있는 넓적한 얼굴이나 부드럽게 늘어진 천의자락, 큼직한 연잎으로 구성된 연화대좌 등 중국 남조 미술과 관련된 백제 특유의 온화함이 드러난다. 머리의 보관 중앙에 화불(化佛)이 있고 양쪽으로 머리카락이 길게 내려와 어깨 위를 덮고 있다. 오른손은 위로 들고 왼손은 아래로 내린 채 연꽃봉오리와 정병(淨甁)을 쥐고 있어 관음보살로 추정된다. 목걸이 중앙에서 한 줄로 내려온 영락(瓔珞)장식이 둥근 꽃장식을 중심으로 다시 두 갈래로 나누어져 몸 뒤쪽으로 돌려지면서 상의 뒷면에까지 표현되었다. 보살상의 앞·뒷면에 X자 형태로 교차한 천의와 U자 형태의 천의자락이 길게 내려온 형식은 백제계 보살상의 특징이나, 머리카락의 사실적 표현이나 Y자 형태의 영락장식이 두 갈래로 갈라지는 형식 등 중국 수대 보살상의 새로운 특징도 보인다. 이러한 백제 보살상은 일본의 7세기 백봉(白鳳)시대 불상에 영향을 주었으니, 동경국립박물관에 소장된 십일면관음보살입상이 대표적이다. [참고문헌] 김리나 『한국고대불교조각비교연구』(문예출판사, 2003) pp.46~48.

의당금동보살입상

의대 衣帶 옷의 띠. 옷이 흘러내리지 않도록 잡아주기 위해 옷에 붙이거나 별도로 두르는 띠를 말한다. 『선원청규』 권8 「좌선의 坐禪儀」(卍속장111, p.920a10)에 "좌선할 때에는 한가하고 고요한 곳에 좌물을 두껍게 깔고 의대를 느슨하게 매며 몸가짐을 가지런히 한 다음 결가부좌한다. 欲坐禪時 於閑靜處 厚敷坐物 寬繫衣帶 令威儀齊整 然後結跏趺坐", 『지관보행전홍결』 권4(대정장46, p.275b20)에 "결가부좌하고자 하면 오른 다리를 구부려 왼쪽 다리를 누른다. 의대를 느슨하게 하고 몸을 바르게 하되, 앉아 있는 동안 흘러내리지 않도록 해야 한다. 若欲全加 更跳右以壓左 寬衣帶周正身 勿令坐時更有脫落", 『천태지자대사선문구결』(대정장46, p.583a3)에 "먼저 의대를 풀고 숨을 길게 내쉬고, 들이는 것은 짧게 하여 열 번 쉰다. 先解衣帶 出氣使長 入氣使短 十息"라고 하였다. [참고문헌] 『禪苑淸規』, 『止觀輔行傳弘決』, 『天台智者大師禪門口訣』.

의도 疑倒 [S] viparyaya. 상키야([S] Sāṃkhya : 數論)에서 말하는 사분(四分) 중 하나. 암(闇 [S] tamas)·치(癡 [S] moha)·대치(大癡 [S] mahāmoha)·중암(重闇 [S] tāmisra)·맹암(盲闇 [S] andhatāmisra) 등 다섯 가지다. 『금칠십론』 권중(대정장54, p.1256c9)에 "'의도에 다섯 가지가 있다'란, 의도는 앞에서 이미 설하였고, 이제 그 다섯 가지를 말하겠다. 첫째는 암이고, 둘째는 치이며, 셋째는 대치이고, 넷째는 중암이며, 다섯째는 맹암 등이다. 疑倒有五分者 疑倒前已說 今當說五分 一 闇 二 癡 三 大癡 四 重闇 五 盲闇"라고 하였다. [참고문헌] 『金七十論』, *Māṭ-v.46.* ⇨사분 四分 3, 오종의도 五種疑倒

의도구부도 意到句不到 뜻으로는 알았으나 말로는 충분하지 못하다는 뜻. 의구(意句) 넷 중 하나이다. 『가태보등록』 권11 「개복도녕장 開福道寧章」(卍속장137, p.185a10)에 "뜻으로는 알았으나 구로는 충분히 이르지 못하였다는 것은, 저울에 매달린 물건 제대로 알 일이지, 정해진 저울 눈금 알려하지 마라. 云 如何是意到句不到 云 領取鉤頭意 莫認定盤星"라고 하였다. [참고문헌] 『嘉泰普燈錄』. ⇨의구 意句

의도생활 依道生活 [S] mārga-jīvin, [P] magga-jīvin. 불도에 의지해 생활함. 명도사문(命道沙門)·활도사문(活道沙門)이라고도 한다. 『장아함경』 권3 「유행경 遊行經」(대정장1, p.18b24 : *Sn.*, p.17)에 "법의 말씀 잘 펴 드러내고 도에 의지하여 스스로 살아가며 멀리 번뇌 없는 도량을 바라니 의도생활이라 한다. 善敷演法句 依道以自生 遙望無垢場 名依道生活 yo dhammapade sudesite magge jīvati saññato satīmā, anavajjapadāni sevamāno tatiyaṃ bhikkhunam āhu maggajīviṃ", 『불반니원경』 권상(대정장1, p.167c27 : *Mp-s.*, p.260)에 "무엇을 의도생활이라 하는가? 기억하여 스스로 지키고 부지런히 학업을 쌓고 한결같아 돌아보지 않으며, 애쓰며 인과 법 스스로 덮으니 이 무리의 사문을 의도생활이라 한다. 何謂依道生活 念在自守 勤綜學業 一向不迴 孜孜不勸 人法自覆 是輩沙門 爲依道生活 dharmapade sudeśite mārge jīvati saṃyataḥ smṛtaś ca, anavadyapadeṣu"라고 하였다. [참고문헌] 『長阿含經』, 『佛般泥洹經』, *Sn.*, *Mp-s.* ⇨사문 沙門, 명도사문 命道沙門, 활도사문 活道沙門

의도작의 依度作意 [S] pratisaraṇa-manaskāra, [T] rten yid-la-byed-pa. 바라밀(波羅蜜 : 度)에 의지하기로 뜻을 굳힘. 사십사종작의(四十四種作意) 중 하나다. 『대승장엄경론』 권5(대정장31, p.617a9 : *Sūtr.*, p.73)에 "다음으로 이렇게 뜻을 짓기를 '나 이제 모든 바라밀에 의지해 대보리를 얻으리니, 자재천 등에 의지하지 않는다' 하니, 이것을 의도작의라고 한다. 次作是念 我今依止 諸波羅蜜 得大菩提 非依自在天等 是名依度作意 pratisaraṇamanaskāro bodhiprāptaye dānādīnāṃ pratisaraṇān neśvarādīnāṃ pratisaṃvinmanaskāro mātsaryadānādivipakṣapratipakṣayor doṣaguṇapratisaṃvedanāt"라고 하였다. [참고문헌] 『大乘莊嚴經論』, *Sūtr.* ⇨ 작의 作意

의동 義動 Ⓟ Attha-jāla. 『범동경 梵動經 *Brahmajāla-sutta*』을 다르게 부르는 이름. 『장아함경』 권14 「범동경」(대정장1, p.94a11 : *DN.1*, p.46)에 "(아난이) 부처님께 아뢰었다. '이 법은 아주 깊고 깊으니 무엇이라 이름하고 어떻게 받들고 지녀야 합니까?' 부처님께서 아난하게 말씀하셨다. '이 경은 『의동』·『법동』·『견동』·『마동』·『범동』이라 한다'. 白佛言 此法甚深 當以何名 云何奉持 佛告阿難 當名此經爲義動 法動見動 魔動梵動 evaṃ vutte āyasmā ānando bhagavantaṃ etad avoca. acchariyaṃ bhante abbhutaṃ bhante ko nāmo ayaṃ bhante dhammapariyāyo ti. tasmāt iha tvaṃ ānanda imaṃ dhammapariyāyaṃ atthajālan ti pi naṃ dhārehi dhammajālan ti pi naṃ dhārehi brahmajālan ti pi naṃ dhārehi diṭṭhijālan ti pi naṃ dhārehi anuttaro saṅgāmavijayo ti pi naṃ dhārehīti"라고 하였다. [참고문헌] 『長阿含經』, *DN.* ⇨ 범동경 梵動經

의득 依得 Ⓢ āśraya-prāpti. 『품류족론』에서 말하는 심불상응행법(心不相應行法) 중 하나. 중생이 삼계(三界) 중 어느 곳인가를 의지해 생을 받는 것 등이다. 『품류족론』 권1(대정장26, p.694a24)에 "의득이란 무엇인가? 의지할 곳을 얻는 것을 말한다. 依得云何 謂得所依處"라고 하였다. [참고문헌] 『品類足論』, 『俱舍論記』 권4(대정장41, p.84c23). ⇨ 심불상응행법 心不相應行法, 불상응행법 不相應行法, 사득 事得

의등 依等 Ⓢ āśraya-samatā. 의지함이 같다는 말. 소의평등(所依平等)의 구역(舊譯)이다. 『잡아비담심론』 권2(대정장28, p.881a22)에 "의가 같다는 말은 저 마음이 안근에 의지하여 생긴다면 마음의 작용 또한 그러하다는 의미이다. 依等者 若心依眼生 心法亦爾"라고 하였다. [참고문헌] 『雜阿毘曇心論』. ⇨ 소의평등 所依平等, 오의평등 五義平等

의등 義燈 당나라 때 혜소(慧沼)가 지은 『성유식론요의등 成唯識論了義燈』(대정장43, No.1832)의 줄인 이름. [참고문헌] 『成唯識論演祕』 권3(대정장43, p.872b21). ⇨ 성유식론요의등 成唯識論了義燈

의라발 毉羅跋 부처님 명호(名號) 중 하나. 의라발나(毉羅跋那)·예라발나(瑿羅跋那) 등으로도 음사하고, 원음자재(圓音自在)·대자재성(大自在聲) 등으로 한역한다. 『신집장경음의수함록』 권4(고려장34, p.741a11)에 "의라발〈첫 글자는 오와 혜를 반절한 음이고, 마지막 글자는 포와 말을 반절한 음이다. 부처님 명호이다. 바르게 쓰자면 예(瑿)이다〉. 毉羅跋〈上烏兮反 下蒲末反 佛名也 正作瑿字〉"라고 하였다. [참고문헌] 『新集藏經音義隨函錄』. ⇨ 의라발나 毉羅跋那, 예라발나 瑿羅跋那

의라발나 毉羅跋那 Ⓢ īśvara-vāṇa의 음사어. 자재성(自在聲)의 뜻으로 예라발나(瑿羅跋那)라고도 하고 원음(圓音)이라고도 한역한다. 『화엄경소』 권13(대정장35, p.592b23)에 "북방의 의라발나는 갖추어 말하면 의습불라발나라다. 의습불은 자재이고 라발나는 소리이니, 두렷한 음성이 자재하다는 뜻이다. 北方毉羅跋那者 具云 毉濕弗羅跋那 毉濕弗 自在也 羅跋那者 聲也 卽圓音自在耳"라고 하였다. [참고문헌] 『華嚴經疏』. ⇨ 예라발나 瑿羅跋那, 원음 圓音, 일음 一音

의라발달라용왕 毉羅鉢呾羅龍王 ➡ 이라발용왕 伊羅鉢龍王 [1], 의라발달라용왕지 毉羅鉢呾邏龍王池

의라발달라용왕지 毉羅鉢呾邏龍王池 의라발달라용왕, 곧 이라발용왕(伊羅鉢龍王 Ⓢ Elāpattra-nāga-rāja)이 머무는 못. 현재 파키스탄 펀자브지방 하산 아부달(Hasan Abdal)로 비정한다. 『대당서역기』 권3(대정장51, p.884c4)에 "(呾叉始羅國의) 대성 서북쪽 칠십여 리에 의라발달라용왕지가 있다. 둘레는 백여 보이고 그 물은 맑고 깨끗하며 온갖 색의 연화가 어우러져 이채롭다. 여기의 용은 옛날 가섭파불 때 의라발라수를 망가트린 필추이다. 그래서 지금도 그 지역에서는 가뭄이나 해뜨기를 빌 때 반드시 사문과 함께 못에 가서 손가락을 튕기고 위문하면 원하는 대로 반드시 과를 얻는다. 大城西北七十餘里 有毉羅鉢呾羅龍王池 周百餘步 其水澄淸 雜色蓮華同榮異彩 此龍者 卽昔迦葉波佛時 壞毉羅鉢羅樹苾芻者也 故今彼土 請雨祈晴 必與沙門共至池所 彈指慰問 隨願必果"라고 하였다. [참고문헌] 『大唐西域記』, 『四分律名義標釋』 권23(卍속장70, p.751a12). ⇨ 이라발용왕 伊羅鉢龍王 [1]

의라발용왕 毉羅鉢龍王 Ⓢ Elāpattra-nāga-rāja. 이라발용왕(伊羅鉢龍王). 『중치비니사의집요』 권6(卍속장63, p.437a10)에 "『유부율잡사섭송』에 '득차시라국(Ⓢ Takṣaśilā)에 의라발용왕이 있는데, 몸을 마납바(Ⓢ māṇava : 儒童) 모습으로 바꾼 채 만협금을 지니고 여러 곳을 두루 다닌다'고 하였다. 根本雜事云 得叉尸羅

國 有醫羅鉢龍王 化身爲摩納婆形 持滿篋金 徧遊諸處"라고 하였다. [참고문헌] 『重治毘尼事義集要』, 『有部律雜事攝頌』(대정장24, p.522b15), 『四分律名義標釋』 권23(卍속장70, p.748a14). ⇨ 이라발용왕 伊羅鉢龍王 ❶

의락 宜樂 마땅히 기꺼워할 만함. 『마하지관』 권2상(대정장46, p.14b7)에 "중생이 기뻐하는 몸을 보인다는 말은 널리 나투는 색신삼매다. 마땅히 기꺼워할 바를 따라 나타날 뿐이니, 반드시 순수하게 백옥 같은 상만을 지을 필요는 없다. 示喜見身者 是普現色身三昧也 隨所宜樂 而爲現之 未必純作白玉之像", 『지관보행전홍결』 권3(대정장46, p.232a19)에 "이와 같은 일곱 구는 원교에 의지하지 않을 수 없으니, 마땅히 좋아함이 이미 다르고 근기에 나아감도 각기 다르기 때문이다. 如是七句 莫不依圓 宜樂旣殊 赴機各異故也"라고 하였다. [참고문헌] 『摩訶止觀』, 『止觀輔行傳弘決』.

의력 意力 뜻에 힘이 있음. 『대보적경』 권118(대정장11, p.665b23)에 "마땅히 닦아야 할 것은 다 행할지니, 그 뜻의 세를 강하게 해서 이것으로 뜻의 힘을 삼는다. 所當修者 而皆行之 其意勢强 是爲意力", 『무언동자경』 권상(대정장13, p.528b12)에 "저 뜻을 거두어 덕의 뿌리에 모아 잃어버릴 일 없으며 그 뜻 어지럽지 않고 도심을 버리지 않는다. 진실하고 바른 마음을 일으켜 도에 나아가 도우니, 이를 의력이라 한다. 若攝其志 合集德本 無所忘失 其意不亂 不捨道心 所可興發 眞正之心 勸助於道 是爲意力", 『아차말보살경』 권6(대정장13, p.605c21)에 "의력이란 도심을 버리지 않는 것이다. 意力 不捨道心", 『사가매경』(대정장14, p.811a19)에 "의력이란 설령 백천억마구니가 모두 온다 해도 부처님의 털끝 하나도 흔들 수 없으니, 이를 의력이라고 한다. 意力者 悉使百千億魔來 不能動搖佛一毛 是爲意力", 『무량수경의소』 권하(대정장37, p.111b13)에 "방편을 일으켜 닦아 부처님 구하는 마음을 의력이라 한다. 起修方便 求佛之心 名爲意力"라고 하였다. [참고문헌] 『大寶積經』, 『無言童子經』, 『阿差末菩薩經』, 『私呵昧經』, 『無量壽經義疏』, 80권본 『華嚴經』 권18(대정장9, p.517a9), 『無量壽經』 권하(대정장12, p.274b8). ⇨ 의 意

의령보리사지
금동여래입상

의령보리사지금동여래입상 宜寧菩提寺址金銅如來立像 통일신라대 불상. 보물 제731호. 높이 26cm. 1948년 5월 경상남도 의령군 가례면 보리사지에서 발견되었으며, 현재는 동아대석당박물관에 있다. 얼굴에 비해 몸이 길고 크며, 손과 발도 유난히 작고 앞면은 입체감이 보이지만 옆면과 뒷면은 반듯하게 잘라놓은 듯 양감이 전혀 없다. 내의 가장자리에 특이한 반원형의 꽃무늬가 장식되었다. 두 손은 손가락 끝이 모두 결실되었으나 시무외인(施無畏印)과 여원인(與願印)으로 보인다. 원통형 대좌의 중대는 폭이 좁고 긴 편이다. 평면화된 불신이나 선각의 옷주름 표현, 내의의 꽃문양 등을 볼 때 9세기경 조성된 것으로, 불상의 뒷면 전체가 드러나 있는 편불화(片佛化) 경향이나 대좌형식 등에서도 통일신라 후기 불상의 특징이 드러난다. [참고문헌] 『신라의 금동불』(국립경주문화재연구소, 2011). ⇨ 보리사 菩提寺 ❹

의령수 *衣領樹* 옷을 거는 나무. 명도(冥途) 중 삼도천(三途川 : 葬頭河) 주변에 자라는 큰 나무로 사자(死者)의 옷을 벗겨 걸어 죄업을 재는 나무다. 『지장시왕경』(卍속장150, p.770b3)에 "그 앞에 의령수라는 큰 나무가 있는데 그 그늘에 두 귀신이 산다. 하나는 '옷을 빼앗는 할망구'라는 이름의 귀신이고, 다른 하나는 '옷을 거는 할아범'이라는 이름의 귀신이다. … 할망구 귀신이 옷을 벗기면 할아범 귀신이 가지에 걸어서 죄의 경중을 드러낸 다음 뒤에 있는 염라왕청에 보낸다. 前有大樹 名衣領樹 影住二鬼 一名 奪衣婆 二名 懸衣翁 … 婆鬼脫衣 翁鬼懸枝 顯罪低昂 與後王廳"라고 하였다. [참고문헌] 『地藏十王經』. ⇨ 삼도천 三途川

의령중교리석조여래좌상 宜寧中橋里石造如來坐像 통일신라대 석불좌상. 경상남도 유형문화재 제6호. 큰 불상 높이 86cm · 작은 불상 높이 67cm. 경상남도 의령군 정곡면 중교리 정곡초등학교 교내에 위치한다. 두 불상 모두 전체적으로 볼륨감이 있으며 비례가 조화롭다. 큰 불상의 불두(佛頭)는 복원되었는데 나발(螺髮)과 육계(肉髻)가 표현되어 있다. 손은 훼손이 많이 되었으나 선정인(禪定印)임을 알 수 있으며, 8각의 연화대좌 위에 결가부좌하고 있다. 광배는 배 모양의 거신광배(擧身光背)이다. 작은 불상은 큰 불상보다 훼손이 심해서 손팔무릎 등이 복원되었다. 항마촉지인(降魔觸地印)이며 직경 60cm의 16엽 연화대좌에 결가부좌하고 있다. 두 불상의 제작시기가 다르지만 연대차이는 크지 않은 것으로 추정된다. 2005년 6월에 작은 불상은 도난당했다. [참고문헌] 『韓國의 寺址』 울산광역시 · 경상남도上(문화재청 · 불교문화재연구소, 2013) p.301.

의례 宜禮 조선후기 스님. 법호(法號)는 풍암(豊庵). 보운석일(寶雲碩一 1813~1883)의 출가 스승. 『동사열전』 권5 「보운선사전 寶雲禪師傳」(한불전10, p.105

5b1)에 "일찍이 두륜산에 들어가 풍암의례로부터 머리를 깎고 물들인 옷을 입었다. 早投輪山 從豊庵宜禮禪師 剃髮染衣"라고 하였다. [참고문헌]『東師列傳』.

의례 義例 『마하지관의례 摩訶止觀義例』(대정장46, No.1913)의 줄인 이름. 『십불이문지요초』 권상(대정장46, p.706a19)에 "또한 『의례』에서 '차제로 닦아 보아 가니 반드시 안의 마음을 우선해야 한다'고 하였는데, 요즘 이들이 다 말하는 관심은 모두 이 뜻이다. 又義例云 修觀次第 必先內心 今家凡曰觀心 皆此意也"라고 하였다. [참고문헌]『十不二門指要鈔』, 『止觀善例』 권하(대정장46, p.458a23). ⇨ 마하지관의례 摩訶止觀義例

의례 儀禮 ➡ 의식 儀式, 불교의례 佛敎儀禮

의례수석 義例隨釋 형계담연의 『마하지관의례 摩訶止觀儀例』에 대한 주석서. 송나라 때 초당처원(草堂處元) 지음. 6권. 갖춘 이름은 『마하지관의례수석』이며 『지관의례수석』이라고도 한다. 卍속장99, pp.804a1~972b2에 수록되어 있다. 천태종 산가파 신지종의(神智從義)의 『마하지관의례찬요 摩訶止觀儀例纂要』에 대한 비판적 입장에서 『지관의례』를 해석했다. 『불조통기』 권14(대정장49, p.221a4)에 "1103년(숭녕2) 동계의 초당사에 머무르며 『의례수석』 6권을 저술했다. 일찍이 형계담연이 『마하지관』의 글이 길고 예를 일곱 과로 나누어 『의례』라고 하였으니, 배우는 이들이 해행의 큰 뜻을 알 수 있게 하였다. (처원은) 비록 법에 대한 지혜와 지은 글이 많았지만 그것을 기록할 여가가 없었다. 그런데 신지종의가 『의례찬요』를 지어 초승관법 성덕의 경계를 진여의 이관으로 삼고, 수덕의 경계를 유식의 사관으로 삼는 것을 보고 법사는 망령되이 후학을 쓸데없이 어지럽힌다고 생각하여 마침내 주석을 남겨 『의례찬요』의 잘못을 비판하기로 결심했다. 崇寧二年 開居東溪草堂 述義例隨釋六卷 初荊溪以止觀文廣 例爲七科 名爲義例 俾學者知解行之大旨 雖法智製述之多 不暇爲記 師因義神智爲纂要 以初乘觀法性德之境爲眞如理觀 修德之境爲唯識事觀 師謂狂妄徒疑後學 乃決志注釋以斥纂要之非"라고 하였다. [참고문헌]『佛祖統紀』. ⇨ 마하지관의례 摩訶止觀儀例, 마하지관의례찬요 摩訶止觀儀例纂要

의례찬요 義例纂要 ➡ 마하지관의례찬요 摩訶止觀義例纂要

의로 義路 뜻으로 헤매는 길. 이치를 세워 분별하는 길(理路)과 함께 심식(心識)을 들어 분별하는 길이기에 공안을 들어 공부하는 길에 장애로 여긴다. 『원오어록』 권16 「여경룡학서 與耿龍學書」(대정장47, p.788c12)에 "으뜸의 바른 눈으로 의로의 삿된 알음알이 비쳐 부수고 사무쳐 간과 쓸개마저 본다. 以宗正眼 照破義路情解 透見肝膽", 『대혜어록』 권14(대정장47, p.868b3)에 "어떤 이가 고인의 공안을 보려 함에 이치로 헤아릴 수 없게 되면 문득 한 번 뒤쳐서 어쩌지 못하는 한마디 붙이고는 단번에 허물을 거두려 하니, 그것을 현묘라 하고 또한 의로를 밟지 않았다고 하며 기틀에 당하여 사무쳐 벗어났다고 여긴다. 或者見古人公案 不可以理路商量處 便著一轉沒交涉底語 一應應過 謂之玄妙 亦謂之不涉義路 亦謂之當機透脫", 『천목명본어록』 권2 「시해동가옹연선인 示海東可翁然禪人」(卍속장122, p.758b1)에 "다만 누구나 생사대사를 결정코 알려 할 뿐이지, 마음과 분별로 저 의로상에서 고금을 뚫고자 해서는 안 된다. 只要人決了死生大事 不要人只管將心識 向義路上 穿鑿古今", 『선가귀감』(한불전7, p.636c17)에 "매일 인연에 당하는 곳마다 다만 '구자무불성'을 든다. 들어오고 들어가며 의심해오고 의심해갈 뿐이다. 문득 리의 길 사라지고 의로마저 아득하여 아무 맛도 없어 마음 끝 어쩌지 못할 때, 문득 이 사람 몸도 마음도 놓아버릴 곳이다. 또한 이야말로 부처 되고 조사 되는 기본이다. 日用應緣處 只擧狗子無佛性話 擧來擧去 疑來疑去 覺得沒理路 沒義路 沒滋味 心頭熱悶時 便是當人 放身命處 亦是成佛作祖底基本也"라고 하였다. [참고문헌]『圜悟語錄』, 『大慧語錄』, 『天目明本語錄』, 『禪家龜鑑』.

의로부도 意路不到 뜻으로 헤아려서는 이르지 못한다. 『벽암록』 63칙 「수시 垂示」(대정장48, p.194c4)에 "뜻으로 이르지 못하니 붙들고 모색하기 딱 맞고, 어떤 말도 미치지 못하니 마땅히 급히 눈 뜨고 볼 일이다. 意路不到 正好提撕 言詮不及 宜急著眼", 『오등전서』 권69 「홍철장 弘徹章」(卍속장141, p.445a6)에 "만일 그 화두를 알아차리지 못했다면 이 하나의 할(喝)이 화두와 다르지 않으니 다만 여기서 이렇게 저렇게 참구하다가 만 길 낭떠러지와 같은 장벽에 부딪혀서도 있는 힘을 다하여 쥐어틀듯이 애써라. 쥐어틀다가 생각으로 도달하지 못하는 경계에 이르는 그때야말로 붙들고 모색하기 딱 알맞고, 어떤 말도 미치지 못하는 그때에 다급하게 눈을 붙이고 살펴야 한다. 其或不薦 卽此一喝 便是箇話頭 但向這裏 橫參豎參去 壁立萬仞去 盡力拶將去 拶至意路不到處 正好提撕 言詮不及時 急著眼覷却"라고 하였다. [참고문헌]『碧巖錄』, 『五燈全書』.

의룡 義龍 **1** 진(陳)나라 고승 혜영(慧榮)의 별명. 의학(義學)에 뛰어남을 용에 비유한 말이다. 후에 천태지의(天台智顗 539~598)에게 논파당하여 복록(伏鹿)이라고 조롱 받기도 하였다. 『조정사원』 권2(卍속장113, p.35a12)에 "의룡 : 진나라 고승혜영은 강학에 거침이 없어 당시에 의룡이라고 불리었다. … 당시 사문 법세가 혜영의 등을 쓰다듬으며 '옛날의 의룡이 이제는 엎드린 사슴이 되었군. 부채 이미 땅에 떨어졌으니, 어떻게 부끄러움을 가릴 수 있겠는가?'라고 하였다. 이에 혜영은 '적을 쉬이보다 위세를 잃었으니 더 이상 속일 수가 없도다'라고 하였다. 義龍 陳高僧慧榮 講學蹤橫 時號義龍 … 時沙門法歲撫榮背曰 從來義龍 今成伏鹿 扇旣墮地 何以遮羞 榮曰 輕敵失勢 未可欺也"라고 하였다. [참고문헌] 『祖庭事苑』, 『華嚴淸涼國師禮讚文』(卍속장95, p.1049b17), 『大智律師禮讚文』(卍속장130, p.204a3), 『新修科分六學僧傳』 권3(卍속장133, p.472a12). ⇨ 혜영 慧榮 **2** 생몰연대 미상. 일본 강호(江戶)대 임제종 스님. 법호는 우암(愚庵). 조죽(祖竹)이라는 법명도 있다. 단파(丹波 : 兵庫) 천전(天田) 출신으로 8세 때 용운사(龍雲寺)의 도외(陶外)에게 출가하였다. 19세 때 일향(日向 : 宮崎)에서 고월선재(古月禪材)를 따르며 20년을 지냈고 그의 인가를 받았다. 이후 백은혜학(白隱慧鶴)을 만났으며, 그를 대신하여 『오조록 五祖錄』을 강독하였다. 세랍 80세를 일기로 입적하였다.

의룡집 義龍集 19세기 범어사(梵魚寺)에 주석했던 의룡체훈(義龍體訓)의 문집. 한불전12, pp.281b1~304b16에 있다. 대성암(大聖庵)에서 필사한 책을 통도사 성파(性坡)가 소장하고 있다가 근래에 들어 소개한 것으로 시 138편과 문 28편으로 이루어졌다. 시 138편은 칠언율시가 대부분이며 감회시(感懷詩)와 영물시(詠物詩)로서 유학자들과 주고받은 시, 「소상팔경 瀟湘八景」 등이 있다. 「영산팔상 靈山八相」 8수는 부처님의 탄생에서 열반에 이르는 생애를 읊은 것으로 주목할 만하며, 범어사가 있는 동래 지역 관료들과 교유한 시나 금정산과 범어사를 소재로 한 시들을 남겼다. 문 28편은 범어사와 인근 사암의 불사에 관한 기록과 조선 후기 범어사의 사회경제적 상황을 파악할 수 있는 기록이 많다. 불사와 관련된 모연문(募緣文)과 상량문(上樑文)·중수기(重修記) 등이 있는데, 그 중 「범어사폐마조건기 梵魚寺弊瘼條件記」는 속인들이 사역(寺域)을 침범하여 묘지를 쓰면서 발생한 산송(山訟)과 범어사의 공사전답(公私田畓)을 경작하는 양산의 경작자들이 조세(租稅)를 미룸으로써 발생한 사중의 피해를 적은 글이다. 「임오갑헌답유공기 壬午甲獻沓有功記」·「종계서 宗契序」는 사찰계(寺刹契)의 실상을 알려주는 자료이다. 1895년(고종32)에 작성된 「범어사승군등장 梵魚寺僧軍等狀」은 범어사 승군(僧軍) 백 명이 봄가을마다 점열(點閱)을 위해 본부로 왕래하는 식비를 관(官)에서 부담해줄 것을 청하는 청원서다. 이렇듯 이 문집은 19세기 불교계 실상을 안팎으로 살필 수 있는 다양한 기록을 담아 전승하고 있다. ⇨ 체훈 體訓

의류 義類 **1** Ⓢ artha-gati, artha, Ⓣ don-gyi-rnam-pa, don. 일체법(一切法)에 대한 갖가지 뜻들의 무리. 『구사론』 권1(대정장29, p.1a16 : *Abh-k-bh.*, p.1)에 "성문과 독각은 비록 어둠을 다하였다고 하지만 필경에는 염오무지만을 끊었기에 일체종은 아니다. 왜 그런가? 저 불법을 연유해 보면 극히 먼 시간과 공간·모든 의류의 가없는 차별 등에 대한 불염오무지는 아직 끊지 못하였기 때문이다. 聲聞獨覺 雖滅諸冥 以染無知畢竟斷故 非一切種 所以者何 由於佛法 極遠時處 及諸義類 無邊差別 不染無知 猶未斷故 pratyekabuddhaśrāvakā api kāmamṃ sarvatra hatāndhakārāḥ. kliṣṭasaṃmohātyantavigamāt. na tu sarvathā. tathā hy eṣāṃ buddhadharmeṣv ativiprakṛṣṭadeśakāleṣu artheṣu cānantaprabhedeṣu bhavaty evākliṣṭam ajñānam", 『구사론기』 권1(대정장41, p.7a1)에 "모든 의류란 일체법에 있어서 갖가지 뜻의 류가 끝없이 차별함을 말한다. 諸義類 謂一切法 種種義類 無邊差別"라고 하였다. [참고문헌] 『俱舍論』, 『俱舍論記』, *Abh-k-bh.*, *Sūtr.23.* **2** 인명 용어(因明用語). 주장명제의 술부(述部)로 주어부(主語部)를 일컫는 체류(體類)의 상대어다. 예를 들면 '소리는 무상(無常)하다. 만들어진 것이기 때문이다. 마치 병(甁)처럼'이라는 논식에서 소리와 병은 체류이고, 무상은 의류이다. 『인명입정리론해』(卍속장87, p.90b7)에 "소립종이란 주장명제이다. 능히 세운 인성과 세운 바 주장명제와 더불어 의류가 같은 것을 동품이라고 한다. 所立宗者 卽宗也 謂能立因性 與所立宗 義類均等 說名同品"라고 하였다. [참고문헌] 『因明入正理論解』. ⇨ 체류 體類

의륜 意輪 뜻의 수레바퀴. 삼륜(三輪) 중 하나. 중생을 뜻으로 살펴 교화하는 것을 말한다. 기심륜(記心輪)·억념륜(憶念輪)이라고도 한다. 『금광명경문구기』 권2(대정장39, p.105c26)에 "뜻의 수레바퀴란 근기를 살펴 지혜의 빛으로 비추는 것이다. 意輪 鑑機智光照也", 『십불이문』(대정장46, p.704b2)에 "몸에 오히려 별개의 몸이 없고 말하는 것이 반드시 입으로만 설하는 것이 아니니, 몸과 입이 평등하여 저 의륜과 같다. 마음과 색이 한가지여서 꾀하지 않고도 교화한다. 身尙無身 說必非說 身口平等 等彼意輪 心色一如 不謀而化"라고 하였다. [참고문헌] 『金光明經文句記』, 『十不二門』, 『觀無量壽佛經疏妙宗鈔』 권2(대정장37, p.204a29). ⇨ 삼륜 三輪 **1**, 여래삼륜 如來三輪, 기심륜 記心輪, 억념륜 憶念輪

의리 義利 Ⓢ artha, artha-vaśa, arthopasaṃhita, Ⓣ don. 뜻 있고 이로움. 뜻 있는 것은 이로운 것이고 이롭다는 것은 의미있다는 말이다. 『불지경론』 권1(대정장26, p.295a17)에 "'모든 중생의 일체 의리를 짓는다' 하니, 여기에서 스스로 능히 일체유정이 되어 일체의리를 짓거나, 모든 유정으로 하여금 스스로 일체의리를 짓게 하는 것을 말한다. 현재의 이익을 '의'라고 하며, 미래의 이익을 '이'라고 한다. 세간을 '의'라 하고 출세간을 '이'라고 하며, 악을 여의는 것을 '의'라 하고 선을 거두어들이는 것을 '이'라고 하며, 복덕을 '의'라 하고 지혜를 '이'라고 한다. 作諸衆生一切義利 謂於此中 自能現作 一切有情 一切義利 或令一切有情 自作一切義利 現益名義 當益名利 世間名義 出世名利 離惡名義 攝善名利 福德名義 智慧名利", 『구사론』 권7(대정장29, p.38a11 : *Abh-k-bh.*, p.102)에 "저 자재천이 큰 공력을 들여 모든 세간을 낳았다 하니 어떤 의리를 얻었는가? 彼自在 作大功力 生諸世間 得何義利 kaś ca tāvad īśvarasyeyatā sargaprayāsenārthaḥ"라고 하였다. 〔참고문헌〕『佛地經論』, 『俱舍論』, *Abh-k-bh.*, *Sukh-vy. I.49.*, *Bodh-bh.140.*

의리 義理 **1** Ⓢ artha, Ⓟ attha, attha-vasa, ṭhāna, Ⓣ don. 언설(言說)이나 문구(文句)로 드러나는 뜻이나 이치. 『장아함경』 권12 「청정경 淸淨經」(대정장1, p.74a18 : *Pāsādika-sutta, DN.3,* p.128)에 "저가 말한 바는 구도 바르지 않고 뜻과 이치로도 바르지 않다. 彼所說句不正 義理不正 ayaṃ kho āyasmā attha ñceva micchā gaṇhāti byañjanāni ca micchā ropeti", 『승천왕반야경』 권5(대정장8, p.712c15)에 "다만 의리를 가려낼 일이지 언사에 걸려서는 안 된다. 但採義理 不滯言辭", 『무소유보살경』 권3(대정장14, p.689b11)에 "선남자여, 그대가 이 게송을 막힘없이 설하여 의리에 합하니 허망하지 않고 따로 다른 것도 있을 리 없구나. 汝善男子 快說此偈 合於義理 無有虛妄 無有別異", 『대지도론』 권97(대정장25, p.737a8)에 "종종어언자구장엄삼매를 얻었다 하니, 이 삼매를 얻으면 의리는 비록 얕더라도 능히 자구언어는 장엄하여 사람들을 기쁘게 할 수 있거늘, 하물며 깊은 뜻마저 있다면 말해 무엇하랴! 得種種語言字句莊嚴三昧者 得是三昧者 義理雖淺 能莊嚴字句語言 令人歡喜 何況深義", 『사분율행사초간정기』 권1(卍속장68, p.125a13)에 "반드시 명구를 빌려야 의리 비로소 드러난다. 須假名句 義理方顯"라고 하였다. 〔참고문헌〕『長阿含經』, 『勝天王般若經』, 『無所有菩薩經』, 『大智度論』, 『四分律行事鈔簡正記』, *DN.*, *AN.3.237.*, *Bodh-bh.154.* **2** 문(文)의 내용인 의(義)와 사(事)의 바탕이 되는 이(理). 『법화경대성』 권1(卍속장51, p.52b7)에 "대개 의란 문의 실이다. 이란 사의 중심이다. 또한 의는 상이고 이는 체다. 이것으로 성인은 교법을 베푸니, 이로써 다 거두고 뜻으로는 쪼개고 나눈다. 이 비록 하나에 이르지만 기를 좇은 즉 천심이 있을 수밖에 없고, 의 비록 다양할 수밖에 없지만 이의 뿌리로 돌아가 보면 따로 어떤 몸도 없다. 이처럼 모든 경의 의리에 깊이의 차이가 있는 이상, 경을 밝히려는 사람이 가려내어 낱낱이 쪼개지 않는다면 어떻게 그 분제가 가리키는 바를 알 수 있겠는가! 夫義者 文之實也 理者 事之主也 又義相也 理體也 由是聖人設敎 理以統之 義以析之 理雖至一 而逐機遂有淺深 義雖成多 而歸理原無別體 是則諸經義理 旣有淺深 而明經者 若不辨析 何以知其分齊所詣乎"라고 하였다. 〔참고문헌〕『法華經大成』. **3** 글(文)이나 행(行)이 끝내 드러내야 할 의미와 바탕. 『선림보훈합주』 권1(卍속장113, p.321b18)에 "절의 : 절조를 품고 하는 행위마다 의리에 합하지 않겠는가. 節義 有節操而所行 合乎義理也", 『위산경책구석기』 권하(卍속장111, p.342a16)에 "위에서는 문을 깊이 살폈으니 여기서는 의리를 밀어 다하도록 하겠다. 의는 교가 드러나게 하는 것이고, 이는 의가 돌아간 곳이다. 上令熟究其文 此令推窮義理 義者敎之所顯 理者義之所歸"라고 하였다. 〔참고문헌〕『禪林寶訓合註』, 『潙山警策句釋記』. **4** 실상(實相)을 가리는 뜻에서의 분별. 『원오어록』 권15 「시증대제 示曾待制」(대정장47, p.784a8)에 "옛사람(마조)은 지나친 노파심으로 진흙을 끌며 물을 건넜다. 만약 한 번 들어 문득 뚫는다면 오히려 그럴듯하지만, 혹여 의리를 끝내 헤아린다면 찾아 헤매기만 하다 찾지 못할 것이다. 古人 太殺老婆 拕泥涉水 若一擧便透 猶較些子 或窮硏義理 卒摸索不著"라고 하였다. 〔참고문헌〕『圜悟語錄』. ⇨ 의리선 義理禪

의리선 義理禪 뜻과 이치로 분별하는 선. 대혜종고(大慧宗杲)와 장시랑(張侍郎)이 주고받은 편지글에서 기원하여 천은수(天隱修) 등이 활용하였고, 『설관어록』 권7(가흥장27, p.487b6)의 서른네 가지 선의 분류 중 첫 번째로 의리선을 다루고 있다. 조선후기 백파긍선(白坡亘璇 1767~1852)은 삼종선(三種禪 : 如來禪·祖師禪·義理禪) 중 하나로 다뤘다. 『서장』 「답장시랑장 答張侍郎狀」(대정장47, p.937b11)에 "(당신이) 송고가 엮은 『정법안장』을 보니 임제 문하에는 근기 빼어난 암주가 여러 명 있는데 어째서 거두어들이지 않았으며, 저 혜충국사는 의리선을 설하여 남의 자녀들 망쳐놓았으니 반드시 삭제해야 한다' 하였습니다. 見宗杲所集 正法眼藏 便云 臨濟下有 數箇菴主好機鋒 何不收入 如忠國師說義理禪 敎壞人家男女 決定可刪", 『열조제강록』 권42(卍속장112, p.789a1)에 "동파거사가 지은 종명게에 이르길 '종이 있은들 누가 메달 것이며, 메어단 이 있은들 누가 치겠는가? 세 가지가 합한 뒤에야 울리고, 들리고 듣는 이 있어 다섯이 되니 하나라도 모자라면 안되리라. 그대라면 어떻게 듣겠는가? 그대 듣는 놈 도대체 어디에 있는가? 〈이하 생략〉'. 대단한 동파마저 의리선을 펼쳤으나 산승이라면 그렇게 하지 않겠다. 문득 종망치 들고는 '도리어 보았는가?' 하고 다시 종을 세 번 내리고는 '들었는가?'라고 묻겠다. 여기서 알아차렸다면 한 번에 뛰어 여래지로 곧바로 들어가겠지만, 만일 알아차리지 못했다면 다시 게송 한 수를 들어보라. '종소리 한 번 쳐 초연하니, 선조신령 뽑아 올려 음계에서 벗어나게 하였네. 오늘 노승이 몸소 지시하였으니, 틀림없이 걸음걸음 청련화 밟으리라'. 記得 東坡居士 有鐘銘偈云 有鐘誰爲撞 有撞誰撞之 三合而後鳴 聞所聞爲五 缺一不可得 汝則安能聞 汝聞竟安在 云云 大小東坡 說義理禪 山僧則不然 驀擧鐘槌云 還見麽 復敲鐘三下云 還聞麽 者裏會得 一超直入如來地 其或未會 更聽一偈 鐘聲一擊頓超然 薦拔先靈出陰纒 今日老僧親指示 管敎步步踏靑蓮"라고 하였다. 초의의순(草衣意恂 1786~1866)은 『선문사변만어』(한불전10, p.821b9)에서 백파의 의리선을 풀었으니 "셋째는 의리선이다. 단지 이것은 요즈음 교화의 문을 세우는 중에 하근을 상대하기 위함이다. 낱낱의 언구가 마치 진흙에 도장을 찍는 것과 같아서 그 흔적이 온전히 드러난다. 이를 설하면 이답고 사를 말하면 사 같아야 한다. 있음과 없음, 체와 용이 서로 떨어져 따로일 뿐이니, 비록 선이라고 이름은 붙이지만 돈오와 점수 그리고 의리로 가르치는 격이 다 있다. 그러므로 의리선이라 한다. 三 義理禪 但此今時 建化門中 對下根故 一一言句 如印印泥 痕縫全彰 說理如理 說事如事 有無體用 互相隔別 雖名禪 完有頓悟漸修 義理敎格 故名義理禪"라고 하였다. [참고문헌] 『雪竇語錄』, 『書狀』, 『列祖提綱錄』, 『禪門四辨漫語』, 『華嚴經疏鈔』 권17(대정장36, p.130b10). ⇨ 사변만어 四辨漫語, 선문수경 禪文手鏡, 여래선 如來禪 [3], 조사선 祖師禪

의리시 義利施 Ⓢ artha-dāna, Ⓣ nor-sbyin. 뜻을 이롭게 하는 베풂. 사문바라문 등에게 수행에 필요한 물품을 보시하여 세간에 의리가 오래가도록 한다는 뜻이다. 『이취경』(대정장8, p.785a4 : *Adhy-pr.*, p.14)에 "관정시로 삼계법왕위를 얻고, 의리시로 일체 뜻과 바램의 만족을 얻는다. 以灌頂施故 能得三界法王位 義利施故 得一切意願滿足", 『반야이취석』 권하(대정장19, p.612c15)에 "의리시란 무엇인가? 사문이나 바라문에게 생필품과 도구를 베푸는 것이다. 義利施者 惠施沙門婆羅門資緣具"라고 하였다. [참고문헌] 『理趣經』, 『般若理趣釋』, *Adhy-pr.* ⇨ 사시성취법 四施成就法

의리제 矣利提 삼십육아귀(三十六餓鬼) 중 하나. 신통에 집착하며 그것을 탐하는 아귀. 『정법염처경』 권16 「아귀품 餓鬼品」(대정장17, p.92a22)에 "아귀 36종을 대략 관하면, 일체아귀는 모두 인색하고 탐욕스러우며 질투하는 인연으로 그곳에 태어난다. … 열여덟째, 의리제는 신통아귀다. 略觀餓鬼三十六種 一切餓鬼 皆爲慳貪嫉妬因緣 生於彼處 … 十八者矣利提 神通餓鬼"라고 하였다. [참고문헌] 『正法念處經』, 『四分律名義標釋』 권5(卍속장70, p.472a9). ⇨ 삼십육아귀 三十六餓鬼

의리주 衣裏珠 옷 속의 구슬. 의중보(衣中寶)라고도 한다. 『수오계팔계문』(대정장18, p.942b22)에 "상투 속의 보배를 얻고 옷 속의 구슬마저 얻었으니 지금 앉은 도량에서 모두 성불하길 바란다. 獲髻中寶 得衣裏珠 當坐道場 總願成佛"라고 하였다. [참고문헌] 『受五戒八戒文』. ⇨ 의내명주 衣內明珠, 의중보 衣中寶

의림 義林 **1** 703~?. 신라중대 스님. 중국 태장(胎藏) 밀교의 개조(開祖) 선무외(善無畏)삼장으로부터 밀교법을 전해받았다. 『원형석서』 권1에 "예전 개원조(713~741)에 대삼장 바라문국왕자 선무외가 인도 대나란다사에서 대법륜을 전하다가, 당나라에 이르러 전법제자 의림에게 전하였다. 이 스님이 국사대아사리인데 세수 103세이다. 현재는 신라에서 대법륜을 굴리고 있다. … 당나라 정원 21년(805·애장왕6) 4월 19일에 쓰다. 昔開元朝大三藏婆羅門國王子善無畏 從佛國大那爛陀寺傳大法輪 至大唐國轉付傳法弟子義林 是國師大阿闍梨年一百三歲 見今在新羅國轉大法輪 … 唐貞元二十一年四月十九日書"라고 하였다. 의림은 진국도량(鎭國道場) 대아사리인 당나라 순효(順曉)에게 법을 전하였으며, 순효는 일본 태밀(台密)의 시조 전교대사 최징(最澄)에게 법을 전하였다. [참고문헌] 『元亨釋書』, 『內傳佛法相承血脉譜』. ⇨ 선무외 善無畏, 순효 順曉 **2** 생몰연대 미상. 조선 후기 스님. 1679년(숙종5)에 경상도 운흥사에서 『금강경오가해』를 판각할 때 산중대덕(山中大德)으로 있었다. [참고문헌] 慶尙道蔚山圓寂山雲興寺板 『金剛經五家解說誼』 「刊記」(한불전7, p.115c21).

의림사 義林寺 경상남도 창원시 마산합포구 진북면 인곡리 여항산(餘航山)에 있는 절. 대한불교조계종 제14교구 본사 범어사(梵魚寺)의 말사이다. 688년(신문왕8) 의상(義湘 625~702)의 창건설과 고려시대 보조국사(普照國師) 지눌(知訥 1158~1210)의 창건설이 전한다. 『동국여지승람』 권32 경상도 진해현 불우·『가람고』·『범우고』 등에 절의 이름과 위치가 전한다. 조선후기 작자미상의 『의림사도형』에는 법당·노전(爐殿)·시왕전·나한전·국사영당(國師影堂)·청원루(淸遠樓)·영원당(永

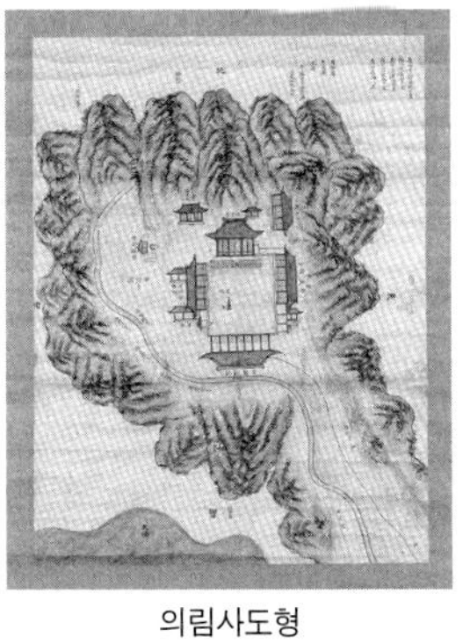

의림사도형

元堂)·금장각(金藏閣) 등의 당우를 비롯하여 북암과 남암 등 부속된 암자 등이 그려져 있고, 이전에 있었으나 터만 남은 보광전(普光殿)·관음전·천왕문·청하당(淸霞堂)·백하당(白霞堂)·만월당(滿月堂)·망월암(望月庵)·동암·해행당(解行堂)·미타전 등도 나와 있으며, 월정암(月精庵)과 옥계암(玉溪庵) 등 산내 암자의 흔적도 그려 넣었다. 사세가 융성했던 때의 넓었던 도량을 짐작케 한다. 이후 한국전쟁 때 소실된 전각들을 1955년에 중창하였는데, 현존 당우로는 대웅전·나한전·염불당·삼성각 등이 있으며, 성보문화재로는 통일신라시대에 조성된 유형문화재 제72호 삼층석탑이 있다. [참고문헌]『東國輿地勝覽』, 『伽藍考』, 『梵宇攷』, 『義林寺圖形』, 『韓國寺刹全書』 권하 p.957b2.

의림사도형 義林寺圖形 조선 후기 경상도 진해현 여항산(餘航山) 의림사 경내를 그린 채색지도. 작자 및 연대 미상. 1축(軸). 세로 34.3cm·가로 22.6cm. 서울대학교 규장각한국학연구소에 있다. ⇨의림사 義林寺

의림사장용영공문 義林寺壯勇營公文 1797년(정조21)에 장용영이 소속사찰인 의림사를 수호하기 위해 진해현감(鎭海縣監)에게 보낸 공문. 『조선사찰사료』 권상 pp.508~509에 있다. 같은 책에 "본사는 본영에 속한다. 침범하여 소란스럽게 하는 것을 금하고자 무너진 곳을 수리하게 하였다. 본영에 소속된 뒤로는 사체가 특별하므로 이후 감영·병영·통영·수영·본관을 따지지 않는다. 모든 채납징수한 일 등 일체혁파한 것을 일일이 정리하고 성책하여 보고하게 하였으니, 지금 현존하는 당우의 칸수와 승도의 명수 등도 다 정리하여 알린다. 왕래하는 행인도 일체 금단하여 터럭이라도 폐를 끼치는 일 없도록 하겠다. 本寺段 屬之本營 以爲禁侵擾 修廢毁之爲去乎 旣屬本營之後 事体自別 此後段 勿論監兵統水營本官 諸凡責納徵之事 一倂革罷者 修成冊牒報爲爾時存屋宇幾間 僧徒幾名 一体修報 往來行人一切禁斷俾無一毫貽弊之端"라고 하였다. [참고문헌]『朝鮮寺刹史料』. ⇨의림사 義林寺

의림장 義林章 당나라 때 규기(窺基)가 지은 『대승법원의림장 大乘法苑義林章』(대정장45, No.1861)의 줄인 이름. ⇨대승법원의림장 大乘法苑義林章

의마 意馬 생각이라는 말. 종잡을 수 없이 이리저리 뛰는 말을 의(意)에 비유하였다. 심원의마(心猿意馬)라 하여 마음은 원숭이에, 뜻은 말에 비유한다. 『대보적경』 권120(대정장11, p.680b21)에 "이와 같이 식이라는 왕이 몸이라는 성에 살다가 여섯 곳으로 무상이 침해함을 보고 믿음의 해자를 파고 정념의 갑옷을 입으며 법의 코끼리를 이끌고 생각이라는 말을 길들이면서 여섯 곳에 이렇게 알린다. '지금 무상이라는 힘센 적군이 쳐들어오니 신속하게 보시의 갑옷을 입고 지혜의 칼을 들며 부끄러움의 쇠뇌를 설비하고 계의 제방을 쌓아라'. 如是識王 住於身城 見於六處 無常侵害 穿信濠塹 被正念甲 御醉法象 調習意馬 告六處云 今有無常 威力軍來 宜應速疾 被於施甲 持於智刃 辦慚愧弩 安戒隄防", 『제법집요경』 권8(대정장17, p.503b20)에 "온갖 선정을 견고하게 실행한다면 생각이라는 말은 능히 다스릴 수 있다. 善堅固諸定 則能調意馬", 『오등엄통』 권21 「중봉명본장 中峰明本章」(卍속장139, p.949b8)에 "정의 원숭이와 생각의 말이 쉬지 않고 날뛰니 때론 혼침에 빠지고 때론 산란하게 되고 만다. 여기에 출가의 본뜻을 잊지 않은 사람이 있다면 억지로라도 참구하던 화두를 잡은 그대로 놓치지 말고 궁구하며 주인공 지어야 하리. 바야흐로 들어 온전히 다하지 못한 즉 또 다시 바람 부는 대로 따라 흔들리리라. 情猿意馬 馳驟不息 或不昏沉 便成散亂 間有箇不忘 出家本志者 强把箇所參話頭 提撕作主 方擧未完 則又被風吹別調矣"라고 하였다. [참고문헌]『大寶積經』, 『諸法集要經』, 『五燈嚴統』, 『樂邦文類』 권2(대정장47, p.180c16). ⇨심원의마 心猿意馬, 심원 心猿

의마 疑魔 의심이라는 마구니. 십마(十魔) 중 하나이다. 『대승본생심지관경천주』 권1(卍속장34, p.60b6)에 "만이라는 마구니는 겸손과 공경심을 해치고, 의심이라는 마구니는 바른 믿음을 해친다. 慢魔害謙恭 疑魔害正信", 『법화경지음』 권2(卍속장49, p.498a9)에 "내 마음이 비로소 안정되어 바다와 같아지니 의심이라는 마구니 그물이 다 끊어졌네. 我心始乃安靜如海 疑魔之網盡斷也"라고 하였다. [참고문헌]『大乘本生心地觀經淺註』, 『法華經知音』. ⇨의 疑, 십마 十魔[2], 십군 十軍

의마심원 意馬心猿 ➡심원의마 心猿意馬, 식마심원 識馬心猿, 심원 心猿, 의마 意馬

의마왕 懿摩王 Ⓢ Ikṣvāku, Ⓟ Okkāka, Ⓣ Bu-ram-shing-pa. 중인도 아요디야국(Ⓢ Ayodhya : 阿踰闍) 태양족(太陽族)의 최초 왕. 석가족의 시조이며, 또 석가족의 다섯 가지 성의 하나로 여긴다. 의마미(懿摩彌)·의사마(懿師摩)·성마(聲摩)·울마(鬱摩)·이마(伊摩) 등으로 음사하고, 감자왕(甘蔗王)·선생왕(善生王 Ⓢ Sujāta)·일종왕(日種王 Ⓢ Sūryavaṃśa) 등으로 한역한다. 『장아함경』 권13 「아마주경 阿摩晝經」(대정장1, p.83a6 : *Ambaṭṭha-sutta*, *DN.1*, p.93)에 "의마왕은 석종족의 선조다. 懿摩王 卽釋種先也 so va sakyānaṃ pubba-puriso", 『불조통기』 권1 「서성원 敍聖源」(대정장49, p.139a5)에 "선사왕 이후로 열 종족의 전

륜성왕이 이어 출현하였다. … 열 번째는 의마미로 백번째 전륜왕이다〈『대루탄경』과 『오분율』에서는 울마, 『장아함경』에서는 의마, 『사분율』에서는 의사마라 하였으니, 곧 감자왕이며 선생왕의 선조이다. 양나라 율사 승우는 『석가보』에서 '석가 종족은 의마를 선조로 삼는다'라고 하였다〉. 自善思王 後有十族轉輪聖王 相續而出 … 第十懿摩彌 百轉輪王〈樓炭經 彌沙塞 名鬱摩 長阿含 名懿摩 四分律 名懿師摩 卽甘蔗王 爲善生王之先也 梁祐律師 釋迦譜云 釋種以懿摩爲先〉"라고 하였다. 〔참고문헌〕『長阿含經』, 『佛祖統紀』, 『法華文句』 권1(대정장34, p.15b16), 『四分律名義標釋』 권2(卍속장70, p.428a6), *DN*. ⇨ 감자왕 甘蔗王, 울마 鬱摩

의만 意滿 Ⓢ mano-mauneya, Ⓟ mano-moneyya. 뜻을 다 채움. 뜻을 다해 마쳐 고요함 이른 뜻으로, 무학(無學 : 阿羅漢)의 마음을 가리킨다. 만(滿)은 선(仙)·적묵(寂默)·능인(能仁) 등으로 한역되는 범어 무니(Ⓢ muni : 牟尼)에서 파생된 마우네야(Ⓢ mauneya)의 한역어이다. 의모니(意牟尼)와 같은 말이며, 의적묵(意寂默)이라고도 한다. 『잡아비담심론』 권3(대정장28, p.897a24)에 "의만이란 곧 무학의 마음이다. 무학의 마음을 의만이라 하는데, 모니의 상이기 때문이다. 所謂意滿者 卽是無學心 無學心說意滿 牟尼相故"라고 하였다. 〔참고문헌〕『雜阿毘曇心論』, 『阿毘曇心論』 권1(대정장28, p.815a2). ⇨ 의모니 意牟尼, 무학심 無學心, 만 滿❶, 의적묵 意寂默

의망 疑網 Ⓢ kāṅkṣa, saṃśaya, kathaṃ-kathā, Ⓟ kaṃkhā, Ⓣ the-tshom, som-nyi. 의혹의 그물. 신(信)에 맞선다. 『장아함경』 권10 「석제환인문경 釋提桓因問經」(대정장1, p.64a20 : *Sakkapañha-sutta*, *DN*.2, p.276)에 "저는 이제 부처님 말씀을 듣고 의혹의 그물이 모두 사라져 더 이상 의혹은 없습니다. 我今聞佛所說 疑網悉除 無復疑也 tiṇṇā me'ttha kaṅkhā vigatā kathaṃkathā bhagavato pañhassa veyyākaraṇaṃ sutvā", 『법화경』 권2(대정장9, p.10c15 : *Saddh-p.*, p.61)에 "나는 이 법음을 듣고 이전에 없었던 깨우침을 얻어 마음에 큰 기쁨을 품자 의혹의 그물이 모두 사라졌다. 我聞是法音 得所未曾有 心懷大歡喜 疑網皆已除 āścaryaprāpto 'smi mahāvināyaka audbilyajāto imu ghoṣa śrutvā, kathaṃkathā mahya na bhūya kācit paripācito 'haṃ iha agrayāne", 80권본 『화엄경』 권14(대정장10, p.72b18)에 "믿음은 도의 근원이자 공덕의 어미로서 모든 선한 법을 기르니, 의심의 그물을 끊고 애욕의 강물에서 벗어나면 열반이라는 위없는 도를 열어보이리라. 信爲道元功德母 長養一切諸善法 斷除疑網出愛流 開示涅槃無上道"라고 하였다. 〔참고문헌〕『長阿含經』, 『法華經』, 『華嚴經』, *DN.*, *Saddh-p.*, *Rāṣṭr.124.*, *Sūtr.3.* ⇨ 의 疑

의명 醫明 Ⓢ cikitsā-vidyā, Ⓣ gso-ba-rig-pa. 오명(五明) 중 하나. 병을 다스리는 지혜. 의약(醫藥)이나 주법(呪法) 등이 있다. 『불의경 佛醫經』(1권)·『의유경 醫喩經』(1권)·『치선병비요법 治禪病祕要法』(2권)·『주시기병경 呪時氣病經』(1권)·『주소아경 呪小兒經』(1권) 등이 있으며, 티베트대장경에도 의방명부(醫方明部)를 따로 두고 갖가지 의서를 입장하였다. 인도 의학은 불교전래와 함께 중국에 소개되었고, 명대 『본초강목 本草綱目』도 불교전적에 의지하였다. 부처님 재세시의 기바(耆婆 Ⓢ Jīvaka)와 후한(後漢)의 안세고(安世高)가 명의로 알려져 있다. 『유가사지론』 권38(대정장30, p.503a10)에 "모든 보살이 의명을 구할 때 중생의 갖가지 질병을 멎게 하고, 일체대중을 이롭게 하려는 것이다. 若諸菩薩 求醫明時 爲息衆生 種種疾病 爲欲饒益 一切大衆", 『대승장엄경론』 권5(대정장31, p.616a15 : *Sūtr.*, p.70)에 "의명이란 치유의 방도를 배우는 것이다. 醫明 爲所治方學 cikitsāvidyāṃ śilpakarmasthānavidyāṃ cānyeṣām anugrahārthaṃ tadarthikānāṃ"라고 하였다. 〔참고문헌〕『瑜伽師地論』, 『大乘莊嚴經論』, *Sūtr.* ⇨ 오명 五明

의명석의 依名釋義 이름에 의지해 뜻을 풂. 삼론종(三論宗)의 사종석의(四種釋義) 중 하나다. 수명석의(隨名釋義)라고도 한다. 『대승현론』 권5(대정장45, p.75c25)에 "이름에 따라 뜻을 푼다는 것은, 저 속이란 헛됨을 뜻으로 삼고 진이란 진실을 뜻한다는 것이다. 若爲是依名釋義 如俗是浮虛爲義 眞是眞實爲義", 『삼론현의』(대정장45, p.14a21)에 "의명석의란 중의 실을 뜻으로 삼거나 바름을 뜻으로 삼는다. 중의 실을 뜻으로 삼는다는 것은 저 『열반경』에서 「본유금무게」를 풀이하여 '나는 옛날에 본래 중도의 진실한 뜻이 없었으므로 지금 헤아릴 수 없이 많은 번뇌가 있네'라고 한 예와 같다. 승예법사는 『중론』 「서문」(대정장30, p.1a6)에서 '중으로 이름을 삼은 까닭은 그 실을 비추기 때문이다'라고 하였다. 비춘다는 것은 드러낸다는 말이다. 중이라는 이름을 세움은 제법실을 드러내기 위함이다. 그러므로 그 실을 비춘다고 하였다. 바름이란 60권본 『화엄경』 권34(대정장9, p.615a3)에서 '바른 법의 자성이란 모든 언어의 길과 모든 취와 비취를 떠나 모두 적멸상이다'라고 하였다. 이러한 정법이 바로 중도다. 치우침을 떠나므로 중이고 삿됨에 맞섬으로 바름이라고 하였다. 依名釋義者 中以實爲義 中以正爲義 中以實爲義者 如涅槃釋本有今無偈云 我昔本無中道實義 是故現在有無量煩惱 叡師中論序云 以中爲名者 照其實也 照謂顯也 立於中名 爲欲顯諸法實 故云 照其實也 所言正者 華嚴云 正法性 遠離一

切言語道一切趣非趣 悉皆寂滅相 此之正法卽是中道 離偏曰中 對邪名正"라고 하였다. [참고문헌] 『大乘玄論』, 『三論玄義』, 『中論』, 『華嚴經』, 40권본 『大般涅槃經』 권17(대정장12, p.465a22). ⇨ 수명석의 隨名釋義, 사종석의 四種釋義

의명증 意名證 의(意) 즉 제7말나식(末那識)이라는 이름을 세울 수밖에 없음을 증명함. 이교육리(二教六理) 중 하나다. 『성유식론』 권5(대정장31, p.25b16)에 "사량을 의라고 한다. 이 제7식이 없으면 저 의근이 없어야 한다. 곧 의식이 현재 나타날 때 틈 없이 이어지는 등무간의 '의'는 이미 사라져 있지 않으니, 과거와 미래는 이치상 존재하지 않기에 저 사량은 결코 성립할 수 없다. 이미 이러하다면 어떻게 '의'라고 하겠는가? 임시로 말하는 것이라 할지라도 이치가 그렇지 않다. 본래의 사량이 없이 임시적인 것이 무엇에 의지하여 성립하겠는가? 현재하는 것을 일찍이 있었던 사량이라고 한다면 그것은 '식'이라 하지 어찌 '의'라고 하겠는가? 그러므로 별도로 제7말나식이 있어서 항상 살피고 사량하는 것임을 알 수 있다. 바로 '의'라 이름하는 것이니, 이미 사라져도 이것에 의지하여 임시로 세운 '의'란 이름이다. 思量名意 若無此識 彼應非有 謂若意識 現在前時 等無間意 已滅非有 過去未來 理非有故 彼思量用 定不得成 旣爾如何說名爲意 若謂假說 理亦不然 無正思量 假依何立 若謂現在 曾有思量 爾時名識 寧說爲意 故知 別有 第七末那 恒審思量 正名爲意 已滅 依此 假立意名"라고 하였다. [참고문헌] 『成唯識論』. ⇨ 이교육리 二教六理

의모경송 衣毛驚悚 두려움으로 온몸의 털이 솟는다는 말. 온몸의 털이 곤두설 정도로 두렵다는 뜻. 의모는 몸을 감싸고 있는 털을 말한다. 『현우경』 권2(대정장4, p,363b27)에 "법회에 모인 모든 대중은 다 함께 보고 들은 뒤 불쌍하다는 느낌을 깊이 품고 온몸의 털이 곤두설 정도로 두려워했다. 一切衆會 具悉聞見 甚懷悲愍 衣毛驚悚"라고 하였다. [참고문헌] 『賢愚經』.

의모니 意牟尼 Ⓢ mano-mauneya, Ⓟ mano-moneyya, Ⓣ yid-kyi thub-pa. 삼모니(三牟尼) 중 하나. 뜻으로 적정(寂靜)을 성취한 무학(無學)의 마음을 말하며, 의만(意滿)이라고도 한다. 『구사론』 권16(대정장29, p.84a16 : *Abh-k-bh.*, p.237)에 "무학의 신업과 어업을 신모니와 어모니라고 하며, 의모니는 무학의 뜻이지 의업은 아니다. 왜냐하면 승의모니는 오직 마음만을 바탕으로 삼으니, 신어 두 업은 추론하여 알 수 있음을 말한다. 또 신어업은 멀리할 수 있는 체이지만 의업은 그렇지 않다. 왜냐하면 무표업이 없기 때문이다. 원리의 뜻으로 모니를 세운다. 그러므로 마음에 근거하고 곧 신어업으로 말미암아야 능히 여읠 수 있기에 모니라고 한다. 무슨 까닭에 모니는 오직 무학에만 있는가? 아라한은 진실한 모니로서 모든 번뇌의 말들이 길이 고요하기 때문이다. 無學身語業 名身語牟尼 意牟尼卽無學意 非意業 所以者何 勝義牟尼 唯心爲體 謂由身語二業比知 又身語業 是遠離體 意業不然 無無表故 由遠離義 建立牟尼 是故 卽心 由身語業 能有所離 故名牟尼 何故 牟尼 唯在無學 以阿羅漢 是實牟尼 諸煩惱言 永寂靜故 aśaikṣe kāyavākkarmaṇī kāyavāṅmauneye. aśaikṣaṃ tu mana eva manomauneyaṃ na manaskarmeti. kiṃ kāraṇam. cittaṃ hi paramārthamuniḥ. tat kila kāyavākkarmabhyām anumīyata iti. api khalu kāyavākkarmaṇī viratisvabhāvena na manaskarma. cittāvijñaptyabhāvāt. viramārthena ca maunam. ato mana eva virataṃ maunam ity ucyate. kasmād aśaikṣam eva nānyat. arhataḥ paramārthamunitvāt. sarvakleśajalpoparateḥ"라고 하였다. [참고문헌] 『俱舍論』, 『大毘婆沙論』 권66(대정장27, p.343a21), *Abh-k-bh.*, *Nidd.I.335.* ⇨ 삼모니 三牟尼, 의만 意滿

의모수 衣毛竪 Ⓟ loma--haṃsa. 살갗의 털들이 곤추서는 것. 두려워 떠는 모습이다. 의모위수(衣毛爲竪)라고도 한다. 『장아함경』 권19 「세기경 世記經」(대정장1, p.125a29)에 "몸으로 선하지 않은 업을 짓고 입과 뜻으로도 선하지 않으면, 곧 상지옥에 떨어지고 두려움에 살갗의 털들이 곤추서리라. 身爲不善業 口意亦不善 斯墮想地獄 怖懼衣毛竪", 『증일아함경』 권24(대정장2, p.675b12)에 "냄새나는 곳에서는 실로 머물기 힘드니, 보기만 해도 살갗의 털이 곤추선다. 臭處實難居 覩之衣毛竪"라고 하였다. [참고문헌] 『長阿含經』, 『增壹阿含經』, 『大莊嚴論經』 권10(대정장4, p.316a11), *SN.1.219.*

의모탈출 依模脫出 본떠서 나오다의 뜻. 기푸집 없이 나온 것은 없다는 것으로, 끝내 분별의 바탕을 여읠 수 없음을 경계하는 뜻이다. 일모탈출(一模脫出)·의모탈격(依模脫擊)이라고도 한다. 『벽암록』 7칙 「본칙 本則」(대정장48, p.147a27)에 "법안이 혜초에게 말했다. '그대 바로 혜초다'〈본뜸에서 벗어났으나 무쇠 떡 씹은들 온몸을 빼앗긴다〉. 法眼云 汝是慧超〈依模脫出 鐵餕餡 就身打劫〉", 『밀암어록』(대정장47, p.963c17)에 "누대의 어리석은 후손들 그 본뜸에 의지해 벗어났으니 칭찬하는 사람은 저들 칭찬 따라 비비상천에 오르고, 비난하는 이 비방으로 공륜수제에 떨어진다. 대중 가운데 칭찬과 비난에 흔들리지 않는 이 있는가? 帶累不肖兒孫 依模脫出 贊嘆者 從他贊上非非想天 毀謗者 謗到空輪水際 衆中莫有毀譽不動底麽", 『열조제강록』 권23(卍속장112, p.54

1a17)에 "오늘 마침내 저 소굴에서 거푸집 의지해 벽돌 뽑아내듯 여러분을 속이지 않겠다. 今日終 不向者裏 依模脫墼 瞞汝諸人"라고 하였다. [참고문헌]『碧巖錄』,『密菴語錄』,『列祖提綱錄』.

의모화양 依模畫樣 견본에 의지해 그린다는 말. 분별을 내려놓고 실상 그대로 보기 어려운 뜻의 비유다.『초종혜방어록』(卍속장120, p.259b7)에 "놓아 행한다 하니 종횡으로 잡아 머문다. 흐르지 못하니 그 중에 양 끝에 떨어지지 않는다. 설령 이렇더라도 오히려 견본에 따라 그대로 그리고 구멍 보아가며 쐐기 박을 뿐이다. 放行也 七蹤八橫 把住也 水泄不通 中有一著 不墮兩頭 直饒與麽 猶是依模畫樣 看孔著楔",『속전등록』권19「융원전 隆原傳」(대정장51, p.597a5)에 "법좌에 올라 주장자를 잡고 '모자를 살 때 머리 살피듯이 견본에 따라 그려낸다. 저 촌노인이 미간을 찌푸리거나 말거나, 지공 한가한 화상이 아니다.' 주장자 치고는 법좌에서 내려왔다. 上堂 拈柱杖曰 買帽相頭 依模畫樣 從他野老自顰眉 誌公不是閑和尙 卓拄杖 下座"라고 하였다. [참고문헌]『超宗慧方語錄』,『續傳燈錄』,『嘉泰普燈錄』권8「泐潭景祥章」(卍속장137, p.138a11).

의묘행 意妙行 Ⓢ manaḥ-sucarita, Ⓟ mano-sucarita. 뜻을 지극히 아름답게 함. 삼묘행(三妙行) 중 하나.『대보적경』권42(대정장11, p.242a16)에 "사리자야, 보살마하살이 저 모든 탐착·진에·사견 등이 없는 것을 의묘행이라고 한다. … 보살마하살은 이렇게 사유하니 '저 뜻에 탐착·진에·사견업을 짓지 않는다. 이것을 의묘행이라고 한다'. 舍利子 菩薩摩訶薩 於諸貪著 瞋恚 邪見 皆無所有 是名意妙行 … 菩薩摩訶薩 如是思惟 若意不造 貪著 瞋恚 邪見業者 是名意妙行",『집이문족론』권3(대정장26, p.378b18)에 "의묘행이란 무엇인가? [답] 무탐·무진·정견이다. 또 모든 유학의 의업과 모든 무학의 의업과 모든 선한 비학비무학의 의업을 모두 들어 의묘행이라고 한다. 意妙行云何 答 無貪 無瞋 正見 復次 諸學意業 諸無學意業 諸善非學非無學意業 總名意妙行"라고 하였다. [참고문헌]『大寶積經』,『集異門足論』, *Pañca-pr.87.*, *MN.3.66.* ⇨ 삼묘행 三妙行, 삼종청정 三種淸淨❶, 묘행 妙行❶

의무계업 意無戒業 불선심(不善心)과 상응하는 의업(意業).『사리불아비담론』권7(대정장28, p.581b18)에 "무엇이 의무계업인가? 저 의업이 불선하니 불선심과 상응해 사유한다. 이것을 의무계업이라고 한다. 云何 意無戒業 若意業不善 不善心相應思 是名意無戒業"라고 하였다. [참고문헌]『舍利弗阿毘曇論』. ⇨ 의계업 意戒業

의무도 義無倒 Ⓢ artha-aviparyāsa, Ⓣ don-la-phyin-ci-ma-log-pa. 뜻에 뒤집힘이 없음. 십무도(十無到) 중 하나. 유무의 상(有無相)을 멀리 떠나 여실하게 아는 뜻이다.『중변분별론』권하(대정장31, p.461c19 : *Madhy-vibh.*, p.65)에 "모든 뜻을 드러내 보임에 두 가지가 있으니, 첫째는 소집을 드러내고 둘째는 능집을 나타낸다. 두 가지 상이 생기지만 이와 같은 것은 실로 있는 것은 아니다. 저 드러난 뜻 중에 이와 같은 지견을 낸다면 이것을 '의무도'라고 한다. 어찌하여 이와 같은 뜻은 유상을 멀리 여의는가? 능집도 소집도 실재하지 않기 때문이다. 무상도 멀리 여의는데, 능집인듯 소집인듯한 산란함이 있기 때문이다. 諸義顯現有二 一顯所執 二 顯能執 由二相生故 如是無所有 如所顯現義中 若生如此知見 是名義無倒 云何如此義者 遠離有相 能執所執無有故 遠離無相 似能似所散亂有故 dvayena grāhyagrāhakatvena pratibhāsate tadākarotpattitaḥ. tathā ca na vidyate. yathā pratibhāsata iti. arthe yad darśanaṃ sa tatrāviparyāsaḥ arthasya satvena varjito grāhyagrāhakābhāvād asatvena varjitaḥ. tatpratibhāsabhrāntisadbhāvāt"라고 하였다. [참고문헌]『中邊分別論』,『辯中邊論』권하(대정장31, p.475a14), *Madhy-vibh.* ⇨ 십무도 十無倒

의무실 意無失 십팔불공법(十八不共法 Ⓢ aṣṭādaśa-āveṇika-buddha-dharma) 중 하나. 뜻에 허물이 없음. 오로지 부처님에게만 있는 마음이다. 염무실(念無失 Ⓢ nāsti muṣita-smṛtitā)·심무실(心無失)이라고도 한다.『집대승상론』권하(대정장32, p.149a17)에 "여래의 뜻에 허물이 없다는 말은, 놓친 생각이 없어 뜻에 있어 모든 허물을 벗어났다. 如來意無失者 無有失念離意諸過",『지관보행전홍결』권7(대정장46, p.379b14)에 "여래의 의업은 더 이상 살필 필요가 없을 정도로 항상 어떤 잘못도 없다. 이를 의무실이라 한다. 如來意業 不須更觀 常無漏失 名意無失"라고 하였다. [참고문헌]『集大乘相論』,『止觀輔行傳弘決』,『法集名數經』(대정장17, p.661b1). ⇨ 심무실 心無失, 염무실 念無失, 십팔불공법 十八不共法

의무애 義無礙 의무애해(義無礙解).『대승의장』권11(대정장44, p.691c8)에 "뜻을 알아 걸림이 없음을 의무애라 한다. 知義無滯 名義無礙"라고 하였다. [참고문헌]『大乘義章』. ⇨ 의무애해 義無礙解

의무애해 義無礙解 Ⓢ artha-pratisaṃvid, Ⓣ don-so-so-yang-dag-par-rig-pa. 뜻에 있어 걸림 없이 앎. 사무애해(四無礙解) 중 하나. 의변(義辯)·의무애변(義無礙辯)·의무애지(義無礙智)·변무애해(辯無礙解)라

고도 한다. 『대반야경』 권381(대정장6, p.967a21)에 "무엇이 의무애해인가? 뜻마다 걸림 없이 아는 지를 말한다. 云何義無礙解 謂緣義無礙智", 『품류족론』 권7(대정장26, p.719a8)에 "의무애해란 무엇인가? 뛰어난 뜻을 지녀 물러남이 없는 지를 말한다. 義無礙解云何 謂於勝義 所有不退智"라고 하였다. [참고문헌] 『大般若經』, 『品類足論』, *Pañca-pr.211.*, *Bodh-bh.63.* ⇨ 변무애해 辯無礙解, 사무애해 四無礙解

의문 意門 **1** 뜻으로 들어가는 문. 십이입(十二入) 중 법(法)을 말한다. 『지세경』 권3(대정장14, p.655c2)에 "지세야, 입이란 모든 범부와 지견이 없는 이에게 번뇌가 들어가는 문이다. 눈은 색의 문이니 애착과 분노를 낳고, 색은 눈의 문이어서 애착과 분노를 낳는다. 귀·코·혀·몸·뜻은 법의 문이니 애착과 분노를 낳는다. 법은 뜻의 문이니 애착과 분노를 낳는다. 이와 같이 십이입은 애착이나 분노와 함께 하기에 실상을 알 수 없다. 持世 所謂入者 是諸凡夫 無知見者 煩惱所入門 眼是色門 以生愛恚故 色是眼門 以生愛恚故 耳鼻舌身意是法門 以生愛恚故 法是意門 以生愛恚故 如是十二入 與愛恚共合故 不知實相"라고 하였다. [참고문헌] 『持世經』. ⇨ 십이입 十二入, 법 法[2] **2** Ⓟ mano-dvāra. 십이지(十二支) 중 행(行)이 인연하는 식(識)을 말한다. 『미륵보살소문경론』 권9(대정장26, p.269c1)에 "행의 인연은 하나의 문에 의지해 행한다. 이 무슨 뜻인가? 저 행의 인연은 오직 '의문'으로 행한다. 명색의 인연은 두 가지 문에 의지한 행이다. 이것은 무슨 뜻인가? 명색은 신근과 의근 두 문에 의지해 행하니, 두 인연이란 여섯 문에 의지한 행이다. 行因緣 依一門行 此以何義 彼行因緣 唯意門行 名色因緣 依二門行 此以何義 名色依於身根意根二門而行 以二因緣 依六門行"라고 하였다. [참고문헌] 『彌勒菩薩所問經論』, *Vism.618.*

의문 義門 Ⓢ artha-paryāya. 뜻으로 여는 문. 『대지도론』 권11(대정장25, p.140a3)에 "이 다음부터는 품류마다 갖가지 뜻의 문으로 반야바라밀이 모두 실상임을 설한다. 從此已後 品品中種種義門 說般若波羅蜜 皆是實相", 『아미타경의소』(대정장37, p.356b29)에 "장차 이 경을 풀이함에 먼저 뜻으로 열어 강요를 꾸려야 비로소 문에 들어서 그 뜻이 나아갈 바를 풀이할 수 있다. 將釋此經 先以義門 括其綱要 始可入文 釋其義趣", 『지관대의』(대정장46, p.459a18)에 "이치의 문을 활짝 열고 법이 두루 완비되어 있는 실상을 관한다. 開拓義門 觀法周備"라고 하였다. [참고문헌] 『大智度論』, 『阿彌陀經義疏』, 『止觀大意』, *Abh-s.50.*

의문 誼聞 고려후기 스님. 정도전(鄭道傳)이 지은 태고보우(太古普愚 1301~1382)의 비문을 쓴 당대의 명필이었다. 「양근사나사원증국사사리석종비문 楊根舍那寺圓證國師舍利石鐘碑文」에 "홍무 19년(1386·우왕12) 병인 10월일에 문인 달심이 비석을 세우고 자림사 주지 선사 의문이 비문을 썼다. 洪武十九年丙寅十月日 門人 達心 立石 梓林寺 住持 禪師 誼聞 書"라고 하였다. [참고문헌] 『朝鮮金石總覽』 권하 p.534, 智冠 『校勘譯註歷代高僧碑文』 高麗篇4 p.476.

의문상현구 擬問傷玄句 제종십삼종구(濟宗十三種句) 중 제11구. 헤아려 물어 그윽함 상하게 하는 구. 『오가종지찬요』 권상 「제종십삼종구」(卍속장114, p.521a4)에 "열한 번째는 헤아려 물어서는 그윽함 상하게 하는 구다. 일념이라도 그윽함 헤아려 구한다면 구름은 하늘가 달을 가리리. 十一 擬問傷玄句 一念擬求玄 雲障天邊月"라고 하였다. [참고문헌] 『五家宗旨纂要』. ⇨ 제종십삼종구 濟宗十三種句

의문해의 依文解義 문에 의지하여 뜻을 풂. 논장(論藏)에서 서품(序品) 이후 본격적으로 경문을 따라 푸는 본문해석분을 말하지만, 선문(禪門)에서는 글에 의지해 분별함의 뜻으로 비판한다. 의문해석(依文解釋)·의경해의(依經解義)라고도 한다. 『벽암록』 97칙 「평창 評唱」(대정장48, p.220b17)에 "방거사가 『금강경』 강설을 듣다가 강설하는 좌주에게 물었다. '속인에게 작은 의문이 있는데, 물어도 될지요' '의심이 나거든 물으시오' '아상도 없고 인상도 없다 하였으니, 아상도 인상도 이미 없는데 누가 강하고 누가 듣습니까?' 좌주가 답하지 못하다가 문득 이르길 '저는 문에 의지하여 뜻을 풀뿐 이 뜻은 알지 못합니다'. 龐居士聽講金剛經 問座主曰 俗人敢有小問 不知如何 主云 有疑請問 士云 無我相無人相 旣無我人相 教阿誰講阿誰聽 座主無對 却云 某甲依文解義 不知此意", 『천여유칙어록』 권3(卍속장122, p.855a3)에 "문에 의지해 뜻을 푸는 이는 많고, 힘써 행하며 닦아 다스리는 이는 적다. 依文解義者多 力行脩治者少"라고 하였다. [참고문헌] 『碧巖錄』, 『天如惟則語錄』, 『宗門武庫』(대정장47, p.954b26). ⇨ 의경해의 依經解義

의문행포 儀文行布 의식문이 세상에 널리 행해진 일. 당대 도영선사(道英禪師)가 수륙재를 다시 일으키게 된 고사이다. 어느 날 밤 도영선사에게 나타난 진(秦)의 장양왕(莊襄王)의 현신과 청원으로 대각사의 오군 출신 의제(義濟)의 의식문 소재를 알게 된 후, 산북사(山北寺)에서 수륙대재를 개설하게 된 인연담이다. 『석씨원류응화사적』 권3, p.184에 "의문행포 : 『석씨계고략』에서 이르길, 당대 장안 법해사 도영선사에게 함형 2년 3월 한밤에 한 이인이 찾아와 말하였다. … 다음 날 해질 무렵 전에 나타났던 이인이 여남은 무리와 함께 와서 고마워 말하길, '제자는 진나라 장양왕이고' 무리를 가리키며 '이 사람은 범저·양후·백기·왕전·장의·진진 등으로 모두 진의 신하들인데, 모두 저의 죄에 연좌하여 음부에 갇혔습니다. … 이제 우리스님께서 시설하신 수륙재의 은덕을 입어 제자와 그 무리 및 열국의 제후들은 모두 선력을 타고 장차 인간세계에 나게 되었습니다'. 儀文行布 稽古略云 唐長安法海寺英禪師 於咸亨二年三月內夜 見有異人來謁曰 … 次日曛暮 復見向者之異人 與十數輩來謝曰 弟子是秦莊襄王也 指其徒曰 此范雎 穰侯 白起 王翦 張儀 陳軫 皆秦臣也 咸坐本罪 幽囚陰府 … 令蒙吾師設齋 弟子與其徒輩 幷列國諸侯衆等 皆乘善力 將生人間"라고 하였다. [참고문헌] 佛巖寺板 『釋氏源流應化事蹟』, 『釋氏稽古略』 권3(대정장49, p.818b19). ⇨ 수륙무차평등재 水陸無遮平等齋, 수륙재 水陸齋, 도영 道英 [2]

의문행포 『석씨원류응화사적』 권3 양주불암사판 1673년

의문현실제 依門顯實諦 ➡ 증득승의제 證得勝義諦

의물 衣物 삼의(三衣) 등과 일용할 물품. 『백장청규』 권5 「등단수계 登壇受戒」(대정장48, p.1138c11)에 "계를 받는 법에 있어 반드시 삼의와 발우와 깨끗한 새 의물을 준비해야 한다. 새것이 없으면 세탁하여 깨끗하게 한다. 受戒之法 應備三衣鉢具 幷新淨衣物 如無新者 浣染令淨", 『선원청규』 권3(卍속장111, p.892a10)에 "스님이 병에 걸리면 관에 알리고, 입적한 스님은 다비하여 보내고 그 스님의 생전 의물 알려 나누며, 입적한 스님의 도첩이나 자색가사와 법의나 하사받은 사호나 문서 등을 관에 거두어들인다. 如僧病申官 及津送亡僧 估唱衣物 繳納亡僧度牒 或紫衣師號文牒等"라고 하였다. [참고문헌] 『百丈淸規』, 『禪苑淸規』. ⇨ 삼의 三衣 [1]

의미 意味 Ⓟ manassa assādo. 뜻에 맛들임. 뜻으로 분별하고 애착함이다. 십이연기 중 수(受)가 애(愛)를 연하는 제7과 제8의 지분(支) 사이에 일어난다. 『법온족론』 권12(대정장26, p.510b15)에 "나는 뜻에 맛들여 이미 살피고 찾아 헤맨다. 제유들 뜻에 있어 이미 맛들였고 혹은 지금 맛들인다. 나는 정혜로 자세히 보고 알지만, 저들은 뜻으로 맛들여 받아서는 연을 삼기에 자주 뜻에 따라 머문다. 따라 머물기에 거듭 마음에 탐에 탐을 더하여 일으켜 가져 감추고, 굳게 착하여 갈망하고 물든다. 이것을 수가 애를 연한다 한다. 我於意味 已審尋思 諸有於意 或已起味 或今起味 我以正慧 審見審知 彼以意味受爲緣故 數復於意 隨順而住 由隨順故 數復於意 起貪等貪 執藏防護 堅著愛染 是名受緣愛"라고 하였다. [참고문헌] 『法蘊足論』, *SN.4.7.* ⇨ 미 味 [2]

의미 義味 Ⓟ attha-rasa. 뜻이 품은 맛. 문(文)은 뜻(義)을 드러내고, 다시 뜻은 보다 깊은 맛(味)을 품는다. 『장아함경』 권2 「유행경 遊行經」(대정장1, p.14c17)에 "다른 이에게 법을 설하는 상중하의 말이 모두 진정하고 뜻의 맛 깊고 그윽하여 범행마저 구족하였다. 爲他說法 上中下言 皆悉眞正 義味深奧 梵行具足", 『사분율행사초자지기』 권중1(대정장40, p.287b19)에 "의란 말에 들어 있는 뜻이고, 미란 뜻이 나아가고자 함이다. 義謂言義 味卽意趣", 『열반경소삼덕지귀』 권6(卍속장58, p.549b9)에 "의미라는 말은, 뜻으로 능히 마음에 깃들고 사람들이 기꺼워하니, 마치 세상의 맛있는 음식과 같다. 言義味者 義能津心 令人愛樂 如世美味也", 『사분율행사초비』 권8본(卍속장67, p.690a1)에 "의미란, 『수소』에 '미는 말이고 의는 이치다'라고 하였다. 말로 표현하여 실정을 드러내고 두루 두렷하면 맛이라 한다. 이는 말 아래 드러낼 뜻이기에 '이렇기에 말하길'이라 한다. 言義味者 首疏云 味者是語 義者是理也 出語表事 周圓曰味也 理是語下 所表之旨 故曰也"라고 하였다. [참고문헌] 『長阿含經』, 『四分律行事鈔資持記』, 『涅槃經疏三德旨歸』, 『四分律行事鈔批』, *AN.1.36.*

의미수 意味受 뜻으로 맛들여 받아들임. 십이지 중 제7수지(受支)가 애지(愛支)를 연한 경우다. 『법온족론』 권12(대정장26, p.510a15)에 "촉이 연이 되어 수를 낳는다. 수가 연이 되어 애를 낳는데, 이것이 수연애다. … 뜻으로 맛들여 받아들이기에 거듭하여 뜻에 따라 머물고, 따라 머물기에 거듭 뜻에 탐 이어 탐을 일으켜 가져 감추고 방호하여 굳게 애착하고 물든다. 이를 수연애라고 한다. 觸爲緣故生受 受爲緣生愛 是名受緣愛 … 意味受爲緣故 數復於意 隨順而住 由隨順故 數復於意 起貪等貪 執藏防護 堅著愛染 是名受緣愛"라고 하였다. [참고문헌] 『法蘊足論』. ⇨ 의미 意味

의민 毅旻 1710~1792. 조선후기 스님. 호는 오암(鰲巖), 속성은 김씨, 본관은 김해(金海). 아버지의 휘는 준(浚)이며, 어머니는 권(權)씨. 1710년(숙종36) 10월 2일 경상도 청하(淸河) 오두촌(鰲頭村 : 지금의 용두리)에서 태어났다. 천품(天禀)이 영준(英俊)하고 재주가 총민하였다. 이상사(李上舍)의 문하에서 수학하던 중 1731년(영조7) 22세 때 어머니가 돌아가셨다. 또 흉년(殺歲)을 만나 계속 공부를 할 수 없어 1732년(영

조8)에 청하 보경사(寶鏡寺)에 있는 친척되는 스님(戚僧)을 찾아가 각신(覺信)을 은사로 하여 스님이 되었고, 계영(桂影)선사 문하에서 경전을 배웠다. 1734년(영조10) 25세 때 휴정(休靜)의 제8세 법손인 수행(守行)으로부터 비구계를 받고 이어 사교과(四教科)와 대교과(大教科)를 수료했다. 1737년(영조13)에 처음으로 남행(南行)을 떠나 목로(牧老)의 회상(會上)으로 찾아가 4년간 경을 배웠다. 다시 본사인 보경사로 돌아와 1741년(영조17) 32세 때부터 강원조실로 학인을 지도하니 사방에서 구름처럼 모여들었다. 늙은 아버지를 절근처에 모시고 지극한 효성으로 봉양했다. 그러던 중 그루터기를 지키며 고향 산에만 머무르는 것(守株鄉山)을 한탄하고 다시 제방으로 다니다가 양산 통도사로 가서 호로(虎老)의 회하에서 4개월간 경을 열람하고 다시 팔공산 운부암(雲浮庵) 쌍운(雙運)에게서 『화엄경』을 배웠다. 1743년(영조19)부터 제방으로 대강백(大講伯)을 찾아다니면서 『화엄경』·『전등록』·『선문염송집』 등을 열람했다. 1753년(영조29) 7월 은사인 각신이 입적하고 이듬해에 속가의 부친 또한 회갑(回甲)의 나이로 돌아가시자, 상복(喪服)을 마친 후에도 내연산중(內延山中)을 떠나지 않고 스승과 부친의 송추(松楸 : 무덤) 근처에 머물면서 평생 후학을 지도하였고, 한편 유생(儒生)들의 그릇된 불교관을 시정하는데도 많은 노력을 기울였다. 1792년(정조16) 9월 7일 아침에 단정히 앉아 "오늘 아침 한바탕 깨었네. 꿈이 어느 곳에서 새 얼굴 반길까! 길고 먼 세월 동안 보리원 엮었으니 내생엔 반드시 법왕가에 나리! 今朝一夢罷 何處換新顔 久結菩提願 當生法王家"라 임종게를 남기고 세수 83, 법랍 61세를 일기로 입적하였다. 다비한 후 보경사 서운암(瑞雲庵) 북쪽에 탑을 세우고, 이듬해 제자인 회관(誨寬)이 비문을 지어 비를 세웠다. 제자에는 회관·돈선(頓禪)·인문(印文)·우홍(宇洪)·처경(處敬) 등이 있으며, 저술로는 우홍이 편록(編錄)한 『오암집』 1권(한불전9, pp.759c1~782c25)이 있다. 보경사성보박물관에 온전한 『오암집』 30판이 전한다. [참고문헌] 『鰲巖集』「行狀」(한불전9, p.781c8). ⇨ 오암집 鰲巖集, 오암당의민대사행장 鰲巖堂毅旻大師行狀

의밀 意密 Ⓢ citta-guhya. 삼밀(三密 : 身口意密) 중 하나. 여래의 삼밀 중 하나로서 의밀이란 성불한 여래의 마음이 불가사의한 비밀유가 중에 머무는 것을 말하고, 밀교행자가 닦는 의업으로서의 의밀은 진언이나 본존의 상을 마음(Ⓢ citta)으로 상응하여 어김없이 하는 것이다. 『파지옥비밀다라니법』(대정장18, p.911c28)에 "신밀은 법신덕이고 구밀은 반야덕이며 의밀은 해탈덕이다. 身密法身德 口密是般若德 意密是解脫德也", 『금광명경소』(대정장39, p.160c20)에 "마음으로 법성을 기억하고 네 분의 부처님을 호지하거나 참회하는 등의 법이 의밀이다. 意念法性 及四佛護持 乃至懺悔等法 卽是意密", 『현밀원통성불심요집』 권상(대정장46, p.995c20)에 "의밀이란 때론 진언범자를 떠올리거나 또는 가져 소리내거나 또는 준제보살을 떠올리거나 또는 보살이 손에 쥔 금강저와 병·꽃·과일 등의 물들을 떠올리는 것을 말한다. 意密 或想眞言梵字 或緣持誦之聲 或想准提菩薩 或想菩薩手中所執杵甁華果等物", 『대일경소』 권14(대정장39, p.728a18)에 "여래 의밀법은 오직 부처님과, 부처님만이 능히 다할 수 있다. 뜻과 같다고 한 말은 신밀과 구밀 역시 이와 같다고 알아야 한다는 말이다. … 의밀이란 본존유가의 관으로 또한 사중방위에 따라 각각 다르다. 이와 더불어 상응하는 것이 여래 의밀의 세계에 들어가는 것이다. 如來意密之法 唯佛與佛 乃能究了 如意者 當知是身口亦如是 … 意密者 卽是本尊瑜伽之觀 亦隨四重方位 各各不同 與此相應 卽入如來意祕密之藏也", 원측(圓測)의 『해심밀경소』 권1(한불전1, p.132a21)에 "의밀이란 여래의 성도하고 열반에 이르기까지 그 중간에 여래께 의심도 없었고 또한 마음을 뒤칠 일도 없어 다른 어떤 생각도 없이 행하는 등이다. 言意密者 如來成道至滅度日 於其中間 如來無疑 亦不迴轉心 無思行等"라고 하였다. [참고문헌] 『破地獄祕密陀羅尼法』, 『金光明經疏』, 『顯密圓通成佛心要集』, 『大日經疏』, 『解深密經疏』. ⇨ 삼밀 三密, 신밀 身密, 구밀 口密

의발 衣鉢 **1** Ⓢ pātra-cīvara, cīvara-pātra, Ⓟ patta-cīvara, Ⓣ chos-gos-dang-lhung-bzed, lhung-bzed-dang-chos-gos. 가사(袈裟)와 발우(鉢盂)를 아울러 부르는 말. 흔히 삼의(三衣)와 일발(一鉢)이라 하는데, 삼의는 구조의(九條衣)·칠조의(七條衣)·오조의(五條衣)이고, 일발은 사문의 식기인 응량기(應量器)를 말한다. 출가대중이 수지한 물건 가운데 가장 중요한 품목이고, 계를 받는다는 것은 삼의일발을 수지한다는 것이어서 비구비구니의 정체를 상징하며 하나도 빠지면 안 된다. 선종에서는 전법(傳法)의 상징으로 스승이 제자에게 전수한다. 『장아함경』 권1 「대본경 大本經」(대정장1, p.10a13)에 "그때 비구들이 부처님의 가르침을 받은 다음 의발을 들고 부처님께 예를 올리고 떠났다. 時 諸比丘 受佛教已 執持衣鉢 禮佛而去", 『범망육십이견경』(대정장1, p.265b21)에 "어디를 가거나 의발을 모두 몸에 지녀야 한다. 所行至處 衣鉢皆隨身", 『홍계법의』 권상(卍속장106, p.1002a13)에 "이 의발이야말로 항하사모래알 같은 모든 부처님들의 깃발이고 성현과 사문의 법도다. 인도의 96종 외도들은 그 이름조차도 알지 못하며 오직 불세존만이 일찍이 없었던 이 법을 보이셨다. 然此衣鉢 乃恒沙諸佛之幖幟 聖賢沙門之軌儀 西天有九十六種之外道 尙不識其名字 惟佛世尊 示此未曾有

法"라고 하였다. 이러한 전통을 계승하여 선종(禪宗)에서는 의발로서 법을 전수하는 징표로 삼았다.『부법장인연전』 권1(대정장50, p.300c9)에서 마하가섭(摩訶迦葉)은 열반에 들려할 때 계족산(鷄足山)에 들어가 부처님께 받은 분소의(糞掃衣)를 입고 손에는 자신의 발우를 들고 길상초를 깔고 선정에 든 채로 그 의발을 받을 미륵보살(彌勒菩薩)을 지금도 기다리고 있다 하였는데, 『대지도론』 권3(대정장25, p.78b27)에서도 부처님열반을 뒤따라 무여열반에 들고자 마하가섭이 가사와 발우를 갖추고 걸식을 마친 다음 기나긴 선정에 들었다 하였으니, 의발은 부처님의 법을 받은 비구승가의 상징이다. 『전법정종기』 권5(대정장51, p.743a12)에 "내가 세상을 떠나고 나서 이백년 후에는 의발전수전통이 끊어져 전해지지 않겠지만, 법은 참으로 크게 융성하리라. 然吾逝之後 二百年後 衣鉢止而不傳 法亦大盛"라고 한 달마대사(達磨大師)의 예언에 의지해 중국 선종에서는 의발전법의 전통이 오래가지 않았다 하나, 이는 종문(宗門)의 체계화된 전법상징으로서만을 말하는 것이다. 지금도 출가득도시 은사는 반드시 상좌에게 의발을 챙겨 가지게 하며, 전법(傳法)·전강(傳講)·전율(傳律) 시에도 의발을 전하니, 의발전법의 전통은 면면히 이어지고 있다. 의발은 비구비구니의 정체성을 표하기에 이를 불사르는 것으로 그 자격을 상실하는 의미를 갖는다. 『승사략』 권상 「별립선거 別立禪居」(대정장54, p.240b3)에 "허물이 있게 되면 주사가 드러내 주장자를 들고 의발을 불살랐으니, 이를 계벌이라 한다. 或有過者 主事示以柱杖 焚其衣鉢 謂之誡罰", 『백장청규』 권2 「숙중 肅衆」(대정장48, p.1122a3)에 "중죄를 범하면 의발을 불사르고 반드시 대중을 불러 모아 주장자로 매를 들어 부끄러운 죄상을 드러낸 다음 쫓아내어 옆문으로 나가게 한다. 犯重焚衣鉢 應當集衆人 山藤聊示恥 驅擯出偏門"라고 하였다. 『각호집』 권상(卍속장109, p.529a14)에 "나는 평생 안으로는 법희선열을 품어 불조를 놓은 적 없고, 밖으로 의발과 경서를 간직하여 눈엔 부귀마저 가득하였다. 이래야 비로소 납승가의 본분에 맞는 살림살이라 한다. 吾平生 內有法喜禪悅 不滅佛祖 外有衣鉢經書 滿眼富貴 乃爲衲僧家本分活計"라고 하였다. 〔참고문헌〕『長阿含經』, 『梵網六十二見經』, 『弘戒法儀』, 『付法藏因緣傳』, 『大智度論』, 『傳法正宗記』, 『僧史略』, 『百丈清規』, 『角虎集』, *Pañca-pr.204.*, *Śrāv-bh.11.*, *MN.1.108.* ⇨ 가사 袈裟, 발 鉢, 삼의 三衣 ❶, 삼의일발 三衣一鉢, 의법상전 衣法相傳 ❷ 승가(僧伽)의 사방승물을 일컫는 말. 『선림상기전』 권20(불광장, 禪藏, p.1594)에 "도충이 말한다. '스님들의 금전은 다 거두어 의발이라 한다. 아마도 금전과 재물은 원래 스님들이 비축해서는 안 되기 때문에 에둘러 의발이라 말했을 것이다'. 忠曰 僧錢帛總言衣鉢 蓋錢財元非僧可蓄者 故婉詞言之衣鉢耳"라고 하였다. 이러한 뜻으로 사방승물을 담당하는 소임을 의발시자(衣鉢侍者)라 하고, 일용물을 두는 곳을 의발각(衣鉢閣)이라 하며, 이상의 목록을 기재하여 승계한 장부를 의발부(衣鉢簿)라 한다. 〔참고문헌〕『禪林象器箋』. ⇨ 사방승물 四方僧物, 의발시자 衣鉢侍者, 의발각 衣鉢閣, 의발부 衣鉢簿

의발각 衣鉢閣 가사와 발우 즉 비구의 주요 지물을 보관하는 창고. 의발합(衣鉢閤)이라고도 한다. 후에는 개산조나 역대 주지의 유품·의발·재물 따위를 수장하는 보고(寶庫)가 되었다. 『선림상기전』 권1(불광장, 禪藏, p.49)에 "의발각 : 도충이 말한다. '주지의 의복과 재물을 보관하는 곳으로 일본의 면장에 해당한다'. 衣鉢閣 忠曰 藏住持衣財之處 此方所謂眠藏也"라고 하였다. 〔참고문헌〕『禪林象器箋』. ⇨ 의발 衣鉢 ❷

의발명의장 衣鉢名義章 북송 때 윤감(允堪 1005~1061) 지음. 1권. 卍속장105, pp.474a1~478a16에 수록되어 있다. 부처님께서 제정하신 근본 표지(標識)로서 승가에서 비구가 수지해야 하는 가사(袈裟)와 발우(鉢盂)를 비롯하여 만의(縵衣)·안다회(安陀會)·울다라승(鬱多羅僧)·승가리(僧伽梨)·종의(從衣)·니사단(尼師壇)·편삼(褊衫)·부견(覆肩)·열반승(涅槃僧)·발다라(鉢多羅) 등에 대하여 하나하나 범어의 원의를 서술하고 경율(經律)과 석소(釋疏)의 관련 문구를 인용하여 개념을 밝혔다. 〔참고문헌〕『新編諸宗教藏總錄』 권2(한불전4, p.691c6).

의발부 衣鉢簿 사중의 살림살이나 스님들의 가사와 발우를 비롯한 일용물 등을 기록하는 장부. 『서암료혜어록』 「행장 行狀」(卍속장122, p.371a13)에 "(임종하기 직전) 홀연히 의발부를 찾아 당부의 말을 적어 봉한 다음 집사에게 맡기고 훗날의 일에 나아가 가리도록 하였다. 忽索衣鉢簿 大書其後 緘付寺之執事者 趣辨後事", 『백장청규』 권3 「청상사직사 請喪司職事」(대정장48, p.1128a4)에 "주상인이 요사 순회를 마치면 양서·근구·소사도 따라 객위에 이르러 의발부와 유묵 등 물건을 받아 마치고는 모여서 차를 마시며 논의하여 다비의 주요 소임〈서기·유나·지객·시진시자〉을 청한다. 主喪人巡寮罷 兩序勤舊小師 隨到客位 呈衣鉢簿 遺墨等物 會茶議請 喪司職事〈書記 維那 知客 侍眞侍者〉"라고 하였다. 〔참고문헌〕『西巖了慧語錄』, 『百丈清規』. ⇨ 의발 衣鉢 ❷

의발시자 衣鉢侍者 나이든 이나 주지 등 소임자의 일상을 돕는 이. 손님맞이 등에서 생활용품과 재원까지도 관리하는 소임. 거처는 의발시자료(衣鉢侍者寮)·의발국(衣鉢局)·시국(侍局)·시의(侍衣) 등이라 한다. 『선림상기전』 권6(불광장, 禪藏, p.413)에 "의발시자란 주지의 금전을 담당한다. 衣鉢侍者 掌住持錢帛", 『백장청규』 권4 「의발시자」(대정장48, p.1131c22)에 "선배들이 많은 곳엔 총림에서 나이 든 이들을 위해 이 소임이 있다. 대개 충심으로 받아 모시고 허물을 바로 하니 널리 펼쳐 인재를 길러서 안팎의 온갖 일에 막힘없이 적응해 원융하게 한다. 이에 상하가 서로 보듬고 공경한다. 先輩多以叢林老成之士爲之 蓋能納忠救過 羅致人才 內外庶事 通變圓融 庶幾上下雍肅"라고 하였다. 〔참고문헌〕『禪林象器箋』, 『百丈淸規』. ⇨의발 衣鉢❷

의발하 衣鉢下 승당의 정해진 자리. 각자의 발우는 선반에, 그 아래로는 가사가 가지런히 걸린다. 『경덕전등록』 권8 「남전보원전 南泉普願傳」(대정장51, p.258a1)에 "남전이 법당으로 돌아가 조금 있다가 다시 승당으로 들어갔고 앞서 스님이 의발하에 앉음을 보았다. 師歸法堂 良久却入僧堂 見前僧在衣鉢下坐", 『동산어록』(대정장47, p.510a5)에 "그 스님 승당으로 돌아가 의발하에 앉은 채로 몸을 바꿨다. 其僧歸堂 就衣鉢下坐化", 『대혜어록』 권1(대정장47, p.814c8)에 "이 스님 30방 맞아도 마땅하다. 말해 보라. 그 허물 어디에 있을까? 상주물을 훔쳐 자기 것으로 들이지 말았어야 했다. 這箇阿師 好與三十棒 且道 過在甚處 不合偸常住物入衣鉢下"라고 하였다. 〔참고문헌〕『景德傳燈錄』, 『洞山語錄』, 『大慧語錄』. ⇨단위 單位❷, 의단하 衣單下

의발행리 衣鉢行李 가사와 발우 그리고 언제나 행각할 수 있게 꾸린 단출한 행장. 『백장청규』 권3 「천화 遷化」(대정장48, p.1127b1)에 "병이 깊어짐을 알고는 미리 동서 양서를 부르고 부지런히 남겨진 옛 일들을 점검하였으며 의발행리를 거두어 싸서는 방장실로 보냈다. 示疾覺沈重 預請兩序勤舊點對 封收衣鉢行李 就留方丈"라고 하였다. 〔참고문헌〕『百丈淸規』.

의방 義方 중국 스님 사경(思慶 1914~1959)의 법호. 〔참고문헌〕『九華山史話』(安徽省政協文史資料委員會, 1996) pp.51~52. ⇨사경 思慶

의방 疑謗 Ⓢpratikṣepa. 의심하고 헐뜯음. 80권본 『화엄경』 권58 「이세간품 離世間品」(대정장10, p.309a19)에 "정법을 의심하고 헐뜯는 것은 마구니가 거두고 붙듦이다. 疑謗正法 魔所攝持", 『용서증광정토문』 권11 「진주장로색선사권참선인겸수정토 眞州長蘆賾禪師勸參禪人兼修淨土」(대정장47, p.284a23)에 "믿음이 얕은 사람은 함부로 의심하고 비방한다. 淺信之人 橫生疑謗", 『간화결의론』(한불전4, p.733b5)에 "그러므로 범범히 배운다고 하는 무리들 도리어 의심과 비방만을 만들어낸다. 故汎學輩 翻成疑謗"라고 하였다. 〔참고문헌〕『華嚴經』, 『龍舒增廣淨土文』, 『看話決疑論』, 『楞嚴經』 권9(대정장19, p.149a17).

의방 醫方 Ⓢcikitsā, āyurveda-śāstra-kriyā, Ⓣgso-ba. 병을 알아 치료함. 『금광명경』 권3(대정장16, p.351c2)에 "이 왕국에 지수라는 장자가 있었는데 의방을 잘 알아서 온갖 병을 구했으니, 우리 몸을 구성하는 사대의 더하고 모자람을 잘 알았다. 是王國中有一長者名曰持水 善知醫方 救諸病苦 方便巧知 四大增損", 『보살선계경』 권3(대정장30, p.978b15)에 "보살은 무슨 까닭에 온갖 의방을 구하는가? 중생이 사백네 가지 병에 걸리지 않도록 하고, 중생을 가엾이 여기기에 조복하여 믿는 마음을 낳고, 기뻐하는 마음을 내도록 하기 위해서이다. 그러므로 보살은 여러 가지 의방을 구한다. 菩薩何故 求諸醫方 爲令衆生 離四百四病故 爲憐愍故 爲調伏衆生故 爲生信心故 生喜心故 是故 菩薩求諸醫方"라고 하였다. 〔참고문헌〕『金光明經』, 『菩薩善戒經』, *Bodh-bh.68.*, *Gauḍ-SK.36.*

의방론 醫方論 Ⓢcikitsita, cikitsā-śāstra, cikitsaka-śāstra, Ⓣgso-ba'i-bstan-bcos. 오명론(五明論) 또는 삼종세론(三種世論) 중 하나. 몸의 병을 다스리는 방편을 말하지만 부처님의 말씀을 비유하기도 한다. 『보살선계경』 권3(대정장30, p.976c19)에 "세론에는 세 가지가 있으니, 첫째 인론, 둘째 성론, 셋째 의방론이다. 世論者 有三種 一者 因論 二者 聲論 三者 醫方論", 『승만보굴』 권중(대정장37, p.35c6)에 "오명론이란 내론·인명론·성명론·의방론·공교론을 말한다. 五明論者 謂內論 因明論 聲明論 醫方論 工巧論", 『관능가경기』 권1(卍속장25, p.739a14)에 "의방론은 세속의 의방이 아니다. '부처님께서는 삼계의 의왕이시다'라고 하는데, 부처님께서 설하신 법은 기에 따라 베푸신 것이니 저 병에 따라 약을 처방하는 것과 같기에 불법을 의방론이라고도 한다. 醫方論 非世俗醫方 蓋言佛爲三界醫王 其所說法 應機施設 如應病與藥 故謂之醫方論"라고 하였다. 〔참고문헌〕『菩薩善戒經』, 『勝鬘寶窟』, 『觀楞伽經記』, 『楞伽經』 권1(대정장16, p.481b21), 『瑜伽師地論』 권38(대정장30, p.500c18), *Buddh-c.4.*, *Bodh-bh.68.* ⇨의방명 醫方明, 오명론 五明論

의방명 醫方明 Ⓢcikitsā-vidyā. 오명론(五明論) 중 하나. 병을 다스리는 지혜. 의명(醫明)·의방론(醫方論 Ⓢcikitsita)이라고도 한다. 『불의경 佛醫經』·『의유경 醫喩經』·『치선병비요경 治禪病祕要經』 등이 전해지고 있으며, 『남해기귀내법전 南海寄歸內法傳』 권3(대정장54, p.223b28)에도 병을 다스리는 여덟 가지 분류법인 팔의(八醫 : 八分醫方)가 전한다. 『법문명의집』(대정장54, p.200c24)에 "의방명에는 네 가지가 있다. 첫째 병의 인을 달리 알아 보이는 것, 둘째 병의 인을 드러내 보이는 것, 셋째 이미 생긴 병을 없애는 방편을 보이는 것, 넷째 이미 사라진 병이 다시 생기지 않도록 하는 것이다. 醫方明者 有四種 一者 顯示差知病因 二者 顯示病因 三者 能顯示除已起之病 四者 顯示已除之病 令不重起"라고 하였다. 〔참고문헌〕『法門名義集』, 『金光明最勝王經疏』 권4(대정장39, p.256c5). ⇨ 의명 醫明, 오명론 五明論, 팔분의방 八分醫方

의번뇌 疑煩惱 Ⓢ vicikitsā, Ⓟ vicikicchā. 육수면(六隨眠) 또는 십수면(十隨眠) 중 하나. 의개(疑蓋 Ⓢ vicikitsā-āvaraṇa)라고도 하며 신(信)의 상대어이다. 『대지도론』 권7(대정장25, p.110a28)에 "번뇌란, 마음을 흔들고 괴롭게 하기에 번뇌라고 한다. 번뇌에는 두 가지가 있으니, 안으로 착하고 밖으로 착한다. 안으로 집착하는 것은 오견·의·만 등이고, 밖으로 집착하는 것은 음·진 등이다. 무명과 안팎으로 함께 한다. 煩惱者 能令心煩 能作惱故 名爲煩惱 煩惱有二種 內著外著 內著者 五見 疑 慢等 外著者 婬 瞋等 無明內外共", 『성유식론』 권6(대정장31, p.31b16)에 "〔송〕 번뇌란 탐·진·치·만·의·악견을 말한다. 〔논〕 이런 탐 등의 여섯 가지의 성은 근본번뇌에 속하기에 번뇌라고 한다. 頌曰 煩惱謂貪 瞋 癡 慢 疑 惡見 論曰 此貪等六性是根本煩惱攝故 得煩惱名"라고 하였다. 〔참고문헌〕『大智度論』, 『成唯識論』. ⇨ 의 疑, 의개 疑蓋, 번뇌 煩惱, 육수면 六隨眠, 십수면 十隨眠, 신 信❶

의벌 意罰 ⓈⓅ mano-daṇḍa, Ⓣ yid-kyi-nyes-pa. 삼벌업(三罰業 : 身罰·口罰·意罰) 중 하나. 탐진치 등 의업(意業)으로 일으켜 받는 벌. 『구사론』 권18(대정장29, p.94b12 : *Abh-k-bh.*, p.264)에 "그러면 무슨 까닭에 부처님께서는 삼벌업 중에서 '의벌'이 가장 큰 죄라고 하십니까? … 삼벌업을 잡아서 의죄의 중대함을 말씀하신다. 若爾 何故 三罰業中 佛說意罰爲最大罪 … 約三罰業 說意罪大 yat tarhi bhagavatā trayāṇāṃ daṇḍānāṃ manodaṇḍo mahāsāvadya uktaḥ … trīṇi karmāṇi niyamayya manodaṇḍaḥ"라 하였다. 그러나 외도니건자는 신벌을 중히 여겨 고행을 종으로 삼았으니, 『중아함경』 권32 「우바리경 優婆離經」(대정장1, p.628b1)에 "세존께서 또 다시 물으셨다. '장고행니건아, 신벌·구벌·의벌이 각각 다르냐?' 장고행니건이 대답하였다. '구담이시여, 우리들의 신벌·구벌·의벌은 각각 다릅니다'. … '우리 스승 니건친자는 신벌이 가장 무겁다고 시설하여 악업을 행하지 않고, 짓지 않도록 합니다. 구벌은 그렇지 않고, 의벌은 최하이니, 신벌의 극히 크고 매우 중함에는 미치지 못합니다'. 世尊又復問曰 苦行 云何身罰異 口罰異 意罰異耶 長苦行尼揵答曰 瞿曇 我等身罰異 口罰異 意罰異也 … 我尊師 尼揵親子 施設身罰爲最重 令不行惡業 不作惡業 口罰不然 意罰最下 不及身罰 極大甚重"라고 하였다. 〔참고문헌〕『中阿含經』, 『俱舍論』, *Abh-k-bh.* ⇨ 삼벌업 三罰業, 의업 意業, 구벌 口罰, 신벌 身罰

의범 懿範 아름다운 본보기. 『치문경훈』 권7 「설두명각선사벽간유문석각 雪竇明覺禪師壁間遺文石刻」(대정장48, p.1078b17)에 "오래 전 여러 조사들 계셨으니, 장석수이(杖錫修已)는 한결같이 땅을 일구었고, 단하천연(丹霞天然)은 베옷 한 벌로 지냈으며, 조주종심(趙州從諗)은 타고 남은 재를 머리에 뒤집어쓰고 지냈다. 古先諸祖擧有懿範 杖錫一味喫土 丹霞只箇布裘 趙州靑灰滿首", 『선원청규』 권10 「백장규승송 百丈規繩頌」(卍속장111, p.936b10)에 "염송하되 3과 8의 날을 맞아 승당에 오르길 5일간 한다. 옛 현인들이 아름다운 본보기를 물려주셨으니, 후대는 어겨서는 안되리. 念誦逢三八 陞堂五日期 昔賢垂懿範 後代莫相違"라고 하였다. 〔참고문헌〕『緇門警訓』, 『禪苑淸規』. ⇨ 청규 淸規

의법 衣法 ❶ 가사(袈裟)와 법. 전법(傳法)의 표리(表裏)이니 법을 전하면 가사도 전한다. 종보본 『단경』(대정장48, p.348b1)에 "너희들은 각자 돌아가서 스스로 지혜를 살피라. 스스로 본심의 반야의 성품 취해서 각자 게송 하나를 지어 나에게 와서 보여라. 만약 대의를 깨달았다면 너희에게 가사와 법을 주고 제6대 조사로 삼겠다. 汝等各去 自看智慧 取自本心般若之性 各作一偈 來呈吾看 若悟大意 付汝衣法 爲第六代祖"라고 하였다. 〔참고문헌〕『壇經』. ⇨ 육대전의 六代傳衣, 의법상전 衣法相傳 ❷ 율장에 규정된 가사와 그 외 의복에 관련한 법. 의건도(衣犍度)를 말한다. 『십송율』 권56(대정장23, p.416a10)에 "의법이란 칠종의이니 세탁을 하거나 얻어서 자기 것으로만 모아두어서는 안 된다. 승가리·울다라승·안타회·우욕의·부액의·니사단과 나머지 법에 맞게 사용하는 의복류를 의법이라고 한다. 衣法者 七種衣 不須作淨得自畜 僧伽梨 鬱多羅僧 安陀會 雨浴衣 覆瘡衣 尼師壇 及餘如法所用衣物 是名衣法", 『사분비구니계본주해』 권1 「의법 衣法」(대장경보편8, p.134a23)에 "옷을 짓는 법은 여덟 가지로 다르다. 첫째 여법히 구한 재료, 둘째 여법한 바탕, 셋째 여법한 색깔, 넷째 올바른 치수, 다섯째 조각모음인 조의 다소, 여섯째 가로막음 수의 장단, 일곱째 겹 수의 다소, 여덟째 옷을 짓는 방법이다. 制衣法有八種不同 一 求財如法 二 財體如法 三 色如法 四 量是非 五 條數多少 六 堤數長短 七 重數多少 八 作衣方法"라고 하였다. 〔참고문헌〕『十誦律

』, 『摩訶僧祇律』 권28(대정장22, p.455a19), 『四分比丘尼戒本註解』, 李智冠 『南北傳六部律藏比較硏究』 p.125. ⇨ 의건도 衣犍度, 제의팔법 制衣八法

의법 依法 법에 의지함. 『입능가경』 권10(대정장16, p.584a29)에 "법에 맞게 수행하는 이는 천계나 사천하에 난다. 依法修行者 生天四天下", 『백장어록』(卍속장119, p.819b4)에 "선사는 대중을 이끌고 산에 도착한 후 바위 아래에서 주장자로 죽은 여우 한 마리를 끌어내어 법에 따라 화장하였다. 師領衆至山後巖下 以杖挑出一死狐 乃依法火葬"라고 하였다. [참고문헌] 『入楞伽經』, 『百丈懷海語錄』.

의법 意法 ❶ 의(意)와 법(法). 6근(根) 중의 하나인 의와 6경(境) 중의 하나인 법을 말한다. 『잡아함경』 권9(대정장2, p.57c16)에 "'세존이시여, 어떤 인과 어떤 연으로 안식이 생기고, 어떤 인과 어떤 연으로 이식·비식·설식·신식·의식이 생깁니까?' 부처님께서 비구에게 이렇게 말씀하셨다. '안의 인이 색을 연하여 안식이 생긴다. 그 까닭은 무엇인가? 안식이 생할 때 일체의 안과 색이 인연하기 때문이다. 이(耳)와 성(聲)이 인연하고, 비(鼻)와 향(香)이 인연하며, 설(舌)과 미(味)가 인연하고, 의와 법이 인연하여 의식이 생긴다. 그 까닭은 무엇인가? 모든 의식은 저 일체는 모두 다 의와 법이 인연하여 생기기 때문이다. 비구여, 이것을 안식의 인연생 나아가 의식의 인연생이라고 한다. 世尊 何因何緣 眼識生 何因何緣 耳鼻舌身意識生 佛告比丘 眼因緣色眼識生 所以者何 若眼識生 一切眼色因緣故 耳聲因緣 鼻香因緣 舌味因緣 意法因緣 意識生 所以者何 諸所有意識彼一切 皆意法因緣生故 是名 比丘 眼識因緣生 乃至 意識因緣生", 『법온족론』 권12(대정장26, p.509c4)에 "이 가운데 안촉은 안과 색과 안색이 인연이 되고, 나아가 의와 법이 인연이 되어 의식을 낳으며, 세 가지가 화합하기 때문에 촉을 낳는다. 이 가운데 의촉은 의와 법과 의식이 인연이 되는데, 이것을 육처연촉이라고 한다. 此中眼觸 以眼色眼識爲緣 乃至 意及法爲緣 生意識 三和合 故生觸 此中意觸 以意法意識爲緣 是名六處緣觸"라고 하였다. [참고문헌] 『雜阿含經』, 『法蘊足論』. ⇨ 육근 六根, 육경 六境, 육식 六識, 삼사화합 三事和合 ❷ 비밀법. 수법(修法)·행법(行法) 등과 같은 뜻이다. ⇨ 비밀법 秘密法, 수법 修法

의법불의인 依法不依人 Ⓢ dharma-pratisaraṇena bhavitavyaṃ na pudgala-pratisaraṇena, Ⓣ chos-la-rton-par bya'i gang-zag-la-rton-par mi-bya. 법사의(法四依) 중 하나. 법에 의지하고 사람에 의지하지 않는 것. 『법계차제초문』 권하(대정장46, p.688a1)에 "(法四依 중) 첫째는 법에 의지하고 사람에 의지하지 않는다. '법에 의지한다'는 것은, 실상과 일체 실상을 따르는 선법을 모두 법이라 하고, 또한 법신이라 부른다. 저 실상법신에 의지하며 모든 바라밀을 닦고 온갖 공덕을 행하면, 모두 일체청정을 구족하여 보리에 이른다. 그러므로 '법에 의지한다'고 한다. '사람에 의지하지 않는다'는 것은, 사람은 오음을 붙들어 임시로 이름과 상호를 성취할 뿐이다. 상호의 몸에 의지하며 모든 바라밀을 닦고 온갖 공덕을 행한들 죄다 전도에 떨어져 끝내 진실법신은 볼 수 없다. 그러므로 '사람에 의지하지 않는다'고 하는 것이다. 一 依法不依人 依法者 實相及一切隨順實相善法 通名爲法 亦名法身 若依實相法身 而修諸波羅蜜 萬行功德 皆悉具足一切淸淨 能至菩提 故云依法不依人者 人是攬五陰 所成假名相好之身 若依相好之身而修諸波羅蜜 萬行功德 則皆墮顚倒 終不得見眞實法身故云不依人也"라고 하였다. [참고문헌] 『法界次第初門』, 36권본 「大般涅槃經」 권6(대정장12, p.642a22), 『大方等大集經』 권29(대정장13, p.205a3), 『大智度論』 권9(대정장25, p.125a26), 『釋門歸敬儀』 권상(대정장45, p.860b25), 종보본 『壇經』 「序贊」(대정장48, p.347b25), *Mvyut.124.* ⇨ 법사의 法四依, 사의 四依❶

의법상자 衣法相資 가사와 법으로 스승과 제자가 주고받음. 『도서』 권상1(대정장48, p.401b3)에 "모두들 '안으로는 그윽한 말을 건네고 겉으로는 신표로서 가사를 전하니, 가사와 법을 주고받으며 부인으로 삼는다'고 하는데, 조계혜능 이후에는 이런 일을 듣지 못했습니다. 지금도 학인을 교화할 때 비밀스러운 말을 설합니까? 皆云 內授密語 外傳信衣 衣法相資 以爲符印 曹溪已後不聞此事 未審今時 化人說密語否"라고 하였다. [참고문헌] 『都序』. ⇨ 의법상전 衣法相傳, 부법전의 付法傳衣

의법상전 衣法相傳 가사와 법을 서로 전함. 스승이 제자에게 심인(心印)을 전하는 징표로 대대로 전승된 가사를 이어 전하는 전통을 말한다. 의법상자(衣法相資)라고도 한다. 『경덕전등록』 권30 「하택대사현종기 荷澤大師顯宗記」(대정장51, p.459b1)에 "가사로 법에 대한 신표로 삼고, 법이란 가사에 담긴 종지이다. 오직 가사와 법만을 서로 전하는 것을 보였을 뿐 별다른 법은 없다. 안으로는 심인을 전하여 도장을 찍듯 본심에 계합하고, 겉으로는 가사를 전하여서 종지를 표한다. 가사가 아니면 법을 전하지 못하고 법이 아니면 가사 받을 일 없다. 가사는 법의 신표로서의 옷이고 법이란 일어난 적 없는 법이다. 무생은 곧 허망함이 없어 바로 공적한 마음이다. 공적을 알아차리면 법신을 깨닫고 법신을 깨달으면 참된 해탈이다. 衣爲法信 法是衣宗 唯指衣法相傳更無別法 內傳心印 印契本心 外傳袈裟 將表宗旨 非衣不

傳於法 非法不受於衣 衣是法信之衣 法是無生之法 無生卽無虛妄 乃是空寂之心 知空寂而了法身 了法身而眞解脫"라고 하였다. [참고문헌]『景德傳燈錄』,『雪竇語錄』 권6(대정장47, p.712a26), 『中華傳心地禪門師資承襲圖』(卍속장110, p.866b11). ⇨ 부법전의 付法傳衣

의변 義卞 조선전기 스님. 경성일선(敬聖一禪 1488~1568)의 제자이다. 『청허집』 권6 「태백산상선암기」(한불전7, p.717c12)에 "기사년에 보현사 남쪽 기슭에 종을 봉안하였다. 낙성하고 대법회를 봉행하였다. … 그때의 산중대덕은 장로 휘정(暉晶)·대선사 의변 등이다. 歲己巳也 安鍾于普賢南麓也 因以落成焉 因以大會焉 … 其時在山中大德也 長老暉晶也 大禪師義卞也"라고 하였다. [참고문헌]『淸虛集』,『西域中華海東佛祖源流』(한불전10, p.104b6). ⇨ 일선 一禪 ❶

의변국토 依變國土 서로 의지해 변화무쌍한 국토. 『임제록』(대정장47, p.499c19)에 "그대들은 의지해 변하는 국토 향해 찾는 것 무엇인가? 삼승십이분교조차도 모두 오물 닦는 휴지일 뿐이다. 부처는 허깨비 몸이고 조사는 늙은 비구이다. 爾向依變國土中 覓什麽物 乃至三乘十二分敎 皆是拭不淨故紙 佛是幻化身 祖是老比丘"라고 하였다. [참고문헌]『臨濟錄』. ⇨ 의보 依報

의병승장비 義兵僧將碑 임진왜란 당시 의승장(義僧將) 기허영규(騎虛靈圭 ?~1592)의 순절비(殉節碑). 1839년(헌종5)에 낙봉대인(樂峯大仁)의 화주(化主)로 금산(錦山) 보석사(寶石寺)에 건립되었다. 전면의 대자(大字) '義兵僧將'은 창녕위(昌寧尉) 김병주(金炳疇)가 썼으며, 후면의 비문은 우의정 조인영(趙寅永)이 썼다. 일제강점기인 1940년에 일경(日警)이 비가(碑閣)을 헐고 전년의 글씨를 훼손하였으나, 절의 스님들이 몰래 땅에 묻어 보관하다가 해방 후에 복원하였다고 전한다. [참고문헌]『불교신문』 제3385호(2018.04.18). ⇨ 영규 靈圭, 의승 義僧, 승장 僧將

의병승장비
금산 보석사 1839년

의보 衣寶 ❶ 전륜왕칠보 중 하나. 보배로 장식한 옷. 보의(寶衣)라고도 한다. 『법원주림』 권43(대정장53, p.619a9)에 "여섯째 의보란 무엇인가? 왕이 입는 옷은 세간의 비단옷으로는 비할 바가 아니다. 가로세로의 문양이 있고 가장 부드러우며 어떤 티끌과 때도 더럽히지 못한다. 저 보의를 입은 즉 추위·더위·굶주림·목마름의 근심 걱정을 여의며, 물·불·칼 등으로도 부수지 못한다. 第六 衣寶者 王所有衣 無如世間 絹布絲縷 縱廣文章 第一柔軟 一切塵垢 不能點汚 著彼寶衣 卽離寒熱飢渴憂惱 而水火刀等 所不能損"라고 하였다. [참고문헌]『法苑珠林』. ⇨ 전륜왕칠보 轉輪王七寶, 보의 寶衣 ❷ ➡ 의내명주 衣內明珠

의보 依報 이보(二報) 중 하나. 유정(有情)이 의탁하는 기세간(器世間). 『영락본업경』 권상(대정장24, p.1016a1)에 "범부중생이 오음 중에 머물면 정보의 국토라 하고 산림과 대지를 함께 가지면 의보국토라 한다. 若凡夫衆生 住五陰中 爲正報之土 山林大地共有 名依報之土", 『입대승론』 권하(대정장32, p.46c24)에 "부처님들께서 세상에 출현하시는 국토와 중생은 모두 의보로서 각각 그 경계와 끝이 있다. 諸佛出世 國土衆生 皆是依報 各有齊限", 『화엄경탐현기』 권3(대정장35, p.160a27)에 "소승에서 보면 (기세간은) 단지 의보일 뿐이지만, 삼승의 기세간은 본식과 대원경지(大圓鏡智)가 드러낸 것으로서 의보의 섭이라 할 수 있다. 若小乘是唯依報 三乘中器世間 雖是本識 及鏡智所現 而唯依報攝", 『아미타경소초』 권2(卍속장33, p.389b13)에 "토란 의지함으로서 의보라 하고, 부처님은 능히 의지함으로 정보라 한다. 土是所依 名依報 佛是能依 名正報", 『능엄경직지』 권4(卍속장22, p.758b3)에 "고산이 말한다. '중생세계는 정보이고, 기세간은 의보이다. 정보가 얽히고설켜 저 의보를 부르니 능히 넘어서지 못한다'. 孤山曰 衆生世界 是正報 器世間 是依報 以由正報纏縛 故於依報不能超越"라고 하였다. [참고문헌]『瓔珞本業經』, 『入大乘論』, 『華嚴經探玄記』, 『阿彌陀經疏鈔』, 『楞嚴經直指』. ⇨ 의정이보 依正二報, 정보 正報, 기세간 器世間

의보국토 依報國土 의보인 국토. 『법화현의』 권7하(대정장33, p.772c15)에 "『법화론』에 따르면 의보국토를 연꽃으로 삼고, 더하여 보살은 연화행을 닦음으로 말미암아 그 보로 연화국토를 얻는다. 若依法華論 以依報國土爲蓮華 復由菩薩 修蓮華行 報得蓮華國土", 『마하지관』 권1상(대정장46, p.8a17)에 "의보국토에 있는 전택·처자·재산을 한 찰나에 다 잃으니, 문득 있다가 홀연히 사라지니 삼계 무상하여 저 한가득 고통의 상자일 뿐. 所有依報國土 田宅妻子財産 一念喪失 倏有忽無 三界無常 一篋偏苦"이라고 하였다. [참고문헌]『法華玄義』, 『摩訶止觀』. ⇨ 의보 依報

의보정보 依報正報 ➡ 의정이보 依正二報, 의보 依報, 정보 正報

의보추현 依報麤現 의보는 크게 드러난다는 뜻. 커서 잘 보이는 기세간을 말하며 정보인 유정은 정보세은(正報細隱)이라 한다. 『원종문류』 권14(한불전4, p.601b15)에 "〔문〕 다 같이 과법인데 어찌하여 앞의 회중에서는 의보를 밝혔고 여기서는 정보를 설하는가? 〔답〕 의보는 크게 드러나서 보기 쉬우므로 먼저 가렸고, 정보는 미세하고 숨어 알기 어렵기에 나중에 설한다. 또한 부처에 따라서는 먼저 정토에 깃든 다음 정보를 가린다. 問等是果法 何故前會明依 此中說正 答 依報麤現易見故先辨 正報細隱難知故後說 又若約佛 先須淨土棲託 後辨正報"라고 하였다. 〔참고문헌〕『圓宗門類』. ⇨ 의보 依報

의복 衣服 Ⓢ Ⓟ cīvara, na-bza'. 가사(袈裟)와 삼의(三衣) 등의 모든 옷가지. 『장아함경』 권2 「유행경 遊行經」(대정장1, p.14c28)에 "만일 음식·의복·와구로 계를 가진 사람에게 보시하면 큰 과를 얻으리라. 若以飮食 衣服臥具 施持戒人 則獲大果", 『비화경』 권8(대정장3, p.220b9)에 "그대가 아누다라삼막삼보리를 성취하였으니 이 가사라는 의복은 이들 오성공덕을 능히 성취하여 큰 이익을 짓는다. 汝成阿耨多羅三藐三菩提已 是袈裟衣服 能成就此五聖功德 作大利益", 『법화경』 권7(대정장9, p.57a12 : *Saddh-p.*, p.442)에 "만일 어떤 사람이 62억항하사 보살의 명자를 받아서 지니고 또한 목숨이 다할 때까지 음식·의복·와구·의약을 공양한다면, 너는 어떻게 생각하느냐? 이런 선남자선여인은 공덕이 많겠느냐? 若有人受持 六十二億恒河沙菩薩名字 復盡形供養 飮食衣服 臥具醫藥 於汝意云何 是善男子 善女人 功德多不 yaś ca dvāṣaṣṭīnāṃ gaṅgānadīvālikāsamānāṃ buddhānāṃ bhagavatāṃ namaskāraṃ kuryāt. nāmadheyāni ca dhārayed yaś ca tāvatām eva buddhānāṃ bhagavatāṃ tiṣṭhatāṃ dhriyatāṃ yāpayatāṃ cīvarapiṇḍapātaśayanāsanaglānapratyayabhaiṣajyapariṣkāraiḥ pūjāṃ kuryāt. tat kiṃ manyase kulaputra kiyantaṃ ca kulaputro vā kuladuhitā vā tato nidānaṃ puṇyābhisaṃskāraṃ prasavet"라고 하였다. 〔참고문헌〕『長阿含經』, 『悲華經』, 『法華經』, 『集異門足論』 권2(대정장26, p.372a11), *Saddh-p.*, *DN.1.190.* ⇨ 삼의 三衣[1], 의발 衣鉢

의복 衣幞 공양물을 나누어 싸는 보자기. 의복(衣襆)이라고도 쓴다. 『유부율』 권15(대정장23, p.706a13)에 "의복을 미리 지은 다음 모든 이양을 함께 고르게 나눈 다음 말씀 청하고 머문다. 可預作衣幞 所有利養 並共平分 聽聲而住"라고 하였다. 〔참고문헌〕『有部律』.

의복 依伏 의지해 엎드리다. 귀의(歸依) 중 의(依)의 풀이다. 『대승의장』 권10(대정장44, p.654a8)에 "삼귀란 마음을 돌이키고 몸을 던져 의지하고 엎드리기에 귀의라고 한다. 귀투의 상은 저 아들이 부친에게 돌아가는 것과 같고, 의복의 뜻은 백성이 왕에게 의지하는 것과 같고, 겁 많은 이가 용감한 이에게 의지하는 것과 같다. 言三歸者 歸投依伏 故曰歸依 歸投之相 如子歸父 依伏之義 如民依王 如怯依勇"라고 하였다. 〔참고문헌〕『大乘義章』. ⇨ 귀의 歸依

의복 倚伏 의지하고 감추다. 상대하는 두 가지가 상호 의존하는 관계에 있음을 가리키는 말이다. 본래 『노자』 58장의 "재앙이여! 복이 의지해 있네. 복이여! 재앙이 엎드렸네. 禍兮福所倚 福兮禍所伏"라는 구절에서 기원한다. 『광홍명집』 권8(대정장52, p.142b9)에 "참회한 악이라 해도 겁이 지나도 사라지지 않고, 털끝만한 선이라도 길이 몸을 따른다. 다만 화와 복은 서로 올라타니 서로 의지해 숨지 않음이 없다. 夫識介之惡 歷劫不亡 毫釐之善 永爲身用 但禍福相乘 不無倚伏", 『보살계소수견록』(卍속장95, p.259b3)에 "바른 각관에 들어가면 사람도 얻을 수 없고 법도 얻을 수 없다. … 화와 복은 서로 의지해 숨어 있으니 넘어서고 피할 수 없다. 入正覺觀時 人不可得 法不可得 … 禍福倚伏 趨避不可得"라고 하였다. 〔참고문헌〕『老子』, 『廣弘明集』, 『菩薩戒疏隨見錄』. ⇨ 의복상승 倚伏相乘

의복 義福 658~736. 당대 스님. 속성은 강(姜)씨. 노주(潞州) 동제(銅鞮 : 山西省 長治) 출신. 북종선을 대표하는 선사에 속한다. 어릴 때 복선사(福先寺) 두비(杜朏) 문하로 출가하였다가 32세가 되어서야 삭발하고 구족계를 받았다. 후에 신수(神秀)에게 사사받고 감전(藍田) 화감사(化感寺)에 주석하면서 20여 년 동안 산문을 나가지 않았다. 후에 경성(京城) 자은사(慈恩寺)로 갔다가 현종(玄宗)의 청을 받고 서경(西京) 복선사와 남용흥사(南龍興寺)에 주석하였다. 736년(개원24) 5월 24일 세수 79세로 입적하였다. 시호는 대지선사(大智禪師)이다. 당의 문인 엄정지(嚴挺之)가 지은 「대지선사비명」이 『전당문 全唐文』 권280에 수록되어 있다. 〔참고문헌〕『佛祖歷代通載』 권13(대정장49, p.593b8), 『宋高僧傳』 권9(대정장50, p.760b7). 『神僧傳』 권7(대정장50, p.997b6).

의복상승 倚伏相乘 의지하고 숨으며 서로 오름. 인과(因果)·화복(禍福)·길흉(吉凶) 등이 서로 의지해 그 세력을 이어가는 뜻이다. 『왕생론주』 권상(대정장40, p.828a22)에 "이 삼계 생사범부가 흘러다니는 어두운 집이니, 비록 고락으로 조금 다르고 길고 짧음이 잠시 다르더라도 다 꿰어 보면 유루 아닌 것 없으니, 의지해 숨으며 서로 올라타며 구르기를 끝이 없이 한다. 此三界蓋是生死凡夫 流轉之闇宅 雖復苦樂小殊 脩短暫異 統而

觀之 莫非有漏 倚伏相乘 循環無際"라고 하였다. 〔참고문헌〕『往生論註』. ⇨의복 倚伏

의복수념원 衣服隨念願 아미타불이 인위에서 발한 48원(願) 중 제38원. 가사(袈裟) 등의 의복이 뜻대로 성취되길 바람. 인천수락원(人天受樂願)·의복자연원(衣服自然願)·응법묘복원(應法妙服願) 등이라고도 한다. 『무량수경』 권상(대정장12, p.269a3 : *Sukh-vy.I*, p.23)에 "설령 제가 부처가 되더라도 나라 안의 인천대중이 의복을 얻으려 할 때 뜻대로 이루니, 저 부처님께서 칭찬하신 것과 같이 법도에 상응하는 아름다운 옷도 저절로 입게 하옵고, 만일 자르고 꿰매거나 물들이고 세탁하는 등의 수고가 여전히 남아 있다면 정각을 취하지 않겠나이다. 設我得佛 國中人天 欲得衣服隨念卽至 如佛所讚 應法妙服 自然在身 若有裁縫 染治浣濯者 不取正覺 sacen me bhagavan bodhiprāptasya kasyacid bodhisattvasya cīvaradhāvanaśoṣaṇasīvanarajanakarma kartavyaṃ bhaven na navābhijātacīvararatnaiḥ prāvṛtam evātmānaṃ saṃjānīyuḥ sahacittotpādāt tathāgatājñānujñātair mā tāvad aham anuttarāṃ samyaksaṃbodhim abhisaṃbudhyeyam"라고 하였다. 〔참고문헌〕『無量壽經』, *Sukh-vy.I*. ⇨사십팔원 四十八願, 미타인행사십팔원 彌陀因行四十八願

의복천 衣服天 Ⓢ Vajravaśin, Ⓣ rdo-rje dbang. 금강계만다라 외금강원(外金剛院)의 이십천(二十天) 중 하나. 금강의복천(金剛衣服天)이라고도 한다. 밀호는 금강애지(金剛愛持), 삼매야형은 궁전(弓箭), 종자는 (va)이며, 진언은 "옴 바일라바시 사바하 唵 縛日羅縛始 娑縛賀 oṃ vajravaśi svāhā 옴, 금강의복천이시여, 스바하"이다. 활과 화살을 들고 있다. 『대성환희쌍신비나야가천형상품의궤』(대정장21, p.323c16)에 "서방의 의복천은 정행대장이라고도 한다. 몸은 천인과 같고 관모 위에 용머리를 얹었다. 왼손에는 활을 들었고 오른손으로 화살을 쥐고 있다. 西方衣服天 亦名頂行人將 其形如大人 冠之上安龍頭 左手執弓 右手把箭"라고 하였다. 〔참고문헌〕『大聖歡喜雙身毘那夜迦天形像品儀軌』. ⇨금강의복천 金剛衣服天, 외금강이십천 外金剛二十天

의복향등공양게 衣服香燈供養偈 의복과 향과 등을 공양하는 게송. 『산보집』 권상 「영산작법절차 靈山作法節次」(한불전11, p.469b22)에 "가장 좋은 의복과 가장 좋은 향, 가루 향과 사르는 향, 등과 촛불을. 낱낱이 다 묘고산(妙高山 : 수미산)과 같이 모아서 저희들 모든 여래께 공양합니다. 最勝衣服最勝香 抹香燒香與燈燭 一一皆如妙高聚 我悉供養諸如來"라고 하였다. 〔참고문헌〕『刪補集』. ⇨공양 供養, 영산재 靈山齋

의본개말 依本開末 본에 의지하여 말을 열다. 일심(一心)에 의지해 생사의 뜻(生死義)을 보이는 등, 상위의 법상(法相)에 의지해 보다 자세하고 넓은 뜻을 펴보이는 경우를 말한다. 『화엄경탐현기』 권9(대정장35, p.281b26)에 "여기부터 제2의본개말이니 아홉 구로 나눈다. 이 중에 4위가 있으니 원요위·견위·수위·구경위를 말한다. 9구 중 처음 넷은 지전에 있어서의 원요위이고, 다음 1구는 초지에 의지하며, 다음 셋은 수위에 의지하고, 마지막 하나는 구경위를 밝힌다. 自下第二依本開末 分成九句 於中四位 謂願樂位 見位 修位 究竟位 初四寄在地前願樂位 次一寄初地 次三寄修位 後一明究竟位", 『석화엄교분기원통초』 권19(한불전4, p.496c13)에 "본에 의지하여 말을 펼치는 문에서 근본적인 들에 의지하여 아홉 가지로 나누어 들게 된즉 삼승인 듯하다. 일심법에 의지하여 육도생사하는 허망한 법의 뜻을 성취한다. 依本開末門中 依根本入 分九種入 則似於三乘 依一心法 成六道生死妄法之義"라고 하였다. 〔참고문헌〕『華嚴經探玄記』, 『華嚴經疏』 권31(대정장35, p.739a23).

의본성말 依本成末 본에 의지하여 말이 성취됨. 『십구장원통기』 권하(한불전4, p.77b19)에 "말은 본을 여읠 수 없고 본에 의지해서야 성취된다. 본에 의지하여 말이 성취되는 뜻 중에 비로소 동시이지만 다른 곳일 수밖에 없는 삼승증과가 이루어짐을 인증할 수 있다. 末不離本故 依本而成故 依本成末義中 方引同時異處三乘證成"라고 하였다. 〔참고문헌〕『十句章圓通記』.

의본심 依本心 범부중생의 삼심(三心 : 根本 依本 起事心) 중 하나. 부처님 응신(應身)의 현현을 장애하는 마음. 제7말나식(末那識)을 말한다. 의근본심(依根本心)이라고도 한다. 『대승의장』 권19(대정장44, p.841a16)에 "일체범부에게는 세 가지 마음이 있어 삼신을 얻지 못하니, 이를 뒤쳐서 삼신을 선립한다. 세 가지 마음이란, … 둘째 의본심이란 사주지가 무명에 의지하여 일어나면 의본심이라 부르니, 부처님의 응신을 장애한다. 보살이 번뇌를 끊는 도를 수습하여 이 마음을 끊어 버리면 응신을 얻는다. 一切凡夫 有三種心 不得三身 翻對彼故 建立三身 言三心者 … 二 依本心 謂四住地 依無明起 名依本心 障佛應身 菩薩修習 斷結之道 斷除此心 故得應身", 『유마경소』 권6(대정장85, p.415c17)에 "세 가지 마음이란, … 말나를 의본심이라 한다. 三心者 … 末那名依本心"라고 하였다. 〔참고문헌〕『大乘義章』, 『維摩經疏』. ⇨삼심 三心[9], 근본심 根本心, 기사심 起事心

의봉 義峰 조선후기 유영(有英)의 법호. 〔참고문헌〕『

東師列傳』 권4 「霽峰禪伯傳」(한불전10, p.1042a22). ⇨ 유영 有英

의봉 儀鳳 당대 고종(高宗)의 연호 중 하나. 676~679년이다. 『불조역대통재』 권12(대정장49, p.583b4)에 "병자년(676) : 의봉으로 바꾸었다. 丙子 改儀鳳", 『불조통기』 권29 「혜능장 慧能章」(대정장49, p.292b6)에 "의봉원년에 남해에 이르러 법성사에서 인종법사를 만났다. 儀鳳元年至南海 遇印宗法師 於法性寺"라고 하였다. 〔참고문헌〕『佛祖歷代通載』, 『佛祖統紀』.

의봉 蟻封 개미들이 쌓은 흙더미. 『대장엄론경』 권4(대정장4, p.277c14)에 "너는 개미흙더미 같을진대 저 수미산왕과 더불어 저 높고 낮음 견주려한다. 汝如蟻封而欲與彼須彌山王 比其高下", 『유부율』 권41(대정장23, p.854a7)에 "그때 육군비구가 자기 손으로 땅을 파거나 남을 시켜서 땅을 파기도 하며, 제방을 쌓거나 개미집을 허무는 등의 작태를 저질렀다. 외도들이 보고는 모두 함께 비난하였다. 時 六衆苾芻 自手掘地 或敎人掘 或造堤防 或損蟻封等 諸外道見 皆共譏嫌"라고 하였다. 〔참고문헌〕『大莊嚴論經』, 『有部律』.

의부 依附 Ⓢ saṃniśrita. 의지하고 따름. 귀의하여 문하가 되는 것을 뜻한다. 의부(依付)라고도 쓴다. 80권본 『화엄경』 권78 「입법계품 入法界品」(대정장10, p.433b22 : *Gaṇḍ-vy.*, p.404)에 "비유하자면 어떤 사람이 왕에게 의지하여 가까이 하면 여타 사람을 두려워하지 않는 것처럼 보살마하살 역시 이와 같아서 보리심 대세력왕에게 의지함에 장애도 덮힘과 악도의 난을 두려워하지 않는다. 譬如有人 依附於王 不畏餘人 菩薩摩訶薩 亦復如是 依菩提心大勢力王 不畏障蓋惡道之難 tadyathā kulaputra mahārājasaṁniśritaḥ puruṣaḥ sarvaprākṛtajanat na bibheti evamova sarvajñatācittotpādamahādharmarājasaṁniśrito bodhisattvaḥ sarvāvaraṇanivaraṇadurgatibhyo na bibheti", 『경덕전등록』 권6 「대주혜해전 大珠慧海傳」(대정장51, p.246c18)에 "(대주는) 스스로 『돈오입도요문론』 1권을 지었는데, 법문의 사질인 현안이 몰래 가지고서 강남을 나와 마조에게 보였다. 마조가 다 살펴보고 대중에게 알렸다. '월주 큰 구슬 있어 두렷이 밝은 빛 사무치고 자재하니 가려 막힘없다'. 대중 가운데 스님의 성이 주(朱)임을 아는 이 있어 서로 미루어 알아보고는 찾아뵙고 의지해 가까이 모셨다〈당시 '대주화상'이라고 부른 것은 마조가 부르기 시작했다〉. 自撰頓悟入道要門論一卷 被法門師姪玄晏 竊出江外呈馬祖 祖覽訖告衆云 越州有大珠 圓明光透 自在無遮障處也 衆中有知師姓朱者 迭相推識 結契來越上 尋訪依附〈時號大珠和尙者 因馬祖示出也〉"라고 하였다. 〔참고문헌〕『華嚴經』, 『景德傳燈錄』, 『緣本致經』(대정장1, p.821a8), 40권본 『大般涅槃經』 권2(대정장12, p.378a25), 『大智度論』 권46(대정장25, p.395b7), *Gaṇḍ-vy.* ⇨ 마조 馬祖, 혜해 慧海

의부모 依父母 부모에 의지하는 이. 자녀(子女)를 말한다. 『잡아함경』 권32(대정장2, p.230a3)에 "'마을주인이여, 당신의 생각은 어떠한가? 부모에 의지해 서로 보지 않았는데도 욕탐과 애념 등이 생기겠는가?' 마을주인이 답하길 '아닙니다. 세존이시여' '마을주인이여, 당신 생각은 어떠한가? 저 만약 보거나 듣는 것만으로도 저 부모에 의지해 욕탐의 생각을 내겠는가?' 마을주는 말하길 '그렇습니다. 세존이시여'. 聚落主 於意云何 汝依父母 不相見者 則生欲貪愛念不 聚落主言 不也 世尊 聚落主 於意云何 若見若聞 彼依父母 當起欲愛念不 聚落主言 如是 世尊"라고 하였다. 이를 『별역잡아함경』 권7(대정장2, p.423a18)에서는 "마을주인이여, 당신의 생각은 어떠한가? 당신의 자녀 아직 태어나지 않았고 아직 어머니에게 의지하지도 않아 보거나 듣지도 않았을 때, 가까이 하려거나 사랑하는 마음이 있겠는가? 聚落主 於汝意云何 若汝子未生 未依於母 未見聞時 頗於彼所 有欲親昵愛念心不"라고 하였다. 〔참고문헌〕『雜阿含經』, 『別譯雜阿含經』, *AN.4.329.*

의분 義分 뜻으로 나눔. 『화엄경수현기』 권1(대정장35, p.19a5)에 "뜻으로 나누어 여섯이 된다. 처음 두 부분은 부처님의 주처와 권속의 청정을 찬탄하고, 다음 두 부분은 불국토 주인의 청정에 대한 찬탄이며, 마지막 두 부분은 이익의 원만과 청정이다. 義分有六 初二 歎佛住處 及眷屬淨 次二 歎佛土主淨 次二半 歎利益圓淨"라고 하였다. 〔참고문헌〕『華嚴經搜玄記』.

의분천 意憤天 Ⓢ manaḥ-pradūṣikā devāḥ, Ⓣ yid-khrug-par-byed-pa'i lha. 마음에 분을 삭이지 못하는 하늘 무리. 분이 있어 하늘에서 떨어진다. 의분에천(意憤恚天)·분에천(憤恚天)·의상분원천(意相憤怨天)이라고도 한다. 『대비바사론』 권199(대정장27, p.997b9)에서는 묘고층급(妙高層級 : 四天王天)이나 삼십삼천(三十三天)이라 하나, 『유가사지론』과 『대비바사론』 권37(대정장27, p.190c21)·권151(대정장27, p.771c3)에서는 정함이 없이 욕계천이라고 한다. 『유가사지론』 권5(대정장30, p.300c22)에 "또 다시 하늘이 있는데 의분이라 부른다. 저 모든 하늘 무리들은 때때로 이리저리 각진 눈으로 서로 살피는데, 서로 살피기에 마음의 분이 점차 더하고, 마음의 분이 더하기에 저곳에서 사라진다. 或復有天 名曰意憤 彼諸天衆 有時展轉 角眼相視 由相視故 意憤轉增 意憤增故 從彼處沒"라고 하였

다. [참고문헌] 『大毘婆沙論』, 『瑜伽師地論』, *Yogā-bh.103.* ⇨ 욕계천 欲界天

의불가득 義不可得 ❶ Ⓢ artha-anupalambha-prativedha, Ⓣ don-mi-dmigs-pa-rtogs-pa. 대상의 본체는 인식할 수 없다는 뜻. 이름과 상응하는 외적 대상의 실체가 없다는 말이다. 『대지도론』 권25(대정장25, p.246b2)에 "이와 같이 일체의 이름과 글자 중에 막힘이 없는 것을 법무애지라고 하는데, 그 까닭은 이름과 글자를 떠나서는 그 뜻을 얻을 수 없고, 뜻은 반드시 이름에서 연유한다. 그러므로 그 다음에 뜻으로 법이 있게 된다. 如是等一切名字分別中無滯 是名爲法無礙智 所以者何 離名字 義不可得 知義必由於名 以是故 次義有法", 『섭대승론석』 권7(대정장31, p.203b6)에 "먼저 이미 이름과 뜻을 설하고 다음에 자성과 차별을 말한다. 이 네 가지 모두 임시로 세운 언설이니 무엇을 나타내고자 하는가? '의불가득'을 나타내기 위한 것이다. 대상(의체)를 얻을 수 없으므로 이름에도 자성과 차별이 없다. 그러므로 보살은 이 이름이 오직 임시로 자성과 차별을 건립한 것일 뿐임을 심사한다. 이와 같이 헤아리고 의심하며 결정하고 아는 것 등을 '심사'라고 한다. 이 '심사'로 보살이 이름과 대상 등 두 가지에 실체가 없음을 관하는 것을 여실지라고 한다. 先已說名及義 後說自性及差別 此四中皆 假立言說 欲何所顯 爲顯義不可得 由義不可得 名亦無自性及差別 是故 菩薩尋思 此名唯假立 自性差別 如此度疑決了等 說名尋思 因此尋思 菩薩觀名義等二無所有 是名如實智"라고 하였다. [참고문헌] 『大智度論』, 『攝大乘論釋』, 『大乘莊嚴經論』 권4(대정장31, p.611a20), *Sūtr.58.* ❷ 뜻이 성립할 수 없다는 말. 『섭대승론석』 권3(대정장31, p.170b15)에 "중생이 이미 탁태하여 태어났으면 반드시 세 가지 뜻이 있으니, 첫째는 유지하여 폐지됨이 없는 것이고, 둘째는 모든 근을 통틀어 유지하는 것이며, 셋째는 체가 과보이고 무기라는 것이다. 아리야식을 떠나면 이 세 가지 뜻은 성립할 수 없다. 衆生若已託生 則定有三義 一 執持無廢 二 通攝持諸根 三 體是果報無記 若離阿梨耶識 此三義不可得"라고 하였다. [참고문헌] 『攝大乘論釋』.

의불열 意不悅 Ⓢ amanāpa, Ⓣ yid-du-mi-'ong-ba. 뜻으로 기꺼워하지 못함. 위의(違意), 절심(切心), 비애(非愛), 불가의(不可意) 등으로도 번역되었다. 근심(憂)을 말한다. 『자씨보살소설대승연생도간유경』(대정장16, p.820a24)에 "오식신과 함께 하기에 고통일 수밖에 없고, 뜻에 있어 기껍지 않으니 근심이며, 번뇌가 늘 따르기에 뇌롭다. 五識身相應名爲苦 意不悅故名憂 隨煩惱故名爲惱", 『유가사지론』 권42(대정장30, p.522b13)에 "나 이렇듯 구하였지만 다른 이 만약 어긋난다 여기면 내가 구한 바 따를 수 없고 내 마음도 기껍지 않다. … 내가 지은 일 만약 다른 이들이 구한 바와 같이 따를 수 없고 뜻으로 기꺼워하지 않는다면 어찌 드러내 행할 수 있겠는가. 我求是已 他若相違而現行者 我求不遂 我意不悅 … 我之所作 若有令他所求不遂意不悅者 何現行爲"라고 하였다. [참고문헌] 『慈氏菩薩所說大乘緣生稻䕠喩經』, 『瑜伽師地論』, *Bodh-bh.127.*

의불호 意不護 삼불호(三不護) 중 하나. 의업(意業)을 보호하지 않는다는 말. 『법화경』 권3(대정장9, p.19b14)에서 도를 아는 사람(知道者)이라고 칭한 여래명호에 대한 해석이다. 『니건자소설경』 권6(대정장9, p.347c8)에 "왕이 말했다. '대사시어! 의업을 보호하지 않는다는 말은 무슨 뜻입니까?' '대왕이여! 사문 구담은 의업이 청정합니다. 사문 구담의 의업에 청정하지 않음이 없습니다. 그러므로 사문 구담은 「나의 의업이 청정하지 않아 남이 알까 두려우니 의식적으로 지켜야겠다」라는 생각을 하지 않습니다. 왜냐하면 사문 구담의 의업에는 청정하지 않음이 없기 때문입니다. 이것을 셋째 의업명호라고 한다. 王言 大師 云何意業不護 答言 大王 沙門瞿曇意業淸淨。沙門瞿曇無有意業不淸淨者 是故沙門瞿曇不作心念 我意業不淸淨 恐畏他知 作心防護 何以故 沙門瞿曇無有意業不淸淨故 是名第三意業不護", 『법화문구』 권7(대정장34, p.93a23)에 "도를 아는 이란 의업을 보호하지 않는다는 뜻이고, 도를 여는 이란 신업을 보호하지 않는다는 뜻이며, 도를 설하는 이란 구업을 보호하지 않는다는 뜻이다. 知道 謂意不護 開道 謂身不護 說道 謂口不護", 『법화경문구찬요』 권4(卍속장46, p.823b18)에 "세 가지 불호는 범부가 인식내용에 따라 분별한 것이니 삼업을 지키지 않는다는 뜻이다. 이승은 지혜가 있어서 삼업을 더욱 부지런하게 지키지만 여래의 삼업은 몸 그대로가 삼밀이고 삼륜이며 삼덕의 비장이라 법계에 없는 곳이 없고 중생의 근기에 응하여 나타난다. 그러므로 도를 알고 도를 열고 도를 설한다고 하였다. 불가사의하여 지킨다는 생각도 없고 지키지 않는다는 생각도 없음을 삼불호법문이라 한다. 三不護者 凡夫隨識分別 不護三業 二乘有智 護之尤謹 如來三業 當體是三密三輪 三德秘藏 徧周法界 隨機應現 故云知道開道說道 不可思議 無護不護 是謂三不護法門"라고 하였다. [참고문헌] 『法華經』, 『尼乾子所說經』, 『法華文句』, 『法華經文句纂要』. ⇨ 삼불호 三不護, 의업 意業

의비 意悲 Ⓢ kṛpā-āśaya, Ⓣ snying-rje'i-bsam-pa. 작의(作意 Ⓢ āśaya)의 자비(慈悲). 기꺼이 일으킨 깊은 자비심을 말한다. 『대승장엄경론』 권1(대정장31, p.594a17 : *Sūtr.*, p.9)에 "게로 말하길, 귀의에는 대의가 있네. 공덕이 모여 증장하고, 뜻으로 하는 자비가 세간에 가득하니, 큰 성인의 법 널리 넘치네. 偈曰 歸依有大義 功德聚增長 意悲遍世間 廣流大聖法 〈śloka〉 śaraṇagatim imāṃ gato mahārthāṃ guṇagaṇavṛddhim upaiti so 'prameyām, sphurati jagad idaṃ kṛpāśayena prathayati cāpratimaṃ mahārthadharmam", "〔석〕 대의란 자리행과 이타행을 말한다. 자리행이란 무엇인가? 공덕이 증장하는 것을 말한다. 여기에는 많은 종류가 있어서 생각으로 헤아리거나 숫자로 세거나 시절 등에 모두 한량이 없다. 왜냐하면 생각으로 헤아릴 수 없기 때문이고, 세어서 알 수 없기 때문이며, 필경 항상 행하여도 때에 그 끝이 없기 때문이다. 이타행이란 무엇인가? 마음 깊이 일으킨 자비가 일체중생들에게 미치는 것이고, 폭넓고 부지런한 방편으로 대성법을 유포하는 것이다. 대성법이란 대승법이다. 釋曰 大義 謂自他利行 自利行者 謂功德增長 復有多種 若思度 若數數 若時節 皆無有量 由不可思度故 不可數知故 畢竟恒行時無分齊故 他利行者 作意及悲 遍一切衆生故 廣勤方便流大聖法故 大聖法者 大乘法故 〈bhāṣya〉 atra śaraṇagamanasthāṃ mahārthāṃ svaparārthapratipattibhyāṃ darśayati. svārthapratipattiḥ punar bahuprakārā 'prameyaguṇavṛddhā. aprameyatvaṃ tarkasaṃkhyākālāprameyatayā veditavyaṃ. na hi sā guṇavṛddhis tarkeṇa prameyā na saṃkhyā na kālenātyantikatvāt. parārthapratipattir āśayataś ca karuṇāsphuraṇena prayogataś ca mahāyānadharmaprathanena. mahāyānaṃ hi mahāryadṛśāṃ dharmaḥ"라고 하였다. 〔참고문헌〕『大乘莊嚴經論』, *Sūtr.* ⇨ 자비 慈悲

의비계비무계업 意非戒非無戒業 무기심(無記心)과 상응하는 의업(意業). 『사리불아비담론』 권7(대정장28, p.581b19)에 "어떤 것이 의비계비무계업인가? 의업이 무기이면, 무기심과 상응하는 생각이니, 이것을 의비계비무계업이라고 한다. 云何意非戒非無戒業 若意業無記無記心相應思 是名意非戒非無戒業"라고 하였다. 〔참고문헌〕『舍利弗阿毘曇論』. ⇨ 무기심 無記心, 의업 意業

의빈권씨 懿嬪權氏 조선 태종의 빈(嬪)이며 정혜옹주(貞惠翁主)의 생모. 1402년(태종2)에 정의궁주(貞懿宮主)가 되고 1422년(세종4) 2월 20일에 의빈(懿嬪)으로 진봉(進封)되었다. 1422년 5월 10일에 태종이 죽자 그달 20일에 출가하여 스님이 되었다. 『세종실록』 권16 4년(1422) 5월 20일에 "의빈 권씨와 신녕궁주 신씨가 임금에게 아뢰지 않고 머리를 깎아 비구니가 되자, 후궁들도 다투어 머리를 깎고 범패구를 갖추어 아침저녁으로 작법을 행하였다. 임금이 금하여도 막을 수 없었다. 懿嬪權氏 愼寧宮主辛氏 不啓於上 剃髮爲尼 後宮爭相剃髮 備梵唄之具 晨夕作法 上禁之不得"라고 하였다. 이후 세종의 후궁들도 왕이 죽은 뒤에 출가하여 비구니가 되자, 1450년(문종 즉위년) 3월 21일에 자수궁(慈壽宮)을 지어 머물게 하였다. 자수궁에는 불당(佛堂)을 두었으므로 자수원(慈壽院)이라고도 하였다. 〔참고문헌〕『世宗實錄』, 『文宗實錄』 권1. ⇨ 왕실여인출가 王室女人出家, 자수원 慈壽院

의빙 依憑 ❶ 의지하다. 『호국경』(대정장1, p.872b11)에 "내가 들은 법은 의지할 만하니 틀림없이 정각을 이루는 실마리가 될 것이다. 我所聞法 堪可依憑 必成正覺", 40권본 『대반열반경』 권21(대정장12, p.492b27)에 "국왕에 의지하면 도적의 침입이 없게 된다. 마치 싹이 지·수·화·풍 등의 요인에 따라 자라듯이. 依憑國王 無有盜賊 如芽依因地水火風等"라고 하였다. 〔참고문헌〕『護國經』, 『大般涅槃經』. ❷ 근거. 『성유식론연비』 권1말(대정장43, p.829b27)에 "뒤의 주장이 더 낫다. 근거가 있기 때문이다. 後說爲勝 有依憑故"라고 하였다. 〔참고문헌〕『成唯識論演祕』.

의사 意思 Ⓢ manas, Ⓣ yid. 뜻으로 헤아림. 탐진치 등과 같은 마음의 작용을 말한다. 『구사론』 권18(대정장29, p.98a26 : *Abh-k-bh.*, p.275)에 "산(算)과 문(文)은 앞의 어업과 그것을 일으키는 오온을 바탕으로 삼는다. 뒤의 수(數)는 앞의 의업과 그것을 일으키는 사온을 바탕으로 삼는다는 사실을 알아야 한다. 단지 마음의 생각만으로도 법을 헤아릴 수 있기 때문이다. 算及文 以前語業 及彼能發五蘊爲體 後數應知 以前意業 及彼能發四蘊爲體 但由意思 能數法故 gaṇanā kāvyaṃ ca vākkarma. ity etāni pañcaskandhasvabhāvāni. saṃkhyā manaskarma. yan manasā saṃkalanaṃ dharmāṇām", 『구사론기』 권16(대정장41, p.252b20)에 "탐 등 세 가지가 곧 마음의 생각이니, 생각을 여의면 바탕이 없다. 貪等三種 卽是意思 離思無體"라고 하였다. 〔참고문헌〕『俱舍論』, 『俱舍論記』, *Abh-k-bh.* ⇨ 의업 意業, 사업 思業, 삼독 三毒

의사 義士 ❶ 의로운 사람. 뜻있는 이. 구도자(求道者). 보살·대사(大士)·개사(開士) 등과 같은 의미다. 『법원주림』 권25(대정장53, p.474b28)에 "대장군 상산공 현과 좌장군 안성후 숭이 모두 불법을 돈독하게 믿어, 여러 번 구마라집을 장안사(長安寺)로 청하여 새로운 경전을 강설하고 대승과 소승의 경전을 계속하여 역출하였는데, 모두 삼백구십여 권이니 그 경명들은 별전(別傳)에 수록되어 있다. 아울러 신비한 근원을 드러내고 깊은 이치를 드날리니, 이때 사방의 의사가 만리 밖에서 모여들었다. 大將軍 常山公 顯 左將軍 安城侯 嵩

並篤信緣業 屢請什於長安大寺 講說新經 續出大小乘經論 凡有三百九十餘卷 名在別傳 並暢顯神源 揮發幽致 于時 四方義士 萬里必集"라고 하였다. 〔참고문헌〕『法苑珠林』, 『梁高僧傳』 권2(대정장50, p.332b19). ❷ 의리와 절의를 굳게 지키는 사람. 『삼국유사』 권2(대정장49, p.982a2·한불전6, p.306a15) 기이(紀異)2 후백제견훤(後百濟甄萱)에 "대왕이 사십여 년 동안 부지런히 힘을 쏟아 그 공업이 성취되었으나, 하루아침에 가족의 재난으로 땅을 잃고 고려를 따랐다. 정절이 있는 여인은 두 지아비를 섬기지 않고, 충성스런 신하는 두 임금을 섬기지 않는다. 자신의 임금을 버리고 역적을 섬긴다면 무슨 낯으로 천하의 의사들을 볼 수 있겠는가? 大王勤勞 四十餘年 功業垂成 一旦 以家人之禍 失地 從於高麗 夫貞女不事二夫 忠臣不事二主 若捨己君 以事逆子 則何顏以見天下之義士乎"라고 하였다. 〔참고문헌〕『三國遺事』.

의사 疑使 의심하는 번뇌. 오둔사(五鈍使) 또는 칠사(七使)·십사(十使) 중 하나. 삼계(三界)에 유전하도록 하는 근본번뇌 중 하나로, 사(使)는 번뇌를 뜻하므로 의결(疑結)과 같다. 『증일아함경』 권34(대정장2, p.739a10)에 "(七使 중) 의사는 정각의로 다스린다. 疑使者 定覺意治之", 『법원주림』 권72(대정장53, p.835c27)에 "열째, 의사의 허물을 밝힌다. 의에는 두 가지가 있다. 첫째는 일어난 일에 대한 의심이다. 예를 들면 밤에 나무를 보고 사람일까 아닐까 하는 등의 의심을 말한다. 이렇게 구체적인 현상에 대하여 의심하는 마음은 생사윤회를 초래할 정도의 잘못은 아니기에 소승에서는 '사'라고 하지 않았으니, 번뇌가 아니기 때문이다. 아라한에게도 이러한 의심이 있기 때문에 『대지도론』에서 말하길 '아라한은 비록 사성제에 대한 의심은 없으나 일체법 처처에 의심이 남아있다'. 갖가지 현상에 대한 이러한 의심은 대승의 설과 비교하면 어둡고 허망한 마음이고 변역생사를 초래하므로 역시 '사'라고 설한다. 둘째는 이에 대한 의심이다. 모든 몸과 마음은 생멸하여 아가 아니라는 이에 대하여 변함없는 '아'가 있지 않을까 의심하는 것을 '의리'라고 한다. 그러므로 『성실론』에서 묻기를 '의심에는 어떤 과오가 있는가? 〔답〕 의심이 많으면 일체의 세간과 출세간의 일을 모두 성취할 수 없다'. 또 법을 의심하면 배워서 얻을 수 없고, 스승을 의심하면 그를 공경할 수 없으며, 자신마저 의심하면 배울 때가 아니다. 이런 세 가지 의심을 일으키면 이 역시 도를 장애하는 근본이다. 第十 明疑使過者 疑有二種 一 疑事 如夜見樹 疑爲人等 此疑事心 不招生死 故小乘中 不說爲使 非煩惱故 羅漢亦有 故智度論云 阿羅漢 雖無四諦中疑 一切法中 處處有疑 此諸事疑 若望大乘 是暗妄心 招變易死 亦說爲使 二者 疑理 謂諸身心生滅非我 疑謂常我 名爲疑理 故成論問 疑有何過 答 若多疑者 一切世間 出世間事 皆不能成 又疑法不可學得 疑師不能敬彼 疑自非是學時 若生此三疑 亦是障道根本"라고 하였다. 〔참고문헌〕『增壹阿含經』, 『法苑珠林』, 『大智度論』 권26(대정장25, p.248b22), 『成實論』 권10(대정장32, p.315b25). ⇨ 의결 疑結, 오둔사 五鈍使, 칠사 七使, 십사 十使

의사석 依士釋 육합석(六合釋) 중 하나인 의주석(依主釋)을 달리 이르는 말. 『화엄경소초』 권38(대정장36, p.288a16)에 "(六合釋 중) 처음의 의주석이란 무엇인가? 소의를 주로 삼는다. 마치 안식이라 하는 것과 같아서 식(識)이 눈(眼)에 의지하여 일어나면 눈의 식이므로 안식이라 한다. 눈의 주인을 들어 식을 드러내기에 의사석이라고도 한다. 初依主者 謂所依爲主 如說眼識 識依眼起 卽眼之識 故名眼識 擧眼之主 以表於識 亦名依士釋"라고 하였다. 〔참고문헌〕『華嚴經疏鈔』. ⇨ 의주석 依主釋, 육리합석 六離合釋, 육합석 六合釋

의사식 意思食 Ⓢ manaḥ-saṃcetana-āhāra, Ⓟ mano-sañcetana-āhāra, Ⓣ yid-la-sems-pa'i-zas. 사식(四食) 중 하나. 생각이라는 먹이. 마음의 생각이 생명의 자양분이 되므로 이것을 먹이에 비유한 말이다. 의지식(意志食)·의념식(意念食)·사식(思食)·염식(念食)·업식(業食) 등이라고도 한다. 『집이문족론』 권8(대정장26, p.400c5)에 "어떤 것을 의사식이라고 하는가? 〔답〕 유루의 생각을 연하여 능히 제근을 기르고 사대종을 더욱 북돋우며, 또 더욱더 적셔 기름지게 하고 나아가 점점 더 유지하게 하는 것을 의사식이라고 한다. 그 구체적인 예들은 어떤 것인가? 〔답〕 물고기·거북이·자라·실수마라·부로가 등과 같은 것은 물에서 나와 육지에 이르러 알을 낳고서 고운 모래로 덮고 다시 물에 들어간다. 저 알이 어미를 생각하여 잊지 않으면 썩어 문드러지지 않으나 저 알이 어미를 생각하여 기억하지 못하면 썩어 문드러진다. 이와 같은 등의 류를 의사식이라고 한다. 云何意思食 答 若有漏思爲緣 能令諸根長養 大種增益 又能滋潤 隨滋潤 乃至 持隨持 是名意思食 其事如何 答 如魚龜鼈 室首摩羅 部盧迦等 出至陸地 生諸卵已 細沙覆之 復還入水 若彼諸卵 思母不忘 便不腐壞 若彼諸卵 不思念母 卽便腐壞 如是等類 名意思食"라고 하였다. 〔참고문헌〕『集異門足論』, 『雜阿含經』 권15(대정장2, p.102c14), *Mvyut.169.*, *SN.2.100.* ⇨ 사식 思食, 사식 四食❶

의사업 意思業 Ⓢ manasikāra-karman, Ⓣ yid-la-byed-pa'i-las. 뜻으로 생각하여 짓는 업. 현장 역본(譯本)에는 작의업(作意業)이라 하였다. 『섭대승론석』 권4(대정장31, p.339c24)에 "'저 뜻과 같이 생각하여 짓는 업을 신업과 어업이라 한다'란, 뜻으로 생각한 그대로가 몸에서 일어나면 신업이라 하고 말의 측면에서 일어나면 어업이란 이름을 얻는다. 如意思業名身語業者 如一意思於身門轉 得身業名 於語門轉 得語業名"라고 하였다. [참고문헌]『攝大乘論釋』, *Mah-saṃ.46.* ⇨사이업 思已業, 작의업 作意業

의사지 依捨地 ➡의혜지 依慧地

의산 義山 ❶의리가 산처럼 높다는 뜻. 『인명입정리론소』 권상(대정장44, p.91b15)에 "여기에 상갈라라고 하는 보살이 있으니, 성자 역룡(域龍 Ⓢ Dignāga : 陳那)의 문인이다. 훌륭한 인도를 받아서 실로 다문이라 부를 만한데, 바다와 같은 지혜를 깊은 마음속에서 퍼올리고, 산과 같은 의리를 깊은 장부 속에 세웠다. 爰有菩薩 號商羯羅 聖者域龍之門人也 既資善誘 實號多聞 挹慧海於深衷 竦義山於奧腑"라고 하였다. [참고문헌]『因明入正理論疏』. ❷당대 시인 이상은(李商隱 813~858)의 자(字). [참고문헌]『辯僞錄』 권2(대정장52, p.763b18). ⇨이상은 李商隱

의삼 衣衫 가사(袈裟)와 편삼(偏衫). 또는 가사와 장삼(長衫). 옷. 승의(僧衣) 일반을 가리킨다. 『허당록』 권7 「송파양복도자 送鄱陽復道者」(대정장47, p.1038c17)에 "시커먼 두 눈동자의 어떤 도인 마주쳤더니, 낡아빠진 가사와 장삼으로 갈바람 맞는구나. 모든 뼈마디가 언젠가 흙으로 변할 일 달게 받고, 만사는 흩어진 쑥과 같다고 비웃는다네. 相逢道人漆雙瞳 衣衫零落迎秋風 甘將百骸作泥土 冷笑萬事如展蓬", 『선림비용청규』 권10(卍속장112, p.141a16)에 "가사와 장삼을 벗은 뒤에는 가지런히 정돈해야 한다. 脫著衣衫貴整齊", 『속전등록』 권22 「삼성계창장 三聖繼昌章」(대정장51, p.614c21)에 "귀족의 자제들이 부유함을 자랑하지 않듯이 누더기 납의 입은 고승도 가난을 싫다하지 않는다. 근래의 세속은 대부분 견해가 전도되어 옷만 중시할 뿐 사람을 중시하지 않는다. 五陵公子爭誇富 百衲高僧不厭貧 近來世俗多顚倒 秖重衣衫不重人"라고 하였다. [참고문헌]『虛堂錄』, 『禪林備用淸規』, 『續傳燈錄』. ⇨가사 袈裟, 편삼 偏衫, 장삼 長衫

의삼 意三 뜻에 있어 세 가지. 뜻으로 짓는 탐진치(貪瞋癡)를 말한다. 십업(十業) 중 신업의 세 가지(殺 盜 婬)와 구업의 네 가지(兩舌 惡罵 妄言 綺語)를 의삼과 함께 묶어 신삼구사의삼(身三口四意三)이라고 부른다. 『사십이장경』(대정장17, p.722b6)에 "중생에게는 열 가지 일이 선이 되고 열 가지 일이 악이 된다. 무엇이 그 열 가지인가? 몸으로 짓는 세 가지와 입으로 짓는 네 가지와 생각으로 짓는 세 가지이다. … 생각으로 짓는 세 가지란 질투와 분노와 어리석음이다. 衆生 以十事爲善 亦以十事爲惡 何者爲十 身三 口四 意三 … 意三者 嫉 恚 癡", 『수십선계경』(대정장24, p.1023c7)에 "누구든 잘 기억하여 너의 마음을 굳게 가져야 하니, 마음 갖기를 부처님 같이 하고 법 지니기를 스님들과 같이 하라. 뜻에 있어 세 가지 업이란 탐욕과 진에와 우치다. 이와 같이 뜻에 있어 세 가지를 너는 마땅히 하루 열흘 그리고 종신토록 가져 버리지 않아야 한다. 某甲憶念 堅持汝心 持心如佛 持心如法 持心如僧 意三業者 一者 貪欲 二者 瞋恚 三者 愚癡 如是意三 汝當受持 一日十日乃至終身", 『대승본생심지관경천주』 권2(卍속장34, p.145a17)에 "십선은 삼업을 벗어나지 않는다. 바로 신업에 속하는 세 가지, 구업에 속하는 네 가지, 의업에 속하는 세 가지이다. 十善不出三業 卽身三 口四 意三也"라고 하였다. [참고문헌]『四十二章經』, 『受十善戒經』, 『大乘本生心地觀經淺註』, *Vin.2.202.* ⇨신삼구사의삼 身三口四意三, 십선 十善, 십악 十惡❶, 십업 十業❶

의삼종선 意三種善 뜻으로 짓는 세 가지 선. 불탐욕(不貪欲)·부진에(不瞋恚)·불사견(不邪見)을 말한다. 몸으로 짓는(身業) 세 가지 선(身三種善)·입으로 짓는(口業) 네 가지 선(口四種善)과 함께 십선(十善)을 구성한다. 『법계차제초문』 권상(대정장46, p.669c23)에 "의삼종선 : 첫째 불탐욕, 둘째 부진에, 셋째 불사견이다. 意三種善 一 不貪欲 二 不瞋恚 三 不邪見"라고 하였다. [참고문헌]『法界次第初門』. ⇨십선 十善, 불탐욕 不貪欲, 부진에 不瞋恚, 불사견 不邪見

의상 倚像 의자에 앉은 불상. 두 다리와 발을 평행이나 교차한 자세로 늘어뜨리고 앉아있는 불상이다. 별도로 정자좌(丁子坐)가 있는데, 한 발만 늘어뜨리고 다른 발은 굽혀서 허벅지에 올려놓는다. 이를 반가상(半跏像)

의상 삼화령미륵삼존불본존 국립경주박물관 644년(좌)
미륵보살 티벳 18세기(우)

이라 한다. 입상(立像)으로 보는 경우도 있다. 『양고승전』 권5 「도안전 道安傳」(대정장50, p.352b13)에 "부견이 사신을 보내 외국의 금박 입힌 높이 7척의 의상과 금으로 장식한 좌상 … 등 각각 한 장씩 보내왔다. 符堅遣使 送外國金箔倚像高七尺 又金坐像 … 各一張", 『불조통기』 권35(대정장49, p.329b22)에 "영평 10년(67), 채음 등이 중천축 대월지국에서 가섭마등(Ⓢ Kāśyapa-mātaṅga)과 축법란(Ⓢ Dharmarakṣa)을 만나 부처님의 의상〈의는 입과 같다〉과 범본 경전 60만 언을 얻어 백마에 싣고 낙양에 도착했다. 十年 蔡愔等 於中天竺 大月氏 遇迦葉摩騰 竺法蘭 得佛倚像梵本經六十萬言〈倚卽立也〉 載

의상 미륵하생경변상도
일본 親王院 고려 1350년

미륵불의상 운강제6굴 북위·미륵불의좌상 돈황제410굴 수대
미륵불의좌설법도 돈황제405굴 수대(왼쪽부터)

以白馬達雒陽", 『선혜대사어록』 권4 「혜화법사 慧和法師」(卍속장120, p.51b1)에 "의상을 보기만 하면 똑바로 일어서고 함부로 앉지 못했다. 見倚像 則起立不敢坐"라고 하였다. 〔참고문헌〕 『梁高僧傳』, 『佛祖統紀』, 『善慧大士語錄』. ⇨ 반가사유상 半跏思惟像

의상 義相 ❶ 교의와 상호(相好) 성취한 과덕(果德)과 드러난 모습. 『화엄오교장』 권3(대정장45, p.496c21)에 "불과의 뜻과 상호란, 여기에는 두 가지가 있다. 먼저 상과 무상의 뜻을 밝히고 그 다음에 상호의 차별을 밝히겠다. 佛果義相者 於中有二 先明常無常義 後明相好差別", 『화엄오교장복고기』 권3상(卍속장103, p.521a7)에 "성취한 과덕을 기준으로 불신을 드러낸다. 외형이 동일하지 않으므로 두 가지로 나누었다. 就果德以顯佛身 相貌不同 故分二種"라고 하였다. 〔참고문헌〕 『華嚴五教章』, 『華嚴五教章復古記』. ❷ 도리와 모양. 『대법거다라니경』 권20(대정장21, p.753b8)에 "헤아릴 수 없이 많고 무수한 법문 가운데서 이와 같이 청정한 도리와 모양을 드러내었다. 能於無量 百千門中 顯示如是 淸淨義相", 『칠구지불모준제대명다라니경』(대정장20, p.177b21)에 "설하는 문자의 도리에 따라 비록 문자의 외형을 세우지만 이는 모두 문자가 없는 도리인 것이다. 본래 문자는 없지만 반드시 주어진 하나하나의 도리와 모양을 자세히 살펴야 한다. 두루 돌다가 제 자리로 돌아오는 궤적을 마음에 담아두지도 않고 횟수를 세지도 않지만 잠시도 끊어지면 안 된다. 所說字義 雖立文字 皆是無文字義 旣無文字 須諦觀一一義相 周而復始 無記無數 不得斷絶"라고 하였다. 〔참고문헌〕 『大法炬陀羅尼經』, 『七俱胝佛母准提大明陀羅尼經』.

의상 義湘 625~702. 신라중대 스님. 해동화엄(海東華嚴)의 초조(初祖). 의상(義相)이라고도 쓴다. 당(唐)의 현수법장(賢首法藏)이 의상의 시자인 승전(勝詮)을 통해 보내온 「현수국사기해동서 賢首國師奇海東書」(『원종문류』 권22·한불전4, p.635c5)에는 '해동신라대화엄법사 海東新羅大華嚴法師'라 칭하였으며, 박인량(朴寅亮 ?~1096)이 지은 「해동화엄시조부석존자찬 海東華嚴始祖浮石尊者讚」(『원종문류』 권22·한불전4, p.632a10)에는 '부석존자'라 하였다. 〔구법과 전교〕 스님의 행적에 대해서는 『삼국유사』 권3(대정장49, p.994b26·한불전6, p.327b2) 탑상(塔像)4 전후소장사리(前後所將舍利)에 "부석본비에 의하면, 의상은 무덕 8년(625)에 탄생하여 어린 나이에 출가하였다. 영휘 원년(650)에 원효와 함께 당에 들어가려고 고구려까지 갔으나 어려움이 있어 발길을 돌렸다. 용삭원년(661)에야 당으로 들어가 지엄(智儼 602~668)에게 나아가 배웠다. 총장원년(668)에 지엄법사가 세상을 떠나자 함형 2년(671)에 신라로 돌아와서 장안 2년(702)에 세상을 떠났으니 세수 78세라고 하였다. 然據浮石本碑 湘武德八年生 丱歲出家 永徽元年庚戌 與元曉同伴欲西 入至高麗有難而廻 至龍朔元年辛酉 入唐就學於智儼 總章元年儼遷化 咸亨二年 湘來還新羅 長安二年壬寅 示滅年七十八"라고 하였다. 이외 『삼국유사』 권4(대정장49, p.1006c3·한불전6, p.348b21) 의해(義解)5 의상전교(義湘傳教)와 『송고승전』 권4 「당신라국의상전 唐新羅國義湘

〈표1〉 의상생애연대표

전거	탄생	출가	입당	귀국	입적
부석본비	625	어린나이	650	671	702
송고승전	·	약관	총장2년669	·	·
삼국유사	·	29세	영휘초650시도	670	·

傳」(대정장50, p.729a4)에서 전하는 연대는 조금씩 다르다. 특히 『송고승전』의 입당 연도 669년(총장2)은 스승인 지엄(智儼 602~668)의 생몰연대와도 맞지 않는다. 「의상전교」에는 김한신(金韓信)을 아버지로 하는 가계와 황복사 출가, 입당(入唐)과 지엄으로부터 수학,

귀국 후 국난을 위해 헌신함, 현수법장과의 교류, 전교(傳敎)와 십찰(十刹), 제자 등에 대하여 전한다. 「당신라국의상전」에는 속성 박씨라 하고 처음 원효와 함께 유학길에 겪은 고분해골(古墳骸骨), 지엄회상에서의 강장국사(康藏國師 : 현수법장)와 동문수학, 귀국시 선묘용(善妙龍)의 외호(外護), 귀국 후 화엄전교와 제자, 수행 면모 등의 행장이 있다. 경사(京師) 황복사(皇福寺 : 지금의 경상북도 경주시 구황동 낭산에 있던 절)에서 머리를 깎고 스님이 되었다. 당나라 교종이 성하니(唐土敎宗鼎盛, 『송고승전』) 서쪽의 그 교화를 살피고자(西圖觀化, 『삼국유사』) 원효(元曉)와 함께 650년에 육로로 입당하려 하였으나, 당시 긴장이 고조된 삼국관계로 인해 고구려에서 붙들려 뜻을 이루지 못하고 661년(문무왕1)에야 입당하였다. 중국에 당도한 후 「당신라국의상전」에는 '상선(商船)으로 등주(登州 : 지금의 산동성)에 도착하여 문등(文登)의 신사(信士)의 집에 머무르니 그 딸의 이름이 선묘(善妙)였다'라고 하고, 「의상전교」에서는 '당사(唐使)의 배를 타고 처음으로 양주(楊州 : 지금의 강소성)에 도착하여 주장(州將) 유지인(劉至仁)의 청으로 관아(官衙) 안에 머물며 며칠 동안 융숭한 공양을 받았다'라고 전한다. 이어 수도인 장안(長安 : 지금의 서안) 종남산(終南山) 지상사(至相寺) 지엄(智儼) 문하에서 『화엄경』을 연마하여, 668년(문무왕8)에는 『화엄경』의 요체인 『일승법계도 一乘法界圖』를 짓고는 인가(認可)를 받았다. 「의상전교」(한불전6, p.348c4)에는 "스승 지엄이 의상을 만나는 전날 밤 꿈에, 큰 나무 한 그루 해동에서 나서 가지와 잎이 널리 중국(神州)에까지 와서 덮었고, 그 위 봉황둥지에 마니보주 광명을 놓아 멀리 비추었다. 지엄이 꿈을 깨고는 놀랍고 기이하게 여겨 청소를 하고 기다렸더니 의상 이에 당도하였다. 특별한 예로 맞아들이며 '나의 어젯밤 꿈은 그대가 나에게 올 조짐이었네'라고 하며 입실을 허락하였다. 儼前夕夢 一大樹生海東 枝葉溥布來蔭神州 上有鳳巢 登視之 有一摩尼寶珠光明屬遠 覺而驚異 洒掃而待 湘乃至 殊禮迎際從容謂曰 吾昨者之夢子來投我之兆 許爲入室"라 하였다. 스님은 지엄회상에서 현수법장과 동문수학하였는데, 서로 백중(伯仲)의 위치에 있었지만 지엄은 '현수는 글을 가졌고 의상은 뜻을 지녔다'고 하며 의상의 『일승법계도』를 보고 감탄을

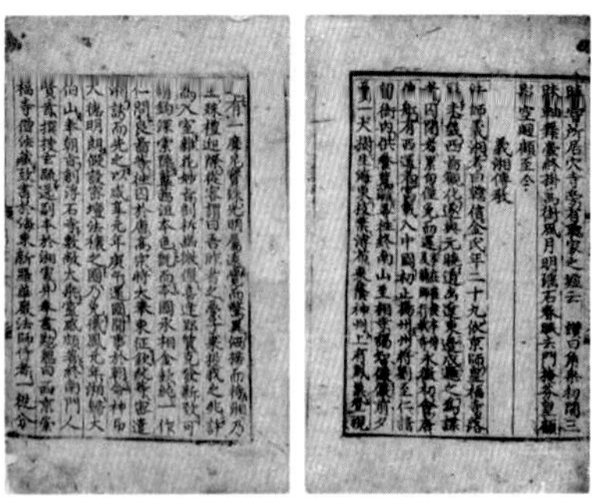

의상전교 『삼국유사』목판본 보물제419-3호
부산 범어사

아끼지 않았다고 한다. 법장 역시 스님의 귀국 후에도 항상 우정과 존경을 잊지 않았는데, 「현수국사기해동서」로 지극한 존경의 뜻을 전하기도 하였다. 귀국 후 669년(문무왕9)에는 국난을 대비해 헌신하였으니 나당연합군에 의해 멸망한 백제의 토지와 유민을 함부로 다스린데 대하여 김흠순(金欽純)과 김양도(金良圖)가 함께 당 고종에게 사실을 밝히러 갔다가 투옥되었으며, 고종이 대병을 동원하여 신라를 정벌하려는 정보를 알아차린 김흠순 등은 비밀리에 의상으로 하여금 빨리 귀국하여 이 사실을 문무왕에게 알리도록 하였고, 스님은 귀국해서 이 정보를 조정에 알렸다. 조정에서는 신인종(神印宗)의 명랑(明朗)법사로 하여금 밀교의 비밀법단(祕密法壇)을 설치하게 하고 문두루(文豆婁) 비밀법을 행하는 등 종의를 모아 국난을 예방하게 하였고, 681년(문무왕21)에는 왕이 서울의 성곽을 수축하려 하자 바르게 다스림에 힘쓸 것을 권하며 축성을 중지시키기도 하였으니, 『석씨원류응화사적』 권3 「환국전법 還國傳法」(한불전3, p.100a7)에는 "문무왕이 스님을 흠모하여 중히 모시려 전답과 노비를 헌납하였으나, 스님께서 왕에게 이르길 '우리 부처님 법은 평등하여 위아래 함께 고르고 귀천 또한 한가지로 이끕니다. 『열반경』의 여덟 가지 부정한 재물도 경계하였거늘 어찌 토지와 노비이겠습니까. 빈도는 법계로써 집을 삼고 발우 든 수행길 닦아 과 얻기만을 기다릴 뿐이니, 법신의 지혜로운 목숨은 이렇게 해야 세간에 날 수 있습니다'라고 하면서 정중히 거절하였다. 國王欽重以田莊奴僕施之 湘言於王曰 我法平等 高下共均 貴賤同揆 涅槃經八不淨財 何莊田之有 何奴僕之爲 貧道以法界爲家 以盂耕待稔 法身慧命藉此而生矣"고 하였다. 676년(문무왕16)에는 태백산(太白山)에 부석사(浮石寺)를 창건하여 화엄종찰(華嚴宗刹)로 삼은 이후로 전국에 화엄십찰(華嚴十刹)을 개창하여 화엄종지를 선양하다가 702년(성덕왕1) 9월 23일에 세수 78, 법랍 49세로 입적하였다. 제자에는 오진(悟眞)·지통(智通)·표훈(表訓)·진정(眞定)·진장(眞藏)·도융(道融)·양원(良圓)·상원(相源)·능인(能仁)·의적(義寂) 등이 있고, 저서에는 『화엄일승법계도』 1권(현존)·『입법계품초기 入法界品鈔記』 1권(유실)·『화엄십문간법관 華嚴十門看法觀』 1권(유실)·『미타경의기 彌陀經義記』 1권(유실)·『백화도량발원문 白華道場發願文』 1편(현

의상 환국전법
『석씨원류응화사적』권3
양주불암사판 1673년

존)·『제반청문 諸般請文』 권수미상(유실) 등이 있다. 스님의 이러한 구법과 전교의 행리는 양주 불암사(佛巖寺) 개판본 『석씨원류응화사적』 권3 「환국전법 還國傳法」과 『화엄종조사회권 華嚴宗祖師繪卷』에 그림으로 전한다. 〔시호〕 『고려사』 권11 세가(世家)11 숙종 6년(1101) 8월에는 "계사일(음력 8월 4일)에 조서(詔書)를 내려 말하기를 '원효와 의상은 동방의 성인으로 비기와 시호가 없어 그 덕이 드러나지 못했다. 내가 이것을 깊이 슬퍼하여 원효는 대성화쟁국사로, 의상은 대성원교국사로 추증하니 유사(有司)에서는 즉시 그분들이 머물던 곳에 비를 세우고 덕을 새겨 끝이 없이 드리워지도록 하라' 하였다. 八月 癸巳 詔曰 元曉義相 東方聖人也 無碑記謚號 厥德不暴 朕甚悼之 其贈元曉大聖和靜國師 義相大聖圓教國師 有司卽所住處 立石紀德 以垂無窮"라고 하였다. 의상의 비는 전하지 않지만 『삼국유사』 전후소장사리에 인용된 '부석본비'에서 실재했음을 전한다. 2007년에 대한불교조계종 총무원장 지관(智冠)이 주관하여 한국에서 조성한 「의상조사화엄수학찬정법성게기념비 義湘祖師華嚴受學撰呈法性偈紀念碑」를 지상사 도량에 세웠다. 현전하는 가장 오래된 일본 경도(京都) 고산사(高山寺)의 진영은 우리나라에서 모셔간 모본(母本)을 15세기에 모사(模寫)하였다고 전한다. 1767년(영조43)에 산중내덕(山中大德) 약우(若雨)의 화주로 화승(畵僧) 수일(守一)이 그린 부산 범어사(梵魚寺) 진영, 19세기에 조성한 안동 중대사(中臺寺)와 의성 고운사(孤雲寺) 진영, 2001년에 조성한 양양 낙산사(洛山寺) 진영 등 곳곳에 모셔졌다. 〔참고문헌〕 『圓宗文類』, 『三國遺事』, 『宋高僧傳』, 『釋氏源流應化事蹟』, 『華嚴宗祖師繪卷』, 『高麗史』, 『東史列傳』 권1 「義湘祖師傳」(한불전10, p.996c17). ⇨ 원효 元曉, 지엄 智儼, 부석사 浮石寺, 지상사 至相寺, 법계도 法界圖, 백화도량발원문 白花道場發願文, 화엄종조사회권 華嚴宗祖師繪卷

일본 高山寺 14~15세기

신라국사화엄종주의상대사진영
부산 범어사 1767년

의상 義想 Ⓢ artha-saṃjñā, Ⓣ don-gyi-'du-shes. 뜻(意)과 말(言)로 분별하여 일으킨 모습들. 『섭대승론석』 권6(대정장31, p.353c2)에 "'의상'은 이미 사라져 버렸으니, 자세히 관해 보면 오직 스스로의 상일 뿐이다라는 말은, 이 선정위에서 '의상'은 이미 사라졌고 법인 듯 뜻인 듯한 상을 자세히 살펴보니 오직 이것은 스스로의 마음일 뿐이다. 義想旣滅除 審觀唯自想者 謂此位中義想旣遣 審觀似法似義之想 唯是自心", 『대승장엄경론』 권5(대정장31, p.613c19)에 "의언이란 '의상'을 말한다. 의는 생각의 경이고 상은 마음의 분별이다. 이 상으로 말미암아 의에 있어서 이런저런 뜻의 말과 알음알이 일으킨다. 意言者 謂義想 義卽想境 想卽心數 由此想 於義能如是如是起意言解 此是有覺分別相"라고 하였다. 〔참고문헌〕 『攝大乘論釋』, 『大乘莊嚴經論』, *Sūtr.64.*

의상 儀相 드러나는 모습. 의식의 본보기. 『대비바사론』 권131(대정장27, p.679c19)에 "어떤 사람은 다음과 같이 주장한다. 장자(鄔揭羅)는 용모를 중시하기 때문에 '출가한 사람은 누구나 삭발하고 가사를 입어 용모가 부처님과 같기에 계를 지키고 있거나 계를 무너뜨렸거나 모두 세간인으로 하여금 우러러보기만 해도 복이 생기도록 한다. 복전이 되기 때문에 나도 여기서 똑같은 마음으로 보시해야만 한다'라고 생각한 것이다. 有說 長者重儀相 故彼作是念 諸出家人 剃髮染衣 儀相同佛 持戒破戒 俱令世間 瞻覩生福 爲作福田 故我於中 應等心施", 『불조통기』 권39(대정장49, p.366c18)에 "영휘 2년(651) 9월, 4조 도신선사가 편안히 앉아서 입적하니 동산의 황매사에 탑을 세워 안치하였다. 다음 해 4월 8일, 탑호가 저절로 열렸는데 위의가 생시와 같아서 문인들이 다시는 닫지 못했다. 二年九月 四祖信禪師 安坐而逝 塔於東山黃梅寺 明年四月八日 塔戶自開 儀相如生 門人不復敢閉"라고 하였다. 〔참고문헌〕 『大毘婆沙論』, 『佛祖統紀』. ⇨ 위의 威儀

의상대 義湘臺 **1** 부산광역시 금정구 청룡동 금정산(金井山)에 있다. 『여지도서』 경상도 동래 고적에 "부 북쪽 20리 금정산 정상에 있는데, 옛 고승 의상이 지내던 곳이다. 오르면 일출이 볼 만하다. 在府北二十里金井山頂 古道僧義湘所遊處也 登臨可觀日出"라고 하였다. 〔참고문헌〕 『輿地圖書』, 『韓國寺刹全書』 권하 p.959a1. **2** 강원도 양양군 강현면 전진리 오봉산(五峯山) 낙산사(洛山寺)에 있는 대. 홍련암(紅蓮庵)으로 가는 길목에 있으며 의상대사가 좌선(坐禪)하던 곳이라 전한다. 유형문화재인 현재의 정자는 1925년에 건립된 후 몇 차례 중건되었다. 〔참고문헌〕 『韓國寺刹全書』 권하 p.959a

3. ⇨ 낙산사 洛山寺 [1]

의상대암 義相臺庵 경상남도 함안군 군북면 미산(眉山)에 있는 암자. 『범우고』에 "암자는 산 위에 있다. 바위산은 기괴하고 예스러운데, 경계가 시원하게 뚫려있다. 광야는 아득하게 넓은데 보려 해도 끝이 없다. 또 하늘이 만든 돌문이 있어 빼어난 경치로 세상에 이름났다. 庵在山上 巖巒奇古 境界爽豁 曠野遙岑 極目無際 又有天作石門 以絶勝名世"라고 하였다. [참고문헌] 『梵宇攷』, 『伽藍考』, 『韓國寺刹全書』 권하 p.959a6.

의상사 義相寺 평안북도 영변군 약산(藥山)에 있던 의상암(義相庵). [참고문헌] 『韓國寺刹全書』 권하 p.957b6. ⇨ 의상암 義相庵 [5]

의상법사법성게과주 義湘法師法性偈科註 조선후기 도봉유문(道峰有聞)이 지은 『대방광불화엄경의상법사법성게과주 大方廣佛華嚴經義湘法師法性偈科註』(한불전10, pp.386c1~389b16). 『법성게과주』라고도 한다. ⇨ 법성게과주 法性偈科註, 법성게과주서 法性偈科註序

의상선묘설화 義湘善妙說話 의상과 선묘에 관한 설화. 『송고승전』 권4 「당신라국의상전 唐新羅國義湘傳」(대정장50, p.729a4)에 전한다. 의상이 상선(商船)에 편승하여 중국 등주(登州)의 해안에 도달한 후 걸식(分衛)을 하면서 지냈다. 신심있는 거사가 스님의 거룩함에 감탄하여 사랑채에 머물게 하였다. 마침 용모가 단정한 선묘(善妙)라는 그의 딸이 마음 깊이 연모하였으나 마치 돌처럼 움직이지 않았다. 스님 앞에서 "문득 발심하여 큰 서원을 세웠으니 '세세생생 스님께 귀의하여 대승법을 배우고 익혀 생사대사를 성취하리니, 제자로서 반드시 단월이 되어 필요한 모든 것들을 공급하리라'. 頓發道心 於前矢大願言 生生世世 歸命和尙 習學大乘 成就大事 弟子必爲檀越 供給資緣" 하였다. 종남산(終南山) 지상사(至相寺)로 가서 지엄(智儼) 밑에서 현수법장(賢首法藏)과 함께 화엄학연구를 마친 후, 하직인사를 위해 거사를 찾아 인사하고 귀국길에 올랐다. 선묘는 법복 등을 준비하고 뒤를 따랐으나 스님이 탄 배는 이미 바다 멀리 떠나고 있었다. "선묘는 축원하길 '나의 진실된 마음은 법사에게 공양하고자 함이니 … 이때 선묘가 다시 서원하기를 '나의 이 몸이 큰 용으로 변화하여 저 배를 실어 나르리니 신라에 이르러 법을 전할 수 있게 하리라' 하고는 바다로 몸을 던졌다. 其女呪之曰 我本實心供養法師 … 其女復誓之 我願是身化爲大龍 扶翼舳艫到國傳法 於是攘袂投身于海" 귀국한 스님은 화엄대교(華嚴大敎) 도량을 찾았고, 이때 선묘용 또한 항상 보이지 않게 스님을 따라 옹호하던 중, 허공에서 신통력으로 사방 1리(里 : 400m)나 되는 큰 바위(巨石)가 되어 공중을 돌다가 사뿐히 내려앉으니 부석사(浮石寺)였고, 이때가 676년(문무왕16) 2월이었다. 13세기 전반 경도 고산사(高山寺)의 명혜(明惠 1173~1232)가 구상하고 성인(成忍)이 그렸을 것으로 추정되는 『화엄연기-화엄종조사회권 華嚴緣起-華嚴宗祖師繪卷』(일본 경도국립박물관 소장)에도 위의 이야기가 그림과 함께 상세히 전한

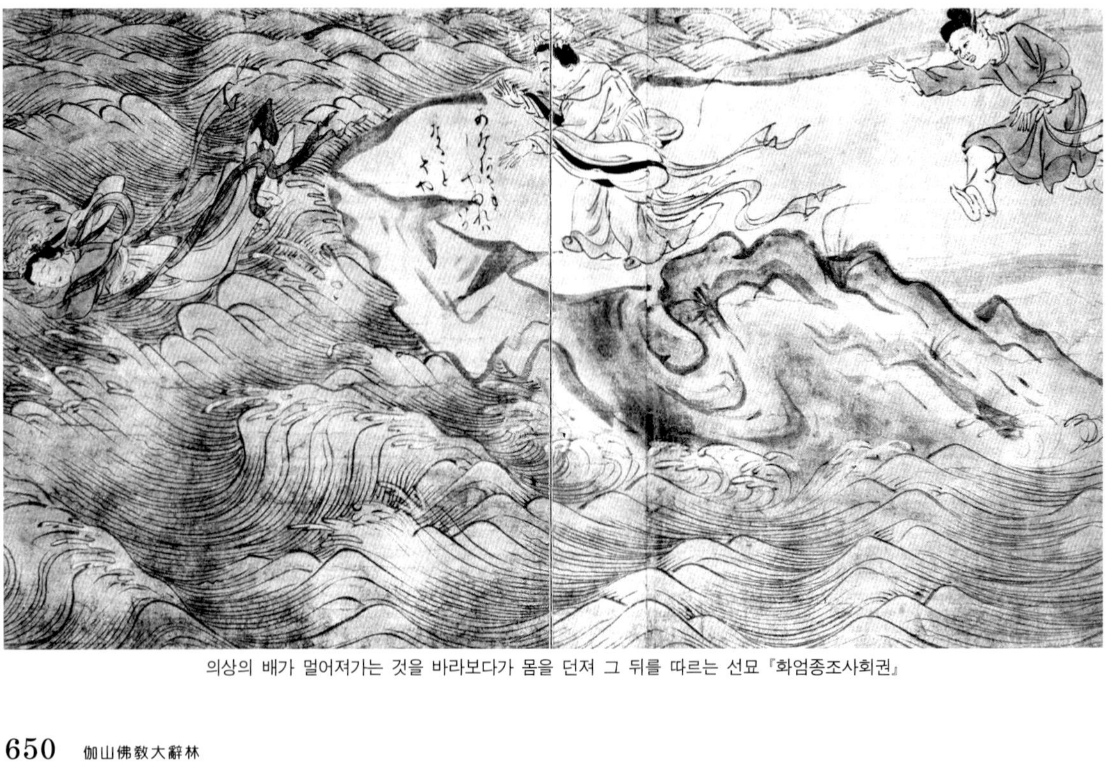

의상의 배가 멀어져가는 것을 바라보다가 몸을 던져 그 뒤를 따르는 선묘 『화엄종조사회권』

선묘 큰 용이 되어 의상의 배를 짊어지고 바다를 건너다 『화엄종조사회권』

다. 〔참고문헌〕『宋高僧傳』, 『華嚴緣起 - 華嚴宗祖師繪傳』(법융사, 1996) pp.5~46. ⇨ 의상 義湘, 부석사 浮石寺, 화엄종조사회권 華嚴宗祖師繪卷

의상십대제자 義湘十大弟子 신라 화엄교학의 초조인 의상(義湘 625~702)의 전법제자(傳法弟子) 중 뛰어난 열 명의 스님. 균여(均如)의 『석화엄지귀장원통초』 권하(한불전4, p.139c17)에서는 상덕십성제자(相德十聖弟子), 박인량(朴寅亮)의 「해동화엄시조부석존자찬 海東華嚴始祖浮石尊者讚」(『원종문류』 권22 · 한불전4, p.632b10)에는 십성전법(十聖傳法)이라고 한다. 상문십대덕(湘門十大德) · 의상십철(義湘十哲)이라고도 한다. 제자의 이름은 전승에 약간의 차이를 보인다. 최치원(崔致遠)은 『법장화상전』(대정장50, p.285a23 · 한불전3, p.775c13)에서 진정(眞定) · 상원(相圓) · 양원(亮元) · 표훈(表訓)을, 『송고승전』 권4 「당신라국의상전 唐新羅國義湘傳」(대정장50, p.729b20)에서는 지통(智通) · 표훈 · 범체(梵體) · 도신(道身) 등의 네 제자만이 보인다. 『삼국유사』 권4(대정장49, p.1007a17 · 한불전6, p.349b9) 의해(義解)5 의상전교(義湘傳敎)에서는 "도제로는 오진 · 지통 · 표훈 · 진정 · 진장 · 도융 · 양원 · 상원 · 능인 · 의적 등이다. 십대덕으로 영수를 삼았으니 모두 아성이며 각각의 행장이 전한다. 徒弟悟眞 智通 表訓 眞定 眞藏 道融 良圓 相源 能仁 義寂等十大德爲領首 皆亞聖也 各有傳"라고 하였다. 이들을 다 거둬 헤아리면 열두 제자가 되지만, 이 중에 의상의 4대손제자가 되는 범체와, 의상의 직제자가 아니지만 법을 물었던 의적까지 거두고 있다. 신라 화엄종은 이렇듯 의상의 십대제자와 이들의 후예들이 전국에 개창한 화엄십찰(華嚴十刹)을 중심으로 신라불교에서 가장 활발한 형세를 성취했다. 〔참고문헌〕『釋華嚴旨歸章圓通鈔』, 『圓宗文類』, 『法藏和尙傳』, 『宋高僧傳』, 『三國遺事』, 정병삼 『의상화엄사상연구』(서울대출판부, 1998). ⇨ 능인 能仁[2], 도융 道融[1], 상원 常元, 양원 良圓, 오진 悟眞, 의적 義寂[1], 지통 智通, 진장 眞藏, 진정 眞定, 표훈 表訓, 의상 義湘, 화엄십찰 華嚴十刹

의상십철 義湘十哲 ➡ 의상십대제자 義湘十大弟子

의상암 義相庵 ❶ 경상남도 남해군 금산(錦山)에 있던 암자. 〔참고문헌〕『梵宇攷』, 『韓國寺刹全書』 권하 p.957b14. ❷ 경상북도 포항시 남구 오천읍 항사리 운제산(雲梯山)에 있던 암자. 오어사(吾魚寺)의 산내암자였다. 〔참고문헌〕『梵宇攷』, 『韓國寺刹全書』 권하 p.957b13. ❸ 전라북도 부안군 변산(邊山)에 있던 암자. 『동국여지승람』 권34 전라도 부안현 불우에 절의 이름과 위치 및 김극기(金克己 1379~1463)의 시가 실려 있으며, 『범우고』에는 폐사되었다고 하였다. 『식산별집』 권4 「지행부록 地行附錄」(한국문집총간179, p.91b13)에 "변산은 보안 서쪽 20여 리 지점에 있다. … 산에는 대소래사 · 소소래사 … 또 의상이 머물렀다고 전하는 의상암 · 원효가 머물렀다고 전하는 원효방 · 진표가 머물렀다고 전하는 부사의방 등이 있다. 邊山 在保安西二十餘里 … 山中有大小蘇來 … 又有義相所居 曰義相庵 元曉所居 曰元曉房 眞表所居 曰不思議"라고 하였다. 〔참고문헌〕『東國輿地勝覽』, 『梵宇攷』, 『息山別集』, 『韓國寺刹全書』 권하 p.957b11. ❹ 충청북도 괴산군 원성산(元城山)에 있던 암자. 『동국여지승람』 권14 충청도 괴산군 불우에 절의 이름과 위치가 기록되어 있으나, 『범우고』에는 폐사되었다고 하였다. 〔참고문헌〕『東國輿地勝覽』, 『梵宇攷』, 『韓國寺刹全書』 권하 p.957b9. ❺ 평안북도 영변군 약산(藥山)에 있던 암자. 의상사(義相寺)라고도 한다. 『동국여지승람』 권54 평안도 영변대도호부 불우에 절의 이름과 위치가 기록되어 있으나, 『범우고』에는 폐사되었다고 하였다. [참고문헌]『東國輿地勝覽』,『梵宇攷』,『韓國寺刹全書』 권하 p.957b15. 6 황해북도 개성시 성거산(聖居山)에 있던 암자. 『동국여지승람』 권42 황해도 우봉현 불우에 절의 이름과 위치가 기록되어 있다. 『추강집』 권6 「송경록 松京錄」(한국문집총간16, p.121b7)에 "눈비를 뒤집어쓰면서 의상암으로 들어갔다. 암자에는 의상의 진영이 벽에 걸려 있었다. 冒雨雪入義相庵 庵有義相眞掛壁間"라고 하였다. [참고문헌]『東國輿地勝覽』,『秋江集』,『韓國寺刹全書』 권하 p.957b8.

의상암 義湘庵 1 경기도 과천시 중앙동 관악산(冠岳山)에 있던 암자. 득통기화(得通己和 1376~1433)가 1396년(태조5)에 이곳에서 출가하였다(到冠岳山義湘庵 其僧與一老山人名覺寶者 同心薙髮). [참고문헌]『涵虛堂得通和尙語錄』「涵虛堂得通和尙行狀」(한불전7, p.250c18),『韓國寺刹全書』 권하 p.957b19. 2 경상남도 통영시 광도면 안정리 벽발산(碧鉢山)에 있는 암자. 안정사(安靜寺)의 산내암자이다. 658년(무열왕5)에 의상이 창건하고 1901년(광무5)에 원명(圓明)이 중건하였다. 현존 당우로는 법당·칠성각·산령각 등이 있으며, 암자 좌측 아래에 의상이 천공(天供)을 받았다는 의상선대(義湘禪臺)가 있다. [참고문헌]『韓國寺刹全書』 권하 p.958a21. 3 경상남도 함안군 군북면 미산(眉山)에 있는 의상대암(義相臺庵). [참고문헌]『韓國寺刹全書』 권하 p.958b3. ⇨ 의상대암 義相臺庵 4 경상북도 문경시 농암면 청화산(青華山) 원적사(圓寂寺) 북쪽에 있던 암자. [참고문헌]『韓國寺刹全書』 권하 p.958b5. 5 전라남도 장흥군 관산읍 천관산(天冠山)에 있던 암자. 천관사(天冠寺)의 산내암자였으며, 의상암(義相庵)이라고도 한다. 『기언』 권28 「천관산기 天冠山記」(한국문집총간98, p.141b14)에 "아래에 탑산사가 있으며, 그 옆에 폐찰이 있다. 신라 때 부석스님이 머물렀으므로, 의상암이라 부른다고 전한다. 下有塔山寺 其側有廢刹 新羅時有浮屠浮釋者居之 謂之義相庵云", 『지제지』에 "아육탑 아래에 있다. 경치가 몹시 기묘하고 뛰어나다. 在阿育塔下 極奇勝"라고 하였다. [참고문헌]『記言』,『支提志』,『韓國寺刹全書』 권하 p.958a1. 6 전라남도 장흥군 사자산(獅子山)에 있던 암자. 금강사(金剛寺)의 산내암자였으며, 의상암(義相庵)이라고도 한다. 『존재집』 권21 「사자산동유기 獅子山同遊記」(한국문집총간243, p.458b1)에 "잇따라 원효·의상암 등으로 나아갔다. 담은 무너지고 기와는 깨져서 전성기라고는 할 수 없으나, 그 경치는 다른 산에서 볼 수 없는 것이었다. 迤邐至元曉義相等庵 頹垣破瓦 雖非盛時 其境勝則非他山所可得也"라고 하였다. 통일신라시대에 조성된 것으로 추정되는 유형문화재 제191호 장흥전의상암지석불입상(長興傳義湘庵址石佛立像)은 의상암 터에 있던 것으로, 1994년에 보림사로 옮겨졌다. [참고문헌]『存齋集』,『韓國寺刹全書』 권하 p.958a20. 7 전라북도 완주군 경천면 가천리 불명산(佛明山)에 있던 암자. 화암사(花巖寺)의 산내암자였다. 의상이 창건하였고, 한국전쟁 때에 폐사되었다고 전한다. [참고문헌]『韓國寺刹全書』 권하 p.957b21.

의상전 義湘傳 신라 화엄교학의 시조인 의상(義湘 625~702)의 전기. 의상에 대한 가장 권위있는 기록으로 「부석본비 *浮石本碑*」라고 불렸던 의상의 비를 꼽을 수 있으나 전하지 않는다. 『신편제종교장총록』 권1(대정장55, p.1168a16·한불전4, p.682c13)에 "『부석존자전』 1권. 이상은 최치원이 찬술하였다. *浮石尊者傳 一卷 已上 崔致遠述*"라고 하였으나 이 역시 일실되어 전하지 않고, 고려시대 각훈(覺訓)이 지은 『해동고승전』 권2 「석안함전 釋安含傳」(대정장50, p.1021c20·한불전6, p.99c8)에 "최치원이 지은 「의상전」에 이르기를 崔致遠所撰義湘傳云"이라 하여 인용문이 전한다. 현재 전하는 전기로는 최치원(857~?)이 지은 「해동화엄초조기신원문 *海東華嚴初祖忌晨願文*」(『원종문류』 권22·한불전4, p.645b16), 박인량(朴寅亮 ?~1096)이 지은 「해동화엄시조부석존자찬 *海東華嚴始祖浮石尊者讚*」(『원종문류』 권22·한불전4, p.632a10), 『삼국유사』 권4(대정장49, p.1006c3·한불전6, p.348b20) 의해(義解)5 의상전교(義湘傳敎), 체원(體元)의 『백화도량발원문약해』에 수록된 전기, 『송고승전』 권4 「당신라국의상전 唐新羅國義湘傳」(대정장50, p.729a4), 『동사열전』 권1 「의상조사전 義湘祖師傳」(한불전10, p.996c18) 등이 있다. [참고문헌]『新編諸宗教藏總錄』,『海東高僧傳』,『圓宗文類』,『三國遺事』,『白花道場發願文略解』,『宋高僧傳』,『東師列傳』, 鄭炳三 「義相 傳記의 諸問題」(『韓國學研究』1, 1991). ⇨ 부석존자전 *浮石尊者傳*

의상전교 義湘傳教 『삼국유사』의 편명. 『삼국유사』 권4(대정장49, p.1006c3·한불전6, p.348b21) 의해(義解)5에 수록되어 있다. 의상이 중국에 유학하여 화엄학을 익힌 후 신라에 전파한 행적과 아울러 십대제자, 그리고 화엄십찰(華嚴十刹) 등이 전한다. 같은 책 찬문(讚文)에 "가시덤불 헤치고 바다 풍랑 전쟁터도 무릅쓰고 지상사 문 열어 빛나는 구슬 얻었네. 옮겨 심은 화엄의 꽃 고국에서 빛나니 종남산 태백산 한결같이 봄이었네. 披榛跨海冒烟塵 至相門開接瑞珍 采采雜花我故國 終南太伯一般春"라고 하였다. [참고문헌]『三國遺事』. ⇨ 의상 義湘, 십찰 十刹 [2]

의상화상투사례 義湘和尙投師禮 의상법사가 24배(拜)의 예불문을 지어 조석으로 행하던 예경문. 『통록촬요』 부록 「염불작법 念佛作法」(한불전7, p.820a10)과 『예념왕생문』(『한국불교의례자료총서』 권4, pp.233~236)에 수록되어 있다. "화장세계노사나를 바다처럼 모인 보살이 함께 둘러 계시니, 나 이제 지심으로 목숨 바쳐 귀의합니다. 원컨대 중생들 더불어 언제나 가까이 계시길. 시방삼세제여래와 함께 하는 보살들 나 이제 지심으로 귀명례하오니 삼세사친도 항상 안락하기를. 花藏世界盧舍那 海會菩薩共圍遶 我今志心歸命禮 願共衆生恒親近 十方三世諸如來 各有菩薩共圍遶 我今志心歸命禮 三世師親常安樂". 총24배 중 처음 8배는 불보(佛寶), 다음 5배는 법보(法寶), 다음 6배는 보살중(菩薩衆), 다음 2배는 승보(僧寶), 다음 1배는 삼종세간총삼보(三種世間總三寶), 마지막 2배는 천중(天衆)에 대한 예경으로 되어 있다. [참고문헌] 『通錄撮要』, 『禮念往生文』, 『高麗佛籍集佚』. ⇨ 예념왕생문 禮念往生文

의생 意生 ❶ Ⓢ manu-ja, mano-maya, Ⓟ mano-maya, Ⓣ shed-las-skyes, yid-las-byung-ba. 뜻으로 나다. 마누(Ⓢ manu)가 낳은 겁초인으로 이 의미가 확장되어 정혈(精血)에 의지하지 않고 마음만으로 낳은 몸을 뜻하게 되었다. 마노사(摩奴闍)라고 음사하며, 의성(意成)이라고도 한역한다. 『대비바사론』 권70(대정장27, p.363a19)에 "음욕을 좇아 나거나 뜻을 좇아 난 이는 겁초의 사람과 모든 중유를 말한다. 或從婬欲生 從意生者 謂劫初人 及諸中有", 『대승아비달마잡집론』 권6(대정장31, p.722a22 : *Abh-s-bh.*, p.54)에 "의생이란 화생으로 받은 몸을 말한다. 오직 마음만이 인이기 때문이다. 言意生者 謂受化生身 唯心爲因故 manomaya upapādukatvena cittamātrahetukatvāt"라고 하였다. [참고문헌] 『大毘婆沙論』, 『大乘阿毘達磨雜集論』, 『楞伽經』 권2(대정장16, p.489c19), 『俱舍論記』 권29(대정장41, p.442c11), *Abh-s-bh.*, *Laṅk.81.*, *Mvyut.312.*, *AN.5.60.* ⇨ 의생신 意生身 ❷ 자재천외도(自在天外道)의 부류. 의생외도(意生外道)를 말한다. 『대일경소』 권2(대정장39, p.594a23)에 "경전에서 마노사라 하는 말을 『대지도론』에서는 인(人)이라 한역하는데, 곧 인집외도(人執外道)이다. 온전하게 한역하면 인생(人生)이라 해야 한다. 이것은 자재천외도의 부류이니, 사람은 '사람'을 좇아 생겼다고 주장하기에 이렇게 말한다. 당나라 삼장 선무외(善無畏)와 일행(一行)은 '의생'이라 한역하였는데, 타당하지 않다. 말나(末那)는 의(意)인데 여기서는 말노(末奴)라고 음사하였으니, 소리가 바뀌면 뜻도 구별해야 하니 오류이다. 經云 若摩奴闍者 智度翻爲人 卽是人執也 具譯當言人生 此是自在天外道部類 計人卽從人生 故以爲名 唐三藏 云意生 非也 末那是意 今云末奴 聲轉義別 誤耳"라고 하였다. [참고문헌] 『大日經疏』, 『大日經』 권1(대정장18, p.2b3).

의생금강녀 意生金剛女 욕금강녀(欲金剛女 Ⓢ Iṣṭa-vajriṇī)를 달리 이르는 말. 『불정존승다라니진언』(대정장19, p.392a29)에 "단 중앙 사자좌 위 월륜에서 옴(ॐ oṃ) 자가 본존이 된다고 관상한다. 본존 앞에 안치한 마 자(म ma)가 의생금강이 되고 … 서북쪽 모서리에 안치한 바(व va) 자가 의생금강녀가 된다고 관상한다. … 다음으로 앞서의 활시위를 당기는 자세에서 조금 아래로 향하여 부드럽게 하면 의생금강녀인이다. 진언은 '야 바일라 니리슬치사야 계마타'이다. 於壇中師子座上月輪中 觀ॐ字爲本尊 本尊前安म字 爲意生金剛 … 於西北隅安व 爲意生金剛女 … 次以前挽弓勢稍向下柔軟爲之是意生金剛女印 眞言曰 若嚩日羅儞里瑟致娑也計麽吒"라고 하였다. [참고문헌] 『佛頂尊勝陀羅尼眞言』. ⇨ 욕금강녀 欲金剛女

의생상 意生想 의생(意生)이라는 생각. 세상이 의(意)로부터 생겨났다고 여기는 생각을 말한다. 『대반야경』 권7(대정장5, p.37a17)에 "사리자야, 모든 보살마하살이 반야바라밀다를 수행할 때 내가 있다는 생각・유정이라는 상 … 보특가라라는 상・의로부터 생겼다는 상・유동이라는 상 … 보는 이라는 상을 일으키지 않는다. 왜냐하면 아도 유정 등도 필경에는 생긴 적도 멸한 적도 없기 때문이다. 저들이 마침내 불생불멸일진대 어떻게 능히 반야바라밀다를 수행하여 갖가지 공덕과 수승한 이익을 얻을 수 있겠는가? 舍利子 諸菩薩摩訶薩修行般若波羅蜜多時 不起我想 有情想 … 補特伽羅想 意生想 儒童想 … 見者想故 所以者何 我有情等 畢竟不生亦復不滅 彼旣畢竟 不生不滅 云何當能 修行般若波羅蜜多 及得種種功德勝利"라고 하였다. [참고문헌] 『大般若經』. ⇨ 의생 意生❶

의생상집 意生想執 의생(意生)이라 생각하고 집착함. 『대반야경』 권332(대정장6, p.701a15)에 "모든 류의 유정들은 나쁜 친구의 힘으로 말미암아 긴 밤 동안 나라는 생각・유정이라는 생각 … 의로부터 생겼다는 생각 … 보는 이라는 생각에 대한 집착을 일으키며, 이런 생각의 집착으로 말미암아 행위에 분별의 속박이 남아 있어 생사를 돌고돌며 갖가지 괴로움을 받는다. 유정중생의 이와 같은 생각의 집착을 끊기 위하여 위없는 정등보리를 성취한 뒤 모든 유정중생들에게 심묘법을 설하여 생각의 집착을 끊고 생사의 괴로움을 여의도록 해야 한다. 諸有情類 由惡友力 於長夜中 起我想執 有情想執 … 意生想執 … 見者想執 由此想執 行有所得 輪迴生死 受種種苦 爲斷有情 如是想執 應趣無上正等菩提 爲諸有情說深妙法 令斷想執 離生死苦"라고 하였다. [참고문헌] 『大般若經』. ⇨ 의생 意生❶

의생신 意生身 Ⓢ Ⓟ mano-maya-kāya, Ⓣ yid-kyi-lus. 의(意)로 나는 몸. 초지(初地) 이상의 보살이 중생을 제도하기 위하여 생각하는 그대로 화생(化生)하는 몸. 또는 중유신(中有身)이나 색무색계의 변역신(變易身) 등이 이에 속한다. 의성신(意成身)·의성색신(意成色身)·의소생신(意所生身 : 意所成身)·의음(意陰)·마노말야신(摩奴末耶身) 등이라고도 한다. 『대승입능가경』 권2(대정장16, p.599c21 : *Laṅk.*, p.81)에 “대혜가 여쭈었다. ‘세존이시여, 무슨 인연에 의생신이라고 합니까?’ 부처님께서 말씀하셨다. ‘대혜야, 의생신이란 비유하면 생각이 오가는 속도가 매우 빠르고 장애가 없는 것과 같이 생겨나므로 의생신이라고 한다. 대혜야, 비유하자면 마음속 생각은 한량없는 백천유순 떨어진 거리에서도 이전에 보았던 갖가지 대상을 기억하여 매순간 상속하여 빠르게 그 경계에 다가서는데, 그 몸과 산하와 석벽이 막을 수 없는 것과 같다. 大慧言 世尊 以何因緣 名意生身 佛言 大慧 意生身者 譬如意去 速疾無礙 名意生身 大慧 譬如心意 於無量百千由旬之外 憶先所見 種種諸物 念念相續 疾詣於彼 非是其身 及山河石壁所能爲礙 mahāmatir āha. manomayakāya iti bhagavan kena kāraṇena. bhagavān āha. manomaya iti mahāmate manovad apratihataśīghragāmitvān manomaya ity ucyate. tad yathā mahāmate mano 'pratihataṃ girikuḍyanadīvṛkṣādiṣv anekāni yojanaśatasahasrāṇi pūrvadṛṣṭānubhūtān viṣayān anusmaran svacittaprabandhāvicchinnaśarīram apratihatagatiḥ pravartate”, 『화엄경소초』 권18(대정장36, p.142a8)에 “생각에 따라 그대로 태어나는 것이 의생신이다. 그러나 의생에는 두 가지 뜻이 있다. 첫째는 비유이다. 마치 생각이 오가는 속도가 매우 빠르고 장애가 없는 것과 같이 생겨나기 때문이다. 둘째는 법이니, 두 가지 의미가 있다. 하나는 자신의 생각에 그대로 따르는 것, 또 하나는 타인의 뜻에 따르는 것이다. 통틀어 말하면 생각하는 그대로 아주 빠르게 성취한다는 뜻이다. 隨意受生者 卽意生身 然意生有二義 一者是喩 猶如意去 速疾無礙故 二者 是法 自有二義 一 隨自意 二 隨他意 總謂隨意 速疾而成故”, 『승만보굴』 권중(대정장37, p.49b22)에 “의생신이란 무엇인가? 초지 이상의 모든 보살이 저 사람으로 태어나는데 막힘없이 자유자재함이 마음먹은 대로 생각하는 그대로 이루는 것을 의수생이라고 한다. 의에는 세 가지 뜻이 있으니, 첫째 두루 어디나 도달하고, 둘째 매우 빠르며, 셋째 막힘이 없다. 그러므로 의생신이라 하는데, 이것은 모두 여러 가지 변역생사신이다. 言意生身者 是初地已上一切菩薩 彼人受生 無礙自在 如心如意 名意受生 意有三義 一 遍到 二 速疾 三 無礙 故云意生身 此等皆是 變易生死差別也”라고 하였다. 〔참고문헌〕『大乘入楞伽經』, 『華嚴經疏鈔』, 『勝鬘寶窟』, *Laṅk.*, *Ap.1.235.* ⇨ 마노말야신 摩奴末耶身, 의생 意生 ❶, 삼종의생신 三種意生身

의생신보살 意生身菩薩 초지(初地) 이상의 보살이 의(意)에서 일으킨 무애자재(無礙自在)한 몸. 『신화엄경론』 권8(대정장36, p.767a26)에 “이와 같이 삼승이 견도하니 모두 세 부류 의생신보살이다. 이들 모두가 근본법계의 대원명지로 초발심주에서 시방의 불위(佛位)와 동등해져 퇴전하지 않는 것은 아니다. 세 부류 의생신이란 초·2·3지는 삼마발제락의생신이라 하고, 4·5·6지는 각법자성의생신이라 하며, 7·8·9·10지는 종류구생무행의생신이라 한다. 이와 같은 세 부류 의생신보살은 모두 법계대원명지해이며, 화택 문 밖에서 삼거의 방편을 안립하여 자녀들이 화난을 면하도록 한다. 如是三乘見道 總是三種意生身菩薩 皆非是根本法界大圓明智 初發心住中 能十方成佛等不退 三種意生身者 初二三地 名三摩跋提樂意生身 四五六地 名覺法自性意生身 七八九十地 名種類俱生無行意生身 如是三種意生身菩薩 並是法界大圓明智海火宅門外 三車權方便安立 令諸子等且免火難”, 『법화경현찬요집』 권14(卍속장54, p.81a13)에 “의생신보살은 생각에서 생겨나므로 의생이라 한다. 意生身菩薩從意所生 故名意生”라고 하였다. 〔참고문헌〕『新華嚴經論』, 『法華經玄贊要集』. ⇨ 의생신 意生身

의생인 義生因 육인(六因) 중 하나. 뜻을 일어나게 하는 인. 입론자에게는 의미 있는 뜻이고 대론자에게는 이를 경으로 삼아 지혜가 일도록 한다. 『인명입정리론소』 권상(대정장44, p.101c9)에 “의생인이란, 의에는 두 가지가 있으니 첫째는 도리를 의라고 하며, 둘째는 경계를 의라고 한다. 도리의란 입론자가 말하고자 하는 뜻을 말한다. 말의 인을 일으키기에 생인이라 한다. 경계의란 경으로 능히 반론자의 지혜가 나게 하기에 경계 또한 생인이다. 義生因者 義有二種 一 道理名義 二 境界名義 道理義者 謂立論者 言所詮義 生因詮故 名爲生因 境界義者 爲境能生 敵證者智 亦名生因”라고 하였다. 〔참고문헌〕『因明入正理論疏』. ⇨ 생인 生因 ❶, 육인 六因 ❸

의생천 意生天 Ⓢ divyo mano-mayaḥ kāyaḥ, Ⓣ yid-las-byung-ba'i lus-can gyi lha. 뜻에 따라 화생(化生)하는 색계천(色界天). 의성천(意成天)이라고도 한다. 『중아함경』 권5 「성취계경 成就戒經」(대정장1, p.449c17)에 “만일 비구가 계율을 성취하고 선정을 성취하며 지혜를 성취하면 곧바로 현세에서 상지멸정(想知滅定)에 출입하게 된다. 만일 현세에서 구경의 지혜를 얻지 못하면 몸이 무너지고 목숨이 끝난 뒤에 단식천(摶食天)을 지나 다른 의생천에 태어나 거기서 상지멸정에 출입하게 된다. 若比丘 成就戒 成就定 成就慧者 便

於現法 出入想知滅定 必有此處 若於現法 不得究竟智 身壞命終 過摶食天 生餘意生天中 於彼出入想知滅定 必有此處", 『구사석론』 권3(대정장29, p.184a1)에 "비구들이 정법 안에서 청정한 계율을 갖추고 청정한 선정을 갖추며 청정한 지혜를 갖추면, 이 비구는 거듭 관정에 들고 멸상수정을 닦고 거듭 관에서 나올 수 있음을 여실히 알아야 한다. 이 비구가 현세에서 먼저 이미 있었던 근을 알지 못했다면 임종에 이르러 몸이 부서져 소멸하기에 '단식천'을 지나서 한 '의생천'을 따라 난다. 이 비구는 여기에 나서 자주 무심정관에 들지만 다시는 이 정에서 나오지 않는 일도 없다는 것을 여실히 알아야 한다. 有諸比丘 在正法內 具淸淨戒 具淸淨定 具淸淨慧 是人數數入觀 修滅想受定 數數出觀 則有是處 應如實知 此人於現法 先若不得知已根 及於臨死時 由身破滅故 過段食諸天 隨一意生諸天中 或於中受生 此人於中生已 數數入無心定觀 不更出此定 無有是處 應如實知"라고 하였다. 〔참고문헌〕『中阿含經』, 『俱舍釋論』, *Abh-k-bh.72.* ⇨ 의성천 意成天, 색계천 色界天

의생팔엽대연화왕 意生八葉大蓮華王 의(意)로 출생한 팔엽대연화왕. 내심만다라(內心漫茶羅)에서 의념으로 일으킨 대비태장(大悲胎藏)을 가리키며 그 안에 본존여래를 모신다. 『대일경』 권5(대정장18, p.36c1)에 "이때 세존께서 다시 집금강비밀주에게 말씀하셨다. '선남자야! 잘 들어라. 내심만다라비밀주는 그 몸 그대로 법계의 자성이다. 진언과 밀인으로 가지한다. 그를 가지하면 본성이 청정해 지고 갈마금강으로 보호받기 때문에 모든 더러움을 깨끗이 없앤다. 아·인·중생·수자·의생유동조립자 등은 번뇌요 과환이니, 사각 호마단의 네 문이 사방으로 통하게 하되 둘레에 결계를 만든다. 그 안에 의생팔엽대연화왕이 나타난다. 줄기를 길게 하고 꽃술을 펼치며 단정하고 수승하게 무늬를 채색한다. 그 안에 계신 여래는 일체세간에서 가장 존특한 신체로 신·어·의의 경지를 초월하여 마음의 바탕자리에 이르러 수승한 열의의 과보를 얻었다'. 爾時 世尊 復告執金剛祕密主言 善男子 諦聽 內心漫茶羅 祕密主 彼身地 卽是法界自性 眞言密印加持 而加持之 以本性淸淨故 羯磨金剛所護持故 淨除一切塵垢 我人衆生壽者意生儒童造立者等 株杌過患 方壇四門 四向通達 周旋界道 內現意生八葉大蓮華王 抽莖敷蘂綵絢端妙 其中如來 一切世間最尊特身 超越身語意地 至於心地 逮得殊勝悅意之果"라고 하였다. 〔참고문헌〕『大日經』. ⇨ 대비태장 大悲胎藏

의생화신 意生化身 뜻으로 출생하여 세간에 보인 몸. 『임제록』(대정장47, p.500c24)에 "그대 한 생각도 일어나지 않으면 문득 바로 보리수에 오르리니, 삼계를 신통변화하고 뜻을 내어 몸을 드러내니 법희선열로 몸의 빛이 스스로 비추어 옷을 생각하면 비단이 천 겹이 되고, 음식을 생각하면 백미가 구족하며 더 이상 뜻밖의 병이 생기지 않을 것이다. 보리는 머물 곳 없으므로 얻을 것도 없다. 爾一念不生 便是上菩提樹 三界神通變化 意生化身 法喜禪悅身光自照 思衣羅綺千重 思食百味具足 更無橫病 菩提無住處 是故無得者"라고 하였다. 〔참고문헌〕『臨濟錄』. ⇨ 화신 化身

의석 義釋 ❶ Ⓟ Niddesa. 팔리본 경장(經藏) 다섯 번째인 소부경(小部經 *Khuddaka-nikāya*) 중 다섯 번째 경집(經集 *Suttanipāta*) 열한 번째로, 음사어는 니체사(尼涕娑)이다. 대의석(大義釋 *Mahā-niddesa*)과 소의석(小義釋 *Cūla-niddesa*)으로 구성되어 있다. 대의석은 경집 중 제4 「의품 義品 Aṭṭhaka-vagga」의 16경, 즉 욕경(欲經 *Kāma-sutta*)·굴팔게경(窟八偈經 *Guhaṭṭhaka-s.*)·진노팔게경(瞋怒八偈經 *Duṭṭhaṭṭhaka-s.*)·정팔게경(淨八偈經 *Suddhaṭṭhaka-s.*)·제일팔게경(第一八偈經 *Paramaṭṭhaka-s.*)·노경(老經 *Jarā-s.*)·제수미륵경(帝須彌勒經 *Tissametteyya-s.*)·파수라경(波須羅經 *Pasūra-s.*)·마건지야경(摩健地耶經 *Māgandiya-s.*)·사전경(死前經 *Purābheda-s.*)·투쟁경(鬪諍經 *Kalahavivāda-s.*)·소집적경(小集積經 *Cūḷaviyūha-s.*)·대집적경(大集積經 *Mahāviyūha-s.*)·신속경(迅速經 *Tuvaṭaka-s.*)·집장경(執杖經 *Attadaṇḍa-s.*)·사리불경(舍利弗經 *Sāriputta-s.*)에 대한 주석이다. 소의석은 팔리본 경집 중 제5 「피안도품 彼岸道品 Pārāyana-vagga」 16경에 대한 주석으로 아기다(阿耆多 Ajita)·제수미륵(帝須彌勒 Tissametteyya)·부나가(富那迦 Puṇṇaka)·미다구(彌多求 Mettagū)·도다가(度多迦 Dhotaka)·우파사바(優波私婆 Upasīva)·난다(難陀 Nanda)·혜마가(醯摩迦 Hemaka)·도제야(刀提耶 Todeyya)·겁파(劫波 Kappa)·사도건이(闍都乾耳 Jatukaṇṇi)·발타라부다(跋陀羅浮陀 Bhadrāvudha)·우다야(優陀耶 Udaya)·포사라(布沙羅 Posāla)·모가라사(莫伽羅闍 Mogharāja)·빈기야(賓祇耶 Piṅgiya) 등 열여섯 학동(學童 māṇava)의 물음(pucchā)에 대한 의석(義釋)이고 결어(結語 niyama)에 대한 주석, 그리고 경집 제1 「사품 蛇品 Uraga-vagga」 중 제3 「서각경 犀角經 *Khaggavisāṇa-sutta*」에 대한 주석이다. 〔참고문헌〕 *Sn.*, pp.151~223, 『大義釋』(南傳藏 권42~43), 『小義釋』(南傳藏 권44). ⇨ 의품 義品, 소부 小部, 피안도품 彼岸道品, 쿳다카니카야 Khuddaka-nikāya ❷ ➡ 대일경의석 大日經義釋

의선 義宣 중국 당나라 때 율사. 의초(義超)라고도 한다. 상주(常州 : 江蘇省) 진릉(晉陵) 출신으로 상주 홍녕사(興寧寺)에서 주석하였다. 어려서부터 총명하였고 일찍 출가하여 율과(律科)에 매진하였다. 천보년간(742~756) 초에 율사 법신(法愼 666~748)에게 배웠으며, 스승으로부터 영민함을 인정받았다. 그 후 주율사(周律師)의 『사분율행사초 四分律行事鈔』 강의를 들었으며, 이를 더욱 연구하여 『사분율행사초절중기 四分律行事鈔折中記』 6권을 지었다. 혜선(慧宣)·덕선(德宣)과 함께 진릉의 삼선(三宣)으로 불렸다. 〔참고문헌〕『宋高僧傳』 권15(대정장50, p.800b14), 『律宗新學名句』 권하(卍속장105, p.671b11), 『新修科分六學僧傳』 권20(卍속장133, p.780a11). ⇨법신 法愼❷

의선 義旋 고려후기 스님. 호는 순암(順菴), 속성은 조(趙)씨. 의선(義璇)이라고도 한다. 충선왕(忠宣王)의 장인인 평양군(平壤君) 조인규(趙仁規 1227~1308)의 아들로 충선왕의 처남(妻男). 일찍이 출가해 속가의 숙부(叔父)인 무외국사(無畏國師) 정오(丁午)의 법을 이어 받고 제자가 되었다. 원나라 연경(燕京 : 北京)에 가서 순제(順帝 재위 1333~1367)로부터 '정혜원통지견무애삼장법사 定慧圓通知見無礙三藏法師'라는 호를 받고 천원(天源) 대연성사(大延聖寺) 주지로 있었으며, 고려조에서도 '복국우세정명보조현오대사삼대광자은군 福國祐世靜明普照玄悟大師三大匡慈恩君'으로 봉해져 밀양 영원사(瑩源寺) 주지를 겸했다. 대연성사에서 금나라 왕자성(王子成)이 편집한 『예념미타도량참법 禮念彌陀道場懺法』 10권을 판각하 여 인행유포하였다. 1336년(충숙왕 복위5) 원나라 순제의 명을 받고 귀국하여 금강산에서 축리(祝釐)를 올렸고, 개성에 있는 천태종 사찰인 묘련사(妙蓮寺)를 확장·중건하였다. 또 천태종 사찰인 임실(任實) 진구사(珍丘寺)의 주지였던 대선사 혼기(混其)가 중건하던 수원 만의사(萬儀寺)에 주석하면서 계속되던 중창 불사를 마치고 천태종에 소속시키는 등 천태종을 중흥하는데 힘을 기울였다. 약 15년간 충숙왕의 존경을 받아 천태종 교세를 크게 떨쳤다. 〔참고문헌〕『高麗史』 권105 列傳18 趙仁規, 『益齋亂藁』 권6 「妙蓮寺石池竈記」(한국문집총간2, p.555b10)·「妙蓮寺重興碑」(한국문집총간2, p.556b4), 『韓國寺刹全書』 권상 pp.367c18~371a4.

의선 義善 ❶칠선(七善) 중 하나. 뜻이 깊고 그윽함. 『법화현의석첨』 권8(대정장33, p.871c4)에 "(七善 중) 둘째는 그 뜻이 깊고 먼 것을 의선이라고 한다. 二其義深遠 名爲義善", 『법화문구』 권3(대정장34, p.33c10)에 "그 뜻이 깊고 그윽하니 이것이 돈교요의의 이치다. 이승은 그 끝과 바닥 헤아릴 수 없다. 그러므로 깊고 멀다 하였으니, 이를 의선이라고 한다. 其義深遠 卽是頓敎了義之理 二乘 不測其邊底 故言深遠 是名義善"라고 하였다. 〔참고문헌〕『法華玄義釋籤』, 『法華文句』. ⇨칠선 七善 ❷Ⓢsvartha, Ⓣdon-bzang-po. 소리(聲)가 갖춘 다섯 가지 덕(德) 중 하나. 갖춘 뜻이 훌륭한 것. 『유가사지론』 권15(대정장30, p.359b2)에 "어떤 것을 소리라고 하는가? 다섯 가지 덕을 갖추어야 소리라고 할 수 있다. 첫째 비루하지 않음, 둘째 가볍고 수월함, 셋째 웅장하고 낭랑함, 넷째 어긋남이 없어 어울림, 다섯째 의선이다. … 의선이란 능히 이끌어 뛰어남(增生道)에 더하여 더없는 뛰어남(決定勝道)에 나도록 하고 전도가 있을 수 없음을 말한다. 何等爲聲 謂具五德 乃名爲聲 一 不鄙陋 二 輕易 三 雄朗 四 相應 五 義善 … 義善者 謂能引發 勝生定勝 無有顚倒"라고 하였다. 〔참고문헌〕『瑜伽師地論』. ❸덕숭산 수덕사(修德寺) 비구니. 만공월면(滿空月面 1871~1946)의 어머니이며 수덕사 견성암(見性庵)에서 정진하였다. 만성(萬性 : 滿性)비구니가 1936년 39세 때 의선비구니의 위패상좌(位牌上佐)로서 스님이 되었다. ⇨만성 萬性

의선 義禪 조선전기 스님. 벽송지엄(碧松智嚴 1464~1534)이 소사(小師)라고 호칭한 것으로 보아 벽송보다 나이가 어린 스님인 듯하다. 『벽송당야로송』 「시의선소사 示義禪小師」(한불전7, p.384c5)에 "옷 한 벌 발우하나로 조주의 문하를 드나들고 천산의 눈을 밟아 없애더니 돌아와 백운에 누웠도다. 一衣又一鉢 出入趙州門 踏盡千山雪 歸來臥白雲"라고 하였다. 〔참고문헌〕『碧松堂埜老頌』. ⇨지엄 智嚴

의선사 顗禪師 천태지의(天台智顗 539~598)를 일컫는 호칭. 『불조통기』 권37(대정장49, p.352c22)에 "의선사가 와관사에서 의동 심군리 등에게 『법화경』을 강설하였다. 顗禪師於瓦官寺 爲儀同沈君理等 講法華經"라고 하였다. 〔참고문헌〕『佛祖統紀』, 『大乘起信論義記』 권하(대정장44, p.283b4), 『傳法正宗論』 권하(대정장51, p.781c26). ⇨지의 智顗

의선하 衣線下 ➡동산의선하 洞山衣線下

의설 義說 뜻에 맞게 설함. 『중아함경』 권3 「가람경 伽藍經」(대정장1, p.439a15)에 "많이 듣고 그대로 행하는 부처님의 제자는 꾸미는 말을 떠나고 꾸미는 말을 끊고서 때에 맞게 말하고 진실하게 말하며 법을 말하고 그 뜻을 말한다. 多聞聖弟子 離綺語 斷綺語 時說 眞說 法說 義說"라고 하였다. 〔참고문헌〕『中阿含經』.

의성 意成 ❶Ⓢmanu-ja, mano-maya. 뜻으로 성취하는 몸. 생각만으로 몸을 얻는다는 뜻이며 의생(意生)·상성(想成)이라고도 한다. 『대비바사론』 권69(대정장27, p.358a1)에 "경에서 설하는 의성은 여러 가지 뜻을 나타낸다. 성이란 중유나 화신을 표하기도 하고, 겁초인이나 상이계(色無色界)를 표하기도 한다. 經說意成 表多種義 成表中有 或表化身 或表劫初人 或表上二界"라고 하였다. [참고문헌]『大毘婆沙論』. ⇨의성신 意成身, 의생 意生❶, 의생천 意生天, 상성 想成 ❷부처님 명호. 80권본『화엄경』권12(대정장10, p.59b19)에 "여러 불자들이여 이 사바세계 서쪽에 또 세계가 있으니 이구라고 이름 한다. 그곳에서는 여래를 의성이라 부르고 … 혹은 구족력이라 부르기도 한다. 諸佛子 此娑婆世界西 次有世界 名爲離垢 如來於彼 或名意成 … 或名具足力"라고 하였다. [참고문헌]『華嚴經』.

의성 意性 Ⓢmano-bhava, Ⓣyid-kyi ngo-bo. 의(意)의 자성. 의업(意業)을 일으키는 것을 말한다.『지세경』권2(대정장14, p.652c9)에 "지세야, 어떤 것을 보살마하살이 '의성'을 관하여 가린다고 하는가? 보살은 이렇게 생각한다. '의성에는 결정된 것 없으니, 근본이라 할 것마저 없다. 의성 중에 의의 자성도 결정된 성도 없어야 의성이다'. 비유하자면 모든 씨앗을 대지에 심듯이, 물로 적시고 햇빛과 바람을 받아 점점 싹이 트는데, 싹은 씨앗에서 나오는 것이 아니고 씨앗 역시 싹과 화합하는 것이 아니다. 싹이 트는 즉시 씨앗이 파괴되는데, 씨앗은 싹을 여의지 않고 싹은 씨앗을 여의지 않으나 싹에는 씨앗이 없다. 의성 역시 이와 같다. 능히 의업을 일으키기에 의식을 보여주듯이, 저 씨앗이 싹을 드러내는 것과 같아서 의성이라는 이름을 얻을 수 있다. 持世 何謂菩薩摩訶薩 觀擇意性 菩薩作是念 意性無決定 根本無所有故 意性中 無意性 無決定性 是意性 譬如諸種子種於大地 因於水潤 得日得風 漸漸芽出 芽不從種子出 種子亦不與芽和合 芽生則種子壞 種子不離芽 芽不離種子 芽中無種子 意性亦如是 能起意業故 示意識故 如種示芽 得名意性"라고 하였다. [참고문헌]『持世經』,『俱舍論』권1(대정장29, p.4b13),『諸法無諍三昧法門』권하(대정장46, p.639a16), *Abh-k-bh.12.* ⇨의업 意業

의성 義成 ⓈSiddhārtha, ⓉDon-grub. 석가모니부처님의 태자시절 이름. 모든 것을 다 성취함이란 실달타(悉達多 ⓈSiddhārtha)의 뜻번역어다.『대비바사론』권6(대정장27, p.28c23)에 "법을 말해주고 그것을 저들 마음대로 생각하도록 맡기지 않으면 한량없는 석가종이 불신하는 마음을 내어 '어찌하여 의성께서는 자기의 친족에게 주기 싫어하거나 질투하는 마음을 품고 교화하려고 하지 않으시는가? 저들이 자기처럼 될 것을 두려워하시는가?'라고 할 것이다. 부처님께서 법을 말해주고 그것을 저들 마음대로 생각하도록 맡기셨기 때문에 모든 석가종의 불신하는 마음이 사그라졌다. 若不以法 而恣彼者 無量釋種 生不信心 云何義成 於自親族 心懷慳嫉 不欲敎化 將恐彼人 與已相似 由佛以法 而恣彼意 是諸釋種 不信心息",『일체경음의』권25(대정장54, p.468a11)에 "실달태자〈범어 실다는 일체의성이라 한역한다〉. 悉達太子〈梵云 悉多 此云一切義成也〉"라고 하였다. [참고문헌]『大毘婆沙論』,『一切經音義』, *Mvyut.249.* ⇨실달다 悉達多

의성 義誠 1758~1839. 조선후기 스님. 호는 설암(雪巖) 또는 영주(靈珠), 속성은 김씨. 1758년(영조34) 전라도 무안군 석진(石津)에서 태어났다. 1773년(영조49) 16세 때 전라도 무안 승달산(僧達山) 총지사(摠持寺)로 찾아가 해암(海庵)을 은사로 하여 스님이 되었으며, 뒤에 총지사 주지와 승통(僧統)을 역임하였다. 다시 용흥사(龍興寺)로 옮겨 승통이 되었으며, 완호윤우(玩虎倫佑)에게서 선참(禪懺)을 받고 참회제자가 되었다. 대흥사 만일암(挽日庵), 남미륵암(南彌勒庵), 은적암(隱跡庵) 등에 주석하다가 완호의 법을 이어 받았다. 1839년(헌종5) 9월 9일 대흥사 한산전(寒山殿)에서 세수 82, 법랍 67세를 일기로 입적하였다. 법계는 연담유일(蓮潭有一)의 3세 법손이며, 수법제자는 석호록일(石虎祿一)·금파응신(金波應信) 등이 있다. [참고문헌]『東師列傳』권4「雪巖禪師傳」(한불전10, p.1036c5). ⇨윤우 倫佑

의성 疑城 의심의 성. 염불공덕을 의심한 행자가 태어나는 성. 화생(化生)하지 못하여 태생(胎生)하는 궁성이기에 태궁(胎宮), 정토의 변두리에 있기에 변지(邊地), 게으르고 교만한 이가 나는 곳이기에 해만국(懈慢國)이라고도 한다. 또 이들 뜻을 합하여 의성태궁(疑城胎宮)·변지해만(邊地懈慢)·의성변지(疑城邊地)라고도 일컫는다.『무량수경』권하(대정장12, p.278b6)에 "미륵이여! 마땅히 알아야 하오. 저 화생하는 이는 지혜가 훌륭하기 때문이고, 이 태생하는 이는 모두 지혜가 없어 오백세 동안 늘 부처를 보지 못하고, 경전의 법도 듣지 못하며 보살과 여러 성문대중을 보지 못한다. 부처님께 공양할 길이 없고 보살법식도 알지 못하여 수습공덕을 얻지 못한다. 마땅히 알라, 이런 사람은 과거시절에 지혜가 있을 리 없으니 의심과 미혹 탓이다. 彌勒當知 彼化生者 智慧勝故 其胎生者 皆無智慧 於五百歲中 常不見佛 不聞經法 不見菩薩諸聲聞衆 無由供養於佛 不知菩薩法式 不得修習功德 當知此人 宿世之時 無有智慧 疑惑所致"라 하였으니, 지옥도 극락도 아닌 의성에 태로 태어난다 하였다.『낙방문류』권1(대정장47, p.161a24)에 "어떤 사람이 염불하고 계를 가졌으나 정진하는 마음이 없으면 목숨이 다할 때 선상도 없고 악한 상도 없어 지부에서 거두지도 않고 안양에도 들 수 없어 저 수면에 빠진 것과 같이 하니, 이런 사람 의정을 끊지 못하여 의성에 나서 오백세 동안 락을 받은 다음 다시 믿음의 원을 닦아야 정토로 돌아갈 수 있다. 若人念佛持戒無精進心 命終亦無善相 亦無惡相 地府不收 安養不攝 如睡眠去 此人疑情未斷 生於疑城 五百歲受樂 再修信願 方歸淨土", 『예념미타도량참법』 권9(卍속장128, p.234a 15)에 "어떤 사람이 염불을 하면서 의혹을 일으키면 의성에 오백년을 머무르게 된다. 若人念佛生疑惑 住在疑城五百年"라고 하였다. [참고문헌] 『無量壽經』, 『樂邦文類』, 『禮念彌陀道場懺法』. ⇨ 의성태생 疑城胎生, 태궁 胎宮, 변지 邊地❷, 해만국 懈慢國, 변지해만 邊地懈慢

의성관덕동석사자 義城觀德洞石獅子 통일신라시대 석조각 2구. 보물 제202호. 암사자 높이 52cm · 수사자 높이 35cm. 원래 경상북도 의성군 단촌면 관덕리사지에 있었으나 현재 국립대구박물관에 있다. 2구 모두 얼굴의 마모가 심한 편으로 둥근 대좌 위에 앉아 있는데, 앞발을 치켜세우고 앉은 자세를 취하고 있다. 1구는 입을 벌리고 있고 다른 1구는 입을 다물고 있는데, 특히 입을 다문 상은 세 마리의 새끼를 품은 채 한 마리에게 젖을 먹이는 자세를 취하고 있어 유례없는 희귀한 사자상으로 주목된다. 일제강점기의 사진을 참조해보면 석탑 상층기단부 위에 4구가 남아 있었으나 1940년에 2구가 도난당했고 이 사실이 알려지자 조선총독부는 서둘러 남은 2구의 사자를 당시 경주박물관으로 이전하였다. [참고문헌] 『경상북도의 석탑Ⅶ』(국립문화재연구소, 2013), 『신라의 사자』(국립경주박물관, 2006). ⇨ 의성관덕리삼층석탑 義城觀德里三層石塔

의성관덕동석사자

의성관덕리삼층석탑 義城觀德里三層石塔 통일신라시대 석탑. 보물 제188호. 높이 3.39m. 경상북도 의성군 단촌면 관덕리에 있다. 전형적인 신라석탑이면서 각 부분의 변형 및 부조상을 통해 독특한 양식을 보인다. 기단 면석 및 초층탑신 4면에 빠짐없이 부조상을 새겨 조각성을 강조한 것에서 9세기 후반에 유행한 양식을 볼 수 있다. 내용적인 면에서도 '십이지상-팔부중상-사천왕상'에서 벗어나 '천인상-사천왕 및 천부상-보살상'으로 이어지는 조합은 다른 탑에서는 볼 수 없는 독특한 부조상이다. 원래 상층기단 위에 4구의 사자상이 있었으나 일제강점기에 2구가 도난당하였고 나머지 2구는 현재 국립대구박물관에 보관 중이다. 기단에 사자를 배치하는 수법은 분황사모전석탑에서 시작되었으며, 통일신라 후기까지 지속되었다. [참고문헌] 『경상북도의 석탑Ⅶ』(국립문화재연구소, 2013). ⇨ 의성관덕동석사자 義城觀德洞石獅子

의성관덕리삼층석탑

의성비안면자락동석조여래좌상 義城比安面自樂洞石造如來坐像 고려시대 석불좌상. 경상북도 유형문화재 제56호. 높이 1.5m · 무릎 폭 69cm · 대좌 26cm. 굴암산 중턱 암벽의 자연동굴 안에 있다. 대좌는 방형으로 연꽃무늬가 새겨져 있다. 불상의 형태와 균형감으로 보아 고려시대에 조성된 불상으로 추정된다. [참고문헌] 文明大「義城海望山 石窟寺院」(『古考美術』100, 1968).

의성비안면자락동
석조여래좌상

의성빙산사지오층석탑 義城氷山寺址五層石塔 통일신라시대 석탑. 보물 제327호. 높이 8.51m. 경상북도 의성군 춘산면 빙계리에 있다. 옥개석 상단의 낙수면을 층급으로 처리한 모전석탑(模塼石塔) 계열의 탑이다. 기단은 단층으로 지대석 · 면석 · 갑석 · 탑신받침이 모두 별석으로 처리되었다. 초층탑신은 전면(前面)에 상인방(上引枋)과 하인방(下引枋), 좌우에 문설주를 세우고 문비(門扉)를 내었다. 옥개석의 하단 받침은 초층부터 5층까지 모두 4단인데 상단 받침은 초층부터 4층까지가 5단이며 5층은 6단으로 오히려 늘어나는 양상을 보인다. 기본적인 탑의 외형은 인근에 위치한 국보 제77호 탑리리오층석탑과 상당히 유사하지만 높이가 약1.5m 정도 작아졌고, 기단부 탱주(撑柱)의 숫자가 1주 생략되어 규모도 줄어들었음을 알 수 있다. 따라서 탑리리석탑에 기본형을 두고 세부적으로 간략화한 모방탑으로 제

의성빙산사지오층석탑

의성빙산사지오층석탑내 사리장엄구

작시기는 9세기경으로 추정된다. 한편 1973년 해체수리를 하던 중 3층 옥개석 내부에서 석함과 사리장엄구가 발견되었다. 발견된 사리기는 사면에 연화당초문·봉황문이 투조되었으며 내부에는 녹색 유리로 만든 사리병이 있었고 이밖에 금동불상두광, 동제풍경, 동곳, 돌구슬, 청동젓가락편 등이 함께 들어있었다. 〔참고문헌〕『경상북도의 석탑Ⅵ』(국립문화재연구소, 2012), 『불사리장엄』(국립중앙박물관, 1991). ⇨ 빙산사 氷山寺

의성수선 依性修禪 자성에 의지하여 선을 닦음. 『도서』 권상(대정장48, p.402a20)에 "스승과 제자가 주고받음에 반드시 약도 병도 알아야 한다는 말은, 이에 위로부터 받아 전수받은 방편이란 것이 모두 먼저 본성을 펼쳐 보이고 그런 뒤에야 비로소 성에 의지하여 선을 닦게 하였다. 성은 쉽게 깨칠 수 없으니, 흔히 상에 집착하기 때문이다. 그러므로 성을 드러내고자 한다면 먼저 집착을 부수어야 한다. 집착을 부수는 방편은 모름지기 범부와 성인마저 모두 사라지고 공덕과 허물이 나란히 없어져야만 한다. 師資傳授 須識藥病者 謂承上傳授方便 皆先開示本性 方令依性修禪 性不易悟 多由執相 故欲顯性 先須破執 破執方便 須凡聖俱泯 功過齊祛"라고 하였다. 〔참고문헌〕『都序』.

의성신 意成身 Ⓢ mano-maya-kāya. 뜻으로 나는 몸. 정기(精氣)와 혈액(血液) 등의 연을 빌리지 않고 오직 의(意)를 따라 나는 몸을 말하며, 의생신(意生身)이라고도 한다. 『대승입능가경』 권4(대정장16, p.607b25)에 "부처님께서 말씀하셨다. '대혜여! 의성신에 세 가지가 있다. 무엇이 그 셋인가? 입삼매락의성신·각법자성의성신·종류구생무작행의성신이다. 모든 수행자들이 초지에 들어간 이후 점차로 증득한다. 佛言 大慧 意成身有三種 何者爲三 謂入三昧樂意成身 覺法自性意成身 種類俱生無作行意成身 諸修行者 入初地已 漸次證得", 『성유식론』 권8(대정장31, p.45a21)에 "혹은 의성신이라고도 한다. 뜻을 따라 원이 성취되기 때문이다. 或名意成身 隨意願成故", 『성유식론술기』 권8(대정장43, p.536b29)에 "구역에서는 의생신이라고 하였고, 여기서는 의성신이라고 하였다. 구역의 의미는 뜻을 따라 생겨난다는 것이고 여기서는 뜻을 따라 성취한다는 것이어서, 단지 뒤쳐 바뀔 뿐 새롭게 생겨난 것은 아니기에 생이라고 말하지 않는다. 舊云意生身 此言意成身 彼義隨意而生 今意隨意而成 但轉易故 非新生故 不可言生", 『번역명의집』 권5(대정장54, p.1139a7)에 "지자(天台智顗)의 소에서는 의생신이라고 했는데 유송(劉宋)역인 『능가경』〈『능가아발다라보경』이며 경문은 4권이다〉에 의지했고, 형계(荊溪 : 湛然)의 기(記)에서는 의성신이라고 했으니 당(唐)역인 『능가경』을 따랐기 때문이다. 비록 저 두 경의 이름은 다르지만 뜻으로는 한 길로 돌아간다. 이후의 역경에서는 성취라는 뜻을 취하여 의성신이라고 불렀다. 그래서 기주(記主 : 天台記主인 湛然)는 '성과 생은 둘 다 과를 따랐을 뿐이다'라고 했으니, 이는 의라는 한 자는 인에 따랐고 생이라는 한 자는 과를 쫓았을 뿐이다. 그러므로 이 이름은 인과 과 아울러 서게 한 이름임을 알아야 한다. 智者疏 稱意生身 以依宋譯楞伽故〈楞伽阿跋多羅寶經 文有四卷〉 荊溪記中 名意成身 以準唐譯楞伽故 雖二經名殊 而義歸一揆 以後譯經 取成就義 號意成身 故記主云 成之與生 並從果說 是則意之一字 乃順於因 生之一字 則從於果 故知此名因果雙立也"라고 하였다. 〔참고문헌〕『大乘入楞伽經』, 『成唯識論』, 『成唯識論述記』, 『翻譯名義集』. ⇨ 의생신 意生身

의성천 意成天 Ⓢ divyo mano-mayaḥ, Ⓣ yid-las-byung-ba'i lha. 뜻으로 성취되는 하늘. 색계와 무색계의 하늘들을 말하는데, 이 하늘에서는 정혈(精血)에 의하지 않고 생각에 따라 그대로 화생(化生)하기에 이렇게 부른다. 의성신천(意成身天)·의생천(意生天) 등이라고도 한다. 『구사론』 권5(대정장29, p.25b29 : *Abh-k-bh.*, p.72)에 "장로여, 여러 비구들이 먼저 이곳에서 청정한 계율·삼마지·지혜를 갖추면 자주 멸수상정에 출입할 수 있으니, 이와 같은 사실이 있음을 여실하게 알아야 한다. 그들은 현법에서나 임종할 때, 부지런히 닦아 혜해를 만족시키지는 못해도 이 몸이 괴멸함에 따라 단식천을 초월하고, 그에 따라 하나의 의성천의 몸을 받는다. 그곳에 태어나서도 자주 멸수상정에 출입하는데, 이곳에서도 그럴 수 있음을 여실하게 알아야 한다. 이 의성천의 몸을 부처님께서는 색계라고 하셨으나, 멸수상정은 오직 유정천에만 있다. 이 선정을 획득하여 퇴보함이 없다면 어떻게 색계로 가서 태어날 수 있겠는가? 다른 부파에서는 제4정려에도 멸진정이 있다고 주장한다. 그들의 주장에 의하면 멸진정에는 퇴보가 없으니, 이런 뜻 또한 성립한다. 具壽 有諸苾芻 先於此處 具淨尸羅 具三摩地 具般羅若 能數入出 滅受想定 斯有是處 應如實知 彼於現法 或臨終位 不能勤修 令解滿足 從此身壞 超段食天 隨受一處 意成天身 於彼生已 復數入出 滅受想定 亦有是處 應如實知 此意成天身 佛說是色界 滅受想定 唯在有頂 若得此定 必無退者 如何得往 色界受生 有餘部執 第四靜慮 亦有滅定 依彼所執 滅定無退 此義亦成 ihāyuṣmanto bhikṣuḥ śīlasaṃpannaś ca bhavati samādhisaṃpannaś ca prajñāsaṃpannaś ca. so 'bhīkṣṇaṃ saṃjñāvedayitanirodhaṃ samāpadyate ca vyuttiṣṭhate cāpi caitat sthānam iti yathābhūtaṃ prajānāti sa na haiva dṛṣṭa eva dharme pratipattyevājñām ārāgayati nāpi maraṇakālasamaye bhedāc ca kāyasyātikramya devān kavaḍīk ārāhārabhakṣān anyatarasmin divye manomaye kāya upapadyate. sa tatropapanno 'bhīkṣṇaṃ sa ṃjñāveditanirodhaṃ samāpadyate ca vyuttiṣṭhat e cāsti caitat sthānam iti yathābhūtaṃ prajānātī ti. atra hi divyo manomayaḥ kāyo rūpāvacara u kto bhagavatā. iyaṃ ca samāpattir bhāvāgrikī. t at katham aparihīṇasya tallābhino rūpadhātau s yād upapattiḥ. caturthadhyānabhūmikām api ni rodhasamāpattiṃ nikāyāntarīyā icchanti. teṣāṃ vināpi parihāṇyā sidhyaty etat", 『성유식론』 권7 (대정장31, p.37c19)에 "이 선정을 처음 닦는 이는 반드시 유정천 유관의 무루에 의지하여 가행으로 삼아 들어간다. 단계적인 선정 중 가장 뒤에 있기 때문이니, 비록 유정천에 속하지만 무루에 속한다. 이 선정을 닦아 자재를 얻으면 다른 단계의 마음 이후에도 현전한다. 비록 도제에 속하지만 유학도 아니고 무학도 아닌 것에 섭한다. 열반과 유사하기 때문이다. 이 선정을 처음 일으키는 것은 오직 인간세상에서일 뿐이니, 부처님과 그 제자가 정법을 말하는 힘으로 일어나기 때문이고, 인간세상에서 지혜로운 이해력이 매우 맹렬하고 날카롭기 때문이다. 후에는 상이계(色無色界)에서도 현전한다. 『오다이경』은 이것의 진실한 증거이니, 무색계도 의성천이라 하기 때문이다. 此定初修 必依有頂 遊觀無漏 爲加行入 次第定中 最居後故 雖屬有頂 而無漏攝 若修此定 已得自在 餘地心後 亦得現前 雖屬道諦 而是非學非無學攝 似涅槃故 此定初起 唯在人中 佛及弟子 說力起故 人中慧解 極猛利故 後上二界 亦得現前 鄔陀夷經 是此誠證 無色亦名 意成天故"라고 하였다. 〔참고문헌〕『俱舍論』, 『成唯識論』, *Abh-k-bh*. ⇨ 의생천 意生天

의성천신 意成天身 의생신(意生身 Ⓢ mano-maya-kāya)과 같은 말. 정혈(精血)에 의지하지 않고 뜻으로 나는 몸. 『구사론』 권5(대정장29, p.25b29)에 "비구들이 먼저 이곳에서 정계를 갖추고 삼매와 지혜를 갖추면 능히 자주 멸수상정에 출입할 수 있다는 것을 여실히 안다. 현세에서나 혹은 임종할 무렵에 부지런히 닦아 만족할 만하지 않을지라도, 몸이 무너지고 단식천을 넘어서 한 곳을 따라 의성천신을 받고 그곳에 나서도 다시 거듭 '멸수상정'에 출입하게 된다는 것을 여실히 안다. 有諸苾芻 先於此處 具淨尸羅 具三摩地 具般羅若 能數入出滅受想定 斯有是處 應如實知 彼於現法 或臨終位 不能勤修令解滿足 從此身壞 超段食天 隨受一處 意成天身 於彼生已 復數入出滅受想定 亦有是處 應如實知"라고 하였다. 〔참고문헌〕『俱舍論』, 『集異門足論』 권17(대정장26, p.438a19). ⇨ 의성신 意成身, 의생신 意生身

의성탑리리오층석탑 義城塔里里五層石塔 신라시대 석탑. 국보 제77호. 높이 9.7m. 경상북도 의성군 금성면 탑리리에 있다. 옥개석 지붕을 계단형으로 처리한 모전석탑(模塼石塔) 계열의 탑이다. 특히 기단부의 결구법이나 초층탑신에 나타나는 목조건축 양식으로 볼 때 신라석탑의 시원양식(始原樣式)에 속한다. 기단부는 지대석 위에 각 면 2개의 탱주(撑柱)를 세우고 면석을 3면으로 분할하였으며 그 위에 10매의 판석을 덮어 마무리하였다. 중앙에는 별석으로 1단의 탑신굄을 두어 탑신석을 받게 하였다. 초층탑신은 네 모서리에 민흘림이 뚜렷한 우주(隅柱)를 세우고 남쪽에만 감실을 개설하였다. 우주 위에는 2단으로 처리된 주두(柱頭)를 두었다. 2층 이상 탑신부는 여러 매의 돌을 나비장으로 결구하였는데, 중앙에도 1주씩의 탱주를 모각하였다. 옥개석의 하단 받침은 5층 모두 5단이며 지붕면의 층급은 모두 6단으로 동일하다. 이 석탑은 몇 가지 점에서 신라탑파사의 시원양식으로 분류되고 있다. 첫째, 기단부에서 기둥 사이에 면석을 끼워넣는 수법과 초층탑신에서 나타나는 기둥의 민흘림 기법은 미륵사석탑과 정림사석탑 등의 백제석탑에 기원을 두고 있다. 또한 2층 탑신부터 탱주를 넣은 점은 미륵사탑에서 영향을 받은 것이다. 둘째, 초층탑신의 기둥에서 보이는 주두와 그 형태는 목조건축 양식을 따르고 있다. 셋째, 옥개석에서 나타나는 계단식 지붕은 분황사 모전석탑에서 채용된 것으로 볼 수 있다. 즉 기단부와 탑신에서의 백제석탑 목탑양식과 지붕구조에서의 전탑양식이 혼합되어 감은사지삼층석탑으로 이어지는 신라석탑의 시원양식으로 보고 있다. 따라서 제작시기는 7세기 중반경으로 추정된다. 〔참고문헌〕『경상북도의 석탑VI』(국립문화재연구소, 2012), 강우방·신용철 『탑』(솔출판사, 2003).

의성탑리리오층석탑

의성태궁 疑城胎宮 의성의 태궁. 『우독초』 권상(대정장83, p.648b1)에 "아미타불의 화토는 두 가지이니, 첫째는 의성태궁이고 둘째는 해만변지이다. 彌陀化土有二種 一 疑城胎宮 二 懈慢邊地", 『정신염불게사견문』 권5(臺灣國圖善本47, p.198a8)에 "〔문〕 의성과 태궁은 같은 곳인가? 다른 곳인가? 또 이러한 이름을 얻은 그 뜻은 무엇인가? 〔답〕 같은 곳이다. 의혹을 갖고 행하는 이가 머무는 성이기에 이를 의성이라고 한다. 저 화생과 간별하여 이를 태생이라고 한다. 곧 이 태생으로 궁전에 처하기에 태궁이라 하지만 곧 변지이다. 問 疑城胎宮 是同處歟 是別處歟 又此得名 其意如何 答 是同處也 疑惑

行者 所止城故 謂之疑城 簡彼化生 謂之胎生 則此胎生處宮殿故 言之胎宮 則邊地也"라고 하였다. 〔참고문헌〕『愚禿鈔』, 『正信念佛偈私見聞』. ⇨ 의성 疑城, 태궁 胎宮, 변지해만 邊地解慢, 함화미출 含華未出

의성태생 疑城胎生 정토왕생을 의심하여 의심의 성에 태로 태어남. 『대아미타경』 권하 「의성태생분 疑城胎生分」(대정장12, p.338c25)에 "부처님께서 미륵보살에게 말씀하였다. '그대는 저 국토(刹)에서 태생하는 이가 보이는가?' '태생하는 이가 보입니다. 머무는 궁전은 백유순 또는 오백유순이며 각기 그 중에서 온갖 쾌락을 받으니 도리천인과 같습니다. (그런데) 무슨 연고로 저 국토에 태생하는 이가 있습니까?' '어떤 중생이 여러 공덕을 닦아 저 국토에 태어나기를 바라다가 훗날 후회하는 마음이 있거나 의심하고 미혹되면 저 불찰이 있음을 믿지 않고 왕생이 있음을 믿지 않으며, 또한 보시로 선업을 짓고 후세에 복 받는 것을 믿지 않는다'. 佛告彌勒 汝見彼刹 有胎生否 對云 見胎生者 所處宮殿 或百由旬 或五百由旬 各於其中 受諸快樂 如忉利天人 何因緣故彼刹 而有胎生 佛言 若有衆生 修諸功德 願生彼刹 後有悔心 亦復疑惑 不信有彼佛刹 不信有往生者 亦不信布施作善 後世得福"라고 하였다. 〔참고문헌〕『大阿彌陀經』.

의세기인 倚勢欺人 세에 기대어 사람을 속임. 『운문광록』 권하(대정장47, p.571a4)에 "운문이 학인에게 이르길 '전당은 어째서 나라에서 3천리 떨어져 있을까?' '어찌 남의 일에 간섭하겠습니까?' '이 남의 허튼 말이나 훔치는 놈아!' 운문이 학인을 대신하여 응답하였다. '화상께서는 세에 의지하여 사람을 속이시는군요'. 師云 錢塘爲什麽去國三千里 僧云 豈干他事 師云 者掠虛漢 代云 和尙倚勢欺人", 『굉지광록』 권3(대정장48, p.33c12)에 "현사는 지위에 의존하여 상대를 속이고 강한 힘으로 약자를 업신여기는 것과 아주 흡사하였다. 玄沙大似 倚勢欺人 以强陵弱", 『건중정국속등록』 권17 「감로덕옹장 甘露德顒章」(卍속장136, p.254b8)에 "설령 덕산이 한 번 휘두른 방은 하늘까지 뻗은 칼김과 같고, 임제가 한 번 내지른 할은 가뭄에 울리는 우레와 같았지만, 그 모두가 자신의 지위에 의존하여 상대를 속이는 방식의 점검 수단이었고 바람도 없는 곳에서 억지로 물결을 일으키려는 시도와 같았다. 直饒德山一棒 似倚天長劒 臨濟一喝 如旱地爆雷 盡是倚勢欺人 無風起浪"라고 하였다. 〔참고문헌〕『雲門廣錄』, 『宏智廣錄』, 『建中靖國續燈錄』, 『碧巖錄』 5칙 「著語」(대정장48, p.144c27).

의세행 意勢行 Ⓢ mano-javā gatiḥ, Ⓣ yid-mgyogs 'gro-ba. 뜻하는 대로 곧바로 행함. 세 가지 신통행(神通行) 중 하나로서 오직 부처님만 행한다. 『구사론』 권27(대정장29, p.143c29 : *Abh-k-bh.*, p.425)에 "신통행에 세 가지가 있다. 첫째는 운신행(運身行)이니, 허공을 가는 것이 마치 나는 새와 같은 것을 말한다. 둘째는 승해행(勝解行)이니, 매우 먼 곳도 가깝다고 생각하면 곧 신속하게 이를 수 있는 것을 말한다. 셋째는 의세행이니, 지극히 먼 곳도 마음을 들어 반연하기만 하면 몸이 곧 이르는 것을 말한다. 이런 세가 뜻과 같으므로 '의세'라는 이름을 얻었다. 이런 세 가지 신통행 중에서 '의세행'은 오직 부처님께만 한정되고, 운신과 승해는 그 이외의 승에도 미친다. 즉 우리 세존의 신통은 매우 신속하여 멀거나 가깝거나 모든 곳에 따라 마음만 먹으면 곧바로 이른다. 이것으로 말미암아 세존께서는 다음과 같이 설하셨다. '모든 부처님의 경계는 불가사의하다'. 그러므로 의세행은 오직 세존에게만 있고, 승해행은 다른 성인에게도 있고, 운신행은 범부도 공유한다. 行復三種 一者 運身 謂乘空行 猶如飛鳥 二者 勝解 謂極遠方 作近思惟 便能速至 三者 意勢 謂極遠方 擧心緣時 身卽能至 此勢如意 得意勢名 於此三中 意勢唯佛 運身勝解 亦通餘乘 謂我世尊 神通迅速 隨方遠近 擧心卽至 由此 世尊 作如是說 諸佛境界 不可思議 故意勢行 唯世尊有 勝解兼餘聖 運身幷異生 〈kārikā〉 gatis tridhā 〈bhāṣya〉 śarīravāhinī ādhimokṣikī manojavā ca tatra gatiḥ 〈kārikā〉 śāstur manojavā 〈bhāṣya〉 manasa ivāsyā java iti manojavā gatir buddhasyaiva nānyasya. sudūram api deśaṃ cittotpādakālena gamanāt. ata evācintyo buddhānāṃ buddhaviṣaya ity uktaṃ bhagavatā. itare tu gatī buddhasyānuktasiddhe, 〈kārikā〉 anyeṣāṃ vāhiny apy ādhimokṣikī 〈bhāṣya〉 śrāvakapratyekabuddhānāṃ śarīravāhinī ca gatiḥ. pakṣivat krameṇa śarīravāhanāt. ādhimokṣikī ca dūrasyāsannādhimokṣeṇāśugamanāt"라고 하였다. 〔참고문헌〕『俱舍論』, 『瑜伽師地論』 권52(대정장30, p.588b6), *Abh-k-bh.*

의소 義少 뜻을 깨우친 소년. 『석씨요람』 권하(대정장54, p.295c7)에 "의소〈소 자의 발음은 거성〉: 법안은 나이 열여덟에 『열반경』을 강설하였다. 장영이 나이를 묻고는 길게 탄하며 말했다. '옛날 부풍 출신 주발은 나이 열둘에 책을 읽어 모두들 재동이라 불렀는데, 지금 안공은 뜻을 깨우친 소년이라 할만하다'. 義少〈少字去聲〉 法安年十八 講涅槃經 張永問年幾 永歎曰 昔扶風朱勃 年十二能讀書 人號才童 今安公可曰義少"라고 하였다. 〔참고문헌〕『釋氏要覽』.

의소 義沼 조선후기 대강백 인악의첨(仁嶽義沾 1746~1796)의 잘못 전해진 법명. 『조선불교통사』 권상 p.564·577 등에 의소(義沼)라 하였는데, 소(沼)는 첨(沾)의 오자(誤字)이다. 『인악집』 권3 「인악행장 仁嶽行狀」(한불전10, p.422c21)에 "화상의 휘는 의첨이다. 和上諱義沾", 「대구동화사인악당의첨대사비문 大邱桐華寺仁嶽堂義沾大師碑文」의 탁본(托本)에 "법명은 의첨이다. 法名 義沾"라고 하였다. 〔참고문헌〕『朝鮮佛教通史』, 『仁嶽集』, 『韓國金石文大系』 권3 p.265, 智冠『韓國高僧碑文總集 朝鮮朝·近現代』 p.634. ⇨ 의첨 義沾

의소 義疏 경전의 의리(義理)에 대한 해석. 또는 그러한 형식의 저술. 『마하지관』 권7하(대정장46, p.99b4)에 "본래 들어서 배우지 않고도 경론을 이해할 수 있었고 저들 의소를 열람하고는 종지로 가는 길을 환히 알았다. 本不聽學 能解經論 覽他義疏 洞識宗途", 『능엄경의소석요초』 권1(卍속장16, p.833a3)에 "의소란 곧바로 일가의 핵심이 되는 이치로써 경을 푸는 것이다. 義疏者 蓋直以一家要義 而消經也", 『대승현론』 권2(대정장45, p.26a13)에 "양무제가 개선사 장법사에게 의소를 짓도록 칙명을 내렸으나 법사는 강설하는 일로 여가가 없어 여러 학사들과 논의한 끝에 안성사의 개공과 안락사의 원자를 보내어 법사 대신 의소를 짓도록 하였다. 梁武帝勅開善寺藏法師 令作義疏 法師講務無閑 諸學士共議 出安城寺開公 安樂寺遠子 令代法師作疏", 『대각국사문집』 권1 「신집원종문류서 新集圓宗文類序」(한불전4, p.528a21)에 "대경을 익히려는 이들은 모두 지엄(智儼)·법장(法藏)·청량(淸凉) 삼가의 의소를 길이 표준으로 삼고, 곁으로 제가의 학설을 가지고 보완해야 한다. 講大經者 咸以儼藏淸凉三家義疏 永爲標準 而旁用諸家補焉"라고 하였다. 〔참고문헌〕『摩訶止觀』, 『楞嚴經義疏釋要鈔』, 『大乘玄論』, 『大覺國師文集』. ⇨ 소 疏

의소 義韶 오대(五代) 때 운문종 스님. 법호는 순봉(舜峯). 운문문언(雲門文偃 864~949)의 제자. 『오등회원』 권15(卍속장138, p.567a18)에 문답이 전한다. 도원희랑(桃園曦朗)에게 법을 전하였다. 〔참고문헌〕『五燈會元』, 『禪燈世譜』 권7(卍속장147, p.616a1).

의소생신 意所生身 Ⓢ mano-maya-kāya, Ⓣ yid-las-skyes-pa'i lus. 마음먹은 그대로 나는 몸. 의생신(意生身)이라고도 한다. 『유가사지론』 권96(대정장30, p.853b18)에 "두 가지 의소생신이 있으니, 첫째는 색계의 의소생신이고, 둘째는 무색계의 의소생신이다. 有二種意所生身 一者 色界意所生身 二 無色界意所生身", 『불성론』 권4(대정장31, p.807a15에 "무명주지혹이란, 아라한으로 상속하는 중 무류업으로 나는 인이 되어 능히 의소생신을 낳는데, (이것은) 여래의 보리로 부술 수 있다. 이것을 무명주지혹이라고 한다. 無明住地惑者 在阿羅漢相續中 爲無流業生家因 能生意所生身 爲如來菩提所破 是名無明住地惑故"라고 하였다. 〔참고문헌〕『瑜伽師地論』, 『佛性論』. ⇨ 의생신 意生身

의속선 疑續善 Ⓢ vicikitsayā kuśala-mūla-pratisaṃdhanāt, Ⓣ the-tshom gyis dge-ba'i-rtsa-ba'i nying-mtshams-sbyor-ba. 온당한 의문으로 선근(善根)을 다시 잇는 것. 속선의(續善疑)라고도 한다. 인과(因果)를 부정하고 믿지 않아 선근을 끊은 사람이 좋은 인연을 만나 '인과는 있는 것인가?'라는 의문을 갖고 바르게 사유함으로써 다시 선근을 잇게 되는 것을 말한다. 『구사론』 권7(대정장29, p.40b16 : *Abh-k-bh.*, p.109)에 "욕계의 물든 마음이 바로 현전하는 위에서 열두 가지 마음속에 여섯 가지 마음을 수용하여 얻는다. 그것은 앞서 성취되지 않았으나 지금 성취되기 때문이다. 즉 의속선과 계퇴환으로 말미암아 욕계선심이 그 때 획득된다고 한다. 欲界染心 正現前位 十二心內 容得六心 彼先不成 今得成故 由疑續善 及界退還 欲界善心 爾時名得 kāmāvacare kliṣṭe citte saṃmukhībhūte ṣaṇṇāṃ cittānāṃ lābhaḥ. tair asamanvāgatasya kāmāvacarasya kuśalasya vicikitsayā kuśalamūlapratisaṃdhānād dhātupratyāgamanāc ca", 『구사론송소론본』 권7(대정장41, p.862a14)에 "'의속선으로 말미암아' 라는 말은 무슨 뜻인가? 의심이 오히려 정견을 발생시켜 선근을 잇는 것이다. 의심은 물든 마음이니, 이 물든 마음에 욕계선을 낳는다. 由疑續善 謂疑心發生正見 能續善根也 疑是染心 此卽染心 生欲界善也"라고 하였다. 〔참고문헌〕『俱舍論』·권17(대정장29, p.88c21), 『俱舍論頌疏論本』, *Abh-k-bh.* ⇨ 계퇴환 界退還

의쇄천하인 疑殺天下人 천하 사람들 의혹에 휩싸여 어쩌지 못하게 함. 매사에 통째로 의심하게 하여 세간의 상정(常情)을 뒤쳐 실상을 깨우치게 하는 뜻이다. 『경덕전등록』 권11 「앙산혜적전 仰山慧寂傳」(대정장51, p.283b12)에 "위산이 듣고 말했다. '적자(혜적)의 한 구로 천하 사람들을 몹시 의혹에 빠뜨리겠군'. 潙山聞云 寂子一句 疑殺天下人", 『오가종지찬요』 권상(卍속장114, p.514a8)에 "어떤 것이 한 번 할이지만 한 번의 할도 쓰지 않음인가. 삼산등래가 말한다. '의심하여 천하 사람 죽이는구나'. 송으로 읊는다. '할 지어 쓰지 않으니, 뒤집어 잡고 거꾸로 만지작거린다. 의심해 묻는 일 무엇인가. 온전해 꿰맨 흔적조차 없다'. 如何是一喝不作一喝用 三山來云 疑殺天下人 頌曰 不作喝用 顚拈倒弄 擬問如何 全然無縫", 『종용록』 6칙 「평창 評唱」(대정장48, p.230c29)에 "그 학인이 비록 강직한 기질은 없었지만 반듯한 생각을 지니고 있었기에 다시 찾아와 마조에게 그 이야기를 들려주자 마조가 '지장의 머리는 희고 회해의 머리는 검다'고 말했던 것인데, 이 언구로 천하의 사람들 의혹에 휩싸였네. 這僧雖無血性 却有首尾 還來擧似馬祖 祖云 藏頭白海頭黑 這句疑殺天下人", 『벽암록』 21칙 「본칙 本則」(대정장48, p.161c21)에 "학인이 지문광조(智門光祚)에게 물었다. '연꽃이 물속에서 아직 나오지 않았을 때는 어떠합니까?'〈의심할 필요도 없는 곳에서 걸려들었구나. 진흙 속에서 흙덩이 씻고 있네. 어디서 이 소식 들었는가?〉 '연꽃이다'〈일이삼사오륙칠! 천하 사람들 어리둥절 하겠군〉. 僧問智門 蓮花未出水時 如何〈鉤在不疑之地 泥裏洗土塊 那裏得這消息來〉 智門云 蓮花〈一二三四五六七 疑殺天下人〉"라고 하였다. 〔참고문헌〕『景德傳燈錄』, 『五家宗旨纂要』, 『從容錄』, 『碧巖錄』.

의수 衣樹 Ⓢ vastra-vṛkṣa, Ⓣ gos-'byung-ba'i-shing-ljon-pa. 옷 나무. 좋은 옷을 낳는 나무를 말하며, 도리천(忉利天)의 희견성(喜見城)에 있다. 『장아함경』 권18 「세기경 世記經」(대정장1, p.118a19)에 "또 높이 칠십 리의 의수에는 꽃과 열매가 무성하게 열리며, 그 열매가 익었을 때 껍질이 저절로 갈라져 갖가지 옷이 나온다. 그 나무의 높이는 육십 리·오십 리·사십 리 등이며, 아주 작은 것도 높이가 오 리인데, 모두 꽃과 열매가 무성하게 열리며 갖가지 옷이 나온다. 復有衣樹高七十里 花果繁茂 其果熟時 皮殼自裂 出種種衣 其樹或高 六十里 五十 四十 極小高五里 皆花果繁茂 出種種衣", 『유가사지론』 권4(대정장30, p.298b4 : *Yogā-bh.*, p.92)에 "또 '의수'가 있어 이 나무에서 갖가지 좋은 옷이 나오는데, 그 옷은 섬세하고 부드러우며, 아름다운 색은 선명하고 깨끗하며 갖가지 무늬로 사이사이 장식되었다. 復有衣樹 從此出生 種種妙衣 其衣細軟 妙色鮮潔 雜綵間飾 vastravṛkṣā yato vividhāni vastrāṇi sūkṣmāṇi sthūlāni suśuklāni nānāvidharaṅgāṇi suvarṇabhaktivicitritāni prādurbhavanti"라고 하였다. 〔참고문헌〕『長阿含經』, 『瑜伽師地論』, *Yogā-bh.*

의수 意水 생각의 물. 생각이라는 물. 『자은전』 권9(대정장50, p.274a27)에 "〈황제의 자서(自書)〉 법사(현장)는 삼계를 건너는 나루와 다리가 되었고, 끌어 사생을 적셨다. 지혜로 마음의 등불을 밝히며 정으로 생각의 물마저 얼렸네. 法師津梁三界 汲引四生 智皎心燈 定凝意水"라고 하였다. 〔참고문헌〕『慈恩傳』. ⇨ 심수 心水

의수 意樹 뜻이라는 나무. 나무 자라고 꽃 피듯이 뜻으로 온갖 염정(染淨)의 분별 꽃 피우듯 함을 비유한다. 심수(心樹)라고도 한다. 『대품반야경』 권8 「산화품 散花品」(대정장8, p.277a16)에 "석제환인이 수보리가 마음으로 생각하는 것을 알아채고 수보리에게 말하였다. '대덕이여! 이 꽃은 생화도 아니고 뜻의 나무에서 생겨난 것도 아닙니다'. 수보리가 석제환인에게 말하였다. '교시가여! 그대는 「이 꽃은 생겨난 진짜 꽃도 아니고 마음의 나무에서 피어난 꽃도 아니다」라고 하였습니다. 교시가여! 이 꽃이 만약 생겨난 법이 아니라면 꽃이라고 이름 붙일 수 없습니다'. 釋提桓因知須菩提心所念語須菩提言 大德 是花非生花 亦非意樹生 須菩提語釋提桓因言 憍尸迦 汝言是華非生花 亦非意樹生 憍尸迦 是花若非生法 不名爲花", 『법원주림』 권53(대정장53, p.684b1)에 "뜻의 나무 허공꽃 피우고, 마음의 연꽃은 산뜻한 향기를 토하네. 意樹發空華 心蓮吐輕馥"라고 하였다. 〔참고문헌〕『大品般若經』, 『法苑珠林』, 『大智度論』 권55(대정장25, p.451c20). ⇨ 심수 心樹

의수 義洙 일제강점기 독립운동에 참여하였던 스님 동조(東照 1878~1944)의 다른 이름. 〔참고문헌〕『불교신문』 제2473호(2008.11.05). ⇨ 동조 東照

의수면 疑隨眠 Ⓢ vicikitsā-anuśaya, Ⓣ the-tshom gyi phra-rgyas. 육수면(六隨眠) 또는 칠수면(七隨眠) 중 하나. 사성제(四聖諦)와 같은 정법(正法)에 대해 의심하는 번뇌. 『집이문족론』 권17(대정장26, p.439a28)에 "어떤 것을 의수면이라 하는가? 〔답〕 진리에 대해 망설이고 주저하는 것을 의수면이라고 한다. 云何疑隨眠 答 於諦猶豫 是名疑隨眠", 『품류족론』 권1(대정장26, p.693c15)에 "의수면에는 열두 가지가 있다. 즉 욕계에 속하는 수면이 네 가지이고, 색계에 속하는 수면이 네 가지이며, 무색계에 속하는 수면이 네 가지이다. 욕계에 속하는 수면 네 가지란 무엇인가? 욕계 소속으로서, 고집멸도를 보아서 끊는 의심을 말한다. 색계와 무색계에 각각 속하는 수면 네 가지도 그러하다. 疑隨眠有十二種 謂欲界繫四 色界繫四 無色界繫四 欲界繫四者 謂欲界繫 見苦集滅道所斷疑 色無色界繫各四亦爾"라고 하였다. 〔참고문헌〕『集異門足論』, 『品類足論』, 『俱舍論』 권19(대정장29, p.98c10), *Abh-k-bh.277.* ⇨ 육수면 六隨眠, 칠수면 七隨眠, 수면 隨眠

의수암 義守庵 황해북도 봉산군 적암산(赤巖山)에 있던 암자. 『여지도서』 황해도 봉산 불우·『가람고』에 이름과 위치가 기록되어 있다. 〔참고문헌〕『輿地圖書』, 『伽藍考』, 『韓國寺刹全書』 권하 p.959a10.

의수전 義受轉 Ⓢ sārthodgraha-parāvṛtti, Ⓣ don bcas 'dzin-pa gzhan gyur. 의·수(義受) 등이 뒤쳐 변함. 오경(五境)과 오식(五識)의 뒤침을 말한다. 정토가 이루어지는 것을 뜻한다. 『대승장엄경론』 권3(대정장31, p.605a11 : *Sūtr.*, p.41)에 "〔게〕 이와 같이 의·수 등이 전변하고, 변화가 더욱 증가한다네. 국토를 바라는 대로 청정하게 하니, 자유롭게 활용할 것이 모두 눈앞에 나타난다오. 〔석〕 이 게송은 의·수 등을 돌려 변화시키는 것을 나타낸다. '의'는 오진을 말하고, '수'는 오식을 말한다. 이 두 가지의 전변으로 말미암아 국토가 청정해지니 바라는 소원이 모두 눈앞에 나타나 마음먹은 대로 자유롭게 활용한다. 偈曰 如是義受轉 變化得增上 淨土如所欲 受用皆現前 釋曰 此偈顯示 轉義受變化 義謂五塵 受謂五識 由此二轉 刹土淸淨 所欲現前 隨意受用 〈śloka〉 sārthodgrahaparāvṛttau vibhutvaṃ labhyate param, kṣetraśuddhau yathākāmaṃ bhogasaṃdarśanāya hi. 〈bhāṣya〉 arthaparāvṛttau udgraharparāvṛttau ca kṣetraviśuddhivibhutvaṃ paramaṃ labhyate yena yathākāmaṃ bhogasaṃdarśanaṃ karoti"라고 하였다. 〔참고문헌〕『大乘莊嚴經論』, *Sūtr.* ⇨ 오경 五境, 오식 五識 ■

의수하비구 依樹下比丘 나무 아래에서 수행하는 비구. 십이두타행(十二頭陀行) 중 하나이다. 『잡아함경』 권50 (대정장2, p.371c25)에 "나무 아래에 의지한 비구여! 삼가 짓고 세우려고 꾀하지 마라. 보지 못하였는가? 나사거다하(那娑佉多河)가 강기슭을 문득 무너뜨려 저 짓는 일 꾀한 세 비구 압살시킨 것을. 依樹下比丘 愼莫營造立 不見佉多河 傍岸卒崩倒 壓殺彼造立 營事三比丘"이라고 하였다. 〔참고문헌〕『雜阿含經』. ⇨ 두타 頭陀, 십이두타행 十二頭陀行

의수현량 意受現量 Ⓢ mano anubhava-pratiyakṣa, Ⓣ yid-kyis myong-ba'i mngon-sum. 의근(意根)에 의지한 의식이 현경계를 취해 헤아린 현량(現量). 네 가지 현량 중 하나이다. 『유가사지론』 권15(대정장30, p.357c22)에 "의수현량이란 모든 의근이 행한 경계이니, 앞에서 설한 현량의 체상과 같다. 意受現量者 謂諸意根 所行境界 如先所說 現量體相", 『유가사지론의연』 권8(금장120, p.365a5)에 "둘째로 의수를 밝힌다. 모든 의근이 낳은 의식이 현경계를 취하는 것을 말하며 현량이라고도 한다. 二 明意受 謂諸意根所生意識 取現境界 亦名現量"라고 하였다. 〔참고문헌〕『瑜伽師地論』, 『瑜伽師地論義演』. ⇨ 현량 現量, 색근현량 色根現量, 세간현량 世間現量, 청정현량 淸淨現量

의순 意恂 1786~1865·1866. 조선후기 스님. 호는 초의(草衣), 자는 중부(中孚), 속성은 장(張)씨, 본관은 무안(務安). 어느 날 밤 어머니가 큰 별이 가슴 속으로 들어오는 태몽을 꾼 후 1786년(정조10) 4월 5일 전라도 무안에서 태어났다. 약년(弱年)의 나이 때 월출산(月出山)을 지나다가 그 수려함과 웅장함에 매혹되어 산사(山寺)를 좋아하였으므로 마침내 1802년(순조2) 16세 때 나주 덕룡산(德龍山) 운흥사(雲興寺)로 찾아가 벽봉민성(碧峰珉聖)을 은사로 하여 스님이 되었다. 대흥사(大興寺)에서 완호윤우(玩虎倫佑)로부터 비구계를 받고, 그의 법을 이어 받으면서 초의(草衣)라는 법호를 받았으며, 금담(金潭)화상에게서 선법을 배웠다. 거로슬타(佉盧虱吒 : 文字의 이름. 고대 북인도 파미르고원 일대에서 행해진 書體)를 잘 썼으며, 신장상(神將像)도 잘 그렸다. 다산(茶山) 정약용(丁若鏞 1762~1836)이 1801년(순조1) 신유박해(辛酉迫害 : 천주교 신자를 박해한 사건) 때 장기(長鬐)로 유배된 뒤에, 황사영(黃嗣永 : 정약용의 맏형인 丁若鉉의 사위) 백서사건(帛書事件)으로 강진(康津)으로 귀양지를 옮겼을 때, 스님이 가끔 찾아가 대화를 나누었는데 다산이 스님의 시문에 대해 크게 찬탄하였다. 영동(嶺東)을 거쳐 금강산을 순례하고 서울에 들어가서는 해거(海居) 홍현주(洪顯周 : 奭周의 아우이며 正祖의 사위)·연천(淵泉) 홍석주(洪奭周)·자하(紫霞) 신위(申緯)·이재(彝齋) 권돈인(權敦仁 1783~1859)·추사(秋史) 김정희(金正喜) 등 당대의 명사(名士)들과도 교유가 깊었을 뿐만 아니라, 진도(珍島) 출신인 소치(小癡) 허유(許維)와도 가까워서 서화(書畵)로도 이름을 떨쳤다. 당본 서체(書體 : 筆帖) 1함(函)을 얻었는데, 그 중 화엄예참법(華嚴禮懺法)을 주야로 연습한 나머지 『법화경』 7권 1부를 사경(寫經)하여 평생동안 독송하였다. 당시 사람들이 중국 동림사(東林寺)의 혜원(慧遠 : 三敎博通家)과 서악사(西岳寺)의 관휴(貫休 : 畵家)에 비견하였다. 8월 2일 대흥사 일지암(一枝庵)에서 입적하였다. 생몰연대에 대하여 양설이 있는데, 위당(威堂) 신헌(申櫶 : 申觀浩)이 지은 비문에는 1786~1866년(丙午 四月 五日來 丙寅 八月 二日逝)으로 되어 있고, 이희풍(李喜豊)이 지은 비문에는 1786~1865년(乙丑師年八十 在大芚寺 示疾 忽一夕 命侍者 扶起 西向跏趺 冉然入寂 體膚溫香 經久不滅 卽八月 二日也)으로 되어 있어 1년의 차이를 보이고 있으나, 어느 쪽이 옳은지는 알 수 없다. 법제자에 선기(善機)·범운(梵雲) 등이 있고, 은상좌에는 내일(乃一)이 있으며, 수계제자에는 상훈(尙熏)·자흔(自欣)·심여(心如) 등 20여 명이 있었다. 저서로는 『선문사변만어 禪門四辨漫語』 1권 현존·『이선래의 二禪來儀』 1권 현존·『초의시고 草衣詩藁』 2권 현존·『진묵조사유적고 震默祖師遺蹟考』 1권 현존·『동다송 東茶頌』 1권 현존·『다신전 茶神傳』 1권 등이

의순 초의대선사진영
태평양박물관 1865년

있다. [참고문헌]『草衣詩藁』(한불전10, pp.869b5~870b1), 『一枝庵文集』(한불전12, pp.271c3~272c26), 『朝鮮佛敎通史』 권상 pp.593~595, 『朝鮮佛敎略史』 pp.238~240, 智冠 『韓國高僧碑文總集 朝鮮朝·近現代』 pp.692~697, 『韓國佛敎撰述文獻總錄』(동국대출판부, 1976) pp.227~229, 『大芚寺誌』(亞細亞文化社, 1980) pp.311~315. ⇨ 다신전 茶神傳, 동다송 東茶頌, 사변만어 四辨漫語, 이선래의 二禪來儀, 초의시고 草衣詩藁, 진묵조사유적고 震默祖師遺蹟考, 윤우 倫佑

의순 意淳 조선후기 스님. 법호는 완송(玩松). 응화유한(應化有閑 1813~1885)과 동문형제이다. [참고문헌]『東師列傳』 권4 「應化講伯傳」(한불전10, p.1047a20). ⇨ 유한 有閑

의순 意詢 ➡ 의순 意恂

의순해탈계 依順解脫戒 Ⓢ prātimokṣa-saṁvara. 의지하고 따라 행하여 해탈하는 계. 별해탈율의(別解脫律儀)를 말한다. 『아비담심론경』 권2(대정장28, p.840b20)에 "의순해탈계란 무엇인가? 대중이 모여 화합하고, 저 스승에게 청하여 받아 얻게 되는 것을 말한다. 依順解脫戒者 謂衆聚和合 於彼士夫邊 啓請受得"라고 하였다. [참고문헌]『阿毘曇心論經』. ⇨ 별해탈율의 別解脫律儀

의술 蟻術 개미가 흙을 물어 개미둑 쌓는 기술을 익히듯이 학문에 힘쓰는 것을 비유하는 말이다. 『예기 禮記』에서 나왔다. 『대일경의석연밀초』 「서 序」(卍속장37, p.1b12)에 "사문 각원은 어려서는 학문에 힘썼고 장년이 되어서는 붕기라고 불렸다. 여러 경전을 학습했고 오로지 밀교에 힘썼다. 마니보주의 인도를 받고 유가의 깊은 말씀을 궁구하였으니 으뜸가는 종사라고 불렸다. 沙門覺苑 幼攻蟻術 長號鵬耆 學贍群經 業專密部 稟摩尼之善誘 窮瑜伽之奧詮 名冠宗師"라고 하였다. [참고문헌]『大日經義釋演密鈔』.

의숭 義崇 1605~1669. 조선후기 스님. 자는 자중(自中), 호는 선불(選佛), 속성은 윤(尹)씨, 본관은 파평(坡平). 파평군 (坡平君) 암(巖)의 11세손이며, 고조부는 길창(吉昌), 증조부는 삼인(三仁), 조부는 현(玄), 아버지는 언진(彦進)이며 어머니는 김씨이니, 1605년(선조38) 3월 7일 인시(寅時)에 태어났다. 선천적으로 기품(氣品)이 늠름하여 어릴 때부터 스님이 되고자 뜻을 가지고 있던 중, 금강산 유점사(楡岾寺)로 찾아가 성징(性澄)을 은사로 하여 스님이 되었다. 보웅(普雄) 밑에서 수학하다가 허백명조(虛白明照)를 모시고 몇 년 동안 배우던 중, 허백이 의승병장으로 활약함에 따라 묘향산 보현사(普賢寺)로 찾아가 편양언기(鞭羊彦機)를 모시고 30여 년 동안 수학·입실건당(入室建幢)하고 법을 이어받았다. 그 후 풍담의심(楓潭義諶)과 청엄(淸嚴) 등을 친견하여 법을 물었다. 1669년(현종10) 7월 7일 오시(午時 : 12시) 진봉산(秦封山 : 進鳳山이라고도 하는데 개성 남쪽에 있음) 굴봉(窟峰)에서 입적하니 세수 65세였다. 화장 후 사리 3과를 얻었으며, 월저도안(月渚道安 1638~1715)이 비문을 짓고 1670년(현종11)에 세운 비가 유점사 영대암(靈臺庵) 남쪽 기슭에 있다. [참고문헌]『月渚堂大師集』 권하(한불전9, p.120b1), 「高城楡岾寺選佛堂義崇大師碑文」(智冠 『韓國高僧碑文總集 朝鮮朝·近現代』 p.246).

의습불라발나 醫濕弗羅跋那 ➡ 의라발나 醫羅跋那

의승 義僧 의로운 스님들. 의승군(義僧軍)·의병승(義兵僧)을 말한다. 나라와 백성이 위험에 처했을 때 제세구민(濟世救民)의 정신으로 승군을 결성하여 국난을 극복하는 데 크게 기여하였다. 고려시대 거란과 몽고 및 왜구의 침입에 대항한 항마군(降魔軍)의 활약 등이다. 특히 1592년(선조25) 임진왜란 때에는 청허휴정(淸虛休靜)을 구심점으로 하여 전국적으로 대규모의 의승군이 활약하였으며, 청허의 제자 송운유정(松雲惟政)과 뇌묵처영(雷默處英) 등도 승대장(僧大將)으로 이름을 떨쳤다. 임진왜란 이후에는 의승들에게 산성 축조와 수호 임무가 부과되기도 하였다. 『사명당대사집』 권6 「등계대사소상소 登階大師小祥疏」(한불전8, p.63a20)에 "만력 32년 갑진 정월 23일 조계보제등계청허대사가 입적하셨다. 이전 임진변란 초에 대가(大駕 : 임금의 어가)는 피난하시고 조정에서는 스님께 선교도총섭을 명하여 의승을 모아 대병(大兵 : 명나라 군대)을 도우라 유시하였다. 제자인 저(사명유정)도 관동에서 또한 의승을 모아 위험을 무릅쓰고 문하에 나아가서 분부를 받들어 승장 이름을 걸었으니, 몸마저 잊고 나라만이 있었다. 부우(負羽 : 종사관의 별칭)로서 군을 따라 수륙으로 천리를 다니며 병기를 들었던 십년 동안 일찍이 물러선 적은 없었습니다. 萬曆三十二年甲辰正月二十三日 曹溪普濟登階淸虛大士示寂 先是壬辰變初 大駕去豳 朝廷命大士 爲禪敎都摠攝 諭集義僧助大兵 弟子在關東 亦募義僧 冒險而赴門下 受分付帶代將之稱 忘身許國 負羽隨軍 水陸千里 干戈十年 未嘗北走", 『광해군일기』 권8 1년(1609) 10월 29일에 "유정은 은애와 신의가 승도 중에서 빛났으니, 저 거느린 의승이 수백수천명이었다. 어느 한 곳의 축성이나 방어진을 담당한다면 백성들을 번거롭게 하지 않으면서 변방의 수비가 튼튼해질 것입니다. 惟政恩信 著於緇髡之中 如率手下義僧數百千名 自當一面築城若干鎭堡 則不煩民力而邊圉賴以爲固", 같은 책 권12 2

년(1610) 9월 28일에 "전교하였다. 산인 유정은 선조대에 몸마저 잊고 난중에 나아갔으니 참으로 의승이라고 부를만하시네. 이제 입적하시니 매우 슬프다. 다비에 필요한 포목 등의 물건을 헤아려 마땅히 공급토록 하라. 傳曰 山人惟政 先朝忘身赴難 眞可謂之義僧也 今其死矣 甚可憐悼 葬需木布等物 量宜題給", 『영조실록』 권118 48년(1772) 1월 16일에 "하교하였다. 의승 영규 등 칠백 의총에 본관으로 하여금 전례에 의거하여 제를 시행토록 하라. 敎曰 義僧靈圭等七百義塚 令本官依例致祭"라고 하였다. 이외에도 의승의 충(忠)을 곳곳에서 기렸으니, 1710년(숙종36)에 밀양부사 김창석이 백하암(白霞庵 : 현 경남 밀양시 무안면 홍제사)에 사명대사 영당(影堂)을 건립하여 추숭하였고, 1742년(영조18)에 나라에서 표충서원(表忠書院)으로 사액하였으며, 1839년(헌종5) 월파천유(月波天有)는 표충서원을 지금의 표충사(表忠寺)로 이건하였다. 밀양에 표충서원이 사액되자 해남 대흥사(大興寺)도 1789년(정조13)에 청허휴정·사명유정·뇌묵처영을 기리는 표충사(表忠祠)를 건립하고 사액을 받았다. 1794년(정조18)에 영변 묘향산 원적암(圓寂庵)의 스님들이 발의하여 보현사(普賢寺)에 휴정을 기리는 사당을 건립하였고, 나라에서는 '수충사 酬忠祠' 현판을 내려 그 업적을 칭송하였다. 〔참고문헌〕『四溟堂大師集』, 『光海君日記』, 『英祖實錄』, 『星湖僿說』 권17 人事門 休靜, 『朝鮮寺刹史料』. ⇨ 승군 僧軍, 표충사 表忠祠

수충사 충의문 묘향산 보현사 1794년

의병승장기허영규정려비 탁본

의승군 義僧軍　의승(義僧)들의 무리. 『비변사등록』 정조 8년(1784) 1월 12일(음)에 "영동의 백성은 모두 부역의 징발과 감독을 면하였는데 의승군만 유독 혜택을 입지 못하였으니, 본도의 승번전 또한 탕감해 주시길 바랍니다. 嶺東之民 俱免賦役之徵督 而義僧軍 獨未蒙惠澤 本道僧番錢 亦許蕩減爲辭矣"라고 하였다. 조선후기에는 스님들로 하여금 군역(軍役)과 각종 부역(赴役)을 담당하게 하였다. 〔참고문헌〕『備邊司謄錄』. ⇨ 의승 義僧, 부역승 赴役僧

의승방번전 義僧防番錢　조선후기에 남북한산성 안의 사찰에 주석하면서 산성을 수호하는 승도(僧徒)의 급료(給料)를 충당하기 위해 지방 사찰의 승도가 입번(入番)하는 대신(防) 부담하는 금전(金錢). 줄여서 의승번전이라고도 한다. 남한산성은 1624년(인조2)부터 3년에 걸쳐 벽암각성(碧巖覺性)이 도총섭(都摠攝)으로서 승도를 이끌고 축성을 완수하였고, 개원사(開元寺)·한흥사(漢興寺)·국청사(國淸寺)·장경사(長慶寺)·천주사(天柱寺)·옥정사(玉井寺)·동림사(東林寺)·영원사(靈源寺)·망월사(望月寺) 등 9곳의 절을 두어 수호토록 하였다. 북한산성은 1711년(숙종37)에 수축하고 중흥사(重興寺)·용암사(龍巖寺)·보국사(輔國寺)·보광사(普光寺)·부왕사(扶旺寺)·원각사(元覺寺)·국녕사(國寧寺)·상운사(祥雲寺)·서암사(西巖寺)·태고사(太古寺)·진국사(鎭國寺) 등 11곳의 절을 두어 수호토록 하였다. 1714년(숙종40)부터 남·북한산성에 각기 의승(義僧) 350명씩 배속시키고 각사에 수승(首僧) 1인과 승장(僧將) 1인을 두었으며, 전체를 총괄하는 승영(僧營) 승대장(僧大將) 1인을 두어 팔도도총섭(八道都摠攝)을 겸임토록 하였다. 의승은 사찰의 규모에 따라 주로 남도의 사찰에 각 1,2명~4,5명씩 배당하여 각각 교대로 2개월씩 산성 방어에 들도록 하였다. 그런데 이 의승 상번(上番)은 스님들에게 크나큰 경제적 부담이 되어 이의 폐단을 호소하는 사례가 늘어갔다. 이에 따라 1718년(숙종44)에 상번하는 의승들을 경제적으로 지원하는 번전제(番錢制)를 시행하였고, 1723년(경종3)에 대찰에 50냥, 소찰에 20~30냥씩 번전을 부과하였으나, 이로 인해 사찰이 더욱 피폐해진다는 지적에 따라 번전을 없앴다. 1729년(영조5)에 산성 안에 의승이 상시 주둔하고 지방의 승도가 고가(雇價)를 내는 것을 논의하였고, 1736년(영조12)에 북한산도총섭이던 호암약휴(護巖若休)가 방번전(防番錢)을 건의하였으며, 1751년(영조27)에 다시 번전제를 논의하였다. 『영조실록』 권81 30년(1754) 4월 29일에 "남한산성의 의승이 상번하는 것은 승도의 괴로운 폐단입니다. 본도는 큰 절이면 너댓 명이고 작은 절도 한두 명인데, 한 명을 짐을 꾸려 보내는 데에 거의 1백금(金)이 들어 한 절에서 해마다 4,5백금의 비용을 책임지니, 저 초의목식(草衣木食)하는 무리가 어찌 바랑을 메고 떠나 흩어지지 않을 수 있겠습니까? … 이제부터 법식을 정하여 의승은 상번하지 말고 매명마다 16냥을 대신 보내되 '의승방번전'이라 이름하여 각 고을로 하여금 군포(軍布)의 규례와 마찬가지로 거두어 모으게 하면, 승도의 큰 폐해를 없앨 수 있을 것입니다. 南漢義僧上番 爲僧徒苦弊 本道

則大寺四五名 小寺亦一二名 而一名資送幾至百金 以一寺而每年責四五百金之費 彼草衣木食之類 安得不擔鉢離散乎 … 自今定式 義僧勿爲上番 每名代送錢十六兩 名以義僧防番錢 令各邑收合一如軍布之規 則可除僧徒之大弊"라고 하였다. 방번전은 지역에 따라 다르게 책정하여 경기는 1인당 10냥씩인데 비해 전라·경상은 22냥씩으로 정하여 전라·경상 양도의 책정액이 전체의 7할 가까이 차지하였다. 1785년(정조9) 2월에 의승방번전을 절반으로 감하는 의승번전감반급대사목(義僧番錢減半給代事目)을 반포하기도 하였으며, 이 제도는 갑오개혁(1894)까지 유지되었다. [참고문헌] 『英祖實錄』, 禹貞相 『朝鮮前期佛敎思想硏究』(동국대출판부, 1985), 金甲周 『朝鮮時代寺院經濟史硏究』(景仁文化社, 2007).

의승번전감반급대사목 義僧番錢減半給代事目 1785년(정조9) 2월에 남·북한산성에 소속된 의승의 방번전(防番錢)을 반감하고 이후 발생할 급대(給代 : 대가를

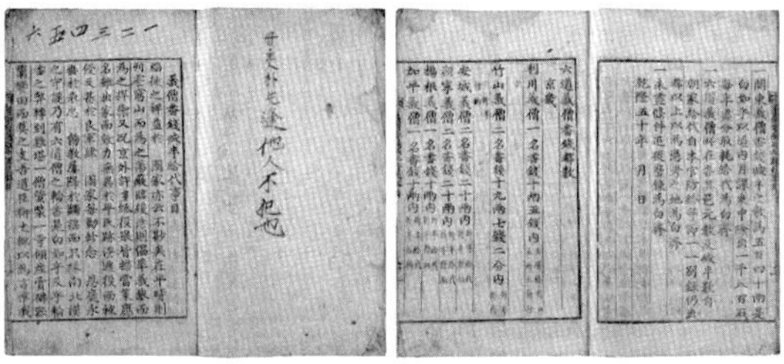

의승번전감반급대사목

지급하는 것) 조달에 대한 방책을 규정한 사목. 1책(26장). 활자는 임진자(壬辰字). 표지 제목은 『의승번전사목』이다. 『의승번전감반급대사목』에 「육도의승번전도수 六道義僧番錢都數」가 덧붙여져 있다. 번전을 감하는 취지와 공곡(公穀)을 환곡으로 풀어 거기에서 발생하는 이자로 급대를 조달한다는 방책을 기록하였다. 「도수」에는 전국의 각 읍별로 의승의 숫자와 번전액수를 적고 도별 총계에서는 남한산성(守禦廳)·북한산성(摠戎廳)·대흥산성 소속 액수를 구분하여 기록하였다. ⇨ 의승방번전 義僧防番錢

의승의 義勝義 [S] artha-paramārtha, [T] don-dam-pa. 세 가지 승의 중 하나. 수승한 지혜의 대상인 진여(眞如 [S] tathatā)를 말한다. 『성유식론』 권8(대정장31, p.47c1)에 "승의에 셋이 있으니, 첫째 의승의다. 진여의 뛰어난 뜻이 있기 때문이다. 둘째 득승의다. 열반의 수승한 뜻 때문이다. 셋째 행승의니 성도의 우수함 때문이다. 勝義有三 一 義勝義 謂眞如勝之義故 二 得勝義 謂涅槃勝卽義故 三 行勝義 謂聖道勝爲義故"라고 하였다. [참고문헌] 『成唯識論』. ⇨ 승의제 勝義諦, 득승의 得勝義, 삼승의 三勝義

의시 衣時 [S] cīvara-kāla-samaya, cīvara-dāna-samaya, [P] cīvara-kāra-samaya, kaṭhina. 일 년 중에 삼의(三衣)를 마련하는 때. 우안거가 끝난 직후부터 1개월이 기본이지만, 점차 완화되어 5개월까지 연장되었다. 안거를 마무리하는 자자(自恣)를 마친 이튿날 재가신도로부터 옷감 보시를 받으면, 이를 가지고 당일 중으로 가치나의(迦絺那衣 [P] kaṭhina)라 불리는 임시 옷을 만들어 입고 낡은 옷은 버린다. 이후 5개월 동안 새 옷감으로 삼의를 마련하는 기간을 의시라고 한다. 삼의를 만들 정도의 옷감을 구하는 일은 생각보다 어렵기에 의시 동안은 얻기 쉽게 다섯 가지 율이 면제된다. 단, 의시 중이라도 삼의를 마련하면 가치나의를 버리고 의시를 멈추어야 한다. 한편 가치나의를 받지 않았을 경우의 의시는 한 달이다. 『마하승기율』 권16(대정장22, p.353c8)에 "의시란 가치나의가 없으면 1개월이며, 가치나의가 있으면 5개월이다. 그 의시 동안은 다섯 가지 계를 버릴 수 있으며 무죄이다. 다섯 가지 계란, 별중식(別衆食 : 네 명 이상의 비구가 한곳에서 공양을 받아먹음)·처처식(處處食 : 자주 공양을 받아 먹음)·불백리동식처(不白離同食處 : 대중에게 고하지 않고 대중이 함께 공양받는 장소를 떠나는 것·축장의(畜長衣 : 삼의 이외의 여벌옷을 모아두는 것·이의숙(離衣宿 : 삼의를 떠나서 잠드는 것)이다. 衣時者 無迦絺那衣一月 有迦絺那衣五月 彼衣中間得捨五戒無罪 所謂別衆食 處處食 不白離同食處 畜長衣 離衣宿"라고 하였다. 별중식과 처처식의 경우 단월의 초대에 쉽게 응할 수 있다는 이점이 있으며, 공양 전후에 마을에 갈 일이 생겼을 경우 다른 비구에게 그 뜻을 보고하고 가야 하지만 단월로부터 옷감을 보시 받을 가능성이 있는 경우 등 잠깐 다녀올 때 보고할 필요가 없기 때문이다. 『오분계본』(대정장22, p.196c12)에 "만일 비구가 안거를 시작한 이후 자자일(自恣日) 열흘 전에 급시의를 보시받았을 경우, 필요하다면 받아도 되지만 의시를 넘어서까지 지니고 있다면 니살기바일제에 해당한다. 若比丘 前後安居 十日未至自恣 得急施衣 若須應受 乃至衣時若過 尼薩耆波逸提", 같은 책(대정장22, p.197b20)에 "만일 비구가 때를 지키지 않고 자주 공양받아 먹는다면 특별한 사정이 있는 경우를 제외하고는 바일제에 해당한다. 특별한 사정이란 병이 들었을 때와 옷을 짓는 시기와 옷을 보시하는 시기 등을 말한다. 若比丘 數數食 除因緣 波逸提 因緣者 病時 衣時 施衣時 是名因緣"라고 하였다. [참고문헌] 『摩訶僧祇律』, 『五分戒本』, 『四分律』 권10(대정장22, p.631b11), *Vin.3.263.* ⇨ 시의 施衣, 비시의 非時衣, 가치나의 迦絺那衣, 삼의 三衣 ❶

의시식 依時食 [S] kāle bhuñjānaḥ, [T] dus-su za. 때에 맞게 먹는 것. 정해진 시간에 공양하는 것으로 항시

식(恒時食)에 상대한다. 『구사론』 권14(대정장29, p.75b28 : *Abh-k-bh.*, p.214)에 "만약 능히 지킬 수만 있다면 때에 맞게 공양하여야 한다. 항시식을 능히 끊어 그치고 문득 스스로 근주율의를 수지하여 세간에 대하여 진실로 싫어하는 마음을 낼 수 있다. 若有能持 依時食者 以能遮止 恒食時故 便憶自受 近住律儀 能於世間深生厭離 kāle punar bhūñjānasyocitabhaktakālaparihārād upavāsasmṛtiḥ saṃvegaś copatiṣṭhet"라고 하였다. 〔참고문헌〕『俱舍論』, 『順正理論』 권37(대정장29, p.552b26), *Abh-k-bh.* ⇨시식 時食, 비시 非時 **2**, 비시식계 非時食戒, 항시식 恒時食

의시해진 疑是解津 의심은 이해를 위한 나루터라는 말. 『법화의소』 권3(대정장34, p.494a14)에 "세 부류의 사람이 있다. 첫째, 상근기는 보살이니 간략한 설명을 듣고 바로 이해한다. 둘째, 중근기이니 성문인이다. 그는 간략한 설명을 듣고 의심을 일으키지만 의심을 이해의 나루터로 삼아 널리 설함을 즐겨 듣게 된다. 셋째 하근기이니 오천의 무리이다. 간략한 설명을 들으면 우매하여 전혀 이해하지 못하고, 자세한 설명을 들으면 의심과 비방을 일으킨다. 有三種人 一者 上根菩薩 聞略說則解 二 中根 則聲聞人 聞略說生疑 疑是解津堪聞廣說 三 下根 謂五千之徒 聞略說冥然不解 聞廣說則起疑謗", 『대반열반경소』 권29(대정장38, p.203a14)에 "의심은 이해의 긴요한 길목이라고 하지만 또한 미혹의 근본이기도 하다. 예컨대 열 가지 번뇌 중 의심은 견의인데, 이 의심은 이해의 길목이 아니어서 미혹을 부술 수 없다. 夫疑是解津 復是惑本 若十使中 疑者是見疑 此疑非解津 不能破惑"라고 하였다. 〔참고문헌〕『法華義疏』, 『大般涅槃經疏』. ⇨의속선 疑續善

의식 衣食 Ⓢāhāra-cīvara, cīvara-piṇḍa-pāta, āmiṣa, Ⓣchos-gos dang bsod-snyoms, zas-dang-gos. 의복과 음식. 입는 것과 먹는 것. 『반니원경』 권하(대정장1, p.187c9)에 "소위 팔진도(八眞道 : 八正道)란 … 다섯째는 정명(正命)이니, 의복과 음식을 구하여 씀에 그 길에 삿되지 않게 한다. 所謂八眞道者 … 五 爲正命 求利衣食 以道不邪", 『대장엄론경』 권2(대정장4, p.264a3)에 "입지도 먹지도 않는 나형니건(倮形尼乾)들이 여러 수고로움을 그럴듯하게 지어내고서 그것으로써 고행으로 삼는다면, 아귀와 축생이 겪는 빈궁 등의 여러 쇠약과 괴로움, 이들이 처하는 곤란함 또한 고행이라고 해야 마땅할 것이다. 若以無衣食 倮形尼乾等 造作諸勤苦 以爲苦行者 餓鬼及畜生 貧窮諸衰惱 斯等處艱難 亦應名苦行", 『대지도론』 권13(대정장25, p.154a1)에 "계를 지키는 사람은 늘 현생에서 사람들에게 존경과 공양을 받으니, 마음은 기쁘고 후회스럽지 않으며 옷 입고 먹는 것은 쪼들리지 않는다. 죽어서는 천상에 태어나고 그 다음 생에서는 불도를 얻는다. 持戒之人 常得今世人所敬養 心樂不悔 衣食無乏 死得生天 後得佛道", 『임제록』(대정장47, p.502c25)에 "여러 도를 구하는 이들에게 권하노니, 의복과 음식 때문에 수행하지마라. 세월은 부질없이 쉽게 지나가고 선지식은 마주치기 어렵다. 마치 우담발화가 한 번 피고 마는 것과 같다. 勸諸道流 莫爲衣食 看世界易過 善知識難遇 如優曇花時一現耳"라고 하였다. 〔참고문헌〕『般泥洹經』, 『大莊嚴論經』, 『大智度論』, 『臨濟錄』, *Saddh-p.101.*, *Rāṣṭr.131·138.*

의식 猗息 Ⓢpraśrabdhi, Ⓟpassaddhi, Ⓣshin-tu-sbyangs-pa. 몸과 마음이 편안함. 경안(輕安)의 구역(舊譯)이다. 의(猗)는 의(倚)로도 쓰며, 줄여서 의(猗)라고도 한다. 『잡아비담심론』 권2(대정장28, p.881b3)에 "몸과 마음이 악을 여읜 것을 의식이라고 한다. 身心離惡 名爲猗息", 『화엄경탐현기』 권12(대정장35, p.329b5)에 "과오를 여의어 편안하기에 낙이라고 한다. 離過猗息 故名爲樂"라고 하였다. 〔참고문헌〕『雜阿毘曇心論』, 『華嚴經探玄記』, 『大乘莊嚴經論』 권10(대정장31, p.643c17), *Sūtr.143.* ⇨경안 輕安

의식 意食 **1** 의사식(意思食)과 같은 말. 『구사석론』 권8(대정장29, p.212c17)에 "다시 의식을 건립하는 것은 후유(後有)를 초래함이 수승하기 때문이다. 이것으로 유가 초래되고 업에 따라 훈습되어 식의 종자가 생긴다. 復立作意食者 於引後有爲勝 是所引有 從業所薰修識種子生"라고 하였다. 〔참고문헌〕『俱舍釋論』. ⇨의사식 意思食 **2** 식식(識食)을 달리 이르는 말. 『대반열반경소』 권31(대정장38, p.218c20)에 "사식은 업식이고 식식은 의식이다. 思食是業食 識食只是意食", 『일체경음의』 권26(대정장54, p.478a8)에 "중음신에 세 가지 식이 있다〈사식이란 업이니 이것은 죽지 않는다. … 셋째, 의식은 식식이니 난생의 부류와 같다. 마음으로 항상 어미를 생각하기 때문에 몸이 문드러지지 않는다〉. 中陰有三種食〈言思食者 是業不死也 … 三 意食者 卽識食 如卵生類 心常念母 故身不爛壞〉"라고 하였다. 〔참고문헌〕『大般涅槃經疏』, 『一切經音義』. ⇨식식 識食

의식 意識 **1** Ⓢmano-vijñāna, Ⓟmano-viññāṇa, Ⓣyid-kyi-rnam-par-shes-pa. 육식(六識) 또는 팔식(八識) 중 제6의식. 의근에 의지해 일체법(一切法 : 色 心 有 無法 等 三世諸法)을 구별해 아는(了別) 마음. 오구의식(五俱意識)·정중의식(定中意識)·독산의식(獨散意識)·몽중의식(夢中意識) 등 사종의식(四種意識)으로 나누고, 뒤의 셋은 전5식을 수반하지 않는 독두의식(獨頭意識)이다. 자성분별(自性分別)·수념분별

(隨念分別)・계탁분별(計度分別)의 삼분별(三分別)로 나뉜다. 량(量)으로는 현량(現量)・비량(比量)・비량(非量), 삼성(三性)으로는 선(善)・악(惡)・무기(無記) 모두에 통한다. 오위무심(五位無心), 즉 멸진정(滅盡定)・무상정(無想定)・무상천(無想天)・깊은 수면(無心睡眠)・기절 상태(無心悶絶)를 제외하고는 언제나 움직(現行)인다. 한편 일체의 심소와 상응하고, 삼계(三界) 어디에나 있고, 삼류경(三類境) 모두에 통한다. 그 소의(所依)는 육식가(六識家)에게는 의근(意根), 팔식가(八識家)에게는 제7말나식과 제8아뢰야식이다. 『품류족론』 권1(대정장26, p.693a8)에 "의식은 무엇인가? 의근에 의지해서 제법을 요별하는 것이다. 意識云何 謂依意根 了別諸法", 『구사론』 권2(대정장29, p.11a11 : *Abh-k-bh.*, p.30)에 "무엇이 능히 아는가? 의식이다. 의는 식의 소의이기에 능히 안다고 설한 것일 뿐이다. 또는 소의에 대해 능의의 업을 설한 것이다. 세간에서 '평상이나 의자의 말소리'라고 하는 경우와 같다. 何者能識 謂是意識 意是識依 故說能識 或就所依 說能依業 如世間說 床座言聲 kiṃ tarhi. manovijñānam. āśritakarma vā āśrayasyopacaryate. yathā mañcāḥ krośantīti", 『성유식론』 권7(대정장31, p.37a25)에 "제6의식이 비록 거칠게 움직이지만, 연을 빌리지 않을 때는 없다. 연을 거스르기에(違緣 Ⓢ pratyaya-vaidhurya) 어떤 때에는 일어나지 않는다. 제7・제8식은 행상이 미세하고 뭇 연을 의지하기에 언제나 있다. 따라서 연이 없는 장애로 온통 행하지 않는 경우는 없다. 또한 5식신은 사려할 수 없고 오직 외문에서 구르니, 일어나려면 많은 연이 필요하다. 따라서 끊어지는 때는 많고 현행하는 때는 적다. 제6의식은 스스로 사려할 수 있고, 내외의 문에서 구르기에 많은 연을 빌리지 않는다. 오무심위만을 제외하고는 언제나 능히 드러내고 일어난다. 따라서 끊어질 때가 적고 현전할 때가 대부분이다. 第六意識 雖亦麤動 而所籍緣 無時不具 由違緣故 有時不起 第七八識 行相微細 所籍衆緣 一切時有 故無緣礙 令總不行 又五識身 不能思慮 唯外門轉 起籍多緣 故斷時多 現行時少 第六意識 自能思慮 內外門轉 不籍多緣 唯除五位 常能現起 故斷時少 現起時多", 『대승아비달마잡집론』 권2(대정장31, p.703a13 : *Abh-s-bh.*, p.16)에 "〔문〕 6식 중에서는 몇 가지가 유분별인가? 오직 하나 의식만 세 가지 분별 때문에 유분별이다. 세 가지 분별이란 자성분별・수념분별・계탁분별이다. 자성분별은 현재 받아들인 제행의 자상에 대해 행하는 분별이다. 수념분별은 과거에 받았던 제행에 대해 추념을 행하는 작용이다. 계탁분별은 과거・미래・현재의 눈앞에 없는 것들에 대해 생각을 꾸려 행하는 분별이다. 問 於六識中幾有分別 答 唯一意識由三分別 故有分別 三分別者 謂自性分別 隨念分別 計度分別 自性分別者 謂於現在所受諸行 自相行分別 隨念分別者 謂於昔曾所受諸行 追念行分別 計度分別者 謂於去來今 不現見事 思搆行分別 ṣaṇṇām vijñānānāṃ kati vijñānāni savikalpakāni katy avikalpakāni. tribhis tāvad vikalpaiḥ manovijñānam ekaṃ savikalpakam. trayo vikalpāḥ svabhāvavikalpo 'nusmaraṇavikalpo 'bhinirūpaṇāvikalpaś ca. tatra svabhāvavikalpaḥ pratyutpanneṣu saṃskāreṣv anubhūyamāneṣu yaḥ svalakṣaṇākāro vikalpaḥ. anusmaraṇavikalpo yo 'nubhūtapūrvasaṃskārākāraḥ. abhinirūpaṇāvikalpo yo 'tītānāgatapratyutpanneṣu viparokṣeṣv abhyūhanākāro vikalpaḥ", 『관심각몽초』 권1(대정장71, p.66b7)에 "여섯째는 의식이다. 의근에 의지하고 법을 반연해 경으로 삼는다. 법이란 곧 이 일체제법이고, 의근은 제7말나이다. 별도의 종자에서 생겨나고 삼성(善・惡・無記)에 통한다. 삼계 얽힘에 통한다. 두 가지 소의가 있다. 의근과 제8식이다. 삼량(現量・比量・非量)에 통하며, 일체심소와 모두 상응할 수 있지만 동시는 아니다. 六者意識 依止意根 緣法爲境 法者 卽是一切諸法 意根 卽是第七末那 別種所生 通於三性 通三界繫 有二所依 意根第八 通於三量 一切心所 皆得相應 然非同時", 『약술법상의』 권1(대정장71, p.121c24)에 "여섯 번째로 의식은 말나에 의지해 제법을 요별하기에 의식이라 부른다. 말나는 한역하면 의로서 제7식의 이름이다. 제법이란 색법・심법・유법・무법 등 삼세의 모든 법이다. 이 식을 분류하면 네 가지다. 명료의식・정중의식・독산의식・몽중의식인데, 첫 번째 것은 오구의식이라고도 한다. 뒤의 세 가지는 다 거두어 독두의식이라 한다. … 의식이 비록 살피고 사량하긴 해도 항시 그런 것은 아니니, 끊어지는 때가 있기 때문이다. 六意識者 謂依末那 了別諸法 故名意識 末那翻意 卽是第七識之稱也 諸法謂色法 心法 有法 無法等 三世諸法也 分別此識當有其四 謂明了意識 定中意識 獨散意識 夢中意識 初亦名曰 五俱意識 後三總名 獨頭意識 … 意識雖審思 而非是恒 有間斷故"라고 하였다. 〔참고문헌〕 『品類足論』, 『俱舍論』, 『成唯識論』, 『大乘阿毘達磨雜集論』, 『觀心覺夢鈔』, 『略述法相義』, *Abh-k-bh.*, *Abh-s-bh.*, *Mvyut.154.*, *SN.4.58.* ⇨ 사종의식 四種意識, 삼분별 三分別❷, 오위무심 五位無心

❷ Ⓢ manas. 의(意)의 식. 드물게 말나식(末那識) 즉 의 그 자체를 지칭하는 경우가 있다. 『관심각몽초』 권1(대정장71, p.66b12)에 "일곱째는 말나식이다. 한역하면 의식이다. 제6식은 의주석이고, 이것은 지업석이기 때문에 두 가지는 각각 다르다. 항상 살피고 사량하는 측면이 다른 식보다 두드러지기 때문에 별도로 말나라고 한다. 별도의 종자에서 생겨난다. 오직 유부성일 뿐이고 삼계에 귀속된 모든 법에 통한다. 제8식을 소의로 한다. 오직 비량이다. 다만 제8식의 견분을 대상으로

잡아 경계로 삼는다. 열여덟 가지 심소와 동시에 상응한다. 七者 末那識 此云意識 第六依主 此持業故 二各別也 恒審思量 勝餘識故 別名末那 別種所生 唯有覆性 通三界繫 第八爲依 唯是非量 但緣第八見分爲境 十八心所同時相應"라고 하였다. [참고문헌]『觀心覺夢鈔』. ⇨ 말나식 末那識, 의 意 **3** ➡ 전육식 前六識

의식 義識 근본식(根本識). 제8아뢰야식(阿賴耶識)을 말한다. 『섭대승론석』 권4(대정장31, p.402b15)에 "'어떤 경우에는 아뢰야식을 설정하여 그 식을 의식이라 한다'라는 말은 무슨 뜻인가? 의(義)는 인(因)의 뜻이니, 곧 아뢰야식을 안립하여 인식(因識)으로 삼는다는 것이다. 若處安立 阿賴耶識 識爲義識者 義是因義 卽是安立阿賴耶識 以爲因識"라고 하였다. [참고문헌]『攝大乘論釋』. ⇨ 근본식 根本識, 아뢰야식 阿賴耶識

의식 儀式 Ⓢvidhi. 본보기 또는 모양새를 가져 행함. 『법화경』 권1(대정장9, p.10a22))에 "삼세의 모든 부처님께서 법을 설하는 의식과 같다. 나도 이제 그와 같이 무분별의 법을 설한다. 如三世諸佛 說法之儀式 我今亦如是 說無分別法", 『법화문구』 권5상(대정장34, p.62c18)에 "방편은 중생을 이끄는 모양새다. … 실인 즉 언어의 길마저 끊어졌거늘 어찌 모양새 가지겠는가! 權是引物之儀式也 … 實則言語道斷 豈存儀式", 『법화의소』 권4(대정장34, p.510c18)에 "또한 모든 부처님에게 근본과 지말이 있고 말을 거두어 본으로 돌아가신다. 석가모니불께서도 그러하시다. 그러므로 저 제불의 의식이라 이름한다. 又諸佛皆有 根本枝末 收末歸本 釋迦亦爾 故名如諸佛儀式也", 『기신론소필삭기』 권4(대정장44, p.315a12)에 "의식이란, 신하와 자녀 갈 길을 반드시 임금과 부모에게 먼저 알린다. 이제 법을 물려받은 제자가 논문을 지으려면 반드시 삼보에 먼저 귀명함으로써 후대의 본보기를 삼는다. 儀式者 夫臣子之道 欲有所作 必先告於君父 今遺法弟子 將造論文 必先歸命三寶 爲後代儀式也", 『도서』 권하1(대정장48, p.407b15)에 "다만 세존설법의 의식은 같지 않으니, 이치에 맞게 단번에 설하고 때론 근기에 따라서 점차로 설하신다. 但以世尊說法 儀式不同 有稱理頓說 有隨機漸說"라고 하였다. [참고문헌]『法華經』, 『法華文句』, 『法華義疏』, 『起信論疏筆削記』, 『都序』, *Śrāv-bh.125.*

의식계 意識界 Ⓢmano-vijñāna-dhātu, Ⓟmano-viññāna-dhātu, Ⓣyid-kyi-rnam-par-shes-pa'i-khams. 뜻으로 아는 계. 의식의 영역을 말한다. 십팔계(十八界) 또는 칠심계(七心界) 중 하나. 『품류족론』 권2(대정장26, p.699a25)에 "의식계는 무엇인가? 의와 법이 연이 되어 의식이 생하는데, 이 같은 의가 증상연이 되고 법이 소연이 되어 뜻으로 알 수 있는 법에 대해 이미 요별했고 지금 요별하고 있으며 앞으로 요별할 것과 피동분이다. 意識界云何 謂意及法 爲緣生意識 如是意爲增上 法爲所緣 於意所識法 諸已正當了別 及彼同分", 『종경록』 권24(대정장48, p.555a29)에 "의식계에 대해 말한다. 먼저 생한 오식이 근이 되고 밖의 법진에 상대해 생하는 의식을 의식계라 한다. 意識界者 初生五識爲根 對外法塵 卽生意識 名意識界"라고 하였다. [참고문헌]『品類足論』, 『宗鏡錄』, *Pañca-pr.101., Mvyut.156.* ⇨ 십팔계 十八界, 칠심계 七心界, 의식 意識 **1**

의식득 衣食得 칠종부(七種婦) 중 하나. 옷과 음식을 제공한 대가로 부인을 얻는 것. 『십송율』 권3(대정장23, p.18c21)에 "의식득은 만약 여인이 스스로 생활할 수가 없어서 옷과 음식 때문에 와서 공급을 받고 부인이 되는 것이다. 이를 의식득이라고 한다. 衣食得者 若女人不能自活 爲衣食故 來供給作婦 是名衣食得"라고 하였다. [참고문헌]『十誦律』. ⇨ 칠종부 七種婦

의식락 猗息樂 의지하고 쉴 수 있어 얻는 낙(樂 Ⓢprīti). 수온(受蘊) 아닌 '낙'은 행온(行蘊)에 속한다. 『잡아비담심론』 권7(대정장28, p.924b27)에 "삼매에 들었을 때 마음이 기쁜 것을 희(喜)라고 한다. 몸과 마음이 악을 여의었기 때문에 상쾌하고 즐거운 것을 '낙'이라 하는데, 이것은 쉬어서 가벼워진 낙이지 받은 낙은 아니다. 正受時心悅名爲喜 身心離惡故快樂名爲樂 是猗息樂非受樂"라고 하였다. [참고문헌]『雜阿毘曇心論』. ⇨ 의식 猗息, 경안 輕安

의식변계 意識遍計 의식으로 널리 헤아림. 의식이 모든 법을 두루 헤아리는 것을 말한다. 변계는 의식의 성질이다. 『섭대승론석』 권4(대정장31, p.341a20)에 "의식변계란 무엇인가? 의식을 변계라고 설한 것이다. 意識遍計者 謂卽意識 說名遍計"라고 하였다. [참고문헌]『攝大乘論釋』. ⇨ 변계 遍計

의신 依身 Ⓢdeha. 의지(依止)하는 몸. 『구사론』 권26(대정장29, p.137c18)에 "의신이 다르다는 것은, 타심지는 욕계와 색계의 몸에 의지하여 모두 눈앞에 나타날 수 있다. 법지는 단지 욕계의 몸에 의지하여 나타나고, 그 이외의 여덟 가지 지혜가 나타나는 것은 모두 삼계의 몸에 의지한다. 依身別者 謂他心智 依欲色界 俱可現前 法智但依 欲界現起 餘八智現起 通依三界身", 『변중변론』 권상(대정장31, p.466a14 : *Madhy-vibh.*, p.25)에 "이 의신이란, 이 능식(能食)과 소식(所食)이 의지하는 몸이다. 이 몸이 공이므로 내외공이라고 한다. 모든 기세간을 '머물 곳'이라 하는데, 그 상이 넓기에 대라고 하며, 머물 곳이 허공과 같기에 대공이라 한다. 此依身者 謂能所食 所依止身 此身空故 名內外空 諸器世間說爲所住 此相寬廣 故名爲大 所住空故 名爲大空 tadde has tayor bhoktṛbhojanayor yad adhiṣṭhānaṃ śa rīraṃ. tasya śūnyatādhyātmabahirdhāśūnyatety ucyate. pratiṣṭhāvastu bhājanalokaḥ. tasya vistī rṇatvāc chūnyatā mahāśūnyatety ucyate"라고 하였다. [참고문헌]『俱舍論』,『辯中邊論』, *Madhy-vibh.*

의신 倚信 Ⓢ viśvāsa, Ⓣ yid-brtan. 의지하고 믿음.『유가사지론』권44(대정장30, p.538c11 : *Bodh-bh.*, p.174)에 "성품이 타인을 속이지 않으며, 죄가 나타나는 것에 대해서는 깊이 부끄러워하고, 정행(正行)을 갖추어 정행을 존중하고 수호하며, 의지하는 것이 있으면 깊이 신뢰하고, 타인의 재물에 대해서는 훔칠 생각이 없으며, 빌린 타인의 물건은 결코 가지고 달아나지 않는다. 性不誑他 於罪現行 深懷慚恥 正行具足 尊重正行 守護正行 有所寄付 深可倚信 於他財物 無所規度 擧貸他物終不違捍 na paravañcanaśīlaḥ. hrīmāṃś ca bhava ty avadyasamudācāriṣu. cāritrasampannaś ca bh avati tadgurūkaś cāritrarakṣakaḥ. nikṣiptasya v iśvāsena paradraviṇasya na drogdhā bhavati. u pāttasya parata ṛṇasya na visaṃvādayitā bhava ti"라고 하였다. [참고문헌]『瑜伽師地論』, *Bodh-bh.*

의신 義信 신라 제24대 진흥왕(眞興王 재위 540~576) 때 스님. 속리산(俗離山) 법주사(法住寺)를 창건하였다.「충청북도보은군속리산법주사본말사법 忠淸北道報恩郡俗離山法住寺本末寺法」(『조선불교통사』권상, p.634)에 "법주사는 신라시대 의신선사가 개창하였으며, 호서에서 제일가는 영험한 사찰이다. 法住寺 新羅朝義信禪師之開創 湖西第一之靈刹",「의신태축경어법사 義信馱竺經於法寺」(같은 책 권하, p.126)에 "처음 창건할 때, 의신화상이 천축에 가서 구법하고는 흰 노새에 경인 법보를 싣고 돌아와서 주석하였으므로 절 이름을 법주사라 하였다. 初刱之年 義信和尙 往天竺求法 白騾馱經而來住 故稱法住寺"라고 하였다. [참고문헌]『朝鮮佛敎通史』. ⇨법주사 法住寺 ❷

의신 疑神 Ⓢ kiṃnara. 긴나라(緊那羅)의 한역어.『인왕호국반야바라밀다경소』권상(대정장33, p.448a3)에 "긴날락(緊捺洛)은 의신이라 한역한다. 그 형상이 흡사 사람과 같은데, 머리에 하나의 뿔이 나있고 얼굴은 아주 단정하다. 사람인 듯하지만 사람은 아니므로 의신이라고 한다. 이는 여러 천상에서 법악을 관장하는 신이다. '긴나라'라고 하는 것은 변형된 음사이다. 緊捺洛者此云疑神 其形似人 頭有一角 面極端正 疑人非人故曰疑神 此卽諸天法樂神也 言緊那羅者訛也"라고 하였다. [참고문헌]『仁王護國般若波羅蜜多經疏』,『法華義疏』권1(대정장34, p.465b14),『一切經音義』권25(대정장54, p.464c16). ⇨긴나라 緊那羅

의신사 義神寺 경상남도 하동군 지리산(智異山)에 있던 절. 의신암(義神庵)이라고도 한다. 송광연(宋光淵 1638~1695)의『범허정집』권7「두류록 頭流錄」(한국문집총간 속집43, p.400a13)에 "(妓潭) 위에 사자봉이 있고, 또 그 위는 의신사 옛터이다. 其上有獅子頂 又其上爲義神寺舊基"라고 하였다. [참고문헌]『泛虛亭集』,『伽藍考』,『梵宇攷』,『韓國寺刹全書』권하 p.959a14.

의심 義諶 ❶ 1592~1665. 조선 중기 스님. 호는 풍담(楓潭), 속성은 류(柳)씨, 본관은 문화(文化). 아버지의 휘는 화춘(華春), 어머니는 정(鄭)씨 부인이니, 구슬 삼키는 태몽을 꾼 후 1592년(선조25) 통진(通津 : 지금의 경기도 김포시 통진읍)에서 태어났다.「영변보현사풍담당의심대사비문 寧邊普賢寺楓潭堂義諶大師碑文」에 따르면 1605년(선조38) 14세(표훈사·대흥사에 있는 비 및『동사열전』에는 16세) 때 부모 몰래 묘향산(妙香山)으로 찾아가 성순(性淳)을 은사로 하여 스님이 되었다. 그 후 몇 년간 수도하다가 부모에게 안부를 드리고자 속가를 찾았으니, 아버지의 강력한 만류를 뿌리치고는 전라도 장흥에 있는 천관산(天冠山) 천관사(天冠寺)로 가서 원철(圓澈)로부터 사집(四集 : 서장·도서·선요·절요)을 배웠으며, 대흥사비에는 원철에게서 계도 받았다고 전한다. 다시 묘향산으로 돌아가 편양언기(鞭羊彦機)를 친견하고 그의 법을 이어 받았으니, 부처님의 제65세, 임제의현(臨濟義玄)의 27세, 태고보우(太古普愚)의 8세, 청허휴정(淸虛休靜)의 손제자이다. 제방(諸方)으로 행각하면서 기암법견(奇巖法堅)·소요태능(逍遙太能)·호연유우(浩然有愚)·벽암각성(碧巖覺性) 등을 친견하고 법담을 나눈 후로는 금강산 표훈사로 돌아가 조실자리에 앉아 학인을 지도하기 시작했다. 헤어졌다가 다시 만난 스승 편양언기에게 받은 선게(禪偈)가 있으니,『편양당집』권1「증의심사유방후재참 贈義諶師遊方後再參」(한불전8, p.249c7)에 "병발과 석장으로 일찍이 만옥퇴를 지나더니, 이 걸음은 오로지 초당으로 돌아오기 위함이었네. 모든 성 어느 곳엔들 선판이 없으랴마는 삼안은 처음부터 보관을 따라 열렸고, 밝은 달빛 아래 맑은 대화는 천덕사에서였고, 흰구름 붉게 물든 나무 높은 저 곳 바라보네. 부평초 남북으로 우리의 도에 응하니, 심인 서로 전해 뒤에 올 이들에게 열리라. 甁錫曾經萬玉堆 此行專爲草堂回 百城何處無禪板 三眼初從寶冠開 明月淸談天德寺 白雲紅樹望高臺 浮萍南北應吾道 心印相傳啓後來"라고 하였다. 1644년(인조22)

편양의 병세가 심하다는 소식을 듣고 급히 묘향산으로 달려가서 문병(問病)하는데, 이때 편양이 『화엄경』과 『원각경』 등의 주소(註疏) 중 와류(訛謬)와 한만(汗漫)한 부분을 산윤(刪潤)하다가 마치지 못한 것을 스님에게 마무리하도록 당부하므로 5~6년간에 걸쳐 엄밀히 검토하여 음석(音釋)하였다. 1665년(현종6) 3월 8일 금강산 정양사(正陽寺)에서 "기괴하도다, 이 신령한 이 물건! 임종에 더욱 쾌활하네! 죽어 나더라도 그 모습 변함없으리니, 교교한 가을하늘의 달이라네! 奇怪這靈物 臨終尤快活 死生無變容 皎皎秋天月"라는 임종게를 읊은 다음 세수 74, 법랍 60세를 일기로 입적하였다. 다비한 후 은색사리(銀色舍利) 5과를 얻어 보현사(普賢寺) 동쪽 기슭을 비롯하여 금강산 표훈사·통진 문수사(文殊寺)·해남 대흥사(大興寺) 등에 비와 부도를 세웠다. 조종저(趙宗著)가 비문을 짓고 이우가 써서 1681년(숙종7)에 세운 비는 묘향산 보현사에, 이단상(李端相)이 비문을 짓고 이우(李俁)가 써서 1668년(현종9)에 세운 비는 금강산 표훈사에, 조경(趙絅 1586~1669)이 비문을 짓고 이하진(李夏鎭)이 써서 1668년에 세운 비는 통진 문수사에, 김우형(金宇亨 1616~1694)이 비문을 짓고 써서 세운 비는 해남 대흥사에 있다. 이상 4기의 비문은 모두 지관 『한국고승비문총집 조선조·근현대』 pp.218~231에 수록되어 있다. 제자에는 상봉정원(霜峯淨源)·월담설제(月潭雪霽)·월저도안(月渚道安)·보당준기(寶幢俊機)·영유(靈裕)·성현(聖賢)·의추(義椎)·천순(天順) 등이 있다. 〔참고문헌〕『鞭羊堂集』, 智冠 『韓國高僧碑文總集 朝鮮朝·近現代』, 『朝鮮金石總覽』 권하 pp.935~937·963~964, 『東師列傳』 권2 「楓潭宗師傳」(한불전10, p.1020b13), 『海東佛敎』3(『韓國佛敎雜誌叢書』 권17, pp.220~221), 『朝鮮佛敎通史』 권상 pp.510~512, 『朝鮮佛敎略史』 pp.213~214. **2** 조선중기 스님. 의심상인이 백암성총(栢庵性聰 1631~1700)에게 방장산(方丈山)의 풍경을 묻는 시를 지어 보내자, 백암성총이 화답한 시가 있다. 『백암집』 권상 「의심상인작시문방장산경잉차기운이수 義諶上人作詩問方丈山景仍次其韻以酬」(한불전8, p.458c6)에 "신선이 산다는 방곤이 멀리 푸른 허공중에 나타나니, 비취빛 천봉은 다시 만봉이네. 계수나무 그림자 곁에 스님은 정에 들고, 흰 구름 띠 두른 채 손님은 지팡이 멈추네. 흐르는 물 넘쳐흘러 아쟁과 거문고의 선율이요, 층층 암벽은 조물주의 솜씨라네. 이름난 풍경을 그리려 해도 그치지 않는 흥일 뿐, 문재 덮어두고 손마저 싫다 하네. 方壺逈出碧虛中 翠色千峯更萬峯 丹桂影邊僧入定 白雲臺畔客休笻 溪流決決箏琴響 岩壁層層造化工 欲寫名區無限興 廢文才拙手還慵"라 하였다. 〔참고문헌〕『栢庵集』.

의심 풍담당대사비
해남 대흥사 1692년

의심 疑心 Ⓢ vicikitsā, kautūhala, Ⓣ the-tshom. 결정하지 못하고 동요하는 마음. 『대일경』에서 설하는 육십심(六十心)의 하나이다. 『대일경소』 권2(대정장39, p.596c18)에 "(육십심 중) 여덟째 의심이란 무엇인가? 늘 붙들고 있되 정하지 못하는 마음이다. 먼저 의심을 결택하여 결정심의 모습을 쉽고 명료하게 이해되도록 해야 한다. 이 사람은 듣는 것에 따라 문득 결정하지 못하는 마음을 일으킨다. 예컨대 수계할 때 문득 스스로 의심을 내서 '나는 지금 정히 계를 얻은 것인가? 얻지 못한 것인가?' 한다. 또는 스승이나 법을 의심하며 모든 일에 예가 그러하다. 저 사람이 길을 가면서 의혹 때문에 앞으로 나아가지 못하는 예와 같다. 第八云何疑心 謂常收持不定等事者 今先擇疑心 令決定心相易解明了故 謂此人隨有所聞 便生不決定心 如受戒時 便自生疑心我今定得戒 爲不得戒耶 或疑師疑法 諸事例爾 如人道行以疑惑故 不能前進", 『서장』 권26 「답진소경장 答陳少卿狀」(대정장47, p.923a12)에 "학인이 조주에게 '개에게도 불성이 있습니까?'라고 묻자 조주가 '없다'고 답했다. 무(無)라는 이 한 글자가 문득 생사의심 그 바닥을 부수는 칼일지니, 이 칼자루 다만 당한 이 수중에 있을 뿐, 다른 이의 손에 넘겨서는 안 된다. 반드시 스스로 내린 손만이 비로소 옳다. 僧問趙州 狗子還有佛性也無州云無 這一字子 便是箇破生死疑心底刀子也 這刀子杷柄只在當人手中 教別人下手不得 須是自家下手始得"라고 하였다. 〔참고문헌〕『大日經疏』, 『書狀』, *Abh-k-bh.133.*, *Laṅk.14.* ⇨ 육십심 六十心, 의 疑

의심즉차 擬心卽差 의심한 즉 어긋난다는 말. 머뭇거린즉 곧바로 어긋난다는 뜻으로, 움직인 즉 어그러진다는 뜻의 동념즉괴(動念卽乖)를 수반하기도 한다. 『황룡혜남어록』(대정장47, p.636b16)에 "법좌에 올라앉아 '조금이라도 분별하면 어긋나고, 어떤 생각이라도 움직이는 순간 빗나간다. 흙이나 나무와 다름이 없이 생각하지도 움직이지도 않아야 하지만 행각하는 사람이라면 반드시 얽매인 몸을 돌려서 벗어나는 하나의 활로를 찾아야만 한다'라고 말한 뒤 마침내 불자를 잡고 말했다. '이것은 산승의 불자이다. 여러분은 어떻게 벗어나겠는가? 만일 벗어날 수 있다면 하나를 한량없는 크기로 여기고, 한량없는 크기를 하나로 여길 것이다. 반면에 벗어날 수 없다면 포대 안의 늙은 까마귀가 살아 있더라도 죽은 몸과 같으리라'. 上堂云 擬心卽差 動念卽乖 不擬不動 土木無殊 行脚人 須得轉身一路 遂拈拂子云 遮箇是山僧拂子 汝等諸人 作麽生轉 若也轉得 一爲無量 無量爲一 若轉不得 布袋裡老鴉 雖活如死"라고 하였다. [참고문헌]『黃龍慧南語錄』. ⇨ 동념즉괴 動念卽乖

의심학 依心學 Ⓢ adhicittaṃ śikṣā. 삼학(三學) 중 하나. 증상심학(增上心學)에 대한 진제(眞諦)의 한역어. 『섭대승론석』 권1(대정장31, p.155b7)에 "심은 바로 정이다. 정은 일심을 체로 삼으며 일심에 의지해 수습하니, 일체보살의 정을 의심학이라 한다. 心卽是定 定以一心爲體 依一心修習 謂一切菩薩定 名依心學", 같은 책 권11(대정장31, p.230a11)에 "저 성문은 계학에 의지해 의심학마저 이끌고 거둔다. 如聲聞依戒學 引攝依心學", 『섭대승론장』 권1(대정장85, p.1011a21)에 "법에 의탁하기에 '의'이지만, 한편 진실한 정에 의탁해 일으켜 닦기에 '의'라 이름한다. 뜻에 연하여 흩어짐 없음이 의심학이다. 託法名依 又託眞定起修 名之爲依 緣理不散 名依心學"라고 하였다. [참고문헌]『攝大乘論釋』, 『攝大乘論章』. ⇨ 증상심학 增上心學, 삼학 三學 ❶

의악행 意惡行 Ⓢ mano-duścarita, Ⓟ mano-duccarita, Ⓣ yid-kyi spyad-pa. 삼악행(三惡行) 중 하나. 뜻(意)으로 짓는 악행. 『삼법도론』 권중(대정장25, p.22c11)에 "[문] 어떤 것을 의악행이라고 하는가? [답] 의악행이란 탐욕·분노·그릇된 견해 등의 마음으로 행하는 악이므로 의악행이라고 한다. 問 云何意惡行 答 意惡行者 貪恚邪見意所行惡故 曰意惡行", 『집이문족론』 권3(대정장26, p.378b6)에 "의악행이란 어떤 것인가? [답] 탐욕·진에·사견 등이다. 또 모든 불선한 의업·비리(非理)가 이끈 의업·정을 장애하는 의업 등을 통틀어 의악행이라고 한다. 意惡行云何 答 貪欲瞋恚邪見 復次 諸所有不善意業 諸所有非理所引意業 諸所有意業能障礙定 總名意惡行"라고 하였다. [참고문헌]『三法度論』, 『集異門足論』, *Pañca-pr.87.*, *Abh-k-bh.237.*, *MN.3.179* ⇨ 삼악행 三惡行, 이업 意業

의안 義安 신라 스님. 자장의 생질(甥姪)이며 명랑(明朗)의 형이다. 『삼국유사』 권5(대정장49, p.1011b12·한불전6, p.356c6) 신주(神呪)6 명랑신인(明朗神印)에 "스님의 이름은 명랑이고 자는 국육이다. 신라의 사간 재량의 아들이며, 어머니는 남간부인 혹은 법괴낭으로 소판 무림의 딸이고 자장율사의 누이동생이다. 3남을 두었는데, 장자는 국교대덕, 둘째는 의안대덕이며, 스님은 막내이다. 師諱明郞 字國育 新羅沙干才良之子 母曰南澗夫人 或云法乘娘 蘇判茂林之子金氏 則慈藏之妹也 三息 長曰國敎大德 次曰義安大德 師其季也", 『삼국사기』 권7 신라본기(新羅本紀)7 문무왕(文武王) 14년(674)에 "9월 왕명으로 스님을 대서성으로 삼았다. 九月 命義安法師 爲大書省"라고 하였다. 대서성은 신라 승관(僧官) 중 국통(國統) 아래에 해당한다. [참고문헌]『三國遺事』, 『三國史記』. ⇨ 자장 慈藏, 명랑 明朗

의안 儀晏 876~990. 중국 오대송초(五代宋初) 때 선사. 법호는 오거(烏巨), 시호는 개명선사(開明禪師). 속성은 허(許)씨. 오흥(吳興 : 浙江省) 출신. 의연(儀宴)이라고도 한다. 부친을 따라 신안(信安)을 지키고 있을 때 혼인을 강권하자 따르지 않고 제방을 유력하였다. 경청도부(鏡淸道怤)를 참학하고 의기가 투합하여 법을 받았다. 귀가하여 정사를 짓고 지내다가 얼마 지나지 않아 괄창(栝倉 : 浙江省 麗水) 당산(唐山)의 덕엄(德嚴) 문하로 정식 출가하고 삭발하였다. 절강성(浙江省) 구주(衢州)에 있는 오거산(烏巨山)에 주석하며 뛰어난 선정(禪定)으로 이름을 알렸으며 신이한 행적을 보이기도 하였다. 개운년간(944~947)에는 석감(石龕)으로 들어가 제자 혜홍(慧興)에게 입구를 폐쇄하게 하고 수행하였다. 오월국(吳越國) 충의왕(忠懿王) 전홍숙(錢弘俶)의 꿈에 나타나 눈병을 치료해 주어 개명(開明)이라는 호를 하사받기도 하였다. 송나라 태종은 스님의 선정력에 감탄하고 귀의하였다. 990년(순화1)에 오거산에서 입적하니 세수 115, 법랍 57세였다. [참고문헌]『補續高僧傳』 권6(卍속장134, p.121b18), 『五燈會元』 권8(卍속장138, p.298a2), 『敎外別傳』 권7(卍속장144, p.174b17). ⇨ 도부 道怤

의안락행 意安樂行 사안락행(四安樂行) 중 하나. 법화사법(法華四法) 중 입정정취(入正定聚 Ⓢ niyata-rāśi-vyavasthita)이다. 『법화문구』 권10(대정장34, p.148c3)에 "정정취에 드는 것은 의안락행이다. 入正定聚 是意安樂行", 『법화경구해』 권5(卍속장48, p.113a5)에 "셋째, 깨끗한 마음의 업이다. 탐진치를 여의었기에 의안락행이라 한다. 三 淨心業 離貪瞋癡 名意安樂行", 『법화경탁해』 권5(卍속장50, p.890b2)에 "〈경〉 문수사리여! 이 보살마하살이 후말세에 법이 멸하려 할 때 세 번째 안락행을 성취하면, 이 법을 설할 때 능히 번뇌로 어지러울 일 없다〈이 구절은 의안락행을 결론지은 것이다〉. 文殊師利 是菩薩摩訶薩 於後末世 法欲滅時 有成就是第三安樂行者 說是法時 無能惱亂〈此結意安樂行也〉"라고 하였다. [참고문헌]『法華文句』, 『法華經句解』, 『法華經卓解』, 『法華經』 권5(대정장9, p.38b15). ⇨ 사안락행 四安樂行, 안락행 安樂行, 법화사법 法華四法

의암 義庵 ❶ 조선시대 율곡(栗谷) 이이(李珥 1536~1584)가 출가하였을 때 받은 법명(法名). 『묵재일기』

1557년(명종12) 5월 21일에 "목백(牧伯 : 당시 星州牧師 盧慶麟)의 사위인 이가 스님이었을 때에 이름이 의암이다. 반년이 차기도 전에 환속했다고 한다. 牧伯女夫珥 爲僧時 名義庵 未滿半年 還俗云云"라고 하였다. 〔참고문헌〕『默齋日記』. ❷ 조선후기 스님 창인(暢印)의 법호. 〔참고문헌〕『東師列傳』 권4 「銀巖講師傳」(한불전10, p.1034b9). ⇨ 창인 暢印

의암사 義巖寺 충청북도 제천시 송학면 시곡리 대덕산(大德山)에 있던 절. 『동국여지승람』 권14 충청도 제천현 불우에 절의 이름과 위치가 기록되어 있으나, 『범우고』에는 폐사되었다고 하였다. 『사탑고적고』에 "삼층석탑이 있는데, 높이는 약1장이다. 有三重石塔 高約一丈"라고 하였으나, 현재 탑의 소재는 알 수 없다. 〔참고문헌〕『東國輿地勝覽』, 『梵宇攷』, 『寺塔古蹟攷』, 『韓國寺刹全書』 권하 p.959b4.

의애 疑礙 의심거리. 의심이라는 장애. 애(礙)는 애(碍)로도 쓴다. 『앙굴마경』(대정장2, p.508b24)에 "앙굴마〈지만으로 한역한다〉라는 상수 제자는 용모가 굳세고 힘이 뛰어났으며 손으로 날짐승을 잡고 말보다 빨리 달렸다. 총명함과 변재를 갖추었고 성품이 온화하고 무게가 있되 민첩하였으며 의심이라는 장애가 전혀 없었고 외모가 가장 뛰어나서 스승이 칭찬하는 사람이었다. 上首弟子名鴦掘摩〈晉曰 指鬘〉 儀幹剛猛 力超壯士 手能接飛走先奔馬 聰慧才辯 志性和雅 安詳敏達 一無疑礙 色像第一 師所嘉異", 『자은전』(대정장50, p.222b18)에 "(현장법사는) 상주에 가서 휴법사를 만나고 의심거리를 질문하였으며 다시 조주에 가서 심법사를 뵙고 『성실론』을 학습했다. 至相州 造休法師 質問疑礙 又到趙州 謁深法師 學成實論"라고 하였다. 〔참고문헌〕『鴦掘摩經』.

의약 醫藥 Ⓢbhaiṣajya, gilāna-bhaiṣajya, Ⓟbhesajja, gilāna-bhesajja, Ⓣsman, na-ba'i-gsos-sman. 질병을 고치는 약. 『십주비바사론』 권6(대정장26, p.50a20)에 "생활에 필요한 도구를 베푸는 이는 깨달음을 돕는 공덕을 얻으며, 의약품을 베푸는 이는 늙고 병들어 죽는 것이 없어 항상 즐겁고 편안함을 얻는다. 施資生之具者 則得助菩提功德 施醫藥者 則得無老病死常樂安隱", 『현양성교론』 권7(대정장31, p.514c24)에 "여러 질병의 괴로움을 다스리기 위하여 여러 가지 의약을 사용한다. 爲治諸疾病苦 受諸醫藥"라고 하였다. 〔참고문헌〕『十住毘婆沙論』, 『顯揚聖敎論』, *Saddh-p.284, Yogā-bh.15., Vin.1.142., MN.3.127.* ⇨ 의명 醫明

의양 義讓 1284~1340. 원나라 때 조동종 스님. 호는 식암(息庵), 속성은 이(李)씨. 진정(眞定 : 河北省) 출신. 화엄사(華嚴寺)에서 구족계를 받았으며, 고암보취(古巖普就 1242~1317)의 법을 이었다. 1322년(지치2) 낙양(洛陽) 천경사(天慶寺)에서 개당(開堂)하였고, 웅이산(熊耳山) 공상사(空相寺)와 태산(泰山) 영암사(靈巖寺)에 주석하였으며, 1336년(지원2)에 숭산(嵩山) 소림사(少林寺)의 제15세가 되었다. 1340년(지원6) 5월 14일에 세수 57, 법랍 36세를 일기로 입적하였다. 문하에 백여 명의 제자가 있었고, 법을 이은 제자는 열두 명이다. 일본에서 건너와 그에게 참학했던 고원소원(古源邵元)이 지은 탑명(塔銘)이 소림사와 영암사에 있다. 〔참고문헌〕『五燈全書』 권61 「息菴義讓章」(卍속장141, p.314a18). ⇨ 보취 普就

의양화묘아 依樣畫貓兒 본보기에 의지해 고양이를 그린다는 말. 답습해온 말이나 분별에 의지해 세간을 보거나 견처를 드러내는 것을 말한다. 유사한 말로 의양화호로(依樣畫葫蘆)가 있다. 『열조제강록』 권19(卍속장112, p.481a4)에 "말해 보라! 돌이켜 무엇이 되면 옳은가? 만일 고양이와 암소로 된다 말하더라도 남의 발꿈치를 따를 뿐이고, 등롱과 노주라고 말하더라도 본보기에 따라 고양이를 그리는 신세를 벗어나지 못하리라. 且道 回向甚麽卽是 若道 爲狸奴白牯 又是隨他脚跟轉 若道爲燈籠露柱 不免依樣畫猫兒", 『오조법연어록』 권상(대정장47, p.651a18)에 "누군가 나에게 '무엇이 십신조어인가?'라고 묻는다면 노승도 (投子가 했듯이) 선상에서 내려와 서겠다. 어째서 도리어 본보기에 따라 고양이를 그리는가? 내가 생각이 정리되면 그대들에게 말해주겠다. 或有人問四面 如何是十身調御 老僧亦下禪床立 爲什麽却 依樣畫猫兒 待我計校成 卽說向儞", 『석계심월어록』 권중(卍속장123, p.111b5)에 "요즘 선수행자들은 만날 때마다 문득 말하길 '나고 죽는 일 큰일인데 무상은 빠르기 그지없다'(영가현각의 말) 하지만 이것도 본보기 따라 고양이를 그리는 일일 뿐이다. 그 사이에 조사(6조)가 꿰고 다스려 실다운 정성에 나아갔으니 참으로 머리도 반듯하고 꼬리도 반듯했다. 지금의 때는 겨우 다다른 곳이 뿔로 엮고 벌려놓은 무늬일진대, 이 또한 도리어 부끄러워할 일이다. 至今禪人相見 便道 生死事大 無常迅速 也是依樣畫猫兒 中間祖師 編辟諳實之款 甚是頭正尾正 今時纔到 結角羅紋處 又却懡㦬", 『벽암록』 93칙(대정장48, p.217a4)에 "그 학인도 (大光선사가 했듯이) 춤을 추었다〈본보기 따라 고양이를 그리는군. 예상한 대로 잘못 이해했다. 헛것을 가지고 노는 놈이로군〉. 대광이 말했다. '이 여우 귀신아!'〈은혜 갚기 어렵네. 32조사도 바로 이것을 전했을 뿐이다〉. 僧作舞〈依樣畫猫兒 果然錯會 弄光影漢〉 光云 這野狐精〈此恩難報 三十二祖 只傳這箇〉"라고 하였다. 〔참고문헌〕『列祖提綱錄』, 『五祖法演語錄』, 『石溪心月語錄』, 『碧巖錄』. ⇨ 의모화양 依模畫樣

의양화호로 依樣畫葫蘆 본보기 따라 표주박을 그린다는 말. 호로(胡盧)라고도 쓴다. 『굉지광록』 권9(대정장48, p.105b6)에 "본보기 따라 표주박을 그릴 뿐이어서 마주하여도 알아볼 일 없으니, 풍성에 숨은 명검(간장과 막야) 모르고 지나치는 꼴이다. 依樣畫胡盧 相逢識也無 蹉過了豐城埋劍", 『속지월록』 권19 「파산해명장 破山海明章」(卍속장143, p.1007b10)에 "황금 호미로 천개 봉우리에 쌓인 눈 거둬 다하니, 하늘 끝 드러내어 별과 달이 뚜렷하구나. 비춘 즉 세간 살림 사무칠텐데, 모두들 본보기 따라 표주박 그리네. 金鋤削盡千峰雪 露出天涯星月孤 照得世間人廓徹 都來依樣畫葫蘆"라고 하였다. [참고문헌] 『宏智廣錄』, 『續指月錄』. ⇨ 의양화묘아 依樣畫貓兒, 의모탈출 依模脫出

의어 意語 ➡ 육명 六名

의어 義語 ❶ Ⓢ artha-vāda, Ⓟ attha-vāda. 뜻있는 말. 의미 있는 즉 여(如)를 담지한 말을 말하며, 문어(文語)의 상대어다. 『집이문족론』 권10(대정장26, p.410b9)에 "의어란, 하는 말마다 마땅함 설하여 드러내 알게 하고 펼쳐 드러내 한결같이 의미 있게 하는 일이니, 이것을 의어라 부른다. 義語者 謂所說語 宣說顯了表示開發 純有義事 是名義語", 『화엄경소초』 권13(대정장36, p.97c18)에 "의어라 한다면 모두 여에 부합한다. 言義語者 皆契如故"라고 하였다. [참고문헌] 『集異門足論』, 『華嚴經疏鈔』, *Daś-bh.16.*, *DN.3.135.* ⇨ 문어 文語 ❷ 왕자 이름. 이쟁(離諍)이라는 전륜성왕(轉輪聖王)의 수많은 왕자 중 한 명이다. [참고문헌] 『大乘悲分陀利經』 권2(대정장3, p.243c2).

의언 意言 Ⓢ mano-jalpa, jalpa, Ⓣ yid-las-brjod-pa, brjod-pa. 뜻이 담긴 말. 뜻으로 헤아려 생각함이며, 의지심사(意地尋思)라고도 한다. 『대승장엄경론』 권4(대정장31, p.610b19 : *Sūtr.*, p.56)에 "의언이란 분별이다. 意言者 分別也 manojalpair iti saṃkalpaih", 『대승광오온론』(대정장31, p.854a19)에 "뜻을 담은 말이란 뜻으로 헤아린다는 의식이다. 이 중에 어떤 것은 사에 의지하고, 어떤 것은 혜에 의지하여 일어난다. 意言者 謂是意識 是中或依思 或依慧而起"라고 하였다. [참고문헌] 『大乘莊嚴經論』, 『大乘廣五蘊論』, *Sūtr.64.* ⇨ 의지심사 意地尋思, 의식 意識

의언분별 意言分別 Ⓢ mano-jalpa, Ⓣ yid-la-brjod-pa. 생각과 말로 분별함. 『섭대승론석』 권7(대정장31, p.199c10)에 "의언분별이란 마음의 각관사유이다. 이 사유에는 두 가지 상이 있다. 첫째는 견식이 있어 상을 삼으니 유견이라 설한다. 둘째는 상식이 있어 상을 삼으니 십이부의 대승교인 듯하고, 대승교가 설명하는 이치와 유사함을 드러내므로 유상이라고 설한다. 意言分別者 是心覺觀思惟 此思惟有二相 一 有見識爲相 故說有見 二 有相識爲相 謂顯現似十二部大乘敎 及似大乘敎所詮理 說名有相", 같은 책 권7(대정장31, p.203b24)에 "오직 의언분별이 있을 뿐이며 별다른 이름이 없다. 보살은 이름에 실체가 없음을 통달하므로 밖의 티끌에 대한 삿된 집착을 여읜다. 唯有意言分別 無別有名 菩薩能通達名無所有 則離外塵邪執", 원효(元曉)의 『금강삼매경론』 권하(대정장34, p.990c20 · 한불전1, p.650c19)에 "경에서 '일체경계는 의언분별이다'라고 하였으니, 육도의 과경은 뜻의 변화 아닌 것이 없기 때문이다. 마음이 어지럽게 움직여 다스릴 수 없기에 변하며 인과를 짓고 고해를 유전한다. 이런 까닭에 고해를 건너고자 한다면 보살도를 닦아 마음 다스려 한결같이 하고 온갖 인연을 끊어야 한다. 그 때문에 보살은 이름도 모양도 없음을 닦는다. 一切境界 意言分別者 六道果境 無非意變故 由心亂動 不能制故 變作因果 流轉苦海 是故欲度苦海 修菩薩道 制心一如 衆緣斷滅 所以菩薩修無名相"라고 하였다. [참고문헌] 『攝大乘論釋』, 『金剛三昧經論』, 『金剛三昧經』(대정장9, p.370c21), 『心賦注』 권1(卍속장111, p.39b18), *Bodh-bh.179.* ⇨ 분별 分別 ❶

의언생해 依言生解 말에 의지하여 이해함. 『법집별행록절요』(한불전4, p.764a3)에 "앞서 말한 법문은 모두 말에 의지하여 이해한 것이다. … 그러나 한결같이 말에 의지하여 이해한다면 몸 뒤칠 길을 알지 못할 것이다. 비록 종일 관찰하더라도 도리어 알음알이 속박만을 굴릴 뿐 쉴 때가 없기 때문이다. 然上來所擧法門 並是爲依言生解 … 然若一向依言生解 不知轉身之路 雖終日觀察 轉爲知解所縛 未有休歇時故"라고 하였다. [참고문헌] 『法集別行錄節要』.

의언성행 依言成行 말에 의지하여 행을 성취함. 『화엄경탐현기』 권6(대정장35, p.229c2)에 "해석에 세 가지가 있다. 먼저 본서(本誓)를 들어서 말한다. 둘째, '이 보살' 이하의 부분은 말에 의지하여 수행을 성취하는 내용이다. 셋째, '일체법을 얻는다' 이하는 수행이 완성되어 공덕이 성립하는 내용이다. 또한 첫 부분은 말의 진실이고, 둘째는 수행의 진실이며, 셋째는 이익의 진실이다. 釋中三 初 擧本誓言 二 此菩薩下 依言成行 三 得一切法下 行成德立 又初卽言實 二行實 三益實"라고 하였다. [참고문헌] 『華嚴經探玄記』.

의언소작 依言所作 말씀대로 행한다는 뜻. 『호국존자소문대승경』 권1(대정장12, p.2b21)에 "세존이시여, 어떤 법으로 보살행법을 갖출 수 있습니까? … 저 중생들이 말씀대로 행하고 온갖 어리석음을 떠나며 부처님의 방편을 잊지 않고 깊디깊은 청정한 뜻 즐겨 들은 뒤에 그 모든 법을 받아서 지니도록 함으로써 속히 무상정지를 얻게 한다. 世尊 有何等法 爲菩薩行法具足 … 令彼有情 依言所作 離諸愚暗 念佛方便 樂聞一切甚深梵義 受持諸法 速得證於無上正智"라고 하였다. [참고문헌]『護國尊者所問大乘經』.

의언진여 依言眞如 말에 의지한 진여. 일체번뇌를 여의어서 여실공(如實空)인 공진여(空眞如)와, 정법만족하여서 여실불공(如實不空)인 불공진여(不空眞如)를 말한다. 이언진여(離言眞如)의 상대어다. 『대승기신론』(대정장32, p.576a24)에 "진여란, 언설에 의하여 분별하면 두 가지 뜻이 있다. 무엇이 그 둘인가? 첫째는 여실공이니 능히 끝내 드러나는 실이기 때문이다. 둘째는 여실불공이니 스스로의 체가 있어 무루성공덕을 빠짐없이 갖추기 때문이다. 공이란 처음부터 일체염오법과 상응하지 않는다. 즉 일체법의 차별상을 떠나 허망한 마음과 념이 없는 것이다. 眞如者 依言說分別 有二種義 云何爲二 一者 如實空 以能究竟顯實故 二者 如實不空 以有自體 具足無漏性功德故 所言空者 從本已來 一切染法 不相應故 謂離一切法差別之相 以無虛妄心念故", 『대승기신론내의약탐기』(대정장44, p.412a23・한불전3, p.747c6)에 "의언진여는 불공진여와 공진여를 말한다. 공진여란 일체번뇌가 사라져 없는 뜻이고 나아가 수론 등 네 부류 외도의 주장을 부순 뜻이니, 또 부수고 없앨 것은 헤아리는 일 뿐이다. 불공진여는 상락아정의 네 가지 공덕을 만족시킨다는 뜻이다. 『대승기신론』(대정장32, p.576b6)에 '항상하여 변하지 않는 정법만족을 불공이라고 한다'고 하였다. 依言眞如 謂不空空二眞如也 空眞如者 謂滅無一切煩惱之義 及破數論等四宗外道執等也 又破滅者 計故也 不空眞如者 滿足常等四德之義 論云 常恒不變 淨法滿足 故名不空", 『화엄오교장』 권1(대정장45, p.481c6)에 "또한 『기신론』에서는 돈교문에 의지하여 절언진여를 드러내고 점교문에 의지하여 의언진여를 설하였다. 의언진여에 대해서는 시교와 종교의 두 가지 교법에 의지하여 공과 불공의 두 가지 진여를 설하였다. 又起信論中 約頓敎門 顯絶言眞如 約漸敎門 說依言眞如 就依言中 約始終二敎 說空不空二眞如也"라고 하였다. [참고문헌]『大乘起信論』, 『大乘起信論內義略探記』, 『大乘起信論』, 『華嚴五敎章』. ⇨ 진여 眞如, 공진여 空眞如, 불공진여 不空眞如, 안립제 安立諦, 이언진여 離言眞如

의엄 義嚴 조선중기 스님. 속성은 곽(郭)씨, 속명은 언수(彦秀)・진경(震卿). 황해도 출신. 청허휴정(淸虛休靜)의 제자이다. 황해도 구월산(九月山)의 산승(山僧)으로서 1589년(선조22)에 재령(載寧)군수 박충간(朴忠侃)에게 정여립(鄭汝立) 모반사건을 고하여 조정에서 이를 막을 수 있게 하였다(海西九月山僧 有相應者 僧義嚴詗其狀 密言于載寧郡守朴忠侃). 1592년(선조25) 임진왜란 때 서산대사가 팔도십육종도총섭(八道十六宗都摠攝)으로서 의승군(義僧軍)을 지휘하여, 의엄도 황해도 지방에서 큰 전공을 세웠다. 『선조실록』 권38 26년(1593) 5월 15일에 "의엄의 속명은 곽언수이고, 쌍익의 속명은 변헌입니다. 의엄은 전에 왜적을 만났을 때나 군량을 모았을 때나 다 공이 있음에도 관직을 원하지 않았습니다. 지금도 관직은 원하지 않고 선종판사가 되기를 원하니, 해조로 하여금 원하는 대로 직첩을 주게 하소서. 有義嚴俗名郭彦秀 雙翼俗名卞獻 義嚴則前者逢賊時及募粟時 皆有功而不願受職 今亦不願除職 願爲禪家判事 令該曹 依願給帖"라고 하였다. 1595년(선조28)에 도총섭으로서 파사산성(婆娑山城)을 수축하고 수호하는 임무를 맡았다. 후에 환속하여 곽진경(郭震卿)이라 하였는데, 예로부터 자질이 뛰어난 스님들에게 일부러 환속을 청하여 나라의 동량으로 삼는 경우가 종종 있었다. 『광해군일기』 권173 14년(1622) 1월 27일에 "곽진경은 바로 의엄스님이다. …〈진경은 임진왜란 때에 의승장이 되어서 공로가 많았다. 환속한 후에 군공에 의하여 동지(同知)에 올랐다〉. 郭震卿 乃僧人義嚴也 …〈震卿 時爲壬辰之亂爲義僧將 頗有功勞 還俗爵軍功同知〉"라고 하였다. [참고문헌]『宣祖實錄』, 『光海君日記』, 『宣祖修正實錄』 권23 22년 10월 1일・권38 26년 5월 15일. ⇨ 휴정 休靜

의업 意業 S manas-karman, mānasaṃ karma, P mano-kamma, T yid-kyi-las. 뜻으로 짓는 행위. 삼업(三業) 중 하나다. 선・악・무기 등 일체를 생각하는 마음의 작용을 말하며, 사업(思業)이라고도 한다. 『품류족론』 권1(대정장26, p.693a12)에 "사란 무엇인가? 마음으로 자성을 짓는 것이니 바로 의업이다. 思云何 謂心造作性 卽是意業", 『구사론』 권10(대정장29, p.55a25 : *Abh-k-bh.*, p.153)에 "사(思)는 의업을 말한다. 思謂意業 cetanā manaskarma", 『중론』 권3(대정장30, p.21c5)에 "위대한 성인께서 설하길, 간략하게 말하여 업은 두 가지다. 첫째는 사이고 둘째는 사로부터 생겨나는 것인데, 이 두 가지 업은 아비담에서 자세히 설한 대로다. 〈게〉 부처님께서 설하신 사는 이른바 의업인 것이며, 사로부터 생겨나는 것은 바로 신업과 구업이다. 사는 심소법인데, 심소법들 중에서도 조작을 불러일으키므로 업이라고 이름한다. 이 사를 인으로 밖의 신업과 구업이 일어난다. 비록 여타 심과 심소법을 인해서도 짓는 일 있지만, 사야말로 짓는 것의 으뜸이므로 사를 업으로 삼는다고 말한다. 大聖略說 業有二種 一者 思 二者 從思生 是二業 如阿毘曇中廣說 佛所說思者 所謂意業是 所從思生者 卽是身口業 思是心數法 諸心數

法中 能發起有所作 故名業 因是思故 起外身口業 雖因餘心心數法 有所作 但思爲所作本 故說思爲業", 『구사론기』 권13(대정장41, p.205b20)에 "의업이라 하였으니, 의는 의식을 말하며 업은 바로 이 사다. 의로 인해 업을 일으키기에 의업이라고 한다. 言意業者 意謂意識 業卽是思 由意起業 故名意業", 『성유식론술기』 권2(대정장43, p.276a5)에 "(三思 중에) 앞의 두 가지인 심려사와 결정사는 뜻과 함께하고 생각을 작동시키기에 의업이라고 한다. 前二審慮 決定思 與意俱故 作動意故 名意業"라고 하였다. [참고문헌]『理趣六波羅蜜多經』, 『品類足論』, 『俱舍論』, 『中論』, 『俱舍論記』, 『成唯識論述記』, *Abh-k-bh.*, *Madhy-ś.149.* ⇨ 의 意, 사업 思業, 심업 心業, 삼업 三業❶, 결정사 決定思, 심려사 審慮思

의여 衣袽 옷이 해어지다. 해진 옷. 『주역선해』 권7(가흥장20, p.451b15)에 "기제(旣濟) 괘의 육사효(六四爻)는 '비단 옷이 해어지니 종일토록 경계하라'는 뜻이다. 상전에 '종일토록 경계하라, 의심할 것이 있다'고 하였다. 좋은 비단을 유라 하고 해진 옷을 여라 한다. 비단은 반드시 뒤쳐 해진 옷이 되니 어찌 경계하지 않을 수 있겠는가? 六四 繻有衣袽 終日戒 象曰 終日戒 有所疑也 美帛曰繻 敝絮曰袽 繻必轉而爲袽 可無戒乎"라고 하였다. [참고문헌]『周易禪解』.

의여육무위 依如六無爲 여(如)에 의지한 여섯 가지 무위(六無爲). 식변육무위(識變六無爲)의 상대어이다. 『성유식론』 권2(대정장31, p.6c5)에 "계경에서 허공 등 여러 가지 무위법이 있다고 하는데 … 둘째는 법성에 의지하여 임시로 시설한 것이니, 즉 공·무아로 드러나는 진여는 유무도 아니고 마음과 언어의 길마저 끊어져 일체법과 더불어 하나이지도 다르지도 않다. 이것이 법의 진리이기에 법성이라 하고, 모든 장애를 여의었기에 허공이라고 한다. 가려 택하는 힘으로 말미암아 모든 잡염을 소멸하고, 구경에는 증득하기에 택멸이라고 한다. 가려 택하는 힘에 의하지 않고도 본성이 청정하거나 또는 연의 결여로 나타난 것이 비택멸이다. 고락의 수 등이 사라졌기에 부동이라고 한다. 상·수 등이 행하지 않아 상수멸이라고 한다. 이 다섯 가지는 모두 진여에 의지하여 임시로 세운 것이고, 진여 역시 임시로 시설한 이름이다. 떨쳐 버리고 무로 삼음을 막기 위해 임시로 유라고 하며, 집착하여 유라고 여기는 착각을 막기 위해 임시로 설하여 공이라고 한다. 허환이라 여기지 않도록 하고자 임시로 설하여 실이라 하며, 뜻에 있어 허망한 전도가 아니기에 임시로 설하여 진여라고 한다. 다른 종에서 색·심 등을 떠나 실상법이 있다 하여 진여라고 이름 붙인 것과는 다르다. 그러므로 모든 무위법은 결코 실유는 아니다. 契經說 有虛空等 諸無爲法 … 二 依法性 假施設有 謂空無我所顯眞如 有無俱非 心言路絶 與一切法非一異等 是法眞理 故名法性 離諸障礙 故名虛空 由簡擇力 滅諸雜染 究竟證會 故名擇滅 不由擇力 本性淸淨 或緣闕所顯 故名非擇滅 苦樂受滅 故名不動 想受不行 名想受滅 此五皆依眞如假立 眞如亦是 假施設名 遮撥爲無 故說爲有 遮執爲有 故說爲空 勿謂虛幻 故說爲實 理非妄倒 故名眞如 不同餘宗 離色心等 有實常法 名曰眞如 故諸無爲 非定實有"라고 하였다. [참고문헌]『成唯識論』, 『成唯識論述記』 권2(대정장43, p.291a29). ⇨ 육무위 六無爲, 식변육무위 識變六無爲

의연 依緣 Ⓢ āśraya-ālambana, Ⓣ brten-pa dang dmigs-pa. 의지하고 반연함. 소의(所依)의 근(根)과 소연(所緣)의 경(境)을 말한다. 『구사론』 권2(대정장29, p.7c29 : *Abh-k-bh.*, p.21)에 "무색계에 얽힌 것은 오직 뒤의 세 가지만 있으니, 즉 의계(意界)·법계(法界)·의식계(意識界)이다. 색욕을 여의어야 그곳에 날 수 있기에 무색계 중에는 열 가지 색(眼耳鼻舌身色聲香味觸)계가 없어서 의도 연도 없고 오근오경오식 또한 없다. 그러므로 오직 뒤의 세 가지만 무색계에 얽혀있다. 無色界繫 唯有後三 所謂意法 及意識界 要離色欲於彼得生 故無色中 無十色界 依緣無故 五識亦無 故唯後三 無色界繫 〈kārikā〉 ārūpyāptā manodharmamano vijñānadhātavaḥ 〈bhāṣya〉 rūpavītarāgāṇāṃ tatrop apattir ato 'tra daśa rūpasvabhāvā dhātavas ta dāśrayālambanāś ca pañca vijñānadhātavo na sa ṃbhavanti", 『유가사지론』 권69(대정장30, p.683c22)에 "어떤 것이 의연차별인가? 소의와 소연의 차별로 말미암아 안식 등 육식차별을 건립하는 것을 말한다. 안식은 모든 색경계를 요별하고, 그 이외의 식은 각각 자신의 경계를 알며, 의식은 일체안색 나아가 의법까지 요별하여 경계로 삼는다. 云何依緣差別 謂由所依所緣差別 建立眼等六識差別 眼識了別諸色境界 餘識各各 了自境界 意識了別 一切眼色 乃至意法 以爲境界"라고 하였다. [참고문헌]『俱舍論』, 『瑜伽師地論』, *Abh-k-bh.*, *Abh-s-bh.86.* ⇨ 소의 所依❶, 소연 所緣

의연 義淵 고구려 스님. 제17대 소수림왕(小獸林王 재위 371~384) 때를 전후하여 중국 북제(北齊)에 가서 구법하고 돌아온 유학승으로, 일설에는 제25대 평원왕(平原王 재위 559~590) 때라고도 한다. 『삼국유사』 권3(대정장49, p.986a3·한불전6, p.313b4) 홍법(興法)3 순도조려(順道肇麗)에 "순도의 뒤를 이어 법심·의연·담엄 등이 대를 이어 고구려의 불교를 일으켰다. 道公之次 亦有法深 義淵 曇嚴之流 相繼而興敎"라고 하였다. 『해동고승전』 권1 「석의연전 釋義淵傳」(대정장50, p.1016b16·한불전6, p.91a16)에 따르면 세계(世系)와 생몰연대 등은 알 수 없고 스님이 된 후 계율을 굳게 지켰고 지혜와 식견이 깊었으며, 유교와 도교에까지 조예가 깊어 당시 도속이 추앙하였다고 하였다. 고구려의 대승상(大承相)인 왕고덕(王高德)이 깊이 불교를 신봉하였으나, 깊이 알지 못하여 아쉬워하고 있던 차에 북제 정국사(定國寺)의 법상(法上)이 불교에 밝다는 소문을 듣고 스님을 파견하였다. 법상종(法相宗) 스님으로서 아뢰야식(阿賴耶識)에 조예가 깊었던 스님은 법상에게서 불교를 배우고 귀국하여 고구려의 불교를 일으키는 데 큰 밑거름이 되었다. 〔참고문헌〕『三國遺事』, 『海東高僧傳』. ⇨법상 法上[1], 왕고덕 王高德

의연 義演 조선후기 스님. 자는 백련(白蓮), 호는 방월(傍月) 또는 삼담(三潭), 속성은 차(車)씨. 전라도 나주(羅州)의 자은(慈恩)에서 태어났다. 속가에서 혼인하였지만 출가입산하려는 뜻을 버리지 못하다가 석가모니의 유성출가(踰城出家) 고사를 듣고 마침내 두륜산 대흥사(大興寺)로 찾아가 춘담양옥(春潭養玉)을 은사로 하여 스님이 되었다. 제방(諸方)으로 다니면서 선지식을 친견하고 법을 배우다가 양산 통도사 보광전에서 용암(龍巖)으로부터 연비(燃臂)하고 보살계를 받았다. 이어 가야산 해인사, 팔공산, 지리산, 금강산, 묘향산, 구월산, 양평 용문산 용문사, 계룡산, 장성 백양사, 영암 월출산 도갑사 등 제방의 명찰로 다니면서 안거정진하였다. 그 후 진도 첨찰산(尖刹山 : 尖察山) 쌍계사(雙溪寺)에서 은사인 춘담으로부터 법을 전해받아 은법(恩法)을 겸하였다. 쌍계사에 주석하며 짚신을 삼아 의지할 데 없는 외로운 사람에게 주고, 채소를 길러 가난한 사람들에게 나누어 주는가 하면, 만나는 사람마다 염불과 독경을 권하고 자신은 철야정진하면서 장좌불와(長坐不臥)하였다. 거처하는 곳을 가리지 않았으므로 사람들이 '처소가 너무 누추합니다'라고 하면 '이곳이 제일 훌륭한 도량이라' 하였고, 사람들이 '계시는 곳이 너무 시끄럽습니다'라고 하면 '이곳이 곧 극락세계라'라 하며 자재하였다. 진도 쌍계사에서 입적하였는데 그의 계보(系譜)는 운봉대지(雲峰大智)의 4세 법손, 진봉(珍峰)의 3세, 금담증준(金潭證俊 : 錦潭證俊)의 손자, 춘담의 제자이며, 호연(浩然)의 사제이고 청하탄정(靑霞彈靜)과는 4촌 사형사제간이 된다. 〔참고문헌〕『東師列傳』 권4「傍月禪伯傳」(한불전10, p.1045c12).

의연 儀宴 ➡의안 儀晏

의연멸 依緣滅 의지하던 연이 다하여 사라짐. 무시망상훈습(無始妄想薰)과 식경망상(識境妄想)이 다한 상속멸(相續滅)을 말한다. 『능가경』 권1(대정장16, p.483a23)에 "대혜야, 상속이 멸한다는 것은, 상속하는 인이 사라지면 상속이 멸하고, 그 쫓던 것과 반연마저 사라지면 상속멸이다. 대혜야, 왜 그런가? 이는 의지하는 바이기 때문이다. 의란 시작없는 망상의 훈습을 말하고, 연이란 자기 마음과 견해 등으로 경을 헤아리는 망상이다. 대혜야, 비유하면 마치 진흙덩이와 티끌이 다른 것도 아니고 다르지 않은 것도 아닌 것과 같으니, 금과 장엄구도 역시 이와 같다. 대혜야, 진흙덩이와 티끌이 다르다면 진흙덩이는 미진으로 이루어지지 않았지만 실제로는 미진으로 이루어진다. 그러므로 다르지 않다. 만약 다르지 않다면 진흙덩이와 미진은 분별할 수 없다. 大慧 相續滅者 相續所因滅 則相續滅 所從滅及所緣滅 則相續滅 大慧 所以者何 是其所依故 依者 謂無始妄想薰 緣者 謂自心見等 識境妄想 大慧 譬如泥團微塵 非異非不異 金莊嚴具 亦復如是 大慧 若泥團微塵異者 非彼所成 而實彼成 是故不異 若不異者 則泥團微塵 應無分別"라고 하였다. 〔참고문헌〕『楞伽經』. ⇨상속 相續

의연선 義緣禪 Ⓢ artha-ālambana-dhyāna, Ⓣ don-la-dmigs-pa'i-bsam-gtam. 일체행선(一切行禪) 중 하나. 일체제법의 의리와 인연을 밝게 아는 선. 『보살지지경』 권6「방편처선품 方便處禪品」(대정장30, p.922a9 : *Bodh-bh.*, p.144)에서 시설하였고, 『보살선계경』 권5「보살지선품 菩薩地禪品」(대정장30, p.988b12)에서는 의인연선(義因緣禪)이라고 하였다. 『사미학계의궤송주』(卍속장107, p.212a15)에 "(一切行禪의) 아홉번째는 의연선이니, 곧 제법의 의리와 인연을 대상으로 한다. 九 義緣禪 卽諸法義理因緣也"라고 하였다. 〔참고문헌〕『菩薩地持經』, 『菩薩善戒經』, 『沙彌學戒儀軌頌註』, *Bodh-bh.* ⇨일체행선 一切行禪

의열 義說 신라 스님. 827년(흥덕왕2)에 건립된 중초사 당간지주의 명문(銘文)인「중초사당간석주기 中初寺幢竿石柱記」(『조선금석총람』 권상, p.53)에 "절주통은 황룡사 항창화상, 상화상은 진행법사, 정좌는 의열법사이다. 節州統 皇龍寺恒昌和上 上和上 眞行法師 貞坐 義說法師"라고 하였다. 〔참고문헌〕『朝鮮金石總覽』. ⇨중초사지당간지주 中初寺址幢竿支柱

의영 義榮 백제 스님. 자세한 전기는 전하지 않지만 주요 저술명과 함께 이름이 전한다. 『동역전등목록』(대정장55, p.1152b13)에 "『약사본원경소 藥師本願經疏』 1권〈백제 의영 지음〉. 同經疏 一卷〈百濟義榮師述〉", 같은 책(대정장55, p.1156c28)에 "『유가론의림 瑜伽論義林』 5권〈동본(東本)에서는 6권이라 하며, 사문 의영이 지었다고 한다. 『의림초』는 6권이다〉. 同義林 五卷〈東云六卷 沙門義榮撰云 抄六卷〉"라고 하였다. 『동역전등목록』에 보이는 동본(東本)은 동대사자은원본(東大寺慈恩院本)으로 추정된다. [참고문헌] 『東域傳燈目錄』, 『韓國佛敎撰述文獻總錄』(동국대출판부, 1976) p.5.

의왕 醫王 Ⓢvaidya-rāja. 위대한 의사. 중생을 생사에서 구하는 뜻에서 불보살을 비유하는 말이다. 중생의 아픔을 구원하리라는 본원(本願)의 약사여래(藥師如來 Ⓢ Bhaiṣajya-guru)를 특칭하기도 한다. 『별역잡아함경』 권13(대정장2, p.463a10)에 "또한 (迦留 이외에) 바호로와 첨비 및 기바라는 일군의 지혜로운 의사가 있었다. 이와 같은 의왕들은 모두 온갖 병을 치료할 수 있었다. 이들 네 종류의 의사가 치료할 경우 반드시 차도가 있었고, 비록 차도가 있더라도 병이 재발하면 죽음을 모면할 수 없었다. 여래라는 가장 높은 의사에게 치료받은 환자들은 독화살을 뽑고 고통스러운 경계를 없애어 결국 생사를 떠나 결코 더 이상 괴로움을 받지 않는다. 復有一明醫 名爲婆呼盧 瞻毘及耆婆 如是醫王等 皆能療衆病 是等四種師 治者必得差 雖差病還發 亦復不免死 如來無上醫 所可療治者 拔毒盡苦際 畢竟離生死 終更不受苦", 『백장청규증의기』 권3(卍속장111, p.624a1)에 "약사라는 말에서 '약'은 병 치료를 공으로 삼고, '사'는 도를 일깨워줌으로 뜻을 삼는다. 곧 법계의 대사요 최상의 의왕이라는 말이다. 중생에게는 갖가지 병이라는 고통이 있기 때문에 부처님들에게는 갖가지 법이라는 약이 있다. 가령 십악이 병이라면 십선은 약이다. 藥師者 藥 以療病爲功 師 以訓道爲義 卽法界大師 無上醫王也 爲衆生有種種病苦 故諸佛 有種種法藥 如十惡是病 十善是藥", 『아미타경약해원중초』 권상(卍속장91, p.807a1)에 "(부처님께서는) 의왕과 같다는 말은 무슨 뜻인가? 중생이 앓는 생사라는 병은 번뇌에 뿌리를 내리고 있어서 그 질환을 치료하고자 하여도 부처님이라는 위대한 의왕이 아니라면 병을 알고 그에 맞는 약을 알거나 병에 적절하게 약을 주지 못한다. 言醫王等者 蓋衆生生死之病 根於煩惱 欲治其疾 非佛之大醫王 不能知病而識藥 應病而與藥"라고 하였다. [참고문헌] 『別譯雜阿含經』, 『百丈淸規證義記』, 『阿彌陀經略解圓中鈔』. ⇨ 대의왕 大醫王 ❶, 약사여래 藥師如來, 법계의왕 法界醫王

의왕 철조약사여래좌상 보물제1873호 국립춘천박물관 고려 10세기

의왕사 醫王寺 황해북도 개성시에 있던 절. 의왕사에 나한전을 창건한 내력을 기록한 「의왕사시창아라한전기 醫王寺始創阿羅漢殿記」가 전한다. [참고문헌] 『東國李相國全集』 권24(한국문집총간1, p.541a12). ⇨ 의왕사시창아라한전기 醫王寺始創阿羅漢殿記

의왕사시창아라한전기 醫王寺始創阿羅漢殿記 1195년(명종25)에 이규보(李奎報) 지음. 의왕사 나한전의 창건내력을 기록한 글로, 『동국이상국전집』 권24(한국문집총간1, p.541a12)에 있다. 의왕사에는 천태노숙(天台老宿) 혜발(惠拔)이 주석하고 있었는데, 종문상장대선사(宗門上匠大禪師) 각공(覺公)이 와서 자씨전(慈氏殿)에 예불하려다가 오백존상(五百尊像)이 낡고 일부가 없어진 것을 알게 되었다. 이에 오래된 존상은 수선하고 사라진 존상은 새로 모신 후에, 전각을 수리하고 맞이하니 이때부터 의왕사에 오백성사의 전각이 있게 되었다고 하였다. [참고문헌] 『東國李相國全集』.

의외 依外 밖으로 의지한 것들. 의보(依報)인 기세계(器世界)와 정보(正報)인 유정(有情)의 자타신(自他身)을 말한다. ❶ 제10법운지(法雲地)에 머무는 보살의 신통이 갖는 여섯 가지 특징 중 하나. 의내(依內)의 상대어이다. 『십지경론』 권12(대정장26, p.199a1)에 "의외란 무엇인가? 밖으로 드러난 땅 등이다. 다시 '외사'가 있으니 자신과 타신 등이다. 依外者 外事地等 復有外事 自他身等", 『화엄경탐현기』 권14(대정장35, p.376c20)에 "둘째 의외라는 것은 신통한 업용이 밖의 경계에 의지하여 일어나는 것이다. … 두 번째 '의외란 외사인지 등이다'라는 말에 따르면 이것은 움직이는 세계인 의보이고, '다시 외사가 있으니 자신과 타신 등이다'라는 말에 따르면 이것은 뒤의 현신 등이니 곧 정보이다. 무슨 까닭에 신(身) 등을 '외사'라고 하는가? [석] 앞의 해탈대 등의 내적 공덕에 상대하기에 이 '신' 등을 외사라고 말하는 것이다. 二 依外者 神通業用 依外境起 … 就第二 依外者 外事地等 是所動世界 依報故也 復有外事 自他身等 是後現身等 卽正報也 何故身等 說爲外事 釋 以對前解脫大等是內德故 說此身等 以爲外事"라고 하였다. [참고문헌] 『十地經論』, 『華嚴經探玄記』. ⇨ 의내 依內❶ ❷ 두 가지 생원만(生圓滿) 중 하나. 중생을 위해 시설되고 밖으로 드러난 원만을 뜻한다. 『유가사지론』 권20(대정장30, p.388c10)에 "생원만 중 의외에 다섯 가지가 있다는 것은, 대사원만, 세속정법시설원만, 승의정법수전원만, 정행불멸원만, 수순자연원만을 말한다. 云何生圓滿中 依外有五 謂大師圓滿 世俗正法施設圓滿 勝義正法隨轉圓滿 正行不滅圓滿 隨順資緣圓滿"라고 하였다. [참고문헌] 『瑜伽師地論』. ⇨ 이종생원만 二種生圓滿, 의내원만 依內圓滿, 의정이보 依正二報

의외 疑畏 의심과 두려움. 『불본행집경』 권16 「야수다라몽품 耶輸陀羅夢品」(대정장3, p.727b21)에 "마음에 의심과 두려움 생겨 갑자기 잠에서 깨었으니, 이 일 어찌된 연유인가? 心生疑畏 忽然覺寤 此事何因", 『대장엄론경』 권12(대정장4, p.322a22)에 "그대는 다만 내 말만 따르면 될 뿐 의심하거나 두렵다는 생각을 일으키지 마라. 汝但順我語 莫生疑畏想"라고 하였다. 〔참고문헌〕『佛本行集經』, 『大莊嚴論經』, 『彌沙塞五分戒本』(대정장22, p.197b16).

의외고 依外苦 Ⓢ ādhibhautikaṃ duḥkham. 상키야(Ⓢ Sāṃkhya : 數論)에서 말하는 삼고(三苦) 중 하나. 짐승이나 산사태 등과 같은 밖에서 오는 괴로움을 말한다. 『금칠십론』 권상(대정장54, p.1245a26)에 "의외고란 무엇인가? 세상사람·날짐승과 길짐승·독사·산이 무너지는 것·언덕이 허물어지는 것 등으로 생기는 괴로움을 외고라고 한다. 依外苦者 所謂世人 禽獸 毒蛇 山崩 岸坼等 所生之苦 名曰外苦"라고 하였다. 〔참고문헌〕『金七十論』, *Māṭ-v.2.* ⇨ 삼고 三苦[4], 의내고 依內苦, 의천고 依天苦

의외장 依外障 Ⓢ bahirdhopādāya. 두 가지 장(障 Ⓢ antarayāya) 또는 무장(無障 Ⓢ anantarāya) 중 하나. 외부에 있으면서 수행을 장애하는 것들. 『유가사지론』 권25(대정장30, p.419c29)에 "무엇이 의외장인가? 어떤 사람이 좋지 못한 스승 만나 이런 인연으로 때때로 근기에 따른 가르침과 깨우침을 얻지 못하고, 혹은 나쁜 곳에 거주한다. 이 거처에서 낮에는 많은 이들 가지가지로 떠들썩하며, 밤에도 갖가지 큰 소리를 내며 많은 이들 떠들썩하게 뒤섞인다. 또 빈번하게 매우 고통스런 기후로 괴롭고, 갖가지 인·비인 등에 놀라 두려워하게 되는 등 이와 같은 류를 모두 의외장이라고 함을 알아야 한다. 云何名依外障 謂如有一 依不善士 由彼因緣 不能時時 獲得隨順 教授教誡 或居惡處 於此住處 若晝日分 多有種種 諠雜衆集 諸變異事 若於夜分 多有種種 高聲大聲 大衆諠雜 復有種種 猛利辛楚 風日惡觸 或有種種 人及非人 怖畏驚恐 如是等類 應知一切 名依外障"라고 하였다. 〔참고문헌〕『瑜伽師地論』. ⇨ 의내장 依內障

의외희 依外喜 Ⓢ bāhyās tuṣṭayaḥ. 외적인 것에 의지하는 기쁨. 상키야(Ⓢ Sāṃkhya : 數論)에서 말하는 두 가지 희(喜) 중 하나로, 색성향미촉 등 다섯 가지 외경(五塵)을 여읨으로써 얻는 기쁨을 말한다. 곧 오진을 얻거나 수호해야 하는 어려움, 또는 상실로 인해 생기는 괴로움, 또는 그것의 속박으로부터 벗어난 기쁨, 오진 때문에 생명을 해코지하는 허물 등에서 벗어나는 기쁨이다. 이는 각각 선입수(善入水 Ⓢ tāra)·선도수(善渡水 Ⓢ sutāra)·선출수(善出水 Ⓢ sunetra)·광명수(光明水 Ⓢ sumarīca)·승청정수(勝淸淨水 Ⓢ uttamāmbhasika) 등에 비견하기도 한다. 『금칠십론』 권하(대정장54, p.1257b23)에 "'의외희에는 다섯 가지가 있으니, 오진을 여읜다. (依內喜와) 합하면 아홉 가지이다. 의외희에는 다섯 가지가 있으니, 오진을 멀리 여의기 때문이다. 依外喜有五 離塵故合九者 外喜有五種 遠離五塵故"라고 하였다. 〔참고문헌〕『金七十論』, *Māṭ-v.49.* ⇨ 구희 九喜, 의내희 依內喜

의요 意樂 Ⓢ āśaya, abhiprāya, adhyāśaya Ⓣ bsam-pa, dgongs-pa. 뜻을 내고 기꺼워함. 기꺼이 염원하다의 뜻이니, 요(樂)는 '바라다'라는 뜻으로 음사어는 아세야(阿世耶)이며, 욕해(欲解)·원요(願要)와 같다. 『대비바사론』 권125(대정장27, p.652c12)에 "악한 생각을 즐겨하거나 해치려는 마음을 지닌 이는 악취에 떨어지지만, 선한 생각을 즐기며 해치려는 마음이 없는 이는 그렇지 않으니, 예류과들은 선의를 즐기며 해치려는 마음이 없기 때문이다. 有惡意樂害意樂者 墮惡趣 有善意樂 無害意樂者 不然 一切預流 有善意樂 無害意樂故", 『구사론』 권18(대정장29, p.96c24 : *Abh-k-bh.*, p.271)에 "의요란 뜻으로 나아갈 바가 있다는 것이니, '나는 이러이러한 일을 해야 한다'라거나 '나는 이러이러한 일을 할 것이다'라는 것이다. 意樂者 謂所有意趣 我應造作 如是如是 我當造作 如是如是 āśayas tadabhiprāya evaṃ caivaṃ ca kuryām evaṃ caivaṃ ca na kariṣyāmīti", 『화엄경소초』 권42(대정장36, p.327b6)에 "〔소〕 무착의 논서에 의하면 여섯 가지 의요가 있다. 첫째는 방편의요로 먼저 뜻을 짓는 것이다. 둘째는 환희의요로 구하는 이를 보면 깊은 환희가 생겨나고 탁발하는 이를 맞닥뜨리면 자기 뜻에 맞아 기뻐한다. 셋째는 은덕의요로 걸식하는 이를 만나면 마음 깊이 은혜를 느끼니, 저 사람이 나의 아름다운 행 성취시켜주기 때문이다. 넷째는 광대의요로 널리 보시를 행하고는 오직 위대한 과보만을 기약한다. 다섯째는 선호의요로 걸식하는 이가 현재에는 풍요롭고 안락하며 미래에는 깨달음을 얻게 하는 것을 말한다. 여섯째는 청정의요로 장애도 분별도 벗어나 바라밀을 성취하길 바라는 것이다. 疏 依無著論 有六意樂者 一 方便意樂 謂先作意 二 歡喜意樂 謂見求者 深生歡喜 遇於乞者 稱意歡喜 三者 恩德意樂 謂遇乞者 深心荷恩 由彼令我 勝行成故 四者 廣大意樂 謂廣行施 唯期大果故 五善好意樂 謂令乞者 現在豐樂 未來得道故 六 淸淨意樂 謂離障離相 成波羅蜜故"라고 하였다. 〔참고문헌〕『大毘婆沙論』, 『俱舍論』, 『華嚴經疏鈔』, *Abh-k-bh.* ⇨ 아세야 阿世耶, 사의요 四意要, 육종의요 六種意樂, 십종심의요 十種心意樂

의요국 意樂國 Ⓢ Mano'bhirāma, manojña-kṣetra, Ⓣ mngon-par-dga'-ba, yid-du-'ong-ba'i shin

g. 목건련(目犍連)이 미래에 성불하여 가르침을 펼칠 나라 이름. 『법화경』 권3(대정장9, p.22a1 : *Saddh-p.*, p.154)에 "나의 제자 대목건련은 이 몸을 버리고서 팔천이백만억의 불세존을 뵙고, 불도를 얻기 위하여 공양공경하고, 모든 부처님 처소에서 항상 범행을 닦으며, 한량없는 겁 동안 불법을 받들어 지닌다. … 점차 보살도를 마쳐서는 의요국에서 다마라전단향이라 부르는 부처가 될 것이다. 我此弟子 大目犍連 捨是身已 得見八千二百萬億 諸佛世尊 爲佛道故 供養恭敬 於諸佛所 常修梵行 於無量劫 奉持佛法 … 漸漸具足 菩薩道已 於意樂國 而得作佛 號多摩羅栴檀之香 maudgalyagotro mama śrāvako 'yaṃ jahitva mānuṣyakam ātmabhāvam, viṃśat sahasrāṇi jināna tāyinām anyāṃś ca aṣṭau virajāna drakṣyati. cariṣyate tatra ca brahmacaryaṃ bauddhaṃ imaṃ jñāna gaveṣamāṇaḥ, satkāru teṣāṃ dvipadottamānāṃ vividhaṃ tadā kāhi vināyakānām. … tatpaścime caiva samucchrayasmin priyadarśane tatra manojñakṣetre, bhaviṣyate lokahitānukampī tamālapatracandanagandhanāmnā", 『법화경구해』 권3(卍속장48, p.20b2)에 "나라이름은 의요이다. 국토가 청정하여 보는 이마다 뜻으로 기꺼워한다. 國名意樂 國土淸淨 見者意樂"라고 하였다. 〔참고문헌〕『法華經』, 『法華經句解』, *Saddh-p.*

의요방편 意樂方便 의요와 방편. 뜻으로도 기껍고 방편마저 갖춤. 『유가사지론』 권14(대정장30, p.352c19)에 "다섯 가지가 있어서 관행을 닦는 이는 의요와 방편을 모두 갖춘다. 말하자면 열반과 보리에 대하여 맹렬하고 날카로운 믿음과 해를 일으키는 것을 의요구족이라고 하며, 틈새없이 매우 은중하니 정지를 닦아 익히며 사마타와 비발사나를 행하는 것을 방편구족이라고 한다. 有五種 修觀行者 意樂方便 悉皆具足 謂於涅槃菩提 起猛利信解 名意樂具足 無間殷重 修習正智 而行奢摩他 毘鉢舍那 名方便具足"라고 하였다. 〔참고문헌〕『瑜伽師地論』, 『大乘阿毘達磨雜集論』 권7(대정장31, p.727b21). ⇨이요 意樂, 방편 方便

의요사 意樂捨 뜻을 내어 기꺼이 버림. 스스로의 의지로 계를 버리는 등의 뜻이니, 근주율의(近住律儀 Ⓢ upavāsa-saṃvara)를 제한 일곱 가지 별해탈율의를 버리는 네 가지 경우 중 하나이다. 『구사론』 권15(대정장29, p.79a26 : *Abh-k-bh.*, p.222)에 "조복이란 뜻 율의를 드러내는 것이니, 이것으로 능히 육근을 조복한다. 근주율의만을 제하고 나머지 일곱 가지 별해탈율의에 있어 네 가지 연으로 버릴 수 있다. 첫째 의요에 의거함이니, 알아듣는 이 앞에서 자신의 뜻을 드러냄으로써 약속한 학처를 버리는 경우다. 둘째 목숨(衆同分 : 命)이 다했기 때문이고, 셋째 두 남녀의 형을 다 가지고 났기 때문이며, 넷째는 인이 되는 선근이 끊어졌기 때문이다. 言調伏者 意顯律儀 由此能令根調伏故 唯除近住 所餘七種別解律儀 由四緣捨 一 由意樂 對有解人 發有表業 捨學處故 二 由棄捨衆同分故 三 由二形俱時生故 四 由所因善根斷故 dāmyanty aneneti damaḥ saṃvaro 'bhipretas tenendriyadamanāt. caturbhiḥ kāraṇaiḥ prātimokṣasaṃvarasya tyāgaḥ. sthāpayitvopavāsam. śikṣāpadānāṃ vijñapuruṣasyāntike pratyākhyānadāśayataḥ nikāyasabhāgatyāgāt yugapad ubhayavyañjanaprādurbhāvāt kuśalamūlasamucchedāc ca"라고 하였다. 〔참고문헌〕『俱舍論』, *Abh-k-bh.* ⇨별해탈율의 別解脫律儀

의요성 意樂聲 **1** Ⓢ manoramā. 육십종성(六十種聲) 중 하나. 마음을 끄는 좋은 음성. 『대승장엄경론』 권6(대정장31, p.619b29 : *Sūtr.*, p.80)에 "여래에게는 육십 가지 불가사의한 음성이 있으니, 『불비밀경』의 말씀과 같다. 적정혜여래께서는 육십 가지 음성의 말씀을 갖추셨으니, 윤택·유연·가의·의요·청정 등이라고 이와 같이 자세하게 설하였다. … 의요성이란 좋은 종자자(種子字)에 의하기 때문이다. 如來有六十種不可思議音聲 如佛祕密經中說 寂靜慧如來 具足六十種聲語 所謂潤澤 柔軟 可意 意樂 淸淨 如是廣說 … 意樂聲者 由善字故 manoramā suvyañjanatvāt"라고 하였다. 〔참고문헌〕『大乘莊嚴經論』, 『華嚴經疏鈔』 권51(대정장36, p.404c18), *Sūtr.* ⇨육십종성 六十種聲 **2** 부처님 명호. 『앙굴마라경』 권3(대정장2, p.534b15)에 "여기로부터 서북방으로 7항하사(恒河沙)의 국토를 지나면 의요라는 국토가 있으며, 부처님의 명호는 의요성이다. 西北方去此過七恒河沙刹 有國名意樂 佛名意樂聲"라고 하였다. 〔참고문헌〕『央掘魔羅經』.

의요의경불의불요의경 依了義經不依不了義經 법이 의지하는 네 가지(法四依) 중 하나. 요의경에 의지하고 불요의경에 의지하지 않는 것이다. 『대방등대집경』 권29(대정장13, p.205a1)에 "사리불이여, 보살마하살에게는 네 가지로 의지하는 법이 있고, 또 다함도 없다. 어떤 것이 그 네 가지인가? … (셋째) 요의경에 의지하고 불요의경에 의지하지 않는 것이다. 舍利弗 菩薩摩訶薩有四依法 亦不可盡 何等爲四 … 依了義經不依不了義經", 『성실론』 권2(대정장32, p.250b11)에 "법에 의지한다고 하면 일체법을 다 거두기에 다음에 요의경에 의지하고 불요의경에 의지하지 않는다고 말한다. 요의경이란 세 번째 의다. 즉 뜻에 의지하지 말에 의지하지 않는 것이다. 이 말의 뜻이 경전중의 법상과 어긋나지 않고 계율에 수순한다면 의지한다. 若說依法 則總一切法 是故

次說 依了義經不依不了義經 了義經者 卽第三依 謂依於義 不依語也 若此語義 入修多羅中 不違法相 隨順比尼 是則依止"라고 하였다. [참고문헌]『大方等大集經』,『成實論』. ⇨ 법사의 法四依, 사의 四依❶, 요의경 了義經❶

의요인 義了因 입론자(立論者)가 한 말의 뜻을 대론자(對論者)가 잘 알 수 있게 하는 인(因)이 되는 것. 언요인(言了因)·지요인(智了因)과 함께 삼요인(三了因) 중 하나이다.『인명입정리론소』권상(대정장44, p.101c23)에 "의요인이란, 입론주가 능히 세운 말 아래 드러낸 뜻이 경을 능히 일으킬만한 것이어서 타인이 지혜로 알게 하는 것을 말한다. 잘 알 수 있게 하는 인이기에 요인이라고 한다. 義了因者 謂立論主 能立言下 所詮之義 爲境能生 他之智了 了因因故 名爲了因"라고 하였다. [참고문헌]『因明入正理論疏』. ⇨ 요인 了因❷, 언요인 言了因, 지요인 智了因, 육인 六因❸

의요장 意樂障 뜻을 내어 기꺼이 하고자 함을 장애함. 즉 자유로운 의지를 방해하는 뜻이다. 사종장(四種障) 중 하나다.『유가사지론』권68(대정장30, p.677c7)에 "네 가지 장애가 있어 출가를 막을 수 있으니, 첫째가 의요장이다. … 의요장이란 무엇인가? 왕이 위세로 핍박하여 출가하기도 하는데, 이와 같은 것을 말한다. 有四種障 能障出家 謂意樂障 … 意樂障者 謂或爲王威所逼迫 而求出家 如是等"라고 하였다. [참고문헌]『瑜伽師地論』. ⇨ 사종장 四種障

의요최승 意樂最勝 마음을 내어 기꺼이 해야 할 것 중 가장 아름다운 일. 칠최승(七最勝) 중 하나. 모든 유정들에 대한 자비와 연민.『성유식론』권9(대정장31, p.51b29)에 "(일곱 가지 최승 중) 셋째는 의요최승이니, 누가 뭐라해도 일체유정을 가엾게 여기는 것을 말한다. 三 意樂最勝 謂要悲愍一切有情"라고 하였다. [참고문헌]『成唯識論』. ⇨ 칠최승 七最勝

의요평등정심 意樂平等淨心 Ⓢ citta-āśaya-viśuddhi-samatā. 뜻을 내어 기꺼워하되 차별없고 깨끗한 마음. 보살십지(菩薩十地) 중 제5지에서 상속무차별의(相續無差別義)를 증득함으로써 얻는 열가지 의요(意樂 Ⓢ āśaya). 60권본『화엄경』권25(대정장9, p.555c9)에서는 평등심 또는 평등청정심이라 하였다.『변중변론』권상(대정장31, p.468a26 : *Madhy-vibh.*, p.35)에 "제5지에서 증득한 법계를 상속무차별의라 이름 한다. 이를 통달함으로써 열 가지 의요평등정심을 성취한다. 第五地中所證法界 名爲相續無差別義 由通達此 得十意樂平等淨心 pañcamyā santānābhedārthaṃ daśabhiś cittāśayaviśuddhisamatābhiḥ",『변중변론술기』권상(대정장44, p.14b2)에 "구역인『중변분별론』에서는 십종심락청정평등이라 하였고, 여기『변중변론』에서는 십의요평등정심이라 하였다. 의요는 믿어 하고자 함(信欲)이나 또는 알고자 하는 것(欲解)을 체로 삼기 때문에 십의요정평등심이라 해야 한다.『십지경론』에 '평등심정심이란 저 (열가지) 평등 가운데서 마음이 청정을 얻는 것이다'라고 하였고,『십지경』에 '첫째 과거불평등심정심, 둘째 미래불, 셋째 현재불, 넷째 계정, 다섯째 심정, 여섯째 제견의회정, 일곱째 도비도지정, 여덟째 행단지정, 아홉째 사량일체보리분법상상정, 열째 화도일체중생정평등심정심이다'라고 하였다. 舊中邊云 十種心樂淸淨平等 今云 十意樂平等淨心 意樂卽以信欲 或欲解爲體 應言十意樂淨平等 十地論解云 平等深淨心者 於平等中 心得淸淨 經云 一 過去佛平等深淨心 二 未來佛 三 現在佛 四 戒淨 五 心淨 六 除見疑悔淨 七 道非道智淨 八 行斷智淨 九 思量一切菩提分法上上淨 十 化度一切衆生淨平等深淨心"라고 하였다. [참고문헌]『華嚴經』,『辯中邊論』,『辯中邊論述記』,『十地經論』권7(대정장26, p.163a24),『般若心經幽贊』권상(대정장33, p.533a21),『華嚴經探玄記』권12(대정장35, p.338a20),『華嚴經疏』권45(대정장35, p.846c13),『華嚴經疏鈔』권63(대정장36, p.505b26), *Madhy-vibh.*, *Daś-bh.27.* ⇨ 의요 意樂, 심락청정평등 心樂淸淨平等

의욕 擬欲 헤아려 하고자 하거나 그럴듯하게 흉내만 냄.『서장』「답유통판장 答劉通判狀」제2서(대정장47, p.926c16)에 "그럴듯하게 마음을 일으키고 생각을 움직여 마땅함 이으려 한다면, 그것은 벌써 십만팔천 리 밖으로 아득히 멀어진 것입니다. 곧바로 이 용심처 없이 해야 그나마 대단한 성력입니다. 擬欲起心動念承當 渠早已蹉過十萬八千了也 直是無爾用心處 這箇最是省力",『경덕전등록』권9「황벽희운전 黃檗希運傳」(대정장51, p.266b8)에 "〈배휴(裴休)가 황벽에게 보낸 시〉 스승 섬기며 제사로 삼는 듯 하지만 감히 법은 누구에게 부촉할지 알 수 없습니다. 擬欲事師爲弟子 不知將法付何人"라고 하였다. [참고문헌]『書狀』,『景德傳燈錄』,『雲門廣錄』권상(대정장47, p.545a24). ⇨ 욕의 欲擬

의용 意用 Ⓢ artha, arthavattva. 뜻을 기꺼이 씀.『금칠십론』권중(대정장54, p.1255b7)에 "'나의 뜻을 씀을 인으로 삼는다'는 말은, 나의 뜻을 움직여 마땅히 지으니 자성이 변하고 다르게 된다. 의용에는 두 가지가 있으니, 첫째는 소리 등의 객진을 수용하는 것이 처음이고, 둘째는 삼덕인 중간을 보는 것이 마지막이다. 범천 처 등의 인아가 '성' 등의 '진'과 더불어 상응하도록 하고, 뒤에는 마땅히 해탈하도록 하기에 자성이 변이하여 세신을 성취한다. 我意用爲因者 我意用應作 故自性變異

意用有二種 一者 受用聲等塵爲初 二者 見三德人中間爲最後 梵天處等人我 與聲等塵 應令相應 後時應令解脫故自性變異作細身"라고 하였다. 〔참고문헌〕『金七十論』, *Māt-v.43·63.* ⇨ 미세신 微細身 ■

의용 儀容 위의를 갖춘 모습. 『현우경』 권13(대정장4, p.443c6)에 "그때 어떤 원숭이가 매일 찾아와 공양을 올리며 위의 갖춘 모습을 우러러보았다. 時有獼猴 日來供養 奉覲儀容"라고 하였다. 〔참고문헌〕『賢愚經』.

의용상서 儀容庠序 위의와 자태가 거스름 없이 가지런함. 『중아함경』 권19 「가치나경 迦絺那經」(대정장1, p.553a20)에 "마땅히 거듭 배워서 들고 남을 바로 알고 굽히고 피며 숙이고 우러르는 등 위의와 자태 가지런히 잘 살펴서 분별하고, 승가리와 모든 의발을 잘 입고 지니며, 가거나 머물거나 앉거나 눕는 행위, 그리고 자거나 깨어 있거나 말하거나 침묵하는 등 모두 바르게 알아야 한다. 當復學 正知出入 善觀分別 屈申低仰 儀容庠序 善著僧伽梨 及諸衣鉢 行住坐臥 眠寤語默 皆正知之"라고 하였다. 〔참고문헌〕『中阿含經』. ⇨ 위의 威儀

의우 衣盂 가사(袈裟 Ⓢ kāṣāya, cīvara)와 발우(鉢盂 Ⓢ pātra). 의발(衣鉢)이라고도 한다. 『원오어록』 권12(대정장47, p.769b29)에 "'황매산에 있던 칠백 명의 고승이 모두 불법을 아는 이들인데 오직 노씨 행자 한 사람만 불법을 몰랐다'고 했던 남전의 말을 듣지 못했는가? 그래서 혜능은 홍인의 의발과 발우를 얻었으니 반드시 이러한 사람이라야 이러한 일에 계합할 수 있다. 不見南泉和尙道 黃梅七百高僧 盡是會佛法底 只有盧行者一人不會佛法 所以得他衣盂 須是恁麽人 始契恁麽事"라고 하였다. 〔참고문헌〕『圜悟語錄』. ⇨ 의발 衣鉢 ■

의우 倚遇 1005~1081. 송(宋)나라 때 운문종 스님. 법호는 법창(法昌), 속성은 임(林)씨. 장주(漳州 : 福建省) 출신. 북선지현(北禪智賢)의 제자. 어려서 장주의 숭복원(崇福院)으로 출가하였다. 일찍이 뜻을 품고 제방을 유력하며 총림에 이름을 알렸는데, 부산법원(浮山法遠)은 스님을 가리켜 '행각의 본보기 行脚樣子'라고 평하였다. 부산법원을 하직하고서는 파초곡천(芭蕉谷泉)·북선지현·대각회련(大覺懷璉) 등에게 참학하였다. 이후 홍주(洪州) 분녕(分寧) 법창선원(法昌禪院)에 머무르며 북선지현의 법을 잇는다고 밝혔다. 이곳에 주지로 있을 때도 대녕도관(大寧道寬)·황룡혜남(黃龍慧南) 등을 만났다. 1081년(원풍4) 세수 77세로 입적하였다. 법을 이은 제자로는 오봉밀(五峯密)·대화산주(大和山主)·혜일화상(慧日和尙) 등이 있으나, 이들에 대한 기록은 상세하지 않다. 『법창의우선사어록 法昌倚遇禪師語錄』 1권이 전한다. 『속전등록』 권5 「법창의우전」(대정장51, p.497b13)에 "황룡혜남이 찾아왔을 때 스님이 마침 소나무를 심고 있었는데, 혜남이 물었다. '작은 절에 이렇게 많은 소나무를 심어서 무엇 하려는가?' '(황벽스님이 물었을 때) 임제가 한 그대로입니다' '심어서 얼마나 거뒀는가?' '다만 다급히 울던 학이 머물다 구름 뚫고 솟아 오르는 것 보았을 뿐입니다'. 혜남이 바위를 가리키며 말했다. '이곳에는 어째서 심지 않았는가?' '공을 함부로 베풀지 않습니다' '그래도 손 쓸 곳 없는 곳도 알아야 한다'. 스님이 바위에 자란 소나무를 가리키며 '어디를 좇아 여기에 와 있는가요?'라고 하자, 혜남이 크게 웃으며 '아이고, 푸르고 끝없는 하늘이여!'라고 하였다. 南禪師至 師方植松 南云 小院子 栽許多松作麽 師曰 臨濟道底 云 栽得多少 師曰 但見猖啼鶴宿 聳漢侵雲 南指石云 這裏何不栽 師曰 功不浪施 云 也知無下手處 師却指石上松曰 從什麽處得此來 南大笑云 蒼天蒼天", 『가태보등록』 권2 「법창의우장」(卍속장137, p.62b8)에 "입적하기 하루 전에 임종게를 남겼으니 '올해로 일흔일곱, 길 떠나려면 택일을 해야지. 어젯밤 거북점 물었더니, 내일 아침이 길하다 답하네'. 及將化前一日 作偈遺之曰 今年七十七 出行須擇日 昨夜問龜哥 報道明朝吉"라고 하였다. 〔참고문헌〕『續傳燈錄』, 『嘉泰普燈錄』, 『聯燈會要』 권28(卍속장136, p.903a14), 『禪林僧寶傳』 권28(卍속장137, p.550a9). ⇨ 법창의우선사어록 法昌倚遇禪師語錄, 의우연방 倚遇煙房

의우 義愚 Ⓢ artha-saṃmoha, Ⓣ don-la-rmongs-pa, don-la kun-tu-rmongs-pa. 뜻에 있어 어리석음. 오종우(五種愚 : 五無明) 중 하나. 『유가사지론』 권9(대정장30, p.322c17)에 "오종우가 있으니 첫째 뜻에 어리석고, 둘째 견에 어두우며, 셋째 게을러 어리석고, 넷째 진실의 알지 못하고, 다섯째 나만이 안다고 여겨 어리석다. 앞의 열아홉 가지 우와 지금 다섯 가지 '우'의 서로 거둠은 어떠한가? … 뜻에 있어 어리석은 것이 다른 모든 것을 다 거느려 거둔다. 有五種愚 一 義愚 二 見愚 三 放逸愚 四 眞實義愚 五 增上慢愚 前十九愚 今五種愚 相攝云何 … 當知義愚 通攝一切", 『유가사지론약찬』 권4(대정장43, p.57b21)에 "뜻은 물론 경에 미쳐서도 미혹한 것을 모두 의우라고 한다. 迷義理及境 皆名義愚"라고 하였다. 〔참고문헌〕『瑜伽師地論』, 『瑜伽師地論略纂』, *Yogā-bh.205.* ⇨ 오종우 五種愚, 견우 見愚, 방일우 放逸愚

의우연방 倚遇煙房 법창의우(法昌倚遇)가 연기 나는 방에서 운개수지(雲蓋守智)를 맞이한 인연. 『선원몽구』 권하(卍속장148, p.260a3)에 "의우연방〈의우는 북선지현의 법을 이었다. 출처는 『선림승보전』 권25〉 : 법창의우선사가 서산에 숨어 지낼 때 운개수지선사가 그의 무르익은 소문을 듣고서 찾아갔다. 쌍령사에 이르렀는데, 절의 당우는 많았지만 스님들은 적었고, 풀과 가시덤불만 뜰에 가득했고 산같은 눈도 치우지 않았다. 수지가 깊고 후미진 방을 보고서 발을 걷어 올렸더니 꾸짖어 소리쳐 들리기를 '누가 내 연기를 나가게 하는가?' 하였다. 아마도 의우는 젖은 장작에 불 지펴 연기로 따뜻하게 하고 있었던 터이다. 수지가 발을 돌려 도망가자 의우가 불러 오라하더니 '그대는 어디에서 왔소?' '대녕입니다'. 법창이 다시 묻기를 '삼문이 밤사이에 거꾸러졌는데 아시오?'라고 하니, 수지가 깜짝 놀라며 '못 봤습니다'라고 하였다. 법창이 '오(吳) 지역 돌부처 그리 크다해도 일찍이 누구도 본 일이 없다지'라고 말하니, 수지가 감히 그 말에 답하지 못하였다. 의우임을 알아보고 좌구를 깔며 직접 가르침 받기를 원했으나, 의우는 가진점흉(可眞點胸)을 찾아가라고 하였다. 倚遇煙房〈北禪智賢法嗣 僧寶傳中〉 法昌倚遇禪師 方韜藏西山 雲蓋守智禪師聞其飽參 詣之 至雙嶺寺 寺屋多僧少 草棘滿庭 山雪未消 智見一室邃僻 試揚簾 聞叱詬曰 誰故出我煙 蓋師方附濕薪火藉煙爲暖耳 智反走 師呼曰 來 汝何所來 對曰 大寧 又問 三門夜來倒知否 智愕曰 不知 師云 吳中石佛大 有人不曾得見 智不敢犯其詞 知其爲遇也 乃敷坐具 願親炙之 師使往謁眞点胸"라고 하였다. 〔참고문헌〕『禪苑蒙求』, 『嘉泰普燈錄』 권4(卍속장137, p.89a5), 『禪林僧寶傳』 권25(卍속장137, p.541a3). ⇨ 의우 倚遇

의운 義雲 **1** 신라 스님. 선운사(禪雲寺)의 산내암자인 참당암(懺堂庵 : 창건 당시에는 大懺寺)을 창건하였다. 「대참사법당기 大懺寺法堂記」(『한국사찰전서』 권상, p.297b9)에 "신라 스님 의운이라 부르는 이가 죽도포에서 돌배(石船)를 얻었는데, 그 배에 실려있던 석가모니 부처님·나한상 등을 모시게 되었다. 산 밑에서 바라보니 대참회 기운이 오기를 바라서 그 곳에 절을 짓고 이름을 대참사(大懺寺)라고 하였다. 新羅僧義雲稱者 得石船於竹島浦 因奉其所載釋迦羅漢等諸佛 … 有望大懺氣來之說 故以建以名焉"라고 하였다. 〔참고문헌〕『韓國寺刹全書』. ⇨ 참당암 懺堂庵, 선운사 禪雲寺 **2** 고려말 조선초 스님. 『태조실록』 권11 6년(1397) 4월 12일에 "계림부윤 유양이 관찰사 한상질에게 이르기를, '마땅히 적합한 사람을 왜인들에게로 보내어 화와 복이 있음으로 달래어 항복토록 해야 합니다'라고 하였다. 이에 승 의운을 파견하였다. 亮言於尙質 宜遣人於倭 誘以禍福 使之納降 乃遣僧義雲"라고 하였다. 〔참고문헌〕『太祖實錄』.

의웅 義雄 조선전기 스님. 관서(關西) 태백산(太白山 : 妙香山)에 상선암(上禪庵)을 창건하였다. 『청허집』 권6 「태백산상선암기」(한불전7, p.717b17)에 "가정년간(1522~1566) 말에 산승 의웅이 상선암 전후5칸을 창건하였다. 무오년(1558·명종13) 가을에 시작하여 기미년(1559·명종14) 봄에 마쳤다. 嘉靖末 山之僧義雄也 建上禪庵 前後五間也 始於戊午秋 終於己未春也"라고 하였다. 〔참고문헌〕『淸虛集』.

의원 依遠 ➡소의원 所依遠, 사원 四遠 **2**

의원 義圓 조선후기 스님. 『운수단의문』 「간기 刊記」(『한국불교의례자료총서』 권3, p.201b14)에 "시공과 각자는 통정인 별훈이, 인권과 감역은 자응신화가 맡았다. 옹정 10년(1732·영조8) 봄에 개간하여 향산에 보관하며, 천연자 의원이 글씨를 썼다. 施功刻字 通政別訓 引勸兼監役 慈應信和 雍正十年壬子春開刊 留鎭香山 天然子 義圓書"라고 하였다. 〔참고문헌〕『雲水壇儀文』.

의원 義遠 남송(南宋) 때 조동종 스님. 법호는 서암(瑞巖)·무외(無外). 천동여정(天童如淨 1163~1228)의 제자이며 절강성(浙江省) 태주(台州)의 서암사(瑞巖寺)에 주석하였다. 천동여정의 어록 중 소참(小參)·보설(普說)·법어(法語)·송고(頌古) 등을 편집하였다. 〔참고문헌〕『如淨語錄』 권하(대정장48, p.128b25), 『天童山景德寺如淨禪師續語錄』(대정장48, p.134a19).

의위 依位 그 자리에 그대로. 자리를 지켜 움직이지 않는 모습이다. 『중허마하제경』 권1(대정장3, p.932b6)에 "이마를 부처님 발에 대고 절을 올리고 그 자리에 그대로 앉았다. 頭面禮足 依位而坐", 『금강살타염송의』(대정장20, p.515b1)에 "여러 성인들도 함께 모여 그 자리에 꼿꼿한 자세로 머물렀다. 衆聖亦同臻 依位儼而住"라고 하였다. 〔참고문헌〕『衆許摩訶帝經』, 『金剛薩埵念誦儀』. ⇨ 의위이립 依位而立

의위 意謂 뜻으로 말함. 마음속의 생각. ~라고 생각하다. 『대반열반경』 권중(대정장1, p.197b29)에 "이 물을 지나간다 해도 마음 속으론 오히려 탁하리라 여겨져 문득 맑다고 말하지 못한다. 經此水過 意謂猶濁 不言便淸", 『광홍명집』 권22 「법성자연론 性法自然論」(대정장52, p.255c26)에 "그대가 귀로 듣고 눈으로 보며 발로 밟고 손으로 쥐며 마음으로 말하는 등을 누가 시켜 하는가? 子以耳聞眼見足蹈手握意謂 孰使之然", 『법화경대성』 권1(卍속장51, p.83b7)에 "뜻으로는 만법이 비록 다르지만 유와 무를 벗어나지 않는다 하면서 경머리에 두고는 길하리라 여긴다. 意謂萬法雖異 不出有無 置之經首 以之爲吉", 『조정사원』 권3(卍속장113, p.63b16)에 "어느 날 밤 뜰 안에 번득이는 빛이 있어 도둑이라 여겨 마침내 검을 빼어들고 주시하였다. 忽一夜 中庭皎

然有光 意謂有賊 遂案劒視之"라고 하였다. [참고문헌] 『大般涅槃經』, 『廣弘明集』, 『法華經大成』, 『祖庭事苑』.

의위경 疑僞經 ➡의경 疑經, 위경 僞經

의위이립 依位而立 자리 지켜 그대로 서 있음. 선종의 2조 혜가(慧可)가 달마에게 인가받았을 때의 장면이다. 『경덕전등록』 권3 「보리달마전 菩提達磨傳」(대정장51, p.219c4)에 "마지막으로 혜가가 절을 올린 다음 그 자리에 그대로 서 있자 달마가 말했다. '그대는 나의 골수를 얻었구나'. 最後慧可 禮拜後 依位而立 師曰 汝得吾髓"라고 하였다. [참고문헌] 『景德傳燈錄』. ⇨달마피육골수 達磨皮肉骨髓, 의위 依位

의유 依有 Ⓢ astitva-niśrita, Ⓣ yod-pa la-gnas pa. 유에 의지함. 의무(依無 Ⓢ nāstitva-niśrita)와 함께 두 가지 세간의(世間依)다. '앞선 존재'를 분별해 상정하고 만사를 이해하려는 유견(有見)을 말한다. 『능가경』 권3(대정장16, p.499a17 : *Laṅk.*, p.145)에 "세간이 유에 의지한다는 말은, 세간이 있어 인연으로 생기니 유 없지 않으며, 유로 좇아 생기지 있지 않은 것에서 생기지 않는다 말한다. 대혜야, 저들은 이와 같이 주장하니 결국 이것은 세간인이 없다는 주장이다. 云何世間依有 謂有世間因緣生 非不有 從有生 非無有生 大慧 彼如是說者 是說世間無因 tatra mahāmate katham astitvaniśrito lokaḥ. yad uta vidyamānair hetupratyayair loka utpadyate nāvidyamānaiḥ vidyamānaṁ cotpadyamānamutpadyate nāvidyamānam. sa caivaṁ bruvan mahāmate bhāvānāmastitvahetupratyayānāṁ lokasya ca hetvastivādī bhavati", 『능가경주해』 권3(대정장39, p.388c15)에 "지극한 이치는 고요마저 끊었으니 유도 아니고 무도 아니다. 중생이 이것을 모르고 양극단에 떨어져 본으로 돌아오지 못한다. 그러므로 대혜가 대중을 위해 질문을 꺼내자 부처님께서 먼저 묻는 대로 답한 다음에 그 뜻을 자세하게 푸셨다. '두 가지에 의지한다'라는 말은 무슨 뜻인가? 세간의 중생이 유나 무의 경에 의지하여 유견과 무견을 일으키고 성이 있다거나 없다는 편에 떨어진다는 말이니 유견과 무견을 가리킨다. 至理寂絶 非有非無 衆生昧此 墮於二邊 不能復本 故大慧爲衆發問 佛先順問而答 而後徵釋其義 依二種等者 謂世間衆生 依有無之境 起有無見 墮性非性 卽有無見也"라고 하였다. 『능가경회역』 권3(卍속장1, p.571a7)에 따르면, 위역(魏譯)은 의유를 "유견에 떨어져 있다. 墮於有見"라고 한역하였고, 당역(唐譯)에는 유견(有見)이라 하였다. [참고문헌] 『楞伽經』, 『楞伽經註解』, 『楞伽經會譯』, *Laṅk.*

의유 義柔 당말오대(唐末五代) 법안종 스님. 법호는 귀종(歸宗). 법안문익(法眼文益 885~958)의 제자. 여산(廬山) 귀종사(歸宗寺)에 주석하였다. 『경덕전등록』 권26(대정장51, p.420b9)·『오등회원』 권10(卍속장138, p.352a11) 등에 법어와 문답이 전한다. 나한행림(羅漢行林)·천동신(天童新)·공신각가(功臣覺軻) 등 제자가 법을 이었다. [참고문헌] 『景德傳燈錄』, 『五燈會元』, 『續傳燈錄』 권3(대정장51, p.488b29).

의유경 醫喩經 Ⓢ Bhiśajupamāna-sūtra. 북송(北宋) 때 시호(施護 Ⓢ Dānapāla) 한역. 1권. 고려장40, pp.481c1~483b9, No.1446·대정장4, p.802a16~b21, No.219에 수록되어 있다. 부처님께서 설하신 사성제(四聖諦)가 위없는 법약(無上法藥)이 됨을 설한 경으로, 훌륭한 의사(世良醫)가 병을 알아야 하고(識知某病 應用某藥 : 苦聖諦), 일어난 과정을 알며(知病所起隨起用藥 : 集聖諦), 치료하고(已生諸病 治令病出 : 滅聖諦), 병의 근원을 끊어 버려 병이 더 이상 없도록 하는 것(斷除病源 令後不生 : 道聖諦)을 사성제 각각에 비유하였다. ⇨사성제 四聖諦

의유경 蟻喩經 북송(北宋) 때 시호(施護 Ⓢ Dānapāla) 한역. 1권. 고려장40, pp.517c1~519c10, No.1451·대정장1, pp.918b21~919a18, No.95에 수록되어 있다. 상응하는 팔리경전은 맛지마니카야 제23경 *Vammīka-sutta*(*MN.1*, pp.142~145)이다. 어떤 바라문이 개미떼가 모여 있는 것, 밤에는 연기가 나고 낮에는 불이 타오르는 것, 그리고 큰 거북이·뱀·여러 가지 벌레 따위를 보고서 날카로운 칼로 모두 파괴하고 싶은 충동을 느꼈다. 이에 대해 부처님께서 각각의 상징을 풀이하셨으니, 즉 개미떼는 오온(五蘊), 밤에 연기가 나는 것은 중생의 심사(尋伺), 낮에 불이 타오르는 것은 업을 짓는 것, 큰 거북이는 오장염법(五鄣染法), 뱀은 무명(無明)을 상징한다고 하셨다. 마지막으로 필추(苾芻)들에게 적정처(寂靜處)에 머무르며 이치를 사유관찰(思惟觀察)하여 아라한과를 증득하라고 권면하셨다.

의유의무 疑有疑無 있다고 여겨 의문을 갖는 것과 없다고 여기며 의심함. 『구사론기』 권17(대정장41, p.266b6)에 "'있다고 여겨 의문을 갖는 견해로 말미암아'란, '이유가 되는 의혹'에는 두 가지가 있으니, 첫째는 유를 의심하는 것이고, 둘째는 없는 것에 의문을 갖는 것이다. 있다고 의혹을 갖는 것은 능히 선근을 이을 수 있고, 없다고 의혹을 갖는 것은 선근을 이을 수 없다. 이 중에서는 있다고 의혹을 갖는 것에 근거하여 말하기 때문에, 즉 인과 중에 때론 의심을 일으키길 '이것 혹 마땅히 있을까?' 하며 선근을 잇는다. 由疑有見 謂由疑有

二 一 疑有 二 疑無 疑有 能續善根 疑無 不能續善 此中據疑有說故 言謂因果中 有時生疑 此或應有 卽續善根"라고 하였다. [참고문헌]『俱舍論記』, 『俱舍論』 권17(대정장29, p.89b14).

의율 儀律 조선후기 스님. 호는 응송(應松). 상봉정원(霜峰淨願)의 제8세 법손으로, 제1세 상봉정원→제2세 운암옥준(雲巖玉峻)→제3세 명은재현(鳴隱再賢)→제4세 보암대언(普庵大彦)→제5세 기봉회융(箕峰會隆)→제6세 도월서장(道月瑞藏)→제7세 사송정기(四松正基)→제8세 응송의율로 이어진다. 제자로는 긍월장준(亘月壯俊)·금담재호(錦潭在浩)·학송문옥(鶴松汶玉)·완송재훈(玩松在訓)·석송석연(石松碩演)·태응성임(泰應性任) 등이 있다. 동화사(桐華寺) 성보박물관에 1904년(광무8)에 제작된 스님의 진영이 전한다. [참고문헌]『霜峯門譜』 p.17, 『팔공산동화사』(동화사·국립대구박물관, 2009) p.177.

의율 응송당대선사의율지진영
대구 동화사 조선후기

의율다 矣栗馱 Ⓢhṛd의 음사어. 『번역명의집』 권6(대정장54, p.1152b26)에 "의율다는 이곳에서 적취정요심이라고 한다. 矣栗馱 此方名積聚精要心"라고 하였다. [참고문헌]『翻譯名義集』, 『摩訶止觀』 권1(대정장46, p.4a22). ⇨적취정요심 積聚精要心

의율의 意律儀 Ⓢmanaḥ-saṃvara, manasā saṃvaraḥ, Ⓣyid-kyi-sdom-pa. 마음으로 지켜야 할 율의. 변율의(遍律儀:身律儀·語律儀·意律儀) 중 하나다. 지혜롭고(慧) 잊지 않음(念)으로 바탕을 삼는다. 『대보적경』 권59(대정장11, p.343b22)에 "사리불아, 보살은 아홉 가지 법을 성취하여 서원에 물러나지 않고 불국토를 엄정하게 한다. 어떤 것이 그 아홉 가지인가? … 셋째 의율의를 갖추는 것, … 아홉째 선지식을 업신여기지 않는 것이다. 이런 것을 아홉 가지라고 한다. 舍利弗 菩薩成就九法 令願不退嚴淨佛刹 何等爲九 … 三者 具意律儀 … 九者 不輕慢善知識 是名爲九", 『구사론』 권14(대정장29, p.73c2: *Abh-k-bh.*, p.209)에 "이와 같은 두 가지 율의는 모두 정지와 정념을 바탕으로 함을 나타내기 위한 것이다. 그러므로 이름을 열거하고서 다시 합하여 말했다. 곧 의율의는 혜와 념을 몸으로 삼지만, 이 두 가지를 합한 것이 근율의이다. 爲顯如是二種律儀 俱以正知正念爲體 故列名已 復說合言 謂意律儀 慧念爲體 卽合二種 爲根律儀 pratyekaṃ dvisvabhāvajñāpanārthaṃ punar dvigrahaṇaṃ mā yathāsaṃkhyaṃ vijñāyīti manaḥsaṃvaro 'pi smṛtisaṃprajñāna svabhāva iti. indriyasaṃvaro 'pi"라고 하였다. [참고문헌]『大寶積經』, 『俱舍論』, *Abh-k-bh.208.* ⇨변율의 遍律儀, 율의 律儀

의융 義融 고구려 스님. 고구려 보장왕(재위 642~668) 때 보덕화상(普德和尙)의 제자 11인 중 한 분이다. 『삼국유사』 권3(대정장49, p.989a8·한불전6, p.318b1) 흥법(興法)3 보장봉로보덕이암(寶藏奉老 普德移庵)에 "보덕화상의 문하에 열 한 분의 덕 높은 제자가 있는데 … 적멸과 의융 두 스님은 진구사(珍丘寺: 전라북도 임실군 소재)를 창건하였다. 師有高弟十一人 … 寂滅義融二師 創珍丘寺", 『신편제종교장총록』 권1(대정장55, p.1167c3·한불전4, p.682a19)에 "『화엄경석명장』 1권. 의융 지음. 釋名章 一卷 義融述"이라고 하였다. 의천(義天 1055~1101)이 『신편제종교장총록』을 편찬할 때 의융의 『석명장』이 고려에 유통되고 있었음을 알 수 있다. [참고문헌]『三國遺事』, 『新編諸宗教藏總錄』. ⇨보덕제자십일인 普德弟子十一人

의음 意陰 Ⓢmano-maya-skandha. 뜻을 품은 무더기(陰:蘊). 의생신(意生身:意成身)을 달리 이르는 말. 『법화현의석첨』 권10(대정장33, p.887b27)에 "의음이라고 말하는 것은 뜻으로 말미암아 생긴 몸을 의음이라 하고, 또 뜻 지은대로 낳은 몸을 의음이라 한다. 또 뜻 그대로가 의음이다. 言意陰者 由意生陰 名爲意陰 又作意生陰 名爲意陰 又意卽是陰 名爲意陰", 『법화경현첨증석』 권5(卍속장44, p.868b1)에 "의음은 뜻대로 성취하는 몸이며, 또한 의생신이라고도 한다. 意陰卽意成身 亦名意生身"라고 하였다. [참고문헌]『法華玄義釋籤』, 『法華經玄籤證釋』. ⇨의생신 意生身, 의성신 意成身

의읍 義邑 ➡읍의 邑義

의응 宜應 마땅히. 돌아볼 겨를 없이. 『대견고바라문연기경』 권상(대정장1, p.210b18)에 "그대는 지금 마땅히 왕의 처소로 속히 가야 한다. 汝今宜應 速至王所", 80권본 『화엄경』 권17(대정장10, p.95a14)에 "중생의 모든 고뇌를 사라지게 하려면 마땅히 보리심을 속히 일으켜야 한다. 欲滅衆生諸苦惱 宜應速發菩提心"라고 하였다. [참고문헌]『大堅固婆羅門緣起經』, 『華嚴經』.

의의 依倚 Ⓢāśrita, saṃniśrita, Ⓟnissita. 의지하고 기댐. 『잡아함경』 권49(대정장2, p.363c22)에 "마치 신생아가 유모에 의지하는 것과 같다. 猶如新生兒 依

倚於乳母", 『불소행찬』 권3(대정장4, p.23b13 : *Buddh-c.*, p.134)에 "오래 전에 세속을 떠나 출가한 뒤 걸식에 기대어 살았다. 初離俗出家 依倚於乞食 ayam ādau gṛhān muktvā bhaikṣākaṃ liṅgam āśritaḥ", 『경덕전등록』 권8 「남전보원전 南泉普願傳」(대정장51, p.257c25)에 "남전이 시간 내어 황벽에게 물었다. '정과 혜를 고르게 배워야 한다하니, 이 이치는 어떤 것인가?' '십이시중에 한 물건에도 의지하지 않는 것이다'. 師又別時問黃檗 定慧等學 此理如何 黃檗云 十二時中 不依倚一物", 『원오심요』 「시광선인 示光禪人」(卍속장120, p.716b5)에 "곧바로 모든 인연 매섭게 끊고 터럭만큼도 기댈 곳 없이 하여 몸 놓고 목숨마저 버려야 곧바로 마땅함 이으리라. 直須猛截諸緣 令無纖毫依倚 放身捨命 直下承當"라고 하였다. [참고문헌] 『雜阿含經』, 『佛所行讚』, 『景德傳燈錄』, 『圓悟心要』, 『臨濟錄』(대정장47, p.498c7), *Buddh-c.*, *Kāśy.33.*, *Sp.430.*

의의 義意 Ⓢ artho 'bhiprāyikaḥ, Ⓣ don-dgongs-pa-can. 뜻으로 헤아림. 사량(四量 Ⓢ catuṣ-pratisaraṇa : 四依) 중 하나로, 량(量)이란 헤아리는 근거이기에 의(依)라고도 한다. 『대승장엄경론』 권10(대정장31, p.642a18)에 "의의라 한 것은 글 중의 까닭을 말한다. 이것은 뜻으로 헤아릴 뿐이지 말로 헤아리는 것은 아니다. 義意者 謂文中所以 此義爲量 非語爲量"라고 하였다. [참고문헌] 『大乘莊嚴經論』, *Sūtr.138.* ⇨ 사의 四依[1], 의의불의어 依義不依語

의의 擬宜 헤아려 마땅하게 함. 『법화경의기』 권4(대정장33, p.616c25)에 "여기서 말하는 의의란 앞선 「방편품」 중 첫 번째로 '내가 터득한 지혜는 미묘하고 가장 뛰어나다'라고 한 말씀을 다시 일깨운 것이다. 이는 여래께서 대승을 써서 중생을 헤아려 마땅하게 하셨음을 밝힌다. 今言擬宜者 還譬上方便品中第一言 我所得智慧 微妙最第一 明如來用大乘 擬宜衆生", 『묘경문구사지기』 권13(卍속장46, p.334b5)에 "의의란 아래 글에서 '적절한 수단으로 구제한다'라고 한 대목에 해당한다. 言擬宜者 即下文云 方宜救濟也", 원측(圓測)의 『인왕경소』 권중본(대정장33, p.389b15 · 한불전1, p.62b22)에 "적절하게 맞추어 설한 방편이며 진실하고 바른 이치는 아니다. 擬宜而說 非實正理"라고 하였다. [참고문헌] 『法華經義記』, 『妙經文句私志記』, 『仁王經疏』, 『法華經』 권1(대정장9, p.9c6). ⇨ 의의교 擬宜教

의의 擬議 머뭇거려 헤아림. 분별의 간극마저도 끝내 용납할 수 없는 뜻에서 경계하는 용심이다. 『임제록』(대정장47, p.496c24)에 "또한 학인이 묻기를 '불법의 대의는 무엇인지요?'라고 하자 임제도 불자를 꼿꼿이 세웠다. 학인이 문득 할 하였고 임제 또한 할 하니, 그 학인 머뭇거려 헤아렸고 임제가 곧바로 때렸다. 又僧問 如何是佛法大意 師亦竪起拂子 僧便喝 師亦喝 僧擬議 師便打", 『허당록』 권4(대정장47, p.1017a7)에 "한 칼에 두 토막낼 때 문득 승부를 보아야지, 헤아려 머뭇거린들 모든 것 잃으리라. 一刀兩段 便見勝負 纔擬議則失利也", 『원오심요』 권4 「시선인 示禪人」(卍속장120, p.774a1)에 "이곳에 이르러서는 이러니저러니 따지지 말아야 한다. 반드시 화살 끝 마주치듯이 일격에 문득 지나가야 하니, 머뭇거려 헤아리려 하자마자 천리만리로 멀어질 것이다. 到箇裏 不論如之若何 要箭鋒相拄 一擊便過 纔涉擬議 則千里萬里去也", 『연등회요』 권11 「수산성념장 首山省念章」(卍속장136, p.619a17)에 "이곳에 이르러서는 재빨리 보아야 비로소 볼 수 있다. 눈동자 움직인 즉 천리만리로 멀어질 것이다. 어째서 이와 같을까? 마치 창밖으로 달리는 말 보는 듯하여, 헤아린 즉 빠져 어쩌지 못할 것이다. 到這裏 急著眼始得 若也眼孔定動 則千里萬里 何故如此 如隔窗看馬騎相似 擬議則沒交涉", 『건중정국속등록』 권5 「봉서중경장 鳳棲仲卿章」(卍속장136, p.94a12)에 "법좌에 올라 '높디높고 우뚝하여 삼계에 맞설 이 없고, 크고 멀어도 시방이 끝없이 고요하다. 머뭇거려 헤아린 즉 몸도 목숨도 잃는다. 사량한 즉 천갈래 만갈래로 어긋나리라'고 말한 뒤 할을 한 번 내지르고 법좌에서 내려왔다. 上堂云 巍巍堂堂 三界無雙 磊磊落落 十方寥廓 擬議則喪身失命 思量則千錯萬錯 喝一喝 下座"라고 하였다. [참고문헌] 『臨濟錄』, 『虛堂錄』, 『圓悟心要』, 『聯燈會要』, 『建中靖國續燈錄』.

의의교 擬宜教 헤아려 베푼 마땅한 가르침. 천태종(天台宗) 오시교판(五時教判) 중 제1 화엄시(華嚴時). 화엄은 자증법(自證法)이어서 성문을 위한 설법이 아니라 하지만, 오시(五時)로 베푼 부처님 일대교설(一代時教)은 어떤 근기라도 수용할 수 있게 하셨으므로 화엄시 또한 마땅함 헤아려 베푸신 가르침이라는 뜻이다. 『사교의주휘보보굉기』 권1하(卍속장102, p.298b10)에 "만일 『화엄경』의 본의에 근거하면 소승의 기틀 중 가장 둔한 근기를 헤아려 그들에게 적절하게 맞추고도 경의 다섯 가지 맛을 빠짐없이 갖추므로 '(성문은 화엄회상에) 없었다'고 함은 타당하지 않다. 이 때문에 드러나 마주대한 것으로는 없지만 적절하게 맞추는 방편으로 보면 있다. 여기서는 부처님 사대제자들로 하여금 여래께서 적절하게 맞춘 방편을 알게 하는 때이므로 '성문이 이 자리에 있었다'고 한다. 若據華嚴 擬宜小機 其最鈍根 具經五味 故不可云無 是則 顯對則無 擬宜則有 今四大弟子領解如來擬宜之時 故云聲聞在座也"라고 하였다. [참고문헌] 『四教儀註彙補輔宏記』. ⇨ 화엄시 華嚴時, 오시교판 五時教判[3], 의의 擬宜

의의불의어 依義不依語 Ⓢ artha-pratisaraṇena bhavitavyaṃ na vyañjana-pratisaraṇena, Ⓣ don-la-rton-par bya'i tshig-'bru-la-rton-par mi-bya. 법사의(法四依) 중 하나. 뜻(義)에 의지하고 말(語)에 의지하지 않는 것. 『법계차제초문』 권하(대정장46, p.688a21)에 "(法四依 중) 셋째는 뜻에 의지하고 말에 의지하지 않는 것이다. '뜻에 의지한다'는 것에서 뜻이란 중도제일의제(第一義諦 Ⓢ parama-artha-satya)이다. 중도제일의제에 의지하여 모든 바라밀을 닦고 온갖 공덕을 행하면, 언어의 길이 끊어지고 마음이 다니는 곳마저 사라져 모든 전도 무너지고 마음마음 적멸하여 자연스레 한량없는 선정으로 흘러든다. 그러므로 '뜻에 의지한다'고 한다. '말에 의지하지 않는다' 하는 것에서 말이란 세간의 말이다. 문자나 장구는 헛된 속임이며 진실은 없다. 나아가 이승에서 보는 진제와 열반 또한 문자로 있을 뿐이다. 그러므로 『법화경』에서 화성의 비유를 쓴 것이다. 이와 같은 문자언어에 의지하여 모든 바라밀을 닦고 온갖 공덕을 행한다 해도, 쟁송과 망상과 번뇌를 더하여 이승지에 떨어지고 대승의 대반열반에는 이르지 못한다. 그러므로 '말에 의지하지 않는다'라고 하는 것이다. 三 依義不依語 依義者 義是中道第一義諦 若依中道第一義諦 而修諸波羅蜜 萬行功德 則言語道斷 心行處滅 破諸顚倒 心心寂滅 自然流入無量禪定 故云依義 不依語者 語是世間語 文字章句 虛誑無實 乃至二乘所見 眞諦涅槃 亦有文字 故法華經 以化城喩 若依如是文字言語 而修諸波羅蜜 萬行功德 則增長諍訟妄想煩惱 或墮二乘之地 不到大乘大般涅槃 故云不依語也"라고 하였다. [참고문헌] 『法界次第初門』, 36권본 『大般涅槃經』 권6(대정장12, p.642a22), 『入楞伽經』 권6(대정장16, p.551c5), 『大智度論』 권9(대정장25, p.125a27), 『釋門歸敬儀』 권상(대정장45, p.860c3), 종보본 『壇經』 「序贊」(대정장48, p.347b26), *Laṅk.194.*, *Mvyut.124.* ⇨ 법사의 法四依, 사의 四依❶, 의 義

의이인 薏苡仁 율무. 열매로는 염주(念珠)를 만들기도 한다. 의인(薏仁)·이인(苡仁)이라고도 한다. 『송고승전』 권24 「지등전 智燈傳」(대정장50, p.866c11)에 "지등이 (염라대왕에게) 물었다. '인간계의 대중 스님들이 오후에 율무 먹는 것으로 약식을 삼는데, 이렇게 해도 되겠습니까?' '이는 본래 가르침에서 크게 어긋난다'. 因問 人間衆僧 中後食薏苡仁爲藥食 還是已否 曰 此大違本敎"라고 하였다. [참고문헌] 『宋高僧傳』, 『四分律名義標釋』 권13(卍속장70, p.602a8), 『蓮修起信錄』 권5(卍속장110, p.455b17).

의인 依因 ❶ Ⓢ niśraya-hetu, Ⓣ rten-pa'i rgyu. 의지가 되는 인. 오인(五因) 중 하나로 색법(色法) 사대(四大 : 地水火風)를 의인으로 삼아 드러난다. 『구사론기』 권7(대정장41, p.140b24)에 "짓고 나게 된 것들은 대종(大種 : 四大)을 좇아 구른 것들이다. 마치 제자들과 의지사 등을 의인이라 하는 것과 같다. … 변화의 인이 되는 성들이 의인이다. 대종이 전변하여 색을 만들고 이 또한 뒤쳐 변한다. 所造生已 隨逐大種轉故 如弟子等 依止師等 說爲依因 … 變因性 卽是依因 謂大種轉變造色 亦隨轉變", 『순정리론』 권20(대정장29, p.452b29)에 "의인이란 (소조색이) 저에 따라 구르기 때문이니, 마치 신하가 왕에게 의지하는 것과 같다. 爲依因者 隨彼轉故 如臣依王", 『성유식론요의등』 권2(대정장43, p.693b14)에 "둘째 의인이란 이 만들어진 색들은 대종에 의지한다는 뜻이다. 二 依因 謂此造色 依大種故"라 하고는 『대승법원의림장』 권3(대정장45, p.295a20)에 "의인에 대해 『대법론 對法論』(『大乘阿毘達磨雜集論』) 권1(대정장31, p.696a7)에 이르길 '이것은 전인이다. 대종을 버리면 모든 이미 있던 색들은 공능이 없어 따로 처해 머물 곳이 없게 된다'고 하였다. 요소로 구성된 모든 물질들은 대종에 의거해야만 비로소 생겨날 수 있다. 그러므로 대종을 떠나서 별도로 있을 수 있는 곳은 없다. 『유가사지론』 권3(대정장30, p.290a10)에서도 '물질은 생겨난 다음에는 대종을 여의지 않고 그에 처한 채로 움직이기에 의인이라 한다'라고 하였다. 依因者 對法云 卽是轉因 謂捨大種 諸所造色 無有功能 據別處故 諸所造色 依據大種 方乃得生 故捨大種 無別處住 瑜伽第三云 由造色生已 不離大種 處而轉故 名依因"라고 하였다. [참고문헌] 『俱舍論記』, 『成唯識論了義燈』, 『大乘法苑義林章』, 『俱舍論頌疏論本』 권7(대정장41, p.860a19), *Abh-k-bh.102.*, *Yogā-bh.52.* ⇨ 오인 五因❶ ❷ Ⓢ naimittika. 인에 의지한 것. 상키야(Ⓢ Sāṃkhya : 數論)에서 말하는 아(我)의 동력인(Ⓢ nimitta)에 의지해 드러난 모습을 말한다. 혹은 16인과를 말하기도 한다. 『금칠십론』 권중(대정장54, p.1255b3)에 "이 미세신이 13가지와 더불어 생사 윤전하는 것은 어찌된 일인가? 게송으로 답한다. '아의 뜻을 써서 인으로 삼고 인과 의인으로 말미암아 자성을 따라 두루 할 수 있으니, 마치 배우가 뒤쳐 여러 모습을 보이는 것과 같다'. 是細身與十三輪轉生死何所爲 以偈答曰 我意用爲因 由因依因故 隨自性遍能 如伎轉異相"라고 하였다. [참고문헌] 『金七十論』, *Māṭ-v.43·47.* ⇨ 팔의인 八依因

의인 義因 뜻으로서의 인. 구별하여 아는 세 가지 요인(了因) 중 하나다. 『섭대승론석』 권1(대정장31, p.322b16)에 "이 수승한 말이란 차별의 뜻이니, 두 가지가 서로 상대할 경우 이 뜻이 저것보다 수승하다고 말하는 것과 같다. 또 최상이라는 뜻이 수승의 뜻이기도 하고, 혹은 다른 류일 수도 있다. 즉 뜻으로서의 인이 수승하면 말의 과가 수승한 것이다. 此殊勝言 是差別義 兩互相待 如言此義殊勝於彼 又最上義 是殊勝義 或是異類 謂義因殊勝故 語果是殊勝", 『인명입정리문론술기』(卍속장86, p.634a15)에 "인에는 세 가지가 있다. 첫째 지은 바 자성이니 의인이다. 因有三種 一者 所作性等 義因"라고 하였다. [참고문헌] 『攝大乘論釋』, 『因明入正理門論述記』. ⇨ 요인 了因 2

의자 衣資 옷감. 가사나 삼의를 지을 수 있는 바탕. 또는 그것을 마련할 수 있는 옷값, 또는 옷과 생활용품(資具)을 말한다. 『유부율잡사』 권7(대정장24, p.233a8)에 "늙은 필추는 옷감을 많이 가지고 있고, 젊은 필추는 삼의 밖에 가지고 있지 않았다. 老者多有衣資 少者三衣而已", 『동산어록』(대정장47, p.524a11)에 "스스로 깨우쳐 마침내 옷과 생활용품 다 내놓고 재를 베푼 다음 3년을 더 지냈다. 自此省發 遂罄捨衣資設齋 得三年", 『양처경중의』 「서문 序文」(대정장45, p.839b19)에 "입적한 스님의 옷과 생활용품을 처분하기는 몹시 어렵다. 亡僧衣資 處斷甚難"라고 하였다. [참고문헌] 『有部律雜事』, 『洞山語錄』, 『量處輕重儀』.

의자 依者 의지하는 것. 육식계(六識界)를 말한다. 『잡아비담심론』 권1(대정장28, p.873c8)에 "삼사(根境識) 때문에 십팔계를 말한다. 즉 의와 의지와 경계 때문이다. 의란 육의이니, 안계에서 의계까지다. 의지란 육식계를 말하는데, 안식계에서 의식계까지다. 경계란 육외계를 말한다. 三事故 說十八界 依故 依者故 境界故 依謂六依 眼界乃至意界 依者謂六識界 眼識界乃至意識界 境界謂六外界"라고 하였다. [참고문헌] 『雜阿毘曇心論』. ⇨ 육식 六識, 십팔계 十八界

의자 椅子 걸상. 의자(倚子)라고도 한다. 현전물(現前物)로서 선문답 중에 자주 등장한다. 『경덕전등록』 권21 「나한계침전 羅漢桂琛傳」(대정장51, p.371a9)에 "현사사비(玄沙師備)가 일찍이 물었다. '삼계가 오직 마음일 뿐이라는 말을 너는 어떻게 이해하느냐?' 나한이 의자를 가리키며 말했다. '화상께서는 이것을 무엇이라 부르십니까?' '의자' '화상께서는 삼계가 오직 마음일 뿐임을 알지 못하셨습니다' '나는 이것을 대나무라고 부르겠다. 너는 무엇이라 하겠느냐?' '계침 또한 대나무라고 하겠습니다' '온세상에서 불법을 아는 단 한 사람 찾았지만 만날 수는 없구나'. 玄沙嘗問曰 三界唯心 汝作麽生會 師指倚子曰 和尙喚遮箇作什麽 玄沙曰 倚子 曰 和尙不會三界唯心 玄沙曰 我喚遮箇作竹木 汝喚作什麽 曰 桂琛亦喚作竹木 玄沙曰 盡大地 覓一箇會佛法底人 不可得", 같은 책 권22 「백운자상전 白雲子祥傳」(대정장51, p.384c15)에 "백운이 학인에게 물었다. '붙인 이름 그대로 두고 실상 말하는 일 어떠한가?' '이것은 의자입니다'. 백운이 손으로 밀어뜨리고서 말했다. '짚신 주머니를 가져 오너라'. 학인은 아무 대꾸도 못했다. 〈운문화상이 이를 듣고서 말하였다. '모름지기 이렇게 해야 뭐라도 얻는다〉. 師問僧 不壞假名而譚實相 作麽生 僧曰 遮箇是椅子 師以手撥云 將鞋袋來 僧無對〈雲門和尙聞之乃云 須是他始得〉", 『선원청규』 권1 「부다탕 赴茶湯」(卍속장111, p.883a12)에 "몸을 바르게 하고 단정히 앉되 의자에 등을 기대어서는 안 된다. 正身端坐 不得背靠椅子", 『선림상기전』 권9 「좌선 坐禪」(불광장, 禪藏, p.626)에 "수좌는 면벽하지 않는다. 이하 나머지 두수부터는 대중과 같이 면벽하고 앉는다. 주지는 의자에 앉아 좌선한다. 首座不面壁 自餘頭首 一如大衆面壁而坐 住持人就椅子坐禪"라고 하였다. [참고문헌] 『景德傳燈錄』, 『禪苑淸規』, 『禪林象器箋』, 『雲門廣錄』 권하(대정장47, p.571c23).

의자 疑刺 의심이라는 가시. 신근(信根)을 해치므로 가시에 비유한다. 60권본 『화엄경』 권18(대정장9, p.513a15)에 "일체중생으로 하여금 모든 불법에 자재함을 얻고 의심의 가시를 뽑아내어 마음을 늘 청정하게 한다. 令一切衆生 於諸佛法 而得自在 拔出疑刺 心常淸淨", 『만선동귀집』 권하(대정장48, p.987b19)에 "삿된 지름길을 막고 바른 길을 열며, 믿음의 뿌리 굳건하여 의심의 가시를 뽑는다. 塞邪徑而闢正途 堅信根而拔疑刺"라고 하였다. [참고문헌] 『華嚴經』, 『萬善同歸集』, 『廣義法門經』(대정장1, p.922a4). ⇨ 의 疑

의자 蝗子 개미. 36권본 『대반열반경』 권7(대정장12, p.646c18)에 "불법중에 사문법이란 마땅히 자비심 일으켜 중생을 덮어 기르고 개미에 이르기까지 마땅히 두려움 없게 해야 사문법이라 할 수 있다. 於佛法中 沙門法者 應生悲心 覆育衆生 乃至蝗子 應施無畏 是沙門法", 『조주어록』 권상(고존숙어록13, 卍속장118, p.314a8)에 "묻기를 '개에게도 불성이 있습니까?' '없다' '위로는 부처님들로부터 아래로는 개미에 이르기까지 모두 불성이 있는데, 개는 왜 없습니까?' '업식성이 있어서다'. 問 狗子還有佛性也無 師云 無 學云 上至諸佛 下至蝗子 皆有佛性 狗子爲什麽無 師云 爲伊有業識性在"라고 하였다. [참고문헌] 『大般涅槃經』, 『趙州語錄』.

의자 醫子 의왕의 자식. 1 불자(佛子) 특히 출가승. 나아가 의왕을 『대반열반경』이라 하고 이에 의지해 출생한 부처를 그것의 아들이라 여긴다. 36권본 『대반열반경』 권9 「월유품 月喩品」(대정장12, p.657c21)에 "마치 훌륭한 의사가 열심히 그의 아들에게 의술의 근본을 가르치며 '이것은 뿌리가 약이 되고 이것은 줄기가 약이 되며 이것은 색이 약이 된다'라고 하는 것과 같다.

… 여래 또한 그러하다. … 비구에게 부처가 입멸한 후에는 이렇게 알아야 한다 하였으니 '이것은 계경의 깊은 뜻이고, 이것은 계율의 가볍고 무거운 상이며, 이것은 아비담의 분별법구다'라 하였으니, 저 의사의 아들에게 하는 것과 같다. 猶如良醫 勤敎其子醫方根本 此是根藥 此是莖藥 此是色藥 … 如來亦爾 … 欲令比丘於佛滅後 作如是知 此是契經甚深之義 此是戒律輕重之相 此是阿毘曇分別法句 如彼醫子"라고 하였다. 이에 대해『대반열반경의기』권4(대정장37, p.714a19)에 "훌륭한 의사란『대반열반경』이고 의사의 아들이란 깨달은 이를 비유한다. 부처의 덕이 경법으로부터 나오기에 의사의 아들이라고 한다. 良醫喩此大涅槃經 醫子喩佛 佛德從於經法出生故名醫子"라고 하였다. [참고문헌]『大般涅槃經』,『大般涅槃經義記』. **2** ➡ 의자유 醫子喩

의자기파 依自起派 ➡ 자립논증파 自立論證派, 구연파 具緣派

의자유 醫子喩 법화칠유(法華七喩) 중 하나. '훌륭한 의사의 아들들 중독에서 풀려나다'라는 비유. 천태에서는 본문(本門)의 개권현실(開權顯實)이라 푼다.『법화경』권5「여래수량품 如來壽量品」(대정장9, p.43a8 : Tathāgatāyuṣpramāṇa-parivarta, *Saddh-p.*, p.315)에서 중독된 아들이 약을 먹으려 하지 않자 죽음의 위험을 알려 약을 먹여(開權) 몸을 회복하게 한(顯實) 비유다.『법화경과주』권1(卍속장49, p.94a5)에 "(法華七喩 중) 일곱째, 의자유란 마치 부처님께서 저 대의왕처럼 일체중생의 병을 두루 치료하시는 것을 비유한다.「여래수량품」에서 밝힌 이 비유는 본문의 자취를 열어 본을 보인 비유다. 七 醫子喩 喩佛如大醫王 徧療一切衆生之病 如來壽量品中 所明此一喩 喩本門開迹顯本也"라고 하였다. [참고문헌]『法華經』,『法華經科註』,『法華玄義』권1(대정장33, p.685b14),『法華十妙不二門示珠指』권상(卍속장100, p.113b14), *Saddh-p.* ⇨ 법화칠유 法華七喩, 본적이문 本迹二門, 개권현실 開權顯實

의자택청정구 意滋澤淸淨句 Ⓢ manohlādana-viśuddhipada. 뜻대로 적셔 기름지게 한 청정구. 기쁨을 수반하기에 희열구라고도 한다.『반야이취석』권상(대정장19, p.608c28)에 "뜻대로 적셔 기름진 청정구가 바로 보살위라는 뜻은, 운금강유가삼마지를 닦음으로 의자택청정구를 얻는다. 희열청정구라고도 한다. 이 때문에 운금강보살위를 얻는다. 意滋澤淸淨句 是菩薩位者 由修雲金剛瑜伽三摩地 得意滋澤淸淨句 亦云喜悅淸淨句 是故 獲得雲金剛菩薩位"라고 하였다. [참고문헌]『般若理趣釋』,『理趣經』(대정장8, p.784b7), *Adhy-pr.6.*

의장 義莊 고려전기 스님. 이자겸(李資謙 ?~1126)의 아들로서 스님이 되어 수좌(首座)의 법계에 올랐다. 1126년(인종4) 이자겸의 난에 참여하였다가 금주(金州)로 유배되었다.『고려사』권127 열전(列傳)40 이자겸에 "의장이 현화사로부터 스님 삼백여 인을 거느리고 궁성 밖에 이르렀다. 義莊 自玄化寺 率僧三百餘人 至宮城外"라고 하였다. [참고문헌]『高麗史』. ⇨ 이자겸 李資謙, 현화사 玄化寺

의장 義璋 당나라 스님 잠진(潛眞 718~788)의 자(字). ⇨ 잠진 潛眞

의적 宜適 마땅하게 들어맞음.『불반니원경』권상(대정장1, p.161c11)에 "굶주리거나 배부르거나 춥거나 덥거나 모두 지극한 고통으로 여기니, 몸으로는 마땅하게 들어맞기가 어렵다. 모든 것이 정결할 수 없기 때문이다. 飢飽寒熱 皆爲苦極 身體難得宜適 皆不淨潔",『화엄경소』권21(대정장35, p.654b19)에 "저 중생 곁으로 가고자 발을 내딛는다면 그 때의 마땅함을 알아야 한다. 涉有化物 宜適其時",『양고승전』권10「소석전 邵碩傳」(대정장50, p.393a20)에 "어떤 어린아이는 마땅함 알지 못하기에 나의 짚신 한 짝은 잃어버린다. 小子無宜適 失我履一隻"라고 하였다. [참고문헌]『佛般泥洹經』,『華嚴經疏』,『梁高僧傳』.

의적 義寂 **1** 신라중대 스님. 유식은 물론 대승경론의 많은 주석을 행한 대학승이며, 의상의 뛰어난 십대제자 중 한 분이다.『삼국유사』권4(대정장49, p.1007a16 · 한불전6, p.349b9) 의해(義解)5 의상전교(義相傳敎)에 "세상에 전하기를 의상은 금산보개여래의 후신이라고 말한다. 제자에는 오진 · 지통 · 표훈 · 진정 · 진장 · 도융 · 양원 · 상원 · 능인 · 의적 등 10대덕으로 영수를 삼았으니, 모두 아성이다. 世傳湘乃金山寶蓋之幻有也 徒弟悟眞 智通 表訓 眞定 眞藏 道融 良圓 相源 能仁 義寂等 十大德爲領首 皆亞聖也",『석화엄교분기원통초』권1(한불전4, p.257a13)에 "의적사 등이 법상으로부터 와서 의상화상의 극과회심의 뜻을 믿지 않은 적이 있었다. 성기품 주석(『화엄경탐현기』권16 · 대정장35, p.417b5) 중에 '십천겁을 지나 아승기겁이 차기 전에는 응당 삼현위의 사람이다'라는 문에 이르러서는 화상에게 '소문이 이와 같으니 원컨대 화상께서는 지금 이후로 이 뜻을 유행시키지 마십시오'라고 아뢰었다. 의상대덕이 '이는 필시 다른 말을 따랐을 뿐이다. 법사인 법장(法藏)의 뜻과는 멀고도 멀다'라고 하였다. 이에 분황사의 순범을 보내어 장주(章主 : 법장)에게 문의하니 장주가 이『대요간』을 보냈고, 의적사 등이 그 글을 본 연후에야 의심을 풀었다. 義寂師等 從法相來 曾不信和

尙極果廻心之義 及見性起疏中 十千已過 僧紙未滿 應是三賢位人之文 白和尙言 疏文如是 願和尙 自今已後 使不行此義 相德云 此必隨他語耳 法師之意 遠則遠矣 仍遣芬皇寺純梵師 問於章主 章主送此大料簡 義寂師等 及見此文然後 決其疑也", 『대각국사문집』 권16 「제금산사적법사문 祭金山寺寂法師文」(한불전4, p.555b5)에 "모년 모월 모일에 구법사문 모가 삼가 다례를 차려 신라대법사 고금산사 적공의 영가께 아뢰나이다. 維年月日 求法沙門某 謹以茶菓之奠 跪祭于新羅大法師故金山寺寂公之靈曰"라고 하였다. 의적은 중국에 유학하여 현장(玄奘) 문하에서 수학하였고, 규기(窺基)·서명사(西明寺) 원측(圓測)·원효(元曉)·경흥(憬興)·법보(法寶) 등과 함께 유식의 주석가(注釋家)로 활동하였다. 26부 70여 권에 달하는 많은 저술을 남겼으나 대부분 일실되어 전하지 않고, 『법화경론술기 法華經論述記』 권1의 일부(한불전2, p.300c1)와 『법화경집험기 法華經集驗記』 3권(일본 동경대도서관 소장)과 『무량수경술의기 無量壽經述義記』 복원분(復元分) 3권(한불전2, p.320c1) 및 『범망경보살계본소 梵網經菩薩戒本疏』 3권(한불전2, p.251a1) 등 10권 만이 현존한다. 그 외 『신편제종

〈표〉의적의 저술현황

	서명과 권수	입장入藏
1	『대반야경강요大般若經綱要』 1권	동: 대정장55, p.1148a13
2	『대반야경유찬大般若經幽贊』 1권	주: 대정장55, p.1140c16
3	『반야이취분경유찬般若理趣分經幽贊』 1권	신: 대정장55, p.1171a9
4	『금강반야경찬金剛般若經贊』 1권	동: 대정장55, p.1148a1
5	『법화경강목法華經綱目』 1권	신: 대정장55, p.1169a11
6	『법화경요간法華經料簡』 1권	동: 대정장55, p.1149b29 · p.1150a3
7	『법화경영험기法華經靈驗記』 3권	동: 대정장55, p.1150a14
8	『열반경강목涅般經綱目』 2권혹은1권	신: 대정장55, p.1168b16
9	『열반경소涅般經疏』 16권	『奈良錄』 2174 勝寶4年記 支那撰述釋經部(『東洋文庫論叢』 제10권 附錄 p.112)
10	『열반경의기涅槃經義記』 5권	동: 대정장55, p.1154a13
11	『열반경운하게涅槃經云何偈』 1권	동: 대정장55, p.1154b5
12	『무량수경소無量壽經疏』 3권	동: 대정장55, p.1150c6
13	『관무량수경강요觀無量壽經綱要』 1권	신: 대정장55, p.1171c13
14	『관무량수경소觀無量壽經疏』 1권	『佛典疏鈔目錄』 권하(大日本佛敎全書 제1책, p.117下)
15	『미륵상생경요간彌勒上生經料簡』 1권	신: 대정장55, p.1172a26
16	『범망경문기梵網經文記』 2권	동: 대정장55, p.1155a4
17	『본업영락경소本業瓔珞經疏』 2권	동: 대정장55, p.1152c1
18	『성유식론미상결成唯識論未詳決』 3권 혹은 2권	동: 대정장55, p.1158a8
19	『백법론총술百法論總述』 3권	신: 대정장55, p.1175c26
20	『백법론주百法論註』 1권	신: 대정장55, p.1175c27
21	『마명생론소馬鳴生論疏』 1권	동: 대정장55, p.1159c5
22	『대승의림(광)장大乘義林(廣)章』 12권	동: 대정장55, p.1162c23

교장총록』(표에서 '신')·『동역전등목록』(표에서 '동')·『주진법상종장소』(표에서 '주') 등에 책 이름이 보이나 일실되어 전하지 않는 저술들은 〈표〉와 같다. 이외 『범망경보살계본소』의 일부가 영국 대영박물관에서 소장하고 있는 돈황문헌에도 포함되어 있고, 현재 일본 용곡(龍谷)대학에 정형원년(貞亨元年) 간행본 3권이 소장되어 있다. 후학들은 수많은 범망경 주석서 중에 의적의 소가 단연 으뜸이라고 흠모한다. 〔참고문헌〕『三國遺事』, 『釋華嚴敎分記圓通鈔』, 『大覺國師文集』, 『新編諸宗敎藏總錄』, 『東域傳燈目錄』, 『注進法相宗章疏』, 『韓國佛敎撰述文獻總錄』(동국대출판부, 1976) pp.61~66. **2** 919~987. 오대 말 북송 초 스님. 천태종 산가파(山家派)의 시조. 자는 상조(常照), 속성은 호(胡)씨. 온주(溫州: 浙江省) 영가(永嘉) 출신. 나계의적(螺溪義寂)·나계존자(螺溪尊者)·정광대사(淨光大師) 등이라고도 한다. 12세에 온주 개원사(開元寺)로 출가하였고 19세에 구족계를 받았으며, 그곳에서 『법화경』을 배웠다. 그 뒤 회계(會稽)의 청율사(淸律師)에게 『남산초 南山鈔』를 배웠으며, 천태산 국청사(國淸寺)의 청송(淸竦)에게 천태의 교관(敎觀)을 배웠다. 후에 오월(吳越)의 충의왕(忠懿王) 전숙(錢俶)에게 귀의를 받았으며, 그를 위해 『법화경』을 강의하고 사호(師號)와 자색가사 및 법의를 하사받았다. 안록산(安祿山)의 난과 회창법난(會昌法難)을 거치며 천태의 서적들이 산실되었던 일을 개탄하고서 충의왕에게 청하여 고려와 일본에 사자를 파견하였으며, 이로 인해 북송 때인 961년(건륭2)에 고려에서 왕명을 받은 제관(諦觀)이 각 부의 전적들을 가지고 찾아와 제자가 되었다. 964년(건덕2) 나계에 전교원(傳敎院)을 개창하여 천태의 교의를 강의하면서 천태종의 중흥에 힘썼다. 975년(개보8)에는 전교원에 아육왕탑을 건립하기도 하였다. 987년(옹희4) 10월에 세수 69, 법랍 50세를 일기로 입적하였다. 천태의 중흥조로 평가되며, 문하에 의통(義通)·제관·징육(澄育)·종욱(宗昱) 등이 있다. ⇨ 나계 螺溪, 산가산외 山家山外

의적 나계홍교 『석씨원류응화사적』 권4 양주불암사판 1673년

의적묵 意寂默 Ⓢ mano-mauneya. 삼적묵(三寂默) 중 하나. 뜻이 더없이 고요함. 아라한의 무학심(無學心)을 일컫는다. 『집이문족론』 권6(대정장26, p.390b2)에 "의적묵이란 무엇인가? 〔답〕 무학의 마음을 의적묵이라고 한다. 意寂默云何 答 無學心 名意寂默"라고 하였다. 〔참고문헌〕『集異門足論』. ⇨ 삼적묵 三寂默

의전 依前 **1** 전에 의지함. 인(人)과 법(法) 분별 있기 그 전으로 돌아가 의지한다는 뜻이다. 의구(依舊)와 같

다. 『서장』 「답증시랑장 答曾侍郎狀」(대정장47, p.916c19)에 "지금 그릇됨을 알고서 환약으로 거듭 환병을 다스린다. 병이 낫고 약도 사라지면 전과 같이 다만 예전 그대로의 사람일뿐입니다. 만약 별달리 사람도 있고 법도 있다고 하면, 그것은 삿된 마구니와 외도의 견해일 따름이다. 今日知非 則以幻藥復治幻病 病瘥藥除 依前只是舊時人 若別有人有法 則是邪魔外道見解"라고 하였다. 〔참고문헌〕『書狀』. **2** 앞선 마음 속 살림살이. 끝내 버려야 할 분별들을 말한다. 『무문관』 12칙 「평창 評唱」(대정장48, p.294b22)에 "하나는 부르는 이고 하나는 답하는 이이며 하나는 깨어있는 이고 하나는 속임수에 당하지 않는 이이다. 이전 그대로를 헤아려 아는 것 옳지 않다. 만약 다른 이 따라한다면 모조리 들여우 견해다. 一箇喚底 一箇應底 一箇惺惺底 一箇不受人瞞底 認著依前還不是 若也傚他 總是野狐見解", 『가태보등록』 권6 「청원유신장 靑原惟信章」(卍속장137, p.116b16)에 "전에 의지한들 산을 보면 산일뿐이고 물을 보면 물일뿐이다. 依前見山只是山 見水只是水"라고 하였다. 〔참고문헌〕『無門關』, 『嘉泰普燈錄』. ⇨ 의구 依舊

의전 依詮 ➡ 의전담지 依詮談旨

의전 依轉 Ⓢ āśraya-parivṛtti, āśraya-anyathāpti, Ⓣ gnas-yongs-su-gyur-pa. 의지함을 뒤침. 분별식(分別識)을 뒤쳐 무분별지(無分別智)를 성취하는 등이다. 전의(轉依)라고도 쓴다. 『대승장엄경론』 권3(대정장31, p.602c28 : *Sūtr.*, p.35)에 "'백법이 원만하기에 의지함 뒤쳐 두 가지 도를 성취한다'는 뜻은, 이것은 능히 다스려 성취함을 밝힌 것이다. 즉 부처님의 체는 최상의 원만한 백법과 상응하는 바로 그때 의지함을 뒤쳐 두 가지 도의 성취를 증득한다. 첫째는 지극히 청정한 출세간지혜의 도를 증득하는 것이고, 둘째는 가없는 식경계에 대한 지혜의 도를 얻는 것이니, 이것을 '전의'라고 한다. 白法圓滿故 依轉二道成者 此明能治成就 謂佛體與最上圓滿白法相應 爾時依轉 得二道成就 一 得極淸淨出世智道 二 得無邊所識境界智道 是名轉依 〈kārikā〉 buddhatvaṃ śukladharmapravaraguṇayutā āśrayasyānyathāptis tatprāptir … 〈bhāṣya〉 pratipakṣasaṃpattiyogataś cāśrayaparivṛttiḥ paridīpitā. yathā ca tatprāptir dvividhamārgalābhāt. suviśuddhalokottarajñānamārgalābhāt. tatpṛṣṭhalabdhānantajñeyaviṣayajñānamārgalābhāc ca"라고 하였다. 〔참고문헌〕『大乘莊嚴經論』, *Sūtr.* ⇨ 전의 轉依

의전 倚典 1886~1970. 호는 설암(雪巖), 속성은 김(金)씨, 본관은 김해(金海). 아버지의 휘는 창오(昌澳), 어머니는 밀양 박(朴)씨 부인. 1886년(고종23) 11월 21일 경상남도 창녕군 도천면 덕곡리에서 다섯째로 태어났다. 1897년(광무1) 10월 부모님께 하직하고 통도사로 찾아가 화월(華月)을 시봉하면서 행자 생활을 하다가 1901년(광무5) 7월 화월을 은사로 하여 사미계(沙彌戒)를 받고 스님이 되었다. 1905년(광무9) 4월 통도사 금강계단에서 해담(海曇)율사로부터 비구계와 보살계를 받았다. 같은 해 7월 15일 부산 범어사 강원에서 금파경호(禁巴竟湖 1868~1915) 강백으로부터 사집과(四集科)를 수료하였으며, 1908년(융희2) 통도사 강원에서 사교과(四敎科)를, 이어 1911년 서응(瑞應) 강백하에서 대교과(大敎科)를 졸업하였다. 1912년 7월 대덕(大德) 법계를 품수하였고, 통도사 서기와 울산포교당 주지를 거쳐 1913년에 통도사 불교전문강원 조실이 되어 학인을 지도했다. 1916년 마산포교당 주지, 1920년 1월 통도사 법무(法務 : 교무)를 역임하였고, 기미년(1919) 독립운동자금을 조달하다가 체포되어 2개월 동안 양산경찰서에 구금되었다. 1921년 경주 금강암(金剛庵) 주지, 1924년 10월 경주 분황사(芬皇寺) 주지를 역임하였다. 1925년 효봉원명(曉峰元明 : 李燦亨)도 스님의 법문을 듣고 출가를 결심하였다. 1928년 통도사 감무(監務 : 총무), 1929년부터 6년간 통도사 주지를 재임(在任)하였다. 1930년 9월 대교사(大敎師) 법계에 올랐으며, 같은 해 제옹(濟翁)을 법사로 입실(入室)하였다. 1956년 8월 조선불교중앙교무원재무부장(朝鮮佛敎中央敎務院財務部長)에 취임하였으며, 1958년 3월에는 울주군 삼동면 조일국민학교(早日國民學校)를 설립하였다. 1970년 9월 28일 통도사에서 입적하였으니, 세수 85, 법랍 71세였다. 약산상우(藥山祥牛)가 비문을 짓고, 신허상수(薪虛湘壽)가 써서 1994년에 세운 비가 통도사 비림(碑林)에 있다. 〔참고문헌〕「梁山通度寺雪巖堂倚典大宗師碑文」(智冠 『韓國高僧碑文總集 朝鮮朝·近現代』 pp.1058~1060).

의전 意轉 Ⓢ manasa āvṛttiḥ, Ⓣ yid-bzlog-pa. 의(意)의 뒤침. 제7말나식(末那識)이 뒤쳐 업·전·현·지·상속(業 轉 現 智 相續) 등의 오종식상의 이름을 갖는 등이다. 『대승기신론약술』 권상(대정장85, p.1100c25)에 "〔논〕 깨우칠 겨를 없이 일어나 애써 이미 이르렀기에 설하여 의라고 한다. 〔술〕 이 이하는 두 번째 '의의 뒤침'을 풀이한다. 이 중에는 세 가지가 있으니, 처음에는 '의의 전'을 간략하게 밝히고, 그 다음에 전의 상을 자세하게 드러내며, 마지막으로 '마음에 의지함'으로 결론짓는다. 이것은 처음에 다섯 가지 식의 상을 간략하게 드러낸다. '깨닫지 못하는 사이에 일어남'이라는 말은 첫 번째 업식상이니, 심체가 훈습을 받아 통째로 움직인다는 뜻이다. '능견'이란 두 번째 전식상이니, 저 움직이는 마음을 굴려 능히 보게 하는 것이다. … 이 뜻에 의지하여 의식을 낳기에 이 다섯 가지 이름을 '의'로 여긴다 한다. 論 不覺而起 至故說爲意 述曰 次下第二 釋其意轉 於中有三 初 略明意轉 次 廣顯轉相 後 結成依心此初也 於中略顯 五種識相 不覺而起者 第一業識 心體被熏 擧體動故 言能見者 第二轉識 轉被動心 成能見故 … 依止此義 而生意識 故說此五 名之爲意"라고 하였다. [참고문헌] 『大乘起信論略述』, 『大乘起信論』(대정장32, p.577b5), *Sūtr.66*. ⇨ 말나식 末那識, 의 意, 전변 轉變

의전 疑箭 의혹의 화살. 『광박엄정불퇴전륜경』 권4(대정장9, p.273b8)에 "그때 회중의 백천중생 이미 의심의 화살 뽑혔기에 더는 의혹이 남지 않았으니 크게 비추고 밝게 알아 모든 법 중에 무생법인을 얻는다. 爾時會中 百千衆生 已拔疑箭 無復疑惑 逮大照明 於諸法中 得無生法忍", 80권본 『화엄경』 권27(대정장10, p.149b13)에 "원컨대 모든 중생이 항상 일체불법을 관찰하여 의혹의 화살을 뽑고 마음이 안은하길 바랍니다. 願一切衆生 常能觀察 一切佛法 拔除疑箭 心得安隱"라고 하였다. [참고문헌] 『廣博嚴淨不退轉輪經』, 『華嚴經』, 『萬善同歸集』 권중(대정장48, p.975b11).

의전 儀典 조선후기 스님. 호는 성담(聖潭). 양산 통도사의 대강백(大講伯)이었다. 어려서부터 내・외전에 정통한 후, 영호남(嶺湖南)의 여러 강원에서 후학을 지도하여 백파긍선(白坡亘璇 1767~1852)・초의의순(草衣意恂 1786~1866)・제산운고(霽山雲皐) 등과 함께 명성을 크게 떨쳤다. 또한 유림의 사부(士夫)인 권일미(權一味)・추사(秋史) 김정희(金正喜) 등이 편지를 보내와 만나기를 청하거나 칭송을 아끼지 아니하였다. 환성지안(喚醒志安)의 7세(世) 법손으로 법맥은 환성지안→설송연초(雪松演初)→응암희유(凝庵禧有)→연파덕장(烟波德藏)→도암우신(度庵宇伸)→청담준일(淸潭俊一)→성담의전으로 이어진다. [참고문헌] 『東師列傳』 권6 「聖潭講伯傳」(한불전10, p.1072a7).

선교양종화엄종주성담당의전대선사
지진 양산 통도사 1854년

의전경계 衣纏頸戒 가사로 목을 둘러싼 채 재가자의 집에 들어가는 행위를 금하는 계. 백중학법(百衆學法) 중 하나이다. 재가자의 집에 갈 때는 가사를 단정하게 입어 위의를 갖추어야 한다. 『사분율』 권19(대정장22, p.699a17)에 "그때 육군비구가 가사로 목을 둘러싸고 재가자의 집에 들어가니 거사들이 보고 모두 비난하였다. '이 사문 석자들은 부끄러운 줄도 모르고 가사로 목을 둘러싼 채 재가자의 집에 들어가는구나. 마치 국왕・대신・장자・거사의 무리인듯 하는구나'. … 가사로 목을 둘러싸고 재가자의 집에 들어가지 말지니, 식차가라니(중학)이니라. 爾時六群比丘 以衣纏頸入白衣舍 諸居士見已皆譏嫌言 此沙門釋子不知慚愧 乃以衣纏頸入白衣舍 如似國王大臣長者居士種 … 不得衣纏頸入白衣舍 式叉迦羅尼"라고 하였다. [참고문헌] 『四分律』, 李智冠 『南北傳律藏比較研究』 p.277. ⇨ 백중학법 百衆學法

의전경인설법계 衣纏頸人說法戒 옷을 목에 두르고 있는 사람에게 설법하는 것을 금하는 계. 백중학법(百衆學法) 중 하나이다. 『사분율』 권21(대정장22, p.710a23)에 "옷으로 목을 두른 이에게는 법을 설하지 말지니, 병자를 제하고는 시차계뢰니(중학)이니라. 不得爲衣纏頸者說法 除病 尸叉罽賴尼"라고 하였다. [참고문헌] 『四分律』, 李智冠 『南北傳律藏比較研究』 p.317. ⇨ 백중학법 百衆學法, 식차가라니 式叉迦羅尼

의전경좌계 衣纏頸坐戒 가사로 목을 둘러싼 채 재가자의 집에 앉아 있는 행위를 금하는 계. 백중학법(百衆學法) 중 하나이다. 『사분율』 권19(대정장22, p.699b11)에 "가사를 목에 두르고 재가자의 집에 들어가 앉아 있어서는 안 되니, 식차가라니(중학)이니라. 不得衣纏頸入白衣舍坐 式叉迦羅尼"라고 하였다. [참고문헌] 『四分律』, 李智冠 『南北傳律藏比較研究』 p.277. ⇨ 백중학법 百衆學法, 식차가라니 式叉迦羅尼

의전극성 依轉極成 인명용어. 사종극성(四種極成 : 自性極成・境界極成・差別極成・依轉極成) 중 하나. 주장명제와 필연의 관계가 있고, 동품(同品)과도 부합하여 명제가 충분히 성취되는 뜻이다. ⇨ 극성 極成

의전담지 依詮談旨 말에 의지하여 뜻을 말함. 말을 거두고 뜻을 논한다는 폐전담지(廢詮談旨)와 상대한다. 『약술법상의』 권하(대정장71, p.149c23)에 "의전과 폐전 : 진여의 묘한 이치는 불가사의하니, 언어로 표현할 수 없고 식으로 알 수 있는 것도 아니다. 오직 모든 성자만이 분만을 깨우쳐 아니, 이를 폐전담지라고 한다. 비록 이와 같지만 굳이 말과 생각에 의지하여 상주나 일미 등이라고 하니, 이것을 의전담지라고 한다. 依詮廢詮 眞如妙理 不可思議 非言所言 非識所識 唯諸聖者 分滿證悟 謂之廢詮談旨 雖然如是 强寄言慮 而說常住一味等 謂之依詮談旨"라고 하였다. [참고문헌] 『略述法相義』. ⇨ 폐전담지 廢詮談旨

의전지교 意傳之教 뜻으로 전하는 가르침. 『능가사자기』「신수장 神秀章」(대정장85, p.1290b20)에 "입적하던 날 남긴 말씀은 잠깐 마음에 사무치지만, 마음 깊이 전하신 가르침은 길이길이 생각나리라. 一傷泥日之論 長想意傳之教"라고 하였다. 〔참고문헌〕『楞伽師資記』. ⇨이심전심 以心傳心

의전지재 依前只在 옛 그대로일 뿐. 이어 붙는 말로 해묵은 소굴(舊窠窟裏)·귀신소굴(鬼窟裏)·함정 그 속(圈繢裏) 등이 있다. 깨우쳐 뒤쳐서 분별의 소굴을 벗어나지 못하는 형국이다. 의전은 의연(依然)이라고도 한다. 『벽암록』 6칙(대정장48, p.146b15)에 "마음껏 관하여 나는 새 자취 베껴낼지라도〈눈 안에는 이런 소식 없다. 여우의 견해일 뿐. 여전히 해묵은 소굴에 있을 뿐〉. 縱觀寫出飛禽跡〈眼裏亦無此消息 野狐精見解 依前只在舊窠窟裏〉", 같은 책 89칙 「평창 評唱」(대정장48, p.214b19)에 "설두는 자신이 작가라고 여겨 일시에 자취를 쓸어버렸다. 어찌하리, 그러지 않는 곳에서는 옛 그대로 쓸데없이 말놀음하며 변함없이 함정 속에 빠져 있을 뿐. 雪竇自謂作家 一時拂迹了也 爭奈後面依舊漏逗說箇論子 依前只在圈繢裏"라고 하였다. 〔참고문헌〕『碧巖錄』. ⇨의전 依前❷, 구과 舊窠, 귀굴리 鬼窟裏 권궤 圈繢

의절 懿節 아름다운 예절. 『양고승전』 권2 「구마라집전 鳩摩羅什傳」(대정장50, p.330a12)에 "아버지 구마염은 총명하고도 아름다운 예절마저 지녔다. 상국의 자리를 물려주려 하자 고사하고 출가하여 총령을 넘어 동쪽으로 가버렸다. 구자국의 왕은 그가 영예마저 버렸다는 소문을 듣고 깊이 경모하여, 직접 교외까지 나가 영접하고는 국사를 청하였다. 父鳩摩炎 聰明有懿節 將嗣相位 乃辭避出家 東度葱嶺 龜茲王聞其棄榮 甚敬慕之 自出郊迎 請爲國師"라고 하였다. 〔참고문헌〕『梁高僧傳』, 『出三藏記集』 권14(대정장55, p.100a26).

의정 依正 ➡의정이보 依正二報

의정 意定 ❶삼정(三定) 중 하나. 마음이 고요함. 『법관경』(대정장15, p.240c4)에 "어떤 것이 삼정인가? 첫째 신정, 둘째 구정, 셋째 의정이다. … 의념 그친 것이 의정이다. 何等爲三定 一者 身定 二者 口定 三者 意定 … 意念止爲意定", 같은 책(대정장15, p.242a11)에 "마음에 더할 념이 없는 것이 의정이다. 意無所復念爲意定"라고 하였다. 〔참고문헌〕『法觀經』. ⇨삼정 三定❺ ❷사여의족(四如意足) 중 심여의족(心如意足)을 성취하기 위해서 마음의 집중으로 얻는 선정. 『잡아함경』 권7(대정장2, p.47a5)에 "머리나 옷이 타는 것은 잠시 잊을 수 있으나, 무상이라는 치성한 불은 끝내 끊어야 한다. 무상의 불 끊기 위해서는 욕정과 단행을 닦아 여의족을 성취해야 한다. … 저 욕정을 닦듯이 정진정·의정·사유정도 그렇게 닦는다. 頭衣燒燃 尙可暫忘 無常盛火當盡斷 爲斷無常火故 當修欲定斷行 成就如意足 … 如修欲定 如是精進定 意定 思惟定亦如是"라고 하였다. 〔참고문헌〕『雜阿含經』. ⇨사여의족 四如意足

의정 意淨 ❶Ⓢcitta-pariśuddhi. 의(意)가 깨끗함. 또는 '의'를 청정하게 하는 것. 아라한의 마음을 일컫는다. 『대방등대집경』 권4(대정장13, p.23a27)에 "자비희사의 마음을 닦아 익히는 것을 의정이라고 한다. 修習慈悲喜捨之心 是名意淨", 『유마힐경』 권상(대정장14, p.520b21 : *Vikī-n.*, p.40)에 "동자야, 보살이 불국토를 청정하게 하고자 하면 마땅히 뜻을 깨끗이 하고 그와 같이 행한다. 왜냐하면 보살의 깨끗한 뜻으로 깨끗한 국토 얻는다. 童子 菩薩欲使佛國清淨 當以淨意 作如應行 所以者何 菩薩以意淨故 得佛國淨 tasmāt tarhi kulaputra buddhakṣetraṃ pariśodhayitukāmena bodhisatvena svacittapariśodhane yatnaḥ karaṇīyaḥ. tat kasya hetor yādṛśī bodhisatvasya cittapariśuddhiḥ. tādṛśī buddhakṣetrapariśuddhiḥ saṃbhavati"라고 하였다. 『아비담심론경』 권2(대정장28, p.843a21)에서는 무학(無學)의 마음을 '의정'이라 하였는데, 『잡아비담심론』 권3(대정장28, p.897a25)에서는 의만(意滿)이라 하였다. 〔참고문헌〕『大方等大集經』, 『維摩詰經』, 『阿毘曇心論經』, 『雜阿毘曇心論』, *Vikī-n.* ⇨의만 意滿 ❷파순(波旬)을 일컫는 말. 『보문품경』(대정장11, p.775a11)에 "또 삼존이 있으니, 늘 이들에게 귀명하고 이들 앞에 참회하며 참괴해야 한다. 무엇을 삼존이라고 하는가? 첫째 뜻이 깨끗하면 파순이라 하고, 둘째 욕이 깨끗하면 사자왕이며, 셋째 색을 깨끗이 하면 금시조라 한다. 復有三尊 常當歸命 懺悔 慚愧 何謂三尊 第一 意淨名波旬 第二 欲淨名師子王 第三 色淨名金翅鳥"라고 하였다. 〔참고문헌〕『普門品經』. ❸보살 명호. 〔참고문헌〕『大寶積經』 권117(대정장11, p.657b12).

의정 義淨 635~713. 당대 구법승(求法僧)이자 역경승(譯經僧). 자는 문명(文明), 속성은 장(張)씨. 제주(齊州 : 山東省 濟南市) 출신(『송고승전』에는 하북성 涿縣에 해당하는 范陽 출신이라 함). 20세에 수계 받고, 37세이던 671년에 광주(廣州)에서 출항하여 서역으로 구법을 시작했다. 영추산·녹야원·기수급고독원 등의 유적을 참배하고 나란다사(那爛陀寺 ⓈNālandā)에 머물며 범어를 배웠다. 25년 동안 30여 나라를 순례하고 범본 삼장 400부와 불사리(佛舍利)를 얻어서 695년 해로를 통해 낙양(洛陽)으로 돌아왔다. 불수기사(佛授記寺)에서 실차난타(實叉難陀 ⓈŚikṣānanda)와 함께 『

화엄경』을 한역했다. 700년부터 703년까지 동도(東都) 복선사(福先寺)·서명사(西明寺) 등에 주석하며 『금광명최승왕경 金光明最勝王經』(*Suvarṇaprabhāsa-sūtra*) 10권·『능단금강반야경 能斷金剛般若經』(*Vajracchedikā Prajñāpāramitā*) 1권·『입정부정인경 入定不定印經』(*Niyatāniyatamudrāvatāra-sūtra*) 2권·『미륵하생성불경 彌勒下生成佛經』(*Maitreyavyākaraṇa*) 1권·『근본설일체유부비나야 根本說一切有部毘奈耶』(*Mūlasarvāstivāda-vinaya*) 50권·『장중론 掌中論』(*Hastavāla-prakaraṇa*) 1권 등의 경율론 20부 150권을 역출했다. 705년에는 동도의 내도량(內道場)에서 『대공작주왕경 大孔雀呪王經』(*Mahāmāyūrī Vidyārājñī*) 3권·『불위승광천자설왕법경 佛爲勝光天子說王法經』(*Rājāvavādaka*) 1권 등 4부 6권을 한역했다. 705년 대천복사(大薦福寺) 번경원에 주석한 이래 『성유식보생론 成唯識寶生論』 5권·『대보적경 불설입태장회 大寶積經 佛說入胎藏會』 2권·『욕불공덕경 浴佛功德經』 1권 등 20부 88권을 역출했다. 707년에는 입내(入內)하여 대불광전(大佛光殿)에서 『약사유리광칠불본원공덕경 藥師琉璃光七佛本願功德經』(*Bhaiṣajyaguruvaidūryaprabharāja-sūtra*) 2권을 한역했다. 도합 56부 230권의 한역 경전을 남겼는데 특히 계율·유식·밀교 관련 전적이 많았다. 저술로는 『남해기귀내법전 南海寄歸內法傳』 4권(대정장54, No.2125)과 『대당서역구법고승전 大唐西域求法高僧傳』 2권(대정장51, No.2066)·『별설죄요행법 別說罪要行法』 1권·『호명방생의궤 護命放生儀軌』 1권 등이 있다. 측천무후로부터 삼장(三藏)의 칭호를 받았으며 중국 사대 역경가로 손꼽힌다. 713년 정월에 세수 79, 법랍 59세로 입적했다. 탑은 낙양 북쪽 용문(龍門)에 건립되었다. [참고문헌] 『宋高僧傳』 권1(대정장50, p.710b8), 『開元釋敎錄』 권9(대정장55, p.568b5). ⇨사대역경가 四大譯經家, 남해기귀내법전 南海寄歸內法傳, 대당서역구법고승전 大唐西域求法高僧傳

의정 義靜 ❶ ?~757. 당대 스님. 감진(鑑眞 687~763 : 唐大和上)의 제자. 스승과 함께 일본으로 건너가 당초제사(唐招提寺)에서 율을 강의하였으며, 전적을 모아서 윤장(輪藏)도 건립하였다. 『유방기초』 「당대화상동정전 唐大和上東征傳」(대정장51, p.993a1)에 따르면, 주석지는 양주(揚州 : 江蘇省) 홍운사(興雲寺)이다. [참고문헌] 『遊方記抄』, 『日本高僧傳』 권57, 『律苑僧寶傳』. ⇨감진 鑑眞 ❷ ➡의정 義淨

의정 疑情 ❶ 물어 쉴 틈 없이 함. 화두 참구의 긴요한 방도다. 어떤 견처나 경계라도 십이시 중에 머물 틈 없이 의심하여 물리쳐 끝없이 하는 뜻이다. 『박산참선경어』 권상(卍속장112, p.947b17)에 "공부함에 있어 의정을 일으키는 일을 귀하게 여긴다. 무엇을 의정이라 하는가? 저 태어났어도 어디서 왔는지 모르니 온 곳을 의심하지 않을 수 없고, 죽더라도 어디로 가는지 모르니 가는 곳을 의심하지 않을 수 없는 경우와 같다. 생사의 관문을 뚫지 못한다면 의정이 문득 일어나 눈썹 위에 맺혀 있어 놓으려 해도 떨어지지 않고 좇으려 해도 가지 않는다. 홀연히 아침에 의심 덩어리를 때려 부순다면 생사라는 두 글자가 무슨 한가한 가구인가? 아! 고덕이 이르길 '크게 의심하면 크게 깨닫고, 작게 의심하면 작게 깨우치며, 의심하지 않으면 깨닫지도 못한다'라고 말했다. 做工夫 貴在起疑情 何謂疑情 如生不知何來 不得不疑來處 死不知何去 不得不疑去處 生死關竅不破 則疑情頓發 結在眉睫上 放亦不下 趁亦不去 忽朝樸破疑團 生死二字 是甚麼閑家具 噁 古德云 大疑大悟 小疑小悟 不疑不悟", 같은 책 권상(卍속장112, p.955a3)에 "가령 백수자 화두를 간한다면 문득 백수자에 나아가 의정을 일으키고, 저 일귀하처를 간한다면 일귀하처에 의정을 일으킨다. 시방세계가 온통 하나의 의심덩어리이니 부모에게 받은 몸도 마음도 잊고 온몸이 이 의심덩어리일 뿐이며, 시방세계마저 염두에 없이 한 덩어리다. 如看栢樹子 便就栢樹子起疑情 如看一歸何處 便就一歸何處起疑情 疑情發得起 盡十方世界 是一個疑團 不知有父母底身心 通身是箇疑團 不知有十方世界 非內非外 滾成一團", 『선문단련설』 「낙당개도 落堂開導」(卍속장112, p.991a6)에 "그러므로 의심이 충분하면 깨달음도 충분하다. 그러나 세간에는 죽을힘을 다해 화두를 지키되 의정은 일으키지 말라고 가르치는 사람도 있다. 이것은 참선의 가장 큰 병이다. 참선은 비록 아무렇게나 헤아려도 안 되지만 죽을힘을 다해서 화두를 지키기만 해서도 안 된다. 단지 화두만을 지킨다면 묶였으면 마른 말뚝이고, 빠진 자 죽은 물이고, 애써 갈았지만 칼등이다. 만일 참된 의심을 일으켜 기틀 바퀴가 안에서 돌지 않는다면 좌선하며 아득한 세월을 보내더라도 깨닫지 못한다. 故疑有十分 斯悟有十分 而世有敎人 死守話頭 不起疑情者 此參禪人病也 蓋參禪雖不可胡亂卜度 而亦不可死守話頭 但守話頭 則所繫者枯樁 所沈者死水 所磨者刀背而已矣 若非發起眞疑 機輪內轉 卽坐至驢年 亦不得悟也", 『선종결의집』 「해태면근문 懈怠勉勤門」(대정장48, p.1010b20)에 "이 두 가지 병통(수면과 집착)은 나의 공부가 제대로 익지 않았을 때 자주 일어난다. 다만 화두를 반드시 의정을 일으키고 분별할 일 없고 시비마저 쳐 보낸다. 의정을 일단 일으키면 이런 상념은 몰록 사라진다. 此二種病 余工夫 未純熟時 數數而起 只向話頭上 決起疑情 亦不用分別 排遣是非 疑情一起 此念頓消", 『선종직지』(卍속장112, p.978a4)에 "불법공부는 견주어 헤아림을 가장 두려워한다. 마음 가져 모으고 머물게 한들 도와는 점점 멀어져 미륵하생할 때까지 공부하여도 분명히 구멍으로 취한 듯 이리저리 헤맨다. 만일 이 의정이 일어나길 바라는 사람이라면 허공 다 메워 채우더라도 허공이라는 이름이 있는지도 모를 것이다. 마치 은산철벽에 앉은 채 오로지 살길을 찾는 듯이 해야 한다. 만일 살길을 찾지 못한다면 어떻게 편안할 수 있겠는가? 다만 이렇게 공부해 나간다면 시절은 도래하고 자연히 이루어질 때 있을 것이다. 佛法工夫 最怕比量 將心湊泊 與道轉遠 做到彌勒下生 管取沒交涉 若是疑情願發的漢子 逼塞虛空 不知有虛空名字 如坐在銀山鐵壁中 祇要得個活路 若不得個活路 如何得安穩去 但這麽做去 時節到來 自然有成", 『대휴주어록』 권1(가흥장27, p.185a9)에 "선대부터 모든 조사들은 누구도 화두를 참구하라 함도 의정을 일으키라 한 적도 없다. 요즘 학인들이 남의 생각과 말을 훔쳐서 기대는 마음을 버리지 못하고 업습이 깊고 무겁기에 방편으로 화두를 가지게 하고 낮이나 밤이나 참구하도록 했을 뿐이다. 참으로 사람사람마다 마음 훔치는 업습 도태하길 바랄 뿐이니, 단지 이렇게 궁구하다 보면 물도 산도 다하는 곳에 이르리니 은산철벽의 순간이다. 從上諸祖 並無參話頭 發疑情之說 因今人偸心不死 業習深重故 方便將個話頭 令人晝參夜參 正要人人 淘汰偸心業習耳 但依此究 到水窮山盡處 銀山鐵壁時"라고 하였다. 〔참고문헌〕『博山參禪警語』, 『禪門鍛鍊說』, 『禪宗決疑集』, 『禪宗直指』, 『大休珠語錄』. ⇨ 의단 疑團❶, 대의정 大疑情, 대의 大疑, 불의언구 不疑言句 ❷ 의문에 막혀 풀리지 않는 마음. 『분양어록』(대정장47, p.599a12)에 "문득 말 속에 여운 있고 구절 아래 사사로움 없다면 참된 지혜 현전하리니 한없는 겁 이래 쌓아온 의정 단번에 그칠 것이니, 어찌 평생이 즐겁지 아니하겠는가! 忽爾 言中有響 句下無私 眞智現前 無量劫來 疑情頓息 豈不慶快平生", 『대혜어록』 권13(대정장47, p.866c17)에 "내가 오늘 도상좌에게 의문을 풀어주겠다. 잘 드는 칼 쓸 일 없다. 다만 마음도 아니고 부처도 아니고 중생도 아닌 물건만이 있을 뿐이다. 만일 이곳을 향해 의정을 벗어난다면 천하에 걸림없이 다니겠지만 그렇지 못할진댄 일개 각주 들어 취해야 하리. 한칼에 생사의 길 끊고, 마혜수라의 바른 눈 정수리에 열리니, 끝도 없는 업장은 함께 녹아내리네. 필경에 어떠한가? 한산과 습득은 천태산에 계시네. 雲門今日 爲道上座決疑 且不用利劍 只有箇不是心不是佛不是物 若向這裏 疑情脫去 天下橫行 若不然者 聽取箇註脚 一刀截斷生死路 摩醯正眼頂門開 無邊業障俱銷殞 畢竟如何 寒山拾得在天台"라고 하였다. 〔참고문헌〕『汾陽語錄』, 『大慧語錄』.

의정무애 依正無礙 의보(依報)와 정보(正報)가 걸림없음. 십무애(十無礙) 중 하나로 유정과 세간이 서로 섞이지만 어울려 걸림없는 뜻이다. 『능엄경직지』 권4(卍속장22, p.744a13)에 "시방에 두루 나타나므로 몸 안에 국토 나투고 국토 중에 몸을 나투니 의정이 걸림이 없고 대와 소가 한 쌍으로 어울린다. 이는 또한 용에 체의 묘함 한층 빛나게 함이니 바야흐로 사사무애법계 나툰다. 十方徧現 故能身中現土 土中現身 依正無礙 大小雙融 此又於用 而益彰體妙 方顯事事無礙法界耳", 『화엄경소초』 권4(대정장36, p.30b15)에 "여덟 번째, 의정무애란 앞서 인을 설하는 중의 풀이와 같다. 또한 이 몸들의 구름 인즉 곧바로 일체기세간 짓는다. 경에 '해와 달이 되어 허공에서 노닐기도 하고, 강·못·우물·샘물이 되기도 하며', '또한 때론 지·수가 되고, 때로는 풍·화가 되기도 한다'라고 한 것이다. 八 依正無礙者 如上說因中釋 又此身雲 卽作一切器世間故 經云 或作日月遊虛空 或作河池井泉水 又或時作地水 或復作風火"라고 하였다. 〔참고문헌〕『楞嚴經直指』, 『華嚴經疏鈔』, 60권본 『華嚴經』 권7(대정장9, p.439b8), 『維摩經』 권중(대정장14, p.550a18). ⇨ 육종의정무애 六種依正無礙, 십무애 十無礙

의정불이문 依正不二門 의보(依報)와 정보(正報)가 둘이 아닌 문. 십불이문(十不二門) 중 하나다. 원교(圓敎) 전삼교(前三敎)교주와 구계(九界) 몸인 정보와 적광정토(寂光淨土)로 드러난 동거사(同居士)·방편토(方便土)·실보토(實報土)인 의보가 모두 적광토의 원불(圓佛) 그 자체라는 뜻을 세운다. 천태 특유의 일념삼천(一念三千)에 의지한 설이다. 『십불이문』(대정장46, p.703c26)에 "여섯째, 의정불이문이라 한 것은 앞서 자나불은 한 몸으로 둘이 아님을 증명하였다. 시작 없는 일념삼천으로 말미암지만, 삼천 가운데 생음이천이 정보이고 국토일천은 의보에 속한다. 의정이 이미 일심에 깃들거늘 일심 어찌 능과 소로 나누겠는가! … 인과의 이치가 이처럼 동일하거늘 의보와 정보에 무슨 별다른 차이가 있겠는가! 그러므로 정토와 예토, 승신과 열신, 진신과 법신의 양은 동일하며, 진국토와 적광토 사이에 차이가 없다. … 이와 같아야 비로소 중생과 부처의 평등한 이치와 피차의 사와 이가 상호 거두는 도리를 알게 된다. 이상으로 염정불이문을 완성하였다. 六 依正不二門者 已證遮那 一體不二 良由無始 一念三千 以三千中生陰二千爲正 國土一千屬依 依正旣居一心 一心豈分能所 … 因果理同 依正何別 故淨穢之土 勝劣之身 塵身與法身量同 塵國與寂光無異 … 如是方知生佛等 彼此事理互相收 此以染淨不二門成", 『주법화본적십불이문』(卍속장100, p.161a11)에 "의정불이문이란 것은 삼천상 가운데 일천국토는 머무는 곳으로 의라 하고, 이천계여는 능히 머물기에 정이라 하며, 이들이 온통 일념에 있으므로 불이라 하고, 능소가 통하기에 문이라 한다. 依正不二門者 三千相中 一千國土 所居曰依 二千界如 能居曰正 總在一念 故曰不二 卽所能通爲門矣"라고 하였다. 〔참고문헌〕『

十不二門』, 『註法華本跡十不二門』. ⇨십불이문 十不二門 ❶, 일념삼천 一念三千, 의보 依報, 정보 正報

의정역경 義淨譯經 의정(義淨 635~713)이 경을 한역한 고사. 『석씨원류응화사적』 권3 p.194에 "의정역경 : 『송고승전』에서 설하길, 당대 스님 의정은 … 나이 15세에 서쪽 땅을 유행하기로 뜻을 세우고 … 37세 때에 마침내 발을 떼었다. 기운을 내서 힘써 홀로 길을 떠나 갖은 어려움과 위험을 겪어가면서 이르는 곳마다 그곳의 말과 음을 깨쳤다. … 스님은 한역하고 편찬하는 여가에 곡진히 학도들에게 전수하였으며 무릇 하는 일마다에 모두 급히 구호할 일을 으뜸으로 하여 녹수낭으로 걸러 씻어냈으니 일반 무리와는 특별히 달랐다. 義淨譯經 高僧傳云 唐釋義淨 … 年十五歲 便立其志 欲遊西土 … 年三十七 方遂發足 奮勵孤行 備歷艱險 所至之境 皆曉言音 … 譯綴之暇 曲授學徒 凡所行事 皆尙急護 漉囊滌穢 特異常倫"라고 하였다. [참고문헌] 佛巖寺板 『釋氏源流應化事蹟』, 『宋高僧傳』 권1(대정장50, p.710b8). ⇨의정 義淨, 사대역경가 四大譯經家

의정역경 『석씨원류응화사적』권3
양주불암사판 1673년

의정이보 依正二報 의보(依報)와 정보(正報)라는 두 보. 유정(有情)의 과보인 정보와 기세간(器世間)인 의보를 말한다. 『화엄경행원품소초』 권2(卍속장7, p.848a3)에 "의란 범성이 의지하는 국토이니 깨끗하기도 물들기도 한다. 정이란 범부나 성인이 의지하는 몸이다. 곧 인천의 남녀와 재가출가와 외도의 온갖 신이나 보살과 부처 등이다. 依者 凡聖所依之國土 若淨若穢 正者 凡聖能依之身 謂人天男女 在家出家 外道諸神 菩薩及佛", 『금강경찬요간정기』 권3(대정장33, p.194c15)에 "성스런 자성을 증득하여 여래가에 태어나면 반드시 불과공덕을 드러내어 기쁘게 나아갈 것이다. 그러나 그 과덕이 비록 많다지만 간략히 말하면 의정이보를 넘어서지 못한다. 旣證聖性 生如來家 須示佛果功德 令其欣趣 然其果德雖多 以要言之 不出依正二報", 『신화엄경론』 권1(대정장36, p.721a18)에 "의정이보에는 몸과 국토가 뒤섞이고 인과양문에는 체와 용이 서로 사무친다. 依正二報 身土交參 因果兩門 體用相徹", 『관무량수불경소』 권4(대정장37, p.271a14)에 "진실심중에 구업으로 저 아미타불과 의정이보를 찬탄한다. 또 진실심중에 구업으로 삼계와 육도 등에서 자타가 벌린 의정이보의 괴롭고 나쁜 일들은 꾸짖어 싫다 한다. 眞實心中口業 讚歎彼阿彌陀佛 及依正二報 又眞實心中口業 毁厭三界六道等自他依正二報 苦惡之事"라고 하였다. [참고문헌] 『華嚴經行願品疏鈔』, 『金剛經纂要刊定記』, 『新華嚴經論』, 『觀無量壽佛經疏』. ⇨의보 依報, 정보 正報

의정인과 依正因果 의보와 정보 그리고 인과 과. 국토와 유정 그리고 이들과 상응하는 행의 인과 공덕의 과를 말한다. 『아미타경소초』 권4(卍속장33, p.461a15)에 "의정인과라 한 것은 의란 동거토 그대로 적광토라는 뜻이고, 정이란 응신 그대로 법신이라는 뜻이며, 인이란 7일 수행하여 공을 이룬다는 뜻이고, 과란 일생에 물러나지 않는다는 뜻이다. 또한 늘 쓰는 분별을 넘어서므로 모두 불가사의다. 依正因果者 依謂同居卽寂光 正謂應身卽法身 因謂七日功成 果謂一生不退 亦復超越常情 故俱不可思議也", 『금광명경문구기』 권1하(대정장39, p.90c12)에 "모름지기 이 네 가지 덕이 일체법에 가득함을 알아야 한다. 아래로 지옥에 이르기까지 의정인과 낱낱이 상락아정 아님이 없다. '세간상도 상이다'라고 한 경문은 이를 가리킨다. 須知此四 遍一切法 下至地獄 依正因果 一一無非 常樂我淨 世間相常 斯之謂也", 『지관보행전홍결』 권5(대정장46, p.289c10)에 "마땅히 알라. 일념에 항상 백 가지 계의 의정인과를 갖춘다. 그러므로 『불장경』에 '부처님께서는 일체중생의 심중에 모두 여래께서 결가부좌하심을 보신다'라고 한다. 불과도 갖추었으니 다른 과 또한 그러하다. 當知 一念恒具 百界依正因果 故佛藏云 佛見一切衆生心中 皆有如來 結跏趺坐 尙具佛果 餘果亦然"라고 하였다. [참고문헌] 『阿彌陀經疏鈔』, 『金光明經文句記』, 『止觀輔行傳弘決』, 『法華經』 권1(대정장9, p.9b10), 『如來藏經』(대정장16, p.461a17). ⇨의보 依報, 정보 正報, 인과 因果

의정일대 依正一對 의보와 정보라는 한 짝. 십대(十對) 중 하나. 『화엄경지귀』(대정장45, p.594a14)에 "의정일대란 연화장계다. 나무 등 가없는 이류의 모든 세계해와 아울러 보는 불보살이 나툰 법계신 구름이 걸림없이 의지함을 말한다. 依正一對 謂蓮華藏界 幷樹形等 無邊異類 諸世界海 及現諸佛菩薩 法界身雲 無礙依持"라고 하였다. [참고문헌] 『華嚴經旨歸』, 『華嚴經探玄記』 권17(대정장35, p.437a5). ⇨십대 十對, 의보 依報, 정보 正報, 의정이보 依正二報

의정장엄 依正莊嚴 의보와 정보의 장엄. 유정과 세계가 어울려 아름다운 뜻이다. 『신화엄경론』 권1(대정장36, p.721b13)에 "엄인즉 의보와 정보의 장엄이다. 嚴卽依正莊嚴", 『관무량수불경의소』 권상(대정장37, p.281a14)에 "관하는 경인즉 아미타불의 의보와 정보 장엄으로 체로 삼는다. 아래에서 벌린 16종 경이 그것이다. 능과 소가 서로 만나야 비로소 관행이 성취된다. 所觀境卽 以彌陀依正莊嚴爲體 卽下所列 十六種境 是也 能所相冥 方成觀行"라고 하였다. [참고문헌]『新華嚴經論』, 『觀無量壽佛經義疏』. ⇨ 의보 依報, 정보 正報

의조 衣條 Ⓢ cīvara-śreṇī, Ⓣ chos-gos-kyi-tshal-bu. 옷 조각. 가사의 가로로 기운 조각을 말한다. 오조(五條)에서 25조로 기운 조의 수는 지금도 법계(法階)를 상징한다. 『양고승전』 권13 「법열전 法悅傳」(대정장50, p.412c19)에 "불상의 모형을 열어 크기를 재어보니 예상보다 커서 1장 9척이나 되었지만 광상에는 차이가 없었다. 또한 큰 엽전 두 매(불상 주조용으로 녹인 구리 엽전)가 가사의 조각에 남아 그대로 보였다. 끝까지 녹지 않은 그 까닭을 아무도 헤아리지 못했다. 及至開模量度 乃踊成丈九 而光相不差 又有大錢二枚 猶見在衣條 竟不銷鑠 並莫測其然"라고 하였다. [참고문헌]『梁高僧傳』, 『樂邦文類』 권3(대정장47, p.194a9), *Mvyut. 279.* ⇨ 가사 袈裟, 의건도 衣犍度

의조 義操 당대 스님. 혜과(慧果)의 법을 이었다. 장안(長安 : 陝西省 西安) 청룡사(青龍寺) 동탑원(東塔院)에 주석하였다. 삼밀(三密)을 궁구하였고 오명(五明)에 통달하여 그 교화가 순종(順宗)·헌종(憲宗)·목종(穆宗) 등 삼대에 미쳤으며 다투어 그 관정을 받고 싶어 하였다. 만인의 존경을 받으며 국사로 불렸다. 후에 대비태장(大悲胎藏) 등 삼부비법(三部祕法)을 해운(海雲)·법윤(法潤)·의진(義眞)·심달(深達)·대우(大遇)·문범(文范) 등에게 전하였다. 저서에 『양부금강명호 兩部金剛名號』 2권이 있다. [참고문헌]『西方軍吒利法』「序文」(대정장21, p.49c5), 『兩部大法相承師資付法記』 권상(대정장51, p.784b2), 『胎金兩界血脈』(卍속장95, p.993a18). ⇨ 대비태장 大悲胎藏

의조화상 義照和尙 신라스님. 전라남도 해남 미황사(美黃寺)를 창건하였다. 『동국여지승람』 권35 영암군 산천 달마산(達磨山)에 따르면, 달마산 도솔암(兜率庵) 북쪽의 서굴(西窟)은 신라 때 의조화상(義照和尙)이 처음 살면서 낙일관(落日觀)을 닦은 곳이라 하였다. 1692년(숙종18)에 민암(閔黯)이 지은 「미황사사적비문 美黃寺史蹟碑文」에 따르면, 749년(경덕왕8) 8월에 영암 달마산 아래 사자포(獅子浦)에 『화엄경』·『법화경』·비로자나불·문수·보현·사십성중·오십삼선지식·십육나한 등의 탱화를 가득 실은 배가 표착하자 의조화상이 장운(張雲)·장선(張善) 두 사미와 함께 이를 봉영(奉迎)하여 미황사를 창건하였다고 전한다. [참고문헌]『東國輿地勝覽』, 『東國名山記』, 『韓國寺刹全書』 권상 p.399a 1. ⇨ 미황사 美黃寺

의족경 義足經 Ⓢ Arthavarga, Arthavargīyāṇi sūtrāṇi, Ⓟ Aṭṭhakavagga, Ⓣ don-gyi-tshoms-kyi-mdo. 오(吳)나라 때 지겸(支謙) 한역. 2권. 고려장19, pp.1012b1~1032c4, No.800·대정장4, pp.174b8~189c24, No.198에 수록되어 있다. 본경은 그 명칭이 한역대장경에서 다양하게 음사되거나 의역되는데, 음사된 제목으로는 『대지도론』 권1(대정장25, p.63c12)에 인용된 『아타바기경 阿他婆耆經』, 『십송율』 권24(대정장23, p.174b26)에 인용된 『아타바기야수투로 阿陀波耆耶修妬路』가 있다. 의역된 제목들로는 『잡아함경』 권20(대정장2, p.144b3)·『대비바사론』 권34(대정장27, p.176a28)·『구사론』 권1(대정장29, p.3b25)·『유가사지론』 권36(대정장30, p.489a23) 등에 인용된 「의품 義品」, 『구사석론』 권1(대정장29, p.164a12)에 인용된 『의부경 義部經』, 『대지도론』 권1(대정장25, p.60c13)에 인용된 『중의경 衆義經』, 『대비바사론』 권137(대정장27, p.706a26) 등에 인용된 「중의품 重義品」, 『오분율』 권21(대정장22, p.144b17) 등에 인용된 『십육의품경 十六義品經』, 『마하승기율』 권23(대정장22, p.416a3)에 인용된 『팔발기경 八跋祇經』, 『사분율』 권39(대정장22, p.845c24)에 인용된 『십육의구 十六義句』, 『비니모경』 권3(대장장24, p.818a25)에 인용된 「설의 說義」 등이 있다. 본경은 범본도 존재하는데, 그 일부 단편들이 중국 신강자치구(新疆自治區) 동투르키스탄 지역에서 발견되었다. 역시 본경의 이본으로 간주되는 팔리경전 숫타니파타(Ⓟ Sutta-nipāta : 經集)의 *Aṭṭhaka-vagga*(義品)는 최고(最古) 불경 중 하나로 경집 가운데서도 가장 오래된 전적에 속한다. 이 *Aṭṭhaka-vagga*는 숫타피타카(Ⓟ Sutta-piṭaka : 經藏)의 네 번째이자 마지막 모음집인 쿳다카니카야(Ⓟ Khuddhaka-nikāya : 小部經典)의 다섯 번째 작품 숫타니파타의 네 번째 품을 구성하는 16경들의 모음이다. 본경은 상·하 2권에 16경으로 구성되어 있고, 각 경의 말미에 의족게(義足偈)가 붙어 있어 『의족경』이라 한다. 16경의 내용은 다음과 같다. 걸탐왕(桀貪王)의 이야기를 들어 탐욕을 억제하지 못하여 초래하는 화를 주제로 설한 「걸탐왕경」, 분노하여 광분하는 우전왕(優塡王)을 누르는 「우전왕경」, 재가 여성 수행자인 수다리(須陀利)를 외도들이 죽이고 부처님과 그 제자들을 모함하였지만 전혀 피해를 입지 않았던 이야기를 소재로 한 「수다리경」, 만심(慢心)의 범지(梵志)를 다룬 「마게범지경 摩揭梵志經」, 장님이 코끼리를 만지고 얻은 견해를 비유로 취한 「경면왕경 鏡面王經」, 죽음은 노소를 가리지 않는 필연적 고통이고 불법을 닦아 넘어서야 한다고 설한 「노소구사경 老少俱死經」, 미륵의 질문을 받고 애욕에 휩싸여서는 수행할 수도 없고 계율을 지킬 수도 없다고 전한 「미륵난경 彌勒難經」. 부처님의 위의에 굴복하여 어떤 질문도 하지 못한 용사범지(勇辭梵志)의 이야기를 수록한 「용사범지경」. 색욕이 완전히 사라진 부처님에게 마인제(摩因提)가 자신의 딸과 혼인시키려한 이야기를 통하여 온갖 번뇌의 근본이 되는 색욕의 본질을 서술한 「마인제녀경 摩因提女經」. 화불(化佛)의 논쟁에서 부처님이 신통력으로 외도를 꺾는 이야기를 실은 「이학각비경 異學角飛經」. 맹관(猛觀)에게 확고한 믿음을 바탕으로 수행하라고 전한 「맹관범지경 猛觀梵志經」. 법관(法觀)에게 무아와 열반의 뜻을 전한 「법관범지경 法觀梵志經」. 열반의 성취를 위하여 탐욕 등의 장애를 없애야 한다고 설한 「도륵범지경 兜勒梵志經」. 도리천의 설법을 마치시고 7일 만에 내려와 연화색비구니(蓮花色比丘尼)에게 설법한 이야기를 실은 「연화색비구니경」. 부처님께서 부친인 정반왕과 석가족에게 설법하여 귀의시킨 이야기를 전하는 「자부공회경 子父共會經」. 선악의 과보에 대하여 설하는 「유루륵왕경 維樓勒王經」. 제1경~제9경까지는 「의품」과 순서가 일치하지만 제10경~제13경은 조금 어긋나며, 제14·제15·제16경은 각각 「의품」의 제16경·제10경·제15경에 해당한다. 본경에 실린 인연담과 게송들은 모두 불전 중에서도 가장 오래된 유형들을 모아놓았기에 근본불교의 뜻을 새겨보는 주요한 경전으로 여긴다. [참고문헌] 『大智度論』, 『十誦律』, 『雜阿含經』, 『大毘婆沙論』, 『俱舍論』, 『瑜伽師地論』, 『俱舍釋論』, 『五分律』, 『摩何僧祇律』, 『四分律』, 『毘尼母經』. ⇨ 의품 義品, 숫타니파타 Sutta-nipāta, 경집 經集

의존 義存 822~908. 당대 스님. 호는 설봉(雪峰). 속성은 증(曾)씨. 천주(泉州 : 福建省) 남안(南安) 출신. 나이 아홉에 부모를 청하였으나 허락받지 못하였고, 열두 살에야 아버지를 따라 포전(蒲田) 옥륜사(玉潤寺)로 가서 경현율사(慶玄律師)를 친견하고 그 문하에 동시(童侍)로 남았다. 나이 열일곱에 삭발하고 부용산(芙蓉山) 항조대사(恆照大師)에게 가르침을 청하였다. 당나라 선종(宣宗)이 불교 중흥을 시작한 뒤에 오·초·양·송·연·진(吳楚梁宋燕秦)을 두루 돌아다니다가 유주(幽州)의 보찰사(寶刹寺)에서 구족계를 받았다. 그 뒤에 무릉(武陵) 덕산(德山 : 湖南省 常德)에 이르러 덕산선감(德山宣鑒)을 친견하고 수행하여 그 법을 이었다. 865년(함통6) 부용산으로 돌아와 870년(함통11) 복주(福州) 상골산(象骨山)에 올라가 세운 암자를 근거지로 삼아 자신의 선풍을 펼쳤다. 그 산은 민월(閩越)의 뛰어난 경관을 지니고 있는데, 겨울이 되기 전에 눈이 먼저 내리고 한 여름까지 서늘하다는 이유로 설봉(雪峰)이라는 이름이 붙었고 의존도 그것을 호로 삼았다. 절이 완성되면서 출가수행자와 재가신도들이 운집하여 대중이 언제나 1천 5백 명을 넘었다. 희종(僖宗)이 진각대사(眞覺大師)라는 호를 내리면서 자가사(紫袈裟)까지 하사하였다. 대순년간(890~891) 단구(丹丘)와 사명(四明) 지대를 돌아다니면서 군려(軍旅)에서 법을 펼치기도 하였다. 뒤에 민(閩)으로 돌아와 민왕의 예우를 받았다. 908년(개평2) 5월에 세수 87, 법랍 59세로 입적하였다. 제자로는 현사사비(玄沙師備)·운문문언(雲門文偃)·아호지부(鵝湖智孚)·장경혜릉(長慶慧稜)·용화영조(龍華靈照) 등이 있다. 1673년(현종14) 양주 불암사판 『석씨원류응화사적』 권4 「민왕문도 閩王問道」에 '본성을 관하여 만약 보아 마치면 일체에 스스로 통할 것이다. 但觀本性 若見了 一切自通'라 제한 도해가 전한다. [참고문헌] 『宋高僧傳』 권12(대정장50, p.781c27), 『景德傳燈錄』 권16(대정장51, p.327a11), 『五燈會元』 권7(卍속장138, p.234b16).

의존 민왕문도 『석씨원류응화사적』 권4 양주불암사판 1673년

의존귀암 義存歸庵 설봉의존(雪峰義存)이 아무 대꾸도 하지 않고 암자로 돌아간 인연. 찾아온 학인에게 '이것은 무엇인가?'라고 묻고 학인도 똑같이 '이것은 무엇입니까?'라고 되묻자 고개를 숙이고 암자로 들어갔다는 이야기이다. 설봉심마(雪峰甚麽)라고도 한다. 이는 덕산탁발(德山托鉢)의 공안에 보이는 덕산의 대응과 유사하여 함께 거론되기도 한다. 설봉이 공양할 시간이 되지도 않았는데 발우를 들고 가는 덕산을 보고 한 마디 던지자 덕산이 아무 대꾸도 하지 않고 돌아갔다는 이야기이다. ⇨ 설봉심마 雪峰甚麽, 덕산탁발 德山托鉢

의존작조 義存斫槽 설봉의존(雪峰義存)과 동산양개(洞山良价) 사이에 주고받았던 문답. 동산이 이 편의 일과 저 편의 일을 가르는 장치로 설봉을 궁지로 몰아넣고 점검하였다. 『오등회원』 권7 「설봉의존장」(卍속장138, p.235b7)에 "동산이 어느 날 설봉에게 물었다. '무엇을 하다가 오느냐?' '나무통을 자르다 왔습니다' '몇 번의 도끼질로 잘랐는가?' '한 번의 도끼질로 잘라버렸습니다' '그래도 이 편의 일에 불과하다. 저 편의 일은 어떤가?' '손을 쓸 여지가 없더군요' '여전히 이 편의 일에 불과하다. 저 편의 일은 어떤가?' 설봉이 더 이상 응답하지 않았다〈분양이 대신 말했다. '제가 일찌감치 지쳤습니다'〉. 洞山一日 問師 作甚麽來 師曰 斫槽來 山曰 幾斧斫成 師曰 一

斧斫成 山曰 猶是這邊事 那邊事 作麽生 師曰 直得無下手處 山曰 猶是這邊事 那邊事 作麽生 師休去〈汾陽代云 某甲早困也〉"라고 하였다. 〔참고문헌〕『五燈會元』.

의존칠통 義存漆桶 ➡ 설봉속립 雪峰粟粒

의종 儀從 위의를 갖추어 따르는 행렬. 『백장청규』 권3 「영골입탑 靈骨立塔」(대정장48, p.1129c11)에 "기일이 되어 전날 밤에 의종을 준비한다. 至期隔宿 准備儀從", 『선림비용청규』 권9 「입탑 入塔」(卍속장112, p.124b13)에 "당일이 되면 의종을 갖추어 대중을 모아 기골불사를 청한 뒤 유골을 탑 있는 곳으로 보낸다. 至日備儀從 集衆請起骨佛事 送骨至塔所"라고 하였다. 〔참고문헌〕『百丈清規』, 『禪林備用清規』.

의종 擬鐘 대종(大鐘)을 크게 쳐 울리기 전에 당목(撞木)으로 가볍게 두드림. 『선원청규』 권6 「경중 警衆」(卍속장111, p.910a18)에 "대종 치는 법〈먼저 손으로 느슨하게 잡고 종을 치듯이 하여 세번 내린다. 느슨하게 18성, 팽팽하게 18성으로 세 번은 빠르게 세 번은 느리게 치되 모두 108성을 친다〉. 打大鐘之法〈先輕手擬鐘三下 慢十八聲 緊十八聲 三緊三慢 共一百八聲〉"라고 하였다. 〔참고문헌〕『禪苑清規』, 『四分律行事鈔簡正記』 권5(卍속장68, p.280b17).

의종교별 依宗教別 종에 의지해 교설을 구별함. 이통현(李通玄)이 부처님의 일대시교(一代時教)를 십문(十門)으로 나눈 중에 두 번째 문이다. 『신화엄경론』 권3(대정장36, p.734a12)에 "두 번째로 종에 의지해 교설을 달리함을 밝힌다. 대각께서 출세하여 교를 일으킴에 진혜에 맞게 자재하였다. 법신은 가이 없어 중생품류와 같이 하지만, 같은 몸으로써 근기에 적절하게 형을 나투고 근에 응하여 교설을 베푼다. 저 빈 계곡의 메아리 같아서 두드림에 응하여 소리 내지만 그 메아리는 무심하여 처소가 없는 것과 같다. 다만 연에 따라 능히 널리 응할 뿐이니, 여래께서 베푸는 교설도 이와 같아서 각자의 근기와 인연에 부합하여 자기 마음의 법을 얻은 다음 따라 늘이고 넓혀 성숙하는 것이다. … 교지에 준하여 간략하게 열 가지 교설을 세워 부처님이라는 해가 출현하여 일으킨 시종의 교의를 모두 꾸렸다. 第二 明依宗教別者 夫大覺出興 稱眞智而自在 法身無際等群品 以同軀任器現形 應根施教 如空谷響 應擊成音 谷響無心 亦無處所 但以隨緣 而能普應 如來設教 亦復如是 稱自根緣 得自心之法 隨增廣而成熟之 … 准其教旨 略立十種教 總該佛日出興 始終教意"라고 하였다. 〔참고문헌〕『新華嚴經論』. ⇨ 십시교 十時教

의좌상 倚坐像 ➡ 의상 倚像

의좌실삼궤 衣座室三軌 의·좌·실이라는 세 가지 본보기. 『법화경』을 널리 전하는 이가 갖추어야 할 여래의 옷(如來衣)과 여래의 자리(如來座), 여래의 방(如來室)으로 홍경삼궤(弘經三軌)라고도 한다. 『법화경』 권4 「법사품 法師品」(대정장9, p.31c23) 경문에 따른 풀이 『법화문구』 권8상(대정장34, p.108a19)에 "자비로 중생을 덮어주고 이익을 베풀어 자신에게 되돌리는 것을 방과 같다고 한다. 저 악을 막고 자신의 추함 가리는 것을 옷이라 한다. 마음을 공에 두고 비로소 다른 이도 자기도 편안하게 하는 것을 자리라 부른다. 慈悲覆物 惠利歸已 名之如室 遮彼惡 障已醜 名之爲衣 安心於空 方能安他 安他安已 名之爲座"라고 하였고, 『법화경과습』 권4(卍속장93, p.304b18)에 "의좌실을 삼궤라 한다. 말세에 경을 널리 알리려면 반드시 이 삼궤에 의지하여야 자리와 이타를 얻을 수 있다. 衣座室三 名爲三軌 末世弘經 必藉此三 乃獲二利"라고 하였다. 〔참고문헌〕『法華經』, 『法華文句』, 『法華經科拾』. ⇨ 여래의 如來衣, 여래좌 如來座 ❶, 여래실 如來室, 삼궤 三軌 ❷

의주 衣珠 옷 속의 구슬. 의중보(衣中寶)·의내명주(衣內明珠)라고도 한다. 『법화문구』 권1상(대정장34, p.8a6)에 "옷 속에 비장되어 있는 구슬은 자신의 물건이고 자신의 이익이다. 衣珠祕藏 是已之物 卽已利也", 『법화문구기』 권3하(대정장34, p.210b10)에 "중생의 몸속에는 과거에 심은 인연이 있는데 그것을 의주라 한다. 衆生身中 有昔種緣 名爲衣珠"라고 하였다. 〔참고문헌〕『法華文句』, 『法華文句記』. ⇨ 의중보 衣中寶, 의내명주 衣內明珠, 구주 求珠, 법화삼유 法華三喩

의주 依住 의지해 머묾. 유정(有情 : 有生)과 세간(世間) 등 일체법(一切法)은 인연(因緣)으로 일어나 서로 의지해 머무는 뜻이다. 중생은 염법(染法)으로 보살은 정법(淨法)으로 의지하고 머문다. 『보살지지경』 권9(대정장30, p.941b21)에 "보살이 이 열 가지 법을 닦으면, 그 이외의 증상계주 등 아홉 가지 주에서 모든 도의 공덕과 과오를 관찰하고, 불보살의 모든 신통을 구하며, 무너질 일 없는 도를 좋아하고, 행을 잘 거두어 의지를 얻는다. 일체주를 넘어서 대보리를 얻어 대도사가 되고, 생사광야의 중생을 건지고는 가르쳐 행에 들게 한다. 행하여 얻고 얻은 후에는 과인 복리마저 성취한다. 이것을 '의주'라고 한다. 菩薩修此十法 於餘九住 增上戒住等 觀察一切種道功德過惡 求佛菩薩所有神通 樂不壞道 善攝行得依 過一切住 得大菩提 爲大導師 度脫生死曠野衆生 教令入行 入行已得 得已果福利成 名爲依住", 『섭대승론석론』 권1(대정장31, p.273b22)에 "이런 등은 아함이 증거이다. 그런데 이 식(識)은 무슨 까닭에 아리야라고 하는가? 일체유생의 염법 '의주'로 과를 삼는다. 이 식

역시 저 법에 의지하여 인을 삼기에 아리야식이라고 한다. 또 중생의주로서 자아라 여기기에 아리야식이라고 한다. 〔석〕 이 식의 이름이 아리야인 것은 모든 법이 의지해 머물기 때문이다. 의주란 어울려 구르기 때문이며, 유생이란 생기하는 류는 모두 유생이다. 염법이란 정법과 다른 것을 말한다. 중생의주로 자아라 여기는 까닭은 집착하여 취하기 때문이다. 有此等阿含爲證 然此識 何因緣故 說名阿梨耶 一切有生染法依住爲果 此識亦依彼法爲因故 名阿梨耶識 又衆生依住以爲自我故 名阿梨耶識 釋曰 此識名阿梨耶者 謂諸法依住故 依住者 共轉故 有生者 謂有生起類 皆名有生故 染法者 謂異於淨法故 衆生依住爲自我者 執取故"라고 하였다. 〔참고문헌〕『菩薩地持經』, 『攝大乘論釋論』.

의주 猗籌 대나무 등으로 만든 산가지. 포살(布薩)·갈마(羯磨) 등에서 대중의 뜻을 묻기 위한 법구이나 대중의 수를 헤아릴 때도 쓴다. 승가 일원으로 인정되어야 의주를 얻을 수 있다. 『생경』 권5(대정장3, p.104a4)에 "그때 새로 배우는 비구가 의주를 얻지 못하자 다시 다른 수행처로 가서 의주를 구하였다. 그곳의 모든 비구들은 자세한 사정을 묻지도 않고 속히 의주를 주었다. 爾時新學 不得猗籌 復詣餘處 求索猗籌 彼諸比丘 不問本末 速授猗籌"라고 하였다. 〔참고문헌〕『生經』.

의주 意珠 Ⓢ Ⓟ maṇi. 마음의 구슬. 『석원사림』 권194(한불전4, p.667a1)에 "의주를 얻었지만 지키려 하지 않아야 엄정한 계요, 참다운 베풂이다. 得意珠而不守 嚴戒眞施", 종보본 『단경』 「대감선사비 大鑑禪師碑」(대정장48, p.364a12)에 "달마부터 여섯 차례 전하여 대감(6조 혜능)까지 이르니 저 의주를 꿰면 선후 있을지언정 같고 다름 없으리라. 自達摩六傳至大鑒 如貫意珠 有先後而無同異"라고 하였다. 〔참고문헌〕『釋苑詞林』, 『壇經』. ⇨여의주 如意珠

의주석 依主釋 Ⓢ tat-puruṣa, Ⓣ de'i skyes bu. 육합석(六合釋) 중 하나. 두 개 이상의 단어(單法)로 이루어진 합성어(合成語)를 앞의 단어가 뒤의 단어를 제한하는 뜻으로 해석하는 방법. 소유의 의미로 해석한다. 의사석(依士釋)·즉사석(卽士釋)·속주석(屬主釋)이라고도 한다. 예를 들면 왕신(王臣 Ⓢ rāja-puruṣaḥ)을 왕의 신하(王之臣 Ⓢ rājñaḥ puruṣaḥ)로 해석하는 것을 말하는데, 이 경우 왕은 소의(所依 : 所詮)이고, 신하는 능의(能依 : 能詮)이다. 안식(眼識)의 경우도 역시 눈이 '소의'이고 식이 '능의'다. 범어의 격변화(格變化)에 따르면 주격(主格)과 호격(呼格)을 제외한 업격(業格)·구격(具格)·위격(爲格)·종격(從格)·속격(屬格)·처격(處格) 등의 의주석이 있을 수 있으며, 넓은 의미에서는 지업석(持業釋)과 대수석(帶數釋)도 거둔다. 『화엄경탐현기』 권3(대정장35, p.149a3)에 "첫째, 의주석은 의사석이라고도 한다. 곧 두 개 법이 서로 마주하는 경우에 임시로 주를 세워 의지하게 하니 이런 이름을 세웠다. 가령 '안식'이라고 할 때 눈이 곧 식이 아니라, 눈에 의지하는 식이므로 안식이라 이름한다. 분리하여 말하면 눈은 능견의 뜻이고, 식은 요별의 뜻이다. 지금 이것을 합하여 가리기에 합석이라고 한다. 단법만을 이름할 때는 육합석에서 거둘 필요가 없다. 一 依主釋者 亦名依士 謂兩法相望 假依彼主 而立此名 如說眼識非眼卽識 以依眼之識 名爲眼識 若離言 眼是能見義 識是了別義 今此合辨 故名合釋 若單法爲名者 非六釋所收也", 『대승법원의림장』 권1(대정장45, p.255a27)에 "의주석은 의사석이라고도 한다. 의(依)는 능의고, 주(主)는 법체를 말한다. 타인 주법(主法)에 의지하여 자신의 이름을 세우므로 의주석이라고 한다. 때론 '주'는 군주를 뜻하기도 하는데, 일체법체를 주인(主者)이라고 이름할 수 있으니, 비유로 지은 이름이다. 예컨대 신하는 임금에 의지하는 임금의 신하이므로 왕신이라 하는 것과 같다. 사(士)라 할 때는 사부(士夫)를 말한다. 依主釋者 亦名依士 依謂能依 主謂法體 依他主法 以立自名 名依主釋 或主是君主 一切法體 名爲主者 從喩爲名 如臣依王王之臣故 名曰王臣 士謂士夫"라고 하였다. 〔참고문헌〕『華嚴經探玄記』, 『大乘法苑義林章』, *Mvyut.210*. ⇨육리합석 六離合釋, 육합석 六合釋

의주유 衣珠喩 ➡의중보 衣中寶, 의내명주 衣內明珠

의준 義俊 ?~1668. 조선후기 스님. 호는 운파(雲坡), 속성은 홍씨. 16세에 수계하고 19세부터 화두를 탐구하여 13년간 운봉(雲峰)회상에서 참선한 다음, 묘향산에서 수십 년간 강주(講主)로서 학인을 지도하다가 1668년(현종9)에 입적하였다. 〔참고문헌〕『佛祖錄讚頌』(한불전12, p.340a2), 『朝鮮佛教略史』 권하.

의준 儀俊 조선후기 스님. 법호는 인암(仁巖). 양악계선(羊岳啓璇 ?~1837)의 전법제자 중 한 스님이다. 〔참고문헌〕『東師列傳』 권4 「羊岳禪師傳」(한불전10, p.1034b1). ⇨계선 啓璇

의준 誼俊 조선후기 스님. 법호는 만파(萬波). 선과 교에 정통하였고, 뛰어난 서예가로서 추사(秋史) 김정희(金正喜)가 사사하였다 전한다. 1818년(순조18)에 제월(霽月)이 해인사 해탈문을 중건하고 1865년(고종2)에 의준이 '해동원종대가람 海東圓宗大伽藍'이라는 편액을 써서 해탈문에 걸었다. 해인사에는 해탈문 외에도 홍제암(弘濟庵) 주련(柱聯) 등에 스님의 필적이 많이 남아있다. 〔참고문헌〕 李智冠『伽倻山海印寺誌』 p.189.

의준량 義准量 Ⓢ arthāpatti, Ⓣ don-gyi(s)-go-ba. 오량(五量) 중 하나. 이미 알고 있는 의미에 근거하여 동류(同類)의 사건을 미루어 아는 것. 의준량(義準量)으로도 쓴다. 『인명입정리론소』 권상(대정장44, p.95b16)에 "오량을 세우기도 하는데, (四量에) 의준량을 더한다. 즉 법이 무아라면, 이에 준하여 반드시 무상임을 아는 것을 말한다. 무상한 법은 반드시 무아이기 때문이다. 或立五量 加義准量 謂若法無我 准知必無常 無常之法 必無我故"라고 하였다. 인도철학 육파(六派) 중 니야야(Ⓢ Nyāya)에서는 의준량을 비량에 포함하여(anumāne'rthāpatti … antarabhāvāc-ca) 다루는 반면, 미맘사(Ⓢ Mīmāṃsā)와 베단타(Ⓢ Vedānta)에서는 비량과 별개로 독자적 위상을 갖는 인식방법으로 본다. 〔참고문헌〕『因明入正理論疏』, *Mvyut.203.*, *Nyāy-s.127.* ⇨양 量, 비량 比量, 오량 五量 ❶

의준상사과류 義准相似過類 뜻에만 준하여 그럴듯하게 이해하는 허물들. 인명(因明) 십사과류(十四過類) 중 하나. 예를 들면 '소리는 무상(無常)하다'라는 주장(宗), '사람이 끊임없이 애써야 일어나기 때문이다'라는 이유(因), '마치 사람이 만든 물건처럼'이란 비유(喩) 등에 준하여 '무상한 것은 모두 사람의 노력에 의해 생겼다'고 잘못 대응하는 경우다. 주장하는 인보다 유(喩)의 범위가 같거나 넓어야 하는 규칙을 어겼기에 생긴 오류를 의준상사(義准相似)라 한다. 『인명정리문론본』(대정장32, p.4b27)에 "'이품의 뜻을 설하기에 비애(非愛)를 의준이라 한다'라는 말은, 어떤 사람이 말하길 '끊임없이 힘써 틈없이 일어나는 것은 「무상」이다'라고 한다면, 이런 뜻에 준하여 '끊임없이 힘쓰지 않아도 틈없이 일어나는 것인 번개 등은 모두 마땅히 상이다'고 하는 것과 같은 경우를 의준상사라고 함을 알아야 한다. 說異品義故 非愛名義准者 謂有說言 若以勤勇 無間所發 說無常者 義准則應 若非勤勇 無間所發 諸電光等 皆應是常 如是名爲 義准相似 應知"라고 하였다. 〔참고문헌〕『因明正理門論本』, 『大乘掌珍論』 권하(대정장30, p.274a5). ⇨십사과류 十四過類, 인명 因明

의준지 義準知 뜻에 준하여 앎. 『이부종륜론소술기』(卍속장83, p.447a9)에 "삼계 중에는 모두 색이 있어 미세한 근(根)과 대(大)가 거기에서 있게 되니, 무색계가 육식신을 갖춤을 이런 뜻에 준하여 안다. 상계에도 향과 미라는 두 경이 있다. 다만 조금 다를 뿐이므로 생략하고 거론하지 않은 것이다. 三界之中 許皆有色 微細根大 於彼得有 故無色界 具六識身 以義準知 上界亦有香味二境 但小異故 略而不擧"라고 하였다. 〔참고문헌〕『異部宗輪論疏述記』, 『華嚴五教章』 권1(대정장45, p.479b19).

의중간의취 義中間意趣 Ⓢ arthāntara-abhiprāya, Ⓣ don-gzhan-la-dgongs-pa. 뜻 중에 또다시 드러나는 의미. 사의취(四意趣) 중 하나. 별의취(別義意)·별의의취(別義意趣)라고도 한다. 『섭대승론』 권상(대정장31, p.103b19)에 "(사의취 중) 셋째는 의중간의취이다. 저 경의 다음 말씀과 같다. '갠지스강의 모래알처럼 많은 부처님께 조금 공양올리고, 공양올리고 가까이 다가서고 나서 대승의 뜻을 알게 되었다'. 三者 義中間意趣 如經所說 供養若干 如許恒沙等 供養親近已 得解大乘義爾"라고 하였다. 〔참고문헌〕『攝大乘論』, *Mah-saṃ.41.* ⇨별의의취 別義意趣, 사의취 四意趣

의중보 衣中寶 옷 속의 보배. 법화칠유(法華七喩) 중 의주유(衣珠喩) 또는 계주유(繫珠喩)에서 유래한다. 의보(衣寶)·의리주(衣裏珠)·의내주(衣內珠)·의내명주(衣內明珠)라고도 한다. 『경덕전등록』 권30 「단하화상완주음 丹霞和尙翫珠吟」(대정장51, p.463b29)에 "옷 속의 보배를 알아차리면, 무명의 취기에서 저절로 깨리라. 識得衣中寶 無明醉自醒", 『천성광등록』 권25 「복엄심승장 福嚴審承章」(卍속장135, p.851a4)에 "'무엇이 옷 속의 보배인지요?' '손 펴고 쥠에 한 물건도 없지만 응하여 쓰려 하면 일찍이 모자란 적이 없다'. 問 如何是衣中寶 師云 開拳無一物 應用不曾虧"라고 하였다. 〔참고문헌〕『景德傳燈錄』, 『天聖廣燈錄』, 『祖庭事苑』 권5(卍속장113, p.128a9). ⇨계주 繫珠, 의내명주 衣內明珠, 법화칠유 法華七喩

의지 依止 ❶ Ⓢ āśraya. 제법(諸法)이 자성(自性)에 머물거나 서로 의지하는 뜻. 『변중변론』 권상(대정장31, p.464c29 : *Madhy-vibh.*, p.19)에 "허망분별경에 의지하므로 변계소집자성이 있다고 설하며, 허망분별성에 의지하므로 의타기자성이 있다고 설하고, 취할 것도 취하는 이도 공이므로 원성실자성이 있다고 설한다. 依止虛妄分別境故 說有遍計所執自性 依止虛妄分別性故 說有依他起自性 依止所取能取空故 說有圓成實自性 arthaḥ parikalpitaḥ svabhāvaḥ. abhūtaparikalpaḥ paratantraḥ svabhāvaḥ. grāhyagrāhakābhāvaḥ pariniṣpannaḥ svabhāvaḥ", 『법화현의석첨』 권6(대정장33, p.858c15)에 "의지란 무언가에 의지하는 것이다. 진제 한역은 암마라에 의지한다고 하며, 후대의 모든 한역은 다 같이 뢰야에 의지한다고 하였다. 言依止者 謂所依也 眞諦所譯 則依菴摩羅 後代諸譯 並依黎耶", 『성유식론집해』 권7(卍속장81, p.504b1)에 "의지라는 말에서 의는 의탁이고 지는 멈춰 머문다는 뜻이다. 곧 전육식이 뒤친 식은 근본식을 함께 친히 의지한다. 공친의란 현행하는 본식이고 이 식이 함께 하기에 공의라 하지만, 종자는 각기 다르므로 친의라 한다. 言依止者 依 謂依託止 謂止住 謂前六轉識 以根本識爲共親依 共親依者 卽是現行本識 是識所共 故曰共依 種子各別 故曰親依"라고 하였다. [참고문헌]『辯中邊論』,『法華玄義釋籤』,『成唯識論集解』, *Madhy-vibh.53.* ❷ Ⓢ āśraya, niśraya, niśrita, Ⓣ gnas, rten, brten-nas. 보살도를 수행함에 있어 의지해야 할 주요한 법문들.『승사유범천소문경론』권2(대정장26, p.344b23)에 "의지란 견도에 의지하는 것이다. 견도는 수도의지를 위해 설한다. 言依止者依止見道 見道爲修道依止說故"라고 하였다.『대승장엄경론』에서는 여섯 갈래의 의지를 시설하고 있는데, 권4「술구품 述求品」(대정장31, p.610c4)에서는 18종 작의(作意) 중 하나로 의지(Ⓢ āśraya)작의를, 권8(대정장31, p.632a16)에는 팔무상(八無上) 중 하나로서 의지(Ⓢ niśraya), 권1「종성품 種性品」(대정장31, p.595a9)에서는 보살종성(菩薩種性)의 4종 의지로 무량선근의지(無量善根依止)·무량지혜의지(無量智慧依止)·일체번뇌장지장득청정의지(一切煩惱障智障得淸淨依止)·일체신통변화의지(一切神通變化依止)를, 권7「도섭품 度攝品」(대정장31, p.628b28)에서는 물의지(物依止 Ⓢ upadhi-saṃniśrita)·사유의지(思惟依止 Ⓢ manasikāra-saṃniśrita)·심의지(心依止 Ⓢ āśaya-saṃniśrita)·방편의지(方便依止 Ⓢ upāya-saṃniśrita)·세력의지(勢力依止 Ⓢ vibhutva-saṃniśrita)의 다섯 가지 의지 등이다. [참고문헌]『勝思惟梵天所問經論』,『大乘莊嚴經論』, *Bodh-bh.23, Sūtr.45·136.* ❸ Ⓢ upaniśrāya, Ⓟ nissaya. 기대어 머묾. 스스로 설 수 없어 기대거나, 집착하여 벗어나지 못함.『잡아함경』권24(대정장2, p.173c7)에 "스스로 행할 곳에 있어서 부모경계에 의지하여 머물고 다른 곳 좇아 다른 경계 행하지 마라. 於自所行處 父母境界 依止而住 莫隨他處 他境界行",『법화경』권1(대정장9, p.8b17)에 "이들 모든 견해에 의지하여 예순두 가지를 갖추고, 깊이 허망한 법에 집착하여 굳게 받아들여 버리지 않는다. 依止此諸見具足六十二 深著虛妄法 堅受不可捨"라 하였다. [참고문헌]『雜阿含經』,『法華經』, *Vin.5.123., Saddh-p.309.*

의지 依地 Ⓢ bhūmy-āśraya, Ⓣ sa-gzhi-la-brten-pa. 수행함에 있어 의지해야 할 선정 등의 경지. 의신(依身)의 상대어이다.『구사론』권26(대정장29, p.137c15)에 "의지가 다르다는 것은, 말하자면 세속지는 통틀어 욕계에서 유정천까지를 의지하며, 타심지는 오직 네 가지 근본정려에만 의지하고, 법지는 이 네 가지와 미지정(未至定) 및 중간정(中間定)에 의지하며, 그 나머지는 이 여섯 가지 선정과 아래의 세 가지 무색정(無色定)에 의지하여 일어난다. 依地別者 謂世俗智 通依欲界 乃至有頂 他心智 唯依四根本靜慮 法智 依此四 及未至 中間 餘 依此六地 及下三無色",『대승장엄경론』권13(대정장31, p.657c3)에 "이미 보살의 십일주상을 말하였으니, 다음 설에서 보살이 의지해야 할 수행지의 이름을 세우겠다. [게] 처음 세 지에서는 세 가지로 청정을 행하고, 다음 셋에서는 세 가지 만을 끊고, 뒤의 세 갈래 지는 각·사·화(覺捨化)이고, 열 번째에는 네 가지 이름이 있다오. 已說菩薩十一住相 次說菩薩依地立名 偈曰 初三三行淨 次三三慢斷 後三覺捨化 第十有四名"라고 하였다. [참고문헌]『俱舍論』,『大乘莊嚴經論』, *Abh-k-bh., Sūtr.* ⇨ 의신 依身

의지 依持 Ⓢ ādhāra, Ⓣ gzhi. 기대어 가짐. 서로 의지해 스스로를 유지하는 뜻으로 연기하는 제법(諸法)의 자성이다.『대승가야산정경』(대정장14, p.490b24)에 "정월천자가 문수보살에게 물었다. '십선업도는 무엇에 의지하여 일어납니까?' '정계에 의지하여 일어난다'. 問十善業道依何而起 答言 依持淨戒起",『승만보굴』권하(대정장37, p.83a11)에 "기대는 근거를 의라 하는 반면 지는 이어 가짐으로써 끊어지지 않게 하는 뜻이다. 是所依處 名依 持者 連持令不斷絶",『마하지관』권5상(대정장46, p.54a24)에 "『섭대승론』에 '법성은 번뇌에 물들지 않고 진여에 의해 깨끗이 되지 않으므로 법성은 의지할 일이 없다'라고 하였다. 의지라는 말은 아뢰야식을 말한다. 이는 완전히 가라앉지도 밝게 드러나지도 않으면서 모든 종자를 풍성하게 지탱한다. 攝大乘云 法性不爲惑所染 不爲眞所淨 故法性非依持 言依持者 阿黎耶是也 無沒無明 盛持一切種子",『섭대승론석』권3(대정장31, p.332c11)에 "응당 의지할 것이 없다는 말은 응당 무엇에도 의지함이 없다는 뜻이다. 여기에도 다시 두 가지 다른 뜻이 있다. 이 두 마음에 종자가 없다면 무엇에 따라 일어나며, 의지할 상대가 없다면 무엇에 의지하여 구르는가? 아뢰야식이 거두어들이기 때문이며, 스스로의 종자를 좇아 일어나서 의지하기 때문이다. 이들이 능히 의지하면서 상속하고 뒤친다. 應無依持者 謂應無依 復有別義 謂此二心 若無種子 從何而生 若無依持 依何而轉 阿賴耶識 所攝受故 從自種生 爲所依故 令此能依相續而轉"라고 하였다.『유가사지론』권2(대정장30, p.288b20)에서는 건립의지(建立依持)·장부의지(藏覆依持)·풍임의지(豐稔依持)·안은의지(安隱依持)·일월의지(日月依持)·식의지(食依持)의 육종의지를 시설하였다. [참고문헌]『大乘伽耶山頂經』,『勝鬘寶窟』,『摩訶止觀』,『攝大乘論釋』,『瑜伽師地論』, *Yogā-bh.46.*

의지 依智 ➡ 의지작의 依智作意, 의지불의식 依智不依識

의지 意止 Ⓢ smṛty-upasthāna. 뜻을 가져 멈춤. 염처(念處 : 念住)의 고역(古譯). 안세고(安世高)가 한역한 『본상의치경』(대정장1, p.820a23)에 "어떤 것들이 칠각의가 있게 되는 뿌리인가. 곧 사의지다. 何等爲七覺意從有本 謂爲四意止", 『아비담심론』 권4(대정장28, p.828b13)에 "바르게 염함이 연 중에 서므로 설하여 의지라 한다. 正念立緣中 故說意止"라고 하였다. 〔참고문헌〕『本相猗致經』, 『阿毘曇心論』. ⇨ 염처 念處

의지 意地 Ⓢ mano-bhūmi, Ⓣ yid-kyi-sa. 심(心)과 의(意)와 식(識)을 아울러 부르는 이름. 십칠지(十七地) 중 하나로 일체(一切 : 世界)가 일어나는 바탕이기에 지(地)라고 한다. 『유가사지론』 권1(대정장30, p.280b4 : *Yogā-bh.*, p.11)에 "무엇이 의지인가? 이것 또한 다섯 가지임을 알아야 한다. 자성 그리고 저 소의·소연·조반·작업이다. 무엇이 의(意)의 자성인가? 심·의·식을 말한다. '심'이란 일체종자가 따라 의지하는 성이고, 따라 기대고 의지하는 성이며, 그 바탕은 집수여서 이숙으로 거두는 아뢰야식이다. '의'란 언제나 행하는 '의'와 육식신이니 끊임없이 사라져가는 의를 말한다. '식'이란 바로 지금 소연하는 경계를 분명하게 분별하는 것을 말한다. 저 소의란 등무간의로서의 '의'를 말하고, 종자의인 앞에서 말한 일체종자로서의 아뢰야식을 말한다. 云何意地 此亦五相應知 謂自性故 彼所依故 彼所緣故 彼助伴故 彼作業故 云何意自性 謂心意識 心謂一切種子 所隨依止性 所隨依附依止性 體能執受 異熟所攝 阿賴耶識 意 謂恒行意 及六識身 無間滅意 識 謂現前了別 所緣境界 彼所依者 等無間依 謂意 種子依 謂如前說 一切種子 阿賴耶識 manobhūmiḥ katamā. sāpi pañcabhirākārairdraṣṭavyā. svabhāvata āśrayata ālambanataḥ sahāyataḥ karmataśca. svabhāvaḥ katamaḥ. yaccittaṃ mano vijñānaṃ. cittaṃ katamat. yatsarvabījopagatamāśrayabhāvopagatamāśrayabhāvaniṣṭhamupādātṛvipākasaṃgṛhītamālayavijñānaṃ. manaḥ katamat. yatṣaṇṇāmapi vijñānakāyānāmanantaraniruddhaṃ kliṣṭaṃ ca mano yannityamavidyātmadṛṣṭyasmimānatṛṣṇālakṣaṇaiś caturbhiḥ kleśaiḥ samprayuktaṃ. vijñānaṃ katamat. yadālambanavijñaptau pratyupasthitaṃ. āśrayaḥ katamaḥ. samanantarāśrayo manaḥ. bījāśrayaḥ pūrvavadeva. sarvabījakamālayavijñānaṃ", 『유가론기』 권1(대정장42, p.314a8·한불전13, p.11a10)에 "의지의 세 뜻이 있다. 첫째 육근 중의 의근, 둘째 육식 중의 의, 셋째 제7식이 거두는 것이다. 意地三義 一 六根中意 二 六識中意 三 第七攝", 『유가사지론의연』 권1(금장120, p.184a10)에 "두 번째, 의지를 둘로 나눈다. 첫째는 그 이름을 풀고, 둘째는 바탕을 밝힌다. 이름을 풀면 세 가지다. 첫째 육근 중 의근에 의지하기 때문에 '의'라고 하였으니 의식만이 아니기에 '의'라 이름하였고, 6·7·8식이 모두 의근에 의지하므로 '의'라고 한다. 둘째 제6의식을 유독 '의'라고 한다. … 셋째 사량으로 같기에 '의'라고 한다. 6·7·8식은 비록 모두 한결같이 심의식의 뜻이 있으나 '의'의 뜻이 같기에 단지 '의'라고만 할 뿐이니, 다 사량이며 의근으로 거두기 때문이다. 〔문〕 무슨 까닭에 심지(心地)나 식지(識地)라고 하지 않고 '의지'라고 하는가? 〔답〕 제8식은 종자를 가져 '심'의 뜻에 치우쳐 강하고, 제6식은 널리 경계를 요별하므로 '식'의 뜻이 더욱 두드러지기 때문에 '심지'나 '식지'라고 하지 않는다. 그러므로 사량하는 것에 근거하여 '의지'라고 이름한다. 第二 意地 分之爲二 一 釋名 二 出體 釋名有三 一 六根中 依意根故 名之爲意 非唯意識 名爲意也 以六七八識 同依意根 名爲意故 二 第六意識 獨名爲意 … 三 思量等故名意 六七八識 雖皆同有 心意識義 然意義等 故但言意 皆是思量 意根攝故 問 何故不名 心地識地 云意地也 答 第八持種 心義偏强 第六普遍了別境界 識義增勝 是故不言 心地識地 故據思量 名爲意地"라고 하였다. 〔참고문헌〕『瑜伽師地論』, 『瑜伽論記』, 『瑜伽師地論義演』, *Yogā-bh.* ⇨ 십칠지 十七地

의지 意旨 **1** 말이 가리키는 뜻. 『구사론』 권4(대정장29, p.19c16)에 "그대는 언어만 쓸 뿐 의지는 모른다. 의지란 무엇인가? 실념·심란·부정지·비리작의와 삿된 승해다. 이미 대지법 중에서 설하였기에 마땅히 거듭 세워 대번뇌지법으로 삼지 않는다. 汝今但知言至 不閑意旨 意旨者何 謂失念心亂 不正知 非理作意 邪勝解 已說彼在大地法中 不應重立 爲大煩惱地法"라고 하였다. 〔참고문헌〕『俱舍論』. **2** 속뜻. 깨우친 뜻. 『조당집』 권2 「혜능장 慧能章」(고려장45, p.249a10)에 "어떤 사람이 물었다. '황매(5조 홍인)의 속 깊은 뜻은 누가 얻었는지요?' '불법을 이해한 사람이 얻었겠지' '화상께서는 얻으셨는지요?' '나는 얻지 못했다'. 有人問曰 黃梅意旨何人得 師云 會佛法者得 僧曰 和尙還得也無 師云 我不得"라고 하였다. 〔참고문헌〕『祖堂集』.

의지 意志 Ⓢ abhiprāya, Ⓣ bsam-pa. 뜻을 내다. 『반니원경』 권상(대정장1, p.182a9)에 "(계정혜) 이 세 가지가 있는 이는 뜻 스스로 열고 앉아 사유하니, 문득 천상·인간·지옥·축생·귀신 등 오도를 보아 중생들이 뜻을 내서 하는 생각을 분명히 다 안다. 有此三者 意自開解 坐而思惟 便見五道 天上 人中 地獄 畜生 鬼神 分明悉知 衆生意志所念", 『유가사지론』 권4(대정장30, p.297c22 : *Yogā-bh.*, p.90)에 "모든 비천(非天)도 천취에서 거둠을 알아야 한다. 그러나 일부러 뜻을 내어 거짓을 품고 잘 속이기에 저 모든 하늘처럼 청정한 법기가 되지 못한다. 이런 인연으로 말미암아 어떤 때는 경중 따로 취를 말하지만 실제는 천의 류이다. 여러 하늘의 법도를 받아서 행하지 않기에 '비천'이라고 부를 뿐이다. 諸非天 當知天趣所攝 然由意志 多懷詐幻 諂誑多故 不如諸天爲淨法器 由此因緣 有時經中 說爲別趣 實是天類 由不受行諸天法故 說爲非天 asurāśca devagatisaṃgṛhītā eva draṣṭavyāḥ. te tu māyāvino vañcanābhiprāyā māyāśāṭhyabahulāḥ. ato na tathā śukladharmāṇāṃ bhājanabhūtāstadyathā devāḥ. ata ekadā sūtrāntareṣu pṛthaggatinirddeśena nirdiṣṭāḥ. te surā eva samānā na suradharmamādāya vartante. tasmādasurāḥ"라고 하였다. 〔참고문헌〕『般泥洹經』, 『瑜伽師地論』, *Yogā-bh.*, *Śrāv-bh.73.* ⇨ 사 思

의지 義知 뜻으로 앎. 육심(六心) 중 실해심(實解心 Ⓢ avadhāraṇā-citta)이다. 『대승장엄경론』 권7(대정장31, p.624a18 : *Sūtr.*, p.91)에 "의지란 실로 아는 마음이니, 저 뜻을 사유함으로 여실히 안다. 義知者 謂實解心 於彼思義 如實知故 avadhāraṇācittaṃ yena yathānucaritaṃ vicāritaṃ vā tannimittam avadhārayati"라고 하였다. 〔참고문헌〕『大乘莊嚴經論』, *Sūtr.* ⇨ 실해심 實解心, 육심 六心 ❶

의지 義持 뜻으로 가짐. 사지(四持 : 四總持) 중 하나. 뜻으로 가져 잃지 않음이어서 인(印)이라고도 한다. 『유마의기』 권4(대정장38, p.515a19)에 "첫째는 법지로서 문지라고도 하며 가르침 지녀 잊지 않음이다. 둘째는 의지로서 뜻을 지니고 잃지 않으며 기억한 대로 여법하게 따르되 바꾸지 않으므로 인이라 한다. 一者 法持 亦名聞持 持敎不忘 二名 義持 持義不失 隨所記持 如法不改 故說爲印", 『유마경소』 권1(대정장85, p.433a11)에 "다라니를 얻어 다 거둬 지닌다. 첫째는 문지이고 둘째는 의지이다. 문지는 한 번 귀를 스치기만 하면 끝내 잃지 않는다. 의지는 한 자락 가슴에 품고는 처음부터 끝까지 놓지 않는다. 得陀羅尼總持 一者 聞持 二者 義持 聞持者 一逕於耳 終不忘失 義持者 一領胸衿 始終不喪", 『대승기신론열망소』 권1(대정장44, p.426c18)에 "경을 조금 보고도 많은 뜻 능히 알면 의지라 하니 이는 법행종성이기도 하다. 모든 경을 널리 알고 뜻을 이해하면 문지라 하고 또한 이를 신행종성이라 한다. 少見於經 能解多義 名爲義持 亦是法行種性 廣見諸經 乃至解義 名爲文持 亦是信行種性", 『총석다라니의찬』(대정장18, p.898a14)에 "의지란 무엇인가? 이 지를 얻음으로 말미암아 한 글자의 뜻에서 백천무량의 수다라경을 깨닫고 연설함에 역순으로 자재하다. 義持者 由得此持 於一字義中 悟百千無量 修多羅經 演說逆順自在", 『번역명의집』 권5(대정장54, p.1131c7)에 "두 번째는 분별하여 아는 다라니이다. 이 다라니를 얻으면 모든 중생과 모든 법의 대소와 호추를 분별하여 모두 안다. 그러므로 분별다라니를 의지라 한다. 二 分別知陀羅尼 得是陀羅尼 諸衆生諸法 大小好醜 分別悉知 故分別陀羅尼 卽是義持"라고 하였다. 〔참고문헌〕『維摩義記』, 『維摩經疏』, 『大乘起信論裂網疏』, 『總釋陀羅尼義讚』, 『翻譯名義集』. ⇨ 사총지 四總持, 총지 總持

의지 義智 Ⓢ artha-jña, Ⓣ don-shes-pa. 뜻을 품은 지. 『대승장엄경론』 권1(대정장31, p.590b11 : *Sūtr.*, p.1)에 "〔석〕 대승경론을 장엄한다고 하는데 누가 능히 장엄하는가? 〔답〕 뜻 가진 지혜가 능히 장엄한다. 〔문〕 뜻 가진 지로 어떻게 장엄하는가? 〔답〕 모든 뜻을 열어서 짓는다. 釋曰 莊嚴大乘經論 誰能莊嚴 答 義智能莊嚴 問 義智云何莊嚴 答 開作諸義 kopadeśam ārabhya ko 'laṃkarotīti. arthajñaḥ. kam alaṃkāram alaṃ karoti. arthavibhāvanāṃ kurute"라고 하였다. 〔참고문헌〕『大乘莊嚴經論』, *Sūtr.* ⇨ 장엄 莊嚴

의지 疑智 의심하는 알음알이. 정견(正見)으로 대치한다. 『사아함모초해』 권하(대정장25, p.9c15)에 "무지·사지·의지는 삼무명지이다. 無智 邪智 疑智 是三無明智", 같은 책 권하(대정장25, p.10b22)에 "〔문〕 어떤 것을 의지라고 하는가? 〔답〕 의지란 참된 보배·진실·삼매 등에 대한 의심이다〈수투로〉. 진귀한 보배인 삼보(三寶)에 대한 의심·제일의제(第一義諦) 등 진리에 대한 의심·사색관(四色觀)이나 사무색정관(四無色定觀) 등 삼매에 대한 의심이다. 의심이라 부르는 것에는 능히 가지지 못하는 것·미혹함·머뭇거림들이 한 뜻이다. 問 云何疑智 答 疑智 珍寶諦正受疑〈修妬路〉 珍寶疑 諦疑 正受疑 疑名 不能持 迷惑 猶豫 是一義", 『사제론』 권4(대정장32, p.394c27)에 "무지·의지·뒤집힌 생각을 다스려야 참으로 괴로움 등을 벗어날 수 있으니, 진실한 이 지혜야말로 정견이라 한다. 對治無智 疑智 倒智 能度苦等 眞實此智 名爲正見"라고 하였다. 〔참고문헌〕『四阿鋡暮抄解』, 『四諦論』. ⇨ 정견 正見

의지 儀止 움직이고 그치는 등의 모든 행위. 위의(威儀). 『양고승전』 권1 「승가제바전 僧伽提婆傳」(대정장50, p.328c26)에 "움직이고 그침이 온화하고 공손하였으며 힘써 다른 이 깨우치려 했다. 儀止溫恭 務在誨人", 『수능엄의소주경』 권1(대정장39, p.828b1)에 "유마거사가 '멸진정에서 일어나지 않으면서 온갖 위의를 나타낸다'라고 하였는데, 이러한 의지야말로 참으로 볼만하다. 淨名所謂 不起滅定 現諸威儀也 此儀止可觀也"라고 하였다. 〔참고문헌〕『梁高僧傳』, 『首楞嚴義疏注經』, 『維摩經』 권상(대정장14, p.539c21). ⇨ 위의 威儀

의지갈마 依止羯磨 Ⓢ niśraya-karman, Ⓟ nissaya-kamma. 다른 비구에 의지하여 생활할 것을 결정하는 갈마. 반복해서 비법행(非法行)을 하여 별주(別住) 등의 벌을 받고도 개선의 여지가 없을 경우 총명한 비구에게 의지하게 하여 교정토록 대중이 결의하는 일이다. 『십송율』 권31(대정장23, p.222b17)에 "비구가 세 가지 일에서 잘못을 저지르면 마땅히 의지갈마를 행해 주어야 한다. 계를 범하거나, 정견을 깨뜨리거나, 위의를 훼손하는 경우이다. 比丘三事中有犯 應與作依止羯磨 若破戒 若破見 若破威儀", 『니갈마』 권중(대정장40, p.553b28)에 "의지갈마를 행하는 법〈만일 어떤 비구니가 어리석어 앎이 부족한 탓에 여러 가지 죄를 많이 범하고 속인들과 함께 섞여 머물며 친밀하게 붙어 있을 뿐 불법을 따르지 않는다면, 스님들을 청하여 의지의 백사갈마를 짓는다〉. 與依止羯磨法〈若有比丘尼 癡無所知 多犯衆罪 共白衣雜住 而相親附 不順佛法 聽僧爲作 依止白四〉"라고 하였다. 〔참고문헌〕『十誦律』, 『尼羯磨』. ⇨ 백사갈마 白四羯磨

의지계 醫底界 Ⓢ i. 의지(醫底 Ⓢ iti)의 계(界 : 語根). 머물지 않는다(不住)·간다(行) 등의 뜻. 의지는 범어 이티(Ⓢ iti)의 음사어이고, 계는 어근을 뜻하는 자계(字界)다. 『구사론』 권9(대정장29, p.50b14)에 "이중 연기(Ⓢ prati-itya-sam-ut-pāda)란 무슨 뜻인가? 발랄지(Ⓢ prati)는 이르다의 뜻이고, 의지계는 간다는 뜻이다. 발랄지의 도움으로 어근의 뜻이 바뀌었기에 '간다'가 '이르다'로 말미암아 그 뜻이 뒤쳐 연이 된 것이다. 此中緣起 是何句義 鉢剌底是至義 醫底界是行義 由先助力 界義轉變 故行由至 轉變成緣"라고 하였다. 〔참고문헌〕『俱舍論』, 『順正理論』 권25(대정장29, p.481b9), *Abh-k-bh.138.* ⇨ 자계자연 字界字緣, 연기 緣起

의지공양 依止供養 Ⓢ niśritya pūjā. 팔종공양(八種供養) 중 하나. 의지하는 것으로서 공양함. 재물을 비롯하여 열한 가지를 말한다. 『대승장엄경론』 권9(대정장31, p.634c1 : *Sūtr.*, p.118)에 "(게송의) 최후의 열한 가지란 의지공양을 말하는데, 이 의지에는 열한 가지가 있다. 첫째는 재물에 의지하는 것이니, 재물에 의지하여 공양하기 때문이다. 둘째는 사유에 의지하는 것이니, 미사유·수희사유·희망사유 등에 의지하기 때문이다. 셋째는 믿음에 의지하는 것이니, 대승을 믿어 보리심을 내기 때문이다. 넷째는 서원에 의지하는 것이니, 커다란 서원을 발함으로 말미암기 때문이다. 다섯째는 자비에 의지하는 것이니, 중생을 불쌍하게 여김으로 말미암기 때문이다. 여섯째는 인내에 의지하는 것이니, 행하기 어려운 것을 행함으로 말미암기 때문이다. 일곱째는 수행에 의지하는 것이니, 여러 바라밀로 말미암기 때문이다. 여덟째는 정념에 의지하는 것이니, 여법하여 전도되지 않음으로 말미암기 때문이다. 아홉째는 정견에 의지하는 것이니, 여실하게 깨달음으로 말미암기 때문이다. 열째는 해탈에 의지하는 것이니, 성문의 번뇌가 소멸됨으로 말미암기 때문이다. 열한째는 진실에 의지하는 것이니, 대보리를 얻기 때문이다. 最後十一種者 謂依止供養 此依止有十一種 一者 依止物 由依財物 而供養故 二者 依止思惟 由依味思惟 隨喜思惟 希望思惟故 三者 依止信 由信大乘 發菩提心故 四者 依止願 由發弘誓願故 五者 依止悲 由憐愍衆生故 六者 依止忍 由難行能行故 七者 依止行 由諸波羅蜜故 八者 依止正念 由如法不倒故 九者 依止正見 由如實覺了故 十者 依止解脫 由聲聞煩惱滅故 十一者 依止眞實 由得大菩提故 niśraya upadhiśritaṃ ca. tatropadhiṃ niśritya pūjā cīvarādibhiś cittaṃ niśrityāsvādanānumodanābhinandanamanaskāraiḥ. tathoktaiś cādhimuktyādibhir yad uta mahāyānadharmādhimuktaḥ bodhicittotpādataḥ. praṇidhānam eva hi nidhānam atroktaṃ ślokavattvānurodhāt. satvānukampanataḥ. duṣkaracaryā duḥkhakṣamaṇataḥ. pāramitāsamudācārataḥ. yoniśo dharmamanasikārataḥ. sa hy aviparyayastatvād vastvābhogaḥ. samyagdṛṣṭito darśanamārge. sa hi yathābhūtāvabodhād vastvavabodhaḥ. vimuktitaḥ kleśavimokṣāc chrāvakāṇāṃ. tathā tv ato mahābodhiprāpter"라고 하였다. 〔참고문헌〕『大乘莊嚴經論』, *Sūtr.* ⇨ 팔종공양 八種供養

의지과 依止果 Ⓢ pratiṣṭhā-phala. 의지함이 있어야 성취하는 과. 안립된 모든 법을 말하며, 안립과(安立果)라고도 한다. 『구사석론』 권5(대정장29, p.193c7 : *Abh-k-bh.*, p.97)에 "유여사는 네 가지 과가 있다고 설한다. 첫째는 의지과이니 비유하면 저 수륜은 풍륜의 과가 되고 내지 초목 등은 대지의 과가 되는 것과 같다. 有餘師說 有四種果 一 依止果 譬如水輪爲風輪果 乃至草等爲地果 punar anye caturvidhaṃ phalam āhuḥ pratiṣṭhāphalam yathā jalamaṇḍalaṃ vāyumaṇḍalasya yāvat tṛṇādayaḥ pṛthivyāḥ"라고 하였다. 〔참고문헌〕『俱舍釋論』, *Abh-k-bh.* ⇨ 안립과 安立果

의지관 意止觀 천태에서 삼매를 닦는 세 가지 방법 중 하나이며, 또는 법화삼매의 방법 중 하나다. 삼업(三業) 중 의(意)로 닦는 지관(止觀)으로서 유상관(有相觀)과 무상관(無相觀)이 있다. 『마하지관』 권2(대정장46, p.11b21)에 "의지관이란 단정하게 앉아 생각을 바로하고 악각과 산란한 생각을 없애며 부질없이 사유하거나 상을 취하지도 않는다. 오로지 법계만을 반연하니 일념법계다. 연을 붙들어 맴이 지이고, 일념은 관이다. … 법화를 의지해 역시 방법권수를 밝힌다. 방법이란 몸을 열고 닫음, 말을 하고 침묵함, 뜻을 그쳐 관함이다. … 의지관이란 『보현관경』에서 '오로지 대승경전을 외우되 삼매에 들지 않는다'고 하였으니 밤낮 육시로 육근으로 지은 죄를 참회하는 것이다. 意止觀者 端坐正念 蠲除惡覺 捨諸亂想 莫雜思惟不取相貌 但專繫緣法界 一念法界 繫緣是止 一念是觀 … 約法華 亦明方法勸修 方法者 身開遮口說默 意止觀 … 意止觀者 普賢觀云 專誦大乘不入三昧 日夜六時懺六根罪", 『지관보행전홍결』 권2(대정장46, p.186b29)에 "의지관에서 먼저 32상을 염하여 관경으로 삼는다. 意止觀中 先念三十二相 以爲觀境"라고 하였다. [참고문헌] 『摩訶止觀』, 『止觀輔行傳弘決』.

의지분생 依地分生 Ⓢ bhūmibhāga-saṃniśritaṃ janma, Ⓣ sa-gzhi-la-brten-pa'i-nang-du-skye-ba. 지분에 의지해 남. 사왕천(四王天)과 도리천(忉利天)은 수미산(須彌山) 중 지분(地分)에 의지한 지거천(地居天)이기 때문에 이렇게 말한다. 욕계천(欲界天)의 삼종승생(三種勝生) 중 하나이다. 『유가사지론』 권9(대정장30, p.320c8)에 "욕계천 중에도 삼종승생이 있으니, … 둘째 의지분생이다. 欲界天中 亦有三種勝生 … 二 依地分生", 『유가사지론의연』 권4(금장120, p.252a11)에 "의지분생〈(욕계의 여섯 하늘 중) 아래의 두 하늘이다〉. 依地分生者〈下二天〉"라고 하였다. [참고문헌] 『瑜伽師地論』, 『瑜伽師地論義演』, *Yogā-bh.196.* ⇨ 승생차별 勝生差別, 비천생 非天生, 의허공궁전생 依虛空宮殿生

의지불의식 依智不依識 Ⓢ jñānapratisaraṇena bhavitavyaṃ na vijñānapratisaraṇena, Ⓣ ye-shes-la-rton-par-bya-ba'i-rnam-shes-la-rton-par-mi-bya. 지에 의지하지 식에 의지하지 않음. 법사의(法四依) 중 하나로 무분별지(無分別智)에 의지하고 분별식(分別識)에 의지하지 않는 뜻이다. 『대방등대집경』 권29(대정장13, p.205a28)에 "무엇이 의지불의식인가? 식이란 사식주처이다. 어떤 것이 네 가지인가? 색식주처·수식주처·상식주처·행식주처이다. 지란 사식의 자성이 머문 곳이 없음을 앎이 마친 것이다. 식이란 것이 저 지대·수대·화대·풍대를 아는 것이라면, 지는 식 머무는 사대의 법성이 따로 없음을 안다. … 식이란 생주멸이고, 지엔 생주멸 등의 양상이 없음을 아는 것이다. 사리불아, 이것을 의지불의식이라고 한다. 云何依智不依於識 識者 四識住處 何等四 色識住處 受想行識住處 智者 解了四識性無所住 識者 若識地大水火風大 智者 識住四大 法性無別 … 識者 生住滅相 智者 無生住滅相 舍利弗 是名依智不依於識", 『섭대승강소』 권7(대정장85, p.995c3)에 "의지불의식이란, 지는 이치에 통달하여 생사법을 여읠 수 있고, 식은 생사를 따라 번뇌를 일으켜 갖가지로 생사하며 끝이 없는 것이다. 依智不依識者 智是達理 能離生死法 識是隨生死起惑 遇種種生死後有"라고 하였다. [참고문헌] 『大方等大集經』, 『攝大乘講疏』, 『法苑珠林』 권99(대정장53, p.1013b27), *Mvyut.74.* ⇨ 법사의 法四依

의지사 依止師 의지하여 가르침을 받은 스승. 득도(得度) 인연인 친교사(親敎師) 즉 은사(恩師 : 受業和尙) 외에 스승을 말한다. 『석씨요람』 권하(대정장54, p.307c27)에 "『석씨상의』에 말하였다. 수업화상은 부모와 같아 훈육의 은혜가 깊으므로 일반적으로 모두 삼년복을 입는다. 의지사는 도와 거듭에 법을 가르쳐줘 화상에 다음가므로 그에 따른 상복을 입는다. 釋氏喪儀云 若受業和尙 同於父母 訓育恩深 例皆三年服 若依止師 資飡法訓 次於和尙 隨喪服", 『석문상의초』 권상(한불전8, p.238c15)에 "의지사라 함은 바로 우리나라의 길러주신 스승이다. 所謂依止師者 卽我國養師也", 『오종범음집』 권하 「부록 附錄」(한불전12, p.186b7)에 "의지사는 세상에서 전하기를 수학사라 하며, 직접 법을 전해받은 제자는 조부모와 마찬가지로 일년복을 입는다. 依止師世傳受學師 親傳法弟子 與祖父母同周年服"라고 하였다. [참고문헌] 『釋氏要覽』, 『釋門喪儀抄』, 『五種梵音集』. ⇨ 의지아사리 依止阿闍梨, 은사 恩師, 친교사 親敎師

의지산혜 意地散慧 의지(意地 : 제6의식)에 있어 산란한 혜. 어떤 대상을 헤아려 판단하는 계탁분별(計度分別)을 일컫는다. 『순정리론』 권4(대정장29, p.350b7)에 "분별에는 세 가지가 있으니, 첫째 자성분별, 둘째 계탁분별, 셋째 수념분별이다. … 자성분별의 바탕은 심(尋)일 뿐이니, 뒤에 심소 중에 가려 풀겠다. 그 이외의 두 가지 분별은 차례대로 '의지의 산란한 혜'와 모든 염을 체로 삼는다. 산이란 정을 가려버리니, 의식과 상응하는 산혜여서 계탁분별이라고 한다. 선정 중에서는 경계를 헤아릴 수 없기 때문이다. 정중혜가 아니어서 능히 연한 것들을 이러저러하게 헤아려 구르니 여기에서 정을 가리고 산을 취한다. 分別有三 一 自性分別 二 計度分別 三 隨念分別 … 自性分別 體唯是尋 後心所中 自當辯釋 餘二分別 如其次第 意地散慧 諸念爲體 散言簡定 意識相應散慧 名爲計度分別 定中不能 計度境故 非定中慧 能於所緣 如此如是 計度而轉 故於此中 簡定取散"라고 하였다. [참고문헌] 『順正理論』, 『俱舍論』 권2(대정장29, p.8b6). ⇨ 계탁분별 計度分別

의지삼계 意地三戒 의(意)에 있는 탐욕(貪)·진에(瞋)·우치(癡)를 다스리는 세 가지 계. 보시·자비·연기법을 말한다. ⇨ 의지삼번뇌 意地三煩惱

의지삼번뇌 意地三煩惱 Ⓢ manaḥ-kleśa, Ⓣ yid-kyi

-nyon-mongs. 의지(意地)의 탐진치. 『대승장엄경론』 권8(대정장31, p.631c3 : *Sūtr.*, p.110)에 "〈송〉 널리 베풀고 자비 있으며 극히 아름다운 연기법인데 어떤 인으로 의지의 세 가지 번뇌를 견디지 못하는가? 〔석〕 이 게송은 뜻으로 짓는 세 가지 악행을 멀리 떠남을 밝혔다. 보살은 모든 것을 보시함으로써 탐욕의 번뇌를 떠나고, 대비로 인하여 진에의 번뇌를 여의며, 더없이 훌륭한 연기법으로 사견의 번뇌를 떠난다. 이와 같은 것들은 파계를 대치하는 차별이니 보살계의 청정공덕이다. 普施及有悲 極善緣起法 何因不能耐 意地三煩惱 釋曰 此偈明遠離意三惡行 菩薩由普施一切物故離貪煩惱 由大悲故離瞋煩惱 由極善緣起法故離邪見煩惱 如是等破戒對治差別 是菩薩戒清淨功德 sarvapradaḥ kṛpāluḥ pratītya dharmodaye sukuśalaś ca, adhivāsayet katham asau sarvākāraṃ manaḥkleśam. abhidhyā vyāpādo mithyādṛṣṭir vā yathākramaṃ. eṣa dauḥśīlyap ratipakṣadharmaviśeṣayogāc chīlaviśuddhigūṇo b odhisattvānāṃ veditavyaḥ"라고 하였다. 〔참고문헌〕 『大乘莊嚴經論』, *Sūtr.* ⇨ 의지 意地, 삼독 三毒

의지쇠손 依止衰損 Ⓢāśraya-vipatti, Ⓣlus-rgud-pa. 마음이 의지하는 몸이 쇠잔해짐을 뜻함. 『유가사지론』 권2(대정장30, p.286a6 : *Yogā-bh.*, p.34)에 "유정에게는 또 세 가지 끝내 쇠하여 줄어듦이 있으니, 수명의 줄어듦·의지의 줄어듦·자구의 줄어듦을 말한다. 수명의 줄어듦이란, 마지막에는 끝내 열 살까지 줄어든다. 의지가 줄어든다는 것은 몸이 끝내 한 뼘이나 한 줌으로 줄어드는 것을 말한다. 자구가 준다는 것은 그때의 유정은 조와 피를 음식 중의 최고로 여기게 되고, 털옷을 최고로 삼으며, 쇠를 장엄 중 최고로 삼고, 다섯 가지 최상의 맛인 연유·꿀·기름·소금·설탕의 맛들도 모두 다 없어진다. 有情復有 三種最極衰損 謂壽量衰損 依止衰損 資具衰損 壽量衰損者 所謂壽量 極至十歲 依止衰損者 謂其身量 極至一搩 或復一握 資具衰損者 爾時有情 唯以粟稗爲食中第一 以髮毼爲衣中第一 以鐵爲莊嚴中第一 五種上味 悉皆隱沒 所謂酥蜜油鹽等味 及甘蔗變味 teṣāṃ ca sattvānāṃ tadā paramāstisro vipattayo bhavanti. tadyathā. āyurvipattirāśrayavipattiru pakaraṇavipattiśca. tatrāyurvipattiḥ paraṃ daś avarṣāṇi. tatrāśrayavipattiḥ paraṃ vitastirmuṣṭi ścāśrayasya parimāṇaṃ bhavati. tatropakaraṇav ipattiḥ. kodravobhojanānāṃ magryo bhavati. ke śakambalo vastrāṇāmagryo bhavati. śastramala ṅkārāṇāmagryaṃ bhavati. pañcarasāḥ sarveṇa sa rvamantardhīyante. sarpīraso madhurasastailar asa ikṣuvikāraraso lavaṇarasaśca"라고 하였다. 〔참고문헌〕 『瑜伽師地論』, 『法苑珠林』 권1(대정장53, p.272c21), *Yogā-bh.*

의지심사 意地尋思 뜻 마당에서 살펴 헤아림. 의식(意識)이 명의(名義) 등에 의지하여 생각하고 분별하는 것으로 의언(意言 Ⓢmano-jalpa, Ⓣyid la brjod pa)이라 한다. 『섭대승론석』 권6(대정장31, p.349c16)에 "〔논〕 어느 곳으로 능히 들어가는가? 즉 저들 유견(有見)·사법(似法)·사의(似義) 등의 뜻말에 대하여 대승법상 등에서 일으키는 승해행지·견도·수도·구경도를 말한다. 일체법에는 오직 식성만이 있을 뿐이라는 것에 대하여 듣고서는 잘 이해하고 이치대로 통달하며, 일체 장애를 다스려 모든 장애를 여의기 때문이다. 〔석〕 이와 같은 류에 들고 행상에 든다는 것은 이제 마땅히 드러내 보이길, 뜻 마당에서 살펴 헤아리는 것이어서 설하여 의언이라 이름한 것이다. 이와 같이 뜻으로 말한다는 것은 대승법으로서 인을 삼아 일으킨다는 것이니, 이렇게 드러내 보이는 것을 의언차별이라 한다. 대승법상들이 일으킨다는 것은 이 교법으로써 연을 삼아 일어난다는 뜻이다. 혹은 승해행지에 있어서 능히 깨달아 들어간다고 하는 것도 능히 일체제법을 청해 듣는 것만으로 오직 식성이 있기 때문에 깊이 신해를 낼 수 있으므로 그 이름이 '능히 들어간다'이다. 論曰 何處能入 謂卽於彼 有見似法 似義意言 大乘法相等所生起 勝解行地 見道 修道 究竟道中 於一切法 唯有識性 隨聞勝解故 如理通達故 治一切障故 離一切障故 釋曰 入如是類 及入行相 今當顯示 意地尋思 說名意言 如是意言 以大乘法 爲因而生 此中顯示 意言差別 大乘法相等所生者 是此教法爲緣生義 或有卽於勝解行地 名能悟入 由但聽聞 一切諸法 唯有識性 深生信解 故名能入"라고 하였다. 〔참고문헌〕 『攝大乘論釋』. ⇨ 의지 意地, 의언 意言

의지심심 依止甚深 의지해 가짐이 깊고 깊음. 오종심심(五種甚深) 중 하나. 제불의 바탕이 되는 법계법성, 법상의 무수한 뜻들, 불보살의 공덕장엄의 법들이 헤아릴 수 없음을 말한다. 『법화경현찬요집』 권1(卍속장53, p.355a18)에 "넷째, 의지심심은 법계의 법성이 제불의 바탕이라는 뜻이다. 四 依止甚深 法界法性 諸佛本故", 같은 책 권15(卍속장54, p.141b12)에 "일체법과 더불어 의지하기에 의지심심이다. … 수없는 뜻들을 의지하고 머물기에 의지심심이다. … 모든 부처님의 공덕법들이 서로 의지하기에 의지심심이다. 與一切法爲依止 名依止甚深 … 與衆義爲所依止 名依止甚深 … 諸佛功德法更互相依 名依止甚深"라고 하였다. 〔참고문헌〕 『法華經玄贊要集』. ⇨ 오종심심 五種甚深

의지아사리 依止阿闍梨 Ⓟnissaya-ācariya. 오종아사리(五種阿闍梨) 중 하나. 출가 이후 은사 또는 친교사

(親教師) 외에 의지하는 스승. 의지사(依止師)·의지사리(依止闍梨) 등이라고도 한다. 『석씨요람』 권상 「사자師資」(대정장54, p.265c3)에 "사(師)에는 두 부류가 있다. 첫째, 친교사는 의지하여 출가한 다음 경전을 전수하고 삭발해준 스승을 말한다. 『비나야』에도 '친교'라 한다. 둘째, 의지사는 의지하여 삼장을 품수 받아 배우는 스승이다. 師有二種 一 親教師 卽是依之出家 授經剃髮之者 毘柰耶 亦云 親教 二 依止師 卽是依之稟受三藏學者"라고 하였다. 『오분율』 권16(대정장22, p.108a6)·권17(대정장22, p.114a28)의 수계법(受戒法), 『사분율』 권33(대정장22, p.794c13)·권34(대정장22, p.803a26)의 수계건도(受戒犍度), 팔리어 율장의 *Mahā-vagga*(大品) 제일대건도(第一大犍度 Maha-khandhaka) 등 광율(廣律)의 「수계편 受戒篇」, 부수(附隨 Ⓟ Parivāra)의 *Nissaya-vagga*(依止品) 중에 의지사법을 말하고 있다. 『사분율행사초』 권상(대정장40, p.30c20)의 「사자상섭편 師資相攝篇」에는 의지 중 제자의지(弟子依止)에서는 두 스승이 거두는 이사섭수(二師攝受) 문으로 열어서 밝혔는데, 특히 후자는 의지하려는 뜻이 있을 때(依止意), 스승이 안 계신 때(得無師時節), 스승의 덕을 가리는 경우이니 모든 스승들이 같지 않기 때문이며(簡師德因明諸師不同), 스승을 청하는 법(明請師法), 스승이 거두는 법(師攝受法), 벌을 다스려 꾸짖어야 할 때(明治罰訶責法), 스승이 안 계시게 되었을 때(明失師法) 등 7문으로 나누어 상세히 풀었다. 〔참고문헌〕『釋氏要覽』, 『五分律』, 『四分律』, 『四分律行事鈔』, 『四分律行事鈔資持記』 권상(대정장40, p.227a3). ⇨ 오종아사리 五種阿闍梨, 아사리 阿闍梨

의지여 依止如 Ⓢ saṃniveśa-tathatā, Ⓣ gnas-pa'i-de-bzhin-nyid. 의지하고 머무를 수밖에 없는 한결같음. 칠진여(七眞如) 중 하나로 기세간과 중생세간인 고제(苦諦)를 말하며, 안립진여(安立眞如)·의지진여(依止眞如)·안립진실(安立眞實)이라고도 한다. 『대승장엄경론』 권12(대정장31, p.653a24)에 "의지여란 무엇인가? 고제를 말하는데, 여기에는 두 가지가 있으니, 첫째는 기세간, 둘째는 중생세간이다. 依止如者 謂苦諦 此有二種 一 器世間 二 衆生世間"라고 하였다. 〔참고문헌〕『大乘莊嚴經論』, *Sūtr.168.* ⇨ 고성제 苦聖諦, 안립진실 安立眞實 1, 안립진여 安立眞如, 칠진여 七眞如

의지작의 依智作意 Ⓢ jñāna-saṃprayukta manaskāra. 지혜에 의지해 뜻을 지음. 십팔종작의(十八種作意) 중 하나. 『대승장엄경론』 권4(대정장31, p.610c15)에 "의지작의란 문사수 방편을 따라 차제로 일으킨다. 依智作意者 從聞思修方便 次第生故"라고 하였다. 〔참고문헌〕『大乘莊嚴經論』, *Sūtr.56.* ⇨ 십팔종작의 十八種作意

의지조색 依止造色 Ⓢ āśraya rūpaṃ. 의지하고 머물며 색(色)을 지음. 모태 내에서 몸(身)이 사대(四大)에 의지하여 형태를 만들어 가는 뜻이다. 『유가사지론』 권2(대정장30, p.284b6 : *Yogā-bh.*, p.25)에 "갈라람이 점차 증장할 때, 명(名)과 색(色)이 평등하게 증장하고, 함께 점차로 광대해지기에 이른다. 이와 같이 증장하다가 의지인 몸은 원만해진다. 이 중에서 지계에 의지하므로 의지하여 색을 지어갈 수 있고, 수계에 의지하므로 서로 거둬 유지해서 흩어지지 않는다. 羯羅藍 漸增長時 名之與色 平等增長 俱漸廣大 如是增長 乃至 依止圓滿 應知此中 由地界故 依止造色 漸漸增廣 由水界故 攝持不散 tasmiṃśca punaḥ kalale vardhamāne samasamaṃ nāmarūpayorvṛddhistadubhayorvistīrṇataratopagamāt. sā punarvṛddhiryāvadāśrayaparipūrito draṣṭavyā. tatra pṛthivīdhātumupādāya rūpaṃ vardhate vistīrṇataratāṃ gacchati. abdhātuḥ punastadeva saṃgṛhṇāti"라고 하였다. 〔참고문헌〕『瑜伽師地論』, *Yogā-bh.*

의지주 依止住 의지해 머묾. 부처님께 의지하고 단월에 의지해 유지되는 승가람 또는 승가를 가리킨다. 원측(圓測)의 『해심밀경소』 권1(한불전1, p.143a12)에 "둘째는 의지주〈모든 승가람이다. 기사굴산이나 가란다죽림 등이 의지하는 주처이다〉. 二 依止住〈是一切僧伽藍 耆闍崛山 迦蘭陀竹林等 是所依止〉", 『사분율행사초비』 권3본(卍속장67, p.349b12)에 "둘째, 의지해 머문다 하니 모든 승가람이다. 부처님께 의지하여 머물기 때문이다. 二 依止住 謂一切僧伽藍 是佛依止故也", 『마하승기율』 권7(대정장22, p.289a25)에 "취락에 의지하여 머문다는, 비구가 그 취락에서 옷·음식·침구와 병을 치료하는 탕약 등을 얻기에 이를 의지주라 한다. 云何依止聚落住 若比丘 於彼聚落中 得衣被飮食床臥 病瘦湯藥等 是名依止住"라고 하였다. 〔참고문헌〕『解深密經疏』, 『四分律行事鈔批』, 『摩訶僧祇律』. ⇨ 경계주의지주 境界住依止住 1

의지차별 依止差別 의지에 머묾에 차별함. 1 세간과 성문·보살이 의지하는 법이 같지 않은 뜻. 성문과 보살의 십일종차별(十一種差別) 중 하나이다. 『섭대승론석』 권8(대정장31, p.210a7)에 "〔논〕 둘째, 의지함에 차별하니, 큰 복덕과 지혜자량 의지로 삼는 것을 말한다. 〔석〕 이 도는 이승이나 세간의 도와 다르다. 세간은 단지 복덕만을 닦아 지혜가 없으며, 이승은 지혜만을 닦아 복덕이 없으나, 보살은 복덕과 지혜를 모두 닦는다. 그러므로 조도를 성취하는데, 조도가 곧 의지이다. 이 의지가 도방편 중에 있게 되면, 사혜(思慧)와 수혜(修慧)다. 論曰 二 由依止差別 謂依大福德智慧資糧爲依止 釋曰 此道與二乘及世間道有異 世間 但修福德 而無智慧 二

乘 但修智慧 而無福德 菩薩具修 福德智慧 故助道得成 助道卽是依止 此依止在道方便中 卽思修二慧"라고 하였다. 〔참고문헌〕『攝大乘論釋』. **2** Ⓢ āśraya-bheda, Ⓣ rten-gyi-dbye-ba. 정진의 여섯 가지 차별(差別) 중 하나. 『대승장엄경론』 권8(대정장31, p.632c24)에 "'모든 선법을 얻는데 나아가는 것으로 의지를 삼는다'는 말은 의지의 차별을 말한다. 정진에 의지해야만 일체선법을 얻을 수 있기 때문이다. 及得諸善法 進則爲依止者 說依止差別 由依止精進 得一切善法故"라고 하였다. 〔참고문헌〕『大乘莊嚴經論』, *Sūtr.113.* ⇨정진 精進 **3** 사생(四生)을 일컫는 말. 『법화경소』(대정장85, p.185a17)에 "사생이란 의지의 차별이다. (四生은 서로 다른) 업에 의지하기 때문이다. 四生者 依止差別 依止業故"라고 하였다. 〔참고문헌〕『法華經疏』. ⇨사생 四生 **1**

의지처 依止處 Ⓢ saṃniśraya-adhiṣṭhāna, Ⓣ gnas-la-brten-pa. 의지할 곳. 부처님(佛)과 교법(法) 그리고 선지식 등의 승보(僧)를 아울러 말한다. 『대반야경』 권547(대정장7, p.817b12)에 "매우 깊은 반야바라밀다는 능히 모든 부처님을 낳고 그 모든 부처님과 더불어 의지처를 삼아 세간 모든 법의 실상을 보여준다. 甚深般若波羅蜜多 能生諸佛 能與諸佛 作依止處 能示世間 諸法實相", 『불퇴전법륜경』 권1(대정장9, p.230b26)에 "보살마하살은 모든 중생에게 진실이 없고 머무름도 사라짐도 없으며 성과 상이 본디 공이라고 관한다. 그러므로 일체중생에게 의지처가 없다고 보지 않아서 일체중생이 열반계와 같다고 관한다. 菩薩摩訶薩 觀一切衆生 無有眞實 無住無滅 性相本空 是故 不見一切衆生無依止處 觀一切衆生 同涅槃界", 『대일경소』 권1(대정장39, p.591c24)에 "다섯 번째, 대승의 대는 의지함이 크기 때문이다. 곧 이와 같이 묘승은 법계중생이 모두 크게 의지할 것이니 마치 모든 냇물이 바다로 흘러들고 모든 초목이 대지에 의지하여 자라는 것과 같다. 五者依止大故 謂如是妙乘 卽法界衆生 大依止處 猶如百川趣海 卉木依地而生", 『대반열반경집해』 권7(대정장37, p.405c21)에 "가섭을 이미 의지처로 삼았다는 말은 부처님께서 세상에 계실 때와 같아서 아무런 차이도 없다는 뜻이다. 어찌 뛰어난 수행을 하고 싶어도 의탁할 터가 없을까 걱정하겠는가! 迦葉旣爲依止處者 如佛在世無異 何患欲修勝修 而無地耶"라고 하였다. 〔참고문헌〕『大般若經』, 『不退轉法輪經』, 『大日經疏』, 『大般涅槃經集解』, *Bodh-bh.132.* ⇨의지 依止

의지최승 依止最勝 의지함이 가장 뛰어남. 대보리심(大菩提心)에 의지함을 말하며, 반야바라밀다(般若波羅蜜多)를 행할 때 갖추어야 할 일곱 요소 중 하나다. 「성유식론」 권9(대정장31, p.51b28)에 "두 번째, 의지최승은 반드시 대보리심에 의지해야 한다는 뜻이다. 二依止最勝 謂要依止大菩提心", 『설무구칭경소』 권2본(대정장38, p.1010c21)에 "두 번째, 의지최승은 반드시 대보리심에 의지해야 한다는 뜻이다. 만일 도를 성취하겠다는 마음이 없다면 비록 닦더라도 건너갈 수 없다. 二依止最勝 謂要依止大菩提心 若無道心 雖修非度"라고 하였다. 〔참고문헌〕『成唯識論』, 『說無垢稱經疏』.

의직 衣直 ➡의치 衣直

의진 義眞 **1** 781~833. 일본 천태종 스님. 수선화상(修禪和尙)이라고도 한다. 처음에는 비예산(比叡山) 최징(最澄)에게 사사받다가 804년(연력23) 최징을 따라 중국에 들어갔다. 함께 돌아와 연력사(延曆寺) 건립에 힘을 쏟았다. 최징이 입적한 뒤 대승계단(大乘戒壇)의 계화상(戒和尙)이 되면서 천태법화(天台法華)의 교법을 가려내어 종지로 삼고 연력사 제1세 좌주에 부임하였다. 833년(천장10)에 세수 53세로 입적하였다. 저서로는 『천태법화종의집 天台法華宗義集』 1권이 전한다. 〔참고문헌〕『顯戒論緣起』 권상, 『續日本後紀』 권4. **2** 당대 스님. 혜과(惠果)의 법손으로 의조(義操)의 법을 이었다. 회창년간(841~846)에 장안(長安 : 陝西省 西安) 청룡사(靑龍寺) 동탑원(東塔院)에 주석할 때 큰 명성을 얻었다. 삼교(三敎)를 궁구하고 오부(五部)에 박통하였으며 특히 태장(胎藏)에 밝았다. 일본의 원인(圓仁)이 장안에 왔을 때 의진의 처소에서 태장대법(胎藏大法)과 소실지대법(蘇悉地大法)을 전수받았고, 일본의 원행(圓行)도 대부관정(大部灌頂)을 배우고 돌아갔으며, 혜운(惠運)은 제부(諸部)의 밀인(密印)을 전수받았다. 당시 중국에 찾아온 일본 스님들이 모두 의진 문하에서 법을 전수받았다고 하니 그 무성했던 도풍을 짐작할 수 있다. 845년(회창5) 무종폐불(武宗廢佛) 당시 장경사(章敬寺)·청룡사·안국사(安國寺) 등이 훼손당한 뒤로 스님의 종적을 알 수 없다. 〔참고문헌〕『西方軍吒利法』(대정장21, p.49c4), 『傳敎大師將來台州錄』(대정장55, p.1058a1), 『入唐求法巡禮記』 권3·권4.

의진삼매 義盡三昧 뜻을 남김없이 다한 삼매. 『경덕전등록』 권28 「남전보원화상어 南泉普願和尙語」(대정장51, p.445a21)에 "저들 경론가들은 법신을 최후의 법도로 삼아 이진삼매나 의진삼매라 부른다. 이는 노승이 이전에 들은 누군가의 '본을 돌이켜 근원으로 돌아가라' 한 말과 흡사하다. 조금이라도 이렇게 알았다면 화를 부를 일이다. 형제여, 요즘 선사 매우 많지만 그중에 참으로 어리석은 사람이라곤 찾을 수 없다. 他經論家 說法身爲極則 喚作理盡三昧 義盡三昧 似老僧向前 被人敎返本還源去 幾恁麽會 禍事 兄弟 近日禪師太多 覓箇癡鈍人 不

可得"라고 하였다. [참고문헌]『景德傳燈錄』. ⇨ 이진삼매 理盡三昧, 반본환원 返本還源

의진실 義眞實 Ⓢartha-paramārtha, Ⓣdon-dam-pa. 뜻에 있어서의 진실. 의승의(義勝義)와 같은 뜻이다. 『중변분별론』 권상(대정장31, p.456a29)에 "의진실이란, 법 그대로 떳떳하여 진실지의 경계이다. 義眞實者 法如如 眞實智境界故"라고 하였다. [참고문헌]『中邊分別論』, *Madhy-vibh.41.* ⇨ 의승의 義勝義

의집 疑執 의혹과 집착. 신심 내는 것(起信·生信)을 장애하기에 부수고 버려야 할(破捨) 심소다. 『대승기신론열망소』 권1(대정장44, p.425c15)에 "[문] 게송 중에서는 먼저 의혹을 사라지게 하고 집착을 버린다 하고는 뒤에 믿음을 일으킨다고 하였는데, 이제는 먼저 청정한 믿음을 일으키는 것을 말하고 뒤에 모든 의혹과 집착을 끊는 것을 말하니 무슨 까닭인가? [답] 만약 스스로의 행하는 입장에서서는 의혹과 집착을 버리는 것과 믿음을 일으키는 것은 저울의 양끝이 높아지고 낮아짐에 선후가 없는 것과 같고, 만약 타인을 교화하려면 자신이 먼저 대승에 정신을 일으키고서야 모든 중생의 어두운 의혹과 잘못된 집착을 끊게 하여 불종성이 이어져 끊어지지 않도록 할 수 있다. 비록 거듭 말했을지라도 번거로운 허물은 없다. 問 偈中先言 除疑去執 後言起信 今文先言發起淨信 後言斷諸疑執 何耶 答 若約自行 則除疑去執起信 如秤兩頭 低昂時等 無有先後 若約化他 則自先發起 大乘淨信 乃能斷諸衆生疑暗邪執 令佛種性 相續不斷也 故雖重述 無重繁過", 『법화현찬요집』 권2(卍속장53, p.397b18)에 "둘째, 의혹과 집착을 부수게 된다는 뜻은 의혹을 부수는 즉시 믿음을 낳도록 한다는 의미이다. 성문은 사십 년 전에는 자신은 부처가 될 수 없다고 의심하였지만, 오늘 『법화경』의 말씀에 '저들도 부처가 된다'고 하므로 그 의심을 부수어 믿음을 낳도록 한 것이다. 二 爲破疑執者 破疑卽令生信 聲聞四十年前 疑自身不得作佛 今日說法華經 言彼作佛 故破彼疑 令其生信也"라고 하였다. [참고문헌]『人乘起信論裂網疏』, 『法華玄贊要集』, 『法華玄贊』 권1(대정장34, p.652b19).

의착 依著 Ⓟupadhi. 기대고 집착함. 『대반야경』 권567(대정장7, p.930a27)에 "저 모든 공덕에서 열반에 이를지라도 의지해 집착하지 않는다. 왜 그런가? 아와 아소를 벗어나 둘도 없고 차별도 없으니 자성을 여의었기 때문이다. 於諸功德 乃至涅槃 亦不依著 何以故 離我我所 無二無別 自性離故", 『광찬경』 권1(대정장8, p.153c12)에 "그것이 공일진댄 일어날 일도 사라질 일도 의지해 머물 일도 없다. 其爲空者 不起不滅 無所依著", 『정명현론』 권5(대정장38, p.888b21)에 "의지해 집착함 있다면 이야말로 모든 번뇌의 뿌리다. 실법실상이라야 집착이 사라지는 바탕이다. 실상은 의지할 실마리가 없기에 반야를 일으키고 반야는 집착할 여지가 없기에 모든 미혹이 청정해지므로 번뇌 끊었다고 한다. 有所依著 是諸煩惱根 實法實相 是無著之本 由實相無所依 故生般若 般若則無所著 故衆惑淸淨 故名斷也"라고 하였다. [참고문헌]『大般若經』, 『光讚經』, 『淨名玄論』.

의착 疑著 **1** 의심하고 집착함. 『도세품경』 권1(대정장10, p.622c26)에 "모든 의심과 집착을 버리고 보살행을 빠짐없이 갖춘다. 棄捐諸疑著 具足菩薩行"라고 하였다. [참고문헌]『度世品經』. **2** 의심하다. 의혹을 품다. 『임제록』(대정장47, p.503b24)에 "시자가 돌아와 임제에게 그 이야기를 들려주자 임제가 말했다. '내가 이전에는 이 사내(보화)에 대하여 의혹을 품어왔다'. 侍者回擧似師 師云 我從來疑著這漢", 『청익록』 71칙 「평창 評唱」(卍속장117, p.875b12)에 "이 칙공안은 죽은 고양이를 화두로 삼았기에 사람들이 흔히 의심하길 '이것은 가장 더럽고 쓸모없이 흉한 놈인데 어째서 가장 귀하다고 했을까?'라고 한다. 這則公案 以死猫兒爲話頭 人多疑著 此最穢汚 無用凶物 何爲最貴", 『대혜어록』 권16(대정장47, p.878c16)에 "묘희(대혜)는 17세에 문득 본분사에 의심을 품고 애써 17년을 참구하여 마침내 쉬어 마칠 수 있었다. 妙喜自十七歲 便疑著此事 恰恰參十七年 方得休歇"라고 하였다. [참고문헌]『臨濟錄』, 『請益錄』, 『大慧語錄』.

의착 疑錯 의심과 착오. 결정심(決定心)이 없어 믿지 못하거나 그릇되게 아는 뜻이다. 『관무량수불경소』 권4(대정장37, p.271b25)에 "또한 깊은 마음으로 깊이 믿는다는 말은 자기 마음을 끝내 정하여 건립한 뒤 교법에 따라 수행하여 영원히 의심과 착오를 없앰으로써 일체의 다른 이해나 수행에 흔들리지 않으며 다른 학문과 견해로 달리 집착하여 물러나거나 동요하는 일이 없다는 뜻이다. 又深心深信者 決定建立自心 順敎修行 永除疑錯 不爲一切別解別行 異學異見 異執之所退失傾動也"라고 하였다. [참고문헌]『觀無量壽佛經疏』.

의책 衣幘 의복과 두건(頭巾). 『낙방문류』 권3 「마시랑왕생기 馬侍郞往生記」(대정장47, p.190b13)에 "숭녕 원년(1102) 병을 앓으며 여름을 보내다가 씻고 빗질하고 나서 염불한 뒤 의복과 두건을 정비하고 꼿꼿이 앉아 생을 마쳤다. 崇寧元年 感疾經夏 盥櫛念佛易衣幘 端坐而終"라고 하였다. [참고문헌]『樂邦文類』, 『神僧傳』 권2 「曇猷傳」(대정장50, p.955b16).

의처 依處 Ⓢadhikāra, adhiṣṭhāna, āśraya, saṃn

iveśa, hetu. 의지가 되는 것. 『대반야경』 권89(대정장5, p.497c4)에 "제석이 선현에게 말했다. '지금 존자 사리자께서 설하신 것은 대덕신통력은 아니고도 대덕이 의지처로 삼습니까?' 선현이 말했다. '교시가야, 이것은 나의 신통력이 아니고, 나를 의지처로 삼지도 않는다'. 제석이 말했다. '누구의 신통력이며, 누구를 의지처로 한 것입니까?' 선현이 대답하였다. '이것은 여래신력이고, 여래를 의지로 삼는다'. 제석이 말했다. '대덕이여, 일체법에는 의처가 없거늘, 어떻게 사리자께서 설하신 것이 여래의 신통력이고 여래가 의처라고 할 수 있습니까?' 선현이 말했다. '교시가야, 그렇다. 너의 말처럼 일체법에는 의지처가 없다. 그러므로 여래는 의지처가 아니고, 의지할 것도 없다. 단지 세속을 따라 시설하기 위해서 의처를 설할 뿐이다'. 天帝釋謂善現言 今尊者舍利子所說 將非大德神力 大德爲依處耶 善現告言 憍尸迦 此非我神力 非我爲依處 天帝釋言 是誰神力 誰爲依處 善現報言 是如來神力 如來爲依處 天帝釋言 大德 一切法無依處 如何可言 舍利子所說 是如來神力 如來爲依處 善現告言 憍尸迦 如是如是 如汝所說 一切法無依處 是故 如來非所依處 亦無所依 但爲隨順世俗施設 說爲依處", 『구사론』 권2(대정장29, p.7c11)에 "만약 몸을 장엄하고 일으켜 설하여 쓰려 하면 다만 반드시 의처라야 한다. 어떻게 두 근을 쓰는가? 저 남근과 같이 의처 또한 없어서 두 근이 없다면 의처도 없다. 저에서 없다고 한 것은 남근의처가 없다고 할 수 있으니, 그것은 쓸모가 없기 때문이다. (그러나) 비근과 설근의 의처는 저에게 쓸모가 있기 때문에 근을 떠나서도 마땅히 있을 수밖에 없다. 若爲嚴身 及起說用 但須依處 何用二根 如無男根 亦無依處 二根無者 依處亦無 於彼可無 男根依處 彼無用故 鼻舌依處 彼有用故 離根應有", 『중변분별론』 권하(대정장31, p.458a23)에 "수(受)란 탐애의 의지처이니, 모든 수(苦樂捨)를 사유하고 가려 받아들이기에 집제에 들어가고, 마음이란 아집의 의지처이니, 이 마음을 사유해 가리기에 멸제에 들어간다. 아를 여의고 두려움을 끊기 때문이다. 受者 貪愛依處 思擇諸受故 得入集諦 心者 我執依處 爲思擇此心 得入滅諦 離我斷怖畏故"라고 하였다. [참고문헌] 『大般若經』, 『俱舍論』, 『中邊分別論』, *Abh-k-bh.21.*, *Madhy-vibh.50.*

의처 意處 Ⓢ mana-āyatana, Ⓟ manāyatana. 마음이 머무는 곳. 제법(諸法)을 세 갈래 계(色界·心界·法界)로 나눈 것 중 심계, 오온(五蘊) 중 식온(識蘊), 십이처(十二處) 중에서는 의처(意處)이고, 십팔계(十八界)로 나아가서 보면 육식계(眼識 耳鼻舌身意識界)와 의근계(意根界)를 다 합한 칠계(七界)를 말한다. 『구사론』 권1(대정장29, p.4a21 : *Abh-k-bh.*, p.11)에 "각각 그들의 경계를 요별하지만, 다 거둬 취하면 식온이라 하고, 이것을 다시 차별하면 육식신이니, 즉 안식신에서 의식신까지다. 이와 같은 식온은 처문으로 말하면 의처가 되고, 계문에서 말하면 칠계가 된다. 안식계에서 의식계까지의 이 육식이 전하여 의계가 된다. … 마땅히 알아야 할 것은 식온을 의처라 이름하고, 한편 칠계라고 하는데, 즉 육식계와 의계를 말한다. 各各了別彼彼境界 總取境相 故名識蘊 此復差別 有六識身 謂眼識身至意識身 應知如是所說識蘊 於處門中 立爲意處 於界門中 立爲七界 謂眼識界至意識界 卽此六識 轉爲意界 … 應知識蘊 卽名意處 亦名七界 謂六識界及與意界 〈bhāṣya〉 viṣayaṃ viṣayaṃ prati vijñaptirupalabdhirvijñāna skandha ityucyate. sa punaḥ ṣaḍ vijñānakāyāḥ cakṣurvijñānaṃ yāvanmanovijñānamiti. ya eṣa vijñānaskandha ukta āyatanavyavasthāyāṃ. 〈kārikā〉 mana āyatanaṃ ca tat 〈bhāṣya〉 dhātuvyavasthāyāṃ sa eva 〈kārikā〉 dhātavaḥ sapta ca matāḥ 〈bhāṣya〉 katame sapta 〈kārikā〉 ṣaḍ vijñānān yatho manaḥ 〈bhāṣya〉 cakṣurvijñānadhāturyāvan manovijñānadhātumanodhātuśca. … vijñānaskandho mana āyatanaṃ ṣaḍ vijñānadhātavo manodhātuśceti"라고 하였다. [참고문헌] 『俱舍論』, *Abh-k-bh.* ⇨ 심왕 心王, 의계 意界, 십이처 十二處, 칠계 七界

의처 醫處 의사의 처방. 『현우경』 권4(대정장4, p.374c28)에 "우바이가 '대덕께서 앓는 병에 무엇을 잡숫게 할까요?'라고 묻자, '의사의 처방으로는 신선하게 끓인 육즙을 복용해야 합니다'라고 대답했다. 優婆夷言 大德所患 便宜何食 答言 醫處當服 新熱肉汁"라고 하였다. [참고문헌] 『賢愚經』.

의처안 依處眼 의처로서의 안근(眼根). 부진근(扶塵根)으로서의 육안(肉眼)을 말한다. 『유가론기』 권1(대정장42, p.335a4 · 한불전13, p.72b18)에 "의처안이란 본래의 육안이다. 이것을 의지하여 변화안이 일어나므로 의처안이라고 한다. 부진근이 눈의 의지처이니, 세속에서 이것을 눈이라고 하기에 지금 역시 방편으로 세운 이름일 뿐이다. 依處眼者 則本肉眼 由此爲依 起變化眼 名依處眼 或扶根是眼之處 世俗呼之爲眼 故今亦假立名"라고 하였다. [참고문헌] 『瑜伽論記』, 『瑜伽師地論』 권3(대정장30, p.292b23). ⇨ 부진근 扶塵根

의처진실 依處眞實 Ⓢ saṃniveśa-tattva, Ⓣ gnas-pa'i-de-kho-na. 의지한 진실. 제법이 의지한 진실을 가리킨다. 일체법이 고성제인 것 등이니 칠진여(七眞如) 중 안립진여(安立眞如 Ⓢ saṃniveśa-tathatā) 등을 말한다. 『중변분별론』 권상(대정장31, p.456b28)에 "분파진실에는 일곱 가지가 있다. 무엇이 그 일곱인가? … 넷째 의처진실이다. 分破眞實有七種 何者爲七 … 四 依處眞實",『십팔공론』(대정장31, p.864a29)에 "넷째 의처진실을 밝히니, 고에 의지한 진실이다. 第四明依處眞實 所謂苦依諦"라고 하였다.『변중변론』권중(대정장31, p.470a3)에서는 안립진실(安立眞實)이라 하였다.〔참고문헌〕『中邊分別論』,『十八空論』,『辯中邊論』, *Madhy-vibh.43.* ⇨ 차별진실 差別眞實, 칠진여 七眞如, 분파진실 分破眞實

의처최승 依處最勝 Ⓢ adhikāra-paramatā, Ⓣ ched-du-bya-ba-dam-pa. 의처가 매우 뛰어남. 열두 가지 최승정행(最勝正行) 중 하나로,『중변분별론』권하(대정장31, p.460c2)에서는 증상무비(增上無比)라고 하였다.『변중변론』권하(대정장31, p.474a1 : *Madhy-vibh.*, p.61)에 "의지처가 가장 뛰어나다는 것은 일체 중생을 널리 이롭고 즐겁게 하는 것을 의처로 삼는 것이다. 依處最勝者 普爲利樂一切有情爲依處故 adhikārap aramatā sarvasattvārthakriyādhikārāt"라고 하였다.〔참고문헌〕『中邊分別論』,『辯中邊論』, *Madhy-vibh.* ⇨ 최승정행 最勝正行, 의처 依處

의천 衣賤 ➡ 삼천 三賤

의천 義天 ❶ 1055~1101. 고려전기 스님. 이름은 후(煦), 자는 의천(義天), 속성은 왕(王)씨. 송나라 제7대 철종(哲宗)의 휘가 후(煦)이므로 이를 휘하여 이름(名) 대신 자인 의천(義天)이라 불렀다. 고려 태조의 4세손이며, 문종(文宗)의 넷째 아들로 1055년(문종9) 9월 28일 궁중에서 태어났다. 어머니는 이자연(李子淵)의 맏딸인 인예왕후(仁睿王后) 이씨다. 우리나라 천태종(天台宗)의 개종조(開宗祖)로서 요(遼)·송(宋)·일본(日本) 등 여러 나라로부터 4천여 권의 경소(經疏)를 수집하여 이를 모두 간행한 불멸의 공을 세운 영납(英衲)이다. 아버지인 문종이 모든 왕자(王子)를 불러 앉혀 놓고 '너희들 중에 누가 출가하여 스님이 되어 왕실과 국가를 복되게 할 수 있겠는가?'라고 하였고, 이때 의천이 일어나서 '제가 출가하여 스님이 되겠습니다'라고 자원하였다. 1065년(문종19) 11세 때 경덕국사(景德國師) 난원(爛圓)을 궁중으로 초빙하여 은사로 삼아 사미계(沙彌戒)를 받고 스님이 된 후, 영통사(靈通寺)에서 정진하다가 그 해 10월 장단(長湍) 불일사계단(佛日寺戒壇)에서 비구계를 받았다. 어느 날 밤 꿈에 어떤 사람에게 청량징관(淸涼澄觀)이 지은『화엄경소초』를 전해 받은 후로부터 화엄학을 연마하여 혜해(慧解)가 날로 넓어졌다. 이어 현수법장(賢首法藏)의 교관(敎觀)과 돈교·점교·소승·대승 등에 따른 경론(經論)과 장소(章疏) 등을 널리 연마하였을 뿐만 아니라, 공자(孔子)·노자(老子) 등 백가(百家)의 모든 서적까지 두루 섭렵하였다. 1067년 7월 문종이 승통(僧統)으로 추대하고, 포호(褒號)를 '광지개종홍진우세승통 廣智開宗弘眞祐世僧統'이라 하였다. 송나라에 가서 구법할 생각을 품고 있던 중, 진수(晉水)의 정원(淨源)법사가 학덕이 높다는 말을 듣고 상선(商船)으로 통하여 편지 왕래하였다. 송나라에 가고자 하였으나 부왕의 허락을 받지 못하였고, 부왕이 돌아가신 후 선종(宣宗 : 문종의 둘째 아들)이 즉위한 후인 1084년(선종1) 1월에도 허락을 구하였으나 이루지 못하였다. 그리하여 다음 해인 1085년(『불조통기』권46에는 元祐元年(1086)으로 되어 있음) 4월 인예태후에게 올리는 편지만 남기고 미복(微服)으로 제자인 수개(壽介)를 데리고 출발하여 정주(貞州 : 경기도 개풍 승천포)에 이르러 상선을 타려 할 때, 선종(宣宗)이 소식을 접하고 스님의 제자인 낙진(樂眞)·혜선(慧宣)·도린(道隣) 등을 보내 수종(隨從)하도록 하였다. 송나라 국제 항구인 판교진(板校鎭)에 상륙하여 밀주(密州) 조봉랑(朝奉郎) 범악(范鍔)의 영접을 받고 황제 배알을 청하였다. 그리하여 황제의 명을 받은 주객원외랑(主客員外郎)의 인도로 그 해 7월 왕도(王都)인 변경(卞京)의 계성사(啓聖寺)에 들어갔다. 중서사인(中書舍人) 범백록(范百祿)의 주선으로 며칠 만에 수공전(垂拱殿)에서 철종(哲宗)황제를 배알하였다. 철종은 기꺼이 맞이하고 주객원외랑인 양걸(楊傑)에게 명하여 변경에서부터 회주(淮州)와 사주(泗州)를 거쳐 항주(杭

의천 삼창주대각국사진영
순천 선암사 1805년

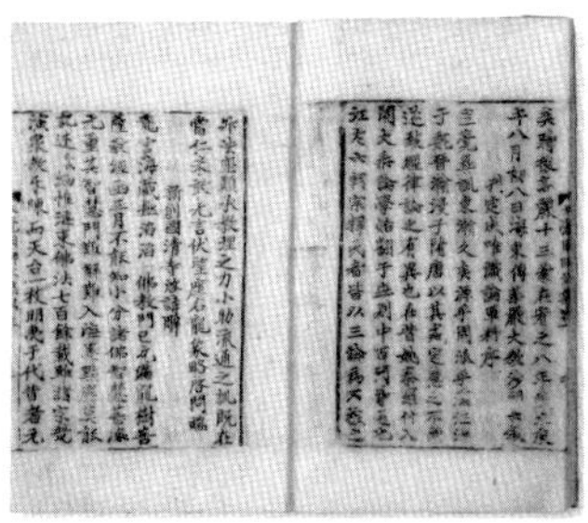

신창국청사계강사
대각국사문집 권3 서울대규장각

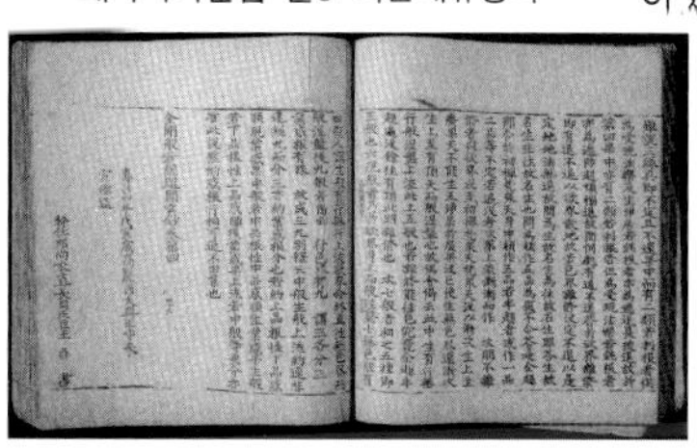

송광사금강반야경소개현초 권4
보물제207호 순천 송광사 1641년

州) 대중상부사(大中祥符寺)에 있는 정원(淨源)법사에게 금자화엄경(金字華嚴經) 삼역본(三譯本) 완질을 헌납하여 혜인원(慧因院)에 장경각을 창건하고 이를 봉안하였으므로 속칭(俗稱) 이를 고려사(高麗寺)라고 하였다. 이어 정원·자변(慈辯)·유성(有誠)법사·선총(善聰)법사·혜림(慧林)·선연(善淵)·택기(擇其)율사·인도의 천길상(天吉祥)·소덕(紹德)·회련(懷璉)선사·원조(元照)율사·불인요원(佛印了元)선사 등 50여 고승을 참방하면서 교리를 문답하였다. 철종으로부터 선사받은 돈과 비단, 그리고 본국(本國)의 선종과 인예태후가 보내준 재보(財寶) 등 거금을 참방하였던 절에 모두 희사하고 많은 경전을 구하여 모시고 14개월 만인 1086년(선조3) 5월 29일에 귀국하였다. 중국에서 구입한 경과 거란(契丹)·일본 등지에서 구한 7백여 권과 1091년(선종8)에 다시 남쪽 사찰과 관공서 등에 파손된 4천여 권을 수집하여 개성 흥왕사(興王寺)에 교장도감(敎藏都監)을 두고 이를 모두 교정하여 판각하였다. 1094년(선종11) 2월 홍원사(洪圓寺)로 옮겨서도 여전히 교학사업을 계속하였다. 그 해 5월 합천 해인사로 물러갔다. 조카인 헌종(獻宗)이 두 차례나 귀경(歸京)을 청하였으나 받아들이지 않다가, 1095년 10월 8일 셋째 형인 숙종이 즉위하여 여러 차례 근신(近臣)을 보내와 개성으로 오라고 하므로 다

천태시조대각국사비명
칠곡 선봉사 1132년

대각국사비 탁본 개성 영통사 1103년(좌) 칠곡 선봉사 1132년(우)

시 돌아와 홍왕사에 있었다. 1097년 5월 국청사(國淸寺)를 맡으므로부터 천태종을 창립하고 천태교관(天台敎觀)을 강의하기 시작하였다. 1098년(숙종3) 4월에 숙종이 그의 다섯째 왕자로 하여금 스님의 상좌가 되게 하였으니(「영통사대각국사비문 靈通寺大覺國寺碑文」에 上命第五子 侍之), 그가 바로 징엄(澄嚴 : 澄偌이라고도 함. 시호는 원명국사) 승통이다. 1101년(숙종6) 8월부터 병을 앓으면서도 여전히 관심(觀心)·독경·염불 등을 계속하다가 10월 5일 세수 47, 법랍 36세를 일기로 우협(右脇)으로 누워 조용히 입적하였다. 숙종이 국사로 추봉하고 시호를 대각(大覺)이라 하였다. 금석문으로는 1101년「홍왕사대각국사묘지명」, 김부식(金富軾)이 비문을 지어 1125년(인종3) 개풍 영통사에 건립한 대각국사비와 임존(林存)이 비문을 지어 1132년(인종10) 칠곡 선봉사(僊鳳寺)에 건립한 대각국사비 등이 있다. 저서로『신편제종교장총록 新編諸宗敎藏總錄』3권,『원종문류 圓宗文類』22권 중 제1·14·22권 등 3권,『석원사림 釋苑詞林』250권 중 제191권·195권,『대각국사문집 大覺國師文集』23권 중 일부,『대각국사외집 大覺國師外集』13권 중 일부 등과『간정성유식론단과 刊定成唯識論單科』의 서문이 현존한다. 그 외『해동유본견행록 海東有本見行錄』권수 미상(卷數未詳),『팔사경직해 八師經直解』,『소재경직해 消災經直解』권수 미상,『천태사교의주 天台四敎義註』3권,『계악권선면학 誡惡勸善勉學』1권,『제부삼백여권 諸部三百餘卷』등은 일실되어 목록만 전한다. 순천 선암사(仙巖寺)에 1805년(순조5)에 도일(道日)이 그린「삼창주대각국사지진영 三刱主大覺國師之眞影」이 전하며, 선암사에서는 매년 음력 9월 28일에 대각국사탄신재를 행하고 있다. 〔참고문헌〕『朝鮮金石總覽』권상 p.293·305·329,『海東金石苑』권5 p.362·392,『高麗墓地銘集成』p.31,『韓國金石全文』中世上 p.531·p.547·p.593,『釋氏稽古略』권4(대정장49, p.876a19),『釋門正統』권8 p.901b9,『大覺國師文集』,『佛祖統紀』권46(대정장49, p.417b8),『高麗史』권90 列傳3 文宗. ⇨ 대각국사묘지명 大覺國師墓誌銘, 대각국사비 大覺國師碑, 대각국사문집 大覺國師文集, 대각국사외집 大覺國師外集, 석원사림 釋苑詞林, 원종문류 圓宗文類, 신편제종교장총록 新編諸宗敎藏總錄, 고려속장경 高麗續藏經, 선암사대각국사진영 仙巖寺大覺國師眞影, 천태종 天台宗 **2** 1603~1690. 조선 후기 스님. 자는 지경(智鏡), 호는 환적(幻寂), 속성은 문(文)씨. 아버지의 휘는 두(斗), 어머니는 이세번(李世蕃)의 딸. 1603년(선조36) 4월 5일 경상도 선산(善山)에서 태어났다. 5세 때 아버지를 여의고, 11세 때인 1613년(광해군5)에 외가(外家)인 보은현(報恩縣) 종곡(鐘谷)으로 옮겼다가 그해 가을 속리산 복천암(福泉庵)으로 찾아가 진정탁린(塵靜琢璘)을 은사로 하여 스님이 되었다. 1616년(광해군8) 14세 때 은사를 따라 금강산 정양사(正陽寺)로 가서 편양언기(鞭羊彦機)를 친견하였는데, 스님의 머리를 쓰다듬으며 '훌륭한

법기(法器)이니 출가한 초지(初志)를 잊지 마라'고 당부하였다. 다시 속리산으로 돌아와 동관음암(東觀音庵)과 봉서암(鳳棲庵) 등에서 3년간 정진한 후, 1618년(광해군10) 16세 때 비구계를 받았다. 이어 팔공산 동화사(桐華寺)의 송계성현(松溪性賢) 회하에서 5년간 경론을 수학하였다. 1623년(인조1) 봉화 청량산(淸涼山) 안중사(安仲寺)에서 5년간 생식(生食)을 하다가 이어 31년 동안(1653년까지) 벽곡(辟穀 : 화식은 하지 않고 생식을 하되 곡식은 먹지 않고 다만 菜根木果로 연명하는 것)을 계속했다. 1627년(인조5) 소백산 진공암(眞空庵)에서 3년간 주석하고, 1629년(인조7) 속리산 삼존동(三尊洞)에 토굴을 맺고 3년간 정진하였다. 1631년(인조9) 금강산 표훈사(表訓寺) 천덕암(天德庵)으로 가서 편양언기에게 심요(心要)를 청하여 목주진존숙(睦州陳尊宿)의 곤자화(困字話)를 받아 정진하다가 그의 법을 이어 받았으니, 그 법계는 태고(太古) → 환암(幻庵) → 귀곡(龜谷) → 벽계(碧溪) → 벽송(碧松) → 부용(芙蓉) → 청허(淸虛) → 편양 → 환적의천으로 이어진다. 1635년(인조13) 33세 때 묘향산(妙香山) 두첩굴(頭疊窟)에서 1년간 정진하다가, 1636년 봄부터 재령(載寧) 장수산(長壽山) 현암(縣庵)에서 여름을 지나고, 그 해 가을 속리산 견성암(見性庵)에서 겨울 안거를 지냈다. 1638년(인조16) 봄 다시 장수산에 들어가 환적암(幻寂庵)을 창건하고 2년간 주석하였으며, 1640년(인조18) 3월 양평 용문산(龍門山 : 一名 彌智山) 북대에서 여름 안거를 지냈고, 그 해 가을부터 속리산 청심암(淸心庵)에서 1년간 주석하였다. 1641년 대야산(大也山)에 들어가 비로암(毗盧庵)을 창건하고 1년간 정진하였고, 1642년(인조20) 40세 때 낙영산(落影山 : 俗離山) 도명사(道明寺)에서 2년간 주석하였다. 1644년 합천 해인사에서 여름을 지냈고, 그 해 가을부터 상주(尙州) 노음산(露陰山 : 一名 天柱山) 수미굴(須彌窟)에서 겨울 안거를 마쳤다. 1645년(인조23) 편양언기의 부음(訃音)을 듣고, 금강산으로 가다가 도중에 역질(疫疾)을 만나 대야산 석천암(石泉庵)에서 1년간 주석하였다. 1646년(인조24) 금강산으로 가서 법사인 편양언기의 2주기 때 스님의 탑비 건립에 동참하여 1년 동안 있다가 1647년 여름 고향으로 가서 어머님을 찾아뵈었다. 1648년 전주 금산사 남전(南殿)에서 3년간 주석하다가 1650년(효종1) 봄 춘천 경운산(慶雲山) 청평사(淸平寺) 양신암(養神庵)으로 가서 3년에 걸쳐 중수불사를 마쳤다. 1652년(효종3) 안변 석왕사의 서동(西洞)에 환적암을 세우고 2년간 정진하다가 1653년 51세 때의 가을 황해도 장연(長淵) 해안방(海安坊) 금사사(金沙寺) 미타전(彌陀殿)에서 겨울 안거를 지냈다. 이때 어머님의 강권(强勸)으로 31년 동안의 벽곡을 중단하고 처음으로 곡식(穀食)을 입에 넣었다. 1654년 봄 황주(黃州) 심원산(深源山) 중굴(中窟)에서 1년간 정진하고, 1655년 봄 같은 산 칠성전(七星殿)으로 옮겨 1년 동안 주석하였다. 1656년(효종7) 1월 황해도 연안(延安) 용박산(龍博山) 설암(雪庵)에서 3개월 동안 머물다가 4월에 황해도 강음현(江陰縣) 천진산(天眞山) 금강암(金剛庵)으로 옮겨 주석하던 중 5월에 모친상(母親喪)을 당하자 정성껏 천도의 예를 가졌다. 1657년 봄 다시 청평사 양신암에서 여름 안거를 지내고 7월부터 강원도 인제 한계사(寒溪寺) 상승암(上乘庵)에서 2년간 주석했다. 1659년(효종10) 봄 오대산에 들어가 진여원(眞如院)을 중창하고 함께 환적암도 수축하였으며, 문수보살상을 조성・봉안하고 3년간 기도・정진했다. 1662년(현종3) 60세가 되던 가을 문경 봉암사(鳳巖寺)에서 겨울을 지냈고, 1663년 봄에는 봉암사 서쪽 백운대의 5길(五尋)이나 되는 암벽에 미륵불마애상을 조각하였으며, 그 해 겨울은 오대산 보제암(菩濟庵)에서 지냈다. 1664년 봄 설악산 봉정암 옛 터에 판옥(板屋)을 짓고 3년간 정진하였으며, 1666년 봄 봉암사에서 1년간, 1667년 봄 속리산 견성암에서 6년간 지냈고, 1672년 봄 오대산에 들어가 신성암(神聖庵)을 창건하였다. 1681년(숙종7) 8월에 홀연히 가야산의 승경(勝景)이 떠올라 열반할 곳으로 정하고 가던 길에 도반들을 만나 충주 월악산 덕주사(德周寺)에 들러 1년여 동안 주석하다가 80세인 1682년(숙종8) 봄 해인사 서전(西殿)으로 옮겨 3년간 정진하였다. 1684년(숙종10) 1월 김천 직지사 견불암(見佛庵) 조실청을 받아 1년여 동안 있다가 1685년(숙종11) 봄에 다시 해인사 서전으로 돌아와 여름을 지냈다. 그 해 8월 소백산 묘적사(妙寂寺)에서 겨울 안거를 지내고, 1686년 봄 태백산 각화사(覺華寺) 동암(東庵)에서 1년여를 지낸 후, 다시 해인사 백련암(白蓮庵)으로 와서 동쪽 등 너머에 토굴(土窟)을 짓고 편액을 찬운창(攢雲窓)이라 했다. 1690년(숙종16) 8월 26일 문도들을 모아 놓고 부지런히 염불하라고 당부한 다음, 아침 일찍이 서쪽을 향해 단정히 앉아 세수 88, 법랍 77세를 일기로 입적하였다. 다비

서산적손편양친제거지불정두타 제일환적당의천대선사진영 합천 해인사 조선후기

환적당부도 춘천 청평사 조선후기

후 정골(頂骨) 1편과 기도 끝에 청·황·백 삼색 사리 7과를 얻어, 문경 봉암사·춘천 청평사·충주 덕주사·대구 용연사(龍淵寺)·태백산 각화사·거창 연수사(演水寺)·합천 해인사 등에 각각 부도를 세우고 1과씩 봉안하고, 정골의 1편은 인동(仁同) 대곡사(大谷寺)에 부도를 세우고 봉안했다. 풍계명찰(楓溪明詧)이 지은 「환적당대사행장 幻寂堂大師行狀」(『풍계집』 권하·한불전9, p.156c13)이 있다. 〔참고문헌〕『楓溪集』.

의천 義泉 1716~1762. 조선후기 스님. 호는 송암(松巖), 속성은 김씨. 어머니는 손(孫)씨니 태양이 가슴으로 흘러들어오는 태몽 이후 1716년(숙종42) 10월 20일에 태어났다. 14세 때 간성 건봉사(乾鳳寺)로 찾아가 석흡(釋洽)을 은사로 하여 스님이 되었고, 월봉쌍식(月峰雙式)으로부터 율을 배웠으며, 청허휴정의 6대 법손인 풍악보인(楓嶽普印 1701~1769)에게서 경론을 배웠다. 강원도 양구 도솔산(兜率山) 심곡사(深谷寺)의 강주를 지내다가 건봉사로 옮겨 후학을 지도하던 중 제자들을 모아놓고 "태양을 꿈꾸고 태어난 자는 또한 태양의 꿈을 꾸면 죽는다. 夢日出生者 夢日沒死矣"라고 말하고 조용히 입적하니 세수 47, 법랍 33세였다. 다비 후 근처 소나무 가지에 걸려 있는 정골(頂骨) 한 개를 수습하여 도솔산 심곡사에 탑을 세워 봉안하였으며, 스님의 문제(門弟)인 승환(勝還)이 비문을 짓고, 후학인 우평(宇平)이 써서 1771년(영조47)에 세운 비가 간성 건봉사에 있다. 〔참고문헌〕『乾鳳寺本末事蹟』(亞細亞文化社, 1977) p.52, 趙東元 『韓國金石文大系』 권7 pp.95~97, 『嶺東地方金石文資料集』 권1 pp.37~38, 智冠 『韓國高僧碑文總集 朝鮮朝·近現代』 p.548.

의천고 依天苦 Ⓢ ādhidaivikaṃ duḥkham. 하늘에 의지해 겪는 고통. 상키야(Ⓢ Sāṃkhya : 數論)에서 말하는 삼고(三苦) 중 하나다. 『금칠십론』 권상(대정장54, p.1245a28)에 "의천고란, 추위·더위·바람·비·천둥·번개 등과 같은 갖가지는 하늘이 일으키는 번뇌로 마음을 잃게 되니 의천고라고 한다. 依天苦者 謂寒熱風雨雷霆等 通如是種種 爲天所惱而失心者 名依天苦", 같은 책 권하(대정장54, p.1258b7)에 "셋째는 의천고이다. 저 바라문이 천고의 핍박을 받으니, 추위·더위·비 등은 능히 이겨낼 수 없는 것이다. 三 依天苦 如一婆羅門爲天苦所逼 謂寒熱雨等 其不能忍"라고 하였다. 〔참고문헌〕『金七十論』. ⇨ 삼고 三苦 ❹

의천목록 義天目錄 고려 의천(義天)이 지은 『신편제종교장총록 新編諸宗教藏總錄』의 별칭. 『의천록 義天錄』이라고도 한다. 『순정리론술문기』 권18(卍속장83, p.551a14)에 "『의천목록』에서 '『순정리론술기』 5권 원유지음'이라 하였다. 義天目錄下云 順正理論述記 五卷 元裕述"라고 하였다. 〔참고문헌〕『順正理論述文記』, 『新編諸宗教藏總錄』. ⇨ 신편제종교장총록 新編諸宗教藏總錄

의천조설 倚天照雪 하늘 높이 서려 눈마저 비추다의 뜻. 『벽암록』 100칙 「평창 評唱」(대정장48, p.224a24)에 "설두는 '파릉의 이 취모검 능히 하늘 높이 서려 눈을 비춘다'고 하였는데, 보통 '하늘까지 뻗은 긴 검의 날선 빛으로 눈마저 비춘다'고 말한다. 雪竇道 此劍能倚天照雪 尋常道 倚天長劍光能照雪"라고 하였다. 〔참고문헌〕『碧巖錄』.

의철 義哲 조선후기 스님. 호는 인담(仁潭). 해남 두륜산(頭輪山)에 주석하였으며, 백련도연(白蓮禱演 1737~1807)의 법을 계승하였고, 청해혜운(淸海惠雲 1795~1851)의 은사이다. 〔참고문헌〕『東師列傳』 권4 「白蓮禪師傳」(한불전10, p.1031c5)·「淸海大士傳」(한불전10, p.1046b8). ⇨ 도연 禱演, 혜운 惠雲

의첨 義沾 1746~1796. 조선후기 스님. 합천 해인사 등 영남을 중심으로 활동한 뛰어난 강백(講伯)이었다. 호는 인악(仁嶽), 자는 자의(子宜), 속성은 이씨. 아버지의 휘는 휘징(徽澄), 어머니는 달성 서씨(達城徐氏). 1746년(영조22) 9월 9일 달주(達州) 인흥촌(仁興村 : 지금의 대구광역시 달성군 화원읍 본리리)에서 태어났다. 1754년(영조30) 고향의 서당(書堂)에 들어가 『소학 小學』을 배웠는데, 총명하여 세 번만 읽으면 모두 외우는 재주를 가졌다. 그리하여 천재(天才)의 신동(神童)이라는 소문이 널리 퍼져서 이웃 사람들이 서로 다투어 학비를 도와주었다. 15세 때 이미 『시전 詩傳』·『서전 書傳』·『주역 周易』까지 배워 마침으로써 문장력(文章力)이 상당하였다. 18세 때인 1764년(영조40) 고향 친구들과 함께 화원 용연사(龍淵寺)에서 공부하다가 스님들의 엄숙하고 위의(威儀)가 거룩한 모습을 보고 홀연히 발심하여 가선헌공(嘉善軒公)을 은사로 하여 스님이 되었다. 이어 벽봉민성(碧峰敏性)으로부터 비구계를 받았는데, 벽봉이 훌륭한 법기(法器)로 여기고 『금강경』과 『능엄경』 등을 가르쳐 주었다. 또 서악(西嶽)·추파홍유(秋波泓宥)·농암(聾巖) 등 강백들을 찾아다니면서 경론을 연마했다. 1768년(영조44) 봄 다시 벽봉을 찾아뵙고 법제자가 되었으니, 임제의현

의첨 인악당대사의첨진영
대구 동화사 조선후기

(臨濟義玄)의 34세, 태고보우(太古普愚)의 15세, 청허휴정(淸虛休靜)의 8세, 상봉정원(霜峯淨源)의 5세 법손이 된다. 1770년(영조46) 어느 날 말하기를, '듣건대 설파상언(雪坡尙彦)이 조선 화엄종의 대가라는데, 아직 친견하지 못한 것이 유감이다'라 하고 곧 함양 영원사(靈源寺)로 찾아가 설파로부터 8개월 동안 『화엄경』을 배워 마치고, 이어 『선문염송집』을 열람하고는 명실공히 선과 교를 겸비한 종사로서 그의 선제자(禪弟子)가 되었다. 설파를 하직하고 비슬산(琵瑟山) 유가사(瑜伽寺)·팔공산 동화사(桐華寺)·학산(鶴山)·불령산(佛靈山) 청암사(靑巖寺) 등 여러 사찰의 강주로 초청을 받아 많은 학인을 지도하였다. 어디를 가나 항상 스님을 따르는 상수중(常隨衆)이 백여 명으로 마치 영산회상을 방불케 하였다고 한다. 정조대왕(正祖大王)이 아버지 사도세자(思悼世子 : 莊獻世子)의 묘인 양주 배봉산(拜峰山) 영우원(永祐園)을 수원으로 옮겨 현륭원(顯隆園)이라 하고, 영가의 자복(資福)과 능의 수호를 위해 장흥 보림사(寶林寺)의 보경(寶鏡)을 총감독으로 삼아 옛 갈양사(葛陽寺) 터에 용주사(龍珠寺)를 창건할 때, 의첨은 왕명을 받아 큰 법당 부처님의 복장문(腹藏文)과 창사권선문(創寺勸善文)을 지었는데 왕이 이 글을 보고 '송운유정(松雲惟政)·벽암각성(碧巖覺性) 이후에도 이와 같이 훌륭한 문장과 도덕을 가진 스님이 있었느냐?'라고 하면서 감탄을 아끼지 않았다고 한다. 연담유일(蓮潭有一 1720~1799)과는 당대의 강백(講伯)으로 쌍벽을 이루었으니, 의첨은 대구 동화사·화원 용연사·합천 해인사(海印寺) 등 영남을 중심으로 활동하고, 유일은 장흥 보림사를 비롯하여 해인사·순천 송광사·선암사·해남 대흥사 및 미황사(美黃寺) 등 호남에서 활동하였다. 의첨은 유일보다 26년 후배이지만 3년 먼저인 1796년(정조20)에 비슬산 명적암(明寂庵)에서 세수 51, 법랍 34세를 일기로 입적하였다. 저서로는 『인악집 仁嶽集』 3권·『원각경사기 圓覺經私記』 1권·『화엄경사기 華嚴經私記』 1권·『능엄경사기 楞嚴經私記』 1권·『금강경사기 金剛經私記』 1권·『기신론사기 起信論私記』 1권·『선문염송집사기 禪門拈頌集私記』 1권·『대혜서장사기 大慧書狀私記』 1권 등이 현존한다. 수학제자로는 도경(度慶)·계주(戒冑)·혜기(慧玘)·승징(勝澄)·벽잠(碧岑)·승홍(勝洪)·대여(大如)·우인(宇印) 등이 있고, 상좌(上佐)로는 취홍(就洪)·지연(智演)·성안(聖岸)·정간(珽玕)·회기(會玘)·우현(友玹)·도연(道涓)·희정(喜靜) 등이 있다. 문인(門人) 성안이 지은 「인악화상행장 仁嶽和上行狀」(『인악집』 권3·한불전10, p.422c20)과 김희순(金羲淳)이 지은 「인악대사비」(『산목헌집』 권12·한국문집총간속집104, p.303a15)가 있으며, 1808년(순조8)에 세운 비가 대구 동화사 금당선원 앞 비림(碑林)에 있다. 18세기 후반에 조성된 진영이 동화사성보박물관에 소장되어 있다. 〔참고문헌〕『仁嶽集』, 『山木軒集』, 『朝鮮金石總覽』 권하 pp.1263~1264, 『韓國金石文大系』 권3 pp.265~266, 『霜峰門譜』 pp.22~23, 『朝鮮佛敎通史』 권상 pp.577~579, 智冠 『韓國高僧碑文總集 朝鮮朝·近現代』 pp.634~635. ⇨ 금강경사기 金剛經私記, 기신론사기 起信論私記❷, 능엄경사기 楞嚴經私記❶, 서장사기 書狀私記❶, 원각경사기 圓覺經私記❷, 인악집 仁嶽集, 동화사인악대사비 桐華寺仁嶽大師碑, 유일 有一

의첩 衣牒 승니(僧尼)에게 부여하는 문서. 법의(法衣)를 입을 수 있기에 이렇게 부른다. 『불조통기』 권47(대정장49, p.425b26)에 "1141년(소흥11) 5월, 재상 진회는 경산종고가 주전론자 장구성과 뜻을 같이 하는 무리라는 이유로 의첩을 박탈하고 형주로 유배시켰다. 十一年五月 宰相秦檜 以徑山宗杲 爲張九成黨 毁衣牒竄衡州"라고 하였다. 〔참고문헌〕『佛祖統紀』.

의청 義青 1032~1083. 송대 조동종(曹洞宗) 스님. 호는 투자(投子), 속성은 이(李)씨. 청사(青社 : 山東省) 출신. 나이 일곱에 묘상사(妙相寺)에서 출가하여 『백법론 百法論』을 학습하였다. 뒤에 『화엄경』을 읽다가 즉심자성(卽心自性)이라는 대목과 마주쳐 깨우치고는 마침내 그 자리를 떠나 선림(禪林)을 돌아다니며 공부하였다. 그 당시 성엄사(聖巖寺)의 부산법원(浮山法遠)을 친견하고 6년 동안 시봉하며 수행하다가 조동종의 종지를 깨달았다. 그때 법원은 자신의 스승 대양경현(大陽警玄)의 정상(頂相)·의리(衣履)·직철(直裰)을 전하였다. 오래 지나지 않아 원통법수(圓通法秀)를 만나 기연이 들어맞았고 이로부터 명성이 멀리까지 퍼졌다. 처음에는 건주(建州) 백운산(白雲山)에 주석하였고 이어서 서주(舒州) 투자산(投子山)으로 옮겨 대양의 종풍을 크게 떨쳤으므로 투자라는 호가 붙여졌다. 『속전등록』 권6(대정장51, p.500b12)에 따르면, 송나라 때인 1083년(원풍6) "두 곳에서 주지를 살았으나, 불도에 도움 될 만한 일 없었네. 여러분들과 작별하려 하니, 찾아 나설 필요 없노라. 兩處住持 無可助道 珍重諸人 不須尋討"라는 임종게를 남기고 세수 52세로 입적하였다. 시호는 자제(慈濟)이다. 법을 이은 제자 아홉 가운데 부용도해(芙蓉道楷)가 가장 저명하다. 어록 2권을 남겼다. 〔참고문헌〕『續傳燈錄』, 『佛祖歷代通載』 권19(대정장49, p.669c18), 『禪林僧寶傳』 권17(卍속장137, p.511a11), 『五燈會元』 권14(卍속장138, p.524b1).

의청정 意清淨 Ⓢ manaḥ-śauceya, manaḥ-śaucam, Ⓟ mano-soceyya. 뜻이 청정함. 삼청정(三淸淨) 중 하나로 의묘행(意妙行)이라고도 한다. 『집이문족론』

권6(대정장26, p.390a23)에 "의청정이란 무엇인가? 〔답〕 무탐·무진·정견이다. 또는 모든 학·무학·선의 비학비무학 등의 의업과 같은 일체를 의청정이라고 한다. 意淸淨云何 答 無貪無瞋正見 復次諸所有學意業 諸所有無學意業 諸所有善非學非無學意業 如是一切名意淸淨", 『대비바사론』 권117(대정장27, p.611a16)에 "모든 의묘행이 바로 의청정이다. 〔문〕 무루묘행은 티끌·더러움·혼탁함 등을 영원히 여의니 청정이라고 할 수 있으나, 유루묘행에는 아직 티끌·더러움·혼탁함 등이 있는데 어찌하여 청정이라고 하는가? 〔답〕 유루묘행은 부분적으로 청정하기에 청정이라고 한다. 諸意妙行 卽意淸淨 問 無漏妙行 永離垢離穢離濁 可名淸淨 有漏妙行 旣是有垢有穢有濁 云何名淸淨 答 有漏妙行 以分淸淨故名淸淨", 『구사석론』 권12(대정장29, p.240a21 : *Abh-k-bh.*, p.237)에 "일체 구선행과 의선행을 구청정과 의청정이라 하니, 악한 행위와 미혹의 오염을 제거하고 막을 수 있기 때문이다. 一切口意善行 名口意淸淨 能除遮惡行 及惑污故 sarvaṃ vāṅmanaḥsucaritaṃ vāṅmanaḥśaucam. duścaritamalāpakarṣaṇāt"라고 하였다. 〔참고문헌〕 『集異門足論』, 『大毘婆沙論』, 『俱舍釋論』, *Abh-k-bh.* ⇨ 의묘행 意妙行, 삼종청정 三種淸淨 **1**

의체 衣體 가사 등 법의(法衣)를 만드는 바탕. 의재(衣財)라고도 한다. 법에 맞는 재료로 면·마·나무껍질·양털·새털 등이나, 누에고치 등 벌레가 만들어내는 비단이나 동물의 가죽 따위는 금한다. 『사분율행사초』 권하1(대정장40, p.105b18)에 "둘째로 법의의 바탕은 법에 맞아야 하니 반드시 두텁고 촘촘하게 짜여 있어야 한다. 얇고 듬성듬성한 능라·비단·견직물·미세한 명주 등은 모두 법답지 못한 것들이다. 二 財體如 必須厚重熟緻者 若細薄生疏 綾羅 錦綺 紗縠 細絹等 竝非法物", 『도선율사감통록』(대정장52, p.440a11)에 "어찌 살생으로 얻은 재료로써 자비를 내세우는 법복으로 삼겠는가! 安用殺生之財 而爲慈悲之服", 『석문장복의』(대정장45, p.836a12)에 "그러므로 율에서 '누에치는 집에서 실을 구하여 침구를 만들자 속인들에게 살생이라는 이름으로 비난을 당했다. 부처님께서 그로 인하여 계를 제정하시어 옷 짓기를 허용하지 않으셨고, 설령 이미 만들어진 것이라도 잘게 찢어 벽에 도배하였다'라고 하였다. 이는 영원히 버리라는 지극한 훈계였으니 반드시 끊어야 한다. 故律中 蠶家乞綿 用成臥具 爲俗所訶 名殺生也 佛因制戒 不許服之 縱得已成 斬碎塗壁 此則永捨之極誡也 必須斷之", 같은 책 「서문 序文」(대정장45, p.834a18)에 "낭비하고 사치부려 하지 못할 일 없었으니, 이는 비단옷을 입지 말라는 훈계가 부처님의 넘치는 자비심에서 나왔다는 사실을 전혀 모르는 탓이라 하겠다. 華蕩奢靡無不爲 殊不知 蠶衣之誡 出於如來慈心之餘"라고 하였다. 이와 달리 의정(義淨)은 『남해기귀내법전』 권2(대정장54, p.212c24)에서 "어찌 쉽게 구할 수 있는 명주를 버리고 얻기 어려운 미세한 베를 찾겠는가! 詎可棄易求之絹絁 覓難得之細布"라고 하며 명주도 법에 어긋나지 않는다는 실용적 관점을 취하였다. 『사분율』 권6(대정장22, p.602a13)과 권39(대정장22, p.849b13)에서는 분소의(糞掃衣) 외에 허용되는 열 가지를 시의(絁衣)·겁패의(劫貝衣)·흠파라의(欽婆羅衣)·추마의(芻摩衣)·참마의(讖摩衣)·선나의(扇那衣)·마의(麻衣)·시이라의(翅夷羅衣)·구이라의(鳩夷羅衣)·참라반니의(讖羅半尼衣)라 하였고, 『십송율』 권56(대정장23, p.414c6)에서는 부처님께서 허용한 열 가지로 백마의(白麻衣)·적마의(赤麻衣)·추마의(芻麻衣)·교시야의(憍施耶衣)·시이라의(翅夷羅衣)·흠발라의(欽跋羅衣)·겁패의(劫貝衣)·발두로의(鉢兜路衣)·두두라의(頭頭羅衣)·구차라의(俱遮羅衣)를 들었다. 또한 『마하승기율』 권28(대정장22, p.455a17)에서는 일곱 가지, 『선견율비바사』 권14(대정장24, p.771c23)에서는 여섯 가지를 들고 있다. 이외에 불상과 도상 등에 전하는 조포의(粗布衣)·금란의(金襴衣) 등도 있다. 이 밖에 의체는 출가자의 법의에 관한 규정을 총칭하기도 하는데, 가사와 법의 중 가사는 삼의(三衣)에서 갈라져 5조(條)·7조·9조·25조로 나뉘고, 법의에는 포복(袍服)·소견(素絹)·직철(直綴) 등이 있다. 〔참고문헌〕 『四分律行事鈔』, 『道宣律師感通錄』, 『釋門章服儀』, 『南海寄歸內法傳』, 『四分律』, 『十誦律』, 『摩訶僧祇律』, 『善見律毘婆沙』. ⇨ 의법 衣法, 의건도 衣犍度, 법의 法衣, 연흠바라의 軟欽婆羅衣, 직철 直綴

의초 義超 당대 스님. 중앙아시아 구자국(龜玆國) 즉 안서대도호부(安西大都護府)에 있었던 대운사에 주석했다. 『왕오천축국전』(한불전3, p.380c9)에 "대운사□유나의 법명은 의초이며 율장을 잘 해석한다. 예전에는 경중(京中 : 장안) 장엄사 스님이었다. 大雲寺□維那 名義超 善解律藏 舊是京中莊嚴寺僧也"라고 하였다. 〔참고문헌〕 『往五天竺國傳』. ⇨ 구자 龜玆

의초 義楚 오대(五代) 때 스님. 속성은 배(裴)씨. 상주(相州 : 河南省) 안양(安陽) 출신. 나이 일곱에 출가하여 게으름 피우지 않고 부지런히 공부하였다. 21세에 구족계를 받고 지혜와 이해가 더욱 진전하고 특히 『구사론』에 조계가 깊었지만 삼장을 세 차례에 걸쳐 두루 열람하였다. 그 뒤 유가에서 불교를 배척하는 잘못을 개탄하여 백거이(白居易)의 『백씨육첩 白氏六帖』을 본떠 『석씨육첩 釋氏六帖』이라는 책을 찬집하는 작업에 착수한 끝에 10년이 지나 비로소 24권 50부 440문으로 완성하였다. 이를 세칭 『의초육첩 義楚六帖』이라고도 한다. 이 책을 조정에 바치자 후주(後周)의 세종(世宗)이 사관(史館)에게 반포하라고 명하고, 의초에게는 명교대사(明教大師)라는 호를 내렸다. 송나라 때인 개보년간(968~976)에 용흥사(龍興寺)에서 세수 74세로 입적하였다. [참고문헌]『佛祖統紀』 권42(대정장49, p.392b7), 『宋高僧傳』 권7(대정장50, p.751b22), 『六學僧傳』 권23(卍속장133, p.848a13). ⇨ 석씨육첩 釋氏六帖

의초부목 依草附木 풀에 의지하고 나무에 붙어 이 분별 저 생각으로 주인공 잃고 더부살이한다는 뜻으로 의초부엽(依草附葉) 또는 의초부목정령(依草附木精靈)이라고도 한다. 『원오어록』 권6(대정장47, p.740a2)에 "곧바로 천 개의 눈을 문득 뜨더라도 풀에 의지하고 나무에 붙어사는 신세를 벗어나지 못한다. 이곳에 이르면 반드시 바늘로 찔러도 들어갈 틈이 없고 바람 한 점조차 이르지 못하며 길목을 틀어막고 범부건 성인이건 통하지 못하도록 해야 한다. 直饒千眼頓開 未免依草附木 到這裏 要須是針箚不入 風吹不倒 把斷要津 不通凡聖底 始得", 『종문무고』(대정장47, p.948b7)에 "요즘 어떤 사람들은 평상심이 도라는 말에 집착하여 법도의 극치로 삼아 하늘은 하늘이고 땅은 땅이며 산은 산이고 물은 물이며 승은 승이고 속은 속이며 큰 달은 30일에 끝나고 작은 달은 29일에 다한다 하니, 이들은 풀에 의지하고 나무에 붙어사는 정령에 불과하여 자신도 모름에 그저 미혹 끌고 간다. 今時有一般漢 執箇平常心是道 以爲極則 天是天 地是地 山是山 水是水 僧是僧 俗是俗 大盡三十日 小盡二十九 並是依草附木 不知不覺 一向迷將去", 『응암담화어록』 권6(卍속장120, p.848a10)에 "만일 향상 논해 가려면 그것은 말이나 침묵으로 미칠 곳 아니다. 방할 내리기 전 온통 바로 풀과 나무에 더부살이하는 일뿐이어서 어쩔 수 없이 죽은 말 살리는 의사 짓는다. 若也向上論去 語默不及處 棒喝未施前 總是依草附木漢 事不獲已 且作死馬醫"라고 하였다. [참고문헌]『圜悟語錄』, 『宗門武庫』, 『應菴曇華語錄』.

의초부목정령 依草附木精靈 풀에 의지하고 나무에 붙어사는 정령. 이런저런 인연 훤출히 벗어나지 못한 공부인을 경책하는 비유다. 『원오어록』 권10(대정장47, p.758c22)에 "도리어 마음이나 자성을 설한들 알 수 있는가? 그윽함도 묘함도, 이도 사도 설해서 알 수 있는가? 득이나 실을 언급할 수 있는가? 만일 이런 일 있다면 모두가 풀에 의지하고 나무에 붙어사는 정령일 뿐이다. 그렇다면 오롯이 벗어난 한 구 무어라 해야 하나? 수미산 정상에서 몸 뒤친 곳이요, 백척간두에서 잡은 손 거둘 때라네. 還說心說性得麼 說玄說妙得麼 說理說事得麼 說得說失得麼 若有恁麼 盡是依草附木精靈 且獨脫一句 作麼生道 須彌頂上翻身處 百尺竿頭撒手時", 『임제록』(대정장47, p.500c1)에 "15년이 되도록 사람 하나도 없으니, 모두 풀에 의지하고 나뭇잎 대나무에 붙어사는 정령이요 여우 귀신이네. 모두 다 똥덩어리 바라서 먹을 뿐. 十年五歲 並無一人 皆是依草附葉竹木精靈 野狐精魅 向一切糞塊上亂咬"라고 하였다. [참고문헌]『圜悟語錄』, 『臨濟錄』, 『無門關』 1칙 「評唱」(대정장48, p.292c26).

의초육첩 義楚六帖 ➡ 석씨육첩 釋氏六帖, 의초 義楚

의총 義塚 연고 없는 주검을 거두어 묻은 무덤. 『어선어록』 권11(卍속장119, p.410a8)에 "어떤 학인이 물었다. '백척간두에서 한 걸음 나갈 때 어떤지요?' '세 달은 삼이겠지' '저는 모르겠습니다' '자리에서 일어난다고 앉을 자리마저 사양함은 아니다' '지금부터는 안락한 땅을 얻겠군요' '의총에는 눈물 자국 가득하다'. 僧問 百尺竿頭進步時 如何 師云 三月三 僧云 學人不知落處 師云 起席不謝坐 僧云 從今得箇安樂地 師云 義塚淚痕多"라고 하였다. [참고문헌]『御選語錄』, 『雲棲法彙』 권8(가흥장32, p.682b9). ⇨ 백척간두진일보 百尺竿頭進一步

의총지 義摠持 다라니의 네 가지 공능 중 하나. 모든 뜻 다 거두어 잊지 않음. 『대승의장』 권11(대정장44, p.685b1)에 "이제를 의(義)라고 하는데, 제법의 뜻에 대하여 다 가져 잊지 않는 것을 의다라니라고 한다. 二諦名義 於諸法義 總持不忘 名義陀羅尼", 『능엄경전』 권4(卍속장89, p.83a13)에 "다라니에 같지 않은 네 가지가 있다. 문·의·주·인 등의 총지이다. … 뜻을 지니고 잃지 않음을 의총지라 한다. 陀羅尼不同有四 文義呪忍總持等 … 持義不忘 則義總持"라고 하였다. [참고문헌]『大乘義章』, 『楞嚴經箋』. ⇨ 다라니 陀羅尼, 사총지 四總持, 총지 總持

의출리 依出離 Ⓢ naiṣkramya-āśrita, Ⓣ mngon-par-'byung-ba-la-brten-pa. 의지해 있던 것에서 벗어남. 탐진치(貪瞋癡) 등을 여의거나 하지(下地)의 번뇌를 벗어나 상지(上地)로 향하는 것 등이다. 의탐기(依耽嗜)의 상대어다. 『대승아비달마집론』 권2(대정장31, p.668a25)에 "무엇이 의출리이고, 몇 가지가 의출리이며, 어떤 뜻을 가져서 의출리를 관하는가? 탐기와 서로 어긋나는 것을 의지하는 것이 의출리의 뜻이다. 云何依出離 幾是依出離 爲何義故 觀依出離耶 謂依耽嗜相違 是依出離義", 『유가론기』 권7(대정장42, p.455a29·한불전13, p.524a17)에 "여덟 가지 정정(淨定)과 상응하는 수(受)로 하지(下地)를 싫어하고 상지(上地)를 좋아하여 하지의 수혹을 조복하고 여의는 것을 의출리라고 한다. 八種淨定相應受 能爲厭下忻上 伏離下地修惑 名依出離"라고 하였다. [참고문헌]『大乘阿毘達磨集論』,

『瑜伽論記』, 『瑜伽師地論』 권28(대정장30, p.440c4), *Abh-s.19.* ⇨ 의탐기 依耽嗜

의충 義忠 ❶ 당대 스님 삼평(三平 781~872)의 법호. ⇨ 삼평 三平 ❷ 당대 스님. 속성은 윤(尹)씨. 양원(襄垣 : 山西省) 출신. 어려서 치주혜소(淄州慧沼) 문하로 출가하여 『열반경』을 배우기 시작하였고, 20세에 구족계를 받은 다음부터는 『사분율』을 연구하였다. 그 뒤에 혜소의 명으로 규기(窺基) 문하로 들어가 『법화경』과 유식의 논서들을 학습하였다. 5년이 지나 유식에 달통하여 『성유식론찬요 成唯識論纂要』를 짓고 『유식론초 唯識論鈔』 30권 그리고 『법화경소 法華經疏』·『정명경소 淨名經疏』 등을 지었다. 대자은사(大慈恩寺)에 주석하면서 수십 년 동안 쉬지 않고 강설하였다. 규기가 입적한 다음 학인들이 대사로서 받들면서 배우려는 학인들로 항상 가득 찼고, 국내외로 널리 그 학문이 알려졌다. 세수 72세에 이르러 매일 서방정토를 염원하다가 어느 날 입적하였으나 그 년도는 알 수 없다. 〔참고문헌〕『宋高僧傳』 권4(대정장50, p.729c4).

의취 意趣 [S] abhiprāya, [T] bsam-pa, dgongs-pa(-can). 뜻으로 나아감. 언어를 방편으로 하는 언취(言趣)에 비해 깨우쳐 들고자 하는(悟入) 깊은 비밀(祕密)이다. 사의취(四意趣) 등이 있다. 『법화경』 권1(대정장9, p.5b29)에 "마땅함 따라 설해도 뜻이 가리키는 곳 이해하기 어렵다. 隨宜所說 意趣難解", 『섭대승론석』 권5(대정장31, p.408b28)에 "멀리 저들을 관하여 거두어 들이고자 하는 것은 의취라 하고, 가까이 저들을 관하여 깨우쳐 들고자 하는 것은 비밀이라 한다. 遠觀於他 欲作攝受 名爲意趣 近觀於他 欲令悟入 說名祕密", 『대비바사론』 권61(대정장27, p.313c22)에 "또한 외도가 말하는 의도를 차단하고자 이러한 말을 지어 보인다. 復次 爲遮外道 所說意趣 故作是說", 『화엄경탐현기』 권3(대정장35, p.147b4)에 "의취란 경에서 가리켜 나아가고자 함을 드러낸다. 意趣者 顯經宗趣也"라고 하였다. 〔참고문헌〕『法華經』, 『攝大乘論釋』, 『大毘婆沙論』, 『華嚴經探玄記』, *Saddh-p.11.* ⇨ 사의취 四意趣

의취 義趣 [S] artha, artha-gati, [T] don. 뜻으로 나아가 마침내 드러내고자 하는 것. 즉 종지(宗旨)를 가리킨다. 교법이 귀착하는 근원적인 뜻. 『대반야경』 권135(대정장5, p.736c24)에 "교시가야, 반야바라밀다의 의취란 이 반야바라밀다가 둘도 아니고 둘이 아님도 아니며 … 실제도 아니고 실제가 아님도 아니라는 말이다. 이와 같은 의취에는 한량없이 많은 문이 있다. 憍尸迦 所言般若波羅蜜多義趣者 謂此般若波羅蜜多 非二非不二 … 非實際非非實際 如是義趣 有無量門", 『법화경』 권4(대정장9, p.34b5)에 "내가 입멸한 다음에 이 경을 듣고 그 의취를 묻는 그러한 일은 어려울 것이다. 於我滅後 聽受此經 問其義趣 是則爲難", 『열반현의발원기요』 「서문 序文」(대정장38, p.15b1)에 "장안법사(灌頂)는 지자대사(智顗)의 의취를 가지고 용맹보살(龍樹)의 종지를 자세히 풀어서 경전의 뜻을 펼쳤다. 蓋章安法師 用智者義趣 演龍猛宗旨 以申經意也", 『문수사리정율경』(대정장14, p.449a15)에 "진제의 뜻은 말로 표현할 수 없다. 왜 그런가? 그 의취는 어떤 말로도 설명할 수 없고 그 무엇으로도 포착할 수 없기 때문이다. 眞諦義者 不可稱說 所以者何 其義趣者 無言無說 亦不可得", 『금강경심인소』 권상(卍속장40, p.396a11)에 "의취란 무엇인가? 의는 의리이니 곧 말로는 상을 떠나고 머묾이 없다 하니 묘유로서 이에 앞서 곳곳에서 말한 즉비가 이것이다. 취란 곧 맛들여 나아가는 지취이다. 곧 반야의 묘용은 진공이면서 헛되지 않은 길로 나아감이다. 言義趣者 義卽義理 卽所詮離相無住 妙有不有之理 乃前處處言卽非者是也 趣卽旨趣 卽般若妙用 眞空不空之趣"라고 하였다. 〔참고문헌〕『大般若經』, 『法華經』, 『涅槃玄義發源機要』, 『文殊師利淨律經』, 『金剛經心印疏』, *Saddh-p.192.*

의취가타 意趣伽陀 사택가타의(思擇伽他義)의 세 가지 중 하나. 가타([S] gāthā) 곧 게송이 드러내고자 하는 숨은 뜻. 의취의가타(意趣義伽陀)라고도 하며, 타(陀)는 타(他)로도 쓴다. 『유가론기』 권5(대정장42, p.416b4·한불전13, p.332c18)에 "의취가타란 게송의 뜻을 푼 것이다. 저 사의취 등이다. 意趣伽陀者 釋伽陀意 如四意趣等"라고 하였다. 〔참고문헌〕『瑜伽論記』. ⇨ 사택가타의 思擇伽他義, 승의가타 勝義伽他, 체의가타 體義伽他, 사의취 四意趣

의취사유 意取思惟 [S] mana-udgraha-vikalpa, [T] yid-dang-'dzin-pa-dang-rnam-par-rtog-pa. 의와 취와 사유. 제8식인 아뢰야식(阿賴耶識)을 제외한 칠식(七識)으로 전식(轉識)이라 한다. 의(意)는 아뢰야식이 대상으로 삼는 제7식, 취(取)는 전5식, 사유(思惟)는 제6식을 가리킨다. 『변중변론』 권중(대정장31, p.471a19)에 "전식은 의·취·사유를 거둔다. 의는 항시로 사량하는 성품의 식이고, 취는 전5식을 말하는데 드러난 경을 취하며, 사유는 제6 의식으로 능히 모든 경계를 분별한다. 及轉識攝 意取思惟 意謂恒時思量性識 取謂五識 取現境故 思惟卽是第六意識 以能分別 一切境故", 『변중변론술기』 권중(대정장44, p.21b4)에 "〔논〕 미쳐 전식은 의·취·사유를 거둔다. 〔술〕 미세한 상들이 아직도 다 사라지지 않았기에 논에서 급이라 말했다. 이는 인의 여분이니 '전식으로 거둔다'고 하였다. 첫째 의는 구역에 심(心)이라 하였다. 둘째는 취이고, 셋째 사유니

구역에 분별이라 하였으나 이는 잘못이다. 論曰 及轉識攝 意取思惟 述曰 相猶未盡 論說及言 此是因餘 故言轉識攝 一意舊言心 二取三思惟 舊言分別 此非也"라고 하였다. 〔참고문헌〕『辯中邊論』, 『辯中邊論述記』, *Madhy-vibh.48.* ⇨ 전식 轉識, 칠식 七識

의취의가타 意趣義伽陀 ➡ 의취가타 意趣伽陀

의치 衣直 Ⓟ cīvara-cetāpana. 옷을 마련할 옷값을 말한다. 의가(衣價)라고도 한다. 『오분계본』 권1(대정장22, p.202a13)에 "이와 같은 옷값으로 이와 같은 옷을 사서 어떤 비구에게 주리라. 以如是衣直 買如是衣 與某甲比丘"라고 하였다. 〔참고문헌〕『五分戒本』, 『十誦律』 권6(대정장23, p.45c6), *Vin.3.216.*

의칙 宜則 마땅한 본보기. 『장아함경』 권3 「유행경 遊行經」(대정장1, p.22b14)에 "말은 부드럽게 하고 행동은 편안하게 하며 먼저 일어나고 나중에 앉는 등 법도를 잃지 않는다. 言語柔軟 擧動安詳 先起後坐 不失宜則", 『증일아함경』 권33(대정장2, p.729a1)에 "나는 마땅히 이 법의 마땅한 본보기로 저들 대중에게 맞게 하여 말이 옳을지 침묵이 옳을지 모두 알게 하리라. 我當以此法宜則 適彼衆中 可語可默 皆悉知之"라고 하였다. 〔참고문헌〕『長阿含經』, 『增壹阿含經』.

의칙 儀則 Ⓢ vidhāna, vidhi, Ⓣ chos-lugs. 행위의 본보기. 『보요경』 권3(대정장3, p.503b10)에 "(이 비구는) 물들이기 어려운 저 허공처럼 엎드리고 펴며 숙이고 우러름에 떳떳한 본보기를 잃지 않는다. 難汚如空 屈伸低仰 不失儀則", 『대보적경』 권42(대정장11, p.242b14)에 "저 수호하고 법답게 행하니 행에도 경에도 다 구족하여 바르게 알고 행한다. 바르게 알고 행하므로 계를 지키는 사람이라 한다. 於彼守護 及以儀則 若行若境 皆悉具足 正知而行 正知行故 名持戒者", 『금강경찬요간정기』 권3(대정장33, p.196b17)에 "오른쪽 어깨를 드러내는 가사 착용법은 인도의 법도이고 중국에서는 법에 어긋난다. 偏袒右肩 是彼方儀則 此土非儀也"라고 하였다. 〔참고문헌〕『普曜經』, 『大寶積經』, 『金剛經纂要刊定記』, *Lal-v.35.* ⇨ 율의 律儀

의침 義砧 고려말 조선초 스님. 호는 월창(月窓). 고려 공민왕 때 화엄종주(華嚴宗主) 우운(友雲)의 제자이다. 법계는 중덕(中德)을 거쳐 화엄도승통(華嚴都僧統)에 올랐으며, 개성 오관산(五冠山) 영통사(靈通寺) 주지를 지냈고 성산(星山) 법림사(法林寺)에도 주석하였다. 양촌(陽村) 권근(權近)의 형으로 출가하여 스님이 된 남공(南公 : 속명은 權二巳)과 동문수학하였다. 스승 우운의 시를 모아 시권(試卷)을 만들고 목은(牧隱) 이색(李穡)의 권유에 따라 권근을 비롯한 여러 유자(儒者)들에게 시문을 청하였으며, 삼봉(三峰) 정도전(鄭道傳)에게는 시권의 서문을 청하여 「송화엄종사우운시서 送華嚴宗師友雲詩序」(『삼봉집』 권3 · 한국문집총간5, p.342a16)를 받았다. 두보(杜甫 712~770)의 시에 정통하여 『두시언해 杜詩諺解』를 간행할 때에 언해에 참여하였으며, 태재(泰齋) 유방선(柳方善 1388~1443)은 스님께 두시를 배우기도 하였다. 『동문선』 권16에 스님이 지은 「영통사서루차고인운 靈通寺西樓次古人韻」이 수록되어 있으며, 당대의 문인들이 스님께 올린 글로는, 성석린(成石璘)의 「화엄도승통의침혜선차이시견기 華嚴都僧統義砧惠扇且以詩見寄」(『독곡집』 권하 · 한국문집총간6, p.109b15), 권근이 1380년(우왕6)에 지은 「증화엄중덕의침서 贈華嚴中德義砧序」(『양촌집』 권15 · 한국문집총간7, p.163b2), 유방선이 스님이 영통사 주지로 계실 때에 올린 「관산가 冠山歌」(『태재집』 권1 · 한국문집총간8, p.581b9)와 법림사에 계실 때 올린 「기월창침상인 寄月窓砧上人」(『태재집』 권2 · 한국문집총간8, p.611a20) 등이 있다. 〔참고문헌〕『三峰集』, 『東文選』, 『獨谷集』, 『陽村集』, 『泰齋集』, 『謏聞瑣錄』, 『東國僧尼錄』 「義砧國初詩僧」(한불전12, p.872a1), 『朝鮮佛教通史』 권하 p.660. ⇨ 우운 友雲

의타공 依他空 다른 것에 서로 의지하기에 공하다는 말. 의타기성은 공(空)이라는 뜻. 『유가론기』 권19(대정장42, p.758a1 · 한불전14, p.497a3)에 "의타공을 밝힌다. 자연히 나는 일도 없고 또 승의 또한 없기 때문에 공이라 한다. 明依他空 無自然生 及無勝義 故說爲空", 원측(圓測)의 『인왕경소』 권3(대정장33, p.412a6 · 한불전1, p.98b18)에 "아래 세 구는 의타공을 밝힌 것이다. 의타성에는 잡아 가질 성이 없다는 말이다. 下三句明依他空 謂依他上 無所執性", 같은 책 권1(대정장33, p.360c5 · 한불전1, p.17b24)에 "세 논사의 해석이 있다. 첫째 유가학도는 의타로서의 유를 세우고, 둘째 청변보살은 의타이기에 공임을 설하며, 셋째 호법보살은 이 두 주장을 모두 논파한다. 有三師釋 一 瑜伽學徒 立依他有 二 淸辨菩薩 說依他空 三 護法菩薩 雙破兩執"라고 하였다. 〔참고문헌〕『瑜伽論記』, 『仁王經疏』. ⇨ 의타기성 依他起性, 삼성 三性[1], 삼무성 三無性

의타기 依他起 ➡ 의타기성 依他起性, 삼성 三性[1]

의타기상 依他起相 Ⓢ paratantra-lakṣaṇa, Ⓣ gzhan-gyi-dbang-gi-mtshan-nyid. 다른 것에 의지해 일어난 상. 의타기성(依他起性) 또는 분별자성(分別自性)이라 한다. 『섭대승론본』 권2(대정장31, p.141b15)에

"변계소집상은 의타기상 중에는 실로 있지 않고, 원성실상은 의타기상 중에 있다. 謂遍計所執相 於依他起相中實無所有 圓成實相 於中實有", 『섭대승론석』 권4(대정장31, p.338a23)에 "의타기상은 다른 것에 의지해 일어남을 체로 삼아 허망분별이 모두 현현할 수 있는 것이다. 依他起相者 謂依他起爲體 虛妄分別皆得顯現", 같은 책 권4(대정장31, p.399b16)에 "일체법 인연 좇아 나기에 오직 식을 자성으로 하니 이 모두를 의타기상이라 함을 알아야 한다. … 의타기상이 바로 의타기자성이고 또한 이름이 분별자성이다. 又一切法從因緣生 唯識爲性 當知皆名依他起相 … 依他起相卽是依他起自性 亦名分別自性"라고 하였다. [참고문헌] 『攝大乘論本』, 『攝大乘論釋』, *Mah-saṃ.24.* ⇨ 의타기성 依他起性

의타기상법 依他起相法 ➡ 의타기성 依他起性

의타기성 依他起性 Ⓢ paratantra-svabhāva, Ⓣ gzhan-gyi-dbang-gi-ngo-bo-nyid. 다른 것에 의지해 일어나는 것으로서의 자성. 삼성(三性 : 遍計所執性 · 依他起性 · 圓成實性) 중 하나. 자성이 없어 공(無自性空)인 법들이 서로 의지해 인연이 되어 임시로 자성을 갖게 되면 드러나 존재하게 되고, 흩어지면 사라지게 되는 일체유위법(一切有爲法)의 자성이다. 유식백법 중 6종 무위법(無爲法)을 제외한 모든 법이 이에 해당하며 이 의타기성에 의해 드러난 법을 가유(假有), 실로 있지 않지만 있는 듯하다(非有似有) 여긴다. 허망분별(虛妄分別)로 의지하는 의타기의 염분(染分)으로 생사유전하지만, 무루지(無漏智)로 의지하는 정분(淨分)의 의타기법은 원성실성(圓成實性)으로 거둔다. 『대승광백론석론』 권10(대정장30, p.247c6)에 "의타기성은 인연에서 생함으로 망정이 아니기에 마땅히 있다고 믿는다. 依他起性從因緣生 非妄情爲應信是有", 『섭대승론본』 권3(대정장31, p.148c15)에 "이 중에서 생사는 의타기성의 잡염분이고, 열반은 의타기성의 청정분이다. 이 둘이 의지하는 것을 한꺼번에 이분의타기성의 전의라 부른다. 의타기성에 대치가 일어날 때 뒤쳐 잡염분을 버리고 뒤쳐 청정분을 얻는 것을 말한다. 此中生死 謂依他起性雜染分 涅槃謂依他起性淸淨分 二所依止 謂通二分依他起性轉依謂卽依他起性對治起時 轉捨雜染分 轉得淸淨分", 『성유식론』 권8(대정장31, p.46c8)에 "심왕과 심소 그리고 변현된 것은 뭇 연들에서 생겨난 것이기에 저 환사 등과 같이 있지 않은 것이 있는 듯하여 어리석은 이를 광혹케 하는 것과 같으므로 모든 것은 의타기성이라 한다. 어리석은 이가 이에 아와 법이 있다 없다 같다 다르다 함께 한다 함께하지 않는다 하는 등으로 멋대로 집착한다. 저 허공에 핀 꽃 같은 것들처럼 성과 상이 도무지 없어서 이 모든 것이 변계소집성이다. 의타기성 상에서는 헛되게 집착하는 자아와 법은 모두 공이다. 이 공에서 현현하는 식 등의 진성을 원성실성이라 한다. … 심 등이 변한 허공 등 상인 듯하니 심을 따라 생한 것이기에 의타기에 거둔다. 유루심 등은 반드시 의타기에서 거두고 무루심 등은 두 가지 성에서 거둔다고 할 수 있다. 뭇 연들에서 생하기에 의타기성에 거두어들이고, 전도가 없기에 원성실에 거둔다. 謂心心所 及所變現 衆緣生故 如幻事等 非有似有 誑惑愚夫 一切皆名依他起性 愚夫於此橫執我法 有無一異 俱不俱等 如空花等 性相都無 一切皆名遍計所執 依他起上 彼所妄執我法俱空 此空所顯識等眞性 名圓成實 … 心等變似虛空等相 隨心生故 依他起攝 … 有漏心等 定屬依他 無漏心等 容二性攝 衆緣生故 攝屬依他 無顚倒故 圓成實攝", 『화엄경소초』 권1(대정장36, p.8b17)에 "진과 망에는 스스로 두 뜻이 있다. 첫째는 삼성설에 따른 것으로, 원성실성은 진이고 변계소집성은 망이며 의타기성은 진과 망에 통한다. 정분은 진과 같고 염분으로 망을 삼는다. 眞妄自有二義 一 約三性說 圓成是眞 遍計爲妄 依他起性 通眞通妄 淨分同眞 染分爲妄" 같은 책 권9(대정장36, p.63c1)에 "의타기성이란 뭇 연들에서 생겨난 심 · 심소의 체와 견분 · 상분 그리고 유루 · 무루 모두가 의타기다. 다른 뭇 연들에 의지해서야 일어날 수 있기 때문이다. 依他起性者 衆緣所生心心所體 及相見分 有漏無漏 皆依他起 依他衆緣而得起", 같은 책 권37(대정장36, p.282b17)에 "연기가 곧 의타기성이다. 옛 경론 중에는 연기성이라 이름하였다. 緣起卽依他起性 古經論中 亦名緣起性"라고 하였다. [참고문헌] 『大乘廣百論釋論』, 『攝大乘論本』, 『成唯識論』, 『華嚴經疏鈔』, *Madhy-vibh.38.* ⇨ 삼성 三性❶, 염분의타기성 染分依他起性, 정분의타기성 淨分依他起性

의타기자성 依他起自性 Ⓢ paratantraḥ svabhāvaḥ, Ⓣ gzhan-gyi-dbang-gi-ngo-bo-nyid. 다른 것에 의지하여 일어난 자성. 의타기성(依他起性)을 달리 이르는 말. 『대승아비달마잡집론』 권12(대정장31, p.752a11 : *Abh-s-bh.*, p.114)에 "의타기자성은 뭇 연들을 기다려야 하기에 자연히 생하는 것이 아니다. 依他起自性 待衆緣故 非自然生 api khalu sarvadharmā ucyante trayaḥ svabhāvāḥ tatra (…) paratantrasya svayam utpattir nāsti pratyayāpekṣaṇād", 원측(圓測)의 『해심밀경소』 권4(한불전1, p.233c14)에 "세간의 모든 법들인 유위의 제법은 인에 의지하고 연에 기대야 생기기에 의타기라 한다. 따라서 『유식삼십송』에서 '의타기자성은 분별연의 소생이다'라고 하였다. 호법은 풀어 말하길 '다른 뭇 연들에 의지해서야 생기할 수 있기에 의타기라 한다'. 有爲諸法 依因託緣 而得生起 名依他起 故三十唯識云 依他起自性分別緣所生 護法釋云 依他衆緣而得生起 名依他起"라고 하였다. [참고문헌] 『大

乘阿毘達磨雜集論』, 『解深密經疏』, *Abh-s-bh*. ⇨ 의타기성 依他起性, 삼성 三性❶, 삼무성 三無性

의타무생 依他無生 다른 것 의지했을 뿐 생한 일 없음. 의타무성(依他無性)을 달리 이르는 말. 의타기(依他起) 즉 연기한 법은 본래 생함이 없다는 뜻이다. 『화엄경탐현기』 권6(대정장35, p.214a3)에 "또 풀이한다. 생겨난 것은 과라 하며 이 과를 기다려 대하므로 인이 능히 과를 생한다고 설하지만, 이미 타가 없으면 일어날 수 없으므로 인 또한 기다릴 것 없기에 불생이다. 이는 연기성에 따른 것이다. 又釋 所生是果 由待對此果 說因能生果 旣依他無生 因亦無待 故不生也 此約緣起性", 같은 책 권6(대정장35, p.232c27)에 "다음 세 가지는 의타무생을 믿는 것이다. 첫째 연기란 짓는 일 없고, 둘째 환영과 같아서 실유가 아니며, 셋째 체 스스로 지킬 것도 없다. 次三信依他無生 一 緣起無作 二 如幻不實 三 無體自守", 『화엄경소초』 권44(대정장36, p.341c4)에 "둘째, 의타무생이라 하니 무생인즉 자성 없는 자성이 생한 뜻이다. 二 依他無生 無生卽生無自性性"라고 하였다. 〔참고문헌〕『華嚴經探玄記』, 『華嚴經疏鈔』. ⇨ 의타무생성 依他無生性, 의타무성 依他無性

의타무생성 依他無生性 인연으로 서로 의지해 있을 뿐 스스로 일어날 바탕은 없음. 의타무성(依他無性)을 달리 이르는 말. 원측(圓測)의 『인왕경소』 권상(대정장33, p. 360b11・한불전1, p.17a19)에 "진제삼장은 다음과 같은 순서로 삼성을 모두 보내고 삼무성을 세운다. … 둘째, 의타성을 버리고 의타무생성을 세운다. 眞諦三藏 如其次第 具遣三性 立三無性 … 二 遣依他 立依他無生性", 『대승현론』 권1(대정장45, p.24b6)에 "의타무생성이란, 본식이 무생임을 알기에 무생성이라 한 것이다. 依他無生性者 知本識無生故 言無生性", 『유가론기』 권20(대정장42, p.775b4)에 "신태는 '만약 의타기 상에 변계로 더해가는 성이 없다고 관하면 이것이 변계무상성이고 또한 의타무생성이다'라고 하였다. 泰云 若於依他起上 觀無遍計所增益性 卽是遍計無相性 亦是依他無生性"라고 하였다. 〔참고문헌〕『仁王經疏』, 『大乘玄論』, 『瑜伽論記』. ⇨ 의타무성 依他無性, 삼무성 三無性

의타무성 依他無性 삼무성(三無性) 중 하나. 여러 연들에 의지해 일어난 의타기(依他起)의 법은 가유(假有)로서 실제로는 자성(自性)이 없다는 뜻이다. 의타무생(依他無生)・생무성(生無性)・생무자성성(生無自性性)이라고도 한다. 『화엄경소』 권2(대정장35, p.512c28)에 "(법상종이) 세운 팔식은 여래장과 통한다. 연을 따라 성립하고, 불생멸과 생멸이 더불어 화합하여 성취하지만 하나도 아니고 다른 것도 아니다. 일체중생은 평등한 한가지 성이니 다만 진여일 뿐이지만 연을 따라 성립하므로 의타무성이고 곧 원성실성이다. 所立八識 通如來藏 隨緣成立 不生滅與生滅 和合而成 非一非異 一切衆生 平等一性 但是眞如 隨緣成立 依他無性 卽是圓成", 『화엄경소초』 권9(대정장36, p.63c25)에 "법성종에 말하는 의타는 무성이 곧 원성이라는 것으로 의타무성이다. 무성인즉 공이고 공인즉 원성이다. 法性宗中依他 無性卽是圓成 卽依他無性 無性卽空 空卽圓成", 같은 책 권9(대정장36, p.65b19)에 "의타는 인과 연에서 생겨난 법을 말한다. 연생이기에 무성이고, 무성이기에 공이며, 공이기에 곧 원성이다. 더이상 두 가지 몸은 없다. 여기서 무성은 변계망집성이 없다는 것이다. 법상종에서는 변계는 없고 없는즉 공이기에 단지 공한 변계일 뿐이다. 법성종에서는 의타성상에서 변계성이 없다는 것이다. 따라서 의타인즉 공이고, 공인즉 무성의 뜻이며, 무성의 도리인즉 실성이다. 謂依他是因緣所生之法 緣生無性 無性故空 空卽圓成 更無二體 此中無性 卽無遍計妄執之性 法相宗中 無於遍計 無卽是空故 但空遍計 法性宗中 則依他性上無遍計性 故依他卽空 空卽無性之理 無性之理卽是實性"라고 하였다. 〔참고문헌〕『華嚴經疏』, 『華嚴經疏鈔』. ⇨ 삼무성 三無性, 삼성 三性❶, 의타기성 依他起性

의타설대승 依他說大乘 Ⓢ parārtha-āśrayadeśita mahāyāna. 타인에게 의지해서 대승을 설함. 설하는 이 자신의 뜻과 법에 맞춰 설하지 않는다(不依自義法)는 뜻이다. 『대승장엄경론』 권4(대정장31, p.609b13 : *Sūtr.*, p.53)에 "〔석〕 '복을 얻는 것은 남에게 보시했기 때문이지 스스로 향유해서는 그렇게 되지 않는다'라는 말을 밝힌다. 비유하면 음식을 남에게 베풀면 큰 복을 얻는 일과 같다. 남을 이롭게 하려 했기 때문이다. 스스로 향유해서는 큰 복을 얻을 수 없으니, 자신을 이롭게 하려 하기 때문이다. 〔문〕 만약 그렇다면 보살은 어떻게 복을 얻는가? 〔답〕 다른 이를 위해서 대승을 설하는 데 의지하지 스스로의 뜻과 법에 의지하지 않는다. 모든 보살은 이와 같이 타인에 의지해서 대승경을 설하여 큰 복덕을 얻는다. 자신을 이롭게 하여 설한 소승경을 의지하지 않기에 큰 복덕을 얻는다. 釋曰 得福由施彼 非由自受用者 譬如以食施彼 則得大福 由利他故 非自受用能得大福 由自利故 問 若爾菩薩云何得福 答 依他說大乘 不依自義法 諸菩薩如是 依他說大乘經 得大福德 不依自利說小乘經 得大福德 yathā bhojanaṃ dadataḥ puṇyam utpadyate parārthādhikārāt. na tu svayaṃ bhuñjānasya svārthādhikārāt. evaṃ parārthāśrayadeśitāt mahāyānadharmāt teṣu teṣu sūtreṣūktaḥ puṇyodayo mahāṃl labhyate. na tu svārthāśrayadeśitāt śrāvakayānadharmāt"라고 하였다. 〔참고문헌〕『大乘莊嚴經論』, *Sūtr.*

의타식 依他識 의타기성(依他起性)으로서의 식. 팔식(八識)을 말한다. 『성유식론술기』 권1(대정장43, p.239a12)에 "『입능가경』에서는 '여덟 가지나 아홉 가지의 갖가지 식은 저 물의 여러 파도와 같다'고 설한다. 아홉 가지 식이 있다고 설하는 것은 수를 늘린 것이다. 의타식은 간략히 세 가지가 있고 자세히는 오직 여덟 가지가 있음을 드러낸 것이다. 늘리거나 줄이기를 버렸기에 '오직'이라 말한 것이다. 『입능가경』에서 겸하여 식의 자성을 설한 것이다. 또는 제8식의 염분과 정분을 따로 열면 아홉 가지 식이 된다. 이것은 의타식의 체에 아홉 가지가 있다는 것이 아니다. 楞迦經說八九種種識 如水中諸波 說有九識卽是增數 顯依他識 略有三種 廣唯有八 離於增減故說唯言 楞迦經中兼說識性 或以第八染淨別開 故言九識 非是依他識體有九", 『대승입도차제』(대정장45, p.461b5)에 "〔문〕 의타식이 있은즉 유식이라 부를 수 있고 내경이 없지 않으니 유경(唯境)이라 해야 하지 않는가? 〔답〕 의타식은 존재하면서도 또한 경계를 변현할 수 있지만, 경이 비록 안에 있어도 식을 능히 바꿀 수는 없으므로 유식이라고 하지 유경이라고 이름하지 않는다. 問 依他識有 卽名唯識 內境非無 應名唯境 答 依他識有復能變境 境雖內有 不能變識 故言唯識 不名唯境"라고 하였다. 〔참고문헌〕 『成唯識論述記』, 『大乘入道次第』, 『入楞伽經』 권9(대정장16, p.565b24). ⇨ 팔식 八識

의타심 依他心 다른 것에 의지한 마음. 유식에서는 연려(緣慮)가 있는 견분과 유사해서 심이라고 하지만, 다른 것에 의지해서만이 드러나는 가심(假心)으로서 상분(相分)이라 여긴다. 『성유식론연비』 권3(대정장43, p.870c20)에 "『불지경론』 권6을 살펴보면 '변화심 등은 실심에 의지해 나타나므로 실심 상의 상분일 뿐이다. 연려등심인 듯하지만 저 겨울에 비친 불이 따로 체가 없는 것과 같다'라고 풀고 있다. 이 의미를 풀이해서 말한다. 스스로 의지하는 실의 견분마저도 없는 것을 스스로 의지함이 없다고 하고, 연려함이 있는 듯 하는 것을 의타심 있다고 한다. 또 견분·자증분·증자증분을 스스로 의지하는 심이라 하고, 변화심은 저것과 다르다. 스스로 의지하는 것은 없고 다른 것에 의지하는 것은 있는 심이라 한다. 按佛地論第六釋云 謂化心等依實心現 但實心上相分 似有緣慮等心 如鏡中火無別自體 此釋意云 無自所依實見分心名無自依 而有似慮名有依他 又見自證證自證分 名自依心 化心異彼 名無自依有依他心"라고 하였다. 〔참고문헌〕 『成唯識論演祕』. ⇨ 변화심 變化心

의타십유 依他十喩 서로 의지해서만이 존재할 수 있는 일체유위법(一切有爲法)에 대한 열 가지 비유로 물방울(聚沫)·거품(泡)·불꽃(炎)·파초(芭蕉)·허깨비(幻)·꿈(夢)·그림자(影)·메아리(響)·뜬구름(浮雲)·번개(電)를 말한다. 『유마경』 권상(대정장14, p.539b15 : *Vikī-n.*, p.64)에 "여러분! 이처럼 몸은 밝은 지혜를 가진 이는 의지하지 않습니다. 이 몸은 물방울들과 같아 잡을 수 없으며, 이 몸은 물거품과 같아 오래 지속되지 않으며, 이 몸은 불꽃과 같아 타는 듯한 애욕에서 생겨난 것이며, 이 몸은 파초와 같아 속이 견고하지 못하며, 이 몸은 허깨비와 같아 전도망상에서 일어난 것이며, 이 몸은 꿈과 같아 허망한 견해로 이루어져 있으며, 이 몸은 그림자와 같아 업의 연에서 나타난 것이며, 이 몸은 메아리와 같아 여러 인연으로 이루어진 것이며, 이 몸은 뜬구름과 같아 잠시 동안에 변했다 소멸하며, 이 몸은 번개와 같아 찰나도 정주하지 않습니다. 諸仁者 如此身 明智者所不怙 是身如聚沫 不可撮摩 是身如泡 不得久立 是身如炎 從渴愛生 是身如芭蕉 中無有堅 是身如幻 從顚倒起 是身如夢 爲虛妄見 是身如影 從業緣現 是身如響 屬諸因緣 是身如浮雲 須臾變滅 是身如電 念念不住 tatra paṇḍitena niśrayo na kartavyaḥ. phenapiṇḍopamo 'yaṃ mārṣāḥ kāyo 'parimardanakṣamaḥ. budbudopamo 'yaṃ kāyo 'cirasthitikaḥ. marīcyupamo 'yaṃ kāyaḥ kleśatṛṣṇāsaṃbhūtaḥ. kadalīskandhopamo 'yaṃ kāyo 'sārakatvāt. yantrabhūto batāyaṃ kāyo 'sthisnāyuvinibaddhaḥ. māyopamo 'yaṃ kāyo viparyāsasaṃbhūtaḥ. svapnopamo 'yaṃ kāyo vitathadarśanaḥ. pratibhāsopamo 'yaṃ kāyaḥ pūrvakarmapratibhāsatayā saṃdṛśyate. pratiśrutkopamo 'yaṃ kāyaḥ pratyayādhīnatvāt. meghopamo 'yaiḥ kāyaś cittākulavigamalakṣaṇaḥ. vidyutsadṛśo 'yaṃ kāyaḥ kṣaṇabhaṅgayukto 'navasthitaḥ", 원측(圓測)의 『해심밀경소』 권2(한불전1, p.175b9)에 "또 이 환상유에는 스스로 두 가지 뜻이 있다. 첫째는 『대반야경』 등의 환영 등의 열 가지 비유에 의지해 공의 뜻을 깨우친 것이고, 둘째는 『아비달마경』과 『섭대승론』에서 여덟 가지 비유로 의타가 있는 듯할 뿐 실유가 아님을 드러내는 것이다. 又此幻象喩 自有二義 一 依大般若等 幻等十喩 喩於空義 二 依阿毗達磨經 及攝大乘 八喩顯依他 似有非實"라고 하였다. 〔참고문헌〕 『維摩經』, 『解深密經疏』, *Vikī-n.* ⇨ 대승십유 大乘十喩, 의타팔유 依他八喩

의타팔유 依他八喩 의타기성(依他起性)에 대한 여덟 가지 비유. 모든 유위법(一切有爲法)이 서로 의지해 가유(假有)로 현현하지만 범부는 실유(實有)로 여기기에 의타팔유로 유식성(唯識性)을 드러낸다. 『유식의사기』 권5(대정장71, p.390c20)에 "『성유식론』 권8(대정장31, p.46b28)에 '무분별지로 진여를 증득하고 나서야 후득지로 의타기성이 환사 등과 같음을 밝게 안다〈중략〉'라고 하였는데, '등'은 아지랑이·물에 비친 달·거울에 비친 영상·그림자·메아리·꿈속·변화 등을 모두 가져 말하는 것이니, 곧 의타팔유이다. 論云 無分別智 證眞如已 後得智中 方能了達依他起性 如幻事等〈云云〉 言等者 等取陽炎 水月 鏡像 光影 谷響 夢境 變化 卽依他八喩也", 『섭대승론석론』 권5(대정장31, p.290b22)에 "다른 이는 이와 같이 생각한다. '어떻게 실제로 있지 않은 뜻으로 경계를 이룰 수 있는가?' 이 의심을 버리기 위해 환사의 비유를 설한다. '만약 실로 있지 않은 뜻이라면 심·심소법은 어떻게 생할 수 있는가?' 이 의심을 버리기 위해 아지랑이의 비유를 설한다. '만약 실제 있을 수 없는 것이라면 어떻게 좋거나 싫은 경험이 이루어질 수 있는가?' 이 의심을 버리기 위해 꿈의 비유를 설한다. '만약 실로 있지 않은 뜻이라면 어떻게 선업이나 불선업에서 좋거나 나쁜 과보가 생할 수 있는가?' 이 의심을 버리기 위해 거울상의 비유를 설한다. '만약 실로 있을 수 없는 것이라면 여러 식이 어떻게 생할 수 있는가?' 이 의심을 버리기 위해 그림자의 비유를 설한다. '만약 실로 존재하지 않는 대상이라면 어떻게 여러 언설이 유포될 수 있는가?' 이 의심을 버리기 위해 메아리의 비유를 설한다. '만약 실로 존재하지 않는 대상이라면 실인 삼매 중 경계를 취하는 일이 어떻게 가능하겠는가?' 이 의심을 버리기 위해 물에 비친 달의 비유를 설한다. '만약 실제로 존재하지 않는 대상이라면 자재를 얻은 보살이 전도 없는 마음으로 중생의 이익을 위한 일을 하는 것이 어떻게 가능하겠는가?' 이 의심을 버리기 위해 변화의 비유를 설한다. 他人作如是念 云何實無有義 而成境界 爲除此疑 故說幻事譬 若實無有義 心及心法 云何得生 爲除此疑 故說焰譬 若實無有義 云何愛非愛受用得成 爲除此疑 故說夢譬 若實無有義 善不善業愛非愛果 云何得生 爲除此疑 故說鏡像譬 若實無有義 種種識 云何得生 爲除此疑 故說光影譬 若實無有義 種種流布言說 云何得生 爲除此疑 故說響譬 若實無有義 取實三摩提中境界 云何得成 爲除此疑 故說水月譬 若實無有義 得自在菩薩以不顚倒心 爲作衆生利益事故生 云何得成 爲除此疑 故說變化譬"라고 하였다. 〔참고문헌〕『唯識義私記』, 『攝大乘論釋論』. ⇨ 의다기싱 依他起性, 유식성 唯識性

의탁 依託 Ⓢ adhīna, adhipa, Ⓣ rag-las-pa, kun-tu-dmigs-na. 의지하고 기대어 있어 안위(安危)를 함께 하는 관계. 몸(身)의 색근(色根)과 심심소(心心所), 그리고 식들이 서로 의지하고 기대 있어 안위를 함께 하는 뜻이다. 『유가사지론』 권1(대정장30, p.283a15)에 "이 갈라람색은 심심소와 더불어 안위를 함께하기에 의탁한다고 한다. 심심소의 의탁력 때문에 색은 문드러지지 않고, 색이 덜고 더하면 저것도 줄고 더한다. 그러므로 안위를 함께한다고 설한다. 또 이 갈라람은 식이 최초로 의탁하는 곳이어서 육심이라고 한다. 이와 같이 식이 이곳에 최초로 의탁하고는 이곳에서 최후에 버린다. 此羯羅藍色 與心心所 安危共同 故名依託 由心心所依託力故 色不爛壞 色損益故 彼亦損益 是故 說彼安危共同 又此羯羅藍 識最初託處 卽名肉心 如是識於此處最初託 卽從此處最後捨", 『결정장론』 권상(대정장30, p.1019b22)에 "서로서로 인연이 된다는 것은 아라야식과 그 나머지 모든 식이 서로 인연이 되는 것이다. 이 뜻에는 두 가지가 있으니, 첫째는 종본, 종자 바탕이고, 둘째는 의탁이다. 어떤 것이 종본인가? 모든 선·불선·무기 등 식이 모두 아라야식의 씨앗이기에 종본이라 한다. 의탁이란, 아라야식이 모든 색근을 가져 오식을 나게 하고, 유지하지 않으면 생기지 않으니, 아라야식이 있을 때 의식도 육식을 낳는 것이다. 更互爲因緣者 阿羅耶識 與餘諸識 互爲因緣 此義有二 一者 種本 二者 依託 云何種本 諸善不善無記等識 皆因阿羅耶識 以爲種本 依託者 阿羅耶識 持諸色根 五識得生 不持不生 有阿羅耶識時 意識得生六識"라고 하였다. 〔참고문헌〕『瑜伽師地論』, 『決定藏論』, *Bodh-bh.131.*

의탁 意度 뜻으로 헤아리는 것. 명구(名句)로 헤아려 분별하는 뜻이다. 『임제록』(대정장47, p.497c17)에 "선과 도를 배움에 이름을 익히고 구를 알아 부처와 조사를 구하고 선지식을 찾아 뜻으로 헤아릴 뿐이니, 착각들 하지 마라. 도류들이여, 그대들 다만 오직 한 부모만이 있을 뿐인데, 다시 무슨 물건 구하는가! 그대들 스스로 돌이켜서 비추어 보라. 學禪學道 認名認句 求佛求祖 求善知識 意度 莫錯 道流 爾秪有一箇父母 更求何物 爾自返照看"라고 하였다. 〔참고문헌〕『臨濟錄』, 『大慧語錄』 권14(대정장47, p.868b25), 『從容錄』 15칙 「示衆」(대정장48, p.236b1).

의탐기 依耽嗜 의지해 탐하고 즐겨함. 욕계(欲界)에서 상응하며, 색·무색계(色無色界)와 무루(無漏)로 상응하는 의출리(依出離 Ⓢ naiṣkramyāśrita)의 상대어이다. 『유가사지론』 권100(대정장30, p.880a19)에 "외부의 경계에 애착하여 따르는 것을 의탐기라고 하며, 이것과 서로 어긋나게 하는 것을 의출리라고 한다. 外門境界 愛著隨故 名依耽嗜 與此相違 名依出離", 『현양성교론』 권5(대정장31, p.506b13)에 "〔문〕 어떤 뜻에 몇 가지가 의탐기인가? 〔답〕 욕탐 다분히 마음대로 구르는 뜻이어서 일체의 적은 부분만이 의탐기이다. 問 何義幾種 是依耽嗜 答 欲貪多分 自在轉義故 一切少分 是依耽嗜", 『대승아비달마집론』 권2(대정장31, p.668a19)에 "어떤 것을 의탐기라고 하며, 몇 가지가 의탐기이고, 어떤 도리로 의탐기를 관찰하는가? 이와 같은 탐진치에 의거하기 때문에 오욕에 오염되어 집착하는 것을 말한다. 云何依耽嗜 幾是依耽嗜 爲何義故 觀依耽嗜耶 謂依

如是貪瞋癡故 染著五欲", 『유가론기』 권1(대정장42, p.335a27·한불전13, p.73b10)에 "의탐기란 욕계를 말하고, 의출리란 색계와 무색계 그리고 무루(無漏)이다. 依耽嗜者 謂欲界 出離者 色無色及無漏", 같은 책 권7(대정장42, p.455b4·한불전13, p.524a22)에 "상이계(色無色界)의 선수(善受)와 욕계의 문·사 등이 모두 이욕을 따르므로 의출리라고 하며, 나머지 욕계수를 의탐기라고 한다. 上二界善受 及欲界聞思 俱隨順離欲 名依出離 餘欲界受 名依耽嗜"라고 하였다. [참고문헌] 『瑜伽師地論』, 『顯揚聖敎論』, 『大乘阿毘達磨集論』, 『瑜伽論記』, *Śrāv-bh.296.* ⇨ 의출리 依出離

의통 依通 무언가에 의지해서 통함. 특별한 법도나 요가 또는 약(藥)이나 주력(呪力) 등에 의지하여 드러나는 신통한 작용. 『보장론』(대정장45, p.147b5)에 "무엇을 의통이라 하는가? 법에 따라 알고 몸에 알맞게 활용하며, 부적을 타고 왕래하며 약을 먹고 신령하게 변한다. 이를 의통이라 한다. 何謂依通 約法而知 緣身而用 乘符往來 藥餌靈變 此爲依通"라고 하였다. [참고문헌] 『寶藏論』, 『宗鏡錄』 권15(대정장48, p.494b23). ⇨ 오종통 五種通, 신통 神通, 육신통 六神通

의통 義通 927~988. 신라말 고려초 스님. 자는 유원(惟遠), 속성은 윤(尹)씨, 시호는 보운존자(寶雲尊者). 고려출신으로 중국에서 활약하여 천태종 제16조로 추앙받았다. 우리나라에서는 고려 이래로 오백나한 중 한 존으로 모셔져 보물 제1883호 「고려오백나한도」 중에 제357 의통존자도가 전한다. 『불조통기』 권8(대정장49, p.191b10)에 전하는 행적은 다음과 같다. 어려서 구산원(龜山院)의 석종(釋宗)에게 출가하여 비구계를 받은 후 『화엄』과 『기신』을 배웠다. 후진(後晉)의 천복년간(936~943)에 중국으로 유학하여 여러 곳으로 순방하다가 덕소국사(德韶國師)가 주석했던 천태산(天台山) 운거사(雲居寺)에 이르러 홀연히 깨달음이 있었다. 이어 중국 천태종 제15조인 정광존자(淨光尊者) 나계의적(螺溪義寂 919~987)을 친견하여 일심삼관(一心三觀)의 교관(敎觀)을 듣고서는 '원돈(圓頓)의 배움을 여기에서 마치겠구나'라며 경탄하였다. 그곳에서 오랫동안 머물며 공부하여 마침에 사방에 이름을 날린 후 고려로 돌아가 천태교관을 펼치고자 길을 떠났다. 사명(四明)을 거쳐 배에 오르려 할 때에 군수(郡守) 전유치(錢惟治 : 吳越王 錢俶의 아들)가 스님을 초청하여 법문을 듣고 보살계를 받았다. 이때 전유치가 '스님께서 머물거나 가시는 것을 제가 어찌할 수는 없습니다만, 중생을 이롭게 하는 것이 어찌 오직 고려(鷄林)에서만 행할 수 있겠습니까?'라면서 간곡하게 귀국을 만류하여 사명에 머물렀다. 968년(개보1·고려 광종19)에는 조사(漕使)인 고승휘(顧承徽)가 자신의 집을 희사하여 전교원(傳敎院)을 열고 스님을 청하여 주석토록 하였다. 979년(태평흥국4·고려 경종4)에는 법지존자(法智尊者) 사명지례(四明知禮 : 천태종 제17조)가 찾아와 배우기 시작하였다. 981년(태평흥국6·고려 성종 즉위년) 12월에 제자 연덕(延德)이 경사(京師)에 나아가 사액(賜額)을 청하니 이듬해인 982년 4월에 태종이 '보운 寶雲'이라는 사액을 내렸다. 984년(옹희1·고려 성종3)에 자운준식(慈雲遵式)이 찾아와 배우기 시작하였다. 20년 가까이 보운원에 주석하며 법을 전파하여 산가파(山家派)의 사명지례와 산외파(山外派)의 자운준식 등 많은 제자를 길러내며 송대 천태학의 부흥을 주도하고 송대 불교의 큰 흐름을 이루었다. 의통은 '자신은 정토(淨土)를 고향으로 삼으며 만나는 모든 사람들 또한 극락정토에 왕생할 것이므로' 사람들을 부를 때 '고향 사람 鄕人'이라고 하였다. 988년(단공1·고려 성종7) 10월 21일 세수 62세를 일기로 입적하였다. 다비한 후 많은 사리가 출현하여 제자들이 아육왕사(阿育王寺)의 서북쪽에 탑을 세우고 봉안하였다. 1064년(치평1)에 연경문혜법사(延慶文慧法師) 종정(宗正)이 방분(方墳)으로 만들고 석탑기를 기록하였다. 1125년(선화7)에 탑이 무너지자 창월(昌月)이 오석산(烏石山)에 유골을 옮겼는데 유골이 빛이 나고 소리가 낭낭했으며 오색사리가 생겨났다고 한다. 그후 1160년(소흥30)에 지겸(智謙)이 오석암에서 석탑기와 오월국왕시찬(吳越國王詩贊)을 새기고 소상(塑像)을 봉안하였으며 순희년간(1174~1189)에 종영(宗瑩)이 진조당(振祖堂)을 세우고 천태·보운·사명·천축(天竺)의 4조사상을 봉안하였다. 이처럼 후대에까지 추앙받은 까닭은 쇠퇴기 송대 천태종을 중흥시킨 조사로 인식되었기 때문이다. 많은 제자가 있으나, 사명지례와 자운준식 및 선신(善信) 등이 뛰어났다. 저서로는 『관경소기 觀經疏記』 권수 미상(遺失), 『광명현찬석 光明玄贊釋』 권수 미상(유실), 『광명구비급초 光明句備急鈔』 권수 미상(유실) 등이 있다. 『사명존자교행록』 권7에 문혜(文慧) 찬 「거송명주보운통공법사석탑기 鉅宋明州寶雲通公法師石塔記」(대정장46, p.929c27)· 도창(道昌) 찬 「보운통법사이탑기 寶雲通法師移塔記」(대정장46, p.930b12)·「초암기통법사사리사 草菴紀通法師舍利事」(대정장46, p.930c7)·「기통법사저술유적 紀通法師著述遺跡」(대정장46, p.930c28)·

의통 간유리생 『석씨원류응화사적』 권4 양주불암사판 1673년

오월국왕 전숙(錢俶)이 내린 「보운통공법사진찬 寶雲通公法師眞贊」(대정장46, p.931a15)과 시(詩) 2편 등이 수록되어 있다. [참고문헌] 『佛祖統紀』, 『四明尊者教行錄』, 『釋氏稽古略』 권3(대정장49, p.855b14~c8)·권4(대정장49, p.861c24), 『佛祖綱目』 권35(卍속장146, p.633a7), 『韓國佛教撰述文獻總錄』(동국대출판부, 1976) pp.98~99. ⇨ 보운존자 寶雲尊者, 보운사 寶雲寺[1], 십육조사명보운존자대법사전 十六祖四明寶雲尊者大法師傳

의판 倚版 좌선할 때 기대는 도구. 선판(禪版)이라고도 한다. 『석씨요람』 권하(대정장54, p.297b10)에 "의판 : 요즘은 선판이라 부른다. 『비나야섭송』에 '의판은 좌선의 피로를 없애주니 승·사(僧私) 모두 그 비축이 허용된다'〈승은 대중, 사는 각 개인〉라고 하였다. 倚版 今呼禪版 毗奈耶攝頌曰 倚版爲除勞 僧私皆許畜〈僧卽衆 私卽己〉"라고 하였다. [참고문헌] 『釋氏要覽』, 『有部律頌』 권3(대정장24, p.654b18). ⇨ 선판 禪板

의편 義便 의에 있어서의 방편. 이름이 갖는 효용은 명편(名便)이다. 『법화문구』 권9하(대정장34, p.129a20)에 "의편이란, 보신의 지혜는 위로도 맞닿아 그윽하고 아래로도 통하여 삼신을 완연히 충족하기에 의편이라 한다. 義便者 報身智慧 上冥下契 三身宛足 故言義便"라고 하였다. [참고문헌] 『法華文句』. ⇨ 명편 名便

의포 義褒 611?~664?. 당대 스님. 속성은 설(薛), 상주(常州) 진릉(晋陵 : 江蘇省) 출신. 제(濟)나라 때 재상 맹상군(孟嘗君)의 후손. 타고난 성품이 명랑하고 신체가 장대했다. 출가 후에 삼론종 흥황사(興皇寺) 법랑(法朗)의 법을 이은 소주(蘇州) 영정사(永定寺) 소명법사(小明法師)에게 『화엄경』과 『대품반야경』을 배웠다. 후에 무주(婺州 : 浙江省 金華) 영안사(永安寺) 광법사(曠法師)에게 삼론(三論)과 사경(四經)을 배웠다. 광법사가 의포에게 전등(傳燈)의 예를 갖추기를 권하여 이에 따르고 30여 년간 경론을 전파했다. 나중에 동양금화(東陽金華 : 浙江省)의 법당사(法幢寺)로 옮겨서 주석하며 교학과 좌선을 겸했다. 당나라 조정에서 명성을 듣고 칙명으로 장안(長安 : 陝西省 西安)에 입경하게 하였다. 당시 현장(玄奘)삼장이 머물던 대자은사(大慈恩寺)에서 대승경론의 깊은 종지에 대해 막힘없이 대답하여 도속의 많은 이들이 귀의했다. 658년(현경3) 칙명으로 입궐하여 도사(道士) 이영(李榮)과 본제의(本際義)에 대해 논쟁했다. [참고문헌] 『佛祖統紀』 권39(대정장49, p.367b4), 『唐高僧傳』 권15(대정장50, p.547b20), 『集古今佛道論衡』 권4(대정장52, p.389c24).

의포동자 衣蒲童子 부들 옷 입은 동자. 송나라 태위(太尉) 여혜경(呂惠卿)이 오대산에서 만난 문수동자(文殊童子)다. 『석씨계고략』 권4(대정장49, p.876b22)에 "동자가 웃으며 말했다. '관리가 틀렸소. 세상의 풀 한포기 나무 한 그루 모두 문수경계가 아닌 것이 없으니, 그대가 일상에서 마주하는 일에 어둡지 않으면 이것이 참된 문수일 뿐인데 어째서 범부의 분별로 생각을 어지럽히시오?' 태위가 앞서 말한 잘못을 뉘우치고 고개를 숙여 절하고서 일어나는 사이에 동자가 보살의 형상을 드러냈다. 크게 사자후 하고는 보일 듯 말 듯 구름 속으로 사라져 보이지 않았다. 童子笑曰 官人謬矣 此間一草一木 無非文殊境界 在汝日用觸事不迷 此眞文殊耳 曷以凡情亂於思慮 太尉悔前言之謬 卽頓首下拜 纔起之間 童子現大士形 誇獅于隱隱 雲中不見"라고 하였다. [참고문헌] 『釋氏稽古略』.

의품 義品 Ⓢ Artha-varga, Artha-vargīya, Ⓟ Aṭṭhaka-vagga. 팔리본 경장(經藏) 다섯 번째인 쿳다카니카야 중 다섯 번째 『경집 經集 *Suttanipāta*』 제4품의 이름이고, 16경으로 이루어졌기에 『십육의품경』이라고도 한다. 또 『중의경 衆義經』·『팔발기경 八跋祇經』·『십육의구 十六義句』·「의부 義部」·「설의 說義」라고도 하며 『아타기바경 阿他耆婆經』·『아타바기야수투로 阿陀波耆耶修妬路』로 음사하는 등 삼장(三藏) 안에서 여러 가지 이름으로 인용된다. 최고(最古)의 불경으로 여기는 지겸(支謙) 『의족경 義足經』이 그 한역본이다. 온전한 범본은 전하지 않으나 동(東)투르키스탄에서 발견된 일부 단편이 전한다. 이름은 다르지 않지만 제10경부터 제16경까지의 순서에 차이가 있다. 『대비바사론』 권126(대정장27, p.660a13)에 "십이부경 중 인연이란 무엇인가? 모든 경에서 온갖 인연을 만나 말씀하신 법문을 가리킨다. 저 「의품」 등의 갖가지 인연이다. 因緣云何 謂諸經中 遇諸因緣 而有所說 如義品等 種種因緣", 『구사론』 권1(대정장29, p.3b25 : *Abh-k-bh.*, p.9)에 "저 「의품」중에 이와 같이 이르시길 '나아가 제욕을 구하는 이 언제나 희망 일으키지만, 바라는대로 만약 이루지 못하면 괴로워 무너짐이 저 화살 박힌 듯하네'. 義品中作如是說 趣求諸欲人 常起於希望 諸欲若不遂 惱壞如箭中 tathā hy arthavargīyeṣu-uktam, tasya cet kāmayānasya cchandajātasya dehinaḥ, te kāmā na samṛdhyanti śalyaviddha iva rūpyate", 『유가사지론』 권36(대정장30, p.489a23 : *Bodh-bh.*, p.33)에 "불세존께서 의품중에 이르시길 '세간제세속이라면 모니는 그 무엇도 착하지 않는다'. 佛世尊 義品中說 世間諸世俗 牟尼皆不著 uktañ-ca bhagavatā arthavargīyeṣu, yāḥ kāñcana saṃvṛtayo hi loke sarvā hi tā munirno upaiti", 『구사론기』 권1(대정장41, p.23c9)에 "「의품」이라 하였으니, 이 품 중에 온갖 뜻을 풀고 있기 때문이다. 言義品者 此品之中 釋諸義故"라고 하였다. [참고문헌] 『大毘婆沙論』, 『俱舍論』, 『瑜伽師地論』, 『俱舍論記』, 『雜阿含經』 권49(대정장2, p.362c12), *Abh-k-bh.*, *Bodh-bh.* ⇨ 의족경 義足經, 쿳다카니카야 Khuddaka-nikāya

의품경 義品經 「의품」의 다른 이름. 『오분율』 권21(대정장22, p.144b16)에 "억이가 부처님 교시를 받고 『십육의품경』을 설하였다. 설하고 나서 묵묵히 있자 부처님께서 '훌륭하다'고 칭찬하셨다. 億耳受教 卽說十六義品經 說已默然而住 佛言 善哉", 『사분율명의표석』 권26(卍속장70, p.796b14)에 "십육의구 : 『오분율』에는 『십육의품경』이라 하였고, 『마하승기율』에는 『팔발기경』〈발은 품이라 한역한다〉이라 하였다. 十六義句 五分云 十六義品經 僧祇云 八跋耆經〈跋者此云品〉"라고 하였다. [참고문헌] 『五分律』, 『四分律名義標釋』. ⇨ 의품 義品

의풍 宜豊 당대 스님 영일(靈一)의 호. [참고문헌] 『宋高僧傳』 권15(대정장50, p.799a21). ⇨ 영일 靈一

의피 衣被 Ⓟ pārupana. 입고 덮는 것. 가사와 침구. 『중아함경』 권27 「임경 林經」(대정장1, p.597a2)에 "도를 배우는 사람이 필요로 하는 입고 덮을 것·음식·침상·탕약과 모든 생활 도구 등 저들 일체를 구하기만 하면 어렵지 않게 얻었다. 學道者 所須衣被 飮食 床榻 湯藥 諸生活具 彼一切求索 易不難得", 『정법화경』 권1(대정장9, p.65a17)에 "또한 의복과 장식물을 베풀어 주었다. 又復施與 衣被服飾"라고 하였다. [참고문헌] 『中阿含經』, 『正法華經』.

의하 意下 사려분별한 끝에. 생각한 나머지. 의식하(意識下)와 통한다. 『대혜어록』 권3(대정장47, p.822a26)에 "오백생의 과거부터 있었던 소식이니 분별로 달리 찾아서는 안 된다. 五百生前消息在 不須意下別搜求", 『가태보등록』 권26 「고목법성장 枯木法成章」(卍속장137, p.372b17)에 "이처럼 이러니저러니 헤아린들 앞서 간 성인들을 욕되게 할 뿐만 아니라 자기마저 모욕하는 일이다. 모르는가? '중생의 이해를 돕고자 생각한 나머지 단청하면 당장은 아름답지만 오래 쌓이면 병통이 된다'는 말을. 무릇 행각하는 고사들이 이 본분사 끝내 알고자 하면 우선 선대 조사들의 정법안장부터 알아야 한다. 그 나머지 불조언교는 이 무슨 끓는 주발에서 울리는 소리란 말인가! 如斯商量 不唯謗瀆先聖 亦乃屈沈自己 不見道 聞衆生解 意下丹青 目前雖美 久蘊成病 大凡行脚高士 欲窮此事 先須識取 上祖正法眼藏 其餘佛祖言教 是甚麽熱椀鳴聲"라고 하였다. [참고문헌] 『大慧語錄』, 『嘉泰普燈錄』.

의학 意學 마음을 배움. 선(禪)을 익히고 닦는 일이다. 『삼국불법전통연기』 권상(대장경보편32, p.651b14)에 "의학에 뛰어났다. 道善意學"이라 하였는데, 『도서』 권상1(대정장48, p.400b10)에 "경은 부처님 말씀이고 선은 부처님 뜻이다. 모든 부처님의 마음과 입은 결코 서로 어긋나지 않는다. 經是佛語 禪是佛意 諸佛心口 必不相違"라는 말에 그 어의가 암시된다. [참고문헌] 『三國佛法傳通緣起』, 『都序』. ⇨ 선학 禪學

의학 義學 뜻으로 익히거나 배움. 삼장(三藏)의 법상(法相)과 법의(法義)를 익히는 일로 일가를 이룬 출가자를 의학사문(義學沙門)·의학승(義學僧)이라고 하며, 이를 연마하는 무리를 의학도(義學徒)라고 한다. 명구(名句)를 넘어서 공부하는 선종에서는 이에 맞서 참학(參學)이라 한다. 승조(僧肇)의 『범망경』 「서문 序文」(대정장24, p.997a27)에 "이에 천축법사 구마라집 청해 장안 초당사 모시니 의학사문 삼천여 명에 미쳤다. 범문을 손에 들고 구두로 풀어 한역하며 해석한 것이 50여 부다. 於是詔天竺法師鳩摩羅什 在長安草堂寺 及義學沙門三千餘僧 手執梵文 口翻解釋五十餘部", 『주조론소』 권3(卍속장96, p.255a15)에 "의학자는 역장에서 뜻과 의치를 배우고 익히는 사람이다. 義學者 學習譯場義理之人", 『분양어록』 권하 「참학의 參學儀」(대정장47, p.619b6)에 "그윽함 참하는 대사는 의학을 하는 이와는 같지 않으니, 단박에 일성의 문을 열어젖히고 곧장 만 갈래 길로 나아가 모두 거둬 가진 울창한 숲에 든다. 夫參玄大士 與義學不同 頓開一性之門 直出萬機之路 入總持之林苑", 『속전등록』 권25 「불안청원전 佛眼淸遠傳」(대정장51, p.636b24)에 "불안이 탄식하며 이르길 '뜻으로 익힌 명상만으로는 나고 죽는 일대사 깨우칠 수 없다'. 師嘆曰 義學名相 非所以了生死大事", 『자백존자전집』 권21(卍속장126, p.1012b16)에 "지식으로 말미암아 들어가면 의학이라 하고, 정식을 여의고 깨달으면 현학이라 한다. 由智識而入 乃名義學 離情識而悟 乃名玄學"라고 하였다. [참고문헌] 『梵網經』, 『注肇論疏』, 『汾陽語錄』, 『續傳燈錄』, 『紫柏尊者全集』, 『肇論』 「般若無知論」(대정장45, p.153a17), 『傳法正宗論』 권상(대정장51, p.773c7). ⇨ 참학 參學

의학 醫學 Ⓟ tikicchā. 병을 다스리는 의술. 오명(五明) 중 하나인 의명(醫明)의 다른 이름. 『속집고금불도논형』(대정장52, p.400a16)에 "항상 범행을 닦으면서도 의학에 뜻을 두었다. 常修梵行 志在醫學"라고 하였다. [참고문헌] 『續集古今佛道論衡』. ⇨ 의명 醫明

의학도 義學徒 뜻을 배우는 무리. 『자은전』 권10(대정장50, p.278c20)에 "십육대국이 귀의하여 으뜸으로 삼지 않은 곳이 없었으니, 뜻을 품받는 무리가 항상 만 명 정도 되었다. 十六大國 靡不歸宗 稟義學徒 恒有萬許"라고 하였다. 〔참고문헌〕『慈恩傳』, 『人天眼目』 권5(대정장48, p.327b19). ⇨ 의학 義學

의한 意閑 조선후기 스님. 호는 인암(忍庵), 속성은 박씨. 전라도 영암(靈巖)에서 태어났다. 일찍이 부모를 모두 잃고 의지할 친척도 전혀 없이 이리저리 떠돌다가 우연히 해남 달마산 미황사(美黃寺)로 들어가서 완해견현(玩海見賢)선사를 만나 의식(衣食)과 학업을 약속하고 그를 은사로 하여 스님이 되었다. 장성한 뒤에 법을 이어 받아 은법(恩法)을 겸하였으니, 연담유일(蓮潭有一)의 손상좌가 되는 셈이다. 선과 교를 겸수하여 명실공히 대종사가 되었다. 두타행으로 일중식(日中食)과 계율을 엄하게 지켜 후학의 모범이 되었다. 장흥 보림사(寶林寺) 수남암(水南庵)과 해남 대흥사(大興寺) 적련암(赤蓮庵)에서 납자(衲子)와 학인을 지도하였다. 세수 51, 법랍 36세를 일기로 입적하였다. 법제자인 영허의현(靈虛義玄)을 비롯하여 수계제자·수경제자·참회제자 등이 매우 많았다. 〔참고문헌〕『東師列傳』 권4 「忍庵禪伯傳」(한불전10, p.1040b19). ⇨ 의현 義玄 ❷

의한산시 擬寒山詩 한산시를 모방하여 지은 선사들의 율시(律詩). 원나라 때 임제종(臨濟宗) 중봉명본(中峰明本 1263~1323)의 100수가 가장 유명한데, 『중봉광록』 권17에 수록되어 있으며 모두 참선에 관한 심경을 드러내어 학인의 초심을 개발하려는 취지를 담고 있다. 그 밖에 분양선소(汾陽善昭 947~1024)의 『분양어록』 권하(대정장47, p.624c11)에도 「의한산시」라는 제명으로 수록되어 있고, 『자수회심광록』 권2 「보유 補遺」(卍속장126, p.582b6)에도 있다. 명나라 말기 은원융기(隱元隆琦 1592~1673)는 일본 황벽산(黃檗山) 만복사(萬福寺)에 주석할 당시 5언의 의한산시 101수를 지어 종풍을 드높였다. 이 밖에 장수약(張守約)의 『의한산시』(가흥장33, p.705a1) 300수도 전한다. 〔참고문헌〕『中峰廣錄』, 『汾陽語錄』, 『慈受懷深廣錄』, 『擬寒山詩』. ⇨ 한산시 寒山詩

의해 意解 ❶ Ⓢ mano-jalpa, Ⓣ yid-la-brjod-pa 'am rtogs-pa. 뜻으로 풀고 분별함. 의언(意言)이라고도 한다. 종종의해(種種意解)·별이의해(別異意解)·변이의해(變異意解) 세 가지가 있다. 80권본 『화엄경』 권37(대정장10, p.196b2)에 "비록 제불을 따라 삼세가 단지 한 찰나라는 것을 분명하게 알았더라도 뜻으로 풀고 분별해야 하니, 중생을 따라서는 갖가지 상과 갖가지 시와 갖가지 겁수로 온갖 행을 닦는다. 雖隨諸佛了知三世唯是一念 而隨衆生意解分別 以種種相 種種時 種種劫數 而修諸行"라고 하였다. 〔참고문헌〕『華嚴經』, *Mvyut.109.* ⇨ 종종의해 種種意解, 별이의해 別異意解, 변이의해 變異意解, 의언 意言 ❷ ➡ 누진의해 漏盡意解

의해 義海 뜻으로 출렁이는 바다. 『화엄경탐현기』 권1(대정장35, p.123a27)에 "뜻의 바다는 넓고 깊으며, 미묘한 말씀 아득히 넘친다. 義海宏深 微言浩汗", 『화엄경소』 권14(대정장35, p.608c1)에 "한없는 법을 설하니 뜻의 바다에 이는 파도는 다함이 없다. 說無量法 義海波濤 無窮盡故"라고 하였다. 〔참고문헌〕『華嚴經探玄記』, 『華嚴經疏』, 『人天眼目』 권4(대정장48, p.321c14).

의해 義解 ❶ 뜻으로 풀다. 『전심법요』 「배휴서 裵休序」(대정장48, p.379c1)에 "깨우친 이에게 새로운 것도 옛도 얕고 깊음도 없다. 말로 하고자 하면, 뜻으로 풀어 드러내지도 않고 종주를 세우지도 않으며 문도 들창도 열지 않는다. 證之者 無新舊 無淺深 說之者 不立義解 不立宗主 不開戶牖"라고 하였다. 〔참고문헌〕『傳心法要』. ❷ 고승전(高僧傳) 편목(篇目)의 이름. 『양고승전』(대정장50, p.418c23)에 "그 덕업을 열어 크게 열 가지로 나눈다. 첫째 역경, 둘째 의해, 셋째 신이, 넷째 습선, 다섯째 명률 … 열째 창도이다. 開其德業 大爲十例 一曰譯經 二曰義解 三曰神異 四曰習禪 五曰明律 … 十曰唱導", 『송고승전』 권22(대정장50, p.854c6)에 "역경과 전법은 신심을 일으키고, 의해와 습선은 깨우쳐 알게 하며, 명률과 호법은 행을 닦고, 신이와 감통은 과를 증득한다. 若譯經傳法生信也 義解習禪悟解也 明律護法修行也 神異感通果證也", 『치문경훈』 권9(대정장48, p.1090a23)에 "의해 : 글을 찾아 뜻을 보고, 뜻을 얻어 말을 잊으면 삼혜(三慧 : 聞慧·思慧·修惠)가 모두 온전해져서 이의(二依 : 修行·證果)가 항상 굴러 쉬지 않는다. 義解 尋文見義 得意忘言 三慧克全 二依常轉"라고 하였다. 『삼국유사』에도 '의해' 편을 두어 원광서학(圓光西學) 등 총 14분의 의해 덕업을 전하고 있다. 〔참고문헌〕『梁高僧傳』, 『宋高僧傳』, 『緇門警訓』, 『三國遺事』. ⇨ 고승전 高僧傳, 삼국유사 三國遺事

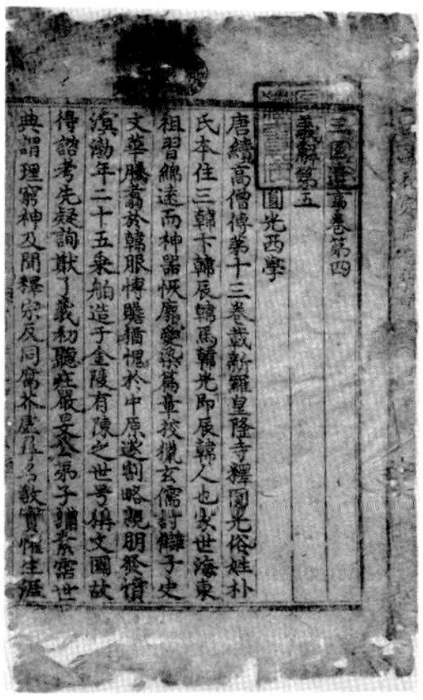

의해 『삼국유사』 목판본 보물 제419-3호 부산 범어사 14세기말

의해전주 義解詮註 뜻으로 풀고 말을 붙임. 『벽암록』 74칙 「평창 評唱」(대정장48, p.202a7)에 "고인(金牛)의 방편은 다만 가르칠 뿐 곧바로 끊고 받아 가게 하지

만 뒤에 오는 이들 헛되이 보아 헤아린다. '문득 한마디 하였거늘 어찌 그 속에 그리도 많은 일 있는가? 추우면 불 쪼이고 더우면 서늘한 곳으로 피하며, 배고프면 밥 먹고 피곤하면 잠자면 그만이다'. 만약 이렇게 하던대로 뜻 풀어 말 붙이려 들면 달마가 전한 종지마저 쓸어 다 하리라. 옛사람이 하루 종일 한순간도 놓지 않고 이 일을 밝히려 했음을 알지 못함이다. 古人方便 也只教爾直截承當去 後來人妄自卜度 便道 那裏有許多事 寒則向火 熱則乘涼 飢則喫飯 困則打眠 若恁麽以常情 義解詮註 達磨一宗 掃土而盡 不知古人 向二六時中 念念不捨 要明此事"라고 하였다. 〔참고문헌〕『碧巖錄』.

의행 依行 **1** 행에 의지함. 오온(五蘊)에서 행온이나 십이인연(十二因緣) 중 행지(行支)에 의지하여 처음의 식(初識)이 있게 된다. 60권본『화엄경』권25(대정장9, p.558b27)에 "제일의를 여실하게 알지 못하기 때문에 무명이 있고, 무명이 업을 일으키는 것을 행이라 하며, 행에 의지하여 처음의 식이 있고, 식과 함께 생겨서 사취음이 있으며, 취음에 의지하여 명색이 있고, 명색이 성취되어 육입이 있으며, 근과 진이 합하기 때문에 촉이 있다. 不如實知第一義故 有無明 無明起業是名行 依行有初識 與識共生 有四取陰 依止取陰 有名色 名色成就 有六入 根塵合故 有觸", 『대승보살장정법경』권35(대정장11, p.874a22)에 "어떤 것을 식(識)이라고 하는가? 네 가지에 의지하여 머무는 것이다. 어떤 것이 그 네 가지인가? 첫째 식은 색에 의지하여 머물고, 둘째 식은 수에 의지하여 머물며, 셋째 식은 상에 의지하여 머물고, 넷째 식은 행에 의지하여 머무니, 이런 것을 식이라고 한다. 何者爲識 依四種住 何等爲四 一者 識依色住 二者 識依受住 三者 識依想住 四者 識依行住 此說爲識"라고 하였다. 〔참고문헌〕『華嚴經』, 『大乘菩薩藏正法經』. **2** Ⓢ pratipadyate. 가르침에 의지해 행함. 『대승장엄경론』권8(대정장31, p.633c21 : *Sūtr.*, p.116)에 "이행이란 무엇인가? 법에 있어 행하도록 하는 것이니, 법대로 의지해 행하기 때문이다. 동리란 무엇인가? 그가 해탈을 얻도록 하는 것이니, 행함이 깨끗해 오래가면 요익함을 얻기 때문이다. 利行者 能令於法起行 由如法依行故 同利者 能令彼得解脫 由行淨長時 得饒益故 artha caryayā pratipadyate yathādharma. samānārtha tayā tāṃ pratipattiṃ viśodhayati dīrghakālānuṣṭ hānād", 『현양성교론』권6(대정장31, p.509b10)에 "여섯 가지 분별이 있으니 … 네 번째가 의행이다. … 의행은 십종법행을 말한다. 六種分別者 … 四 依行 … 依行者 謂十種法行"라고 하였다. 〔참고문헌〕『大乘莊嚴經論』, 『顯揚聖教論』, *Sūtr.* ⇨ 십종법행 十種法行 **1**

의행 意行 **1** Ⓢ manaḥ saṃskāra, Ⓟ mano-saṅkhāra, citta-saṅkhāra, Ⓣ yid-kyi-'du-byed. 뜻으로 행함. 삼행(三行) 중 하나로 떠올려(想) 사유(思)하는 마음의 활동으로 욕계(欲界)에서는 견(見)에 사로잡히고 애(愛)에 얽혀 의업(意業)이라 부르고, 상계(上界 : 色無色界)에서의 의행은 삼매로 인한 정행(定行)이기에 부동(不動)이라 부른다. 『잡아함경』권21(대정장2, p.150a25)에 "상을 떠올리고 사유함을 의행이라 한다. 〔문〕무슨 까닭에 … 상사를 의행이라고 하는가? 〔답〕… 떠올려 사유하는 것이 의행이니, 마음에 의지하고 마음에 속하며 마음에 구르니 이러한 연유로 상사는 의행이다. 想思 名爲意行 復問 何故 … 想思 名爲意行 答 … 想思 是意行 依於心 屬於心 依心轉 是故 想思 是意行", 『집이문족론』권3(대정장26, p.379b16)에 "의행이란 어떤 것인가? 〔답〕의(意)도 의행이라 하고, 의업(意業)도 의행이라 하며, 상과 사도 의행이라 한다. 이 뜻 중에서 생각과 의지가 의행이라 하는 까닭은 무엇인가? 생각과 의지는 심소법이니, 마음에 의지하고 마음에 얽혀 있으며, 마음에 의지하여 움직이고 마음을 붙들고 떠받치기에 생각과 의지를 의행이라고 한다. 意行云何 答 意亦名意行 意業亦名意行 想思亦名意行 於此義中 意說想思意行 所以者何 以想及思 是心所法 依止於心 繫屬於心 依心而轉 扶助於心 是故 想思說爲意行", 『대지도론』권36(대정장25, p.325b25)에 "의행이란 무엇인가? 받아들여 떠올림이다. 그 까닭은 무엇인가? 고락을 받아들이고는 상을 취하여 마음이 움직이므로 이것을 의행이라고 한다. '심수법'으로는 두 가지가 있으니, 첫째 견에 속하고, 둘째 애에 속하는 것이다. 애에 속한 주인을 느낌이라 하고, 견에 속한 주인을 상이라 한다. 이렇게 이 두 법으로 의행을 삼는다. 意行者 受想 所以者何 受苦樂 取相心發 是名意行 心數法有二種 一者 屬見 二者 屬愛 屬愛主名爲受 屬見主名爲想 以是故 說是二法爲意行", 『유가사지론』권9(대정장30, p.323a3 : *Yogā-bh.*, p.206)에 "의행이란 어떤 것인가? 의업을 말한다. 욕계에 있으면 복이나 비복이라 하고, 색계와 무색계에서는 부동이라 할 뿐이다. 意行云何 謂意業 若在欲界 名福非福 在上二界 唯名不動 manaḥ saṃskārāḥ katame. manaskarma. tat kāmadhātau puṇyāpuṇyaṃ nāneñjyaṃ dvayoruparimayordhātvorāniñjy ameva ca"라고 하였다. 〔참고문헌〕『雜阿含經』, 『集異門足論』, 『大智度論』, 『瑜伽師地論』, *Yogā-bh.* ⇨ 상사 想思 **1**, 의업 意業, 삼행 三行 **2** Ⓢ mano-maya, Ⓣ yid-las-byung-ba. 중유(中有)를 달리 이르는 말. 몸을 떠나 다시 몸 받기까지 뜻으로만 움직이기 때문이다. 『유가사지론』권1(대정장30, p.282b4)에 "이 중유에는 갖가지 이름이 있다. 중유라 하는 것은 사유(死有)와 생유(生有)의 중간생이기 때문이다. … 의행이라고도 하는데, 의(意)만을 의지로 삼아 날 곳에 가기 때문이다.

此中有 有種種名 或名中有 在死生二有中間生故 … 或名意行 以意爲依 往生處故"라고 하였다. [참고문헌] 『瑜伽師地論』, *Yogā-bh.20.* ⇨ 중유 中有

의허 意許 뜻으로 받아들임. 인명(因明) 용어. 말로 표현하지 않은 마음속 생각. 언진(言陳 : 言顯)의 상대어이다. 『섭대승론석』 권10(대정장31, p.374b6)에 "여래께서 공양하실 때, 모든 하늘이 받아서 그 밖의 모든 유정들에게 베푸는 것은 부처님께서 마음속으로 인정하신 것이다. 이러한 인으로 말미암아 저 유정들은 속히 깨달음을 증득하는데, 이와 같은 모든 것을 다 거두어 설하면 저 하나 깊고 깊다고 했음을 알아야 한다. 如來食時 諸天受取施 佛意許 諸餘有情 由此因故 彼有情類 速證菩提 如是一切 應知總說 爲一甚深", 『인명입정리론직해』(卍속장87, p.154b15)에 "입으로는 비록 말하지 않으나 마음에는 가리키는 것이 있는 것이 바로 뜻으로 허락한 차별성이다. 口雖不言 心有所指 卽意許差別性也"라고 하였다. [참고문헌] 『攝大乘論釋』, 『因明入正理論直解』. ⇨ 언진 言陳, 언허대 言許對

의허공궁전생 依虛空宮殿生 Ⓢ ākāśavimāna-saṃniśritaṃ janma, Ⓣ nam-mkha'i-gzhal-med-khang-la-brten-pa'i-nang-du-skye-ba. 허공궁전에 의지하는 중생. 욕계의 삼종승생(三種勝生) 중 하나로 야마(夜摩)·도솔(兜率)·화락(化樂)·타화(他化) 네 가지 공거천(空居天)의 중생을 말한다. 『유가사지론』 권9(대정장30, p.320c9)에 "(욕계의) 삼종승생이 있으니, … 셋째 의허공궁전생이다. 有三種勝生 … 三 依虛空宮殿生", 같은 책 권2(대정장30, p.286c9 : *Yogā-bh.*, p.37)에 "이와 같이 아래의 세 가지 정려의 기세간과 유정세간이 이루어지고 나서, 허공 중에 욕계사천의 궁전이 점차 이루어진다. 마땅히 알라. 저 모든 허공궁전은 다 변화로 출생함을 알아야 한다. 또 모든 유정들은 극정광천의 중생의 삶(衆同分)을 다하면 이런 궁전들에 와서 나며, 나머지는 앞에서 말한 것과 같다. 如是下三靜慮 器及有情世間成已 於虛空中 欲界四天宮殿漸成 當知彼諸虛空宮殿 皆如化出 又諸有情 從極淨光天衆同分沒而來生此諸宮殿中 餘如前說 tataścaturṇāṃ kāmāvacarāṇāṃ devanikāyānāmākāśe vimānāni prādurbhavanti. sarveṣāṃ ca teṣāmākāśavimānānāṃ nirmāṇavatsambhavo draṣṭavyaḥ. teṣu cābhāsvarāddevanikāyātsattvāścyutvopapadyante pūrvavat"라고 하였다. [참고문헌] 『瑜伽師地論』, *Yogā-bh.* ⇨ 승생차별 勝生差別, 비천생 非天生, 의지분생 依地分生

의현 義玄 ❶ ?~867. 당대 스님. 임제종(臨濟宗)의 개조. 법호는 임제(臨濟·林際), 시호는 혜조(慧照 : 慧炤라고 드물게 씀), 탑호는 징령(澄靈 : 澄虛라고도 전함), 속성은 형(邢)씨. 조주(曹州 : 山東省 荷澤) 남화(南華) 출신. 『임제록』 「행록 行錄」(대정장47, p.504b27)·『경덕전등록』 권12 「임제의현전」(대정장51, p.290a18)·『천성광등록』 권10 「임제의현장」(卍속장135, p.683b3)·「임제혜조선사탑기 臨濟慧照禪師塔記」 등에 따르면, 어려서부터 영특하였고 커서는 효자로 이름났다. 구족계를 받고서는 강원에 머무르며 율장(毘尼)을 연구하였다. 문득 경론이 '세간을 구제하는 약방문(濟世之醫方)'일 뿐임을 깨닫고는 교외별전(敎外別傳)의 종지를 찾아 제방을 유력하였다. 황벽희운(黃蘗希運 ?~850)의 문하에서 3년 동안 참학하던 차에 수좌 진존숙(陳尊宿 : 睦州道明 780~877)의 주선으로 황벽에게 '조사가 서쪽에서 온 뚜렷한 뜻(祖師西來的的意)'을 세 번 물었으나 세 번 모두 얻어맞았다. 이에 황벽에게 하직인사 올리자 고안대우(高安大愚)를 찾아가라고 하였다. 고안과 문답을 하다가 "불법에는 군더더기가 없다. 佛法無多子"라고 스스로 되뇌는 중에 깨우친 바 있었고, 이후 황벽에게 돌아가 인가를 받았다. 이후 진주(鎭州 : 河北省 趙州 북쪽 인근) 호타하(滹沱河) 인근의 임제원(臨濟院)에서 주석하였는데, 이때 보화(普化 ?~860)와의 인연을 남기기도 하였다. 얼마 후 병란(兵革)이 일어 피신하였는데, 태위(太尉) 묵군화(默君和)가 성안의 집을 희사하여 절로 만들고 옛 주처의 이름을 따 '임제원'이라 표액하여 의현을 맞이하였다. 훗날 하부(河府)의 부주(府主) 왕상시(王常侍)가 제자의 예를 갖추고 찾아와 의현을 모셨고, 얼마 지나지 않아 다시 대명부(大名府 : 河北省 邯鄲)의 홍화사(興化寺) 동당(東堂)으로 거처를 옮겼다. 867년(함통8) 아무 질환도 없던 의현은 삼성혜연(三聖慧然)과 문답을 마치고서 입적하였는데, 이때 "나의 정법안장이 저 눈먼 당나귀(삼성혜연) 곁에서 사라져 버릴 것을 누가 알랴! 誰知吾正法眼藏 向者瞎驢邊滅却"라는 말을 남겼다. 삼성혜연은 『진주임제혜조선사어록 鎭州臨濟慧照禪師語錄』을 편집하였고, 이것이 현재까지 전한다. 한편 『조당집』 권19 「임제의현장」(고려장45, p.353c16)에는 황벽과 대우의 역할이 바뀌어 있고, 깨달음을 얻고서는 "10년 동안 대우를 시봉하였다. 侍奉大愚 經十餘年", "법은 황벽을 이었지만 항상 대우를 기렸다. 雖承黃蘗 常讚大愚"라고 하였으며, 입적년은 '함통칠년 咸通七年', 탑호는 '징허 澄虛'라고 하였다. 『송고승전』 권12 「임제의현전」(대정장50, p.779a26)은 『조당집』을 이어 입적년과 탑호가 같게 전한다. 임제의현은 살활(殺活) 자재의 할(喝)을 적재적소에 활용하였으므로, 이를 덕산방(德山棒)에 상대하여 임제할(臨濟喝)이라 부른다. 의현의 법을 이은 제자로는 관계지한(灌谿志閑)·보수연소(寶壽延沼)·삼성혜연·흥화존장(興化存奬)·신라국지리산

화상(新羅國智異山和尙) 등 22인이 있고, 그 정맥은 홍화존장→남원혜옹(南院慧顒)→풍혈연소(風穴延沼)→수산성념(首山省念)→분양선소(汾陽善昭)→석상초원(石霜楚圓)으로 이어졌다. 그리고 석상초원의 제자 황룡혜남(黃龍慧南)과 양기방회(楊岐方會) 대에 이르러 임제선풍은 선종의 일대 주류가 되었다. [참고문헌]『臨濟錄』,『景德傳燈錄』,『天聖廣燈錄』,『祖堂集』,『宋高僧傳』,『五家正宗贊』권2(卍속장135, p.922a11),『聯燈會要』권9(卍속장136, p.574a12). ⇨희운 希運, 도명 道明 ❸, 보화 普化❶, 혜연 慧然, 존장 存奬, 불법무다자 佛法無多子, 임제종 臨濟宗, 임제록 臨濟錄, 임제할 臨濟喝, 임제할려 臨濟瞎驢 ❷1816~1874. 조선후기 스님. 호는 영허(靈虛), 속성은 박(朴)씨. 1816년(순조16) 전라도 영암(靈巖)에서 태어났다. 1832년(순조32) 17세 때 해남 미황사(美黃寺)로 찾아가 스님이 되었고, 30세 가까워서 보월(寶月)의 법을 이어 받았으며, 미황사 인암의한(忍庵意閑)율사로부터 선법(禪法)을 배웠다. 그로부터 때로는 영침암(影沈庵)에서 주석하면서 경론을 강설하였고 혹은 북암(北庵)에서는 선객(禪客)을 제접하였으며, 미타암에서는 미타회를 조직하여 염불왕생을 권장하였고, 완주 위봉사(威鳳寺) 달마암에서는 달마선을 지도하다가, 1874년(고종11)에 세수 59, 법랍 43세를 일기로 입적하였다. 제자에는 충파(忠波)·천학(天學) 등이 있다. [참고문헌]『東師列傳』권5「靈虛禪伯傳」(한불전10, p.1057a17).

의현 義賢 조선후기 스님. 백곡처능(白谷處能 1617~1680)의 은사이다.『명곡집』권21「백곡선사탑명 白谷禪師塔明」(한국문집총간154, p.296b17)에 "12세에 의현상인을 따라 수학하다가 이내 머리를 깎고 도를 구하였다. 年十二 從義賢上人學 仍祝髮求道"라고 하였다. [참고문헌]『明谷集』, 智冠『韓國高僧碑文總集 朝鮮朝·近現代』p.270. ⇨처능 處能

의현선자 義玄禪子 조선후기 스님. 청허휴정(淸虛休靜 1520~1604)이 의현선자의 요청을 받고 일러준 법어인「새의현선자구어 賽義玄禪子求語」가『청허집』권1(한불전7, p.675b5)에 "사죽에 마음 전한들 마음 이에 뒤엉키고, 풍운으로 법을 보인들 법마저 어긋나리. 絲竹傳心心乃錯 風雲示法法之違"라 전한다. [참고문헌]『淸虛集』. ⇨휴정 休靜

의현수재 義玄秀才 조선후기 스님. 부휴선수(浮休善修 1543~1615)가 의현수재의 시에 차운하여, 도반으로서 동서로 헤어진 이후 어떻게 지내는지 묻는「차의현수재 次義玄秀才」가『부휴집』권4(한불전8, p.15b10)에 전한다. [참고문헌]『浮休集』. ⇨선수 善修❷

의현주곽 義玄拄钁 의현 괭이로 버티다. 임제의현(臨濟義玄)이 황벽희운(黃蘗希運)을 만나 주고받은 기연이 소재다.『선원몽구』권중(卍속장148, p.244a4)에 "의현주곽〈출전은『경덕전등록』권11〉: 임제가 울력으로 김을 매고 있는데, 황벽이 오는 것을 보고는 괭이를 짚고 일어섰다. 황벽이 이르길, '이놈아, 피곤한 게냐?' '괭이도 들기도 전에 고단할 것이 뭐 있겠습니까?' 황벽이 냅다 때리자, 임제가 주장자를 받아 쥐고서는 한번에 밀쳐서 넘어뜨렸다. 황벽이 유나를 부르며, '유나야! 나 좀 일으켜다오'라고 하자, 유나가 가까이 다가와 황벽을 일으켜 세우며 말했다. '화상이시여, 어찌 저 미치광이의 무례를 용납하십니까?' 황벽이 일어서자마자 유나를 때렸다. 임제가 괭이질 하며 말했다. '제방에서는 화장을 한다지만, 저는 여기에 일시에 산 채로 묻습니다'. 義玄拄钁〈傳燈十一〉 臨濟普請鋤地次 見黃蘗來 拄钁而立 蘗云 這漢困那 師云 钁也未擧 困箇什麽 蘗便打 師接住棒一送 送倒 蘗喚維那 維那 扶起我 維那近前扶云 和尙 爭容得這風顚漢無禮 蘗纔起打維那 師钁地云 諸方火葬 我這裡一時活埋"라고 하였다. [참고문헌]『禪苑蒙求』,『臨濟錄』(대정장47, p.505a16),『景德傳燈錄』권12(대정장51, p.299c19). ⇨의현 義玄❶

의혜 依慧 ➡증상혜 增上慧

의혜지 依慧地 혜에 의지하는 수행위. 보살십지(菩薩十地) 중 제4지·제5지·제6지를 말한다. 의사지(依捨地)라고도 한다.『유가론기』권24(대정장42, p.858c1·한불전14, p.904c11)에 "『섭대승론』에서 만약 십지를 사의에 배대하여 풀기를 초·2·3지를 의제지(依諦地)라고 하며, 제4·5·6지를 의혜지라 하고, 제7지와 제8지 두 단계를 사지(捨地)라고 하며, 제9·10지 두 지를 적정지(寂靜地)라 한다. 攝大乘論 唯約十地中配釋四依 初二三地 名依諦地 四五六地 名依慧地 七八二地 名捨地 九十二地 名寂靜地",『섭대승론석』권11(대정장31, p.230c17)에 "제4지에서 제6지까지를 의사지라고 한다. 제4지에서 도품을 닦고, 제5지에서 사제를 관하며, 제6지에서 십이연생을 관하는데, 모두 도에 의지하여 번뇌를 버리는 것이므로 의사지라고 한다. 四地至六地 名依捨地 四地修道品 五地觀四諦 六地觀十二緣生 並依道捨惑故 名依捨地"라고 하였다. [참고문헌]『瑜伽論記』,『攝大乘論釋』, *Mah-saṃ.74·80.* ⇨보살십지 菩薩十地, 보살계위 菩薩階位

의혜학 依慧學 Ⓢ adhiprajñaṃ śikṣā. 삼학(三學) 중 하나인 증상혜학(增上慧學)에 대한 진제(眞諦)의 한역어.『섭대승론석』권12(대정장31, p.238c22)에 "어떤 법을 의혜학이라 이름 하는가? 무분별지(無分別智)를 의혜학이라 한다. … 관에서 나온 뒤의 혜가 의혜학이 된다는 말은, 무분별지에 의지해 이 지혜를 성취하기에 의혜학이라 한다. 以何法名依慧學 無分別智 名依慧學 … 出觀智爲依慧學者 依無分別智成此智 名依慧學"라고 하였다. [참고문헌]『攝大乘論釋』. ⇨ 증상혜학 增上慧學, 삼학 三學[1], 혜학 慧學

의호 依怙 Ⓢ pratiśaraṇa, sānāthya, Ⓟ parāyana, Ⓣ rten-pa, mgon. 의지하여 믿음. 어린아이가 부모를 의지해 믿듯이 중생은 불보살을 믿어 의지한다.『중아함경』권16「비사경 蜱肆經」(대정장1, p.529a7)에 "(그 상인은) '이 어린아이는 의지해 믿을 이 없으니 내가 기르지 않는다면 분명 의심할 여지도 없이 죽을 것이다'라고 생각한 뒤 곧바로 안고 떠나 자신의 집으로 데리고 와 길렀다. 念曰 今此小兒 無所依怙 我不養者 必死無疑 便抱持去 還至本處 而養長之",『보살본생만론』권3(대정장3, p.339a1)에 "일체유정은 생사를 흘러 도니, 의지할 만한 것 자비로운 마음 그 이상은 없다. 一切有情 流轉生死 所可依怙 無越慈心",『대반야경』권172(대정장5, p.925a1)에 "세존이시여, 이와 같은 반야바라밀다는 능히 의지해 믿을 만하니 모든 법보를 베풀기 때문입니다. 世尊 如是般若波羅蜜多 能作依怙 施諸法寶故", 80권본『화엄경』권11(대정장10, p.57b16)에 "그대가 고통에 빠진 모든 중생을 위해 대비심을 일으켜 해탈로 이끈다면 모든 미혹한 이들이 믿고 의지하리니 이를 보살방편행이라 한다. 汝爲一切苦衆生 起大悲心令解脫 當作群迷所依怙 是名菩薩方便行",『주대승입능가경』권2(대정장39, p.449b8)에 "〈경〉세간이 의지해 믿을 만한 이란〈魏譯은 '諸如來世尊'이다〉, 깨우친 지혜의 행처이기에 외도가 알 수 없는 경계요 성문 또한 알지 못한다. 〈주〉의지해 믿을 분이란 여래이다. 世間依怙者 證智所行處 外道非境界 聲聞亦復然 依怙者 卽如來也",『일체경음의』권18(대정장54, p.422a8)에 "의호〈호는 호와 고를 반절한 음이다.『이아』에 '호는 믿는다이다'.『한시』에 '부친이 안 계시니 누구를 의지할까?'라고 하였는데, 호는 믿고 의지한다는 뜻이다〉. 依怙〈胡古反 爾雅 怙恃也 韓詩云 無父何怙 怙 恃賴也〉"라 하였다. [참고문헌]『中阿含經』,『菩薩本生鬘論』,『大般若經』,『華嚴經』,『注大乘入楞伽經』,『一切經音義』, *Bodh-bh.194.*, *Lal-v*, *Śikṣ.*

의호 義虎 뜻에 있어 호랑이. 삼장의 뜻을 잘 알아 뛰어난 이를 말한다.『석씨요람』권중(대정장54, p.293a14)에 "의호 : 고승 도광은 강동에서 의리를 궁구함에 뛰어나 의호라 불렸다. 義虎 高僧道光 在江東 硏窮義理 號義虎",『불조통기』권10「오은장 悟恩章」(대정장49, p.204a21)에 "강설할 때마다 가려 쪼개어 깊고 자세히 설하니 당대의 의호라 불렀다. 因講次覆述 剖析幽微 時稱義虎"라고 하였고,『대명고승전』권3(대정장50, p.909b2)에도 사장(士璋) 등을 세인들이 이렇게 부른 예가 적지 않다. [참고문헌]『釋氏要覽』,『佛祖統紀』,『大明高僧傳』,『釋氏稽古略』권4(대정장49, p.885b3).

의호음 意好音 뜻으로도 늘 아름다운 음성. 부처님 육십종성(六十種聲) 중 하나.『대보적경』권10(대정장11, p.55c26)·『화엄경소초』권51(대정장36, p.404b22)에서 시설하고 있다. [참고문헌]『大寶積經』,『華嚴經疏鈔』. ⇨ 육십종성 六十種聲

의혹 疑惑 Ⓢ śaṅkā, vickitsā, saṃdigdha-artha. 의심하고 미혹함. 머뭇거려(猶豫) 끊고 맺지(斷結) 못하는 마음이다.『잡아함경』권11(대정장2, p.75c28)에 "진실 그대로 알고 보아 마쳐서야 모든 의혹에서 벗어나고, 모든 의혹에서 벗어나서야 다른 그릇됨에 빠지지 않고 항상 안락하게 머문다. 如實知見已 離諸疑惑 離諸疑惑已 不由他誤 常安樂住",『법화경』권2(대정장9, p.12b5)에 "이들 유학무학인도 각자 아견과 유견·무견 등에서 벗어나 열반을 얻었다고 말하였지만 이제 세존 앞에서 들어보지 못한 법을 듣고서는 모두들 의혹에 떨어졌다. 是學無學人 亦各自以離我見 及有無見等 謂得涅槃 而今 於世尊前 聞所未聞 皆墮疑惑",『불소행찬』권1(대정장4, p.2b26)에 "마음이 기쁘므로 영원히 의혹에서 벗어났다. 以心歡喜故 永離於疑惑",『관정경』권10(대정장21, p.524a1)에 "상법시대의 중생은 대부분 갖가지 의혹으로 삿되고 전도된 견해를 믿고 진실하고 바른 것 알지 못한다. 像法衆生 多諸疑惑 信邪倒見 不識眞正",『무량의경』(대정장9, p.386a9)에 "우리들은 부처님께서 설하신 갖가지 법에 대하여 더 이상 의혹을 품지 않지만 모든 중생은 미혹한 마음이 일어나 거듭 여쭙는다. 我等於佛所說諸法 無復疑惑 而諸衆生 生迷惑心 故重諮問",『사리불아비담론』권18(대정장28, p.649b9)에 "무엇을 의혹이라 하는가? 둘 사이에서 마음이 머뭇거리며 능히 끊어 맺지 못함을 의혹이라 한다. 何謂疑惑 二心猶豫 不能斷結 是名疑惑",『십지경론』권1(대정장26, p.129c3)에 "설한 법을 알아듣는 법기를 만나지는 못하여, 들을수록 의혹만 더하기에 설하지 않았다. 이 하나의 법에 두 가지 잘못이 있다. 의심이란 바른 수행과 어긋나니 머뭇거리기 때문이며, 미혹은 마음이 뜻에 어두워 선법을 무너뜨리고 멀리 떠나기 때문이다. 於所說法中 不見法器 聞增疑惑 是故不說 於一法中 有二種過 疑者 正行相違 猶豫義故 惑者 心迷義故 能壞善法 遠離善法故",『법화문구기』권6상(대정장34, p.258a14)에 "오늘과 어제의 진실을 같고 다르게 나누지 못하는 것을 의혹이라 한다. 今昔眞實 同異不分 故云疑惑",『화엄경소』권39(대정장35, p.806a15)에 "단상의 두 길에 막혀 있기에 의혹이라 한다. 滯斷常之二塗 故云疑惑", 『섭대승론석』 권5(대정장31, p.347c16)에 "모든 법에 지혜로워 의혹이 없는 사람은 미래법에서도 미묘한 지혜로 공덕을 일으킬 것이다. 於諸法智 無有疑惑者 卽是當來法 生妙智功德", 『십팔공론』(대정장31, p.864a18)에 "의혹을 버린다는 말은, 혹된 사람의 마음은 여여를 듣고도 이 유인가 무인가 하며 머뭇거려 능히 맺고 끊지 못한다. 그루터기 보고 사람이 여기고 사람을 그루터기라 부르는 것과 같다. 부처님께서 분명히 가려서 인법 두 가지 이 아(我)는 결정적으로 없지만 인도 법도 없는 도리만은 결정적으로 있기에 공이다. 유무라는 양뜻이 있을 수밖에 없다. 이와 같은 도리로 의혹에 빠진 마음 능히 버린다. 除疑惑者 惑者之心 旣聞如如 是有是無 則生猶豫 不能決斷 謂如見杌謂人 呼人爲杌故 佛爲分判明 人法二我 決定是無 無人無法之道理 決定是有故空有無兩義存焉 如此道理 能除疑之心也"라고 하였다. [참고문헌] 『雜阿含經』, 『法華經』, 『佛所行讚』, 『灌頂經』, 『無量義經』, 『舍利弗阿毘曇論』, 『十地經論』, 『法華文句記』, 『華嚴經疏』, 『攝大乘論釋』, 『十八空論』.

의혹단 疑惑斷 의혹으로 끊어 없앰. 삼보(三寶)의 씨앗을 끊는 사단(四斷) 중 하나다. 『석마하연론』 권1(대정장32, p.596c17)에 "첫째는 의혹단이다. 유예하는 마음으로 인해 능히 결정하지 못하니 삼보종자를 끊는다. 一者 疑惑斷 由猶豫心不能決定 斷三寶種故"라고 하였다. [참고문헌] 『釋摩訶衍論』. ⇨ 사단 四斷 ❶

의화 義和 남송 때 화엄종 스님. 시호(諡號)는 원징법사(圓澄法師). 고려 의천(義天)이 입송(入宋)하였을 때 전한 화엄 관련 문헌들을 개판(開版)하여 입장(入藏)시키는 데 힘썼다. 1138년(소흥8)에 『원각경대소석의침 圓覺經大疏釋義針』, 1142년에 『화엄지귀 華嚴指歸』를 간행하고 1146년에 『화엄공목장 華嚴孔目章』을 인각했다. 1149년에 고려본 『법상화상전 法藏和尙傳』을 복각하였고, 고려로부터 지엄(智儼)의 『금강경약소 金剛經略疏』를 수입했다. 평강(平江 : 江蘇省 蘇州)의 능인사(能仁寺)에 주석하며 『정토전록 淨土傳錄』과 찬문 등을 열람하였고, 화엄원융염불(華嚴圓融念佛)의 법문을 펼쳤다. 1165년(건도1) 임안(臨安 : 浙江省 抗州) 혜인원(慧因院)에서 『화엄염불삼매무진등 華嚴念佛三昧無盡燈』 1권을 저술했는데, 현재는 서문만 전한다. [참고문헌] 『樂邦文類』 권2(대정장47, p.169c5), 『佛祖統紀』 권29(대정장49, p.294a19). ⇨ 화엄염불삼매무진등 華嚴念佛三昧無盡燈, 의천 義天 ❶

의회 義懷 993~1064. 북송 때 운문종(雲門宗) 선승(禪僧). 법호는 천의(天衣), 속성은 진(晉)씨. 낙청(樂清 : 浙江省) 출신. 어부 집안에 태어났다. 어려서 부친이 물고기를 잡아서 꿰라고 주면 몰래 강에 놓아주었다. 경사(京師)에 올라와 경덕사(景德寺)에서 동행(童行)하였고 천성년간(1023~1032)에 시경(試經)을 통해 득도(得度)했다. 금란선(金鑾善)과 섭현귀성(葉縣歸省)에게 인가 받았으나 뜻이 계합하지 않았다. 고소(姑蘇)로 가서 설두중현(雪竇重顯) 문하에서 물 긷고 나무하다 홀연하게 깨달았다. 이후 칠좌도량(七坐道場)에서 법을 펼쳤는데, 그 법을 이은 이가 매우 많았다. 고본(古本) 『운문록』을 산번보궐(刪繁補闕)하여 자구의 오류를 고치고 순서를 바로잡았다. 만년에 병이 들어 지양삼산(池陽杉山)의 암자에 머물렀는데 임평산(臨平山) 불일선원(佛日禪院)에 머물던 제자 지재(智才)가 시봉했다. 임종이 다가오자 지재를 불러 "붉은 해가 부상을 비추니 서늘한 구름이 화악을 덮었네. 삼경에 철위산을 지나고 여룡의 뿔을 짓눌러 꺾어버렸네. 紅日照扶桑 寒雲封華嶽 三更過鐵圍 拶折驪龍角"라는 임종게를 남기고 세수 72, 법랍 46세로 입적했다. 다비하여 불일선원의 동쪽에 탑을 세웠다. 숭녕년간(1102~1106)에 진종선사(振宗禪師)라는 시호를 받았다. 혜림종본(慧林宗本)·원통법수(圓通法秀)·장로응부(長蘆應夫)·천발중원(天鉢重元)·불일지재(佛日智才)와 무위거사(無爲居士) 양걸(楊傑) 등을 비롯한 많은 제자들이 그 법을 이었다. [참고문헌] 『續傳燈錄』 권6(대정장51, p.501b8), 『祖庭事苑』 권5(卍속장113, p.126a16), 『補續高僧傳』 권8(卍속장134, p.153b15).

의회 疑悔 의심하고 후회함. 『법화경』 권1(대정장9, p.5b22)에 "모든 삼승을 구하는 사람 중에 의심하여 후회하는 이 있다면, 부처님이라면 그것을 끊어내서 하나도 남김없이 하리라. 諸求三乘人 若有疑悔者 佛當爲除斷 令盡無有餘", 같은 책 권5(대정장9, p.41a21)에 "의심하고 후회할 일 없도록 하라. 부처님의 지혜는 생각하고 헤아릴 수 없다. 勿得有疑悔 佛智叵思議", 『법화경연의』(卍속장52, p.107b15)에 "의회라 하였으니, 의는 의혹을 말하고 회란 후회하여 슬퍼함이다. 言疑悔者 疑謂疑惑 悔卽悔恨", 『오분계본』(대정장22, p.197c28)에 "만일 어떤 비구가 고의로 다른 비구로 하여금 의혹과 회한을 일으켜 이러한 생각이 들도록 함으로써 그 비구가 잠시라도 괴롭다면 바일제이다. 若比丘 故令比丘 生疑悔作是念 令彼比丘 乃至少時惱 波逸提"라고 하였다. [참고문헌] 『法華經』, 『法華經演義』, 『五分戒本』.

의훈습 意熏習 의(意)에 있어서 기울여 익힘. 심의식(心意識) 중 제7 의식(意識) 분상에서 수행한다. 일심(一心) 중에 심생멸의 네 가지 법으로 훈습(四種熏習)한다. 망심훈습(妄心熏習)은 다시 분별사식훈습(分別事

識熏習)과 의훈습으로 나누는데, 의(意)에 있는 다섯 가지 식(業·轉·現·智·相續識)으로 발심수행하여 유심(唯心)의 길로 빠르게 드는 수행이다. 『대승기신론』(대정장32, p.578b15)에 "망심훈습 뜻에 두 가지가 있다. 무엇이 그 두 가지인가? … 둘째는 의훈습이니, 보살들이 발심하여 용맹하고 신속하게 열반으로 나아가기 때문이다. 妄心熏習 義有二種 云何爲二 … 二者 意熏習 謂諸菩薩 發心勇猛 速趣涅槃", 『대승기신론의소』 권하(대정장44, p.192c20)에 "의훈습이란, 보살들이 허망한 법을 보고서 탐하여 취하지 않으며, 진여법이 고요하고 안온하다는 것을 알아서 발심하여 용맹스럽게 대열반으로 나아가는 것을 말한다. 言意熏習者 謂諸菩薩 見虛妄法 無所貪取 知眞如法 寂靜安隱 發心勇猛 趣大涅槃", 『대승기신론의기』 권하(대정장44, p.271b22)에 "의훈습이라 하였으니 본에 나아가 말하면 업식이라 하지만, 다 거둬 논하자면 앞서 언급한 다섯 가지 의(意)의 뜻이다. 보살들이 일체법은 오직 식의 헤아림인 줄 알아서 저 사식의 외계분별을 버리고 유심을 깨우쳐 이치로 나아감을 빠르게 하니, 앞의 점차로 깨우침과는 다르기에 빠르게 열반을 향해 나아간다고 말하였다. 意熏習者 若就本而言 名爲業識 通而論之 卽前五種意也 以諸菩薩 知一切法 唯是識量 捨彼事識外計分別 旣了唯心 趣理速疾 異前漸悟 故云 乃至速趣涅槃也"라고 하였다. [참고문헌] 『大乘起信論』, 『大乘起信論義疏』, 『大乘起信論義記』. ⇨ 업식훈습 業識熏習, 망심훈습 妄心熏習, 사훈습 四熏習, 분별사식훈습 分別事識熏習, 오의 五義 ❶

의휘 義輝 하남성(河南省) 낙양(洛陽) 출신. 인도에 간 구법승으로 『섭대승론』·『구사론』 등에 정통하였다. 범본을 구하여 북인도를 넘어 귀국하던 길에 현재 말레이(Malay)반도에 해당하는 랑가수국(郞迦戍國)에서 30여 세의 나이에 병으로 입적하였다. [참고문헌] 『大唐西域求法高僧傳』 권상(대정장51, p.5a5).

의흥 義興 당(唐)대 스님 도량(道亮 569~645)의 호. [참고문헌] 『唐高僧傳』 권22(대정장50, p.619b2). ⇨ 도량 道亮 ❷

의희 依稀 어렴풋한 모양 '~인 듯 아닌 듯하다'. 의희(依希·依俙·依悕)라고도 쓰며, 방불(髣髴)과 통한다. 『송고승전』 권7 「오은전 晤恩傳」(대정장50, p.752a11)에 "점점 시간이 지나고 점차 멀어지더니 서쪽으로 가는 듯하였다. 漸久漸遠 依稀西去", 『연등회요』 권21 「투자대동장 投子大同章」(卍속장136, p.776b4)에 "학인이 투자에게 물었다. '반달인 듯도 하고 아닌 듯도 하며 삼성인 듯도 하고 아닌 듯도 하여 하늘과 땅 그 어디서도 거두지 못하거늘 스님은 어디서 밝히시겠습니까?' '무슨 말을 하느냐?' '스님을 떠올리면 고요한 물의 잔잔한 물결은 있지만 하늘까지 넘치는 거센 파도는 없습니다' '쓸모없는 말이다!' 僧問 依稀似半月 彷彿若三星 乾坤收不得 師於何處明 師云 道甚麽 云 想師只有湛水之波 且無滔天之浪 師云 閑言語", 『허당록』 권1(대정장47, p.985c8)에 "창 너머로 달리는 말을 보는 일은 진실로 가능하지만 납승들은 검은 옷을 입고 검은 기둥을 안아 보호할지언정 결코 누구에게도 말하지 않는다. 소나무는 구불구불한 듯하고, 바위는 얼룩덜룩한 듯하다. 隔窓看馬騎 故有之 衲僧家 著黑衣護黑柱 終不向爾道 依悕松屈曲 髣髴石斕斑"라고 하였다. [참고문헌] 『宋高僧傳』, 『聯燈會要』, 『虛堂錄』.

의희 意喜 ➡ 마나타 摩那埵

의희월국방불양주 依稀越國髣髴揚州 월나라인 듯도 하고 양주를 닮은 듯도 하다는 말. 어떤 모습(相)에 어떤 이름(名)이라 할지라도 정한 법 없는(無有定法) 뜻에서는 견고히 머물 수 없어(應無所住) 그럴듯함 벗어나기 어렵다는 뜻이다. 『허당집』 97칙 「평창 評唱」(卍속장124, p.614a4)에 "'배 가득 덧없이 달빛을 실어 놓고, 어부는 갈대꽃 사이에서 잠이 들었다'고 하니, 안타깝다! 황금 잉어 낚지 못하고 공연히 헛되게 애써 마음 썼구나. 어찌 면할 수 있으랴. 나 단하 참으로 밝은 곳 향해 있어 드러내지 못하는 곳을. '월나라인 듯도 하고 양주인 듯도 하구나'라고 대답하지 않을 수 있겠는가! 滿船空載月 漁父宿蘆花 可惜不遇金鱗 空使虛勞心力 寧免丹霞向正明不露處 依稀越國彷彿揚州", 『오등전서』 권54 「보림무기장 寶林無機章」(卍속장141, p.178b17)에 "갈대꽃 붉은 여뀌 마주하고 나뭇잎 떨어진 산 뼈대 드러낸다. 양주인 듯, 월국인 듯하구나. 蘆花對蓼紅 木落山露骨 彷彿揚州依稀越國", 『속등정통』 권4 「곽암사원장 廓庵師遠章」(卍속장144, p.542a1)에 "약산의 욕불공안을 들고 잡아 이르길 '그 학인이 묻는 당처 월국인 듯, 양주인 듯하다. 약산이 답하기를 눈은 유성인 듯 빠르고 그 기틀 번개 잡듯 한다. 가져오라 둘 다 알지 못했다'. 擧 藥山浴佛公案 拈云 者僧問處 依稀越國髣髴揚州 藥山答來 眼似流星 機如掣電 點檢將來 二俱不了"라고 하였다. [참고문헌] 『虛堂集』, 『五燈全書』, 『續燈正統』. ⇨ 의희 依稀

이 伊 ❶ 실담자 𑖂(i). 실담 십이운(十二韻) 또는 오십자문(五十字門) 중 하나. 억(億)·액(縊)·익(益)·일(壹) 등이라고도 한다. 『금강정경석자모품』(대정장18, p.338b21)에 "𑖂(i) 이〈상성〉자문은 일체법의 근은 얻을 수 없다는 뜻이다. 𑖂(i) 伊〈上〉字門 一切法根 不可得故", 『문수문자모품』(대정장14, p.509b14)에 "이

〈상성〉자를 부르면 모든 근에서 넓게 퍼지는 소리가 울린다. 稱伊〈上〉字時 是諸根廣博聲", 『방광대장엄경』 권4(대정장3, p.559c15)에 "이 자를 소리내면 모든 근에 본래 있는 넓고 크게 울린다. 唱伊字時 出諸根本廣大聲", 『불본행집경』 권11(대정장3, p.704a20)에 "이 자를 소리내면 모든 근의 크고 작은 문들이 닫힌 듯 소리를 낸다. 唱伊字時 一切諸根 門戶閉塞 出如是聲", 『문수사리문경』 권상(대정장14, p.498c1)에 "모든 근의 소리를 큰 소리라 한다. 저 안근을 큰 소리라 하고, 이근에서 의근까지도 큰 소리라 한다. 이것을 이자를 말하는 것으로서 이 이름이 큰 소리다. 諸根聲者 謂大聲 如眼根名大聲 耳根乃至意根名大聲 此謂伊字 是名大聲"라고 하였다. 이 이(i)자로 시작하는 범어 인드리얌(Ⓢ indriyam)의 첫 글자로 인질리담(因姪利炎)이라 음사하고 근(根)이라 번역하였고, 40권본 『대반열반경』 권8(대정장12, p.654a14)에서는 "단음 이자는 바로 부처님 법이다. 범행이 광대하고 티없이 청정하니 마치 저 보름달과 같다. 短伊者 卽是佛法 梵行廣大 淸淨無垢 譬如滿月"라고 하였는데, 이는 구분교(九分敎) 중 본사(本事)를 일컫는 이제왈다가(伊帝曰多伽 Ⓢ iti-vṛttaka)의 머리글자이기도 하다. [참고문헌] 『金剛頂經釋字母品』, 『文殊問字母品』, 『方廣大莊嚴經』, 『佛本行集經』, 『文殊師利問經』, 『大般涅槃經』. ⇨ 실담십이운 悉曇十二韻, 오십자문 五十字門, 실담 悉曇 ❷ 실담자 𑖂(ī). 실담 십이운(十二韻) 또는 오십자문(五十字門) 중 하나. 액(縊)·예(翳)라고도 한다. 『금강정경석자모품』(대정장18, p.338b22)에 "𑖂(ī) 이〈장음. 거성〉자문은 모든 법의 재화이니 끝내 다 알 수 없다는 뜻이다. 𑖂(ī) 伊〈引去〉字門 一切法災禍 不可得故", 『문수문자모품』(대정장14, p.509b15)에 "이〈장음. 거성〉 자가 불리운다는 것은 세간의 재해를 알리는 소리다. 稱伊〈引去〉字時 是世間災害聲", 『방광대장엄경』 권4(대정장3, p.559c16)에 "이 자를 소리내면 모든 세간의 갖가지 앓는 소리가 나온다. 唱伊字時 出一切世間 衆多病聲"라고 하였다. 이 이(ī)자는 범어 이티(Ⓢ īti)의 첫 글자로 한역어는 재화(災禍)·질병(疾病) 등이다. 그래서 『문수사리문경』 권상(대정장14, p.498a10)에 "단음 이(i) 자를 말하면 모든 근의 소리가 나고, 장음 이(ī) 자를 말하면 질병을 알리는 소리를 낸다. 說伊字 出諸根聲 說長伊字 出疾疫聲"라고 하였다. 이와는 달리 40권본 『대반열반경』 권8(대정장12, p.413b3)에서는 두 가지로 다르게 풀고 있으니, 곧 "또한 이자는 능히 중생을 위해 자재하는 설법이다. 또한 이자가 자재인 뜻은 어떤 것들인가? 방등경전을 닦고 익힌다는 말이다. 또한 이자는 질투를 끊는다는 뜻으로 마치 돌피를 뽑아낸다는 말과 같으니 그 모든 것을 길상으로 바꾸기에 이라 한다. 又復伊者 能爲衆生 自在說法 復次伊者 爲自在故 說何等是也 所謂修習方等經典 復次伊者 爲斷嫉妬 如除稗穢 皆悉能令 變成吉祥 是故名伊"라고 하였다. 이렇듯 장음 이(ī)를 머릿자로 하는 단어들의 뜻으로 풀었으니, 자재라는 뜻은 이사(伊沙)라 음사하는 범어 이샤(Ⓢ īśa)에서 유래했고, 이습부라(伊濕嚩囉)라 음사하는 자재천(自在天)은 범어 이슈바라(Ⓢ īśvara)에서 유래하였으며, 또한 질투라는 말은 이리사(伊利沙)라 음사하고 범어 이르쉬야(Ⓢ īrṣyā)에서 유래하였다. [참고문헌] 『金剛頂經釋字母品』, 『文殊問字母品』, 『方廣大莊嚴經』, 『文殊師利問經』, 『大般涅槃經』. ⇨ 실담십이운 悉曇十二韻, 오십자문 五十字門, 실담 悉曇 ❸ 삼인칭 대명사. 그. 그 사람. 타(他)·거(渠) 등과 통한다. 『조당집』 권8 「운거장 雲居章」(고려장45, p.283c14)에 "'대업을 쌓은 사람은 어째서 염라천자마저 찾지 못하는지요?' '그는 몸 숨기는 법을 알기 때문이다'. 問大業底人 爲什麼 閻羅天子覓不得 師云 是伊解藏身", 『경덕전등록』 권13 「혜청전 慧淸傳」(대정장51, p.302a1)에 "'기왕에 도량에 앉아 수행하였는데 어째서 불도를 이루지 못했을까요?' '그분(대통지승불)은 굳이 부처가 되려 하지 않았다'. 僧曰 旣是坐道場 爲什麽 不得成佛道 師曰 爲伊不成佛"라고 하였다. [참고문헌] 『祖堂集』, 『景德傳燈錄』.

이 耳 Ⓢ śravaṇa, śrotra, karṇa, Ⓟ savana, sota, Ⓣ snyan, rna-ba. 귀. 외진(外塵)인 소리(聲)를 반연하는 이근(耳根)을 말한다. 『금칠십론』 권상(대정장54, p.1246a15)에 "귀는 소리에 대하여 알음알이 일으키고 이렇게 코는 냄새를 만나지만 오직 알아차릴 뿐 제대로 아는 것이 아니다. 이를 두고 증량(證量)이라고 한다. 耳於聲生解 乃至鼻於香生解 唯解不能知 是名爲證量"라고 하였다. [참고문헌] 『金七十論』, *Abh-k-bh.16.*, *Māṭ-v.8.*, *Bodh-bh.48.*, *DN.1.70.* ⇨ 이근 耳根

이 利 ❶ Ⓢ Ⓟ lābha, Ⓣ rnyed-pa. 이로운 것. 세간팔법(世間八法) 중 하나이기도 하다. 『증일아함경』 권39(대정장2, p.764b14)에 "이때 세존께서 비구들에게 말씀하셨다. '세간에 팔법이 있어서 세간을 따라 돌고 돈다. 그 여덟 가지란 무엇인가? 첫째는 이익이고, 둘째는 손실이며, 셋째는 비방이고, 넷째는 명예이며, 다섯째는 칭송이고, 여섯째는 비난이며, 일곱째는 괴로움이고, 여덟째는 즐거움이다. 비구들이여! 이 팔법이 있어서 세간을 따라 돌고 돈다고 말한다. 비구들이여! 방편을 구하여 이 팔법을 버려야 한다. 비구들이여! 마땅히 이렇게 배워야 한다. 爾時 世尊 告諸比丘 有世八法 隨世迴轉 云何爲八 一者 利 二者 衰 三者 毁 四者 譽 五者 稱 六者 譏 七者 苦 八者 樂 是謂 比丘 有此八法 隨世迴轉 諸比丘 當求方便 除此八法 如是 諸比丘 當作是學"라고 하였다. [참고문헌] 『增壹阿含經』, *Mvyut.173.*,

AN.4.157. ⇨ 세간팔법 世間八法 ❷ Ⓢ hita, anugraha, artha, Ⓟ attha-cariyā, Ⓣ phan-pa, phan-'dogs, don-byed. 이롭게 함. 사섭법(四攝法)의 이행(利行)을 말한다. 『중아함경』 권9 「수장자경 手長者經」(대정장1, p.482c13)에 "그때 수장자가 말했다. '세존이시여! 세존께서 설하신 대로 네 가지로 거두는 일 말씀드리겠습니다. 첫째는 은혜를 베풀고, 둘째는 따뜻한 말이며, 셋째는 이롭게 하는 것이고, 넷째는 함께 이롭게 함입니다. 세존이시여! 저는 이렇게 대중을 거두니, 때론 베풀고 때론 따뜻하게 말하며 때론 이롭게 하고 때론 모두 이롭게 합니다'. 彼時 手長者白曰 世尊 謂 有四事攝 如世尊說 一者 惠施 二者 愛言 三者 以利 四者 等利 世尊 我以此攝於大衆 或以惠施 或以愛言 或以利 或以等利" 라고 하였다. [참고문헌] 『中阿含經』, 『菩提行經』 권1(대정장32, p.544b13), *Abh-k-bh.1.*, *Madhy-vibh.64.*, *Sūtr.89.*, *AN.4.219.* ⇨ 이행 利行, 사섭법 四攝法 ❸ Ⓟ āmisa-hetu. 금전적・물질적 이익. 『오분비구니계본』(대정장22, p.209a23)에 "만일 비구니가 각종 판매로 이익을 구한다면 니살기바일제다. 若比丘尼 種種販賣求利 尼薩耆波逸提"라고 하였다. [참고문헌] 『五分比丘尼戒本』, *Vin.4.58.* ⇨ 니살기바일제 尼薩耆波逸提

이 咿 니(聻)와 같은 말. 이(咿・嚗)라고도 읽는다. [참고문헌] 『頌古聯珠通集』 권11(卍속장115, p.127a17), 『宗鑑法林』 권11(卍속장116, p.166a5), 『禪林類聚』 권10(卍속장117, p.128a9). ⇨ 니 聻 ❶❷

이 咦 어떤 말로도 다 드러낼 수 없을 때의 감탄조의 말. 선어록(禪語錄)에 많이 등장한다. 『여정어록』 권하 「종태상좌하화 宗太上座下火」(대정장48, p.132a11)에 "마음의 대지 열어 통하니 큰 허공 빈틈없이 비추네. 비추는 그 끝에서 문득 잊고 죽고 나는 일 웃으며 말하네. 이! 어미 품었던 냄새 쩌든 적삼일랑 태워버리고, 이마에 손을 긋고 신라매 찾아 이마 쫓던 일일랑 간절히 그만두길. 心地開通 太虛齋照 照極忽忘 死生談笑 咦 燒却娘生鶻臭衫 切忌斫額新羅鷂", 『식주설누송고』 권1(卍속장117, p.510b13)에 "장경과 육긍대부를 그리워한다하니, '웃어야지 울어서는 안 된다'라고 말할 줄 알았다네〈그대가 만일 그 일에 얽혀 있었더라면, 손뼉치고 크게 웃어야 했으리〉. 이!〈이 외마디 웃음소리, 상인가 벌인가? 사인가 이인가? 눈을 붙이고 보라!〉 因思長慶陸大夫 解道合笑不合哭〈你若只在事上 正好拍手大笑〉 咦〈此之一笑 是賞是罰 是事是理 請着眼看〉", 『설두어록』 권4(대정장47, p.693b27)에 "언젠가 '동정호의 물을 한 입에 들이켜 깨끗해지면 물고기와 자라는 어디에 몸을 숨길까?'라 하니 대신하여 '이!'라 하고, 다시 말했다. '할 아래 알아차렸다면 애주만리일 것이고, 방 끝에서 깨우쳤다면 따로 법조문 있을 터이다. 도대체 무엇이 납승의 본분일까? 대신 이르길 '악!' 或云 洞庭湖水 一吸淨盡 魚鼈向甚處藏身 代云 咦 又云 喝下承當 崖州萬里 棒頭薦得 別有條章 作麽生是衲僧本分 代云 惡", 『선림보훈염송』 「서문 序文」(卍속장113, p.422a4)에 "본래부터 씻고 씻어 남김없이 떨어졌거늘 어찌 끌어 얽힘 이와 같을까? 이! 세간에서 가장 수습하기 어려운 일 있다면 벗에게 맡기고 받는 일 만한 것 있을까? 우러러도 하늘 볼 수 없고, 굽어도 땅 보이지 않는다. 從來洒洒落落 奚必拘繫之若是 咦 世間最難收拾 莫如付受侶儔 仰面罔見天 低頭罔見地", 『감산집』 권35 「우달마대사찬 又達摩大師贊」(卍속장127, p.716b17)에 "비록 곧바로 가리켜 마음만 전한다고 하지만, 마침내는 문 앞에서 돌아간다. 후손들이 지금껏 퍼뜨리지만 가문의 재물을 어지럽힌 잘못이 적지 않다. 이! 동풍 불어 가지 끝에 봄을 열더니, 꽃 떨어져 가득한 땅 쓰는 이 없네. 雖云直指單傳 畢竟門前之遶 兒孫至今播揚 狼籍家私不少 咦 東風歙破樹頭春 落花滿地無人埽"라고 하였다. [참고문헌] 『如淨語錄』, 『直註雪竇頌古』, 『雪竇語錄』, 『禪林寶訓拈頌』, 『憨山集』.

이 理 ❶ Ⓢ yoga, yukti, Ⓣ sbyor-ba, rigs-pa. 이치. 뜻에 있어 마땅함. 『불지경론』 권1(대정장26, p.295b27)에 "사유로 성취한 혜를 크나큰 혜라고 한다. 이에 의지해 곰곰이 생각하고 진위를 결정할 수 있기 때문이다. 思所成慧 名爲大慧 依理審思 得決定故", 『구사론』 권26(대정장29, p.137a10 : *Abh-k-bh.*, p.400)에 "집성제에 네 상이 있다. 첫째 인(因), 둘째 집(集), 셋째 생(生), 넷째 연(緣)이다. 종자의 이치와 같기에 인이라고 하며, 가지런히 드러나는 이치로 집이라고 하며, 상속하는 이치로 생이라고 하며, 성취해 마치는 뜻으로 연이라고 한다. 마치 저 진흙덩이와 윤대와 물 등의 뭇 연들이 화합해야 항아리 등이 끝내 성취되는 것과 같다. 集聖諦有四相 一 因 二 集 三 生 四 緣 如種理故因 等現理故集 相續理故生 成辦理故緣 譬如 泥團輪繩水等 衆緣和合 成辦瓶等 hetur bījadharmayogena. samudayaḥ prādurbhāvahogena. prabhavaḥ prabandhayogena. abhiniṣpādanārthena pratyayaḥ. tadyathā mṛtpiṇḍadaṇḍacakrasūtrodakasamavāyāt ghaṭābhiniṣpattir bhavati tadvad iti", 『섭대승론석』 권1(대정장31, p.157b12)에 "풀어 이르길 앞에서 아비달마의 게송을 이끌어 증거로 삼았는데, 여기서는 다시 경의 게송을 불러들여 증거로 삼았다. 아비달마는 이론이 뛰어나고 경은 가르침이 뛰어나지만, 가르침에는 반드시 이가 있기 마련이고 이는 반드시 가르침을 따른다. 釋曰 前引阿毘達磨偈爲證 此中更引經偈爲證 阿毘達磨 以理爲勝 經 以教爲勝 教必有理 理必順教"라고 하였다. [참고문헌] 『佛地經論』, 『俱舍論』, 『攝大乘論釋』, 『俱舍論記』

권26(대정장41, p.392b22), *Abh-k-bh.*, *Bodh-bh.199.* **2** 세계를 드러나게 하는 바탕. 드러난 세계(事)와 걸림없이 어울리지만 보이지 않는다. 『주화엄경제법계관문송』 권하(대정장45, p.701a11)에 "제2이사무애관 : '산 높아도 구름 펴고 접는 것 방해하지 않고, 하늘 고요하다 하여 어찌 학의 왕래 막겠는가!' 뜻으로 말하길 '이(理)란 앞서 말한 진공불변의 이이며, 사(事)란 이 문에서 연을 따라 성취한 일들이다. 앞의 문에서는 단지 분별을 가려내어 이치를 드러냈는데, 마치 금이 광석에서 나왔지만 아직 그릇으로 쓰이지는 못하는 것과 같다. 이제는 참된 이치만이 연을 따라 저 일들을 성취함을 밝혀 본다. 理事無礙觀第二 山高不礙雲舒卷 天靜何妨鶴往來 義曰 理者 是前眞空不變理 事者 此門隨緣成底事也 然前門但是揀情顯理 如金出礦未爲器用 今明眞理隨緣成其事耳", 『목련오백문경약해』 권하(卍속장71, p.212a16)에 "반드시 먼저 드러난 모습에 통달한 후 이성을 밝힌다. 이에 의거하여 세계가 드러나므로 현상을 거두어 이로 돌아감으로써 이와 사가 너나 없이 어울려 비로소 정지라 이름한다. 必須先通事相 後明理性 依理顯事 攝事歸理 理事雙融 始名正智"라고 하였다. [참고문헌] 『華嚴經疏鈔』, 『註華嚴經題法界觀門頌』, 『目連五百問經略解』. ⇨사리 事理, 사 事

이 異 **1** Ⓢ anyathā-bhāva, jarā, vikāra. 다르게 되다. 유위사상(有爲四相 : 生住異滅) 중 하나인 '이'를 말한다. 『구사론』 권5(대정장29, p.27a14)에 "이 네 가지가 유위상이니, 법에 이 사상이 있으면 유위이고, 이것과 서로 어긋나면 무위법이다. 모든 법에 있어서 능히 일어나는 것이 생이고, 힘껏 눌러앉으니 주(住)라고 하며, 어쩔 수 없이 사그러드는 것을 이름하여 '이'라 하고, 막을 수 없어 무너지는 것을 멸(滅)이라고 한다. 由此四種 是有爲相 法若有此 應是有爲 與此相違 是無爲法 此於諸法 能起名生 能安名住 能衰名異 能壞名滅"라고 하였다. [참고문헌] 『俱舍論』, 『釋摩訶衍論』 권3(대정장32, p.616b25), *Abh-k-bh.75.* ⇨사상 四相[1], 생주이멸 生住異滅 **2** Ⓢ viśeṣa. 바이셰쉬카(Ⓢ Vaiśeṣika : 勝論)에서 말하는 십구의(十句義) 중 이구의(異句義). 『구사론기』 권5(대정장41, p.94c2)에 "후대의 혜월논사가 세운 십구의의 뜻은 『십구의론』 중에서 말한 것과 같다. … 다섯째는 '이'를 풀어 말한다. 오직 실에만 있어 실을 구별해 다르게 한다. 後代慧月論師 立十句義 如十句義論中立 … 五 異 解云 唯在實上 令實別異"라고 하였다. [참고문헌] 『俱舍論記』, 『十句義論』(대정장54, p.1262c17). ⇨십구의 十句義 **3** Ⓢ anya, nānatva. 다르다. 구별되다. 『잡아함경』 권14(대정장2, p.94a19)에 "그대 이 뜻 굳게 가져 '이것은 진실이고 나머지는 어리석은 것이다'라고 하는 주장은 내가 받아들일 수 없다. 그 까닭은 무엇인가? 내가 설하는 고락 일어남은 이것과 다르다. 汝能堅執持此義 言是眞實 餘則愚者 我所不許 所以者何 我說苦樂所起 異於此", 『불본행집경』 권3(대정장3, p.664a20)에 "거리의 양쪽에 다 가게가 있어 사고파는 거래가 잠시도 쉬지 않으니 마치 북방 비사문성과 같아 이름이 아라가라이고, 동서남북이 한결같아 다름이 없었다. 街巷兩邊 皆安店肆 去來市買 無暫時停 猶如北方毘沙門城 名阿羅迦 東西南北 等無有異", 『성유식론』 권1(대정장31, p.1b23)에 "집착하는 아(我)는 일체유정에게 있어 같은가 다른가? 같다고 한다면, 한 사람이 업을 지을 때 모든 이가 업을 지어야 하고, 한 사람이 과보를 받을 때 모두가 과를 받아야 하며, 한 사람이 해탈을 증득할 때 모든 사람이 해탈해야 하니, 곧 커다란 오류다. 다르다고 한다면, 모든 유정의 '아'가 다시 서로 섞여 동시에 두루 모든 곳에 있어야 하기에 체마저 마땅히 서로 뒤섞인다. 所執我 一切有情 爲同爲異 若言同者 一作業時 一切應作 一受果時 一切應受 一得解脫時 一切應解脫 便成大過 若言異者 諸有情我 更相遍故 體應相雜"라고 하였다. [참고문헌] 『雜阿含經』, 『佛本行集經』, 『成唯識論』, *Abh-k-bh.6*, *Yogā-bh.140.*

이 爾 **1** 너. 그대. 여(汝)·니(你) 등과 같은 의미이다. 『경덕전등록』 권27(대정장51, p.435c19)에 "지장이 물었다. '너는 평소에 어떤 업을 닦았느냐?' '『법화경』을 염송했습니다'. 地藏問 是爾平生修何業 僧曰 念法華經"라고 하였다. [참고문헌] 『景德傳燈錄』. **2** 지시 대명사. 저. 그. 이시(爾時)라 하면 그때, 이일(爾日)이라 하면 그날, 이래(爾來)라 하면 '그 이래'라는 뜻이다. 『장아함경』 권1 「대본경 大本經」(대정장1, p.1b22)에 "그때 세존께서 고요한 곳에 계셨다. 爾時 世尊在閑靜處"라고 하였다. [참고문헌] 『長阿含經』. **3** 그와 같다. 여차(如此)와 동일하다. 『경덕전등록』 권3 「보리달마전 菩提達磨傳」(대정장51, p.218a7)에 "공이 공이라는 이치도 이미 공이니 모든 법도 그와 같다. 空空已空 諸法亦爾"라고 하였다. [참고문헌] 『景德傳燈錄』.

이 儞 너. 그대. 이(爾)·니(你)·여(汝) 등과 통한다. 『임제록』(대정장47, p.499a1)에 "그대 한 찰나의 마음이면 스스로 속박을 풀 수 있으니 가는 곳마다 해탈이다. 儞一念心 自能解縛 隨處解脫", 『원오어록』 권1(대정장47, p.714c8)에 "'무엇이 도 중에 지극한 보배인가요?' '그대가 업식을 벗어던지고 올 때 기다려 그대 향해 대답하리'. 問 如何是道中至寶 師云 待儞脫却業識來向儞道"라고 하였다. [참고문헌] 『臨濟錄』, 『圜悟語錄』.

이 嚹 ➡이 咿, 니 聻[1][2]

이 羸 ❶Ⓢ daurbalya, Ⓟ dubbalya. 허약. 무능. 힘이 약하다는 말. 『오분계본』(대정장22, p.200c20)에 "만약 비구가 화합승중에서 구족계를 받고서 환계하지 않고 계가 훼손됨에도 드러내지 않고 음행을 하되 축생과 함께 한다면 이 비구는 바라이죄를 범하였으니 승단에 함께 머물 수 없다. 若比丘 於和合僧中 受具足戒 不還戒 戒羸不出想 行婬法 乃至共畜生 是比丘 犯波羅夷罪 不應共事"라고 하였다. [참고문헌] 『五分戒本』, *Vin.4.241.* ❷Ⓟ abala. 파리해짐. 몸이 수척하거나 병이 들었다는 말. 『장아함경』 권1 「대본경 大本經」(대정장1, p.6a29)에 "지팡이를 짚고서 힘없이 걸으면서 숨을 헐떡이며 갔다. 拄杖羸步 喘息而行", 『의족경』 권상(대정장4, p.175c8)에 "집안의 어르신 쇠잔한 노년이시라 어머니 은혜에 보답하고자 금전 천 냥을 드리고 스스로 생활할 수 있게 하였다. 家母大王 身羸老年 念欲報母 與金錢千 令得自供"라고 하였다. [참고문헌] 『長阿含經』, 『義足經』, *Sn.151.*

이 離 ❶Ⓢ apakarṣaṇa, parivarjana, tiraskṛta, varjita, virati, Ⓟ veramaṇi. 여의다. 떠나거나 버리다. 『불지경론』 권1(대정장26, p.291b11)에 "불지경이란 일체지와 일체종지를 갖추고, 번뇌장과 소지장을 여의고는 일체법과 일체종상을 능히 스스로 열고 깨우친다. 또한 능히 일체유정을 열어 깨우치니 마치 꿈속에서 깬 듯 저 연꽃이 피듯 하니 그 이름이 불지다. 佛地經者 具一切智 一切種智 離煩惱障 及所知障 於一切法 一切種相 能自開覺 亦能開覺 一切有情 如睡夢覺 如蓮花開 故名爲佛地", 『장아함경』 권2 「유행경 遊行經」(대정장1, p.13a7)에 "계정혜와 위없는 해탈은 오직 부처님만이 능히 분별하시어 괴로움을 여의고 중생을 교화하여 생사의 습기 끊게 하시네. 戒定慧解上 唯佛能分別 離苦而化彼 令斷生死習"라고 하였다. [참고문헌] 『佛地經論』, 『長阿含經』, *Abh-k-bh.200.*, *Madhy-vibh.70.*, *MN.3.74.* ❷Ⓢ niḥsāra, Ⓣ ṅes par ḥbyuṅ ba. 떠나다. 번뇌도 생사마저도 여읜 열반. 『구사론』 권1(대정장29, p.2a17 : *Abh-k-bh.*, p.5)에 "이란 영원히 여읜 것을 말한다. 곧 열반이다. 일체유위법에는 저런 떠남이 있기 때문이다. 離謂永離 卽是涅槃 一切有爲 有彼離故 niḥsaraṇaṃ niḥsāraḥ, sarvasya saṃskṛtasya nirvāṇam. tad eṣām astīti saniḥsārāḥ"라고 하였다. [참고문헌] 『俱舍論』, 『俱舍論記』 권1(대정장41, p.14c10), *Abh-k-bh.* ❸Ⓢ niḥsāraṇa. 멸성제(滅聖諦)의 사상(四相) 중 하나. 재난에서 벗어남을 가리킨다. 『구사론』 권26(대정장29, p.137a13 : *Abh-k-bh.*, p.400)에 "멸성제에는 네 가지 행상이 있으니, 첫째 멸, 둘째 정, 셋째 묘, 넷째 이이다. 모든 온이 다하였기에 멸이고, 세 가지 불이 꺼졌기에 정이며, 온갖 근심이 없기에 묘이고, 뭇 재난에서 벗어나기에 '이'다. 滅聖諦有四相 一 滅 二 靜 三 妙 四 離 諸蘊盡故滅 三火息故靜 無衆患故妙 脫衆災故離 skandhoparamatvāt nirodhaḥ. agninirvāṣaṇāt śāntaḥ. nirūpadravatvāt praṇītaḥ. sarvāpakṣālavimuktatvān niḥsaraṇam iti"라고 하였다. [참고문헌] 『俱舍論』, 『順正理論』 권74(대정장29, p.741a10), *Abh-k-bh.* ❹Ⓢ vibāga. 바이셰쉬카(Ⓢ Vaiśeṣika : 勝論)의 이십사덕(二十四德) 중 하나. 분리된 것. 『십구의론』(대정장54, p.1263a27)에 "'이'란 무엇인가? 둘이 함께 와 있다가 떨어진 것을 '이'라고 한다. 세 가지가 있으니, 첫째 수일업생, 둘째 구업생, 셋째 이생이다. 離云何 謂從二至不至名離 此有三種 一 隨一業生 二 俱業生 三 離生"라고 하였다. [참고문헌] 『十句義論』. ⇨ 이십사덕 二十四德

이가 二加 두 가지 가피(加被) 또는 가호(加護). 삼업으로 드러나게 하는 가피(顯加)와 그윽이 행하여 알 수 없게 행하는 가피(冥加). 『화엄경소』 권1(대정장35, p.506c21)에 "가피에는 두 가지가 있다. 첫째는 현가로 삼업을 모두 갖춘다. 둘째는 명가로 오직 지혜만을 주어 설하도록 한다. 보광법계에는 현가는 없고 명가만 있으며, 그 나머지 법계는 모두 두 가지를 다 갖춘다. 현가에는 반드시 명가가 들어 있기 때문이다. 加有二種 一者 顯加 具於三業 二者 冥加 但與智令說 普光法界 無顯有冥 餘皆具二 顯必有冥故", 『기신론소필삭기』 권2(대정장44, p.305a8)에 "가피에는 두 가지가 있다. 첫째는 현가이니 몸을 나타내어 설법하시는 것을 말한다. 둘째는 명가로 단지 그윽이 지혜를 더해 주는 것을 말한다. 加有二種 一 顯加 謂現身說法 二 冥加 但闇增智慧"라고 하였다. [참고문헌] 『華嚴經疏』, 『起信論疏筆削記』, 『金剛經纂要刊定記』 권1(대정장33, p.179a25). ⇨ 현가 顯加, 명가 冥加, 가피 加被

이가 二假 두 가지 가(假). 규기(窺基)와 연수(延壽)가 설하는 무체수정가(無體隨情假)와 유체시설가(有體施設假)를 일컫는다. 첫째 무체수정가는 범부중생이 실체가 없는 법(法)과 아(我)를 망정(妄情)에 미혹되어 실체가 있다고 집착하는 것이니, 변계소집(遍計所執)의 '가'이고, 둘째 유체시설가는 인연소생(因緣所生)의 '법'과 '아'에 대해 임시로 이름을 건립하는 것이니, 의타기(依他起)의 '가'이다. 그 밖에 송대(宋代)의 지례(知禮)도 생사가(生死假 : 妄假)와 건립가(建立假 : 施設假)를 말하기도 하는데, 규기와 연수가 설하는 두 가지 '가'의 뜻과 다르지 않다. '가'는 무실체(無實體) 또는 방편(方便)의 뜻이다. 『성유식론술기』 권1(대정장43, p.238a17)에 "가에는 두 가지가 있다. 첫째는 무체수정가이니, 대부분의 세간과 외도가 집착하는 것이다. 비록 저들이 집착하는 아·법과 일치하는 실재는 없지만 집착하는 마음의 대상을 따라서 아·법이라 하기 때문에 '가'라고 한다. 둘째는 유체시설가이니, 성교(聖敎)의 말씀이다. 비록 법체(法體)는 있으나 아·법이 아니니, 본체는 이름이 없으나 억지로 아·법이라 한다. 법체에 부합하지 않지만 인연에 따라 시설하므로 '가'라고 한다. 假有二種 一者 無體隨情假 多分世間 外道所執 雖無如彼所執我法 隨執心緣 亦名我法 故說爲假 二者 有體施設假 聖敎所說 雖有法體 而非我法 本體無名 强名我法 不稱法體 隨緣施設 故說爲假", 『사교의주휘보보굉기』 권9(卍속장102, p.738b16)에 "『금광명경현의습유기』 권5(대정장39, p.36a17)에 '공관 이전은 생사가이고, 공관 이후는 건립가이다'라고 하였으니, 이 생사가는 건립 중에 다스려야 할 병통이다. 생각해보건대, 생사가는 편가(偏假)이고, 건립가는 묘가(妙假)이다. 拾遺記云 若在空前 卽生死假 若在空後 卽建立假 此生死假 卽建立中 所治之病 按生死假 卽偏假 建立假 卽妙假也"라고 하였다. [참고문헌] 『成唯識論述記』, 『四敎儀註彙補輔宏記』, 『金光明經玄義拾遺記』. ⇨ 무체수정가 無體隨情假, 유체시설가 有體施設假, 건립가 建立假, 생사가 生死假, 가 假 ❶

이가 椸架 가사 등을 걸어두는 장대. 의가(衣架)·격상(格上)이라고도 한다. 『백장청규』 「고청규서 古淸規序」(대정장48, p.1158a10)에 "장련상을 조성할 때 이가도 설치하니 가사 등을 거는 도구이다. 設長連床 施椸架 掛搭道具", 『일체경음의』 권28(대정장54, p.493a15)에 "『예기』에 '남녀는 이가를 함께 사용하지 않는다'

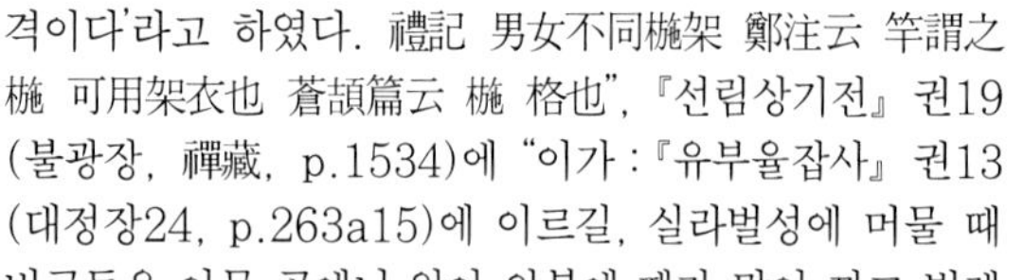

이가

라고 하였고, 정현(鄭玄)의 주석에 '장대를 이라고 하니 옷을 거는 용도로 쓴다'라고 하였다. 『창힐편』에 '이는 격이다'라고 하였다. 禮記 男女不同椸架 鄭注云 竿謂之椸 可用架衣也 蒼頡篇云 椸 格也", 『선림상기전』 권19(불광장, 禪藏, p.1534)에 "이가 : 『유부율잡사』 권13(대정장24, p.263a15)에 이르길, 실라벌성에 머물 때 비구들은 아무 곳에나 앉아 의복에 때가 많이 끼고 벌레 먹어 구멍나기도 하였다. 부처님께서 '아무 곳에나 옷을 두어서는 안 되니 옷걸이를 만들어야 한다'고 말씀하셨다. 비구들이 벽을 뚫어 옷을 걸자 벽이 손상되었다. 부처님께서 '벽을 뚫어서는 안 되고 애초에 절을 지을 때부터 나무 박을 구멍을 내서 옷걸이를 설치하도록 하라'고 말씀하셨다. 당시 모든 비구가 방안에 장대를 설치하고 처마 앞에는 만들지 않았다. 부처님께서 '처마 앞에도 만들어서 부족한 경우가 발생하지 않도록 하라'고 하셨다. 椸架 毘奈耶雜事云 緣在室羅伐城 苾芻隨處而安衣服便多垢膩 被蟲蟻穿 佛言 不應隨處 而置衣服 當作衣架 苾芻 卽便穿壁安衣 令壁損壞 佛言 不得穿壁 初造寺時 應出木坎 上置衣竿 時諸苾芻 房內置竿 簷前不作 佛言 簷前亦作 勿令闕事"라고 하였다. [참고문헌] 『百丈淸規』, 『一切經音義』, 『禪林象器箋』, 『有部律雜事』.

이가 儞伽 Ⓢ nigha, Ⓣ rtag-'dzag. 유주(流注)의 범어 음사어. 끊임없이 흘러든다는 뜻. 제8아뢰야식(阿賴耶識)을 표현하는 말이다. 『유가사지론』 권84(대정장30, p.770a15)에 "능히 청정할 수 없게 하므로 허물이라고 한다. 또 모든 처문(六處) 항상 흘러들기 때문에 '이가'라고 하며, 또한 항상 해가 되므로 '이가'라고도 한다. 또 저것이 적정할 수 없게 하므로 화살이라고 하니, 마치 독화살에 맞고서 아직 뽑지 않았을 때 매우 적정하지 않는 것과 같다. 彼能令不淸淨故 說名爲垢 又於諸處門 常流注故 名爲儞伽 常能害故 亦名儞伽 又彼能令不寂靜故 說名爲箭 如被毒箭 若未拔時 多不寂靜", 『유가론기』 권22(대정장42, p.816a23·한불전14, p.701c3)에 "이가란 범어이니, '항상 흘러든다'는 뜻의 상류주 또는 '언제나 해가 된다'는 뜻의 상해 등으로 한역한다. 儞伽者 梵語 唐云 常流注 或云 常害", 『팔식규구보주』 권상(대정장45, p.469b25)에 "염정의는 곧 7식이다〈『능가경』 권1(대정장16, p.483a11)에 '모든 식에는 두 가지 생주멸이 있으니, 유주(流注)의 생주멸과 상(相)의 생주멸을 말한다'라고 하였다. 범어 '이가'를 '흘러들듦이 끊임없다'라고 한역하는데, 오직 제8아뢰야식을 가리킨다. 삼상(三相)이 은미하고, 종자(種子)의 현행이 끊이지 않기에 '흘러든다'고 한다. 무명이 연이 되어 처음으로 업식을 일으키니 생(生)이라 하고, 기나긴 겁을 이어 상속하기에 주(住)라고 한다. 금강정에 이르러 등각의 순간에 근본무명을 끊는 것을 유주멸(流住滅)이라고 한다〉. 染淨依 乃七識也〈楞伽言 諸識有二種生住滅 謂流注生住滅 幷相生住滅 梵云 儞伽 此云 流注不斷 唯目第八 三相微隱 種現不斷 故名流注 由無明緣 初起業識 故說爲生 相續長劫 故名爲住 到金剛定 等覺一念 斷本無明 名爲流注滅〉"라고 하였다. [참고문헌] 『瑜伽師地論』, 『瑜伽論記』, 『八識規矩補註』, 『楞伽經』. ⇨ 유주 流注

이가가 二家家 두 부류의 가가성자(家家聖者). 천가가(天家家)와 인가가(人家家)를 말한다. 『구사론소』 권24(대정장41, p.745c8)에 "이가가를 설명하면 천가가와 인가가를 말하는데 등생(等生)이든 부등생(不等生)이든 간에 모두 인가가와 천가가라고 이름 붙일 수 있다. 說二家家 謂天家家人家家者 若等不等生者 皆得名人天家家"라고 하였다. [참고문헌] 『俱舍論疏』, 『瑜伽論記』 권6(대정장42, p.443a9·한불전13, p.478a4), 『大乘法苑義林章』 권5(대정장45, p.331b2). ⇨ 가가성자 家家聖

者, 천가가 天家家, 인가가 人家家

이가녀 已嫁女 Ⓢgṛhi-caritā, Ⓟgihigatā, purisantaragatā. 이미 결혼했던 여인. 증가녀(曾嫁女)라고도 한다. 『마하승기율』 권39(대정장22, p.535c21)에 "대애도구담미가 부처님께 물었다. '세존이시여! 결혼했던 여인이 20세(二十雨) 안 되었어도 구족계를 주고 받을 수 있습니까?' 부처님께서 말씀하셨다. '받을 수 있다'. 그때 비구니는 일찍 혼인한 8세, 9세의 여인도 구족계를 받게 하니, 너무나 어리고 연약하여 고된 일을 감당하지 못하였다. 大愛道瞿曇彌問佛 世尊 已嫁女減二十雨 得與受具足不 佛言 得 爾時比丘尼 與曾嫁八歲九歲女受具足 太小軟弱 不堪苦事"라고 하였다. 〔참고문헌〕『摩訶僧祇律』, 『五分律』 권13(대정장22, p.91a15), 『十誦律』 권45(대정장23, p.325c12), *Vin.5.67.*

이가바제라야 伊迦波提羅耶 아난다구잠(阿難陀拘蠶 : 華積)이라는 불국토에 계신 부처님 명호. 한역어는 최상천왕이다. 『다라니잡집』 권9(대정장21, p.630b8)에 "저 부처님 명호는 이가바제라야〈한역하면 최상천왕〉·여래·지진·등정각이다. 彼佛號 伊迦波提羅耶〈晉言 最上天王〉 如來 至眞 等正覺"라고 하였다. 〔참고문헌〕『陀羅尼雜集』, 『陀鄰尼鉢經』(대정장21, p.865b12).

이각 二覺 ❶ 본각(本覺)과 시각(始覺). 『기신론소필삭기』 권20(대정장44, p.407c27)에 "이각 가운데 본각은 법신이고 시각은 반야이며 시각과 본각이 둘이 아닌 것이 해탈이다. 二覺中 本覺是法身 始覺是般若 始本不二 是解脫"라고 하였다. 〔참고문헌〕『起信論疏筆削記』. ⇨ 본각 本覺, 시각 始覺, 본시이각 本始二覺, 시본이각 始本二覺 ❷ 등각(等覺)과 묘각(妙覺). 대승보살 52위(位) 중 제51위와 제52위. 『화엄경소초』 권73(대정장36, p.579c29)에 "이 회에서 등각과 묘각 이각을 설한다. 이각은 온전히 같아 보광명지다. 다 돌아가는 뜻이다. 以此會說 等妙二覺 二覺全同 普光明智 卽是會歸之義"라고 하였다. 〔참고문헌〕『華嚴經疏鈔』. ⇨ 등각 等覺 ❷, 묘각 妙覺 ❶, 등묘이각 等妙二覺 ❸ 자각(自覺)과 각타(覺他). 『금강경찬요간정기』 권2(대정장33, p.187c11)에 "자각이란 자신에게 불성이 있음을 깨닫는 것이다. 각타란 모든 중생에게 다 불성이 있음을 깨닫게 하는 것이다. 自覺者 覺自身有佛性 覺他者 覺一切衆生悉有佛性"라고 하였다. 〔참고문헌〕『佛遺教經論疏節要』. ⇨ 자각 自覺, 각타 覺他 ❹ 두 부류의 각자(覺者). 독각(獨覺)과 대각(大覺). 독각은 연각(緣覺)·벽지불(辟支佛)이고, 대각은 부처님을 가리킨다. 『구사론』 권25(대정장29, p.131b15)에 "독각과 대각을 두 부류의 각자라 한다. 하하 등 구품으로 근이 달라서 무학성자도 아홉 가지로 그 성취함이 차별하다. 獨覺大覺 名二覺者 由下下等九品根異 令無學聖 成九差別"라고 하였다. 〔참고문헌〕『俱舍論』. ⇨ 독각 獨覺 ❶

이각어언 離却語言 언어를 떨쳐 버림. 『무문관』 24칙 「평창 評唱」(대정장48, p.296a15)에 "풍혈의 기틀은 번개 치듯 하여 길 나서자 가버린다. 어찌 앞에 앉은 이 혀끝 끊지 못하겠는가? 만약 이렇게 하는 중에 몸소 끊어 얻는다면 스스로 벗어날 길이 생길 것이다. 자! 언어삼매 떨쳐 버리고 한 구 일러보라. 風穴機如掣電 得路便行 爭奈坐前人舌頭不斷 若向者裏見得親切 自有出身之路 且離却語言三昧 道將一句來", 『불조선사주대록』(고존숙어록48, 卍속장118, p.825b18)에 "선사가 말했다. '지름길을 얻고자 한다면 언어와 문자를 떠나서 진실하게 참구해야 한다. 그래서 고덕은 '『능엄경』이나 『원각경』을 외운다고 해도 이는 졸졸 가벼운 소리를 내며 새어나는 물과 같다'고 하였다. 師云 欲得徑捷 須離却語言文字 眞實參究 所以古德道 念得楞嚴圓覺經 猶如瀉水響泠泠"라고 하였다. 〔참고문헌〕『無門關』, 『佛照禪師奏對錄』.

이각원만 二覺圓滿 두 갈래로 깨우쳐 두렷이 채움. 자각(自覺)과 각타(覺他)가 성취된 뜻으로 각만(覺滿)이라고도 한다. 『보왕삼매염불직지』 권상(대정장47, p.356b27)에 "삼계를 문득 넘어 무생을 증득하고, 십지를 훤출히 넘어 두 갈래 깨우침을 원만하다. 頓超三界 卽證無生 十地高超 二覺圓滿", 『능엄경원통소』 권6(卍속장19, p.725a4)에 "두 가지 각이 원만하게 실현되면 나오거나 들어가거나 어디를 가더라도 깨달음에 어긋나는 일은 없다. 二覺圓滿 則或出或入 無適而非可"라고 하였다. 〔참고문헌〕『寶王三昧念佛直指』, 『楞嚴經圓通疏』. ⇨ 각만 覺滿, 자각 自覺, 각타 覺他

이간 二慳 두 가지로 아껴 인색함. 재물에 있어서나 법을 베풂에 있어 인색한 재간(財慳)과 법간(法慳)이다. 이시(二施)인 재시(財施)와 법시(法施)로 다스린다. 『내비바사론』 권82(대정장27, p.425a24)에 "반드시 재물과 법을 아끼는 두 가지 마음에서 벗어나야 한다. 決定應離 財法二慳", 『보살계본전요』(卍속장61, p.373b11)에 "두 번째 재물과 법을 아끼는 마음을 금하는 계 : 만일 보살이 재물을 소유하고 있지만 인색한 성품을 타고났다면 그 때문에 가난한 중생이 의지할 대상이 없어 재물을 구하러 찾아오더라도 자비심을 일으켜 구하는 것을 베풀지 않는다. 또한 법을 듣고자 하여도 인색하게 굴며 설해주지 않는다. 이것을 제2바라이처법이라 한다. 第二 慳惜財法戒 若菩薩 自有財物 性慳惜故 貧苦衆生 無所依怙 來求索者 不起悲心 給施所求 有欲聞法 悋惜不說 是名第二波羅夷處法"라고 하였다. 〔참고문헌〕『

大毘婆沙論』, 『菩薩戒本箋要』. ⇨ 재간 財慳, 법간 法慳, 간 慳, 이시 二施, 법시 法施, 재시 財施

이간어 離間語 Ⓢ paiśunya, Ⓟ pisuṇā-vācā. 십악업(十惡業) 중 하나. 사이를 멀어지게 하는 말. 양설(兩舌)이라고도 한다. 『집이문족론』 권10(대정장26, p.408b8)에 "무엇이 이간어악행인가? 〔답〕 세존의 말씀과 같다. '비구야, 반드시 알아야 한다. 이간질하는 말이란 이쪽 말을 듣고 저쪽에다 말하여 이쪽을 망치기 위한 것이고, 저 말을 듣고 이에다 말하여 저를 망치기 위한 것이다. 모든 화합하는 이들을 서로 등지고 헤어지게 하고, 이미 등져 헤어진 이들마저 영원히 이간을 즐기고 이간하는 말을 하며 이간하는 말을 그치지 못한다'. 云何離間語惡行 答 如世尊說 苾芻當知 有離間語者 聞此語向彼說 爲破此故 聞彼語向此說 爲破彼故 諸和合者 令其乖離 已乖離者 令永間隔 愛樂離間 說離間語 不離離間語", 『유가사지론』 권8(대정장30, p.317b15)에 "무엇이 이간어인가? 다른 유정을 파괴하려고, 염오심을 일으켜 그에게 파괴방편을 일으키고 마침내 파괴하는 것에 이르기까지 하는 모든 어업을 말한다. 云何離間語 謂於他有情 起破壞欲樂 起染汚心 若卽於彼 起破壞方便 及於破壞究竟中 所有語業"라고 하였다. 〔참고문헌〕 『集異門足論』, 『瑜伽師地論』, *Yogā-bh*. ⇨ 양설 兩舌

이감 移龕 존숙이 입적한 다음 유해를 관에 모셔(入龕) 옮김. 입감하고 옮기는 불사. 이어지는 절차는 관을 닫는 쇄감(鎖龕)불사이다. 『백장청규』 권3 「이감」(대정장48, p.1128a27)에 "입감하고 3일 동안 감을 덮어 둔다. … 승당의 종을 울려 대중이 모이면 이감불사를 청한다. 이감을 마치면 법당에 내려서 쇄감불사를 청한다. 入龕三日揜龕 … 鳴僧堂鍾 集衆請移龕佛事 罷移龕下法堂請鎖龕佛事"라고 하였다. 〔참고문헌〕 『百丈清規』, 『入衆須知』 「當代住持遷化」(卍속장111, p.963b11), 『禪林備用清規』 권9 「移龕」(卍속장112, p.123a11).

이감로문 二甘露門 감로수와 같이 귀중한 두 갈래 법문. ❶ 부정관(不淨觀)과 수식관(數息觀). 『열반경소사기』 권5(卍속장58, p.195a15)에 "두 갈래 감로문이란 부정관과 수식관이니, 이는 열반으로 들어가는 핵심이다. 今言二甘露門者 不淨觀 數息觀 是涅槃門之要", 『오사비바사론』 권상(대정장28, p.989c17)에 "불법에 드는 것에 두 감로문이 있으니 하나는 부정관이고 다른 하나는 수식관이라고 한다. 謂入佛法者 有二甘露門 一 不淨觀 二 持息念"라고 하였다. 〔참고문헌〕 『涅槃經疏私記』, 『五事毘婆沙論』. ⇨ 부정관 不淨觀, 수식관 數息觀 ❷ 불대선(佛大先)과 보리달마(菩提達磨)의 교화를 감로에 비유한 말. 『경덕전등록』 권3 「보리달마전 菩提達磨傳」(대정장51, p.217b1)에 "불대선은 반야다라존자를 만나 소승을 버리고 대승으로 나아가 스승을 모시고 중생을 교화하였으니 그때 모두가 부르길 두 감로문이라 하였다. 佛大先 既遇般若多羅尊者 捨小趣大 與師並化 時號二甘露門矣"라고 하였다. 〔참고문헌〕 『景德傳燈錄』. ⇨ 불대선 佛大先, 달마대사 達磨大師 ❸ 낭야혜각(琅琊慧覺)과 설두중현(雪竇重顯)의 교화. 북송 선림에 법을 펼친 운문종 설두중현과 임제종 낭야혜각의 법문을 기리는 말이다. 『속전등록』 권3 「낭야혜각전」(대정장51, p.484b16)에 "(낭야선사는) 분양선사의 법을 이어 저 수지방을 교화했는데, 설두중현선사와 동시에 불도를 주창하여 사방에서 모두가 부르기를 두 감로문이라 했다. 得法汾陽 應緣滁水 與雪竇明覺 同時唱道 四方皆謂二甘露門"라고 하였다. 〔참고문헌〕 『續傳燈錄』. ⇨ 설두 雪竇[2], 혜각 慧覺 ❹ 육조혜능(六祖惠能)의 법을 전한 두 문파. 청원행사(青原行思)와 남악회양(南嶽懷讓)을 말한다. 『현사광록』 「후서 後序」(卍속장126, p.403a10)에 "혜능에 이르러 분쟁의 실마리 되었기에 의발을 전하는 일이 그쳐 전하지 않았다. 오직 법만을 널리 전하여 그 법을 전해 지니는 이가 삼처럼 빽빽하며 숲처럼 많았지만 소와 뿔이 되고 두 수레바퀴처럼 서로 전한 이는 청원과 남악의 두 감로문이다. 洎乎大鑑 以衣鉢爲爭端 止而不傳 唯以法普傳 則傳持其法者 森然如林 而爲牛角 爲兩輪 至今相傳者 青原南嶽 二甘露門也"라고 하였다. 〔참고문헌〕 『玄沙廣錄』. ⇨ 행사 行思, 남악회양 南嶽懷讓, 육조혜능 六祖慧能

이감암 利甘庵 전라남도 영암군 학산면 신덕리 상은적산(上隱跡山)에 있던 암자. 『사탑고적고』에 "돌담이 있는데 높이는 8척이며 길이는 5간이다. 有石墻 高八尺 長五間"라고 하였다. 〔참고문헌〕 『寺塔古蹟攷』, 『韓國寺刹全書』 권하 p.960a15.

이강 以降 그로부터 내림. 『집사문불응배속등사』 권4(대정장52, p.461c13)에 "이때 이후로 그 도는 한층 커져갔다. 自兹以降 其道彌廣"라고 하였다. 〔참고문헌〕 『集沙門不應拜俗等事』.

이강 李綱 1083~1140. 송대 관리. 자는 백기(伯紀), 호는 양계(梁谿). 소무(邵武 : 福建省) 출신. 휘종(徽宗)대였던 1112년(정화2) 진사가 되어 감찰어사(監察御史)·병부시랑(兵部侍郎)·추밀사(樞密史) 등의 벼슬을 역임했고 금(金)에 대한 주전론(主戰論)을 펼치다가 유배되었다. 송이 남쪽으로 천도한 다음 고종(高宗)이 재상으로 소환하였다. 유학에 박통하였고 시문을 잘 지었다. 저서에 『역전내편 易傳內篇』 10권·『역전외편 易傳外篇』 12권·『논어상설 論語詳說』 10권 등이 있다.

당대 부용도해(芙蓉道楷)・대혜종고(大慧宗杲) 등의 선사들과 교류하였고, 또한 화엄교학도 좋아하여 『주역』이 함께 하는 측면을 탐구하였다. 불교와 유교를 아울러 다르지 않음을 드러내어 배불론자였던 주희(朱熹 1093~1163)・장재(張載) 등과 논쟁을 벌이기도 하였다. ［참고문헌］『佛祖統紀』 권47(대정장49, p.425b16), 『釋氏稽古略』 권4(대정장49, p.887c14), 『宗統編年』 권23(卍속장147, p.350b3).

이개 離蓋 Ⓟ vinīvaraṇa. 덮개를 버림. 번뇌(蓋)를 떠난다는 말. 탐욕 등 오개(五蓋 Ⓢ pañca-āvaraṇāni)를 벗어나 청정하게 된다는 뜻이다. 『법온족론』 권8(대정장26, p.490b26)에 "이개란 혼침과 수면으로 얽히고설킨 덮개 멀리 떠나서 마음씀이 밝고 지혜롭게 됨이다. 離蓋者 謂遠離惛沈睡眠纏蓋 心用明了", 『대비바사론』 권166(대정장27, p.839c6)에 "몸과 마음에 들끓음 없으니 몸과 마음이 번뇌를 떠난 것이다. 身心無熱 身心離蓋", 『유마경약소수유기』 권3(대정장38, p.741b25)에 "선(禪)으로 인하여 번뇌를 떠났다는 말은 오개에서 벗어났다는 뜻이다. 因禪離蓋者 離五蓋也"라고 하였다. ［참고문헌］『法蘊足論』, 『大毘婆沙論』, 『維摩經略疏垂裕記』. ⇨ 오개 五蓋, 개 蓋❶

이거 已去 Ⓢ gata, Ⓣ song. 이미 가버린 것. 『중론』 권1(대정장30, p.3c10)에 "이미 지나갔기에 간다는 것은 없다. 이미 가버렸기 때문이다. 만일 가는 행위를 떠나서 가는 업이 있다 하면 그런 일은 타당하지 않다. 已去無有去 已去故 若離去有去業 是事不然", 『대승중관석론』 권3(대정장30, p.141b7)에 "이미 가버린 것에는 따로 가는 법이 없다. 가는 법이 이미 무너졌기에 머묾도 없다. 여기에는 이미 지나간 것이 머무는 일은 있을 수 없다. 已去者 無別去法 去法已壞 是故無住 此中無有已去者住"라고 하였다. ［참고문헌］『中論』, 『大乘中觀釋論』, *Pras.33.*

이거 以去 갈수록 또는 이후(以後). 『보살본행경』 권중(대정장3, p.115b8)에 "지금부터 이후로는 밤에 불을 붙이거나 등불을 켜서는 안 된다. 自今以去 夜不得燃火 及於燈燭", 『성유식론』 권9(대정장31, p.53a16)에 "제8지 이후라야 비로소 영원히 (我見이) 작용하지 않는다. 八地以去 方永不行"라고 하였다. ［참고문헌］『菩薩本行經』, 『成唯識論』.

이거 離佉 ➡ 리거 離佉

이거사 移車寺 경상북도 경주시 도지동에 있었던 절. 『삼국사기』 권8 신라본기(新羅本紀)8 성덕왕 36년(737)에 "왕이 승하하자 시호를 성덕이라 하고 이거사 남쪽에 장사지냈다. 王薨 謚曰聖德 葬移車寺南", 『동사강목』 권4하 성덕왕 36년에 "성덕왕을 이거사〈지금 경주부 동쪽 도지곡리에 있다〉 남쪽에 장사지냈다. 葬聖德王于移車寺南〈在今慶州府東都只谷里〉"라고 하였으며, 현재 사적 제28호 경주성덕왕릉 북쪽에 이거사로 추정되는 절터가 남아있다. 일제강점기인 1931년경 절터의 탑지(塔址)에 기단・탑신석 3매・옥개석 3매, 서쪽 계곡에 불상 1존, 동쪽 민가에 불상 1존이 있다고 하였다. 1962년 불국사역 앞의 공원에 남리사지(南里寺址 : 傳念佛寺址)삼층석탑을 세울 때 부족한 탑재를 이거사지 1층 옥개석으로 보완하였다가 2009년에 남리사지삼층석탑을 복원하면서 이거사지 탑재는 원래의 위치로 옮겼다고 한다. 대부분 경작지로 개간되어 유구를 확인하기 어렵지만 절터에 석탑의 기단부와 탑신부 부재 12매가 남아 있다. ［참고문헌］『三國史記』, 『東史綱目』, 『韓國寺刹全書』 권하 p.960b10, 『경주지역 폐사지 기초조사・연구』(국립경주문화재연구소, 2012) pp.196~203.

이거인 李居仁 ❶ 신라 말의 청신사(淸信士). 합천(陜川) 출신의 이서(里胥 : 향리의 하급관리)이며 성품이 따뜻하고 선량(溫良)하였다. 「해인사유진팔만대장경개간인유 海印寺留鎭八萬大藏經開刊因由」(『가야산해인사지』, pp.563~564)에 따르면, 해인사 동서재(東西齋) 사간판(寺刊板)을 최초로 조성하는 데 공헌한 인물이다. ［참고문헌］李智冠 『伽倻山海印寺誌』, 『朝鮮寺刹史料』 권상 pp.496~499. ❷ ?~1402. 고려 말 조선 초 문신. 『태조실록』 권11 6년(1397) 4월 25일에 "판삼사사 이거인을 회암사에 보내고 삼사우복야 유구를 광암사에 보내어 성변기양소재법석을 설행하였다. 遣判三司事李居仁于檜巖寺 三司右僕射柳玽于光巖寺 設星變祈禳消災法席"라고 하였다. ［참고문헌］『太祖實錄』.

이거인과삼목왕설화 李居仁○三目王說話 842년(문성왕4) 가을 이거인이 세금을 징수하기 위해 마을로 다니다가 해가 저물어 집으로 돌아가는 길에서 세 개의 눈을 가진 강아지 한 마리를 만나 집으로 데리고 왔다. 모습은 마치 사자(獅子) 같았으나 성품은 어진 사람과 같았다. 하루에 한 번밖에 먹지 않았고 매우 충성스러워 부부 모두 귀여워하였다. 2년 후인 844년(문성왕6) 가을, 병 없이 해를 보며 조용히 죽었다. 부부가 장사지내고 정성 다해 천도재도 올렸다. 846년(문성왕8) 10월 이거인도 죽어서 명부에 이르렀는데, 세 개의 눈을 가진 명부왕이 오봉관(五峰冠)을 쓰고 사자(死者)를 심판하다가 이거인을 보더니 황급히 자리에서 내려와 반갑게 맞이하면서 '주인이시여! 어찌하여 여기에 오셨습니까? 저는 지난날 이곳 명부에서 죄를 지은 과보로 개의 몸을 받아 귀양살이를 하다가 주인을 만났습니다. 은혜 갚을 기회입니다'라고 했다. 삼목왕이 일러준 대로 염라대왕 앞에서 경판 유통 불사를 마치지 못하고 죽은 사연을 말했다. 돌아오는 길에 다시 삼목왕을 찾아 하직 인사를 하자 '환생(還生)하거든 「장경판각판불사권선문 藏經板刻板佛事勸善文」을 만들어 관청의 도장을 받아 두십시오'라고 하였다. 이거인이 약속을 하고 물러나 기지개를 펴는 순간 소생하고 보니 꿈에서 깬 듯했다. 곧 권선문을 만들어 놓고 기회를 기다리고 있었는데 때마침 847년(문성왕9) 3월 17일에 문성왕의 공주가 역질(疫疾)에 걸려 빈사에 이르렀으나 백약이 무효였다. 어느 날 공주는 부왕에게 불경을 조판(彫板)하는 화주(化主)를 불러줄 것을 간청했다. 이때 이거인이 부름을 받아 왕궁으로 들어가자 삼목왕의 혼을 의탁받은 공주가 부왕에게 불경판각불사에 시주할 것을 청하므로 왕이 이를 허락하였고 공주의 병은 나았다. 왕은 내탕금과 사재(私財)를 희사하여 국내의 각공(刻工)과 목수를 모아 거제도(巨濟島)에서 판각한 후, 해인사에 봉안하고 열두 번이나 경찬회(慶讚會)를 베풀었고, 그 후 오랫동안 살다가 왕생극락하였다고 전한다. 〔참고문헌〕李智冠『伽倻山海印寺誌』,『朝鮮寺刹史料』권상 pp.496~499.

이건필 李建弼 1830~?. 조선 말기 문신이자 서예가. 자는 우경(右卿), 호는 석범(石帆). 의주부윤(義州府尹)을 지냈으며 글씨와 그림에 능하였다. 안변 석왕사(釋王寺) 편액과 주련에 글씨를 남겼다. 〔참고문헌〕『槿域書畵徵』권5 鮮代編 p.51.

이검 利劍 Ⓢkhaḍga. 잘 드는 또는 지혜의 칼. 번뇌와 죄업 등을 끊는 지혜 또는 결정적인 수단을 비유하는 말이다. 지혜를 대표하는 문수(文殊)보살을 수식하는 말이기도 하다.『현우경』권1(대정장4, p.350b17)에 "훗날 성불하였을 때 마땅히 지혜의 날카로운 칼로 그대들 묶고 부리는 번뇌라는 병을 잘라 내리라. 後成佛時當以智慧利劍 斷除汝等 結使之病",『인왕반야다라니석』(대정장19, p.522b4)에 "금강리란, 반야바라밀이다. 금강과 같은 날카로운 칼로 번뇌의 종자를 반드시 끊는다. 금강리란 문수사리보살을 드러내는 이름이다. 이 때문에 이 보살은 손에 금강검을 쥐고 있다. 金剛利者 般若波羅蜜 金剛利劍 能斷煩惱種 金剛利者 顯名文殊師利菩薩 是故 此菩薩手持金剛劍",『설두어록』권1(대정장47, p.675a24)에 "설두가 '예리한 검으로는 죽은 사람 베지 않는다' 하고는 이윽고 '지을 줄 아는 이들 서로 보기만 해도 한번은 들이대고 한번은 당기면서 몸을 움직여 행한다. 만일 우두커니 생각만 하고 기틀마저 멈춘다면 찾아 헤맨들 찾지 못할 것이다'라고 하였다. 師云 利劍不斬死漢 師乃云 作者相見 一拶一捺 撩起便行 若佇思停機 卒摸索不著"라고 하였다. 〔참고문헌〕『賢愚經』,『仁王般若陀羅尼釋』,『雪竇語錄』, *Laṅk.144.*

이검명호 利劍名號 지혜의 검이라는 명호. 죄업을 끊어주는 아미타불의 공덕을 나타내는 명호이다.『왕생찬』(대정장47, p.448c24)에 "지혜로운 칼은 아미타불의 명호이니〈왕생하길 원하나이다〉, 한번 칭념하면 죄가 모두 사라진다〈무량한 즐거움이여〉. 利劍卽是彌陀號〈願往生〉一聲稱念罪皆除〈無量樂〉"라고 하였다. 〔참고문헌〕『往生贊』. ⇨아미타불 阿彌陀佛

이검불참사한 利劍不斬死漢 잘 드는 또는 지혜로운 칼로는 죽은 사람을 베지 않는다는 말. 지혜로운 칼잡이를 작자(作者)라 부른다. 이는 죽고 살림(殺活)에 자재하여 세계를 들고 놓지만 함부로 휘두르지 않는 뜻이다.『벽암록』98칙「평창 評唱」(대정장48, p.221b10)에 "사명(思明)은 먼저 대각(大覺)에게 배우다 뒤에 보수(寶壽)의 법을 이었다. 하루는 보수에게 '화성(化城)을 짓밟아 버릴 때는 어떠합니까?'라고 묻자 보수가 '지혜로운 칼로는 죽은 사람을 베지 않는다'라고 답함에 사명이 '벱니다'라 응수했고, 보수는 바로 때렸다. 사명이 열 차례나 '벱니다'라고 말했고 보수가 또한 열 차례 때리면서 말했다. '이 사람아! 무엇이 그리 죽도록 급하여 죽은 시체를 가져다 아픈 매 버는가?' 사명이 마침내 할을 하고 나갔다. 思明 先參大覺 後承嗣前寶壽 一日問 踏破化城來時 如何 壽云 利劍不斬死漢 明云 斬 壽便打 思明十回道斬 壽十回打云 這漢 著甚死急 將箇死屍 抵他痛棒 邃喝出",『천성광등록』권15「풍혈연소장 風穴延昭章」(卍속장135, p.732b14)에 "'무엇이 널리 이로운 칼인가?' '죽은 이는 베지 않는다'. 問 如何是廣惠劍 師云 不斬死漢",『속전등록』권9「현충조인전 顯忠祖印傳」(대정장51, p.521b24)에 "'부처와 조사를 죽일 줄 알아야 비로소 작가라고 하는데, 무엇이 부처와 조사를 죽이는 칼입니까?' '죽은 사람은 베지 않는다' '스님의 칼은 어떤 것입니까?' '일단 내린 법령 거듭 행하지 않는다'. 問會殺佛祖底 始是作家 如何是殺佛祖底劍 師曰 不斬死漢曰 如何是和尙劍 師曰 令不重行"라고 하였다. 〔참고문헌〕『碧巖錄』,『天聖廣燈錄』,『續傳燈錄』.

이격 李格 조선전기 문신. 태조 때 동부유학교수관(東部儒學教授官)이었다.『태조실록』권3 2년(1393) 3월 20일에 "임금이 동부유학교수관 이격을 책망하며 '그대는 어찌하여 뜻만 높은 동자들이 함부로 광폭하게 내버려두어 절을 더럽히고 훼손하게 하였는가?'하고 곤장을 치려다 그치고는 곧바로 오부학당에 명하여 절에 머물지 못하게 하였다. 上責東部儒學敎授官李格曰 爾何縱狂童 汚毁佛寺 欲杖乃止 仍命五部學堂 毋寓於寺"라고 하였다. 〔참고문헌〕『太祖實錄』.

이격 移檄 격문을 띄워 보내는 것. 『임간록』 권하(卍속장148, p.640a10)에 "자명초원(慈明楚圓)이 입적하였을 때 (楊岐方會는) 구봉사에 몸을 맡기고 있었다. 갑자기 의춘에서 격문을 띄워 보내 양기산에서 (주지로) 머물기를 명하였다. 慈明化去 託迹九峰 忽宜春移檄 命居楊岐"라고 하였다. 〔참고문헌〕『林間錄』, 『雪峰義存語錄』 권하 「雪峰崇聖禪寺碑記文」(卍속장119, p.985a13).

이견 二見 Ⓟ dveditthiyo. 두 갈래로 봄. 유무(有無)와 단상(斷常) 등 분별망상은 실상을 등지고 어떤 견(見)이든 치우쳐 취한다. 취(取)한 즉시 바로 다른 견과 맞선다. 이견은 분별에 따르는 것이어서 분별을 여의어야 벗어난다. 『증일아함경』 권19(대정장2, p.644a6)에 "무엇을 이견이라 하는가? 유견과 무견을 말한다. 云何爲二見 所謂有見無見", 『광박엄정불퇴전륜경』 권3(대정장9, p.267c13)에 "여인상 가져 집착하니 또 다시 남자라고 분별하고는 성스럽다거나 성스럽지 않다고 분별하며 이견을 일으킨다. 중생에게는 지혜로운 마음이 없어 이러한 이견을 일으키니 이 이견에 집착하는 이들 마땅히 끊어주어야 한다. 取著於女想 亦復分別男 是聖是非聖 分別起二見 衆生無慧心 起於此二見 著此二見者 應當爲除斷", 『대보적경』 권101(대정장11, p.566c24)에 "이견이란 무엇인가? 번뇌가 있다고 여기면 상견이라 하고, 번뇌가 없다고 여기면 단견이라 한다. 云何二見 謂有煩惱 名爲常見 謂無煩惱 名爲斷見", 『허공잉보살경』 권상(대정장13, p.668b4)에 "누구라도 이견에 머문다면, 그들은 항상 미혹하리니, 단과 상에 물들고 붙들려 차안도 피안도 실을 잃는다. 若人住二見 彼等常迷惑 染著斷及常 卽失此彼岸", 『승사유범천소문경』 권6(대정장15, p.91b13)에 "모든 견해 벗어나면 두 법 없음 얻는다. 모든 중생 중 이견에 떨어진 이들에게 큰 자비심을 일으켜 모두 교화하고자 몸 받아 나타난다. 離於諸見 得無二法 於諸衆生 墮二見者 起大悲心 以爲敎化諸衆生故 而現受身", 『대비비사론』 권50(대정장27, p.261b19)에 "욕계의 이견이란 유신견과 변집견을 말한다. 欲界二見者 謂有身見 邊執見", 『보장론』(대정장45, p.149c8)에 "저들 이견이란 헛되이 유와 무를 본다. 그러나 진실로 하나인 중에서는 그 바탕 유도 무도 아니다. 다만 망상으로 헛되게 유와 무를 세울 뿐이다. 彼二見者 妄見有無 然眞一之中 體非有無 但妄想虛立得有無也", 『십일면신주심경의소』(대정장39, p.1006b27)에 "다만 중생이 일으킨 이견 때문에 이상이 있을 뿐이다. 但以衆生起二見 故有二相", 『화엄경의해백문』(대정장45, p.629b16)에 "또한 육진의 본성이 공적함 보아 상가히 볼 일도 얻을 수 없어야 이견이 없지만, 상을 본즉 이미 이견이 된다. 又見塵性空寂 無相可得 卽無二見 若見相卽爲二見也", 『대승본생심지관경천주』 권8(卍속장34, p.479a2)에 "생사와 열반에는 본래 두 모습 없으니 바탕인즉 진여다. 범부가 어리석을 때 헛되이 생사를 본다. 성인은 미혹을 끊고 높이 열반을 증득한다며 망령되게 분별을 일으키므로 이견이라 한다. 生死涅槃 本無二相 體卽眞如 以凡夫迷時 妄見生死 自謂聖人斷惑 高證涅槃 妄起分別 故云二見"라고 하였다. 〔참고문헌〕『增壹阿含經』, 『廣博嚴淨不退轉輪經』, 『大寶積經』, 『虛空孕菩薩經』, 『勝思惟梵天所問經』, 『大毘婆沙論』, 『寶藏論』, 『十一面神呪心經義疏』, 『華嚴經義海百門』, 『大乘本生心地觀經淺註』. ⇨ 단상이견 斷常二見, 유무이견 有無二見

이견 異見 Ⓢ bhinna-mata, dṛṣṭi-gata, Ⓟ añña-diṭṭhi, Ⓣ bsam-pa-tha-dad-pa. 정견이 아닌 그릇된 견해. 사견(邪見) 또는 이단사설(異端邪說)을 가리킨다. 『장아함경』 권7 「폐숙경 弊宿經」(대정장1, p.42c1)에 "폐숙바라문은 항상 이견을 품고 남에게 말한다. '이곳과 다른 세상은 없고 다시 태어나는 일도 없으며 선악의 과보도 없다'라고. 弊宿婆羅門 常懷異見 爲人說言 無有他世 亦無更生 無善惡報", 『입능가경』 권1(대정장16, p.518c24)에 "만일 능히 이와 같이 보고 진실 그대로 보는 것을 정견이라 하고, 이와 다른 견해라면 사견이라 한다. 若能如是見 如實見者 名爲正見 若異見者 名爲邪見", 『부자합집경』 권15(대정장11, p.961c22)에 "(외도의 무리가) 이견을 일으켜 단단히 붙들고 버리지 않는다. 起於異見 堅執不捨", 『사분율』 권32(대정장22, p.787a3)에 "이견에 의지하여 (그 견해의) 둥지와 굴을 즐기니 중생은 이렇게 둥지와 굴을 즐기므로 연기법에 있어서는 깊고 깊어 알기 어려워한다. 依於異見 樂於櫟窟 衆生以是 樂於櫟窟故 於緣起法 甚深難解", 『사분율소』 권7(卍속장65, p.721a7)에 "'이견에 의지한다'는 말은 전의 인에 미하여 집착하면서 생사에서 벗어나기를 바라지만 영원히 이유(欲有·色有)에 걸려 있으므로 '둥지와 굴을 즐긴다'라고 한다. 인천은 둥지인 듯하고 삼악도는 굴과 같다. 이견 등에 얽매이면 삼유(欲有色有無色有)의 과보가 있게 된다는 말이다. 言依於異見者 迷著前因 願求生死 永滯二有 故曰樂於櫟窟 人天似櫟 三塗如窟 謂異見等繫在三有果報故"라고 하였다. 〔참고문헌〕『長阿含經』, 『入楞伽經』, 『父子合集經』, 『四分律』, 『四分律疏』, *Bodh-bh.251.*, *MN.2.43.* ⇨ 사견 邪見, 외도 外道, 육십이견 六十二見

이견사제인 已見四諦人 Ⓢ dṛṣṭi-sampanna, Ⓣ lta-ba-phun-sum-tshogs-pa. 이미 사제(四諦)를 본 사람. 『중변분별론』 권상(대정장31, p.457b8 : *Madhy-vibh.*, p.46)에 "이미 사성제를 깨달은 사람은 살생 등

모든 행을 짓지 않지만 범부는 능히 짓고 행한다. 已見四諦人 不得造殺等諸行 凡夫能造行故 dṛṣṭisaṃpannasya vadhādyupakramāsamudācārāt pṛthagjanasya ca samudācārād"라고 하였다. 〔참고문헌〕『中邊分別論』, *Madhy-vibh.* ⇨ 사성제 四聖諦

이견심제인 異見審諦忍 Ⓟ aññatra-diṭṭhi-nijjhāna-khanti. 다른 견해로 헤아려 진실을 인정하는 것. 정견(正見)을 벗어나는 일이다. 『잡아함경』 권13(대정장2, p.90b28)에 "경법이 있기에 모든 비구가 섬겨 우러른다. 경법에 대해 다르게 믿고, 다르게 바라고, 다르게 듣고, 달리 행하고 사유하며, 다른 견해로 이치를 살펴 승복한다. 바른 앎으로써 설한다. '나의 삶은 이미 다하였고 범행은 이미 세웠으며 해야 할 일 이미 지었으니, 후생을 받지 않을 것임을 스스로 안다'. 有經法 諸比丘崇向 而於經法 異信異欲異聞 異行思惟 異見審諦忍 正知而說 我生已盡 梵行已立 所作已作 自知不受後有"라고 하였다. 〔참고문헌〕『雜阿含經』 권14(대정장2, p.98c4), *SN.2.115.* ⇨ 사견 邪見, 정견 正見

이견왕 異見王 인도 향지국(香至國)의 왕. 선종 초조 보리달마(菩提達摩)의 형인 월정다라(月淨多羅)의 아들. 불교를 탄압하다가 보리달마의 교화를 받아 정법을 깨닫고 불교의 신봉자가 되었다. 『수심결』(대정장48, p.1006a20・한불전4, p.708c16)에 "옛날에 이견왕이 바라제존자에게 물었다. '무엇이 부처입니까?' '자성을 보는 것이 부처입니다' '스님은 그 성을 보셨습니까?' '저는 불성을 보았습니다' '불성이 어디에 있습니까?' '불성은 작용에 있습니다' '그것이 무슨 작용이기에 저에게는 지금 보이지 않습니까?' '지금 작용하고 있지만 왕께서 스스로 보지 못할 뿐입니다' '나에게 있습니까?' '왕께서 짓고 쓰신다면 이것 아닌 것이 없겠지만, 왕께서 쓰지 않으신다면 그 불성의 몸 또한 보기 어렵습니다'. 昔異見王 問婆羅提尊者曰 何者是佛 尊者曰 見性是佛 王曰 師見性否 尊者曰我見佛性 王曰 性在何處 尊者曰 性在作用 王曰 是何作用 我今不見 尊者曰 今現作用 王自不見 王曰 於我有否 尊者曰 王若作用 無有不是 王若不用 體亦難見"라고 하였다. 〔참고문헌〕『修心訣』.

이견인락욕의 異見忍樂欲意 다르게 보고 알아 의지하고 즐겨 마음에 새김. 『중아함경』 권57 「전모경 箭毛經」(대정장1, p.784a27)에 "세존께서 이르셨다. '우다이야! 그만두어라, 그만두어! 그대는 긴긴밤 동안 다르게 보고, 다르게 알고, 다르게 즐겁고, 다르게 욕망하고, 다르게 익혔기에 내가 말하는 뜻을 다 알 수 없다'. 世尊告曰 優陀夷 止 止 汝長夜異見 異忍異樂 異欲異意故 不得盡知 我所說義"라고 하였다. 〔참고문헌〕『中阿含經』.

이결 二結 두 가지 결(結 Ⓢ bandhana). 자기 것 아껴 인색함에 묶여 있음(慳結)과 남의 것 시샘하여 맺힌 것(嫉結)을 말한다. 결은 번뇌를 일컫는데, 언제나 현행하고 그 과실이 무겁기에 번뇌 중에서도 전(纏)과 구별하여 따로 결이라 부른다. 간결은 자기가 속한 대중을 어지럽게 하지만 질결은 다른 무리도 어지럽게 한다. 『중아함경』 권33 「석문경 釋問經」(대정장1, p.635a7)에 "제석천왕이 여쭈었다. '세존이시여, 천・인・아수라・건달바・나찰・그 밖의 여러 몸에는 각각 몇 가지 결이 있습니까?' 세존께서 이 말을 들으시고 다음과 같이 대답하셨다. '구익아, 천・인・아수라・건달바・나찰・그 밖의 여러 몸에는 각각 두 가지 '결'이 있으니, 자기 것 아껴 인색함(慳)과 남의 것 시샘함(嫉)이다. 天王釋白曰 世尊 天 人 阿修羅 揵沓惒 羅刹 及餘種種身 各各有幾結耶 世尊聞已 答曰 拘翼 天 人 阿修羅 揵沓惒 羅刹 及餘種種身 各各有二結 慳 及嫉也", 『순정리론』 권54(대정장29, p.643b11)에 "무슨 까닭에 전(纏) 중에서 질과 간, 이 두 가지 따로 세워 결이라 하고, 그렇지 않은 것은 전이라 하는가? 何故纏中 嫉慳二種 建立爲結 非餘纏耶", "팔전(八纏)을 세워 풀어보면, 이 두 가지만이 불선으로 마음대로 일어나기 때문이다. 즉 오직 이 두 가지만이 두 가지 뜻을 갖추고, 그 나머지 여섯 가지는 하나도 두 가지 뜻을 갖춘 것이 없다. 무참(無慚)과 무괴(無愧)는 비록 불선하지만 마음대로 일어나지 않으며, 회(悔)는 구애됨이 없이 일어나지만 불선은 아니고, 그 나머지도 두 가지 뜻이 모두 없다. 若立八纏 應作是釋 二唯不善 自在起故 謂唯此二 兩義具足 餘六無一具兩義者 無慚無愧 雖唯不善 非自在起 悔自在起 非唯不善 餘兩皆無", "십전(十纏)으로 풀어 말하자면, 오직 질과 간, 이 두 가지만이 그 과실이 더욱 무겁기에 십전 중 두 가지를 결이라고 한다. 이 두 가지는 자주 현행하기 때문이니, 즉 욕계에 나는 경우, 비록 구결・육결・삼결・무결이 있으나 경전에서는 오직 질결과 간결만이 인과 천을 뇌란시킨다고 하니, (이것은) 수승한 취(趣) 중에서도 두 가지만은 자주 현행하기 때문이다. … 혹은 이 번뇌 인천 두 무리를 뇌란시킨다. 마치 세존께서 교시가(憍尸迦)에게 '질결과 간결로 말미암아 인과 천이 뇌란된다'고 말씀하신 것과 같다. 혹은 이 두 가지는 자타중(自他衆)을 가리지 않고 뇌란시킨다. 말하자면 시샘으로는 다른 대중을 뇌란시키고, 안으로 인색함 품어 자기 대중을 뇌란시킨다. 그러므로 십전 안에서도 이 둘만을 세워 이 결이라 한다. 若立十纏 應作是釋 唯嫉慳二 過失尤重 故十纏中 立二爲結 由此二種 數現行故 謂生欲界 雖有九六三結無結 而經唯說 嫉慳二結 惱亂人天 以勝趣中 二數行故 … 或此能惱 人天二衆 如世尊告憍尸迦言 由嫉慳結 人天惱亂 或此二能 惱自他衆 謂由嫉故 惱亂他朋 由內懷慳 惱亂自侶 故十纏內 立二爲結"라고 하였다.

〔참고문헌〕『中阿含經』, 『順正理論』. ⇨ 간결 慳結, 질결 嫉結, 구결 九結, 결 結, 전 纏

이결 耳結 ➡ 육결법 六結法

이결정의 二決定義 처음 마음을 일으켜 깨우기 위해서 알아야 할 결정적인 두 가지 뜻. 첫째는 인지(因地)의 마음과 과인 각(果覺)이 같은 지를 결정하고, 다음은 유위상(有爲相)이 번뇌의 근본임을 깊이 아는 것이다. 『능엄경』 권4(대정장19, p.122a23)에 "이때 세존께서 애민회에서 연각과 성문으로서 보리심에 자재하지 못한 이와 미래 즉 부처님이 열반하신 후 말법시대중생들이 보리심을 일으키게 하기 위해 무상승의 수승한 수행의 길을 열어 아난과 대중에게 보여주셨다. '그대들 결정코 보리심을 일으키리니 여래묘삼마제에서는 피곤도 권태도 일지 않는다. 爾時 世尊哀愍會中緣覺 聲聞 於菩提心 未自在者 及爲當來 佛滅度後 末法衆生 發菩提心 開無上乘 妙修行路 宣示阿難 及諸大衆 汝等決定發菩提心 於佛如來妙三摩提不生疲惓", "초심을 깨닫기 위해 필요한 두 가지 결정적인 뜻을 우선 밝혀야 한다. 초심에 필요한 두 가지 결정적인 뜻이란 무엇인가? 아난아! 첫 번째 뜻은 그대들이 성문위를 버리고 보살승을 닦아 불지견을 깨닫고자 한다면 마땅히 자세히 살펴야 하니 인위의 발심과 과지의 깨달음이 같은지 다른지이다. 應當先明 發覺初心二決定義 云何初心二義決定 阿難 第一義者 汝等若欲捐捨聲聞 修菩薩乘入佛知見 應當審觀 因地發心 與果地覺 爲同爲異", "두 번째 뜻은 그대들이 기필코 보리심을 일으키고자 한다면 보살승에서 큰 용맹심을 일으키고 모든 유위상은 결단코 버린다. 번뇌의 근본이 무시 이래로 업을 일으켜 삶을 초래하는데 누가 짓고 누가 받는지 자세하게 관찰해야 한다. 아난아! 그대가 보리를 닦되 번뇌의 근본을 자세하게 관찰하지 않는다면 어찌 분명히 허망한 육근도 육진도 알 수 있으리. 第二義者 汝等必欲發菩提心 於菩薩乘 生大勇猛 決定棄捐 諸有爲相 應當審詳煩惱根本 此無始來 發業潤生 誰作誰受 阿難 汝修菩提 若不審觀煩惱根本 則不能知虛妄根塵", 『능엄경요해』 권1(卍속장17, p.684b1)에 "둘째, 수도분의 서두에서 초심에 두 가지 결정적인 뜻을 보여 인인 마음과 과인 각을 살피고 다시 번뇌의 근본을 살펴서 수행의 참된 터 삼도록 하였다. 二修道分 首示初心 二決定義 令審因心果覺 又審煩惱根本 爲修行眞基"라고 하였다. 〔참고문헌〕『楞嚴經』, 『楞嚴經要解』.

이경 二更 Ⓢ dvitīya-prahara, Ⓣ thun-gnyis-pa'am-'jing. 오경(五更) 중 두 번째 밤. 저녁 10시 전후. 또는 9시부터 11시까지의 시간. 을야(乙夜)라고도 한다. 『유부율파승사』 권4(대정장24, p.117b6)에 "이때 보살(싯달타)은 이경 동안 12유선나를 달리고 말에서 내려와 영락을 풀었다. 是時菩薩 以二更中 行十二踰膳那 從馬而下 卽解瓔珞", 『소실육문』 「오성론 悟性論」(대정장48, p.373a13)에 "이경에는 오롯한 정신만이 굴러 밝고 깨끗하니, 기억도 상념도 일지 않아 진여의 성품 그대로네. 삼라만상이 모두 공으로 돌아가니, 다시 공있다 집착하면 도리어 병이다. 二更凝神轉明淨 不起憶想眞如性 森羅萬像倂歸空 更執有空還是病"라고 하였다. 〔참고문헌〕『有部律破僧事』, 『少室六門』, 『誡初心學人文』(대정장48, p.1005a24), *Mvyut.253.* ⇨ 오경 五更

이경단 離境斷 경(境)을 버려 끊음. 『순정리론』 권6(대정장29, p.362c23)에 "단의 뜻은 무엇인가? 대략 두 가지가 있으니, 첫째 이박단, 둘째 이경단이다. … 이경단이란 저 경에서 말한 것과 같이 '너희 비구들이여, 만약 능히 눈에 있어 욕탐을 끊는다면 이것을 이름하여 눈으로 길이 끊었다' 함이다. 斷義云何 略有二種 一 離縛斷 二 離境斷 … 離境斷者 如契經言 汝等苾芻 若能於眼 斷欲貪者 是則名爲眼得永斷"라고 하였다. 〔참고문헌〕『順正理論』. ⇨ 이박단 離縛斷

이경법주 二京法主 두 경사(京師)의 법주. 5조 홍인(弘忍)의 제자 신수(神秀)의 법이 장안(長安)과 낙양(洛陽) 등 두 경사에서 유행하였기에 붙여진 이름이다. 『도서』 권상(대정장48, p.403c22)에 "원돈본종은 북지에서는 행하지 못하고 오직 신수선사만이 점교를 크게 드날려 두 경에서 법주이자 세 황제의 스승으로서 달마종이라 칭하였다. 또한 마음이 부처라는 종지를 드러내지 못했기에 육조혜능과 하택신회는 원종이 사라져버릴 것을 염려하여 마침내 마음에 머물고 마음을 조복시키는 등의 문제를 꾸짖어 비판하였지만 이는 단지 그 병을 버리게 했을 뿐 법을 없애려는 것은 아니다. 圓頓本宗未行北地 唯神秀禪師 大揚漸敎 爲二京法主 三帝門師 全稱達摩之宗 又不顯卽佛之旨 曹溪荷澤 恐圓宗滅絶 遂呵毁住心伏心等事 但是除病 非除法也"라고 하였다. 〔참고문헌〕『都序』. ⇨ 신수 神秀

이경석 李景奭 1595~1671. 조선 중기 문신. 자는 상보(尙輔), 호는 백헌(白軒) 또는 쌍계(雙溪), 시호는 문충(文忠), 본관은 전주(全州). 왕족 덕천군(德泉君) 후생(厚生)의 6대손이며, 유간(惟侃)의 아들이고, 김장생(金長生)의 문인이다. 고관직을 두루 역임하였으며, 특히 문장에 뛰어나 삼전도비(三田渡碑 : 인조가 청나라에 항복하는 비)를 비롯하여 이정귀(李廷龜)·이명한(李明漢)·정광성(鄭廣成) 등 유사(儒士)의 비문을 짓고 썼다. 또 법주사고한당희언대사비(法住寺孤閑堂熙彦大師碑)·보현사편양당언기대사비(普賢寺鞭羊堂彦機大

師碑)·금산사소요당태능대사비(金山寺逍遙堂太能大師碑)·도갑사도선수미양대사비(道岬寺道詵守眉兩大師碑)·표훈사허백당명조대사비(表訓寺虛白堂明照大師碑)·화엄사벽암당각성대사비(華嚴寺碧巖堂覺性大師碑) 등 여러 기(基)의 고승비문을 지었다. 또한 그의 문집인 『백헌집』 권10에 수록된 「풍악록 楓嶽錄」은 금강산을 유람하며 읊은 시문인데, 당시 금강산에 산재하였던 수많은 사암(寺庵)과 주석하던 스님들의 모습을 기록하여 남겼다. 〔참고문헌〕『白軒集』, 『仁祖實錄』, 『國朝人物考』 권2 相臣, 智冠 『韓國高僧碑文總集 朝鮮朝·近現代』 p.132·138·165·180·192·234.

이경육단 二經六段 법화삼부경에 의지해 각기 본문(本門)의 삼단(三段)과 적문(迹門)의 삼단(三段)으로 나눈 것을 합하여 일컫는 말. 사종삼단(四種三段) 중 하나로 십권육단(十卷六段)이라고도 한다. 적문의 삼단이란 『무량의경 無量義經』과 『법화경 法華經』 「서품」을 가리키는 서분, 「방편품」에서 「수기품 授記品」까지를 일컫는 정종분, 「법사품 法師品」에서 「안락행품 安樂行品」까지를 말하는 유통분을 뜻하고, 본문의 삼단이란 『법화경』 「용출품 踊出品」의 전반을 가리키는 서분, 「용출품」의 후반과 「수량품 壽量品」과 「분별공덕품 分別功德品」의 전반을 일컫는 정종분, 「분별공덕품」의 후반에서 『관보현경 觀普賢經』까지를 말하는 유통분을 뜻한다. 〔참고문헌〕 久保田正文 『法華經講話』(河出書房, 1956) p.21, 宇井伯壽 『仏教汎論』(岩波書店, 1962). ⇨ 사종삼단 四種三段, 본적이문 本迹二門

이경일자여동마설 離經一字如同魔說 한 글자라도 경을 여읜즉 마구니의 설과 같아진다는 말. 경에 의지해 푼 뜻은 삼세제불이 원수처럼 여긴다는 의경해의삼세불원(依經解義三世佛冤)과 배촉관(背觸關)을 이룬다. 여(如)라는 글자 대신에 즉(卽)·변(便)·우(又)를 쓰기도 한다. 〔참고문헌〕『景德傳燈錄』 권6(대정장51, p.250a8). ⇨ 의경해의삼세불원 依經解義三世佛冤

이계 二界 두 갈래 계. 계(界 Ⓢ dhatu)는 십팔계(十八界)·종종계(種種界) 등 무자성공(無自性空)으로 연기하는 세계를 이해하기 위해 세운 바탕이 되는 단위다. ❶ 유루계(有漏界)와 무루계(無漏界). 『중아함경』 권47 「다계경 多界經」(대정장1, p.723c9)에 "아난아, 두 계를 보아 진실 그대로 아는데, 유루계와 무루계다. 阿難 見二界知如眞 有漏界 無漏界"라고 하였다. 〔참고문헌〕『中阿含經』. ⇨ 유루계 有漏界, 무루계 無漏界 ❷ 유위계(有爲界)와 무위계(無爲界). 『대보적경』 권94(대정장11, p.534a21)에 "어떤 것을 계(界)를 아는 것이라고 하는가? 두 계를 아는 것이니, 유위계와 무위계를 이계라고 한다. 어떤 것을 유위계라 하는가? 저 법(法)의 생·주·멸을 유위계라고 한다. 어떤 것을 무위계라 하는가? 법에 생·주·멸이 없는 것을 무위계라고 한다. 이름으로 유위계와 무위계를 아는 것이라고 한다. 云何知界 知二界 有爲界 無爲界 是名二界 云何有爲界 若法生住滅者 是名有爲界 云何無爲界 若法無生住滅 是名無爲界 是名知有爲無爲界"라고 하였다. 〔참고문헌〕『大寶積經』. ⇨ 유위계 有爲界, 무위계 無爲界 ❸ 삼계(三界) 중 두 세계(欲界 色界). 『구사론』 권27(대정장29, p.144a8)에 "변화에도 두 가지가 있으니, 욕계와 색계의 변화를 말한다. 욕계의 변화라면 외부의 사처(四處 : 色香味觸)인데 성처(聲處)를 제한다. 색계의 변화라면 오직 두 가지 색처(色處)와 촉처(觸處)를 말하니, 색계 중에는 향미(香味)는 없기 때문이다. 이 두 계의 변화에는 각각 두 가지가 있으니, 즉 자신에 속하는 것이 타신과는 다르기 때문이다. 化復二種 謂欲色界 若欲界化 外四處 除聲 若色界化 唯二 謂色觸 以色界中 無香味故 此二界化 各有二種 謂屬自身 他身別故"라고 하였다. 〔참고문헌〕『俱舍論』. ⇨ 삼계 三界 ❹ 두 가지 계(界). 『시설론』 권5(대정장26, p.523c1)에 "〔문〕 무슨 까닭에 사람의 목숨이 살아서는 몸이 가볍고 편안하며 고르게 화창하나, 목숨을 마치면 신체가 굳고 무거워지며 기운이 고르고 빛나지 않게 되는가? 〔답〕 목숨을 마친다는 것은 모든 것이 흩어지고 나뉘는 위여서 화계와 풍계라는 두 계가 함께 소멸하므로 굳고 무거워지며 기운이 잘 흐르지 않게 된다. 살아있다는 것은 중간분의 위여서 화계와 풍계라는 두 계가 소멸하지 않아 가볍고 편안하며 부드럽고 화창하다. 이런 까닭으로 그 일이 이와 같다. 問 何因 人命存活 身體輕安 而復調暢 命旣終歿 身體堅重 而不調暢 答 其終歿者 邊際分位 火界風界 二界俱滅 是故堅重 而不調暢 彼存活者 中間分位 火界風界 二界不滅 是故輕安 而復調暢 由此因故 其事如是"라고 하였다. 〔참고문헌〕『施設論』.

이계 理戒 계상(戒相)을 여읜 계. 사계(事戒)의 상대어이다. 『유마경무아소』 권5(卍속장30, p.185b18)에 "오편칠취를 사계라고 하며, 무생·무량·무작은 이계라고 한다. 五篇七聚 以爲事戒 無生無量無作 以爲理戒"라고 하였다. 〔참고문헌〕『維摩經無我疏』. ⇨ 계 戒, 사계 事戒, 이계삼품 理戒三品

이계 理界 드러나지 않으면서도 일체가 현상하게 하는 바탕으로서의 법. 사계(事界)·사법계(事法界)와 대칭한다. 『화엄경행원품소』 권1(卍속장7, p.498b3)에 "첫째, 유위법계는 사계이다. 둘째, 무위법계는 이계이다. 一 有爲法界 卽事界也 二 無爲法界 卽理界也", 『화엄경담현결택』 권6(卍속장11, p.1010b11)에 "이계로 사계와 어우러지니 음과 양이 서로 섞이는 것과 같다. 融理界而事界 譬交參於陰陽"라고 하였다. [참고문헌] 『華嚴經行願品疏』, 『華嚴經談玄抉擇』. ⇨ 이법계 理法界

이계 異界 Ⓟ nānā-sīmā. 다른 계. 승가의 대중은 반드시 주처를 정해 결계(結界)한다. 약속한 주처 아닌 곳이 이계(異界)다. 별계(別界)라고도 한다. 『사분율행사초』 권2(대정장40, p.65c24)에 "이계란 마음대로 오가서는 안 되는 경계이다. 異界者 不得自在往反 是也", 『사분율소식종의기』 권4(卍속장66, p.162a14)에 "이계란 상세히 풀면 다른 주처다. 만일 한 가람에서 설령 여러 계에 걸쳐 있더라도 이 계를 따르지 않으면 이계다. 言異界者 今詳謂異住處也 若一伽藍 縱結多界 不由此界 名爲異界"라고 하였다. [참고문헌] 『四分律行事鈔』, 『四分律疏飾宗義記』, *Vin.5.187.* ⇨ 별계 別界❶

이계 異計 다르게 헤아림. 정법이 아닌 생각. 『주대승입능가경』 권3(대정장39, p.450b28)에 "외도들의 이견이 비록 많다지만 악견 및 무인과 사인의 두 가지 인을 벗어나지 않는다. 然諸外道異計雖多 不出惡見 及無因邪因 二種因也", 『수능엄의소주경』 권2(대정장39, p.843c15)에 "외도의 견해가 비록 다양하지만 단견과 상견 두 가지를 떠나지 않는다. 이 두 가지는 모두 단견류이므로 다 단멸한다고 말한다. 이들이 업의 종자가 서로 생겨남을 모르기에 망령되게 죽은 뒤가 바로 열반이라고 여긴다. 外計雖多不離斷常二見 此二皆斷見類 故云咸言斷滅 此人異計 不知業種相生 妄謂死後卽是涅槃", 『도서』 권상(대정장48, p.399b12)에 "선에는 얕음도 깊음도 있어서 계급의 차등이 있다. (차등 중 첫째는) 달리 헤아려 가져서 높은 것을 좋아하고 낮은 것을 싫어하며 닦는다 하니 외도선이다. 禪則有淺有深 階級殊等 謂帶異計 欣上壓下而修者 是外道禪"라고 하였다. [참고문헌] 『注大乘入楞伽經』, 『首楞嚴義疏注經』, 『都序』.

이계 離戒 Ⓟ virati-sīla. 불선업(不善業)을 여의게 하는 계법(戒法). 칠중(七衆)이 수지하는 정수계(正受戒), 율의계(律儀戒)를 말한다. 삼취정계(三聚淨戒) 중 섭율의계(攝律儀戒)에 속한다. 『대승의장』 권10(대정장44, p.659a6)에 "율의계란 이계라고도 하고 정수계라고도 한다. 율의란, 악을 그치게 하는 법을 율이라고 하는 반면 행함에 율과 계에 의지하므로 율의라고 부른다. 또한 안으로 고르는 것을 율이라 하고, 밖으로 진실에 응하는 것이 눈에 보이는 의라고 하며, 막아 금하는 것을 계라고 한다. 이 율의는 살생 등의 허물을 여의므로 이계라고 한다. 律儀戒者 亦一名離戒 亦名正受戒 言律儀者 制惡之法 說名爲律 行依律戒 故號律儀 又復內調亦名爲律 外應眞則目之爲儀 防禁名戒 卽此律儀離殺等過故名離戒"라고 하였다. [참고문헌] 『大乘義章』, *Vism.12.* ⇨ 칠중계 七衆戒, 율의계 律儀戒, 섭율의계 攝律儀戒, 십중대계 十重大戒, 사십팔경계 四十八輕戒

이계 離繫 ❶ Ⓢ Ⓟ visaṃyoga, Ⓣ mi-ldan-pa'am-bral-ba. 얽힘을 떠남. 택멸무위(擇滅無爲)를 말한다. 번뇌의 얽힘에서 벗어남을 뜻한다. 『구사론』 권1(대정장29, p.1c15)에 "택멸은 이계를 자성으로 한다. 모든 유루법에서 계박을 멀리 여의어 해탈을 증득하는 것을 택멸이라고 한다. 擇滅 卽以離繫爲性 諸有漏法 遠離繫縛 證得解脫 名爲擇滅, 같은 책 권6(대정장29, p.34a6)에 "그러면 어떤 법을 이계라고 하는가? 본론 중에서 말한 택멸이다. 어찌하여 앞에서 '어떤 것이 택멸인가?'라고 물어서 '이계이다'라고 답하지 않고, 이제 '어떤 법을 이계라고 하는가?'라고 묻고 '택멸이다'라고 답하는가? 이와 같은 두 가지 대답은 서로서로 의지해서는 이 자성을 끝내 드러내지 못한다. 그러므로 별도의 부문으로 자성을 드러내야 한다. 이 법의 자성은 실제로 있으나 말을 여의었으므로 오직 모든 성자들만이 각각 안으로 증득한다. 단 방편으로 다 거둔 모습을 말할 수 있을 뿐이니, 이것은 선이다 이것은 상이다 하여 따로 실물이 있게 하니 그 이름이 택멸이고 또는 이계다. 若爾 何法名爲離繫 卽本論中所說擇滅 豈不先問 何謂擇滅 答是離繫 今問何法名爲離繫 答是擇滅 如是二答 更互相依 於此自性 竟不能顯 故應別門 開顯自性 此法自性 實有離言 唯諸聖者 各別內證 但可方便 總相說言 是善是常 別有實物 名爲擇滅 亦名離繫"라고 하였다. [참고문헌] 『俱舍論』, *Abh-k-bh.3.* ⇨ 택멸무위 擇滅無爲 ❷ Ⓢ nirgrantha, Ⓣ gcer-bu-pa. 육사외도(六師外道) 중 고행외도인 니건자(尼犍子), 또는 그 법을 따르는 이. 『구사론』 권9(대정장29, p.51b8)에 "견(見)이란 육십이견을 말하니, 『범망경』에서 자세하게 설한 것과 같다. 계(戒)란 악을 멀리 여의는 계를 말하고, 금(禁)이란 구금(狗禁)·우금(牛禁) 등을 말한다. 예를 들면 모든 이계와 바라문·파수발다·반리벌라작가 등 다른 외도가 나체로 산발을 하고 새나 사슴의 가죽을 입거나 상투를 틀고 재를 바르고서 삼장을 짚고 수염이나 머리를 깎는 등 여러 가지 의미 없는 고행을 하는 것과 같은 것이다. 見謂六十二見 如梵網經廣說 戒 謂遠離惡戒 禁 謂狗牛等禁 如諸離繫 及婆羅門 播輸鉢多 般利伐羅勺迦等 異類外道 受持種種 露形 拔髮 披烏鹿皮 持髻塗灰 執三杖 剪鬚髮等 無義苦行", 『구사론기』 권16(대정장41, p.258b26)에 "이계란 범어로 니건타이다. 저들은 안으로는 번뇌계박을 여의고, 밖으로는 의복속박마저도 멀리하니, 곧 벗고 다니는 외도를 말한다. 離繫 梵云 尼乾陀 彼謂內離煩惱繫縛 外離衣服繫縛 卽露形外道也"라고 하였다. [참고문헌] 『俱舍論』, 『俱舍論記』, 『翻譯名義集』 권2(대정장54,

p.1085b6), *Abh-k-bh.140.* ⇨ 자이나교 Jainism, 니건타야제자 尼乾陀若提子

이계과 離繫果 Ⓢvisaṃyoga-phala. 얽힘을 여읜 과. 오과(五果) 또는 삼과(三果) 중 하나로 지혜의 간택력(簡擇力)으로 모든 번뇌를 끊고, 유루법(有漏法)의 속박에서 벗어나 택멸무위(擇滅無爲)의 열반과를 증득함을 말한다. 무위과(無爲果)·상리과(相離果)·해탈과(解脫果)라고도 한다. 『구사론』 권6(대정장29, p.35b28)에 "지혜로 유루법을 다한 것을 이계과라고 한다. 사라졌기에 진이라 하고, 가렸기에 혜라고 한다. 즉 택멸을 설하여 이계과라 부른다. 由慧盡法 名離繫果 滅故名盡 擇故名慧 卽說擇滅 名離繫果", 『유가사지론』 권38(대정장30, p.502b6 : *Bodh-bh.*, p.72)에 "팔지성도로 모든 번뇌를 멸한 것을 이계과라고 한다. 만약 저 중생들이 세속도로 온갖 번뇌 사라지게 한다 해도 다할 수 없어서 이계과가 아니다. 八支聖道 滅諸煩惱 名離繫果 若諸異生 以世俗道 滅諸煩惱 不究竟故 非離繫果 visaṃyogaphalam. yaḥ punalaukikena mārgeṇa kleśa nirodhaḥ sa nātyantamanuvartate pṛthagjanānām. tasmāttanna visaṃyogaphalam"라고 하였다. 〔참고문헌〕『俱舍論』, 『瑜伽師地論』, *Bodh-bh.* ⇨ 무위과 無爲果, 상리과 相離果, 택멸무위 擇滅無爲, 삼과 三果❶, 오과 五果❶

이계과선 離繫果善 Ⓢkuśalam visaṃyogaphalaṃ. 얽힘 여읜 과로서의 선. 여의고 얻은 진여무위(眞如無爲)의 선(善)을 말한다. 『유가사지론』 권3(대정장30, p.292a13)에 "모든 선법 때론 한 가지를 세우는데, 무죄의 뜻 때문이다. … 때론 다섯 가지를 세우는데, 시성선·계성선·수성선·애과선·이계과선을 말한다. 諸善法 或立一種 由無罪義故 … 或立五種 謂施性善 戒性善 修性善 愛果善 離繫果善", 『유가론기』 권1(대정장42, p.334c1·한불전13, p.71b19)에 "이계과선이란 앞에서 보인 무루법 베풂 등이다. 離繫果善者 則前無漏施等"라고 하였다. 〔참고문헌〕『瑜伽師地論』, 『瑜伽論記』, *Yogā-bh.62.* ⇨ 이계과 離繫果

이계득 離繫得 Ⓢvisaṃyoga-prāpti, Ⓣbral-ba'i-thob-pa. 얽힘 여의고 얻음. 택멸무위(擇滅無爲)인 이계과(離繫果) 얻음을 말한다. 『구사론』 권24(대정장29, p.127b4)에 "모든 유학의 성자가 유루도로 아래 팔지의 수도로 끊는 번뇌를 여윌 때, 두 가지 이계득을 함께 이끌어 내며, 무루도로 저 번뇌를 여의는 것 역시 그러하다. 두 가지 도(有漏道와 無漏道) 짓는 바가 같기 때문이다. 다른 논사 풀기를 '무루도로 저 번뇌를 여윌 때, 어떤 연으로 유루의 이계득도 낳는다는 것을 아는가? 무루의 이계득을 버린다 해도 번뇌가 생기지 않기 때문이다'. 諸有學聖 用有漏道 離下八地 修斷染時 能具引生 二離繫得 用無漏道 離彼亦然 由二種道 同所作故 有餘師釋 以無漏道 離彼染時 何緣證知 亦生有漏離繫得者 有捨無漏得 煩惱不成故", 『대승아비달마집론』 권5(대정장31, p.685c12)에 "어떤 것을 이계득이라고 하는가? 번뇌가 흩어진 것에 대하여 이계득의 성품을 임시로 건립한 것을 말한다. 云何離繫得 謂於麤重離散 假立離繫得性"라고 하였다. 〔참고문헌〕『俱舍論』, 『大乘阿毘達磨集論』, 『大乘阿毘達磨雜集論』 권10(대정장31, p.742b25), *Abh-k-bh.49·157.* ⇨ 이계과 離繫果

이계론 離繫論 이계(離繫 Ⓢnirgrantha)만을 말함. 육사외도(六師外道) 중 자이나의 이론을 말한다. 이계사론(離繫邪論)이라고도 한다. 『대비바사론』 권176(대정장27, p.885b12)에 "외도의 모든 학문인 승론·수론·명론·순세간론·이계론 등에 뛰어났다. 善外道諸論 所謂勝論 數論 明論 順世間論 離繫論等"라고 하였다. 〔참고문헌〕『大毘婆沙論』, 『攝大乘論釋』 권5(대정장31, p.408a23). ⇨ 이계 離繫❷, 자이나교 Jainism

이계론사 離繫論師 ➡ 이계 離繫❷, 이계자 離繫子

이계삼품 理戒三品 공·가·중(空假中) 관법에 따른 계. 『마하지관』 권4(대정장46, p.37c25)에 "이계의 공가중삼품을 수지함에는 각각 상중하가 있다. '공'에 즉한 삼품이란, 하품은 성문이고, 중품은 연각이며, 상품은 통교보살인데, 물러난즉 거듭 옮겨가며 잃게 된다. '가'의 삼품이란, 하품은 삼장보살이고, 중품은 통교의 출가보살이며, 상품은 별교보살이다. '중'의 삼품이란, 하품은 별교보살이고, 중품은 원교보살이며, 상품은 부처님인데, 오직 부처님 한 분만이 정계를 빠짐없이 갖추신다. 持理戒空假中三品 各有上中下 卽空三品者 下品爲聲聞 中品爲緣覺 上品爲通教菩薩 退則傳傳失也 卽假三品者 下品爲三藏菩薩 中品爲通教出假菩薩 上品爲別教菩薩 卽中三品者 下品爲別教菩薩 中品圓教菩薩 上品是佛 唯佛一人 具淨戒也"라고 하였다. 〔참고문헌〕『摩訶止觀』.

이계외도 離繫外道 ⓈNirgrantha-putra, Nirgrantha-jñātaputra, ⓅNigaṇṭha-putta. 니건자외도(尼乾子外道)·무참외도(無慚外道)·나형외도(裸形外道) 등이라고도 한다. 『법화현찬』 권9(대정장34, p.820c21)에 "니건자란 이계외도이다. 尼揵子者 離繫外道也", 『구사론기』 권9(대정장41, p.172c4)에 "셋째 계금이란, 계는 지킬 것을 약속하는 것이다. 즉 내도(內道)의 악계를 멀리 여의는 것이다. 금(禁)은 금하여 끊음을 말한다. 즉 외도의 구금(狗禁)·우금(牛禁) 등이니, 저 모든 이계외도가 노형(露形)·발발(拔髮) 등을 수지하는 갖가지다. 옷 등에 의한 속박마저도 멀리하기에 '이계'라고 한다. 三 戒禁者 戒謂戒約 卽是內道 遠離惡戒 禁謂禁斷 卽是外道 狗牛等禁 如諸離繫外道 受持種種 露形拔髮 遠離衣等所繫縛 故名爲離繫"라고 하였다. 〔참고문헌〕『法華玄贊』, 『俱舍論記』. ⇨ 자이나교 Jainism, 니건자외도 尼乾子外道, 니건타야제자 尼乾陀若提子

이계위봉 以雞爲鳳 닭을 봉황으로 여김. 사정(正邪)을 가리지 못하고 미망에 빠져 있음을 비유한다. 『허당록』 권2(대정장47, p.994c6)에 "물에 녹아 있는 소금 맛이요 물감에 스며들어 있는 아교의 푸름과 같다. 이처럼 조사는 다만 그럴듯한 모습만을 알아차렸을 뿐이니 어찌 초나라 사람이 닭을 봉황이라 여김과 다르겠는가! 水中鹽味 色裏膠青 祖師只認得箇相似底 何異楚人以鷄爲鳳"라고 하였다. 〔참고문헌〕『虛堂錄』.

이계자 離繫子 Ⓢ Nirgrantha-putra, Ⓟ Nigaṇṭha-putta. 얽힘을 떠난 이라는 뜻. 음사어는 니건자(尼揵子)·니건타자(尼揵陀子)·니건타불달라(尼楗陀弗呾羅·尼揵陀弗怛羅)·니건타야제자(尼乾陀若提子) 등이다. 부처님 재세 시 고행외도(苦行外道)를 가리킨다. 『유가사지론약찬』 권3(대정장43, p.40b29)에 "부끄러움이 없는 외도란 니건타불달라이다. 『성유식론』에 '부끄러움이 없는 외도는 이계자이다'라고 하였다. 나체로 고행을 하며 온갖 계박을 여읜다. 외형에서 그러하고 내면 역시 그러하다. 無慚外道者 卽尼揵陀弗怛羅 成唯識云 無慚外道 離繫子也 露形苦行 離諸繫縛 外形旣爾 表內亦然", 『성유식론학기』 권상(한불전3, p.492a19)에 "구역은 니건자고 신역은 니건타불저라라고 하며 이계자라고 한역한다. 옷 입는 것에 집착하는 것을 '계'라 하고 몸 드러냄을 '이'라고 하였기 때문에 붙여진 이름이다. 몸 드러냄을 부끄러워하지 않는다. 무계라고도 한다. 스승을 '계'라고 하고 문도를 '자'라고 하였다. 舊云 尼楗子 今云尼楗陀弗咀羅 此云離繫子 執衣服爲繫 露形爲離故 露形無恥 亦名無繫 本師名繫 門徒名子也"라고 하였다. 〔참고문헌〕『瑜伽師地論略纂』, 『成唯識論學記』. ⇨ 니건타불달라 尼楗陀弗呾羅, 니건타야제자 尼乾陀若提子, 니건자외도 尼犍子外道

이계지시 離界地時 계를 여의는 때. 하계(下界)를 떠나 상계(上界)에 오르기 위해 머물던 지를 떠나는 때. 상계에서 하계로 내려오는 때는 퇴시(退時)라 한다. 『아비담비바사론』 권3(대정장28, p.21b19)에 "난법을 얻거나 버린다. 버리는 것에는 두 가지가 있으니, 이계지때와 물너날 때에 버리는 것이다. 물러날 때에 버리면 무간업을 지어 선근을 끊고 악도에 떨어진다. 또 어떤 좋은 이익이 있는가? 이미 열반을 위한 결정인을 지은 것이니, 낚싯밥을 삼킨 것과 같다. 정법(頂法)을 얻거나 버린다. 버리는 것에는 두 가지가 있으니, 이계지때와 물러날 때에 버리는 것이다. … 다시는 어떤 좋은 이익이 있는가? 다시는 선근을 끊지 않는다. 得煖法亦捨 捨有二種 離界地時 及退時捨 退時捨者 作無間業 能斷善根 亦墮惡道 復有何善利 已爲涅槃 作決定因 如吞鉤餌法 得頂法亦捨 捨有二種 離界地時 及退時 … 復有何善利 更不斷善根", 『법화현의석첨』 권7(대정장33, p.862a26)에 "이계지란 하계에서 상계에 오르는 것을 말하고, 물러날 때란 상계에서 하계로 물러나는 것을 말한다. 言離界地 謂自下升上 退時 謂失上退下"라고 하였다. 〔참고문헌〕『阿毘曇毘婆沙論』, 『法華玄義釋籤』.

이계친자 離繫親子 Ⓢ Nirgrantha-jñātaputra. 육사외도(六師外道) 중 니건자외도(尼乾子外道). 『일체경음의』 권27(대정장54, p.490c1)에 "니건자⟨(음사어는) 니건타불다라이고, 이계친자라고 한역한다⟩. 尼揵子⟨昵健陀佛多羅 此云離繫親子⟩"라고 하였다. 〔참고문헌〕『一切經音義』, 『大毘婆沙論』 권103(대정장27, p.531b8). ⇨ 자이나교 Jainism, 니건자외도 尼乾子外道

이계팔번중생 二界八番衆生 두 계에 걸쳐 머무는 여덟 류의 중생. 이계란 욕계(欲界)와 색계(色界)이고 팔번이란 욕계천(欲界天)·색계천(色界天)·용왕(龍王)·건달바(乾達婆)·아수라(阿修羅)·긴나라(緊那羅)·가루라(迦樓羅)·인(人)의 팔부중이다. 『법화문구』 권2(대정장34, p.23c5)에 "지금 섞인 무리라 부른 것은 뜻에 여러 의미를 겸하고 있으니 오도와 이계의 팔번을 말한다. 그러므로 섞여 있다고 하였다. 今呼爲雜衆 意則兼矣 所謂五道二界八番 是故言雜", 『법화문구기』 권2(대정장34, p.185c16)에 "두 계란 삼계에서 무색계를 제한 것이니 계는 급하고 승은 느리다. 팔번이란 욕계천·색계천·용·건달바·긴나라·아수라·가루라·인이다. 二界者 無無色 卽戒急乘緩 八番者 欲天 色天 龍 乾 緊 修 迦 人"라고 하였다. 〔참고문헌〕『法華文句』, 『法華文句記』. ⇨ 팔부중 八部衆

이고 二苦 내부와 외부에서 비롯되는 두 가지 괴로움. 내적인 괴로움(內苦)은 몸과 마음에서 오는 것이고, 외적인 괴로움(外苦)은 사회환경과 자연재해에서 오는 것을 말한다. 『대지도론』 권19(대정장25, p.202b2)에 "두 가지 괴로움이란 내적인 괴로움과 외적인 괴로움이다. 내적인 괴로움에 두 가지가 있으니 몸의 괴로움과 마음의 괴로움이다. 몸의 괴로움은 몸의 통증이나 두통 등 404종 병이다. 마음의 괴로움은 우수·분노·공포·질투·의심 등이다. 두 가지 괴로움이 화합하여 내적인 괴로움이 된다. 외적인 괴로움에 두 가지가 있다. 하나는 왕·나보다 뛰어난 이·악적·사자·호랑이·독사 등의 피해이다. 다른 하나는 비바람·추위와 더위·번개·벼락·천둥 등이다. 이러한 두 가지 괴로움을 밖에서 받는 외수다. 二種苦 內苦 外苦 內苦有二種 身苦 心苦 身苦者 身痛頭痛等 四百四種病 是爲身苦 心苦者 憂愁瞋怖嫉妬疑 如是等是爲心苦 二苦和合 是爲內苦 外苦有二種 一者 王者 勝己 惡賊 師子 虎狼 蚖蛇等逼害 二者 風雨 寒熱 雷電 礔礰等 是二種苦 名爲外受"라고 하였다. 〔참고문헌〕『大智度論』. ⇨고 苦

이고 李翱 772~841. 당나라 때 유학자이자 약산유엄(藥山惟儼 751~834)의 속가제자. 자는 습지(習之). 조군(趙郡 : 河北省 寧普) 출신. 국자감박사겸국사수찬(國子監博士兼國史修撰)·호부상서(戶部尙書)·산남동도절도사(山南東道節度使) 등을 역임하였다. 비록 폐불주의자 한유(韓愈 768~824)에게 문장을 배웠지만 사상적으로는 불교의 영향이 농후하여 심성(心性)을 새롭게 해설한 『복성서 復性書』는 그 결과물이다. 낭주자사(朗州刺史)로 부임하여 약산을 친견한 다음부터 선문과 인연을 맺었다. 그 뒤로 항상 공무를 보는 여가에 선가의 존숙을 만나 교류하면서 이름이 세상에 알려졌다. 약산과 나눈 문답은 이고문도(李翱問道)·약산보임(藥山保任) 등의 공안에 남아 있고, 그 밖에 『경덕전등록』 권7 「서당지장전 西堂智藏傳」(대정장51, p.252b6)에 "이고가 서당에게 물었다. '마대사에게 어떤 언교가 있었는지요?' 서당이 '이고!'라고 부르자 '예!' 하고 대답했다. 서당이 말했다. '고각이 울리는군요'. 李翱問師 馬大師 有什麽言教 師呼李翱 翱應諾 師云 鼓角動也"라는 문답을 비롯한 여러 기연이 전하며, 같은 책 권14(대정장51, p.309a20)에는 약산의 제자로 이름이 올라가 있다. 시호는 문(文)이다. 저술에 『논어필해 論語筆解』·『오목경 五木經』·『이문공집 李文公集』 등이 있다. 〔참고문헌〕『景德傳燈錄』, 『五燈會元』 권5(卍속장138, p.177a17), 『舊唐書』 권160, 『新唐書』 권177. ⇨이고문도 李翱問道, 약산보임 藥山保任

이고참문 『석씨원류응화사적』 권4 양주불암사판 1673년

이고 離苦 고통을 여읨. 그 과(果)는 보리(菩提)·해탈(解脫)·락(樂)을 얻는 것이다. 『금광명최승왕경』 권2(대정장16, p.413b14)에 "일체중생은 유의 바다에서 생사라는 올무에 단단히 묶여 있으니, 원하건대 지혜의 칼로 잘라내어 고통을 여의고 속히 보리의 경지를 증득하게 하옵소서. 一切衆生於有海 生死羂網堅牢縛 願以智劍爲斷除 離苦速證菩提處", 『청관세음경』(대정장20, p.36b16)에 "중생이 관세음보살의 명호를 듣는다면 고통을 여의고 해탈을 얻으리라. 衆生若聞名 離苦得解脫", 『대지도론』 권20(대정장25, p.210b20)에 "모든 보살은 이렇게 자비심을 행하여 중생들이 고통에서 벗어나 즐거움을 얻도록 한다. 諸菩薩行是慈心 欲令衆生 離苦得樂", 『우란분경소』 권하(대정장39, p.511b8)에 "삼악도에서 벗어나 해탈하는 것을 고통을 여읜다고 한다. 出三塗解脫者 總名離苦也"라고 하였다. 〔참고문헌〕『金光明最勝王經』, 『請觀世音經』, 『大智度論』, 『盂蘭盆經疏』.

이고문도 李翱問道 이고가 도를 묻다. 약산유엄(藥山惟儼)과 주고받았던 문답이다. 『경덕전등록』 권14 「약산유엄전 藥山惟儼傳」(대정장51, p.312b13)에 "이고가 약산에게 '무엇이 도입니까?'라고 묻자 약산은 손으로 위아래를 가리키며 물었다. '알겠습니까?' '모르겠습니다' '구름은 하늘에 있고, 물은 병에 있습니다'. 이고는 흡족히 기뻐하며 절을 올리고 나서 게송 한 수를 지었다. '단련한 몸은 학의 모습인 듯, 천 주나 되는 소나무 아래에는 두 벌의 경함. 내가 찾아가 도 묻자 별말씀 없고, 구름은 푸른 하늘에 물은 병에 있다 하시네'. 問曰 如何是道 師以手指上下曰 會麽 翱曰 不會 師曰 雲在天水在缾 翱乃欣愜作禮 而述一偈曰 練得身形似鶴形 千株松下兩函經 我來問道無餘說 雲在青天水在缾", 『선문염송설화』 335칙(한불전5, p.288b8)에 "대홍보은(大洪報恩)이 읊는다. '낯선 길에서 만났으나 서로 알아보지 못해, 구름처럼 물처럼 흘러 정한 자취 없네. 설령 그대가 백천 가지로 부귀 누린다 하여도, 어찌 빈궁하나 분명한 내 살림살이만 같으리!' 大洪恩頌 陌路相逢不相識 雲水悠悠無定迹 饒君富貴百千般 爭似儂家窮的的", "불타덕손(佛陁德遜)이 집어 말한다. '약산에게 가르칠 방편이 없지 않지만 지나치게 멀리 돌아감 어찌하랴! 나는 오늘 그렇게 하지 않겠다. 문득 누군가 「무엇이 도인가?」 묻는다면 다만 그에게 일러주리. 「구름은 산마루에 한가로이 떠돌아 거둘 일 없고, 흐르는 물 적셔 내리느라 한창 바쁘다」라고 응답하리라'. 佛陁遜拈 藥山爲人方便 卽不無 爭奈迂迴大甚 白雲今日卽不然 忽有人問 如何是道 但向他道 雲在嶺頭閑不徹 水流澗下大忙生"라고 하였다. 〔참고문헌〕『景德傳燈錄』, 『禪門拈頌說話』.

이고육환장 二鈷六環杖 끝이 두 갈래로 나뉘고 여섯 개의 고리가 달린 석장(錫杖). 고(鈷)는 고(股)로도 쓴다. 『백장청규증의기』 권7(卍속장111, p.792b16)에 "사고십이환은 지금도 쓰이며, 이고육환은 모양이 조금 작고 무게는 한 근 정도인데 부처님 재세시 비구가 쓰던 것이다. 一種四股十二環 今時所用 一種二股六環 形細小重一斤許 佛世比丘所用”라고 하였다. 〔참고문헌〕『百丈淸規證義記』. ⇨사고십이환장 四鈷十二環杖, 십이환 十二環, 육환장 六環杖

이곡 李穀 1298~1351. 고려말 학자. 초명은 운백(芸白), 자는 중보(仲父), 호는 가정(稼亭), 시호는 문효(文孝), 본관은 한산(韓山). 자성(自成)의 아들이고, 색(穡)의 아버지며, 익재(益齋) 이제현(李齊賢)의 문인이다. 불교와 관련된 많은 저술을 남겼는데, 그의 문집인 『가정집』 권2에는 「경사보은광교사기 京師報恩光教寺記」·「경사금손미타사기 京師金孫彌陁寺記」·「흥왕사중수흥교원낙성회기 興王寺重修興教院落成會記」·「금강산보현암법회기 金剛山普賢庵法會記」·「고려국강릉부염양선사중흥기 高麗國江陵府艶陽禪寺重興記」, 권6에 「대도대흥현중흥용천사비 大都大興縣重興龍泉寺碑」·「금강산장안사중흥비 金剛山長安寺重興碑」·「대숭은복원사고려제일대사원공비 大崇恩福元寺高麗第一代師圓公碑」, 권7에 「영암사신정명 靈巖寺新井銘」·「순암진찬 順庵眞讚」·「연복사신주종명 演福寺新鑄鍾銘」, 권10에 「불정도량소 佛頂道場疏」·「외원도량소 外院道場疏」·「팔관재소 八關齋疏」 등이 전한다. 한편 권1에 가전체(假傳體) 소설 「죽부인전 竹婦人傳」도 수록되어 있다. 〔참고문헌〕『稼亭集』, 『高麗史』 권109 列傳22 李穀.

이공 二空 ❶ 인공(人空)과 법공(法空). 인법이공(人法二空)·생법이공(生法二空)이라고도 하며, 특히 인공은 아공(我空)·생공(生空 : 衆生空)이라고도 한다. 『대지도론』 권93(대정장25, p.710b1)에 “불법에는 두 가지 공이 있다. 첫째는 중생공이고, 둘째는 법공이다. 중생공으로는 중생상을 부순다. 소위 남녀등상이다. 법공으로는 색 등의 법 중에 허망상을 타파한다. 佛法中有二種空 一者 衆生空 二者 法空 以衆生空 破衆生相 所謂男女等相 以法空 破色等法中虛妄相”, 『성유식론』 권1(대정장31, p.1a8)에 “이 논을 짓는 이유는 이공에 대하여 잘못 알고 있는 이들에게 바른 이해를 일으키도록 하려는 뜻에 있으며, 바른 이해를 일으켜 두 가지 장애를 끊기 위함이다. 아집과 법집으로 말미암아 두 가지 장애가 함께 일어난다. 이공을 증득하면 저들 장애 따라 끊어지는데, 장애를 끊는 까닭은 두 가지 뛰어난 과를 얻기 위함이다. 今造此論 爲於二空 有迷謬者 生正解故 生解爲斷 二重障故 由我法執 二障具生 若證二空 彼障隨斷 斷障爲得 二勝果故”라고 하였다. 〔참고문헌〕『大智度論』, 『成唯識論』. ⇨인공 人空, 법공 法空❶ ❷ 삼론종과 천태종 등에서 시설한 단공(但空)과 부단공(不但空). 공에만 치우친 단공과 공과 불공을 함께 보는 중도의 부단공을 말한다. 『대품경의소』 권3(卍속장38, p.59b13)에 “단공을 행하므로 이승지에 떨어지고, 부단공을 행하므로 이승지에 떨어지지 않는다. 단공을 행하면 공견지나 이승지에 떨어진다. 그러나 부단공을 행하면 유견지에도 떨어지지 않고 공견지에도 떨어지지 않으므로 이승지에도 떨어지지 않는다. 行但空故 墮二乘地 行不但空故 不墮二乘地 行但空者 墮若空見地 若二乘地 行不但空不墮有見地 亦不墮空見地 故不墮二乘地”라고 하였다. 〔참고문헌〕『大品經義疏』. ⇨단공 但空, 부단공 不但空 ❸ 성공(性空)과 상공(相空). 성상이공(性相二空)이라고도 한다. 제법(諸法)의 자성(自性)도 자상(自相)도 공한 뜻이다. 『화엄경소』 권6(대정장35, p.548c28)에 “또한 연기법에는 두 가지 뜻이 있다. 하나는 상 없어 허공과 같음이다. 곧 모두 남김없이 다하여 있는 것 없으니 상공이다. 다른 하나는 자성 없음이 저 허깨비 같아서 곧 업과가 언제나 사라질 일 없으니 자성만이 공하다. 又緣起法有二義 一 無相如空 則蕩盡無所有 是相空也 二 無自性如幻 則業果恒不失 卽性空也”라고 하였다. 〔참고문헌〕『華嚴經疏』. ⇨성공 性空, 상공 相空, 성공상공 性空相空 ❹ 권공(權空)과 실공(實空). 권실이공(權實二空)이라고도 한다. 이승이 깨달은 방편으로서의 공과 대승보살이 깨달은 진실한 공을 구분한 이름이다. 『정명현론』 권5(대정장38, p.887b8)에 “또한 이승의 공을 조명하는 작용도 권이라 한다. 그러한 까닭은 참으로 이승이 보는 공이 없지만 이 방편으로서의 공을 비추므로 권이라 하고, 보살의 공을 비추어 실이라 한다. 보살의 지혜로서의 공은 진실한 공이니 이 실한 공을 비추므로 실이라 부른다. 又照二乘之空 名之爲權 所以然者實無二乘所見之空 照此權空 故名爲權 照菩薩之空 名之爲實 以菩薩所智之空是實空 以照實空故 名爲實也”, 『대승현론』 권4(대정장45, p.59a21)에 “이 권실이공을 비추어 권과 실이라는 두 가지 지혜라고도 한다. 照此權實二空 亦得爲權實二智”라고 하였다. 〔참고문헌〕『淨名玄論』, 『大乘玄論』. ❺ 좌우의 엄지손가락. 밀법으로 인계(印契)를 결할 때 지·수·화·풍·공(地水火風空)의 오륜(五輪)을 순서에 따라 소지(小指)·무명지(無名指)·중지(中指)·식지(食指)·무지(拇指)의 오지(五指)에 배대하고, 이공(二空)은 좌우의 엄지인 무지로 표한다. 『제재교령법륜』(대정장19, p.345a13)에 “이공은 함께 꼿꼿하게 세운다. 二空並直竪”라고 하였다. 〔참고문헌〕『除災敎令法輪』.

이공 履空 허공을 밟다. 뛰어난 역량이나 신통력을 말한다. 『대법거다라니경』 권12(대정장21, p.714a27)에 “또한 능히 허공을 밟음에 땅처럼 하고 허공 중에서 가고 머물고 앉고 눕는다. 亦能履空如地 於虛空中 行住坐臥”, 80권본 『화엄경』 권14(대정장10, p.72b6)에 “이와 같이 가없는 큰 공덕을, 나 이제 조금 설하리니,

마치 새 날며 허공 밟은 듯하고, 저 대지 한점 티끌 같으리라. 如是無邊大功德 我今於中說少分 譬如鳥足所履空 亦如大地一微塵", 『화엄경소』 권33(대정장35, p.753c16)에 "허공을 밟고 다니기에 남긴 자취 찾을 길 없다. 由履空故 處迹難分", 『광명동자인연경』 권4(대정장14, p.862c14)에 "삼명과 육통을 모두 갖추어 견줄 이 없이 최상이며, 허공 밟고 높이 들어 뜻대로 자재하다. 三明六通 悉得具足 最上無比 履空高擧 如意自在", 『대당서역기』 권3(대정장51, p.886b19)에 "모두들 신통 부려 허공을 달리고 밟아서 이 나라에 이르렀다. 咸運神通 凌虛履空 來至此國"라고 하였다. [참고문헌] 『大法炬陀羅尼經』, 『華嚴經』, 『華嚴經疏』, 『光明童子因緣經』, 『大唐西域記』, 『宏智廣錄』 권6(대정장48, p.77b11).

이공관 二空觀 **1** 인·법(人法) 이공을 관함. 이 관으로 심사(尋伺)도 다하고, 번뇌와 소지의 이장(二障)도 끊는다. 『유가론기』 권12(대정장42, p.575b2·한불전13, p.946a23)에 "제8지 이상에서 여실지가 생한다. 제8지가 아니라면 심·사가 남아 있다. 그러한 까닭은 무엇인가? 제8지 이상에서는 모든 때에 항상 인법 이공관에 들기 때문이다. 第八地已上 如實智生 非第八地有尋思 所以然者 八地已上 於一切時 恒入人法二空觀故"라고 하였다. [참고문헌] 『瑜伽論記』. ⇨ 이공 二空**1**, 인공관 人空觀, 법공관 法空觀 **2** 무생관(無生觀)과 무상관(無相觀). 무생관은 남산삼관(南山三觀) 중 성공관(性空觀)에 해당하고, 무상관은 상공관(相空觀)에 해당하므로 이공관이라 한다. 『화엄유심법계기』(대정장45, p.643c7)에 "온갖 법은 모두 공이어서 상 다하지 못할 리 없는 방편으로 들어간다. 여기에도 다시 두 관으로 나뉜다. 첫째는 무생관이고 둘째는 무상관이다. 무생관이란, 법에 자성이 없고 서로 인이 되므로 생하니, 생하지만 실로 있는 것 아니다. 이런즉 공이어서 한 터럭도 없이 텅 비었으므로 무생이라 한다. 성 스스로는 일어나지 못하기 때문이다. 入諸法皆空 相無不盡之方便者 於中復分爲二觀 一者 無生觀 二者 無相觀 言無生觀者 卽法無自性 相由故生 生非實有 是卽爲空 空無毫末 故曰無生 以性自不生故", "둘째, 무상관이란, 상 그대로 무상이다. 왜 그런가? 이 법은 상을 여의었기 때문이다. 어떻게 알 수 있는가? 『유마경』에 '법은 상을 여의었으니 반연할 일 없기에'라고 하였다. 또한 『반야경』에 '법상이 없고 또한 법상이 아님도 없다'라고 하였다. 관이라는 말은 관해야 지이다. 이 법은 헤아려 분별함을 여의었으므로 관이라 한다. 二 無相觀者 相卽無相也 何以故 此法離相故 此云何知 按維摩經云 法離於相 無所緣故等 又般若經云 無法相亦無非法相等 言觀者觀智 是法離諸情計 故名爲觀也"라고 하였다. [참고문헌] 『華嚴遊心法界記』. ⇨ 남산삼관 南山三觀

이공로 李公老 ?~1224. 고려중기 문신. 자는 거화(去華). 단산현(丹山縣) 출신. 명종 때 급제하여 안변판관(安邊判官)이 되었고, 이후 예부낭중(禮部郎中)·경상도안찰사(慶尙道按察使)를 거쳐 추밀원우부승선국자대사성(樞密院右副承宣國子大司成)에 올랐다. 「청하보경사원진국사비명 淸河寶鏡寺圓眞國師碑銘」을 지었다. [참고문헌] 『高麗史』 권102 列傳15 李公老, 李智冠 『校勘譯註歷代高僧碑文』 高麗篇4 p.99. ⇨ 보경사원진국사비 寶鏡寺圓眞國師碑

이공린 李公麟 1049~1106. 북송(北宋) 때 문인화가. 호는 용면거사(龍眠居士), 자는 백시(伯時). 서주(舒州 : 安徽省) 출신. 원우년간(1086~1094)에 진사(進士)가 되었고, 원부년간(1098~1100)에 어사대부(御史大夫)에 올랐다. 당시 가장 뛰어난 화가로서 박학다식하고 시서에 능하였을 뿐만 아니라 골동품의 고증에도 뛰어났다. 산수화·인물화·불화 등 모든 회화에 뛰어났다. 만년에는 불교에 귀의하여 계를 받고 용면산장(龍眠山莊)에 은거하며 선과 염불을 수행하였으니 염불결사도 하였다. 1106년(숭녕5) 미리 돌아갈 때(時至)를 알아 재산과 서화를 보시하고서 염불하며 생을 마쳤다. 송대 선사와의 여러 인연이 전하는데, 특히 『선림승보전』 권26 「원통법수전 圓通法秀傳」(卍속장137, p.545a5)에 따르면, 원통법수(1027~1090)의 '사대부로서 말 그림으로 명성을 쌓으면 다음 생에 말 뱃속으로 들어갈 것'(汝士大夫以畵名 矧又畵馬期人跨 以爲得妙 妙入馬腹中 亦足懼)이라는 경책 이후 절필하고 관음상을 그렸다고 전한다. 같은 책 권29 「불인요원전 佛印了元傳」(卍속장137, p.560a16)에는 불인요원(1032~1098)의 청에 따라 진영을 그리기도 하였다. 또한 『운와기담』 권상(卍속장148, p.16a18)에는 만년의 대혜종고(大慧宗杲 1089~1163)가 이공린이 남긴 관음대사상 판화(模勒)를 보고 극찬을 아끼지 않았다고 전한다. 대표 불화로는 「아미타상 阿彌陀像」·「유마힐도 維摩詰圖」·「진단제일조서귀상 震旦第一祖西歸像」·「연사십팔현도 蓮社十八賢圖」 등이 전하고, 이외의 대표작으로는 「산장도 山莊圖」·「오마도 五馬圖」 등이 전하는데, 모두 후대 회화의 한 모범이 되었다. [참고문헌] 『禪林僧寶傳』, 『雲臥紀譚』, 『樂邦文類』 권2 「李伯時畵彌陀讚」(대정장47, p.180c3), 『宏智廣錄』 권7(대정장48, p.78c13), 『佛祖統紀』 권46(대정장49, p.418b14), 『名公法喜志』 권4(卍속장150, p.104b4).

이공법왕신 二空法王身 아(我)도 법(法)도 공(空)한 법왕의 몸. 일체법공(一切法空) 깨우치면 삼라만상이 온통 법왕의 몸이라 한다. 『황룡혜남어록』(대정장47, p.639a11)에 "보리는 언설에서 벗어나 있어, 종래로 얻은 이 없다네. 반드시 이공의 이치에 의지하여야, 법왕의 몸 증득하리라.(이상 傅大士의 송) 말해 보라! 무엇을 이공리라 하는가? 인도 공이고 법도 공이며, 내도 공이고 외도 공이며, 범도 공이고 성도 공이다. 일체법이 공인 이공의 이치를 다 거둬 여러분에게 말해 주었다. 말해 보라! 무엇을 법왕의 몸이라 하는가? 사대와 오온, 행주좌와, 좌복 깔고 발우를 펴며, 승당과 불전, 부엌과 삼문 등이 모두 법왕의 몸 아닌 것이 없다. 菩提離言說 從來無得人 須依二空理 當證法王身 且道 何名二空理 人空法空 內空外空 凡空聖空 一切法空 二空之理 總爲諸人說了也 且道 何名法王身 四大五蘊 行住坐臥 開單展鉢 僧堂佛殿 廚庫三門 無不是法王身"라고 하였다. 〔참고문헌〕『黃龍慧南語錄』. ⇨ 이공 二空❶, 아공 我空, 법공 法空❶, 법왕신 法王身

이공비유 離空非有 공을 떠나지만 유도 아니다는 뜻. 『금광명최승왕경』 권1(대정장16, p.407c1)에 "여래께서는 유정과 법을 분명하게 아신다. 그 체성 다 공이지만, 공을 떠나되 유도 아니며, 공성이 곧바로 진실한 법신이므로 이를 열반이라 이름한다. 如來了知 有情及法 體性皆空 離空非有 空性卽是 眞法身故 名爲涅槃"라고 하였다. 〔참고문헌〕『金光明最勝王經』. ⇨ 공 空

이공소현진여 二空所顯眞如 아법(我法) 또는 생법(生法) 이공으로 나툰 진여. 『불지경론』 권6(대정장26, p.321b18)에 "초지이상의 보살은 이공으로 드러나는 진여를 증득하여 모든 법이 변계소집이어서 본성은 생도 없고 멸도 없으며 본래 적정하여 자성 그대로의 열반임을 관한다. 받아 쓰고 화합하며 한 맛으로 모든 일 아는 지혜는 이승의 견도현관 같지 않다. 이승은 다만 생공으로 드러나는 진여만 증득할 뿐 법공으로 드러나는 참된 이치는 증득하지 못하기 때문이다. 從初地已上菩薩 證得二空所顯眞如 觀一切法 遍計所執 本性無生 亦無有滅 本來寂靜 自性涅槃 受用和合 一味事智 非如二乘 見道現觀 但證生空 所顯眞如 未證法空 所顯眞理", 『불성론』 권1(대정장31, p.787b4)에 "불성이란 인법이공으로 드러나는 진여다. 진여이기에 꾸짖는 일도 꾸짖음 들을 일도 없다. 이 이치에 통달하면 허망한 집착에서 벗어난다. 佛性者 卽是人法二空所顯眞如 由眞如故 無能罵所罵 通達此理 離虛妄執", 『유가론기』 권9(대정장42, p.500b4·한불전13, p.683b1)에 "모든 법의 진실한 성품이란 이공으로 드러나는 진여다. 이것이 모든 법의 본성이므로 '여소유성'이라 부르는 제법의 진실성이다. 諸法眞實性者 卽是二空所顯眞如 卽是諸法本性 故云如所有性 諸法眞實性也", 『대승본생심지관경천주』 권2(卍속장34, p.150b18)에 "이공은 아공과 법공이다. 아와 법에 대한 집착을 끊음으로 인하여 아공과 법공의 진실이 분명하게 드러난다. 아법이공으로 드러나는 진여는 두 가지 생사에서 벗어나 청정본연하니 그것이 번뇌를 끊은 덕의 몸이다. 二空 卽我空法空 謂因斷我法二執 則顯出我空法空 以我法二空所顯眞如 離二種生死 淸淨本然 卽斷德體", 『도서』 권상2(대정장48, p.403c8)에 "유식관과 육바라밀·사섭 등의 행을 닦아서 점차로 번뇌와 소지라는 두 가지 장애를 조복시켜 끊고 이공으로 드러나는 진여를 증득하면 십지가 원만해져 팔식을 뒤쳐 사지보리를 이룬다. 修唯識觀 及六度四攝等行 漸漸伏斷 煩惱所知二障 證二空所顯眞如 十地圓滿 轉八識成四智菩提也", 『반야심경휘찬』(卍속장42, p.61a2)에 "지혜는 육바라밀의 주이니 능히 증하는 지를 말하고 증득의 과는 이공으로 드러나는 진여로서 이것이 증득한 이치다. 智爲六度之主 卽能證之智也 得卽二空所顯眞如 此所證之理也"라고 하였다. 〔참고문헌〕『佛地經論』, 『佛性論』, 『瑜伽論記』, 『大乘本生心地觀經淺註』, 『都序』, 『般若心經彙纂』. ⇨ 아공진여 我空眞如, 법공진여 法空眞如, 전식득지 轉識得智, 진여 眞如, 이공 二空❶

이공수 李公壽 ?~1137. 고려전기 문신. 자는 원로(元老), 시호는 문충(文忠), 본관은 인주(仁州). 천성이 넓고 두터웠으며, 불교를 좋아하였다. 『고려사』 권16 세가(世家)16 인종 8년(1130) 4월에 "신축일(30일)에 문하시중 이공수가 양부(兩府 : 중서문하성과 중추원)의 대신들과 회의하고 백관에게 차등을 두어 쌀을 내게 하였으며, 그 쌀로 현성사와 영통사 두 절에서 재를 올려 나라를 위해 재앙을 물리치고 복을 내려 줄 것을 기도하였다. 辛丑 門下侍中李公壽 與兩府大臣會議 令百寮出米有差 設齋于現聖靈通二寺 爲國家禳災祈福"라고 하였다. 〔참고문헌〕『高麗史』.

이공양 二供養 ➡ 이종공양 二種供養

이공양 利供養 의식주에 이익이 되는 공양. 삼공양(三供養) 중 하나이다. 『인왕반야경소』 권하5(대정장33, p.346c24)에 "공양이 비록 많지만 세 가지를 벗어나지 않는다. 첫째, 경공양은 향이나 꽃을 말한다. 둘째, 이공양은 의복 등을 말한다. 셋째, 수행공양은 육바라밀과 사섭 등을 말한다. 供養雖多 不出三種 一 敬供養 謂香華等 二 利供養 謂衣服等 三 修行供養 謂六度四攝等", 『대지도론』 권5(대정장25, p.98c4)에 "불법에 들어선 사람으로 열반의 즐거움을 구하지 않고 도리어 이익이 되는 공양을 구한다면 이러한 무리들은 스스로 속는다. 有人入佛法 不求涅槃樂 反求利供養 是輩爲自欺"라고 하였다. 〔참고문헌〕『仁王般若經疏』, 『大智度論』.

이공양 理供養 뜻으로서 공양함. 깨달음 얻는 것을 말한다. 사공양(事供養)의 상대어이다. 『대일경공양차제법소』 권상(대정장39, p.790c5)에 "공양은 이공양과 사공양이다. 이란 도리를 이해하여 증입하는 것이니 이것을 이공양이라 한다. 供養者 理事供養 理者 會理入證 是云理供養也", 같은 책 권하(대정장39, p.798c28)에 "이공양은 마음이 법체에 머물고 밖으로 반연하는 것이 없음을 말한다. 理供養 謂心住法體 無外攀緣也", 『법화경회의』 권7(卍속장50, p.764b5)에 "이공양이란 원만한 지혜로 바르게 보는 마음이다. 이것을 깨달음이라 하니 깨달은즉 부처다. 理供養者 圓智正觀之心 名之爲覺 覺卽是佛"라고 하였다. 〔참고문헌〕『大日經供養次第法疏』, 『法華經會義』. ⇨ 공양 供養, 사공양 事供養

이공지색 異空之色 공과는 다른 색. 공에 즉한 색(卽空之色)이 아닌 것으로 색법(色法)을 별도의 자성을 가진 물질로 여기는 경우이다. 『화엄경삼보장원통기』 권하(한불전4, p.231b23)에 "〔문〕 왜 앞에서는 색과 단공이 즉하지 않았는데 지금은 즉하는가? 〔답〕 앞에서는 공과 다른 색이고 진제와 다른 단공이었기에 즉하지 않았다. 지금은 공과 즉한 색이고 진에 즉한 단공이므로 상즉이다. 問 何故前則色與斷空不卽 今此相卽耶 答前則 異空之色 異眞之斷故不卽 今則 卽空之色 卽眞之斷 故相卽也"라고 하였다. 〔참고문헌〕『華嚴經三寶章圓通記』.

이과 移過 옮겨오다. 또는 자신의 허물을 남에게 떠넘긴다는 말이기도 하다. 『여정어록』 권하(대정장48, p.127b4)에 "정자사에서 쓰던 발우를 천동사로 옮겨와 밥을 먹는다. 淨慈鉢盂 移過天童喫飯", 『잡아함경』 권4(대정장2, p.29a4)에 "스스로 온갖 과오를 짓고서는 남에게 떠넘겨 뒤집어 씌웠다. 自造諸過惡 移過誣他人"라고 하였다. 〔참고문헌〕『如淨語錄』, 『雜阿含經』.

이과 離過 Ⓢ vānta-doṣa, doṣa-varjita, Ⓣ skyon-bsal-ba. 허물을 벗어남. 탐진치(貪瞋癡) 삼독의 굴레에서 조업수보(造業受報)에 이르기까지의 허물들을 여의는 뜻이다. 『대견고바라문연기경』 권하(대정장1, p.211c23)에 "내가 만약 출가한다면 일향에 허물을 벗어나서 청정하고 바르며 순결한 범행을 닦을 것이다. 我若出家 一向離過 當修淸淨 正白梵行", 『화엄경소』 권32(대정장35, p.744c27)에 "허물을 벗어난다는 말은 세 가지 허물을 벗어난다는 뜻이다. 첫째, 성내지 않는 등의 공덕을 갖춤으로 말미암아 인색과 질투 등의 허물을 벗어난다. 곧 성내지 않음으로 질투를 다스려 고르게 취하면 탐욕이 없음이고, 탐욕이 없으므로 인색함 다스려 고르지 않으니 어리석음이 없다. 어리석음이 없으면 전의 모든 상념이 지혜로 거두기 때문이다. 둘째, 이전에 이미 설한 최상의 묘지로 말미암아 법을 설함에 게으름을 피우는 허물이 없다. 셋째, 즐겁게 설하는 변재의 능력으로 말미암아 즐겁지 않게 설하는 허물이 없다. 言離過者 離三種過 一 由無瞋等功德具故 離慳嫉過 謂無瞋治嫉 等取無貪 無貪治慳 不等無癡 無癡卽前念智攝故 二 由前已說 上妙地故 無說法懈怠過 三 由有樂說辯力 無不樂說過", 『원각경대소석의초』 권6상(卍속장14, p.670b7)에 "허물을 벗어난다는 말은 전부터 반복되는 지말의 세 가지 장애를 뒤집는다는 뜻이다. 진실하고 청정한 법신과 신령하게 비추는 진심을 스스로 인정한다면 망령되게 사대와 분별로 구성된 몸의 실재를 인정하지 않을 것이다. 본래 번뇌를 따르는 까닭도 바로 이 몸 때문이기에 일단 이 몸의 실재를 인정하지 않으면 탐욕과 분노도 저절로 그치고 탐욕과 분노가 그치면 어떤 업도 짓지 않는다. 업이 없으면 육도로 윤회하며 받는 고락의 과보도 겪지 않으므로 '허물을 벗어났다'고 한다. 言離過者 翻前展轉枝末三障也 旣自識眞淨法身 靈鑒眞心 卽不妄認四大緣慮之軀 本因煩惱 只爲此身 旣不認此身 卽貪嗔自息 貪嗔旣息 卽不造業 無業卽不六道苦樂之報 故云離過也"라고 하였다. 〔참고문헌〕『大堅固婆羅門緣起經』, 『華嚴經疏』, 『圓覺經大疏釋義鈔』, *Rāṣtr.125.*, *Mvyut.1.*

이과방비 離過防非 허물을 여의고 그릇됨을 막음. 계를 가지는 뜻이다. 『선원청규』 권1(卍속장111, p.877a4)에 "삼세의 부처님은 모두 출가하여 성도하셨고, 인도의 28조사와 중국의 6대조사는 불심인을 전하였으니 이들은 모두 사문이었다. 계율을 엄수하고 청정하게 지켜야 비로소 삼계에 모범을 펼칠 수 있다. 그러므로 참선하고 도를 물음에 계율이 우선해야 하니, 허물을 떠나고 그르침 방지하지 않고서야 어떻게 부처가 되고 조사가 될 수 있겠는가? 三世諸佛 皆曰出家成道 西天二十八祖 唐土六祖 傳佛心印 盡是沙門 蓋以嚴淨毗尼 方能洪範三界 然則 參禪問道 戒律爲先 旣非離過防非 何以成佛作祖"라고 하였다. 〔참고문헌〕『禪苑淸規』.

이과신중 離過身中 허물을 벗어난 몸 안에라는 뜻. 성자(聖者)의 몸을 말한다. 『순정리론』 권1(대정장29, p.331a27)에 "비유논사는 이치에 어긋나고 다음과 같은 잘못된 주장을 한다. '유정이 아닌 것들과 허물을 벗어난 몸에 있는 색(色) 등을 무루법이라고 한다'. 이것은 타당하지 않으니, 계경에 어긋나기 때문이다. 저 경에서는 다음과 같이 말한다. '과거·미래·현재의 모든 색에 대해 탐욕·분노·어리석음 내지는 아주 세세한 것까지 낳는다'. 무생물과 허물을 벗어난 몸 안에 있는 색 등이 이미 유정중생의 탐욕 등을 낳았거늘 어떻게 무루라고 하겠는가? 譬喩論師 違理背經 妄作是說 非有情數 離過身中 所有色等 名無漏法 此必不然 違契經故 如契經言 謂於過去 未來 現在 諸所有色 生長現貪 或瞋 或癡 乃至

廣說 非有情數 離過身中 所有色等 旣能生長 有情貪等 云何無漏"라고 하였다. 〔참고문헌〕『順正理論』, 『顯宗論』 권14(대정장29, p.844b23). ⇨이과 離過

이과이의 二果二義 두 번째 과의 두 가지 뜻. 이과란 성문사과(聲聞四果) 중 두 번째인 사다함(斯陀含 Ⓢsakṛd-āgāmin : 一來果)이 하늘과 인간을 한 번씩 오가며 난 후에야 아나함과를 얻는다는 뜻이다. 『금강경주해』(대정장33, p.231a2)에 "범어 사다함은 한역하면 일래(一來)이며, 이것은 성문의 두 번째 과위이다. 대개 욕계에는 아홉 가지 사혹이 있는데, 앞의 여섯 가지는 이미 끊었으나 뒤의 세 가지는 아직 끊지 못하였으면 다시 한 번 욕계에 태어나야 한다. 그러므로 '일래'라고 한다. 梵語 斯陀含 華言 一來 此聲聞第二果也 蓋欲界有九品思惑 前六品已斷 後三品未斷 更須欲界一度受生 故云一來", 『금강경약소』(卍속장39, p.313a5)에 "성문의 두 번째 과위로, 욕계의 여섯 가지 사혹을 끊은 것을 사다함이라고 하며, '일래'라고 한역한다. 즉 여기에서 목숨이 다하고서 한 번 천상 세계에 갔다가, 한 번 인간세상에 돌아와 아나함을 증득하는 것을 말한다. 그러므로 '일래'라고 한다. 聲聞二果 斷欲界六品思惑 名斯陀含 華云一來 謂從此命終 一往天上 一來人間 便得阿那含 故名一來"라고 하였다. 〔참고문헌〕『金剛經註解』, 『金剛經略疏』. ⇨사다함 斯陀含, 일래과 一來果

이과탑 二果塔 팔종탑(八種塔) 중 하나. 성문사과(聲聞四果) 중 제2과인 사다함(斯陀含) 성문의 삼층탑. 『번역명의집』 권7(대정장54, p.1168a19)에 "팔종탑 모두에 노반이 있다. 불탑은 8중이고, 보살탑은 7중, 벽지불탑은 6중, 사과탑은 5중, 삼과탑은 4중, 이과탑은 3중, 초과탑은 2중, 전륜왕탑은 1중이다. 八種塔並有露槃 佛塔八重 菩薩七重 辟支佛六重 四果五重 三果四 二果三 初果二 輪王一"라고 하였다. 〔참고문헌〕『翻譯名義集』. ⇨팔종탑 八種塔

이과행 離過行 Ⓢsaṃlekha. 허물을 벗어나는 행. 『금광명경소』(대정장39, p.163b10)에 "허물을 벗어나는 행의 바탕은 다섯 가지를 벗어나지 않는다. 그 다섯 가지란 무엇인가? 참회·근청·수희·회향·발원을 말한다. 보살은 어째서 이 다섯 가지 법을 행하는가? 악을 일으키는 근본마음을 뒤집고 싶기 때문이다. 離過行體 不出五種 五種者何 所謂懺悔勸請隨喜迴向發願 菩薩何故 行此五法者 欲反起惡根本心故"라고 하였다. 〔참고문헌〕『金光明經疏』, *Sam-r.129*. ⇨이과 離過

이관 二觀 두 가지 관법(觀法). ❶ 총관(總觀)과 별관(別觀). 제법의 자성을 다 들어 함께 보는 뜻과 각각의 자성을 따로 보는 뜻. 『대지도론』 권23(대정장25, p.232b21)에 "〔문〕 무상상·고상·무아상·일체세간의 불가락상에는 어떤 차이가 있어 각각 설하는가? 〔답〕 두 가지 관이 있으니, 총관과 별관이다. 앞의 것들을 다 거두어 보는 것이 총관, 이들 중에 들어가 각각 따로 봄이 별관이다. 問曰 無常想 苦想 無我想 一切世間不可樂想 有何等異而別說 答曰 有二種觀 總觀 別觀 前爲總觀 此中別觀"라고 하였다. 〔참고문헌〕『大智度論』, 『大乘義章』 권9(대정장44, p.643b8). ⇨총관 總觀, 별관 別觀❶ ❷ 법관(法觀)과 중생관(衆生觀). 법(法)의 자성을 통틀어 무상고무아(無常苦無我)임을 함께 보는 것과 중생의 차별한 상을 따로 보는 뜻이다. 『대지도론』 권23(대정장25, p.232b24)에 "두 가지 관법이 있으니, 법관과 중생관이다. 앞의 것은 일체법을 비난하는 관이고, 이 중에서 중생의 죄악이 같지 않음을 관하는 것이다. 有二種觀 法觀 衆生觀 前爲呵一切法觀 此中觀衆生罪惡不同"라고 하였다. 〔참고문헌〕『大智度論』.

이관 利觀 814~880. 신라 스님. 자는 유자(有者), 시호는 홍각선사(弘覺禪師), 탑호는 선감지탑(禪鑑之塔), 속성은 김씨. 경주에서 태어났다. 총명하여 삼분유서(三墳儒書)와 사서(史書)를 두루 배운 다음, 17세 때 합천 해인사(海印寺)로 가서 스님이 되었다. 경율론 삼장을 두루 섭렵하고 제방을 다니면서 참선하였다. 합천 황매산(黃梅山) 영암사(靈巖寺)에서 수개월 정진하다가 원감대사(圓鑑大師) 현욱(玄昱 787~868)이 중국 유학을 마치고 귀국하여 혜목산(慧目山) 고달사(高達寺)에 주석한다는 소식을 듣고 찾아 정진하였다. 다시 도의국사(道義國師)의 주석처였던 설악산 억성사(億聖寺)에서 지내다가 880년(헌강왕6)에 법랍 50세로 입적하였다. 비문은 김원(金薳)이 왕명에 의해 짓고, 운철(雲徹)이 왕명에 따라 왕희지(王羲之)의 글씨를 집자(集字)하였으며, 보덕사(報德寺)의 오강(鰲江)이 각자하여 886년(헌강왕12) 사림사(沙林寺 : 지금의 강원도 양양 선림원지)에 세웠다. 언제부터인가 파손되어 남아있던 잔비들은 양양군에 의해 1775년(영조51)경에 양양 읍내로 옮겨졌다가 1914년 일제강점기 때 국립중앙박물관으로 옮겨졌으며, 현재는 국립춘천박물관에 소장되어 있다. 잔비의 규격은 세로 54cm, 가로 48cm, 자경(字徑)은 2.1cm, 행서체(行書體)이다. 〔참고문헌〕『朝鮮金石總覽』 권상 pp.65~66, 李智冠『校勘譯註

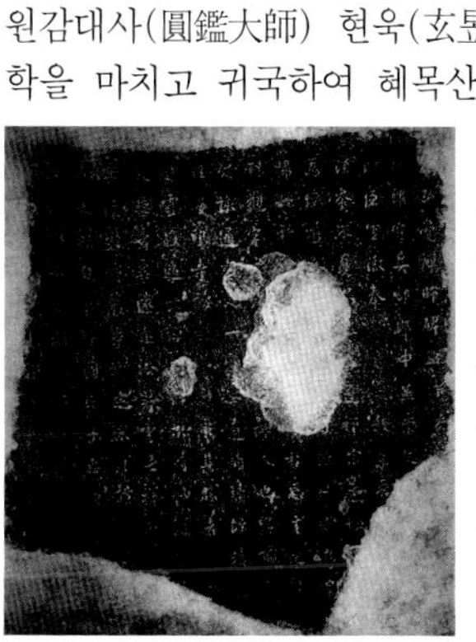

이관 홍각선사탑비편 탁본
국립춘천박물관 886년

歷代高僧碑文』 新羅篇 pp.116~125. ⇨선림원지홍각선사탑비귀부및이수 禪林院址弘覺禪師塔碑龜趺◯螭首

이관 理觀 제법(諸法)의 자성이 공한 이치와 실상, 진여 등을 관함. 진여실관(眞如實觀)・진여관(眞如觀)・실상관(實相觀)이라고도 한다. 반면 인연생멸하는 현상을 관찰하는 것을 사관(事觀) 또는 유식관(唯識觀)이라 한다. 『마하지관』 권7(대정장46, p.93b3)에 "이관에는 사념처・혜근・혜력・택・희각분・정견・정사유 등이 갖추어져 있다. 이와 같은 열 가지 법은 지혜바라밀에 섭수된다. 이것이 이관이다. 理觀之中 具四念處 慧根 慧力 擇 喜覺分 正見 正思惟 如是十法 智度所攝 此是理觀", 『법화현의』 권5(대정장33, p.733a27)에 "만약 일마다 어지러이 밟아 움직인들 도의 싹은 무너져 사라질 것이니 다만 안으로 이관을 닦고 밖으로 대승경전을 수지독송하여 들어 관법을 돕는 힘이 있음을 알고 안팎이 서로 의지하면 두렷한 믿음이 더욱 밝아지고 십심이 견고하게 될 것이다. 若涉事紛動 令道芽破敗 唯得內修理觀 外則受持讀誦大乘經典 聞有助觀之力 內外相藉 圓信轉明 十心堅固", 『종경록』 권35(대정장48, p.621b14)에 "이들 네 가지 관문에서 법은 본래 이와 같으니 법에 의지하여 관하므로 관이라 하였다. 첫째, 사관이니 미혹과 깨달음의 인과와 염정이 분명히 드러남을 말한다. 둘째, 이관이란 아와 법이 모두 공인 평등한 한 상을 말한다. 此四觀門 法本如是 故依法而觀 故名爲觀 一 事觀 謂迷悟因果 染淨歷然 二 理觀 謂我法俱空 平等一相"라고 하였다. 〔참고문헌〕 『摩訶止觀』, 『法華玄義』, 『宗鏡錄』. ⇨실상관 實相觀, 사관이관 事觀理觀, 관 觀❶

이관관혼즉혼이랑 以觀觀昏卽昏而朗 관으로 어둠을 관한즉 어둠 이에 밝아진다는 말. 관법의 지혜로 혼침을 관하면 혼침의 장애가 사라진다는 뜻이다. 『마하지관』 권5(대정장46, p.49a1)에 "행과 해가 이미 부지런한즉 세 가지 장애와 네 가지 마구니가 어지럽게 다투어 일어나고 두터운 혼침과 거친 산란이 동정 간의 밝음을 장애하니 따라도 안 되고 두려워해도 안 된다. 따른즉 장차 악도에 떨어지고 두려워한즉 정법을 닦는 데 방해가 된다. 관법의 지혜로써 혼침을 관한즉 바로 어둠은 밝아지고, 그쳐 산란을 다스리면 산란은 바로 고요해진다. 마치 저 돼지가 금산을 헤집고 온갖 하천이 바다에 드는 것과 같고, 땔감이 불을 타오르게 하고 바람이 가라구라충(迦羅求羅蟲)을 크게 만드는 것과 같다. 行解旣勤 三障四魔紛然競起 重昏巨散翳動定明 不可隨不可畏 隨之將人向惡道 畏之妨修正法 當以觀觀昏卽昏而朗 以止止散卽散而寂 如猪揩金山 衆流入海 薪熾於火 風益求羅耳", 『증도가주』(卍속장111, p.370a8)에 "진실로 일체중생이 헤아릴 수 없는 겁을 좇아 무명번뇌에 취해 능히 생사를 벗어날 수 없는 까닭은 오직 무명으로 어둡고 어지러운 병에 들었기 때문이다. 이런 이유로 성인은 지관의 두 가지 법을 세워서 다스렸다. 곧 지법으로 산란함 그치면 산란 그대로 적정이고, 관법으로 혼침을 관하면 혼침 그대로 밝아져서 곧 정과 혜 두 가지 법으로 뒤친다. 정과 혜는 둘이 아니니 이것을 원명이라 하니 원명은 한 법일 따름이다. 良由一切衆生 從無量劫來 爲無明煩惱所醉 不能出離生死者 唯無明昏散所病也 是以聖人立止觀二法治之 卽以止止散卽散而寂 以觀觀昏卽昏而朗 則轉成定慧二法 定慧不二 謂之圓明 圓明一法也"라고 하였다. 〔참고문헌〕 『摩訶止觀』, 『證道歌註』.

이관규천 以管窺天 대롱으로 하늘을 본다는 뜻. 좁은 구멍으로 큰 하늘 본다는 말이니, 소견으로는 세계를 다 알 수 없는 뜻이다. 『장자』 「추수 秋水」에 "이는 다만 대롱으로 하늘을 보고, 송곳으로 땅의 깊이를 짚어내려는 짓이니 좁은 견해라 하지 않을 수 있겠는가! 是直用管窺天 用錐指地也 不亦小乎"라는 구절에서 유래한다. 『사명존자교행록』 권4(대정장46, p.894b26)에 "요즘 어떤 논사는 '달마의 도는 단지 하근기만을 교화할 뿐 상근기의 지혜에는 통하지 못한다'고 한다. 또한 '마음이 곧 부처라는 도리는 깨닫지만 마음 밖의 법에는 어둡다'라고 말한다. 이는 모두 대롱으로 하늘을 보고 소라껍질로 바닷물을 뜨는 격이라 한다. 今或有師云 達磨之道 但接下根 未通上智 又云 悟卽心之理 昧心外之法 斯皆以管窺天 將螺酌海者也", 『선림소어고증』 권4(卍속장112, p.875b10)에 "「동박삭전」에서 '대롱으로 하늘을 보고 표주박으로 바닷물을 헤아린다'고 하였다. 東方朔傳曰 以管窺天 以蠡測海", 『경충철벽기어록』 권중(가흥장29, p.563a28)에 "대중에게 말했다. '이월이나 사월이나 팔월이나 각 달의 하늘은 밤낮 가리지 않고 매한가지이다. 바쁜 달은 쏜살처럼 바삐 움직이고, 한가한 달은 산처럼 한가로이 지내지만, 한가하여 도무지 헤맬 일 없는 날 필경 어떤 해일까?' 잠깐 말없이 있다가 일렀다. '표주박으로 바닷물을 헤아리지도, 대롱으로 하늘 보려 하지도 마라'. 示衆 二四八月天 晝夜都一般 忙者忙如箭 閒者閒似山 閒忙都不涉 畢竟是何年 良久云 休用蠡測海 莫以管窺天"라고 하였다. 〔참고문헌〕 『莊子』, 『四明尊者教行錄』, 『禪林疏語考證』, 『慶忠鐵壁機語錄』.

이관대 理寬帶 부산법원(浮山法遠 991~1067)이 학인을 지도하기 위해 언구를 활용하는 아홉 가지 방법 중 하나. 『인천안목』 권2(대정장48, p.309a7)에 "이관대 : 소리와 색이 닿지 않고 언어로 설명하기 어렵지만 고금에 뚜렷하여 빈틈없이 어디에나 있다. 말로 도를 드러낸들 에둘러 오늘이 될 뿐이고 불자 들고 눈썹을 치켜세운다 해도 돌고 돌아 보일 것 없게 된다. 타고난 상근기라면 어찌 그대로 받아들이겠는가? 중하의 근기는 미끼 취하여 기틀에 맞는다 해도 묘할 수 없으니 그 허물 누구에게 있을까? 다시 주저한다면 더욱 어리석게 되고 만다. 이관대라 하였으니, 이는 곧 정위다. 이 정위 중에는 하나의 법도 없이 텅 비어 실제와 같다. 이 실제의 이지에는 티끌 하나도 용납하지 않는다. 理貫帶 夫聲色不到 語路難詮 今古歷然 從來無間 以言顯道 曲爲今時 竪拂揚眉 周遮示誨 天然上士 豈受提撕 中下之機 鉤頭取則 投機不妙 過在何人 更或躊躇 轉加鈍置 理貫帶者 理卽正位也 其正位中 而無一法 空同實際 其實際理地 不受一塵",『굉지광록』 권5(대정장48, p.63c20)에 "학인이 물었다. '무엇이 이관대입니까?' 굉지선사가 말했다. '발가벗고 씻은 듯한 맨몸으로 일체를 초월한다'. 僧云 如何是理貫帶 師云 露裸裸 赤洒洒 超一切",『오가종지찬요』 권상(卍속장114, p.525b3)에 "이관대 : 오골계가 한밤에 우는 곳 어디인가? 마른 나무에 꽃이 피니 겁 밖의 봄이네. 이치로 꿰고 통하니 온전히 거둔다. 온갖 물결 함께 흐르네. 비로자나 화장세계가 물물마다네. 무엇이 이관대인가? 삼산등래가 말한다. '머리 들어 등 뒤를 보라'. 〔송〕 지극한 뜻 말 없으니 묘도 현도 끊어졌네. 한 주머니로 싸안아 거뒀으니 공겁이전의 일이라네. 理貫帶 烏雞半夜鳴何處 枯木花開劫外春 理貫全收 萬派同流 毗盧華藏 物物頭頭 如何是理貫帶 三山來云 掉頭背後看 頌曰 至理無言 絶妙絶玄 一囊包括 威音那邊"라고 하였다. 〔참고문헌〕『人天眼目』,『宏智廣錄』,『五家宗旨纂要』. ⇨구대선 九帶禪, 법원 法遠

이관습자 已串習者 이숙수위(已熟修位)의 유정. 이미 닦아 마쳐 원숙한 자. 세 가지 수행위(初修業位·已串習位·超作意位) 중 두 번째다. 이습행유가사(已習行瑜伽師)라고도 한다. 『대비바사론』 권6(대정장27, p.27b16)에 "(부처님께서는) 또 어떤 이들을 위해 오온을 현시하신 것인가? … 이관습자를 위해서는 오온을 현시하신 것이다. 復爲何等顯示五蘊 … 爲已串習者顯示五蘊", 같은 책 24(대정장27, p.123b27)에 "이관습자를 위해서는 갖추어 문을 여시니 연기법을 설하신다. 爲已串習者 以俱爲門 說緣起法"라고 하였다. 〔참고문헌〕『大毘婆沙論』. ⇨이숙수위 已熟修位, 이숙수자 已熟修者, 이습행유가사 已習行瑜伽師, 초작의자 超作意者

이관행 二觀行 식상관(息相觀)과 실성관(實性觀)의 두 가지 관행. 식상관은 생멸하는 의식을 관찰하여 망념이 본래 없는 경계로 돌아가는 관법이다. 실성관은 일체 불법의 근원으로서 진여심을 체득하는 관법을 말한다. 『대승기신론의소』 권상(대정장44, p.184a23)에 "관행이란 무엇인가? 두 가지 관이 있다. 하나는 식상관이다. 생사와 열반이 진식이 허망하게 일어난 것을 따른 것이고 진실한 경계를 증득하여 근원으로 돌아가면 본래 망상이 없음을 관찰한다. 망상이 이미 없는데 어떻게 망상을 따라 생사와 열반의 법상을 얻을 수 있겠는가? 이것을 식상관이라 한다. 둘째는 실성관이다. 진식의 여래장체는 오직 법계의 항하사처럼 많은 불법의 동체의 인연이 모인 것이며 서로 성립시켜 벗어나지도 않고 떨어지지도 않으며 끊어지지도 않고 다르지도 않음을 관하는 것이다. 제법의 동체의 인연이 모여서 서로 성립시키므로 별도로 자성을 지킬만한 법이 한 가지도 없다. 비록 자성이 없지만 자성 아닌 것도 없고 지켜야 할 성도 없다. 이것이 여여하고 진실한 문이다. 성 아닌 것이 없음은 진실과 상·락·정 등의 법계문이다. 체성이 상주하므로 고금에 불변하다. 이것을 실성관이라 한다. 云何觀行 有二種觀 一者 息相觀 生死涅槃本是眞識妄隨所起 證實返源本來無妄 妄想旣無 焉有隨妄生死涅槃法相可得 名息相觀 二者 實性觀 觀彼眞識如來藏體 唯是法界恒沙佛法同體緣集 互以相成 不離不脫不斷不異 良以諸法同體緣集 互以相成故 無有一法別守自性 雖無一性而無不性 無有守性 卽是如如一實之門 而無不性卽是眞實常樂淨等法界門也 體性常然古今不變 名實性觀也"라고 하였다. 〔참고문헌〕『大乘起信論義疏』.

이광 二光 **1** 방광삼매(放光三昧)가 방출하는 두 가지 광명. 몸에서 방출되는 색광(色光)과 무명을 없애는 지혜광(智慧光)이다. 지혜광은 심광(心光)이라고도 한다. 『대지도론』 권47(대정장25, p.399b15)에 "광명에 두 가지가 있다. 하나는 색광이고 다른 하나는 지혜광이다. 이 방광삼매에 머물며 모든 삼매를 비추면 사견과 무명 등이 없다. 光明有二種 一者 色光 二者 智慧光 住是三昧中 照諸三昧 無有邪見 無明等"라고 하였다. 〔참고문헌〕『大智度論』. ⇨색광 色光, 심광 心光, 지혜광 智慧光, 방광삼매 放光三昧 **2** 상광(常光)과 현기광(現起光). 『아미타경의소문지기』 권중(卍속장33, p.265a11)에 "〔소〕 불광에 두 가지가 있다. 첫째 상광, 둘째 현기광이다. 〔기〕 별석에서 광명은 첫째 과분이다. 시종일관 범부와 성인이 모두 보기에 상광이라 한다. 근기에 따라 감추고 드러남에 고정됨이 없으므로 현기라고 한다. 疏 佛光有二 一者 常光 二者 現起光 記 別釋 光明初科 始終一如 凡聖皆覩 故曰常光 隨機隱顯 有無不定 故曰現起"라고 하였다. 〔참고문헌〕『阿彌陀經義疏聞持記』. ⇨상광 常光, 현기광 現起光 **3** 마광(魔光)과 불광(佛光). 『염불삼매보왕론』 권중(대정장47, p.139a25)에 "마구니의 광명에는 눈에 어리는 그림자가 있지만, 부처님의 광명은 눈 가리는 그림자 없다. 魔光乃有影耀眼 佛光乃無影耀眼"라고 하였다. 〔참고문헌〕『念佛三昧寶王論』.

이광 李珖 1589~1645. 조선 제14대 왕 선조(宣祖

재위 1567~1608)의 여덟 번째 아들 의창군(義昌君). 글씨에 조예가 깊어 당대의 명필로 이름이 높았다. 필력(筆力)이 웅장하고 강건하여 글자가 클수록 더욱 뛰어났으므로 편액(扁額)과 금석(金石)을 새길 적에 모두 그의 글씨를 얻으려 하였다. 선조의 친필이 대부분 흩어져 있어 수습하지 못했는데 이광이 성심으로 모아 손수 모사(模寫)하고 판각하여 널리 전하였다. 철원심원사제월당경헌대사비(鐵原深源寺霽月堂敬軒大師碑)와 금강산백화암편양당대사비(金剛山白華庵鞭羊堂大師碑)의 비문과 전액(篆額)을 썼다. 김수항(金壽恒)이 지은 「의창군신도비명〈병서〉 義昌君神道碑銘〈幷序〉」가 『문곡집』 권18(한국문집총간133, p.340a3)에 전한다. 〔참고문헌〕『文谷集』, 智冠 『韓國高僧碑文總集 朝鮮朝·近現代』 p.121·197. ⇨ 백화암편양당대사비 白華庵鞭羊堂大師碑, 심원사제월당경헌대사비 深源寺霽月堂敬軒大師碑

이광삼병 二光三病 ➡ 건봉이광삼병 乾峯二光三病, 운문삼병 雲門三病, 법신삼종병 法身三種病

이광수 李光洙 1892~1950. 문학가이자 언론가. 호는 춘원(春園), 평안남도 정주(定州) 출신. 운허용하(耘虛龍夏)와는 속가로는 2개월이 앞선 4촌 형뻘이다. 우리나라 신문학사(新文學史)에 큰 공헌을 남긴 인물이나, 친일연설과 창씨개명을 하였으므로 해방과 동시에 친일파로 지목·비난받았다. 많은 작품을 남겼는데, 『방황(彷徨)』·『그 여자의 일생』·『이차돈(異次頓)의 사(死)』·『사랑』·『무명(無明)』·『원효대사(元曉大師)』 등은 불교를 소재(素材)로 한 작품이다. 〔참고문헌〕 朴啓周·郭鶴松『春園 李光洙』, 白鐵『李光洙』.

이괴 李瓌 고려시대 관리. 1027년(현종18) 9월 무술일(음력 9월 1일)에 왕이 혜일중광사(慧日重光寺)를 지은 백성을 징발하자 보신(輔臣)과 간관(諫官)이 모두 반대하였으나, 좌승선(左承宣) 이괴만이 찬성하였다. 『고려사』 권5 세가(世家)5 현종 18년 9월에 "좌승선 이괴가 홀로 아뢰기를, '불공을 드리고자 절을 짓는 공덕은 무량하오니 백성을 부린들 무슨 상관이 있겠습니까?' 라고 하였다. 左承宣李瓌 獨奏曰 爲佛造寺 功德無量 勞民何傷"라고 하였다. 〔참고문헌〕『高麗史』.

이괴 異愧 남들과 유달리 부끄러워함. 별괴(別愧)라고도 한다. 『발지론』 권2(대정장26, p.924c29)에 "무엇이 부끄러움이 없음인가? 〔답〕 어떠한 부끄러움도 없고 부끄러워할 것도 없으며 달리 부끄러워하는 것도 없고 수치스러움도 없으며 수치스러워할 대상도 없고 특별히 수치스러워하는 것도 없으며 모든 죄에 대하여 두려워하지도 않고 무서워하지도 않으며 두렵거나 무섭다는 견해를 가지지도 않는 것을 두고 부끄러움이 없는 것이라고 한다. 云何無愧 答 諸無愧 無所愧 無異愧 無恥 無所恥 無異恥 於諸罪中 不怖不畏 不見怖畏 是謂無愧"라고 하였다. 〔참고문헌〕『發智論』. ⇨ 괴 愧

이교 異教 불교와 다른 교설. 외도의 교설. 『구사론실의소』 권5(대정장29, p.327c17)에 "이 세계의 많은 중생들은 오랫동안 이교를 익혀왔다. 이들은 견혹에 묶여서 생사를 거듭하여 돌고 돌면서도 귀의할 곳도 없고 구호 받을 곳도 없다. 此世界中 諸衆生等 久習異教 見惑縈纏 流轉生死 無所歸依 無所救護", 『무량수경연의술문찬』 권상(대정장37, p.136b25·한불전2, p.25b13)에 "세속의 이교에도 모두 정통하여 알았기에 '관련'이라 한다. 世俗異教 亦皆通委 故云貫練"라고 하였다. 〔참고문헌〕『俱舍論實義疏』, 『無量壽經連義述文贊』.

이교 黐膠 Ⓢ Ⓟ lepa, Ⓣ rnyong ngam byug-pa'am skyang-nul. 끈끈이. 아교 등으로 가까이하면 끝내 붙어 떨어지기 어려워 번뇌 등에 비유한다. 『잡아함경』 권24(대정장2, p.173b24)에 "원숭이가 다니는 길에 사냥꾼이 끈끈이를 풀에 발라놓으면 영리한 원숭이는 멀리 피해서 달아나고 어리석은 원숭이는 멀리 피하지 못해 손으로 조금 닿기만 하여도 그 손에 달라붙는다. 於猨猴行處 獵師以黐膠 塗其草上 有黠猨猴 遠避而去 愚癡猨猴 不能遠避 以手小觸 卽膠其手", 40권본 『대반열반경』 권25(대정장12, p.517a16)에 "끈끈이는 탐욕의 번뇌를 비유한다. 黐膠者 喩貪欲結", 『치선병비요법』 권하(대정장15, p.337c27)에 "마음은 끈끈이와 같아서 처처를 따라 붙어 막을 수가 없다. 心如黐膠 處處隨著 不可禁制", 『우암지급어록』 권6(卍속장124, p.341b16)에 "이렇고 또 이렇다고 하여도 원숭이가 끈끈이를 주물럭거리는 모양이며, 이렇지 않고 또 이렇지 않다고 하여도 새우가 국자를 뛰쳐나가지 못하는 꼴이다. 恁麼恁麼 猢猻弄黐膠 不恁麼不恁麼 蝦跳不出斗", 『일체경음의』 권54(대정장54, p.669a15)에 "이교〈첫 글자는 칙과 지를 반절한 음이다. 『광아』에 '이교는 들러붙는다는 뜻이다. 수교라고도 한다'라고 하였으며, 『고금정자』에 '나무 기름으로 물건에 달라붙어 새를 잡는 용도로 좋은 속성의 나무는 이전부터 이교수라 하였다'라고 한다〉. 黐膠〈上勅知反 廣雅云 黐膠 黏也 一曰水膠也 古今正字云 有樹脂黏著物 可捕鳥者 乃已爲黐膠樹也〉"라고 하였다. 〔참고문헌〕『雜阿含經』, 『大般涅槃經』, 『治禪病祕要法』, 『愚菴智及語錄』, 『一切經音義』, 『大寶積經』 권80(대정장11, p.464c23), *Rāṣṭr.141.*, *Mvyut.431.*, *SN.*

이교론 二教論 ❶ 북주 때 도안(道安) 지음. 1권. 불교와 유교의 주요 취지를 밝히고 양자의 우열을 논한 책.

『광홍명집』 권8(고려장33, pp.343c13~354c9·대정장52, pp.136b13~143c13)에 수록되어 있다. 총 12편으로 구성되어 있으며, 문답 형식을 취하고 있다. 569년(천화4)에 무제(武帝)의 칙명에 따라 백관들이 유불도 삼교의 우열을 논의하였다. 이듬해에 견란(甄鸞)이 불교를 옹호하고 도교를 비판하는 『소도론 笑道論』 3권을 지어 황제에게 올렸고 군신들이 이에 대해 토론한 결과 이 책이 도교를 해친다고 하여 조정에서 소각하였다. 도안이 이를 개탄하여 유불도 삼교의 우열과 진위를 논하고 불교의 우월성을 설한 본서를 지어 올리자, 신하들 중 감히 본서를 비판하는 이가 없었으며 불교와 도교에 대한 논쟁은 잠시 중지되었다고 한다. ⇨도안 道安❷ ❷➡변현밀이교론 辨顯密二教論

이교만 離憍慢 Ⓢvimudaḥ, Ⓣdga′-yas. 교만을 여의는 것. 80권본 『화엄경』 권14(대정장10, p.73a10)에 "만약 유위의 허물을 여의면 교만과 방일을 떠나고, 교만과 방일을 떠나면 모든 중생을 두루 이롭게 할 수 있네. 若能捨離有爲過 則離憍慢及放逸 若離憍慢及放逸 則能兼利一切衆", 40권본 『대반열반경』 권2(대정장12, p.378a14)에 "제법무아를 그대들은 반드시 수학해야 한다. 이를 수학하면 아상을 떠나고 아상을 떠난 이는 교만도 떠난다. 교만을 떠난 이는 열반에 든다. 諸法無我 汝當修學 修學是已 則離我想 離我想者 則離憍慢 離憍慢者 得入涅槃", 『법화의소』 권10(대정장34, p.594b6)에 "비록 네 가지 행이 있지만 얻음과 떠남이라는 두 문을 벗어나지 않는다. 얻음의 문에 두 가지 덕이 있으니 공적은 지혜이고 자비는 공덕이 된다. 중간의 두 가지를 떠남이라 하는데 떠남의 문에도 두 가지가 있다. 하나는 교만을 떠나는 것이고 다른 하나는 질투를 떠나는 것이다. 이것을 얻음과 떠남의 한 쌍이라 한다. 雖有四行 不出得離二門 得門之中 有兩種德 空寂是智慧 慈悲爲功德 中間二種 稱之爲離 故離門亦兩 一 離憍慢 二 離嫉妬 謂得離一雙也"라고 하였다. 〔참고문헌〕『華嚴經』, 『大般涅槃經』, 『法華義疏』, *Mvyut.246.*

이교석의 理教釋義 삼론종(三論宗)에서 뜻을 해석하는 네 가지 방법 중 하나. 이름과 형상으로 설법하는 것은 이름과 형상을 떠나 깨우치도록 하기 위한 방법이라는 해석. 현도석의(顯道釋義)라고도 한다. 『삼론현의』(대정장45, p.14b2)에 "이교석의는 중에 대해 중이 아님을 이치로 삼는 것이다. 그 까닭은 다음과 같다. 모든 법의 실상은 중도 아니고 중이 아님도 아니다. 이름과 형상이 없는 법을 중생에게 전하고자 억지로 이름과 형상을 세워 설하였으니 이러한 이름을 통해 이름이 없음을 깨닫도록 하고자 함이다. 그러므로 중을 설하기 위해 부중을 드러낸 것이다. 〔문〕 중은 부중을 뜻으로 삼는다는 것은 어떤 경문에 나오는가? 〔답〕 60권본 『화엄경』 권5(대정장9, p.426c9)에 '일체유무법 유무가 아님을 요달한다'고 하였다. 만약 그렇다면 일체의 중편법에 대해 중도 편도 아님을 요달할 것이다. 이것이 바로 그 일이다. 理教釋義者 中以不中爲義 所以然者 諸法實相 非中非不中 無名相法 爲衆生故 强名相說 欲令因此名 以悟無名 是故說中 爲顯不中 問 中以不中爲義 出何文耶 答 華嚴云 一切有無法 了達非有無 若爾 一切中偏法 了達非中偏 卽其事也"라고 하였다. 〔참고문헌〕『三論玄義』, 『華嚴經』. ⇨사종석의 四種釋義, 현도석의 顯道釋義

이교육리 二教六理 이교와 육리. 제7말나식(末那識)이 있을 수밖에 없는 뜻을 두 경의 경증과 여섯 가지 이치로 증명하는 내용이다. 두 가르침이란 『대승입능가경』과 『해탈경』의 가르침이고, 여섯 가지란 『섭대승론본』 권상 「소지의분 所知依分」의 뜻이니, 이 둘에 의지해 『성유식론』 권5에서 시설한 내용이다. 『성유식론』 권5(대정장31, p.24c13)에 의하면 두 경전의 가르침이란 『대승입능가경』 권6(대정장16, p.626c22)에서 "장식을 마음이라 하고, 사량하는 성품을 의라 하며, 모든 경계를 분별하는 것을 식이라 한다. 藏識說名心 思量以爲意 能了諸境界 是則名爲識"라고 한 것과 『해탈경』에서 "염오의는 항상 여러 가지 번뇌와 함께 생멸한다. 모든 번뇌에서 해탈하면 없어진다. 染汚意恒時 諸惑俱生滅 若解脫諸惑 非曾非當有"라고 한 것이다. 여섯 가지 이란 첫째 불공무명증(不共無明證)이니, 언제나 작용하는 불공무명이 말나식의 존재를 증명한다. 둘째 육이연증(六二緣證)이니, 전5식이 오근(五根)과 오경(五境)에 의지하는 것처럼 제6의식도 의근(意根 : 末那識)과 법경(法境)이 있어야 한다는 뜻이다. 셋째 의명증(意名證)이니, 염오의의 사량성(思量性) 근거가 그 이름에 부합한다. 넷째 이정차별증(二定差別證)이니, 성자의 멸진정(滅盡定)과 외도의 무상정(無想定)은 모두 무심정(無心定)이지만 멸진정에는 염오심이 없으므로 제7식의 유무로 두 선정을 구별한다는 말이다. 다섯째 무상유염증(無想有染證)이니, 무상정을 닦아 얻는 무상천(無想天)에는 아직 염오심의 아집(我執)은 남아 있으므로 제7식은 있다는 뜻이다. 여섯째 아불성증(我不成證)이니, 선악무기의 삼성심(三性心) 중에는 항상 아집이 있으므로 이것과 상응하는 제7식이 있어야 한다는 말이다. 『섭대승론본』 권상(대정장31, p.133c12)에 "염오의 의(意)가 있음을 어떻게 알 수 있는가? 이것이 없다면 불공무명은 있을 수 없게 되어 과실이 된다. 또 오동법(五同法 : 五識)도 있을 수 없게 되어, 과실이 되기 때문이다. 그 까닭은 무엇인가? 오식신은 반드시 안근 등의 구유의(俱有依)가 있기 때문이다. 또 해석하는 말들도 있을 수 없게 되니 과실이 된다. 또한 무상정과 멸진정의 차별도 없게 되는 과실이 되기 때문이다. 말하자면 무상정에도 염오의가 드러나니 멸진정이 아닌 것이다. 그렇지 않다면 이 두 가지 선정에는 차별이 없어야 한다. 또 무상천의 한 생애 중에도 염오의가 없게 되니 과실이 되기 때문이다. 그 중에 아집과 아만이 없다면 좋다. 또한 항상 아집이 현행하여 나타나기 때문이니, 즉 선·불선·무기심 중에서 그러하다. 그렇지 않다면 오직 불선심만이 그것과 상응하기 때문이다. 아·아소 등의 번뇌가 현행하면 선이나 무기가 아니기 때문에 구유현행을 건립하고 상응현행을 말하지 않으면 이런 과실은 없다. 云何得知 有染汚意 謂此若無 不共無明 則不得有 成過失故 又五同法 亦不得有 成過失故 所以者何 以五識身 必有眼等俱有依故 又訓釋詞 亦不得有 成過失故 又無想定 與滅盡定 差別無有 成過失故 謂無想定 染意所顯 非滅盡定 若不爾者 此二種定 應無差別 又無想天 一期生中 應無染汚成過失故 於中若無 我執我慢 又一切時 我執現行 現可得故 謂善不善 無記心中 若不爾者 唯不善心 彼相應故 有我我所 煩惱現行 非善無記 是故 若立俱有現行 非相應現行 無此過失"라고 하였다. 〔참고문헌〕『成唯識論』, 『大乘入楞伽經』, 『攝大乘論本』. ⇨ 말나식 末那識

이교조심 以教照心 교로써 마음을 비추는 것. 『도서』 권상(대정장48, p.400b27)에 "지금 방편과 진실로 구분되는 경론을 깊거나 얕은 선의 종지에 배대해 보지 않는다면 어떻게 교로 마음을 비추고 마음으로 교학을 이해할 수 있겠는가? 今若不以權實之經論 對配深淺禪宗 焉得以教照心 以心解教", 『원각경심경』 권1(卍속장93, p.962b17)에 "스승의 가르침에 의지하여 교로써 마음을 비추면 모든 허깨비와 같은 생사를 멀리 떠난다. 하물며 생사에 얽힌 뿌리가 동으로 만든 담이나 철벽과 같이 견고한데 일체가 허깨비와 같다고 아는 지혜가 아니라면 어떻게 벗어날 수 있겠는가? 그러므로 허깨비와 같은 모든 허망한 경계를 멀리 떠나야 한다고 설하였다. 경계란 우리 눈 앞에 나타나는 육근과 육진이다. 若依師教 以教照心 則遠離一切幻化生死 況生死結根 如銅墻鐵壁 非幻智 如何得出 故說云 應當遠離一切幻化虛妄境界 境界者 卽是我等現前六根六塵"라고 하였다. 〔참고문헌〕『都序』, 『圓覺經心鏡』.

이구 二求 두가지 구함. ❶성구(聖求)와 비성구(非聖求). 성구는 깨달음과 열반에 대한 구함이고 비성구는 세속적인 구함이다. 『법화문구기』 권1(대정장34, p.169c11)에 "부처님께서 녹모당에서 비구들에게 말씀하시기를 '두가지 구함이 있는데 하나는 성구이고 다른 하나는 비성구이다. 성구란 안은과 열반이다'라고 하였다. 佛在鹿母堂 告諸比丘 有二種求 一者 聖求 二 非聖求 聖求者 安隱涅槃"라고 하였다. 〔참고문헌〕『法華文句記』. ❷자리(自利)와 이타(利他). 깨달음과 중생구제에 대한 구함이다. 『대승입도차제』(대정장45, p.453a9)에 "희구에 두가지가 있다. 하나는 보리를 구하는 것이고 다른 하나는 중생을 이롭게 하려는 것이다. 그러므로 『유가사지론』에서 '보살이 마음을 일으켜 보리를 구할 때 이와 같은 마음을 일으키고 이와 같은 말을 한다. 「원컨대 내가 결정코 무상정등보리를 증득하여 모든 중생에게 이익을 주리라」'. 希求有二 一 求菩提 二 求利生 故瑜伽論云 菩薩起心求菩提時 發如是心 說如是言 願我決定當證無上正等菩提 能作有情一切義利"라고 하였다. 〔참고문헌〕『大乘入道次第』, 『瑜伽師地論』 권35(대정장30, p.480b27). ❸모든 것 얻고자 하는 욕구(得求)와 목숨을 유지하려는 욕구(命求). ⇨ 득구 得求, 명구 命求

이구 利口 ❶꾸미는 말. 말을 잘 하는 것. 『정법염처경』 권14(대정장17, p.80c11)에 "혀라는 활에서 쏘는 교활한 말은 불화살과 같네. 舌弓之所放 利口語火箭", 『선림보훈』 권2(대정장48, p.1023c14)에 "말 없는 이라고 반드시 어리석은 것은 아니고 말 잘하는 이라고 반드시 지혜로운 것도 아니며, 비루한 이라고 반드시 거친 것은 아니고, 잘 받들고 따르는 이라고 반드시 충성스러운 것은 아니다. 寡言者未必愚 利口者未必智 鄙樸者未必悖 承順者未必忠"라고 하였다. 〔참고문헌〕『正法念處經』, 『禪林寶訓』. ❷중생의 몸에서 나오는 팔만 가지 호충(戶蟲) 중 하나. 혀를 갉아먹는 벌레. 『대보적경』 권55(대정장11, p.325a22)에 "이구라는 호충은 설근에 의지하여 설근을 먹는다. 有一戶蟲 名爲利口 依於舌根而食舌根"라고 하였다. 〔참고문헌〕『大寶積經』.

이구 易求 Ⓢsu-lābha, Ⓣlegs-par-rnyed-pa. 승토륜(勝土輪)의 다섯 가지 조건 중 하나. 몸을 건사하는데 필요한 사사(四事 : 의복·음식·탕약·주거)를 쉽게 구할 수 있는 것. 『대승장엄경론』 권6(대정장31, p.622a11 : *Sūtr.*, p.86)에 "승토륜을 설명한다. 국토의 수승함에는 다섯 가지 조건이 있다. 첫째 이구이니, '사사'로 몸을 건사하는 것이 어렵지 않은 것을 말한다. 明勝土輪 土勝有五因緣 一者 易求 謂四事供身 不難得故"라고 하였다. 〔참고문헌〕『大乘莊嚴經論』, *Sūtr.* ⇨ 승토륜 勝土輪, 선호 善護, 선지 善地, 선반 善伴, 선적 善寂

이구 理具 이로서는 갖추었다는 말. 중생이 이를 갖추면 부처이다. 성구(性具)·본구(本具)라고도 하며, 사조(事造)와 대칭한다. 천태에서 일념(一念)에 이로서 삼천대천세계가 갖추어져 있음을 이구삼천(理具三千)이라 하고, 이것이 차별상으로 전개되는 것을 사조삼천(事造三千)이라 한다. 『지관보행전홍결』 권1(대정장46, p.155c28)에 "이로서 모든 법이 갖추어 저 바닷물과 같고, 관행을 닦는 것은 목욕하는 것과 같다. 理具諸法 如海水也 修觀行者 如在浴也", 같은 책 권5(대정장46, p.289c4)에 "부처의 과위 이미 가득 찼으니 일에 따라 설하되 이미 십계를 갖추었고, 초지와 초주 또한 각각 십계를 나누어 갖추었으며 범부는 다만 이로서만 갖추었을 뿐이다. 佛果已滿 從事而說 已具十界 初地初住 分具十界 乃至凡夫 但是理具", 『사명십의서』 권상(대정장46, p.838b8)에 "(二觀 중) 실상으로 도리를 관한다 함은 오온의 마음에서 오직 이로서만 갖춘 삼천대천세계를 관하는 것이다. 유식관은 만사에 의탁하여 오로지 일어나는 마음을 반조할 뿐이니 십계를 만들어 내는 마음을 관찰 대상으로 의탁하는 방법이다. 實相觀理者 則於陰心 唯觀理具 三千實相也 唯識歷事 專照起心 歷於能造十界之心也", 『지관대의』(대정장46, p.460a23)에 "색은 마음을 따라 만들어지니 전체가 마음이다. 그러므로 경전에서 '삼계에 다른 법이 없으니 오직 일심이 만든다'고 하였다. 이렇게 능히 짓는 마음에 모든 법을 갖추고 있다. … 그러므로 경전에서 '마음과 부처 그리고 중생, 이들 셋은 차별이 없다'고 하였다. 중생은 이로서 갖추고, 제불은 이미 성취했으니 성취하신 부처와 중생의 이는 본성에서 다름이 없다. 이것을 일러 하나하나의 마음에 일체의 마음이 있고, 낱낱 티끌 중에 일체의 경계가 있다고 한다. 色從心造全體是心 故經云 三界無別法 唯是一心作 此之能造 具足諸法 … 故經云 心佛及衆生 是三無差別 衆生理具 諸佛已成 成之與理莫不性等 謂一一心中一切心 一一塵中一切塵"라고 하였다. [참고문헌] 『止觀輔行傳弘決』, 『四明十義書』, 『止觀大義』, 60권본 『華嚴經』 권10(대정장9, p.465c29). ⇨ 성구 性具, 사조 事造, 일념삼천 一念三千

이구 離垢 ❶ Ⓢ vi-mala, vigata-mala, Ⓟ vīta-mala, Ⓣ dri-ma-med-pa, dri-ma-dang-bral-ba. 번뇌를 여의는 것. '원진(遠塵)'을 붙여 '원진이구'라고도 한다. 『유마경의소』 권2(대정장38, p.931b9)에 "팔십팔번뇌를 끊음을 번뇌를 멀리 떠난다고 하고 이것을 청정이라 한다. 다른 해석으로 외경에 집착하지 않음을 객진을 멀리한다 하고, 안으로 아견이 없음을 더러움을 떠난다고 풀이한다. 斷八十八結 名遠塵離垢 稱之爲淨 又解 於外境不執 爲遠塵 內無我見 爲離垢", 『설무구칭경소』 권2(대정장38, p.1033a24)에 "객진번뇌를 떠남은 무간도이니 장애를 끊기 때문이다. 더러움을 떠남은 해탈도이니 더러움을 여의고 무위를 증득하기 때문이다. 법지를 얻으므로 법안이 청정하다 하였다. 온갖 유루법을 완전히 떠나 번뇌의 장애가 소진하고 번뇌를 반연함을 떠난다. 遠塵者 無間道 斷障故 離垢者 解脫道 離垢證無爲故 得法智故 名法眼淨 永離諸漏 煩惱障盡 離所緣縛也"라고 하였다. [참고문헌] 『維摩經義疏』, 『說無垢稱經疏』, *Gaṇḍ-vy.2.*, *Lal-v.25.*, *Bodh-bh.62.*, *Laṅk.23.*, *DN.2.44.*, *Ratna-ut.9.*, *Saṃ-r.7.* ⇨ 원진이구 遠塵離垢 ❷ Ⓢ Viraja. 사리불(舍利弗)이 성불할 불국토. 『법화경』 권2(대정장9, p.11b16 : *Saddh-p.*, p.65)에 "사리불이여! 그대는 미래세에 한량 없고 가 없으며 불가사의한 겁 동안 천만억 부처님을 공양하고 정법을 받들며 보살도를 갖추어 성불할 것이다. 그 명호는 화광여래(Ⓢ Padmaprabha)·응공·정변지·명행족·선서·세간해·무상사·조어장부·천인사·불세존이고 국토 이름은 이구라 할 것이다. 舍利弗 汝於未來世 過無量無邊不可思議劫 供養若干千萬億佛 奉持正法 具足菩薩所行之道 當得作佛 號曰 華光如來 應供 正遍知 明行足 善逝世間解 無上士 調御丈夫 天人師 佛世尊 國名離垢 api khalu punaḥ śāriputra bhaviṣyasi tvam anāgate 'dhvani aprameyaiḥ kalpair acintyair apramāṇair bahūnāṃ tathāgatakoṭīnayutaśatasahasrāṇāṃ saddharmaṃ dhārayitvā vividhāṃ ca pūjāṃ kṛtvā imām eva bodhisattvacaryāṃ paripūrya padmaprabho nāma tathāgato 'rhan samyaksaṃbuddho loke bhaviṣyasi vidyācaraṇasaṃpannaḥ sugato lokavidanuttaraḥ puruṣadamyasārathiḥ śāstā devānāṃ ca manuṣyāṇāṃ ca buddho bhagavān. tena khalu punaḥ śāriputra samayena tasya bhagavataḥ padmaprabhasya tathāgatasya virajaṃ nāma buddhakṣetraṃ bhaviṣyati"라고 하였다. [참고문헌] 『法華經』, *Saddh-p.* ❸ ➡ 이구지 離垢地

이구계 離俱繫 Ⓢ ubhaya-saṃyoga-viyoga, Ⓣ gnyis-kun-tu-sbyor-ba-dang-bral-ba. 구계(俱繫)를 여의는 것. 구계란 자부(自部)·자품(自品)의 계와 타부(他部)·타품(他品)의 계가 함께 있는 것을 말한다. 『구사론』 권21(대정장29, p.113a11)에 "이구계란 비록 끊었을지라도 아직 변지(遍知)라고 하지 못하니, 그 이외에 이 경을 연하는 번뇌마저 여의어야 비로소 변지라고 할 수 있음을 말한다. 離俱繫者 謂此雖斷 未立遍知 要離所餘 緣此境惑 方可建立", 『구사론기』 권21(대정장41, p.330a23)에 "이구계란 무엇인가? 첫째는 자부의 계, 둘째는 타부의 계를 구계라고 하며, 이 두 가지 계를 여의는 것을 이구계라고 한다. 자부의 계박은 비록 끊었을지라도 아직 변지라고 하지 못하니, 이 자부의 경계를 연하는 타부의 번뇌마저 여의어야 비로소 변지라고 할 수 있음을 말한다. 또 어떤 해석에 의하면, 견도에서는 자부와 타부를 두 가지 계라 하고, 수도에서는 자품과 타품을 두 가지 계라고 한다. 또한 어떤 해석에 의하면 견도에서는 자부와 타부를 두 가지 계라 하고, 수도에서는 자품만을 한 가지 계박이라 하며, 타품의 타부를 한 가지 계로 하여 두 가지 계박이라 한다. 離俱繫

者 一 自部繫 二 他部繫 故名俱繫 離此二繫 名離俱繫 謂自部雖斷 未立遍知 要離他部 緣此自部境惑 方可建立 又解 見道 約自部他部爲二繫 修道 約自品他品爲二繫 又解 見道 約自部他部爲二繫 修道 約自品爲一繫 他品他部爲一繫 故言二繫"라고 하였다. 〔참고문헌〕『俱舍論』, 『俱舍論記』, *Abh-k-bh.325.* ⇨ 이계 離繫❶

이구금강 離垢金剛　백처존(白處尊 Ⓢ Pāṇḍaravāsinī : 白衣觀音)보살의 밀호. 『태장금강교법명호』(대정장18, p.204a11)에 "북쪽 세 번째 원의 서쪽에서 첫째는 백처존보살〈밀호는 이구금강이다〉이다. 北面第三重從西第一白處尊菩薩〈離垢金剛〉"라고 하였다. 백처존진언은 "남마 삼만다발다남 달타얼다미쇄야삼바베 발담마마리이사하 南麽 三曼多勃馱喃 怛他蘖多微灑也三婆吠 鉢曇摩摩履儞 莎訶 namaḥ samanta-buddhānāṃ tathāgata-viṣaya-saṃbhave padma-mālini svāhā 보변제불께 귀의합니다. 여래의 경계에서 태어나신 이여, 연화만(蓮華鬘)을 지니신 이여, 스바하"이며, 백의관음진언은 "옴 습베제 습베제 반나라바실이 사바하 唵 濕吠帝 濕吠帝 半拏囉嚩悉儞 娑嚩訶 oṃ śvete śvete pāṇḍaravāsinī svāhā 옴. 하얀 분이시여, 하얀 분이시여, 백의존이시여, 스바하"이다. 〔참고문헌〕『胎藏金剛教法名號』, 『大日經』 권2(대정장18, p.14b8), 『胎藏梵字眞言』 권상(대정장18, p.165b30), 『十一面儀軌』 권하(대정장20, p.147a11). ⇨ 백처존보살 白處尊菩薩, 백의관음 白衣觀音

이구답 二句答　Ⓢ dvi-koṭika. 두 구로만 답함. 칠구답(七句答) 중 하나로 사구분별 중 제2구 형식의 대답. 예컨대 'A는 B가 아니다'와 같은 형식의 답을 말한다. 『대승아비달마잡집론』 권15(대정장31, p.768a19 : *Abh-s-bh.*, p.148)에 "이구란 물음에 대해 이구로 대답하여 더 이상 쓸 수 없는 것을 말한다. 예컨대 어떤 이가 온에 의지한 건립과 계에 의지한 건립에 대해 질문하여 '온의 수는 계의 수이기도 한가? 아니면 계의 수가 온의 수이기도 한가?'라고 묻는다면 이는 응당 이구답의 형식으로 '온의 수는 계의 수가 아니니, 색온·식온이라고 말한다'라고 해야 한다. 二句者 謂於所問 應二句答 不得有餘 如有依蘊建立 依界建立 而發問言 若蘊數亦界數耶 設界數亦蘊數耶 此應作二句答 或蘊數非界數 謂色蘊識蘊 dvikoṭikaṃ yatra dve koṭī vyākriyete tad anyāsaṃbhavāt tad yathā skandhasya vyavasthānaṃ dhātuvyavasthānaṃ ca nigamayyocyate. yā skandhasaṃkhyā dhātusaṃkhyāpi sā yā vā dhātusaṃkhyā skandhasaṃkhyāpi seti. dvikoṭikam. syāt skandhasaṃkhyā na dhātusaṃkhyā rūpaskandho vijñānaskandhaś ca"라고 하였다. 〔참고문헌〕『大乘阿毘達磨雜集論』, *Abh-s-bh.* ⇨ 칠구답 七句答, 사구분별 四句分別

이구동음 異口同音　Ⓢ eka-kaṇṭhena, eka-raveṇa, eka-svara-nirghoṣena. 입을 달리 하지만 소리는 같음. 말하는 이는 제각각이지만 말의 내용은 같은 것. 이구동성(異口同聲)과 같은 뜻이다. 『잡아함경』 권23(대정장2, p.168b1)에 "이때 대신들은 이 희유한 일을 보고서 다른 입 한소리로 그를 찬탄하였다. 時 大臣輩 見是希有事 異口同音讚彼", 『증일아함경』 권11(대정장2, p.598a15)에 "이때 팔만사천의 범지들은 각자 일어나 함께 맞이하며 한목소리로 이렇게 말했다. 時 八萬四千諸梵志等 各起共迎 異口同音 而作是語"라고 하였다. 〔참고문헌〕『雜阿含經』, 『增壹阿含經』, 『大般若經』 권399(대정장6, p.1066b18), 40권본 『大般涅槃經』 권10(대정장12, p.424a13), *Guhy-s.*, *Divy.232.*, *Suv-pr.15.*

이구문 離垢門　허물을 여의는 문. 맞서 다스려야 열리는 문으로 무위법계(無爲法界)의 이문 중 하나이다. 다스리지 않아도 본래 깨끗한 문은 성정문(性情門)이다. 『화엄경탐현기』 권18(대정장35, p.440c4)에 "무위법계에 또한 두 문이 있다. 하나는 성정문이니 범부위일지라도 성품이 항상 청정하고 진공의 한 맛에 차별이 없기 때문이다. 다른 하나는 이구문이니 대치로 인하여 비로소 청정이 드러나고 행의 얕고 깊음에 따라 열가지로 나뉜다. 無爲法界 亦有二門 一 性淨門 謂在凡位 性恒淨故 眞空一味 無差別故 二 離垢門 謂由對治 方顯淨故 隨行淺深 分十種故"라고 하였다. 〔참고문헌〕『華嚴經探玄記』.

이구범과 二俱犯過　두 사람 모두 과오를 범한다는 말. 이인구범(二人俱犯)이라고도 한다. 천태에서 분류한 장·통·별(藏通別)의 삼교의 사람은 추인(麤人)이고 원교(圓敎)의 사람은 세인(細人)이다. 그러나 법화시(法華時) 이전 원교의 사람도 이전 삼교의 사람과 함께 과오가 있는 사람에 속한다. 이 말로 그 원교가 법화의 원교와 같지 않다는 점을 비유하였다. 『법화현의석첨』 권1(대정장33, p.820a8)에 "네 가지 맛에는 묘라는 이름을 붙이지 않는다. 어떤 이유 때문인가? 함께 평등하기 때문이니, 모든 부를 판별하여 추에 귀속시킨다. 가령 세인과 추인 둘 모두 과오를 범하기에 과오의 측면에서 말하면 모두 추인이라 한다. 이 『법화경』은 저들과 다르므로 '결코 (과오는) 없다'고 하여 비로소 홀로 묘라는 이름을 붙이기 때문이다. 四味 不立妙名 爲何所以 以兼等故 判部屬麤 如細人麤人 二俱犯過 從過邊說 俱名麤人 此經異彼 故云 無復 方得獨立妙名故也"라고 하였는데, 여기서 사미(四味)는 화엄시(華嚴時)·녹원시(鹿苑

時)·방등시(方等時)·반야시(般若時)의 모든 경전과 관련되며, 이 사류의 경전 사이에 비록 추와 세의 차별이 있지만 법화 원교의 관점에서 보면 모두 원만하지 못하므로 사미 중에서 추인과 세인은 모두 과오를 범한다고 한다. 『사교의주휘보보굉기』 권2(卍속장102, p.339b5)에 "옛 부를 바르게 판단하면 추에 속한다. 녹원시를 제외하면 비록 모두 원교라고 해도 모두 동등하므로 묘라고 부를 수 없다. 추인과 세인 두 사람이 잘못을 저지르면 부에 따라 모두 빼앗는다. 正判昔部屬麤 除鹿苑外 雖皆有圓 以兼等故 不得稱妙 麤人細人 二俱犯過 此約部通奪也"라고 하였다. 〔참고문헌〕『法華玄義釋籤』, 『四教儀註彙補輔宏記』. ⇨ 원교 圓教

이구사조 理具事造 이구와 사조. 천태에서 주장하는 일념삼천(一念三天)의 두 가지 측면인 이구와 사조는 진실의 다른 측면이다. 『교관강종』(대정장46, p.941b14)에 "한 빛깔 한 줄기 향기가 중도 아닌 것이 없고, 뜻으로 구족하고 드러내 보이는 두 겹의 삼천대천세계가 일념에 같이 있음을 분명하게 안다. 了知一色一香 無非中道 理具事造 兩重三千 同在一念", 『능엄경비록』 권2(卍속장20, p.131a3)에 "비록 백 가지 법이 있더라도 모두 상주하는 진심이 드러난 것이다. 그러므로 오직 마음이 드러난 것이라고 부른다. 나의 종지에 따라 설하자면 이른바 이구와 사조다. 이구에 나아가 말하자면 오직 마음일 뿐이고, 사조의 측면에서 말하자면 드러난 것일 뿐이다. 雖有百法 悉從常住眞心之所現起 故稱唯心所現 若約吾宗而說 所謂理具事造也 就理具而言卽唯心也 就事造而言卽所現也", 『점찰선악업보경현의』(卍속장35, p.101a3)에 "삼계는 오직 마음일 뿐이고 마음 밖에 다른 법이 없다. 이구와 사조는 실제로 두 겹이 아니다. 단지 미혹하면 세 가지 장애가 뚜렷하고, 깨달으면 본래의 세 가지 공덕 그대로일 뿐이다. 미혹과 깨달음에 자성이 없지만 속제에 따른 이름을 빌어 진실을 가리켜 돌아가게 하였을 뿐이다. 夫三界惟心 心外無法 理具事造 實非兩重 但迷之則三障宛然 悟之則三德法爾 迷悟無性 隨俗假名 眞實指歸"라고 하였다. 〔참고문헌〕『教觀綱宗』, 『楞嚴經祕錄』, 『占察善惡業報經玄義』. ⇨ 이구 理具, 사조 事造, 사리삼천 事理三千, 일념삼천 一念三千

이구삼매 離垢三昧 Ⓢ vimala-samādhi, virajo-maṇḍala-samādhi. 번뇌를 여의는 삼매. 모두 아홉 가지다. 무구삼매(無垢三昧)라고도 한다. 『십지경론』 권12(대정장26, p.194a18)에 "이구삼매란 번뇌의 때를 벗는 것이다. 현재전이란 공력을 더하지 않아도 저절로 앞에 나타난다는 뜻이다. 이러한 이구삼매에 다시 아홉 가지 삼매가 있어서 여덟 가지 번뇌 떠남을 알아야 한다. 첫째, 입밀무구는 저 경의 입법계차별삼매다. 둘째, 근무구는 경의 장엄도량삼매와 같다. 셋째, 방광무구는 저 경의 일체종화광삼매다. 넷째, 다라니무구는 경의 해장삼매와 같다. 다섯째, 기통무구는 저 경의 해성취삼매다. 여섯째, 청정불토무구에는 두 가지가 있다. 한량 없는 정관으로 경의 허공계광삼매와 선택일체법성삼매라는 이름이다. 일곱째, 화중생무구는 저 경에서 이름한 수일체중생심행삼매다. 여덟째, 정각무구는 보리를 성취할 때 모든 제불이 앞다퉈 현전하는 지다. 離垢三昧者 離煩惱垢故 而現在前者 不加功力自然現在前故 此離垢三昧 復有九種三昧 離八種垢應知 一 入密無垢 如經名入法界差別三昧故 二 近無垢 如經名莊嚴道場三昧故 三 放光無垢 如經名一切種花光三昧故 四 陀羅尼無垢 如經名海藏三昧故 五 起通無垢 如經名海成就三昧故 六 淸淨佛土無垢有二句 無量正觀故 如經名虛空界廣三昧 名善擇一切法性三昧故 七 化衆生無垢 如經名隨一切衆生心行三昧故 八 正覺無垢 成菩提時 一切諸佛 迭共現前知故", 80권본 『화엄경』 권67(대정장10, p.361a27 : *Gaṇḍ-vy.*, p.141)에 "선남자여, 설산에는 아노나라는 향이 있는데, 이 향기를 맡는 중생이 있다면 온갖 염착을 떠나리라 결심할 것이니 내가 설법하여 이구삼매를 얻지 못하는 이가 없으리라. 善男子 雪山有香名阿盧那 若有衆生嗅此香者 其心決定離諸染著 我爲說法莫不皆得離垢三昧 asti kulaputra himavatparvatarājasaṃbhavā aruṇavatī nāma gandhajātiḥ yasyā gandhamāghrāya sattvā viraktacittā bhavanti. teṣām ahaṃ tathā dharmaṃ deśayāmi yad virajomaṇḍalaṃ nāma samādhiṃ pratilabhante", 『화엄경소초』 권53(대정장36, p.421c2)에 "십지를 증득하자마자 이구삼매를 얻는다. 纔證十地 得離垢三昧", 『십주경』 권4(대정장10, p.528b14 : *Daś-bh.*, p.55)에 "불자들이여, 보살마하살이 이와 같은 지혜를 따라 행하여 부처의 지위에 가까워지면 보살이 이구삼매를 얻고 바로 현전합니다. 諸佛子 菩薩摩訶薩 隨行如是智 近佛位地 則得菩薩離垢三昧而現在前 tasya khalu punar bhavanto jinaputrā evaṃ jñānānugatasya bodhisattvasya abhiṣekabhūmisamāpannasya vimalo nāma samādhir āmukhībhavati"라고 하였다. 〔참고문헌〕『十地經論』, 『華嚴經』, 『華嚴經疏鈔』, 『十住經』, *Gaṇḍ-vy.*, *Daś-bh.* ⇨ 무구삼매 無垢三昧, 십지 十地

이구삼천 理具三千 본래 갖춘 삼천대천세계. 이것이 차별상으로 드러나게 되면 사조삼천(事造三千)이다. 『법화현의석첨』 권14(대정장33, p.919b16)에 "중생은 본구된 도리에 삼천대천세계를 갖추었기에 감응할 수 있고, 제불은 삼천대천세계의 도리가 가득하기에 응화할 수 있다. 衆生由理具三千 故能感 諸佛由三千理滿 故能應", 『금강비』(대정장46, p.785b26)에 "〔객〕 어떻게 의정과 인과를 아우르는가? 〔나〕 천태종에서 건립한 부사의한 경계는 한 찰나의 마음에 삼천대천세계의 도리를 갖추고 있다. 그러므로 '일념에 인과·범성·대소·의정·자타가 갖추어져 있다'고 말한다. 그러므로 변화한 자리가 삼천대천세계가 아닌 곳이 없다. 그러나 이 삼천의 본성은 중도의 도리이니 유나 무에 해당하지 않고 유와 무 그대로이다. 왜 그러한가? 실상을 갖추고 있기 때문이다. 실상 그대로 모든 법을 갖추고 있고, 모든 법 그대로 본성이니 본래 무생이다. 그러므로 비록 삼천대천세계가 있으면서도 있지 않으니 함께 하여도 서로 뒤섞이지 않고 떨어져 있어도 분리되지 않는다. 모든 것에 두루 있으나 또한 있는 곳이 없다. 客曰 如何能攝依正因果 余曰 一家所立不思議境 於一念中理具三千 故曰念中具有因果凡聖大小依正自他 故所變處無非三千 而此三千性是中理 不當有無 有無自爾 何以故 俱實相故 實相法爾具足諸法 諸法法爾性本無生 故雖三千有而不有 共而不雜 離亦不分 雖一一遍 亦無所在"라고 하였다. 〔참고문헌〕『法華玄義釋籤』, 『金剛錍』. ⇨ 이구 理具, 일념삼천 一念三千, 사리삼천 事理三千, 변조삼천 變造三千

이구삼촌자하불도 離鉤三寸子何不道 '그대 어찌 세 치 낚싯바늘 떠나서는 말하지 못하는가'라고 던진 말. 『오등회원』 권5 「선자덕성장 船子德誠章」(卍속장138, p.175b17)에 "선자선사가 협산을 보자마자 물었다. '대덕은 어느 절에 머무시오?' '절이란 머무는 곳이 아닙니다. 머문즉 그 무엇만도 못합니다' '못하다니 무엇만도 못하단 말이오?' '눈앞의 법이 아닙니다' '지금껏 어디에서 공부했소?' '귀도 눈도 닿지 않는 곳입니다' '한 마디로 맞는 말 있다면 만겁에 당나귀를 매는 말뚝이다' 선자화상이 다시 물었다. '천 길 낚싯줄 드리웠으니 뜻은 깊은 못에 있을 뿐. 세 치 혀를 떠나서 그대 어찌 말 못하는가?' 협산이 입을 열려다가 선자선사가 휘두른 노에 맞아 물속에 빠졌다. 협산이 배에 올라오자 선자선사가 다시 말했다. '말해라! 말해!' 협산이 말하려 하자 선사가 다시 때렸다. 협산이 활연대오했다. 船子纔見便問 大德住甚麼寺 山曰 寺卽不住 住卽不似 師曰 不似 似箇甚麼 山曰 不是目前法 師曰 甚處學得來 山曰 非耳目之所到 師曰 一句合頭語 萬劫繫驢橛 師又問 垂絲千尺 意在深潭 離鉤三寸子何不道 山擬開口 被師一橈打落水中 山纔上船 師又曰 道 道 山擬開口 師又打 山豁然大悟"라고 하였다. 〔참고문헌〕『五燈會元』, 『禪門拈頌說話』 710칙(한불전5, p.539a8).

이구성 離垢聲 Ⓢ vimalā, Ⓣ dri-ma-med-pa. 육십사범음(六十四梵音) 중 하나. 『여래비밀대승경』 권7 「여래어밀부사의품 如來語密不思議品」(대정장11, p.719c7)에 "여래의 말씀은 예순네 가지로 훌륭하고 미묘한 상을 갖추고 있으니, 어떤 것들을 그 64종이라고 하는가? … 여섯째, 이구성이다. 如來語言 具有六十四種殊妙之相 何等名爲六十四種 … 六者 離垢"라고 하였다. 육십종성(六十種聲)에서는 무구성(無垢聲) 또는 이구음(離垢音)이다. 〔참고문헌〕『如來祕密大乘經』, 『大寶積經』 권10(대정장11, p.55c22), 『大乘莊嚴經論』 권6(대정장31, p.619c2), *Sūtr.80.*, *Mvyut.20.* ⇨ 무구성 無垢聲 ❶, 이구음 離垢音, 육십사범음 六十四梵音

이구성불 理具成佛 ➡ 삼종즉신성불 三種卽身成佛

이구세계 離垢世界 번뇌를 여읜 세계. 사리불(舍利弗)과 문수보살(文殊菩薩)이 미래세에 성불해서 머물 불국토이기도 하다. 80권본 『화엄경』 권12(대정장10, p.60c22)에 "불자들이여! 이구세계에서 설하는 사성제는 이와 같이 사백억십천 가지 이름이 있어서 중생의 마음에 수순하여 모두 조복시킨다. 諸佛子 離垢世界說四聖諦 有如是等四百億十千名 隨衆生心 悉令調伏", 『아미타경약해원중초』 권상(卍속장91, p.786b10)에 "이름은 문수이니 부처님의 처소에 등불을 밝히고 여덟 왕자의 스승이 되었으며 석가의 9대 조상이다. 과거세에는 제불을 아주 가까이 이웃하였으나 현세에는 석가불을 보좌한다. 본래의 과보에 대해 말하면 현재는 북방 환희세계에서 부처가 되어 환희장마니보적불이라 불린다. 미래에는 남방 이구세계에서 성불하여 보현여래라 불릴 것이다. 字曰文殊 叉于燈明佛所 爲八王子之師 是釋迦九代之祖 昔太隣諸佛 今輔佐釋迦 若論本果 現在北方歡喜世界作佛 號歡喜藏摩尼寶積佛 未來在南方離垢世界成佛 號普現如來"라고 하였다. 〔참고문헌〕『華嚴經』, 『阿彌陀經略解圓中鈔』. ⇨ 이구 離垢 ❷

이구시녀경 離垢施女經 Ⓢ Vimaladattā-paripṛcchā, Ⓣ Dri-ma-med-kyi-byin-pas shus-pa. 서진(西晉) 때 축법호(竺法護 Ⓢ Dharmarakṣa) 한역. 1권. 대정장12, pp.89b22~97c10, No.338에 수록되어 있다. 티베트역본(北京版 No.760-33)이 현존한다. 파사익왕(波斯匿王)의 12세 딸 이구시녀가 부처님의 팔대제자 및 팔대보살과 문답하며 차례로 논파하는 내용이다. 보살행과 이구시녀의 과거생의 수행이 이어진다. 『유마경』과 유사한 체제이며 문수사리(文殊師利)의 역할을 수보리(須菩提)가 맡는다. 이역본으로 『대보적경』 권100에 수록된 「무구시보살응변회 無垢施菩薩應辯會」(대정장11, pp.556a5~564b28)와 원위(元魏) 때 반야유지(般若流支)가 한역한 『득무구녀경 得無垢女經』(대정장12, No.339)가 있다. ⇨ 득무구녀경 得無垢女經, 파사익왕 波斯匿王

이구안 離垢眼 ❶ Ⓢ virajaḥ-pati-cakṣus, amala-dharma-cakṣus, Ⓣ chos-mig-dri-med. 번뇌를 여읜 눈. 60권본 『화엄경』 권57(대정장9, p.762b6 : *Gaṇḍ-vy.*, p.342)에 "(선재동자는) 이구안을 얻어 모든 법성을 관하였다. 得離垢眼 觀一切法性 virajaḥpatiṁ ca nāma cakṣuḥ pratilebhe yena ca sarvadharmasvabhāvamaṇḍalaṁ vyavalokayati", 『보성론』 권1(대정장31, p.820c19 : *Ratna-ut.*, p.119)에 "저와 나머지 신도들은 이미 부처님을 뵈었으니 원컨대 이구안을 얻고 무상보리를 증득하기를 바라옵니다. 我及餘信者 旣見彼佛已 願得離垢眼 成無上菩提 teneyaṃ janatāmitāyuṣamṛṣiṃ paśyedanantadyutiṃ, dṛṣṭvā cāmaladharmacakṣurudayād bodhiṃ parāmāpnuyāt"라고 하였다. [참고문헌] 『華嚴經』, 『寶性論』, *Gaṇḍ-vy.*, *Ratna-ut.* ⇨ 원진이구 遠塵離垢 ❷ 칠보(七寶) 중 하나. 『번역명의집』 권3(대정장54, p.1105b2)에 "일곱째, 주병신보는 이구안이라 한다. 이러한 칠보를 얻으면 염부제에서 전륜왕이 된다. 七 主兵臣寶 名離垢眼 得是七寶 於閻浮提 作轉輪王"라고 하였다. [참고문헌] 『翻譯名義集』. ⇨ 칠보 七寶

이구안은 離垢安隱 번뇌를 떠나 안은함. 적멸(寂滅)을 말한다. 『불퇴전법륜경』 권2(대정장9, p.234a15)에 "일체의 두려움을 떠나니 죽음의 두려움마저 없네. 적멸에 처하니 번뇌를 떠나 안은하네. 離一切畏 亦無死畏 處於寂滅 離垢安隱"라고 하였다. [참고문헌] 『不退轉法輪經』. ⇨ 적멸 寂滅

이구운 二九韻 범어의 열여덟 가지 동사변화. 십팔성(十八聲)·지언다성(底彦多聲)이라고도 한다. 『남해기귀내법전』 권4(대정장54, p.228c13)에 "이구운이란 무엇인가? 상중하·존비·피차의 구별을 밝혀 열여덟 가지 같지 않은 이름이 있으니 정안다(Ⓢ tiṅ-anta)성이라 한다. 二九韻者 明上中下尊卑彼此之別 言有十八不同 名丁岸哆聲也"라고 하였다. [참고문헌] 『南海寄歸內法傳』. ⇨ 십팔성 十八聲, 지언다 底彦多

이구음 離垢音 Ⓢ vimalā. 육십종성(六十種聲) 중 하나. 『대보적경』 권10 「밀적금강역사회 密迹金剛力士會」(대정장11, p.55c20)에 "여래의 언사에서는 60품의 각기 다른 음성이 나오니, 무엇이 그 60품인가? 길상음, 유연음, …, 열의적정음, 이구음, … 선제덕음. 如來言辭出六十品 各異音聲 何謂六十 吉祥音 柔軟音 … 悅意淸淨音 離垢音 … 宣諸德音"라고 하였다. 『대승장엄경론』 권6 「홍법품 弘法品」(대정장31, p.619c2 : *Sūtr.*, p.80)에서는 무구성(無垢聲)이라고 하였고, 육십사범음(六十四梵音)에서는 이구성(離垢聲)이라고 한다. [참고문헌] 『大寶積經』, 『大乘莊嚴經論』, 『如來祕密大乘經』 권7(대정장11, p.719c9), *Sūtr.* ⇨ 무구성 無垢聲 ❶, 이구성 離垢聲, 육십종성 六十種聲

이구의 異句義 Ⓢ viśeṣa, Ⓣ bye-brag. 바이셰쉬카(Ⓢ Vaiśeṣika : 勝論)에서 설하는 십구의(十句義) 중 하나. 이것을 저것으로부터 막아 드러나게 하는 뜻. 『십구의론』(대정장54, p.1263c15)에 "이구의란 무엇인가? 항상 실에서 구르니 하나의 실에 의지하는데, 이것은 저것을 막아야 알 수 있으니 이것을 드러내 알게 하는 인을 이구의라고 한다. 異句義云何 謂常於實轉 依一實 是遮彼覺因 及表此覺因 名異句義"라고 하였다. [참고문헌] 『十句義論』, 『俱舍論記』 권5(대정장41, p.95a6), *Mvyut.204.* ⇨ 십구의 十句義

이구즉신성불 理具卽身成佛 ➡ 삼종즉신성불 三種卽身成佛

이구지 離垢地 Ⓢ vimalā-bhūmi, vimalā-bodhisattva-bhūmi, Ⓣ dri-ma-med-pa'i-sa. 보살십지(菩薩十地) 중 두 번째 지. 구계지(具戒地)·정지(淨地)·무구지(無垢地)라고도 한다. 이 지에서는 신구의(身口意) 삼업을 닦고 계를 청정하게 지키며 번뇌를 멀리 떠난다. 80권본 『화엄경』 권35(대정장10, p.185a21 : *Daś-bh.*, p.15)에 "불자이시여, 보살은 이구지에 머물러 자성에 있어 스스로 일체 살생을 멀리 떠나고 무기를 갖거나 원한을 품지 않으며, 부끄러움을 갖고 어짊과 용서를 구족하며, 모든 생명을 가진 중생들에게 항상 이익과 자비의 마음을 일으킨다. 佛子 菩薩住離垢地 性自遠離一切殺生 不畜刀杖 不懷怨恨 有慚有愧 仁恕具足 於一切衆生有命之者 常生利益慈念之心 tatra bhavanto jinaputrā vimalāyāṃ bodhisattvabhūmau sthito bodhisattvaḥ prakṛtyaiva daśabhiḥ kuśalaiḥ karmapathaiḥ samanvāgato bhavati. katamair daśabhiḥ. yad uta prāṇātipātāt prativirato bhavati, nihatadaṇḍo nihataśastro nihatavairo lajjāvān dayāpannaḥ sarvaprāṇibhūteṣu hitasukhānukampī maitracittaḥ", 『십주비바사론』 권1(대정장26, p.23a10)에 "십지 중 둘째 계위에서 십선도를 행하고 온갖 번뇌를 떠나므로 이구지라고 한다. 第二地中 行十善道 離諸垢故 名離垢地", 『십지경론』 권1(대정장26, p.127a19)에 "잘못된 마음을 일으켜 계를 범하는 것과 번뇌의 더러움 등을 떠나서 청정한 계를 갖추므로 이구지라 한다. 離能起誤心犯戒煩惱垢等 淸淨戒具足故 名離垢地", 『현양성교론』 권3(대정장31, p.491b24)에 "둘째, 이구지는 보살이 이 지위에 머물며 먼저 초지의 행에 대한 대치를 잘 닦는 까닭에 일체 성문독각지를 넘어 가장 청정

하고 수승한 계온을 증득하고 일체 미세한 범계의 더러움을 대치하는 것을 말한다. 그러므로 이 지위를 이구라 한다. 二 離垢地 謂諸菩薩住此地中 先善修治初地行故 超過一切聲聞獨覺地 證得極淨妙尸羅蘊 對治一切微犯戒垢 是故此地名爲離垢", 『대승의장』 권14(대정장44, p.749c11)에 "이구지란 『기신론』에서는 구계지라 하였고 『보살지지경』에서는 증상계지라 하였다. 잘못된 마음을 일으켜 계를 범하는 일이나 번뇌의 더러움 등을 떠나서 청정한 계를 구족하므로 이구지라 한다. 정계를 구족하므로 구계지라 하고 계행이 수승하므로 증상계라 한다. 離垢地者 起信論中 名具戒地 地持 名增上戒地 離能起誤心犯戒煩惱垢等 淸淨戒具足 名離垢地 具淨戒故 名具戒地 戒行殊勝 名增上戒"라고 하였다. 〔참고문헌〕『華嚴經』, 『十住毘婆沙論』, 『十地經論』, 『顯揚聖敎論』, 『大乘義章』, *Sūtr.181.*, *Daś-bh.*, *Bodh-bh.229.*, *Mvyut.31.* ⇨ 구계지 具戒地, 무구지 無垢地[1], 대승보살십지 大乘菩薩十地, 보살십지 菩薩十地, 십지 十地

이구청정 離垢淸淨 Ⓢ vaimalya-pariśuddhi, vaimalya-viśuddhi, Ⓣ dri-ma-med-pa'i rnam-par-dag-pa. 사청정법(四淸淨法) 또는 이종청정(二種淸淨) 중 하나. 번뇌를 떠난 청정함. 소지장의 번뇌를 여의고 청정진여를 회복하면 제불이 세계에 출현하게 된다. 『별역잡아함경』 권1(대정장2, p.376c9)에 "올 때도 기뻐하지 않았으니 갈 때 또한 슬퍼하지 않는다. 이렇게 번뇌를 떠난 청정한 행을 지혜바라문이라 하네. 來時旣不喜 去時亦不憂 離垢淸淨行 名智婆羅門", 『섭대승론석』 권5(대정장31, p.344a5)에 "이구청정이란 진여가 번뇌에 의한 소지장의 때를 멀리 떠나는 것이다. 이와 같은 청정진여로부터 제불이 현성한다. 離垢淸淨者 卽此眞如遠離煩惱所知障垢 卽由如是淸淨眞如顯成諸佛", 『보성론』 권4(대정장31, p.841b21 : *Ratna-ut.*, p.80)에 "이구청정은 해탈을 얻었다는 뜻이다. 또한 저 해탈은 일체법을 떠나지 않으니 마치 물이 모든 티끌 등을 떠나지 않고도 청정하다고 하는 것과 같다. 자성청정심이 객진번뇌의 더러움을 남김 없이 멀리 떠나기 때문이다. 離垢淸淨者 謂得解脫 又彼解脫不離一切法 如水不離諸塵垢等而言淸淨 以自性淸淨心 遠離客塵諸煩惱垢更無餘故 vaimalyaviśuddhir vimuktir visaṃyogaś ca vāryādīnām iva rajojalādibhyaḥ rabhāsvarāyāś cittaprakṛter anavaśeṣam āgantukamalebhyo visaṃyogāt"라고 하였다. 〔참고문헌〕『別譯雜阿含經』, 『攝大乘論釋』, 『寶性論』, *Ratna-ut.34.* ⇨ 사청정법 四淸淨法[3], 이종청정 二種淸淨, 자성청정 自性淸淨

이구혹 離垢惑 때문은 미혹을 떠남. 아견(我見)과 그것에서 비롯되는 번뇌를 떠난다는 뜻이다. 『도서』 권상(대정장48, p.405a12)에 "그 자성은 본래청정하다〈때묻은 미혹을 여읠 때 기다려서야 비로소 청정해지는 것이 아니다〉. 其性本淸淨〈不待離垢惑方淨〉"라고 하였다. 〔참고문헌〕『都序』. ⇨ 이구 離垢

이굴 理窟 이(理)들이 잠겨 움트는 곳. 『대승입능가경』 「어제서 御製序」(대정장16, p.587a10)에 "'입능가경'이라는 말은 바로 제불 마음 가득 출렁이는 그윽한 지도리요, 뭇 경들의 온갖 이치들 감춘 신묘한 빗장이다. 所言入楞伽經者 斯乃諸佛心量之玄樞 群經理窟之妙鍵", 『원오어록』 권20 「송안수좌회덕산 送安首座回德山」(대정장47, p.806a23)에 "무릉의 일단사를 알아차리고 나니, 별안간 모든 궁리 움트던 곳 가슴속에 있는 일일 뿐. 了却武陵一段事 勃窣理窟乃胸中"이라고 하였다. 〔참고문헌〕『大乘入楞伽經』, 『圜悟語錄』, 『唐高僧傳』 권6(대정장50, p.476a5).

이권 耳圈 귀걸이. 이륜(耳輪)·이환(耳環)이라고도 한다. 『십송율』 권37(대정장23, p.268a8)에 "부처님께서 말씀하셨다. '지금부터 비구가 비단으로 된 실, 나뭇잎이나 껍질, 나무, 백납, 연석으로 귀걸이를 만들어 거는 것을 허용하지 않는다. 착용하면 돌길라이다'. 佛言 從今不聽比丘 以幣帛繩 樹葉 樹皮 木 白鑞 鉛錫 作耳圈著 著者 突吉羅"라고 하였다. 〔참고문헌〕『十誦律』, 『四分律』 권51(대정장22, p.946b4), 『一切經音義』 권58(대정장54, p.695c7). ⇨ 이륜 耳輪

이궐불감 伊闕佛龕 중국 하남성(河南省) 낙양(洛陽)에 있는 용문석굴(龍門石窟)의 별명. '이궐'은 낙양 남쪽을 일컫는 지명으로 두 개의 산(龍門山·伊闕山)이 대궐처럼 마주보고 있으며, 그 사이로 이수(伊水)가 흐르기에 붙여진 이름이다. 이곳 강기슭 석벽을 파서 불상을 모신 벽감(壁龕) 형식의 대규모 불감이 조성되어 있다. 또 빈양동(賓陽洞) 쪽 석벽에는 잠문본(岑文本)이 짓고 저수량(褚遂良)이 해서체로 쓴 이궐불감비(伊闕佛龕碑)도 전하는데, 이는 당대(唐代)를 대표하는 글씨이다. ⇨ 용문석굴 龍門石窟

이귀계 二歸戒 귀의불(歸依佛)과 귀의법(歸依法)의 두 가지 계법. 부처님이 성도하신 직후에는 승가(僧伽)가 형성되기 전이어서 삼귀계(三歸戒) 중 불(佛)과 법(法)에만 귀의하고도 계를 성취했다. 『석씨요람』 권상(대정장54, p.271a12)에 "이귀계 : 『오분율』에 '처음 부처님이 성도하시고 나서 두 상인과 여인 수자타와 오비구가 모두 두 가지 귀의를 받았다'라고 하였다. 아직 승보가 없었기 때문이다〈이는 소승삼보·별체삼보·주지삼보의 입장에서 설한 것이다〉. 二歸戒 五分律云 初佛成道 爲二賈

客 及女人須闍陀 幷五比丘 皆受二歸緣 未有僧故〈此 就小乘別體 住持三寶 說也〉"라고 하였다. [참고문헌] 『釋氏要覽』, 『五分律』 권15(대정장22, p.103a28). ⇨ 귀의불 歸依佛, 귀의법 歸依法, 삼귀의 三歸依

이귀쟁시 二鬼爭屍 귀신 둘이 주검 하나를 두고 다툰 일화. 사대(四大 : 地水火風)로 화합해 빠르게 죽음으로 내달리는 무상·고·무아(無常苦無我)의 몸을 깨우치는 이야기다. 『대지도론』 권12(대정장25, p.148c5)에 전한다. 한 사람이 먼 길을 가다가 홀로 빈집에서 잠든 중에 두 귀신이 차례로 나타나서는 주검 하나를 두고 서로 제 것이라고 다투었고, 다투던 귀신들은 꿈속의 이에게 누구의 것인지를 판가름해달라고 하였다. 꿈꾸는 이의 사지를 주검의 사지로 붙였다 뗐다 하며 다투더니 드디어 꿈꾸는 이의 사지는 주검의 사지로 바뀌었고 꿈꾸는 이의 사지는 두 귀신의 먹이가 되었다는 이야기다. 꿈을 깬 후 "마음이 미혹하길 저 광인과 같았다. 날이 밝자 길을 떠나 어느 나라에 이르렀고 불탑이 있는 승가에 대중에게 나아가 '내 몸이 있는가 없는가' 다짜고짜 물었다. … 모든 비구들이 일러주길, '너의 몸 본래로 언제나 스스로 무아였지 이제야 그런 것은 아니다. 단지 사대가 모였기에 헤아려 내 몸이라 하지만 너의 본래 몸 지금과 다르지 않다'. 其心迷悶 譬如狂人 明朝尋路而去 到前國土 見有佛塔衆僧 不論餘事 但問已身爲有爲無 … 諸比丘言 此人自知無我 易可得度 而語之言 汝身從本已來 恒自無我 非適今也 但以四大和合故 計爲我身 如汝本身 與今無異"라고 하였다. 『대지도론』에 등장하는 이 주인공은 『법화문구』 권2(대정장34, p.16b29)에 "리바다(離婆多 Ⓢ Revata)는 리월(離越)이라고도 하고, 성수(星宿)·실수(室宿)·가화합(假和合)이라고 한역한다. … '가화합'은 『석론』(『大智度論』)에 인용되어있는 인물로, 빈 정자에서 자다가 두 귀신이 시체를 두고 다투고 있는 것을 보고 그에 대한 판결을 내려준 사람이다. 離婆多 亦云離越 此翻星宿 或室宿 或假和合 … 假和合者 有人引釋論 空亭中宿 見二鬼爭屍 告其分判"라고 하였으니, 비구 리바다다. 『선가귀감』(한불전7, p.642c3)에 "사대에 주인이 없기에 한편 '네 원수에게 빚지고 있다'라고 하고, 사대는 은혜를 저버리기에 한편 '네 마리 뱀을 기른다'고 한다. 내가 허망함을 깨우치지 못했기에 다른 이에게 성내고 넘치며, 다른 이 또한 허망함을 깨우치지 못했기에 나에게도 성내고 함부로 한다. 마치 두 귀신이 주검 하나를 두고 다투는 것과 같으니, 그 주검 바탕은 물거품이고 꿈무더기며 고통의 무덤이고 똥무더기라고도 하니, 지체없이 썩을 뿐만 아니라 아주 더럽기까지 하다. 四大無主故 一爲假四寃 四大背恩故 一爲養四蛇 我不了虛妄故 爲他人也嗔之慢之 他人亦不了虛妄故 爲我也嗔之慢之 若二鬼之爭一屍也 一屍之爲體也 一曰泡聚 一曰夢聚 一曰苦聚 一曰糞聚 非徒速朽 亦甚鄙陋"라고 하였다. [참고문헌] 『大智度論』, 『法華文句』, 『禪家龜鑑』, 『華嚴經疏鈔』 권84(대정장36, p.658a18), 『摩訶止觀』 권7(대정장46, p.94a28). ⇨ 리바다 離婆多, 리월 離越

이규경 李圭景 1788~1863. 조선후기 문인. 본관은 전주, 자는 백규(伯揆), 호는 오주(五洲)·소운거사(嘯雲居士). 『청장관전서 靑莊館全書』를 지은 이덕무(李德懋 1741~1793)의 손자로, 가학(家學)의 전통을 기반으로 하여 백과사전류인 『오주연문장전산고 五洲衍文長箋散稿』 60권을 저술하였다. 특히 이 책의 「경사편 經史篇」 석전류(釋典類)에서는 석교(釋敎)의 범서(梵書)와 범문(梵文), 불상, 『법화경』과 『금강경』, 지옥과 윤회, 해동불법, 서장(西藏 : 티베트) 홍·황교(紅黃敎) 등 불교에 관한 다양한 주제들을 폭넓게 다루고 있다. ⇨ 오주연문장전산고 五洲衍文長箋散稿

이규보 李奎報 1168~1241. 고려중기 문신. 초명은 인저(仁氐), 자는 춘경(春卿), 호는 백운거사(白雲居士) 또는 삼혹호(三酷好 : 시·술·거문고를 몹시 좋아함), 시호는 문순(文順), 본관은 황려(黃驪 : 驪興). 아버지는 이윤수(李允綏)이다. 1189년(명종19) 과거에 급제하여 관직에 나아갔고 무인정권의 최충헌(崔忠獻)에게 발탁되어 사재승(司宰丞)에 올랐다. 팔관회(八關會) 때 하표(賀表)를 올리지 않은 사람을 탄핵하다가 잠시 계양부사(桂陽副使)로 좌천되었으나 곧 예부낭중(禮部郎中) 기거주(起居注)로 소환되었고, 이후 높은 관직을 역임하며 문하시랑평장사(門下侍郎平章事)로 치사(致仕)하였다. 걸출한 시호(詩豪)로서 호탕하고 활달한 시풍(詩風)으로 당대를 풍미했다. 처음에는 도연명(陶淵明)의 영향을 받았으나, 개성을 살려 독자적인 시격(詩格)을 창립하였다. 또 뛰어난 문장가로서 「진정표 陳情表」(『동국이상국전집』 권28)를 지어 몽골의 무리한 부탁을 물리쳤으며, 「대장각판군신기고문 大藏刻板君臣祈告文」(『동국이상국전집』 권25)은 천고의 명문으로 평가를 받고 있다. 한편 불교에 관한 저술도 많이 남겼는데, 『동국이상국전집』 권1에 「증각선로 贈覺禪老」·「천수사문 天壽寺門」, 권2에 「차운혜문장로수다사팔영 次韻惠文長老水多寺八詠」·「정안화사종실왕선사 呈安和寺宗室王禪師」·「숙건성사증당두 宿乾聖寺贈堂頭」·「취서시문장로 醉書示文長老」, 권3에 「천수사우서회문 天壽寺偶書廻文」, 권6에 「도용암사서벽상 到龍巖寺書壁上」, 권9에 「차운천수사종의선사이시견초 次韻天壽寺鍾義禪師以詩見招」, 권18에 「대장경급소재도량음찬시응제 大藏經及消災道場音讚詩應制」, 권19에 「법화경송지관찬 法華經頌止觀贊」·「소성거사찬 小性居士贊」·「포대화상찬 布袋和尙贊」·「선성선사상찬 先聖先師像贊

」·「달마대사상찬 達摩大師像贊」·「장륙비로자나소상찬 丈六毘盧遮那塑像贊」·「수주게 數珠偈」·「문상당게 問上堂偈」·「심게 心偈」, 권24에 「의왕사시창아라한전기 醫王寺始創阿羅漢殿記」·「개천사청석탑기명 開天寺青石塔記銘」·「묘향산보현사당주비로자나여래장륙소상기 妙香山普賢寺堂主毘盧遮那如來丈六塑像記」, 권25에 「왕륜사장륙금상영험수습기 王輪寺丈六金像靈驗收拾記」·「창복사담선방 昌福寺談禪榜」·「용담사총림회방 龍潭寺叢林會榜」·「화엄율장소강습결사문 華嚴律章疏講習結社文」·「낙산관음복장수보문병송 洛山觀音腹藏修補文並頌」, 권26에 「기회찬수좌수서 寄懷璨首座手書」, 권27에 「기묘엄선로수서 寄妙嚴禪老手書」, 권30에 「대조계종하왕사전 代曹溪宗賀王師牋」, 권34에 「고보경사주지대선사증시원진국사교서관고 故寶鏡寺住持大禪師贈諡圓眞國師教書官誥」·「화엄업승통도행교서관고 華嚴業僧統都行教書官誥」, 권35에 「고화장사주지왕사정인대선사추봉정각국사비명 故華藏寺住持王師定印大禪師追封靜覺國師碑銘」·「조계산제이세고단속사주지수선사주증시진각국사비명 曹溪山第二世故斷俗寺住持修禪社主贈諡眞覺國師碑銘」·「상자법원광명 殤子法源壙銘」 등이 수록되어 있다. 〔참고문헌〕『東國李相國全集』, 『高麗史』 권102 列傳15 李奎報.

이극대심 利極大心 Ⓢ hitādhyāśaya, Ⓣ phan-pa'i-lhag-pa'i-bsam-pa. 이롭게 함이 끝간 데 없이 큰 마음. 보살오종극대심(菩薩五種極大心) 중 하나로 모든 중생이 현세에서 일체의 선(善)을 행하여 열반을 얻도록 하는 보살의 마음. 『대승장엄경론』 권13(대정장31, p.657a20 : *Sūtr.*, p.176)에 "(게송의) 선근이란, 이극대심을 말하니, 모든 중생들이 현세에 모든 선을 행하여 열반을 얻도록 하는 것이다. 善根者 謂利極大心 令諸衆生 現行諸善 及得涅槃故 (〈kārikā〉 śubhavṛttāv … āśaya) hitādhyāśayaḥ ihaiva kuśalapravṛttīcchā nirvāṇecchā tadubhayādhyāśaya eveti nānyo veditavyaḥ"라고 하였다. 〔참고문헌〕『大乘莊嚴經論』, *Sūtr.* ⇨ 보살오종극대심 菩薩五種極大心

이극망정위 理極忘情謂 이를 끝까지 하면 분별도 할 말도 잊는다는 뜻. 정위는 정려언위(情慮言謂)의 줄임말로 정(情)은 정식(情識) 곧 분별이고, 위(謂)는 언어문자를 가리킨다. 『벽암록』 90칙 「평창 評唱」(대정장48, p.215b1)에 "법안문익의 「원성실성송」에서 '이가 지극하면 분별도 말도 잊는 법인데, 어떻게 해야 그럴듯한 비유리오? 가을 밤 저 달은 그대로 앞 계곡에 떨어지네. 과일이 익으니 원숭이 살찌고, 산이 깊어 길 알 수 없네. 고개 드니 노을 보는 그때, 애초에 서방정토 살고 있네. 마음은 뿌리고 법은 티끌일 뿐 둘 다 오히려 거울 위의 얼룩이네. 얼룩 때 다할 때야 비로소 거울의 빛 드러나듯 마음과 법 모두 잊으면 자성 그대로 진실이네. 法眼圓成實性頌云 理極忘情謂 如何得諭齊 到頭霜夜月 任運落前溪 果熟兼猿重 山遙似路迷 擧頭殘照在 元是住居西 所以道 心是根法是塵 兩種猶如鏡上痕 塵垢盡時光始現 心法雙忘性卽眞"라고 하였다. 〔참고문헌〕『碧巖錄』, 『法眼語錄』(대정장47, p.591a8).

이극성 理極成 ❶ Ⓢ siddha. 이치로만 끝내 성취되다의 뜻. 『구사론』 권13(대정장29, p.67c15)에 "만약 유위법이 모두 유찰나(有刹那 : 찰나라는 실체가 있다)라고 한다면 다른 곳으로는 나아가 이르지 못한다는 뜻이 성립할 것이다. 모든 유위법은 다 유찰나라는 것은 이치에 있어서만 끝내 성립할 수 있다. 若有爲法 皆有刹那 不至餘方 義可成立 諸有爲法 皆有刹那 其理極成"라고 하였다"라고 하였다. 〔참고문헌〕『俱舍論』. ❷ Ⓢ yukti-prasiddha-tattva. 도리극성진실(道理極成眞實)의 줄임말. 자타 모두에게 끝내 성취되는 진실. 『변중변론』 권중(대정장31, p.469c9)에 "극성진실에는 대략 두 가지가 있다. 첫째는 세간에서 끝내 진실이라 여기는 것이고, 둘째는 도리에서 끝내 진실인 것이다. 어떻게 이 둘은 저 근본진실에 의지해서 세우는가? 〔송〕 세간에서 인정하는 진실은 하나의 근본의 진실에 의지하고, 도리로서의 진실은 세 가지 근본진실에 의지한다. 極成眞實 略有二種 一者 世間極成眞實 二者 道理極成眞實 云何此二依彼根本眞實立耶 頌曰 世極成依一 理極成依三"라고 하였다. 〔참고문헌〕『辯中邊論』. ⇨ 도리극성진실 道理極成眞實, 사진실 四眞實

이근 二根 두 갈래 뿌리. ❶ 지혜로운 것(利根)과 둔한 근기(鈍根). 40권본 『대반열반경』 권36(대정장12, p.578a2)에 "수다원에 두 부류가 있다. 첫째는 이근이고 둘째는 둔근이다. 둔근의 사람은 인천을 일곱 차례 오간다. 여기에 다시 다섯이 있으니 여섯 번·다섯 번·네 번·세 번·두 번 오가는 이들이다. 이근기의 사람은 현생에 수다원과를 얻고는 바로 아라한과에 이른다. 是須陀洹凡有二種 一者 利根 二者 鈍根 鈍根之人 人天七返 是鈍根人 復有五種 或有六 五 四 三 二種 利根之人 現在獲得須陀洹果 至阿羅漢果"라고 하였다. 〔참고문헌〕『大般涅槃經』. ⇨ 둔근 鈍根❶, 이근 利根, 기 機, 기근 機根 ❷ 정근(正根)과 부근(扶根). 정근은 오근(五根)에서 눈에 보이지 않는 심층부이고, 정근이 의지하는 물질적 기관을 부근이라 한다. 승의근(勝義根)과 부진근(扶塵根)이라고도 한다. 『인명사종상위사기』 권상(대정장69, p.253c3)에 "오근에 따르면 정근과 부근이 있다. 정근은 볼 수 없다. 정근은 오직 불보살만 알 뿐 범부가 알 수 있는 대상이 아니고 네 가지 감각대상(色·香·味·觸)

이 쌓인 것이 아니다. 부근은 네 가지 감각대상이 쌓인 것으로 적취성이라 한다. 亦約五根 有正根扶根 正根不可見 正根唯佛菩薩所知 非凡夫所知 非四塵積聚物 扶根以四塵積聚物 云積聚性"라고 하였다. [참고문헌]『因明四種相違私記』. ⇨부진근 扶塵根, 승의근 勝義根 **3** 남근(男根)과 여근(女根). 모두 신근(身根)에 속한다. 『대승의장』 권4(대정장44, p.556b5)에 "아비달마에 의하면 여섯 가지 인식 전체는 서로 번갈아 낳으니 이것은 모두 의근이다. 남녀 이근은 신근과 같다. 신근의 일부가 이 둘이 된다. 若依毘曇 一切六識 迭互相生 皆是意根 男女二根與身根同 身根少分 爲此二故"라고 하였다. [참고문헌]『大乘義章』. ⇨남근 男根, 여근 女根

이근 耳根 Ⓢśrotrendriya, Ⓟsotindriya, Ⓣrna-ba'i-dbang-po. 육근(六根) 중 하나. 이식(耳識)이 의지하여 소리(聲塵)를 반연한다. 수루다인성리염(戍縷多因姓咧焰)이라 음사하고, 줄여서 이(耳)이다. 『법온족론』 권10(대정장26, p.498c11)에 "무엇이 이근인가? 귀가 소리를 이미 들었고, 지금 듣고 있으며, 앞으로 들을 것과 피동분(彼同分)을 이근이라고 한다. 또 귀의 작용으로 일어난 이식이 소리를 이미 분별하였고, 지금 분별하고 있으며, 앞으로 분별할 것과 피동분을 이근이라고 한다. … 이와 같은 과거·미래·현재의 모든 귀를 이근이라 하고, 또 소지(所知) 나아가 동등하게 지각하는 것이라고 한다. 또 이것은 무엇을 말하는가? 사대종으로 만들어진 정색을 말한다. 云何耳根 謂耳於聲 已正當聞 及彼同分 是名耳根 又耳增上發耳識 於聲已正當了別 及彼同分 是名耳根 … 如是 過去 未來 現在 諸所有耳名爲耳根 亦名所知 乃至所等證 此復云何 謂四大種所造淨色", 『품류족론』 권1(대정장26, p.692c13)에 "이근이란 무엇인가? 이식이 의지하는 정색을 말한다. 耳根云何 謂耳識所依淨色", 『대승아비달마잡집론』 권1(대정장31, p.696a17 : *Abh-s-bh.*, p.3)에 "이근이란 무엇인가? 사대종으로 만들어졌으며, 이식이 의지하는 청정색이 바탕인 것을 말한다. 耳根者 謂四大種所造 耳識所依 淸淨色爲體 śrotrendriyam katamat. catvāri mahābhūtāny upādāya śrotravijñānāśrayo rūpaprasādaḥ"라고 하였다. [참고문헌]『法蘊足論』, 『品類足論』, 『大乘阿毘達磨雜集論』, *Abh-s-bh.*, *Mvyut.101.* ⇨수루다 戍縷多, 육근 六根, 이식 耳識

이근 利根 Ⓢtīkṣṇa-indriya, vyakta, Ⓟtikkhindriya, Ⓣdbang-po-rno-ba. 지혜로운 바탕. 근은 수용하고 이해하는 바탕으로 근기(根機·根器)·근성(根性)이라고도 한다. 둔근(鈍根)과 함께 이근(二根)이라 하거나 중근(中根)을 더하여 삼근(三根)으로 구분하기도 한다. 『법화경』 권2(대정장9, p.16a10 : *Saddh-p.*, p.97)에 "예리한 근기가 있으면 지혜가 밝아져 많이 들어 박식하고 기억력도 뛰어나다네. 불도를 구하는 이로서 이와 같은 이라야 설법해줄만하네. 若有利根 智慧明了 多聞强識 求佛道者 如是之人 乃可爲說 ye tū iha vyakta bahuśrutāśca smṛtimanta ye paṇḍita jñānavantaḥ, ye prasthitā uttamamagrabodhiṃ tān śrāvayestvaṃ paramārthametat", 40권본 『대반열반경』 권20(대정장12, p.482b11)에 "예리한 근기를 가진 사람은 현세에 선근을 얻을 수 있고, 중근기를 가진 사람은 후세에 얻을 것이니 제불세존께서 헛되이 설법하시지는 않았다. 利根之人 於現在世 能得善根 中根之人 後世則得 諸佛世尊 不空說法", 『선비요법경』 권하(대정장15, p.262c23)에 "이근을 가진 이는 부처님께서 아홉 가지 무애도를 설하시는 것을 듣고 때에 맞게 아라한과를 증득하여 아나함의 경지를 초월하니, 좋은 흰 천이 쉽게 염색되는 것과 같다. 其利根者 聞佛說法九無礙道中 應時卽得阿羅漢道 超越阿那含地 如好白氈易染爲色", 『오문선경요용법』(대정장15, p.332b24)에 "예리한 근기를 가진 사람으로서 곧장 초선을 구하는 이가 오욕의 갖가지 과환을 불구덩이나 변소와 같다고 관하고, 초선의 경지는 청량한 연못에 있는 누각 등과 같다고 염상하면 다섯 가지 번뇌가 사라지고 바로 초선을 증득한다. 若利根人 直求初禪者 觀於五欲種種過患 猶如火坑 亦如廁屋 念初禪地 如淸涼池臺觀等 五蓋則除 便得初禪", 『구사론』 권25(대정장29, p.132a25 : *Abh-k-bh.*, p.382)에 "이 낙과 고의 두 가지 통행에서 둔한 근기는 느리다 하고 예리한 근기는 빠르다고 한다. 此樂苦 二通行中 鈍根名遲 利根名速 mṛdvindriyasya sukhā duḥkhā vā pratipad dhandhābhijñā tīkṣṇendriyasya kṣiprābhijñā", 『법화현의』 권7(대정장33, p.772a2)에 "예리한 근기는 이름을 보고 바로 그 이치를 이해하니, 비유를 빌리지 않고 다만 법회로만 이해한다. 그러나 중하의 근기는 깨닫지 못하니 비유에 의해서나 알 수 있으니, 알기 쉬운 연꽃으로 알기 어려운 『법화경』을 비유하였다. 그러므로 삼주의 설법이 있으니 상·중·하의 근기에 계합한다. 利根卽名解理 不假譬喩 但作法華之解 中下未悟 須譬乃知 以易解之蓮華 喩難解之蓮華 故有三周說法 逗上中下根", 『관무량수경의소』 권상(대정장37, p.280c25)에 "예리한 근기는 도리에 통달하여 일체가 모두 마음이지만, 둔한 근기는 아직 통달하지 못하여 오로지 사(事)에만 의지하여 행한다. 利根達理 則一切唯心 鈍根未達 則專依事行"라고 하였다. [참고문헌]『法華經』, 『大般涅槃經』, 『禪祕要法經』, 『五門禪經要用法』, 『俱舍論』, 『法華玄義』, 『觀無量壽經義疏』, *Saddh-p.149.*, *Abh-k-bh.*, *Vin.1.6.* ⇨기 機, 기근 機根, 삼근 三根**2**, 둔근 鈍根, 중근 中根

이근나한 利根羅漢 이근(利根)의 아라한. 근기가 견고하여 동요함이 없으며, 얻은 과위(果位)에서 물러남이 없는 아라한을 말한다. 부동법아라한(不動法阿羅漢)·불시해탈(不時解脫) 등과 같은 말이며, 둔근나한(鈍根羅漢)의 상대어이다. 『법화의소』 권1(대정장34, p.457c8)에 "나한에는 두 부류가 있으니, 둔근나한을 소(小)라 하고, 이근나한을 대(大)라고 한다. '대'란 무슨 뜻인가? 『대지도론』 권3(대정장25, p.79b26)에 '일체의 대중 가운데 최대이기 때문이고, 커다란 장애를 끊었기 때문이며, 천왕 등의 대인이 공경하기 때문이다'라고 하였다. 진제삼장은 다음과 같이 말했다. '대'에는 세 가지가 있다. 첫째는 승(勝)의 '대'이다. 마치 대왕이 모든 사람보다 뛰어나기 때문에 '대'라고 하는 것처럼 이 모든 나한은 유학과 무학 중에서 가장 뛰어나기 때문에 '대'라고 한다. 둘째는 형량(形量)의 '대'이다. 비유하자면 산과 바다가 형량이 크기 때문에 대산(大山)이나 대해(大海)라고 하는 것처럼 이 모든 나한의 공덕과 지혜는 매우 높고 넓기 때문에 '대'라고 한다. 셋째는 수가 많기 때문에 '대'라고 한다. 마치 대군(大軍)은 병사의 무리가 많기 때문에 '대'라고 하는 것처럼 이 모든 나한의 수는 일만 이천이기 때문에 '대'라고 하는 것이다. 羅漢有二種 鈍根羅漢 名之爲小 利根羅漢 稱之爲大 所言大者 智度論云 一切衆中最大故 大障礙斷故 天王等大人恭敬故 眞諦三藏云 大有三種 一者 勝大 猶如大王勝一切人 故名爲大 此諸羅漢 於學無學中最勝 故名爲大 二者 形量大 譬如山海以形量大 故名大山及以大海 此諸羅漢 功德智慧 窮高極廣 故名爲大 三者 數多故名大 猶如大軍以兵衆多故 稱之爲大 此諸羅漢數一萬二千 故名大也", 『구사론송소론본』 권24(대정장41, p.952b16)에 "(게송의) 부동이란 이근나한이다. 부동나한은 진지(盡智) 후에 반드시 무생지를 일으킨다. 왜냐하면 퇴전하지 않기 때문이다. 不動者 利根羅漢也 不動羅漢 於盡智後 必起無生智 以不退故"라고 하였다. [참고문헌] 『法華義疏』, 『大智度論』, 『俱舍論頌疏論本』. ⇨ 부동법아라한 不動法阿羅漢, 불시해탈 不時解脫, 아라한 阿羅漢

이근원통 耳根圓通 육근(六根) 중 이근(耳根)에서 걸림없이 두렷이 다 통해 어떤 소리(聲塵)에도 막힘이 없음. 능엄회상(楞嚴會上)에서 이근원통은 중생의 소리를 남김없이 찾아 듣는 관세음보살이다. 『능엄경』 권6(대정장19, p.130a9)에서 이십오원통 중 으뜸이어서 나머지 원통을 모두 거둔다 하였으니, 조사선(祖師禪)의 선법에도 지대한 영향을 미쳤다. 향엄지한(香嚴志閑)의 문성오도(聞聲悟道) 일화나 나귀의 소리를 듣고 도를 깨우쳤다고 한 분양선소(汾陽善昭)의 동음후(同音吼) 등이 그 예가 된다. 『능엄경』 권6(대정장19, p.128b15)에 "그때 관세음보살이 자리에서 일어나 부처님 발에 이마를 대고 절을 올린 다음 부처님께 아뢰었다. '세존이시여! 제가 과거무수항하사겁의 일을 기억하니, 그때 관세음이라는 명호의 부처님께서 세상에 출현하셨고, 저는 그 부처님 문하에서 보리심을 일으켰고 부처님께서는 저에게 문사수로 삼매에 들게 하셨습니다. 처음 듣는 중에 모든 흐름에 이미 들 곳을 잊었고, 들어갈 곳마저 고요해졌으니 움직임도 고요함도 참으로 일어나지 않았습니다'. 爾時 觀世音菩薩 卽從座起 頂禮佛足 而白佛言 世尊 憶念我昔 無數恒河沙劫 於時有佛 出現於世 名觀世音 我於彼佛 發菩提心 彼佛教我 從聞思修 入三摩地 初於聞中 入流亡所 所入旣寂 動靜二相 了然不生", 같은 책 권6(대정장19, p.129b27)에 "제가 얻은 원통의 본근으로 말미암아 미묘한 이근의 문을 연 다음에 몸과 마음이 미묘하게 주변법계를 다 거두어들였습니다. 由我所得 圓通本根 發妙耳門 然後 身心微妙 含容遍周法界", 같은 책 권6(대정장19, p.129a28)에 "저 시방에서 고뇌하는 중생들이 그 음성을 관하여 해탈을 얻도록 합니다. 令彼十方 苦惱衆生 觀其音聲 卽得解脫", 같은 책 권6(대정장19, p.130a3)에 "수풀에서도 연못에서도 모두 법음을 펼치네. 林木池沼 皆演法音"라고 하였다. 『수능엄의소주경』 권6(대정장39, p.907b21)에 "이근원통은 다섯 근을 다 거둔다. 耳根圓通 五根總攝", 같은 책 권4(대정장39, p.886c12)에 "시방의 소리를 두렷이 듣는 공능이라면 이근이 가장 뛰어나다. … 가령 그 아래 문에서 '담장이 막혀 있어도 소리를 듣고, 멀거나 가깝거나 모두 들을 수 있다. 나머지 다섯 근은 이렇지 않으니, 이것 다 통하는 (이근원통의) 진실이다'라고 한 구절과 같다. 若圓聽十方 耳根最勝 … 如下文云 隔垣聽音響 遐邇俱可聞 五根所不齊 是則通眞實", 『능엄경집주』 권1(卍속장17, p.6b6)에 "원통묘정은 대체로 분명하게 관음의 이근원통을 취하여 『능엄경』에서 밝힌 정행을 모두 거두어들인다. 圓通妙定 蓋的取觀音 耳根圓通 通收一經 所明定行", 같은 책 권6(卍속장17, p.305a12)에 "알고 보는 것이 돌아서 돌아간다는 말은, 보는 것은 안근에 속하고 아는 것은 의근에 속한다. 일단 하나의 근을 좇아 벗어난다면 여섯 가지로 쓰는 일도 함께 돌아가기에(六根圓通) 비록 이근원통이라고 하더라도 알거나 보는 것이 뒤돌아 돌아간다는 뜻까지도 모두 밝힌 것이다. 知見旋復者 見屬眼根 知屬意根 今從一根旣脫 六用同旋故 雖耳根圓通 亦通明知見旋復也", 『화엄강요』 권68(卍속장14, p.5b17)에 "만약 관음여래를 기준으로 한다면 문사수를 따라 이근원통을 터득하였으므로 관음이라 한다. 若約於觀音如來 從聞思修 得耳根圓通 故云觀音", 『종경록』 권44(대정장48, p.674a2)에 "나머지 다섯 근은 이와 가지런하지 않으니, 오로지 이근원통만이 걸림없다. 소리 울릴 때 간극과 장애에 임할지라도 멀거나 가깝거나 모두 들을 수 있고, 묘하게 응하는 그때 간택하는 일 없이 크거나 작거나 모두 다 듣는다. 그러므로 고성화상은 '귀에 닿을 때 깊은 골짜기 같아 크거나 작은 음성 부족함이 없네. 시방의 종과 북 일시에 울리니, 신령한 빛이 번득번득 언제나 이어지네'라고 노래했다. 五根所不齊 唯耳根圓通無礙 聽響之際 任隔礙而 遠近俱聞 妙應之時 無揀擇而大小咸備 故高城和尙歌云 應耳時 若幽谷 大小音聲無不足 十方鐘鼓一時鳴 靈光運運常相續"라고 하였다. 〔참고문헌〕『楞嚴經』, 『首楞嚴義疏注經』, 『楞嚴經集註』, 『華嚴綱要』, 『宗鏡錄』. ⇨이근 耳根, 원통 圓通❶, 관세음보살 觀世音菩薩, 관음원통삼진실 觀音圓通三眞實, 이십오원통 二十五圓通, 동음후 同音吼, 문성오도 聞聲悟道

이근자 離根者 Ⓢ indriya-varjya, Ⓣ dbang-po-ma-gtogs-pa. 근(根)과 분리된 것. 오근(五根)과 분리된 사대종(四大種)을 말한다. 『유가사지론』 권3(대정장30, p.290a23 : *Yogā-bh.*, p.53)에 "불상리에는 두 가지가 있다. 첫째 동처불상리이다. 대종극미와 색·향·미·촉 등은 근이 없는 곳에서는 이근자로 존재하고, 근이 있는 곳에서는 유근자로 존재하는데, 이것을 동처불상리라고 한다. 둘째 화잡불상리이다. 즉 이 대종의 극미와 그 이외의 취집(聚集)된 능조와 소조의 색처와 함께하기 때문에 화잡불상리라고 한다. 不相離有二種 一同處不相離 謂大種極微 與色香味觸等 於無根處 有離根者 於有根處 有有根者 是名同處不相離 二 和雜不相離 謂卽此大種極微 與餘聚集 能造所造 色處俱故 是名和雜不相離 dvividhaścāvinirbhāgaḥ. ekadeśāvinirbhāgaḥ. tadyathā bhūtaparamāṇo rūpaśabdagandharasa spraṣṭavyānāmanindriya indriyavarjyānāṃ sendriye sendriyāṇāmekadeśāvinirbhāgaḥ. miśrībhāvāvinirbhāgaḥ punarekadeśatvāt. tadyathā. tasmādeva bhūtaparamāṇostadanyasya samudāyasya bhūtabhautikasya"라고 하였다. 〔참고문헌〕『瑜伽師地論』, *Yogā-bh.* ⇨대종 大種

이근참학 利根參學 이근의 참학인. 뛰어난 근기의 수행자를 말한다. 『경덕전등록』 권18 「장경혜릉전 長慶慧稜傳」(대정장51, p.347c17)에 "법좌에 올라 앉아 잠시 침묵하다가 대중에게 말했다. '자세하게 아는 이가 있는가? 자세하게 알지 못하면 형제들을 속이게 될 것이다. 지금 무슨 특별히 할 일이 있는가? 아니면 틀어막을 일이라도 있는가? 또 어느 집안 일인가? 지금 떠맡으려 하지 않고 또 어느 때를 기다리겠는가? 만약 근기가 뛰어난 참학인이라면 여기에 오지도 않았다. 알겠는가?' 上堂 良久謂衆曰 還有人相悉麽 若不相悉 欺謾兄弟去 只今有什麽事 莫有窒塞也無 復是誰家屋裏事 不肯當荷 更待何時 若是利根參學 不到遮裏來 還會麽"라고 하였다. 〔참고문헌〕『景德傳燈錄』. ⇨이근 利根, 참학 參學

이근총명 利根聰明 영리하고 총명함. 깨우침에 장애되는 뜻으로서의 분별력이다. 『서장』 「답증시랑장 答曾侍郎狀」(대정장47, p.917b15)에 "공께서 부귀를 누리면서도 부귀에 휘둘리지 않으시니 과거세에 반야의 지혜를 심지 않았다면 어찌 이와 같겠습니까? 다만 두려워할 것은 이 뜻을 잊고 이근총명의 장애로 유소득심을 문득 펼쳐놓을까입니다. 옛사람이 곧바로 다다른 곳에서 일도양단하여 바로 쉬지 못할 뿐이니, 이것은 비단 사대부뿐만 아니라 오랫동안 참학한 납승 역시 그러합니다. 公處身富貴 而不爲富貴所折困 非夙植般若種智 焉能如是 但恐中忘此意 爲利根聰明所障 以有所得心在前頓放 故不能於古人直截徑要處一刀兩段直下休歇 此病非獨賢士大夫 久參衲子亦然"라고 하였다. 〔참고문헌〕『書狀』.

이금 而今 바로. 지금. 『경덕전등록』 권2 「임제의현전 臨濟義玄傳」(대정장51, p.290b1)에 "임제선사가 이에 크게 깨닫고 '불법에 대단한 것이 없구나'라고 말했다. 대우화상은 이에 임제의 옷깃을 움켜쥐고 '방금 전에는 「저는 모르겠습니다」라고 하더니 지금은 또 「대단한 것이 없다」고 말하는구나'. 師於是大悟云 佛法也無多子 愚乃搊師衣領云 適來道我不會 而今又道無多子"라고 하였다. 〔참고문헌〕『景德傳燈錄』.

이금 爾今 바로 지금. 여전히. 『임제록』(대정장47, p.499c1)에 "도반들이여, 제방에서는 '도는 닦아야 하고 법은 증해야 한다'고들 말하지만, 도대체 그대들이 무슨 법을 증득하고 무슨 도를 닦는다는 말인가? 바로 지금 움직여 쓰는 이곳에 부족함 무엇인가? 道流 諸方說有道可修 有法可證 爾說證何法 修何道 爾今用處欠少什麽物", 『전심법요』(대정장48, p.383a6)에 "삼승 중에서 분명히 이르길 범성 온통 허망하다고 하지만 여전히 알지 못하고, 도리어 집착하여 유로 삼고 공을 가져 실이라 여기니 어찌 이것이야말로 망이 아니겠는가? 三乘中分明向爾道 凡聖心是妄 爾今不解 返執爲有 將空作實 豈不是妄", 『완릉록』(대정장48, p.385c24)에 "보리는 무소득이다. 지금부터 무소득의 마음을 일으킬 뿐이니 한 법도 결코 얻을 수 없는 이것이 보리심이다. 菩提無所得 爾今但發無所得心 決定不得一法 卽菩提心"라고 하였다. 〔참고문헌〕『臨濟錄』, 『傳心法要』, 『宛陵錄』.

이금당 已今當 과거와 현재와 미래. 삼세(三世)를 말한다. 『법화문구』 권8(대정장34, p.110a22)에 "경전에서 '『법화경』은 과거·현재·미래의 밖에 있다'고 찬탄하였다. 經歎法華 在已今當外", 『화엄경탐현기』 권12(대정장35, p.340b14)에 "과거·현재·미래로 사라진다는 것은 헤아릴 수 없는 세월을 좇아 고통이 따른다는 뜻이다. 已今當滅者 是無量世隨逐苦也", 『마하지관』 권1(대정장46, p.3a1)에 "만약 과거현재미래를 헤아릴 수 없다면 지관이야말로 제불의 스승이라는 것을 알아야 한다. 若已今當不可思議 當知止觀諸佛之師", 『아미타경약주』(卍속장91, p.734b12)에 "이당금이란 과거·현재·미래를 가르는 시간이다. 已今當者 過現未三際時也"라고 하였다. [참고문헌] 『法華文句』, 『華嚴經探玄記』, 『摩訶止觀』, 『阿彌陀經略註』. ⇨ 삼세 三世

이금당묘 已今當妙 과거와 현재, 미래에 걸쳐 아름답다. 삼세에 걸쳐 가장 수승하고 진실한 『법화경』의 공덕을 찬탄하는 말이다. 『법화현의석첨』 권6(대정장33, p.858a23)에 "이승은 옛날에는 스스로 바라 취하지 않더니 이제서야 이르길 '삼세에 묘한 것을 구하지 않고도 저절로 얻었다'고 말하며, 이(『법화경』)에 푹 빠져 혀가 헐도록 (찬탄을) 그치지 않는다. 二乘於昔 自無悕取 至今方云 不求自得 已今當妙 於玆固迷 舌爛不止"라고 하였다. [참고문헌] 『法華玄義釋籤』. ⇨ 묘법연화경 妙法蓮華經, 이금당 已今當

이금당설 已今當說 과거에도 지금도 올 날에도 설하심. 삼세(三世)에 걸쳐 쉬지 않는 불설(佛說)을 말한다. 『법화현의』 권2(대정장33, p.698a23)에 "또한 과거·현재·미래의 설 중에서 가장 믿기 어렵고 이해하기 어려운 이것이 설법의 묘이다. '오직 보살만 교화한다'는 말은 성문의 제자가 없는 것이니 이것은 권속의 묘다. 又已今當說 最爲難信難解 卽說法妙 但敎化菩薩 無聲聞弟子 卽眷屬妙", 『법화문구』 권8(대정장34, p.110a19)에 "먼저 법을 찬탄한다는 것은 과거·현재·미래의 설법 중 『법화경』을 최고로 삼는다는 것이다. 어떤 논사는 다음과 같이 이해한다. '과거는 『반야경』이고 미래는 『열반경』인데, 『법화경』 이전에 약간의 격절이 있다가 『법화경』 이후에 회통하니, 이 경전이 바로 삼승을 아우르는 시작이고 일승으로 돌아가는 시초이다. 그러므로 제일이라고 한다'. 初歎法者 已今當說 此經爲最 有師解 已是般若 當是涅槃 法華之前 小大相隔 法華已後 已得會同 此經正是 會三之始 歸一之初 故言第一"라고 하였다. [참고문헌] 『法華玄義』, 『法華文句』. ⇨ 이금당 已今當

이금이후 而今而後 지금 이후. 지금부터. 『법화경문구보정기』 권10(卍속장45, p.334b14)에 "『소』에서 '이금이후'라고 하였는데 이금이란 현재를 드러냄이고, 이후란 흘러 통하는 것을 나타낸다. 疏云 而今而後者 而今表現 而後表流通也", 『사명존자교행록』 권2(대정장46, p.868a20)에 "반드시 지혜로운 이의 말을 따름으로써 여래의 뜻을 이해하여 지금 이후로 이것을 기억하고 간직하여 한 찰나의 마음에서 네 가지 정토를 드러내야 한다. 當遵智者之言 以會如來之意 而今而後 念玆在玆 於一念心 顯四淨土", 『조정사원』 권8(卍속장113, p.234b2)에 "『열반경』에서 '내가 가진 무상정법을 모두 마하가섭에게 부촉하였으니, 그대들의 큰 의지처가 될 것이다'라고 하였다. 이는 지금부터 모두 가섭의 무상하고 미묘하고 비밀한 법에 의지하여 그것을 정법으로 삼으라는 말이 아니겠는가? 涅槃曰 我今所有 無上正法 悉以付囑 摩訶迦葉 能爲汝等 作大依止 是豈非謂 而今而後 皆可依止 於迦葉無上妙微密法 而爲之正乎"라고 하였다. [참고문헌] 『法華經文句輔正記』, 『四明尊者敎行錄』, 『祖庭事苑』, 40권본 『大般涅槃經』 권2(대정장12, p.377c23). ⇨ 이금 爾今

이기 二器 밀교 수법단(修法壇)에 올리는 두 가지 그릇. 『금강정유가호마의궤』(대정장18, p.917c6)에 "두 가지 그릇 중 하나는 쇄정화와 공양물 등을 담고, 다른 하나는 성중들이 입을 씻는다. 二器 一用灑淨火 及供養物等 一用聖衆漱口"라고 하였다. [참고문헌] 『金剛頂瑜伽護摩儀軌』. ⇨ 육기 六器, 법기 法器

이기 二機 두 가지 근기(根機). 대승과 소승·선악(善惡)·이둔(利鈍)·돈점(頓漸) 등 맞서는 두 가지 근기를 말한다. 『법화문구』 권6(대정장34, p.82b4)에 "이 선근으로 능히 부처님의 자비를 두드리므로 부친의 집에 도달했다고 말한다. 부친은 성도 후 법신을 비유하고 집은 어떤 인연에도 속박되지 않는 자비를 비유한다. 대승과 소승의 두 근기가 함께 이 집을 두드린다. 以此善根 能扣佛慈悲 故言遇到父舍 父喩道後法身 舍喩無緣慈悲 大小二機 雙扣此舍", 『범망경현의』(卍속장60, p.604b15)에 "실보토 중 화대의 보신은 별교와 원교의 두 근기에 바로 응한다. 實報土中 華臺報身 正應別圓二機", 『법화현의석첨』 권4(대정장33, p.845a16)에 "먼저 다 거둬 이근과 둔근 모두 세우고, 다음으로 차례로 분별을 맛본다. 先總立利鈍二機 次歷味分別"라고 하였다. [참고문헌] 『法華文句』, 『梵網經玄義』, 『法華玄義釋籤』.

이기 已起 Ⓢ utpanna, abhinirvṛtta, utpādita, Ⓟ uppanna, Ⓣ skyes, mngon-par-'grub-pa. 이미 일어남. 이생(已生)이라고도 한다. 『증일아함경』 권38(대정장2, p.759c23)에 "비구여! 이양의 마음을 일으키지 마라. 다스려 일어나지 않게 하고 이미 일어난 이양하는 마음은 방편을 구해서 사라지게 하라. 比丘 勿起利養之心 制令不起 已起利養之心 求方便而滅之", 『잡아함경』 권26(대정장2, p.189b11 : *Ayoniso-sutta*, *S N.5*, p.84)에 "만약 바르게 사유하지 않는 이라면 아직 일어나지 않은 탐욕번뇌 일어날 것이고, 이미 일어난 탐욕번뇌 거듭 일어나서 점점 더하리라. 若不正思惟者 未起貪欲蓋則起 已起貪欲蓋 重生令增廣 ayoniso bhikkhave manasikaroto anuppanno ceva kāmacchando uppajjati. uppanno ca kāmacchando bhiyyo bhāvāya vepullāya saṃvattati"라고 하였다. [참고문헌]『增壹阿含經』, 『雜阿含經』, *SN.*, *Laṅk.35·59.*, *Abh-k-bh.125·138.* ⇨이생 已生❶, 이양 利養❷

이기 利器 ❶날카로운 병기. 살상의 도구를 말한다.『잡아함경』 권32(대정장2, p.227b26)에 "'죽고 사는 전장에서 몸에 갑옷을 입고 손에는 잘 드는 병기를 잡고 목숨 걸고 대적하여 선봉에 오르니, 뛰어난 방편으로 원수를 꺾어 항복시키면, 이러한 인연으로 전항복천에 난다'고 하니 이것이야말로 사견이다. 이 사견의 사람은 반드시 두 곳에서 나니, 지옥취나 축생취이다. 若諸戰鬪活 身被甲冑 手執利器 命敵先登 堪能方便 摧伏怨敵 以是因緣 生箭降伏天者 是則邪見 邪見之人 應生二處 若地獄趣 若畜生趣"라고 하였다. [참고문헌]『雜阿含經』. ❷이로운 그릇. 지혜 넘쳐 세간에 이로운 품을 가진 이를 말한다.『번역명의집』 권4(대정장54, p.1114a18)에 "선이란 나뉘고 흩어지는 것들을 끊는 지혜로운 그릇이다. 禪乃絶分散之利器也",『천여유칙어록』 권9「종승요의 宗乘要義」(卍속장122, p.963a8)에 "운문종은 격외에서 놓고 잡아서 말 이전에 바로 뺏는다. 삼구관건을 불러들여 일자기봉을 잡아채니 뭇 흐름 끊어 범성의 길마저 없다. 사람들이 다 말하길 외롭고 위태롭게 솟아 험준하니 다가가 머물기조차 어렵다네. 상근의 지혜 그릇 아닐진댄 그 근처마저도 엿볼 수 없다 하네. 雲門宗格外縱擒 言前定奪 稱提三句關鍵 拈掇一字機鋒 截斷衆流 聖凡無路 人咸謂其孤危聳峻 難乎湊泊 非上根利器 不足以窺其彷彿"라고 하였다. [참고문헌]『翻譯名義集』,『天如惟則語錄』,『大智度論』 권30(대정장25, p.281a7).

이기 理琦 고려 초기 스님.「영통사대각국사비문 靈通寺大覺國師碑文」(『조선금석총람』 권상, p.314)의 음기(陰記) 승통질(僧統秩)에 따르면, 이기는 본래 대각국사(大覺國師) 의천(義天)의 은사였던 경덕국사(景德國師) 난원(爛圓 999~1066)의 제자였으나(理琦 本景德門人 師少時所承受者), 화엄종 스님이었던 의천이 송에서 귀국하여 천태종을 창립한 후에는 의천을 의지하였고, 의천의『원종문류 圓宗文類』를 원경왕사(元景王師) 낙진(樂眞)과 함께 교정하였다.「홍원사초오승통교웅묘지명 洪圓寺超悟僧統敎雄墓誌銘」(『조선금석총람』 권상, p.367)에 "교웅이 12세 때 귀법사로 찾아가 계명을 은사로 하여 스님이 되었고, 같은 해에 비구계를 받았다. 장성해서는 승통 이기에게 나아가 옷자락 잡고 배움을 청하였다. 年十二 投歸法寺 大師戒明祝髮 於其年受具足戒 比壯 就僧統理琦門 摳衣請業"라 하였다. [참고문헌]『朝鮮金石總覽』, 李智冠『校勘譯註歷代高僧碑文』 高麗篇3 p.321. ⇨의천 義天

이기 異記 기별(記別)을 달리함. 약속을 어김의 뜻이다.『십송율』 권12(대정장23, p.87c9)에 "어린아이는 부처님의 말씀을 듣고 나서 크게 기뻐하며 이렇게 생각했다. '부처님 약속 달라질 일 없으니, 내가 장차 도리천에 태어나리라는 것은 의심의 여지가 없다'. 小兒聞已而大歡喜 作是念 佛無異記 我當生忉利天 無疑"라고 하였다. [참고문헌]『十誦律』. ⇨수기 授記, 기별 記別

이기방인 以己方人 자신을 빗대어 다른 이를 모나게 함. 방(方)은 방(妨)으로도 쓴다.『구사론소』 권12(대정장41, p.622a25)에 "자기로써 다른 이를 견주기 때문에 믿지 못하는 것이다. 以己方人故 不得信也",『보각조심어록』(황룡사가어록2, 卍속장120, p.230a5)에 "문득 묻기를 '가시나무 자라지 않았는데 왜 대들보나무는 자라지 못합니까?'라고 하니, 대신 답하길 '너로 다른 이 재는구나'. 或問 荊棘不生 爲什麽難長棟梁材 代曰 以己方人",『치문경훈』 권6「장로자각이선사귀경문 長蘆慈覺頤禪師龜鏡文」(대정장48, p.1069c26)에 "자신을 내세워 다른 이 가늠하는 것은 가진 것 자랑하여 도둑질하게 함이니 집주인에게 할 일 아니다. 以己妨人 慢藏誨盜 非所以報寮主也",『조정사원』 권2(卍속장113, p.38b12)에 "이기방인(以己妨人) : 방(妨)은 방(方)으로 쓰는 것이 옳다. 방(方)은 견주다는 뜻의 비(比)이다.『논어』에 '자공이 다른 이를 견주니, 공자가 말하였다.「사(賜)야, 여유롭구나! 도무지 나는 그럴 겨를이 없다」'라고 하였다. 이는 공자가 자공이 다른 이 견주는 것을 경멸한 것이다. 以己妨人 妨當作方 方 比也 論語子貢方人 子曰 賜也 賢乎哉 夫我則不暇 此孔子鄙子貢之比方人也",『불과격절록』 45칙「본칙 本則」(卍속장117, p.481b1)에 "흥화(興化)가 말했다. '한 맹인이 뭇 맹인 이끈다'〈자신을 미루어 남들을 재단한다〉. 化云 一盲引衆盲〈以己方人〉"라고 하였다. [참고문헌]『俱舍論疏』,『寶覺祖心語錄』,『緇門警訓』,『祖庭事苑』,『佛果擊節錄』,『碧巖錄』 22칙「本則」(대정장48, p.162c5).

이기수면 已起隨眠 Ⓢutpanna-anuśaya. 이미 일어난 수면(隨眠). 과거의 번뇌종자를 말한다.『구사론』 권6(대정장29, p.34a16 : *Abh-k-bh.*, p.92)에 "이미 일어난 수면이 낳은 종자가 사라지는 자리이며, 간택력으로 나머지 종자도 나지 않게 되는 것을 택멸이라고 한다. 간택력을 떠나 연마저 없기에 나머지 종자가 더는 생기지 않는 것을 비택멸이라고 한다. 已起隨眠 生種滅位 由簡擇力 餘不更生 說名擇滅 離簡擇力 由闕緣故 餘

不更生 名非擇滅 utpannānuśayajanmanirodhaḥ pratisaṃkhyābalenānyasyānutpādaḥ pratisaṃkhyā nirodhaḥ. vinaiva pratisaṃkhyayā pratyayavaikalyād anutpādo yaḥ so 'pratisaṃkhyānirodhaḥ", 『구사론기』 권6(대정장41, p.127b24)에 "택멸은 단지 미혹의 고통이 생기지 않는 것을 그 체로 한다. 곧 과거에 이미 일으킨 번뇌가 종자를 훈습하여 몸에 남아있는 상태를 이미 일어난 수면이라고 하고, 이 수면이 이후의 번뇌후유를 이끄는 것을 종자가 생한다 한다. 또 풀기를 과거종자를 이기수면이라 하고, 현재종자를 생종이라 하는데, 즉 과거에 이미 일어난 수면이 낳은 현재종자를 말한다. 다만 글자를 축약하여 생종이라고 하였다. 또 풀기를 현재번뇌종자를 이기수면이라 한다. 이것이 이후의 존재를 낳는 것이기에 생종이다. 사라진 자리란, 이 미혹의 종자가 이후의 번뇌와 존재를 낳을 공능이 없기 때문에 사라진 자리라고 한다. 擇滅 但以惑苦不生 爲其體性 謂過去已起煩惱 熏種在身 名已起隨眠 卽此隨眠能引後後 煩惱後有 名爲生種 又解 過去種子 名已起隨眠 現在種子 名爲生種 謂過去已起隨眠 所生現在種子 文略但言生種 又解 現在煩惱種子 名已起隨眠 此能生後 名爲生種 言滅位者 卽此惑種 無有功能 生後煩惱 及與後有故名滅位"라고 하였다. 〔참고문헌〕『俱舍論』, 『俱舍論記』, *Abh-k-bh.* ⇨수면 隨眠

이길라 二吉羅 두 돌길라(突吉羅 Ⓢ duṣkṛta). 악작(惡作)과 악언(惡言)을 말한다. 『율종신학명구』 권상(卍속장105, p.616b1)에 "이길라 : 첫째는 악작이고, 둘째는 악설이다. 二吉羅 一 惡作 二 惡說"라고 하였다. 〔참고문헌〕『律宗新學名句』, 『四分律行事鈔資持記』 권중(대정장40, p.319c14), 『四分律比丘含注戒本』 권상(대정장40, p.433c25). ⇨돌길라 突吉羅

이나바나 伊那婆那 Ⓢ Airāvaṇa의 음사어. 숲 이름. 왕림(王林)이라 한역한다. 『화엄경탐현기』 권4(대정장35, p.171a28)에 "이나바나는 왕림이라 한역한다. 부처님께서 태자시절 이 숲에 머물렀기에 이 이름이 붙었다. 伊那婆那 此云王林 謂佛爲太子時 在此林中生 故立此名也"라고 하였다. 〔참고문헌〕『華嚴經探玄記』, 60권본 『華嚴經』 권4(대정장9, p.419b2), 『翻梵語』 권1(대정장54, p.981c13).

이나반나용왕 伊那槃那龍王 Ⓢ Airāvata-nāga-rāja, Elāpattra-nāga-rāja. 이라발용왕(伊羅鉢龍王)의 다른 이름. 60권본 『화엄경』 권47(대정장9, 701b19 : *Gaṇḍ-vy.*, p.92)에 "또 이나반나·난다발난다 등 일만 대용왕들은 흑전단향 구름을 일으켰다. 復有一萬大龍王 伊那槃那 難陀跋難陀等 興黑栴檀香雲 daśa ca nāgasahasrāṇi airāvatanandopanandanāgarājapramukhāni uparyantarikṣe gatāni divyakālānusāricandanameghair", 『화엄경탐현기』 권18(대정장35, p.463b22)에 "이나반나용이라는 말에서 이나(伊那)란 나무이고, 반나(槃那)란 잎이다. 과거에 나무 잎사귀를 파괴했기 때문에 용 무리로 떨어져 이런 이름이 붙었다. 伊那槃那龍者 伊那是樹 槃那是葉 以過去壞樹葉故 墮在龍中 立此名也"라고 하였다. 〔참고문헌〕『華嚴經』, 『華嚴經探玄記』, *Gaṇḍ-vy.* ⇨이라발용왕 伊羅鉢龍王

이나발나 伊那鉢那 Ⓢ elā-pattra의 음사어. 향기 나는 나뭇잎. 코끼리들이 즐긴 먹이여서, 이를 먹는 코끼리를 이름하기도 한다. 제석천에 있는 코끼리왕 이름. 인라나(堙羅那)·이라발다라(伊羅鉢多羅)라고도 한다. 『화엄경합론찬요』 권중(卍속장88, p.763a18)에 "이라발나는 향엽으로 한역한다. 굴 옆에 향엽수가 많았기 때문에 코끼리의 이름이 되기도 하였다. 伊羅鉢那 此云香葉 窟旁多香葉樹 故名其象", 『일체경음의』 권22(대정장54, p.447a7)에 "금협산에 머무는 이나발나상왕〈이나발나는 향엽으로 한역한다. 이 코끼리는 길이가 90유순이고 높이가 30유순이며 제1금산의 중턱에 상주한다〉. 伊那鉢那象王住金脅山〈伊那鉢那 此云香葉 其象身 長九十由旬 高三由旬 常住第一金山之脅〉"라고 하였다. 〔참고문헌〕『華嚴經合論纂要』, 『一切經音義』. ⇨이라수엽 伊羅樹葉

이나발용왕 伊那鉢龍王 부처님 열반 후 불사리(佛舍利)를 청해 분배받은 용왕 중 하나. 『보살처태경』 권7 「기탑품 起塔品」(대정장12, p.1058a1)에 "그때 아누달용왕·문린용왕·이나발용왕이 팔대국왕에게 말했다. '우리들도 또한 사리 몫을 가져야겠소. 만일 주지 않는다면 (우리는 그대들을) 힘으로 충분히 굴복시킬 수 있소'. 때맞춰 대신 우파길이 '여러분, 이제 그만하십시오. 사리는 마땅히 함께 나누어야 합니다'라고 말하고, 곧장 세 몫으로 나누어 한 몫은 여러 천신들에게 주었고, 한 몫은 용왕들에게 주었으

이나발용왕 쌍림열반상 팔상도
합천 해인사 조선시대

이나발용왕 쌍림열반상 팔상도 순천 송광사 1725년

며, 한 몫은 팔대국왕에게 주었다. 爾時阿耨達龍王 文隣龍王 伊那鉢龍王 語八王言 我等亦應有舍利分 若不見與 力足相伏 時優波吉言 諸君且止 舍利宜共分之 卽分爲三分 一分與諸天 一分與龍王 一分與八王"라고 하였다. 〔참고문헌〕『菩薩處胎經』, 『釋迦譜』 권4(대정장50, p.75c20), 『法苑珠林』 권40(대정장53, p.599b10). ⇨ 이라발용왕 伊羅鉢龍王 ❶

이난득치 二難得値 만나기 어려운 두 가지. 부처님께서 깨달음을 얻기 직전에 공양하고 열반에 드시기 직전에 공양한 일을 말한다. 『반니원경』 권하(대정장1, p.184b1 : *Mahāparinibbāna-sutta*, *DN.2*, p.135)에 "천하에 만나기 어려운 두 가지가 있다. 만약 이런 일을 만나면 마주해 공양하는 이는 이미 의심과 두려움을 풀었기에 정보가 있게 된다. 두 가지란 무엇인가? 하나는 음식을 보시하여 보시 받은 이가 그것을 먹고 기력을 얻어 무상도를 이루고 성불하도록 하는 것이다. 다른 하나는 음식을 베풀어 받은 이가 그것을 먹고 기력을 얻게 하여 남은 것을 버리고 무위의 정으로 멸도하는 것이다. 天下有二難得値 若得遭値 面供養者 旣解疑畏 且有正報 何等二 一 爲若施飯食 令彼得以食之氣力 成無上正眞 爲至聖佛 二 爲若施飯食 令彼得以食之氣力 棄所受餘 無爲之情 而滅度者 dve 'me piṇḍapātā samasamaphalā samasamavipākā ativiya aññehi piṇḍapātehi mahapphalatarā ca mahānisaṃsatarā ca. katame dve. yañ ca piṇḍapātaṃ bhuñjitvā tathāgato anuttaraṃ sammāsambodhiṃ abhisambujjhati yañ ca piṇḍapātaṃ bhuñjitvā tathāgato anupādisesāya nibbānadhātuyā parinibbāyati. ime dve piṇḍapātā samasamaphalā samasamavipākā ativiya aññehi piṇḍapātehi mahapphalatarā ca mahānisaṃsatarā ca"라고 하였다. 〔참고문헌〕『般泥洹經』, *DN.*

이낭중 李郎中 이름은 미손(彌遜), 자는 사표(似表) 또는 사지(似之). 아버지는 이찬(李撰), 미대(彌大)의 형이다. 거랑(居郎)·난상(端漳) 등 두 주(州)의 지사(知事)를 역임하였다. 생각이 일어나기 이전에 경요처(徑要處) 살피라 한 대혜종고(大慧宗杲)의 편지가 『서장』「답이낭중장 答李郎中狀」(대정장47, p.935a22)에 전한다. 〔참고문헌〕『書狀』, 李智冠『四集私記』 p.98.

이녀 二女 공덕천녀(功德天女)와 흑암녀(黑闇女). 40권본 『대반열반경』 권12(대정장12, p.435b23)에 등장하여 삶과 죽음을 상징하는 자매다. 『종경록』 권73(대정장48, p.825a7)에 "'이때 두 여인은 함께 서로 어울려 머물던 곳으로 돌아갔다. 그러자 주인은 돌아가는 모습을 보고는 마음으로 기뻐하며 한없이 뛰었다'(대정장12, p.435c17). 〔석〕 공덕천은 삶의 비유고 흑암녀는 죽음의 비유니, 다만 이는 세간의 생사라는 두 법만이 있을 뿐이다. 이는 모든 악의 근본이자 모든 고통의 근원이어서 현성이 함께 꾸짖지만 어리석은 이들은 덮여 헤맨다. 是時 二女 俱共相將 還其所止 爾時 主人見其還去 心生歡喜 踊躍無量 釋曰 功德天者 卽喩於生 黑闇女者 卽喩於死 只是世間生死二法 諸惡之本 衆苦之原 賢聖共訶 愚癡所蔽"라고 하였다. 〔참고문헌〕『大般涅槃經』, 『宗鏡錄』. ⇨ 덕천 德天 ❷, 흑암녀 黑闇女

이년학계 二年學戒 Ⓢ dve varṣāṇi śikṣmāṇā. 비구니가 구족계를 받기 전에 2년 간 가져 배우는 계. 식차마나(式叉摩那 Ⓢ śikṣmāṇā)가 익혀야 할 육법(六法)을 가리킨다. 이세학계(二歲學戒)라고도 한다. 『율학발인』 권상(卍속장106, p.932b6)에 "식차마나 : 학계녀(學戒女)라고 한역한다. 사미니 중 구족계를 받고자 하는 이에게는 반드시 이년학계를 주어야 한다. 결혼하지 않은 소녀라면 나이 18세에 2년 간 실천해야 할 계를 주며, 이미 결혼했던 여자라면 나이 10세라도 이년학계를 준다. 이년학계란 뱃속에 태아가 있는지 여부를 알 수 있기 때문이다. 2년 동안 몸을 청정하게 하고 육법으로 마음을 청정하게 한다고 말한다. 式叉摩那 此云學戒女 凡沙彌尼 欲進具戒者 應與二年學戒 若是童女 年十八 與二年學戒 若是已出嫁女 年十歲 與二年學戒 二年學者 可知其有胎無胎 故曰 二歲淨身 六法淨心"라고 하였다. 〔참고문헌〕『律學發軔』, 『摩訶僧祇律』 권38(대정장22, p.534c18), 『四分律』 권48(대정장22, p.924a18). ⇨ 육법 六法 ❷, 식차마나 式叉摩那, 학계녀 學戒女

이념무념 離念無念 념을 떠남과 념이 없음. 남종과 북종의 종지를 말한다. 『화엄경소초』 권34(대정장36, p.261c8)에 "북종이 이념을 종으로 삼은 것을 남종에서 파하여 말하길 '이념이란 떠나야 한다는 생각이 있지만, 무념은 본래 없다는 말이다. 이념은 거울을 털어내는 것과 같고, 무념은 거울이 본래 청정한 것과 같다'. 여기서는 남북 양종의 입장을 회통하였다. 『대승기신론』(대정장32, p.576b12)에서 '마음의 체는 념을 떠나 있다'라고 하였는데, 본래 떠나 있지만 떠날 수 있는 생각이 있는 게 아니며, 무념 또한 없는 것과 같으니 성이 청정하기 때문이다. 以北宗 宗於離念 南宗破云 離念 則有念可離 無念 卽本自無之 離念如拂鏡 無念如本淨 今爲會之 起信旣云 心體離念 亦本自離 非有念可離 亦同無念可無 卽性淨也"라고 하였다. 〔참고문헌〕『華嚴經疏鈔』, 『圓覺經鈔辨疑誤』 권상(卍속장15, p.462a8), 『圓覺經道場修證儀』 권11(卍속장128, p.893a3).

이노백고 狸奴白牯 고양이와 흰 소. 이노백고(貍奴白

牯)라고도 쓴다. 이류(異類)의 대명사로 불법(佛法)과 문자를 모르는 무지한 축생을 의미한다. 근기가 낮고 둔한 사람을 비유하기도 한다. 『조산어록』 권하 「사종이류 四種異類」(대정장47, p.544b11)에 "이 일에 두 가지 이류가 있다. 하나는 사문이류이고, 다른 하나는 사상이류이다. 사상이류란 고양이와 흰 소에 해당한다. 此事有二種異類 一者 沙門異類 二者 事上異類 事上異類者 狸奴白牯 是也"라고 하였다. [참고문헌] 『曹山語錄』. ⇨ 이노백고각지유 狸奴白牯却知有

이노백고각지유 狸奴白牯却知有 고양이와 흰 소가 도리어 안다는 뜻. 남전보원(南泉普願)의 언구로 삼세제불도 모른다(三世諸佛不知有)라는 구와 대구로 쓰인다. 지견마저 버려야 향상사(向上事)에 오를 수 있다는 뜻이다. 『조당집』 권16 「남전장 南泉章」(고려장45, p.331c5)에 "선사가 매번 법좌에 올라 말했다. '요즘 선사들은 넘칠 정도로 많지만 아둔한 한 사람 찾을 수 없다. 그대들은 마음 씀 그르치지 말아야 한다. 이 일 얻고자 하면 곧장 저 부처님 오시기 전을 향하여 어떠한 이름과 문자도 없어 은밀하게 작용하며 몰래 통하여 알아차리는 이 없는 때에 체득해야 비로소 겨우 상응하리라. 그래서들 말하길 「조사와 부처는 모르지만 고양이와 흰소는 도리어 안다」고 한다. 왜 그러한가? 저들에겐 도리어 그 흔한 분별이 없다. 그래서 여여라고 부르자마자 이미 다른 것일지니, 곧바로 주저없이 저 이류 향하는 중에 행한다'. 師每上堂云 近日禪師太多生 覓一个癡鈍底不可得 阿你諸人莫錯用心 欲體此事 直須向佛未出世已前都無一切名字 密用潛通 無人覺知 與摩時體得 方有小分相應 所以道 祖佛不知有 狸奴白牯卻知有 何以如此 他卻無如許多般情量 所以喚作如如 早是變也 直須向異類中行", 『속전등록』 권3 「대우수지전 大愚守芝傳」(대정장51, p.485b26)에 "법좌에 올라 '삼세제불 알지 못하는 것을 고양이와 흰 소는 도리어 안다'라고 하고서 불자를 집어 들고 말했다. '고양이 흰 소 온통 여기에 있어 빛 놓고 땅 흔드네'. 上堂 三世諸佛不知有 狸奴白牯却知有 乃拈起拂子云 狸奴白牯總在這裏放光動地", 『선문염송설화』 「235칙」(한불전5, p.229b11)에 "삼세제불 운운하더니 입이 닳도록 많이 말하여 집안의 추한 꼴 드날렸네. 고양이 운운하더니 절름거려 끌지만 스스로 지킬 줄 아네. 비록 이와 같이 알던 모르던 녹수청산은 의구하고 조계의 거울엔 본래 티끌 하나 없는데 어찌 하필 남쪽 향해 북두 보려 하는가? 三世諸佛云云者 忉忉怛怛揚家醜 狸奴云云者 跛跛挈挈能自守 雖然如是 知有不知有 綠水青山且依舊 曹溪鏡裏本無塵 何必面南看北斗"라고 하였다. [참고문헌] 『祖堂集』, 『續傳燈錄』, 『禪門拈頌說話』. ⇨ 남전리노백고 南泉狸奴白牯

이눌 而訥 조선 후기 스님인 현변(懸辯 1616~1684)의 자(字). [참고문헌] 『枕肱集』 권하 「枕肱大師行狀」(한불전8, p.368a12). ⇨ 현변 懸辯

이능 二能 두 가지로 능히 함. 무명(無明)에서 일어나는 번뇌장(煩惱障 Ⓢ kleśa-āvaraṇa)과 소지장(所知障 Ⓢ jñeya-āvaraṇa)을 말한다. 『법집경』 권1(대정장17, p.614b29)에 "무명에 두 가지 능히 하는 바가 있고 네 가지 인이 있다. 두 가지 능한 바란, 첫째는 번뇌장이고, 다른 하나는 지혜장이다. 無明有二種能 四種因 何者二能 一者 煩惱障 二者 是智障"라고 하였다. [참고문헌] 『法集經』. ⇨ 번뇌장 煩惱障, 소지장 所知障

이능박표 理能縛豹 이로 표범을 잡는다는 말. 이(理)는 이(狸) 자와 통한다. 『천성광등록』 권15 「풍혈연소장 風穴延沼章」(卍속장135, p.731b4)에 "풍혈선사가 말했다. '못이 넓으면 산을 감추고 살쾡이도 표범을 잡는다'. 師云 澤廣藏山 理能縛豹", 같은 책 권21 「중양산숭장 中梁山崇章」(卍속장135, p.805a1)에 "법좌에 올라 말했다. '우뚝하고 당당하여 하늘을 찌르고 땅도 뒤덮는구나. 그대 어떻게 절복시키겠는가?' 잠시 침묵하다가 말했다. '왕법에는 친소가 없고 이로도 표범을 잡을 수 있다'. 上堂云 巍巍堂堂 衝天塞地 儞作麽生折伏 良久云 王法無親 理能縛豹"라고 하였다. [참고문헌] 『天聖廣燈錄』. ⇨ 이능복표 理能伏豹

이능복표 理能伏豹 이치로 사나운 표범을 굴복시킨다는 뜻. 이 구절에 대해 몇 가지 해석이 있다. 이(理)를 이(狸)로 바꾸어 이능복표(狸能伏豹)라고도 하는데 살쾡이가 표범을 이긴다는 뜻이다. 또한 복표(伏豹)는 당대의 관청에서 휴일당직을 뜻하기도 하였다. 『조정사원』에서는 표(豹) 자 대신 요(㑾) 자를 써서 흉포함을 다스린다는 뜻으로도 썼다. 『설두어록』 권3(대정장47, p.685c3)에 "법안문익이 걸상을 가리키며 '앉을 자리 알아차린다면 돌아다니고도 남을 것이다'라고 하였다. 운문은 '걸상을 제대로 알았더라도 하늘과 땅처럼 크게 멀어질 것이다'라고 하였다. 이에 대해 설두는 '못이 크면 산을 머금고, 이로도 능히 표범이 엎드린다'라고 하였다. 擧 崇壽指凳子云 識得凳子周匝有餘 雲門云 識得凳子 天地懸殊 師云 澤廣藏山 理能伏豹", 『가태보등록』 권6 「늑담선청장 泐潭善清章」(卍속장137, p.114b11)에 "설두가 말하기를 '못 넓어 산 품고 살쾡이 능히 표범을 이긴다'라고 하였다. 雪竇道 澤廣藏山 狸能伏豹", 『조정사원』 권2(卍속장113, p.37b4)에 "이능복표 : 복표는 복요라고 써야 한다. 요 자는 어와 교를 반절한 음이다. 매우 흉포하다는 뜻이다. 『원부산록』에 보인다. 理能伏豹 伏豹當作伏㑾 於教切 很戾也 見遠浮山錄"라고 하였다. [참고문헌]『雪竇語錄』, 『嘉泰普燈錄』, 『祖庭事苑』.

이능화 李能和 1869~1943. 구한말 일제강점기의 신문학자·불교학자·거사. 자는 자현(子賢), 청년기의 별호는 탈망(脫網), 호는 간정(侃亭)·상현거사(尙玄居士)·무위거사(無爲居士)·무능거사(無能居士)·일소거사(逸素·一笑居士)·괴옹도인(槐翁道人). 본관은 전주(全州). 아버지의 휘는 원긍(源兢)이니, 1869년(고종6) 1월 19일 충청북도 괴산군 괴산읍 서부리에서 3남매 중 장남으로 태어났다. 부친은 1894년 갑오개혁 때 군국기무처회의원(軍國機務處會議員)과 법무협판(法務協辦)을 지낸 개화주의자이다. 1876년 가숙(家塾)에서 한학을 배우기 시작하였으며, 1883년에는 결혼하고 고수(高叟)에게 사서(四書) 등을 배워 경·사·자·집(經史子集)에 정통하였다. 1884년경 상경하였는데, 이전에 괴산의 성불사(成佛寺)를 중창한 산해쌍장(山海雙杖)선사를 통해 불교와 돈독한 인연을 맺고 있었다. 1887년 정동영어학당에 입학하여 2년과정을 수료하고, 1892년(고종29) 24세 때 산해쌍장의 지도로 『원각경』을 보다가 발심하여 불교에 귀의하였다. 1894년(고종31) 한어(중국어)학교를 수료, 이듬해 관립 법어(法語: 프랑스어)학교에 입학하였다. 그해 농상공부(農商工部)의 주사(主事)로 관계에 진출하였으나 이듬해 사직하고, 1897년(광무1) 관립한성외국어학교(官立漢城外國語學校)의 불어교사로 있다가 칭경예식사무소(稱慶禮式事務所)의 위원이 되었고, 1904년(광무8) 다시 외국어학교 교사로 복직하였다. 1906년(광무10) 사립일어야학사(私立日語夜學舍)에 입학하여 이듬해 수료하고, 그해 관립한성법어학교 교장에 취임하였으며, 1907년 의정부의 명으로 일본에 건너가 관청을 시찰하고 돌아와 국문연구소(國文硏究所) 위원이 되었다. 영·불·중·일어 등 4개 국어에 능통하여 1908년(융희2) 각종 외국어학교를 통합한 한성외국어학교의 학감에 임명되었다. 한일합방으로 1911년 학교가 폐쇄당하자 연구에만 몰두하여 사료(史料)의 수집은 물론 종교(宗敎)와 민속(民俗) 분야에도 힘을 기울였다. 1912년 능인(能仁)보통학교를 설립하고 교장에 취임하여 3년간 재직하며, 첫 저서로 불교포교지침서인 『백교회통 百敎會通』을 저술하였다. 1914년 서울 종로 각황사(覺皇寺: 太古寺와 曹溪寺의 前身)에서 조선불교진흥회가 설립될 때 간사에 피선되었다. 1915년 『불교진흥회월보』, 1916년 『조선불교계』, 그 이듬해 『조선불교총보』 등의 편집 겸 발행인을 각각 맡아 논설문 등을 집필하는 한편, 지식인들을 중심으로 거사불교운동(居士佛敎運動)을 전개하였다. 1918년에는 역저 『조선불교통사 朝鮮佛敎通史』 3권을 저술 발행하였는데, 관련자료를 한문으로 엮은 이 책은 불교연구의 지평을 열고, 이후 오늘에 이르기까지 이 방면의 지남이 되고 있다. 1920년에는 조선불교회를 발기하고, 1922년에는 조선총독부에서 조선사편찬위원회를 구성할 때 위원으로 위촉되어, 1932년부터 1938년까지 발행된 『조선사』 37책의 편집에 편수관 등으로 활동하였다. 이를 계기로 불교연구에서 한국문화와 국사문제 전반으로 연구영역이 확대되었다. 1930년 한국문화 연구단체인 청구학회의 이사에 피선되고, 이듬해 박승빈(朴勝彬)·오세창(吳世昌)과 함께 계명구락부(啓明俱樂部)를 조직하여 민족정신의 계몽과 선양에 힘썼으며, 당시를 전후하여 중앙불교전문학교(동국대학교 전신)에서 조선종교사를 강의하였다. 그 후 1943년 4월에 종로 운니동(雲泥洞)에서 향년 75세를 일기로 사망할 때까지 왕성한 연구활동을 계속하였다. 현존하는 저서로는 『조선불교통사』·『조선기독교급외교사 朝鮮基督敎及外交史』·『조선여속고 朝鮮女俗考』·『조선해어화사 朝鮮解語花史』·『조선무속고 朝鮮巫俗考』·『한국도교사 韓國道敎史』·『춘몽록 春夢錄』·『질병사연구 疾病史硏究』·『조선사회사 朝鮮社會史』 등이 있다. 그 외 『조선유교급유학사상사 朝鮮儒敎及儒學思想史』·『조선의학발달사 朝鮮醫學發達史』·『조선십난록 朝鮮十亂錄』·『조선잡고합편 朝鮮雜考合篇』·『조선신화고 朝鮮神話考』·『조선신사고 朝鮮神事考』·『조선제례고 朝鮮祭禮考』 등은 6.25 한국전쟁 때 모두 불타버렸다. 일제강점기에 전개된 그의 불교관은, 불교가 한국민족신앙으로 문화사상의 핵심을 이루어 왔다는데 바탕한다. 불교연구를 통해 민족의식을 고취시켜 온 것인데, 대부분의 저술에 '조선'을 관수어로 붙이고 있는 것도 같은 맥락이다. 불교사상은 깨달음(覺)을 중시하는 가운데 계몽사상과 회통사상이 요체를 이루고 있다. [참고문헌]『朝鮮佛敎通史』(新文館, 1918), 安啓賢 外『韓國近代人物百人選』(東亞日報社, 1970), 李鍾殷 外『李能和硏究』(集文堂, 1994), 金聲均「李能和」(『韓國의 人間像』4, 新丘文化社, 1965), 梁銀容「李能和의 學問과 佛敎思想」(『韓國近代宗敎思想史』, 원광대, 1984). ⇨주선불교통사 朝鮮佛敎通史

이니록왕 伊尼鹿王 Ⓢ Eṇeyamṛgarāja. 부처님의 삼십이상(三十二相) 중 종아리 모양에 비유되는 사슴왕. 이니연록왕(伊泥延鹿王)이라고도 한다. 『보성론』 권1(대정장31, p.817c2)에 "다음으로 삼십이대인상을 설한다. [게] 발바닥의 모양은 평평하여 천 폭 바퀴를 구족하고, 발등은 높으면서 위로 우뚝한 것이 이니록왕의 장딴지와 같다네. 次說三十二大人相 偈言 足下相平滿 具足千輻輪 跟趺上隆 伊尼鹿王踹"라고 하였다. [참고문헌]『寶性論』, 『方廣大莊嚴經』 권3(대정장3, p.557a25). ⇨이니연박상 伊泥延膊相

이니록전상 伊尼鹿蹲相 이니연박상(伊泥延膊相)을 달리 일컫는 이름. 『십주비바사론』 권8(대정장26, p.65b14)에 "능히 기예와 여러 경서를 기꺼이 가르쳐 아낌이 없었으며 신발 등마저 베풀었기에 이니녹전상을 얻었다. 能以技藝及諸經書 教授不惜 及履屣等施故 得伊尼鹿蹲相"라고 하였다. [참고문헌] 『十住毘婆沙論』. ⇨ 이니연박상 伊泥延膊相

이니연 伊尼延 Ⓢ aiṇeya의 음사어. 영양(羚羊) 또는 사슴의 일종. 줄여서 이니(伊尼)·연니(㖶尼)라고 하며, 이니연(伊泥延)·인니연(因尼延)·의니야(翳泥耶) 등으로도 음사한다. 녹왕(鹿王)이라 한역한다. 32상(相) 중 하나인 이니연박상(伊泥延膊相)과 관련한다. 『화엄경탐현기』 권15(대정장35, p.400a6)에 "이니연이란 사슴 이름이다. 伊尼延者 此是鹿名", 『일체경음의』 권22(대정장54, p.448a23)에 "'이니'는 사슴 이름이다. 그 털빛은 짙은 검은색이다. 伊尼者 鹿名也 其毛色多黑"라고 하였다. 이에 대해 『오주연문장전산고』 경사편(經史篇)3 석전류(釋典類)2 「석전범문변증설 釋典梵文辨證說」에서는 "이니〈한역하면 녹포다〉. 伊尼〈此云鹿脯也〉"라고 하였는데, 이는 정확하지 않은 풀이이다. [참고문헌] 『華嚴經探玄記』, 『一切經音義』, 『五洲衍文長箋散稿』. ⇨ 연니 㖶尼, 이니연박상 伊泥延膊相

이니연박상 伊泥延膊相 Ⓢ aiṇeya-jaṅgha, Ⓟ eṇi-jaṅgha, Ⓣ byin-pa-ri-dwags-A'i-ne-ya'i-lta-bu. 삼십이상(三十二相) 중 하나. 이니연처럼 다리 모양이 수려하고 날렵한 상. 이니연전상(伊泥延蹲相)·이니연천상(伊尼延腨相)·이니록전상(伊尼鹿蹲相)·녹왕천상(鹿王腨相)·쌍천섬원여예니야녹왕천상(雙腨纖圓如翳泥耶鹿王腨相)·양천여녹왕상(兩腨如鹿王相)·예니야선록왕천상(翳泥耶仙鹿王腨相)·용전장여이니연록왕상(膞蹲腸如伊尼延鹿王相) 등 다양하게 일컫는다. 『대지도론』 권11(대정장25, p.141b18)에는 보시를 바라는 이가 있으면 속히 원하는 것을 주기에 이 같은 상을 얻는다고 하였고, 『법승의결정경』 권하(대정장17, p.659a14)에서는 정법(正法)을 분명하게 이해하고 널리 설하였기에 이 같은 상을 얻는다고 하였으며, 『십주비바사론』 권8(대정장26, p.65b14)에서는 기술과 경전을 가르치고, 아낌없이 신발 등도 보시하였기에 이 같은 상을 얻는다고 하였다. 『대지도론』 권4(대정장25, p.90b15)에 "(삼십이상 중) 여덟째는 이니연박상이다. 이니연녹왕의 장딴지처럼 수려하고 날렵하다. 八者 伊泥延膊相 如伊泥延鹿王膊 隨次𦟛纖"라고 하였다. [참고문헌] 『大智度論』, 『法乘義決定經』, 『十住毘婆沙論』, 『四教儀註彙補輔宏記』 권7(卍속장102, p.626a9), *Gaṇḍ-vy.99.*, *SN.1.16.*, *Mvyut.17.* ⇨ 삼십이상 三十二相

이니연전상 伊泥延蹲相 이니연박상(伊泥延膊相)을 달리 일컫는 이름. 『대지도론』 권11(대정장25, p.141b18)에 "보시할 때 받는 이가 구하면 온 마음으로 귀 기울여 잘 듣고 겸손하고 정중하게 약속하고 반드시 빨리 얻도록 하였기에 이니연전상을 얻었다. 施時受者求之 一心好聽 慇懃約勅 令必疾得故 得伊泥延蹲相"라고 하였다. [참고문헌] 『大智度論』. ⇨ 이니연박상 伊泥延膊相

이니연타 伊尼延陀 털로 짠 깔개 또는 덮개. 이려연타(伊黎延陀)·이려연타모라모모라(伊黎延陀毼羅毼毼羅)라고도 한다. 『사분율명의표석』 권14(卍속장70, p.610a16)에 "이니연타 : 이려연타라고도 한다. 털로 짠 덮개 또는 깔개다. 추정컨대, '이니연'이라는 음사는 금색빛 사슴의 이름이다. 혜원법사는 '그 털빛은 짙은 흑색이다'라고 하였다. 伊尼延陀 亦作伊黎延陀 當是毛毯 敷具之屬 按伊尼延音 是金色鹿名 苑法師云 其毛色多黑", 같은 책 권26(卍속장70, p.796b10)에 "이려연타모라모모라 : 이니연타라고도 한다. 이들은 모두 외국의 깔개이니, 곧 중국의 담요 류로 안쪽은 가죽이다. 중국에는 유사한 것이 없으므로 한역할 수가 없다. 伊黎延陀毼羅毼毼羅 亦作伊尼延陀 此等皆是外國敷具 卽此方毯類儭以皮革作之 此方無有似者 故不可翻"라고 하였다. [참고문헌] 『四分律名義標釋』, 『四分律』 권15(대정장22, p.665c18). ⇨ 이니연 伊尼延

이단 二檀 두 가지 베풂. 세간단(世間檀)과 출세간단(出世間檀)을 말한다. 단은 보시(Ⓢ dāna)의 음사다. 『대지도론』 권11(대정장25, p.142a15)에 "범부가 보시하고 성인도 유루심으로 보시를 하면 이는 세간단이다. … 또한 세간단은 청정하지 않지만, 출세간단은 청정하다. 두 가지 번뇌(結使) 중 한 가지는 갈망에 속하고 한 가지는 견에 속하는데, 이 두 가지 번뇌의 부림이라면 세간단이라 하고 이 둘이 없으면 출세간단이다. 凡夫人布施 亦聖人作有漏心布施 是名世間檀 … 復次 世間檀者不淨 出世間檀者清淨 二種結使 一種屬愛 一種屬見 爲二種結使所使 是爲世間檀 無此二種結使 是爲出世間檀"라고 하였다. [참고문헌] 『大智度論』.

이단 二斷 **1** 자성단(自性斷)과 연박단(緣縛斷). 자성단은 견도단(見道斷)과 수도단(修道斷)에 다 통하지만, 연박단은 수도단만이다. 『구사론기』 권21(대정장41, p.325b15)에 "유루법 끊음에는 첫째 자성단과 둘째 연박단이 있다. 만약 스스로 상속하는 몸에서 번뇌 등을 끊으면 끊음 얻어 자체마저 사라졌기에 끊었다고 한다. 이는 자성에 근거한 끊음이다. 만약 저 상속신 중에 모든 번뇌 등과 일체색 그리고 일체불염법마저도 끊는다면, 능히 저들과 인연했던 스스로의 몸 중에 있던 모든 혹들마저 제9품에 이르러 마침내 끊는다. 그래서 이름이 끊음이고, 이를 연박에 의지해 끊은 것이라 한다. 夫有漏法斷 一 自性斷 二 緣縛斷 若自相續身中 煩惱等斷由得斷故 自體不成 說名爲斷 此據自性斷也 若他相續身中 諸煩惱等 及一切色 一切不染法斷 由能緣彼 在自身中所有諸惑 至第九品 究竟斷故 說名爲斷 此據緣縛斷也",『구사론송소론본』 권16(대정장41, p.906c15)에 "연박단이란, 유루선법이 번뇌에 얽혀 있음이니, 구품혹을 남김없이 끊고 선법마저 얽힘 벗어나면 이를 연박단이라 한다. 끊고 나서 행하지 않으면 자성단이다. 선법을 끊고 나서도 현행한다면 자성단이 아니다. 선법을 끊었다는 말은 선의 체마저 끊었다는 말이 아니라 선이란 것에 얽힌 번뇌를 끊고 선만을 성취하였기에 현행할 수 있다. 緣縛斷者 有漏善法 被煩惱縛 斷此能緣九品惑盡 善法離繫 名緣縛斷 斷已不行 名自性斷 善法斷已 容現行故 非自性斷 斷善法者 不斷善體 但斷善上能緣煩惱 成就善故故得現行"라고 하였다. [참고문헌]『俱舍論記』, 『俱舍論頌疏論本』. ⇨ 연박단 緣縛斷, 자성단 自性斷 ❷ 자박단(子縛斷)과 과박단(果縛斷). 『열반현의발원기요』 권1(대정장38, p.21b27)에 "번뇌 사라진즉 자박단이고, 모든 유를 여의면 과박단이다. 모두 유여열반인데, 이승인이 비록 과박은 끊었다 해도 무명은 온전히 남는다. 滅煩惱卽子縛斷 離諸有卽果縛斷 皆是有餘者 二乘雖斷果縛 無明全在"라고 하였다. [참고문헌]『涅槃玄義發源機要』. ⇨ 자박단 子縛斷, 과박단 果縛斷

이단 異端 실마리를 달리함. 끝내 견해를 달리하는 무리나 그 무리의 교리 등을 말한다. 『대승기신론의소』 권상(대정장44, p.175c12)에 "보살이 이 논을 지은 것은 부처님께서 멸도하신 후 정법의 시에는 큰 성인 가신 지 얼마 안 되어 사람들의 근기 믿음이 두터웠기에 다른 실마리가 없었다. 700년 큰 성인 가신 지 멀어지자 불제자들도 부처님을 따라 멸도하였고 사람들의 근기도 믿음도 옅어지고 세상 또한 쇠퇴하였기에 외도와 이단이 앞다퉈 세상에 일어났다. 所以菩薩 造此論者 佛滅度後正法之時 大聖去近 人根厚信 故無異端 七百歲後 大聖去遠 聖弟子衆 遂佛滅度 人根薄信 以世衰故 外道異端 競興於世"라고 하였다. [참고문헌]『大乘起信論義疏』, 『百論』「序文」(대정장30, p.167c19), 『楞嚴經合轍』 권10(卍속장22, p.604a3). ⇨ 외도 外道, 육십이견 六十二見

이단변정 異端辨正 명대 1525년(가정4) 첨릉(詹陵) 지음. 3권. 당시 양명학(陽明學)과 더불어 불교와 도교에 맞서 주자학(朱子學)만이 정통이고 나머지는 이단이라고 규정하면서 유학의 입장에서 노장과 불교를 비판한 책이다. 특히 교외별전(敎外別傳)을 주장하는 선(禪)을 이단 중의 이단으로 규정하고 배척하였다. 각 항목마다 유학의 설을 드러내 설명한 후 우안(愚案)이라고 하여 노장·양주·묵적과 선을 아울러 비판한다. 이는 본서가 출간된 지역이 양명학의 본거지이자 성지라고 할 수 있는 강서성(江西省)인 이유로 양명학 비판에는 소극적이었다는 견해도 있다. 본서는 1551년 우리나라에 전입되어 다음 해인 1552년 간행되었다.

이단상 離斷常 단(斷)과 상(常)을 떠남. 『입대승론』 권상(대정장32, p.41a26)에 "유와 무를 떠남을 공이라고 한다. 단과 상을 떠났기에 중도라고 한다. 以離有無名空 離斷常故 名爲中道", 『법화현의석첨』 권5(대정장33, p.847b24)에 "중도란 단과 상을 여윌 뿐이다. 言中道者 離斷常耳", 『십이문론소』 권하(대정장42, p.206a3)에 "유의 이제가 단지 단멸을 떠날 뿐 아니라 단과 상을 모두 떠남을 밝힌다. 비록 공이지만 유이므로 단을 따르지 않고, 비록 유이지만 공이므로 상에 집착하지 않는다. 이제를 세워서 단상을 동시에 부수면 이것이 중도이다. 明有二諦非但離斷滅 亦俱離斷常 雖空而有 故不隨斷 雖有而空 故不著常 立於二諦 雙破斷常 卽是中道", 『이제의』 권상(대정장45, p.86a13)에 "이익이란 단과 상 두 견을 떠나는 것이다. 세제인 제일의제를 깨달으면 상견을 떠나고, 제일의제인 세제를 떠나면 단견을 떠난다. 단상 두 견을 떠나면 성스런 중도를 행하고 불성을 본다. 이제를 깨닫지 못하면 중도를 행하지도 불성을 보지도 못한다. 利益者 離斷常二見 了世諦第一義諦 離常見 了第一義諦世諦 離斷見 離斷常二見 行於聖中道 見於佛性 若不了二諦 卽不行中道 不見佛性"라고 하였다. [참고문헌]『入大乘論』, 『法華玄義釋籤』, 『十二門論疏』, 『二諦義』. ⇨ 중도 中道, 단견 斷見, 상견 常見

이단안 已斷眼 Ⓢ prahīṇam cakṣuḥ, Ⓣ mig-spangs-pa. 안근(眼根)을 아홉 가지로 분류한 것 중 하나. 유루안(有漏眼)인 응단안(應斷眼)을 끊은 것. 비이단안(非已斷眼)과 상대한다. 『유가론기』 권1(대정장42, p.335a9·한불전13, p.72c2)에 "이미 끊은 눈이란, 전의 응단안을 지금 이미 끊었기에 이단안이라고 한다. 已斷眼者 則前應斷眼 今已斷故 名已斷眼"라고 하였다. [참고문헌]『瑜伽論記』, 『瑜伽師地論』 권3(대정장30, p.292b25). ⇨ 응단안 應斷眼

이단인 已斷因 이미 끊어진 인(因). 견도(見道)에서 끊어지는 변행혹(遍行惑)을 말한다. 미단인(未斷因)과 대칭한다. 『식신족론』 권4(대정장26, p.551a21)에 "아직 욕계의 탐욕을 여의지 못하였으나 고지는 이미 생겼으며, 집지는 아직 생기지 않은 경우의 견집(見集)과 견멸(見滅)과 견도와 수도(修道)로 끊는 모든 불선심(不善心)은 어떤 것이 '미단인'인가? 이것들과 함께 하고 상응하는 등의 법을 말한다. 어떤 것이 '이단인'인가? 욕계에 얽매인 견고소단의 변행수면과 저것과 상응하는 등의 법을 말한다. 집지는 이미 생겼으나 멸지는 아직 생기지 않은 경우의 견멸과 견도와 수도로 끊는 모든 불선심은 어떤 것이 '미단인'인가? 이것과 함께 하고 상응하는 등의 법을 말한다. 어떤 것이 '이단인'인가? 욕계에 얽힌 변행수면과 저것과 상응하는 등의 법을 말한다. 未離欲界貪 苦智已生 集智未生 見集滅道 及修所斷 諸不善心 何等未斷因 謂此俱有 相應等法 何等已斷因 謂欲界繫 見苦所斷 遍行隨眠 及彼相應等法 集智已生 滅智未生 見滅道修所斷 諸不善心 何等未斷因 謂此俱有 相應等法 何等已斷因 謂欲界繫 遍行隨眠 及彼相應等法", 『대비바사론』 권19(대정장27, p.94c23)에 "일체염오법은 모두 견도로 끊는 법으로 인이 된다. 〔문〕 그렇다면 미단과 이단은 모두 인이 될 수 있는데, 어떤 차별이 있는가? 〔답〕 이름에 차별이 있다. 즉 앞의 미단위를 미단인이라고 하며, 뒤의 이단위를 이단인이라 한다. 또 앞의 위에서는 아직 대치에 의하여 무너졌으나, 뒤의 위에서는 비록 인일지라도 이미 대치에 의하여 무너졌다. 또한 앞의 위에서는 자신중에 성도를 장애하지만, 뒤의 위에서는 비록 인이 될지라도 자신중에서 성도를 장애하지는 않는다. 一切染污法 皆以見所斷法爲因 問 若爾 未斷已斷 俱能爲因 有何差別 答 名卽差別 謂前未斷位 名未斷因 後已斷位 名已斷因 復次 前位 未爲對治所壞 後位 雖亦爲因 而已爲對治所壞 復次 前位 於自身中 能障聖道 後位 雖亦爲因 而於自身中 不障聖道"라고 하였다. 〔참고문헌〕『識身足論』, 『大毘婆沙論』. ⇨미단인 未斷因, 변행혹 遍行惑, 견도 見道

이달개사 離達開士 범계허물 여의고 삼관과 일미진여를 깨우쳐 비추는 보살. 삼십삼천의 도리천왕을 말한다. 『인왕경』 권상 「보살교화품 菩薩教化品」(대정장8, p.827b27)에 "이달개사도리왕이 육도의 천국토에 모습을 드러내니, 연도 없고 상도 없는 제3제여서 없는 것도 아니고 나는 것도 없어 둘로 비출 일도 없네. 離達開士 忉利王 現形六道千國土 無緣無相第三諦 無無無生無二照"라고 하였다. 이 '이달개사'에 대해서 지의(智顗)는 『인왕호국반야경소』 권4(대정장33, p.274b20)에서 "이달이란 파계의 허물을 여의고 삼관에 통달함이다. 별교에서는 2지, 원교에서 2주다. 개사란 공의 법도를 열었다는 뜻이다. 대사·정사·개사 등은 모두 한 뜻이다. 離達者 離破戒垢 通達三觀 別教二地 圓教二住 開士者 開空法道也 大士正士開士等 並一義也"라고 주석하였고, 원측(圓測)은 『인왕경소』 권중(대정장33, p.395b8·한불전1, p.72b3)에서 "범계허물을 여의고 일미의 진여를 끝까지 비추기에 이달이라고 하니, 곧 마땅히 삼십삼천왕이다. 離犯戒垢 達照一味眞如 故名離達 卽當三十三天王"라고 주석하였다. 〔참고문헌〕『仁王經』, 『仁王護國般若經疏』, 『仁王經疏』. ⇨이달지 離達地

이달지 離達地 별교(別教) 십지(十地) 중 제2지. 천태교판에 의지한 이름으로 이구지(離垢地 Ⓢ vimalā-bhūmi)의 다른 이름이다. 『인왕경』 권상 「보살교화품 菩薩教化品」(대정장8, p.827b27)의 이달개사(離達開士)의 지위다. 『인왕호국반야경소』 권4(대정장33, p.270b22)에 "달은 이달이니 곧 제2지 보살이다. 達卽離達 謂二地菩薩", 같은 책 권4(대정장33, p.272b28)에 "두 번째 이달지에 대해 푼다. 도리천은 한역하면 삼십삼천이다. 『지경』에서는 2지의 금광왕을 지으니, 『영락경』이 이 경과 같다. 二 釋離達地 忉利天 此云 三十三天也 地經云 二地作金光王 瓔珞與此經同", 『법화문구』 권2(대정장34, p.21c8)에 "'모두 다라니를 얻는다' 하니 2지를 찬탄한 것이다. 2지는 이구라 부르고, 이달이라고도 한다. 皆得陀羅尼 歎二地 二地名離垢 亦名離達"라고 하였다. 〔참고문헌〕『仁王經』, 『仁王護國般若經疏』, 『法華文句』. ⇨이달개사 離達開士, 이구지 離垢地

이당 耳璫 Ⓢ kuṇḍala, Ⓣ rna-cha-gdub-'khor. 귀걸이. 이당(珥璫)이라고도 쓴다. 비구의 귀걸이 장식은 돌길라죄(突吉羅罪)다. 그러나 밀교의 여러 존위(尊位)는 귀걸이로 장엄한다. 『유가사지론』 권4(대정장30, p.298b5 : *Yogā-bh.*, p.92)에 "또 장엄 갖춘 나무가 있으니, 이것으로부터 갖가지 미묘한 장엄구가 생겨 나온다. 말하자면 마니의 비인·귀걸이·팔찌 등과 손발을 장식하는 용구이니, 이와 같은 류의 모든 장엄구는 모두 갖가지 미묘한 마니보로 꾸민다. 復有莊嚴具樹 從此出生 種種微妙 莊嚴之具 所謂末尼 臂印 耳璫 環釧 及以手足 綺飾之具 如是等類 諸莊嚴具 皆以種種 妙末尼寶 而間飾之 alaṅkāravṛkṣā yato vividhā alaṅkārā nirvartante maṇayaḥ keyūrāḥ kuṇḍalāni harṣāḥ kaṭakā hastābharaṇāni pādābharaṇāni. evambhāgīyā vicitrā alaṅkārā vicitramaṇipratyarpitāḥ prādurbhavanti", 『일체경음의』 권23(대정장54, p.452a4)에 "이당〈당은 득과 낭을 반절한 음이다. 『석명』에 '귀를 뚫어 구슬을 다는 것을 당이라고 한다'라고 하였다〉. 耳璫〈璫 得郞反 釋名云 穿耳施珠 曰璫也〉"라고 하였다. 〔참고문헌〕『瑜伽師地論』, 『一切經音義』, *Yogā-bh.*

이당 수월관음도
일본 談山神社 고려후기

이당래자 已當來者 미래에 오실 분. 『출요경』 권20(대정장4, p.718b24)에 "설하노니 모든 과거부처님과 미래에 오실 부처, 그리고 현재 등정각께서는 끝없이 중생들 고통 거두신다네. 說諸過去佛 及已當來者 現在等正覺 多除衆人憂"라고 하였다. 〔참고문헌〕『出曜經』.

이당현 已當現 과거와 미래 그리고 현재. 이금당(已今當)이라고도 한다. 『대반야경』 권482(대정장7, p.446a8)에 "과거와 현재 그리고 미래의 부처님들 역시 깊고 깊은 반야바라밀다를 닦음으로써 능히 무상정등보리를 과거에도 미래에도 지금도 증득하시네. 過去未來現在諸佛 亦由修行甚深般若波羅蜜多 能於無上正等菩提 已當現證"라고 하였다. 〔참고문헌〕『大般若經』, *Pañca-pr.94.* ⇨이금당 已今當

이대번관나 爾待番款那 그대 차례 기다려 두드리려 하는가. 이대요번관나(爾待要翻款那)라고도 한다. 『벽암록』 1칙 「송 頌」(대정장48, p.141a8)에 "설두(雪竇)가 좌우를 둘러보며 말했다. '여기 어디에 조사 계신가?' 〈그대 차례 기다려 두드리려 하는가? 그저 그렇게 물러나고 나아갈 뿐이군〉. 스스로 답하길 '있다〈애만 쓰니 수고로울 뿐〉. 불러다가 내 발을 씻기게 하리라'〈다시 30방 쳐 끌어 냈어도 아직 분 밖이다. 그저 가고 올 뿐이니 여전히 한 치 밖이네〉. 師顧視左右云 這裏還有祖師麽〈爾待番款那 猶作這去就〉 自云 有〈塌薩阿勞〉 喚來與老僧洗脚〈更與三十棒趕出 也未爲分外 作這去就 猶較些子〉"라고 하였다. 〔참고문헌〕『碧巖錄』·54칙 「本則」(대정장48, p.188b23).

이덕 二德 ❶지덕(智德)과 단덕(斷德). 『순정리론』 권1(대정장29, p.329a15)에 "이 중 세존께서는 지덕과 단덕을 모두 구족하고 계시기에 자리원만하며, 은덕을 갖추셨기에 이타가 원만하다. 그 이유는 무엇인가? 온갖 명(冥) 다 길이 사라졌기에 지덕이 원만하며, 모든 경계에 대한 무지 또한 영원히 사라졌기에 단덕이 원만하며, 올바른 가르침의 손길을 내밀어 중생을 생사라는 진흙탕에서 건져 내시니 은덕이 원만하다. 此中世尊 智斷二德 皆具足故 自利圓滿 恩德備故 利他圓滿 所以者何 一切種冥 皆永滅故 智德圓滿 諸境界冥 亦永滅故 斷德圓滿 授正教手 拔衆生出生死泥故 恩德圓滿"라고 하였다. 〔참고문헌〕『順正理論』, 『法華玄贊』 권6(대정장34, p.771a22). ⇨지덕 智德, 단덕 斷德, 삼덕 三德❷, 은덕 恩德 ❷비덕(悲德)과 지덕. 『화엄경합론찬요』 권하(卍속장88, p.792b10)에 "40번째로 (善財童子가) 가비라성에서 구파(瞿波 Ⓢ Gopā)라는 여인을 만나 법운지(法雲地 Ⓢ dharma-meghā)를 증득한 것이란, 황색성의 지비 두 덕을 표한 것이니 체와 용이 두루 미쳐 만유를 실어 기르지만 그 몸 볼 수 없다. (十干 중) 무토와 기토가 사계절 내내 왕성하지만 이들 온전히 오롯한 때(時)란 없음을 본떴다. 지덕과 비덕에 선후가 없기에 초지(初地)와 이 성중(法雲地)이 지가 같다. 四十 迦毗羅城 見瞿波女 證法雲地者 以黃色城 表智悲二德 體用徧周 育載萬有而無體 象戊己土 寄王四季 而無專時 以智悲無先後 故與初地 同此城中"라고 하였다. 〔참고문헌〕『華嚴經合論纂要』, 『新華嚴經論』 권39(대정장36, p.998b5). ❸성덕(性德)과 수덕(修德). 『만선동귀집』 권하(대정장48, p.984a11)에 "〔문〕 번뇌 없는 성덕 본래 스스로 구족한데, 어째서 밖을 빌어 닦아 내선을 허무는가? 〔답〕 본래 수성이라는 두 가지 덕과 내외라는 두 가지 연이 있다. 성덕이 본래 갖춰져 있지만 저 나무 속에 숨은 화기처럼 드러나 쓰이지 않을 수 있다. 인연을 만나는 경우처럼 수덕에 의지해야만 비로소 현현할 수 있다. 그러므로 수덕을 통해 성덕을 드러내고 성덕으로 수덕을 성취하니, 본래부터 성 그것이 없다면 수덕 또한 성취되지 않는다. 이처럼 수덕과 성덕은 둘이 아니며 화합해야 비로소 갖춰진다. 問 無漏性德 本自具足 何假外修而虧內善 答 自有修性二德 內外二緣 若性德本具 如木中火 不成事用 須假修德 如遇因緣 方能顯現 是以 因修顯性 以性成修 若本無性 修亦不成 修性無二 和合方備"라고 하였다. 〔참고문헌〕『萬善同歸集』, 『淨土生無生論會集』(卍속장109, p.80a6). ⇨성덕 性德, 수덕 修德❷, 삼덕 三德❶, 삼인불성 三因佛性❶

이덕수 李德壽 1673~1744. 조선후기 문신. 자는 인로(仁老), 호는 서당(西堂) 또는 벽계(蘗溪), 시호는 문정(文貞), 본관은 전의(全義). 아버지의 휘는 징명(徵明)이고, 김창흡(金昌翕)과 박세당(朴世堂)의 문인이다. 1738년(영조14) 우참찬(右參贊)으로 동지경연사(同知經筵事)를 겸임했다. 문장에 능하고 글씨에 뛰어났으므로 많은 금석문(金石文)을 짓거나 썼다. 불교 금석문으로는 「문경봉암사상봉당정원대사비문 聞慶鳳巖寺霜峯堂淨源大師碑文」·「해남대흥사월저당도안대사비문 海南大興寺月渚堂道安大師碑文」·「간성건봉사목양당영안대사비문 杆城乾鳳寺牧羊堂靈眼大師碑文」·「해남대흥사설암당추붕대선사비문 海南大興寺雪巖堂秋鵬大禪師碑文」·「묘향산보현사자응당신화대선사비문 妙香山普賢寺慈應堂信和大禪師碑文」 등이 전하는데, 특히 자응당신화대선사비는 전액(篆額)까지 썼다. 〔참고문헌〕『英祖實錄』 권52 16년 11월 21일, 智冠 『韓國高僧碑文總集 朝鮮朝·近現代』 p.283·318·330·346·358.

이도 二途 두 갈래 길. 범성·유무·선악·시비·득실 등 대립하는 모든 양단. 도(途)는 도(塗)로도 쓴다. 『중관론소』 권1(대정장42, p.19c3)에 "하나의 도리에 치우친 집착을 견이라 하고, 두 길 사이에서 머뭇거림을 의라 한다. 偏執一理 名見 猶預二途 稱疑也",『법화경문구보정기』 권4(卍속장45, p.136a6)에 "아울러 두 길을 넘는다는 말은 선이든 악이든 두 길을 넘는다는 의미이다. 並越二途者 超於或善或惡之二途也",『황룡혜남어록』(대정장47, p.633a16)에 "설날 아침에 법좌에 오르자 학인이 물었다. '묵은해는 지나갔고 새해가 찾아왔습니다. 이 두 길 밟지 않으려 합니다. 스님 가르침 구합니다' '동방은 갑을목이다'. 歲旦 上堂 僧問 舊歲已去 新歲到來 不涉二途 乞師指示 師云 東方甲乙木",『대혜어록』 권13(대정장47, p.864b16)에 "정광대사가 청한 보설에서 학인이 물었다. '한 법이라도 있다면 비로자나불이 범부에 떨어지고, 만법이 모두 없다면 보현보살이 그 경계를 잃을 것입니다. 이 두 길을 다 떠나려 하니 청컨대 스님께서 속히 일러주십시오' '등껍질을 벗은 거북이 하늘로 오르네'. 定光大師請普說 僧問 一法若有 毘盧墮在凡夫 萬法若無 普賢失其境界 去此二塗 請師速道 師云 脫殼烏龜飛上天"라고 하였다. [참고문헌]『中觀論疏』,『法華經文句輔正記』,『黃龍慧南語錄』,『大慧語錄』.

이도 二道 **1** 무간도(無間道 Ⓢ ānantarya-mārga)와 해탈도(解脫道 Ⓢ vimukti-mārga). 번뇌도 지혜도 틈새없이 일어나기에 전찰나의 인(因)인 무간도와 후찰나의 과(果)인 해탈도는 득멸(得滅)과 득생(得生)이라는 이름으로 함께 한다.『순정리론』 권17(대정장29, p.432b22)에 "또한 택멸을 얻으려면 반드시 두 가지 길을 거친다. 처음에는 무간도에서 번뇌와 함께 얻고 같이 사라지고 후에는 해탈도에서 택멸과 더불어 얻어 같이 생한다. 번뇌득이 미처 사라지지 않았을 때 그 이계득은 이미 생위에 이른다. 이처럼 저러저러한 번뇌득이 멸하면, 이러이러한 택멸득이 생한다. 이 때문에 이러이러한 멸은 저러저러한 것에 속한다고 설한다. 且得擇滅 要由二道 初無間道 與煩惱得 俱時而滅 後解脫道 與擇滅得 俱時而生 非煩惱得 未已滅時 其離繫得 至已生位 如是彼彼 煩惱得滅 便有此此 擇滅得生 故說此此滅 屬於彼彼事"라고 하였다. [참고문헌]『順正理論』,『俱舍論記』 권3(대정장41, p.67c23),『成唯識論述記』 권9(대정장43, p.571a20), *Abh-k-bh.71.* ⇨ 무간도 無間道, 해탈도 解脫道, 사도 四道[1] **2** 유루도(有漏道 Ⓢ sāsrava-mārga)와 무루도(無漏道 Ⓢ anāsrava-mārga). 견도(見道)의 전후로 나눈다.『구사론송소론본』 권24(대정장41, p.951c21)에 "[석] 모든 유학 성자는 유루도와 무루도 길에서 8지의 수도위에서 번뇌를 벗어날 때 각각 두 가지 이계득(離繫得)을 이끌어낸다. 유루도로 8지의 수혹을 끊고 유루와 무루의 두 가지 이계득을 끌어낸다. 저 무루도로 8지의 번뇌를 끊고 역시 유루와 무루의 두 가지 이계득을 남김없이 함께 끌어낸다. 이 두 길은 하는 바 동시지만 각기 두 가지 득을 이끌고, 이런 두 갈래 길로 함께 수도위 번뇌를 끊기에 함께 한다고 한다. 釋曰 諸有學聖 以有漏無漏二道 離於八地 修斷染時 各能引生 二離繫得 謂有漏道 斷八地修 能引有漏無漏 二離繫得 若無漏道 斷八地染 亦能具引 有漏無漏 二離繫得 由二種道 同所作故 各引二得 此之二道 同斷修染 名同所作"라고 하였다. [참고문헌]『俱舍論頌疏論本』,『大毘婆沙論』 권66(대정장27, p.340c25), *Śrāv-bh.307.* ⇨ 유루도 有漏道, 무루도 無漏道 **3** 난행도(難行道)와 이행도(易行道).『정토감주』(卍속장110, p.358b6)에 "이도〈출처는 『정토십의론』〉:『십주비바사론』에서 이르길 '이 세계에서 불도를 수행하는 데에는 두 가지가 있다. 첫째는 난행도이고, 둘째는 이행도이다. 난행도란, 오탁악세에 있어서 무량부처님의 시절에 아비발치(阿鞞跋致 : 不退轉)를 구해도 얻기가 매우 어렵다. 이 어려움은 헤아리기 어렵기가 저 모래알 같아 다 설할 수 없지만 간략히 펴면 다섯 가지다. … 이행도란, 부처님의 말씀과 가르침을 믿고 염불삼매로 정토에 왕생하기를 서원한다. 아미타불원력의 섭지력에 올라 반드시 왕생하리라 의심하지 않는다. 마치 사람이 수로를 다닐 때 배의 힘에 의지하기에 잠깐 사이에 바로 천리에 이르는 것과 같으니, 이를 타력이라고 한다. 二道〈淨土十疑論〉 十住婆沙論云 於此世界 修道有二種 一者 難行道 二者 易行道 難行道者 在五濁惡世 於無量佛時 求阿鞞跋致 甚難可得 此難無數塵沙 說不可盡 略陳有五 … 易行道者 謂 信佛語教 念佛三昧 願生淨土 乘彌陀佛願力攝持 決定往生不疑也 如人水路行 藉船力故 須臾卽至千里 謂他力也"라고 하였다. [참고문헌]『淨土紺珠』,『淨土論』 권하(대정장47, p.101a26),『觀無量壽經義疏正觀記』 권상(卍속장33, p.30a12). ⇨ 난행도이행도 難行道易行道, 난행도 難行道, 이행도 易行道 **4** 교도(敎道)와 증도(證道).『태종정영집』 권3(卍속장101, p.596b10)에 "[답] 교와 증 두 가지 길에 두 가지 뜻이 있다. 첫째는 위를 잡아 십지전은 교도이고 십지에 오르면 증도다. 둘째는 관을 기준으로 하는데, 공(空)과 가(假) 이관은 교도이고, 중관은 증도이다. 答 教證二道 凡有二義 一者 約位 地前教道 登地證道 二者 約觀 空假兩觀是教道 中觀爲證道"라고 하였다. [참고문헌]『台宗精英集』,『四教義』 권12(대정장46, p.765a10). ⇨ 교증이도 敎證二道 **5** 대변과 소변이 나오는 두 가지 길. 항문과 생식기를 말한다.『구사론』 권12(대정장29, p.65b28)에 "이 거친 것 먹었기에 오물이 몸 안에 남아 있었고, 이를 깨끗하게 하려 했기에 대변과 소변이 나오는 두 가지 길이 생겼다. 此食麤故 殘穢在身 爲欲蠲除 便生二道"라고 하였다. [참고문헌]『俱舍論』,『有部律』 권2(대정장23, p.635c7), *Abh-k-bh.187.*

이도 李燾 송나라 때 거사. 절강성 부양현(富陽縣) 출신. 자는 언연(彦淵). 성품이 강직하고 욕심이 적었으며 만년에 이르러 탐진치(貪嗔痴) 중 탐과 치는 끊었으나 진은 아직 끊지 못하였다 여겨 '거진 去嗔'이라는 당호를 썼다. 시(詩)에 능하여 절강성 부양현 능인사(能仁寺)의 「삼학원시 三學院詩」·「보림원암향각시 寶林院巖香閣詩」 등이 세상에 전한다. 저서로는 『거진거사집 去嗔居士集』이 있다. 『무림범지』 권6(대장경보편29, p.594a13)에 "(富陽縣 妙智寺를) 건념 4년(1130)에 읍인 제형 이도가 베푼 재물로 새롭게 하였다. 建炎四年邑人提刑李䄙施財新之"라고 하였다. 〔참고문헌〕『武林梵志』.

이도 易道 ➡이행도 易行道

이도 移度 옮겨 교화함. 『삼론현의』(대정장45, p.8c17)에 "이때 대중부는 마하제바가 옮겨 교화함에 따라 앙굴다라국에 머물렀다. 于時 大衆部 因摩訶提婆移度住央崛多羅國"라고 하였다. 〔참고문헌〕『三論玄義』.

이도 異道 Ⓢ tīrthya, para-pravādin, tīrthika, Ⓟ añña-titthiya, Ⓣ mu-stegs-can. 다른 길. 교리나 수행법을 달리함 또는 믿고 따르는 그 무리. 경론에서는 불도와 다른 길을 가는 외도(外道)의 뜻이다. 『잡아함경』 권11(대정장2, p.77b9)에 "부처님께서 목건련에게 말씀하셨다. '아득히 멀고도 오랜 세월 동안 갖가지 이도의 사문·바라문·차라가(遮羅迦 Ⓢ caraka : 遊行者)·출가자들이 논의에서 이기려고 다투었다. 복덕과 이익에 대해 서로 어긋나게 반론하면서 번갈아 서로를 파괴시켰다'. 佛告目揵連 長夜久遠 種種異道沙門 婆羅門 遮羅迦 出家 競勝論議 相違反論議福利 迭相破壞", 같은 책 권36(대정장2, p.259c1)에 "일체의 결박을 끊고 일체의 이도를 굴복시켰으며, 일체의 마구니 원수를 항복시켜 위없는 바른 깨달음을 얻었네. 斷一切結縛 伏一切異道 降一切魔怨 得無上正覺", 『대당서역기』 권10(대정장51, p.928c20)에 "(恭御陀國은) 외도를 숭상하고 불법을 믿지 않는다. 천사(天祠)는 백여 곳이고 이도는 만여 명이다. … (羯餕伽國은) 천사는 백여 곳이고 이도는 아주 많으며 대부분은 자이나교도이다. 崇敬外道 不信佛法 天祠百餘所 異道萬餘人 … 天祠百餘所 異道甚衆 多是尼乾之徒也", 『불소행찬』 권4(대정장4, p.36c8)에 "부처님께서 마갈국에서 갖가지 이도를 교화하시자, 그들 모두 한 맛의 법을 따랐으니 마치 해가 모든 별빛을 가린 것과 같았다네. 佛於摩竭國 化種種異道 悉從一味法 如日映衆星", 『이취육바라밀다경』 권2(대정장8, p.871b8)에 "(모든 보살이) 이도의 삿된 견해를 꺾을 수 있다. 悉能摧伏 異道邪論", 『법화유의』(대정장34, p.639a24)에 "96종 외도가 말한 법을 일러 삿되다고 하며, 여래께서 설하신 법을 지목하여 바르다고 한다. 그러므로 저들 이도의 삿된 견해에 대하여 불도가 바르다고 밝혔다. 九十六種 所說之法 稱之爲邪 如來所說之法 目之爲正 故對彼異道之邪 明佛道爲正"라고 하였다. 〔참고문헌〕『雜阿含經』, 『大唐西域記』, 『佛所行讚』, 『理趣六波羅蜜多經』, 『法華遊意』, 『維摩經』(대정장14, p.539a23), 『十誦律』 권1(대정장23, p.6b17), 『瑜伽師地論』 권41(대정장30, p.519a27), 『那先比丘經』 권상(대정장32, p.694b12), *Daś-bh.30.*, *Gaṇḍ-vy.169.*, *Bodh-bh.119·152.*, *AN.2.190.* ⇨이단 異端

이도 履道 길을 밟아 감. 불도를 따라 행하는 뜻이다. 『만선동귀집』 권중(대정장48, p.977b18)에 "범부에서 성인에 들어가는 만 가지로 열린 선한 길에서 먼저 깨달음을 얻겠다는 마음을 일으키는 것이 가장 최우선이 되니, 이는 뭇 행 중의 으뜸이고 도를 밟아가는 시작이고 끝이기에 항상 펼쳐 거두지 않아 잠시도 버려서는 안 된다. 夫從凡入聖 萬善之門 先發菩提心 最爲第一 乃衆行之首 履道之初 終始該羅 不可暫廢"라고 하였다. 〔참고문헌〕『萬善同歸集』.

이도녈라 移兜涅羅 오방대신(五方大神) 중 서방을 지키는 신. 『관정경』 권7(대정장21, p.515b4)에 "셋째, 이도녈라는 그 몸이 장대하여 1장 2척이고 흰색 옷을 입었으며 백색의 기운을 토하며 서방에 머문다. 三者 名曰移兜涅羅 其身長大一丈二尺 著白色之衣 吐于白氣 住在西方"라고 하였다. 〔참고문헌〕『灌頂經』. ⇨오방대신 五方大神❶

이도론 異道論 Ⓢ tīrthika-śāstra, Ⓣ mu-stegs-can-gyi-bstan-bcos. 정도론(正道論) 아닌 논. 여기서는 보살법이 아닌 논을 말한다. 『유가사지론』 권41(대정장30, p.519b3: *Bodh-bh.*, p.119)에 "모든 보살들은 보살정계율의에 안주해야 하거늘 보살법을 멀리하고 이도론과 모든 외도론을 더 연구하고 깊은 마음으로 아끼고 좋아하며 집착하여 쓴 약처럼 여기지 않고 익히고 가까이 한다면 유범유소위월이라고 하는데, 이것이 염위범이다. 若諸菩薩 安住菩薩淨戒律儀 越菩薩法 於異道論及諸外論 研求善巧 深心寶翫 愛樂味著 非如辛藥 而習近之 是名有犯有所違越 是染違犯 evamapi ca bodhisattvo vidhimanatikramya tīrthikaśāstreṣu bahiḥśāstreṣu kauśalaṃ kurvannabhiratarūpastatra karauti tena ca ramate na tu kaṭubhaiṣajyamiva niṣevamāṇaḥkaroti. sāpattiko bhavati sātisāraḥ kliṣṭāmāpattimāpadyate"라고 하였다. 〔참고문헌〕『瑜伽師地論』, 『菩薩戒本』(대정장24, p.1113c20), *Bodh-bh.*

이도발생 利道拔生 ➡부산십육제 浮山十六題

이도소득 二道所得 Ⓢ dvi-mārga-prāpaṇa. 두 가지 길에서 얻는 것. 세간도(世間道)와 출세간도(出世間道)를 말한다. 『구사론』 권3(대정장29, p.17c2 : *Abh-k-bh.*, p.50)에 "이 이욕의 과는 두 가지 도로 얻는다. 극히 견고하기 때문이다. 此離欲果 二道所得 極堅牢故 tadvairāgyasya dvimārgaprāpaṇāt", 『구사론기』 권3(대정장41, p.68b10)에 "이 이욕의 불환과는 두 가지 도로 얻는다. 극히 견고하기 때문이다. 첫째 우선 세간도로 얻고, 둘째 뒤에는 출세간도로 얻는다. 此離欲不還果 二道所得 極堅牢故 一 先以世間道得 二 後以出世道得", 『유가사지론』 권16(대정장30, p.367c4)에 "이와 같은 모든 취 중에 앞의 두 가지 선취와 악취를 멀리 여읜 다음, 뒤의 두 가지 취와 열반취를 증한다. 이 말은 세간과 출세간의 두 가지 도로 얻는 것을 드러내 보인다. 於如是諸趣中 遠離前二 善趣惡趣已 應證後二上趣及涅槃趣 此言顯示 世出世間 二道所得"라고 하였다. 〔참고문헌〕『俱舍論』, 『俱舍論記』, 『瑜伽師地論』, *Abh-k-bh.*

이도의자 履道意者 길을 밟아 가기로 뜻을 세운 이. 구도자(求道者)와 같은 뜻이다. 『정법화경』 권1(대정장9, p.67c23)에 "세간을 이롭게 이끌고자 하는 이는 지금 마땅히 분별하여 법의 비를 내리니, 유연한 법의 가르침으로 널리 적셔 배부르게 하기에 길을 밟아 가고자 뜻을 세운 이라 하네. 導利世者 今當分別 當雨法雨 柔軟法教 普潤飽滿 履道意者"라고 하였다. 〔참고문헌〕『正法華經』. ⇨ 구도인 求道人

이도작의유가사 已度作意瑜伽師 이미 작의를 넘어서는 유가사(Ⓢ yogin). 초작의위(超作意位)의 요가수행자(超作意者)를 말한다. 가행(加行)의 칠종작의(七種作意)를 넘어선 위다. 『유가사지론』 권28(대정장30, p.439b1)에 "〔문〕 유가 수습하는 이에는 몇 가지가 있는가? 〔답〕 셋이다. … 셋째는 이도작의유가사이다. … 무엇을 이도작의유가사라 하는가? 가행구경과작의위에 머물러, 이로 인해 가행방편으로 수습하는 작의를 넘어서는 수습과에 안주하는 것으로 이미 작의를 건넜다 한다. … 만약 정성이생에 증득해 들어가 사제에 대한 현관을 얻고, 다른 연에 의지하지 않으며, 부처님의 고귀한 가르침에 대해 여타의 연에 의해 끌려 벗어나지 않는다면, 이때를 작의를 건넜다고 한다. 問 修瑜伽師凡有幾種 答 三 … 三 已度作意瑜伽師 … 云何已度作意瑜伽師 謂住加行究竟果作意位中 由此超過加行方便所修作意安住修果 是故說名已度作意 … 若已證入正性離生 得諦現觀 不由他緣 於佛聖教 不爲餘緣之所引奪 當於爾時 名度作意"라고 하였다. 〔참고문헌〕『瑜伽師地論』. ⇨ 초작의위 超作意位, 초수업유가사 初修業瑜伽師, 이습행유가사 已習行瑜伽師, 칠종작의 七種作意

이도주착 已到住著 이미 얻었다 여겨 머물러 집착함. 건봉(乾峯)과 운문(雲門)이 설한 병통 중 하나이다. 『오가종지찬요』 권하 「운문삼종병 雲門三種病」(卍속장114, p.557b6)에 "이도주착 : 다행히도 유를 버려 비로소 머리 돌렸으나 도리어 공에 빠져 뒤치지 못하네. 已到住著 幸然棄有方回首 却便沉空不轉身", "삼산등래(三山燈來)가 읊는다. '장안 비록 즐겁지만 실은 머물 곳은 못 되니, 곳곳을 떠돌아 놀며 접고 펴다가 제멋대로 문 닫고 베개 높여 누워버렸네. 고질병을 길렀으니 누구를 청해 없앨 것인가? 三山來頌云 長安雖樂實難居 到處優游任卷舒 莫教閉門高枕臥 養成痼疾倩誰除"라고 하였다. 〔참고문헌〕『五家宗旨纂要』. ⇨ 법신삼종병 法身三種病, 법신양반병 法身兩般病, 운문삼병 雲門三病

이돈 二頓 두 가지 돈교(頓敎). 화엄을 원중지돈으로 여겨 돈돈(頓頓)으로, 법화를 점중지돈으로 여겨 점돈(漸頓)으로 나눈 뜻이다. 『화엄경소초』 권7(대정장36, p.50a20)에 "화엄의 원은 돈중의 원이고, 법화의 원은 점중의 원이다. 점돈의 모양에 있어서 두 경전이 다르지만, 원교화법에 있어서는 두 경이 다르지 않다. 대사의 본래 뜻과 교를 가림이 이와 같다. 또한 원교라 명명하고 다시 돈이라고 했기에 원돈지관이라고 하였다. 이로부터 화엄은 돈돈이고, 법화는 점돈이다. 이 때문에 돈의 중에 원돈이 있고, 점의 중에 원돈이 있다. 華嚴之圓是頓中之圓 法華之圓 是漸中之圓 漸頓之儀 二經則異 圓教化法 二經不殊 大師本意 判教如是 又詺圓教 亦名爲頓 故云圓頓止觀 由此 亦謂華嚴名爲頓頓 法華名爲漸頓 以是 頓儀中圓頓 漸儀中圓頓故", 『법화경삼대부보주』 권13(卍속장44, p.443b16)에 "청량(淸凉)은 끝내 다 하지 못하고 망령되이 돈돈이라고 하고는, 일거에 원융이라고 하고, 법화의 개현인 미묘일승은 점돈이라고 해서 화엄보다 못하다고 그르쳤으니, 이 얼마나 애통한 일인가! 淸凉不達 妄謂頓頓 一槩圓融 法華開顯 微妙一乘 淸凉不曉 謬言漸頓 劣於華嚴 嗚呼哀哉"라고 하였다. 〔참고문헌〕『華嚴經疏鈔』, 『法華經三大部補注』, 『觀楞伽經記』 권2(卍속장25, p.781a10). ⇨ 돈돈 頓頓, 점돈 漸頓, 돈원교 頓圓教, 돈교 頓教

이동 移動 Ⓟ iñjana, iñjanā. 옮겨 움직이다. 『장아함경』 권12 「청정경 淸淨經」(대정장1, p.75b23)에 "사문인 석가의 제자는 그 법에 언제나 머물기에 움직여 구르지 않는다. 비유하자면 문지방이 항상 그 자리에 머물며 움직이지 않는 것과 같다. 사문인 석가의 제자도 이와 같아서 그 법에 항상 머물며 옮기지 않는다. 沙門釋子 其法常住 不可動轉 譬如門閫 常住不動 沙門釋子 亦復如是 其法常住 無有移動", 『화엄오교장』 권4(대정장45, p.507c9)에 "(육상 중) 괴상이란 모든 뜻이 각각 스스로 법에 머물러 옮겨 가지 않는다는 뜻이다. 壞相者 諸義各住自法 不移動故", 『대범천왕문불결의경』 권하(卍속장87, p.644b17)에 "범왕이여, 마땅히 정지견에 의지하여야 한다. 만일 견에 있어 옮겨 간다면 모든 것이 지옥업을 짓게 된다. 梵王 應依正知見 若見移動者 悉造地獄業也"라고 하였다. [참고문헌] 『長阿含經』, 『華嚴五教章』, 『大梵天王問佛決疑經』.

이동자 二童子 부동명왕(不動明王) 등을 협시하는 선성(善性)과 악성(惡性)의 두 동자. 부동팔대동자(不動八大童子)들이다. 『부동사자다라니비밀법』(대정장21, p.24c11)에 "이 작은 동자 모습으로 쌍둥이다. 하나는 긍갈라(Ⓢ Kiṅkara)로서 공경하고 소심한 동자고, 다른 하나는 제탁가(Ⓢ Ceṭaka)로서 말을 섞지 못할 정도로 악성이다. 此神作小童子形 有兩種 一名 矜羯邏 恭敬小心者 是 一名 制吒迦 難共語惡性者 是"라고 하였다. [참고문헌] 『不動使者陀羅尼祕密法』, 『八大童子軌』(대정장21, p.31c7). ⇨ 부동팔대동자 不動八大童子

이동주동이주 異同珠同異珠 밝은 구슬이 다른 것들 한결같이 밝게 비춰 각각 드러나게 하는 뜻과 같은 것들 비춰 다르게 드러나게 하는 뜻을 아울러 말한다. 독명주(獨明珠 : 異同珠)와 순명주(順明珠 : 同異珠)라고도 한다. 각각 진여문(眞如門)과 생멸문(生滅門)을 비유한다. 『석마하연론』 권2(대정장32, p.603c25)에 "중실을 계경에서는 이와 같이 말한다. '극단을 벗어난 진심이다'. 진여에 의지하면 이동주와 같고, 생멸에 의지하면 동이주와 같다. 中實契經中 作如是說 離邊眞心 若眞如依 如異同珠 若生滅依 如同異珠故", 『석마하연론찬현소』 권2(卍속장72, p.888a15)에 "이동주란, 다른 것에 속해 나투는 영상 제각각 차별하지만 같은 구슬에 속해 능히 비추니, 구슬의 밝음에는 다름이 없지만 거두어 차별하게 영상을 비추니 한 데로 돌아가 바탕만은 밝다. 그러므로 '다른 것들을 같게 한다'고 한다. 다음으로 동이주는 이를 뒤쳐 설한다. 異同珠者 異屬所現 影各差別 同屬能現 珠明無異 攝差別影 歸同體明 故云異同 次同異珠 反此而說"라고 하였다. [참고문헌] 『釋摩訶衍論』, 『釋摩訶衍論贊玄疏』. ⇨ 독명주 獨明珠, 순명주 順明珠, 등주중실 等住中實, 진여문 眞如門, 생멸문 生滅門

이동환 李東煥 1827~?. 조선후기 거사(居士). 호는 침산(枕山). 1827년(순조27) 경상도 상주(尙州)에서 태어났다. 통도사의 관허(觀虛)로부터 연비(燃臂)와 함께 참회(懺悔)로 오계를 받았으며, 금강산에서 해명(海溟)으로부터 보살계를 받았다. 전주 봉서사(鳳捿寺)에서 정진하다가 1868년(고종5) 41세 때 옥주(沃州 : 전라남도 진도군의 옛 이름) 쌍계사(雙溪寺)로 옮겼다. 지혜와 자비의 정신이 남달라서 유마거사(維摩居士)의 화신이라는 찬사를 받았다. 『동사열전』 6권에 전하는 거사는 경주 불국사(佛國寺)를 창건한 김대성(金大城)과 이동환뿐이다. 규범이 엄격하였던 당시의 불문(佛門)에서 승전(僧傳)에 이름이 수록될 만큼 높은 평가를 받았다. [참고문헌] 『東師列傳』 권5 「李枕山傳」(한불전10, p.1063c14). ⇨ 김대성 金大城

이두 二頭 **1** 머리가 둘이라는 말. 실마리 이미 두 갈래이니 분별이 시작되었다는 뜻이다. 둘로 나뉜 실마리 이미 분별의 시작일 뿐이라는 뜻이다. 『경덕전등록』 권12 「파초혜청전 芭蕉慧清傳」(대정장51, p.297c12)에 "학인이 '두 머리 세 머리 묻지 않고, 스님께 청하오니 본래면목을 곧바로 일러주시기 바랍니다'라고 하자 파초 묵연히 반드시 앉아 있을 뿐이었다. 問 不問二頭三首 請師直指本來面目 師默然正坐", 『대우수지어록』(고존숙어록25, 卍속장118, p.487a17)에 "알았다 한즉 두 머리고 몰랐다 한즉 머리는 셋이니, 무어라 해야 이 몸 벗어나 길 얻을까? 會得二頭 不會三首 作麽生道 得出身路", 『양기후록』(대정장47, p.646a28)에 "양기가 주지 취임 기념으로 개당하여 소문을 읽고 나서 말했다. '대중이여, 모두들 흩어지더라도 벌써 두 번째와 세 번째 단계에 떨어진 격이고, 흩어지지 않는다면 오늘 내가 여러분을 몹시 속이게 될 것이다'. 師 入院開堂 宣疏了 師云 大衆 大家散去 早落二頭三首 如不散去 今日熱瞞諸人去也"라고 하였다. [참고문헌] 『景德傳燈錄』, 『大愚守芝語錄』, 『楊岐後錄』. ⇨ 제이두 第二頭 **2** 두 머리. 또는 두 번째 머리. 쓸데없이 붙은 말이나 생각을 비유한다. 또는 있을 수 없는 존재를 말한다. 『설두어록』 권1(대정장47, p.675c7)에 "'하늘 위와 하늘 아래에 오로지 나만이 존귀하다고 합니다' '두 머리에 세 손이 달린 사람이군'. 進云 天上天下 唯我獨尊 師云 二頭三手漢"라고 하였다. [참고문헌] 『雪竇語錄』.

이둔 利鈍 지혜로움과 어리석음. 『장아함경』 권1 「대본경 大本經」(대정장1, p.8c12)에 "이때 세존께서는 범왕이 간곡하게 청하는 말을 세 번 들으시고는 불안으로 세계를 돌아보시니, 중생번뇌에 두텁고 얇은 차이가 있고 근기에도 뛰어나고 둔한 차이가 있었으며 가르침에도 어렵고 쉬운 차이가 있었다. 爾時 世尊 三聞梵王慇懃勸請 卽以佛眼觀視世界 衆生垢有厚薄 根有利鈍 教有難易", 『비화경』 권7(대정장3, p.209c19)에 "만약 어떤 중생들이 모든 근들에 지혜로운지 어리석은지 다 모르지만 부처님의 설법을 듣게 되면 이를 알게 된다. 若有衆生 於諸根中 不知利鈍 聞佛說法 卽知利鈍", 『대지도론』 권19(대정장25, p.197c2)에 "부처님께서는 대단히 자애로우시기에 열반으로 이르는 37품의 길을 설하셨으니, 중생원과 중생인연에 따라 각각 그 길을 얻는다. 성문을 구하는 이는 성문의 길을 얻고, 벽지불의 선근을 심은 이는 벽지불의 길을 얻으며, 부처의 길을 구하는 이들은 부처의 길을 얻는다. 각자의 본원을 따라 근기가 뛰어나고 둔하여 대비가 있기도 없기도 하니, 저 용왕이 비를 내리면 온 천하에 널리 내리듯이 내림에 차별이 없지만 큰 나무와 큰 풀은 뿌리가 크기에 많이 받고 작은 나무와 작은 풀은 뿌리가 작아 적게 받는 것과 같다. 佛以大慈故 說三十七品涅槃道 隨衆生願 隨衆生因緣 各得其道 欲求聲聞人 得聲聞道 種辟支佛善根人 得辟支佛道 求佛道者 得佛道 隨其本願 諸根利鈍 有大悲 無大悲 譬如龍王降雨 普雨天下 雨無差別 大樹大草 根大故多受 小樹小草 根小故少受"라고 하였다. [참고문헌] 『長阿含經』, 『悲華經』, 『大智度論』. ⇨ 이근 二根❶, 둔근 鈍根, 이근 利根, 수기 隨機

이득안 已得眼 ❶ Ⓢ pratilabdham cakṣuḥ, Ⓣ mig thob-pa. 이미 얻은 눈. 안근(眼根)을 그 성격에 따라 아홉 가지로 나눈 것 중 하나로 과거와 현재의 눈을 말한다. 미래의 눈은 미득안(未得眼 Ⓢ apratilabdham cakṣuḥ)이다. 『유가론기』 권1(대정장42, p.335a6 · 한불전13, p.72b21)에 "이득안이란 과거와 현재의 눈이고, 미득안이란 미래의 눈이다. 已得眼者 過現眼也 未得眼者 未來眼也"라고 하였다. [참고문헌] 『瑜伽論記』, 『瑜伽師地論』 권3(대정장30, p.292b25). ⇨ 미득안 未得眼 ❷ 사사문(四沙門) 중 청정안을 성취한 아라한을 제한 나머지. 예류(預流) · 일래(一來) · 불환(不還)을 말한다. 『유가사지론』 권67(대정장30, p.670c20)에 "만약 모든 이생과 성문을 미득안이라 한다면, 예류 · 일래 · 불환 등을 이득안이라고 하며, 혜해탈의 아라한을 청정안이라 하고, 삼명과 구분해탈을 갖춘 이를 극청정안이라 한다. 若諸異生聲聞 名未得眼 預流一來及不還等 名已得眼 慧解脫阿羅漢 名淸淨眼 若具三明 俱分解脫 名極淸淨眼"라고 하였다. [참고문헌] 『瑜伽師地論』. ⇨ 사사문과 四沙門果, 아라한과 阿羅漢果

이득퇴 已得退 이미 얻은 것에서 물러남. 삼종퇴(三種退) 중 하나. 『대비바사론』 권61(대정장27, p.315b12)에 "이득퇴란 앞서 이미 얻은 수승한 공덕을 인연을 만나 물리게 된다는 뜻이다. 已得退者 謂先已得 諸勝功德 遇緣而退", 『유가사지론약찬』 권16(대정장43, p.221b5)에 "이득퇴란 이미 얻은 법에서 물러나 번뇌를 일으킨다는 뜻이다. 已得退者 卽已得法退已 起煩惱"라고 하였다. [참고문헌] 『大毘婆沙論』, 『瑜伽師地論略纂』. ⇨ 삼종퇴 三種退

이등 二等 단등(斷等)과 득등(得等). 부처님께서 중생과 함께하시는 두 가지 평등. 번뇌를 끊음도 깨달음을 얻음도 한결같이 하심이다. 『석마하연론』 권3(대정장32, p.619a5)에 "이때 세존께서 문수사리에게 말씀하셨다. '나는 이등으로 정각도 성취한다. 이등이란 무엇인가? 첫째는 단등이고 둘째는 득등이다. 단등이란 마지막 해탈에 이르러 처음 마음 일으킬 때 일체중생이 지닌 헤아릴 수 없는 무시이래의 무명도 일시에 완전히 끊는다. 득등이란 말은, 내가 처음으로 성도하여 시각이 원만할 때 일체중생도 모두 시각이 원만하다. 이들을 이등이라고 한다. 爾時 世尊 告文殊師利言 我由二等 而成正覺 云何爲二 一者 斷等 二者 得等 言斷等者 我極解脫道初發起時 一切衆生所有無量無始無明 一時究竟 頓決斷故 言得等者 我初成道 滿始覺時 一切衆生 皆滿足故 是名二等故"라고 하였다. [참고문헌] 『釋摩訶衍論』, 『釋摩訶衍論贊玄疏』 권3(卍속장72, p.925a1).

이라 伊羅 Ⓢ elā, erakā, Ⓟ eraka, Ⓣ e-ran-da. 양하과(蘘荷科)에 속하는 식물. 의라(醫羅)라고도 하며, 이름 뒤에 초(草) · 수(樹)를 붙여 이라초 · 이라수라고도 한다. 주로 남인도에서 서식하며, 잎사귀는 갈대와 흡사하여 가늘고 긴 칼 모양이다. 향기가 강하고 열매는 타원이며, 울금(鬱金) · 생강(生薑)과 같은 효능이 있어 식용과 약용으로 쓴다. 『불본행집경』 권38 「나라다출가품 那羅陀出家品」(대정장3, p.829a17)에 "풀 하나를 발견하였는데 이름은 '이라'였습니다. 나는 그때 손으로 그 풀을 꺾어 들고서 가섭불의 처소로 가고 있었습니다. 見有一草 名曰伊羅 我時以手斫彼草 取執捉將詣迦葉佛所", 『번범어』 권9(대정장54, p.1048a8)에 "이라수〈한역하여 향(香)이라고 한다〉. 伊羅樹〈譯曰香也〉", 『일체경음의』 권23(대정장54, p.452a21)에 "'이라'는 나무이름이다. 한역하면 취기이다. 伊羅者 樹名 此云 臭氣也"라고 하였다. [참고문헌] 『佛本行集經』, 『翻梵語』, 『一切經音義』, 『五分律』 권15(대정장22, p.106c19), *Jā.4.88.*, *Mvyut.229.* ⇨ 이라발용왕 伊羅鉢龍王❶

이라다라 伊羅多羅 Ⓢ elā-pattra의 음사어. 이라수 잎사귀(伊羅樹). 또는 제석천에 있는 코끼리왕 이름. 인라나(堙羅那) · 이라발다라(伊羅鉢多羅) · 이나발나(伊那鉢那)라고도 한다. 『번범어』 권7(대정장54, p.1031c22)에 "이라발나뇨〈이라다라라고 해야 한다. 향엽으로 한

역한다〉. 伊羅鉢那傷〈應云伊羅多羅　譯曰香葉〉"라고 하였다. [참고문헌] 『翻梵語』. ⇨ 이라수엽 伊羅樹葉, 이나발나 伊那鉢那

이라미발지 二羅彌跋祇 Ⓢ Rāma bhārgava. 십거왕(十車王 Ⓢ Daśaratha)의 아들. 또는 비구(毘求 Ⓢ Bhṛgu)의 아들인 두 라미. 라미는 십거의 명에 따라 유배의 죄를 달게 받아들였다. 『불소행찬』 권2(대정장4, p.17a24 : *Buddh-c.*, p.97)에 "비림마(Ⓢ Bhīṣma)왕자와 두 라미발지가 부왕의 명을 공손히 받들었듯이 그대도 그렇게 해야만 한다. 毘林摩王子 二羅彌跋祇 聞父勅恭命 汝今亦應然 bhīṣmeṇa gaṅgodarasaṃbhavena rāmeṇa rāmeṇa ca bhārgaveṇa, śrutvā kṛtaṃ karma pituḥ priyārthaṃ pitus tvam apy arhasi kartum iṣṭam"라고 하였다. [참고문헌] 『佛所行讚』, *Buddh-c.* ⇨ 십거 十車

이라바나 伊羅婆那 ➡ 이라바나대용상왕 伊羅婆那大龍象王

이라바나대용상왕 伊羅婆那大龍象王 Ⓢ Airāvaṇa-nāga-rāja. 애라벌나대용왕(藹羅筏拏大龍王)의 다른 이름. 『기세경』 권7 「삼십삼천품 三十三天品」(대정장1, p.343a12)에 "그때 바로 (제석천왕이) 이라바나대용상왕을 떠올리자 때맞춰 이라바나대용상왕도 또한 '제석천왕께서 마음속으로 나를 떠올리고 있구나'라고 생각하였다. 爾時卽念伊羅婆那大龍象王 時伊羅婆那大龍象王 亦生是念 帝釋天王 心念於我"라고 하였다. [참고문헌] 『起世經』, 『大寶積經』 권62(대정장11, p.359b10), 『正法念處經』 권21(대정장17, p.119c26). ⇨ 애라벌나대용왕 藹羅筏拏大龍王

이라반 伊羅槃 ➡ 이라바나대용상왕 伊羅婆那大龍象王

이라발나대용상왕 伊羅鉢那大龍象王 Ⓢ Airāvaṇa-nāga-rāja. 애라벌나대용왕(藹羅筏拏大龍王)의 다른 이름. 『기세경』 권6 「삼십삼천품 三十三天品」(대정장1, p.341b3)에 "삼십삼천의 선견성 옆에 이라발나대용상왕을 위한 궁전이 하나 세워져 있다. 그 궁전은 가로세로 육백유순이고 일곱 겹의 장벽과 일곱 겹의 난간이 있다. 三十三天善見城側 爲伊羅鉢那大龍象王 立一宮殿 其宮縱廣六百由旬 七重牆壁 七重欄楯"라고 하였다. [참고문헌] 『起世經』, 80권본 『華嚴經』 권43(대정장10, p.228c27), 『優婆塞戒經』 권1(대정장24, p.1038c8). ⇨ 애라벌나대용왕 藹羅筏拏大龍王

이라발다라용왕 伊羅鉢多羅龍王 Ⓢ Elāpattra-nāga-rāja. 이라발용왕(伊羅鉢龍王)의 다른 이름. 『대위덕다라니경』 권15(대정장21, p.818a16)에 "이 네 가지 실제(實諦)는 여래께서 저 사가라용왕에게 설하신 것이고, 손다용왕・아나바달다용왕・이라발다라용왕・난다발난다용왕에게도 여래께서는 이미 설하셨다. 此四種實諦 如來爲彼娑伽羅龍王所說 爲孫陀龍王 爲阿那婆達多龍王 爲伊羅鉢多羅龍王 爲難陀跋難陀龍王 如來已說", 『번범어』 권7(대정장54, p.1030c3)에 "이라발다라〈'이라발'이라고도 한다. 한역하면 '이라'는 향(香)이고, '발다라'는 엽(葉)이다〉. 출처는 『대지도론』 제25권이다. 伊羅鉢多羅〈亦云伊羅鉢　譯曰　伊羅者香　鉢多羅者葉〉 第二十五卷"라고 하였다. [참고문헌] 『大威德陀羅尼經』, 『翻梵語』, 『大智度論』 권25(대정장25, p.242c18), *Sam-r.64.* ⇨ 이라발용왕 伊羅鉢龍王 ❶

이라발라용왕 伊羅鉢羅龍王 Ⓢ Elāpattra-nāga-rāja. 이라발용왕(伊羅鉢龍王)의 다른 이름. 『사분율』 권32(대정장22, p.791a6)에 "세존께서 바라내국을 유행하셨는데, 그때 이라발라용왕이 항하수의 거주하던 궁전으로부터 나와서 손으로 금발우를 집어 은조(銀粟)를 가득 채우고 은발우에는 금조를 가득 채우고서 여러 용녀를 데리고 8일・14일・15일에 다음의 게송을 설하였다. 世尊遊波羅㮈國 時伊羅鉢羅龍王 自出恒河水所居宮 手執金鉢盛滿銀粟 銀鉢盛滿金粟 將諸龍女 八日十四日十五日 而說此偈"라고 하였다. [참고문헌] 『四分律』, 『瑜伽論記』 권5(대정장42, p.423a17・한불전13, p.374b17), 『四分律名義標釋』 권23(卍속장70, p.748a13), *Sam-r.64.* ⇨ 이라발용왕 伊羅鉢龍王 ❶

이라발라장 伊羅鉢羅藏 이륵발대장(伊勒鉢大藏)의 다른 이름. 의정(義淨) 역본 『미륵하생성불경』(대정장14, p.426c3)에 "이라발라장은 건다국에 안전하게 보관되어 있네. 伊羅鉢羅藏 安處揵陀國", 『유부율약사』 권6(대정장24, p.25a14)에 "이라발라장은 건다라국으로부터 나온다. 伊羅鉢羅藏 從揵陀羅國來"라고 하였다. [참고문헌] 『彌勒下生成佛經』, 『有部律藥事』. ⇨ 이륵발대장 伊勒鉢大藏

이라발상 伊羅撥象 이라발용왕(伊羅鉢龍王 Ⓢ Airāvaṇa-nāga-rāja)의 다른 이름. 범어 나가(Ⓢ nāga)는 상(象)과 용(龍) 모두를 뜻하여 혼용하기도 한다. 『대장엄론경』 권14(대정장4, p.336b15)에 "어금니가 여섯 개인 흰 코끼리를 보았는데, 모습이 마치 이라발상과 같았다. 見六牙白象 猶如伊羅撥象"라고 하였다. [참고문헌] 『大莊嚴論經』. ⇨ 이라발용왕 伊羅鉢龍王 ❷

이라발용왕 伊羅鉢龍王 ❶ Ⓢ Elāpattra-nāga-rāja,

Elāpatra-nāga-rāja, Elapatra-nāga-rāja, [P] Erakapatta-nāga-rāja, [T] klu'i-rgyal-po Le'i-'dab. 가섭불(迦葉佛) 재세 시 비구였으나 이라엽(伊羅葉 [S] elā-pattra)을 해쳐서는 안 된다는 금계(禁戒)를 어기고 그 과보로 태어난 용왕. 이라발다라용왕(伊羅鉢多羅龍王)·이라발라용왕(伊羅鉢羅龍王)·이라엽용왕(伊羅葉龍王)·의라발달라용왕(醫羅鉢呾羅龍王)·의라발용왕(醫羅鉢龍王)이라고도 한다. 범어 엘라팟트라의 엘라([S] elā)는 향(香)·취기(臭氣)를 뜻하고, 팟트라([S] pattra)는 잎사귀(葉)를 뜻한다. 머리는 일곱 개이고, 각 머리에는 이라엽이 돋아나 짙은 냄새를 풍긴다. 길이는 360유순이며, 수명은 헤아릴 수 없이 길다. 『불본행집경』 권37 「나라다출가품 那羅陀出家品」(대정장3, p.826a8)·『오분율』 권15(대정장22, p.106a14)·『사분율』 권32(대정장22, p.791a6)·『유부율잡사』 권21(대정장24, p.303a6) 등에 이 고사가 전한다. 가섭불 재세 시 한 비구가 이라(伊羅 [S] elā)라는 이름의 풀을 꺾어 들고는 가섭불에게 묻기를 '이 풀을 꺾으면 과보를 받습니까'라고 하자, '고의로 풀을 베도 지옥과보를 받는다'라 하였으나 비구는 믿지 않았고 과보를 의심하며 이라엽을 마구잡이로 베었다. 결국 바야제죄(波夜提罪)를 범하고도 참회하지 않아 죽은 후에 '이라발'이라는 이름의 장수룡(長壽龍)으로 났다. 가섭불은 그 용왕에게 '석가모니불이 출현하여 너에게 다시 인간으로 태어나는 수기를 줄 것이다'라고 하였다. 이에 용왕이 석가모니불을 만나 자신의 업보를 소상히 고했고, '미륵(彌勒)이 나는 세상에서 인간의 몸을 얻어 출가하고 모든 고통을 멸할 수 있을 것이다'라 하셨다. 또 『증일아함경』 권49(대정장2, p.819a9)·『미륵하생성불경』(대정장14, p.424a26)·『유부율약사』 권6(대정장24, p.25a14) 등에서는 미륵불이 출현할 때까지 건다라국(乾陀羅國)에서 사대보장(四大寶藏) 중 북방보장을 수호한다고 하였다. 이에 대해 『대당서역기』 권3(대정장51, p.884c4)에서는 이라발용왕의 궁전을 달차시라국(呾叉始羅國 [S] Takṣaśilā)의 서북쪽에 있는 호수에 비정하였고, 보장은 호수의 남동쪽에 있다고 전한다. 『대장엄론경』 권3(대정장4, p.268c27)에 "만약 지혜가 있는 이는 능히 금계를 굳게 지킬 수 있고 인천의 열반을 구하면 마음이 뜻한 대로 얻으리. 그 명성이 널리 알려져 일체가 모두 공양하리니, 반드시 인천의 즐거움을 얻고 또한 해탈과도 얻으리. 이라발용왕은 그 금계를 어기고 나뭇잎을 뽑고 헤쳤기에 목숨이 다해서는 용으로 떨어졌네. 若有智慧者 能堅持禁戒 求人天涅槃 稱意而獲得 名稱普聞知 一切咸供養 必得人天樂 亦獲解脫果 伊羅鉢龍王 以其毁禁戒 掐傷樹葉故 命終墮龍中", 『불본행집경』 권37(대정장3, p.828b28)에 "세존께서 이미 멀리서 이라발용이 점점 오는 것을 보았다. 당도한 것을 보고서 말씀하셨다. '잘 왔도다. 잘 왔어. 이라발용왕이여! 수없는 세월을 보내며 일찍이 만난 적이 없었구나! 용왕은 지금 몸이 안은하여 아프고 괴로움 없으며, 여러 권속도 별고 없는가?' 世尊旣遙覩見 伊羅鉢龍 漸漸而來 見已告言 善來善來 伊羅鉢龍王 經歷多時 不曾相見 王今身體 安隱以不 少病少惱 及諸親眷 並無疾耶", 『사분율수기갈마소정원기』 권5(卍속장64, p.322b18)에 "축생 중에 처음으로 삼귀계를 받은 것은 이라발용왕이 처음이다. 畜生中初受三歸 伊羅鉢龍王爲首"라고 하였다. [참고문헌] 『佛本行集經』, 『五分律』, 『四分律』, 『有部律雜事』, 『增壹阿含經』, 『彌勒下生成佛經』, 『有部律藥事』, 『大唐西域記』, 『大莊嚴論經』, 『四分律隨機羯磨疏正源記』, 『四分律名義標釋』 권23(卍속장70, p.748a13·750b3), *Suv-pr.87.*, *Sam-r.64.*, *Mvyut.229.*, *Dhp-a.3.230.* ⇨ 이라 伊羅, 이라수엽 伊羅樹葉, 사대보장 四大寶藏 **2** [S] Airāvaṇa-nāga-rāja. 애라벌나대용왕(藹羅筏拏大龍王)의 다른 이름. 『장아함경』 권20 「세기경 世記經」(대정장1, p.132a19)에 "제석이 다시 이라발용왕을 떠올리면 이라발용왕도 다시 저절로 '지금 제석께서 나를 떠올리는구나'라고 생각한다. 용왕은 바로 변신하여 서른세 개의 머리를 드러내는데 낱낱 머리마다 여섯 개의 어금니가 있다. 帝釋復念伊羅鉢龍王 伊羅鉢龍王復自念言 今帝釋念我 龍王卽自變身 出三十三頭 一一頭有六牙"라고 하였다. [참고문헌] 『長阿含經』. ⇨ 애라벌나대용왕 藹羅筏拏大龍王

이라발용왕부조 바르후트대탑난순 인도 콜카타국립박물관 2세기

이라발용왕궁 伊羅鉢龍王宮 **1** 이라발용왕([S] Elāpatra-nāga-rāja)이 머무는 궁전. 『사분율』 권32(대정장22, p.792a5)에 "나라다범지가 바라내성을 나와서 이라발용왕궁으로 갔다. 那羅陀梵志 出波羅㮈城 往詣伊羅鉢龍王宮"라고 하였다. [참고문헌] 『四分律』. ⇨ 이라발용왕 伊羅鉢龍王[1] **2** 이라발용왕([S] Airāvaṇa-nāga-rāja)이 거주하는 궁전. 『장아함경』 권20 「세기경 世記經」(대정장1, p.132a12)에 "또 오르는 길이 있으니 이라발용왕궁에 이른다. 만약 제석천이 추삽원(麤澁園)에 가서 유람하고 싶어 삼십삼천신을 떠올리면, 삼십삼천신이 곧장 저절로 '지금 제석천께서 나를 떠올리고 있구나'라고 생각한다. 復有階道 至伊羅鉢龍王宮 若天帝釋欲至麤澁園中遊觀時 卽念三十三天臣 三十三天臣卽自念言 今帝釋念我"라고 하였다. [참고문헌] 『長阿含經』. ⇨ 이

라발용왕 伊羅鉢龍王 2

이라발제 伊羅跋提 1 Ⓢ Ajitavatī, Airāvatī, Ⓟ Aciravatī. 아시다벌지하(阿恃多伐底河). 『잡아함경』 권36(대정장2, p.262a25)에 "비유하자면 오대하가 합쳐져 하나의 물줄기가 되는 것과 같으니, 이른바 항하·야포나·살라유·이라발제·마혜이다. 譬如五大河合爲一流 所謂恒河 耶蒲那 薩羅由 伊羅跋提 摩醯"라고 하였다. 〔참고문헌〕『雜阿含經』, 『阿毘曇八犍度論』 권1(대정장26, p.772b12). ⇨아시다벌지하 阿恃多伐底河 2 Ⓢ Erāvatī. 신도하(信度河 Ⓢ Sindhu)의 지류 중 하나. 현하(賢河)라고 한역한다. 『아비담비바사론』 권2(대정장28, p.15a4)에 "저 신두하에 또한 사대하가 있어 권속으로 삼는다. 첫째는 비파사, 둘째는 이라발제, 셋째는 사다두, 넷째는 비덕다이다. 彼辛頭河 亦有四大河 以爲眷屬 一名 毘婆奢 二名 伊羅跋提 三名 奢多頭 四名 毘德多", 『사분율명의표석』 권25(卍속장70, p.779b7)에 "신도대하에 네 권속이 있다. … 둘째는 애라벌지이다 〈이라발제라고도 한다〉. 信度大河 有四眷屬 … 二名 藹羅筏底〈亦云 伊羅跋提〉"라고 하였다. 〔참고문헌〕『阿毘曇毘婆沙論』, 『四分律名義標釋』, 40권본 『大般涅槃經』 권29(대정장12, p.539c13), 『一切經音義』 권26(대정장54, p.478a24). ⇨신도하 信度河

이라발지 伊羅鉢底 Ⓢ Ajitavatī, Airāvatī, Ⓟ Aciravatī. 아시다벌지하(阿恃多伐底河). 『유방기초』 「왕오천축국전 往五天竺國傳」(대정장51, p.975b2)에 "이 탑(拘尸那國의 佛入涅槃處에 세워진 탑) 서쪽으로 강이 하나 흐르는데, 이라발지이다. 물은 남쪽으로 2천 리 너머까지 흐르다가 곧장 항하로 흘러 들어간다. 此塔西有一河 伊羅鉢底 水南流二千里外 方入恒河"라고 하였다. 〔참고문헌〕『遊方記抄』. ⇨아시다벌지하 阿恃多伐底河

이라수 伊羅樹 Ⓢ eraṇḍa, erāvaṇa. 나무 이름. 이란(伊蘭)·예라(翳羅)·이라발나(伊羅鉢那)라고도 하며, 극취목(極臭木)이라 한역한다. 『복개정행소집경』 권11(대정장32, p.741c20)에 "이때 저 아난은 바로 자리에서 일어나 일심으로 합장하고 여래께 여쭈었다. '이 용왕은 예전에 무슨 죄를 지었기에 용취 중에 떨어졌으며, 또 무슨 업 때문에 머리가 일곱 개나 달리고 머리마다 이라수가 있어서 흔들 때마다 고통스럽고 피고름이 이리저리 흐르게 되었습니까? 여래께서는 저희들에게 그렇게 된 인연을 설해 주셔서 어떤 큰 죄가 있는지 알게 해 주시기를 바랍니다'. 時 彼阿難 卽從座起 一心合掌 乃問如來 而此龍王 先作何罪 墮龍趣中 復由何業 而有七頭 一一頭上 有伊羅樹 動搖痛苦 膿血交流 唯願如來 爲我等輩 說其因緣 令知罪犯"라고 하였다. 〔참고문헌〕『福蓋正行所集經』. ⇨이란 伊蘭, 이라발용왕 伊羅鉢龍王 1

이라수엽 伊羅樹葉 Ⓢ elā-pattra. 이라수 잎사귀. 이라엽(伊羅葉)·예라엽(翳羅葉) 등이라고도 한다. 가섭불(迦葉佛) 재세 시 한 비구가 이 잎사귀를 일부러 잘라 오랫동안 용(龍)으로 살아야 했다는 고사가 전한다. 적은 것이라도 함부로 꺾거나 죽게 해서는 안 되는 뜻이다. 『오분율』 권15(대정장22, p.106c16)에 "자줏빛 꽃줄기를 꺾어 쥐고는 부처님의 처소로 가서 여쭈었습니다. '세존이시여! 만약 비구가 이런 풀을 죽게 하면 어떤 죄를 얻습니까?' 부처님께서 제게 말씀하셨습니다. '이런 인연으로도 가장 고통스러운 지옥에 떨어지는 이도 있다'. 저는 이 말씀을 들었지만 믿지도 공경하지도 않고 문득 일부러 이라수엽을 베며 이렇게 생각했습니다. '어떤 과보가 있는지 두고 보겠다'. 결국 이런 견해를 버리지도 않고 또한 잘못을 후회하지도 않아 목숨이 다한 후에 지금까지 오래도록 사는 용으로 살고 있습니다. 이런 업 때문에 제 이름이 이라발용입니다. 捉紫華莖 往到佛所問言 世尊 若比丘殺此草 得何等罪 佛荅我言 以此因緣 或有墮最苦地獄者 我聞此語 不信不敬 便故剌伊羅樹葉 作是念 試看有何果報 竟不捨此見 亦不悔過 命終之後 今生長壽龍中 因是業故 名我爲伊羅鉢龍", 『사분율』 권1(대정장22, p.568a10)에 "지은 악이 비록 미미하더라도 삼가 가벼이 말하지 마라. 저 이라엽을 꺾은 후로는 항상 용의 무리에 지내게 되리라. 所造惡雖微 愼莫謂爲輕 如破伊羅葉 常在於龍中"라고 하였다. 〔참고문헌〕『五分律』, 『四分律』, 『有部律雜事』 권5(대정장24, p.225c8), 『一切經音義』 권48(대정장54, p.625a6). ⇨이라 伊羅, 이라발용왕 伊羅鉢龍王 1

이라엽용왕 伊羅葉龍王 Ⓢ Elāpattra-nāga-rāja. 이라발용왕(伊羅鉢龍王)의 다른 이름. 『복개정행소집경』 권11(대정장32, p.741b7)에 "한때 부처님께서 바라나성 시녹림의 선인들 모인 곳에서 여러 대중을 위해 법요를 설하셨다. 그때 이라엽용왕은 물세존께서 그곳에서 설법하심을 알고 청정한 마음을 일으켰고 부처님 계신 곳으로 나아가 몸소 공양하였다. 一時佛在嚩囉拏城 施鹿林中 仙人墮處 爲諸大衆 宣說法要 時伊羅葉龍王知佛世尊在彼說法 發淸淨心 欲詣佛所 親近供養"라고 하였다. 〔참고문헌〕『福蓋正行所集經』, 『釋迦牟尼如來像法滅盡之記』(대정장51, p.997a13). ⇨이라발용왕 伊羅鉢龍王 1, 예라엽용왕 翳羅葉龍王

이라용상 伊羅龍象 이라바나대용상왕(伊羅婆那大龍象王 Ⓢ Airāvaṇa-nāga-rāja)의 줄인 이름. 『대보적경』 권62 「삼십삼천수기품 三十三天授記品」(대정장11, p.377b14)에 "그때 제석이 다시 팔억의 이라용상으로 몸을 바꾸었다. 낱낱의 용상에 팔억 머리가 있고, 낱낱의 머리에는 각기 여섯 개의 어금니가 있었다. 爾時帝釋 又復化作八億伊羅龍象 一一龍象有八億頭 一一象頭各有六牙"라고 하였다. [참고문헌] 『大寶積經』. ⇨이라바나대용상왕 伊羅婆那大龍象王

이락 伊洛 이수(伊水)와 낙수(洛水). 이수는 중국 하남성(河南省) 언현(偃縣)에서 낙수로 흘러들고, 두 물이 합하는 곳이 낙양(洛陽)이다. 『석씨계고략』 권4 「장구성장 張九成章」(대정장49, p.889c19)에 "이락의 저명한 유학자들의 저술은 정묘하였는데 모두가 마음을 깨우쳤기 때문이다. 伊洛名儒 所造精妙 皆由悟心", 『경덕전등록』 권3 「보리달마전 菩提達磨傳」(대정장51, p.219b5)에 "이락에 오래 살면서 온갖 서적을 널리 열람하였고 깊은 이치를 잘 나눌 수 있었다. 久居伊洛 博覽群書 善談玄理"라고 하였다. [참고문헌] 『釋氏稽古略』, 『景德傳燈錄』.

이락 利樂 Ⓢ hitaiṣitā. 이롭고 즐거움. 불법으로 얻는 이익과 즐거움으로 중생의 모습만큼이나 헤아릴 수 없고, 삼세, 선악, 고락, 지복, 세출세, 대소승의 경계를 넘나들며 드러나는 이락의 모습은 불가사의하지만, 이와 락은 한 몸의 다른 이름일 뿐이다. 『인왕호국경』 권상(대정장8, p.837b2)에 "시방의 여래도 이와 같으시니 무상각을 증득하시고 항상 법계 어디나 계시면서 중생을 이락케 하신다. 十方如來 亦復如是 證無上覺 常遍法界 利樂衆生", 『인왕경과소』 권4(卍속장94, p.1023a7)에 "법을 얻어 고통을 벗어난 것을 '이롭고 즐겁다' 한다. 得法出苦 名利樂", 『대반야경』 권573(대정장7, p.960a19)에 "어찌하여 이락은 불가사의한가? 지혜와 신력은 동일한 법계이고 반야와 방편이라는 두 상은 평등하니, 능히 유정에게 무량한 이락이지만 말로 다 표현할 수 없어 언어의 경계를 넘어선다. 그러나 유정의 근성차별에 따라 갖가지로 말하고 갖가지로 드러내 보인다. 云何利樂 不可思議 智慧神力 同一法界 般若方便 二相平等 能作有情 無量利樂 不可宣說 過語言境 而順有情根性差別 作種種說 種種示現", 『성유식론술기』 권1본(대정장43, p.234a12)에 "첫째, '이'란 이익이니 뒤따라 얻는다. '락'이란 안락이니 현세에서 얻는다. 둘째, 현세의 이익을 '이'라 하고 후세의 이익을 '락'이라 한다. 셋째, 선한 것이 '이'고 악을 떠남은 '락'이다. 넷째, 전자와 반대이다. 다섯째, 고통에서 벗어남을 '이'라 하고 즐거움을 줌은 '락'이라 한다. 여섯째, 지혜를 줌은 '이'라 하고 복을 줌은 '락'이라 한다. 일곱째, 출세간의 뛰어난 선을 줌은 '이'라 하고 세간의 뛰어난 선을 줌은 '락'이라 한다. 여덟째, 소승과를 줌은 '이'라 하고 대승과를 줌은 '락'이라 한다. 아홉째, '이'와 '락'은 한 몸에 다른 이름일 뿐이다. 一 利謂利益 卽是後濟 樂謂安樂 卽是現濟 二 或現益名利 後益名樂 三 或攝善名利 離惡名樂 四 或翻此 五 或出苦名利 與樂名樂 六 或與智名利 與福名樂 七 或與出世勝善名利 與世勝善說名爲樂 八 或與小果名利 與大果名樂 九 或利與樂 一體異名"라고 하였다. [참고문헌] 『仁王護國經』, 『仁王經科疏』, 『大般若經』, 『成唯識論述記』, *Aṣṭ-pr.69.*

이락 籬落 대나무 등으로 엮어서 조성한 울타리. 또는 울타리 집이 모인 촌락. 가려 보이지 않게 하는 장애를 상징하기도 한다. 『법화경지음』 권2(卍속장49, p.513a4)에 "울타리로 사방을 둘러싼 것을 둘러막는다는 뜻에서 주장이라 한다. 籬落四圍 曰周障", 『조정사원』 권6(卍속장113, p.166a8)에 "이락(離洛) : 이락으로 써야 옳다. 울타리 친 촌락이라는 뜻이다. 離洛 當作籬落 謂藩籬村落也", 『종문염고휘집』 권25(卍속장115, p.801b5)에 "산승이 그대들 위해 하늘문턱을 휘어잡아 뒤치고 울타리 쳐 열었으니 모든 이 자유롭게 평탄한 길 활보하리라. 길 떠나는 이 다시는 험한 길을 밟는 일이 없이 하련다. 山僧爲伊 撥轉天關 打開籬落 貴要諸人 個個濶步坦道 免踏者輩 嶮僻之途"라고 하였다. [참고문헌] 『法華經知音』, 『祖庭事苑』, 『宗門拈古彙集』.

이락유정 利樂有情 Ⓢ sattva-hitārtha. 유정에게 이익을 주고 안락하게 하는 것. 보살행을 말한다. 『불지경론』 권2(대정장26, p.300a28)에 "이렇게 보살덕을 찬탄하는 중에 모든 보살에게 세 가지 대사(大事)가 있어 마하살임을 밝힌다. 첫째 수대이니 한량이 없기 때문이고, 둘째 덕대이니 대승에 머물고 대승에서 놀기 때문이며, 셋째 업대이니 중생의 모든 고뇌를 쉬게 함을 말한다. 유정에게 이익을 주고 안락하게 하는 것이 보살의 업이다. 於此讚說菩薩德中 顯諸菩薩 有三大事 名摩訶薩 一者 數大 以無量故 二者 德大 謂住大乘 遊大乘等 三者 業大 謂息衆生諸苦惱故 利樂有情 是菩薩業", 『구사론』 권18(대정장29, p.94c18 : *Abh-k-bh.*, p.265)에 "저 보살은 항상 수승한 근을 갖추었으며, 남자의 몸을 받아 태어나고 여자가 되는 일조차 없거늘 하물며 선차(扇搋 : 性不具) 등의 몸을 받겠는가? 태어날 때마다 늘 숙명을 기억하며, 선사를 짓는 일에서 항상 물러서거나 굴복함이 없다. 즉 유정중생에게 이익을 주고 안락하게 하는 일에서 여러 가지 괴로움이 몸을 핍박하는 것을 모두 참아낼 수 있다. 彼菩薩恒具勝根 恒受男身尙不爲女 何況有受扇搋等身 生生常能憶念宿命 所作善事常無退屈 謂於利樂有情事中 衆苦逼身 皆能堪忍 na vyakṣo 'vyakṣaḥ avikalendriyaḥ ity arthaḥ. puruṣa eva na strī kuta eva śaṇḍhādiḥ. jātismaraś ca bhavati sarvasyāṃ jātau nivartata iti nivṛt. na nivṛd anivṛ

t. anivartaka ity arthaḥ. sattvahitārthaṃ sarva duḥkhaprakāraiḥ sarvasattvavipratipattibhiś cā kheditatvāt"라고 하였다. 〔참고문헌〕『佛地經論』, 『俱舍論』, *Abh-k-bh.* ⇨ 이락 利樂

이락이과 利樂二果 이익과 안락이라는 두 가지 과. 『대승장엄경론』 권3(대정장31, p.606a19 : *Sūtr.*, p.44)에 "'이익과 안락으로 중생을 교화하니 이 과 역시 다함이 없다'는 말은 무슨 뜻인가? 중생을 교화하고자 언제나 일체의 중생과 함께하니 이익과 안락이라는 두 가지 과가 항상 다함이 없다는 뜻이다. 利樂化衆生 此果亦無盡者 謂爲敎化衆生 於一切時 與一切衆生 利樂二果 恒無盡故 sarvasatvānāṃ sarvathā hitasukhadvayād hānākṣayatā phalaṃ"라고 하였다. 〔참고문헌〕『大乘莊嚴經論』, *Sūtr.* ⇨ 이락 利樂

이락이애 離樂離愛 애금강(愛金剛 Ⓢ Rāga-vajrā)보살의 밀호(密號). 『태장금강교법명호』(대정장18, p.205b16)에 "애보살〈밀호는 이락이애이다〉. 愛菩薩〈離樂離愛〉"라고 하였다. 〔참고문헌〕『胎藏金剛敎法名號』. ⇨ 금강애보살 金剛愛菩薩, 애락금강 愛樂金剛

이란 伊蘭 Ⓢ eraṇḍa, Ⓟ eraṇḍa, elaṇḍa. 나무 이름. 예라(黳羅)·이나발라(伊那拔羅)·이라(伊羅)·이라바나(伊羅婆拏)·이라발나(伊羅鉢那)·이라발다라(伊羅鉢多羅)·이란(尹蘭)·이란목(伊蘭木)·이란수(伊蘭樹)·인라나(堙羅那)라고도 하며, 아주 독한 악취가 풍기는 나무라고 하여 극취목(極臭木)이라 한역한다. 대극과(大戟科 *Euphorbiaceae*)에 속하는 1년생 초목이며, 학명은 *Ricinus communis, Linn*이다. 열대지방에서는 관목 모양으로 자란다. 약간의 독성분이 들어 있는 씨를 기름으로 짜서 약용으로 쓴다. 경에서는 악취가 나는 독초로서 번뇌를 비유하며, 향초이자 보리(菩提)를 비유하는 전단(栴檀)과 대칭한다. 『일체경음의』 권25(대정장54, p.464b14)에 "이란〈갖춘 음사어는 이나발라이고, 한역어는 극취목이다〉. 伊蘭〈具足應云 伊那拔羅 此云 極臭木也〉", 『불명경』 권1(대정장14, p.190c2)에 "이란의 숲에서 갑자기 전단이 생겼다. 伊蘭林中 忽生栴檀", 『대장엄론경』 권7(대정장4, p.297a9)에 "명망 있는 종족으로 태어나서 덕행까지 갖춘 이는 공양해야 하며, 하천한 종족으로 태어났지만 덕행을 갖춘 이도 공양해야 하며, 지혜 있는 이들은 공양해야 한다. 이처럼 덕을 갖춘 사람들은 종성은 달라도 덕행에는 차이가 없으니, 마치 이란과 전단 나무 둘 다로 불을 낼 수 있어서 열기와 광명에는 어떠한 차이도 없는 경우와 같다. 若生上族 有德行者 應當供養 若生下賤種 有德行者 亦應供養 諸有智者 應當供養 有德之人 種姓有別 德行無異 猶如伊蘭及栴檀木 俱能出火 熱與光明 無有別異", 『관불삼매해경』 권1(대정장15, p.646a21)에 "다시 부왕이시여 비유하자면 이란은 전단과 함께 말리산에서 자라며, 우두전단은 무성한 이란 나무 숲속에서 생장하는데 (전단이) 아직 다 자라지 못하고 지면에 있을 때는 그 싹이나 줄기와 잎 모양이 염부제의 죽순과 유사한데, 많은 사람들이 이를 모르고 이 산에는 오로지 이란만 있고 전단은 없다고 말하는 것과 같습니다. 그리고 이란의 악취는 문드러진 시체에서 풍기는 냄새와 같은데 40유순까지 퍼집니다. 붉은 색의 그 꽃은 참으로 마음에 끌리지만 만일 먹으면 발광하다 죽습니다. 復次父王 譬如伊蘭俱與栴檀 生末利山 牛頭栴檀 生伊蘭叢中 未及長大 在地下時 芽莖枝葉 如閻浮提竹筍 衆人不知 言此山中 純是伊蘭 無有栴檀 而伊蘭臭 臭若膖屍 薰四十由旬 其華紅色 甚可愛樂 若有食者 發狂而死", 『안락집』 권상(대정장47, p.5b20)에 "이란 숲은 중생의 몸에 있는 삼독과 삼장 그리고 가없는 중죄를 비유하고, 전단은 중생의 염불하는 마음을 비유한다. 所言伊蘭林者 喩衆生身內 三毒三障 無邊重罪 言栴檀者 喩衆生念佛之心", 40권본 『대반열반경』 권20(대정장12, p.482b21)에 "마치 전단나무의 불이나 이란나무의 불이나 둘 모두 만상을 태워버린다는 점에서는 차이가 없는 것과 같다. 길일과 흉일도 이와 같으니 만일 부처님의 교법 안으로 들어오면 어느 편이건 다 죄를 소멸할 수 있다. 如栴檀火 及尹蘭火 二俱燒相 無有異也 吉日凶日 亦復如是 若到佛所 俱得滅罪"라고 하였다. 〔참고문헌〕『一切經音義』, 『佛名經』, 『大莊嚴論經』, 『觀佛三昧海經』, 『安樂集』, 『大般涅槃經』, *Mvyut.229.* ⇨ 전단 栴檀, 극취목 極臭木, 이라수 伊羅樹

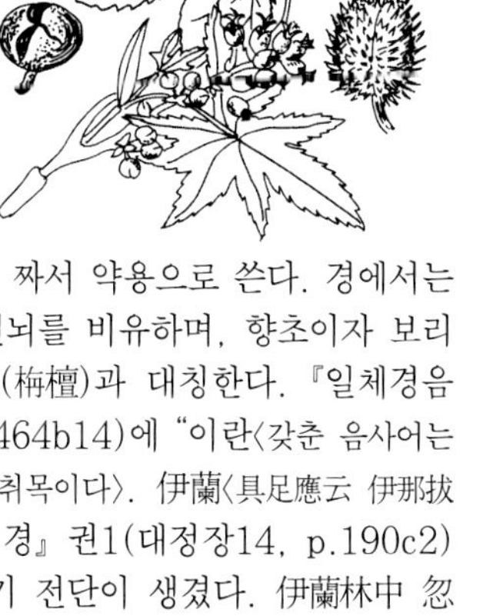

이란나발벌다국 伊爛拏鉢伐多國 Ⓢ Īriṇa-parvata. 중인도지역에 있던 고대 국가. 란(爛)은 란(蘭)으로도 쓰며, 이란나국(伊爛拏國)이라고도 한다. 마갈다국(摩竭陀國)의 동쪽, 갠지스강의 남쪽에 위치하였다. 지금의 뭉게르(Munger)현에 비정된다. 『대당서역기』 권10(대정장51, p.926a15)에 "이란나발벌다국은 둘레가 삼천여 리이다. 수도는 북쪽으로 갠지스강에 접하고 있으며 둘레가 이십여 리이다. 곡식이 잘 자라고 꽃과 과일이 풍부하다. 기후가 온화하고 풍속은 순박하다. 가람이 10여 곳 있고 승도는 4천여 명인데 대부분 소승 정량부의 법을 학습한다. 천신을 모시는 사당은 20여 곳

이고 외도가 뒤섞여 있다. 가까운 곳에 이웃나라 왕이 있었는데, 그 나라 임금을 폐하고 도성을 승가에 보시하여 이 성에 두 곳의 가람을 건립하였다. 각각 천 명 이하의 승중이 모두 소승의 설일체유부를 학습하였다. 도성 곁에 갠지스강이 있고 이란나산이 있는데 연무를 머금었다 뿜으니 해와 달을 가린다. 고금의 선인과 성현들이 발자취를 잇고 신성함을 깃들여 지금까지도 천신을 모시는 사당에서는 그 유칙을 따르고 있다. 과거에 여래께서도 일찍이 이곳에 머무시며 천인들을 위해 묘법을 자세하게 설하셨다. 대성 남쪽에 탑이 있다. 여래께서 이곳에서 석 달 동안 설법하셨다. 그 곁에는 과거 세 분 부처님께서 좌선하고 경행하셨던 유적이 남아 있다. 伊爛拏鉢伐多國 周三千餘里 國大都城 北臨殑伽河 周二十餘里 稼穡滋植 花菓具繁 氣序和暢 風俗淳質 伽藍十餘所 僧徒四千餘人 多學小乘正量部法 天祠二十餘所 異道雜居 近有隣王 廢其國君 以大都城 持施衆僧 於此城中 建二伽藍 各減千僧 並學小乘教說一切有部 大城側 臨殑伽河 有伊爛拏山 含吐烟霞 蔽虧日月 古今仙聖 繼踵棲神 今有天祠 尙遵遺則 在昔如來 亦嘗居此 爲諸天人 廣說妙法 大城南有窣堵波 如來於此 三月說法 其傍則有過去三佛坐及經行遺迹之所"라고 하였다. [참고문헌]『大唐西域記』.

이란나산 伊爛拏山 ➡이란나발벌다국 伊爛拏鉢伐多國

이래 已來 이미 그 이후로. 『장아함경』 권4 「유행경 遊行經」(대정장1, p.28c5 : *Mahāparinibbāna-sutta, DN.2*, p.162)에 "가섭이 니건자에게 물었다. '당신은 어디서 오십니까?' '구시성(拘尸城)에서 옵니다' '당신은 나의 스승님을 아십니까?' '압니다' '나의 스승님은 잘 계십니까?' '멸도하신 지 이미 7일이 지났습니다'. 問言 汝從何來 報言 拘尸城來 迦葉又言 汝知我師乎 答曰知 又問 我師存耶 答曰 滅度已來 已經七日 disvā taṃ ājīvakaṃ etadavoca. apāvuso amhākaṃ satthāraṃ jānāsīti. āma āvuso jānāmi. ajja sattāhaparinibbuto samaṇo gotamo"라고 하였다. [참고문헌]『長阿含經』, 『四分律』 권52(대정장22, p.951b24), 『中論』 권2(대정장30, p.15c26), 『傳心法要』(대정장48, p.379c19), *DN*. ⇨이래 以來

이래 以來 ~한 다음부터. 『반니원경』 권상(대정장1, p.177a11)에 "천지가 개벽하고 인민이 생긴 다음부터 죽지 않은 이가 없으니 세간은 저 꿈과 같다. 天地開闢生民以來 無不死者 世間如夢", 『경덕전등록』 권5 「청원행사전 靑原行思傳」(대정장51, p.240a25)에 "내(六祖)가 (五祖의) 가사를 받은 다음부터 이런 많은 어려움을 겪었다. 吾受衣以來 遭此多難"라고 하였다. [참고문헌]『般泥洹經』, 『景德傳燈錄』. ⇨이래 已來

이래 邇來 근래(近來). 가까운 때부터. 『서장』 「답부추밀장 答富樞密狀」(대정장47, p.921b22)에 "눈썹 까딱 않고 눈마저 감고 망상 지으니, 그때부터 조사의 길은 쇠미해졌다. 閉眉合眼作妄想 邇來祖道衰微"라고 하였다. [참고문헌]『書狀』, 『緇門警訓』 권6(대정장48, p.1072b17), 『釋鑑稽古略續集』 권2(대정장49, p.928c23).

이량 二量 ❶두 갈래 헤아림. 시간을 재는 시량(時量)과 크기를 헤아리는 색량(色量)을 말한다. 『구사론』 권12(대정장29, p.62a13 : *Abh-k-bh.*, p.176)에 "이와 같이 유선나 등에 따라 기세간과 몸의 량의 차별함을 가렸고, 년 등에 따라 목숨의 양을 다르게 했다. 두 다른 것은 아직 설하지 않았으니 이제 설하겠다. 이 두 가지 건립은 이름에 의지하지 않음이 없다. 如是已約踰繕那等 辯器世間身量差別 約年等辯壽量有殊 二量不同 未說應說 此二建立 無不依名 yojanapramāṇena sthānāni śarīrāṇi coktāni varṣapramāṇenāyur uktaṃ tayoś ca pramāṇaṃ noktam iti vaktavyaṃ nāmnā ca sarveṣāṃ vyavasthānam"라고 하였다. [참고문헌]『俱舍論』, 『順正理論』 권32(대정장29, p.521c15), *Abh-k-bh.* ⇨시량 時量, 색량 色量 ❷인명 용어. 두 갈래로 헤아려 분별하는 현량(現量)과 비량(比量), 또는 비량(比量)과 비량(非量) 등을 말한다. 『인명입정리론소』 권상(대정장44, p.95b20)에 "진나보살은 뒤의 네 가지(聲量・譬喩量・義准量・無體量)를 버린 후 그 상응함에 따라 현량과 비량으로 거두었다. 그러므로 『인명정리문론』(대정장32, p.8c5)에서 '저 성량・비유량 등을 이에 거둔다'라고 하였으니, 이 논주가 오직 현량과 비량 두 가지만을 건립하기 때문이다. 陳那菩薩 廢後四種 隨其所應 攝入現比 故理門云 彼聲喩等 攝在此中 由斯論主 但立二量", 『팔식규구보주』 권상(대정장45, p.470c19)에 "비량과 비량을 풀이할 뿐이니, 비량은 경을 헤아림에 오류가 없고, 비량은 정으로는 있으나 이치로는 없다. 但解比非二量 比量者 度境無謬 非量者 情有理無", 『일체경음의』 권18(대정장54, p.416c8)에 "세친 이전에 건립한 삼량(三量)인 현량・비량・지교량은 진나 이후에는 지교량을 비량에 거두고 오직 현량과 비량 두 가지만을 건립하였다. 世親已前 所立三量 現量比量 至教量 謂陳那已後 至教量 攝入比量中 唯立二量"라고 하였다. [참고문헌]『因明入正理論疏』, 『因明正理門論』, 『八識規矩補註』, 『一切經音義』. ⇨삼량 三量❸, 비량 比量, 현량 現量, 양 量

이력 二力 ❶사택력(思擇力)과 수습력(修習力). 『성유식론』 권9(대정장31, p.51b17)에 "힘에는 사택력과 수습력 두 가지가 있다. 力有二種 謂思擇力 修習力", 『화엄경소초』 권44(대정장36, p.339c19)에 "유식의 이력에 대하여 논에서는 이름만 들었고, 양대의 『섭대승론석』 권10(대정장31, p.228c15)에서는 '사택력이란 모든 법의 과실과 공덕을 바르게 사유한다. 이 사택력이 더욱 좋아지면 자기 지의 혹에 동요하지 않고 체성이 강해지므로 력이라 한다. 수습력이란 마음이 이 법을 반연하여 관행에 머물러 마음과 법이 화합하여 하나가 되도록 한다. 마치 잘 섞이는 물과 우유나 향을 뿌린 옷과도 같이'라고 풀이하였다. 唯識二力 論但列名 依梁論云 思擇力者 正思諸法 過失及功德 此思擇力 若得增勝 自地惑所不能動 體性堅强 故名爲力 修習力者 心緣此法 住於觀行 令心與法 和合成一 猶如水乳 亦如熏衣"라고 하였다. [참고문헌] 『成唯識論』, 『華嚴經疏鈔』, 『攝大乘論釋』. ⇨ 사택력 思擇力, 수습력 修習力 ❷ 자력(自力)과 타력(他力). 『정토감주』(卍속장110, p.358a12)에 "이력〈『정토십의론』〉: 정토에 왕생하려면 반드시 두 가지 힘에 의지해야 한다. 하나는 자력이고 다른 하나는 타력이다. 자력은 이 세계에서 도를 닦는 방법이지만 참으로 정토에 왕생할 수는 없다. … 이렇게 자력에 묶이면 끝내 정토에 왕생할 수 없다. 타력이란 무엇인가? 아미타불께서 큰 자비로 세운 원력에 따라 염불하는 중생을 거두어주신다는 진실을 믿고 보리심을 일으켜 염불삼매를 실행하고 삼계에서 윤회하는 몸을 싫어하는 마음으로 여의고자 보시와 지계를 행하여 복을 닦음으로써 하나하나의 행에서 돌이켜 저 아미타불이 계신 정토에 왕생하기를 바란다면 부처님의 원력에 힘입어 기감이 상응한 끝에 왕생할 수 있을 것이다. 二力〈淨土十疑論〉 往生淨土 必資二種力 一者 自力 二者 他力 自力者 此世界修道 實未得生淨土 … 此約自力 卒未得生淨土 他力者 若信阿彌陀佛 大悲願力 攝取念佛衆生 卽能發菩提心 行念佛三昧 厭離三界身 起行施戒修福 於一一行中 迴願生彼彌陀淨土 乘佛願力 機感相應 卽得往生"라고 하였다. [참고문헌] 『淨土紺珠』, 『淨土十疑論』(대정장47, p.78c27). ⇨ 자력 自力, 타력 他力 ❸ 유력(有力)과 무력(無力). 『화엄오교장』 권4(대정장45, p.503a13)에 "유력과 무력으로 말미암아 서로 들이는 문이 있게 된다. 由有力無力義故 有相入門也", 『화엄경문의요결문답』 권1(卍속장12, p.660b11)에 "자신에게 온전한 힘이 있어야 타를 능히 거둘 수 있고, 타는 전적으로 힘이 없어야 자신에게 들어온다. 타에게 힘이 있고 자신에게 힘이 없는 경우는 위와 반대로 알면 된다. 자신의 체에 근거하지 않으므로 서로 맞서지 않지만, 힘을 씀에 서로 사무침으로 서로 들일 수 있다. 또한 두 가지 유력과 두 가지 무력 모두 함께 할 수 없으므로 저들이 서로 들지 못하는 일은 없으며, 유력의 무력과 무력의 유력 이런 두 가지 있을 수 없으므로 항상 서로 들인다. 自有全力 所以能攝他 他全無力故 所以能入 他有力自無力 反上可知 不據自體 故非相卽 力用交徹 故成相入 又由二力 二無力 各不俱故 無彼不相入 有力無力 無力有力 無二故 是故常相入"라고 하였다. [참고문헌] 『華嚴五敎章』, 『華嚴經文義要決問答』, 『華嚴經探玄記』 권13(대정장35, p.351b13), 『華嚴經疏』 권40(대정장35, p.811a27), 『法界圖記叢髓錄』 권하(대정장45, p.749a11).

이력 履歷 밟아 거침. 배워 익히고 마친다는 뜻으로 우리나라 강원(講院)에서 사미과(沙彌科)·사집과(四集科)·사교과(四敎科)·대교과(大敎科)·수의과(隨意科) 차례로 밟아 거치는 것을 '이력을 마친다'·'이력을 본다'라고 한다. 이력의 원류는 고려중기 지눌(知訥)로부터 시작되며, 조선초기 지엄(智嚴)에 의해 사집과가 정해지고, 명종대를 전후하여 영관(靈觀)·일선(一禪)이 사교과와 대교과의 기틀을 마련하였으며, 조선후기 휴정(休靜)과 부휴(浮休) 및 그들의 문도를 중심으로 이력과정이 체계화되어 오늘날까지 승가의 전통으로 계승되고 있다. 이지관(李智冠)은 『한국불교소의경전연구 韓國佛敎所依經典硏究』에서 강원 이력과정은 물론 선종·율종·정토종의 주요 소의경전을 세밀히 조사분석하여 정리하였다. ⇨ 강원 講院

이령 二領 ➡ 이종영해 二種領解

이로 理路 이치로 헤아려 찾아 나서는 길. 『법화경의기』 권4(대정장33, p.621b16)에 "또한 능히 무명이라는 거대한 근심거리를 끊어 없애므로 '큰 근력이 있다'고 말하며, 마음으로는 이제라는 이치의 길을 알므로 '걸음걸이가 평탄하고 반듯하다'고 말한다. 又能斷除 無明巨患 故言有大筋力也 心會二諦之理路 故言行步平正也", 『동산어록』(대정장47, p.514a4)에 "화엄이 동산에게 물었다. '저는 아직 이로를 보지 못하여 정식에서 벗어나지 못했습니다' '그대 이로를 본적 있는가?' '이로 없음을 알았습니다' '그렇다면 분별하는 의식인들 어디에 있단 말이냐?' '제가 참으로 묻고자 하는 것입니다'. 華嚴問 學人未見理路 未免情識 師曰 汝還見理路也無 云見無理路 師曰 什麽處得情識來 云 學人實問", 『대혜어록』 권14(대정장47, p.869a5)에 "이 화두를 간하다가 말 길이 끊어지고 마음의 행로마저 사라지게 되면 표현할 말이 없고 펼칠 도리가 없어 털끝이라도 닦고 배우는 마음 일어나지 않는다. 그때 아무것도 모르고 어떤 것도 알지 못하여 사유의 길 끊어지고 이로에도 들지 않아 그대로 안락하다. 看此話 直得言語道斷 心行處滅 無言可說 無理可伸 不起纖毫修學心 百不知百不會 不涉思惟 不入理路 直是安樂", 『구자무불성화간병론』(한불전6, p.70a16)에 "이미 이렇다 정해도 맞지 않고 또 헤아려 이치로도 뜻으로도 길이 열리지 않는다면 이미 다잡아 들일 일 없다면 도리어 이렇게 마음 쓰는 곳 향할 뿐이니 저 일 없는 것과 같지 않게 한다. 저 덕산(德山)이 이르길 '일에 마음을 두지 않고, 마음에 일이 없이 하니 텅 빈 듯 신령하고 빈 곳마저 묘하다' 등을 의지 삼을 뿐이다. 그러므로 가려 말한다. '다 날려버리고 아무 일 없는 곳에 갇혀 있음도 더 아니다'. 旣不許伊麽定 又計云 理路義路 旣不揔許 却向伊麽處用心 不如無事 如德山云 無心於事 無事於心 虛而靈 空而妙 等爲據 故揀云 不得颺在無事匣裏"라고 하였다. 〔참고문헌〕『法華經義記』, 『洞山語錄』, 『大慧語錄』, 『狗子無佛性話揀病論』.

이로 異路 다른 길. 불도 또는 조도로 향하지 않는 길. 『선법요해』 권상(대정장15, p.286c23)에 "오로지 이 길만 있을 뿐 다른 길은 다시 없다. 이와 같이 사유해 마치고는 다시 부정을 관한다. 唯有此道 無復異路 如是思惟已 還觀不淨", 『경덕전등록』 권13 「흥양귀정전 興陽歸靜傳」(대정장51, p.303c29)에 "'스님은 어느 가문의 곡조를 부르시고 누구의 종풍을 이었는지요?' '소실(달마)의 봉우리 앞에 다른 길이 없다'. 僧問 師唱誰家曲 宗風嗣阿誰 師曰 少室峰前無異路"라고 하였다. 〔참고문헌〕『禪法要解』, 『景德傳燈錄』. ⇨ 무이로 無異路

이로소친 二老疏親 두 노인의 멀고 가까움. 협산(夾山)과 정산(定山)의 친소에 관한 문답. 『경덕전등록』 권7 「대매법상전 大梅法常傳」(대정장51, p.254c27)에 "협산과 정산이 동행하며 대화하던 차에 정산이 이르길 '생사중에 부처가 없으니 생사가 아니다'라고 하였고, 협산은 '생사에 부처가 있으니 생사에 미하지 않다'고 하였다. 두 사람이 산에 올라 대매화상을 참례하였다. 협산이 선사에게 물었다. '두 사람의 견처 중에 어느 편이 더 가깝습니까?' '하나는 가깝고 하나는 멀다' '어느 편이 가깝습니까?' '갔다가 내일 오라'. 협산이 다음날 다시 올라가 물으니 선사가 답했다. '가까운 이는 물을 일 없고, 묻는 이는 가깝지 않다'. 夾山與定山同行言話次 定山云 生死中無佛 卽非生死 夾山云 生死中有佛 卽不迷生死 二人上山參禮 夾山便擧問師 未審二人見處 那箇較親 師云 一親一疎 夾山云 那箇親 師云 且去明日來 夾山明日再上問師 師云 親者不問 問者不親"라고 하였다. 〔참고문헌〕『景德傳燈錄』.

이로행록 二老行錄 조선시대 스님 벽송지엄(碧松智嚴 1464~1534)과 경성일선(慶聖一禪 1533~1608)의 행장을 기록한 책. 청허휴정(淸虛休靜) 지음. 1권 1책. 목판본. 『벽송집 碧松集』·『벽송경성행록 碧松慶聖行錄』이라고도 한다. 「벽송당야로행록 碧松堂埜老行錄」과 「경성당휴옹행록 慶聖堂休翁行錄」으로 구성되어 있으며, 책 뒷부분에는 1680년(숙종6)에 동계경일(東溪敬一)이 쓴 「경성당휴옹행록」의 발문이 첨부되어 있다. 1569년(선조2)에 간행된 영변(寧邊) 보현사(普賢寺) 판본과 1690년(숙종16)에 개간한 울산(蔚山) 운흥사(雲興寺) 판본이 각각 고려대학교 도서관과 동국대학교 도서관에 전한다. ⇨ 벽송집 碧松集

이론 理論 ❶ 평등한 이치의 관점에서 말한다는 뜻. 차별 현상(事相)의 관점에서 말하는 사론(事論)과 대칭한다. 『법화현의』 권6상(대정장33, p.747b3)에 "〔문〕 중생의 근기와 성인의 감응은 하나인가 다른가? 만일 하나라면 근에 응할 일 없고, 만일 다르다면 어떻게 서로 가늠할 수 있겠는가? 〔답〕 하나도 아니고 다르지도 않다. 이치로 논하자면 하나이기에 다르지 않고, 드러난 것으로 보자면 기에 응함이 있으니 하나일 수 없다. 問衆生機 聖人應 爲一爲異 若一則非機應 若異何相交關 而論機應 答 不一不異 理論則同如 是故不異 事論有機應 是故不一", 『능엄경지장소』 권5(卍속장24, p.507a4)에 "시방제불이 한결같이 서방을 찬탄하기 때문이니 이는 드러난 모습을 언급함이고, 만일 이치로 말하자면 자기 마음이 아미타불이고 법성이 정토다. 十方諸佛 同讚西方故 此皆事論 若以理論者 自心卽是彌陀 法性卽是淨土"라고 하였다. 〔참고문헌〕『法華玄義』, 『楞嚴經指掌疏』. ⇨ 사론 事論 ❷ 도리를 대다. 어떤 사안에 대하여 합당한 이치를 갖다 붙인다는 뜻이다. 『조당집』 권13 「복선초경장 福先招慶章」(고려장45, p.317c2)에 "조계문하 자손으로서 합당히 어떻게 이치로 말해야 하고, 합당히 어떻게 드러내 소리쳐야 할까? 曹溪門下子孫 合作摩生理論 合作摩生提唱", 『경덕전등록』 권26 「종일전 宗一傳」(대정장51, p.423b1)에 "경을 열고 경문을 읽을 필요도 없고, 해설서를 펼치고 과문 칠 일도 없으니, 도리어 이론처 있을 리 있겠는가? 설사 이론처 있다 할지라도 방편의 말일 뿐이니 종문에서 할 일 어떠해야 하는가? 不用開經作梵 不用展鈔牒科 還有理論處也無 設有理論處 乃是方便之譚 宗乘事作麽生"라고 하였다. 〔참고문헌〕『祖堂集』, 『景德傳燈錄』.

이론 異論 Ⓢ para-pravādin, Ⓟ para-ppavāda, Ⓣ phas-kyi-rgol-ba. 경에 의지하지 않고 사람에게 의지해 달리 말하는 것. 『십주비바사론』 권7(대정장26, p.53a27)에 "묻기를, 무엇을 다른 이론이라 합니까? 답하길, 부처님 멸도시에 아난에게 이르길 '금일 이후로는 수다라에 의지하고 사람에게는 의지하지 말라' 하셨다. 問曰 何謂異論 答曰 佛欲滅度時告阿難 從今日後 依修多羅 莫依人"라 하였으니, 이론이란 첫째 어떤 비구가 부처님께 직접 듣고 받았다고 하는 가르침, 둘째 어떤 비구가 경율에 밝은 상좌로부터 받았다고 하는 법, 셋째 어떤 비구가 경율론 삼장을 수지한 이로부터 들었다고 하는 가르침, 넷째 어떤 비구가 장로비구로부터 들었다고 하는 가르침 등 네 가지를 말한다. [참고문헌]『十住毘婆沙論』,『十地經論』 권9(대정장26, p.175c4), *Bodhbh.38.* ⇨ 이도 異道, 이도론 異道論

이룡 螭龍 뿔이 달리지 않은 용. 또는 용의 새끼.『법화의소』 권1(대정장34, p.465a11)에 "『광아』에 이르길 '비늘이 있는 것은 교룡이라 하고 날개가 있는 것은 비룡이라 하며, 뿔이 있는 것은 규룡이라 하고 뿔이 없는 것은 이룡이라 한다'. 廣雅云 有鱗者爲蛟龍 有翼者爲飛龍 有角者爲虯龍 無角者爲螭龍",『조정사원』 권3(卍속장113, p.79a3)에 "이무기의 형상은 이룡과 같으나 이각(耳角)이 있고 모두 갈기가 있다. 蜃之爲狀 如螭龍而有耳角皆鬣"라고 하였다. [참고문헌]『法華義疏』,『祖庭事苑』,『一切經音義』 권49(대정장54, p.634c9).

이룡쟁주 二龍爭珠 두 마리 용 구슬 놓고 다투다.『경덕전등록』 권16 「암두전활전 巖頭全豁傳」(대정장51, p.326c19)에 "학인이 물었다. '용 두 마리가 여의주를 두고 다투면 어느 편이 얻습니까?' '어느 편이라 해도 틀렸다'. 問 二龍爭珠 誰是得者 師曰 俱錯",『수산성념어록』(고존숙어록8, 卍속장118, p.244b3)에 "학인이 물었다. '두 마리 용이 구슬 놓고 다투면 누가 얻습니까?' '얻은즉 잃는다' '얻지 못하면 어떻게 됩니까?' '여의주가 도대체 어디에 있단 말이냐?' 학인이 말하려 하자 수산화상이 바로 때렸다. 問 二龍爭珠 誰是得者 師云 得者失 僧云 不得者又如何 師云 珠在什麽處 僧擬議 師便打"라고 하였다. [참고문헌]『景德傳燈錄』,『首山省念語錄』.

이루 二漏 ➡ 유루 有漏[1], 무루 無漏[1]

이루 離婁 눈이 밝아 멀리 자세히 보는 이. 비록 육안이 아무리 밝다 해도 심안이 밝아 무심(無心)한 맹인 망상을 이기지 못함에 비유한다.『능엄경의소석의초』 권4(卍속장16, p.933a8)에 "『장자』에서 황제 시절 세 신하가 있었는데 첫째가 이루, 둘째는 설후, 셋째는 망상이다. 이루는 백 리 밖에서 터럭을 볼 수 있을 만큼 눈이 밝았다. 彼說黃帝時有三臣 一名 離婁 一名 諛詬 一曰 罔象 離婁能百里見秋毫目明也",『심부주』 권1(卍속장111, p.27a2)에 "황제가 적수에서 현주 찾아 헤매는데, 백보 밖 터럭을 보는 신하 이루가 있었지만 찾지 못하자 망상(맹인)이 드디어 찾아냈다. 망상은 무심하였다. 黃帝於赤水求玄珠 有臣離婁 百步能觀毫末 求之不得 乃罔象而得之 罔象卽無心也"라고 하였다. [참고문헌]『楞嚴經義疏釋義鈔』,『心賦註』. ⇨ 망상 罔象

이루수 二婁宿 두 번째 루수(婁宿). 이십팔수(二十八宿) 중 서방칠수(西方七宿)의 두 번째 별자리.『불본행집경』 권20(대정장3, p.745b14)에 "여덟의 바사바천 중 하나인가, 두 번째 루수 중 한 하늘인가? 그렇지 않다면 이 숲이 어찌 이렇게 빛나는가. 저 세간에 해가 처음 비추는 듯하다. 或八婆娑此是一 或二婁宿中一天 若不此林何故光 譬如世間日初照"라고 하였다. [참고문헌]『佛本行集經』. ⇨ 이십팔수 二十八宿

이류 二流 두 가지 흐름. **1** 번뇌류(煩惱流)와 도류(道流). 번뇌류가 하품에서 상품으로 점차 끊어지면 도류도 따라 증장한다. 40권본『대반열반경』 권36(대정장12, p.578c7)에 "위로 흘러 끝내 열반에 든다는 것은, 어떤 이가 제4선을 증득해 마치고 초선에 애착심이 생긴다면 이 인연으로 물러나 초선에 난다. 여기에 두 가지 흐름이 있으니 하나는 번뇌류이고 다른 하나는 도류이다. 도류이므로 이 사람은 수명이 다한 후에 제2선에 나길 애착하고 애의 인연으로 제2선에 나는데 제4선에 이르기까지 이렇게 한다. 上流般涅槃者 若有人得第四禪已 是人生於初禪愛心 以是因緣 退生初禪 是有二流 一煩惱流 二者 道流 以道流故 是人壽盡 生二禪愛 以愛因緣 生於二禪 至第四禪 亦復如是",『대승의장』 권17(대정장44, p.804b24)에 "하품번뇌를 끊고는 상품번뇌를 점차 일으키는 것이 번뇌류다. 도행이 점차 더하므로 도류라고 한다. 이 두 가지 흐름은 차제로 상승하므로 상류라 한다. 斷下煩惱 上結漸起 名煩惱流 道行漸增 名爲道流 隨此二流 次第上昇 故曰上流"라고 하였다. [참고문헌]『大般涅槃經』,『大乘義章』. ⇨ 번뇌 煩惱 **2** 순류(順流 Ⓢ anusrota)와 역류(逆流 Ⓢ pratisrota). 생사차제를 따르는 범부의 길과 생사를 거스르는 성인의 길. 40권본『대반열반경』 권16(대정장12, p.462b7)에 "흐름을 따르는 이는 범부이다. 흐름을 거스르는 이는 수다원에서 연각까지이다. 바르게 머무는 이들은 보살들이고, 피안에 이른 이는 여래라 부른다. 順流者 謂凡夫人 逆流者 從須陀洹乃至緣覺 正住者 諸菩薩等 到彼岸者 所謂如來", 같은 책 권36(대정장12, p.577c12)에 "(수다원에서) 수는 무루의 이름이고 다원은 수습이라 한다. 무루를 수습함이 수다원이다. 선남자야! 수는 또한 흐름이라고도 한다. 흐름은 두 가진데, 하나는 따라 흐르고 다른 하나는 거슬러 흐른다. 거슬러 흐름이 수다원이다. 須名無漏 陀洹名修習 修習無漏 名須陀洹 善男子 復有須者 名流 流有二種 一者 順流 二者 逆流 以逆流故 名須陀洹",『대반열반경의기』 권6(대정장37, p.760b20)에 "순류는 선(禪)일 뿐이고 역류·정주 그리고 도피안은 앞에서 말한 오르는 승(乘)이다. 세간에서 팔선을 닦는 것은 범부법이다. 생사에 수순하므로 순류라 한다. 성도를 닦아 생사를 벗어나므로 역류 또는 도피안이라 한다. 順流是禪 逆流正住 及與到岸 是前乘也 修世八禪 是凡夫法 隨順生死 故名順流 修習聖道 出離生死 故

名逆流 乃至到岸"라고 하였다. 〔참고문헌〕『大般涅槃經』, 『大般涅槃經義記』. ⇨ 순류 順流, 역류 逆流

이류 異流 다르게 흐름. 『나운인욕경』(대정장14, p.769c22)에 "부처님의 밝은 법은 세속과는 서로 등진다. 세속의 보배는 불도에서는 천하다. 맑든 탁하든 다르게 흘러서 밝든지 어둡던지 나는 세계도 달리한다. 충과 아첨은 서로 욕하고, 삿됨은 항상 바름을 미워한다. 그러므로 탐욕스런 사람이 나의 무욕한 행을 좋아할 리 없다. 佛之明法 與俗相背 俗之所珍 道之所賤 淸濁異流 明愚異趣 忠佞相讐 邪常嫉正 故嗜欲之人 不好我無慾之行也", 『금강반야경찬술』 권하(대정장33, p.146c5)에 "일체보살의 증도평등이란, 수많은 냇물이 달리 흐르지만 함께 깊은 대해로 돌아가는 것처럼 만 가지 행이 비록 다르지만 한번 초지에 증입하면 한 가지 진대해를 증득하는 것을 말한다. 一切菩薩 證道平等 謂如百川異流 同歸大海之湛 萬行雖異 一入初地 同證眞大海也"라고 하였다. 〔참고문헌〕『羅云忍辱經』, 『金剛般若經贊述』.

이류 異類 Ⓢjāty-antara, Ⓣrigs-gzhan. 법들(諸法)이 서로 다른 모습을 유지해 드러남. 또는 중생이 종종의 몸(種種身)과 상(種種想)으로 자류(自類)를 거두고 나서 세간(世間)에 머무는 모습을 말한다. 『유가사지론』 권15(대정장30, p.357a13)에 "이류란, 어떤 법이 그 나머지 다른 법과 비교하여 그 모습이 이리저리 보아도 닮은 점이 없고, 또한 다섯 가지로 다 다르면 그 상을 이류라 한다. 異類者 謂所有法 望所餘法 其相展轉少不相似 此亦五種 與上相違 應知其相", 『분별선악보응경』 권하(대정장1, p.899a18)에 "어떤 업의 보특가라가 악취중에 나서 몸도 형색도 거칠고 누추하여 누가 보아도 기쁘지 않는가? 이 중생은 과거세에 성품이 성을 잘 내고 인욕바라밀을 닦지 않으며, 부처님의 정계를 부수고도 대중 앞에 드러내 참회하지 않아서 목숨을 마친 뒤 이류 속에 나는데, 형색이 누추하고 몸이 거칠며 모든 근에 결함이 있고 고약한 냄새를 가득 풍기며 어리석고도 아둔하여 보는 사람들마다 좋아하지 않는다. 云何業 有補特伽羅 生惡趣中 身體麤澁 形色醜陋 人見不悅 謂此補特伽羅 於過去世 性多瞋怒 不修忍度 破佛淨戒 又不發露 命終已後 處異類中 形色醜陋 身體麤澁 諸根缺減 臭氣充滿 癡增闇昧 見者不喜", 『구사론』 권7(대정장29, p.36c1 : *Abh-k-bh.*, p.98)에 "어찌 '심소가 끊임없이 생겨날 때 적고 많음이 있어 품류가 같지 않다'고 하지 않는가? 선·불선·무기의 마음 중에 유심유사삼마지 등이 그러하다. 이것들(심과 심소)은 이류에 있어 실로 적고 많음이 있다. 그러나 자류 중에서는 같지 않을 수 없다. 적은 수(受)로 틈새없이 많은 수를 낳는 일은 없으며, 다시 많은 수로부터 틈새없이 적은 수를 낳는 일도 없다. 상(想) 등도 역시 그러하다. 豈不心所無間生時 亦有少多 品類非等 謂善不善無記心中 有尋有伺三摩地等 此於異類 實有少多 然自類中 無非等義 謂無少受 無間生多 或復從多 無間生少 想等亦爾 nanu cāsti caittānām apy alpabahutarotpattiḥ. kuśalākuśalāvyākṛteṣu citteṣu savitarkasavicārādau ca samādhitraye. asti jātyantaraṃ prati na svajātim. na hi kadācid bahutarā vedanotpadyate saṃjñādayo vā", 『유가사지론』 권14(대정장30, p.354c8)에 "몸이 다른 류이기에 종종신이라고 하며, 상을 달리하는 류이기에 종종상이라 한다. 마땅히 알라. 이것과는 다름을 일종신·일종상 등이라고 하는데 범세 이하는 신형이 다른 류이니, 생겨나는 신형과 갖가지 색상에 차별하다. 범세에서 처음 몸을 받을 때, 그곳의 여러 범중들은 모두 생각하길 '우리들은 모두 대범이 낳았다'. 그때 범왕 역시 생각하길 '이 모든 범중들은 모두 나의 소생이다'. 이와 같이 저 브라만의 상(想)으로 이류가 있게 된 것은 아니다. 身異類故 名種種身 想異類故 名種種想 當知與此相違 名一種身 一種想 梵世已下 身形異類 所生身形 種種色相 有差別故 於梵世中 初受生時 彼諸梵衆 咸作是念 我等皆是 大梵所生 爾時 梵王 亦作是念 是諸梵衆 皆吾所生 如是彼想 非有異類"라고 하였다. 〔참고문헌〕『瑜伽師地論』, 『分別善惡報應經』, 『俱舍論』, *Abh-k-bh.*

이류무애 異類無礙 이류들간에 걸림 없음. 『범망경고적기』 권하(대정장40, p.701c1)에 "수미세계는 진실로 나무 모습, 사람 모습, 거꾸로 또는 옆으로 가는 중생 등에 의지해 산다. 각각 류를 따라 제방에 가득하지만 다른 류 서로 걸림없다. 저 인드라망의 거듭거듭 다함이 없음과 같다. 須彌世界 據實樹形 人形 倒及側等 各隨其類 遍滿諸方 異類無礙 如因陀羅網 重重無盡"라고 하였다. 〔참고문헌〕『梵網經古跡記』. ⇨ 이류 異類

이류조업 異類助業 정토왕생을 위한 행법 중 염불 이외의 모든 부수적인 행업. 소잡행(疏雜行)이라고도 한다. 『보살장돈교일승해의결』(대정장83, p.486b6)에 "정토교문에는 뜻에 따라 세운 이름이 여러 가지인데, 잡행·정인정행·이류조업 등이라 부르는 것들이다. 於此教門 隨義立名 乃有多種 或名雜行 或名正因正行 或名異類助業", "먼저, 오로지 『관무량수경』 등의 왕생극락경에 의지하여 오로지 아미타불만삼매만을 닦고 그것에 상응하는 동류조도법행만이 정행을 도우므로 다 거둬 정행이라 한다. 一 專依觀經等往生極樂經 而專修正念阿彌陀佛三昧 及彼相應同類助道法行 其助正行 總名正行", "그러나 여러 선업 중에는 진실한 마음으로 정토왕생에 회향할 때 비단 정인정행의 이름만을 얻을 뿐만 아니라 염불을 돕는 뜻도 있다. 다만 잡스럽거나 소원한 상을 분별하고자 본래 세우길 중명소잡행이라 하였는데 이류조업이라고도 한다. 然此諸善 若於眞實深心中 迴向願生之時 非唯得正因正行之稱 亦有還能助念佛之義 但欲分別雜疎等相 仍本立名衆名疎雜行 亦名異類助業"라고 하였다. [참고문헌]『菩薩藏頓敎一乘海義決』. ⇨동류조업 同類助業, 정조이업 正助二業

이류종자 二類種子 본유(本有)와 신훈(新熏)의 두 가지 종자. 제8식(第八識) 중에 본래 있던 본유종자와 새롭게 훈습하는 신훈종자를 말한다. 본성주종자(本性住種子)와 시기종자(始起種子)라고도 한다. 『성유식론』 권2(대정장31, p.8b23)에 "종자에는 각각 두 류가 있다. 첫째 본유다. 즉 무시이래로 이숙식중에 법으로 그렇게 있게 되어 온처계를 낳는 공능차별을 말한다. 세존께서는 이에 의지하여 말씀하시길 '모든 유정에게는 무시이래로 갖가지 계가 있으니, 저 악차취처럼 법 그렇게 있게 되었다'. 인증을 끌어 자세하게 설하면 처음과 같다. 이것을 본성주종자라고 한다. 둘째 시기종자이다. 무시이래로 거듭거듭 현행하고 훈습하여 있게 된 것을 말한다. 세존께서 이에 의지하여 말씀하셨다. '유정의 마음 염정제법에 훈습되어 무량종자가 쌓인 것이다'. 여러 논서 역시 말한다. 염정의 종자는 염정법의 훈습으로 생긴다. 이것을 훈습으로 이루어진 종자라고 한다. 오직 본유뿐이라면 전식이 아뢰야식과 더불어 인연성이 될 수 없다. 種子 各有二類 一者 本有 謂無始來 異熟識中 法爾而有 生蘊處界 功能差別 世尊依此 說諸有情 無始時來 有種種界 如惡叉聚 法爾而有 餘所引證 廣說如初 此卽名爲 本性住種 二者 始起 謂無始來 數數現行 熏習而有 世尊依此 說有情心 染淨諸法 所熏習故 無量種子 之所積集 諸論亦說 染淨種子 由染淨法 熏習故生 此卽名爲 習所成種 若唯本有 轉識不應 與阿賴耶 爲因緣性"라고 하였다. [참고문헌]『成唯識論』, 『成唯識論集解』 권8(卍속장81, p.535b17). ⇨본유종자 本有種子, 신훈종자 新熏種子, 종자 種子

이류중행 異類中行 이류 중에서 행한다는 말. 불보살도 조사도 중생계에 깊이 들어 이류들과 함께 함을 말한다. 중생계 밖에서 따로 할 일이 없음을 뜻한다. 『위산어록』(대정장47, p.581c25)에 보이는, 죽은 뒤에 산 아래 단월의 집에 한 마리 물소로 태어나 중생 빚을 갚겠다고 한 위산영우(潙山靈祐)의 말에서 비롯한다. 그 뒤 남전보원(南泉普願)이 수용하였고, 장사경잠(長沙景岑) 등에게 전해지다가 조동종(曹洞宗)의 사종이류(四種異類) 등으로 자리잡았다. 『남전보원선사어요』(고존숙어록12, 卍속장118, p.298b3)에 "여여 부르는 순간 이미 변한다. 형제여, 곧바로 이류 중에서 행해야 비로소 옳다. 喚作如如 早是變也 兄弟 直須向異類中行 始得", 『경덕전등록』 권8 「남전보원전」(대정장51, p.257b29)에 "어느 날 남전이 대중에게 말했다. '여여라고 말하는 순간 이미 아니다. 지금 사승은 반드시 이류중에 행할 뿐이다'. 귀종이 '비록 축생으로 살아가더라도 축생보는 받지 않는다' 하였다. 남전이 귀종의 이 말을 듣고서 '어리석은 이여, 또 그렇게 가시는구려'라고 말했다. 一日 師示衆云 道箇如如 早是變也 今時師僧 須向異類中行 歸宗云 雖行畜生行 不得畜生報 師云 孟八郎 又恁麽去也", 같은 책 권10 「장사경잠전」(대정장51, p.274b22)에 "학인이 경잠에게 물었다. '남전은 옮겨 가실 때 어디로 갔습니까?' '동쪽 집에서는 나귀 되고, 서쪽 집에서는 말이 되셨네' '이 뜻은 어떤 것입니까?' '타고자 하면 타고 내리고 싶으면 내린다'. 僧問 南泉遷化 向什麽處去 師云 東家作驢 西家作馬 僧云 此意如何 師云 要騎卽騎 要下卽下"라 하여, 장사경잠이 남전의 이류중행 소식을 전했다. 『속전등록』 권6 「천의의회전 天衣義懷傳」(대정장51, p.501c16)에 "기러기 긴 하늘 날고 그림자 차가운 강물에 잠긴다. 기러기는 자취 남길 뜻 없고 물 또한 그림자를 붙들 마음 없다. 만일 능히 이와 같이 한다면 비로소 이류중을 향해 행할 줄 알리니, 오리 다리를 늘이고 학 다리를 자르려 하거나 산을 깎고 계곡을 채우려 하랴. 雁過長空 影沈寒水 雁無遺蹤之意 水無留影之心 若能如是 方解向異類中行 不用續鳧截鶴 夷嶽盈壑", 『대혜어록』 권3(대정장47, p.821c3)에 "법좌에 올라 '지혜로 이르지 못할 곳이라면 간절히 말해서도 안 되니 말하면 머리에 뿔 나리라'(曹山의 말)고 말한 뒤 불자 들고 말했다. '머리에 뿔이 났으니 나귀인가, 말인가? 알겠는가? 만일 안다면 이류중에 행함에 어떤 장애도 없겠지만, 만일 모른다면 영원히 고해에 빠져 있으리라'. 上堂 智不到處 切忌道著 道著卽頭角生 擧起拂子云 頭角生也 是驢是馬 還識得麽 若識得 不妨向異類中行 若識未得 永劫沈淪", 『굉지광록』 권4(대정장48, p.45c18)에 "정편을 따지지 마라. 누구라서 움직이는지 고요한지 구분하겠는가? 본래 모나고 본래 둥글거늘 무엇이 모자라고 무엇이 남아돌겠는가? 돌아와 이류중에서 행하니 항상 나가대정(대룡삼매)에 드네. 莫問正偏 誰論動靜 自方自圓 誰欠誰剩 能來異類中行 常處那伽大定", 『조동오위현결』 권하(卍속장111, p.260a11)에 "낡고 더러운 옷이 아니라면 값진 옷을 알 수 없고, 살쾡이 아니라면 경이로운 존재를 알아 볼 일 없다. 부처님과 조사가 이류중에서 행한다 하시니 중생계에 드셨다는 말이다. 번뇌의 진흙 밭으로 들어가야 비로소 아누다라삼막삼보리 능히 일으켰다 하리라. 非弊垢衣 無以見珍御 非狸奴 無以見驚異 佛祖向異類中行 所謂 入衆生界 煩惱泥中 乃能發阿耨多羅三藐三菩提心", 『오가종지찬요』 권상 「남당변험십문 南堂辨驗十門」(卍속장114, p.528b6)에 "열 번째, 반드시 저 이류중을 향하여 행한다 : 겨우 소의 모태를 지났거늘 다시 말 뱃속을 뚫네. 十 須向異類中行 纔過牛胎 又鑽馬腹", 『청주백문』(卍속장119, p.354a18)에 "〔문〕 조사가 말했다. '아는 이라면 곧바로 반드시 이류중에서 행하겠지만, 모르는 이는 어디를 향해 갈까?' 〔답〕 꽃 누빈 옷에 마제향을 뿌렸다. 〔송〕 문득 남전의 물소가 떠오르니, 개울 처음에서 개울 끝까지 스스로 떠다니네. 목동은 곤히 잠들고 고삐 끊어졌는데, 밝은 달 홀로 둥글고 만리엔 가을이네. 問 祖師道 知有底人 直須向異類中行 祇如不知有底人 向甚麽處行履 答 花襯馬蹄香 頌 忽憶南泉水牯牛 溪頭溪尾自優游 牧童睡穩芒繩斷 明月孤圓萬里秋"라고 하였다. 〔참고문헌〕『潙山語錄』, 『南泉普願禪師語要』, 『景德傳燈錄』, 『續傳燈錄』, 『大慧語錄』, 『宏智廣錄』, 『曹洞五位顯訣』, 『五家宗旨纂要』, 『青州百問』. ⇨사종이류 四種異類

이류찰 異類刹 이류의 세계. 80권본 『화엄경』 권45(대정장10, p.238b22)에 "저 털끝에 달린 모든 국토 헤아릴 수 없는 종류의 차별중생이 머무나니, 불가설이류찰도 있고 불가설동류찰도 있다. 彼毛端處諸國土 無量種類差別住 有不可說異類刹 有不可說同類刹", 「대예참례 大禮懺禮」(『석문의범』 권상, p.20a18)에 "사바세계의 … 동류찰과 이류찰 … 이와 같은 해회에 계시는 모든 부처님께 지극한 마음으로 정례하고 공양을 올립니다. 至心頂禮供養 沙婆世界 … 同類刹 異類刹 … 如是海會 一切諸佛"라고 하였다. 〔참고문헌〕『華嚴經』, 『釋門儀範』. ⇨이류 異類, 동류찰 同類刹

이륙견련 二六牽連 십이인연(十二因緣)을 달리 이르는 말. 견련이란 '끌어당겨 이어지다'의 뜻으로 인연(因緣) 또는 연기(緣起)를 뜻하는 범어 프라티야야(Ⓢ pratyaya)의 구역이다. 『초일명삼매경』 권하(대정장15, p.546b4)에 "모든 유의 바다인 이륙견련을 건너게 하고, 항상 대승에 뜻을 두고 중생의 근심을 덜어 미묘혜에 이르게 한다. 이것이 바로 보살이 빛으로 널리 비추는 것이다. 度諸有海二六牽連 常志大乘 消衆人患 至微妙慧 斯則菩薩光耀普照", 『생경』 권4(대정장3, p.96a17)에 "자라몸이 넓고 길기가 각각 60리인 것은 곧 이륙견련인 십이인연을 뜻한다. 바퀴 구르듯 끝도 없이 두루 오취를 유행함에 단 한 번도 게을리 쉼이 없다. 鼈身廣長各六十里者 謂二六牽連十二因緣 輪轉無際 周流五趣 無一懈息"라고 하였다. 〔참고문헌〕『超日明三昧經』, 『生經』. ⇨십이인연 十二因緣, 십이지 十二支

이륙법 二六法 ❶ 십이처(十二處)를 달리 일컫는 말. 육이법(六二法)이라고도 한다. 『성유식론집해』 권7(卍속장81, p.520b4)에 "이로 인해 문득 능히 무아의 이에 깨달아 들고 아공관을 성취한다. 그러므로 '아공에 들게 하려고 이륙법을 설한다'라고 하였다. 因此 便能悟入 無我之理 成我空觀 故曰爲入我空 說二六法也"라고 하였다. 〔참고문헌〕『成唯識論集解』. ⇨육이법 六二法, 십이처 十二處 ❷ 식차마나(式叉摩那 Ⓢ śikṣamāṇā)가 2년 동안 익히는 육법(六法)을 일컫는 말. 『범망경합주』 권6(卍속장60, p.732a17)에 "칠중이 함께 제계하니 각기 급히 익힐 대상이 있다. 비구는 바로 먼저 이 경(『범망경』)과 이부율(二部律)을 익히고, 비구니는 먼저 이 경과 비구니구족계를 익히며, 식차마나는 먼저 이 경과 이륙법을 익힌다. 사미와 사미니는 먼저 이 경과 십계위의를 익히고, 재가자는 먼저 이 경과 우바새계를 익힌다. 그래도 여력이 있으면 비로소 두루 다른 것을 익히는 것을 허용한다. 七衆同制 各有所急 比丘先習此經 及二部律 尼先此經 及尼具戒 式叉先習此經 及二六法 沙彌男女 先習此經 及十戒威儀 在家先習此經 及優婆塞戒 餘力方許偏習"라고 하였다. 〔참고문헌〕『梵網經合註』, 『有部苾芻尼毘奈耶』 권18(대정장23, p.1005c24). ⇨이년학계 二年學戒, 육법 六法❷, 식차마나 式叉摩那

이륙시 二六時 십이시(十二時). 하루 모든 때를 말한다. 『서장』 「답여사인장 答呂舍人狀」(대정장47, p.931c13)에 "온 종일 모든 때에, 화낼 때 기쁠 때 사랑할 때나 분별할 때나 혼미하거나 들뜰 때 온통 단지 이 여거인일 뿐입니다. 日用二六時中 或瞋或喜 或思量或分別 或昏沈或掉擧 皆只是呂居仁", 『완릉록』(대정장48, p.387b5)에 "다만 이륙시중에 이 무자만을 간하라. 但去二六時中 看箇無字"라고 하였다. 〔참고문헌〕『書狀』, 『宛陵錄』, 『圜悟語錄』 권5(대정장47, p.735a2). ⇨십이시 十二時❷

이륙원문 二六願門 약사십이대원(藥師十二大願)을 이르는 말. 『자비약사보참』 권상(卍속장129, p.115a5)에 "이륙원문을 인지에서 발하니, 백천상호과중에서 두렷하네. 二六願門因地發 百千相好果中圓"라고 하였다. 〔참고문헌〕『慈悲藥師寶懺』, 『百丈清規證義記』 권5(卍속장111, p.669b16). ⇨약사십이대원 藥師十二大願

이륙지원 二六之願 ➡약사십이대원 藥師十二大願

이륙지홍자 二六之弘慈 열두 가지 너른 자비. 약사여래의 십이대원을 가리킨다. 「대예참례 大禮懺禮」(『석문의범』 권상, p.16a5)에 "지극한 마음으로 머리숙여 공양합니다 … 언제나 열두 가지의 큰 자비를 행하시고, 사생을 손잡아 해탈케 하시며, 서쪽 길 보이시어 왕생을 도우시고, 열두 가지 크신 원으로 모든 근기를 접하실 때에 한 조각 비심 또한 빠트리지 않으시는 … 약사유리광여래불께. 至心頂禮供養 … 常行二六之弘慈 拯接四生

而解脫 示其西路 助成往生 十二大願接群機 一片悲心無空缺 … 藥師琉璃光如來佛"라고 하였다.〔참고문헌〕『釋門儀範』. ⇨ 약사십이대원 藥師十二大願

이륜 二輪 두 바퀴. 두 바퀴와 같이 기울지 않고 서로 도와 일체를 성취하는 뜻의 비유들이다. 새의 두 날개(二翼·二翅)로도 비유한다.『석선바라밀차제법문』권10(대정장46, p.547a3)에 "비유컨대 저 수레바퀴가 둘이여서 하나는 강하고 다른 하나 약하면 실어도 안은하지 못한 것과 같다. 또한 칼날마저도 강연이 조화롭지 못하면 쓸모없는 것과 같다. 譬如車有二輪 若一强一弱 則載不安穩 亦如刀刃 强軟不調 則無利用"라고 하였다.〔참고문헌〕『釋禪波羅蜜次第法門』. ❶ 정(定)과 혜(慧)를 가지런히 함.『관심론소』권1(대정장46, p.590c14)에 "지가 아니면 선이 없고 선이 아니면 지도 없다. 정과 혜가 서로 도와 두 바퀴 비로소 멀리 갈 수 있다. 지혜 없는 선 부려서야 어찌 생사의 바다를 건널 수 있겠는가? 非智不禪 非禪不智 定慧相資二輪方能遠 運無慧之禪 豈能度生死海也",『지관보행전홍결』권5(대정장46, p.279c4)에 "두 바퀴여야 멀리 간다. 움직임은 정과 혜가 곁으로 두루함을 비유하며, 양 날개로 높이 오름은 정과 혜가 수직으로 끝까지 다함을 비유한다. 二輪遠運 譬定慧橫周 兩翅高升 譬定慧竪極"라고 하였다.〔참고문헌〕『觀心論疏』,『止觀輔行傳弘決』,『大智度論』권72(대정장25, p.570a9),『入大乘論』권상(대정장32, p.39a27). ❷ 승가를 유지계승해 가는 두 바퀴. 법륜(法輪)과 식륜(食輪)을 말한다. 산문이륜(山門二輪)이라고도 한다.『마하승기율』권35(대정장22, p.511a19)에 "두 바퀴가 있으니, 법륜과 식륜이다. 식륜을 얻은 다음에야 법륜도 굴릴 수 있다. 有二種輪 法輪食輪 得食輪已 乃轉法輪",『원오어록』권14(대정장47, p.778c3)에 "도가 예전에 미치지 못하는 지경에 이르자 문득 법륜은 채 굴러가지도 않는데 식륜이 먼저 돈다는 뜻이 생기게 되었다. 이런 이유로 총림에서는 장로를 죽반두라고 부르게 되었다. 及至道不及古 便有法輪未轉 食輪先轉之義 由是叢林呼長老爲粥飯頭"라고 하였다.〔참고문헌〕『摩訶僧祇律』,『圜悟語錄』,『四分律行事鈔』권하(대정장40, p.139b18),『續傳燈錄』권9「雲峯文悅傳」(대정장51, p.518a14). ⇨ 산문이륜 山門二輪, 법륜 法輪, 식륜 食輪 ❸ 법륜(法輪)과 법륜을 호지하는 역륜(力輪).『마하승기율』권35(대정장22, p.510c27)에 "찰리종은 높은 족성이다. 여래응공정변지는 항상 두 가문에서 출생하니, 찰리와 바라문가다. 두 바퀴가 있으니 법륜과 역륜이다. 모든 출가인은 역륜의 보호에 힘입어야 스스로 안은할 수 있다. 刹利種是上姓 如來應供正遍知 常在二家生 刹利婆羅門家 有二種輪 法輪力輪 諸出家人 賴力輪護故 得以自安",『사분율행사초자지기』권하(대정장40, p.405c19)에 "사람이 덕행을 숭상하면 바라문성에 태어나고, 위세를 받들면 찰제리종에 난다. 법륜은 곧 불법이고 역륜은 왕과 신하이다. 人尙德行 則於婆羅門姓中生 若尙威勢 則於刹帝利姓中生 法輪卽佛法 力輪是王臣"라고 하였다.〔참고문헌〕『摩訶僧祇律』,『四分律行事鈔資持記』,『四分律行事鈔簡正記』권16(卍속장68, p.998b14). ❹ 법륜(法輪)과 교령륜(敎令輪). 각각 현교(顯敎)와 밀교(密敎)에 배대하기도 한다.『인왕호국반야의궤』(대정장19, p.514a25)에 "그리하여 다섯 보살은 두 바퀴에 의지하여 몸을 드러냄이 다르다. 첫째는 법륜이다. 진실신을 드러내니, 수행한 원으로 얻은 보신이다. 둘째는 교령륜이다. 위엄 있고 분노한 몸을 보이니, 대비를 일으킴으로 말미암아 위엄 있고 용맹함을 나툰다. 然五菩薩 依二種輪 現身有異 一者 法輪 現眞實身 所修行願 報得身故 二 敎令輪 示威怒身 由起大悲 現威猛故",『선문보장록』권상(卍속장113, p.986a17)에 "다음으로 첫째는 법륜이니 현교이다. 가섭마등을 시조로 한다. 다음으로 둘째는 교령륜이니 밀교이다. 금강지를 시조로 한다. 次一 法輪 卽顯敎也 以摩騰爲始祖焉 次二 敎令輪者 卽密敎也 以金剛智爲始祖焉"라고 하였다.〔참고문헌〕『仁王護國般若儀軌』,『禪門寶藏錄』,『仁王護國般若波羅蜜多經疏』권하(대정장33, p.515c22),『宋高僧傳』권3(대정장50, p.724b20). ⇨ 법륜 法輪, 교령륜 敎令輪

이륜 耳輪 ❶ Ⓟ kuṇḍala-vatta. 귀걸이.『일체경음의』권48(대정장54, p.631a16))에 "이륜〈저 나라의 왕들은 금은으로 이륜을 만드는데 모양은 발우와 같았다. 귀에 달아 장식하였으므로 이륜이라 한다. 구경전에서 이거라고 한 것이 이것이다〉. 耳輪〈彼國王等 或用金銀 作此耳輪 形如鉢支 著耳匡中 用以裝飾 故名耳輪也 舊經言 耳渠者 應是〉"라고 하였다.〔참고문헌〕『一切經音義』, *DN.2.18.* ❷ 귓바퀴.『불길상덕찬』권중(대정장32, p.764c24)에 "귓바퀴가 길고 넓고 두툼하고 원만하네. 耳輪長廣厚復圓"라고 하였다.〔참고문헌〕『佛吉祥德贊』.

이륜 彝倫 사람으로서 지켜야 할 떳떳한 도리.『자은전』권9(대정장50, p.270c2)에 "정법이 융성하거나 쇠하기는 누르거나 북돋우는 군주의 의지에 따르고, 이륜이 두텁거나 엷어지기는 현풍이 흥하거나 이지러지는 것과 짝할 따름입니다. 正法隆替 隨君上所抑揚 彝倫厚薄 儷玄風以興缺"라고 하였다.〔참고문헌〕『慈恩傳』,『破邪論』권하(대정장52, p.486c20),『辯正論』권4(대정장52, p.516c13).

이륜신 二輪身 정법륜신(正法輪身 : 自性輪身·轉法輪身)과 교령륜신(敎令輪身). 자성의 몸과 교화하는 방편신을 말한다.『박초자구결』권13(대정장79, p.251a2

0)에 "비종의 뜻에는 보살에 두 가지 몸이 있다. 하나는 전법륜신이다. 지혜가 머무는 성에서 고불의 인가를 받아 네 가지 지혜가 원만한 미세신이다. 다른 하나는 교령륜신이다. 제불본서로 중생을 인도하여 불과에 들어가게 하되 무상 중에 이름과 모습을 드러내서 중생을 교화하는 몸이다. 祕宗意 菩薩有二種身 一 轉法輪身 於智處城 受古佛印可 四智圓滿微細身 二者 敎令輪身 諸佛本誓 汲引衆生 爲令入佛果 而於無相中 現名相 化衆生身也"라고 하였다. 〔참고문헌〕『薄草子口決』. ⇨ 이륜 二輪 **4**, 교령륜신 敎令輪身, 정법륜신 正法輪身

이륜암 峍崙庵 강원도 고성군 이륜산(峍崙山)에 있던 암자. 『범우고』에 폐사로 전한다. 〔참고문헌〕『梵宇攷』, 『韓國寺刹全書』 권하 p.960b9.

이륵발대장 伊勒鉢大藏 사대보장(四大寶藏) 중 하나. 이라발라장(伊羅鉢羅藏)·이라발보장(伊羅鉢寶藏)·이라발장(伊羅鉢藏)·이발다대장(伊鉢多大藏)이라고도 한다. 북방의 건다라국(乾陀羅國)에 위치하며 이라발용왕(伊羅鉢龍王 Ⓢ Elāpattra-nāga-rāja)이 수호한다. 구마라집(鳩摩羅什) 역본 『미륵하생성불경』(대정장14, p.424a25)에 "또 사대장이 있으니, 낱낱 대장은 각각 사억소장이 감싸고 있다. 이륵발대장은 건다라국에 있다. 又有四大藏 一一大藏 各有四億小藏圍繞 伊勒鉢大藏 在乾陀羅國"라고 하였다. 〔참고문헌〕『彌勒下生成佛經』. ⇨ 사대보장 四大寶藏, 이라발용왕 伊羅鉢龍王 **1**

이리 二利 Ⓢ dvaya-artha, Ⓣ don-gnyis. 자리(自利)와 이타(利他). 『구사석론』 권13(대정장29, p.250b4 : *Abh-k-bh.*, p.269)에 "저 욕을 여의지 못한 성인과 범부가 물건으로 다른 중생에게 베푸는 보시에 두 가지 이익이 있으니 자타가 이롭다. 若未離欲聖人 及未離欲凡夫 以物施他衆生 此施爲二利 謂自他 yadavītarāgaḥ pṛthagjano vā vītarāgaḥ parasattvebhyo dadāti taddānamubhayeṣāmarthāya", 『대승장엄경론』 권3(대정장31, p.606b28 : *Sūtr.*, p.45)에 "두 가지 이익이란 스스로가 이롭고 타인도 이롭다. 식신은 자리성취를 상으로 삼고, 화신은 타리성취를 상으로 삼는다. 이 두 가지 이로움만으로도 일체종이 성취되므로 차제로 식신과 화신을 건립한다. 二利者 謂自利他利 食身以自利成就爲相 化身以他利成就爲相 如此二利一切種成就故次第建立食身及化身 sāmbhogikaḥ svāthasampattilakṣaṇaḥ. nairmāṇikaḥ parārthasampattilakṣaṇaḥ. evaṃ dvayārthasampattir yathākramaṃ dvayoḥ pratiṣṭhitāḥ sāṃbhogike ca kāye nairmāṇike ca"라고 하였다. 〔참고문헌〕『俱舍釋論』, 『大乘莊嚴經論』, *Abh-k-bh.*, *Sūtr.* ⇨ 자리 自利, 이타 利他, 상구보리하화중생 上求菩提下化衆生

이리 二理 두 가지 이치. 공(空)과 유(有)를 말한다. 『화엄오교장』 권4(대정장45, p.501a26)에 "색 그대로 공이라는 것은 청변의 뜻이고, 공이 곧 이 색이라는 것은 호법의 뜻이니 두 뜻을 녹여 다 들고 다 거뒀다. 만약 후대논사가 두 뜻을 서로 사무쳐 온전히 바탕삼고 서로 빼앗지 않았다면 깊고 깊은 연기의타성법은 드러날 수 없었을 것이니, 이야말로 서로 파하고 뒤쳐 서로 성취함이다. 以色卽是空 淸辯義立 空卽是色 護法義存 二義鎔融 擧體全攝 若無後代論師 以二理交徹 全體相奪 無由得顯甚深緣起依他性法 是故相破反相成也"라고 하였다. 〔참고문헌〕『華嚴五敎章』. ⇨ 공 空, 유 有

이리 二離 두 가지를 떠남. **1** 육도(六道)와 삼승(三乘)을 떠나는 것. 『십이문론소』 「서 序」(대정장42, p.173b6)에 " 이익을 떠남에 두 가지가 있고, 이익을 얻음에 두 가지가 있다. 두 가지 떠남이란 하나는 육도를 떠나는 것이고, 다른 하나는 삼승을 떠나는 것이다. 離益中有二離 得益中有兩得 二離者 一離六道 二離三乘"라고 하였다. 〔참고문헌〕『十二門論疏』. **2** 번뇌장(煩惱障)과 소지장(所知障)을 떠남. 『석씨육첩』 권1(대장경보편13, p.7a3)에 "두 가지를 떠남에 다름이 없다 하였으니, 『불지경론』에서 '부처란 일체지와 일체종지를 갖추고 번뇌와 소지 두 가지 장애를 떠나 일체법과 일체종상을 스스로 깨닫고, 또한 모든 중생도 깨어나게 하니, 마치 잠에서 깨는 듯하고 연꽃이 피는 듯하다'고 하였다. 二離無異 佛地論云 佛者 具一切智一切種智 離煩惱所知二障 於一切法 一切種相 能自開覺 亦能開覺一切有情 如睡覺 如蓮華開等"라고 하였다. 〔참고문헌〕『釋氏六帖』, 『佛地經論』 권1(대정장26, p.291b11).

이리 迤邐 낮게 경사지거나 구비진 모양. 또는 천천히 걷는 모습. 점진적인 단계. 『치문경훈』 권7(대정장48, p.1078b23)에 "물을 보려거든 얕은 웅덩이의 물은 보지 마라. 얕은 웅덩이 물엔 잔챙이 뿐이다. 산을 오르려면 낮은 산에 오르지 마라. 낮은 산엔 풀과 나무 드물다. 觀水莫觀汚池水 汚池之水魚鱉卑 登山莫登迤邐山 迤邐之山草木稀", 『경덕전등록』 권16 「암두전활전 巖頭全豁傳」(대정장51, p.326a13)에 "여항의 대자산에서 구비구비 돌아 천천히 임제원에 갔더니 임제선사가 입적하여 앙산혜적선사를 만났다. 自餘杭大慈山迤邐造于臨濟 屬臨濟歸寂乃謁仰山", 『초학기』(卍속장112, p.896a10)에 "이리는 차제로 조금씩 나아간다는 뜻이다. 迤邐次第漸進之義"라고 하였다. 〔참고문헌〕『緇門警訓』, 『景德傳燈錄』, 『初學記』.

이리사 伊利寺 충청북도 영동군 양산면 가곡리 비봉산(飛鳳山)에 있던 절. 1940년대에 금동불 2존·바라 1개가 출토되었으며, 절터에 있던 삼층석탑은 현재 양산초등학교에 이건되어 있다. [참고문헌]『文化遺蹟總覽』권상(文化財管理局, 1977) p.541.

이리사사 伊利捨奢 두 도적 이름. 무명(無明)과 오개(五蓋)를 비유한다. 『아비담비바사론』 권20(대정장28, p.146a11)에서는 이리마(伊利摩)라고 하였다. 『대비바사론』 권38(대정장27, p.195b2)에 "여기에서 두 명의 도적에 대한 비유를 설하겠다. 옛날에 두 명의 도적이 있었으니, 첫째는 이리라고 하며, 둘째는 사사라고 한다. 항상 함께 돌아다니는데, 재물이 있는 이를 만나면 한 도둑은 손발을 묶고 다른 한 도둑은 그 눈에 흙을 뿌리고 재물을 탈취해 간다. 그 사람은 묶여 볼 수조차 없어 이곳에서 고통받다 죽음에 이른다. 유정 역시 그러하니 무명과 탐애에 덮히고 얽혀 생사에 침몰한다. 此中應說 二怨賊喩 昔有二賊 一名 伊利 二名 捨奢 恒共遊止 若遇財主 一縛手足 一坌其目 取財而去 其人被縛 目無所見 卽於是處 困苦至死 有情亦然 無明貪愛 所覆繫故 沈淪生死"라고 하였다. [참고문헌]『阿毘曇毘婆沙論』, 『大毘婆沙論』. ⇨ 오개 五蓋, 오결 五結

이리사장나 伊梨沙掌拏 Ⓢ īrṣyā-paṇḍaka, Ⓣ ma-ning-phrag-dog-can. 오종불능남(五種不能男) 중 하나. 투불남(妬不男)으로 한역하고 이리사반택가(伊梨沙半擇迦)로 음사한다. *Mahāvyutpatti*에는 투황문(妒黃門) 또는 질투황문(嫉妒黃門)이라고 한다. 『번역명의집』 권2(대정장54, p.1083a13)에 "이리사장나 : 투라고 한역한다. 타인의 음행을 보고서는 질투심이 생겨 음욕이 일어나는 것을 말한다. 伊梨沙掌拏 此云妬 因見他婬方有妬心婬起"라고 하였다. [참고문헌]『翻譯名義集』, *Mvyut.564.* ⇨ 오종불능남 五種不能男

이리아약착의 伊梨阿若著衣 물건을 짊어지기 위해 옷을 접어 올려 입는 방식. 등허리에 물건을 짊어지려고 니원승(泥洹僧 Ⓢ nivāsana : 下裙)을 등 위로 끌어올려 접는 착의법이다. 『사분율』 권52(대정장22, p.956b25)에 "언젠가 어떤 비구가 이리아약으로 옷을 입었는데, 여러 거사들이 이를 보고 모두 비웃고 비난하기를 '우리 같은 속인이나 이와 같이 옷을 입고 짐을 진다'라고 하며 모두 업신여기는 마음을 품고서 부처님께 아뢰었다. 부처님께서 말씀하시기를 '이와 같이 옷을 입어서는 안 되며, 또한 등에 물건을 지고 다녀서도 안 된다'고 하셨다. 時有比丘伊梨阿若著衣 諸居士見 皆譏嫌言 如我白衣 如是著衣擔物 皆生慢心白佛 佛言 不應如是著衣 亦不應背負物行", 『사분율명의표석』 권35(卍속장70, p.931a15)에 "이리아약착의 : 속인처럼 물건을 짊어지기 위한 옷 입는 방식이다. 『비니모경』에 '언젠가 육군비구가 니원승을 등 위로 올리고서 무거운 것을 짊어지고 머리를 숙인 채 다녔다. 신체마저 드러났으니 속인들이 싫어하였다. 부처님께서 말씀하셨다. 「지금 이후로 비구가 무거운 것을 짊어지으려고 옷을 치켜 올려 접는 것을 허락하지 않는다. 만약 인연이 있어 삼보를 위한 일 때문에 반드시 치켜 올려 접어야만 한다면 스스로 잘 헤아려 처리하되 몸을 드러내지 마라」'라고 하였다. 伊梨阿若著衣 謂如白衣擔物著衣也 母經云 爾時六羣比丘 抄泥洹僧背上 負重低頭而行 身體露現 爲白衣所嫌 佛言 從今已去 不聽比丘負重襞抄 若有因緣 爲三寶事 須襞抄者 好自料理 莫令身現"라고 하였다. [참고문헌]『四分律』, 『四分律名義標釋』, 『毘尼母經』.

이리욕 已離欲 욕계의 수혹(修惑)을 끊어 마침. 그런 사람을 이리욕자 또는 이리욕인이라고 한다. 미리욕(未離欲)의 상대어이다. 『유가사지론』 권5(대정장30, p.299c14)에 "수욕자가 욕을 수용할 때, 곧 이런 일에 대하여 한 번은 기뻐하고 탐애하며, 한 번은 근심하고 분노하고, 다시 저것에 대하여 어떤 때에는 기뻐하며, 어떤 때에는 근심하지만, 성혜명자가 정법을 수용하는 경우는 이와 같지 않다. 또 이욕의 모든 외혜명자는 갖가지 견취에 대하여 자신이 분별하여 일으킨 삿된 승해처에 마음이 맹렬하여 갖가지로 집착하고 항상 욕망 물들어 따라다니니, 비록 이미 욕을 여의었다고 하나 다시 물러나 일으킨다. 성혜명자로서 정법을 수용하면 이렇지 않다. 受欲者 受用欲時 卽於此事 一起喜愛 一起憂恚 復卽於彼 或時生喜 或時生憂 聖慧命者 受用正法 則不如是 又諸離欲 外慧命者 於種種見趣 自分別所起 邪勝解處 其心猛利 種種取著 恒爲欲染之所隨逐 雖已離欲 復還退起 聖慧命者 受用正法 則不如是", 『대승아비달마잡집론』 권13(대정장31, p.754c6)에 "전에 세속도로 욕계의 수도위에서 끊는 구품번뇌(九品煩惱)를 이미 끊은 것을 '이리욕'이라고 한다. 謂先用世俗道 已斷欲界修道所斷九品煩惱 名已離欲"라고 하였다. [참고문헌]『瑜伽師地論』, 『大乘阿毘達磨雜集論』. ⇨ 이리욕자 已離欲者, 미리욕 未離欲, 구품혹 九品惑

이리욕자 已離欲者 Ⓢ vīta-rāga, Ⓣ 'dod-chags-dang-bral-ba. 이미 욕계의 수혹(修惑)을 끊은 이. 이리욕인(已離欲人)이라고도 하며, 미리욕자(未離欲者)의 상대어이다. 유루(有漏)의 육행관(六行觀)을 닦아 욕계 수혹을 끊고 견도(見道)에 증입하여 불환향(不還向)을 성취하는 범부중생이 있고, 견도에 들어 유루도(有漏道)와 무루도(無漏道)를 닦아 욕계수혹을 모두 끊고 불환과(不還果)를 성취하는 성자가 있다. 『구사론』 권24

(대정장29, p.128c29 : *Abh-k-bh.*, p.372)에 "세 번째 위는 어찌하여 상계(上界)에 의지하지 않고 얻는가? 리와 가르침 등으로 말미암기 때문이다. 우선 리란 무엇인가? 상계의 몸에 의지하면 견도가 없기 때문이다. 견도를 떠난 이리욕자가 뛰어넘어 불환과를 증득하는 도리는 있을 수 없다. 第三云何 非依上得 由理教故 且理云何 依上界身 無見道故 非離見道 已離欲者 可有超證 不還果義 tṛtīyasya tu kasmād aprāptiḥ. … ūrdhvaṃ hi kāmadhātor darśanamārgo nāsti. na ca tena vināsti vītarāgasyānāgāmiphalaprāptir ity etat kāraṇam", 『대승아비달마잡집론』 권13(대정장31, p.754c6)에 "이리욕자란, 뒤에 정성에 들어 결정코 불환과를 얻는다. 즉 앞서 세속도로 이미 욕계의 수도로 끊는 구품번뇌를 끊은 이를 이리욕자라고 한다. 그는 후에 정성에 들어 결정코 열여섯 번째 심위에 이르러 불환과를 증득한다. 若已離欲者 後入正性 決定得不還果 謂先用世俗道 已斷欲界 修道所斷 九品煩惱 名已離欲 彼後入正性決定 至第十六心位 得不還果", 『유가론기』 권7(대정장42, p.451c17・한불전13, p.511b8)에 "이리욕자란, 이미 욕계의 구품수혹을 조복하였거나 혹은 무소유처 이전의 수혹을 조복한 이까지를 이리욕자라고 한다. 已離欲者 已伏欲界修惑九品 乃至或伏 無所有處 已還修惑 名已離欲"라고 하였다. [참고문헌] 『俱舍論』, 『大乘阿毘達磨雜集論』, 『瑜伽論記』, *Abh-k-bh.* ⇨ 미리욕자 未離欲者 1, 불환과 不還果

이리원성 二利圓成 자리(自利)와 이타(利他)를 이즈러짐 없이 성취함. 『편양당집』 권2 「경판후발 經板後跋」(한불전8, p.255b15)에 "자리라 하면 성문과 연각행인 소승이고, 이타란 보살이 행할 대승이며, 자리와 이타를 이즈러짐 없이 성취한 이는 여래가 행하는 최상승이다. 夫自利者 聲聞緣覺之所以爲小乘也 利他者 菩薩之所以爲大乘也 二利圓成者 如來之所以爲最上乘也", 『작법귀감』 권상(한불전10, p.571c1)에 "삼명을 이미 증득하시고 이리를 원만히 이루셨으며 신통자재하신 대성나반존자께 귀의합니다. 南無三明已證 二利圓成 神通自在 大聖那畔尊者"라고 하였다. [참고문헌] 『鞭羊堂集』, 『作法龜鑑』, 『釋門儀範』 권상 p.246a19. ⇨ 이타 利他, 자리 自利, 나반존자 那畔尊者

이리진실 二利眞實 자리진실(自利眞實)과 이타진실(利他眞實). 선도(善導)는 진실을 자리와 이타로 나누고는 자리에 대해서만 상술하고 이타 풀이를 생략하였다. 『관무량수불경소』 권4(대정장37, p.271a9)에 "또한 진실에 두 가지가 있다. 첫째는 자리진실이고, 둘째는 이타진실이다. 자리진실에 다시 둘이 있다. 첫째는 진실심중에 자신과 타인의 모든 악과 예국 등을 다스려 버리고, 행주좌와에서 모든 보살이 온갖 악을 버린 모습과 같다고 생각하며 나도 이와 같다고 여긴다. 둘째는 진실한 마음에서 자신과 타인 그리고 범부와 성인 등의 선행을 부지런히 닦고 진실한 마음속의 구업으로 저 아미타불과 의정이보를 찬탄한다. 또한 진실심중에 구업으로 삼계육도 등에 있는 자신과 타인의 의정이보와 괴롭고 악한 일들을 싫어하지만 모든 중생이 삼업으로 짓는 선행을 찬탄한다. 만일 선한 업이 아니라면 저어하며 멀리하고 따라 기뻐하지도 않는다. 又眞實有二種 一者自利眞實 二者 利他眞實 言自利眞實者 復有二種 一者眞實心中 制捨自他 諸惡及穢國等 行住坐臥 想同一切菩薩 制捨諸惡 我亦如是也 二者 眞實心中 勤修自他凡聖等善 眞實心中口業 讚歎彼阿彌陀佛 及依正二報 又眞實心中口業 毁厭三界六道等 自他依正二報 苦惡之事 亦讚歎一切衆生 三業所爲善 若非善業者 敬而遠之 亦不隨喜也"라고 하였다. [참고문헌] 『觀無量壽佛經疏』.

이리행문 二利行門 자리와 이타의 행으로 열린 문. 『도서』 권상(대정장48, p.403a11)에 "선(禪)에 관한 위의 세 갈래 종 중에는 교를 따르기도 업신여기기도 하고, 상을 따르거나 부수기도 한다. 외부의 비난을 걷어내는 문호와 밖의 무리를 맞이하는 선교방편, 그리고 제자를 가르치는 의궤 등으로 같지 않지만, 모두 자리와 이타행을 위해 열린 문이다. 然上三宗中 復有遵敎慢敎 隨相毁相 拒外難之門戶 接外衆之善巧 敎弟子之儀軌 種種不同 皆是二利行門"라고 하였다. [참고문헌] 『都序』. ⇨ 이리 二利

이리행원 二利行圓 자리와 이타의 행이 원만함. 『진각국사어록』 「상당 上堂」(한불전6, p.5a20)에 "출가란 자기 한 몸을 위하여 홀로 해탈을 구하는 것이 아니라, 자리이타의 행이 원만하여 후회할 일이 전혀 남지 않아야 한다. 이와 같아야만 참된 출가자라 이름한다. 夫出家者 非爲一身獨求解脫 二利行圓 了無遺恨 如是 乃名眞出家者"라고 하였다. [참고문헌] 『眞覺國師語錄』. ⇨ 이타 利他, 자리 自利, 이리 二利

이림 李琳 ?~1391. 고려말의 무신. 고성현(固城縣) 출신. 아버지는 감찰대부(監察大夫) 이교(李嶠)이다. 밀직부사(密直副使)・판사사(判司事) 등을 역임하였으며, 딸이 우왕(禑王)의 비가 되었으므로 철성부원군(鐵城府院君)에 봉해졌다. 『고려사』 권116 열전(列傳)29 이림에 "이림이 불교를 신봉하여 경상도 사불산사로 가려고 하였으나, 우왕이 국구가 가벼이 나서지 말라 하여 그만두었다. 화장사 각연이 … 헌사에서 국문을 받자 평소 믿고 존경하는 이들이 모두 슬퍼하였다. 이림이 더욱 애통해하며 궐문 밖에 서서 크게 소리지르며 '이 스님이 무슨 죄가 있습니까?'라고 하였다. 琳好佛 嘗欲往慶尙道 四佛山寺 禑以國舅不可輕出 止之 華藏寺僧覺然 … 憲司鞫之 素敬信者 皆惜之 琳尤痛 立門外大叫曰 此僧有何罪耶"라고 하였다. 〔참고문헌〕『高麗史』.

이림거사 二林居士 ➡팽소승 彭紹升

이마 二魔 **1** 사마(四魔)를 둘씩 나눠 이르는 말. 즉 결사마(結使魔)와 천마(天魔), 또는 오온마(五蘊魔)와 사마(死魔)를 말한다. 『출요경』 권15(대정장4, p.692b18)에 "어떻게 이마를 항복시키는가? 첫째는 결사마, 둘째는 천마다. 그러므로 해탈에는 번뇌가 없다고 설한다. 云何降二魔 一者 結使魔 二者 天魔 是故說 解脫無漏也", 『대비바사론』 권126(대정장27, p.657c7)에 "무상보리를 증득할 때 이미 이마를 항복시켰으니 천마와 번뇌마를 말한다. 이제 장차 열반계에 증입하고자 할 때 다시 이마를 항복시키니 오온마와 사마를 말한다. 證無上妙菩提時 已伏二魔 謂天煩惱 今將證入涅槃界時 又伏二魔 謂蘊及死"라고 하였다. 〔참고문헌〕『出曜經』, 『大毘婆沙論』, 『倶舍論』 권3(대정장29, p.15c28). ⇨내마 內魔, 외마 外魔, 사마 四魔[1] **2** 애마(愛魔)와 견마(見魔). 『능엄경집주』 권6(卍속장17, p.342a17)에 "속으로 명예와 이익을 탐하여 남의 것은 바라고 자기만 중시하면 애마가 되고, 속으로 사견 일으켜 자신이 성인과 같다 하면 견마가 된다. 內貪名利 欲他重己 則成愛魔 內起邪見 以己均聖 則成見魔", 『능엄경문구』 권6(卍속장20, p.648a3)에 "애마와 견마를 푼다. 조금이라도 얻은 것 있다는 생각을 품고 일으키는 교만한 마음은 애마이고, 이것만이 진실이고 나머지는 모두 거짓이라 여기는 집착이 견마이다. 또한 이를 빌미로 공양을 탐욕스럽게 구한다면 이를 애마라 하고, 이에 집착하여 수행을 폐기하고 망령되이 자기가 실이라 여겨 모든 성인의 경지와 같다고 생각하니 이것이 견마다. 愛見魔者 稍有所得 起增上慢 則是愛魔 執此是實 餘皆虛妄 則是見魔 又借此貪求供養 則是愛魔 執性廢修 妄謂已實 齊於諸聖 則是見魔也"라고 하였다. 〔참고문헌〕『楞嚴經集註』, 『楞嚴經文句』. **3** 혼침(昏沈)과 산란(散亂). 『설암조흠어록』 권4(卍속장122, p.560a4)에 "물밑 하늘을 보고서야 진짜 달이 아닌 줄 안다. 이제 무쇠 등골 꼿꼿이 세우고 곧바로 쳐 사무치리니, 홀연히 혼침과 산란 두 마구니 밤낮으로 번갈아 시끄럽게 한다. 벗어날 실마리 없다면 설암이 일러주리라. 다만 백척간두에서 뒤쳐 물러나고 또 물러날지어다. 그러면 반드시 잡으리라, 허공의 밝은 달을. 水底觀天 方知不是眞月 如今竪起生鐵脊梁 直要打教透徹 忽被昏散二魔 晝夜交相擾擾 脫離無由 雪巖向道 但只百尺竿頭 倒退更倒退 定是摸著當空明月", 『찬향록』 권상(卍속장125, p.858b5)에 "만일 혼산의 두 마구니가 몸을 숨길 곳이 없음을 안다면 정혜의 두 바퀴 본모습 드러내고 밝게 빛나리라. 若知得昏散二魔 藏身無地 定慧兩輪覿體圓明"라고 하였다. 〔참고문헌〕『雪巖祖欽語錄』, 『餐香錄』, 『禪關策進』「楊州素菴田大士示衆」(대정장48, p.1099c29), 『禪要』「開堂普說」(卍속장122, p.704b4). ⇨혼침 昏沈, 산란 散亂

이마 伊摩 이와 같은. 『조당집』 권8 「용아장 龍牙章」(고려장45, p.289a20)에 "'이러할 때 새도 날아가기 힘든 험한 길을 어찌 분간하는지요?' '바로 이러할 때 험한 길 간다'. 進曰 與摩時 鳥道何分 師云 正伊摩時 行鳥道"라고 하였다. 〔참고문헌〕『祖堂集』. ⇨여마 與麽[1], 임마 恁麽, 불임마 不恁麽

이마 禰摩 Ⓢ nemam, Ⓣ phyal-phyol. 무한하게 큰 수(數)의 이름. 『화엄경』 권10(대정장10, p.705a10)에 "보마의 제곱은 이마가 되고, 이마의 제곱은 아바령이 된다. 普摩普摩 爲一禰摩 禰摩禰摩 爲一阿婆鈐"라고 하였다. 〔참고문헌〕『華嚴經』, *Mvyut.246.*

이마왕 羸馬王 정법(正法)에 의지해 다스리고 천복(天福)을 받은 왕. 『불소행찬』 권4(대정장4, p.38c26)에 "마땅히 법왕업을 높이고, 만민을 자식처럼 기르면, 현세에는 이름을 얻고, 목숨 마쳐서는 하늘에 오른다네. 제멋대로 하고 법을 따르지 않으면 금세에는 괴롭고 후세에는 기쁨이 없다네. 옛날 옛적 이마왕은 정법을 따랐기에 천복을 받았으며, 금보왕은 악행을 저질러 목숨이 다해서는 악도에 태어났네. 當崇法王業 子養於萬民 現世名稱流 命終上昇天 縱情不順法 今苦後無歡 古昔羸馬王 順法受天福 金步王行惡 壽終生惡道"라고 하였다. 〔참고문헌〕『佛所行讚』.

이마하로비구 二摩訶盧比丘 두 명의 어리석은 비구. 마하로(Ⓢ mahalla)는 '어리석다 또는 늙다'라는 뜻이다. 『오분율』 권18(대정장22, p.125b3)에 "어리석은 비구 둘이서 부처님 가신 지 멀지 않았다고 듣고는 한 비구가 말하길 '저 모든 상좌들 어리석어 스스로 이양을 놓쳐 시주로 하여금 큰 복을 얻지 못하게 하였네. 내가 그곳에 있었다면 분명히 주는 대로 받았을 것이다'. 다른 비구도 '내가 상좌이니 내가 받아야겠다'라고 하면서 마침내 서로 다투었다. 時有二摩訶盧比丘 去佛不遠聞已 一人作是言 彼諸上座愚癡 自失利養 而使施主 不得大福 若我在彼 當爲取之 一人復言 我是上座我應取 遂致紛諍"라고 하였다. 〔참고문헌〕『五分律』.

이막사 二幕寺 경기도 안양시 만안구 석수동 삼성산(三聖山)에 있던 절. 의상(義湘 625~702)이 창건하였다고 전한다. 〔참고문헌〕『韓國寺刹全書』 권하 p.959b8.

이만 易滿 Ⓢ Ⓟ subharatā, Ⓣ dgang-sla-ba. 쉽게 채워 만족함. 비시식(非時食)을 받지 않는 경우의 열 가지 이익 중 하나다. 『십주비바사론』 권16(대정장26, p.114c24)에 "식후에 때 아닌 음식을 받지 않음에도 열 가지 이익이 있다. … 일곱째는 이만이다. 食後 不受非時飮食 亦有十利 … 七 易滿", 『대비바사론』 권42(대정장27, p.215c29)에 "무엇이 이만인가? 〔답〕 거듭하여 먹지 않고 삼키지 않으며, 많이 먹거나 마시지 않으며, 지나치게 먹거나 마시지 않는 등 적은 양으로도 (끼니를) 해결하는 것을 이만이라고 한다. 거듭하여 먹지 않는 것 등으로 이름이 다르지만 바탕은 차별이 없으니 모두 쉽게 채우는 뜻을 드러낸다. 云何易滿 答 諸不重食不重噉 不多食 不多噉 不大食 不大噉 少便能濟 是謂易滿 不重食等 名雖有異 而體無別 皆爲顯示 易滿義故"라고 하였다. 〔참고문헌〕『十住毘婆沙論』, 『大毘婆沙論』, *Mvyut.126.*, *Vin.1.45.* ⇨ 걸식십리 乞食十利

이만다라 理曼茶羅 태장만다라(胎藏曼茶羅)의 다른 이름. 수성(修成)의 금강계만다라(金剛界曼茶羅)는 지만다라(智曼茶羅)다. 『계람습엽집』 권45(대정장76, 649c3)에 "태장의 인만다라는 이만다라라고 부른다. 이성으로 닦고 성취함이 없는 자리를 밝힌 것이다. 금강계의 과만다라는 지만다라라고 한다. 이것은 이성의 모습으로 사상으로 드러난 모습을 알게 한다. 台藏因曼茶羅 云理曼茶羅名 理性刷無修成處明故 金界果曼茶羅 智曼茶羅云 此理性姿 以知事相顯貌也"라고 하였다. 〔참고문헌〕『溪嵐拾葉集』. ⇨ 양부만다라 兩部曼茶羅, 태장만다라 胎藏曼茶羅, 지만다라 智曼茶羅

이만등명불 二萬燈明佛 일월등명불(日月燈明佛)을 달리 이르는 명호. 『관심론소』 권1(대정장46, p.594a8)에 "이만등명불께서 일기를 마치려 할 때 『법화경』을 설하시고 곧바로 열반에 드셨다. 二萬燈明佛 一期將竟 而說法華 卽入涅槃"라고 하였다. 〔참고문헌〕『觀心論疏』. ⇨ 일월등명불 日月燈明佛

이만성 離慢聲 Ⓢ anunnatā-śabda, Ⓣ ma-khengs-pa(-sgra). 육십종성(六十種聲) 중 하나. 만심과 비심을 떠난 소리. 『대승장엄경론』 권6(대정장31, p.619c23 : *Sūtr.*, p.80)에 "이만성이란 칭찬에도 비난에도 마음을 들어올리지 않는다는 뜻이다. 離慢聲者 讚毁不高故 anunnatā stutyasaṃkliṣṭatvāt"라고 하였다. 〔참고문헌〕『大乘莊嚴經論』, 『華嚴經疏鈔』 권51(대정장36, p.405a11), *Sūtr.* ⇨ 육십종성 六十種聲

이만억불 二萬億佛 Ⓢ viṃśatīnāṃ buddhakoṭīnayutaśatasahasra. 석존께서 과거세에 무상도를 구할 때도 사리불(舍利弗)과 함께 할 때 만난 부처님들. 『정법화경』 권2(대정장9, p.74a24)에는 삼십이천억불(三十二千億佛)이라 하였고, 『법화경』 권2(대정장9, p.11b10 : *Saddh-p.*, p.47)에 "나 그 옛날에 일찍이 이만억 부처님 계신 곳에서 무상도를 구할 때 항상 그대(사리불)를 교화하였고, 그대 또한 긴긴밤을 나를 따라 배우고 익혔다. 我昔曾於二萬億佛所 爲無上道故 常教化汝 汝亦長夜 隨我受學 mayā tvaṃ śāriputra viṃśatīnāṃ buddhakoṭīnayutaśatasahasrāṇāmantike paripācito 'nuttarāyāṃ samyaksaṃbodhau. mama ca tvaṃ śāriputra dīrgharātramanuśikṣito 'bhūt"라고 하였다. 〔참고문헌〕『正法華經』, 『法華經』, *Saddh-p.*

이만월 李滿月 근대 범패에 뛰어난 어장(魚丈). 속성과 법명이 같은 두 분이 활동하였기에 주석처를 따라 서울 동교(東郊)의 영도사(永導寺 : 지금의 개운사) 스님은 동만월(東滿月), 서교(西郊) 백련사(白蓮寺) 스님은 서만월(西滿月)이라 하였다. ⇨ 만월 滿月 ❶

이만정진 離慢精進 Ⓢ vigata-māna, Ⓣ nga-rgyal-med-pa. 일곱 가지 정진바라밀(精進波羅蜜 Ⓢ vīrya-pāramitā) 중 하나. 만심(慢心)을 떠나는 정진. 『유가사지론』 권42(대정장30, p.526a15 : *Bodh-bh.*, p.139)에 "이만정진은 부지런히 정진함으로써 자기를 높이거나 드러내는 것을 여읜다. 離慢精進 由勤精進 離高擧故 vigatamānaṃ tena vīryārambheṇānunnamanāt", 원측(圓測)의 『해심밀경소』 권9(한불전1, p.417c18)에 "보살은 정진하되 타인을 이롭게 함을 우선으로 여기는데 어떻게 타인에게 도리어 교만을 일으키겠는가? 『유가사지론』에서 '부지런히 정진함으로써 자신을 높여 드러내지 않는다'고 하였으므로 이만정진이라 한다. 菩薩精進 利他爲先 如何於他 反起憍慢 瑜伽論云 由勤精進 離高擧故 是故名爲離慢精進"라고 하였다. 〔참고문헌〕『瑜伽師地論』, 『解深密經疏』, *Bodh-bh.* ⇨ 칠종정진 七種精進, 만 慢

이망 離妄 헛된 것을 여읨. 『진심직설』(한불전4, p.716b4)에 "어떤 이가 말했다. '이미 바른 믿음이 생겼으나 무엇을 진심이라 하는지 모르겠습니다' '망령됨을 떠남을 진이라 하고 영묘하게 비추는 것을 마음이라 합니다. 『능엄경』 중에서 이 마음을 밝혔습니다'. 或曰 已生正信 未知何名眞心 曰 離妄名眞 靈鑑曰心 楞嚴經中發明此心"라고 하였다. 〔참고문헌〕『眞心直說』.

이망구진 離妄求眞 망을 떠나서 진을 구함. 『능엄경전

』 권2(卍속장88, p.926b8)에 "망이란 진 중의 망이니, 마치 물속의 물결과 같고 그릇 밖에 달리 쇠가 없는 것과 같다. 그릇을 거두어 쇠로 돌아가고 그릇은 쇠로부터 드러나는데, 어찌하여 물이라고 부르는가? 이는 참된 알아차림이 없기 때문이니, 저 물과 다름이 없이 일체중생이 진실을 잃고 깨달음을 등진 채 허망을 떠나 진실을 구하는 것을 꾸짖는 것이니, 망 그대로 진임을 모르기 때문이다. 妄是眞中之妄 如水中之波 如器外無金 攝器歸金 器從金現 因何喚作物 謂無眞覺照 如物無異 此責一切衆生 迷眞背覺 離妄求眞 不知妄卽眞故", 『임간록』 권상(卍속장148, p.592b8)에 "마조의 설법은 망 그대로 진을 밝혔다. 바로 검은 것으로 구슬을 삼았다. 신수의 설법은 망을 다해야 비로소 자성을 깨우친다 여기니, 망을 떠나서 진실을 찾는 것이다. 이는 검은 것 떠나 구슬을 찾는 것과 같다. 馬祖說法 卽妄明眞 正如以黑爲珠 神秀說法 令妄盡方見覺性者 離妄求眞 正如離黑覓珠"라고 하였다. 〔참고문헌〕『楞嚴經箋』, 『林間錄』.

이매망량 魑魅魍魎 사람을 해치는 귀신들을 모두 모아 부름. 전거마다 조금씩 다르다. 『법화경』 권2(대정장9, p.14a3)에 "처처 어디에나 있는 이매망량과 야차악귀들은 인육을 먹는다. 處處皆有 魑魅魍魎 夜叉惡鬼 食噉人肉", 『법화의소』 권6(대정장34, p.535a29)에 "이매망량이란, 의(疑)라는 번뇌를 밝히고자 이매망량이라는 이름을 빌어 의에 들어 있는 머뭇거림을 비유하였다. 장평자의 「서경부」에 대한 주해에서 '산에 사는 귀신은 이라 하고 호랑이 형상이다. 집에 사는 귀신은 매라 하며 돼지 머리와 사람 몸통에 꼬리가 달렸다. 나무와 돌에 붙어사는 요괴는 망량이라 한다'라고 풀었다. 『춘추』 권10에 '쇠를 주물하여 만물의 형상을 본떴으므로 백수의 형상이 있다. 사람들이 산천에 들어가도 귀신의 무리를 만나지 않도록 하려는 뜻이다'라고 하였으며, 그 주석에 '이는 산에 사는 귀신으로 짐승 형상이고, 매는 괴물이며, 망량은 물에 사는 귀신이다'라고 한다. 魑魅魍魎者 正明疑使 借魍魎魑魅之名 喩疑之不決也 張平子 西京賦注解云 山神爲魑 虎形也 宅神爲魅 猪頭人形身有尾 木石夭怪爲魍魎 春秋第十卷云 鑄鼎像物 故有百獸之形 使人入山川 不逢魑魅魍魎 注云 魑是山神獸形 魅爲怪物 魍魎者水神"라고 하였다. 〔참고문헌〕『法華經』, 『法華義疏』, 『一切經音義』 권27(대정장54, p.487a10).

이맥 里陌 마을로 난 길. 『찬집백연경』 권6(대정장4, p.230c2)에 "(須達長者가) 커다란 흰 코끼리를 타고 네 거리와 크고 작은 마을의 길 등 곳곳에서 권화하였다. 乘大白象 於四道頭 街巷里陌 處處勸化"라고 하였다. 〔참고문헌〕『撰集百緣經』.

이맹굴 理盲窟 경상남도 하동군 이맹점(理盲岾)에 있던 절. 『동국여지승람』 권31 경상도 하동현 불우에 절의 이름과 위치가 기록되어 있으나 『범우고』에는 폐사로 전한다. 〔참고문헌〕『東國輿地勝覽』, 『梵宇攷』, 『韓國寺刹全書』 권하 p.960b7.

이맹균 李孟畇 1371~1440. 고려말 조선초 문신. 자는 사원(士原), 호는 한재(漢齋)·한소재(漢蘇齋), 시호는 문혜(文惠), 본관은 한산(韓山). 목은(牧隱) 이색(李穡)의 손자이다. 『세종실록』 권5 1년(1419) 10월 11일에 "한성부윤 이맹균이 수강궁(壽康宮 : 상왕인 태종의 처소)에 나아가 향과 소문을 받들고 가서, 흥덕사에서 원각법석을 설행하였다. 漢城府尹李孟畇 詣壽康宮 奉香疏 設圓覺法席 于興德寺"라고 하였다. 이 법석은 정종(定宗) 국상(國喪) 중 흥복사(興福寺)의 삼재(三齋) 전에 설행한 법석이다. 〔참고문헌〕『世宗實錄』, 『筆苑雜記』 권2, 『慵齋叢話』 권3.

이멸 二滅 Ⓢ dvi-nirodha. 두 가지 멸. ❶ 유여열반(有餘涅槃 Ⓢ sopadhi-śeṣa-nirvāṇa)과 무여열반(無餘涅槃 Ⓢ nirupadhi-śeṣa-nirvāṇa). '멸'은 열반을 뜻한다. 유여열반이란 일체의 번뇌를 끊고 해탈을 성취하였으나 육신이 남아있는 상태이며, 무여열반이란 일체의 번뇌와 육신이 소멸한 상태를 말한다. 『사제론』 권3(대정장32, p.390b2)에 "유여와 무여, 이 두 열반계를 모두 멸제라 부른다. 왜 그런가? 인이 다한 것이 유여열반이며, 과마저 다하면 무여열반이라고 한다. 인이 다하면 과의 멸이 있게 되니, 등불이 꺼졌기에 그 불빛도 사라지는 것과 같다. 그러므로 두 멸을 모두 멸제라 부른다. 有餘無餘 二涅槃界 皆名滅諦 何以故 因滅名爲有餘 果滅名爲無餘 由因滅故 故有果滅 如燈盡故光盡 是故二滅 皆名滅諦", 『대반열반경소』 권27(대정장38, p.192b23)에 "유여열반과 무여열반, 이 두 멸을 모두 멸도라고 한다. 有餘無餘 二滅俱名 滅度"라고 하였다. 〔참고문헌〕『四諦論』, 『大般涅槃經疏』 ⇨ 유여열반 有餘涅槃, 무여열반 無餘涅槃 ❷ 택멸(擇滅 Ⓢ pratisaṃkhyā-nirodha)과 비택멸(非擇滅 Ⓢ apratisaṃkhyā-nirodha). 택멸이란 지혜로 가려 번뇌를 끊은 열반이고, 비택멸이란 인연이 없어 번뇌가 나지 않은 상태다. 『법온족론』 권11(대정장26, p.505a5)에 "무엇이 무위계인가? 허공과 두 가지 멸을 말한다. 云何無爲界 謂虛空及二滅", 『구사론』 권1(대정장29, p.1c10 : *Abh-k-bh.*, p.3)에 "무루란 무엇인가? 도성제와 세 가지 무위를 말한다. 어떤 것이 그 세 가지인가? 허공과 두 멸이다. 두 멸이란 무엇인가? 택멸과 비택멸이다. 無漏云何 謂道聖諦 及三無爲 何等爲三 虛空二滅 二滅者何 擇非擇滅"라고 하였다. 〔참고문헌〕『法蘊足論』, 『俱舍論』, *Abh-k-b* *h.* ⇨ 택멸무위 擇滅無爲, 비택멸무위 非擇滅無爲 **3** 비택멸(非擇滅)과 무상멸(無常滅). 『구사론기』 권28(대정장41, p.431c14)에 "[문] 어째서 이 정에서는 멸행상 짓지 않는가? [답] 멸에는 두 가지가 있으니 하나는 비택멸이고, 다른 하나는 무상멸이다. 만약 멸행상을 짓는다해도 연이 어떻게 사라지는지를 알 수 없다는 것이다. 問 何故此定 不作滅行相耶 答 滅有二種 一 非擇滅 二 無常滅 若作滅行相 則不知緣何滅"라고 하였다. [참고문헌] 『俱舍論記』. ⇨ 비택멸 非擇滅, 무상멸 無常滅

이멸 已滅 Ⓢ vinaṣṭa, niruddha, Ⓣ zhig-zin-pa, ′gags-pa. 이미 사라짐. 과거를 말한다. 『구사론』 권20(대정장29, p.105a18 : *Abh-k-bh.*, p.298)에 "작용이 곧 법체라면 체가 언제나 존재해야 하고 작용 역시 그러해야 하거늘, 어떻게 때를 구분하여 과거나 미래라고 하겠는가? 그러므로 저들이 세운 삼세의 뜻은 성립하지 않는다. 어찌하여 성립하지 않는가? 유위법으로 아직 생겨나지 않은 것을 미래라 하고, 이미 생겨나 아직 사라지지 않았다면 현재라고 하며, 이미 사라졌다면 과거라고 한다. 저들은 다시 말해야 한다. 즉 현재의 법체가 실유하는 것처럼 과거와 미래 역시 그러하다면, 무엇은 아직 생기지 않았고, 또 누군가 이미 사라졌는가? 즉 유위법의 체가 진실로 삼세 언제나 존재한다면, 어떻게 아직 생겨나지 않은 것과 이미 소멸한 것이 있을 수 있는가? 若作用 卽是法體 體旣恒有 用亦應然 何得有時名爲過未 故彼所立 世義不成 何爲不成 以有爲法未已生名未來 若已生未已滅 名現在 若已滅 名過去 彼復應說 若如現在 法體實有 去來亦然 誰未已生 誰復已滅 謂有爲法 體實恒有 如何可得成 未已生已滅 〈bhāṣya〉 yadi dharma eva kāritraṃ kasmāt sa eva dharmas tenaivātmanā vidyamānaḥ kadācid atīta ity ucyate, kadācid anāgata ity adhvanāṃ vyavasthā na sidyati. kim atra na sidhyati. yo hy ajāto dharmaḥ so ′nāgataḥ. yo jāto bhavati na ca vinaṣṭaḥ sa vartamānaḥ. yo vinaṣṭaḥ so ′tīta iti. etad evātra vaktavyam. yadi yathā vartamānaṃ dravyato ′sti tathātītam anāgataṃ cāsti. tasya 〈kārikā〉 tathā sataḥ, ajātanaṣṭatā kena 〈bhāṣya〉 tenaiva svabhāvena sato dharmasya katham idaṃ sidhyaty ajāta iti yo vinaṣṭaḥ iti veti", 『유가사지론』 권3(대정장30, p.291c17 : *Yogā-bh.*, p.61)에 "어떻게 삼세를 건립하는가? 모든 종자는 법을 떠나지 않기에 법 그대로 건립한다. 또 여과(與果 : 이미 과를 낳은 것)와 미여과에 의지하기에 모든 과법이 이미 사라졌다면 과거이고, 인은 있으나 아직 생기지 않았다면 미래이며, 이미 생겨서 아직 사라지지 않은 상태라면 현재다. 云何建立三世 謂諸種子 不離法故 如法建立 又由與果未與果故 若諸果法 若已滅相是過去 有因未生相是未來 已生未滅相是現在 tatra kathaṃ trayāṇāmadhvanāṃ vyavasthānaṃ bhavati. bījānāṃ tāvaddharmāvyatirekatvāttaddharmavyavasthānavattadvyavasthānaṃ dattādattaphalatayā. phalānāṃ punaryannirūddhalakṣaṇaṃ tadatītaṃ. sati hetāvanutpannalakṣaṇamanāgataṃ. utpannāniruddhalakṣaṇaṃ pratyutpannaṃ"라고 하였다. [참고문헌] 『俱舍論』, 『瑜伽師地論』, *Abh-k-bh.*, *Yogā-bh.*

이멸 理滅 본래적멸인 진여법계를 말한다. 현상의 소멸을 나타내는 사멸(事滅)과 대칭한다. 원효(元曉)의 『열반종요』(대정장38, p.241b3 · 한불전1, p.527b19)에 "이멸이란 말은 적막의 뜻이다. 즉 본래부터 움직인 적도 일어난 적도 없기에 그 이름이 멸이다. 경에서 '일체제법은 불생불멸이고 본래적정이며 자성열반이다'라고 한 것과 같다. 言理滅者 寂漠爲義 謂從本來 無動無起 故名爲滅 如經言 一切諸法 不生不滅 本來寂靜 自性涅槃", 『금광명최승왕경소』 권2(대정장39, p.204c22)에 "이멸이란 진여법계를 말한다. 理滅 謂眞如法界", 『화엄경소주』 권72(卍속장7, p.342b6)에 "일체법이 다했다는 것은, 오온(五蘊)의 법들은 모두 그 바탕에서는 적멸이니, 이것이 곧 이멸이다. 一切法滅盡者 謂五聚之法 皆當體寂滅故 斯卽理滅"라고 하였다. [참고문헌] 『涅槃宗要』, 『金光明最勝王經疏』, 『華嚴經疏注』. ⇨ 진여법계 眞如法界, 사멸 事滅, 적멸 寂滅

이멸 離滅 **1** Ⓢ visaṃyoga, Ⓣ ′bral-ba. 떠나고 사라짐. 지혜로 번뇌를 여의고 사라지게 한 택멸(擇滅)을 말한다. 『구사석론』 권5(대정장29, p.191c14 : *Abh-k-bh.*, p.91)에 "앞서 물었다. '어떤 법이 택멸인가?' [답] 떠나고 사라진 것이다. 지금 묻는다. '어떤 법이 이멸인가?' [답] 간택하여 사라져버린 것이다. 於前問 何法爲擇滅 答 是離滅 今問 何法爲離滅 答 是擇滅 〈bhāṣya〉 tadānīṃ pratisaṃkhyānirodhaḥ katamo, yo visaṃyoga ity uktam, idānīṃ visaṃyogaḥ katamaḥ. yaḥ pratisaṃkhyānirodha ity ucyate"라고 하였다. 『구사론』 권6(대정장29, p.34a7)에서는 이계(離繫)라고 하였다. [참고문헌] 『俱舍釋論』, 『俱舍論』, *Abh-k-bh.* ⇨ 이계 離繫**1**, 택멸 擇滅 **2** Ⓢ virāgadhātu-nirodhadhātu. 떠남(離)과 사라짐(滅). 열반의 다른 이름이다. 『입아비달마론』 권하(대정장28, p.988c18)에 "택멸에는 여러 다른 이름이 있으니 진 · 이 · 멸 · 열반 등이다. 擇滅有多異名 謂名盡離滅涅槃等"라고 하였다. [참고문헌] 『入阿毘達磨論』. **3** 무위해탈상인 단(斷) · 이(離) · 멸(滅) 중 이계와 멸계를 말한다. 『구사론』 권25(대정장29, p.134a19 : *Abh-k-bh.*, p.389)

에 "경에서 설하길 '삼계는 단·이·멸을 말한다'라고 하였다. 무엇이 체이기에 차별하는가. 〔송〕 무위로 삼계를 설하니, 이계는 탐욕을 여읜 것일 뿐이며, 단계란 나머지 번뇌를 끊은 것이고, 멸계란 저 모든 일을 다한 것이다. 〔논〕 단계 등의 삼계는 앞에서 말한 무위해탈을 분하여 자체로 삼았다. 이계란 단지 탐을 여읜 것만을 말하고, 단계라 말함은 그 나머지 번뇌를 끊은 것을 말하며, 멸계란 나머지 탐 등의 번뇌와 그에 따라 더한 일마저 사라진 것을 말한다. 경에서 설한 삼계는 곧 무위해탈이다. 經說三界 謂斷離滅 以何爲體 差別云何 頌曰 無爲說三界 離界唯離貪 斷界斷餘結 滅界滅彼事 論曰 斷等三界 卽分前說 無爲解脫 以爲自體 言離界者 謂但離貪 言斷界者 謂斷餘結 言滅界者 謂滅所餘 貪等隨眠 所隨增事故 經說三界 卽無爲解脫 〈bhāṣya〉 ye ca trayo dhātava ucyante prahāṇadhātuvirāgadhātunirodhadhātur iti. ka eṣāṃ viśeṣaḥ. 〈kārikā〉 asaṃskṛtaiva dhātvākhyā 〈bhāṣya〉 saivāsaṃskṛtā vimuktis trayo dhātavaḥ. tatra punaḥ 〈kārikā〉 virāgo rāgasaṃkṣayaḥ. 〈bhāṣya〉 rāgasya prahāṇaṃ virāgadhātuḥ. 〈kārikā〉 prahāṇadhātur anyeṣām 〈bhāṣya〉 saṃkṣaya iti vartate. rāgād anyeṣāṃ kleśānāṃ prahāṇaṃ prahāṇadhātuḥ. 〈kārikā〉 nirodhākhyas tu vastunaḥ. 〈bhāṣya〉 saṃkṣaya ity evānuvartate. kleśanirmuktasya vastunaḥ prahāṇaṃ nirodhadhātuḥ"라고 하였다. 〔참고문헌〕『俱舍論』, *Abh-k-bh.* ⇨ 멸滅❸❹, 이 離❷, 무위해탈 無爲解脫

이멸무 已滅無 ❶ 과거의 모든 행(行). 『유가사지론』 권16(대정장30, p.362c16)에 "이멸무란 과거의 모든 '행'을 말한다. 已滅無者 謂過去諸行"라고 하였다. 〔참고문헌〕『瑜伽師地論』. ❷ Ⓢ pradhvaṃsa-abhāva, Ⓣ zhig-nas-med-pa. 바이셰쉬카(Ⓢ Vaiśeṣika : 勝論)의 십구의(十句義) 중 무설구의(無說句義)에 속하는 오종무(五種無) 중 하나. 어떤 것이 사라져버린 후의 무. 『십구의론』(대정장54, p.1264a5)에 "이멸무란, 실·덕·업 등의 인이 세력을 다하였거나 거스르는 연으로 났음이다. 비록 생겨났으나 파괴된 것을 이멸무라고 한다. 已滅無者 謂實德業 或因勢盡 或違緣生 雖生而壞 名已滅無"라고 하였다. 〔참고문헌〕『十句義論』, *Mvyut.203.* ⇨ 무설구의 無說句義, 오종무 五種無

이멸법 已滅法 이미 사라진 법. 과거법이다. 『중사분아비담론』 권4(대정장26, p.648a25)에 "무엇이 이멸법인가? 과거법을 말한다. 云何已滅法 謂過去法"라 하였다. 〔참고문헌〕『衆事分阿毘曇論』, 『品類足論』 권6(대정장26, p.715b29). ⇨ 비이멸법 非已滅法, 이멸 已滅

이명 異名 Ⓢ nāma-paryāya, paryāya-nāma, paryāya-vacana, Ⓟ upapada, Ⓣ ming-gi-rnam-grangs. 이름을 달리함. 별명(別名)·명문(名門)이라고도 한다. 『법집경』 권3(대정장17, p.622b15)에 "무엇이 각인가? 어떤 경계에 의지하는가? 초선에 수순하는 것이 각인데 지(知)·각(覺)·사유(思惟)·관(觀集)·정(定) 등을 각이라 이름한다. 何者是覺 依何境界 隨順初禪是覺 有種種異名 謂知覺 思惟 觀集 定等 是名爲覺", 『반야등론석』 권15(대정장30, p.129c4)에 "열반이란 진여·법계·공의 다른 이름이다. 涅槃者眞如法界空之異名"라고 하였다. 〔참고문헌〕『法集經』, 『般若燈論釋』, *Laṅk.78.*, *Śrāv-bh.63.* ⇨ 명문 名門

이명 異命 정명(正命)이 아닌 행위. 목숨을 유지하기 위해 하는 일이 정법에 의지하지 않음을 말하며 사명(邪命)과 통한다. 『사분율소』 권7(卍속장65, p.721a5)에 "이러한 번뇌가 일어나 업이 되면 삿된 목숨 스스로 도우므로 이명이라 한다. 以斯煩惱 發起成業 邪命自資 故曰異命", 『사분율소식종의기』 권7(卍속장66, p.442a2)에 "존재하고 유지하기 위한 악견을 이명이라 한다. 存養惡見 爲異命"라고 하였다. 〔참고문헌〕『四分律疏』, 『四分律疏飾宗義記』, 『四分律』 권31(대정장22, p.786c2). ⇨ 정명 正命, 사명 邪命❶

이명견 異命見 여섯 쌍의 열두 가지 견해 중 하나. 몸이 목숨과 다르다는 견해. 『증일아함경』 권7 「유무품 有無品」(대정장2, p.577b8)에 "몸이 있다는 견과 몸이 없다는 견, 목숨이 있다는 견과 목숨이 없다는 견, 목숨이 몸과 다르다는 견과 몸이 목숨과 다르다는 견 등 이상의 여섯 쌍의 열두 가지 견해를 무견이라 한다. 또한 진실한 견해가 아니기기에 이를 무견이라 한다. 이런 이유로 모든 비구는 마땅히 이들 이견을 버려야 한다. 有身見 無身見 有命見 無命見 異身見 異命見 此六十二見 名曰無見 亦非眞見 是謂無見 是故 諸比丘 當捨此二見"라고 하였다. 〔참고문헌〕『增壹阿含經』. ⇨ 이신견 異身見, 육십이견 六十二見

이명자상 離名字相 명자상을 떠남. 이름 붙여 문자와 모양을 가진 것들을 떠나는 말이니, 허망분별을 여의는 뜻이다. 『입능가경』 권3(대정장16, p.527c12 : *Laṅk.*, p.67)에 "대혜야! 무엇이 제일의제법체상인가? 그것은 제불여래가 명자상·경계상·사상상을 떠나서 성지의 수행경계로 행하는 자리다. 大慧 何者第一義諦法體相 謂諸佛如來 離名字相 境界相 事相相 聖智修行境界行處 tatra mahāmate pariniṣpannasvabhāvaḥ katamaḥ. yaduta nimittanāmavastulakṣaṇavikalpavirahitaṃ tathatāryajñānagatimanapratyātmāry ajñānagatigocaraḥ", 『금강경찬요간정기』 권5(대정장33, p.210a19)에 "그 무엇보다 수승한 것이란 진실한 이치로 언설상을 떠나고 명자상을 떠난 것이므로 말로는 설명할 수 없다. 第一等者 以諦理離言說相 離名字相故不可說"라고 하였다. 〔참고문헌〕『入楞伽經』, 『金剛經纂要刊定記』, *Laṅk.* ⇨명자상 名字相

이명절상 離名絶相 이름을 여의고 모양도 끊었다는 말. 『능가경주해』 권2(대정장39, p.385b16)에 "마음이 행로 다하는 곳에 이르면 능히 탈 사람도 탈 법도 일승법문마저 세울 일 없으니, 이름도 떠나고 모양도 끊어져 부술 수도 세울 수도 없다. 이러한 근기가 있어야 그에게 일승을 설한다. 至於心行處滅 無有能乘之人 亦無所乘之法 乃至一乘法門 無可建立 離名絶相 非破非立 有此等機 乃爲說一乘也", 『기신론소필삭기』 권1(대정장44, p.301a4)에 "그러나 본래 일심은 이름도 모양도 없다. 미혹과 깨달음으로 인하여 만법이 따라 일어난다. 중생과 법이 본래 공하고 일체가 오직 식일 뿐이니, 식이란 것은 저 아지랑이나 꿈과 같다. 但以本是一心 離名絶相 由其迷悟 萬法隨生 生法本空 一切唯識 識如幻夢", 『점찰선악업보경현의』(卍속장35, p.119a11)에 "마음과 부처와 중생 이 세 가지는 차별이 없다. 세로도 아니지만 세로 아님도 아니고, 가로도 아니지만 가로 아님도 아니다. 이름을 여의고 형상도 끊어졌으나 여의고 끊을 수 있는 이름과 형상도 없다. 心佛衆生 三無差別 非竪非不竪 非橫非不橫 離名絶相 亦無名相而可離絶"라고 하였다. 〔참고문헌〕『楞伽經註解』, 『起信論疏筆削記』, 『占察善惡業報經玄義』. ⇨이상이명 離相離名

이모 姨母 Ⓢ mātṛ-bhaginī, mātṛ-ṣvasā, Ⓟ mātucchā. 어머니의 자매. 『대장엄론경』 권14(대정장4, p.333a12)에 "내가 예전에 듣기로 부처님의 이모인 구담미(Ⓢ Mahāprajāpatī)비구니가 열반에 들려고 할 때 갖가지로 장엄하여 수승하고 아름답게 하였다고 한다. 我昔曾聞 佛之姨母 瞿曇彌比丘尼 將入涅槃時 種種莊嚴 欲令勝妙", 『사분율행사초자지기』 권하1(대정장40, p.425b25)에 "여래께서 성도하신 뒤 열 네 해 되던 때 이모가 출가하고자 하였지만 부처님께서 허락하지 않으셨다. 정법천년이지만 만일 여인의 출가를 허락한다면 그 반인 오백 년으로 줄기에 청을 들어주지 않으셨다. 如來成道十四年 姨母求出家 佛不許度 以正法千年 若度減半故不聽之"라고 하였다. 〔참고문헌〕『大莊嚴論經』, 『四分律行事鈔資持記』, 『大方便佛報恩經』 권5(대정장3, p.153b22), *Saddh-p.162.*

이모소생 姨母所生 Ⓟ mātucchāputta. 이모에게서 태어난 형제. 난다(難陀)를 말한다. 『불본행집경』 권57(대정장3, p.916a29)에 "부처님에게는 이모에게서 태어난 난다라는 이름의 아우가 있었다. 그 사람의 죄를 벌하고자 이 지옥의 솥을 덥힌다. 佛有姨母所生之弟 名曰難陀 爲彼人故 燒然此釜", 『십송율』 권18(대정장23, p.130b28)에 "부처님께서 가유라위국에 계셨다. 그때 장로 난다는 부처님 아우로서 이모에게서 태어난 형제였는데 부처님 몸과 흡사한 삼십이상이 있었지만 손가락 네 개는 짧았다. 佛在迦維羅衛國 爾時 長老難陀 是佛弟姨母所生 與佛身相似 有三十相 短佛四指"라고 하였다. 〔참고문헌〕『佛本行集經』, 『十誦律』.

이목 二木 ❶➡삼초이목 三草二木 ❷서운(瑞雲 1903~1995)의 법호. 〔참고문헌〕 智冠 『韓國高僧碑文總集 朝鮮朝·近現代』 p.1214. ⇨서운 瑞雲

이목당서운대종사비문 二木堂瑞雲大宗師碑文 이목서운(二木瑞雲 1903~1995)의 행적을 담은 비문. 영허녹원(暎虛綠園)이 비문을 짓고 권창륜(權昌倫)이 글씨를 써서 1997년 강화 전등사(傳燈寺)에 건립하였다. 〔참고문헌〕 智冠 『韓國高僧碑文總集 朝鮮朝·近現代』 pp.1213~1217. ⇨서운 瑞雲

이몰 異沒 다름 없어 그러한. 별 뜻 없는. 여마(與麽·與摩)와 같은 뜻이다. 『역대법보기』(대정장51, p.191a5)에 "화상이 물었다. '계는 무엇을 바탕으로 삼고, 무엇을 뜻으로 삼아야 합니까?' 의정이 적당히 대답할 말이 없어서 변변치 못한 말을 내뱉었다. '내가 몰라서가 아니라 그대를 시험하기 위한 것이다. 이와 같이 그럴듯해 별다름 없는 선이라면 나는 꺼려 행하지 않겠다'. 和上問 戒以何爲體 以何爲義 義淨無詞可對 便出穢言 非我不解 直爲試爾 如似異沒禪 我嫌不行"라고 하였다. 〔참고문헌〕『歷代法寶記』. ⇨여마 與麽❶

이몽매삼매 離蒙昧三昧 Ⓢ timirāpagato nāma samādhi, Ⓣ rab-rib-med-pa-zhes-bya-ba'i-ting-nge-'dzin. 백팔삼매(百八三昧) 중 하나다. 『대품반야경』 권5(대정장8, p.252b27)에 "이몽매삼매란 무엇인가? 이 삼매에 머물면 제삼매의 미암에서 벗어나니 이몽매삼매라 한다. 云何名離蒙昧三昧 住是三昧 離諸三昧微闇是名離蒙昧三昧"라고 하였다. 〔참고문헌〕『大品般若經』, 『大智度論』 권47(대정장25, p.398a9), *Pañca-pr.201.* ⇨백팔삼매 百八三昧

이몽유 李夢游 고려전기 문신. 시호는 정헌(貞憲). 문장에 뛰어나 965년(광종16)에 왕명을 받들어 정진대사(靜眞大師) 긍양(兢讓 878~956)의 비문을 지었다. 〔참고문헌〕『高麗史節要』 권2, 李智冠 『校勘譯註歷代高僧

碑文』 高麗篇1 p.370. ⇨ 봉암사정진대사원오탑비 鳳巖寺靜眞大師圓悟塔碑, 긍양 兢讓

이몽학 李夢鶴 ?~1596. 조선중기 선조(재위 1567~1608) 때 왕족의 후손으로 서얼(庶孼)출신이다. 아버지로부터 쫓겨나 충청도 및 전라도 지방을 전전하다가 임진왜란(1592·선조25) 때 모속관(募粟官)인 한현(韓絢)의 부하가 되어 함께 반란을 모의하였다. 왜구(倭寇)의 침입에 대비할 의병을 규합한다는 구실을 붙여 장정(壯丁)을 모집하는 한편, 부여(扶餘) 도천사(道泉寺)를 중심으로 동갑계회(同甲契會)란 비밀결사를 조직했다. 1596년(선조29) 7월 홍산(鴻山 : 충청남도 부여군)에서 승속군(僧俗軍) 육칠백여 명을 이끌고 반란을 일으켰으나 1596년 7월 부하인 김경창(金慶昌)·임억명(林億明) 등에 의해 살해당했다. 〔참고문헌〕『宣祖實錄』 권77, 『燃藜室記述』 권17 「宣祖朝故事本末」, 『甲辰漫錄』, 『紫海筆談』, 『四留齋集』.

이묘 二妙 천태의 상대묘(相待妙)와 절대묘(絶待妙). ⇨ 대절이묘 待絶二妙, 법화이묘 法華二妙, 상대묘절대묘 相待妙絶待妙

이무 二無 Ⓢ dvaya-abhāva, advaya. 둘이 없음. 분별(分別)과 의타(依他)가 아니어서, 능취(能取)도 소취(所取)도 없는 진실성(眞實性)을 일컫는다. 『중변분별론』 권상(대정장31, p.451c1)에 "〈게〉 분별과 의타, 그리고 진실 오직 이 삼성뿐이다. 객진과 난식, 그리고 둘 없는 것이라고 설한다. 〈논〉 분별성이란 이 육진을 말하니, 영원히 얻을 수 없는 것이 마치 허공의 꽃과 같다. 의타성이란 난식일 뿐이니, 있으나 실이 아니기에 저 마술사의 헛것과 같다. 진실성이란 능취와 소취로서 이 둘 다 있는 것 아니어서 진실로 없는 것이기에 허공과 같다 한다. 分別及依他 眞實唯三性 由塵與亂識 及二無故說 分別性者 謂是六塵 永不可得 猶如空華 依他性者 謂唯亂識 有非實故 猶如幻物 眞實性者 謂能取所取 二無所有 眞實有無故 猶如虛空", 같은 책 권상(대정장31, p.452b12)에 "'둘이 없다'는 말은 소취와 능취가 없다는 말이고, '이 무가 있다'는 말은 소취와 능취의 '무'만이 있을 뿐임을 말한다. 이 둘을 공상이라 이름한 것은 '무'와 '무가 있음'을 공상이라 부른다는 것이다. 이것은 진공에는 두 상이 있을 수 없음을 나타낸다. 이 법은 둘이 없는 것으로 자성을 삼으니 있다고도 없다고도 말할 수 없다. 어찌하여 있는 것이 아닌가? 둘이 없기 때문이다. 어찌하여 없는 것도 아닌가? 이 둘 없다는 것은 있기 때문이다. 그러므로 게송에서 '있는 것도 아니고 없는 것도 아니다'라고 하였으니, 이것을 이름한 것이 진공상이다. 無二者 謂無所取能取 有此無者 謂但有所取能取無 是二名空相者 謂無及有無 是名空相 此顯眞空無有二相 是法以二無爲性 不可說有 不可說無 云何非有 是二無故 云何非無 是二無有故 故偈言 非有非無 是名眞空相"라고 하였다. 〔참고문헌〕『中邊分別論』, 『辯中邊論』 권상(대정장31, p.464c27), *Madhy-vibh.19·23.* ⇨ 진실성 眞實性, 원성실성 圓成實性

이무 理務 승직(僧職) 이름. 1902년(광무6) 대법산국내수사찰(大法山國內首寺刹) 원흥사(元興寺)에 설치된 사사관리서(寺社管理署)의 여러 승직 중 하나이다. 도섭리(都攝理)·좌우교정(敎正)·대선의(大禪議)·상강의(上講議) 각 1인, 이무 5인을 두었으나 1904년에 사사관리서와 함께 폐지되었다. 〔참고문헌〕「僧團編年」(『韓國近世佛敎百年史』 권1, p.11). ⇨ 사사관리서 寺社管理署, 원흥사 元興寺 ❶

이무 理無 이로는 없음. 변계소집(遍計所執)의 두 가지 의미 중 하나이며, 다른 하나는 분별로는 있다는 뜻의 정유(情有)이다. 『대승기신론의기별기』(대정장44, p.293a13)에 "혹에는 두 가지 뜻이 있기 때문이다. 첫째는 이무의 뜻, 둘째는 정유의 뜻이다. 첫 번째 뜻에 맞서 본각이라 하고, 두 번째 뜻에 맞서서는 시각이라 한다. 以惑有二義故 一理無義 二情有義 由對初義 故名本覺 由對後義 故名始覺", 『화엄오교장』 권4(대정장45, p.499a15)에 "변계소집에 두 뜻이 있다는 말은, 첫째는 정으로는 있다는 뜻이고, 둘째는 이로는 없는 뜻이다. 所執中二義者 一情有義 二理無義", 같은 책 권4(대정장45, p.499c1)에 "이로는 없기에 멋대로 헤아릴 수 있고, 멋대로 분별할 수 있기에 비로소 이로는 없음도 알 수 있다. 그러므로 둘 다 없고 오로지 하나의 성뿐이다. 由理無故 得成橫計 成橫計故 方知理無 是故無二 唯一性也"라고 하였다. 〔참고문헌〕『大乘起信論義記別記』, 『華嚴五敎章』. ⇨ 정유 情有, 변계소집 遍計所執

이무기 二無記 두 가지 무기(無記). 유부무기(有覆無記)와 무부무기(無覆無記)를 말한다. 선도 악도 아닌 정해지지 않은 성품을 말한다. 첫째 유부무기란 제칠식(第七識)과 함께 생기는 아집(我執)이나 법집(法執)처럼 혹장(惑障)이 매우 미약하기는 하지만 성도(聖道)를 가릴 수 있기 때문에 '유부'라 하고, 고과(苦果)를 초래하는 악성(惡性)은 아니기에 '무기'다. 염무기(染無記)라고도 한다. 둘째 무부무기란 아뢰야식의 자체나 오근(五根) 혹은 외부의 산천초목처럼 혹장을 여읜 무기법(無記法)을 말하며, 정무기(淨無記)라고도 한다. 『성유식론요의등』 권2(대정장43, p.702a22)에 "무기법 중에는 다시 두 가지가 있으니 첫째 유부무기, 둘째 무부무기이다. 유부성이란 번뇌에 대한 설과 같다. 또 무부무기에는 다시 네 가지가 있으니 첫째는 이숙무기, 둘째는 위의무기, 셋째는 공교무기, 넷째는 변화무기이다. 無記法中 復有二種 一者 有覆 二者 無覆 有覆性者 同煩惱說 無覆無記 復有四種 一 異熟 二 威儀 三 工巧 四 變化", 『대승입도차제개결』(대정장85, p.1221a16)에 "무기에는 모두 두 가지가 있으니, 즉 유무무기와 무부무기로 구별된다. 무부라면 혹장과 상응하지 않고, 유부라면 혹장과 함께 일어난다. 부란 염법을 말하니 성도를 장애하기 때문이고, 성도를 장애하지 않는 것의 이름이 무부다. 제8식은 오직 무부무기일 뿐이니, 제7말나식과 같지 않다. (제7말나식은) 비록 무기지만 그 자성은 유부이기에 번뇌와 함께 한다. 其無記 總有二種 所謂 有覆無覆別故 若是無覆 惑不相應 若是有覆 惑得俱起 覆謂染法 障聖道故 不障聖道 故名無覆 第八唯是無覆無記 不同末那 雖是無記 性有覆故 煩惱俱故"라고 하였다. 〔참고문헌〕『成唯識論了義燈』, 『大乘入道次第開決』. ⇨ 유부무기 有覆無記, 무부무기 無覆無記, 무기 無記 ❶

이무루 二無漏 삼무루근(三無漏根) 중 두 가지. 견도(見道)에서는 이지근(已知根)과 구지근(具知根), 수도(修道)에서는 미지근(未知根)과 구지근(具知根)을 말한다. 이정(二淨)이라고도 한다. 삼무루근이란 의·낙·희·사·신·근·염·정·혜(意樂喜捨信勤念定慧) 등이 견도에 있는 미지근(未知根), 수도에 있는 이지근(已知根), 무학도(無學道)에 있는 구지근(具知根) 등을 말한다. 『구사론』 권3(대정장29, p.18b3 : *Abh-k-bh.*, p.52)에 "두 가지 무루를 제하고, 일형(一形 : 남성이나 여성)도 제한다. 견도에 머물 경우에는 이지근과 구지근을 제하고, 수도에 머물 경우에는 미지근과 구지근을 버린다. 除二無漏及除一形 若住見道 除已知根及具知根 若住修道 除未知根及具知根 ekaṃ vyañjanaṃ dve cānāsrave varjayitvā. ājñātāvīndriyaṃ dvayoś cānyatarat. ukta indriyāṇāṃ dhātuprabhedaprasaṅgenāgatānāṃ vistareṇa prabhedaḥ"라고 하였다. 〔참고문헌〕『俱舍論』, *Abh-k-bh.* ⇨ 삼무루근 三無漏根, 견도 見道, 수도 修道

이무명 二無明 ❶ 근본무명(根本無明)과 지말무명(枝末無明). 『능가경합철』 권6(卍속장26, p.922b18)에 "근본과 지말의 두 가지 무명을 떠나고, 번뇌와 소지의 두 가지 장을 끊으며, 분단과 변역의 두 가지 생사를 끊고서 점차로 모든 지를 하나씩 거치고는 상상의 불지에 이르러 여환삼매를 얻고서는 허깨비와 같은 중생을 교화한다. 離根本枝末 二無明 斷煩惱所知 二種障 斷分段變易 二生死 漸歷諸地 以至上上佛地 得如幻三昧 化如幻衆生"라고 하였다. 〔참고문헌〕『楞伽經合轍』. ⇨ 근본무명 根本無明, 지말무명 枝末無明, 무명 無明 ❶ ❷ 상응무명(相應無明)과 불공무명(不共無明). 『유가론기』 권17(대정장42, p.705b25·한불전14, p.321a6)에 "다만 소승의 무명에서는 상응과 불공이라는 두 가지 무명을 세울 뿐이다. 그러므로 무명에서 불공을 설하고 견·애·만에서는 상응이라는 이름을 설하지 않는다. 但以小乘無明中 立相應不共 二無明 故無明中 說不共 見愛慢中 不說相應名"라고 하였다. 〔참고문헌〕『瑜伽論記』. ⇨ 상응무명 相應無明, 불공무명 不共無明, 무명 無明 ❶

이무상 二無常 두 가지 무상. 찰나마다 소멸하는 염염무상(念念無常)과 상속하던 법이 사라지는 상속무상(相續無常)을 말한다. 『대지도론』 권43(대정장25, p.372b19)에 "보살이 때로는 색무상을 관한다. 이 무상에도 두 가지가 있다. 첫째는 념념이 사라짐이니, 모든 유위법은 일념에도 머물지 못한다. 둘째는 상속법이 무너지기에 무상이라 한다. 마치 사람의 목숨이 다하거나 불이 초목을 태우거나 끓는 물이 모두 사라져버림과 같다. 菩薩或觀色無常 無常亦有二種 一者 念念滅 一切有爲法 不過一念住 二者 相續法壞故 名爲無常 如人命盡 若火燒草木 如煎水消盡"라고 하였다. 〔참고문헌〕『大智度論』. ⇨ 무상 無常, 상속 相續

이무상 利無上 Ⓢ lābha-anuttarya, Ⓣ rnyed-pa-bla-na-med-pa. 이롭기가 더할 수 없이 뛰어남. 육상법(六上法) 중 하나다. 득무상(得無上)이라고도 한다. 『집이문족론』 권16(대정장26, p.433b27)에 "무엇이 이롭기가 위없다 하는가? 〔답〕 세존께서 말씀하신 것과 같다. '비구들아, 마땅히 알아야 한다. 어떤 보특가라들이 처자를 얻었거나, 진귀한 재물을 얻었거나, 여러 곡식을 얻었거나, 친한 벗을 얻었거나, 사문이나 바라문이 일으킨 사견이나 사견을 행하는 이에게 깊은 신요를 얻었다 해도, 나는 말하겠다. 「저들이 비록 이익을 얻었다고 하기에 이익을 얻지 못했다고 하지는 않겠지만 하천한 본성의 중생이 얻은 이익에 불과하기에 현성의 이익은 아니다」. 맑고 깨끗한 신애를 닦고 심어 능히 여래와 그 불제자들에 대하여 깊은 신요를 얻었다면, 나는 설하겠다. 「저들이 위없는 이로움 얻어 자신을 이롭게 함은 물론 널리 설하여 나아가 곧바로 능히 여리법요를 증득하리」. 이것을 이롭기가 위없는 것이라고 한다'. 云何利無上 答 如世尊說 苾芻當知 如有一類補特伽羅 或得妻子 或得珍財 或得諸穀 或得親友 或於沙門 若婆羅門 發起邪見 邪見行者 得深信樂 我說彼類 雖名得利 非不得利 而是下賤 本性異生 非賢聖利 若有修植 淸淨信愛 能於如來及佛弟子 得深信樂 我說彼類 得無上利 能自利益 廣說乃至 疾能證得 如理法要 是名利無上"라고 하였다. 〔참고문헌〕『集異門足論』, *Mvyut.* 79.

이무소현 弛武疎賢 무에 느슨하고 현자들을 멀리 함. 『역조석씨자감』 권4(卍속장132, p.68b5)에 "불교를 공부함에도 중도가 있다. 양나라가 비록 도교에 빠졌던 것을 실정이라 여길지라도 이로 인해 망한 것은 아니다. 그 폐단은 무에 허술하고 현자들을 멀리함에 있었다. 蓋學佛自有中道也 梁雖泥道爲失 然不由是而致敗 其弊在乎弛武疎賢也"라고 하였다. [참고문헌] 『歷朝釋氏資鑑』.

이무심정 二無心定 두 가지 무심정(Ⓢ acittike samāpattī). 무상정(無想定)과 멸진정(滅盡定 Ⓢ nirodha-samāpatti)을 말하며, 십사불상응행(十四不相應行)에 속한다. 첫째 무상정이란 외도와 범부중생이 일체상(想)을 버려 등진 정으로 제사선(第四禪)에 속한다. 둘째 멸진정이란 불환과(不還果) 이상의 성자(聖者)가 상과 수를 다 그친 멸수상정(滅受想定)이다. 『유가사지론』 권33(대정장30, p.469a4 : *Śrāv-bh.*, p.458)에 "정려 등에 의지하면 마땅히 알라, 두 가지 무심정에 들어간다. 첫째는 무상정이고 둘째는 멸진정이다. 무상정이란, 모든 이생들이 상(想)을 버려 등지는 작의방편으로만 능히 들어가는 것이다. 멸진정이란, 오직 모든 성자들이 상과 수(受)를 그쳐 쉬는 작의방편으로 능히 들어가는 것이다. 이와 같은 두 가지 정은 두 가지 작의방편으로 들어갈 수 있으니, 말하자면 무상정은 상을 버려 등지는 작의를 우선하여서 부지런히 가행하여 단계적으로 들어갈 수 있으며, 멸진정의 경우 비상비비상처(非想非非想處)보다 위로 나아가고자 하여 소연작의를 그쳐 쉬는 것을 우선해서 부지런히 닦고 더 힘써 점차로 능히 들어간다. 依靜慮等 當知 能入二無心定 一者 無想定 二者 滅盡定 無想定者 唯諸異生 由棄背想作意方便能入 滅盡定者 唯諸聖者 由止息想受作意方便能入 如是二定 由二作意方便能入 謂無想定 由棄背想作意 以爲上首 勤修加行 漸次能入 若滅盡定 由從非想非非想處 欲求上進 暫時止息所緣作意 以爲上首 勤修加行 漸次能入 tatra dve acittike samāpattī asaṃjñā(jñi)samāpattir nirodhasamāpattiśca. tatrāsaṃjñāsamāpatti[ṃ] saṃjñāvimukhena manaskāreṇa pṛthagjana eva samāpadyate, nirodhasamāpattiṃ punarārya eva. tatra dvābhyāṃ manaskārābhyāmanayoḥ samāpattyoḥ samāpattipraveśo bhavati. tadyathā saṃjñāvimukhena manaskāreṇāsaṃjñā(jñi)samāpatteḥ, naivasaṃjñānāsaṃjñoccalitenālambanasanniruddhena ca manaskāreṇa nirodhasamāpatteḥ"라고 하였다. [참고문헌] 『瑜伽師地論』, 『阿毘曇心論經』 권6(대정장28, p.866a9), *Śrāv-bh.* ⇨ 무심정 無心定, 무상정 無想定, 멸진정 滅盡定

이무아 二無我 Ⓢ nairātmya-dvaya, dharma-pudgala-nairātmya, nairātmyaṃ-dvividham. 인무아(人無我)와 법무아(法無我). 인공(人空)과 법공(法空) 또는 아법이공(我法二空)이라고도 한다. 『능가경』 권3(대정장16, p.505a13)에 "이무아를 알고 두 번뇌를 벗어나 두 장애를 깨끗이 버림으로써 영원히 두 가지 생사를 떠난다. 知二無我 離二煩惱 淨除二障 永離二死", 『금강경찬요간정기』 권7(대정장33, p.223a9)에 "이무아란 인과 법의 무아를 말한다. 이 두 가지 공의 지혜를 터득하면 인이라 한다. 二無我者 人法也 得此二空之智 名之爲忍", 『대승본생심지관경』 권2(대정장3, p.298c17)에 "그러므로 자타가 평등한 이무아성을 능히 증득하니 이와 같은 지혜를 평등성지라 한다. 是以 能證自他平等 二無我性 如是名爲平等性智", 『대승본생심지관경천주』 권7(卍속장34, p.432a4)에 "이무아란 인무아와 법무아이다. 그러므로 인과 법 중에 본래 아가 있을 리 없지만, 다만 범부가 깨우치지 못하여 아가 없는 곳에서 아를 헤아림이 극성할 뿐이다. 그래서 나의 몸·나의 이름·나의 옷·나의 물건 등이라 하거나 행주좌와와 말하는 중에도 '나는 보시했고, 나는 계를 지켰다' 한다. 이러한 전도로 인하여 모든 번뇌와 생사의 행업을 갖춰 일으킨다. 보살이 이미 난야(蘭若 Ⓢ araṇya)에 머무는 이상 계정으로 혜를 일으켜 여실히 비춰 보아 마쳤으니, 오음의 법이 본래 공한데 거짓이름뿐인 사람 어디서 찾으랴. 이래서 둘 다 무아이다. 二無我者 卽人無我法無我 然人法之中 本無有我 但凡夫不了 於無我中 計我極盛 所謂我身我名 我衣我物等 於行住坐臥 語言之間 乃至我能布施 我能持戒等 因此顚倒 備起一切煩惱 生死行業 今菩薩旣住蘭若 由戒定發慧 如實照了 五陰之法本空 假名之人何在 故二皆無我也"라고 하였다. [참고문헌] 『楞伽經』, 『金剛經纂要刊定記』, 『大乘本生心地觀經』, 『大乘本生心地觀經淺註』. ⇨ 인무아 人無我, 법무아 法無我, 아법이공 我法二空, 이공 二空

이무아지 二無我智 인(人)과 법(法)이 무아임을 아는 지. 『대승입능가경』 권5(대정장16, p.620c3 : *Laṅk.*, p.93)에 "두 가지 아집을 버린다면 이무아지 바로 자라게 되리라. 若能捨離 二種我執 二無我智 卽得生長 ātmātmīyagrāhadvayavyupaśamānnairātmyadvayamājāyate"라고 하였다. [참고문헌] 『大乘入楞伽經』, *Laṅk.*

이무이진 異無異塵 Ⓢ viśeṣa-aviśeṣa-viṣayāni. 차별한 진과 차별없는 진. 근(根 : 五知根)이 진(塵 : 五境)을 대함에 있어 한결같아 다르지 않은 무이진(無異塵). 인간에서 만나는 진들은 고·락·치(苦樂癡)로 다 다르기에 이진(異塵)이라 한다. 『금칠십론』 권중(대정장54, p.1253c12)에 "십삼구(十三具 : 五知根·五作根·覺·慢·心) 중 지근은 이진과 무이진을 취한다 한 것은, 십삼구 중의 오지근이 있어 능히 차별한 것과 차별없는 외물을 취한다는 것이다. 차별이 있는 것이란 삼덕을 구비하고, 차별없는 것이란 한 가지 덕만 있다. 저 천상에 있는 오진도 성·촉·색·미·향인데, 이 오진은 무차별로서 한결같이 낙을 바탕으로 한다. 하늘의 오진은 우치가 있을 리 없다. 인간세상 중의 오진에는 차별이 있으니 즐거움·괴로움·어리석음 등 갖춰 있으니 상응하여 이루어진다. 모든 하늘의 오지근은 무차별진을 취하고, 인간은 오지근으로 차별진인 즐거움·괴로움·어리석음 등의 진을 취한다. 그러므로 지근은 이진과 무이 등 진을 취한다. 十三中 知根 取異無異塵者 是十三具中 有五知根 能取有差別無差別塵 差別者 具三德 無差別者 唯一德 如天上有五塵 謂聲觸色味香 是五塵無差別 同樂爲體故 是天五塵 無有憂癡 人道中五塵 有差別 具有樂苦癡 相應所成故 諸天知根 取無差別塵 人卽知根 能取有差別塵 謂樂苦癡等塵 是故 知根 能取異無異等塵"라고 하였다. 〔참고문헌〕『金七十論』.

이무정유 理無情有 ➡정유이무 情有理無, 이유정무 理有情無, 삼성 三性, 삼무성 三無性

이무지 二無知 두 갈래로 알지 못함. 염오(染汚)와 불염오(不染汚)의 두 무지로, 각각 번뇌장과 소지장을 말한다. 『법화문구기』 권1(대정장34, p.163a29)에 "소승에서는 두 가지 무지를 세우는데, 염오무지는 무명이 바탕이고 불염오무지는 열등한 혜로 그 몸을 삼는다. 小乘中立二無知 染汚無知 無明爲體 不染無知 劣慧爲體", 『구사론송소론본』 권1(대정장41, p.816b18)에 "어둠(冥)에는 두 가지가 있으니, 첫째는 일체종명(一切種冥)이고 둘째는 제명(諸冥)이다. 일체종명은 불염무지라고 하며 제명은 염오무지인데, 이 두 가지 무지는 실한 뜻을 덮고 진실한 견을 장애하기에 명이라고 한다〈외경을 실한 뜻이라 하고, 내심을 참된 견이라고 한다〉. 일체종이란 불염무지인데, 종류가 가없으니 일체종이라 한다. 일체법을 장애하여 깨달아 이해할 수 없게 하는 것이 불염무지이기에 종류가 많다. 불염무지는 적은 지혜가 체이고 삼성문(三性門) 중에서 선과 무기로 거두며, 바탕은 번뇌가 아니므로 '불염'이라 하고 경계를 깨닫지 못하므로 '무지'라고 한다. … '제명'이란 염오무지이다. 제(諸)는 모든 경계를 말하니, 곧 사성제와 수도의 오부경이다. 오부는 하나가 아니므로 '제경'이라고 한다. '명'이란 곧 견도와 수도로 끊어지는 것이니, 일체번뇌다. 이 번뇌로 모든 경을 덮어 가리기에 '명'이라고 한다. 염오무지는 무명이 바탕인데, 번뇌로 부정한 것을 염오라고 하며 경에 있어 늘 깨우치지 못하므로 '무지'라고 한다. 冥有二種 一者 一切種冥 二者 諸冥 一切種冥名不染無知 諸冥是染汚無知 此二無知 能覆實義 及障眞見 故說爲冥〈外境名實義 內心名眞見〉 一切種者 不染無知 種類無邊 名一切種 障一切法不能悟解 是不染無知 故種類多也 不染無知 劣慧爲體 三性門中 善無記攝 體非煩惱 故名不染 於境不悟 稱曰無知 … 諸冥者是染汚無知 諸謂諸境 卽四諦修道 五部境也 五部非一 故名諸境 冥者卽是見修所斷 一切煩惱 以此煩惱 覆障諸境 故說爲冥 染汚無知 無明爲體 煩惱不淨 名爲染汚 於境不悟 故曰無知"라고 하였다. 〔참고문헌〕『法華文句記』, 『俱舍論頌疏論本』. ⇨염오무지 染汚無知, 불염오무지 不染汚無知

이무첨 李無詔 당대 역경(譯經) 바라문. 북인도 남파국(嵐波國) 출신. 안팎의 한문에 널리 정통하였고 범어에도 능통하여 아이진나(阿儞眞那)와 보리유지(菩提流志) 등의 역장에 참여하였다. 700년(성력3) 3월에 신라출신 명효(明曉)의 청에 따라 불수기사(佛授記寺) 번경원(翻經院)에서 『불공견삭다라니경 不空羂索陀羅尼經』 1권을 역출하였다. 그 밖의 행적은 알 수 없다. 〔참고문헌〕『續古今譯經圖紀』(대정장55, p.369c17), 『開元釋敎錄』 권9(대정장55, p.566b16). ⇨불공견삭다라니경 不空羂索陀羅尼經, 명효 明曉

이문 二門 교설을 이해시키기 위한 방편으로서 연 두 갈래 문. 대소승(大小乘), 진속(眞俗), 유공(有空), 비지(悲智), 이사(理事), 정혜(定慧), 차전표전(遮詮表詮) 등 다양하다. 『대승기신론』에서는 심생멸문(心生滅門)·심진여문(心眞如門), 천태교설에서의 『법화경』에 의지한 본문(本門)·적문(跡門)을 열어 보인다. 『성실론』 권2(대정장32, p.248a15)에 "논에 두 문이 있다. 하나는 세계문이고 다른 하나는 제일의문이다. 세계문이 있으므로 유아를 설한다. 저 경에서 '나는 항상 스스로 방호하니 선을 행하여 스스로 선을 얻고 악을 위하면 스스로 악을 얻는다'라고 하거나, 경에서 '심식은 상주한다'라고 하거나, '오랜 무명의 밤 동안 마음을 닦아 죽은 뒤에 천상에 난다'라고 하거나, '짓는 이가 업을 일으켜 짓는 이 스스로 받는다'라고 하거나, '어떤 중생은 어떤 곳에 났다'라는 등으로 말하는 것들이다. 세계문의 설이다. 제일의문에서는 모두 공이여서 없다고 설한다. 가령 경에서 '이 오음에는 아와 아소가 없으니, 마음은 바람 앞의 불꽃과 같아서 념념이 생멸할 뿐이다. 비록 온갖 업과 업의 과보가 있지만 짓는 자와 받는 자의 실체는 없다. 저 부처님께서는 오음의 상속하는 인연으로 생사가 있을 뿐이라고 하신 말씀과 같다'. 論有二門 一 世界門 二 第一義門 以世界門故說有我 如經中說 我常自防獲 爲善自得善 爲惡自得惡 又經中說 心識是常 又言 長夜修心 死得上生 又說 作者起業 作者自受 又說 某衆生生某處等 如是皆以世界門說 第一義門者 皆說空無 如經中說 此五陰中 無我我所 心如風焰 念念生滅 雖有諸業 及業果

報 作者受者 皆不可得 如佛以五陰 相續因緣 說有生死", 『화엄경소』 권1(대정장35, p.504b17)에 "성인의 큰 보배를 위라 한다. 만일 이 위가 없다면 어떤 행도 성취할 수 없기 때문이다. 여기에도 두 가지가 있다. 첫째는 항포문으로 위의 차별을 세운다. 둘째는 원융문으로 하나의 위가 다른 모든 위를 거둔다. 낱낱 위가 차면 부처의 위에 이른다는 뜻이기도 하다. 초지에서 '하나의 위에 일체위의 공덕을 빠짐없이 거둔다'고 하거나, '신위에서 과의 바다를 꾸린다'거나, '처음 발심하는 때에 정각을 이룬다'고 하는 말 등과 같다. 이렇게 이들 두 문은 걸림이 없다. 항포문에서는 교상을 시설하고 원융문에서는 이성의 덕과 용을 보인다. 상이란 곧 성의 상이므로 항포가 원융을 가로막지 않고, 성인즉 상의 성일 뿐이기에 원융이 항포를 가로막지 않는다. 원융이 항포를 막지 않으므로 하나가 무량이고, 항포가 원융을 막지 않으므로 무량이 하나이다. 夫聖人之大寶曰位 若無此位 行無成故 此亦二種 一 行布門 立位差別故 二 圓融門 一位卽攝一切位故 一一位滿 卽至佛故 初地云 一地之中 具攝一切諸地功德 信該果海 初發心時 便成正覺等 然此二無礙 以行布是教相施設 圓融是理性德用 相是卽性之相 故行布不礙圓融 性是卽相之性 故圓融不礙行布 圓融不礙行布 故一爲無量 行布不礙圓融 故無量爲一", 원효(元曉)의 『금강삼매경론』 권2(대정장34, p.983c21 · 한불전1, p.639c20)에 "또한 첫 번째 공문에서는 속을 보내고 드러나는 진이고, 두 번째 공문에서는 속과 어울려 드러나는 진이다. 이 두 문의 진은 하나일 뿐이어서 두 가지는 없다. 진은 오로지 한 종인 원성실성이다. 그런 까닭에 보내고 어울려 드러내고자 하는 것은 오직 하나다. 又初門內 遣俗所顯之眞 第二空中 融俗所顯之眞 此二門眞 唯一無二 眞唯一種 圓成實性 所以遣融 所顯唯一"라 하였듯이, 두 개의 문을 열어 서로 보내어(遣) 분별한 다음에 다시 불러 거두고 어울려(融) 마치는 뜻을 이문쌍융(二門雙融) · 이문쌍취(二門雙取)라고도 한다. [참고문헌]『成實論』, 『華嚴經疏』, 『金剛三昧經論』. ⇨ 이문쌍융 二門雙融, 이문쌍취 二門雙取

이문 理門 세운 뜻(理)에 의지해 일체(一切)를 깨우치는 문. 일심적적(一心寂寂), 사허무체(事虛無體), 진실(眞實)과 수전(隨轉) 등의 뜻을 세우고 의지해 세계, 즉 일체(一切)를 깨우치는 문을 말한다. 사문(事門)에 대칭한다. 『조론신소유인』 권중(卍속장96, p.531a18)에 "그러나 이 마음 구하고 증한다면 첫째로 깨닫고 둘째로 닦는다. 깨달은 즉 그 본래 있던 참됨에 닿은 것이고, 앞서 있지도 않던 망을 쫒던 것을 깨우쳐 사무친 지혜로 연기의 행을 닦으니 사문을 잡아 닦는 것이다. 이렇게 닦지 않고도 만행을 닦아 마친다. 만약 이문을 잡아 닦는다면 닦는다 하지만 닦음 없는 일심적적이다. 이 두 가지 문에 선후는 없다. 然求證此心 一悟 二修 悟則達其本來所有之眞 從先所無之妄 依其悟徹之智 修其緣起之行 此行約事門修之 則不修而修萬行畢備 約理門修之 則修而無修一心寂寂 此之二門亦不可先後", 『화엄삼보장』 권하(대정장45, p.625c5)에 "제불과 중생이 얽혀 일어나니 모두 열 가지로 연다. … 다섯째 오직 드러난 모습들뿐 텅 비어 바탕 없으니, 이성은 바뀌지 않아 오직 하나로 이문일 뿐이다. 여섯째 이로써 연을 따르고 사를 두지 않을 수 없어 오직 일향에 사문일 뿐이다. 諸佛衆生緣起融通總有十門 … 五 以事虛無體故 理性不改故 唯一理門 六 以理隨緣故 事無不存故 唯一事門", 『대승백법명문론개종의결』(대정장85, p.1075a9)에 "모든 대승경에는 두 갈래 이문이 있다. 첫째 진실이문으로 대승구경의 실리를 설한다. 저 팔식이무아 등이다. 둘째 수전이문이다. 처음 근기를 쫓아 소승법을 설하는 것이니, 육식과 인무아 등을 설하지만 구경은 아니다. 마땅히 고치고 뒤쳐서 진실리에 들게 한다. 諸大乘經有二理門 一者 眞實理門 謂說大乘究竟實理 如說八識二無我等 二者 隨轉理門 且隨初根說小乘法 如說六識人無我等 此非究竟 應可改轉入眞實理", 『종경록』 권8(대정장48, p.458c14)에 "공유만을 논해도 제법을 널리 밝힐 수 있다. 어째서인가? 공유로 일체법을 꾸릴 수 있기 때문이다. 이 공유문은 이사이문이기도 하고 성상이문이기도 하며 체용이문이기도 하고 진속이문이기도 하다. 但論空有 則廣明諸法 何者 以空有管一切法故 此空有二門 亦是理事二門 亦是性相二門 亦是體用二門 亦是眞俗二門", 『원각경대소석의초』 권3(卍속장14, p.545a14)에 "이문과 사문이 다 일심에 있으니 따로이 실체는 없다. 이 때문에 둘도 없음을 깨우친다. 由理事二門 皆在一心 卽無別體 故得無二"라고 하였다. [참고문헌]『肇論新疏游刃』, 『華嚴三寶章』, 『大乘百法明門論開宗義決』, 『宗鏡錄』, 『圓覺經大疏釋義鈔』. ⇨ 사문 事門

이문 異門 **1** Ⓢ anya-paryāya. 법을 알고 얻기 위해 듣고 나는 문이 다름. 방편이 다르거나 종을 달리하는 뜻이다. 『화엄경소초』 권10(대정장36, p.77b20)에 "자행동녀가 말했다. '나는 삼십육항하사불소에서 이 법을 닦아 익혔다. 모든 여래께서는 각자 다른 문으로 나로 하여금 반야바라밀보장엄문으로 들어가도록 하셨으니, 바로 순잡이 걸림없음이다. 慈行童女云 我於三十六恒河沙佛所 修得此法 彼諸如來各以異門 令我入是般若波羅蜜普莊嚴門 卽純雜無礙也, 『불조역대통재』 권14(대정장49, p.612b5)에 "금선씨(金仙氏 : 부처)의 도는 대저 효와 경을 본으로 한 후에 뭇 덕을 쌓고는 공무로 돌아간다. 그 분이 펼친 교계는 중국에서는 분리되어 문을 달리하여 선이라 법이라 율이라 하였다. 이로써 미하고 탁한 이들을 일깨웠고, 세상에서는 종이라 받들었다.

金仙氏之道 蓋本於孝敬 而後積以衆德 歸於空無 其敎演敎戒 於中國者 離爲異門 曰禪 曰法 曰律 以誘掖迷濁 世用宗奉"라고 하였다. [참고문헌]『華嚴經疏鈔』, 『佛祖歷代通載』. **2** Ⓢ paryāya, Ⓟ pariyāya, Ⓣ rnam-grangs. 한 가지 법이 이름을 달리해 열린 문. 다른 이름문에 의지해 그 의미를 변역없이도 더욱 깊고 넓게 한다. 이명(異名)·명문(名門)이라고도 한다. 『유가사지론』 권50(대정장30, p.577c6)에 "마땅히 알라, 이 중 적멸의 이문에 한량없는 종이 있다. 즉 상·항·구주·무변·유법·사택·주저·구호 … 열반·일체의 희론을 길이 끊은 것 등이라고 한다. 이와 같은 것들을 적멸의 이문이라고 한다. 當知此中 寂滅異門 有無量種 謂名爲常 亦名爲恒 亦名久住 亦名無變 亦名有法 亦名舍宅 亦名洲渚 亦名救護 … 亦名涅槃 亦名永絶一切戱論 如是等類 應知 說名 寂滅異門", 『변중변론』 권상(대정장31, p.465c11 : *Madhy-vibh.*, p.23)에 "알아야 하는 공성의 이문은 어떤 것인가? [송] 간략하게 공의 이문을 말하면 진여·실제·무상·승의성·법계 등임을 알아야 한다. [논] 간략하게 공성을 말하면 이런 이문이 있다. 이 이문의 뜻을 어떻게 알아야 하는가? [송] 변함 없고 뒤집힐 일 없으며, 상이 멸하였고 성지경이며, 모든 성법인이라네. 이문의 뜻은 이와 같다. [논] 이 중에서 말한 알아야 하는 공성이란, 변함이 없다는 뜻으로 진여라고 하니, 참된 성품은 항상 여하여 뒤쳐 바뀜이 없기 때문이다. … 성법인이라는 뜻으로 법계라 하니, 일체성법이 이것을 연으로 생기기 때문이다. 所知空性 異門云何 頌曰 略說空異門 謂眞如實際 無相勝義性 法界等應知 論曰 略說空性 有此異門 云何應知 此異門義 頌曰 由無變無倒 相滅聖智境 及諸聖法因 異門義如次 論曰 卽此中說所知空性 由無變義 說爲眞如 眞性常如 無轉易故 … 由聖法因義 說爲法界 以一切聖法 緣此生故 〈bhāṣya〉 kathaṃ paryāyo vijñeyaḥ. 〈kārikā〉 tathatā bhūtakoṭiś cānimittaṃ paramārthatā, dharmadhātuś ca paryāyāḥ śūnyatāyāḥ samāsataḥ. 〈bhāṣya〉 kathaṃ paryāyārtho vijñeyaḥ. 〈kārikā〉 ananyathāviparyāsatannirodhāryagocaraiḥ, hetutvāc cāryadharmāṇāṃ paryāyārtho yathākramaṃ. 〈bhāṣya〉 ananyathārthena tathātā nityan tathaiveti kṛtvā aviparyāsārthena bhūtakoṭiḥ viparyāsāvastutvāt … āryadharmahetutvād dharmadhātuḥ. āryadharmāṇān tadālambanaprabhavatvāt"라고 하였는데, 『중변분별론』 권상(대정장31, p.452b23)에는 중명(衆名)이라 하였다. [참고문헌]『瑜伽師地論』, 『辯中邊論』, 『中邊分別論』, *Madhy-vibh.* ⇨명문 名門

이문 異聞 **1** 다르게 들림. 듣지 못하던 희귀한 일. 『법원주림』 권89(대정장53, p.946a19)에 "율부를 깊이 연마하여 듣기 어려운 것에 이르기까지 널리 정통하였다. 精硏律部 博綜異聞"라고 하였다. [참고문헌]『法苑珠林』. **2** 달리 듣고 다르게 이해한다는 뜻. 『열반경유의』(대정장38, p.238c26)에 "이 『열반경』에는 세 가지 본이 있다. … 어떤 이는 '같은 자리에서 듣고도 다르게 들었기에 광본과 약본의 차별이 있다'고 한다. 此涅槃有三本 … 或云 同座異聞故 廣略差別也", 『원각경약소』 권하(대정장39, p.575a21)에 "근기가 아니어서 알아듣지 못하는 것을 비(祕)라 하고, 근기에 따라 달리 알아듣는 것은 밀(密)이라 한다. 非器不聞名祕 隨器異聞名密"라고 하였다. [참고문헌]『涅槃經遊意』, 『圓覺經略疏』.

이문고적 理門古迹 신라대 태현(太賢) 지음. 1권. 『인명입정리론고적기 因明入正理論古迹記』 또는 『인명정리론고적기 因明正理論古迹記』의 줄임말. 『인명입정리론』에 대한 해설서이다. 『화엄종장소병인명록』(대정장55, p.1134c11)에 책 이름이 보인다. [참고문헌]『華嚴宗章疏幷因明錄』.

이문론 理門論 ➡인명정리문론 因明正理門論

이문론소 理門論疏 **1** 신라대 원측(圓測) 지음. 2권. 『인명정리문론소 因明正理門論疏』·『인명이문론소』라고도 한다. 『인명정리문론』에 대한 주석서이다. 『화엄종장소병인명록』(대정장55, p.1134c7) 등에 책 이름이 보이며, 일실되어 전하지 않는다. [참고문헌]『華嚴宗章疏幷因明錄』. ⇨인명정리문론 因明正理門論 **2** 당대 문비(文備) 지음. 3권. 『인명이문론소』·『이문소 理門疏』라고도 한다. 『화엄종장소병인명록』(대정장55, p.1134c10) 등에 책 이름이 보이며, 일실되어 전하지 않는다. [참고문헌]『華嚴宗章疏幷因明錄』. ⇨인명정리문론 因明正理門論

이문밀의 異門密意 달리 열린 그윽한 뜻. 또 다른 법의 문(Ⓢ dharma-paryāya)으로 열린 깊은 뜻(Ⓢ saṃdhāya-bhāṣita). 달마급다(達摩笈多 Ⓢ Dharmagupta)가 한역한 『섭대승론석론』 권1(대정장31, 275a28)에는 별도리(別道理)라 하였다. 『섭대승론본』 권상(대정장31, p.134a17)에 "또한 성문승중에 이문밀의로써 이미 아뢰야식을 설했다. 저 『증일아함경』에서 '세간중생은 아뢰야를 사랑하고 아뢰야를 좋아하고 아뢰야를 기꺼워하고 아뢰야를 기쁨으로 여기니, 이와 같은 아뢰야를 끊기 위해서는 정법을 설할 때 공경하며 새겨듣고 이해하고자 하는 마음에 머물러 법을 따르고 법을 행한다'. … 대중부의 아급마 중에서도 이문밀의로써 이를 설해 근본식이라고 했으니 마치 나무가 뿌리에 의지하는 것과 같다. 화지부 중에서도 이문밀의로써 이를 설해

궁생사온이라 했다. 復次 聲聞乘中亦以異門密意 已說阿賴耶識 如彼增壹阿笈摩說 世間衆生 愛阿賴耶 樂阿賴耶 欣阿賴耶 憙阿賴耶 爲斷如是阿賴耶故 說正法時 恭敬攝耳 住求解心 法隨法行 … 於大衆部 阿笈摩中 亦以異門密意 說此名根本識 如樹依根 化地部中 亦以異門密意 說此名窮生死蘊", 『섭대승론석약소』 권1(대정장68, p.132c19)에 "이문밀의로 아리야의 이름을 설했더라도 떳떳한 뜻으로 이 식의 뜻을 끝내 알지 못했기에 이 식에 우매하다고 한 것이다. 異門密意 說阿梨耶名 未如理決判此識義故 愚於此識"라고 하였다. [참고문헌] 『攝大乘論本』, 『攝大乘論釋論』.

이문법 二門法 두 갈래 문으로 열린 법. 근(根)과 경(境)으로 나뉜 법문을 말한다. 『대비바사론』 권20(대정장27, p.104a9)에 "이 중에서 저것과 상응하는 법과 저와 함께 하는 법이란 안식과 상응하여 함께 하는 모든 법을 말한다. [문] 앞의 안근과 색경 등 여섯 갈래 이문법(十二處)이나 여섯 가지 삼문법(三門法 : 十八界)은 잘 드러내고 잘 풀어 베풀어 보인 일체법의 바탕을 능작인을 삼아 그 뜻이 이미 족하니, 어찌 다시 유색이니 무색 등 다섯 가지 이법(二法 : 十色法)을 말하는가? 此中彼相應法 彼俱有法者 謂眼識相應 俱有諸法 問 前眼色等六二門法 或六三門法 善標善釋 施設顯示 一切法體 爲能作因 其義已足 何故復說 有色無色等 五二法耶"라고 하였다. [참고문헌] 『大毘婆沙論』. ⇨ 육근 六根, 육경 六境, 십이처 十二處

이문쌍융 二門雙融 서로 다른 두 문의 법들이 쌍으로 어울린다는 말. 부사의(不思議)의 뜻이다. 『화엄경탐현기』 권4(대정장35, p.170b8)에 "세 번째, 물어 내세우고 드러내는 중에 먼저 물음을 표하여 이르길 '어떻게 부사의를 아는가?'라고 한다. 뒤에 체를 드러내어 '모든 불법으로 저들 교화받는 이를 따르지만 평등한 법계이며, 두 문 쌍으로 어울릴 뿐 아니라 그 끝 또한 없기 때문이다'라고 말한다. 第三 徵標顯體中 先徵標云 何以得知 不思議者 後顯體云 以諸佛法 隨彼所化 等法界故 二門雙融故 無限際故"라고 하였다. [참고문헌] 『華嚴經探玄記』. ⇨ 이문 二門

이문쌍취 二門雙取 두 문을 쌍으로 취한다는 말. 어울려 걸림없는 원융문과 자성을 지켜 잃지 않는 항포문을 둘 다 열어 취하는 뜻이다. 『화엄경담현결택』 권2(卍속장11, p.852a9)에 "두렷이 어울리지만 각기 가는 길에 걸림없기에 부처란 능히 어울려 모두가 부처님 몸이다. 본상을 무너뜨림 없기에 나머지 아홉 몸도 그대로다. 두 문을 한 쌍으로 취하므로 십신이 모두 불신이라고 설한다. 만일 나머지 아홉 몸이 하나를 따라 문을 연다면 갖춘 십신 또한 그렇게 되리라. 圓融不礙行布故 佛爲能融 皆是佛身 不壞本相 故存餘九 二門雙取 故說十身 皆是佛身 若以餘九 隨一爲門 具十亦然"라고 하였다. [참고문헌] 『華嚴經談玄抉擇』. ⇨ 이문 二門

이문이답 異問異答 Ⓟ amarā-vikkhepika. 달리 묻고 다르게 답함. 외도(外道)들의 궤변(詭辯) 등이나 희론(戲論)을 말한다. 『장아함경』 권14 「범동경 梵動經」(대정장1, p.91b27)에 "여러 사문과 바라문이 본겁과 본견에 있어 다르게 묻고 달리 답한다. 저들이 물을 때의 이문이답은 네 가지 견해를 모두 넘어서지 못한다. 사문과 바라문은 이로 인하여 이 본겁본견에 있어 네 가지 견해를 모두 넘어서지 못한다. 어떤 사문과 바라문이 다음과 같이 주장하고 다음과 같은 견해를 지어낸다. '나는 선행과 악행에 과보가 따르는지 과보가 따르지 않는지 보지도 못하고 알지도 못한다. 나는 보지도 못하고 알지도 못하기 때문에 이렇게 말한다. 선행과 악행에 과보가 따르는가, 따르지 않는가라고'. 諸沙門婆羅門 於本劫本見 異問異答 彼彼問時 異問異答 於四見中 齊是不過 沙門婆羅門 因此於本劫本見 異問異答 於四見中 齊是不過 或有沙門 婆羅門 作如是論 作如是見 我不見不知 善惡有報 無報耶 我以不見不知故 作如是說 善惡有報耶 無報耶"라고 하였다. [참고문헌] 『長阿含經』, 『舍利弗阿毘曇論』 권20(대정장28, p.658a22), 『止觀輔行傳弘決』 권5(대정장46, p.315a20), *DN.1.25.* ⇨ 궤변 詭辯, 희론 戲論, 육십이견 六十二見

이문자 離文字 Ⓢ akṣara-varjita, akṣarāpagata, nir-akṣara. 문자를 떠난다는 말. 『지관보행전홍결』 권5(대정장46, p.312b23)에 "문자를 떠난다는 말은 가명 문자를 떠난다는 뜻이다. 무릇 말로 하는 모든 교설은 가명 아님이 없으니, 스스로 증득한 법에 어떤 문자가 있겠는가! 離文字者 離假名文字也 凡能詮敎 無非假名 約自證法 有何文字", 『인왕경』 권상(대정장8, p.829b19)에 "보살이라면 문자가 없어도 문자를 떠나서도 문자 아닌 것도 아닌 것까지도 받아들이지 않는다. 닦되 닦음 없이 문자를 닦는 사람이라야 반야의 진성인 반야바라밀을 얻는다. 若菩薩 無受無文字 離文字 非非文字 修無修爲修文字者 得般若眞性 般若波羅蜜", 원측(圓測)의 『인왕경소』 권중말(대정장33, p.406b18・한불전1, p.89b18)에 "'받아들이지 않는다'는 말을 따로 푼다. 첫째, 문자가 없음을 받아들이지 않는다. 이는 문자가 없는 경계에 집착하지 않는다는 의미이다. '문자를 떠난다'는 말은 문자 아닌 뜻이다. 어떤 문자도 마땅히 문자만이 아니니 '문자를 떠남도 받아들이지 않는다'라고 말한다. 또한 문자 아닌 것도 아니다 하면 응당 문자 아닌 것도 아니게 된다. 그래서 비비문자도 받아들일 수 없다

하였다. 別釋不受 一 不受無文字 以不執著無文字故 離文字者 非文字義 若文字應非文字 故作此言 不受離文字 若非非文字 應非非文字 故作此言 不受非非文字"라고 하였다. 〔참고문헌〕『止觀輔行傳弘決』, 『仁王經』, 『仁王經疏』, *Laṅk.22.*, *Mvyut.21.*

이문자보광명장경 離文字普光明藏經 ➡ 대승이문자보광명장경 大乘離文字普光明藏經

이문자상삼마지 離文字相三摩地 Ⓢ akṣarāpagata-samādhi, Ⓣ yi-ge-dang-bral-ba-zhes-bya-ba'i-ting-nge-'dzin. 모든 문자상을 떠난 삼매. 백팔삼매(百八三昧) 중 하나로 이자삼매(離字三昧)라고도 한다. 『대반야경』 권52(대정장5, p.295a18 : *Pañca-pr.*, p.201)에 "선현아, 만일 이 삼마지에 머물 때면 모든 등지에서 한 글자조차 얻지 못할 것이다. 이런 이유로 이문자상삼마지라 한다. 善現 謂若住此三摩地時 於諸等持不得一字 是故 名爲離文字相三摩地 tatra katamaḥ akṣarāpagato nāma samādhiḥ yatra samādhau sthitvā sarvasamādhīnām ekākṣaram api nopalabhate tenocyate akṣarāpagato nāma samādhiḥ"라고 하였다. 〔참고문헌〕『大般若經』, *Pañca-pr.* ⇨ 이자삼매 離字三昧, 백팔삼매 百八三昧

이문처저견처 離聞處著見處 말은 들리지 않지만 행위는 드러나는 곳. 이년학계(二年學戒)나 구족계(具足戒)를 수행할 때 수계자를 갈마사들의 논의하는 소리가 들리지 않지만 보이는 곳으로 가게 한 다음 갈마사들이 화상(恩師)을 정하는 등의 논의를 한다. 사문처저견처(捨聞處著見處)와 같은 뜻이다. 『사분율』 권48(대정장22, p.924a21)에 "'자매큰스님들은 들어주십시오. 저 아무개 사미니는 스님들께 이세학계를 청하오니 화상은 아무개 비구니입니다. 바라옵건대 스님들께서는 자비로 베푸시어 저에게 이세학계를 주십시오'. 이렇게 두 번 세 번 말하면, 마땅히 그 사미니를 들리지는 않지만 잘 보이는 곳으로 데리고 가서 대중 가운데에서 갈마를 능히 감당할 수 있는 이를 뽑아야 한다. 大姊僧聽 我某甲沙彌尼 從僧乞二歲學戒 和尙尼某甲 願僧慈愍故 與我二歲學戒 如是第二 第三說 應將沙彌尼 往離聞處著見處已 衆中應差 堪能作羯磨者", 『갈마』(대정장22, p.1053a28)에 "'대덕스님께들께서는 일심으로 생각하여 주십시오. 저 아무개는 대덕스님들께서 화상이 되어 주실 것을 청하옵니다. 바라옵건대 대덕스님들께서는 저를 위하여 화상이 되어 주십시오. 저는 대덕스님들께 의지하는 까닭에 구족계를 받을 수 있으니, 자비로 가엾게 여겨 주십시오'.〈두 번 세 번 이렇게 말하면, 화상은 '좋다'고 하거나 '그렇게 하겠다'고 말해야 한다. 그때 승가중이 구족계를 받고자 하는 이를 들리지는 않지만 잘 보이는 곳으로 데려다 놓은 다음, 계사는 마땅히 묻는다〉. '대중 가운데 누가 아무개를 위하여 교수사가 되어 주시겠습니까?'〈할 수 있는 이가 있으면 '제가 할 수 있습니다'라고 대답해야 하고, 계사는 곧 알려야 한다〉. 大德一心念 我某甲請大德爲和上 願大德爲我作和上 我依大德故 得受具足戒 慈愍故〈第二 第三 亦如是說 和尙應言 好 若言 可爾 爾時 衆僧應安 欲受具足者 離聞處著見處已 戒師應問言〉 衆中誰能爲某甲作教授師〈若有能者 答言 我能 戒師卽應作白〉"라고 하였다. 〔참고문헌〕『四分律』, 『羯磨』. ⇨ 사문처저견처 捨聞處著見處

이문화 李文和 『천성광등록 天聖廣燈錄』의 편자 이준욱(李遵勗 988~1038)의 시호. 『대혜어록』 권19(대정장47, p.890c14)에 "옛날에 이문화도위가 석문자조총선사에게 참문하고는 임제종지를 깨우쳐 게송 한 수를 남겼다. '도를 배우려면 무쇠사내라야 하니, 마음 끝 손대는 순간 문득 알아 바로 무상보리 취해야 하리. 일체 시비 가늠치 마라'. 아름답구나, 이 말들! 가히 광명의 씨앗이요 심기 일으켜 돕는 기틀이로다. 昔李文和都尉參石門慈照聰禪師 悟臨濟宗旨 有一偈曰 學道須是鐵漢著手心頭便判 直取無上菩提 一切是非莫管 妙哉 斯言 可以爲光明種子 發機之助也"라고 하였다. 〔참고문헌〕『大慧語錄』, 『聯燈會要』 권13 「都尉李文和公遵勗章」(卍속장136, p.644a6). ⇨ 이준욱 李遵勗

이물 利物 Ⓢ sattva-hitāśaya, Ⓣ sems-can-phan-par-sems. 만물을 이롭게 함. 『대승본생심지관경』 권4(대정장3, p.312b11)에 "사위의 중에 만물을 이롭게 하고, 세간의 즐거움과 명성은 탐하지 않는다. 四威儀中恒利物 不貪世樂及名聞", 『서방요결석의통규』(대정장47, p.109b9)에 "말법만년 동안 나머지 경전은 모두 사라져도 오직 미타의 교법만은 중생을 이롭게 하며 유독 늘어나리라. 末法萬年 餘經悉滅 彌陀一教 利物偏增"라고 하였다. 〔참고문헌〕『大乘本生心地觀經』, 『西方要決釋疑通規』, 『根本薩婆多部律攝』 권7(대정장24, p.566b23), *Sūtr.14.* ⇨ 이생 利生, 이물방편 利物方便

이물 異物 **1** 타인의 물건. 『선생자경』(대정장1, p.253a29)에 "거사의 아들아, 네 가지 벗들은 벗답지 못함을 알아야 한다. 어떤 이가 그 넷인가? 첫째 다른 이의 물건을 취하는 이, 둘째 아첨하는 이, 셋째 겉으로만 사랑하는 이, 넷째 삿된 이이다. … 타인의 물건을 취하는 벗은 네 가지 실마리로 안다. 어떤 것이 그 넷인가? 남의 물건을 탐하여 취하고, 조금 주고 많이 바라며, 두려워 하면서도 계속 하고, 이익이 되면 버리지 못한다. 居士子 有四友非友像 當識知 何謂四 一 爲取異物 二 爲言佞 三 爲面愛 四 爲邪教 … 取異物之友 當以四事知 何謂

四 貪取彼物 與少望多 爲畏故習 爲利故習”라고 하였다. ［참고문헌］『善生子經』. ❷ Ⓢ bhāva-antara. 자성이 다른 물건. 40권본 『대반열반경』 권26(대정장12, p.521a5)에 “선남자야, 소금의 성질은 짜서 다른 것을 짜게 하고, 석밀의 성질은 달아서 다른 것을 달게 하며, 식초의 성질은 시어서 다른 것을 시게 하고, … 감로의 성질은 사람을 죽지 않게 하며, 다른 물건과 합하여도 죽지 않게 한다. 보살이 공을 닦는 것 역시 이와 같아 공을 닦기에 일체법성이 온통 공적함을 깨닫는다. 善男子 如鹽性鹹 能鹹異物 石蜜性甘 能甘異物 苦酒性酢 能酢異物 … 甘露之性 令人不死 若合異物 亦能不死 菩薩修空 亦復如是 以修空故 見一切法性皆空寂”라고 하였다. ［참고문헌］『大般涅槃經』, 『入楞伽經』 권10(대정장16, p.581c25), *Laṅk.153.* ❸ 평소에는 보거나 얻을 수 없는 신이한 물건. 『대지도론』 권16(대정장25, p.178a23)에 “문득 큰 바다에 들어가기만 하면 여러 가지 신이한 보물을 얻고, 산에 올라 위태로운 곳을 밟아야 신묘한 약을 구하며, 깊은 석굴에 들어가야 기이한 물건인 종유석·진귀한 보배 등을 구하여 중생에게 준다. 便入大海 求諸異寶 登山履危 以求妙藥 入深石窟 求諸異物石汁 珍寶 以給衆生”라고 하였다. ［참고문헌］『大智度論』, 『增壹阿含經』 권44(대정장2, p.788a14).

이물방편 利物方便 중생을 이롭게 하고자 세우는 방편. 이생방편(利生方便)이라고도 한다. 『능엄경여설』 권5(卍속장20, p.868b1)에 “이 허공장보살은 공대를 좇아 깨달았기에 그 덕을 따라 붙인 이름이므로 허공장이라 한다. 그러나 모든 것 끊긴 허공이 아니라 능히 일체를 포용하여 중생을 이롭게 하는 방편이므로 장이라는 한 글자를 더한다. 此從空大而入 從德立名 故名虛空藏 然非斷空 能容一切 利物方便 因加一藏字”라고 하였다. ［참고문헌］『楞嚴經如說』. ⇨ 이물 異物, 이류 異類, 이생방편 利生方便

이물불이 二物不二 두 물이지만 둘일 수 없는 뜻. 정위(正位)와 편위(偏位)가 오위(五位) 중에 맞물려 서로 의지하고 자리를 맞바꾸어 함께 할 수밖에 없는 뜻이다. 『불능어오위설』에 “오위는 오직 두 가지일 뿐이니 정과 편을 넘지 않는다. 오위는 오직 하나일 뿐이니 이 법위에 있을 때 이 법 자재하다. 한 위에서 오위를 갖추니 마치 치초(오미자)의 맛과 같아서 있어도 볼 수 없고, 금강저(오고저)와 같아서 위위마다 완연하다. 이 둘이 숨은 듯 드러난 듯 서로 묘용을 겨룬다. ‘치초 방망이와 금강오미’라고 부름이 마땅하다. 두 가지가 둘이 아니니 유일한 갓난아기일 뿐이다. 이 아기는 다섯 상이 온전하지만 능히 하지 못한다. 불능으로 모든 일 하니 있지만 없는 듯하여 상을 볼 도리가 없다. 그러므로 마땅히 치초아기나 금강아기라 불러야 체와 용이 이제야 온전히 구족하다 할 수 있다. 五位唯二 無出正偏 五位唯一 在是法位 是法自在 一而具五 如茎草味 有而難見 如金剛杵 位位宛然 是二隱顯 互致妙用 當言茎草杵金剛味 二物不二 唯一嬰兒 此兒五相完具不能也 不能之作 有如無 無見相 故又當稱茎草兒 金剛兒 而體用皆完具于斯”라고 하였다. ［참고문헌］『不能語五位說』. ⇨ 오위 五位❸

이물상합 二物相合 두 물이 서로 합한다는 말. 선과 악이 체가 다르지만 하나로 어울려 있다는 뜻. 천태교판의 통교(通敎)의 입장으로 원교(圓敎)에서는 비판의 대상인 바, 이것은 즉(卽)에 대한 해석의 차이다. 『십불이문지요초』 권상(대정장46, p.707a28)에 “마땅히 알라. 우리의 관점에서 밝힌 즉의 뜻은 다른 논사들과 전혀 다르다. 두 물이 서로 합하는 것도 아니고 서로 등져 뒤집지도 않는다. 다만 양자가 그 자성 온전히 그대로여야 비로소 즉이라 한다. 무슨 뜻인가? 번뇌와 생사가 이미 악을 닦는 것이어서 전체가 곧 성악법문이 되므로 끊어 없애거나 뒤쳐 바꿀 일 또한 없다. 여러 논사들이 자성의 악함에 밝지 못하여 마침내 악을 뒤집어 선으로 바꾸거나 악을 끊고 선을 증득해야 한다고 여긴다. 應知今家明卽 永異諸師 以非二物相合 及非背面相翻 直須當體全是 方名爲卽 何者 煩惱生死 旣是修惡 全體卽是性惡法門故 不須斷除及翻轉也 諸家不明性惡 遂須翻惡爲善 斷惡證善故”, 『십불이문지요초상해』 권하본(卍속장100, p.422a2)에 “형계는 두 물이 서로 합한다는 주장을 인정하지 않고, 굳이 두 물의 바탕이 온전히 그대로여야 비로소 즉이라 이름할 수 있다 말한다. 저 삼도다워야 그대로 삼덕이고, 생사열반의 무리도 모두 체에서는 둘이 없어야 즉이라 할 수 있다. 荊溪不許 二物相合論 卽直須當體全是 方名爲卽 如三道卽三德 生死涅槃之流 皆體不二 名爲卽也”라고 하였다. ［참고문헌］『十不二門指要鈔』, 『十不二門指要鈔詳解』, 『天台傳佛心印記』(대정장46, p.934b2). ⇨ 즉 卽

이미 二美 두 갈래 아름다움. 정·혜(定慧)가 마음을 장엄하므로 이렇게 말한다. 『훔자의』(대정장77, p.407a6)에 “두 갈래 아름다움이 구족하고 네 갈래 변재마저 맑디 맑은 그것이 원덕의 실한 뜻이다. 二美具足 四辯澄湛 卽是圓德之實義”라고 하였다. ［참고문헌］『吽字義』.

이미 爾彌 Ⓟ Nimi. 그 옛날 전륜성왕(轉輪聖王)의 이름. 이미(儞彌)·니미(尼彌)라고도 음사한다. 『대비바사론』 권172(대정장27, p.867b19)에 “옛적에 이미라는 이름의 전륜성왕이 마부 마달리(Ⓢ Mātali)에게 말했다. ‘내가 세간을 돌아보고자 하니, 너는 마차를 몰아 길을 따라 가며 내가 모든 유정들이 선악과 받는 것을 볼 수 있도록 하라'. 昔有轉輪王 名爾彌 告御者 摩怛梨曰 吾欲遊觀 汝可引車 從是道去 令我見諸有情受善惡果"라고 하였다. 〔참고문헌〕『大毘婆沙論』. ⇨니미왕 尼彌王, 전륜성왕 轉輪聖王

이미 離微 여여서 아름다움. 열반의 적멸한 덕성과 반야의 활발한 대용을 아울러 말하니, 만법의 체와 용을 뜻한다. 『보장론』「이미체정품 離微體淨品」(대정장45, p.147a3)에 "눈도 없고 귀도 없는 것을 떠남이라 하고, 보기도 하고 듣기도 함을 일러 미라 한다. 아도 없고 지을 일도 없어야 떠남이라 하고, 지혜도 있고 움직임도 있어야 미라 한다. 심도 없고 의도 없으면 떠남이라 하고, 통하여 알면 미라 한다. 또한 떠남은 열반이고 미란 반야이다. 반야이기에 허다히 대용을 일으키고 열반이기에 적멸하여 남길 일 없다. 남김 없기에 번뇌가 영원히 다하고, 대용이기에 성스러운 교화가 무궁하다. 無眼無耳謂之離 有見有聞謂之微 無我無造 謂之離 有智有用謂之微 無心無意 謂之離 有通有達 謂之微 又離者涅槃微者般若 般若故繁興大用 涅槃故寂滅無餘 無餘故 煩惱永盡 大用故 聖化無窮", 같은 책(대정장45, p.145c20)에 "대저 성에 있어 떠남과 미묘함은 취할 수도 없고 버릴 수도 없으며, 닦고 배울 일도 아니며, 본래 없다가 지금 있는 것도 아니고 본래 있다가 지금 없어진 것도 아니다. 夫性離微者 非取非捨 非修非學 非本無今有 非本有今無", 『종경록』 권92(대정장48, p.915b28)에 "이미란 만법의 체와 용이다. 이란 것이 체다. 離微者萬法之體用也 離者卽體", 『굉지광록』 권2(대정장48, p.26c14)에 "비추고 사무쳐 여의고 미묘한 조화의 뿌리, 이리저리 출몰하며 그 문 보네. 照徹離微造化根 紛紜出沒見其門", 『열조제강록』 권8(卍속장112, p.283b34)에 "설령 영산회상에서 꽃 들고 미소 지었더라도 헤아려 보면 여전히 열반과 반야일 뿐이다. 그 어찌 후미진 마을의 늙은이 밭 갈고 씨 뿌리는 때 아는 것만 하겠는가! 直饒靈山會上 拈華微笑 筭來猶涉離微 爭似三家村裏老翁深耕淺種 各知其時"라고 하였다. 〔참고문헌〕『寶藏論』,『宗鏡錄』,『宏智廣錄』,『列祖提綱錄』.

이미과 二微果 두 미(微)가 함께 하는 과. 미성(微性)이 존재하게 되는 최소한의 조건이다. 삼미(三微)의 과여야 대성(大性)이 드러난다. 『성유식론술기』 권1(대정장43, p.256a19)에 "첫째는 미성이니, 오직 두 미의 과에서만 존재할 뿐이다. 저 살바다부가 경성이란 헤아릴 수 없다, 헤아릴 수 있다면 바로 중상이 드러날 것이니 경이 아닌 것이다. 이 미성 또한 마찬가지이다. 가장 미함을 미라고 이름할 뿐이다. 하단성도 마찬가지이다. 둘째는 대성이니, 세 미과 등 이상이어야 비로소 존재한다. 셋째는 단성이니, 오직 두 미과에서만 존재할 뿐이다. 一 微性 唯二微果上有 如薩婆多 輕不可稱 若可稱者但重相形 非是輕也 此微性亦爾 唯最微名微 下短性亦爾二 大性 三微果等以上方有 三 短性 唯二微果上有", 『화엄현담회현기』 권35(卍속장12, p.541a10)에 "헤아림에는 다섯 가지가 있다. 첫째는 미성이니, 오직 두 미과에만 존재한다〈두 미의 과를 '이미과'라 하니, 곧 자미(子微)다〉. 量有五種 一 微性 唯二微果上有〈二微之果 名二微果卽子微也〉"라고 하였다. 〔참고문헌〕『成唯識論述記』,『華嚴懸談會玄記』. ⇨극미 極微

이밀 二密 ➡사밀이밀 事密理密, 이사구밀 理事俱密

이밀 理密 이비밀(理秘密)의 줄임말. 원융불이(圓融不二)의 가르침만 있는 것. 여래삼밀의 행상인 진언과 수인을 갖추면 사밀(事密)이다. 『소실지갈라경약소』 권1(대정장60, p.393b16)에 "〔문〕 이밀과 사밀은 무슨 뜻인가? 〔답〕 세속제와 승의제가 원융하여 둘 없는 것이 이밀이다. 저 삼세여래의 신어의 삼밀이면 사밀이다. 問所言理事密者 其趣如何 答 世俗勝義圓融不二 是爲理密若三世如來 身語意密 是爲事密"라고 하였다. 〔참고문헌〕『蘇悉地羯羅經略疏』. ⇨이비밀교 理祕密敎, 이사구밀 理事俱密, 사밀이밀 事密理密

이밀구밀 理密俱密 ➡이비밀교 理祕密敎, 이사구밀 理事俱密

이바다 離婆多 ❶ Ⓢ Revata의 음사어. 부처님의 제자 중 한 사람. 사리불(舍利弗)의 동생이다. 리바다(離波多·梨婆多)·리월다(離越多)·예바치(隸婆哆)·리구바제(哩口縛帝)·리바(離婆)·리왈(離曰)·리월(離越)·힐리벌다(頡離伐多)·갈려벌다(褐麗筏多) 등으로도 음사하며, 상작성(常作聲)·소공양(所供養)·금(金)·실성(室星)·적시(適時) 등으로 한역한다. 그의 부모님께서 이바다성(離婆多星)에 빌어 얻은 자식이기에 얻은 이름이고, 늘 선정에 들어 마음에 산란함이 없었다고 한다. 그가 다바국(陀婆國)을 유행할 때 차가운 눈 속에서 발에 동상이 걸린 후, 부처님께서 추운 곳에서는 가죽신 신는 것을 허락하시게 된 인연사의 주인공이다. 〔참고문헌〕『五分律』 권21(대정장22, p.146c21), 『一切經音義』 권27(대정장54, p.482b16). ⇨리바다 離婆多 ❷ 아난(阿難)의 제자. 이바다(梨婆多·釐波多)라고도 쓴다. 계율에 정통하여 부처님께서 열반에 드신 뒤 백 년경 중인도 비사리국(毘舍離國 Ⓟ Vesālī)의 발사자비구(跋闍子比丘 Ⓟ Vajjiputta)들이 십사(十事) 즉 열 가지 행위에 대해 계율의 합당함을 주장하였을 때, 야사비구(耶舍比丘 Ⓟ Yasa)의 초청으로 비사리국에 가서 여러 장로비구들과 함께 발사자비구들의 열 가지 행동이 계율에 어긋남을 결의하였다. [참고문헌]『五分律』 권30(대정장22, p.193a22), 『毘尼母經』 권4(대정장24, p.819b13). ⇨ 발사자비구십사비법 跋闍子比丘十事非法 ❸ 북쪽의 별자리 이름(星宿名). [참고문헌]『一切經音義』 권26(대정장54, p.475c14), 『翻梵語』 권2(대정장54, p.994b1).

이박 二縛 두 갈래 얽매임. ❶ 상응박(相應縛)과 소연박(所緣縛). 『법화현찬』 권1말(대정장34, p.668a9)에 "능히 보는 일 멀리하면 상응박에서 벗어나고, 볼 것을 멀리하면 소연박에서 벗어난다. 현행하는 온갖 번뇌의 두 속박에서 벗어나기에 '다시는 번뇌가 없다'고 한다. 遠能見者 離相應縛 離所見者 離所緣縛 以離現行 諸漏二縛 故名無復煩惱"라고 하였다. [참고문헌]『法華玄贊』. ⇨ 상응박 相應縛, 소연박 所緣縛❶, 박 縛 ❷ 상박(相縛)과 추중박(麤重縛). 『해심밀경』 권3(대정장16, p.701b28)에 "'세존이시여, 이 사마타와 비발사나는 어떤 업을 짓는지요?' '선남자야, 이것은 상박과 추중박이라고 하는 두 가지 속박에서 해탈한다'. 世尊 此奢摩他 毘鉢舍那 能作何業 善男子 此能解脫 二縛爲業 所謂相縛及麤重縛"라고 하였다. [참고문헌]『解深密經』. ⇨ 상박 相縛❷, 추중박 麤重縛, 박 縛 ❸ 자박(子縛)과 과박(果縛). 몸 받기 전과 몸 받은 후의 굴레를 말한다. 『능엄경정맥소』 권5(卍속장18, p.619b7)에 "나한에게 병이 있는지 없는지 알고자 한다면 자박과 과박이라는 두 가지 속박을 밝혀야 한다. 과거세의 종자와 현세의 종자는 응당 과를 초래하겠지만 아직 몸을 받지 않았다면 자박이라 한다. 과거세의 종자를 불러들여 현세에 이미 몸을 받았다면 몸 마땅히 받았으니 과박이다. 欲知羅漢 有病無病 當明子果二縛 夫宿種今種 應召來果 而尙未受身者 謂之子縛 宿種所召 今已受身 卽身應受 謂之果縛"라고 하였다. [참고문헌]『楞嚴經正脈疏』. ⇨ 자박 子縛, 과박 果縛 ❹ ➡ 능연박 能緣縛, 소연박 所緣縛❷

이박 離薄 멀어져 낯설게 됨. 『불본행경』 권중(대정장3, p.59a29)에 "어쩌다 부친께서 변하여 인연이 멀고 엷어졌을까? 사소한 이유로 하루아침에 원한 맺다니. 如何父親 變成離薄 以小因緣 一旦成怨", 『출요경』 권8(대정장4, p.653c7)에 "스스로 빈곤을 알고 모든 친척과도 떨어져 낯서니, 나선 즉 웃음거리 되고 들어간 즉 처자식에게 시달린다. 自知貧困 五親離薄 出則爲人所笑 入則爲妻兒所責"라고 하였다. [참고문헌]『菩薩本緣經』, 『出曜經』.

이박단 離縛斷 삼단(三斷) 또는 사단(四斷) 중 하나. 떠나서 번뇌를 끊음. 육식이 번뇌 반연함을 끊어서 유루법(有漏法)이 일어나지 않게 되었음을 말한다. 연박단(緣縛斷)·소연단(所緣斷)과 같은 뜻이다. 『순정리론』 권6(대정장29, p.362c24)에 "이박단이란, 저 계경에서 '안에 안결 없으니 나에게 안으로 안결 없음을 여실하게 잘 안다'고 말한 것과 같다. 離縛斷者 如契經言 於無內眼結 如實了知我無內眼結", 『화엄경탐현기』 권10(대정장35, p.300c29)에 "둘째는 이박단이다. 유루선과 무부무기로서 색심 등에 통하며 그 자체로 성도를 거스르지는 않으니, 그 성 끊을 것은 아니다. 하지만 제6식이 저 번뇌를 반연하는 일만은 끊는다는 의미에서 단이라고 한 것이다. 二 離縛斷 謂有漏善 無覆無記 通色心等 非正違道 性非可斷 由斷六識 緣彼煩惱 故說爲斷"라고 하였다. [참고문헌]『順正理論』, 『華嚴經探玄記』. ⇨ 사단 四斷❷, 삼단 三斷❷, 유루법 有漏法

이반 二飯 Ⓢ dvi-rada. 코끼리. 라다(Ⓢ rada)는 어금니를 뜻하므로 두 개의 상아를 지닌 코끼리를 말한다. 『불소행찬』 권1(대정장4, p.3c15)에 "좋은 때를 점쳐 가려서 아들 데리고 환궁할 때, 새하얀 상아의 코끼리와 칠보로 장엄한 수레는 갖가지 빛깔의 구슬로 엮었으니 밝게 빛나고 지극히 화려했네. 卜擇選良時 遷子還本宮 二飯白淨牙 七寶莊嚴輿 雜色珠絞絡 明焰極光澤"라고 하였다. [참고문헌]『佛所行讚』, *Buddh-c.10.*

이반 離叛 Ⓢ parityāga. 버려 등지는 것. 『대승입능가경』 권6 「단식육품 斷食肉品」(대정장16, p.623c20 : *Laṅk.*, p.250)에 "과거에 이름이 사자생(師子生)인 왕이 있어 고기 맛에 탐착하여 갖가지 고기를 먹었다. 이 같은 습관을 버리지 않아 결국 인육마저 먹기에 이르자 신하와 인민이 견디지 못하고 모두 다 이반하였다. 결국 국왕의 지위를 잃고 엄청난 고통과 괴로움을 받아야만 했다. 過去有王 名師子生 耽著肉味 食種種肉 如是不已 遂至食人 臣民不堪 悉皆離叛 亡失國位 受大苦惱 bhūtapūrvaṃ mahāmate atīte 'dhvani rājābhū tsiṃhasaudāso nāma. sa māṃsabhojanāhārātipra saṅgena pratisevamāno rasatṛṣṇādhyavasānapar amatayā māṃsāni mānuṣyāṇyapi bhakṣitavān. ta nnidānaṃ ca mitrāmātyajñātibandhuvargeṇāpi p arityaktaḥ prāgeva paurajānapadaiḥ. svarājyaviṣ ayaparityāgācca mahadvyasanamāsāditavān mā ṃsahetoḥ"라고 하였다. 이 '이반'을 『능가경』 권4 「일체불어심품 一切佛語心品」(대정장16, p.514a1)에서는 모반(謀反)이라 하였고, 『입능가경』 권8 「차식육품 遮食肉品」(대정장16, p.563a10)에서는 사리(捨離)라고 하였다. [참고문헌]『大乘入楞伽經』, 『楞伽經』, 『入楞伽經』, *Laṅk.102·149.* ⇨ 사리 捨離

이반야 二般若 ➡ 이종반야 二種般若, 반야 般若

이발 李渤 773~831. 당대 학자. 호는 백록선생(白鹿先生), 자는 준지(濬之). 낙양(洛陽 : 河南省) 출신. 귀종지상(歸宗智常)의 재가제자. 정원년간(785~805)에 형 이섭해(李涉偕)와 함께 여산(廬山) 오로봉(五老峰) 백록동(白鹿洞)에 서원을 짓고 은거하였고, 다시 숭산(嵩山) 소실봉(少室峰)으로 옮겼다. 원화년간(806~820) 초에 한유(韓愈)의 추천으로 간의대부(諫議大夫)로 출사하여 여러 관직을 거쳤으며, 보력년간(825~827)에는 강주자사(江州刺史)에 이르렀다. 이후 다시 백록동으로 들어가니 사람들이 '백록선생'이라 불렀다. 귀종지상이 오로봉 서현사(棲賢寺)에 머물 때 자주 찾아가 법을 물었다. 이때의 문답에 따라 귀종수기권두(歸宗竪起拳頭)·이발회의(李渤懷疑)와 같은 공안이 전한다. 서당지장(西堂智藏)이 입적(814년)한 후에는 황제에게 주청을 올려 '대각선사 大覺禪師'라는 시호를 하사하도록 하였다(821년). 831년(태화5)에 향년 59세로 생을 마쳤다. 한편 이발이 개창한 이 백록동서원은 훗날 남송 때 성리학자 주희(朱熹 1130~1200)가 머무르고 중창하여 중국에서 가장 이름난 서원이 되었다. [참고문헌]『宋高僧傳』 권10(대정장50, p.766c17), 『景德傳燈錄』 권7(대정장51, p.256b9)·권10(대정장51, p.273c28), 『廬山記』 권2(대정장51, p.1035b17). ⇨ 귀종수기권두 歸宗竪起拳頭, 이발회의 李渤懷疑

이발참문『석씨원류응화사적』권4
양주불암사판 1673년

이발기대보리심 已發起大菩提心 Ⓢ utpādita-bodhi-citta, Ⓣ byang-chub-kyi-sems-bskyed-pa. 이미 큰 보리심을 일으켰다는 말. 『변중변론』 권상(대정장31, p.467b25 : *Madhy-vibh.*, p.32)에 "이와 같이 보살은 큰 보리심을 일으키고 뛰어난 선근력 가졌으므로 온갖 난도 일어남을 끊어 다시는 번뇌도 뒤집힘도 없다. 如是菩薩 由已發起大菩提心 及勝善根力所持故 斷諸亂倒起無亂倒 tena punar utpāditabodhicittena kuśala mūlabalādhānaprāptena bodhisattvena viparyāsaṃ prahāya aviparyāsa utpāditavyaḥ"라고 하였다. [참고문헌]『辯中邊論』, *Madhy-vibh.*

이발라상 伊跋羅象 Ⓢ Airāvaṇa-nāga-rāja. 애라벌나대용왕(藹羅筏拏大龍王). 『대보적경』 권120(대정장11, p.683c11)에 "(석제환인 因陀羅는) 천계의 성명에 통달한 지 이미 오래여서 서론을 지었으며, 감로를 먹고 마시며 오갈 때는 항상 이발라상을 타고 다닌다. 天之聲明 久已通達 撰造書論 飲食甘露 往來常乘 伊跋羅象", 『일체경음의』 권15(대정장54, p.403a17)에 "이발라상〈범어이다. 이는 상왕의 이름으로 천제석이 항상 타고 다니며 큰 신통력이 있다〉. 伊跋羅象〈梵語也 此象王名 天帝釋常所乘有大神通〉"라고 하였다. [참고문헌]『大寶積經』, 『一切經音義』. ⇨ 애라벌나대용왕 藹羅筏拏大龍王, 이라발용왕 伊羅鉢龍王 ❷

이발라용왕 伊鉢羅龍王 ❶ Ⓢ Elāpattra-nāga-rāja. 이라발용왕(伊羅鉢龍王). 『법화경현찬요집』 권13(卍속장54, p.29a2)에 "가섭불 때 한 비구가 이란수(伊蘭樹) 아래에서 좌선하며 도를 닦을 때 나무가 몸에 닿자 화가 나서 가지 하나 꺾었다. 목숨이 다한 이후에 큰 용으로 나니 이름이 이발라용왕이었다. 迦葉佛時 有一比丘 於伊蘭樹下 坐禪修道 被樹觸身 因卽起嗔 析其一枝 命終已後 作大龍 號伊鉢羅龍王"라고 하였다. [참고문헌]『法華經玄贊要集』, 『四分律行事鈔批』 권6(卍속장67, p.582b17). ⇨ 이라발용왕 伊羅鉢龍王 ❶, 이란 伊蘭 ❷ Ⓢ Airāvaṇa-nāga-rāja. 애라벌나대용왕(藹羅筏拏大龍王). 『법원주림』 권26(대정장53, p.476a22)에 "어떤 까닭으로 경에서는 선주용왕·이발라용왕 등이 제석 승인의 마음속 생각을 안다고 설하는가? 何故經說善住龍王 伊鉢羅龍王等 能知帝釋勝人心之所念耶"라고 하였다. [참고문헌]『法苑珠林』, 『方廣大莊嚴經』 권6(대정장3, p.573a29). ⇨ 애라벌나대용왕 藹羅筏拏大龍王, 이라발용왕 伊羅鉢龍王 ❷

이발심 已發心 Ⓢ utpāditaṃ cittam, Ⓣ sems-bskyed-pa. 이미 마음을 일으킴. 『대방편불보은경』 권5(대정장3, p.151a26)에 "우리들 이미 마음을 일으켰으니, 모든 중생에게 널리 이롭고 마땅히 항상 공경하며 모든 부처님의 배우신대로 따르리라. 我等已發心 廣利諸衆生 應當常恭敬 隨順諸佛學", 『법화의소』 권3(대정장34, p.495c3)에 "다시 든다는 말은, 보리심을 일으키지 못한 이는 보리심을 일으키도록 하고, 이미 발심한 사람은 대법에 들도록 한다는 뜻이다. 又復入者 未發菩提心者 令發心故 已發心者 令入大法故", 『화엄경소초』 권85(대정장36, p.668a29)에 "(열 가지 자비심 중) 일곱 번째는 지켜 보호하는 마음이다. 이미 발심한 이는 모두 수호해 주기 때문이니, 이는 무량중생이 의지하고 머문다. 七守護心 已發心者 皆守護故 是爲無量衆生依住"라고 하였다. [참고문헌]『大方便佛報恩經』, 『法華義疏』, 『華嚴經疏鈔』, *Bodh-bh.13·15.*

이발심수기 已發心授記 Ⓢ utpādita-citta-vyākaraṇa, Ⓣ sems-bskyed-pa-lung-bstan-pa. 이미 발심하

고서 기를 받음. 육종수기(六種授記) 중 하나로, 사종수기(四種授記) 중 하나인 공발보리심수기(共發菩提心授記)와도 통한다. 『대승장엄경론』 권12(대정장31, p.652a21)에서는 사람에 따른 차별과 시절에 따른 차별로 나누는데, 이는 전자에 속한다. 『법화의소』 권8(대정장34, p.566b9)에 "둘째, 이발심수기에 두 가지가 있다. 첫째, 처음으로 발심한 그때 주는 수기다. 둘째, 발심하고나서 주면 발심수기다. 二 已發心授記有二種 一者 初始發心 卽與授記 二者 發心成立 名爲發心"라고 하였다. [참고문헌] 『大乘莊嚴經論』, 『法華義疏』, *Sūtr. 166.* ⇨ 공발보리심수기 共發菩提心授記, 육종수기 六種授記

이발회의 李渤懷疑 이발이 의심을 품다. 당대 학자 이발이 귀종지상(歸宗智常)에게 던진 공안. 『선원몽구』 권상(卍속장148, p.202b16)에 "이발회의〈출처는 『경덕전등록』 권7〉: 강주자사 이발이 귀종에게 물었다. '일찍이 듣기로 수미산이 개자 들인다 하면 의심할 일 없지만 개자에 수미를 들인다는 말은 허무맹랑한 말이 아니겠습니까?' '사람들이 말하기를 자사께서는 만 권이나 읽었다고 하는데, 맞습니까?' '그렇습니다'. 귀종이 손으로 이마부터 발꿈치까지 쓰다듬고서 말하기를 '다해도 야자수 크기만 한데, 만권시서는 어디에 두셨습니까?'라고 하자, 자사는 그저 고개를 끄덕일 뿐이었다. 李渤懷疑〈傳燈七〉 江州刺史李渤問歸宗 嘗聞須彌納芥子則不疑 芥子納須彌 莫是妄談否 宗云 人傳史君讀萬卷是否 刺曰不敢 宗以手摩頂至踵 乃曰 都如椰子大 萬卷詩書向甚處著 刺俛首而已"라고 하였다. [참고문헌] 『禪苑蒙求』, 『景德傳燈錄』 권7(대정장51, p.256b9). ⇨ 이발 李渤

이밤마야 伊鑁摩野 Ⓢ evaṃ mayā의 음사어. 순서대로 불안모(佛眼母 Ⓢ Locanā-devī) · 마마지(摩摩枳 Ⓢ Māmakī) · 백의(白衣 Ⓢ Pāṇḍurā) · 다라(多羅 Ⓢ Tāraṇī)의 네 분 보살의 종자(種子)다. 『대비공지경』 권1(대정장18, p.588a25 : *Ht.*, p.4)에 "부처님께서 금강장보살에게 말씀하셨다. '(삼십이종혈맥을 설하는 것은) 삼유를 성숙시키고자 일체능취소취를 멀리 떠나고, 갖가지 방편으로 성상을 요별하여 계를 지닌 이를 위하여 분별하여 해설하니, 제불성현의 지혜방편 · 삼신과 삼업 그리고 이밤마야다. 이밤마야에서 이([illegible])자는 불안모보살이고, 밤([illegible])자는 마마지보살이며, 마([illegible])란 백의보살이고, 야([illegible])는 다라보살이다'. 佛告金剛藏菩薩 謂欲成熟三有 遠離一切能取所取 以諸方便了別性相 爲持戒者分別解說 諸佛賢聖智慧方便 三身三業 及伊鑁摩野 謂伊者 佛眼母菩薩 鑁者 摩摩枳菩薩 摩者 白衣菩薩 野者 多羅菩薩 bhagavān āha. tribhavapariṇatāḥ sarvā grāhyagrāhakavarjitāḥ, athavā sarvopāyena bhāvalakṣaṇakalpitāḥ. saṃvarabhedaś ca kathyate. āli-kāli-candra-sūrya-prajñopāya-dharma-saṃbhoga-nirmāṇa-mahāsukha-kāya-vāk-cittaṃ. evaṃ mayā. ekāreṇa locanādevī vaṃkāreṇa māmakī smṛtā, makāreṇa pāṇḍurā ca yākāreṇa tāraṇī smṛtā"라고 하였다. [참고문헌] 『大悲空智經』, *Ht.*

이방 異方 Ⓢ deśāntara. 다른 곳. 지금 여기가 아닌 곳을 말하며, 중생에게 있어 불성도 해탈도 지금은 낯선 곳이지만 반드시 갈 수 있는 곳의 비유다. 40권본 『대반열반경』 권32(대정장12, p.555b23)에 "선남자야, 비유하면 어떤 사람의 재물이 다른 지방에 있어 비록 눈앞에 없을지라도 뜻에 따라 마음대로 쓸 수 있고, 다른 사람이 물어보면 '나의 것'이라 대답하는 경우와 같다. 왜냐하면 틀림없이 있기 때문이다. 중생의 불성 역시 이와 같이 여기도 아니고 저기도 아니지만 반드시 얻을 것이기 때문에 일체에게 있다고 하는 것이다. 善男子 譬如有人 財在異方 雖不現前 隨意受用 有人問之 則言我許 何以故 以定有故 衆生佛性 亦復如是 非此非彼 以定得故 言一切有", 『구사론』 권21(대정장29, p.109a14 : *Abh-k-bh.*, p.311)에 "무릇 다른 곳으로 나아가는 데에는 세 가지 장애가 있다. 첫째 출발하려고 하지 않는 것, 둘째 바른 길 잘 알지 못하여 사도에 의지하는 것, 셋째 정도를 의심하는 것이다. 해탈에 나아가는 이에게도 이와 같은 세 가지 장애가 있다. 즉 유신견(有身見)으로 말미암아 해탈을 두려워하여 가려고조차 하지 않는 것, 계금취(戒禁取)로 말미암아 잘못된 가르침에 집착하여 바른 길을 잃는 것, 바른 길 의심 깊이 품어 머뭇거리는 것을 말한다. 부처님께서 예류성자는 이와 같은 해탈로 가는 길의 장애를 길이 끊기에 세 가지를 끊는다고 하셨다. 凡趣異方 有三種障 一 不欲發 二 迷正道 依邪道故 三 疑正道 趣解脫者 亦有如斯 相似三障 謂由身見 怖畏解脫 不欲發趣 由戒禁取 依執邪道 迷失正路 由疑於道 深懷猶預 佛顯預流 永斷如是 趣解脫障 故說斷三 trayo 'ntarāyā deśāntaragamane bhavanti. agantukāmatā mārgavibhramo 'nyamārgasaṃśrayaṇāt mārgasaṃśayaś ca. evaṃ mokṣagamane 'py eta eva trayo 'ntarāyāḥ. tatra satkāyadṛṣṭyā mokṣād uttrāsam āpannasyāgantukāmatā bhavati. śīlavrataparāmarśenānyamārgasaṃśrayaṇān mokṣavibhramaḥ. vicikitsayā mārgasaṃśayaḥ. eṣāṃ mokṣagamanāntarāyāṇāṃ prahāṇaṃ cyotayan bhagavān kleśatrayasyaiva prahāṇaṃ deśitavān"라고 하였다. [참고문헌] 『大般涅槃經』, 『俱舍論』, *Abh-k-bh.*

이방편 二方便 ❶ 두 갈래 방편. ⇨ 이문 二門 ❷ 체내방편(體內方便 : 同體方便)과 체외방편(體外方便). 천태의 설로 『법화경』의 설을 체내방편, 『법화경』 이외의 설을 체외방편이라고 한다. 『유마경약소수유기』 권2(대정장38, p.733b13)에 "그러나 『법화경』에서 설하는 권이란 체내방편이다. 또한 경부에 따라 그 덕을 찬탄하였고 개현은 논하지 않았기에 방편지라고 한다. 방편지와 실지에 따른다면 체내는 실이고 체외는 방편인데, 내외가 비록 다르지만 다 들어 방편이라 한다. 然法華名權 卽體內方便也 又且順經部 以歎其德 不論開顯 故云權智 順權實二智者 體內名實 體外名權 內外雖殊 通名方便"라고 하였다. 〔참고문헌〕『維摩經略疏垂裕記』. ⇨ 체내방편 體內方便, 체외방편 體外方便, 방편 方便

이방편 異方便 특별히 베푸는 방편. 중생이 원하는 것을 알아 각기 다른 방편을 베풀고 제일의제를 드러내도록 도울 뿐 아니라 각별한 지견을 얻게 한다. 『법화경』 권1(대정장9, p.8c8)에 "또한 모든 큰 성인들은 일체세간의 천인과 중생들이 마음 깊이 원하는 것을 아시고 다시 특별한 방편으로 제일의제가 드러나도록 돕네. 又諸大聖主 知一切世間 天人群生類 深心之所欲 更以異方便 助顯第一義", 『법화현의』 권3(대정장33, p.707a20)에 "「방편품」에서 '다시 특별한 방편으로 제일의제가 드러나도록 돕네'라고 하였는데 이것은 일실제를 말한다. 方便品云 更以異方便 助顯第一義 是一實諦也", 『법화문구』 권4(대정장34, p.56c5)에 "'다시 특별한 방편으로'라고 한 것은 온갖 행을 들어 행일(行一)을 드러내고 교일(敎一)을 아우른 것이다. 제일의인 즉 이 이일(理一)이다. '특별한 방편' 이하의 경문은 정인불성이 바로 제일의리라는 뜻이다. 만약 원묘정관을 쓴다면 실상방편이므로 탁월하다고 하지 않는다. 만약 칠방편관을 써서 제일의가 드러나도록 도와야 그 이름이 이방편이다. 更以異方便 擧諸行以顯行一 兼得敎一 第一義卽是理一 異方便下 正因佛性卽第一義理 若用圓妙正觀 此卽實相方便 不名爲異 若用七方便觀助顯第一義者 名異方便", 『법화의소』 권4(대정장34, p.504c3)에 "'다시 이방편으로'라 한 것에 대해 어떤 이는 '위에서는 삼승의 방편을 밝혔고, 여기서는 인천승이 위의 삼승과 다름을 밝혔기에 이방편이라고 한다'고 한다. 어떤 이는 '위에서 소승방편을 밝혔고 여기서는 대승이 위의 소승과 다름을 밝혔기에 이방편이라고 한다'고 하였다. 삼론은 그렇지 않다고 말한다. 앞의 경문에서는 설법이 방편임을 밝혔지만 여기서는 설법이라고 하지 않았으니, 바로 신통을 말한 것이다. 신통은 위의 설법과 다르므로 이방편이라고 한다. 更以異方便者 有人言 上明三乘方便 今明人天乘異上三乘 故名異方便 有人言 上明小乘方便 今明大乘異上之小 故云異方便 今謂不爾 前文明說法爲方便 今文不云說法 乃是神通 神通異上說法 名異方便", 『관무량수경』(대정장12, p.341c24)에 "모든 부처와 여래께서는 이방편이 있기에 그대가 서방정토를 볼 수 있게 한다. 諸佛如來 有異方便 令汝得見", 『관무량수불경소』(대정장37, p.191b29)에 "이방편이란 바로 십육관이다. 단지 관만을 방편이라고 한 것이 아니라 부처님의 힘으로 서방정토를 보는 것 또한 방편이다. 異方便者 卽十六觀 非直觀名方便 以佛力故 見彼國者 亦是方便也"라고 하였다. 〔참고문헌〕『法華經』, 『法華玄義』, 『法華文句』, 『法華義疏』, 『觀無量壽經』, 『觀無量壽佛經疏』. ⇨ 방편 方便

이백시 李伯時 ➡ 이공린 李公麟

이백오십계 二百五十戒 비구가 가져 지니는 250조목의 계. 구족계(具足戒) 또는 비구계(比丘戒)를 말한다. 이백오십학처(二百五十學處)라고도 한다. 바라이(波羅夷) 4조, 승잔(僧殘) 13조, 부정(不定) 2조, 사타(捨墮) 30조, 단타(單墮) 90조, 제사니(提舍尼) 4조, 중학(衆學) 100조, 멸쟁(滅諍) 7조 등을 다 아울러 이르는 말이다. 부파가 전한 율장에 따라 계목의 수에 약간의 차이가 있지만, 대체는 250조를 기본으로 하기에 이렇게 부른다. 『장아함경』 권9 「십상경 十上經」(대정장1, p.57a8)에 "무엇을 가리켜 열 가지 성취한 법이라고 하는가? 열 가지 구제하는 법을 말한다. 첫째, 비구가 250계를 갖추면 위의도 갖추어지고 적은 죄가 있음을 보기만 해도 크게 두려워하고 평등하게 계를 익혀 마음이 삿된 편으로 기우는 일이 없다. 云何十成法 謂十救法 一者 比丘二百五十戒具 威儀亦具 見有小罪 生大怖畏 平等學戒 心無傾邪", 『항수경』(대정장1, p.817b4)에 "5계를 가지는 사람은 다시 세간에 태어나 사람이 되고, 10선을 지키는 사람은 천계에 태어나며, 250계를 가지는 사람은 현세에 아라한·벽지불·보살·불니원대도를 얻는다. 持五戒者 還生世間作人 持十善者得生天 持二百

〈표1〉 비구이백오십계맥락도

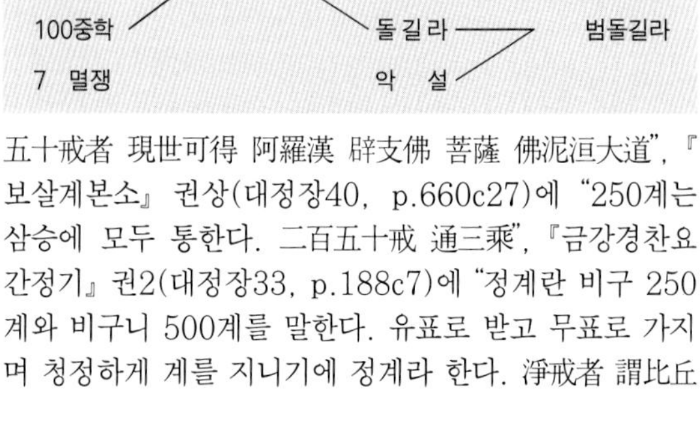

五十戒者 現世可得 阿羅漢 辟支佛 菩薩 佛泥洹大道", 『보살계본소』 권상(대정장40, p.660c27)에 "250계는 삼승에 모두 통한다. 二百五十戒 通三乘", 『금강경찬요간정기』 권2(대정장33, p.188c7)에 "정계란 비구 250계와 비구니 500계를 말한다. 유표로 받고 무표로 가지며 청정하게 계를 지니기에 정계라 한다. 淨戒者 謂比丘

二百五十戒 比丘尼五百戒 有表受 無表持 淸淨持戒 名爲淨戒"라고 하였다. [참고문헌]『長阿含經』, 『恒水經』, 『菩薩戒本疏』, 『金剛經纂要刊定記』, 李智冠 『南北傳六部律藏比較硏究』 p.46. ⇨ 구족계 具足戒, 비구계 比丘戒

이백일십억불토 二百一十億佛土 아미타불(阿彌陀佛)이 과거세 인위(因位)의 법장비구(法藏比丘)로서 보살도를 수행하던 시절 세웠던 별원(別願)에 따라 세자재왕불(世自在王佛)이 미리 드러내 보인 불토. 『무량수경』 권상(대정장12, p.267b27)에 "그때 세자재왕불이 고명하게 품은 그의 원이 깊고 넓음을 알고 법장비구를 위해 경을 설하여 주셨다. … 이에 세자재왕불께서 이백십일억제불찰토에 사는 천인의 선악과 국토의 크고 작은 것들을 널리 설해 주시고 나서, 그가 마음에 품은 원에 응하여 모두 드러내 보여주셨다. 爾時 世自在王佛 知其高明 志願深廣 卽爲法藏比丘 而說經言 … 於是 世自在王佛 卽爲廣說 二百一十億 諸佛刹土 天人之善惡 國土之粗妙 應其心願 悉現與之", 『무량수경연의술문찬』 권중(대정장37, p.149c9 · 한불전2, p.45c2)에 "이백일십억불토란 정예의 모든 불국토를 다 거둬 말한 것이다. 천인의 선악은 모든 국토의 인이고, 국토의 크고 적음은 모든 국토의 과다. 二百一十億佛土者 卽通說淨穢諸佛之土故 天人善惡 卽諸土之因 國土粗妙 卽諸土之果"라고 하였다. [참고문헌]『無量壽經』, 『無量壽經連義述文贊』.

이백일십자 二百一十字 의상(義湘)이 지은 7언30구 210자인 「법성게 法性偈」를 일컫는 말. 의상이 지엄(智儼)회상에서 『화엄경』을 수학할 때, 스승이 7언30구 시(詩)를 지어 주자 제자인 의상이 이에 대하여 40여 장의 해석문을 지어 보였다. 지엄은 의상의 해석이 불의(佛意)에 부합할지 여부를 알아보기 위해 해석문에 불을 붙였더니 모두 타버렸다. 의상이 다시 60여 장을 지어 보였지만 모두 타버리자 다시 80여 장을 지어 올렸다. 지엄이 다시 불을 붙였으나 80여 장 중 타지 않고 남은 부분이 있었으니 바로 7언30구 210자인 「법성게」가 되었다고 한다. [참고문헌]『一乘法界圖圓通記』 권상(한불전4, p.4a21). ⇨ 법성게 法性偈, 법계도 法界圖, 법계도시 法界圖詩, 법계도인 法界圖印, 의상 義湘

이번뇌 二煩惱 두 가지 번뇌. 이종번뇌(二種煩惱)라고도 한다. **1** 근본번뇌(根本煩惱)와 수번뇌(隨煩惱). 『유가사지론』 권55(대정장30, p.603a9) 등에서 나눈 이름이다. 근본번뇌란 무명혹(無明惑)이니, 모든 번뇌를 낳기에 근본이라 한다. 수번뇌는 견혹(見惑)과 사혹(思惑)을 말한다. 이 두 가지 미혹은 모든 위순(違順) 경계에서 탐진치(貪瞋癡) 등의 번뇌를 일으키면서 근본번뇌를 따라 버리지 않기에 수번뇌라 한다. 『변중변론』 권중(대정장31, p.472b21)에 "정정진 등 세 가지는 차례대로 근본번뇌와 수번뇌의 두 가지와 자재장을 다스린다. 다스려야 하는 것에 대략 세 가지가 있다. 첫째 근본번뇌이니, 수도위에서 끊어지는 것을 말하고, 둘째 수번뇌이니, 혼침과 도거를 일컬으며, 셋째 자재장이니, 뛰어난 품류의 공덕을 인발하는 것을 장애하는 것을 말한다. 正精進等三 如次對治 本隨二煩惱 及自在障 此所對治 略有三種 一 根本煩惱 謂修所斷 二 隨煩惱 謂惛沈掉擧 三 自在障 謂障所引 勝品功德"라고 하였다. [참고문헌]『瑜伽師地論』, 『辯中邊論』. ⇨ 근본번뇌 根本煩惱, 수번뇌 隨煩惱, 번뇌 煩惱 **2** 내착번뇌(內著煩惱)와 외착번뇌(外著煩惱). … 외부 경계의 본질을 모르고 집착하여 일어나는 번뇌. 『대지도론』 권7(대정장25, p.110a29)에 "번뇌에는 두 가지가 있으니, 내착번뇌와 외착번뇌이다. 내착번뇌란 5견 · 의심 · 교만 등이고, 외착번뇌란 음욕 · 진에 등이며, 무명은 내착과 외착에 공통적이다. 煩惱有二種 內著 外著 內著者 五見 疑 慢等 外著者 婬 瞋等 無明內外共"라고 하였다. [참고문헌]『大智度論』. ⇨ 내착번뇌 內著煩惱, 외착번뇌 外著煩惱 **3** 수면번뇌(隨眠煩惱)와 현행번뇌(現行煩惱 : 上心煩惱). … 현행번뇌는 6근이 6진의 경계에 대하여 탐 · 진 · 치 등의 번뇌를 일으키는 번뇌이다. 『화엄공목장』 권3(대정장45, p.572a11)에 "두 가지 번뇌가 있으니, 수면번뇌와 상심번뇌를 말한다. 有二煩惱 謂隨眠煩惱 上心煩惱"라고 하였다. [참고문헌]『華嚴孔目章』, 『華嚴經疏』 권8(대정장35, p.559b29), 『大明三藏法數』 권4(영락장181, p.528a1).

이범 二凡 두 갈래 범위(凡位). 여러 뜻이 있다. 대표적인 것은 외범(外凡)과 내범(內凡)으로, 삼승 수행자가 거치는 견도(見道) 이전의 위이다. 외범은 교법만 듣고 믿는 소승의 삼현(三賢)과 대승의 십신(十信) 등이고, 내범은 성인의 지위에 근접한 소승의 사선근(四善根)과 대승 중 십주(十住) 이상의 위를 말한다. 그 외에 성문과 연각을 가리키기도 하고, 다시 성문과 연각을 또 다시 내외로 나누기도 한다. 『법화경현찬요집』 권39(卍속장53, p.463a1)에 "이범이란 무엇인가? 성문 중 자량위와 가행위를 첫째 범위라 하고, 연각 중 자량위와 가행위 등 양위를 두번째 범위라 한다. 또한 성문과 연각에 따르면 각각 두 가지 범위가 있다. 성문 중 자량위를 첫 번째 범위라 하고, 가행위를 두 번째 범위라 한다. 연각도 그러하다. 또한 내범과 외범을 이범이라 한다. 자량위를 외범, 가행위를 내범이라 한다. 정지와 산지가 다르기 때문이다. 대승의 두 가지 풀이를 거두어 말하면 다음과 같다. 첫째는 십신 이전의 십선을 외범이라 하고, 십신 이후를 내범이라 한다. 둘째는 십주 이전을 외범이라 하고 십주 이후를 내범이라 한다. 그러므로 '만일 이범을 따라 대승으로 돌아가면 돈오로 거둔다'고 한다. 二凡者 聲聞資粮加行 名一凡 緣覺資粮加行兩位 名二凡 又據聲聞緣覺 各有二凡 且聲聞資粮位 名一凡 加行位 名二凡 緣覺亦爾 又有內凡外凡 名二凡 資粮名外 加行位名內 定散別故 若大乘二解攝云 一者 十信已前十善 名外凡 十信已去 名內凡 二者 十住已前 名外凡 十住已去 名內凡 故言 若從二凡 而歸於大 卽頓悟攝"라고 하였다. [참고문헌]『法華經玄贊要集』. ⇨내범 內凡, 외범 外凡, 범위 凡位

이범 二犯 두 가지로 범함. 선행을 하지 않는 지범(止犯)과 악행을 저지르는 작범(作犯). 지작이범(止作二犯)이라고도 하며, 이지(二持)와 대칭한다. 지범은 모든 뛰어난 업을 싫어하여 수학하지 않음으로써 범하는 것이고, 작범은 본래 받은 바 계를 어기며 악행을 저지름으로써 범하는 경우다.『사분율행사초』권중(대정장40, p.91a24)에 "출가 오중이 안으로 삼독을 갖추고 아의 전도를 마음에 품고 있는 탓에 몸과 입을 움직여 이를 거슬러 경을 지으니 이를 작이라 한다. 지음으로써 어기게 되니 본래 받은 바를 물들이기에 이것을 범이라 한다. 범이 작으로 성립되므로 작범이라 한다. 이는 악법을 짓는 것이 근본이 된다. 악 지은 이상 틀림없이 선을 닦지는 않는다. 이 때문에 두 번째로 지범을 밝힌다. 지범이란 어리석은 마음과 태만으로 행위마다 본래 받은 바와 어긋나고 모든 뛰어난 업을 싫어하며 수학하지 않으므로 지라 한다. 그쳐서 어기게 되므로 받은 계율과 상반되므로 범이라 한다. 이는 선법을 닦지 않는 행위가 근본이 된다. 出家五衆 內具三毒 我倒在懷 鼓動身口 違理造境 名之爲作 作而有違 汚本所受 名之曰犯 犯由作成 故曰作犯 此對作惡法爲宗 惡旣作矣 必不修善 是故第二 卽明止犯 言止犯者 良以癡心怠慢 行違本受 於諸勝業 厭不修學 故名爲止 止而有違 反彼受領 故名爲犯 此對不修善法爲宗",『사분율행사초자지기』권중(대정장40, p.334b20)에 "작범은 흔히 탐욕과 분노 때문이고, 지범은 늘 어리석음과 태만으로 말미암는다. … 살생·도둑질 등의 악행을 몸의 작범이라 하고, 받지 않은 음식을 먹는 행위는 몸의 지범이라 한다. 입의 네 가지 허물을 입의 작범이라 하고, 청정한 말을 하지 않으면 입의 지범이라 한다. 作犯多是貪瞋 止犯率由癡慢 … 行殺盜等 名身作犯 不受食 名身止犯 爲口四過 名口作犯 不作淨語 名口止犯",『사분율소』권1본(卍속장65, p.359b15)에 "그러므로 범에 두 가지가 있다. 첫째는 작범이다. 부처님의 교법을 드러내 어기면서 온갖 허물을 널리 저지르는 행위를 작범이라 한다. 둘째는 지범이다. 교법에 의지하지도 받들어 닦지도 않고 그쳐 하지않는 것 만으로도 어긋남이 있게 되므로 지범이라 한다. 이러한 이범을 후회하여 되돌아가게 하는 것을 아울러 부르길 '가진다' 한다. 然犯有二 一者 作犯 現違聖敎 廣造諸過 稱爲作犯 二者 止犯 不依敎奉修 止而有違 故名止犯 對斯二犯 悔而還復 並稱爲持"라고 하였다. [참고문헌]『四分律行事鈔』,『四分律行事鈔資持記』,『四分律疏』. ⇨이지 二持, 지작이범 止作二犯

이법 二法 **1** 대립하지만 상호의존하는 두 가지 법. 유·무(有無), 생·멸(生滅), 진·망(眞妄), 단·상(斷常), 범·성(凡聖), 구·정(垢淨), 생사·열반 등을 말한다. 하나의 법(一法)이 구별되어 드러나려면 다른 법(異法)이 맞서 함께 해야 한다. 이렇게 두 갈래로 맞서 의지한 두 법이 각자의 자성을 유지할 때 제법(諸法)의 세간(世間)은 영위된다. 두 법이 분별의 자성을 버리고 돌아간 자리를 적멸(寂滅)이라 부른다. 이 세간의 중생과 적멸의 불보살이 헤어질 수 없는 뜻을 불일불이(不一不二)라 한다.『해심밀경』권1(대정장16, p.666c8)에 "깊은 뜻은 언어에는 없으니, 모든 부처님께서 둘이 아니라고 설하시노라. 어리석은 사람은 무명에 의지하여, 희론으로 두 갈래 법에 집착한다네. 深義無言語 諸佛說不二 癡人依無明 戲論著二法",『유마경약소』권7(대정장38, p.663a6)에 "평등이란 무엇인가? 생사인 유위와 열반인 무위의 두 법이 서로 다르다고 분별하므로 평등하지 않다. 이법은 모두 공이기에 두 갈래 모습이 없으면 이를 평등이라 한다. 言平等者 生死有爲 涅槃無爲 二法相異 故不等也 今二法皆空 無二相異 卽名平等",『대지도론』권90(대정장25, p.697b9)에 "보살은 이들 이법이 하나도 아니고 둘도 아니며 하나가 아님도 아니고 둘이 아님도 아니며 필경에는 적멸이어서 희론으로 펼칠 상이 없다고 안다. 菩薩知是二法 不一不二 亦不不一 亦不不二 畢竟寂滅 無戲論相", 같은 책 권74(대정장25, p.579c29)에 "모든 법은 생하지도 않고 멸하지도 않으며 더하지도 않고 줄지도 않으며 물들지도 않고 청정하지도 않으며 오지도 않고 가지도 않으며 하나도 아니고 다르지도 않으며 상도 아니고 단도 아니며 유도 아니고 무도 아니라고 관한다. 이들과 같이 무량하게 상대하는 이법을 지혜로 관하기에 모든 생·멸 등의 무상한 상을 무너뜨린다. 觀一切法 不生不滅 不增不減 不垢不淨 不來不去 不一不異 不常不斷 非有非無 如是等無量相待二法 因是智慧觀 破一切生滅等無常相",『능가경주해』권4(대정장39, p.414c10)에 "이법이란 무엇인가? 허망하게 일어나거나 진실에 의해 나는 두 갈래 법이다. 그러나 허망한 법에서 비록 상과 무상이라 말하지만 진실한 이치를 이해하기 전에는 모두 무상에 속한다. 여래의 구경진실에서 이란 본래 상도 무상도 아니다. 상이라고만 말하면 치우친 뜻으로 원이다. 그러므로 여래가 증득한 상이란 바로 무상이다. 이처럼 이 뜻에 통달하지 못하고 언설로 분별하여 유상이니 무상이니 하므로 '둘이 아닌 것도 아니다'라고 한다. 그러나 둘이 아니라는 말은 하나의 고요한 뜻이니 갖가지 모든 법을 끝내 따지면 모두 둘이 아닌 뜻을 갖고 있다. 그러므로 '둘이 없이 일어나는 상'이라 한다. 言二法者 謂虛妄生 眞實生 二法也 然虛妄法中 雖說常無常 未曾實理 總屬無常 如來究竟實理 理本非常非無常 但言常者 言偏意圓 然如來所證之常卽無常 是不達斯旨 言說分別 有常無常 故云非不二也 然不二者 卽一寂靜之理 究論一切諸法 皆具不二之理 故云無二生相也"라고 하였다. [참고문헌]『解深密經』, 『維摩經略疏』, 『大智度論』, 『楞伽經註解』. ⇨ 평등 平等 **2** 육근(六根)과 육진(六塵). 『잡아함경』 권8(대정장2, p.54a3)에 "안색이 둘이고, 이성, 비향, 설미, 신촉, 의법으로 둘을 삼으니 이를 이법이라 한다. 眼色爲二 耳聲鼻香 舌味 身觸 意法爲二 是名二法", 『아비담비바사론』 권25(대정장28, p.186a12)에 "무엇을 이법이라 하는가? 안색부터 의법에 이르기까지의 이름이 이법이다. 이는 하나가 아닌 이(二)이고 당연히 여섯 짝의 이(二)이지만 둘로 헤아린 법이므로 둘을 벗어나지 않는다. 云何二法 眼色乃至意法 是名二法 此非一二 應是六二 但是二數法故 不離於二"라고 하였다. [참고문헌]『雜阿含經』, 『阿毘曇毘婆沙論』. ⇨ 육근 六根, 육진 六塵 **3** 연자득법(緣自得法)과 본주법(本住法). 연자득법이란 자증에 의지하는 법으로 자증법(自證法)·의자신내증법(依自身內證法)이라고도 한다. 본주법은 법계에 언제나 머무는 법으로 옛 성인의 길을 말한다. 『능가경』 권3(대정장16, p.498c22)에 "연자득법과 본주법을 이법이라 한다. 이 이법으로 인하여 나는 이와 같이 말한다. 무엇이 연자득법인가? 만일 저 여래께서 얻었다면 나도 얻을 수 있으니, 더할 것도 없고 덜할 것도 없다. 연자득법의 구경경계는 언설과 망상을 떠나고 문자와 이취를 떠난다. 무엇이 본주법인가? 옛 성인이 걸었던 성스러운 도를 말한다. 마치 금은등성이 법계에 상주하는 것과 같다. 저 여래께서 세상에 나오시거나 나오시지 않거나 법계에 상주한다. 緣自得法 及本住法 是名二法 因此二法故 我如是說 云何緣自得法 若彼如來所得 我亦得之 無增無減 緣自得法 究竟境界 離言說妄想 離字二趣 云何本住法 謂古先聖道 金銀等性 法界常住 若如來出世 若不出世 法界常住"라고 하였다. [참고문헌]『楞伽經』.

이법 理法 **1** 법보(法寶)를 다섯으로 분별한 것 중 하나. 『대승의장』 권10(대정장44, p.655b11)에 "법보를 가린다. 뜻을 달리하는 중에 다섯 가지가 있다. 첫째 교법, 둘째 이법, 셋째 조도법, 넷째 열반법, 다섯째 화용법이다. … 이법이란, 아비달마에서 베푼 설은 사제와 십육성행을 법보로 여긴다. 십육성행은 사제장과 같이 자세하게 분별한다. 성실법중에서는 사제의 이름을 가유를 써서 세제리로 삼고, 무성의 공을 진제리로 삼는다고 설한다. 대승에서 논하는 뜻에는 세 가지가 있다. 첫째 상에 나아가 리를 밝히고, 둘째 상과 실상을 맞서게 하며, 셋째 오직 실만을 말하는 것이다. 次辨法寶 於中義別略有五種 一者 敎法 二者 理法 三 助道法 四 涅槃法 五 化用法 … 言理法者 毘曇法中宣說 四諦十六聖行以爲法寶 十六聖行 如四諦章 具廣分別 成實法中宣說 四諦名用假有 爲世諦理 無性之空 爲眞諦理 大乘所論義別有三 一 就相明理 二 相實相對 三 唯就實言"라고 하였다. [참고문헌]『大乘義章』. ⇨ 법보 法寶 **1** **2** 현상계의 근거가 되는 일심(一心)의 진여법(眞如法). 『화엄법계현경』 권상(대정장45, p.672c28)에 "사법을 계라고 할 때 계는 나누는 뜻이다. 다함 없는 차별의 분제를 말한다. 이법을 계라고 할 때 계는 즉 자성의 뜻이다. 다함 없는 사법도 동일한 자성이기 때문이다. 무애법계가 갖춘 자성과 분제의 뜻으로 사법과 이법의 무너짐 없이도 걸림없다. 事法名界 界則分義 無盡差別之分齊故 理法名界 界卽性義 無盡事法同一性故 無礙法界具性分義 不壞事理而無礙", 『원각경대소석의초』 권1(卍속장14, p.455a14)에 "이법이란 바로 진여본각으로 본래 정한 이름이 없지만 종에 따라 점차 드러난다. 『화엄경』에서 법계법성이라 한 것은 여러 다른 경론에서는 흔히 진여라 한다. 이 경전은 모름지기 원각이라 통칭하는데 체를 다한 끝에 말한 것이다. 言理法者 卽眞如本覺本無定名 隨宗次顯 華嚴中名法界法性 諸經論中多眞如 此經雖統稱圓覺 剋體而言", 『대승기신론의소』 권상(대정장44, p.183a18)에 "이법 중에 진공과 진유가 있다. 그러므로 마음은 공 밖이 아니고 공은 마음 밖이 아니다. 마음이 공 밖이 아니므로 허공계와 같이 모든 곳에 있고, 공이 마음 밖이 아니므로 맑은 법 고요히 그러하다. 그러므로 진공이라 한다. 理法之中 有眞空眞有 然心非空外 空非心外 心非空外故等虛空界 遍一切處 空非心外故淨法湛然 故曰眞空"라고 하였다. [참고문헌]『華嚴法界玄鏡』, 『圓覺經大疏釋義鈔』, 『大乘起信論義疏』. ⇨ 이법계 理法界

이법 異法 **1** 아주 다른 특별한 법. 『정법념처경』 권62(대정장17, p.367c27)에 "또 사문이나 바라문이나 그 밖의 사람들은 다시 '이법'으로 일체중생에 대하여 평등한 마음을 닦는다. 어떤 것이 '이법'인가? 말하자면 이 마음이 가볍게 움직이고, 빨리 달려 머물지 않는 것이다. 만일 탐욕스런 마음이 일어나면 부정관을 닦고, 분노하는 마음이 일어나면 자심관을 닦으며, 어리석은 마음이 일어나면 십이인연을 관찰사유해야 한다. 이 세 가지 마음을 세 가지 법으로 대치하고, 일체중생에 대하여 평등한 마음을 일으키고 원수와 친한 이에게도 평등한 마음을 닦는다. 復次 若沙門婆羅門 及以餘人 復以異法 於一切衆生 修平等心 何等異法 所謂是心輕轉 速行不住 若欲心起 修不淨觀 若瞋心起 修慈心觀 若癡心起 當觀察思惟十二因緣 是三種心 三法對治 於一切衆生 起平

等心 於怨親中 修平等心"라고 하였다. [참고문헌]『正法念處經』. ❷ Ⓢ anya, para. 다른 법. 다른 법이란 다른 인이 있어야 성립한다. 따라서 뭇 연으로 연기하는 법이라면 이인(異因)의 이법(異法)일 수 없다. 『중론』 권2(대정장30, p.19b11)에 "그대가 말하는 이란 이 다른 인과 다른 법일 때 '이'라고 한다. '이법'을 떠나서는 다르다는 이름도 없다. 왜냐하면 저 법은 여러 가지 인연에 따라 생겼다면 이 법은 다른 인이 아니다. 인이 무너지면 과도 무너지기 때문이다. 마치 대들보와 서까래 등으로 집이 있는 것과 같다. 집은 대들보나 서까래와 다르지 않으니, 대들보와 서까래 등이 무너지면 집도 무너지기 때문이다. 汝所謂異 是異因異法 故名爲異 離異法不名爲異 何以故 若法從衆緣生 是法不異因 因壞 果亦壞故 如因樑椽等有舍 舍不異樑椽 樑椽等壞 舍亦壞故"라고 하였다. [참고문헌]『中論』. ❸ Ⓢ vaidharmya-dṛṣṭānta. 인명 용어. 이유법(異喩法)의 줄임말. 동법(同法 : 同喩法)과 상대한다. 『인명정리문론본』(대정장32, p.2c5)에 "실례명제(喩)에는 두 가지가 있으니, 긍정적 실례명제(同法)와 부정적 실례명제(異法)이다. 喩有二種 同法異法"라고 하였다. [참고문헌]『因明正理門論本』. ⇨이유 異喩, 인명 因明, 유 喩

이법 離法 삼계(三界)의 속박을 벗어난 법. 또는 벗어나야 할 법. 비리법(非離法)의 상대어이며, 출법(出法)의 신역이다. 『품류족론』 권6(대정장26, p.716b19)에 "이법이란 어떤 것인가? 욕계에 얽힌 선계(善戒)와 색계・무색계의 얽힘에서 벗어나 멀리 여읨으로써 생겨난 선정, 그리고 학・무학의 법과 택멸을 말한다. 離法云何 謂欲界繫善戒 色無色界繫 出離遠離 所生善定 及學無學法幷擇滅", 같은 책 권9(대정장26, p.727a4)에 "이법이란, 오계・사처・오온에서 거두고 십지(十智)로 알며, 삼식(三識)으로 분별하고 삼계변행과 수소단의 번뇌가 더하는 것이다. 離法 五界 四處 五蘊攝 十智知 三識識 三界遍行 及修所斷 隨眠隨增"라고 하였다. [참고문헌]『品類足論』. ⇨비리법 非離法

이법계 理法界 이(理)로서의 법의 바탕. 계(界)는 성(性)의 뜻이어서 분제로 차별한 사법계(事法界)의 바탕이 되는 평등한 동일성으로서 성정(性情)과 이구(離垢)로 문을 연다. 사법계(四法界) 중 하나다. 『화엄경소』 권22(대정장35, p.664c17)에 "이법계란 평등성을 말한다. 理法界 云平等性", 『화엄경소초』 권14(대정장36, p.108c26)에 "이법계는 성의 뜻으로 이름이 계다. 사법계는 분제라는 뜻에서 계라 이름한다. 理法界 性義名界 若事法界 分義名界", 『화엄경탐현기』 권15(대정장35, p.398a17)에 "법계를 두루 비춘다는 것은 업용을 드러내서 이롭게 함이다. 이법계를 증하였기에 사법계를 비춘다. 普照法界者 顯業用成益 證理法界故 照事法界故", 『주화엄법계관문』(대정장45, p.684b27)에 "이법계라는 말에서 계라는 것은 성이다. 끝없이 현상하는 법들이 동일한 성이기 때문이다. 理法界 界是性義 無盡事法 同一性故", 『화엄경행원품소』 권1(卍속장7, p.499a5)에 "이법계라는 말에서 계란 성이다. 진리적요한 것으로 법의 성을 삼는다는 뜻이다. 여기에 대략 두 가지 문이 있다. 첫째 성정문이니 무릇 물들지 않은 성은 항상 청결하고 모든 법에 빠짐없이 갖추어져 있으며, 서로 다른 것들이 한맛으로 평등하다는 말이다. … 둘째 이구문이다. 대치함으로 장애가 다하고 청정이 드러남을 말한다. 위를 따라 십진여로 구분한다. 그러므로 진금을 제련하듯이 불순물을 걸러 다스린다고 한다. 第二理法界者 界者性也 謂眞理寂寥爲法之性 略有二門 一 性淨門 謂在凡不染 性恒淸潔 遍一切法 不同一切 一味平等 … 二 離垢門 謂由對治障盡淨顯 隨位淺深 分十眞如 故云陶冶塵滓如鍊眞金"라고 하였다. [참고문헌]『華嚴經疏』, 『華嚴經疏鈔』, 『華嚴經探玄記』, 『註華嚴法界觀門』, 『華嚴經行願品疏』, 『攝大乘論釋』 권15(대정장31, p.264b8). ⇨사법계 四法界, 삼법계 三法界❶, 사법계 事法界, 성정 性情❶, 이구 離垢❶

이법상사과류 異法相似過類 그릇된 비유로 비슷하다고 여기는 허물. 인명(因明) 용어. 사능파(似能破)의 십사과류(十四過類) 중 하나. 그릇된 반박으로 상대의 주장을 반박할 때(顯過破) 범할 수 있는 열네 가지 과실 중 두 번째다. 상대가 내세우는 타당한 실례명제(同喩 : 同法)를 왜곡해 맞지 않는 실례명제(異類 : 異法)라고 주장할 때 범하는 오류다. 동법상사과류(同法相似過類)에 대칭한다. 『인명론이문십사과류소』 권1(금장119, p.364b1)에 "둘째로 이법상사과류란, 내외의 비량은 아울러 저 동법상사에서 언급한 바와 같지만, 외인은 물단지라는 동법유를 이법유로 삼았으니 이를 이법상사과류라 한다. 二 異法相似過類者 內外比量 竝如同法相似中擧 然外人以甁同法爲異法喩 名異法相似", 『인명론소명등초』 권6(대정장68, p.433a22)에 "둘째는 이법상사과류다. 허공은 상주하니 만든 것이 아니다. 말소리는 지어내는 것이니 무상하다. 또한 물단지도 무상하니 질애가 있는데, 말소리는 이미 질애가 없으니 상일 수 있다. 바르게 풀어 말한다. '일체의 상법은 모두 만들어진 것이 아니다. 지은 것들이 무상에 대한 증명임을 나타낼 수 있지만, 무상이 반드시 다 질애인 것은 아니다. 질애가 없는 것이 소리는 상임을 드러내는 것은 아니다'. 二 異法相似過類 虛空是常無所作 聲有所作是無常 亦可甁是無常有質礙 聲旣無礙顯是常 正解云 一切常法皆非作 可顯所作證無常 無常不必皆質礙 不顯無礙證聲常", 『인명대소초』 권41(대정장68, p.772c20)에 "두 번째

이법상사과류 : 『입정리론약찬요』에서는 '이법상사과류란 밖에서는 「허공은 힘써 한 일이 아니다. 말소리는 일부러 힘써야 일어나니 무상하고, 물단지 등이 무상한 것은 질애 때문이니 마땅히 상주다」라고 말한다. 안에서는 「일체상법은 힘써 한 일이 아니기에 일부러 애써 일으켰다는 것이 무상을 증명하고, 무상이 반드시 다 질애일 수는 없는데, 어찌 성이 상이라고 증명할 수 있겠는가!」'라고 말한다. 二 異法相似過類 略纂云 異法相似過類者 外曰 虛空是無勤勇 聲有勤發卽無常 甁等無常有質礙 應常住 內曰 一切常法非勤勇故 得勤發證無常 無常不必皆質礙 豈可無證聲常"라고 하였다. 〔참고문헌〕『因明論理門十四過類疏』, 『因明論疏明燈鈔』, 『因明大疏抄』. ⇨ 십사과류 十四過類, 동법상사과류 同法相似過類, 사능파 似能破, 인명 因明

이법상위 二法相違 두 가지 법이 서로 어긋나는 것. 예를 들면 번뇌와 열반처럼 두 가지 법이 서로 대립되고 모순되는 관계를 말한다. 『반야등론석』 권12(대정장30, p.115b2)에 "법이 무상하면 다함이 있다. 다함이 있으면 일어날 수 없다. 일어나고 다하는 두 법은 서로 어긋나기 때문이다. 비유하면 생과 사와 같다. 若法有無常者名爲盡 有盡者則無起 起盡二法相違故 譬如生與死", 『불성론』 권3(대정장31, p.805a10)에 "그대가 세운 무생의 뜻은 무엇인가? 번뇌가 있기에 무생이라고 하는가, 번뇌 없기에 무생이라고 하는가? 번뇌가 있다면 무생은 없다. 왜냐하면 유와 무의 두 법은 동시에 같이 할 수 없기 때문이다. 비유하면 한 사람이 갈 때에는 머물지 않고, 머물 때에는 가지 않는 것과 같으니, 두 법은 서로 어긋난다. 가고 머무는 것을 한꺼번에 할 수 없기 때문이다. 汝立無生 其義云何 爲是有惑故無生 爲是無惑故無生 若煩惱有 則無無生 何以故 有無二法 不得一時同處故 譬如一人 行時不住 住時不行 以二法相違 行住不得俱故"라고 하였다. 〔참고문헌〕『般若燈論釋』, 『佛性論』.

이법신 二法身 ➡ 이종법신 二種法身

이법신 理法身 이로서의 법신. 두 가지 법신 중 하나로 지법신(智法身)·공덕법신(功德法身)·사법신(事法身)에 상대한다. 증득의 주체로서의 지법신에 상대할 경우 소증(所證)의 이치로서의 법신이고, 수생(修生)의 공덕의 과보로 증득한 공덕법신의 상대어인 경우 본유하는 청정불성의 리로서의 법신을 말한다. 『비니작지속석』 권4(卍속장65, p.77a6)에 "법신에 둘이 있다. 첫째 이법신이다. 이란 성의 덕이다. 이는 성의 맑고 밝은 바탕이 본래 념을 떠나 허공계와 같아서 없는 곳이 없으며, 제불과 중생이 모두 한결같이 한 상이라는 뜻이다. 이것을 이법신이라 한다. 둘째, 공덕법신은 여래가 과거 삼아승기겁을 거치면서 육바라밀과 만행의 공덕을 닦은 인연으로 법신의 과보를 이룬 것이다. 그러므로 공덕법신이라 한다. 경문에서 일체지 등이 이룬 것이라 한 것은 공덕법신이 이법신을 머금었음을 밝힌 것이다. 삼세의 여래는 모두 이러한 두 법신을 갖춘다. 法身有二 一理法身 理卽性德也 謂性淨明體 本來離念 等虛空界 無所不徧 諸佛衆生 皆同一相 是名理法身 二功德法身 謂如來往昔 經三祇劫 修六度萬行功德爲因 而成法身之果 故名功德法身 文云一切智等所成 正明功德法身 以含理法身也 三世如來 皆具此二種法身", 『파지옥비밀다라니법』(대정장18, p.909c7)에 "아 자는 대일여래의 이법신이다. 본성이 청정하고 지극한 도리는 끝내 얻을 수 없는 공이다. 阿字卽是大日如來理法身 本性淸淨極理 畢竟不可得空", 『사분율행사초자지기』 권상(대정장40, p.184a5)에 "법신에 두 가지가 있다. 하나는 이법신이니 증득한 이치가 드러남이다. 둘째는 사법신이니 오분공덕의 완전함이다. 法身復二 一 理法身 卽所證理顯 二 事法身 卽五分德圓", 『금강경찬요간정기』 권5(대정장33, p.210b23)에 "이법신은 보리상이지만 저 삼십이상은 보리상이 아니다. 理法身是菩提相 彼三十二相非菩提相", 『원각경소초수문요해』 권1(卍속장15, p.496b11)에 "이법신은 진신이고 지법신은 응신이다. 사전도가 거듭하여 온통 팔전도가 된다. 사념처관에 성과 상이 있는데 쌍으로 거듭 팔전도를 다스리니 곧 팔행이 된다. 理法身卽眞身 智法身卽應身 然兩重四倒 總成八倒 其四念處觀 旣有性相兩重治於八倒 卽成八行"라고 하였다. 〔참고문헌〕『毘尼作持續釋』, 『破地獄祕密陀羅尼法』, 『四分律行事鈔資持記』, 『金剛經纂要刊定記』, 『圓覺經疏鈔隨文要解』. ⇨ 법신 法身, 이종법신 二種法身[1], 삼신 三身

이법애 離法愛 법에 대한 애착만을 떠남. 법을 여의지는 않는 위로, 천태 십승관법(十乘觀法) 중 하나다. 무법애(無法愛)라고도 한다. 『지관대의』(대정장46, p.461b16)에 "열 번째, 이법애란 육근 서로 쓰는 듯이 한을 얻어 이미 두 혹을 부수었으니, 길이 괴로움에 떨어질 일은 없다. 이러한 그럴듯한 위를 애착하는 것을 정타라 한다. 이는 소승이 오역죄로 물러나는 것과는 다른데, 내외 범부위가 여러 교설에 따라 다르기 때문이다. 만약 애착 떠남을 닦는다면 동륜위에 드니 이를 십주라 한다. 十 離法愛者 已得相似六根互用 已破兩惑 永無墜苦 愛此似位 名爲頂墮 不同小乘退爲五逆 以內外凡位諸教別故 若修離愛進入銅輪 名爲十住", 『능엄경원통소』 권7(卍속장19, p.752b10)에 "열 번째 이법애는 여래묘장엄해에 들어 원만보리로 무소득에 돌아가면 법에 대한 애착도 없고 그것을 떠나지도 않는다. 第十離法愛 入於如來妙莊嚴海 圓滿菩提 歸無所得 則無法愛 而不離也"라고 하였다. 〔참고문헌〕『止觀大意』, 『楞嚴經圓通疏』. ⇨ 무법

애 無法愛, 십승관법 十乘觀法

이법유 異法喩 ➡이유 異喩

이법자정 離法自淨 계법(戒法)에 의지하지 않고도 스스로 깨끗함. 『경덕전등록』 권14 「약산유엄전 藥山惟儼傳」(대정장51, p.311b17)에 "당의 대력 8년(773) 형악희조율사에게 계를 받고서는 이르길 '대장부 마땅히 법을 떠나서도 스스로 깨끗해야 하거늘, 어찌 죽을 때까지 자질구레한 일을 세세하게 행하겠는가?' 하고는 곧 석두희천 선사를 찾아뵙고 깊은 종지를 은밀하게 깨우쳤다. 唐大歷八年 納戒于衡嶽希操律師 乃曰 大丈夫當離法自淨 豈能屑屑事細行於布巾耶 卽謁石頭密領玄旨"라고 하였다. 〔참고문헌〕『景德傳燈錄』.

이법지 二法智 멸지(滅智)와 도지(道智). 사법지(四法智) 중 두 가지인데, 법지란 욕계에서의 사성제(四聖諦)를 아는 지혜로, 상계(上界 : 色無色) 유지(類智)에 상대한다. 『아비담비바사론』 권15(대정장28, p.111b13)에 "금강유정은 육지와 함께 한다. 즉 네 가지 비지와 두 가지 법지를 말한다. 두 가지 법지란 멸지와 도지를 말한다. 金剛喩定 與六智俱 謂四比智二法智 二法智者 謂滅智道智"라고 하였다. 〔참고문헌〕『阿毘曇毘婆沙論』, 『阿毘曇心論經』 권4(대정장28, p.854a9). ⇨법지 法智 **1**, 사법지인 四法智印

이법집 二法執 두 가지 법집(法執). 구생법집(俱生法執)과 분별법집(分別法執)을 말한다. 구생법집이란 일체법의 실체를 선천적으로 집착하는 법집을 말하고, 수도(修道)에서 끊는다. 분별법집이란 잘못된 교법(敎法)에 의해 일체법의 실체에 집착하는 후천적인 법집으로 견도(見道)에서 단박에 끊는다. 『성유식론』 권2(대정장31, p.6c26)에 "모든 법집에는 대략 두 가지가 있다. 첫째는 구생법집, 둘째는 분별법집이다. 구생법집이란 무엇인가? 무시(無始)의 때로부터 허망하게 훈습된 내적 힘 때문인 것이니, 항상 몸과 함께하며, 잘못된 가르침과 잘못된 분별이 없이도 저절로 그렇게 생각하기에 구생법집이라고 한다. 諸法執 略有二種 一者 俱生 二者 分別 俱生法執 無始時來 虛妄熏習 內因力故 恒與身俱 不待邪敎 及邪分別 任運而轉 故名俱生", "이것에는 다시 두 가지가 있다. 첫째는 항상 상속하는 것이다. 제7식(識)이 제8식으로 내 마음이라는 상을 일으켜서 실법이라고 집착하는 것이다. 둘째는 간단이 있는 것이다. 제6식이 식의 변화로 드러난 오온·십이처·십팔계 등의 상을 때론 다 가져와 때론 따로 가져 내 마음이라는 상을 일으켜 실체로 집착한다. 이 두 가지 법집은 미세하기에 끊기 어려운데, 견도 이후의 십지(十地) 중에서 수승한 법공관(法空觀)을 자주 닦고 익혀서 비로소 버릴 수 있다. 此復二種 一 常相續 在第七識 緣第八識 起自心相 執爲實法 二 有間斷 在第六識 緣識所變 蘊處界相 或總或別 起自心相 執爲實法 此二法執 細故難斷 後十地中 數數修習 勝法空觀 方能除滅", "분별법집 역시 현재의 외적 힘 때문이니, 몸과 함께하지 않았지만, 잘못된 가르침과 잘못된 분별에 의지한 후 비로소 일어나기에 분별법집이라고 한다. 오직 제6의식(意識) 중에만 있는데, 이것 역시 두 가지이다. 첫째는 잘못된 가르침에서 말하는 온처계 등을 자심상이라고 분별계탁해서 실법이라고 집착하는 것이다. 둘째는 잘못된 가르침에서 말하는 자성(自性) 등으로 자기 마음이라고 분별계탁해서 실법이라고 집착하는 것이다. 이 두 가지 법집은 거칠기 때문에 끊기 쉬운데, 초지(初地)에 들어갈 때 모든 법의 법공진여(法空眞如)를 관하면 곧 제거할 수 있다. 分別法執 亦由現在 外緣力故 非與身俱 要待邪敎 及邪分別 然後方起 故名分別 唯在第六意識中有 此亦二種 一 緣邪敎所說 蘊處界相 起自心相 分別計度 執爲實法 二 緣邪敎所說 自性等相 起自心相 分別計度 執爲實法 此二法執 麤故易斷 入初地時 觀一切法 法空眞如 卽能除滅"라고 하였다. 〔참고문헌〕『成唯識論』, 『成唯識論述記』 권2(대정장43, p.293b13). ⇨법집 法執

이변 二邊 Ⓢanta-dvaya, dvaya-anta, Ⓟdve antā, Ⓣmtha'-gnyis. 두 갈래 치우침. 중도를 여읜 극단적인 두 가지 견해로 상주론(常住論)과 단멸론(斷滅論)·유견(有見)과 무견(無見) 등과 같이 서로 맞서 끝내 다르게 보는 뜻이다. 『대품반야경』 권3(대정장8, p.238c29)에 "이 중 범부는 무명력으로 갈애하고 잘못된 견해로 분별하기에 무명이라고 설한다. 이 범부는 두 가지 치우침에 얽히기도 한다. 이 사람은 모든 법이 무소유임을 알지 못하고 보지 못하면서 기억과 상상으로 분별할 뿐이다. 是中凡夫 以無明力渴愛故 妄見分別 說是無明 是凡夫爲二邊所縛 是人不知不見諸法無所有 而憶想分別", 『대지도론』 권26(대정장25, p.253c17)에 "부처님께서 말씀하셨다. '아도 하나의 치우침이고 무아도 또 다른 치우침이다. 이러한 두 가지 치우침 떠나는 것을 중도라 한다'. 佛說 我是一邊 無我是一邊 離此二邊 名爲中道", 『대보적경론』 권2(대정장26, p.216c14)에 "두 가지 치우침 버리는 것이 중도의 뜻이다. 반드시 알아야 한다. 두 가지 치우침이란 무엇인가? 첫째, 외도의 치우친 견해니 이미 갖고 있는 아견이다. 저들은 음계입에 제멋대로 집착한다. 이것은 상견이다. 나중에 다거둬 말하면 상도 아도 한 가지 치우침이다. 둘째, 성문과 연각의 치우친 견해다. 음계입 중에서 무상에 집착하거나 무아에 집착하는 것이다. 나중에 모두어 말하자면 무상과 무아도 또 다른 치우침이다. 이러한 두 가지 치우침의 중간을 무분별지라 한다. 捨二邊 是中道義 應知何者二邊 一者 外道邊 所有我見 彼則於陰界入中橫而執是則常見 是後時總而說言 常是一邊 我是一邊 二者 聲聞緣覺邊 若於諸陰等中 執無常及執無我 是則後時總而說言無常是二邊 無我是二邊 所有此二邊中間 是名無分別智", 『중론』 권4(대정장30, p.33b15)에 "뭇 연이 구족하고 화합하여 사물이 생한다. 이 사물은 갖가지 인연이므로 자성이 없다. 자성이 없으므로 공이다. 공 역시 다시 공이지만 중생을 인도하기 위해 임시로 이름붙여 설한다. 유와 무라는 두 가지 극단에서 떠나므로 중도라 한다. 衆緣具足和合而物生 是物屬衆因緣故無自性 無自性故空 空亦復空 但爲引導衆生故 以假名說 離有無二邊故 名爲中道", 『대승현론』 권4(대정장45, p.53c2)에 "인도 하나의 끝이고 과도 또 다른 끝이다. 이러한 두 갈래 끝에서 떠나는 것을 중도라 한다. 연도 하나의 끝이고, 관도 또 다른 끝이다. 이러한 두 끝에서 떠남을 중도라 한다. 그러므로 알 수 있다. 실상은 인과 과였던 적이 없고, 또한 보이는 경도 아는 지혜도 아니지만 연을 따르고 뜻을 좇을 뿐이다. 因是一邊 果是一邊 離此二邊 名爲中道 緣是一邊 觀是一邊 離此二邊 名爲中道 故知 實相未曾因果 亦非境智 而隨緣逐義", 『이제의』 권상(대정장45, p.91a4)에 "유무를 밝히는 것이 세제이고 둘이 아니라는 것은 진제다. 유와 무를 밝히면 두 끝이다. 유도 하나의 끝이고, 무도 다른 하나의 끝이다. 또한 상과 무상, 생사와 열반도 모두 두 끝이다. 진과 속, 생사와 열반은 두 끝이므로 세제가 된다. 진도 아니고 속도 아니며, 생사도 아니고 열반도 아닌 불이의 중도가 제일의제다. 明有無爲世諦 不二爲眞諦者 明有無是二邊 有是一邊 無是一邊 乃至常無常生死涅槃 竝是二邊 以眞俗生死涅槃是二邊故 所以爲世諦 非眞非俗非生死非涅槃不二中道 爲第一義諦也"라고 하였다. [참고문헌] 『大品般若經』, 『大智度論』, 『大寶積經論』, 『中論』, 『大乘玄論』, 『二諦義』, *Laṅk. 193., Bodh-bh.27., MN.3.230., SN.4.330., Pras.1.* ⇨ 음계입 陰界入, 중도 中道

이변 二變 **1** 유루식(有漏識)의 두 가지 변(變). 인연변(因緣變)과 분별변(分別變)을 말한다. 인연변이란 인연력(因緣力)에 따르는 것으로 삼류경(三類境) 중 성경(性境)이고, 분별변이란 분별력(分別力)에 따르는 것으로 삼류경 중 독영경(獨影境)과 대질경(對質境)이다. 『성유식론』 권2(대정장31, p.11a21)에 "유루식의 변에는 간략하게 두 가지가 있다. 첫째는 인연의 세력에 따르기에 변하는 것이고, 둘째는 분별세력에 따르기에 변하는 것이다. 앞의 것에는 반드시 용이 있고, 뒤의 것은 단지 경일 뿐이다. 이숙식의 변은 단지 인연을 따르지만 변하는 색 등에는 반드시 실제의 용이 있다. 만약 변한 심 등이라면, 어쨌든 실제의 용은 없다. 상분의 심 등은 능히 연을 취하지 않기에 모름지기 저 실용이라면 따로 이것(第八識)을 좇아 생길 수밖에 없다. 有漏識變 略有二種 一 隨因緣勢力故變 二 隨分別勢力故變 初必有用 後但爲境 異熟識變 但隨因緣 所變色等 必有實用 若變心等 便無實用 相分心等 不能緣故 須彼實用 別從此生"라고 하였다. [참고문헌] 『成唯識論』. ⇨ 인연변 因緣變, 분별변 分別變 **2** 인능변(因能變)과 과능변(果能變)을 말한다. 능변식(能變識)을 인과 과로 나눈 뜻이다. 『성유식론』 권2(대정장31, p.7c1)에 "능변에는 두 가지가 있다. 첫째는 인능변이니, 제팔식 중의 등류습기(等流習氣)와 이숙습기(異熟習氣)의 두 가지 인습기를 말한다. 등류습기는 칠식 중의 선·악·무기 등을 훈습하여 생장하고, 이숙습기는 육식 중의 유루의 선·악 등으로 훈습하여 생장한다. 둘째는 과능변이니, 앞의 두 가지 습기력 때문에 팔식이 생겨나서 갖가지 상을 나툰다고 말한다. 能變有二種 一 因能變 謂第八識中 等流異熟 二因習氣 等流習氣 由七識中 善惡無記 熏令生長 異熟習氣由六識中 有漏善惡 熏令生長 二 果能變 謂前二種 習氣力故 有八識生 現種種相"라고 하였다. [참고문헌] 『成唯識論』. ⇨ 인능변 因能變, 과능변 果能變, 능변 能變

이변 利辯 예리한 말솜씨. 칠종변(七種辯) 중 하나로 사물을 깊이 깨달아야 얻는다. 『대지도론』 권55(대정장25, p.450c27)에 "어떤 이가 비록 첩질변을 얻었더라도 둔한 근기라면 깊이 깨닫지 못한다. 깊이 들 수 있기에 날카롭다. 이것이 이변이다. 有人雖能捷疾 鈍根故不能深入 以能深入故利 是利辯"라고 하였다. [참고문헌] 『大智度論』. ⇨ 칠종변 七種辯

이변 異變 **1** Ⓟ vippakāra. 낯선 변화. 예측을 벗어난 일찍이 볼 수 없었던 일. 『불소행찬』 권4(대정장4, p.37a15)에 "허공 중에 자유롭게 다니며 갖가지로 낯선 변화를 일으키며 때로는 몸을 나누어 헤아릴 수 없다가 다시 돌아와 합하기도 하였다. 遊行於空中 種種作異變 或分身無量 還復合爲一", 『보살영락경』 권11(대정장16, p.100c24)에 "그때 모든 회중에서 다들 시방의 무량세계에서 일어나는 기특하고 기묘한 변화를 보고 일찍이 없었던 일이라고 감탄하였다. 爾時衆會 盡見十方無量世界 奇特異變 歎未曾有"라고 하였다. [참고문헌] 『佛所行讚』, 『菩薩瓔珞經』. **2** 천재지변. 『대명도경』 권5(대정장8, p.498b11)에 "이제 내가 어디로 향할지 그 마땅함을 살펴보니 장차 이 이변 없는 곳이니 불나도 곧 사라지고 다 꺼져 다시는 볼 일 없는 곳이다. 今我審應是所向者 當無是異變 火起當滅 悉消去不復見"라고 하였다. [참고문헌] 『大明度經』.

이변삼제 二邊三際 이변과 삼제. 이변은 둘로 나뉜 극단적 견해이고 삼제는 과거・현재・미래를 말한다. 분별(分別)이 끊어지면 이 또한 사라지니 분별로 이변도 삼제도 있게 된다. 종보본『단경』(대정장48, p.357b2)에 "밖으로 드러난 갖가지 색상과 낱낱 음성상 평등하기가 몽환같네. 범부와 성인 봄을 일으키지 않고, 열반을 알려고도 하지 않으니 이변도 삼제도 끊어졌네. 항상 마땅히 모든 근 쓰지만 애써 상 일으키지 않고 일체법을 분별하되 분별상은 일으키지 않는다. 外現衆色象 一一音聲相 平等如夢幻 不起凡聖見 不作涅槃解 二邊三際斷 常應諸根用 而不起用想 分別一切法 不起分別想"라고 하였다. ［참고문헌］『壇經』. ⇨ 이변 二邊, 삼제 三際 [1]

이변지 已遍知 Ⓢ parijñāta. 이미 남김없이 두루 앎. 사성제(四聖諦)를 이미 두루 안 무학도(無學道)를 말한다. 사성제를 세 번 돌아 깨우치는 삼전십이행상(三轉十二行相) 중 제삼주(第三周)인 인증전(引證轉)에서 얻는 지다. 『대비바사론』 권102(대정장27, p.528b12)에 "모든 아라한에게는 누구나 후유가 없기에 통설로 '후유를 받지 않는다'고 한다. … 모든 번뇌를 이미 끊었고, 이미 두루 알았다면 통설로 나의 삶은 이미 다하였고, 나아가 후유를 받지 않는다고 말한다. 諸阿羅漢 皆無後有 故通說爲 不受後有 … 若諸煩惱已斷已遍知者 皆總說爲 我生已盡 乃至 不受後有", 『구사론송소론본』 권24(대정장41, p.953b16)에 "［문］ 어떤 것이 삼전십이행상인가? ［답］ '이것이 고성제이고〈견도를 드러냄〉, 이것을 마땅히 두루 알아야 하며〈수도를 드러냄〉, 이것을 이미 두루 알았다〈무학도를 드러냄〉'고 하는 것을 삼전(三轉)이라고 한다. 각각 구르고 따로따로 안・지・명・각을 낳는다. 問 云何三轉十二行相 答 此苦聖諦〈顯見道也〉 此應遍知〈顯修道也〉 此已遍知〈顯無學道〉 是名三轉 一一轉時 別別發生 眼智明覺", "십이행상이란, 세 차례 돌고 돌아 사성제를 보는 것이다. 즉 이는 고(苦)이고, 이는 집(集)이며, 이는 멸(滅)이고, 이는 도(道)이다〈이것은 첫 번째로 사제를 도는 것이니, 시상전(示相轉)이라고 한다〉. 이것 마땅히 두루 알아야 하며, 이것 마땅히 완전히 끊어야 하고, 이것 마땅히 증득해야 하며, 이것 마땅히 닦아 익혀야 한다〈이것은 두 번째로 사제를 도는 것이니, 권상전(勸相轉)이라고 한다〉. 이것을 이미 두루 알았고, 이것을 이미 완전히 끊었으며, 이것을 이미 증득하였고, 이것을 이미 닦아 익혔다〈이것은 세 번째로 사제를 도는 것이니, 인증전(引證轉)의 무학도법(無學道法)이다〉. 言十二行相者 三周循歷 四聖諦故 謂此是苦 此是集 此是滅 此是道〈此一周轉四諦 此名示相轉也〉 此應遍知 此應永斷 此應作證 此應修習〈是第二周 轉四諦也 此名勸相轉也〉 此已遍知 此已永斷 此已作證 此已修習〈是第三周 轉四諦也 此名引證轉 無學道法也〉"라고 하였다. ［참고문헌］『大毘婆沙論』, 『俱舍論頌疏論本』, *Madhy-vibh.50.*, *Suv-pr.68.* ⇨ 무학도 無學道, 삼전십이행상 三轉十二行相, 변지 遍知

이변지 已辦地 Ⓢ kṛtāvi-bhūmiḥ, Ⓣ byas-pa-bsrang-ba'i-sa, byas-brtogs-pa'i-sa. 이미 가려 마친 지. 천태에서 설하는 삼승공십지(三乘共十地) 중 일곱 번째로 이작지(已作地)라고도 한다. 『대일경소지심초』 권10(대정장59, p.720b26)에 "일곱째, 이변지는 삼계의 견사혹을 다한 지이다. 늘 부리던 번뇌를 끊어서 침습하지 못하도록 하니 마치 나무를 태워 숯을 만드는 것과 같다. 이는 장교의 사과와도 같으며 성문위와도 같이 한다. 七 已辨地 斷三界見思惑盡 但斷正使不能侵習 如燒木成炭 與藏教四果齊 聲聞位齊此", 『천태원종사교오시서곡명목』 권하(대정장74, p.577c20)에 "일곱째, 이변지는 성문의 제4과인 아라한과위이다. 삼승이 한가지로 색계와 무색계의 72품의 사혹을 모두 끊고 스스로 공에 들어 이미 가려 마쳤기에 이변지라고 한다. 七 已辨地 第四果阿羅漢果位也 三乘同斷盡 色無色界 七十二品思惑 自行入空慧已成辨 故言已辨地也"라고 하였다. ［참고문헌］『大日經疏指心鈔』, 『天台圓宗四教五時西谷名目』, *Mvyut.50.* ⇨ 이작지 已作地, 욕경지 欲竟地

이병 李邴 1085~1146. 송대 관료. 자는 한로(漢老), 호는 탈공거사(脫空居士), 시호는 문민(文敏). 임성(任城 : 山東省 濟寧市) 출신. 송나라 휘종(徽宗朝) 대 1106년(숭녕5)에 진사로 급제하고 수차례 한림학사(翰林學士)에 천거되었다가 고종(高宗)이 즉위하면서 병부시랑(兵部侍郎)에 임명되었다. 저서에 『초당집 草堂集』 100권이 있다. 대혜종고(大慧宗杲)에게 보낸 문장(問狀)과 그에 대한 대혜의 답장(答狀) 각각 두 편이 『서장』「답이참정장 答李參政狀」(대정장47, p.919c3)에 전한다. ［참고문헌］『書狀』, 李智冠『四集私記』 p.25.

이병산 李屛山 1177~1223. 금대 거사(居士). 호는 병산거사, 자는 순보(純甫), 이름은 지순(之純). 홍주(弘州 : 河北省 陽原縣) 출신. 금나라 승안년간(1196~1201)에 벼슬에 나갔다. 관직은 상서우사도사(尙書右司都事)에 이르렀다. 중년에 관직을 버리고 낙향하여 여러 서적을 열람했는데, 『장자』・『열자』・『춘추좌씨전』・『전국책』 등에 특히 뛰어났다. 서른 살 무렵에 불서를 열람하고 유불도를 회통하는 입장에서 『명도집설 鳴道集說』을 지었다. 이밖에 『능엄경』・『금강경』・『노자』・『장자』・『중용』 등에 관한 집해(集解)를 지었으나 현재 전하지 않는다. ［참고문헌］『佛法金湯編』 권15(卍속장148, p.975a8), 『居士傳』 권35(卍속장149, p.919a12). ⇨ 명도집설 鳴道集說

이보 二報 ➡ 의정이보 依正二報

이보 李補 조선 전기 왕자 효령대군(孝寧大君 1396~1486)의 이름. [참고문헌] 『太宗實錄』 권34 17년 9월 12일. ⇨ 효령대군 孝寧大君

이보리사 二菩提寺 경상북도 영주시 소백산(小白山)에 있던 보리사(菩提寺). [참고문헌] 『韓國寺刹全書』 권하 p.959b13. ⇨ 보리사 菩提寺 6

이보문 李寶文 중국 남송 때 이초(李楚). 자는 무가(茂嘉) 또는 언가(彦嘉). 대혜종고(大慧宗杲)가 60세이던 1148년(소흥18) 형주(衡州)에서 보낸 「답이보문 答李寶文」(대정장47, p.935c6)에 "능히 어둡고 무지함을 아는 사람이란 별다른 사람이 아니라 바로 이보문 본래 숨쉬는 그 자리입니다. 이것이 바로 묘희의 응병여약으로서 부득이 거사를 위하여 한마디 거들자면 집으로 돌아가 고요히 앉은 채로 가만히 길머리 더듬을 뿐입니다. 能知昏鈍者 亦不是別人 便是李寶文本命元辰也 此是妙喜應病與藥 不得已略爲居士指箇 歸家穩坐底路頭而已"라고 하였다. [참고문헌] 『書狀』, 李智冠 『四集私記』 p.100. ⇨ 언가 彦嘉

이보살경 二菩薩經 유송(劉宋) 때 강량야사(畺良耶舍)가 한역한 『관약왕약상이보살경 觀藥王藥上二菩薩經』(대정장20, No.1161)의 줄인 이름. ⇨ 관약왕약상이보살경 觀藥王藥上二菩薩經 1

이복 二福 두 가지 복. 범복(梵福)과 성복(聖福)으로 하늘의 복과 성현과 보살의 복을 말한다. 『법화문구』 권10상(대정장34, p.139a16)에 "제6천은 한 범천의 복에 미치지 못한다. … 성복이란 아라한이 최후몸에 머물러 성취하는 유여열반이다. 또한 법을 체득한 삼승인은 함께 무생을 배워서 번뇌를 끊어 다한 것이 마치 나무가 타서 재가 되는 듯하다. 또한 살타의 복은 스스로 행하고 남도 교화하여 함께 무언으로 도를 설함으로써 번뇌를 끊고 무여열반에 드는 것이다. 또한 살타의 복은 초발심하면서부터 차제로 남을 교화하여 대열반에 든다. 이와 같이 범복을 한껏 헤아려도 성복에 미치지 못한다. 第六天 不及一梵福 … 聖福者 謂阿羅漢 住最後身 得有餘涅槃者 是也 又有體法三乘人 同學無生 斷煩惱盡 如燒木成炭 又薩埵聖福 自行化他 俱以無言說道 斷煩惱入無餘 又薩埵福 謂從初發心 次第化人 入大涅槃 如是格量梵福 不及聖福"라고 하였다. [참고문헌] 『法華文句』. ⇨ 범복 梵福, 성복 聖福

이복나형 離服裸形 Ⓢ Ⓟ acelaka, Ⓣ gos-med-pa. 옷 벗은 벌거숭이. 고행만을 받드는 자이나의 나형외도를 말한다. 『장아함경』 권8 「산타나경 散陀那經」(대정장1, p.47c14)에 "부처님께서 범지에게 이르셨다. '그대의 행위는 온통 비루하다. 옷 벗은 벌거숭이로 주요부위를 손으로 가리고, 항아리에 담은 밥은 받지 않고, 발우에 담긴 밥도 받지 않는다'. 佛告梵志 汝所行者 皆爲卑陋 離服裸形 以手障蔽 不受瓨食 不受盂食", 같은 책 권16 「나형범지경 裸形梵志經」(대정장1, p.103c15)에 "옷 벗은 벌거숭이 행자들은 무수한 방편으로 이 몸을 괴롭히지만 저들의 계도 온전하지 않고, 견도 제대로이지 못하며 부지런히 닦는 것도 아니고 널리 퍼뜨리지도 않는다. 離服倮形者 以無數方便 苦役此身 彼戒不具足 見不具足 不能勤修 亦不廣普"라고 하였다. [참고문헌] 『長阿含經』, *Mvyut.179.* ⇨ 나형 裸形, 나형외도 裸形外道, 노형니건자 露形尼揵子

이복달 李福達 명대 민간종교의 우두머리. 정덕·가정 년간(1506~1566)에 활동하였다. 조부부터 손자에 이르기까지 산서성(山西省)·사천성(四川省) 등지에서 교를 전파하면서 백련교(白蓮教) 활동에 참여하였고, 그로 인하여 무정후(武定侯) 곽훈(郭勛)에게 의탁하여 조정을 한바탕 투쟁으로 몰아넣어 이복달의 옥사(獄事)를 야기하기도 하였다. [참고문헌] 『明史紀事本末』 권56.

이복전 二福田 두 갈래 복전. **1** 학인전(學人田)과 무학인전(無學人田). 세간에 복이 되는 지혜의 밭이기에 섬긴다. 『중아함경』 권30 「복전경 福田經」(대정장1, p.616a10)에 "세간에는 모두 두 가지의 복전이 되는 사람이 있다. 무엇이 그 둘인가? 하나는 학인이고, 다른 하나는 무학인이다. 학인에게는 열여덟이 있고, 무학인에게는 아홉이 있다. 世中凡有 二種福田人 云何爲二 一者 學人 二者 無學人 學人有十八 無學人有九"라고 하였다. [참고문헌] 『中阿含經』, 『大智度論』 권22(대정장25, p.224a9). ⇨ 십팔유학 十八有學, 구무학 九無學, 복전 福田 **2** 비전(悲田)과 경전(敬田). 자비심을 베푸는 복전과 공경심으로 공양하는 복전. 『이취육바라밀다경』 권4(대정장8, p.884c17)에 "두 가지 복전이 있다. 무엇이 그 둘인가? 하나는 대비로 보살펴야 할 밭으로 부모 없어 외롭거나 늙어 고독하거나 빈궁하여 괴로움에 처한 모든 사람을 말한다. 다른 하나는 섬겨 유지해야 할 지혜의 밭으로 불법승과 부모스승어른을 말한다. 비전에게 업신여기는 마음을 품고 '복전이 없다'라고 말해서는 안 되며, 섬기는 밭에서는 보답을 바래서는 안 된다. 대비심으로 가리지 않고 고르게 일체에게 베푸는 보시야말로 진실한 보시다. 有二種田 云何爲二 一者 悲田 謂諸孤露 貧窮困苦 二者 敬田 謂佛法僧 父母師長 於悲田所 不應輕賤 言無福田 於敬田所 不應求報 以大悲心 無所分別 等施一切 名眞施也"라고 하였다. [참고문헌] 『理趣六波羅蜜多經』. ⇨ 비전 悲田, 경전 敬田 1, 복전 福

田 ❸ 유작복전(有作福田)과 무작복전(無作福田). 경전(敬田)을 둘로 나눴다. 『대방편불보은경』 권5(대정장3, p.148c14)에 "일체중생이 갖추어 해탈하고 무위로 편안케 하고자 이종복전을 열어 보이셨다. 하나는 유작복전이고 다른 하나는 무작복전이다. 부모와 스승, 모든 불법승과 보살들이니, 일체중생이 닦고 공양하여 복을 얻으며 나아가 성도에 이르기까지 한다. 欲令一切衆生俱得解脫 安處無爲 卽爲開示二種福田 一者 有作福田 二者 無作福田 所謂父母及與師長 諸佛法僧及諸菩薩 一切衆生 修供得福 進可成道"라고 하였다. 〔참고문헌〕『大方便佛報恩經』. ⇨경전 敬田❶, 복전 福田

이봉 离峯 하동 쌍계사(雙磎寺) 스님 낙현(樂玹 1804~1890)의 호. 〔참고문헌〕智冠『韓國高僧碑文總集 朝鮮朝·近現代』 p.718. ⇨낙현 樂玹

이봉당낙현대사비문 离峰堂樂玹大師碑文 조선후기 이봉낙현(离峰樂玹 1804~1890)의 행적을 담은 비문. 완산(完山) 이건창(李建昌)이 1894년(고종31)에 비문을 짓고 염재거사(念齋居士) 송태회(宋泰會)가 글씨와 전액을 써서 1918년 순천 조계산(曹溪山) 송광사(松廣寺)에 세웠다. 음기(陰記)는 예운혜근(猊雲惠勤)이 지었으며, 음기 명단의 말미에 '석재는 강화산이다. 石出江華'라고 하였다. 〔참고문헌〕『曹溪山松廣寺史庫』(亞細亞文化社, 1977) pp.658~665, 智冠『韓國高僧碑文總集 朝鮮朝·近現代』 pp.718~720. ⇨낙현 樂玹

이부 以不 문장의 끝에 쓰여 의문을 나타내는 말. 『유부율파승사』 권6(대정장24, p.129b1)에 "그때 저 장자는 이미 부처님이 계신 곳으로 가서 이마를 부처님의 발에 대고 예를 올리며 말했다. '세존이시여! 제 아들 야사를 보셨습니까?' 부처님께서 말씀하셨다. '장자여! 그대는 우선 앉아라. 여기서 아들과 만나는 걸 허락하노라'. 이때 저 장자는 부처님의 말씀을 듣고 나서 일찍이 경험해 보지 못했던 기쁜 마음이 생겨 부처님의 양 발에 예를 올리고 한편에 앉았다. 時 彼長者 旣至佛所 頂禮佛足 白言 世尊 見我耶舍以不 佛言 長者 汝宜且坐 容於此處 與子相見 時 彼長者 聞佛語已 起歡喜心 得未曾有 禮佛雙足 在一面坐"라고 하였다. 〔참고문헌〕『有部律破僧事』. ⇨야무 也無, 야미 也未, 이불 已不

이부 異部 견해를 달리하는 무리들. 불교 내부의 다양한 학파나 종파를 말한다. 『이부종륜론』(대정장49, p.15a7)에 "부처님께서 열반에 드신 후, 백년이 다 되는 때에, 부처님의 가르침에 다른 주장을 하는 무리들이 일어나자 좋지 않은 일들이 이어졌으니, 거듭 점점 달리 집착하게 되었고 더 많은 부파들이 일어났다. 佛般涅槃後 適滿百餘年 聖教異部興 便引不饒益 展轉執異故 隨有諸部起", 『이부종륜론소술기』(卍속장83, p.422b17)에 "이(異)란 달리한다는 뜻이고, 부(部)란 무리를 나타낸다. 제각기 이해에 따라 마음도 맞지 않고 견해도 달라 따로 무리 짓는 것을 이부라고 한다. 異者別也 部者類也 人隨理解 情見不同 別而爲類 名爲異部"라고 하였다. 〔참고문헌〕『異部宗輪論』, 『異部宗輪論疏述記』, 『十八部論』(대정장49, p.18a24). ⇨십팔이부 十八異部, 오백이부 五百異部, 이부오부 二部五部

이부 離覆 덮개 즉 번뇌를 여읜다는 말. 『대법고경』 권1(대정장9, p.291b1)에 "이 수다라는 번뇌를 벗어나 청정하고, 음성마저 또렷이 드러내어 백천가지 인연을 분별하여 펼쳐보인다. 此修多羅 離覆清淨 明顯音聲 百千因緣 分別開示"라고 하였다. 〔참고문헌〕『大法鼓經』.

이부계본 二部戒本 비구와 비구니의 계본을 일컫는 말. 『팔종강요초』 권상(대장경보편32, p.37a11)에 "처음의 이부계본은 지지(止持)라 부르고, 뒤의 이십건도는 작지(作持)라고 한다. 이부계본이란 비구와 비구니 이부계본을 말한다. 비구와 비구니가 가지는 바여서 구족계라고 한다. 初二部戒本 是名止持 後二十犍度 是名作持 二部戒本者 僧尼二部也 比丘比丘尼所持 名具足戒"라고 하였다. 〔참고문헌〕『八宗綱要鈔』.

이부마 李駙馬 ➡이준욱 李遵勗

이부승 二部僧 두 무리 스님들. 비구와 비구니. 『오분율』 권11 「초니율바라이법 初尼律波羅夷法」(대정장22, p.77b28)에 "이때에 장로 우파리가 부처님께 여쭈기를 '세존이시여 이미 모든 비구를 위하여 결계하셨습니다. … 이 계 제가 마땅히 어떻게 가져야 합니까? 일부승만으로 갖게 해야 합니까, 이부승으로 갖게 해야 합니까?' 부처님께서 '응당 이부승으로 갖게 해야 된다'라고 말씀하셨다. 爾時長老優波離問佛 世尊已爲諸比丘結戒 … 是戒我當云何持 爲應作一部僧持 二部僧持 佛言 應作二部僧持", 『마하승기율』 권15(대정장22, p.349a16)에 "이때에 아기라강 반대편에서 이부승인 비구·비구니를 청하였다. 爾時阿耆羅河彼岸 請二部僧比丘比丘尼"라고 하였다. 〔참고문헌〕『五分律』, 『摩訶僧祇律』, 『四分律』(대정장22, p.606c12). ⇨비구 比丘, 비구니 比丘尼

이부승수계 二部僧受戒 비구니 수계시 비구와 비구니 이부승(二部僧)으로부터 거듭 수계갈마하는 법. 중수(重受)라고도 한다. 비구는 비구로만 구성된 삼사칠증(三師七證) 앞에서 백사갈마(白四羯磨)를 통해 구족계를 받는다. 하지만, 비구니는 먼저 비구니로만 구성된 삼사칠증으로부터 갈마한 후, 당일 이부승니(二部僧尼) 각각의 십증사(十證師)가 함께 한 계단에서 구족계를 받는다. 이렇게 이중으로 갈마하는 것은 비구니의 자격을 심사하는 신체 검사 등 내밀한 과정을 비구니승가 스스로 할 수 있게 배려한 갈마라고 할 수 있다. 『오분율』 권29(대정장22, p.185c23)에 "식차마나는 2년 동안 계를 배워 마치고는 마땅히 이부승가에 나아가 구족계를 받아야 한다. 式叉摩那學二歲戒已 應在二部僧中受具足戒", 『선견율비바사』 권14(대정장24, p.774a17)에 "비구니란, 이부승으로부터 백사갈마로 구족계를 받아야만 비구니라 이름한다. 比丘尼者 從二部僧中白四羯磨受具足戒 是名比丘尼"라고 하였다. 중국의 이부승수계 전래는 양(梁) 보창(寶唱)의 『비구니전』 권2 「광릉승과니전 廣陵僧果尼傳」(대정장50, p.939c12~9c24)에 자세히 전하는데, 429년(원가6)에 사자국(師子國 : 스리랑카)의 비구니가 중국으로 와 경복사(景福寺)에 머무르면서 비구니들이 이승(二僧)이 아닌 대승(大僧 : 비구)에게만 수계하는 것을 보고는 이후 자기 나라로 돌아갔다가 433년(원가10)에 사자국 철살라(鐵薩羅) 등 11명의 비구니를 거느리고 다시 왔다. 승가발마(僧伽跋摩)의 남림사(南林寺) 계단(戒壇)에 나아가 혜과(惠果) 등 300여 명에게 중수(重受 : 이부승수계) 하였다. 이후에도 불암서옥(佛庵書玉 1645~1721)이 1703년(강희42)에 지은 「이부승수계의식연기 二部僧授戒儀式緣起」(『이부승수계의식』 권상 · 卍속장107, p.230a1)에 자세히 전하는데, 1667년(강희6) 봄에 곤산(崑山)의 밀조비구니(蜜照比丘尼)가 소경사(昭慶寺)에 와서 대중공양을 올릴 때, 참여하였던 학계녀(學戒女 : 식차마나니)들이 계 받기를 희망하였다. 이에 15일 동안 습의산림(習儀山林)을 하면서 견월독체(見月讀體 1601~1679)와 삼매적광(三昧寂光) 율사가 예전에 본 경험을

이부승수계 제3회단일계단
제2회비구니계수계식 부산 범어사

토대로 하여 비구니 전계화상(傳戒和尙) 밀조 · 갈마사(羯磨師) 초진(超塵) · 교수사(敎授師) 원증(圓證)의 삼사와 칠증을 갖추어 일엽암(一葉庵)에서 40여 명에게 수계한 다음 전계화상 밀조비구니가 수계자를 데리고 소경사로 가서 이부승니 앞에서 수계하였던 것이다. 우리나라에서는 자운성우(慈雲盛祐 1911~1992)대율사가 1980년에 이부승수계법을 정착시켜 오늘에 이른다. 〔참고문헌〕『五分律』, 『善見律毘婆沙』, 『比丘尼傳』, 『二部僧授戒儀式』, 『四分律』 권48(대정장22, p.925a25), 伽山智冠 『한국불교계율전통』 pp.103~106, *Vin.2.271.* ⇨ 비구니수계단 比丘尼受戒壇, 수계의식 受戒儀式

이부오부 二部五部 이부와 오부. 이부는 부처님의 입멸 후 근본분열을 일으킨 상좌부와 대중부이고, 오부는 부처님 입멸 후 일백년경에 분파된 다섯 부파로서 담무덕부(曇無德部 Ⓢ Dharma-guptaka : 法藏部) · 살바다부(薩婆多部 Ⓢ Sarvāsti-vāda : 說一切有部) · 미사새부(彌沙塞部 Ⓢ Mahi-śāsaka : 化地部) · 가섭유부(迦葉唯部 Ⓢ Kāśyapīya : 飮光部) · 승기부(僧祇部 Ⓢ Mahā-sāṃghika : 大衆部)를 말한다. 『사분율행사초비』 권2(卍속장67, p.285a14)에 "처음에는 이부와 오부로 달리 했으나, 중간에는 십팔부와 오백부의 차별이 있었다고 한 것은 근본분열은 오직 상좌부와 대중부의 두 부였지만, 일백년후에 십이부로 나뉘었고, 이백년후에도 십이부로 나뉘었으며, 사백년후에는 십팔부로 나뉘어 근본 이부와 함께 이십부가 되었다. 初則二部五部之殊 中則十八五百之別 謂根本唯是上座大衆二部 一百年後分爲十二部 二百年後分爲十二 四百年後分十八部 并根本是謂二十部"라고 하였다. 〔참고문헌〕『四分律行事鈔批』. ⇨ 오부 五部[2], 근본분열 根本分裂, 부파불교 部派佛教

이부정법 二不定法 Ⓢ dvāv aniyatau, Ⓟ dve aniyatā. 두 가지 정하기 어려운 법. 계를 범한 현장을 분명히 알 수 없는 경우로 병처부정(屛處不定)과 노처부정(露處不定)을 말한다. 비구니계목에는 없는 법이다. 『사분율행사초자지기』 권중(대정장40, p.291b24)에 "가려 보이지 않은 곳과 드러난 곳으로 같지 않아서 두 가시다. 범한 사실을 알 수 없기에 부정이라 한다. … 첫째는 병처부정〈부처님께서 사위성에 계실 적에 가류다이(迦留陀夷) 비구가 우바이와 함께 보이지 않는 곳에 앉아서 법도에 맞지 않는 말을 나눴다. 비사거모(毘舍佉母)가 이를 보고 부처님께 말씀드렸고, 이로 인해 제정되었다〉이고, … 둘째는 노처부정〈사건 당시의 국토와 범인은 앞서 말한 계와 같지만, 단지 드러난 곳이라는 것만 다르다〉이다. 屛露不同爲二 不審實犯爲不定 … 一 屛處不定〈佛在舍衛 迦留陀夷 與優婆夷 共屛覆坐 說非法語 毘舍佉母見 白佛 因制〉 … 二 露處不定〈國土犯人 竝同前戒 唯露處爲別〉"라고 하였다. 〔참고문헌〕『四分律行事鈔資持記』, 『四分律比丘含注戒本』 권상(대정장40, p.436b10), *Vin.1.112.* ⇨ 병처부정 屛處不定, 노처부정 露處不定, 부정법 不定法[1]

이부정성 離不正聲 Ⓢ apaśabdavigatā, Ⓣ tshig-zur-chag-pa-med-pa. 육십종성(六十種聲) 중 하나. 『대승장엄경론』 권6 「홍법품 弘法品」(대정장31, p.619c25 : *Sūtr.*, p.80)에 "이부정성은 기억하여 잊지 않는다는 뜻이다. 離不正聲者 憶不忘故 apaśabdavigatā smṛtisaṃpramoṣe tadaniścaraṇatvāt"라고 하였다. 육십사범음(六十四梵音)에서는 무결감성(無缺減聲)이라고 한다. 〔참고문헌〕『大乘莊嚴經論』, 『如來祕密大乘經』 권7(대정장11, p.719c25), *Sūtr.* ⇨ 무결감성 無缺減聲, 육십종성 六十種聲

이부종륜론 異部宗輪論 Ⓢ Samaya-bhedopacarana-cakra, Ⓣ gShung-lugs-kyi bye-brag bkod-pa'i 'khor-lo. 세우(世友 Ⓢ Vasumitra) 지음. 당대인 662년(용삭2)에 현장(玄奘) 한역. 1권. 고려장29, pp.567a1~570b19, No.977 · 대정장49, pp.15a3~17b10, No.2031에 수록되어 있다. 본서의 제목 중 이부는 서로 다른 부파를 가리키고, 종륜은 일정하지 않게 굴러가는 수레바퀴처럼 각 부파의 종지가 서로 다른 것을 나타낸다. 설일체유부의 교의에 기초하여 소승 20부파의 발생 과정과 각 부파 간의 교의상 동이를 서술하고 있어서 부파불교연구에 중요한 자료다. 이역본으로는 진제의 『십팔부론 十八部論』(대정장49, No.2032) 1권과 『부집이론 部執異論』(대정장49, No.2033) 1권이 있으며, 주석서로는 규기의 『이부종륜론술기 異部宗輪論述記』(卍속장83, pp.421a1~467b9) 1권이 있다. 티베트역본(北京版 No.5639)이 현존한다. ⇨ 십팔부론 十八部論, 부집이론 部執異論

이부종륜론술기 異部宗輪論述記 당대 규기(窺基) 지음. 1권. 『이부종륜론 異部宗輪論』의 주석서. 『이부종륜론기 異部宗輪論記』 · 『이부종륜론소 異部宗輪論疏』라고도 한다. 卍속장83, pp.421a1~467b9에 수록되어 있다. 20부파의 분열과 교의에 대해 상세한 주석을 가하고 있다. 서문에서는 『이부종륜론』의 한역과 본서를 저술한 경위에 대해 서술하고 있으며, 이어서 『이부종륜론』 본문에 따른 풀이다. 본서의 주석서로는 영천(榮天)의 『이부종륜론술기목록』 5권 · 해응(海應)의 『이부종륜론술기사기』 2권 · 오심(悟心)의 『이부종륜론술기별록』 2권 등이 있다. ⇨ 이부종륜론 異部宗輪論

이분 異分 Ⓢ anya-bhāgīya, Ⓟ añña-bhāgiya. 행위자와 관계없는 다른 사람이나 일. 행위의 당사자는 본분(本分)이라고 한다. 『오분계본』(대정장22, p.201b1 : *Vin.3*, p.167)에 "만일 비구가 다른 이에게 화가 나고 불쾌하다고 하여 다른 이에게 일어난 일 중에 부분을 취해서는 그럴듯하게 꾸며 바라이를 범하지 않은 비구에 대해 바라이법을 범했다고 비방하고는 저 비구의 청정행 무너뜨리려고 했다면 이 비구는 이 일의 진상을 알면서도 다른 이에게 일어난 일 중에서 일분 가져다 다른 말을 지어냈기에 승가바시사다. 若比丘 瞋他故不喜 異分事中 取片 若似片法 非波羅夷比丘 以波羅夷法謗 欲破彼比丘淨行故 是比丘知是事 異分事中 取片法 作異語故 僧伽婆尸沙 yo pana bhikkhu bhikkhuṃ duṭṭho doso appatīto aññabhāgiyassa adhikaraṇassa kiñci desaṃ lesamattaṃ upādāya pārājikena dhamme na anuddhaṃseyya appeva nāma naṃ imamhā brahmacariyā cāveyyanti. tato aparena samaye na samanuggāhiyamāno vā asamanuggāhiyamāno vā aññabhāgiyañ c'eva taṃ adhikaraṇaṃ hoti koci deso lesamatto upādinno bhikkhu ca dosaṃ patiṭṭhāti saṅghādiseso'ti"라고 하였다. 〔참고문헌〕『五分戒本』, *Vin.* ⇨ 이분무근 異分無根

이분가 二分家 유식에서 이분(二分)을 주장하는 무리. 능히 보이는 듯한 견분(見分)과 보이는 것인 양하는 상분(相分) 두 가지만을 인정하는 난다(難陀 Ⓢ Nanda) 등을 일컫는다. 자체분(自體分)을 상정하지 않고, 견분과 상분이 모두 의타기성(依他起性)으로서 존재하며, 의타기의 견분이 전변하여 세간의 아(我)와 법(法)으로 변현한다고 주장한다. 다만 둘 다 연기해서 있게 된 것(依他有)이지만, 견분은 좀 더 실재적(實有)이고 상분은 그에 비해 더 의존적(假有)이라고 설정하는 대목이 특징적이다. 『성유식론』 권2(대정장31, p.10a21)에 "그러나 유루식 자체가 생할 때, 모두 소연과 능연의 상인 듯 나타난다. 저 상응법도 마땅히 그러함을 알아야 한다. 소연상인 듯한 것을 상분이라 하고, 능연상인 듯한 것을 견분이라고 한다. 然有漏識自體生時 皆似所緣能緣相現 彼相應法 應知亦爾 似所緣相 說名相分 似能緣相 說名見分", 『성유식론술기』 권1(대정장43, p.242a17)에 "〔논〕 또다시 (전변은) 내식이 외경인 듯한 것이다. 〔술〕 난다와 친승 등의 주장이다. 『섭대승론』에 의지한다면 '오직 두 가지' 뜻일 뿐이라는 것이다. 단지 견분과 상분만을 세워서 의타로 삼고 제3과 제4분을 설하지 않는다. 상분의 체성이 비록 의타로서 존재한다고는 하지만, 견분이 변한 것이기에 유식이라 이름할 수 있다. 이 상분의 체는 내식에 실재해서 떨어질 수 없음에도 망정으로 집착하여 외경이 나타난듯 한다. (상분은) 내식에 실재한다. 論 或復內識轉似外境 述曰 卽是難陀親勝等義 依攝論說 唯二義也 但立見相 以爲依他 不說第三第四分也 相分體性 雖依他有 由見變爲 故名唯識 此相分體實在於內 不離於識 妄情 執爲似外境現 實在內也"라고 하였다. 〔참고문헌〕『成唯識論』, 『成唯識論述記』. ⇨ 안난진호일이삼사 安難陳護一二三四, 사분 四分 ❶

이분동전 異分同全 ➡ 이품일분전동품변전 異品一分轉同品遍轉

이분무근 異分無根 Ⓢ anya-bhāgīyasya adhikaraṇasya, Ⓟ añña-bhāgiyassa adhikaraṇassa. 다른 사람의 행위를 근거 없이 비방하는 것. 『사분율』 권4(대정장22, p.589c4)에 "세존께서는 이러한 인연으로 비구중을 모은 뒤 무수한 방편으로 자지비구(慈地比丘 Ⓟ Mettiyabhummajakā) 형제를 꾸짖으셨다. '그대들이 한 일은 위의가 아니고 사문법도 아니며 정행도 아니고 법에 수순하는 행도 아니니 마땅히 해서는 안 되는 일이다. 답바마라자(Ⓟ Dabba-Mallaputta)는 범행을 닦는데 그대들은 어째서 이분무근인 바라이(波羅夷 Ⓟ pārājika)를 가지고 답바마라자와 같은 청정한 사람을 비방하느냐?' … 만일 비구가 바라이를 범하지 않았는데도 바라이를 범하는 걸 보았다고 말한다면, 이분무근법방으로서 승가바시사(Ⓟ saṅghādisesa)다. 世尊 以此因緣 集比丘僧 以無數方便 呵責慈地比丘 汝等所爲非 非威儀 非沙門法 非淨行 非隨順行 所不應爲 沓婆摩羅子修梵行 汝等云何 以異分無根波羅夷 謗沓婆摩羅子淸淨人 … 若比丘 不犯彼羅夷 言見犯波羅夷 以異分無根法謗 僧伽婆尸沙"라고 하였다. [참고문헌] 『四分律』, *Vin.3.167.* ⇨ 이분 異分, 승가바시사 僧伽婆尸沙

이분별 理分別 Ⓢ yukti-vikalpa. 정한 이치에 근거한 분별. 이미 정한 바가 있고 그것에 집착해 일으키는 분별을 말한다. 성망상(成妄想) 또는 건립분별(建立分別)이라고도 한역한다. 『대승입능가경』 권3(대정장16, p.606b6 : *Laṅk.*, p.53)에 "무엇이 이분별인가? 아와 아소의 상에 집착함이 있어 언설을 일으키면, 이를 이분별이라고 한다. 云何理分別 謂有執著我我所相 而起言說 是名理分別 tatra yuktivikalpaḥ katamaḥ. yaduta ātmātmīyalakṣaṇayuktivigrahopadeśaḥ", 『주대승입능가경』 권5(대정장39, p.468c29)에 "〈경〉 무엇이 이분별인가? ~ 이 이름이 이분별이다. 〈주〉 오온에 대하여 아와 아소라 헤아려 허망법을 설하는 것을 이분별이라고 한다. 云何理分別〈至〉是名理分別 於五蘊中 計我我所 說虛妄法 是名理分別"라고 하였다. [참고문헌] 『大乘入楞伽經』, 『注大乘入楞伽經』, *Laṅk.*

이분별 異分別 달리 분별함. 오온을 아(我)로 여기는 분별에 의지해 또다시 만사를 분별하는 뜻이다. 80권본 『화엄경』 권80(대정장10, p.442c14)에 "부처님지혜 광대하기가 허공과 같아 일체중생의 마음에 두루 계시고, 세간의 모든 망상을 다 알아 갖가지로 달리 분별을 일으키지 않으시네. 佛智廣大同虛空 普遍一切衆生心 悉了世間諸妄想 不起種種異分別", 『대보적경』 권119(대정장11, p.677b13)에 "변견이라는 말은 오취온에 대해 집착하여 아로 삼고는 또다시 달리 분별을 일으키는 것이다. 言邊見者 於五取蘊 執著爲我 生異分別", 『설무구칭경』 권2(대정장14, p.563c4)에 "우파리여! 만약 분별이 있는데다 이분별까지 있으면 번뇌가 있는 것이고, 분별도 없고 이분별마저 없다면 본성이 청정한 것이다. 優波離 若有分別 有異分別 卽有煩惱 若無分別 無異分別 卽性淸淨"라고 하였다. [참고문헌] 『華嚴經』, 『大寶積經』, 『說無垢稱經』. ⇨ 분별 分別 ❶

이분별 離分別 Ⓢ akalpana, nirvikalpa, Ⓣ rnam-par-rtog-pa-med-pa. 분별을 여읨. 분별을 떠나야만 색상(色相)의 경계를 넘어 지혜에 들 수 있다. 『이취육바라밀다경』 권6(대정장8, p.892c22)에 "이런 인연으로 저 욕하는 이에게도 대비로 가엾이 여겨 참아낸다. 비록 능히 이와 같이 하여도 단지 이름뿐인 안인뿐이고, 분별을 여의어야만 비로소 안인바라밀다다. 由此因緣 於彼罵者 生大悲愍 而安忍之 雖能如是 但名安忍 若離分別 是則名曰 波羅蜜多", 『대승입능가경』 권1(대정장16, p.590b5 : *Laṅk.*, p.8)에 "능가왕이시여, 저 모든 불법은 다 분별을 여의었고, 이미 일체의 분별희론을 벗어나 저 색상과는 같지 않으니 오직 지혜로만 깨우칠 수 있습니다. 楞伽王 彼諸佛法 皆離分別 已出一切 分別戲論 非如色相 唯智能證 nirvikalpāstathāgatāḥ sarvavikalpaprapañcātītāḥ. na yathā rūpasvabhāvo vikalpyate. anyatrājñānādhigamataḥ"라고 하였다. [참고문헌] 『理趣六波羅蜜多經』, 『大乘入楞伽經』, *Laṅk.*, *Mvyut.200.* ⇨ 분별 分別 ❶

이분수지 二分修智 진지(盡智)와 무생지(無生智)를 낳는 지혜. 진지는 낳지만 무생지를 낳지 못하는 지혜는 일분수지(一分修智)다. 『사리불아비담론』 권9(대정장28, p.591c19)에 "이분수지란 어떤 지혜로 진지와 무생지를 낳으면 이것을 이분수지라고 한다. 二分修智 若智生盡智無生智 是名二分修智"라고 하였다. [참고문헌] 『舍利弗阿毘曇論』. ⇨ 진지 盡智, 무생지 無生智, 일분수지 一分修智

이분의요방편선교 異分意樂方便善巧 Ⓢ upāyo visabhāga-āśaya. 육종방편(六種方便) 중 하나. 모든 보살이 모든 유정을 위해 겉으로 나타난 것과 다른 의도를 갖고 행하는 방편선교. 예를 들면 부처님의 가르침을 따르겠다는 약속을 지키지 않으면, 중생에게 이익을 주기 위하여 방편으로 재난이나 병고를 나타내는 경우와 같다. 『유가사지론』 권45(대정장30, p.541c26)에 "무엇이 보살의 이분의요방편선교인가? 제보살이 제유정과 뜻깊은 약속을 하고서는 저 제유정이 앞에서 말한 이러저러한 일을 바라는 대로 속히 수행하지 않을 경우, 보살은 그때 위에서 말한 것과 같은 저들이 구하는 일을 모두 베풀어주지는 못하는 것을 말한다. 오직 저 유정에게 이익을 주기 위한 것일 뿐이고, 다른 의도로 그에게 베풀지 않는 것은 아니다. 이와 같이 그 모든 재난·두려움·사랑하는 이를 만나고자 하는 것·사랑하지 않아 떠나고자 하는 것·병고로 괴로워하는 것 등에 처한 모든 중생들을 때론 방편으로 버려두는 것은 오직 저 유정들에게 이익을 주기 위한 것이다. 云何菩薩異分意樂方便善巧 謂諸菩薩 與諸有情 立要契已 彼諸有情 於上所說彼彼事中 不如所欲 速疾修行 菩薩爾時 於如上說 彼所求事 皆不施與 唯爲利益 彼有情故 非餘意樂 而不施彼 如是於其諸厄難處 諸怖畏處 欲所愛會 求非愛離 病苦所惱諸有情類 權時棄捨 唯爲利益 彼有情故", 같은 책 권45(대정장30, p.542a17 : *Bodh-bh.*, p.183)에 "이와 같이 보살이 모든 중생에게 밖으로 드러내어 행하는 것과 내적으로 기꺼이 하고자 하는 것은 서로 같은 것이 아니다. 이런 인연으로 방편으로 편하게 한다. 유정이 점차로 모든 악을 끊고 모든 선을 닦도록 한다. 그러므로 보살이 이와 같이 유정을 조복하는 방편을 보살의 이분의요방편선교라고 한다. 如是菩薩 於諸有情 現外所作與內意樂 相不同分 由是因緣 方便安處 令彼有情 漸斷諸惡 漸修諸善 是故 菩薩 如是調伏有情方便 名爲菩薩異分意樂方便善巧 visabhāgo 'sya bodhisattvasya teṣu sattveṣu tasyāśceṣṭāyāḥ sa āśayo bhavati. tena ca tānsattvāṃstasmin pāpaprahāṇe kuśalasamādāne ca sanniyojayati. tasmādayaṃ sattvavinayopāyo bodhisattvasya visabhāgāśaya ityucyate", 『범망경고적기』 권하(대정장40, p.717c13)에 "셋째 이분의요방편선교란, 뜻깊은 약속을 한 다음에 그가 이행하지 않으면, 단지 이익을 위하여 분노하고 책망하며 그에게 베풀지 않는다. 방편의 때라 여겨 마침내는 버려두어 결국 편안한 곳으로 돌아가게 하는 것을 말한다. 三異分意樂方便善巧 謂要契已 若彼不行 如要契事 但爲利益 示現憤責 而不施彼 權時棄捨 終歸安處"라고 하였다. [참고문헌] 『瑜伽師地論』, 『梵網經古跡記』, *Bodh-bh.* ⇨ 육종방편 六種方便

이분해탈인 二分解脫人 유학(有學)과 무학(無學)위에서 거듭 팔해탈(八解脫)과 멸진정(滅盡定)을 얻고 진지도 무생지도 얻어 해탈한 사람. 하나만 얻으면 일분해탈인(一分解脫人)이다. 『사리불아비담론』 권8(대정장28, p.588a19)에 "무엇이 이분해탈인인가? 어떤 사람이 유학일 때에 팔해탈과 멸진정을 얻고, 후에 무학시에도 팔해탈과 멸진정을 얻는다면 이런 사람을 이분해탈인이라고 한다. … 다시 이분해탈인이란 진지를 낳고 무생지도 낳으면 이 사람을 이분해탈인이라고 한다. 云何二分解脫人 若人學時 得八解脫滅盡定 後無學時 亦得八解脫滅盡定 是名二分解脫人 … 復次 二分解脫人 若盡智生無生智生 是名二分解脫人"라고 하였다. [참고문헌] 『舍利弗阿毘曇論』. ⇨ 팔해탈 八解脫, 멸진정 滅盡定, 일분해탈인 一分解脫人

이불 已不 문장 끝에 붙어서 의문을 나타내는 어조사. 이부(以不)·야무(也無)·야미(也未) 등으로도 쓴다. 『조당집』 권3 「사공산본정장 司空山本淨章」(고려장45, p.255a10)에 "'몸과 마음이 있다고 보는 것은 도라고 할 수 있습니까?' '소승에게 몸과 마음은 본래 도라 할 수 있습니다'. 問 見有身心 是道已不 師曰 小僧身心本來是道", 같은 책 권18 「앙산장 仰山章」(고려장45, p.350a15)에 "정육이 앙산에게 물었다. '『선결』에서 「나에게 본래면목을 가져오라」고 하였는데 이것을 삼매라 할 수 있습니까?' 앙산이 답했다. '그대의 본래면목을 나더러 말하라 하는 것은 저 돌 위에 꽃을 심는 것이고, 또한 야밤의 나무그림자와 같다 하겠다'. 亭育問和尙 禪決中云 還我本來面目 莫是此三昧以不 仰山云 若是汝面目更教我說 如石上裁花 亦如夜中樹影"라고 하였다. [참고문헌] 『祖堂集』. ⇨ 이부 以不

이불 理佛 이로서의 부처. ❶ 이즉불(理卽佛)의 줄임말. 원각(圓覺)에서는 일체(一切)가 일계(一界)로서 더하지도 덜하지도 않은 부처일뿐이라는 뜻이다. 『관무량수불경소』(대정장37, p.187a9)에 "『보협경』에서 '불계와 중생계는 한 계이고 다름이 없는 계이다'라고 하였다. 이것이야말로 원지니 모든 법을 두렷이 깨달아 일체처에 빠짐없이 밝히 알지 못함이 없다. 비록 오무간이라도 모두 해탈상이다. 비록 혼몽한 맹목과 전도망상일지라도 그에 마땅한 이가 있을 따름이다. 이 이 분명히 그대로 세간에 상주하니 부처가 있어도 더할 수 없고 부처가 없어도 줄일 수 없다. 얻어도 높아지지 않고, 잃어도 낮아지지 않는다. 그러므로 중생이 부처라고 하였다. 이불을 말한다. 寶篋云 佛界衆生界 一界無別界 此是圓智圓覺諸法 遍一切處 無不明了 雖五無間 皆解脫相 雖昏盲倒惑 其理存焉 斯理灼然 世間常住 有佛不能益 無佛不能損 得之不爲高 失之不爲下 故言衆生卽是佛 理佛也", 『관무량수불경소묘종초』 권1(대정장37, p.201a20)에 "육도유루심과 삼승증지를 본각의 명료한 상이라고 여기지 마라. 묘각의 깨우침이라야 비로소 이불이다. 勿認六道漏心三乘證智 而爲本覺明了之相 妙覺之覺 方是理佛"라고 하였다. [참고문헌] 『觀無量壽佛經疏』, 『觀無量壽佛經疏妙宗鈔』. ⇨ 이즉불 理卽佛, 소법신 素法身 ❷ 법신을 달리 이르는 말. ⇨ 법신 法身

이불도성 以佛道聲 Ⓢ bodhīya-śabda. 불도의 소리로

써 전한다는 말. 깨우쳐 알게 하는 소리. 『법화경』 권2 「신해품 信解品」(대정장9, p.18c20 : *Saddh-p.*, p.118)에 "우리들 이제 진실로 소리 들은 이 되었으니 불도의 소리로써 일체중생이 듣도록 합니다. 我等今者 眞是聲聞 以佛道聲 令一切聞 adyo vayaṃ śrāvakabhūta nātha saṃśrāvayiṣyāmatha cāgrabodhim, bodhīya śabdaṃ ca prakāśayāmas teno vayaṃ śrāvaka bhīṣmakalpāḥ"라고 하였다. [참고문헌] 『法華經』, *Saddh-p.*

이불란사 伊弗蘭寺 고구려 최초의 사찰. 아도화상이 주석하였다. 『삼국사기』 권18 고구려본기(高句麗本紀) 6 소수림왕 5년(375) 2월에 "비로소 초문사를 창건하여 순도를, 이불란사를 열어서는 아도를 주석하게 하였는데, 이것이 해동불법의 시작이다. 始創肖門寺 以置順道 又創伊弗蘭寺 以置阿道 此海東佛法之始"라고 하였다. 고려시대 각훈(覺訓)이 지은 『해동고승전』 권1 「석순도전 釋順道傳」(대정장50, p.1016a17・한불전6, p.90c2)에서 "또 이불란사를 창건하여 아도를 주석하게 하였는데, 『고기』에서는 '흥복사가 이곳이다'라고 하였다. 又刱伊弗蘭寺 以置阿道 古記云 興福寺是也"라고 하여 이불란사를 당시의 흥복사라고 한 것에 대하여, 『삼국유사』 권3(대정장49, p.986a13・한불전6, p.313b13) 흥법(興法)3 순도조려(順道肇麗)에서는 "또 초문사가 지금의 흥국사, 이불란사가 지금의 흥복사라 한 것 또한 잘못이다. 살펴보면 고구려 도읍인 안시성은 안정홀이라고도 하는데, 요수의 북쪽에 있었다. 요수는 압록강이라고도 하는데, 지금은 안민강이라고 부른다. 송경(개경)의 흥국사 이름이 어찌 (이곳에) 있을 수 있겠는가? 又云肖門寺今興國 伊弗蘭寺今興福者亦誤 按麗時都安市城 一名安丁忽 在遼水之北 遼水一名鴨淥 今云安民江 豈有松京之興國寺名"라고 하여 『해동고승전』의 전승을 고쳐 말했다. 고구려는 427년(장수왕15)에 압록강변의 국내성(國內城)에서 대동강변의 평양성(平壤城)으로 천도하였다. [참고문헌] 『三國史記』, 『海東高僧傳』, 『三國遺事』, 『東國通鑑』 권5, 『韓國寺刹全書』 권하 p.960a3. ⇨ 고구려불교 高句麗佛敎, 아도 阿道

이불병좌 二佛並坐 두 부처님 나란히 앉으시다. 석가불(釋迦佛)과 다보불(多寶佛)이 함께 자리하신 뜻이다. 이불동좌(二佛同坐)라고도 한다. 『법화경』 「견보탑품 見寶塔品」에 의지해 죽음이 죽음이 아니며(滅而不滅) 생이 생이 아닌(生而不生) 둘 아닌 둘(不二而二)의 뜻을 보였다. 『법화문구기』 권10하(대정장34, p.351b15)에 "또한 오직 '원하건대 세존이시여, 나타나시어 저희들에게 볼 수 있도록 하소서'라고 하지만, 어찌 두 부처님께서 나란히 앉아계심에도 '보여주소서'라고 청할 수 있는가? 又云 唯願世尊 示我令見 豈二佛並坐 乃云請見", 『법화경수수』 권6(卍속장51, p.809b1)에 "〈경〉 그때 다보불이 보탑 중에 ~ 당신의 자리 반을 남기고 결가부좌로 앉으셨다. 〈석〉 이로는 본래 둘이 아니지만 '자리를 나눈다'고 함으로써 이와 지가 장차 어울리려 할 때 나눈 즉 합하는 것이어서 이것이 둘이 아닌 둘이다. 지는 원래 하나이지만 '탑에 들어간다'고 함으로써 시각과 본각이 하나로 합하려는 그때 오직 같아서 차이가 없으니 이것이 둘이면서 둘이 아닌 지혜이다. 이런 이유로 천태(湛然)는 '고불(다보불)께서 탑에 나타나 멸을 보이신 분이 불멸임을 드러내었고, 석가불은 탑에 들어가 생이지만 동시에 불생임을 드러내었다. 생하지도 않고 멸하지도 않아 항상 머물며 옮기지 않으니 광대법신은 지금 이 자리에 현전하신다. 그러므로 두 부처님께서 나란히 앉을 자리로 그 뜻을 표한 것이다'라고 했던 것이다. 爾時多寶佛 於寶塔中 至坐其半座 結跏趺坐 理本不二 而言分座 乃理智將融之際 分而卽合 是不二之二也 智元是一 而言入塔 爲始本契合之時 惟同無異 是二而不二也 故天台云 古佛塔現 示滅而不滅 釋迦入塔 示生而不生 不生不滅 常住不移 廣大法身 當處現前 故以二佛並座表之", 『법화의소』 권9(대정장34, p.590c7)에 "두 부처님께서 함께 앉으신 것은 다보불로써 석가불을 드러내고자 했기 때문이다. 다보불의 멸이 불멸이라면 그 불멸로 멸을 드러낸 것이며, 석가불이 쌍림에서 멸을 알린 뜻도 마찬가지로 그러하다. 또한 다보불의 멸이 불멸이라면 그 불멸로 멸을 드러낸 것이니 석가불은 불생이면서 생이고 생이면서 불생임을 드러낸다. 다보불의 출현은 석가불이 진실로 생멸이 없지만 방편으로 생멸하였으므로 석가불과 함께 앉은 것이다. 所以二佛同坐者 正欲以多寶顯釋迦也 多寶滅旣不滅 不滅示滅 釋迦雙林唱滅 義亦同然 又多寶滅旣不滅 不滅示滅 卽顯釋迦 不生而生 生而不生 以多寶出現 欲顯釋迦 實無生滅 方便生滅 故要釋迦共坐也"라고 하였다. [참고문헌] 『法華文句記』・권8(대정장34, p.310a15), 『法華經授手』, 『法華義疏』. ⇨ 석가다보 釋迦多寶,

이불병좌 영산전벽화 보물제1711호
양산 통도사 18세기초

다보불 多寶佛, 이불병좌상 二佛並坐像

이불병좌상 二佛並坐像 두 부처님이 나란히 앉아 계신 상. 『법화경 法華經』에 나오는 이불병좌의 설을 형상화한 불상. 나라와 시대별로 고루 나타난다. 중국 북위(北魏) 때인 517년(희평2)에 조성된 이불병좌상(프랑스 기메미술관소장)과 당(唐) 때인 6세기초에 조성된 비상(碑像), 중국 운강석굴(雲崗石窟) 제6굴·12굴·13굴·16굴 등에 부조상이 남아 전한다. 우리나라에서는 신라(新羅) 황룡사지(皇龍寺址) 출토 금동이불병좌상, 발해(渤海) 동경(東京) 용원부(龍原府) 터에서 발굴된 이불병좌상(일본 동경국립박물관 소장)과 청송 대전사지(大田寺址)에서 출토된 신라 말 고려 초 조성의 이불병좌상(국립대구박물관 소장)과 고려시대 보물 제97호

프랑스 기메미술관 중국 517년·운강석굴 제13굴 5세기·운강석굴 제16굴 5세기·운강석굴 제9굴 5세기·국립중앙박물관 발해·마애이불병좌상 보물제97호 괴산원풍리 고려·금동이불병좌상 국립대구박물관 통일신라·운강석굴 제6호굴 5세기 (왼쪽부터 시계방향으로)

괴산원풍리마애이불병좌상(槐山院豊里磨崖二佛幷坐像)이 있다. ⇨이불병좌 二佛並坐, 괴산원풍리마애이불병좌상 槐山院豊里磨崖二佛幷坐像, 보살사석조이존병립여래상 菩薩寺石造二尊竝立如來像, 석가불상 釋迦佛像

이불성 二佛性 이불성(理佛性·理性)과 행불성(行佛性·行性). 『열반경』의 불성(佛性)의 뜻에 의지해서 화엄의 법성가들과 유식의 법상가들이 둘로 나눠 이들의 뜻을 다퉈 드러냈다. 40권본 『대반열반경』 권35(대정장12, p.571b1)에 "그대가 앞서 묻기를 '선근이 끊어진 사람에게도 불성이 있습니까?'라고 하였는데, 이러한 사람들에게도 여래불성이 있고 후신불성도 있다. 하지만 이 두 불성은 미래를 장애하기 때문에 없다고 이름한 것은 필경에는 얻을 수 있기에 있다고 하는 이름이 있게 된다. 如汝先問 斷善根人有佛性者 是人亦有如來佛性 亦有後身佛性 是二佛性 障未來故 得名爲無 畢竟得故 得名爲有", 『화엄경소초』 권6(대정장36, p.43b24)에 "이종반야는 두 가지 불성이다. 이름에 있어서는 다르지만 뜻에 있어서는 다르지 않다. 謂二種般若 卽二佛性 在名則異 在義不殊", 『화엄연의초찬석』 권23(대정장57, p.243b14)에 "'『화엄경소』에서 「하지만 『열반경』은 이성(理性)에 의지해서,」'〈『화엄경소초』의 글〉에 대해 풀이한다. 〔문〕 법성종의 종의로는 이·행의 이불성은 성종성과 습성종 중 각각 어디에 해당하는가? 〔답〕 다음 아래의 문답에 준하면 알 수 있다. 〔문〕 법성종의 종의에서는 행불성이 일체중생계에 두루 있다고 할 수 있는가? 〔답〕 〈여러 가지 의견이 있지만(云云)〉 두 가지 답이 있다. 만약 두루 있다고 한다면 모든 선공덕행을 닦아서 낳는 것이니 이 이름이 행성이다. 그렇다면 저(『열반경』의) 선근이 끊어진 이가 어찌 다시 갖게 되는가? 然涅槃依於理性〈文〉 問 法性宗意 理行二佛性者 性習二性中何乎 答 准次下問答可知之 問 法性宗意 行佛性遍在一切衆生界可云乎 答 〈云云〉 兩方 若云遍在者 修生諸善功德行 是名行性 彼斷善根等爭具之乎", "여기서 『화엄경소초』의 뜻은 『열반경』의 '마음이 있는 중생은 누구나 반드시 미래에 붓다가 된다'는 문에 있고, 이불성을 잡아서 보면 모두 미래에 불성을 지을 수 있다면 미래에 성불할 수 있다는 의미다. 행불성은 하나가 아니어서 일체유심자에게는 두루 있다고 말한 취지다. 이에 의지한다면 행불성은 중생계에 두루 있지 않다는 논리라는 점에서 도리어 법상종의 주장과도 같게 될 뿐이니, 어찌 어떻게 일승일성의 뜻이라 할 수 있겠는가? 〔답〕 『화엄경담현결택』에서는 다음처럼 말한다. (일승의) 본의에 따르면 이불성은 행불성과 크게는 같다. 전혀 다른 행불성이라 한다면, 법상종의 행불성이란 스스로의 법이종자로서 무루사지의 본래 종자이고, 법성종의 행성이란 스스로 닦은 선행이다. 是以今疏抄意 涅槃經凡是有心 定當作佛之文 約理佛性 而成皆當作佛性 而成皆當作佛之義 述行佛性不一遍在一切有心者之旨 若依之爾者 行性旣不遍在衆生界者 還同法相宗之所立 爭成一乘一性義乎 答 決擇

云 若約本義 理性大同行性 全異行者 相宗行性 卽自法爾無漏四智本種 性宗行性 卽自所修善行"라고 하였다. [참고문헌] 『大般涅槃經』, 『華嚴經疏鈔』, 『華嚴演義鈔纂釋』, 『華嚴經談玄決擇』 권5(卍속장11, p.953a15). ⇨ 이불성 理佛性, 행불성 行佛性, 이성 理性, 행성 行性

이불성 理佛性 이불성(二佛性) 또는 삼불성(三佛性) 중 하나로 이(理)로서의 불성. 번뇌 중에 있어 드러나지 않지만 일체중생에게 차별없이 있는(一切衆生皆有佛性) 진여(眞如)의 다른 이름이다. 행불성(行佛性) 또는 행성(行性)에 대칭한다. 『법화현찬』 권5(대정장34, p.742b8)에 "이로서는 마땅히 '적멸을 지향하는 성문인은 법에 어리석진 않지만, 신근이 아직 익지 않아 부처님께서 수기를 내리지 않으셨으니 분명히 미래세를 기약할 수 없다. 보살에게 준 수기는 암묵적 기별이니 이불성이 있기 때문이다. 이는 방편으로 대승을 믿는 마음을 일으키도록 하기 위해서이다'고 하였다. 准理應云 趣寂之人 不愚於法 信根未熟佛不與記 不分明記當來之世 得作佛故 菩薩與記 奄含記別有理佛性故 方便令發信大乘心", 『범망경보살계본소』 권2(卍속장60, p.321a18)에 "또 불성에는 두 가지 뜻이 있다. 첫째는 움직임 없이 그대로 상주하는 불성이다. 『불성론』에서 이불성이라 이름한 것이 이것이고, 저 『법성론』에서 진실한 이심이라 이름한 것에 해당한다. 또 이 『범망경』과 『열반경』에서 한결같이 '일체중생에게는 모두 불성이 있다'고 설한 것이 이것이다. 又佛性有二義 一 凝然常佛性 卽如佛性論 名理佛性者是也 如法性論 名眞實理心是也 此經及涅槃經同云 一切衆生皆有佛性者 是也", 『성유식론동학초』 권3(대정장66, 31a24)에 "『열반경』에서는 이불성에 나아가 설하길 '일체중생에게는 모두 불성이 있다'고 하였다. 涅槃經中 就理佛性說 一切衆生 悉有佛性也", 『유식의사기』 권4(대정장71, p.352b28)에 "번뇌 중에 얽힌 진여는 불과인 열반사덕의 인이기에 이불성이라 부른다. 在纏眞如 是佛果涅槃四德之因 故名理佛性", 『화엄경소초』 권43(대정장36, p.336b26)에 "진여법계를 거둬보면 간략히 백 가지 이름이 있다. … 삼성 중 원성실성이라 하는 것이고, 삼신 중 법신이라는 이름이고, 삼정토 중 법성토라 하는 것이고, 삼불성 중 자성주성이라 하는 것이고, 오법 중 여여라 부르는 것이고, … 『현양성교론』의 두 가지 불성 중 이불성이라 하는 것이고, 십사제 중 승의제라 하는 것이고, 삼반야 중 실상반야라 하는 것이다. 收眞如法界 略有百名 … 三性中名圓成實性 三身中名法身 三淨土中名法性土 三佛性中名自性住性 五法中名如如 … 顯揚二種佛性中名理佛性 十四諦中名勝義諦 三般若中名實相般若"라고 하였다. [참고문헌] 『法華玄贊』, 『梵網經菩薩戒本疏』, 『成唯識論同學鈔』, 『唯識義私記』, 『華嚴經疏鈔』. ⇨ 이불성 二佛性, 이성 理性, 행불성 行佛性, 불성 佛性, 진여 眞如

이불여취 離不與取 주지 않는 것은 취하려 하지 않음. 불투도(不偸盜)를 말한다. 투도는 불여취(不與取)라 한다. 『이취육바라밀다경』 권5(대정장8, p.887b29)에 "도둑질하지 않는 것이란, 보살마하살이 타인의 재물에 대하여 꿈속에서도 훔칠 생각을 내지 않는데, 하물며 깨어서 도심을 일으키겠는가? 자신의 재물에 대하여 청정심으로 인색함 없이 항상 은혜로운 보시를 행하고, 또한 타인에게도 주지 않는 것을 취하지 못하도록 하여 항상 보시바라밀다를 행하도록 권하는 것이다. 不偸盜者 菩薩摩訶薩 於他財物 乃至夢中不生盜想 況於覺寤而起盜心 應於自財以淸淨心 無所悋惜 常行惠施 亦勸他人 離不與取 恒行布施波羅蜜多"라고 하였다. [참고문헌] 『理趣六波羅蜜多經』. ⇨ 불투도 不偸盜

이불중간 二佛中間 부처님께서 열반에 드신 다음 다른 부처님께서 세상에 출현하시기까지의 중간. 부처님의 설법을 친히 들을 수 없는 때여서 무불시기(無佛時期)라고도 한다. 『지장보살상영험기』(卍속장149, p.363a12)에 "옛날 지장보살이 세상에 있을 때 여래의 부촉을 받고 부처님께 이렇게 말했습니다. '미륵불이 세상에 출현하기 전까지 두 부처님 사이의 공백기인 오십육억칠천만년 동안 사부제자들을 결코 악도에 떨어지지 않게 하겠습니다'. 그래서 정토나 제4천에 왕생하고자 서원한 이들이나 복이 적은 이들 모두 이 복사로 나아가게 하여 악취로 돌아가지 않고 훗날의 부처님을 기다리겠습니다. 昔地藏菩薩在世時 受如來付屬 白佛言 四部弟子 必定令不墮惡道 彌勒出世 二佛中間 五十六億七千萬歲內 若願生淨土及第四天者 福少者 皆就此福舍 不還惡趣 使待後佛而已"라고 하였다. [참고문헌] 『地藏菩薩像靈驗記』, 『選擇傳弘決疑鈔』 권4(臺灣國圖善本42, p.183a9). ⇨ 지장보살 地藏菩薩, 무불세계 無佛世界

이비밀교 理祕密教 이로서만 그윽한 뜻을 보임. 일승(一乘)의 원융불이(圓融不二)의 뜻은 밝히지만 여래삼밀(如來三密)의 진언(眞言)과 수인(手印)의 행상(行相)은 설하지 않은 가르침. 이밀(理密)·이비밀(理祕密)이라고도 한다. 일승교의 가르침을 전하는 『화엄경』·『법화경』·『유마경』·『열반경』 등의 교설이 이에 해당한다. 반면 여래삼밀의 행상인 사밀(事密)을 이비밀교와 더불어 갖춘 것이 이사구밀교(理事俱密教)다. 『보리심론견문』 권1(대정장70, p.37b17)에 "두 가지 가르침 있으니 하나는 현시교이고, 다른 하나는 비밀교이다. 현시교는 아함과 심밀 등 삼승을 논한 교다. 비밀교는 유마경·반야경·법화경·열반경 등 모든 일승교다. 비밀교에도 두 가지가 있다. 첫째, 이비밀교이니 법화경 등의 일승교에서 오직 세속승의의 원융무이만 설하고 삼밀행상을 설하지 않는다. 둘째, 사리구밀교이니 대일경·금강정경·소실지경 등에서 세속승의의 원융불이를 설하고 삼밀행상 역시 설한 것을 말한다. 有二種教 一 顯示教 二 祕密教 顯示教 謂阿嚴深密等 論三乘教也 祕密教 謂維摩 般若 法華 涅槃 諸一乘教 祕密亦有二種 一 理祕密教 謂法花等一乘 唯說世俗勝義圓融無二 不說三密行相故 二 事理俱密教 謂大日 金剛頂 蘇悉地經等 能說世俗勝義圓融不二 亦說三密行相故", 『진언종교시의』 권4(대정장75, p.439a4)에 "비밀교에 두 가지가 있다. 첫째, 이비밀교는 화엄경·반야경·유마경·법화경·열반경 등이다. 이것은 오직 세속승의제의 불이만을 설하고 진언과 밀인 등의 사에 대해서는 설하지 않았다. 둘째, 이사구밀교는 대일경·금강정경·소실지경 등이다. 이는 세속승의제의 불이도 설하고 진언과 수인 등의 사마저도 역시 설한다. 祕密教中 亦有二種 一 理祕密教 謂華嚴般若維摩法華涅槃等 但說世俗勝義不二 未說眞言密印事故 二 事理俱密教 謂大日經金剛頂經蘇悉經等 亦說世俗勝義不二 亦說眞言密印事故"라고 하였다. [참고문헌] 『菩提心論見聞』, 『眞言宗教時義』. ⇨ 이사구밀 理事俱密, 사리구밀 事理俱密, 삼밀 三密

이비시식 離非時食 Ⓢ vikālabhojanaviratiḥ, Ⓣ dus-ma-yin-pa'i-zas-spong-ba. 비시식(非時食 Ⓢ akāla-bhojana)을 하지 않는 것. 비시식이란 계율이 정한 시간이 아닌 비시(非時 : 정오부터 다음날 일출 전)에 하는 공양을 말한다. 『중아함경』 권55 「지재경 持齋經」(대정장1, p.771a19)에 "아라한진인은 목숨이 다할 때까지 비시식을 하지 않고 비시식을 끊으며 한 번만 공양하고 밤에는 공양하지 않으며 정한 때의 식만을 즐긴다. 阿羅漢眞人 盡形壽離非時食 斷非時食 一食 不夜食 樂於時食", 『구사론기』 권14(대정장41, p.224c15)에 "재란 비시식을 하지 않음을 말한다. 그러므로 비시식을 하지 않음이 재이다. 夫言齋者 謂離非時食 故離非時食是齋"라고 하였다. [참고문헌] 『中阿含經』, 『俱舍論記』, *AN.4.257.*, *Mvyut.267.* ⇨ 비시식계 非時食戒

이빈 二貧 두 갈래 가난. 재물이 부족한 재빈(財貧)과 정법(正法)을 알지 못하는 법빈(法貧). 『대지도론』 권98(대정장25, p.741c13)에 "가난에는 두 가지가 있다. 첫째는 재물이 빈 것이고, 둘째는 공덕의 법이 없는 것이다. 공덕법이 가난한 것을 가장 부끄러워해야 하니, 재물의 가난은 훌륭한 사람에게도 있을 수 있으나 법의 가난은 훌륭한 사람에겐 없다. 貧有二種 一者 財貧 二者 功德法貧 功德法貧 最大可恥 財貧好人亦有 法貧好人所無", 『범망경보살계본소』 권4(대정장40, p.631c10)에 "세간 사람의 가난에는 두 가지뿐이니, 첫째는 재물의 가난이고 둘째는 법의 가난이다. 그러므로 '모든 가난'이라고 하였다. 보살은 이 두 가지 일에 대해 베푼다. 그러므로 '일체를 급여한다'라고 하였다. 但世人貧有二種 一 財貧 二 法貧 故云一切貧也 菩薩施此二事 故云一切給與"라고 하였다. [참고문헌] 『大智度論』, 『梵網經菩薩戒本疏』, 『釋氏要覽』 권상(대정장54, p.261b12).

이사 二死 ➡ 이종생사 二種生死

이사 已思 Ⓢ abhisaṃcita, Ⓣ mngon-par-bsags-pa, brtags-zin-pa. 이미 사유해 마침. 깊이 사유해 마쳤으므로 방편에 있어서도 요익함의 뜻이다. 더 깊이 사려해야 함을 응사(應思)라 한다. 『유가사지론』 권15(대정장30, p.357b13)에 "겨우 취하고 문득 성취했다고 여겨 의지해 경으로 삼는다란, 저 경을 능히 지었다면 겨우 곧 성취되고 의지하게 된다. 예를 들면 마치 훌륭한 의사가 병 든 이에게 약을 주는 경우와 같으니, 색향미촉이 모두 원만하면 커다란 세력을 갖게 되고 위덕을 성숙하게 되는데, 이 약이란 색향미촉 조금이라도 취하면 이룰 수 있고 의지하기까지 한다는 것을 알 수 있다. 약이 갖는 커다란 세력과 위덕으로 병이 낫지 않으면 '응사'라고 하며, 그 병이 나으면 '이사'라고 한다. 이와 같은 것을 '겨우 취하여 성취하고 의지해 경으로 삼는다'라고 한다. 纔取便成 取所依境者 謂若境能作 纔取便成 取所依止 猶如良醫授病者藥 色香味觸 皆悉圓滿 有大勢力 成熟威德 當知此藥 色香味觸 纔取便成 取所依止 藥之所有 大勢威德 病若未愈 名爲應思 其病若愈 名爲已思 如是等類 名纔取便成 取所依境", 『유가사지론약찬』 권6(대정장43, p.94b25)에 "약이 갖는 큰 세력과 위덕으로 병이 낫지 않으면 '응사'라고 한다는 것은, 이 약의 공능으로도 병에 아직 차도가 없으니 항상 깊이 사려해야 한다는 뜻이다. 그 병이 나으면 '이사'라고 하는 말은 사유를 이미 그쳐도 된다는 뜻이다. 藥之所有 大勢威德 病若未愈 名爲應思等者 此藥功能 病未差來 常應思慮 其病若愈 名爲已思 思已息故"라고 하였다. 『현양성교론』 권11(대정장31, p.532a10)에서는 비사구(非思搆)라고 하였다. [참고문헌] 『瑜伽師地論』, 『瑜伽師地論略纂』, 『顯揚聖教論』, *Yogā-bh.*

이사 伊沙 **1** Ⓢ īrṣyā, Ⓟ issā의 음사어, Ⓣ phrag-dog. 질투(嫉妬). 『성실론』 권9(대정장32, p.311c5)에 "다른 이가 이익 얻는 것을 보고서 진심을 품어 마음에 질투가 생기는 것을 '이사'라고 한다. 有瞋見他得利 心生嫉妬 名爲伊沙"라고 하였다. [참고문헌] 『成實論』, *Mvyut.104.* **2** ➡ 이사산 伊沙山, 이사천 伊沙天

이사 耳寺 평안남도 안주군 보리산(菩提山)에 있던 절. 〔참고문헌〕『梵宇攷』, 『韓國寺刹全書』 권하 p.960a2.

이사 利事 이로운 일. 『보살본생만론』 권4(대정장3, p.341b17)에 "이제 부처님께서 세상에 나셨으니 어떠한 이로운 일로 중생들에게 안은락을 얻게 할 수 있습니까? 今佛出世 有何利事 能令衆生 得安隱樂", 『선법요해』 권하(대정장15, p.294c28)에 "방일하지 않는 것은 모든 선법의 뿌리이니, 저 세간에서 방일하면 여러 이로운 일을 잃는 것처럼 행자가 방일하면 열반의 이익을 잃는다. 不放逸 一切善法之根本 如世間放逸 失諸利事 行者放逸 失涅槃利"라고 하였다. 〔참고문헌〕『菩薩本生鬘論』, 『禪法要解』, 『有部律藥事』 권12(대정장24, p.54b12).

이사 利使 깊은 번뇌. 오견(五見 : 身 邊 邪 戒禁取 見取見)인 오리사(五利使)를 말한다. 『사념처』 권3(대정장46, p.568b15)에 "둔사는 악업을 지어서 삼도에 떨어지며, 이사는 악한 견해에 집착하게 하고 계를 파괴하므로 역시 삼도에 떨어진다. 鈍使造惡多墮三塗 利使執見破戒亦墮三塗", 『법화문답』(대정장85, p.201c11)에 "살가야견・변견・견취・계취・사견을 이사라고 한다. 薩迦耶見 邊見 見取 戒取 邪見 名利使"라고 하였다. 〔참고문헌〕『四念處』, 『法華問答』. ⇨ 오견 五見, 오리사 五利使, 둔사 鈍使, 오둔사 五鈍使

이사 理事 이와 사. 숨어 바탕인 것과 드러나 보이는 것의 뜻으로, 이는 평등진여의 뜻이고 사는 마음(心)과 색(色)으로 드러나 부딪히는 것들이다. 연기의 뜻에 있어서 이와 사는 즉(卽)과 중(中)으로 함께하고 서로 걸림없다(無礙). 『화엄강요』 권37(卍속장13, p.412a5)에 "이 경은 법계연기를 종으로 삼는다. 말하는 바 연기란 십법계의 이사와 인과를 벗어나지 않는다. 此經 以法界緣起爲宗 所言緣起 不出十法界 理事因果", 『화엄경소초』 권53(대정장36, p.414b9)에 "현수의 뜻은 일승원교의 법계연기가 끝없이 원융하고 자재상즉하며 걸림없이 품어 가진다. 나아가 인다라망의 무궁한 이사 등을 드러내려는 것이다. 賢首意 爲顯一乘圓敎 法界緣起 無盡圓融 自在相卽 無礙容持 乃至因陀羅網 無窮理事等", 『화엄경문답』 권상(대정장45, p.598b22)에 "삼승 중에서 사란 심연과 색애 등이고 이란 평등진여다. 비록 이와 사가 같지 않지만 서로 마주하고 서로 어울려 상호 장애하지 않는다. 또한 서로 방해하지 않지만 사의 뜻은 이의 뜻이 아니다. 보법에서 사와 이의 관계는 이에 맞서 사이고 사에 맞서 이이며 이 중에 사고 사 중에 이이니 서로 맞서고 그대로인 중에서 자유롭다. 三乘中 事者 心緣色礙等 理者 平等眞如 雖理事不同 而相卽相融 不相妨礙 亦不相妨 而事義非理義也 普法中 事理者 理卽事 事卽理 理中事 事中理 卽中中恣", 『화엄경소』 권2(대정장35, p.517a19)에 "이와 사가 융통하여 이렇게 충분히 걸림없다. 곧 이와 다르지 않은 하나의 사에 이를 빠짐없이 갖추어 거두는 그때 이와 다르지 않은 저들 다수의 사가 의지할 이를 따라 모두 하나 중에 나타난다. 만일 그 하나 속에 이를 거두어 다하지 못하면 참된 이에 분한이 있게 되는 허물이다. 만일 그 하나 중에 이를 거둬 다하면 다수의 사가 이를 따라 나타날 수 없게 되어 사가 이 밖에 있다는 허물이 생긴다. 이제 이미 하나의 사 중에 이를 거둬 다하니 다수의 사가 어찌 그 하나 중에 나타나지 않겠는가! 今則理事融通 具斯無礙 謂不異理之一事 具攝理時 令彼不異理之多事 隨所依理 皆於一中現 若一中攝理不盡 則眞理有分限失 若一中攝理盡 多事不隨理現 則事在理外失 今旣一事之中 全攝理盡 多事豈不一中現", 『능엄경의소석요초』 권1(卍속장16, p.851b8)에 "무애는 이와 사가 걸림없음이니, 법계연기의 사법은 모두 이로 이루어진다. 연기는 자성이 없어 이에 장애가 되지 않고, 이 또한 능히 연을 따르기에 사에 걸림없다. 그러므로 이와 사 둘은 상호 어떤 장애도 없음을 안다. 無礙卽理事無礙 法界緣起事法 皆理所成 緣起無性 不礙於理 理能隨緣 不礙於事 故知 理事二無障礙也"라고 하였다. 〔참고문헌〕『華嚴綱要』, 『華嚴經疏鈔』, 『華嚴經問答』, 『華嚴經疏』, 『楞嚴經義疏釋要鈔』. ⇨ 사 事, 이 理❷, 사리 事理, 이사무애 理事無礙, 사리무애 事理無礙, 사리불이 事理不二

이사 異師 Ⓢ anya-śāstṛ, śāstṛ antara. 다른 스승. 또는 스승이 다른 것. 『니구다범지경』 권상(대정장1, p.223a9)에 "부처님께서 니구다범지에게 말씀하셨다. '니구다야, 너는 이 일에 대해 진실로 알기가 어려울 것이다. 왜냐하면 법이 다르고, 견해가 다르며, 스승이 다르고, 행위가 다르기 때문이니, 너의 법교중에서 마땅함 따라 물어야 한다'. 世尊告尼拘陀梵志言 尼拘陀 汝於是事 而實難知 何以故 異法 異見 異師 異行 但應於汝自法敎中 隨應發問", 『구사론』 권18(대정장29, p.93c4)에 "오직 섬부주인들만이 적어도 아홉 명에 이르고, 혹은 이 이상으로 법륜을 파괴하리니, 나머지 주(洲)에서는 그렇지 않으니, 부처님이 계시지 않기 때문이다. 세존이 계신 곳이 있을 때 비로소 다른 스승도 있는 것이다. 唯贍部洲人 少至九 或復過此 能破法輪 非於餘洲 以無佛故 有世尊處 方有異師"라고 하였다. 〔참고문헌〕『尼拘陀梵志經』, 『俱舍論』, *Abh-k-bh.261.*

이사 履屣 신발. 『출요경』 권18(대정장4, p.708a14)에 "이때 상력비구가 아라한도를 증득한 다음 법을 설했다. 때에 저 국왕이 두건을 머리에 쓰고, 발에는 신발을 신고 대중 속에 들어와 법을 들었다. 아라한비구가 그 왕에게 말하기를 '과거 부처님께서 신을 신은 이에게 법을 설하지 말라고 정하셨습니다'라고 하였다. 이에 왕은 속으로 화가 났지만 신을 벗었다. 時象力比丘 得阿羅漢道 當次說法 時彼國王 以巾覆頭 脚著履屣 入衆聽法 羅漢比丘 告彼王曰 昔佛有制 不得爲著屣者說法 王內恚隆盛 卽脫履屣"라고 하였다. 〔참고문헌〕『出曜經』.

이사 離辭 이별의 말. 이사(離詞)로도 쓴다. 『대승현식경』 권하(대정장12, p.184c23)에 "부처님의 존엄한 위의를 뵙고 환희하며 공경하고 존중하며, 뵙고 나서는 친애하고 환희하며 이별의 말을 하였는데, 마치 잠시 갔다가 문득 돌아올 것처럼 친지들을 위로하여 슬퍼 괴로워하지 않도록 한다. 見佛尊儀 歡喜敬重 見已親愛 歡喜離辭 猶如暫行 便卽旋返 安慰親知 不令憂惱"라고 하였다. 〔참고문헌〕『大乘顯識經』.

이사가 伊師迦 Ⓢ Iṣika, Iṣīka, Īṣīka의 음사어. 화살을 만드는 데 쓰는 단단한 풀. 또는 왕사성(王舍城) 부근에 있는 높고 견고한 산. 아견(我見)이나 아만(我慢)이 견고하고 높음을 비유한다. 아(我)의 상주불변을 주장하는 상키야(Ⓢ Sāṃkhya : 數論)를 일컫는 말이기도 하다. 『대비바사론』 권198(대정장27, p.991a27)에 "'이사가와 같다'라는 말은 이사가목처럼 혹은 이사가산처럼 견고하여 무너뜨리기 어렵다는 말이다. 如伊師迦者 謂如伊師伽木 或如伊師迦山 堅固難壞", 『유가론기』 권2(대정장42, p.348a2·한불전13, p.121a6)에는 "이사가란, 인도에서는 두 가지로 푼다. 첫째 왕사성 근처에 이사가산이 있는데, 크고도 견고하여 '아'의 고대(高大)·상주(常住)·견고(堅固) 등에 비유한다. 혹은 이사가라는 풀이 있는데, 그 성질이 매우 단단하여 일찍이 시들어 버린 적 없으니 아의 항상함에 비유한다. 伊師迦者 西方二釋 一 近王舍城 有伊師迦山 大而且固 譬我高大 常住堅固 或復有草 名伊師迦 其性貞實 曾無衰落 譬我常恒", 『대승법원의림장』 권4(대정장45, p.323a8)에 "이사가란 승가(상키야)를 비유하는 말인데, 일체법이 모두 다 상이라고 주장한다. 伊師迦者 僧佉喩名 說一切法 皆悉是常"라고 하였다. 〔참고문헌〕『大毘婆沙論』, 『瑜伽論記』, 『大乘法苑義林章』.

이사가산 伊師迦山 Ⓢ Iṣika. 중인도 마가다국 왕사성 인근에 있는 산. 선인(仙人)들이 의지해 수행했으므로 선인산(仙人山)이라고 한역한다. 『유가사지론약찬』 권9(대정장43, p.127c17)에 "인도에 있는 산이름이 이사가인데, 이 산은 높고도 험준하다. 비유하면 유정천의 번뇌가 높고도 극강함과도 같은데, 무학(아라한)이 유정천의 번뇌를 벗어나는 모습은 마치 저 이사가산을 무너뜨리는 것과 같다. 西方有山 名伊師迦 此山高而且峻 譬有頂煩惱 亦高而最極 無學離有頂惑 如摧伊師迦"라고 하였다. 〔참고문헌〕『瑜伽師地論略纂』. ⇨ 이사가 伊師迦

이사가초 伊師迦草 Ⓢ Iṣīkā. 갈대과에 속하는 야생식물. 유연해 보이지만 단단하므로 화살을 만드는 데 쓰며, 잘 파괴되지 않는 것을 비유하는 말로도 쓴다. 당의(唐醫)·호빈(虎鬢) 등으로 한역한다. 40권본 『대반열반경』 권19(대정장12, p.474c22)에 "일체중생의 몸에는 일곱 분이 있다. 어떤 것이 일곱 분인가? 지·수·화·풍과 고·낙·수명이다. 이와 같은 일곱 가지 법은 변화하거나 지은 것이 아니니, 훼손할 수 없음은 저 이사가초와 같고, 안주하여 움직이지 않음은 저 수미산과 같으며, 버리거나 짓지 않음은 저 유락과 같아 각각 다투지 않는다. 一切衆生 身有七分 何等爲七 地水火風 苦樂壽命 如是七法 非化非作 不可毁害 如伊師迦草 安住不動 如須彌山 不捨不作 猶如乳酪 各不諍訟"라고 하였다. 〔참고문헌〕『大般涅槃經』. ⇨ 이사가 伊師迦

이사구 離四句 ➡ 이사구절백비 離四句絶百非

이사구밀 理事俱密 이밀(理密)과 사밀(事密)을 모두 갖춤. 대승교의 이밀의 뜻에 더하여 진언·수인 등 사밀마저 다 갖춘 진언밀교를 말한다. 『소실지갈라경약소』 권1(대정장60, p.393b18)에 "〔문〕『화엄경』·『유마경』·『반야경』·『법화경』 등의 대승교들은 현교와 밀교 중 어디로 거두는가? 〔답〕『화엄경』과 『유마경』 등의 모든 대승교는 모두 밀교다. 〔문〕 만약 말한 것과 같이 모두 밀이라 한다면 여기서 수립한 진언비교와 무엇이 다른가? 〔답〕 비록 『화엄경』 등의 경들이 모두 갖춘 밀이라 하지만 여래비밀한 뜻을 다한 것은 아니다. 그러므로 여기서 건립한 진언교와 다르다. 가령 조금 비밀한 말들을 설하였더라도 여래비밀한 뜻을 온전히 끝내 다하지는 못하였다. 지금 세운 『대일경』과 『금강정경』 등은 모두 여래의 이사구밀의 뜻을 끝내 다했다. 그러므로 다르다고 한다. 問 花嚴維摩般若法花等諸大乘敎 於此顯密何等攝耶 答 如華嚴維摩等諸大乘敎 皆是密敎也 問 若如云皆是密者 與今所立眞言祕敎 有何等異 答 彼華嚴等經 雖俱爲密 而未盡如來祕密之旨 故與今所立眞言敎別 假令雖說少密言等 未爲究盡如來祕密之意 今所立毘盧遮那金剛頂等經 咸皆究盡如來事理俱密之意 是故爲別也", 『천태진언이종동이장』(대정장74, p.420a23)에 "〔문〕

『소실지경약소』에서 '저 『화엄경』 등이 비록 모두 밀이지만 여래비밀의 종지를 다하지는 못하였다. 그러므로 진언밀교가 여래이사구밀을 다한 것과는 다르다'고 하였다. 그렇다면 두 종의 뜻이 어떻게 다른가? 〔답〕『법화경』 등은 비록 이밀은 말했지만 사밀까지는 밝히지 못했다. 그러므로 다르다고 하였다. 수인과 진언은 모두 여래의 깊고 깊은 비밀한 뜻이다. 다른 교들이 이를 밝히지 못하였으므로 미진하다고 한 것이다. 問 蘇悉地疏云 彼華嚴等雖俱爲密 未盡如來祕密之旨 故異眞言究盡如來事理俱密云云 若爾者 二宗其義 不同云何 答 法華等經 雖談理密未明事密 故云別也 手印眞言皆是如來甚深祕密義 諸教不明故云未盡"라고 하였다. 〔참고문헌〕『蘇悉地羯羅經略疏』, 『天台眞言二宗同異章』. ⇨ 이비밀교 理祕密教, 사리구밀 事理俱密

이사구절백비 離四句絶百非 사구를 떠나 백비마저 끊는다는 말. 사구로 더(增益)하거나 덜(損減)며 서로 모순(相違)되거나 유익하지도 끝이 나지도 않는 희론(戲論) 등을 떠나면, 말과 분별로 일으키는 온갖 그릇된 허물들마저 떠날 수 있다는 뜻이다. 『앙산어록』(대정장47, p.583a12)에 "앙산화상이 누웠을 때 꿈에 미륵보살의 내원 중당에 들어갔는데 모든 자리가 다 찼고 오직 두 번째 자리만 비어 있었다. 앙산이 마침내 자리에 앉자 어떤 존자가 건추를 울리며 말했다. '이제 두 번째 자리가 설법해야 한다'. 앙산이 일어나 백추를 울리며 말했다. '마하연법은 사구를 떠나 백비마저 끊는다. 자세히 듣고 자세히 들으라!' 師臥次 夢入彌勒內院衆堂中 諸位皆足 惟第二位空 師遂就座 有一尊者白槌云 今當第二座說法 師起 白槌云 摩訶衍法 離四句絶百非 諦聽 諦聽", 원측(圓測)의 『인왕경소』 권상(대정장33, p.381b29・한불전1, p.50a17)에 "법성진여는 사구를 여의고 백비마저 끊었다. 法性眞如 離四句絶百非", 『경덕전등록』 권7 「서당지장전 西堂智藏傳」(대정장51, p.252a23)에 "학인이 마조에게 물었다. '청컨대 사구 떠나고 백비 끊고서 곧바로 저에게 조사서래의를 일러주십시오' '나 오늘 마음 내키지 않으니 그대는 서당지장에게 가서 물으라'. 僧問馬祖 請和尙離四句絶百非 直指某甲西來意 祖云 我今日無心情 汝去問取智藏", 『종용록』 6칙 「평창 評唱」(대정장48, p.230c13)에 "이 학인을 보아하니 참으로 저 불법 배우는 사람이지만 사구백비 가지고 교외별전종지를 감당하려 하는구나. 『섭대승론석』 권12(대정장31, p.244a4)에 '유란 증익하는 허물이고, 무란 손감하는 허물이며, 역유역무란 서로 어긋나는 허물이고, 비유비무란 희론의 허물이다'라고 하였다. 사구를 여의면 백비는 저절로 끊어진다. 看來這僧 也是箇學佛法人 將四句百非 勘當教外別傳宗旨 攝大乘論說 有是增益謗 無是損減謗 亦有亦無相違謗 非有非無戲論謗 四句若離 百非自絶"라고 하였다. 〔참고문헌〕『仰山語錄』, 『仁王經疏』, 『景德傳燈錄』, 『從容錄』, 『攝大乘論釋』. ⇨ 사구백비 四句百非, 사구분별 四句分別, 백비 百非

이사굴 伊沙崛 Ⓢ Gṛdhra-kūṭa, Ⓟ Gijjhakūṭa의 음사어. 기사굴산(耆闍崛山)이라고도 음사하고, 영추산(靈鷲山)이라고 한역한다. 『일체경음의』 권6(중화장56, p.904b5)에 "기사굴산 : 이사굴산이라고도 하고 게리다라구지산이라고도 하는데 모두 변한 음사다. 바른 음사는 길률타라구타산이다. 이것은 추대라고 하거나 추봉이라고 한역한다. 이는 이 산에는 독수리가 서식하고 또한 높은 봉우리들이 모여 있기 때문이다. 구역은 추두이다. 또는 영추라고도 하는데 같은 뜻이다. 耆闍崛山 或言伊沙崛山 或言揭梨馱羅鳩胝山 皆訛也 正言姞栗陁羅矩吒山 此譯云鷲臺 又云鷲峯 言此山旣栖鷲鳥 又類高臺也 舊譯云鷲頭 或云靈鷲者 一義也"라고 하였다. 〔참고문헌〕『一切經音義』, *Saddh-p.1.*, *Rāṣṭr.120.* ⇨ 기사굴산 耆闍崛山, 영추산 靈鷲山

이사기리 伊私耆梨 Ⓢ Ṛṣi-giri, Ⓟ Isi-gili의 음사어. 산 이름. 선산(仙山)이라고 한역한다. 『선견율비바사』 권8(대정장24, p.727a25 : *Sp.*, p.286)에 "〔문〕 이사기리는 무슨 뜻인가? 〔답〕 '이사'는 출가인이고, '기리'는 삼킨다는 뜻이다. 이렇게 된 까닭은 언젠가 오백의 벽지불이 가사구사라국에 가서 걸식하고 이 산으로 돌아와서 대중이 함께 선정에 들었다. 이때 사람들은 벽지불들이 이 산에 들어가는 것은 보았으나 나오는 것을 보지 못했다. 당시 사람들이 말하기를 '이 산은 항상 출가자들을 삼켜 버린다'고 하였다. 그 이후로 이사기리산이라고 하였다. 問曰 何謂爲伊私耆梨 答曰 伊私者出家人 耆梨呑也 所以爾者 時有五百辟支佛 往至迦私俱婆羅國 到已乞食 得已還入此山 集衆入定 是時人民見辟支佛入山邊 而不見出 時人作是言 此山恒呑出家人 從此以後 號爲伊私耆梨山 isigilipasseti isigili nāma pabbato tassa passe. pubbe kira pañcasatamattā paccekabuddhā kāsikosalādīsu janapadesu piṇḍāya caritvā pacchābhattaṃ tasmiṃ pabbate sannipatitvā samāpattiyā vītināmenti. manussā te pavisante'va passanti na nikkhamante. tato āhaṃsu ayaṃ pabbato ime isayo gilatīti. tad upādāya tassa isigili tveva samaññā udapādi tassa passe pabbatapāde"라고 하였다. 〔참고문헌〕『善見律毘婆娑』, *Sp.*

이사나 伊沙那 ❶ Ⓢ Īṣāṇa. 『화엄경』 「입법계품」에서 선재동자가 승열바라문을 만난 마을 이름. 장직(長直)・광야(曠野)・희구(悕求) 등으로 한역한다. 80권본 『화엄경』 권64(대정장10, p.346a24 : *Gaṇḍ-vy.*, p.89)에 "선남자야! 여기서 남쪽에 이사나라는 마을이 있는데 그곳에 승열바라문이 있다. 너는 그에게 가서 보살은 어떻게 보살행을 배우고 보살도를 닦는지 물어라. 善男子 於此南方 有一聚落 名伊沙那 有婆羅門 名曰勝熱 汝詣彼問 菩薩云何學菩薩行 修菩薩道 gaccha kulaputra ayam ihaiva dakṣiṇāpathe īṣāṇo nāma janapadaḥ. tatra jayoṣmāyatano nāma brāhmaṇaḥ prativasati. tam upasaṁkramya paripṛccha kathaṁ bodhisattvena bodhisattvacaryāyāṁ śikṣitavyam kathaṁ pratipattavyam", 『화엄경소』 권56(대정장35, p.931c14)에 "이사나는 길고 곧다고 한역하는데, 저잣거리의 길이 끝이 없다는 말이다. 과거현재미래의 삼제를 잘 알기에 장이라 하고, 수승한 뜻을 잘 알기에 직이라 한다. 伊沙那者 此云長直 謂里巷徑永 表善知三際故長 善知勝義故直"라고 하였다. 〔참고문헌〕『華嚴經』, 『華嚴經疏』, *Gaṇḍ-vy*. **2** ➡ 이사나천 伊舍那天

이사나논사 伊賒那論師 인도의 20종 외도 중 하나. 상주하고 형상이 없는 이사나(Ⓢ Īśāna)를 만물을 산출하는 실재라고 여기는 외도. 리그베다의 루드라(Ⓢ Rudra)의 다른 이름으로서 후대에는 시바(Ⓢ Śiva)와 대자재천(Ⓢ Maheśvara : 摩醯首羅)의 동격으로 인식되었다. 형상이 있고 상주하는 마혜수라가 만물을 낳는다고 주장하는 외도와는 다르다. 『외도소승열반론』(대정장32, p.157a20)에 "〔문〕 어떤 외도들이 분별을 보지 않고 상무상을 보는 것이 열반이라고 설하는가? 〔답〕 다섯째 외도인 이사나논사권속들이 이렇게 설한다. 이사나논사는 존자의 형상은 볼 수 없지만 모든 곳에 있고 형상이 없음으로써 목숨이 있거나 없는 일체만물을 생하는데 이것을 열반이라 한다. 그러므로 이사나논사권속들은 이와 같이 설한다. 이사나란 영원이니 열반인이라 한다. 問曰 何等外道說 不見分別 見常無常 是涅槃 答曰 第五外道 伊賒那論師眷屬 作如是說 伊賒那論師 尊者形相不可見 遍一切處 以無形相 而能生諸有命無命 一切萬物 名爲涅槃 是故 伊賒那論師眷屬 作如是說 伊賒那是常 名涅槃因", 『주대승입능가경』 권7(대정장39, p.482b28)에 "이사나논사는 모든 것이 이사나에서 생기고, 만물은 무상하지만 이사나는 상이라고 계착한다. 능소를 보지 않고 분별을 일으키지 않으면 열반을 얻은 것이라 말한다. 伊賒那論師 所計一切從伊賒生 物是無常 而彼是常 謂不見能所 不起分別 名得涅槃", 『능가경종통』 권6(卍속장26, p.627a2)에 "다섯 번째 외도인 이사나논사를 논하면 저들은 형상은 보이지 않지만 모든 곳에 있고 능히 만물을 낳는다. 낳는 이는 상이지만 난 것들은 무상하다고 설한다. 論以第五外道伊賒那論師 說形不可見遍一切處 能生萬物 能生是常 所生是無常"라고 하였다. 〔참고문헌〕『外道小乘涅槃論』, 『注大乘入楞伽經』, 『楞伽經宗通』. ⇨ 이십종외도 二十種外道, 이사나천 伊舍那天, 마혜수라논사 摩醯首羅論師

이사나방 伊舍那方 이사나천(伊舍那天 Ⓢ Īśāna)이 있는 곳. 동북방(東北方)을 말한다. 이사나천이 태장만다라 외원의 동북쪽에 위치하므로 붙여진 이름이다. 『정유리정토표』(대정장19, p.67a8)에 "첫 번째, 궁비라는 이사나방의 가외대장이다. 황색이고 호랑이에 올라탔다. 전다검을 쥐고 왼손은 주먹을 쥔 채 왼쪽 허리를 누른 모습이다. 동북방이라고도 한다. 第一 宮毘羅 伊舍那方 可畏大將 其色黃摽駕虎 執戰荼劍 右手拳押左腰 或云作東北方"라고 하였다. 〔참고문헌〕『淨琉璃淨土摽』. ⇨ 이사나천 伊舍那天

이사나천 伊舍那天 Ⓢ Īśana, Ⓟ Īsāna, Ⓣ dBang-bdag. 호세팔방천(護世八方天)과 십이천(十二天) 중 하나로 태장만다라 최외원(最外院)에 위치한다. 이사나(伊賖那)・이사나천(伊沙那天)・이사천(伊沙天)・이사천자(伊沙天子)・이사나천자(伊舍那天子)・이사니(伊舍尼) 등으로 음사하고, 자재천(自在天)・중생주(衆生主)라고 한역한다. 삼매야형은 삼고극(三股戟), 종자는 (ru) 또는 (ī)이다. 태장만다라에서는 청흑색 몸에 머리카락이 붉고 눈이 세 개인 천인(天人)으로서 오른손에는 삼지창을 쥐고 왼손에는 피가 가득한 겁파배(劫波杯 Ⓢ kapāla)를 든 채 양탄자에 앉아 있다. 진언은 "낭막 삼만다몰다남 로날라야 사바하 曩莫 三滿多沒馱喃 嚕捺囉野 娑嚩賀 namaḥ samanta-buddhānāṃ rudrāya svāhā 두루하신 제불께 귀명합니다. 루드라신께, 스바하"이다. 본래 인도에서는 마혜수라천(摩醯首羅天 Ⓢ Maheśvara) 또는 대자재천(大自在天)이었으나 불교에 수용되면서 대자재천의 분노신(忿怒身)으로서 마구니무리를 이끌고 동북방을 수호하는 호법신이 되었다. 루드라(Ⓢ Rudra)라고도 하는데 포악을 의미하고 자연의 위력을 관장한다. 후대에 힌두교의 쉬바신(Ⓢ Śiva)과 동일시되었다. 『십이천공의궤』(대정장21, p.386a6)에 "동북방 이사나천은 구역에서 마혜수라천이라 하였고 대자재천이라고도

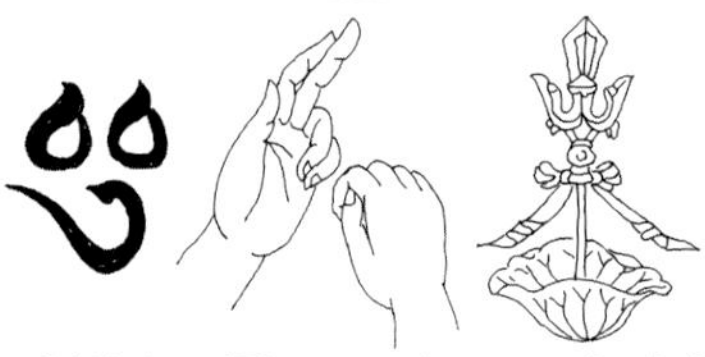

하였다. 살찐 황소를 탔는데 왼손에 든 겁파배에는 피가 가득하고 오른손에는 삼극창을 들었다. 살색은 옅은 청색이고 눈이 세 개인 분노존이다. 두 개의 어금니가 위로 솟았고 해골로 목걸이를 만들었으며 머리에 쓴 관에는 두 개의 앙월이 있다. 두 명의 천녀는 꽃을 들었다. 인상은 오른손으로 주먹을 쥔 채 오른쪽 허리에 올리고 왼손은 다섯 손가락을 곧게 세워서 서로 붙이되 소지와 약지는 중간 마디를 구부리고 중지·검지·엄지는 각각 조금씩 뗀다. 東北方伊舍那天 舊云魔醯首羅天 亦云大自在天 乘黃豐牛 左手持刧波杯盛血 右手持三戟創 淺青肉色 三目忿怒 二牙上出 髑髏爲瓔珞 頭冠中有二仰月 二天女持花 印相者 右手作拳安腰右 左手五指直竪相著 地水二指屈中節 火風空三指各少相去卽成", 『대공작명왕화상단장의궤』(대정장19, p.440a29)에 "다음으로 동북방에 이사나천을 그린다. 그는 삼지창을 들었고 걸어 다니는 많은 귀신의 무리에 둘러 싸여 있다. 次東北方畫伊舍那天 執三戟叉 與諸步多鬼衆圍遶", 『대지도론』 권56(대정장25, p.457b17)에 "이사나는 대자재천왕과 그 권속들이다. 伊賒那 是大自在天王 并其眷屬", 『일체경음의』 권9(대정장54, p.361c15)에 "이사천〈중생주라고 한역한다〉. 伊沙天〈此云衆生主〉"라고 하였다. [참고문헌] 『十二天供儀軌』, 『大孔雀明王畫像壇場儀軌』, 『大智度論』, 『一切經音義』, *Mvyut.164.* ⇨ 대자재천 大自在天, 마혜수라 摩醯首羅[2], 십이천 十二天, 팔방천 八方天

이사나후 伊舍那后 Ⓢ Īśānī. 이사나천(伊舍那天)의 후비(后妃). 이사나천비·상갈라후(商羯羅后)라고도 한다. 태장현도만다라 외원 동북쪽 이사나천의 오른쪽에 위치한다. 몸은 흰색이고 이사나천과 마주한 모습으로서 왼손으로 삼지창을 쥐고 오른손으로 발우(鉢盂)를 받쳐 들었으며 가부좌한 모습이다. 종자는 ꣾ(ī)이고, 삼매야형은 창 또는 상갈라후발지인(商羯羅后鉢胝印) 등 이설이 있다. 수인은 엄지로 소지를 누르고 나머지 세 손가락은 곧게 펴는 삼극형(三戟形)이다. [참고문헌] 『大聖妙吉祥菩薩祕密八字陀羅尼修行曼荼羅次第儀軌法』(대정장20, p.785c20). ⇨ 이사나천 伊舍那天

이사다 伊沙陀 Ⓢ Īśādhāra. 이사다라산(伊沙陀羅山). 『입세아비담론』 권2(대정장32, p.181a23)에 "(由乾陀너머) 바다 밖에 산이 또 있으니 '이사다'라고 한다. 海外有山 名伊沙陀"라고 하였다. [참고문헌] 『立世阿毘曇論』. ⇨ 이사다라산 伊沙陀羅山

이사다라산 伊沙陀羅山 Ⓢ Īśādhāra, Īśādhara, Ⓟ Īsadhara, Īsādhara, Ⓣ gShol-mda'-'dzin. 구산(九山) 또는 칠금산(七金山) 중 하나. 이사다라산(伊沙馱羅山)·이사달산(伊沙達山)·이사다산(伊沙陀山)·을사라산(乙師羅山) 등이라고도 하며, 자재지산(自在持山)·지축산(持軸山)이라고 한역한다. 산의 위치나 높이 등은 문헌마다 조금씩 다르다. 『장아함경』 권18 「세기경 世記經」(대정장1, p.115c12)에 "거다라산에서 멀지 않은 곳에 산이 있으니, '이사다라'라고 한다. 높이 이만일천유순, 너비 이만천유순으로 그 주변은 넓고 아득한데, 온갖 색이 섞인 칠보로 이루어져 있다. 거다라산에서 사만이천유순 떨어져 있는데, 그 사이에는 순전히 우발라화·발두마화·구물두화·분다리화가 피어 있으며, 갈대·소나무·대나무가 그 속에 수북히 자라 갖가지 향을 뿜으니 그 향기가 온통 가득하다. 去佉陀羅山不遠有山 名伊沙陀羅 高二萬一千由旬 縱廣二萬一千由旬 其邊廣遠 雜色間廁 七寶所成 去佉陀羅山四萬二千由旬 其間純生 優鉢羅花 鉢頭摩花 俱勿頭花 分陀利花 蘆葦松竹 叢生其中 出種種香 香氣充遍", 『구사석론』 권8(대정장29, p.214c13 : *Abh-k-bh.*, p.160)에 "이사다라산은 유건다라산의 반쯤 아래이다. 이처럼 모든 산들은 차례대로 절반의 차이가 남을 알아야 한다. 伊沙陀羅山 半下由乾陀羅山 如此於諸山 應知次第半 ato 'rdhena īśādhara ity evamanyeṣv apy ardhārdhahānir veditavyā", 『창소지론』 권상(대정장32, p.226c12)에 "칠금산 중에서 … 둘째는 이사다라산이니 높이가 이만유순이다. 七金山者 … 二 伊沙陀羅山 高二萬由旬"라고 하였다. [참고문헌] 『長阿含經』, 『俱舍釋論』, 『彰所知論』, 『起世經』 권1(대정장1, p.311c19), *Abh-k-bh.*, *Mvyut. 169.*, *Jā.6.125.* ⇨ 구산팔해 九山八海, 칠금산 七金山

이사달다부나라 梨師達多富那羅 ➡ 이사달다부란나 梨師達多富蘭那

이사달다부란나 梨師達多富蘭那 부처님의 재가제자인 형제 이사달다(Ⓟ Isidatta)와 부란나(Ⓟ Purāṇa). 이사달다는 선인(仙人)의 처소에서 얻은 아들이라는 뜻에서 선수(仙授)·선시(仙施)·선여(仙餘) 등이라 한역하고, 부란나는 이사달다의 형으로서 보나라(布囉拏)·부나라(富那羅)라고도 하며 숙구(宿舊)·구(舊) 등이라 한역한다. 이 형제는 중인도 파사익왕(波斯匿王 Ⓢ Prasenajit, Ⓟ Pasenadi)의 대신으로 구살라국(拘薩羅國 Ⓢ Kosala)에서 가장 부유하였으므로 부처님과 사부대중에게 보시를 하면서도 자신의 소유라는 생각마저 없었다. 『잡아함경』 권35(대정장2, p.257c3・258a14)에 따르면, 이들은 오로지 범행(梵行)을 닦으며 탐욕에서 벗어나 청정하고 향과 꽃에 집착하지 않으며 모든 범속한 생활을 멀리하고 계마저 탁월하게 잘 지켰다고 한다. 부처님께서는 한 사람은 지계가 뛰어나고 다른 한 사람은 지혜가 탁월하여 후세에 사다함과(斯陀含果)를 얻고 도솔천(兜率天)에 태어나리라는 수기를 주셨다. ［참고문헌］『雜阿含經』, 『彌勒下生成佛經』(대정장14, p.424c10), 『彌勒大成佛經』(대정장14, p.431c11), 『毘尼止持會集』 권7(卍속장61, p.810a6). ⇨ 부란나 富蘭那 ❷

이사달산 伊沙達山 ⓢ Īśādhāra. 이사다라산(伊沙陀羅山). 『대보적경』 권73(대정장11, p.415a11)에 "이와 같이 수미산・니민달산・육건달산・이사달산 … 설산・향산과 여러 나머지 흑산 및 삼천대천세계가 생성될 때든, 저 일체견고하고 강한 것들이 생성될 때 온 곳 없이 왔다. 如是須彌山 尼民達山 育乾達山 伊沙達山 … 雪山 香山 諸餘黑山 及三千大千世界 若成時 彼一切堅强生時 無所從來"라고 하였다. ［참고문헌］『大寶積經』. ⇨ 이사다라산 伊沙陀羅山

이사라 伊舍羅 ⓢ Īśvara. 동인도 바라문 출신으로 역경장에 온 사절(使節). 직위는 대수령(大首領) 또는 수령(首領). 의정(義淨)의 역경장에서 범본을 증명하는 소임(證梵本・證梵文)을 맡았고, 금강지(金剛智 ⓢ Vajrabodhi)의 역경장에서는 직중서(直中書)로 범어를 한역하는 소임을 맡았다(譯語・譯梵文). 또 보리유지(菩提流志 ⓢ Bodhiruci)의 역경장에서도 범어의 한역을 맡았다. ［참고문헌］『大寶積經』 「序文」(대정장11, p.1c22), 『宋高僧傳』 권1 「義淨傳」(대정장50, p.710c23)・권1 「金剛智傳」(대정장50, p.712a4)・권3 「菩提流志傳」(대정장50, p.720b18), 『續古今譯經圖紀』(대정장55, p.370c22). ⇨ 역경장구직 譯經場九職

이사무애 理事無礙 성상(性相)이 머물기 전의 진여(眞如)인 바탕과 이 진여에 의지해 드러난 성상의 차별의 사상(事相)이 어울려 걸림없는 법계의 뜻이다. 『화엄경소』 권11(대정장35, p.576a27)에 "이 경의 종요로써 무애를 가려낸다. 첫째, 이사무애란 온통 진성으로 같지만 법계의 모습 뚜렷이 다르다. 今經宗要辯無礙 一 理事無礙 謂全同眞性 而剎相宛然", 『화엄경의해백문』(대정장45, p.627b24)에 "만일 성과 상 함께하지 않는 것이라면 이법계이고, 걸림없이 드러나 보인 모습 완연하면 사법계이다. 합하면 이사무애이니 이와 사는 둘이면서 둘이 없고 둘이 없는 그대로 둘을 법계라 한다. 若性相不存 則爲理法界 不礙事相宛然 是事法界 合理事無礙 二而無二 無二卽二 是爲法界也"라고 하였다. ［참고문헌］『華嚴經疏』, 『華嚴經義海百門』. ⇨ 사리무애 事理無礙, 이사무애관 理事無礙觀, 이사 理事

이사무애관 理事無礙觀 화엄의 법계관(法界觀) 중 하나. 법계삼관(法界三觀)이나 사법계관(四法界觀)에 속한다. 이 관은 다시 열 문으로 나누는 전통을 이어왔다. 『화엄경소』 권2(대정장35, p.514a27)에 "사와 이를 기준으로 무애를 드러냄에도 열 가지 문이 있다. 今且約事理 以顯無礙 亦有十門"라고 하였고, 『화엄발보리심장』(대정장45, p.652c28)에 "이사무애관이란 이와 사를 녹여 함께하게 하였으니 존망과 역순으로 모두 열 가지 문을 두었다. 理事無礙觀者 謂理事鎔融 存亡逆順 通有十門"라고 하면서 더 자세히 풀었다. 십문은 첫째 이가 사에 두루하다는 이편어사문(理遍於事門), 둘째 사도 이에 가득하다는 사편어리문(事遍於理門), 셋째 이에 의지해 사를 성취하는 의리성사문(依理成事門), 넷째 사도 능히 이를 드러낸다는 사능현리문(事能顯理門), 다섯째 이로 사를 빼앗는 이리탈사문(以理奪事門), 여섯째 사로 능히 이를 숨기는 사능은리문(事能隱理門), 일곱째 참된 이로 사와 마주한 진리즉사문(眞理卽事門), 여덟째 사의 법으로 마주한 이의 문인 사법즉이문(事法卽理門), 아홉째 참된 이만으로 사는 없는 진리비사문(眞理非事門), 열째 드러난 법만 있고 이는 없는 사법비리문(事法非理門)을 말한다. 그중 1・2문은 서로에게 함께하는 뜻이고, 3・4문은 서로 의지하는 관계이며, 5・6문은 서로 상대를 벗어나 자신의 자성을 지키는 것이고, 7・8문은 서로 버리지 않는 관계다. 9・10문은 다시 헤어져 돌아가는 뜻이다. 『화엄현담회현기』 권29(卍속장12, p.442b14)에 "이사무애는 반드시 열 가지 문을 갖춘다. 만일 하나의 문이라도 빠지면 진실한 연기가 아니다. 가령 이가 모든 사에 두루하다는 이편사문이 없다면 진실한 이치가 온전하게 모든 사에 두루하지 못할 것이며, 만일 모든 사가 이에 두루하다는 사편이문이 없다면 하나의 티끌이 법계에 두루하지 못할 것이다. 나머지 문도 예와 같다. 그러므로 십사는 함께 하나인 연기무애다. 以理事無礙 要具十門 苟闕一門 非眞緣起 如無理徧事門 則眞理不全徧事中 若無事徧理門 則一塵不徧法界 餘門例然 故知 十事同一緣起無礙也"라고 하였다. 『주화엄법계관문송』 권하(대정장45, p.701a11)에도 십문을 열기에 앞서 대의를 보였으니 곧 "이사무애관 제2 : 〈송〉 산 높아도 구름 펴고 거둠에 걸림없고, 고요한 하늘인들 어찌 학이 오가는 길을 방해하리오? 〈주〉 이란 앞서 말한 진공불변의 이치이고, 사란 이 문에서 연을 따라 일어나는 사다. 그러므로 앞의 문은 다만 정을 가려 이를 드러낼 뿐이다. 마치 무쇠를 광산에서 캐어내어도 아직은 그릇이 아닌 것과 같다. 여기서는 진리가 인연을 따라 사를 성취함만을 밝힐 뿐이다. 무애란 이와 사가 서로 비추고 체와 용이 서로 거두는 것을 말한다. 만일 불변이라면 연을 따르는 이가 사의 장애가 되지 않아 사를 성취하는 것이 곧 그 체가 공이기 때문이어서 사가 이의 장애가 되지 않는다. 관이란 권과 실이 쌍으로 어울려 걸림없는 지혜를 말한다. 理事無礙觀第二 山高不礙雲舒卷 天靜何妨鶴往來 義曰 理者 是前眞空不變理 事者 此門隨緣成底事也 然前門但是 揀情顯理 如金出礦 未爲器用 今明眞理隨緣成其事耳 無礙者 理事相望 體用互收 若不變卽 隨緣理不礙事也 成事卽體空 事不礙理也 觀者 權實雙融無礙智也"라고 하였다. 이사무애관에 대한 대표적인 풀이인 이상의 이사무애관을 이사무애십문(理事無礙十門)이라 한다. [참고문헌]『華嚴經疏』, 『華嚴發菩提心章』, 『華嚴懸談會玄記』, 『註華嚴法界觀門頌』. ⇨ 이사무애 理事無礙, 이사 理事, 법계삼관 法界三觀, 사법계관 四法界觀

이사무애관십문 理事無礙觀十門 ➡ 이사무애관 理事無礙觀

이사무애문 理事無礙門 진여를 다 들어 일체법을 삼아 사상(事相)에도 일미(一味)에도 걸림 없이 평등한 뜻이다. 『화엄경탐현기』 권1(대정장35, p.119a17)에 "여섯 번째, 이사무애문이고 이에 두 가지 뜻이 있다. 첫째, 모든 교법 다 들어 진여이기에 사상에 걸림없어 또렷이 드러나 차별한다. 둘째, 진여 온통 다 들어 모든 법이 되었기에 한 맛으로 걸림없고 고요하고 평등하다. 전자는 물결 그대로 물이어서 물이 흔들리는 물결을 방해하지 않는 것과 같고, 후자는 물 그대로 물결이어서 적시는 자성 잃지 않는 것과 같다. 마땅히 중도의 이치도 이와 같다고 알아야 한다. 그러므로 이와 사는 어울려 함께해서 걸림이 없으니 한 곳에도 머물지 않는 불이법문이다. 第六 理事無礙門者 亦有二義 一 謂一切教法 擧體眞如 不礙事相 歷然差別 二 眞如擧體 爲一切法 不礙一味 湛然平等 前卽如波卽水 不礙動相 後卽如水卽波 不失濕體 當知 此中道理亦爾 是故 理事混融無礙 唯一無住 不二法門"라고 하였다. [참고문헌]『華嚴經探玄記』.

이사무애법계 理事無礙法界 사법계(四法界) 중 하나. 이와 사가 걸림없는 법계. 『화엄경소』 권30(대정장35, p.733b16)에 "모두 법계라 하는 것은 이사무애법계를 말한다. 모두 머문다고 하는 까닭은 지혜를 따른즉 그것이 그대로 드러난 일들의 바탕이 되었으니 달리 의지해 머무는 곳이 없기 때문이다. 皆云法界者 理事無礙法界也 皆云住者 智契卽事之理 無所住故", 『대화엄경약책』(대정장36, p.707c10)에 "법이란 엮어 가지는 것으로 뜻을 삼고, 계란 두 가지 의미가 있다. 첫째, 사를 잡아 설하는 계는 부분(分)의 의미다. 사를 따라 분별하기 때문이다. 둘째, 성의 의미이니, 이법계를 모든 법의 자성으로 삼는 뜻을 따른다. 변역이 없기 때문이다. 이들 두 가지를 서로 엮어서 이사무애법계가 성취된다. 사는 이를 잡아서 성취되고, 이는 사를 매개로 드러나지만, 둘이 서로를 빼앗으면 사와 이는 함께 사라진다. 法者 軌持爲義 界者 有二義 一 約事說界卽分義 隨事分別故 二者 性義 約理法界 爲諸法性 不變易故 此二交絡 成理事無礙法界 事攬理成 理由事顯 二互相奪 卽事理兩亡", 『종경록』 권4(대정장48, p.435c23)에 "(사법계 중) 셋째, 이사무애법계란 함께하는 자성과 나누고 드러나는 뜻이 걸림없이 어울려 이즈러짐 없음이다. 三 理事無礙法界者 具性分義 圓融無礙"라고 하였다. [참고문헌]『華嚴經疏』, 『大華嚴經略策』, 『宗鏡錄』. ⇨ 사법계 四法界, 사리무애 事理無礙, 이사무애 理事無礙

이사불이 理事不二 이와 사가 둘이 아님. 하나도 아니면서 서로 마주(相卽)해 담연(湛然)한 이와 꿈같은 사(幻事)가 온전히 하나와 여럿(一多)으로 어울려 자유로운 뜻이다. 『화엄삼보장』 권하(대정장45, p.623b5)에 "이와 사는 둘이 아니면서 둘이다. 곧 사와 마주하여야 비로소 참된 이이다. 온통 사와 마주하면서도 참된 이 그대로 고요하고, 이와 떨어지지 않는 사라야 비로소 꿈같은 일 벌어진다. 항상 서로 마주해 만상이 끝없이 일어난다. 참으로 이와 사가 서로 이렇지만 하나도 아니므로 온전히 하나와 여럿이 서로 마주하면서도 섞이지 않는다. 今由理事不二而二 謂卽事之理 方爲眞理故 全事相卽 而眞理湛然 卽理之事 方爲幻事故 恒相卽 而萬像紛然 良由理事相是而不一 故全一多互卽 而不雜也", 『기신론직해』 권하(卍속장72, p.195a6)에 "이와 사는 둘이 아니므로 색은 공을 따라 어디에나 두루 있어 분제 있을 리 없다. 또한 둘도 없고 나눔도 없으므로 신(정보)과 토(의보) 그리고 자타 사이에 막힘도 없고 걸림도 없다. 由理事不二 故色隨空徧 無有分齊 由無二無分 故身土自他 無障無礙"라고 하였다. [참고문헌]『華嚴三寶章』, 『起信論直解』. ⇨ 이사 理事, 이사무애 理事無礙. 사리불이 事理不二, 이 理❶, 사 事

이사비득 二捨非得 두 가지로 버려 갖지 않는 것. 물러남(退)과 잃어버림(失)을 말한다. 『순정리론』 권61(대정장29, p.682a10)에 "잃게 되는 것과 물러나는 것, 이 두 가지가 비득(非得)의 자성이다. 퇴사는 반드시 허물을 일으킨 뒤 얻게 되고, 실사는 덕이 증진되는 경우다. 失退 二捨非得爲性 退捨 必因起過而得 失捨 或有 由德增進"라고 하였다. [참고문헌]『順正理論』.

이사산 伊沙山 Ⓢ Īśādhāra. 이사다라산(伊沙陀羅山).

『장아함경』 권21 「세기경 世記經」(대정장1, p.139a27)에 "다시 어떤 인연 때문에 이사산이 있는가? 그 후에 회오리바람이 거대한 물방울을 불어와 가다라산에서 멀지 않은 곳에 저절로 변하여 이사산이 생겼다. 復以何緣有伊沙山 其後亂風吹大水沫 去伽陀羅山不遠 自然變成伊沙山", 『번범어』 권9(대정장54, p.1043a5)에 "이사산〈한역하여 자재라고 한다〉. 伊沙山〈譯曰自在〉"라고 하였다. 〔참고문헌〕『長阿含經』, 『翻梵語』, 『增壹阿含經』 권34(대정장2, p.736c28). ⇨이사다라산 伊沙陀羅山

이사상자 理事相資 이와 사는 서로 돕는다는 말. 『대승본생심지관경천주』 권6(卍속장34, p.373b12)에 "그러므로 이는 사의 도움 없으면 순결함 지킬 수 없고, 사는 이의 육성이 없으면 진전할 수 없다. 이와 사가 이처럼 서로 돕고 마음과 경이 함께 고요해야 참된 아란야이다. 是以 理無事助而難純 事非理成而無益 理事相資 心境俱寂 是眞阿蘭若", 『종문십규론』 「이사상위불분촉정 理事相違不分觸淨」(卍속장110, p.879b6)에 "대체로 조사와 부처의 종지는 이도 사도 다 갖춘다. 사는 이에 의지해 설 수 있고 이는 사를 빌려야 밝혀지니 이와 사가 서로 돕고 눈과 다리도 함께 한다. 만일 사는 있지만 이가 없다면 막혀 통할 수 없고, 이는 있지만 사가 없다면 아득하여 돌아갈 곳이 없으리라. 大凡祖佛之宗 具理具事 事依理立 理假事明 理事相資 還同目足 若有事而無理 則滯泥不通 若有理而無事 則汗漫無歸"라고 하였다. 〔참고문헌〕『大乘本生心地觀經淺註』, 『宗門十規論』. ⇨이사 理事, 이사불이 理事不二

이사상즉 理事相卽 이와 사가 서로 마주하다의 뜻. 자성(自性)이 공(空)한 이(理)와 마주한(相卽) 사(事)여야 걸림없는(無礙) 연생(緣生)의 사(事)를 성취할 수 있다는 뜻이다. 『법계도기총수록』 권하(대정장45, p.755b8・한불전6, p.830a1)에 "저 별교일승에 의하면 이와 이는 서로 마주한다. 또한 사사도 상즉하고 이사 또한 상즉한다. 각각 상즉하지 않을 수도 있다. 若依別敎一乘 理理相卽 亦得事事相卽 亦得理事相卽 亦得各各不相卽", 『성유식론관심법요』 권10(卍속장82, p.679b14)에 "〔문〕 능소는 둘이 아니고 이와 사는 상즉한다. 그런데 어째서 증득한 이는 원만하지만 능히 증한 사행은 오히려 아직 원만하지 못하는가? 〔답〕 능소는 둘이 아니지만 또한 하나라고 정할 수도 없다. 이와 사는 상즉하되 또한 서로 넘치지 않는다. 사가 이를 따르고 이가 사를 아우르면 초지 중에 모든 위의 공덕을 갖출 수 있다. 또한 처음 그대로 초지라도 무방하다. 만약 이가 사를 따르고 사가 이를 드러내면 나중의 위에서 점차 본래의 법성을 드러낼 수 있지만 또한 처음 그대로 평등해도 무방하다. 問曰 能所不二 理事相卽 今胡得云 所證理圓 能證事行 猶未滿耶 答曰 能所不二 亦不定一 理事相卽 亦不相濫 若以事從理 以理攝事 則初地中 亦能具足諸地功德 而又不妨 仍是初地 若以理從事 以事顯理 則後後位 乃能漸顯 本來法性 而又不妨仍自平等"라고 하였다. 〔참고문헌〕『法界圖記總髓錄』, 『成唯識論觀心法要』.

이사시불 以沙施佛 모래를 부처님께 보시하다. 아육왕(阿育王) 전생의 고사다. 전생의 어린 시절에 걸식하시던 부처님을 만났고 모래 한 줌을 공양올렸다. 부처님께서는 내생에 국왕이 되리라고 예언하셨다. 『아육왕경』 권2(대정장50, p.135b15)에 "부처님께서는 일체를 보시는 이시니, 나에게 기별하시길 모래로 부처님께 보시하였을 뿐인데 금생에 이렇게 왕이라는 보를 얻었다. 佛一切見者 記我 以沙施佛 今得是報"라고 하였다. 〔참고문헌〕『阿育王經』, 『法顯傳』(대정장51, p.863b23), 『法苑珠林』 권37(대정장53, p.579b2), 『諸經要集』 권3(대정장54, p.20c2). ⇨아육왕 阿育王

이사양중총별 理事兩重總別 이와 사가 각각 거듭하여 총과 별로 본(本)이 되고 삼천(三千)이 되는 뜻. 송대 천태의 산가파・산외파 논쟁의 주제 중 하나이다. 사명지례(四明知禮 960~1028)의 설로 삼천의 법마다에 삼천세계의 모든 법을 본래 갖추고 있다고 보아서 사에도 이에도 총과 별이 있다는 뜻이다. 『십불이문지요초』 권상(대정장46, p.711a3)에 "이와 사 양중으로 총과 별이 있어 모두 절묘함 드러낸다. 어찌 장차 별의 사를 낱낱이 거두어서 총의 이로 들어간다는 것이 삿되다고 비난받을 일인가? 旣於理事兩重總別 皆顯絶妙 那將攝別入總 而爲難邪", 『북봉교의』(卍속장101, p.465b4)에 "또한 잘 알아야 한다. 지금 말하는 불이문이란 일성으로서 무성이어서 삼천이 완연하다. 문득 한가지 묘락으로 머물 일 없이 법을 세운다. 일성은 무성이어서 머물 일 없는 바탕이고, 삼천으로 완연하니 세운 바 법이다. 이사는 양중으로 본법이니 이사 양중으로 총과 별일 뿐이다. 又復須知 今不二門 一性無性 三千宛然 便同妙樂無住立法 一性無性 無住本也 三千宛然 所立法也 理事兩重本法 卽理事兩重總別耳"라고 하였다. 〔참고문헌〕『十不二門指要鈔』, 『北峰敎義』. ⇨이총사별 理總事別

이사이화 理事二和 이화(理和)와 사화(事和). 이화란 같은 가르침으로 함께하는 것이고, 사화란 같은 계를 가지고 여섯 가지로 화합하는 것이다. 원측(圓測)의 『인왕경소』 권상본(대정장33, p.365c4・한불전1, p.25b4)에 "중이라는 말의 범음은 승가(Ⓢ Ⓟ saṃgha)이고 한역하면 화합중이다. 이와 사 두 가지로 화합하므로 중이라 한다. 所言衆 梵音僧伽 此云和合衆 謂理事二和 故名衆也", 『인왕경소법형초』 권2(卍속장41, p.146a7)

에 "[소] 승가란 중 또는 화합이라 한역한다. 이와 사 두 가지로 화합하기에 그 이름이 화합이다. 이화란 모든 성인들이 한가지로 사제의 이를 증득한다는 뜻으로 이 화승이라고 한다. 사화란 똑같이 구족계(大戒)를 받고, 여섯 가지로 화합하길 구족하니 계・견・이・몸・말・뜻이다. 이 여섯 가지 뜻을 다 같이 함께하는 것을 사화승이라고 한다. 疏 僧伽者 此云衆 亦云和合 理事二和 故名和合 理和者 謂諸聖人 同證諦理 名理和僧 事和者 同受大戒 具六和故 謂戒見利身口意 具此六義 名事和僧"라고 하였다. [참고문헌]『仁王經疏』,『仁王經疏法衡鈔』,『楞嚴經疏解蒙鈔』 권1(卍속장21, p.126a9). ⇨이화 理和, 사화 事和, 화합승 和合僧, 육화 六和

이사정 李師政 당대 관리. 상당(上黨:山西省 長治) 출신. 본래 유자(儒者)였지만, 후에 불법을 배우고 제법사(濟法寺) 법림(法琳 572~640)의 제자가 되었다. 무덕년간(618~626)에 도사(道士) 부혁(傅奕)이 여러 차례 상소를 올려 불교를 배척하자 도속(道俗) 간에 격렬한 논쟁이 불거졌다. 이에『내덕론 內德論』1권을 지어 부혁의 견해를 반박하였다. 이 책은『광홍명집』권14에 수록되어 있는데「변혹 辯惑」・「통명 通命」・「공유 空有」의 3편으로 구성되어 있으며, 불법이 세간에 이익이 된다는 것을 밝히고 있다. [참고문헌]『佛祖統紀』권39(대정장49, p.363a7),『廣弘明集』권14(대정장52, p.187b6),『居士傳』권13(卍속장149, p.841b16).

이사종횡대 理事縱橫帶 이와 사 종횡으로 걸림없이 자유로움. 부산법원(浮山法遠 991~1067)이 설정한 구대선(九帶禪) 중 하나다.『오가종지찬요』권상(卍속장114, p.525b13)에 "이사종횡대:중생에 응해 방편을 행할 뿐 정한 법은 없고, 연을 따라 이치를 세워 나롱을 끊을 뿐이니, '이와 사를 종횡으로 비추고 씀을 가지런히 행한다. 이 편 저 편으로 한낮이고 삼경이다'. 무엇이 이사종횡대인가? 삼산등래(三山燈來)가 답한다. '한번 맡겨 놓아 가기도 하고 거두어 오기도 한다'. 송으로 읊는다. '이와 사로 종횡하니, 버드나무 거리인가 했더니 꽃 마을이로구나. 둘도 아니고 다를 것도 없으니, 발길 닿는 대로 놓아가리라'. 理事縱橫帶 應物行權無定法 隨緣立理絶羅籠 理事縱橫 照用齊行 者邊那邊 日午三更 如何是理事縱橫帶 三山來云 一任放去收來 頌曰 理事縱橫 柳陌花郵 無二無別 信步放行"라고 하였다. [참고문헌]『五家宗旨纂要』. ⇨구대선 九帶禪

이사지법 離寺之法 선림에서 절을 떠날 때의 법도.『선원청규』권1「장포 裝包」(卍속장111, p.878a11)에 "절을 떠날 때의 법. 동포들과 작별인사가 끝나면, 삼문의 밖 처마 아래에서야 갓을 쓴다. 離寺之法 與同袍敘別訖 於三門外簷下上笠"라고 하였으며, 이외의 사항은 상세하지 않다. [참고문헌]『禪苑淸規』.

이사집 二邪執 두 가지 삿된 집착. 인집(人執)과 법집(法執)을 말한다. 원효(元曉)의『기신론소』권상(대정장44, p.204b27・한불전1, p.701c10)에 "삿된 집을 버린다는 것은, 두 가지 삿된 집이 있으니 인집과 법집이다. 이 두 가지를 버리는 뜻이다. 捨邪執者 有二邪執 所謂人執 及與法執 捨此二義"라고 하였다. [참고문헌]『起信論疏』. ⇨인집 人執, 법집 法執

이사천 伊沙天 Ⓢ Īśāna. 이사나천(伊舍那天).『도행반야경』권2(대정장8, p.431a1)에 "그때 여러 인지천 … 여러 이사천, 여러 나제건천이 동시에 세 번 거듭해서 이러한 칭찬하는 법을 일으켰다. 爾時 諸因坻天 … 諸伊沙天 諸那提乾天 同時三反 作是稱譽法",『일체경음의』권9(대정장54, p.361c15)에 "이사천〈한역하여 중생주라고 한다〉. 伊沙天〈此云 衆生主〉"라고 하였다. [참고문헌]『道行般若經』,『一切經音義』,『摩訶般若鈔經』 권2(대정장8, p.513b20). ⇨이사나천 伊舍那天

이사피 伊師皮 곰의 것으로 추정되는 가죽.『사분율』권39(대정장22, p.848c21)에 "그때 한 바라문이 출가하여 도를 닦고 있었는데 이사피를 가지고 문안에 두고 발 닦는 물건으로 썼다. 부처님께서 말씀하시길 '소지하는 것을 허락한다'고 하셨다. 時有婆羅門 出家爲道 持伊師皮 作拭足物 置戶內 佛言 聽畜"라고 하였다. 이와 유사한 예가『십송율』권39(대정장23, p.286c23)에 "부처님께서 사위국에 계실 때 어떤 사람이 승가에 곰의 가죽을 시주하였지만 여러 비구가 받지 않았다. 또한 어디에 쓰는지도 알지 못하여 이 일을 부처님께 아뢰니, 부처님께서 말씀하셨다. '받아도 된다. 승방의 문 안에 두고 발을 닦은 후 방에 들라'. 佛在舍衛國 有人施僧熊皮 諸比丘不受 不知何所用 是事白佛 佛言 應受 應著僧房戶內 用拭脚入房"라고 하였다.『사분율명의표석』권26(卍속장70, p.801b13)에 "이사피:상세하지 않다. 곰의 가죽인 듯하다. 伊師皮 未詳 疑是熊羆皮"라고 하였다. [참고문헌]『四分律』,『十誦律』,『四分律名義標釋』.

이사하 二死河 두 갈래 죽음의 강. 분단생사(分段生死)와 변역생사(變易生死)를 비유한다. 반드시 건너야 하기에 강에 비유한다.『파사론』권하(대정장52, p.489a18)에 "오욕의 파도에 휩쓸려 두 갈래 죽음의 강물을 떠돌며, 항상 캄캄한 낭떠러지 아래 처하고 무명의 파도 밑에 머문다. 激五欲浪 漂二死河 常在黑闇崖下 無明波底",『열반경소사기』권6(卍속장58, p.235b7)에 "능히 바닷물 다하도록 의심이 없고, 의심이 없음으로 성을 보며, 성을 봄으로써 두 갈래 죽음의 강을 건너고, 강을 건넘으로 성을 만난다. 성과 만남으로써 큰 수레를 얻어 사방을 돌아 곧바로 도량에 이른다. 由能盡海故無疑 由無疑故見性 由見性故 度二死河 由度河故會性 由會性故得大車遊於四方 直至道場"라고 하였다. [참고문헌]『破邪論』,『涅槃經疏私記』. ⇨ 분단생사 分段生死, 변역생사 變易生死, 이종생사 二種生死

이삭 利矟 예리한 창. 달리는 말을 타고도 쏘아 맞추는 긴 창을 가리킨다. 생사의 폭류(暴流)에 휩쓸여서도 보리심을 내는 뜻의 비유다. 60권본『화엄경』권59(대정장9, p.776a21)에 "보리심이란 바로 예리한 창이다. 능히 모든 번뇌라는 도적을 찌르기 때문이다. 菩提心者則爲利矟 能刺一切煩惱賊故"라고 하였다. [참고문헌]『華嚴經』,『佛所行讚』권3(대정장4, p.26a21),『出曜經』권8(대정장4, p.652c5). ⇨ 폭류 暴流

이산 怡山 중국 복건성(福建省) 복주(福州) 후관현(侯官縣) 서쪽으로 15리 지점에 있는 산. 운산(雲山)·서선산(西禪山) 등이라고도 한다. 대안(大安)·혜릉(慧稜) 등이 주석했던 장경원(長慶院 : 西禪寺)이 있다. [참고문헌]『大明一統志』권74,『大淸一統志』권325. ⇨ 장경원 長慶院

이산 梨山 일제강점기 부산 범어사(梵魚寺) 스님. 항일독립운동을 하였다. 속성은 오(吳)씨. 1919년경에 스님을 비롯하여 범어사의 경산(擎山 : 속성은 金氏)·담해덕기(湛海德基)·성월일전(惺月一全)·상호(尙昊 : 속성은 金氏)·석두(石頭 : 속성은 金氏) 등이 중국 상해의 임시정부가 재정적으로 매우 어렵다는 실정을 상완(尙玩 : 속성은 申氏) 등을 통해서 알고는 밀의를 거듭한 끝에 상당액의 금액을 사재(寺財)에서 지출하여 상호로 하여금 상해에 전달하게 했다. 이후 임시정부에서는 담해·성월·경산·이산 등을 임시정부의 고문으로 추대하고 상호를 통해 추대장을 전달했다. [참고문헌]「社會參與」(『韓國近世佛敎百年史』권1, pp.37~38). ⇨ 경산 擎山, 상완 尙玩, 상호 尙昊

이산 离山 부산 범어사 스님 도광(導光 1922~1984)의 호. [참고문헌] 智冠『韓國高僧碑文總集 朝鮮朝·近現代』p.1372. ⇨ 도광 導光

이산 離散 Ⓢ vikṣipta, Ⓟ vikkhitta. 헤어지고 흩어지다. 가족이 흩어지거나 임시로 화합해 있던 오온(五蘊)의 몸이 4대(地水火風)로 흩어지는 등을 말한다.『대지도론』권42(대정장25, p.364c27)에 "색등의 오중(五蘊)이 화합하기에 중생이라는 이름이 있으나, 오중이 흩어지면 그 이름마저 머물 곳이 없다. 오중이 흩어질 때에도 없거늘, 어찌 하물며 오중마저 없을 때 무어라 하겠는가? 色等 五衆和合故 有衆生字 若五衆離散 名字無住處 五衆離散時尙無 何況無五衆"라고 하였다. [참고문헌]『大智度論』,『俱舍論』권2(대정장29, p.11c19).

이산경 移山經 서진(西晉) 때 축법호(竺法護)가 한역한『역사이산경』(대정장2, No.135)의 줄인 이름. ⇨ 역사이산경 力士移山經

이산당도광대선사비문 离山堂導光大禪師碑文 이산도광(离山導光 1922~1984)의 행적을 담은 비문. 동곡일타(東谷一陀)가 짓고 이영식(李榮植)이 글씨를 써서 1987년 구례 화엄사(華嚴寺)에 건립하였다. [참고문헌] 智冠『韓國高僧碑文總集 朝鮮朝·近現代』pp.1372~1375. ⇨ 도광 導光

이산연 怡山然 ➡ 교연 皎然[4]

이산연선사발원문 怡山然禪師發願文 당대 이산교연(怡山皎然) 지음. 1편.『치문경훈』권6, 대정장48, pp.1072c21~1073a21에 수록되어 있다. 총림에서 유행하여『이산예불발원문약석 怡山禮佛發願文略釋』·『이산연선사원문소 怡山然禪師願文疏』등 여러 종의 주석서가 나오기도 하였다. 저자에 대한 이설도 있다. 복주(福州 : 福建省) 장생산(長生山)에 주석하며 설봉(雪峰)의 법을 이었던 교연으로 보기도 한다. ⇨ 교연 皎然[4]

이살생 離殺生 Ⓢ prāṇa-atipāta-virati, Ⓟ pāṇātipātā veramaṇī, Ⓣ srog-gcod-pa-spong-ba, srog-gcod-pa-spangs-pa. 살생을 여읨. 불살생(不殺生)의 뜻이다. 줄여서 이살(離殺)이라고도 한다.『잡아함경』권34(대정장2, p.246b28 : *Mahāvacchagotta-sutta, MN.1*, p.489)에 "살생은 선하지 않은 법이고, 살생을 여의는 것은 선한 법이다. 殺生者 是不善法 離殺生者 是則善法 pāṇātipāto kho vaccha akusalaṃ pāṇātipātā veramaṇī kusalaṃ",『법온족론』권1「학처품 學處品」(대정장26, p.453c24)에 "살생을 여읜다는 것은, 살생하는 인연을 여의기에 공포와 죄와 원한도 사라지리니 능히 살생을 여읜다. 離殺生者 離殺生緣故 滅怖罪怨 能離殺生"라고 하였다. [참고문헌]『雜阿含經』,『法蘊足論』,『俱舍論』권14(대정장29, p.75b16), *MN., Abh-k-bh.188., Yogā-bh.171.* ⇨ 불살생 不殺生, 포죄원 怖罪怨

이삼 二三 ❶ 중국 선종의 6대 조사(祖師). 초조 보리달마(菩提達摩)에서 육조 혜능(慧能)까지를 말한다. ⇨ 당토이삼 唐土二三, 동토이삼 東土二三, 이삼사칠 二三

四七 ❷ 육사외도(六師外道)를 가리키는 말. 『대승삼론대의초』 권1(대정장70, p.119b16)에 "상법의 때에 이르러 사람의 근기가 거듭 둔해지고 도를 아는 것도 어두워졌으니 통발만 지키다가 물고기를 잊었고 이름만 지키다가 그 뜻은 잃었다. 모두 옳다고 하는 것을 보고 진실하다고 여기고, 모두 그르다 하는 것을 듣고 옳다고 하니 어찌 열여덟 이단에 그치겠는가? 기와 조각을 움켜쥐고 진주라고 하니 이것 역시 여섯 부류의 삿된 무리이다. 洎乎像教之時 人根轉鈍 道識亦昧 守筌忘魚 封名失旨 見兩是則謂之爲眞 聞雙非還稱之曰是 豈止三六之異端 握瓦礫而稱眞珠 亦迺二三之邪徒"라고 하였다. 〔참고문헌〕『大乘三論大義鈔』. ⇨ 육사외도 六師外道

이삼고 離三苦 세 가지 괴로움(三苦)을 여읜다는 말. 『대보적경』 권101(대정장1, p.569c21)에 "또한 모든 천자들이여! 불방일에 의지하고 거기에 머문다면 세 가지 고통을 여읠 수 있다. 세 가지 고통이란 무엇인가? 행고·고고·괴고이다. 復次諸天子 依不放逸住者 得離三苦 何等爲三 所謂行苦 苦苦 壞苦"라고 하였다. 〔참고문헌〕『大寶積經』. ⇨ 삼고 三苦

이삼만 李三晩 1770~1847. 조선 후기 서예가. 자는 윤원(允遠), 호는 창암(蒼巖). 전주(全州) 출신. 어려서부터 글쓰기에 몰두하였으며, 병에 걸렸을 때에도 하루에 천 글자씩 썼다고 전한다(雖於疾病時 亦一日書千個字). 해남 대흥사 가허루(駕虛樓)·구례 천은사 회승당(會僧堂)·전주 송광사 명부전(冥府殿)·곡성 태안사 배알문(拜謁門)·금산 보석사 대웅전 편액 등 많은 작품이 전한다. 〔참고문헌〕『槿域書畵徵』 권5 p.217.

이삼매 二三昧 수라삼매(修羅三昧) 중 하나. 이제삼매(二諦三昧)의 줄임말. 또는 공(空)과 무원(無願)의 두 가지 삼매를 지칭한다. 원측(圓測)의 『인왕경소』 권하(대정장33, p.412c14·한불전1, p.99c9)에 "수라의 이익을 밝히자면 두 가지가 있다. 하나는 십삼매를 얻는 것이고, 다른 하나는 이삼매이다. 십삼매란 일체처이고 이삼매란 이제삼매이다. 또는 성도에 처음 들어가면 반드시 삼매를 갖추는데, 십삼매는 무상삼매가 십지의 장애를 없애므로 십삼매라 하는 것이고, 이삼매는 곧 공과 무원의 두 가지 삼매이다. 두 가지는 귀신이 천상에서 얻는 정수(正受 Ⓢ samāpatti)가 된다. 明修羅得益 有其二種 一得十三昧 二三昧 十三昧者 一切處 二三昧者 二諦三昧 或可初入聖道 必具三昧 十三昧者 無想三昧 滅十地故 名十三昧 二三昧者 卽空無願二三昧也 二轉鬼神天上正受"라고 하였다. 〔참고문헌〕『仁王經疏』. ⇨ 수라삼매 修羅三昧❶, 십삼매 十三昧

이삼사칠 二三四七 6조와 28조. 선종에서 전등(傳燈)의 계보로 삼는 33대의 조사(祖師)를 말한다. 이삼은 보리달마(菩提達摩)에서 육조혜능(六祖惠能)까지 동토(東土)의 6대 조사를 말하고, 사칠은 마하가섭(摩訶迦葉)부터 보리달마까지 서천이십팔조(西天二十八祖)를 말한다. 『불조역대통재』 권19(대정장49, p.678c14)에 "패엽을 엮어 만든 경서로는 일대시교를 결집한 성스러운 법으로서 이를 비록 아난에게 전했지만 부처님의 염화에 응답한 미소는 정법안장으로서 이를 마하가섭에게만 부촉하였다. 달마가 서쪽에서 와서 선종의 초조가 되어 동토의 6조에게 전하였으니 서천이십팔조의 법이 조계에 이르렀다. 編葉而書 則一時聖法 雖傳於慶喜 拈花而笑 則正法眼藏 獨付於飮光 自達磨西來 實爲初祖 其傳二三 四七而至於曹溪"라고 하였다. 〔참고문헌〕『佛祖歷代通載』. ⇨ 육조 六祖❶, 서천이십팔조 西天二十八祖, 당토이삼 唐土二三, 서건사칠 西乾四七, 삼십삼조 三十三祖❶❷, 부법장인연전 付法藏因緣傳

이삼성 理三性 이법(理)의 관점에서 이해한 삼성. 현상의 삼성인 사삼성(事三性)에 대칭한다. 『석화엄교분기원통초』 권7(한불전4, p.427a17)에 "〔문〕 수연(隨緣)은 진제인가, 아니면 속제인가? 〔답〕 이삼성과 사삼성으로 구별한다면, 수연 등은 사삼성으로 속제이며 불변(不變) 등은 이삼성으로 진제이다. 問 隨緣是眞諦耶 是俗諦耶 答 若別理三性事三性時 隨緣等 事三性 爲俗諦 不變等 理三性 爲眞諦"라고 하였다. 〔참고문헌〕『釋華嚴教分記圓通鈔』. ⇨ 삼성 三性❶, 사삼성 事三性

이삼의숙계 離三衣宿戒 30니살기바일제(尼薩耆波逸提 Ⓢ naiḥsargika-prāyaścittika) 중 하나. 삼의(三衣) 또는 그중 하나를 다른 곳에 두고 숙박하는 것을 금하는 계. 이의(離衣)·이의숙계(離衣宿戒)라고도 한다. 단 승가의 허가를 받고 다른 비구에게 맡기는 경우는 제외한다. 비구들이 삼의 중 안타회(Ⓢ antar-vāsa)와 울다라승(Ⓢ uttara-āsaṅgha)만 입고, 승가리는 다른 비구에게 맡겨두어 번거롭게 하는 일과 여러 벌의 옷을 비축해 두는 일 등을 행하는 것을 막기 위해 제정하였다. 『신산정사분승계본』(卍속장61, p.538a11)에 "제2이삼의숙계 : 비구가 삼의에 대한 준비를 마치고 나서 가치나의(Ⓢ kaṭhina)마저 이미 벗어 버린 상황에서 삼의 중 어느 하나와 떨어져 다른 곳에서 숙박한다면, 승단의 허가를 받은 경우를 제외하고는 니살기바일제를 범한게 된다. 離三衣宿戒第二 若比丘 衣已竟 迦絺那衣已出 於三衣中 若離一一衣 異處宿 除僧羯磨 尼薩耆波逸提"라고 하였다. 〔참고문헌〕『新刪定四分僧戒本』, 『四分律行事鈔』 권중(대정장40, p.65b17), 李智冠 『南北傳六部律藏比較研究』 pp.126~127, *Vin-v*. ⇨ 니살기바일제 尼薩

者波逸提, 삼의 三衣❶, 별계 別界❷, 불리의갈마 不離衣羯磨, 불실의백이갈마 不失衣白二羯磨

이상 二相 두 가지 상. 유와 무(有無), 단과 상(斷常), 선과 악(善惡) 등으로 서로 맞서 구별짓는 상들을 말한다. 인·아·세간·여래(人 我 世間 如來) 등을 상정하고 그에 따라 실제로 존재하는지(有), 그렇지 않은지(無), 사후에까지 이어져 영원할 수 있는지(常) 아니면 모든 것이 사라지는지(斷), 선(善)과 악(惡)이 따로 구별되는 자성이 있는지 등에 대한 두 갈래 분별을 말한다. 이러한 두 가지 상들은 분별의 임시자성들로 연기중도(緣起中道)의 빛으로 비추면 사라지는 경계다. ❶ 유(有)와 무(無). 『화엄경소』 권51(대정장35, p.888b28)에 "그러므로 무상의 법체가 진여이다. 저들 유무 이상이 없으므로 무상이라 하니, 모든 법 가운데 가장 깨끗하여 어떤 객진 번뇌도 없다. 然無相法體 卽眞如 無彼有無二相 故名無相 諸法中最淨 無客塵", 『인왕호국반야경소』 권4(대정장33, p.275a3)에 "이들 세 보살은 중도관을 터득하여 유무 이상을 일으키지 않는다. 정관의 물로써 무명의 때를 씻어낸다. 此三菩薩得中道觀 不起有無二相 以正觀水洗無明垢也", 『성유식론요의등』 권7(대정장43, p.796b8)에 "가유는 의타성이어서 유라는 상이고, 실이 없는 변계소집성은 공상이다. 두 가지 상이 모두 멸하면 진성이 안립한다. 假有是依他性 卽是有相 實無卽遍計 此卽空相 二相皆滅 安立眞性", 『주대승입능가경』 권2(대정장39, p.448b29)에 "자성은 청정하고 공덕이 가득 차니 이상이 있을 리 없다. 그러므로 '팔식에는 별도의 상이 없으니 능상도 소상도 없다. 마치 바다와 파도 사이에는 어떤 차별도 없는 것과 같다. 모든 식심도 이와 같아서 다른 것이 아니다'(『대승입능가경』 권2, 대정장16, p.594c22)라고 한 것이다. 自性淸淨 功德滿足 無有二相 故云 八識無別相 無能相所相 譬如海波浪 是則無差別 諸識心如是 異亦不可得", 『금강선론』 권3(대정장25, p.814a15)에 "무엇을 무상이라 하는가? 의혹에 묻힌 사람은 '진여로써 법을 증득하면 유무 이상이 모두 끊어진다'라는 말을 듣고 '진여로써 법을 증득하면 한없이 말의 상이 끊어져 더 이상 말로 한 것 듣거나 교설에 의지하여 이치를 깨달을 수 없으니, 이를 무상이라 한다'라고 생각한다. 이러한 의혹을 대치하고자 '또한 상이 없는 것도 아니다'라고 응답한다. 何者是無相 疑者聞 眞證法 並絶有無二相 便謂 眞如證法 一向絶於言相 不復可藉詮得聞 假教悟理 此名無相 爲對此疑 故答 亦非無相"라고 하였다. [참고문헌] 『華嚴經疏』, 『仁王護國般若經疏』, 『成唯識論了義燈』, 『注大乘入楞伽經』, 『大乘入楞伽經』, 『金剛仙論』. ❷ 단(斷)과 상(常). 『입아비달마론』 권상(대정장28, p.983a17)에 "오취온 단도 상도 아님에도 그중에서 단상이라는 이상이 있다고 집착한다. 이렇게 오염된 앎을 변집견이라 한다. 두 가지 치우침에 집착하기 때문이다. 卽五取蘊 非斷非常 於中執有 斷常二相 此染汚慧 名邊執見 執二邊故", 『불지경론』 권2(대정장26, p.296c28)에 "진여를 체로 삼으니 차별상이 없다. 그 속에서는 모든 것에 대한 이상분별이 전혀 현행하지 않는다. 眞如爲體 無差別相 於中一切 二相分別 皆不現行"라고 하였다. [참고문헌] 『入阿毘達磨論』, 『佛地經論』. ❸ 선(善)과 악(惡). 36권본 『대반열반경』 권8(대정장12, p.652a5)에 "이렇게 모든 중생 명과 무명의 업과 인연으로 두 가지 상을 낸다. 어둠이 굴러 변하면 밝음이다. 일체제법의 선과 불선 등도 또한 이렇게 두 상이 없다. 是諸衆生以明無明業因緣故 生於二相 若無明轉 則變爲明 一切諸法 善不善等 亦復如是 無有二相", 『유마경』 권중(대정장14, p.547c15)에 "어떤 법은 난 일 없고 어떤 법은 사라지지 않는가? 답하길 선하지 않은 일 난 적 없고 선한 법 사라질 리 없다. 何法不生 何法不滅 答曰 不善不生 善法不滅"라고 하였다. [참고문헌] 『大般涅槃經』, 『維摩經』. ❹ 총상(總相)과 별상(別相). 『대지도론』 권31(대정장25, p.293a25)에 "일체법에는 두 가지 상이 있으니, 총상과 별상이다. 一切法有二種相 總相別相", 『구사론송소론본』 권1(대정장41, p.824a26)에 "경에는 두 상이 있다. 첫째는 총상이니, 색·소리 등이다. 둘째는 별상이니, 거스르거나 따르는 등이다. 심소는 별상을 취하나 식은 총상을 취하기에 분별하기가 어렵고 가장 미세하다. 境有二相 一者總相 謂色聲等 二者別相 謂違順等 心所取別 識取總相 故難分別 最爲細也"라고 하였다. 이 밖에도 중관(中觀)의 팔불중도(八不中道 : 不生 不滅 不來 不去 不常 不斷 不一 不異)와 화엄의 육상원융(六相圓融) 등은 두 갈래 상들을 모두어 일시에 드러내 보임으로써 연기중도의 실상, 그리고 원융무애의 법계로 들어가게 하는 이문(二門)의 방편을 보인다. [참고문헌] 『大智度論』, 『俱舍論頌疏論本』. ⇨ 총상 總相, 별상 別相❶

이상 理上 이(理)의 분상. 드러나지 않은 뜻으로 드러나 보이는 사상(事上)과 달리 지혜로 알 수 있는 경계를 말한다. 그러나 구경에는 이(理)와 사(事)의 분상이 분리될 수 없어 사에 대한 분별과 이에 의지한 지혜가 상응해야 실상(實相)이다. 『대혜어록』 권1(대정장47, p.814b9)에 "다시 들었다. '육긍대부가 남전에게 물었다. 「승조법사는 참으로 기괴하십니다. 도를 알고 나면 천지가 나와 한뿌리이고 만물이 나와 한몸이라고 하였습니다」. 그러자 남전이 드디어 뜰에 핀 꽃을 가리키면서 대부에게 말했다. 「요즘 사람들은 꽃 한 송이 보기를 꿈결에서 보는 것과 같이 합니다」'. 대혜가 말하였다. 이 한 마디 공안이 총림에 퍼진 지가 근 삼백년인데, 그동안 무수한 선지식 세상에 나왔지만 단 한 사람도 일찍이 분명히 가려 끊어 준 이 없었다. 오늘 나 경산이 그대들에게 가려 끊어 주리라. 저 이치상에 나아가 간해보면 비단 남전이 다른 이 속이고 육긍이 한 점도 얻지 못한 것 아니라 다른 이 다리털 하나 찾아내지 못한 것일 뿐이다. 저 드러난 대로 향해 본다면 비단 육긍대부가 남을 속여서 남전이 하나도 얻지 못한 것일 뿐만 아니라 또한 꿈에서 다른 이 땀내를 맡아 본 적이 없는 격이다. 復擧 陸亘大夫 問南泉云 肇法師也 甚奇怪 解道天地與我同根 萬物與我一體 南泉遂指庭前華謂大夫曰 時人見此一株華 如夢相似 師云 這一則公案 流布叢林 近三百載 中間有無數善知識出世 只是未嘗有一人與伊分明判斷 徑山今日與伊斷却 若向理上看 非但南泉謾他 陸亘一點不得亦未摸著他脚下一莖毛在 若向事上看 非但陸亘謾他 南泉一點不得 亦未夢見他汗臭氣在", 『능엄경관섭』 권4(卍속장23, p.260a2)에 "만자(부루나)는 일어난 일 오히려 잘 알았지만 이치상으로는 잘 모르기에 부처님께서 지혜롭게 이끄셨다. 滿慈於事上却解 於理上却迷 故佛就其明處以導之"라고 하였다. [참고문헌] 『大慧語錄』, 『楞嚴經貫攝』. ⇨ 사상 事上, 이사불이 理事不二

이상 異相 **1** Ⓢ jarā, Ⓣ rga-ba. 사상(四相) 중 하나. 구사의 오위칠십오법(五位七十五法)·유식의 오위백법(五位百法) 중 하나. 일체유위법(一切有爲法)이 다르게 변하는 뜻이며, 불상응행온(不相應行蘊)에 속한다. 『구사론』 권5(대정장29, p.27a13 : *Abh-k-bh.*, p.75)에 "〈송〉 상(相)이란 모든 유위법의 생·주·이·멸하는 성이라네. 〔논〕 이 네 가지가 바로 유위상법이다. 만약 이런 상이 있다면 반드시 유위여야 하며, 이와 서로 어긋나면 무위법이다. 제법에서 능히 일어나는 것을 생이라 하고, 능히 안정하는 것을 주라 하고, 이즈러져가는 것을 이라 하고, 능히 무너지는 것을 멸이라 한다. 성이란 체의 뜻이다. 相謂諸有爲 生住異滅性 論曰 由此四種是有爲相法 若有此 應是有爲 與此相違 是無爲法 此於諸法 能起名生 能安名住 能衰名異 能壞名滅 性是體義 〈kārikā〉 lakṣaṇāni punarjātijarā sthitiranityatā. 〈bhāṣya〉 etāni hi saṃskṛtasya catvāri lakṣaṇāni. yatraitāni bhavanti sa dharmaḥ saṃskṛto lakṣyate. viparyayādasaṃskṛtaḥ. tatra jātistaṃ dharmaṃ janayati sthitiḥ sthāpayati jarā jarayati anityatā vināśayati", 『성유식론』 권2(대정장31, p.6a8)에 "유위법은 인연의 힘 때문에 본래는 없었으나 지금 있게 되며, 잠시 있다가 다시 없어지니, 무위법과 다름을 드러내 '사상'을 임시로 세운다. 본래는 없었으나 현재 있게 된 위를 '생'이라 하고, 생겨나 잠시 머무는 것을 '주'라고 하며, 머묾이 전후로 다른 것을 다시 '이'라 하고, 잠시 있다가 다시 없게 된 때를 '멸'이라 한다. 앞의 셋이 있어 같이 현재에 있고, 뒤의 하나만이 없게 되기에 과거에 있게 되는데, 어떻게 없는 법을 이 유위상과 함께 하고 이후에는 없게 되는 것을 상이라 하니, 무슨 허물이 되는가? '생'이란 있게 된 법이 전에는 있지 않았음을 드러낸 것이고, '멸'이란 존재하던 법이 후에 없게 됨을 나타내며, '이'란 이 법이 꼼짝하지 않는 것이 아님을 나타내고, '주'는 이 법이 잠시 움직임이 있음을 표한다. 그러므로 이 '사상'이 유위법에 있어서 비록 갖춘 이름으로 말하지만 표함에 다름이 있는 것은, 이 찰나에 의지하여 임시로 사상을 세우고, 일기분위로 또한 위를 세운 것이다. 처음에 있게 됨을 '생'이라 하고, 나중에 없게 됨을 '멸'이라고 하며, 나서 비슷하게 상속함을 '주'라 하고, 이 상속이 전변함을 '이'라고 한다. 그러므로 '사상'은 모두 임시로 세운 것이다. 有爲法 因緣力故 本無今有 暫有還無 表異無爲 假立四相 本無今有 有位名生 生位暫停 卽說爲住 住別前後 復立異名 暫有還無 無時名滅 前三有故 同在現在 後一是無 故在過去 如何無法 與有爲相 表此後無 爲相何失 生表有法先非有 滅表有法後是無 異表此法非凝然 住表此法暫有用 故此四相 於有爲法 雖俱名表 而表有異 此依刹那 假立四相 一期分位 亦得假立 初有名生 後無名滅 生已相似相續名住 卽此相續轉變名異 是故四相 皆是假立"라고 하였다. [참고문헌] 『俱舍論』, 『成唯識論』, 『中觀論疏』 권3(대정장42, p.50a19), 『大乘百法明門論』(대정장85, p.1072b6), *Abh-k-bh.* ⇨ 사상 四相 **1**, 불상응행법 不相應行法, 오위백법 五位百法, 오위칠십오법 五位七十五法 **2** Ⓢ vilakṣaṇa, anyatva, Ⓣ gzhan-nyid. 육상(六相 : 總別同異成壞) 중 하나. 일체법의 갖가지 다른 모습. 동상(同相)과 호응한다. 『신화엄경론』 권24(대정장36, p.414b21)에 "예를 들면 한 사람의 몸에도 이 육상이 구족하다. … 하나같이 공이어서 실체가 없는 것을 동상이라 부르고, 이와 같이 같아 다르지 않으면서도 머리·몸통·손·발·눈·귀·코·혀 등의 작용에는 다름이 있는 것을 이상이라 한다. … 또한 일체중생을 총상이라 하고, 어리석고 지혜로운 구분을 별상이라 하며, 모두 한결같이 부처님의 지혜 있는 것을 동상이라 하고, 집착에 따라 업이 다른 것을 이상이라 하고, 지은 업이 인이 되어 보를 받고 나는 것을 성상이라 하며, 마음이 의지할 근거가 없으며 업의 바탕이 무생인 것을 괴상이라 한다. 如一人身 具足是六相 … 一空無體 是名同相 不廢如是同無異性 頭身手足眼耳鼻舌等用有殊 是爲異相 … 又一切衆生 名爲總相 愚智區分 名爲別相 皆同佛智而有 名爲同相 隨執業異 名爲異相 所因作業 受報得生 名爲成相 心無所依 業體無生 名爲壞相"라고 하였다. [참고문헌] 『新華嚴經論』, 『華嚴經疏鈔』 권53(대정장36, p.414b21), *Śikṣ. 292.*, *Sūtr. 68.* ⇨ 육상원융 六相圓融 **3** 다르게 드러난 모습. 진여의 두 가지 모습(同異相) 중 하나로 염(染)과 환(幻)으로 생멸하며 모습을 달리 하는 뜻이다. 『대승기신론』(대정장32, p.577a22)에 "또한 각과 불각에 두 가지 상이 있다. 무엇이 그 두 가지인가? 첫째는 동상이고, 둘째는 이상이다. 동상이란 저 갖가지 와기들은 모두 한결같이 미진의 성상일 뿐인 것과 같아서, 이와 같이 무루와 무명도 갖가지 업과 환으로 모두 다 같이 진여의 성상이라는 뜻이다. … 이상이란 가지가지 와기들이 각각 같지 않은 것처럼 무루와 무명도 염과 환을 따라 차별하니, 자성이 물들거나 꿈꾸는 등의 차별 때문이다. 復次 覺與不覺 有二種相 云何爲二 一者 同相 二者 異相 同相者 譬如 種種瓦器 皆同微塵性相 如是無漏無明 種種業幻 皆同眞如性相 … 異相者 如種種瓦器 各各不同 如是無漏無明 隨染幻差別 性染幻差別故", 『대승기신론열망소』 권3(대정장44, p.439a2)에 "이제 연을 따라 변하지 않음을 잡아서 보면 생멸이 그대로 진여이기에 동상이라 하고, 불변이 연을 따름을 잡아서 보면 진여가 그대로 생멸이기에 이상이라 부른다. 今約隨緣不變 生滅卽眞如故 名爲同相 約不變隨緣 眞如卽生滅故 名爲異相"라고 하였다. 〔참고문헌〕『大乘起信論』, 『大乘起信論裂網疏』, 『大乘起信論義記』 권중(대정장44, p.263c16). **4** Ⓢ vilakṣaṇa, anyatva, paraspara-vilakṣaṇa. 자성을 실재로 달리하여 존재하는 것. 임시로 자성을 달리하는 사상(四相) 중 이상(異相)과는 달리 변하지 않는 이법(異法)들이 있다는 뜻에서 이상이다. 『대비바사론』 권39(대정장27, p.201c19)에 "〔문〕 '이상'이란 사라져 무너지기에 '이상'이라고 하는가, 전변하기에 '이상'이라 하는가? 그렇다면 어떤 과실이 있는가? 괴멸하기에 '이상'이라고 하면 유위상에는 단지 세 가지 상만이 있어야 하니, '이'는 곧 '멸'이기 때문이며, 전변하기에 '이상'이라 하면 전변외도의 주장과 같게 된다. 〔답〕 "괴멸하거나 전변하기 때문에 '이상'이라고 하는 것이 아니다"라고 해야 한다. 問 言異相者 爲滅壞故 名爲異相 爲轉變故 名異相耶 設爾何失 若滅壞故 名異相者 應有爲相但有三種 異卽滅故 若轉變故 名異相者 應同轉變外道所宗 答 應作是說 非滅壞故及轉變故 名爲異相", 『제바보살파능가경중외도소승사종론』(대정장32, p.155a20)에 "여러 외도들이 주장하길 일체법은 하나라고 하며, 어떤 외도들은 일체법이 다르다고 한다. … 이 모든 외도들이 허망법에 각각 집착하여 실로 그러한 물이 있다고 생각하기 때문이다. 〔문〕 어떤 외도들이 일체법은 하나라고 하는가? 〔답〕 일체법이 하나라고 설하는 것은 외도 상키야(數論 Ⓢ Sāṃkhya : 僧佉) 논사의 주장이며, 일체법이 다르다고 설하는 것은 외도 바이셰시카(勝論 Ⓢ Vaiśeṣika : 毘世師) 논사의 주장이다. 有諸外道言 一切法一 有諸外道言 一切法異 … 是諸外道 於虛妄法中 各各執著 以爲實有物故 問曰 何等外道說 一切法一 答曰 言一切法一者 外道僧佉論師說 言一切法異者 外道毘世師論師說"라고 하였다. 〔참고문헌〕『大毘婆沙論』, 『提婆菩薩破楞伽經中外道小乘四宗論』, 『佛性論』 권4(대정장31, p.809a6), 『肇論略註』 권3(卍속장96, p.611a10), *Pañca-pr.8.175.*, *Madhy-ś.125.*, *Laṅk.167.* ⇨ 불일불이 不一不二, 전변설 轉變說, 육파철학 六派哲學

이상 異常 보통과 다르거나 평소와 다름. 재주나 용모 따위가 탁월하여 범상하지 않거나 보통과 다른 변화 등을 묘사하기도 한다. 『과거현재인과경』 권1(대정장3, p.624b1)에 "나도 얼마 전에 대광명을 보았는데 또 다시 그대 안색이 보통과 다르다고 느꼈으니 그대가 보았던 상서로운 상에 대하여 내게 말해 주거라. 我向亦見有大光明 又復覺汝 顏貌異常 汝可爲說 所見瑞相", 『현우경』 권11(대정장4, p.423b13)에 "회임한 뒤로 곱절 더 보통과 달리하였으니 심성 순하게 하였고 즐겨 사람의 덕을 말했으며 자비심으로 어려운 처지를 불쌍히 여기고 허물 말하는 것을 좋아하지 않았다. 懷妊已來 倍更異常 心性恭順 樂宣人德 慈矜苦厄 不喜說過", 『경덕전등록』 권14 「불타화상전 佛陀和尙傳」(대정장51, p.312c21)에 "남긴 자취가 남달리 뛰어나 당시 사람들이 헤아릴 수 없었다. 事迹異常 時人不可測"라고 하였다. 〔참고문헌〕『過去現在因果經』, 『賢愚經』, 『景德傳燈錄』.

이상 異想 **1** 달리 상상함. 사실과 달리 떠올리다의 뜻이다. 『구사론』 권12(대정장29, p.65c18)에 "그때에 죄인은 마음으로 형벌을 두려워하여 그 죄과를 덮어 가리고 생각과 달리 말을 하였으니, 허광어(虛誑語 : 거짓말)가 생겨난 것은 이때가 시작이다. 時有罪人 心怖刑罰 覆藏其過 異想發言 虛誑語生 此時爲首"라고 하였다. 〔참고문헌〕『俱舍論』, *Abh-k-bh.* **2** Ⓢ vikriyā. 알 수 없이 달라진 모습. 『불소행찬』 권1(대정장4, p.3a18)에 "임금님 이제 두려워하지 마십시오. 앞서 이미 대왕께 말씀드린 것을, 삼가 의심하지도 마십시오. 지금의 모습 오히려 전과 같이 그대로이니, 이상한 것이라고 여기지 마십시오. 王今勿恐怖 前已語大王 愼勿自生疑 今相猶如前 不應懷異想"라고 하였다. 〔참고문헌〕『佛所行讚』, *Buddh-c.* **3** 다른 생각. 생각을 달리하는 것. 『앙굴마라경』 권4(대정장2, p.541c3)에 "구십육종외도가 모두 이 비구 때문에 갖가지 모습으로 여러 가지 망상을 일으켰기에 각자 소견을 일으킨다. 비유하면 어떤 나라에서 사람마다 서로 보고서 나쁜 생각을 일으키고, 나쁜 생각을 일으켜 서로 죽이는 것처럼 구십육종외도가 각각 다른 상을 일으키는 것도 이와 같다. 九十六種 皆因是比丘 種種形類 起諸妄想 各自生見 譬如有國 一一相視 而起麤想 麤想生已 各各相殺 九十六種道 各生異想 亦復如是"라고 하였다. 〔참고문헌〕『央掘魔羅經』.

이상 離相 **1** Ⓢ niḥsaraṇa-lakṣaṇam, Ⓣ nges-par-

'byung-ba'i-mtshan-nyid. 상을 여읨. 모든 유위(有爲)의 분별상을 여읜 뜻으로 열반상을 말한다. 멸제(滅諦)의 사상(四相) 중 하나다. 『대승아비달마잡집론』 권8(대정장31, p.734b17)에 "무슨 까닭에 이상이라고 이름하는가? 항상 이익이 되는 일이기 때문이니, 다시는 물러나지 않는 가장 안은한 것이다. 그 차제로 상이익·안은이익이라 하니, 가장 뛰어난 선성이 바로 멸제의 상이다. 何故名離相 常利益事故 不復退還 最極安隱 如其次第 名常利益 安隱利益 最勝善性 是滅諦相"라고 하였다. 〔참고문헌〕『大乘阿毘達磨雜集論』, 『大乘阿毘達磨集論』 권5(대정장31, p.682b16), *Abh-s-bh.76.* ⇨ 멸제사상 滅諦四相 ❷ ➡ 삼상 三相[8]

이상계 離相戒 상을 여읜 계. 무상계(無相戒)와 같은 뜻이다. 계상을 따르면 수상계(隨相戒)라 한다. 『화엄경소』 권19(대정장35, p.640c1)에 "계에는 두 가지가 있으니, 첫째는 상을 따르는 계이고 둘째는 상을 떠나는 계이다. … 닦음에 집착이 없으면 계상이 저 허공과 같아 바로 상을 여읜다. 戒有二者 一 隨相 二 離相 … 於修無所著 則戒相如虛空 卽離相也", 같은 책 권19(대정장35, p.640c29)에 "스스로 행함이 청정하니 곧 상을 여읜 계가 성취된다. 自行淸淨 卽離相之戒成"라고 하였다. 〔참고문헌〕『華嚴經疏』. ⇨ 무상계 無相戒, 수상계 隨相戒, 계 戒

이상교방편 異相巧方便 Ⓢ visabhāga-āśaya upāyaḥ. 낯선 모습 드러내 지혜롭게 교화하는 방편. 육종교방편(六種巧方便 Ⓢ ṣaḍ-vidham upāya-kauśalyam) 중 하나다. 『보살지지경』 권8(대정장30, p.933b18)에 "마땅함 따라 권하고 이끌어 선법을 닦게 하는데, 이를테면 부모에게 공양하고 나아가 계를 가지는 것 등을 말한다. 만약 저들 중생이 가르침을 따르지 않으면, 이때 보살은 분노하며 꾸짖는 모습을 드러내는데, 저들을 제도하기 위해서이다. 마음에 분노와 원한은 없지만 모든 행위는 어긋난 다른 모습이니, 저들을 제도하기 위함이어서 실은 어겨 등짐이 아니다. 혹은 도움이 되지 않는 일 마다하지만, 저들을 제도하려고 한 까닭에 진심은 아니다. 보살은 방편을 써서 이와 같이 다른 모습들을 드러내 중생으로 하여금 모든 선법을 닦고 불선법을 끊게 한다. 이를 보살의 이상교방편이라고 한다. 隨宜勸導 令修善法 所謂 供養父母 乃至持戒 若彼衆生 不隨其敎 爾時 菩薩 現瞋責相 爲度彼故 心無恚恨 於諸所作 悉現乖異 爲度彼故 非實違背 或現加彼 不饒益事 欲度彼故 非其實心 菩薩方便 現此異相 欲令衆生 修諸善法 斷不善法 是名 菩薩異相巧方便"라고 하였다. 〔참고문헌〕『菩薩地持經』, *Bodh-bh.183.* ⇨ 육종교방편 六種巧方便

이상류 二上流 두 가지 상류반(上流般 Ⓢ ūrdhvasrota-parinirvāyin). 오종불환(五種不還) 중 하나다. 여기에도 다시 두 흐름이 있으니, 비발사나와 사마타, 즉 혜(慧)와 정(定)인 관행(觀行)과 지행(止行)에 있어 기울임에 따른 차별이다. 하나는 색계(色界)의 초선에 나서 점차 최고천인 색구경천에 올라 열반에 드는 이를 말하고, 다른 하나는 무색계의 최고천인 유정천에 이르러서야만 열반하는 이를 일컫는다. 『대비바사론』 권174(대정장27, p.875c19)에 "〔문〕 어떤 상류반은 정거천(淨居天)에 들고, 어떤 상류반은 무색계에 드는가? 〔답〕 두 가지 상류반이 있으니, 비발사나행과 사마타행을 말한다. 비발사나행자는 정거천에 들고, 사마타행자는 무색계에 든다. 다시 두 상류반이 있으니, 뛰어난 삼매 즐기는 이와 뛰어난 생을 즐기는 이를 말한다. 승정을 즐기는 이는 정거천에 들고, 승생을 즐기는 이는 무색계에 든다. 또 두 가지 상류반이 있으니, 결택을 즐기는 이와 적정을 즐기는 이를 말한다. 맺어 가리는 것을 즐기는 이는 정거천에 들고, 적정을 즐기는 이는 무색계에 든다. 다시 두 가지 상류반이 있으니, 잡수하는 이와 부잡수하는 이를 말한다. 잡수하는 이는 정거천에 들고, 부잡수하는 이는 무색계에 든다. 問 何等上流入淨居 何等上流入無色 答 有二上流 謂毘鉢舍那行 奢摩他行 毘鉢舍那行者 入淨居 奢摩他行者 入無色 復次 有二上流 謂樂勝定 及樂勝生 樂勝定者 入淨居 樂勝生者 入無色 復次 有二上流 謂樂決擇 及樂寂靜 樂決擇者 入淨居 樂寂靜者 入無色 復次 有二上流 謂雜修 不雜修 雜修者 入淨居 不雜修者 入無色", 『순정리론』 권65(대정장29, p.697a22)에 "변몰(遍沒)과 반초(半超)에는 마땅히 차별이 없다. 이것은 두 상류반 중에서 잡수의 정려인으로 색구경천에 가서야 열반에 드는 이를 말한다. 나머지 정려에 잡수함이 없는 이는 유정천에 가서 비로소 반열반한다. 말하자면 그에게 이전에는 잡수정려가 없었으나 모든 정에 애착하고 맛들임이 연이 되어 여기에서 죽어 색계의 모든 곳에 나는데, 오직 오정거천에만은 갈 수 없다. 즉 색계에서 목숨을 마치고서 세 무색계에 순서대로 난 후 유정천에 나서야 열반에 든다. 두 상류 중에 전자는 관행자이고 후자는 지행자이니, 혜를 즐기는 것과 정을 즐기는 것의 차별이 있기 때문이다. 두 상류반이 하지 중에서 반열반하는 것도 이치에 어긋나지 않으나, 이들이 색구경천이나 유정천에 간다고 하는 것은 그 한계에 의지해 말한 것이다. 遍沒半超 應無差別 應知此謂 二上流中 由有雜修靜慮因故 往色究竟 般涅槃者 餘於靜慮 無雜修者 能往有頂 方般涅槃 謂彼先無 雜修靜慮 由於諸定 愛味爲緣 此沒遍生 色界諸處 唯不能往 五淨居天 色界命終 於三無色 次第生已 後生有頂 方般涅槃 二上流中 前是觀行 後是止行 樂慧樂定 有差別故 二上流者 於下地中 得般涅槃 亦不違理 而言此往 色究竟天 及有頂

天 依極處說"라고 하였다. [참고문헌]『大毘婆沙論』,『順正理論』. ⇨상류반열반 上流般涅槃

이상분별 異相分別 Ⓢnānātva-vikalpa, Ⓣtha-dad-pa-nyid-du-rnam-par-rtog-pa. 상을 달리 분별함. 보살이 멀리 여의어야 하는 십종분별(十種分別) 중 하나다.『대승장엄경론』권5(대정장31, p.618b1)에 "열 가지 분별이 있으니, … 여섯째는 이상분별이다. … 이상분별을 다스리기 위하여 경에서 '공은 색과 다르지 않고 색은 공과 다르지 않으니 공이 곧 색이다'라고 하였다. 有十種分別 … 六者 異相分別 … 爲對治異相分別故 經言空不異色 色不異空 空卽是色"라고 하였다. [참고문헌]『大乘莊嚴經論』, *Sūtr. 76.* ⇨십종분별 十種分別 [2]

이상불생 二相不生 두 모양 일어나지 않음. 동과 정 등 분별망상이 일지 않는 뜻이다.『고설철어록』권20(가흥장28, p.402a24)에 "동과 정이라는 두 상이 일어나지 않으면 소리와 색이라는 두 관문 고스란히 드러나리라. 집게 망치 쥐었으니 두드릴 때만을 기다린다. 動靜二相不生 聲色兩關全露 鉗鎚在握 敲擊臨時",『천목중봉광록』권12(대보편25, p.825a7)에 "움직임은 은산이요 고요함은 철벽이다. 만일 하나로 짓이겨 가루 된 적 없다면 반드시 저들 두 모양 일지 않도록 한다. 만리나 되는 벼랑길 멀다고 여기지 않으리라. 動是銀山 靜是鐵壁 或未曾一捏粉碎 要教他二相不生 萬里崖州 未爲遠在"라고 하였다. [참고문헌]『古雪哲語錄』,『天目中峰語錄』. ⇨은산철벽 銀山鐵壁

이상비상주 離想非想住 Ⓢna-asaṃjñī naiva-saṃjñī. 상과 비상 떠나 머묾. 비상비비상처(非想非非想處 Ⓢnaiva-saṃjñā-nāsaṃjñā-āyatana)를 말한다. 외도(外道)가 구경(究竟)으로 여기기에 퇴전(退轉)의 뜻이 있다.『불소행찬』권3(대정장4, p.24a26 : *Buddh-c.*, p.138)에 "울다선인을 찾아갔지만 그 또한 아가 있다고 헤아렸으며, 비록 미세경을 관하지만 상과 비상의 허물을 보고서 상과 비상을 벗어나 머물 뿐 더 이상 벗어날 길이 없었다. 그래서 중생이 그를 만나면 반드시 도리어 퇴전하였다. 往詣鬱陀仙 彼亦計有我 雖觀細微境 見想不想過 離想非想住 更無有出塗 以衆生至彼 必當還退轉 viśeṣam atha śuśrūṣur udrakasyāśramaṃ yayau, ātmagrāhāc ca tasyāpi jagṛhe na sa darśanam. saṃjñāsaṃjñitvayor doṣaṃ jñātvā hi munir udrakaḥ, ākiṃcanyāt paraṃ lebhe 'saṃjñāsaṃjñātmikāṃ gatim. … tasmāt tatra gataspṛhaḥ. … yasmāc ca tad api prāpya punar āvartate jagat"라고 하였다. [참고문헌]『佛所行讚』, *Buddh-c.* ⇨비상비비상처 非想非非想處

이상삼매 離相三昧 상을 여읜 삼매. 일체상(一切相)을 구족한 삼매는 모든 상을 떠난다는 뜻이다.『대일경공양차제법소』권2(대정장39, p.802a27)에 "이상삼매는 일체상을 모두 갖췄기에 그 갖가지 상에서도 벗어난다. 이것이야말로 법계의 체상이다. 離相三昧 具一切相 而離諸相 此是界之體相也"라고 하였고,『대일경소』권10(대정장39, p.687a4)에 리(履) 자 곧 𑖩(la)를 이상삼매라고 하였으며,『대일경의석』권10(卍속장36, p.828a9)에는 례(隷) 자 곧 𑖩𑖸(le)를 이상삼매라고 하였다. [참고문헌]『大日經供養次第法疏』,『大日經疏』,『大日經義釋』,『大方等大集經』권28(대정장13, p.195b6).

이상연호 二祥練縞 이상(二祥)에 예법대로 치룸. 이상은 1주기인 소상(小祥)과 2주기인 대상(大祥)을 말한다. 소상에는 수복(首服)을 제하고 연관(練冠)을 쓰고, 대상에는 조복(朝服)을 입고 호관(縞冠)을 쓴다.「대통선사비명」및『불조역대통재』권12(대정장49, p.587a10)에 "백제(百祭)를 지내고 나서 곡을 그쳤다. 그때 용화사에서 팔천이 운집한 대회를 열고 스물일곱 사람이 출가하였다. 이상도 예법대로 치렀다. 그때 서명도량을 성취하였는데 운집한 대중의 수는 이전의 법회 정도였다. 百日卒哭也 在龍華寺 設大會八千人 度二七人 二祥練縞也 成就西明道場 數如前會"라고 하였다. [참고문헌]「大通禪師碑銘」,『佛祖歷代通載』.

이상은 李商隱 813~858. 당대 시인. 자는 의산(義山), 호는 옥계생(玉鷄生) 또는 번남생(樊南生). 하내(河內 : 河南省 沁陽) 출신. 진사(進士)에 합격하여, 공부원외랑(工部員外郎) 등의 관직을 역임했다. 그의 시문은 화려하지만 기괴하며 난해하여 세간에서는 서곤체(西崑體)라고 불렀으며, 서정적인 작품을 많이 지었다. 만년에 상처하고 또 관직생활에서 실의하면서 불교를 독실하게 믿기 시작했다. 그에게는 부처님을 찬하는 게송이 전하는데 "유가의 스승은 노나라 사람 중니(공자)라 하지만, 중니는 노담(노자)에게 배웠으나 용과 같은 노담을 이해할 수 없다 하였네. 노담은 천축에게 배워 무위에 잘 들어갔으니, 대각이신 석가모니부처님이 우리 스승이 스승으로 받든 분이라네 吾儒之師 曰魯仲尼 仲尼師聃 龍吾不知 聃師天竺 善入無爲 稽首大覺 吾師師師". 오달(悟達)국사 지현(知玄 811~883)의 도를 흠모하여 국사를 제사의 예로 섬겼으며, 이상은이 늘 안질(眼疾)로 고생하자 지현이 천안게(天眼偈) 3장(章)을 보내주었는데 그것을 읽자 눈병이 나았다고 한다. [참고문헌]『佛法金湯編』권9(卍속장148, p.919a2),『名公法喜志』권2(卍속장150, p.88b14).

이상응 已相應 이미 서로 상응함. 법신보살이 일체여래의 자체상(自體相)과 지상(智相)에 자유로이 서로 응하는 뜻이다. 『대승기신론』(대정장32, p.587b5)에 "이체와 용의 훈습에 다시 두 가지 다름이 있다. 첫째는 미상응이고, 둘째는 이상응이다. … 이상응이란, 법신보살이 무분별심을 얻어 일체여래와 자체상응하고, 자재업을 얻어 일체여래지용과 상응한다. 법력에 의지해 뜻대로 수행하여 진여를 훈습하고 무명은 사라진다. 此體用熏 復有二別 一 未相應 二 已相應 … 已相應者 謂法身菩薩 得無分別心 與一切如來自體相應故 得自在業 與一切如來智用相應故 唯依法力 任運修行 熏習眞如 滅無明故"라고 하였다. 〔참고문헌〕『大乘起信論』, 『大乘起信論裂網疏』 권4(대정장44, p.447c18). ⇨ 미상응 未相應 ❷

이상이명 離相離名 모양도 떠나고 이름도 버렸다는 말. 일체의 분별과 희론을 여읜 뜻이다. 『대반야경』 권527(대정장7, p.702c3)에 "얻었거나 현관하였더라도 모두 있는 것도 아니고 없는 것도 아니다. 상도 떠나고 명도 떠나 모든 희론을 끊었다. 이런 까닭에 내가 '득이 있고 현관이 있지만 사구를 멀리 떠났다'라고 설하였다. 若得若現觀 皆非有非無 離相離名 絶諸戲論 是故我說 有得有現觀 而遠離四句", 『경덕전등록』 권12 「임제의현전 臨濟義玄傳」(대정장51, p.300b29)에 "임제가 삼성혜연(三聖慧然)에게 이르길 '누가 알았으랴! 나의 정법안장이 이 눈먼 나귀를 향해 사라져버릴 줄이야'라고 하고는 송을 읊었다. '흐르고 흘러 그칠 줄 모르면서 어떠냐고 묻는다면, 진실한 비춤은 끝이 없다고 그럴듯하게 말해 주리라. 모양도 떠나고 이름도 버려 받을 수도 없으니, 취모검을 썼다 급히 거둘 일이다'. 송을 마치자 앉은 채로 입적하셨다. 師云 誰知吾正法眼藏 向這瞎驢邊滅却 乃有頌曰 沿流不止問如何 眞照無邊說似他 離相離名人不稟 吹毛用了急還磨 頌畢坐逝"라고 하였다. 〔참고문헌〕『大般若經』, 『景德傳燈錄』, 『大慧語錄』 권4(대정장47, p.825b13), 『緇門警訓』 권9(대정장48, p.1090c9).

이상좌 李上佐 조선전기 화가. 자는 공우(公祐), 호는 학포(學圃), 본관은 전주(全州). 『패관잡기』 권2에 "이상좌는 사인 아무개의 노비이다. 어려서부터 그림을 잘 그렸는데, 특히 산수와 인물이 당대에 뛰어났다. 중종이 특별히 명을 내려 양민으로 만들고 도화서에서 일하게 하였다. 李上佐者 士人某之奴也 自幼工畵其山水人物 冠絶一時 中廟特命贖之 令屬圖畵署"라고 하였다. 이상좌가 그린 불화첩이 삼성미술관 리움에 전한다. 〔참고문헌〕『稗官雜記』, 『槿域書畵徵』 권3 p.67. ⇨ 이상좌불화첩 李上佐佛畵帖

이상좌불화첩 李上佐佛畵帖 조선전기 불화첩. 보물 제593호. 세로 50.6cm・가로 31.1cm. 종이 바탕에 수묵. 삼성미술관 리움에서 소장이다. 조선 전기 화가 이상좌가 그린 10점의 불화초본이 수록되었다. 『미수기언 별집』 권10 「이상좌불화묵초발 李上佐佛畵墨草跋」(한국문집총간99, p.98b18)에 "이 늙은이도 이상좌가 먹으로 그린 불화초본을 얻었는데, 거의 천고의 절화니, 귀신의 묘경에 들어가지 않고서야 어찌 이와 같을 수 있으랴, 백대 뒤라도 반드시 이 그림을 알아보는 사람이 있어서 사랑할 줄 알 것이다. 신해년(1671) 8월 2일 미수가 쓰다. 老人得上左佛畫墨草 殆千古絶畫 不得鬼神之妙其能此乎 百代之下 必有知此畫者 知愛之也 重光大淵獻南呂旁死魄 眉叟 書"라고 하였다. 밑그림이지만 조선전기 도석인물화(道釋人物畵) 연구에 중요한 자료다. 〔참고문헌〕『眉叟記言別集』, 『국보』10 회화(예경산업사, 1986) p.65. ⇨ 나한도 羅漢圖, 도석인물화 道釋人物畵

이상좌불화첩 제15나한

이색 李穡 1328~1396. 고려후기 문신. 자는 영숙(穎叔), 호는 목은(牧隱), 본관은 한산(韓山). 아버지는 찬성사(贊成事) 이곡(李穀)이다. 어려서부터 사찰에서 공부하며 여러 경전을 읽어 불교에 대한 이해가 깊었으며 스님들과도 친하게 교유하였다. 하지만 성리학을 공부하고 관직에 진출하면서부터는 불교에 대해 비판하고 경계하였다. 부친상 중에 공민왕에게 올린 「진시무서 陳時務書」(『동문선』53)에 "신이 엎드려 청하오니, 밝게 금조를 내려 이미 스님이 된 이에게는 도첩을 주고 도첩이 없는 이는 군인으로 충당하십시오. 새로 창건한 절은 철거할 것을 명하시고, 철거하지 않는다면 고을의 수령을 벌하십시오. 그렇게 하면 양민이 모두 스님이 되지는 않을 것입니다. 臣伏乞 明降條禁 已爲僧者 亦與度牒 而無度牒者 卽充軍伍 新創之寺 並令撤去 而不撤者 卽罪守令 庶使良民 不盡髡緇"라고 하였다. 하지만 공민왕 말년 이후에는 회심하여 스님들과 많은 시문을 주고받았다. 특히 1377년(우왕3)에 왕명을 받들어 「양주회암사선각왕사비문 楊州檜巖寺禪覺王師碑文」을 지은 이후에는 나옹화상의 문도들과 교류하였고 「여주신륵사보제선사사리석종비문 驪州神勒寺普濟禪師舍利石鐘碑文」・「영변안심사지공나옹사리석종비문 寧邊安心寺指空懶翁舍利石鐘碑文」 등을 지었다. 1380년(우왕6)에는 부모님과 공민왕의 명복을 빌기 위하여 대장경 1부를 간행한 후 신륵사에 대장각(大藏閣)을 짓고 봉안하는 불사도 행하였다. 시문집인 『목은집』 55권이 전한다. [참고문헌] 『東文選』, 『高麗史』 권115 列傳28 李穡, 李智冠 『校勘譯註歷代高僧碑文』 高麗篇4 pp.348~438, 『陶隱集』 권4 「驪興郡神勒寺大藏閣記」(한국문집총간6, p.587a7).

이색 異色 갖가지 빛깔. 『법현전』(대정장51, p.860b14)에 "성의 남문을 나와 천이백보를 걸어 길 서쪽에 수달장자정사가 있다. … 정사의 좌우에는 도랑물이 맑고 깨끗하게 흐르고 숲은 우거져 온갖 꽃들이 울긋불긋 빛깔로 화려하게 펴서 가히 볼 만했으니, 늘 말하던 기원정사였다. 出城南門 千二百步道西 長者須達起精舍 … 精舍左右 池流淸淨 樹林尙茂 衆華異色 蔚然可觀 卽所謂祇洹精舍也"라고 하였다. [참고문헌] 『法顯傳』.

이색공 離色空 색을 떠난 공. 색과 분리된 공 있을 수 없기에 사공(邪空)이다. 『화엄법계현경』 권상(대정장45, p.672c22)에 "진공이란 끊어져 없어진 공도 아니고, 색을 떠나 따로 있는 공도 아니다. 유와 같이하는 공을 밝히며, 공하다는 상마저도 없으므로 진공이라고 부른다. 言眞空者 非斷滅空 非離色空 卽有明空 亦無空相 故名眞空", 『주화엄법계관문』(대정장45, p.685a16)에 "이색공이란, 공이 색을 벗어나 있는 것이다. 마치 담장 안은 비어있지 않으나 담장 밖은 비어있다는 것과 같다. 離色空者 空在色外 如牆處不空 牆外是空"라고 하였다. [참고문헌] 『華嚴法界玄鏡』, 『註華嚴法界觀門』. ⇨ 사공 邪空, 진공 眞空

이색신 二色身 ➡ 이종색신 二種色身

이생 已生 Ⓢ utpanna, Ⓣ skyes-pa. 이미 일어남. ❶ 과거. 또는 과거의 현재. 미래생상위(未來生相位)에서 현재위(現在位)에 이른 찰나와 그 이후 과거의 모든 찰나를 말한다. 『유가사지론』 권16(대정장30, p.363b15)에 "행이 아직 생하지 않았으므로 때가 되어야 얻을 수 있다. 설사 모든 행이 이미 일어났을지라도 이것만으로는 얻지 못한다. 由行未生故 有時而可得 設諸行已生 由此故無得"라고 하였다. [참고문헌] 『瑜伽師地論』, *Bodh-bh.139.* ❷ 이미 생겨남. 본유(本有)를 말한다. 중유(中有)는 항상 다음 생에 나기를 바라기에 구생(求生)이라 하고, 탁태(托胎) 이후 죽음에 이르는 중간의 위인 본유는 이생이다. 『구사론』 권10(대정장29, p.55b2)에 "갖가지 윤회의 갈래에 이미 났다면 모두 이생이라 한다. 또한 나기를 바란다고 한 말은 무엇을 가리키는가? 이것은 중유를 가리킨다. 諸趣生已 皆謂已生 復說求生 爲何所目 此目中有"라고 하였다. [참고문헌] 『俱舍論』, *Abh-k-bh.153.* ⇨ 본유 本有❷, 구생 求生

이생 利生 중생을 이롭게 한다는 말. 불보살이 중생을 제도한다는 뜻으로 이물(利物)이라고도 한다. 『해심밀경』 권3(대정장16, p.703a21)에 "중생을 이롭게 하는 마음 견고하여 억지로 하지 않으니, 깨우치고 나서도 부지런히 닦아 유정을 이롭게 하네. 利生堅固而不作 悟已勤修利有情", 『대승본생심지관경』 권7(대정장3, p.324b13)에 "중생심의 차별을 잘 알고, 병에 따라 약을 주어 복용토록 하니, 자비로운 선교로 근의 마땅함에 응하여, 방편으로 중생을 이롭게 하고 모든 존재를 제도하노라. 能知衆生心差別 隨病與藥令服行 慈悲善巧應根宜 方便利生度群有", 『구사론실의소』 권1(대정장29, p.325b23)에 "부처님께서 복과 지혜를 닦아 보리에 나아가시니, 본디 중생을 이롭게 하려 함이지 스스로를 위한 일은 아니었다. 佛修福智趣菩提 本爲利生非爲自"라고 하였다. [참고문헌] 『解深密經』, 『大乘本生心地觀經』, 『俱舍論實義疏』. ⇨ 이물 利物, 자리이타 自利利他

이생 異生 Ⓢ pṛthag-jana, Ⓟ puthu-jjana, Ⓣ so-so'i-skye-bo. 생을 받음이 다름. 육도(六道)로 윤회하며 갖가지 이류(異類)로 생을 받음이 다른 중생들을 말한다. 구역은 범부(凡夫)이고 필률탁흘나(必栗託仡那)라 음사하는데, 갖춘 음사어는 바라필률탁흘나(婆羅必栗託仡那 Ⓢ bālapṛthagjana)이며, 우이생(愚異生)이라 한역한다. 『대승광백론석론』 권10(대정장30, p.249b3)에 "어리석은 범부인 이생은 경맛에 탐착하여 온갖 욕락 누리며 버려 떠날 마음도 전혀 없다. 생사윤회하며 삼계의 바다에 빠져 온갖 극심한 고통을 받지만 해탈할 인은 없다. 愚夫異生 貪著境味 受諸欲樂 無捨離心 生死輪迴 沒三有海 受諸劇苦 解脫無因", 『대비바사론』 권125(대정장27, p.653a9)에 "이와 같이 이생과 예류는 함께 악업을 짓지만 모든 이생은 성인의 종자가 아니기에 지은 악업으로 인하여 악취에 나는 고통을 부른다. 如是異生 及預流者 俱作惡業 而諸異生 非聖種故 所造惡業招惡趣苦", 『성유식론술기』 권2본(대정장43, p.279c9)에 "이라 하면 두 가지 뜻이 있다. 하나는 다르다는 의미의 이다. 곧 성인은 오직 인천의 갈래에만 나지만 이것은 다섯 갈래에 모두 통한다. 또 하나는 변하여 달라진다는 의미의 이다. 이렇게 전변하여 삿된 견해 등이 된다는 뜻이다. 생은 나는 무리를 말한다. 성인의 생류와는 다르므로 이생이라 한다. 異有二義 一 別異名異 謂聖唯生人天趣 此通五趣故 又變異名異 此轉變爲邪見等故 生謂生類 異聖人之生類 名爲異生", 『화엄경탐현기』 권10(대정장35, p.300b9)에 "이생이란 정법과 다른 견해에 집착하며 살아가므로 이생이라 한다. 구역으로는 범부라 한다. 異生者 執異見而生 故曰異生 卽舊名凡夫也", 『일체경음의』 권71(대정장54, p.768c3)에 "이생〈범어 음사어 바라필률탁흘나에서 바라는 우라 한역하고, 필률탁은

이라 한역하며, 흘나는 생이라 한역하니 우이생이라 함이 마땅하다. 구역은 소아별생이라 하고 영우범부라고도 하며 소아범부라고도 하는데 모두 한 가지 뜻이다〉. 異生〈梵言 婆羅必栗託仡那 婆羅 此云愚 必栗託 此云異 仡那 此云生 應言 愚異生 舊云 小兒別生 亦言嬰愚凡夫 又作小兒凡夫 皆一義也〉"라고 하였다. 〔참고문헌〕『大乘廣百論釋論』, 『大毘婆沙論』, 『成唯識論述記』, 『華嚴經探玄記』, 『一切經音義』, *Aṣṭ-pr.15.*, *Bodh-bh.169.* ⇨범부 凡夫, 바라필률탁흘나 婆羅必栗託仡那, 우이생 愚異生

이생 離生 ❶남을 여윔. 생(生)에 맞서는 뜻이다. 『대비바사론』 권3(대정장27, p.13a26)에 "이생신 중에 번뇌와 악업 끝내 고르고 순하게 할 수 없기에 생(生)이라고 하고, 모든 유가사는 이에 빠져 나오지 못함에 대해 견도로서 저를 건져내어 성위에 두기에 이생이라고 한다. 나머지는 앞에서 설한 것과 같다. 또 견으로 끊어야 할 번뇌는 마치 뿌리로 내린 것과 같아 한없이 과오를 낳기에 견도로 영원히 뽑아버리므로 이생이라고 한다. 異生身中 煩惱惡業 極不調順 故說爲生 諸瑜伽師 於此淪沒 見道拔彼 置聖位中 故名離生 餘如前說 復次 見所斷惑 猶如根栽 生無窮過 見道永拔 故名離生"라고 하였다. 〔참고문헌〕『大毘婆沙論』, 『俱舍論』 권1(대정장29, p.1a22). ❷Ⓢniyāma. 정성이생(正性離生 Ⓢsamyaktva-niyāma)의 줄임말. 삼계의 생사를 영원히 벗어난 성자의 지위. 삼승의 사람이 견도(見道)에 들어가면 이를 분명히 알아 견혹(見惑)을 남김없이 끊고 영원히 삼계(三界)의 생사에서 벗어난다. 『화엄경소초』 권7(대정장36, p.54b27)에 "이생이란, 견혹의 허물이 저 익히지 않은 음식이 배에 들어 있는 상태와 같지만 견도에 들면 그렇게 생경함에서 벗어나므로 이생이라 한다. 言離生者 見惑過患 如生食在腹 若入見道 能離彼生 故云離生", 『유가론기』 권8(대정장42, p.473a5·한불전13, p.600b2)에 "저들이 처음으로 욕계의 얽힘에서 벗어나면 이를 이생이라 한다. 彼得初離欲界繫 名離生"라고 하였다. 〔참고문헌〕『華嚴經疏鈔』, 『瑜伽論記』 ⇨정성이생 正性離生 ❸Ⓢanutpāda. 일어남이 전혀 없다는 말. 『중론』 권2(대정장30, p.10a23)에 "일어남 여읜 법이 일어나는 일 있을 수 없고, 일어남 전혀 없을 때 법을 일으키는 일도 있을 수 없다. 離生法生時 不可得 離生時生法 亦不可得"라고 하였다. 〔참고문헌〕『中論』, *Pras.64.* ❹Ⓢvivekajam. 오욕(五欲)을 여의어서 생기는 것. 색계(色界)의 초선(初禪)을 설명하는 말이다. 『대지도론』 권86(대정장25, p.665c1)에 "초선과 제2선에는 모두 희와 낙이 있는데, 어떤 차별이 있는가? 초선에서의 희와 낙은 오욕을 여의어야 생기고, 제2선에서의 희와 낙은 정으로부터 생긴다. 〔문〕 역시 초선번뇌를 여의고 제2선을 얻는 것인데, 어찌하여 이생이라고 하지 않는가? 〔답〕 욕계에는 산란이 있기에 정이라 부를 일 없지만, 행자는 오욕을 여의기에 이생이라 한다. 초선중에 정이 있고, 제2선은 초선정을 인으로 생하기에 정생이라 한다. 初禪二禪 俱有喜樂 有何差別 初禪中喜樂 從離欲故生 二禪喜樂 從定生 問曰 亦離初禪煩惱 得二禪 何以不說離生 答曰 欲界中 散亂故 無定稱 行者 能離欲故 名爲離生 初禪中 有定 二禪因初禪定生故 名爲定生"라 하였다. 〔참고문헌〕『大智度論』, *Abh-k-bh.178.* ❺Ⓢvibhāga-ja. 바이셰쉬카(ⓈVaiśeṣika : 勝論)의 이십사덕(二十四德) 중 하나인 이(離)의 세 가지 뜻 중 하나로 분리에 의해 또다른 이가 생기는 뜻. 『십구의론』(대정장54, p.1263b1)에 "이생이란, 이미 지은 과실이 나머지 인으로 말미암아 떨어지는 경우, 과실이 무너짐을 기다려 공 등과도 분리되는 것을 말한다. 離生者 謂已造果實 由餘因離 待果實壞 與空等離"라 하였다. 〔참고문헌〕『十句義論』. ⇨이십사덕 二十四德

이생가가 二生家家 가가성자(家家聖者 Ⓢkulaṃkula, Ⓟkolaṃkola) 중 욕계와 하늘을 두 번 왕복하는 성자. 상상품에서 중상품까지의 수혹을 끊고 목숨을 마친 후 두 번의 생을 받고 열반에 들어가는 사다함(斯陀含)을 말한다. 『구사론』 권24(대정장29, p.123c23)에 "욕계의 3품·4품을 끊으면, 삼생가가·이생가가라네. 5품까지 끊으면 두 번째 향이고, 6품을 끊으면 일래과라네. 斷欲三四品 三二生家家 斷至五二向 斷六一來果", 『순정리론』 권64(대정장29, p.694c26)에 "저 일래과는 저 이생가가와 어떤 게 다른가? 저 일래과의 탐진치는 오직 하품만이 남아있을 뿐이기에 일래과를 박탐진치라고 한다. 彼一來果有何異彼二生家家 彼貪瞋癡 唯餘下品故 卽一來果名薄貪瞋癡"라고 하였다. 〔참고문헌〕『俱舍論』, 『順正理論』. ⇨가가성자 家家聖者, 사다함 斯陀含, 사향사과 四向四果❶

이생경 二生經 4권본 『능가경』의 다른 이름. 이 이름은 북송 때 관료 장방평(張方平 1007~1091)의 일화에서 유래하였다. 『선림승보전』 권29 「불인요원전 佛印了元傳」(卍속장137, p.559b6)에 "태자소보 안도 장공 방평이 저주에 있을 때, 하루는 낭야산장원을 둘러보다가 사다리를 불러 대들보로 올라가더니 목갑을 발견하고는, 홀연히 자신의 전생이 장경을 관리하는 소임이었고 그때 『능가경』(4권본)을 필사하다가 마치지 못하고 죽었음을 알았다. 안도가 남은 축을 이어서 써보니 필적이 완전히 옛과 같아 『이생경』이라 이름 붙였다. 안도가 판각하고 인쇄하여 사방에 보시하고자 하니 소동파가 말하기를 '이 경이 다른 이에게 있어도 세상에 보기 드문 상서가 될 터인데, 하물며 공에게야 더 말할 것도 없습니다. 집에 모셔 자손들에게 무궁한 복이 되게 하십시오'라고 하였다. 太子少保 張公方平安道爲滁州 日遊瑯琊山藏院 呼梯梯梁 得木匣發之 忽悟前身 盖知藏僧也 寫楞伽經 未終而化 安道續書殘軸 筆蹟宛然如昔 號二生經 安道欲刻以印施四方 東坡曰 此經在他人 猶爲希世之瑞 況於公乎 請家藏爲子孫無窮之福"라고 하였다. 〔참고문헌〕『禪林僧寶傳』, 『楞嚴經合論』 권2(卍속장18, p.34b11).

이생도 異生道 Ⓢ pṛthag-jana-mārga. 이생의 길. 범부는 육도를 윤회하며 생을 달리하기에 이생(異生)이라고도 한다. 『대반야경』 권524(대정장7, p.687c3)에 "부처님께서 수보리에게 말씀하셨다. '저 성문도, 독각도, 범부도는 보살마하살도가 아니다. 이것에 의지하여서는 일체지지에 나아갈 수 없기 때문이다. 佛告善現 若聲聞道 若獨覺道 若異生道 非諸菩薩摩訶薩道 依此不能往一切智智故"라고 하였다. 〔참고문헌〕『大般若經』, *Abh-s-bh.147.* ⇨이생 異生, 범부도 凡夫道

이생류 異生類 이생의 무리. 『해심밀경』 권1(대정장16, p.689b14)에 "만약 어떤 중생이 어리석은 범부류이면 이생류라고 한다. 이들은 성인들의 출세간의 지혜를 얻지 못하고 일체법에 대해 말을 떠난 법성을 분명하게 알지 못한다. 若有衆生 是愚夫類 是異生類 未得諸聖出世間慧 於一切法離言法性 不能了知", 『성유식론』 권5(대정장31, p.25a6)에 "그러므로 계경에서 설하길 '이생무리들 항상 기나긴 밤 동안 무명에 눈 멀고 어둠에 취해 마음 얽매여 일찍이 깨우칠 날 없다'고 하였다. 是故契經說 異生類 恒處長夜 無明所盲 惛醉纏心 曾無醒覺"라고 하였다. 〔참고문헌〕『解深密經』, 『成唯識論』. ⇨이생 異生, 범부 凡夫, 유정 有情

이생미멸 已生未滅 Ⓢ utpanna-aniruddha, jāto bhavati na ca vinaṣṭaḥ, Ⓣ byung-la-ma-'gags-pa. 이미 일어나서 아직 사라지지 않음. 사상(四相 : 生住異滅) 중 주(住)의 뜻이고 과법(果法)에 있어서는 현재를 뜻한다. 『구사론』 권5(대정장29, p.27c24 : *Abh-k-bh.*, p.77)에 "머문다는 말은 무슨 뜻인가? 일체행이니 이미 나서 아직 사라지지 않음을 말한다. 云何名住 謂一切行 已生未滅 sthitiḥ katamā. utpannānāṃ saṃskārāṇām avināśa iti", 『유가사지론』 권3(대정장30, p.291c18 : *Yogā-bh.*, p.61)에 "저 모든 과법이 이미 멸한 상이면 과거이고, 인은 있으나 아직 일어나지 않은 상은 미래이며, 이미 생겼으나 아직 사라지지 않은 상이면 현재이다. 若諸果法 若已滅相是過去 有因未生相是未來 已生未滅相是現在 phalānāṃ punar yanniruddhalakṣaṇaṃ tad atītaṃ. sati hetāv anutpannalakṣaṇam anāgataṃ. utpannāniruddhalakṣaṇaṃ pratyutpannaṃ"라고 하였다. 〔참고문헌〕『俱舍論』, 『瑜伽師地論』, *Abh-k-bh.298.*, *Yogā-bh.*

이생방편 利生方便 중생을 이롭게 하는 방편. 『화엄경합론찬요』 권중(卍속장88, p.759a7)에서는 보살십지(菩薩十地) 중 제7지의 치습법(治習法)을 이생방편이라 하였다. 『원각경직해』 권상(卍속장16, p.110b1)에 "보살의 이생방편이 많기는 하지만 오직 대비를 으뜸으로 삼고 대원으로 가지며 동사로 거두니 이것이 묘행이다. 그러므로 보살이 중생을 제도하려면 사섭법으로 하니 보시·애어·이행·동사다. 菩薩利生方便雖多 唯以大悲爲首 大願持之 以同事攝之 是爲妙行 然菩薩度生 以四攝法 所謂布施 愛語 利行 同事"라고 하였다. 〔참고문헌〕『華嚴經合論纂要』, 『圓覺經直解』. ⇨이생 利生

이생법 已生法 이미 생한 법. 과거와 현재의 법을 말한다. 『품류족론』 권6(대정장26, p.715b26)에 "이생법이란 어떤 것인가? 과거법과 현재법을 말한다. 已生法云何 謂過去現在法"라고 하였다. 〔참고문헌〕『品類足論』.

이생법 異生法 Ⓢ pṛthagjana-dharma. 이생의 법. 범부인 중생들의 세계를 말한다. 『대반야경』 권575(대정장7, p.973a28)에 "여래께서 항상 설하시는 것 모든 법의 실제다. 그러한 까닭은 무엇인가? 모든 법 평등하여 온통 옳지 않은 것 없으니, 다 실제로 거두기 때문이다. 여기서는 아라한들이라야 뛰어난 법에 이를 수 있다고 말하지 않는다. 왜 그런가? 아라한 등이 얻은 법은 이생의 법과 차별상이 없기 때문이다. 如來常說 諸法實際 所以者何 諸法平等 無不皆是 實際所攝 此中不說 阿羅漢等 能逮勝法 所以者何 阿羅漢等 所證得法 與異生法無差別相"라고 하였다. 〔참고문헌〕『大般若經』, *Sapt-pr.342.* ⇨이생 異生

이생법법 異生法法 이생법의 법. 업에 따라 출생하는 범부, 즉 이생들의 세계를 말한다. 『품류족론』 권5(대정장26, p.711b7)에서는 일체법을 두 갈래로 나누고는 102종을 시설하면서 이생법법과 비이생법법(非異生法法)은 85번째로 두었다. 같은 책 권6(대정장26, p.716a16)에 "이생법법은 무엇인가? 지옥·방생·귀계유정·북구로주인·무상유정천의 모든 온계처와 여기에 나는 업을 이생법법이라 한다. 異生法法云何 謂地獄 傍生 鬼界有情 北俱盧洲人 無想有情天 諸蘊界處 及生彼業是名異生法法"라고 하였다. 〔참고문헌〕『品類足論』. ⇨이생 異生, 이생성 異生性, 이생법 異生法, 이생도 異生道, 이생류 異生類, 비이생법법 非異生法法

이생성 異生性 Ⓢ pṛthag-janatva, Ⓟ puthu-jjanatā, Ⓣ so-so'i-skye-bo-nyid. 달리 나는 것들의 자성

(自性). 구역은 범부성(凡夫性)이다. 성도(聖道)를 얻지 못한 범부들이 나서 달리 유지하는 임시의 자성이다. 이생성의 체성(體性)에 관해서는 교상(教相)에 차이가 있다. 『대비바사론』 권45(대정장27, p.231b21)에 "무엇을 이생성이라 하는가? 云何異生性", "어떤 이는 '욕계견고소단의 열 가지 수면이 이생성이다'라고 주장하니 독자부(Ⓢ Vātsīputrīya)다. 이들은 '이생성은 욕계에 계박되는 것이고 염오성이고 견도소단이고 상응행온으로 거둔다'고 말한다. 이들의 집착을 막기 위해 삼계계박이고 수도소단이고 염오가 아니어서 불상응행온의 법일 뿐이다. 謂或有執 欲界見苦所斷十隨眠 是異生性 如犢子部 彼說異生性 是欲界繫 是染汚性 是見所斷 是相應行蘊攝 爲遮彼執 顯異生性 是三界繫 是修所斷 是不染汚 是不相應行蘊所攝", "더러는 다시 '이생성은 실체가 없다'고 하니 비유자(Ⓢ Dārṣṭāntika)다. 이들의 주장을 막기 위해 이생성은 자체가 실유함을 밝힌다. 或復有執 異生性無實體 如譬喩者 爲遮彼執 顯異生性自體實有", "본 논에서는 이생성이라 하는데 『품류족론』 권6(대정장26, p.716a16)에서는 이생법(Ⓢ pṛthag-jana-dharma)이라 하니 '무엇을 이생법이라 하는가? 지옥·방생·귀계·북구로주·무상천의 그 업과 그 생을 이생법이라 한다'고 설한다. 此本論中說異生性 品類足論說異生法 如說 云何異生法 謂地獄 傍生 鬼界 北俱盧洲 無想天 彼業彼生 是謂異生法", "어떤 이유에서 이생성이라 명명하는가? 존자 세우(Ⓢ Vasumitra)는 이렇게 말했다. '유정이 이류의 견해와 이류번뇌를 일으켜서 이류의 업을 짓고 이류의 과와 이류의 생을 받게 하기에 이생성이라 한다'. 또 유정이 이계에 떨어지고 이취에 나아가기에, 이생을 받기에 이생성이라 한다. 또 유정이 다른 스승을 믿어서 다른 상을 짓고 다른 법을 받기에, 다른 행을 하기에, 다른 과를 구하기에 이생성이라 한다. 問 何故名異生性 尊者世友作如是說 能令有情 起異類見異類煩惱 造異類業 受異類果異類生故 名異生性 復次能令有情 墮異界故 往異趣故 受異生故 名異生性 復次能令有情信異師故 作異相故 受異法故 行異行故 求異果故 名異生性", "대덕(法救 Ⓢ Dharmatrāta)은 말한다. '유정이 이류의 계·취·생·유에 의지해 갖가지 전도번뇌를 일으켜 후유를 부르는 업을 조작증장하여 무한생사를 윤회하게 하기에 이생성이라 한다'고 하였다. 大德說曰 能令有情 依止異類界趣生有 發起種種顚倒煩惱 造作增長感後有業 輪轉生死無分限故 名異生性", "아비달마의 여러 논사들은 '이생의 분이 있고 이생의 체이기에 이생성이라 한다'고 하였다. 존자 묘음(Ⓢ Ghoṣa)은 설하였으니 '다르게 나기에 이생성이라 한다'. 협(Ⓢ Āršva)존자는 '다르게 나고 의지해서 성성(聖性)을 장애하기에 이생성이라 한다'고 하였다. 阿毘達磨諸論師言 異生分故異生體故名異生性 尊者妙音作如是說 異生類故名異生性 脇尊者言 異生依故障聖性故 名異生性", 『성유식론술기』 권2(대정장43, p.279c8)에 "이생성이란 오온 또는 사온으로 유정이 되는 법이다. 그 성(性)은 오직 염오이다. 다르게 나는 성을 이생성이라 하기 때문이다. '이'에는 두 가지 뜻이 있다. 첫째는 각별히 다르다는 뜻의 이다. 성자는 오직 인천취에 나지만 이것은 오취에 통하기 때문이다. 또 변이(變異)를 이라 한다. 이것은 전변으로 사견을 삼기 때문이다. '생'이란 남에 따른 류이다. 성인과는 다르게 나는 류이기에 이생이라 한다. 異生性者 或五四蘊成有情法 性唯染汚 異生之性名異生性故 異有二義 一 別異名異 謂聖唯生人天趣 此通五趣故 又變異名異 此轉變爲邪見等故 生謂生類 異聖人之生類名爲異生", 『성유식론요의등』 권2(대정장43, p.704b20)에 "독자부는 '욕계 견도소단의 십번뇌를 체성으로 한다'고 설한다. 설일체유부는 '별도의 체성이 있고 오직 무기일 뿐이고 삼계계박이고 불상응행이다'라고 설한다. 경량부(Ⓢ Sautrāntika)는 '별도의 체성이 있다고 하지 않고 아직 성법이 생하지 않은 상속분위를 가립해서 이생성이라 한다'고 설한다. 대승 역시 불상응행에 속한다고 하고 색심과 다른 별도의 체성이 있지 않고 단지 견도소단 장애하는 종자 상에 영구히 끊지 못한 위를 가립해서 이생성이라 하지, 오직 자신이 속한 승(自乘)의 성법을 장애해 현행하지 못하는 것으로 이생성을 세우지는 않는다. 무종성인에게는 별도의 장이 없기 때문이다. 다만 견혹종자를 아직 끊지 못한 위에 의지할 뿐이니 성법을 성취하지 못했기 때문이다. 犢子部說 欲界見道所斷十煩惱以爲體性 一切有部別有體性唯是無記 通三界繫 不相應 經部不立有別體性 但於曾未生聖法 相續分位差別 假立名異生性 大乘雖亦在不相應 非異色. 心有別體性 但於見斷二障種上 未永斷位 假立異生性 不是唯約能障自乘所有聖法不生現位立異生性 無種姓人無別障故 但約未斷見惑種立由不成就於聖法故"라고 하였다. [참고문헌] 『大毘婆沙論』, 『成唯識論述記』, 『成唯識論了義燈』, *Rāṣṭr.144.*, *Yogā-bh.69.* ⇨ 범부 凡夫, 이생 異生

이생성 離生性 **1** 생멸을 떠나 있는 바탕. 생멸을 여읜 진여를 달리 이르는 말로 십이진여(十二眞如) 중 하나다. 『성유식론술기』 권2(대정장43, p.292b5)에 "『대반야경』과 『변중변론』에서는 진여의 이름이 열두 가지다. 진여·법계·법성·불허망성·불변이성·평등성·이생성·법정·법주·허공계·실제·부사의계이다. 大般若經 辨中邊論 說眞如名 有十二種 謂眞如 法界 法性 不虛妄性 不變異性 平等性 離生性 法定 法住 虛空界 實際 不思議界", 『반약이취분술찬』 권2(대정장33, p.44b12)에 "또 생이란 생멸이니 생멸을 여읜 바탕이 이생성이다. 又生者生滅 離生滅體 名離生性"라고 하였다. [참고문헌] 『成唯識論述記』, 『般若理趣分述讚』. ⇨ 십이진여

十二眞如 ❷ 정성이생(正性離生) 또는 성성이생(聖性離生)을 달리 부르는 말. 『순정리론』 권63(대장장29, p.690b26)에 "먼저 욕계를 여의고 이생에 들어간 이는 도류지에서 불환과를 증득하는데, 그는 목숨이 다하면 색계나 무색계에 태어나거나 또는 아라한과를 얻지 못했을 때에도 도류지를 성취하니 버리는 인은 없기 때문이다. 이미 그가 견도를 성취함을 인정하지 않기에 도류지는 수도위의 섭이다. 만약 색계나 무색계에 나서 머무는 이들도 견도성취함을 인정한다면 여기에 어떤 과실이 있는가? 거기에 났는데도 이생에 든다는 허물이 있다. 견도위의 매 찰나는 모두 이생성에 드는 것이기 때문이다. 謂先離欲入離生者 道類智時證不還果 彼命終已生色無色 乃至未得阿羅漢果 成道類智無捨因故 旣不許彼成就見道 故道類智是修道攝 若許生在色無色界成就見道 斯有何失 有應生彼入離生失 以見道位一一剎那 皆是所入離生性故"라고 하였다. 〔참고문헌〕『順正理論』. ⇨ 이생 離生❷, 정성이생 正性離生, 성성이생 聖性離生, 성성 聖性❶, 견도 見道, 삼계 三界

이생성 離生聲 바이셰쉬카(Ⓢ Vaiśeṣika : 勝論)의 이십사덕(二十四德) 중 성(聲)의 세 가지 뜻 가운데 하나. 분리로부터 생기는 소리. 『십구의론』(대정장54, p.1265a18)에 "소리에는 세 가지가 있으니, 첫째 합해서 나고, 둘째 여의어야 나고, 셋째 소리 그대로 나는 것이다. … 이생이라 실체와 떨어지는 힘과 함께 하는데, 공처에서 분리되는 것을 인으로 한다. 聲有三種 一 合生 二 離生 三 聲生 … 離生者 有觸實 離勢用俱 有觸實空處離爲因"라고 하였다. 〔참고문헌〕『十句義論』. ⇨ 이생 離生❺, 이십사덕 二十四德

이생성공 離生性空 생멸을 떠나 자성이 공함. 『대반야경』 권470(대정장7, p.379b22)이 시설한 공 중 하나다. 〔참고문헌〕『大般若經』. ⇨ 이생성 離生性❶

이생심 利生心 중생을 이롭게 하는 마음. 『백오십찬불송』(대정장32, p.761c6)에 "저들 모든 성스러운 무리는 자기를 위해 배우고 닦을 뿐이네. 중생을 이롭게 하려는 마음을 버렸기 때문에 빚을 갚는 이라 일컫지 않는다네. 彼等諸聖衆 爲己而修學 由捨利生心 不名還債者", 『분양어록』 권상(대정장47, p.597b15)에 "(汾陽三決 중) 제2결 : 빛을 놓아 현철을 가려내고, 묻고 답하여 중생의 마음을 이롭게 하고, 눈에 박힌 쐐기마저 뽑아버리네. 第二決 舒光辨賢哲 問答利生心 拔却眼中楔"라고 하였다. 〔참고문헌〕『百五十讚佛頌』, 『汾陽語錄』, 『樓閣正法甘露鼓經』(대정장16, p.811c21).

이생악 已生惡 이미 일어난 악. 견혹과 사혹 등 대치의 대상이다. 『중아함경』 권49 「성도경 聖道經」(대정장1, p.736b8)에 "이미 발생한 악법을 끊고자 의욕을 일으켜 방편을 구하고 부지런히 온 마음 다해 버린다. 已生惡法爲斷故 發欲求方便 精勤擧心滅", 『법화문구기』 권10상(대정장34, p.338c2)에 "이미 일어난 악을 다스려 사라지게 한다는 것은, 무릇 마주해 다스림이란 드러난 악은 다 물리친다는 뜻이다. 對治滅已生惡者 凡對治言皆治現惡", 『아미타경요해편몽초』 권중(卍속장91, p.948b2)에 "이미 일어난 악이란 견혹과 사혹이다. 已生惡者 見思惑也"라고 하였다. 〔참고문헌〕『中阿含經』, 『法華文句記』, 『阿彌陀經要解便蒙鈔』.

이생악령멸 已生惡令滅 Ⓢ utpannānāṃ pāpakānām akuśalānāṃ dharmāṇām prahāṇāya cchandaṃ janayati, Ⓣ sdig-pa-mi-dge-ba'i-chos-skyes-pa-rnams-spong-ba'i-phyir-'dun-pa-bskyed-do. 이미 생긴 악을 끝내 사라지게 함. 삼십칠도품(三十七道品)의 사정단(四正斷 : 四正勤) 중 하나다. 사념처관(四念處觀)을 행할 때 마음속으로 해태(懈怠)가 일어나 각종 악이 생겨나면, 일심으로 정진하여 생겨난 악을 끊는 데 힘쓰는 것을 말한다. 『사교의주휘보보굉기』 권4(卍속장102, p.471b12)에 "〔주〕 둘째, 이미 생겨난 악을 사라지게 한다. 사념처를 관할 때 해태심이 일어나면 번뇌들이 마음을 뒤덮어 신 등 다섯 가지 선근들을 여의게 된다. 이와 같은 악들이 이미 생겨났다면 일심으로 부지런히 정진하여 방편으로 끊어 다한다. 〔기〕 이것을 사정단 중에서는 율의단이라고 한다. 『유가사지론』 권29(대정장30, p.443a25 : *Śrāv-bh.*, p.312)에 '율의단이란 악법이 생겨났으면 반드시 율의를 수행하여 끊어 다하고 참아 받아들여서는 안 된다 utpannaṃ hi saṃvarayitavyaṃ. pāpakaṃ ca vastu'고 하였다. 註 二 已生惡令滅 四念處觀時 若懈怠心起 諸煩惱覆心 離信等五種善根 如是等惡若已生 一心勤精進 方便除斷令盡也 記 四正斷中 名律儀斷 瑜伽論曰 律儀斷者 卽已生惡法 應修律儀 令其斷滅 不應忍受也"라고 하였다. 〔참고문헌〕『四教義註彙補輔宏記』, 『四教儀集解』 권중(卍속장102, p.62b1), *Śrāv-bh.*, *Mvyut.39*. ⇨ 율의단 律儀斷, 사정단 四正斷, 삼십칠도품 三十七道品

이생위 已生位 유위법(有爲法)이 이미 일어난 위. 현재에 해당한다. 『순정리론』 권52(대정장29, p.633a23)에 "모든 유위법이 차별하게 작용하지 않은 위를 미래라 하고, 이제 겨우 생겨난 위를 현재라 하며, 이 작용이 이미 쉬어버린 위를 과거라 한다. 諸有爲法差別作用 未已生位名爲未來 此纔已生名爲現在 此若已息名爲過去", 같은 책 권13(대정장29, p.409b29)에 "이러한 차별한 연기의 바른 뜻에 따라 사상이 일어나 움직이는 것이 같지 않다. 정히 날 때 생상 일어나 움직이고, 이미 생겨난 위에 이르면 주·이·멸의 세 가지 상이 같이 같은 때에 각기 일어나 따로 움직인다. 由斯差別緣起正理 四相起用分位不同 謂正生時 生相起用 至已生位 住異滅三 同於一時 各起別用", 『구사론기』 권1(대정장41, p.28a22)에 "이미 생겨난 것이 바로 현재이다. 아직 이르지 않고 이미 생겨나지 않은 것을 미래라 하며, 이미 생겨나 도달한 뒤 아직 과거로 낙사하지 않은 것을 현재라 한다. 已生是現在 若未來未至已生位 名未來 至已生位未落謝過去 名現在"라고 하였다. [참고문헌] 『順正理論』, 『俱舍論記』. ⇨정생위 正生位, 미생위 未生位, 생상위 生相位, 미래정생위 未來正生位

이생위 離生位 이생(離生)의 지위. 성자의 지위를 말한다. [참고문헌] *Abh-k-bh.354.* ⇨이생 離生❷, 이생성 異生性, 정성이생 正性離生

이생유 已生有 Ⓢ utpannasya bhava, Ⓣ skyes-pa 'i-srid-pa. 이미 생겨난 존재. 현존(現存)하게 된 것들을 말한다. 『구사론』 권10(대정장29, p.55c4 : *Abh-k-bh.*, p.154)에 "소의란 유근신을 말하는데, 단식은 이 유근신을 도와 기른다. 능의란 심심소를 말하는데, 촉식으로 저들을 도와 더한다. 이와 같은 두 가지 식은 '이미 생긴 존재'에 대한 돕고 더하는 공능이 가장 빼어나다. 言所依者 謂有根身 段食於彼 能爲資益 言能依者 謂心心所 觸食於彼 能爲資益 如是二食 於已生有 資益功能最爲殊勝 āśrayo hi sendriyaḥ kāyaḥ. tasya puṣṭaye kavaḍīkārāhārāḥ. āśritāś cittacaittās teṣāṃ puṣṭaye sparśaḥ. anayos tāvad ihotpannasya bhavasya poṣaṇe prādhānyam", 『순정리론』 권14(대정장29, p.410c22)에 "제행에는 변이가 결코 없다. 그러면 유위는 모두 상주해야 한다. 과거와 미래는 있기도 하고 없기도 하다는 것을 인정한다면 아직 생겨나지 않은 비존재도 생겨나 존재할 수 있고, 이미 생겨난 존재도 사라져 비존재가 될 수 있으니, 과거와 미래의 비존재와 현재의 존재는 모두 결정적인 것이 아니어서 바뀔 수 있다. (그러나) 과거와 미래의 존재와 현재는 같아서 일체시에 항상하며 고쳐 바뀜은 없다. 諸行變異定無 是則有爲 皆應常住 若許過未 亦有亦無 從未生無 可生爲有 從已生有 可滅爲無 此去來無 與現在有 俱非決定 可有改易 去來之有 與現在同 於一切時 恒無改易"라고 하였다. [참고문헌] 『俱舍論』, 『順正理論』, *Abh-k-bh.*

이생장 異生障 이생들의 걸림돌. 범부의 장애를 말한다. 『화엄경소』 권33(대정장35, p.756b11)에 "아와 법에 집착하는 어리석음이 곧 이생장이다. 執著我法愚卽異生障", 『팔식규구론의』 권1(卍속장98, p.677a7)에 "둘째, 선악업과위란 분단생사의 과를 끊은 위다. 저 초지 중에서 먼저 이생장을 끊고 영원히 사악취의 이생과를 받지 않는 것이다. 二 善惡業果位者 斷分段生死果 如初地中 先斷異生障 永不受四惡趣異生果也"라고 하였다. [참고문헌] 『華嚴經疏』, 『八識規矩論義』. ⇨이생 異生, 이생성 異生性

이생저양심 異生羝羊心 이생의 저 숫양 같은 마음. 오욕에 물든 이생의 어리석은 마음을 음욕과 식욕만 좇는 숫양에 비유한 말이다. 공해(空海)가 세운 비밀만다라 십주심(十住心) 중 첫 번째다. 『비밀만다라십주심론』 권1(대정장77, p.304a6)에 "이생저양심이란 선악을 모르는 범부의 미혹된 마음이다. 어리석은 이는 인과를 믿지 않는 헛된 집착을 하고, 아와 아소에 대한 집착을 항상 품는다. 온에 진치고 있는 심의식을 허망하게 분별하며 아지랑이를 좇아 갈애를 일으키고, 화촉을 들어 몸을 태운다. 이것은 숫양이 먹이와 교미만을 생각하는 것과 같다. 異生羝羊心者 此則凡夫不知善惡之迷心 愚者不信因果之妄執 我我所執常懷胸臆 虛妄分別鎭蘊心意 逐陽焰而渴愛 拂華燭而燒身 既同羝羊之思草婬", 『진언종교시의』 권2(대정장75, p.400c29)에 "첫 번째, 이생저양심은 일향에 악업을 행하고 선업을 조금도 닦지 않는 범부를 말한다. 第一 異生羝羊心 是一向行惡不修微善 凡夫也"라고 하였다. [참고문헌] 『祕密漫茶羅十住心論』, 『眞言宗時教義』. ⇨십주심 十住心

이생접물 利生接物 중생을 이롭게 하고자 그들을 맞이한다는 말. '만물을 가까이하여 중생을 이롭게 한다'는 접물이생(接物利生)의 도치이다. 『석씨계고략』 권4(대정장49, p.872b13)에 "부처와 조사만이 마음으로 마음에 전할 수 있다. 중생을 이롭게 하고자 그들을 맞이하니 마침내 방·할과 권·지가 있게 되고, 눈썹을 올리거나 눈을 깜박이며, 건추를 들거나 불자를 세우는 것이니, 언어문자든 갖가지 방편이든 성인의 뜻과는 더욱 멀어질 뿐이다. 제방의 학도들이 본을 잊고 말을 좇거나 샘을 버리고 물결을 따라 도도함이 다 이 일이다. 이렇게 하는 것을 가리켜 연민할 만하다고 한다. 唯佛與祖以心傳心 其利生接物 而不得已者 遂有棒喝拳指 揚眉瞬目 拈椎竪拂 語言文字 種種方便 去聖逾遠 諸方學徒 忘本逐末 棄源隨波 滔滔皆是 斯所謂可憐憫者矣"라고 하였다. [참고문헌] 『釋氏稽古略』. ⇨접물이생 接物利生

이생지 異生地 Ⓢ pṛthag-jana-bhūmi, Ⓟ puthujjana-bhūmi, Ⓣ so so'i skye bo'i sa. 이생의 지. 이생이 나고 자라는 의지처로 범부지(凡夫地)라고도 한다. 『유가사지론』 권100(대정장30, p.881a6)에 "유학지와 무학지를 성자의 지라 하고, 이외의 모든 지는 이생지라 부른다. 學無學地 名聖者地 此餘一切 名異生地"라고 하였다. [참고문헌]『瑜伽師地論』. *Aṣt-pr.19.* ⇨이생 異生, 이생성 異生性, 범부지 凡夫地

이생품 異生品 이생의 품. 이생이라 한다. 『유가론기』 권24(대정장42, p.861c14·한불전14, 923c15)에 "넷째로 외이생품 등을 풀이한다. 만약 부처에 신 등 오근이 없다면 오직 외범이다. 만약 보리에 세간의 신 등 오근이 있을 뿐이라면 내이생이다. 만약 보리에 대해 무루의 믿음을 일으킨다면 성품류라 이름하기에 저 품류는 아니다. 第四 解外異生品等 謂若無於佛 信等五根 唯是外凡 若於菩提 唯有世間信等五根 是內異生 若於菩提起無漏信 名聖品類 非彼品類"라고 하였다. [참고문헌]『瑜伽論記』. ⇨이생 異生, 이생성 異生性

이생희락 離生喜樂 Ⓢ vivekajaṃ prītisukhaṃ, Ⓣ dben-pa-las-skyes-pa'i-dga'-ba-dang-bde-ba. 여의어서 생긴 기쁨과 즐거움. 선정을 장애하는 욕계의 악불선법을 멀리 여의고 생겨나는 초정려의 희와 낙. 몸과 마음이 모두 편안하고 쾌적한 느낌(安適受)에 머무는 뜻이다. 『유가론기』 권2(대정장42, p.338c11·한불전13, p.90a12)에 "'초정려에서는 이생희락을 받는다'는 것은, 『현양성교론』 권2(대정장31, p.487a2)에 '이란 대치를 수습하여 대치해서 다스릴 장애를 끊고 얻은 전의를 말한다. 생이라고 한 것은 이렇게 생겨난 것이고, 희란 이미 전의한 이가 전식에 의지해 마음이 기쁘고, 마음이 뛸듯하며 마음이 쾌적하고 마음이 고른, 편안하고 쾌적한 느낌에 머물기 때문이다. 낙이란 이미 전의한 이가 장식에 의지해 소의신을 섭수해서 몸을 기쁘게 하니 이 또한 안적수로 거둔 것이다'라고 하였다. 初靜慮受離生喜樂者 顯揚第二云 離者 謂由修習對治 斷所治障所得轉依 生者 謂從此所生故 喜者 謂已轉依者 依於轉識心悅 心踊 心適 心調 安適受 受所攝 樂者 謂已轉依者 依於藏識 能攝受所依身 令身怡悅 安適受 受所攝"라고 하였다. [참고문헌]『瑜伽論記』, 『顯揚聖敎論』, *Bodh-bh.18.* ⇨희 喜, 낙 樂❸, 초정려 初靜慮

이생희락지 離生喜樂地 이생희락하는 세계. 삼계(三界)의 구지(九地) 중 하나로 색계(色界)의 초선천(初禪天 : 初靜慮)을 말한다. 『법승의결정경』 권1(대정장17, p.655b20)에 "부처님께서 말씀하셨다. '이생희락지란 모든 욕염의 일체번뇌를 여의기 때문이고, 정생희락지는 이미 심사를 여의고 장애와 염오를 항복받는다'. 佛言 所謂離生喜樂地 離諸欲染一切煩惱故 定生喜樂地 已離尋伺降伏障染故", 『비니작지속석』 권4(卍속장65, p.98b1)에 "두 번째, 이생희락지는 색계의 초선천이다. 이 천에서는 이미 욕계의 욕탐과 악법을 여의고 각(覺 : 尋)과 관(觀 : 伺)의 선정을 얻으며 희와 낙이 생한다. 이 정에 머물면 일체고뇌도 전혀 핍박할 수 없다 〈각과 관이란, 첫 번째 심이 연에 있으면 각이라 하고, 세밀하게 심으로 분별하는 것이 관이다〉. 二 離生喜樂地 卽色界初禪天 謂此天已離欲界欲惡之法 得覺觀禪定 而生喜樂 住於此定 一切苦惱 皆不能逼也〈覺觀者 初心在緣曰覺 細心分別曰觀也〉"라고 하였다. [참고문헌]『法乘義決定經』, 『毘尼作持續釋』. ⇨삼계 三界❶, 구지 九地❶

이서 二序 경의 서분(序分)을 두 부분으로 나눈 것. 증신서(證信序)와 발기서(發起序) 또는 통서(通序)와 별서(別序) 등을 말한다. 『금강경찬요간정기』 권2(대정장33, p.185a24)에 "증신이란 곧 육성취다. 설하고 듣는 시간과 장소 등을 하나하나 분명히 하여 거짓이 아님을 증명하고 중생에게 믿음이 생기도록 하기 때문이다. 발기란 드러난 일을 통해 정종분의 법(法)과 뜻(義)을 드러낸다. 그러나 이 두 서에는 다시 여러 다른 이름들이 있다. 통서와 별서라고도 하는데, 통은 모든 경에서 같고 〈이하 생략〉 별은 경마다 다르다는 뜻이다. 〈이하 생략〉 또한 경후서와 경전서라고 말하기도 한다. 경후서란 부처님이 설법할 때는 없었는데 결집할 때 비로소 안립하였기 때문이고, 경전서란 부처님이 먼저 일으켜서 경전을 설하게 되었기에 비로소 경이 설해진 경우다. 證信者 卽六成就也 顯說聽時處一一分明 以證非謬 令物生信故 發起者 則以事相 表示發起正宗法義也 然此二序 更有異名 謂通序別序 通 謂諸經同故 云云 別 謂諸經別故 云云 亦謂經後序經前序 經後序者 佛說之時未有 結集之時方安立故 經前序者 佛先發起 方說經故"라고 하였다. [참고문헌]『金剛經纂要刊定記』, 『仁王護國般若經疏』 권1(대정장33, p.255b24). ⇨증신서 證信序, 발기서 發起序, 통서 通序, 별서 別序, 서분 序分

이서 二鼠 ➡백서유 白鼠喩

이서 已逝 ❶이미 가버림. 과거. 『육도집경』 권7(대정장3, p.43c15)에 "선재라. 부처 되기를 구하는 뜻이여! 그대 그 뜻 이룰 것이다. 우리들도 처음 뜻 일으켰을 때 모두 그러했으며, 이미 지나간 또는 오실, 그리고 현재의 제불도 모두 그대처럼 구했었다. 그대 반드시 부처가 되어 일체중생을 건지리라. 善哉 求佛之志 爾爲得之 吾於往昔 始發意時 亦皆然也 已逝 甫來 現在諸佛 皆如爾索矣 爾必得佛 濟一切生也"라고 하였다. [참고문헌]『六度集經』. ❷Ⓢ kāla-gata. 죽은 것. 서거한 것. 『금색동자인연경』 권5(대정장14, p.873c26)에 "괴롭구나! 세간의 인천 등이여, 온통 빛도 없고 다 파괴되니. 성존께서 세간에 나기엔 너무나 어려운데 위대한 성자이신 부처님께서 이미 가고 안 계시네! 苦哉世間人天等 悉無光

明皆破壞 聖尊出世最極難 佛大牟尼今已逝"라고 하였다. 〔참고문헌〕『金色童子因緣經』, *Divy.2.*, *Lal-v.66.*

이서 移書 옮겨 다니는 글. 멀리 보내고 받는 글이나 문서. 『오분율』 권11 「니율승잔법 尼律僧殘法」(대정장22, p.79b15)에 "관에서 (黑離車女를) 잡으려 했으나 잡지는 못하고 사위성으로 간 사실만을 알고서 이서를 작성하여 파사익왕(波斯匿王 Ⓢ Prasenajit)에게 보내 이르길 '우리나라의 여인이 죄를 지어 죽어 마땅한데, 달아나 그곳으로 입국하였으니 우리나라로 송환해주는 것이 옳겠습니다. 만일 그곳의 죄인이 달아나 우리나라로 들어온다면 마찬가지로 보내드리겠습니다'. 그때 파사익왕은 바로 측근들에게 물었다. '이런 여인이 우리나라로 들어왔는가?' '들어왔습니다. 여러 비구니가 이미 득도시켜 구도하고 있습니다'. 왕은 앞서 이렇게 율령을 반포했었다. '만약 우리나라에 법을 어긴 비구비구니가 있다면 마땅히 중죄를 부여하겠으나, 이제 이미 출가했다면 비방하여 욕되게 하지 마라'. 왕이 바로 이서로 답하였으니 '사실 이 여인이 우리나라에 들어오긴 하였으나, 이제 이미 출가하였으니 죄를 묻는 것은 옳지 않습니다'. 官收不得 知向舍衛城 便作移書 與波斯匿王言 我國女人 犯罪應死 叛入彼國 可送還我 若彼有罪人 叛來我國 亦當送之 時波斯匿王 卽問左右 有此女人入我國不 答言 有 諸比丘尼 已度爲道 王先有令 若我國內有犯比丘比丘尼者 當與重罪 今已出家 無敢毀辱者 王便報移書言 實有此女來入我國 今已出家 不可追罪"라고 하였다. 〔참고문헌〕『五分律』, 『宗門武庫』(대정장47, p.946c4), 『禪林寶訓』 권1(대정장48, p.1020a23).

이서교등 二鼠嚙藤 두 마리 쥐가 자신의 목숨이 달려있는 등나무를 갉아먹는다는 말. 생과 사의 무상하고도 위태로움을 묘사하였다. 이서설등(二鼠齧藤)이라고도 한다. 『사분율행사초자지기』 권중상(대정장40, p.253c7)에 "희고 검은 두 마리 쥐〈날이 가고 달이 지는 시간〉가 등나무를 갉아먹으니 장차 끊어지려 한다. 有黑白二鼠〈日月〉 嚙藤將斷", 『번역명의집』 권5(대정장54, p.1141c14)에 "등나무 뿌리를 붙들고〈목숨〉 우물〈무상〉에 들어가자 희고 검은 두 마리 쥐〈시간〉가 등나무를 갉아먹어 곧 끊어지려 하네. 緣藤〈命根〉 入井〈無常〉 有黑白二鼠〈日月〉 囓藤將斷", 『고설철어록』 권17 「즉운시양건명거사 卽韻示楊建明居士」(가흥장28, p.388c18)에 "땅으로 늘어진 버들가지 푸르름 겨우 보았건만, 어느새 놀라네 단풍잎 붉게 허공에 날리리니. 등나무 갉아먹는 두 마리 쥐 언제나 두렵고, 집을 향해 몰아치는 듯한 산세 더없이 웅장하구나. 纔見柳條垂地綠 又驚楓葉拍天紅 齧藤二鼠時堪怖 逼屋群山勢更雄"라고 하였다. 〔참고문헌〕『四分律行事鈔資持記』, 『翻譯名義集』, 『古雪哲語錄』. ⇨ 백서유 白鼠喩

이서상 二瑞相 Ⓢ dvitīya-pūrva-nimitta. 석존(釋尊)이 강림할 때 드러낸 두 가지 상서로운 조짐. 대지가 진동하고 대광명이 세간을 가득 비춘 일을 말한다. 『시설론』 권2(대정장26, p.517a14)에 "두 가지 서상이 출현하여 태 보호하여 물들지 않게 하였다. … 〔문〕 왜 보살께서 처음에 도솔천궁에서 수명이 다한 뒤 모태에 강림하실 때 모든 대지가 일제히 진동하였는가? 〔답〕 용의 위력 때문이었다. 모든 용왕이 대위덕자인 보살대사께서 도솔천궁에서 목숨 다하고 모태에 강림한다는 소식을 듣고는 물속에서 뛰쳐 나와 마음으로 환희하고 반가워 축하하였으며 허공으로 올라가 이리저리 맴돌며 유영하면서 보살의 성스러운 모습을 기꺼이 보고자 했다. (이때) 용이 물에서 나왔기에 물은 심하게 출렁였고, 물이 출렁였기에 대지마저 진동했다. 또 보살께서는 장차 여래응공정등정각이 되시고 나면 중생에게 출요(出要 Ⓢ niryāṇa)와 이생(離生 Ⓢ nyāma)의 선법을 힘써 널리 설하려 하셨으므로, 위에서는 바람이 휘몰아치고 중간에는 물이 요동쳤으며 아래에서는 땅을 진동시킨 것이니, 이러한 일이 보살께서 미리 보이신 상서다. 二瑞相出現 作護胎無染 … 問 何因菩薩 最初於兜率天宮歿已 降母胎時 一切大地 皆悉振動 答 龍威力故 以諸龍王 得聞菩薩大士大威德者 兜率天宮歿已 降神母胎 乃從水中 跳躍而出 心生歡喜 適悅慶快 乘空盤旋 往返游泳 樂欲瞻覩 菩薩聖相 龍出水故 水卽大動 以水動故 大地振動 又復菩薩決定 當成如來應供正等正覺已 勤爲衆生 宣說 出要離生善法 是故上鼓於風 中搖於水 下振於地 此是菩薩先現瑞相", "또 보살께서 장차 여래응공정등정각이 되시고 나면 광대하고 수승한 지혜광명을 나타내 세간을 두루 비추기로 결정하셨으니, 이러한 일 또한 보살께서 미리 보이신 서상이다. 又復菩薩決定 當成如來應供正等正覺已 出現廣大勝慧光明 普照世間 此是菩薩先現瑞相"라고 하였다. 〔참고문헌〕『施設論』. ⇨ 서상 瑞相

이석 離釋 분리해서 풀이하는 법. 합성어(合成語)를 한 글자 한 글자 나누어 해석하는 법을 말하며, 합석(合釋)의 상대어이다. 붙이거나 합해서 푸는 여섯 가지 법을 육리합석(六離合釋)이라 한다. 『화엄경소초』 권45(대정장36, p.348a14)에 "먼저 진여를 풀이하는 데, 두 가지 뜻이 있다. 첫째는 합석이니, 오직 망을 가리는 것이다. 둘째는 『화엄경소』 권24(대정장35, p.677b4)의 진실여상 이하로 곧 이석이다. 즉 『성유식론』 권9(대정장31, p.48a23)에서 이르길 '진이란 진실을 말하니 허망하지 않음을 나타내고, 여란 한결같이 변함없음을 말하니 변하여 바뀜이 없음을 표한다'. 初釋眞如 自有二義 初合釋 唯揀於妄 二 又眞實如常下 卽是離釋 卽

唯識云 眞謂眞實 顯非虛妄 如謂如常 表無變易"라고 하였다. [참고문헌]『華嚴經疏鈔』, 『華嚴經疏』, 『成唯識論』. ⇨ 육리합석 六離合釋, 합석 合釋

이석가 李釋迦 중인도 출신 역경 거사. 의정(義淨 635~713)이 장안(長安 : 陝西省 西安)의 대천복사(大薦福寺)에서 역경할 때 사문 혜적(慧積)·거사 도파다(度頗多) 등과 함께 범본을 읽는 소임(讀梵本)을 맡았다. [참고문헌]『尼陀那目得迦』「刊記」(대정장24, p.418c7), 『宋高僧傳』 권1 「義淨傳」(대정장50, p.710c24), 『續古今譯經圖紀』(대정장55, p.370c23). ⇨ 의정 義淨, 도파다 度頗多, 역경장구직 譯經場九職

이선 二善 ❶ 두 가지 선. 불선(不善)을 그쳐 행하는 지선(止善)과 적극적으로 선행을 하는 행선(行善)을 말한다. 『금광명경문구기』 권3(대정장39, p.112a6)에 "불살생에 두 가지가 있으니, 살생하지 않는 것은 지선이고 방생은 행선이다. 도둑질하지 않는 것에 두 가지가 있으니, 도둑질하지 않는 것은 지선이고 음식을 베푸는 것은 행선이다. 그러므로 십선 각각에 지선과 행선이 있는데, 이들을 모두 두 가지 연으로 이름한다. 不殺有二 不殺是止善 放生是行善 不盜有二 不盜是止善 施食是行善 是故 十善 各有止行 悉名二緣"라고 하였다. [참고문헌]『金光明經文句記』, 『金光明經文句新記』 권3(卍속장31, p.606a6). ⇨ 지선 止善, 행선 行善 ❷ 미생선(未生善)과 이생선(已生善). 아직 생겨나지 않은 선법을 미생선이라 하고, 계정혜 등을 수습하여 이미 생겨난 선법을 이생선이라 한다. 『대일경의석연밀초』 권6(卍속장37, p.130a3)에 "사정근이란 두 악을 부지런히 막고 두 선을 부지런히 일으키는 것이다. '이미 생겨난 악법을 끊는 것은 독사를 제거하는 것과 같고, 아직 생겨나지 않은 악법을 끊는 것은 흐르는 물을 미리 막는 것과 같으며, 이미 생겨난 선을 증장시키는 것은 달콤한 과일나무의 묘목에 물을 대는 것과 같고, 아직 생겨나지 않은 선이 생겨나는 것은 나무를 부딪혀 불을 내는 것과 같이 한다'(대정장26, p.106c17). 四正勤者 勤遮二惡 勤生二善 斷已生惡法 猶如除毒蛇 斷未生惡法 如預防流水 增長已生善 如漑甘果栽 未生善爲生 如鑽木出火"라고 하였다. [참고문헌]『大日經義釋演密鈔』, 『大智度論』 권48(대정장25, p.405c11), 『十住毘婆沙論』 권15(대정장26, p.106c17). ❸ 사선(事善)과 이선(理善). 사혹(事惑)을 없애는 천근한 선을 사선이라 하고, 이혹(理惑)을 없애는 심오한 선을 이선이라 한다. 『마하지관』 권3(대정장46, p.34b17)에 "중생은 번뇌를 맺어 부림이 두텁고 날카로운 지혜와 선근은 부족하다. 이 때문에 처음의 관법을 일으켜 사선을 나게 한다. 사선이 생기면 번뇌는 굴복되어 미약해지므로 삼장관을 버린다. 이선을 일으키기 위해 통교의 관법을 일으킨다. 이선이 생겨나면 통관을 버린다. 삼계 밖의 사선을 일으키기 위해 별교의 관법을 일으킨다. 삼계 밖의 사선이 생겨나면 별관을 버린다. 삼계 밖의 이선을 일으키기 위해 원교의 관법을 일으킨다. 이것이 관법을 일으키고 버리는 인연이기에 권과 실의 지관을 설한다. 衆生 煩惱結使厚 利智善根薄 故興初觀 生其事善 事善若生 煩惱伏薄 卽廢三藏觀 爲生理善 興於通觀 理善已生 卽廢通觀 爲生界外事善 卽興別觀 界外事善已生 卽廢別觀 爲生界外理善 卽興圓觀 是爲興廢因緣故 說於權實止觀也"라고 하였다. [참고문헌]『摩訶止觀』, 『法華玄義』 권5(대정장33, p.737b17). ❹ 정선(定善)과 산선(散善). 『관무량수경의소정관기』 권중(卍속장33, p.47a14)에 "정선과 산선을 가리는 데 예전의 『관경현의분 觀經玄義分』(『觀無量壽佛經疏』 권1, 대정장37, p.247b22)을 인용하겠다. '[문] 무엇을 정선이라 하는가? [답] 일관부터 제13관까지를 정선이라 하고, (世福·戒福·行福의) 삼복(三福)과 구품(九品)을 산선이라 한다'고 한 구절이 이에 해당된다. 辨定散引昔中玄義 問曰 何名定善 答 從日觀下 至十三觀來 名定善 三福九品 名散善 是也"라고 하였다. [참고문헌]『觀無量壽佛經疏』, 『觀無量壽經義疏正觀記』, 『方等三昧行法』(대정장46, p.946c25). ⇨ 정선 定善, 산선 散善❶, 정산이선 定散二善, 삼복구품 三福九品

이선 理善 ➡ 이선 二善❸

이선 理禪 번뇌망상을 모두 끊은 무루(無漏)의 선정. 이정(理定)이라고도 한다. 유루정(有漏定)에 해당하는 사선(事禪)과 대칭한다. 『지관보행전홍결』 권6(대정장46, p.337a12)에 "『대지도론』의 삼아승기는 다만 사선의 사지로 채울 뿐이니, 저 수왕(樹王 : 菩提樹王) 아래에서 깨닫는 것과 같이 해야 또한 이선에 인연한 것이고 지혜가 비로소 가득하다. 大論三僧祇 但是事禪事智滿耳 若至樹王下 亦是緣理禪 智始滿", 『천태사교의집주』 권7(영락장189, p.186a5)에 "『대지도론』에서 설하는 삼아승기겁시의 육바라밀이란, 이는 사선의 사지로 채울 뿐이다. 『구사론』에서는 도수(道樹 : 菩提樹) 이전은 네 바라밀만 채운 것이고, 불과위에 이르러야 나머지 두 가지 바라밀을 채운다 하였으니, 이 말은 이선에 이지(理智)를 연해야 비로소 채운다는 뜻이다. 大論云 三阿僧祇時 六波羅蜜者 此乃事禪事智滿耳 俱舍云 道樹已前 四波羅密滿 至佛果位 二波羅密滿 此約緣理禪 理智始滿"라고 하였다. [참고문헌]『止觀輔行傳弘決』, 『天台四教儀集註』, 『四教儀註彙補輔宏記』 권7(卍속장102, p.633a12). ⇨ 사선 事禪, 유루정 有漏定

이선래의 二禪來儀 조선 후기 초의의순(草衣意恂 178

6~1866) 지음. 1권. 두 종류 선법의 진실을 밝힌 책으로, 『선문사변만어 禪門四辨漫語』와 합철되어 한불전 10, pp.826c5~827c9에 전한다. 두 선이란 여래선(如來禪)과 조사선(祖師禪)을 가리키며, 래의란 봉황의 우아한 자태를 묘사하는 말로 두 선법의 진실에 대한 미칭이다. 두 선법이 본래 차이가 없다고 밝히고 있기는 하지만, 조사선의 관점에서 여래선을 넘어서는 길을 제시하고 있다. ⇨ 의순 意恂

이선삼복 二善三福 두 가지 선과 세 가지 복. 『관무량수경』에서 설하는 선근(善根)으로 정선(定善)·산선(散善)과 세복(世福)·계복(戒福)·행복(行福)을 말한다. 『무량수불경소』 권4(대정장37, p.271b2)에 "또한 깊은 신심을 결정하고자 석가모니불께서 이 『관경』을 설하시고는 삼복구품과 정산의 이선은 물론 무량수불의 의정이보를 증명하여 찬탄함으로써 사람들이 흠모의 정을 품도록 하였다. 又決定深信 釋迦佛說此觀經 三福九品 定散二善 證讚彼佛 依正二報 使人欣慕"라고 하였다. 〔참고문헌〕『無量壽佛經疏』. ⇨ 삼복구품 三福九品, 이선 二善❹, 정산이품 定散二品

이선천 二禪天 색계(色界)의 두 번째 천. 수행으로 이선을 성취한 이가 나는 곳. 이곳에 다시 세 개의 천이 있기에 이선삼천(二禪三天)이라고 한다. 이곳 이선천의 중생들은 심(尋)·사(伺)에 의한 동요에서 벗어났기 때문에 괴겁(壞劫)의 대화재(大火災)를 면할 수 있지만, 『구사론』 권12(대정장29, p.67a1 : *Abh-k-bh.*, p.190)에서 "제2정려에서는 희수(喜受)가 내재가 된다. 경안과 더불어 몸을 젖게 하는 것이 물과 같기 때문이다. 第二靜慮 喜受爲內災 與輕安俱潤身如水故 dvītīye prītirapakṣālaḥ sā ca prasrabdhiyogenāśrayamṛdūkaraṇād apkalpāḥ"라고 하였듯이, 여전히 희수와 낙수가 남아 있기에 괴겁의 대수재(大水災)를 면하지는 못한다. 『창소지론』 권상(대정장32, p.230b13)에 "이선의 세 천이란 소광천(少光天 Ⓢparīttābhāḥ)·무량광천(無量光天 Ⓢapramāṇābhāḥ)·극광천을 말한다. 저 천계의 수명은 소광천은 2겁〈이상의 네 천계에서는 10중겁이 1대겁이며, 이하의 천계들에서는 80중겁이 1대겁이다〉이고, 무량광천은 4겁이며, 극광천은 8겁이다. 저 천계 중생들의 몸의 크기는 소광천은 2유순이고, 무량광천은 4유순이며, 극광천은 8유순이다. 二禪三天者 謂少光 無量光 極光 彼天壽量 少光二劫〈以上四天 四十中劫 爲一大劫 以下諸天 八十中劫 爲一大劫〉 無量光四劫 極光八劫 彼天身量 少光二由旬 無量光四由旬 極光八由旬"라고 하였다. 〔참고문헌〕『俱舍論』, 『彰所知論』, *Abh-k-bh.* ⇨ 사선천 四禪天❶, 색계십팔천 色界十八天

이선희락 二禪喜樂 이선에서의 희(喜)와 낙(樂). 반드시 정을 통해 생겨나기에 정생희락(定生喜樂 Ⓢsamādhi-jaṃ prīti-sukham)이라 한다. 『대지도론』 권86(대정장25, p.665b28)에 "희락이란, 색계에는 두 가지 낙수가 있다. 첫째는 희가 함께 있는 낙이고, 둘째는 희가 없는 낙이다. 희가 함께 있는 낙은 초선(離生喜樂)과 이선에 속하고, 희가 없는 낙은 삼선(離喜妙樂)에 속한다. 초선과 이선에서는 둘 다 희수가 함께 있는 낙수인데, 어떤 차이가 있는가? 초선희락은 욕을 벗어나는 데서부터 생겨나고, 이선희락은 정으로부터 생겨난다. 喜樂者 色界中 有二種樂 一者 有喜樂 二者 無喜樂 喜樂 初禪二禪中 無喜樂 三禪中 初禪二禪 俱有喜樂 有何差別 初禪中喜樂 從離欲故生 二禪喜樂 從定生", "〔문〕 역시 초선번뇌를 벗어나 이선을 얻는데, 어째서 이생이라 하지 않는가? 〔답〕 욕계에서는 산란하기에 정이라 부르지 않으며, 행자가 욕을 벗어나기에 이생일 뿐이다. 초선 중에 정이 있고, 이선은 이 초선정으로 인해 생겨나기에 정생이다. 또한 욕계번뇌는 불선상응이기에 초선을 막지만, 행자가 큰 장애를 벗어나고자 하기에 이생이라고 한다. 그런데 색계번뇌는 무기여서 허물이 미약하며 각관의 인연이기에 선을 잃는다. 이 때문에 부처님께서 설하시길 '모든 각관이 사라지면 내심이 청정해지고 이선도 얻는다'고 설하셨다. 問曰 亦離初禪煩惱得二禪 何以不說離生 答曰 欲界中散亂故 無定稱 行者能離欲故 名爲離生 初禪中有定 二禪因初禪定生故 名爲定生 復次 欲界煩惱 不善相故 障初禪 行者欲離大障故 是故說離生 色界煩惱 名無記 爲患微弱 以覺觀因緣故 失禪 是故佛說 滅諸覺觀 內心淸淨 故得二禪"라고 하였다. 〔참고문헌〕『大智度論』, 『俱舍論頌疏論本』 권11(대정장41, p.883b14). ⇨ 정생희락 定生喜樂

이설 已說 Ⓢupadeśaḥ. 이미 설한 것. 십이부경(十二部經) 중 하나인 논의(論議)를 달리 이르는 말. 설한 것을 거듭 밝히기에 이렇게 부른다. 『증일아함경』 권21(대정장2, p.657a2)에 "십이부경은 부처님께서 말씀하신 계경·기야·본말·게·인연·수결·이설·조송·생경·방등·합집·미증유를 말한다. 十二部經 如來所說 所謂 契經 祇夜 本末 偈 因緣 授決 已說 造頌 生經 方等 合集 未曾有"라고 하였다. 〔참고문헌〕『增壹阿含經』, *Mvyut.62.* ⇨ 논의 論議❷, 십이부경 十二部經

이설 異說 ❶ 같지 않은 주장이나 설. 또는 방편으로 다르게 펼치는 말. 『유가사지론석』(대정장30, p.883c27)에 "이 경유가는 비록 일체에 통하지만 모든 경론에서 상에 나아가거나 근기에 따를 때는 갖가지로 다르게 설한다. 此境瑜伽 雖通一切 然諸經論 就相隨機 種種異說", 『법화현의』 권2하(대정장33, p.702b12)에 "경론의 다른 설은 모두 여래께서 중생을 잘 이끌기 위한 방편이다. 夫經論異說 悉是如來 善權方便", 『조론』「물불천론 物不遷論」(대정장45, p.151c9)에 "온갖 서적의 다른 글들과 모든 학파의 이설에서 진실로 알 수 있는 것이라면 어찌 다른 글이라고 하여 미혹당하겠는가! 群籍殊文 百家異說 苟得其會 豈殊文之能惑哉"라고 하였다. 〔참고문헌〕『瑜伽師地論釋』, 『法華玄義』, 『肇論』. **2** 정도에서 벗어나는 설. 외도의 사설(邪說)이나 망령된 주장을 말한다. 『잡아함경』권34「울저가경 鬱低迦經」(대정장2, p.248a1)에 "그대는 처음부터 이 뜻을 물었는데 지금 다시 정도에서 벗어나는 설로 묻고 있다. 이 때문에 세존께서 대답해 주시지 않는 것이다. 汝初已問此義 今復以異說而問 是故 世尊不爲記說", 『월상녀경』권하(대정장14, p.623b8)에 "설령 시방중생이 한 마음으로 불이 물이 된다거나 물이 불이 된다고 하더라도 무량한 공덕을 지닌 가장 존귀한 부처님께서는 중생에게 이익을 준다는 핑계로 망령된 주장을 하지 않으신다. 假使十方衆同心 或火成水水成火 無量功德最大尊 利益衆生無異說"라고 하였다. 〔참고문헌〕『雜阿含經』, 『月上女經』.

이설출설 以楔出楔 쐐기로 쐐기를 뽑는다는 말. 쓸모없이 박힌 쐐기를 또 다른 쐐기를 박아 틈을 벌림으로써 뽑아낸다는 뜻으로, 방편으로 분별해 갖가지로 베풀지만 끝내 잡염분상마저 버리고 법 본래 없는 분상으로 돌아간다. 설(楔)은 설(楔)과 같이 쓴다. 『대지도론』권24(대정장25, p.239b11)에 "이와 같이 하고자 함에 따라 법을 설한다. 곧 선욕에는 마음에 드는 말로 설해 주니 배가 흐름을 따름과 같고, 악욕에는 쓰디쓴 말로 가르치니 쐐기로 쐐기를 뽑는 듯이 한다. 如是隨所欲說法 所謂善欲隨心爲說 如船順流 惡欲以苦切語教 如以楔出楔", 『유가사지론』권77(대정장30, p.728a11)에 "비유하자면 어떤 사람이 작은 쐐기로 큰 쐐기를 뽑듯이 한다. 이와 같이 보살은 이렇게 쐐기로 쐐기를 뽑는 가행에 의지하여 내상을 버리기에 일체를 수순하고서는 잡되게 물든 상들은 남김없이 버린다. 譬如有人 以其細楔出於麤楔 如是菩薩 依此 以楔出楔加行 遣內相故 一切隨順 雜染分相 皆悉除遣", 『성실론』권11(대정장32, p.327b14)에 "또한 모든 번뇌는 거친 것이 먼저이고 미세함은 뒤로 하여 차제로 사라진다. 저 머리털 등의 상으로 남녀 등상을 버리고, 색 등상으로 머리털상마저 멸하며, 마지막에 공상으로 색 등상을 버리듯이 한다. 이는 쐐기로 쐐기를 뽑아내는 것과 같다. 그러므로 세제를 설하지만 또한 세제로써 중도를 성취하게도 한다. 又諸煩惱 先麤後細 次第滅盡 如以髮毛等相 滅男女等相 以色等相 滅髮毛相 後以空相 滅色等相 如以楔出楔 故說世諦又以世諦故 得成中道", 『열반현의발원기요』권3(대정장38, p.33b29)에 "쐐기로 쐐기를 뽑는다는 말은, 설(楔)은 설(楔)이라고 써도 같으며 선과 결을 반절한 음이다. 『설문해자』에 '설은 첨(櫼)이다. 첨은 자와 림을 반절한 음이다'라고 하였다. 정교(政教)의 우유라는 쐐기로 사교(邪教)의 우유라는 쐐기를 뽑아낸다. 방편법을 설하는 어떤 사람은 소승무상으로써 삿된 영원함을 다스리기도 한다. 以楔出楔者 又作楔同 先結切 說文 楔櫼也 櫼子林切 以正乳之楔 出邪乳之楔 或說方便法者 以小乘無常治邪常也", 『연등회요』권18「천동함걸장 天童咸傑章」(卍속장136, p.735b9)에 "쐐기로 쐐기를 뽑으니 도리어 자취만 생기고, 마음으로 마음 전하니 병통 또한 거듭 깊어진다. 以楔出楔 翻成途轍 以心傳心 其病轉深", 『건중정국속등록』권20「운개지본장 雲蓋智本章」(卍속장136, p. 289a8)에 "법좌에 올라 이르길 '쐐기로 쐐기를 뽑으니 무슨 쉬어 마침 있겠는가마는, 쉬어 그치려 한다면 쐐기로 쐐기를 뽑을 뿐이다'. 한 소리 크게 내질렀다. 上堂云 以楔出楔 有甚休歇 欲得休歇 以楔出楔 喝一喝", 『감산집』권45(卍속장127, p.825a5)에 "다만 중생이 집착하는 망상을 감안하여 마땅함에 따라 격파할 뿐이다. 쐐기로 쐐기를 뽑아낸다는 말은 남에게 줄 법 본래 없다는 뜻이다. 但就衆生所執之情 隨宜而擊破之 所謂以楔出楔者 本無實法與人也"라고 하였다. 〔참고문헌〕『大智度論』, 『瑜伽師地論』, 『成實論』, 『涅槃玄義發源機要』, 『聯燈會要』, 『建中靖國續燈錄』, 『憨山集』.

이섭 二攝 두 가지로 거둠. 자섭(自攝)과 타섭(他攝)을 말한다. 『약론안락정토의』(대정장47, p.2b28)에 "일체만법은 다 자력도 타력도 자섭도 타섭도 있어서 천으로 열리고 만으로 닫혀 헤아릴 수도 끝낼 수도 없다. 어찌 장애 있는 알음알이로 저 장애 없는 법문을 의심할 수 있겠는가? 一切萬法 皆有自力 他力 自攝 他攝 千開萬閉 無量無邊 安得以有礙之識 疑彼無礙之法乎"라고 하였다. 〔참고문헌〕『略論安樂淨土義』. ⇨ 자섭 自攝, 타섭 他攝, 자력 自力, 타력 他力

이섭 已攝 Ⓢ saṃgṛhīta, Ⓣ bsdus-pa. 이미 거두었다는 뜻. 『대승장엄경론』권8(대정장31, p.634a19)에 "이 사섭법으로 삼세중에 일체중생을 이미 거두었으며, 지금 거두며, 미래에도 거둘 것이다. 그러므로 이 사섭법은 중생을 성숙시키는 길이다. 此四攝 於三世中 已攝當攝 現攝 一切衆生 是故 此四攝 是成熟衆生道"라고 하였다. 〔참고문헌〕『大乘莊嚴經論』, *Sūtr.117.*

이섭 利涉 당대 스님. 인도 브라만 출신. 동쪽으로 여행을 떠났다가 금사령(金梭嶺 : 中國 新疆省)에서 현장삼장(玄奘三藏)을 만나 출가하여 많은 경론을 열람하고 깊은 뜻을 얻었다. 당대 중종(中宗)의 존숭을 받았고 개원년간(713~741)에 장안(長安 : 陝西省 西安)에 있는 안국사(安國寺)에서 『화엄경』을 강설했을 때 사부대중이 운집하였다. 현종(玄宗) 때 도교를 대표하여 불교와 대론(對論)하기를 원했던 위정(韋玎)과 내전(內殿)에서 논쟁하여 굴복을 받아냈다. 이후 현종은 위정을 상주(象州)의 서민 신분으로 귀양 보냈으며, 스님에게는 돈과 명주를 보시하고 명교사(明教寺)를 지어 교화를 도왔으며 명교대사(明教大師)라는 호도 내렸으나 만년에는 동한(東漢) 지역으로 귀양을 갔다. 남양(南陽) 용흥사(龍興寺)에 머물 때 혜충국사(慧忠國師)와 교유했다. 『입법당론 入法幢論』 1권을 저술했다. 대력년간(766~779)에 서명사(西明寺) 원조(圓照)가 스님의 행장을 모은 『대당안국사이섭법사전 大唐安國寺利涉法師傳』 10권을 남겼다. [참고문헌] 『宋高僧傳』 권17(대정장50, p.815a8). ⇨ 안국사이섭법사답 安國寺利涉法師答

이섭바라 伊葉波羅 Ⓢ Īśvara. 유송(劉宋) 때 서역 출신 사문. 이름을 한역하면 자재(自在)라는 뜻이다. 사아함(四阿含)에 밝고 삼장(三藏)에 통달하였다. 문제(文帝)가 재위하던 426년(원가3)에 서주자사(徐州刺史) 왕중덕(王仲德 ?~438)의 청탁을 받고 팽성(彭城 : 江蘇省 西周)에서 『잡아비담심론 雜阿毘曇心論』 10권(또는 11권)을 역출하였으나 품(品)을 선별하는 데 장애가 생겨 완성하지 못하고 마쳤다. 5년 후 구나발마(求那跋摩 Ⓢ Guṇavarman)가 후품(後品)을 역출하여 13권으로 완성하였으나 널리 유통되지 못했다. 유통본 『잡아비담심론』(대정장28, No.1552)은 승가발마(僧伽跋摩 Ⓢ Saṃghavarman)의 역출이다. [참고문헌] 『歷代三寶紀』 권10(대정장49, p.90a16), 『梁高僧傳』 권3 「求那跋摩傳」(대정장50, p.341a24), 『出三藏記集』 권10 「雜阿毘曇心序」(대정장55, p.74b15), 『古今譯經圖紀』 권3(대정장55, p.361b24).

이성 二性 두 가지 자성. 제법(諸法)을 두 갈래로 분별하여 나눈 뜻. ❶ 유성(有性 Ⓢ bhāva)과 무성(無性 Ⓢ abhāva). 『보살지지경』 권1(대정장30, p.893a18)에 "또한 진실한 모습(Ⓢ tattva-lakṣaṇa)을 두 가지로 세운다. 첫째는 유성이고 둘째는 무성이다. 유성이란 가명(假名 Ⓢ prajñapti-vāda)으로 세워 보인 것이다. 오랜 세월 이래 세간에서 헤아려 가져온 일체의 기억들과 생각들이 허망한 근본이 되었으니 색·수·상·행·식과 안·이·비·설·신·의와 지·수·화·풍과 색·성·향·미·촉·법 내지 열반 등이라 하는 것들이다. 이처럼 세간의 가명으로 자성을 갖게 된 법들을 유라고 한다. 무성이란 다음과 같다. 색은 가명이고 내지 열반도 가명이어서 실재하는 일도 의지한 것도 없어서, 가명에 의지한 일체가 모두 본래 없는 것이므로 무라고 한다. 又眞實相 建立二種 一者 有性 二者 無性 有性者 建立施設 假名自性 久遠已來 世間計著 一切憶想 虛妄根本 所謂是色 是受想行識 眼耳鼻舌身意 地水火風 色聲香味觸法 乃至涅槃 如是世間假名 有自性法 是名爲有 無性者 色假名 乃至涅槃假名 無事無依 假名所依 一切悉無 是名爲無"라고 하였다. [참고문헌] 『菩薩地持經』, *Bodh-bh. 26.* ⇨ 유성 有性❷, 무성 無性❶ ❷ 선성(善性)과 악성(惡性). 『대지도론』 권88(대정장25, p.683b28)에 "사람이 현세나 후세에 항상 익히는 것이 이 의욕이 되고, 이것이 성취되면 자성이 되고, 그 자성 중에 머물면 악도 짓고 선도 짓는다. 선성에 머물면 건널 수 있고 악성에 머물면 넘어가기 어렵다. 부처님께서는 이미 중생의 두 가지 성품을 아시고 그 과보인 선도와 악도의 갖가지 차별도 알고 계신다. 즉 악성의 사람은 삼악도에 떨어지고, 선성의 사람에게는 네 가지 길인 인도·천도·아수라도·열반도가 있다. 是人 若今世 若後世 常習是欲 則成爲性 住是性中 作惡作善 若住善性 則可度 若住惡性 則不可度 佛旣知衆生二種性 已知其果報 善道惡道 種種差別 惡性者 墮三惡道 善性者 有四種道 人 天 阿修羅 涅槃道"라고 하였다. [참고문헌] 『大智度論』. ⇨ 선성 善性❷, 악성 惡性 ❸ 낙성(樂性)과 고성(苦性). 『구사론』 권22(대정장29, p.115b6)에 "계경에서 '그대 마땅히 괴롭지만 낙수를 관해야 한다'라고 한 것은 무슨 뜻인가? 마땅히 알지니 이 경은 뜻으로 '낙수'에 두 가지 성질이 있음을 나타냈다. 첫째는 낙성이 있다는 것이다. 이 낙수는 자상문에 의지한 것임을 말하니, 가히 좋아할 만한 것이기 때문이다. 둘째는 고성이 있다는 것이다. 이문에 의지한 것임을 말하니, 역시 무상한 변괴법이기 때문이다. 契經言 汝應以苦 觀樂受者 應知此經 意顯樂受 有二種性 一 有樂性 謂此樂受 依自相門 是可愛故 二 有苦性 謂依異門 亦是無常 變壞法故"라고 하였다. [참고문헌] 『俱舍論』. ❹ 총성(總性)과 별성(別性). 『대일경의석연밀초』 권5(卍속장37, p.121a1)에 "자성이 공한 것에 두 가지가 있다. 첫째는 총성(有爲法)에 모두 통하는 것이니 무상·고·공·무아와 무생무멸·무거무래 등의 것을 말하고, 둘째는 별성이니 저들 불의 열성, 물의 습성, 마음의 식성 등이다. 性空有二 一者 總性謂無常苦空無我 無生無滅 無去無來等 二 別性謂如火熱性水濕性 心爲識性等"라고 하였다. [참고문헌] 『大日經義釋演密鈔』. ⇨ 총성 總性, 별성 別性

이성 耳城 Ⓢ Karṇa-pura. 가란나부라(迦蘭那富羅)의 한역 이름. 『불본행집경』 권33 「전묘법륜품 轉妙法輪品」(대정장3, p.808c9)에 "(부처님께서) 가란나부라 취락〈'이성'이라 한역한다〉에 도착하셨다. 至迦蘭那富羅聚落〈隋言耳城〉"라고 하였다. [참고문헌] 『佛本行集經』. ⇨ 가란나부라 迦蘭那富羅

이성 理性 이(理)로서의 성(性). 실성(實性)·불성(佛性)·진여(眞如)의 뜻과 함께하여 생멸을 넘어서는 뜻이지만 속사(俗事)에 상대하여 분명한 이름을 얻고, 동정(動靜)을 다 버리지 않기에 평등한 뜻으로 일체처(一切處)에 가득하고, 일체중생에게 다 있는 이(理)로서의 성(性)이다. 『보우경』 권9(대정장16, p.321b23)에 "일체제법의 자재평등한 이성을 증득하고, 일체제삼마지와 삼마발지로 행한 경계에 통달한다. 證得一切諸法自在平等理性 通達一切諸三摩地 三摩鉢底 所行境界", 『마하지관』 권5상(대정장46, p.53a24)에 "성이란 실성이고 실성이란 즉 이성이다. 극히 실하여 허물이 없음이니 불성의 다른 이름일 뿐이다. 性是實性 實性卽理性 極實無過 卽佛性異名耳", 『능현중변혜일론』 권4(대정장45, p.439a17)에 "이성이라고 말하는 것은 『불성론』 권1(대정장31, p.787b4)에 '이러한 집착을 버리고자 부처님께서 불성을 말씀하셨다. 불성이란 인법 두 공으로 드러난 진여를 말하며, 진여이기에 논쟁의 대상이 되지 않는다. 이 이에 통하면 허망한 집착에서 벗어난다'고 하였다. 言理性者 佛性論云 爲除此執故 佛說佛性 佛性者 卽是人法二空 所顯眞如 由眞如故 無能罵所罵 通達此理 離虛妄執", 『법화현의』 권6상(대정장33, p.747b9)에 "중생의 이성은 부처와 다르지 않으므로 불이라 하지만, 중생은 숨었고 부처는 드러나 있으므로 불일이라 한다. 衆生理性 與佛不殊 是故不異 而衆生隱如來顯 是故不一", 『대승의장』 권1(대정장44, p.473b25)에 "이성이란, 연을 닫고 실을 말하니 실이 처한 곳에는 연이 없다. 연이 없기에 참된 바탕 한 맛이어서 인도 아니고 과도 아니다. 言理性者 癈緣談實 實處無緣 以無緣故 眞體一味 非因非果", 같은 책 권1(대정장44, p.476b12)에 "만일 이성으로 말하자면 그 성은 안팎으로 통한다. 비록 다시 그것을 기준으로 안팎의 상을 가려내지만, 체는 평등하여 안도 아니고 밖도 아니다. 若說理性 性通內外 雖復約彼 內外相辨 而體平等 非內非外", 『법화경현찬요집』 권18(卍속장54, p.258b13)에 "이성이란 얽혀있는 진여를 이성이라 이름할 뿐이다. 理性者 卽是在纏眞如名理性", 『일승불성구경론』 권3(卍속장95, p.753b8)에 "중생 또한 그러하여 본성은 청정하다. 만일 망심으로 항상 흔들리면 곧바로 생사윤회이고, 망심에도 흔들리지 않으면 적멸한 열반이다. 이 교리에 따르면 이성이 있기만 하면 반드시 성불한다. 일단 모든 중생은 평등하게 누구에게나 이성이 있다고 믿는다면, 어떻게 일분의 중생에게만 국집하여 성불하지 못한다고 삿된 주장 할 수 있겠는가! 衆生亦爾 本性淸淨 若妄心恒動 卽生死輪迴 若妄心不動 卽寂滅涅槃 准此敎理 若有理性 定當成佛 旣信一切衆生 平等悉有理性 豈得執一分衆生 不成佛邪", 『인왕경소신보기』 권1(대정장33, p.287a17)에 "약관하의 구는 '제법을 두렷이 말했으니, 본래 오직 이성일 뿐이므로 생멸이 없고, 사와 이를 빠짐없이 알아 일념에 구족하므로 비록 생멸은 없지만(이) 생멸이 뚜렷이 드러나 있다(사)'는 뜻이다. 若觀下 圓詮諸法 本唯理性 故無生滅 以圓見事理 一念具足故 雖無生滅 而生滅宛然", 『석마하연론』 권3(대정장32, p.614c22)에 "진여이성은 자성을 지키지 않으므로 연에 따라 움직여 구른다. 그래서 이름이 염정진여다. 眞如理性 不守自性故 隨緣動轉是故 名爲染淨眞如", 『진심직설』 「진심무지 眞心無知」(대정장48, p.1003c1)에 "사람마다 한 점의 영묘한 밝음 다 있으니 담담히 허공과 같아 일체처에 두루하다. 세간 일 대하기에 임시로 이성이라 부르고 망식을 상대해선 방편으로 진심이라 부른다. 人人具有 一點靈明 湛若虛空 遍一切處 對俗事 假名理性 對妄識 權號眞心"라고 하였다. [참고문헌] 『寶雨經』, 『摩訶止觀』, 『能顯中邊慧日論』, 『佛性論』, 『法華玄義』, 『大乘義章』, 『法華經玄贊要集』, 『一乘佛性究竟論』, 『仁王經疏神寶記』, 『釋摩訶衍論』, 『眞心直說』. ⇨이 理, 진여 眞如

이성 異性 ❶ Ⓢ pṛthaktva, para-bhāva, Ⓟ nānatta, Ⓣ tha-dad-pa, gzhan-gyi-dngos-po. 서로 다른 성. 『대승입능가경』 권5(대정장16, p.617a22 : *Laṅk.*, p.82)에 "만약 모든 인연에서 벗어난다면 다시 법 있을 리 없으니, 하나의 성이니 다른 성이니 하는 것 무릇 어리석은 분별이라네. 若離諸因緣 則更無有法 一性及異性 凡愚所分別 bhāvo na vidyate 'nyo 'nyaḥ kalāpācca pṛthak kvacit, ekatvena pṛthaktvena yathā tīrthyairvikalpyate", 『광석보리심론』 권2(대정장32, p.566c7)에 "또한 저 『능가경』에서 설한 대로 비유하자면 거울 속에 비친 영상과 같아서 하나의 성도 아니고 다른 성도 아니다. 이와 같이 관할 때 이러한 성들은 있을 리 없다. 어째서인가? 하나다 다르다 하는 성으로부터 벗어났기 때문이고 이들에 집착하지 않기 때문이다. 又如楞伽經說 譬如鏡中所見之像 非一性 非異性 如是觀時 是性非有 何以故 一異性離故 一異性不著故"라고 하였다. [참고문헌] 『大乘入楞伽經』, 『廣釋菩提心論』, *Laṅk.202.*, *Madhy-vibh.69.*, *Abh-k-bh.12.*, *Paṭis.103.* ⇨일성 一性 ❷ Ⓢ anyathātva, Ⓣ gzhan-du-'gyur-ba. 상속하는 법에 있어서 전과 후의 법. 『구사론소』 권4(대정장41, p.537a23)에 "[논] 무엇을 전변이라 하는가? 〈소〉 유부(有部)의 질문이다. [논] 상속하는 중에 전후로 다른 성을 말한다. 〈소〉 경량부(經部)의 답이다. 이는 장차 과가 생하려 할 때 이전 찰나의 색심상에 힘씀이 일어나는 것이다. 論 何名轉變 有部問也 論謂相續中 前後異性 經部答也 此是將生果時 前色心上 力用起也"라고 하였다. [참고문헌] 『俱舍論疏』, 『俱舍論』 권4(대정장29, p.22c13), *Abh-k-bh.202.* ⇨상속 相續, 생주이멸 生住異滅, 사상 四相

이성 頤性 1777~?. 조선후기 스님. 호는 수룡(袖龍), 속성은 임(任)씨. 『동사열전』 권4 「수룡강사전 袖龍講師傳」(한불전10, p.1036c17)에서는 스님의 법명을 색성(賾性)이라 하였으나, 출전에 따라 이성(頤性)으로 표기하였다. 『대둔사지』(아세아출판사, 1980) p.3에 "수룡이성 편집 袖龍頤性 編輯", 같은 책 p.303에 "제자 중 깨달은 자는 다섯이니, 수룡이성·기어자굉·철경응언·침교법훈·일규요운이다. 弟子得法者五曰 袖龍頤性 騎魚慈宏 掣鯨應彦 枕蛟法訓 逸虬擾雲"라고 하였다. 〔참고문헌〕『東師列傳』, 『大芚寺志』. ⇨ 색성 賾性

이성계발원사리장엄구일괄 李成桂發願舍利莊嚴具一括 고려시대 사리장엄구. 보물 제1925호. 10점. 1932년 금강산 월출봉 출토 석함(石函)에서 백자대발(白磁大鉢)·은제도금팔각당형사리기(銀製鍍金八角堂形舍利器)·은제도금사리소탑·청동발 등이 발견되어 현재 국립중앙박물관에 있다. 사리소탑의 원통형 은판 표면에 "분충정난광복섭리좌명공신벽상삼한삼중대광수문하시중 이성계 삼한국대부인 강씨 奮忠定難匡復燮理佐命功臣壁上三韓三重大匡守門下侍中 李成桂 三韓國大夫人 康氏", 백자대발에 "홍무24년 신미 5월일 洪武二十四年辛未五月日"라는 명문이 있어 1391년(공양왕3)에 이성계와 부인 강씨가 중심이 되어 조성하였음을 알 수 있다. 〔참고문헌〕『韓國金石全文』 中世下 p.1243, 『국립춘천박물관』(국립춘천박물관, 2002) pp.118~121. ⇨ 금강산월출봉출토사리장엄구 金剛山月出峰出土舍利莊嚴具

이성계발원사리장엄구 은제사리소탑

이성공 異性空 Ⓢ atadbhāva-śūnyatā, Ⓣ de-ma-yin-pas-stong-pa-nyid. 자성을 달리해 공함. 유식(唯識)에서 설하는 삼공(三空) 중 하나. 의타기성에 의지한 법(法)의 공(空)으로 자성 그대로가 아닌(不如是) 뜻에서 공하다는 말이다. 불여공(不如空)·원리공(遠離空)이라고도 한다. 『성유식론』 권8(대정장31, p.47b9)에 "공에는 세 가지다. … 둘째 이성공이니, 잘못 집하여 자성을 달리한 것이다. 空有三者 … 二 異性空 與妄所執 自性異故", 『변중변론』 권중(대정장31, p.469a25)에 "공에는 세 가지다. … 둘째 이성공이니, 의타기성을 말한다. 예를 들면 망령되이 집착하여 여가 아닌 뜻으로 있지만 일체종으로서 자성이 전혀 없는 것은 아니기 때문이다. 空有三者 … 二 異性空 謂依他起 如妄所執 不如是有 非一切種 性全無故"라고 하였다. 〔참고문헌〕『成唯識論』, 『辯中邊論』, *Madhy-vibh.40.* ⇨ 삼공 三空[4], 의타기성 依他起性

이성과 異性果 인(因)과 류(類)를 달리하는 과(果). 이숙과(異熟果)를 말하며 동성과(同性果)와 상대한다. 『구사론송소론본』 권6(대정장41, p.856a28)에 "이숙이란, 살바다종에 의하면 인은 이 선이나 악이지만 과는 무기여서 류를 달리해 익기에 이숙이라 한다. 구유(俱有)·동류(同類)·상응(相應)·변행(遍行)의 네 가지 인은 오직 동류로 익기에 인과 더불어 과 모두 성이 같다. 능작(能作)의 한 인만은 동류로도 이류로도 익는다. 즉 동성과도 있고 이성과도 있다. 여기서는 이숙인만이 유일하게 류를 달리해 익기에 오직 이 하나만을 이숙인이라 할 수 있다. 言異熟者 依薩婆多宗 因是善惡 果是無記 異類而熟 名爲異熟 俱有等四因 唯同類熟 謂因與果 俱性同故 能作一因 兼同異熟 謂有同性果 有異性果故 今異熟因 唯異類熟 故唯此一 名異熟因"라고 하였다. 〔참고문헌〕『俱舍論頌疏論本』. ⇨ 이숙과 異熟果

이성동체 理性同體 이(理)인 성(性)으로는 한 바탕이라는 말. 일체법이 실체 없는(非實) 바탕(理性)에서는 한 바탕(同體)이지만, 드러난 모양(事相)으로는 자성을 달리 하므로 사상이체(事相異體)다. 『화엄경삼보장원통기』 권하(한불전4, p.205b12)에 "여덟째 동체이사란 이성동체와 사상이체를 말한다. 이것은 「광명각품」에 이르길 '하나 중에 무량을 풀고 무량 중에 하나를 풀어내니, 전전하는 생이 실재가 아니요 지혜로운 이는 두려울 것 없네'라고 한 것을 말한다. 이것을 『소』에서 풀기를 '「전전하는 생」은 이체이고 「실재가 아니네」는 동체를 말한다. 또한 「전전하는 생」은 연기상유이고, 「실재가 아니네」는 법성융통이다. 그러므로 연기상유는 이체에 당해 있고, 법성융통은 동체에 당한다. 그러므로 이렇게 말한 것이다'라고 하였다. 第八同體理事者 一云理性同體 事相異體也 謂光明覺品云 一中解無量 無量中解一 展轉生非實 智者無所畏 疏釋云 展轉生是異體 非實是同體 又展轉生 是緣起相由 非實是法性融通 然則緣起相由當異體 法性融通當同體故 爾也", 『석화엄교분기원통초』 권9(한불전4, p.473b10)에 "〔문〕 오직 이성만 동체인가? 사상차별 역시 동체인가? 〔답〕 교의 뜻에 의하면 이사 등 열 가지로 마주한 법은 서로 응하면 동체고 각각 달리하면 이체다. 그러므로 이사 등은 동이에 모두 통한다. 問 唯理性同體耶 事相差別 亦同體耶 答約敎義 理事等十對之法 互應則同體 各異則異體 故理事等 通於同異也"라고 하였다. 〔참고문헌〕『華嚴經三寶章圓通記』, 『釋華嚴敎分記圓通鈔』.

이성무별불 離性無別佛 성을 떠나서는 따로 부처도 없다는 말. 성이 곧 부처라는 뜻으로 견성(見性)의 근거가 된다. 종보본 『단경』(대정장48, p.350a20)에 "입으로 념하면서 마음으로 행하지 않으면 저 허깨비 같고 아지랑이 같고 이슬 같고 번개 같다. 입으로 념하고 마음으로 행하면 마음과 입이 상응하여 본성 바로 부처요, 성 떠나서 따로 부처는 없다. 口念心不行 如幻如化 如露如電 口念心行 則心口相應 本性是佛 離性無別佛", 『금강경주해』 권1(卍속장38, p.870a6)에 "만일 모든 상이 상이 아니라고 보면 색신 중 법신을 보고, 자성 중에 여래를 보리니, 여래를 어찌 밖에서 구하는가! 다만 나의 성을 볼 뿐이다. 『단경』에 이르길 '부처는 바로 성이니 성을 떠나서 달리 부처는 없다'고 한다. 若見諸相非相 是見色身中有法身 見自性中有如來 而如來豈可外求 卽吾性見矣 壇經云 佛卽是性 離性無別佛"라고 하였다. [참고문헌] 『壇經』, 『金剛經註解』.

이성미 李成眉 당대 중천축(中天竺) 출신의 고승(高僧). 이현자(李賢者)라고도 한다. 서천(西天) 부법장(付法藏) 제27조 반야다라(般若多羅 Ⓢ Prajñātāra)의 후예에게서 법을 받고 떠돌며 교화하다가, 장경년간(821~824)에 남조(南詔 : 훗날의 大理國)에 이르러 조사의 도를 널리 펼쳤다. 소성왕(昭成王)이 예를 갖추어 스승으로 모시고 숭성사(崇聖寺)를 건립하였다. 후왕인 차전(嵯巓)이 삼존불 중에 누구를 모셔야 할지를 묻자, 삼존 중 중존(中尊)이 자신이라고 답하여 광인 취급을 받고 면(緬)으로 유배되었다. 얼마 지나지 않아 입적하였는데, 무덤(塚間)에서 항상 광명이 빛났고 산개(傘蓋)와 같은 영지(靈芝)가 자랐다. 도굴꾼이 스님의 유골을 훔쳐서 상인에게 팔았더니 유골이 금으로 바뀌었다. 왕이 이 일을 듣고 스님의 유골을 취하여 중존 불상에 복장(服裝)하였다. 기록(誌)에 따르면, '서천 부법장 제3조 상나화수(商那和修 Ⓢ Śāṇakavāsin)의 후신'이라는 설도 전한다. 제자로는 대리국 출신의 매순(買順)과 서역 출신의 선타자(禪陀子) 등이 있다. [참고문헌] 『五燈全書』 권3 「補遺」(卍속장140, p.211b4), 『曹溪一滴』(가흥장25, p.268c5). ⇨ 반야다라 般若多羅, 상나화수 商那和修, 부법장인연전 付法藏因緣傳

이성미성금 已成未成金 이성금(已成金)과 미성금(未成金) 그 사이의 금. 금으로 만든 장신구 등을 이성금이라 하고, 금덩어리를 미성금이라 하며, 이 둘의 중간상태를 가리켜 이렇게 부른다. 『사분율행사초비』 권9(卍속장67, p.749a6)에 "금에 셋이 있다. 첫째는 이성금으로 비녀·팔찌 등과 같이 이미 만들어진 물건을 말한다. 둘째는 미성금으로 금덩어리를 말한다. 어떤 이는 미성금이란 금광석이라고도 하여 지금과 다르지만, 순금에 돌이 섞이면 금이라고 부를 수 없다. 셋째는 이성미성금으로 녹여 치긴 마쳤지만 아직 단련하지 않은 것을 말한다. 金有三者 一 已成金 謂已成器 釵釧等也 二 未成金 卽金挺等也 有人解云 未成金者 是金𠧪也 今不同之 朴旣雜石 未得名金 三 已成未成金 謂鑄打竟 仍未摩治也"라고 하였다. [참고문헌] 『四分律行事鈔批』.

이성반야 理性般若 이성으로서의 반야. 삼승(三乘)의 몸 중에 머무는 근본 지의 어머니. 일체중생의 불성과 같다. 원측(圓測)의 『인왕경소』 권중(대정장33, p.406b6 · 한불전1, p.89b4)에 "앞서 말한 성근본지모란 삼승의 몸 중에 이성반야로, 불생불멸로 자성이 온전히 상주한다. 그러므로 일체중생은 이것을 불성으로 삼는다. 이 말은 곧 일체중생이 모두 진여불성을 갖고 있다는 것이다. 또는 삼승의 보살을 모두 각이라고 하는데, 이를 쓴다면 실상반야는 삼승의 각성이 된다. 謂前所說 性根本智母者 卽三乘身中 理性般若 不生不滅 自性常住 是故一切衆生 以此爲佛性 卽以此文 一切衆生 皆有眞如佛性 或可三乘菩薩 皆名爲覺 用此 實相般若 爲三乘覺性"라고 하였다. [참고문헌] 『仁王經疏』. ⇨ 반야 般若

이성변이성 異性變異性 Ⓢ anyatvānyathātva, Ⓣ gzhan nyid du gzhan du 'gyur ba. 이종변이성(二種變異性) 중 하나. 동류법(同類法)이 전후로 변하지만 서로 그럴듯하게 닮은 뜻이다. 『유가사지론』 권3(대정장30, p.291c21 : *Yogā-bh.*, p.61)에 "어떻게 건립하는가, 생·노·주·무상 등을? … 이 변이성을 노(老)의 유위상이라고 한다. 이것은 다시 두 가지이니 첫째 이성변이성, 둘째 변성변이성이다. 그럴듯한 생(生)이 있기에 이성변이성을 세운다. 云何建立 生 老 住 無常 … 卽此變異性 名老有爲相 此復二種 一 異性變異性 二 變性變異性 由有相似生故 立異性變異性 kathaṃ jātyā jarāyāḥ sthiteranityatāyāśca vyavasthānaṃ bhavati. … tasyaivānyathātvaṃ jarā. tatpunardvividhamanyatvānyathātvamanyathābhāvānyathātvaṃ ca. tatra sadṛśotpattau satyāmanyatvānyathātvaṃ. visadṛśotpattau satyāmanyathābhāvānyathātvaṃ", 같은 책 권88(대정장30, p.795c29)에 "이성(異性)에는 두 가지가 있으니 첫째는 이성이성, 둘째는 전변이성이다. 이성이성이란 무엇인가? 제행(一切有爲法)이 그럴듯하게 닮은 듯 상속하여 유전하는 것을 말한다. 전변이성이란 무엇인가? 서로 비슷하지 않게 상속하여 유전하는 것을 말한다. 이 이성이란 주상(住相)을 떠난 밖에 따로 체가 있는 것은 아니다. 그러므로 두 가지는 다 거둬 하나가 된다. 異性有二 一 異性異性 二 轉變異性 異性異性者 謂諸行相似相續而轉 轉變異性者 謂不相似相續而轉 非此異性 離住相外 別體可得 是故二種 總攝爲一"라고 하였다. [참고문헌] 『瑜伽師地論』, 『

瑜伽論記』 권23(대정장42, p.831a19), *Yogā-bh.* ⇨ 변성변이성 變性變異性, 이성 異性 ❶❷

이성불 已成佛 Ⓢ pari-nirvṛta. 이미 부처가 되다. 『법화의소』 권4(대정장34, p.505b14)에 "이러한 습인(習因)과 보인(報因) 아울러도 성불하지 못한다. 그러므로 『법화론』에서 풀기를 '모래를 쌓아서 불탑을 만든 동자는 모두 이미 성불하였다'는 말은 반드시 보리심을 일으켜야 비로소 성불할 수 있다는 뜻이다. 범부선근으로도 결정성문선근으로도 성불한다고 말할 수 없다'. 『중론』 권4(대정장30, p.34a24)에 '비록 더욱 부지런히 정진하여 보리도를 수행하더라도 그에 앞서 불성이 없었다면 마침내 성불할 수 없다'고 한다. 此之習報 並不成佛 故法華論釋 童子聚沙爲佛塔 皆已成佛者 要是發菩提心 方得成佛 非謂凡夫善根 及決定聲聞善根 得成佛也 中論云 雖復懃精進 修行菩提道 若前非佛性 終不得成佛也", 『보살계본소』 권하(대정장40, p.681c4)에 "모든 부처님께서 이미 성불하셨다는 말은, 이미 묘인을 닦아 수승한 과를 끝내 거두었다는 뜻이다. 諸佛是已成佛者 已修妙因 剋勝果故"라고 하였다. [참고문헌] 『法華義疏』, 『中論』, 『菩薩戒本疏』, 『法華經』 권1(대정장9, p.8c24), *Sukh-vy.I.31.* ⇨ 묘인 妙因

이성불퇴보살 已成不退菩薩 이미 성취해 물러날 일 없는 보살. 불퇴보살의 하나로 초지(初地)에서 제7지까지의 보살이다. 원측(圓測)의 『해심밀경소』 권1(한불전1, p.164a3)에 "또한 『대승장엄경론』 권10(대정장31, p.641b21)에 이르길 '불퇴보살의 품류에 셋이 있다'고 하였다. … 둘째, 이성불퇴란 초지에서 제7지까지의 보살을 말한다. 又莊嚴論第十卷云 不退菩薩品類有三 …二 已成不退 謂初地至七地"라고 하였다. [참고문헌] 『解深密經疏』, 『大乘莊嚴經論』. ⇨ 불퇴보살 不退菩薩

이성상 異性相 성상에 있어 다름. 이성이상(異性異相)이라고도 한다. 원측(圓測)의 『해심밀경소』 권3(한불전1, p.215b15)에 "이성상이란 곧 자상차별이다. 그러므로 『심밀해탈경』 권1(대정장16, p.669a1)에서는 '자상의 차별'이라고 하였다. 그 뜻을 설하길, 일체제법에 두 가지 상이 있으니 하나는 자성이고 다른 하나는 차별이다. 그러나 승의중에는 일체법의 자상과 차별이 없으므로 이름이 한 맛이다. 그러므로 『불지경』(대정장16, p.721a4)에서 '비유컨대 저 허공이 비록 모든 색의 갖가지 상 중 어디에나 있지만 종종상이 있다고 말할 수 없는 것과 같아 바탕 오직 한 맛이다'라고 하였다. 言異性相者 卽自相差別 故深密云 自相差別 此意說云 一切諸法 皆有二相 一者 自性 二者 差別 而勝義中 無一切法 自相差別 故名一味 故佛地經云 譬如虛空 雖遍諸色種種相中 而不可說有種種相 體唯一味"라고 하였다. [참고문헌] 『解深密經疏』, 『深密解脫經』, 『佛地經』.

이성숙 已成熟 Ⓢ paripakva, Ⓣ yongs-su-smin-pa. ❶ 십종보살(十種菩薩) 중 구경지(究竟地)에 도달한 보살. 일생소계보살(一生所繫菩薩)과 주최후유보살(住最後有菩薩)을 말한다. 『유가사지론』 권46(대정장30, p.549a9 : *Bodh-bh.*, p.202)에 "보살은 대략 열 부류가 있으니, … 여섯째 이성숙보살이다. … 이미 (究竟地에) 들어감 얻었기에 이성숙이라고 부르며, 아직 성숙하지 못한 보살과 아직 결정지와 결정행지에 들지 못한 보살을 미결정이라고 하며, 이미 들어갔다면 이결정보살이라고 한다. 이성숙보살에는 다시 두 부류가 있다. 첫째는 일생소계보살이니, 이 생에서 틈 없이 바로 당장 무상정등보리를 증득함을 말한다. 둘째는 최후유에 머묾이니 이 생에 머물면서 무상정등보리를 증득한 보살을 말한다. 菩薩略有十種 … 六 已成熟 … 若已得入 名已成熟 未成熟中 乃至未得入決定地 決定行地 名未決定 若已得入 名已決定 已成熟中 復有二種 一者 一生所繫 謂此生無間當證無上正等菩提 二 住最後有 謂卽住此生能證無上正等菩提"라고 하였다. [참고문헌] 『瑜伽師地論』, *Bodh-bh.* ⇨ 십종보살 十種菩薩 ❷ 보살이 열 가지 훌륭한 방편으로 교화하는 중생 중 한 부류. 부처님의 가르침에 대해 성숙한 중생을 말한다. 『유가사지론』 권47(대정장30, p.551a7 : *Bodh-bh.*, p.212)에 "무엇이 보살의 방편선교인가? 이와 같은 방편선교에는 대략 열 가지가 있음을 알아야 한다. … 넷째 이미 성숙한 이란 해탈을 얻도록 하는 방편이 아름답고 지혜로운 이다. 云何菩薩方便善巧 當知如是方便善巧 略有十種 何等爲十 … 四者 已成熟者 令得解脫 方便善巧"라고 하였다. [참고문헌] 『瑜伽師地論』, 『菩薩地持經』 권7(대정장30, p.930a27), *Bodh-bh.*

이성원 異性遠 사종원(四種遠) 중 하나. 자성이 다른 것들은 동시에 함께해도 섞이지 않고 자성을 지킨다는 뜻이다. 『잡아비담심론』 권2 「행품 行品」(대정장28, p.882c21)에 "저 이성원이란 예컨대 한 몸에 선계와 악계가 짓는 일 없이도 상속하여 일어남을 말한다. 비록 한 몸에서 일시에 같이 짓는 일 없는 자성이 일어날지라도 그 자성 각기 다르므로 '멀다'고 설한다. 彼異性遠者 謂如一身中 善戒惡戒 無作相續生 雖於一身中 一時起同無作性 而性各異故說遠"라고 하였다. [참고문헌] 『雜阿毘曇心論』. ⇨ 사종원 四種遠 ❶

이성지모 理性智母 이성으로서의 지혜의 어머니. 인위지모(因位智母)의 하나로, 중생이 본래 갖춘 지혜로 본각법신을 드러내는 정인(正因)을 말한다. 수성지모(修

性智母)에 상대한다. 원측(圓測)의 『인왕경소』 권중(대정장33, p.406a20·한불전1, p.89a6)에 "〔경〕 일체 중생의 성근본지모. 〔석〕 이하에서는 두 번째로 이성지모를 밝힌다. 이것은 모든 인위의 진여불성이니, 능히 법신의 본각 지혜라는 과를 나투므로 성근본지모라고 하였으니 이것은 바로 정인이다. 만약 수용신을 바라서 본다면 의인에 해당한다. 經 一切衆生性根本智母 釋曰 自下第二明理性智母 謂諸因位 眞如佛性 能顯法身本覺智果 故言性根本智母 卽是正因 若望受用 卽是依因"라고 하였다. 〔참고문헌〕『仁王經疏』. ⇨ 인위지모 因位智母, 수성지모 修性智母, 수용신 受用身

이세 二世 **1** 과거와 미래. 『섭대승론석』 권12(대정장31, p.244b13)에 "과거와 미래의 만사는 이름만 있을 뿐 바탕은 없으니, 만약 마음이 이 이세를 반연했다면 식만 있을 뿐 경은 없으니 꿈속의 경계 역시 그러하다. 過去未來事 但有名無體 若心緣此二世 但有識無境 夢中所緣亦爾"라고 하였다. 〔참고문헌〕『攝大乘論釋』. **2** Ⓢ dvy-adhva-ga, Ⓣ dus gnyis-pa. 과거와 현재. 『구사론』 권6(대정장29, p.33b28 : *Abh-k-bh.*, p.90)에 "〈송〉 변행인은 동류인과 함께 이세이며 세 가지 인은 삼세이네. 〔논〕 변행인과 동류인은 오직 과거와 현재에 머무르며 미래세에는 없다. 이치는 앞에서 설한 것과 같다. 상응·구유·이숙의 세 가지 인은 삼세 중에 모두 다 두루 있다. 遍行與同類 二世三世三 論曰 遍行同類唯居過現 未來世無 理如前說 相應俱有異熟三因 於三世中皆悉遍有 〈kārikā〉 sarvatragaḥ sabhāgaśca dvyadhvagau. 〈bhāṣya〉 atītapratyutpannāv eva anāgatau na staḥ. uktaṃ cātra kāraṇam. 〈kārikā〉 tryadhvagās trayaḥ. 〈bhāṣya〉 sahabhūsaṃprayuktakavipākahetavas trikālāḥ"라고 하였다. 〔참고문헌〕『俱舍論』, *Abh-k-bh.* **3** Ⓢ pretya ca-iha ca, iha-amutra, Ⓣ 'di-dang-gzhan-du. 현세와 내세. 『중론』 권3(대정장30, p.22a27 : *Madhy-ś.*, p.136)에 "복덕을 성취하는 것은 십선업도이니 현세와 후세의 오욕락은 선업의 과보이네. 能成福德者 是十白業道 二世五欲樂 卽是白業報 dharmasya sādhanopāyāḥ śuklāḥ karmapathā daśa, phalaṃ kāmaguṇāḥ pañca dharmasya pretya ceha ca"라고 하였다. 〔참고문헌〕『中論』, *Madhy-ś.*, *Bodh-bh.80.* **4** 두 시대. 『심진문집』 권5(대정장52, p.670c10)에 "한과 당나라 두 시대는 각각 진과 수나라의 옛 풍습을 받아들였다. 然漢唐二世 各接乎秦隋舊俗"라고 하였다. 〔참고문헌〕『鐔津文集』.

이세 離世 세간을 여의다. 세간에 대한 집착에서 벗어나다의 뜻이며 열반(涅槃)을 나타내기도 한다. 『장아함경』 권5 「전존경 典尊經」(대정장1, p.33a2)에 "이제 저는 속가를 떠나 세간을 여읜 뒤 법복을 입고 도를 닦고자 합니다. 今我意欲 出家離世 法服修道", 『비바사론』 권4(대정장28, p.447c4)에 "혹은 '근에는 연중상이 있지만, 열반이란 연중상의 차별을 여읜다'고도 하며, 혹은 '근은 세간에 떨어져 있지만 열반은 세간에서 벗어난다'고 한다. 或曰 根者軟中上可得 涅槃者離軟中上 或曰 根者墮世 涅槃者離世", 『감산집』 권45(卍속장127, p.836b18)에 "세간에 그대로 붙어 살면서 세간을 벗어난 사람을 지인이라 한다. 卽世而離世者 謂之至人"라고 하였다. 〔참고문헌〕『長阿含經』, 『鞞婆沙論』, 『憨山集』. ⇨ 열반 涅槃, 이세간 離世間, 출가 出家

이세간 二世間 ➡ 이종세간 二種世間

이세간 離世間 Ⓢ loka-niḥsaraṇa. 세간을 떠난다는 말. 세간의 모든 속박에서 벗어난다는 뜻으로 염리세간(厭離世間)·원리세간(遠離世間)·출리세간(出離世間) 등으로도 쓰인다. 80권본 『화엄경』 권75(대정장10, p.406b14)에 "그대는 세간을 떠나지도 않고 세간에 집착하지도 않으면서 세간에서 살아감에 장애가 없으니 마치 바람이 허공에 놀 듯하구나. 汝不離世間 亦不著於世 行世無障礙 如風遊虛空", 『대승본생심지관경』 권5(대정장3, p.312c18)에 "보리심을 일으켜 세간을 싫어 떠나서 머리카락과 수염을 깎고 비구가 되었다. 發菩提心 厭離世間 剃除鬚髮 而作比丘", 『기신론소필삭기』 권7(대정장44, p.333a8)에 "이세간이란, '세'는 옮겨 흐름이고 '간'은 그 중에 떨어져 있음이다. 차별과 변이와 파괴가 세간법일진대 이제 모두 이들과 등졌으므로 '이'라 한다. 離世間者 世謂遷流 間謂墮在其中 以差別變異破壞是世間法 今皆反此 故云離也", 『속화엄경약소간정기』 권14(卍속장5, p.594a18)에 "세간을 떠난다는 말은 행하는 것마다 모두 세간으로 거두지 않는다는 의미이다. 離世間者 所行皆非世間攝故", 『보성론』 권2(대정장31, p.826b9 : *Ratna-ut.*, p.19)에 "승이라면 무릇 삼승인인데, 삼승인 중에 성문에 의지하는 스님들은 항상 두려움 있어서 언제나 제불여래께 귀의하기를 바라며 세간에서 벗어나고자 한다. 僧者 凡有三乘之人 三乘人中 依聲聞僧 常有怖畏 常求歸依 諸佛如來 求離世間 saṃgha iti traiyānikasya gaṇasyaitad adhivacanam. sa ca nityaṃ sabhayas tathāgataśaraṇagato niḥsaraṇaparyeṣī"라고 하였다. 〔참고문헌〕『華嚴經』, 『大乘本生心地觀經』, 『起信論疏筆削記』, 『續華嚴經略疏刊定記』, 『寶性論』, *Ratna-ut.*

이세간품 離世間品 **1** 『화엄경』의 품명. 60권본은 33품(권36~43, 대정장9, pp.631b6~675a11), 80권본은 제38품(권53~59, 대정장10, pp.279a5~318c

25)이다. 『화엄경』에서는 제8회 설법이고 세 번째 보광명전(普光明殿) 설법이다. 보현보살이 불화엄삼매로부터 일어나 보혜보살(普慧菩薩)이 물은 이백가지의 물음에 대해 각기 십문(十門)씩 열어 모두 이천행법(二千行法)을 자세히 설한 내용이다. 전6권(全六卷)의 산문(長行)을 마치고는 보현보살이 부처님의 신력을 입어 다시 이백십오송반게로 마쳤다. 처음 8게는 탄덕심광(歎德心廣)이고, 131송반은 총시공덕(總示功德)이며, 나머지 76게는 송전 장항이다. 『화엄경약책』(대정장36, p.703a11)에 "제8회는 유일품으로 이세간품이다. 第八會唯一品 卽離世間品", 『화엄경탐현기』 권1(대정장35, p.120b7)에 "저 이세간품 중 이천행법 안에서 먼저 인행을 밝히고 나중에 과행을 드러냈다. 如離世間品中 二千行法內 先明因行 後顯果行", 『화엄경소』 권4(대정장35, p.528a24)에 "여덟째, 이세간품이란 세간을 초절한 인과를 밝힌다. 八 離世間品 明因果超絶世間分", 『신화엄경론』 권7(대정장36, p.765c3)에 "이세간품은 불과 후의 펼치는 순전히 이타행을 밝혔다. 離世間品者 爲明佛果之後 純是利他", 『화엄오교장』 권3(대정장45, p.499a1)에 "십불을 세워 무진을 드러내기도 한다. 저 이세간품의 설과 같다. 이는 일승원교의 설에 근거한다. 或立十佛 以顯無盡 如離世間品說 此約一乘圓教說也"라고 하였다. [참고문헌] 『華嚴經略策』, 『華嚴經探玄記』, 『華嚴經疏』, 『新華嚴經論』, 『華嚴五教章』, 李智冠 『韓國佛教所依經典研究』(伽山佛教文化研究院, 1993) p.302. ⇨ 대방광불화엄경 大方廣佛華嚴經 **2** 『대승본생심지관경』의 품명. ⇨ 대승본생심지관경 大乘本生心地觀經

이세법 離世法 Ⓢ adhva-vinirmukta, Ⓣ dus-las-grol-ba. 세간을 여읜 법. 무위(無爲)를 말한다. 60권본 『화엄경』 권18(대정장9, p.513a1)에 "세간을 여읜 법으로 스스로 마음을 기르고 모든 세간의 거친 말을 멀리 떠나 제불께서 머무시듯 고요히 안립한다. 以離世法 自長養心 遠離一切世間惡語 寂靜安立 諸佛所住", 『구사론』 권6(대정장29, p.33c21)에 "세간법을 여의었으니 과를 취하고 과와 더불어 함도 없다. 由離世法 無能取果與果用故", 『화엄경탐현기』 권4(대정장35, p.168a26)에 "저들 세간상이 공이라고 꿰뚫어보므로 세간을 여읜 법이라 하며, 세간이 무너질 때까지 기다리지 않는다. 觀彼世間相卽空 故名離世法 不待壞世"라고 하였다. [참고문헌] 『華嚴經』, 『俱舍論』, 『華嚴經探玄記』, 『俱舍論記』 권1(대정장41, p.14b15), *Abh-k-bh*. ⇨ 무위 無爲

이세사 離世寺 경상남도 김해시 신어산(神魚山)에 있던 절. 『동국여지승람』 권32 경상도 김해도호부 불우에 절의 이름과 위치 및 고려 곽여(郭輿 1058~1130)의 시가 전하나, 『범우고』에는 폐사라 하였다. [참고문헌] 『東國輿地勝覽』, 『梵宇攷』.

이세안락 二世安樂 현세와 내세의 안락. 『승천왕반야경』 권7(대정장8, p.725b20)에 "범천이여! 여래정법을 보호해 지키는 이가 있다면 마땅히 알라, 이 사람은 현세와 내세에 안락을 누린다. 梵天 有人護持如來正法 當知此人二世安樂"라고 하였다. [참고문헌] 『勝天王般若經』. ⇨ 이세 二世 **3**

이세오사 異世五師 세를 달리한 다섯 분의 스승. 부처님 입멸 후 백 년 간 세대를 달리해 법장(法藏)을 전승한 다섯 명의 장로. 우파국다(優波鞠多 Ⓢ Upagupta) 문하의 뛰어난 다섯 제자는 동세오사(同世五師)라 한다. 세대를 달리하기에 이세라 하며, 동시대에 속하기에 동세라 한다. 또한 동세오사를 횡오사(橫五師)라 하고 이세는 수오사(竪五師)라고도 한다. 『삼론현의』(대정장45, p.10a6)에 "이세오사란 첫째 가섭, 둘째 아난, 셋째 말전지, 넷째 사나바사, 다섯째 우파굴다를 말한다. 이들 다섯 사람이 각각 20여 년씩 서로서로 부촉하였기에 이세라고 한다. 異世五師者 一 迦葉 二 阿難 三 末田地 四 舍那婆斯 五 優婆掘多 此五人 持佛法藏 各得二十餘年 更相付屬 名異世也"라고 하였다. [참고문헌] 『三論玄義』. ⇨ 오사 五師 **1**, 동세오사 同世五師

이세원 二世願 현세와 후세의 성취를 위해 세우는 원. 『오대우옥우보다라니의궤』(卍속장3, p.807a8)에 "만일 내가 널리 대비중에 크게 맹세하였으니, 한 사람이라도 현세와 후세의 바람을 이루지 못한 이가 있다면 내가 허망한 죄의 고통 속에 빠지더라도 본각으로 돌아가 대비를 버리는 일은 없으리라. 若我弘誓大悲中 一人不成二世願 我墮虛妄罪苦中 不還本覺捨大悲"라고 하였다. [참고문헌] 『五大牛玉雨寶陀羅尼儀軌』. ⇨ 이세 二世 **3**

이세존 二世尊 다보탑(多寶塔) 안에 계신 석가여래와 다보여래. 법화이성(法華二聖)이라고도 한다. 『법화경』 권5(대정장9, p.40a12)에 "이 제보살들이 땅에서 솟아나서 각각 허공에 있는 칠보묘탑으로 나아갔으니, 다보여래와 석가모니부처님께서 계신 곳에 이르러서는 두 분 세존께서 계신 곳을 향하여 이마를 발에 대고 예를 올렸다. 是諸菩薩 從地出已 各詣虛空 七寶妙塔 多寶如來 釋迦牟尼佛所 到已向二世尊 頭面禮足"라고 하였다. [참고문헌] 『法華經』. ⇨ 이불병좌 二佛並坐

이세학계 二歲學戒 Ⓢ dve varṣāṇi śikṣā-deśanā. 이년학계(二年學戒) 즉 식차마나계(式叉摩那戒)다. 『대지도론』 권13(대정장25, p.161c4)에 "[문] 사미는 십계를 받고 나서 바로 구족계를 받는데, 비구니법에서는 어째서 식차마나를 둔 연후에 구족계를 받는가? 〔답〕 부처님 재세 시에 한 장자의 부인이 회임한 줄도 모르고 출가하여 구족계를 받았다. 이후 몸이 크게 달라졌으니, 장자들이 비구를 의심하여 비난하였다. 이로 인해 이세학계를 제정하여 육법을 받은 후에야 구족계를 받게 되었다. 問曰 沙彌十戒 便受具足戒 比丘尼法中 何以有式叉摩那 然後得受具足戒 答曰 佛在世時 有一長者婦 不覺懷妊 出家受具足戒 其後身大轉現 諸長者譏嫌比丘 因此制有二歲學戒 受六法 然後受具足戒"라고 하였다. 〔참고문헌〕『大智度論』. ⇨ 식차마나계 式叉摩那戒, 이년학계 二年學戒, 정학녀 正學女

이소 爾所 그곳. 그 경계. 그 만큼의. 『화엄오교장』 권4(대정장45, p.506a19)에 "모든 불국토는 티끌과 같고, 그곳마다 부처님 일모공마다에 앉으셨고, 모두에 무량보살중 있어서, 각각 보현행을 남김없이 말씀하시네. 一切佛刹微塵等 爾所佛坐一毛孔 皆有無量菩薩衆 各爲具說普賢行", 『대지도론』 권64(대정장25, p.512a23)에 "중생은 실로 공이어서 화합인연으로 있기에 임시로 중생이라고 부르기에, 정해진 상이 있을 리 없다. 이 때문에 이런 곳에서는 부처님께서 중생을 제도하여도 실로 줄어드는 일 없고, 제도하지 않더라도 더하지 않는다. 그러므로 제불은 중생허물을 감한 적도 없다. 若衆生實空 和合因緣有 假名衆生故 無有定相 是故爾所 佛度衆生實無減少 若不度亦不增 是故諸佛 無減衆生咎"라고 하였다. 〔참고문헌〕『華嚴五敎章』, 『大智度論』.

이소겁 爾所劫 몇 겁. 어느 정도의 겁. 수많은 겁. 그만한 겁. 『대반야경』 권300(대정장6, p.524c17)에 "그대는 내세에 몇 겁이나 지날까? 만약 천겁을 지나 백천겁을 지나고 내지 백천구지나유다겁을 지나서야 무상정등보리를 얻게 되리라. 汝於來世 經爾所劫 若經百劫 若經千劫 若經百千劫 乃至若經百千俱胝那庾多劫 當得無上正等菩提", 같은 책 권337(대정장6, p.731c21)에 "만일 대보리의 마음을 버리지 않는다면 반드시 얼마인가의 겁 동안 부지런히 승행을 닦아야 물러났던 공덕도 보충할 수 있을 것이다. 若不棄捨 大菩提心 要爾所劫 勤修勝行 然後 乃補所退功德", 60권본 『화엄경』 권49(대정장9, p.711b23)에 "나 이 마음을 일으키고 나서는 염부제에서 미진등겁 동안 욕에 얽힌 생각을 일으키지 않았거늘 하물며 그러한 일이 일어났겠느냐! 그만한 겁 동안 스스로 권속에게도 분노하는 마음을 내지 않았거늘 하물며 다른 사람에게 그랬겠느냐! 我發此心已 於閻浮提 微塵等劫 不生欲想 何況其事 於爾所劫 自於眷屬 不生瞋心 何況餘人"라고 하였다. 〔참고문헌〕『大般若經』, 『華嚴經』. ⇨ 겁 劫

이소식성묘욕 耳所識聲妙欲 오묘욕(五妙欲 : 五境) 중 하나. 귀로 들은 소리에 대한 애착. 『집이문족론』 권11(대정장26, p.415a22)에 "(오묘욕 중) 둘째, 귀로 들은 소리가 사랑할 만하고 즐거워할 만하며 기뻐할 만하고 마음에 들면, 이 사랑스런 소리가 능히 모든 탐욕을 이끌어내고 그대로 따라 물들어 착하니 이소식성묘욕이라고 한다. 二 耳所識聲 可愛可樂 可憙可意 此可愛聲 能引諸欲 隨順染著 名耳所識聲妙欲", 같은 책 권11(대정장26, p.415b2)에 "무엇이 이소식성묘욕인가? 〔답〕 욕계에 얽힌 소리로서, 귀로 만나서 일으키는 애착이 된 것을 이소식성묘욕이라고 한다. 云何耳所識聲妙欲 答若聲欲界繫 耳觸所生愛所緣 是名耳所識聲妙欲"라고 하였다. 〔참고문헌〕『集異門足論』. ⇨ 오묘욕 五妙欲

이소죄 爾所罪 그만한 죄. 그에 해당하는 죄. 『십송율』 권51(대정장23, p.377b5)에 "만일 비구가 대중과 함께 앉아 있으면서 한 사람은 작은 콩을 집고 다른 사람은 큰 콩을 집고 또 한 사람은 모래를 집어서 대중에게 뿌린다면 알갱이가 남에게 떨어진 수만큼 그에 해당하는 죄를 범하게 된다. 若比丘在大衆中坐 以一把小豆 一把大豆 一把沙 散大衆上 隨粒墮他上 犯爾所罪"라고 하였다. 〔참고문헌〕『十誦律』.

이소집 二所執 Ⓢ dvaya-grāha. 두 갈래로 사로잡힘. 서로 맞선 양끝. 『대승입능가경』 권7(대정장16, p.631b8 : *Laṅk.*, p.131)에 "자기 마음을 깨달았기에 두 갈래 사로잡힘 끊을 수 있고, 분명히 알았기에 능히 끊으니 분별하지 못할 것이 없다. 以覺自心故 能斷二所執 了知故能斷 非不能分別 svacittadṛśyasaṁbodhāddvayagrāhaḥ prahīyate, prahāṇaṁ hi parijñānaṁ vikalpyasyāvināśakam", 『화엄경교분기원통초』 권6(한불전4, p.404a21)에 "의타기상에서 분별을 더해 일으키니 이 집착을 보내야 할 것이지 자연스런 성은 없다. 그런 다음 멀리 떠남을 펼 수 있으니, 앞서 집착하였던 아법성이란 전의 두 갈래 집착한 성 보내는 것이다. 이렇게 알라. 다만 변계소집성을 보낼 뿐이지 의타와 원성실을 보내는 것은 아니다. 於依他上 起增益執 遣此執故 無自然性也 後申遠離 前所執我法性者 遣於前二所執性也 是知 但遣遍計 不遣依圓也"라고 하였다. 〔참고문헌〕『大乘入楞伽經』, 『華嚴經敎分記圓通鈔』, *Laṅk.*

이속 離俗 ❶ 세속을 떠나다. 속세를 떠나 출가하다. 범속한 삶의 방식을 넘어서다. 또는 그러한 사람. 『기세경』 권8(대정장1, p.352a9)에 "그대들 비구는 내가 잘 설한 교법을 듣고 깨끗한 마음으로 세속을 떠나 집을 버리고 출가하였으니 닦고 정진할 일이다. 汝等比丘 旣能於我善說敎中 淨心離俗 捨家出家 修精進行", 『수행본기경』 권2(대정장3, p.468b2)에 "태자는 세속을 떠나게 되자 뛸 듯이 기뻐하며 느긋한 발걸음으로 성으로 걸어 들어갔다. 太子得離俗 踊躍欣喜 安徐步行入城", 『집사문불응배속등사』 권5(대정장52, p.468b7)에 "출가한 무리를 이속이라 한다. 夫出家之徒 名曰離俗", 『승만경소』(대정장85, p.268c2)에 "출가란 속을 여읨에 대한 미명이다. 出家者 離俗之美名", 『능엄경현경』(卍속장19, p.64b6)에 "세속에 있거나 세속을 떠났거나 마침내는 중도로 돌아가야 한다. 或即俗離俗 要歸中道"라고 하였다. 〔참고문헌〕『起世經』, 『修行本起經』, 『集沙門不應拜俗等事』, 『勝鬘經疏』, 『楞嚴經懸鏡』. ⇨ 출가 出家 **2** 속제(俗諦)를 벗어난다는 말. 이속의 진실은 진제(眞諦)도 떠나는 이진(離眞)과도 함께하여 진속불이(眞俗不二)의 중도(中道)가 실현된다. 원측(圓測)의 『인왕경소』 권하말(대정장33, p.421b6・한불전1, p.113a15)에 "속이 진을 떠날 수 없으니 고요하지만 항상 움직이고, 진도 속을 여의지 않으니 움직이지만 항상 고요하다. 俗不離眞 寂而常用 眞不離俗 用而常寂", 『금강경과의회요주해』 권5(卍속장92, p.340b15)에 "또한 사람들이 두 극단으로 집착할 것을 두려워하여 제일의 중에 속도 진도 벗어나니 사에서도 이에도 마주하니 '이를 제일바라밀이라 한다'고 한다. 又恐人執著二邊 以第一義中 離俗離眞 卽事卽理 故云 是名第一波羅蜜也", 『범망경합주』 권2(卍속장60, p.644b15)에 "진을 벗어나면 속이라 하고, 속을 벗어나면 진이라 하고, 진도 속도 벗어나면 말하길 중이라 한다. 以離眞言俗 離俗言眞 離眞俗而言中", 『심부주』 권2(卍속장111, p.52b12)에 "이 일심법은 속은 아니지만 속을 벗어나지도 않고, 진이 아니지만 진 벗어나지도 않는다. 또한 비록 진도 아니고 속도 아니지만 능히 진이고 능히 속이다. 此一心法 非俗不離俗 非眞不離眞 又雖非眞非俗 而能眞能俗"라고 하였다. 〔참고문헌〕『仁王經疏』, 『金剛經科儀會要註解』, 『梵網經合註』, 『心賦注』. ⇨ 속제 俗諦, 진제 眞諦

이쇠 利衰 이롭거나 손이 됨. 번뇌를 일으키는 세간팔법(世間八法) 중 한 쌍이다. 『아비담심론경』 권5(대정장28, p.860c13)에 "고락을 분별하지 못하고 이쇠 또한 잘 알지 못하는 그때의 이름이 촉이다. 반면에 수란 고락과 이쇠의 인을 능히 분별한다. 未能分別苦樂 不能分別利衰 是時名觸 受者 能分別苦樂利衰因"라고 하였다. 〔참고문헌〕『阿毘曇心論經』. ⇨ 세간팔법 世間八法

이쇠훼예 利衰毁譽 이득과 손해 그리고 비난과 칭찬. 세간팔법(世間八法) 중 두 쌍이다. 『대방등대집경』 권5(대정장13, p.32a12)에 "열네 번째, 발심이 득이 되니, 탐도 없고 분도 없어서, 이득과 손해, 비난과 칭찬에 그 마음 둘이 없어, 선법에 안주하여 고락에 흔들림이 없다. 이와 같이 할 수 있어야 중생을 보호하기 때문이다. 十四者 發心爲得 無貪無瞋 利衰毁譽 其心無二 安住善法 苦樂不動 爲如是等 護衆生故"라고 하였다. 〔참고문헌〕『大方等大集經』. ⇨ 세간팔법 世間八法

이수 二受 **1** 신수(身受 Ⓢ kāyikī vedanā)와 심수(心受 Ⓢ caitasikī vedanā). 신수는 무분별(無分別)을 특징으로 하며 고수(苦受 Ⓢ duḥkha-vedanā)・낙수(樂受 Ⓢ sukha-vedanā)・사수(捨受 Ⓢ upekṣā)로 나뉘고, 심수는 분별심으로 일으키는 우수(憂受 Ⓢ daurmanasya)・희수(喜受 Ⓢ saumanasya)다. 『대지도론』 권19(대정장25, p.202a27)에 "불설에는 두 가지 수가 있다. 신수와 심수다. 신수란 밖이고 심수란 안이다. 다시 전5식으로 상응하는 수가 이 밖이고, 의식과 상응하는 수는 안이다. 12입의 인연으로 온갖 수가 일어난다. 내육입(眼耳鼻舌身意)이 나뉘어 일어나는 수로 안을 삼고, 외육입(色聲香味觸法)으로 각기 일으키는 수가 밖이 된다. 거칠게 받음이 이 밖이고, 미세한 수는 안인 심수다. 佛說有二種受 身受 心受 身受是外 心受是內 復有五識相應受是外 意識相應受是內 十二入因緣故諸受生 內六入分生受是爲內 外六入分生受是爲外 麤受是爲外 細受是爲內"라고 하였다. 〔참고문헌〕『大智度論』, 『法蘊足論』 권10(대정장26, p.501a3). ⇨ 신수 身受, 심수 心受 **2** 욕수(欲受)와 이욕수(離欲受). 각기 욕계(欲界)와 색계초선(色界初禪)의 수다. 『잡아함경』 권17(대정장2, p.124a27)에 "두 수가 있으니, 욕수와 이욕수다. 무엇이 욕수인가? 오욕공덕을 인연으로 생기는 수를 욕수라고 한다. 무엇이 이욕수인가? 비구가 욕계의 악불선법을 여의고, 유각유관하여 이생희락의 초선에 온전하게 머무는 것을 이욕수라고 한다. 有二受 欲受 離欲受 云何欲受 五欲功德因緣生受 是名欲受 云何離欲受 謂比丘離欲 惡不善法 有覺有觀 離生喜樂 初禪具足住 是名離欲受"라고 하였다. 〔참고문헌〕『雜阿含經』. **3** 유미수(有味受)와 무미수(無味受). 『법온족론』 권10(대정장26, p.501a6)에 "두 수가 있으니 수온에 있어 유미수와 무미수를 말한다. 무엇이 유미수인가? 유루작의와 상응하는 모든 수와 나아가 이런 수로 거두는 것을 유미수라고 한다. 무엇이 무미수인가? 무루작의와 상응하는 모든 수와 나아가 이런 수로 거두는 것을 무미수라고 한다. 이렇게 말하니 '욕계작의상응수가 유미수고, 색계와 무색계의 작의상응수가 무미수다'. 復有二受 說名受蘊 謂有味受 無味受 云何有味受 謂有漏作意 相應諸受 乃至受所攝 是名有味受 云何無味受 謂無漏作意 相應諸受 乃至 受所攝 是名無味受 有作是說 欲界作意 相應受 名有味受 色無色界作意 相應受 名無味受"라고 하였다. 〔참고문헌〕『法蘊足論』. ⇨ 수 受**1**

이수 二修 두 가지 수행. ❶ 전수(專修)와 잡수(雜修). 정토법문을 따른 행을 전수, 그밖의 수행을 잡수라고 한다. 『낙방문류』 권4(대정장47, p.210a26)에 "선도화상은 전수와 잡수라는 두 가지를 세웠다. … 저 전수자는 열이면 열, 백이면 백이 다 정토에 나지만, 잡수자는 백 명 중 한두 사람, 천 명 중 셋 내지 다섯 사람만이 정토에 난다. 善導和尙 立專雜二修 … 若專修者 十卽十生 百卽百生 若雜修者 百中或得一兩人生 千中或得三五人生"라고 하였다. [참고문헌] 『樂邦文類』. ⇨ 잡수 雜修, 전수 專修 ❷ 연수(緣修)와 진수(眞修). 방편(緣)을 불러들여 의지하는 연수와 구족하여 의지할 것 없는 진수를 말한다. 『법화현의』 권3(대정장33, p.714a21)에 "이 때문에 지론사들은 '연수로 진수를 드러내지만, 진수가 일어날 때에 연수는 필요 없다'라고 말한다. 앞의 두 지혜는 바로 연수이고, 후지가 일어나는 것이 바로 진수다. 진수는 일체법을 구족하기에 다른 것이 필요하지 않다는 바로 그 뜻이다.〈이하 생략〉 故地論師云 緣修顯眞修 眞修發時 不須緣修 前兩智 卽是緣修 後智發時 卽是眞修 眞修具一切法 不須餘也 卽是此義〈云云〉"라고 하였다. [참고문헌] 『法華玄義』. ⇨ 수 修

이수 易修 쉽게 닦음. 『대지도론』 권15(대정장25, p.169b12)에 "또 보살의 공덕과 복보는 무량하므로 그 마음이 부드럽고, 모든 번뇌마저 엷어져 쉽게 닦고 인욕한다. 復次 菩薩功德福報無量故 其心柔軟 諸結使薄 易修忍辱", 『대승아비달마집론』 권5(대정장31, p.682b4)에 "어째서 이 멸을 취길상(Ⓢ svastyayana)이라 하는가? 저 이수방편의 의지처를 얻기 때문이다. 何故此滅 名趣吉祥 爲證得彼易修方便所依處故"라고 하였다. [참고문헌] 『大智度論』, 『大乘阿毘達磨集論』.

이수 理水 이(理)라는 물. 물처럼 스며들어야 하는 것이 이(理)이기에 수(水)와 어울려 쓰며, 특히 이수(理水)의 적심(霑)이 없는 간혜(乾慧)를 분별할 때 쓰는 말이다. 『인왕경소신보기』 권2(대정장33, p.294c29)에 "그러나 다들 초심의 얕은 행으로는 선정의 이수를 얻지 못하고, 비록 조금 혜가 있더라도 능히 상응하지 못했기에 간혜라 한다. 然皆初心淺行 未得禪定理水 雖有薄慧 未能相應故 名乾慧", 같은 책 권3(대정장33, p.301c5)에 "이의 물이 아직 없는 본래 가진 문혜의 처음을 간혜라 한다. 未有理水 本當聞慧之初 故云乾慧", 『대반열반경소』 권12(대정장38, p.113a16)에 "두 번째, 통교보살은 처음 제법이 허깨비같음을 허망하게 믿을 뿐 이의 물에 잦아들지는 못했으므로 간혜지라 한다. 이의 물로 정신을 적시고 견사혹을 조복해 끊는 것을 중심이라 한다. 二 通菩薩 從初虛信諸法幻化 未霑理水 名乾慧地 理水霑神 伏斷見思 名爲中心"라고 하였다. [참고문헌] 『仁王經疏神寶記』, 『大般涅槃經疏』. ⇨ 간혜 乾慧

이수 膩手 Ⓢ sasittha-pāṇi. 기름진 손. 『사분율』 권21(대정장22, p.708c19)에 "언제인가 육군비구가 깨끗하지 않은 기름진 손으로 음기를 잡았다. 時有六群比丘 以不淨膩手捉飮器", 『우파리문불경』(대정장24, p.909c19)에 "기름진 손으로 수기를 잡으면 돌길라다. 膩手取水器 突吉羅"라고 하였다. [참고문헌] 『四分律』, 『優波離問佛經』, 『摩訶僧祇律』 권22(대정장22, p.407b20), 『十誦律』 권19(대정장23, p.138c10).

이수 螭首 비석의 머릿돌. 이(螭)는 뿔이 없는 용 또는 교룡(蛟龍)으로, 석주(石柱)·석계(石階)·비액(碑額)·정(鼎)·인장(印章) 등에 용의 머리를 장식한 것을 말하며, 주로 용을 새긴 비석의 머릿돌을 일컫는다. 이수에는 비문의 제액(題額)을 전서(篆書)로 새기기도 하기에 전액(篆額)이라고 한다. 삼국시대에는 자연석 또는 모가 난 돌에 비문을 새겼으나 통일신라시대부터 용의 머리에 거북 몸통을 한 귀부(龜趺) 위에 비좌(碑座)와 비신(碑身)을 차례로 얹은 다음 맨 위에 운룡문(雲龍紋)을 새긴 이수로 장식하는 탑비가 조성되기 시작하였다. 대표적인 예로는 태종무열왕릉비(太宗武烈王陵碑), 쌍봉사철감선사탑비(雙峰寺澈鑑禪師塔碑) 등이 있다. 쌍봉사철감선사탑비의 이수에는 전후좌우로 뒤엉킨 용들이 새겨지고, 앞면 중앙에 제액을 새겨넣었으며, 정상부에는 보주형 귀꽃 3개를 얹었다. 운룡문을 새긴 이수양식은 고려전기까지 지속되었으며, 고려후기부터는 이수를 따로 제작하지 않고 비신 상단에 무늬로만 새기는 형태로 간소화되었다. 1185년(명종15)에 건립된 서봉사현오국사비(瑞鳳寺玄悟國師碑)가 이수가 사라지고 귀부와 모서리를 줄인 비신만의 형태다. 1377년(우왕3)에 건립된 나옹혜근(懶翁惠勤 1320~1376)의 탑비인 회암사선각왕사탑비(檜巖寺禪覺王師塔碑)도 이수를 비신과 한 돌로 조성하여 비신 상부에 쌍룡을 조각하고 가운데 제액을

이수 쌍봉사철감선사탑 보물제170호
화순 쌍봉사 868년

이수 선각왕사탑비 회암사 1377년

새겼다. 회암사선각왕사탑비양식은 이후 왕실 관련된 사찰의 비나 왕릉 및 사대부묘의 신도비 등의 주류양식이 되었다. 신륵사보제존자석종비(神勒寺普濟尊者石鐘碑)는 비신 좌우에 기둥을 두고 이수 대신 지붕 모양의 옥개석(屋蓋石)을 얹은 독특한 형태를 보이기도 한다.

이수 한국불교조계종총본산사적비
서울 조계사 2009년

이수 자운대율사원명사리탑비
합천 해인사 1998년

특별히 고승들의 행적비를 장식했던 이수들도 조선조 이후 더욱 간소화되어 쇠잔한 세월을 보냈지만, 일제강점기를 지나 봉암사결사를 거치며 정체를 회복한 조계종단은 1960년 이후 최근에 이르기까지 1972년 「가야산해인사사적비 伽倻山海印寺事蹟碑」·2008년 「지리산화엄사사적비 智異山華嚴寺事蹟碑」·2009년 「한국불교총본산조계사사적비 韓國佛教總本山曹溪寺事蹟碑」 등의 사적비와 1998년 「자운대율사원명사리탑비 慈雲大律師圓明舍利塔碑」·2007년 「중국우민사도의조사입당구법기념비 中國佑民寺道義祖師入唐求法紀念碑」 등 행적비를 건립하며 구룡(九龍)이 승천하는 무늬(雲龍紋)를 별석에 새겨 얹는 등 화려하고 장엄한 이수전통을 복원해내고 있다. ⇨ 탑비 塔碑

이수 羸瘦 Ⓢ kṛśa, durbala, kṛśāluka, Ⓟ kisa. 파리하고 수척함. 『보요경』 권3 「사출관품 四出觀品」(대정장3, p.502c29 : *Lal-v.*, p.136)에 "보살은 알고서도 일부러 다시 물었다. '이 사람은 어떤 사람이기에 머리는 하얗고 이빨은 빠졌으며 파리하고 수척하기가 이 지경인가?' 말 끄는 이가 답하였다. '이런 것을 노인이라고 부른다'. 菩薩知之 故復發問 此爲何人 頭白齒落 羸瘦乃爾 御者答言 是名老人 kiṁ sārathe puruṣa durbala alpasthāmo ucchuṣkamāṃsarudhiratvacasnāyunaddhaḥ śvetaṃśiro viraladanta kṛśāṅgarūpo ālambya daṇḍa vrajate asukhaṃ skhalantaḥ. sārathirāha. eṣo hi deva puruṣo jarayābhibhūtaḥ"고 하였다. [참고문헌] 『普曜經』, 『長阿含經』 권9 「十上經」(대정장1, p.55b7), 40권본 『大般涅槃經』 권10(대정장12, p.427c17), 『四分律』 권3(대정장22, p.584c4), *Lal-v.150.*, *Divy.334.*, *MN.2.121.*

이수 離愁 미래불 이름. 범어는 비가타쇼카(Ⓢ Vigataśoka)로 추정하고 비갈유(鞞羯兪)라고 음사한다. 『번범어』 권1(대정장54, p.982c1)에 "비갈유불〈경에서 '이수'라고 하였다〉. 출처는 『아사세왕녀아술달경』이다. 鞞羯兪佛〈經曰 離愁〉 阿闍世王女阿術達經", 『신집장경음의수함록』 권2(고려장34, p.695a11)에 "비갈유〈첫 글자는 보와 미를 반절한 음이고, 마지막 글자는 이와 주를 반절한 음이다. 부처님 이름이며, 한역하여 이수다〉. 鞞羯兪〈上步迷反 下以朱反 佛名也 漢言 離愁〉"라고 하였다. [참고문헌] 『翻梵語』, 『新集藏經音義隨函錄』. ⇨ 비갈유 鞞羯兪

이수경 離睡經 서진(西晉)대 축법호(竺法護) 한역. 1권. 고려장19, pp.557b1~558b13, No.687·대정장1, p.837a6~c17, No.47에 수록되어 있다. 이수면경(離睡眠經)·이경(離經)이라고도 한다. 남북양전(南北兩傳) 이전에 성립되었고, 『중아함경』 「장로상존수면경 長老上尊睡眠經」(대정장1, pp.559b27~560b14)으로 전한다. 목련(目蓮)이 어느 고요한 곳에서 경행하다가 잠들었던 일을 인연으로 하여 부처님께서 수(睡)를 여의는 법을 설하신 경이다. [참고문헌] 『歷代三寶紀』 권6(대정장49, p.64b21), 『衆經目錄』 권4(대정장55, p.134a1), 『大唐內典錄』 권2(대정장55, p.235b21), 『開元釋教錄』 권2(대정장55, p.495a4).

이수승 二殊勝 두 갈래로 수승함. 위로는 본각묘심으로 제불여래와 같이하고 아래로는 육도중생과 같이하는 것을 말한다. 『능엄경』 권6(대정장19, p.128b21)에 "생멸마저도 이미 사라지고 적멸이 현전하면 홀연히 세간과 출세간을 초월하여 시방이 온통 가득 빛나고 두 갈래로 수승함을 얻는다. 첫째, 위로 시방제불의 본각묘심과 합하여 불여래와 더불어 자애력을 함께한다. 둘째, 아래로는 시방의 모든 육도중생과 합하여 온갖 중생들과 한가지로 비원의 갈망을 같이한다. 生滅既滅 寂滅現前 忽然超越 世出世間 十方圓明 獲二殊勝 一者 上合十方諸佛本妙覺心 與佛如來 同一慈力 二者 下合十方一切六道衆生 與諸衆生 同一悲仰", 『수능엄의소주경』 권6(대정장39, p.903c8)에 "앞에서 적멸현전은 번뇌를 끊은 덕이고, 본각묘심은 지혜로 성취한 덕이며, 자와 비의 두 가지 힘 모두 은덕이다. 이미 이지러짐 없이 다 닦아 세 덕을 원만하게 증득하였으므로 세간범부와 출세간삼승을 뛰어넘었다. 이 최상승이란 오직 부처님과 부처님끼리만 남김없이 다한다. 前寂滅現前 是斷德 本覺妙心 是智德 慈悲二力 是恩德 既是圓修 三德圓證 故超世間凡夫 出世三乘 此最上乘 唯佛與佛 乃能究盡也"라고 하였다. [참고문헌] 『楞嚴經』, 『首楞嚴義疏注經』.

이수암 二水庵 전라남도 장흥군 관산읍 천관산(天冠山)에 있던 암자. 천관사(天冠寺)의 산내암자였다. 『지제지』에 "일수암과 이수암 그리고 삼수암이 태자동 서북쪽에 있는데, 인적이 찾아 들기 어려운 곳이다. 一水庵 二水庵 三水庵 俱在太子洞西北 人跡所罕到"라고 하였다. 〔참고문헌〕『支提誌』, 『韓國寺刹全書』 권하 p.959b10. ⇨ 삼수암 三水庵

이수업 二受業 ❶ 심수업(心受業 Ⓢ karmaṇaś caitasikī vedanā)과 신수업(身受業 Ⓢ karmaṇaḥ kāyikī vedanā). 『구사론』 권15(대정장29, p.82c16)에 "이숙과 중에서 수(受)가 가장 뛰어나니 승하다. 지금 마땅히 사유해 가리니 모든 업 중에 자못 있게 되는 것은 오직 불러들이기 때문이다. 마음으로 이숙을 받고 때론 불러 몸으로 받기도 하니 심수만이 아니다. 한편 왜 그런가 하니, 〔송〕 모든 선한 분별없는 업은 오직 불러 마음으로 감해 받고 악은 오로지 몸으로만 받아 느낀다. 이것이 감하고 받는 업의 다름이다. 異熟果中 受最爲勝 今應思擇 於諸業中 頗有唯招 心受異熟 或招身受 非心受耶 亦 有云何 頌曰 諸善無尋業 許唯感心受 惡唯感身受 是感受業異"라고 하였다. 〔참고문헌〕『俱舍論』, *Abh-k-bh.233.* ⇨ 심수업 心受業, 신수업 身受業 ❷ 삼수업(三受業) 중 두 가지. 삼수업은 순락수업(順樂受業)·순고수업(順苦受業)·순불고불락수업(順不苦不樂受業)을 말한다. 〔참고문헌〕『大毘婆沙論』 권115(대정장27, p.596b16). ⇨ 삼수업 三受業

이수이왕 易修易往 쉽게 닦고 쉽게 간다는 말. 『낙방문류』 권2(대정장47, p.179a28)에 "이 염불법문을 세워 쉽게 닦고 쉽게 왕생한다. 立此念佛法門 易修易往", 『연종보감』 권2(대정장47, p.313c15)에 "삼계를 마음껏 나오는 길을 아는 사람 드무니, 쉽게 닦아 쉽게 왕생할 수 있음을 의심하지 마라. 번뇌 버리기 전에 해탈 구할 일이니, 한마음으로 믿고 원하며 아미타불만을 염하라. 橫出三界少人知 易修易往勿狐疑 塵垢未除求解脫 一心信願念阿彌"라고 하였다. 〔참고문헌〕『樂邦文類』, 『蓮宗寶鑑』. ⇨ 이왕 易往, 이왕무인 易往無人

이수탁지 以手托地 손으로 땅을 짚는다는 말. 땅에 손 짚어 짐승과 같이하니, 이는 평등무이(平等無異)하여 상하가 있을 리 없고 이류중행(異類中行)하여 아상(我相)마저 버린 뜻이다. 『경덕전등록』 권16 「설봉의존전 雪峯義存傳」(대정장51, p.328b3)에 "학인이 묻기를 '화상께서 대왕에게 이와 같은 공양을 받으셨는데 장차 어떻게 보답하시겠습니까?'라고 묻자 설봉이 손으로 땅을 짚고 말했다. '나 좀 살살 때리시게'〈학인이 소산에게 물었다. '설봉이 「나를 살살 때리시게」라고 한 뜻 무엇인지요?' '머리에 꽂힌 뿔은 오이절임이고, 꼬리 늘어져 발끝이구나'〉. 僧問 和尙受大王 如此供養 將何報答 師以手托地曰 少打我〈僧問疎山曰 雪峯道 少打我 意作麽生 疎山云 頭上揷瓜虀 垂尾脚跟齊〉"라고 하였다. 〔참고문헌〕『景德傳燈錄』. ⇨ 이류중행 異類中行

이수행 二壽行 목숨을 늘이거나 버려 행함. 유다수행(留多壽行 Ⓢ āyuḥ-saṃskārān adhitiṣṭhati)과 사다수행(捨多壽行 Ⓢ āyuḥ-saṃskārān utsṛjati). 유사수행(留捨壽行 Ⓢ utsarjanādhiṣṭhāna)이라고도 한다. 『구사론』 권3 「분별근품 分別根品」(대정장29, p.15c2 : *Abh-k-bh.*, p.43)에 "저 아라한은 무슨 인으로 유다수행을 하는가? 다른 이를 이롭고 안락하게 하기 위해서다. 혹은 성스러운 가르침 세상에 오래 머물게 하기 위함이다. 자신의 수명 장차 다할 것을 관하여 알고, 다른 이도 이 두 가지를 감당할 능력이 없음을 관하기 때문이다. 또 어떤 인으로 사다수행을 하는가? 저 아라한이 스스로 관하니, 세상에 머물러 다른 이를 이롭게 하고 안락하게 할 일도 없고, 때론 병 등의 고통으로 자기 몸이 핍박받기만 하였기 때문이다. 彼阿羅漢 有何因緣 留多壽行 謂爲利益安樂他故 或爲聖敎久住世故 觀知自身壽行將盡 觀他無此二種堪能 復何因緣捨多壽行 彼阿羅漢 自觀住世 於他利益安樂事少 或爲病等苦逼自身 kim artham āyuḥsaṃskārān adhitiṣṭhanti. parahitārthaṃ śāsanasthityarthaṃ vā. te hy ātmanaḥ kṣīṇam āyuḥ paśyanti. na ca tatrānyaṃ śaktaṃ paśyanti. atha kim artham utsṛjanti. alpaṃ ca parahitaṃ jīvite paśyanti rogābhibhūtaṃ cātmabhāvam"라고 하였다. 〔참고문헌〕『俱舍論』, 『俱舍論疏』 권3(대정장41, p.519c9), *Abh-k-bh.* ⇨ 유사수행 留捨壽行, 유다수행 留多壽行, 사다수행 捨多壽行

이수호 二守護 두 수호신. 태장만다라(胎藏曼荼羅) 문수원(文殊院)과 외금강부원(外金剛部院) 서남문(西方門)을 지키는 불가월수호문(不可越守護門)과 상향수호문(相向守護門). 각기 내문(內門) 우측과 좌측에 자리 잡고서 여래교칙을 받아 수호한다. 『청룡사의궤』 권상(대정장18, p.150b7)에 "이들 두 수호신의 위력은 사납고 몹시 거세기에 천백의 태양과 같아 감히 쳐다볼 이 없다. 그들은 항상 여래의 내문에서 교명을 받들고 있기에 어떤 마구니일지라도 어지럽히지 못한다. 此二守護 威猛熾盛故 如百千日 無敢視者 常在如來內門 而奉敎命 一切魔不能嬈亂"라고 하였다. 〔참고문헌〕『靑龍寺儀軌』. ⇨ 불가월수호 不可越守護, 상향수호 相向守護

이숙 異熟 Ⓢ vipāka, Ⓣ rnam par smin pa. 인(因)이 과(果)에 있어 다르게 익음. 또는 과거나 현재의 선악업에 의해 과를 받는 것. 과거세나 현재세에 지은 업을 인으로 해서 미래세에 과가 생할 때 그 과가 인과 자성을 달리해 성숙하는 것을 말한다. 구역은 과보(果報)이고 음사는 비파가(毘播迦)이다. 인이 선이나 악이더라도 과는 오직 무기(因是善惡 果是無記)이며, 선업은 낙과를 초감하고 악업은 고과를 불러오는 것(善因樂果 惡因苦果) 등을 말한다. 이숙의 인을 이숙인(異熟因) 과를 이숙과(異熟果)라 한다. 크게 셋으로 나눠 변이·시·류(變異時類)라 하고, 다시 넷으로는 시·성·류·성(時性類聖)으로 분류한다. 『대비바사론』 권20(대정장27, p.103c13)에 "이숙은 무슨 뜻인가? 〔답〕 류를 달리해서 익는다는 것이 이숙의 뜻이다. 곧 선 또는 불선의 인이 무기인 과가 되는 것이다. 과란 익는다는 뜻이니 앞의 설과 같다. 異熟是何義 答 異類而熟 是異熟義 謂善不善因 以無記爲果 果是熟義 如前已說", 『구사론』 권2(대정장29, p.9a25 : *Abh-k-bh.*, p.25)에 "때론 지은 업이 과를 얻게 될 때에 이르러 바뀌고 능히 익기에 이숙이라 하고, 과가 그로부터 생하기에 이숙생이라 한다. 그렇게 얻은 과는 인과 류를 달리하지만 인이 익은 것이기에 이숙이라 한다. 或所造業 至得果時 變而能熟 故名異熟 果從彼生 名異熟生 彼所得果 與因別類 而是所熟 故名異熟 phalakālaprāptaṃ vā karma vipāka ity ucyate. vipacyata iti kṛtvā. tasmāj jātā vipākajāḥ. phalaṃ tu vipaktir eveti vipākaḥ", 『구사론기』 권2(대정장41, p.41c4)에 "세 번째 해석이다. 인은 선이나 악인데 과는 무기일 때 저로 얻은 과는 인과 류를 달리하므로 이라 하고, 이렇게 익었기에 숙이라 한다. 즉 다르게 익었기에 이숙이라 한다. 第三解 因是善惡 果是無記 彼所得果 與因別類 名異 而是所熟 名熟 卽異是熟 故名異熟", 『성유식론술기』 권1(대정장43, p.238c16)에 "(이숙이라는) 이름에는 여러 뜻이 있다. 첫째는 변하고 달라지며 익는다는 것이다. 인이 변이할 때라야 과가 비로소 익기 때문이다. 이 뜻은 나머지 뜻에도 통한다. 종자가 과를 생할 때는 모두 변이하기 때문이다. 둘째는 때를 달리해 익는 것이다. 인과 달리할 때에 과가 비로소 익기 때문이다. 지금 대승에서는 만드는 때를 따르지 종자의 체를 따르지 않는다. 동시(同世)를 인정하기 때문이다. 셋째는 류를 달리해서 익는다는 것이다. 인과 자성을 달리해서 과가 인을 갚는다. … 만약 다르게 된 것을 인에 귀속시키면 다르게 익은 것이고 과에서 본다면 달라졌기에 익은 것이다. 이숙이 곧 식이라면 숙은 현행에 귀속되고, 이숙의 식이라면 숙은 종자에 귀속된다. 따라서 그 나머지 능변은 이 이름을 얻지 못했다. 名有多義 一 變異而熟 要因變異之時 果方熟故 此義通餘 種生果時 皆變異故 二 異時而熟 與因異時 果方熟故 今者大乘 約造之時 非約種體 許同世故 三 異類而熟 與因異性 果酬因故 … 若異屬因 卽異之熟 若異屬果 異卽是熟 異熟卽識 熟屬現行 異熟之識 熟屬種子 故餘能變 不得此名", 『종경록』 권71(대정장48, p.814c11)에 "이숙에는 네 가지가 있다. 첫째는 때를 달리해 익는 것이다. '이'는 따로 다르게 된다는 것이니 인에 귀속되고, '숙'은 익는 것으로 과다. 다른 인은 과거에 머물고 숙과는 현재의 것이다. 따라서 이숙이라 한다. 둘째는 성을 달리해 익는 것으로서 과거수행으로 달라진 인이다. 인은 오계·십계 등의 업이고, 불러들인 것은 천인과 총별보의 이숙과다. 만약 인이 십불선악업이라면 불러들인 것은 삼도불선의 총별보의 이숙과다. 모두 무기성이다. 셋째는 류를 달리해 익는다는 것이다. 류마다 업을 짓고, 류마다 생을 받는 것이다. 오취로 각각 다르다. 넷째는 성을 달리해 익는 것이다. 분별이장의 종자상에 의지하는 것이니, (오)취에 나는 차별공능이 있어서이니 성인에게는 이미 없다. 異熟有四 一 異時而熟 異謂是別異 屬因 熟謂成熟 是果 異因居過去 熟果卽現在 故名異熟 二 異性而熟 過去修異因 因五戒十戒等業 所招天人總別報異熟果 若因十不善惡業 所招三塗不善 總別報異熟果 總無記性 三 異類而熟 造異類業 受異類生 五趣各別 四 異聖而熟 謂異熟果 依分別二障種上 有趣生差別功用故 聖人已無"라고 하였다. 〔참고문헌〕『大毘婆沙論』, 『俱舍論』, 『俱舍論記』, 『成唯識論述記』, 『宗鏡錄』, *Abh-k-bh.* ⇨ 과보 果報, 비파가 毘播迦, 이숙과 異熟果, 이숙법 異熟法, 이숙인 異熟因, 이숙무기 異熟無記

이숙과 異熟果 Ⓢ vipāka-phala, Ⓣ rnam-par-smin-pa'i-'bras-bu. 다르게 익는 과. 오과(五果) 중 하나로 인과 자성을 달리해서 성숙한 과. 이숙인(異熟因)에 의해 불러들인 과(果)로, 보과(報果)라고도 한다. 아비달마교학에서는 오근(五根)과 칠심계(七心界) 즉 안식계·이식계·비식계·설식계·신식계·의식계·의근계를 말하고, 유식에서는 제7식을 제한 총보(總報)의 과체(果體)인 진이숙(眞異熟 : 제8식)과 진이숙에서 생겨나는 별보(別報)인 이숙생(異熟生 : 전6식)을 이숙과라 한다. 『대비바사론』 권121(대정장27, p.629c7)에 "이숙과란 모든 불선법과 유루선법이 불러들인 것으로 이숙인이 선이든 악이든 그 과는 오직 무기다. 異熟果者 謂諸不善 有漏善法所招 異熟因 是善惡 果唯無記", 『유가론기』 권2(대정장42, p.341b21·한불전13, p.100a7)에 "이숙과는 일체업이 불러온 무기오온을 몸으로 삼는다. 별보는 총보에서 비롯하니 총보를 이숙이라 한다. 異熟果 以一切業 所招無記五蘊爲體 別報縱總 總名異熟", 『성유식론술기』 권2(대정장43, p.299c13)에 "〔논〕 전의 이숙(진이숙)과 이숙생을 이숙과라 한다. 과가 인과 다르기 때문이다. 〔술〕 … 인은 선악이더라도 과는 무기이기 때문이다. 별보가 총보를 따르는 것을 들어서 두 가지 모두를 이숙과라 한다. … 그 제7식은 이숙의 종자가 이끌어 난 것이 아니다. 인위에서는 오직 염이지만 과위에서는 무루이기 때문이다. 論 卽前異熟 至果異因

故 述曰 … 因是善惡 果無記故 別從總稱二種 俱名爲異熟果 … 其第七識 非異熟種之所引生 因位唯染 果無漏故", 『대승아비달마집론』 권4(대정장31, p.679a23 : *Abh-s.*, p.54)에 "십불선업도의 이숙과는 삼악취 중에서 하중상의 품에 따라 방생·아귀·나락가의 이숙을 받는 것이다. 十不善業道 異熟果者 於三惡趣中 隨下中上品 受傍生餓鬼那落迦異熟 tatra daśānām akuśalānāṃ karmapathānāṃ vipākaphalaṃ triṣu apāyeṣu. mṛdūmadhyādhimātrāṇāṃ tiryakpretanarakeṣu vipākaḥ", 『대승아비달마잡집론』 권7(대정장31, p.728a26 : *Abh-s-bh.*, p.65)에 "일체의 십불선업도수습을 많이 수습했기에 나락가·방생·아귀로 난다. 이것이 저의 이숙과다. … 십선업도이숙과는 인천취에서 인천의 이숙을 받는다. 於一切十不善業道修習 多修習故 生於那落迦傍生餓鬼 是彼異熟果 … 十善業道異熟果者 謂於人天趣中受人天異熟 sarvair daśabhir akuśalaiḥ karmapathair āsevitair bhāvitair bahulīkṛtair narakeṣūpapadyate. tad eṣāṃ vipākaphalam … daśānāṃ kuśalānāṃ karmapathānāṃ vipākaphalaṃ devamanuṣyeṣu", 『대승아비달마집론』 권4(대정장31, p.679b2 : *Abh-s.*, p.54)에 "선불선의 업이 선취와 악취 중에 이숙을 감해 날 때 인업을 불러들임과 원만업이 있다. 인업을 불러들임이란 이 업이 능히 이숙과를 끄는 것이고, 원만업이란 이 업으로 난 뒤에는 애와 불애로 과를 달리 받게 된다는 말이다. 善不善業 於善趣惡趣中 感生異熟時 有招引業圓滿業 招引業者 謂由此業能感異熟果 圓滿業者 謂由此業生已領受愛不愛果 kuśalānām akuśalānāṃ ca karmaṇāṃ sugatau durgatau ca vipāko 'bhinirvarttate. tac cākṣepakena karmaṇā paripūrakeṇa ca karmaṇā. ākṣepakaṃ karma katamat. yena phalavipāko 'bhinirvarttate. paripūrakaṃ karma katamat. yenopapanna iṣṭāniṣṭaphalaṃ vedayate"라고 하였다. [참고문헌] 『大毘婆沙論』, 『瑜伽論記』, 『成唯識論述記』, 『大乘阿毘達磨集論』, 『大乘阿毘達磨雜集論』, *Abh-s.*, *Abh-s-bh.* ⇨ 이숙 異熟, 이숙인 異熟因, 이숙생 異熟生, 과보과 果報果, 보과 報果, 오과 五果[1]

이숙기 李叔琪 고려말 문신. 밀직사 좌부대언판선공시사진현관제학(密直司左副代言判繕工寺事進賢館提學)을 역임했다. 문장과 글씨에 뛰어나 1342년(충혜왕 복위 3) 속리산 법주사(法住寺)에 세운 자정국존(慈淨國尊) 미수(彌授 1240~1327)의 비명(碑銘)을 지었다. 『동국여지승람』 권16 충청도 보은현 불우 법주사에 "고려 밀직대언 이숙기가 지은 자정의 비명이 있다. 有高麗密直代言李叔琪所撰 僧慈淨碑銘"라고 하였다. [참고문헌] 『東國輿地勝覽』, 『朝鮮金石總覽』 권상 p.487, 李智冠 『校勘譯註歷代高僧碑文』 高麗篇4 p.324. ⇨ 법주사자정국존비 法住寺慈淨國尊碑, 미수 彌授

이숙동분 異熟同分 이숙에 있어 그 분이 같음. 유정(有情)이 선취(善趣)끼리 같이 구르고 악취끼리 함께 익어 상사한 뜻이며, 사생(四生 : 胎 卵 濕 化)과 육취(六趣 : 地獄 餓鬼 畜生 阿修羅 人 天)로 나뉘어 각각 같이 익어 머무는 것을 말한다. 중동분(衆同分) 중 유정동분(有情同分)을 말한다. 『대비바사론』 권27(대정장27, p.138a9)에 "무엇이 중동분인가? 유정동분을 말한다. 저 목숨처럼 체는 한 가지 물(物)이지만, 두루 일체 몸의 부분들과 더불어 의지를 삼으니, 이것은 불상응행온에서 거두기에 오직 무부무기성일 뿐이고 유루일 뿐이어서 삼계에 통한다. [문] 이 중동분은 장양인가, 등류인가, 이숙인가? [답] 이것은 이숙이고 등류이지 장양은 아니다. 색법이 아니기 때문이다. 이숙이란 취로 동분일 뿐이니, 저 지옥취의 유정들이 거듭 뒤치지만 서로 닮았고, 내지 천취 등의 유정들 또한 그들끼리 구르고 닮는다. 云何衆同分 謂有情同分 猶如命根 體是一物 遍與一切身分爲依 是不相應行蘊所攝 唯無覆無記性 唯有漏通三界 問 此衆同分 爲長養爲等流爲異熟 答 是異熟及等流 非長養 非色法故 異熟者 謂趣同分等 如地獄趣有情展轉相似 乃至天趣等有情亦然", 『구사론송소기』 권5(卍속장86, p.292b17)에 "'동분은 등류에도 이숙에도 통한다'란, 『순정리론』 권14(대정장29, p.416a18)에서는 '무엇이 이숙동분인가? 지옥 등 그리고 난생 등이니 오취와 사생 등 취와 생에 있어 같기에 동분이다'고 하였다. 同分通等流異熟者 正理論云 云何異熟同分 謂地獄等 及卵生等 趣生等同分也"라고 하였다. [참고문헌] 『大毘婆沙論』, 『俱舍論頌疏記』, 『順正理論』. ⇨ 이숙 異熟, 유정동분 有情同分, 동분 同分[1][2], 중동분 衆同分, 오취 五趣, 육취 六趣, 사생 四生[1]

이숙등류 異熟等流 Ⓢ vipāka-naiṣyandika, Ⓣ rnam-par-smin-pa'i-rgyu-mthun-pa-las-byung-ba. 이숙은 같게 흐름. 이숙과(異熟果)가 전후 찰나에 동류(同類)로 상속하는 것을 말한다. 『유가사지론』 권3(대정장30, p.290c24 : *Yogā-bh.*, p.57)에 "등류에는 네 가지가 있다. 첫째 장양등류, 둘째 이숙등류, 셋째 변이등류, 넷째 자성등류이다. 等流有四種 一 長養等流 二 異熟等流 三 變異等流 四 自性等流 naiṣyandikaṃ caturvidhaṃ. upacayanaiṣyandikaṃ vipākanaiṣyandikaṃ vikāranaiṣyandikaṃ prakṛtinaiṣyandikaṃ ca", 『법원의경』 권5(대정장71, p.244c26)에 "혜경이 말했다. '「근이 아닌 모든 색은 세 등류를 갖춘다」라 한 것은, 유정신 중에 색 등 오진에는 이숙등류·장양등류·본성등류가 있다. 유정신이 아닌 오진에는 오직 본

성등류만 있다. 이치상 내외오진에도 변이등류가 있다'. 景云 非根諸色具三種流者 有情身中色等五塵 有異熟等流 長養等流 本性等流 非情五塵 唯本性等流 道理內外五塵 亦有變異等流", 『대승법원의림장사자후초』 권19(대정장71, p.814a15)에 "첫째, 이숙등류란 앞에서 말하기를 '이숙류는 전후로 상사하다 하니 자류로서 서로 생하는 것이다'라고 하였다. 一 異熟等流 前所云 異熟類前後相似 自類相生也"라고 하였다. 〔참고문헌〕『瑜伽師地論』, 『法苑義鏡』, 『大乘法苑義林章師子吼鈔』, *Yogā-bh.* ⇨이숙 異熟, 이숙과 異熟果, 등류 等流

이숙무기 異熟無記 Ⓟvipāka-āvyākata. 사무기(四無記) 중 하나. 선이나 악의 업인(業因)이 이숙해서 성류(性類)가 무기가 된 것. 『성유식론요의등』 권2(대정장43, p.702a23)에 "무부무기에 다시 네 가지가 있다. 첫째는 이숙무기이고, … 이숙무기는 오직 종자로 성취한다. 無覆無記 復有四種 一 異熟 … 異熟無記 唯種子成就", 『종경록』 권49(대정장48, p.706c27)에 "이숙무기란, '이'는 달라진다는 뜻으로 인과 과에 있어 다르다는 것이다. 인은 선악에 통하지만 과는 오직 무기일 뿐이다. '숙'은 성숙한다는 것으로 이것은 오직 과에만 해당한다. 인과 과를 합쳐 이름하면 이숙이다. '무기'란 미래의 과를 분별히 정할 수 없기에 무기라 하거나, 선악 중에서도 분명히 구별할 수 없기에 무기라 한다. 이 업이 초감한 진이숙무기가 곧 제8식이다. 異熟無記者 異者 別異 卽因果性別 因通善惡 果唯無記 熟者 成熟 此唯屬果 因果合說 名爲異熟 無記者 不能記別當果 名爲無記 或於善惡中無所記別 名無記 此業感眞異熟無記 卽第八識"라고 하였다. 〔참고문헌〕『成唯識論了義燈』, 『宗鏡錄』. ⇨과보무기 果報無記, 무부무기 無覆無記, 이숙 異熟, 사무기 四無記❶, 무기 無記❶

이숙무지 異熟無知 Ⓢvipāke 'jñānam, Ⓣrnam-par-smin-pa-mi-shes-pa. 십구종무지(十九種無知) 중 하나로 이숙과로 현행하는 모든 것에 무지함을 말한다. 특히 과를 받는 이(受者 Ⓢvedaka)가 있다고 여기거나, 과를 주재하는 이 즉 세주천(世主天) 등을 믿고 따르는 등이다. 이를 다시 칠종무지(七種無知)로 분류할 때는 업무지(業無知Ⓢkarmaṇy-ajñānam)·업이숙무지(業異熟無知 Ⓢkarma-vipāke 'jñānam)와 함께 이전우(移轉愚 Ⓢsaṅkrānti-saṃmoha)에 속한다. 『유가사지론』 권9(대정장30, p.322b18 : *Yogā-bh.*, p.204)에 "이숙무지란 무엇인가? 이숙과로 거두는 제행에 대해 이치에 맞지 않는 분별을 일으켜서 받는 이가 있다고 여기는 모든 무지를 말한다. 於異熟無知云何 謂於異熟果所攝諸行 起不如理分別 謂有受者 所有無知 vipāke' jñānaṃ katamat. vipākaphalasaṃgṛhītānsaṃskārānvedakato'yoniśaḥ kalpayato yadajñānaṃ", 같은 책 권56(대정장30, p.612c1)에 "또 업에 대해 무지하고, 이숙에 대해 무지하며, 업이숙에 대해 무지한, 이러한 유정들은 업에 대하여 이처럼 스스로 지은 무지로 연을 삼아 노달라천(ⓈRudra)·비슬노천(ⓈViṣṇu)·세주천(Ⓢprajā-pati : 大梵天) 등의 바르지 않은 귀의처에 대해 도리어 뛰어난 지혜라 여겨 귀의하여 받들고 믿는다. 又若於業無知 於異熟無知 於業異熟無知 是諸有情由於業自造無知爲緣故 於魯達羅天 毘瑟笯天 世主天等非正處中 生妄勝解 歸依敬信"라고 하였다. 〔참고문헌〕『瑜伽師地論』, *Yogā-bh.* ⇨십구종무지 十九種無知, 칠종무지 七種無知, 이전우 移轉愚

이숙법 異熟法 Ⓢvipāka-dharmatva, Ⓣrnam par smin pa. 다르게 익은 법. 구역은 보법(報法)이다. 『품류족론』에서는 일체법을 두 갈래로 나누고 102종의 범주로 나누는데, 이숙법과 비이숙법은 아흔 다섯 번째이다. 즉, 이숙법과 비이숙법을 합하면 일체법이 된다. 유식에서는 이숙인(異熟因)이라 한다. 『품류족론』 권6(대정장26, p.716b12)에 "이숙법은 무엇인가? 이숙하는 십일처의 소분이니 성처만을 제한다. 異熟法云何 謂異熟十一處少分 除聲處", 『유가론기』 권18(대정장42, p.718c11·한불전14, p.364c14)에 "삼성의 종자를 좇아 의지한 식은 모두 이숙이라 하고, 이 종자를 좇아 일어난 삼성법은 모두 이숙법이라 한다. 三性種子 從所依識 皆名異熟 從此種子 生三性法 皆名異熟法"라고 하였다. 〔참고문헌〕『品類足論』, 『瑜伽論記』. ⇨일체법 一切法, 이숙 異熟, 이숙인 異熟因

이숙법법 異熟法法 Ⓟvipāka-dhammadhamma. 이숙법의 법. 선불선의 유루법을 말한다. 『품류족론』에서는 일체법을 세 가지로 구분하면서 15종의 범주로 나누는데 이숙법·이숙법법·비이숙비이숙법법(非異熟非異熟法法)은 여섯 번째이다. 즉, 이 셋을 합하면 일체법이 된다. 『품류족론』 권6(대정장26, p.716c22)에 "이숙법법은 무엇인가? 불선과 선의 유루법이다. 異熟法法云何 謂不善善有漏法", 같은 책 권9(대정장26, p.727b14)에 "이숙법법이란 십계·사처·오온으로 거두는 것이고, 멸지와 도지를 제한 팔지로 알며, 삼식으로 알 수 있는 욕계일체와 색계와 무색계의 변행 그리고 수소단의 수면이 따라 더한 것이다. 異熟法法 十界四處五蘊攝 八智知除滅道智 三識識 欲界一切 色無色界遍行 及修所斷隨眠隨增"라고 하였다. 〔참고문헌〕『品類足論』. ⇨이숙 異熟, 이숙법 異熟法, 비이숙비이숙법법 非異熟非異熟法法, 유루법 有漏法

이숙보식 異熟報識 이숙식(異熟識)을 달리 이르는 말.

『화엄오교장』 권2(대정장45, p.484c13)에 "시교에 의지하면 아뢰야식에 대해 다만 일분 생멸의 뜻만을 얻는다. 진리에 융통하지 못하고 단지 고요히 있을 뿐이어서 제법도 짓지 못한다고 설하기 때문이다. 따라서 연기생멸사 중에 나아가 아뢰야를 건립한다. 업 등 종자를 따라 체를 가리면 이숙보식이 일어나서 제법의 의지처가 된다. 방편으로 점차 진리를 향해 인도할 뿐 훈습 등은 모두 다 공이라고 설한다. 若依始教 於阿賴耶識 但得一分 生滅之義 以於眞理 未能融通 但說凝然 不作諸法 故就緣起生滅事中 建立賴耶 從業等種辨體 而生異熟報識 爲諸法依 方便漸漸引向眞理 故說熏等悉皆卽空", 『화엄오교장광진초』 권6(대정장73, p.471c14)에 "만약 시교에 의지하면 아뢰야에 대해 이숙보식이라는 이름을 세우고, 종교에 의지하면 아뢰야에 대해 여래장이라 부르고, 돈교에 의지하면 오직 일진심이어서 차별상이 다했다 하고, 원교에 의지하면 오직 일법계성기심일 뿐이다. 若依始教 於阿賴耶 立異熟報識名 若依終教 於阿賴耶 立如來藏名 若依頓教 唯一眞心 差別相盡 若依圓教 唯一法界性起心"라고 하였다. [참고문헌] 『華嚴五教章』, 『華嚴五教章匡眞鈔』. ⇨ 이숙식 異熟識

이숙색 異熟色 Ⓢ vipāka—rūpa. 달리 익은 색. 12처 중 9처로만 있고 성처(聲處)와 법의처(法意處) 셋은 거두지 않고 무색계 중에는 없다. 『대비바사론』 권19(대정장27, p.96b17)에 "이숙색이란 색온이니 안 등의 오근과 색향미촉이다. 異熟色者 謂色蘊 卽眼等五根 色香味觸", 『성유식론술기』 권4(대정장43, p.360c21)에 "이숙색 중에 구처 뿐이어서 성처 및 법처(그리고 의처)는 제하기에 무색계 중엔 이숙색이 없다. 異熟色中 有九處 除聲及法處 無色界中 無異熟色故", 『성유식론소의연』 권3(卍속장79, p.173a14)에 "이숙색이란, 색이 이숙식 중의 종자에서 생하기에 이숙색이라 한다. 또는 업이 불러온 무기의 오근 등도 이숙색이라 한다. 異熟色者 色從異熟識中 種子而生 名異熟色 或業所招 無記五根等 名異熟色"라고 하였다. [참고문헌] 『大毘婆沙論』, 『成唯識論述記』, 『成唯識論疏義演』. ⇨ 이숙 異熟

이숙생 異熟生 Ⓢ vipāka-ja, vipāka-svabhāva, Ⓣ rnam par smin pa las byung ba, rnam par smin pa las skyes pa. 선악업이 인이 되어 이끈 무기(無記)의 과보(果報). 이숙생법(異熟生法)·이숙소생(異熟所生)·이숙무기(異熟無記)라고도 한다. 아비달마에서는 이숙인(異熟因)에서 생겨난 과를 모두 이숙생이라 한다면, 유식에서는 이숙 즉 제8아뢰야식인 총보(總報)의 과체(果體)에서 생겨난 전6식의 별보(別報)만을 이숙생이라 한다. 인업(引業)으로 이끈 오취(五趣) 중 인취(人趣)에서 남녀·미추·귀천 등이 나뉘는 것은 전6식이 지은 만업(滿業)이 인이 돼서 이끈 별보가 각기 다르기 때문이다. 『구사론』 권2(대정장29, p.9a24 : *Abh-k-bh.*, p.25)에 "이숙인으로 난 것은 이숙생이라 한다. 마치 소에 멍에를 씌운 수레를 우거라고 하는 것과 같다. 가운데 말을 버렸기에 이렇게 말한다. 혹은 지은 업이 과를 얻음에 이를 때 변하고 능히 익기에 이숙이라 하며, 그것에서 생겨난 과를 이숙생이라 한다. 異熟因所生 名異熟生 如牛所駕車 名曰牛車 略去中言 故作是說 或所造業 至得果時 變而能熟故名異熟 果從彼生 名異熟生 tatra vipākahetor jātāḥ vipākajāḥ. madhyapadalopāt, gorathavat. phalakālaprāptaṃ vā karma vipāka ity ucyate. vipacyata iti kṛtvā. tasmāj jātā vipākajāḥ", 『성유식론술기』 권2(대정장43, p.299c24)에 "만약 법이 이숙으로서 이숙에서 일어나 간단이 없고 두루한다면 이숙이라고도 하고 이숙생이라 부른다. 만약 법이 이숙으로서 이숙에서 일어나 간단이 있고 두루하지도 않는다면 이숙생이라 하지 이숙이라 하지 않는다. 만약 법이 이숙이 아닌데 간단이 있고 두루하지도 않는다면 이숙에서 일어난 것이라 하더라도 이숙이라 하지 않고 이숙생이라고도 하지 않는다. 만약 법이 유루로서 이숙에 의지한다면 이숙생이라 할 수 있지 이숙이라 할 수는 없다. 유루종자는 모두 이숙생이라 한다. 이러한 이유로 무루종자는 이숙생이라 부르지 않는다. 若法異熟從異熟起 無間斷遍者名爲異熟 名異熟生 若法異熟從異熟起 有間不遍者 名異熟生 不名異熟 若法非異熟 有間不遍 雖從異熟起 不名異熟 不名異熟生 若法有漏依異熟者 可名異熟生 不名異熟 有漏種子 皆名異熟生 由是無漏種子 不名異熟生", 『유가사지론약찬』 권13(대정장43, p.170c14)에 "[술] 이숙생에는 두 가지가 있다. 첫째는 이숙종자를 좇아 생한 것이고, 둘째는 이숙을 따라 상속해서 생한 것이다. 제6식 등은 이숙종자생이어서 가이숙이라 하는데 저 안근 등이 진이숙이 아닌 것과 같다. 제8식이야말로 이숙이 상속해서 생한 것이니 전념과 후념이 모두 다르게 익기 때문이다. 여기서 '전념과 후념이 모두 다르게 익는다'란 능히 집지하는 것이지 여섯 가지 식을 말하는 것이 아니다. 그렇기에 다름이 있다고 한다. 述曰 異熟生有二種 一 從異熟種子生 二 從異熟相續生 第六識等者 是異熟種子生 名假異熟 如眼根非眞異熟 其第八識是異熟相續生 前念後念皆異熟故 今前念後念皆是異熟者 能執持非六種識 故有異也", 『기신론동이집』 권2(卍속장71, p.749b15)에 "(두 가지 이숙무기 중) 둘째는 이숙생으로 또한 두 가지가 있다. 하나는 선악업이 이끈 육식심과 심소인 이숙류이다. 그 성이 약하기에 능훈습하지 못한다. 二 異熟生亦有二種 一 善惡業 所引六識心 及心所是 異熟類故 性羸劣故 故非能熏"라고 하였다. [참고문헌] 『俱舍論』, 『成唯識論述記』, 『瑜伽師地論略纂』, 『起信論同異集』, *Abh-k-bh.* ⇨

이숙 異熟, 진이숙 眞異熟, 인업 引業, 만업 滿業, 총보 總報, 별보 別報, 종자 種子

이숙생법 異熟生法 Ⓢvipāka-ja, Ⓣrnam-par-smin-pa-las-skyes-pa. 이숙으로 일어난 법. 진이숙(眞異熟)이 아닌 뜻이다. 또는 이숙생의 법. 제8아뢰야식(眞異熟)을 제한 모든 무기법(無記法)을 말한다. 『성유식론술기』 권2(대정장43, p.301b23)에 "〔논〕 이것을 떠나서는 명근과 (중동분 등 항시 상속해서 수승한 이숙과라) 할 것이 없기 때문이다. 〔술〕 이것은 타종과 가린 것이니 본식을 떠나서 따로 진이숙이 없음을 드러내는 것이다. (그들은) 이 제8이숙식을 떠나서도 따로 명근과 중동분 등이 있다고 주장한다. '등'은 궁생사온 등이 따로 있다는 주장 등을 아울러 취하는 것이다. 항시로 끊임없이 상속하여 생멸하는 수승진실의 이숙과체란 얻을 수 없다. 곧 명근과 중동분이 진이숙이라는 (살바다부의) 주장을 논파하는 것이다. 이것을 떠나서 따로 궁생사온이 있다는 화지부 등의 주장, 따로 근본식이 있다는 대중부의 주장, 따로 유분식 등이 있으니 이것들이 수승한 이숙과라고 하는 상좌부와 분별론자의 주장 또한 얻을 수 없다. 論 離此命根至不可得故 述曰 此簡他宗 顯離本識無別眞異熟 謂若離此第八異熟識 有別命根 及衆同分等 等者 等取或執別有窮生死蘊等 恒時不斷 相續生滅 殊勝眞實 異熟果體 不可得也 卽破薩婆多命根 衆同分是眞異熟 破化地部等 離此別有窮生死蘊 大衆部別有根本識 上座部分別論者 別有有分識等 爲勝異熟果 不可得也", "도리어 본식을 떠나지 않고 항시 상속하는 승한 이숙과가 얻을 만한 뜻이다. 항시라는 말은 이미 드러나 상속하는 것이니 상속이라는 말로 무엇을 다시 더 드러내는가? 항시라는 말로 간단을 가려 내고, 상속이라는 말로 상을 가렸으니 과실이 없다. 승한 이숙은 진이숙을 드러내는 것이니 이숙생법이란 진이숙은 아니기 때문이다. 返顯不離本識 恒時相續 勝異熟果 可得之義 恒時之言 已顯相續 相續之言 更何所顯 恒時簡間斷 相續簡常 故無失也 勝異熟者 顯眞異熟 異熟生法 非眞異熟故"라고 하였다. 〔참고문헌〕『成唯識論述記』, *Yogā-bh.* ⇨이숙 異熟, 이숙생 異熟生, 이숙법 異熟法

이숙생안 異熟生眼 ➡이숙안 異熟眼

이숙소생 異熟所生 ➡이숙생 異熟生

이숙수 異熟受 이숙순수(異熟順受)의 줄임말. ⇨이숙순수 異熟順受

이숙수위 已熟修位 Ⓢkṛta-parijaya, Ⓣbyas-pa-yongs-su-sbyang-ba. 이미 익혀 닦음. 골쇄관(骨鎖觀 : 不淨觀) 세 가지 중 하나. 몸의 뼈 중에서 발의 뼈로부터 점차 여러 뼈를 관찰하고 나중에 해골의 일부분에만 집중하여 관하는 것. 『대비바사론』 권40(대정장27, p.206a17)에 "시신의 뼈에서 우선 발뼈를 관하는 것으로부터 나아가 후에 머리속을 관하며, 다시 이 중에서 반을 제하고 반을 관하며, 다시 일분을 제하고 일분만을 관해서 일체를 다하면 이숙수위라고 한다. … 다시 이 중에서 발뼈를 제하는 것으로부터 점차로 나아가 후에 해골을 관하며, 다시 이 중에 반을 제하고 반을 관하며, 다시 일분을 제하고 일분만을 관하는 일체를 이숙수위라고 한다. 從於骨瑣 先觀足骨 廣說乃至 後觀髑髏 復於此中 除半觀半 復除一分 唯觀一分 一切皆名 已熟修位 … 從復於中 略去足骨 展轉乃至 後觀髑髏 復於此中 除半觀半 復除一分 唯觀一分 一切皆名 已熟修位", 『구사론』 권22(대정장29, p.117c12 : *Abh-k-bh.*, p.338)에 "약관으로 승해력을 더하기 위해 한 몸 중에 먼저 발뼈를 제하고 나머지 뼈를 사유하여 마음을 매어 두며, 점차로 나아가 머리의 반쪽 뼈를 제하고 반쪽 뼈를 사유하여 마음을 매어 두며, 이와 같이 점점 생략하여 부정관을 성취하는 것을 유가사의 이숙수위라고 한다. 爲令略觀 勝解力增 於一具中 先除足骨 思惟餘骨 繫心而住 漸次乃至 除頭半骨 思惟半骨 繫心而住 齊此轉略 不淨觀成 名瑜伽師 已熟修位 sa punaḥ cittasaṃkṣepaviśeṣārthaṃ tasyām asthiśaṃkalāyāṃ pādāstīni hitvā śeṣaṃ manasikaroti. evaṃ krameṇa yāvat kapālasyārdhaṃ hitvārdhaṃ manasikaroti. ayaṃ kṛtaparijayaḥ"라고 하였다. 〔참고문헌〕『大毘婆沙論』, 『俱舍論』, *Abh-k-bh.* ⇨골쇄관 骨鎖觀

이숙수자 已熟修者 이숙수위(已熟修位)의 유정. 이미 원숙히 닦은 수행자. 수행자를 초습업위(初習業位 : 初修業位)・이관습위(已串習位 : 已熟修位)・초작의위(超作意位)로 나눌 때 두 번째 위다. 『대비바사론』 권50(대정장27, p.258a22)에 "또 다음으로 세존께서는 … 업을 닦기 시작한 이들을 위해서는 하나의 애결을 설하셨고, 이미 원숙히 닦는 이들을 위해서는 (欲貪과 有貪의) 두 가지 수면을 설하셨으며, 작의를 초월한 이들을 위해서는 (欲愛・色愛・無色愛의) 삼계의 애를 설하셨다. 復次世尊 … 爲初習業者 說一愛結 爲已熟修者 說二隨眠 爲超作意者 說三界愛", 같은 책 권82(대정장27, p.422c13)에 "〔문〕 초정려의 사무량심과 무간에 제2정려의 사무량심을 일으킬 수 있는가? … 어떤 이는 '또한 일으킬 수 있다. 이미 원숙히 닦는 이들은 하나의 가행을 일으키거나, 가행 없이도 여러 지를 뛰어넘을 수 있으니 상지나 하지의 구분을 뛰어넘어 사무량심을 일으킬 수 있기 때문이다. 問 初靜慮無量無間 能起第二靜慮無量不 … 有說 亦能 已熟修者 起一加行 或無加行 能

歷諸地 或上或下 起無量故"라고 하였다. 〔참고문헌〕『大毘婆沙論』. ⇨이숙수위 已熟修位, 이습행유가사 已習行瑜伽師, 유가사 瑜伽師

이숙순수 異熟順受 Ⓢvipāka-vedanīyata, Ⓣrnam-par-smin-pa-myong-bar-'gyur-ba. 달리 익으며 순하여 받아들임. 오종순수(五種順受) 중 하나로 이숙과를 부르는 업이다. 전생에 지은 업으로 과보를 받는 것을 말한다. 구역은 과보수(果報受)이다. 『구사론』 권15(대정장29, p.81b27 : *Abh-k-bh.*, p.229)에 "(다섯 가지 순수 중) 넷째는 이숙순수다. 이숙을 감하는 업을 말한다. 저 계경에서 순현수업이라 하며 자세히 설했다. … 여기서는 단지 이숙순수만을 설한다. 업으로 말미암아 능히 불러 받아 다르게 익히기에, 비록 업은 주고 받지만 그 체성은 달라진 것을 얻으니 순락수 등이라고 이름한다. 四 異熟順受 謂感異熟業 如契經說 順現受業 乃至廣說 … 此中但說異熟順受 由業能招受異熟故 雖業與受 體性有殊 而得名爲順樂受等 vipākavedanīyatā karmaṇaḥ. dṛṣṭadharmavedanīyaṃ karmeti vistaraḥ. (…) ato vipākasya vedanīyatvāt karmāpy ucyate sukhavedanīyam ity evamādi", 『구사론기』 권15(대정장41, p.245c9)에 "일체의 이숙과를 감하는 업을 이숙순수라 한다. 업의 이름을 이숙이라 한 까닭은, 인이 과와 다르기에 '이'라 하고, 또는 과를 감할 때 전과는 같지 않기에 '이'라고 한다. 감할 바로 그때 능히 성숙하기에 '숙'이라 하며, 또는 과에 따라서 얻은 이름이다. 謂感一切異熟果業 名異 熟順受 所以業名異熟者 因異於果名異 或感果時 與前不同 名異 正感果時 能熟故名熟 或從果爲名"라고 하였다. 〔참고문헌〕『俱舍論』, 『俱舍論記』, *Abh-k-bh.* ⇨오종순수 五種順受, 순수 順受, 이숙 異熟, 이숙수 異熟受

이숙습기 異熟習氣. 삼계(三界)의 이숙과(異熟果)를 부르는 습기. 전6식의 유루의 선악업이 제8식에 훈습(熏習)되어 생겨나는 업종자(業種子)를 말한다. 유지습기(有支習氣)와 의미가 같으며, 등류습기(等類習氣)에 대칭한다. 습기는 종자의 다른 이름을 말한다. 유루의 선악업의 종자가 그 과로서 선악업의 현행을 일으키는 직접적인 인(親因)이면 등류습기라 하고, 그 선악의 종자가 제7식과 전6식의 이숙무기의 종자를 도와서 현행을 일으키는 간접적인 연(助緣)이라면 이숙습기라 한다. 세력이 강승(强勝)한 이숙습기라는 조연이 없다면 선업을 쌓더라도 총보인 제8식은 세력이 미열(羸劣)한 이숙무기이기에 스스로 인천(人天)의 낙과(樂果) 등을 초감할 수 없고, 악업을 짓더라도 고과(苦果)를 부를 수 없다. 『성유식론연비』 권2(대정장43, p.857b22)에 "〔문〕 이숙습기가 어찌 등류습기와 다르다 하여 밖에 두고 설하는가? 〔답〕 선악의 종자가 스스로 현행하는 종자라면 등류라 하고, 다른 연의 도움으로 이후에 이숙을 부르는 일이 있다면 이숙습기라 한다. 비록 체는 다르지 않지만 따로 승한 공능들이 있기에 둘로 나눈 것이다. 問 異熟習氣 豈異等流習氣 外有而別說耶 答 善惡種子生自現種 名爲等流 有餘緣助感後異熟 卽名異熟 雖體無異 有別勝能故開爲二", 『성유식론동학초』 권3(대정장66, p.476c1)에 "'이숙습기를 (전6식 중의) 유루의 선악의 훈습으로 생겨나 기른다' 운운한 구절을 밝힌다. 생하고 기른다란 저 차제로 신훈과 본유다. 이에 더하여 치주대사(혜소)는 어떤 곳에서 '업종자에 본유와 신훈이 있다' 운운하였으니 이것은 어떤 의미인가? 〔답〕 법이업종자가 있을 수 있다. 선악의 종자에는 두 가지 공능이 있다. 첫째는 스스로의 현행공능을 명언종자(등류습기)라 하고, 무기과를 돕는 공능을 업종자(이숙습기)라 부른다. 明異熟習氣 有漏善惡 熏令生長 云云 生長者 如次新熏本有也 加之淄洲大師 有處於業種有本有新熏 云云 爾者如何 答 可有法爾業種也 善惡種子 有二功能 一者生自現行功能 是名名言種子 二者 助無記果功能 名之業種子"라고 하였다. 〔참고문헌〕『成唯識論演祕』, 『成唯識論同學鈔』. ⇨업종자 業種子, 유지습기 有支習氣, 등류습기 等流習氣, 이숙 異熟, 습기 習氣

이숙식 異熟識 Ⓢvipāka-vijñāna, Ⓣrnam-par-smin-pa'i-rnam-par-shes-pa. 아뢰야식(阿賴耶識)을 달리 이르는 말. 비파가비야남(毘播迦毘若南)라고 음사한다. 제8아뢰야식의 삼상(三相) 중 과상(果相)을 가리키고, 삼능변(三能變) 중 초능변식(初能變識)으로서 이숙능변(異熟能變)이다. 전6식은 별보(別報)로서 이숙과(異熟果)일 뿐이지만, 제8식은 총보(總報)의 과체(果體)로서 업과(業果)·불간단(不間斷)·변삼계(遍三界)의 세 가지 뜻을 갖추고 있기에 진이숙(眞異熟)이라 한다. 다만 이숙식이라는 이름은 뢰야삼위(賴耶三位) 중 두 번째 위인 선악업과위(善惡業果位)까지만 해당하는데, 불과(佛果)에 이르면 이숙의 유루종자는 남지 않고 오직 무루종자만 있기 때문이다. 『섭대승론석』 권2(대정장31, p.329a25)에 "〔논〕 또 아뢰야식에 대해 간략히 설하면, 이숙식과 일체종자를 그 자성으로 하고, 삼계일체와 자체일체취 등을 능히 거둔다. 論曰 又若略說 阿賴耶識 用異熟識一切種子 爲其自性 能攝三界一切 自體一切趣等", 『성유식론』 권3(대정장31, p.13c7)에 "하지만 제8식은 모든 유정이라면 다 성취하는 것이긴 해도 그 뜻의 차이에 따라 갖가지 이름을 세운다. … 때론 이름이 이숙식이니, 생사와 선불선업의 이숙과를 능히 끌어들이기 때문이다. 이 이름은 오직 이생·이승·여러 보살위에만 해당하지 여래지에는 이숙무기법이 있을 수 없기 때문이다. 然第八識 雖諸有情皆悉成就 而隨

義別 立種種名 … 或名異熟識 能引生死善不善業異熟果故 此名唯在異生二乘諸菩薩位 非如來地猶有異熟無記法故", 『성유식론술기』 권4(대정장43, p.359b25)에 "〔술〕 저들도 명근과 오근 등이 이숙이라고 주장하니, 상속하면서 끊어지는 일이 결코 없고, 어느 때나 업과이기 때문이라고 한다. (그러나 오근 등의 이숙생은) 끊고 나면 상속하지 않는다. 따라서 (이숙생인) 육식은 이숙심이 아니라는 것을 알아야 할 것이다. 대승에서는 안근 등이 진정한 이숙(眞異熟 : 이숙심)이라고 인정하지 않는다. 述曰 彼說命根 五根等異熟者 必相續無間 一切時是業果故 斷已不續 故知六識非是異熟心 非大乘中許眼根等是眞異熟", 『대승아비달마잡집론』 권2(대정장31, p.701a24)에 "심이란 온처계의 습기로 훈습한 바다. 일체종자식·아뢰야식·이숙식·아타나식이라고도 한다. 모든 습기를 적집하기 때문이다. 습기란 현행의 온 등을 기반으로 저 종자를 모두 증익하게 하는 것이다. … 이숙식이라 하는 것은 앞서 지은 업의 소생이다. 心者 謂蘊界處習氣所熏 一切種子 阿賴耶識 亦名異熟識 亦名阿陀那識 以能積集諸習氣故 習氣者 謂由現行蘊等 令彼種子 皆得增益 … 異熟識者 先業所生故"라고 하였다. 〔참고문헌〕『攝大乘論釋』, 『成唯識論』, 『成唯識論述記』, 『大乘阿毘達磨雜集論』, *Yogā-bh.* ⇨아뢰야식 阿賴耶識, 이숙 異熟, 뢰야삼상 賴耶三相, 뢰야삼위 賴耶三位, 선악업과위 善惡業果位, 삼능변 三能變, 식 識 ❶

이숙심 異熟心 Ⓢ vipāka-citta. 아뢰야식(阿賴耶識)을 달리 이르는 말. 보심(報心)이라고도 한다. 『현양성교론』 권17(대정장31, p.565a15)에 "〔논〕 마음의 자성을 간략히 설하면 두 가지다. 첫째는 이숙심이고 둘째는 전심이다. 이숙심은 곧 아뢰야식으로 일체종자식이라고도 한다. 論曰 略說心性 有二種 一名 異熟心 二名轉心 異熟心者 卽是阿賴耶識 亦名一切種子識", 『성유식론』 권3(대정장31, p.16a16)에 "또 계경에서 설하길 '이숙심이 있어서 선악업을 감한다'고 하셨다. 만약 이 식이 없다면 저 이숙심도 있을 수 없기 때문이다. 안식 등의 식은 끊어지는 일이 있기에, 일체시가 업과인 것은 아니기에, 저 번갯불 등과 같아 이숙심이 아니다. 이숙심은 끊어졌다 다시 상속하는 것이 아니어야 한다. 又契經說 有異熟心善惡業感 若無此識 彼異熟心不應有故 謂眼等識有間斷故 非一切時是業果故 如電光等非異熟心 異熟不應斷已更續", "명근 등은 이러한 일이 없다고 저들은 주장하기 때문이다. 안식 등 6식의 업에 의해 초감된 것은 마치 저 소리 등과 같아서 항시 상속하는 것은 아니기에 이것들은 이숙생이지 진이숙은 아니다. 진이숙심이 있음을 결정코 마땅하다 해야 하니, 인업의 견인에 응해 두루 있어 끊어지는 일 없으며, 유근신과 기세간을 변현해서 유정의 의지처가 되기 때문이다. 유근신과 기세간은 심을 떠나서는 그 이치가 성립하지 않기 때문이다. 彼命根等無斯事故 眼等六識業所感者 猶如聲等非恒續故 是異熟生非眞異熟 定應許有眞異熟心酬牽引業遍而無斷 變爲身器作有情依 身器離心理非有故", "불상응행법은 실의 체가 없기 때문이고, 전식 등은 항시 존재하는 것은 아니기 때문이다. 만약 이 심이 없다면 무엇이 유근신과 기세간을 변현하겠는가? 또한 어떤 법에 의지해 항시 유정을 건립하겠는가? 또 선정에 들어 있거나 선정에 들어 있지 않을 때에도, 또는 별도의 사려가 있거나 사려가 없을 때에도 이치상 하고 많은 몸들의 감수가 일어난다. 不相應法無實體故 諸轉識等非恒有故 若無此心誰變身器 復依何法恒立有情 又在定中 或不在定有別思慮無思慮時 理有衆多身受生起", "만약 이것이 없다면 선정에서 나온 후 몸에 쾌적감이나 노력에 따른 피로감도 있을 수 없다. 만약 진이숙심이 항시 있지 않다면 저 위(定心位)에 어떻게 이 몸으로의 수용이 있을 수 있겠는가? 불과위가 아닌 다른 선심 등을 일으키는 위에서는 반드시 진이숙심이 현기할 것이다. 그것이 현기한다고 인정한다면, 부처가 아닌 유정이기 때문이다. 그렇기에 항시 진이숙심은 있으니 그 심은 바로 이 제8식이다. 此若無者不應後時 身有怡適或復勞損 若不恒有眞異熟心 彼位如何有此身受 非佛起餘善心等位 必應現起眞異熟心 如許起彼時 非佛有情故 由是恒有眞異熟心 彼心卽是此第八識"라고 하였다. 〔참고문헌〕『顯揚聖教論』, 『成唯識論』. ⇨아뢰야식 阿賴耶識, 보심 報心, 이숙식 異熟識, 이숙생 異熟生, 전식 轉識

이숙안 異熟眼 이숙과로서의 안(眼). 과거에 지은 업을 인으로 가지고 나는 선천적인 눈을 말한다. 이숙생안(異熟生眼)이라고도 한다. 후천적인 장양안(長養眼)에 대칭한다. 『종경록』 권53(대정장48, p.727b5)에 "〔문〕 육근의 성취에는 각각 몇 가지 뜻이 있는가? 〔답〕 옛 풀이에는 '각각 두 가지 뜻이 있다. 첫째는 이숙이고, 둘째는 장양이다. 먼저 안근의 경우, 저 과거업이 금세의 안을 부른 것이 이숙안이라 한다'라고 하였다. 問 六根所成 各有幾義 答 古釋云 各有二義 一 是異熟 二 是長養 且如眼根者 如過去業 招今世眼 名異熟眼"라고 하였다. 〔참고문헌〕『宗鏡錄』. ⇨이숙 異熟, 장양안 長養眼, 육근 六根, 안근 眼根

이숙인 異熟因 Ⓢ vipāka-hetu, Ⓣ rnam-par-smin-pa'i-rgyu. 달리 익히는 인. 육인(六因) 중 하나로 불선(不善)이나 선(善)의 유루업(有漏業)이 인이 되어 무기(無記)의 과(果)를 불러들이는 인. 선이나 악의 인이 성과 류(性類)를 달리해서 성숙하고, 선업은 낙과를 악업은 고과를 부른다. 『현종론』 권8(대정장29, p.814a7)에 "저 계경에서 말하기를 '지은 업이 선성의 유루라면, 이는 수행으로 성취한 것이고 그곳에 나서 온갖 이숙을 향수한다'고 하였고, 또 경에서 설하길 '고의로 생각하여 사업을 짓거나 증장한다면 반드시 이숙을 부른다'고 하였다. 이와 같은 말씀들은 이숙인에 대한 것으로, 일체불선선의 유루법은 다른 류를 불러들이기에 이인을 세운다. 如契經言 若所作業是善有漏 是脩所成 於彼處生受諸異熟 又如經言 諸故思業作及增長 定招異熟 諸如是等卽異熟因 一切不善善有漏法 由招異類 故立此因", 『종경록』 권71(대정장48, p.814a28)에 "여섯 번째는 이숙인이다. 유루의 선불선업이 이숙인이다. 인은 선악에 통하지만 과는 오직 무기이다. 이숙은 곧 인이고 인은 곧 선불선의 업이다. 六異熟因 有漏善不善業爲異熟因 因通善惡 果唯無記 異熟卽因 因卽善不善業", 『대승아비달마잡집론』 권4(대정장31, p.713c25)에 "섭수란 불선이나 선의 유루법이 능히 스스로의 바탕을 거둬 가지기에 이것이 곧 이숙인이다. 이것이 미래에는 한결같이 같지는 않으니 무부무기성자체로 거둔 이숙과이기에 곧 거둬들이는 뜻으로 이숙인을 건립한 것이다. 선유루라는 말은 무루에서는 가리기 위함이니 (무루는) 생사를 거스르기에 이숙과를 불러올 수 없다. 攝受者 謂不善及善有漏法 能攝受自體故 卽是異熟因 由此能引攝 當來一向不相似 無覆無記自體所攝 異熟果故 卽攝受義 建立異熟因 善有漏言爲簡無漏 由違生死故 不能感異熟果"라고 하였다. [참고문헌] 『顯宗論』, 『宗鏡錄』, 『大乘阿毘達磨雜集論』, *Abh-s-bh.*, *Bodh-bh.19.*, *Mvyut.114.* ⇨ 이숙 異熟, 육인 六因, 이숙과 異熟果

이숙인력 二宿因力 과거세에 심은 두 가지 업인(業因)의 효력. 대원력(大願力)과 석행력(昔行力)을 말한다. 석행력이란 원력에 의지하여 시행한 과거세의 온갖 행의 효력을 가리킨다. 『화엄경소』 권1(대정장35, p.504a8)에 "숙인이 비록 많지만 요약하면 두 가지다. 첫째는 대원력이다 「현상품」에 이르길 '비로자나불 원력이 법계에 두루 퍼져 모든 국토에서 항상 무상법륜(無上法輪 Ⓢanuttara-dharma-cakra)을 굴린다'라고 하였으며, 도솔게에 이르길 '여래께서는 세상에 출현하시지도 않고, 열반에 드신 일도 없다네. 과거세에 심은 대원력으로, 자유자재한 법을 드러내 보이시네'라고 한다. 모든 회중에 보이는 부처님의 가피는 모두 원력을 말한다. 나머지 모든 문에 미쳐서도 증명할 일이 하나가 아니다. 둘째, 석행력이다. 무량겁에 원에 의지하여 행을 일으키다가 그 행이 성취되고 과를 얻어 비로소 능히 문득 펼치신다. 宿因雖多 略有二種 一者 大願力故 現相品云 毘盧遮那佛 願力周法界 一切國土中 恒轉無上輪 兜率偈云 如來不出世 亦無有涅槃 以本大願力 示現自在法 諸會佛加 皆言願力 及餘諸文 成證非一 二者 昔行力故 謂無量劫 依願起行 行成得果 方能頓演"라고 하였다. [참고문헌] 『華嚴經疏』, 80권본 『華嚴經』 권6(대정장10, p.32c11)·권23(대정장10, p.121c9). ⇨ 숙인 宿因

이숙인이숙과 異熟因異熟果 ➡ 삼인삼과 三因三果, 이숙인 異熟因, 이숙과 異熟果

이숙장 異熟障 ⓈⓅvipāka-āvaraṇa, Ⓣrnam-par-smin-pa'i-sgrib-pa. 이숙과로서의 장애. 삼장(三章) 중 하나로 보장(報障)·과보장(果報障)이라고도 한다. 과거업을 인(因)으로 삼악취(三惡趣)에 나면 고통과 어리석음이 쌓이고, 인취(人趣) 중 북구로주(北拘盧洲)에 나면 즐거움이 가득해 무상(無常)을 감득할 기회가 없고, 천취(天趣) 중 무상천(無想天)은 외도의 열반이라 여기는 곳으로 각각 성도(聖道)와 가행(加行)을 장애한다. 『발지론』 권11(대정장26, p.973a28)에 "무엇을 이숙장이라 하는가? 모든 유정의 처소인 나락가·방생·귀계·(인취 중) 북구로주·(천취 중) 무상천처를 말한다. 云何異熟障 謂諸有情處 那落迦 傍生 鬼界 北拘盧洲 無想天處", 『사분율행사초비』 권11(卍속장67, p.877b7)에 "세 번째는 이숙장〈구역은 보장〉이다. 삼악도 전부와 인취 중 북구로주, 그리고 비상비비상천(무상천)을 이숙장이라 한다. 보로 이곳에 나면 불법을 듣지 못하기 때문이다. 저 무상천의 경우 대부분 외도가 세속선으로 그곳에 나는데, 이곳이 열반이라고 헤아린다. 第三 異熟障〈舊名報障〉 三惡道全 人中北州 及非想天 名異熟障 以報生此處 不得聞法故也 如無想天 多是外道修於世禪 生在其中 以外道計此處爲涅槃"라고 하였다. [참고문헌] 『發智論』, 『四分律行事鈔批』, *Bodh-bh.56.* ⇨ 보장 報障, 삼장 三障❶, 순이숙업 順異熟業

이숙정 異熟定 ❶ 이숙으로 정해짐. 사업(四業) 중 하나로 이숙결정(異熟決定)이라고도 한다. 『대비바사론』 권162(대정장27, p.820c23)에 "이숙으로 결정된다는 것은 일체선불선한 유루법은 모두 이숙으로 있기 때문이다. 異熟定者 一切不善善有漏法 皆有異熟故"라고 하였다. [참고문헌] 『大毘婆沙論』, 『瑜伽師地論』 권60(대정장30, p.635c5). ⇨ 사업 四業❹ ❷ Ⓢvipāka-samādhi. 보정(報定) 또는 보생삼매(報生三昧)의 다른 이름. 범어 비파카는 한역하여 보(報) 또는 이숙(異熟)으로 한역한다. ⇨ 보정 報定, 보생삼매 報生三昧

이숙차별 異熟差別 Ⓢvipāka-prabheda, Ⓣrnam-par-smin-pas-rab-tu-dbye-ba. 이숙으로 과를 달리함. 아뢰야식(阿賴耶識)의 사종차별(四種差別) 중 하나다. 『섭대승론본』 권상(대정장31, p.137b5)에 "이숙차별이란 무엇인가? 행과 유로 연을 삼아 제취중에 이숙이 차별한다. 이것이 없다면 종자가 없게 되어 후유의 모든 법이 날 수도 성취하지도 못한다. 異熟差別者 謂行有爲緣 於諸趣中 異熟差別 此若無者 則無種子 後有諸法生應不成"라고 하였다. [참고문헌] 『攝大乘論本』, 『攝大乘論釋』 권3(대정장31, p.336c1), *Mah-saṃ.22.* ⇨인발차별 引發差別 **1**, 이숙과 異熟果

이숙품추중 異熟品麤重 이숙식(異熟識)에 의지하여 생한 추중. 이종추중(二種麤重) 중 하나로 오직 부처님만이 끊는 습기(習氣)다. 유염추중(有染麤重)과 같은 뜻이고 번뇌품추중(煩惱品麤重)의 상대어다. 『이장의』(한불전1, p.794a16)에 "이숙식에 의지하여 따라 쫓아버릴 수 없기에 이름이 이숙식품의 추중이다. 또 이 추중은 누수의 남은 기이지 누수는 아니므로 유염추중이라고도 한다. 마치 아들이 아버지의 유해를 떠올리지만 단지 아버지라 해도 이 아버지는 아닌 것과 같다. 유염의 뜻도 마땅히 그러하다. 依異熟識 隨逐不離 故名異熟識品之麤重 又此麤重 漏水之遺氣 而非是漏水 故亦說名有染麤重 猶如子思 父之遺體 但是有父 非卽是父 有染之義 當知亦爾"라고 하였다. [참고문헌] 『二障義』, 『本業經疏』 권하(한불전1, p.502a22). ⇨이종추중 二種麤重, 유염추중 有染麤重, 번뇌품추중 煩惱品麤重

이순 李純 신라 경덕왕(景德王 재위 742~765) 때 관리. 출가하여 단속사(斷俗寺)를 창건하였다. 『삼국사기』 권9 신라본기(新羅本紀)9 경덕왕 22년(763) 8월에 "대나마 이순은 왕의 총신이었는데, 홀연히 세상을 피해 산으로 들어갔다. 누차 불러도 나오지 않더니 머리를 깎고 스님이 되었다. 왕을 위해 단속사를 창건하고는 주석하였다. 大奈麻李純爲王寵臣 忽一旦避世入山 累徵不就 剃髮爲僧 爲王創立斷俗寺 居之"라고 하였다. 『삼국유사』 권5(대정장49, p.1016b14 · 한불전6, p.365a15) 피은(避隱)8 신충괘관(信忠掛冠)에는 '이준 李俊'이라고 하였다. [참고문헌] 『三國史記』, 『三國遺事』. ⇨이준 李俊, 단속사 斷俗寺

이순 爾順 1816~1881. 호는 혜봉(惠峰), 속성은 노(盧)씨. 1816년(순조16) 전라도 낭주(朗州 : 전남 영암의 옛 이름)에서 태어났다. 1831년(순조31) 15세 때 해남 달마산 미황사(美黃寺)로 찾아가 호기(好奇)를 은사로 하여 스님이 되었다. 20세에 쌍연성관(雙蓮性貫)율사로부터 비구계를 받고, 부지런히 경론을 연마하였다. 학덕과 도덕을 겸비한 후, 수계사인 쌍연의 법을 이어 받았으니, 설봉회정(雪峰懷淨)의 6세(世), 연파혜장(蓮坡惠藏)의 3세 법손이 된다. 1881년(고종18) 1월 17일 해남 대흥사 남미륵암(南彌勒庵)에서 세수 66, 법랍 51세를 일기로 입적하였다. 수계제자는 12명이었는데, 수법제자로는 지월능환(智月能環) · 원월세영(圓月世英) · 보응응오(普應應悟) 등이 있다. [참고문헌] 『東師列傳』 권5 「惠峰禪師傳」(한불전10, p.1057c8). ⇨성관 性貫, 회정 懷淨

이순 履順 밟아 따름. 본보기나 이치 등을 되새겨 따른다는 뜻이다. 『대애경』 권8(대정장13, p.448c16)에 "그 긴요한 행 밟아 따르니 이것이야말로 지혜로운 업이다. 履順其要行 是爲慧之業", 『양고승전』 권6 「혜원전 慧遠傳」(대정장50, p.359b4)에 "단월로서 이미 밟고 따라서 자성에 자유로웠고, 불에 올라서는 마음마저 잘 다스렸다. 檀越旣履順而遊性 乘佛理以御心", 『조론소』 권상(卍속장96, p.865b2)에 "〈논〉 진심에 올라 되새겨 따르니 막힘 없어 통하지 못할 일 없다. 〈소〉 진실한 마음을 체득하고 만물의 자성을 되새겨 따르기에 미혹에 쌓인 세상 그 사정에 통하지 못할 수 없다. 乘眞心以履順 無滯而不通者 體眞之心 履順物性 故滯惑之物 無不通其情也"라고 하였다. [참고문헌] 『大哀經』, 『梁高僧傳』, 『肇論疏』, 『肇論』(대정장45, p.152a7).

이순석 李順碩 통일신라 스님. 720년 (성덕왕19)에 경기도 연천 보개산(寶蓋山) 심원사(深源寺)의 산내암자인 석대암(石臺庵)을 창건하였다. 『유점사본말사지』 「보개산석대암기 寶蓋山石臺庵記」에 전한다. 옛날 이순석 등 두 사람이 보개산으로 사냥을 가서 금빛 돼지를 발견하고 활을 쏘았고 화살 맞은 돼지가 피를 흘리면서 달아났는데, 순석 등이 환희봉까지 따라 갔으나 보이지 않았다. 다만 석조지장보살상만이 샘 속에 빠져 있었고 어깨에는 화살이 꽂혀 있었다. 두 사람 크게 놀라 화살 뽑고 건져내려 하였으나, 태산처럼 끄덕도 하지 않았다. "함께 서원을 세워 말하길 '대성 지장보살님이시여! 저희들을 불쌍히 여겨 제도하여 주시옵소서'라 하였다. 과연 다음날 해가 뜰 무렵에는 샘 가 바위 위에 앉아 계셨다. 俱立誓云 大聖旣已哀憐我等 爲欲度脫 現此神變 若明日出坐泉邊之石上". 이후 두 사람은 출가하였고 720년(성덕왕19) 신도 삼백인과 함께 힘을 모아 절을 짓고 석대암이라 이름한 후, 염불수행을 하다가 육신을 버리고 허공을 날아 서방극락세계에 왕생하였다고 전한다. [참고문헌] 『楡岾寺本末寺誌』(亞細亞文化社, 1977) p.619, 『東國輿地勝覽』 권47 江原道 鐵原都護府 佛宇. ⇨석대암 石臺庵 **2**, 석대암사적기 石臺庵事蹟記

이슈바라크리슈나 Iśvarakṛṣṇa ➡자재흑 自在黑

이습 二習 두 가지 습기. **1** 번뇌습(煩惱習 Ⓢkleśa-vāsanā)과 업습(業習 Ⓢkarma-vāsanā). 번뇌습은 여습(餘習) · 잔기(殘氣) · 번뇌잔습(煩惱殘習)이라고도 하며 번뇌에 훈습되어 남아 있는 습기를 말한다. 업습은 이숙습기(異熟習氣)·업종자(業種子)라고도 하고 제6식에 있는 선악 등 사업(思業)의 종자를 말한다. 『사교의주휘보보굉기』 권6(卍속장102, p.599a18)에 "이습이란 번뇌습과 업습이다. 복이 홍성해지면 나아가 업습을 없애고, 지혜가 홍성해지면 번뇌습을 없앤다. 二習卽煩惱習 業習 以其福隆 故進侵業習 以其慧隆 故進侵煩惱習也"라고 하였다. 〔참고문헌〕『四教儀註彙補輔宏記』. ⇨번뇌습 煩惱習, 업습기 業習氣 **2** 견사혹(見思惑)과 진사혹(塵沙惑). 견사혹은 견혹과 사혹을 아우른 말로 각각 삼계(三界)의 이(理)와 사(事)에 대한 미혹을 말한다. 진사혹은 사지(事智)를 장애하는 삼계내외의 무수한 번뇌를 말한다. 『사교의주휘보보굉기』 권7(卍속장102, p.661a9)에 "남은 습을 단박에 끊는다는 말에 대해 『관음현의기』 권3(대정장34, p.910c2)에 '앞에서 번뇌를 끊었으니 여기서는 두 습을 없애고 불지에 이른다. 견사혹이 다하는 것이 진제의 구경이고, 티끌과 모래알처럼 가득한 습기 즉 진사혹이 다하는 것이 속제의 구경이다'라고 하였다. 頓斷殘習者 觀音玄記下云 前斷正使 今侵二習 至於佛地 見思習盡 眞諦究竟 塵沙習盡 俗諦究竟"라고 하였다. 〔참고문헌〕『四教儀註彙補輔宏記』, 『觀音玄義記』. ⇨견사혹 見思惑, 진사혹 塵沙惑

이습바라 伊濕波羅 Ⓢ Īśvara의 음사어. 자재천(自在天)을 말한다. 『잡아함경』 권33(대정장2, p.236a15)에 "선타여! 비구로서 이렇게 선을 닦는 이라면, 모든 천주와 이습바라와 파사파제도 공경하여 합장하고 머리를 조아려 예를 올리면서 다음처럼 게송으로 말할 것이다. '대사부께 귀의하며 위없는 스승님께 귀의합니다. 저로서는 알 길이 없습니다. 무엇에 의지하여 선정을 하여야 합니까?' 詵陀 比丘如是修禪者 諸天主 伊濕波羅 波闍波提恭敬合掌 稽首作禮而說偈言 南無大士夫 南無士之上 以我不能知 依何而禪定"라고 하였다. 〔참고문헌〕『雜阿含經』. ⇨자재천 自在天

이습벌라 伊濕伐邏 Ⓢ Īśvara. 논사 이름. 한역하면 자재(自在)라는 뜻으로 자세한 행적은 알려지지 않았다. 『대당서역기』 권2(대정장51, p.881b11)에 "옛날에 이습벌라〈한역어는 자재〉논사가 여기에서 『아비달마명등론』을 지었다. 昔伊濕伐邏〈唐言自在〉論師 於此 製阿毘達磨明燈論"라고 하였다. 〔참고문헌〕『大唐西域記』, 『翻譯名義集』 권1(대정장54, p.1067b10).

이습행 已習行 Ⓢ kṛta-paricaya, Ⓣ yongs-su-spyod-pa-byas-pa. 이미 익혀 행함. 순결택분(順決擇分)을 달리 이르는 말로 사유이도(思惟已度)·시업(始業)과 함께 세 가지 수행 중 하나이다. 『유가사지론』 권28(대정장30, p.439b16 : *Śrāv-bh.*, p.285)에 "이미 일어난 순결택분선근인 난·정·수순제인·세제일법을 이습행이라고 한다. 若已起順決擇分善根 所謂煖 頂 隨順諦忍 世第一法 名已習行 yadā punar-nirvedhabhāgīyānyutpādayati. tadyathā ūṣmagatāni. mūrdhānaḥ, satyānulomāḥ. kṣāntīḥ laukikānagradharmān. tadā kṛtaparicayo bhavati", 『유가론기』 권4(대정장42, p.383a13·한불전13, p.225b3)에 "순해탈분을 초습업이라 하고, 순결택분을 이습행이라 하며, 사제의 현관후를 도작의라고 한다. 현료상에 즉해 순해탈분에 있게 되며, 그 다음 다섯 작의로 순결택분에 있고, 일곱 번째 작의로는 제현관후에 있게 된다. 順解脫分 名初習業 順決擇分 名已習行 諦現觀後 名度作意 卽顯了相在順解脫 次五作意 在順決擇 第七作意 在諦現觀後"라고 하였다. 〔참고문헌〕『瑜伽師地論』, 『瑜伽論記』, *Śrāv-bh.* ⇨순결택분 順決擇分, 사유이도 思惟已度, 시업 始業

이습행유가사 已習行瑜伽師 Ⓢ kṛta-paricayo yogācāra, Ⓣ rnal-'byor-spyod-pa-yongs-su-spyod-pa-byas-pa. 칠종작의(七種作意) 중 요상작의(了相作意)와 가행구경과작의(加行究竟果作意)를 제외한 다섯 가지 작의를 잘 수습한 유가사(Ⓢ yogin). 이숙수위(已熟修位)의 요가수행자(已串習者 : 已熟修者)를 말한다. 『유가사지론』 권28(대정장30, p.439b1)에 "〔문〕 유가를 수습한 이는 무릇 몇이나 되는가? 〔답〕 셋이다. … 둘째는 이습행유가사이다. … 무엇을 이습행유가사라 하는가? 요상작의를 제외한 나머지 가행구경작의에 이르기까지 다섯 가지 작의를 이미 잘 수습한 것을 말한다. … 만약 이미 순결택분의 선근, 즉 난·정·수순제인·세제일법을 일으켰다면, 이미 잘 익혀 행했다고 부른다. 問 修瑜伽師凡有幾種 答 三 … 二 已習行瑜伽師 … 云何已習行瑜伽師 謂除了相作意 於餘乃至加行究竟五作意中 已善修習 … 若已起順決擇分善根 所謂煖頂隨順諦忍世第一法 名已習行"라고 하였다. 〔참고문헌〕『瑜伽師地論』, *Śrāv-bh.284.* ⇨이숙수위 已熟修位, 이습행유가사 已習行瑜伽師, 이도작의유가사 已度作意瑜伽師, 칠종작의 七種作意

이승 二乘 두 수레. 교법을 실어 나르거나 중생을 태워 고해를 건너게 하는 뜻으로 수레(乘)이며, 불법을 대승의 입장에서 크게 구분한 것이다. 성문승(聲聞乘)과 연각승(緣覺乘)을 가리키는 경우가 일반적이다. **1** 대승(大乘)과 소승(小乘). 『섭대승론석』 권6(대정장31, p.193c28)에 "〔석〕 제법은 생하고 나면 지나간다. 유독 생할 때는 머묾이 없다. 이미 머묾이 없기에 현재법 또한 체가 없다. 이렇듯 삼세에 성이 없는 것은 대소이승에 통한다. 釋曰 若諸法已生過 唯生時無能住義 既不能住故 現在亦無體 此三世無性 亦通大小二乘", 『성유식론술기』 권3(대정장43, p.318c17)에 "소승인은 마음 밖에 경이 있다고 여겨 소연으로 삼지만 대승은 없다고 설한다. 따라서 저 소승의 행상은 대승상분이 된다. 대승심은 스스로를 반연할 수 있어 따로 자체분을 세운다. 然小乘人 心外有境 卽以爲所緣 大乘說無 故以彼小乘行相 爲大乘相分 大乘心得自緣 別立自體分"라고 하였다. 〔참고문헌〕『攝大乘論釋』, 『成唯識論述記』. ⇨대승 大乘, 소승 小乘 **2** 성문과 연각 또는 벽지불(辟支佛). 『대지도론』 권71(대정장25, p.555a20)에 "〔문〕 성문과 벽지불의 법은 소승이고 보살은 대승이라 하는데, 어째서 '이승의 지덕과 단덕이 보살의 무생인과 같다'고 하는가? 問曰 聲聞辟支佛法是小乘 菩薩是大乘 云何言 二乘智斷 卽是菩薩無生忍", 『화엄경탐현기』 권1(대정장35, p.116c18)에 "일체의 이승은 광대심이 없어 대승의 그릇도 아니다. 아래 경문에서 '일체성문연각은 이 『화엄경』을 듣지도 못했는데 어찌 수지하겠는가!'라고 하였다. 또 사리불 등 오백성문은 모두 귀멀고 눈먼 이처럼 듣지도 보지도 못하였다. 謂一切二乘無廣大心 亦非此器 下文云 一切聲聞緣覺 不聞此經 何況受持 又舍利弗等 五百聲聞 皆如聾盲 不聞不見"라고 하였다. 〔참고문헌〕『大智度論』, 『華嚴經探玄記』, 60권본 『華嚴經』 권36(대정장9, p.630a9). ⇨성문승 聲聞乘, 연각승 緣覺乘, 벽지불 辟支佛 **3** 일승(一乘)과 삼승(三乘). 별교(別敎)의 일승으로 성문·연각·보살을 상대한 경우다. 『법화의소』 권4(대정장34, p.502a11)에 "'시방의 불국토 중에서'란, 둘째로 도리상 하나일 뿐 둘은 없음을 밝힌 것이다. 진실로 도리상 오직 일승만 있을 뿐 이승이란 있을 수 없기에, 성문과 보살일지라도 『법화경』의 한 게송만 듣고도 다 함께 성불한다. 十方佛土中 第二 明道理有一無二也 良由道理 唯有一乘 無有二乘 是故聲聞菩薩聞 法華一偈 並皆成佛"라고 하였다. 〔참고문헌〕『法華義疏』. ⇨일승 一乘, 삼승 三乘**1**

이승 理乘 뜻으로 오름. 삼대승(三大乘 : 三乘) 중 하나. 이(理)로 법신(法身)에 올라 제법에 노는 뜻이다. 성승(性乘)과 같은 말이다. 『금광명경현의』 권상(대정장39, p.3c14)에 "무엇이 삼대승인가? 실어 나르는 것을 승이라고 한다. 이성은 막힘없이 통하여 걸림없이 모든 법을 실어 나르기에 이승이라 이름한다. 云何三大乘 運荷名乘 理性虛通 任運荷諸法 故名理乘", 『지관보행전홍결』 권3(대정장46, p.221c15)에 "삼대승이란, 뜻으로 오름이란 법신이고, 따라 오름은 반야이며, 얻어 오름은 해탈이다. 三大乘者 理乘法身 隨乘般若 得乘解脫"라고 하였다. 〔참고문헌〕『金光明經玄義』, 『止觀輔行傳弘決』. ⇨삼대승 三大乘, 이성 理性

이승 異乘 Ⓢyāna-anya, Ⓣtheg-gzhan. 가르침을 달리해 오름. 소승(小乘) 또는 외도(外道)와 소승(小乘)을 일컫기도 한다. 『대승장엄경론』 권12(대정장31, p.656a3)에 "일곱째 이승수이니, 소승의 마음을 일으켜 대보리를 버림을 부끄러워하는 것이다. 七 異乘羞 羞起小乘心 捨大菩提故", 『십지론의소』 권3(대정장85, p.778c14)에 "이승견이란 외도와 이승을 말하니, 대승의 뜻에 귀의하지 못함이다. 정도란 대승도이다. 異乘見者 謂外道二乘 不歸大理 正道者 大乘道"라고 하였다. 〔참고문헌〕『大乘莊嚴經論』, 『十地論義疏』, *Sūtr.173.* ⇨소승 小乘, 외도 外道

이승견도 二乘見道 이승의 견도(見道). 무루지(無漏智)로 번뇌장(煩惱障)만을 끊는 위로 수다원향(須陀洹向) 곧 예류향(預流向)을 말한다. 번뇌와 소지 이장을 모두 끊어야 하는 보살견도(菩薩見道)에 상대한다. 하지만 둘 다 견도(見道)와 성성(聖性)으로 간주한다. 『성유식론』 권9(대정장31, p.52b20)에 "십중장이란, 첫째 이생성의 장이다. 즉 두 장중 분별로 일어나는 것을 말한다. 저 종자에 의지하여 세우기에 이생들의 자성이 있게 된다. 이승견도가 현전할 때 유독 한 장만을 끊는 것을 성성을 얻는다 하고, 보살견도가 현전할 때 두 장애를 모두 끊는 것을 '성성'을 얻는 것이라고 한다. 두 가지 진견도가 현전할 때는 저 두 가지 장애는 결코 일어나지 않으니, 마치 밝음과 어둠이 결코 함께 할 수 없는 것과 같다. 十重障者 一 異生性障 謂二障中 分別起者 依彼種立 異生性故 二乘見道 現在前時 唯斷一種 名得聖性 菩薩見道 現在前時 具斷二種 名得聖性 二眞見道 現在前時 彼二障種 必不成就 猶明與闇 定不俱生", 『능가경합철』 권7(卍속장26, p.947b16)에 "『성유식론』에서 말한다. '이승견도는 한 가지 번뇌만을 끊는 것을 '성성'이라고 한다〈분별아집을 끊고 초과를 증득함으로부터 차례로 삼계의 팔십일품의 사혹을 끊고 적멸정을 증득하며 사과를 얻는다〉. 보살견도는 두 번뇌 모두 끊음을 '성성'이라고 한다〈분별아집과 분별법집의 두 집착을 끊고 초지에 증입하는 것을 견도라고 한다. 이로부터 차례로 구생아집과 구생법집의 두 집착을 끊고 팔지에 이르러 멸진정을 얻는다〉. 唯識論云 二乘見道 唯斷一種 名爲聖性〈謂斷分別我執 證初果 從是次第 斷三界八十一品思惑 得寂滅定 得四果〉 菩薩見道 具斷二種 名爲聖性〈謂斷分別我法二執 得入初地 名見道 從是次第 斷俱生我法二執 至八地 得滅盡定〉"라고 하였다. 〔참고문헌〕『成唯識論』, 『楞伽經合轍』. ⇨수다원향 須陀洹向, 예류향 預流向, 견도 見道**1**, 보살견도 菩薩見道

이승경 二乘境 십경(十境) 중 하나. 그릇된 견해와 증상만(增上慢)이 멈춘 경계에 만족하여 대승법에 나아가지 못하는 경계를 말한다. 『유마경현소』 권2(대정장38, p.531b5)에 "생사가 바로 열반임을 알면 음계입경·병

환경·업상경·마사경·선문경·이승경·보살경에 의해 무너지지 않는다. 若知生死卽涅槃 卽不爲陰界入境 病患境 業相境 魔事境 禪門境 二乘境 菩薩境之所壞也", 『마하지관』 권5(대정장46, p.49b23)에 "그릇된 소견과 증상만은 이미 고요하니, 과거세에 소승을 익혀 적정으로 생기니 사리불이 눈을 버린 것이 곧 그 일이다. 『대품』에서 말한다. '갠지스강의 모래알처럼 많은 보살들이 대보리심을 내지만 한둘만이 보살위에 들어가고 대부분은 이승에 떨어진다'. 그러므로 증상만경 다음에 이승경을 말한다. 見慢旣靜 先世小習 因靜而生 身子捨眼 卽其事也 大品云 恒沙菩薩 發大心 若一若二 入菩薩位 多墮二乘 故次慢說 二乘"라고 하였다. 〔참고문헌〕『維摩經玄疏』, 『摩訶止觀』. ⇨ 십경 十境

이승계 二乘戒 성문계(聲聞戒). 오계(五戒)·팔계(八戒)·십계(十戒)·구족계(具足戒 : 大戒) 등의 별해탈계(別解脫戒) 즉 소승계(小乘戒). 대승보살계(大乘菩薩戒)의 상대어다. 『섭대승론석』 권11(대정장31, p.233a25)에 "〔논〕 이와 같이 알아야 한다. 공계와 불공계의 차별이 있다. 〔석〕 이와 같이 보살과 이승은 성계중에 차별이 있으니, 곧 마음으로 가지는 것과 마음만 가져서는 안 되는 것이다. 제계중에도 차별이 있다. 즉 이타와 불이타이니, 보살계와 이승계로서의 차별이 있고 보살계와 이승계에도 거듭 차별이 있으니, 즉 넓고 큰 대계(大戒) 등의 차별을 말한다. 論曰 如此應知 共不共戒差別 釋曰 如此菩薩 與二乘 於性戒中 亦有差別 卽心所持 及非心所持 於制戒中 亦有差別 謂利他不利他故 菩薩與二乘戒有差別 菩薩與二乘戒 復有差別 謂廣大差別"라고 하였다. 〔참고문헌〕『攝大乘論釋』. ⇨ 성문계 聲聞戒, 소승계 小乘戒, 보살계 菩薩戒

이승과 二乘果 이승(二乘)의 법에 의지해 얻은 과(果) 사성제(四聖諦)와 십이인연(十二因緣)의 뜻 깨달아 얻는 증과를 말하며, 소승과(小乘果)라고도 하여 성문사과(聲聞四果)를 일컫는다. 『미증유정법경』 권4(대정장15, p.439c23)에 "성문과 연각은 오직 스스로 공부함을 좋아하여 모든 선근을 닦아 이승과를 구하므로 보살법에 대해서는 알지 못한다. 모든 보살들은 성문법을 관하여 사제도에 있어 모두 능히 알고 잘 분별하지만 나아가 그 과를 증하지 않으며, 연각법을 관하여 십이인연을 모두 알고 잘 분별하지만 그 과를 증하지는 않는다. 보살은 모든 행을 두렷이 채우고 다 통달하니, 마치 저 청정유리보 그릇 안에 여러 가지 물건들을 가득 담으면 다 함께 한 빛깔로 영롱하고 깨끗하게 비추는 것과 같다. 성문연각의 법은 보살장중에 들어가 본래 어떤 차이도 없다. 그러므로 모든 보살마하살들이 보살장에 들어간 다음에는 어떤 법이나 평등하고 차별이 없어서 제불법상마저도 없고, 보살법상도 이승법상도 없음을 안다. 모든 법에 대하여 어떠한 사념도 없고, 모든 언어문자를 여의어 드러낼 것도 보여줄 것도 없다. 聲聞緣覺 唯樂自乘 修諸善根 求二乘果 於菩薩法 而不能知 諸菩薩 觀聲聞法 於四諦道 悉能證知 善能分別 而不趣證彼果 觀緣覺法 於十二因緣 而悉證知 善能分別 而不趣證彼果 菩薩圓滿諸行 而盡通達 譬如淸淨瑠璃寶器內置諸物 咸同一色瑩淨無異 聲聞緣覺之法 入菩薩藏中 本無差異 是故 諸菩薩摩訶薩 入菩薩藏已 見法平等 無有差別 無諸佛法相 無菩薩法相 無二乘法相 於一切法 無所思念 離諸語言文字 無表無示", 『승만경기』(대정장85, p.255a22)에 "오계로는 천과 인의 과보를 구하고 사제인연으로는 이승과를 구하면, 생사를 면하지 못하고 마왕마저 두려워하지 않는다. 若以五戒 求天人果報 四諦因緣 求二乘果 不勉生死 魔所不畏"라고 하였다. 〔참고문헌〕『未曾有正法經』, 『勝鬘經記』. ⇨ 성문사과 聲聞四果

이승과 二勝果 두 가지 뛰어난 과(果). 번뇌장(煩惱障)을 끊어서 얻는 열반(涅槃)과 소지장(所知障)을 끊어서 얻는 보리(菩提)를 말한다. 이전의(二轉依)·이전의과(二轉依果)·이전의묘과(二轉依妙果) 등과 같은 뜻이다. 『성유식론』 권1(대정장31, p.1a10)에 "이공을 증하면 저 장도 따라 끊는다. 장을 끊음은 두 가지 뛰어난 과를 얻기 위한 것이다. 생을 상속하게 하는 번뇌장을 끊음으로 말미암아 진해탈을 증하고, 이해를 장애하는 소지장을 끊음으로써 대보리를 얻는다. 若證二空 彼障隨斷 斷障爲得二勝果故 由斷續生煩惱障故 證眞解脫 由斷礙解所知障故 得大菩提", 『성유식론집해』 권1(卍속장50, p.661b8)에 "장을 끊음에 두 가지 수승한 과를 얻는다는 것은, 번뇌장이 대열반을 장애하여 모든 유정중생들이 생사에 구르도록 하기에, 계속되는 생을 끊고 곧 해탈을 증한다. … 소지장이 대보리를 장애하여 모든 유정중생들이 정각을 얻지 못하도록 하기에, 애해를 끊으면 곧 보리를 증득한다. 斷障爲得二勝果故 由煩惱障 障大涅槃 令諸有情 輪轉生死 故斷續生 便證解脫 … 由所知障 障大菩提 令諸有情 不得正覺 故斷礙解 便得菩提"라고 하였다. 〔참고문헌〕『成唯識論』, 『成唯識論集解』. ⇨ 이전의과 二轉依果, 열반 涅槃, 보리 菩提

이승교 二乘教 소승교(小乘敎). 대승교(大乘敎)의 상대어다. 『법화의소』 권4(대정장34, p.500c7)에 "구부는 인천교를 말하며, 지금은 이승교를 밝힌다. 인천이 비록 다르지만 구부를 벗어나지 못하고, 이승이 비록 다르지만 한결같이 열반만을 구한다. 九部 謂人天教 今明二乘教 人天雖異 不出九部 二乘雖異 同求涅槃", 『현수오교의』 권2(卍속장104, p.36b15)에 "오교란 무엇인가? 첫째 소승교, 둘째 대승시교, 셋째 대승종교, 넷째 일승돈교, 다섯째 원교이다. 처음의 소승교란 법에 어리석은 즉 법공을 모르는 이승교이니, 대승과 다르기 때문이다. 言五教者 一 小乘教 二 大乘始教 三 終教 四 一乘頓教 五 圓教 初小乘教者 卽愚法二乘教 異大乘故"라고 하였다. 〔참고문헌〕『法華義疏』, 『賢首五教儀』. ⇨ 소승교 小乘教, 대승교 大乘教

이승권렴 二僧卷簾　법안문익(法眼文益)이 손가락으로 발(簾)을 가리키자 두 학인이 발을 말아 올린 공안. 법안지렴(法眼指簾)이라고도 한다. 권(卷)은 권(捲)으로도 쓴다. 『무문관』 26칙 「이승권렴」(대정장48, p.296b2)에 "청량사 대법안은 학인들이 공양하기 전에 법을 물으러 오자 손가락으로 발을 가리켰다. 그때 두 학인이 동시에 가서 발을 말아 올렸다. 법안이 말하였다. '한 사람은 얻었고 한 사람은 잃었다'. 淸凉大法眼 因僧齋前上參 眼以手指簾 時有二僧 同去卷簾 眼曰 一得一失"라고 하였다. 〔참고문헌〕『無門關』, 『五家正宗贊』 권4(卍속장135, p.992b4), 『禪苑蒙求』 권중(卍속장148, p.233a12). ⇨ 법안지렴 法眼指簾

이승근성 二乘根性　이승의 근성. 성문(聲聞)과 연각(緣覺)이 자신의 열반만을 생각하는 근성을 가리킨다. 『천태사교의』(대정장46, p.775c19)에 "〔문〕 오미를 가져 오시교에 대한 것은 어떤 뜻인가? 〔답〕 두 가지가 있다. 첫째 상이 일어나는 차례만을 취한다. 즉 소를 부처님께 비유하고 오미를 부처님 가르침에 비유하는데, 우유는 소에서 나오고 연유는 우유에서 나오며, 생소·숙소 등 두 가지 소와 제호의 차제는 바뀌지 않기에 오시교는 특성이 일어나는 차례를 비유한다. 둘째 그 농담을 취한다. 이것은 우선 하열한 근성을 취한다. 즉 이승근성이니, 화엄좌에서 펼친 말씀을 믿지 못하고 이해하지 못하여 범부의 분별이 변하지 않았으므로 우유에 비유한다. 다음으로 녹야원에서 삼장의 가르침을 듣고 이승근성이 가르침에 따라 수행하여 범부를 뒤쳐 성인이 되므로, 우유가 변하여 연유가 되는 것에 비유한다. 다음으로 방등에 이르러 성문을 가리켜 버리는 가르침을 듣고, 대승을 사모하고 소승을 부끄러워하여 통교의 이익을 얻으니, 연유가 변하여 생소가 되는 것과 같다. … 그 다음으로 법화에 이르러 삼주설법을 듣고 수기를 얻으니, 숙소가 변하여 제호가 되는 것과 같다. 問 將五味對五時教 其意如何 答 有二 一者 但取相生次第 所謂牛譬於佛 五味譬教 乳從牛出 酪從乳生 二酥醍醐 次第不亂 故譬五時相生次第 二者 取其濃淡 此則取一番 下劣根性 所謂二乘根性 在華嚴座 不信不解 不變凡情 故譬其乳 次至鹿苑 聞三藏教 二乘根性 依教修行 轉凡成聖 故譬轉乳成酪 次至方等 聞彈斥聲聞 慕大恥小 得通教益 如轉酪成生酥 … 次至法華 聞三周說法 得記作佛 如轉熟酥成醍醐"라고 하였다. 〔참고문헌〕『天台四教儀』. ⇨ 이승 二乘[2], 근성 根性, 오미 五味[1], 오시팔교 五時八教

이승단공지여형화 二乘但空智如螢火　이승이 다만 공만을 아는 지혜가 반딧불과 같다는 말. 이승인은 공만 알고 불공(不空)을 모르기에, 그 지혜가 보살에 훨씬 미치지 못함을 반딧불에 비유한 뜻이다. 『마하지관』 권3(대정장46, p.28a5)에 "『대지도론』에 '공에는 두 가지가 있으니 첫째 다만 공만을 아는 단공이고, 둘째 단지 공만이 아닌 부단공이다'라고 하였으며, 『대반열반경』에서 '이승인은 단지 공만을 볼 뿐 불공을 보지 못하고, 지혜로운 이는 공을 볼 뿐만 아니라 능히 불공도 본다. 불공은 바로 대열반이다'라고 하였다. 이승의 공만 아는 지혜는 반딧불과 같고, 보살인은 그 지혜가 저 태양과 같다. 大論云 空有二種 一 但空 二 不但空 大經云 二乘之人 但見於空 不見不空 智者 非但見空 能見不空 不空卽大涅槃 二乘但空智如螢火 菩薩之人智慧如日"라고 하였다. 〔참고문헌〕『摩訶止觀』. ⇨ 이승 二乘[2]

이승동이 二乘同異　이승(二乘)의 같고 다름. 성문과 연각의 같은 점과 다른 점을 말한다. 『대승의장』 권17(대정장44, p.807c10)에 "우선 다섯 가지 같은 뜻이다. 첫째 이를 봄이 같으니 중생공(衆生空)을 보는 것이고, 둘째 번뇌장이 같다. 사주혹을 끊는다. 셋째 수행이 같음이니 삼십칠도품을 닦는 것이고, 넷째 얻는 과의 같음이니 진지와 무생지를 얻는 것이며, 다섯째 증득하는 열반의 같음이니 유여열반과 무여열반을 증득하는 것이다. 以辨同異 先論同義 同有五種 一 見理同 見生空故 … 二 斷障同 同斷四住不受分段 … 三 修行同 同修三十七道品法故 … 四 得果同 同得盡智無生智果故 … 五 證滅同 同證有餘無餘涅槃", "다음은 다른 뜻이니 여섯 가지 다른 점이다. 첫째 근기의 다름이니 성문의 둔근과 연각의 이근이다. 둘째 의지함이 다름이니 성문은 스승에게 의지하고 연각은 자신에 의지한다. 셋째 연을 빌림이 다름이니 성문은 교법을 빌어 연을 삼아 도를 깨우치고, 연각은 사상으로 드러난 연을 빌어 깨우쳐 안다. 넷째 관함이 다름이니 성문은 사성제를 관하고 연각은 십이인연을 관한다. 다섯째 향함과 과가 다르니 성문은 사향사과의 과정을 거치고 연각은 일향일과임을 말하며, 여섯째 신통 씀이 다름이니 성문의 신통은 이천국토에 미치고 연각통은 삼천국토에 미친다는 것을 말한다. 次論異 義異有六種 一者 根異 聲聞鈍根緣覺利根 … 二 所依異 聲聞依師 緣覺不依 三 藉緣異 聲聞藉於教法爲緣而得悟道 緣覺藉於事相現緣而得悟解 四 所觀異 聲聞觀察四眞諦法 緣覺觀察十二因緣法 … 五 向果異 聲聞人中四向四果 緣覺人中一向一果 … 六 通用異 如地持說 聲聞之人二千國土爲通境界 緣覺之人三千國土爲通境界", 『법화현찬』 권5(대정장34, p.749b19)에서는 "이제 끊는 장이 같고 중생공의 뜻이 같고 빌려 얻는 택멸이 같으니, 이 세 뜻이 같기에 화성으로 이름이 하나다. 만약 보리의 수레가 둔하고 예리한 성으로 다르고, 부처를 의지하거나 스스로 나오는 것이 다르고, 가르침 빌려 이치 관함도 달라서 사제와 연기 관함도 같지 않다. 사과 일과로도 같지 않다. 단련하는 근과 시절도 같지 않고 설법 신통도 같지 않으니, 이 일곱 가지 뜻이 다르기에 양이라 녹이라 한다. 今以所斷障同 生空理同 假擇滅同 由此三義同 故化城名一 若菩提車鈍 利根性不同 依佛自出不同 藉教 觀理不同 觀諦緣起不同 四果 一果不同 練根時節不同 說法神通不同 由此七義別說羊鹿". 또한 『법화문구』 권7(대정장34, p.101b3)에서는 여섯과 열 가지로 동이를 논하고, 『법화의소』 권8(대정장34, p.568c24)에서는 일곱과 열한 가지로 동이를 다루고 있다. [참고문헌] 『大乘義章』, 『法華玄贊』, 『法華文句』, 『法華義疏』. ⇨ 삼동칠이 三同七異, 성문 聲聞, 연각 緣覺

이승만 李承晩 1875~1965. 대한민국 제1~3대 대통령. 초명 승룡(承龍), 호는 우남(雩南), 본관은 전주, 황해도 평산 출신. 일제강점기 미주지역 독립운동가로 활동하다가 1945년 10월 귀국하여 우익진영의 독립촉성중앙협의회(獨立促成中央協議會) 총재, 민주의원 의장 등을 지내며 좌익세력과 대립하다가 1946년 6월 남한단독정부수립계획을 발표하였다. 1948년 제헌국회의원으로 무투표 당선되고 국회의장에 피선되어 대통령중심제 헌법을 제정 공포하였으며, 초대 대통령에 당선되어 같은 해 8월 15일에 취임하였다. 이후 12년간 장기집권하다가 4·19혁명으로 대통령직에서 물러나 하와이에서 망명 중 사망하였다. 불교와 관련해서는 1954년 5월 20일에 왜색불교를 청산하여 한국불교전통을 회복하고 성보문화재를 보전하는 데에 정부가 앞장서서 도우라는 '대비지문교제사호 大秘指文教第四號'를 유시함으로써 비구승단(比丘僧團)의 불교교단정화운동을 지지하였다. ⇨ 대비지문교제사호 大秘指文教第四號, 불교교단정화운동 佛教教團淨化運動

이승사유 二乘思惟 이승의 사유. 자신만을 사랑하는 성문(聲聞)과 독각(獨覺)의 사유를 말한다. 『섭대승론석』 권7(대정장31, p.201c28)에 "[논] 성문과 독각의 사유를 버리고 여의었기에 삿된 사유는 사라진다. [석] 이승사유란 고·무상 등 생사의 과실을 거듭 관하고 열반적정의 공덕도 자주 관하는 것을 말한다. 이 관이 자신만을 사랑하고 중생에게 이익을 주는 일을 버리는 것이니, 이런 관을 여의면 삿된 사유는 사라진다. 論曰 由捨離聲聞獨覺思惟故 邪思惟滅 釋曰 二乘思惟 謂數觀苦無常等生死過失 及數觀涅槃寂靜功德 此觀 但愛自身 捨利益衆生事 若離此觀 名滅邪思惟"라고 하였다. [참고문헌] 『攝大乘論釋』, 『解深密經疏』 권1(한불전1, p.163b23). ⇨ 이승 二乘[2], 성문 聲聞, 독각 獨覺[1]

이승상응경전 二乘相應經典 이승과 상응하는 경전. 이승인 성문(聲聞)과 독각(獨覺)이 배우는 소승(小乘)의 경전을 말한다. 대승경(大乘經)의 상대어다. 『대반야경』 권303(대정장6, p.546a24)에 "선현아, 보살승에 머무는 모든 선남자선여인이 이와 같은 반야바라밀다의 심심경을 베껴 쓰고, 받아 지니며, 독송하고, 닦아 익히며, 사유하고, 연설할 때, 저 모든 악마들이 갖가지 세속의 논서나 이승상응의 경전을 가져와서 거짓으로 친한 벗인 양하며 보살에게 준다. 이중에서 널리 세속의 훌륭한 일들을 말하기도 하고, 혹은 온계처 등과 사성제와 연기와 서른일곱 가지 보리분법과 삼해탈문과 사정려 등을 상세하게 말하고 있으니, '이 경전의 의취는 심오하니 부지런히 닦아 배우고 익히던 경전은 버리라'고 한다. 이 보살승의 모든 선남자와 선여인은 훌륭한 방편으로 마땅히 악마가 주는 세속의 논서나 이승의 경전에 애착하지 않아야 한다. 善現 住菩薩乘 諸善男子 善女人等 書寫 受持 讀誦 修習 思惟 演說 如是般若波羅蜜多 甚深經時 有諸惡魔 執持種種 世俗書論 或復二乘相應經典 詐現親友 授與菩薩 此中廣說 世俗勝事 或復廣說 諸蘊界處 諦實 緣起 三十七種菩提分法 三解脫門 四靜慮等 言是經典 義趣深奥 應勤修學 捨所習經 是菩薩乘 諸善男子 善女人等 善巧方便 不應愛著 惡魔所與 世俗書論 或二乘經"라고 하였다. [참고문헌] 『大般若經』. ⇨ 소승경전 小乘經典, 대승경전 大乘經典

이승선 二乘禪 Ⓢ śrāvaka-pratyekabuddha-dhyāna. 성문과 연각이 닦는 선. 소승선(小乘禪)이라고도 한다. 『대승장엄경론』 권8(대정장31, p.631c27 : *Sūtr.*, p.111)에 "적은 락이란 세간선을 말하며, 두 가지 스스로만 안락함이란 성문선과 연각선을 말한다. 착으로 말할 것 같으면 세간선은 자견에 집착하고 이승선은 열반에 집착한다. 少樂者 謂世間禪 二自樂者 謂聲聞禪及緣覺禪 著者 若世間禪著自見 若二乘禪著涅槃 alpasukhaṃ dhyānaṃ laukikānām ātmasukhaṃ śrāvakapratyekabuddhānāṃ. līnaṃ laukikānāṃ satkāye śrāvakapratyekabuddhānāṃ ca nirvāṇe", 『유마경의소』 권6(대정장38, p.984c22)에 "이승선인즉 홀로 선할 뿐이니 능히 선근을 태우고 부처의 나무를 쓰러트린다. 그러므로 저 지옥을 보듯 해야 한다. 二乘禪則獨善 能燒善根 壞於佛樹 故觀如地獄", 『대승의장』 권13(대정장44, p.724a2)에 "범부선정은 사상을 경으로 삼고, 이승선정은 고무상 등의 법상을 경으로 삼으며, 제불과 보살은 실성을 경으로 삼는다. 凡夫禪定 事相爲境 二乘禪定

苦無常等法相爲境 諸佛菩薩 實性爲境", 『금강삼매경종통기』 권9(卍속장55, p.554b11)에 "저 초선은 각관이 아직 정이 아니며, 이선은 희가 크게 발동하며, 삼선은 낙심으로 많이 어지럽고, 사선은 오로지 청정을 얻어 출입식이 없다. 이들 모두 이승선이다. 如初禪覺觀未定 二禪喜大發動 三禪樂心多亂 四禪謂純得淸淨 無出入息 皆爲二乘禪"라고 하였다. 〔참고문헌〕『大乘莊嚴經論』, 『維摩經義疏』, 『大乘義章』, 『金剛三昧經宗通記』, *Sūtr.* ⇨ 소승선 小乘禪 **1**, 성문 聲聞, 연각 緣覺

이승성불 二乘成佛 이승의 성불. 성문과 연각이 성불한다는 말이며, 이승작불(二乘作佛)이라고도 한다. 화엄종(華嚴宗)이나 천태종(天台宗)과 같은 성종(性宗)에서는 성문과 연각이 성불할 수 있다고 하지만, 법상종(法相宗)에서는 성문승정성(聲聞乘定性)과 독각승정성(獨覺乘定性)이 불종(佛種)을 갖추고 있지 않기에 성불할 수 없다고 한다. 그러므로 천태법화종에서는 이승의 성불을 설하지 않는 『법화경』 이전의 가르침을 방편교(方便敎)라 하고, 『법화경』만이 일승묘법(一乘妙法)을 말하는 진실교(眞實敎)라고 주장한다. 『서방합론』 권4(대정장47, p.399b26)에 "오직 일천제와 이승의 성불만은 인정하지 않으니, 천제무성과 이승정성은 결코 성불할 수 없기 때문이다. 唯不許闡提二乘成佛 謂闡提無性 二乘定性 決不可成", 『대품경의소』 권1(卍속장38, p.45a15)에 "〔문〕『반야경』에서는 아직 이승작불을 밝히지 않았으니 불료교인가 아닌가? 〔답〕『반야경』은 보살의 작불을 밝혔으니, 이 일은 드러내 마쳤음에도 아직 이승성불을 말하지 않았으니, 이 한 가지 뜻만을 잡아 말하자면 '미료'라고 불러야 할 것이다. 問 波若未明 二乘作佛 得是不了敎不 答 波若明 菩薩作佛 此事顯了 未得說 二乘成佛 約此一邊之義 亦得秤爲未了"라고 하였다. 〔참고문헌〕『西方合論』, 『大品經義疏』. ⇨ 이승작불 二乘作佛, 오종성 五種性 **1**, 일천제 一闡提, 성불 成佛

이승실지 二乘悉地 오종실지(五種悉地) 중 네 번째로 이승경계를 관찰하여 마음에 집착이 없는 위. 보살의 제8지까지에 이른다. 『대일경소』 권15(대정장39, p.738b6)에 "무상실지 이전에 대략 오종실지가 있으니 … 넷째는 이승실지이다. … 넷째 이승실지란, 말하자면 이승경계를 관찰하여 마음에 집착이 없기에 마음이 실제에 떨어지지 않는다. 그때 이승경계를 건너 제8지에 이른다. 無上悉地以前 略有五種悉地 … 四者 二乘 … 第四二乘者 謂觀察二乘境界 心得無著 心不墮實際 爾時 得度二乘境界 爾時 到第八地也"라고 하였다. 〔참고문헌〕『大日經疏』. ⇨ 오종실지 五種悉地, 실지 悉地

이승심 二乘心 Ⓢ śrāvaka-pratyekabuddha-manasikāra. 자신의 해탈만 구하는 이승의 마음. 보리(菩提)를 장애한다. 소승심(小乘心)과 같은 뜻이다. 『대승장엄경론』 권6(대정장31, p.622b20)에 "다음에는 이승심을 멀리 여의는 것이다. 〔게〕 보살은 지옥에 자신을 던져 중생을 위하여 고통을 마다하지 않는다. 삼유를 버리고서 소승심을 내면 이 고통인즉 더할 나위 없다. 〔석〕 보살은 자비를 품고 모든 중생을 위하여 대지옥에 들어가니, 그 큰 고통 마다하지 않는다. 만약 '삼유'의 고통을 다한 공덕으로 소승심을 일으켜보지만 보살은 차라리 이 고통이 가장 깊고 무겁다. 〔문〕 이것은 무슨 뜻인가? 〔게〕 비록 항상 지옥에 처할지라도 대보리를 장애하지 않지만, 자리심을 일으키면 이야말로 대보리의 장애다. 次說遠離二乘心 偈曰 菩薩處地獄 爲物不辭苦 捨有發小心 此苦則爲劇 釋曰 菩薩慈悲 爲諸衆生 入大地獄 不辭大苦 若滅三有功德 起小乘心 菩薩以此爲苦最爲深重 問 此義云何 偈曰 雖恒處地獄 不障大菩提 若起自利心 是大菩提障", 『보리자량론』 권4(대정장32, p.533a25)에 "저 모든 성문성인들은 열반을 성으로 삼으니, 열반만을 바라서 사문과를 얻기 때문이다. 제불께서는 열반을 성품으로 삼지 않으신다. 모든 부처님께서는 번뇌를 자성으로 삼으시니, 보리심이 이것으로 생기기 때문이다. 성문독각은 모든 번뇌를 태워 보리심의 종자를 낼 수조차 없으니, 이승심의 종자로는 흐르지 못한다. 그러므로 번뇌야말로 여래성이다. 如諸聲聞聖人等涅槃爲性 以攀緣涅槃 得沙門果故 諸佛不以涅槃爲性 諸佛煩惱爲性 以菩提心 由此生故 聲聞獨覺 燒諸煩惱 不生菩提心種子 以二乘心種子無流故 是故 煩惱爲如來性"라고 하였다. 〔참고문헌〕『大乘莊嚴經論』, 『菩提資糧論』, *Sūtr.87.* ⇨ 소승심 小乘心, 이승 二乘 **2**

이승심 異乘心 **1** Ⓢ anya-yāna-pāta, Ⓣ theg-pa-gzhan-du-ltung-ba. 다른 승(乘)에 빠지거나 떨어지는 마음. 『대승장엄경론』 권7(대정장31, p.627a11)에 "이 게송은 보살이 타인을 구제하는 업방편을 드러내 보인 것이다. '난행업을 능히 행하며 무량겁 동안 모습 따랐다' 하였으니, 어떤 것이 난행업인가? 중생이 소승의 해탈을 얻고자 하니, 보살은 저에 대해 극한 고통을 일으켜 저들이 이승심을 뒤치도록 하려고 갖가지 형상으로 변하여 무량세계에 무량겁의 세월 동안 능히 오래도록 쉬지 않고 고통받으며 갖가지 행업을 짓는다. 此偈顯示 菩薩救他業方便 難行業能行應形無量劫者 何謂難行業 謂衆生欲得 小乘出離 菩薩於彼 極生大苦 欲令彼轉 異乘心故 變種種形 於無量世界 經無量劫數 而能久受勤苦 作種種難行業"라고 하였다. 〔참고문헌〕『大乘莊嚴經論』, *Sūtr.98.* **2** Ⓢ anya-yāna-manasikāra. 다른 승(乘)에 기울거나 향하는 마음. 『대승장엄경론』 권13(대정장31, p.658c4)에 "모든 보살이 여러 보살지중에 십바라밀을 얻는데, 열여섯 가지 모습이 있다. 어떤 것이 열여섯 가지 상인가? … 여덟째 산란이 없는 지혜이니, 이승심을 여읜 것이다. 諸菩薩 於諸地中 得十度 有十六相 何者十六 … 八 無亂慧 離異乘心故"라고 하였다. 〔참고문헌〕『大乘莊嚴經論』, *Sūtr.181.*

이승외도 二乘外道 Ⓢśrāvakapratyekabuddha-tīrtha. 이승과 외도. 성문과 연각 그리고 불도 밖의 가르침을 따르는 무리를 말한다. 『승천왕반야경』 권1(대정장8, p.690c13)에 "이 오음은 공·무아·무인·무중생·무수자·무양육 등이거늘 범부중생은 허망하게 아라 집착한다. 오음은 아가 아니니 음중에 '아'는 없으며, '아'도 오음이 아니니 '아'중에 오음은 없다. … 보살마하살은 일체경계에서 한 법도 통달하지 않은 것이 없다. 이와 같이 지바라밀을 수행하기에 이승과 외도가 가리고 숨길 수 없으니, 지혜로 관찰하여 초발심으로부터 열반에 들기까지를 모두 다 밝히 안다. 此五陰 空 無我 無人 無衆生 無壽者 無養育 凡夫衆生 虛妄著我 五陰非我 陰中無我 我非五陰 我中無陰 … 菩薩摩訶薩 一切境界 無有一法 不通達者 修行如是智波羅蜜 二乘外道 不能掩蔽 以智觀察 從初發心 至入涅槃 皆悉明了", 『대승입능가경』 권2(대정장16, p.594b29 : *Laṅk.*, p.20)에 "대혜야, 이와 같이 장식의 행상은 미세하여 오직 모든 부처님과 주지보살을 제하고 그 밖의 모든 이승과 외도의 정혜력으로는 모두 다 전혀 알 수 없다. 大慧 如是藏識行相微細 唯除諸佛及住地菩薩 其餘一切 二乘外道 定慧之力 皆不能知 evaṁ sūkṣmo mahāmate ālayavijñāna gatipracāro yattathāgataṁ sthāpayitvā bhūmipratiṣṭhitāṁśca bodhisattvān, na sukaramanyaiḥ śrāvakapratyekabuddhatīrthyayogayogibhiradhigantuṁ samādhiprajñābalādhānato'pi vā paricchettum"라고 하였다. 〔참고문헌〕『勝天王般若經』, 『大乘入楞伽經』, *Laṅk.* ⇨이승 二乘[2], 외도 外道

이승이동 二乘異同 ➡이승동이 二乘同異

이승작불 二乘作佛 이승의 작불. 성문과 연각이 성불한다는 말. 이승성불(二乘成佛)이라고도 한다. 『법화현론』 권3(대정장34, p.385b2)에 "〔문〕 『반야경』은 이승의 작불을 밝히지 않거늘 어찌하여 현시교이고, 『법화경』은 이승작불을 밝히는데 무슨 까닭에 비밀교인가? 〔답〕 앞에서 이미 풀어 마쳤고, 이제 자세히 말하겠다. 『반야경』에서는 단지 보살이 바로 불인이므로 부처가 되고, 이승은 불인이 아니므로 부처가 될 수 없다고 하였을 뿐이다. 이 뜻은 옛부터 쉽게 아는 것이기에 현시교라고 한다. 『법화경』에서는 이승작불을 밝혀 옛 가르침과 어긋나고, 옛 가르침과 어긋나서 이해하기 어렵기에 비밀교라 한다. 논주는 다음과 같이 말한다. '저 약을 약으로 삼는 일은 쉽고, 독을 약으로 삼는 일은 어렵다. 『반야경』에서 보살이 부처가 된다고 하는 것은 저 약을 약으로 삼은 것이고, 이승이 부처가 된다고 밝히지 않는 것은 독을 약으로 삼지 않는 것과 같다. 『법화경』에서 이승이 부처가 된다고 하는 것은 저 독을 약으로 삼는 것과 같으니, 그 뜻이 이해하기 어렵다'. 그러므로 비라고 한다. 問 波若不明 二乘作佛 何故 是顯示教 法華明 二乘作佛 何故 是祕密教耶 答 前已釋竟 今當廣述 波若但明 菩薩是佛因 故作佛 二乘非佛因 故不作佛 此義 於昔易解 故名顯示 法華經明 二乘作佛 與昔教相違 於昔難解 故名祕密 論主云 如用藥爲藥 其事卽易 用毒爲藥 其事卽難 波若明 菩薩作佛 如用藥爲藥 不明二乘作佛 如不用毒爲藥 法華經明 二乘作佛 如用毒爲藥 其義卽難解 所以爲祕也"라고 하였다. 〔참고문헌〕『法華玄論』, 『法華玄義』 권10(대정장33, p.811c16). ⇨이승성불 二乘成佛

이승장 二乘障 [1] 이승의 장애. 삼장(三障 : 三煩惱) 중 하나로 이승의 장인 육번뇌(肉煩惱), 곧 견혹(見惑)을 가리킨다. 『삼무성론』 권하(대정장31, p.877c29)에 "출세도의 경계 역시 두 가지가 있으니, 첫째 번뇌장을 여의기 위하여 사제관을 닦는 것, 둘째 일체지장을 여의기 위하여 비안립제관을 닦는 것이다. 이 두 가지 경계로 삼장을 버릴 수 있으니, 앞에서 세간도경계를 관하여 범부장애인 피번뇌를 버리고, 다음에 사성제를 관하여 이승장인 육번뇌를 버리고, 뒤에 비안립제를 관하여 보살장 즉 심번뇌마저 버린다. 出世道境界 亦有二種 一 爲離煩惱障 修四諦觀 二 爲離一切智障 修非安立諦觀 此二境界 能除三障 前觀世間道境界 除凡夫障 卽皮煩惱 次觀四諦 除二乘障 卽肉煩惱 後觀非安立諦 除菩薩障 卽心煩惱"라고 하였다. 〔참고문헌〕『三無性論』. ⇨견혹 見惑, 삼장 三障[4] [2] 사장(四障) 중 두 가지로 성문장(聲聞障)과 연각장(緣覺障). 원측(圓測)의 『해심밀경소』 권4(한불전1, p.262b13)에 "네 가지 장애가 있다. 첫째 대승을 저버린 천제장이고, (둘째) 아견을 집착하는 것이 외도장이며, (셋째) 피로함이 끝없음을 싫어 두려워하는 것은 성문장이고, 타인을 이롭게 하는 것에 등을 돌리는 것이 연각장이다. 그러므로 뒤의 두 가지가 이승의 장애임을 알라. 有四種障 一 棄背大乘 是闡提障 執著我見 是外道障 厭畏疲極 是聲聞障 背利益他 是緣覺障 故知 後二 是二乘障"라고 하였다. 〔참고문헌〕『解深密經疏』. ⇨성문장 聲聞障, 연각장 緣覺障, 사장 四障[1]

이승전교 二乘轉教 이승으로 하여금 가르침 뒤치게 함. 천태의 오시교판에서 제4시인 반야시에 있어 이승을 뒤쳐 대승을 들게 한 것을 말함이니, 대개 부처님의 명을 받아 반야경의 공을 설한 이들은 당시 수보리 등

석존의 성문제자였기에 이렇게 말한다. 『법화경수수』 권4(卍속장51, p.702b18)에 "장자는 지혜가 있다 하였으니, 곧바로 방편을 썼으니 이에 방편지다. 점차로 들고 나게 한다는 것은, 이에 방편으로 유인하여 점차 대승의 깊은 경에 들게 함이다. 이십년 가사를 살폈다는 것은 바로 반야회상이니, 세존께서 이십이년 널리 대승 공상을 말씀하셔서 이승으로 하여금 가르침 뒤쳐 널리 펴도록 하셨기에 잡아 지었다 한 것이다. 저 반야중에 이십년 익히고 걸러서 곧바로 그 금보를 보이셨으니, 자기도 이롭고 사람에게도 이로운 법을 설하신 것이다. 이것이 나고 들게 하여 하여금 알게 하였다고 한 뜻이다. 長者有智 卽用方便 乃權智也 漸令入出者 乃方便誘引 漸入大乘深境 二十年執家事 卽般若會上 世尊二十二年廣談大乘空相 使二乘轉教敷宣 是執作義 於般若中 二十年熏淘 卽示其金寶 說利己利人之法 是出入令知也", 『법화경지장소』 권2(卍속장93, p.557a16)에 "말하길 방등반야의 시 또한 진실한 법을 설하셨고, 또한 보살이 부처됨을 수기하셨다. 방등을 말미암아 삼승이 함께 모였으며, 반야로는 이승전교를 명하셨으니 듣고 보게 하였다 한 것이다. 비록 듣기도 하고 보기도 하였으나 미리 보살로서 참여하여 함께 기별을 얻지는 못했기에 이 일은 미리 하지 못했다 하였다. 言方等般若之時 亦說眞實之法 亦記菩薩作佛 由方等爲三乘共會 般若命二乘轉教 故得聞得見也 雖得聞得見 而不得參預菩薩 同受記莂 故云不預斯事"라고 하였다. 〔참고문헌〕『法華經授手』, 『法華經指掌疏』. ⇨ 오시교판 五時敎判, 반야시 般若時

이승종 二乘種 자리행(自利行)만 아는 성문(聲聞)과 연각(緣覺) 종성. 이승종성(二乘種性·二乘種姓)이라고도 하며 소승인(小乘人)을 일컫는다. 『무량수경의소』 권하(대정장37, p.107c10)에 "〔문〕 천친(天親 : 世親)은 『왕생게』를 지어 '여인과 근결인 및 이승종 등은 모두 정토에 날 수 없다'고 하였으며, 『관경』에서는 '소승중생도 정토에 날 수 있다'고 하였으니, 그 뜻은 어찌된 것인가? 〔석〕 천친이 '여인과 근결인은 정토에 날 수 없다'고 한 것은 저 국토중에 보를 받을 때를 기준으로 말하는데, 그곳에는 여인도 근결인도 없기 때문이다. '이승종은 정토에 날 수 없다'고 한 것은 이 국토에서 갈 때를 기준으로 말하는데, 소승중생이 앞서서는 비록 소승을 익혔으나 가고자 할 즈음에 대승의 마음을 일으키면 왕생할 수 있다. 소승의 마음으로 저 국토에 날 것을 구한다 하면 그 이치 또한 거리가 멀다. 이렇기 때문에 천친이 '이승종은 정토에 왕생할 수 없다'고 하였다. 問曰 天親作 往生偈 女人根缺 及二乘種 皆不得生 觀經宣說 小乘衆生 亦得往生 其義云何 釋言 彼說 女人根缺 不得生者 就彼國中 受報時說 彼無女人 及根缺故 言二乘種不得生者 就此國中 往去時說 小乘衆生 先雖習小 臨欲去時 要發大心 方得往生 若用小心 求生彼國 無得去理 爲是 天親言 二乘種 不得往生"라고 하였다. 〔참고문헌〕『無量壽經義疏』, 『無量壽經優波提舍』(대정장26, p.231a14). ⇨ 성문 聲聞, 연각 緣覺

이승천제불성불 二乘闡提不成佛 이승인 성문과 연각 그리고 일천제(一闡提)는 부처가 될 수 없다는 말. 『화엄경소초』 권8(대정장36, p.61b17)에 "'이승은 부처가 될 수 없다'는 말에는 오히려 생략이 있는 듯하다. '일천제와 이승은 모두 부처가 될 수 없다'고 해야 옳다. 그러므로 아래의 종교에서 '이승과 일천제 모두 다 부처가 될 수 있다'고 한 것이다. 言二乘不成佛者 其言猶略 應云 闡提二乘皆不成佛 故下終教 有二乘闡提悉皆成佛言"라고 하였다. 〔참고문헌〕『華嚴經疏鈔』. ⇨ 이승성불 二乘成佛, 이승작불 二乘作佛, 일천제 一闡提

이승휴 李承休 1224~1300. 고려후기 문신. 자는 휴휴(休休), 자호(自號)는 동안거사(動安居士), 본관은 가리(加利 : 현 경북 고령군 성산면). 1224년(고종11)에 개경에서 태어났다. 12세에 희종(熙宗 재위 1204~1211)의 아들인 조계종대선사(曹溪宗大禪師) 원정국사(圓靜國師) 경지(鏡智)의 문하에 들어가 수학하였고, 유학자 신서(申諝)로부터 『좌전 左傳』과 『주역 周易』 등을 배웠다. 1280년(충렬왕6) 대간(臺諫)으로서 정책의 문제점을 지적하다 파직되자 삼척에 용안당(容安堂)이라는 별서(別墅)를 짓고 거주하였다. 이때 근처 두타산(頭陀山) 삼화사(三和寺)에서 일천여 상자의 대장경을 빌려 열람하면서 불교를 깊이 공부하였다. 1289년(충렬왕15) 대장경 열람을 마친 후, 용안당을 사찰로 바꾸어 간장암(看藏庵)이라 칭하고 토지를 시납하면서까지 유지하였다. 스스로 선수행에도 힘썼는데, 당시 중국 강남지방의 유명한 간화선사(看話禪師)인 몽산덕이(蒙山德異)에게 서신으로 가르침을 청하였고 몽산덕이는 1297년 4월에 법어를 보내 참선수행을 격려하였다. 1300년(충렬왕26)에 77세로 사망하였다. 대표 저술로는 우리나라와 중국의 역사를 시(詩)로 정리한 『제왕운기 帝王韻紀』, 관료시절 원나라에 사행(使行)한 경험을 정리한 『빈왕록 賓王錄』, 그리고 전하지 않지만 대장경에 대하여 정리한 것으로 생각되는 『내전록 內典錄』 등이 있다. 〔참고문헌〕『高麗史』 권106 列傳19 李承休, 『動安居士集』 「看藏寺記」·「上蒙山和尙謝賜法語」·「和尙所寄法語」. ⇨ 간장암 看藏庵

이시 二始 두 갈래 처음. 소승과 대승이라는 두 가지 시작. 석가모니부처님께서 녹야원(鹿野苑)에서 사제(四諦)와 십이연기(十二緣起)를 설법하신 것과 비로자나부처님께서 적멸도량(寂滅道場)에서 화엄을 펼치신 두 가지 시작을 가리키는 천태종의 교설이다. 『법화경통의』 권4(卍속장49, p.871a12)에 "쌍으로 두 가지 상을 드리웠으니 두 가지 시작은 동시다. 바로 『화엄경』을 설하신 것은 녹야원에서 응화신의 팔상성도를 드러내시기 시작한 것을 방해하지 않는다. 일승법을 셋으로 분별하여 소승을 교화하신 것도 이른바 방편력으로 사제·십이인연·육바라밀 등을 설하여 삼승의 근기를 한가지로 아우름을 말한다. 비록 보살을 가르치는 법이 있더라도 모두 방편교에 속한다. 마치 저 장자가 아들들을 유인하기 위해 세 가지 수레를 허용하였지만 실재하지 않는 것과 같다. 雙垂兩相 二始同時 正說華嚴 不妨示應化身八相成道 於鹿野苑 將一乘法分別說三 以接小機 所謂以方便力爲說四諦十二因緣六度等 同攝三根 雖有教菩薩法 總屬權教 正如長者誘引諸子 許以三車 非實有也", 『아미타경소초연의』 권1(卍속장33, p.570b17)에 "비로자나와 석가모니께서 쌍으로 두 갈래 상을 드리웠다는 말에서, 두 갈래 상이란 천 길이나 되는 원만보신과 장륙의 노비구의 모습을 말한다. 쌍으로 드리웠다는 것은 두 가지 시작이 동시였다는 뜻이니, 적멸도량에서 움직인적 없으시면서도 녹야원에서 노닐었다는 뜻이다. 舍那釋迦雙垂兩相者 兩相 謂千丈圓滿報身 與丈六老比丘相 雙垂 卽二始同時 不動寂場而游鹿苑也", 같은 책 권3(卍속장33, p.651a14)에 "비로자나의 천 길 모습 보리도량에 나타난 보신이고, 장륙금신은 녹야원에 나타난 응신이다. 두 가지 시작이 동시였다는 것은 쌍으로 두 가지 상을 드리웠다는 뜻이다. 舍那千丈 乃菩提場所現報身 丈六金身乃鹿野苑所現應身 二始同時 雙垂兩相也"라고 하였다. 〔참고문헌〕『法華經通義』, 『阿彌陀經疏鈔演義』.

이시 二施 두 가지로 베풂. ■1 재시(財施)와 법시(法施). 『증일아함경』 권6(대정장2, p.577b15)에 "이 두 가지 보시가 있다. 무엇이 두 가지인가? 법시와 재시를 말한다. 비구들아, 보시 중에서도 저 높은 것으로 법시를 넘어서지 않는다. 有此二施 云何爲二 所謂法施財施 諸比丘 施中之上者 不過法施", 『대반야경』 권569 「법성품 法性品」(대정장7, p.942a9)에 "재시는 마를 날이 있지만 법시는 다함이 없다. 왜 그런가? 재시는 단지 세간과와 인천에 나는 즐거운 과만 거둘 뿐이어서 얻었다가도 다시 잃게 되니, 지금 비록 잠시 얻었더라도 이후에 반드시 물러날 수밖에 없다. 만일 법으로 베푼다면 일찍이 얻지 못했던 과를 얻는다. 財施有竭 法施無窮 何以故 財施但能 得世間果 人天樂果 曾得還失 今雖暫得 而後必退 若以法施 得未曾得"라고 하였다. 〔참고문헌〕『增壹阿含經』, 『大般若經』. ⇨ 재시 財施, 법시 法施■1 ■2 식시(食施)와 법시(法施). 『진학경』(대정장17, p.744b24)에 "보시는 둘이다. 맛난 음식으로 몸을 편안하게 해주고, 경전을 펼쳐 미묘한 뜻을 개진하여 즐겁게 들려주는 것이다. 식시로는 몸을 편히 하고 법시로는 정신을 고양시킨다. 두 일이 비록 다 기분좋지만 법시야말로 최고다. 又有二施 飮食美味 以安身命 敷散經典 開微悅聽 食施安身 法施遷神 二事雖快 法施爲最"라 하였다. 〔참고문헌〕『進學經』. ⇨ 식시 食施, 법시 法施■1

이시 二時 ■1 두 가지 시. 시를 가(假)와 실(實)로 여겨 가라시(迦羅時 Ⓢ kāla : 實時)와 삼마야시(三摩耶時 Ⓢ samaya : 假時)로 부르니 이종시(二種時)라고도 한다. 가라시는 현실에서 함께 쓰는 시를 말하며, 삼마야시는 과거·현재·미래 등의 삼세(三世)를 가리키는데 이는 임시로 이름붙인 시로 여겨 가명시(假名時)라 한다. 『대지도론』 권1(대정장25, p.65b5)에 "〔문〕 천축에서 시를 설함에 두 가지 이름이 있으니, 첫째 이름은 가라이고, 둘째 이름은 삼마야이다. 부처님께서는 어찌하여 가라를 말씀하지 않고 삼마야를 말씀하셨는가? 〔답〕 가라를 말하면 모두들 또한 의문이 있게 된다. 問曰 天竺說時 名有二種 一名 迦羅 二名 三摩耶 佛何以不言迦羅 而言三摩耶 答曰 若言迦羅 俱亦有疑", 『백론소』 권하(대정장42, p.297a9)에 "『대지도론』에 의하면 가와 실이란 두 가지 시가 있다. 첫째는 가라시인데, 실법으로서의 시다. 대부분의 소승율장에서 쓰며 때에 맞는 식사와 때에 맞는 의복을 제정하였으니, 반드시 현실에 있는 시로 밝혀 계를 맺는 뜻이 성취되어 불법이 오랫동안 머무른다. 둘째 삼마야란 바로 임시로 이름한 시다. 이는 경중에 쓰는 것으로 경으로는 이미 출재가에 통한다. 만약 실로 있는 시라고 밝히면 외도가 듣고서 곧바로 삿된 견해를 일으킨다. 그러므로 임시로 이름붙인 시를 설하는 것이다. 依智度論 有假實二時 一 迦羅時謂實法時 多是小乘律中所用 以制時食時衣 必須明實有時 則結戒義成 佛法久住 二 三摩耶是假名時 是經中所用 經旣通化道俗 若明實有時 外道聞之 則生邪見 故說假名時", 『율종신학명구』 권상(卍속장105, p.617a1)에 "이종시〈출처는 『대지도론』〉 : 첫째는 가라시〈한역하여 실시라고 한다〉, 둘째는 삼마야시〈한역하여 가시라고 한다〉이다. 二種時〈智論〉 一 迦羅時〈此云 實時〉 二 三摩耶時〈此云 假時〉"라고 하였다. 〔참고문헌〕『大智度論』, 『百論疏』, 『律宗新學名句』, 『起世因本經』 권2(대정장1, p.374b28), 『法華文句』 권1(대정장34, p.4b25). ⇨ 가라시 迦羅時■1, 삼마야시 三摩耶時, 시간 時間 ■2 Ⓢ dvi-kāla, Ⓣ dus-ni-gnyis. 두 개의 시. 과거와 현재 또는 현재와 미래이니 시(時)에는 별도의 체를 갖는 둘이 따로 있을 수 없다는 뜻에서 두 개의 시다. 『구사석론』 권10(대정장29, p.231a19 : *Abh-k-bh.*, p.210)에 "〔게〕 다음에 이시(의 무표와 상응한다) 〔석〕 처음 찰나를 좇은 후란 곧 과거(의 무표)와 상응하며 또한 현세(의 무표)와도 상응한다. 偈曰 後二時 釋曰 從初刹那後 則與過去相應 又與現

世相應 ūrdhvaṃ dvikālayā. prathamāt kṣaṇād ūrdhvam atītayā vartamānayā ca", 『중론』 권3(대정장30, p.26a6 : *Madhy-ś.*, p.184)에 "과거시가 인이 되지 않는다면 미래시도 없으며 현재시도 없을 것이니, 이런 까닭에 두 시가 있을 수 없다. 不因過去時 則無未來時 亦無現在時 是故無二時 anapekṣya punaḥ siddhirnātītaṃ vidyate tayoḥ, pratyutpanno 'nāgataśca tasmātkālo na vidyate"라고 하였다. 〔참고문헌〕 『俱舍釋論』, 『中論』, *Abh-k-bh.*, *Madhy-ś.* **3** 두 때. 아침과 저녁 또는 봄과 여름, 동절과 하절 등이다. 출가자가 시식(時食)으로 아침에 죽을 먹고 점심에 밥을 먹는 것을 이시죽반(二時粥飯)이라고 한다. 『백론소』 권상(대정장42, p.247b7)에 "외도는 불을 하늘의 입이라고 한다. 그러므로 아침과 저녁 두 때에 거듭 불에 공양하는 것이다. 外道謂火是天口 故就朝暝二時 再供養火", 『오분율』 권2(대정장22, p.9a28)에 "모든 부처님의 상법은 봄과 여름의 마지막 달 두 때에 큰 법회를 개최하는데 여러 곳의 비구들이 모두 와서 법을 묻고 답한다. 諸佛常法 二時大會 春夏末月 諸方比丘 皆來問訊"라고 하였다. 〔참고문헌〕 『百論疏』, 『五分律』, 『梵網經』 권하(대정장24, p.1008a13). ⇨ 이시죽반 二時粥飯 **4** Ⓢ Dvā-para, Dvā-para-yuga, Ⓣ Cha-gnyis-ldan gyi dus. 4유가 중 셋째 유가. 힌두교에서 말하는 2천 신년(神年) 동안 계속되는 우주의 한 기간이다. 『대승입능가경』 권7(대정장16, p.638c7 : *Laṅk.*, p.364)에 "순선과 삼시·이시 그리고 극악을 아울러, 나머지 부처님들은 순선의 때에 출현하는데 석가모니부처님께서는 악세에 출현하셨다. 純善及三時 二時并極惡 餘佛出善時 釋迦出惡世 kṛtayugaśca tretā ca dvāparaṃ kalinā sathā, ahaṃ cānye kṛtayuge śākyasiṃhaḥ kalau yuge"라고 하였다. 〔참고문헌〕 『大乘入楞伽經』, *Laṅk.*

이시 以時 제때에. 적시에. 『장아함경』 권1 「대본경 大本經」(대정장1, p.1c14)에 "이때 비구들은 부처님께 사루었다. '세존이시여! 지금이 바로 그때이니, 듣기를 원합니다. 훌륭하십니다! 세존이시여! 제때에 가르침을 설하시면, 반드시 받들어 행하겠습니다'. 時 諸比丘白佛言 世尊 今正是時 願樂欲聞 善哉 世尊 以時講說 當奉行之"라고 하였다. 〔참고문헌〕 『長阿含經』.

이시 異時 다른 시. 시를 달리함. 동시(同時)에 대칭한다. 『구사론』 권6(대정장29, p.32b28)에 "그렇다고 한다면, 시를 달리하는 소연과 행상이 같다는 것은 마땅히 상응인이라고 설해야 하는가? 그렇지 않다. 소연과 행상뿐만 아니라 시마저도 같아야만 서로 응한다고 할 수 있기 때문이다. 若爾 異時所緣行相同者 應說爲相應因 不爾 要須所緣行相及時同者 乃相應故"라고 하였다. 〔참고문헌〕 『俱舍論』. ⇨ 동시 同時

이시 爾時 Ⓢ tasyāṃ velāyām, tena-samayena, Ⓣ de'i-dus-na, de'i-dus. 그때. 제경의 육성취(六成就) 중 시성취(時成就). 『장아함경』 권2 「유행경 遊行經」(대정장1, p.11a24)에 "그때 아난은 세존의 뒤에서 부채를 들고서 부처님께 부채질을 하고 있었다. 爾時 阿難在世尊後 執扇扇佛"라고 하였다. 〔참고문헌〕 『長阿含經』, *Laṅk.6.*, *Mvyut.253.* ⇨ 시성취 時成就

이시가문사초 伊尸迦文闍草 풀 이름. 무아(無我)·유식(唯識)의 뜻을 알게 하는 비유의 풀이다. 문사초(文闍草 Ⓢ muñja)라고 한 경우도 있다. 『대승밀엄경』 권하(대정장16, p.739a8)에 "이런 까닭에 마땅히 알라. 오직 식심과 심법만이 있을 뿐이고 따로 아는 없으니, 쟁반 위의 과일, 등롱 속의 등불, 이시가문초와 같은 비유로 알 수 있을 뿐이다. 是故當知 但唯有識心及心法 無別有我 如盤中果 如籠中燈 如伊尸迦文闍之草 而可得者", 『대승밀엄경소』 권4(卍속장34, p.559a5)에 " 저 '이시가문사초와 같다'라고 한 말은, 안에 붉은 물관이 있고 위로는 얇고 푸른 것이 감싸고 있어 안에 붉은 것이 밖으로 비쳐 보인다. 온 안에 아가 있을 거라는 견해 또한 이와 같을 뿐이다. 如伊尸迦文闍草者 內有赤脉 上覆薄青 內赤映外 蘊內有我 亦復如是"라고 하였다. 〔참고문헌〕 『大乘密嚴經』, 『大乘密嚴經疏』. ⇨ 문사초 文闍草

이시다시 Isidāsī 부처님 재세 시 아라한과를 성취한 비구니. 웃자이니(Ⓟ Ujjenī)의 벳사(Ⓟ vessa) 출신 부유한 장자의 딸이다. 사케타(Ⓟ Saketa)의 상인 아들과 결혼하였으나 한 달 만에 헤어졌으며, 세 번째 결혼마저 순례자와 결혼하여 외롭게 지냈다. 지나닷타(Ⓟ Jinadattā)비구니를 공양한 인연으로 출가하여 아라한이 되었다. 『테리가타 *Therī-gāthā*』, 제400~447송은 보디(Ⓟ Bodhī)비구니의 청으로 본인의 전생이야기를 읊은 내용이다. 〔참고문헌〕 *Th.162.*

이시당시금시 已施當施今施 이미 베풀었고 미래에도 베풀 것이며 지금도 베풀고 있다는 말. 『장아함경』 권15 「구라단두경 究羅檀頭經」(대정장1, p.100a10)에 "왕께서 이미 큰 제사를 지냈으니 과거에 베풀었고, 미래에 베풀 것이며, 지금 베풀고 있습니다. 복 짓는 이 제사에 후회하지 마십시오. 王已爲大祀 已施 當施 今施 於此福祀 不宜生悔"라고 하였다. 〔참고문헌〕 『長阿含經』.

이시딘나 Isidinna 부처님 재세 시 장로. 수나파란타(Ⓟ Sunāparanta)지방의 벳사(Ⓟ vessa) 출신 장자(長者)의 아들이다. 부처님께서 행하신 기적에 감응하였으며, 부처님의 설법을 듣고서 예류과(預流果 Ⓟ sotāpanna)를 얻었다. 계속 재가자로 남아 있다가 어느 선신(善神)의 권고로 출가한 후 아라한이 되었다. 『테라가타 *Thera-gāthā*』, 제187·188송은 그가 선신에게서 들은 내용을 읊은 게송이다. 같은 책(*Th.*, p.24)에 "나는 보았네, 법을 지니는 우바새가 욕망이 무상하다고 말하지만 보석과 귀걸이에 염착하고 자식과 아내에 애착하는 것을. 욕망이 무상하다고 말할지라도 실로 그들은 법을 여실히 알지 못하며, 탐욕을 끊을 힘도 그들에게는 없으니 자식과 아내와 재산에 집착하네. diṭṭhā mayā dhammadharā upāsakā kāmā aniccā iti bhāsamānā, sārattarattā maṇikuṇḍalesu puttesu dāresu ca te apekkhā. addhā na jānanti yathāva dhammaṃ kāmā aniccā iti cāpi āhu, rāgaṃ ca tesaṃ na balatthi chettuṃ tasmā sitā puttadāraṃ dhanañcā'ti"라고 하였다. 〔참고문헌〕 *Th.*

이시불성성 已是不惺惺　이미 성성하지 못하다는 말. 묻고 얻으려 할 때는 이미 때를 놓쳐버린다는 뜻이다. 『벽암록』 51칙 「본칙 本則」(대정장48, p.186a11)에 "학인이 하안거 끝에 와서는 재차 앞서 들었던 화두를 들고는 가르침을 청하자〈이미 성성하지 못하네. 진짜 도둑은 가버린 지 한참 됐는데 도둑 가버린 뒤 활시위 당기네〉, 암두가 말하였다. '어찌하여 진작에 묻지 않았느냐?'〈선상을 엎었어야 좋았을 텐데, 지나가 버렸다〉. 僧至夏末 再擧前話請益〈已是不惺惺 正賊去了多時 賊過後張弓〉 頭云 何不早問〈好與掀倒禪床 過也〉"라고 하였다. 〔참고문헌〕『碧巖錄』.

이시십일종의 爾時十一種義　모든 것이 여법(如法)할 때. 정법(正法)이 현행할 때를 뜻한다. 원측(圓測)의 『해심밀경소』 권3(한불전1, p.201c11)에 "이시란 부처님께서 진여일미상을 설한 때, 또는 선현(수보리)이 물음을 일으켰을 때다〈진제의 기록에서 말하길 '이시란 말에는 열한 가지가 있다. 첫째는 부처님이 세간에 계실 때다. 둘째는 법륜을 굴릴 때다. 셋째는 성취가 이어질 때다. 넷째는 듣고 사유하고 수행할 때다. 다섯째는 종자를 심어 해탈을 성취할 때다. 여섯째는 스스로 바른 뜻이 성립할 때다. 일곱째는 사집으로 세운 뜻을 무너뜨린 때다. 여덟째는 생사라는 감옥을 파괴할 때다. 아홉째는 바른 뜻 설하여 기쁘게 하고 중생에게 장애가 되는 삿된 이치를 없애 줄 때다. 열째는 바르게 수행한 사람이 보배로 지내는 제사를 대접받을 때다. 부처님께서 대중에게 설하여 정법을 나누고 길러 대중에 수여하니 이것이야말로 곧 법보로 대중에게 제사 지내는 것이기 때문이다. 열한째는 수행 중에 바른 정에 들어 지혜가 갑자기 일어났지만 이를 가라앉혀 내버려 둘 때이다. 이와 같은 등의 뜻 때문에 이시라고 말한다'〉. 言爾時者 佛說眞如一味相時 或可善現發問之時〈眞諦記云 言爾時者 有十一種 一 佛在世時 二 轉法輪時 三 成就相續 人聚集時 四 聞思修時 五 下種成就解脫時 六 成立自正義時 七 破邪執所立義時 八 破壞生死牢獄義時 九 由說正義爲歡喜破除邪義所鄣衆生時 十 正脩行人 領受寶祠時 佛爲大衆說 能分張正法 授與大衆 卽是法寶祠大衆也 十一 於脩行中 正定智抜起 抑下捨置之時 由如是等義故 言爾時也〉"라고 하였다. 〔참고문헌〕『解深密經疏』. ⇨ 시성취 時成就, 육성취 六成就

이시죽반 二時粥飯　두 때에 맞춰 먹는 죽과 밥. 아침에 죽을 먹고 점심에 밥을 먹는 출가자의 시식(時食)을 말한다. 유달리 궁리함이 없이 평상심으로 도를 행하는 뜻으로도 쓴다. 『조주어록』 권상(고존숙어록13, 卍속장118, p.307b17)에 "조주가 법좌에 올라 말했다. '형제들이여! 오래 서 있지 말라. 일이 있거든 헤아려 살피고 일 없거든 의발 아래 향하여 앉아서 궁리하는 게 좋겠다. 나는 행각하면서 아침에 죽 먹고 점심에 밥 먹는 두 때 말고는 온갖 잡다한 일에 마음을 썼고, 그 외에는 따로 마음 쓸 일 없었다. 만약 이와 같지 않다면 출가한 큰 뜻이 아득히 멀어질 것이다'. 師上堂云 兄弟 莫久立 有事商量 無事向衣鉢下 坐窮理好 老僧行脚時 除二時齋粥 是雜用心力處 餘外更無別用心處也 若不如此 出家大遠在", 『백장청규』 권6 「귀경문 龜鏡文」(대정장48, p.1147b4)에 "승이란 부처님의 제자로 응공과 다름없어 천상과 인간이 모두 공경하는 대상이니, 두 끼니마다 이치에 맞게 정갈하고 넉넉히 해야 한다. 僧爲佛子 應供無殊 天上人間 咸所恭敬 二時粥飯 理合精豐"라고 하였다. 〔참고문헌〕『趙州語錄』, 『百丈淸規』, 『大慧語錄』 권19(대정장47, p.891b10), 『虛堂錄』 권3(대정장47, p.1010c25). ⇨ 시식 時食❷

이시즉 異時卽　➡ 즉 卽, 동시즉 同時卽

이시항 李時恒　1672~1736. 조선후기 문신. 1727년(영조3)에 「광법사사적비문 廣法寺事蹟碑文」을 지었다. 〔참고문헌〕『國朝人物考』 續考4 名流, 『朝鮮金石總覽』 권하 pp.1116~1118. ⇨ 광법사사적비 廣法寺事蹟碑

이식 二食　두 가지 음식. ❶ 법희식(法喜食 Ⓢ dharma-prīty-āhāra)과 선열식(禪悅食 Ⓢ dhyāna-prīty-āhāra). 보명겁(寶明劫 Ⓢ Ratna-avabhāsa)에 선정국(善淨國 Ⓢ Suviśuddhā)의 중생들이 취하는 두 가지 식(食)이다. 『법화경』 권4(대정장9, p.27c28)에 "(善淨이라는) 불국토의 중생들은 항상 두 가지 식을 취한다. 하나는 법희식이고 다른 하나는 선열식이다. 其國衆生 常以二食 一者 法喜食 二者 禪悅食", 『법화문구기』 권8(대정장34, p.303a25)에 "법희식은 법을 듣고 환희함이니 들을 때는 법식에 속하고 들은 후에는 희식이 된다. 선식이란 선법으로써 스스로 취하는 것이니 분단식이 필요하지 않다. 法喜食者 聞法歡喜 正聞屬法食 聞已爲喜食 禪食者 謂以禪法自資 不須段食"라고 하였다. [참고문헌]『法華經』, 『法華文句記』, *Saddh-p.202.* ⇨ 법희식 法喜食, 선열식 禪悅食 **2** 정명식(正命食)과 사명식(邪命食). 정명식은 걸식으로 생활하는 것이고, 사명식은 삿된 업으로 목숨을 유지하며 살아가는 것을 말한다. ⇨ 정명식 正命食, 사명식 邪命食

이식 二識 두 가지 식(識). 경전에 따라 다양한 교상(敎相)이 있다. **1** 오식(五識 : 眼識·耳識·鼻識·舌識·身識) 각각과 의식(意識). 『식신족론』 권3(대정장26, p.546c19)에 "[문] 안처는 몇 가지 식으로 보고 나아가 법처는 몇 가지 식으로 분별하는가? [답] 색처는 두 가지 식으로 보니 안식과 의식을 말한다. 성처도 두 가지 식으로 들으니 이식과 의식을 말한다. 향처 또한 두 가지 식으로 맡으니 비식과 의식을 말한다. 미처는 두 가지 식으로 맛보니 설식과 의식을 말한다. 촉처는 두 가지 식으로 느끼니 신식과 의식을 말한다. 나머지 칠처는 오직 의식만이 인식한다. 問 眼處 幾識所識 乃至法處 幾識所識 答 色處 二識所識 謂眼識 及意識 聲處 二識所識 謂耳識 及意識 香處 二識所識 謂鼻識 及意識 味處 二識所識 謂舌識 及意識 觸處 二識所識 謂身識 及意識 餘七處 唯意識所識"라고 하였다. [참고문헌]『識身足論』. ⇨ 오식 五識**1**, 의식 意識**1** **2** 견식(見識)과 상식(相識). 『섭대승론석』 권4(대정장31, p.340b19)에 "아뢰야식 또한 상식과 견식의 두 식으로 안립한다. 즉 아뢰야식은 저 의식과 의지처로 그 견식을 삼고, 안식 등 여러 식으로 그 상식을 삼으니, 일체법은 모두 식이기 때문이다. 於阿賴耶識 亦得安立 相見二識 謂阿賴耶識 以彼意識 及所依止 爲其見識 眼等諸識 爲其相識 以一切法 皆是識故"라고 하였다. [참고문헌]『攝大乘論釋』. **3** 이숙식(異熟識)과 전식(轉識). 『대승성업론』(대정장31, p.785b4)에 "아뢰야식은 결코 경설이 아니라고 생각하지 말아야 한다. 이치로 반드시 있어야 하기 때문이다. 만약 그렇다면 한 몸에 마땅히 두 식이 있어 함께 굴러야 한다. 말하자면 이숙식과 나머지 전식이다. 不應計 阿賴耶識 定非經說 理必有故 若爾一身 應有二識 俱時而轉 謂異熟識 及餘轉識"라고 하였다. [참고문헌]『大乘成業論』. ⇨ 이숙식 異熟識, 전식 轉識

이식 耳食 귀의 먹이. 소리(聲)를 말한다. 『대위덕다라니경』 권12(대정장21, p.807b25)에 "또한 네 가지 먹이가 있다. 색은 눈의 먹이, 소리는 귀의 먹이, 향기는 코의 먹이, 맛은 혀의 먹이다. 復有四種食 色是眼食 聲爲耳食 香爲鼻食 味爲舌食"라고 하였다. [참고문헌]『大威德陀羅尼經』.

이식 耳識 Ⓢ śrotra-vijñāna, Ⓟ sota-viññāṇa, Ⓣ rna-ba'i-rnam-par-shes-pa. 귀로 듣고 앎. 육식(六識) 또는 팔식(八識) 중 하나이며 십팔계(十八界) 중 하나다. 이근(耳根)에 의지하여 성진(聲塵)을 분별하는 식(識). 이근과 성진을 연으로 하여 일어나는 소리를 말한다. 안식(眼識)과 함께 욕계(欲界)와 초선천(初禪天)의 두 가지 장소에 의지한다. 『사리불아비담론』 권1(대정장28, p.526b4)에 "무엇이 성입인가? 성계가 성입이다. 무엇이 성입인가? 만약 색인데도 볼 수 없지만 대가 있어 이식으로 알 수 있으니 이것을 성입이라 한다. 云何聲入 聲界是名聲入 云何聲入 若色不可見有對耳識所知 是名聲入", 『유가사지론』 권1(대정장30, p.279b28 : *Yogā-bh.*, p.6)에 "무엇이 이식의 자성인가? 귀에 의지하여 소리를 요별함을 말한다. 저것이 의지하는 것들은 모두 의지처를 갖는데 귀를 말한다. 등무간으로 의지하는 것은 의이고, 종자의는 일체종자아뢰야식을 말한다. 귀는 사대로 만들어졌으며 이식이 의지하는 정색이기에 볼 수 없지만 대가 있다. 云何耳識自性 謂依耳了別聲 彼所依者俱有依 謂耳 等無間依 謂意 種子依謂一切種子阿賴耶識 耳謂四大種所造 耳識所依淨色 無見有對 śrotravijñānaṃ katamat. yā śrotrāśrayā śabdaprativijñaptiḥ. āśrayaḥ katamaḥ. sahabhūr āśrayaḥ śrotraṃ. samanantara āśrayo manaḥ bījāśrayas tad eva sarvabījakam ālayavijñānaṃ. śrotraṃ katamat. catvāri mahābhūtāny upādāya śrotravijñānasanniśrayo rūpaprasādo'nidarśanaḥ sapratighaḥ", 『유가사지론석』(대정장30, p.887b12)에 "들음이란 들린다는 말이다. 즉 이근이 이식을 일으키는 것으로 말로 하시는 가르침을 듣는다는 뜻이다. 聞謂聽聞 卽是耳根發生耳識 聞言敎故", 『대승광오온론』(대정장31, p.851a4)에 "무엇이 이근인가? 소리로 경계를 삼고 정색을 자성으로 삼는다. 이는 귀 중에 일분정색이 있는데 이러한 성이 있기에 이식이 일어날 수 있다. 없으면 일어날 수 없다. 云何耳根 謂以聲爲境 淨色爲性 謂於耳中 一分淨色 此性有故 耳識得生 無卽不生", 『구사론송소론본』 권16(대정장41, p.910a16)에 "만약 경이 이식으로 알 수 있다면 이를 들리는 것이라 하는데 소리라고 말하는 바로 그것이다. 若境由耳識所證 名爲所聞 謂聲是也", 『정법염처경』 권33(대정장17, p.192c5)에 "눈이 있고 색이 있으며 밝음도 있고 허공도 있고 기억도 있어야 안식이 일어난다. 귀는 그렇지 않다. 이식의 발생은 밝거나 어둡거나 들을 수 있으니 밝음을 인으로 삼지 않는다. 비·설·신·의 역시 그러하다. 有眼有色有明有空有憶念故 眼識得生 耳則不爾 耳識之生 明闇俱知 不因於明 鼻舌身意 亦復如是"라고 하였다. [참고문헌]『舍利弗阿毘曇論』, 『瑜伽師地論』, 『瑜伽師地論釋』, 『大乘廣五蘊論』, 『俱舍論頌疏論本』, 『正法念處經』, *Yogā-b* h., Abh-k-bh.7., Mvyut.105., DN.3.243. ⇨ 육식 六識, 십팔계 十八界, 이근 耳根

이식결정 二識決定 두 갈래로 식(識)이 결정된다는 말. 듣는 이와 들려주는 이의 인연에 따라 식이 결정된다는 뜻이다. 선우(善友)에게 정법(正法)을 들으면 정식결정(正識決定 : 正性決定)이고, 악우(惡友)에게 사법(邪法)을 들으면 사식결정(邪識決定 : 邪性決定)이다. 『유식이십론』(대정장31, p.76c15)에 "저 모든 유정이 선우나 악우를 가까이 하여 정법이나 악법을 들음으로써 둘의 식이 결정된다. 이미 친우와 가르침이 없다면 이것이 어떻게 성립하는가? 성립될 수 없는 것이 아니다. 〔송〕 거듭 구르는 증상력으로, 두 갈래로 식이 결정을 성취한다. 〔논〕 모든 유정은 자타로 상속하며 모든 식이 거듭 구르는 것을 증상연으로 삼는데, 그 응한 바에 따라 두 갈래로 식이 결정된다. 彼諸有情 近善惡友 聞正邪法 二識決定 旣無友敎 此云何成 非不得成 頌曰 展轉增上力 二識成決定 論曰 以諸有情 自他相續 諸識展轉 爲增上緣 隨其所應 二識決定", 『유식이십론술기』 권하(대정장43, p.1002a25)에 "일체유정이 때론 선우를 가까이하여 정법을 듣거나 악우를 가까이하여 사법을 듣는다. 사친근행처럼 선지식을 가까이하여 정법을 들으면 정성이 결정된다. 능히 가르치는 이의 식은 비를 성취한 결정이고, 듣는 이의 식은 혜가 성취된 결정이다. 악우를 가까이할 때 사성결정되는 것 역시 그러하다. 즉 가르치는 이와 가르침을 받는 이, 둘의 식이 결정된다. 一切有情 或近善友 聞說正法 或近惡友 聞說邪法 如四親近行 近善知識 聽聞正法 正性決定 能敎者識 成悲決定 能聽者識 成慧決定 近惡友時 成邪定亦爾 卽能所敎 二識決定", "〔논〕 그 응하는 상대에 따라 둘의 식이 결정된다. 〔술〕 응하는 바에 따라 뜻을 드러냄이 정해지지 않는다. 즉 증상연에 따라 선우를 가까이하여 정법을 들으면 자상속 중에 정식이 결정되고, 악우를 가까이하여 사법을 들으면 자상속 중에 사식이 결정된다. 論 隨其所應 二識決定 述曰 隨其所應 顯義不定 由增上緣 若近善友 聽聞正法 自相續中 正識決定 若近惡友 聽聞邪法 自相續中 邪識決定"라고 하였다. 〔참고문헌〕 『唯識二十論』, 『唯識二十論述記』. ⇨ 식 識 ❶

이식계 耳識界 Ⓢ śrotra-vijñāna-dhātu, Ⓟ sota-viññāṇa-dhatu, Ⓣ rna-ba'i-rnam-par-shes-pa'i-khams. 귀로 듣는 계. 십팔계(十八界) 중 하나이며, 이근(耳根)과 성진(聲塵)을 연(緣)으로 하여 일어나는 이식(耳識)의 계다. 『법계차제초문』 권상(대정장46, p.666c13)에 "둘째, 이식계는 이근이 성진을 상대하면 이식이 생한다. 이식이 일어날 때 소리를 듣기에 이식계라고 한다. 二 耳識界 耳根若對聲塵 卽生耳識 耳識生時 卽識聲塵 故名耳識界也", 『능엄경』 권3(대정장19, p.116c4)에 "그러므로 귀와 소리가 연이 되어 귀로 듣는 세계가 일어남을 알아야 한다. 그러나 이 세 가지 자리는 도무지 없으니 귀와 소리 그리고 소리의 계라는 세 가지는 본래 인연도 아니고 자연의 성도 아니다. 是故當知 耳聲爲緣生耳識界 三處都無 則耳與聲及聲界三 本非因緣 非自然性"라고 하였다. 〔참고문헌〕 『法界次第初門』, 『楞嚴經』, Śrav-bh.245., Mvyut.107., MN.3.62. ⇨ 십팔계 十八界, 이식 耳識, 삼사화합 三事和合

이식론 離識論 유송(劉宋) 때 안연지(顔延之 384~456) 지음. 상세한 내용은 전하지 않는다. 『치문경훈』 권10 「송문제집조재론불교 宋文帝集朝宰論佛敎」(대정장48, p.1095c21)에 "그때 안연지가 『이식론』을 지었는데 문제가 엄법사(慧嚴)에게 특별한 뜻이 있는지 가리도록 명하였다. 그가 종일 거듭하여 (스님들과) 견해를 주고받자 문제가 웃으며 말하였다. '경들이 오늘 보여준 모습은 지둔과 허순이 나눈 문답과 비교하여도 손색이 없군요'. 時 顔延之 著離識論 帝命嚴法師 辨其同異 往返終日 笑曰 卿等今日 無愧支許之談也"라고 하였다. 〔참고문헌〕 『緇門警訓』, 『佛祖歷代通載』 권8(대정장49, p.536c17), 『廣弘明集』 권1(대정장52, p.100b23), 『釋氏通鑑』 권4(卍속장131, p.813a3). ⇨ 안연지 顔延之

이신 二身 두 가지 몸. ❶ 두 가지로 분류하는 불신(佛身). 전거에 따라 다양하다. 〔생신生身과 화신化身〕 『화엄오교장의원소』 권7(卍속장103, p.291a17)에 "생신과 화신은 소승설을 잡은 것으로 왕궁에 탄생한 뒤 수행하여 불도를 이루고 이 몸을 바꾸지 않았기에 생신이라 한다. 류를 따라 변화하여 나타나면 화신이라 한다. 言生身化身 約小乘說者 謂王宮降生 修行成道 不易此身 故曰生身 隨類變現 故曰化身"라고 하였다. 〔생신과 법신法身〕 40권본 『대반열반경』 권34(대정장12, p.567a2)에 "나는 경 중에 여래의 몸은 무릇 모두 두 종이 있다고 설하였다. 첫째는 생신이고 둘째는 법신이다. 생신이란 방편으로 중생에 응하거나 변화하는 몸(응신·화신)이다. … 법신은 상락아정의 몸으로 영원히 모든 생로병사에서 벗어나 있다. 我於經中 說如來身 凡有二種 一者生身 二者 法身 言生身者 卽是方便應化之身 … 法身卽是常樂我淨 永離一切 生老病死", 『대승의장』 권19(대정장44, p.838c26)에 "왕궁에 태어나 상호를 갖춘 형상을 생신이라 하고, 계정혜 등 오품공덕을 법신이라 한다. 王宮所生 相好之形 名爲生身 戒定慧等 五品功德 說爲法身"라고 하였다. 〔법신과 해탈신解脫身〕 『해심밀경』 권5(대정장16, p.708b23)·『유가사지론』 권78(대정장30, p.733c25)에 "해탈신을 근거로 일체의 성문독각이 모든 여래와 평등하고 또 평등하다고 말하며, 법신을 근거로는 차별이 있다고 설한다. 여래의 법신에 차별이 있기 때문이니 헤아릴 수 없이 많은 공덕과 가장 수승한 차별이라 헤아리고 비유해도 미칠 수 없다. 由解脫身故 說一切聲聞獨覺 與諸如來 平等平等 由法身故 說有差別 如來法身 有差別故 無量功德 最勝差別 算數譬喩 所不能及"라고 하였다. 〔법성신法性身과 응화법신應化法身〕 이종법신(二種法身)이라고도 한다. 원효(元曉)의 『금강삼매경론』 권하(대정장34, p.995a5・한불전1, p.657b3)에 "저 경(『영락본업경』 권상, 대정장24, p.1015c20)에서 이신을 세웠다. 첫째는 법성신, 둘째는 응화법신이다. 나머지 두 몸을 합하여 한 몸으로 삼았기 때문이지만 여기 『금강경』 중에서는 이것을 열어 둘이 되었기에 삼신이라 한다. 삼신과 이신은 평등하고 또 평등하다. 彼經立二身者 一 法性身 二 應化法身 合餘二身爲一身故 今此經中 開此爲二 故說三身 三之與二 平等平等"라고 하였다. 〔적정법계신寂靜法界身과 득피인신得彼因身〕 『보성론』 권4(대정장31, p.838b16 : *Ratna-ut.*, p.70)・『대승법원의림장』 권7(대정장45, p.360c14)에 "첫째는 적정법계신이다. 이는 무분별의 지혜로 아는 경계이다. … 둘째, 득피인신이다. 그 적정법계에 대한 법을 설하되 교화할 중생에 의지해 설한다. 一者 寂靜法界身 以無分別智境界故 … 二者 爲得彼因身 謂彼寂靜法界說法 依可化衆生說 suviśuddhaś ca dharmadhātor avikalpajñānagocaraviṣayaḥ … tatprāptihetuś ca suviśuddhadharmadhātuniṣyando yathāvainayikaparasattveṣu vijñaptiprabhavaḥ"라고 하였다. 〔법성신과 부모생신父母生身〕 법성생신(法性生身)과 수세간신(隨世間身)이라고도 한다. 『대지도론』 권9(대정장25, p.121c26)에 "또한 부처님에게는 두 가지 몸이 있다. 하나는 법성신이고, 다른 하나는 부모생신이다. 법성신은 시방허공에 가득하여 헤아릴 수도 없고 그 끝도 없다. … 이와 같은 법성신불이 시방세계의 중생을 제도한다. 온갖 죄의 과보를 받는 당체는 생신불이다. 復次 佛有二種身 一者 法性身 二者 父母生身 是法性身 滿十方虛空 無量無邊 … 如是法性身佛 能度十方世界衆生 受諸罪報者 是生身佛", 『대승현론』 권5(대정장45, p.64a18)에 "부모생신이란 바로 응불이고 법성생신은 보불이다. 父母生身者 是應佛 法性生身 是報佛"라고 하였다. 〔언설법신言說法身과 증득법신證得法身〕 『금강반야경찬술』 권상(대정장33, p.133c22)에 "언설법신이란 능히 교법을 말하고, 증득법신이란 말한 뜻이다. 言說法身者 謂能詮教 證得法身者 謂所詮理"라고 하였다. 〔여유성신如流星身과 여일신如日身〕 『십지경론』 권2(대정장26, p.131b6)에 "이신이란 무엇인가? 첫째, 유성과 같은 몸이다. 타방세계로 가기 때문이다. 둘째, 태양과 같은 몸이다. 허공에 머물기 때문이다. 저 경(80권본 『화엄경』 권34, 대정장10, p.180b26)에서 '높은 허공 중에서 큰 광명과 구름 그물로 누대를 엮어서 머문다'라고 한 것과 같이, 모든 곳에서 일시에 두루 관조할 수 있다는 뜻이다. 云何二身 一 如流星身 往他方世界故 二 如日身 處於虛空 如經 於上虛空中 成大光明 雲網臺而住故 於一切處 一時遍照故"라고 하였다. 〔법성법신法性法身과 방편법신方便法身〕 『왕생론주』 권하(대정장40, p.841b13)에 "법성법신에서 방편법신이 나오고, 방편법신에서 법성법신이 나온다. 이 두 법신은 다르지만 분리될 수 없고, 하나이지만 동체일 수 없다. 由法性法身 生方便法身 由方便法身 出法性法身 此二法身 異而不可分 一而不可同"라고 하였다. 〔지법신智法身과 이법신理法身〕 『파지옥비밀다라니법』(대정장18, p.912a21)에 "대일여래께서 이 도를 알도록 하고자 두 가지 법신을 보이신다. 지법신은 부처님께서 실상의 이에 머무시어 자수용신을 삼으시고는 37존 나투어 불이의 도를 깨닫도록 한다. 이법신은 부처님께서 여여에 머무시니 고요히 비춰 법 그대로고 상주부동으로 여덟 연꽃 위에서 자타수용의 몸으로 세 겹의 만다라를 드러냄으로써 십계의 중생이 대공을 증득하도록 한다. 비록 이지를 달리하고 광략이 차이나지만 본래 한 법이어서 결코 다름은 없으니 만법이 하나의 아(阿 𑖀) 자로 돌아가고 오부 한결같이 하나의 비로자나불이다. 大日如來 爲令知見此道 示二種法身 智法身 佛住實相理 爲自受用 現三十七尊 令一切入 不二之道 理法身 佛住如如 寂照法然 常住不動 現於八葉 爲自他受用 示三重曼荼羅 令十界證大空 雖是理智之殊 廣略之異 本來一法 曾無殊異 萬法歸一阿字 五部同一遮那也"라고 하였다. 〔참고문헌〕 『華嚴五教章義苑疏』, 『大般涅槃經』, 『大乘義章』, 『解深密經』, 『瑜伽師地論』, 『金剛三昧經論』, 『瓔珞本業經』, 『寶性論』, 『大乘法苑義林章』, 『大智度論』, 『大乘玄論』, 『金剛般若經贊述』, 『十地經論』, 『華嚴經』, 『往生論註』, 『破地獄祕密陀羅尼法』, *Ratna-ut.* ⇨ 불신 佛身, 생신 生身, 화신 化身, 법신 法身, 해탈신 解脫身, 법성신 法性身, 응화법신 應化法身, 부모생신 父母生身, 언설법신 言說法身, 증득법신 證得法身, 지법신 智法身, 이법신 理法身 **2** 분단신(分段身)과 변역신(變易身). 『대승의장』 권8(대정장44, p.617a24)에 "변역신이란 무루업의 인이고 무명을 연으로 삼으며, 분단신이란 유루업이 인이고 비원을 연으로 삼는다. 變易身者 無漏業因 無明爲緣 分段身者 有漏業因 悲願爲緣"라고 하였다. 〔참고문헌〕 『大乘義章』. ⇨ 분단신 分段身, 변역신 變易身, 분단생사 分段生死, 변역생사 變易生死

이신 異身 갖가지로 다른 몸. 본신에 대해서는 화신이고, 금생의 경우는 과거나 미래의 몸이다. 60권본 『화엄경』 권36(대정장9, p.631a3)에 "무량하고 갖가지로 이신을 시현하시니 이야말로 무량제불의 지닌 법을 여는 그릇이다. 示現無量 種種異身 示現己身 是無量諸佛

法門之器", 『법화론소』 권하(대정장40, p.814b22)에 "자기의 몸이 곧 본신이며 다른 몸이란 화신을 말한다. 이 두 몸을 볼수만 있다면 헤아릴 수 없이 많은 복을 얻는다. 自身卽是本身 異身謂化身也 見此二身 卽獲無量福", 『구사론소』 권6(대정장41, p.561b25)에 "이신이란 과거와 미래의 몸을 말한다. 異身者 謂過未身"라고 하였다. 〔참고문헌〕『華嚴經』, 『法華論疏』, 『俱舍論疏』.

이신 頤神 정신을 기르다. 정신을 보호하다. 『벽암록』 「보조서 普照序」(대정장48, p.139a5)에 "지극한 성인께서 목숨으로 잇고 줄지은 조사들의 큰 기틀이여! 뼛속까지 바꾸는 신령한 처방이요 정신을 기르는 묘술이로구나. 至聖命脈 列祖大機 換骨靈方 頤神妙術", 『남악총승집』 권하(대정장51, p.1091c28)에 "스스로 물러나 별궁에 살면서 나날이 정신을 기르고 뜻을 북돋는 것을 일로 삼았다. 自退處別宮 日以頤神養志爲事"라고 하였다. 〔참고문헌〕『碧巖錄』, 『南嶽總勝集』, 『一切經音義』 권90(대정장54, p.880c13).

이신 羸身 Ⓢ kṣut-pipāsā-śrama-klānta. 야위거나 지친 몸. 피신(疲身)이라고도 한다. 『불소행찬』 권3 「아라람울두람품 阿羅藍鬱頭藍品」(대정장4, p.24b28)에 "도는 야윈 몸으로 얻는 것이 아니니 반드시 몸의 힘으로 구해야 하네. 음식은 모든 근을 살찌우니 근이 즐거워야 마음도 편안하네. 道非羸身得 要須身力求 飮食充諸根 根悅令心安"라고 하였다. 〔참고문헌〕『佛所行讚』, 『過去現在因果經』 권3(대정장3, p.639a29), 『百丈淸規』 권2(대정장48, p.1116c4), 『釋迦譜』 권3(대정장50, p.31a8), *Buddh-c.141*. ⇨ 고행 苦行

이신견 異身見 목숨과는 다른 몸이 따로 있다는 견해. 몸과 달리하는 생명이 따로 존재한다는 이명견(異命見)과 짝이다. 『증일아함경』 권7(대정장2, p.577b9)에 "이신견과 이명견 등 이러한 육십이견을 무견이라 하고 진실이 아닌 견이라고도 한다. 이를 무견이라 할진대는 모든 비구는 이 이견을 마땅히 버려야 한다. 異身見 異命見 此六十二見 名曰無見 亦非眞見 是謂無見 是故 諸比丘 當捨此二見"라고 하였다. 〔참고문헌〕『增壹阿含經』. ⇨ 이명견 異命見, 육십이견 六十二見

이신계 二身繫 계금취신계(戒禁取身繫)와 차실집취신계(此實執取身繫). 사신계(四身繫) 중 뒤의 두 계로 지키고 금할 것과 이것만이 실이라는 소견으로 얽힌 몸을 말한다. 『유가론기』 권22(대정장42, p.826c6 · 한불전14, p749b9)에 "'계금과 차실이라는 두 가지 취신계로 말미암아' 등은 계금(戒)과 견취(見)의 이신계를 합하여 하나로 말한 것이다. 견취로 '이것은 실이고 나머지는 허망하다'고 헤아리기 때문에 차실이라 한다. 言由戒禁此實二取身繫等 戒見二身繫 合之爲一 見取計見此是實餘虛妄 故云此實"라고 하였다. 〔참고문헌〕『瑜伽論記』. ⇨ 계금취신계 戒禁取身繫, 차실집취신계 此實執取身繫, 사박 四縛, 사신계 四身繫, 신계 身繫

이신공회 二身共會 두 몸이 함께 하는 것. 『십송율』 권3(대정장23, p.16a10)에 "만약 비구가 욕이 넘쳐 변한 마음으로 여인 앞에서 부정하고 악한 말을 하거나 음욕이 따르는 일을 말한다면 승가바시사다. … 음욕이 따르는 일이란 두 몸이 합하는 것이다. 若比丘 欲盛變心 在女人前 作不淨惡語 隨婬欲法說者 僧伽婆尸沙 … 隨婬欲法者 二身共會"라고 하였다. 〔참고문헌〕『十誦律』.

이신득입 以信得入 Ⓢ adhimukti-sāra. 믿음으로써만이 들어갈 수 있다는 말. 『법화경』 권2 「비유품 譬喩品」(대정장9, p.15b17 : *Saddh-p.*, p.93)에 "그대 사리불도 오히려 이 경만은 믿음으로 들어갈 수 있는데 하물며 나머지 성문에 있어서랴. 저 나머지 성문은 부처님의 말씀을 믿기에 이 경을 따르는 것이지 자기 분상은 아니다. 汝舍利弗 尙於此經 以信得入 況餘聲聞 其餘聲聞 信佛語故 隨順此經 非己智分 adhimuktisārastuva śāriputra kiṃ vā punar mahya ime 'nyaśrāvakāḥ, ete 'pi śraddhāya mamaiva yānti pratyātmikaṃ jñānu na caiva vidyate", 『염불경』 권본(대정장47, p.121b13)에 "'이 경을 수순해서 믿음으로 들어간다'고 하였으니, 이는 『법화경』에서 믿음을 권장하는 부분이다. 隨順此經 以信得入 此是法華經勸信處", 『감산집』 권19 「각금강결의제사 刻金剛決疑題辭」(卍속장127, p.484a6)에 "이로써 알라! 중생이 매일 쓰고 눈앞에서 드러내는 보고 듣고 알고 지각하는 것이 모두 반야의 빛이다. 실마리는 믿고 믿지 않음에 달려 있다. 그러므로 제불의 지혜바다는 믿음으로써 들어간다고 한다. 是知衆生日用現前 見聞知覺 皆般若之光 端在信與不信耳 故曰諸佛智海 以信得入"라고 하였다. 〔참고문헌〕『法華經』, 『念佛鏡』, 『憨山集』, 『法華義疏』 권6(대정장34, p.541a8), *Saddh-p.* ⇨ 신 信[1][3]

이신묘술 頤神妙術 ➡ 이신 頤神

이신불 二身佛 두 가지로 몸을 달리하는 부처님. 『종경록』 권16(대정장48, p.500a15)에 "만약 따로 오교에 의지하면 교를 따름이 일정하지 않다. 첫째, 소승교에서는 이신불이 있다. 첫째는 생신이고 둘째는 법신이다. 若別依五教 隨教不定 一小乘教 有二身佛 一 生身 二 法身"라고 하였다. 〔참고문헌〕『宗鏡錄』. ⇨ 이신 二身[1], 삼신불 三身佛

이신예악삼마지 離身穢惡三摩地 Ⓢ kāyakali-saṃpramathana-samādhi, Ⓣ lus-kyi-skyon-yang-dag-par-sel-ba zhes-bya-ba'i ting-nge-'dzin. 몸(身)에 대한 물든 견해를 여의게 하는 삼매. 괴신쇠삼매(壞身衰三昧)의 다른 이름이다. 『대반야경』 권414(대정장7, p.77b21 : *Pañca-pr.*, p.203)에 "왜 이름이 이신예악삼마지인가? 이 삼마지에 머무를 때는 여러 등지로 신견을 파괴한다. 이런 까닭에 이신예악삼마지라고 한다. 云何名爲離身穢惡三摩地 謂若住此三摩地時 令諸等持破壞身見 是故名爲離身穢惡三摩地 tatra katamaḥ kāyakalisaṃpramathano nāma samādhiḥ. yatra samādhau sthitvā sarvasamādhikāyaṃ nopalabhate tenocyate kāyakalisaṃpramathano nāma samādhiḥ"라고 하였다. 〔참고문헌〕『大般若經』, *Pañca-pr.*, *Mvyut.21.* ⇨ 괴신쇠삼매 壞身衰三昧

이신행 離身行 몸을 여읜 행. 십성처(十聖處) 중 하나다. 『성실론』 권2(대정장32, p.253b21)에 "이신행이란 욕계의 번뇌를 끊고 사선을 얻는 것이기에 이신행이라 한다. 離身行者 除欲界結 得四禪故 名離身行"라고 하였다. 〔참고문헌〕『成實論』. ⇨ 십성처 十聖處

이신혜 李信惠 신라하대 중국에서 활동했던 환속한 스님. 장보고(張保皐 ?~846)가 활동하던 9세기 초에 많은 신라인들이 당나라에서 무역업에 종사하였는데, 이때 적산촌(赤山村) 법화원(法華院) 스님으로 무역 및 일본어 통역을 하며 신라인을 위해 활동하였다. 그가 일본에서 당나라에 구법하러 왔던 원인(圓仁)과 대화한 내용에 의하면, 815년(헌덕왕7)부터 일본 구주(九州)의 최고관청 대재부(大宰府)에서 8년 동안 머물렀으며, 824년(헌덕왕16) 장대사(張大使 : 장보고 또는 張詠)의 무역선을 타고 당나라로 건너갔고, 법화원 장원에 살면서 일본어를 잘 알아 통역으로 일을 삼았다고 전한다. 〔참고문헌〕『入唐求法巡禮行記』 권4 會昌五年 9月 22日.

이심 二心 두 가지 마음. 전거에 따라 여러 이름이 있다. ❶ 진심(眞心)과 망심(妄心). 『종경록』 권3(대정장48, p.431b10)에 "〔문〕 진망 이심은 각각 무슨 뜻으로 마음이라 하고, 무엇을 체로 삼으며, 무엇을 상으로 삼는가? 〔답〕 진심이란 신령한 지로 고요히 비춤으로 마음을 삼고, 빈 것이 아니지만 머묾이 없음으로 체로 삼으며, 실상을 상으로 삼는다. 망심은 여섯 티끌 그림자로 마음을 삼고, 자성이 없음을 체로 삼으며, 반연하여 사려함을 상으로 삼는다. 問 眞妄二心 各以何義名心 以何爲體 以何爲相 答 眞心 以靈知寂照爲心 不空無住爲體 實相爲相 妄心 以六塵緣影爲心 無性爲體 攀緣思慮爲相", 『금강경찬요간정기』 권4(대정장33, p.202c4)에 "구로 능히 진심과 망심 그리고 형색과 현색 등을 나누고 가리므로 '구로써 차별을 말한다'고 한다. 句能分辨 眞心妄心 形色顯色等 故云句詮差別也"라고 하였다. 〔참고문헌〕『宗鏡錄』, 『金剛經纂要刊定記』. ⇨ 진심 眞心, 망심 妄心 ❷ 정심(定心)과 산심(散心). 『화엄경소초』 권69(대정장36, p.554b4)에 "산심으로 아는 것은 좁기에 소라 하고, 정심으로 아는 것은 넓기에 대라 한다. 散心所知 少故名小 定心所知 廣故名大", 『관무량수불경소』 권1(대정장37, p.246b8)에 "정인즉 근심함 그침으로써 마음을 고요히 하고, 흩어진즉 악을 버림으로써 선을 닦는다. 定卽息慮以凝心 散卽廢惡以修善"라고 하였다. 〔참고문헌〕『華嚴經疏鈔』, 『觀無量壽佛經疏』. ⇨ 정심 定心, 산심 散心 ❸ 정심(定心)과 전심(專心). 『낙방문류』 권4(대정장47, p.199c13)에 "위와 아래를 모두 아우르면 두 마음을 벗어나지 않는다. 첫째, 정심인데 저 정을 닦고 관을 익혀서 상품왕생하듯 하는 것이고, 둘째, 전심이란 오로지 부처님명호를 칭념하고 온갖 선 기르고 익혀 회향발원하여 말품왕생을 성취하는 뜻이다. 上下該攝 不出二心 一 定心 如修定習觀 上品往生 二 專心 但念名號 衆善資熏 迴向發願 得成末品"라고 하였다. 〔참고문헌〕『樂邦文類』. ⇨ 정심 定心, 전심 專心

이심 以心 마음으로 또는 마음에서. 『불소행찬』 권1(대정장4, p.2b25)에 "대왕께서 이와 같이 마땅히 환희심 내셨으니 마음으로 기쁘기에 영원히 의혹을 벗어날 것입니다. 大王今如是 應生歡喜心 以心歡喜故 永離於疑惑"라고 하였다. 〔참고문헌〕『佛所行讚』.

이심 狸心 살쾡이의 마음. 육십심(六十心) 중 하나로 기회를 엿보아 먹잇감만을 취하고 은혜를 모르는 살쾡이와 같은 마음으로 항상 은덕을 잊지 않게 다스려야 한다. 『대일경』 권1(대정장18, p.3a4)에 "어떤 것이 살쾡이 마음인가? 따라 닦아 천천히 법에 나아가는 것을 말한다. 云何狸心 謂順修徐進法", 『대일경소』 권2(대정장39, p.598a18)에 "'스물여덟 번째, 이심이란 따라 닦고 천천히 법에 나아간다는 말이다'라고 한 것은, 저 고양이나 살쾡이가 날짐승을 잡을 때 숨죽인 채 조용히 멈춘 자세로 빨리 나아가지 않고 잡을 만한 곳에 이르면 잡는 것과 같다. 이 사람 역시 그러하다. 갖가지 법요를 들어도 단지 마음으로 받아들이고 기억해 가지지만 나아가 행하지 않는다. 좋은 인연을 만나 합할 때를 기다린 후에야 힘써 행한다. 또한 고양이나 살쾡이가 갖가지 자애와 양육을 받고서도 은혜를 알지 못하는 것처럼 이 사람은 타인의 자애와 은혜와 선한 말을 받고도 갚을 생각이 없다. 이것이 살쾡이의 마음이다. 때와 장소를 기다리지 않고 들은대로 멈추지 않고 행하고 항상 은덕을 헤아리는 것으로써 대치한다. 第廿八云何狸心 謂順修徐

進法者 如猫狸伺捕禽鳥 屛息靜住 不務速進 望至度內 然後取之 此人亦爾 遇聞種種法要 但作心領 受記持 而不進行 冀待良緣會合 則當勇健勵行之 又如猫狸蒙種種慈育 亦不識恩分 若人但受他慈惠善言 而不念報 是狸心也 以不待時處 如聞輒行 常念恩德 爲所對治"라고 하였다. 〔참고문헌〕『大日經』, 『大日經疏』. ⇨ 육십심 六十心

이심 理心 이로서의 마음. 이 그대로인 마음으로 중생과 부처가 다르지 않은 평등한 마음. 마음을 편안히 하는 안심(安心)의 극치이기도 하다. 『능가사자기』「구나발다라장 求那跋陀羅章」(대정장85, p.1284a29)에 "마음을 편안히 한다는 말에 간략히 네 가지가 있다. 첫째, 이를 등진 마음이다. 한결같은 범부의 마음을 가리킨다. 둘째, 이로 향하는 마음이다. 생사를 싫어하여 열반을 구함으로써 적정에 나아가려 하니 성문의 마음이라 한다. 셋째, 이에 든 마음이다. 비록 장애를 끊고 이를 드러냈지만 능소마저 놓지는 못했으니 이는 보살의 마음이다. 넷째, 이 그대로의 마음이다. 이 밖의 이가 아니고 마음 밖의 마음도 아니다. 이 그대로의 마음이기에 마음이 참으로 능히 평등하며 이름 그대로 이여서 이로 비추어 능히 밝으니 이름 그대로 마음이다. 마음과 이가 평등한 그것을 불심이라 한다. … 염정이 하나로 그대로여서 부처와 중생이 본래평등한 하나로 만난 때다. 今言安心者 略有四種 一者 背理心 謂一向凡夫心也 二者 向理心 謂厭惡生死 以求涅槃 趣向寂靜 名聲聞心也 三者 入理心 謂雖復斷障顯理 能所未亡 是菩薩心也 四者 理心 謂非理外理 非心外心 理卽是心 心能平等 名之爲理 理照能明 名之爲心 心理平等 名之爲佛心 … 染淨一如 佛與衆生 本來平等一際"라고 하였고, 『종경록』 권100(대정장48, p.953a13)에는 "발다삼장이 말했다. '이심이란 마음은 이 밖이 아니고 이도 마음 밖이 아니다'. 跋陀三藏云 理心者 心非理外 理非心外"라고 운운하였다. 〔참고문헌〕『楞伽師資記』, 『宗鏡錄』. ⇨ 불심 佛心

이심 異心 다른 마음. 마음을 달리하여 바른 길을 장애하는 뜻이다. 『장아함경』 권14「범동경 梵動經」(대정장1, p.88b18)에 "사도 두 사람이 각기 다른 마음을 품고 서로 어긋나 등졌다. 왜 그런가? 달리 익혔기에 다르게 보고 다르게 친근하다. 師徒二人 各懷異心 共相違背 所以者何 斯由異習 異見異親近故", 『대반야경』 권580(대정장7, p.998a4)에 "초발심 좇아 최후의 금강유정이 장차 현전하기까지 그 중간에 잠시도 다른 마음이 섞여든 적이 없이 오로지 일체지지가 발현되기만을 바랐다. 從初發心 乃至最後 金剛喩定 將現在前 中間曾無 異心間雜 唯求引發 一切智智", 『대품반야경』 권27(대정장8, p.422c28)에 "살타파륜보살과 장자의 딸은 오백시녀와 함께 모두 달리 품은 마음이 없었기에 악마도 해코지할 틈이 없었다. 薩陀波崙菩薩 及長者女 幷五百侍女 皆無異心 惡魔亦不能得便", 『석씨요람』 권중(대정장54, p.287c24)에 "믿음이란 마음에 다른 마음이 없다는 뜻이다. 信者 心無異心", 『대승기신론의기』 권중말(대정장44, p.265c12)에 "이심이란 우리의 망념이 분별하여 지은 것이다. 그러므로 '망녕되이 마음을 낸다'고 한다. 言異心者 是汝妄念 分別而作 故云妄念生也", 『서중무온어록』 권6「시법질선대용 示法姪選大用」(卍속장123, p.879a16)에 "법으로써 법을 설하니 달리 법은 없고, 마음으로써 마음을 전하니 다른 마음 또한 없다. 문수와 수보리는 원래 만난 적 없고, 고양이와 암소가 그 속뜻 아는 벗이라네. 以法說法無別法 以心傳心無異心 妙德空生元不會 狸奴白牯是知音"라고 하였다. 〔참고문헌〕『長阿含經』, 『大般若經』, 『大品般若經』, 『釋氏要覽』, 『大乘起信論義記』, 『恕中無慍語錄』.

이심 離心 무명에서 생겨난 망심을 여의는 것. 『대승기신론』(대정장32, p.577b16)에 "삼계는 허위여서 오직 마음이 지은 것이니 마음을 여의면 육진경계도 없다. 이 뜻은 무엇인가? 일체법이 다 마음 좇아 일어나고 망념이 생한다. 일체분별은 바로 자기 마음을 분별하는 것이다. 마음은 마음을 보지 못하니 얻을 수 있는 상이 없다. 반드시 알아야 한다. 세간의 모든 경계는 중생무명으로 일으킨 허망한 마음에 의지하여 머물고 유지될 수 있다. 三界虛僞 唯心所作 離心則無六塵境界 此義云何 以一切法 皆從心起 妄念而生 一切分別 卽分別自心 心不見心 無相可得 當知 世間一切境界 皆依衆生無明妄心 而得住持"라고 하였다. 〔참고문헌〕『大乘起信論』.

이심관정 以心灌頂 마음으로 관정한다는 말. 밀교의 삼종관정(三種灌頂) 중 하나로 삼매야계(三昧耶戒)를 성취한 스승과 제자가 단장(壇場)을 따로 조성하지 않고 마음에 만다라(曼荼羅)를 건립하여 이 심단(心壇)에서 관정한다. 『대일경소』 권15(대정장39, p.736c3)에 "동쪽을 향하여 위를 설치하든지 남쪽 등을 향해도 무방하다. 이 제자는 이미 진언 수행을 닦았으므로 비밀장중을 견뎌 맡길 만하여 스승의 마음을 기쁘게 하니 이것이야말로 가장 뛰어난 본보기이다. 스승과 제자가 함께 유가를 얻어 마음으로 관정하니 저 마정수기와 같다. 또한 마음을 다하여 스승을 받들고 갖가지 선한 일에 어겨 넘치는 일 없으니, 이러한 인연으로 높으신 분 환희하여 제자를 위해 마음으로 떠올려 관정함이 이 관정법이다. 向東設位 或向南等 皆得也 由此弟子 已修眞言之行 於祕密藏中 有所堪任 令師心悅 此又最勝也 師弟子俱得瑜伽 以心灌頂 猶如摩頂受記也 又能盡心 承奉其師 於種種善事 無有違越 以是因緣 令尊歡喜 故爲作心想灌頂 其灌頂法也"라고 하였다. 〔참고문헌〕『大日經疏』. ⇨ 비밀관정

祕密灌頂[2], 비밀만다라 祕密曼荼羅[2], 관정 灌頂[1]

이심상 異心想 마음으로 다른 상 떠올림. 『대법고경』 권하(대정장9, p.297c8)에 "그때 장자가 따지며 물었다. '너는 지금 어째서 다른 심상 일으켜 부지런히 일하지 않느냐?' 그가 대답했다. '당신의 아들이 되고 싶어서 이와 같이 마음 일으켰습니다'. 是時長者 尋告之曰 汝今云何 起異心想 不勤作務 彼卽答言 願欲作子 生如是心"라고 하였다. [참고문헌] 『大法鼓經』.

이심전심 以心傳心 마음으로 마음에 전함. 선종의 종지를 드러내는 말로 교외별전(敎外別傳)과 불립문자(不立文字)의 뜻과 함께 하기에 스승과 제자가 대면할 수 밖에 없는 전통이다. 부처와 부처만이, 조사와 조사끼리 전해온 이 전승은 삼처전심(三處傳心) 즉 염화미소(拈花微笑)·분반좌(分半座)·곽시쌍부(槨示雙趺)라는 석가세존 일대의 세 가지 일화를 실마리로 한다. 『소실육문』「혈맥론 血脈論」(대정장48, p.373b13)에 "삼계가 덧없이 일어나지만 한결같이 일심으로 돌아가니, 앞의 부처가 뒤의 부처에게 마음으로 마음에 전할 뿐 문자를 세우지 않았다. 三界興起 同歸一心 前佛後佛 以心傳心 不立文字", 종보본 『단경』(대정장48, p.349a28)에 "옛날 달마대사가 이 땅에 처음 왔을 때, 사람들은 아직 믿지 못하였기에 이 가사를 전하여 믿음의 체로 삼고 대대로 서로 이었으니, 법인즉 마음으로 마음에 전하여 모두 스스로 깨닫고 스스로 알게 하였다. 昔達磨大師 初來此土 人未之信 故傳此衣 以爲信體 代代相承 法則以心傳心 皆令自悟自解", 『전심법요』(대정장48, p.381a29)에 "마음 그대로 부처이고, 그 부처 그대로 법이다. 일념에 진실을 떠나니 모두 망상이 된다. 마음으로 다시 마음을 구할 수 없고, 부처로 다시 부처를 구하려 해도 안 되며, 법으로 다시 법을 구해서도 안 된다. 그러므로 도를 배우는 사람은 곧바로 그 자리에서 무심으로 묵묵히 맺을 뿐이니, 마음을 헤아린즉 곧바로 어긋난다. 마음으로 마음에 전하니 이것만이 정견이다. 삼가 밖을 향해 경을 쫓아 경을 마음이라 오인하지 마라. 이는 도적을 아들로 오해하는 것이며 탐진치를 가지고 계정혜를 세우는 꼴이다. 心卽是佛 佛卽是法 一念離眞 皆爲妄想 不可以心更求于心 不可以佛 更求於佛 不可以法 更求於法 故學道人 直下無心 默契而已 擬心卽差 以心傳心 此爲正見 愼勿向外逐境 認境爲心 是認賊爲子 爲有貪嗔癡 卽立戒定慧", 『도서』 권상1(대정장48, p.400b17)에 "달마는 법을 받아 천축에서 몸소 중국으로 왔으나, 이 나라 학인들이 대부분 법을 깨닫지 못하고 오직 이름과 법수로써 해를 삼고 사상을 행으로 삼음을 보고서 달은 가리키는 손끝에 있지 않음을 알게 하고자 하였으니, 법은 나의 마음인 까닭에 다만 마음으로 마음에 전하여 문자를 세우지 않고 종지를 드러내며 집착을 깨뜨렸다. 達摩受法天竺躬至中華 見此方學人 多未得法 唯以名數爲解 事相爲行 欲令知月不在指 法是我心故 但以心傳心 不立文字顯宗破執", 『종경록』 권1(대정장48, p.417b28)에 "서천의 석가모니불께서 말씀하시길 '부처님의 말씀은 마음을 종으로 하고, 문 없음을 법문으로 한다'고 하였고, 이 땅의 초조인 달마대사는 '마음으로 마음에 전할 뿐 문자를 세우지 않는다'고 하였으니, 부처와 부처끼리 주고받으신 이 종지를 전수하였고, 조사와 조사끼리 서로 전한 마음을 전했다. 西天釋迦文佛云 佛語心爲宗 無門爲法門 此土初祖達磨大師云 以心傳心 不立文字 則佛佛手授 授斯旨 祖祖相傳 傳此心", 『조정사원』 권8(卍속장113, p.224a1)에 "달마가 서쪽으로부터 와서 문자를 세우지 않고 다만 심인을 전하여 곧바로 사람의 마음을 가리켰으니, 성을 보아 부처를 이루게 하였다. 達磨西來 不立文字 單傳心印 直指人心 見性成佛", 『대혜어록』 권1(대정장47, p.813a28)에 "마지막 반열반에 임하여 인천의 무수한 대중 앞에서 꽃을 들어 두루 보이셨는데, 오직 금색두타 가섭만이 얼굴 가득 미소를 지었다. 이어 말씀하시기를 '나에게 정법안장과 열반묘심이 있으니 너에게 나누어 맡기노라'고 하셨다. 이때부터 서천 스물여덟 분의 조사와 동토 여섯 분의 조사와 천하의 노화상이 각각 마음으로 마음에 전하여 서로 이음에 끊어지지 않았다. 末後臨般涅槃 於人天百萬衆前 拈華普示 唯金色頭陀 破顔微笑 遂云 吾有正法眼藏涅槃妙心 分付於汝 自是西天四七 東土二三 天下老和尙 各各以心傳心 相續不斷"라고 하였다. [참고문헌] 『少室六門』, 『壇經』, 『傳心法要』, 『都序』, 『宗鏡錄』, 『祖庭事苑』, 『大慧語錄』. ⇨ 선종 禪宗, 삼처전심 三處傳心, 염화미소 拈花微笑, 분반좌 分半座, 곽시쌍부 槨示雙趺, 교외별전 敎外別傳[1], 불립문자 不立文字, 직지인심 直指人心, 심심불이 心心不異, 심심상인 心心相印, 심인 心印[1], 견성성불 見性成佛, 서천이십팔조 西天二十八祖, 부법장 付法藏

이심해미 理深解微 이치는 심오하나 그에 대한 이해가 미미하다는 말. 불법의 이치가 말법시대의 중생이 이해하기에는 너무나 어렵다는 뜻으로 염불왕생을 권하는 의도와 함께한다. 『안락집』 권상(대정장47, p.13c7)에 "성인의 도는 한 가지이나 오늘날 증하기는 어렵다. 첫째는 부처님 가신 지 오래되고 멀어졌기 때문이고, 둘째는 이는 깊으나 알기는 미미하기 때문이다. 그러므로 『대집월장경』에 '나의 도가 말법시대에 이르면 억억이나 되는 중생이 수행도를 일으키겠지만 한 사람도 얻는 이는 없으리라'고 한 것이다. 지금 말법에 당한 때여서 오탁악세 드러내고 있으니 오로지 정토 한 문만이 들어갈 수 있는 길이다. 其聖道一種 今時難證 一 由去大聖遙遠 二 由理深解微 是故 大集月藏經云 我末法時中 億億衆生

起行修道 未有一人得者 當今末法 現是五濁惡世 唯有淨土一門 可通入路"라고 하였다. 〔참고문헌〕『安樂集』.

이십감이십증 二十減二十增 스무 번 줄고 스무 번 더함. 대겁(大劫 Ⓢ mahā-kalpa) 중 주겁(住劫)의 기간을 인간수명의 증감으로 일컬은 말이다. 주겁 동안 팔만세인 인간의 수명이 백 년마다 한 살씩 줄어서 십세까지 한 번 줄어드는 감소기(一減)와, 다시 역으로 팔만세로 늘어나는 한 번의 증가기(一增)가 스무 번씩 반복되는 것을 말한다. 이러한 증감의 기간을 이십증감겁(二十增減劫)·이십소겁(二十小劫)·이십중겁(二十中劫)·중이십겁(中二十劫) 등이라고도 하며, 경론에 따라 차이가 있다. 『삼국유사』 권3(대정장49, p.989b7·한불전6, p.318c10) 탑상(塔像)4 가섭불연좌석(迦葉佛宴坐石)에 "매번 성겁초에는 모두 수명이 무량하다. 점차 감하여 팔만세에 이를 때가 주겁초다. 이로부터 또 백 년마다 한 살씩 줄어 수명이 십세에 이를 때를 일감이라 한다. 다시 더하여 사람의 수명이 팔만세에 이를 때를 일증이라 한다. 이와 같이 스무 번 줄고 스무 번 더하는 것이 일주겁이다. 이 일주겁 동안 천 분의 부처님께서 세상에 출현하시는데, 지금의 본사이신 석가모니께서는 제4존이시고, 4존은 모두 제9감중에 나타나신다. 每成劫初 皆壽無量歲 漸減至壽八萬歲時 爲住劫之初 自此又百年減一歲 至壽十歲時 爲一減 又增至人壽八萬歲時 爲一增 如是二十減二十增 爲一住劫 此一住劫中 有千佛出世 今本師釋迦 是第四尊也 四尊皆現於第九減中"라고 하였다. 〔참고문헌〕『三國遺事』, 『信佛功德經』(대정장1, p.257a17), 『瑜伽師地論』 권2(대정장30, p.286a16). ⇨ 대겁 大劫, 소겁 小劫, 겁 劫

이십건도 二十犍度 율장(律藏)의 건도부(犍度部)를 대체로 부르는 이름. 건도부가 20으로 나뉘어 있다는 뜻이다. 율장은 크게 바라제목차(波羅提木叉)와 갈마본(羯磨本) 그리고 광율(廣律)로 구성되었다. 광율의 중심이 되는 것은 바라제목차의 주석인 경분별(經分別)과 갈마에 관한 건도부인데, 이 '건도부'를 대게 이십건도라 부른다. 건도는 팔리어 Khandhaka와 범어 Skandha의 음사어로서 책을 분류한 단위인 편(篇)·장(章)을 뜻한다. 『사분율』에서는 20건도와 집법비니(集法毘尼) 둘을 합하여 22건도이고, 『오분율』에서는 건도 대신 법(法 Dharmaka)이라 하여 21법이며, 『근본유부율』에서는 율사(律事)라 하여 17사(事 Vastu)로 전하고 있다. 팔리율장은 크게 대품(大品 Mahāvagga) 10건도와 소품(小品 Cullavagga) 12건도로, 총 22건도다. 『십송율』의 경우는 17법품이 있고 사(事)라 부르는 셋을 더하여 '이십건도'에 상응한다. 『사분율행사초비』 권2(卍속장67, p.319a6)에 "다음의 이십건도는 짓고 가지는 작지여서, 어긴다고 하면 이는 그쳐서 즉 하지 않으면 범하는 경우다. 下二十犍度是作持 違則名止犯", 『사분율행사초간정기』 권4(卍속장68, p.221a10)에 "일체율장이라고 한 말은 『사분율』의 이십건도다. 이에 대한 문이 적지 않기에 일체라고 했지만, 팔십송율 모두 통틀어 일체라고 한 말은 아니다. 言一切律藏者 卽四分律 二十犍度 其文不少 故云一切 非謂通八十誦律 爲一切也"라고 하였다. 〔참고문헌〕『四分律行事鈔批』, 『四分律行事鈔簡正記』, 『四分律行事鈔資持記』 권1(대정장40, p.232a22), 平川彰 『律藏の硏究』(東京 1970) p.631. ⇨ 건도 犍度, 율장 律藏, 작지문 作持門

이십공 二十空 Ⓢ viṃśati-śūnyatā. 『대반야경』에서 설하는 스무 가지 공. 유(有)에 집착하는 스무 가지 견해를 맞서 다스린다. 원측(圓測)의 『해심밀경소』 권7(한불전1, p.344c7)에 "그러므로 『대반야경』에서 말했다. '「그리고 수보리야! 보살마하살의 대승상이란 내공(Ⓢ adhyātma-śūnyatā)·외공(Ⓢ bahirdha-śūnyatā)·내외공(Ⓢ adhyātma-bahirdhā-śūnyatā)·공공(Ⓢ śūnyatā-śūnyatā)·대공(Ⓢ mahā-śūnyatā)·승의공(Ⓢ paramārtha-śūnyatā)·유위공(Ⓢ saṃskṛta-śūnyatā)·무위공(Ⓢ asaṃskṛta-śūnyatā)·필경공(Ⓢ atyanta-śūnyatā)·무제공(Ⓢ anavarāgra-śūnyatā)·산공(Ⓢ anavakāra-śūnyatā)·무변이공(Ⓢ anavakāra-śūnyatā)·본성공(Ⓢ prakṛti-śūnyatā) 자상공(Ⓢ svalakṣaṇa-śūnyatā)·공상공(共相空) 일체법공(Ⓢ sarva-dharma-śūnyatā)·불가득공(Ⓢ anupalambha-śūnyatā)·무성공(Ⓢ abhāva-śūnyatā)·자성공(Ⓢ svabhāva-śūnyatā)·무성자성공(Ⓢ abhāva-svabhāva-śūnyatā)을 말한다. 이것을 보살마하살의 대승상이라 한다.」 故彼經云 復次善現 菩薩摩訶薩大乘相者 謂內空 外空 內外空 空空 大空 勝義空 有爲空 無爲空 畢竟空 無際空 散空 無變異空 本性空 自相空 共相空 一切法空 不可得空 無性空 自性空 無性自性空 是名菩薩摩訶薩大乘相', "수보리가 부처님께 말씀드렸다. '세존이시여, 무엇이 내공입니까?' 부처님께서 말씀하셨다. '수보리야, 내는 내법이니 육내처를 말한다. 이 중 안은 안공에 말미암는다. 왜 그러한가? 상도 아니고 경도 아니며 본성이 그러하기 때문이다. 이 등도 그러하다. 외란 외법이니 육외처를 말한다. 위의 내용에 근거하여 알 수 있다. 내외란 내외법이니 십이처를 말한다. 이 중 내육처는 외육처의 공에 말미암는다. 왜 그러한가? 상도 아니고 경도 아니며 본성이 그러하기 때문이다. 외육처는 내육처의 공에 말미암는다' '무엇이 공공입니까?' 부처님께서 말씀하셨다. '공은 일체법이 공이라는 뜻이다. 이 공은 공공에 말미암는다. 왜 그러한가? 상도 아니고 경도 아니며 본성이 그러하기 때문이다. … 대공은 시방이 공이라는 뜻이다'. 善現白佛言 世尊 云何內空 佛言 善現 內謂內法 卽六內處 此中眼由眼空 何以故 非常非境 本性爾故 耳等亦爾 外謂法外 卽六外處 准上應知 內外謂內外法 卽十二處 此中內六處由外六處空 何以故 非常非境 本性爾故 外六處由內六處空 云何空空 … 空謂一切法空 此空由空空 何以故 非常非境 本性爾故 … 大空謂十方空", "승의는 열반을 말한다. … 승의는 승의공에 말미암는다. … 유위는 삼계를 말한다. 이 중 욕계는 욕계의 공에 말미암고 색계와 무색계 역시 그러하다. … 무위는 생·주·이·멸이 없음을 말한다. 이러한 무위는 무위의 공에 말미암는다. 필경이란 제법의 구경 불가득을 말한다. … 무제는 얻을 수 있는 초중후도 왕래의 경계도 없음을 말한다. 勝義謂涅槃 此勝義 由勝義空 … 有爲謂三界 此中欲界由欲界空 色無色亦爾 … 無爲謂無生無住無異無滅 此無爲由無爲空 畢竟謂諸法究竟不可得 … 無際謂無初中後可得 及無往來際可得", "산이란 놓거나 버릴 수 있음을 말한다. 무변이란 방기하거나 버릴 수 있는 것이 없음을 말한다. … 본성은 일체법의 본성을 말한다. 유위법성이든 무위법성이든 모두 삼승으로 지을 수 있는 것이 아니고 그 밖의 다른 이가 지어낼 수 있는 것도 아니다. … 자상은 일체법의 자상을 말한다. 저 변애란 색의 자상이고, 영납은 수의 자상이며, 취상은 상의 자상이고, 조작은 행의 자상이며, 요지는 식의 자상인 것과 같다. 이와 같은 것들은 유위법의 자상이거나 무위법의 자상이다. … 공상은 일체의 공상을 말한다. 예컨대 고는 유루법의 공상이고 무상은 유위법의 공상이며 무아는 일체법의 공상이다. 이러한 것들은 무량한 공상이다. 散謂有放有棄有捨可得 … 無變異謂無放無棄無捨可得 … 本性謂一切法本性 若有爲法性 若無爲法性 皆非三乘所作 亦非餘所作 … 自相謂一切法自相 如變礙是色自相 領納是受自相 取像是想自性 造作是行自相 了知是識自相 如是等 若有爲法自相 若無爲法自相 … 共相謂一切共相 如苦是有漏法共相 無常是有爲法共相 無我是一切法共相 如是等無量共相", "일체법이란 오온·십이처·십팔계를 말한다. 유색무색·유견무견·유대무대·유루무류·유위무위 등의 법이다. … 불가득에서 일체법 불가득은 삼세의 불가득을 말한다. … 무성공이란 일체법에서 얻을 수 있는 자성이 조금도 없음을 말한다. … 자성이란 제법이 화합하므로 자성을 얻을 수 없음을 말한다. … 무성을 얻을 수도 없다. … 무성자성이란 제법에 화합할 수 있는 자성도 없고 화합되어질 자성도 없음을 말한다. 풀이하여 말하면 무성이란 제법의 체성이 없다는 뜻이고, 자성이란 법체를 떠나서 화합할 수 있는 성이 없다는 뜻이며, 무성자성이란 두 가지를 합하여 설한 것이다,' 一切法謂五蘊十二處十八界 若有色無色 有見無見 有對無對 有漏無漏 有爲無爲 … 不可得 此中一切法不可得 謂三世不可得 … 無性空 謂此中無少性可得 … 自性謂諸法能和合自性不可得 … 無性不可得 … 無性自性 謂諸法無能和合性 有所和合自性 解云 無性者 無諸法體性 自性者 離法體外 無能和合性 無性自性者 合說二種"라고 하였다. 〔참고문헌〕『解深密經疏』, 『辯中邊論述記』 권상(대정장44, p.8a8), *Pañca-pr.1.33.* ⇨ 반야이십공 般若二十空, 공 空

이십공문 二十空門 스무 가지 공의 뜻을 열어 유견(有見)을 상대해 다스리고자 시설한 방편문. 『증도가』(대정장48, p.396b20)에 "진도 세우지 않고 망조차 본래 공하니, 유무를 다 보내니 불공마저 공하네. 이십공문 본래 착하지 않음이니, 한가지 자성으로 여래의 몸으로 스스로 같을 뿐이다. 眞不立妄本空 有無俱遣不空空 二十空門元不著 一性如來體自同", 『증도가주』(卍속장111, p.386b5)에 "이십공문이란, 여래는 유에 집착하는 스무 가지 견해를 부수니, 이로써 이십공이라는 이름이 성립한다. … 비록 이십공이라는 이름이 있지만 그 체는 한 가지 법이다. 여기서는 법성의 이치가 이십공과 같지 않음을 밝힌다. 그러므로 본래 집착하지 않는다고 한 것이다. 二十空門者 如來破二十種執有之見 因成二十空名 … 雖有二十空名 其體卽一法也 今明法性之理不同二十之空 故云元不著也"라고 하였다. 〔참고문헌〕『證道歌』, 『證道歌註』. ⇨ 이십공 二十空

이십구살가야견 二十句薩迦耶見 Ⓢ viṃśatikoṭikā-satkāyadṛṣṭi. 스무 가지 살가야견(薩迦耶見). 다섯 가지 아견(我見)과 열다섯 가지 아소견(我所見)을 합한 스무 가지 살가야견을 말한다. 이십살가야견(二十薩迦耶見)·이십종살가야견(二十種薩迦耶見) 등이라고도 한다. 살가야견이란 유신견(有身見)이라 한역하며, 오취온(五取蘊)을 실유(實有)라고 집착하는 견해를 뜻한다. 『대비바사론』 권8(대정장27, p.36a25)에 "이 이십구살가야견은 몇 가지가 아견이고 몇 가지가 아소견인가? 〔답〕 다섯 가지가 아견이다. 고르게 따라 관하여 색이 아이고 수상행식이 아라고 한다. 열다섯 가지가 아소견이다. 즉 고르게 따라 관하여 아에게 색이 있으며, 색은 아소이고, 아는 색 중에 있다고 한다. 또 아에게 수상행식이 있으며, 수상행식은 아소이고, 아는 수상행식 중에 있다고 여긴다. 此二十句薩迦耶見 幾我見 幾我所見耶 答 五我見 謂等隨觀 色是我 受想行識是我 十五我所見 謂等隨觀 我有色 色是我所 我在色中 我有受想行識 受想行識是我所 我在受想行識中", 『대승아비달마잡집론』 권1(대정장31, p.698c4)에 "〔문〕 오취온에는 이십구살가야견이 있으니 말하자면 색이 아이고, 아에게 여러 가지 색이 있으니 색은 아에 속하며 아는 색 중에 있다고 헤아린다. 이와 같이 수상행식이 아이고 아에게 식 등이 있으니, 식 등은 아에 속하며 아는 식 등에 있다고 헤아린다. 이런 여러 가지 견해에서 몇 가지가 아견이고 몇 가지가 아소견인가? 〔답〕 다섯 가지가 아견이고 열다섯 가지가 아소견이다. 즉 색이 아라고 생각하고, 수상행식이 아라고 생각하는 다섯 가지가 아견이고, 그 이외의 열다섯 가지는 아소견이다. 무슨 까닭에 열다섯 가지는 아소견인가? 상응하는 아소이기 때문이고, 따라 구르는 아소이기 때문이며, 여의지 않는 아소이기 때문이다. 상응하는 아소란 무엇인가? 즉 아에게 색이 있다거나 나아가 아에게 식이 있다고 하는 것을 말한다. 왜냐하면 아와 저것이 상응하므로 저것이 있다고 하기 때문이다. … 여의지 않는 아소란 무엇인가? 아가 색 가운데 있다거나 나아가 아가 식 가운데 있다고 여기는 집착을 말한다. 왜냐하면 저들은 실아가 오온 중에 있으면서 몸의 모든 부위에서 빠짐없이 작용한다고 생각하기 때문이다. 問 於五取蘊 有二十句薩迦耶見 謂計色是我 我有諸色 色屬於我 我在色中 如是計受想行識是我 我有識等 識等屬我 我在識等中 於此諸見 幾是我見 幾我所見 答 五是我見 十五是我所見 謂計色是我 計受想行識是我 此五是我見 餘十五是我所見 何因十五 是我所見 相應我所故 隨轉我所故 不離我所故 相應我所者 謂我有色 乃至我有識 所以者何 由我與彼相應說有彼故 … 不離我所者 謂我在色中 乃至我在識中 所以者何 彼計實我 處在蘊中 遍體隨行故"라고 하였다. 〔참고문헌〕『大毘婆沙論』, 『大乘阿毘達磨雜集論』, *Abh-s.8.* ⇨ 살가야견 薩迦耶見, 유신견 有身見, 아견 我見, 아소견 我所見

이십구유 二十九有 스물아홉 갈래의 존재들. 삼유(三有)의 육도(六道) 중생을 스물아홉으로 구분한 뜻으로, 이십오유(二十五有) 중 오나함천(五那含天)을 다시 다섯으로 세분한 것이다. 『십주비바사론』 권1(대정장26, p.25c26)에 "구경에는 열반에 이르러 견제소단의 법을 끊기에 마음에 대환희가 일어난다. 설령 번뇌하고 나태하더라도 이십구유에는 나지 않는다. 究竟至涅槃 斷見諦所斷法 故心大歡喜 設使睡眠嬾惰 不至二十九有"라고 하였다. 〔참고문헌〕『十住毘婆沙論』. ⇨ 오나함천 五那含天, 이십오유 二十五有

이십구종장엄 二十九種莊嚴 극락정토를 장엄하는 스물아홉 가지 공덕. 아미타불의 원심(願心)에서 비롯한다. 이십구종장엄이란 의보장엄(依報莊嚴)인 열일곱 가지 국토공덕장엄과, 여덟 가지 불공덕장엄과 네 가지 보살공덕장엄을 합한 열두 가지 정보장엄(正報莊嚴)으로, 기세간과 중생세간 청정을 성취한다. 세친(世親)의 『정토론』(대정장26, p.231b27)에 의지하면 다음과 같다. 첫째는 정토의 의보(依報)를 장엄하는 열일곱 가지로, 국토공덕장엄(國土功德莊嚴)이라고도 하며 이로써 기세간청정(器世間清淨)이 성취된다. 청정공덕(清淨功德)·양공덕(量功德)·성공덕(性功德)·형상공덕(形相功德)·종종사공덕(種種事功德)·묘색공덕(妙色功德)·촉공덕(觸功德)·삼종공덕(三種功德)·우공덕(雨功德)·광명공덕(光明功德)·묘성공덕(妙聲功德)·주공덕(主功德)·권속공덕(眷屬功德)·수용공덕(受用功德)·무제난공덕(無諸難功德)·대의문공덕(大義門功德)·일체소구만족공덕(一切所求滿足功德) 등을 가리킨다. 둘째는 정토의 정보(正報)를 장엄하는 열두 가지로, 불공덕장엄(佛功德莊嚴)의 여덟 가지와 보살공덕장엄(菩薩功德莊嚴)의 네 가지가 있으며 이로써 중생세간청정(衆生世間清淨)이 성취된다. 불공덕장엄은 좌공덕(座功德)·신업공덕(身業功德)·구업공덕(口業功德)·심업공덕(心業功德)·대중공덕(大衆功德)·상수공덕(上首功德)·주공덕(主功德)·불허작주지공덕(不虛作住持功德) 등을 가리키며, 보살공덕장엄은 부동본처변지시방공양화생장엄(不動本處遍至十方供養化生莊嚴)·일념일시변지불회이익군생장엄(一念一時遍至佛會利益群生莊嚴)·일체세계찬탄제불장엄(一切世界讚嘆諸佛莊嚴)·무삼보처시법장엄(無三寶處示法莊嚴) 등을 가리킨다. 무착(無著)의 『섭대승론』 권하(대정장31, p.131c17)와 세친의 『섭대승론석』 권15(대정장31, p.264a25)에서 시설하고 있는 정토의 십팔원정(十八圓淨)과 크게 부합한다. 『약론안락정토의』(대정장47, p.1a17)에 "『무량수론』에 의하면 두 가지 청정으로 스물아홉 가지 장엄을 성취하여 거둔다. 두 가지 청정이란 첫째 기세간청정, 둘째 중생세간청정을 말한다. 기세간청정에는 열일곱 가지 장엄의 성취가 있다. … 이와 같은 열일곱 가지를 두고 기세간청정이라고 한다. 중생세간청정에는 열두 가지 장엄의 성취가 있다. … 이와 같이 법왕의 여덟 가지 공덕으로 이루어진 장엄성취와 보살의 네 가지 공덕으로 이루어진 장엄성취를 두고 중생세간청정이라고 한다. 안락국토에는 이처럼 스물아홉 가지 공덕의 장엄이 성취되었기에 정토라고 부른다. 若依無量壽論 以二種清淨 攝二十九種莊嚴成就 二種清淨者 一 器世間清淨 二 是衆生世間清淨 器世間清淨 有十七種莊嚴成就 … 如是等十七種 是名器世間清淨 衆生世間清淨 有十二種莊嚴成就 … 如是等法王八種莊嚴功德成就 如是菩薩四種莊嚴功德成就 是名衆生世間清淨 安樂國土 具如是等二十九種莊嚴功德成就 故名淨土"라고 하였다. 〔참고문헌〕『淨土論』, 『攝大乘論』, 『攝大乘論釋』, 『略論安樂淨土義』. ⇨ 장엄 莊嚴, 십팔원정 十八圓淨

이십구처 二十九處 멸정(滅定 : 滅盡定)을 증득할 수 있는 스물아홉 곳. 북구로주(北俱盧洲)를 제외한 인계(人界)의 삼주(三洲), 육욕천(六欲天), 색계(色界)의 십육처(十六處), 무색계(無色界)의 사처(四處)를 합한 것을 말한다. 『성유식론소의연』 권8(卍속장79, p.445

a13)에 "성문승의 경우는 처를 따라 분별하니, 곧 인계 중 북주를 제외한 나머지 세 주에서 (멸진정을) 얻을 수 있고, 또한 육욕천에서도 얻을 수 있으니 모두 아홉 곳에서 얻는다. 색계의 경우 초선과 대범왕천 및 무상천을 제외한 나머지 십육천에서도 얻는다. … 또한 무색계의 사천에서도 얻을 수 있으니, 삼계를 통틀어 모두 이십구 처에서 멸정을 얻는다. 若聲聞乘 約處分別 卽人中除北洲餘三洲得 幷六欲天得 全九處得 於色界除初禪大梵王天及除無想天 餘合有十六天得 … 及無色界四天亦得 都計三界合有二十九處 得滅定也"라고 하였다. [참고문헌]『成唯識論疏義演』. ⇨ 삼주 三洲, 육욕천 六欲天, 색계십육처 色界十六處, 무색계 無色界, 멸진정 滅盡定

이십구품 二十九品 차별인과(差別因果)를 주제로 삼는 『화엄경』의 29품. 차별인과를 비롯하여 소신인과(所信因果)·평등인과(平等因果)·성행인과(成行因果)·증입인과(證入因果) 등을 오주인과(五周因果)라 한다. 오주로 경의 각 품을 나눠 배대하면 차별인과는 80권본 39품 『화엄경』 중 권12부터 권48까지 모두 29품에 해당한다. 제7 「여래명호품 如來名號品」부터 제32 「제보살주처품 諸菩薩住處品」까지 26품은 인(因), 「불부사의법품 佛不思議法品」·「십신상해품 十身相海品」·「수호광명공덕품 隨好光明功德品」 3품은 과(果)를 밝혔다. 『화엄경행원품소초』 권2(卍속장7, p.860b15)에 "제2회부터 제7회 「수호광명공덕품」까지 총 29품 37권을 차별인과라 한다. 26품은 인을 가리고 「불부사의법품」 이하 3품은 과를 밝힌다. 인은 6회를 거치고 과에서는 인을 꾸리지 않기에 차별인과라 한다. 從第二會 至七會隨好光明功德品 總有二十九品 三十七卷 名差別因果 二十六品辨因 佛不思議法品下 三品明果 因歷六會 果不該因故 名差別因果"라고 하였다. [참고문헌]『華嚴經行願品疏鈔』. ⇨ 차별인과 差別因果, 오주인과 五周因果

이십난 二十難 사람에게 있어 행하기 어려운 스무 가지. 『사십이장경』의 설이고, 판본에 따라서는 오난(五難)으로 거론한다. 『사십이장경해』(卍속장59, p.87b2)에 "부처님께서 말씀하셨다. '사람에게는 스무 가지의 어려움이 있다. 빈궁하여 보시하기 어려움, 부귀하여 도를 배우기 어려움, 목숨 버려 죽음에 이르기 어려움, 불경을 얻어서 보기 어려움, 살아서 부처님 세상에 나신 일 만나기 어려움, 색과 욕을 참기 어려움, 좋아하는 것을 보고도 구하지 않기 어려움, 욕됨을 당하고도 성내지 않기 어려움, 세력을 갖고도 군림하지 않기가 어려움, 상황을 대면하고도 무심하기 어려움, 널리 배우고 궁구하기 어려움, 나의 만심을 내려놓기 어려움, 마음 씀에 평등하기 어려움, 옳고 그름을 말하지 않기가 어려움, 선지식을 만나기 어려움, 성을 보고 도를 배우기 어려움, 따라 교화하여 사람을 제도하기 어려움, 경을 보고서 움직이지 않기가 어려움, 방편을 잘 이해하기 어려움이다. 佛言 人有二十難 貧窮布施難 豪貴學道難 棄命必死難 得覩佛經難 生値佛世難 忍色忍欲難 見好不求難 被辱不瞋難 有勢不臨難 觸事無心難 廣學博究難 除滅我慢難 不輕未學難 心行平等難 不說是非難 會善知識難 見性學道難 隨化度人難 覩境不動難 善解方便難"라고 하였다. [참고문헌]『四十二章經解』, 『四十二章經』(대정장17, p.722c11), 『註四十二章經』(대정장39, p.519a21).

이십년불수 二十年佛壽 100수의 부처님 수명 중 20년을 후세를 위해 남기셨다는 설. 『유가론기』 권5(대정장42, p.423b23·한불전13, p.376a22)에 "부처님의 본래 수명은 백세이셨으나 팔십세만을 누리셨다. 다섯 번째 분인 이십년을 버렸으니 일분의 수명이기 때문이다. 佛壽百年 但年八十 捨第五分二十年 爲一分壽故"라고 하였다. [참고문헌]『瑜伽論記』. ⇨ 이십년유은 二十年遺恩, 불수명 佛壽命

이십년유은 二十年遺恩 부처님께서 누리셔야 할 20년의 수명을 버려서 후세를 위해 남겨놓으신 은혜. 이십년유음(二十年遺蔭)이라고도 한다. 부처님 재세 시 사람의 수명은 100세라는 통념이 있었는데, 부처님께서 본래 수명에서 20년을 감하여 80세에 열반에 드신 까닭은 그 복을 아껴 말법제자들을 위해 남기셨다. 후대 불도들이 누리는 복이 있다면 그 유래 또한 이십년 일찍 열반에 드신 부처님의 은혜에 있다는 설이다. 『화엄경소초』 권35(대정장36, p.265c11)에 "열 번째, 나머지 복과 교설을 남겨둠으로써 위태롭고 고통스러움 구제하셨다. 이는 자비심으로 중생을 생각하는 한없는 은혜다. 곧 세존께서는 동시대의 사람들과 같이 수명을 응당 100년을 누리셔야 하셨지만, 20년 더 사실 복을 버려 남겨둠으로써 말법제자들을 감싸주셨다. 十 留餘福敎 以濟危苦者 卽悲念無盡恩 謂世尊同人中 壽應壽百年 留二十年福 以庇末法弟子". 『대승본생심지관경천주』 권2(卍속장34, p.166a9)에 "남겨 주신 20년 나머지 복으로써 말법제자들을 덮어주셨다. 留二十年餘福 以蔭末法弟子", 광주본(光周本) 『영평전좌교훈』에 "세존께서 수명의 20년을 남기신 은혜로써 후손을 덮어주셨다. 世尊二十年遺恩 蓋覆兒孫"라고 하였는데, 이천년 동안의 음덕을 남겼다는 뜻에서 이천년(二千年)으로 쓰기도 한다. [참고문헌]『華嚴經疏鈔』, 『大乘本生心地觀經淺註』, 『永平典座敎訓』. ⇨ 불수명 佛壽命

이십력 二十力 정토의 보살이 갖추는 스무 가지 역용(力用). 『무량수경』 권하(대정장12, p.274b7)에서 인력(因力)과 연력(緣力), 의력(意力)과 원력(願力), 방편지력(方便之力)·상력(常力)·선력(善力), 정력(定力)·혜력(慧力), 다문지력(多聞之力), 시(施)·계(戒)·인욕(忍辱)·정진(精進)·선정(禪定)·지혜지력(智慧之力), 정념(正念)·정관(正觀)·제통명지력(諸通明之力), 여법조복제중생지력(如法調伏諸衆生之力)을 시설하고는 "이와 같은 등 역 일체를 갖추고 신색과 상호, 그리고 공덕과 변재까지 구족히 장엄하였으니, 더불어 같이할 이가 없다. 如是等力 一切具足 身色相好 功德辯才 具足莊嚴 無與等者"고 하였다. 『무량수경의소』 권하(대정장37, p.111b10)에서는 이 스무 가지 힘을 칠문(七門)으로 나누었으니 "인력과 연력으로 제1문 삼았으니 … 과거에 닦은 선행으로 능히 이생의 선을 일으키는 것을 인력이라 부르고, 선지식을 가까이 해서 정법을 듣는 것은 연력이다. 의력과 원력으로 제2문 삼았다. … 부처를 구하는 마음을 의력이라 부르고, 행하려는 원을 일으키는 것이 원력이다. 방편지력과 상력과 선력으로 제3문을 삼았다. … 법에 의지해 잘 닦는 것이 방편력이고, 법에 의지해 항상 닦는 것이 상력이고, 법에 의지해 바르게 닦는 것이 선력이다. 정력과 혜력으로 제4문을 삼는다. … 그침을 닦아 성취함이 정력이고, 관을 닦아 성취하면 그 이름이 혜력이다. 앞의 네 가지 문은 닦는 것을 잡아 분별하였다. 因力緣力爲第一門 … 過去所修一切善行 能生今善 名爲因力 近善知識 聽聞正法 名爲緣力 意力願力爲第二門 … 求佛之心 名爲意力 起行之願 名爲願力 方便之力常力善力爲第三門 … 依法巧修 名方便力 依法恒修 名爲常力 依法正修 名爲善力 定力慧力爲第四門 … 修止成就 名爲定力 修觀成就 名爲慧力 此前四門約修分別", "다문지력으로 제5문을 삼았으니 행할 것을 알게 하는 것이다. 시·계·인·진·정·혜의 힘으로 제6문을 삼고 일으킬 행을 밝혔으니, 행이란 육바라밀이다. 이 두 문은 행에 나아가 분별한 것이다. 多聞之力爲第五門 起行之解 施戒忍進定慧之力爲第六門 明所起行 行謂六度 此之兩門就行分別", "정념과 정관 그리고 모든 통명을 제7문으로 삼았다. … 상을 버려 실에 듦이 정념이고, 무명을 버리고 법을 보는 것이 정관이며, 이 둘에 의지해 육신통을 성취하고 삼명마저 얻기에 그 이름이 통명력이다. 이 뒤의 1문은 덕에 나아가 분별함이니, 지금까지는 자리였다면 여법히 제중생력을 성취하는 것으로 이타를 밝혔다. 正念正觀諸通明力爲第七門 … 捨相入實 名爲正念 離癡見法 說爲正觀 依此二種 成就六通 及得三明 名通明力 此後一門就德分別 上來自利 如法成就諸衆生力 明其利他"라고 하였다. [참고문헌] 『無量壽經』, 『無量壽經義疏』, 『無量壽經連義述文贊』 권하(대정장37, p.163a4·한불전2, p.65b25).

이십방 二十棒 주장자 20대. 상대를 시험하거나 잘못에 대하여 가하는 일반적인 매. 삼십방(三十棒)이라고도 한다. 20은 실제로 때리는 숫자는 아니다. 『경덕전등록』 권8 「남전보원전 南泉普願傳」(대정장51, p.257c3)에 "남전이 언젠가 '문수와 보현이 어젯밤 삼경에 각 사람마다 20방을 때려서 절 밖으로 쫓아냈다'고 하였다. 조주가 이르길 '화상의 몽둥이는 도대체 누가 먹었습니까?' 하니 남전이 '일러보라, 내 허물 어디에 있느냐?' 조주는 절을 올리고 나갔다〈현각이 말했다. '대답해 보라. 조주가 내려놓고 가버렸으니 이것이 남전을 수긍한 것인가, 남전을 내친 것인가?'〉 師有時云 文殊普賢 昨夜三更 每人與二十棒 趁出院也 趙州云 和尙棒敎誰喫 師云 且道 王老師過 在什麽處 趙州禮拜而出〈玄覺云 且道 趙州休去 是肯南泉 不肯南泉〉", 『오조법연어록』 권중(대정장47, p.660c15)에 "만일 세제로써 본다면 조산은 20방 맞아야 하며, 조도로써 본다면 내가 20방 맞아야 할 것이다. 그렇기는 하지만 그 두 가지 방머리에 눈 있으니, 두 사람 중 한 사람 온전히 맞다 하고 다른 한 사람 전적으로 수긍하지 않을 것이다. 만일 누군가 점검해 얻어낸다면 그대 반쪽 눈은 갖추었다 하리라. 若以世諦觀之 曹山合喫二十棒 若以祖道觀之 白雲合喫二十棒 然雖如是 棒頭有眼 兩人中 一人全肯 一人全不肯 若人點檢得出 許儞具半隻眼"라고 하였다. [참고문헌] 『景德傳燈錄』, 『五祖法演語錄』. ⇨ 삼십방 三十棒, 방할 棒喝

이십부 二十部 ➡ 소승이십부 小乘二十部, 소승십팔부 小乘十八部

이십사계 二十四戒 대승의 보살이 수지해야 할 스물네 가지 계목(戒目). 『화엄공목장』 권3(대정장45, p.564a15)에 "보살이 받아야 할 이십사계를 밝힌다. 첫째 굶주린 중생이 음식과 와구를 구할 때 주지 않으면 중죄를 범하는 것이다. 明菩薩所受二十四戒 一者 飢餓衆生 求飮食臥具 不與者 犯重", "둘째 음욕을 다스리지 못해 금수도 가리지 않는다면 중죄를 범하는 것이다. 二者 婬欲無度 不擇禽獸者 犯重", "셋째 비구가 처자식을 부양하는 것을 보았다 마음대로 그 허물을 얘기한다면 중죄를 범하는 것이다. 三者 見有比丘畜於妻子 隨意說過者 犯重", "넷째 어떤 사람이 시름에 빠져 자신의 몸을 상하게 하려는 것을 보고서 자기 생각으로 화를 돋우어 목숨을 버리게 한다면 중죄를 범하는 것이다. 四者 見人憂愁欲自喪身 以己意增他瞋 敗他命根者 犯重", "다섯째 대로에서 재보를 취한다면 중죄를 범하는 것이다. 五者 取曠路中財寶者 犯重", "여섯째 남이 생명을 해치려는 것을 보고도 꾸민 말로 칭찬해 다른 이들을 화나게 한다면 중죄를 범하는 것이다. 六者 見他欲害命 以美言讚 令他瞋恚者 犯重", "일곱째 남이 승방에 불지르려는 것을 보고도 마음을 다해 말리지 않는다면 중죄를 범하는 것이다. 七者 見他欲燒僧房 不盡心諫者 犯重", "여덟째 만약 남이 중죄를 범하는 것을 보거나 듣고도 세 번 불러 참회하게 하지 않는다면 중죄를 범하는 것이다. 八者 若見若聞他犯重罪 若不作三到喚 教懺悔者 犯重", "아홉째 오역죄를 짓는 것을 보고도 꾸짖어 말리지 않으면 중죄를 범하는 것이다. 九者 見有作五逆罪 不呵勸捨者 犯重", "열째 남이 큰 훌륭한 일을 하려는 것을 보고 듣고서 도리어 화를 내고 남을 방해하면 중죄를 범하는 것이다. 十者 見聞他欲興大善事 更起嗔恚壞他者 犯重", "열한째 남이 음식을 탐하고 술을 즐기는 것을 보면 마음을 내어 다가가서 꾸짖어야 하는데도 자신과 인연이 없다고 치부한다면 중죄를 범하는 것이다. 十一者 見他耽食耆酒 當以己情往呵 除自因緣 犯重", "열두째 어떤 사람이 남의 부인과 음행하는 것을 보고서 남편에게 알린다면 중죄를 범하는 것이다. 十二者 見人婬他婦女 語他夫者 犯重", "열셋째 남을 원수로 보거나 원수라고 생각한다면 중죄를 범하는 것이다. 十三者 視他怨家 作怨家想者 犯重", "열넷째 남이 원수를 갓난아기처럼 보는 것을 보고서 어떻게 그를 갓난아이처럼 볼 수 있는가 하고 말한다면 중죄를 범하는 것이다. 十四者 見他視怨家如赤子 語何能視此人如赤子 犯重", "열다섯째 남들이 패싸움 하는 것을 보고 채찍질을 거든다면 중죄를 범하는 것이다. 十五者 見他聚鬪 助力楇打者 犯重", "열여섯째 남이 숨기려는 일을 보고서 얘기해 남을 크게 화나게 하면 중죄를 범하는 것이다. 十六者 見他伏匿事 向他說令他大嗔恚 犯重", "열일곱째 남이 훌륭한 일 하는 것을 보거나 듣고도 이 사실을 널리 알리지 않으면 중죄를 범하는 것이다. 十七者 見聞他善事 云都不作者 犯重", "열여덟째 넓은 길을 가다가 어떤 사람이 탑묘나 정사를 짓는 것을 보고도 돕지 않는다면 중죄를 범하는 것이다. 十八者 行於曠路 見人營塔廟營精舍 而不助者 犯重", "열아홉째 어떤 사람이 선지식을 떠나 악우와 가까이하는 것을 보거나 듣고도 잘했다며 칭찬하고 사귀지 말 것을 권하지 않으면 중죄를 범하는 것이다. 十九者 見聞有人 離善知識 親近惡友 讚好不勸捨者 犯重", "스무째 전다라(Ⓢ caṇḍāla : 최하층인) 집안이나 악인이 있는 곳이나 사나운 개가 있는 집이나 성문의 이승인이 머무는 곳에 자신의 일을 제쳐두고 급히 간다면 중죄를 범하는 것이다. 二十者 於梅陀羅家 惡人處 惡狗家 聲聞二乘人處 除己事急往者 犯重", "스물한째 살생이 아닐까 의심나는 일을 보거나 듣고도 그 의심나는 일을 보거나 듣지 않았다고 생각하며 이러한 고기를 먹는다면 중죄를 범하는 것이다. 二十一者 見聞疑殺 作不見聞疑想 食此肉者 犯重", "스물두째 살생이 아닐까 의심나는 일을 보거나 듣고도 그 의심나는 일을 보거나 듣지 않은 채 이 고기를 먹지 않았다고 해도 중죄를 범하는 것이다. 二十二者 見聞疑殺 作不見聞疑殺 若不食此肉者 犯重", "스물셋째 방편에 대한 이해가 있고 중생의 근기를 알면서도 설하지 않는다면 중죄를 범하는 것이다. 二十三者 解於方便 知衆生根 若謂不說者 犯重", "스물넷째 보살들이나 그 밖의 보살들을 보게 되더라도 본 바는 모두 다른 이에게 가서 말할 수 없는 것인데, (말한다면) 지금 몸에 불도 수행에 장애가 되는 법을 얻거나 나병을 얻게 될 것이고, 더러는 바보가 되거나 눈이 멀거나 환각을 보게 된다. 불법을 망상분별하면 반드시 어리석음에 빠지게 된다. 二十四者 或見諸菩薩及餘 諸見悉不得向人說 現身得障道法 得白癩病 或時愚癡 或時眚盲 或時目眩 妄想分別諸法 要得愚癡"라고 하였다. [참고문헌] 『華嚴孔目章』.

이십사덕 二十四德 스물네 가지 덕구의(德句義 Ⓢ guṇa-padārtha). 덕구의란 바이셰쉬카(Ⓢ Vaiśeṣika : 勝論)에서 주장하는 십구의(十句義) 중 하나다. 『십구의론』(대정장54, p.1263a1)에 "덕구의란 어떤 것인가? 이십사덕을 덕구의라고 한다. 어떤 것을 이십사덕이라고 하는가? 첫째 색, 둘째 미, 셋째 향, 넷째 촉, 다섯째 수, 여섯째 양, 일곱째 별체, 여덟째 합, 아홉째 이, 열째 피체, 열한째 차체, 열두째 각, 열셋째 낙, 열넷째 고, 열다섯째 욕, 열여섯째 진, 열일곱째 근용, 열여덟째 중체, 열아홉째 액체, 스무째 윤, 스물한째 행, 스물두째 법, 스물셋째 비법, 스물넷째 성이니 이를 이십사덕이라 한다. 德句義云何 謂二十四德 名德句義 何者名爲二十四德 一 色 二 味 三 香 四 觸 五 數 六 量 七 別體 八 合 九 離 十 彼體 十一 此體 十二 覺 十三 樂 十四 苦 十五 欲 十六 瞋 十七 勤勇 十八 重體 十九 液體 二十 潤 二十一 行 二十二 法 二十三 非法 二十四 聲 如是爲二十四德"라고 하였다. [참고문헌] 『十句義論』, 『俱舍論記』 권5(대정장41, p.94c24). ⇨ 덕구의 德句義, 십구의 十句義 🅔

이십사락정토장엄 二十四樂淨土莊嚴 정토를 장엄하는 스물네 가지 낙상(樂相). 저자 미상의 정토계 저술로 추정하는 『안국초 安國鈔』에 수록되어 있으나 책은 전하지 않고 '안국초운 安國鈔云'·'초운 鈔云' 등으로 인용되어 전한다. 당말오대 영명연수(永明延壽 904~975)의 『만선동귀집』 권1(대정장48, p.967b27)과 명대 운서주굉(雲棲袾宏 1532~1612)의 『정토자량전집』 권1 「생정토이십사종락사 生淨土二十四種樂事」(卍속장108, p.459b4) 및 원대 왕자성(王子成)의 『예념미타도량참법』 권5 「이십사락정토장엄」(卍속장128, p.200b11) 등에서 『안국초』의 '이십사락'을 전한다. 그 중 운서주굉은 '이십사락'에 대한 자세한 고증을 덧붙였으니 다음과 같다. 난순차방락(欄楯遮防樂) : 차토(此土)에서 난순은 물적 손실을 막거나 미관을 드러내고자 설치하는 것이지만, 극락세계에는 일곱 겹의 난간(七重欄楯)이 모두 네 가지 보물로 장식되어 둘러 있고 만행공덕으로 장식된 것이므로 막힘없이 가고 싶은 데로 갈 수 있는 즐거움이다. 보망라공락(寶網羅空樂) : 일곱 겹의 보망(寶網)이 허공에 펼쳐 있는데, 바람이 불어와 보망과 보수(寶樹)를 흔들면 무량하고 미묘한 법음(法音)이 나오고 모든 종류의 청아한 덕향(德香)이 퍼져 듣는 이들은 먼지 같은 피로와 때 같은 악도 절로 생기지 않고 바람이 닿는 몸마다 상쾌함을 느끼는 것을 기꺼워하는 것이다. 수음통구락(樹蔭通衢樂) : 네 가지 보배로 장엄된 일곱 겹의 나무들이 만들어내는 그늘이 거리에 늘어서 있음을 기꺼워하는 것이다. 칠보욕지락(七寶浴池樂) : 칠보연못에서 목욕하는 중과 목욕한 후에 얻는 즐거움이다. 칠보연못에 몸을 담그면 생각하는 대로 수위(水位)가 맞아지고 수온도 조화로워 목욕하는 중에 정신이 열리고 몸이 즐거워지며, 목욕 후에는 사과(四果)를 얻지 못한 이가 사과를 터득하고 불퇴전지(不退轉地)에 오르지 못한 보살이 불퇴전지를 얻는 등 각자 자질에 따라 얻어지는 요익(饒益)이 있다. 팔수징청락(八水澄淸樂) : 칠보연못에 맑고 깨끗한 팔공덕수(八功德水)가 가득 차 있는 것을 기꺼워하는 것이다. 하견금사락(下見金沙樂) : 칠보욕지의 바닥에 금모래가 깔려 있는 것을 기꺼워하는 것이다. 계제광명락(階除光明樂) : 칠보연못의 사방 계단에서 광명이 흘러나온 것을 기꺼워하는 것이다. 누대릉공락(樓臺陵空樂) : 연못 곁에 칠보로 된 누각이 하늘을 찌를듯 높이 솟은 것을 기꺼워하는 것이다. 사연화향락(四蓮花香樂) : 칠보연못에서 핀 연꽃이 푸른 빛에는 푸른 광채가, 노란 빛에선 노란 광채가, 붉은 빛에서는 붉은 광채가, 흰 빛에는 흰 광채가 발하며 미묘한 향기가 진동함을 기꺼워하는 것이다. 황금위지락(黃金爲地樂) : 황금으로 땅이 되었음을 기꺼워하는 것이다. 팔음상주락(八音常奏樂) : 금(金 : 鐘)·석(石 : 磬)·사(絲 : 絃樂)·죽(竹 : 管樂)·포(匏 : 笙)·토(土 : 壎)·혁(革 : 鼓)·목(木 : 柷敔) 등 하늘 음악이 항상 연주되는 즐거움이다. 주야우화락(晝夜雨花樂) : 항상 밝고 어둡지 않으며 다만 꽃잎이 피어나고 새가 울면 아침이고 꽃잎이 닫히고 새도 깃들면 밤이 된다. 이러한 극락세계에 종일 만다라(曼陀羅) 꽃비가 내리는데 땅에 떨어져 쌓인 두께가 4촌(寸)이나 되는 즐거움이다. 청신책려락(淸晨策勵樂) : 이른 아침부터 서로 격려하는 즐거움이다. 엄지묘화락(嚴持妙花樂) : 아름다운 꽃으로 몸과 주변을 장엄하는 즐거움이다. 공양타방락(供養他方樂) : 이른 아침부터 옷소매에 아름다운 꽃을 가지고 타방 세계의 많은 부처님께 공양을 올리고 돌아오는 즐거움이다. 경행본국락(經行本國樂) : 타방의 부처님께 꽃을 공양하고 본국에 돌아와 밥을 먹은 후 천천히 걸어다니는 즐거움이다. 중조화명락(衆鳥和鳴樂) : 항상 여러 가지 기묘하고 잡색(雜色)을 띤 백학·공작·앵무새·사리새(舍利 : 鶖露鳥)·가릉빈가(迦陵頻伽 : 好音鳥)·공명조(共命鳥 : 一身二首 生死相依 故稱共命) 등 새가 밤낮을 가리지 않고 우아한 음성으로 오근·오력·칠보리분·팔정도 등 법음을 연창하는 즐거움이다. 육시문법락(六時聞法樂) : 밤낮으로 항상 법문을 듣는 즐거움이다. 존념삼보락(存念三寶樂) : 서늘한 바람이 불어 칠보항수(七寶行樹)와 칠보라망(七寶羅網)으로부터 흘러나오는 법문을 들으면 저절로 삼보를 존경하는 마음이 일어나는 즐거움이다. 무삼악도락(無三惡道樂) : 극락세계에는 삼악도가 없을 뿐만 아니라, 지옥·아귀·축생 등 이름조차 없는 즐거움이다. 유불변화락(有佛變化樂) : 극락세계의 새들이 모두 아미타부처님의 법음을 선양하려고 변화하는 즐거움이다. 수요라망락(樹搖羅網樂) : 미풍이 불면 모든 보배나무와 보배그물로부터 백천 가지 음악을 연주하는 듯한 미묘한 음성이 흘러나와 듣는 이는 모두 삼보를 생각하는 마음이 일어나는 즐거움이다. 천국동성락(千國同聲樂) : 삼천대천세계의 모든 부처님께서 이구동성으로 석가모니부처님의 아무나 믿기 어려운 극락세계를 소개한 정토법문을 깊이 믿으라고 권장하시자, 모든 나라가 같은 소리로 화답하는 즐거움이다. 성문발심락(聲聞發心樂) : 소승성문들도 극락세계에 대한 법문과 아무 부처님의 명호를 듣기만 하면 모두 극락왕생을 발원하는 마음을 내게 된다는 즐거움이다. [참고문헌] 『萬善同歸集』, 『淨土資糧全集』, 『禮念彌陀道場懺法』, 海印寺板 『日用集』 p.63(『韓國佛敎儀禮資料叢書』 권3, p.554b5). ⇨ 극락세계십종장엄 極樂世界十種莊嚴, 삼십종익공덕장엄 三十種益功德莊嚴

이십사락정토장엄 관경십육관변상도
일본 知恩院 고려 1465년

이십사배 二十四輩 스물네 명의 무리. 일본 정토진종(淨土眞宗)의 개조 친란(親鸞)의 수제자 24명. 성신(性信)·진불(眞佛)·순신(順信)·승연(乘然)·신락(信樂)·성연(成然)·서념(西念)·증성(証性)·선성(善性)·시신(是信)·무위신(無爲信)·선념(善念)·신원(信願)·정신(定信)·입서(入西)·입신(入信 : 穴澤에서 활동)·염신(念信)·입신(入信 : 八田에서 활동)·명법(明法)·자선(慈善)·유불(唯佛)·유신(唯信 : 戶森에서 활동)·유신(唯信 : 幡谷에서 활동)·유원(唯圓)이다. 이후에는 이들과 관련된 사원(寺院) 등의 유물이나 유적지도 이십사배라 부르게 되었다. [참고문헌] 瓜生中

『よくわかる淨土眞宗』(角川學芸出版, 2015).

이십사본고 二十四本苦 상키야(Ⓢ Sāṃkhya : 數論)에서 말하는 이십오제(二十五諦) 중 신아(神我)를 제한 나머지 스물네 가지 제(諦). 내고(內苦)·외고(外苦)·천고(天苦) 등 삼고(三苦)는 지말 고(苦)이지만, 이십사제(二十四諦)는 신아의 고경(苦境)이며 근본 고로 여긴다. 『금칠십론』 권하(대정장54, p.1262a25)에 "삼종고 및 이십사본고와 삼박도 이 지혜로 말미암아 내가 그것들을 멀리 여의고 홀로 해탈할 수 있었다. 그러므로 이 지혜를 가장 길상하다고 한다. 三種苦及二十四本苦并三縛 由此智故 我得遠離 獨存解脫 故說此智最吉祥"라고 하였다. 〔참고문헌〕『金七十論』. ⇨ 이십사제 二十四諦, 이십오제 二十五諦, 삼고 三苦 ■

이십사불상응법 二十四不相應法 유식(唯識)의 오위백법(五位百法) 중 심불상응법(心不相應法 : 心不相應行法·不相應行法)에 속하는 스물네 가지 법. 불상응법이란 비색비심(非色非心)의 법으로서 삼법(三法 : 色 心 心所)을 떠나 실체가 있지는 않지만 따로 세운 가사법(假似法)이며, 제6식소연이고 행온(行蘊)에서 거둔다. 득(得)·명근(命根)·중동분(衆同分)·이생성(異生性)·무상정(無想定)·멸진정(滅盡定)·무상사(無想事)·명신(名身)·구신(句身)·문신(文身)·생(生)·로(老)·주(住)·무상(無常)·유전(流轉)·정이(定異)·상응(相應)·세속(勢速)·차제(次第)·방(方)·시(時)·수(數)·화합성(和合性)·불화합성(不和合性)을 가리킨다. 『대승본생심지관경천주』 권2(卍속장34, p.158a2)에 "법수에는 백 가지가 있으니, 곧 색법 열한 가지〈오근과 육진〉, … 스물네 가지 불상응법〈첫째 득으로부터 불화합성까지이니, 심왕과 상응하는 것이 아니기 때문이다. 위 아흔네 가지 법은 바로 세간법이다〉, 여섯 가지 무위법〈허공무위로부터 진여무위까지이니, 이것은 출세간법이다〉 등이니, 모두 백법이다. 法數有百種 卽色法十一〈五根六塵〉 … 二十四不相應法〈一 得 至不和合性 不與王所相應故 上共九十四法 是世間法〉 六個無爲法〈虛空無爲 至眞如無爲 是出世間法也〉 總名百法"라고 하였다. 〔참고문헌〕『大乘本生心地觀經淺註』. ⇨ 불상응행법 不相應行法, 심불상응행법 心不相應行法, 백법 百法, 오위백법 五位百法

이십사사 二十四事 ❶ 오견(五見) 중 사견(邪見)과 견취견(見取見)이 자성(自性)으로 삼는 스물네 가지. 삼계(三界)의 사부(四部 : 見道의 四諦觀)로 끊어야 하는 스물네 가지 사견과 견취견의 자성을 말한다. 『대비바사론』 권49(대정장27, p.254c20)에 "〔문〕 이 오견은 무엇을 자성으로 삼는가? 〔답〕 삼십육사로 자성을 삼는다. 즉 유신견과 변집견은 각각 삼계의 견고로 끊어야 하는 것으로 육사이고, 사견과 견취견은 각각 삼계사부로 끊어야 하는 것이어서 이십사사이며, 계금취견은 삼계 각각의 견고와 견도로 끊어야 하는 것이 육사다. 이렇게 되어 오견은 삼십육사로 자성을 삼는다. 問 此五見以何爲自性 答 以三十六事爲自性 謂有身見 邊執見 各三界見苦所斷 爲六事 邪見 見取 各三界四部 爲二十四事 戒禁取 三界各見苦道所斷 爲六事 由此 五見以三十六事爲自性"라고 하였다. 〔참고문헌〕『大毘婆沙論』. ⇨ 사견 邪見, 견취 見取, 삼십육사 三十六使 ❷ 스물네 가지로 욕류와 상응(相應欲流)하는 것. 욕계의 다섯 가지 탐(貪), 다섯 가지 진(瞋), 다섯 가지 만(慢), 네 가지 의(疑), 간(慳), 질(嫉), 분(忿), 부(覆), 회(悔)를 말한다. 『대비바사론』 권50(대정장27, p.261a22)에 "네 가지 폭류 중에서 하나는 무기이니, 유폭류를 말하는데 뜻은 앞에서 말한 것과 같다. 세 가지를 분별해야 하니 즉 욕폭류는 불선이기도 하고 무기이기도 하며, 무참과 무괴와 저것과 상응하는 것은 불선이다. 무참과 무괴란 저 자성이 오직 불선일 뿐임을 나타내고, 저와 상응하는 것이란 욕폭류 중의 이십사사와 세 가지 소분 역시 불선임을 나타낸다. 세 가지 소분이란 저와 상응하는 혼침·수면·도거 등의 소분을 말한다. 四瀑流中 一無記 謂有瀑流 義如前說 三應分別 謂欲瀑流 或不善 或無記 無慚無愧 及彼相應 是不善 無慚無愧者 顯彼自性 唯是不善 及彼相應者 顯欲瀑流中 二十四事 及三少分 亦是不善 三少分者 謂彼相應 惛沈 睡眠 掉擧少分"라고 하였다. 〔참고문헌〕『大毘婆沙論』, 『阿毘曇毘婆沙論』 권28(대정장28, p.203b19). ⇨ 사류 四流

이십사연 二十四緣 상좌부(上座部)에서 시설한 스물네 가지 논모(論母) 즉 연(緣). 모든 법이 생겨나게 하는 스물네 가지 연(緣)을 말한다. 『발취론 發趣論』이 시작되는 「논모설치분 論母設置分」에서 전격 시설하고, 「연분별분 緣分別分」에서 자세히 설명하고 있다. 이십사연이란 인연(hetupaccayo), 소연연(所緣緣 ārammaṇa paccayo), 증상연(增上緣 adhipatipaccayo), 무간연(無間緣 anantarapaccayo), 등무간연(等無間緣 samanantarapaccayo), 구생연(俱生緣 sahajātapaccayo), 상호연(相互緣 aññamaññapaccayo), 소의연(所依緣 nissayapaccayo), 의지연(依止緣 upanissayapaccayo), 전생연(前生緣 purejātapaccayo), 후생연(後生緣 pacchājātapaccayo), 수습연(修習緣 āsevanapaccayo), 업연(業緣 kammapaccayo), 이숙연(異熟緣 vipākapaccayo), 식연(食緣 āhārapaccayo), 근연(根緣 indriyapaccayo), 도연(道緣 maggapaccayo), 정려연(靜慮緣 jhānapaccayo), 상응연(相應緣 sampayuttapaccayo), 불상응연(不相應緣 vippayuttapaccayo), 유연(有緣 atthipaccayo), 비유연(非有緣

natthipaccayo), 거연(去緣 vigatapaccayo), 불거연(不去緣 avigatapaccayo)을 말한다. 〔참고문헌〕『發趣論』(南傳藏50, pp.1~13). ⇨ 발취론 發趣論

이십사원 二十四願 아미타불(阿彌陀佛)의 별원(別願). 『무량청정평등각경』 권1(대정장12, p.281a10)에 “무량청정불이 보살이었을 때 항상 받들어 스물네 가지 원을 행했다. 귀한 보배같이 애중이 여기고 보호하여 가져 받들어 따르니, 선행으로 정진하여 무리 중에 뛰어났고, 탁연하여 달랐기에 능히 견줄 자가 없었다. 부처님께서 말씀하시길, ‘무엇이 스물네 가지 원인가? 제1원입니다. 제가 부처가 되었을 때, 저의 국토에는 지옥·금수·아귀·준동함령들이 없게 하여지이다. 이 원이 성취되어야 이에 저는 부처가 되리니, 이 원을 따를 수 없다면 마침내 부처는 되지 않으리다. 無量清淨佛 爲菩薩時 常奉行是二十四願 珍寶愛重 保持恭順 精進禪行之 與衆超絶 卓然有異 皆無有能及者 佛言 何等爲二十四願者 一 我作佛時 令我國中 無有地獄 禽獸 餓鬼 蜎飛蠕動之類 得是願乃作佛 不得從是願 終不作佛”라고 하였으며, 이어 제2원에서 제24원을 열어 부처님께 다음과 같이 약속하기를 “나의 국토에 인민들 한결같이 금색이기를, 하늘사람이지만 세간인과 다르지 않기를, 와서 나는 이들 십억겁숙명마저 다 알게 하리, 사무쳐 보지 못함 없게 하리, 타인의 마음 생각할 줄 아는 이 되게 하리, 모두 자유롭게 날아다닐 수 있기를, 사무쳐 모든 소리 다 들을 수 있기를, 애욕에 물들지 않기를, 반열반에 다하여 머물기를, 시방 가득 천억부처님들의 말씀 한번에 깨우쳐 모두 큰 제자가 되게 하리, 나의 광명 일월보다 밝고 제불의 빛보다 백억만배여서 그 불꽃 천하의 어둠도 거두리, 한가지로 깨우쳐 과를 증득해 일심으로 좌선하고 수명 또한 헤아릴 수 없게 하리, 나의 국토 인민에 소원 다하고 나머지 인민의 수명 또한 헤아릴 수 없게 하리, 나의 국토 중 모든 인민들 악심 없게 하리, 시방제불의 제자들 나의 국토 아름다움 칭찬하고 이름 듣는 이들 보두 기뻐하리, 모든 불국토 인민들 보살도 짓고 수명 다해서는 헤아릴 수 없는 비구들 날아와 맞이하여 함께 아유월지로 환생하리, 타방불국토 인민들 전생에 악을 지었더라도 나의 이름 듣고 나의 국토에 나리, 나의 국토 모든 보살 한 생뿐이 아니어서 나머지 원과 공덕 그대로 이 국토에 두게 하리, 나의 국토 모든 보살 삼십이상 짓게 하리, 나의 국토 모든 보살 만 가지 자연물로 제불께 공양하리, 나의 국토 모든 보살 칠보로 된 발우에 백 가지 음식 담아 제불께 공양하리, 나의 국토 모든 보살 경을 설하시니 저 부처님과 같아지리”라고 하였다. 『후출아미타불게』(대정장12, p.364b12)에 “돌이켜 보니 법장비구가 세요왕불을 따를 때 발원하여 모든 부처님께 이십사장을 서원하였다. 惟念法比丘 乃從世饒王 發願喩諸佛 誓二十四章”라고 하였지만 위의 경문과는 많이 다르다. 〔참고문헌〕『無量清淨平等覺經』, 『後出阿彌陀佛偈』. ⇨ 이십사원경 二十四願經, 사십팔원 四十八願

이십사원경 二十四願經 아미타불의 발원과 그 성취를 설한 경. 현존하지 않는다. 다만 이 경명과 함께 이십사원이 전하는 경으로는 후한(後漢)대 지루가참(支婁迦讖)이 한역한 『무량청정평등각경』 권1(대정장12, p.281a3)과 오(吳)대 지겸(支謙)이 한역한 『과도인도경』 권상(대정장12, p.301a14) 등이 있다. 또한 『후출아미타불게』(대정장12, p.364b13)에서 시설한 이십사장(二十四章) 또한 이십사원을 가리킨다. 〔참고문헌〕『無量清淨平等覺經』, 『過度人道經』, 『後出阿彌陀佛偈』, 『無量壽經連義述文贊』 권중(대정장37, p.150a7·한불전2, p.46a12). ⇨ 이십사원 二十四願

이십사장 二十四章 ➡ 이십사원 二十四願

이십사제 二十四諦 상키야(Ⓢ Sāṃkhya : 數論)에서 말하는 이십오제(二十五諦) 중 신아(神我)를 제한 나머지 제(諦). 이십사의(二十四義)라고도 한다. 『구사론기』 권3(대정장41, p.58a5)에 “수론종은 이십오제의 뜻을 세운다. 이십오제란, 첫째 아이니 저들은 상아를 계탁하여 사가 체성이며 단지 수자일 뿐 작자는 아니다. 그 나머지 이십사제는 아소이니, 아가 수용하는 것이다. 數論宗 立二十五諦義 言二十五諦者 一 我 彼計常我 以思爲體性 但是受者 而非作者 餘二十四諦 是我所 是我之所受用”라고 하였다. 〔참고문헌〕『俱舍論記』, 『翻譯名義集』 권5(대정장54, p.1145a26). ⇨ 이십오제 二十五諦, 이십사본고 二十四本苦

이십사종이생 二十四種已生 스물네 가지 이생(已生). 이생이란 이미 생겨나서 아직 소멸되지 않은 것을 말한다. 『대승아비달마집론』 권2(대정장31, p.668b23)에 “무엇이 이미 난 것이고, 몇 가지가 이생이며, 무슨 뜻으로 이생을 관하는가? 즉 과거와 현재가 이생의 뜻이고, 일체의 일분이 이생이며, 상일 수 없는 아에 집착을 버리기 위하여 이생을 관찰한다. 다시 스물네 가지 이생이 있으니, 최초이생·상속이생·장양이생·의지이생·전변이생·성숙이생·퇴타이생·승진이생·청정이생·불청정이생·운전이생·유종이생·무종이생·영상자재시현이생·전전이생·찰나괴이생·이회이생·이위이생·생사이생·성괴이생·선시이생·사시이생·중기이생·속시이생이다. 云何已生 幾是已生 爲何義故 觀已生耶 謂過去現在是已生義 一切一分是已生 爲捨執著非常我故 觀察已生 又有二十四種已生 謂最初已生 相續已生 長養已生 依止已生 轉變已生 成熟已生 退墮已生 勝進已生

清淨已生 不淸淨已生 運轉已生 有種已生 無種已生 影像自在示現已生 展轉已生 刹那壞已生 離會已生 異位已生 生死已生 成壞已生 先時已生 死時已生 中時已生 續時已生"라고 하였다. 〔참고문헌〕『大乘阿毘達磨集論』, 『大乘阿毘達磨雜集論』 권3(대정장31, p.707c6). ⇨ 이생 已生

이십사주감행 二十四周減行 스물네 주기 걸쳐 행상(行相)을 감하는 것. 인위(忍位) 중에서도 중인위(中忍位)에서 상계(上界 : 色無色界)와 욕계(欲界)의 총 서른두 가지 행상을 점차 줄여 나가며 사제를 현관(現觀)할 때, 마지막 하나의 행상은 세제일법(世第一法)을 관하기 위해 남겨 두고 한 주기에 하나씩 서른한 가지 행상을 줄여 나가는 것을 말한다. 이때 일곱 주기 동안에는 소연(所緣)도 함께 감하기에(七周減緣) 엄밀히 말하면 이십사주감행이 된다. 『구사론기』 권23(대정장41, p.345b9)에 "〔문〕 중인위는 어떻게 감행감연하는가? 〔해〕 행상에는 서른두 가지가 있고 소연에는 여덟 가지 제가 있다. 욕계의 고제와 상계의 고제・욕계의 집제와 상계의 집제・욕계의 멸제와 상계의 멸제・욕계의 도제와 상계의 도제, 그리고 각각의 제에 네 가지 행상이 있다. 그 순서대로 뒤로부터 앞을 향해 행상을 감하고 소연을 감하게 된다. 問 中忍如何減行減緣 解云 行相有三十二 所緣有八諦 謂欲苦上苦 欲集上集 欲滅上滅 欲道上道 各有四行 如其次第 從後向前 減行減緣", "제1주에서 네 가지 행상으로 욕계의 고제를 관하고, 이와 같이 내지 네 가지 행상으로 욕계의 도제를 관한다. 그 뒤에 세 가지 행상으로 상계의 도제를 관하고 상계의 도제 아래의 한 가지 행상을 감축한다. 제2주에서 두 가지 행상으로 상계의 도제를 관하고, 다시 한 가지 행상을 감한다. 제3주에서 한 가지 행상으로 상계의 도제를 관하고, 다시 한 가지 행상을 감한다. 제4주에서 네 가지 행상으로 욕계의 도제를 관하되 상계의 도제를 관하지 않는 것을 감연이라 한다. 소연을 감할 때는 행상도 감하지만 감연으로 거두기에 감행이라고는 하지 않는다. 상계의 도제의 경우와 같이 그 밖의 일곱 가지 제의 경우도 마찬가지이다. 소연의 하나일지라도 욕계의 고제 및 함께하는 행상은 제외하지 않는다. 모두 거둬 이를 말하면, 상계와 하계의 여덟 가지 제 각각에 세 가지 행상을 감하면 삼 곱하기 팔이 되어 이십사주감행이고 칠주감연이 된다. 오직 욕계의 고제 및 함께하는 한 가지 행상이 남게 된다. 第一周 以四行相觀欲界苦 如是乃至 以四行相觀欲界道 後以三行觀上界道 減上界道下一行相 第二周 以二行觀上界道 復減一行 第三周 以一行觀上界道復減一行 第四周 以四行相觀欲道諦 不觀上道 名曰減緣 減緣之時亦雖減行 減緣攝故 不名減行 如上道諦餘七諦亦爾 唯於緣中 不除欲苦 及與一行 總而言之 上下八諦 諦減三行 三八二十四周減行 七周減緣 唯留欲苦及與一行", "또 풀어 말하길 스물네 주 동안에는 오직 행상만 감하고, 일곱 주 동안에는 또한 소연만 감한다. 능연의 측면에서 볼 때는 감행이라 하고, 소연의 측면에서 볼 때는 감연이라 한다. 又解云 二十四周唯減行 七周減行亦減緣 望能緣邊名減行 望所緣邊名減緣"라고 하였다. 〔참고문헌〕『俱舍論記』. ⇨ 감연감행 減緣減行, 칠주감연 七周減緣

이십사포 二十四皰 스물네 개의 물집. 모태(母胎)에 들어간 지 71일째부터 77일째 되는 동안 스물네 개의 물집이 생겨난다고 한다. 『수행도지경』 권1(대정장15, p.187a17)에 "열한 번째 칠일 동안 계속해서 이십사포가 생겨나는데, 손가락・발가락・눈・귀・코・입이 이로부터 생겨난다. 十一七日 續生二十四皰 手指 足指 眼耳 鼻 口 此從中出"라고 하였다. 〔참고문헌〕『修行道地經』, 『法苑珠林』 권69(대정장53, p.811b1).

이십사포살 二十四布薩 1년 동안 행하는 24회의 포살. 보름달(滿月)이 뜨는 날과 초승달(新月)이 뜨는 날에 설계(說戒 : 布薩)하는데, 30일의 큰달(大月)과 29일의 작은달(小月)에 따라 초승달이 14일에 뜨기도 하고 15일에 뜨기도 한다. 이렇게 1년 중 14일에 행하는 포살(十四日布薩)이 6회이고 15일에 행하는 포살(十五日布薩)이 18회여서, 이 둘을 합하면 24회가 된다. 『마하승기율』 권2(대정장22, p.236b28)에 "14일이란 겨울철 세 번째와 일곱 번째 포살과 봄철 세 번째・일곱 번째 포살과 여름철 세 번째・일곱 번째 포살이다. 1년 중 이 6회의 포살을 14일에 행하는 포살이라고 한다. 나머지 18회의 포살은 15일에 행하며, 이들을 모두 합친 24회의 포살을 14일포살과 15일포살이라고 부른다. 十四日者 冬第三第七布薩 春第三第七布薩 夏第三第七布薩 一歲中此六布薩 是名十四日 餘十八布薩十五日 合二十四布薩 是名十四日十五日布薩"라고 하였다. 〔참고문헌〕『摩訶僧祇律』, 『三部律抄』(대정장85, p.673a14). ⇨ 포살 布薩, 설계 說戒

이십삼수 二十三數 스물세 가지 수. 황제산법(黃帝算法)이라 한다. 일(一)부터 구(九)까지는 한 자리 수이고, 십(十)부터 마지막 재(載)까지는 구간별로 십단위・만단위・억단위 또는 십단위・백단위・자승단위 등 삼단계로 증가하는 수의 체계이다. 인도에는 이와 상이한 백이십전(百二十轉)이 있는데, 구지(俱胝 Ⓢkoṭi : 兆 또는 億)의 자승 아유다(阿庾多 Ⓢayuta)부터 불가설불가설(不可說不可說 Ⓢanabhilāpya-anabhilāpya)까지 120번 자승하여 만들어내는 수의 체계이다. 『신화엄경론』 권30(대정장36, p.930c17)에 "또 생각컨대, 이쪽 중국의 황제산법에는 총 이십삼수가 있으니, 일・이・삼・사・오・육・칠・팔・구・십・백・천・

만·억·조·경·해·자·양·구·정·간·재이다. 양 이후부터는 세 단계의 셈법이 있으니, 그 아래로는 십단위로 변하고 그 중간은 만단위로 변하며 그 위로는 억단위로 변한다. 又案此方黃帝算法 總有二十三數 謂一二三四五六七 八九十百 千萬億兆 京垓秭壤 溝疋澗載 從壤已去 有三等數法 其下者十十變之 中者萬萬變之 上者億億變之", 『화엄경소』 권47(대정장35, p.858b2)에 "예컨대 황제산법에는 다만 이십삼수가 있으니 일·이부터 시작하여 정·재에 이르러 끝난다. 이미 설했듯이 천지도 수용하지 못한다. … 수의 끝은 불가설에 이른다. 如黃帝算法 但有二十三數 始從一二 終至正載 已說天地不容 … 數之終寄不可說"라고 하였다. [참고문헌] 『新華嚴經論』, 『華嚴經疏』, 『一切經音義』 권22(대정장54, p.447a17). ⇨ 백이십전 百二十轉

이십삼제 二十三諦 상키야(Ⓢ Sāṃkhya : 數論)가 주장하는 이십오제(二十五諦) 중 자성(自性)과 신아(神我)를 제한 스물세 가지. 각(覺)·아만(我慢)·오대(五大)·오지근(五知根)·오작근(五作根)·오경(五境)·의근(意根)을 말한다. 『화엄경소초』 권13(대정장36, p.100a25)에 "널리 스물다섯 가지가 있다는 것은 위에서 인용한 『백론』과 같다. 그러나 모두 아홉 가지 위가 있고, 그 중 이십삼제는 자체적으로 일곱 분위가 있게 된다. 첫째 대, 둘째 아심, 셋째 오유량, 넷째 오대, 다섯째 오지근, 여섯째 오작업근, 일곱째 심평등근이니, 처음의 분위와 뒤의 분위를 아우르면 스물다섯 가지다. 言廣有二十五者 如上引百論 然都有九位 就其中二十三諦 自有七位 一 大 二 我心 三 五唯量 四 五大 五 五知根 六 五作業根 七 心平等根 兼其初後 故二十五", 『성유식론술기』 권1(대정장43, p.252b12)에 "『금칠십론』에 의하여 이십오제를 건립하는데, 다 추리면 세 가지고, 다음으로는 네 가지며, 자세히는 스물다섯 가지다. 저 논서에서 간략하게 셋이라 한 것은 변역·자성·아지를 말한다. 변역이란 중간의 이십삼제로서 자성이 지은 것을 변역이라고 한다. 자성이란 명성이다. 지금 것은 자성이라 하고, 옛 것은 명성이라 한다. 지금 것을 또한 승성이라 하며, '대' 등을 낳지 못하고 단지 자분에만 머무는 것을 자성이라고 한다. (그러나) '대' 등을 낳으면 곧 승성이라고 하니, 그 작용이 매우 수승하기 때문이다. 아지란 신아이다. 依金七十論 立二十五諦 總略爲三 次中爲四 廣爲二十五 彼論云 略爲三者 謂變易 自性 我知 變易者 謂中間二十三諦 自性所作 名爲變易 自性者 冥性也 今名自性 古名冥性 今亦名勝性 未生大等 但住自分 名爲自性 若生大等 便名勝性 用增勝故 我知者 神我也"라고 하였다. [참고문헌] 『華嚴經疏鈔』, 『成唯識論述記』. ⇨ 이십오제 二十五諦

이십삼존제위여래불 二十三尊諸位如來佛 ➡ 지장원찬이십삼존제위여래불 地藏願讚二十三尊諸位如來佛

이십수번뇌 二十隨煩惱 Ⓢ viṃśati upakleśā. 스무가지 수번뇌. 『성유식론』 권6(대정장31, p.33a29)에 "[송] 수번뇌는 곧 분, 한·부·뇌·질·간, 광·첨과 해·교, 무참 및 무괴, 도거와 혼침, 불신과 해태, 방일 및 실념, 산란·부정지다. 논에서 말하길, 이것은 번뇌의 분위차이일 뿐이다. 등류성이기에 수번뇌라고 한다. 이 스무 가지는 부의 구별에 있어서는 세 가지다. 분 등 열 가지는 각각 따로 일어나기에 소수번뇌라고 하며, 무참 등 두 가지는 모두 불선이기에 중수번뇌라 하고, 도거 등 여덟 가지는 온통 염심이기에 대수번뇌라고 한다. 頌曰 隨煩惱謂忿 恨覆惱嫉慳 誑諂與害憍 無慚及無愧 掉擧與惛沈 不信幷懈怠 放逸及失念 散亂不正知 論曰 唯是煩惱 分位差別 等流性故 名隨煩惱 此二十種 類別有三 謂忿等十 各別起故 名小隨煩惱 無慚等二 遍不善故 名中隨煩惱 掉擧等八 遍染心故 名大隨煩惱"라고 하였다. [참고문헌] 『成唯識論』, 『唯識三十論要釋』(대정장85, p.970a18). ⇨ 수번뇌 隨煩惱, 이십종수번뇌 二十種隨煩惱

이십신견 二十身見 오온(五蘊)을 상대하여 일으키는 20가지 유신견(有身見) 즉 살가야견(薩迦耶見)을 말한다. 『법화경삼대부보주』 권7(卍속장44, p.203a3)에 "이십신견 등은 오음이 곧 아라고 하거나, 오음을 여윈 것이 아라고 하거나, 오음 안에 아가 있다고 하거나, 아 안에 오음이 있다고 하는 경우를 말한다. 오음을 다 그렇게 여기기에 오음은 이십 구의 신견을 이룬다. 二十身見等 卽陰是我 離陰是我 陰中有我 我中有陰 五陰皆然 是故五陰成二十句身見"라고 하였다. [참고문헌] 『法華經三大部補注』. ⇨ 이십구살가야견 二十句薩迦耶見, 유신견 有身見, 신견 身見, 오온 五蘊

이십심 二十心 스무 가지 마음. **1** 열 가지 유루심(有漏心)과 두 가지 무루심(無漏心)을 삼계(三界 : 欲 色 無色)에 배대하여 세분한 마음. 욕계(欲界)의 여덟 가지 마음, 색계(色界)의 여섯 가지 마음, 무색계(無色界)의 네 가지 마음, 무루(無漏)의 두 가지 마음을 말한다. 『대비바사론』 권11(대정장27, p.54a29)에 "이십심이 있다. 욕계의 여덟 가지 마음이니, 가행선심·생득선심·불선심·유부무기심·위의로심·공교처심·이숙생심·통과심을 말한다. 색계의 여섯 가지 마음이니, 앞의 여덟 가지 마음 중에서 불선심과 공교처심을 제외한 것을 일컫는다. 무색계의 네 가지 마음이니, 가행선심·생득선심·유부무기심·이숙생심을 말한다. 무루의 두 가지 마음이니, 학심과 무학심을 일컫는다. 有二十心 欲界八 謂加行善 生得善 不善 有覆無記 威儀路 工巧處 異熟

生 通果心 色界六 謂前八心中 除不善及工巧處 無色界四 謂加行善 生得善 有覆無記 異熟生心 無漏二 謂學無學心", 『구사론』 권7(대정장29, p.39a21 : *Abh-k-bh.*, p.106)에 "삼계의 선심은 각각 두 가지로 나뉜다. 즉 가행득과 생득으로 구별되기 때문이다. 욕계의 무부심은 네 가지 마음으로 나뉘어, 첫째 이숙생심, 둘째 위의로심, 셋째 공교처심, 넷째 통과심 등이다. 색계의 무부심은 나누어 세 가지이니, 공교처심을 제외한다. 상계에는 갖가지 공교사를 조작함이 전혀 없기 때문이다. 이와 같은 열둘은 스무 가지 마음이 된다. 즉 선심을 나누어 여섯이 되고, 무부심은 일곱 가지로 나뉘며, 무색계에는 위의로심 등이 없고, 나머지 수는 위와 같으므로 스무 가지 마음을 이룬다. 三界善心 各分二種 謂加行得 生得別故 欲界無覆 分爲四心 一 異熟生 二 威儀路 三 工巧處 四 通果心 色無覆心 分爲三種 除工巧處 上界都無 造作種種工巧事故 如是十二 爲二十心 謂善分六 無覆分七 無色界無威儀路等 餘數如上 故成二十 triṣu dhātuṣu kuśalaṃ cittaṃ dvidhā bhidyate. prāyogikaṃ copapattilābhikaṃ ca … kāmāvacaram anivṛtāvyākṛtaṃ caturdhā bhidyate. vipākajam airyāpathikaṃ śailpasthānikaṃ nirmāṇacittaṃ ca … rūpadhātau tridhā bhidyate śailpasthānikaṃ varjayitvā. tatra śilpābhāvāt. evam etāni dvādaśa cittāni punar viṃśatir bhavanti. ṣoḍhā kuśalam anivṛtāvyākṛtaṃ ca saptadhā bhidyate. airyāpathikādīni cittānīryāpathādyābhāvād ārūpyadhātau na santi" 라고 하였다. 〔참고문헌〕『大毘婆沙論』, 『俱舍論』, *Abh-k-bh.* ⇨ 유루심 有漏心, 무루심 無漏心 **2** 보살이 반야바라밀을 수행하며 일으켜야 하는 스무 가지 마음. 『발보리심경론』 권하(대정장32, p.514c22)에 "보살이 지혜바라밀을 수행하는 데에는 스무 가지 마음이 있어 능히 점차로 건립한다. 어떤 것이 스무 가지 마음인가? 마땅히 일으켜야 할 마음이니 선우와 가까이하려는 마음, 교만을 버리고 방일하지 않는 마음, 가르침대로 따르며 즐거이 법을 듣고자 하는 마음, 법을 듣는 것을 싫어하지 않고 잘 사유하는 마음, 네 가지 범행을 행하여 정지를 닦는 마음, 부정행을 관하는 염리심, 네 가지 진제의 열여섯 가지 성심, 십이인연을 관하여 삼명과 삼혜를 닦는 마음, 모든 바라밀을 듣고 닦으려는 마음, 무상·고·무아 등을 관하는 적멸심, 공·무상·무원·무작 등을 관하는 마음, 음계입 등이 큰 과환임을 관하는 마음, 번뇌를 항복시키고 함께하지 않는 마음, 모든 선법을 지키고 함께하는 마음, 악법을 억제하여 버려 끊는 마음, 정법을 닦고 더욱 크게하는 마음, 비록 이승을 닦을지라도 항상 버리고 여의려는 마음, 보살장을 듣고 즐겨 봉행하는 마음, 자리이타로 모든 선업을 증진하는 마음, 진실행을 가져 일체불법을 구하는 마음 등을 반드시 일으킨다. 菩薩修行智慧 有二十心 能漸建立 何謂二十 當發善欲親近善友心 捨離憍慢不放逸心 隨順教誨樂聽法心 聞法無厭善思惟心 行四梵行修正智心 觀不淨行生厭離心 觀四眞諦十六聖心 觀十二因緣修明慧心 聞諸波羅蜜念欲修集心 觀無常苦無我寂滅心 觀空無相無願無作心 觀陰界入多過患心 降伏煩惱非伴侶心 護諸善法自伴侶心 抑制惡法令除斷心 修習正法令增廣心 雖修二乘常捨離心 聞菩薩藏樂奉行心 自利利他隨順增進諸善業心 持眞實行求一切佛法心"라고 하였다. 〔참고문헌〕『發菩提心經論』.

이십억이 二十億耳 Ⓢ Śroṇakoṭīviṃśa, Śrotraviṃśatikoṭī, Ⓟ Soṇa-koṭivīsa, Soṇa-koḷivīsa. 부처님 재세 시 비구. 수롱나(守籠那)·수루나(首樓那)·실루다빈설지구지(室縷多頻設底拘胝) 등으로 음사하고, 억이(億耳)·억이나한(億耳羅漢)·문이백억(聞二百億) 등이라고도 한다. 이십억사문·이십억비구·시방사비구(施房舍比丘)·육륜(六輪) 등으로 부르기도 한다. 중인도 이란나발벌다국(伊爛拏鉢伐多國) 장자의 아들로 태어나 부처님의 교화를 받고 출가하여 아라한이 되었다. 『증일아함경』 권13(대정장2, p.612b15)에 "'어떤가, 이십억이여! 만약 거문고 줄이 너무 팽팽하지도 느슨하지도 않다면 그때는 거문고 소리 어떻게 들릴까?' … 세존께서 말씀하셨다. '이 일도 이와 같다. 지나치게 정진하면 저 조정함이 지나친 듯하고, 나태하면 사견에 떨어질 것이다. 만약 그 중간에 머물 수 있으면 이것이야말로 뛰어난 행이다. 이와 같이 하면 오래지 않아 마땅히 번뇌없는 이가 될 것이다'. 云何 二十億耳 若琴絃不急不緩 爾時琴音可聽採不 … 世尊告曰 此亦如是 極精進者 猶如調戲 若懈怠者 此墮邪見 若能在中者 此則上行 如是不久 當成無漏人", 『대지도론』 권29(대정장25, p.271b20)에 "저 사문 이십억이의 경우는 비바시불법을 따라 방사 하나를 지어 비구승가에 보시하였고, 한 필의 양가죽을 깔아 스님들이 그 위를 밟게 하였다. 이 인연으로 구십일겁 동안 땅을 밟지 않았고, 인천의 무량한 복락을 받았다. 마지막 몸은 대장자의 집에 태어나 단정한 몸을 받았고, 발바닥에 두 치의 털이 났는데 색깔은 푸른 유리와 같았고 오른쪽으로 감겨 있었다. 처음 태어날 때 아버지가 이십억 냥의 황금을 주었다. 뒤에 세속의 오욕을 싫어하여 출가득도하였는데, 부처님께서 '정진하는 비구 중 으뜸이다'라고 말씀하셨다. 又如沙門二十億耳 於鞞婆尸佛法中 作一房舍 給比丘僧 布一羊皮 令僧蹈上 以是因緣故 九十一劫中 足不蹈地 受人天中 無量福樂 末後身生 大長者家 受身端政 足下生毛長二寸 色如青琉璃 右旋 初生時 父與二十億兩金 後厭世五欲 出家得道 佛說精進比丘第一"라고 하였다. 〔참고문헌〕『增壹阿含經』, 『大智度論』. ⇨ 수롱나 守籠那, 수루나 首樓那, 문이백억 聞二百億, 시방사비구 施房舍比丘

이십오도 二十五道 스물다섯 갈래로 난 길. 오도(五道) 각각에 다섯 갈래 중생인 오취(五趣 : 地獄 · 餓鬼 · 畜生 · 人 · 天)를 더하여 유정(有情)이 생사윤회하며 돌고도는 25갈래의 길을 말한다. 『삼미륵경소』(대정장38, p.314b11 · 한불전2, p.94b6)에 "〔문〕 천에 신이 있다고 한다면 천에 나머지 취도 응당 있다는 뜻인가? 〔답〕 나머지도 역시 있다. 『화엄경』에서 '사람으로 태어난 존재에게 동명신과 동생신이라는 두 수호신이 있다. 천은 사람을 볼 수 있지만 사람은 천을 보지 못한다'고 한 것을 말한다. 천에 통하면 나머지 도에도 통할 수 있다. 오도 중에 각각 오취가 있을 수 있으니 이십오도가 된다. 問 天有神者 便應天中有餘道邪 答 亦有無失 謂華嚴經云 人生法有 二天守護 一名 同名 二名 同生 天得見人 人不見天 天既通 所餘道中類可通也 既五道中 各有五道 五五二十五道也"라고 하였다. 〔참고문헌〕『三彌勒經疏』, 60권본『華嚴經』 권44(대정장9, p.680c1). ⇨ 오도 五道, 오취 五趣, 이십오유 二十五有

이십오륜 二十五輪 금강계만다라(金剛界曼茶羅)에서 이십오존이 위치하는 월륜(月輪). 『비초문답』 권11(대정장79, p.477c26)에 "모두 다섯 겹 월륜 중앙에 다시 다섯의 월륜이 있다. 한 월륜마다 오존을 모신다. 중앙의 월륜 중 본존인 금강야차를 모시고 사방에 사바라밀보살을 모신다. 나머지 네 개의 월륜 각각의 중앙에 사불을 모시고 사방에 사친근보살을 모시면 십육대보살을 볼 수 있다. 모두 다섯 개의 월륜마다 오존을 모신 월륜이 있는 셈이니 이십오륜이 된다. 總五輪臍五月輪也 一月輪中 各安五尊 中央月輪中本尊金剛藥叉 四方四波羅密菩薩 今四月輪各中方四佛 四方四親近 十六大菩薩可觀歟 總五五二十五輪也"라고 하였다. 〔참고문헌〕『祕鈔問答』. ⇨ 월륜 月輪❶, 사불 四佛, 사바라밀보살 四波羅蜜菩薩, 십육대보살 十六大菩薩

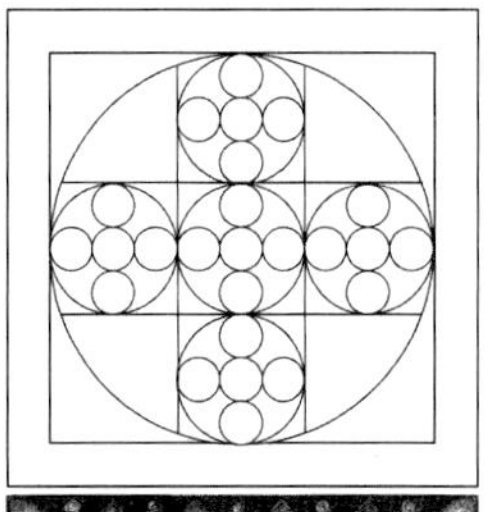

이십오륜 금강계만다라
일본 東寺 9세기

이십오방편 二十五方便 천태종에서 시설한 수행법. 본수행에 앞서 행하는 스물다섯 가지 방편을 말한다. 구오연(具五緣) · 가오욕(訶五欲) · 기오개(棄五蓋) · 조오사(調五事) · 행오법(行五法)이 그 내용이다. 먼저 구오연은 지계청정(持戒淸淨) · 의식구족(衣食具足) · 한거정처(閑居靜處) · 식제연무(息諸緣務) · 선지식(善知識) 등을 갖춤이다. 둘째, 가오욕이란 색 · 성 · 향 · 미 · 촉(色聲香味觸)의 다섯 가지 욕망에 대한 꾸짖음이다. 셋째, 기오개는 탐욕(貪欲) · 진에(瞋恚) · 수면(睡眠) · 도회(悼悔) · 의(疑)를 버림이다. 넷째, 조오사란 음식 · 수면 · 몸 · 호흡 · 마음을 조절하는 것이다. 다섯째, 행오법이란 욕(欲) · 정진(精進) · 염(念) · 교혜(巧慧) · 일심(一心)을 행함이다. 『마하지관』 권4(대정장46, p.35c17)에 "이십오법이 먼 방편이 된다. … 지금 원방편을 풀이하면 대략 다섯이다. 첫째 구오연, 둘째 가오욕, 셋째 기오개, 넷째 조오사, 다섯째 행오법이다. 도는 외롭지 않으니 운용하고 넓히는 일은 사람에게 달렸다. 사람이 아름다운 법 펼치려면 연을 빌어 도에 나아갈 수 밖에 없다. 그래서 오연을 갖추어야 한다. 연의 힘을 갖추어야 욕망을 버릴 수 있고, 욕을 버린 밖에도 안으로 그 마음을 청정하게 한다. 그 마음이 고요해지면 오사를 다스릴 수 있다. 오사가 다스려진 후에 오법을 행한다. 二十五法爲遠方便 … 今釋遠方便略爲五 一具五緣 二呵五欲 三棄五蓋 四調五事 五行五法 夫道不孤 運弘之在人 人弘勝法 假緣進道 所以須具五緣 緣力既具 當割諸嗜欲 嗜欲外屛 當內淨其心 其心若寂 當調試五事 五事調已 行於五法", "지관의 오연 역시 이와 같다. 저 좋아하는 곳에 처하듯이, 몸은 반드시 언제나 함께하는 도움을 빌려야 한다. 외연을 끊듯이 욕망의 대상을 꾸짖고, 속 병을 다스리듯이 오개를 버려야 한다. 윤승을 배우듯이 오사를 조절하고, 멈추지 않고 하듯이 오법을 행해야 한다. 세간의 작은 일도 연이 아니면 이루어지지 않는데, 하물며 출세가의 도라면 말할 것도 없다. 달래서 이끌지 않는다면 어찌 쉽게 오를 수 있겠는가? 그러므로 이십오법을 일에 따라 관하여 거친 것을 다스려 미세한 곳에 들어가고, 산란함을 단속하여 고요하게 한다. 그러므로 지관을 원방편으로 삼는다. 止觀五緣 亦復如是 有待之身必假資藉 如彼好處 呵厭塵欲 如斷外緣 棄絶五蓋 如治內疾 調適五事 如學輪繩 行於五法 如作不廢 世間淺事非緣不合 何況出世之道 若無弄引 何易可階 故歷二十五法 約事爲觀 調麤入細 檢散令靜 故爲止觀 遠方便也"라고 하였다. 〔참고문헌〕『摩訶止觀』. ⇨ 오연 五緣❶, 가오욕 訶五欲, 기오개 棄五蓋, 조오사 調五事, 행오법 行五法, 십승관법 十乘觀法

이십오법 二十五法 ➡ 이십오유 二十五有

이십오보살 二十五菩薩 임종에 즈음한 염불행자를 극락으로 인도하기 위해 아미타불을 따라와 맞이하는 스물다섯 분의 보살. 『왕생요집』 권하(대정장84, p.74a14)에서 거두고 있는 『십왕생아미타불국경』(卍속장87, p.584b16)이 시설하고 있는 이십오보살의 이름은 다음과 같다. 관세음(觀世音 Ⓢ Avalokiteśvara) · 대세지(大勢至 Ⓢ Mahā-sthāma-prāpta)·약왕(藥王 Ⓢ Bhaiṣajya-rāja)·약상(藥上 Ⓢ Bhaiṣajya-samudgata)·보현(普賢 Ⓢ Samanta-bhadra)·법자재왕(法自在王 Ⓢ Dharma-vaśitā)·사자후(師子吼 Ⓢ Siṃha-nāda)·다라니(陀羅尼 Ⓢ Dhāraṇī)·허공장(虛空藏 Ⓢ Ākāśa-garbha)·보장(寶藏 Ⓢ Ratna-garbha)·덕장(德藏 Ⓢ Śrī-garbha)·금장(金藏 Ⓢ Suvarṇa-garbha)·금강장(金剛藏 Ⓢ Vajra-garbha)·산해혜(山海慧)·광명왕(光明王 Ⓢ Jvalanādhipati)·화엄(華嚴)·중보왕(衆寶王 Ⓢ Prabhūta-ratna-rāja)·월광왕(月光王 Ⓢ Candra-prabha)·일조왕(日照王)·삼매왕(三昧王)·정자재왕(定自在王)·대자재천(大自在天)·백상왕(白象王 Ⓢ Pāṇḍara-gaja-rāja)·대위덕왕(大威德王)·무변신(無邊身)이다. 『왕생예찬게』(대정장47, p.447c12)에 "〔문〕 아미타불을 칭념하고 예배하고 마음속으로 떠올리면, 현세에서 어떤 공덕과 이익이 있는가? 〔답〕 아미타불의 명호를 한 번 부르면, 80억겁 동안 생사를 반복하며 지은 중죄를 소멸할 수 있다. 예배하고 마음속으로 떠올리는 것 등도 이와 같은 공덕과 이익이 있다. 『십왕생경』에 '어떤 중생이 아미타불을 떠올리며 왕생을 원한다면 저 아미타불께서는 곧바로 이십오보살을 보내어 이 행자를 옹호하게 하시니, 걸어 다니든 앉아 있든 머물든 누워 있든 낮이든 밤이든 언제 어디서나 악귀와 악신들이 잠시도 틈을 보지 못하게 한다'고 하였다. 問曰 稱念禮觀阿彌陀佛 現世有何功德利益 答曰 若稱阿彌陀佛一聲 卽能除滅八十億劫生死重罪 禮念已下 亦如是 十往生經云 若有衆生 念阿彌陀佛 願往生者 彼佛卽遣二十五菩薩 擁護行者 若行若坐 若住若臥 若晝若夜 一切時 一切處 不令惡鬼惡神 得其便也"라고 하였다. 〔참고문헌〕『往生要集』, 『往生禮讚偈』, 『十往生阿彌陀佛國經』, 『山海慧菩薩經』(대정장85, p.1405c14). ⇨ 아미타이십오보살 阿彌陀二十五菩薩, 아미타불 阿彌陀佛

〈표〉 이십오보살

	보살이름
1	관세음 觀世音
2	대세지 大勢至
3	약왕 藥王
4	약상 藥上
5	보현 普賢
6	법자재왕 法自在王
7	사자후 師子吼
8	다라니 陀羅尼
9	허공장 虛空藏
10	보장 寶藏
11	덕장 德藏
12	금장 金藏
13	금강장 金剛藏
14	산해혜 山海慧
15	광명왕 光明王
16	화엄 華嚴
17	중보왕 衆寶王
18	월광왕 月光王
19	일조왕 日照王
20	삼매왕 三昧王
21	정자재왕 定自在王
22	대자재천 大自在天
23	백상왕 白象王
24	대위덕왕 大威德王
25	무변신 無邊身

이십오보살내영도 二十五菩薩來迎圖 아미타불과 이십오보살이 왕생자(往生者)를 와서 맞이하는 장면을 그린 불화. ⇨ 아미타내영도 阿彌陀來迎圖❶, 내영도 來迎圖, 인로왕보살 引路王菩薩

이십오부 二十五部 금강계(金剛界)의 오지(五智)를 오부로 나누고 각 부마다 거듭 오지를 갖춘 만다라계. 『미결답결』(대정장77, p.867c16)에 "『비장기』에서 말한다. '이십오부의 건립은 어떻게 하는가? 오부는 곧 오지이고, 하나의 지 마다에 서로 오지를 갖추고 있는 까닭에 이십오부가 된다. 이와 같이 거듭 구르고 펼치면 무량부가 있게 된다'. 祕藏記云 建立二十五部如何 五部卽五智 一智所互具五智 所以成二十五部 如是展轉 有無量部"라고 하였다. 〔참고문헌〕『未決答決』. ⇨ 오부법 五部法❷, 오부만다라 五部曼荼羅, 오지 五智❶, 금강계오부 金剛界五部, 금강계만다라 金剛界曼荼羅

이십오삼매 二十五三昧 삼계(三界) 이십오유(二十五有)를 무너뜨리는 스물다섯 가지 삼매. 40권본『대반열반경』 권14(대정장12, p.448b13)에 "보살마하살은 무외지에 머물면서 이십오삼매를 얻어 이십오유를 무너뜨린다. … 이를 가리켜 보살이 이십오삼매를 얻어 이십오유를 끊는다고 한다. 선남자야, 이와 같은 이십오삼매를 모든 삼매의 왕이라 한다. 菩薩摩訶薩 住無畏地 得二十五三昧 壞二十五有 … 是名菩薩 得二十五三昧 斷二十五有 善男子 如是二十五三昧 名諸三昧王"고 하였다. 이 이십오삼매란 첫째 지옥유(地獄有)를 무너뜨리는 무구삼매(無垢三昧), 둘째 축생유(畜生有)를 무너뜨리는 불퇴삼매(不退三昧), 셋째 아귀유(餓鬼有)를 무너뜨리는 심락삼매(心樂三昧), 넷째 아수라유(阿修羅有)를 무너뜨리는 환희삼매(歡喜三昧), 다섯째 동불바제유(東弗婆提有)를 무너뜨리는 일광삼매(日光三昧), 여섯째 서구야니유(西瞿耶尼有)를 무너뜨리는 월광삼매(月光三昧), 일곱째 북울단월유(北鬱單越有)를 무너뜨리는 열염삼매(熱燄三昧), 여덟째 남염부제유(南閻浮提有)를 무너뜨리는 여환삼매(如幻三昧), 아홉째 사천처유(四天處有)를 무너뜨리는 부동삼매(不動三昧), 열째 삼십삼천처유(三十三天處有)를 무너뜨리는 난복삼매(難伏三昧), 열한째 염마천유(炎摩天有)를 무너뜨리는 열의삼매(悅意三昧), 열두째 도솔천유(兜率天有)를 무너뜨리는 청색삼매(靑色三昧), 열셋째 화락천유(化樂天有)를 무너뜨리는 황색삼매(黃色三昧), 열넷째 타화자재천유(他化自在天有)를 무너뜨리는 적색삼매(赤色三昧), 열다섯째 초선유(初禪有)를 무너뜨리는 백색삼매(白色三昧), 열여섯째 대범천유(大梵天有)를 무너뜨리는 종종삼매(種種三昧), 열일곱째 이선유(二禪有)를 무너뜨리는 쌍삼매(雙三昧), 열여덟째 삼선유(三禪有)를 무너뜨리는 뇌음삼매(雷音三昧), 열아홉째 사선유(四禪有)를 무너뜨리는 주우삼매(注雨三昧), 스무째 무상유(無想有)를 무너뜨리는 여허공삼매(如虛空三昧), 스물한째 정거아나함유(淨居阿那含有)를 무너뜨리는 조경삼매(照鏡三昧), 스물두째 공처유(空處有)를 무너뜨리는 무애삼매(無礙

三昧), 스물셋째 식처유(識處有)를 무너뜨리는 상삼매(常三昧), 스물넷째 불용처유(不用處有)를 무너뜨리는 낙삼매(樂三昧), 스물다섯째 비상비비상처유(非想非非想處有)를 무너뜨리는 아삼매(我三昧)다. 『법화현의』 권4상(대정장33, p.722a3)에 "이십오유를 파하면 곧바로 번뇌는 없으니 바로 정덕일 뿐이고, 이십오유의 과마저 파하였으므로 괴로움이 없기에 곧바로 상덕이며, 이십오삼매를 얻었으니 낙덕이고, 이십오의 아성을 보았으니 아덕이다. 이렇게 사덕이 여지없이 빛난다. 破二十五有 則無煩惱 是淨德 破二十五有果故無苦 是常德 得二十五三昧 是樂 見二十五我性 是我 四德宛然矣"라고 하였다. [참고문헌] 『大般涅槃經』, 『法華玄義』. ⇨ 이십오유 二十五有, 사덕 四德, 상락아정 常樂我淨

이십오선신 二十五善神 오계(五戒)를 수지(受持)한 이를 보호하는 이십오위의 선신. 오계 각각에 다섯 선신이 있다. 이십오신(二十五神)·이십오위호계대신(二十五位護戒大神)이라고도 한다. 『관정경』 권3(대정장21, p.502c8)에서 다음과 같이 설한다. 오계를 수지하는 이에게 스물다섯의 선신이 있어서 그 사람의 좌우에서 위호하고 궁궐과 집의 문 위에서 지켜서 만사가 상서롭게 한다. 이십오선신의 이름과 역할은 다음과 같다. 불살생계(不殺生戒)를 옹호하는 다섯 선신 중 채추비유타니(蔡芻毘愈他尼)신은 오계수지자의 몸이 사악함을 피하도록 돕는다. 수다리수다니(輸多利輸陀尼)신은 육근이 구족하게 한다. 비루차야바(毘樓遮耶波)신은 오장이 평안하도록 지켜준다. 아다용마기(阿陀龍摩坻)신은 혈맥이 잘 통하도록 지킨다. 바라환니화니(波羅桓尼和尼)신은 손톱도 손가락도 다치지 않도록 보호한다. 불투도계(不偸盜戒)를 옹호하는 다섯 선신 중 기마아비바타(坻摩阿毘婆馱)신은 출입하고 오고 갈 때 안전하도록 보호한다. 아수륜바라다(阿修輪婆羅陀)신은 음식과 달콤한 향기만을 먹을 수 있도록 보호한다. 바라마단웅자(婆羅摩亶雄雌)신은 꿈에서도 편안하여 환희하도록 보호한다. 바라문지비치(婆羅門地鞞哆)신은 벌레의 독에 쏘이지 않도록 보호한다. 나마우다야사(那摩吁多耶舍)신은 안개와 이슬에도 젖지 않도록 보호한다. 불사음계(不邪淫戒)를 지키는 다섯 신 중 불타선다루다(佛馱仙陀樓多)신은 말다툼이나 구설에서 보호한다. 비사야수다사(鞞闍耶藪多娑)신은 염병과 학질귀신에 붙들리지 않도록 보호한다. 열기혜타다야(涅坻醯馱多耶)신은 관리에게 갈 일 없도록 보호한다. 아라다뢰도야(阿邏多賴都耶)신은 집 사방에서 흉액을 쫓아내 보호한다. 바라나불담(波羅那佛曇)신은 집터의 팔신(八神)이 고요하게 보호한다. 불망어계(不妄語戒)를 지키는 다섯 선신 중 아제범자산야(阿提梵者珊耶)신은 묘지귀신에게 괴롭힘을 당하지 않도록 보호한다. 인대라인대라(因臺羅因臺羅)신은 그 집 문앞에서 삿된 악을 막아 보호한다. 아가람시바다(阿伽嵐施婆多)신은 외부 기운이나 귀신에게 해를 입지 않도록 보호한다. 불담미마다치(佛曇彌摩多哆)신은 화재가 미치지 않도록 보호한다. 다뢰차삼밀다(多賴叉三密陀)신은 도둑이 침입하지 않도록 보호한다. 불음주계(不飮酒戒)를 지키는 다섯 선신 중 아마라사도희(阿摩羅斯兜嘻)신은 산림중에 호랑이에게 해를 입지 않도록 보호한다. 나라문사도제(那羅門闍兜帝)신은 다쳐서 고통 받지 않도록 보호한다. 살비니건나바(薩鞞尼乾那波)신은 새나 여우라도 울음소리마저 들리지 않게 한다. 다비사비사라(荼鞞闍毘舍羅)신은 큰 쥐에 의한 변괴도 막아준다. 가마비나사니가(加摩毘那闍尼佉)신은 험한 물살에 쓸려 가지 않도록 보호한다. [참고문헌] 『灌頂經』, 『法苑珠林』 권88(대정장53, p.930c15). ⇨ 오계 五戒, 오계이십오신 五戒二十五神

〈표〉 이십오선신

오 계	이십오선신
불살생 不殺生	채추비유타니蔡芻毘愈他尼 수다리수다니輸多利輸陀尼 비루차야바毘樓遮耶波 아다용마기阿陀龍摩坻 바라환니화니波羅桓尼和尼
불투도 不偸盜	기마아비바타坻摩阿毘婆馱 아수륜바라다阿修輪婆羅陀 바라마단웅자婆羅摩亶雄雌 바라문지비치婆羅門地鞞哆 나마우다야사那摩吁多耶舍
불사음 不邪淫	불타선다루다佛馱仙陀樓多 비사야수다사鞞闍耶藪多娑 열기혜타다야涅坻醯馱多耶 아라다뢰도야阿邏多賴都耶 바라나불담波羅那佛曇
불망어 不妄語	아제범자산야阿提梵者珊耶 인대라인대라因臺羅因臺羅 아가람시바다阿伽嵐施婆多 불담미마다치佛曇彌摩多哆 다리차삼밀다多賴叉三密陀
불음주 不飮酒	아마라사도희阿摩羅斯兜嘻 나라문사도제那羅門闍兜帝 살비니건나바薩鞞尼乾那波 다비사비사라荼鞞闍毘舍羅 가마비나사니가加摩毘那闍尼佉

이십오실지 二十五實智 상키야에서 말하는 이십오제(二十五諦)에 대한 진실한 지혜. 『금칠십론』 권중(대정장54, p.1256a21)에 "이십오제에 대한 실지가 없기에 해탈이 없다. 無有二十五實智 是故無解脫"라고 하였다. [참고문헌] 『金七十論』. ⇨ 이십오제 二十五諦

이십오원통 二十五圓通 스물 다섯 가지의 원통. 이십오행(二十五行)이라고도 한다. 육진(六塵)과 육근(六根), 육식(六識)과 칠대(七大) 각각에 성문과 보살 따로 얻기에 이십오원통이다. 이십오원통의 순차는 성진(聲塵)으로 시작하여 이근(耳根)의 원통으로 끝난다. 그리고 스물다섯 번째 원통은 관세음보살이다. 세간은 소리를 귀로 듣는 것이 뛰어난 방편이기 때문이다. 『능엄경』 권5(대정장19, p.125c7)에 의지하면 다음과 같다. 우선 육진 각각의 원통이니, 첫째 교진나(憍陳那 Ⓢ Kauṇḍinya)의 음에 성진(聲塵)원통, 둘째 우파니사다(優波尼沙陀)비구의 색진(色塵)원통, 셋째 향엄동자(香

嚴童子)의 향진(香塵)원통, 넷째 약왕(藥王 Ⓢ Bhaiṣajya-rāja)·약상(藥上 Ⓢ Bhaiṣajya-samudgata) 두 법왕자(法王子)의 미진(味塵)원통, 다섯째 발다파라(跋陀婆羅 Ⓢ Bhadrapāla)의 촉진(觸塵)원통, 여섯째 마하가섭(摩訶迦葉 Ⓢ Mahā-kāśyapa)의 법진(法塵)원통이다. 다음은 최후의 이근(耳根)을 남겨 놓은 오근(五根) 각각에 따른 것으로, 일곱째 아나율다(阿那律陀 Ⓢ Aniruddha)의 안근(眼根)원통, 여덟째 주리반특가(周利槃特迦 Ⓢ Cūḍa-panthaka)의 비근(鼻根)원통, 아홉째 교범발제(憍梵鉢提 Ⓢ Gavāṃpati)의 설근(舌根)원통, 열째 필릉가바차(畢陵伽婆蹉 Ⓢ Pilindavatsa)의 신근(身根)원통, 열한째 수보리(須菩提)의 법공(法空)에 의한 의근(意根)원통이다. 다음은 육식에 의지한 원통이니, 열두째 사리불(舍利弗 Ⓢ Śāriputra)의 안식(眼識)원통, 열셋째 보현보살(普賢菩薩 Ⓢ Samanta-bhadra)의 이식(耳識)원통, 열넷째 손다라난다(孫陀羅難陀 Ⓢ Sundarananda)의 비식(鼻識)원통, 열다섯째 부루나(富樓那 Ⓢ Pūrṇa)의 설식(舌識)원통, 열여섯째 우파리(優波離 Ⓢ Upāli)의 신식(身識)원통, 열일곱째 대목건련(大目犍連 Ⓢ Mahā-maudgalyāyana)의 심달(心達)에 의한 의식(意識)원통이다. 다음은 칠대에 증입한 원통이니, 열여덟째 오추슬마(烏芻瑟摩 Ⓢ Ucchuṣma)의 화대(火大)원통, 열아홉째 지지보살(持地菩薩 Ⓢ Dharaṇi-dhara)의 지대(地大)원통, 스무째 월광동자(月光童子 Ⓢ Candraprabha)의 수대(水大)원통, 스물한째 유리광법왕자(琉璃光法王子)의 풍대(風大)원통, 스물두째 허공장보살(虛空藏菩薩 Ⓢ Ākāśa-garbha)의 공대(空大)원통, 스물셋째 미륵보살(彌勒菩薩 Ⓢ Maitreya)의 식대(識大)원통, 스물넷째 대세지보살(大勢至菩薩 Ⓢ Mahā-sthāma-prāpta)의 근대(根大)원통이다, 마지막은 스물다섯째 관세음보살(觀世音菩薩 Ⓢ Avalokiteśvara)의 이근(耳根)원통이다. 이 중 관세음보살의 이근원통이 가장 뛰어나다고 하여 그를 원통대사(圓通大士)·원통존(圓通尊)이라고 부른다. 『능엄경강록』 권5(卍속장90, p.42b4)에 "이는 성진을 인으로 하여 원통을 깨우쳐 들어갔다는 뜻이다. 이십오원통이 성진에서 시작하여 이근에서 끝난다는 것은 전부 아난과 이 세계 중생들의 근기를 기준으로 했기 때문이다. 此因聲塵 悟入圓通也 二十五圓通 始於聲塵 終於耳根者 俱就阿難及與此方之機故也", 『능엄경관심정해대강』(卍속장23, p.569b8)에 "부처님께서 이십오원통을 보여 주시면서 유독 이근을 선택하여 불도에 들어가는 방편으로 삼으셨는데, 저들이 끝내 경은 오로지 이근만을 쓴다는 편견과 집착한다. 어떻게 이근이라는 말이 단지 입문방편이라는 것을 알겠는가? 수행자가 수행을 시작할 때 이십오종 문문마다 도에 드는 방편이 될 수 있다. 지금 사바세계의 중생들은 이근이 가장 예리해서 귀로 듣기에 마땅해야 마음에 들이고 관할 수 있게 되니 특별히 이근을 우선한 것뿐이다. 佛示二十五圓通 而獨選耳根 爲入道之方便 彼遂偏執 此經專用耳根 豈知言耳根者 但入門方便也 蓋行人起修 二十五種門門 可爲入道方便 今娑婆衆生 耳根最利 宜于耳聞 入心成觀 故特選之"라고 하였다. [참고문헌] 『楞嚴經』, 『楞嚴經講錄』, 『楞嚴經觀心定解大綱』. ⇨ 원통 圓通[1], 원통대사 圓通大士, 육진 六塵, 육근 六根, 육식 六識, 칠대 七大

〈표〉 이십오원통

	원통명圓通名	입도인연제자入道因緣弟子
1	성진원통聲塵圓通	교진나등오비구 憍陳那等五比丘
2	색진원통色塵圓通	우파니사타優波尼沙陀
3	향진원통香塵圓通	향엄동자香嚴童子
4	미진원통味塵圓通	약왕약상이보살 藥王藥上二菩薩
5	촉진원통觸塵圓通	발타바라등跋陀婆羅等
6	법진원통法塵圓通	마하가섭등摩訶迦葉等
7	안근원통眼根圓通	아나율타등阿那律陀等
8	비근원통鼻根圓通	주리반특가周利槃特迦
9	설근원통舌根圓通	교범발제憍梵鉢提
10	신근원통身根圓通	필능가파차畢陵伽婆蹉
11	의근원통意根圓通	수보리須菩提
12	안식원통眼識圓通	사리불舍利弗
13	이식원통耳識圓通	보현보살普賢菩薩
14	비식원통鼻識圓通	손다라난다孫陀羅難陀
15	설식원통舌識圓通	부루나미다라니자 富樓那彌多羅尼子
16	신식원통身識圓通	우파리優婆離
17	의식원통意識圓通	대목건련大目犍連
18	화대원통火大圓通	오추슬마烏芻瑟摩
19	지대원통地大圓通	지지보살持地菩薩
20	수대원통水大圓通	월광동자月光童子
21	풍대원통風大圓通	유리광법왕자 琉璃光法王子
22	공대원통空代圓通	허공장보살虛空藏菩薩
23	식대원통識大圓通	미륵보살彌勒菩薩
24	근대원통根大圓通	대세지보살大勢至菩薩
25	이근원통耳根圓通	관세음보살觀世音菩薩

이십오유 二十五有 스물다섯 갈래로서의 유(有). 삼유(三有: 欲有 色有 無色有) 이십오법(二十五法)이라고 하며, 삼계(三界) 생사윤회하는 세계와 그 세계에 사는 유정(有情)들을 말한다. 욕계(欲界) 14유, 색계(色界) 7유, 무색계(無色界) 4유다. 욕계 14유란 지옥·아귀·축생·수라의 사악취(四惡趣), 남섬부주·북구로주·동승신주·서구다니주의 수미산 주변 사주(四洲)의 인취(人趣), 그리고 사천왕천·삼십삼천·염마천·도솔천·화락천·타화자재천의 욕계 육천을 말한다. 색계 7유는 초선천·대범천·이선천·삼선천·사선천·무상천·오정거천이다. 무색계 4유는 공무변처천(空無邊處天)·식무변처천(識無邊處天)·무소유처천(無所有處天)·비상비비상처천(非想非非想處天)의 사공처천(四空處天)을 일컫는다. 40권본『대반열반경』 권5(대정장12, p.391b25)에 "열반 중에는 일월성신과 여러 별자리는 없고, 추위와 더위 비바람이 없으며, 생로병사 등 이십오유가 없어 모든 괴로움과 번뇌를 떠난다. 涅槃之中 無有日月星辰諸宿 寒熱風雨 生老病死 二十五有 離諸憂苦及諸煩惱", 같은 책 권12(대정장12, p.434c27)에

"집제란 이십오유이고 멸제는 이십오유가 사라진 것이다. 集者 二十五有 滅者 滅二十五有", 같은 책 권13(대정장12, p.441a21)에 "다시는 이십오유를 받지 않으므로 세간을 벗어난다고 한다. 更不復受二十五有 故名出世", 『입능가경』 권7(대정장16, p.557c10)에 "보살이 처음 환희지를 얻었을 때 백금강삼매명문을 증득하여 이십오유의 과업보를 버려 떠나고 벽지불과 성문의 모든 지위를 벗어나 여래가의 진여경계에 머문다. 菩薩得初歡喜地時 證百金剛三昧明門 捨離二十五有一切果業 過諸聲聞辟支佛地 住如來家眞如境界", 『미륵경유의』(대정장38, p.272a2)에 "석가모니부처님께서 교화하시는 곳이란 사주·사악취·육욕천·등간천(대범천)·사선천·사무색계천·무상천·아나함천들인 이십오유다. 釋迦所化處 四域惡趣 六欲天 等間 四禪 四無色 無相天 阿那含 二十五有也", 『열반현의발원기요』 권2(대정장38, p.22a5)에 "이십오유란 육도를 세분한 것이니 사주·사악취·무상천·나함천·육욕천·범천·사선천·사공처천이다. 이십오유에서는 생사 없어지지 않으므로 유아라고도 한다. 二十五有者 卽細開六道也 謂四洲四趣無想天那含天 六欲天梵天 四禪天四空天 二十五有 生死不亡故 並名有我", 『대반열반경소』 권15(대정장38, p.129c27)에 "육도의 행으로 이십오유를 짓고 이승의 행으로는 열반을 짓는다. 六道之行 能作二十五有 二乘之行 能作涅槃", 『대승의장』 권8(대정장44, p.635c4)에 "이십오유는 『열반경』에서 나온 말이다. 인에 따라 과가 있으므로 유라고 한다. 유가 달라 같지 않아 스물다섯이다. 무엇들을 이렇게 부르는가? 저 경에서 설하길, 욕계에 14유가 있어서 지옥·축생·아귀·수라가 넷이 되고, 사천하의 인취가 다시 넷이 되어 합하여 모두 여덟이 되며, 욕계의 육천이 다시 여섯이 되어 모두 14유가 된다. 색계에 7유가 있어서 욕계의 14유와 함께 합하여 21유가 된다. 색계는 사선위로 넷이 되고, 중간범왕이 다섯째가 되며 무상천이 여섯째, 모든 정거천이 일곱째가 된다. 무색계의 유에 넷이 있으니 사공처이다. 이것을 앞과 합하면 스물다섯이 된다. 二十五有 出涅槃經 從因有果 故名爲有 有別不同 爲二十五 何者是乎 如經中說 欲界十四 所謂地獄畜生餓鬼及與修羅 卽以爲四 四天下人 復以爲四 通前爲八 欲界六天 復以爲六 通前十四 色界有七 通前合爲二十一有 彼四禪地卽以爲四 中間梵王以爲第五 無想天處以爲第六 一切淨居合爲第七 無色有四 謂四空處 通前合爲二十五也"라고 하였다. 〔참고문헌〕『大般涅槃經』, 『入楞伽經』, 『彌勒經遊意』, 『涅槃玄義發源機要』, 『大般涅槃經疏』, 『大乘義章』. ⇨ 유 有[1], 삼계 三界[1], 이십오삼매 二十五三昧

이십오유삼매 二十五有三昧 이십오유를 상대하여 다스려 끊는 삼매. 이십오삼매(二十五三昧)라고도 한다. 원측(圓測)의 『인왕경소』 권하(대정장33, p.425a20·한불전1, p.118c20)에 "이십오유삼매란 이십오유 증해아는 삼매다. 사주의 인·사악취·사공거천·사선천·육욕천·범왕천·무상천·나함천을 이십오유라 한다. 『열반경』 권34와 『대지도론』에 자세하게 설하고 있다. 또한 이십오유를 알아 대해서 다스리는 선정을 이십오유삼매라고 한다. 그러므로 『열반경』에서 이르길 무구삼매는 지옥유를 대치한다는 것에서부터 득아삼매는 비상비비상유를 대치한다는 것까지 이와 같이 자세하게 설한다. 二十五有三昧者 證解二十五有定也 四人四惡趣四空及四禪梵王六欲天無想及那含 是名二十五有 廣如涅槃三十四 及智度論說 又解對治二十五有定 名二十五有三昧 故涅槃云 無垢三昧 能對治地獄有 乃至得我三昧 能對治非想非非想有 廣說如彼", 『사교의』 권10(대정장46, p.758a10)에 "이십오유삼매는 삼매에 들어 스스로 이십오유를 없애는 삼매다. 하나의 유에 삼제가 있다. 삼매보살은 스스로 삼제삼매를 닦아 스스로 이십오유 각각 삼제의 혹을 없애고 자비의 힘으로 타의 이십오유 삼제의 혹마저 없앤다. 이로 인하여 이십오삼매라는 이름을 얻었다. 二十五有三昧 用自除二十五三昧 一有之中悉有三諦 三昧菩薩自修三諦三昧 自除二十五有三諦之惑 以慈悲力 除他二十五有三諦之惑 由是得二十五三昧之名"라고 하였다. 〔참고문헌〕『仁王經疏』, 『四敎義』. ⇨ 이십오삼매 二十五三昧, 이십오유 二十五有

이십오제 二十五諦 Ⓢ pañca-viṃśati-tattvāni. 상키야(Ⓢ Sāṃkhya : 數論)에서 주장하는 스물다섯 가지 원리. 이십오의(二十五義)·이십오진실(二十五眞實)·이십오진실의(二十五眞實義)·이십오종명제(二十五種冥諦)·이십오구의(二十五句義)·이십오문(二十五門) 등이라고도 한다. 우주의 모든 존재는 정신원리인 신아(神我 Ⓢ puruṣa)와 물질원리인 자성(自性 Ⓢ prakṛti)의 전변으로 성립하는데, 그 과정을 스물다섯 가지로 구분하고, 이것만이 진실한 이치라고 생각하여 이십오제라고 한다. 이에 의지해 현상세계가 성립하는 과정은 다음과 같다. 신아의 영향을 받으면, 희(喜)를 본질로 하는 삿트바(Ⓢ sattva : 純質)와 우(憂)를 본질로 하는 라자스(Ⓢ rajas : 激質)와 암(闇)을 본질로 하는 타마스(Ⓢ tamas : 翳質) 삼덕(三德 Ⓢ triguṇa)의 자성(自性)에 균형이 깨지면 각(覺

〈표〉 이십오제

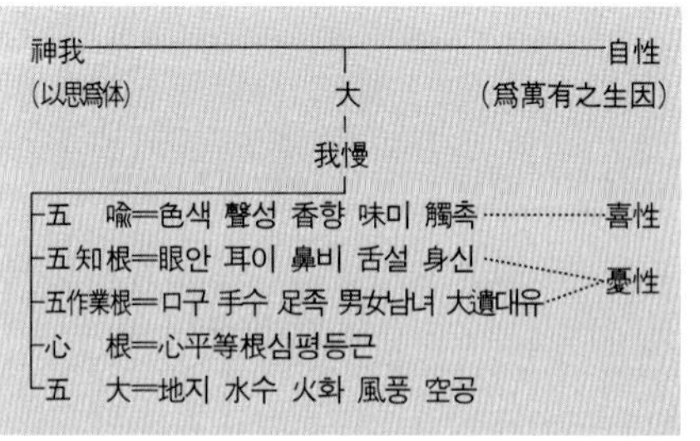

Ⓢ buddhi) 또는 대(大 Ⓢ mahat)가 생기고, 각에서 아만(我慢 Ⓢ ahaṃkāra)이 생긴다. 또 아만으로부터 오지근(五知根：眼 耳 鼻 舌 皮)·오작근(五作根：手 足 舌 生殖器 排泄器)·심근(心根：意根)·오유(五唯：色 聲 香 味 觸)가 생기는데, 이것을 십육변이(十六變異)라고 한다. 다시 오유에서 오대(五大：地 水 火 風 空)가 생긴다. 해탈이란 자성이 본래의 균형상태를 회복하고 신아가 물질적 속박으로부터 벗어나는 것을 말한다. 『외도소승열반론』(대정장32, p.157c11)에 "〔문〕 어떤 외도가 제 얻는 길을 열반의 인이라고 하는가? 〔답〕 열네 번째 외도인 승거논사의 주장이다. 이십오제의 자성인이 모든 중생을 낳는데, 이것이 열반인이다. 자성은 언제나 있기 때문이다. 자성으로부터 대가 생기며, 대로부터 의가 생기고, 의로부터 지가 생기며, 지로부터 오분이 생기고, 오분으로부터 오지근이 생기며, 오지근으로부터 오업근이 생기고, 오업근으로부터 오대가 생긴다. 그러므로 논서 중에서 '무엇 등의 성을 따라 이십오제를 수행하는가? 자성을 좇아 생겨서 다시 자성으로 들어감을 여실하게 알아 일체생사를 떠나 열반을 얻는다'라고 하였다. 이와 같이 자성으로부터 일체중생이 생기기에 외도인 승거는 다음과 같이 말한다. '자성은 언제나 있는 것이어서 능히 모든 법을 낳으니 열반의 인이다'. 問曰 何等外道 說證諦道 名涅槃因 答曰 第十四外道 僧佉論師說 二十五諦 自性因生諸衆生 是涅槃因 自性是常故 從自性生大 從大生意 從意生智 從智生五分 從五分生五知根 從五知根生五業根 從五業根生五大 是故論中說 隨何等性 修行二十五諦 如實知 從自性生 還入自性 能離一切生死 得涅槃 如是 從自性生一切衆生 是故 外道僧佉說 自性是常 能生諸法 是涅槃因", 『화엄경수현기』 권3(대정장35, p.68b18)에 "무엇으로 이십오제를 삼는가? 오지근인 안근 등의 오근, 오작근인 수·각·구·대변근·소변근 등과 심평등근이 십일근이 되고, 오대인 지·수·화·풍·공과 오유량인 색·성·향·미·촉을 앞의 십일근에 더하면 이십일근이 된다. 우·희·암을 염·추·흑이라고도 하니, 곧 탐·진·치이다. 합하여 염심제라 하니, 이십이근이 된다. 만제를 아심이라고도 하니, 이십삼근이 되고, 각을 지라고도 하니, 이십사근이 되며, 자성이 이십오가 된다. 何者爲二十五諦 五知根 卽眼等五根 五作根 卽手脚 及口大便 小便根 幷心平等根 爲十一根 五大 卽地水火風空 五唯量 卽色聲香味觸 加前十一 爲二十一 憂喜闇 亦名染麤黑 卽是貪瞋癡 合名染心諦 爲二十二 慢諦 亦名我心 爲二十三 覺亦 名智 爲二十四 自性 爲二十五", 『금칠십론』 권상(대정장54, p.1251a26)에 "『개원록』에 의하면 『승가론』이며, 2권이라고도 한다. 이 논은 외도인 가비라선인이 지어 이십오제를 밝혔으니, 『수론』이라고 하는 것이다. 按開元錄 亦名僧伽論 或爲二卷云 右一論 外道迦毘羅仙人造 明二十五諦 所謂數論"라고 하였다. 〔참고문헌〕 『外道小乘涅槃論』, 『華嚴經搜玄記』, 『金七十論』, *Laṅk.74.* ⇨ 프라크리티 prakṛtī, 신아 神我❷, 대 大❹, 아만제 我慢諦, 오지근 五知根, 오작근 五作根, 오유 五唯, 심평등근 心平等根, 삼질 三質, 삼덕전이 三德轉異, 상키야학파 Sāṃkhya學派

이십오조 二十五條 가사(袈裟). 25조의 조각천을 세로로 펼쳐 연이어 만든 가사로서 구품대의(九品大衣) 중 조가 가장 많다. 1조란 네 조각의 천을 길이로 이어

이십오조가사 순천 선암사 조선후기

붙여 사장일단(四長一短)이다. 법좌에 올라 설법할 때, 마을에 들어가 걸식하거나 외도의 항복을 받을 때 이 가사를 수한다. 『비니작지속석』 권7(卍속장65, p.147b10)에 "21조·23조·25조는 모두 사장일단을 1조로 하며 상품대의라 한다. 二十一條 二十三條 二十五條 皆四長一短 名上品大衣", 『살바다비니비바사』 권4(대정장23, p.527b19)에 "상승가리는 아래가 21조 가운데가 23조 위가 25조이다. … 상승가리는 사장일단이며 … 이장일단·삼장일단의 승가리를 수지하여 입고 다니면 돌길라를 짓게 된다. 上僧伽梨 下者二十一條 中者二十三條 上者二十五條 … 上僧伽梨四長一短 … 上僧伽梨二長一短 三長一短 得受持著行來 得突吉羅"라고 하였다. 현재 우리나라 대한불교조계종 종법(宗法) 중 의제법(衣制法) 제8조에서는 법계(法階) 1급에 한하여 25조를 수지토록 하였으니, 비구는 대종사(大宗師) 비구니는 명사(明師)의 품계를 받은 경우이다. 〔참고문헌〕 『毘尼作持續釋』, 『薩婆多毘尼毘婆沙』, 『大韓佛敎曹溪宗宗團法令集』. ⇨ 구품대의 九品大衣, 대의 大衣, 승가리 僧伽梨, 가사 袈裟, 법의 法衣

이십오종색 二十五種色 Ⓢ pañca-viṃśatīnāṃ rūpāṇāṃ. 스물다섯 가지 색(色). 색법(色法)의 범주다. 『유가론기』 권1(대정장42, p.316a25·한불전13, p.15c9)에 "『대법론』에 의하면 스물다섯 가지 색이 있다. 依對法論 有二十五種色", 『대승아비달마잡집론』 권1(대정장31, p.696a22)에 "색이란 사대종으로 만들어진 것이고, 안근이 행하는 뜻이다. 즉 청·황·적·백 등과 장·단·방·원 등과 추·세·고·하 등과 정이나 부정, 그리고 광·영·명·암 등과 운·연·진·무 등과

형색·표색·공일현색을 말한다. 이것은 다시 세 가지이니, 묘색·불묘색·구상위색이다. 이 청 등 스물다섯 가지 색의 건립은 여섯 가지 인으로 말미암으니, 말하자면 상이 있어야 하고, 뚜렷이 보여야 하고, 덜하기도 더하기도 하고, 의지가 되어야 하기 때문이고, 상을 짓기 때문이며, 장엄하기 때문에 상이라 이름한다. 이 차례대로 네 가지·열 가지·여덟 가지·한 가지·한 가지·한 가지다. 멀리 있는 색이란 나머지 장애와 접촉을 여의고서 방소를 얻는 색을 말하며, 공일현색이란 위에서 본 청 등의 현색을 말한다. 色者 四大種所造 眼根所行義 謂青黃赤白 長短方圓 麤細高下 若正不正 光影明闇 雲煙塵霧 逈色 表色 空一顯色 此復三種 謂妙 不妙 俱相違色 此青等二十五色建立 由六種因 謂相故 安立故 損益故 作所依故 作相故 莊嚴故 如其次第 四十八一一一 逈色者 謂離餘礙觸 方所可得 空一顯色者 謂上所見 青等顯色"라고 하였다. 〔참고문헌〕『瑜伽論記』, 『大乘阿毘達磨雜集論』, *Abh-s-bh.3.* ⇨색 色

이십오종청정정륜 二十五種淸淨定輪 스물다섯 가지 청정한 삼매의 수레바퀴. 원각(圓覺)을 성취하기 위한 스물다섯 가지 차별상. 『원각경』(대정장17, p.918b5)에서 시설하였으며, 걸림 없는 청정한 지혜(無礙淸淨慧)는 사마타(奢摩他 Ⓢśamatha)인 정행(靜行)·삼마발제(三摩鉢提 Ⓢsamāpatti)인 환행(幻行)·선나(禪那 Ⓢdhyāna)인 적행(寂行)이라는 세 가지 행에 의해 생겨나는데, 한 가지 행(一行)만을 하는 삼인(三人)류와 세 가지 행을 번갈아 행하는 21류와 세 가지 행을 이지러짐 없이 행하는(圓修) 한 류(一類)를 다 더하면 모두 스물다섯 류다. 『원각경약소』 권하(대정장39, p.560b20)에 "'이때 곧 이십오종청정정륜이 있게 된다'. 〈소〉 륜이란 부수며 돈다는 뜻이다. 번뇌의 장애 능히 부수고 바른 지혜 구르도록 하기에 륜이라고 한다. 두 번째로 관이라는 그물로 서로 연결돼 있다고 했는데, 이중에 세 가지로, 먼저 삼륜이 있으니, 한 가지로 세 관법을 닦는다. 다음으로 스물한 가지 륜이 있으니, 삼관을 교차해서 닦는다. 마지막으로 한 종류의 륜이 있으니, 삼관을 이지러짐없이 한꺼번에 닦는 원수다. 爾時便有二十五種淸淨定輪 輪者 摧輾義 能摧惑障 令正智轉 故名爲輪 二 觀網交羅 於中三 初有三輪 單修三觀 次有二十一輪 交絡三觀 後有一輪 圓修三觀"라고 하였다. 〔참고문헌〕『圓覺經』, 『圓覺經略疏』, 『御註圓覺經』 권하(卍속장15, p.775a3), 李智冠『韓國佛敎所依經典硏究』 p.275. ⇨삼관 三觀5

이십오중 二十五衆 ❶아미타불께서 임종을 앞둔 염불행자를 극락정토로 인도하고자 오실 때 함께하는 스물다섯 분의 보살. 이십오보살이라고도 한다. ⇨이십오보살 二十五菩薩 ❷수대 592년(개황12) 문제(文帝)의 명으로 구성된 고승 25인 무리. 『역대삼보기』 권12(대정장49, p.106a24)·『당고승전』 권7(대정장50, p.482b10)·권9(대정장50, p.500b6)에 따르면, 승찬(僧粲)이 이십오중 가운데 제1 마하연장(摩訶衍匠)이 되었고 『십종대승론 十種大乘論』을 지었다. 승곤(僧琨)은 독경법주(讀經法主)가 되었고 『논장 論場』을 지었다. 혜영(慧影)은 이십오중주(二十五衆主)에 임명되었고 『상학론 傷學論』 등을 저술하였다. 〔참고문헌〕『歷代三寶紀』, 『唐高僧傳』.

이십오행 二十五行 ➡이십오원통 二十五圓通

이십유식 二十唯識 ➡유식이십론 唯識二十論

이십유식론소 二十唯識論疏 세친(世親)이 짓고 당대 현장(玄奘)이 한역한 『유식이십론 唯識二十論』(대정장31, No.1590)에 대한 주석서. ❶신라 원측(圓測) 지음. 2권. 『법상종주소』(대정장55, p.1139b16)·『동역전등목록』(대정장55, p1157c14) 등에 이름이 전한다. 〔참고문헌〕『法相宗章疏』, 『東域傳燈目錄』. ⇨유식이십론 唯識二十論 ❷당 규기(窺基)가 지은 『유식이십론술기 唯識二十論述記』(대정장43, No.1834)의 다른 이름. 『법상종장소』(대정장55, p.1139b15)·『동역전등목록』(대정장55, p1157c13) 등에 이름이 전한다. 〔참고문헌〕『法相宗章疏』, 『東域傳燈目錄』. ⇨유식이십론술기 唯識二十論述記

이십유식순석론 二十唯識順釋論 ➡성유식보생론 成唯識寶生論

이십유식술기 二十唯識述記 ➡유식이십론술기 唯識二十論述記

이십육위판관 二十六位判官 명부(冥府)에서 망자의 죄를 판결하는 이십육위의 판관. 『석문의범』에 수록된 『예수시왕생칠재의찬요 預修十王生七齋儀纂要』 제14 「소청명부편 召請冥府篇」에서 봉청(奉請)된다. 각각의 이름은 하(夏)판관·송(宋)판관·노(盧)판관·사명(司命)판관·서(舒)판관·왕(王)판관·배(裵)판관·조(曹)판관·마(馬)판관·조(趙)판관·최(崔)판관·보(甫)판관·웅(熊)판관·황보(皇甫)판관·정(鄭)판관·하(河)판관·공(孔)판관·호(胡)판관·부(傅)판관·굴(屈)판관·진(陳)판관·육(陸)판관·인(印)판관·장산(掌算)판관·강한(江漢)판관·유(庾)판관이다. 〔참고문헌〕『釋門儀範』 권상 p.184.

이십육천 二十六天 스물여섯 하늘. 삼계(三界)의 하늘을 다시 나눈 말이다. 『무량수경연의술문찬』 권하(대정장37, p.169a5・한불전2, p.74a16)에 "『밀엄경』에 의하면 스물여섯 천이 있다. 욕계육천・범천・십정거천・무색계의 오천・사무상천을 말한다. 依密嚴經有二十六天 謂六欲天 梵天 有十淨居 有五無色 及有四無想天故"라고 하였다. 〔참고문헌〕『無量壽經連義述文贊』.

이십이근 二十二根 ❶ Ⓢ dvāviṃśati-indriyāṇi, Ⓟ bāvīsati-indriyāni, Ⓣ dbang-po-nyi-shu-rtsa-gnyis-po. 스물 두 가지 근(根 Ⓢ indriya). 나고 죽는 생사(生死)가 이 근들에 의지함이 뚜렷하기에 유달리 부른다. 근이란 힘・자재(自在)・증상(增上)・수승(殊勝) 등을 뜻한다. 안근(眼根 Ⓢ cakṣurindriya)・이근(耳根 Ⓢ śrotrendriya)・비근(鼻根 Ⓢ ghrāṇendriya)・설근(舌根 Ⓢ jihvendriya)・신근(身根 Ⓢ kāyendriya)・의근(意根 Ⓢ manendriya)의 육근(六根), 고근(苦根 Ⓢ duḥkhendriya)・낙근(樂根 Ⓢ sukhendriya)・희근(喜根 Ⓢ saumanasyendriya)・우근(憂根 Ⓢ daumanasyendriya)・사근(捨根 Ⓢ upekṣendriya)의 오수근(五受根), 신근(信根 Ⓢ śraddhendriya)・정진근(精進根 Ⓢ vīiryendriya)・염근(念根 Ⓢ smṛtīndriya)・정근(定根 Ⓢ samādhīndriya)・혜근(慧根 Ⓢ prajñedriya)의 오선근(五善根), 미지당지근(未知當知根 Ⓢ anājñātam ājñāsyāmīndriya)・이지근(已知根 Ⓢ ājñendriya)・구지근(具知根 Ⓢ ājñātāvīndriya) 등 모든 청정법을 북돋는 삼무루근(三無漏根), 남근(男根 Ⓢ puruṣendriya)・여근(女根 Ⓢ strindriya)・명근(命根 Ⓢ jivitendriya)을 합한 스물두 가지를 말한다. 『잡아비담심론』 권8(대정장28, p.939c23)에 "〔문〕 세존께서는 이십이근을 설하셨는데, 저들은 어떤 것인가? 〔답〕 안근 등 네 가지 근, 신근에 세 가지가 있으며, 의근과 명근이니, 이 근이란 생사의 의지다. 〈논〉 '안근 등 네 가지 근'이란 무슨 말인가? 「계품 界品」에서 말한 것과 같다. '신근에 세 가지가 있다'라는 말은 무슨 뜻인가? 신근의 세 가지를 말하니, 즉 신근・남근・여근 등을 일컫는다. 의란 의근이니 앞에서 이미 말하였다. 의계가 곧 의근이기 때문이다. 명근이란 무엇인가? 수를 명근이라 한다. '이 근이 생사의 의지'라는 말은 무슨 뜻인가? 이 모든 근에 나고 죽음이 의지하기에 근이라고 한다. 問 世尊說二十二根 彼云何 答 謂眼等四根 身根有三種 意根及與命 是根生死依 謂眼等四根者 如界品說 身根有三種者 身根說三種 謂身根男根女根 意者意根前已說 以意界卽意根故 及與命者 壽說命根 是根生死依者 此諸根生死依故立根", 『유가사지론』 권57(대정장30, p.614a17)에 "왜 이십이근을 건립하는가? 능히 경을 취하여 두드러진 뜻이기에 육근을 건립한다. 가족을 이루고 상속하여 끊어지지 않게 함이 두드러지기에 이근을 건립한다. 성명을 살리기 위한 사업의 방편이 두드러지기에 하나의 근을 건립한다. 업의 과보를 수용함이 두드러지기에 오근을 건립하지만 세간의 청정함도 두드러지기에 오근을 건립한다. 출세간의 청정함이 두드러지기에 삼근을 건립한다. 云何建立二十二根 謂能取境 增上義故 建立六根 安立家族 相續不斷 增上義故 建立二根 爲活性命 事業方便 增上義故 建立一根 受用業果 增上義故 建立五根 世間淸淨 增上義故 建立五根 出世淸淨 增上義故 建立三根"라고 하였다. 〔참고문헌〕『雜阿毘曇心論』, 『瑜伽師地論』, 『辯中邊論』 권중(대정장31, p.470c17), *Bodh-bh.72.*, *Vibh.122.*, *Mvyut.108.* ⇨ 육근 六根, 오수근 五受根, 오근 五根❷, 삼무루근 三無漏根, 남근 男根, 여근 女根, 명근 命根, 근 根❶, 도무도문 倒無倒門 ❷ ➡ 이십이법 二十二法

이십이무감 二十二無減 스물두 가지로 줄어드는 일 없음. 사지(四智)와 상응하는 스물두 가지 심법(心法)은 줄어들지 않기에 이렇게 말하며, 이십이법(二十二法)・이십이근(二十二根) 등이라고도 한다. 〔참고문헌〕『成唯識論』 권10(대정장31, p.56a28), 『成唯識論述記』 권3(대정장43, p.345c24). ⇨ 이십이법 二十二法

이십이문 二十二門 ❶ 일체계(一切界)를 스물두 갈래 문으로 나눈 뜻. 『구사론』 「분별계품 分別界品」에서 십팔계(十八界)를 스물두 가지 문으로 열어 보인 뜻이다. 『구사론』 권2(대정장29, p.7a7)에 의하면, 첫째 유견(有見)과 무견(無見), 둘째 유대(有對)와 무대(無對), 셋째 선(善)・악(惡)・무기(無記)의 삼성(三性), 넷째 욕계(欲界)・색계(色界)・무색계(無色界)의 삼계(三界), 다섯째 유루(有漏)와 무루(無漏), 여섯째 유심유사(有尋有伺)・무심유사(無尋唯伺)・무심무사(無尋無伺)의 삼삼마지(三三摩地), 일곱째 유소연(有所緣)과 무소연(無所緣), 여덟째 유집수(有執受)와 무집수(無執受), 아홉째 대종성(大種性)과 소조성(所造性), 열째 적집(積集)과 비적집(非積集), 열한째 능작(能斫)과 소작(所斫), 열두째 능소(能燒)와 소소(所燒), 열셋째 능칭(能稱)과 소칭(所稱), 열넷째 이숙생(異熟生)・소장양(所長養)・등류성(等流性)・유실사(有實事)・일찰나(一刹那)의 오류분별(五類分別), 열다섯째 득성취(得成就), 열여섯째 내(內)와 외(外), 열일곱째 동분(同分)과 피동분(彼同分), 열여덟째 견소단(見所斷)・수소단(修所斷)・비소단(非所斷)의 삼단(三斷), 열아홉째 견(見)과 비견(非見), 스무째 식소식(識所識), 스물한째 상(常)과 무상(無常), 스물두째 근(根)과 비근(非根)을 말한다. 〔참고문헌〕『俱舍論』, 『俱舍論記』 권2(대정장41, p.34b7). ❷ 일체여래께서 일체중생을 편안하게 하고자 자재승삼매로 열어 보이신 스물두 가지 무량방편문. 60권본 『화엄경』 권6(대정장9, p.435a25)에 "일체중생을 안온하게 하고자 자재승삼매를 내어 갖가지 행한 바의 모든 공덕과 한량없는 방편으로 중생을 구제하신다. 때론 공양여래문을 나투시고, 때론 일체보시문을 나투시며, 때론 구족지계문을 나투시고, 때론 무진인욕문·무량고행정진문·선정적정삼매문·무량대변지혜문·일체소행방편문을 나투시고, 사무량신통문·대자대비사섭문·무량공덕지혜문·일체연기해탈문·청정근력도법문을 나투시며, 때론 성문소승문을, 때론 연각중승문을, 때론 무상대승문을, 때론 무상중고문을 나투시며, 때론 무아중생문을 나투시고, 때론 부정이욕문·적정멸정삼매문·수제중생기병문·일체대치제법문 열어 보이시네. 欲安一切衆生類 出生自在勝三昧 一切所行諸功德 無量方便度衆生 或現供養如來門 或現一切布施門 或現具足持戒門 或現無盡忍辱門 無量苦行精進門 禪定寂靜三昧門 無量大辯智慧門 一切所行方便門 現四無量神通門 大慈大悲四攝門 無量功德智慧門 一切緣起解脫門 清淨根力道法門 或現聲聞小乘門 或現緣覺中乘門 或現無上大乘門 或現無常衆苦門 或現無我衆生門 或現不淨離欲門 寂靜滅定三昧門 隨諸衆生起病門 一切對治諸法門"라고 하였다. 〔참고문헌〕『華嚴經』.

이십이법 二十二法 사지(四智 : 成所作智 妙觀察智 平等性智 大圓鏡智)와 상응하는 스물두 가지 심법(心法). 이십이근(二十二根)·이십이무감(二十二無減) 등이라고도 한다. 작의(作意)·촉(觸)·수(受)·상(想)·사(思)의 오변행(五遍行), 욕(欲)·승해(勝解)·염(念)·정(定)·혜(慧)의 오별경(五別境), 신(信)·참(慚)·괴(愧)·무탐(無貪)·무진(無瞋)·무치(無癡)·정진(精進)·경안(輕安)·불방일(不放逸)·행사(行捨)·불해(不害)의 십일선(十一善), 그리고 심왕(心王)을 합한 스물두 가지를 말한다. 『성유식론』 권10(대정장31, p.56a28)에 "이상과 같은 네 가지 지혜와 상응하는 심품은 반드시 각각 정해져 있으니 스물두 가지 법이 능변·소변·종자·현행 등과 함께 일어나지만, 지의 쓰임이 두드러지기에 지로서 이름으로 드러낸다. 그러므로 이 네 가지 심품은 다 불지의 모든 유위의 공덕도 거둬 다한다. 이것은 유루의 제8식·제7식·제6식·전5식 등과 상응하는 심품을 뒤쳐 저 차제대로 얻는다. 如是四智相應心品 雖各定有 二十二法 能變所變 種現俱生 而智用增 以智名顯 故此四品 總攝佛地 一切有爲功德皆盡 此轉有漏 八七六五 識相應品 如次而得", 『성유식론술기』 권3(대정장43, p.345c23)에 "〔논〕 (念은) 일찍이 경 거둠에 항상 분명히 기억하기 때문이다. 〔술〕 말미암아 념이 있다는 말은 전에 익힌 경을 뚜렷이 기억하기에 념에 감퇴가 없다는 뜻이다. 論 於曾受境 恒明記故 述曰 由斯有念 謂於曾習境 有明記憶故 念無減也", 같은 책 권10(대정장43, p.599b9)에 "이십이법이란 변행·별경·선법·심왕 등이다. 二十二法者 遍行 別境 善法 幷取心故", 『대승본생심지관경천주』 권7(卍속장34, p.435a8)에 "이십이근이란 곧 이십이법이니, 오변행〈촉·작의·수·상·사〉, 오별경〈곧 욕·승해·염·정·혜〉, 열한 가지 선법〈신·정진·참·괴·무탐·무진·무치·경안·불방일·행사·불해〉, 의식 한 가지다〈동시심왕이다〉. 이십이법을 근이라 하는 것은 계를 따르기 때문이니, 계란 성과에 드는 근본이다. 二十二根者 卽二十二法 五徧行〈謂觸 作意 受 想 思〉 五別境〈卽欲 勝解 念 定 慧〉 善法十一〈卽信 精進 慚 愧 無貪 無嗔 無癡 輕安 不放逸 行捨 及不害也〉 意識一〈謂同時心王也〉 此二十二法 言根者 以隨戒故 戒爲入聖之根本"라고 하였다. 〔참고문헌〕『成唯識論』, 『成唯識論述記』, 『大乘本生心地觀經淺註』. ⇨ 오변행 五遍行, 오별경 五別境, 십일선 十一善, 심왕 心王

이십이종우치 二十二種愚癡 보살십지(菩薩十地)와 여래지(如來地)에서 대치하는 스물두 가지 어리석음. 십지(十地) 각각에서 두 가지 우치를 다스려 끊고 여래지에서 미세한 두 가지 우치를 끊기에 스물두 가지다. 이십이우(二十二愚)라고도 한다. 『해심밀경』 권4(대정장16, p.704b5)에 "부처님께서 관자재보살에게 말씀하셨다. '선남자여! 이 모든 지에는 스물두 가지 우치가 있으니, 열한 가지 추중으로 대치한다. 곧 (보살의) 초지에 두 가지 우치가 있으니, 집착보특가라급법우치와 악취잡염우치이며 추중으로 대치한다. 제2지에도 두 가지 우치가 있으니 미세오범우치와 종종업취우치이며 추중으로 대치한다. 제3지에 두 가지 우치가 있으니 욕탐우치와 원만문지다라니우치이며 추중으로 대치한다. 제4지에 두 가지 우치가 있으니 등지애우치와 법애우치이며 추중으로 대치한다. 제5지에 두 가지 우치가 있으니 일향작의기배생사우치와 일향작의취향열반우치이며 추중으로 대치한다. 제6지에 두 가지 우치가 있으니 현전관찰제행유전우치와 상다현행우치이며 추중으로 대치한다. 제7지에 두 가지 우치가 있으니 미세상현행우치와 일향무상작의방편우치이며 추중으로 대치한다. 제8지에 두 가지 우치가 있으니 어무상작공용우치와 어상자재우치이며 추중으로 대치한다. 제9지에 두 가지 우치가 있으니 어무량설법무량법구문자후후혜변다라니자재우치와 변재자재우치이며 추중으로 대치한다. 제10지에 두 가지 우치가 있으니 대신통우치와 오입미세비밀우치이며 추중으로 대치한다. 여래지에 두 가지 우치가 있으니 일체소지경계극미세착우치와 극미세애우치이며 추중으로 대치한다. 佛告觀自在菩薩曰 善男子 此諸地中有二十二種愚癡 十一種麤重爲所對治 謂於初地有二愚癡 一者執著補特伽羅及法愚癡 二者 惡趣雜染愚癡 及彼麤重爲所

對治 於第二地有二愚癡 一者 微細誤犯愚癡 二者 種種業趣愚癡 及彼麤重爲所對治 於第三地有二愚癡 一者 欲貪愚癡 二者 圓滿聞持陀羅尼愚癡 及彼麤重爲所對治 於第四地有二愚癡 一者 等至愛愚癡 二者 法愛愚癡 及彼麤重爲所對治 於第五地有二愚癡 一者 一向作意棄背生死愚癡 二者 一向作意趣向涅槃愚癡 及彼麤重爲所對治 於第六地有二愚癡 一者 現前觀察諸行流轉愚癡 二者 相多現行愚癡 及彼麤重爲所對治 於第七地有二愚癡 一者 微細相現行愚癡 二者 一向無相作意方便愚癡 及彼麤重爲所對治 於第八地有二愚癡 一者 於無相作功用愚癡 二者 於相自在愚癡 及彼麤重爲所對治 於第九地有二愚癡 一者 於無量說法無量法句文字後後慧辯陀羅尼自在愚癡 二者 辯才自在愚癡 及彼麤重爲所對治 於第十地有二愚癡 一者 大神通愚癡 二者 悟入微細祕密愚癡 及彼麤重爲所對治 於如來地有二愚癡 一者 於一切所知境界極微細著愚癡 二者極微細礙愚癡 及彼麤重爲所對治".『대승의장』권6(대정장44, p.591b27)에 "『상속해탈경』에서는 저 이십이종 우치를 상대하여 십일정을 설한다. 이십이종우치는 앞에서 나열한 그대로이다. 처음 두 가지 우치를 대치하고자 초지정을 말하고, 나아가 최후의 두 가지 우치를 대치하고자 불지정을 말한다. 相續解脫經中 對彼二十二種愚故 說十一淨 二十二愚 備如前列 對初二愚 說初地淨 乃至 對彼 最後二愚 說佛地淨"라고 하였다. [참고문헌]『解深密經』,『大乘義章』,『成唯識論』권9(대정장31, p.52b20). ⇨ 십중장 十重障

이십이품 二十二品 삼십칠도품(三十七道品) 중 사념처(四念處)·사정근(四正勤)·사여의족(四如意足)·오근(五根)·오력(五力) 등 22종을 가리키는 말. 이들은 모두 견도(見道) 이전에 닦는 수행법이기 때문에 한 범주로 거둔다. 수행을 하려고 할 때는 온갖 대상에 마음이 동요되고 산란되므로 먼저 마음을 하나의 대상에 집중함으로써 제어한다. 이 때문에 사념처를 가장 먼저 닦는다. 그리고 이를 통해 얻은 힘이 증장되어 마음을 올바르게 채찍질하기 때문에 사정근이 두 번째가 된다. 그리고 이 정진의 결과로 마음속에 근심과 후회가 없게 되어 뛰어난 선정을 감내하고 수행할 수 있게 되기 때문에 사여의족이 세 번째가 된다. 또한 이 뛰어난 선정에 의지함으로써 신근(信根)·진근(進根)·염근(念根) 등이 출세간의 법을 낳는 증상연(增上緣)이 되기 때문에 오근이 네 번째가 된다. 이로부터 증상(增上)·출생(出生)이라는 근(根)의 의미가 성립되어 대치해야 할 대상(所治)을 바르게 억누르고 제거하며 올바른 진리(聖法)의 발생을 이끌기 때문에 오력이 다섯 번째가 된다.『인왕경소』권상말(대정장33, p.372c7·한불전1, p.36b11)에 "이십이품이란,「본기」에 '성등지인 초지 이상부터 불과에 이르기까지 십일지가 있고 각각에 정과 혜가 있기에 도합 이십이품이 있다'라고 하였는데, 여기서는 이렇게 풀지 않는다. 견도 이전 칠방편위에서는 도품 가운데 사념처·사정근·사여의족·오근·오력의 이십이품만을 얻으며, 칠각지와 팔정도는 얻지 못하였기에 이십이품이라고 한다. 言二十二品者 本記云 聖登地已上 至於佛果 有十一地 各有定慧 合有二十二品也 今解不爾 七方便位 於道品中 但得四念處 四正勤 四如意足 五根 五力 二十二品 而未能得七種覺分 八支聖道 故言二十二品"라고 하였다. [참고문헌]『仁王經疏』,『仁王般若經疏』권상1(대정장33, p.319c11). ⇨ 사념처 四念處, 사여의족 四如意足, 사정근 四正勤, 오근 五根❷, 오력 五力❶, 삼십칠도품 三十七道品

이십일결 二十一結 스물한 가지 번뇌. 스물한 가지 번뇌로 매듭지어 자유롭지 못하게 하는 만(慢) 이외의 수번뇌(隨煩惱)류다.『증일아함경』권6(대정장2, p.573c9 : *Vatthūpama-sutta, MN.1,* p.36)에 "이때 세존께서는 바라문의 마음속 생각을 아셨기에 비구들에게 말씀하셨다. '어떤 중생이 스물한 가지 번뇌로 마음이 물들었다면, 반드시 저 중생은 죽어서 악취에 떨어져 선처에 나지 못함을 관해야 한다. 무엇이 스물한 가지 결인가? 노여움, 화나서 해치는 마음, 수면, 희롱, 의심, 분노, 시기, 괴로움, 질투, 증오, 스스로 부끄러움이 없는 것, 남에게 부끄러움이 없는 것, 다른 이를 현혹하는 것, 간사함, 거짓, 다툼, 자신의 혈통·재산·능력 등이 뛰어나다고 여겨 스스로를 뽐내는 것, 자신이 남보다 뛰어나다고 여겨 남에게 자신을 뽐내는 것, 샘내는 것, 증상만, 탐욕 등과 같은 마음의 매듭들이다'. 爾時 世尊 以知婆羅門心中所念 告諸比丘 其有衆生 以二十一結 染著心者 當觀彼人 必墮惡趣 不生善處 云何爲二十一結 瞋心結 恚害心結 睡眠心結 調戲心結 疑是心結 怒爲心結 忌爲心結 惱爲心結 嫉爲心結 憎爲心結 無慚心結 無愧心結 幻爲心結 姦爲心結 僞爲心結 諍爲心結 憍爲心結 慢爲心結 妬爲心結 增上慢爲心結 貪爲心結 evameva kho bhikkhave citte asaṅkilitthe sugati pāṭikaṅkhā katame ca bhikkhave cittassa upakkilesā. abhijjhā visamalobho cittassa upakkileso byāpādo … kodho … upanāho … makkho … paḷāso … issā … macchariyaṃ … māya … sāṭheyyaṃ … thambho … sārambho … māno … atimāno … mado … pamādo cittassa upakkileso"라고 하였다. [참고문헌]『增壹阿含經』, *MN.* ⇨ 수번뇌 隨煩惱

이십일결착의 二十一結著意 스물한 가지 번뇌에 취착하는 마음.『범지계수정경』(대정장1, p.843c24)에 "만일 이런 스물한 가지 번뇌로 취착하는 마음이 있으면 악취에 떨어져 지옥 중에 난다. 마치 더러워진 아기 옷을 그 주인이 염사나 염사의 제자에게 주었는데, 그 옷을 가져다 소금 흙이나 소똥이나 흙 등을 물에 넣어 세탁하여 아주 깨끗하게 하려고 하는 것과 같다. 비록 그 염사와 염사의 제자가 저 더러워진 아기 옷을 가져다 소금 흙이나 재나 소똥이나 흙 등으로 말끔하게 세탁하여 아주 깨끗하게 하려고 하나 저 아기 옷에는 여전히 검은 때가 남는다. 이와 같이 스물한 가지 번뇌에 취착된 마음이 있으면 악취에 떨어져 지옥 중에 난다. 若有此二十一結著意者 墮惡趣 生泥犁中 猶若穢垢小兒衣 彼主 與染師 若染弟子 持衣 鹵土 若牛糞 若土以漬之 浣濯洗 令極淨 雖彼染師 及染弟子 持彼垢穢小兒衣 以鹵土 以灰 以牛糞 以土淸淨濯洗 令極淨 彼小兒衣 故有黑膩 如是 若有二十一結著意者 便墮惡趣 生泥犁中"라고 하였다. 〔참고문헌〕『梵志計水淨經』. ⇨이십일결 二十一結

이십일수 二十一受 Ⓢekaviṃśati-vidhā vedanā. 스물한 가지 수. 『유가사지론』 권28(대정장30, p.440b8 : *Śrāv-bh.*, p.293)에 "무엇을 수라 하는가? 낙수·고수·불고불락수 등과 낙신수·고신수·불고불락신수 등과 신수를 말한 것처럼 심수 역시 그러하다. 낙유애미수·고유애미수·불고불락유애미수와 무애미수·의탐기수 역시 그러함을 알아야 한다. 낙의출리수·고의출리수·불고불락의출리수다. 이와 같이 다하여 스물한 가지 수가 있다. 云何爲受 謂樂受 苦受 不苦不樂受 樂身受 苦身受 不苦不樂身受 如說身受 心受亦爾 樂有愛味受 苦有愛味受 不苦不樂有愛味受 無愛味受 依耽嗜受 當知亦爾 樂依出離受 苦依出離受 不苦不樂依出離受 如是總有 二十一受 tatra vedanā katamā. tadyathā sukhā, duḥkhā, aduḥkhāsukhā ca vedanā. tatra sukhāpi kāyikī. duḥkhāpyaduḥkhāsukhāpi. yathā kāyikī. evaṃ caitasikī. sukhāpi sāmiṣā, duḥkhāpyaduḥkhāsukhāpi. evaṃ nirāmiṣāpi, evaṃ gardha(vā) śrite (tā), naiṣkramyāśritā vedanā, sukhāpi duḥkhāpyaduḥkhāpyaduḥkhāsukhāpi. saiṣā ekaviṃśatividhā vedanā bhavati"라고 하였다. 〔참고문헌〕『瑜伽師地論』, 『瑜伽論記』 권7(대정장42, p.455a2·한불전13, p.523b10), *Śrāv-bh.* ⇨수 受[1]

이십일인 二十一因 육도(六道)를 세분한 이십오유(二十五有) 중 지옥·아귀·축생·아수라의 사취(四趣)를 제한 이십일유만을 가리키는 말. 그곳에서만은 중생 이익의 인을 닦을 수 있기에 붙여진 이름이다. 『법화현의』 권6(대정장33, p.759b4)에 "무엇이 인위의 이익인가? 이십오유 중 사인은 이익을 무너트리고 이십일인은 이익을 성취한다. 云何因益 四因壞益 二十一因成益", 『법화현의석첨』 권14(대정장33, p.914b13)에 "이십일인이 이익을 성취한다는 것은 이십오유 중 사취 이상부터 비상처까지를 말한다. 二十一因成益者 四趣已上 至非想也"라고 하였다. 〔참고문헌〕『法華玄義』, 『法華玄義釋籤』. ⇨이십오유 二十五有

이십일지계 二十一支戒 스물한 가지 계. 무탐선근(無貪善根)·무진선근(無瞋善根)·무치선근(無癡善根)이라는 삼선근(三善根)에 각각 있어 칠지계(七支戒 : 身三口四) 있음을 말한다. 칠지계란 살생(殺生)·투도(偸盜)·사음(邪婬)의 세 가지 신업(身業)과 양설(兩舌)·악구(惡口)·망어(妄語)·기어(綺語)의 네 가지 구업(口業)을 짓지 않는 것을 일컫는다. 『구사론기』 권15(대정장41, p.232c22)에 "이 스물한 가지 낱낱을 일체 유정에서도 얻을 수 있으니 얻은 것은 각각 다르다. 저 유정의 수량만큼이나 계를 얻는 것도 그러하다. 그는 다음과 같이 말한다. 탐번뇌로 말미암아 한 유정이 일지계를 범하면 곧바로 한 유정처에 무탐으로 일으킨 일지계가 끊어진다. 나머지 스무 가지도 앞서 말한 것과 같이 구르니 나머지 유정처에는 스물한 가지 계를 빠짐없이 온통 다 구른다. 此二十一種 一一於一切有情處得 而所得各異 如有情數量 所得戒亦爾 彼說 由貪煩惱 於一有情所犯一支戒時 卽此一有情處 無貪所生 一支戒斷 餘二十種 如先猶轉 餘有情處二十一種具足皆轉"라고 하였다. 〔참고문헌〕『俱舍論記』.

이십일천후 二十一天后 이십일천중(二十一天衆)의 명비(明妃). 금강관정명비(金剛灌頂明妃) 5존(尊)·금강정분노모천(金剛灌頂忿怒母天) 4존·금강관정아니가모천(金剛灌頂誐尼迦母天) 4존·금강관정녀사모천(金剛灌頂女使母天) 4존·금강관정제타모천(金剛灌頂際吒母天) 4존을 가리킨다. 『진실섭경』 권10(대정장18, p.373b3)에 "다음으로 저 삼계의 주후와 모천중이 있어 금강보관정과 본부표치를 주어서 금강으로 가지하게 하니 일체여래가 이락하며 모두 함께 금강관정명자를 건립한다. 復次所有彼三界主后及母天衆 爲授金剛寶灌頂及本部標幟金剛加持已 一切如來爲利樂故 悉與建立金剛灌頂名字"라고 한 뒤 각 천후의 이름과 밀호를 시설하였으니 다음과 같다. 금강관정명비 5존으로는 오마천후(烏摩天后 : 密號는 忿怒金剛火)·은색천후(銀色天后 : 金剛金色天)·사슬치천후(沙瑟恥天后 : 金剛童女天)·범천후(梵天后 : 金剛寂靜)·제석천후(帝釋天后 : 金剛拳)다. 비행하는 모천중(母天衆)인 금강관정분노모천 4존은 감로모천(甘露母天 : 金剛甘露)·노희니모천(嚕呬尼母天 : 金剛光)·지장모천(持杖母天 : 金剛火杖)·야다가리니모천(惹多訶哩尼母天 : 金剛寶帶)이다. 허공을 다니는 모천중인 금강관정아니가모천 4존은 마리니모천(摩哩尼母天 : 金剛隱沒)·탄복모천(呑伏母天 : 金剛呑伏)·바사나모천(嚩舍那母天 : 金剛自在)·나라다모천

(那囉爹母天 : 金剛愛)이다. 땅에 머무는 모천중인 금강관정여사모천 4존은 적정모천(寂靜母天 : 金剛女使)·풍모천(風母天 : 速疾金剛)·화모천(火母天 : 熾盛金剛)·구미리모천(俱尾梨母天 : 金剛利)이다. 물에 머무는 모천중인 금강관정제타모천 5존은 바라예(嚩囉曳 : 金剛口)·좌문니(左捫尼 : 金剛迦梨)·친나나사(親那那娑 : 金剛布單那)·수모천(水母天 : 金剛摩葛哩)이다. ［참고문헌］『眞實攝經』.

이십제천 二十諸天 ➡이십천 二十天❶

이십종녀 二十種女 중매행위를 해서는 안 되는 스무 부류의 여인. 비구가 남녀 간에 의사를 전하고 중매하여 혼사를 성립시킬 경우 승가바시사(僧伽婆尸沙)를 범하게 되는데, 세간의 귀천을 가리지 않고 어떤 이들에게라도 해서는 안된다는 뜻으로 스무 가지 경우를 일일이 열거하였다. 『비니진경록』 권상(卍속장61, p.574b18)에 "만약 비구가 이곳저곳을 왕래하며 중매하고 남자의 뜻을 지니고 가서 여인에게 말하거나 여인의 뜻을 지니고 가서 남자에게 말하여 혼사가 성립되거나 사사로이 통정하여 잠깐이라도 지내게 한다면 승가바시사다. … 왕래한다는 것은 서로 응하고 만나게 해주려는 것이니 이러한 여인에 스무 가지가 있다. 모호·부호·구호·형호·자호·구호·자호·법호·성호·종친호·자락위비·여의비·여재비·동작업비·수소표비·불수세비·고거비·객작비·타호비·변방득비이다. 若比丘 往來彼此媒嫁 持男意語女 持女意語男 若爲成婦事 若爲私通 乃至須臾頃 僧伽婆尸沙 … 往來者 使所應可和合者 是女有二十種 母護 父護 俱護 兄護 姊護 俱護 自護 法護 姓護 宗親護 自樂爲婢 與衣婢 與財婢 同作業婢 水所漂婢 不輸稅婢 故去婢 客作婢 他護婢 邊方得婢", "모호란 모친이 보호하는 사람이고, 형호와 자호에 이르기까지 이와 같다. 자호(自護)란 몸이 자유로운 경우이다. 법호란 범행을 수행하는 경우다. 성호는 비천한 족성과 함께하지 않는 것이다. 종친호란 종친의 보호를 받는 이다. 자락위비란 기꺼이 남을 위해 노비가 된 경우, 여의란 상대가 준 옷값으로 노비가 된 경우, 여재란 한 푼이라도 주고 그 값을 치른 경우, 동업이란 작업을 같이하는 노비, 수소표란 물에 빠진 이를 건져주고 노비로 삼은 경우, 불수세란 세금을 낼 수 없어 노비가 된 경우, 고거비란 팔려가거나 노비의 집에 태어난 경우, 객작이란 품삯을 치르는 집안의 심부름꾼, 타호란 타인을 모시고 다니는 경우, 변방득이란 노략질하여 얻은 경우다. 이를 이십종녀라고 한다. 母護者 母所保 乃至兄姊護 亦如是 自護者 身得自在 法護者 修行梵行 姓護者 不與卑姓 宗親護者 宗親所保 自樂爲婢者 樂爲他作婢 與衣者 與衣爲價 與財者 乃至與一錢爲價 同業者 同共作業未成夫婦 水所漂者 水中救得 不輸稅者 不取輸稅 故去婢者 若買得 若家生 客作者 雇錢使作 如家使人 他護者 受他華鬘爲要 邊方得者 抄劫所得 是謂二十種女"라고 하였다. ［참고문헌］『毘尼珍敬錄』, 李智冠 『南北傳六部律藏比較硏究』 p.100. ⇨ 십종녀 十種女, 매가계 媒嫁戒

이십종번뇌수면 二十種煩惱隨眠 스무 가지 번뇌수면(煩惱隨眠 Ⓢ kleśānuśaya). 수면은 제8식에 잠복해 있는 번뇌의 다른 말이다. 『현양성교론』 권19(대정장31, p.573b2)에 의하면 욕계의 번뇌를 말하는 부정지수면(不定地隨眠), 선정(禪定)을 닦아 욕계의 괴로움을 여읜 색계와 무색계의 탐·치·애·만(貪癡愛慢) 등의 번뇌를 일컫는 정지수면(定地隨眠), 삼계(三界)에서 각각 자신의 세계에 대해 일으키는 모든 번뇌를 말하는 수자경수면(隨自境隨眠), 삼계에서 각각 다른 세계의 번뇌를 일으키거나 다른 세계에 대해 집착하여 벗어날 줄 모르는 수타경수면(隨他境隨眠), 욕계의 중생에게 손해를 끼치는 번뇌인 피손수면(被損隨眠), 색계의 중생에게 손해를 끼칠 수 없는 욕계의 번뇌나 욕계의 중생에게 손해를 끼칠 수 없는 잠복해 있는 욕계의 번뇌인 미피손수면(未被損隨眠 : 不被損隨眠), 삼계의 중생이 자신이 머물고 있는 경계에 대해 일으키고 증장시키는 번뇌인 수순수면(隨順隨眠 : 隨增隨眠), 색계와 무색계의 선정에 머물 경우에 증장하지는 않지만 끊지는 못했으므로 잠재해 있는 번뇌를 말하는 불수순수면(不隨順隨眠 : 不隨增隨眠), 모든 중생이 일체의 경계에 대해 빠짐없이 갖춘 탐·진·치(貪瞋癡) 등 모든 번뇌를 일컫는 구만수면(具滿隨眠 : 具分隨眠), 삼계의 견혹(見惑)은 끊었으나 사혹(思惑)은 끊지 못한 수다원과(須陀洹果) 등의 성문에게 있는 번뇌인 결감수면(缺減隨眠 : 不具分隨眠), 수행을 하여 견혹과 사혹을 끊어 열반을 증득한 성문에게 남아있는 습기(習氣)인 가해수면(可害隨眠), 수행을 하지 않아 전혀 끊어지지 않은 범부중생의 번뇌인 불가해수면(不可害隨眠), 점차로 증장하는 탐진치 등의 모든 번뇌를 말하는 증상수면(增上隨眠), 함께 평등하게 일어나는 탐진치 등의 모든 번뇌를 일컫는 평등수면(平等隨眠), 욕계를 벗어나고자 수행하는 사람의 대상에 대한 억념(憶念)이 미약한 미박수면(微薄隨眠 : 下劣隨眠), 번뇌와 업과(業果)의 유전은 알지만 끊지 못하는 유각수면(有覺隨眠 : 覺悟隨眠), 일체의 번뇌가 근·식(根識)과 함께하는 것을 알지 못하는 무각수면(無覺隨眠 : 不覺悟隨眠), 모든 괴로움을 낳는 욕계의 탐·진 등의 번뇌를 말하는 생다고수면(生多苦隨眠), 하계(下界)를 싫어하고 상계(上界)를 좋아하는 색계와 무색계의 번뇌를 일컫는 생소고수면(生少苦隨眠), 자신과 중생을 이롭게 하려는 보살의 번뇌를 가리키는 불생고수면(不生苦隨眠)을 말한다. ［참고문헌］『顯揚聖敎論』, 『瑜

伽師地論』 권59(대정장30, p.627a19). ⇨ 수면 隨眠

이십종번뇌현행 二十種煩惱現行 스무 가지 번뇌가 쉼없이 드러나 행하는 뜻(煩惱現行 Ⓣ nyon-mongs-pa-kun-tu-'byung-ba). 『유가사지론』 권59(대정장30, p.629b13)에 의지하면 다음과 같다. 첫째는 재가인(在家人)이 아직 모든 탐욕을 여의지 못하여 탐욕의 경계에 대하여 갖가지 번뇌에 얽매인 업을 일으켜 상속하며 버리지 못하는 수소욕전현행(隨所欲纏現行), 둘째는 출가인(出家人)이 세간이 바라는 경계를 따르지 않고 염리심(厭離心)을 내어 상속하며 버리지 못하는 불수소욕전현행(不隨所欲纏現行)이다. 셋째는 악설법(惡說法)에 머무는 사람이 선법과 악법을 분별하지 못하는 어리석은 마음을 상속하며 버리지 못하는 무소료지번뇌현행(無所了知煩惱現行), 넷째는 선설법(善說法)에 머무는 사람이 일체법을 분별하여 지혜로운 마음을 상속하며 버리지 못하는 유소료지번뇌현행(有所了知煩惱現行)이다. 다섯째는 탐·진·치(貪瞋癡) 등 모든 번뇌가 순경(順境)이나 역경(逆境)에서 각각 더욱 거칠게 나타나는 추번뇌현행(麤煩惱現行), 여섯째는 탐진치 등 모든 번뇌가 차별없이 동등하게 나타나는 등번뇌현행(等煩惱現行)이다. 일곱째는 수행하여 욕계를 벗어나고자 하는 사람이 아직 그 과보를 증득하지는 못하였으나 번뇌가 미세하고 가벼워진 미번뇌현행(微煩惱現行), 여덟째는 수행하여 욕계를 벗어나고자 하는 사람이 색 등의 외경(外境)에는 집착하지 않지만 마음속에 상속하는 습기(習氣)를 버리지 못한 내문번뇌현행(內門煩惱現行), 아홉째는 아직 욕계를 여의지 못한 사람이 색 등의 외경에 집착하여 갖가지 번뇌를 일으켜 버리지 못하는 외문번뇌현행(外門煩惱現行)이다. 열째는 성도(聖道)를 보고 과보를 증득한 사람이 부정법(不正法)을 듣고서 습기가 발현하여 정념(正念)을 잃는 실념번뇌현행(失念煩惱現行), 열한째는 아직 도과(道果)를 얻지 못한 사람이 부지런히 정진하되 올바르지 않은 생각을 일으키고 용맹심을 내어 상속하며 버리지 않는 맹리번뇌현행(猛利煩惱現行)이다. 열두째는 사람이 정법(正法)을 믿지 않고 모든 삿된 견해에 대해 분별을 일으켜 갖가지 집착을 낳아 상속하며 버리지 않는 분별소기번뇌현행(分別所起煩惱現行), 열셋째는 사람이 해태심(懈怠心)을 일으키고 정행(正行)을 구하지 않아 오욕(五欲 : 色欲·聲欲·香欲·味欲·觸欲)의 경계에 대해 자연스럽게 모든 번뇌를 일으켜 상속하며 버리지 않은 임운소기번뇌현행(任運所起煩惱現行), 열넷째는 사람이 선정관법에서 항상 스스로 생각하고 알아채서 잘못된 분별을 일으켜 상속하며 버리지 않는 심사번뇌현행(尋思煩惱現行)이다. 열다섯째는 사람이 꿈속에서 산란한 의식의 경계를 대상으로 하고 상속하며 버리지 않는 부자재번뇌현행(不自在煩惱現行), 열여섯째는 사람이 깨어있을 때 그릇된 지혜를 일으켜 모든 경계를 대상으로 하고 상속하며 버리지 않는 자재번뇌현행(自在煩惱現行)이다. 열일곱째는 유소인(幼少人)이 일체의 경계에 대해 좋은지 나쁜지를 모르고 갖가지 방일함을 일으켜 상속하며 버리지 않는 경우와 같은 비소의위번뇌현행(非所依位煩惱現行), 열여덟째는 수행하여 근기가 익은 사람이 정행위(正行位)에 의지하여 모든 번뇌를 끊고, 번뇌를 끊은 마음을 상속하며 버리지 않는 소의위번뇌현행(所依位煩惱現行)이다. 열아홉째는 사람이 부지런히 불도(佛道)를 닦아 생사의 혹업(惑業)을 끊었으나, 병을 치료하는 경우처럼 생사의 병을 알아 치료할 줄만 알고 열반에 집착하는 마음을 알지 못하고 상속하며 버리지 않는 가구료번뇌현행(可救療煩惱現行), 스무째는 온갖 정행을 닦아 생사혹업의 병을 치료하지 못하고 모든 번뇌를 상속하며 버리지 않는 불가구료번뇌현행(不可救療煩惱現行)이다. 〔참고문헌〕『瑜伽師地論』, 『瑜伽論記』 권17(대정장42, p.686a28·한불전14, p.253c13).

이십종사정법 二十種邪定法 사상(邪相)을 판별하는 열 쌍의 대대(待對) 개념. 증감(增減)·정란(定亂)·공유(空有)·명암(明闇)·우희(憂喜)·고락(苦樂)·선악(善惡)·우지(愚智)·탈박(脫縛)·강유(强柔) 등 열 쌍에 해당하는 스무 가지를 말한다. 원효(元曉)의 『기신론소』 권하(대정장44, p.224c12·한불전1, p.731a8)에 "사상은 간략하게 열 쌍으로 보인다. 첫째 증과 감, 둘째 정과 난, 셋째 공과 유, 넷째 명과 암, 다섯째 근심과 기쁨, 여섯째 괴로움과 즐거움, 일곱째 선과 악, 여덟째 어리석음과 지혜, 아홉째 해탈과 계박, 열째 굳셈과 부드러움이다. … 사상으로 정해진 이러한 스무 가지 법은 그것이 일어나는 대로 식별하지 못하면 마음에 애착인이 일어나 의식을 잃고 광란하거나 곡하거나 웃거나 놀라서 날뛰거나 스스로 절벽에서 투신하거나 불속으로 뛰어든다. 또 어느 때는 병을 얻어 이로 인하여 죽음에 이르기도 한다. 또한 이와 같은 삿된 현상 하나가 일어나서 96종 외도의 귀신법 중 한 귀신법과 상응해 알아차리지 못하면 외도를 생각하고 그 법을 행하는 것과 같으니 이 일로 인하여 귀신법문에 들어가게 된다. 邪相略出十雙 一 增減 二 定亂 三 空有 四 明闇 五 憂喜 六 苦樂 七 善惡 八 愚智 九 脫縛 十 强柔 … 此二十種邪定之法 隨其所發 若不識別 心生愛著因 或失心狂亂 或哭或笑 或驚漫走 或時自欲投巖赴火 或時得病 或因致死 又復隨有如是發一邪法 若與九十五種外道鬼神法中一鬼神法相應 而不覺者 卽念彼道 行於彼法 因此便入鬼神法門"라고 하였다. 〔참고문헌〕『起信論疏』. ⇨ 사상 邪相 ❸

이십종살가야견 二十種薩迦耶見 Ⓢ viṃśati satkāya

-dṛṣṭi. 유신견(有身見) 즉 살가야견을 다 모아 부르는 말. 깨뜨리기 어렵고 거대하기 때문에 이십종살가야견산(二十種薩迦耶見山)·이십종살가야견번뇌산봉(二十種薩迦耶見煩惱山峰)·이십산봉(二十山峰) 등이라고도 한다. 이를 무너뜨리는 수단은 사성제(四聖諦)의 이치인데 비유로 금강지저(金剛智杵 Ⓢ jñāna-vajra)라고 일컫는다. 『대비바사론』 권29(대정장27, p.151a29)에 "부처님의 위신력으로 우리들은 모든 악취에 나는 모든 인을 영원히 버리고 이십종살가야견을 끊어서 바른 결정을 얻고 사성제를 본다. 佛威力故 我等永捨諸惡趣因 斷二十種薩迦耶見 得正決定 見四聖諦", 같은 책 권104(대정장27, p.540a24)에 "저 이십종살가야견이 일체번뇌의 근본이 된다. 彼二十種薩迦耶見 能爲一切煩惱根本", 『유부율약사』 권10(대정장24, p.44b14)에 "그때 세존께서는 저 근성을 알아채고 근기에 따라 설법하시니 사성제의 이치를 깨닫게 하셨다. 어머니가 법을 듣고서 금강지저로 이십종살가야견번뇌산봉을 무너뜨리고 없애 예류과를 증하고 진리를 볼 수 있었다. 爾時世尊知彼根性 隨機演說 令證四聖諦理 母聞法已 以金剛智杵摧滅二十種薩迦耶見煩惱山峯 證預流果 得見諦理"라고 하였다. [참고문헌] 『大毘婆沙論』, 『有部律藥事』, 『衆許摩訶帝經』 권12(대정장3, p.968b25), 『有部律』 권23(대정장23, p.753a23), *Saṅ-v.177.* ⇨ 살가야견 薩迦耶見, 이십구살가야견 二十句薩迦耶見, 유신견 有身見

이십종색 二十種色 스무 가지 색법. 허공(空)을 제외한 청(靑)·황(黃)·적(赤)·백(白)·길(長)·짧음(短)·네모(方)·둥긂(圓)·높음(高)·낮음(下)·평평한 모양(正)·평평하지 않은 모양(不正)·구름(雲)·연기(烟)·먼지(塵)·안개(霧)·그림자(影)·빛(光)·밝음(明)·어둠(暗)을 말한다. 『표무표장전요초』 권2(臺灣國圖善本29, p.65a3)에 "색에는 세 가지가 있다. 첫째는 상대하여 볼 수 있는 색이다. 청·황·적·백·빛·그림자·밝음·어둠·연기·구름·먼지·안개·긺·짧음·높음·낮음·네모·둥긂·평평한 모양·평평하지 않은 모양이다. 이 이십종색은 눈으로 볼 수 있기에 가견이라 하고, 이 색은 눈에 마주한 것이기에 유대라 한다. 色有三 一 可見有對色 謂靑黃赤白 光影明闇煙雲塵霧 長短高下 方圓正不正 此二十種色 爲眼見故 名可見 此色對眼故 名有對"라고 하였다. [참고문헌] 『表無表章詮要鈔』. ⇨ 색 色[1], 가견유대색 可見有對色

이십종수번뇌 二十種隨煩惱 스무 가지 수번뇌. 이십수번뇌(二十隨煩惱)라고도 한다. 유식에서 말하는 방일(放逸)·해태(懈怠)·불신(不信)·혼침(惛沈)·도거(掉擧)·실념(失念)·산란(散亂)·부정지(不正知) 등 여덟 가지 대수번뇌(大隨煩惱), 무참(無慚)·무괴(無愧) 등 두 가지 중수번뇌(中隨煩惱), 분(忿)·부(覆)·간(慳)·질(嫉)·뇌(惱)·해(害)·한(恨)·첨(諂)·광(誑)·교(憍) 등 열 가지 소수번뇌(小隨煩惱)를 합한 스무 가지 수번뇌를 말한다. 구사에서는 열아홉 가지 수번뇌를 일컫는다. 수번뇌란 여섯 가지 근본번뇌에 의지해서 일어나는 번뇌여서 별도의 체는 없다. 『자비도량수참법과주』 권상(卍속장129, p.442a5)에 "번뇌란, 법상종에 따르면 탐·진·치·만·의·사견 등 여섯 가지 근본번뇌가 있으며, 다시 스무 가지 수번뇌가 있으니, 소수번뇌 열 가지, 중수번뇌 두 가지, 대수번뇌 여덟 가지이다. 煩惱者 據相宗中 有貪嗔癡慢疑邪見 六種根本煩惱 更有二十種隨煩惱 小隨十 中隨二 大隨八"라고 하였다. [참고문헌] 『慈悲道場水懺法科註』, 『成唯識論』 권5(대정장31, p.26c29). ⇨ 수번뇌 隨煩惱, 번뇌 煩惱, 근본번뇌 根本煩惱

이십종수승이익 二十種殊勝利益 불공견삭주심(不空羂索呪心)을 외움으로써 얻는 스무 가지 수승한 이익. 『불공견삭주심경』(대정장20, p.406c22)에 "이 불공견삭심주를 일곱 차례 외우는 사람은 현생의 몸으로 스무 가지 수승한 이익을 얻는다. 무엇이 그 스무 가지인가? 첫째, 몸에 다른 병이 생기지 않는다. … 스무째, 태어난 곳 그중에서 자비희사를 떠나지 않는다. 이와 같은 스무 가지 수승한 이익을 마땅히 구해야 한다. 誦此不空羂索呪心七遍 彼人現身得 二十種殊勝利益 云何二十 一者 身無餘病 … 二十者 所生之處 於中不離 慈悲喜捨 如是二十種殊勝利益 應當希求"라고 하였다. [참고문헌] 『不空羂索呪心經』. ⇨ 불공견삭관음 不空羂索觀音

이십종외도 二十種外道 제바(提婆)논사가 열반(涅槃)에 대한 설을 기준으로 외도를 20종으로 분류한 것. 이십종소승외도열반(二十種小乘外道涅槃)이라고도 한다. 『외도소승열반론』(대정장32, p.156c18)에 "[답] 외도가 설하는 열반에 20종이 있다. 이 외도들은 허망분별루 이와 같은 등의 인들이 육도를 낳는다고 한다. 여래께서는 이들의 사견을 막기 위해 열반인과의 바른 뜻을 설하셨다. 20종은 무엇인가? 첫째 소승외도논사, 둘째 방논사, 셋째 풍선논사, 넷째 위타논사, 다섯째 이사나논사, 여섯째 나형외도논사, 일곱째 비세사논사, 여덟째 고행논사, 아홉째 여인권속논사, 열째 행고행논사, 열한째 정안논사, 열두째 마타라논사, 열셋째 니건자논사, 열넷째 승거논사, 열다섯째 마혜수라논사, 열여섯째 무인논사, 열일곱째 시논사, 열여덟째 복수논사, 열아홉째 구력논사, 스무째 본생안다논사다. 答曰 外道所說涅槃有二十種 是外道等 虛妄分別 如是等因 能生六道 如來爲遮是等邪見故 說涅槃因果正義 何等二十 一者 小乘外道論師 二者 方論師 三者 風仙論師 四者 韋陀論師 五者 伊

賒那論師 六者 裸形外道論師 七者 毘世師論師 八者 苦行論師 九者 女人眷屬論師 十者 行苦行論師 十一者 淨眼論師 十二者 摩陀羅論師 十三者 尼犍子論師 十四者 僧佉論師 十五者 摩醯首羅論師 十六者 無因論師 十七者 時論師 十八者 服水論師 十九者 口力論師 二十者 本生安荼論師"라고 하였다. 〔참고문헌〕『外道小乘涅槃論』. ⇨ 외도 外道, 육십이견 六十二見

이십종유법 二十種喩法 스무가지 비유의 법. 대승법을 익혀 닦아 깨달음 얻기까지의 수행을 가업(家業)의 비유로 드러내 보였다. 80권본『화엄경』권79「입법계품 入法界品」(대정장10, p.438b15)에 "선남자여! 보살마하살은 반야바라밀을 어머니로 삼고, 방편선교를 아버지로 삼으며, 보시바라밀을 유모로 삼고, 지계바라밀을 양모로 삼으며, 인욕바라밀을 장엄구로 삼고, 정진바라밀을 양육해 주는 사람으로 삼으며, 선정바라밀을 빨래해 주는 사람으로 삼고, 선지식을 교수사로 삼으며, 깨달음을 돕는 모든 수행법을 반려자로 삼고, 일체선법을 권속으로 삼으며, 일체보살을 형제로 삼고, 보리심을 집으로 삼으며, 도리에 맞는 수행을 집안의 법으로 삼고, 수행지들을 집터로 삼으며, 모든 인위들을 가족으로 삼고, 크나큰 서원을 가훈으로 삼으며, 모든 행을 원만하게 하는 것을 가법을 따르는 일로 삼고, 대승을 권하고 발심하게 하는 것으로 가업을 잇는 일로 삼으며, 법수로 일생보처보살에게 관정하는 일을 왕의 태자가 되는 일로 삼고, 깨달음을 성취하는 것으로 능히 가족을 깨끗하게 하는 일로 삼는다. 善男子 菩薩摩訶薩 以般若波羅蜜爲母 方便善巧爲父 檀波羅蜜爲乳母 尸波羅蜜爲養母 忍波羅蜜爲莊嚴具 勤波羅蜜爲養育者 禪波羅蜜爲澣濯人 善知識爲教授師 一切菩提分爲伴侶 一切善法爲眷屬 一切菩薩爲兄弟 菩提心爲家 如理修行爲家法 諸地爲家處 諸忍爲家族 大願爲家教 滿足諸行爲順家法 勸發大乘爲紹家業 法水灌頂一生所繫菩薩爲王太子 成就菩提爲能淨家族"라고 하였다. 〔참고문헌〕『華嚴經』,『華嚴經疏注』권119(卍속장7, p.691a7).

이십종호마법 二十種護摩法 밀교의 스무 가지 호마법. 식재(息災)·증익(增益)·항복(降伏)을 목적으로 행하는 호마법으로, 각각 4종·9종·7종이 있어 모두 스무 가지가 된다. 호마법에 따라 화로의 형태와 화로에 포치하는 수인이 다르다. 더 자세하게는 백 열 가지 호마법으로 세분하는데 구체적인 내용은 구전으로 전하고 의궤로는 전하지 않았다.『금강정경의결』권상(대정장39, p.811c13)에 "유가대비밀교의 설에 근거하면 비밀호마법에 스무 가지가 있다. 스무 가지란 무엇인가? 이러한 스무 가지는 세 가지 작법에서 나온다. 첫째 선지가(Ⓢ śāntika : 식재법), 둘째 포슬치가(Ⓢ pauṣṭika : 증익법), 셋째 아비차라가(Ⓢ abhicāraka : 항복법)이다. 모든 죄를 없애고 공덕을 원만하게 하며 몸을 적정히 하여 무너지지 않게 하는 것을 선지가〈여기에 4법이 있다〉라 한다. 원력으로 재물과 수명 등을 빠르게 증장시키고 일체가 저절로 조복하며 보는 이는 모두 공경의 마음을 갖게 하고 갖가지 형상으로 허공에 단정하게 유행하며 웅황 등의 약물을 성취하는 것을 포슬치가〈여기에 9법이 있다〉라 한다. 조복하기 어려운 원귀나 마귀들을 구속하고 꺾어서 항복시키는 것을 아비차라가〈여기에 7법이 있다〉라고 한다. 이것을 스무 가지 호마법이라 한다〈여기에는 다시 자세하게 110종 호마법이 있으나 비밀하므로 한역하지 않는다〉. 又案瑜伽大祕密教中說 祕密火法相應有二十種 云何爲二十種 此二十種從三法出 所謂 一者 扇底迦 二者 布瑟致迦 三者 阿毘遮羅迦 能除一切罪圓滿功德 身寂靜不可壞 是名扇底迦〈此中四法〉 諸願力速成增長財命等 一切自調伏 見者皆敬念 種種相端正遊行虛空中 成就雄黃等 是名布瑟致迦〈此中九法〉 禁縛摧滅等降伏 諸難調怨家及魔鬼 是名阿毘遮羅迦〈此中七法〉 是名二十種護摩法〈此中更廣一百一十種火法 祕而不譯〉", "마땅히 알라. 다시 스무 가지 화로의 형상에 대한 설이다. 일체를 섭수하고자 하면 화로 안에 금강저상을 짓고, 악인 등을 조복하고자 한다면 화로 안에 연화상을 만든다. 일체 죄업을 없애고자 한다면 그 화로를 원형으로 만들고 문도 만들어야 하며, 화로 안에 보형을 만들고 문에도 그렇게 해야 한다. 만약 종족을 늘리고자 한다면 화로 안에 갈마인상을 만드는데 삼고저로 된 십자형을 말한다. 수명과 색신의 힘을 늘리기 위해서는 화로 안에 갑을 포치하고 둘레를 담장과 해자로 두른다. 일체재물을 모으고자 한다면 화로 안에 아인을 만든다. 일체의 자선을 성취하고 어디서나 안락하고자 한다면 화로 안에 차강의 모양처럼 윤형인을 포치하고 화로의 네 변도 윤상처럼 만든다. 이와 같이 스무 가지 수인을 차례로 포치한다. 應知復說二十種爐相 若欲攝一切 爐內作金剛杵相 若欲調伏惡人等 爐內作蓮華相 若欲除一切罪 其爐圓作須作門 爐內作寶相 門亦如是 若欲種族得增長 爐內作羯磨印相 謂三股十字形 若爲長命色力 爐內置甲 周迴牆渠等 若欲積聚一切財物 爐內作牙印 若欲一切善好成就處處安樂 爐內置輪形印 如車釭相 爐四邊亦如輪相 如是二十種印次第置"라고 하였다. 〔참고문헌〕『金剛頂經義訣』. ⇨ 선지가 扇底迦, 포슬치가 布瑟致迦, 아비차로가 阿毘遮嚕迦, 호마법 護摩法

이십중진 二十重塵 Ⓢ viṃśati-rajastara. 스무 겹의 불가설미진수불찰(不可說微塵數佛刹).『방광대장엄경』권10(대정장3, p.599c24)에 "티끌처럼 헤아릴 수 없이 많은 스무 겹의 국토 모두 멀리 떠나네. 二十重塵皆遠離"라 하였다. 〔참고문헌〕『方廣大莊嚴經』, *Lal-v.271.*

이십중화장장엄세계해 二十重華藏莊嚴世界海 화장장엄세계해(華藏莊嚴世界海). 연화장세계해(蓮華藏世界海)라고도 한다. 80권본『화엄경』 권8「화장세계품 華藏世界品」(대정장10, p.39a16)에 따르면, 화장장엄세계해는 비로자나여래께서 과거에 세계해에 있는 미진수 만큼이나 되는 기나긴 겁 동안 보살행을 닦으실 때, 미진수만큼이나 되는 부처님과 가까이하면서

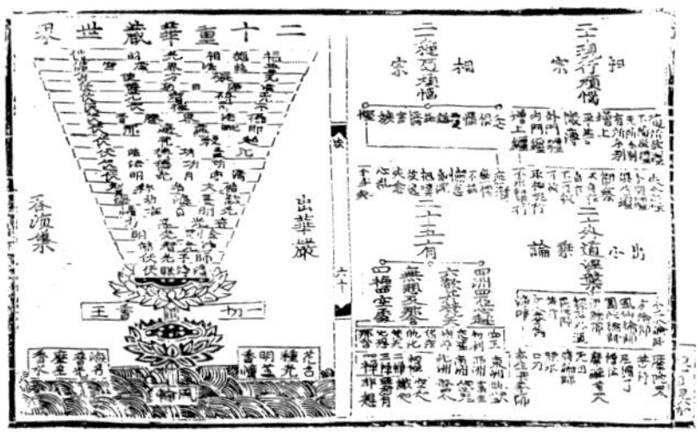

이십중화장장엄세계해 현수제승법수 언양 간월사본 1673년

〈표〉 이십중화장장엄세계해二十重華藏莊嚴世界海

重	세계이름	부처님 명호	장엄
일 중	최승광변조화장세계最勝光遍照華藏世界	정안이구등淨眼離垢燈	금강장엄광요륜金剛莊嚴光耀輪
이 중	종종향연화묘장엄화장세계種種香蓮華妙莊嚴華藏世界	사자광승조師子光勝照	일체장엄구一切莊嚴具
삼 중	일체보장엄보조광화장세계一切寶莊嚴普照光華藏世界	정광지승당淨光智勝幢	향풍륜香風輪
사 중	종종광명화장엄화장세계種種光明華莊嚴華藏世界	금강광명무량정진력선출현金剛光明無量精進力善出現	일체보왕一切寶王
오 중	보방묘화광화장세계普放妙華光華藏世界	향광희력해香光喜力海	일체보령장엄망一切寶鈴莊嚴網
육 중	정묘광명화장세계淨妙光明華藏世界	보광자재普光自在	보왕장엄당寶王莊嚴幢
칠 중	중화염장엄화장세계衆華焰莊嚴華藏世界	환희해공덕명칭자재광歡喜海功德名稱自在光	종종화장엄種種華莊嚴
팔 중	출생위력지화장세계出生威力地華藏世界	광대명칭지해당廣大名稱智海幢	출일체성마니왕장엄出一切聲摩尼王莊嚴
구 중	출묘음성화장세계出妙音聲華藏世界	청정월광상무능최복淸淨月光相無能摧伏	심왕마니장엄륜心王摩尼莊嚴輪
십 중	금강당화장세계金剛幢華藏世界	일체법해최승왕一切法海最勝王	무변장엄진주장보영락無邊莊嚴眞珠藏寶瓔珞
십일중	항출현제청보광명화장세계恒出現帝靑寶光明華藏世界	무량공덕해無量功德海	극견뇌불가괴금강장엄極堅牢不可壞金剛莊嚴
십이중	광명조요화장세계光明照耀華藏世界	초석범超釋梵	보광장엄普光莊嚴
십삼중	사바화장세계娑婆華藏世界	비로자나여래세존毘盧遮那如來世尊	금강장엄金剛莊嚴
십사중	적정이진광화장세계寂靜離塵光華藏世界	변법계승음遍法界勝音	일체보장엄一切寶莊嚴
십오중	중묘광명등화장세계衆妙光明燈華藏世界	불가최복력보조당不可摧伏力普照幢	일체장엄장一切莊嚴帳
십육중	청정광변조화장세계淸淨光遍照華藏世界	청정일공덕안淸淨日功德眼	무진보운마니왕無盡寶雲摩尼王
십칠중	보장엄장화장세계寶莊嚴藏華藏世界	무애지광명변조시방無礙智光明遍照十方	일체중생형마니왕一切衆生形摩尼王
십팔중	이진화장세계離塵華藏世界	무량방편최승당無量方便最勝幢	일체수묘상장엄一切殊妙相莊嚴
십구중	청정광보조화장세계淸淨光普照華藏世界	보조법계허공광普照法界虛空光	출무진보운마니왕出無盡寶雲摩尼王
이십중	묘보염화장세계妙寶焰華藏世界	복덕상광명福德相光明	보광명일월보普光明日月寶

한 분 한 분의 부처님 처소에서 세계해에 있는 미진수만큼의 대원을 닦아 장엄한 청정세계라고 한다(此華藏莊嚴世界海 是毘盧遮那如來往昔於世界海微塵數劫修菩薩行時 一一劫中親近世界海微塵數佛 一一佛所淨修世界海微塵數大願之所嚴淨). 〔참고문헌〕『華嚴經』. ⇨ 연화장세계해 蓮華藏世界海, 화장장엄세계해 華藏莊嚴世界海

이십지 二十智 천태종에서 사교(四敎)를 기준으로 밝힌 스무 가지 지혜. 『지관보행전홍결』 권3(대정장46, p.241a23)에 "이십지란, 『법화현의』 권2(대정장33, p.697c7)에 지묘 중에 보였다. 삼장교에 일곱 가지가 있으니, 첫째 세지, 둘째 외범, 셋째 내범, 넷째 사과, 다섯째 벽지불, 여섯째 보살, 일곱째 불과다. 통교에 다섯 가지가 있으니, 첫째 사과, 둘째 벽지불, 셋째 공에 든 보살, 넷째 가를 벗어난 보살, 다섯째 불과다. 별교에 네 가지가 있으니, 첫째 십신, 둘째 삼십심(十住 十行 十回向), 셋째 십지, 넷째 불과다. 원교에 네 가지가 있으니, 첫째 오품제자위, 둘째 육근청정위, 셋째 사십심(十住 十行 十回向 十地), 넷째 불과다. 二十智者 在玄義智妙中列 謂三藏有七 一 世智 二 外凡 三 內凡 四 四果 五 支佛 六 菩薩 七 佛果 通教有五 一 四果 二 支佛 三 入空菩薩 四 出假菩薩 五 佛果 別教有四 一 十信 二 三十心 三 十地 四 佛果 圓教有四 一 五品 二 六根 三 四十心 四 佛果"라고 하였다. 〔참고문헌〕『止觀輔行傳弘決』, 『法華玄義』. ⇨ 사교 四教

이십천 二十天 **1** 이십존위의 천신(天神). 악(惡)을 물리치고, 선(善)을 수호하는 이십위(二十位)의 천신을 말한다. 『석가여래응화록』 권하「호법제천 護法諸天」(卍속장130, p.414b7)에 "「제천전」에 말한다. 첫째 사바계주호령독존대범천왕, 둘째 지거세주도리칭왕제석존천, 셋째 북방호세 대야차주다문존천, 넷째 동방호세건달바주지국천왕, 다섯째 남방호세구반다주증장존천, 여섯째 서방호세위대용주광목천왕, 일곱째 친복원마서위력사금강밀적, 여덟째 존특지주거색정천미혜수라, 아홉째 이십팔부총령귀신산지대장, 열째 능여총지대지혜취대변재천, 열한째 수기소구령득성취대공덕천, 열두째 은우사부외호삼주위타천신, 열셋째 증장출세증명공덕견뢰지신, 열넷째 각장수음인과호엄보리수신, 열다섯째 생제귀왕보호남녀귀자모신, 열여섯째 행일월전구병과난마리지천, 열입곱째 백명리생천광파암일궁천자, 열여덟째 성주수왕청량조야 월궁천자, 열아홉째 비장법보주집군룡사갈라왕, 스무째 장유음권위지옥주염마라왕이다. 이들은 모두 국가를 보호하고 백성을 안정시키며, 교법과 수행인을 보호하며 정법을 유통시킨다. 諸天傳云 一 娑婆界主號令獨尊大梵天王 二 地居世主忉利稱王帝釋尊天 三 北方護世大藥叉主多聞尊天 四 東方護世乾闥婆主

持國天王 五 南方護世鳩槃茶主增長尊天 六 西方護世爲大龍主廣目天王 七 親伏怨魔誓爲力士金剛密迹 八 尊特之主居色頂天摩醯首羅 九 二十八部總領鬼神散脂大將 十 能與總持大智慧聚大辨才天 十一 隨其所求令得成就大功德天 十二 殷憂四部外護三洲韋馱天神 十三 增長出世證明功德堅牢地神 十四 覺場垂蔭因果互嚴菩提樹神 十五 生諸鬼王保護男女鬼子母神 十六 行日月前救兵戈難摩利支天 十七 百明利生千光破暗日宮天子 十八 星主宿王淸涼照夜月宮天子 十九 祕藏法寶主執群龍娑竭羅王 二十 掌幽陰權爲地獄主閻摩羅王 皆護國安民護敎護修行人流通正法"라고 하였다. 〔참고문헌〕『釋迦如來應化錄』. ❷ ➡ 외금강이십천 外金剛二十天

이십칠단의 二十七斷疑 스물일곱 가지 의심을 끊는 것. 세친(世親 : 天親)이 『금강경론』에서 『금강경』에서 수보리(須菩提)의 물음을 스물일곱 가지로 분류하고,

〈표〉 이십칠단의

No	단의명	32분명
1	단구불행시주상의斷求佛行施住相疑 부처가 되고자 보시하는 행도 상에 머묾인가	「여리실견분如理實見分」
2	단인과구심난신의斷因果俱深難信疑 인과 너무 깊어 믿기 어렵지 않은가	「정신희유분正信希有分」
3	단무상운하득설의斷無相云何得說疑모습 없는 뜻을 어떻게 설할 수 있는가	「무득무설분無得無說分」, 「의법출생분依法出生分」
4	단성문득과시취의斷聲聞得果是取疑 성문과를 얻는 것도 취하는 뜻인가	「일상무상분一相無相分」
5	단석가연등취설의斷釋迦燃燈取說疑 석가와 연등불도 설이 아닌가	「장엄정토분莊嚴淨土分」
6	단엄토위어불취의斷嚴土違於不取疑 국토를 장엄함도 취하는 뜻이 아닌가	「장엄정토분」
7	단수득보신유취의斷受得報身有取疑보신을 받는 것도 취함이 있는 것 아닌가	「장엄정토분」, 「무위복승분無爲福勝分」, 「존중정교분尊重正敎分」, 「여법수지분如法受持分」, 「이상적멸분離相寂滅分」
8	단지설미탈고과의斷持說未脫苦果疑 경설을 가진다 해도 고통의 과보 벗어나지 못하는 것 아닌가	「이상적멸분」
9	단능증무체비인의斷能證無體非因疑 능증은 무체여서 인은 아닌가	「이상적멸분」
10	단여변유득무득의斷如徧有得無得疑여(如) 어디에나 있는데 얻지 못하는가	「이상적멸분」, 「지경공덕분持經功德分」, 「능정업장분能淨業障分」
11	단주수항복시아의斷住修降伏是我疑 머물고 닦아 항복시키는 것은 아(我)가 아닌가	「구경무아분究竟無我分」
12	단불인시유보살의斷佛因是有菩薩疑부처가 된 인이 바로 이 보살행 때문인가	「구경무아분」
13	단무인즉무불법의斷無因則無佛法疑 인이 없다면 불법도 없는가	「구경무아분」
14	단무인도생엄토의斷無人度生嚴土疑 중생을 제도하여 국토를 장엄할 수 있을까	「구경무아분」
15	단제불불견제법의斷諸佛不見諸法疑 모든 부처님조차 모든 법을 보지 못하시지 않을까	「일체동관분一切同觀分」
16	단복덕예심전도의斷福德例心顚倒疑 복덕마저도 마음의 전도가 아닌가	「법계통화분法界通化分」
17	단무위하유상호의斷無爲何有相好疑 무위에 어떻게 상호가 있는가	「이색리상분離色離相分」
18	단무신하이설법의斷無身何以說法疑 몸 없이 어떻게 설법하는가	「비설소설분非說所說分」
19	단무법여하수증의斷無法如何修證疑 법도 없이 어떻게 닦고 증하는가	「무법가득분無法可得分」, 「정심행선분淨心行善分」
20	단소설무기비인의斷所說無記非因疑 설하시길 무기라 하셨는데 인은 아니지 않은가	「복지무비분福智無比分」
21	단평등운하도생의斷平等云何度生疑 평등하다 하였는데 어떻게 제도한다 하는가	「화무소화분化無所化分」
22	단이상비지진불의斷以相比知眞佛疑 겉모습으로 진불을 알 수 있는가	「법신비상분法身非相分」
23	단불과비관복상의斷佛果非關福相疑 불과는 복덕과 관계가 없는가	「무단무멸분無斷無滅分」, 「불수불탐분不受不貪分」
24	단화신출현수복의斷化身出現受福疑 화신이 출현하면 복을 받는 것인가	「위의적정분威儀寂靜分」
25	단법신화신일이의斷法身化身一異疑 법신과 보신은 하나인가 다른가	「일합리상분一合理相分」, 「지견불생분知見不生分」
26	단화신설법무복의斷化身說法無福疑 화신설법에 복은 없는가	「응화비진분應化非眞分」
27	단입적여하설법의斷入寂如何說法疑 적멸에 들어 어찌 설법하는가	「응화비진분」

이를 끊는 것으로 『금강경』의 뜻을 풀이한 것이다. 무착(無著)의 십팔주(十八住), 소명태자(昭明太子)의 삼십이분(三十二分)과 함께 『금강경』 이해를 돕는 과판이다. 그 내용은 〈표〉·〈도상〉과 같다. 『석가여래성도기주』 권하(卍속장130, p.238b14)에 "무착보살이 법광정에 들어 밤에 도솔천에 올라가 자씨(彌勒)에게 『금강경』의 뜻을 물으니, 자씨는 팔십 송을 설하여 대의를 자세하게 밝혔다. 무착은 십팔주처에 의지하여 두 권의 논서를 지었고, 천친은 스물일곱 가지 의문을 끊는 것으로 세 권의 논서를 지었다. 無著菩薩 入法光定 夜升兜率天 請問慈氏 金剛經義 慈氏說八十頌 申明大義 無著 約十八住處 造論二卷 天親約斷二十七疑 造論三卷"라고 하였다. 〔참고문헌〕『釋迦如來成道記註』. ⇨ 십팔주 十八住, 금강경 金剛經, 금강경간정기 金剛經刊定記

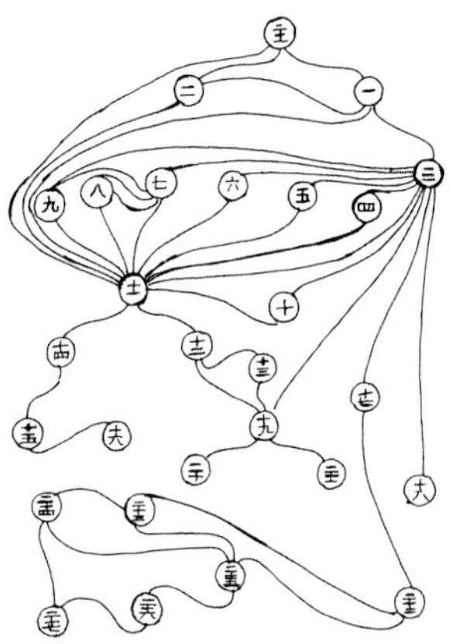

이십칠단의맥락도

이십칠수 二十七宿 Ⓢ saptaviṃśati-nakṣatrāṇi. 스물일곱의 별자리. 또는 황도를 달의 공전 주기인 27.3일로 나누어 각각 13.2도에 해당하는 스물일곱 개의 좌표. 수(宿)는 달이 머무는 자리로서, 이십칠수는 27일 동안 달이 공전하면서 매일 머무는 가장 큰 별자리를 말한다. 이십팔수 중 우수(牛宿)를 제외한 스물일곱 별자리다. 인도에서는 이십팔수와 병행하였으나 중국에서는 이십팔수만 사용하였다. 『수요경』 권하(대정장21, p.394c17)에 "이십칠수 십이궁도〈당나라에서는 이십팔수를 사용하나 인도에서는 우수를 제외한다. 하늘이 일을 주관하므

로 십이수는 당나라의 십이차와 같다. 또한 일설에는 인도는 자축 등의 열두 띠로 해를 표기하고, 성요로 날을 표기하며, 갑자를 쓰지 않는 것은 수요가 사람에게 공이 없고 일에 더욱 합당하기 때문이라고 말한다. 경전에서 '태양에 하나의 힘이 있으면 수에는 네 배의 힘이 있으며 요에는 여덟 배의 힘이 있는데 좋은 시기의 힘은 만 배가 된다'고 하였다〉. 二十七宿十二宮圖〈唐用二十八宿 西國除牛宿 以其天主事之故 十二宿猶唐十二次 又說云 西國以子丑十二屬記年 以星曜記日 不用甲子者 以宿曜於人無功 於事尤當故 經云 日有一倍力 宿有四倍力 曜有八倍力 好時之力萬倍〉"라고 하였다. [참고문헌]『宿曜經』. ⇨ 이십팔수 二十八宿, 수요 宿曜

이십칠종칭찬공덕 二十七種稱讚功德 스물일곱 가지 칭찬할만한 공덕. 『유가사지론』 권15(대정장30, p.359b22)에 "만약 이 다섯 가지 장엄을 논함에 의지해 말로 가리자면, 마땅히 알라. 다시 스물일곱 가지 칭찬공덕이 있다. 어떤 이름들로 스물일곱 가지인가? 若有依此五論莊嚴興言論者 當知 復有二十七種稱讚功德 何等名爲二十七種", "첫째 대중에게 존중받고, 둘째 말함에 반드시 믿고, 셋째 대중 속에 있더라도 전혀 두렵지 않고, 넷째 다른 종지의 허물을 깊이 알고, 다섯째 자신의 종지에 수승한 덕을 알고, 여섯째 편집이 없어 받아들인 논의에 대해 사사로이 편을 가르지 않고, 일곱째 자가의 정법과 율에 대해 능히 집착하거나 벗어나지 않고, 여덟째 타인이 설한 바를 지체 없이 이해할 수 있고, 아홉째 타인이 설한 바를 지체 없이 수용할 수 있고, 열째 타인이 설한 바에 대해 상대할 수 있고, 열한째 갖추어 말할 수 있는 덕으로 대중을 즐겁게 할 수 있고, 열두째 이 명료한 논의를 믿고 이해하여 기쁘게 하고, 열셋째 글의 의미를 잘 해석해 줄 수 있고, 열넷째 몸이 피곤하지 않고, 열다섯째 마음이 피곤하지 않고, 열여섯째 말을 더듬지 않고, 열일곱째 언변이 끝이 없고, 열여덟째 몸이 고되거나 초췌해지지 않고, 열아홉째 기억해 망실이 없고, 스무째 마음에 괴로움이 없고, 스물한째 성대의 손상이 없고, 스물두째 무릇 하는 말마다 분명해 알기 쉽고, 스물셋째 자신의 마음을 잘 보호하여 분노하지 않고, 스물넷째 타인의 마음을 잘 따라 분노가 없으며, 스물다섯째는 대론자에게 청정한 믿음이 일어나게 하고, 스물여섯째는 어떤 일을 하더라도 원한이 되지 않게 하고, 스물일곱째 광대한 이름이 시방에 퍼진다. 一 衆所敬重 二 言必信受 三 處大衆中都無所畏 四 於他宗旨深知過隙 五 於自宗旨知殊勝德 六 無有僻執於所受論情無偏黨 七 於自正法及毘奈耶無能引奪 八 於他所說速能了悟 九 於他所說速能領受 十 於他所說速能酬對 十一 具語言德令衆愛樂 十二 悅可信解此明論者 十三 能善宣釋義句文字 十四 令身無倦 十五 令心無倦 十六 言不謇澁 十七 辯才無盡 十八 身不頓顇 十九 念無忘失 二十 心無損惱 二十一 咽喉無損 二十二 凡所宣吐分明易了 二十三 善護自心令無忿怒 二十四 善順他心令無憤恚 二十五 令對論者心生淨信 二十六 凡有所行不招怨對 二十七 廣大名稱聲流十方", "세간에서는 일제히 '이 대법사는 대사의 반열에 올랐다'라고 소리 높여 전한다. 마치 저 받고자 한 이에게 마니진주유리 등의 보물에다가 반지나 팔찌 등의 장엄구까지 더하여 스스로를 장엄하면 위덕이 치성하고 광명이 널리 비추는 것과 같다. 世咸傳唱此大法師處大師數 如受欲者以末尼眞珠琉璃等寶 厠環釧等寶莊嚴具以自莊嚴 威德熾盛光明普照"라고 하였다. [참고문헌]『瑜伽師地論』. ⇨ 칭찬공덕 稱讚功德

이십칠현성 二十七賢聖 27위(位)의 현인과 성인. 유학위(有學位)의 십팔현성과 무학위(無學位)의 구현성을 함께 부르는 말이다. 『법화현의석첨』 권10(대정장33, p.884b7)에 "이십칠현성의 뜻은 다음과 같다. 『중아함경』 권30 「복전경」(대정장1, p.616a9)에서 장자가 부처님께 복전에 몇 가지가 있는지를 묻자 부처님께서 답하기를 '유학에 18위가 있고 무학에 9위가 있다'고 하였다. 유학의 18위란 신행·법행·신해·견득·신증·가가·일종자·향초과·득초과·향이과·이과·향삼과·삼과, 그리고 중·생·행·불행·상류의 다섯 가지 아나함을 말한다. 무학의 9위는 사·진·퇴·불퇴·부동·주·호·혜·구이다. 二十七賢聖者 中阿含三十福田經 長者問佛 福田有幾 佛言 學人有十八 無學有九 學十八者 謂信行 法行 信解 見得 身證 家家 一種子 向初果 得初果 向二果 二果 向三果 三果 及五種含 謂中 生 行 不行 上流 九無學者 思 進 退 不退 不動 住 護 慧 俱", 『법화경삼대부보주』 권2(卍속장43, p.954b7)에 "이러한 9위와 앞에서 말한 18위를 아울러 이십칠현성이라 하는데 세간의 복전이다. 『대사교』에서 '신행과 법행은 현인이고, 나머지 스물다섯 위는 성인이기에 이십칠현성이라 부른다'고 하였다. 以此九種幷前十八 名二十七賢聖 是世間福田也 大四敎云 信法二行爲賢 餘二十五是聖 故名二十七賢聖也"라고 하였다. [참고문헌]『法華玄義釋籤』, 『中阿含經』, 『法華經三大部補注』, 『四敎義』 권6(대정장46, p.741a22). ⇨ 십팔유학 十八有學, 구무학 九無學, 사향사과 四向四果, 아라한 阿羅漢, 성현 聖賢

이십팔경계 二十八輕戒 스물여덟 계목의 경계. 경계란 중계(重戒)인 바라이보다 가벼우며 실의(失意)라고도 한다. 『우바새계경』 권3(대정장24, p.1049c1)에서 설하고 있는 대승계로서 육중(六重)과 이십팔경계로 구성되어 있다. 계목의 수는 대승보살계를 대표하는 『범망경』의 48경계 보다 적지만 내용은 대승보살도를 적극수행토록 하기 위한 실천의 덕목에서는 크게 다르지 않다. 『범망경직해사의』(卍속장61, p.226a3)에 "재가보살이 지켜야 할 육중(바라이)과 이십팔경계. 在家菩薩 六重二十八輕戒"라고 하였다. [참고문헌]『優婆塞戒經』, 『梵網經直解事義』. ⇨경계 輕戒, 중계 重戒, 우바새계경 優婆塞戒經, 사십팔경계 四十八輕戒

이십팔대야차 二十八大藥叉 Ⓢ aṣṭāviṃśati-mahā-yakṣa-senāpati. 시방국토를 수호하는 스물여덟의 야차. 이십팔부야차(二十八部夜叉)라고도 한다. 상·하·사방에 각각 네 야차들이 있고, 여기에 사유(四維)의 네 야차를 합하면 스물여덟이 된다. 모두 비사문천왕(毘沙門天王 Ⓢ Vaiśravaṇa)의 권속이며, 산지대장(散脂大將 Ⓢ Pāñcika)을 수령(首領)으로 한다. 『공작왕주경』 권하(대정장19, p.452a17) 등에서 설한 28야차의 이름은 다음과 같다. 동방은 지가(地珂 Ⓢ Dīrgha, Ⓟ Dīgha)·수녈다라(修涅多羅 Ⓢ Sunetra)·분나가(分那柯 Ⓢ Pūrṇaka, Ⓟ Puṇṇaka)·가비라(迦毘羅 Ⓢ Kapila)가 수호하며, 남방은 승가(僧伽 Ⓢ Siṃha)·우파승가(優波僧伽 Ⓢ Upasiṃha)·상기라(償起羅 Ⓢ Śaṃkhila)·전다나(旃陀那 Ⓢ Nanda, Candana)가 수호하고, 서방은 하리(訶利 Ⓢ Hari)·하리기사(訶利枳舍 Ⓢ Harikeśa)·파라부(波羅赴 Ⓢ Prabhu)·빙가라(氷伽羅 Ⓢ Piṅgala)가 수호하며, 북방은 다라나(陀羅那 Ⓢ Dharaṇa)·다라난다(陀羅難陀 Ⓢ Dharananda)·울유가파라(鬱庾伽波羅 Ⓢ Udyogapāla)·별가나(別伽那 Ⓢ Viṣṇu, Veṭhana)가 수호하며, 반지가(般止柯 Ⓢ Pañcika)·반차라전다(般遮羅旃陀 Ⓢ Pañcālagaṇḍa, Ⓟ Pañcālacaṇḍa)·사다기리(莎多祁梨 Ⓢ Sātāgiri, Ⓟ Sātāgira)·혜마바다(醯摩波多 Ⓢ Haimavata, Ⓟ Hemavata)는 사유를 지킨다. 부마(部摩 Ⓢ Bhūma)·수부마(脩部摩 Ⓢ Subhūma)·가라(柯羅 Ⓢ Kāla)·우파가라(優波柯羅 Ⓢ Upakāla)는 하방에 있으며, 수리(修利 Ⓢ Sūrya)·소마(蘇摩 Ⓢ Ⓟ Soma)·악기니(惡祁尼 Ⓢ Agni)·바유(婆牗 Ⓢ Vāyu)는 상방을 지킨다. 디가니카야 제32경 *Āṭānāṭiya-sutta*(*DN.3*, p.204)에서는 46야차를 설한다. [참고문헌]『孔雀王呪經』, 『佛母大孔雀明王經』 권하(대정장19, p.438a26), 『葉衣觀自在菩薩經』(대정장20, p.448b14), 『二十八夜叉大軍王名號』(卍속장3, p.736b3), *Mmayu.14·24.*, *DN.* ⇨야차 夜叉, 야차대장 夜叉大將, 산지대장 散脂大將

이십팔무능 二十八無能 상키야(Ⓢ Sāṃkhya : 數論)에서 주장하는 스물여덟 가지 무능(無能). 무능이란 성취(成就)하지 못하는 뜻이다. 십일근손괴(十一根損壞 : 十一根墮無能)와 십칠지해(十七智害)를 합하여 일컫는 말이다. 십일근손괴란 심근(心根)·오지근(五知根)·오작근(五作根) 등 열한 가지 기관의 결함을 말하고, 십칠지해란 구희(九喜)와 맞선 비윤습수(非潤濕水)·비승청정수(非勝淸淨水) 등 아홉 가지 무능과 팔성취(八成就)의 반대인 비도무능(非度無能)·비편애무능(非遍愛無能) 등 팔무능을 합한 것을 말한다. 『금칠십론』 권하(대정장54, p.1258b27)에 "이와 같은 십일근타무능과 십칠지해무능이 이십팔무능이 된다. 如是十一根墮無能 及十七智害無能 爲二十八無能"라고 하였다. [참고문헌]『金七十論』. ⇨십일근손괴 十一根損壞, 십칠지해 十七智害, 무능 無能 ❷

이십팔부정견 二十八不正見 Ⓢ aṣṭāviṃśatir asaddṛṣṭayaḥ. 스물여덟 가지 부정견(不正見). 『대승아비달마집론』 권6(대정장31, p.687c17 : *Abh-s.*, p.83)에 "어떤 인연이기에 일분의 중생은 방광분의 광대하고 매우 깊은 가르침을 잘 이해할지라도 출리하지 못하는가? 스스로 견을 취하는 것에 깊이 안주하기 때문이고, 언제나 고집스럽게 말의 뜻에만 집착하기 때문이다. 이와 같은 비밀스런 뜻에 의지하여 부처님께서는 『대법경경』에서 다음과 같이 말씀하셨다. '만약 모든 보살이 말을 따라 뜻만을 취한다면 바른 이치로 사유하여 법을 가릴 수 없기에 바로 스물여덟 가지 부정견을 낸다'. 何因緣故 一分衆生 於方廣分 廣大甚深 雖生勝解 而不出離 由深安住 自見取故 常堅執著 如言義故 依此密意 薄伽梵 於大法鏡經中 說如是言 若諸菩薩 隨言取義 不如正理 思擇法故 便生二十八不正見 kena kāraṇena vaipulye ekatyāḥ sattvā adhimucyante. adhimucyamānā api na niryānti. svayaṃdṛṣṭiparāmarśasthāyitayā. idaṃ ca sandhāyoktaṃ bhagavatā mahādharmādarśe dharmaparyāye bodhisattvasya yathārutam ayoniśo dharmān vicinvataḥ aṣṭāviṃśatir asaddṛṣṭaya utpadyante", "어떤 것을 스물여덟 가지 부정견이라고 하는가? 상견·손감시설견·손감분별견·손감진실견·섭수견·전변견·무죄견·출리견·경훼견·분발견·전도견·출생견·불립종견·교란견·경사견·견고우치견·근본견·어견무견견·사방편견·불출리견·장증익견·생비복견·무공과견·수욕견·비방견·불가여언견·광대견·증상만견이다. 何等名爲二十八不正見 謂相見 損減施設見 損減分別見 損減眞實見 攝受見 轉變見 無罪見 出離見 輕毁見 憤發見 顚倒見 出生見 不立宗見 矯亂見 敬事見 堅固愚癡見 根本見 於見無見見 捨方便見 不出離見 障增益見 生非福見 無功果見 受辱見 誹謗見 不可與言見 廣大見 增上慢見 aṣṭāviṃśatir asaddṛṣṭayaḥ katamāḥ. nimittadṛṣṭiḥ prajñaptyapavādadṛṣṭiḥ parikalpāpavādadṛṣṭiḥ tattvāpavādadṛṣṭiḥ parigrahadṛṣṭiḥ pariṇatidṛṣṭiḥ anavadyatādṛṣṭiḥ niḥsaraṇadṛṣṭiḥ avajñādṛṣṭiḥ prakopadṛṣṭiḥ viparītadṛṣṭiḥ prasavadṛṣṭiḥ anabhyupagamadṛṣṭiḥ kusṛtidṛṣṭiḥ satkāradṛṣṭiḥ dṛḍhamūḍhatādṛṣṭiḥ mūladṛṣṭiḥ dṛ ṣṭāvadṛṣṭadṛṣṭiḥ prayoganirākaraṇadṛṣṭiḥ anairyā ṇikadṛṣṭiḥ āvaraṇopacayadṛṣṭiḥ apuṇyaprasavadṛ ṣṭiḥ vaiphalyadṛṣṭiḥ nigrāhyadṛṣṭiḥ abhyākhyāna dṛṣṭiḥ akathyadṛṣṭiḥ mahādṛṣṭiḥ abhimānadṛṣṭiś c a"라고 하였다. 〔참고문헌〕『大乘阿毘達磨集論』, 『大乘阿毘達磨雜集論』 권12(대정장31, p.751a17), *Abh-s.* ⇨ 부정견 不正見, 정견 正見

이십팔부중 二十八部衆 천수관음이십팔부중(千手觀音二十八部衆). 선신(善神)·용왕(龍王)·신모녀(神母女) 등 천수관음의 권속. 저들 각각이 오백권속을 이끌고 있다. 『천수경』(대정장20, p.108b5)에 시설한 이십팔부는, 밀적금강사오추군다앙구시(密跡金剛士烏芻君茶鴦俱尸)·팔부역사상가라(八部力士賞迦羅)·마혜나라연(摩醯那羅延)·금강라다가비라(金剛羅陀迦毘羅)·파삽사루라(婆馺娑樓羅)·만선차발진다라(滿善車鉢眞陀羅)·살차마화라(薩遮摩和羅)·구란단다반기라(鳩闌單吒半祇羅)·필바가라왕(畢婆伽羅王)·응덕비다살화라(應德毘多薩和羅)·범마삼발라(梵摩三鉢羅)·오부정거염마라(五部淨居炎摩羅)·석왕(釋王)·대변공덕사달나(大辯功德娑怛那)·제두뢰타왕(提頭賴吒王)·신모녀등대력중(神母女等大力衆)·비루륵차왕(毘樓勒叉王)·비루박차비사문(毘樓博叉毘沙門)·금색공작왕(金色孔雀王)·이십팔부대선중(二十八部大仙衆)·마니발다라(摩尼跋陀羅)·산지대장불라바(散支大將弗羅婆)·난다발난다(難陀跋難陀)·바가라용이발라(婆伽羅龍伊鉢羅)·수라건달바(修羅乾闥婆)·가루긴나마후라(迦樓緊那摩睺羅)·수화뇌전신(水火雷電神)·구반다왕비사사(鳩槃茶王毘舍闍)이다. 『천수경』(대정장20, p.108b1)에 "(관세음보살께서) '만약 여법하게 다라니를 지송하며 모든 중생들에게 자비심을 일으키는 이는 내 마땅히 일체 선신들과 용왕·금강밀적에게 명하여 마치 자기 눈동자나 자신의 목숨을 보호하듯 그들을 보호하며 그 옆을 떠나지 않게 하리라'고 하신 후, 게송으로 명하셨습니다. '내가 밀적금강사오추군다앙구시와 팔부역사상가라를 보내 … 내가 수화뇌택신과 구반다왕비사사를 보내 언제나 다라니수지자를 옹호하리라. 이들 여러 선신과 신용왕·신모녀 등에게는 각기 오백의 권속과 대력야차들이 있어 대비신주를 수지독송하는 이들을 항상 따르며 옹호할 것이다'. 若能如法誦持 於諸衆生 起慈悲心者 我時當勅一切善神 龍王 金剛密迹 常隨衛護 不離其側 如護眼睛 如護已命 說偈勅曰 我遣密跡金剛士 烏芻君荼鴦俱尸 八部力士賞迦羅 … 我遣水火雷電神 鳩槃茶王毘舍闍 常當擁護受持者 是諸善神及神龍王 神母女等 各有五百眷屬 大力夜叉 常隨擁護 誦持大悲神呪者", 『천수경이십팔부중석』(대정장61, p.749c14)에 "신역 『천수경』 칙게에 마흔세 구절이 있고 그중 신의 이름에 스물아홉 구절이 있는데 사사로이 이십팔부로 나눈 것이다. 첫 두 구절을 하나의 부로 만들어서 이십팔부가 되었다. 부란 부당이다. 비슷한 부류를 모았다는 뜻이다. 新千手經勅偈有四十三句 就中神名有二十九句 私分爲二十八部 所謂初二句爲一部故成二十八部 部者部黨也 集等輩者也", 『원형석서』 권9(대장경보편32, p.218b16)에 "또한 수십 명의 천동자들이 갖가지 맛있는 음식을 연잎에 담아서 받들고 서 있었다. 사문이 말했다. '이 모든 동자는 이십팔부중입니다'. 又有數十天童子 以種種餚饍 盛蓮葉 捧持侍立 沙門曰 此諸童者 二十八部衆也"라고 하였다. 〔참고문헌〕『千手經』, 『千手經二十八部衆釋』, 『元亨釋書』. ⇨ 천수관음 千手觀音

이십팔사 二十八事 **1** 유폭류(有暴流)가 자성(自性)으로 삼는 스물여덟 가지. 『대비바사론』 권48(대정장27, p.247a11)에 "유폭류는 색계와 무색계의 이십팔사로 자성을 삼는다. 곧 탐에 열 가지, 만에 열 가지, 의에 여덟 가지다. 有瀑流 以色無色界 二十八事 爲自性 卽貪十 慢十 疑八"라고 하였다. 〔참고문헌〕『大毘婆沙論』. ⇨ 유폭류 有暴流 **2** 탐욕신계(貪欲身繫)·진에신계(瞋恚身繫)·계금취신계(戒禁取身繫)·차실집신계(此實執身繫) 등 사신계(四身繫)가 자성으로 삼는 스물여덟 가지. 신계란 몸을 속박하고 생을 받는다는 뜻이니, 유정중생을 삼계에 생사윤회하도록 속박한다는 말이다. 『대비바사론』 권48(대정장27, p.248c8)에 "사신계가 있으니, 탐욕신계·진에신계·계금취신계·차실집신계를 말한다. 〔문〕 이 사신계는 무엇으로 자성을 삼는가? 〔답〕 이십팔사로 자성을 삼는다. 즉 탐욕신계와 진에신계는 각각 욕계오부로 십사를 삼고, 계금취신계는 삼계 각각의 이부로 육사를 삼으며, 차실집신계는 삼계 각각의 사부로 십이사를 삼는다. 이로서 사신사계는 이십팔사로 자성을 삼는다. 有四身繫 謂貪欲身繫 瞋恚身繫 戒禁取身繫 此實執身繫 問 此四身繫 以何爲自性 答 以二十八事爲自性 謂貪欲瞋恚身繫 各欲界五部 爲十事 戒禁取身繫 三界各二部 爲六事 此實執身繫 三界各四部 爲十二事 由此四身繫 以二十八事 爲自性"라고 하였다. 〔참고문헌〕『大毘婆沙論』. ⇨ 사신계 四身繫

이십팔생 二十八生 Ⓢ aṣṭā-viṃśati-bhava, Ⓣ srid-pa nyi-shu-rtsa-brgyad. 성문사과(聲聞四果) 중 첫 위인 예류(預流)에 진입한 이가 예류과를 증득하기 전에 거치는 생을 거듭하는 수. 이십팔유(二十八有)라고도 한다. 인취(人趣)와 천취(天趣)를 각각 최대한 일곱 번 반복하고 생유(生有)와 중유(中有)를 다시 겹하면 이십팔생이 된다. 『구사석론』 권17(대정장29, p.275b11 : *Abh-k-bh.*, p.356)에 "이 사람은 인도에서 일곱 번의 생유와 일곱 번의 중유를 겪으며, 천도에서도 이와 같다. 이 사람은 이십팔생을 겪는다. 此人於人道中 作七生有 及七中有 於天道亦爾 此人受二十八生 sa eva tasmād anyān saptopapattibhavān manuṣyeṣu pratisaṃdadhāti saptāntarābhavān evaṃ deveṣv ity aṣṭāviṃśatibhavān pratisaṃdadhāti", 『구사론소』 권23(대정장41, p.743b18)에 "〔논〕 일곱 번의 생에 이른다. 〔석〕 최대 일곱 번의 생을 반복한다는 뜻이다. 극은 최다라는 뜻이고 그 중간에 일곱 번을 채우지 못하는 경우도 허용한다. 이는 인취와 천취 각각 일곱 번씩 도합 십사생이 된다는 뜻이다. 만약 중유마저 겸하면 이십팔생이 된다. 論曰 至七返生義 釋 極七返生 極是最多 亦容中間不滿七也 謂人天各七 合十四生 若兼中有 二十八生"라고 하였다. 〔참고문헌〕『俱舍釋論』, 『俱舍論疏』, *Abh-k-bh*. ⇨ 극칠반유 極七返有, 생유 生有, 중유 中有

이십팔수 二十八宿 Ⓢ aṣṭāviṃśati-nakṣtra, Ⓣ rgyu-skar-nyi-shu-rtsa-brgyad. 천체를 스물여덟 등분하여 각 자리 마다에 별자리 이름을 붙인 것. 수(宿)는 본래 달이 머무는 자리라는 뜻으로 달의 공전에 따라 매일 달이 머무는 천체의 좌표에서 가장 대표적인 별 스물여덟 가지의 이름을 붙인 것이다. 이를 근거로 한 역법은 기원전 7세기에서 6세기에 바빌론에서 성립하여 인도를 거쳐 중국으로 수입되었으며, 음양설(陰陽說)에

〈표〉 이십팔수

순서	이름	범명梵名	이명異名	형상形狀
1	묘 昴	Kṛttikā	명칭名稱	체도剃刀
2	필 畢	Rohiṇī	장육長育	거車
3	자 觜	Mṛga-śirṣā	녹수鹿首	녹두鹿頭
4	삼 參	Ārdrā	생양生養	액상점額上點
5	정 井	Punar-vasu	증재增財	옥복屋栿
6	귀 鬼	Puṣya	치성熾盛	병瓶
7	유 柳	Āśleṣā	불근不覲	사두蛇頭
8	성 星	Maghā	토지土地	장牆
9	장 張	Pūrva-phalgunī	전덕前德	저杵
10	익 翼	Uttara-phalgunī	북덕北德	가부跏趺
11	진 軫	Hastā	상象	인수人手
12	각 角	Citrā	채화彩畵	장당長幢
13	항 亢	Svātī	선원善元	화주火珠
14	저 氐	Viśākhā	선격善格	각角
15	방 房	Anurādhā	열가悅可	장포長布
16	심 心	Jyeṣṭhā	존장尊長	계단階段·맥麥
17	미 尾	Mūla	근원根元	사자두모獅子頂毛
18	기 箕	Pūrva-aṣāḍhā	전어前魚	우보牛步
19	두 斗	Uttara-aṣāḍhā	북어北魚	상보象步
20	우 牛	Abhijit	무용無容	우두牛頭
21	여 女	Śravaṇā	이총耳聰	이격梨格
22	허 虛	Dhaniṣṭhā	탐재貪財	하리륵訶梨勒
23	위 危	Śata-bhiṣā	백독百毒	화수華穗
24	실 室	Pūrva-bhādra-padā	전현적前賢迹	화원華轅
25	벽 壁	Uttara-bhādra-padā	북현적北賢迹	입간立竿
26	규 奎	Revatī	유관流灌	소정小艇
27	루 婁	Aśvinī	마사馬師	마두馬頭
28	위 胃	Bharaṇī	장식長息	삼각三角

활용하여 길흉화복(吉凶禍福)을 점치는 데 쓰기도 하였다. 밀교에서는 태장만다라(胎藏曼荼羅) 외금강원(外金剛院) 사방에 7수씩 분배하여 천녀(天女)로 묘사한다.

이십팔수벽화 제사궁도(좌)·제일궁도(우)
안동 봉정사지조암 1890년

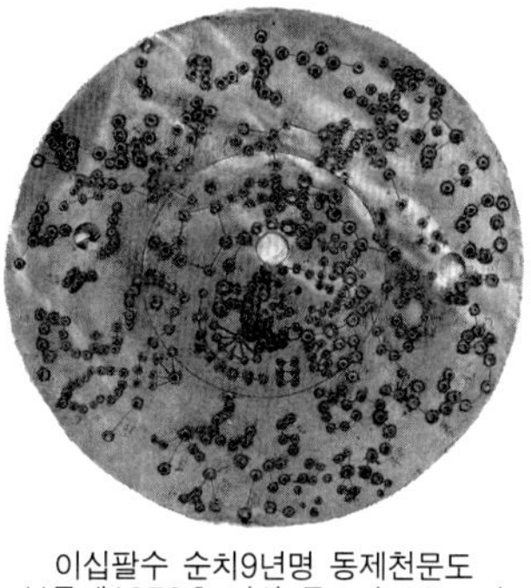

이십팔수 순치9년명 동제천문도
보물제1373호 양산 통도사 1652년

왼손으로는 별을 상징하는 구슬을 얹은 한줄기 연꽃을 들고 있으며, 다리는 교차하여 앉는다. 삼매야형은 연상성(蓮上星)이며, 종자는 (na) 또는 (ro)이다. 진언은 『금강정유가호마의궤』(대정장18, p.920a14)에 따르면 "나마 삼만다몰타남 낙걸쇄달라 열나거예 사바하 南莫 三漫多沒馱南 諾乞灑怛囉 涅那佉曳 娑嚩訶 namaḥ samanta-buddhānāṃ nakṣatra-nirnādaniye svāhā 널리 가득하신 제불님께 귀의합니다. 소리 없는 별자리님들께 스바하", 또는 "낭막 삼만다몰다남 옴 아슬타미잉설지남 낙걸찰달라비약 이낭녕예 적계 훔 야 사바하 曩莫 三滿多沒馱喃 唵 阿瑟吒尾孕設底喃 諾乞察怛囉毘藥 儞曩顊曳 摘計 吽 惹 娑嚩賀 namaḥ samanta-buddhānāṃ oṃ aṣṭaviṃśatināṃ nakṣatrebhyaḥ nirnadanye ṭaki hūṃ jaḥ svāhā 널리 계신 모든 부처님께 귀의합니다. 옴 소리없는 스물여덟 별자리님들 위해 바라보는 이여! 훔 자 스바하"이다. 『마등가경』 권상(대정장21, p.404b27)에 "내가 지금 자세히 설하노니, 별자리가 비록 많지만 중요한 것은 오직 스물여덟이다. 첫째 묘수, 둘째 필수, 셋째 자수, 넷째 삼수, 다섯째 정수, 여섯째 귀수, 일곱째 유수, 여덟째 성수, 아홉째 장수, 열째 익수, 열한째 진수, 열두째 각수, 열셋째 항수, 열넷째 저수, 열다섯째 방수, 열여섯째 심수, 열일곱째 미수, 열여덟째 기수, 열아홉째 두수, 스무째 우수, 스물한째 여수, 스물둘째 허수, 스물셋째 위수, 스물넷째 실수, 스물다섯째 벽수, 스물여섯째 규수, 스물일곱째 루수, 스물여덟째 위수다. 이와 같은 이름들이 이십팔수

다. 吾今宣說 星紀雖多 要者其唯二十有八 一 名昴宿 二 名爲畢 三 名爲觜 四 名爲參 五 名爲井 六 名爲鬼 七 名爲柳 八 名爲星 九 名爲張 第十 名翼 十一 名軫 十二 名角 十三 名亢 十四 名氐 十五 名房 十六 名心 十七 名尾 十八 名箕 十九 名斗 二十 名牛 二十一 女 二十二 虛 二十三 危 二十四 室 二十五 壁 二十六 奎 二十七 婁 二十八 胃 如是名爲二十八宿"라고 하였다. [참고문헌] 『摩登伽經』, 『靑龍寺儀軌』(대정장18, p.162a14), 『金剛頂瑜伽護摩儀軌』(대정장18, p.924b5), *Mmayu.52.*, *Mvyut.166.* ⇨성수 星宿❶, 불교역법 佛敎曆法

이십팔수경 二十八宿經 『사두간태자이십팔수경 舍頭諫太子二十八宿經』(대정장21, No.1301)의 줄인 이름. ⇨사두간태자이십팔수경 舍頭諫太子二十八宿經

이십팔야차대군주 二十八夜叉大軍主 시방국토를 수호하는 스물여덟 명의 야차 군주. 동서남북 각각에 군주를 비롯하여 사유(四維)·하방(下方)·상방(上方)에 각각 4군주 등 모두 스물여덟의 야차대군주가 시방을 수호한다. 『공작왕주경』에서 시설하고 있는데, 동방에는 지가(地呵 : 한역 이름은 長)·수녈다라(修涅多羅 : 善根)·개나가(介那柯 : 滿)·가비라(迦毘羅 : 黃色)의 네 야차대군주가 머물며 수호하고, 남방에는 승가(僧伽 : 師子)·우파승가(優波僧伽 : 師子子)·상기라(償起羅 : 螺)·전다나(旃陀那 : 栴檀)의 네 야차대군주가 머물며 수호하고, 서방에는 하리(訶利 : 師子)·하리기사(訶利枳舍 : 師子髮)·바라부(波羅赴 : 言自在)·빙가라(氷伽羅 : 蒼色)의 네 야차대군주가 머물며 수호하고, 북방에는 다라나(陀羅那 : 持)·다라난다(陀羅難陀 : 歡喜)·울수가파라(鬱庾伽波羅 : 勤守)·별가나(別伽那 : 圍)의 네 야차대군주가 머물며 수호한다. 사유(四維 : 동남·동북·서남·서북의 네 방향)에는 반지가(般止柯 : 五)·반차라전다(般遮羅旃陀 : 五可畏)·사다기리(莎多祁梨 : 七山主)·혜차바다(醯遮婆多 : 雪山主)의 네 야차대군주가 머물며 수호하고, 하방(下方)에는 부마(部摩 : 地)·수부마(脩部摩 : 善地)·가라(柯羅 : 黑)·우파가라(優波柯羅 : 小黑)의 네 야차대군주가 머물며 수호하고, 상방(上方)에는 소마(蘇摩 : 月)·수리(修利 : 日)·악기니(惡祁尼 : 火)·바유(婆牖 : 風)의 네 야차대군주가 머물며 수호한다. 『공작왕주경』 권하(대정장19, p.452a17)에 "아난아 그대는 시방국토를 수호하는 이십팔야차대군주의 이름을 기억해야 한다. … 이 대공작왕주를 외워 (저 야차왕들께) 나를 항상 수호해주시고 수명이 백세가 되기를 기원한다. 阿難 汝當取二十八夜叉大軍主名 守護十方國土 … 以此大孔雀王呪 常守護我願壽百歲"라고 하였다. [참고문헌] 『孔雀王呪經』.

이십팔조 二十八祖 ➡서건사칠 西乾四七, 서천이십팔조 西天二十八祖, 부법장 付法藏

이십팔천 二十八天 삼계의 모든 천. 욕계(欲界) 6천·색계(色界) 18천·무색계(無色界) 4천을 말한다. 욕계 6천은 사왕천(四王天)·도리천(忉利天)·야마천(夜摩天)·도솔천(兜率天)·화락천(化樂天)·타화자재천(他化自在天)이고, 색계 18천은 범중천(梵衆天)·범보천

〈표〉 이십팔천

계	천	선천·지
욕계육천 欲界六天	사천왕천 四天王天	
	도리천 忉利天	
	야마천 夜摩天	
	도솔천 兜率天	
	화락천 化樂天	
	타화자재천 他化自在天	
색계십팔천 色界十八天	범중천 梵衆天	초선천初禪天 이생희락지離生喜樂地
	범신천 梵神天	
	대범천 大梵天	
	소광천 少光天	이선천二禪天 정생희락지定生喜樂地
	무량광천 無量光天	
	광음천 光音天	
	소정천 少淨天	삼선천三禪天 이희묘락지離喜妙樂地
	무량정천 無量淨天	
	변정천 徧淨天	
	복생천 福生天	사선천四禪天 사념청정지捨念淸淨地
	복애천 福愛天	
	부과천 廣果天	
	무상천 無想天	
	무번천 無煩天	
	무열천 無熱天	
	선견천 善見天	
	선현천 善現天	
	색구경천 色究竟天	
무색계사천 無色界四天	공무변처천 空無邊處天	
	식무변처천 識無邊處天	
	무소유처천 無所有處天	
	비상비비상처천 非想非非想處天	

(梵輔天)·대범천(大梵天)·소광천(少光天)·무량광천(無量光天)·광음천(光音天)·소정천(少淨天)·무량정천(無量淨天)·변정천(徧淨天)·무운천(無雲天)·복생천(福生天)·광과천(廣果天)·무상천(無想天)·무번천(無煩天)·무열천(無熱天)·선견천(善見天)·선현천(善現天)·색구경천(色究竟天)이며, 무색계 4천은 공무변처(空無邊處)·식무변처(識無邊處)·무소유처(無所有處)·비상비비상처(非想非非想處)이다. 이중 색계 18천은 상좌부(上座部)에 의지한 설로 대승에서도 그대로 이었다. 살바다부(薩婆多部)에서는 16천을 세우고, 경부(經部)에서는 17천을 세운다. 『태자서응본기경』 권상(대정장3, p.473c6)에 "황금색에 삼십이상을 갖춘 몸에서 발하는 광명이 속속들이 비추어 위로는 이십팔천에 이르고 아래로는 십팔지옥에 이르니 극진한 부처님 경계 크게 밝아 미치지 못할 곳 없다. 身黃金色 有三十二相 光明徹照 上至二十八天 下至十八地獄 極佛境界莫不大明", 『대비바사론』 권69(대정장27, p.357b27)에 "경전에서는 단지 이십팔천이 있다고 설하였으니 사

천왕천에서 비상비비상처천까지를 말한다. 經但說有二十八天 謂四大王衆天乃至非想非非想處天"라고 하였다. ［참고문헌］『天台四敎儀』, 『太子瑞應本起經』, 『大毘婆沙論』. ⇨ 천 天, 삼계 三界❶, 육욕천 六欲天, 색계십팔천 色界十八天❶, 욕계 欲界, 색계 色界❶, 무색계 無色界

이십팔품 二十八品 『법화경』의 품수. 『법화현찬』 권1(대정장34, p.658c15)에 "경에 28품이 있다. 곧 「서품」·「방편품」 … 「보현보살권발품」 등이다. 經有二十八品 謂序品 方便品 … 普賢菩薩勸發品", 『법화경요해』 권1(卍속장47, p.539b10)에 "이 경을 과판하여 28품을 셋으로 나눈다. 첫째는 서분 1품이고, 둘째는 정종분 19품이며, 셋째는 유통분 8품이다. 今科判此經 二十八品分三 初序分 一品 二正宗分 十九品 三流通分 八品", 『법화전기』 권2(대정장51, p.54b1)에 "그대가 한역된 28품을 살펴본다면 문리가 아름답고 밝아 종체가 스스로 빛날 것이다. 君觀所譯 二十八品 文義美明 宗體自彰"라고 하였다. ［참고문헌］『法華玄贊』, 『法華經要解』, 『法華傳記』. ⇨ 묘법연화경 妙法蓮華經

이씨 二氏 석씨(釋氏)와 노씨(老氏). 불가(佛家)와 도가(道家)를 가리킨다. 석씨는 불씨(佛氏)라고도 한다. 씨는 유파·종파 따위의 무리를 나타낸다. 『집사문불응배속등사』 권4(대정장52, p.460a29)에 "다만 석·노 이씨만이 위대한 성인의 자태를 드러내었다. 但釋老二氏 挺大聖之姿", 『조론약주』 권1(卍속장96, p.586b6)에 "이것은 이씨의 말을 끌어들여 양자의 말이 하나로 만난다는 뜻을 증명한 것이다. 此引二氏之言 證明兩言一會之義也", 『명공법희지』 권2 「서대 徐岱」(卍속장150, p.88b10)에 "황제는 매년 생일마다 불·노 이씨와 군신을 소집하여 인덕전에서 대론을 열었다. 서대가 처음으로 '유·불·도 삼가는 모순되는 듯하지만 결국은 함께 선으로 돌아갑니다'라고 말하자 황제가 매우 기뻐하였다. 帝每遇誕日 詔佛老二氏與群臣 大論麟德殿 岱始論三家若矛盾 而卒同歸於善 帝大悅"라고 하였다. ［참고문헌］『集沙門不應拜俗等事』, 『肇論略注』, 『名公法喜志』.

이씨암 李氏庵 전라남도 장흥군 관산읍 천관산(天冠山)에 있던 암자. 천관사(天冠寺)의 산내암자였으며, 가공암(架空庵) 서쪽 아래에 있다고 하였다. ［참고문헌］『支提誌』, 『韓國寺刹全書』 권하 p.960a13.

이아 二我 두 가지 아(我). ❶ Ⓢ dvividha-ātma. 인아(人我)와 법아(法我). 인아란 중생에게 상주하고 단일하며 영속하는 주재자이고, 법아란 5온·12처·18계 등 일체법에도 주재자가 있다는 뜻이다. 『현식론』(대정장31, p.880c5)에 "인과 법의 두 아는 실일 수 없으므로 있는 것이라고 말할 수 없다. 인과 법이 공하다는 것은 진실하므로 없다고도 말할 수 없다. 人法二我不實故 不可說有有 人法二空眞實故 不可言無", 『대승아비달마집론』 권1(대정장31, p.666a25 : *Abh-s.*, p.12)에 "무슨 까닭에 진여를 무아성이라 하는가? 인법 두 가지 아를 여의었기 때문이다. 何故眞如 名無我性 離二我故 kim upādāya tathatā nairātmyam ucyate. dvividhātmaviprayuktatām upādāya", 『유가사지론약찬』 권13(대정장43, p.169c18)에 "범부는 인법 두 아에 대한 집착을 아직 끊지 못했기에 두 가지에 집착으로 두려워한다. 이승은 인아를 비록 없앴지만 법아가 아직 남아있어 이것을 일으킬 우려가 있다. 凡夫二執未斷 二我之執恐生 二乘人我雖除 法我猶在 恐其起此", 『대승의장』 권5(대정장44, p.578c24)에 "무엇이 두 가지 아인가? 하나는 중생이 아라고 집착하는 것이다. 저 모든 오온이 모여 움직이는 것에 대해 아와 인이라고 잘못 헤아리는 것이다. 다른 하나는 법에 있어 아를 집착하는 것이다. 음법 중에서 허망하게 고정된 자성을 취한 것이다. 두 가지 아 이와 같다. 何者二我 一 衆生著我 於彼諸陰集用之中 謬計我人 二 法著我 於陰法中 妄取定性 二我如是"라고 하였다. ［참고문헌］『顯識論』, 『大乘阿毘達磨集論』, 『瑜伽師地論略纂』, 『大乘義章』, *Abh-s.* ⇨ 인아 人我❶, 법아 法我, 인아견 人我見, 법아견 法我見 ❷ 생사로 윤회하고 열반을 얻기도 하는 두 가지 아. 실성아(實性我)와 가용아(假用我)를 말한다. 실성아란 모든 중생이 가진 여래장·불성이고, 가용아란 오온과 아인 육법의 실체없는 움직임을 말한다. 『유마의기』 권1(대정장38, p.442b5)에 "생사법에 두 가지 아가 있다. 첫째, 성이 실다운 아이니 불성을 말한다. 그러므로 경에서 '이십오유에 아가 있습니까'라고 묻자, 부처님께서 '아란 곧 여래장이고, 장이란 곧 불성이다. 일체중생에게는 모두 불성이 있다'라고 답하셨으니 이것이 아의 뜻이다. 둘째, 임시로 움직이는 아이니 오음이 화합하고 모여 성취한 아와 인이다. 그러므로 경에서 이르길 '중생의 불성은 육법이 아니고 육법과 다르지도 않다'고 하였다. 육법이란 오음과 아이다. 이러한 아는 가용아이다. 생사에 이것이 있고 열반 역시 그러하다. 生死法中 有二種我 一 性實我 所謂佛性 故經問言 二十五有 有我不也 佛答 我者卽如來藏 藏卽佛性 一切衆生 悉有佛性 卽是我義 二 假用我 五陰和合集成我人 故經云言 衆生佛性 不卽六法 不離六法 言六法者 五陰及我 此我卽是假用我也 生死有此 涅槃亦然"라고 하였다. ［참고문헌］『維摩義記』.

이아 異我 달리 있는 아. 『잡아함경』 권3(대정장2, p.16a26)에 "어리석고 들은 것이 없는 범부는 지혜도 없고 지혜도 없어서 색을 보고는 이것이 아이고, 색과 다른 아가 있고, 또는 색과 함께 하는 아가 있다고 여긴다. 愚癡無聞凡夫 無慧無明 見色是我 異我 相在"라고 하였다. [참고문헌]『雜阿含經』.

이아 爾雅 저자 및 편찬 연대 미상. 문자의 의미를 해석하고 고증한 중국 최초의 사전류 저작. 진한(秦漢) 사이의 학자들이 주(周)에서 한(漢)까지의 여러 전적에서 단어와 구절을 편집한 다음 해설을 덧붙여 완성하였다. 문자의 뜻과 초목이나 짐승 등 고대 사물의 명칭을 고증하는 자료다. 저자에 대해서는 주공(周公)이 짓고 공자(孔子)가 증보하였다는 등의 설이 전해 내려오지만 확실한 증거는 없다. '이'는 가까이하다는 뜻이고, '아'는 바르다는 뜻으로 푼다. 단어에 대한 정의는 유사한 류의 다른 글자를 모아 나열하고 그것들의 뜻을 하나로 귀착시켜 마지막에 붙이는 형식이다. 첫 단어를 예로 들면, "初, 哉, 首, 基, 肇, 祖, 元, 胎, 俶, 落, 權輿, 始也"라는 형식으로 시(始)로서 앞에 들어보인 모든 글자의 귀착처로서 정의한다. 가까이 모아서 바르게 한다고 하는 이아의 뜻을 알 수 있고, 특히 1~3편의 두드러진 형식이다. 이 책은 고전의 주요 개념들을 이해하는 근거가 되고, 후대 학문의 주요한 기반이 되기에 중국에서는 항상 가까이 두고 의미를 교정하는 표준으로서 중시되었지만 우리나라에서는 거의 주목을 받지 못했다. 모두 19편으로 구성된다. 1~3편은 주요 단어를 풀이한 「석고 釋詁」·「석언 釋言」·「석훈 釋訓」이다. 4편은 전편에 이어 「석훈」 일부와 친족 관계와 호칭을 풀이한 「석친 釋親」이다. 5~7편은 여러 가지 도구의 이름을 풀이한 「석궁 釋宮」·「석기 釋器」·「석악 釋樂」이다. 8편은 시간과 자연의 변화와 절기 따위를 풀이한 「석천 釋天」이다. 9~12편은 자연의 명칭을 풀이한 「석지 釋地」·「석구 釋丘」·「석산 釋山」·「석수 釋水」이다. 13편은 풀 이름을 풀이한 「석초 釋草」, 14편은 나무 이름을 풀이한 「석목 釋木」이다. 15~19편은 벌레·물고기·새·짐승·가축의 이름을 풀이한 「석충 釋蟲」·「석어 釋魚」·「석조 釋鳥」·「석수 釋獸」·「석축 釋畜」 등이다. 「이아서 爾雅序」에서 이르길 "저 『이아』란 고금의 말뜻을 통하게 하여 돌아갈 곳이 있게 하고, 시인이 읊조린 노래를 펴 보이고, 대를 알 수 있는 상이한 말들을 다 거두며 모으고, 실에서는 같지만 달리 부르는 말들을 가렸다. 夫爾雅者 所以通詁訓之指歸 敍詩人之興詠 摠絶代之離詞 辯同實而殊號者也"라고 하였다. 『열반현의발원기요』 권3(대정장38, p.33c27)에 "『제왕세기』에 '황제는 의상을 드리웠고 창힐이 문자를 만들었다'라고 하였다. '아'는 인명이 아니며, '이'는 가깝다는 뜻이다. 들어 아는 것을 넓게 하려면 가까이해서 바름을 취하기에 '이아'라 한다. 帝王世紀曰 黃帝垂衣裳 蒼頡造文字 雅非人名 爾近也 博於聞識 可近而取正 故曰爾雅", 『우란분경소초여의』(卍속장94, p.829a13)에 "'이'는 근, '아'는 정이다. 가까이 하여 바르게 한 말이기에 '이아'라 한다. 爾近 雅正也 近正之言 故曰爾雅", 『법화경삼대부보주』 권2(卍속장43, p.930a14)에 "『안씨가훈』에 '『이아』는 주공의 저작'이라 하였고, (『이아곽주 爾雅郭注』의 저자인) 곽박은 '중고시대 주석의 시원이 되었다'고 하였다. 顏氏家訓云 爾雅是周公作 郭璞云 興於中古注"라고 하였다. [참고문헌]『涅槃玄義發源機要』, 『盂蘭盆經疏鈔餘義』, 『法華經三大部補注』.

이아견 二我見 인아견(人我見)과 법아견(法我見). 『능가경심인』 권5(卍속장27, p.259b14)에 "모든 견이란 것들은 인법 두 가지 아견일 뿐이다. 諸見 謂人法二我見", 『주대승입능가경』 권4(대정장39, p.460b12)에 "무엇이 망념인가? 이러한 두 가지 무아가 망념이다. 왜 그런가? 두 가지 아견을 상대해 다스리기 위해 두 가지 무아를 설하였기 때문이다. 다스릴 것이란 이미 실이 아니고 능히 다스리는 이 역시 허망하다. 그러므로 두 가지 무아가 망념일 뿐이다라고 하였다. 何者是妄念 謂此二無我是妄念 何以故 爲對治二種我見故 說二種無我 以所治旣不實 能治亦是妄 故言二無我虛妄念"라고 하였다. [참고문헌]『楞伽經心印』, 『注大乘入楞伽經』. ⇨ 이아 二我[1], 인아견 人我見, 법아견 法我見, 아견 我見

이아벽치 啰牙劈齒 어금니를 드러내고 이빨을 간다는 뜻. 서로 격렬하게 다투는 것을 형용한다. 『종문무고』(대정장47, p.946c23)에 "처음에는 그를 어렵게 여겨 시자에게 말하기를 '이 사람은 참으로 아는 사람이니 그와 더불어 다투지 마라'라고 하였다. 新憚之 謂侍者曰 這漢是眞箇會底 不能與他啰牙劈齒得", 『오등전서』 권84(卍속장141, p.715a14)에 "법좌에 올라 말했다. '대웅산 아래 호랑이와 남산의 살무사라. 똑같이 독기 심하니 피한다 한들 피할 수 없다' 주장자 한번 긋고 말했다. '오늘 아침에 산승을 만나지 못했더라면 양기의 길이 끊어졌으리라. 독으로 독을 공격할 이가 있는가? 나와서 물어뜯고 싸워보라'. 주장자로 단번에 쫓아냈다. 上堂 大雄山下虎 南山鼈鼻蛇 一般毒氣深 欲避避不得 以拄杖畫一畫曰 今朝不遇山僧 管取 楊岐路絶 還有以毒攻毒者麼 出來啰牙劈齒看 以拄杖一時趁出"라고 하였다. [참고문헌]『宗門武庫』, 『五燈全書』.

이아집 二我執 구생아집(俱生我執)과 분별아집(分別我執). 무시이래 습기로 인한 아집과 현생에 삿된 교리 등을 의지해 일으키는 분별을 말한다. 『성유식론』 권1(대정장31, p.2a9)에 "모든 아집이란 두 가지일 뿐이다. 하나는 구생이고 다른 하나는 분별이다. 구생아집은 무시이래로 허망하게 훈습한 내인의 힘 때문에 항상 몸과 함께 하며, 삿된 가르침이나 삿된 분별을 기다리지 않고도 제멋대로 구른다. 그러므로 구생이라 한다. … 분별아집 또한 현재 외연의 힘으로 신체와 함께하지는 않지만, 삿된 가르침과 삿된 분별을 기다려 비로소 일어나므로 분별이라 한다. 오직 제6의식 중에만 있다. 然諸我執 略有二種 一者 俱生 二者 分別 俱生我執 無始時來 虛妄熏習 內因力故 恒與身俱 不待邪教 及邪分別 任運而轉 故名俱生 … 分別我執 亦由現在 外緣力故 非與身俱 要待邪教 及邪分別 然後方起 故名分別 唯在第六意識中有"라고 하였다. [참고문헌]『成唯識論』. ⇨구생아견 俱生我見, 분별아견 分別我見, 아집 我執

이악 二惡 두 가지 악. 견혹과 사혹. 또는 견사혹과 무명. 『법화문구』 권9하(대정장34, p.133b21)에 "견혹과 사혹을 끊지 않으니 이 두 가지 악을 끊지 않으면 바로 이것이 손실을 입고 있는 것이다. 見思不斷 不斷二惡則是有損", 『지관보행전홍결』 권8(대정장46, p.408a7)에 "두 가지 선과 두 가지 악이란, 사홍으로 이미 행한 선을 삼고, 제행으로 아직 행하지 않은 선을 삼는다. 견사의 번뇌는 이미 저지른 악이고, 무명이란 아직 짓지 않은 악이다. 二善二惡者 四弘爲已善 諸行爲未善 見思爲已惡 無明爲未惡"라고 하였다. [참고문헌]『法華文句』, 『止觀輔行傳弘決』. ⇨견혹 見惑, 사혹 思惑

이악계 離惡戒 **1** 악에서 벗어나도록 하는 계. 불음주(不飮酒) 등과 같은 차계(遮戒)를 가리킨다. 『정법염처경』 권25(대정장17, p.143a17)에 "악에서 벗어나도록 하는 계란 갖가지 악과 마주함을 두려워하여 버려 하지 않는 것이다. 저 사람이 술에 취하여 선하지 못한 행위를 저지르면 지혜로운 사람은 그 장면을 보고서 술을 끊고 마시지 않는 경우와 같다. 離惡戒者 恐遭衆惡 捨之不爲 如人醉酒 行不善業 智人見之 斷酒不飮"라고 하였다. [참고문헌]『正法念處經』. ⇨차계 遮戒 **2** 외도의 잘못된 계를 떠난다는 말. 『유가론기』 권11(대정장42, p.560b17·한불전13, p.895a18)에 "악한 계를 떠난다는 말은 외도가 그릇된 마음으로 분별하여 지키는 오계(烏戒)·계계(雞戒) 등을 말한다. 離惡戒者 謂離外道邪心分別烏雞等戒"라고 하였다. [참고문헌]『瑜伽論記』.

이악구 離惡口 악한 말 하는 업을 여의는 일. 『십지경론』 권4(대정장26, p.147a15)에 "[경] 악구를 여의어라. 모든 어언에 엄습하여 괴롭게 하는 말, 거칠고 사나운 말, 타인을 고통스럽게 하는 말, … 좋지도 않으면서 스스로도 무너지고 타인도 무너뜨리는 말 등 이와 같은 말들은 죄다 버려 여읜다. 모든 언어에 아름다워 귀를 기쁘게 할 뿐이다. 윤택하고 이로운 말, 부드러운 말, 아름다운 말, … 자기 마음과 타인의 마음에 기쁨을 일으키고 받들어 믿을 만한 말 등이다. 항상 이와 같은 갖가지 미묘한 말을 설해야 한다. [논] 악구를 여의는 것에 따르면 두 가지 여의는 것이 있다. 첫째는 해왔던 대로 하지 않는 것이고, 둘째는 맞서 다스려 버림이다. … 대치리란 윤택하고 이로운 말이니, 이것에 두 가지가 있다. 첫째는 거칠지 않고 미워하지 않는 말이고, 둘째는 기껍게 하는 말이다. 經曰 離於惡口 所有語言 侵惱語 麤獷語 苦他語 … 不善自壞身亦壞他人語 如是等語 皆悉捨離 所有語言 美妙悅耳 所謂潤益語 軟語 妙語 … 能生自心他心歡喜敬信語 常說如是種種美妙語 論曰 依離惡口有二種離 一 果行離 二 對治離 … 對治離者 謂潤益語 於中有二種 一者 不麤不疾語 二者 可樂語"라고 하였다. [참고문헌]『十地經論』. ⇨어업 語業

이안 而安 고려후기 천태종 스님. 강진 만덕산(萬德山) 백련사(白蓮社)의 팔대국사(八代國師) 중 제5세 법주(法主). 휘는 역기(力其) 또는 이안(而安), 국사호는 석교도승통각해원명불인정조국사(釋敎都僧統覺海圓明佛印靜照國師), 호는 원조(圓照). 백련사 제4세 법주인 진정국사(眞靜國師) 천책(天頙)의 법통을 이어받아 제5세가 되었다. 백련사를 비롯하여 지리산 연곡사(燕谷寺)와 두륜산 대흥사(大興寺) 북미륵암(北彌勒庵) 등에서 주석하였다. [참고문헌]『萬德寺誌』(亞細亞文化社, 1976) p.55, 『東師列傳』 권1 「眞靜國師傳」(한불전10, p.1004b23). ⇨백련사 白蓮社[12], 천태종 天台宗, 천책 天頙

이안 利安 이롭고 안락하게 한다는 말. 『소품반야경』 권3(대정장8, p.547c22)에 "대자대비로 중생을 이롭고 안락하게 한다. 大慈大悲 利安衆生", 『인왕호국경』 권하(대정장8, p.842c6)에 "유정을 이롭고 안락하게 하니 실상에 통달한다. 利安有情 通達實相"라고 하였다. [참고문헌]『小品般若經』, 『仁王護國經』.

이안 李顏 고려시대 관리. 『고려사』 권10 세가(世家)10 선종 5년(1088) 2월 갑오(甲午)에 "요(遼)에서 압록강 기슭에 각장(榷場 : 교역소)을 설치할 것을 의논하자, 중추원부사 이안을 장경소향사로 위장하여 귀주로 가서 비밀리에 변방의 일을 대비토록 하였다. 以遼議置榷場於鴨江岸 遣中樞院副使李顏 托爲藏經燒香使 往龜州密備邊事"라고 하였다. 장경소향사란 고려시대 국가에서 설행하는 장경도량(藏經道場)에 가서 향을 올리는 관원일 것으로 추정되는데, 『고려사』의 위 기록이 유일하다. [참고문헌]『高麗史』. ⇨장경소향사 藏經燒香使

이안눌청룡암시목판 李安訥靑龍巖詩木板 조선후기 동래부사 이안눌(1571~1637)이 짓고 돌에 새긴 「청룡암시 靑龍巖詩」를 베껴 다시 새긴 목판. 당시 범어사(梵魚寺)의 혜정장로(惠晶長老)의 청으로 청룡암 바위에

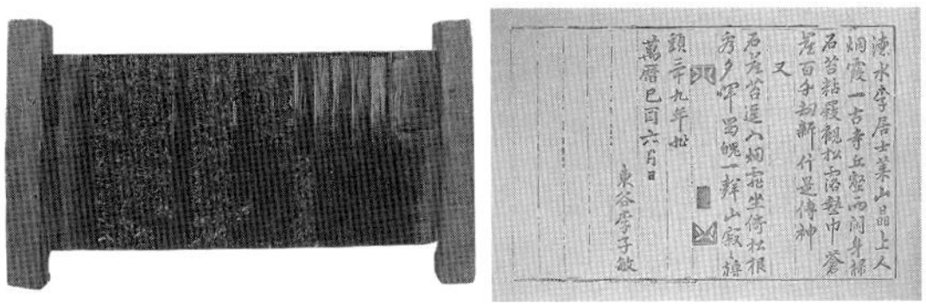

이안눌청룡암시목판

새긴 글이다. 〔참고문헌〕『범어사성보박물관명품도록』(범어사성보박물관, 2002). ⇨범어사 梵魚寺

이안삼식 二眼三食 두 가지 눈과 세 가지 음식. 육안(肉眼)과 천안(天眼) 그리고 사식(思食)·촉식(觸食)·의식(意食)을 말한다. 『열반경회소』 권27(卍속장57, p.462a3)에 "둘째, 이안과 삼식을 가려본다. 『열반경』에서 '그러므로 나는 이렇게 설한다. 중음의 오음은 육안으로는 볼 수 없고 천안으로 본다. 중음에 세 가지 식이 있으니 첫째 사식이고, 둘째 촉식이며, 셋째 의식이다'라고 하였다. 二料簡二眼三食者 是故我說 中陰五陰非肉眼見 天眼所見 是中陰中 有三種食 一 思食 二 觸食 三 意食"라고 하였다. 〔참고문헌〕『涅槃經會疏』, 40권본『大般涅槃經』 권29(대정장12, p.535c16). ⇨육안 肉眼, 천안 天眼, 사식 四食❶

이안인 二眼人 두 눈을 갖춘 사람. 두 눈이란 재보(財寶)를 모아 널리 퍼뜨릴 줄 아는 이와 선법(善法)을 일으켜 널리 펼 수 있는 이의 눈을 말한다. 두 눈이 없으면 맹인(盲人)이며, 재보만을 모으는 이는 외눈박이(一眼人)라고 한다. 『사리불아비담론』 권8(대정장28, p.586b11)에 "어떤 이가 두 눈을 갖춘 사람인가? 어떤 이가 눈을 갖추어 얻지 못한 재보를 얻고는 얻은 후에는 널리 퍼뜨리니, 이런 눈이 있다면 이 사람은 저 눈을 성취한 사람이어서 아직 일어나지 않은 선법을 능히 일으킨 다음에는 널리 퍼뜨린다. 이런 눈이 있으면, 그 이름은 두 눈을 갖춘 사람이라고 한다. 云何二眼人 若人成就眼 未得財寶能得 得已弘廣 有如是眼 如人成就眼 未生善法能生 生已弘廣 有如是眼 是名二眼人"라고 하였다. 〔참고문헌〕『舍利弗阿毘曇論』. ⇨일안인 一眼人

이암굴 利巖窟 강원도 회양군 금강산(金剛山)에 있던 토굴. 『백헌집』 권10 「풍악록 楓嶽錄」(한국문집총간95, p.497a14)에 "돈도암 동북쪽에 은적암이 있으며, 암자 아래에 이암굴이 있다. 頓道之東北有隱寂庵 庵下有利巖窟"라고 하였다. 〔참고문헌〕『白軒集』, 『韓國寺刹全書』 권하 p.960b2. ⇨이엄암 利嚴庵

이암삼매 離闇三昧 더없이 두터워 깜깜한 무명을 부수는 삼매. 이예암삼매(離翳闇三昧 Ⓢ timira-apagata-samādhi)·이몽매삼매(離蒙昧三昧)라고도 한다. 『대지도론』 권97(대정장25, p.736c19)에 "제법이암삼매란, 무명에 두 가지가 있으니 하나는 두텁고 다른 하나는 엷다. 엷은 것은 무명이라 하고 두터운 것은 흑암이라 한다. 두터운 무명을 부수므로 이암이라 한다. 먼저 엷은 무명을 부수므로 제법무명을 부순다고 하였다. 諸法離闇三昧者 無明有二種 一者 厚 二者 薄 薄者 名無明 厚者名黑闇 破厚無明故 名離闇 先破薄無明故 名破諸法無明"라고 하였다. 〔참고문헌〕『大智度論』. ⇨이예암삼매 離翳闇三昧, 이몽매삼매 離蒙昧三昧

이암숭 耳庵嵩 청대 임제종 스님. 속성은 모(毛)씨. 중경(重慶 : 四川省) 풍도(酆都) 출신. 주석했던 웅이암(熊耳庵)에서 유래한 호다. 삼성암(三姓庵)에서 출가하였다. 충주(忠州 : 四川省) 취운사(聚雲寺)의 취만광진(吹萬廣眞)을 친견한 뒤로 몇 해가 지나서 취만이 입적하자 평도(平都)에서 철벽혜기(鐵壁慧機)를 만나 문하에서 공부하였다. 그 뒤 철미혜록(鐵眉慧鹿)을 찾아가 그가 입적할 즈음에 법을 이었다. 1649년(순치6) 시주(施州 : 湖北省) 관음산(觀音山) 웅이암에, 다음 해에는 금복산(金福山) 회룡선원(廻龍禪院)에 각각 주석하였다. 그 밖에 복호암(伏虎庵)·천녕암(天寧庵)에도 주석하였다. 입적한 해는 미상이며 세수 46세로 알려져 있다. 천녕 오봉산(五峯山) 남쪽에 탑이 있다. 〔참고문헌〕『耳庵嵩禪師語錄』「行狀」(가흥장29, p.689b1).

이암숭선사어록 耳庵嵩禪師語錄 청대 이암숭의 어록. 성개(性愷) 엮음. 1권. 가흥장29, pp.685a1~689b14, No.B243에 수록되어 있다. 강희년간(1662~1722)에 쌍계거사(雙桂居士) 서선반(徐善槃)의 「서문 序文」을 붙여 간행하였다. 주석하였던 웅이암(熊耳庵)·복호암(伏虎庵)·회룡선원(廻龍禪院)·천녕사(天寧寺) 등에서 남긴 상당어(上堂語)·소참어(小參語)·송고(頌古)·염고(拈古) 등을 수록하였고, 말미에 행장(行狀)이 붙어 있다. ⇨이암숭 耳庵嵩

이암심 已菴深 남송대 운문종(雲門宗) 스님. 속성 미상. 온주(溫州 : 浙江省) 출신. 중축사(中竺寺) 치선원묘(癡禪元妙 1111~1164)의 법을 잇고 온주 광효사(光孝寺)에 주석하였다. 『어요 語要』 1권이 남아 있다.

이암심화상어요 已菴深和尙語要 남송대 이암심의 어록. 1권. 1238년(가희2) 간행. 속고존숙어요2, 卍속장118, p.939a6~939b1에 전한다. 상당(上堂)을 비롯한 법문이 수록되어 있다. ⇨이암심 已菴深

이애 二愛 두 가지 목마름 즉 갈애. 오욕애(五欲愛)와 법애(法愛)를 말한다. 『주유마힐경』 권1(대정장38, p.328a19)에 "애에는 두 가지가 있다. 하나는 오욕에 대한 갈망이고, 다른 하나는 법에 대한 애착이다. 외도가 출가해도 오욕의 갈망은 끊을 수 있지만 법에 대한 애착은 끊지 못하기에 망상으로 집착하기 때문이다. 불제자는 두 애착을 아울러 버린다. 법애 이미 사라졌으니 집착하며 다툼도 도무지 쉬어버렸다. 愛有二種 一 五欲愛 二 法愛 外道出家 能斷欲愛 不斷法愛 故情有所執 佛弟子 兼除二愛 法愛既盡 執競都息"라 하였다. [참고문헌] 『注維摩詰經』, 『大智度論』 권26(대정장25, p.247c23). ⇨ 오욕 五欲, 욕애 欲愛, 법애 法愛 ❶, 애 愛 ❶

이애 二礙 지장(智障)과 혹장(惑障)의 두 가지 장애. 이장(二障)이라고도 한다. 『화엄경소』 권49(대정장35, p.880b3)에 "걸림없는 지혜란, 시각과 본각이 둘이 없어 두 가지 장애가 끊어졌음이다. 無礙智者 始本無二 絶二礙也", 『화엄경소초』 권30(대정장36, p.226b11)에 "두 가지 지혜에는 두 가지 장애가 없다. 이애란 곧 이장이다. 상을 분명히 깨우치므로 지장이 없고, 성을 분명히 깨우치므로 혹장도 없다. 二能了之智 無有二礙 二礙卽二障 了相故 無智障 了性故 無惑障"라고 하였다. [참고문헌] 『華嚴經疏』, 『華嚴經疏鈔』. ⇨ 이장 二障 ❶

이애 離愛 Ⓢ vīta-tṛṣṇa. 애(愛)를 떠난다는 말. 애(愛 Ⓢ tṛṣṇa)란 목마름 또는 갈망의 뜻으로 유정(有情)의 삼유(三有 : 欲有 色有 無色有)에 걸쳐 삼애(三愛 : 欲愛 有愛 無有愛)로 삼계(三界 : 欲界 色界 無色界)로 생사윤회한다. 그러므로 애(愛)를 여읜다는 것은 삼계를 벗어나는 것이어서 바로 해탈이다. 40권본 『대반열반경』 권5(대정장12, p.395c2)에 "참으로 해탈한 이란 바로 여래이고, 또 해탈한 이란 애를 여읜 것이다. 眞解脫者 卽是如來 又解脫者 名曰離愛", 『구사론』 권22(대정장29, p.116a29 ; *Abh-k-bh.*, p.333)에 "애라는 것이 일어나는 인이라 한 것은, 어떤 이치로 증거를 삼는가? 애를 떠나면 몸을 받아 태어나는 일이 결코 일어나지 않기 때문이다. 유애도 이애도 둘다 목숨이 다하지만 오직 유를 보아 갈망하는 이만이 몸을 받아 다시 나는 일이 일어난다. 이러한 이치를 증거로 삼기에 애가 일으키는 인이다. 일어남이 있고 없고는 갈망을 좇음에 달려 있다. 愛爲起因 何理爲證 離愛後有 必不起故 謂有愛離愛 二俱命終 唯見有愛者 後有更起 由此理證 愛爲起因 起有起無定隨愛故 tṛṣṇābhinirvṛttihetur iti kātra yuktiḥ. vītatṛṣṇasya janmābhāvāt. ubhaye 'pi m riyante. satṛṣṇā vītatṛṣṇāś ca. satṛṣṇā eva jātā dṛ śyante na vītatṛṣṇā iti. vinā tṛṣṇayā janmābhāvā t. bhavasyābhinirvṛttau tṛṣṇāhetuṃ pratīmaḥ", 『승천왕반야경』 권5(대정장8, p.712a4)에 "만일 애와 취를 떠난다면 바로 반연하는 일 없게 된다. 이 뜻 때문에 여래께서 항상 설하시길 모든 법은 평등하다고 하신다. 若離愛取 則無所緣 以是義故 如來常說 諸法平等"라고 하였다. [참고문헌] 『大般涅槃經』, 『俱舍論』, 『勝天王般若經』, *Abh-k-bh.* ⇨ 애 愛, 삼애 三愛

이애고 離哀苦 ➡ 애별리고 愛別離苦

이야 二夜 석존께서 득도하시던 밤과 열반에 드시던 밤. 이 두 밤 사이에 불교의 일대시교(一代時敎)가 성취되었다. 『대지도론』 권1(대정장25, p.59c5)에 "또한 『불이야경』에 이렇게 설한다. '부처님께서 처음 도를 얻으신 그 밤부터 열반에 드시던 그 밤에 이르기까지 그 두 밤 사이에 설하셨던 경교 일체야말로 모두 진실하여 전도가 없다'. 又佛二夜經中說 佛初得道夜 至般涅槃夜 是二夜中間 所說經敎 一切皆實不顚倒"라고 하였다. [참고문헌] 『大智度論』, 『涅槃宗要』(대정장38, p.239c4 · 한불전1, p.524c13). ⇨ 일대시교 一代時敎

이야사 二耶舍 야사라는 이름의 두 비구. 『마하승기율』 권1(대정장22, p.229b2)에 따르면, 야사는 종자를 남기고 싶다고 속가 어머니에게 말한 뒤 합방하여 처가 아들을 얻게 하였다. 부처님께서 크게 꾸짖으셨고 이를 계기로 음계(婬戒)를 제정하게 되셨으니 바라이등 계제정의 시작이 된 일이다. 다른 한 야사는 부처님 열반 후 백 년이 되던 아육왕(阿育王) 치세기에 계원사(雞園寺)에 머물던 대덕 장로이다. 『아육왕경』 권1(대정장50, p.135a22)에 "아육왕이 야사대덕의 아라한 처소에 가서 이렇게 말했다. '나는 하루 어느 한 찰나에 팔만사천의 탑을 세워 한꺼번에 모두 완성하고 싶소'. 阿育王往耶舍大德 阿羅漢處 說言 我欲於一日一念中 起八萬四千塔 一時俱成"라고 하였다. [참고문헌] 『摩訶僧祇律』, 『阿育王經』. ⇨ 야사 耶舍 ❶❸

이약 羸弱 ❶ Ⓢ laghūny aṅgāni. 떨리듯 약함. 제근(諸根)이 겨우 움직일 정도로 약한 뜻이다. 『금칠십론』 권상(대정장54, p.1248a26)에 "'희란 가벼운 빛의 모습이다'라 한 것은, 아주 가볍고 빛이 비추는 것을 희라고 한다. 희가 증장하면 일체의 모든 근들이 가벼운 빛으로 겨우 떨며 능히 모든 티끌들을 잡고 있다면 이때 희락이 증장한다고 알라. 喜爲輕光相者 輕微光照 名之爲喜 若喜增長 一切諸根 輕光羸弱 能執諸塵 是時 應知喜樂增長"라고 하였다. [참고문헌] 『金七十論』, *Sāṃkhy-k.17.* ❷ ➡ 이열성 羸劣性

이양 利養 ❶ Ⓢ lābha satkāra, Ⓟ lābha sakkāra. 이로운 공양. 세간을 이롭게 하기 위해 공양함. 정법구

주(正法久住)를 위해 삼보에 공양하는 일을 말한다. 『장아함경』 권2 「유행경 遊行經」(대정장1, p.12a9)에 "(여섯 가지 물리지 못할 법 가운데) 네 번째, 깨끗한 이양을 얻어 대중과 함께 나누니 평등하여 둘이 없다. 四者 得淨利養 與衆共之 平等無二", 『별역잡아함경』 권6(대정장2, p.416a25)에 "너의 이름은 무엇이며, 누구의 제자인가? 태나면서부터 복이 있어서 많은 이양을 얻었으니, 의복·약품·침구(床敷臥具) 등 네 가지가 풍요롭다. 어떤 비구가 너를 가까이하면 네 가지가 부족하지 않을 것이다. 汝名何等 是誰弟子 生則有福 多得利養 衣服 湯藥 床敷臥具 四事豐饒 若有比丘 親近汝者 四事不乏"라고 하였다. 〔참고문헌〕 『長阿含經』, 『別譯雜阿含經』, *Bodh-bh.75.*, *SN.2.226.* ❷ Ⓢ satkāra, 탐착바라는 이익과 명예. 『출요경』 권14 「이양품」(대정장4, p.688a11)에 "조달비구도 이와 같아서 이양에 탐착하다가 스스로 멸망하고 말았다. 調達比丘 亦復如是 貪著利養 由此利養 自致喪亡", 『법화경』 권1(대정장9, p.4b11 : *Saddh-p.*, p.14)에 "팔백제자 중에서 구명이라 불리는 한 사람이 이양에 탐착하였다. 비록 거듭 뭇 경을 독송할지라도 지혜롭게 통하지 못할 뿐아니라 잃어버림 또한 많아서 명리만을 구한다는 이름을 얻었다. 八百弟子中 有一人 號曰求名 貪著利養 雖復讀誦衆經 而不通利 多所忘失 故號求名 teṣāṃ ca aṣṭānāmantevāsiśatānāmeko bodhisattvo 'dhimātraṃ lābhaguruko 'bhūt satkāraguruko jñātaguruko yaśaskāmaḥ. tasyoddiṣṭoddiṣṭāni padavyañjanānyantardhīyante na saṃtiṣṭhante sma. tasya yaśaskāma ityeva saṃjñābhūt", 『보살계경』(대정장24, p.1110b13)에 "만일 보살들이 욕탐으로 이양과 공경을 구하며 스스로 칭찬하고 남은 헐뜯는다면 이를 제일의 타승처법(Ⓢ pārājika)이라 한다. 若諸菩薩 爲欲貪求 利養恭敬 自讚毁他 是名第一他勝處法", 『대지도론』 권5(대정장25, p.98b26)에 "이 이양이란 법은 도적과 같아서 공덕의 뿌리마저 무너뜨린다. 마치 우박이 내리면 오곡이 상하는 이치와 같다. 이양과 이름 알림도 이와 같아서 공덕의 싹마저 해쳐서 자랄 수조차 없게 한다. 是利養法如賊 壞功德本 譬如天雹 傷害五穀 利養名聞 亦復如是 壞功德苗 令不增長"라고 하였다. 〔참고문헌〕 『出曜經』, 『法華經』, 『菩薩戒經』, 『大智度論』, *Saddh-p.*

이양 易養 Ⓢ su-poṣa, supoṣatā, Ⓟ suposatā, Ⓣ gso-sla-ba. 기쁜 마음으로 받고 고르거나 가리지 않는 공양. 난양(難養)에 맞선다. 『아비담팔건도론』 권3(대정장26, p.782a11)에 "무엇이 이양인가? 〔답〕 탐해 먹지 않고 항상 먹기만을 바라지도 않으니 이를 이양이라 한다. 云何易養 答曰 不貪餮 常不悕望食 此謂易養也", 『대비바사론』 권41(대정장27, p.215b7)에 "이양이란 기쁘고 만족해서 고르고 가리지 않는다. 易養是喜足 不選擇故"라고 하였다. 〔참고문헌〕 『阿毘曇八犍度論』, 『大毘婆沙論』, *Śrāv-bh.155·157.* ⇨ 난양 難養

이양 頤養 보듬어 기른다는 말. 마음을 가다듬고 수양하는 뜻이다. 『원각경협송집해강의』 권8(卍속장87, p.899a10)에 "만약 성명에 수순하는 마음으로 그것을 보호하고 기르지 않는다면, 생을 해치고 성을 손상시키며 덕을 쳐내고 목숨 또한 줄게 되리니 죽음과 이웃하게 된다. 苟非順性命之情以頤養之 則殘生傷性 伐德損壽 與死爲隣"라고 하였다. 〔참고문헌〕 『圓覺經夾頌集解講義』.

이양간 利養慳 Ⓟ lābha-macchariyaṃ. 이양에 인색함. 오간(五慳) 중 하나. 이득간(利得慳)·시간(施慳)이라고도 한다. 이양을 남에게 빼앗기지 않고 자신만이 독점하고는 버리지도 다시 베풀지도 않는 것을 말한다. 『집이문족론』 권11(대정장26, p.415c2)에 "이양간이란 무엇인가? 〔답〕 이득이 있기만 하면 연연하여 돌아보며 그것에 마음을 묶어두는 것이어서 저 사람이 이렇게 염원하는 것과 같으니 '원하건대 나 혼자만 세간이양을 얻고 다른 이는 얻지 못하도록 하소서. 원하건대 나 혼자만 특별히 온갖 이양을 받고 다른 이는 보내지 말기를. 원하건대 나만이 큰 복혜를 갖추고 있음을 남들이 알아서 그때마다 의복·음식·침구·의약과 그 나머지 생필품을 보시하고 모든 세간 나에게 미칠 이가 없게 되기를'. 그는 이득이 있기만 하면 연연하여 돌아보며 그것에 마음을 묶어두고 다른 유정에 대해서는 방해하고 가로막으니 베풀지도 따라 베풀지도 않으며 버릴 마음도 없고 어디에도 버리지도 못하니 이를 이양간이라 한다. 云何利養慳 答 若於利養 顧戀繫心 謂如有一 作如是念 願我獨得 世間利養 餘不能得 願獨差我 受諸利養 不差餘人 願獨知我 具大福慧 隨時布施 衣服飮食 臥具醫藥 及餘資財 一切世間 無及我者 彼於利養 顧戀繫心 於他有情 障礙遮止 不施不惠 不隨施惠 不棄不捨 不遍棄捨 是名利養慳"라고 하였다. 〔참고문헌〕 『集異門足論』, *Dhs.199.* ⇨ 오간 五慳, 간 慳

이양공양 利養供養 이롭고도 기름지게 함. 삼종공양(三種供養) 중 하나로 생활에 편리한 재화를 공양하는 것. 『십지경론』 권3(대정장26, p.138b13)에 "이양공양은 의복과 와구 등을 일컫는다. 利養供養 謂衣服臥具等", 『대승의장』 권14(대정장44, p.743c10)에 "이양공양은 재물을 바쳐 베푸는 것이다. 利養供養 財物奉施"라고 하였다. 〔참고문헌〕 『十地經論』, 『大乘義章』. ⇨ 삼종공양 三種供養❷, 공양 供養

이양마 利養魔 이익과 명예에 집착하는 마. 십마(十

魔) 중 하나다. 『대품경의소』 권8(卍속장38, p.216b1)에 "근이 지혜로운 이는 이양마에 집착하지 않는다. 그것이 세간의 것임을 알고 집착하지 않기 때문이다. 利根人不著利養魔 知其於世間不著故"라고 하였다. [참고문헌] 『大品經義疏』. ⇨ 십마 十魔 **2**, 이양박 利養縛

이양박 利養縛 이익과 명성에 끄달림. 『대보적경』 권112(대정장11, p.636a18)에 "출가한 사람에게는 두 가지 견고한 속박이 있다. 무엇이 그 두 가지인가? 첫째 견해에 시달리고, 둘째 이양에 얽히는 것이다. 出家人有二堅縛 何謂爲二 一者 見縛 二者 利養縛", 『사분율행사초간정기』 권17(卍속장68, p.1024b15)에 "이양박이란 이름과 이익이 되면 일어나는 유루다. 모든 계 제정하여 죄업을 막아 삼악도에 감도 막는다. 利養縛者 由其名利便生有漏 因制諸戒 爲防罪業障三途"라고 하였다. [참고문헌] 『大寶積經』, 『四分律行事鈔簡正記』.

이어 二語 두 가지로 하는 말. 이간질. 화합을 무너뜨리는 양설(兩舌)의 다른 이름이다. 『대방등대집경』 권10(대정장13, p.66c12)에 "해와 달이 땅에 떨어진다 해도 되고, 거센 바람을 밧줄로 묶는다 해도 되며, 수미산을 입으로 불어 흔든다 해도 되지만, 부처님께서는 두 말씀 있으시다고 해서는 안 된다. 日月可說墜落地 猛風可說索繫縛 須彌可說口吹動 不可說佛有二語", 『화엄경행원품소』 권7(卍속장7, p.672b2)에 "두 말을 하지 않는다는 것은 거짓말이나 이간하는 말이 없는 뜻이다. 不作二語者 無有妄言 及兩舌也"라고 하였다. [참고문헌] 『大方等大集經』, 『華嚴經行願品疏』. ⇨ 양설 兩舌

이어 易語 쉬운 말. 난어(難語)와 대칭하고, 난어와 함께 쓰면 병어(並語)라고 한다. 『금강경주정와』(卍속장39, p.678a8)에 "근기가 하열한 무리는 성문이나 연각이 되는데, 그 좋아하고 즐기는 바에 따라 소승법을 벗어나지 못하고 대승심도 일으키지 못한다. 장구 끝마다 거듭 덧붙여 네 가지 견해(我見·人見·衆生見·壽者見)에 허망하게 집착함은 물론 능히 지니지도 못한다. 또한 듣고 받아 읽고 외우는 것을 즐거워하지 않으니, 어찌 여래의 깊은 법을 얻고 그것을 해설하여 사람들을 제도할 수 있겠는가? 그러한즉 이 경은 이해하기 쉬운 말도 아니고 보리 또한 쉽게 짊어질 수 없음을 믿어야 하리. 若鈍根下劣之徒 爲聲聞緣覺 其所好樂 不脫於小乘法 不發大心 而沾沾章句之末 卽爲妄著四見 毋論能持 且不樂聽受讀誦 寧得於如來深法 解說以度人耶 則信此經非易語 而菩提非易擔矣"라고 하였다. [참고문헌] 『金剛經註正訛』, 『淨心誡觀法發眞鈔』 권하(卍속장105, p.433b14). ⇨ 난어 難語, 병어 並語

이어 異語 Ⓢ anyathā-vāc, Ⓣ tshigs-gzhan. 참되거나 한결같지 않고 다름(異)이 있는 말. 꾸며 말하는 기어(綺語 : 궤변)를 뜻하기도 하며, 불이어(不異語)의 상대어이다. 『금강경파공론』(卍속장39, p.283a8)에 "다르지 않다는 것은 처음과 끝에 둘이 없음이다. 비유하면 술사가 과거와 미래의 일에 대하여 그 재능으로 멀리 떨어진 일 추측하는데 그렇거나 그렇지 않고, 맞거나 맞지 않아서 말을 달리한다. 여래께서는 그렇지 않으시니, 대원경지로 널리 삼세를 비추시어 처음과 끝을 모두 통찰하심에 남김이 없으시니, 저 오랜 옛날을 관하심이 마치 오늘과 같고, 미래가 다하는 끝까지 모두 보아 아시니 다 보시고 다 아셔서 말씀하시는 일과 뜻에 다름이 없다. 不異者 始終無二 譬如術士 於過未事 以其伎能 懸遠推測 或然不然 或應不應 則有異語 如來不爾 大圓鏡智 普照三世 洞悉始末 無有遺餘 觀彼久遠 猶若今日 盡未來際 悉見悉知 所說事理 皆無異故", 『사분율행사초간정기』 권11(卍속장68, p.728a12)에 "구업에 있어 꾸밈이란 이어이고, 몸에 있어 꾸밈이란 촉간이다. 말하자면 이치에 맞지 않는 것을 기라고 한다. 口綺者 異語也 身綺者 觸慳也 謂不應理 名之爲綺"라고 하였다. [참고문헌] 『金剛經破空論』, 『四分律行事鈔簡正記』, *Bodh-bh.114.* ⇨ 기어 綺語, 불이어자 不異語者

이어계 耳語戒 **1** 밀교 수법(修法) 중 하나. 귀에 대고 속삭여 전하는 계법. 삼송삼매야(三誦三昧耶)라고도 한다. 『대일경소』 권8(대정장39, p.661c6)에 "이렇게 비단으로 짠 깨끗한 천으로 제자의 얼굴 가득 덮고 마땅히 자비호념의 마음을 깊이 일으키고는 귓속말로 저 삼매야계를 일러준다. 단에 들지 못한 이들은 그 소리를 듣지 못하도록 한다. 用此綵淨帛 周覆弟子面門 當深起慈悲護念之心 耳語告彼三昧耶戒 勿令諸餘未入壇者 聞聲"라고 하였다. [참고문헌] 『大日經疏』. ⇨ 삼매야계 三昧耶戒 **2** 홀로 외진 곳에서 귓속말을 하지 못하도록 금하는 계. 『사분율』 권25(대정장22, p.741a28)에 "만일 도반을 멀리 보내고 홀로 남자와 귓속말을 나눈다면 음녀와 같고 도둑녀와 다를 바 없다. 若遣伴遠去 獨與男子耳語 如似婬女 賊女無異", 『사분율소』 권6(卍속장65, p.687b8)에 "도반을 멀리 보내고 남자와 함께 가려진 장소에서 귓속말을 나누지 못하도록 금하는 계(제82)이니, 또한 보거나 듣지 못하게 가려진 장소지만 오직 도반을 보내고 거슬러 간 것일 뿐이어서 귓속말한 것과는 다르다. 遣伴遠去 與男子屛處 立耳語戒 八十二 此亦離見聞屛 唯以遣伴違去 耳語爲異"라고 하였다. [참고문헌] 『四分律』, 『四分律疏』.

이어뇌타 異語惱他 Ⓟ aññavādakevihesake. 상관없는 말로 상대를 어지럽히는 잘못. 계율로 금하는 조목이다. 『마하승기율』 권14(대정장22, p.340b27)에 "만일 비구가 이상한 말로 상대를 어지럽힌다면 바야제다. 若比丘 異語惱他 波夜提", 『사분비구계본소』 권하(대정장40, p.482c17)에 "제12문은 헛되이 상관없는 말로 타인을 어지럽히는 것이다. 별로 상관없는 일을 빌려오기에 망이라고 한다. 가령 『마하승기율』 권14(대정장22, p.340c12)에서 '「당신은 어디서 왔습니까?」 「과거에서 왔소」 「어디로 가시오?」 「미래세로 갑니다」'라고 한 문답과 같다. 이와 같이 바르지 않게 응하는 대답을 이어라 한다. 율에 따르면, 천다가 다른 사람들을 업신여기며 이러한 이어를 일삼다가 돌길라를 범했다. 第十二文 言妄作異語惱他者 假託餘事 名之爲妄也 如僧祇十四問云 汝從何來 答云 過去中來 何處去 答 未來世中去 如是不正答者 名爲異語也 准律闡陀 輕陵餘人 作此異語 犯突吉羅"라고 하였다. [참고문헌] 『摩訶僧祇律』, 『四分比丘戒本疏』, *Vin.4.36.* ⇨ 이어 異語

이어예악삼마지 離語穢惡三摩地 Ⓢ vāk-kali-vidhvaṃsana-gagana-kalpa-samādhi, Ⓣ ngag-gi-skyon-rnam-par-'jig-pas-nam-mkha'-ltar-gyur-pa-zhes-bya-ba'i-ting-nge-'dzin. 말을 함에 있어 물들고 악함을 떠나는 삼매. 백팔삼매(百八三昧) 중 하나. 괴어여허공삼매(壞語如虛空三昧)라고도 한다. 『대반야경』 권414(대정장7, p.77b23)에 "무엇을 이어예악삼마지라 하는가? 이 삼마지에 머물 때면 모든 등지에서 말로 하는 악업을 부순다. 그러므로 이어예악삼마지라 한다. 云何名爲離語穢惡三摩地 謂若住此三摩地時 令諸等持 壞語惡業 是故名爲離語穢惡三摩地"라고 하였다. [참고문헌] 『大般若經』, *Mvyut.21.* ⇨ 괴어여허공삼매 壞語如虛空三昧, 백팔삼매 百八三昧

이억정억당억 已憶正憶當憶 Ⓢ samanusmārṣuḥ samanusmaranti samanusmariṣyanti. 과거의 기억(已憶)·현재의 기억(正憶)·미래의 기억(當憶) 등 삼세(三世)에 걸친 기억. 『구사론』 권29(대정장29, p.154c23 : *Abh-k-bh.*, p.467)에 "또 다른 경에서는 '갖가지 숙주에 대한 모든 과거의 기억·현재의 기억·미래의 기억 등 일체는 오직 오취온에서만 일어나기 때문에 결코 보특가라란 있을 수 없다'라고 하였다. 又餘經言 諸有已憶正憶當憶 種種宿住 一切唯於五取蘊起 故定無有補特伽羅 tathoktaṃ ye kecid anekavidhaṃ pūrvaṃ nivāsaṃ samanusmarantaḥ samanusmārṣuḥ samanusmaranti samanusmariṣyanti vā punaḥ sarve ta imān eva pañcopādānaskandhāniti"라고 하였다. [참고문헌] 『俱舍論』, *Abh-k-bh.*

이언 夷言 오랑캐의 말. 『당고승전』 권25 「륵나만제전 勒那漫提傳」(대정장50, p.644a21)에 "회문(懷文)이 곁으로 오랑캐의 말만을 들었기에 오고가는 뜻을 깨우치지 못하였다. 文旁見夷言 不曉往復"라고 하였다. [참고문헌] 『唐高僧傳』.

이언 利言 ❶ 당대 구자국(龜玆國) 출신 스님. 이름을 음사하면 지전습라(地戰濕羅)라고 하며, 진월(眞月)이라고도 한역한다. 동인도 사문 법월(法月 : Ⓢ Dharma-candra 達摩戰涅羅)을 만나 배웠으며, 일찍이 범본 『대승월등삼마지경』 7천게와 『역제기』 1만게와 유가진언 5천게를 들었는데, 모두 잊지 않고 마음에 담아 두었다. 726년(개원14)에 구족계를 받았고, 대소승의 경전과 범본 및 한문전적을 광범위하게 연구했다. 730년(개원18)에 스승인 법월을 따라 동쪽으로 왔으며, 732년(개원20)에 장안(長安 : 陝西省 西安)에 들어온 후 『반야심경』의 역경에 참여하였다. 741년(개원29)에 스승과 함께 서쪽으로 돌아가던 중 식닉국(式匿國)에서 난이 일어나 도로가 끊기자 우전(于闐)으로 우회하여 들어갔으며, 스승이 입적한 후에는 고향으로 돌아갔다. 754년(천보13)에 다시 와서 이듬해 2월 용흥사(龍興寺)와 보은사(報恩寺)에 머물렀고, 불공(不空)삼장의 역경을 도왔다. 788년(정원4)에 역어(譯語)에 임명되었고, 조정에서 상을 받기도 하였다. 다음 해에는 반야(般若)삼장을 따라 『나라연력경』의 역경에도 참여하였다. 저서에 『범어잡명 梵語雜名』 1권이 있으며, 서명사(西明寺) 원조(圓照)가 유문(遺文)을 모아 만든 『번경대덕한림대조광택사이언집 翻經大德翰林待詔光宅寺利言集』 2권이 있다. [참고문헌] 『貞元新定釋教目錄』 권14(대정장55, p.878b16), 『宋高僧傳』 권15 「圓照傳」(대정장50, p.805b16). ⇨ 달마전녈라 達摩戰涅羅 ❷ 신라말 고려초 스님. 『고려사』 권1 세가(世家)1 태조(太祖) 4년(921) 10월 15일에 "(태조가) 오관산에 대흥사를 창건하고 이언을 맞이하여 스승으로 섬겼다. 創大興寺于五冠山 迎置僧利言 師事之"라고 하였다. [참고문헌] 『高麗史』, 『韓國寺刹全書』 권상 p.302b1.

이언 俚諺 속어. 『종용록』 24칙 「평창 評唱」(대정장48, p.243b7)에 "'보내기도 하고 불러들이기도 한다'하였으니 속담에서 말하는 '뱀을 불러들이기는 쉽지만, 뱀을 보내기는 어렵다'와 같다. 能遣能呼者 俚諺有云 呼蛇卽易 遣蛇卽難"라고 하였다. [참고문헌] 『從容錄』.

이언법성 離言法性 Ⓢ nirabhilāpya-dharmatā, Ⓣ brjod-du-med-pa'i-chos-nyid. 말을 떠난 법성. 『해심밀경』 권1(대정장16, p.689a5)에 "무엇을 사(事)라 하는가? 모든 성자들은 성지와 성견으로 이름과 말을 떠나서 현등정각한다. 곧 이와 같이 말을 떠난 법성이지만 다른 이로 하여금 드러난 그대로 깨닫게 하기 위해 임시로 이름도 모양도 유위라 한다. 何等爲事 謂諸聖者 以聖智聖見 離名言故 現等正覺 卽於如是 離言法性 爲欲令他 現等覺故 假立名相 謂之有爲",『유가사지론』권16(대정장30, p.363a2)에 "두 번째, 깊고 깊은 심오한 까닭에 불가설이라 한다. 말을 떠난 법성과 불가사의한 여래의 법신과 불가사의한 제불의 경계 그리고 여래께서 입멸하신 뒤의 세계 등에 대해서는 있다거나 없다거나 하는 따위의 말로 표현할 수 없다는 뜻이다. 二 甚深故不可說 謂離言法性 不可思議 如來法身 不可思議 諸佛境界 如來滅後 若有若無等 不可宣說"라고 하였다. [참고문헌]『解深密經』,『瑜伽師地論』, *Bodh-bh.34.* ⇨이언절려 離言絶慮

이언복 異言服 수상한 말과 복장. 허망한 말(言)과 모습(相)으로 늘 본분사 밖에서 서성이는 분별의 풍경을 비유로 한 말이다.『선관책진』「서 序」(대정장48, p.1097c15)에 "선에 무슨 관문이 있는가! 도에는 안팎도 없고 들고남도 없지만 사람이 가는 것으로 미하고 깨우침 있을 뿐이다. 이에 대선지식이 관문지기로서 때에 알맞게 관문을 여닫지 않을 수 없어서 빗장 잠그기에 신중을 기하고 엄격하게 점검하여 수상한 말과 복장으로 몰래 관문을 뛰어넘으려는 이들이 간사한 꾀를 부리지 못하게 하였으니, 빗장 걸어 쉽게 뚫지 못하게 한지는 이미 오래 되었다. 禪曷爲有關乎 道無內外 無出入 而人之爲道 也有迷悟 於是 大知識關吏 不得不時其啓閉 愼其鎖鑰 嚴其勘覈 俾異言服私越度者 無所售其奸 而關之不易透 亦已久矣"라고 하였다. [참고문헌]『禪關策進』.

이언설상 離言說相 언설상을 떠나있다는 뜻.『대승기신론』(대정장32, p.576a11)에 "일체법은 본래부터 언설상을 여의었다. … 오직 이 일심일 뿐이기에 진여라고 한다. 一切法 從本已來 離言說相 … 唯是一心 故名眞如",『대승기신론의소』권상(대정장44, p.180b29)에 "언설상을 떠난다는 말은 형상이 없기에 말로 드러낼 도리가 없고, 체는 생사로 있는 상이 아니기에 말로는 미칠 수 없다. 離言說相者 以無像故 不可以言著 體非是生死有相 故言所不及"라고 하였다. [참고문헌]『大乘起信論』,『大乘起信論義疏』. ⇨언설상 言說相

이언설성 離言說性 언설의 자성을 떠나다.『불안수행의궤』(대정장19, p.412c11)에 "한없이 고요하고 두렷이 가득하니 물과 같이 흐르는 대비의 자성이니 언설의 자성마저 떠난다. 寂靜圓滿 是大悲水性 離言說性",『유가사지론』권36(대정장30, p.490c9)에 "언설의 성이란 것으로는 진실을 성취할 수 없다. 그렇기에 유성이 아니고 언설성을 떠나서는 실이 성립되기에 무성도 아니다. 可言說性 不成實 故非有性 離言說性 實成立 故非無性"라고 하였다. [참고문헌]『佛眼修行儀軌』,『瑜伽師地論』. ⇨언설 言說[1]

이언절려 離言絶慮 말을 떠나고 생각마저 끊어지다. 스스로 체득해(自內證) 알 뿐이어서 사유로 헤아릴 수 없는(不可思議) 뜻을 달리 가리키는 말이다.『불지경론』권3(대정장26, p.303c25)에 "이와 같은 분별은 다만 세속에 나아갈 언설도리일 뿐 승의에 나아간 것은 아니다. 만일 승의로 나아간다면, 말을 떠나고 생각마저 끊어져 이미 상이되 봄도 없으니, 심이나 심법 등이라고도 말할 수 없고, 모든 희론에서 벗어났기에 사유하여 헤아릴 수 없다. 如是分別 但就世俗 言說道理 非就勝義 若就勝義 離言絶慮 旣無相見 不可言心 及心法等 離諸戲論 不可思議",『대혜도경종요』(대정장33, p.71c1)에 "반야는 매우 깊어 극중하다는 말은 반야의 체를 드러낸 것이니 말을 떠나고 생각도 끊어졌다. 般若甚深極重者 是顯般若之體 離言絶慮",『인왕호국반야바라밀다경소』권상2(대정장33, p.454b18)에 "이 중 법성은 말을 떠나고 분별도 끊어져 적연한 한 모양일 뿐이니, 오로지 지혜로 증득할 뿐이다. 此中法性 離言絶慮 寂然一相 唯以智證", 원효(元曉)의『금강삼매경론』권하(대정장34, p.996b23 · 한불전1, p.659c8)에 "이와 같은 뜻과 상은 말을 떠나고 생각도 끊어졌으므로 부사의이다. 부사의중에는 마음도 말도 끊어져 분별이 없다. 如是義相 離言絶慮 故不思議 不思議中 心言絶故 乃無分別",『대승기신론내의약탐기』(대정장44, p.412a3 · 한불전3, p.747b7)에 "이와 같은 도리는 말도 떠나고 분별도 끊어져 '스스로 안의 성지로 증한 법'이라고도 한다. 만약 이 일심을 증해 보고자 한다면 반드시 갖가지 모든 법을 꺾어 부수고 일체 밖의 티끌분별도 멀리 떠나야만 한다. 如是道理 離言絶慮 又名自內聖智證法 謂若欲證見 此一心者 要須摧破 所有諸法 遠離一切 外塵分別",『기신론소필삭기』권7(대정장44, p.334b1)에 "이언이란 말로 할 수 없다는 뜻이고, 절려란 가히 생각할 수도 없다는 뜻이다. 앞의 문에서 '명자상을 떠나고 심연상을 떠난다'라고 하였기에 이렇게 맺는다. 離言者 不可說故 絶慮者 不可念故 以前文云 離名字相 離心緣相 故此結也",『화엄경오교장』권2(대정장45, p.485b2)에 "만일 돈교에 따른다면, 일체법 오직 하나의 진심으로서 차별상도 다하고 말을 떠나고 사려마저 끊어졌기에 말로 할 수 없다. 若依頓教 卽一切法 唯一眞心 差別相盡 離言絶慮 不可說也"라고 하였다. [참고문헌]『佛地經論』,『大慧度經宗要』,『仁王護國般若波羅蜜多經疏』,『金剛三昧經論』,『大乘起信論內義略探記』,『起信論疏筆削記』,『華嚴五教章』. ⇨이언절상 離言絶相, 이언법성 離言法性, 부사의 不思議, 불가사의 不可思議[1], 언어도단심행처멸 言語道斷心行處滅,

심언로절 心言路絶

이언절상 離言絶相 말을 떠나고 상도 끊어지다. 『대일경소』 권2(대정장39, p.595c11)에 "만일 있다 없다라는 견에서 벗어난다면 허무에도 영원에도 떨어지지 않을 것이다. 반면에 이와 같은 공의 뜻에 달하지 못하면 비록 다시 유무에 집착하지 않아 말을 떠나고 상이 끊어졌을지라도 결국은 분별상으로써 이 무분별심이라도 짓게 되리라. 若離有無見者 卽不墮斷常 若不達如是空義 雖復不著有無 離言絶相 終是以分別想 作此無分別心", 『성유식론증의』 권7(卍속장81, p.888b2)에 "일진법계를 마주한즉 말을 떠나고 상도 끊어진다. 심왕과 심소의 도리가 함께 하나의 진여로 돌아가기 때문이다. 卽一眞法界 離言絶相 卽王所道理 同歸一眞如故"라고 하였다. [참고문헌] 『大日經疏』, 『成唯識論證義』. ⇨ 이언절려 離言絶慮, 진여 眞如, 이언진여 離言眞如

이언종 李彦琮 ➡ 언종 彦琮

이언중도 離言中道 말을 여읜 중도. 이중중도(二重中道)의 하나로 승의제(勝義諦)로서의 중도를 말한다. 유무(有無)·인과(因果)와 같은 언어에 의지하는 전문중도(詮門中道)와 상대한다. 일법중도(一法中道)라고도 한다. 『성유식론자고』 권3(卍속장82, p.163b11)에 "말을 떠난 중도를 드러내서 여타의 승이 인과도 실이라고 여기는 잘못된 집착을 부순다. 用顯離言中道 對破餘乘實因實果之謬執也", 『대일경소지심초』 권11(臺灣國圖善本18, p.422b4)에 "전문중도와 이언중도의 뜻이 다르다. 이는 쌍으로 유무가 표전임을 말한다. 또한 유이면서 또한 무이므로 전문중도이다. 유를 여의고 무를 떠난 것은 유와 무가 나란히 사라지므로 이언중도이다. 다른 교법에서 쌍으로 비추고 쌍으로 버리는 중도의 뜻이 이에 상응한다. 詮門離言中道義異故 謂雙弁有無是表 亦有亦無故 詮門中道也 離有離無者 有無並亡故 離言中道也 餘敎雙照雙非中道義 自相當耳"라고 하였다. [참고문헌] 『成唯識論自攷』, 『大日經疏指心鈔』. ⇨ 일법중도 一法中道, 언전중도 言詮中道, 이중중도 二重中道

이언진법 離言眞法 말을 떠난 진실한 법. 『화엄경삼보장원통기』 권상(한불전4, p.173a19)에 "말을 떠난 진실한 법을 법보로 삼기도 한다. 『화엄경』에서 운운한 예와 같다. 마땅히 알라. 이것은 돈교를 잡아서 드러냈을 따름이다. 或以離言眞法爲法寶 如此經云云 當知 此約頓敎顯耳"라고 하였다. [참고문헌] 『華嚴經三寶章圓通記』. ⇨ 이언법성 離言法性

이언진여 離言眞如 말을 떠난 진여. 이진여(二眞如) 중 하나. 의언진여(依言眞如)와 대칭한다. 『대승기신론의기별기』(대정장44, p.294c22)에 "(부사의한 업은) 셋째, 물든 것도 깨끗한 것도 아니다. 말을 떠난 진여이기 때문이다. 三 非染非淨 謂離言眞如故", 『기신론소필삭기』 권16(대정장44, p.384a22)에 "한껏 참된 이로만 잡는다면 모두 다 버려야 한다. 언설의 길도 끊어지고 마음의 행로도 사라져 평등한 한 맛이라야 구경이라 한다. 이러한즉 대하여 다스릴 일은 의언진여와 부합하고, 구경은 이언진여와 부합한다. 具約眞理 一切皆遣 言說道斷 心行處滅 平等一味 方名究竟 是則 對治符於 依言眞如 究竟符於 離言眞如也", 『화엄경소』 권45(대정장35, p.846b27)에 "말로 표현할 수 없는 법은 언설을 떠난 진여이다. 법계실상과 걸림 없는 그때라는 것은 모두 진여의 다른 이름이다. 不可說法 卽離言眞如 其法界實相 及無礙際 皆眞如異名"라고 하였다. [참고문헌] 『大乘起信論義記別記』, 『起信論疏筆削記』, 『華嚴經疏』. ⇨ 이진여 二眞如 [1], 이언설상 離言說相, 의언진여 依言眞如

이엄 二嚴 두 갈래 장엄. 지혜장엄(智慧莊嚴)과 복덕장엄(福德莊嚴). 『팔대동자궤』 (대정장21, p.31b25)에 "남방보부는 바로 복덕문이다. 그곳에서 출생한 사자를 혜희라고 하는 까닭은 복덕과 지혜 두 가지 장엄을 기쁨으로 삼기 때문이다. 南方寶部卽福德門 所以出生使者名慧喜 以福智二嚴爲喜故"라고 하였다. [참고문헌] 『八大童子軌』. ⇨ 지혜장엄 智慧莊嚴, 복덕장엄 福德莊嚴

이엄 利嚴 870~936. 신라말 고려초 스님. 속성은 김(金)씨. 중국에 가서 운거도응(雲居道膺)의 문하에서 6년간 수행한 다음, 법을 전해 받고 귀국하여 구산선문(九山禪門) 중 하나인 해주(海州) 광조사(廣照寺) 산문을 개창한 스님이다. 870년(경문왕10) 소태(蘇泰 : 지금의 충남 태안)에서 태어났다. 12세에 가야갑사(迦耶岬寺)로 찾아가 덕량(德良)을 은사로 하여 스님이 되었고, 886년(정강왕1)에 도견율사(道堅律師)로부터 비구계를 받았다. 계를 받은 후로는 유발무경(油鉢無傾)의 위의(威儀)와 부낭불루(浮囊不漏)의 지계(持戒)로 수행하였다. 896년(진성여왕10) 입절사(入浙使 : 중국 강소성 전당으로 들어가는 사신) 최예희(崔藝熙)를 따라 당나라에 가서 은강(鄞江)의 운거도응 문하에서 6년간 수학하였다. 어느 날 운거도응이 스님을 불러 앉히고, "도

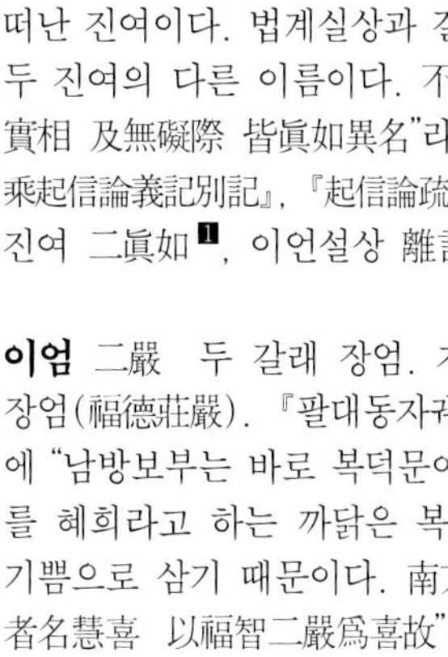

이엄 『禪門祖師禮懺儀文』 대구 부인사판 1660년

가 사람을 멀리하지 않으므로 사람이 능히 도를 넓힌다. 동산(東山 : 四祖道信과 五祖弘忍이 주석하던 산)의 종지가 다른 사람에게 있는 것이 아니다. 불법의 중흥은 오직 나와 너에게 매였으니, 우리의 길은 동국(東國 : 신라)으로 열리리라. 道不遠人 人能弘道 東山之旨 不在他人 法之中興 唯我與汝 吾道東矣"라고 했다. 이렇게 법을 받은 후, 운거를 하직하고는 다시 제방의 선지식과 성지를 두루 참배하였으며, 911년(효공왕15) 해로로 나주 회진포(會津浦)에 도착했다. 김해부지군부사(金海府知軍府事) 소율희(蘇律熙 : 一名 金律熙)가 승광산(勝光山)에 절을 창건하고 스님을 초빙하여 주석하게 했다. 스님은 이곳에서 4년간 운거종지(雲居宗旨 : 曹洞宗旨)를 선양하다가 914년(신덕왕3) 준잠(遵岑 : 지금의 충북 영동) 영각산의 토굴로 옮겼다. 고려태조가 스님의 명성을 듣고 궁중으로 맞이하여 스승으로 모셨다. 932년(태조15) 태조의 특명으로 해주 수미산(須彌山)에 광조사를 창건하고 스님을 청하여 주석하게 하였는데, 우리나라 구산선문 중 유일하게 청원행사(靑原行思)의 후손인 조동종계(曹洞宗系)의 도량이 되었다. 문하에 많은 학인이 운집하여 조동종풍을 크게 드날렸다. 광조사에 주석한지 4년 후, 스님은 자신의 세연(世緣)이 다한 줄 알고, 태조에게 마지막 이별을 고하려 개성으로 갔으나, 마침 태조가 후백제(後百濟)와 싸우기 위해 남정(南征) 중이므로 만나지 못하고 돌아왔다. 936년(태조19) 8월 17일 중야(中夜)에 개풍 오룡산 오룡사(五龍寺) 법당에서 세수 67, 법랍 48세를 일기로 입적하였다. 시호는 진철대사(眞澈大師), 탑호(塔號)는 보월승공(寶月乘空)이다. 비문은 최언위(崔彦撝 : 崔仁渷)가 짓고, 이환상(李奐相 : 李桓樞)이 써서 937년(태조20) 해주 광조사에 탑비를 건립하였다. 제자에는 처광(處光)·도인(道忍)·정능(貞能) 등 수백명이 있어, 각지에서 종풍을 진작하여 수미산문의 일파를 형성하였다. [참고문헌] 『朝鮮金石總覽』 권상 pp.125~130, 『海東金石苑』 권상 pp.209~222, 『韓國金石全文』 中世上 pp.280~286, 李智冠 『校勘譯註歷代高僧碑文』 高麗篇1 pp.12~41. ⇨수미산문 須彌山門, 광조사진철대사보월승공탑비 廣照寺眞澈大師寶月乘空塔碑, 구산선문 九山禪門

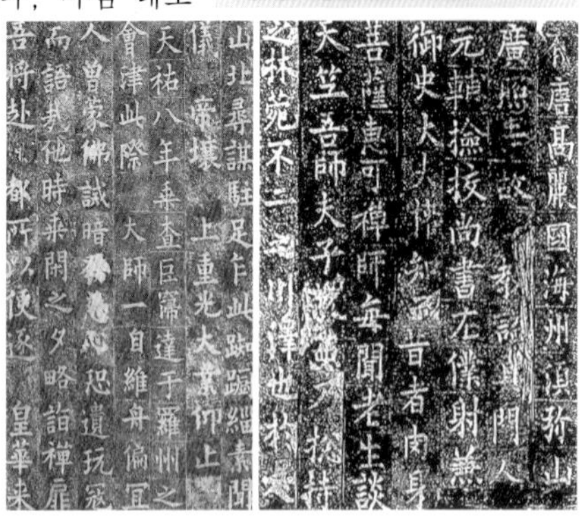

이엄 진철대사보월승공탑비 및 탁본
해주 광조사 938년

이엄암 利嚴庵 강원도 회양군 금강산(金剛山)에 있던 암자. 이암굴(利巖窟)이라고도 한다. 『율곡전서습유』 권1(한국문집총간45, p.468b12)에 "만회암과 백운암 … 이엄암과 오현암 … 등이 차제로 저 별들이 흩어진 듯하다〈이상은 모두 암자 이름이다. … 이엄과 오현은 돈도암 동북쪽에 있다〉. 萬回與白雲 … 利嚴與五賢 … 次第如星羅〈已上皆庵名 … 利嚴 五賢在頓道東北〉"라고 하였다. [참고문헌] 『栗谷全書拾遺』, 『韓國寺刹全書』 권하 p.960a17. ⇨이암굴 利巖窟

이엄존자 利嚴尊者 해주(海州) 광조사(廣照寺) 산문을 개창한 이엄(利嚴 870~936). 『나옹화상가송』 「제이엄존자탑 題利嚴尊者塔」(한불전6, p.745a10)에 "제방을 두루 다니며 물어 분명히 깨우쳤으니 지금까지도 중국에 자취가 남아있다. 내가 와서 탑에 예배함은 다른 뜻이 아니라, 다만 우리나라에 조사선풍을 떨쳤기 때문이라네. 徧歷諸方咨決了 至今唐漢有遺蹤 我來禮塔非他意 只爲三韓振祖風"라고 하였다. [참고문헌] 『懶翁和尙歌頌』. ⇨이엄 利嚴

이업 二業 두 가지 업. 경전에 따라 다양한 교상(敎相)이 있다. ❶ 인업(引業)과 만업(滿業). 인업이란 유(有)들이 받는 총보(總報)가 같아 비슷한 모습으로 나는 업이고, 만업이란 각각 다르게 받는 별보(別報)의 업이다. 『장현종론』 권13(대정장29, p.837b19)에 "업에 두 가지가 있다. 하나는 견인업이고, 다른 하나는 원만업이다. 중유와 생유에서 견인업은 같고 원만업은 다르다. 인업이 같으므로 중유의 형이 본유의 형상과 비슷하다. 예컨대 도장으로 찍은 무늬에 차이가 없는 것과 같다. 業有二種 一 牽引業 二 圓滿業 中生二有 牽引業同 圓滿業異 引業同故 此中有形與當本有其狀相似 如印所印文像無別". 『대승아비달마잡집론』 권4(대정장31, p.679b2)에 "선불선업이 선취악취중에 이숙과를 초래할 때 초인업과 원만업을 이끌게 된다. 초인업이란 이 업으로 인하여 능히 이숙과를 초래하는 것을 말한다. 원만업이란 이 업이 일어난 후에 애와 불애의 과를 받도록 하는 것을 말한다. 善不善業 於善趣惡趣中感生異熟時 有招引業 圓滿業 招引業者 謂由此業能感異熟果 圓滿業者 謂由此

業生已領受愛不愛果"라고 하였다. [참고문헌]『藏顯宗論』, 『大乘阿毘達磨雜集論』. ⇨ 인업 引業, 만업 滿業 ❷ 정업(正業)과 조업(助業). 『능엄경집주』 권8(卍속장17, p.393a4)에 "중생의 사음과 살생은 정업의 자성이고, 오신채와 음주는 조업의 성이다. 衆生以婬殺是正業之性 彼五辛酒乃助業之性", 『사분율산보수기갈마소제연기』 권3(卍속장64, p.837b18)에 "소리는 업의 바탕이 되고 마음으로 도와 성취하면 명자구다. 이 명구를 쓰면 곧 구업일 뿐이니 마음은 조업의 인이지 정업체는 아니다. 聲爲業體 以心助成 名字句也 用此名句 卽爲口業 心是助業之因 非正業體"라고 하였다. [참고문헌]『楞嚴經集註』, 『四分律刪補隨機羯磨疏濟緣記』. ⇨ 정업 定業, 조업 助業 ❸ 사업(思業)과 사이업(思已業). 신구의(身口意) 삼업 중 의업(意業)과 신구(身口) 두 업을 말한다. 『사리불아비담론』 권7(대정장28, p.580a12)에 "무엇이 사업인가? 의업을 사업이라 한다. 사이업이란 무엇인가? 구업과 신업을 사이업이라 한다. 云何思業 意業是名思業 云何思已業 身業口業 是名思已業", 『구사론』 권13(대정장29, p.67b18)에 "두 가지 업이 있으니 하나는 사업이고 다른 하나는 사이업이다. 사이업은 생각으로 지은 것이다. 이러한 두 가지 업 분별하면 셋이 되는데 유정의 신구의 삼업이다. … 마음으로 사유한즉 이 의업이고, 생각하고 지은 업을 나누면 신업과 구업이다. 有二種業 一者 思業 二 思已業 思已業者 謂思所作 如是二業分別爲三 謂卽有情身語意業 … 然心所思卽是意業 思所作業分爲身語二業"라고 하였다. [참고문헌]『舍利佛阿毘曇論』, 『俱舍論』. ⇨ 사업思業, 사이업 思已業 ❹ 선업(善業)과 악업(惡業). ⇨ 선업 善業, 악업 惡業 ❺ 정업(定業)과 부정업(不定業). ⇨ 정업 定業, 부정업 不定業 ❻ 공업(共業)과 불공업(不共業). ⇨ 공업 共業, 불공업 不共業, 업 業

이업 異業 다른 업. 정업이 아닌 업. 60권본 『화엄경』 권18(대정장9, p.514a1)에 "일체중생이 다른 업을 생각하지 않아 올곧게 모든 부처님만을 생각하여 십력을 수습하도록 한다. 令一切衆生 不念異業 正念諸佛 修習十力"라고 하였다. [참고문헌]『華嚴經』, 『中阿含經』 권52 「優婆離經」(대정장1, p.755c22).

이여 二如 ➡ 이진여 二眞如

이여 二餘 두 가지로 남은 것. 팔지보살이 되어서야 끊는, 몸을 받아 나는 것(生身)과 번뇌를 말한다. 여기에 업여(業餘)를 더하면 삼여(三餘)라 한다. 『무량수경』 권하(대정장12, p.274a10)에 "일체법 온통 다 적멸이어서, 몸 받아 나는 일도 번뇌함도 둘의 나머지마저도 모두 다한다. 知一切法 皆悉寂滅 生身煩惱 二餘俱盡", 돈황본 『무량수경의기』 권하(대정장85, p.244b20)에 "지금 말한 '생신과 번뇌라는 두 가지 남은 것들 다 사라진다'고 한 말은 '팔지보살은 스스로 분은 모두 끊어 마쳤지만 구지와 십지 분은 아직 끊지 못했다'는 뜻이다. 생이란 업이니 인이고, 신이란 과이니 생각 하나하나를 신으로 삼는다. 팔지보살은 뜻대로 태어나는 몸마저 끊고 잔여의 업과 잔여의 번뇌도 다 사라졌으므로 '생신과 번뇌라는 두 나머지도 함께 다했다'고 한다. 今言 生身煩惱 二餘俱盡者 明八地菩薩 斷已自分盡 未能斷九地 十地分也 生者是業 卽是因也 身者是果 以念念爲身 八地菩薩 斷意生身 餘業餘煩惱盡故 言生身煩惱 二餘俱盡也"라고 하였다. [참고문헌]『無量壽經』, 『無量壽經義記』. ⇨ 삼종여 三種餘, 과보여 果報餘, 번뇌여 煩惱餘

이여래 二如來 진신여래(眞身如來)와 응신여래(應身如來). 『법화문구』 권9(대정장34, p.127c28)에 "두 여래란, 『성실론』 권1(대정장32, p.242a25)에서 이르길 '여실도를 타고 와 정각을 이루기에 여래라고 한다'고 하였다. 승은 법 그대로의 지혜이고, 실이란 법 그대로의 경계이며, 도는 인이고 각은 과이다. 만약 승만을 홀로 논하면 여여하게 아는 바 없음이다. 실만을 밝히면 여여하게 아는 이가 없음이다. 경지가 화합하여 인과가 있는데 비추는 이도 다하지 못한 것을 인이라 하고, 근원을 끝까지 다하면 과가 되어 도와 각의 뜻이 성취된다. 이것이 바로 여실한 도를 타고 와 정각을 이룬 진신여래다. 여실지로 여실도를 타고 오셔서 삼계에 태어나 정각 성취하심을 보여주신 이는 응신여래이시다. 二如來者 成論云 乘如實道 來成正覺 故名如來 乘是法如如智 實是法如如境 道是因 覺是果 若單論乘者 如如無所知 單明實者 如如無能知 境智和合 則有因果 照境未窮名因 盡源爲果 道覺義成 卽是乘如實道 來成正覺 此眞身如來也 以如實智 乘如實道來 生三有示成正覺者 卽應身如來也"라고 하였다. [참고문헌]『法華文句』, 『成實論』.

이여래장 二如來藏 공여래장(空如來藏)과 불공여래장(不空如來藏). 『대승법계무차별론』(대정장31, p.893b19)에 "다음으로 두 가지 여래장공지가 있다고 설한다. 두 가지란 무엇인가? 공여래장은 일체번뇌를 떠나거나 벗어난 지혜이다. 불공여래장이란 항하의 모래알처럼 셀 수 없는 제불의 법을 떠나지도 벗어날 수도 없는 지혜이다. 復次如說 有二種如來藏空智 何等爲二 所謂空如來藏 一切煩惱 若離若脫智 不空如來藏 過恒河沙不思議諸佛法 不離不脫智"라고 하였다. [참고문헌]『大乘法界無差別論』. ⇨ 공여래장 空如來藏, 불공여래장 不空如來藏, 여래장 如來藏❶

이역 怡懌 기뻐 즐거워 함. 『일체경음의』 권26(대정장

54, p.476c24)에 "이역〈아래 글자의 음은 역이다. 『이아』에 '이역은 즐거움이다'라고 하였다. 곽박이 이르길 '이는 마음의 즐거움, 역은 뜻으로 아는 즐거움이다'라고 해설하였다〉. 怡懌〈下音亦 爾雅云 怡懌 樂也 郭璞云 怡 心之樂也 懌 意解之樂也〉", 『법구비유경』 권1(대정장4, p.579b23)에 "사대가 편안히 고요하고 뭇 근심이 사라지니 마치 감로를 마신 듯하다. 속과 겉이 모두 즐거워 몸은 편안하고 마음은 안정되니 수다원의 도를 얻는다. 四大安靜 衆患消除 如飮甘露 中外怡懌 身安心定 得須陀洹道", 『마명보살전』(대정장50, p.183b26)에 "안색에 넘치는 즐거움은 평소의 곱절이었다. 顔色怡懌 倍於常日"라고 하였다. 〔참고문헌〕『一切經音義』, 『法句譬喩經』, 『馬鳴菩薩傳』.

이역 異譯 같은 원본을 달리 번역한 것. 동일한 저본이 다른 시기에 다른 사람에 의해 번역된 것을 가리키며, 동본이역(同本異譯)이라고도 한다. 『개원석교록』 권2(대정장55, p488a1)에 "『보살본업경』 1권〈줄여서 『본업경』이라고도 하며, 『정행품경』이라고도 한다. 이 경전은 『화엄경』 「정행품」의 이역이며, 승우의 목록서인 『출삼장기집』에 보인다. 비장방(費長房)의 목록서인 『역대삼보기』에서는 『본업경』 이외에 별도로 『정행품경』을 기록하고 있는데, 이는 오류이다〉. 菩薩本業經一卷〈亦直名本業經 亦名淨行品經 是華嚴淨行品異譯 見僧祐錄 長房錄中 本業之外 別載淨行品者 誤也〉"라고 하였다. 〔참고문헌〕『開元釋敎錄』. ⇨ 동본이역 同本異譯, 동본이출 同本異出

이연 二緣 내연(內緣)과 외연(外緣). ❶ 만법을 구성하는 두 가지 조건으로서의 내연과 외연. 『능가경』 권2(대정장16, p.490a6)에 "부처님께서 대혜에게 이르셨다. '일체법은 두 가지 연의 모습이다. 외연과 내연이다. 외연이란 … 저 질그릇·편직물·대자리·종아·낙소 등과 같이 방편연으로 생하는 것도 이와 같으니, 외연이 전후로 굴러 생한다고 한다. 무엇을 내연이라 하는가? 무명·애·업 등의 법이 연이라는 이름을 얻는다. 저들에서 일어나는 음계입 등의 법은 연으로 일어난 이름을 얻는다. 저들 차별이 없지만 범부들 망상일 뿐이니 내연법이라 한다'. 佛告大慧 一切法 二種緣相 謂外及內 外緣者 … 如泥瓶 縷疊 草席 種芽 酪酥等 方便緣生 亦復如是 是名外緣前後轉生 云何內緣 謂無明愛業等法 得緣名 從彼生陰界入法 得緣所起名 彼無差別 而愚夫妄想 是名內緣法"라고 하였다. 〔참고문헌〕『楞伽經』. ❷ 내연과 외연. 사적 영역과 공적 영역. 『환주암청규』 권1(卍속장111, p.997a13)에 "외연이란 일이 공계에서 나온 것들이고, 내연이란 자기에게 벌어진 일이다. 내외 두 연을 모두 열어놓으니, 공사에 넘침이 없으며 내외에도 틈이 없다. 外緣者 乃事出於公界者也 內緣者 事出于自己者也 今將內外二緣開具 庶幾公私不濫 內外無間者也"라고 하였다. 〔참고문헌〕『幻住菴淸規』.

이연 怡然 기쁨 그대로인 모습. 『중아함경』 권33 「석문경 釋問經」(대정장1, p.633c6)에 "내가 이 게를 노래로 읊을 때 그녀는 돌아보며 기쁜 나머지 미소를 머금었다. 我歌頌此偈時 彼女迴顧 怡然含笑"라고 하였다. 〔참고문헌〕『中阿含經』.

이연 異緣 ❶ 다른 것을 연함. 마음으로 반드시 연해야 할 것을 떠나서 다른 것 연한다는 말로, 난심(亂心)을 말한다. 『무량수의궤』(대정장19, p.70b26)에 "경건하고 정성스럽게 한 마음으로 저 국토에 나기를 원하며 마음으로 다른 것을 반연하지 않고 념념이 상속하여 무량수여래를 부르며 찬탄하길 세 번 한다. 虔誠一心 願生彼國 心不異緣 念念相續 卽誦無量壽如來讚歎三遍", 『육문교수습정론』(대정장31, p.776b16)에 "'이연이 없다'는 등이란 무슨 말인가? 이것은 차이가 없는 뜻을 밝힌다. 단지 연 그 자만을 연하여 마음이 머무는 것을 '이연이 없다'고 하니, 그 이름이 무상이다. 說無異緣等 此明無差異義 但緣其字 而心得住 名無異緣 亦名無相", 『금칠십론』 권상(대정장54, p.1246b11)에 "근이 무너지면 보지 못하니, 마치 저 귀먹은 이와 눈먼 이가 소리와 색을 볼 수 없는 것과 같다. 마음이 정하지 못하면 보지 못하니, 비유하면 마음으로 다른 것을 생각하면 이 경은 보이지 않는 것과 같다. 根壞故不見 猶如聾盲人 不能取聲色 心不定故不見 譬如心異緣 不能得此境"라고 하였다. 〔참고문헌〕『無量壽儀軌』, 『六門教授習定論』, 『金七十論』. ❷ Ⓟ sahajāta paccaya. 십연(十緣) 중 하나. 다른 법이 함께 할 때 그 법들을 서로 부르는 경우다. 『사리불아비담론』 권25(대정장28, p.679c7)에 "어떤 것을 이연이라고 하는가? 법으로 함께 있으면 이연이라고 한다. 何謂異緣 若法共有 是名異緣"라고 하였다. 〔참고문헌〕『舍利弗阿毘曇論』. ⇨ 십연 十緣❶ ❸ Ⓟ aññamañña paccaya. 서로를 달리하는 연. 상호연(相互緣)이라고도 한다. 『사리불아비담론』 권15(대정장28, p.628c16)에 "상응하는 행과 식이 상속하여 나머지 취도(趣道)에 나는 경우, 저 행이 저 식을 연으로 한 것을 이연이라고 한다. 若相應行識 續餘道生 彼行緣彼識 名異緣"라고 하였다. 〔참고문헌〕『舍利弗阿毘曇論』.

이연 離緣 모든 연을 떠나 있다는 말. 진견(眞見) 또는 과해(果海)를 수식하는 뜻이다. 『화엄경탐현기』 권10(대정장35, p.295c19)에 "과의 바다 연을 떠났기에 말로 할 수 없지만, 증한 바로 연에 나아간다면 이는 말로 할 수 있다. 果海離緣 故不可說 所證就緣 是卽可說", 『능엄경의소석요초』 권3(卍속장16, p.908b17)에 "진견은 연에서 벗어나 있음을 밝힌다. 연을 좇아 나지도 않고 경을 따라 일어나지도 않으니, 종일토록 번뇌의 티끌에 물들어도 깨끗하지 않은 적이 없고, 온종일 신령스럽게 비추어도 어둡지 않은 때가 없다. 이처럼 어둡도 아니고 밝음도 아니며, 염도 아니고 결도 아니어서 물아가 온통 모두 한결같아야 비로소 진견이연이라 할 수 있다. 明眞見離緣者 不逐緣生 不由境起 終日塵染 未嘗不潔 終日靈照 未嘗不昏 非昏非照 非染非潔 物我皆如 方曰眞見離緣"라고 하였다. [참고문헌]『華嚴經探玄記』,『楞嚴經義疏釋要鈔』.

이연기 已緣起 Ⓢpratītya samutpanna. 이미 연기한 것. 이미 일어난 일체의 유위법(有爲法)을 말한다.『잡아비담심론』권8(대정장28, p.936a14)에 "단지 십이지만을 연기라고 하는 것이 아니니, 낳거나 생겨난 것 등 일체유위법을 연기라고 한다. 부나야사(富那耶舍 Ⓢ Puṇyayaśa)존자는 다음과 같이 말한다. '연기하고 이미 연기한 것이 아니면 미래법을 말하며, 이미 연기하였고 연기하는 것이 아니면 과거나 현재의 아라한의 목숨이 끊어진 오음을 말한다. 연기하고 이미 연기하였으면 과거나 현재의 아라한의 목숨이 다한 오음을 제한 나머지 모든 과거현재법을 말하며, 연기하지 않고 이미 연기한 것이 아니면 무위법이다'. 非唯十二支說緣起 若生若所生一切有爲法說緣起 尊者富那耶舍說 或緣起非已緣起者 謂未來法 已緣起非緣起者 謂過去現在阿羅漢命終五陰 緣起已緣起者 除過去現在阿羅漢命終五陰 諸餘過去現在法 非緣起非已緣起者 謂無爲法"라고 하였다. [참고문헌]『雜阿毘曇心論』. ⇨연기 緣起❶, 연생 緣生

이연심 異緣心 Ⓢanya-manaska. 다른 것을 연하는 마음. 선심(善心)을 유지해야 할 수계자가 악심(惡心) 등을 일으키는 뜻이다.『구사론』권13(대정장29, p.69a24 : *Abh-k-bh.*, p.196)에 "무표색을 아예 없다고 한다면 마땅히 별해탈율의 또한 없게 되고 수계후에 계가 상속이 있을 수 없으니, 비록 이연심을 일으킬지라도 비구 등이라고 부르게 된다. 若撥無無表色者 則亦應無有別解脫律儀 非受戒後有戒相續 雖起異緣心 而名苾芻等 prātimokṣasaṃvaraś cāpi na syād asatyām avijñaptau. na hi samādānād ūrdhvaṃ tad asti yenānyamanasko 'py ayaṃ bhikṣuḥ syāt bhikṣuṇī veti",『구사론기』권13(대정장41, p.206b21)에 "'부정한다면' ~ '비구 등이라고 부르는 것'까지는 무슨 뜻인가? 이것은 일곱째의 별해탈증이다. 또 무표색을 아예 없다고 하면 계체 또한 없으니, 수계후에 계상속이 없고 비록 악이나 무기의 이연심을 일으킬지라도 비구 등이라고 부르게 된다. 본래는 이미 수계후에 계상속이 있기에 비록 악이나 무기의 이연심을 일으킬지라도 비구라고 부른다. 밝히 알라, 별도로 무표색이 있어 그것을 계체로 삼는다. 若撥無至而名苾芻等者 此是第七別解脫證 又若撥無無表色者 則無戒體 非受戒後 有戒相續 雖起惡無記異緣心 而名苾芻等 旣受戒後 有戒相續 雖起惡無記異緣心 而名苾芻等 明知 別有無表 爲其戒體"라고 하였다. [참고문헌]『俱舍論』,『俱舍論記』, *Abh-k-bh.* ⇨별해탈율의 別解脫律儀, 계체 戒體, 무표색 無表色

이연좌화 怡然坐化 편안히 앉은 채로 떠나시다.『불조역대통재』권14(대정장49, p.601c16)에 "그날 저녁에 상서로운 구름이 절을 덮었고 공중에선 하늘 음악소리가 울렸는데, 새벽에 편안히 앉은 채로 입적하였다. 是夕有瑞雲覆其院 空中復有天樂之聲 詰旦怡然坐化"라고 하였다. [참고문헌]『佛祖歷代通載』,『景德傳燈錄』권11「靈樹如敏傳」(대정장51, p.286c4).

이열 羸劣 Ⓢdurbalatva, kṛśa. 약위거나 힘 없음.『불소행찬』권3(대정장4, p.24c5)에 "이 뜻을 사유하고서는 니련강가에서 목욕을 하였다. 목욕을 마치시고는 물에서 나오려고 하였네만 야위고 힘 없어 나올 수 없었네. 천신이 나뭇가지를 내려주어 부여잡고 나왔다. 思惟斯義已 澡浴尼連濱 浴已欲出池 羸劣莫能起 天神按樹枝 擧手攀而出",『유가사지론』권1(대정장30, p.280c28)에 "어떤 것을 취했다 하는가? 술이 의지하기에는 허약한 성 때문에, 마시는 것에 익숙하지 않기 때문에, 매우 자주 마시기 때문에, 과도한 양을 마셨기 때문에 취하여 어지러운 것을 말한다. 云何醉 謂由依止性羸劣故 或不習飮故 或極數飮故 或過量飮故 便致醉亂"라고 하였다. [참고문헌]『佛所行讚』,『瑜伽師地論』, *Buddh-c.142.*, *Yogā-bh.13.*

이열반 二涅槃 ➡이종열반 二種涅槃

이열성 羸劣性 Ⓢdaurbalya, Ⓣnyams-chung-ba. 약하고 힘이 없는 성.『변중변론』권상(대정장31, p.467c15 : *Madhy-vibh.*, p.33)에 "오근에는 원만하게 순해탈분의 뛰어난 선근을 심지 않는 장애가 있으며, 오력에는 나약한 성품의 장애가 있다 하니, 오근이 장애에 뒤섞이게 됨으로써 나약한 성품이 있게 되는 것을 말한다. 於五根有 不植圓滿 順解脫分 勝善根障 於五力有 羸劣性障 謂卽五根 由障所雜 有羸劣性 indriyeṣu mokṣabhāgīyānām aropaṇaṃ. baleṣu teṣām evendriyāṇāṃ daurbalyaṃ vipakṣavyavakiraṇāt"라고 하였다. [참고문헌]『辯中邊論』,『中邊分別論』권상(대정장31, p.454b20), *Madhy-vibh.*

이염 爾焰 ❶Ⓢjñeya의 음사어. 알아야 할 대상. 이염(爾炎·爾錟)이라고도 음사하며, 소지(所知)·응지

(應知)・경계(境界)・지경(智境) 등이라고 한역한다. 지혜를 낳기에 지모(智母)라고도 한다.『구사론』권29(대정장29, p.153b2 : *Abh-k-bh.*, p.462)에 "저들이 보특가라가 온과 하나인지 다른지 모두 말할 수 없다는 것을 인정한다면, 저들이 인정하는 삼세・무위와 말할 수 없는 다섯 가지 이염에 대해서도 말할 수 없어야 한다. 왜냐하면 보특가라가 그 다섯 번째인지 다섯 번째가 아닌지 말할 수 없기 때문이다. 彼若許 補特伽羅 與蘊一異 俱不可說 則彼所許 三世無爲 及不可說 五種爾焰 亦應不可說 以補特伽羅 不可說第五 及非第五故 yathendhanam upādāyāgniḥ prajñapyate evaṃ skandhān upādāya pudgalaḥ iti. yadi cāyam anyaḥ skandhebhyo na vaktavyaḥ pañcavidhaṃ jñeyam atītānāgataṃ pratyutpannam asaṃskṛtam avaktavyam iti na vaktavyaṃ prāpnoti. naiva hi tad atītādibhyaḥ pañcamaṃ nāpañcamaṃ vaktavyam",『구사론소』권29(대정장41, p.804c7)에 "이염이란 무엇인가? 신역은 소지이고 구역은 지모다. 爾焰者 新譯名所知 舊譯名智母",『번역명의집』권5(대정장54, p.1132a12)에 "이염은 이염(爾炎)이라고도 음사하고 소지・응지・경계 등으로 한역한다. 爾焰 或名爾炎 此云所知 又云應知 又云境界"라고 하였다. [참고문헌]『俱舍論』,『俱舍論疏』,『翻譯名義集』, *Abh-k-bh.* ⇨ 소지 所知, 응지 應知, 지모 智母 ❷ Ⓢ arciṣmatī. 보살십지(菩薩十地) 중 네 번째 지의 이름.『화엄경소초』권38(대정장36, p.289c6)에 "(보살십지 중) 네 번째 지는 염혜이므로 이염・소지소라고도 하는데, 알아야 할 것에 대해서는 지혜의 불꽃이 한층 더 타오르기 때문이다. 四地 是焰慧故 亦云爾焰 亦云所知燒 於所知 慧焰增故"라고 하였다.『화엄경소』권60(대정장35, p.956b28)에서는 "이염이란 소지라고 한역한다.『입대승론』에 '이염지란 제10지이다. 이것은 열 가지 소지장을 다 끊었기 때문이다. 爾焰者 此云所知 入大乘論云 爾焰地者 是第十地 此約盡斷十種所知障故"라고 하여 다른 견해를 보이고 있다. [참고문헌]『華嚴經疏鈔』,『華嚴經疏』. ⇨ 염혜지 焰慧地, 보살십지 菩薩十地, 십지 十地❷

이염 離染 Ⓢ virāga, virakta, Ⓣ 'dod-chags-dang-bral-ba. 번뇌에 물듦을 벗어남. 진여 또는 청정법계나 해탈얻게 됨을 뜻한다.『불지경론』권7(대정장26, p.322c26)에 "일체법진여란 두 가지 장의 청정상이다. [논] 어떤 사람은 이것이 청정법계를 나타낸 것이라 하여, 일체법의 공무아성으로 드러난 진여는 영원히 두 장애를 여의어서 본성청정이라고 말한다. 여기서는 다시 염을 여의고 모든 선법이 의지하기에 그 이름을 청정법계라고 한다. 一切法眞如 二障淸淨相 論曰 有義 此顯淸淨法界 謂一切法 空無我性 所顯眞如 永離二障 本性淸淨 今復離染 能爲一切 善法所依 是故 說名 淸淨法界",『유가사지론』권22(대정장30, p.405c12 : *Śrāv-bh.*, p.58)에 "마땅히 알아야 하리. 열 가지 공덕이라는 뛰어난 이로움 있음을. 무엇이 그 열 가지인가? 말하자면 계를 갖춘 사부보특가라는 스스로 계의 청정함을 관하여 곧 무회를 얻는다. 뉘우칠 일 없기에 즐거워하며, 즐겁기에 기쁨 일으키고, 마음이 기쁘기에 몸의 경안을 얻으며, 몸이 경안하기에 곧 수승한 즐거움을 받고, 즐겁기에 마음이 안정되며, 마음의 정을 얻기에 여실하게 안다. 여실하게 볼 수 있게 되면 실제를 알고 보게 될 수밖에 없어 곧 싫어함을 일으키며, 싫어함을 일으키기에 곧 이염을 얻고, 이염 때문에 해탈을 증득하며, 해탈을 얻기에 문득 스스로 알고 보게 된다. '나는 이미 해탈하였고 나아가 나는 무여의반열반계에서 분명히 반열반한다'고 안다. 應知有十功德勝利 何等爲十 謂諸所有 具戒士夫 補特伽羅 自觀戒淨 便得無悔 無悔故歡 歡故生喜 由心喜故 身得輕安 身輕安故 便受勝樂 樂故心定 心得定故 能如實知 能如實見 實知見故 便能起厭 能起厭故 便得離染 由離染故 證得解脫 得解脫故 便自知見 我已解脫 乃至我能 於無餘依般涅槃界 當般涅槃 tatraivaṃ pariśuddhasya śīlasamvarasya daśānuśaṃsā veditavyāḥ. katame daśa. iha śīlavān viharati puruṣapudgalaḥ śīlaviśuddhimātmanaḥ pratyavekṣamāṇaḥ avipratisāraṃ pratilabhate. avipratisāriṇaḥ prāmodyaṃ pramuditacittasya prītirjāyate. prītamanasaḥ kāyaḥpraśrabhyate. praśrabdhakāyaḥ sukhaṃ vedayate. sukhitasya cittaṃ samādhīyate. samāhitacitto yathābhūtaṃ prajānāti. yathābhūtaṃ paśyati. yathābhūtaṃ jānan paśyannirvidyate. nirviṇṇo virajyate, virakto vimucyate, vimuktasya vimuktiḥ vimuktijñānadarśanaṃ bhavati. yāvannirupadhiśeṣe nirvāṇadhātau parinirvāti"라고 하였다. [참고문헌]『十地經論』,『佛地經論』,『瑜伽師地論』, *Śrāv-bh.* ⇨ 청정법계 淸淨法界

이염득 離染得 Ⓢ vairāgyato labhyante. 물듦이 없음을 얻음. 삼종득(三種得 : 加行得・離染得・生得) 중 하나로 번뇌를 다 여읜 뜻이며, 부처님은 일체에 있어 이염득이다.『대비바사론』권30(대정장27, p.157c19)에 "가행득 이염득이라 한 것은, 이 십력은 모두 가행득이라 할 수 있다. 삼무수겁 동안 수승한 가행으로 얻은 것이기 때문이다. 모두 이염득이라고도 할 수 있으니, 유정의 염오마저도 떨치고 진지를 얻었으며 모든 역도 얻기 때문이다. 加行得離染得者 此十力 皆可言 加行得 三無數劫 積集殊勝加行得故 皆可言 離染得 離有頂染 得盡智時 得諸力故", 같은 책 권40(대정장27, p.207b20)에 "가행득 이염득 생득이란, 가행득과 이염득은 있으나 생득은 아니다. 이염득이란 염을 여읠 때 닦아서 얻는 것이기 때문이고, 가행득이란 가행을 지어야 현전하기 때문이다. 부처님께는 가행이 없고, 독각은 하품가행이며, 성문은 때론 중품가행이거나 상품가행이다. 加行得 離染得 生得者 有加行得 有離染得 非生得 離染得者 謂離染時 而修得故 加行得者 謂作加行 現在前故 佛無加行 獨覺下加行 聲聞或中加行 或上加行", 『구사론』 권27(대정장29, p.143b1 : *Abh-k-bh.*, p.422)에 "일찍이 습에 꿰어 있어서 뛰어난 세와 힘이 없거나, 저 유정중생들은 염을 여의는 것으로 얻으며, 현전하는 경우는 모두 가행 때문이다. 부처님께서는 일체에 있어서는 온통 이염득이시니, 뜻대로 현전하시되 가행으로 말미암지 않으신다. 若曾串習 無勝勢用 及彼種類 由離染得 若起現前 皆由加行 佛於一切 皆離染得 隨欲現前 不由加行 janmāntarābhyastā abhijñā vairāgyato labhyante vaiśeṣikyaḥ prayogataḥ. sarvāsāṃ tu prayogeṇotpādanam"라고 하였다. [참고문헌] 『大毘婆沙論』, 『俱舍論』, *Abh-k-bh.* ⇨ 가행득 伽行得, 생득 生得

이염복 離染服 번뇌를 여읜 옷. 가사(袈裟)를 말한다. 『석씨요람』 권상(대정장54, p.268b25)에 "『대집경』에서 '가사는 이염복이라 부른다'고 하였다. 『현우경』에서는 출세복이라 하였고 『여환삼매경』에서는 무구의라 하였으며 또 인욕의 갑옷이라고도 하였고 연화의라고도 하였으니, 욕망의 진창에 물들지 않는다는 뜻이다. 大集經云 袈裟名離染服 賢愚經云 出世服 如幻三昧經云 無垢衣 又名忍辱鎧 又名蓮華衣 謂不爲欲泥染故"라고 하였다. [참고문헌] 『釋氏要覽』. ⇨ 가사 袈裟

이염심 離染心 물든 마음을 여의다. 탐진 등에 물든 마음을 여실히 알아 떠난다는 뜻이다. 『십지경론』 권5(대정장26, p.157c26)에 "수번뇌란 탐진 등과 화합하는 것이니, 저 경에서 '이 보살은 타심지로 다른 중생의 마음과 그 마음 씀을 여실하게 안다. 탐심이 있으면 탐심이 있다고 여실하게 알고, 나아가 어리석음을 여읜 마음에 이른다'고 한 것과 같다. '사'란 번뇌가 있게 하거나 번뇌를 떠나게 하는 등이니, 경에서 '물든 마음을 여실히 알아야 물든 마음을 여읜다'고 한 것과 같다. 隨煩惱者 與貪瞋等和合 如經是菩薩 以他心智 如實知 他衆生心及心數法 有貪心 如實知 有貪心 乃至離癡心故 使者 有煩惱 離煩惱等 如經如實知 有染心 離染心故"라고 하였다. [참고문헌] 『十地經論』.

이염위 離染位 Ⓢ vīta-rāga-avasthā, Ⓣ 'dod-chags-dang-bral-ba'i-gnas-skabs. 번뇌를 여읜 위. 아홉 번째 해탈도위(解脫道位)를 말한다. 『구사론』 권29(대정장29, p.150c25 : *Abh-k-bh.*, p.454)에 "욕계와 미지정에도 자무량 등이 있으니, 소수성의 근본무량과 유사하다. 이것으로 진에 등의 장애를 다스려 조복하고서 이끌어 단도를 일으키고 능히 모든 번뇌를 끊는다. 모든 혹을 끊어 마친 후에는 이염위중에 비로소 근본사종무량을 얻는다. 이후의 위에서는 비록 강한 연을 만날지라도 진에 등에 가리거나 항복하지 않는다. 欲未至 亦有慈等 似所修成 根本無量 由此制伏 瞋等障已 引斷道生 能斷諸惑 諸惑斷已 離染位中 方得根本四種無量 於此後位 雖遇强緣 而非瞋等之所蔽伏 kāmadhātvanāgamyabhūmikāni hi maitryādīni maulāpramāṇasadṛśāni saṃvidyante. tais tān viṣkambhya prahāṇamārgaiḥ prajahāti. tato vītarāgāvasthāyāṃ maulāpramāṇalābhāt. valavatpratyayalābhe 'pi tair anādhṛṣyo bhavati"라고 하였다. [참고문헌] 『俱舍論』, *Abh-k-bh.* ⇨ 이염 離染, 구해탈도 九解脫道

이염조림 爾焰稠林 분별의 불꽃이 치성한 빽빽한 숲. 이염(爾焰)이란 소지(所知)·경계(境界)의 뜻이니, 가지가지 나무들로 빽빽한 숲과 같은 삼계에 가득한 중생들의 종종계(種種界)를 비유한다. 『현종론』 권10(대정장29, p.822b28)에 "현재 유정 몸에는 각각 미래의 인과의 조짐이 있다. 부처님께서는 이것을 관찰하시고 곧 미래를 아시는데, 깨달아서 분명하게 보시는 것이지 점을 쳐서 아시는 것이 아니다. 부처님께서는 이런 등 소지의 불꽃으로 치성한 빽빽한 숲일지라도 뜻에 있어 인되는 것 있기에 반드시 능히 깨달아 보신다. 現在有情身中 各有未來因果先相 佛因觀此 便知未來 證見分明 非占相智 佛於此等 爾焰稠林 理有所因 方能證見"라고 하였다. [참고문헌] 『顯宗論』, 『順正理論』 권19(대정장29, p.444b28). ⇨ 이염 爾焰❶, 조림 稠林

이염지 爾焰智 꺼지지 않는 불꽃처럼 알아야 할 것을 다 아는 지. 『화엄경소초』 권89(대정장36, p.693c24)에 "보살은 생사의 바다 중에 처하여 첫 번째 아승기겁에는 깨끗한 치지행을 닦아 깨끗한 해탈을 구하며, 두 번째 아승기겁에 깨끗한 선정행을 닦고, 세 번째 아승기겁에는 깨끗한 지혜행을 닦아 이염지의 장애를 없앤다. 그러므로 보살을 승자재승이라 한다. 십지를 만족하여 장애가 없게 되면 일체를 빠짐없이 갖추기에 아누다라삼막삼보리를 증득한다. 그러므로 이염지로 대과를 성취하는 것이다. 菩薩處生死海中 第一阿僧祇劫 修淨治地行 求淨解脫 第二阿僧祇劫 修淨禪定行 第三阿僧祇 修淨智慧行 除爾焰地障 是故 菩薩名乘自在乘 滿足十地 得無礙無障 一切具足 故得阿耨多羅三藐三菩提 是故 以爾焰智 得成大果"라고 하였다. [참고문헌] 『華嚴經疏鈔』, 『大毘婆沙論』 권73(대정장27, p.378c25). ⇨ 이염 爾焰❶❷

이염현견 離染現見 두 가지 현견(現見 : 執受現見 離染現見) 중 하나다. 염을 떠나서만 드러나 보이는 것. 욕계는 오근(五根)으로 집수해야 드러나 볼 수 있지만 상계(上界 : 色界 無色界)는 번뇌를 떠나서만 드러나 보이기에 이염현견이다. 『대비바사론』 권4(대정장27, p.16a27)에 "〔문〕 색계무색계의 고통을 현견할 수 없다면 행자는 어떻게 저것을 현관하는가? 〔답〕 현견에는 두 가지가 있으니 첫째 집수현견, 둘째 잡염현견이다. 저 관을 수행하는 이가 욕계고에 대하여는 두 가지 현견을 모두 갖추지만, 색계와 무색계고에 대하여는 단지 이염현견만 있을 뿐이다. 마치 상인이 짐을 두 가지로 짊어진 것과 같으니, 첫째는 자신이 진 짐이고 둘째는 타인이 지도록 한 짐이다. 자신이 진 짐의 경우에는 두 가지로 다 현견하는데, 가볍고 무거운지도 보며 재물도 드러나 본다. 타인이 지도록 한 짐에는 오직 한 가지만이니 재물현견 뿐이다. 이 현견도 이와 같다. 問 若色無色界苦 不現見者 行者 云何 於彼現觀 答 現見有二種 一 執受現見 二 離染現見 彼觀行者 於欲界苦 具二現見 於色無色界苦 但有離染現見 猶如商人 有財兩擔 一 自擔之 二 使人擔 於自所擔 具二現見 謂輕重現見 及財物現見 於他所擔 唯有一種 財物現見 此亦如是"라고 하였다. 〔참고문헌〕『大毘婆沙論』. ⇨ 현견 現見, 현관 現觀

이영 理影 이치와 그림자. 진(眞)으로서의 진소유성과 속(俗)으로서의 여소유성을 말한다. 『섭대승론석』 권1(대정장31, p.321a18)에 "소지장에 가리운 어둠 모두 깨뜨리니, 있는 바 자성 다하고 있는 그대로의 자성 있게 되거늘, 제법은 진과 속으로, 이와 그림자로 허망하게 집착하며 다투어 다른 생각 일으킬 뿐이네. 諸破所知障翳暗 盡其所有如所有 諸法眞俗理影中 妄執競興於異見"라고 하였다. 〔참고문헌〕『攝大乘論釋』.

이영간 李靈幹 고려 문종(재위 1046~1083)대 문신. 본관은 담양(潭陽). 한림학사(翰林學士)를 거쳐 참지정사(參知政事)에 이르렀다. 「고려국삼천사대지국사비문 高麗國三川寺大智國師碑文」의 찬자로 전한다. 『보한집』 권상에 이영간이 지은 「제나주법륜사 題羅州法輪寺」가 수록되어 있는데, "여섯 때 마다 길이 빛나는 자비의 등불이 환하니, 만고에 길이 보존될 성현 자취 기이하구나. 좋은 인연을 맺으려면 무엇을 해야 할까? 마음을 다해 향을 올리며 부처를 스승으로 삼음이라. 六時永耀慈燈朗 萬古長存聖跡奇 結得良緣何事也 爇心香供佛爲師"라고 하였다. 〔참고문헌〕『補閑集』, 『海東金石苑』 권상 p.1011, 李智冠 『校勘譯註歷代高僧碑文』 高麗篇2 pp.342~345. ⇨ 삼천사대지국사비 三川寺大智國師碑

이예순 李禮順 1588~1657. 조선후기 비구니. 이여순(李女順)이라고도 함. 아버지는 서인(西人)의 영수로서 인조반정(仁祖反正)을 주도한 연평부원군 이귀(李貴)이다. 어려서부터 영민하여 서 6, 7세에 이미 문자를 알았으나 세상일에는 무심하였다. 15세에 김자겸(金自謙)과 혼인하였고 오언관(吳彦寬)과 함께 부부가 불도를 닦아 도반이 되었다. 1608년(광해군41)에 남편과 사별한 후 오대산(五臺山)으로 출가하려 하였으나 뜻을 이루지 못하다가, 1614년(광해군6) 4월에 오언관을 따라 덕유산으로 가서 스님이 되었다. 아버지를 향한 북인(北人)의 공격을 받아 오언관 등과 함께 체포되어 광해군의 친국(親鞫)을 받았는데, 『광해군일기』에는 스님의 단엄한 공초(供招)가 전한다. 친국에서 풀려난 후 자수원(慈壽院 : 자수궁)에 주석하며 생불로 칭송받다가 입적하였다. 『광해군일기』 6년(1614) 8월 19일에 "15세에 시집을 갔으나 역시 부부간에 아이 낳는 일은 염두에 두지 않고 오직 지극한 불도에 마음을 두어 8, 9년간 공력을 쌓았더니 터득함이 있었다. 자겸도 지기가 비범하여 일찍이 선학을 섬겼고 아내의 도로써 대하지 않았으며, 또한 오언관과 도우를 맺고 항상 '나에게는 군왕과 같은 아내, 오와 같은 벗이 있으니 일생의 행운이다'라고 하였다. 셋이서 마치 솥발처럼 대하고 앉아서 종일토록 불도에 대하여 담론하였는데 간혹 밤 깊도록 하였다. … 일찍이 오대산에 비구니가 많다는 이야기를 듣고 따라가려고 하였으나 뜻을 이루지 못하였고 … (지난 4월에) 시어머니와 부모에게 편지를 남겨 작별을 고하고 노비를 거느리고 길을 떠나 덕유산에 이르러 머리를 깎고 스님이 되었다. 十五而嫁 亦不以男女生產爲念 留心至道 積功八九年 似有所得 自謙志氣不凡 早事禪學 不以妻道待之 且以吳彦寬爲道友 嘗曰 吾有妻如君 有友如吳 一生之幸也 三人鼎坐 談道終日 或至夜深 … 嘗聞五臺山多女僧 欲往從之 而未果 … 留書於姑及父母爲別 率奴婢而行 行至德裕山 翦髮爲僧", 『연려실기술』 권23 인조조고사본말(仁祖朝古事本末) 계해정사(癸亥靖社)에 "임금(광해군)이 풀어주어 도성 안의 자수궁에 머물게 하였는데, 이씨가 이 인연으로 궁중에 출입하니 대궐 안 사람들이 모두 생불이라 칭송하며 받들고 믿음이 비할 데 없었다. 主釋之 使處城中慈壽宮 李氏因緣出入宮中 闕內之人 皆稱生佛 崇信無比"라고 하였다. 〔참고문헌〕『光海君日記』, 『燃藜室記述』.

이예암삼매 離翳闇三昧 Ⓢ timira-apagata-samādhi, Ⓣ rab-rib-med-pa zhes-bya-ba'i ting-nge-'dzin. 가려 어둡게 함을 떠나는 삼매. 백팔삼매 중 하나. 이몽매삼매(離蒙昧三昧)·이암삼매(離闇三昧)라고도 한다. 『대반야경』 권414(대정장7, p.76a28 : *Pañca-pr.*, p.201)에 "이예암삼매란 무엇인가? 이 삼매에 머물 때 모든 선정의 예암이 남김없이 사라진다. 그러므로 이예암삼매라고 한다. 云何名爲離翳闇三摩地 謂若住此三摩地時 諸定翳闇無不除遣 是故名爲離翳闇三摩地 tatra katamaḥ timirāpagato nāma samādhiḥ yatra samādhau sthitvā sarvasamādhitimiraṃ viśodhayati tenocyate timirāpagato nāma samādhiḥ"라고 하였다. [참고문헌]『大般若經』, *Pañca-pr.*, *Mvyut.21.* ⇨이몽매삼매 離蒙昧三昧, 이암삼매 離闇三昧, 백팔삼매 百八三昧

이오 二五 오오백년(五五百年) 중 두 번째 오백년. 선정견고(禪定堅固)를 특징으로 하는 상법(像法)시대를 말한다. 『출삼장기집』 권5(대정장55, p.41b8)에 "두 번째 오백년의 햇볕은 상법시대 초다. 於二五之照 當是像法之初"라고 하였다. [참고문헌]『出三藏記集』. ⇨오오백년 五五百年, 상법 像法

이오 二悟 두 가지 깨달음. ❶ 점오(漸悟)와 돈오(頓悟). 법상종에서는 부정종성(不定種性)을 점오로, 보살정성(菩薩定性)을 돈오로 나눈다. 『성유식론술기』 권5(대정장43, p.404a24)에 "대승초지의 돈오와 이승 및 보살은 인공으로 오로지 인집(人執)의 번뇌만을 조복하고, 돈점 두 가지로 깨우치는 보살은 법공으로 법집의 번뇌도 조복한다. 大乘初地頓悟 二乘及菩薩 人空唯伏人染 頓漸二悟菩薩 法空亦伏法染", 『성유식론소초』 권1(卍속장80, p.211b14)에 "그러나 부처님께서 삼시로 전하신 설법은 두 근기 모두에게 이익을 주셨다. 부정성 점오인과 정성돈오인을 말한다. 저 부정성이 전에서 후에 이르니 몸중에 삼품을 갖춘 것과 같으니, 교진여 등이다. 然佛三時說法 皆被二種人 謂不定性漸悟人 及定性頓悟人也 如不定性 從前至後 則身中具有三品 卽如憍陳如等", 『원각경협송집해강의』 권5(卍속장87, p.845a14)에 "대근은 돈오이고 소근이란 점오다. 그러나 만일 원각법문을 만난다면 근기의 대소에 얽매이지 않고 모두 성불할 수 있다. 大根者頓悟 小根者漸悟 若遇圓覺法門 不拘根器大小 皆得成佛"라고 하였다. [참고문헌]『成唯識論述記』, 『成唯識論疏抄』, 『圓覺經夾頌集解講義』. ❷ 남북으로 전한 선종을 드러내는 뜻에서의 돈오와 점오. ⇨돈오 頓悟, 점오 漸悟 ❸ 인명(因明)에서 시설한 능립·능파·사능립·사능파인 오타(悟他 Ⓢ parārtha)와, 현량·비량·사현량·사비량인 자오(自悟 Ⓢ svārtha). 각각에 4문이 있으므로 합하여 인명팔문(因明八門)이라 한다. 『인명입정리론』(대정장32, p.11a28)에 "능히 세우고 능히 파하고, 그 두 가지의 오류는 오직 다른 이를 깨우치는 것이고, 현량과 비량과 그에 따른 두 가지의 오류는 스스로를 깨우친다. 能立與能破 及似唯悟他 現量與比量 及似唯自悟"라고 하였다. [참고문헌]『因明入正理論』. ⇨인명팔문 因明八門

이오 伊吾 중국 신강성(新疆省) 동북쪽 천산산맥(天山山脈) 동부 남쪽 기슭에 있는 지역. 지금의 하미(Hami) 땅에 해당한다. 『자은전』 권1(대정장50, p.223a20)에 따르면, 현장(玄奘)이 천축(天竺)에 들어갈 때 8일에 걸쳐 막하연(莫賀延)사막을 통과하여 마침내 이오국경에 도달하였다고 한다. 『유방기초』(대정장51, p.986b26) 등에는 옛날의 고창국(高昌國)을 이오국이라고도 하였다고 전한다. 이곳은 천산산맥의 남북 두 길이 교차하는 지역으로 중국과 서역을 오가는 교통의 요충지였다. 『불조통기』 권32(대정장49, p.313a8)에 "떠돌이 상인들이 왕래할 때 대부분 이오의 길을 선택하였다. 〈『북사』「서역전」〉. 商旅往來 多取伊吾路 〈北史西域傳〉"라고 하였다. [참고문헌]『慈恩傳』, 『遊方記抄』, 『佛祖統紀』, 『後漢書』 권78「西域傳」.

이오 李頫 ?~1110. 고려전기 문신. 시호는 문량(文良), 자호는 금강거사(金剛居士). 문벌귀족인 인주이씨 이자상(李子祥 : 李子淵의 아우)의 아들. 『고려사』 권95 열전(列傳)8 이자연에 "이오는 과거에 급제하여 직한림원이 되었으며, 문종·순종·선종·헌종·숙종·예종 등 여섯 왕을 섬겼다. … 불교를 깊이 믿어 여러 경의 장소를 두루 보았으며, 특히 『금강경』을 좋아하여 스스로를 금강거사라 불렀다. 頫登第直翰林院 事文順宣獻肅睿六朝 … 酷信浮屠 遍覽諸經章疏 尤喜金剛經 自號金剛居士"라고 하였다. 「혜덕왕사진응지탑비명 慧德王師眞應之塔碑銘」 및 「승가사중수기 僧伽寺重修記」를 찬술하였는데, 「중수기」는 『동국여지승람』 권3 한성부(漢城府) 불우에 전한다. [참고문헌]『高麗史』, 『東國輿地勝覽』, 李智冠 『校勘譯註歷代高僧碑文』 高麗篇3 pp.20~69. ⇨혜덕왕사진응지탑비명 慧德王師眞應之塔碑銘

이오식 二五食 포선니식(蒲繕尼食)과 가단니식(珂但尼食)이라는 두 식에서 모두 거두는 다섯 가지 음식. 비구가 먹는 음식 일반을 나타낸다. 첫째, 오포선니식(五蒲繕尼食 Ⓢ pañcabhojanīya)은 반자포선니(半者蒲膳尼)·오포사니식(五蒲闍尼食)이라고도 하며 오담식(五噉食)이라 한역한다. 만족스럽고 맛있다고 하여 족식(足食)·담식(噉食)이라 한다. 둘째, 오가단니식(五珂但尼食 Ⓢ pañca-khādanīya)은 오거사니식(五佉闍尼食)이라고도 하며, 오작식(五嚼食)이라 한역한다. 『유부율』 권36(대정장23, p.821b26)에 "만일 비구가 먼저 다섯 가지 작식을 먹으면 나중에 다섯 가지 담식을 먹어도 되지만, 먼저 다섯 가지 담식을 먹고 나서는 다섯 가지 작식을 먹으면 안 된다. 만약 다시 먹는다면 월법죄를 얻는다. 若苾芻先食 五種嚼食 後時得食 五種噉食 若先食五種噉食 更不應食 五種嚼食 若更食者 得越法罪", 같은 책 권36(대정장23, p.821c12)에 "무엇을 받아 얻어 먹는 음식이라고 안다고 하는가? 이오식을 말하니, 남에게 받아서 얻어 먹는 음식이다. 云何知受得而食 謂二五食 從他受得而食"라고 하였다. [참고문헌]『有部律』. ⇨반자가단니 半者珂但尼, 반자포선니 半者蒲膳尼, 오담식 五噉食, 오작식 五嚼食

이옥리노야노양 爾屋裏老爺老孃 그대 집안의 부모님. 납승(衲僧)의 본분(本分)에 비유한 말이다. 『경덕전등록』 권19 「운문문언전 雲門文偃傳」(대정장51, p.358b12)에 "학인들이 경을 베껴서 가죽부대 속에 채워 넣고 헤아리며, 이르는 곳마다 화롯가에 삼삼오오 머리 맞대고 재잘거리며 다시 들어 말하길 '이것은 공재어이고 이것은 이치를 따라 나온 말이며, 이것은 일의 분상에서 말한 것이고 이것은 깨우친 말이다'라고 떠든다. 그대 집안의 늙은 부모만은 아는가? 밥 먹고 나면 언제나 그렇듯이 꿈 이야기 하다가 '나 불법을 알았다' 하리니, 장차 알리라, 그대 행각 끝에 나귀 하나 되어야 쉴 곳 얻을 줄을. 大卷抄了 塞在皮袋裏卜度 到處火鑪邊 三箇五箇聚頭 口喃喃擧更道 遮箇是公才語 遮箇是從理道出語 遮箇是就事上道底語 遮箇是體語 體爾屋裏老爺老孃 噇却飯了 只管說夢 便道我會佛法了也 將知爾行脚驢年得箇休歇麼"라고 하였다. [참고문헌]『景德傳燈錄』.

이온아 離蘊我 오온(五蘊)을 떠난 아. 오온 밖에서 아를 구하는 외도의 견해를 말한다. 『구사론기』 권29(대정장41, p.439a13)에 "저 외도가 계착하는 오온을 떠난 아에는 진실이 있을 수 없으니 현량으로도 비량으로도 없다. 於彼外道 諸有所計 離蘊我中 無有眞實 現比量故"라고 하였다. [참고문헌]『俱舍論記』, 『俱舍論』 권29(대정장29, p.152b26). ⇨오온 五蘊, 아 我

이왕 二王 ➡이왕존 二王尊

이왕 二往 거듭 살핀다는 말. 재왕(再往)이라고도 한다. 『마하지관』 권7상(대정장46, p.87c4)에 "한 번 보아서는 그렇지만, 거듭 살피면 그렇지는 않다. 一往然 二往不然"라고 하였다. [참고문헌]『摩訶止觀』.

이왕무인 易往無人 쉽게 가는 길에 사람이 없다는 말. 쉽게 왕생할 수 있지만 믿는 결정심으로 인(因)을 삼고 닦지 않으니 가는 이가 없다는 뜻이다. 『무량수경』 권하(대정장12, p.274b23)의 구절에 따른다. 『낙방문류』 권3(대정장47, p.185b18)에 "관함이 얕고 마음이 들뜸으로 말미암아 쉽게 왕생하는 이가 없으니 참으로 의심은 깊고 장애가 무겁다. 만일 장애와 번뇌를 다하고자 한다면 마땅히 결정함으로 마음을 삼아야 한다. 젖은 땔나무가 산처럼 쌓였어도 콩알만한 불씨로 사를 수 있고, 천년 동안 깜깜한 방일지라도 해가 비치면 문득 밝으리라. 蓋由觀淺心浮 易往無人 良以疑深障重 若欲盡除障垢 當以決定爲心 濕薪如山 豆火能爇 千年闇室 日照頓明", 『무량수경의소』 권하(대정장37, p.112a6)에 "첫 부분에 '쉽게 갈 수 있지만 그러한 사람이 없다'는 말은 직접 한탄을 드러낸 대목이다. 인을 닦으면 갈 수 있으니 이를 이왕이라 한다. 인을 닦는 사람이 없어서 왕생하는 이가 드물기에 '그러한 사람이 없다'고 하였다. 그 불국토는 아무도 어겨 거스를 수 없어 쉽게 갈 수 있도록 앞에 펼쳐져 있지만, 자연히 이끌려 그곳에 가 있는 사람은 없다. 初言易往而無人者 正爲傷歎 修因卽去 名爲易往 無人修因 往生者尠 故曰無人 其國不逆違 彰前易往 自然所牽 顯前無人"라고 하였다. [참고문헌]『無量壽經』, 『樂邦文類』, 『無量壽經義疏』. ⇨왕생 往生

이왕문 二王門 이왕을 안치한 문. ⇨이왕존 二王尊

이왕이무인 易往而無人 ➡이왕무인 易往無人

이왕존 二王尊 불법(佛法)을 수호하는 밀적(密迹)과 나라연(那羅延) 두 금강역사(金剛力士). 이왕(二王)·인왕(仁王)·이천왕(二天王)·이천(二天) 등이라고도 한다. 절 문 양측에 서 있다. 허리에 가벼운 옷을 두르고 근육과 뼈를 드러내며 머리를 묶고 분노한 눈매를 한 형상이다. 좌존(左尊)은 밀적금강으로 입을 벌리고 오른손에 금강저를 쥐고 왼손바닥을 펼친 자세를 취하고 있으며, 우존(右尊)은 나라연금강으로 입을 다물고 왼손에 몽둥이를 들고 오른 어깨를 높이 펼친 자세를 취한다. 전거에 따라서는 다문천(多聞天)·지국천(持國天) 또는 지국천·증장천(增長天)이라고도 한다. 『유부율잡사』 권17(대정장24, p.283b2)에 "부처님께서 말씀하시길 '장자여, 문 양 옆에 마땅히 몽둥이 쥔 야차를 지어야 한다'. 佛言 長者 於門兩頰 應作執杖藥叉"라고 하였다. 현재 인도 바르후트(Bharhūt) 담장에 새겨진 야차신상과 로리얀 탕가이(Loriyān Tangai)의 밀적금강역사가 부처님을 좌우에서 시위(侍衛)하는 조상 등이 그 전형이다. 『대보적경』 권9(대정장11, p.52c29)에 "과거세 법의태자가 지금의 밀적이라는 금강역사다. 其法意太子 則今金剛力士 名密迹是也", 『금광명경문구기』 권5(대정장39, p.140c11)에 "(금강밀적이) 누지불의 화신이라고 전해오는 말은 바르지 않다. 법의태자이기 때문이다. 경문에 근거하면 오직 한 사람이지만 가람의 문에 형상을 조성하면서 두 상으로 만들었을 뿐이다. 응하여 변화함에는 정해진 본이 따로 없으니 많은 것 또한 허물이 없다. 世傳樓至化身 非也 乃法意王子耳 據經唯一人 今狀於伽藍之門 而爲二像者 夫應變無方 多亦無咎", 『불공견삭다라니자재왕주경』 권하(대정장20, p.427c2

6)에 "단의 북문 밖에 두 천왕을 그려서 그 문을 수호하게 한다. 왼쪽에는 다문천왕을 그리고 오른쪽에는 금강수천왕을 그린다. 이 두 왕을 그리는데 각자 다른 본래의 색을 따르고 갖가지 보배로 장엄하며 무기를 든 모습이다. 壇北門外 畫二天王 守護其門 左邊應作 多聞天王 右邊應作 金剛手天王 畫此二王 各依本色 衆寶莊嚴 執持器仗"라고 하였다. [참고문헌] 『有部律雜事』, 『大寶積經』, 『金光明經文句記』, 『不空羂索陀羅尼自在王呪經』. ⇨ 밀적역사 密迹力士, 나라연 那羅延

이욕 離欲 **1** Ⓢ virāga, vairāgya, Ⓣ 'dod-chags-dang-bral-ba. 욕을 여읨. 구경에는 해탈에 이르는 길이지만 경론에 따라 교상이 다양하다. 계를 지녀 실지를 얻고 염리심이 생겨야 이욕할 수 있으며, 욕의 범주 그리고 순차에 따른 이욕의 방편들이 있다. 40권본 『대반열반경』 권4(대정장12, p.387b27)에 "욕을 여읜 적멸을 열반이라고 한다. 마치 사람의 머리를 베면 머리가 없는 것처럼, 이욕에서 오는 적멸 역시 이와 같아 공하여 있을 것 없으니 열반이라고 한다. 離欲寂滅 名曰涅槃 如人斬首 則無有首 離欲寂滅 亦復如是 空無所有 故名涅槃", 『대지도론』 권13(대정장25, p.160c11)에 "계를 가지는 이는 마음으로 후회하지 않고, 마음으로 후회하지 않으므로 기쁨과 즐거움을 얻으며, 기쁨과 즐거움을 얻으므로 일심을 얻고, 일심을 얻으므로 참된 지혜를 얻으며, 참된 지혜를 얻으므로 싫어하는 마음을 얻고, 싫어하는 마음을 얻으므로 이욕을 얻으며, 이욕을 얻으므로 해탈을 얻고, 해탈을 얻으므로 열반을 얻는다. 이와 같이 계를 가지는 것이 모든 선법의 근본이 된다. 持戒之人 其心不悔 心不悔故得喜樂 得喜樂故得一心 得一心故得實智 得實智故得厭心 得厭心故得離欲 得離欲故得解脫 得解脫故得涅槃 如是 持戒爲諸善法根本", 『유가사지론』 권1(대정장30, p.281a16 : *Yogā-bh.*, p.14)에 "무엇이 이욕인가? 따라 수순해서 욕을 여읠 수 있으니, 근이 성숙하기에 다른 이로부터 가르침을 따라 배워 얻고 저 장애를 멀리 여의기 때문이며, 방편을 바르게 닦아 전도 없이 사유하기에 비로소 욕을 여읜다고 말한다. 云何離欲 謂隨順離欲 根成熟故 從他獲得 隨順教誨故 遠離彼障故 方便正修 無倒思惟故 方能離欲 kathaṃ vairāgyaṃ karoti. vairāgyānukūlendriyaparipākatayā parato'nulomikāvavādalābhatayā tadantarāyavivarjanatayā samyagaviparītamanasikārabhāvanatayā", 『대승아비달마집론』 권2(대정장31, p.670a28)에 "일분이욕·구분이욕·통달이욕·손복이욕·영해이욕 등이 있으며, 다시 열 가지 이욕이 있으니 자성이욕·손해이욕·임지이욕·증상이욕·우치이욕·대치이욕·변지이욕·영단이욕·유상이욕·무상이욕이다. 有一分離欲 具分離欲 通達離欲 損伏離欲 永害離欲 復有十種離欲 謂自性離欲 損害離欲 任持離欲 增上離欲 愚癡離欲 對治離欲 遍知離欲 永斷離欲 有上離欲 無上離欲", "어떤 것이 자성이욕인가? 고수와 순고수처법에 대하여 싫어 등지는 성을 낳는 것을 말한다. 어떤 것이 손해이욕인가? 욕에 젖은 이가 매우 고뇌하고서 싫어 등지는 성을 내는 것이다. 어떤 것이 임지이욕인가? 포식하고서 여러 가지 맛있는 음식에 대하여 싫어 등지는 성을 일으키는 것이다. 어떤 것이 증상이욕인가? 수승한 곳을 성취하고서는 하열한 곳에 대하여 싫어 등지는 성을 내는 것이다. 어떤 것이 우치이욕인가? 여러 어리석은 범부중생이 열반계에 대하여 싫어 등지는 성을 내는 것이다. 어떤 것이 대치이욕인가? 세간도와 출세간도로 여러 번뇌를 끊는 것이다. 어떤 것이 변지이욕인가? 이미 견도를 얻은 이가 삼계법에 대하여 싫어 등지는 성을 일으키는 것이다. 어떤 것이 영단이욕인가? 각 위의 모든 번뇌를 영원히 끊고서 싫어 등지는 성을 일으키는 것이다. 어떤 것이 유상이욕인가? 세간의 성문과 독각이 가졌던 이욕을 말한다. 어떤 것이 무상이욕인가? 불보살이 가졌던 것에 대한 이욕이다. 모든 유정을 이롭고 즐겁게 하려고 하기 때문이다. 何等自性離欲 謂於苦受及順苦受處法 生厭背性 何等損害離欲 謂習欲者 暢熱惱已 生厭背性 何等任持離欲 謂飽食已 於諸美膳 生厭背性 何等增上離欲 謂得勝處已 於下劣處 生厭背性 何等愚癡離欲 謂諸愚夫 於涅槃界 生厭背性 何等對治離欲 謂由世間 出世間道 斷諸煩惱 何等遍知離欲 謂已得見道者 於三界法 生厭背性 何等永斷離欲 謂永斷地地諸煩惱已 生厭背性 何等有上離欲 謂世間 聲聞獨覺 所有離欲 何等無上離欲 謂佛菩薩 所有離欲 爲欲利樂 諸有情故"라고 하였다. [참고문헌] 『大般涅槃經』, 『大智度論』, 『瑜伽師地論』, 『大乘阿毘達磨集論』, *Yogā-bh.* **2** 팔법(八法) 중 하나. 사성제(四聖諦) 중 모든 번뇌가 사라진 해탈을 뜻하는 멸제(滅諦)를 말한다. 『불성론』 권3(대정장31, p.801b24)에 "팔법이란 첫째 불가사량, 둘째 무이, 셋째 무분별, 넷째 청정, 다섯째 조료인, 여섯째 대치, 일곱째 이욕, 여덟째 이욕인이다. 이 여덟 가지에는 두 가지 뜻이 있다. 첫째는 이욕이니 멸제이고, 둘째는 이욕의 인이니 곧 도제다. 앞의 불가사량 등 세 가지는 멸제에 속하고, 그 다음의 청정 등 세 가지는 도제에 속한다. 八法者 一 不可思量 二 無二 三 無分別 四 清淨 五 照了因 六 對治 七 離欲 八 離欲因 此八合有二意 一 離欲 是滅諦 二 離欲因 卽是道諦 前不可思量等三句 屬滅諦攝 次清淨等三句 屬道諦攝"라고 하였다. [참고문헌] 『佛性論』. ⇨ 멸제 滅諦, 팔법 八法 **3** Ⓢ vairāgya. 상키야(Ⓢ Sāṃkhya : 數論)에서 말하는 사덕(四德 : 法·慧·離欲·自在) 중 하나. 삼덕(三德 : 薩埵·刺闍·答摩) 중 살타(薩埵 Ⓢ sattva)의 속성이며, 해탈을 구하기 위해 탐욕을 여의는 덕성을 말한다. 『금칠십론』 권상(대정장5

4, p.1245a8)에 "옛날에 가비라라는 선인이 있었다. 공중에서 태어남과 동시에 저절로 사덕이 갖추어졌으니 첫째 법, 둘째 혜, 셋째 이욕, 넷째 자재 등이다. 昔有仙人 名迦毘羅 從空而生 自然四德 一 法 二 慧 三 離欲 四 自在"라고 하였다. 〔참고문헌〕『金七十論』. ⇨ 사덕 四德, 살타 薩埵

이욕각 離欲覺 Ⓟ nekkhamma-vitakka. 욕을 여의는 깨우침. 삼각(三覺) 또는 삼선각(三善覺) 중 하나로 욕각을 대치한다. 여기서의 각(覺)은 비달가(毘怛迦 Ⓢ vitarka)라고도 음사하며, 신역에서는 보통 심(尋)이라고 한역한다. 『아비담비바사론』 권23(대정장28, p.174a9)에 "이욕각이란 심수법이며, 마음과 상응하여 욕을 다스려 깨우친다. 무에각과 무해각도 이와 같이 설한다. … 욕을 다스려 깨우치기에 이욕각이라고 한다. 離欲覺者 是心數法 與心相應 對治欲覺 無恚覺無害覺 說亦如是 … 對治欲覺故 名離欲覺"라고 하였다. 〔참고문헌〕『阿毘曇毘婆沙論』. ⇨ 삼각 三覺[2], 삼선각 三善覺, 각 覺[10], 욕각 欲覺

이욕계 離欲界 ❶ 욕을 여읜 계. 법계(法界)의 다른 이름이다. 『대방등대집경』 권15(대정장13, p.104a18)에 "선남자야, 보살이 법계성문에 들어가 일체법평등성을 보는 것이란 어떤 것인가? 만약 보살이 모든 법계 보기를 이르지 않는 곳 없으며, 거래도 없고 생멸도 없으며, 상도 없고 일어남도 없으며, 희론도 없고 행함도 없다 하면 보살은 다음과 같이 생각한다. '이 모든 법 등은 다 법계와 같으니, 법계와 같아 이욕계이니 번뇌를 여읜 계이고, 무생계이니 짓지 않기 때문이며, 무멸계이니 다해 사라지지 않기 때문이고, 무래계이니 근문에 들지 않기 때문이며, 무거계이니 이르는 곳이 없기 때문이고, 불가안계이니 형질이 없기 때문이며, 무소굴계이니 의지마저 없기 때문이고, 진실계이니 삼경이 나뉘어 끊어졌기 때문이다. 善男子 云何菩薩入法界性門 見一切法平等性 若菩薩見諸法界 無處不至 無來無去 無生無滅 無相無起 無戲無行 菩薩作如是思惟 此諸法等 皆同法界 如法界 是離欲界 離塵垢界故 是無生界 不可作故 是無滅界 無滅盡故 是無來界 不入根門故 是無去界 無所至故 是不可安界 無形質故 是無樔窟界 無依止故 是眞實界 三境分斷故"라고 하였다. 〔참고문헌〕『大方等大集經』, 『大集大虛空藏菩薩所問經』 권3(대정장13, p.623c25). ❷ Ⓢ virāga-dhātu, Ⓣ 'dod-chags-dang-bral-ba'i-dbyings. 욕을 여읜 계. 삼계(三界 : 斷界·離欲界·滅界) 중 하나. 갈애가 다하고 탐욕을 여읜 열반을 말한다. 『사리불아비담론』 권7(대정장28, p.577b10)에 "무엇을 이욕계라고 하는가? 갈애가 다하고 욕을 여읜 열반을 이욕계라고 한다. 云何離欲界 愛盡離欲涅槃 是名離欲界", 『유가사지론』 권27(대정장30, p.433b12 : *Śrāv-bh.*, p.235)에 "어떤 것이 여러 계인가? 삼계를 말하니 첫째 단계, 둘째 이욕계, 셋째 멸계이다. 견도로 끊어서 일체행이 끊어진 것을 단계라 하고, 수도로 끊어서 일체행이 끊어진 것을 이욕계라 하며, 일체의마저 사라져버린 것을 멸계라고 한다. 云何諸界 所謂三界 一者 斷界 二者 離欲界 三者 滅界 見道所斷 一切行斷 名爲斷界 修道所斷 一切行斷 名離欲界 一切依滅 名爲滅界 katame dhātavaḥ. yaśca prahāṇadhāturyaśca virāgadhātuḥ yaścanirodhadhātuḥ. tatra sarvasaṃskārāṇāṃ darśanaprahātavyānāṃ prahāṇātprahāṇadhātuḥ. sarvasaṃskārāṇāṃ bhāvanāprahātavyānāṃ prahāṇād virāga dhātuḥ. sarvopadhinirodhānnirodhadhātuḥ"라고 하였다. 〔참고문헌〕『舍利弗阿毘曇論』, 『瑜伽師地論』, *Śrāv-bh.* ⇨ 삼계 三界[6]

이욕실제법문 離欲實際法門 Ⓢ virāgakoṭīgataṃ bodhisattva-vimokṣam. 욕을 여윈 실제법문. 60권본 『화엄경』에서 바수밀다녀(婆須蜜多女 Ⓢ Vasumitrā)가 선재동자에게 열어준 법문으로 바수밀다녀법문(婆須蜜多女法門)이라고도 하고, 80권본 『화엄경』에서는 보살이탐제해탈(菩薩離貪際解脫)이라고 하였다. 60권본 『화엄경』 권50 「입법계품 入法界品」(대정장9, p.717b20)에 "선남자야, 나는 오직 이 이욕실제법문만을 알 뿐이다. 여러 대보살은 무량방편지혜로 광대지장을 성취하기에 그 지혜경계를 능히 무너뜨릴 이가 없다. 善男子 我唯知此離欲實際法門 諸大菩薩 成就無量方便智慧 廣大智藏 智慧境界無能壞者"라고 하였다. 〔참고문헌〕『華嚴經』, *Gaṇḍ-vy.156.* ⇨ 바수밀다녀법문 婆須蜜多女法門

이욕자 離欲者 Ⓢ vīta-rāga, Ⓣ 'dod-chags-dang-bral-ba. 육십이종유정(六十二種有情) 중 하나. 욕을 여읜 불보살·아라한(阿羅漢) 등을 말한다. 『대지도론』 권35(대정장25, p.317c24)에 "'욕은 더럽고 악하다' 한 것은, 모든 불보살·아라한 등 모든 이욕자가 모두 더럽고 천하게 여기는 것이다. 비유하면 사람이 개가 똥을 먹는 것을 보고 천하고 가엾게 여기는 것과 같다. 欲爲穢惡者 諸佛菩薩 阿羅漢等 諸離欲者 皆所穢賤 譬如人見狗食糞 賤而愍之"고 하였다. 『유가사지론』 권2(대정장30, p.289a2)에서 육십이유정 중 스물세 번째로 이욕자를 시설하였고, 『현양성교론』 권8(대정장31, p.520a9)에서는 육십사유정 중 스물두 번째로 이리욕자(已離欲者)를 시설한다. 〔참고문헌〕『大智度論』, 『瑜伽師地論』, 『顯揚聖敎論』, *Bodh-bh.136.*, *Śrāv-bh.265.* ⇨ 육십이종유정 六十二種有情

이욕존 離欲尊 삼보(三寶) 중 법보(法寶)를 일컫는 말. 일체중생이 욕을 여의고 해탈케 하는 일체법문을 말한다. 『불아비담경출가상품』 권하(대정장24, p.968a4)에 "저 아무개는 몸과 목숨 다하도록 양족존이신 부처님께 귀의합니다. 몸과 목숨이 다하도록 이욕존이신 가르침에 귀의합니다. 몸과 목숨이 다하도록 중중존이신 승가에 귀의합니다. 我某甲 盡形壽 歸依佛兩足尊 盡形壽 歸依法離欲尊 盡形壽 歸依僧衆中尊", 『아미타경소초연의』 권3(卍속장33, p.645a10)에 "법을 일컬어 이욕존이라 하는 것은 일체법문으로 능히 중생들이 모든 번뇌의 물듦을 여의도록 할 수 있기 때문이다. 法稱離欲尊者 以一切法門 能令衆生 離諸惑染故"라고 하였다. 〔참고문헌〕『佛阿毘曇經出家相品』, 『阿彌陀經疏鈔演義』. ⇨ 귀의법이욕존 歸依法離欲尊, 법보 法寶[1]

이욕지 離欲地 Ⓢ vīta-rāga-bhūmi, Ⓣ 'dod-chags-dang-bral-pa'i-sa. 욕을 여윈 지. 삼승공십지(三乘共十地) 중 여섯 번째 지로 욕계(欲界)의 사혹(思惑)을 끊고 번뇌를 여읜다. 이탐지(離貪地)·멸음노치지(滅淫怒癡地) 등이라고도 한다. 성문의 불환과(不還果 : 阿那含 Ⓢ anāgāmin)에 해당한다. 『대지도론』 권75(대정장25, p.586a14)에 "이욕지란, 욕계의 탐 등 모든 번뇌를 여읜 지이니, 이 이름은 아나함이고 보살에 있어서는 이욕인연으로 오신통을 얻는다. 離欲地者 離欲界等貪欲諸煩惱 是名阿那含 於菩薩 離欲因緣故 得五神通", 『교관강종』(대정장46, p.939c24)에 "여섯째 이욕지란, 삼승이 욕계의 사혹을 끊어 다한 것이니 삼장교의 아나함과 같다. 六 離欲地者 三乘斷欲界思惑盡 與藏阿那含齊"라고 하였다. 〔참고문헌〕『大智度論』, 『教觀綱宗』, *Mvyut.50.* ⇨ 삼승공십지 三乘共十地, 십지 十地[1], 불환과 不還果, 아나함 阿那含

이욕퇴 離欲退 Ⓢ vairāgyāt parihīyate, Ⓣ 'dod-chags-dang-bral-ba-las-yongs-su-nyams-par-'gyur-ba. 이욕(離欲)의 성자(聖者) 아나함(阿那含)이 욕계의 번뇌를 일으켜 물러나게 되는 것. 『유가사지론』 권1(대정장30, p.281a19 : *Yogā-bh.*, p.14)에 "무엇이 이욕퇴인가? 성이 연근기이고 새로이 선품을 닦은 이가 자주 저 형상을 생각하기 때문이고, 순하기도 물러나기도 하는 법을 받아들이기 때문이고, 번뇌로 장애가 되기 때문이고, 나쁜 벗에 빠지기에 이욕으로부터 물러난다. 云何離欲退 謂性軟根故 新修善品者 數數思惟 彼形狀相故 受行順退法故 煩惱所障故 惡友所攝故 從離欲退 kathaṃ vairāgyātparihīyate. prakṛtyā mṛdvindriyatayābhinavakuśalapakṣasya tadākāraliṅganimittamanasikāratayā parihāṇāya dharma samādāya vartanatayā kleśāvṛtatayā pāpamitraparigrahaṇatayā ca", 『유가사지론약찬』 권1(대정장43, p.8c6)에 "이욕퇴에는 다섯 가지 연이 있다. 첫째는 둔근, 둘째는 새로 배우는 이가 욕경을 사유하는 것이니, 이것이 인력이고 경력이다. 셋째는 순퇴법을 받는 것이니, 곧 다섯 가지로 퇴전의 연을 만나는 것이다. 넷째는 번뇌가 무거운 것, 다섯째는 나쁜 벗과 사귀는 것이다. 離欲退有五緣 一 鈍根 二 新學者 思欲境 卽是因力境力 三 受順退法 卽逢五退具緣 四 煩惱重 五 習惡友"라고 하였다. 〔참고문헌〕『瑜伽師地論』, 『瑜伽師地論略纂』, *Yogā-bh.* ⇨ 이욕지 離欲地, 아나함 阿那含

이용구 李容九 1868~1912. 일제강점기 때 민족반역자로서 시천교(侍天教)의 교주. 1900년대 초반 친일파의 거두로 적극적인 매국행위를 자행하였다. 또한 일본 조동종(曹洞宗)의 무전범지(武田範之)를 시천교의 고문으로 추대하였는데, 1907년에 무전범지는 스님들의 지위향상을 위해 일본의 고승을 초청하여 일본의 관민들이 고승을 대하는 태도를 보게 해야 한다는 주장을 담은 「권불교재흥서 勸佛教再興書」를 작성하여 조정에 건의했다. 이 재흥서가 계기가 되어 1908년 해인사 주지 회광사선(晦光師璿) 등 각도 사찰 대표 52명이 서울 창신동(昌信洞) 원흥사(元興寺)에 모여 무전범지를 고문으로 하는 원종(圓宗) 종무원을 만들었는데, 이때 이용구가 조선불교의 장래를 위해 일본불교의 원조를 받을 필요가 있음을 역설하였다. 1910년 회광이 원종 종정(宗正)의 자격으로 일본에 건너가 일본 조동종 관장(管長) 홍진설삼(弘津說三)과 연합맹약 7조를 체결하였으나, 한용운(韓龍雲)·김경운(金擎雲) 등의 개종역조(改宗易祖)라는 반대에 부딪혔고 1911년 총독부로부터 사찰령(寺刹令) 7조가 반포되자 폐지되고 말았다. 〔참고문헌〕「僧團編年」(『韓國近世佛教百年史』 권1, pp.26~28), 『朝鮮合併史』. ⇨ 원종 圓宗[2]

이우 二羽 두 날개. 두 손을 말한다. 『섭대궤』 권3(대정장18, p.85a8)에 "두 손을 연꽃 모양으로 합한다. 二羽合如蓮", 『지장보살의궤』(대정장20, p.652b6)에 "다음으로 보공양인을 설한다. 두 손으로 허심합장(虛心合掌)하고 엄지와 중지를 세워서 교차한다. 次說普供養印 二羽三補吒 禪智立來去"라고 하였다. 〔참고문헌〕『攝大軌』, 『地藏菩薩儀軌』. ⇨ 이우금강박 二羽金剛縛

이우 李俁 1637~1693. 왕족이며 서화가(書畫家). 자는 석경(碩卿), 호는 관란정(觀瀾亭), 시호는 효민(孝敏), 본관은 전주(全州). 선조의 열두째 아들인 인흥군(仁興君) 영(瑛)의 아들로서 낭선군(朗善君)에 봉해졌다. 1662년(현종3) 여러 왕자들과 함께 7조(朝)의 어필(御筆)을 모사(摸寫)하여 간행한 공로로 숭헌대부(崇憲大夫)가 되었다. 1664년(현종5) 과천(果川) 등지를 유람하면서 여러 절들을 찾아가 행패를 부렸다는 대간(臺諫)의 탄핵으로 파직되었으나, 실은 유생들이 불교에 독신함을 못마땅하게 여긴 결과라고 알려져서 곧 석방되었다. 1674년(현종15) 효종의 비(妃)인 인선대비(仁宣大妃 1618~1674)가 죽자 수릉관(守陵官)을 지냈다. 1681년(숙종7) 『선원록 璿源錄』을 수찬(修撰)하였고, 1686년(숙종12) 사은사(謝恩使)가 되어 청나라에 갔다가 이듬해 귀국했다. 글씨에 능하여 전서(篆書)·주서(籀書)·초서(草書)·예서(隷書) 등에 모두 뛰어났으며, 일반 금석문(金石文)도 많이 썼지만 불교의 고승비문(高僧碑文)과 사적비문(寺蹟碑文)을 쓴 것도 상당수에 이른다. 고승비문으로는 「보은법주사벽암당각성대사비문 報恩法住寺碧巖堂覺性大師碑文」·「안성칠장사벽응당석숭대사비문 安城七長寺碧應堂釋崇大師碑文」·「금강산유점사춘파당쌍언대사비문 金剛山楡岾寺春坡堂雙彦大師碑文」·「영변보현사풍담당의심대사비문 寧邊普賢寺楓潭堂義諶大師碑文」·「금강산표훈사풍담당의심대사비문 金剛山表訓寺楓潭堂義諶大師碑文」·「천안광덕사청소당희옥대사비문 天安廣德寺淸霄堂熙玉大師碑文」 등을, 사적비문으로는 「조계산송광사사원사적비문 曹溪山松廣寺嗣院事蹟碑文」·「평강보월사중수비문 平康寶月寺重修碑文」·「강진백련사사적비문 康津白蓮寺事蹟碑文」·「김천직지사사적비문 金泉直指寺事蹟碑文」·「해남미황사사적비문 海南美黃寺事蹟碑文」 등을 썼다. 〔참고문헌〕『肅宗實錄』 권25 19년 4월 27일, 智冠『韓國高僧碑文總集 朝鮮朝·近現代』 p.174·186·214·218·222·242, 『朝鮮佛敎通史』 권하 p.349, 『朝鮮金石總覽』 권하 p.956·958·959·1003.

벽응당석숭대사비문 탁본
안성 칠장사 1660년

이우 犂牛 얼룩소. 또는 려우(犂牛)라 하여 쟁기를 끌며 밭을 가는 소를 뜻한다. 『출요경』 권12(대정장4, p.673b19)에 "누구라도 거짓말을 늘 하며 살아서 언제나 종족이 화목하지 못하도록 한다면 죽어서 지옥에 들어가리니, 천이나 되는 쟁기 끄는 얼룩소가 그 혀를 밭으로 삼아 갈게 된다. 若人妄語 生輒宗族不和穆 死入地獄 千具犂牛 而耕其舌", 『연방시선』 「송시심작불 頌是心作佛」(卍속장110, p.672a3)에 "얼룩소가 밭 갈다가 오래 묻혔던 황금 캐어내니, 땅 비추고 하늘 빛내며 산악이 모두 환해졌다네. 犂牛耕出古黃金 照地光天山嶽寒"라고 하였다. 〔참고문헌〕『出曜經』, 『蓮邦詩選』.

이우 氂牛 ❶ Ⓢ mahiṣa, Ⓟ mahisa, Ⓣ ma-he. 물소(水牛). 들소(野牛). 『전유경』(대정장1, p.918a8)에 "독화살을 뽑아내기 전에 나 마땅히 알아야겠다, 내 몸에 박힌 화살의 줄이 소 힘줄로 만들어졌는지 양 힘줄인지 물소 힘줄인지를. 我不除毒箭 我要當知 彼弓弦 爲牛筋 羊筋 氂牛筋耶"라고 하였다. 〔참고문헌〕『箭喩經』, *Mvyut.214.* ❷ ➡ 이우 犛牛

이우 犛牛 Ⓢ camarī. 온몸에 털이 길게 난 소. 야크. 흑갈색 또는 흑백 얼룩무늬로 특히 꼬리털이 쑥 모양으로 빗자루처럼 나 있다. 이우(氂牛)라고도 한다. 『일체경음의』 권31(대정장54, p.512c15)에 "이우〈이는 묘와 포를 반절한 음. '모우'라고도 한다. 『산해경』에 '반후의 산에 소처럼 생기고 사지에 털이 난 짐승이 있는데 이우라고 한다'라고 하였다. 곽박은 '등과 무릎 그리고 꼬리에 모두 긴 털이 나 있다. 산지는 중국 서남쪽 변방이다'라고 풀이했다〉. 犛牛〈卯包反 亦曰毛牛 山海經云 潘侯之山有獸 狀如牛 而四節生毛 名曰犛牛 郭璞曰 背膝及胡尾 皆有長毛 出西南夷也〉", 같은 책 권13(대정장54, p.387c21)에 "이(氂)와 이(犛)는 같은 말로서 중국 서남쪽 변방에 사는 소 이름이다. 作氂犛同 西南夷牛名也"라고 하였다. 〔참고문헌〕『一切經音義』, *Saddh-p.54.* ⇨ 이우애미 犛牛愛尾

이우 離隅 정암즉원(晶巖卽圓 1738~1794)의 자(字). 〔참고문헌〕 智冠『韓國高僧碑文總集 朝鮮朝·近現代』 p.164. ⇨ 즉원 卽圓

이우금강박 二羽金剛縛 두 손으로 금강박인(金剛縛印)을 맺는다는 말. 『연화부의궤』(대정장18, p.300c19)에 "두 손으로 금강박인을 맺고, 가운데 손가락을 침과 같이 세운다. 진언을 다 외우자마자 자기 몸이 곧바로 보현을 성취하니, 월륜상에 앉아 몸 앞에 나타난 보현을 본다. 二羽金剛縛 忍願竪如針 纔誦眞言已 自身成普賢 坐於月輪上 身前觀普賢"라고 하였다. 〔참고문헌〕『蓮華部儀軌』. ⇨ 금강박인 金剛縛印

이우애미 犛牛愛尾 온몸에 털 가득한 소가 꼬리를 아낀다는 말. 오욕(五欲)에 집착함을 비유한다. 마음을 들어 놓지 않는 뜻의 다른 비유로 이우호미(氂牛護尾)가 있다. 『법화경』 권1(대정장9, p.9b28 : *Saddh-p.*, p.54)에 "오욕에 깊이 집착하니 저 이우가 자신의 꼬리를 아끼는 꼴이다. 탐애로 스스로를 덮어버렸으니 소경이 볼 수 없는 처지와 같다. 深著於五欲 如犛牛愛尾 以貪愛自蔽 盲瞑無所見 tṛṣṇāvilagnāṃś camarīva vāle kāmair ihāndhīkṛta sarvakālam", 『법화의소』 권4(대정장34, p.507c24)에 "이우가 자신의 꼬리를 아끼는 꼴이란 말은, 이우는 어리석어 꼬리를 아끼고 중생은 어리석어 애착을 일으킨다. 또한 아끼는 꼬리로 말미암아 사람들이 얻으려 하기만 해도 피해를 입는다. 그러므로 아끼는 꼬리가 몸을 해치는 도구가 되듯이, 중생이 애착하는 오욕은 온갖 괴로움을 당하게 한다. 如犛牛愛尾者 犛牛 以癡故愛尾 衆生 以癡故起愛 又由愛尾故 爲人所得而遂害之 故愛尾是 害身之具 衆生愛五欲 故備受衆苦", 『앙굴마라경』 권1(대정장2, p.521c29)에 "소소한 계를 넘어서지 못하니 이우가 꼬리를 아끼듯 한다. 不越小戒 如犛牛愛尾"라고 하였다. [참고문헌] 『法華經』, 『法華義疏』, 『央掘魔羅經』, 종보본 『壇經』(대정장48, p.355c21), *Saddh-p.* ⇨ 이우호미 犛牛護尾

이우치 二愚癡 두 가지 어리석음. 보살 십지(十地)와 여래지(如來地) 등 11지 각각에서 일어나는 두 가지 우치. 『해심밀경』 권4(대정장16, p.704b6)에 "이 모든 지 중에 도합 스물두 가지 우치와 열한 가지 추중이 남아 있어 대치할 것으로 삼는다. 초지에 두 가지 우치가 있다. 첫째는 보특가라와 법에 집착하는 우치이고, 둘째는 악취에 섞이고 물든 우치다. 이 두 우치와 그 추중을 다스릴 것으로 삼는다. … 여래지에 두 가지 우치가 있다. 첫째는 모든 알아야 할 경계에 대하여 극히 미세하게 집착하는 우치고, 둘째는 극히 미세하게 가로막는 우치다. 이 두 우치와 그 추중을 대치할 대상으로 삼는다. 此諸地中 有二十二種愚癡 十一種麤重 爲所對治 謂於初地 有二愚癡 一者 執著補特伽羅 及法愚癡 二者 惡趣雜染愚癡 及彼麤重 爲所對治 … 於如來地 有二愚癡 一者 於一切所知境界 極微細著愚癡 二者 極微細礙愚癡 及彼麤重 爲所對治"라고 하였다. [참고문헌] 『解深密經』.

이우호미 犛牛護尾 이우가 꼬리를 보호한다는 말. 마음 보호하기를 그와 같이 한다는 비유다. 이우(犛牛)와 이우(犛牛)는 같이 쓴다. 『출요경』 권28(대정장4, p.762b20)에 "'마땅히 스스로 뜻을 보호해야 하니, 마치 이우가 자신의 꼬리를 보호하듯 한다' 하였으니, 마음으로 도를 행하며 지어가기를 실마리 없이 하여 항상 뜻을 거두어 잃어버리는 일 없도록 한다. 마치 이우가 밤낮으로 꼬리를 보호하고 끊어질까 두려워하듯이, 차라리 목숨을 잃고 처자식을 잃을지언정 꼬리털 땅에 떨어지지는 않도록 하는 것과 같다. 當自護其意 若犛牛護尾者 心爲行道 造作無端 常當攝意 使不有失 猶彼犛牛 晝夜護尾 恐有斷絶 寧喪命根 失其妻息 不使尾毛 墜落于地"라고 하였다. [참고문헌] 『出曜經』. ⇨ 이우애미 犛牛愛尾

이운 移運 옮겨 모심. 불사리(佛舍利)·고승사리(高僧舍利)·가사·전패(殿牌)·금은전(金銀錢)·시주(施主)·경함(經函))·괘불 등을 모셔 옮기는 뜻이다. 『다송문고』 권1 「전독대장경발문 轉讀大藏經跋文」(한불전12, p.697b13)에 "한 부 대경은 이어 차례로 옮겨 모시니 마치 얼음 위를 구르는 바퀴인 듯하여 이에 본전에 봉안하였다. 一部大經 傳次移運 如冰棱上轉輪 仍奉安于本殿", 『일본표해록』(한불전10, p.711b5)에 "가경 22년(1817년·순조17) 정축 가을 해남 대둔사 완호대사가 나(楓溪賢正)에게 천불상 조성을 바라기에 마침내 경주로 가서 불석산에 들어가 옥을 쪼아 천불을 조성하였다. … 겨울 11월에 마치고 16일 경주 장진포로 천불을 이운하였다. 嘉慶二十二年丁丑秋 海南大芚寺翫虎大師 要余造千佛像 遂往慶州 入佛石山 琢玉造千佛像 … 冬十一月工訖 十六日移運千佛于慶州長津浦"라고 하였다. [참고문헌] 『茶松文稿』, 『日本漂海錄』. ⇨ 이운의식 移運儀式, 괘불이운 掛佛移運, 불상이운작법 佛像移運作法, 가사이운 袈裟移運, 금은전이운 金銀錢移運, 수륙재 水陸齋, 영산재 靈山齋

석가탑사리이운
서울 조계사 2007년 5월 16일

이운 異雲 Ⓟ deva. 비구름. 먹구름. 우운(雨雲). 『장아함경』 권3 「유행경 遊行經」(대정장1, p.19a25 : *Mahāparinibbāna-sutta*, *DN.2*, p.131)에 "부처님께서 복귀에게 이르셨다. '내가 언젠가 아월촌을 유행하다가 어느 초가집에 쉬고 있었다. 그때 비구름이 사납게 일어나면서 번개가 치고 천둥이 울리더니 숫소 네 마리와 밭갈던 형제 두 사람이 죽자 사람들이 대거 몰려들었다'. 佛告福貴 我於一時 遊阿越村 在一草廬 時有異雲暴起 雷電霹靂 殺四特牛 耕者兄弟二人 人衆大聚 ekam idāham pukkusa samayaṃ ātumāyaṃ viharāmi bhūsāgāre. tena kho pana samayena deve vassante deve gaḷagaḷāyante vijjutāsu niccharantīsu asaṇiyā phalantiyā bhūsāgārassa dve kassakā bhātaro hatā cattāro ca balivaddā. atha kho pukkusa ātumāya mahājanakāyo nikkhamitvā yena te dve kassakā bhātaro hatā cattārā ca balivaddā tenupasaṃkami"라고 하였다. [참고문헌] 『長阿含經』, *DN.*

이운의식 移運儀式 불사리(佛舍利)·괘불(掛佛) 등을 옮겨 모실 때 행하는 의식. 불사리이운·고승사리(高僧舍利)이운·가사(袈裟)이운·전패(殿牌)이운·금은전

(金銀錢)이운·시주(施主)이운·경함(經函)이운·괘불이운·설주(說主)이운 등이 있다. 불사리이운은 부처님 사리를 옮기는 의식으로 옹호게(擁護偈)·사리게(舍利偈)·염화게(拈花偈)·산화락(散華落)·거령산(擧靈山)·동발(動鈸)·헌좌게(獻座偈)·헌다게(獻茶偈)·권공(勸供)·축원(祝願)의 순으로 행하며, 인성(引聲)으로 거령산을 하고 요잡 후에 이운한다. 고승사리이운은 스님의 사리를 부도에 안치하고자 옮기는 의식으로 행보게(行步偈)·동발·마하반야바라밀(摩訶般若波羅密)·등상게(登床偈)·동발·헌좌게·다게·권공·회향주(廻向呪)의 순으로 행하며, 동발 다음에 사리를 모시고 인성으로 마하반야바라밀을 독송하며 요잡한 후에 이운한다. 가사이운은 가사를 점안(點眼)하고자 불전으로 옮기는 의식으로 옹호게·가사송·산화락·동발·뇌고(雷鼓)·거령산·헌불게(獻佛偈)·가사점안의 순으로 행하며, 전패이운은 전패를 전각으로 옮기는 의식으로 할향(喝香)·행보게·염화게·동발·거령산·축원의 순으로 행하며, 인성으로 거령산을 하고 이운한다. 금은전이운은 천도 등 예수재(預修齋) 등에서 금은전 등 명부(冥府)의 돈을 고사단(庫司壇)에서 점안하고 시왕(十王) 앞으로 옮기는 의식으로 옹호게·행보게·나무마하반야바라밀·헌전게(獻錢偈)의 순으로 행한다. 경함이운은 경함을 옮기는 의식으로 찬법게(讚法偈)·동경게(動經偈)·염화게·산화락·동발·거령산·찬경게(讚經偈)의 순으로 행한다. 괘불이운은 옹호게·전종(轉鐘)·명라(鳴螺)·명발·찬불게(讚佛偈)·출산게·염화게·산화락·동발·거령산·정중게·등상게·사무량게(四無量偈)·영산지심(靈山志心)·헌좌게·헌좌진언·헌다게·건회소(建會疏)의 순으로 이운한다. 설주이운은 법사(法師)를 모시는 의식으로 전종·명발·동불게(動佛偈)·법사게·출산게(出山偈)·헌다게·염화게·산화락·동발·거령산·등상게·좌불게(坐佛偈) 순으로 행하는 등이니, 모든 이운의례는 끝으로 소리내어 영산을 들고난 후 이운할 존상 등을 세 번 돌아 마친 후에야 옮긴다. [참고문헌]『刪補集』 권상(한불전11, p.464a22), 『要集』(『韓國佛敎儀禮資料叢書』 권4, p.452·501). ⇨이운 移運

이웅존자 利雄尊者 고려후기 태고보우(太古普愚)의 존호. 이색(李穡)이 지은 비명에 「고려국국사이웅존자원증탑비명 高麗國國師利雄尊者圓證塔碑銘」(『조선금석총람』 권상, pp.525~529)이라 하였고, 1386년(우왕12)에 정도전(鄭道傳)이 지은 「미지산사나사석종명〈병서〉 彌智山舍那寺石鐘銘〈幷序〉」(같은 책, pp.533~535)에 "고려국사 이웅존자께서 소설산에서 열반을 보이셨다. 高麗國師利雄尊者示寂小雪山"라고 하였다. [참고문헌]『朝鮮金石總覽』. ⇨보우 普愚

이원 二圓 금원(今圓)과 석원(昔圓). 천태지의(天台智顗)가 설정한 오시팔교(五時八敎) 중 원교(圓敎)만을 설한『법화경』을 금원이라 하고, 그 이전은 석원이라 한다. 『사교의주휘보보굉기』 권2(卍속장102, p.338b17)에 "또 석부 중에 삼교를 이미 펼치셨으니 석부중에 원교도 반드시 열지 않았는가? 그러므로 아래에서 말하기를 '온갖 맛을 지닌 원교는 더 이상 펼쳐놓을 필요가 없다'(『천태사교의』 대정장46, p.775b22)라고 하였다. 금원과 석원이라는 이원은 다르지 않지만 여기서는 가르침이 따로 일어난 것만을 잡아서 말한 것이다. …『화엄경』에 '심불중생 이 셋은 차별이 없다'고 하였으며, 『대집경』에 '염정일체를 융통한다'라 하였고, 『유마경』에 '부사의 모공중에 일체를 머금는다'고 하였으며, 『사익경』에서 망명보살은 '법계 아님이 없다'라 하였고, 『반야경』에 '온갖 법이 혼동되어 있어도 차별이 없다'고 하였다. 이런 등의 원만한 이치는 『법화경』의 불지견과 둘도 아니고 다르지도 않은데 어찌 또 다시 펼쳐 보였는가! 且昔部中 三敎旣開 昔部中圓 還須開否 故下卽云 諸味圓等也 以今圓昔圓 二圓不別 此約敎別與也 … 華嚴 心佛衆生三無差別 大集 染淨一切融通 淨名 不思議毛孔含納 思益 網明無非法界 般若 諸法混同無二 此等圓理 與法華佛之知見 無二無別 豈可更開耶"라고 하였다. [참고문헌]『四敎儀註彙補輔宏記』, 『天台四敎儀』. ⇨금원석원 今圓昔圓, 원교 圓敎, 오시팔교 五時八敎

이원 理圓 이의 원. 일체법 치우침 없는 중도의 뜻이다. 천태에서 시설한 여덟 가지 원(圓) 중 하나다. 『사교의』 권1(대정장46, p.722b17)에 "『열반경』에서 이르길 '금강보장에는 흠결이 없다'고 한 말에 따라 원교라 한다. 원이라는 말의 의미는 다양하지만 간략하게 말하면 여덟 가지가 있다. … 이원이란, 중도 그대로 일체법이어서 이에 치우침 없는 뜻이다. 涅槃經云 金剛寶藏 無所減缺 故名圓敎也 所言圓者 義乃多途 略說有八 … 理圓者 中道卽一切法 理不偏也"라고 하였다. [참고문헌]『四敎義』, 40권본『大般涅槃經』 권3(대정장12, p.385a6). ⇨원교 圓敎

이원 理願 ?~735. 일본에서 활동한 신라출신의 비구니. 일본의『만엽집』 권3에 이원비구니가 입적하자 대반판상랑(大伴坂上郎)의 딸이 장단가(長短歌)를 불렀다고 한다. [참고문헌]『萬葉集』.

이원부 李元符 고려 예종(재위 1105~1122)대의 명필. 당나라 우세남(虞世南 558~638)의 필법(筆法)을 계승하였으며, 특히 해서(楷書)에 능통했다. 1118년(예종13)에 반야사원경왕사비(般若寺元景王師碑), 1131년(인종9)에 안양사칠층탑명(安養寺七層塔銘) 글씨를 썼다. [참고문헌] 『槿域書畵徵』, 『朝鮮金石總覽』 권상 p.371, 李智冠 『校勘譯註歷代高僧碑文』 高麗篇3 p.84, 『

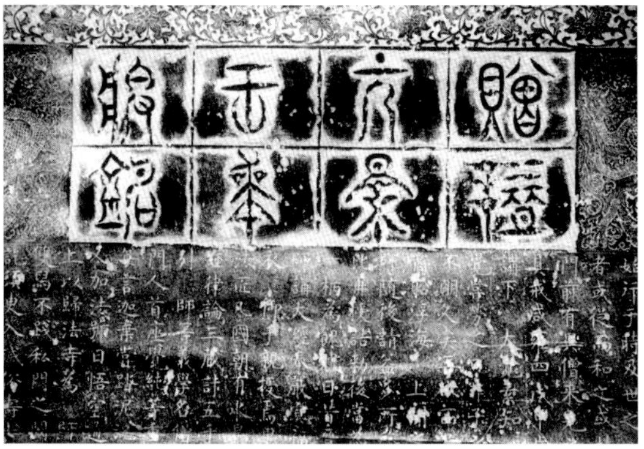

이원부 원경왕사비제액 탁본 합천 반야사 1118년

韓國金石全文』 中世上 p.593. ⇨ 반야사원경왕사비 般若寺元景王師碑, 안양사칠층탑명 安養寺七層塔銘

이원암 梨苑庵 충청남도 예산군 대술면에 있던 암자. 일제강점기에는 대본사 마곡사(麻谷寺)의 말사였다. [참고문헌] 『朝鮮佛敎通史』 권상 p.637, 『韓國寺刹全書』 권하 p.960b6.

이원종 李元琮 ?~776. 당대 불공(不空)의 재가 제자. 경성사관수공덕사(京城寺觀修功德使)·지군사상주국양국공(知軍事上柱國涼國公) 등의 벼슬을 역임하였다. 754년(천보13) 감숙성(甘肅省) 무위(武威)에서 불공에게 오부관정(五部灌頂)을 받던 그날 도량의 땅이 크게 진동하여 불공도 감탄하며 기이하게 여겼다. 불공에게서 법을 받은 다음 하서(河西)·남해(南海) 등지를 다니며 도를 묻고 정영사(淨影寺)와 홍려시(鴻臚寺)에서 밀법공양을 올리기도 하였다. 또한 불공에게서 은도구(銀道具)·오고금강저(五股金剛杵)·삼고독고령(三股獨股鈴) 등을 받았다. 774년(대력9) 6월 불공이 입적하자 칙명을 받아 다비를 주관하였다. 같은 해 7월 칙명에 따라 불공제자 등과 함께하여 백시하고 8월에 홍선사(興善寺) 번경원(翻經院)에 사리탑을 조성하였다. 776년(대력11) 11월 별세하였다. 『대종조증사공대변정광지삼장화상표제집』 권5(대정장52, p.853b2)에 「고공덕사양국공이장군만가사이수 故功德使涼國公李將軍挽歌詞二首」가 수록되어 있다. [참고문헌] 『代宗朝贈司空大辨正廣智三藏和上表制集』, 『釋氏稽古略』 권3(대정장49, p.826b28), 『大唐故大德贈司空大辨正廣智不空三藏行狀』(대정장50, p.293b5).

이원통 耳圓通 이근원통(耳根圓通)을 말한다. 『반야심경개도』(卍속장41, p.903b7)에 "소리를 따라 유전하면 원만하게 듣는 작용이 청정해지고 이원통에 이르러 열반의 길에서 노닐게 된다. 循聲流轉 則乃圓聞淸淨 達耳圓通 遊涅槃路"라고 하였다. [참고문헌] 『般若心經開度』. ⇨ 이근원통 耳根圓通

이월반 二月半 두 달에 걸쳐 있는 보름. 더위가 심할 경우에 한하여 늦봄과 초여름에 해당하는 두 달 보름 간에는 목욕이 허용된다. 『마하승기율』 권18(대정장22, p.372a17)에 "그때 모든 비구들은 봄날이 더웠지만 규정상 목욕을 할 수 없었기에 몸에 종기로 괴로웠다. 비구들이 이 일로 세존께 가서 아뢰자 부처님께서 말씀하셨다. '오늘 이후로 더울 때 두 달 보름 기간에 목욕을 할 수 있도록 허용한다'. 늦봄 한 달 보름과 초여름 한 달을 두 달 보름이라 부른다. 爾時 諸比丘春日熱 不得洗故 身體痒悶 諸比丘 以是因緣 往白世尊 佛言 從今日後聽熱時二月半得浴 春後一月半 夏初一月 是名二月半", 『십송율』 권16(대정장23, p.110a15)에 "만일 비구가 보름 되기 전에 목욕한다면 바일제다. 특별한 일이 있을 경우는 제한다. 특별한 일이란 늦봄 한 달 반과 초여름 한 달이라는 두 달 보름 기간 중 매우 더울 때, 그리고 병을 들었을 때를 말한다. 여기서 병이란 냉증·풍증·열증 등이 일어나 목욕으로 차도가 있는 증상을 가리켜 병이라 한다. 若比丘 減半月浴 波逸提 除因緣 因緣者 春殘一月半 夏初一月 是二月半大熱時 除病時 病者 若冷發風發熱發 若洗浴得差 是名病"라고 하였다. [참고문헌] 『摩訶僧祇律』, 『十誦律』. ⇨ 바일제 波逸提

이월회 二月會 정계(頂髻)를 자르기 위해 모이는 법회. 2월에 행하기 때문에 이렇게 명명한다. 『십송율』 권5(대정장23, p.33c7)에 "반사바슬회〈오세회〉가 있거나 사바바슬회〈육세회〉가 있거나 이월회나 입사회와 같이 나는 이들 이월중에 열리는 법회에서 이들 가사(승가리·울다라승·안다위)를 모을 것이다. 若有般闍婆瑟會〈五歲會也〉 若有沙婆婆瑟會〈六歲會也〉 若二月會 若入舍會 我此二月中會 當能集成是衣"라고 하였다. 『유부율』 권17(대정장23, p.715a19)에서는 정계회(頂髻會)라 한다. [참고문헌] 『十誦律』, 『有部律』. ⇨ 정계회 頂髻會

이위 以謂 ~라고 일컫다·생각하다. 『허당록』 권1(대정장47, p.975c16)에 "쾌활하기가 비할 데 없어 말없이 스스로 고개를 끄덕이며 천하 짝할 이 없다고 여기고는 재주넘어 침상에서 내려왔지만, 도무지 보아도 알 수 없었다. 快活無比 默自點頭 以謂天下無雙 才跳下床 都不見了"라고 하였다. [참고문헌] 『虛堂錄』.

이위 離謂 Ⓢ Trapuṣa, Ⓟ Tapussa. 동생 바리(波利 Ⓢ Bhallika)와 함께 부처님 성도 직후 공양을 올리고 귀의한 재가신도. 제위(提謂)라고도 한다. 『오분율』 권

15(대정장22, p.103a11)에 "그때 오백 명의 무역상이 오백 대의 수레를 타고 있었는데 그중에 두 대인이 있었다. 첫째는 이위이고 둘째는 바리였다. 時有五百賈客 乘五百乘車 中有二大人 一名離謂 二名波利"라고 하였다. 〔참고문헌〕『五分律』, 『法苑珠林』 권11(대정장53, p.370b28). ⇨제위 提謂, 바리가 婆梨迦

이위순삼마지 離違順三摩地 거스름도 순함도 떠난 삼마지. 위경(違境)인 고(苦)와 순경(順境)인 낙(樂)을 모두 벗어난 삼매를 말한다. 『대반야경』 권52(대정장5, p.296c1)에 "선현이 여쭈었다. '세존이시여, 무엇을 이위순삼마지라 하는지요?' '선현아, 이 삼마지에 머물 때면 모든 정해진 법에서 거스르는 상도 순하는 상도 보지 않는다. 이 때문에 이위순삼마지라 한다. 世尊 云何名爲離違順三摩地 善現 謂若住此三摩地時 不見諸定法 有違有順相 是故 名爲離違順三摩地"라고 하였다. 〔참고문헌〕『大般若經』. ⇨정법 定法

이유 二乳 ➡우려이유 牛驢二乳

이유 夷猶 제멋대로임. 나아가 걸림 없는 뜻이지만, 본래 '머뭇거리다'라는 뜻으로 유예(猶豫)와 통하는 말이다. 『굉지광록』 권2(대정장48, p.25a13)에 "들다. 학인이 조산에게 물었다. '상복을 걸치지 않을 때는 어떻습니까?' '조산은 오늘로 부모상을 다 채웠다' '부모상 다 채운 후는 어떻게 하시는지요?' '조산은 술주정을 잘 부린다'. 〔송〕 … 취한 걸음으로 미친 듯 노래하며 두건 떨어지건 말건 헝클어진 머리에 얽매임 없으니 누구를 상관하랴! 태평성대의 일 없는 주정뱅이로구나. 擧 僧問曹山 靈衣不掛時 如何 山云 曹山今日孝滿 僧云 孝滿後如何 山云 曹山好顚酒 頌曰 … 醉步狂歌任墮巾 散髮夷猶誰管系 太平無事酒顚人", 같은 책 권8 「송광선인 送廣禪人」(대정장48, p.88b3)에 "달빛 실은 배는 백조주로 돌아왔지만, 안팎으로 얽매임 없으니 낚시한 자취마저 없고, 검푸른듯 하늘과 강물 하나로 가을빛 되었구나. 載月船回白鳥洲 中外夷猶功迹絶 滔然天水一成秋"라고 하였다. 〔참고문헌〕『宏智廣錄』. ⇨유예 猶豫

이유 異喩 Ⓢvaidharmya-dṛṣṭānta. 다른 유. 인명(因明) 용어. 인명의 두 가지 비유(同喩 異喩) 중 하나로 주장명제(宗)나 이유명제(因)와는 다른 성질에 속하는 비유다. 이품(異品)·이법(異法)·이법유(異法喩) 등이라고도 한다. 『인명정리문론』(대정장32, p.8a2)에 "비유에는 두 가지가 있으니 동법유와 이법유다. 동법유란 무엇인가? 즉 '소리는 무상하다. 쉬지 않고 힘써야 생겨나는 것이기 때문이다'라고 주장하는 경우, '끊임없이 힘써야 생겨나는 것은 모두 무상하니, 마치 병 등처럼'이라 하는 것을 말한다. 이법유란, 즉 '모든 상주하는 것은 끊임없이 힘써야 생겨나는 것이 아니니, 마치 허공 등처럼'이라고 하는 것을 말한다. 喩有二種 同法異法 同法者 謂立聲無常 勤勇無間 所發性故 以諸勤勇 無間所發 皆見無常 猶如甁等 異法者 謂諸有常住 見非勤勇 無間所發 如虛空等", 『이문론술기』(대정장44, p.84b16)에 "'이곳은 따뜻하다〈宗〉. 불이 있기 때문이다〈因〉. 불이 있는 모든 곳은 다 따뜻하니, 마치 부엌처럼〈同喩〉. 불이 없는 모든 곳은 다 따뜻하지 않으니, (마치 雲山處처럼)'이라고 하는 것은 올바른 주장이다. 此處有煖〈宗〉 以有火故〈因〉 諸有火處 悉皆有煖 猶如廚上〈喩〉 諸無火處 並皆無煖〈異〉 此是正立", 『인명입정리론소』 권상(대정장44, p.93c28)에 "옛날 논사는 네 가지 능립을 말하기도 하는데 종·인·동유·이유다. 古師又有說四能立 謂宗 及因 同喩 異喩"라고 하였다. 〔참고문헌〕『因明正理門論』, 『理門論述記』, 『因明入正理論疏』. ⇨이품 二品, 반파이유 反破異喩, 동유 同喩, 삼지작법 三支作法

이유식 理唯識 이(理)로서의 유식. 오종유식(五種唯識) 중 하나다. 『대승법원의림장』 권1(대정장45, p.259c12)에 "셋째 이유식이다. 『유식삼십론송』(대정장31, p.61a2)에 '이 모든 식이 전변하여 분별하고 분별의 것들이 있게 되니, 이것도 저것도 모두 없게 되므로 일체는 오직 식일 뿐이다'라고 하였다. 이와 같이 성립하는 유식도리는 모두 이로서의 유식이다. 三 理唯識 三十頌言 是諸識轉變 分別所分別 由此彼皆無 故一切唯識 如是成立 唯識道理 皆理唯識"라고 하였다. 〔참고문헌〕『大乘法苑義林章』, 『唯識三十論頌』. ⇨오종유식 五種唯識

이유오과 異喩五過 이유에서 일어날 수 있는 다섯 가지 허물. 주장은 부정하지 않고 이유만 부정하는 소립법불견과(所立法不遣過), 주장을 부정하고 이유는 부정하지 않는 능립법불견과(能立法不遣過), 소립법과 능립법을 부정적으로 보증 못하는 구불견과(俱不遣過), 주장과 이유의 논리적 관계를 부정적으로 드러내지 못하는 불리과(不離過), 주장과 인의 부정적 관계가 바뀐 도리과(倒離過)를 말한다. 사이유오과(似異喩五過)·사이법유오과(似異法喩五過)라고도 한다. 『기신론소필삭기』 권2(대정장44, p.304b8)에 "이유오과란 소립법불견·능립법불견·구불견·불리·도리를 말한다. 異喩五過 謂所立法不遣 能立法不遣 俱不遣 不離 倒離"라고 하였다. 〔참고문헌〕『起信論疏筆削記』. ⇨사이유오과 似異喩五過, 사유십과 似喩十過, 소립법불견과 所立法不遣過, 능립법불견과 能立法不遣過, 구불견과 俱不遣過, 불리과 不離過, 도리과 倒離過

이유원 李裕元 1814~1888. 조선후기 문신. 호는 귤산(橘山)·묵농(墨農), 본관은 경주. 1882년에 전권대신(全權大臣)으로서 일본 변리공사(辨理公使) 화방의질(花房義質)과 제물포조약(濟物浦條約)에 조인했다. 글씨를 잘 써서 「양양화엄사춘담당법함대사비문 襄陽華嚴寺春潭堂法咸大師碑文」·「가평현등사화담당경화대사비문 加平懸燈寺華潭堂敬和大師碑文」·「안변석왕사영허당선영대사비문 安邊釋王寺暎虛堂善影大師碑文」·「회양표훈사퇴운대사비문 淮陽表訓寺退雲大師碑文」 등 많은 비문을 남겼다. 〔참고문헌〕 智冠 『韓國高僧碑文總集 朝鮮朝·近現代』 p.638·688·704·726.

이유정무 理有情無 이로는 있지만 정으로는 없는 것. 의타기성(依他起性)과 원성실성(圓成實性)을 가리킨다. 변계소집성(遍計所執性)의 정으로는 있고 이로는 없는 정유이무(情有理無)에 대칭한다. 『유가사지론석』 권1(대정장30, p.883b21)에 "두 가지 연 때문에 이 논을 설한다. 첫째는 변계소집은 정으로는 있되 이로는 없고, 의타기성과 원성실성은 이로는 있지만 정으로는 없음을 밝게 드러내어 증가한다거나 줄어든다는 집착을 버리게 하기 위해서다. 有二緣故說此論 一 爲顯了遍計所執 情有理無 依他起性 圓成實性 理有情無 令捨增益損減執故", 『관심각몽초』 권2(대정장71, p.78c10)에 "〔문〕 삼성 중에서 몇 가지가 유이고 몇 가지가 무이며, 몇 가지가 가이고 몇 가지가 실인가? 〔답〕 변계소집의 체성은 도무지 없고 단지 망정의 계탁만 있을 뿐이다. 따라서 정유이무의 법이라 한다. 의타기성은 환사와 같고 임시로 있다. 뭇 연들로 이루어져 있어 그 체는 공하지 않다. 원성실성은 진실하고 여여함이 항상해서 그 성은 변함없이 자연스럽다. 임시적인 것도 아니고 없는 것도 아니다. 지금 이 두 가지 성은 성지의 경계이지 망정의 경은 아니다. 따라서 이유정무의 법이라 한다. 問 於此三性幾無幾有 幾假幾實 答 遍計所執體性都無 但是妄情計度爲有 故名情有理無之法 依他起性如幻假有 衆緣所成 其體不空 圓成實者眞實如常 其性凝然 非假非無 今此二性聖智境界非妄情境 故名理有情無之法"라고 하였다. 〔참고문헌〕 『瑜伽師地論釋』, 『觀心覺夢鈔』. ⇨ 정유이무 情有理無, 변계소집성 遍計所執性, 의타기성 依他起性, 원성실성 圓成實性, 삼성 三性❶, 삼무성 三無性

이유정의 離有情義 Ⓢ niḥsattvārtha, Ⓣ sems-can-med-pa'i-don. 유정을 여읜 뜻. 유정은 바이셰쉬카(Ⓢ Vaiśeṣika : 勝論)의 푸루사(Ⓢ puruṣa : 神我)와 독자부(Ⓢ Vātsīputrīya)의 푸드갈라(Ⓢ pudgala : 個我) 등 작자(作者)라 여기는 '유정' 즉 상주하는 '아'를 말함이니, 이들을 상정하지 않는 뜻에서 이무상의(離無常義), 의타기의(依他起義), 탁중생연의(託衆生緣義), 무작자의(無作者義), 연기의(緣起義)로 통한다. 『유가사지론』에서 설한 연기의 여덟 가지 의미 중 하나이다. 『유가사지론』 권9(대정장30, p.322a23 : *Yogā-bh.*, p.203)에 "잠시 머무는 연기의 뜻이란 무엇인가? 유정을 여의는 뜻이 연기의 뜻이고, 이유정에 더한 무상의 뜻이 연기의 뜻이고, 다시 잠깐 머무는 뜻을 더한 것이 연기의 뜻이고, 잠깐 머문다는 것에 다시 의타의 뜻을 더한 것이 연기의 뜻이다. 暫住 緣起義云何 謂離有情義 是緣起義 於離有情 復無常義 是緣起義 於無常 復暫住義 是緣起義 於暫住 復依他義 是緣起義 pratītyasamutpādārthaḥ katamaḥ. niḥsattvārthaḥ pratītyasamutpādārthaḥ. sati niḥsattve'nityārthaḥ. satyanityattve itvarapratyupasthāpanārthaḥ. satītvarapratyupasthāne paratantrārthaḥ", 『아비달마잡집론』 권4(대정장31, p.712b10 : *Abh-s-bh.*, p.33)에 "자재천 등의 작자를 떠난 것이 무작자의 뜻이고, 무명 등으로 인을 삼기에 인은 있는 뜻이고, 스스로 그러한 아는 없기에 이유정의 뜻이고, 뭇 연들이 의지해서 생하기에 의타기의 뜻이다. 謂離自在天等作者故 是無作者義 以無明等爲因故 是有因義 無自然我故 是離有情義 託衆緣生故 是依他起義 niṣkartṛkārtha īśvarādikartṛrahitatvāt sahetukārtho 'vidyādihetukatvāt niḥsattvārthaḥ svayam anātmatvāt paratantrārthaḥ pratyayādhīnatvāt", 『유가사지론약찬』 권4(대정장43, p.56c29)에 "『아비달마잡집론』에서는 '첫째 유정을 여의는 뜻'이라 한 것은 스스로 그러한 아는 없기 때문이다. 이것은 승론과 독자부 등이 아를 작자로 삼은 주장을 논파하는 것이니, 저 유정을 여의기 때문이다. 對法論云 一離有情義者 無自然我故 此破勝論犢子部等 我爲作者 離彼有情故"라고 하였다. 〔참고문헌〕 『瑜伽師地論』, 『阿毘達磨雜集論』, 『瑜伽師地論略纂』, *Yogā-bh.*, *Abh-s-bh.* ⇨ 신아 神我, 개아 個我, 작자 作者

이유정이숙계 利有情異熟戒 Ⓢ sattvārthakriyā vaipākyaṃ śīlam. 유정을 이롭게 한 이숙으로서의 계. 구종상계(九種相戒)의 일체종계(一切種戒) 중 하나다. 『유가사지론』 권42(대정장30, p.522a25 : *Bodh-bh.*, p.127)에 "무엇을 보살일체종계라 하는가? 이 계의 핵심을 말하면 여섯 가지와 일곱 가지로 모두 열 세 가지다. 일곱 가지에서 … 일곱 번째는 이유정이숙계이다. 云何菩薩一切種戒 當知此戒以要言之 六種七種 總十三種 … 言七種者 … 七 利有情異熟戒 tatra katamadbodhisattvasya sarvākāraṃ śīlam. tat ṣaḍvidhaṃ saptavidhaṃ caikadhyamabhisaṃkṣipya trayodaśavidhaṃ veditavyam … sattvārthakriyā vaipākyaṃ ceti", 『유가론기』 권10(대정장42, p.540c6·한불전13, p.317c3)에 "혜경(惠景)이 말하길 … '일곱 번째인 이유정이숙계란, 이 계는 마땅히 타인을 이롭게 하는 계

의 과다'라고 하였다. … (圓測은) '이유정이숙계란 사람으로 태어나게 하는 수승과를 불러오고 유정을 거둬들여 이롭게 하는 것을 말한다'고 하였다. 景云 … 第七利有情異熟戒者 此當利他戒果 … 利有情異熟戒者 謂感人報殊勝果 攝利有情"라고 하였다. [참고문헌]『瑜伽師地論』, 『瑜伽論記』, *Bodh-bh.* ⇨ 일체종계 一切種戒, 구종상계 九種相戒, 이숙 異熟

이유정탐 離有頂貪 Ⓢbhavāgra-vairāgya. 유정(有頂)의 수혹(修惑)을 여읜다는 말. 유정의 수혹이란 무색계(無色界)의 네 번째 하늘인 비상비비상처천(非想非非想處天)의 구품번뇌(九品煩惱 : 九品惑)를 말한다. 『구사론』 권5(대정장29, p.25a29 : *Abh-k-bh.*, p.71)에 "가습미라국의 비바사사들이 말하길 '먼저 멸진정을 일으키고, 후에 비로소 진지가 나지는 않는다'고 하였다. 그 까닭은 무엇인가? 전하는 말에 '보살은 삼십사 찰나에 깨달음을 얻는다'고 하기 때문이다. 사제를 현관하는데 십육찰나가 걸리며, 유정탐을 여의는데 십팔찰나가 있다. 말하자면 유정천의 구품번뇌를 끊고 아홉 가지 무간도와 아홉 가지 해탈도를 일으키기에, 이와 같이 십팔찰나가 있게 되고 앞의 십육찰나를 더하여 삼십사 찰나가 된다. 迦濕彌羅國 毘婆沙師說 非前起滅定 後方生盡智 所以者何 傳說 菩薩三十四念 得菩提故 諦現觀中有十六念 離有頂貪 有十八念 謂斷有頂九品煩惱 起九無間 九解脫道 如是十八 足前十六 成三十四 〈bhāṣya〉 na hi pūrvaṃ tasyā utpādanaṃ yujyata iti kāśmīrakāḥ. kiṃ kāraṇam. 〈kārikā〉 catustriṃśatkṣaṇāptitaḥ. 〈bhāṣya〉 catustriṃśatā kila cittakṣaṇair bodhisattvo bodhim anuprāptaḥ. satyābhisamaye ṣoḍaśabhir bhavāgravairāgye cāṣṭādaśbhir navaprakārāṇāṃ kleśānaṃ prahāṇāya navānantaryavimuktimārgotpādanāt. ta ete catustriṃśat bhavanti" 라고 하였다. [참고문헌]『俱舍論』, 『順正理論』 권12(대정장29, p.402a20), *Abh-k-bh.409.* ⇨ 삼십사심 三十四心, 구품혹 九品惑

이유환무 已有還無 이미 있었던 것이 돌이켜 없게 됨. 유위법(有爲法)의 멸(滅)을 말하며, 생(生)인 본무금유(本無今有 : 原無今有)와 함께 생멸하는 유위법을 드러내는 뜻이다. 유이환무(有已還無)라고도 한다. 40권본 『대반열반경』 권39(대정장12, p.595c24)에 "선남자야, 그러므로 나는 이렇게 말한다. '안식에서 의식까지의 일체제법은 바로 이 환(幻)이다. 어찌하여 환과 같다고 하는가? 본래 없던 것이 지금 있으며, 이미 있었던 것은 도리어 없어지기 때문이다'. 善男子 是故我說眼識乃至意識 一切諸法 卽是幻也 云何如幻 本無今有 已有還無", 『정법염처경』 권62(대정장17, p.368c16)에 "법을 관해보면 무상하여 무너져 변이하며 공이고 무소유이며 견도 실도 없다. 이 법은 무상·고·공·무아이며, 앞서 없었던 것이 지금은 있고 이미 있었던 것이 다시 없어져 일체가 닳아 없어진다. 이와 같이 잊지 않고 기억하여 좋아하는 법이든 좋아하지 않는 법이든 그쳐 만족할 줄을 안다. 좋아하지 않는 법에 미워하거나 싫어함이 없고, 좋아할 만한 법에 대해서도 즐거움이나 기쁨이 생겨나지 않아, 과거법도 마음 두지 않고 집착하지도 않는다. 이렇게 뜻으로 기꺼워할 법을 잘 관하여 일체의법을 마음에 두거나 집착하지 않고 좋아하거나 즐거워하지도 않는다. 모든 사문이나 바라문들은 만족할 줄을 알므로 여섯 가지 탐애 중에서 해탈을 얻는다. 觀法無常 敗壞變易 空無所有 無堅無實 此法無常 苦空無我 先無今有 已有還無 一切磨滅 如是憶念 愛不愛法 則知止足 於不愛法 不生憎嫉 於可愛法 不生喜樂 於過去法 心不係念 亦不味著 如是善觀 意所樂法 於一切意法 不念不味 不愛不樂 諸沙門 婆羅門 以知足故 於六愛中而得解脫"라고 하였다. [참고문헌]『大般涅槃經』, 『正法念處經』. ⇨ 본무금유 本無今有, 유위법 有爲法

이육시중 二六時中 하루 12시 중, 하루 내내, 언제나 틈 없이의 뜻이다. '이'란 밤과 낮이고 6시는 밤·낮 각각의 6시로 합하여 12시가 된다. 『원오어록』 권8(대정장47, p.750b25)에 "일체시에 차를 만나면 차를 마시고, 밥을 만나면 밥을 먹으며, 하늘은 하늘이라 부를 뿐이고, 땅은 땅이라 부를 뿐이며, 노주는 노주라 부를 뿐이고, 등롱은 등롱이라 부를 뿐이다. 일체가 또한 그러하여 이육시중에 다만 그러할 뿐이니, 늘 그러해서 한 점의 번거로운 일도 없다. 비록 그렇게 한다 해도 일 없는 것마저 가슴에 품는다면 그것도 자재롭지 못할 것이며, 할 일이 있다고 생각해도 자재하지 못할 것이니, 반드시 일이 있다는 생각도 없고 일이 없다는 생각도 없으며 양편 모두 없다는 생각조차 없어야 한다. 이렇게 한다 해도 오히려 길에 반도 가지 못한 것이다. 於一切時 遇茶喫茶 遇飯喫飯 天但喚作天 地但喚作地 露柱但喚作露柱 燈籠但喚作燈籠 一切亦然 二六時中只麽 平常無一星事 雖然如是 若有箇無事 懷在胸中 亦未得自在 有箇有事 亦未得自在 直須有事也無 無事也無 無二亦無 猶在半途", 『염팔방주옥집』 권상(卍속장119, p.211b15)에 "불감이 집어내 말한다. '본공선사가 천 길 낚싯줄을 드리웠으니 뜻은 못 깊은 곳에 두고 세 치 낚싯바늘을 벗어나 한 마리 낚고 보니 비단 비늘에 붉은 꼬리 잉어를 예상했건만 기수의 잔챙이였다. 밝은 달 하늘에 뜨고 배 가득 잡을 희망은 잃었지만 이제 다시 맛난 떡밥을 풀고 거듭 낚싯줄을 던질 뿐이네'. 불자 세우고 말했다. '걸려든 물고기 있는가? 여러분 이육시중에 어떻게 조옹과 더불어 서로 합해 가는가? 돌아보면 온통 이 후손들 일일뿐, 할아버지 종래로 문 나선 일 없다'. 佛鑑拈云 本空垂絲千尺 意在深潭 離鉤三寸 釣得一箇 將謂錦鱗紅尾 元是沂浪黃能 明月當空 滿船失望 而今不免 再抛香餌 重擲絲綸 乃竪起拂子云 還有上鉤底也無 諸人二六時中 如何得與祖翁相合去 回頭盡是兒孫事 祖父從來不出門"라고 하였다. 〔참고문헌〕『圜悟語錄』, 『拈八方珠玉集』.

이윤 利潤 이롭게 적시다. 『대애경』 권2(대정장13, p.420b3)에 "일체번뇌를 끊고 중생을 이롭게 충분히 적신다. 斷一切諸漏 利潤於衆生", 『법집경』 권2(대정장17, p.616c16)에 "자기의 공덕으로 중생을 이롭게 적셔 모두 편안하게 하면서도 중생에게 보은을 바라지 않는다. 以己功德 利潤衆生 悉令安隱 而於衆生 不求報恩", 『법화문구』 권7상(대정장34, p.96a4)에 "무릇 마음 있는 이라면 모두 이롭고 윤택함 입었기에 '거느리는 땅 가득 적셨다'고 말한 것이다. 凡有心者 皆蒙利潤 故言率土充洽也"라고 하였다. 〔참고문헌〕『大哀經』, 『法集經』, 『法華文句』.

이은암 吏隱庵 충청남도 부여군 부여읍 쌍북리 낙화암(落花巖) 서쪽에 있던 암자. 1576년(선조9)에 만전(晩全) 홍가신(洪可臣 1541~1615)이 창건하였다. 『만전집』 권2 「이은암기 吏隱庵記」(한국문집총간51, p.456a4)에 "만력 병자년 여름 4월에 이은암이 완공되었다. 모두 3칸인데, 창과 벽 꾸밈 없이 그대로였으며, 띠로 지붕을 이었다. 萬曆丙子夏四月 吏隱庵成 凡三間 窓壁皆存素質 而覆以茅"고 하였다. 1928년 『부여지』에는 폐사로 전한다. 〔참고문헌〕『晩全集』, 『扶餘誌』.

이음성자어삼매 離音聲字語三昧 Ⓢ nirghoṣa-akṣara-vimukta-samādhi, gīrghoṣa-akṣara-vimukta-samādhi, Ⓣ sgra-dbyangs kyi yi-ge dang-bral-ba zhes-bya-ba'i ting-nge-'dzin. 음성자어를 여읜 삼매. 백팔삼매 중 하나로 일체법이 음과 소리, 글자와 말마저 여읜 적멸상임을 관하는 삼매로, 해탈음성문자삼매(解脫音聲文字三昧)라고도 한다. 『대품반야경』 권5(대정장8, p.253a4 : *Pañca-pr.*, p.202)에 "무엇을 이음성자어삼매라 하는가? 이 삼매에 머물러 모든 삼매의 음성과 자어 또한 보지 않으니 이를 이음성자어삼매라고 한다. 云何名離音聲字語三昧 住是三昧 不見諸三昧音聲字語 是名離音聲字語三昧 tatra katamo gīrghoṣākṣaravimukto nāma samādhiḥ. yatra samādhau sthitvā sarvasamādhīn akṣaravimuktān samanupaśyati tenocyate gīrghoṣākṣaravimukto nāma samādhiḥ", 『대지도론』 권47(대정장25, p.401c6)에 "이음성자어삼매란, 이 삼매를 얻으면 일체법이 모두 음성언어가 없어 언제나 적멸상임을 관한다. 離音聲字語三昧者 得是三昧 觀一切諸法 皆無音聲語言 常寂滅相"라고 하였다. 〔참고문헌〕『大品般若經』, 『大智度論』, *Pañca-pr.*, *Mvyut.21.* ⇨ 해탈음성문자삼매 解脫音聲文字三昧, 백팔삼매 百八三昧

이응신 二應身 두 응신. 열응신(劣應身)과 승응신(勝應身)을 말한다. 열응신은 범부와 같은 장륙신(丈六身)의 몸으로 나타난 응신이고, 승응신은 헤아릴 수 없이 거대한 신체와 수명으로 나타난 응신으로서 보신(報身)과 같다. 『아미타경소』(대정장37, p.355b3)에 "석가모니부처님께서는 열응신을 나투어 상적광이 여덟 척일뿐이었지만, 통하여 놓는 빛은 비로소 무량한 곳을 비춘다. 저 아미타불께서 나투시는 승응신의 상적광은 한량없으시기에 이러한 이름을 받으셨다. 釋迦現劣應身 常光一尋而已 及現通放光 方照無量 彼佛現勝應身 常光無量 故受其名", 『아미타경약해원중초』 권하(卍속장91, p.811b1)에 "부처의 응신에는 승과 열 두 가지 상이 있다. 열한즉 범부처럼 보인다. 석가모니 장륙신의 열응신은 수명은 여든이고 불이 재가 되는 것처럼 끊어진다. 만약 저 『화엄경』의 승응신이라면 수명은 헤아릴 수 없다. 응신이 곧 보신이기 때문이다. 그래서 『화엄경』의 부처는 보신이라고도 부른다. 이는 타수용보신이다. 佛之應身 有勝劣兩相 劣則示同凡夫 如釋迦丈六劣應之身 壽八十年 同于灰斷 若如華嚴勝應之身 壽則不可思議 以其卽應卽報故 故華嚴之佛 亦稱爲報 乃他受用報身也"라고 하였다. 〔참고문헌〕『阿彌陀經疏』, 『阿彌陀經略解圓中鈔』. ⇨ 열응신 劣應身, 승응신 勝應身, 응신 應身

이의 二衣 **1** 비구나 비구니가 입는 내외(內外)의 두 옷가지. 안타회(安陀會 Ⓟ antaravāsaka)와 울다라승(鬱多羅僧 Ⓟ uttarāsaṅga)을 일컫는다. 안타회는 하의(下衣) 또는 내의(內衣)로 실내에서 생활할 때 입는 옷이며, 울다라승은 포살 등의 집회에 출석할 때 안타회 위에 입는 상의 내지 외의(外衣)이다. 이에 이출할 때 입는 승가리(僧伽梨 Ⓟ saṅghāṭī)를 더하여 삼의(三衣)라고 한다. 『유부율』 권20(대정장23, p.731a22)에 "만약 비구가 옷을 빼앗겼거나 옷을 잃어버렸거나 옷을 태웠거나 옷이 바람에 날아갔거나 옷이 물에 떠내려갔을 때, 친족이 아닌 거사와 거사부인에게 옷을 빌게 된다. 그 사람이 옷을 많이 주고 그 비구가 모두 필요할지라도 상하 두 벌만 받아야 한다. 만약 더하여 받으면 니살기바일지가다. 若復苾芻奪衣失衣 燒衣吹衣漂衣 從非親居士居士婦乞衣 彼多施衣 苾芻若須 應受上下二衣 若過受者 泥薩祇波逸底迦"라고 하였다. 〔참고문헌〕『有部律』, 『彌沙塞五分戒本』(대정장22, p.196b1), *Vin.3.214.* ⇨ 안타회 安陀會, 울다라승 鬱多羅僧, 삼의 三衣**1**
2 제의(制衣)와 청의(聽衣). 『사분율행사초자지기』 권

하(대정장40, p.332c3)에 "율장이 비록 넓고 행상도 극히 많지만 제·청 이문으로 거두어 다하지 못할 조목이 없다. 律藏雖廣 行相極繁 制聽二門 攝無不盡"라 하였으며, 『석씨요람』 권상(대정장54, p.268a19)에 "이의란 청과 제라는 두 옷이다. 二衣 謂聽制二衣也"라고 하였다. 제의란 비구의 삼의·비구니의 오의로서 부처님께서 율로 제정하여 반드시 지키게 한 가사 등이다. 청의는 장의(長衣)·백일자구(百一資具)로서 특별한 경우에 응하여 비축하도록 허용하거나 비축해서는 안 되는 것 등을 말한다. [참고문헌] 『四分律行事鈔資持記』, 『釋氏要覽』. ⇨ 의건도 衣犍度, 의시 衣時

이의 二義 ❶ 요의(了義 Ⓢ nīta-artha)와 불료의(不了義 Ⓢ neya-artha). 원측(圓測)의 『해심밀경소』 권5(한불전1, p.289b17)에 "소승의 이십부에 의하면 본래 두 가지 설이 있다. 첫째로 대중부·일설부·설출세부·계윤부·설가부·제다산부·서산주부·북산주부·법밀부·음광부 등 열 부파는 다같이 여래께서 설하신 가르침은 모두 요의라고 한다. 둘째로 살바다부 등 나머지 열 부파는 여래께서 설하신 가르침에는 요의와 불료의가 있으므로 모두 요의는 아니라고 설한다. 진제법사의 『부집론기』 권1에 '근기가 미숙한 중생이 많으면 마땅히 불요의경을 설해야 하고, 이미 근기가 익은 중생이 많으면 마땅히 요의경을 설해야 한다'고 하였다. 若依小乘二十部中 自有二說 一 大衆部 一說 說出世 雞胤 說假 制多山 小西山住 北山住 法密 飮光 十部同說 如來所說 皆是了義 二 薩婆多等餘十部說 如來所說 有了不了 非皆了義 依眞諦師部執論記第一卷云 若是未熟衆生多 宜爲說不了義經 若已成熟衆生多 宜爲說了義經"라고 하였다. [참고문헌] 『解深密經疏』. ⇨ 요의 了義❶, 불료의 不了義 ❷ 두 가지 뜻이나 이치. 『금강선론』 권19(대정장25, p.798c21)에 "금강이란 무슨 말인가? 비유로 이름을 삼아 그 견실한 뜻을 취한 것이다. 예를 들면 세간의 금강에는 두 가지 뜻이 있으니, 첫째 그 체가 견실하여 능히 만물을 부수는 것이고, 둘째 그런즉 만물 또한 금강을 어떻게도 부수지 못한다. 言金剛者 從譬喩爲名 取其堅實之義 如世間金剛 有二義 一 其體堅實 能破萬物 二 則萬物不能壞於金剛"라고 하였다. [참고문헌] 『金剛仙論』, 『大毘婆沙論』 권9(대정장27, p.40b18).

이의 二儀 음·양(陰陽). 천·지(天地) 또는 일·월(日月) 등으로 양의(兩儀)라고도 한다. 깊은 근원(玄元)이나 태극(太極) 등 비로소 나뉜 두 갈래로 만물이 이로부터 생긴다. 『인왕반야경소』 권하5(대정장33, p.345c18)에 "이의란 무엇인가? 하나는 음이고 또 하나는 양이다. 이 두 가지가 능히 만물을 생하고 능히 이루니 이를 이의라 한다. 二儀者 一陰二陽 此之二種 能生能成 名爲二儀", 『홍명집』 권14(대정장52, p.91b17)에 "혼돈의 원이 열려 갈라졌으니 이의가 비로소 나뉘어졌다. 蓋玄元創判 二儀始分", 『광홍명집』 권22(대정장52, p.261c25)에 "여공이 인용한 『역』 「계사」에 '태극이 이의를 생하고, 이의는 사상을 생하며, 사상은 팔괘를 생하고, 팔괘는 만물을 생한다'라고 운운하였다. 이는 그것과 말은 차이가 있지만 의미는 같다. 呂公所引 易繫辭云 太極生二儀 二儀生四象 四象生八卦 八卦生萬物云 此與彼言異義同", 『절의론』 권2(대정장52, p.801b22)에 "이의란 형이 비롯되는 순간이다〈조는 시작을 뜻하는 시이다. 『역』에 '태극이 양의를 생한다'라고 하였으니 처음으로 분화되는 순간을 말한다〉. 二儀 肇形之際〈肇 始也 易曰 太極生兩儀 謂始分之際〉"라고 하였다. [참고문헌] 『仁王般若經疏』, 『弘明集』, 『廣弘明集』, 『折疑論』. ⇨ 양의 兩儀

이의 毦衣 깃털로 장식한 옷. 『십송율』 권40(대정장23, p.292a12)에 "부처님께서 왕사성에 계시던 그때 제바달다를 보좌하던 비구니가 세접의를 입거나 이의를 입거나 생기의를 입거나 세소의를 입었다. 이를 문제삼아 부처님께 아뢰자 부처님께서 '지금부터 비구니가 이 네 가지 옷 입는 것을 허용하지 않는다. 만약 입으면 돌길라다'라고 말씀하셨다. 佛在王舍城 爾時 助提婆達多比丘尼 著細褔衣 著毦衣 著生起衣 著細踈衣 是事白佛 佛言 從今不聽 比丘尼著四種衣 若著突吉羅"라고 하였다. [참고문헌] 『十誦律』.

이의 理義 이(理)와 뜻(義) 또는 이(理)로서의 뜻(義). 인연·무자성의 이(理)로 적멸의 뜻(義)과 공의 뜻(義)에 드는 등이다. 『대보적경』 권52(대정장11, p.307a17)에 "이의 뜻을 관찰함에 싫어서 그만두는 일이 없다. 觀察理義 無有厭足", 『십이문론소』 권상(대정장42, p.175b16)에 "세 번째, (십이문론은) 이의 뜻에 통한다 하였으니, 인연과 무자성이니 이는 바로 적멸이기 때문이다. 공인 인연으로 인연의 공문을 삼기에 『십이문론』(대정장30, p.159c24)에 '십이문으로 공의 뜻에 들어간다'고 한다. 三者 通理義 謂因緣 無自性 卽是寂滅故 以空因緣 爲因緣空門故 論云 十二入於空義"라고 하였다. [참고문헌] 『大寶積經』, 『十二門論疏』, 『十二門論』. ⇨ 의리 義理, 십이문론 十二門論

이의 異意 Ⓢ vimanaska, Ⓣ yid-mi-dga'-ba. 뜻을 달리함. 『중아함경』 권52 「주나경 周那經」(대정장1, p.753c2)에 "그대가 보듯이 그중에 두 비가가 각각 뜻이 달라서 싸움을 일으켜 '이것은 법에 합당하고 이것은 법에 합당하지 않다'거나 '이것은 율에 맞고 이것은 율에 맞지 않다'라고 다툰다. 汝見 其中有二比丘 各各異意 而起鬪諍 是法 是非法 是律 是非律", 『대반야경』 권456

(대정장7, p.301c24)에 "저는 또한 일념이라도 다른 생각을 일으켜 모든 보살마하살 대중이 무상정등보리가 싫다고 떠나서 성문과 독각 등지로 물러나는 일이 없도록 하겠습니다. 我亦不生 一念異意 令諸菩薩摩訶薩衆 厭離無上正等菩提 退住聲聞獨覺等地"라고 하였다. 〔참고문헌〕『中阿含經』, 『大般若經』, *Bodh-bh.84.*

이의 異義 **1** 다른 뜻. 정법이 아닌 뜻을 말한다. 『불승도리천위모설법경』 권하(대정장17, p.796a19)에 "그 부처님 설하시되 다른 뜻 강설하지 않으셨으니 보살의 법전장만 풀어주셨다. … 다른 뜻을 즐겨하지 않고 오로지 불법만 즐겼다. 其佛所說 不講異義 但演菩薩 法典之藏 … 不樂異義 唯樂佛法"라고 하였다. 〔참고문헌〕『佛昇忉利天爲母說法經』. **2** 다르다는 주장. 차별된다고 입론하는 견해. 동일하다는 주장인 일의(一義)와 대칭한다. 『금강반야소』 권4(대정장33, p.120c13)에 "옛날에는 상호신도 생멸하고 오분법신도 생멸하여 두 몸이 다 생멸한다고 밝혔으니, 바로 하나라는 뜻이다. 다음으로 이 경은 이전부터 두 곳에서 두 몸이 다르다는 설을 펼쳐 상호신은 생멸이 있지만 법신은 무위로서 생멸이 없다고 하였으니, 이는 다르다는 뜻이다. 이제 여기 일장에서는 하나라는 뜻도 다르다는 뜻도 쌍으로 파한다. 昔日明 相好身 亦生滅 五分法身 亦生滅故 二身同生滅 則是一義 次此經上來 兩處開二身之異 相好身有生滅 法身無爲無生滅 此是異義 今此一章 雙破一異"라고 하였다. 〔참고문헌〕『金剛般若疏』.

이의 離衣 Ⓟ vippavāsa. 가사를 떠나 있음. 비구가 삼의(三衣)를 입지 않는 것. 비구가 삼의를 버려두고 샛별이 뜰 때까지 하룻밤을 지낼 경우 삼십사타(三十捨墮)로 범계다. 『사분율』 권6(대정장22, p.603a28)에 "세존께서 이러한 이유로 비구승을 불러 모아 육군비구를 꾸짖으셨다. '그대들이 저지른 행위는 잘못되었으니 위의에 어긋나고 사문법에 맞지 않으며, 청정한 행에 어긋나고 율을 따르는 행에 맞지 않으니, 용딩 해서는 안 되는 행위였다. 어찌 하여 가사를 친구 비구에게 맡기고 가사를 입지 않은 채 사람들 속으로 돌아다닌단 말이냐!' 世尊 以此因緣 集比丘僧 呵責六群比丘言 汝所爲非 非威儀 非沙門法 非淨行 非隨順行 所不應爲 云何以衣付囑 親友比丘 離衣遊行人間"라고 하였다. 〔참고문헌〕『四分律』. ⇨ 이삼의숙계 離三衣宿戒

이의봉 李義鳳 1733~1801. 조선후기 문신. 40권에 달하는 방대한 분량의 사서(辭書)인 『고금석림 古今釋林』을 저술하였는데 그 중 권19~21 「석씨어록 釋氏語錄」에 불교어휘를 수록하고 있다. ⇨ 고금석림 古今釋林

이의사 利義寺 위치 미상. 1224년(고종11)에 이의사의 화향대사(火香大師) 현진(玄津)이 반자와 소종(小鍾) 등을 조성한 기록이 전할 뿐이다. 〔참고문헌〕『韓國金石全文』 中世下 p.998. ⇨ 이의사반자 利義寺飯子

이의사반자 利義寺飯子 고려시대 청동반자. 지름 33.5cm·너비 5cm. 국립청주박물관에 있다. 측면에 음각으로 새겨진 「이의사반자명문 利義寺飯子銘文」(『한국금석전문』 중세하, p.998)에 따르면, 정우12년 갑신정월 일에 이의사의 화향대사가 절의 반자와 소종 등이 없는 것을 안타까워하며, 임금 천수 누리고 전쟁 길이 없는 나라안녕을 위해 청동 11근으로 조성하였다(貞祐十二年甲申正月日 利義寺火香大師玄津 亦同寺飯子小鍾等亦全闕 … 聖壽天長隣兵永息國土大平愿以造成懸排入重十一斤印大匠仁癸丑尖). 〔참고문헌〕『韓國金石全文』.

이의숙계 離衣宿戒 삼의(三衣)를 여의고 숙박하지 않도록 한 계. 『선견율비바사』 권14(대정장24, p.773c15)에 "화상이 삼의를 여의고 숙박한 허물을 범한 경우에 이 계는 옷을 이미 수지하였어도 떠나서 잤기에 죄를 얻는다. 나머지 문구는 앞과 다르지 않으므로 이의숙계를 널리 설하여 마친다. 和上犯離衣宿罪 此戒衣已受持 離宿故得罪 餘文句如前無異 離衣宿戒廣說竟", 『사분율비구함주계본』 권1(대정장40, p.437a14)에 "둘째 이의숙계이다. 부처님께서 사위국에 계실 때에 육군비구가 수지하던 삼의를 친우에게 맡기고 마을에 가서 돌아다녔으며 친우들이 삼의를 내어 말렸다. 비구들이 여쭈니 부처님께서 '삼의를 비축하여 오래 두어서는 안 된다. 이것은 누구의 옷인가'하고 물으시니 모두가 '꾸짖어 마땅하십니다' 사루었고, 그 뒤 이를 인연으로 이 계를 제정하셨다. 二離衣宿戒 佛在舍衛國 六群持衣囑親友往人間行 彼爲出衣曬之 比丘問言 佛聽畜三衣 不得有長 此是誰衣 具答被訶 白佛竟因制此戒" 라고 하였다. 〔참고문헌〕『善見律毘婆沙』, 『四分律比丘含注戒本』. ⇨ 비히 毘訶**1**, 의시 衣時, 이삼의숙계 離三衣宿戒, 육야계 六夜戒, 난야리의 蘭若離衣, 의건도 衣犍度

이의육숙계 離衣六宿戒 ➡ 육야계 六夜戒

이이 而已 ~일 뿐이다. 『장아함경』 권17 「로차경 露遮經」(대정장1, p.113b29)에 "다만 함께 의지하고 같이 머물 뿐이다. 但共依止 同住而已", 『선종영가집』 「사마타송 奢摩他頌」(대정장48, p.389c12)에 "여기서 안다고 말한 것은 아는 것으로 아는 것이 아니라 다만 알게 될 뿐이다. 今言知者 不須知知 但知而已"라고 하였다. 〔참고문헌〕『長阿含經』, 『禪宗永嘉集』.

이이 李耳 이아(狸兒)가 변한 것으로 호랑이의 별칭. 『일체경음의』 권2(대정장54, p.318b20)에 "방언으로 진송의 국경에서는 이교라고 부르며, 강남에서는 이이라고 한다. 『설문해자』에 '호랑이는 산짐승 중 임금이다'라고 하였다. 方言 陳宋之間 謂之李交 江南謂李耳 說文云 虎者 山獸之君", 『본초강목』「호 虎」에 "이이는 이아(狸兒)가 옳다. 방언으로 이(狸)는 이(李)이고 아는 이가 된다. 李耳當作狸兒 蓋方言狸爲李 兒爲耳也"라고 하였다. 〔참고문헌〕『一切經音義』, 『本草綱目』.

이이 咿咿 의성어. 옹알거리거나 애쓰는 소리. 닭이나 벌레의 울음소리. 또는 억지로 웃는 모양. 『송고연주통집』 권11(卍속장115, p.125a17)에 "짧은 고쟁이 긴 적삼에 흰 모시 수건 두르고, 낑낑대며 달빛 아래서 급히 수레를 미네. 낙양의 노상에서 마주치는 저들, 모두 장사하며 사고파는 사람들일세. 〈허당지우(虛堂智愚)의 송〉 短袴長衫白苧巾 咿咿月下急推輪 洛陽路上相逢著 盡是經商買賣人 〈虛堂愚〉", 『오등전서』 권62 「삼의명우장 三宜明盂章」(卍속장141, p.342b2)에 "노젓는 흉내를 내며 '영차영차! 그대들 싣고 (서호로) 가노라' 하고는 손으로 서쪽을 가리키며 '이것이 바로 양봉삽운이다'라 하고, 동쪽을 가리키며 '보거라! 단교잔설이다. 여기서 멈추자'라고 하였다. 作搖櫓勢曰 咿咿啞啞 載你去 以手西指曰 此是兩峰揷雲 東指曰 又看 斷橋殘雪 且住著"라고 하였다. 〔참고문헌〕『頌古聯珠通集』, 『五燈全書』.

이이 異異 ➡이이상 異異相

이이 爾爾 상대를 부르는 호칭의 일종. 당신. 인자(仁者)라 한역한다. 『대일경소』 권4(대정장39, p.622c23)에 "범어 음사어 이이는 인자라 한역한다. 梵音爾爾名爲仁者"라고 하였다. 〔참고문헌〕『大日經疏』. ⇨인자 仁者❶

이이 離二 Ⓢdvayena rahitam, Ⓣgnyis-bral. 둘을 떠남. 분별(分別)을 여읜 뜻으로 분별심진실이라 하고 이에 반하여 미의(迷依)는 의타성진실이다. 『대승장엄경론』 권4(대정장31, p.611b1 : *Sūtr.*, p.58)에 "이이란, 분별성진실을 말한다. 능취와 소취가 필경에는 무이기 때문이다. 미의란, 의타성진실을 말한다. 이것으로 말미암아 모든 분별을 일으키기 때문이다. 무설무희론이란, 진실성진실을 말한다. 자성에는 희론이 없고, 말로 표현할 수 없기 때문이다. 離二者 謂分別性眞實 由能取所取 畢竟無故 迷依者 謂依他性眞實 由此起諸分別故 無說無戲論者 謂眞實性眞實 由自性無戲論 不可說故 satatam dvayena rahitam tatvam parikalpitah svabhāvo grāhyagrāhakalakṣaṇenātyantamasatvāt. bhrānteḥ saṃniśrayaḥ paratantras tena tatparikalpanāt. anabhilāpyam aprapañcātmakaṃ ca parinispannah svabhāvaḥ"라고 하였다. 〔참고문헌〕『大乘莊嚴經論』, *Sūtr.* ⇨분별성 分別性

이이간어 離離間語 Ⓢpaiśunyāt prativirati, Ⓣphra-mar-smra-ba-spong-ba. 사어묘행(四語妙行) 중 하나. 이간하는 말을 떠남. 불양설(不兩舌)이라고도 한다. 『집이문족론』 권10(대정장26, p.409b21)에 "어떤 것을 이이간어묘행이라고 하는가? 〔답〕 부처님께서 다음과 같이 말씀하신 것과 같다. '비구들아, 마땅히 알라. 이간하는 말을 끊고, 이간하는 말을 멀리하는 이는 파괴하려고 하지 않아서 이쪽 말을 듣고 저쪽에 말하여 이쪽을 파괴하려고 하지 않고, 저쪽 말을 듣고 이쪽에 말하여 저쪽을 파괴하려고 하지 않으며, 어긋나서 멀어진 모든 이들을 화합하게 하고, 이미 화합한 이들은 영원히 견고하게 하며, 화합을 좋아하여 이와 같은 말만을 하고 이간하는 말을 멀리한다'. 云何離離間語妙行 答 如世尊說 苾芻當知 有斷離間語 離離間語者 不欲破壞 不聞此語向彼說 爲破壞此 不聞彼語向此說 爲破壞彼 諸乖離者 令其和合 已和合者 令永堅固 愛樂和合 說如是語 離離間語"라고 하였다. 〔참고문헌〕『集異門足論』, *Mvyut.92.* ⇨불양설 不兩說, 사어묘행 四語妙行

이이변 離二邊 Ⓢantadvaya-vivarjita, Ⓣmtha'-gnyis-rnam-par-spangs-pa. 두 갈래 끝을 떠나는 것. 고락, 단상, 아무아, 유무, 가설불가설, 가표불가표, 세간출세간 등의 두 갈래 끝을 여의고 공을 체득한다. 『대지도론』 권22(대정장25, p.221b19)에 "잘 벗어났다는 말은, 이제가 서로 어긋나지 않기 때문이다. 즉 세제와 제일의제가 이것이다. 지혜로운 이도 무너뜨릴 수 없고, 어리석은 이도 다툼을 일으키지 못한다. 이 법은 또한 두 갈래 끝을 떠나니 오욕락을 누리거나 고행을 하는 것이다. 다시 양극단을 떠나는데 저 상과 단, 아와 무아, 유와 무 이와 같은 등 둘로 나뉜 끝에 착하지 않는 것을 이름하여 잘 나온다고 한다. 巧出者 二諦不相違故 所謂世諦 第一義諦是 智者 不能壞 愚者 不起諍故 是法亦離二邊 所謂若受五欲樂 若受苦行 復離二邊 若常 若斷 若我 若無我 若有 若無 如是等二邊不著 是名巧出", 『미륵보살소문경론』 권1(대정장26, p.236c14)에 "지공리이변이란 그 뜻이 무엇인가? 저 여래께서 『법인경』 중에서 사리불에게 말씀하신 것과 같다. '무차별법이란 공을 말한다'. 사리불이 말씀드렸다. '세존이시여, 말씀하신 공이란 어떤 것을 이르시는 것입니까?' 부처님께서 사리불에게 말씀하셨다. '공이란 말할 수 있는 것도 아니고, 말할 수 없는 것도 아니다. 말할 수 있는 것도 아니고, 말할 수 없는 것도 아니라면 그것은 표할 수 없다. 표할 수 없다면 그것은 세간도 아니고, 출세간도 아니다. 세간도 아니고, 출세간도 아니기 때문에 그 이름을 공이라고 한다'. 이와 같이 공을 명료하게 안다면 두 갈래 끝을 떠났다고 하며, 보살이 저 두 끝을 떠나면 번뇌에 떨어지지 않고, 성문이나 벽지불 등의 두 가지 열반도 취하지 않는다. 知空離二邊者 此義云何 如如來法印經中說 舍利弗言 無差別法者 卽名爲空 舍利弗言 世尊 所言空者 此言何謂 佛告舍利弗 所言空者 非可說 非不可說 若非可說 非不可說 彼不可表 若不可表 彼非世間 非出世間 以非世間 非出世間故 說名爲空 若能如是 了知空者 名離二邊 菩薩若離彼二邊者 不墮煩惱 不取聲聞 辟支佛等 二種涅槃"라고 하였다. 〔참고문헌〕『大智度論』, 『彌勒菩薩所問經論』, *Aṣṭ-pr.232.*, *Bodh-bh.128.*

이이변분별지 離二邊分別止 두 끝을 떠나고 분별마저 그침. 공가중(空假中) 삼관(三觀)으로 세운 세 가지 지행(止行) 중 하나로, 식이변분별지(息二邊分別止)·식이변지(息二邊止)라고도 한다. 유·무(有無)와 미·오(迷悟) 등 양변에 대한 분별을 그치고 중관(中觀)에 입각하는 취지가 들어 있다. 『조론신소유인』 권상(卍속장96, p.474a11)에 "만일 쌍으로 2구중 지관을 모두 취한다면, 무를 보더라도 무를 두지 않으니 곧바로 무이면서 유이고, 유를 보더라도 그 상을 취하지 않으니 유 그대로 무이다. 이것을 가리켜 유와 무를 가지런히 보고 두 끝을 떠나서 분별을 그친다고 한다. 若雙取二句中止觀 觀無而不存無 卽無而有 觀有而不取相 卽有而無 是謂有無齊觀 離二邊分別止也"라고 하였다. 〔참고문헌〕『肇論新疏游刃』. ⇨식이변분별지 息二邊分別止, 삼지 三止❶, 중관 中觀, 삼관 三觀❶, 공가중 空假中

이이변정행 離二邊正行 Ⓢanta-dvaya-parivarjana, anta-dvaya-varjana, anta-dvaya-varjita. 두 갈래 끝을 떠나서 바르게 행함. 육정행(六正行) 중 하나로 결국은 중도행이고, 이변수(離邊修)라고도 한다. 『변중변론』 권하(대정장31, p.476a12)에 "이이변정행이라 하니, 어떻게 알아야 하는가? 저 『보적경』에서 설하는 중도행이다. 이 행은 어떤 양극단을 멀리 떠나는가? 〔송〕 성이 다른 것과 성이 하나라는 것, 외도와 성문, 증익과 손감 등의 극단, 유정과 법의 두 가지, 소치와 능치, 상주와 단멸, 소취와 능취 등의 극단, … 이런 것이 두 갈래 끝으로 분별하는 것이다. 〔논〕 색 등에 대하여 아와 다르다고 집착하거나 하나라고 집착하는 것을 하나라는 변이라고 한다. 이런 집착을 멀리 떠나기 위하여 중도행을 말한다. 離二邊正行 云何應知 如寶積經所說中道行 此行遠離 何等二邊 頌曰 異性與一性 外道及聲聞 增益損減邊 有情法各二 所治及能治 常住與斷滅 所取能取邊 … 是分別二邊 論曰 若於色等 執我有異 或執是一 名爲一邊 爲離此執 說中道行"라고 하였다. 〔참고문헌〕『辯中邊論』, *Madhy-vibh.60·69.* ⇨육정행 六正行❷, 이이변 離二邊

이이불이 二而不二 ➡불이이이이이불이 不二而二二而不二

이이상 異異相 Ⓢjarā-jarā, Ⓣrga-ba'i-rga-ba. 다른 것이 다르게 되는 뜻. 사수상(四隨相 : 四小相) 중 하나로, 유위법(有爲法)인 사본상(四本相) 중 하나인 이(異)가 상속하여 있게 되는 뜻이다. 『구사론』 권5(대정장29, p.27b9 : *Abh-k-bh.*, p.76)에 "(게송 중의) 생생등이란, 사수상인 생생상·주주상·이이상·멸멸상을 말한다. 모든 행 유위여서 사본상으로 말미암고, 본상유위는 사수상으로 말미암는다. 生生等者 謂四隨相 生生住住 異異 滅滅 諸行有爲 由四本相 本相有爲 由四隨相 jātijātiḥ sthitisthitiḥ jarājarā anityatānityatā iti. nanu caikaikasya caturlakṣaṇī prāpnoti aparyavasānadoṣaś ca"라고 하였다. 〔참고문헌〕『俱舍論』, *Abh-k-bh.* ⇨사수상 四隨相, 사상 四相❶, 이상 異相❶

이이익 二利益 두 가지 이익. 경론에 따라 교상을 달리한다. ❶지천(地天)·수천(水天)·화천(火天)·풍천(風天) 등이 기뻐할 때 각기 얻는 두 가지 이익. 『공양십이대위덕천보은품』(대정장21, p.383c16)에 "지천이 기뻐할 때 두 가지 이익이 있으니, 첫째 몸이 견고해지고 색력이 증대하는 것이며, 둘째 기세계의 지미와 지력이 증장하는 것이다. … 수천이 기뻐할 때 두 가지 이익이 있으니, 첫째 몸에 갈증이 없고, 둘째 비가 때에 맞게 내리는 것이다. … 화천이 기뻐할 때 두 가지 이익이 있으니, 첫째 몸의 열기가 때에 알맞게 증감하는 것이고, 둘째 시절이 거스르지 않는 것이다. … 풍천이 기뻐할 때 두 가지 이익이 있으니, 첫째 몸은 경쾌하고 거동은 마음먹은 대로 이루어지는 것이며, 둘째 기세계가 편안하여 지진이 없고 세간의 차가움과 바람이 조화를 이뤄 유정과 사물을 손감시키지 않는 것이다. 地天喜時 有二利益 一者 人身堅固 色力增長 二者 器界地種味力增長 … 水天喜時 有二利益 一者 人身不渴 二者 雨澤順時 … 火天喜時 有二利益 一者 人身熱氣 隨時增減 二者 時節不逆 … 風天喜時 有二利益 一者 人身輕安 擧動隨心意 二者 器界安隱 無有傾動 而隨世間 有冷風和 不損情非情等"라고 하였다. 〔참고문헌〕『供養十二大威德天報恩品』. ❷십사법문(十四法門)을 닦아 얻는 두 가지 이익. 원측(圓測)의 『인왕경소』 권중(대정장33, p.400a22·한불전1, p.80a4)에 "〔경〕 이 사람은 초과하여 ~ 현신으로 그 과보를 얻는다. 〔석〕 세 번째 과를 들어 그 수승함을 찬탄하는 것이다. 두 가지 이익이 있으니 첫째는 모든 고난을 넘어선 것, 둘째는 현신으로 그 보를 얻으니 성과 등을 얻는 것을 말한다. 經 此人超過〈至〉現身得報 釋曰 第三 擧果歎勝 有二利益 一 超諸苦難 二 現身得報 謂得聖果等"라고 하였다. 〔참고문헌〕『仁王經疏』, 『仁王經』 권상(대정장8, p.828b21). ⇨ 십사법문 十四法門

이익 二益 ➡ 이종익 二種益

이익 二翼 두 날개. 정혜(定慧)·지관(止觀)·진속(眞俗) 등 서로 도와 성취하는 뜻이 있는 한 쌍의 법들을 비유한다. 『제법집요경』 권8(대정장17, p.502b12)에 "누구라도 청정심으로 범행을 닦아 가지면 마치 두 날개 달린 새가 허공을 날면서도 떨어지지 않는 것과 같으리라. 若人淸淨心 修持於梵行 如禽有二翼 飛空而不墮", 『법화현의』 권9상(대정장33, p.790a5)에 "두 바퀴가 고르게 가지런하면 그 수레 능히 짐을 움직일 수 있고, 두 날개 구족하면 감히 날아오를 수 있는 것과 같다. 생사 그대로 열반임을 체득하면 정이라 하고, 번뇌 그대로 보리라면 그 이름은 혜다. 한 마음중에 정과 혜를 잘 닦으면 일체행을 빠짐없이 갖춘다. 若兩輪均平 是乘能運 二翼具足 堪任飛升 體生死卽涅槃 名爲定 達煩惱卽菩提 名爲慧 於一心中 巧修定慧 具足一切行也"라고 하였다. 〔참고문헌〕『諸法集要經』, 『法華玄義』, 40권본 『大般涅槃經』 권11(대정장12, p.433a3). ⇨ 이사상자 理事相資

이익 利益 Ⓢ Ⓟ upakāra, Ⓣ phan-gdags-pa. 이로움을 더함. 일체중생이 경을 수지독송함에 피권이 없게 하고, 고통을 여의고 기쁘게 하거나 무상보리를 얻게 하는 등 수다하지만, 모두 일체중생을 위해 이롭게 함을 말한다. 이익을 이타(利他)와 자리(自利)의 구족(具足)한 뜻에서 보면 이승(二乘)은 이타가 가볍고, 제천(諸天)은 자리가 부족하며, 보살(菩薩)만이 두 가지 이익을 구족한다. 자리는 공덕이라 부르고 이타를 이익이라 나눠 부르기도 한다. 『신력입인법문경』 권3(대정장10, p.940b6)에 "이익이라는 말은 모든 중생을 교화하여 중생들이 받아 지니고 독송하여도 힘들다고 느끼지 않도록 한다는 뜻이다. 有言利益者 所謂敎化 一切衆生 爲令衆生 受持讀誦 不疲惓故", 『발보리심론』(대정장32, p.572c18)에 "이익이라는 말은 일체유정의 마음을 북돋아 그들 모두 무상보리에 안주하도록 하고, 결코 이승의 법으로 진언수행인들을 제도하도록 하지 않는다는 말이다. 所言利益者 謂勸發一切有情 悉令安住 無上菩提 終不以二乘之法 而令得度眞言行人", 『유가론기』 권8(대정장42, p.494a10·한불전113, p.665a11)에 "이익이란 고통의 뿌리를 뽑아낸다는 뜻이고, 안락이란 즐거움을 준다는 뜻이다. 利益者拔苦 安樂者與樂也", 『법화현의』 권6하(대정장33, p.758a26)에 "열 번째 공덕이익이란, 다만 공덕과 이익일 뿐이니 하나이면서 다름 없다. 만약에 분별한다면 자신에게 이로운 것은 공덕이라 하고, 타인에게 더함이 있는 것을 이익이라 한다. 第十 功德利益者 秖功德利益 一而無異 若分別者 自益名功德 益他名利益", 『대지도론』 권50(대정장25, p.419b17)에 "'일체 선한 공덕을 원만하게 이루어 빠짐없이 갖추었다'라는 구절의 뜻을 푼다. 보살은 제7지에 머물면 모든 번뇌를 무너뜨려 자리를 갖춘다. 제8지와 제9지에 머물면 타인에게 이익을 주니 중생을 교화하고 불세계로 정화한다는 말이다. 자리와 이타는 깊고 크기에 일체 공덕을 갖추어 다한다. 저 아라한과 벽지불의 경우 비록 자리에선 무겁지만 이타는 가볍기에 '빠짐없이 갖추었다'고 하지 않는다. 제천이나 소보살은 비록 남에게 이익이 되지만 스스로는 아직 번뇌를 버리지 못하였기에 그들도 구족이라 부르지 못한다. 이렇게 해서 공덕구족이란 이름이 있게 된다. 一切諸善功德 成滿具足者 菩薩住七地中 破諸煩惱 自利具足 住八地九地 利益他人 所謂敎化衆生 淨佛世界 自利利他深大故 一切功德具足 如阿羅漢 辟支佛 自利雖重 利他輕故 不名具足 諸天及小菩薩 雖能利益他 而自未除煩惱故 亦不具足 是名功德具足", 『유가사지론』 권83(대정장30, p.760b6)에 "이익이란 온갖 선행이다. 즐겨 함이 이 선행이니 이익을 즐긴다고 한다. 言利益者 名爲善行 樂爲此故 名樂利益"라고 하였다. 〔참고문헌〕『信力入印法門經』, 『發菩提心論』, 『瑜伽論記』, 『法華玄義』, 『大智度論』, 『瑜伽師地論』, *Mvyut.142.* ⇨ 요익 饒益[1], 자리 自利, 이타 利他

이익묘 利益妙 이익이 더없이 아름다움. 천태 십묘(十妙) 중 하나로 중생이 부처님의 가르침 따라 이익을 얻는 일이 불가사의함을 말한다. 『법화현의』 권2(대정장33, p.697c27)에 "이익묘란 과익·인익·공익·가익·중익·변역익이니 마치 큰 바다가 폭풍우를 받아들이는 것과 같다. 그러므로 이익묘라고 한다. 利益妙者 謂果益 因益 空益 假益 中益 變易益 猶如大海能受龍雨 故名利益妙", 『법화현찬의결』(대정장34, p.861b14)에 "성문은 법을 듣고 부처님 앞에서 수기를 받는다. 말세에는 따라 들어서 얻은 복덕과 이익이니 모두 이익묘가 된다. 聲聞聞法 得記佛前 末世隨聞所得福利 皆爲利益妙"라고 하였다. 〔참고문헌〕『法華玄義』, 『法華玄贊義決』. ⇨ 십묘 十妙, 적문십묘 迹門十妙

이익성 利益聲 이로움이 더없는 소리. 64범음(梵音) 중 하나다. 『여래비밀대승경』 권11(대정장11, p.730b13)·『성선주의천자소문경』 권상(대정장12, p.116b27) 등에서 시설한다. 〔참고문헌〕『如來秘密大乘經』, 『聖善住意天子所問經』. ⇨ 육십사범음 六十四梵音

이익의요 利益意樂 Ⓢ hitādhyāśaya, hitāśaya, Ⓣ phan-pa'i-bsam-pa. 이익의 뜻으로 기꺼움. 두 가지 선승의요(善勝意樂) 중 하나로 중생에게 이익을 주려는 마음이다. 『유가사지론』 권35(대정장30, p.482a11 : *Bodh-bh.*, p.12)에 "최초의 발심이 견고한 보살은 모든 중생들에게 두 가지 선승의요를 발한다. 첫째는 이익의요, 둘째는 안락의요이다. 이익의요란, 저 모든 좋지 않은 곳으로부터 중생을 꺼내 건져서 좋은 곳에 편안히 두고자 하는 것을 말한다. 最初發心堅固菩薩 於諸衆生 發起二種善勝意樂 一者 利益意樂 二者 安樂意樂 利益意樂者 謂欲從彼諸不善處 拔濟衆生 安置善處 dvāvimau dṛḍhaprathamacittotpādikasya bodhisattvasya sattveṣu kalyāṇādhyāśayau pravartete. hitādhyāśayaśca sukhādhyāśayaśca. tatra hitādhyāśayo yā akuśalāt sthānād vyutthāpya kuśale sthāne pratiṣṭhāpanakāmatā", 같은 책 권47(대정장30, p.552a27 : *Bodh-bh.*, p.215)에 "모든 보살이 모든 유정들에게 선법을 주려고 하는 것을 보살의 이익의요라고 한다. 諸菩薩 於諸有情 欲以善法而授與之 是名菩薩利益意樂 sattveṣu kuśalopasaṃhartukāmatā hitāśaya ityucyate"라고 하였다. [참고문헌] 『瑜伽師地論』, *Bodh-bh.* ⇨ 의요 意樂, 사종이익의요 四種利益意樂

이익중생 利益衆生 Ⓢ sattva-hita, sarvasattva-hita. 중생을 더없이 이롭게 함. 『대반열반경』 권중(대정장1, p.201c5)에 "왕은 항상 이와 같이 널리 보시를 행하여 중생을 더없이 이롭게 하니, 밤낮도 가리지 않았다. 王恒如是 廣行布施 利益衆生 不捨晝夜", 『대승본생심지관경』 권2(대정장3, p.299c3)에 "삼세의 모든 부처님은 법에 따라 수행하여 일체장애를 끊고 보리를 성취하여 미래세가 다하도록 중생을 더없이 이롭게 하신다. 三世諸佛 依法修行 斷一切障 得成菩提 盡未來際 利益衆生"라고 하였다. [참고문헌] 『大般涅槃經』, 『大乘本生心地觀經』, *Ratna-ut.89.* ⇨ 이익 利益

이익중생선 利益衆生禪 중생을 이롭게 하는 선. 일체선(一切禪)으로 나아갈 세 가지 뜻 중 하나다. 『보살지지경』 권6 「선품 禪品」(대정장30, p.921c17)에 "이익중생선이란 것에 11종이 있으니 앞서 설한 것과 같다. 보살은 보시에 의지하여 중생이 하는 일마다 뜻에 있어 요익케 하고자 모든 일에 더불어 함께 한다. 뭇 고통을 버리게 하며 마땅함을 설하여 은혜를 알아 갚게 한다. 모든 공포로부터 보호하며 여러 어려움과 슬픔과 고통을 열고 풀어준다. 생필품을 갖추지 못했으면 필요한 대로 공급해준다. 법에 맞게 갖가지 선함을 쌓아 따르게 한다. 진실한 공덕을 보고 기뻐하며 찬탄하게 한다. 과오가 있는 이는 같은 마음으로 굴복시키거나 신통력으로 두렵게도 한다. 利益衆生禪者 有十一種 如前說 菩薩依布施 衆生所作 以義饒益 皆與同事 爲除衆苦 如所應說 知恩報恩 護諸恐怖 諸難憂苦 能爲開解 資生不具 給施所須 如法畜衆善能隨順 見實功德 歡喜讚歎 有過惡者 等心析伏 神力恐怖"라고 하였다. [참고문헌] 『菩薩地持經』, 『法界次第初門』 권하(대정장46, p.688c11), 『地持論義記』 권3(卍속장61, p.433b14). ⇨ 일체선 一切禪

이익희팔종 利益喜八種 이익이 있어 여덟 갈래로 기쁨. 세간에서의 이익으로 기쁜 것들이다. 『십지론의소』 권3(대정장85, p.772c17)에 "쌓으면 두기에 가져 거두는 기쁨이 있고, 쓰게 되면 이로움 더하는 기쁨이 있다. 貯積故有藏攝喜 所用故有利益喜", 『십지경론』 권3(대정장26, p.142c23)에 "이익의 기쁨에 다시 여덟 가지가 있다. 첫째, 장엄하여 꾸미는 이익의 기쁨이니 보장엄 등을 말한다. 둘째, 걸음을 대신해 주는 이익의 기쁨이니 코끼리나 말 등의 탈 것을 말한다. 셋째, 유희하는 이익의 기쁨이니 정원과 누대 등을 말한다. 넷째, 괴로움을 대신하는 이익의 기쁨이니 노비 등을 말한다. 다섯째, 자재한 이익의 기쁨이니 국토와 마을 등을 말한다. 여섯째, 권속에 따르는 이익의 기쁨이니 부인과 자녀 등을 말한다. 일곱째, 견고하게 집착하는 이익의 기쁨이니 애착하는 모든 것들을 말한다. 여덟째, 뜻대로 할 수 있는 이익의 기쁨이니 머리·눈·귀·코 등을 말한다. 利益喜者 復有八種 一者 嚴飾利益喜 謂寶莊嚴等 二者 代步利益喜 謂象馬等 三者 戲樂利益喜 謂園林樓觀等 四者 代苦利益喜 謂奴婢等 五者 自在利益喜 謂國土聚落等 六者 眷屬利益喜 謂妻子等 七者 堅著利益喜 謂一切所愛等 八者 稱意利益喜 謂頭目耳鼻等"라고 하였다. [참고문헌] 『十地論義疏』, 『十地經論』.

이인 二印 무상삼매인(無相三昧印)과 유상삼매인(有相三昧印). 『대일경의석연밀초』 권6(卍속장37, p.131b15)에 "이인이란, 처음으로 이 8지에 들면 위로는 제불가히 구해도 볼 수 없고, 아래로는 제도할 중생을 찾을 수 없어 공에 빠질 때 많아서 무상삼매인이라 한다. 제불은 권하여 일으키니 여환삼매로써 중생에게 이익을 주는 갖가지 일을 일으키시니, 이를 유상삼매인이라 한다. 그러므로 이인이다. 二印者 謂初入此八地 上不見諸佛可求 下不見衆生可度 沈空多時 名無相三昧印 諸佛勸起 以如幻三昧 起種種利益 衆生之事 名爲有相三昧印 故爲二印也"라고 하였다. [참고문헌] 『大日經義釋演密鈔』.

이인 二因 두 가지 인. ❶ 생인(生因)과 요인(了因). 생인은 제법이 드러나게 하는 인이고, 요인은 분별해 알게 하는 인이다. 보불(報佛)의 자성과 법불(法佛)의 자성을 가리킨다. 40권본 『대반열반경』 권28(대정장12,

p.530a16)에 "인에 두 가지가 있다. 하나는 생인이고 다른 하나는 요인이다. 因有二種 一者 生因 二者 了因", 『대승의장』 권1(대정장44, p.476c29)에 "생인과 요인이란, 방편과에서는 보불의 자성이 바로 생인이다. 진심체상에 본래부터 이미 있었기에 생하게 할 수 있다는 뜻이 있으니, 저 과를 생하기 때문이다. 그러므로 『열반경』에서 '불성은 비록 없지만 토끼뿔과는 다르다. 토끼뿔은 수많은 방편으로도 생겨나게 할 수 없지만 불성은 가히 생겨나게 할 수 있다'고 하였다. 생할 수 있으므로 생인이라 부른다. 〔문〕 어이하여 토끼뿔의 없음은 없기에 생하지 못한다 하고, 불성의 없음은 없지만 생할 수 있다고 하는가? 〔석〕 토끼뿔은 네 가지 없음 중에 바로 필경의 없는 것이므로 어떻게 해도 생할 수 없다. 言生了者 望方便果 報佛之性 是其生因 眞心體上 從本已來 有可生義 生彼果故 故涅槃云 佛性雖無 不同兔角 雖以無量方便 不可得生 佛性可生 以可生故 名爲生因 問曰 何故兔角之無 無而不可生 佛性之無 無而可生 釋言 兔角於四無中 是畢竟無 故不可生", "성정과에서 본다면 법불로서의 자성만이 다만 요인일 뿐이어서 생인은 아니다. 생인이 아닌지 어떻게 알 수 있는가? 『열반경』에서 '열반인이란 불성이지만 불성으로서의 성은 열반을 생할 수 없다'고 하였다. 그러므로 생인이 아니다. 이 뜻은 무엇인가? 성정의 인과는 그 체는 하나여서 다름이 없지만 시분에 따라 나뉘어 달라진다. 염에 있어서는 인이 되고, 번뇌를 벗어나면 과가 된다. 인에 근거하여 바라보면 인의 밖에 다시 과체 생겨날 리 없다. 그러므로 생인이 아니고 다만 요인일 뿐이다. 望性淨果 法佛之性 但是了因 非是生因 云何得知非是生因 如涅槃說 涅槃因者 所謂佛性 佛性之性 不生涅槃 故非生因 是義云何 性淨因果 體一無別 隨時分異 在染爲因 出纏爲果 據因以望 因外更無果體可生 據果以望 果外更無因體能生 故非生因 但是了因", "그러므로 경전에서 '불성이 저 젖이라면 방편으로서의 행은 비유컨대 젖을 삭혀 낙을 생겨나게 하는 것과 같으므로 생인이라 한다. 삭히는 등의 연이 낙을 드러내므로 요인이라고 한다'고 하였다. 과덕에 나아가 그 성정방편의 차별을 나눈다면 생인과 요인의 두 상은 정할 수 없다. 是以經說 佛性如乳 方便之行 喩以醪煖乳能生酪 名爲生因 醪煖等緣顯了於酪 故名了因 若就果德分其性淨方便差別 是則生了二相不定"라고 하였다. 〔참고문헌〕『大般涅槃經』, 『大乘義章』. ⇨생인 生因[1], 요인 了因, 인 因[1] **2** 능생인(能生因 Ⓢjanako hetu)과 방편인(方便因 Ⓢupāya-hetu). 종자를 이끌고 일으키는 것을 능생인이라 하고, 이외의 모든 인(因)을 방편인이라 한다. 『유가사지론』 권38(대정장30, p.501b9 : *Bodh-bh.*, p.69)에 "이 일체인은 두 가지 인으로 거둔다. 하나는 능생인이고 다른 하나는 방편인이다. 이 중에 종자를 견인하고 종자를 일으키는 것을 능생인이라 함을 알아야 한다. 나머지 인들을 방편인이라 한다. 다시 네 가지 연이 있으니 첫째 인연, 둘째 등무간연, 셋째 소연연, 넷째 증상연이다. 이 중 능생인은 인연이라 이름하고, 방편인이란 이 증상연이다. 此一切因 二因所攝 一 能生因 二 方便因 當知此中 牽引種子 生起種子 名能生因 所餘諸因 名方便因 復有四緣 一 因緣 二 等無間緣 三 所緣緣 四 增上緣 當知此中 若能生因 是名因緣 若方便因 是增上緣 punaḥ sarveṣāmeṣāṃ hetūnāṃ dvābhyāṃ hetubhyāṃ saṃgrahaḥ. janakena ca hetunā upāyahetunā ca. yadākṣepakaṃ nirvartakañca bījaṃ tajjanako hetuḥ. avaśiṣṭā hetava upāyahetu rveditavyaḥ. catvāraḥ pratyayāḥ hetupratyayaḥ samanantarapratyayaḥ ālambanapratyayaḥ adhipatipratyayaśca. tatra yo janako hetuḥ saḥ hetupratyayaḥ. yaḥ punarupāyahetuḥ so 'dhipatipratyayo veditavyaḥ"라고 하였다. 〔참고문헌〕『瑜伽師地論』, *Bodh-bh.* ⇨인 因[1] **3** 견인인(牽引因 Ⓢākṣepa-hetu)과 생기인(生起因 Ⓢabhinirvṛtti-hetu). 견인인이란 먼 미래세의 과보를 이끄는 종자로서 십이인연 중 무명(無明)·행(行)·식(識)·명색(名色)·육처(六處)·촉(觸)·수(受) 8지(支)까지 이에 해당한다. 생기인이란 현생에서 생사고를 초래하는 종자를 말한다. 애(愛)·취(取)·유(有) 3가지가 이에 해당한다. 『유가사지론』 권31(대정장30, p.454b17)에 "두 가지 인이란 하나는 견인인이고 다른 하나는 생기인이다. 二種因者 一 牽引因 二. 生起因"라고 하였다. 〔참고문헌〕『瑜伽師地論』, *Śrāv-bh.384.* ⇨견인인 牽引因, 생기인 生起因, 인 因[1], 십이인연 十二因緣 **4** 근인(近因)과 원인(遠因). 『대지도론』 권96(대정장25, p.730a6)에 "두 가지 인이 있다. 하나는 근인이고 다른 하나는 원인이다. 사람에게 '나의 마음이 있어 후세의 나의 몸은 상락을 누리리라' 여겨 보시행을 닦는 것이 근인이고, 쇠락하고 괴로운 욕계의 무상하고 번뇌하는 부정한 몸마저 떠나기 위해 선정을 닦으면 이것은 원인이 된다. 有二種因 一者 近因 二者 遠因 人有我心 爲後身當常樂故修布施 是近因 爲離欲界衰惱不淨身故修禪定 是爲遠因"라고 하였다. 〔참고문헌〕『大智度論』. **5** 습인(習因)과 보인(報因). 습인은 동류인(同類因 Ⓢsabhāga-hetu)으로 증장한 후에 과보를 초래하는 인이다. 보인은 과보를 초래하는 숙세의 업인(業因)으로서 이숙인(異熟因 Ⓢvipāka-hetu)과 같다. 『법화의소』 권4(대정장34, p.505b6)에 "인과 천의 선근에 두 가지가 있다. 하나는 습인이고 다른 하나는 보인이다. 보인이란 인천의 몸을 그대로 감하니, 습인이 있기에 불보살을 만나 대승의 교설을 듣고 한 찰나의 무소득신을 일으킨다. 이 무소득신이야말로 불도종자이니 앞서의 유소득에 의지하여 무소득을 일으킨다. … 전후로 상생한다는 뜻이 습인이고,

보를 부르는 뜻이 보인이다. 이러한 습인과 보인은 모두 성불을 이루지 못한다. 人天善根有二種 一者 習因 二者 報因 報因則感人天身 以有習因 値佛菩薩 聞說大乘 生一念無所得信 此無所得信 是佛道種子 藉前有所得 生後無所得 … 前後相生義自是習因 感報之義是報因 此之習報並是不成佛"라고 하였다. 〔참고문헌〕『法華義疏』. ⇨보인 報因, 습인 習因, 인 因[1] ❻정인(正因)과 연인(緣因). 40권본『대반열반경』권28(대정장12, p.530b26)에 "선남자야! 인에 두 가지가 있다. 하나는 정인이고 다른 하나는 연인이다. 정인이란 우유에서 낙이 생기는 것과 같고, 연인이란 효모나 따뜻함에 해당한다. 우유에서 생기므로 우유에 낙의 자성이 있다고 말한다. … 선남자야! 중생불성에도 두 가지 인이 있다. 하나는 정인이고 다른 하나는 연인이다. 정인이란 모든 중생들이고 연인이란 육바라밀이다. 善男子 因有二種 一者 正因 二者 緣因 正因者 如乳生酪 緣因者 如酵煖等 從乳生故 故言乳中 而有酪性 … 善男子 衆生佛性 亦二種因 一者 正因 二者 緣因 正因者謂諸衆生 緣因者 謂六波羅蜜"라고 하였다. 〔참고문헌〕『大般涅槃經』.

이인 二忍 ❶생인(生忍 Ⓢsattva-kṣānti)과 법인(法忍 Ⓢdharma-kṣānti). 생인은 중생중에 처해서 끝내 참아내기에 중생중인(衆生中忍)이라고도 하며, 아무리 깊은 법이라도 견뎌 자유롭기에 법인이다. 『대지도론』권6(대정장25, p.106c24)에 "두 가지 인이 있다. 생인과 법인을 말한다. 생인은 중생중인이라고 한다. 마치 항하의 모래알과 같이 중생이 갖가지로 악을 가해도 마음이 분노하지 않고, 갖가지 공경과 공양을 받아도 마음 기뻐하지 않는다. … 단상 이변에 떨어질 일 없어 안은한 중도로써 중생을 살펴 사견도 일으키지 않는다. 이를 생인이라 한다. 아주 깊은 법 중에 마음이 어떤 걸림도 없음을 법인이라 한다. 有二種忍 生忍法忍 生忍 名衆生中忍 如恒河沙劫等 衆生種種加惡 心不瞋恚 種種恭敬供養 心不歡喜 … 不墮斷常二邊 用安隱道觀衆生 不生邪見 是名生忍 甚深法中 心無罣礙 是名法忍"라고 하였다. 〔참고문헌〕『大智度論』, 『大品般若經』권23(대정장8, p.390c12). ⇨법인 法忍[1], 생인 生忍 ❷➡고법지인 苦法智忍, 고류지인 苦類智忍

이인 利人 ❶남을 이롭게 한다는 말. 이타(利他)라고도 하며 자리(自利)와 함께하기도, 맞서기도 하는 뜻이다. 『불본행집경』권22(대정장3, p.755c3)에 "겹겹의 차제를 모두 버리니 이 이름이 사경계이고, 모든 근진을 다 놓아버리므로 이를 자리와 이인이라 한다. 重重次第悉皆捐 是乃名爲捨境界 一切根塵悉放故 是名自利及利人", 『아미타경소초』권1(卍속장33, p.337b4)에 "'자신을 이롭게 하기 전에 먼저 남을 이롭게 한다'는 말은 무슨 뜻인가? 보살은 발심하였으므로 차마 자신의 몸만을 좋도록 하지 못하고 마음에 더불어 남도 품는다. 未能自利 先能利人者 菩薩發心故 不忍獨善其身 心懷兼利也"라고 하였다. 〔참고문헌〕『佛本行集經』, 『阿彌陀經疏鈔』. ⇨이타 利他, 자리 自利, 이익 利益 ❷영리한 사람. 근기가 뛰어난 사람. 『법화의소』권8(대정장34, p.569b13)에 "앞에서는 영리한 사람을 위하여 널리 설하였고, 뒤에서는 둔한 이를 위해서 간략하게 밝혔다. 前爲利人 是故廣說 後爲鈍人 故所以略明"라고 하였다. 〔참고문헌〕『法華義疏』. ⇨이근 利根

이인 異人 별다른 사람. 『장아함경』권5「전존경 典尊經」(대정장1, p.33c28)에 "그때 범왕이 모든 천중에게 일렀다. '과거세 당시의 전존대신이 어찌 별다른 사람이겠는가? 이러한 견해를 짓지 마라. 현세의 석가모니부처님이 바로 그 몸이시다'. 爾時 梵王告諸天衆曰 時 典尊大臣 豈異人乎 莫造斯觀 今釋迦文佛 卽其身也"라고 하였다. 〔참고문헌〕『長阿含經』.

이인 異因 다른 인. 40권본『대반열반경』권35(대정장12, p.573a1)에 "일체제법은 다른 인이자 다른 과이다. 하나의 인이 일체과를 낳는 것도 아니고, 일체과가 하나의 인에서 나오는 것도 아니다. 一切諸法 異因異果 亦非一因 生一切果 非一切果 從一因生"라고 하였다. 〔참고문헌〕『大般涅槃經』.

이인 異忍 Ⓟañña-khantika. 다르게 견딤. 『장아함경』권17「포타파루경 布吒婆樓經」(대정장1, p.111a1)에 "부처님께서 범지에게 이르셨다. '그대는 사람의 생각이 일어나고 사람의 생각이 사라짐을 알고자 하지만 참으로 어렵고도 어려운 일이다. 왜 그런가? 그대는 달리 보고 다르게 익혔으며, 다르게 견디고 다르게 받았으니 다른 법에 의지하기 때문이다'. 佛告梵志 汝欲知人想生 人想滅者 甚難 甚難 所以者何 汝異見異習 異忍異受 依異法故"라고 하였다. 〔참고문헌〕『長阿含經』, 『四分律』권31(대정장22, p.786c1), *DN.1.187.*

이인 離因 Ⓢvirāga-hetu, Ⓣ'dod-chags-dang-bral-ba'i-rgyu. 떠나게 하는 인. 유위의 생사법으로부터 벗어나게 하는 법보(法寶)의 여덟 가지 공덕 중 하나로, 사제(四諦) 중 도제(道諦)를 가리킨다. 『순정리론』권46(대정장29, p.602a26)에 "허물과 근심을 보는 것이 야말로 싫어함의 인이 되고, 싫어하는 것은 떠남의 인이 되며, 떠나기에 해탈한다. 見過患 能爲厭因 厭爲離因 離故解脫", 『보성론』권2(대정장31, p.823c8 : *Ratna-ut.*, p.11)에 "법보로 거두는 여덟 가지 공덕을 밝힌다. 그 여덟 가지란 첫째 다 알 수 없음, 둘째 둘이 없음,

셋째 분별마저 없게 함, 넷째 청정, 다섯째 드러나 보임, 여섯째 상대하여 다스림, 일곱째 떠나는 과, 여덟째 떠나는 인이다. 明法寶所攝八種功德 何等爲八 一者 不可思議 二者 不二 三者 無分別 四者 淨 五者 顯現 六者 對治 七者 離果 八者 離因"라고 하였다. 〔참고문헌〕『順正理論』, 『寶性論』, *Ratna-ut.*

이인구범 二人俱犯 ➡ 이구범과 二俱犯過

이인다라 理因陀羅 이(理)로서 그물처럼 상즉상입하는 법계연기(法界緣起)의 뜻. 사인다라(事因陀羅)에 대칭한다. 『법계도기총수록』 권하(대정장45, p.755b8 · 한불전6, p.830b1)에 "별교일승에 의하면 이(理)와 이가 서로 마주하고 있고, 사(事)와 사도 서로 마주하며, 이와 사가 서로 마주하고, 각각은 서로 상즉하지 않는다. 왜 그러한가? 중문(中門)과 즉문(卽門)이 같지 않기 때문이다. 또한 이인다라와 사인다라 등의 법문이 구족함도 있기 때문이다. 십불보현법계의 집에서는 이와 같은 무장애법계의 법문이 지극히 자재하기 때문이다. 若依別教一乘 理理相卽亦得 事事相卽亦得 理事相卽亦得 各各不相卽亦得 何以故 中卽不同故 亦有具足理因陀羅 及事因陀等法門故 十佛普賢法界宅中 有如是等 無障礙法界法門 極自在故"라고 하였다. 〔참고문헌〕『法界圖記叢髓錄』. ⇨ 사리인다라 事理因陀羅, 사인다라 事因陀羅

이인로 李仁老 1152~1220. 고려 무신집권기 문신이자 문인. 본관은 경원(慶源), 초명은 득옥(得玉), 자는 미수(眉叟), 호는 쌍명재(雙明齋). 증조부는 평장사(平章事)를 지낸 오(頫)이고, 부모가 모두 일찍 죽어 고아가 되어 숙부인 화엄승통(華嚴僧統) 요일(寥一)이 양육하면서 공부를 시켰다. 1170년(의종24) 9월에 견룡대정(牽龍隊正) 정중부(鄭仲夫)와 견룡행수산원(牽龍行首散員) 이의방(李義方) · 이고(李高) 등이 무신란을 일으키자 피신하여 불교에 귀의하였다가 이후 환속하였다. 저서로는 『은대집 銀臺集』 20권 · 『후집 後集』 4권 · 『쌍명재집 雙明齋集』 3권 · 『파한집 破閑集』 3권 등이 있었으나, 『파한집』만 현전한다. 『동문선』에 다수의 글이 전하는데, 불교와 관련된 글로는 권9에 「희승혜문득사 喜僧惠文得寺」, 권13에 「앙암사 仰巖寺」, 권27에 「유가업수좌자유위승통교서 瑜伽業首座資裕爲僧統教書」 등이 있다. 〔참고문헌〕『高麗史』, 『東文選』.

이인사 里人寺 전라남도 무안군 무안읍 성동리에 있는 약사사(藥師寺)의 옛 이름. 원래 이곳에 있던 이인사를 중건하면서 대우사(大又寺)라 하였고, 이후 다시 중건하면서 약사사라 하였다. 1977년경에는 원형을 알아볼 수 없었고, 당간지주와 오층석탑이 있다고 하였다. 〔참고문헌〕『文化遺蹟總覽』 권하(文化財管理局, 1977) p.366, 『務安郡의 文化遺蹟』(木浦大博物館 · 務安郡, 1986) p.93. ⇨ 약사사 藥師寺 [9]

이인습기 二因習氣 두 인(因)의 습기(習氣 : 種子). 제8식의 일체종자(一切種子)를 발생하는 인에 따라 두 가지로 대별한 것으로, 제7식을 말미암은 등류습기(等流習氣 : 名言種子)와 제6식을 말미암은 이숙습기(異熟習氣 : 業種子)를 말한다. 능변(能變)을 두 가지로 나눈 중에 인능변(因能變)에 해당하고, 습기가 발생하는 인이라는 측면에서 인습기(因習氣)라고도 한다. 『성유식론소의연』 권2(卍속장79, p.113b4)에 "이인습기로 일체종자를 거둔다. 二因習氣 攝一切種子", 『유식개몽문답』 권상(卍속장98, p.439a17)에 "〔문〕 인능변은 무엇인가? 〔답〕 이인습기이니, 첫째는 등류습기이고, 둘째는 이숙습기이다. 問 因能變 答 謂二因習氣 一等流習氣 二異熟習氣"라고 하였다. 〔참고문헌〕『成唯識論疏義演』, 『唯識開蒙問答』. ⇨ 등류습기 等流習氣, 이숙습기 異熟習氣, 인능변 因能變, 인습기 因習氣

이인연 二因緣 Ⓟ dvisu kālesu. 두 번의 수상한 조짐. 여래께서 성도하셨을 때와 열반에 드실 때를 말한다. 『장아함경』 권3 「유행경 遊行經」(대정장1, p.19c6 : *DN.2*, p.134)에 "부처님께서 아난에게 말씀하셨다. '두 가지 인연이 있으면, 여래의 광채와 빛깔은 평소보다 뛰어나게 된다. 첫째는 부처가 처음으로 득도하여 위없고 바르며 진실한 깨달음을 성취했을 때이고, 둘째는 멸도하려고 하여 목숨을 버리고 반열반에 들 때이다. 아난아! 이 두 가지 연 때문에 광채와 빛깔이 평소보다 뛰어나게 된다'. 佛告阿難 有二因緣 如來光色 有殊於常 一者 佛初得道 成無上正眞覺時 二者 臨欲滅度 捨於性命 般涅槃時 阿難 以此二緣 光色殊常 evametaṃ ānanda dvīsu kho ānanda kālesu ativiya tathāgatassa kāyo parisuddho hoti chavivaṇṇo pariyodāto. katamesu dvīsu. yañca ānanda rattiṃ tathāgato anuttaraṃ sammāsambodhiṃ abhisambujjhati yañca rattiṃ tathāgato anupādisesāya nibbānadhātuyā parinibbāyati imesu kho ānanda dvīsu kālesu ativiya tathāgatassa kāyo parisuddho hoti chavivaṇṇo pariyodāto"라고 하였다. 〔참고문헌〕『長阿含經』, 『般泥洹經』 권하(대정장1, p.184a22), *DN.*

이인출불신혈 二人出佛身血 두 사람이 부처님의 몸에서 피를 나게 하다. 하나는 제바달다(提婆達多 Ⓢ Devadatta)가 부처님을 해치려는 의도로 부처님의 몸에서 피가 나도록 하여 파승(破僧)의 죄를 지은 것을 말하고, 다른 하나는 기역(祇域 Ⓢ Jīvaka)이 부처님의 병을 치료하기 위해 침으로 피가 나게 하여 복을 받은 일화다. 『대지도론』 권63(대정장25, p.506a19)에 "마음에 두고 논의하면 반야를 깨뜨린다고 하지 않는다. 예컨대 조달이 부처님의 몸에서 피가 나게 했고, 기역 또한 부처님의 몸에서 피가 나게 한 경우와 같다. 비록 똑같이 피가 나게 했다고 하였지만, 마음이 달랐기에 한 사람은 죄를 얻었고 한 사람은 복을 받았다. 著心論議者 是不名爲破般若 如調達出佛身血 祇域亦出佛身血 雖同一名出血 心異故 一人得罪 一人得福"라고 하였다. [참고문헌] 『大智度論』. ⇨제바오역 提婆五逆, 기바 耆婆 🅘

이일 理一 이(理)는 하나다. 법화사일(法華四一) 중 하나로 교도 이도 하나라는 뜻이다. 『법화경의기』 권2(대정장33, p.593a8)에 "이른바 교도 하나고 이도 하나라는 것은 인이 다르게 나아갈 일이 없고 과 또한 따로 좇을 일이 없다는 것을 금일 드러내 밝힌 것이다. 그러므로 진실의 뜻은 그 이에 있어서도 둘이 아니다. 所言敎一理一者 今日唱明 因無異趣 果無別從 然眞實之義 其理莫二", 『법화문구』 권4(대정장34, p.51a16)에 "간략하게 옛적에 지은 사일이란 것과 비교하면 수는 같으나 뜻은 다르다. 구설에서는 과일이라 하였으나 지금은 이일이라 하는데, 뜻과 문에 의지한 것이다. 뜻에 의지한다는 것은 이일이 없다면 모든 일들이 전도되고 모조리 마구니의 말이 되어 더 이상 불경이 아니게 되므로, 모름지기 이는 하나여야 한다. 문에 의지한다는 것은 문이란 부처의 지견이다. 지금 그 지견의 내용을 취하면 소견은 진실이고 소지는 경이다. 경의 실이라면 곧 실상의 이다. 그러므로 이는 하나라고 한다. 若略和舊作四一者 數同義異 舊云果一 今言理一 依義依文 依義者 若無理一 衆事顚倒 悉是魔說 非復佛經 故須理一 依文者 文稱佛知見今取所知見 所見卽諦 所知卽境 境諦卽實相之理 故名理一"라고 하였다. [참고문헌] 『法華經義記』, 『法華文句』. ⇨사일 四一

이일 異日 어느 날에. 『대혜어록』 권24 「시도명강주 示道明講主」(대정장47, p.916a11)에 "도명좌주 역시 경을 설하는 사람으로서 결정적인 한 수란 문자언어중에 있지 않으며, 문자언어란 달을 가리키는 손가락임을 알았습니다. 이제 선지식 찾아 이로서 만나고자 하여 언설상도 문자상도 떠나고 심연상마저 여읜 저 한 수 얻고자 할 뿐이어서 터벅터벅 나를 찾아왔습니다. 내가 그 지극한 정성을 어여삐 여겨 곧장 일단의 공안을 써 보였더니, 어느날 홀연히 종이에 먹을 적신 문자상에 교외별전의 소식을 알아차리고, 비로소 보리 속에 면이 없고 밥은 쌀이 아님을 알았습니다. 道明座主 亦是講經者 知得那一著決定 不在文字語言中 文字語言乃標月指也 念欲求善知識理會 這離言說相離文字相離心緣相底一著子 故得得來尋妙喜 妙喜憐其至誠 直書此一段公案示之 異日忽然向紙墨文字上 識得敎外別傳底消息 方知麥裏無麵 飯不是米做"라고 하였다. [참고문헌] 『大慧語錄』.

이일십육일토지풍경 二日十六日土地諷經 매월 2일과 16일에 토지신에게 공양하며 능엄주(楞嚴呪)를 외우는 일. 『선림상기전』 권17(불광장, 禪藏, p.983)에 "이일십육일토지풍경 : 『환주암청규』에 '매월 초 2일과 16일은 성인들이 모이는 날이다. 상주는 향화·등촉·다과와 진귀한 음식들을 마련하고 토지당으로 가서 공양물을 차려 놓는다. 그러면 대중이 능엄주를 외운다'라고 하였으며, 『흥선호국론』에 '토지신을 모시는 일에 대해서는 「매월 초 2일과 16일 양일에 여러 신들에게 법시를 베푸는데 곳에 따라 다르다」라고 말한다'라고 하였다. 도충이 말한다. '선림에서 토지신에게 경을 외울 때 이 날들을 쓰는데, 영서 때에 이미 세운 규례이다'. 二日十六日土地諷經 幻住淸規云 每月初二十六 是衆聖衙會之辰 常住營備香華燈燭 茶果珍羞 就土地堂 鋪設供養 大衆諷楞嚴咒 興禪護國論云 土地神事 謂每月初二十六兩日 諸神法施 隨處不同 忠曰 禪林土地諷經 用此日 而榮西時已立規焉"라고 하였다. [참고문헌] 『禪林象器箋』, 『幻住庵淸規』(卍속장111, p.973b6).

이입 二入 이로 들고(理入) 행으로 들어감(行入). 『금강삼매경』과 『이입사행론 二入四行論』에서 설한다. 이입이란 중생(衆生)과 진성(眞性)이 다르지 않아서 자타(自他)와 범성(凡聖)의 분별을 떠난 이에 합하는 뜻이다. 행입이란 육바라밀 등 실천을 통해 불도(佛道)에 드는 것이다. 『금강삼매경』(대정장9, p.369c7)에 "부처님께서 말씀하셨다. '두 입이란 하나는 이입이고 다른 하나는 행입이다. 이로 든다는 것은 중생이 진성과 다르지도 같지도 않으면서 함께 하지도 않지만, 다만 객진번뇌에 가려져 있음을 깊이 믿는 것이다. 오고 감이 없이 응연히 각관에 머물러 불성을 자세히 관하면 유무도 자타도 없어 범성이 둘 아님을 안다. 금강심지로 굳게 머물러 흔들리지 않고, 적정무위여서 분별이 없음을 이입이라 한다. 행입이란 마음이 기울지 않고 그림자 흐르거나 변하지 않으며, 모든 곳에서 마음 고요하여 바랄 일 없으며, 바람 몰아쳐도 흔들리지 않는 저 대지와 같으니, 마음도 나도 버려서 중생을 제도하되 일어남도 없고 상도 없으며 적멸을 취하지도 않고 일체중생을 버리지도 않는 것이다'. 佛言 二入者 一 謂理入 二 謂行入 理入者 深信衆生不異眞性 不一不共 但以客塵之所翳障 不去不來 凝住覺觀 諦觀佛性 不有不無 無己無他 凡聖不二 金剛心地 堅住不移 寂靜無爲 無有分別 是名理入 行入者 心不傾倚 影無流易 於所有處 靜念無求 風鼓不動 猶如大地 捐離心我 救度衆生 無生無相 不取不捨", 원효(元曉)

의 『금강삼매경론』 권중(대정장34, p.982b11 · 한불전1, p.637c2)에 "실제란 허를 떠나는 것을 부르는 말이다. 구경의 뜻이란 허깨비를 떠난 구경이므로 실제라고 한다. 가르침에 의지하여 이를 닦아 이로도 들고 행으로도 듦으로 든다고 하였다. 그런데 실제는 끝이 없음으로 끝을 삼고, 이입은 들어감 없이 들어가므로 입실제품이라 한다. 言實際者 離虛之稱 究竟之義離幻究竟 故名實際 依敎修理 理入行入 故名爲入 然實際以無際爲際 二入是無入之入 故名入實際品"라고 하였다. [참고문헌] 『金剛三昧經』, 『金剛三昧經論』. ⇨ 이입사행 二入四行

이입 耳入 십이입(十二入) 중 하나. 내육입(內六入)인 육근과 외육입(外六入)인 육진을 십이입이라 한다. 『사분율명의표석』 권5(卍속장70, p.474a15)에 "둘째, 이입〈이근이 성진과 마주치면 들리는 소리가 생긴다. 이것을 이입이라 한다〉. 二 耳入〈謂耳根對於聲塵 有所聞之聲 是名耳入〉"라고 하였다. [참고문헌] 『四分律名義標釋』. ⇨ 이근 耳根, 육입 六入, 십이입 十二入

이입 理入 ➡ 이입 二入, 이입사행 二入四行

이입사행 二入四行 두 갈래로 들어가(理入) 네 가지로 행(四行)함. 이입은 이입(理入)과 행입(行入), 행입의 네 가지는 보원행(報怨行) · 수연행(隨緣行) · 무소구행(無所求行) · 칭법행(稱法行)이다. 『소실육문』 「이종입二種入」(대정장48, p.369c20)에 "대개 도에 들어가는 많은 길이 있지만 요약하면 두 가지를 벗어나지 않는다. 하나는 이입이고 다른 하나는 행입이다. 이입이란 가르침을 빌어 종을 깨우치는 것이다. 살아가는 것들 하나같이 진성이나 모두 객진번뇌와 망상에 뒤덮여 있어서 분명하게 드러나지 못함을 믿는 것이다. 만약 망을 버리고 진에 돌아가 가만히 머물며 돌아서 관하면, 자도 타도 없고 범성이 같으며 굳게 머물러 옮겨가지 않으니, 다시는 글로 된 가르침 따르지 않게 된다. 이것은 이와 더불어 그윽히 함께하니 분별이 없고, 적연하여 무위하니 이를 이입이라 한다. 夫入道多途 要而言之 不出二種 一是理入 二是行入 理入者 謂藉教悟宗 深信含生同一眞性 俱爲客塵妄想所覆 不能顯了 若也捨妄歸眞 凝住壁觀 無自無他 凡聖等一 堅住不移 更不隨於文教 此卽與理冥符 無有分別 寂然無爲 名之理入", "행입이란 네 가지 행을 말한다. 이 밖의 여러 행은 모두 여기에 든다. 무엇이 넷인가? 첫째 보원행, 둘째 수연행, 셋째 무소구행, 넷째 칭법행이다. 첫째, 보원행이란 무엇인가? 도를 닦는 행자가 괴로움을 당할 때 마땅히 스스로 생각한다. 헤아릴 수 없이 먼 과거부터 본을 버리고 말을 좇아 여러 존재로 유랑하며 많은 원망과 증오를 일으키고 한없이 해를 끼쳤기 때문이니, 지금 비록 범한 것 아니지만 모두 숙세앙화이고 악업과 익은 것이어서 하늘도 사람도 볼 수 없는 것이니, 마음으로 달게 받아 참아내니 도무지 원망도 억울함도 없다. 경에서 '괴로움을 당해도 근심하지 않는다. 왜냐하면 통달하여 알기 때문이다'라고 하였다. 이러한 마음이 일어날 때 이와 상응하고 원한도 체득하여 도에 나아가므로 보원행이라 한다. 行入者 謂四行 其餘諸行悉入此中 何等四耶 一報冤行 二隨緣行 三無所求行 四稱法行 云何報冤行 謂修道行人若受苦時 當自念言 我從往昔無數劫中 棄本從末流浪諸有 多起冤憎 違害無限 今雖無犯 是皆宿殃 惡業果熟 非天非人所能見與 甘心忍受 都無冤訴 經云 逢苦不憂 何以故 識達故 此心生時 與理相應 體冤進道故 說言報冤行", "둘째, 수연행이다. 중생무아여서 모두 업에 따라 유전하고 고통도 낙도 가지런히 받으니 연을 따라 일어난다. 만약 수승한 보와 영예 등의 일을 누린다면, 이것은 나의 과거 숙세의 인이 불러온 보를 지금 비로소 얻은 것이며, 연이 다하면 다시 없을 것이거니 어찌 기쁘기만 하겠는가? 얻고 잃음이 모두 연을 따르고 마음은 증감이 없으니, 기쁜 바람에 흔들림 없이 그윽히 도에 순할 뿐이다. 그러므로 수연행이라고 한다. 二隨緣行者 衆生無我 並緣業所轉 苦樂齊受 皆從緣生 若得勝報榮譽等事 是我過去宿因所感 今方得之 緣盡還無 何喜之有 得失從緣 心無增減 喜風不動 冥順於道 是故說言隨緣行也", "셋째, 무소구행이다. 세상 사람이 오랫동안 미하여 곳곳으로 탐착하는데 이것을 '구함(求)'이라고 한다. 지혜로운 이는 진실을 깨달아 도리로 속됨을 뒤치고 마음을 안정시키고 하지 않는다. 몸은 따라 구름지언정 만유는 그대로 공이니 원하는 즐거움이 없다. 공덕과 어둠이 늘 서로 따르고 삼계에 오래 머묾이 불난 집과 같아서 몸이 있는 한 모두 괴로우니 누구인들 편안하겠는가? 이러한 경지에 분명하게 되면 있는 것 다 버려 구하려 하지 않는다. 경에서 '구하는 것이 있으면 모두 괴롭고 구하는 것이 없으면 즐거우니, 구하는 것이 없음이 진실로 도행임을 안다'고 하였다. 그러므로 무소구행이라 한다. 三無所求行者 世人長迷 處處貪著 名之爲求 智者悟眞 理將俗反 安心無爲 形隨運轉 萬有斯空 無所願樂 功德黑暗 常相隨逐 三界久居猶如火宅 有身皆苦 誰得而安 了達此處 故捨諸有 息想無求 經云 有求皆苦 無求乃樂 判知無求眞爲道行 故言無所求行也", "넷째, 칭법행이다. 자성이 깨끗한 이치를 가리켜 법이라 한다. 이러한 도리를 믿고 알면 갖가지 상이 공이어서 물듦과 집착이 없고, 이것과 저것이라는 분별도 없다. 경에서 '법에는 중생이 없으니 중생의 더러움을 떠났기 때문이고, 법에 아가 있을 수 없으니 아의 허물을 떠났기 때문이다'라고 하였다. 지혜로운 이가 이이를 믿고 안다면 반드시 법에 맞게 행한다. 법체는 아낄 일 없으니, 몸과 목숨과 재물을 버려 보시해도 마음에 아까움이 없고, 세 가지가 공이라는 것에 통달하여 의지하지도 집착하지도 않는다. 다만 허물 버리고 중생을 교화하지만 상을 취하지도 않는다. 이것은 자기를 위한 행이고 또한 타인을 이롭게 하며 보리를 장엄하는 길이다. 보시가 이미 이러하면 나머지 다섯 역시 그렇다. 망상을 없애고 육바라밀을 닦되 행하는 바가 없다. 이것이 칭법행이다. 四稱法行者 性淨之理目之爲法 信解此理 衆相斯空 無染無著 無此無彼 經云 法無衆生 離衆生垢故 法無有我 離我垢故 智者若能信解此理 應當稱法而行 法體無慳 於身命財行檀捨施 心無悋惜 達解三空 不倚不著 但爲去垢 稱化衆生 而不取相 此爲自行 復能利他 亦能莊嚴菩提之道 檀施既爾 餘五亦然 爲除妄想 修行六度 而無所行 是爲稱法行"라고 하였다. 문구에 출입이 있으나 같은 뜻으로 『당고승전』 권16(대정장50, p.551c11)·『경덕전등록』 권30(대정장51, p.458b21)에도 전한다. [참고문헌] 『少室六門』, 『唐高僧傳』, 『景德傳燈錄』. ⇨ 이입 二入, 보원행 報怨行, 수연행 隨緣行, 무소구행 無所求行, 칭법행 稱法行

이입사행 理入四行 ➡ 이입사행 二入四行

이입사행론 二入四行論 선종 초조 보리달마(菩提達磨 Ⓢ Bodhidharma)의 설. 1권. 보리달마의 직설로 전하지만 혜가(慧可)를 비롯한 후대의 설을 집록한 것으로 추정한다. 『달마론 達磨論』·『대승입도사행 大乘入道四行』·『보리달마사행론 菩提達磨四行論』·『이종입 二種入』이라고도 한다. 이입사행설은 『능가사자기』(대정장85, p.1285a11)와 『경덕전등록』 권30(대정장51, p.458b21)에 실려 있고 도선(道宣)의 『당고승전』 「보리달마전」에 간략하게 소개되어 있다. 본서의 판본으로는 1464년과 1908년에 각각 간행된 조선본(朝鮮本)과 20세기 초 돈황에서 발굴된 다양한 사본(S2715·S3375·P4634·P4795 등)이 있다. 이입사행설은 위경(僞經)으로서의 『금강삼매경 金剛三昧經』 성립에 영향을 미쳤다는 주장도 있다. 『금강삼매경』 「입실제품 入實際品」에서는 사행(四行)의 구체적인 내용은 없지만 행입(行入)과 이입(理入)에 대한 내용을 담고 있다. 『이입사행론』에 의한 『금강삼매경론 金剛三昧經論』의 성립에서 신라승 법랑(法朗)의 역할을 추정하는 학설도 있다. [참고문헌] 『楞伽師資記』, 『景德傳燈錄』, 宇井伯壽 『禪宗史研究』(岩波書店, 1935), 水野弘元 「菩提達磨の二入四行說と『金剛三昧經』」(『印度學佛敎學硏究』3-2, 1954), 柳田聖山 『語錄の歷史』(禪文化硏究所, 1985), R.E.Buswell Jr., *The Formation of Ch'an Ideology in China and Korea*(Princeton Univ., 1989). ⇨ 이입사행 二入四行, 달마대사사행관 達摩大師四行觀

이입처 二入處 Ⓟ dve āyatanāni. 두 갈래로 들어가 머묾. 오온 중 상온(想蘊)이 끊어진 무상유정(無想有情 Ⓟ asaññi-satta). 무상입(無想入)과 비상비무상입(非想非無想入)을 말한다. 『장아함경』 권10 「대연방편경 大緣方便經」(대정장1, p.62b13)에 "무엇이 이입처인가? 무상입과 비상비무상입이다. 아난아, 이것을 이입처라 한다. 어떤 사문과 바라문은 '이 처에서 안은하니, 구원이 되고 보호가 되며 집이 되고 등불이 되며 빛이 되고 돌아갈 곳이 되며 허망하지 않고 번뇌가 없다'고 말한다. 아난아, 만일 비구가 이입처를 안다면 집을 알고 그 멸을 알며, 맛을 알고 허물을 알며, 벗어남도 알게 되어 여실히 알고 보니 저 비구는 말하리라. '저것은 내가 아니며 나도 저것이 아님을 진실 그대로 안다'고. 이를 두 갈래에 든다고 한다. 云何二入處 無想入 非想非無想入 是爲 阿難 此二入處 或有沙門 婆羅門言 此處安隱 爲救 爲護 爲舍 爲燈 爲明 爲歸 爲不虛妄 爲不煩惱 阿難 若比丘知二入處 知集 知滅 知味 知過 知出要 如實知見 彼比丘言 彼非我 我非彼 如實知見 是爲二入"라고 하였다. [참고문헌] 『長阿含經』, *DN.2.68.*

이입행입 理入行入 ➡ 이입 二入

이자 二字 반자(半字)와 만자(滿字). 불법의 진실을 온전히 다 드러낸 대승의 교설을 만자라 하고, 그에 미치지 못하는 소승의 교설을 반자라 한다. 『대반열반경현의』 권하(대정장38, p.12c22)에 "뭇 경에서 한가지로 녹야원의 말씀을 반자로 여기고, 마하연의 말씀은 만자로 간주한다. 대소로 상대하지만 모두 이자의 교설이다. 또 여러 논사들의 이 만자 또한 풀이가 같지 않다. 衆經同以鹿苑說爲半字 摩訶衍所說爲滿字 小大相對 共爲二字 又諸師釋此滿字不同", 『법화경대성』 권1(卍속장51, p.74a13)에 "소승의 9부는 법의 뜻을 다하지 못하여 반자라 하고, 대승의 12부는 심성을 두렷이 다 드러내었으므로 만자라 한다. 여래께서는 『열반경』에서 반만 이자를 설하시어 대소 양승으로 나누셨다. 小乘九部不盡法義 故曰半字 大乘十二部 圓極心性 故曰滿字 如來於涅槃經中 說半滿二字 分大小兩乘"라고 하였다. [참고문헌] 『大般涅槃經玄義』, 『法華經大成』. ⇨ 만자 滿字, 반자 半字, 반만이교 半滿二教

이자 以字 경전의 제첨(題籤)이나 호부(護符) 상단 귀퉁이에 표시한 ⁘. 몇 가지로 추정하길 실담자 이자(伊字 ꣿ)의 변형이라는 설, 또는 팔자(八字)나 수자(水字)라는 설, 사천왕(四天王)을 상징한다는 설 등으로 해명하려 하지만, 이 이(以)자를 내세워 글자의 허망함을 깨우치고자 하는 방편이니, 분명히 하고자 함이 오히려 맞지 않다. 『조정사원』 권1(卍속장113, p.8a2)에 "이자 : 글자로 써서는 성취 못하는 것이니, 세 가지 설이 있다. 첫째는 구(嘔 ᢀ)와 아(啊 ᢀ)라는 두 글자이고, 둘째는 음일 뿐인 글자라 뜻으로 바꾸지 못하며, 셋째는 범어로 쓴 마음 심자이다. 이 모두가 경의 표제 위에 붙이는 이자를 가리킨다. 구아란, 『청량소』의 논주가 이르길 '경의 머리에 붙이는 「여시 如是」를 세우는 것은 외도와 다름을 말함이다. 외도의 경전 머리에는 모두 구아라는 글자를 붙인다. 혹은 아우라고도 하는데 이로써 길로 삼는다'고 풀이한다. 또한 '아라는 말은 무를 뜻하고 우라는 말은 유를 뜻한다고 한다. 만법이 비록 많지만 유와 무를 벗어나지 않으니 단과 상의 분별이다. 이제 여(如)인즉 진여(진공)이고, 시(是)인즉 묘유다. 이로써 삿된 종지를 대적하여 부수고 중도를 드러내니 일대시교는 여시라는 두 자를 벗어나지 않는다'고 한다. 以字 以字不成其說有三 一 謂是嘔啊二字 二 是音字不譯 三 謂是梵書心字 並指經籤題上以字也 嘔啊者 淸涼疏主云 經首立如是 謂異外道故 外道經首 皆立嘔啊 或云阿優 以爲吉 阿之言無 優之言有 萬法雖衆 不出有無 此則斷常之計 今如卽眞如 是卽妙有 對破邪宗 以彰中道 一代時敎 不出如是二字"라고 하였다. 〔참고문헌〕『祖庭事苑』, 『華嚴經疏』 권4(대정장35, p.528b27 · p.529b1). ⇨ 외제이자 外題以字, 이자 伊字, 이자삼점 伊字三點

이자 백지묵서묘법연화경 표지
보물 제278호 부안 내소사 1415년

이자 伊字 Ⓢi. 실담자(悉曇字) ᢀ 또는 ᢀ. 『방광대장엄경』 권4(대정장3, p.559c15)에 "이자를 부르는 순간 모든 근(Ⓢindriya)의 본래 광대함의 소리가 나오고, 이자를 발하는 순간 일체세간의 무수한 질병을 알리는 소리가 나온다. 唱伊字時 出諸根本廣大聲 唱伊字時出一切世間衆多病聲", 『불본행집경』 권11(대정장3, p.704a20)에 "이자를 발하는 순간 제근의 문호가 닫힌다. 이와 같이 소리를 낸다. 唱伊字時 一切諸根門戶閉塞出如是聲", 『문수사리문경』 권3(대정장14, p.498a10)에 "이자를 말하면 모든 근을 내는 소리가 나고, 이자를 길게 발하면 질병(Ⓢīti)을 알리는 소리다. 說伊字 出諸根聲 說長伊字 出疾疫聲", 『요략염송경』(대정장18, p.58b20)에 "또한 서방의 보련화 위에서 이자를 자세히 관하라. 성자 허공장이 이자에서 일어난다. 금색과 같은 몸에 흰 옷을 걸치고 수많은 권속이 좌우로 모셔 날개짓하듯 하는데, 그들 한 사람 한 사람이 모두 이자에 의지하여 돈다. 復於西方 寶蓮華上 諦觀伊字 聖者虛空藏 從字而起 身如金色 被以白衣 衆多眷屬 左右輔翼 一一皆以依字而轉"라고 하였다. 〔참고문헌〕『方廣大莊嚴經』, 『佛本行集經』, 『文殊師利問經』, 『要略念誦經』. ⇨ 신구양이 新舊兩伊, 이자삼점 伊字三點, 삼목 三目

이자 利刺 ❶ Ⓢkaṇṭaka, Ⓟkaṇṭaka, kaṇṭhaka, Ⓣtsher-ma. 날카로운 가시. 날카로운 가시덤불 속을 걸어 들어가듯이, 비구가 법과 율을 가져 세간에 들어감에 비유한다. 『잡아함경』 권43(대정장2, p.314a24)에 "(가시나무숲에서) 그 사내는 정념으로 행하고 정념으로 오가며, 정념으로 밝게 살피고 정념으로 단정하게 보며, 정념으로 몸을 굽힌다. 왜냐하면 날카로운 가시 몸에 상처를 내지 않도록 하기 위해서이다. 많이 듣고 배운 성스런 제자 역시 이와 같다. 취락이나 성읍에 의지하여 머물더라도 이른 아침 가사 걸치고 발우를 지니고서 촌락에 들어 걸식을 하지만, 그 몸을 잘 수호하고 그 마음을 잘 가져 생각을 바로하여 머물고 정념으로 움직이며, 정념으로 밝게 살피고 정념으로 관찰한다. 왜냐하면 가시가 성스런 법과 율에 상처를 내지 않도록 하기 위해서이다. 士夫 正念而行 正念來去 正念明目 正念端視 正念屈身 所以者何 莫令利刺傷壞身故 多聞聖弟子 亦復如是 若依聚落城邑而住 晨朝著衣持鉢 入村乞食 善護其身 善執其心 正念安住 正念而行 正念明目 正念觀察所以者何 莫令利刺傷聖法律"라고 하였다. 〔참고문헌〕『雜阿含經』, *Mvyut.197.* ❷ 육군비구(六郡比丘) 중 한 사람인 오파난다(鄔波難陀 ⓈUpananda : 優波難陀)의 제자. 이랄(利剌)이라고도 한다. 『유부율』 권39(대정장23, p.840a27)에 "그때 오파난다에게는 두 명의 구적(求寂 Ⓢśrāmaṇera : 沙彌)이 있었으니, 첫째는 이자라 하며, 둘째는 장대라고 한다. 이 두 명의 제자와 이틀 밤을 보냈다. 여러 비구들이 만나서 이렇게 말했다. '구수(具壽)여, 부처님께서는 이틀 밤을 함께 보내는 것을 규범으로 허락하지 않으셨는데, 당신은 지금 무슨 생각으로 부처님의 말씀을 거스르는 것입니까? 고치는 것이 옳습니다. 時 鄔波難陀 有二求寂 一名 利刺 二名 長大 與此二弟子 過二夜宿 諸苾芻見告言 具壽 佛制不許 二夜共宿 仁今何意 故違佛語 當可改之"라고 하였다. 〔참고문헌〕『有部律』. ⇨ 우파난다 優波難陀 ❷

이자 爾者 이러한. 저러한. 『장아함경』 권13 「아마주경 阿摩晝經」(대정장1, p.82c13)에 "부처님께서 마납에게 말씀하셨다. 그대의 성이 그러하다면 석가족의 노예 종족이다. 佛告摩納 汝姓爾者 則爲是釋迦奴種", 『법화현의』 권2(대정장33, p.696b28)에 "설령 그렇다고 해도 달리 까닭이 있다. 왜냐하면 이근보살은 저에 묘를 깨달아 법화와 다르지 않기 때문이다. 縱令爾者 別有所以 何者 利根菩薩 於彼入妙 與法華不異"라고 하였다.

〔참고문헌〕『長阿含經』, 『法華玄義』.

이자 離字 ❶ Ⓢ nirakṣara. 문자(文字)를 여의는 것. 『능가경』 권3(대정장16, p.498c23)에 "어떤 것을 연자득법(緣自得法)이라고 하는가? 저 여래께서 얻은 바라면 나도 얻을 수 있는데, 여래 편에서 더하거나 내 편에서 덜함도 없다. 연자득법의 구경경계는 언설망상을 여의고, 글자의 두 갈래 길(能詮 所詮)도 여읜다. 云何緣自得法 若彼如來所得 我亦得之 無增無減 緣自得法 究竟境界 離言說妄想 離字二趣", 『순정리론』 권14(대정장29, p.414b17)에 "하나의 글자 중에도 이름이 있기에 가는 없고 법만 있어서 하나의 실만을 잡아내 성립시킨다. 그러므로 가와 더불어 이름은 뜻이 서로 유사하지 않다. 하나의 문자에도 이름이 있을 수 있는데, 이 이름이 문자를 떠나 있음을 어찌 알 수 있는가? 이와 같이 글자는 마치 뜻 없는 글자처럼 그 뜻을 나타내는 일이 없으나, 이것에 의지하여 연을 삼으면 별도의 이름이 생기게 되고 비로소 뜻도 드러내게 된다. 一字中 亦有名故 無假有法 攬一實成 故假與名 義不相似 既於一字 亦得有名 寧知此名 離字而有 如是一字 如無義字 無有所詮 依此爲緣 別有名起 方能表義"라고 하였다. 〔참고문헌〕『楞伽經』, 『順正理論』, *Laṅk.12.* ❷ ➡ 이자삼매 離字三昧

이자귀 二自歸 두 가지에 스스로 귀의함. 부처님과 법에 대한 귀의를 말하니, 승가가 성립되기 전이다. 『오분율』 권15(대정장22, p.103b25)에 "부처님께서 공양을 받아 마치시고는 '그대는 부처님께 귀의하고 법에 귀의하였다'고 말씀하셨으니, 이자귀를 받은 것이다. 이것이 여인 중에서 수자타(Ⓟ Sujātā)가 최초로 이자귀를 받아서 우바이가 되었던 인연이다. 佛受食已 語言 汝可歸依佛 歸依法 卽受二自歸 是爲女人中 須闍陀 最初受二自歸 爲優婆夷"라고 하였다. 〔참고문헌〕『五分律』. ⇨ 귀의 歸依, 삼귀의 三歸依, 수자타 Sujātā❶

이자량 二資糧 ❶ 복덕과 지혜. 자량이란 깨달음을 돕고 기르는 바탕이다. 『유가사지론』 권45(대정장30, p.539b20 : *Bodh-bh.*, p.176)에 "무엇이 보살의 보리자량인가? 이와 같은 보리자량에는 대략 두 가지가 있음을 알아야 한다. 첫째는 복덕자량이고 둘째는 지혜자량이다. 云何菩薩菩提資糧 當知如是菩提資糧 略有二種 一者 福德資糧 二者 智慧資糧 tatra katamo bodhisattvasya bodhisaṃbhāraḥ. sa dvividho draṣṭavyaḥ. puṇyasaṃbhāro jñānasaṃbhāraśca", 『섭대승론석』 권6(대정장31, p.353c23)에 "복덕과 지혜의 두 자량을 보살은 잘 갖추어 가이없다는 것은, 자량에 두 가지가 있으니 첫째는 복덕자량, 둘째는 지혜자량이다. 말하자면 보시 등의 세 가지 바라밀다는 복덕자량이고, 여섯 번째인 반야바라밀다는 지혜자량이다. 정진바라밀다는 두 가지 자량에서 거둔다. 왜냐하면 지혜를 위하여 정진을 행하면 지혜자량이고, 복덕을 위하여 정진을 행하면 복덕자량이다. 이와 같이 정려바라밀다 역시 두 가지 자량에 통하니, 사무량(四無量)을 연으로 하여 정려를 닦으면 복덕자량이고, 그 나머지는 지혜자량이다. 福德智慧 二資糧 菩薩善備無邊際者 資糧有二種 一 福德資糧 二 智慧資糧 謂施等三波羅蜜多 是福德資糧 第六般若波羅蜜多 是智慧資糧 精進波羅蜜多 二資糧攝 何以故 若爲智慧 而行精進 是智慧資糧 若爲福德 而行精進 是福德資糧 如是靜慮波羅蜜多 亦通二種 若緣無量 而修靜慮 是福德資糧 餘是智慧資糧"라고 하였다. 〔참고문헌〕『瑜伽師地論』, 『攝大乘論釋』, *Bodh-bh.* ⇨ 복덕지혜이종자량 福德智慧二種資糧, 복덕자량 福德資糧, 지혜자량 智慧資糧 ❷ ➡ 선세자량 先世資糧, 현법자량 現法資糧

이자불성팔자비 以字不成八字非 '이자라고도 할 수 없고 팔자도 아니다'라는 말. "이자라고도 할 수 없고 팔자라고 해도 옳지 않다. 以字不成 八字不是" 또는 "이자라고 해도 옳지 않고 팔자라고 해도 맞지 않다. 以字不是 八字不成"라고도 쓴다. 경머리에 붙어 있는 글자(⁘)의 모양이 한자 이(以)나 팔(八)과 비슷하기는 하지만 어느 것도 정(定)한 뜻이라 할 수 없다는 말로, 말과 글(字)을 여읠 수조차 없는 분별의 끝을 깨우치는 비유다. 『대혜어록』 권8(대정장47, p.841c17)에 "이자라고도 할 수 없고 팔자도 아니니, 삭가라안으로도 엿볼 수 없다. 한 터럭 끝에서 거듭 집어내 보이니, 분노한 나타태자마저 위엄을 잃는구나. 以字不成八字非 爍迦羅眼不能窺 一毛頭上重拈出 忿怒那吒失却威", 『경덕전등록』 권21 「나한계침전 羅漢桂琛傳」(대정장51, p.371b19)에 "'팔자라고도 할 수 없고 이자라 해도 옳지 않다 하니 무슨 뜻인지요?' '그대는 참으로 알지 못하는구나' '저는 참으로 알지 못합니다' '저 아래 각주에서 살펴보라'. 問八字不成 以字不是時 如何 師曰 汝實不會 曰 學人實不會 師曰 看取下頭注脚", 같은 책 권22 「피운지적전 披雲智寂傳」(대정장51, p.385c29)에 "묻기를 '이자라고도 할 수 없고 팔자라 해도 옳지 않으니 도대체 무슨 글자인지요?'라고 하자 피운이 게송으로 답하였다. '이자도 옳지 않고 팔자라 할 수도 없지만 삼라만상은 이중에서 분명하리라. 설령 수만 가지 묘를 뛰어나게 말하더라도, 구아(謳阿 : 嘔啊)도 아니고 경도 아니라네'. 問 以字不成 八字不是 未審是什麽字 師說偈答曰 以字不是八不成 森羅萬象此中明 直饒巧說千般妙 不是謳阿不是經", 『오등전서』 권48 「태주서암운소암선사 台州瑞巖雲巢巖禪師」(卍속장141, p.87a18)에 "경제 위의 팔자 짓고 게로 이르길, 이자라고도 할 수 없고 팔자도 아니지만, 분명하게 집어올렸으니 모두들 알리라. 석가노자의 혀에는 뼈가 없으니, 노란 잎을 황금이라 하며 어린아이를 으른다. 作經題八字偈曰 以字不成八字非 當陽拈起大家知 釋迦老子舌無骨 黃葉將來嚇小兒", 『송고연주통집』 권4 「대승경게 大乘經偈」(卍속장115, p.42a17)에 "이자나 팔자 무엇이라고도 할 순 없으나 지금 눈앞에 있으니, 경에서는 알 수 없어 주 중에서 살펴보네. 자비 드리움에 많은 지해 위하지 않아도 된다. 간절히 깊은 이치 참구하고 본원에 통달해야 하리라. 〈분양선소(汾陽善昭)의 송〉. … 이자도 옳지 않고 팔자라고도 할 수 없으니, 무언동자가 웃으며 즐거워하네. 우담발화가 인간세에 피었지만, 콧구멍이 하늘까지 통하여도 그 냄새 맡지는 못하네. 〈개복도녕(開福道寧)의 송〉. 以八不成只目前 經中未識註中看 垂慈不爲多知解 切要參玄達本源 〈汾陽昭〉 … 以字不是八不成 無言童子㗨忻忻 優曇華現人間世 鼻孔通天嗅不聞 〈開福寧〉", 같은 책 권4(卍속장115, p.42b9)에 "이자라고도 할 수 없고 팔자라고 해도 옳지 않으니, 법신 잠들어 계시지만 막아 가릴 일 없네. 납승은 마주했지만 이름 알 수 없으니, 백만인이 그 앞에서 불러도 깨어날 줄 모르시네. 以字不成八字不是 法身睡著無遮閉 衲僧對面不知名 百萬人前呼不起"라고 하였다. 〔참고문헌〕『大慧語錄』, 『景德傳燈錄』, 『五燈全書』, 『頌古聯珠通集』. ⇨ 이자 以字, 목주이자 睦州以字

이자삼매 離字三昧 Ⓢ akṣara-apagata-samādhi, Ⓣ yi-ge dang-bral-ba zhes-bya-ba'i ting-nge-'dzin. 글자를 버려 한 글자도 보지 않는 삼매. 백팔삼매 중 하나로 이문자상삼마지(離文字相三摩地)라고도 한다. 『대품반야경』 권5(대정장8, p.252b20 : *Pañca-pr.*, p.201)에 "무엇이 이자삼매인가? 이 삼매에 머물러 모든 삼매중에 심지어 한 자도 보지 않음을 이자삼매라 한다. 云何名離字三昧 住是三昧 諸三昧中 乃至不見一字 是名離字三昧 tatra katamo 'kṣarāpagato nāma samādhiḥ. yatra samādhau sthitvā sarvasamādhīnām ekākṣaram api nopalabhate tenocyate akṣarāpagato nāma samādhiḥ"라고 하였다. 〔참고문헌〕『大品般若經』, *Pañca-pr.* ⇨ 이문자상삼마지 離文字相三摩地, 백팔삼매 百八三昧

이자삼점 伊字三點 실담자 이(𑖂)자의 둥근 세 점. 세 법(三法)이 하나가 되지도 달리 하지도 않고 화합하여 각각의 자리를 버리지 않으면서도 서로 의지하여 한층 수승한 뜻을 성취하는 비유다. 이 비유로 잘 드러낸 법상은 열반삼덕이다. 법신·반야·해탈이 각각의 뜻을 버리지 않으면서 어울려 열반이라는 수승한 뜻까지 성취하여 삼덕(三德)이라는 이름도 갖게 된다. 40권본 『대반열반경』 권2(대정장12, p.376c11)에 "어떤 것들을 비밀의 창고라고 하는가? 마치 저 이자의 세 점과 같다. 만약 세 점이 가로로 나란히 찍혀 있으면 이자가 아닐 것이며, 세로로 있어도 그럴 것이다. 마치 마혜수라 얼굴의 세 눈과 같아야 이자라는 세 점이 성립된다. 점들이 따로 있어도 성립할 수 없으니 나의 법 또한 이와 같다. 해탈의 법도 열반이 아니고 여래의 몸도 열반이 아니며 마하반야도 열반이 아니지만, 세 가지 법이 각각 달라도 열반이 아니다. 나 이제 이와 같은 세 가지 법에 안주하는 것은 중생을 위해서이다. 그러므로 열반에 드는 것은 세간의 이자와 같다. 何等名爲祕密之藏 猶如伊字三點 若並則不成伊 縱亦不成 如摩醯首羅面上三目 乃得成伊三點 若別亦不得成 我亦如是 解脫之法 亦非涅槃 如來之身 亦非涅槃 摩訶般若 亦非涅槃 三法各異 亦非涅槃 我今安住 如是三法 爲衆生故 名入涅槃 如世伊字", 『파지옥비밀다라니법』(대정장18, p.912a1)에 "하나가 되지도 않고 서로 떨어지지도 않으니 하나라도 모자라면 안 된다. 마치 저 이자의 세 점과 같다. 不卽不離 闕一不得 猶如伊字三", 『아미타경소초연의』 권3(卍속장33, p.676a9)에 "법신은 반야와 해탈이니 하나를 들면 바로 셋이고 셋을 말하면 즉시 하나다. 마치 천왕(마혜수라천)의 세 눈이나 이자의 세 점과 같으니 삼덕이 하나로 어울려 일심이라 한다. 法身卽般若解脫 擧一卽三 言三卽一 如天王三目 伊字三點 三德渾然 故名一心", 『순정리론』 권50(대정장29, p.625a5)에 "또한 가와 실은 하나인지 다른지 정하여 말할 수 없다. 마치 세상의 이 자를 구성하는 세 점이 서로 같은지 다른지 말할 수 없는 것과 같다. 又假與實 不可定言 是一是異 如世伊字 三點所成 一異難說", 『법화현찬』 권2본(대정장34, p.682b13)에 "법신에 의지하여 둘(열반·반야)이 있기 때문이다. 마치 이자의 두 점은 위에 있고 한 점은 아래에 있는 모양과 같다. 法身爲本 依之有二故 如伊字二點在上 一點在下", 같은 책 권3본(대정장34, p.712a6)에 "범본의 이자는 위에 두 점이 있고 아래에 한 점이 있어 품(品)자를 뒤집은 모양과 같다. … 세 점을 따로 앉혀도 이자가 아니며 반드시 세 점이 어울려야 한다. 세로로 찍지도 않았고 가로로 찍지도 않았으며 서로 이별하지도 않아서 어울려 합한 세 점은 하나도 아니고 다른 것도 아니다. 마치 대자재천 얼굴 위의 세 눈 있으니, 가운데 이마 위에 하나 있고 눈썹 아래 각각 하나가 붙어 있는 모양과 같다. 부처님께서 열반에 드신 것도 이와 같다. 梵本伊字 上有二點 下有一點 似倒品字 … 三點別安 亦非伊字 要三和合 不縱不橫 亦不離別 和合三點 不一不異 如大自在天 面上三目 額上有一 眉下各一 佛入涅槃 亦復如是"라고 하였다. 〔참고문헌〕『大般涅槃經』, 『破地獄祕密陀羅尼法』, 『阿彌陀經疏鈔演義』, 『順正理論』, 『法華玄贊』. ⇨ 이자 伊字, 원이삼점 圓伊三點, 삼점 三點, 열반삼덕 涅槃三德, 부즉불리 不卽不離

이자합 二字合 ➡이합 二合

이자현 李資玄 1061~1125. 고려전기 문인이며 거사. 자는 진정(眞精), 호는 식암(息庵)·청평거사(淸平居士)·희이자(希夷子), 시호는 진락(眞樂). 고려시대 대표적인 문벌귀족인 경원이씨 이자연(李子淵)의 손자이며 이의(李顗)의 아들이다. 1083년(문종37) 3월에 과거급제하여 27세인 1089년(선종6)에 벼슬이 대악서승(大樂署丞)에 올랐으나 사직하고 춘주(春州 : 지금의 강원도 춘천) 청평산(淸平山)으로 들어갔다. 1068년(문종22)에 아버지 이의가 춘주도감창사(春州道監倉使)로 부임하여 옛 백암선원(白巖禪院) 터에 창건한 보현원(普賢院)을 수리하고 절 이름을 문수원(文殊院 : 지금의 청평사)으로 바꾸어 머물면서 선도(禪道)를 닦았다. 『설봉어록 雪峰語錄』을 열람하다가 "천지 온통 바로 눈이로다. 너 어딜 향해 걸터앉았는가? 盡乾坤是箇眼 汝向甚麽處蹲坐"에 이르러 활연히 깨달았으며, 『능엄경 楞嚴經』이 선종의 종지에 부합한다고 여겨 애독하였다. 평생 선에 몰두하였으므로 그의 선풍을 희이자선(希夷子禪)이라고 일컫는다. 저서로 『심요 心要』 1편, 『추화백약공낙도시 追和百藥公樂道詩』 1권, 『남유시 南遊詩』 1권, 『선기어록 禪機語錄』 1권, 『가송 歌頌』 1권, 『포대송 布袋頌』 1권 등이 있으나 모두 일실되어 전하지 않는다. 『고려사』 권95 열전(列傳)8 이자연에 부전(附傳)되었다. 청평사 북쪽에 있는 '淸平息庵' 각자(刻字)는 이자현의 글씨로 전한다. 〔참고문헌〕『高麗史』, 『破閑集』 권중, 「淸平山文殊院記」(『東文選』64), 許興植 『高麗佛教史硏究』(一潮閣, 1986) p.243. ⇨희이자선 希夷子禪, 문수원 文殊院❷, 청평사 淸平寺

이작 已作 이미 지은 것. 『잡아함경』 권1(대정장2, p.1a13)에 "나의 생은 이미 다하였으며, 범행은 이미 성취했고, 해야 할 일은 이미 하였기에 후유를 받지 않을 것임을 스스로 안다. 我生已盡 梵行已立 所作已作 自知不受後有", 『출요경』 권11(대정장4, p.668b25)에 "지성으로 악하다는 것은 무슨 말인가? 혹 어떤 사람이 이미 지었거나 지으려고 하거나 짓고 있는 것이다. 이미 지은 것은 과거이고, 짓고 있는 것은 현재이며, 지으려고 하는 것은 미래이다. 삼세로 악을 지으며 고통이 이를 것을 알지 못한다. 그러므로 마음 다해 악을 지으니, 이미 지었거나 지을 것이라고 설한다. 至誠爲惡者 或復有人 已作 當作 方作 已作過去 方作現在 當作未來 三世作惡 不知苦至 是故說 至誠爲惡 已作 當作也"라고 하였다. 〔참고문헌〕『雜阿含經』, 『出曜經』. ⇨미작 未作

이작법 離作法 Ⓢvyatireka. 삼지(三支) 중 이유(異喩)의 유의(喩依)에 유체(喩體)를 더한 다음 종(宗)과 인(因)에서 떠나게 하는 논법이다. 이(離)·차견(遮遣)이라고도 하며 합작법(合作法)의 상대어다. 예를 들면 '말은 무상하다.(宗) 만들어진 것이기 때문에.(因) 허공 등과 같다'(異喩의 喩依)의 논식에 '상주하는 모든 것은 만들어진 것이 아니다'(喩體)라는 명제를 더하여 논지를 더 분명히 한다. 유체를 더하지 않으면 유십과(喩十過) 중 불리과(不離過)를 초래하기 때문이다. 〔참고문헌〕『因明正理門論本』(대정장32, p.2c9). ⇨삼지작법 三支作法, 사유십과 似喩十過, 불리과 不離過, 합작법 合作法

이작부실 已作不失 이미 지은 것은 잃지 않는다는 뜻. 이미 지은 선악업(善惡業)에 상응하는 고락(苦樂)의 과보(果報)는 사라지지 않음을 말한다. 상대어는 미작부득(未作不得)이다. 『유가사지론』 권38(대정장30, p.502b18)에 "어떤 것이 내명론에서 이미 지은 것은 잃지 않고 아직 짓지 않은 것은 얻지 못한다는 상을 드러내 보인 것인가? 모든 유정이 스스로 지은 업은 비록 다시 짓고 난 다음에 수많은 겁을 지날지라도 과와 함께하는 공능은 끝내 잃거나 파괴되지 않으며, 또한 짓지 않았거나 다르게 지었는데 이숙이나 이숙과가 있게 되는 일은 없다. 보살은 이에 내명이 드러낸 이미 지은 것은 잃지 않고 아직 짓지 않은 것은 얻지 않는다는 상에 대해 여실하게 알고 난 다음에는 부지런히 닦고 익혀서 그 자업지력종성을 점차 청정하게 하고 더욱 증장시킨다. 云何內明論顯示已作不失 未作不得相 謂諸有情 自所作業 雖復作已 經多百劫 與果功能 終無失壞 亦無不作 或復異作 而有異熟 或異熟果 菩薩於是 內明所顯 已作不失 未作不得相 如實知已 精勤修習 令其自業智力種姓 漸得淸淨 漸得增長"라고 하였다. 〔참고문헌〕『瑜伽師地論』. ⇨미작부득 未作不得, 이숙 異熟

이작업관정 離作業灌頂 작업을 여읜 관정. 수인법(手印法)만으로 작법을 대신하는 관정으로 여래관정을 말한다. 인법관정(印法灌頂)이라고도 한다. 『대일경』 권5(대정장18, p.33a15)에 "관정에 세 가지가 있으니 불자는 지심으로 들으라. 만약 비밀인의 방편이라면 작업을 여읜다. 이것은 초승법이라 하고 여래께서 관정해 주시는 것이네. 灌頂有三種 佛子至心聽 若祕印方便 則離於作業 是名初勝法 如來所灌頂"라고 하였다. 〔참고문헌〕『大日經疏』. ⇨인법관정 印法灌頂

이작지 已作地 Ⓢkṛtāvi-bhūmi, Ⓣbyas-pa-bsrang-ba'i-sa. 이미 지어 마친 지. 보살십지(菩薩十地) 중 일곱째 지로 유루(有漏)가 다하고 다시 나지 않게(無生) 되었기에 이작이라 한다. 이변지(已辨地)라고도 한다. 『인왕호국반야경소』 권2(대정장33, p.261a27)에 "이작지란 성문인이 번뇌가 다한 진지와 무생지를 얻어 아라한에 집착하지 않고 보살지에서 불지를 성취한다. 已作地者 聲聞人得盡無生智 無著阿羅漢 於菩薩成就佛地",『대승의장』 권14(대정장44, p.756a5)에 "이작지는 아라한과를 말한다. 진지와 무생지를 성취하였기에 이작이라 부른다. 진지란 유루가 다함을 드러내는 것이고, 무생지란 이지를 보존하여 다시는 일어나지 않음이다. 已作地者謂羅漢果 成就盡智無生智 故名爲已作 言盡智者 現盡諸漏 無生智者 保更不起"라고 하였다. 〔참고문헌〕『仁王護國般若經疏』, 『大乘義章』, *Pañca-pr.225.*, *Mvyut.51.* ⇨이변지 已辨地, 대승보살십지 大乘菩薩十地, 보살십지 菩薩十地, 십지 十地❶

이잡예어 離雜穢語 Ⓢsaṃbhinnapralāpāt prativirati, Ⓣtshig-bkyal-ba-spong-ba. 꾸며 물든 말을 떠난 실다운 말. 십선(十善) 또는 사어묘행(四語妙行) 중 하나로 불기어(不綺語)와 같은 뜻이다. 『집이문족론』 권10(대정장26, p.410a26)에 "어떤 것이 이잡예어 묘행인가? 〔답〕 세존께서 말씀하신 것과 같다. '비구들아, 마땅히 알라. 잡예어를 끊고 여윈 이가 있으니 그는 때에 맞는 말·실다운 말·참된 말·법다운 말·뜻 있는 말·깊이 있는 말·조용한 말·비유와 풀이가 있는 말·통하는 말·가까이 할 수 있는 말·순일한 말·삼장에서 벗어나지 않는 말·능히 뜻으로 이끄는 말 등 이런 말을 하여 잡예어를 여읜다'. 云何離雜穢語妙行 答如世尊說 苾芻當知 有斷雜穢語 離雜穢語者 彼有時語 實語 眞語 法語 義語 寂語 靜語 有喩有釋 相應 相近 無雜亂 有法 能引義 說如是語 離雜穢語",『화엄경탐현기』 권11(대정장35, p.318b24)에 "일곱째는 이무의어이니 이기어·이잡예어라고도 한다. 第七 離無義語 亦名離綺語 亦名離雜穢語"라고 하였다. 〔참고문헌〕『集異門足論』, 『華嚴經探玄記』, *Mvyut.92.* ⇨불기어 不綺語, 십선 十善, 사어묘행 四語妙行, 기어 綺語

이장 二障 두 가지로 가림. ❶번뇌장(煩惱障 Ⓢkleśāvaraṇa)과 소지장(所知障 Ⓢjñeyāvaraṇa). 『불지경론』 권7(대정장26, p.323a29)에 "이장이란 첫째는 번뇌장이고 둘째는 소지장이다. 몸과 마음을 어지럽혀 적정하지 못하게 하기에 번뇌장이라 하고, 앎의 경으로 덮어서 전도 없는 자성이 드러나지 못하도록 하기에 소지장이라 한다. 言二障者 一 煩惱障 二 所知障 惱亂身心令不寂靜 名煩惱障 覆所知境 無顚倒性 令不顯現 名所知障"라고 하였다. 〔참고문헌〕『佛地經論』. ⇨번뇌장 煩惱障, 소지장 所知障 ❷번뇌장과 해탈장(解脫障). 해탈장은 멸진정(滅盡定)을 가로막는 장애를 말한다. 『대비바사론』 권143(대정장27, p.735b25)에 "누진지에 이르는 순간 이장도 함께 끊어 마음이 해탈을 얻으니, 번뇌장과 해탈장이니 이를 부처라 한다. 성문과 독각은 먼저 번뇌장에서 벗어나고 나중에 해탈장에서 벗어나며, 때론 먼저 해탈장에서 벗어나고 나중에 번뇌장에서 벗어나기도 하지만, 모두 벗어나지는 못하기에 부처라 하지 않는다. 若盡智時 二障俱斷 心得解脫 謂煩惱障 及解脫障 說名爲佛 聲聞獨覺 或先脫煩惱障 後解脫障 或先脫解脫障 後煩惱障 無俱脫者 故不名佛",『아비담심론경』 권3(대정장28, p.851b4)에 "저 여섯 류 아라한 중에서 멸진정을 얻은 이라면 구해탈이라고 알아야 한다. 혜의 힘으로 번뇌장에서 해탈을 얻고, 정의 힘으로 해탈장에서 해탈을 얻는다. 이러한 뜻 때문에 구해탈이라 한다. 彼六種阿羅漢中 若得滅盡定者 當知是俱解脫 以慧力故 於煩惱障 而得解脫 以定力故 於解脫障 而得解脫 以是義故 名俱解脫"라고 하였다. 〔참고문헌〕『大毘婆沙論』, 『阿毘曇心論經』, 『俱舍論』 권25(대정장29, p.131b27). ⇨번뇌장 煩惱障, 해탈장 解脫障 ❸이장(理障)과 사장(事障). 각각 소지장과 번뇌장에 해당한다. 『원각경』(대정장17, p.916b21)에 "이장이란 무엇인가? 첫째, 이장은 바른 지견을 가로막는다. 둘째, 사장은 모든 생사를 이어간다. 무엇을 오성이라 하는가? 선남자야, 만일 이 두 장애를 끊어 없애지 못한다면 아직 성불하지 못했다 한다. 만일 모든 중생이 영원히 탐욕을 버려 먼저 사장을 없앴지만 아직 이장을 끊지 못했다면 오직 성문연각 깨우쳐 들어갈 뿐이어서 보살경계를 실현하여 머물지는 못한다. 云何二障 一者 理障 礙正知見 二者 事障 續諸生死 云何五性 善男子 若此二障 未得斷滅 名未成佛 若諸衆生 永捨貪欲 先除事障 未斷理障 但能悟入 聲聞緣覺 未能顯住 菩薩境界"라고 하였다. 〔참고문헌〕『圓覺經』, 『圓覺經大疏』 권중1(卍속장14, p.333a11). ⇨이장 理障, 사장 事障 ❹내장(內障)과 외장(外障). 『대일경소』 권10(대정장39, p.685a19)에 "이 장애에는 간략하게 두 가지가 있다. 첫째는 내장이다. 자기 마음에서 일어나는 장애를 말하며, 그 류가 매우 많아서 자세히 설하지 못할 정도다. 둘째는 외장이다. 밖의 현상에서 일어나는 장애를 말하며, 이 또한 매우 많지만 모두 꺾어서 사라지게 할 수 있다. 此障略有二障 一者 內障 謂從自心而生 其類甚多 不可詳說 二者 外障 謂從外事而生 亦甚多 皆能摧滅也"라고 하였다. 〔참고문헌〕『大日經疏』, 『瑜伽論記』 권6(대정장42, p.440c19·한불전2, p.591b10). ⇨내장 內障, 외장 外障

이장 二藏 두 가지 법장(法藏). 부처님 일대시교(一代時敎)를 성문장(聲聞藏)과 보살장(菩薩藏) 등 두 가지로 나눈 것으로 소승과 대승, 반교(半敎)와 만교(滿敎)라 부르기도 한다. 혜원(慧遠)·길장(吉藏)은 이 두 가지를 기준으로 교판하였다. 『삼론현의』(대정장45, p.5b28)에 "다만 대승과 소승이라는 두 교만을 세우니, 오시를 제정함은 옳지 않다. 간략하게 세 경과 세 논을 이끌어 논증하겠다. … 경론으로 살펴보니 오로지 이장만 있을 뿐 오시는 없다. 但應立大小二教 不應制於五時 略引三經三論證之 … 以經論驗之 唯有二藏 無五時矣", 『대승의장』 권1(대정장44, p.466c12)에 "출세간에 나아가서 또한 두 가지가 있다. 하나는 성문장이고 다른 하나는 보살장이다. 성문에게 설하기에 성문장이라 하고, 보살에게 설하기에 보살장이라 한다. 그러므로 『보살지지경』에 '십이부경에서 방광부만이 보살장이고, 그 나머지 11부는 성문장이다'라고 하였다. 그 경문에서 다시 말하길 '부처님께서 성문보살을 위해서 고에서 벗어나기 위해 행해야 할 길을 가르치기 위해 수다라를 설하셨다'고 하였다. 경을 결집한 이들이 모아 이장이 되었다. 성문이 행할 장을 성문장이라 하고 보살이 행할 장을 보살장이라 한다. 용수는 또한 '가섭과 아난이 왕사성에서 삼장을 결집하여 성문장이 되었고 문수와 아난이 철위산에서 마하연을 결집하여 보살장이 되었다'고 말하였다. 성인의 가르침임이 명증하여 뜻이 확연히 드러난다. 이 두 가지의 이름은 또한 대승소승, 반교만교라고도 한다. 성문장은 법이 좁고 열하기에 '소'라 하고, 아직 끝내 다 드러내지 않았기에 '반'이라 한다. 보살장은 법이 넓고 광대하기에 '대'라 하고, 두렷이 끝까지 다했기에 '만'이라 한다. 就出世間中 復有二種 一 聲聞藏 二 菩薩藏 爲聲聞說 名聲聞藏 爲菩薩說 名菩薩藏 故地持云 十二部經 唯方廣部 是菩薩藏 餘十一部 是聲聞藏 彼文復言 佛爲聲聞菩薩 行出苦道 說修多羅 結集經者 集爲二藏 聲聞所行 爲聲聞藏 菩薩所行 爲菩薩藏 龍樹亦云 迦葉阿難 於王舍城 結集三藏 爲聲聞藏 文殊阿難 於鐵圍山 集摩訶衍 爲菩薩藏 聖教明證 義顯然矣 此二亦名 大乘小乘 半滿教也 聲聞藏 法狹劣名小 未窮名半 菩薩藏 法寬廣名大 圓極名滿", 『섭대승론석』 권1(대정장31, p.321c15)에 "이와 같이 삼장은 하승과 상승으로 차별을 두기에 이장이 되었다. 하나는 성문장이고 다른 하나는 보살장이다. 이 삼장과 이장은 어떤 연으로 장이라 하는가? 거두기 때문이다. 마땅히 알아야 할 뜻 일체를 거두고 있다는 말이다. 如是三藏 下乘上乘 有差別故 則成二藏 一 聲聞藏 二 菩薩藏 此三及二 何緣名藏 由能攝故 謂攝一切 所應知義", 『석마하연론』 권1(대정장32, p.593a10)에 "두 번째, 이장을 세워 모든 법을 다 거둔다. 곧 성문장과 보살장으로 계경 중에 '여시 如是'라 설하여 지은 것들을 모두 가진다는 말이다. 법문이 비록 한이 없지만 두 가지 장을 벗어나지 않는다. 二者 立二藏 總攝諸法 謂聲聞藏 及菩薩藏 總持契經中 作如是說 法門雖無邊 不出二種藏故"라고 하였다. 〔참고문헌〕『三論玄義』, 『大乘義章』, 『攝大乘論釋』, 『釋摩訶衍論』, 『菩薩地持經』 권3(대정장30, p.902c21)·권10(대정장30, p.958b29). ⇨ 보살장 菩薩藏, 성문장 聲聞藏, 일대시교 一代時敎

이장 李張　이이(李耳)와 장도릉(張道陵)을 함께 이르는 말. 도교를 가리킨다. 이이는 노자(老子)이고, 장도릉은 도교(道敎)의 개창자이다. 『당고승전』 권10 「정현전 靖玄傳」(대정장50, p.502a28)에 "수나라는 처음부터 노자와 도교를 업으로 삼았다. 皇隋肇運 便業李張"라고 하였다. 〔참고문헌〕『唐高僧傳』.

이장 理障　이(理)로써 지견을 장애함. 이장(二障) 중 하나로 바른 지견을 가로막는 근본무명의 장애다. 생사를 잇게 하는 사장(事障)에 상대한다. 『원각경』(대정장17, p.916b21)에 "두 가지 장애란 무엇인가? 첫째, 이장이니 바른 지견을 장애하는 것이다. 둘째, 사장이니 모든 생사를 계속하게 하는 것이다. 云何二障 一者 理障 礙正知見 二者 事障續諸生死", 『원각경대소』 권중(卍속장14, p.333a18)에 "근본무명은 모두 이 이장이다. 이것이 법계진심을 덮어 가려 망념이 일어나는 것을 알아차리지 못하고 제법성상에 통달하지 못하니, 이것이 바른 지견을 장애한다는 뜻이다. 根本無明 皆此理障 覆翳法界眞心 不覺妄念生起 不達諸法性相 是礙正知見義"라고 하였다. 〔참고문헌〕『圓覺經』, 『圓覺經大疏』. ⇨ 이장 二障 **3**, 사장 事障

이장 離仗　Ⓢ praviveka-āyudha, Ⓟ praviveka-āvudha. 떠나게 하는 지팡이. 삼장(三仗 : 聞仗·離仗·慧仗) 중 하나로 초선(初禪)이나 사선(四禪)에 들어 악(惡)을 끊고 선(善)을 닦게 하는 것을 지팡이(仗)에 비유한 말이다. 『집이문족론』 권5(대정장26, p.388b4)에 "이장이란 무엇인가? 〔답〕 욕계의 악불선법을 여의고, 유심유사의 이생희락으로 초정려에 증입하여 구족히 머물며, 나아가 제4정려에 증입하여 구족히 머무는 것을 '이 離'라고 한다. 이 '이'를 인하여, 이 '이'에 의지하여 이 '이'가 건립되기에 불선법을 능히 끊고 모든 선법을 능히 닦을 수 있으니, 이것을 '이'라고 하며 '장'이라고도 하고 '이장'이라고도 하기에 '이장'이라고 부르게 되었나. 離仗云何 答 離欲惡不善法 有尋有伺 離生喜樂 入初靜慮具足住 廣說乃至 入第四靜慮 具足住 是名爲離 因此離 依此離 由此離建立故 能斷不善法 能修諸善法 此名爲離 亦名爲仗 亦名離仗 故名離仗"라고 하였다. 〔참고문헌〕『集異門足論』. ⇨ 삼장 三仗

이장사습 二障使習　이장(二障) 중의 정사(正使)와 습기. 소지장(所知障)과 번뇌장(煩惱障) 중에 일어나는 번뇌의 체인 정사와 그 잠재력인 습기(習氣)를 말한다. 『화엄경탐현기』 권3(대정장35, p.154c11)에 "이장의 정사와 습기는 법륜으로 끊어야 할 것이다. 二障使習 是法輪所斷", 『현수오교의개몽』(卍속장104, p.125b17)에 "십지 전에는 번뇌에 머물러 분단신을 받고, 초지에서 번뇌의 종자를 끊고 변역신을 받는다. 이장 중의 정사와 습기는 삼현위에서 조복시키고, 견도위에서 종자를 없애며, 십지에 올라 습기를 다스리고, 불위에서 구정에 이른다. 地前留惑 受分段身 初地斷種 受變易身 於二障中 正使習氣 三賢伏現 見道除種 地上侵習 佛位究淨"라고 하였다. [참고문헌] 『華嚴經探玄記』, 『賢首五敎儀開蒙』. ⇨ 이장 二障[1], 소지장 所知障, 번뇌장 煩惱障

이장용 李藏用 1201~1272. 고려후기 문신. 초명은 인기(仁祺), 자는 현보(顯甫), 본관은 인천(仁川)·추밀원사(樞密院使) 이경(李儆)의 아들이다. 1267년(원종8) 감수국사가 되어 신종·희종·강종에 이르는 3대의 실록을 편찬하고, 이어 태자대사(太子大師)·문하시중(門下侍中)이 되었다.1271년(원종12) 임연(林衍)이 원종을 폐할 때 함께 관여한 일로 파직되었다. 경사(經史)·음양(陰陽)·의약(醫藥)·율력(律曆) 등에도 두루 통달했으며, 불서(佛書)를 깊이 연구하여 『화엄추동기 華嚴錐洞記』를 윤색(潤色)하고 『선가종파도 禪家宗派圖』를 지었으나, 지금은 모두 일실되고 전하지 않는다. [참고문헌] 『高麗史』 권102 列傳15 諸臣 李藏用.

이장의 二障義 원효(元曉) 지음. 1권. 『이장장 二障章』·『이장의장 二障義章』·『대승이장의 大乘二障義』 등이라고도 한다. 한불전1, pp.789c1~814b21에 전한다. 열반을 방해하는 번뇌장(煩惱障)과 보리를 장애하는 소지장(所知障)에 대해 논술하였다. 첫째 두 가지 번뇌의 명의(名義)를 풀고, 둘째 그 체상(體相)을 현료문(顯了門)과 은밀문(隱密門)으로 나누어 밝히며, 셋째 그 공능(功能)을 밝히고, 넷째 모든 번뇌의 차별을 설명하며, 다섯째 번뇌를 대치하여 끊음을 밝히고, 여섯째 번뇌를 다 거두어 마무리 하였다. 그 내용을 개괄하면 다음과 같다. 번뇌를 크게 현료문의 번뇌장과 소지장, 은밀문의 번뇌애(煩惱礙)와 지애(智礙)로 나누었으며, 나아가 현료문의 두 가지 장애를 은밀문의 여섯 가지 염심(六染心)의 번뇌애에서 거두고, 다시 지애에서 거두게 하고는 끝으로 근본무명(根本無明)을 드러내서 반야지(般若智)로 다스려 이장을 벗어나게 한다. 이 『이장의』의 논의가 『기신론』과 상응함이 깊어 『기신론이장장 起信論二障章』이라고도 한다. 원효는 『대승기신론별기 大乘起信論別記』를 지은 후 이 『이장의』를 지었으며, 다시 이것을 토대로 『대승기신론소 大乘起信論疏』와 『금강삼매경론 金剛三昧經論』을 지었는데, 이 책이 번뇌를 다스려 깨달음을 얻는 실행도를 자세하게 밝히고 있다고 평가된다. ⇨ 대승이장소 大乘二障疏

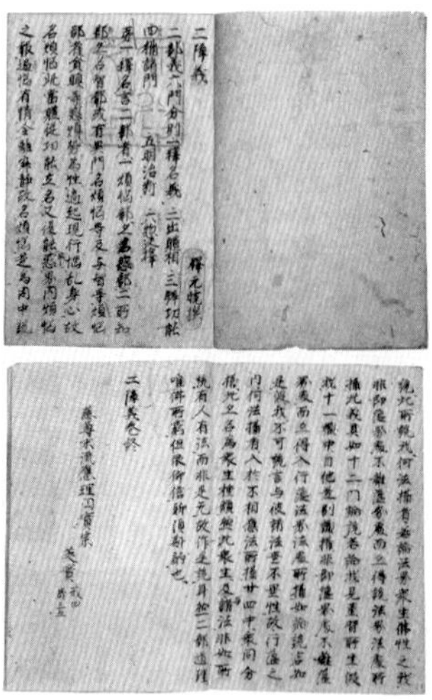

이장의 필사본
일본 대곡대학박물관 17~19세기

이장즉취 理長卽就 이(理)를 길게 한 즉 나아간다는 말. 관(觀)이 아닌 이 즉 뜻을 길러서도 지혜롭게 세간에 나아갈 수 있다는 뜻이다. 즉(卽)은 즉(則)으로도 쓴다. 『수능엄의소주경』 권1(대정장39, p.839c17)에 "'다만 그대가 마음을 미세하게 헤아리면'이라는 말은 다만 홀로 그렇게 해야 한다는 뜻이다. 이는 타인으로 말미암지 않고 홀로 자기의 마음을 자세히 살피고 헤아려서 이로서의 길을 연마하라고 권하는 것이다. 이렇게 한 즉 이가 수승해지고 그런 즉 나아갈 수 있으니, 어찌 남에게서 구하겠는가? 但汝於心微細揣摩 但猶獨也 此勸不由他人 獨於自心 諦審揣度 研摩理道也 此卽理長卽就 何必求人矣", 『원오어록』 권17(대정장47, p.793b17)에 "원오선사 들어 말했다. '정과 편이 서로 바뀌 만나려면 반드시 단지 원융해야 하지만, 곧바로 끊어 마주하면 존귀함만을 숭상할 뿐이다. 동산은 기를 살펴 행하였고, 백암은 이를 길러 나아갔다. 비록 이와 같이 해도 조동문하에서라면 옳겠지만, 임제종문이라면 모름지기 각자의 안목 지을 줄 알아야 비로소 옳다 할 수 있다'. 師拈云 正偏回互 只要圓融 直截當機 惟崇尊貴 洞山觀機而作 柏巖理長則就 雖然如是 曹洞門下卽得 若於臨濟宗中 須別作箇眼目始得"라고 하였다. [참고문헌] 『首楞嚴義疏注經』, 『圜悟語錄』.

이장해탈 離障解脫 장애를 떠남으로써 얻는 해탈. 번뇌장(煩惱障)과 소지장(所知障)을 떠남으로써 얻는 해탈이다. 장진해탈(障盡解脫)이라고도 한다. 『종경록』 권37(대정장48, p.636b3)에 "장애를 떠나는 해탈은 두 가지 지혜를 구족히 하고 두 가지 가림을 벗어난다. 두 가지 가림이란 번뇌와 소지의 두 가지 장이다. 번뇌는 현상을 가리고 소지는 이를 가린다. 중생이 진심을 얻지 못하는 것은 두 가지 장애에 묶여 있기 때문이다. 안으로 장애를 떠남으로 밖으로 움직임에 걸림없으니, 두 뜻이 서로 성취되어야 해탈이라 한다. 離障解脫 具足二智 脫二障故 二障者 卽煩惱所知二障 煩惱障事 所知障理 一切衆生不證眞心 皆爲二障所纒 由內離障 外用無羈 二義相成 總名解脫"라고 하였다. [참고문헌] 『宗鏡錄』. ⇨ 장진해탈 障盡解脫, 이장 二障[1]

이재언전 已在言前 말하기 전에 이미 있다는 말. 『양기방회어록』(대정장47, p.647b28)에 "학인이 여인절을 올리자 양기가 말하였다. '다시 그렇게 하면 그대에게 30방을 주리라'. 곧 다시 말하였다. '양기령 아래에는 이미 말하기 전에 있다. 무엇이 엄정한 령이겠는가?' 할을 한 번 내지르고 법좌에서 내려왔다. 僧作女人拜 師云 歸來與爾三十棒 師乃云 楊岐令下 已在言前 作麽生是正令 喝一喝 便下座", 『원오어록』 권3(대정장47, p.725a6)에 "입원하고 방장실에 이르러 말했다. '마갈다국에서 몸소 이 령을 행하였고 비야리에서 이미 신통을 보였으니, 이제 온통 거듭 집어내지 않고 천차로 이어온 조사들 바람 앉아 끊어야 하리. 앉은 즉 끊는 한 구를 어떻게 말해야겠는가? 이미 말하기 전에 있노라'. 入院至方丈云 摩竭陀親行此令 毘耶離已現神通 而今總不重拈出 坐斷千差繼祖風 且坐斷一句 作麽生道 已在言前", 『조계진각국사어록』(한불전6, p.1a9)에 "오래 참학한 선덕은 이미 말하기 전에 있겠으나, 만참자든 초심자든 의심이 있거든 물어보라. 久參禪德 已在言前 晩學初機 有疑請問"라고 하였다. 〔참고문헌〕『楊岐方會語錄』, 『圜悟語錄』, 『曹溪眞覺國師語錄』, 『楚石梵琦語錄』 권1(卍속장124, p.76a9), 『百癡語錄』 권15(가흥장28, p.77b9).

이재절언 理在絶言 이(理)는 말이 끊어진 곳에 있다는 말. 『보살계본소』 권상(대정장40, p.669c16)에 "저 경계에서 이르길 '작은 악이 재앙이 되지 않으리라고 가벼이 여기지 마라. 물방울이 비록 미미하지만 점차 큰 그릇을 채워 넘친다'고 하였다. 하물며 십계를 범한 이라면 말할 것도 없다. 적은 것도 오히려 범해서는 안 되는데 중죄라면 이 이치 이미 말이 끊어진 곳에 있다. 如經偈云 莫輕小惡 以爲無殃 水渧雖微 漸盈大器 何況具足犯十戒者 微過尙不應犯 重罪理在絶言"라고 하였다. 〔참고문헌〕『菩薩戒本疏』.

이쟁근 二諍根 Ⓢ dva-vivāda-mūla. 두 갈래 다툼의 뿌리. 욕계의 애쟁근(愛諍根)과 색무색계의 견(見諍根)을 말한다. 때론 애와 견이 상(想)과 수(受)로 인해 일어나기에 이들을 분쟁의 뿌리라고도 여긴다. 오욕(五欲)의 대상에 대한 탐애와 망견(妄見)에 대한 집착을 말한다. 『대비바사론』 권48(대정장27, p.249a12)에 "처음 두 가지 신계(身繫)는 욕계신에 얽히는 것이니 다른 번뇌를 넘어서고, 뒤의 두 가지 신계는 색계무색계의 신계인데 나머지 번뇌보다 심하다. 또 이 네 가지 신계가 두 가지 쟁근을 일으키는 것이 그 밖의 번뇌보다 심하기에 따로 치우쳐 세운다. 말하자면 처음 두 신계는 애쟁근을 일으키고, 뒤의 두 신계는 견쟁근을 일으킨다. 初二身繫 縛欲界身 過餘煩惱 後二身繫 縛色無色界身 過餘煩惱 復次 此四身繫 起二諍根 過餘煩惱 是故偏立 謂初二身繫 起愛諍根 後二身繫 起見諍根", 같은 책 권49(대정장27, p.255c20)에 "세존께서는 두 쟁근을 잘 끊으셨기 때문이니, 두 쟁근이란 애와 견을 말한다. 부처님께서는 이미 영원히 끊었기에 무쟁이라 하고, 세간은 아직 끊지 못했기에 유쟁이라고 한다. 世尊善斷 二諍根故 二諍根者 謂愛及見 佛已永斷 故說無諍 世間未斷 故說有諍", 같은 책 권152(대정장27, p.775b11)에 "또는 말한다. 상과 수가 두 가지 쟁근이다. 수로 말미암아 모든 욕에 탐착하니 재가자가 모든 투쟁을 일으키며, 상으로 말미암아 모든 견에 탐착하니 출가자가 온갖 투쟁을 일으킨다. 두 가지 쟁근처럼 이변·이전·이희론·이아소·이잡염 등도 그렇다고 알아야 한다. 有說 想受是二諍根 由受故 耽著諸欲 令在家者 起諸鬪諍 由想故 耽著諸見 令出家者 起諸鬪諍 如二諍根 二邊 二箭 二戲論 二我所 二雜染 應知亦爾"라고 하였다. 〔참고문헌〕『大毘婆沙論』, 『鞞婆沙論』 권3(대정장28, p.435b4). ⇨ 애 愛[1], 견 見, 애견 愛見[1]

이적 夷狄 Ⓟ milakkha. 오랑캐 또는 변방의 나라 또는 사람들. 중국인들이 동방에 사는 민족을 이(夷)라 하고, 북방에 사는 민족을 적(狄)이라 부르는 것에 따라 화하족(華夏族) 이외의 종족을 가리키는 말로 썼지만, 어떤 나라를 중심으로 그 변방의 나라를 부르는 말이기도 하다. 이에 반하여 이적을 설정하게 되는 중국(中國)은 화하족중심이라 하지만, 고대인도의 경우 불법(佛法)이 진흥된 오천축(五天竺)을 중국이라 불렀다. 『중아함경』 권29 「팔난경 八難經」(대정장1, p.613b10)에 "그 사람은 그때 축생 중에 나거나 아귀 중에 나거나 장수천에 나거나 변방 오랑캐 무리 중에 날 것이다. 彼人爾時 生畜生中 生餓鬼中 生長壽天中 生在邊國 夷狄之中", 『심진문집』 권8(대정장52, p.687b28)에 "그때 제후들이 비록 중국에 속하더라도 의를 잃는다면 오랑캐가 되며, 비록 오랑캐라 하더라도 진실로 그 의를 얻는다면 중국이 된다. 이는 공자가 대중의 도를 쓰는 뜻이기도 하다. 그러므로 전해 이르길 '군자는 천하를 다스림에 맞다고 할 것도 없고 아니라고 할 것도 없어야 하기에 의로 겨룰 뿐이니 의란 것은 이(理)를 말한다. 其時諸侯雖中國 或失其義 亦夷狄之 雖夷狄者 苟得其義 亦中國之 是亦孔子 用其大中之道也 故傳曰 君子之於天下也 無適也無莫也 義之與比 義者理也", 『삼교평심론』 권상(대정장52, p.785b6)에 "한유(韓愈)가 말하길 '부처는 오랑캐법 중 하나다'라고 하였다. 저 무리는 불법이 서역에서 왔기에 그것을 따르면 오랑캐라 여겼다. 하지만 저들은 '부처님이 천축에서 태어나셨고 오천축은 남염부제의 한 가운데에 자리잡고 있어 불가에서 진실로 천축을 중심으로 삼았다'는 사실을 전혀 모르고 하는 소리이다. 愈之言曰 佛者 夷狄之一法 彼徒見佛法 來自西域 遂從而夷之 殊不知 佛生於天竺 而五天竺 爲南閻浮提

之正中 是佛家固以彼爲中也"라고 하였다. [참고문헌] 『中阿含經』, 『鐔津文集』, 『三敎平心論』, *AN.4.226.*

이적 異赤 Ⓢ vilohitaka, Ⓣ rnam-par-dmar-ba. 얼룩져 붉음. 구상(九想) 중 하나로 주검이 시간이 지나면서 얼룩져 붉게 변하는 모습으로 혈도상(血塗想)·농혈상(膿血想) 등이라고도 한다. 『능엄경종통』 권5(卍속장25, p.172a5)에 "하물며 몸은 후에 백골이 되고 티끌이 되는 온갖 부정상을 보이리니 첫째 방창, 둘째 농란, 셋째 이적, 넷째 청어, 다섯째 탁담, 여섯째 이산, 일곱째 해골, 여덟째 분소, 아홉째 일체세간에 가히 보존되는 것이란 없으리라 등을 구상법이라고 하는데, 구상이 성취되었을 때 색성은 마침내 공으로 돌아간다. 況身後白骨微塵 諸不淨相 一 胮脹 二 膿爛 三 異赤 四 青瘀 五 啄噉 六 離散 七 骸骨 八 焚燒 九 一切世間不可保 是名九想法 九想成時 色性畢竟歸空"라고 하였다. [참고문헌] 『楞嚴經宗通』, 『大般若經』 권3(대정장5, p.12a14), *Śrāv-bh.101.* ⇨ 구상관 九想觀

이적새서 夷狄塞書 Ⓢ Kirātalipi. 육십사서(六十四書) 중 하나. 『보요경』 권3 「현서품 現書品」(대정장3, p.498b6)에 "이적새서〈열네 번째이다〉. 夷狄塞書〈十四〉"라고 하였다. 『방광대장엄경』 권4 「시서품 示書品」(대정장3, p.599b15)에서는 계라다서(罽羅多書)라고 음사하였으며, 『불본행집경』 권11 「습학기예품 習學技藝品」(대정장3, p.703c16)에서는 지라저서(脂羅低書)라고 음사하고 나형인(裸形人)으로 한역하였다. 범어로 키라타(Ⓢ Kirāta)라고 부르는 이들은 고대 히말라야 인근 북부에 살던 몽골계종족으로 알려지기도 한다. [참고문헌] 『普曜經』, 『方廣大莊嚴經』, 『佛本行集經』, *Lal-v.88.* ⇨ 육십사서 六十四書

이전 二田 비전(悲田)과 경전(敬田). 자비와 공경이라는 복전. 『당고승전』 권25 「법운전 法運傳」(대정장50, p.664a28)에 "얻은 바로 시주물은 비전과 경전 두 전에 들인다. 所獲施物 卽入悲敬二田"라고 하였다. [참고문헌] 『唐高僧傳』. ⇨ 비경양전 悲敬兩田, 경전 敬田❶, 비전 悲田, 복전 福田

이전 二典 내전(內典)인 불전과 외전(外典). 『송고승전』 권17「신옹전 神邕傳」(대정장50, p.815b27)에 "신옹은 열두 살에 부모를 떠나 도를 배웠다. 법화사 준사에게 수업을 받았다. 매양 공자와 석가의 내외전을 보았는데 한 번 읽고도 능히 외웠다. 年十二辭親學道 請業於法華寺俊師 每覽孔釋二典 一讀能誦"라고 하였다. [참고문헌] 『宋高僧傳』. ⇨ 내전 內典, 외전 外典

이전 二詮 두 가지로 말해서 드러냄. 차전(遮詮)과 표전(表詮)을 말한다. 차전은 막아서 드러내고, 표전은 적극 드러내는 말이다. 『종경록』 권25(대정장48, p.560a22)에 "이 마음이 그대로 부처라는 말은 표전이니, 곧바로 그 일을 드러내서 자기 마음으로 몸소 증하고 뚜렷이 자성을 보는 것이다. 만약 마음도 아니고 부처도 아니라고 하면 이것은 차전이니, 허물 일기 전에 보호하고 잘못을 막아 의혹을 버리고 집착마저 부순다. 卽心卽佛 是其表詮 直表示其事 令親證自心 了了見性 若非心非佛 是其遮詮 卽護過遮非 去疑破執", 『도서』 권하(대정장48, p.406b17)에 "차전과 표전으로 다르다는 것은, 차는 아닌 것을 보내는 뜻이고, 표는 곧바로 체와 마주해서 드러내는 뜻이다. 또한 차란 모든 나머지를 가려 물리치고, 표란 체와 마주해 바로 드러내 보인다. 예컨대 여러 경전에서 진실하고 묘한 이성을 설하기를, '생멸도 없고 더러움과 청정함도 없으며 인과도 없고 드러난 모양도 지어냄도 없으며 범부와 성인도 없고 성과 상도 없다'는 등의 말은 모두 차전이다. … 만약 지견각조·영감광명·낭랑소소·성성적적 등이라 한 말들은 모두 표전이다. 遮詮表詮異者 遮謂遣其所非 表謂顯其所是 又遮者揀却諸餘 表者直示當體 如諸經所說眞妙理性 每云 不生不滅 不垢不淨 無因無果 無相無爲 非凡非聖 非性非相等 皆是遮詮 … 若云知見覺照 靈鑒光明 朗朗昭昭 惺惺寂寂等 皆是表詮"라고 하였다. [참고문헌] 『宗鏡錄』, 『都序』. ⇨ 차전 遮詮, 표전 表詮

이전 二箭 Ⓢ dviśalyāṃ. 두 가지 화살. 몸과 마음을 말한다. 아(我)와 아소(我所)를 집착하여 자체(自體)로 삼는 유정들에게 몸도 마음도 다 화살 박힌 고통이기에 이렇게 말한다. 『유가사지론』 권44(대정장30, p.536a3 : *Bodh-bh.*, p.167)에 "보살이 유정계에서 일백일십가지 고통을 보고 모든 유정들에 대하여 비무량을 닦는다. 어떤 것들을 일백일십고통이라고 하는가? 즉 한 가지 고통이 있으니, 차별 없이 유전하는 고통이다. 일체 유정은 모두 유전하고 떨어지지 않음이 없기 때문이다. 다시 두 고통이 있다. 첫째 욕이 근본인 고통이니, 사랑할 만한 일이 변하거나 무너져 생기는 고통을 말한다. 둘째 어리석음 달리 익혀 생기는 고통이니, 아주 맹렬하고 날카로운 것이니 몸으로 만나고 받아서 곧 자체가 되어 나와 나의 것이라 집착하는 것이다. 어리석고 미혹하여 극히 원망하고 탄식마저 하게 되니 이런 인연으로 받음에 두 가지 화살을 받는다. 즉 몸이라는 화살과 마음이라는 화살이다. 菩薩 於有情界 觀見一百一十種苦 於諸有情 修悲無量 何等名爲百一十苦 謂有一苦 依無差別流轉之苦 一切有情 無不皆墮 流轉苦故 復有二苦 一 欲爲根本苦 謂可愛事 若變若壞 所生之苦 二 癡異熟生苦謂若猛利 體受所觸 卽於自體 執我我所 愚癡迷悶 生極怨

嗟 由是因緣 受二箭受 謂身箭受 及心箭受 tatra daśottaraśatākāraṃ duḥkhaṃ sattvadhātau saṃpaśyanto bodhisattvāḥ sattveṣu karuṇāṃ bhāvayanti. daśottaraśatākāraṃ duḥkhaṃ katamat. ekavidhaṃ duḥkham. aviśeṣeṇa pravṛttiduḥkhamārabhya sarvasattvāḥ pravṛttipatitā duḥkhitāḥ. dvividhaṃ duḥkham. chandamūlakaṃ yeṣāṃ [priyāṇāṃ] vastūnāṃ pariṇāmādanyathībhāvād duḥkhamutpadyate. sammohavipākañca duḥkhaṃ yaistīvraiḥ śārīrairveditaiḥ spṛṣṭastasminnātmabhāve ahamiti vā mameti vā sammūḍho 'tyarthaṃ śocati. yena dviśalyāṃ vedanāṃ vedayate kāyikīñcaitasikīñca. trividhaṃ duḥkhaṃ duḥkhaduḥkhatayā saṃskāraduḥkhatayā vipariṇāmaduḥkhatayā ca", 『대지도론』 권23(대정장25, p.230a13)에 "범부는 소중하게 여기던 물건을 잃으면 몸과 마음으로 고통받으니, 마치 두 개의 화살을 한꺼번에 맞은 것과 같다. 모든 성현들에게는 근심의 고통은 없고 단지 몸의 고통만 있을 뿐이어서, 다시 나머지 고통은 없다. 凡夫人失所愛物 身心俱受苦 如二箭雙射 諸賢聖人 無憂愁苦 但有身苦 更無餘苦"라고 하였다. [참고문헌] 『瑜伽師地論』, 『大智度論』, 『菩薩地持經』 권7(대정장30, p.927b23), *Bodh-bh.*

이전 二轉 ➡이전의과 二轉依果

이전 二纏 ❶두 가지 얽음(纏 Ⓢparyavasthāna). 전은 번뇌의 다른 이름이다. 팔전(八纏) 또는 십전(十纏) 중 두 가지를 말하지만 여기에서는 분(忿)과 부(覆)를 말한다. 『대비바사론』 권48(대정장27, p.251b29)에 "[문] 분과 부의 두 가지 전은 무슨 까닭에 개(蓋)가 아닌가? [답] 역시 '개'라고 해야 하는데 그렇게 말하지 않는 것은 그 밖의 다른 주장이 있기 때문이다. 어떤 이는 다음과 같이 말한다. 이것은 여래께서 제도할 중생들을 위하여 간략하게 말씀하신 것이다. 협(脇)존자는 말하길 '부처님께서는 제법의 성·상·세·용(性相勢用) 등을 아시니 「개」라 세울 만하면 하셨고, 그렇지 못하면 「개」라 하지 않으시기도 하셨으니 책할 일은 아니다'라고 하였다. 존자 세우(世友)는 말했다. '분과 부의 두 가지 전은 마음을 가리고 덮는 것에 대하여 그 뜻이 분명히 드러나지 않기에 「개」는 세우지 않았다'. … 존자 각천(覺天)은 말했다. '분과 부의 두 가지 전은 계온 등을 장애하는 세와 용이 탐욕개 등에 미치지 못하므로 「개」를 세우지 않는다'. 問 忿覆二纏 何故非蓋 答 亦應名蓋 而不說者 當知此是 有餘之說 有作是說 此是如來 爲所度生 簡略之說 脇尊者言 佛知諸法 性相勢用 堪立蓋者 則便立之 不堪立者 便不立蓋 故不應責 尊者世友作如是說 忿覆二纏 於障覆心 義不顯了 故不立蓋 … 尊者覺天 作如是說 忿覆二纏 障戒蘊等 勢用不及 貪欲蓋等 故不立蓋"라고 하였다. [참고문헌] 『大毘婆沙論』. ⇨전 纏, 팔전 八纏, 십전 十纏 ❷상계(上界 : 色界無色界)의 수전과 도전. 『잡아비담심론』 권4(대정장28, p.903c21)에 "욕취의 성에 서른네 가지가 있으니 탐에 다섯, 분에 다섯, 만에 다섯, 무명에 다섯, 의에 넷, 전에 열이다. … 색계와 무색계에는 두 가지 전이 있으니 수전과 도전이다. 欲取性三十四 貪五 恚五 慢五 無明五 疑四 十纏 … 色無色界有二纏 睡及掉纏"라고 하였다. [참고문헌] 『雜阿毘曇心論』. ⇨전 纏

이전 移轉 Ⓢsaṃkrānti, Ⓣ'pho-ba. 옮겨 구름. 유정을 말하며, 이에 반하여 물(物)들은 적취(積聚)라 한다. 『유가사지론약찬』 권3(대정장43, p.47b17)에 "저적집이라 하고 이전이라 하는 것은, 곡식이나 보리 등의 사물을 적취라 하고, 유정을 이전이라고 이름한다. 처를 떠나지 못하는 것을 적취라고 하며, 들어 본처를 떠나는 것을 이전이라고 한다. 若積集 若移轉者 穀麥等物 名積聚 有情 名移轉 或不離處 名積聚 擧離本處 名移轉"라고 하였다. [참고문헌] 『瑜伽師地論略纂』, 『大乘阿毘達磨集論』 권3(대정장31, p.675c29), *Bodh-bh.43.*

이전 異典 ❶내전 즉 불경이 아닌 전적. 『무량수경의소』 권상(대정장37, p.95b24)에 "세속의 다른 전적을 온갖 서적이라 하였다. 世俗異典 名爲群籍"라고 하였다. [참고문헌] 『無量壽經義疏』. ⇨이전삼부 異典三部 ❷달라 귀중한 경전. 『조론』 「답유유민서 答劉遺民書」(대정장45, p.155c9)에 "귀중한 경전과 뛰어난 스님들이 먼 곳에서 이르게 되었기에 영취산의 바람이 이 땅에 싹트게 되었다. 由使異典 勝僧方遠而至 靈鷲之風 萃於茲土", 『주조론소』 권4(卍속장96, p.288b10)에서는 "(귀중한 경전은) 아래에서 '새로운 경전 200여 부'라고 하였다. 下云 新經二百餘部"라고 하였다. [참고문헌] 『肇論』, 『注肇論疏』.

이전 爾前 이전(以前). 천태에서 부처님의 일대시교(一代時敎) 중 『법화경』이 출현하기 전의 가르침을 가리킨다. 제5시 법화열반시(法華涅槃時) 이전의 교설을 말한다. 『법화문구』 권4(대정장34, p.47c29)에 "기다릴 때와 기다리지 못할 때를 밝힌다. 이전에는 깨닫지 못하고 반드시 『법화경』을 기다려서야 깨달은 이를 대시라고 부른다. 『법화경』 전의 가르침 이미 이해한 이는 부대시라 한다. 왜 그러한가? 부처님께는 현밀의 두 가지 설이 있다. 현설을 논하면 『법화경』 이전에 이승은 아직 대도를 깨닫지 못하고 반드시 오미로 고르게 익혀야 하니 깨달음은 『법화경』에 있다. 明待時不待時 爾前不悟 必待法華悟者 名爲待時 法華前敎已解者 名不待時

何故爾 佛有顯密二說 若顯說爲論 法華之前 二乘未悟大道 要須五味調熟 會在法華"라고 하였다. [참고문헌] 『法華文句』. ⇨ 법화열반시 法華涅槃時, 오시팔교 五時八教

이전묘과 二轉妙果 이전의과(二轉依果)를 달리 이르는 말. 두 가지(煩惱障 所知障)를 굴려서 얻는 묘과. 『팔종강요초』 권하(대장경보편32, p.63a7)에 "유루인 팔식을 굴려 네 가지 지혜와 이전묘과를 얻고 삼신이 원만하여 고요하고 고요하면서 맑고, 비추고 비추어서 밝다. 有漏八識 轉得四智 二轉妙果 三身圓滿 寂寂而澄 照照而朗"라고 하였다. [참고문헌] 『八宗綱要鈔』. ⇨ 이전의과 二轉依果, 전식득지 轉識得智

이전불축 已展不縮 ❶ 이미 펼쳐 거둘 수 없다는 말. 이미 다 말해버려 거둬 들일 수 없다는 말로, 그 밖에 다른 뜻 찾거나 되풀이 소용없다는 뜻이다. 『별봉보인선사어』(속고존숙어요6, 卍속장119, p.146b2)에 "이미 펼쳐서 거두지 못하는 한 구 어떻게 말해야 할까? 소매 중에 늠름한 취모검 있으니, 천이나 되는 성인의 가지런한 교설도 그 위풍 아래 서리라. 且已展不縮一句 作麼生道 袖中凜凜吹毛劍 千聖齊敎立下風", 『허당록』 권1(대정장47, p.992b11)에 "산승 늘 그렇듯이 남에게 자세한 주석 붙인 적이 없다. 그대가 만일 산 너머 연기를 보고 문득 불난 곳 알아차리듯, 알아서 가거나 또 어떻게 얻어야 하리. 오늘 밤 이미 펼쳤으니 거둬들일 수 없지만 동에서 끌고 서에서 잡은들 한 번 올렸다면 죽은 말 살리려는 의사 꼴 면치 못하리라. 山僧尋常不曾與人下註脚 爾若向隔山見煙 便知是火處會去 又爭得今夜已展不縮 未免東掣西撮一上子 且作死馬醫", 『대천보제어록』(卍속장121, p.320a13)에 "불전에서 : 정변지를 갖추어도 〈좌구를 들어 보이며 말했다.〉 이것은 알지 못한다. 〈좌구를 펼치고 말했다.〉 이미 펼쳤으니 거두지 못하겠구나. 그대들에게 다 말해 버렸다. 佛殿 具正徧知 〈呈起坐具云〉 不識者箇 〈展坐具云〉 已展不縮 爲伊說破"라고 하였다. [참고문헌] 『別峰寶印禪師語』, 『虛堂錄』, 『大川普濟語錄』. ❷ 마조전족(馬祖展足)의 일화. 한번 펼친 다리 오므릴 수 없다는 말. 이전불수(已展不收)라고도 한다. 『월강정인어록』 권중(卍속장123, p.255a7)에 "그 학인(등은봉)은 이미 밀고 나간 수레를 물릴 수 없다고 하였고, 마조는 이미 펼친 다리 오므릴 수 없다고 하였다. 그 학인은 날아오는 화살을 입에 무는 솜씨를 지니고 있었고, 마조는 적병의 긴장을 풀어놓는 전법을 썼다. 설두가 내린 법령 모두 행하려 하였지만 마대사에 비하면 삼십리 밖이다. 者僧 已進不退 馬師 已展不縮 者僧 有嚙鏃之機 馬師 用款兵之法 雪竇 雖欲盡令而行 猶較馬大師 三十里在"라고 하였다. [참고문헌] 『月江正印語錄』. ⇨ 마조전족 馬祖展足

이전삼부 異典三部 Ⓟ tevijja, tevijjā. 외도 경전 삼부. 리그(Ⓢ Ṛg) · 사마(Ⓢ Sāma) · 야주르(Ⓢ Yajur) 등 삼부베다(Ⓢ Veda)를 말한다. 『장아함경』 권16 「삼명경 三明經」(대정장1, p.104c21)에 "이 불가라사라바라문은 일곱 세대를 이어오면서 조상과 부모가 참되고 반듯하여 남들에게 업신여김을 당하지 않았고 이전삼부를 외워서 통달하였으며 갖가지 경서도 잘 분별하였다. 此沸伽羅娑羅婆羅門 七世以來 父母眞正 不爲他人之所輕毀 異典三部 諷誦通利 種種經書 善能分別"라고 하였다. [참고문헌] 『長阿含經』, *DN.1.235.* ⇨ 이전 異典❶

이전신견 移轉身見 Ⓢ satkāya-dṛṣṭi. 옮겨 구르는 몸이 있다고 여기는 견해. 음사어는 살가야견(薩迦耶見)이고, 오온화합의 몸을 윤회하는 실체라고 여기는 유신견(有身見)이다. 『성유식론술기』 권9(대정장43, p.560b11)에 "범어 음사어 살가야는 부실 · 이전신견이라 한역한다. 아소를 거둔다. 이 중에 아소를 거둬 드러내서 살가야라 한다. 梵云薩迦耶 此云 不實移轉身見 卽攝我所 爲顯此中攝我所 故言薩迦耶", 『대승입도차제』(대정장45, p.462b14)에 "살가야견이란 범어 음사어로서 이전신견이라 한역한다. 이 견해는 저 오취온법을 아와 아소라고 여기므로 아아소견이라고도 한다. 薩迦耶見者 梵言 唐云 移轉身見 此見執彼五取蘊法 爲我我所 故亦名爲我我所見"라고 하였다. [참고문헌] 『成唯識論述記』, 『大乘入道次第』. ⇨ 유신견 有身見, 살가야견 薩迦耶見, 승흘란지살 僧吃爛底薩

이전우 移轉愚 Ⓢ saṅkrānti-saṃmoha, Ⓣ 'pho-ba-la-rmongs-pa. 옮겨 구르는 어리석음. 즉 윤회를 부르는 무명을 말한다. 칠종무지(七種無知) 중 하나로 이숙(異熟)과 그 업에 무지하여 윤회한다는 뜻이다. 윤전우(輪轉愚)라고도 한다. 『법화경현찬요집』 권25(卍속장54, p.483a17)에 "(칠종무지 중) 셋째는 이전우이니, 이 어리석음에는 두 가지가 있다. 첫째 이숙에 무지한 어리석음, 둘째 업의 이숙에 무지한 어리석음이니, 이 두 가지를 '윤전우'라고 한다. 三 移轉愚 愚有二 一異熟無知愚 二 業異熟無知愚 此二名輪轉愚"라고 하였다. [참고문헌] 『法華經玄贊要集』, *Yogā-bh.205.* ⇨ 업무지 業無知, 어업이숙무지 於業異熟無知, 칠종무지 七種無知, 무명 無明, 무지 無知❷

이전의 二轉依 두 가지로 뒤쳐 다르게 됨. 이전의과(二轉依果)라고도 한다. 『성유식론술기』 권10(대정장43, p.593a17)에 "이전의란 보리와 열반이다. 二轉依者 菩提 涅槃", 『능엄경』 권7(대정장19, p.138b8)에 "생과 멸을 망이라 부르고, 이것이 사라지면 진이라 한다. 이것을 가리켜 여래의 무상보리와 대열반이라 내세우고 이전의라 부른다. 生滅名妄 滅妄名眞 是稱如來 無上菩提 及大涅槃 二轉依號", 『능엄경합론』 권7(卍속장18, p.127a6)에 "이전의란, 첫째는 염을 뒤쳐 정을 얻고, 둘째는 혹을 굴려 깨달음을 얻는다. 二轉依者 一 轉染得淨 二 轉迷得悟"라고 하였다. 〔참고문헌〕『成唯識論述記』, 『楞嚴經』, 『楞嚴經合論』. ⇨ 이전의과 二轉依果

이전의과 二轉依果 두 가지 의지처 뒤쳐 얻는 과. 번뇌장(煩惱障)과 소지장(所知障)에 의지를 뒤쳐 보리와 열반을 얻는 뜻이다. 이전묘과(二轉妙果)·이승과(二勝果)라고도 하며, 이전의·이전이라 약칭하기도 한다. 이 두 장애를 버리고(轉捨) 뒤친 자성을 얻는다(轉得). 『성유식론』 권9(대정장31, p.51a7)에 "번뇌를 뒤침으로 대열반을 얻고, 소지장을 굴려 무상각을 증득한다. 유식성립하여 의(意)로 유정을 삼고 이렇게 두 가지 의지처 돌린 과 얻게 함이다. 由轉煩惱 得大涅槃 轉所知障 證無上覺 成立唯識 意爲有情 證得如斯 二轉依果", 같은 책 권10(대정장31, p.57a14)에 "이 전의 이전의과는 구경이어서 무루계섭이다. 모든 번뇌가 영원히 사라지자 번뇌 아닌 것이 따라서 더하니 성이 깨끗하고 두렷이 밝다. 그러므로 무루라 한다. 此前二轉依果 卽是究竟 無漏界攝 諸漏永盡 非漏隨增 性淨圓明 故名無漏", 『성유식론술기』 권10(대정장43, p.601a4)에 "무루계섭이니 보리와 열반이라는 이전의과는 구경위이다. 無漏界攝 卽菩提涅槃 二轉依果 是究竟位", 『성유식론관심법요』 권9(卍속장82, p.658b9)에 "번뇌와 소지 두 장의 종자는 모두 제8식에서 가져 지니고, 보리와 열반이라는 이전의과 또한 제8식이 본래 갖춘다. 번뇌 심어 대열반에 장애하고, 지장의 종자로 말미암아 무상각에 장한다. 이제 두 장애를 낱낱이 뒤쳐 버리면 두 과를 낱낱이 굴려 증득한다. 煩惱所知 二障種子 皆第八識之所執持 菩提涅槃 二轉依果 亦第八識之所本具 由煩惱種 障大涅槃 由智障種 障無上覺 今二障分分轉捨 則二果分分轉證", 『법화경현찬요집』 권19(卍속장54, p.278b11)에 "이전의과는 보리와 열반이다. 전이란 뒤쳐 비리고 굴러 얻는나는 말이며, 의란 기대어 있음이다. 二轉依果 菩提涅槃 卽轉謂 轉捨轉得 依謂所依", 『수능엄의소주경』 권2(대정장39, p.856c5)에 "만일 멀리 여읠 수만 있다면 생멸은 사라질 것이며 생멸이 다하면 적멸이 눈앞에 드러난다. 보리와 열반이라는 이전의과는 이렇게 성취된다. 그러므로 원만이다. 이는 『대승기신론』(대정장32, p.576b25)에서 '미세상념을 멀리 여의므로 심성을 볼 수 있고, 마음이 바로 떳떳이 머무니 그 이름 구경이다'라 한 것과 같다. 若能遠離 卽滅生滅 生滅旣滅 寂滅現前 菩提涅槃 二轉依果 於斯成就 故云圓滿 卽同起信 遠離微細念 故得見心性 心卽常住 名究竟覺", 『화엄경소초』 권69(대정장36, p.555b5)에 "이승이 얻은 이전의과는 오로지 번뇌장종을 멀리 여의었을 뿐 뛰어난 법은 없기에 다만 해탈신이라고 부른다. 대각세존께서는 무상적정법을 성취하였기에 대모니라 불린다. 이 모니존께서는 터득한 두 과로 영원히 두 장애를 벗어났으므로 법신이라고 부른다. 二乘所得 二轉依果 唯是遠離 煩惱障種 無殊勝法 故 但名解脫身 大覺世尊 成就無上寂靜法 故名大牟尼 此牟尼尊 所得二果 永離二障 亦名法身"라고 하였다. 〔참고문헌〕『成唯識論』, 『成唯識論述記』, 『成唯識論觀心法要』, 『法華經玄贊要集』, 『首楞嚴義疏注經』, 『大乘起信論』, 『華嚴經疏鈔』. ⇨ 이전의 二轉依, 번뇌장 煩惱障, 소지장 所知障, 보리 菩提, 열반 涅槃

이전적문 爾前迹門 이전의 자취만으로 연 문. 본문(本門)의 교설인 『법화경』 이전의 적문(迹門)의 가르침을 가리키며, 오시교판(五時敎判) 중 이전이란 네 번의 시인 화엄(華嚴)·녹원(鹿苑)·방등(方等)·반야(般若)를 가리킨다. 『관심본존초』(대정장84, p.273c9)에 "교주이신 석존께서 처음으로 정각불을 성취하시고서 사십여 년 동안 사교로 색신을 드러내 이전적문인 『열반경』 등을 연설하여 일체중생을 이롭게 하셨다. 화엄의 때에 시방대 위의 노사나불, 『아함경』에서 삼십사심으로 번뇌를 끊고 도를 성취하신 부처님, 『방등경』과 『반야경』의 천이나 되는 부처님 등, 『대일경』의 금강정여래 등 천이백여 존들은 모두 적문 「보탑품」의 사토색신이다. 『열반경』에서는 장륙신을 보이거나, 또는 소신과 대신을 드러내거나, 노사나불을 보이거나, 허공과 같은 몸을 드러내니 네 가지 몸에서 팔십 가지에 이르신다. 입멸하여 사리를 남기고 정법상법말법의 때를 거쳐 중생을 이롭게 한다. 敎主釋尊始成正覺佛 四十餘年之間 示現四敎色身 演說爾前迹門涅槃經等 利益一切衆生 所謂華藏之時 十方臺上盧舍那 阿含經三十四心斷結成道佛 方等般若千佛等 大日金剛頂等千二百餘尊 並迹門寶塔品四土色身 涅槃經 或見丈六 或現小身大身 或見盧舍那 或見身同虛空 四種身乃至八十御 入滅留舍利利益正像末"라고 하였다. 〔참고문헌〕『觀心本尊抄』. ⇨ 오시팔교 五時八敎, 적문 迹門, 본적이문 本迹二門

이정 二正 **1** 체정(體正)과 용정(用正). 삼론(三論)에서 중관(中觀)을 정관(正觀)으로 세우고는 다시 비진비속(非眞非俗)을 체정(體正)으로 진이 속과 함께 하여 치우쳐 삿되지 않음(不偏邪)을 용정이라 한다. 『삼론현의』(대정장45, p.7b7)에 "모든 두려움 없는 이는 한 길로 생사를 벗어난다. 단지 중생에서 벗어나게 하고자 명상이 없는 법에 굳이 상을 설하여 배우는 이들이 이로 인해 깨닫게 할 뿐이다. 그러므로 두 가지 바른 것 펼치니 하나는 체의 바름이고 다른 하나는 용의 바름이다. 진도 아니고 속도 아님을 체정이라 하고, 진과 함께 하는 속을 용정이라 한다. 그 까닭은 무엇인가? 제법실상은 말도 염려함도 끊어졌으니 일찍이 진속이 없다. 그러므로 체라고 한다. 모든 치우치고 삿된 것을 끊음을 정이라 한다. 그러므로 체정이라 한다. 용정이란, 체는 이름과 말이 끊어져 중생이 깨우침 연유할 길 없으니, 비록 유도 아니고 무도 아니지만 억지로 진속이라 하였다. 그러므로 용이라 한다. 진이 속과 함께 하지만 치우치거나 삿되지 않으니 이것을 정이라 하므로 용정이라 이름 붙인 것이다. 一切無畏人 一道出生死 但欲出處衆生 於無名相法 强名相說 令稟學之徒 因而得悟 故開二正 一者體正 二者 用正 非眞非俗 名爲體正 眞之與俗 目爲用正 所以然者 諸法實相 言亡慮絶 未曾眞俗 故名之爲體 絶諸偏邪 目之爲正 故言體正 所言用正者 體絶名言 物無由悟 雖非有無 强說眞俗 故名爲用 此眞之與俗 亦不偏邪 目之爲正 故名用正也"라고 하였다. [참고문헌] 『三論玄義』. ❷ 몸의 바름(身正)과 마음의 바름(心正). 『잡아함경』 권27(대정장2, p.195a14)에 "나이가 적은 비구로서 장로비구를 공양하고 섬기는 이는 때때로 깊고 묘한 법을 듣는다. 이러한 법을 듣고 나면 두 가지 바른 일이 성취된다. 몸의 바름과 마음의 바름이다. 이때 염각분을 닦는데 염각분을 닦아 마치면 염각분이 만족되며, 염각분만족이 끝난 후에는 법을 선택하고 법을 분별하며 법을 사량한다. 年少比丘 供養奉事 長老比丘者 時時得聞深妙之法 聞深法已 二正事成就 身正及心正 爾時 修念覺分 修念覺分已 念覺分滿足 念覺滿足已 於法選擇 分別於法 思量於法"라고 하였다. [참고문헌] 『雜阿含經』.

이정 二定 두 가지 정(定). ❶ 유루(有漏)의 무상정(無想定)과 무루(無漏)의 멸진정(滅盡定). 『대비바사론』 권152(대정장27, p.774b21)에 "어떤 설에 따르면, 두 정은 모두 무심이므로 각자 하나의 계변에 선다. 곧 무상정은 유색계변에 서고, 멸진정은 무색계변에 선다. 有說 二定俱無心故 各於一界邊立 謂無想定 於有色界邊立 滅盡定 於無色界邊立", 『구사론』 권5(대정장29, p.25a4)에 "이와 같은 이정의 차별상이란, 전의 무상정은 해탈을 구하고자 벗어나려는 상의 작의를 우선으로 삼았고, 이 멸진정은 고요히 머묾을 구하고자 상 그침의 작의를 우선으로 삼는다. 이전의 무상정은 최후의 정려(제4정려)에 깃드는 것이라면, 이 멸진정은 오로지 유정천 곧 비상비비상처에 깃드는 정이다. 如是二定 差別相者 前無想定 爲求解脫 以出離想作意爲先 此滅盡定 爲求靜住 以止息想作意爲先 前無想定 在後靜慮 此滅盡定 唯在有頂 卽是非想非非想處", 『섭대승론석』 권1(대정장31, p.326b5)에 "두 정의 다름이란, 멸진정 중에 오염의 뜻이 없고 무상정 중에는 오염의 뜻이 있다. 二定別者 滅盡定中 無染汚意 無想定中 有染汚意"라고 하였다. [참고문헌] 『大毘婆沙論』, 『俱舍論』, 『攝大乘論釋』. ⇨ 멸진정 滅盡定, 무상정 無想定 ❷ 안정(安定)과 외정(外定). 『해탈도론』에서 설하는 두 가지 정(定)이다. ⇨ 안정 安定, 외정 外定

이정 利貞 신라하대 스님. 이정(理貞)이라고도 한다. 신라 제40대 애장왕(재위 800~809) 때 중국에 가서 유학하고 귀국하여 정진하다가, 순응(順應)과 함께 합천 해인사를 창건하였고, 순응이 먼저 입적하자 그 뒤를 이어 중흥하였다. 최치원(崔致遠)이 900년(효공왕4)에 지은 『고운집』 권1 「선안주원벽기 善安住院壁記」(한국문집총간1, p.165a15)에 "기덕(耆德 : 順應)이 갑자기 산사에서 아침이슬이 마르듯 열반에 드시자, 이정선백이 그 뒤를 이어서 불사를 중흥하였다. 중용에 의지하여 주지의 미를 극진히 하고, 대장의 괘를 취하여 일구고 만듦에 기특함 더하여 빛나게 하였으므로 구름 몰려오듯 안개 펼치듯 날로 새롭고 달로 바뀌었다. 이로부터 가야의 승경이 도를 이루는 터로서 알맞게 되었으니, 해인의 특별하고 진귀함은 연성의 가치보다 더욱 빼어났고, 옥림마저 모두 도량으로 편입되었으니 이는 저 진주언덕 마를 일 없는 것과 같이 하였다. 耆德遽露晞林宇 利貞禪伯 踵武興功 依乎中庸 盡住持之美 取諸大壯 煥營搆之奇 雲矗霞舒 日新月改 自是伽倻勝境 雅符成道之基 海印殊珍 益耀連城之價 旣見玉林皆拔 寔同珠岸不枯", 『동국여지승람』 권30 경상도 합천군 불우에 "해인사는 가야산 서쪽에 있다. … 고승 순응·이정·희랑의 자취 남아있다. 在伽倻山西 … 高僧 順應 利貞 希朗遺像"라고 하였다. 같은 책 권29 경상도 고령현 건치연혁에서는 최치원이 지은 「석이정전」에서는 대가야국 시조신화를 이끌었으니, 이정을 대가야국 왕족의 후손으로 보기도 한다. 순응과 이정은 모두 화엄종 스님으로, 의상(義湘)은 지엄(智儼)으로부터 받은 화엄의 상징인 해인(海印)을 상수제자(上首弟子)인 상원(相源)에게, 상원은 신림(神琳)에게, 신림은 순응과 이정에게 전하였다. 조선후기에 조성된 단독 진영인 조사이정대덕지진영(祖師理貞大德之眞影)과 1892년에 우송(友松)과 상수(爽洙) 등이 순응·이정·희랑(希朗)을 한 폭에 그린 삼조사도(三祖師圖)가 전하는데 해인사성보박물관에 소장되어 있다. [참고문헌] 『孤雲集』, 『東國輿地勝覽』, 李智冠 『伽倻山海印寺誌』 pp.59~60·562~563, 『朝鮮佛敎略史』 권상 p.74. ⇨ 순응 順應, 해인사 海印寺

조사이정대덕지진영
합천 해인사 조선후기

이정 李楨 ❶1578~1607. 화가. 호는 나옹(懶翁)·나재(懶齋)·나와(懶窩)·설악(雪嶽), 자는 공간(公幹), 본관은 전주. 『성소부부고』 권15 문부(文部)12 이정애사(李楨哀辭)에 "(이정의) 아버지는 숭효, 조부는 배련, 증조부는 소불인데, 모두 그림으로 이름을 떨쳤다. … (이정은) 산수화에 특히 정통하였으며, 인물화와 불화는 옛 것에 아주 가까웠다. … 기축년(1589 선조22)에 장안사를 다시 지을 때 벽에 그린 산수화 및 천왕상 여러 구는 모두 날아다닐 듯 빽빽히 장엄하였다. 태사주난우가 이 그림을 보고 천고에 최고라 칭하며 '세상에 짝할 이가 드물다'고 하였다. 정미년(1607 선조40) 2월에 술로 얻은 병으로 서경에서 사망하였다. 李楨字公幹 自號懶翁 父崇孝 祖陪連 曾祖小佛 俱以畵擅名 … 山水尤當行 而人物佛道 最逼古 … 己丑歲 改構長安寺 其壁畵山水及天王諸軀 俱飛動森嚴 朱蘭嵎太史見其畵千古最盛稱之曰 海內罕儔也 … 丁未二月 以酒成疾 卒於西京"라고 하였다. [참고문헌] 『惺所覆瓿藁』, 『槿域書畵徵』 권4 鮮代編 p.121. ❷?~1680. 조선후기 종친(宗親). 인조(仁祖)의 3남인 인평대군(麟坪大君)의 장남으로 복창군(福昌君)에 봉해졌다. 1680년(숙종6)에 두 아우와 함께 역모를 꾀한다는 누명을 쓰고 유배사사되었다. 글씨에 정통하여 법주사벽암당각성대사비(法住寺碧巖堂覺性大師碑)와 대흥사풍담당의심대사비(大興寺楓潭堂義諶大師碑)의 전액(篆額)을 남겼다. [참고문헌] 『肅宗實錄』 권9 6년 6월 10일, 智冠 『韓國高僧碑文總集 朝鮮朝·近現代』 p.174·230.

벽암대사비 탁본
보은 법주사 1664년

이정 理定 이로서의 정. 지혜로 이법(理法)인 진여실상(眞如實相)을 관하는 선정. 이선(理禪)이라고도 하며, 온갖 경계를 대상으로 하는 사정(事定)과 대칭한다. 사선(四禪)을 넘어선 수능엄삼매(首楞嚴三昧)와 상응한다. 『대승의장』 권9(대정장44, p.650a7)에 "정(定)에 나아가는 중에 뜻으로 다르게 하면 두 가지다. 첫째는 사정이니, 마음을 묶어 연에 머무는 것이다. 둘째는 이정이니, 혜심으로 움직이지 않는 것이다. 就定中 義別有二 一者事定 繫意住緣 二者理定 慧心不動", 같은 책 권14(대정장44, p.753a21)에 "이 네 가지(四禪)는 사정이고, 다섯 번째 수능엄정은 그 이정이다. 此四事定 五首楞嚴 是其理定", 『화엄경소』 권5(대정장35, p.538a3)에 "사정의 경은 사(事)에 따라 백천 가지이고, 이정의 경은 바로 진여실상이다. 事定之境 隨事百千 理定之境 卽眞如實相", 같은 책 권16(대정장35, p.624b10)에 "정혜가 비록 많기는 하나 두 가지를 벗어나지 않으니, 첫째는 사정이고 둘째는 이정이다. 한 곳으로 다스려 어떤 사라도 가리지 못할 것이 없는 것은 사정문(事定門)이고, 심성을 관하여 이법에 계합하여 움직이지 않는 것은 이정문(理定門)이다. … 이정과 사정 두 가지 정은 서로 장애가 없다. 온갖 차별상을 분별하면 먼저 사정에 들어가고서야 이정으로 들어가고, 성이 공임을 관하고자 하면 마땅히 먼저 이정으로 들어간 다음에 사정으로 들어간다. 定慧雖多 不出二種 一事二理 制之一處 無事不辦 事定門也 能觀心性 契理不動 理定門也 … 理事二定無礙 謂分別事相 應入事定 而入理定 欲觀性空 應入理定 而入事定"라고 하였다. [참고문헌] 『大乘義章』, 『華嚴經疏』, 『圓覺經大疏釋義鈔』 권11(卍속장14, p.907b11), 『地持論義記』 권3(卍속장61, p.433a14). ⇨ 이선 理禪, 수능엄삼매 首楞嚴三昧, 사정 事定

이정 理貞 ➡ 이정 利貞

이정 異情 정을 달리함. 분별을 각기 달리하는 뜻으로 눈으로는 보고 혀로는 맛을 보는 등의 뜻이다. 『백론소』 권중(대정장42, p.268c15)에 "다음으로 두 근을 가리고 하나를 안다. 여기서는 먼저 처음을 밝힌다. 안근으로 과일의 색을 보고나서 과일의 맛을 알았기에 설근이 움직이게 한 것이어서 이를 이정이라 한다. 次辨二根知一 今是初明 眼見果色 卽知果味 故令舌動 稱爲異情"라고 하였다. [참고문헌] 『百論疏』.

이정공 李靖恭 고려전기 문신. 시호는 문충(文忠), 본관은 수주(樹州). 관직은 문하시중(門下侍中)에 이르렀다. 1097년(숙종2) 2월 임신일에 국청사(國淸寺)가 낙성되자 무인일에 왕이 친히 경찬도량을 베풀었는데 이때 양부의 재신과 함께 초대되었고, 같은 해 6월 무자일에 「홍왕사비문」을 지어 올렸다. [참고문헌] 『高麗史』 권11 世家11·권98 列傳11 諸臣 李璹.

이정관심 李正觀心 일제강점기 우바이(優婆夷 Ⓢ Upāsikā : 淸信女). 불교에 돈독한 신심을 가졌던 사회사업가였다. 의탁할 곳 없는 노인들을 위해 불교의 비전(悲田)으로 위안을 주고자 사재(私財)를 희사하여 서울 자하문(紫霞門) 밖 세검정(洗劍亭) 부근에 재단법인 경성양로원(京城養老院)을 건립·운영하였다. [참고문헌] 『佛敎』 78(佛敎社, 1930) p.6, 『韓國佛敎雜誌叢書』 제8권 p.621. ⇨ 재단법인경성양로원 財團法人京城養老院

이정극대심 已淨極大心 Ⓢ viśuddhādhyāśaya. 이미 깨끗하여 극히 큰 마음. 보살오종극대심(菩薩五種極大

心) 중 하나다. 『대승장엄경론』 권13(대정장31, p.657a22)에 "(게송에서 말하는) 정(淨)이란, 이미 깨끗하여 극히 큰 마음을 말하니 곧 초지로부터 칠지에 이르는 보살이다. 淨者 謂已淨極大心 卽初地 至七地菩薩"라고 하였다. [참고문헌] 『大乘莊嚴經論』, *Sūtr.176.* ⇨ 보살오종극대심 菩薩五種極大心

이정수 二正受 두 가지 바른 받음. 정수(正受)는 정(定)이다. 무상정수(無想正受 : 無想定)와 상멸정수(想滅正受 : 滅盡正受·滅盡定)의 이무심정(二無心定)을 말한다. 『비바사론』 권12(대정장28, p.505b27)에 "[문] 이와 같은 두 가지 정수인 무상정수와 상멸정수는 두 가지 모두 무심이거늘 무슨 까닭에 상멸정수는 해탈이라 하고, 무상정수는 그렇게 하지 않는가? [답] 용맹하고 부지런히 수행하고 많은 방편을 지으므로 저를 해탈이라 하고, 용맹하지도 부지런히 수행하지 않고 많은 방편을 짓지도 않으므로 저는 해탈이라 하지 않는다. 問曰 如此二正受 無想正受 想滅正受 二俱無心 何以故 想滅正受立解脫 無想正受不立耶 答曰 謂勇猛勤行 多作方便 彼立解脫 謂不勇猛 不勤行 不多作方便 彼不立解脫", 『잡아비담심론』 권9(대정장28, p.943a6)에 "두 가지 정수란 무상정수와 멸진정수다. 무상정수란, 변정천에 대한 애는 다하였으나 그 위의 애는 다하지 못하였기에, 먼저 벗어날 상을 지어 심과 심소법 끊음을 사유한다. 욕계에서 일어나고 다른 곳에서는 일어나지 않으니, 근이 지혜롭기 때문이다. 범부가 일으키지 성인이 일으키지 않으니, 성인은 유에서 벗어나려는 상을 일으킬 일이 없고 방편으로만 얻기에 이욕이 아니어서 퇴전하지 않는다. … 멸진정수란, 무소유처의 욕에서 벗어나 먼저 상을 그쳐 쉬고 심심소법 사라짐을 사유한다. [문] 이 정수란 어떤 것인가? [답] 심심소법이 사라져 상속하는 중간에 심불상응행이 사대의 여러 근을 따라 머무는데, 이것을 멸진정수라 한다. 二正受者 無想正受 滅盡正受 無想正受者 遍淨愛盡 上愛未盡 先作出離想 思惟心心法滅 從欲界起 非餘 此根利故 凡夫起非聖人 無有聖人 於有作出離想 方便得 非離欲 不退轉 … 滅盡正受者 離無所有處欲 先止息想 思惟心心法滅 問 此正受云何 答 心心法滅 相續中間 心不相應行 隨流四大諸根住 是說滅盡正受"라고 하였다. [참고문헌] 『鞞婆沙論』, 『雜阿毘曇心論』. ⇨ 무상정수 無想定受, 멸진정수 滅盡定受, 이무심정 二無心定

이정의요 已淨意樂 Ⓢ śuddhāśaya, Ⓣ bsam-pa-dag-pa. 이미 의요(意樂)마저 깨끗함. 이미 초지(初地)에 든 보살이며 십종보살(十種菩薩) 중 하나다. 십지 이전은 미정의요(未淨意樂)다. 『유가사지론』 권46(대정장30, p.549a9 : *Bodh-bh.*, p.202)에 "보살에는 대략 열이 있으니 첫째 주종성, 둘째 이취입, 셋째 미정의요, 넷째 이정의요, 다섯째 미성숙, … 이 중에서 주종성보살이 발심하여 닦고 익히는 것을 이취입이라 하고, 취입해 마쳤으나 아직 정의요지에는 들어가지 못한 것을 미정의요라 하며, 이미 얻어 들어간 것을 이정의요라고 한다. 정의요로부터 아직 구경지에는 이르지 못한 것을 미성숙이라고 한다. 菩薩 略有十種 一 住種性 二 已趣入 三 未淨意樂 四 已淨意樂 五 未成熟 … 此中 卽住種性菩薩 發心修學 名已趣入 卽已趣入 乃至未入淨意樂地 名未淨意樂 若已得入 名已淨意樂 卽淨意樂 乃至未入到究竟地 名未成熟 te samāsato daśa veditavyāḥ. gotrasthaḥ. avatīrṇaḥ. aśuddhāśayaḥ. śuddhāśayaḥ. aparipakvaḥ … tatra gotrastho bodhisattvaḥ śikṣamāṇaścittamutpādayati. so 'vatīrṇa ityucyate. sa eva punaravatīrṇo yāvat śuddhāśayabhūmimapraviṣṭo bhavati tāvadaśuddhāśaya ityucyate. praviṣṭastu śuddhāśayo bhavati. sa eva punaḥ śuddhāśayo yāvanniṣṭhāgamanabhūmimapraviṣṭo bhavati tāvadaparipakva ityucyate", 『유가론기』 권11(대정장42, p.561c2·한불전13, p.901a3)에 "셋째 미정의요란 지전이고, 넷째 이정의요란 초지에 듦이며, 다섯째 미성취란 구지이환이다. 三 未淨意樂者 在地前也 四 已淨意樂者 入初地 五 未成就者 九地已還"라고 하였다. [참고문헌] 『瑜伽師地論』, 『瑜伽論記』, *Bodh-bh.* ⇨ 십종보살 十種菩薩, 의요 意樂, 십지 十地

이정차별증 二定差別證 두 가지 정이 차별함을 증명함. 제7말나식(末那識)이 존재할 수 밖에 없는 뜻을 밝힌 이교육리(二教六理) 중 하나다. 염오(染汚)의 말나식이 없다면 두 가지 무심정(無心定)인 멸진정(滅盡定)과 무상정(無想定)에는 차별이 없어야 한다. 그러나 성자(聖者)의 멸진정에는 말나식이 없지만, 외도(外道)도 들어가는 무상정에는 말나식이 있으므로 말나식이 있음을 알 수 있다. 『성유식론』 권5(대정장31, p.25b23)에 "계경에서 무상정과 멸진정을 말하는데 염의 뜻이 없다면 저들은 마땅히 다르지 않아야 한다. 즉 저 두 가지 정은 모두 육식과 저 심소가 사라졌기에 심체와 심수에 다름이 없다. 만약 염의가 없는데 두 정 중에서 하나는 있고 다른 하나는 없는 것이 아니라면 저 두 가지는 어떻게 구별하겠는가? 가행·계·지·의 등에 차별이 있다면 이 또한 그렇지 않다. 저 차별의 인은 이것으로 말미암아 있기 때문이니 이것이 없다면 저 인도 없다. 그러므로 반드시 별도로 이 염의가 있어야 한다. 契經說 無想滅定 染意若無 彼應無別 謂彼二定 俱滅六識 及彼心所 體數無異 若無染意 於二定中 一有一無 彼二何別 若謂加行 界地依等 有差別者 理亦不然 彼差別因 由此有故 此若無者 彼因亦無 是故定應 別有此意", 『섭대승론석』 권1(대정장31, p.326b5)에 "두 가지 정의 다름이란,

멸진정 중에는 염오의가 없고 무상정 중에는 염오의가 있다. 이것이 없다면 이런 두 가지 정에는 차별이 없어야 하므로 큰 과실이 있게 된다. 二定別者 滅盡定中 無染汚意 無想定中 有染汚意 此若無者 如是二定 差別應無 成大過失"라고 하였다. 〔참고문헌〕『成唯識論』, 『攝大乘論釋』. ⇨이교육리 二教六理, 이무심정 二無心定, 멸진정 滅盡定, 무심정 無心定

이정화상찬 利貞和尙讚 최치원(崔致遠 857~?) 지음. 신라 애장왕(哀莊王 재위 800~809) 때 합천 해인사를 창건한 이정(利貞 : 理貞)의 진영에 대한 찬문이다. 『고운집』 권3 「이정화상찬」(한국문집총간1, p.195a12)에 "한 조각 구름 외로운 학처럼 바위벽에 그림자와 짝하면서 연꽃세계 풀 피듯 여시니, 어둠은 거울처럼 빛나고 서원도 흘러넘쳐 막힘 없으니 하늘도 인간도 기댈 곳 있게 되었네. 片雲獨鶴 儷影巖壑 草創蓮刹 混沌逢鑿 願霈無礙 人天有托"라고 하였다. 〔참고문헌〕『孤雲集』. ⇨이정 利貞, 해인사 海印寺

이제 二際 두 가지 차원. 생사(生死)와 열반(涅槃), 과거와 미래 등을 이원적인 것으로 지시하는 말. 『중론』 권4(대정장30, p.36a10 : *Madhy-ś.*, p.263)에 "열반의 실제와 더불어 세간의 제, 이 두 가지 차원은 털끝만큼도 차별이 없네. 涅槃之實際 及與世間際 如是二際者 無毫釐差別 nirvāṇasya ca yā koṭiḥ koṭiḥ saṃsaraṇasya ca, na tayorantaraṃ kiṃcitsusūkṣmamapi vidyate", 『대승광백론석론』 권5(대정장30, p.212c8)에 "또한 생멸 각각 두 나눔에는 본래 미래가 없고 지금에도 과거는 없다. 과거와 미래 두 가지 제란 이미 사라져 아직 나지 않았으니 그 체 이미 없어 실로 생멸이 아니다. 지금 있고 본래 있음이 모두 현재로 거두니 어찌 한 찰나라도 생멸이 있겠는가? 又於生滅各二分中 本無未來 今無過去 去來二際 已滅未生 其體旣無 非實生滅 今有本有 俱現在攝 豈一刹那 生滅並有", 『법화유의』(대정장34, p.636b23)에 "『중론』에 이르길 '생사와 열반에 두 제 있을 리 없네'라고 하였다. 중생과 법신의 뜻 또한 이와 같다. 中論云 生死涅槃 無有二際 衆生法身 義亦如是", 『법화종요』(대정장34, p.870c22)에 "세간과 열반은 영원히 두 가지 차원을 여읜다. 이것을 의리의 깊은 묘함이라 한다. 世間涅槃 永離二際故 是謂義理之深妙也", 『조론신소』 권중(대정장45, p.219a13)에 "간다는 것은 오취에 윤회한다는 뜻이므로 고요하되 움직이는 것이다. 온다는 것은 열반으로 돌아간다는 뜻이므로 움직이되 고요한 것이다. 이것은 생사에서 나오지 않고도 항상 열반으로 돌아간다는 뜻이니, 생사와 열반이 두 가지 차원이 아님을 분명하게 아는 것이다. 往者 往五趣故 卽靜而動也 來者 復涅槃故 卽動而靜也 謂不出生死 恒復涅槃 了知生涅無二際"라고 하였다. 〔참고문헌〕『中論』, 『大乘廣百論釋論』, 『法華遊意』, 『法華宗要』, 『肇論新疏』, *Madhy-ś.* ⇨생사제 生死際, 열반제 涅槃際, 과거제 過去際, 미래제 未來際

이제 二諦 Ⓢ satya-dvaya, dve satye, dvi-vidham satyam, saṃvṛti-dvaya, Ⓣ bden-pa-rnam-pa-gnyis. 세속제(世俗諦 Ⓢ saṃvṛti-satya)와 승의제(勝義諦 Ⓢ paramārtha-satya). 세속제는 세간의 관점에서 진실로 받아들여지는 것이며 언어와 논리로 설명될 수 있는 분별의 경계인 반면, 승의제는 출세간의 관점에서 진실이라고 간주되는 것으로 언설과 염려를 떠난 진실을 보인다. 언설을 초월한 승의제는 언설에 의지하는 세속제를 떠나서 성립할 수 없으므로 이제는 진실의 차원을 우열에 두지 않고 서로 의지하고 맞서 분별하기도 하는데, 초기불교에서 언어와 침묵으로 표현되는가 하면, 세속제를 경험적 언설로 승인하는 반면 승의제는 불가설(不可說 Ⓢ anabhilāpya)의 영역으로 데려가 일체를 넘어서게 하기도 한다. 〔부파의 이제〕 아비달마(阿毘達磨)에서는 분석할 수 있는 개체에 관한 언설을 세속제라 하고, 더 이상 분석할 수 없는 온처계(蘊處界)에 관한 언설은 승의제로 분류하고 아공(我空)과 법유(法有)에 상응한다. 『대비바사론』에서는 고집멸도(苦集滅道)의 사제(四諦) 각각에 세속제와 승의제가 있다고 해석한다. 경량부(經量部)에서는 무루(無漏)의 출세간지(出世間智)와 후득지(後得智)를 승의제라 하고, 유루지(有漏智)는 세속제라 한다. 〔대승의 이제〕 반야계 대승경전에서 세속제는 개념적 교설을, 승의제는 개념적 교설을 넘어선 불가설성을 가리킨다. 예컨대 5온(蘊)·12처(處)·18계(界)·연기(緣起) 등 설명할 수 있는 모든 교설은 세속제에 해당하고, 언어로 표현할 수 없는 공성(空性)은 승의제가 된다. 이제는 『반야경』·『열반경』·『법화경』·『능가경』 등 대승의 여러 경에서 설하고 있는데 『중론』 권4 「관사제품 觀四諦品」(대정장30, p.32c23 : *Madhy-ś.* p.240)에서는 다음과 같이 설명한다. "제불들은 이러한 이제에 의지하여 중생을 위해 법을 설한다. 만약 어떤 이가 이제를 여실히 분별하지 못한다면 깊고 깊은 불법의 진실한 뜻을 알지 못한다. 일체법이 일어나지 않음이 제일의제여서 필요없다고 한다면 제2의 속제는 옳지 않다. 왜 그러한가? 〈송〉 만약 속제에 의지하지 않으면 제일의제도 얻지 못하고 제일의제를 얻지 못하면 열반을 얻지 못하네. 〈석〉 제일의제도 언설을 인으로 하고 언설이야 말로 세속이다. 그러므로 세속에 의지하지 않으면 제일의제는 설할 수 없고 제일의제를 얻지 못한다면 어떻게 열반에 이르겠는가? 그러므로 제법이 비록 무생이지만 두 제가 있다. 諸佛依是二諦 而爲衆生說法 若人不能如實分別二諦 則於甚深佛法

不知實義 若謂一切法不生是第一義諦 不須第二俗諦者 是亦不然 何以故 若不依俗諦 不得第一義 不得第一義 則不得涅槃 第一義皆因言說 言說是世俗 是故若不依世俗 第一義則不可說 若不得第一義 云何得至涅槃 是故諸法雖無生 而有二諦 〈kārikā〉 vyavahāramanāśritya paramārtho na deśyate, paramārthamanāgamya nirvāṇaṃ nādhigamyate"라고 하였다. 『대승현론』에서는 그간의 교법을 이제에서 네 가지로 나눈다. 아비달마의 사(事)와 리(理)의 이제, 성실논사의 공(空)과 유(有)의 이제, 지론과 섭론 등 대승논사의 의타(依他)・분별(分別)과 의타무생(依他無生)・분별무상(分別無相)의 이제, 유식논사의 삼성(三性)과 삼무성(三無性)의 이제 등으로 분류하고 이들 각각에 대치하는 삼론만의 이제를 설한다. 『대승현론』 권1(대정장45, p.15c13)에 "〔문〕 왜 이러한 사중이제를 짓는가? 〔답〕 아비달마의 사리이제에 대해 제1중공유이제를 밝혔다. 둘째, 성실논사의 공유이제에 대한 것이다. 그대의 공유이제는 나의 속제에 해당한다. 비공비유라야 비로소 진제다. 그러므로 제2중이제가 있게 된다. 셋째, 대승논사에 대한 것으로 의타와 분별의 두 가지가 속제이고, 의타무생과 분별무상의 불이진실성이 진제다. 이제 삼론의 뜻을 밝히면 다음과 같다. 이(二)든 불이(不二)든 모두 우리 삼론에서는 속제다. 이도 아니고 불이도 아니어야 비로소 진제다. 그러므로 제3중이제가 있다. 넷째, 대승사가 다시 말하기를 삼성은 속제이고 삼무성비안립제야 말로 진제라고 하였다. 그러므로 이제 삼론가에서는 다음과 같이 밝힌다. 그대가 주장하는 의타와 분별은 진실불이의 안립제와 비이・비불이・삼무성・비안립제가 모두 삼론가에서는 속제에 해당하며, 말을 잊고 생각마저 끊음이 비로소 진제다. 問 何故作此四重二諦耶 答 對毘曇事理二諦 明第一重空有二諦 二者 對成論師空有二諦 汝空有二諦 是我俗諦 非空非有 方是眞諦 故有第二重二諦也 三者 對大乘師 依他分別二爲俗諦 依他無生分別無相不二眞實性爲眞諦 今明 若二若不二 皆是我家俗諦 非二非不二 方是眞諦 故有第三重二諦 四者 大乘師復言 三性是俗 三無性非安立諦爲眞諦 故今明 汝依他分別二眞實不二是安立諦 非二非不二三無性非安立諦 皆是我俗諦 言忘慮絶 方是眞諦"라고 하였다. 〔동아시아에서의 이제〕 중국에서 이제에 관한 본격적인 논의는 남북조시대의 성실논사들이 시작하였다. 개선사(開善寺) 지장(地藏)・장엄사(莊嚴寺) 승민(僧旻)・광택사(光宅寺) 법운(法雲) 등이 대표적이다. 삼론학파에서는 성실논사들의 이제설을 약리이제설(約理二諦說)로 규정하여 비판하고 삼론의 약교이제설(約教二諦說)을 주장한다. 같은 책 권1(대정장45, p.15a14)에 "이제란 대개 언교로 통하는 말일 뿐이고, 상대하는 임시의 이름이며, 허적의 묘실이고 중도를 궁구하는 그 끝 이름이다. 여래께서 항상 이제에 의지하여 설법하셨음을 밝히노니 하나는 세제이고 다른 하나는 제일의제다. 그러므로 이제는 오직 가르침의 문일 뿐 경리(境理)와 관계가 없지만 배우는 이의 재주에 따라 마침내 득실의 차이가 생긴다. 그러므로 교묘한 방편혜만 있다면 이제를 익혀서도 무소득을 성취한다. 교묘한 방편혜가 없다면 가르침을 배워도 유소득일 뿐이다. 二諦者 蓋是言教之通詮 相待之假稱 虛寂之妙實 窮中道之極號 明如來常依二諦說法 一者 世諦 二者 第一義諦 故 二諦唯是教門 不關境理 而學者有其巧拙 遂有得失之異 所以若有巧方便慧 學此二諦 成無所得 無巧方便慧學教 即成有所得", "그러므로 일반적으로 세 논사의 말이 각각 다르다. 개선사 지장은 '이제란 법성의 지귀이고 하나의 진실이고 둘 아닌 극리이다'라고 하였다. 장엄사 승민은 '이제란 미혹을 없애는 수승한 경계이고 도에 들어가는 참된 길목이다'라고 하였다. 광택사 법운은 '이제는 성스러운 가르침의 근원이고 영묘한 지혜의 보고이다'라고 하였다. 세 가지 설이 비록 같지 않으며 말에 지해를 품었거나 성스러운 가르침을 아우르기도 하였으나 다 같이 경리(境理)를 진실로 삼았다. 광주 대량(大亮)법사는 굳이 언교(言教)를 제로 삼았다. 여기 삼론은 이 논사들과 같지 않다. 故常途三師置辭各異 開善云 二諦者 法性之旨歸 一眞不二之極理 莊嚴云 二諦者 蓋是祛惑之勝境 入道之實津 光宅云 二諦者 蓋是聖教之遙泉 靈智之淵府 三說雖復不同 或言含智解 或辭兼聖教 同以境理爲諦 若依廣州大亮法師 定以言教爲諦 今不同此等諸師", "〔문〕 섭령 흥황사 법랑은 왜 언교를 진실로 삼는가? 〔답〕 매우 깊은 뜻이 있다. 기존에 이(理)를 진실로 삼은 유래를 대치하기 때문이다. 연에 대하여 임시로 베푸는 설이다. 〔문〕 『중론』에서 '제불께서는 항상 이제에 의지하여 설법하신다'고 하였고 『열반경』에서 '중생에 수순하므로 이제를 설한다'고 하였는데, 이것은 무슨 제인가? 〔답〕 능히 의지함은 바로 이 교의 진실이니 의지할 바는 바로 저 어제이다. 問 攝嶺興皇何以言教爲諦耶 答 其有深意 爲對由來以理爲諦故 對緣假說 問 中論云 諸佛依二諦說法 涅槃經云 隨順衆生故說二諦 是何諦耶 答 能依是教諦 所依是於諦"라고 하여 이제를 경리로 보는 관점도, 이제는 언교라고 주장하는 광주(廣州) 대량법사에 대해서도 비판하였다. 〔삼론종의 이제〕 같은 책 권1(대정장45, p.15b14)에서는 삼론의 이제와 다른 학파의 이제설을 크게 열 가지로 분류하고 다음과 같이 설명한다. "다른 학파와 삼론의 이제설에 열 가지 차이가 있다. 첫째, 이(理)와 교(教)의 차이이다. 저들은 이제는 이이고 삼가는 속이며 사절은 진이라고 한다. 삼론은 이제는 교이고 불이가 이라고 설한다. 다른 학파에는 이는 있지만 교는 없다. 삼론에는 교와 이가 있다. 與他家異有十種異 一者 理教異 彼明 二諦是理 三假是俗 四絶是眞 今明 二是教 不二是理 他家有理無教

今明 有教有理", "둘째 상과 무상의 차이다. 다른 학파는 유무에 머물기에 유상이다. 삼론은 유가 유 아님을 드러내고 무가 무 아님을 나타낸다. 유무에 머물지 않으므로 무상이라 한다. 二者 相無相異 他家住有無 故是有相 今明 有表不有 無表不無 不住有無 故名無相", "셋째, 득과 무득의 차이다. 다른 학파는 유무에 머물기에 유득이라 한다. 삼론은 유무에 머물지 않으므로 무득이라 한다. 三者 得無得異 他家住有無 故名有得 今明 不住有無 故名無得", "넷째, 이의 내외(內外)의 차이다. 다른 학파는 유무에 머물기에 이외(理外)라 한다. 삼론학파는 유무에 머물지 않으므로 이내(理內)라고 한다. 四者 理內外異 他家住有無 故名理外 今明 不住有無 故名理內", "다섯째, 열림과 덮임의 차이다. 다른 학파는 유는 유에 머물고 무는 무에 머문다. 이러한 유무가 여래인연의 유무를 덮는다. 삼론은 이제란 바로 교라고 설한다. 이 유로 유 아님을 드러내고 무로는 무 아님을 드러내니 여래의 가르침을 옆에 막히고 걸림이 없다. 五者 開覆異 他有住有無住無 此有無覆如來因緣有無 今明 二諦是教 是有表不有 無表不無 卽開如來教 無有壅滯", "여섯째, 반(半)과 만(滿)의 차이다. 다른 학파는 오직 이(二)만 있고 불이(不二)가 없다. 그러므로 오직 교만 있고 이가 없으니 반자라 한다. 삼론은 이와 교를 갖추었으니 만자라 한다. 六者 半滿異 他家唯有二無不二 故唯教無理 名爲半字 今明 具足理教 名爲滿字", "일곱째, 어리석음과 지혜의 차이다. 『열반경』에서 '명과 무명을 어리석은 이는

〈표1〉 삼론종 (대승현론) 이제

毘曇	(俗)事 —— (俗)有		第一重
	(眞)理 —— (眞)空		
成實	(俗)有 —— (俗)有空		第二重
	(眞)空 —— (眞)非有		
地論 攝論	(俗)依他·分別 —— (俗)二·不二		第三重
	(眞)依他無生·分別無相 —— (眞)非二·非不二		
地論 攝論	(俗)三性 —— (俗)二不二·非二非不二		第四重
	(俗)三無性 —— (眞)言亡慮絶		

둘이라 하고, 지혜로운 이는 둘이 아님을 요달한다'고 하였다. 진과 속을 둘로 나누는 것이 어리석음이고, 둘 아닌 것으로 보는 것이 지혜이다. 그러므로 불이란 이이고 이는 교이다. 七者 愚智異 涅槃云 明無明 愚者謂二 智者了達無二 眞俗二者卽愚 不二者卽智 故知 不二是理 二是教", "여덟째, 체(體)와 용(用)의 다름이다. 다른 학파는 용만 있고 체가 없다. 삼론학파는 체와 용을 모두 갖추었다. 八者 體用異 彼有用無體 今卽具有體用", "아홉째, 본과 말의 다름이다. 불이는 본이고 이는 말이다. 다른 학파는 오직 말만 있고 본은 없다. 삼론은 본과 말을 모두 갖추었다. 九者 本末異 不二是本二是末 他但有末無本 今具有本末", "열째, 요(了)와 불료(不了)의 차이다. 다른 학파의 이제는 유무에 머물므로 불료의라고 한다. 삼론은 불유(不有)를 드러내고자 유(有)를 설하고, 불무(不無)를 드러내고자 무(無)를 설한다. 유무(有無)로 불유불무(不有不無)를 드러내므로 요의라고 한다. 十者 了不了異 他家二諦 住有無故名不了 今明 說有欲顯不有 說無欲顯不無 有無顯不有不無 故名了義"라고 하였다. 〔법상종의 이제〕 법상종에서는 명사(名事)·사리(事理)·천심(淺深)·전지(詮旨)의 네 가지로 이제를 분류한다. 규기(窺基)의 『대승법원의림장』 권2(대정장45, p.287b20)에 "『인왕경』에서 이제를 다 거둬 설하는데, 인법에 각각 승과 열의 차이가 있기 때문이다. 『열반경』의 이제는 각각 진과 속으로 이제가 있는데, 하나하나가 모두 중상의 지가 있기 때문이다. 『현양성교론』과 『중변분별론』의 이제는 각각 세 가지가 있으니 가·행·현 등에 차별이 있기 때문이다. 『유가사지론』과 『성유식론』에 각각 네 가지의 이제가 있는데 아래에서 자세하게 가린다. 이제의 모두 거둔 이름 중 첫째는 세속제인데 은현제라고도 한다. 둘째는 승의제이고 구역은 제일의제 또는 진제라고도 한다. 이제의 다른 이름을 늘어놔 본다면 이제는 유무로 체가 다르고, 사리로서 뜻이 다르며, 천심이 같지 않고, 말과 종지가 각각 다름을 밝힌다. 그러므로 이제마다에 4중의 차별이 있으니 이를 명사이제·사리이제·천심이제·전지이제라고도 한다. 仁王經中總說二諦 人法各有勝劣異故 涅槃經中二諦 各有眞俗二諦 一一皆有中上智故 顯揚中邊二諦各三 假行顯等有差別故 瑜伽唯識二各有四 下當廣辨 此總名中 一世俗諦 亦名隱顯諦 二勝義諦 舊名第一義諦 亦名眞諦 列別名者 今明二諦 有無體異 事理義殊 淺深不同 詮旨各別 故於二諦 各有四重 亦名名事二諦 事理二諦 淺深二諦 詮旨二諦"라고 하였다. 〔천태의 이제〕 천태지의(天台智顗)는 모두 7종으로 이제를 분류한다. 『법화현의』 권2(대정장33, p.702c12)에 "7종 이제는 다음과 같다. 첫째, 실유를 속으로 삼고 실유의 멸을 진으로 한다. 둘째, 환유를 속으로 삼고, 환유와 공의 상즉을 진으로 한다. 셋째, 환유를 속으로 삼고, 환유와 공불공(空不空)의 상즉을 진으로 한다. 넷째, 환유를 속으로 삼고, 환유와 공불공의 상즉 그리고 일체법이 공불공으로 나아가는 것

〈표2〉 법상종 사중이제

瑜伽論		成唯識論
世間世俗諦 (有名無實諦)	—— 家,瓶,我,有情	
道理世俗諦 (隨事差別諦)	—— 五蘊, 十二處 十八界 ——	世間勝義諦 (體用顯現諦)
證得世俗諦 (方便安立諦)	—— 聖果,四諦 ——	道理勝義諦 (因果差別諦)
勝義世俗諦 (假名非安立諦)	—— 二空의 眞如 ——	證得勝義諦 (依門顯實諦)
(眞 諦)	—— 非安立의 眞法界 ——	勝義勝義諦 (廢詮談旨諦)

을 진으로 한다. 다섯째, 환유와 환유즉공을 모두 속으로 삼고, 불유불공을 진으로 한다. 여섯째, 환유와 환유즉공을 모두 속으로 삼고, 불유불공(不有不空)과 일체법이 불유불공으로 나아가는 것을 진으로 한다. 일곱째, 환유와 환유즉공을 속으로 삼고, 일체법이 유·공·불유불공에 나아가는 것을 진으로 한다. 所言七種二諦者 一者 實有爲俗 實有滅爲眞 二者 幻有爲俗 卽幻有空爲眞 三者 幻有爲俗 卽幻有空不空共爲眞 四者 幻有爲俗 幻有卽空不空 一切法趣空不空爲眞 五者 幻有 幻有卽空 皆名爲俗 不有不空爲眞 六者 幻有 幻有卽空 皆名爲俗 不有不空一切法趣不有不空爲眞 七者 幻有 幻有卽空 皆爲俗 一切法趣有 趣空 趣不有不空爲眞"라고 하였다. 이러한 7종 이제를 사교(四敎)와 삼피접(三被接)에 배대하면 순서대로 삼장교(三藏敎)·통교(通敎)·별접통(別接通)·원접통(圓接通)·별교(別敎)·원접별(圓接別)·원교(圓敎)와 상응한다. [참고문헌] 『中論』, 『大乘玄論』, 『大乘法苑義林章』, 『法華玄義』, 40권본 『大般涅槃經』 권13(대정장12, p.443a12), *Madhy-ś.*, *Pañca-pr.5.139.*, *Bodh-bh.198.*, *Ratna-ut.99.* ⇨ 세속제 世俗諦, 세제 世諦, 승의제 勝義諦, 진제 眞諦, 제일의제 第一義諦, 사중이제 四重二諦❶, 어교이제 於敎二諦

〈표3〉 천태종 칠종이제

四敎三被接	俗諦	眞諦	釋籤二下	涅槃經疏十二
三藏敎	實有	實有滅	生滅二諦	名無名二諦
通敎	幻有	幻有卽空	無生二諦	實不實二諦
別接通	幻有	幻有卽空不空	單俗複眞二諦 (含中二諦)	定不定二諦
圓接通	幻有	幻有卽空不空 一切法趣空不空	單俗複眞二諦 (含中二諦)	法不法二諦
別敎	幻有 幻有卽空	不有不空	複俗單中二諦	燒不燒二諦
圓接別	幻有 幻有卽空	不有不空 一切法趣不有不空	複俗單中二諦	苦不苦二諦
圓敎	幻有 幻有卽空	一切法趣有趣空 趣不有不空	複俗複中二諦	和合二諦

이제 夷齊 가지런하다. 『화엄경수현기』 권1(대정장35, p.13c14)에 "생사와 열반을 가지런히 하여 한 가지로 관하니 덕이 갖추어져 두렷이 통하고 대지로 장애마저 없다. 生死涅槃 夷齊同觀 德備圓通 大智無障礙", 『대승기신론의기』 권상(대정장44, p.240c27)에 "이렇게 되면 움직임과 고요함이 서로 사무치고 진과 속이 함께 어우러져 생사도 열반도 가지런히 함께 구른다. 是則動靜交徹 眞俗雙融 生死涅槃 夷齊同貫"라고 하였다. [참고문헌] 『華嚴經搜玄記』, 『大乘起信論義記』.

이제 利濟 조선후기 스님. 법호는 용선(龍船). 『용악당사고집』의 발문이자 용악혜견(龍岳慧堅 1830~1908)의 행장을 다룬 「말지바라밀존자기적 末底婆羅密尊者記蹟」을 지었는데, 작성한 때는 1902년(壬辰年)이다. [참고문헌] 『龍岳堂私藁集』 「後跋」(한불전11, p.564a10). ⇨ 혜견 慧堅

이제관 二諦觀 ❶ 삼론(三論)의 이제관. 세속제와 제일의제를 동시에 관하는 관법. 이제병관(二諦倂觀)이라고도 한다. 이제를 경리(境理)로 파악한 성실(成實)의 약리이제(約理二諦)를 비판하면서 삼론에서는 이제를 언교(言敎)로 보는 약교이제(約敎二諦)을 주장했다. 『이제의』 권하(대정장45, p.109c7)에 "초발심이라면 이제를 배운다. 이제를 배우지 않은 보살이 없다는 말은 무릇 보살이라면 이제관을 익힌다는 뜻이다. 초발심자는 이제병관을 익히고, 발심한 지 오래된 이들도 역시 이제병관을 배운다. 初發心卽學二諦 無有菩薩不學二諦者 凡是菩薩 卽學二諦觀 爲是故 初發心卽學二諦竝觀 乃至後心亦學二諦並觀", 『법화의소』 권10(대정장34, p.595b16)에 "분별하지 않음이란 행과 행하지 않음을 분별하지 않는 것이다. 위의 인욕 등은 세제관이다. 제법실상을 관하는 것에서 행하지 않음을 분별하지 않음에 이르기까지가 제일의제관이다. 제불설법은 항상 이제에 의지하므로 보살이 부처에 의지하여 수학할 때에도 역시 이제관을 행한다. 不分別者 亦不分別 行與不行也 上忍辱等 卽世諦觀 觀諸法實相 乃至不行不分別 謂第一義諦觀 以諸佛說法 常依二諦 故菩薩依佛修學 亦作二諦觀也", 『백론소』 「서 序」(대정장42, p.237a14)에 "다음으로 이제관을 밝힌다. 진이 본래 없음을 알지만 범부가 있다고 여기는 것을 세제라 하고, 있지만 있는 것 아니라고 여기는 것을 제일의제라고 한다. 이것이 바로 이제관이다. 次明二諦觀者 知塵本無 而凡夫謂有 名爲世諦耳 謂有非有 名第一義 卽二諦觀也"라고 하였다. [참고문헌] 『二諦義』, 『法華義疏』, 『百論疏』. ⇨ 이제 二諦 ❷ 천태의 이제관. 공가중(空假中) 삼제 중 가에서 공에 드는 관법. 종가입공관(從假入空觀)이라고도 한다. 반대로 공에서 가에 들어가는 관법은 평등관이라 한다. 『영락본업경』 권상(대정장24, p.1014b18)에 "정관이란 초지 이상에서 삼관심으로 모든 지에 들어가는 것이다. 삼관이란, 가명에서 공으로 들어가는 것은 이제관이다. 其正觀者 初地已上 有三觀心 入一切地 三觀者 從假名入空二諦觀", 『마하지관』 권3(대정장46, p.24b9)에 "'이제관이란 가를 관해서 공으로 들어간다'고 하는 말은 공이 말로 말미암아 알게 되는 것이어서 능소를 함께 논하므로 이제관이라 한다. 또한 허공의 해를 생각하면 비단 공을 볼 뿐 아니라 다시 가 역시 헤아릴 수 있다. 마치 구름이 사라지고 장애가 드러나면 위는 드러나고 아래마저 밝아 진으로 말미암아 가마저 드러나 얻는다. 이것이 이제관이다. 지금은 가로 말미암아 진을 깨달으니 그 뜻이 어찌 이제관이 아니겠는가? 또한 속은 깨버릴 것이고 진은 써야할 것이다. 깨버릴 것을 따르면 속제관이라 해야 하고, 써야할 것을 따르면 진제관이라 해야 한다. 파와 용을 합하여 논하므로 이제관이라 한다. 또한 분별에 세 가지가 있다. 첫째, 가르침을 기준으로 정을 따르는 이제관이다. 둘째, 행을 기준으로 하여 정과 지를 따르는 이제관이다. 셋째, 증을 기준으로 하여 지를 따르는 이제관이다. 처음 관하는 공덕이 비록 진실에 부합하지 않지만 가르침을 따르고 행을 따라함 있음을 얻으니 이제관을 논할 수 있다. 所言二諦者 觀假爲入空之詮 空由詮會 能所合論 故言二諦觀 又會空之日 非但見空 亦復識假 如雲除發障 上顯下明 由眞假顯得 是二諦觀 今由假會眞 何意非二諦觀 又俗是所破 眞是所用 若從所破 應言俗諦觀 若從所用 應言眞諦觀 破用合論 故言二諦觀 又分別有三種 一 約敎有隨情二諦觀 約行有隨情智二諦觀 約證有隨智二諦觀 初觀之功 雖未契眞 得有隨敎隨行 論二諦觀", 『무량수경소묘종초』 권2(대정장37, p.205c21)에 "세속에 미할 때 허망한 것을 진실로 여기면 둘 다 진실이 아니다. 만약 세속의 허망을 깨달으면 반드시 진실을 알게 되니 둘 다 모두 진실이다. 그러므로 다시 이제관이라 할 수 있다. 迷世俗時 謂虛是實 則二俱不諦 若悟俗虛 必知眞實 則二俱諦 故復得名二諦觀也", 원효(元曉)의 『금강삼매경론』 권중(대정장34, p.988b16 · 한불전1, p.647a3)에 "여기서 이제관이란 속을 보내고 진을 관하는 것이기에 곧 이것은 정체지의 방편이다. 此中二諦觀者 遣俗觀眞故 卽是正體智之方便"라고 하였다. [참고문헌] 『瓔珞本業經』, 『摩訶止觀』, 『無量壽經疏妙宗鈔』, 『金剛三昧經論』. ⇨ 삼관 三觀 ■

이제면명 耳提面命 귀를 잡아당기고 얼굴을 마주하고 일러준다는 말. 간절하게 상대에게 가르침을 준다는 뜻이다. 줄여서 제명(提命)이라고도 한다. 『시경』 「억 抑」에 "얼굴을 마주하고 일러줄 뿐만 아니라 귀도 잡아당겨 말해주기까지 한다. 匪面命之 言提其耳"라는 말에서 유래한다. 『천태전불심인기』(대정장46, p.936b9)에 "스승 문하에서는 귀를 잡아당겨 얼굴을 마주하고 일러주니, 직접 보고 알기도 하고 때론 경이나 논소에서 기미를 궁구하고 숨은 뜻을 찾아 듣고 알기도 한다. 或於師門 耳提面命 見而知之 或於經疏 硏幾索隱 聞而知之", 『무량수경기신론』 권상(卍속장32, p.509b2)에 "설령 간절하게 일러준다한들 가리키는 실마리를 보고 돌아갈 곳 목도한 이는 누구일까? 縱使耳提面命 誰能覩指知歸", 『감산집』 권30(卍속장127, p.633b11)에 "모든 동정위의로 간절하게 가르침을 주고 거듭하여 잘 이끌지 않음이 없었다. 凡動靜威儀 無不耳提面命 循循善誘"라고 하였다. [참고문헌] 『詩經』, 『天台傳佛心印記』, 『無量壽經起信論』, 『憨山集』, 『禪關策進』 「天目中峯本禪師示衆」(대정장48, p.1102a21).

이제목다가 伊帝目多伽 Ⓢ Itivṛttaka, Ⓣ de-lta-bu-byung-ba'i-sde. 십이부경(十二部經) 중 하나. 불보살과 그 제자들의 과거 행적을 남겨 전하는 경전. 이제왈다가(伊帝曰多伽) 또는 이제월다가(伊帝越多伽)라고도 음사하고, 본기(本起) · 본사(本事) · 여시어(如是語) 등으로 한역한다. 『법화현의』 권6상(대정장33, p.753a3)에 "여덟 번째, 이제목다가는 여시어라 한역하고 본사라고도 한다. 八 伊帝目多伽 此云如是語 亦云本事", 『화엄경소』 권24(대정장35, p.682a25)에 "본사의 범어 음사어는 이제목다가이다. 첫째는 부처님의 과거사이니 저 위광태자로 살았던 일 등이 그것이다. 둘째는 부처님 제자들의 과거세의 행적을 설한다. 저 여러 선우들의 인연 등이 그것이다. 本事者 梵云伊帝目多伽 一 說佛往事 如說威光太子等 二 說弟子往事 如說諸善友因緣等"라고 하였다. [참고문헌] 『法華玄義』, 『華嚴經疏』, 『雜阿含經』 권41(대정장2, p.300c6), *Saddh-p.45.* ⇨ 구부경 九部經, 십이부경 十二部經, 본기 本起, 본사 本事 ■

이제발 伊提鉢 Ⓟ iddhi-pāda의 음사어. 신족(神足)으로 한역한다. 『대안반수의경』 권하(대정장15, p.172a4)에 "사이제발에서 사는 수이고, 이제는 그친다는 뜻이며, 발은 신족이라 한다. 날고자 하면 바로 날 수도 있고 때로 정진하고자 하면 앉은 채로 문득 7일이 지나가니 7일 혹은 7년도 가능하다. 신족을 얻으면 세간에 오래 머물 수도 있다. 四伊提鉢 四爲數 伊提爲止 鉢爲神足 欲飛便飛 有時精進 坐七日便得 或七日 或七歲也 得神足可久在世間"라고 하였다. [참고문헌] 『大安般守意經』. ⇨ 사신족 四神足

이제삼제이 二諦三諦異 이제와 삼제의 다름. 공종(空宗)과 성종(性宗)의 열 가지 차이 중 하나로 이제는 삼론의 진제와 속세를 말하고, 삼제는 천태의 공가중(空假中) 삼제를 말한다. 『도서』 권하(대정장48, p.407a5)에 "이제와 삼제가 다르다하니 공종에서는 세간출세간의 일체법은 이제를 벗어나지 않는다고 말한다. 학자들은 모두 이를 알기에 끌어 풀 필요는 없다. 성종은 일체성상과 자체를 아울러 삼제로 삼는다. 연기한 색 등의 제법은 속제이고 연하는 것들이어서 자성이 없는 제법은 바로 공이라 하면 진제가 된다. … 하나의 진심체는 공도 아니고 색도 아니지만 능히 공하고 능히 색이기도 하니 중도제일의제가 된다. 二諦三諦異者 空宗所說 世出世間 一切諸法 不出二諦 學者皆知 不必引釋 性宗則攝一切性相及自體總爲三諦 以緣起色等諸法爲俗諦 緣無自性諸法卽空爲眞諦 … 一眞心體 非空非色 能空能色 爲中

道第一義諦"라고 하였다. 〔참고문헌〕『都序』. ⇨공종성 종십이 空宗性宗十異

이제연기 二際緣起 이제(二際)의 연기. 십이인연(十二因緣)을 전제(前際)와 후제(後際)로 나눈 것이니 무명(無明)부터 수(受)까지가 전제이고, 애(愛)부터 노사(老死)까지가 후제이다. 『대비바사론』 권24(대정장27, p.121a23)에 "〔문〕 무슨 까닭에 전제연기는 '무명'이 처음이고, 후제연기는 '애'가 처음인가? 〔답〕 이 두 가지 번뇌는 모두 본이기 때문이다. 말하자면 '무명'은 전제의 본이고, '애'는 후제의 본이다. 問 何故 前際緣起 無明爲初 後際緣起 愛爲初耶 答 此二煩惱 俱是本故 謂無明是前際本 有愛是後際本", 같은 책 권47(대정장27, p.245a5)에 "비유논사는 두 가지 번뇌만을 세운다. 즉 무명루와 유애루를 말한다. 왜냐하면 이제연기의 근본이기 때문이니, '무명'은 전제연기의 근본이고, '애'는 후제연기의 근본이다. 譬喩論師 但立二漏 謂無明漏 及有愛漏 二際緣起之根本故 謂無明是前際緣起根本 有愛是後際緣起根本"라고 하였다. 〔참고문헌〕『大毘婆沙論』. ⇨ 십이인연 十二因緣, 십이지 十二支

이제왈다가 伊帝曰多伽 ➡이제목다가 伊帝目多伽

이제월다가 伊帝越多伽 ➡이제목다가 伊帝目多伽

이제의 二諦義 수나라 때 길장(吉藏) 지음. 3권. 대정장45, pp.7b26~115a17, No.1854에 수록되어 있다. 삼론교학의 핵심 주제인 이제(二諦)에 관해 상세하게 서술한 논서로 이제장(二諦章)이라고도 한다. 삼권칠과(三卷七科)의 체제로 상권은 대의(大意), 중권은 석명(釋名), 하권은 상즉(相卽)·물체(物體)·절명(絕名)·섭법(攝法)·동이(同異)를 다루고 있다. 1697년 일본 선대(仙臺) 용보사(龍寶寺)의 실양(實養)이 명찰(名刹)의 보장(寶藏)에서 상하 두 권을 얻어서 교감하였고, 1710년 혜욱적공(慧旭寂公)이 고본(古本)에 근거하여 기존의 간본을 간정하고 탈문(脫文)을 보충하였다. 『동역전등목록』(대정장55, p.1161c11)에는 1권이라 전했다. 〔참고문헌〕『東域傳燈目錄』, 『三論宗章疏』(대정장55, p.1138a23).

이제장 二諦章 ❶신라대 원효(元曉) 지음. 1권. 일실되어 전하지 않는다. 『신편제종교장총록』 권3(대정장55, p.1177c20·한불전4, p.696a11)에 "『이제장』 1권. 이상은 원효 찬술. 二諦章 一卷 已上 元曉述"이라고 하였다. 〔참고문헌〕『新編諸宗教藏總錄』. ⇨원효 元曉 ❷수나라 때 길장(吉藏)이 지은 『이제의 二諦義』의 다른 이름. 『삼론종장소』(대정장55, p.1138a23)에 "『이제장』 3권〈길장 찬술〉. 二諦章 三卷〈吉藏述〉"이라고 하였다. 〔참고문헌〕『三論宗章疏』. ⇨이제의 二諦義

이제집착 離諸執著 Ⓢniḥsaṅga, niṣparigraha. 모든 집착을 떠난다는 말. 『대반야경』 권592(대정장7, p.1064a1)에 "모든 보살은 이 정려에 머물러 법성을 증득하고 모든 집착을 떠나고 여래응정등각을 증득한다. 卽諸菩薩 住此靜慮 證得法性 離諸執著 得成如來應正等覺", 『금강침론』(대정장32, p.170b2)에 "모든 근을 잘 다스려 번뇌를 끊고 아도 인도 없어 모든 집착을 떠나고 탐진치를 모두 멀리 여의면 이와 같은 이를 진정한 바라문이라 부른다. 善伏諸根 除斷煩惱 無我無人 離諸執著 及貪瞋癡 悉皆遠離 如是乃名 眞婆羅門"라고 하였다. 〔참고문헌〕『大般若經』, 『金剛針論』, *Vajr-s.5.*

이제평등심 二諦平等心 진(眞)과 속(俗)이 평등일미(平等一味)임을 명료하게 깨달은 마음. 초지(初地)의 마음이다. 『인왕경』 권상(대정장8, p.827a9)에 "본업이란, 만약 보살이 백 개의 불국토 중에 머물면 염부의 사천왕이 되어 백 가지 법문을 닦고 나서 이제평등심으로 일체중생을 교화하는 것이다. 本業者 若菩薩住 百佛國中 作閻浮四天王 修百法門 二諦平等心 化一切衆生", 원측(圓測)의 『인왕경소』 권중(대정장33, p.391c19·한불전1, p.66b17)에 "이제평등심이란, 네 번째로 보살지 각각의 행을 풀이한다. 즉 초지에서 처음으로 진여를 증득하여 진과 속이 한 맛이어서 하나로 함께하지도 않고, 전혀 다르게 분리되지도 않는다는 도리를 여실하게 잘 아는 것이다. 하나로 일치하지 않기 때문에 교화의 도리가 성립하고, 분리되지 않기 때문에 법이 모두 공(空)임을 증득한다. 言二諦平等心者 第四 釋地別行 謂於初地 創證眞如 如實了知 眞俗一味 非卽非離 非卽故 化義得成 非離故證法皆空"라고 하였다. 〔참고문헌〕『仁王經』, 『仁王經疏』. ⇨이제 二諦

이제현 李齊賢 1287~1367. 고려후기 문신. 자는 중사(仲思), 호는 익재(益齋)·역옹(櫟翁), 본관은 경주. 고려에 처음 성리학을 전한 백이정(白頤正)에게 수학하였고, 이후 만권당(萬卷堂)에서 원나라 성리학자들과 교유하면서 성리학적 소양을 쌓아 고려후기 성리학의 종장(宗匠)으로 여겨졌다. 하지만 성리학만을 존중하지 않고 다른 사상들에도 포용적인 태도를 취하였다. 특히 당시 일부 성리학자들이 불교를 배척한 것과 달리 불교의 가르침은 유교와 통한다고 하며 존숭하는 입장을 취하였다. 가령 『익재난고』 권5 「금서밀교대장서 金書密教大藏序」(한국문집총간2, p.542b18)에 "그리하여 혼자 가만히 생각해 보니 불씨의 도는 자비와 회사를 으뜸으로 하는데, 자비는 어진 일이고 회사는 의로운 일이다. 然而竊念佛氏之道 以慈悲喜捨爲本 慈悲 仁之事也 喜捨 義之事也"라고 하였다. 왕명으로 「수선사혜감국사비문 修禪社慧鑑國師碑文」·「영원사보감국사비명 瑩源寺寶鑑國師碑銘」·「묘련사중흥비문 妙蓮寺重興碑文」 등을 찬술하였으며, 식영암(息影菴)·호선사(瑚禪師)·심선사(心禪師) 등의 스님들과 글을 주고 받았다. 저술로 『익재난고』 10권과 『역옹패설 櫟翁稗說』 2권이 전한다. 〔참고문헌〕『高麗史』 권110 列傳23 李齊賢.

이조 二祖 두 번째 조사. 선종의 이조 혜가(慧可). 『불조통기』 권39(대정장49, p.360b17)에 "592년(개황12) 이조 혜가선사는 이전에 서주에서 승찬에게 법을 전하였다. 十二年 二祖慧可禪師 先傳法於舒州僧粲"라고 하였다. 〔참고문헌〕『佛祖統紀』. ⇨ 혜가 慧可

이조 二鳥 두 마리 새, 한 쌍의 새. 가릉빈가(迦陵頻伽 Ⓢ Karavīka)나 원앙(鴛鴦)이 자웅(雌雄)으로 함께 하여 떨어지지 않는 모양을 상(常)·무상(無常)과 고·락(苦樂)과 공(空)·불공(不空) 등 다른 뜻으로 함께 하는 한 쌍의 법을 비유한다. 40권본 『대반열반경』 권8(대정장12, p.414b19)에 "새에는 두 종류가 있다. 하나는 가린제(가릉빈가)이고 다른 하나는 원앙이다. 저들은 노닐거나 머무름에 함께하며 서로 떨어지지 않는다. 고·무상·무아 등의 법도 이와 같아서 서로 떨어지지 않는다. 鳥有二種 一名 迦隣提 二名 鴛鴦 遊止共俱 不相捨離 是苦無常無我等法 亦復如是 不得相離", 『대반열반경소』 권12(대정장38, p.110c25)에 "쌍으로 노닌다는 말은 생사에 상과 무상이 함께 하듯이 열반도 그렇다. 내려 앉거나 높이 있거나 쌍으로 날고 쌍으로 쉰다. 사에서 떨어지지 않는 그대로의 이이고, 이 그대로 사이다. 진속 이제는 그대로 중이고, 중이 그대로 이제이다. 이제와 중이 아니면서 이제와 중이기도 하다. 이러면 쌍으로 노닌다는 뜻이 성립하고 자웅도 성립한다. 言雙游者 生死具常無常 涅槃亦爾 在下在高 雙飛雙息 卽事而理 卽理而事 二諦卽中 中卽二諦 非二中而二中 是則雙游義成 雌雄亦成"라고 하였다. 〔참고문헌〕『大般涅槃經』, 『大般涅槃經疏』. ⇨ 이익 二翼

이조 理造 이(理)로서 짓는다는 말. 일심(一心)은 의정(依正)의 갖가지 자성을 갖추고 있어 연을 따르지 않아도 언제나 짓고 있다는 뜻이다. 이구(理具)라고도 한다. 『관음현의기』 권2(대정장34, p.908a21)에 "인연이란 이 능히 지음이고 과보는 지은 바다. 이러한 '조'의 뜻은 실상에 있다. 그러므로 '조'의 뜻이 이에 본래 구족하다. 이러한 이조로 인하여 비로소 사조가 있게 된다. 因緣是能造 果報是所造 此之造義 旣在實相 是故造義 理本具足 以此理造 方有事造", 『유마경약소수유기』 권10(대정장38, p.848c4)에 "여의주와 같다는 것은, 구슬은 일심을 비유한다. 갖가지 보배를 비처럼 내리게 한다는 것은 일심이 연에 따라 십계를 변하여 짓는다는 비유다. 구슬은 비록 보배가 아니지만 보배의 성을 갖추고 있으니, 이로써 심성은 본래 백계삼천의 의보(依報)와 정보(正報)의 성을 갖추고 있음에 비유하였다. 이를 이조라고 한다. 인연에 따름을 빌리지 않아도 이 항상 짓고 있기 때문이다. 그러므로 '조'라는 말이 '구'의 다른 이름임을 알 수 있다. 如如意珠者 珠喩一心 能雨諸寶 喩一心隨緣 變造十界 珠雖無寶而具寶性 以喩心性本具百界三千依正之性 名爲理造 不假隨緣 理常造故 故知此造卽具異名"라고 하였다. 〔참고문헌〕『觀音玄義記』, 『維摩經略疏垂裕記』. ⇨ 이구 理具

이조구법 二祖求法 이조 혜가(慧可)가 법을 구한 인연. 달마(達磨)에게 법을 구하고자 자신의 팔을 자르고 그 뒤 안심(安心)의 방법을 터득한 구도 과정을 가리킨다. 『공곡집』 9칙 「평창 評唱」(卍속장117, p.543a7)에 "면벽 구년 만에 이조가 법을 구하게 되었으니 눈 위에 서서 팔을 자른 다음 마음을 편안히 하고 나서야 가사와 법을 아울러 전하였다. 面壁九年 遇二祖求法 立雪斷臂 安心已竟 併傳衣法", 『영제어록』 권하(가흥장28, p.416c19)에 "이조가 법을 구한 인연을 읊는다. '평소에는 제자가 한스럽게도 나타나지 않아 안타깝게 여기다가, 막상 제자가 찾아오자 한가한 이야기만 늘어놓았다네. 법 구하는 혜가선사의 간절한 마음이 아니었다면, 틀림없이 그도 아무런 소득 없이 오락가락하였으리라'. 二祖求法 頌云 尋常惜子恨不來 及至子來懶話陪 不是可師爲法切 管取渠儂空往回"라고 하였다. 〔참고문헌〕『空谷集』, 『永濟語錄』. ⇨ 이조단비 二祖斷臂, 달마안심 達磨安心, 혜가 慧可

이조단비 二祖斷臂 이조 혜가(慧可) 팔을 자르다라는 말. 『산당승순선사어』(속고존숙어요4, 卍속장119, p.9b6)에 "석가모니불께서 분명히 세상에 출현하지 않았는데 가섭은 파안미소하였으니 도대체 무엇을 본 것일까? 달마가 기왕에 서쪽에서 오지 않았는데 이조가 팔을 자르고 거두었던 마음은 도대체 무엇을 본 것일까? 만일 말해 얻을 수만 있다면 한 터럭 끝에서도 그대와 함께 편안히 살겠지만, 만일 그렇지 못하다면 산승이 여러분에게 일러 주겠다. 釋迦旣不出世 迦葉破顔一笑 又見

이조단비 극락전 벽화
보물제1861호 보성 대원사 18세기

箇什麽 達磨旣不西來 二祖斷臂安心 又見箇什麽 若也道得 一毛頭上 共汝安居 儻或未然 山僧爲你諸人道去也"라고 하였다. [참고문헌]『山堂僧洵禪師語』. ⇨ 단비 斷臂, 달마면벽 達磨面壁, 달마안심 達磨安心, 혜가 慧可

이조불가득 二祖不可得 이조는 얻지 못했네. 마음을 찾았지만 얻을 수 없었다는 이조의 말이다.『허당집』72칙「평창 評唱」(卍속장124, p.590a10)에 "자세히 보아오면, 아직 생각도 일으키지 않은 그때 팔백 방 맞을 것이며, 한 마디라도 하려는 순간 삼천이나 멀어질 것이다. 그런 까닭에 이조는 '마음을 찾았으나 전혀 얻을 수 없었다'고 하였다. 子細看來 未擧念時遭八百 擬開口處隔三千 所以 二祖道 覓心了不可得"라고 하였다. [참고문헌]『虛堂集』. ⇨ 달마안심 達磨安心, 혜가 慧可

이조불교 李朝佛敎 ❶ 고교형(高橋亨) 지음. 보문관(寶文館)에서 1929년에 간행하였다. 전체 4편으로 구성하고 제1편 국초의 불교에서는 태조부터 성종대까지 왕조별로 다루고 국초의 명승과 사족의 불교를 따로 다루었다. 제2편 이조불교 제2기(연산군~인조)에서는 승정(僧政), 서산대사와 그의 법류(法類), 부휴(浮休)문도의 사법(嗣法) 등을 다루었다. 제3편 이조불교 제3기(효종~순조)에서는 편양(鞭羊)·정관(靜觀)·벽암(碧巖)문파를 각기 다루고 범패원류(梵唄源流), 백파(白坡)와 선(禪) 비판, 원종(圓宗)과 임제종(臨濟宗)의 종론(宗論) 등을 다루었다. 제4편 이조불교 여설(餘說)에서는 사찰토전(寺刹土田)의 변천, 승직 변천, 승려수계, 조선사찰연구 등을 다루었다. ❷ ➡ 조선불교 朝鮮佛敎

이조불언 二祖不言 이조는 말하지 않았다. 혜가(慧可)는 달마(達磨)의 물음에 말 없이 응하여 골수를 얻었다고 칭송받고 그 뒤를 이어 이조가 되었다는 일화.『종용록』5칙「평창 評唱」(대정장48, p.230b5)에 "육조 회하의 배우는 무리가 비록 많았지만 청원선사가 으뜸이다. 이 또한 이조가 아무 말도 없이 응하여 달마가 '골수를 얻었다'고 평가한 일화와 같다. 會下學徒雖衆 師居首焉 亦猶二祖不言 少林謂之得髓矣"라고 하였다. [참고문헌]『從容錄』. ⇨ 달마피육골수 達磨皮肉骨髓

이조불왕서천 二祖不往西天 이조 서천에 가지 않았다는 말. 달마(達磨) 동토에 온 적 없다는 달마불래동토(達磨不來東土)와 함께한다.『원오어록』권5(대정장47, p.734a20)에 "달마는 동토에 온 적 없고, 이조 또한 서천에 가지 않았다. 사람사람이 벽을 세우면 만길이어서, 낱낱이 언제나 빛 놓아 드러나네. 達磨不來東土 二祖不往西天 人人壁立萬仞 箇箇常光現前"라고 하였다. [참고문헌]『圜悟語錄』. ⇨ 달마불래동토 達磨不來東土

이조산 二祖山 중국 갑찰(甲刹) 중 하나. 하남성(河南省) 창덕부(彰德府 : 安陽縣) 자주(磁州)에 있다. 중국 선종의 2조 혜가(慧可)가 개산조이기에 이렇게 불린다. 혜가는 달마 입적 후 천평 초기인 534년 경에는 업도(鄴都)로 나와 선풍을 고취하였지만 도항(道恒)을 시작으로 하는 체문(滯文)의 무리에게 박해를 당하면서 곤궁한 지경에 빠졌다. 그러나 그 뒤에도 여전히 업도를 중심으로 수행하고 교화하였으며 그 지역과 인접한 자주 이조산도 이 때 개척하였다고 추정한다.『대청일통지』권21에 따르면, 이조는 자주 동북쪽에 있는 원부사(元符寺)에서 입적하였다고 기록하고 있는데, 이 절이 이조산을 가리킨다고 보인다. [참고문헌]『大清一統志』,『扶桑五山記』권1,『和漢禪刹次第』. ⇨ 혜가 慧可

이조삼불기 二祖三佛忌 선종 사찰에서 행하는 이조기와 삼불기의 법회. 10월 15일 달마기(達磨忌)와 1월 17일 백장기(百丈忌)를 이조기라 하는데 백장기 대신 그 절의 개산기(開山忌)를 말하기도 한다. 2월 15일 열반회(涅槃會)와 4월 8일 탄생회(誕生會)와 12월 8일 성도회(成道會)를 삼불기라 하는데, 부처님을 기리는 세 날에 행하는 법회이다.『선림상기전』권134(불광장, 禪藏, p.954)에 "이조삼불기 : 이조는 달마와 어떤 절의 개산조를 말한다. 또는 달마와 백장 두 기일이라고도 한다. 삼불이란 열반기·탄생회·성도회를 말한다. 二祖三佛忌 二祖者 達磨及某寺開山也 或云達磨百丈二忌也 三佛者 涅槃忌 誕生會 成道會也"라고 하였다. [참고문헌]『禪林象器箋』. ⇨ 삼불기 三佛忌

이조상채 二祖償債 이조 혜가(慧可)는 빚을 갚았네. 현생의 모함이 전생의 빚을 갚는 일이라 여겨 받아들인 인연을 말한다.『조정사원』권1「이조상채」(卍속장113, p.9a13)에 "호월공봉이 장사경잠(長沙景岑)에게 물었다. '깨우치면 업장은 본래 공이지만, 깨우치기 이전에는 반드시 전생의 빚을 갚아야 합니다. 사자존자와 이조대사는 어째서 빚을 갚았는지요?' '대덕은 본래공을 모르시는군요' '본래공이란 무슨 뜻인지요?' '업장이 그것이요' '어떻게 업장이 그것인지요?' '본래공이 그것이요'. 공봉이 아무 말도 없자 장사가 게송 한 수를 보여주었다. 皓月供奉 問長沙岑云 了卽業障本來空 未了應須償宿債 師子尊者 二祖大師 爲甚麽却償債 岑云 大德不識本來空 如何是本來空 云 業障是 如何是業障是 云 本來空是 供奉無語 長沙乃示偈云"라고 하였다. [참고문헌]『祖庭事苑』. ⇨ 상채의 償債義, 혜가 慧可

이조안심 二祖安心 ➡ 달마안심 達磨安心

이조암 二祖庵 ❶ 전라북도 정읍시 오봉산(五峯山)에 있던 암자. 『가람고』·『범우고』·『여지도서』 전라도 정읍 사찰에 절의 이름과 위치가 전한다. [참고문헌] 『伽藍考』, 『梵宇攷』, 『輿地圖書』, 『韓國寺刹全書』 권하 p.960 a1. ❷ 중국 하남성(河南省) 등봉시(登峰市) 숭산(嵩山)의 서쪽인 소실산(少室山) 발우봉(鉢盂峰) 정상에 있는 암자. 보리달마(菩提達摩)의 법을 이은 이조(二祖) 혜가(慧可)가 주석하였으며, 보리달마가 머물던 초조암(初祖庵)과 계곡을 사이에 두고 마주한다. 명(明)대 초에는 조동종 스님 응연요개(凝然了改)가 머물렀다. 혜가의 상(像)이 모셔져 있으며, 암자 앞에 보리달마가 뚫었다고 하는 네 개의 우물이 있고 이 우물을 『숭산소림사집지』에서는 탁석천(卓錫泉)·『소림사지』에서는 탁석정(卓錫井)이라 부르는데, 물맛이 모두 뛰어나다고 하였다. 암자 전후에는 금(金)나라 때 세워진 전탑(塼塔)이 전한다. [참고문헌] 『五燈會元續略』 권1(卍속장138, p.866b11), 『憨休禪師敲空遺響』 권9(가흥장37, p.296a4), 『嵩山少林寺輯志』 권1, 『少林寺志』 권1.

이족 二足 ❶ Ⓢ dvipada, Ⓟ dipada, dvipada, Ⓣ rkang-gnyis, sems-can-rkang-gnyis. 두 발을 가진 중생. 천(天)과 인(人)을 말한다. 『잡아함경』 권31(대정장2, p.225c22)에 "이때 세존께서 비구들에게 말씀하셨다. 무족·이족·사족·다족·색계·무색계·유상천·무상천·비상천·비비상천에 있는 모든 중생 중에서 여래가 가장 존귀하고 성계 역시 이와 같이 설한다. 爾時 世尊告諸比丘 若有衆生 無足 二足 四足 多足 色 無色 想 無想 非想 非非想 於一切如來最第一 乃至聖戒 亦如是說", 『금광명최승왕경소』 권4(대정장39, p.277a7)에 "발을 가진 중생들 중에서 두 발을 가진 중생이 가장 뛰어나다. 인간과 천의 두 부류가 두 발을 가진 중생이다. 인간과 천이라는 두 발 가진 중생은 제석천과 왕이 각각 다스린다. 於諸有足兩足爲勝 人天二趣是二足 人天二足梵釋人王各爲調御"라고 하였다. [참고문헌] 『雜阿含經』, 『金光明最勝王經疏』, *Bodh-bh.163.*, *SN.1.6.*, *AN.2.34.* ❷ 지족(智足)과 복족(福足). 지혜와 복덕 두 가지를 갖춘 것을 말한다. 『석씨육첩』(대장경보편13, p.6a11)에 "이족원만이란 『대지도론』에서 '부처님께서 만행을 쌓으시되 삼대겁 동안 복족과 지족을 간단없고 빠짐없이 닦으셨다는 뜻이다. 二足圓滿 智論云 佛積萬行 於三大劫 福足智足 無間無遺"라고 하였다. [참고문헌] 『釋氏六帖』. ⇨ 양족존 兩足尊

이족 二族 Ⓢ kula-dvaya. 보살이 몸을 빌어 나는 두 가지 족성. 크샤트리야족성(Ⓢ kṣatriya-kula)과 브라만족성(Ⓢ brāhamṇa-kula). 『방광대장엄경』 권1(대정장3, p.541c25 : *Lal-v.*, p.14)에 "보살은 전다라·바이샤·수드라의 집안에는 태어나지 않는다. 사성 중 오직 두 가지 족성, 즉 크샤트리야와 브라만으로 태어난다. 지금 세간에서 크샤트리야를 귀하게 여기므로 보살은 크샤트리야 가문에 난다. 菩薩不生旃陀羅 毘舍 首陀家 四姓之中 唯於二族 刹帝利種 及婆羅門 於今世間 重刹帝利 是故菩薩生刹利家 na bodhisattvā hīnakuleṣ ūpapadyante caṇḍālakuleṣu vā veṇukārakule vā rathakārakule vā puṣkasakule vā. atha tarhi ku ladvaye evopapadyante brāhmaṇakule kṣatriyak ule ca. tatra yadā brāhmaṇaguruko loko bhavat i tadā brāhmaṇakule upapadyante. yadā kṣatriy aguruko loko bhavati tadā kṣatriyakule upapad yante. etarhi bhikṣavaḥ kṣatriyaguruko lokaḥ. t asmād bodhisattvāḥ kṣatriyakule upapadyante"라고 하였다. [참고문헌] 『方廣大莊嚴經』, *Lal-v.*

이족존 二足尊 부처님에 대한 존칭 중 하나. 두 발을 가진 중생, 즉 인·천(人天) 중 가장 존귀한 분. 또는 지혜와 복덕의 두 가지 자량(資糧)을 갖춘 분이란 의미도 있다. 양족존(兩足尊)이라고도 한다. 『석문귀경의』 권하(대정장45, p.866a20)에 "정변지자이시고 두 발 가진 중생 중 가장 존귀하신 분은 하늘과 인간의 세간에서 견줄 이 없네. 십력세존은 매우 희유하시니 위없이 가장 수승하고 좋은 복전이네. 그분께 공양하는 이는 천상에 태어나니 비할 바 없이 큰 정진을 행하신 그 분께 머리 숙여 예배드리네. 正遍知者二足尊 天人世間無與等 十力世尊甚希有 無上最勝良福田 其供養者生天上 稽首無比大精進", 『대집회정법경』 권1(대정장13, p.979c3)에 "니건타들을 모두 이렇게 생각했다. '여래 중 가장 수승하시고 두 발 가진 중생 중 가장 수승하신 분이시여! 바라옵건대 자비를 베풀어 저희들을 구제하여 주십시오'. 諸尼乾陀咸作是念 如來最勝二足尊者 唯願慈悲 救度我等"라고 하였다. [참고문헌] 『釋門歸敬儀』, 『大集會正法經』. ⇨ 양족존 兩足尊

이족중생 二足衆生 두 다리가 달린 중생. 사람이나 새 따위를 가리킨다. 『사분율』 권1(대정장22, p.574c27)에 "두 다리가 달린 중생에는 사람과 사람 아닌 존재가 있다. 새와 그 나머지 두 다리가 달린 중생 가운데 주인이 있는 놈을 훔치려는 마음으로 취하여 5전의 값어치나 5전 이상이 된다면 바라이나 방편투란차다. 二足衆生者 人與非人 鳥及餘二足衆生有主者 以盜心取 直五錢若過五錢 波羅夷 方便偸蘭遮"라고 하였다. [참고문헌] 『四分律』. ⇨ 이족 二足 ❶

이존 二尊 두 분의 존귀하신 분. 석가불과 아미타불을 말한다. 『관무량수불경소』 권4(대정장37, p.273b2)에 "잠깐 사이에 서쪽 언덕에 이르고 선우를 만나 기뻐하였다는 말은 다음과 같은 비유다. '중생이 아주 오래전부터 생사에 빠져 광겁에 윤회하며 미하고 뒤집혀 스스로 얽매여 해탈할 방법이 없었는데, 우러러 석가불께서 남기신 가르침에 힘입고 서방으로 향하며 또 아미타불 자비심으로 부르심도 빌었으니, 이제 두 존귀하신 분의 뜻을 믿고 따라 물불의 강도 념념이 돌아보지 않고 저 원력이라는 길을 오른다면 목숨을 버린 후 저 국토에 나서 아미타불과 만날 수 있으리니, 기쁘고 즐거움 어찌 헤아릴 수 있겠는가? 言須臾到西岸 善友相見喜者 卽喩衆生久沈生死 曠劫淪迴 迷倒自纏 無由解脫 仰蒙釋迦發遣 指向西方 又藉彌陀悲心招喚 今信順二尊之意 不顧水火二河 念念無遺 乘彼願力之道 捨命已後 得生彼國 與佛相見 慶喜何極也"라고 하였다. [참고문헌]『觀無量壽佛經疏』, 『中阿含經』 권6 「瞿尼師經」(대정장1, p.456a15). ⇨석가모니 釋迦牟尼, 아미타불 阿彌陀佛

이존교 二尊敎 이존의 가르침. 정토종에서 『무량수경』과 『관무량수경』이 두 존위인 석가불(釋迦佛)과 아미타불(阿彌陀佛)의 가르침을 함께 섬기는 뜻이다. 선도(善導)의 『관무량수불경소』 권1 「현의분 玄義分」에서는 요문(要門)과 홍원(弘願)을 들었고, 같은 책 권4 「산선의 散善義」에서는 발견(發遣)과 초환(招喚)을 들었는데, 요문과 발견은 석가불의 가르침이고 홍원과 초환은 아미타불의 가르침이라고 말하고 있다. 『관무량수불경소』 권1(대정장37, p.246a7)에 "시방의 항하사 부처님들께서 육신통으로 비춰 보고 저를 아시니, 이제 이존의 가르침에 올라 정토문을 널리 엽니다. 원컨대 이 공덕을 일체에게 평등하게 베풀고 함께 보리심을 일으켜 안락국에 왕생하길 서원합니다. 十方恒沙佛 六通照知我 今乘二尊敎 廣開淨土門 願以此功德 平等施一切 同發菩提心 往生安樂國"라고 하였다. [참고문헌]『觀無量壽佛經疏』. ⇨이존 二尊

이종 二宗 ❶여러 종파 중 두 종파. 중변(中邊)이나 성상(性相) 등의 두 종을 말한다. 『금강영』 권상(대정장85, p.62b1)에 "자은법사는 모두 이십이종을 말하였다. 즉 소승의 이십부별과 대승에도 두 종으로 같지 않다하였으니, 중종과 변종으로 청변종·호법종 등이다. 慈恩法師 總立二十二宗 謂小乘有二十部別 大乘有二宗不同 卽中宗邊宗 淸辨護法等也"라고 하였다. [참고문헌]『金剛映』. ⇨성상이종 性相二宗, 법상종 法相宗, 법성종 法性宗, 청변 淸辨, 호법 護法 ❷두 가지로 내세워 으뜸이라 여김. 『대승장진론』 권하(대정장30, p.276a3)에 "관행을 닦는 이는 올바른 비량의 힘으로 자타 두 가지로 내세워 집착하는 것이 무위여서 그 성이 공임을 깨우쳐 들어간다. 修觀行者 正比量力 悟入自他二宗所執無爲性空"라고 하였다. [참고문헌]『大乘掌珍論』, 『因明入正理論疏』 권상(대정장44, p.103b22).

이종 已種 Ⓢavaropaṇa. 이미 씨앗이나 인(因)을 심다. 『금광명경』 권2(대정장16, p.342b19)에 "나는 이미 백천무량의 전륜성왕·제석·범천 등의 인을 심었고, 백천무량의 선근종자를 심었으며, 이미 무량백천만억의 모든 중생들이 생사에서 벗어나도록 하였고, 이미 한량없고 가없는 복덕을 쌓았다. 我今已種百千無量轉輪聖王釋梵之因 已種無邊善根種子 已令無量百千萬億 諸衆生等 度於生死 已集無量無邊福聚", 『대승아비달마잡집론』 권12(대정장31, p.751a3 : *Abh-s-bh.*, Tatia E., p.112)에 "일분의 중생은 비록 보살종성이 있으나 대보리에 있어서는 아직 바른 원 등의 여러 선근을 심지 않았기에 이에 대해 능히 잘 알지 못해 두려워한다. 또 일분의 중생은 이미 선근은 심었으나 대승중생을 비방하여 나쁜 벗들과 어울리기에 이에 대해 수승하게 알지 못해 두려워한다. 一分衆生 雖有菩薩種性 而於大菩提未種正願等 諸善根故 於此不能勝解 是故怖畏 又一分衆生 雖已種善根 而爲誹謗大乘衆生 惡友所攝故 於此不能勝解 是故怖畏 satyapi tadgotratve mahābodhimārabhya praṇidhānādīnāṁ kuśalamūlādīnām anavaropaṇāt, satyapi tadavaropaṇe mahāyānapratikṣepakasattvaparigṛhītatvād"라고 하였다. [참고문헌]『金光明經』, 『大乘阿毘達磨雜集論』, *Abh-s-bh.*

이종 利蹤 800~880. 당대 스님. 남전보원(南泉普願 748~834)의 사법제자. 속성은 주(周)씨. 단주(澶州 : 河南省 濮陽) 출신. 20세에 구족계를 받았고, 837년(개성2)에 구주(衢州 : 浙江省 衢州市) 자호산(子湖山)에 정업원(定業院 : 일명 子湖巖)을 개창하였기에 자호이종(子湖利蹤)이라 불렸다. 861년(감통2)에 안국선원(安國禪院)이란 사액을 받았다. 880년(광명1)에 세수 81, 법랍 61세를 일기로 입적하였다. 시중(示衆)·문답·송(頌) 등으로 구성된 『자호이종선사어록 子湖利蹤禪師語錄』 1권이 『고존숙어록』 권12(卍속장118, pp.300a8~304a7)에 수록되어 있다. [참고문헌]『釋氏稽古略』 권3(대정장49, p.837a27), 『景德傳燈錄』 권10(대정장51, p.278c15), 『聯燈會要』 권6(卍속장136, p.534a8). ⇨남전 南泉❶

이종 異種 갖가지로 다채로움. 『관무량수경』(대정장12, p.343a6)에 "낱낱의 보주에 팔만사천의 빛이 있고, 낱낱의 빛으로 팔만사천으로 다른 금색을 지어서, 그 낱낱의 금색을 보배 국토에 가득케 하니 처처에 변화하며 각각 온갖 모습을 짓는다. 一一寶珠 有八萬四千光 一一光 作八萬四千 異種金色 一一金色 遍其寶土 處處變化 各作異相"라고 하였다. [참고문헌]『觀無量壽經』.

이종가지 二種加持 두 가지로 더하여 가짐. ❶ Ⓢ adhiṣṭhāna-dvaya. 보살이 삼매에 들어 제불(諸佛)로부터 가피(加被)를 받아 가지는 두 가지. 삼매에 들게 하고 관정하여 주심 등이다. 이종신력(二種神力)이라고도 한다. 『대승입능가경』 권3(대정장16, p.602b22 : *Laṅk.*, p.100)에 "대혜야, 제불에게 두 종류의 가지가 있어 모든 보살을 가지심이니 부처님 발에 예를 올리고 갖가지 뜻을 묻도록 한다. 두 가지란 무엇인가? 이것은 보살이 삼매에 들게 하는 것과 그의 앞에 몸을 드러내 손으로 그의 정수리에 관정하는 것이다. 대혜야, 초지보살마하살은 제불의 가지력에 힘입어 보살대승광명정에 들고 그 삼매에 들면 시방제불께서 널리 그 앞에 나타나 몸과 말로 가지하신다. 大慧 諸佛有二種加持 持諸菩薩令頂禮佛足請問衆義 云何爲二 謂令入三昧 及身現其前手灌其頂 大慧初地菩薩摩訶薩蒙諸佛持力故 入菩薩大乘光明定 入已十方諸佛普現其前身語加持 punaraparaṃ mahāmate adhiṣṭhānadvayādhiṣṭhitā bodhisattvās tathāgatānām arhatāṃ samyaksaṃbuddhānāṃ caraṇayor nipatya praśnān paripṛcchanti. katamenādhiṣṭhānadvayenādhiṣṭhitāḥ. yaduta samādhisamāpattyadhiṣṭhānena sarvakāyamukhapāṇyabhiṣekādhiṣṭhānena ca. tatra mahāmate bodhisattvā mahāsattvāḥ prathamāyāṃ bhūmau buddhādhiṣṭhānādhiṣṭhitā mahāyānaprabhāsaṃ nāma bodhisattvasamādhiṃ samāpadyante. samanantarasamāpannānāṃ ca teṣāṃ bodhisattvānāṃ mahāsattvānāṃ mahāyānaprabhāsaṃ bodhisattvasamādhim atha daśadiglokadhātuvyavasthitās tathāgatā arhantaḥ samyaksaṃbuddhā mukhānyupadarśya sarvakāyamukhavācāsaṃdarśanenādhiṣṭhānaṃ kurvanti"라고 하였다. [참고문헌] 『大乘入楞伽經』, *Laṅk.* ⇨ 이종신력 二種神力 ❷ 밀교에서 오상성불(五相成佛) 이후 행하는 두 종류의 가지. 진언행자가 대일여래로 자신을 가지하는 것과 금강살타(金剛薩埵)로 자신을 가지하는 경우를 말한다. 『대일경소묘인초』 권30(대정장58, p.261b3)에 "자신을 관한다는 그 아래에서는 두 가지를 밝히는 중에 또 둘로 나뉜다. 첫째 대일여래로 자신을 가지함을 밝히고, 둘째 금강살타로 자신을 가지함을 밝힌다. 먼저 자신을 관한다는 등이란 저 스승과 제자가 함께 호지하여 깨끗하게 한 다음 대일여래로 자신을 가지하는 것이다. 오자로 자기 몸을 가득하게 하니 몸은 팔엽연화대에 있고 그 연화대에서 아(अ a)자를 관하여 오륜묘탑으로 전성하고 탑은 대비로자나불로 전성한다. 이와 같이 관한 다음 대일인을 맺고 대일진언을 염송하면 이러한 삼밀방편의 가지 때문에 단박에 비로자나가 되어 제자를 제도하고 만다라를 그릴 수 있다. '약작'이하에서 금강살타로 자신을 가지하는 것을 밝히는 내용 중에 '만약 만다라 등에 의지하여 행하는 경우'라고 한 것은 아사리사업을 행하고자 할 때는 대일여래로 자신을 가지하여 대일여래를 성취한 다음 아사리사업을 이미 마친 경우여야 한다. 만약 다시 작법들을 행하고자 한다면 금강살타로 자신을 가지한다. 從次觀自身下 明二種加持中 又分爲二 初 明以大日加持自身 二 明以金薩加持自身 初中 次觀自身等者 如此師弟共護持灑淨已 次以大日加持自身 所謂以五字布自身 於身中觀八葉蓮華臺 於此花臺觀अ字 轉成五輪妙塔 轉塔成大毘盧遮那佛 如此觀察已 結大日印 誦大日明 以此三密方便加持故 頓成毘盧遮那 爲應度弟子 堪能畫作曼荼羅 二從若作下 明以金薩加持自身中 若作緣曼荼羅等者 欲作阿闍梨事業時 以大日加持自身 成大日而作阿闍梨事業旣爾也 若又欲作諸作務時 以金剛薩埵加持自身也"라고 하였다. [참고문헌] 『大日經疏妙印鈔』. ⇨ 금강살타 金剛薩埵

이종각마법 二種却魔法 선정(禪定)을 장애하는 마경(魔境)을 물리치는 두 가지 방법. 수지각마(修止却魔)와 수관각마(修觀却魔). 『수습지관좌선법요』(대정장46, p.470c28)에 "행자가 미리 마사를 알았다면 곧장 물리쳐야 한다. 물리치는 방법에 두 가지가 있다. 첫째, 그치는 법을 닦아 물리치는 방법이다. 무릇 일체 밖으로 드러난 악마의 경들은 모두 헛되고 망령된 것인 줄 알아 근심하거나 두려워하지 않으며, 또한 취하거나 버리지도 않는다. 허망한 계교와 분별은 마음을 쉬고 고요하게 하면 저들 저절로 사라진다. 둘째, 관을 닦아 물리치는 방법이다. 위와 같은 갖가지 마경을 보게 될 때 그침을 써도 떠나지 않으면, 곧 마땅히 능견의 마음을 뒤쳐 관한다. 마음이 머무는 자리마저 볼 수 없는데 저들 어찌 괴롭게 할 수 있겠는가? 이와 같이 관할 때 찾아 헤매던 것들 마땅히 사라지리라. 行者 旣覺知魔事 卽當却之 却法有二 一者 修止却之 凡見一切外諸惡魔境 悉知虛誑 不憂不怖 亦不取不捨 妄計分別 息心寂然 彼自當滅 二者 修觀却之 若見如上所說種種魔境 用止不去 卽當反觀能見之心 不見處所 彼何所惱 如是觀時 尋當滅謝"라고 하였다. [참고문헌] 『修習止觀坐禪法要』.

이종간혜지 二種乾慧地 두 가지 간혜지. 성문(聲聞)과 보살(菩薩)의 간혜지를 말한다. 간혜지란 지혜는 있으나, 아직 선정에 순숙(純熟)하지는 않은 지를 말한다. 『대지도론』 권75(대정장25, p.585c28)에 "간혜지에는 두 가지가 있으니, 첫째 성문간혜지, 둘째 보살간혜지이다. 성문인이 오직 열반만을 위하여 부지런히 정진하고 계를 지니며, 마음을 청정하게 하고 도를 기꺼이 받아 관불삼매·부정관 등을 익히거나 자비관·무상관 등을 행하며, 모든 선법은 모으고 불선법은 버릴 것을 분별하여 비록 지혜는 있으나 선정수는 얻지 못하니, 능히 도를 얻은 것은 아니므로 간혜지라고 한다. 보살의 경우에는 초발심으로부터 순인을 얻기 이전까지이다. 乾慧地 有二種 一者 聲聞 二者 菩薩 聲聞人獨爲涅槃故 勤精進 持戒 心淸淨 堪任受道 或習觀佛三昧 或不淨觀 或行慈悲 無常等觀 分別集諸善法 捨不善法 雖有智慧 不得禪定水 則不能得道 故名乾慧地 於菩薩 則初發心 乃至 未得順忍" 라고 하였다. [참고문헌] 『大智度論』, 『仁王護國般若經疏』 권2(대정장33, p.261a15). ⇨ 성문간혜지 聲聞乾慧地, 보살간혜지 菩薩乾慧地, 간혜지 乾慧地

이종갈마 二種羯磨 두 가지 갈마. ❶ 치죄갈마(治罪羯磨)와 성선갈마(成善羯磨). 치죄란 대중작법으로 죄를 다스리는 갈마고, 성선은 대중이 수계·포살·자자 등으로 적극 선법을 증장하는 건도(健度)의 법들이다. 작지계(作持戒)와 지지계(止持戒) 갈마를 말한다. 『십송율』 권56(대정장23, p.410b13)에 치죄갈마로서 고절갈마(苦切羯磨)·의지갈마(依止羯磨)·구출갈마(驅出羯磨)·하의갈마(下意羯磨)·빈갈마(擯羯磨) 등을 시설하였으니 이들을 고뇌갈마(苦惱羯磨)라 하였다. 한편 성선에 속하는 갈마로서 수계갈마(受戒羯磨)·포살갈마(布薩羯磨)·자자갈마(自恣羯磨)·출죄갈마(出罪羯磨)·포초갈마(布草羯磨) 등을 시설하고는 이들을 '선한 법을 성취하는 갈마'라 하였다. 『율학발인』 권3(卍속장106, p.961b7)에 "갈마의 두 가지 뜻이 있다. 첫째, 성선이니 저 결계와 수계 등이 이에 해당한다. 둘째, 치죄란 저 참회 및 조복과 영빈 등이 모두 이에 해당한다. 羯磨二意 一 成善 如結界 受戒等是也 二 治罪 如懺悔 及 調伏永擯皆是也"라고 하였다. [참고문헌] 『十誦律』, 『律學發軔』. ⇨ 성선갈마 成善羯磨, 치죄갈마 治罪羯磨, 작지계 作持戒, 지지계 止持戒 ❷ 영빈갈마(永擯羯磨)와 조복갈마(調伏羯磨). 영빈이란 바라이 중죄를 지은 경우 영원히 승가에서 추방하는 치죄이고, 조복은 참회시키고 다스려 조복할 목적으로 일시적으로 승가에서 추방하는 방법이다. 둘 사이의 차이는 참회의 수용 여부에 달려 있다. 『비니모경』 권2(대정장24, p.808a21)에 "대중으로부터 격리시켜 치죄하는 두 가지 갈마가 있다. 첫째는 영원히 추방하는 갈마고, 둘째는 조복을 목적으로 일시적으로 추방하는 갈마다. 조복이란 참회하기 전의 중간에는 식사를 하거나 모든 행동거지에서 그리고 대화를 나누는 일에 이르기까지 승가에서 행하는 모든 법사에 함께할 수 없다. 이를 빈출조복갈마라고 한다. 죄를 지은 이 사람이 완강하여 영원히 고쳐 뉘우칠 여지가 없으면 목숨이 다하도록 다시 대중살이를 함께할 수 없다. 擯出 有二種羯磨 一 永擯 二 爲調伏故擯 調伏者 未懺悔 中間 及飲食坐起言語 一切僧法事 皆不得同 是名擯出調伏羯磨 此人 若剛强 永無改悔 盡此一身 不復得同僧事"라고 하였다. [참고문헌] 『毘尼母經』. ⇨ 영빈갈마 永擯羯磨, 조복갈마 調伏羯磨

이종건아 二種健兒 허물을 짓지 않은 이와 이미 지은 일을 뉘우쳐 다시 짓지 않는 사람. 『석선바라밀차제법문』 권2(대정장46, p.485b14)에 "계를 청정히 하지 않았으면 반드시 참회해야 한다. 그러므로 경에서 말하기를 '불법중에 두 부류의 건아가 있으니 하나는 악업을 짓지 않은 이이고, 다른 하나는 이미 악업을 지었지만 능히 뉘우칠 줄 아는 이다'라고 하였다. 지금 허물을 지었다면 뉘우칠 줄 아는 이를 건인이라 한다. 若戒不淸淨 決須懺悔 是故經云 佛法之中 有二種健兒 一 性不作惡 二 作已能悔 今造過知悔 名健人也"라고 하였다. [참고문헌] 『釋禪波羅蜜次第法門』, 『佛名經』 권10(대정장14, p.225b10). ⇨ 참회 懺悔

이종겁 二種劫 두 가지 겁(劫 Ⓢ kalpa). ❶ 대겁(大劫)과 소겁(小劫). 『대지도론』 권38(대정장25, p.339b25)에 "겁에는 두 가지가 있으니, 첫째는 대겁이고 둘째는 소겁이다. … 또 어떤 이는 주장한다. 사대 중 삼대가 동작함이 있어 세 가지 겁이 있다. 어느 때에는 화겁이 일어나 삼천대천세계 내지는 초선사처를 태우고, 어느 때에는 수겁이 일어나 삼천대천세계 내지는 이선팔처를 떠내려 보내 파괴하며, 어느 때에는 풍겁이 일어나 삼천대천세계 내지는 삼선십이주처를 불어 무너뜨리는데, 이것을 대겁이라고 한다. 소겁 역시 세 가지이니, 밖으로 삼대가 발동하므로 세계가 사라지고, 안으로 삼독이 발동하므로 중생이 사라진다. 기아·도병·질병 등을 말한다. 또 어떤 사람은 말하길 시절의 햇수를 소겁이라고 한다. 劫有二種 一 爲大劫 二 爲小劫 … 復有人言 四大中 三大有所動作 故有三種劫 或時火劫起 燒三千大千世界 乃至初禪四處 或時水劫起 漂壞三千大千世界 乃至二禪八處 或時風劫起 吹壞三千大千世界 乃至三禪十二住處 是名大劫 小劫亦三種 外三大發 故世界滅 內三毒發 故衆生滅 所謂飢餓 刀兵 疾病 復有人言 時節歲數 名爲小劫", 『법화의소』 권2(대정장34, p.478c7)에 "겁에는 두 가지가 있다. 첫째 일월의 햇수지만 헤아릴 수 없어 소아승기겁이라고 하니, 보살은 이것을 초월할 수 있다. 둘째 대겁이어서 헤아릴 수 없는 것을 대아승기겁이라고 하니, 보살도 이것은 초월할 수 없다. 劫有二種 一 日月歲數不可數 名小阿僧祇劫 菩薩能超之 二 大劫不可數 名大阿僧祇劫 菩薩不能超之"라고 하였다. [참고문헌] 『大智度論』, 『法華義疏』. ⇨ 대겁 大劫, 소겁 小劫, 겁 劫 ❷ 수겁(水劫)과 화겁(火劫). 『우바새계경』 권7(대정장24, p.1072b9)에 "두 가지 겁이 있으니, 첫째 수겁, 둘째 화겁이다. 有二種劫 一者 水劫 二者 火劫"라고 하였다. [참고문헌] 『優婆塞戒經』.

이종게 二種偈 두 가지 게. 형식이나 내용으로 나뉜다. 『십주비바사론』 권1 「서품 序品」(대정장26, p.22a23)에 "게는 뜻으로 나아갈 것 즉 의취라고 하는데, 언사가 여러 구 중에 있으며 4언·5언·7언 등이다. 게는 두 가지가 있다. 첫 번째는 4구게이니, '파자'라고 한다. 두 번째는 6구게이니, '기야'라고 한다. 偈名義趣 言辭在諸句中 或四言五言七言等 偈有二種 一者 四句偈 名爲波蔗 二者 六句偈 名祇夜", 『성실론』 권1 「십이부경품 十二部經品」(대정장32, p.245a9)에 "가타는 제2부에서 기야를 설한 것이고, 기야는 게라고 부른다. 게에는 두 가지가 있다. 첫 번째는 가타이고, 두 번째는 로가이다. 로가에도 두 종류가 있다. 첫 번째는 순번뇌이고, 두 번째는 불순번뇌이다. 불순번뇌는 기야 중에서 설하는데, 이를 가타라고 한다. 두 가지 게를 제하고 나머지 게경이 아닌 것을 우다나라고 한다. 伽陀者 第二部說祇夜 祇夜名偈 偈有二種 一名 伽陀 二名 路伽 路伽有二種 一 順煩惱 二 不順煩惱 不順煩惱者 祇夜中說 是名伽陀 除二種偈 餘非偈經 名憂陀那", 『법화의소』 권2(대정장34, p.472b15)에 "게는 두 가지가 있다. 첫 번째는 수로가이니, 무릇 32자로 대개 외국(인도·서역)에서 경을 헤아리는 단위이다. 경을 세는 법은 장항이나 게를 막론하고 다만 32자를 갖추면 바로 1수로라고 한다. 두 번째는 결구게이니, 반드시 4구가 갖추어져야 한다. 그런 다음에야 게가 되니 4언 내지 7언을 따지지 않고 반드시 4구면 된다. 偈有二種 一 首盧偈 凡三十二字 蓋是外國數經之法 數經之法者 莫問長行與偈 但具三十二字 便名一首盧也 二 結句偈 要以四句備足 然後爲偈 莫問四言乃至七言 必須四句", 『중관론소』 「서소 序疏」(대정장42, p.1b12)에 "게는 두 종류가 있다. 첫 번째는 수로게이니, 호인이 경을 세는 법이다. 곧 통게이다. … 두 번째는 별게이니, 구를 맺어 게로 삼은 것이다. 偈有二種 一是首盧偈 謂胡人數經法也 則是通偈 … 二者 別偈 謂結句爲偈"라고 하였다. [참고문헌] 『十住毘婆沙論』, 『成實論』, 『法華義疏』, 『中觀論疏』, 『圓覺經略疏』 권상(대정장39, p.536a13). ⇨ 게 偈, 가타 伽陀[1], 기야 祇夜, 로가게 路伽偈, 수로가 首盧迦, 별게 別偈, 통게 通偈

이종견 二種見 상견(想見)과 정수견(正受見). 정경(淨境)을 볼 수 없는 견과 볼 수 있는 견이다. 『관무량수불경소』 권3(대정장37, p.266b18)에 "두 가지 견이 있다. 첫째, 상견이니 지각이 남아 있기에 비록 정경을 보더라도 아직 그리 명료하지 못하다. 둘째, 만일 안팎의 각이 사라지면 정수삼매에 들어갈 것이다. 여기서 보이는 정경은 상으로 보는 것으로는 비교할 수 없다. 有二種見 一者 想見 猶有知覺故 雖見淨境 未多明了 二者 若內外覺滅 卽入正受三昧 所見淨境 卽非想見 得爲比校也"라고 하였다. [참고문헌] 『觀無量壽佛經疏』.

이종결계 二種結界 작법계(作法界)와 자연계(自然界)의 두 가지 결계. 작법계는 작결계(作結界)라고도 하며 백이갈마(白二羯磨)로 승중들이 주처와 갈마를 여법하게 할 수 있도록 계(界)를 정하는 것으로서, 섭승계(攝僧界)·섭의계(攝衣界)·섭식계(攝食界) 등으로 구분한다. 자연계는 취락·난야·도행(道行)·수(水)와 같이 저절로 구획된 경계를 말한다. 『사부율병론요용초』 권상(대정장85, p.694b6)에 "계에 두 가지가 있다. 하나는 작계이고 다른 하나는 자연계이다. 작계란 승중이 백이갈마로 결계작법을 행하여 얻는다. 그러므로 작계라고 한다. 자연계란 마음으로 짓기를 일부러 기다리지 않아도 자연스레 있게 된 것이 자연계다. 이에 관한 사부율의 내용은 서로 다르다. 『사분율』은 '취락자연계는 마을에서 500궁 떨어져 있는데 1궁의 길이는 보통 사람의 4주에 해당한다'고 하였다. 『십송율』에서는 '마을 밖으로 화살 쏘아 다하는 정도에 사람을 부끄러워하며 대소변을 보는 자리를 자연계라고 한다'라고 하였다. 『마하승기율』에서는 '마을 밖에 소나 양이 떠돌기 좋은 곳을 취락자연계라 한다'라고 하였다. 界有二種 一 作界 二 自然界 作界者 僧作白二羯磨結界作法而得 故名作界 自然界者 不待作心自然而有 故曰自然界 四部律文互易不同 四分云 聚落自然界者 去村五百弓 弓長中人四肘 十誦云 村外盡一箭道 慚愧人大小行處來 名自然界 僧祇云 村外牛羊所行流利處 名聚落自然界"라고 하였다. [참고문헌] 『四部律并論要用抄』. ⇨ 작법계 作法界, 자연계 自然界, 결계 結界[1], 섭승계 攝僧界

이종계 二種戒 **1** 성계(性戒)와 제계(制戒). 성계는 본성계(本性戒)라고도 하고, 제계는 차계(遮戒)라고도 한다. 『대일경소』 권17(대정장39, p.751c14)에 "계에 두 가지가 있으니 본성계와 제계이다. 성계란 모든 근들을 청정하게 하는 것을 말한다. 여기서의 몰률다(Ⓢ vrata : 禁戒)는 반드시 성취해야 하는 것으로 그것을 제정하여 다스린다. 戒有二 謂本性戒及制戒也 性戒 謂淨諸根 今沒栗多須成就 故制之也"라고 하였다. [참고문헌] 『大日經疏』. ⇨ 성계 性戒, 차계 遮戒 **2** 출세간계(出世間戒)와 세간계(世間戒 : 在家戒). 『석씨요람』 권상(대정장54, p.271a6)에 "계에는 두 가지가 있다. 첫째는 출세간계이고, 둘째는 세간계다. 이 세간계는 능히 출세간계의 인이 될 수 있기에 최승이라 한다. 戒有二種 一 出世間戒 二 世間戒 此世間戒 能爲出世戒作因故 云最勝"라고 하였다. [참고문헌] 『釋氏要覽』. ⇨ 출세간계 出世間戒, 재가계 在家戒 **3** 작지계(作持戒)와 지지계(止持戒). 적극 지어 가져야 하는 계와 미리 그쳐 행하지 않게 하는 계다. 『유가론기』 권24(대정장42, p.863a25·한불전14, p.932a10)에 "경흥법사가 말했다. 첫째, 수지하되 그쳐 가지는 것 등이 아닌 것이 작지계다.

둘째, 수지하되 그쳐 가져야 하는 것들이 지지계다. 景師云 一者 受持非止所攝等者 作持戒也 二者 受持是止所攝等者 止持戒也"라고 하였다. [참고문헌]『瑜伽論記』. ⇨작지계 作持戒, 지지계 止持戒 **4** 성중계(性重戒)와 식세기혐계(息世譏嫌戒). 성중계란 사중금계(四重禁戒)이고, 식세기혐계는 세간에서 싫어하는 일을 하지 않는 것이다. 36권본『대반열반경』권11(대정장12, p.674b4)에 "두 가지 계가 있으니 하나는 성중계이고 다른 하나는 식세기혐계이다. 有二種戒 一者 性重戒 二者 息世譏嫌戒"라고 하였다. [참고문헌]『大般涅槃經』. ⇨성중계 性重戒, 식세기혐계 息世譏嫌戒 **5** 도공계(道共戒)와 정공계(定共戒). 『법화현의』권3(대정장33, p.717a11)에 "정공계는 정심에 의지하여 일어나니 선에 머문다는 뜻이고, 도공계는 분별심에 의지하여 일어나고 선을 행한다는 뜻에 속한다. 定共戒依定心發 屬止善義 道共戒依分別心發 屬行善義"라고 하였다. [참고문헌]『法華玄義』. ⇨도공계 道共戒, 정공계 定共戒 **6** 수상계(隨相戒)와 이상계(離相戒). 『화엄경소』권19(대정장35, p.640c1)에 "계에 두 가지가 있다. 하나는 상을 따르고 다른 하나는 상을 떠난다. 戒有二者 一 隨相 二 離相"라고 하였다. [참고문헌]『華嚴經疏』. ⇨수상계 隨相戒, 이상계 離相戒, 계 戒

이종계체 二種戒體 작계(作戒)와 무작계(無作戒)의 두 가지 계체. 작계란 계를 받을 때 하는 언어와 신체적인 동작을 말하고, 무작계란 작계를 받아 지니는 계체(戒體)를 말한다. 『범망경보살계초진』권6(卍속장95, p.140a12)에 "계를 얻는다는 것은 무작계체 얻음을 말한다. 수계법이란은 발심을 내인으로 삼고, 신·구로 외연 삼는다. 내인과 외연이 구족해야 계체가 감하여 일어난다. 계체에는 두 가지가 있으니, 첫째는 무작계이고 둘째는 유작계이다. 무작이란 계의 바탕이고, 유작이란 계의 모습들이다. 체란 자성에 속하고 상이란 닦음에 속하기에, 체는 상으로 드러나니 그치는 것이고 상은 체로서 닦을 수 있으니 행이다. 계가 비록 무량하지만 그쳐 행하는 지행으로 거두어 다한다. 言得戒者 謂得無作戒體也 受戒之法 以發心爲內因 以身口爲外緣 因緣具足 感發戒體 而戒有二種 一 無作戒 二 有作戒 無作者 戒之體也 有作者 戒之相也 體屬性 相屬修 體以相顯 止也 相以體修 行也 戒雖無量 止行攝盡", 『천태보살계소』권1(대정장40, p.581a20)에 "다음으로 체를 낸다고 하는 것은, 처음 원심을 발하고는 스승에게 받기를 청한다. 몸과 입 지극히 하여 그 이름이 작계다. 색과 심으로 체를 삼고 삼갈마로 마쳐 법을 받아 머물고 품으니 쉬어 버리고 보내 마쳤기에 미래에는 그 이름이 무작계니, 오직 실상심으로 체를 삼은 뜻이다. 그러기에『영락경』에서 이르길 '일체범성계 다한 것으로 체를 삼고, 마음 다함 없음으로 계 또한 무진하다' 하였다. 모든 대승경에는 제삼취계인 별해탈계는 없어서 성문율의와 같지 않으니, 색도 심도 아닌 것으로 계체를 삼는다. 次出體者 初發圓心 從師請受 身口剋誠名爲作戒 色心爲體 三羯磨竟納法居懷 作休謝往訖乎未來名無作戒 唯實相心以之爲體 故瓔珞經云 一切凡聖戒盡以心爲體 心無盡故戒亦無盡 諸大乘經無第三聚 不同聲聞律儀 非色非心以爲戒體"라고 하였다. [참고문헌]『梵網經菩薩戒初津』, 『天台菩薩戒疏』. ⇨작계 作戒, 무작계 無作戒, 계체 戒體

이종고락 二種苦樂 두 가지 고통과 즐거움. 삼계와 정토의 고락을 말한다. 삼계의 낙이라 여기는 것은 끝내 고통이고, 정토의 낙이라 하지만 하계(下界)에서의 낙은 상계(上界)를 바라서는 낙이 아니어서, 인천(人天)의 낙은 정토의 낙도 구경락도 아니라는 뜻이다. 『관무량수불경소』권3(대정장37, p.269b1)에 "지금 말하는 고통과 즐거움에는 두 가지가 있다. 하나는 삼계 중의 고락이고, 다른 하나는 정토에서의 고락이다. 삼계고락이란, 고통인즉 삼악도의 여덟 가지 고통 등이고, 즐거움은 인천의 오욕·방일·계박 등의 즐거움으로서 비록 낙이라 하지만 크나큰 고통이어서 마침내는 일념의 진락도 있는 것이 아니다. 정토고락이란, 고통인즉 지전에서 지상을 바라 느끼는 것은 고통이고, 지상에서 지전을 바라면 즐거움으로 여긴다. 또한 하지로 깨우쳐 상지의 깨우침을 바라 고통으로 여기고, 상지의 깨우침으로 하지의 깨우침을 바라면 즐거움이라 여긴다. 今言苦樂者有二種 一者 三界中苦樂 二者 淨土中苦樂 言三界苦樂者 苦則 三塗八苦等 樂則 人天五欲 放逸繫縛等樂 雖言是樂 然是大苦 必竟無有 一念眞實樂也 言淨土苦樂者 苦則 地前望地上爲苦 地上望地前爲樂 下智證望 上智證爲苦 上智證望 下智證爲樂"라고 하였다. [참고문헌]『觀無量壽佛經疏』. ⇨구경락 究竟樂

이종공양 二種供養 **1** 사공양(事供養)과 이공양(理供養). 향화(香華) 등의 공양을 사공양이라 하고, 신심(信心) 등 마음으로 하는 공양을 이공양이라 한다. 『대일경공양차제법소』권상(대정장39, p.790c5)에 "공양은 이공양과 사공양을 말한다. 이공양이란 이치를 깨달아 들어감이니, 이를 이공양이라고 한다. 사공양이란 마음을 다하고 온 힘을 쏟아 향화를 마련한 뒤 부처의 바다에 공양함이니, 이를 사공양이라고 한다. 供養者 理事供養 理者 會理入證 是云 理供養也 事者 盡心竭力 營辦香花 供養佛海 是言 事供養也"라고 하였다. [참고문헌]『大日經供養次第法疏』. ⇨사공양 事供養, 이공양 理供養, 공양 供養 **2** 재공양(財供養)과 법공양(法供養). 향화 등 물의 재공양과 보살행을 닦아 중생을 이롭게 하는 공양을 말한다. 『대비바사론』권30(대정장27, p.153b1)에

"승중에게 베풀고 공양하고 공경하면서 머물 수만 있다면 재와 법으로 하는 두 가지 공양과 통한다. 재공양이란 향·꽃·옷·음식 등 물로 승중에게 공양하거나 5년대회 등의 불사를 베푸는 것이다. 이를 재로써 승중에게 공양한다고 한다. 법공양은 삼계성 등으로 중생들에게 정법을 설해 주는 것이다. 於僧施設 供養恭敬而住者 通財法二供養 財供養者 謂以香華衣食等物 供養僧衆 或設五年大會等事 名財供養僧 法供養者 謂以三契聲等爲衆宣說正法"라고 하였다. 〔참고문헌〕『大毘婆沙論』, 『十住毘婆沙論』 권1(대정장26, p.23c10). ⇨ 재공양 財供養, 법공양 法供養, 공양 供養

이종과거 二種過去 세과거(世過去)와 유가과거(瑜伽過去). 세과거란 삼세(三世 : 過去·現在·未來) 중 과거를 말하고, 유가과거란 교편과거(巧便過去)라고도 하는데 임의의 시점을 기준으로 그 이전의 시간을 말한다. 예를 들어 부처님의 성도를 기준으로 하면 성도 이전의 시간을 가리킨다. 문법적인 시제(時制)에 의하면 세과거는 과거시제이고, 유가과거는 이미 과거로 마친 과거, 즉 과거완료시제를 말한다. 『대비바사론』 권13(대정장27, p.65b29)에 "과거에는 두 가지가 있으니, 첫째는 세과거이고, 둘째는 유가과거이다. 過去有二種 一 世過去 二 瑜伽過去", 『아비담비바사론』 권8(대정장28, p.53c29)에 "과거에는 두 가지가 있으니 첫째는 세과거이고, 둘째는 교편과거이다. 세존께서 모든 번뇌로부터 해탈하신 것은 결과거, 즉 과거를 매듭지어 마쳤다고 한다. 過去有二種 一 世過去 二 巧便過去 世尊 於諸結得解脫 是名結過去"라고 하였으며, 『유가론기』 권5(대정장42, p.414a24·한불전13, p.325b23)에 "가까운 과거를 과거라 하고 먼 과거는 수승이라 한다. 近過去 名過去 遠過去 名殊勝", 『수자의삼매』(卍속장98, p.699b5)에 "과거에는 두 가지가 있으니 첫째는 과거의 과거이고, 둘째는 현재의 과거이다. 과거의 과거란 먼 과거이고, 현재의 과거란 가까운 과거이다. 過去有二種 一者 過去過去 二者 現在過去 過去過去者 是遠過去 現在過去者 是近過去"라고 하였다. 〔참고문헌〕『大毘婆沙論』, 『阿毘曇毘婆沙論』, 『瑜伽論記』, 『隨自意三昧』.

이종과보 二種果報 ❶ 출가자와 재가자가 각기 달리 받는 과보. 『불본행집경』 권3(대정장3, p.666b25)에 "어떤 사람이 32상을 빠짐없이 갖추고 있다면 그 사람에게는 이종과보가 있다. 재가자일 경우는 틀림없이 전륜성왕이 될 것이고, 속가를 버리고 출가하여 불도를 수학한다면 반드시 아누다라삼막삼보리를 증득하여 명성이 멀리까지 퍼지고 위덕 또한 자재로우리라. 若人具足三十二相 彼人卽有 二種果報 若在家者 必定得作 轉輪聖王 若捨出家 修學聖道 必定當得 阿耨多羅三藐三菩提 名稱遠聞 威德自在"라고 하였다. 〔참고문헌〕『佛本行集經』. ❷ 살생 등 십불선업(十不善業)에 따른 각각의 두 가지 과보. 『니건자소설경』 권2(대정장9, p.328b24)·60권본 『화엄경』 권24(대정장9, p.549a28) 등에 "살생을 저지르면 지옥 등 악도에 떨어지는데, 설령 사람으로 태어나더라도 단명하고 여러 병에 걸리는 두 가지 악한 과보를 얻게 된다. 殺生之罪 … 若生人中 得二種果報 一者 短命 二者 多病", "사견을 일으킨 죄로 삿된 견해에 빠진 가문에 태어나거나 마음에서 항상 거짓을 일삼는다. 邪見之罪 … 得二種果報 一者 生邪見家 二者 其心諂曲"에 이르기까지 모두 열 가지 이종과보를 시설하고 있다. 〔참고문헌〕『尼乾子所說經』, 『華嚴經』. ❸ 숙업으로 인한 과거로부터의 과. 금생의 습기과. 『송고승전』 권7 「지원전 志遠傳」(대정장50, p.745b29)에 "2월 17일에 문인들에게 경계하여 이르길 '나는 수행할 마음을 일으킨 다음부터 마음과 입을 속이지 않은 끝에 오늘날 이종과보를 얻어 잠들어도 편안하고 깨어도 편안하니 번뇌라곤 없다'. 以二月十七日 誡門人曰 吾自生修進 不欺心口 今獲二種果報 臥安覺安 而無痛惱"라고 하였다. 〔참고문헌〕『宋高僧傳』. ⇨ 습기과 習氣果

이종관 二種觀 사시취란부정관(死屍臭爛不淨觀)과 문법억상분별관(聞法憶想分別觀). 『선요경』(대정장15, p.237c27)에 "부정을 얻으려면 두 가지로 관해야 하니, 첫째인즉 주검의 냄새나고 무너져 깨끗하지 않음으로 내 몸의 깨끗하지 않음도 이와 같음을 관한다. … 둘째는 법을 듣고 생각하여 분별함으로 스스로 몸 가운데 서른여섯 가지 물들로 가득 차있음을 관한다. 可得不淨有二種觀 一卽死屍臭爛不淨 我身不淨亦復如是 … 二者聞法憶想分別 自觀身中三十六物"라고 하였다. 〔참고문헌〕『禪要經』, 『禪法要解』(대정장15, p.286b24), 『大明三藏法數』(영락장181, p.482b5).

이종광리 二種廣利 두 가지 넓고 큰 이익. 부처님 재세 시의 이익인 이금(利今)과 부처님 열반 후의 이익인 이후(利後). 『화엄경소』 권1(대정장35, p.504c17)에 "이로움에 금과 후라는 것은, 이미 고르게 그 분이 있어서 넓고 큰 이익이 가이없다. 이것도 두 가지이다. 첫째, 이금은 부처님 재세 시에 직접 법문을 들은 근기들이 받았던 이익이다. 둘째, 이후는 오늘날 보고 들어 얻는 이익이다. 利今後者 旣等有其分 故廣利無邊 此亦二種 一 利今 卽佛在當機 二 利後 卽今之見聞"라고 하였다. 〔참고문헌〕『華嚴經疏』.

이종괴 二種壞 ❶ 염념괴(念念壞)와 대치괴(對治壞). 염념괴란 무상(無常)한 유위법(有爲法)이 념념히 무너져 사라지는 것이고, 대치괴란 다스려 무너지게 하는 뜻이다. 『불지경론』 권5(대정장26, p.315b7)에 "〔경〕 세간은 적정하여 모두 한 맛이니, 평등법성이 원만성취하고 있기 때문이다. 〔논〕 유루오온을 세간이라 한다. 염념과 대치 두 가지로 무너지는 것이니, 저 세간이 다해 사라지면 적정이라 한다. 이 세간에서 세간을 적정하게 하였으니 이것이 성도이고, 열반으로 의타기성의 세간도 적정하여 함께 진여의 원성실성에 돌아가기에 한 맛이라고 한다. 또 세간이란 변계소집이니, 이것의 본성이 없는 것을 적정이라고 한다. 이와 같은 적정은 드러날 진여와 차별이 없기에 한 맛이어서 이것을 바로 평등법성이라 하고, 이 한 맛에 의지하여 앞에서와 같이 닦고 익혀서 원만성취하기에 평등성지를 원만성취한다. 經曰 世間寂靜 皆同一味 平等法性 圓滿成故 論曰 有漏五蘊說名世間 念念對治 二種壞故 卽彼息滅 名爲寂靜 由此於此 而寂靜故 卽是聖道 及以涅槃 依他起性 世間寂靜 同歸眞如 圓成實性 故名一味 又世間者 遍計所執 此本性無說名寂靜 如是寂靜 所顯眞如 無差別故 名爲一味 此卽名爲 平等法性 由此一味 如前修習 圓滿成故 平等性智 圓滿成就"라고 하였다. 〔참고문헌〕 『佛地經論』. ❷ Ⓢ dve saṃvarttanyau. 괴겁(壞劫)의 두 가지 내용. 오취도(五趣道)의 사라짐과 계의 무너짐, 유정의 사라짐과 기세간(器世間)의 무너짐을 말한다. 『구사론』 권12(대정장29, p.62c7 : *Abh-k-bh.*, p.178)에 "괴겁이란, 지옥유정이 다시 나지 않는 때로부터 밖의 기세간이 모두 다할 때까지를 말한다. 괴에는 두 가지가 있으니, 첫째는 취들이 무너지는 것이고, 둘째는 계마저 무너지는 것이다. 다시 두 가지 괴가 있으니, 첫째 유정이 다하는 것이고, 둘째 외기마저 무너지는 것이다. 말하자면 이 세간은 이십중겁을 머물고 나면 이로부터 다시 같은 이십괴겁 바로 이른다. 어느 때 지옥유정이 목숨을 마치고 다시 새롭게 남이 없으면 괴겁의 시작이고, 나아가 지옥에 한 유정도 없으면 그 때를 지옥은 이미 무너졌다고 한다. 言壞劫者 謂從地獄有情不復生 至外器都盡 壞有二種 一 趣壞 二 界壞 復有二種 一 有情壞 二 外器壞 謂此世間 過於二十中劫住已 從此復有等住二十壞劫便至 若時地獄有情命終 無復新生 爲壞劫始 乃至地獄 無一有情 爾時名爲地獄已壞 narakeṣu hi sattvāsaṃbhavāt pra bhṛti yāvat bhājanasaṃkṣayaḥ. dve hi saṃvartt anyau. gatisaṃvartanī dhātusaṃvartanī ca. pun ar dve saṃvartanyau. sattvasaṃvartanī bhajan asaṃvartanī ca. bhavati sa kālo yan narakeṣu s attvāś cyavante nopapadyante. sa ārambhaḥ sa ṃvartakalpasya. yad ayaṃ loko viṃśatyantarak alpān vinṛtto 'sthāt tan niryātaṃ vaktavyam. ta d viṃśatim antarakalpān saṃvartiṣyate, tat pra tipannaṃ vaktavyam. yadā narakeṣv ekasattvo nāvaśiṣṭo bhavati, iyatāyaṃ lokaḥ saṃvṛtto bhavati"라고 하였다. 〔참고문헌〕 『俱舍論』, *Abh-k-bh.* ⇨ 괴겁 壞劫, 겁 劫, 소겁 小劫, 대겁 大劫

이종권청 二種勸請 보살이 시방국토 무량제불을 향해 올리는 두 가지 간절한 청원. 성도하셨을 때 설법을 청하는 권청전법륜(勸請轉法輪)과 열반에 드시려 할 때 세상에 오래 머물러 달라고 청하는 권청주세(勸請住世)를 말한다. 『대지도론』 권7(대정장25, p.109b6)에 "청에는 두 가지가 있다. 첫째는 부처님께서 처음으로 성도하셨을 때의 권청이다. 보살이 야삼주삼 모두 육시로 예를 올리고 청하였으니 가사를 걸치고 합장한 채 말씀을 올린다. '시방불국토 무량제불께서 처음으로 성도하시고는 법륜을 굴리지 않으시니 저희들이 모든 부처님께서 중생을 위해 법륜을 굴려 모두를 도탈시켜 주시길 바라옵니다'. 둘째는 부처님께서 무량한 수명을 버리고 열반에 드시고자 할 때의 권청이다. 보살이 이때도 야삼시와 주삼시 내내 가사 걸치고 합장한 채 말씀을 올린다. '시방불국토 무량제불께서는 오랫동안 세간에 머무시어 무앙수겁동안 모두를 도탈시켜 중생을 이익케 해주시길 바라옵니다'. 請有二種 一者 佛初成道 菩薩夜三晝三 六時禮請 偏袒右肩 合掌言 十方佛土 無量諸佛 初成道時 未轉法輪 我某甲請 一切諸佛 爲衆生轉法輪 度脫一切 二者 請佛欲捨 無量壽命 入涅槃時 菩薩亦 夜三時 晝三時 偏袒右肩 合掌言 十方佛土 無量諸佛 我某甲請 令久住世間 無央數劫 度脫一切 利益衆生"라고 하였다. 〔참고문헌〕 『大智度論』. ⇨ 권청 勸請❶

이종궐 二種闕 무체궐(無體闕 : 無體缺)과 유체궐(有體闕 : 有體缺). 무체궐이란 이유(因)도 실례(喩)도 결여하여 주장(宗)만 있는 경우로 논지를 이해할 수 없게 하는 허물을 말하고, 유체궐이란 종·인·유(宗因喩)의 형식은 갖추었으나 논리적인 허물이 있는 것을 말한다. 『인명입정리론소』 권상(대정장44, p.106b26)에 "궐에는 두 가지가 있으니, 첫째 무체궐 둘째 유체궐이다. 闕有二種 一 無體闕 二 有體闕"라고 하였다. 〔참고문헌〕 『因明入正理論疏』. ⇨ 무체궐 無體闕, 유체결 有體缺, 궐과 闕過, 인명 因明

이종극원 二種極遠 처소극원(處所極遠 Ⓢ deśa-viprakarṣa)과 손감극원(損減極遠 Ⓢ apacaya-viprakarṣa). 처소극원이란 공간적으로 아주 멀리 떨어져있는 것을 말하고, 손감극원이란 지극히 미세하여 눈으로 볼 수 없는 것을 말한다. 여기에 시간적인 간격이 아주 먼 것을 뜻하는 시극원(時極遠)을 더하여 삼극원이라고 한다. 『유가사지론』 권3(대정장30, p.291a19 : *Yogā-bh.*, p.58)에 "극원에는 두 가지가 있으니, 처소극원과 손감극원을 말한다. 極遠有二種 謂處所極遠 損減極遠 d vābhyāṃ viprakarṣābhyāṃ deśaviprakarṣato'pacayaviprakarṣataśca", 『구사론기』 권1(대정장41, p.6c29)에 "시극원이란 팔만겁 밖의 시간을 말하고, 처극원이란 삼천대천세계 밖의 장소를 말한다. 極遠時 謂八萬劫外時 極遠處 謂三千大千世界外處", 『유가론기』 권1(대정장42, p.333b27・한불전13, p.67b20)에 "처소극원이란 여러 방향의 머무는 곳이 각각 멀리 떨어져 있는 것을 말하고, 손감극원이란 저 큰 물건을 갈아서 미세해지면 볼 수 없는 것과 같은 것을 말한다. 處所極遠者 謂諸方住處各遠故 損減極遠者 謂如磨麤物成細 則不可見"라고 하였다. [참고문헌] 『瑜伽師地論』・권15(대정장30, p.357b9), 『俱舍論記』, 『瑜伽論記』, 『瑜伽師地論略纂』 권2(대정장43, p.21a10), *Yogā-bh.* ⇨ 처소극원 處所極遠, 손감극원 損減極遠, 시극원 時極遠

이종근본 二種根本 두 가지 근본. 무시이래의 생사근본과 보리열반을 말한다. 『능엄경』 권1(대정장19, p.108c3)에 "무엇이 두 가지 근본인가? 아난아! 첫째는 무시이래 반복되는 생사근본이니, 그대가 지금 모든 중생들과 더불어 반연심을 쓰며 자성으로 삼는 것이다. 둘째는 무시이래 보리와 열반이 원래 청정한 바탕이니, 그대가 지금 식정원명으로 온갖 연을 일으키지만 그 연 보내야 할 것이거늘, 모든 중생은 오히려 이 본래 밝음 보내고는 종일 수행해도 스스로 깨닫지 못하고 부질없이 온갖 취에 뛰어든다. 云何二種 阿難 一者 無始生死根本 則汝今者 與諸衆生 用攀緣心 爲自性者 二者 無始菩提涅槃元淸淨體 則汝今者 識精元明 能生諸緣 緣所遺者 由諸衆生 遺此本明 雖終日行 而不自覺 枉入諸趣"라고 하였다. [참고문헌] 『楞嚴經』.

이종기혐 二種譏嫌 두 가지 꺼리는 것. 정토에 나기 위해서는 체(體)와 이름(名) 두 가지로 꺼리는 세 가지 즉 이승인・여인・근불구인을 말한다. 『무량수경우파제사원생게』(대정장26, p.232a4)에 "정토과보는 두 가지 기혐의 허물을 벗어나야 한다. 하나는 체이고 다른 하나는 명이다. 체에는 세 가지가 있다. 첫째는 이승인, 둘째는 여인, 셋째는 제근을 갖추지 못한 사람이다. 이 세 가지 허물이 없으면 체의 기혐을 벗어났다고 한다. 이름 또한 세 가지인데, 세 가지 체가 없을 뿐만 아니라 이승인・여인・근을 갖추지 못한 사람 등 세 가지 이름조차도 들을 수 없기에 명의 기혐을 벗어났다고 한다. 淨土果報 離二種譏嫌過 應知 一者 體 二者 名 體有三種 一者 二乘人 二者 女人 三者 諸根不具人 無此三過故 名離體譏嫌 名亦三種 非但無三體 乃至不聞 二乘 女人 諸根不具 三種名故 名離名譏嫌"라고 하였다. [참고문헌] 『無量壽經優波提舍願生偈』.

이종나한 二種羅漢 **1** 시해탈아라한(時解脫阿羅漢 Ⓢ samaya-vimukta)과 불시해탈아라한(不時解脫阿羅漢 Ⓢ asamaya-vimukta). 시해탈아라한은 때와 온갖 인연이 갖추어지길 기다려 아라한과를 증득하는 둔근(鈍根)이고, 불시해탈아라한은 아무것도 기다리지 않는 이근(利根)이다. 『사교의』 권6(대정장46, p.740b13)에 "여섯째, 시해탈아라한을 밝히면 신행이 둔한 근기이다. 때와 뭇인연을 기다려 비로소 해탈한다. 그러므로 시해탈이라 한다. … 일곱째, 불시해탈아라한을 밝히면 법을 행하는 영리한 근기이다. 부동법아라한이라고 한다. 불시해탈이란 법에 움직임이 없는 이다. 한결같이 영리한 근기로서 인 중에서 도를 쓰고 일체시에 원하는 대로 할 수 있고, 선업을 닦아나가되 여러 가지 갖추기를 기대하지 않는다. 그러므로 불시해탈이라 한다. 六明時解脫羅漢者 卽是信行鈍根 待時及衆緣具 方得解脫 故名時解脫 … 七明不時解脫阿羅漢者 卽是法行利根 名不動法阿羅漢也 所言不時解脫者 不動法人 一向利根 因中用道 能一切時中隨所欲 進修善業不待衆具 故名不時解脫也"라고 하였다. [참고문헌] 『四敎義』. ⇨ 시해탈아라한 時解脫阿羅漢, 불시해탈 不時解脫 **2** 혜해탈아라한(慧解脫阿羅漢 Ⓢ prañjā-vimukta)과 구해탈아라한(俱解脫阿羅漢 Ⓢ ubhayato-vimukta). 번뇌장과 선정(禪定)의 장애를 각각 떠남으로써 증득하는 과보이다. 『불성론』 권4(대정장31, p.810a19)에 "장애에 세 가지가 있다. 첫째 번뇌장이니 이 장애를 떠나면 혜해탈아라한을 증득한다. 둘째, 선정장이니 이 장애를 떠남으로써 구해탈아라한과 독각 등을 증득한다. 셋째, 일체지장이니 보살도에 의해 부서진다. 이 장애를 떠남으로써 정각을 이룬다. 障有三種 一 煩惱障 能離此障 得慧解脫阿羅漢 二 禪定障 由離此障故 得俱解脫阿羅漢及獨覺等 三 一切智障 是菩薩道所破 離此障故 得成正覺", 『순정리론』 권64(대정장29, p.695c20)에 "오근이 더욱 힘차게 지혜로워 원만한 경우를 구해탈아라한과라 한다. 오근이 점진적이고 낮은 둔근인 경우를 혜해탈이라 한다. 若有五根 增上猛利 極圓滿者 名俱解脫阿羅漢果 若有五根 漸劣漸鈍 名慧解脫"라고 하였다. [참고문헌] 『佛性論』, 『順正理論』. ⇨ 혜해탈 慧解脫, 구해탈 俱解脫, 아라한 阿羅漢 **3** 괴법아라한(壞法阿羅漢)과 불괴법아라한(不壞法阿羅漢). 『석선바라밀차제법문』 권9(대정장46, p.535b25)에 "서로 상대하여 다스리는 두 가지 무루도가 있으니, 하나는 무너뜨려 얻는 도이고 다른 하나는 무너뜨리지 않아서 얻는 도다. 괴법도란 구상・팔념・십상 등이다. 이 세 가지를 잘 닦아서 진정한 무루를 일으키면 괴법아라한이 된다. 둘째, 불괴법도는 배사・승처・일체처・구차제정・사자분신・초월 등의 삼매이다. 이 선을 갖추고 진정한 무루를 일으키면 불괴법대아라한이 된다. 卽有二種對治無漏道 一者 壞法道 二者 不壞法道 壞法道者

卽是九想八念十想是也 善修此三 若發眞無漏 卽成壞法阿羅漢也 二不壞法道 卽是背捨勝處一切處九次第定師子奮迅超越等三昧 具足此禪 發眞無漏成不壞法大阿羅漢也"라고 하였다. [참고문헌]『釋禪波羅蜜次第法門』.

이종난득인 二種難得人 만나보기 어려운 두 부류의 사람. 여래와 전륜성왕, 벽지불과 아라한, 설법인(說法人)과 문법인(聞法人), 행은(行恩)하는 사람과 보은(報恩)하는 사람, 자족인(自足人)과 타족인(他足人) 등을 말한다.『증일아함경』권8(대정장2, p.582c27)에 "두 사람이 세상에 출현하는 것은 참으로 어렵다. 누가 그 두 사람인가? 즉 여래·지진·등정각께서 세상에 출현하시는 것이 매우 어렵고, 전륜성왕이 세상에 출현하는 것도 매우 어렵다. … 두 사람이 세상에 출현하는 것은 매우 어렵다. 누가 그 두 사람인가? 즉 벽지불이 세상에 출현하는 것이 매우 어렵고, 여래제자로 번뇌 다한 아라한의 세상에 나기란 심히 어렵다. 二人出現於世 甚爲難得 云何爲二人 所謂如來 至眞 等正覺 出現於世 甚爲難得 轉輪聖王 出現於世 甚爲難得 … 二人出現於世 甚爲難得 云何爲二人 所謂辟支佛 出現世間 甚爲難得 如來弟子 漏盡阿羅漢 出現世間 甚爲難得", 같은 책 권10(대정장2, p.596a1)에 "두 사람이 세상에 출현하는 것을 만나기가 매우 어렵다. 누가 그 두 사람인가? 능히 설법하는 사람이 세상에 출현하는 것을 만나기가 매우 어렵고, 법을 듣고 받아 지니며 행하는 사람을 만나기도 참으로 어렵다. 비구들아, 이것이 두 사람이 세상에 출현하는 것을 만나기가 매우 어렵다는 것이다. 有二人 出現世間 甚難得遇 云何爲二人 能說法人 出現於世 甚難得値 能聞法人 受持奉行 甚難得値 是謂 比丘 有此二人 出現世間 甚難得遇",『칠처삼관경』(대정장2, p.881a7)에 "두 사람을 세간에서 보기 어렵다. 누가 그 두 사람인가? 첫째 할 수 없는 정도의 은혜를 베푸는 사람, 둘째 은혜를 받으면 다시 은혜를 갚는 사람이다. 二人 世間難得 何等二人 一者 所不可爲行恩 二者 受恩復報恩",『대지도론』권11(대정장25, p.141a14)에 "세상에서 두 사람을 보기 어렵다. 첫째 출가한 사람 중에서 비시해탈하는 비구, 둘째 재가 신도 중에서 청정하게 보시하는 사람이다. 世有二人爲難得 一者 出家中 非時解脫比丘 二者 在家白衣能淸淨布施",『사리불아비담론』권8(대정장28, p.586a6)에 "세상에서 두 사람을 보기 어려우니, 어떤 것이 그 두 사람인가? 자족인과 타족인이다. 世二人難得 何等二自足他足"라고 하였다. [참고문헌]『增壹阿含經』,『七處三觀經』,『大智度論』,『舍利弗阿毘曇論』.

이종대승 二種大乘 유상대승(有相大乘)과 무상대승(無相大乘)의 두 가지 대승. 남북조시대 때 북방 지역의 한 선사(禪師)가 분류한 대승이다.『법화현의』권10(대정장33, p.801b21)에 "북방 지역의 한 선사는 두 가지 대승교를 밝혔다. 하나는 유상대승이고 다른 하나는 무상대승이다. 유상대승은『화엄경』·『영락경』·『대품경』등으로 십지와 그 공덕 및 행상을 설한 것이다. 무상대승은『능가경』·『사익경』과 같은 것이니 참된 법에는 차제가 있을 리 없으니 일체중생이 그대로 열반상과 같다고 설한 것이다. 北地禪師 明二種大乘敎 一 有相大乘 二 無相大乘 有相者 如華嚴瓔珞大品等 說階級十地功德行相也 無相者 如楞伽思益 眞法無詮次 一切衆生卽涅槃相也"라고 하였다. [참고문헌]『法華玄義』.

이종도 二種道 **1** 극청정출세지도(極淸淨出世智道)와 무변소식경계지도(無邊所識境界智道). 전의(轉依)로써 얻는 두 가지 법도를 말한다.『대승장엄경론』권3(대정장31, p.602c29)에 "의지함을 뒤침으로써 두 가지 도가 성취된다는 것은, 이것은 능히 다스려 성취함을 밝히는 것이다. 즉 부처님의 체(體)와 최상의 원만백법이 상응함을 말한다. 그때 의지를 뒤쳐 두 가지 도의 성취를 얻는데, 첫째 극청정출세지도를 얻고, 둘째 무변소식경계지도를 얻으니, 이것을 전의라고 한다. 依轉二道成者 此明能治成就 謂佛體與最上圓滿白法相應 爾時 依轉得二道成就 一 得極淸淨出世智道 二 得無邊所識境界智道 是名轉依"라고 하였다. [참고문헌]『大乘莊嚴經論』. ⇨ 전의 轉依 **2** ➡ 이도 二道

이종독각 二種獨覺 Ⓢ dvividhāḥ pratyekabuddhāḥ, Ⓣ rang-sangs-rgyas rnams ni rnam-pa-gnyis. 부행(部行 Ⓢ varga-cārin)과 인각유(麟角喩 Ⓢ khaḍga-viṣāṇa-kalpa)의 두 가지 독각.『구사론』권12(대정장29, p.64a28 : *Abh-k-bh.*, p.183)에 "독각에 두 가지가 있다. 하나는 부행이고 다른 하나는 인각유이다. 然諸獨覺有二種殊 一者 部行 二 麟角喩 dvividhā hi pratyekabuddhā vargacāriṇaḥ khaḍgaviṣāṇakalpāś ca",『구사론소』권12(대정장41, p.622c25)에 "아래에서는 두 가지 독각에 대해 밝히겠다. 인각유는 부처 없는 세상에 홀로 나온 독각이다. 부행독각은 먼저 예류과를 얻은 성문이었다가 후에 부처가 없는 때에 정진하여 수승한 과보를 얻는 독각을 말한다. 此下明二種獨覺 麟角喩 謂出無佛世獨一而出 部行獨覺 先是預流果聲聞 彼後無佛時進得勝果"라고 하였다. [참고문헌]『俱舍論』,『俱舍論疏』, *Abh-k-bh.* ⇨ 부행독각 部行獨覺, 인각유독각 麟角喩獨覺, 독각 獨覺 **1**

이종락 二種樂 두 가지 락(樂). 이에 대해서는 다양한 교상(敎相)이 있다. **1** 적멸락(寂滅樂)과 각지락(覺知樂). 40권본『대반열반경』권25(대정장25, p.513b13)에 "모든 부처님께서는 두 가지 '락'이 있으니, 첫째는 적멸락이고 둘째는 각지락이다. 諸佛如來有二種樂 一寂滅樂 二 覺知樂"라고 하였다. 〔참고문헌〕『大般涅槃經』. ❷ 수락(受樂)과 수진락(受盡樂). 『대지도론』 권8(대정장25, p.120c21)에 "〔문〕 부처님께서는 열반이 제일락이라고 하셨거늘, 어찌하여 제3선의 '락'을 말하는가? 〔답〕 두 가지 '락'이 있으니, 수락과 수진락이다. 수진락이란 일체의 오음이 다하여 다시 나지 않는 것이니, 바로 무여열반락이다. 근심과 번뇌를 버려 마음이 기쁜 것을 낙수라고 한다. 이와 같이 낙수만족은 제3선 중에 있다. 問曰 佛言涅槃第一樂 何以言 第三禪樂 答曰 有二種樂 有受樂 有受盡樂 受盡樂 一切五衆盡更不生 是無餘涅槃樂 能除憂愁煩惱心中歡喜 是名樂受 如是樂受滿足在第三禪中"라고 하였다. 〔참고문헌〕『大智度論』. ❸ 유루락(有漏樂)과 무루락(無漏樂). 『대지도론』 권19(대정장25, p.200a4)에 "〔문〕 두 가지 '락'이 있으니, 유루락과 무루락이다. 유루락은 하천하고 해악을 끼치며, 무루락은 매우 훌륭하거늘 어찌하여 하천한 유루락에 대해서 집착하고, 매우 훌륭한 무루락에 집착하지 않는가? … 〔답〕 무루락은 매우 훌륭하여 지혜가 많고, 지혜가 많기에 이런 집착을 여의지만, 유루락에는 애 등의 번뇌가 많기에 애가 집착의 근본이다. 실지혜로 능히 여읠 수 있으니, 그렇기에 집착하지 않는다. 問曰 有二種樂 有漏樂 無漏樂 有漏樂下賤弊惡 無漏樂上妙 何以故於下賤樂中生著 上妙樂中而不生著 … 答曰 無漏樂上妙而智慧多 智慧多故 能離此著 有漏樂中 愛等結使多 愛爲著本 實智慧能離 以是故不著", 『유가사지론』 권35(대정장30, p.483b29)에 "간략하게 말하면 이 '락'에는 다시 두 가지가 있으니, 첫째는 유루락이고 둘째는 무루락이다. 무루락이란 학과 무학의 락이고, 유루락이란 욕계와 색계와 무색계의 삼계에 매인 락이다. 또 이 일체삼계에 매인 락에는 그 상응함에 따라 육처가 다르기에 여섯 가지가 있게 된다. 즉 안촉으로 생기는 것으로부터 의촉으로 생기는 것까지를 말한다. 이와 같은 여섯 가지는 다시 두 가지로 거두니, 첫째는 신락이고 둘째는 심락이다. 오식과 상응하는 것을 신락, 의식과 상응하는 것을 심락이라고 한다. 略說此樂復有二種 一者 有漏 二者 無漏 無漏樂者 學無學樂 有漏樂者 欲色無色 三界繫樂 又此一切 三界繫樂 隨其所應 六處別故 有其六種 謂眼觸所生 乃至意觸所生 如是六種 復攝爲二 一者 身樂 二者 心樂 五識相應 名爲身樂 意識相應 名爲心樂"라고 하였다. 〔참고문헌〕『大智度論』, 『瑜伽師地論』. ❹ 유희락(有喜樂)과 무희락(無喜樂). 『대지도론』 권86(대정장25, p.665b28)에 "희락이란 무엇인가? 색계 중에는 두 가지 락이 있으니, 첫째는 기쁨 있는 락이고 둘째는 기쁨 없는 락이다. 기쁨 있는 락은 초선과 제2선 중에 있으며, 기쁨 없는 락은 제3선 중에 있다. 초선과 제2선은 모두 기쁨 있는 락인데, 어떤 차별이 있는가? 초선 중의 기쁨은 욕을 여의기에 생기고, 제2선의 기쁨은 선정에서 생긴다. 喜樂者 色界中有二種樂 一者 有喜樂 二者 無喜樂 喜樂 初禪 二禪中 無喜樂 三禪中 初禪二禪 俱有喜樂有何差別 初禪中喜樂 從離欲故生 二禪喜樂 從定生"라고 하였다. 〔참고문헌〕『大智度論』.

이종론 二種論　두 종의 논서. 종경론(宗經論)과 석경론(釋經論)으로 경의 종지를 논한 경우와 경을 풀이한 논을 말한다. 『중론』·『백론』·『유가사지론』·『섭대승론』·『불성론』·『조론』 등은 전자이고, 『대지도론』·『십주비바사론』·『십지경론』·『불지경론』 등은 후자다. 『양인산거사유서』 권7(대장경보편28, p.505a12)에 "삼론(『중론』『백론』『십이문론』)이라 한다〈3부 모두 균질하게 종경론이다. 『대지도론』을 더하면 사론이라 하는데, 『대지도론』은 석경론이다. 『대품반야경』을 풀었기 때문이다〉. 爲三論〈三部均是宗經論 若加大智度論 卽爲四論 智論是釋經論釋大品般若經故〉"라고 하였다. 〔참고문헌〕『楊仁山居士遺書』, 『閱藏知津』 권1(가흥장31, p.789b4).

이종륜신 二種輪身　자성륜신(自性輪身)·정법륜신(正法輪身)·교령륜신(敎令輪身) 등 삼륜신(三輪身) 중 자성륜신을 제외한 두 가지. ⇨ 삼륜신 三輪身, 교령륜신 敎令輪身, 정법륜신 正法輪身

이종망견 二種妄見　별업망견(別業妄見)과 동분망견(同分妄見). 별업망견이란 중생 개개인이 일으킨 허망한 경이고, 동분망견이란 중생들이 함께 보고 감당할 수밖에 없는 경을 말한다. 『능엄경』 권2(대정장19, p.113b4)에 "무엇이 두 견인가? 하나는 중생별업망견이고 다른 하나는 중생동분망견이다. 云何二見 一者 衆生別業妄見 二者 衆生同分妄見", 『종경록』 권74(대정장48, p.829b5)에 "『능엄경소석』에 이르길 '별업망견은 분별하는 번뇌이고, 동분망견이란 함께 일으키는 무명이다'라고 하였다. 楞嚴經疏釋云 別業妄見者 分別煩惱也 同分妄見者 俱生無明也", 『능엄경약소』 권2(卍속장23, p.13a6)에 "이종망견이란, 첫째 별업망견이니 자기의 업이 부르는 것이다. 이것은 한 사람 자신의 견으로서 가까이한 경이다. 그 경이 좋든 싫든 실로 자신이 받아 쓴 것이고 대중과 더불어 관계없다. 저 눈병에 걸린 눈으로 등불을 보면 달리 오색의 둥근 그림자가 있는 것처럼 보이지만 다른 사람에게는 없는 경우와 같다. 다른 하나는 동분망견이다. 이것은 그 업으로 받게 된 것이다. 이는 대중과 함께한 견으로서 소원한 경이다. 그 경이 좋든 싫든 자기 혼자 받아서 쓴 것이 아니라 대중과 함께 하는 것이다. 저 한 나라 사람들이 함께 악연을 맞게 되면 갖가지 재앙의 징조가 나타나는데 다른 나라에는 없는 경우와 같다. 所謂二種妄見者 一曰 別業妄見 謂己業所

招 乃是一人自見 親近之境 其境之美惡 實已所受用 與衆無關 如眚目見燈光 別有五色圓影 他人所無也 一曰 同分妄見 謂其業所感 乃是同衆見 疎遠之境 其境之美惡 非一己受用 與衆共之 如一國人共感惡緣 乃見種種灾象 他國所無也"라고 하였다. [참고문헌]『楞嚴經』, 『宗鏡錄』, 『楞嚴經略疏』. ⇨ 별업망견 別業妄見, 동분망견 同分妄見

이종망어보 二種妄語報 망어(妄語)가 부르는 두 가지 과보. 80권본 『화엄경』 권35(대정장10, p.185c23)에 "망어의 죄 역시 중생을 삼악도에 떨어트린다. 만약 인취에 태어나면 두 가지 과보를 얻는다. 하나는 많은 비방을 받는 것이고, 다른 하나는 남에게 속는 것이다. 妄語之罪亦令衆生墮三惡道 若生人中 得二種果報 一者 多被誹謗 二者 爲他所誑", 『법원주림』 권70(대정장53, p.816b29)에 "왜 망어는 많은 타인에게 비방을 당하도록 만드는가? 망어는 성실하지 않기 때문이다. 왜 망어는 타인에게 속임을 당하게 하는가? 망어로 남을 속이고 꾀었기 때문이다. 何故爲人多被誹謗 以其妄語不誠實故 何故妄語爲人所誑 以其妄語欺誘人故"라고 하였다. [참고문헌]『華嚴經』, 『法苑珠林』. ⇨ 망어 妄語

이종멸 二種滅 ❶ 잠시멸(暫時滅)과 구경멸(究竟滅). 『현양성교론』 권8(대정장31, p.517c1)에 "사라져 보이지 않음에는 두 가지가 있음을 알아야 하니 첫째는 잠시멸, 둘째는 구경멸이다. 잠시멸이란, 이미 성숙하고 이미 해탈한 유정으로 제불여래께서 잠시 나타나셨다가 반열반에 드신 것이니, 이것은 구경멸이 아니다. 구경멸이란, 일체번뇌와 저 습기와 의지한 괴로움을 끝내 다한 것임을 알아야 한다. 滅者 有二種應知 一 暫時滅 二 究竟滅 暫時滅者 於已成熟 已解脫有情 諸佛如來 暫時示現入般涅槃 非是究竟 究竟滅者 謂一切煩惱 及彼習氣 及所依苦 究竟永盡 應知"라고 하였다. [참고문헌]『顯揚聖教論』. ❷ 자성멸(自性滅)과 대치멸(對治滅). 자성멸이란 정사유로 탐진 등의 자성이 사라지게 하는 것이고, 대치멸이란 진여를 관하거나 부정관으로 삼계번뇌를 사라지게 하는 것이다. 『불성론』 권4(대정장31, p.807a4)에 "두 가지 멸이 있으니 첫째 성멸, 둘째 치도멸이다. 첫째 성멸에 둘이 있으니 염념멸과 상위멸이다. 상위멸에도 두 가지가 있다. 첫째 등류상위이니 저 탐이 진 등과 어긋나는 것이고, 둘째 부등류상위이니 정사유가 욕진 등과 어긋나는 것이니 이것을 성멸이라고 한다. 둘째 치도멸에 두 가지가 있으니 첫째 통, 둘째 별이다. 통도란 진여를 관하여 삼계번뇌를 멸하는 것을 말한다. 둘째 별도란 저 부정관 등으로 탐진 등의 번뇌를 사라지게 하는 것이다. 有二種滅 一者 性滅 二 治道滅 一 性滅者 有二 謂念念滅 及相違滅 相違滅 又有二種 一 等類相違 如貪違瞋等 二 不等類相違 如正思惟違欲瞋等 是名性滅 二 治道滅者 有二種 一 通 二 別 通道者 謂觀眞如 滅三界煩惱 二 別道者 如不淨觀等 能滅貪瞋等煩惱", 『대승기신론의기별기』(대정장44, p.293a12)에 "[문] 본각이 능히 혹을 사라지게 할 수 있다면, 어찌하여 시각으로 하는가? [답] 혹에 두 뜻이 있기 때문이니, 첫째 이로는 없는 뜻이고, 둘째 정으로는 있다는 뜻이다. 즉 처음의 뜻에 대하므로 본각이라 하고, 뒤의 뜻에 대하므로 시각이라고 한다. 그러므로 『불성론』에서 말한다. '번뇌에는 두 가지 멸이 있으니, 첫째 자성멸, 둘째 대치멸이다. 이 두 가지 멸에 대한 것이므로 시각과 본각이 있다. 또 이 시각 역시 본각의 용이다. 무슨 말인가? 본각에 의지하므로 불각이 있고 불각이 있으므로 시각이 있다. 그러므로 시각이 곧 본각이며, 다시 다른 체는 없고 오직 하나의 본각만이 번뇌를 사라지게 한다. 問 若本覺能滅惑者 何用始覺爲 答 以惑有二義故 一 理無義 二 情有義 由對初義 故名本覺 由對後義 故名始覺 故佛性論云 煩惱有二種滅 一 自性滅 二 對治滅 對此二滅 故有始本二覺 又此始覺 亦是本覺之用也 何者 以依本覺 故有不覺 有不覺 故有始覺 是故 始覺卽是本覺 更無異體 唯一本覺 滅煩惱也"라고 하였다. [참고문헌]『佛性論』, 『大乘起信論義記別記』. ❸ 상속멸(相續滅 : 流注滅 Ⓢ prabandha-nirodha)과 상멸(相滅 Ⓢ lakṣaṇa-nirodha). 상속멸이란 희론(戱論)·습기(習氣) 등과 경계의 멸을 말하고, 상멸이란 일체의 근(根)과 식(識)의 멸을 일컫는다. 『입능가경』 권2(대정장16, p.521c25)에 "대혜야, 모든 식의 두 가지 멸이란 무엇인가? 첫째는 상멸, 둘째는 상속멸이다. 大慧 諸識二種滅者 一者 相滅 二者 相續滅", 『대승입능가경』 권1(대정장16, p.593b21 : *Laṅk.*, p.18)에 "대혜야, 아뢰야식의 허망분별의 갖가지 습기가 사라지면 일체근과 식도 사라지는데, 이것을 상멸이라고 한다. 대혜야, 상속멸이란 말하자면 의지한 인이 사라지는 것과 소연도 사라지는 것이 곧 상속멸이다. '의지하는 인'이란 무시이래 희론의 허망습기를 말하고, 소연이란 마음으로 본 분별경계다. 大慧 阿賴耶識 虛妄分別 種種習氣滅 卽一切根識滅 是名相滅 大慧 相續滅者 謂所依因滅 及所緣滅 卽相續滅 所依因者 謂無始戱論 虛妄習氣 所緣者 謂自心所見 分別境界 tatra sarvendriyavijñānanirodho mahāmate yaduta ālayavijñānasya abhūtaparikalpavāsanāvaicitryanirodhaḥ. eṣa hi mahāmate lakṣaṇanirodhaḥ. prabandhanirodhaḥ punarmahāmate yasmācca pravartate. yasmāditi mahāmate yadāśrayeṇa yadālambanena ca. tatra yadāśrayamanādikālaprapañcadauṣṭhulyavāsanā yadālambanaṃ svacittadṛśyavijñānaviṣaye vikalpāḥ"라고 하였다. [참고문헌]『入楞伽經』, 『大乘入楞伽經』, *Laṅk.* ❹ 무명멸(無明滅)과 애멸(愛滅). 십이인연(十二因緣) 중 괴로움을 부르는 주된 인인 무명과 애의 멸을 말한다. 『현식론』(대정장31, p.880a20)에 "집제(集諦)의 두 가지란 십이인연 중의 무명과 탐애를 말한다. 이 두 가지가 사라지는 것이 이종멸이다. 集二者 十二因緣中 謂無明貪愛 滅此二種 爲二種滅"라고 하였다. [참고문헌] 『顯識論』. ⇨ 무명 無明[1], 애愛[1], 십이지 十二支, 십이인연 十二因緣

이종모 二種母 두 어머니. 생모(生母)와 양모(養母)를 말하며, 각각 초인인(招引因)과 지인(持因)을 비유한다. 초인인이란 과거로부터 불러 가져와 낳는 인을 말하고, 지인이란 몸소 행하여 가지게 된 인을 일컫는다. 『잡아비담심론』 권8(대정장28, p.932b23)에 "수란 인천을 말하니 악취는 아니다. 이것은 가져온 인이기에 시수라고 한다. 예를 들면 다음과 같다. 살생을 떠나 오래 닦고 익히면 장수한다. 이것은 불러 이끈 인이기에 이렇게 말한다. 비유하면 저 두 어머니인 생모와 양모와 같으니, 이살생이란 생모와 같고, 공양을 베풂은 양모와 같다. 壽者 謂人天非惡趣 此以持因 故說施壽 如說 離殺生 修習多修習 得長壽 此以招引因 故說 譬如二種母 生母及養母 離殺生者 如生母 施食者 如養母"라고 하였다. [참고문헌] 『雜阿毘曇心論』. ⇨ 초인인 招引因, 지인 持因, 오인 五因[1]

이종무량 二種無量 두 가지 무량. 성인도 헤아릴 수 없는 진실한 무량과, 범부가 알지 못할 뿐이지 부처님에게는 무량이 아닌 것을 말한다. 『대지도론』 권20(대정장25, p.210c25)에 "무량에 두 가지가 있다. 첫째, 실무량이다. 모든 성인도 헤아릴 수 없는 것으로 비유컨대 허공·열반·중생성 같은 헤아릴 수 없는 것이다. 둘째, 헤아릴 수 있는 법이지만 힘이 모자라 헤아릴 수 없는 경우이다. 예컨대 수미산·바닷물·미세한 무게·물방울의 수 같은 것은 불보살은 알 수 있지만 천인은 알 수 없다. 부처님께서 중생을 제도하시는 일 역시 그러하다. 부처님께서는 능히 아시지만 그대들이 알 수 있는 것이 아니다. 그러므로 무량이라고 한다. 無量有二種 一者 實無量 諸聖人所不能量 譬如虛空 涅槃 衆生性 是不可量 二者 有法可量 但力劣者不能量 譬如須彌山 大海水 斤兩滴數多少 諸佛菩薩能知 諸天世人所不能知 佛度衆生亦如是 諸佛能知 但非汝等所及 故言無量"라고 하였다. [참고문헌] 『大智度論』.

이종무루인과 二種無漏因果 무루인과 무루과. 도제(道諦)와 멸제(滅諦)를 말한다. 40권본 『대반열반경』 권12(대정장12, p.434c29)에 "무루법에도 두 가지가 있으니 인도 있고 과도 있다. … 무루과는 멸제라 하고, 무루인은 도제라 한다. 無漏法者 亦有二種 有因有果 … 無漏果者 則名爲滅 無漏因者 則名爲道"라고 하였다. [참고문헌] 『大般涅槃經』. ⇨ 무루인 無漏因[1], 무루과 無漏果, 무루법 無漏法

이종무상 二種無常 육종무상(六種無常) 또는 팔종무상(八種無常) 중 두 가지인 찰나무상(刹那無常 : 念念無常)과 상속무상(相續無常), 또는 기무상(器無常)과 수용무상(受用無常). 『현양성교론』 권14(대정장31, p.548a13)에 "육종무상이란 첫째 무성무상, 둘째 실괴무상, 셋째 전이무상, 넷째 별리무상, 다섯째 득무상, 여섯째 당유무상이다. 팔종무상이란 첫째 찰나무상, 둘째 상속무상, 셋째 병무상, 넷째 노무상, 다섯째 사무상, 여섯째 심무상, 일곱째 기무상, 여덟째 수용무상이다. 이 중에서 찰나무상과 상속무상의 두 가지 무상은 일체처에 두루 미치고, 병무상·노무상·사무상 등 세 가지 무상은 내색에만 있으며, 심무상은 오직 이름만 있고, 기무상과 수용무상의 두 가지 무상은 외색에만 있다. 이 중에서 무성무상이란 성이 항상 무이기에 무상이라고 한다. 六種無常者 一 無性無常 二 失壞無常 三 轉異無常 四 別離無常 五 得無常 六 當有無常 八種無常者 一 刹那門 二 相續門 三 病門 四 老門 五 死門 六 心門 七 器門 八 受用門 此中 刹那相續 二種無常 遍一切處 病等 三無常 在於內色 心無常 唯在於名 器受用 二無常 在於外色 此中 無性無常者 謂性常無故 名曰無常", 『대지도론』 권43(대정장25, p.372b19)에 "보살이 때로는 색무상을 관한다. 이 무상에도 두 가지가 있다. 첫째는 념념이 사라지는 것이니 일체유위법은 한 찰나에 머물 뿐이다. 둘째는 상속법이 무너지기에 무상이라 한다. 저 사람의 수명이 다하거나 불이 초목을 태우거나 끓는 물이 모두 말라버리는 등과 같은 것이다. 菩薩或觀色無常 無常亦有二種 一者 念念滅 一切有爲法 不過一念住 二者 相續法壞故 名爲無常 如人命盡 若火燒草木 如煎水消盡", 『정명경관중석초』 권상(대정장85, p.517c27)에 "두 가지 무상이 있다. 첫째 사무상이니, 사시로 옮겨 변하니 용모의 노쇠 등 사물이 변하는 것을 무상이라 한다. 둘째 이무상이니, 유위법이 찰나찰나 그 자성을 옮겨가는 것을 깨우치는 것이다. 有二種無常 一 事無常 謂四時遷變 顔貌衰老等 事物變移 爲無常也 二 理無常 謂體有爲之法 刹那刹那 性自遷易"라고 하였다. [참고문헌] 『顯揚聖教論』, 『大智度論』, 『淨名經關中釋抄』. ⇨ 무상 無常

이종무심약교 二種無心約教 교를 잡아 푼 두 가지 무심. 닦아 무심하게 되는 길과 체에 당해 일념도 일어나기 전의 무념을 말한다. 『종경록』 권45(대정장48, p.680b17)에 "무심은 교를 잡아 보면 두 가지가 있다. 하나는 맑고 고요하게 되어 없는 것이고, 다른 하나는 체에 당해 아예 없는 것이다. 맑게 씻어내서 없앤다는 것은 생각을 거두어 편안히 가라앉히며 각관으로 비우고 선정을 닦아 점차 미세해지는 것이다. 체에 당해 아예 없다는 것은 일어남이 없음을 곧장 깨닫는 것이다. 한 생각이 일어남도 얻을 수 없기 때문이다. 경에서 '한 생각 처음 일어나더라도 처음이라는 상이 없으니 이것이 참다운 호념이다'라고 하였다. 又無心約教有二 一者 澄湛令無 二者 當體是無 澄湛令無者 則是攝念安禪 蠲消覺觀 虛襟靜慮 漸至微細 當體是無者 則直了無生 以一念起處不可得故 經云 一念初起 無有初相 是眞護念"라고 하였다. [참고문헌]『宗鏡錄』, 『釋摩訶衍論』 권3(대정장32, p.616a19). ⇨ 무심 無心 ❶

이종무애 二種無礙 두 가지 무애. 지혜와 신통의 무애를 말한다. 『화엄경소』 권56(대정장35, p.926a3)에 "무애에 두 뜻이 있다. 하나는 경에 대한 지혜의 무애이니 장애 없는 법계를 증득했기 때문이다. 둘째는 작용하는 신통의 무애이니 내증으로 인한 것이다. 無礙有二義 一 智慧於境無礙 以證無障礙法界故 二 神通於作用無礙 由內證故"라고 하였다. [참고문헌]『華嚴經疏』.

이종무의어보 二種無義語報 두 가지 뜻 없는 말을 하였기에 받는 두 가지 과보. 첫째는 타인이 그의 말을 신뢰하지 않는 것이고, 둘째는 하는 말마다 분명하게 하지 못하는 것이다. 60권본 『화엄경』 권24(대정장9, p.549b12)에 "뜻 없이 말한 죄 역시 중생을 삼악도에 떨어뜨린다. 만약 사람으로 태어나더라도 두 가지 과보를 받는다. 첫째, 그가 하는 모든 말을 남이 믿지 않는다. 둘째, 하는 말마다 능히 분명하게 하지 못한다. 無義語罪 亦令衆生 墮三惡道 若生人中 得二種果報 一者 所有言語 人不信受 二者 有所言說 不能明了"라고 하였다. [참고문헌]『華嚴經』. ⇨ 무의어 無義語

이종무지 二種無知 염오(染汚)와 불염오(不染汚)의 두 가지 무지. 염오무지는 번뇌장(煩惱障 Ⓢkleśa-āvaraṇa)이고, 불염오무지는 소지장(所知障 Ⓢjñēya-āvaraṇa)에 해당한다. 『현종론』 권14(대정장29, p.844a15)에 "무지에 대략 두 가지가 있으니 염과 불염이다. 두 가지는 어떻게 다른가? 어떤 설에서는 지혜를 장애하는 것은 염무지이고 불염무지는 다만 지가 있지 않은 것이라고 한다. 此無知 略有二種 謂染不染 此二何別 有作是說 若能障智 是染無知 不染無知 唯智非有", 『대승의장』 권5(대정장44, p.562c25)에 "또한 『잡아비담심론』에서 '여래는 두 가지 무지를 끊으니 하나는 염오를 끊고 다른 하나는 불염오를 끊는다'고 하였다. 염오무지는 오주성결의번뇌이고 불염무지는 사(事) 중에 무명의 마음이다. 又雜心云 如來斷除二種無知 一 斷染汚 二 斷不染汚無知 卽是五住性結煩惱 不染無知 卽是事中無明之心", 『대비바사론』 권143(대정장27, p.735b21)에 "염과 불염의 두 가지 무지를 끊으면 부처라고 한다. 성문과 독각은 오직 염무지만 끊을 수 있고 불염무지는 끊을 수 없으므로 부처라고 하지 않는다. 若斷二種無知 謂染不染 說名爲佛 聲聞獨覺 唯能斷染 不斷不染 故不名佛"라고 하였다. [참고문헌]『顯宗論』, 『大乘義章』, 『大毘婆沙論』, 『雜阿毘曇心論』 권6(대정장28, p.921b26). ⇨ 염오무지 染汚無知, 불염오무지 不染汚無知

이종반야 二種般若 ❶ 관조반야(觀照般若)와 실상반야(實相般若). 방편반야(方便般若) 또는 문자반야(文字般若)와 함께 삼종반야(三種般若)라고도 한다. 『금강경찬요간정기』 권1(대정장33, p.175b19)에 "반야는 바로 혜이니 이 법을 드러내기 위해 남긴 말이 가르침이 되었고 가르침은 곧 문자다. 반야라 하면 곧 관조와 실상 두 반야이다. 般若卽慧也 爲顯此法故遺言成教 教卽文字 般若卽觀照實相二般若也", 『금강반야경소론찬요』 권상(대정장33, p.155a19)에 "부처님의 가르침을 다 들어 논하면 인연을 종으로 삼는다. 『금강경』을 따로 드러내면 실상반야와 관조반야는 하나도 아니고 둘도 아님을 종으로 한다. 이 그대로의 지로 모든 상을 관조하기 때문이다. 統論佛教 因緣爲宗 別顯此經 則實相般若觀照般若 不一不二 以爲其宗 以卽理之智觀照諸相故"라고 하였다. [참고문헌]『金剛經纂要刊定記』, 『金剛般若經疏論纂要』. ⇨ 관조반야 觀照般若, 실상반야 實相般若, 방편반야 方便般若, 문자반야 文字般若, 삼종반야 三種般若, 반야 般若 ❶ ❷ 천태에서 설하는 공반야(共般若)와 불공반야(不共般若). 『대승기신론열망소』 권2(대정장44, p.432c21)에 "저 삼승이 가진 생공지품은 무루혜여서 공반야라고도 한다. 저 대승이 가진 법공지품은 역시 무루혜이지만 불공반야라고 한다. 如三乘所有生空智品 卽無漏慧 亦名爲共般若 如大乘所有法空智品 亦無漏慧 復名不共般若"라고 하였다. [참고문헌]『大乘起信論裂網疏』. ⇨ 공반야 共般若, 불공반야 不共般若, 반야 般若 ❶ ❸ 세간반야(世間般若)와 출세간반야(出世間般若). 『대반야경』 권75(대정장5, p.426a16)에 "보살은 삼륜에 착하여 반야를 닦으니 삼륜이란 첫째 자상, 둘째 타상, 셋째 반야상이다. 이러한 삼륜에 착하여 반야를 닦으므로 세간반야바라밀다라고 한다. 어떤 연유로 이 반야를 세간이라 하는가? 세간과 더불어 같이 함께 행하기 때문이다. … 보살마하살은 대비를 상수로 하여 반야를 닦고, 복은 유정에게 널리 베풀되 유정에게서는 얻는 것 전혀 없으며, 비록 일체유정과 함께 아누다라삼막삼보리에 회향하더라도 그 중에서 적은 상도 보지 않고, 전혀 집착하는 것이 없이 반야를 닦으므로 출세간반야바라밀이라 한다. 彼著三輪而修般若 一者 自想 二者 他想 三者 般若想 由著此三輪 修般若故 名世間般若波羅蜜多 何緣此般若名爲世間 以與世間同共行故 … 菩薩摩訶薩 以大

悲爲上首修般若 福普施有情 於諸有情都無所得 雖與一切有情 同共迴向阿耨多羅三藐三菩提 而於其中 不見少相由都無所執而修般若故 名出世間般若波羅蜜多"라고 하였다. [참고문헌]『大般若經』. ⇨ 반야 般若 **1** **4** 시각반야(始覺般若)와 본각반야(本覺般若). 『석마하연론』 권3(대정장32, p.620a22)에 "이러한 두 가지 대단한 일이란 두 가지 반야의 깨우친 지혜를 드러내는 것이다. 무엇이 그 두 가지인가? 하나는 시각반야고 다른 하나는 본각반야다. 선남자야! 시각반야란 구박지를 좇아 점차 벗어나 금강원만인행이 구경도를 일으키는 데에 이르러 근본무명주지를 단박에 끊고, 깨달음의 광명이 두렷이 비춰 이르지 않는 곳이 없다. 그러므로 시각반야라고 한다. 선남자야! 본각반야란, 청정성을 좇아 점차 멀리 떠나 내지 초발심이 구경지임을 믿어 상품을 끊어 없애고 무명의 바다에 들어가 연을 따라 움직여 구른다. 이렇게 하기에 본각반야라고 한다. 此二大事顯示二種般若覺智 云何爲二 一者 始覺般若 二者 本覺般若 善男子 始覺般若者 從具縛地漸漸出離 乃至金剛圓滿因行發究竟道 頓斷根本無明住地 覺日圓照無所不遍 是故名爲始覺般若 善男子 本覺般若者 從清淨性漸漸遠離 乃至信初發究竟智 斷滅相品 入無明海 隨緣動轉 是故名爲本覺般若"라고 하였다. [참고문헌]『釋摩訶衍論』. ⇨ 반야 般若 **1**

이종반야장엄 二種般若莊嚴 반야바라밀이 법신(法身)을 장엄한 경우와 그렇지 않은 경우로 구분한 것. 『대지도론』 권8(대정장25, p.116b7)에 "반야바라밀에 두 가지가 있다. 하나는 장엄이고 다른 하나는 장엄하지 않음이다. 예컨대 어떤 이가 좋은 영락으로 자신의 몸을 장엄하였는데 어떤 이는 그것을 착용하지 않았다면 장엄하지 않았다고 한다. 또한 국왕이 갈 때 신하들이 따르면 왕이 왔다고 하고, 따르는 신하가 없으면 독신이라 하는 것과 같다. 般若波羅蜜有二種 一者 莊嚴 二者 未莊嚴 如人著好瓔珞莊嚴其身 有人不著 名未莊嚴 亦如國王將諸官從 是名王來 若無官從 是名獨身"라고 하였다. [참고문헌]『大智度論』.

이종발심 二種發心 ➡ 세속발심 世俗發心, 증법성발심 證法性發心

이종방편 二種方便 **1** 불미도방편(不迷道方便)과 자구이익방편(資具利益方便). 중생을 제도하는 스승이 갖추어야 할 두 가지 방편이다. 『십지경론』 권3(대정장26, p.144b20)에 "이 중에서 이끄는 스승에게 두 가지 방편이 있다. 하나는 길을 잃지 않는 방편이다. 이는 길을 가는 도중에 무엇이 이익이 되고 무엇이 걱정거리가 되는지, 어디가 좋은 곳이고 어디가 나쁜 곳인지 잘 아는 것이다. … 다른 하나는 자구이익방편이다. 저 경에서 '길을 가는 데 필요한 자량을 갖추고 준비할 것을 준비한다'고 했던 것에 해당한다. 於中導師者 有二種方便 一者 不迷道方便 於道路中 是利是退患 於道路處是勝是過咎 … 二者 資具利益方便 如經具道資糧 作所應作故"라고 하였다. [참고문헌]『十地經論』. **2** 성불의 인(因)을 여는 개인방편(開因方便)과 성불의 과(果)를 여는 개과방편(開果方便). 『법화의소』 권10(대정장34, p.604c26)에 "여기서 또한 두 가지 방편을 펼친다. 하나는 개인방편이고 다른 하나는 개과방편이다. 인방편이란 과거 연등불을 만나 수기 받은 것이니 이것이 인방편이다. 과방편이란 출가하여 비로소 성불하는 것을 드러내 보인 것이다. 今亦開二種方便 一 開因方便 二 開果方便 因方便者 過去值燃燈授記 此是因方便也 果方便者 示現出家始得成佛也"라고 하였다. [참고문헌]『法華義疏』. **3** 색신(色身)을 부수는 두 가지 방편. 세작방편(細作方便)과 불념방편(不念方便). 세작방편은 색신을 미세하게 분석하여 끝내 공임을 아는 방편이고, 불념방편은 미진이라 한들 공이고 공은 역시 불가득이라고 체득하는 것이다. 『금강반야론』 권하(대정장25, p.762a28)에 "여기에서 색신의 영상을 부수기 위해 두 가지 방편을 드러낸다. 하나는 세작방편이다. 저 경에서 '삼천대천세계에 있는 모든 땅의 티끌 어찌 많다고 하겠는가?'라고 한 뜻과 같다. 둘째, 불념방편이다. 저 경에서 모든 땅의 티끌을 여래께서는 티끌이 아니라고 설하시니, 이를 일러 대지의 티끌이라 한다고 한 것과 같다. 於中 爲破色身影像相故 顯示二種方便 一 細作方便 如經三千大千世界所有地塵 寧爲多不等 二 不念方便 如經所有地塵 如來說非塵 是名地塵故"라고 하였다. [참고문헌]『金剛般若論』. **4** 체외방편(體外方便)과 체내방편(體內方便). 체내방편은 동체방편(同體方便)이라고도 한다. 『법화문구』 권3(대정장34, p.36b18)에 "묶어 가리면, 첫 번째 해석은 체외방편이니 중생을 교화하는 방편으로서 다른 이의 뜻을 따라 말하는 것이다. 다음 해석 역시 체외방편이니 자행과 이타의 방편이고 이것 역시 스스로와 타인의 뜻을 따라 말한다. 마지막 해석은 동체방편이니 자행방편이어서 자신의 뜻만을 따라 말한다. 料簡者 初番釋者 是體外方便 化物之權 隨他意語 次釋亦是體外方便 自行化他之權 亦是隨自他意語 後釋是同體方便 即是自行權隨自意語", 『화엄경소초』 권33(대정장36, p.255b15)에 "체외방편이란 없지만 임시로 설정하는 것이니 삼승이 없지만 삼승이라고 설하는 등의 일과 같다. 체내방편이란 부처의 방편의 지혜로 현상의 차별을 살피는 것이니 체상의 큰 용으로 체내방편을 삼는다. 體外方便者 無而假設 如無三說三等 體內方便者 即佛權智鑒事差別 即體上大用爲體內方便"라고 하였다. [참고문헌]『法華文句』, 『華嚴經疏鈔』. ⇨ 방편 方便

이종백법 二種白法 두 가지 깨끗하게 하는 법. 참(慚)과 괴(愧)를 말한다. 이 두 가지가 모든 행을 깨끗이 씻어내므로 백법(白法)이라 한다. 『불명경』 권10(대정장14, p.225b11)에 "또한 '두 가지 깨끗한 법이 있어 능히 중생을 위하여 온갖 장애를 버려 사라지게 한다. 하나는 참이고, 다른 하나는 괴이다. 참이란 스스로 악을 짓지 않는 마음이고, 괴는 남이 짓지 않도록 하는 마음이다. 참괴의 마음 있어야 사람이라는 이름을 붙일 수 있다. 만일 참괴가 없다면 모든 금수와 다르지 않다. 참은 하늘을 부끄러워하는 마음이고, 괴는 범한 모든 죄를 다른 이를 향하여 드러내는 것이다'라고 말하였습니다. 이 때문에 제자는 오늘 지극한 정성으로 참괴하고 부처님께 귀의하옵니다. 又云 有二種白法 能爲衆生 滅除衆障 一者 慚 二者 愧也 慚者 自不作惡 愧者 不令他作 有慚愧者 可詺爲人 若無慚愧 與諸禽獸 不相異也 慚者 羞天 愧者 所犯諸罪 發露向人 是故 弟子今日 至誠慚愧歸依佛", 『성실론』 권10(대정장32, p.318c24)에 "심히 게을러 선하지 않은 법을 행하게 되고 참과 괴라는 두 가지 백법마저 결정코 무너뜨린다면 축생과 더불어 다름 없으리다. 深爲放逸 行不善法 定破慚愧 二種白法 與畜生無異"라고 하였다. 〔참고문헌〕『佛名經』, 『成實論』. ⇨ 백법 白法, 괴 愧, 참 慚, 참괴 慚愧

이종번뇌 二種煩惱 ➡ 이번뇌 二煩惱

이종법성 二種法性 ❶ 사법성(事法性)과 실법성(實法性). 음계입(陰界入 : 蘊界處)의 제법자성과 여래법신의 상주자성을 말한다. 『주대승입능가경』 권7(대정장39, p.484a4)에 "『보살지지경』에서 두 가지 법성을 밝혔다. 첫째는 사법성이니 성의 차별이다. 둘째는 실법성이니 성의 진실이다. 이 음계입이라는 제법의 자성은 사법성이다. 여래법신으로 상주하는 자성은 실법성이다. 故地持經中 明二法性 一 事法性 性差別故 二 實法性 性眞實故 此陰界入諸法自性 卽事法性也 如來法身常住自性 卽實法性也"라고 하였다. 〔참고문헌〕『注大乘入楞伽經』, 『菩薩地持經』 권1(대정장30, p.892c21). ❷ ➡ 이성 二性❹, 별성 別性, 총성 總性

이종법시 二種法施 세간법시(世間法施)와 출세간법시(出世間法施). 세간법시란 부정관(不淨觀)·수식관(數息觀)·사무색정(四無色定) 등이며, 출세간법시란 세간법시 얻은 후에 세간법 버리고 무루법과 무루과를 얻게 하는 것이다.『대지도론』 권88(대정장25, p.679c11)에 "법시에 두 가지가 있으니 하나는 세간법시이고 다른 하나는 출세간법시이다. 세간법시는 무엇인가? 세간법을 펼치고 드러내는 것이다. 부정관·수식관·사선·사무량심·사무색정을 말한다. 이러한 세간법들과 범부들이 공히 행하는 나머지 모든 법을 세간법시라고 한다. 보살은 이와 같은 세간법시를 행한 다음 갖가지 인연으로 교화하여 세간법을 멀리 떠나도록 한다. 세간법을 멀리 떠난 후에 방편력으로 성무루법과 성무루법과를 얻게 한다. 성인의 무루법이란 무엇이고, 성인의 무루법과란 무엇인가? 성인의 무루법이란 삼십칠조도품·삼해탈문이고, 성인의 무루법과는 수다원과에서 아라한과·벽지불도·아누다라삼막삼보리까지를 말한다. 法施有二種 一者 世間 二者 出世間 何等爲世間法施 敷演顯示世間法 所謂不淨觀 安那般那念 四禪 四無量心 四無色定 如是等世間法 及諸餘共凡夫所行法 是名世間法施 是菩薩如是世間法施已 以種種因緣敎化 令遠離世間法 遠離世間法已 以方便力 令得聖無漏法 及聖無漏法果 何等是聖無漏法 何等是聖無漏法果 聖無漏法者 三十七助道法 三解脫門 聖無漏法果者 須陀洹果乃至阿羅漢果 辟支佛道 阿耨多羅三藐三菩提"라고 하였다. 〔참고문헌〕『大智度論』.

이종법신 二種法身 ❶ 지법신(智法身)과 이법신(理法身). 대일여래가 드러낸 두 가지 법신이다. 『파지옥비밀다라니법』(대정장18, p.912a21)에 "대일여래는 이 도를 알 수 있도록 두 가지 법신을 드러낸다. 지법신불은 실상에 머물러 자수용으로 삼십칠존을 드러내서 일체가 불이도에 들게 한다. 이법신불은 여여적조한 법 그대로 상주부동하여 연 팔엽으로 나투어 자타수용한 삼중만다라를 보여 십계로 하여금 대공을 증하게 한다. 비록 이지가 다르고 광략으로 다르지만 본래 한법이어서 일찍이 다름이 없었다. 大日如來爲令知見此道 示二種法身 智法身佛住實相理 爲自受用現三十七尊 令一切入不二之道 理法身佛住如如寂照 法然常住不動 現於八葉 爲自他受用示三重曼荼羅 令十界證大空 雖是理智之殊廣略之異 本來一法 曾無殊異"라고 하였다. 〔참고문헌〕『破地獄祕密陀羅尼法』. ⇨ 지법신 智法身, 이법신 理法身, 법신 法身 ❷ 언설법신(言說法身)과 증득법신(證得法身). 언설법신은 경의 말씀이고 증득법신은 복상(福相)과 지상(智相)이다. 『금강반야론』 권상(대정장25, p.757b23)에 "법신에 두 가지가 있으니 언설법신과 증득법신이다. 증득법신은 다시 두 가지니 지상과 복상이다. 언설법신이란 수다라 등이니 법신을 얻고자 하므로 경에서 '세존이시여! 미래세에 (이 법문을 듣고 신심을 일으키는) 중생이 자못 많겠습니까?'와 같은 말을 한 것이다. 전도 없는 뜻의 상이 실상이니, 마땅히 알라. 뜻에 집착함이 있다면 저는 실상이 아니다. 지상법신을 얻게 하고자 경에서 '여래정각아누다라삼막삼보리라는 법이 있다'고 한 것이고, 복상법신을 얻게 하고자 경에서 '만약 이 삼천대천세계를 (칠보로 가득 채워 여래께 보시한다면 그 복이 많겠는가?)'와 같은 말을 한 것이다. 法身復有二種 謂言說法身 證得法身 此證得法身 亦有二種 謂智相 福相

言說法身者 謂修多羅等 爲欲得此法身故 經言 世尊 頗有衆生 於未來世 如是等 於不顚倒義想是爲實想 應知如言執義 彼非實想 爲欲得智相法身故 經言 有法如來正覺阿耨多羅三藐三菩提耶 如是等 爲欲得福相法身故 經言 若此三千大千世界 如是等"라고 하였다. [참고문헌]『金剛般若經論』. ⇨ 언설법신 言說法身, 증득법신 證得法身 **3** 법성법신(法性法身)과 방편법신(方便法身). 『영락본업경』 권상(대정장24, p.1015c22)에 "불자야! 출세간과는 초지에서 불지까지 각각 두 가지 법신이 있다. 제일의제법류수에서 실성으로부터 지혜가 일어나므로 실지가 법신이 된다. 법은 자체의 이름이니 모아서 함장한 것을 신이라고 하였다. 일체중생선근이 이러한 실지법신을 감득하기에 법신은 능히 무량법신으로 응현한다. 일체세계국토신·일체중생신·일체불신·일체보살신이니, 모두 다 능히 불가사의신을 드러내고 국토 역시 그러하다. 佛子 出世間果者 從初地至佛地 各有二種法身 於第一義諦法流水中 從實性生智故 實智爲法身 法名自體 集藏爲身 一切衆生善根 感此實智法身故 法身能現應無量法身 所謂一切界國土身 一切衆生身 一切佛身 一切菩薩身 皆悉能現不可思議身 國土亦然"라고 하였다. [참고문헌]『瓔珞本業經』. ⇨ 법성법신 法性法身, 방편법신 方便法身 **4** 법성법신(法性法身)과 응화법신(應化法身). 법성법신은 진실한 자성에서 일어난 지혜로서의 법신이고, 응화법신은 실지의 법신을 감응하여 수많은 법신으로 응현한 것을 말한다. 『기신론소필삭기』 권18(대정장44, p.394a10)에 "『본업경』에서 법신에 두 가지가 있으니 하나는 법성법신이고 다른 하나는 응화법신이다'라고 하였다. (법성법신은) 제일의제법류수 중 실성을 따라 지가 일어나므로 실지로 법신을 삼는다. 법은 자체라 부르니 모아서 함장한 것을 신이라 한다. (응화법신은) 일체중생선근으로 이러한 실지법신에 감득하기에 무량법신에 응하여 드러날 수 있으니 열 가지 신을 말한다. 本業經云 法身二種 一 法性法身 二 應化法身 謂第一諦法流水中 從實性生智故 實智爲法身 法名曰自體 集藏名身 一切衆生善根 感此實智法身故 能現應無量法身 所謂十種身等"라고 하였다. [참고문헌]『起信論筆削記』. **5** 과극법신(果極法身)과 응화법신(應化法身). 과를 다한 과극법신에서 일어나 중생을 따라 나투는 것이 응화법신이다. 『영락본업경』 권하(대정장24, p.1019c24)에 "불자야! 두 가지 법신이 있으니 하나는 과극법신이고, 다른 하나는 응화법신이다. 응화법신이란 그림자가 형을 따르는 것과 같다. 과보신이 한결같으므로 응신 역시 한결같다. 佛子 有二法身 一 果極法身 二 應化法身 其應化法身 如影隨形 以果身常故 應身亦常"라고 하였다. [참고문헌]『瓔珞本業經』. **6** 증득법신에 속하는 복상법신(福相法身)과 지상법신(智相法身). 복상법신은 범부에서 십지에 이르기까지 타인을 위해 설법하여 일어나는 승복을 말하고, 지상법신이란 불위(佛位)를 말한다. 『금강반야바라밀경론』 권상(대정장25, p.770c10)에 "이하의 증득법신에 다시 두 가지가 있다. 하나는 지상법신이고, 다른 하나는 복상법신이다. 此下證得法身 復有二種 一 智相法身 二 福相法身", 『금강반야론회석』 권상(대정장40, p.739b29)에 "지전범부와 십지위에 미쳐서 사구를 듣고 이로 인해 타인에게 설하여 승복이 다시 생기므로 이를 복상법신이라 한다. 누릴만하기에 복이라 부르지만 혜가 부족하므로 지라 부르지는 않는다. 저 불위에 이르러야 지상법신이다. 地前異生 及十地位因聞四句爲他說 勝福田便生 名福相法身 可樂故名福 慧劣故不名智 若至佛位 名智相法身"라고 하였다. [참고문헌]『金剛般若波羅密經論』, 『金剛般若論會釋』.

이종변이 二種變異 두 가지로 변하여 다르게 됨. 상키야(Ⓢ Sāṃkhya : 數論)에서 말하는 아만이 변하여 십일근과 오유·오대 등으로 달라져 생기는 것을 말한다. 『금칠십론』 권중(대정장54, p.1251b14)에 "이와 같은 아소집을 아만이라 한다. '이것으로부터 두 가지를 낳는다'란, 이 아만으로부터 두 가지 변이가 일어난다는 것이니, 어떤 것이 두 가지인가? 첫째는 십일근이고, 둘째는 오유와 오대이다. 如是我所執 名爲我慢 從此生二種者 從此我慢 有二種變異生 何者二種 一 十一根生 二 五唯五大"라고 하였다. [참고문헌]『金七十論』. ⇨ 십일근 十一根, 오유 五唯, 오대 五大 **2**

이종병 二種病 **1** 몸의 병(身病)과 마음의 병(心病). 『대반열반경의기』 권4(대정장37, p.722a8)에 "실을 보고 혹을 없애므로 마음의 병을 여의고, 상을 얻고 증득하여 고통이 사라지므로 몸의 병마저 여읜다. 見實除惑故離心病 證常滅苦 故離身病", 『마하지관』 권5상(대정장46, p.49b8)에 "사대란 그대로 몸의 병이고, 삼독이란 그대로 마음의 병이다. 四大是身病 三毒是心病", 『금강반야소』 권1(대정장33, p.84c13)에 "모든 중생에게는 이종병이 있다. 하나는 신병으로 늙고 병들어 죽음에 이른다. 다른 하나는 심병으로 탐진치다. 생사가 생긴 이래로 반야라는 약을 얻지 못하였기에 능히 이 병을 치료하는 이 없었지만, 부처님께서 반야금강으로 두 병을 부셔 무너뜨리셨다. 一切衆生 有二種病 一者 身病 謂老病死 二者 心病 謂貪瞋癡 自有生死已來 不得般若藥故 無人能治此病 佛以般若金剛 摧破二病"라고 하였다. [참고문헌]『大般涅槃經』, 『大般涅槃經義記』, 『摩訶止觀』, 『金剛般若疏』. ⇨ 병고 病苦, 신병 身病, 심병 心病 **1** **2** 외인연병(外因緣病)과 내인연병(內因緣病). 『대지도론』 권10(대정장25, p.131b5)에 "두 가지 병이 있다. 하나는 밖의 인으로 생기는 병이고, 또 하나는 안의 인에서 생기는 병이다. 밖의 인이란 추위·더위·굶주림·

목마름·병기·칼·몽둥이 그리고 추락·부딪침·눌림 등으로 이와 같은 갖가지 외환을 뇌라 부른다. 안의 인이란 음식 절제하지 못하거나 일상이 한결같지 못하여 사백네 가지 병으로 이와 같은 갖가지를 내병이라 한다. 有二種病 一者 外因緣病 二者 內因緣病 外者 寒熱 飢渴 兵刃 刀杖 墜落 塠壓 如是等種種外患 名爲惱 內者 飮食 不節 臥起無常 四百四病 如是等種種 名爲內病"라고 하였다. 이외에 같은 책 권8(대정장25, p.119c7)에는 전생에 지은 업의 과보로 생기는 갖가지 병과 현세의 냉·열·풍 등으로 일어나는 갖가지 병으로 나누기도 하였다. [참고문헌]『大智度論』.

이종보살 二種菩薩 ❶ 성취대력보살(成就大力菩薩)과 신발심보살(新發心菩薩). 대력보살만이 변지사견등 어떤 곳에서도 감당할 수 있다는 뜻으로 나눈다.『대지도론』 권93(대정장25, p.714c3)에 "보살에 두 가지가 있다. 하나는 큰 힘을 성취한 보살이고, 다른 하나는 인연에 속하여 새롭게 발심한 보살이다. 대력보살은 중생을 위하여 제도해야 할 대상에 따라 몸을 받아 나기에 열악한 변방이나 사견 따위를 마다하지 않는다. 새롭게 마음을 일으킨 보살이 그러한 곳에 난다면 남을 제도하지 못할 뿐만 아니라 자신까지 무너지기에 나지 않는다. 비유하자면 저 순금은 진흙에 묻혀 있어도 끝내 무너지지 않지만 구리나 쇠는 무너지는 이치와 같다. 菩薩有二種 一者 成就大力菩薩 二者 屬因緣 新發心菩薩 大菩薩 爲衆生 隨所應度受身 不避邊地邪見 新發意菩薩 若生是處 卽不能度人 又自敗壞 是故不生 譬如眞金在泥 終不敗壞 銅鐵則壞"라고 하였다. [참고문헌]『大智度論』. ⇨ 성취대력보살 成就大力菩薩 ❷ 재가보살(在家菩薩)과 출가보살(出家菩薩). 재가는 거가(居家)라고도 한다.『대지도론』 권7(대정장25, p.111a2)에 "온갖 보살 헤아릴 수 없어 천만억으로도 다 말할 수 없으니, 다 말하려 들더라도 문자로는 능히 싣지 못한다. 또한 이러한 중에 거가와 출가라는 이종보살이 있다. 諸菩薩無量 千萬億說不可盡 若都說者 文字所不能載 復次 是中二種菩薩 居家 出家",『대승본생심지관경』 권4(대정장3, p.307a3)에 "지금 이 법회에 두 보살이 있다. 첫째는 출가이고 둘째는 재가이다. 이들 두 보살은 일체유정을 이락케 하느라 잠시도 쉴 틈이 없다. 今此會中 有二菩薩 一者 出家 二者 在家 是二菩薩 善能利樂 一切有情 而無休息"라고 하였다. [참고문헌]『大智度論』,『大乘本生心地觀經』.

이종보살신 二種菩薩身 생사육신(生死肉身)과 법성생신(法性生身)이라는 보살의 두 가지 몸.『대지도론』 권74(대정장25, p.580a14)에 "이 보살에는 두 가지가 있다. 하나는 생사하는 육신이고 다른 하나는 법성으로 나는 몸이다. 무생인법을 얻어 모든 번뇌를 끊고 이 몸을 버려 법성으로 나는 몸을 얻는다. 是菩薩有二種 一者 生死肉身 二者 法性生身 得無生忍法 斷諸煩惱 捨是身後 得法性生身",『왕생론주』 권하(대정장40, p.840a19)에 "평등법신이란 8지 이상의 법성생신보살을 말한다. 平等法身者 八地已上 法性生身菩薩也"라고 하였다. [참고문헌]『大智度論』,『往生論註』. ⇨ 법성생신 法性生身, 생사육신 生死肉身

이종보시 二種布施 ❶ 재시(財施)와 법시(法施).『대반야경』 권 381(대정장6, p.969a19)에 "보살마하살이 깊은 반야바라밀다를 행할 때 능히 재와 법 두 가지로 보시하여 모든 유정을 거두어들이니, 이야말로 대단히 기특하고 드문 법이다. 菩薩摩訶薩 行深般若波羅蜜多時 能以財法 二種布施 攝諸有情 是爲甚奇 希有之法",『대지도론』 권29(대정장25, p.271b9)에 "재가보살은 비록 행업을 성취했더라도 선세인연에 빈궁함 있기에 불법을 듣고 두 가지로 베푸니 법시와 재시다. 출가인은 다분히 법시에 응해 베풀고, 재가자는 흔히 재시에 응한다. 在家菩薩 雖行業成就 有先世因緣貧窮 聞佛法有二種施 法施 財施 出家人 多應法施 在家者 多應財施"라고 하였다. [참고문헌]『大般若經』,『大智度論』,『甘露味論』 권상(대정장28, p.971a14),『法界次第初門』 권하(대정장46, p.692c5). ⇨ 법시 法施❶, 재시 財施 ❷ 삼륜(三輪 : 施者 受者 施物)이 청정한 정시(淨施)와 부정시(不淨施).『대지도론』 권33(대정장25, p.304b26)에 "이 보시에는 두 가지가 있다. 하나는 청정한 보시, 다른 하나는 부정한 보시이다. 此布施有二種 一者 淨 二者 不淨"라고 하였다. [참고문헌]『大智度論』. ⇨ 삼륜청정 三輪淸淨, 부정시 不淨施, 정시 淨施

이종복전 二種福田 ❶ 십팔유학인(十八有學人)과 십팔무학인(十八無學人).『잡아함경』 권35(대정장2, p.258c14 : *AN. I*, p.63)에 "세간에 두 가지 복전이 있다. 무엇이 두 가지인가? 유학과 무학이다. 世間有二種福田 何等爲二 學及無學 dve kho gahapati loke dakkhiṇeyyā sekho ca asekho ca"라고 하였다. [참고문헌]『雜阿含經』, *AN.* ⇨ 구무학 九無學, 십팔유학 十八有學, 복전 福田 ❷ 보은전(報恩田)과 공덕전(功德田).『우바새계경』 권3(대정장24, p.1051c9)에 "여래세존께서는 두 가지 복전이시니 하나는 보은전이고 다른 하나는 공덕전이네. 如來世尊是二種福田 一者 報恩田 二. 功德田"라고 하였다. [참고문헌]『優婆塞戒經』. ⇨ 보은전 報恩田, 공덕전 功德田, 복전 福田 ❸ 경전(敬田)과 비전(悲田). 경전은 불·법·승(佛法僧) 삼보이고, 비전은 빈궁하고 고독한 모든 중생이다.『시소범자유가법경경』(대정장85, p.1417b28)에 "경전이란 삼보이고 비전이란 가난한 고아와 늙은이에서 개미에 이르기까지를 말한다. 왜 그러한가? 미래세에는 이러한 두 가지 복전 중 비전이 가장 수승하기 때문이다. 敬田者 名爲三寶 悲田者 名爲貧窮孤老乃至蟻子 何以故 於未來世 此二種田 悲田最勝"라고 하였다. 〔참고문헌〕『示所犯者瑜伽法鏡經』. ⇨경전 敬田❶, 복전 福田 ❹빈복전(貧福田)과 부복전(富福田). 빈궁한 시주와 부유한 시주를 말한다. 『대지도론』 권22(대정장25, p.223c18)에 "세간에서 위없는 복전으로서 시주에 두 가지가 있다. 빈자와 부자이다. 빈자는 예불하고 공경하며 마중하고 배웅하여 과보를 얻는다. 부자 역시 공경하고 예불하며 마중하고 배웅한다. 또한 재물로 공양하여 과보를 얻는다. 그러므로 세간의 위없는 복전이라 부른다. 世間無上福田者 施主有二種 貧者 富者 貧者禮事 恭敬 迎送而得果報 富者亦能恭敬 禮事 迎送 又以財物供養而得果報 是故名爲世間無上福田"라고 하였다. 〔참고문헌〕『大智度論』. ❺➡무작복전 無作福田, 유작복전 有作福田, 복전 福田

이종본각 二種本覺 성정본각(性淨本覺)과 수염본각(隨染本覺). 성정본각이란 연을 따르더라도 자성청정을 잃을 일 없는 각체상이고, 수염본각이란 염을 따르고 정으로 돌이키는 지정상(智淨相)과 부사의업상(不思議業相)이다. 지정상이란 염오(染汚)를 따르던 본각이 청정으로 돌아가는 상이고, 부사의업상이란 청정으로 돌아간 본각의 업용(業用)의 상이다. 『대승기신론내의약탐기』(대정장44, p. 415a24·한불전3, p.752a7)에 "본각의 뜻에 두 가지가 있다. 하나는 수염본각이고 다른 하나는 성정본각이다. 本覺義 此中二種 一 隨染本覺 二 性淨本覺", "처음에 다시 두 가지가 있다. 하나는 지정상이니 본각이 물듦을 따라 깨끗함으로 돌아가는 상이다. 다른 하나는 부사의업상이니 정으로 돌아간 본각의 업용상이다. 이러한 두 가지는 물든 연을 떠나서 성취할 수 없으므로 염을 따른다고 한다. 먼저 지정상에 인도 있고 과도 있다. 인이란 진여 내의 훈습력이니 이것이 내인이다. 진여로부터 흘러 교법을 듣고 익히면 이것이 외연이다. 이는 십지 이전이어서 이 훈습력에 의지하여 자량을 수행하고 선근을 가행하여 이미 십지에 오르면 행증이 이(理)대로여서 이를 여실수행이라 한다. 십지의 행이 만족되고 금강위의 인이 지극하므로 방편을 만족시켰다고 말한다. 과에도 두 가지가 있으니 열반의 과보와 지혜의 과보를 말한다. … 둘째, 부사의업상은 위에서 말한 본각체상에서 일어난 보신과 화신의 용이다. 본래 항상 중생과 더불어 육근경계를 짓는 것을 말한다. 初中亦二 一 智淨相 謂本覺隨染還淨之相 二 不思議業相 謂還淨本覺業用之相 此二若離染緣 卽不得成 故云隨染也 初智淨中 有因有果 因者 謂眞如內薰之力 以爲內因 及眞如所流 聞薰敎法 以爲外緣 此猶地前 依此薰力 修行資糧 加行善根 旣登十地 行證如理 故云如實修行也 十地行滿 金剛因極 故云滿足方便也 果中亦二 謂斷果智果 … 第二 不思議業相 謂由上所說本覺體相所起報化二身用 本常與衆生 作六根境界", "둘째, 성정본각은 각체상이다. 이제 이 중에 통으로도 다르게도 말한다. 통이란 스스로의 자성 지키지 않기에 비록 뭇연을 따라 염과 정을 성취하지만, 항상 자성청정을 잃지 않는다. 정성을 잃지 않기에 능히 연을 따라 염과 정을 성취한다. … 단지 성정을 움직이지 않고 염정을 성취할 뿐 아니라, 염정을 성취함으로써 비로소 드러나는 성정이다. 그러므로 염정본각과 성정본각의 온전한 체는 서로 거두니 하나의 성이어서 둘이 없다. 第二性淨本覺 謂是覺體相 今說於中有通有別 通者 此覺性不守自性故 雖隨諸緣成於染淨 而恒不失自性淸淨 由不失淨性故 能隨緣成染淨也 … 非直不動性淨成於染淨 亦乃由成染淨 方現性淨 是故隨染本覺 性淨本覺 全體相收 一性無二也"라고 하였다. 〔참고문헌〕『大乘起信論內義略探記』. ⇨본각 本覺

이종본존 二種本尊 청정본존과 청정하지 않은 본존. 『대일경』 권6 「본존삼매품 本尊三昧品」(대정장18, p.44a16)에 "부처님께서 말씀하셨다. '비밀주여! 제존에게는 세 가지 몸이 있으니 소위 종자·인계·형상이다. 저 종자에 다시 두 가지가 있으니 소리와 보리심이다. 인도 두 가지가 있으니 유형과 무형이다. 본존의 몸에도 둘이 있으니 청정과 비청정이다'. 佛言 祕密主 諸尊有三種身 所謂 字 印 形像 彼字有二種 謂 聲及菩提心 印有二種 所謂 有形 無形 本尊之身 亦有二種 所謂 淸淨 非淸淨", 『대일경소』 권20(대정장39, p.783b26)에 "본존의 모습에 둘이 있으니 청정과 비청정이다. 저 행자가 처음에 상 있음으로 인하여 상 없음에 이끌려 들어가려고 먼저 두렷하고 밝은 불보살의 인신을 관한다. 처음엔 지어도 보이지 않으므로 따로 상등을 그려서 관하는데, 점점 법력이 더할수록 점차 명료해져 오히려 상 있음이 장애가 된다. 눈을 감으면 보이고 뜨면 보이지 않는다. 그러다가 점차 눈을 뜨든 감든 모두 밝게 보므로 점점 뜻을 짓지 않아도 또한 본다. 本尊形有二種 謂淸淨 非淸淨 謂彼行者初因有相引入無相 先觀圓明佛菩薩印身 初作不見 別畫像等而觀 漸則法力所加 漸得明了 尙有所障 閉目卽見 開目不見 次漸開目閉目 皆得明見 漸漸不加作意亦見"라고 하였다. 〔참고문헌〕『大日經』, 『大日經疏』.

이종분별진위선상 二種分別眞僞禪相 두 가지로 선상의 진위를 가린다. 변사위선발상(辨邪僞禪發相)과 변진정선발상(辨眞正禪發相)을 말한다. 『수습지관좌선법요』(대정장46, p.469c29)에 "둘째 진위를 분별한다 하니 첫째, 변사위선발상이다. 행자가 위와 같은 제선을 하려 할 때 … 어떤 때에는 물체에 눌린 것처럼 몸이 무겁고, 어떤 때에는 몸이 가벼워 날을듯 하며, … 어떤 때에는 기뻐서 자꾸 동요하고, 어떤 때에는 우수로 슬픈 생각뿐이다. … 이와 같은 가지가지 삿된 법들이 선과 더불어 함께 일어나면 이를 삿되고 거짓된 것이라고 하는데, 이러한 사정에 애착하는 사람이 있다면 95종의 귀신과 상응하게 되어 대부분 실신하거나 미치게 된다. … 행자가 지관을 닦을 때 이와 같은 선을 얻어 이런 모든 삿되고 거짓된 상들이 있게 되면 반드시 물리쳐야 한다. 어떻게 물리치는가? 헛되고 속임수라고 알아서 정심으로 이를 받아들이지 않고 집착하지도 않으면 반드시 사라진다. 마땅히 정관을 써서 깨뜨리면 반드시 사라진다. 二 分別眞僞者 有二 一者 辨邪僞禪發相 行者 若發如上諸禪時 … 或時身重 如物鎭壓 或時身輕欲飛 … 或時歡喜躁動 或時憂愁悲思 … 如是種種邪法 與禪俱發 名爲邪僞 此之邪定 若人愛著 卽與九十五種鬼神法相應 多好失心顚狂 … 行者修止觀時 若證如是等禪 有此諸邪僞相 當卽却之 云何却之 若知虛誑 正心不受不著 卽當謝滅 應用正觀破之 卽當滅矣", "둘째, 변진정선발상이다. 행자가 앉은 채로 모든 선정에 들었을 때 앞서 말한 삿된 법들은 있지 않지만, 낱낱의 선을 행할 때마다 각과 정이 상응하여 다 비어 밝고 청정하여 마음속으로 기뻐한다. … 미묘하고 텅비고 고요하니 세간을 싫어하게 되며 무위무욕하여 출입이 자재하다. 이를 정선발상이라고 한다. 비유하자면 악인과 함께 일하면 늘 괴로움을 느끼지만 선인과 함께 일하면 늘 아름다움을 보는 것과 같다. 선을 닦을 때 일어나는 삿되거나 바른 두 가지 양상을 분별하면 이와 같다. 二者 辨眞正禪發相 行者 若於坐中 發諸禪時 無有如上所說諸邪法等 隨一一禪發時 卽覺與定相應 空明淸淨 內心喜悅 … 微妙虛寂 厭患世間 無爲無欲 出入自在 是爲正禪發相 譬如與惡人共事 恒相觸惱 若與善人共事 久見其美 分別邪正二種禪發之相 亦復如是"라고 하였다. [참고문헌]『修習止觀坐禪法要』.

이종불경 二種佛境 두 가지 부처님의 경계. 『화엄경소』 권6(대정장35, p.544b21)에 "부처님의 경계에는 두 가지가 있다. 첫째, 여여법성이니 부처님의 증경이다. 둘째, 시방국토는 부처님의 화경이다. 佛境界有二 一 如如法性 是佛證境 二 十方國土 是佛化境"라고 하였다. [참고문헌]『華嚴經疏』.

이종불토 二種佛土 두 가지 불토. 진불이 머무는 진토와 응신불의 방편화신토(方便化身土)를 말한다. 『대승의장』 권19(대정장44, p.835b5)에 "유일한 불토는 둘로 나누니, 오직 진토와 응토다. 스스로 의탁한 것을 진이라고 하고 중생을 따라 달리 드러낸 것을 응이라 한다. 이 진토란 평등법문의 땅이다. 그윽이 고요하여 상을 여였으나 이지러짐 없이 두렷이 뭇 뜻을 갖추었고, 모양 정한 바 없으니 있지 않은 곳이 없다. … 만물이 의지하여 생하고 화신과 응신이 의탁한다. 이는 음양오행등의 법으로 세간의 일체색상을 짓는 것과 같다. 진토는 이와 같다. 응토란 정에 따라 드러나 보이기에 국별이 있다. 염정을 따른 몸이 형을 달리하고 선악의 모습도 장엄사도 각기 다르다. 응토는 이러하다. 唯一佛土 或分爲二 唯眞與應 自所託 名之爲眞 隨他異現 說以爲應 其眞土者 卽是平等法門之土 妙寂離相 圓備衆義 形無定所 無處不在 … 萬物依生 化應所託 其猶陰陽五行等法能造世間一切色像 眞土如是 其應土者 隨情現示有局別 染淨軀分形殊 善惡諸相 莊嚴事別各異 應土如是"라고 하였다. [참고문헌]『大乘義章』. ⇨ 방편화토 方便化土, 진토 眞土, 불토 佛土, 사토 四土 ❶❷

이종비구 二種比丘 다문비구(多聞比丘)와 과천비구(寡淺比丘). 『출요경』 권9(대정장4, p.658c25)에 "옛날 두 비구가 깊은 산중에서 한 사람은 경을 읽어 많이 알고 다른 한 사람은 지식이 부족하였다. 그때 적게 들은 이는 계를 가져 남김없이 갖추고 외는 경문 오직 한 구일지라도 날마다 소리 내어 욀 뿐 다시는 더 얻기를 구하지 않았다. 이때 허공신과 산림신이 날마다 잘함을 칭찬하였다. … 그때 저 다문비구는 이미 뭇 아름다운 뜻을 알고 깊고 깊은 경구를 높은 소리로 외웠으나, 산림의 모든 신들이 묵연히 대답하지 않고 또한 잘한다 하지도 않았다. … 저 적게 들은 비구는 말과 행이 상응하나 지금 그대 비록 삼장을 외우지만 행이 경과 어긋난다. 昔有二比丘 在深山中學 一人多聞 一人寡淺 時少聞者 持戒完具 所誦經文 唯有一句 日日諷誦 更不求受 時虛空神及山林神日日稱善 … 時彼多聞比丘 以已所知衆妙之義 甚深經句 高聲諷誦 山林諸神 默然不對 亦不唱善 … 此少聞比丘 言與行相應 汝今比丘 雖誦三藏 行與經違"라고 하였다. [참고문헌]『出曜經』. ⇨ 과천비구 寡淺比丘, 다문비구 多聞比丘

이종사 二種死 두 갈래의 죽음. ❶ 분단사(分段死)와 변역사(變易死). 『대보적경』 권119 「승만부인회 勝鬘夫人會」(대정장11, p.675b7)에 "두 가지 죽음이 있는데, 어떤 것이 그 둘인가? 첫 번째는 분단사이고 두 번째는 변역사이다. 분단사는 유정이 상속하는 죽음이다. 변역사는 아라한·벽지불·자재보살이 뜻에 따라 내지 보리에 따라 일으킨 몸의 죽음이다. 有二種死 何等爲二 一者 分段 二者 變易 分段死者 謂相續有情 變易死者 謂阿羅漢及辟支佛 自在菩薩 隨意生身 乃至菩提", 『승만경』(대정장12, p.219c20)에 "두 가지 죽음이 있으니, 어떤 것이 그 둘인가? 첫 번째는 분단사이고, 두 번째는 부사의변역사이다. 有二種死 何等爲二 謂分段死 不思議變易死"라고 하였다. [참고문헌]『大寶積經』, 『勝鬘經』. ⇨ 분단생사 分段生死, 변역사 變易死, 사 死 ❷ 명진사

(命盡死)와 외연사(外緣死). 36권본 『대반열반경』 권11(대정장12, p.676c8)에 "죽음이란 받은 몸을 버리는 것이다. 받은 몸을 버리는 것에도 두 종류가 있다. 첫 번째는 명이 다한 죽음이고, 두 번째는 외연에 의한 죽음이다. 명이 다한 죽음에 또한 세 종류가 있다. 첫 번째는 명은 다했지만 복은 다하지 않은 것, 두 번째는 복은 다했지만 명이 다하지 않은 것, 세 번째는 명과 복이 함께 다한 것이다. 외연에 의한 죽음에 또한 세 종류가 있다. 첫 번째는 분에 맞지 않게 스스로 해치는 죽음, 두 번째는 갑작스레 다른 것에 의한 죽음, 세 번째는 앞의 경우가 함께한 죽음이다. 死者 捨所受身 捨所受身 亦有二種 一命盡死 二外緣死 命盡死者 亦有三種 一者 命盡非是福盡 二者 福盡非是命盡 三者 福命俱盡 外緣死者 亦有三種 一者 非分自害死 二者 橫爲他死 三者 俱死"라고 하였다. [참고문헌] 『大般涅槃經』. ⇨ 명진사 命盡死, 외연사 外緣死, 사 死 **3** 자사(自死)와 타인연사(他因緣死). 『대지도론』 권22(대정장25, p.228a3)에 "두 가지 죽음이 있다. 첫 번째는 스스로 죽음을 택하는 자살이고, 두 번째는 다른 인연에 의한 죽음이다. 이것이 이종사이다. 有二種死 一者 自死 二者 他因緣死 是二種死"라고 하였다. [참고문헌] 『大智度論』.

이종사견 二種邪見 인과를 부정하여 세간락을 무너뜨리고, 유무를 분별하여 열반도마저 부수는 두 가지로 거친 사견과 막중한 사견을 말한다. 『중론』 권4(대정장30, p.30c15)에 "사견에 두 가지가 있다. 하나는 세간락을 부수고 다른 하나는 열반도를 무너뜨린다. 세간락을 부수는 것은 거친 사견이다. 죄도 없고 복도 없으며 여래 등 현성도 없다고 말하면서 사견을 일으켜 선을 버리고 악을 행하니 세간락을 무너뜨린다. 열반도를 부순다는 것은 아에 탐착하고 유무를 분별하여 선을 일으키고 악을 없애며, 선을 일으켜 세간락은 얻지만 유무를 분별하므로 열반은 얻지 못한다. 그러므로 여래가 없다고 말하는 것은 매우 두터운 사견이어서 세간락 잃는 것은 당연하지만 어찌 하물며 열반을 얻겠는가. 邪見有二種 一者 破世間樂 二者 破涅槃道 破世間樂者 是麤邪見 言無罪無福 無如來等賢聖 起是邪見 捨善爲惡 則破世間樂 破涅槃道者 貪著於我 分別有無 起善滅惡 起善故得世間樂 分別有無故不得涅槃 是故若言無如來者 是深厚邪見 乃失世間樂 何況涅槃"라고 하였다. [참고문헌] 『中論』.

이종사견보 二種邪見報 전생에 삿된 견해를 지은 사람이 사람으로 태어날 경우 받는 두 가지 과보. 하나는 삿된 견해를 가진 집안에 태어나는 과보이고 다른 하나는 삐뚤어진 마음을 갖는 과보이다. 『법원주림』 권70(대정장53, p.817c16)에 "(사견의 업을 지은 이가) 사람 중에 나면 두 가지 과보를 얻는다. 첫째, 사견가에 난다. 둘째, 그 마음이 곧지 못하다. … 어째서 사견으로 사견가에 나는가? 이 사견을 치우쳐 익혀 마음에 얽으니 사람으로 사견가에 난다. 어째서 사견으로 그 마음이 굴곡지는가? 이런 사견을 연하면 떳떳하고 바를 수 없으니 사람의 마음을 언제나 교묘하게 왜곡한다. 若生人中 得二種果報 一者 生邪見家 二者 其心諂曲 … 何故邪見 生邪見家 緣此邪見 僻習纏心 所以爲人生邪見家 何故邪見 其心諂曲 緣此邪見 不中正故 所以爲人心常諂曲"라고 하였다. [참고문헌] 『法苑珠林』.

이종사리 二種舍利 **1** 법신(法身)과 화신(化身). 『욕상공덕경』(대정장16, p.799a1)에 "청정혜여, 내가 멸도한 후에 두 가지 사리가 있다. 하나는 법신이고 다른 하나는 화신이다. 선남자와 선여인들이 사리에 공양하고 부처님의 형상을 저 대맥처럼 만들고, 탑을 암라수열매처럼 만들며, 당간은 바늘처럼 하고, 산개는 부평초처럼 만들어 부처님의 사리를 개자씨처럼 그 가운데 안치하면 얻는 공덕이 내가 세간에 있을 때와 차별없이 같으리라. 淸淨慧 我滅度後有二種舍利 一者 法身 二者 化身 若善男子 善女人等 供養舍利 造佛形像如大麥等 造塔如菴羅果 表刹如針 蓋如浮萍 持佛舍利 如芥子大安置其中 所得功德 如我在世等無差別"라고 하였다. [참고문헌] 『浴像功德經』. ⇨ 법신 法身, 화신 化身 **2** 신골사리(身骨舍利)와 연기법송(緣起法頌). 『남해기귀내법전』 권4(대정장54, p.226c17)에 "또 형상이나 탑을 만들 때는 금·은·동·철·니·칠·전·석 또는 모래와 눈을 모으고, 그 중에 두 가지 사리를 모시는데 하나는 대사의 신골이고 다른 하나는 연기법송이다. 又復凡造形像及以制底 金銀銅鐵泥漆甎石或聚沙雪 當作之時 中安二種舍利 一 謂大師身骨 二 謂緣起法頌"라고 하였다. [참고문헌] 『南海寄歸內法傳』. ⇨ 연기법송 緣起法頌 **3** 전신사리(全身舍利)와 쇄신사리(碎身舍利). 『석씨요람』 권하(대정장54, p.309a15)에 "(사리는) 다도(Ⓢ dhātu)라고 하는데, 이는 무너지지 않는 뜻이다. 두 가지 사리가 있는데 하나는 선신사리이고 다른 하나는 쇄신사리이다. 又云馱都 此目不壞義 有二種舍利 一 全身 二 碎身"라고 하였다. [참고문헌] 『釋氏要覽』. ⇨ 진신사리 眞身舍利, 쇄신사리 碎身舍利, 사리 舍利[1] **4** 생신사리(生身舍利)와 법신사리(法身舍利). 생신사리는 유골이고 법신사리는 경권(經卷)을 말한다. 『법화문구』 권8(대정장34, p.110c2)에 "사리를 다시 안치하지 않는다는 것은 『대지도론』에서 '쇄골은 생신사리이고 경권은 법신사리'라고 하였으니 이 『법화경』은 법신사리로서 생신사리를 다시 모시지 않아도 되는 뜻이다. 不復安舍利者 釋論云 碎骨是生身舍利 經卷是法身舍利 此經是法身舍利 不須更安生身舍利"라고 하였다. [참고문헌] 『法華文句』. ⇨ 사리 舍利

이종사행 二種四行 ➡ 이입사행 二入四行

이종살 二種殺 **1** 고살(故殺)과 오살(誤殺). 『율종신학명구』 권상(卍속장105, p.617a5)에 "이종살 : 첫째는 고의로 죽이는 것이고, 둘째는 의도없이 그르쳐 죽이는 것이다. 二種殺 一故殺 二誤殺"라고 하였다. [참고문헌] 『律宗新學名句』, 『四分律』 권16(대정장22, p.677b6). ⇨ 살생 殺生 **2** 직접 죽이는 자살(自殺 : 自行殺)과 남을 시켜서 죽이는 교인살(教人殺 : 教他殺). 『아난문사불길흉경』(대정장14, p.753b3)에 "아난이 다시 부처님께 아뢰었다. '사람이 자기 손으로 살생하지 않고 다른 사람을 시켜 살생하는 그 죄는 어떠합니까? 무죄입니까?' '아난아! 사람을 시켜 살생하는 것은 스스로 죽이는 것보다 중하다. 왜일까? 때론 노비나 하천한 사람은 죽일 뜻을 짓지 않지만 왕이나 현관의 강요에 의해 스스로 뜻을 내지 않고도 살생을 하게 된다. 阿難復白佛言 人不自手殺 教人殺者 其罪云何 爲無罪耶 佛言 阿難 教人殺者 重於自殺 何以故 或是奴婢下賤之人 作無殺意 或爲王者縣官 所見逼促 不自意出 爲之所使"라고 하였다. [참고문헌] 『阿難問事佛吉凶經』, 『業報差別經』(대정장1, p.892a1), 『梵網經』 권하(대정장24, p.1004b16). ⇨ 살생 殺生, 불살생계 不殺生戒

이종살생보 二種殺生報 살생이 초래하는 두 가지 과보. 단명(短命)과 다병(多病)을 말한다. 『법원주림』 권70(대정장53, p.815b20)에 "또한 『보살지지론』에서 '살생의 죄는 중생을 삼악도에 떨어트린다'고 하였다. 만약 사람으로 태어나면 두 가지 과보를 받는데 하나는 단명이고 다른 하나는 병이 많은 것이다. … 넷째, 살생하면 왜 사람으로 나서 단명하는가? 그 살생으로써 물의 남은 목숨을 모질게 해쳤으므로 수명이 짧아진다. 다섯째, 살생하면 왜 많은 병을 함께 얻는가? 살생은 평온함을 거슬러 갖가지 근심이 다투어 모이게 하므로 많은 병을 얻게 된다. 마땅히 알아야 하리. 살생이란 너무나 큰 고통임을. 又地持論云 殺生之罪 能令衆生 墮三惡道 若生人中得二種果報 一者 短命 二者 多病 … 四者 殺生何故生人而得短壽 以其殺生 殘害物命 故得短壽 五者 殺生何故兼得多病 以殺生違適 衆患競集 故得多病 當知殺生是大苦也"라고 하였다. [참고문헌] 『法苑珠林』. ⇨ 살생 殺生, 불살생계 不殺生戒

이종삼관 二種三觀 별교(別教)의 차제삼관(次第三觀)과 원교(圓教)의 일심삼관(一心三觀). 천태의 이관(理觀)에서 거둔다. 『관음현의』 권하(대정장34, p.885a6)에 "여기서 경을 상대하여 관을 밝히면 또한 두 가지 뜻이 된다. 하나는 차제삼관이고 다른 하나는 일심삼관이다. 今對境明觀 亦爲二意 一 次第三觀 二 一心三觀", 『지관보행전홍결』 권3(대정장46, p.241b8)에 "별교는 초지 이상의 지로서 중관으로 거두니 이는 곧 차제삼관이 아우른다. 원교지는 바로 일심삼관으로 거둔 것이다. 別教初地已去智 中觀所攝 此則次第三觀攝 圓教智卽爲一心三觀所攝"라고 하였다. [참고문헌] 『觀音玄義』, 『止觀輔行傳弘決』. ⇨ 차제삼관 次第三觀, 일심삼관 一心三觀, 삼관 三觀**1**, 이관 理觀

이종삼심 二種三心 자리(自利)와 이타(利他)에 당하는 각각의 세 가지 마음. 정토왕생을 원하는 이가 갖춰야 할 지성심(至誠心)·심심(深心)·회향발원심(廻向發願心)과 자리에 있어서의 정심(定心)과 산심(散心) 각각의 삼심을 말한다. 『우독초』 권하(대정장83, p.654a3)에 "무릇 마음에 두 가지에 세 마음이 있다. 첫째, 자리의 세 가지 마음이고 둘째, 이타의 세 가지 마음이다. … 『관경』에 의하면 세 가지 마음으로 왕생하는 것은 여러 근기의 내력에 따른 각각 다른 세 가지 마음이다. 『대아미타경』의 세 가지 신심으로 돌아가게 하기 위하여 여러 근기를 권유하여 세 가지 신심에 들어가도록 한 것이다. 세 가지 신심이란 금강진심의 불가사의한 신심의 바다를 말한다. 凡就心有二種三心 一者 自利三心 二者 利他三信 … 竊按觀經 三心往生者 是則諸機內力 各別之三心也 爲歸大經三信也 勸誘諸機欲使通入三信也 三信者 斯則金剛眞心不可思議信心海也", 『교행신증』 권6(대정장83, p.629b25)에 "두 가지의 세 마음이란, 하나는 적정의 세 가지 마음이고 다른 하나는 산란의 세 가지 마음이다. 정산심이란 자리에 각각 따로인 마음이다. 二種三心者 一者 定三心 二者 散三心 定散心者 卽自利各別心也"라고 하였다. [참고문헌] 『愚禿鈔』, 『教行信證』. ⇨ 삼심 三心**1**, 정심 定心, 산심 散心

이종상 二種相 두 가지 상(相). 경론에 따라 다양한 교상이 있다. **1** 공상(共相)과 불공상(不共相). 『대승대집지장십륜경』 권9(대정장13, p.770a18)에 "선남자야, 보살정계에는 두 가지 상이 있으니, 첫째는 공상이고, 둘째는 불공상이다. 어떤 것이 보살이 함께하는 정계륜상인가? 모든 재가·근사·근주 등이 받는 율의나 출가자가 받아 구족하는 별해탈계 등이니, 이와 같은 율의와 별해탈계를 보살공정계륜이라고 한다. … 어떤 것이 보살이 다 함께하지 않는 정계대갑주륜인가? 모든 보살이 널리 시방일체유정에게 평등심·무요동심·무원한심을 일으키고 정계를 호지한다. … 이런 것을 보살이 함께하지 않은 정계대갑주륜이라고 한다. 善男子 菩薩淨戒 有二種相 一者 共 二者 不共 云何菩薩共淨戒輪 謂諸在家近事 近住 所受律儀 或復出家 及受具足 別解脫戒 如是律儀 別解脫戒 是名菩薩共淨戒輪 … 云何菩薩不共淨戒大甲胄輪 謂諸菩薩 普於十方一切有情 起平等心 無擾動

心 無怨恨心 護持淨戒 … 是名菩薩不共淨戒大甲冑輪"라고 하였다. 〔참고문헌〕『大乘大集地藏十輪經』. ❷ 부처님의 삼십이상(三十二相) 중 두 가지. 『무상의경』 권하(대정장16, p.473c20)에 "어떤 것이 삼십이상인가? 보살이 네 인연을 닦는데, 첫째 지계, 둘째 선정, 셋째 인욕, 넷째 재물과 모든 번뇌를 버리는 것 등이다. 이 네 가지를 닦는 것이 견고하여 동요하지 않으면 이 업연으로 두 가지 상을 얻는다. 첫째 발바닥이 평만하여 밟는 땅마다 모두 평이하니 보살의 발자국에는 움푹 파인 곳이 없다고 한다. 둘째 걸음걸이가 평정하여 기울어짐이 없는 것이다. 何者三十二相 菩薩修四因緣 一 持戒 二 禪定 三者 忍辱 四者 捨財 及諸煩惱 修此四因 堅固不動 以此業緣 得二種相 一者 足下平滿 所履踐地 悉皆平夷 稱菩薩脚 無有坑埳 二者 行步平整 無有斜戾"라고 하였다. 〔참고문헌〕『無上依經』. ⇨ 삼십이상 三十二相 ❸ 총상(總相)과 별상(別相). 『대지도론』 권31(대정장25, p.293a25)에 "자상공이란, 일체법에는 두 가지 상이 있으니 총상과 별상이다. 이 두 가지 상이 공(空)이므로 상공이라고 한다. 〔문〕 무엇이 총상이고, 무엇이 별상인가? 〔답〕 총상이란 저 무상 등이다. 별상이란 모든 법이 다 무상하지만 각각 별상이 있으니, 저 땅의 견고함이나 불의 뜨거움 등과 같은 것이다. 自相空者 一切法有二種相 總相別相 是二相空 故名爲相空 問曰 何等是總相 何等是別相 答曰 總相者 如無常等 別相者 諸法雖皆無常 而各有別相 如地爲堅相 火爲熱相"라고 하였다. 〔참고문헌〕『大智度論』. ⇨ 총상 總相, 별상 別相[1] ❹ 세간상(世間相)과 출세간상(出世間相). ⇨ 세간상 世間相, 출세간상 出世間相 ❺ 심내상(心內相)과 심외상(心外相). ⇨ 심내상 心內相, 심외상 心外相 ❻ 자상(自相)과 차별상(差別相). ⇨ 자상 自相, 차별상 差別相 ❼ 자상(自相)과 공상(共相). ⇨ 자상 自相, 공상 共相

이종상 二種常 ❶ 상(常)에 대한 두 가지 견해. 이종상주(二種常住)라고도 한다. 시간적으로 오래 머무는 것과 머물러 한동안 부서지지 않는 것. 『대지도론』 권43(대정장25, p.372b13)에 "상에 두 가지가 있다. 첫째, 저 백세나 천만억세 또는 일겁·팔만겁 동안 머문 후에 사라지는 경우이다. 둘째, 상주하여 부서지지 않는 것이다. 보살은 저 끝(邊)에 사견 등도 사라질 것이므로 다시는 진실상이라고 관하지 않는다. 만약 상인가 관해도 오랫동안 머물러서 상이라고 하는 것이지 진실이 아님을 안다. 만약 끝없어 보이는 삿된 불멸이라고 한다면 색을 관해서 진실상으로 여겨 '초목은 떨어져 돌아가 흙이 되니 다만 떠나고 합할 때만 있을 뿐'이라 여기면 이러한 보살에게는 방편이 없다고 한다. 常有二種 一者 若住百歲 千萬億歲 若一劫 若八萬劫 然後歸滅 二者 常住不壞 菩薩 若邊邪滅故 亦不復觀眞實常 若觀常 知是久住故常 非是眞實 若不滅邊邪 觀色爲眞實常 作是念 草木零落還歸爲土 但離合有時 是故說是菩薩無方便"라고 하였다. 〔참고문헌〕『大智度論』. ❷ 법상(法常)과 불상(佛常). 『열반종요』(대정장38, p.246b24)에 "두 가지 상이란 법상과 불상이다. 법상의 뜻은 생도 멸도 없다는 뜻에서 이것은 영원한 몸이다. 불상의 뜻은 늙음도 죽음도 없다는 뜻에서 이것은 영원한 수명이다. 二種常者 法常佛常 法常義者 無生無滅 是常身義 佛常義者 不老不死 是常壽義"라고 하였다. 〔참고문헌〕『涅槃宗要』. ⇨ 상락아정 常樂我淨, 사덕 四德, 상 常

이종상주 二種常住 ➡ 이종상 二種常

이종색 二種色 ❶ 내색(內色)과 외색(外色). 오식(五識)과 오근(五根)을 말한다. 『대승현식경』 권상(대정장12, p.181a7)에 "부처님께서 말씀하셨다. '현호여! 색에는 두 가지가 있다. 첫째는 내색이고 둘째는 외색이다. 내는 안식을 말하고, 안근은 외다. 이와 같이 이식은 내고 이근은 외며, 비식은 내고 비근은 외며, 설식은 내고 설근은 외며, 신식은 내고 신근은 외다'. 佛言 賢護 色有二種 一 內 二 外 內謂眼識 眼則爲外 如是耳識爲內 耳則爲外 鼻識爲內 鼻則爲外 舌識爲內 舌則爲外 身識爲內 身則爲外"라고 하였다. 〔참고문헌〕『大乘顯識經』. ⇨ 내색 內色 ❷ 현색(顯色 Ⓢ varṇa-rūpa)과 형색(形色 Ⓢ saṃsthāna-rūpa). 『구사론』 권1(대정장29, p.2b24 : *Abh-k-bh.*, p.6)에 "〔논〕 색에 두 가지란, 첫째는 현색이고 둘째는 형색이다. 현색에는 네 가지가 있으니 청·황·적·백이고, 그 밖의 현색은 이 네 가지 색의 차별이다. 형색에는 여덟 가지가 있으니 긴 것이 처음이고 바르지 않은 것이 마지막이다. 또는 스무 가지이기도 한데, 이 색처를 다시 스무 가지로 말하면 긺·짧음·네모짐·둥긂·높음·낮음·곧음·구부러짐·구름·연기·먼지·안개·그림자·빛·밝음·어둠이다. 유여사(有餘師)는 '공도 하나의 현색으로 스물한 번째 색처이나'라고 설한다. 論曰 言色二者 一 顯 二 形 顯色有四 青黃赤白 餘顯是此四色差別 形色有八 謂長爲初不正爲後 或二十者 卽此色處復說二十 謂青黃赤白 長短方圓 高下正不正 雲煙塵霧 影光明闇 有餘師說 空一顯色第二十一 〈kārikā〉 rūpaṃ dvidhā 〈bhāṣya〉 varṇaḥ saṃsthānaṃ ca. tatra varṇaś caturvidho nīlādiḥ. tadbhedā anye. saṃsthānam aṣṭavidhaṃ dīrghād i visātāntam. tad eva rūpāyatanaṃ punar ucyate. 〈kārikā〉 viṃśatidhā 〈bhāṣya〉 tad yathā nīlaṃ pītaṃ lohitam avadātaṃ dīrghaṃ hrasvaṃ vṛttaṃ parimaṇḍalaṃ unnatam avanataṃ sātaṃ visātaṃ abhraṃ dhūmo rajo mahikā cchāyā ātapaḥ ālokaḥ andhakāram iti. kecin nabhaś caikavarṇam iti ekaviṃśatiṃ saṃpaṭhanti"라고 하였다. 〔참고문헌〕『俱舍論』, *Abh-k-bh.* ⇨현색 顯色, 형색 形色 **3** 정색(淨色)과 부정색(不淨色). 부정관(不淨觀)을 닦을 때 경계해야 하는 두 부류의 색. 『대지도론』 권21(대정장25, p.216a18)에 "또한 행자가 자기의 몸 중에 마음을 한 곳에 집중하고 욕계를 관할 때 그 색에는 두 가지가 있다. 첫째는 음욕을 일으키는 것이고, 둘째는 진에를 일으키는 것이다. 음욕을 일으키는 것은 정색으로 좋아할 만하다 하고, 진에를 일으키는 것은 부정색으로 추하다고 한다. 復次 行者 自身中繫心一處 觀欲界中色二種 一者 能生婬欲 二者 能生瞋恚 能生婬欲者 是淨色 名爲好 能生瞋恚者 是不淨色 名爲醜"라고 하였다. 〔참고문헌〕『大智度論』. **4** 열색(劣色 Ⓢhīnam)과 승색(勝色 Ⓢpraṇītaṃ). 『구사론』 권1(대정장29, p.4c23 : *Abh-k-bh.*, p.13)에 "염오를 열이라 하고, 물들지 않은 것을 승이라 한다. … 마음에 들지 않는 것을 열색이라 하고 나머지를 승색이라 한다. 染污名劣 不染名勝 … 非可意者 名劣色 所餘 名勝色 hīnaṃ kliṣṭam. praṇītam akliṣṭam … hīnam amanāpaṃ. praṇītaṃ manāpam", 『구사론기』 권1(대정장41, p.28b15)에 "체를 잡아서 밝히면 선·무부를 승색이라 하고, 불선·유부를 열색이라 한다. 만약 『집이문족론』 뜻에 따라 우열을 푼다면 불선색·유부색·무부색·유루선색·무루선색을 저 차제대로 상대하여 그 형을 관하면 앞의 색은 열이고 뒤의 색은 승이다. 만약 욕계·색계·불계(不繫 : 無漏)의 세 가지 색법을 잡아서 보면, 상대하여 관하면 앞의 색을 열하고 뒤의 색은 승하다. … 정을 잡아서 승열을 밝히면, 마음에 들지 않으면 열하다 하고 마음에 들면 뛰어나다고 한다. 約體以明 謂善無覆 名勝色 不善有覆 名劣色 若依集異門論意 釋劣勝 或約不善色 有覆色 無覆色 有漏善色 無漏善色 如其次第 觀待相形 前劣後勝 或約欲色不繫三色 觀待相形 前劣後勝 … 約情明勝劣 非可意者 名劣 若可意者 名勝"라고 하였다. 〔참고문헌〕『俱舍論』, 『俱舍論記』, 『瑜伽師地論』 권12(대정장30, p.337a1), *Abh-k-bh.* **5** 실색(實色)과 화색(化色). ⇨이종색신 二種色身, 실색신 實色身, 화색신 化色身

이종색신 二種色身 실색신(實色身)과 화색신(化色身). 인위(因位) 수행의 과로 얻은 보신(報身)과 중생 따라 나투는 응신(應身)이다. 『불지경론』 권7(대정장26, p.326b21)에 "색에는 두 가지가 있다. 첫째는 실색이고 둘째는 화색이다. 실색은 삼무수겁 동안 수행해서 색신상호등업을 감득하여 오근 등 유루색신을 뒤쳐 부처님의 무루오근등색인 무량상호장엄을 얻은 것이니, 그 몸은 법계에 빠짐없이 두루 있어 실정토를 가득 채운다. … 화색이란 대비원력으로 대지에 들기 위해 모든 보살이 갖가지 몸과 갖가지 상호와 갖가지 음성을 나투는 것으로, 갖가지 국토에 의지하기에 그 모습의 양은 정할 수 없다. 色有二種 一者 實色 二者 化色 言實色者 三無數劫 修感色身相好等業 轉五根等有漏色身 得佛無漏五根等色 無量相好莊嚴 其身周遍法界 稱實淨土 … 言化色者 由悲願力 爲入大地 諸菩薩衆 現種種身 種種相好 種種言音 依種種土 形量不定"라고 하였다. 〔참고문헌〕『佛地經論』. ⇨실색신 實色身, 화색신 化色身, 색신 色身, 보신 報身, 응신 應身

이종생멸 二種生滅 추생멸(麤生滅)과 세생멸(細生滅). 불각의(不覺義)와 망작경계의(妄作境界義)로 삼세(三細)와 육추(六麤)로 생멸하는 뜻이다. 『대승기신론의기』 권하(대정장44, p.269a23)에 "이러한 두 가지 생멸은 무명훈습에 의지해 있게 되는데, 이른바 인에 의지하고 연에 의지한다고 한다. 인에 의지한다는 것은 불각의 뜻이고 연에 의지한다는 것은 허망하게 경계를 짓는 뜻이다. 다 들어 말하자면 추세의 두 가지 식이다. 모두 무명주지에 의지하여 일어난다. 무명을 본으로 하여 세 가지 미세식을 일으키고 이러한 세 가지 미세식에 의지하여 뒤쳐서 거친 마음을 일으킨다. 무명이 온통 이들의 본이므로 무명훈습으로 있게 된다고 한 것이다. 此二種生滅 依於無明熏習而有 所謂依因依緣 依因者 不覺義故 依緣者 妄作境界義故 通而言之 麤細二識 皆依無明住地而起 以本無明 動起三細 依此三細轉起麤心故 以無明通爲其本故 云依無明熏習而有也"라고 하였다. 〔참고문헌〕『大乘起信論義記』. ⇨추생멸 麤生滅, 세생멸 細生滅

이종생사 二種生死 분단생사(分段生死)와 변역생사(變易生死). 이사(二死)라고도 한다. 『법화의소』 권8(대정장34, p.575b11)에 "삼계는 분단생사를 하고 이승인은 변역생사에 머문다. 이러한 다섯 곳을 건너 두 가지 생사를 면하고 대열반을 얻는 것을 과에 이르렀다고 한다. 三界 爲分段生死 二乘之人 居變易生死 度此五處 免二種生死 得大涅槃 謂到果也", 『승만보굴』 권중(대정장37, p.49b17)에 "어떤 이는 말한다. '네 가지 생사를 세우지 않고 단지 분단과 변역의 두 가지 생사만을 세운다. 6지 이하는 분단생사이고 7지 이상은 변역생사다'. 有人言 不立四種生死 但立分段變易二種生死 六地爲分段 七地已去 爲變易也", 『중관론소』 권8말(대정장42, p.125c7)에 "대승의 유여무여란, 오주번뇌를 멸하면 유여라 하고, 두 가지 죽음의 보마저 다하면 무여라 칭한다. 다만 소승에서는 두 열반에 전후가 있지만, 대승에서는 일시에 성취하니 오주번뇌가 다하는 순간 두 가지 죽음도 문득 기운다. 大乘餘無餘者 滅五住煩惱 名爲有餘 二死報亡 稱爲無餘 但小乘得二涅槃有前後 大乘一時而得 五住惑盡 二死便傾", 『파사론』 권하(대정장52, p.489a17)에 "범부는 뒤쳐 구르다 갈애에 불살라지고 망상으로 연을 만나 몸과 마음은 방일하여 오욕의 파도에 휩싸이며 두 갈래 죽음의 강에서 떠돈다. 凡夫顚倒 渴愛所燒 妄想攀緣 身心放逸 激五欲浪 漂二死河"라고 하였다. [참고문헌] 『法華義疏』, 『勝鬘寶窟』, 『中觀論疏』, 『破邪論』. ⇨ 분단생사 分段生死, 변역생사 變易生死

이종생신 二種生身 선도생신(善道生身)과 악도생신(惡道生身). 애(愛)와 비애(非愛)로 나눈 뜻이기도 하다. 『섭대승론석』 권2(대정장31, p.164b13)에 "이 십이분에 이종생신의 끝없는 차별이 있음을 분별할 수 있으니, 저것으로 말미암아 연생하기 때문이다. 왜냐하면 이 무명은 삼품의 업으로 연생하니 복행·비복행·부동행이다. 이 행에 삼품이 있기에 식 등도 복행을 따라 생기거나 비복행을 따라 생기거나 부동행을 따라 생긴다. 이 세 품류 중에서 복과 부동은 좋아할 만한 것이고, 비복은 좋아할 만하지 않은 것이므로 말하여 분별하니 애와 비애다. 此十二分 能分別有 二種生身 無窮差別 由彼緣生故 何以故 此無明有三品業緣生 謂福 非福 不動行 由此行有三品 是故 識等 或生隨福行 或生隨非福行 或生隨不動行 此三品中 福及不動是可愛 非福是不可愛 故言分別愛非愛", 『섭대승론초』(대정장85, p.1005a25)에 "이종생신의 이름과 바탕은 무엇인가? 첫째 선도생신과 악도생신이다. 선악은 인이고, 도란 생으로 통하는 뜻이니, 받은 과를 생신이라 한다. 의지를 뜻으로 삼고, 인과와 뜻에 따라 이름으로 삼는다. 체란 애와 비애와 더불어 같다. 二種生身名體 一 善道生身 惡道生身 善惡是因 道是通生之義 報果名生身 以依止爲義 從因果及義爲名 體與愛非愛同"라고 하였다. [참고문헌] 『攝大乘論釋』, 『攝大乘論抄』.

이종서 二種序 경전의 서분(序分)에 해당하는 통서(通序)와 별서(別序). 첫째, 여시아문(如是我聞) 등 육성취(六成就 : 信聞時處主衆)는 모든 경에 공통적으로 있기에 통서라 하고 증신서(證信序)라고도 한다. 둘째, 해당 경만의 연기를 서술한 부분을 별서라 하고 발기서(發起序)라고도 한다. 원효(元曉)의 『금강삼매경론』 권상(대정장34, p.962c27·한불전1, p.607b4)에 "서분 안에 두 가지 서가 있다. 통서와 별서를 말한다. 통서에는 여섯 사안이 있다. 앞의 세 가지는 부처님으로부터 몸소 받아 전함임을 밝히고, 뒤의 세 가지는 대사의 설임을 입증한다. 앞의 세 가지란 첫째는 여시이고, 둘째는 아문이며, 셋째는 일시이다. 뒤의 세 가지란 첫째는 교주이고, 둘째는 머무신 곳이며, 셋째는 법을 듣는 대중이다. 대중 안에서는 네 부류의 대중을 펴보이니 첫째는 성문중, 둘째는 보살중, 셋째는 장자중, 넷째는 여러 부류의 대중이다. 序分之內 有二種序 謂通與別 通序之中 卽有六事 前三 明親承之傳 後三 證大師之說 言前三者 一 如是 二 我聞 三 一時 後三是何 一 教主 二 住處 三 徒衆 徒衆之內 序四類衆 一 聲聞衆 二 菩薩衆 三 長者衆 四 雜類衆", 『승만보굴』 권상(대정장37, p.7a2)에 "두 가지 서를 반드시 세워야 하지만 두 가지 서의 이름이 같지 않다. 대체로 네 가지로 대한다. 첫째, 뜻을 따라 세운 이름으로 통서와 별서를 말한다. 뭇 경이 크게 같으므로 통서라 하고, 일어난 인연이 각별한 것을 펼치면 별서라 한다. 둘째, 시에 따라 짓는 이름으로 경전서와 경후서다. 별서는 경전서를 가리키고 통서는 경후서다. 셋째, 사람에 따라서 짓는 이름으로 여래서와 아난서이니 여래께서 설하신 경과 아난이 전한 경이다. 넷째, 뜻에 따라 짓는 이름으로 증신서와 발기서를 말한다. 須立二序 但二序名不同 凡有四對 一 從義以立名 謂通序 別序 衆經大同 故名通序 發起事別 稱爲別序 二 從時作名 謂經前序 經後序 別序謂經前序 通序謂經後序 三 從人作名 卽如來序 阿難序 如來說經 阿難傳經 四 從義意作名 謂證信序 發起序"라고 하였다. [참고문헌] 『金剛三昧經論』, 『勝鬘寶窟』. ⇨ 서분 序分, 통서 通序, 별서 別序, 발기서 發起序, 증신서 證信序

이종설법 二種說法 두 종류의 설법. 여러 가지 이종설법이 있으며, 그 중 몇 가지 예를 들면 다음과 같다. ❶ 아함설(阿含說)과 증설(證說). 『대승장엄경론』 권6(대정장31, p.619a9)에 "모든 보살설법에는 두 가지 차별이 있다. 첫째 아함설이니 입으로 말하는 것을 일컫고, 둘째 증설이니 신통력으로 말하는 것을 가리킨다. 또 신통력으로 말하는 것에는 여러 가지가 있으니 상호·숲·악기 등이나 공중에서 말하는 것이다. 諸菩薩說法有二種差別 一者 阿含說 謂以口力而說 二者 證說 謂以通力而說 通力說復有多種 或相好說 或樹林說 或樂器說 或空中說"라고 하였다. [참고문헌] 『大乘莊嚴經論』. ❷ 위법설법(爲法說法)과 위중생설법(爲衆生說法). 법을 드러내 보이기 위해 설하시는 것과 오로지 중생만을 위해 설하시는 경우다. 『대지도론』 권1(대정장25, p.62a29)에 "모든 부처님께는 두 가지 설법이 있다. 첫째는 사람의 마음을 관해 따라 가히 제도하시는 것이고, 둘째는 모든 법상을 관하는 것이니, 지금 부처님께서 모든 법의 실상을 말씀하시고자 이 『마하반야바라밀경』을 설하신다. 諸佛有二種說法 一者 觀人心隨可度者 二者 觀諸法相 今佛欲說 諸法實相故 說是摩訶般若波羅密經"라고 하였다. [참고문헌] 『大智度論』. ❸ 세설법(細說法)과 추설법(麤說法). 진제(眞諦 : 第一義諦)에 의한 설법과 속제(俗諦 : 世諦)에 의한 설법을 말한다. 『보성론』 권4(대정장31, p.838b21 : *Ratna-ut.*, p.70)에 "저 설법에도 두 가지가 있으니 첫째 세설법, 둘째 추설법이다. 세설법이란, 모든 보살마하살에게 깊고 깊은 비밀법장을 연설한 것이니, 제일의제에 의지하여 설한 것이다.

추설법이란, 여러 가지 경(經)·중송(重頌)·수기(授記)·게송(偈頌)·자설경(自說經)·인연(因緣) 등의 명자장구(名字章句)로 갖가지 차별을 말하는데, 세제에 의지하여 설한 것이다. 彼說法者 復有二種 一 細 二 麤 細者 所謂爲諸菩薩摩訶薩 演說甚深祕密法藏 以依第一義諦說故 麤者 所謂種種 修多羅 祇夜 和伽羅那 伽陀 憂陀那 尼陀那等 名字章句 種種差別 以依世諦說故 deśanā punar dvividhā sūkṣmāudārikadharmavyavasthā nanayabhedāt. yad uta gambhīrabodhisattvapiṭ akadharmavyavasthānanayadeśanā ca paramārt hasatyam adhikṛtya vicitrasūtrageyavyākaraṇag āthodānanidānādivividhadharmavyavasthānanay adeśanā ca saṃvṛtisatyam adhikṛtya"라고 하였다. [참고문헌]『寶性論』, *Ratna-ut.*

이종성 二種姓 두 가지 종성(種姓). **1** 사성(四姓) 중 두 가지 종성. 예를 들면 바라문과 크샤트리야와 같은 종성을 일컫는다.『대지도론』권4(대정장25, p.89c19)에 "종성을 관한다는 것은, 부처님께서는 두 종성 중에 탄생하시니, 찰리나 바라문이다. 찰리종은 세력이 크기 때문이고, 바라문종성은 지혜가 뛰어나기 때문이다. 그때에 귀하게 여기는 종성에 따라 부처님께서는 그 중에 탄생하신다. 云何觀種姓 佛生二種姓中 若刹利 若婆羅門 刹利種勢力大故 婆羅門種姓智慧大故 隨時所貴者 佛於中生"라고 하였다. [참고문헌]『大智度論』. ⇨ 사성 四姓 **2** 대승(大乘)의 두 가지 종성. 본성주종성(本性住種性 : 性種姓)과 습소성종성(習所成種性 : 習種姓)을 말한다. 본성주종성이란 근본식(根本識)에 본래부터 있는 깨달을 수 있는 본성을 뜻하고, 습소성종성이란 후천적인 수행과 훈습으로 얻는 깨달을 수 있는 성품을 말한다.『성유식론』권9(대정장31, p.48b5)에 "누가 몇 가지 위에 어떻게 깨우쳐 드는가? 대승의 이종성을 갖춘 이가 대략 다섯 위에 점차로 깨우쳐 든다. 어떤 것이 대승의 두 가지 종성인가? 첫째는 본성주종성이니, 무시이래로 본식에 의탁하여 법 그대로인 무루법인이다. 둘째는 습소성종성이니, 법계로부터 평등하게 흐르는 법을 듣고서 문혜 등의 훈습으로 이루어진 것이다. 대승의 이 두 가지 종성을 갖춘 사람만이 점차로 유식에 깨우쳐 든다. 誰於幾位 如何悟入 謂具大乘二種姓者 略於五位漸次悟入 何謂大乘二種種姓 一 本性住種姓 謂無始來 依附本識 法爾所得 無漏法因 二 習所成種姓 謂聞法界等流法已 聞所成等 熏習所成 要具大乘 此二種姓 方能漸次悟入唯識"라고 하였다. [참고문헌]『成唯識論』. ⇨ 본성주종성 本性住種性, 습소성종성 習所成種性 **3** 유종성(有種姓)과 무종성(無種姓).『유가사지론석』권1(대정장30, p.883a25)에 "유종성이란, 각각 자승에 의지하여 출세선을 닦아 삼승과를 얻어 생사를 벗어나는 성품이다. 무종성이란, 인천승에 의지하여 세간선을 닦아 인천과를 얻어 악취를 벗어나는 성품이다. 有種姓者 各依自乘 修出世善 得三乘果 出生死故 無種姓者 依人天乘 修世間善 得人天果 脫惡趣故",『법화현찬』권1(대정장34, p.656a28)에 "『지지론』중에서는 오직 두 가지 종성이 있다 하였으니 첫째 유종성, 둘째 무종성이다. 저 경론에서 '성종성이란 무시로 법 그대로여서 육처 수승하여 거듭 상속한다'하였으니 이것은 행성에 의한 유종성이다. 무종성인은 종성이 없기에 비록 발심하여 부지런히 행하고 정진할지라도 끝내 무상보리를 얻을 수 없다. 地持論中 唯說有二 一 有種姓 二 無種姓 彼經論云 性種姓者 無始法爾 六處殊勝 展轉相續 此依行性 有種姓也 無種姓人 無種性故 雖復發心 懃行精進 終不能得 無上菩提"라고 하였다. [참고문헌]『瑜伽師地論釋』,『法華玄贊』. ⇨ 종성 種性

이종성 二種性 ➡ 이성 二性, 이종성 二種姓

이종성 二種聖 **1** 선성(善聖)과 무루성(無漏聖).『집이문족론』권13(대정장26, p.423b19)에 "성혜란, 두 가지 성(聖)이 있으니 첫째는 선이기에 성이고, 둘째는 무루이기에 성이다. 이 혜는 두 가지 성을 다 갖추었기에 성이라 하고 성혜라고 한다. 言聖慧者 有二種聖 一者 善故聖 二者 無漏故聖 此慧具由二種聖故 說名爲聖 故名聖慧"라고 하였다. [참고문헌]『集異門足論』. **2** 성설법(聖說法)과 성묵연(聖默然). 삼장(三藏)·십이부경(十二部經)을 설한 것이 성설법이고, 한 글자도 설하지 않으셨다 함은 성묵연이다.『사익범천소문경』권3(대정장15, p.50b10)에 근거한다.『법화의소』권2(대정장34, p.469a23)에 "또한 부처님께서 제자들에게 분부하실 적에는 늘 두 가지로 행하셨다. 첫째는 성설법이고, 둘째는 성묵연이다. 성설법이란 실상관에서 나와 실상법을 설하는 것이다. 성묵연이란 실상을 설하여 마치고서 다시 실상관으로 들어가는 것이다. 그러므로 움직이고 고요하고 말하고 침묵하는 모든 것들이 실상에 상응하니, 실상이 바로 한길로 난 청정이다. 위에서 설한『무량의경』은 성설법을 뜻하며, 지금 다시 이 정에 든다는 말은 성묵연을 뜻한다. 又佛勅弟子 常行二事 一 聖說法 二 聖默然 聖說法者 從實相觀出 說實相法也 聖默然者 說實相竟 還入實相觀也 故動靜語默 皆應實相 實相卽一道淸淨 上說無量義經 謂聖說法 今還入此定 謂聖默然也"라고 하였다. [참고문헌]『思益梵天所問經』,『法華義疏』,『中觀論疏』권2(대정장42, p.31c9),『二諦義』권중(대정장45, p.97b29). ⇨ 성설법 聖說法, 성묵연 聖默然

이종성문 二種聲聞 우법성문(愚法聲聞)과 불우법성문(不愚法聲聞).『유가론기』권21(대정장42, p.792b2

9・한불전14, p.610c9)에 "성문에 두 부류가 있다. 하나는 불우법성문이다. 자상에 대한 설을 듣고 소승을 돌이켜 대승으로 향하여 부지런히 수습하는 이를 말한다. 둘째는 우법성문이니 비록 자상을 깨우쳤더라도 부지런히 수습하지 않는 이를 말한다. 聲聞有二 一 不愚法聲聞 聞說自相已 迴小向大 精勤修習 二 愚法聲聞 雖悟自相 而不精勤", 『대승의장』 권17(대정장44, p.809b18)에 "[석] 소승에 두 부류의 사람이 있다. 하나는 우법인이고, 다른 하나는 불우법인이다. 소승에 집착하여 대승에 어두운 이를 우법인이라 하고, 소승을 알고 대승을 이해하는 이를 불우법인이라 한다. 釋言 小中有二種人 一 愚法人 二 不愚法人 執小迷大 名愚法人 知小解大 名不愚法人"라고 하였다. [참고문헌] 『瑜伽論記』, 『大乘義章』. ⇨ 우법성문 愚法聲聞, 불우법성문 不愚法聲聞

이종세간 二種世間 중생세간(衆生世間)과 기세간(器世間). 『법문명의집』(대정장54, p.198c16)에 "(여래 십호 중) 세간해란 부처님께서 중생과 기세간의 두 가지 세간에 대해 지혜로 비춰 밝게 다 알기에 세간해라고 한다. 世間解者 衆生及器 二種世間 智照明白 故言世間解", 『대지도론』 권24(대정장25, p.239b19)에 "두 가지 세간이 있으니 세계세간과 중생세간이다. 有二種世間 世界世間 衆生世間"라고 하였다. [참고문헌] 『法門名義集』, 『大智度論』. ⇨ 중생세간 衆生世間, 기세간 器世間, 세간 世間, 삼종세간 三種世間

이종수 二種數 **1** 수량수(數量數)와 색심유위수(色心有爲數). 하나 둘로 헤아리는 수와 같이 유위법으로 헤아려 아는 법도 수라 한다. 『화엄경소』 권25(대정장35, p.691b22)에 "수에는 두 가지가 있다. 첫째는 세고 헤아리는 수이고, 둘째는 색과 심이라는 유위법으로서 모두 수라고 부른다. 數有二種 一 數量數 二 色心有爲 皆名爲數"라고 하였다. [참고문헌] 『華嚴經疏』. **2** 계목을 외움에 두 가지로 헤아림. 『마하승기율』 권27(대정장22, p.448a1)에 "이종수란, 부처님께서 우바리에게 말씀하셨다. '너는 계율을 외우는가?' [답] '외웁니다. 그런데 복잡하게 나눠진 경우는 외우기 어렵습니다'. 부처님께서는 이렇게 말씀하셨다. '산가지로 세면서 외우도록 하라'. … 부처님께서 '오늘부터는 두 가지 수를 세어야 하니, 첫째는 오백이고, 둘째는 칠백이다'라고 말씀하셨다. … 이것을 이종수라고 한다. 二種數者 佛語優波離 汝誦毘尼不 答言 誦 但雜碎句 難持 佛言 當作籌數誦 … 佛言 從今日後 作二種數 一者 五百 二者 七百 … 是名二種數"라고 하였다. [참고문헌] 『摩訶僧祇律』.

이종수구계법 二種受具戒法 수정평등계(受正平等戒)와 수사부등계(受邪不等戒). 삼해탈문(三解脫門 : 空 無相 無願)에 들어 일체희론언어가 사라진 곳에 처하는 것이 정평등계를 받음이고, 온갖 사견에 떨어져 있게 되는 것이 사부등계에 처하기에 이렇게 말한다. 『대보적경』 권104(대정장11, p.585b5)에 "문수사리가 말했다. '천자여! 세존께서 설하신 대로 두 가지로 구족계를 받습니다. 그 두 가지란, 첫째는 바르고 평등한 계를 받는 것이고, 둘째는 삿되고 불평등한 계를 받는 것입니다. 이 중 삿되고 불평등한 계란, 아견에 떨어지고 인견・중생견・수명견・사부견・단견・상견・사견・교만・탐욕・분노・어리석음・욕계・색계・무색계・취착분별 등에 떨어지는 것을 말합니다. 천자여! 이것이 일체불선법 중에 떨어짐이고, 악지식을 쫓아 일체법에 망령되이 취함에 떨어짐이고, 출요인 해탈처를 알지 못함에 떨어짐을 간략히 설한 것이다. 이를 일러 삿되고 불평등한 계를 받는 것임을 천자는 알아야 합니다. 文殊師利言 天子 如世尊說 唯有二種受具戒法 何等爲二 一 受正平等戒 二 受邪不等戒 是中 何者邪不等戒 謂 墮我見 墮人見 墮衆生見 墮壽命見 墮士夫見 墮斷見 墮常見 墮邪見 墮憍慢 墮貪欲 墮瞋恚 墮愚癡 墮欲界 墮色界 墮無色界 墮取著分別 天子 是爲略說墮於一切不善法中 墮逐惡知識妄取一切法 墮不知出要解脫之處 天子當知 是名受邪不等戒也", "천자여! 이곳에서 무엇이 정평등계를 받는 것일까요? 다음과 같습니다. 공이란 평등하고, 무상도 평등하며, 무원도 평등하다는 말입니다. 천자여! 만약 이와 같이 삼해탈문에 들어가면 여실히 깨우쳐 알아 분별하지 않고 사념도 하지 않아 일체법에 대해 퇴전하는 일이 없습니다. 천자여! 이를 일러 정평등계를 받는 것이라고 합니다. … 천자여! 이것이 과거 미래 현재의 모든 불세존 일체성문들께서 바른 계를 받는 것입니다. 저 삼해탈문에 들어 일체희론과 언어가 사라질 처를 말합니다. 천자여 알아야 하리. 이와 같이 구족계를 받으면 바름을 받아 바르지 않음이 없다고 하는 것이다'. 天子 是處 何者是受正平等戒 謂 空是平等 無相是平等 無願是平等 天子 若能如是入三解脫門 如實覺知 不分別 不思念 於一切法 無有退轉 天子 是名受正平等戒也 … 天子 是爲過去未來現在諸佛世尊一切聲聞受正戒也 所謂 入彼三解脫門 一切戲論語言滅處 天子 當知 若能如是受具戒者 是名受正 非不正也"라고 하였다. [참고문헌] 『大寶積經』. ⇨ 삼해탈문 三解脫門, 희론 戲論

이종수기 二種授記 ➡ 무여기 無餘記, 유여기 有餘記

이종수증 二種隨增 수면(隨眠) 즉 번뇌는 두 가지로 따라 더한다는 말. 소연수증(所緣隨增)과 상응수증(相應隨增)을 말한다. 스스로 연이 되고 스스로 서로 어울리는 자성이 있어 상속하고 점점 더하여 쌓여간다는 뜻이다. 『대비바사론』 권22(대정장27, p.112c27)에

"〔문〕 모든 수면은 어떻게 소연수증하고 어떻게 상응수증하는가? 서방제사들은 다음처럼 설한다. '(수면은) 얽는 자성으로 소연에서 수증하고, 함께하는 성질로 상응해서 수증한다'. 가습미라국(Ⓢ Kāśmīra)의 논사들은 설한다. '소연경계에서 각각 행상이 따라 집착하면서 증익하기에 소연수증한다고 한 것이고, 상응법에서 같은 자신의 과실에 수순하여 증익하기에 상응법에서 수증한다고 한다'. 問 諸隨眠云何於所緣隨增 云何於相應隨增耶 西方諸師作如是說 爲繫縛性故 於所緣隨增 爲同伴性故 於相應隨增 迦濕彌羅國諸論師言 於所緣境各別行相隨執增益故 名於所緣隨增 於相應法令同自過隨順增益故 名於相應隨增", 『순정리론』 권49(대정장29, p. 616b24)에 "무루나 타계타지를 반연하는 모든 번뇌는 오직 상응수증할 뿐이며, 유루나 자계자지를 두루 반연하는 모든 번뇌는 소연과 상응하는 법 모두에서 수증한다. 諸緣無漏他界他煩惱 唯相應隨增 諸緣有漏自界地遍 具有所緣相應隨增", 같은 책 권53(대정장29, p.641c14)에 "'두 경우에서 수증한다'란, 소연과 상응 모두에서 수증한다고 말한다. 소연과 상응하는 법에서 수승한다는 것은 어떠한 것인가? 앞에서 설한 바와 같다. 저 원수가 해를 입히려고 빈틈을 찾고 또 독을 보듯이 하는 것이니, 번뇌도 스스로의 소연에서 수증하는 뜻이 있음을 알아야 한다. 또 저 쇠구슬이 물을 뜨겁게 하고 또 독을 만지는 경우와 같이, 번뇌도 스스로 상응하여 수증하는 뜻이 있음을 알아야 한다. … 소연과 상응은 모든 번뇌들이 상속증장하고 쌓여가도록 한다. 二隨增者 謂於所緣及所相應皆隨增故 如何煩惱有於所緣相應隨增 如前已辯 或如怨害伺求瑕隙 及如見毒 應知煩惱於自所緣有隨增義 如熱鐵丸能令水熱 及如觸毒 應知煩惱於自相應有隨增義 … 所緣相應 令諸煩惱相續增長及得積集"라고 하였다. 〔참고문헌〕『大毘婆沙論』, 『順正理論』. ⇨ 소연수증 所緣隨增, 상응수증 相應隨增, 수증 隨增

이종수행 二種修行 ❶ 진실수행(眞實修行)과 부실수행(不實修行). 40권본 『대반열반경』 권25(대정장12, p. 512c11)에 "수행에는 두 가지가 있다. 첫째는 진실이고 둘째는 부실이다. 부실이란 열반·불성·여래·법·승·실상·허공 등의 상을 알지 못하는 것으로 이를 부실이라 한다. 무엇이 진실인가? 열반·불성·여래·법·승·실상·허공 등의 상을 능히 아는 것으로 이를 진실이라 한다. 修有二種 一者 眞實 二者 不實 不實者 不知涅槃 佛性 如來 法 僧 實相 虛空等相 是名不實 云何眞實 能知涅槃 佛性 如來 法 僧 實相 虛空等相 是名眞實"라고 하였다. 〔참고문헌〕『大般涅槃經』. ❷ 여실수행(如實修行)과 변수행(遍修行). 『보성론』 권3(대정장31, p825a02)에 "두 가지 수행이 있으니 여실수행과 변수행으로 증하고 알기 어려운 뜻이다. 여실수행이란 중생의 자성청정이 불성경계임을 보는 것이다. 게에서 '장애 없는 청정한 지혜란 중생의 자성청정이 불법신의 경계임을 여실히 보기 때문이다'라고 하였다. 변수행이란 십지로 일체경계에 두루하였기에 일체중생에게 있는 일체지를 보기 때문이다. 有二種修行 謂如實修行 及遍修行 難證知義 如實修行者 謂見衆生 自性清淨 佛性境界故 偈言 無障淨智者 如實見衆生 自性清淨性 佛法身境界故 遍修行者 謂遍十地一切境界故 見一切衆生 有一切智故"라고 하였다. 〔참고문헌〕『寶性論』. ⇨ 여실수행 如實修行, 변수행 遍修行, 십지 十地

이종습기 二種習氣 ❶ 삼종습기 중 아집습기(我執習氣)와 명언습기(名言習氣). 『성유식론』 권8(대정장31, p.43b15)에 "이취습기란 마땅히 알라, 아집과 명언 두 가지 습기다. 아와 아소를 취하고 명언을 취하여 익혀 이루기에 모두 취라고 한다. 二取習氣 應知 卽是 我執名言 二種習氣 取我我所 及取名言 而熏成故 皆說名取"라고 하였다. 〔참고문헌〕『成唯識論』. ⇨ 아집습기 我執習氣, 명언종자 名言種子, 삼종습기 三種習氣 ❷ 상습기(相習氣)와 추중습기(麤重習氣). 『전식론』(대정장31, p.62c26)에 "두 가지 습기가 곧 모든 번뇌이니, 첫째 상습기, 둘째 추중습기다. 상인즉 번뇌의 체이고 의타성이니, 전의 모습을 능히 거둔다. 추중은 바로 번뇌경이고 분별성이니, 경계가 거칠게 드러난 것이다. 二種習氣者 卽諸煩惱 一 相習氣 二 麤重習氣 相卽煩惱體 是依他性 能攝前相貌 麤重卽煩惱境 是分別性 境界麤顯故也"라고 하였다. 〔참고문헌〕『轉識論』. ⇨ 습기 習氣 ❸ 무간생습기(無間生習氣)와 전생습기(前生習氣). 『유가사지론』 권64(대정장30, p.656a29)에 "습기에도 두 가지가 있으니, 무간생습기와 전생습기를 말한다. 習氣者 亦有二種 謂無間生習氣 及前生習氣", 『유가론기』 권18(대정장42, p.708c8·한불전14, p.332c13)에 "현재세에 익힌 삼성습기를 무간생습기라 하고, 과거세에 익힌 삼성습기를 전생습기라 한다. 삼장법사는 이렇게 말한다. '번뇌종자의 이름이 전생습기고, 번뇌종자를 끊은 다음의 모든 기류를 무간생습기라 한다'. 어떤 이는 풀기를 바로 앞의 몸에서 생긴 습기는 무간생습기고, 세 번째 몸으로 버린 것은 전생습기라고 한다. 現在世熏三性習氣 名無間生習氣 過去世熏三性習氣 名前生習氣 藏法師云 煩惱種子名前生習氣 斷惑種已所有氣類名無間生 有釋 次前身所生習氣名無間生 第三身以去名前生習氣"라고 하였다. 〔참고문헌〕『瑜伽師地論』, 『瑜伽論記』. ⇨ 무간생습기 無間生習氣, 전생습기 前生習氣

이종승 二種勝 초발심한 보살이 성문과 연각에 비해 두 가지로 뛰어남. 인승(因勝 Ⓢ hetu-vaiśeṣya)과 과승(果勝 Ⓢ phala-vaiśeṣya). 『유가사지론』 권35(대정장30, p.482a25 : *Bodh-bh.*, p.12)에 "최초의 발심이 견고한 보살은 초발심으로 보리를 구하기에 거둔 바 선법은 나머지 일체선법에 비해 두 가지로 뛰어나다. 첫째는 인으로 뛰어나고, 둘째는 과로도 뛰어나다. 제보살이 거두는 선법은 모두 무상정등보리가 증하는 인이기에 증한 무상정등보리도 바로 이것의 과다. 따라서 다른 일체성문독각이 거두는 선법에 비해 오히려 수승하니, 나머지 일체유정이 거두는 선법에 비해서는 말할 것도 없다. 그렇기에 보살이 거두는 선법은 여타 일체가 거두는 선법에 비해 인과 과가 모두 수승하다. 最初發心堅固菩薩 由初發心 求菩提故 所攝善法 比餘一切所攝善法 有二種勝 一者 因勝 二者 果勝 謂諸菩薩所攝善法 皆是無上正等菩提能證因故 所證無上正等菩提是此果 故比餘一切聲聞獨覺所攝善法 尚爲殊勝 何況比餘一切有情所攝善法 是故菩薩所攝善法 比餘一切所攝善法 因果俱勝 dve ime prathamacittotpādikasya bodhisattvasya prathamaṃ cittotpādamupādāya bodhāya kuśalaparigrahavaiśeṣye tadanyaṃ kuśalaparigrahamupanidhāya. hetuvaiśeṣyaṃ phalavaiśeṣyañca. sa khalu bodhisattvasya kuśalaparigraho 'nuttanurāyāḥ samyaksaṃbodherhetuḥ sā ca tasya phalam. na tadanyaḥ sarvaśrāvakapratyekabuddhakuśalaparigrahaḥ prāgeva tadanyeṣāṃ sattvānām. tasmādvodhisattvānāṃ kuśalaparigrahastadanyasmātsarvakuśalaparigrahāddhetubhāvataḥ phalataśca prativiśiṣṭaḥ"라고 하였다. 〔참고문헌〕『瑜伽師地論』, *Bodh-bh.* ⇨ 성문 聲聞, 연각 緣覺

이종승 二種僧 **1** 성문승(聲聞僧)과 보살승(菩薩僧). 『대지도론』 권3(대정장25, p.80a22)에 "무엇을 실승이라 부르는가? 학인이든 무학인이든 사과중에 머물며 사향도를 행하면 실승이다. 이 중에서 두 부류의 승은 함께 백일갈마로 계를 설하며, 법랍을 받는 등 여러 가지 일을 할 수 있다. 이 중 실제 성문승은 육천오백이다. 보살승에도 두 부류로 부끄러워 할 줄 아는 유수승과 실승이다. 이들 그대로 실승이기에 나머지도 모두 승이라 하니, 이렇게 하는 이유로 비구승이라 한다. 云何名實僧 若學人 若無學人 住四果中 行四向道 是名實僧 是中二種僧 可共百一羯磨 說戒 受歲 種種得作 是中實聲聞僧 六千五百 菩薩僧二種 有羞僧 實僧 以是實僧故 餘皆得名僧 以是故名比丘僧"라고 하였다. 〔참고문헌〕『大智度論』. ⇨ 보살승 菩薩乘[2], 성문승 聲聞僧 **2** 응공승(應供僧)과 삼귀승(三歸僧). 『대승의장』 권10(대정장44, p.655c28)에 "『아비담비바사론』에서 설한 법 중 승은 두 부류다. 첫째는 응공승이다. 제불을 다하고 맨 아래 범부사미에 이르기까지 통틀어 전부 승이다. 그렇기에 단월로서 승차에 따라 공양을 청하는 사람이라면 위아래를 가리지 않고 모두 다 승을 공양한 복을 받는다. 둘째는 삼귀승이다. 오직 분처만을 국집함이니 성문인 중에 사향사과를 승보로 삼는 이들이다. 범부비구로 귀의할 만한 덕이 없는 이들이라 여겨 포함시키지 않으며, 연각은 세간을 벗어나서 대중과 화합하는 일이 없어 승을 성취하지 못하기 때문이다. 毘曇法中 僧有二種 一 應供僧 與盡諸佛 下極至於凡夫沙彌 通皆是僧 是故檀越 僧次請人 不簡上下 皆悉得於供僧之福 二 三歸僧 唯局分處 聲聞人中 四果四向 以爲僧寶 凡夫比丘 無德可歸 是以不取 緣覺出世 無和合衆 不成僧故"라고 하였다. 〔참고문헌〕『大乘義章』. ⇨ 삼귀승 三歸僧, 응공승 應供僧

이종승물 二種僧物 **1** ➡ 현전승물 現前僧物, 사방승물 四方僧物 **2** 중물(重物)과 경물(輕物). 나눌 수 있는 것과 나눌 수 없는 것으로 구분한 것. 중물은 승방(僧房)·상(床)·와구(臥具) 등이고, 경물은 삼의(三衣)·석장(錫杖)·발우(鉢盂) 등의 18자구(資具)를 말한다. 『십송율』 권56(대정장23, p.413c7)에 "승가의 가람터·승방의 터·승가의 가람과 승방·좌상·와구 등은 나눌 수 없는 것이라고 부른다. 경물이란 나눌 수 있는 물건이므로 경물이라 한다. 중물이란 나눌 수 없는 물건이다. 僧伽藍地 房舍地 僧伽藍房舍 床 臥具 是名不可分輕物者 可分物 是故名輕物 重物者 不可分物 是故名重物"라고 하였다. 〔참고문헌〕『十誦律』.

이종승행 二種勝行 복승행(福勝行)과 지승행(智勝行). 육바라밀(六波羅蜜)에 견주면 앞의 다섯 행과 마지막 반야바라밀행을 나눈 뜻이다. 『성유식론관심법요』 권9(卍속장82, p.648b18)에 "닦아야 하는 승행인 그 상은 어떠한가? 대략 두 가지니 복과 지다. 모든 승행 중 혜를 자성으로 하는 것은 모두 지라 하고 나머지는 복이라 한다. 또한 여섯 가지 바라밀다에 견주면 통상으로는 모두가 복과 승이지만, 별상으로는 앞의 다섯 가지는 복덕이라 하고 여섯 번째는 지혜다. 또는 앞의 세 가지는 오직 복덕으로 거두고, 마지막 하나는 오직 지이고 나머지는 두 가지에 통한다. 所修勝行 其相云何 略有二種 謂福及智 諸勝行中 慧爲性者 皆名爲智 餘名爲福 且依六種波羅蜜多 通相皆二 別相前五說爲福德 第六智慧 或復前三唯福德攝 後一唯智 餘通二種"라고 하였다. 〔참고문헌〕『成唯識論觀心法要』. ⇨ 승행 勝行, 육바라밀 六波羅蜜

이종신 二種信 **1** 신가(信可)와 신락(信樂). 『대비바사론』 권6(대정장27, p.26a19)에 "신에는 두 가지가 있으니 첫째는 신가, 둘째는 신락이다. … 첫째 신가란 땅 속에 물이란 보배 등이 있음을 믿는 것이고, 둘째 신락이란 물 등이 가히 기뻐하고 즐거워할 만한 것임을 믿는 것이다. 信有二種 一者 信可 二者 信樂 … 一者 信可

謂信地中有水寶等故 二者 信樂 謂信水等是可欣樂故"라고 하였다. 〔참고문헌〕『大毘婆沙論』. **2** 신해(信解)와 심신(深信). 신해는 범어 아디무크티(Ⓢ adhimukti)의 한역어로서 헤아려 믿는 해신(解信)이며 아비목지(阿毘目底)라고 음사한다. 진실 분명하게 보아 마음에 의심이 없는 믿음을 말한다. 심신은 범어 슈랏다(Ⓢ śraddhā)의 한역어로서 우러러 믿는 뜻에서 앙신이라 하며 사라다(捨攞馱)라고 음사한다. 의지하여 믿는 것을 말한다. 『대일경소』 권3(대정장39, p.614b9)에 "대신해가 있다고 하였는데, 여기서 신해는 범어로는 아비목지라고 음사한다. 이 이치를 분명하게 보아 마음에서 의심과 염려가 없는 것을 말한다. 마치 우물을 파다 진흙이 나오기 시작하면 아직 물을 보지 못했더라도 반드시 가까이 물이 있을 것이라고 아는 경우와 같다. 이 때문에 신해라고 한다. 아래에서 말하는 심신이란, 이때의 신은 범어로는 사라다라고 음사한다. 일어난 일이나 사람에 의지한 믿음이다. 저 장자의 말을 듣거나 그 평소의 생각이 드러나면 이 사람은 남을 속인 적이 없기에 그대로 진실하다고 받아들여 이에 따라 행하는데, 이를 또한 신이라고 한다. 위의 글에서 불보살들을 믿는 뜻과 같다. 범어는 본래 두 단어이지만, 중국어 음으로는 구별할 수 없기에 똑같이 신이라고 할 뿐이다. 만일 어떤 이가 위에서 설한 부사의법계에 대해 들으면, 옛적에 심은 선근으로 신정이 밝고 지혜로워 능히 그 말을 견뎌 받아들일 수가 있으며, 중생심 중에 반드시 이 이가 있음을 안다. 이를 신해라 부른다. 또한 선세에 이미 선지식을 가까이 했기에 삼보연이 깊어서 비록 견주고 헤아릴 수 없는 대상이더라도 곧바로 능히 멀리 우러러 믿으니 이 때문에 깊은 믿음 즉 심신이라고 한다. 有大信解者 此信解 梵音阿毘目底 謂明見是理 心無疑慮 如鑿井已漸至泥 雖未見水 必知在近 故名信解也 下云深信者 此信 梵音捨攞馱 是依事依人之信 如聞長者之言 或出常情之表 但以是人未嘗欺誑故 卽便諦受依行 亦名爲信 與上文信諸佛菩薩義同 梵語本是兩名 唐音無以甄別故 同名言信耳 若人聞說如上不思議法界 以宿殖善本 神情明利故 卽能忍受其言 知衆生心中決有此理 名爲信解 又先世已曾親近善知識故 於三寶緣深 雖不可比量籌度處 卽能懸信 故曰深信"라고 하였다. 〔참고문헌〕『大日經疏』. ⇨신해 信解**1**, 앙신 仰信, 아비목지 阿毘目底, 사라다 捨攞馱

이종신력 二種神力 **1** 응화신(應化身) 설법에 있어서의 두 가지 신통력. 『대지도론』 권9(대정장25, p.123c3)에 "부처님에게 두 가지 신력이 있다. 첫째, 한곳에 앉아 설법하시지만 멀리 있는 모든 중생도 다 보고 듣는 것이다. 둘째, 부처님께서는 한곳에서 설법하시는데 각각의 모든 중생들이 스스로 바로 자신의 눈앞에서 설법하시는 것을 보도록 하는 것이다. 비유하면 해가 뜨면 그 영상이 온갖 물에 비치는 것과 같다. 佛有二種神力 一者 一處坐說法 令諸衆生 遠處皆見 遠處皆聞 二者 佛在一處說法 能令一一 衆生各自 見佛在前說法 譬如日出 影現衆水"라고 하였다. 〔참고문헌〕『大智度論』. **2** 여래가 보살을 가지(加持)하는 두 가지 신통력. 이종가지(二種加持)라고도 한다. ⇨이종가지 二種加持**1**

이종신심 二種信心 **1** 문신(聞信)과 증신(證信). 들은 교법에 대한 신심과 증한 바 있어 믿는 신심을 말한다. 『유마경의소』 권1(대정장38, p.921c27)에 "신심에 두 가지가 있다. 첫째는 문신이다. 저 약은 능히 병을 다스린다는 가르침을 듣는 것과 같다. 둘째는 증신이다. 저 약을 복용하고 병이 치료되어 효험이 있는 약이어야 양약이라고 믿는 것과 같다. 信有二種 一者 聞信 如聞藥能治病 二者 證信 如服藥病愈 驗藥爲良"라고 하였다. 〔참고문헌〕『維摩經義疏』. **2** 지통지신(智通之信)과 의통지신(依通之信). 지혜로 통한 믿음과 무엇이든지 의지함 있어야 아는 신심을 말한다. 『종경록』 권28(대정장48, p.582a9)에 "신심에 두 가지가 있다. 하나는 바른 신심이 견고하고, 진실로 알아 의심이 없고 이로써 관해 분명하니, 오름도 지킴도 아울러 급하다. 이와 같은즉 한 생에 끝을 낼 터이니 누가 퇴전을 논하겠는가? 둘째, 의지함 있어야 통하는 신심의 경우 관행의 힘이 거칠게 뜨고, 습기가 무거워 경계가 강하니 연을 만난즉 물러난다. 信有二種 一 若正信堅固 諦了無疑 理觀分明 乘戒兼急 如此則一生可辦 誰論退耶 二 若依通之信 觀力麤浮 習重境强 遇緣卽退"라고 하였다. 〔참고문헌〕『宗鏡錄』.

이종신토 二種身土 자수용(自受用)과 타수용(他受用)의 두 가지 수용신토. ⇨자수용토 自受用土, 타수용토 他受用土, 수용토 受用土

이종신행시 二種身行施 육신으로 행하는 보시(生身行施)와 법신으로 행하는 보시(法身行施). 『대지도론』 권12(대정장25, p.146a28)에 "보살에게 두 가지 몸이 있다. 하나는 업을 맺어 나는 몸이고, 다른 하나는 법신이다. 이 두 몸에 보시바라밀 가득차면 이를 구족단바라밀이라 부른다. 〔문〕 업을 맺어 나는 몸으로 하는 보시바라밀을 채웠다는 것은 무슨 뜻인가? 〔답〕 아직 법신을 증득하지 못하고 번뇌는 다하지 않았지만 일체보물·머리·눈·골수·뇌·나라·재물·부인·자녀 등 안팎으로 가진 것을 모두 보시하되 마음에 조금도 움직임이 없다. 菩薩有二種身 一者 結業生身 二者 法身 是二種身中 檀波羅蜜滿 是名具足檀波羅蜜 問曰 云何名結業生身 檀波羅蜜滿 答曰 未得法身 結使未盡 能以一切寶物頭目髓腦 國財妻子 內外所有 盡以布施 心不動轉", "무엇이 법신보살이 보시바라밀을 행해 가득 채웠다는 뜻인가? 보살은 마지막에 육신으로 무생법인을 얻고는 육신을 버리고 법신을 얻는다. 시방육도중에 변한 몸으로 중생을 제도하니 갖가지 진기한 보배·의복·음식 등 일체를 보시하고, 또 머리·눈·골수·뇌수·나라·재물·부인·자녀 등 안팎으로 가진 모든 것을 보시한다. … 또한 법신보살은 한 찰나에 수많은 화신이 되어 시방제불을 공양한다. 일시에 헤아릴 수 없는 재보를 화작하여 중생에게 풍부히 나눠주고, 상중하의 모든 소리를 따라 한 찰나에 널리 설법하고 보리수 아래에 앉는 등이다. 이와 같은 갖가지 일을 일러 법신보살이 행한 단바라밀이 가득 찼다고 한다. 云何法身菩薩行檀波羅蜜滿 菩薩末後 肉身得無生法忍 捨肉身得法身 於十方六道中 變身應適 以化衆生 種種珍寶 衣服 飮食 給施一切 又以 頭目髓腦國財妻子 內外所有 盡以布施 … 復次 法身菩薩 一時之頃 化作無央數身 供養十方諸佛 一時能化無量財寶 給足衆生 能隨一切上中下聲 一時之頃 普爲說法 乃至坐佛樹下 如是等種種 名爲法身菩薩行檀波羅蜜滿"라고 하였다. 〔참고문헌〕『大智度論』.

이종심 二種心 ❶ 초발심을 견고하게 하는 두 가지 마음. 안은심(安隱心 Ⓢ hita-adhyāśaya)과 쾌락심(快樂心 Ⓢ sukha-adhyāśaya)을 말하며, 각각 이익의요(利益意樂)와 안락의요(安樂意樂)라고도 한다. 『보살지지경』 권1(대정장30, p.890b19 : *Bodh-bh.*, p.12)에 "초발심을 견고하게 하는 데 두 가지로 하여 모든 중생들에게 진정심을 일으키도록 한다. 첫째는 안은심이고, 둘째는 쾌락심이다. 안은심이란 중생들을 위해 불선처 없게 하고 선처에 편안히 둔다. 쾌락심이란 궁핍한 중생이 의지할 데가 없으면 중생을 거두는 법으로서 마음을 고르게 하여 요익케 하니 초발심이 견고해진다. 初發心堅固 有二事 於諸衆生 起眞淨心 一者 安隱心 二者 快樂心 安隱心者 爲諸衆生 除不善處 安置善處 快樂心者 貧乏衆生 無所依怙 能以攝法 等心饒益 初發心堅固 dvāvi mau dṛḍhaprathamacittotpādikasya bodhisattva sya sattveṣu kalyāṇādhyāśayau pravartete. hitā dhyāśayaś ca sukhādhyāśayaś ca. tatra hitādhyā śayo yā akuśalāt sthānād vyutthāpya kuśale sth āne pratiṣṭhāpanakāmatā. sukhādhyāśayo yā vig hātinām anāthānām apratiśaraṇānāṃ sattvānāṃ kliṣṭavarjitānugrāhakavastūpasaṃharaṇakāmatā" 라고 하였다. 〔참고문헌〕『菩薩地持經』, *Bodh-bh.* ⇨ 이익의요 利益意樂 ❷ ➡ 법성심 法性心, 상응심 相應心

이종심상 二種心相 ❶ 유탐심(有貪心)과 이탐심(離貪心). 『현종론』 권34(대정장29, p.945c22)에 "유탐심과 이탐심의 두 가지 심상은 무엇인가? 마음이 탐과 더불어 상응하는 것을 유탐심이라 한다. 상응하지 않고 탐하지도 않는 동류인을 이탐심이라 한다. 何等名曰有貪離貪二種心相 謂心若與貪相應者 名有貪心 若不相應 亦不爲貪 同類因者 名離貪心"라고 하였다. 〔참고문헌〕『顯宗論』. ⇨ 유탐심 有貪心, 이탐심 離貪心 ❷ ➡ 심내상 心內相, 심외상 心外相

이종심신 二種深信 삼심(三心) 중 하나인 심심(深心)에 있어서의 두 가지 마음. 선도(善導)가 지은 『관무량수불경소』 권4(대정장37, p.271a26)의 "두 번째는 깊은 마음이다. 심심이란 말은 깊이 믿는 마음이라는 뜻이다. 여기에도 두 가지가 있다. 첫째 결정심신이니, 자신은 현재 죄악으로 생사하는 범부이며, 아득한 과거부터 늘 빠져 떠돌아 이를 벗어날 연은 있을 리 없다 여기는 것이다. 둘째도 결정심신인데 저 아미타불께서 48원으로 중생을 거두시니 의심도 염려도 없어 저에 올라 반드시 왕생을 얻을 것을 믿는 것이다. 二者 深心 言深心者 卽是深信之心也 亦有二種 一者 決定深信 自身現是罪惡生死凡夫 曠劫已來 常沒常流轉 無有出離之緣 二者 決定深信 彼阿彌陀佛 四十八願 攝受衆生 無疑無慮 乘彼願力 定得往生"라고 하였다. 〔참고문헌〕『觀無量壽佛經疏』. ⇨ 심신 深信, 법심신 法深信, 신기 信機❷

이종심심 二種甚深 증심심(證甚深)과 아함심심(阿含甚深). 제불지혜와 그 제불이 중생을 위해 연 문이 깊고 깊어 헤아릴 수 없다는 뜻이다. 『묘법연화경우파제사』 권상(대정장26, p.5a11)에 "심심이란 두 가지 심심의 뜻을 드러낸 것이다. 반드시 이와 같이 알아야 한다. 두 가지란 무엇인가? 하나는 증심심이니, 제불의 지혜가 매우 깊고 헤아릴 수 없음을 말한다. 다른 하나는 아함심심이니 지혜의 문이 깊고 깊어 무량함을 말한다. 言甚深者 顯示二種甚深之義 應如是知 何等爲二 一者 證甚深 謂諸佛智慧甚深無量故 二者 阿含甚深 謂智慧門甚深無量故"라고 하였다. 〔참고문헌〕『妙法蓮華經憂波提舍』. ⇨ 증심심 證甚深, 아함심심 阿含甚深, 심심 甚深

이종십지 二種十地 보살만의 십지인 보살십지와 삼승공통의 십지인 공십지(共十地). 『대지도론』 권49(대정장25, p.411a26)에 "지에 두 가지가 있다. 하나는 다만 보살지고 다른 하나는 함께하는 지다. 삼승이 함께하는 지는 간혜지에서 불지까지다. 보살만의 지는 환희지·이구지·유광지·증요지·난승지·현재지·심입지·부동지·선근지·법운지다. 地有二種 一者 但菩薩地 二者 共地 共地者 所謂乾慧地 乃至佛地 但菩薩地者 歡喜地 離垢地 有光地 增曜地 難勝地 現在地 深入地 不動地 善根地 法雲地", 『대승의장』 권14(대정장44, p.755b24)에 "일체현성이 머무는 자리를 지라고 한다. 지에 다름이 있어 같지 않으니 하나의 문에 열 가지를 설한다. 삼승지는 이러한 열 가지를 함께하므로 공십지라 한다. 보살만이 홀로 하는 십지와 구별하여 공이라고 하였다. 一切賢聖住處 名地 地別不同 一門說十 說三乘地 共爲此十 名共十地 爲別菩薩獨法十地 故云共矣"라고 하였다. [참고문헌]『大智度論』, 『大乘義章』. ⇨ 보살십지 菩薩十地, 공십지 共十地, 십지 十地❶❷

이종아만 二種我慢 분별아만(分別我慢)과 구생아만(俱生我慢). 『유가사지론』 권88(대정장30, p.797c13)에 "두 가지 아만이란, 첫째 제행에 집착하여 현행하는 아만, 둘째 념을 잃으므로 해서 따라 현행하는 아만이다. 이 중에서 집착현행하는 아만은 성자가 이미 끊어서 다시 현행하지 않고, 두 번째 아만은 수면으로 말미암기에 살가야견(有身見)은 비록 영원히 끊었다 해도 성도를 아직 잘 닦지 않았기에 그대로 일어나 현행한다. 二種我慢 一 於諸行 執著現行 二 由失念 率爾現行 此中 執著現行我慢 聖者已斷 不復現行 第二我慢 由隨眠故 薩迦耶見 雖復永斷 以於聖道 未善修故 猶起現行", 『유가론기』 권23(대정장42, p.832b25・한불전14, p.773b21)에 "두 가지 아만이란, 첫째 모든 행에 집착현행하는 아만인데 … 분별아만이다. 둘째 념을 잃으므로 해서 따라 현행하는 아만인데 … 구생아만이다. 二種我慢 一 於諸行 執著現行 … 分別我慢 二 由失念 率爾現行 … 俱生我慢"라고 하였다. [참고문헌]『瑜伽師地論』, 『瑜伽論記』. ⇨ 아만 我慢, 유신견 有身見

이종악구보 二種惡口報 악한 말을 한 죄로 받는 두 가지 보. 『십지경론』 권4(대정장26, p.149b14)에 "거친 말을 내뱉은 죄도 중생을 지옥・축생・아귀에 떨어뜨린다. 만일 사람으로 태어나더라도 두 가지 과보를 받는다. 첫째, 항상 험한 소리를 듣는다. 둘째, 하는 말마다 항상 다툼이 된다. 惡口之罪 亦令衆生 墮於地獄 畜生 餓鬼 若生人中 得二種果報 一者 常聞惡聲 二者 所有言說 恒有諍訟"라고 하였다. [참고문헌]『十地經論』.

이종안 二種眼 보안(報眼 : 異熟生眼)과 장양안(長養眼). 『아비담비바사론』 권8(대정장28, p.51b29)에 "안에는 두 가지가 있으니 첫째 보안, 둘째 장양안이다. 이비설신 등도 이와 같다. 眼有二種 一 報眼 二 長養眼 耳鼻舌身亦如是"라고 하였다. [참고문헌]『阿毘曇毘婆沙論』. ⇨ 이숙 異熟, 장양 長養

이종애 二種愛 Ⓢ dvividhaṃ prema, Ⓣ dga'-nam-pa-gnyis. 탐애(貪愛 Ⓢ tṛṣṇā)와 신애(信愛 Ⓢ śraddhā). 물든 애착과 믿음에 따른 사랑을 말한다. 『구사론』 권4(대정장29, p.21a26 : *Abh-k-bh.*, p.60)에 "그런데 애에는 두 가지가 있다. 첫째 염오가 있고, 둘째 염오가 없다. 염이 있다는 것은 탐으로서 저 처자 등에 애착함을 말하고, 염이 없다는 것은 신으로서 스승이나 어른 등을 사랑함을 말한다. 然愛有二 一 有染汚 二 無染汚 有染謂貪 如愛妻子等 無染謂信 如愛師長等 dvividham hi prema kliṣṭam akliṣṭaṃ ca. tatra kliṣṭaṃ tṛṣṇā yathā putradārādiṣu. akliṣṭaṃ śraddhā śāstṛguruguṇānviteṣu"라고 하였다. [참고문헌]『俱舍論』, 『大毘婆沙論』 권29(대정장27, p.151a7), *Abh-k-bh.*

이종애어 二種愛語 수의애어(隨意愛語)와 수소애법위설(隨所愛法爲說). 첫째는 중생의 뜻에 따른 설법이고, 둘째는 중생이 좋아할 만한 법으로 설법한다. 『대지도론』 권66(대정장25, p.526c28)에 "애어에 두 가지가 있다. 하나는 수의애어, 다른 하나는 수기소애법위설이다. 보살이 도를 터득하기 이전에는 중생을 연민하여 스스로 교만을 부수고 그들의 생각에 맞추어 법을 설한다. 도를 터득하고 나서는 제도해야 할 법에 맞추어 설해 준다. 가령 오만한 마음을 지닌 부자에게는 보시를 찬탄하는 설법을 한다. 이 사람은 재물의 이익을 얻어 명성과 복덕을 누리기 때문이다. 만일 그에게 지계의 훌륭함을 찬양하고 파계를 비난한다면 마음으로 기뻐하지 않을 것이다. 愛語有二種 一者 隨意愛語 二者 隨其所愛法爲說 是菩薩未得道 憐愍衆生 自破憍慢 隨意說法 若得道 隨所應度法爲說 高心富人 爲讚布施 是人能得他物利 名聲福德故 若爲讚持戒 毁呰破戒 則心不喜樂"라고 하였다. [참고문헌]『大智度論』.

이종양설보 二種兩舌報 양설이 초래하는 두 가지 과보. 나쁜 권속과 불화하는 권속을 얻는다. 60권본 『화엄경』 권24(대정장9, p.549b7 : *Daś-bh.*, p.17)에 "양설의 죄 역시 중생을 삼악도에 떨어뜨린다. 만약 인취에 난다면 두 가지 과보를 얻는다. 하나는 아주 나쁜 권속을 얻고, 다른 하나는 불화하는 권속을 얻는다. 兩舌之罪 亦令衆生墮三惡道 若生人中 得二種果報 一者 得弊惡眷屬 二者 得不和眷屬 tatra paiśunyaṃ nirayam upanayati tiryagyonim upanayati yamalokam upanayati. atha cet punar manuṣyeṣu upapadyate dvau vipākāv abhinirvartayati bhinnaparivāratāṃ ca hīnaparivāratāṃ ca", 『법원주림』 권70(대정장53, p.816c17)에 "왜 양설이 패악권속을 얻도록 하는가? 양설은 좋은 벗들이 모두 증오를 일으키도록 하기 때문이다. 왜 양설은 불화하는 권속을 얻게 만드는가? 양설로 인하여 타인의 호의를 버리고 화합하지 않도록 만들기 때문이다. 何故兩舌爲人得弊惡眷屬 緣以兩舌使人良儔 皆生惡故 何故兩舌得不和眷屬 緣以兩舌離人親好使 不和合故"라고 하였다. [참고문헌]『華嚴經』, 『法苑珠林』, *Daś-bh.* ⇨ 양설 兩舌

이종어 二種語 세어(世語)와 출세어(出世語). 40권본 『대반열반경』 권14(대정장12, p.447c12)에 "선남자야, 제불세존의 말씀에는 두 가지가 있다. 하나는 세어고 다른 하나는 출세어다. 선남자야, 여래께서는 모든 성문연각에게 세어로 말씀하시고, 모든 보살에게 출세어로 말씀하신다. 善男子 諸佛世尊 語有二種 一者 世語 二者 出世語 善男子 如來爲諸聲聞緣覺 說於世語 爲諸菩薩 說出世語"라고 하였다. [참고문헌] 『大般涅槃經』.

이종여래장 二種如來藏 재전여래장(在纏如來藏)과 출전여래장(出纏如來藏). 중생의 번뇌에 얽혀 있는 여래장과 부처님의 번뇌에서 벗어난 여래장이다. 『원각경협송집해강의』 권4(卍속장87, p.819a3)에 "중생은 이를 비록 갖췄다 하지만 마치 광산에 묻힌 금과 같으니 오히려 미혹 속에 있다. 이를 가리켜 번뇌에 갇힌 여래장이라 한다. 부처님은 광산을 떠난 금과 같으니 이를 번뇌에서 벗어난 여래장이라 한다. 두 여래장의 체성은 다르지 않지만 단지 미혹과 깨달음으로 나뉘었을 뿐이다. 중생은 광산에 있고, 부처님은 이미 순금이시다. 衆生理雖具 如鑛中金 尙在迷中 謂之在纏如來藏 佛是離鑛之金 謂之出纏如來藏 二如來藏 體性不殊 但分迷悟也 衆生在鑛 佛已成金"라고 하였다. [참고문헌] 『圓覺經夾頌集解講義』. ⇨ 여래장 如來藏 ❶

이종여여 二種如如 여여지(如如智)와 여여경(如如境). 여래장(如來藏)의 두 가지 뜻으로 자성이 여여하여 지(智)도 경(境)도 전도가 없는 뜻이다. 『불성론』 권2(대정장31, p.795c25)에 "여라는 말에는 두 가지 뜻이 있다. 하나는 여여지이고 다른 하나는 여여경이다. 모두 전도되지 않으므로 여여라 한다. … 일체중생은 모두 여래지 안에 있으므로 장이라 한다. 여여지로 여여경을 부르기에 일체중생은 결단코 여여경을 벗어난 일이 없다. 여여경이란 여래께서 거두어 가진다는 뜻이 되기에 중생을 품은 곳을 가리켜 여래장이라 한다. 言如者 有二義 一如如智 二如如境 並不倒故 名如如 … 一切衆生 悉在如來智內 故名爲藏 以如如智 稱如如境故 一切衆生 決無有出 如如境者 並爲如來之所攝持 故名所藏衆生 爲如來藏"라고 하였다. [참고문헌] 『佛性論』. ⇨ 여여 如如 ❶, 여여경 如如境, 여여지 如如智, 여래장 如來藏 ❶

이종열반 二種涅槃 ❶ 유여열반(有餘涅槃 Ⓢ sopadhiśeṣa-nirvāṇa)과 무여열반(無餘涅槃 Ⓢ nirupadhiśeṣa-nirvāṇa). 아함과 대승의 뜻이 다르다. 『증일아함경』 권7(대정장2, p.579a13 : 如是語經 *It.*, p.38)에 "이러한 두 가지 열반계가 있다. 두 가지란 무엇인가? 유여열반계와 무여열반계다. 무엇을 유여열반계라 하는가? 여기 비구가 오하분결을 끊고 저 반열반에 들어 이 세간으로 다시 돌아오지 않으면 이를 유여열반계라 한다. 무엇을 무여열반계라 하는가? 여기 비구가 유루를 다하고 무루·의해탈·지혜해탈을 이루어 자기 몸으로 증득하고 스스로 유희하니, 생사는 이미 다했고 범행 이미 세웠기에 다시는 유를 받지 않음을 여실히 안다면 무여열반계라 한다. 有此二涅槃界 云何爲二 有餘涅槃界 無餘涅槃界 彼云何名爲有餘涅槃界 於是比丘 滅五下分結 卽彼般涅槃 不還來此世 是謂名爲有餘涅槃界 彼云何名爲無餘涅槃界 於是比丘 盡有漏成無漏 意解脫 智慧解脫 自身作證而自遊戲 生死已盡 梵行已立 更不受有 如實知之 是謂爲無餘涅槃界 dvemā bhikkhave nibbānadhātu yo. katamā dve. saupādisesā ca nibbānadhātu anupādisesā ca nibbānadhātu. katamā ca bhikkhave saupādisesā nibbānadhātu. idha bhikkhave bhikkhu arahaṃ hoti khīṇāsavo vusitavā katakaraṇīyo ohitabhāro anuppattasadattho parikkhīṇabhavasaṃyojano sammadaññāvimutto. tassa tiṭṭhanteva pañcindriyāni yesaṃ avigatattā manāpāmanāpaṃ paccanubhoti sukhadukkhaṃ paṭisaṃvediyati. tassa yo rāgakkhayo dosakkhayo mohakkhayo ayaṃ vuccati bhikkhave saupādisesā nibbānadhātu. katamā ca bhikkhave anupādisesā nibbānadhātu. idha bhikkhave bhikkhu arahaṃ hoti khīṇāsavo vusitavā katakaraṇīyo ohitabhāro anuppattasadattho parikkhīṇabhavasaṃyojano sammadaññāvimutto. tassa idheva bhikkhave sabbavedayitāni anabhinanditāni sītibhavissanti ayaṃ vuccati bhikkhave anupādisesā nibbānadhātu"라고 하였다. 한편, 대승의 유여열반은 분단생사(分段生死)가 다한, 또는 보신불·응신불의 과보를 말하고, 무여열반은 변역생사(變易生死)가 다한 또는 법신불을 말한다. 『대승현론』 권5(대정장45, p.63c25)에 "『섭대승론』에 의하면 대승의 무여열반에 두 가지가 있다. 첫째, 분단생사의 인과가 남김없이 다함을 유여라 하고, 변역생사의 인과가 남김없이 다함을 무여열반이라고 한다. 둘째, 보신불과 응신불을 유여열반이라 하고 법신불을 무여열반이라 한다. 若依攝論 大乘無餘涅槃有二種 一者 分段因果盡名有餘 變易因果盡名無餘涅槃 二者 報應二佛 名有餘涅槃 法身名無餘涅槃也", 원효(元曉)의 『열반종요』(대정장38, p.244a20·한불전1, p.531a19)에 "네 번째, 삼신에 의지하여 두 가지 열반이라는 것은 응화 이신의 몸과 지혜가 여전히 남아 있으면 유여라 하고, 생사의 일체 허물을 떠나면 열반이라 한다. 이 경에서 '나의 이 몸 그대로 열반이다'라고 한 말과 같으므로 법신 중에서는 몸과 지혜가 평등하니 무여라 하고, 모든 상을 떠나 필경에 적멸하므로 열반이라 한다. 또한 『금고경』에서 '이 두 몸에 의지하여 모든 부처님들은 유

여열반을 설하고, 법신에 의지해서 무여열반을 설한다. 왜 그런가? 일체 남은 것들이 끝내 다했기 때문이다'라고 한 말과 같다. 만일 이 뜻에 의지하면 삼신을 열반의 체로 삼을 것이다. 第四 依三身說 二涅槃者 應化二身 身智猶在 名曰有餘 卽離生死一切過患 故名涅槃 如此經言 今我此身 卽是涅槃 故於法身中 身智平等 名爲無餘 離一切相 畢竟寂滅 故名涅槃 如金鼓經言 依此二身 一切諸佛 說有餘涅槃 依法身者 說無餘涅槃 何以故 一切餘究竟盡 故 若依此義 卽取三身 爲涅槃體"라고 하였다. 〔참고문헌〕『增壹阿含經』, 『大乘玄論』, 『涅槃宗要』, 40권본 『大般涅槃經』 권25(대정장12, p.513b28), 『金光明最勝王經』 권2(대정장16, p.409a2), *It.* ⇨ 유여열반 有餘涅槃, 무여열반 無餘涅槃, 사종열반 四種涅槃, 열반 涅槃, 분단생사 分段生死, 변역생사 變易生死 ❷ 성정열반(性淨涅槃)과 방편정열반(方便淨涅槃). 지론종(地論宗)에서 시설한 두 가지 열반이다. 전자는 본래 청정한 성품 그대로 열반이고, 후자는 수행의 방편으로 성취한 열반이다. 여기에 원정열반(圓淨涅槃)을 더하여 삼종열반(三種涅槃)이라 한다. 『대승현론』 권3(대정장45, p.46c11)에 "지론에서는 성정열반과 방편정열반을 말한다. 성정열반은 본유의 이치가 드러남이니 이를 성정열반이라 한다. 온갖 공덕을 닦으므로 방편정열반이라 한다. 地論云 性淨方便淨涅槃 性淨涅槃 是本有理顯現 名性淨涅槃 緣修萬德 名方便淨涅槃", 원측(圓測)의 『인왕경소』 권상(대정장33, p.385c2 · 한불전1, p.56b8)에 "첫째는 방편정열반이고, 둘째는 성정열반이다. 이것은 방편이다. 혹 이전에 공이라 하므로 성정열반이다. 곧 본래부터 자성이 정하다는 뜻이다. 그러므로 『유마경』에서 '번뇌를 끊지 않고 열반에 든다'고 한 말인즉 이 일이다. 一 方便淨涅槃 二 性淨涅槃 此卽方便也 言惑前已空 故性淨涅槃 謂從本已來 自性淨故 故維摩云 不斷煩惱受涅槃 卽其事也"라고 하였다. 〔참고문헌〕『大乘玄論』, 『仁王經疏』, 『維摩經』 권상(대정장14, p.539c25). ⇨ 성정열반 性情涅槃, 방편정열반 方便淨涅槃, 삼열반 三涅槃❶, 열반 涅槃

이종염불 二種念佛 ❶ 염불법신과 염불생신. 『관무량수경의소』(대정장37, p.238b23)에 "염불에는 두 가지가 있다. 첫째는 염불법신이고, 둘째는 염불생신이다. 법신을 념함이란 저 수보리가 석실중에 단정히 앉아 제법실상을 사유한 것이다. 이를 염불법신이라고 한다. 염불생신이란 여래의 삼십이상 팔십종호 등의 진금의 뛰어난 위용을 떠올려 가지는 것으로 염불생신이라고 한다. 念佛有二種 一者 念佛法身 二者 念佛生身 念法身者 如須菩提 在石室中 端坐念諸法實相 名念佛法身 念佛生身者 念如來三十二相 八十種好 金容挺特 名念佛生身"라고 하였다. 〔참고문헌〕『觀無量壽經義疏』. ❷ 어념(語念) 또는 구념(口念)과 심념(心念). 『정토론』 권상(대정장47, p.89b16)에 "염불에는 두 가지가 있으니, 첫째는 마음으로 념하는 것이고, 둘째는 입으로 외우며 념하는 것이다. 심념에 다시 두 가지다. 첫째는 불색신을 념하는 것이니 아미타불색신에 팔만사천상이 있고, 이 상에 팔만사천호가 있으며, 이 호에 팔만사천광명이 있음을 념하는 것이다. 둘째는 불지신을 념하는 것이니, 아미타불께 오분법신의 대자대비 · 십력 · 무외 등이 있음을 념하는 것을 말한다. 둘째 구념이란, 마음이 무력하더라도 입으로 도와 칭념해야 하니, 입으로 칭념하여 마음을 이끌어 산란하지 않도록 하는 것이다. 경에서 설한 것처럼 누구라도 아미타불을 백만번 이상 칭념하면 반드시 극락세계에 나게 된다. 念佛者 復有二種 一 是心念 二 是口念 心念者 復有二種 一 念佛色身 謂阿彌陀佛身 有八萬四千相 相有八萬四千好 好有八萬四千光明等 二 念佛智身 謂阿彌陀佛 有五分法身 大慈大悲 力 無畏等也 二 口念者 若心無力 須將口來扶 將口引心 令不散亂 如經說 若人念阿彌陀佛 得百萬遍已去 決定得生極樂世界", 『법화현찬』 권4(대정장34, p.723b24)에 "염불에는 두 가지가 있다. 첫째는 어념이고, 둘째는 심념이다. 念佛有二 一 語念 二 心念", 『법화경현찬요집』 권20(卍속장54, p.340a6)에 "'염불에는 두 가지가 있다'라는 말은, 첫째는 어념이다. 마음이 움직여 말로 부처님명호를 부르는 것이니, 소리 높여 염불을 함에 열 가지 공덕이 있다. 그러므로 어념이라고 말한다. 두 번째는 심념이다. 뜻으로 사유하고 념하기를 같이하여 부처님을 떠올려 기억한다. 그러므로 경에서 '마음에 가져서 헛되이 지나치는 일 없다'라고 하였다. 言念佛有二者 一者 語念 心動於語 語呼佛名 高聲念佛 有十種功德 故言語念也 二 心念者 意議與念俱時 想念於佛故經云 心念不空過也"라고 하였다. 〔참고문헌〕『淨土論』, 『法華玄贊』, 『法華經玄贊要集』, 『法華經』 권7(대정장9, p.57c16), 『阿彌陀經疏鈔演義』 권3(卍속장33, p.665a18). ❸ 염불심성(念佛心性)과 염불신명(念佛身名). 『정토감주』(卍속장110, p.357b5)에 "두 가지로 념함〈연지대사(蓮池大師 : 袾宏)의 설〉: 염불에는 두 가지가 있다. 첫째는 부처님의 마음과 성품을 념하는 것이고, 둘째는 부처님의 몸과 명호를 념하는 것이다. 마음과 성품을 떠올리는 것은 진불을 보는 것이, 빛으로 밝은 상호의 부처가 서방에 계심을 보는 것에 서로 방해되지 않는다. 몸과 명호를 념하는 것은 응불을 보는 것이지만, 또한 자성이 천진한 부처가 상밖에 있음을 능히 보는 것이어서, 본적은 쌍으로 들이고 이사는 한 바탕이다. 二念〈蓮池大師說〉 念佛有二 一者 念佛心性 二者 念佛身名 念心性者 見眞佛也 不妨覲光明相好之佛於西方 念身名者 見應佛也 亦能覩自性天眞之佛於象外 本迹雙擧 理事同原"라고 하였다. 〔참고문헌〕『淨土紺珠』, 『答四十八問』(卍속장108, p.395a17). ❹ ➡ 통별

염불 通別念佛, 염불 念佛

이종영해 二種領解 **1** 탐령(探領)과 제교령(齊教領). 『법화경』 권2 「신해품 信解品」에 나오는 사대성문(四大聲聞)의 영해에 대한 두 가지 해석이다. 탐령은 부처님께서 세간에 출현하시기 전에 법신불의 교화를 통해 성문이 깨우친 것이고, 제교령은 성문이 세간에 출현하신 부처님의 몸을 통해 가르침을 받고 교법을 깨우친 것이다. 『법화문구』 권6(대정장34, p.85a8)에 "법신을 탐령하는 때에는 타인을 교화하는 방편지를 써서 방편의 기틀의 유무를 비추고 방편을 쓰는 일의 가부를 비추니, 이는 모두 방편지로 비춰야 할 것이다. 그러므로 타일이라 하였다. 만약 이 뜻을 좇아 제교령도 타인을 교화하는 방편사를 깨우친다. 그러므로 이승은 자기의 일이라 한다. 탐령도 자리와 이타의 방편을 깨우친다. 이것은 방편이지 이승의 일이 아니므로 타인을 위한다고 한다. 此之探領法身之時 用化他之權智 照於權機若有若無 照用權事若可若否 皆是權智所照 故言他日 若從此義 齊教領領化他之權事 故二乘稱己事 探領領自他之權 此權非二乘事 故稱爲他"라고 하였다. 〔참고문헌〕『法華文句』. ⇨ 탐령 探領, 제교령 齊教領 **2** 비유(譬喩)로 법(法)을 이해하는 길. 비유로 열어 보이는 개비(開譬)와 법의 진실과 합하여 이해시키는 합비(合譬). 주로 『법화경』비유를 들어 말한다. 『법화경의기』 권5(대정장33, p.632b15)에 "이제 비유설을 밝힌다. 넓게 하여금 알게 함에 두 가지가 있다. 첫째는 비유로 여는 것이고, 둘째는 비유로 합하는 것이다. 此明譬說 廣領解中有二者 第一是開譬 第二是合譬", 『법화현찬』 권8(대정장34, p.804b16)에 "영해에 두 가지가 있으니 처음의 비유와 뒤의 합이다. 비유에 두 가지가 있으니 처음에는 옛 방편을 알아차리는 것이고, 그런 후에는 지금의 진실을 알아차리는 것이다. 領解有二 初喩後合 喩中有二 初領昔權 後領今實", 『법화경과주』 권5(卍속장48, p.479b11)에 "개비라는 것은 곧 비유를 열어 펼치고 밝혀 풀어놓는 것을 일컫는다. 합비라는 것은 곧 저 비유를 끌어와서 이 법에 합치시키는 것이다. 유란 반드시 법을 비유하는 것이니 그 능소가 서로 가지런하고 뚜렷해야 한다. 마치 부계와 같아야 하기에 합이라고 하는 것이다. 所言開譬者 卽是開張闡演譬喩之謂 言合譬者 卽是提彼譬喩來合此法 喩必喩於法 以其能所相齊宛 如符契故名合耳"라고 하였다. 〔참고문헌〕『法華經義記』, 『法華玄贊』, 『法華經科註』. ⇨ 영해 領解, 비유 譬喩

이종예오심 二種穢汚心 불선심(不善心)과 은몰무기심(隱沒無記心). 『잡아비담심론』 권10(대정장28, p.955b12)에 "'두 가지 더럽히고 물듦이 넷을 낳는다'라는 말은, 욕계의 불선심과 은몰무기심이 차제로 자계에서 네 가지 마음을 낳지만 상지인 색무색계에서는 그렇지 않으니 어긋나기 때문이다. '열 가지 마음으로부터도 생긴다'라는 말은, 저 욕계의 두 가지 예오심이 열 가지 마음을 좇아 차제로 자계에서 넷을 낳고 색무색계에서 여섯을 낳으니 수생시를 말한다. 二穢汚生四者 欲界不善心 及隱沒無記心 次第生自界四心 非上地 相違故 亦從十心生者 彼欲界二種穢汚心 從十心次第生自界四 色無色界六 謂受生時"라고 하였다. 〔참고문헌〕『雜阿毘曇心論』.

이종오음 二種五陰 인(因)으로서의 오음과 과(果)로서의 오음. 원효(元曉)의 『열반종요』(대정장38, p.253a8 · 한불전1, p.543b20)에 "부처님께서 오음에 두 가지가 있으니 하나는 인이고 다른 하나는 과라고 하셨다. 이 인오음이란 과거현재미래다. 이 과오음 또한 바로 이 과거현재미래이고, 과거현재미래가 아니기도 하다. 이 문증에 의지하여 반드시 알라. 마땅히 일과오음에 나아가면 과로서의 오음은 삼세이고 삼세가 아니기도 하다. 佛言 五陰二種 一者 因 二者 果 是因五陰 是過現未 是果五陰 亦是過去現在未來 亦非過去現在未來 依是文證 當知 宜就一果五陰 亦是三世 亦非三世"라고 하였다. 〔참고문헌〕『涅槃宗要』. ⇨ 오음 五陰

이종원 二種願 얻을 수 있는 가득원(可得願)과 실현 불가능한 불가득원(不可得願). 『대지도론』 권30(대정장25, p.277b27)에 "두 가지 원이 있다. 하나는 가득원이고, 다른 하나는 불가득원이다. 불가득원이란, 어떤 사람이 허공을 헤아려 그 끝까지 다하려 한다던가 시간과 공간의 끝을 찾으려는 것이다. 그것은 마치 어린아이가 물에 잠긴 달을 건지려 하거나 거울에 비친 영상을 잡으려는 것과 같다. 이와 같은 원은 모두 얻을 수 없다. 가득원이란, 나무를 끝까지 부딪혀 불을 내거나 땅을 파서 물을 얻거나, 복을 닦아서 인천중에 나거나 아라한과 벽지불과를 얻거나, 나아가 제불법왕이 되고자 하는 것이니 이와 같은 원들을 모두 가히 얻을 수 있다 有二種願 一者 可得願 二者 不可得願 不可得願者 有人欲籌量虛空 盡其邊際 及求時方邊際 如小兒求水中月 鏡中像 如是等願 皆不可得 可得願者 鑽木求火 穿地得水 修福得人天中生 及得阿羅漢 辟支佛果 乃至得諸佛法王 如是等名 皆可得願"라고 하였다. 〔참고문헌〕『大智度論』.

이종원리 二種遠離 몸으로 멀리 떠남(身遠離)과 마음으로 멀리 여읨(心遠離). 『대승본생심지관경』 권4(대정장3, p.306c19)에 "멀리 떠나는 행은 두 가지다. 하나는 몸으로 멀리함이고, 다른 하나는 마음으로 멀리 여의는 것이다. 신원리란, 만일 누군가 출가하여 몸을 한적한 곳에 두고서 욕경에 물들지 않는다면 이를 신원리라 한다. 만일 출가하여 청정심을 닦고 욕경에 물들지 않는다면 이를 심원리라 한다. 몸은 비록 출가하였지만 마음이 욕경을 탐한다면 이와 같은 사람에게는 원리라고 부르지 않는다. 만일 정신남이나 정신녀로서 몸은 취락에 살지만 무상심을 일으키고 대비심으로 일체를 요익하게 한다면, 이와 같은 수행이야말로 참된 원리라 한다. 遠離之行 有其二種 一 身遠離 二 心遠離 身遠離者 若人出家 身處空閑 不染欲境 名身遠離 若有出家 修淸淨心 不染欲境 名心遠離 身雖出家 心貪欲境 如是之人 不名遠離 若淨信男 及淨信女 身居聚落 發無上心 以大慈悲 饒益一切 如是修行 名眞遠離", 『대지도론』 권68(대정장25, p.537c6)에 "멀리 떨어진다는 말은 가장 가깝게는 3리 거리지만 멀면 멀수록 좋다. 이렇게 몸을 멀리 떨어지게 한 다음에는 마음도 오욕과 오개에서 멀리 떨어지도록 해야만 한다. 遠離者 最近三里 能遠益善 得是身遠離已 亦當令心遠離 五欲五蓋"라고 하였다. 〔참고문헌〕『大乘本生心地觀經』, 『大智度論』. ⇨ 신원리 身遠離, 심원리 心遠離, 원리 遠離[1]

이종유 二種有 실물유(實物有)와 시설유(施設有). 온처계(蘊處界) 등인 실물유와, 이름붙여 세간에 있게 된 남녀 등 분별상인 시설유를 말한다. 『대비바사론』 권9(대정장27, p.42a24)에 "그러나 제유라 한 것은, 어떤 이는 두 가지로 말한다. 하나는 실물유로서 오온과 십팔계 등을 말하고, 다른 하나는 시설유로서 남녀 등을 말한다. 然諸有者 有說二種 一實物有 謂蘊界等 二施設有 謂男女等"라고 하였다. 〔참고문헌〕『大毘婆沙論』. ⇨ 실물유 實物有, 시설유 施設有, 유 有[1]

이종음보 二種淫報 사음(邪婬)으로 받는 두 가지 보. 60권본 『화엄경』 권24(대정장9, p.549b3)에 "사음한 죄 또한 중생이 삼악도에 떨어지도록 한다. 만일 사람으로 나더라도 두 과보를 받는다. 부인이 정결하지 못하고, 마음에 들지 않는 권속을 만난다. 邪婬之罪 亦令衆生 墮三惡道 若生人中 得二種果報 一者 婦不貞潔 二者 得不隨意眷屬"라고 하였다. 〔참고문헌〕『華嚴經』, 『法苑珠林』 권70(대정장53, p.816a29).

이종응단법 二種應斷法 Ⓢ dvayam prahātavyam dharma. 마땅히 끊어야 하는 두 가지 법(法). 모든 번뇌(煩惱)와 그 번뇌가 의지하는 수(受)를 말한다. 『대승아비달마잡집론』 권2(대정장31, p.702c10 : *Abh-s-bh.*, p.15)에 "두 가지 마땅히 끊어야 할 법이 있다. 말하자면 모든 번뇌와 이것들이 의지하는 수다. 수에는 두 가지가 있으니, 변이수와 불변이수를 말한다. 그 차제로 고・락・비고락 등이다. 마땅히 알라. 번뇌 끊으므로 택멸을 건립하고, 두 가지 수마저 끊으므로 그 차제로 부동과 수상멸을 건립한다. 번뇌를 끊는다는 것은, 이 품의 거칠고 무거운 것을 버려 얻는 전의를 말한다. 수를 끊는다는 것은, 정의 장애를 능히 다스려 버려서 얻는 전의를 말한다. 그러므로 제2정려를 얻었을 때 비록 고멸을 증할지라도 무위는 건립하지 못한다. 변이수가 아직 다하지 않았기 때문이다. 有二種應斷法 謂諸煩惱 及此所依受 受有二種 謂變異 及不變異 如其次第 苦樂 非苦樂 當知煩惱斷故 建立擇滅 二受斷故 如其次第 建立不動 及受想滅 煩惱斷者 謂除此品麤重 所得轉依 受斷者 謂除此能治定障 所得轉依 是故得第二靜慮時 雖證苦滅 而不建立無爲 以變異受 未盡斷故 dvayamidaṃ prahātavyam kleśāśca tadāśrayabhūtaṃ ca vastu veditam. tatpunarveditaṃ dvividham vaikārikamavaikārikaṃ ca, sukhaduḥkhamaduḥkhāsukhaṃ ca yathākramam. tatra kleśaprahāṇāt pratisaṃkhyānirodhavyavasthānam. dvividhaveditaprahāṇādyathākramamāniñjyasya saṃjñāvedayitanirodhasya ca vyavasthānam. tatra kleśaprahāṇaṃ tatpakṣadauṣṭhulyāpagamādāśrayaparivṛttiḥ, veditaprahāṇaṃ tatpratipakṣabhūtāyāḥ samāpatter āvaraṇāpagamādāśrayaparivṛttiḥ. ata eva dvitīye dhyāne duḥkhanirodhasyāsaṃskṛtā〔vya〕vasthānam, vaikārikasya veditasyāśeṣamaprahāṇāt"라고 하였다. 〔참고문헌〕『大乘阿毘達磨雜集論』, 『瑜伽論記』 권5(대정장42, p.410a3), *Abh-s-bh.* ⇨ 번뇌 煩惱, 수 受[1], 단법 斷法, 사선 四禪[1]

이종의 二種醫 소의(小醫)와 대의(大醫). 소승인 성문승과 대승인 보살 등을 비유한다. 『대지도론』 권24(대정장25, p.235c18)에 "성문인은 소의와 같아서 두루 알지 못하지만, 보살마하살은 대의와 같아서 모르는 병이 없고 알지 못하는 약이 없다. 이 때문에 성문법은 빠짐없이 갖추어야 하고 보살법은 마땅히 배워야 한다. 聲聞人 如小醫 不能遍知 菩薩摩訶薩 如大醫 無病不知 無藥不識 以是故 聲聞法應具足 菩薩法應當學", 『대보적경』 권99(대정장11, p.551a29)에 "좁고 열한 마음을 일으키면 스스로는 제도하지만 타인은 제도하지 못한다. 마치 소의사가 오직 스스로 자기 몸만 치료하는 경우와 같다. 비유하자면 대의왕은 수많은 사람을 치료하려고 자비심을 잘 일으켜서 공경과 명성을 얻는 경우와 같다. 하지만 소의는 세속적 이익을 얻고자 의방에 통달하였으므로 자신은 제도하지만 타인은 제도하지 않기에 지혜 있는 이라면 공경하지 않는다. 若起狹劣心 自度不度他 猶如小醫師 唯自治己身 譬如大醫王 療治衆多人 善起慈悲心 得恭敬名稱 彼醫得世利 以達醫方故 自度不度他 智者不恭敬"라고 하였다. 〔참고문헌〕『大智度論』, 『大寶積經』. ⇨ 의왕 醫王

이종이류 二種異類 사문이류(沙門異類)와 사상이류(事上異類). 변역하거나 변역하지 않는 뜻으로 나눈 이류중행(異類中行)이다. 『조산어록』(대정장47, p.535b27)에 "이 일에는 두 가지 이류가 있다. 첫째는 사문이류, 둘째는 사상이류다. 사상이류란 고양이와 물소 따위가 그것이고, 사문이류란 마주치는 곳마다에서 자유로워야 비로소 마땅하다 여기니 변역하지 않는다는 점에서 저들(사상이류)과 같지 않다. 선사께서 나에게 '어디로 가느냐?'라고 묻기에 '변역없는 곳으로 갑니다'라고 대답하자 또 이렇게 말씀하셨다. '이렇게 변역하지 않는 일에는 두 가지가 있다. 첫째는 사람사람마다 다 있는 본분사다. 둘째는 그것을 아는 사람은 일체성색과 시비를 버리지 않고 일체물물상에도 막히지 않는다. 이를 가리켜 일체처에서 변역하지 않는다고 부르고, 도리어 털옷 입고 뿔 달았다 하고, 진흙탕에 들고 물속으로 들어간다 하며, 곳곳으로 돌아다니는 사람이라고 부르리라'. 此事有二種異類 一者 沙門異類 二者 事上異類 事上異類者 貍奴白牯 是也 沙門異類者 觸處得自由 始得 不變易不同那箇 先師問余 甚麽處去 曰 不變易處去 又曰 此不變易事有二種 一者 人人盡有本分事 二者 知有底人 不捨一切聲色是非 於一切物物上不滞 呼爲一切處不易 亦喚作披毛戴角 亦喚作入泥入水 亦喚作行李底漢"라고 하였다. 〔참고문헌〕『曹山語錄』. ⇨사문이류 沙門異類, 사종이류 四種異類, 이류중행 異類中行

이종이제 二種二諦 ❶삼론종(三論宗)의 어이제(於二諦)와 교이제(教二諦). 『이제의』 권중(대정장45, p.92c9)에 "우리 종가에서는 이제에 두 가지가 있음을 밝힌다. 하나는 교이제이고 다른 하나는 어이제이다. 我家明二諦有兩種 一 教二諦 二 於二諦"라고 하였다. 〔참고문헌〕『二諦義』. ⇨이제 二諦, 교제 教諦, 어제 於諦, 어교이제 於教二諦, 삼론종 三論宗 ❷천태종의 이내(理內)와 이외(理外)의 이제. 각각에 다시 불즉(不卽)과 상즉(相卽)의 두 가지가 있으니, 외에 무량(無量)과 무작(無作) 이제와 내에 생멸과 무생(無生) 이제가 있다. 『유마경현소』 권3(대정장38, p.535a18)에 "이제에 두 가지가 있다. 하나는 이외이제고 다른 하나는 이내이제다. 진제가 불성이 아니라 한즉 이외이제고, 진제 곧 불성이라 하면 이내이제다. 먼저 이외이제에 두 가지가 있다. 하나는 즉하지 않는 이제이니 생멸이제다. 다른 하나는 상즉의 이제이니 무생이제다. … 둘째, 이내이제에도 두 가지가 있음을 밝힌다. 하나는 즉하지 않는 이제이고, 다른 하나는 상즉이제다. 즉하지 않는 이제인즉 무량이제다. … 다른 하나는 상즉이제이니 무작이제다. 二諦有二種 一者 理外二諦 二者 理內二諦 若眞諦非佛性卽是理外之二諦 眞諦卽佛性 卽是理內之二諦也 一 理外二諦有二種 一者 不卽二諦生滅二諦也 二者 相卽二諦無生二諦也 … 二 明理內二諦亦有二種 一 不卽二諦 二 相卽二諦 不卽二諦卽是無量二諦 … 二 相卽二諦無作二諦也"라고 하였다. 〔참고문헌〕『維摩經玄疏』. ⇨이제 二諦

이종이행 二種利行 자리행(自利行 Ⓢsvahita-pratipatti)과 이타행(利他行 Ⓢparahita-pratipatti). 보살이 닦는 두 가지 행으로서 육바라밀과 삼십칠보리분법(三十七菩提分法 Ⓢsapta-triṃśad bodhi-pakṣā dharmāḥ) 등은 자리행이고, 사섭법(四攝法 Ⓢcatvāri saṃgaraha-vastūni)·사무량심(四無量心 Ⓢcatvāry apramāṇāni) 등은 이타행에 해당한다. 『대승밀엄경소』 권3(卍속장34, p.553a14)에 "행에 두 가지가 있다. 하나는 자리행이니, '다라니를 얻는다' 등 이하에서 대삼매등문이 여기에 해당한다. 다른 하나는 이타행이다. 의생신등 이하의 내용이 이에 해당한다. 行有二種 一 自利行 謂得陀羅尼等下至大三昧等文 是也 二 利他行 謂從意生身等下文 是也", 『법화경현찬요집』 권26(卍속장54, p.550a5)에 "이행에는 두 가지가 있다. 하나는 자리행이니 불국토를 깨끗하게 한다. 둘째는 이타행이니 유정을 성숙시키는 행을 말한다. 利行中 有二 一 自利行 淨佛國土 二 利他行 謂成熟有情行"라고 하였다. 〔참고문헌〕『大乘密嚴經疏』, 『法華經玄贊要集』. ⇨자리행 自利行, 이타행 利他行, 자리이타 自利利他

이종익 二種益 ❶자리(自利)와 이타(利他). 『법화경현찬요집』 권13(卍속장54, p.7a5)에 "두 이익이란, 자리와 이타를 두 이익이라 한다. 二益者 卽自利利他 名二益也"라고 하였다. 〔참고문헌〕『法華經玄贊要集』. ⇨자리 自利, 이타 利他 ❷부처님 말씀에 담긴 두 가지 이익. 성문은 부처님과 기꺼이 뜻을 같이하게 되고 보살은 수기를 받는 것을 말한다. 『섭대승론석』 권10(대정장31, p.447b17)에 "부처님께서는 한 말씀으로 두 가지 이익을 품으신다. 즉 모든 성문은 부처님 자체의요와 같이함을 거두어 얻고, 모든 보살은 수기를 얻는다. 이런 도리로 일승을 밀한나. 佛一言含二種益 謂諸聲聞 攝得同佛自體意樂 及諸菩薩 得授記別 由此道理 故說一乘"라고 하였다. 〔참고문헌〕『攝大乘論釋』. ❸『법화경』의 위신력(威神力)으로 얻는 두 가지 이익. 악을 멸하는 힘을 얻는 것과 선을 내는 힘을 얻는 것을 말한다. 『법화의소』 권11(대정장34, p.617c14)에 "『법화경』의 가르침을 찬탄하는 이는 법화의 위신력으로 항상 가벼이 하지 않아 두 가지 이익을 얻는다. 첫째 나머지 죄도 다하게 되니 악을 멸하는 힘이다. 둘째는 육근이 청정하게 되어 결국 성불에 이르게 되니 이것은 선을 내는 힘이다. 교화 받는 사중 또한 두 가지 이익을 얻는다. 첫째 경의 위신력으로 괴로움을 받음이 경미해지며, 둘째 지옥에서 벗어나고 마침내 물러나지 않는 깨달음에 이른다. 前

歎教者 由法華力 故常不輕 得二種益 一者 畢其餘罪 謂滅惡力 二 得六根淨 乃至成佛 謂生善力 所化四衆 亦得二益 一者 由經力 受苦輕微 二 得出地獄 乃至不退菩提也"라고 하였다. [참고문헌]『法華義疏』. **4** 현세의 이익(現益)과 미래의 이익(當益). 『불지경론』 권1(대정장26, p.295a19)에 "현익은 의라 하고, 당익은 이라 한다. 現益名義 當益名利", 『법화경문구기전난』 권4(卍속장46, p.525a6)에 "현익과 당익이란 안락행중에 안색이 밝아지는 현익이다. 권발품중에 도솔천에 왕생하는 당익이다. 現益當益 安樂行中 顏色鮮白 現也 勸發品中生兜率天 當也"라고 하였다. [참고문헌]『佛地經論』, 『法華經文句記箋難』. **5** 대승익(大乘益)과 소승익(小乘益). ⇨ 대승익 大乘益, 소승익 小乘益

이종익 李鍾益 1912~1991. 불교학자. 호는 법운(法雲). 1912년 5월 24일 강원도 양양에서 태어났다. 1929년 18세 때 금강산 장안사에서 운악(雲岳)을 은사로 하여 스님이 되었다가 환속(還俗)하였다. 1937년 일본으로 건너가 경도(京都) 화원(花園)중학 3학년에 편입하여 졸업한 후, 임제전문학교(臨濟專門學校)와 대정(大正)대학 불교학과를 차례로 졸업했다. 1945년 8·15 광복(光復) 직후, 귀국하여 불교 혁신운동·청년운동 등을 함께 하면서 경기상업학교 교사·단국대학교 교수·건국대학교 교수 등에 재직하다가 1967년부터는 대한불교조계종종립 동국대학교의 교수가 되어 12년간 재직하였다. 1974년 일본 대정대학으로부터 문학박사(文學博士) 학위를 받았다. 1991년 11월 6일 향년(享年) 80세를 일기로 서거했다. 저서로는 『동양철학개설』·『불교학개론』·『조계종학 曹溪宗學』·『조계종사 曹溪宗史』·『원효대사의 연구』·『보조국사의 연구』·『고려의 불교철학』·『조계종 중흥론』 등 20여 권, 불교학(佛教學)과 동양학·사학관계의 논문 50편, 그리고 소설(小說)·전기에 관한 논문 10여 편 등이 있다. [참고문헌] 東國大學校 提出 이력서, 『불교신문』.

이종인 二種忍 안수인(安受忍)과 관찰인(觀察忍). 보살이 무상(無相)의 안인바라밀다(安忍波羅蜜多 Ⓢ kṣānti-pāramita : 忍辱波羅蜜)를 원만히 하고자 수습하는 두 가지 인욕(忍辱)을 말한다. 『대반야경강요』 권7(卍속장37, p.784b13)에 "선현이여! 이 보살은 두 가지 인을 닦아 무상의 안인바라밀다를 원만히 한다. 무엇이 둘인가? 첫째는 안수인, 둘째는 관찰인이다. 善現 是菩薩修二種忍 便能圓滿無相安忍波羅蜜多 何等爲二 一 安受忍 二 觀察忍", "안수인이란, 보살들이 초발심해서부터 묘보리좌에 편안히 앉기까지 그 중간에 심지어 일체 유정류가 다투어 와서는 꾸짖고 비방하면서 거칠고 나쁜 말로 욕하고 능멸하며, 또 기와·돌멩이·칼·지팡이로 해를 가해도 이 보살은 안인바라밀다를 채우기 위해 한 생각도 분노나 원한을 품지 않고 또 복수하려는 마음도 일으키지 않고 다만 이렇게 생각한다. … 보살이 이와 같이 자세히 관찰할 때에 그 유정들에 대해 깊이 자비나 연민의 마음을 내니 이와 같은 것들을 안수인이라 한다. 安受忍者 謂諸菩薩從初發心 乃至安坐妙菩提座 於其中間 假使一切有情之類 競來呵毁 以粗惡言 罵詈淩辱 復以瓦石刀杖加害 是菩薩爲滿安忍波羅蜜多 不生一念瞋恨 亦復不起加報之心 但作是念 … 菩薩如是審觀察時 於彼有情 深生慈愍 如是等類 名安受忍", "관찰인이란, 보살들이 다음처럼 사유하는 것을 말한다. '세간의 모든 일 저 꿈같은 일이어서 허망하여 실이 아니어서 자재할 수 없다. … 오직 허망분별로 일어난 것일 뿐이다. 누가 나를 꾸짖고 비방하며, 누가 나를 욕하며, 누가 나를 능멸하겠는가! … 모두는 내 마음의 허망분별이니 나 이제 마땅히 멋대로 집착을 일으키지 않으리라. 이와 같은 모든 법은 스스로 공하고 뛰어난 뜻으로 공할 뿐 도무지 있어야 할 것은 없다. 보살이 이와 같이 관찰할 때 제행이 공적함을 여실하게 분명히 알고 일체법에 대해 다른 상념을 일으키지 않으니 이와 같은 것들을 관찰인이라 한다. 이 보살은 이와 같은 두 가지 인을 닦아 익히기에 문득 무상의 안인바라밀다를 원만히 하고 바로 무생법인을 획득한다. 觀察忍者 謂諸菩薩作是思惟 諸行如幻虛妄不實 不得自在 … 唯是虛妄分別所起 誰呵毁我 誰罵詈我 誰淩辱我 … 皆是自心虛妄分別 我今不應橫起執著 如是諸法 由自性空 勝義空故 都無所有 菩薩如是審觀察時 如實了知諸行空寂 於一切法不生異想 如是等類 名觀察忍 是菩薩修習如是二種忍故 便能圓滿無相安忍波羅蜜多 卽便獲得無生法忍"라고 하였다. [참고문헌]『大般若經綱要』. ⇨ 안인바라밀다 安忍波羅蜜多

이종인과 二種因果 사제(四諦)를 고집(苦集)의 세간과 멸도(滅道)의 출세간으로 나눈 인과의 뜻이다. 『관음현의기』 권4(대정장34, p.917a3)에 "세간과 출세간의 두 가지 인과는 일들로 보면 하나같지 않지만 그 핵심을 다 거두어보면 자기 마음을 벗어나지 않는다. 世出世間二種因果 事類非一 原其總要 不出自心", 『인왕호국반야바라밀경소신보기』 권2(대정장33, p.291b12)에 "불이란 각으로 한역한다. 각에는 자와 타가 있다. 또한 각만이라고도 한다. 세간과 출세간의 인과법을 깨달을 수 있으니 고집멸도가 바로 그것이다. 佛者翻名曰覺 覺有自他 亦曰覺滿 能覺世出世間因果之法 所謂苦集道滅是也", 『관음현의』 권상(대정장34, p.883b25)에 "이는 곧 집제이니, 업을 맺고 전도함이 널리 그러하니 비로소 고통의 과를 불러 생사가 끊이지 않는다. 이러한 경지에서 고집도 알지 못하니 어디에 도와 멸이 있겠는가? 사제를 모른다면 세간과 출세간의 인과를 부수는 셈이다. 此

則集諦結業顚倒浩然 方招苦果生死不絶 於其境智不識苦集 何處有道滅 旣不識四諦則破世間出世間因果", 『화엄경소』 권13(대정장35, p.593b13)에 "고집이제는 세간인과다. 알아야 할 것도 끊어야 할 것도 바뀜이 없는 것이다. 멸도이제는 출세간인과다. 苦集二諦是世間因果 所知所斷無改易故 滅道二諦出世間因果"라고 하였다. 〔참고문헌〕『觀音玄義記』, 『仁王護國般若波羅蜜經疏神寶記』, 『觀音玄義』, 『華嚴經疏』. ⇨ 인과 因果

이종인주술불능가 二種人呪術不能加 주술의 힘으로도 어떻게 할 수 없는 두 부류의 사람. 욕을 끊은 이와 죽은 이를 말한다. 『마등가경』 권상(대정장21, p.400a17)에 "두 부류의 사람에게는 비록 주술을 부리더라도 그렇게 되지 않는다. 어떤 이가 둘인가? 첫째는 욕을 끊은 사람이고, 둘째는 죽은 사람이다. 그 나머지 이들은 내가 능히 조복할 수 있다. 有二種人 雖加呪術 無如之何 何者爲二 一者 斷欲 二是 死人 自餘之者 吾能調伏"라고 하였다. 〔참고문헌〕『摩登伽經』.

이종일승 二種一乘 ➡ 동별이교 同別二教

이종일천제 二種一闡提 열반성이 없는(無涅槃性) 두 갈래의 일천제. 선근이 끊어져(斷善根) 성불 못하는 천제와 대비(大悲)로 성불하지 않는 천제를 말한다. 『입능가경』 권2(대정장16, p.527b2)에 "일천제에는 두 부류가 있다. 어떻게 둘인가? 하나는 모든 선근을 태워 버린 이고, 다른 하나는 모든 중생을 연민하여 모든 중생계를 다할 때까지의 원을 일으킨 이다. 대혜야! 무엇이 모든 선근을 태운 이들인가? 보살장을 비방하며 '저들은 수다라와 비니의 해탈설을 그대로 따르지 않았다'고 하여 모든 선근을 버렸기에 열반을 얻지 못한다. 대혜야! 중생을 연민하여 중생계를 다하겠다는 원을 지은 사람을 보살이라 한다. 대혜야! 보살은 방편으로 원을 지어 만일 모든 중생이 열반에 들지 않으면 나도 열반에 들지 않겠다 하였으니 이 때문에 보살은 열반에 들지 않는다. 대혜야! 이를 이종일천제의 열반성이 없다고 한다. 이러한 뜻 때문에 반드시 일천제행을 취한다. 一闡提者 有二種 何等爲二 一者 焚燒一切善根 二者 憐愍一切衆生 作盡一切衆生界願 大慧 云何焚燒一切善根 謂謗菩薩藏 作如是言 彼非隨順 修多羅 毘尼解脫說 捨諸善根 是故 不得涅槃 大慧 憐愍衆生 作盡衆生界願者 是爲菩薩 大慧 菩薩方便作願 若諸衆生 不入涅槃者 我亦不入涅槃 是故 菩薩摩訶薩 不入涅槃 大慧 是名二種一闡提 無涅槃性 以是義故 決定取一闡提行"라고 하였다. 〔참고문헌〕『入楞伽經』. ⇨ 무성일천제 無性一闡提, 발대원일천제 發大願一闡提, 대비천제 大悲闡提, 일천제 一闡提

이종자 二種字 근본자(根本字)와 증가자(增加字). 『대일경소』 권17(대정장39, p.754c27)에 "그러나 자(字)라는 범어 음에 두 가지가 있다. 첫째는 아찰라(阿刹羅 Ⓢ akṣara)인데 근본자를 말한다. 둘째는 리비비(哩比鞞 Ⓢ lipi)인데 증가자를 말한다. 근본이란 바로 본이 되는 글자로서 저 아(阿 𑖀 𑖁)자처럼 최초의 두 음이 바로 근본이다. 다음으로 이(伊 𑖂)〈상성〉와 이로부터 오오(烏奧 𑖍)에 이르기까지 모두 열두 자(悉曇十二韻)는 따라 생겨나 증가하는 자들인데, 전부 여성(女聲)이다. 그리고 근본자는 남성(男聲)이다. 남성은 혜의 뜻이고, 여성은 정의 의미다. 근본자는 일체처에 편재하고, 다음으로 모든 증가자도 또한 일체처에 편재한다. 근본자와 증가자가 서로 다르지 않으므로 전부 근본자의 체를 본으로 삼아 점과 획을 더한다. 그러므로 근본자와 증가자는 하나도 아니고 다르지도 않다. 이는 마치 그릇에 담긴 물과 같으니, 그릇이 있어 물을 담아 둘 수 있고 물과 그릇이 떨어질 수 없는 것과 같아서 서로 서로 의지하고 지탱하며 안팎으로 편재한다. 然字者 梵有二音 一名 阿刹羅也 是根本字也 二者 哩比鞞 是增加字也 根本者 卽是本字 如阿字 最初二音 卽是根本也 次從伊〈上〉伊 乃至烏奧 凡十二字 是從生增加之字 悉皆是女聲 其根本字是男聲也 男聲是慧義 女聲是定義也 其根本字 遍一切處 次諸增加字 亦有遍一切處 根本增加 不相異也 皆以根本 字體有本 而加點畫 是故 根本增加 不一不異 猶如器中盛水 因器持水 水不離器 此亦如是 更相依持 能遍內外也"라고 하였다. 〔참고문헌〕『大日經疏』, 『大日經義釋』 권12(卍속장36, p.911a12). ⇨ 종자 種子, 근본자 根本字❷, 증가자 增加字

이종자량 二種資糧 복덕자량(福德資糧)과 지혜자량(智慧資糧). 원측(圓測)의 『해심밀경소』 권5(卍속장34, p.793a8 · 한불전1, p.266c12)에 "제불여래 저 가지가지 뛰어난 지혜의 유정을 위해 정법교를 굴리시니, 제불여래의 가이없는 지견을 우리들 지견에 비교하면 저 소 발자국 같네. 풀어 말하길, 이는 제2의 능히 경을 설함에 있어 스스로를 가볍다 여겨 머무는 것을 말함이니, 제불여래께서 모든 유정의 의요를 섭수하셔서 법을 가르쳐 굴리심에는 능히 헤아릴 수도 끝도 없으시다. 그렇지만 우리들 지견 저 부처님 지견에 비하면 큰 바다 위에 찍힌 소발자욱일 뿐이라 하겠다. 諸佛如來 爲彼種種勝解有情 轉正法教 諸佛如來無邊智見 我等智見 猶如牛跡 釋曰 此卽第二約能說教自輕而住 然諸如來隨所攝受有情意樂 轉法教 而能說智無量無邊 我等智見 比佛智見 猶如牛跡等于大海", "이런 즉 스스로 가벼움 알아서 능히 복과 지혜를 내니 그 중에 둘이 있다. 스스로 가벼운 줄 알아 능히 통달하지 못함이니, 뒷날에도 통달하지 못할까 두려워 다시 복과 지혜 닦으려 한다. … 고로 저

경(『대반야경』)에 이르되 '부처님께서 아난에게 말씀하시길, 이 경을 가져 지니려면 열가지 법다운 행을 해야 하리. 베껴쓰고, 공양하고, 타인에 베풀고, 청하여 자세히 듣고, 늘 읽고, 가져 지니고, 널리 설하고, 소리내 외우며, 사유하는 등 열 가지로 수습한다. 由自輕故 能生福智 於中有二 初由自輕故 未能通達 後未通達故 更脩福智 … 故彼經云 佛告阿難 受持此經 有十法行 一者書寫 二者供養 三者施他 四者諦聽 五者披讀 六者受持 七者廣說 八者諷誦 九者思惟 十者脩習", "이 인연으로 말미암아 저 모든 유정들도 능히 복덕과 지혜라는 두가지 자량을 증장한다. 뒤에 상속하여 저 미숙한 이도 능히 성숙되게 한다. 풀어 이르길, 제2는 아직 통달하지 못하였기에 다 복과 지혜를 닦게 함이다. 이 보살은 아직 능히 두가지 가행을 수습하지 못하였고, 깊은 뜻의 언사에도 통달하지 못하였으니, 이 십행의 인연력으로 문득 능히 복덕과 지혜 두가지 자량 수습한다. 由此因緣 彼諸有情 亦能增長福德智慧二種資粮 於後相續 未成熟者 亦能成熟 釋曰 此卽第二未通達故 更修福智 謂此菩薩未能修習二加行故 不能通達密意言辭 由此十行因緣力故 便能修習福德智慧二種資粮"라고 하였다. 〔참고문헌〕『解深密經疏』. ⇨ 복덕지혜이종자량 福德智慧二種資糧, 이종장엄 二種莊嚴 **1**, 자량 資糧

이종자재 二種自在 관경자재(觀境自在)와 작용자재(作用自在). 관경자재란 보살이 지혜로 관조하는 경에 구애되지 않음이고, 작용자재란 가고 옴에 몸을 나투어 중생을 교화함에 걸림없음이다. 『화엄경행원품소』 권4(卍속장7, p.570a4)에 "자재에 두 가지 뜻이 있다. 하나는 관경자재이니 관하든 관하지 않든 경계가 하나이든 많든 모두 자재하기 때문이다. 둘째는 작용자재이니 가든 머물든 마음에 따라 이루어지기 때문이다. 自在有二義 一 觀境自在 欲觀不觀 若一若多 皆自在故 二 作用自在 欲去欲住 隨心成故", 『대승본생심지관경천주』 권5(卍속장34, p.338b11)에 "첫째, 관경자재〈보살이 바른 지혜로 진여의 경을 비추고 모든 법에 통달하여 원융자재하므로 붙여진 이름이다〉. 둘째, 작용자재〈보살이 바른 지혜로 진여의 경을 비춰 알아서 체에서 용을 일으켜 몸을 드러내 설법하고 중생들을 제도함에 자재하다〉. 一 觀境自在〈謂菩薩以正智慧 照了眞知之境 及能通達一切諸法 圓融自在 是以立名〉 二 作用自在〈謂菩薩以正智 照了眞如之境 卽能從體起用 現身說法 化諸衆生 而得自在〉"라고 하였다. 〔참고문헌〕『華嚴經行願品疏』, 『大乘本生心地觀經淺註』. ⇨ 관경자재 觀境自在, 작용자재 作用自在, 자재 自在

이종장양 二種長養 임지장양(任持長養)과 불손해장양(不損害長養). 『유가사지론』 권64(대정장30, p.657a26)에 "이 장양에 대략 두 가지가 있으니 첫째는 임지장양, 둘째는 불손해장양이다. 이 중에서 가장 처음의 것은 임지장양이고, 뒤의 네 가지는 불손해장양이다. 此長養 略有二種 一 任持長養 二 不損害長養 此中 最初 是任持長養 後四 是不損害長養", 『유가론기』 권18(대정장42, p.709b26 · 한불전14, p.335c16)에 "첫째는 임지장양이니 곧 사식이며, 둘째는 불손해장양이니 곧 뒤의 네 가지인 몽 · 피불평등 · 범행 · 등지를 말한다. 一 任持長養卽是四食 二 不損害長養 卽是後四 謂夢 避不平等 梵行 等至"라고 하였다. 〔참고문헌〕『瑜伽師地論』, 『瑜伽論記』. ⇨ 장양 長養

이종장엄 二種莊嚴 **1** Ⓢ puṇya-jñāna-saṃbhāra. 지혜와 복덕. 이종자량(二種資糧)이라고도 한다. 40권본 『대반열반경』 권27(대정장12, p.523a10)에 "어떤 이가 법을 가르치고 인도할 수 있으려면 두 가지 장엄을 갖추어야 한다. 하나는 지혜이고, 다른 하나는 복덕이다. 어떤 보살이 이와 같은 두 장엄을 갖춘다면 불성을 알리라. 若有人能爲法諮啓 則爲具足二種莊嚴 一者 智慧 二者 福德 若有菩薩具足如是二莊嚴者 則知佛性"라고 하였다. 〔참고문헌〕『大般涅槃經』, *Gaṇḍ-vy. 145.* ⇨ 복덕지혜이종자량 福德智慧二種資糧 **2** 형상장엄(形相莊嚴)과 제일의장엄(第一義莊嚴). 『금강경게석』(卍속장39, p.91a14)에 "장엄에도 두 가지다. 하나는 형상장엄이니 황금의 땅과 보배 연못 등이다. 다른 하나는 제일의 장엄이니 무분별지를 수습하고 유식의 진실한 이치를 통달하여 항하사와 같은 수많은 공덕을 일으켜 장엄하는 것이다. 莊嚴亦有二種 一 形相莊嚴 謂金地寶池等 二 第一義莊嚴 謂修習無分別智 通達唯識眞實之理 顯發過恒沙功德而爲莊嚴"라고 하였다. 〔참고문헌〕『金剛經偈釋』. ⇨ 장엄 莊嚴, 공덕 功德

이종적정 二種寂靜 두 가지 적정. 몸의 적정과 마음의 적정. 몸의 적정은 모든 인연을 버리고 고요한 곳에 한거하여 살생 · 도둑질 · 삿된 음행 등의 악업을 떠난 고요한 경계를 말하고, 마음의 적정은 탐욕 · 성냄 · 사견을 버리고 선정을 수습하여 마음의 산란과 혼침을 떠난 고요한 경계를 말한다. 『석씨요람』 권하(대정장54, p.297a12)에 "『능단금강론』에 '정을 고요함이라 하니 선을 얻음을 적정이라 부른다'고 하였다. 적정에는 두 가지가 있다. 하나는 마음의 적정이고 다른 하나는 몸의 적정이다. 能斷金剛論云 定名靜 以得禪者 說名寂靜 寂靜有二種 一 心寂靜 二 身寂靜", 『대반열반경의기』 권8(대정장37, p.831b18)에 "첫째, 몸과 마음을 두 가지 악업에 따라 분별하면 다음과 같다. 몸으로 짓는 세 가지 악업을 떠남을 몸의 적정이라 한다. 살생 · 도둑질 · 삿된 음행이 몸으로 짓는 세 가지 악업이다. 생각으로 짓는 세 가지 악업을 떠남을 마음의 적정이라 한다. 탐욕·성냄·사견은 생각으로 짓는 세 가지 악업이다. 둘째, 번뇌가 일어나는 시종에 따라 분별하면 다음과 같다. 몸의 적정이란 사부대중을 가까이 하지 않고 사부대중이 행하는 사업에 간여하지 않으며 번뇌연을 버리는 것이고, 마음의 적정이란 탐욕 등을 쌓지 않아서 번뇌의 체를 떠난 경우다. 一 約身心二惡分別 離身三惡 名身寂靜 殺盜邪婬 是身三惡 離意三惡 名心寂靜 貪瞋邪見 是意三惡 二 約起惑始終分別 身寂靜者 不近四衆 不預四衆所營事業 離煩惱緣 心寂靜者 不集貪等離煩惱體"라고 하였다. [참고문헌]『釋氏要覽』, 『大般涅槃經義記』. ⇨ 신적정 身寂靜, 심적정 心寂靜, 적정 寂靜

이종전도 二種顚倒 중생전도(衆生顚倒)와 세계전도(世界顚倒). 『능엄경』 권7(대정장19, p.138b10)에 "아난아. 네가 지금 참된 삼마지를 닦아서 곧장 여래대열반으로 나아가고자 한다면 먼저 이 중생과 세계라는 두 가지 전도의 인을 알아야 한다. 전도를 일으키지 않으면 그것이 바로 여래의 참된 삼마지다. 阿難 汝今欲修眞三摩地 直詣如來大涅槃者 先當識此衆生世界二顚倒因 顚倒不生 斯則如來眞三摩地"라고 하였다. [참고문헌]『楞嚴經』. ⇨ 중생전도 衆生顚倒, 세계전도 世界顚倒, 전도 顚倒, 삼마지 三摩地

이종전의과 二種轉依果 이전의과(二轉依果). 『유식삼십론직해』(卍속장83, p.275b5)에 "번뇌장을 버리면 대반열반을 증득할 수 있고, 소지장을 버리면 대보리의 지혜를 증득할 수 있다. 보리와 열반을 이종전의과라 한다. 捨煩惱障 便能證得 大般涅槃 捨所知障 便能證得 大菩提智 菩提涅槃 名爲二種轉依果也"라고 하였다. [참고문헌]『唯識三十論直解』. ⇨ 이전의과 二轉依果

이종정법 二種正法 Ⓢ dvividhaḥ saddharmaḥ. 세속정법(世俗正法)과 승의정법(勝義正法). 속정법(俗正法)과 제일의정법(第一義正法)이라고도 하며, 교(敎)와 증(證)을 말한다. 『대비바사론』 권183(대정장27, p.917c20)에 "두 가지 정법이 있으니 첫째 세속정법, 둘째 승의정법이다. 세속정법이란 명신(名身)·구신(句身)·문신(文身)으로 된 경율론 삼장을 말하고, 승의정법이란 무루(無漏)의 오근·오력·칠각분·팔정도의 성도(聖道)를 말한다. 有二種正法 一 世俗正法 二 勝義正法 世俗正法謂 名句文身 卽素怛纜 毘柰耶 阿毘達磨 勝義正法謂 聖道 卽無漏根 力 覺支 道支", 『구사론』 권29(대정장29, p.152b3 : *Abh-k-bh.*, p.459)에 "세존정법의 바탕은 두 가지이니 첫째는 교이고, 둘째는 증이다. 교란 경(契經)·율(調伏)·론(對法) 삼장을 말하고, 증이란 삼승의 삼십칠보리분법을 말한다. 世尊正法 體有二種 一 敎 二 證 敎謂 契經 調伏 對法 證謂 三乘 菩提分法 tatrāgamaḥ sūtravinayābhidharmā adhigamo bodhipakṣyā ity eṣa dvividhaḥ saddharmaḥ"라고 하였다. [참고문헌]『大毘婆沙論』, 『俱舍論』, 『俱舍釋論』 권21(대정장29, p.303c19), *Abh-k-bh.* ⇨ 속정법 俗正法, 승의정법 勝義正法, 정법 正法

이종정진 二種精進 ⇨ 정진 精進 ❶ 신정진(身精進)과 심정진(心精進). 『대지도론』 권80(대정장25, p.625a11)에 "신정진이란 여법하게 재물을 모아 보시에 쓰는 일 등을 말한다. 심정진이란 인색과 탐욕 등 육바라밀을 부수는 온갖 악심을 들이지 않도록 힘쓰는 것이다. 이 두 가지 정진을 얻으면 반드시 다음과 같이 생각해야 한다. '일체중생 생사에 빠져 있으니 나 마땅히 이들을 구제하여 감로의 땅에 안착시키리라'. 身精進者 如法致財以用布施等 心精進者 慳貪等諸惡心來破六波羅蜜者 不令得入 得此二種精進 應作是念 一切衆生 沈沒生死 我應拯濟 著甘露地"라고 하였다. [참고문헌]『大智度論』. ⇨ 신정진 身精進, 심정진 心精進 ❷ 시발정진(始發精進)과 종성정진(終成精進). 『대방등대집경』 권14(대정장13, p.98a12)에 "선남자야! 정진에 두 가지가 있으니 시작하는 정진과 끝내 성취하는 정진이다. 보살은 시발정진으로 모든 선법을 닦고 종성정진으로 일체법에서 자성을 얻을 수 없음을 분별한다. 善男子 精進有二種 始發精進 終成精進 菩薩以始發精進習成一切善法 以終成精進分別一切法不得自性"라고 하였다. [참고문헌]『大方等大集經』. ❸ 가행정진(加行精進)과 한제정진(限齊精進). 『대집대허공장보살소문경』 권2(대정장13, p.618c28)에 "보살에게 다시 두 가지 정진이 있다. 가행정진과 한제정진이다. 가행정진으로 신구의 삼업을 단속하고 모든 선법을 닦아 성취하지만 머무는 일 없어 무소득을 사유한다. 한제정진으로는 나고 드는 일 없이 머물러 법계에 수순하되 오고 감이 없으면 곧 허공과 같아 무소득이다. 저 허공 색없지만 모든 유정을 위해 하는 일 다 성취한다. 菩薩復有二種精進 所謂 加行精進 限齊精進 以加行精進策身口意 修習成就一切善法 無有所住 思惟無所得故 以限齊精進應住不出不入 隨順法界 無所去來 則如虛空無所得故 如虛空無色 於諸有情 成就所作"라고 하였다. [참고문헌]『大集大虛空藏菩薩所問經』. ❹ 세간정진(世間精進)과 출세간정진(出世間精進). 『대방광십륜경』 권8(대정장13, p.716a9)에 "선남자야! 보살마하살의 정진에 둘이 있다. 하나는 세간정진이고 다른 하나는 출세간정진이다. 세간정진에 다시 세 가지가 있다. 첫째 수복정진, 둘째 용맹정진이니 보시·지계·선정이다. 셋째, 유루법과 중생들에 인연하고 과보에 의지해서 복행으로 머무는 것을 세간정진이라고 하니 보살정진이 아니다. 다음으로 (출세간정진이란) 보살마하살이 모든 중생에 대해 마음이 항상 평등하고 단지 번뇌업 묶인 것 없애기 위해 부지런히 정진할 뿐, 성스런 무루에 대해 취사함이 없고 의지함도 없으며 잡되고 때 묻은 마음도 없고 산란한 생각도 없는 것이다. 지계와 파계, 정진과 해태, 보시와 간탐, 탁심과 자심 같은 모든 것에 평등하되 정진을 행하고 삼계에 대해 이런저런 생각도 일으키지 않는다. … 보살마하살은 이와 같이 대장엄륜을 성취하고 초발심에서부터 오욕을 떠나니 이 이름이 보살마하살이다. 善男子 菩薩摩訶薩精進有二種 一者 世間 二者 出世間 世間精進 復有三種 一者 修福精進 二者 勇猛精進 施戒禪定 三者 緣於有漏 及諸衆生 依於果報 福行住處 是名世間精進 則非摩訶薩也 復次 菩薩摩訶薩 於一切衆生 心常平等 但爲除滅煩惱業結 而勤精進 於聖無漏無取無捨 亦無依止 無雜穢心 亦無亂想 持戒 破戒 精進 懈怠 布施 慳貪 濁心 慈心 如是一切皆悉平等而行精進 不於三界起種種想 … 菩薩摩訶薩成就如是大莊嚴輪 從初發意離於五欲 名爲摩訶薩"라고 하였다. 〔참고문헌〕『大方廣十輪經』. ⇨ 정진 精進

이종정진심 二種精進心 사중수일심정진(事中修一心精進)과 이중수일심정진(理中修一心精進). 삼칠일(21일) 동안 도량(道場)에 들어가 일심(一心)을 닦는 두 가지 정진을 말한다. 『법화삼매참의』(대정장46, p.949c25)에 다음과 같이 설한다. 첫째, 사중수일심정진은 도량에 들어가서 삼칠일 동안 다른 생각하지 않고 예불·참회·행도·송경·좌선 등을 일심으로 행하되 행법 중에 산란함이 없음을 말한다. 둘째, 이중수일심정진은 삼칠일 동안 도량에서 항상 분명하게 알아차려 마음의 근본을 보는 것이다. 예불 등 온갖 일을 해도 심성(心性)이 생멸하지 않아서 이렇게 관할 때 언제나 마음이 일심이 되어서 심성이 본래 일상(一相)임을 아는 정진을 말한다. 〔참고문헌〕『法華三昧懺儀』.

이종존특 二種尊特 수성존특(修成尊特)과 성구존특(性具尊特). 『무량수경소묘종초』 권6(대정장37, p.226c13)에 "별교에서는 별교의 수행을 연으로 깨닫고 이 상호를 성취하는데, 바로 수성존특이다. 그러므로 보신이라고 한다. 원교에서는 진수(眞修)와 연수(緣修)가 그대로 성임을 깨닫기에 수덕의 공용이 없으니, 바로 성구존특이다. 그러므로 법신이라고 한다. 別教 則用別修緣了 成就此相 卽修成之尊特 故名報身 圓教 能了二修卽性 修德無功 乃性具之尊特 故名法身"라고 하였다. 〔참고문헌〕『無量壽經疏妙宗鈔』. ⇨ 수성존특 修成尊特, 성구존특 性具尊特, 존특 尊特, 법신 法身

이종중생 二種衆生 습애중생(習愛衆生)과 습견중생(習見衆生). 습은 습관적·반복적으로 무언가를 한다는 뜻이다. 『대지도론』 권31(대정장25, p.290c10)에 "두 부류의 중생이 있으니 첫째는 늘 애를 익힌 부류고, 둘째는 언제나 사견에 익숙한 부류다. 애착이 많으면 집착 일으키기를 좋아하는데, 집착하는 것들이 무상하기에 근심과 괴로움이 생길 뿐이다. 이런 사람을 위해 설하길 '그대들이 집착하는 사물은 영원하지 않아 끝내 무너질 것이기에, 그대들은 이 때문에 괴로움을 일으킨다. 이 집착하는 사물이 고통을 낳는 것이라면 집착 마땅히 일으킬 일 아니다'라고 한다. 이를 두고 무작해탈문이라고 한다. 사견이 많으면 제법에 대해 분별하기에 진실을 알지 못하고 사견에 집착하게 된다. 이런 사람들을 위해서는 곧바로 제법은 필경에는 공하다라고 설한다. 有二種衆生 一 多習愛 二 多習見 愛多者 喜生著 以所著無常 故生憂苦 爲是人說 汝所著物 無常壞故 汝則爲之生苦 若此所著物生苦者 不應生著 是名說無作解脫門 見多者 爲分別諸法 以不知實故 而著邪見 爲是人故 直說諸法畢竟空"라고 하였다. 〔참고문헌〕『大智度論』. ⇨ 중생 衆生

이종증 二種證 차제증(次第證)과 초월증(超越證). 『구사론』 권3(대정장29, p.17b8)에 "우선 일래과를 차제로 증하는 것은 세간도에 의지해서는 칠근으로 얻는다. 칠근이란 의근 및 사와 신 등의 오근을 말한다. 출세간도에 의지해서 팔근을 말미암는다. 팔근이란 앞서 칠근과 여덟 번째 이지근이다. 욕탐을 여읨에 배나 되는 초월증은 저 예류과와 같이 구근으로 얻는다. 且一來果 次第證者 依世間道 由七根得 謂意及捨 信等五根 依出世道 由八根得 謂卽前七根 已知根第八 倍離欲貪 超越證者 如預流果 由九根得"라고 하였다. 〔참고문헌〕『俱舍論』. ⇨ 오근 五根[2], 칠근 七根, 팔근 八根, 출세도 出世道, 차제증 次第證, 초월증 超越證

이종진보 二種瞋報 분노로 받는 두 가지 보. 상위타인구기장단(常爲他人求其長短)과 상위중인지소뇌해(常爲衆人之所惱害)를 말한다. 『법원주림』 권70(대정장53, p.817b24)에 "그러므로 『지지론』에서 '분노라는 죄 또한 중생을 삼악도에 떨어뜨린다. 만약 인중에 나면 두 가지 과보를 받는다. 첫째는 늘 모든 이들에 의해 장단점이 밝혀지는 것이고, 둘째는 늘 사람들에게 괴롭힘과 해코지를 당하는 것이다'라고 하였다. … 어째서 화내고 괴롭히면 늘 모든 이들에게 장단점이 밝혀지는가? 이 분노와 괴롭힘으로 인해 남을 포용하지 못하기에 모든 이들에 의해 자신의 장단점이 밝혀진다. 어째서 화내고 괴롭히면 늘 사람들에게 괴롭힘과 해코지를 당하는가? 이 분노와 괴롭힘으로 인해 남을 괴롭히고 해치기에 남도 자신을 괴롭히고 해친다. 故地持論云 瞋恚之罪 亦令衆生 墮三惡道 若生人中 得二種果報 一者 常爲一切求其長短 二者 常爲衆人之所惱害 … 何故瞋惱 常爲一切求其長短 緣此瞋惱 不能含容 故爲一切求其長短 何故瞋惱 常

爲衆人之所惱害 緣此瞋惱 惱害於人 人亦惱害"라고 하였다. [참고문헌]『法苑珠林』, 『十地經論』권4(대정장26, p.149b22). ⇨ 진 瞋, 삼독 三毒

이종천제 二種闡提 단선천제(斷善闡提 : 凡夫闡提)와 대비천제(大悲闡提 : 聖人闡提·方便闡提). 『법화현론』권8(대정장34, p.429b19)에 "두 부류의 천제가 있으니 하나는 범부천제고 다른 하나는 성인천제다. 범부는 삼계를 벗어남을 믿지 않으니 범부천제다. 이승은 일승을 믿지 않으니 성인천제다. 범부천제를 부수면 비로소 작은 신심이 생기고, 이승천제를 부수면 비로소 보살십신이 생긴다. 이로써 뒤쳐 깨우쳐 비로소 보살도에 든다. 有二種闡提 一 凡夫闡提 二 聖人闡提 凡夫不信出三界者 名凡夫闡提 二乘不信一乘 名聖人闡提 破凡夫闡提 始生小信 破二乘闡提 始生菩薩十信也 因此轉悟 方入菩薩道", 『기신론소필삭기』권3(대정장44, p.310b23)에 "『능가경』에서 두 천제를 설한다. 대비보살과 단선근자다. 부처님께서 둘 중에 영원히 열반에 들지 않는 이는 오직 대비보살이라고 하셨으니, 단선근자는 경을 듣고 깨달음을 얻어 나중에 반드시 열반에 든다. 楞伽經說 二種闡提 一 大悲菩薩 二 斷善根者 佛說 二中 永不入者 唯大悲菩薩 應知 斷善根者 聞經獲悟 後必得入"라고 하였다. [참고문헌]『法華玄論』, 『起信論疏筆削記』. ⇨ 단선천제 斷善闡提, 대비천제 大悲闡提, 일천제 一闡提

이종청정 二種淸淨 **1** 자성청정(自性淸淨)과 이구청정(離垢淸淨). 중생의 진여심의 바탕이 본래 청정하여 물듦과 장애가 없음을 자성청정이라 하고, 중생의 자성청정심이 모든 번뇌를 떠남을 이구청정이라 한다. 『종경록』권34(대정장48, p.615a21)에 "경론의 밝힌 바로는 두 가지 청정과 두 가지 해탈이 있다. 단지 이구청정해탈만을 얻으므로 선문의 즉심즉불을 훼손하는 뜻이다. 또는 자성청정해탈만을 알기에 저 교상을 가벼이 여기고, 계율을 지키고 좌선하며 마음을 조복하는 등의 수행을 배척하는 경우다. 이는 반드시 자성청정의 자성해탈을 돈오하고, 점차 닦아서 이구청정과 이장해탈하고는 청정구경해탈을 원만히 성취함을 모르는 것이다. 經論所明 有二種淸淨 二種解脫 或只得離垢淸淨解脫故 毁禪門卽心卽佛 或只知自性淸淨解脫故 輕於教相 斥於持律坐禪調伏等行 不知必須頓悟 自性淸淨 自性解脫 漸修令得 離垢淸淨 離障解脫 成圓滿淸淨究竟解脫"라고 하였다. [참고문헌]『宗鏡錄』. ⇨ 자성청정 自性淸淨, 이구청정 離垢淸淨 **2** 기세간청정(器世間淸淨)과 중생세간청정(衆生世間淸淨). 의보(依報)와 정보(正報)가 공덕에 의해 장엄된 상을 말한다. 『아미타경소』(대정장37, p.348b7)에 "두 가지 청정이란 무엇인가? 논설한 것처럼 이 청정에 두 가지가 있으니 하나는 기세간청정이고, 다른 하나는 중생세간청정이다. 何者名爲二種淸淨 如論說言 此淸淨有二種 一者 器世間淸淨 二者 衆生世間淸淨", 『아미타경소초』권1(卍속장33, p.395b15)에 "두 가지 청정이란 하나는 기세간청정이고 다른 하나는 중생세간청정임을 밝혔다. 이것은 의보와 정보가 공덕에 의해 장엄된 것을 말한다. 二種淸淨者 論明一者器世間淸淨 二者衆生世間淸淨 卽依正二報 功德莊嚴"라고 하였다. [참고문헌]『阿彌陀經疏』, 『阿彌陀經疏鈔』. ⇨ 의정이보 依正二報 **3** 어청정(語淸淨)과 의청정(義淸淨). [참고문헌]『成實論』권1(대정장32, p.243c11). ⇨ 어청정 語淸淨**2**, 의청정 義淸淨, 청정 淸淨

이종초월삼매 二種超越三昧 초입삼매(超入三昧)와 초출삼매(超出三昧). 『지관보행조람』권4(卍속장99, p.545a7)에 "첫째 초입삼매, 둘째 초출삼매다. 초입이란 초선정에서 일어나 비유상비무상처정에 초월하여 드는 것이다. 초출이란 멸수상정에서 일어나 산심중에 들어가고, 산심에서 일어나 멸수상정에 들어가며, 멸수상정에서 일어나 다시 산심에 머물다가 산심에서 일어나 비유상비무상처정에 드는 것이다. 一 超入三昧 二 超出三昧 言超入者 從初禪起 超入非有想非無想處 言超出者 從滅受想起 入散心中 散心中起 入滅受想定 滅受想定起 還住散心中 散心中起 入非有想非無想處"라고 하였다. [참고문헌]『止觀輔行助覽』. ⇨ 초입삼매 超入三昧, 초출삼매 超出三昧, 초월삼매 超越三昧, 삼매 三昧

이종추중 二種麤重 누추중(漏麤重 : 染麤重)과 유루추중(有漏麤重 : 有染麤重). 누추중이란 견혹과 수혹의 종자를 말하고, 유루추중이란 습기(習氣)를 일컫는다. 추중이란 번뇌를 말한다. 『유가사지론』권58(대정장30, p.625b16)에 "두 가지 추중이 있으니 첫째는 누추중, 둘째는 유루추중이다. 누추중이란, 아라한 등이 수도에서 끊는 번뇌를 끊을 때 모두 다 영원히 여읜다. 이것은, 수면 있다는 것은 의식 있는 몸 중에 불안온성과 무감능성을 말한다. 유루추중이란, 수면을 끊을 때 번뇌로부터 생겨 번뇌가 훈발한 본소득성·불안온성, 고를 따라 다닌 것, 저들과 유사한 무감능성 등으로 모두 힘없고 엷어진 것들이다. 또 이 유루추중은 번뇌습이라 하는데, 아라한과 독각은 끊을 수 없고 오직 여래만이 다 끊을 수 있기에, 이것을 습기를 영원히 끊은 불공불법이라고 한다. 有二種麤重 一 漏麤重 二 有漏麤重 漏麤重者 阿羅漢等 修道所斷 煩惱斷時 皆悉永離 此謂有隨眠者 有識身中 不安隱性 無堪能性 有漏麤重者 隨眠斷時 從漏所生 漏所熏發 本所得性 不安隱性 苦依附性 與彼相似 無堪能性 皆得微薄 又此有漏麤重 名煩惱習 阿羅漢獨覺 所未能斷 唯有如來 能究竟斷 是故 說彼 名永斷習氣 不共佛法", 『성유식론』권9(대정장31, p.50c28)에 "십지

중에서 무분별지를 거듭하여 닦기에 두 가지 추중을 버린다. 이장종자에 추중이라는 이름을 붙이는데, 그 성에 감당해 견딤이 없기에 미세하고 가벼움에 어긋나기 때문이다. 저것을 영원히 멸하기에 버린다고 하며, 이것이 저 두 가지 추중을 능히 버리므로 곧바로 광대전의를 증득한다. 十地中 無分別智 數修此故 捨二麤重 二障種子立麤重名 性無堪任 違細輕故 令彼永滅 故說爲捨 此能捨彼 二麤重故 便能證得 廣大轉依"라고 하였다. [참고문헌]『瑜伽師地論』,『成唯識論』. ⇨이장 二障, 불공법 不共法, 견혹 見惑, 수혹 修惑, 종자 種子, 습기 習氣

이종탐보 二種貪報 탐욕이 부르는 욕심 많고 만족을 모르는 것.『법원주림』 권70(대정장53, p.817b7)에 "『보살지지론』에서 '탐욕의 죄 역시 중생을 삼악도에 떨어뜨린다'고 하였다. 만약 사람으로 나면 두 가지 과보를 받는다. 첫째 욕심이 많고, 둘째 만족이 없는 것이다. … 왜 탐욕으로 욕심이 많아지는가? 이 탐욕을 연하여 욕망함이 더욱 많아지기 때문이다. 왜 탐욕은 싫어하여 만족할 줄 모르는가? 이 탐욕을 연하여 탐하여 구함에 싫어할 줄 모른다. 탐욕은 여덟 가지 근본적인 괴로움임을 알아야 한다. 故地持論云 貪欲之罪 亦令衆生墮三惡道 若生人中得二種果報 一者 多欲 二者 無有厭足 … 何故貪欲而復多欲 緣此貪欲 所欲彌多 何故貪欲無有厭足 緣此貪欲 貪求無厭 當知貪欲八大苦也"라고 하였다. [참고문헌]『法苑珠林』. ⇨탐 貪

이종통상 二種通相 Ⓢdvividha-siddhānta-naya-lakṣaṇa. 종통상(宗通相)과 설통상(說通相). 삼승(三乘)이 함께 하는 특징으로, 자증(自證)의 뜻과 타인을 위해 교법을 설함에 모두 능히 통해 막힘이 없는 뜻이다.『능가경』 권3(대정장16, p.499b27 : *Laṅk.*, p.148)에 "부처님께서 대혜에게 말씀하셨다. '일체성문연각보살에게는 두 가지 공통된 상이 있다. 종통과 설통이다. 대혜야! 종통이란 스스로 얻은 뛰어난 정진의 상을 연하는 것으로, 언설문자망상을 멀리 떠나 무루계에 나아가 무생법인을 깨달으며, 일체허망한 관념을 떠나 일체외도의 온갖 마구니를 항복시키며, 자증불지에 이르러 지혜광명을 발하는 것을 종통상이라 한다. 설통상이란 무엇인가? 9부의 갖가지 교법의 다름과 다르지 않음, 유무 등의 상을 떠나 선교방편으로 중생에 수순하여 알맞게 법을 베풀어 해탈하게 하는 것이다. 이를 설통상이라 한다. 佛告大慧 一切聲聞 緣覺 菩薩 有二種通相 謂宗通及說通 大慧 宗通者 謂緣自得勝進相 遠離言說文字妄想 趣無漏界 自覺地自相 遠離一切虛妄覺想 降伏一切外道衆魔 緣自覺趣光明暉發 是名宗通相 云何說通相 謂說九部種種教法 離異不異 有無等相 以巧方便 隨順衆生 如應說法 令得度脫 是名說通相 bhagavāṃs tasyaitad avocat. dvividhaṃ mahāmate siddhāntanayalakṣaṇaṃ sarvaśrāvakapratyekabuddhabodhisattvānāṃ yad uta siddhāntanayaś ca deśanānayaś ca. tatra siddhāntanayo mahāmate yaduta pratyātmādhigamaviśeṣalakṣaṇaṃ vāgvikalpākṣararahitam anāsravadhātugatiprāpakaṃ pratyātmagatibhūmigatisvalakṣaṇaṃ sarvatarkatīrthyamāravarjitam. vinihatya ca tāṃs tīrthyamārān pratyātmagatir virājate. etan mahāmate siddhāntanayalakṣaṇam. tatra deśanānayaḥ katamaḥ. yaduta navāṅgaśāsanavicitropadeśo 'nyānanyasadasatpakṣavarjitaḥ upāyakuśalavidhipūrvakaḥ sattveṣu darśanāvatāraḥ. yadyenādhimucyate tat tasya deśayet. etan mahāmate deśanānayalakṣaṇam"라고 하였다. [참고문헌]『楞伽經』, *Laṅk.* ⇨종통설통 宗通說通

이종퇴 二種退 Ⓢdvividha-vyāvṛtti. 초발심보살이 퇴전하게 되는 구경퇴(究竟退 Ⓢātyantikī-vyāvṛtti)와 불구경퇴(不究竟退 Ⓢanātyantikī-vyāvṛtti)를 말한다.『보살지지경』 권1(대정장30, p.889c20 : *Bodh-bh.*, p.9)에 "퇴전에 두 가지가 있다. 하나는 구경퇴이고 다른 하나는 불구경퇴이다. 구경퇴란 퇴전한 후에 끝내 다시 보살의 원을 일으키지 못하는 것이다. 불구경퇴란 퇴전한 후에 다시 원을 일으키는 경우이다. 退有二種 一者 究竟退 二者 不究竟退 究竟退者 退已終不復起菩薩之願 不究竟退者 退已還起 tasya ca cittotpādasya vyāvṛttirapi dvividhā. ātyantikī cānātyantikī ca. tatrātyantikī yatsakṛdvyāvṛttaṃ cittaṃ na punar utpadyate bodhāya. anātyantikī punaḥ yadvyāvṛttaṃ cittaṃ punaḥ punarutpadyate bodhāya"라고 하였다. [참고문헌]『菩薩地持經』, *Bodh-bh.*

이종투도보 二種偸盜報 도둑질을 한 인연으로 받는 두 가지 과보. 빈궁(貧窮)하거나 공유(共有)하는 재물만 있어서 마음대로 쓸 수 없다.『니건자소설경』 권2(대정장9, p.328b27)과 80권본『화엄경』 권35(대정장10, p.185c19)에 "도둑질한 죄도 중생이 삼악도에 떨어지도록 한다. 만일 사람으로 태어나더라도 두 가지 과보를 받는다. 하나는 빈궁한 것이고, 다른 하나는 함께하는 재물이어서 자기 마음대로 쓰지 못한다. 偸盜之罪 亦令衆生 墮三惡道 若生人中 得二種果報 一者 貧窮 二者 共財 不得自在",『범망경보살계초진』 권3(卍속장95, p.67a2)에 "재물을 공유한다는 말은 세간의 어떤 재물이거나 다섯 주인이 함께 쓰는 물건이라는 뜻이다. 왕(나라)·도둑·물·불·못된 자손이 공유하는 주인들이다. 공덕을 쌓아 얻는 법이라는 재물만이 남과 함께 소유하지 않는다.『능엄경』에 '설령 지혜가 충분하고 선정이 실현되었더라도 도둑질을 끊지 않는다면 반드시 사악한 윤회의 길에 떨어지게 된다. 상품은 정령이고 중품은 요매이며 하품은 온갖 허깨비에 사로잡힌 삿된 인간이 된다'라고 하였다. 共財者 世間財物 五家所共 謂 王 賊 水 火 不肖子孫 惟功德法財 不共他有也 楞嚴經云 縱有多智 禪定現前 如不斷偸 必落邪道 上品精靈 中品妖魅 下品邪人 諸魅所著"라고 하였다. 〔참고문헌〕『尼乾子所說經』, 『華嚴經』, 『梵網經菩薩戒初津』, 『楞嚴經』 권6(대정장19, p.132b3), 『法苑珠林』 권70(대정장53, p.815c29).

이종파계인 二種破戒人 인연이 구족되지 않아 파계하는 인연불구족파계(因緣不具足破戒)와 인연이 구족되어 있음에도 파계하는 인연구족파계(因緣具足破戒). 『대지도론』 권91(대정장25, p.704c10)에 "또한 보살이 단바라밀을 행할 때 중생이 파계함을 보면 다음과 같이 말한다. '그대들은 인연이 구족되지 않았기에 파계하였으니, 내가 그대들에게 필요한 것들을 제공하여 모자람이 없게 하리라!' 파계하는 이들에는 두 가지 유형이 있다. 첫째는 계를 지킬 수 있는 인연이 갖춰지지 않은 이들이다. 예를 들면, 빈궁한 사람이 굶주림과 추위가 급박하여 도적이 되는 경우다. 둘째는 계를 지킬 수 있는 인연이 갖춰져 있지만, 익힌 악한 마음 때문에 즐겨 악한 일을 행하는 이들이다. 빈궁하여 파계하는 이들에게 보살은 '그대들이 계를 지키기만 하면, 내가 그대들에게 필요한 것들을 제공해 주리니, 그대들이 계를 가져 늘 지킨다면 점차 삼승으로 해탈을 얻으리라'고 말한다. 이를 두고 보시를 인연으로 해서 계를 낳는다고 한다. 復有菩薩 行檀波羅蜜時 見衆生破戒 作是言 汝曹 以因緣不具足故破戒 我當給汝所須 令無乏少 破戒人有二種 一者 持戒因緣不具足故 如貧窮人 飢寒急故作賊 二者 持戒因緣雖具足 以習惡心故 好行惡事 貧窮破戒者 菩薩語之言 汝但持戒 我當給汝所須 汝等住持戒中 漸漸以三乘而得度脫 是名 因緣布施生戒"라고 하였다. 〔참고문헌〕『大智度論』. ⇨ 파계 破戒

이종파승 二種破僧 두 가지 파승. 파갈마승(破羯摩僧)과 파법륜승(破法輪僧)을 말한다. 『십송율』 권56(대정장23, p.417c15)에 "파승에는 두 가지가 있으니, 파갈마와 파법륜이다. 파갈마란, 비구들이 한 계 내에서 따로 포살과 갈마를 하게 하는 것이 파갈마다. 파법륜이란 말에서 륜은 여덟 가지 성도분을 말하는데, 사람들로 하여금 이 팔성도를 버리고 사도중에 들어가게 하면 이는 파법륜이라 한다. 이 두 가지 다 파승이라 한다. 破僧有二種 破羯磨 破法輪 破羯磨者 若諸比丘一界內別作布薩羯磨 是名破羯磨 破法輪者 輪名八種聖道分 令人捨八聖道入邪道中 是名破輪 是名二種破僧"라고 하였다. 〔참고문헌〕『十誦律』. ⇨ 파갈마승 破羯摩僧, 파법륜승 破法輪僧, 파승 破僧, 포살 布薩, 갈마 羯磨

이종파착 二種破著 탐욕의 집착을 깨뜨리는 파욕착(破欲著)과 견해의 집착을 깨뜨리는 파견착(破見著)을 말한다. 『대지도론』 권42(대정장25, p.367c14)에 "〔문〕이 색은 무상하고 고이며 공 등인 허물들을 거두지 않는데, 비유하자면 뜨거운 금덩이와 같으니, 금이 있어 탐할만 하지만 뜨겁기에 취할 수 없음을 안다. 이와 같을진대 무슨 허물이 있기에 굳이 오중(五蘊)이라는 법도 깨뜨려야 하는가? 〔답〕 두 가지 집착이 있기 때문이다. 첫째는 탐욕이란 집착이고, 둘째는 견이라는 집착이다. 어떤 이가 이 모든 것 무상이고 고통이다라고 관하면 욕착은 무너지고 해탈을 얻는다. 또한 어떤 이가 비록 영원하지 않다는 등을 관하였지만 여전히 법에 집착하여 견해를 일으킨다면, 이 사람을 위해 색의 실상은 공이라고 분별하게 설해주면 견에 대한 집착에서 벗어난다. 問曰 是色無常苦空等 過罪故不受 譬如熱金丸 雖有金可貪 但以熱故 知不可取 如是者 有何咎 而强破五衆法 答曰 有二種著 一者 欲著 二者 見著 有人觀是無常苦等 破欲著 得解脫 或有人雖觀無常等 猶著法生見 爲是人故 分別色相空 如是則離見著"라고 하였다. 〔참고문헌〕『大智度論』. ⇨ 파착 破著, 착 著

이종필경 二種畢竟 장엄필경(莊嚴畢竟)과 구경필경(究竟畢竟). 필경은 다해 더할 나위 없음의 뜻으로, 온갖 만행을 다해 마친 금강심이 장엄필경이고, 그 불과를 얻음이 구경필경이다. 40권본 『대반열반경』 권27(대정장12, p.524c11)에 "선남자여! 필경에는 두 가지가 있다. 첫째는 장엄을 마쳐 다하는 것이고, 둘째는 증해 마쳐 더할 것이 없는 뜻이다. 善男子 畢竟有二種 一者 莊嚴畢竟 二者 究竟畢竟", 『대반열반경집해』 권54(대정장37, p.550a26)에 "장엄필경이란 금강심이다. 구경필경이란 무학과다. … 장엄필경은 만행에 의지해 한 말이고, 구경필경은 중생이 얻은 불과일승을 말한다. 다만 중생에게는 이 불과일승이 있지만 바로 무명에 가리고 덮여 이치를 알지 못한다. 莊嚴畢竟者 謂金剛心也 究竟畢竟者 無學果也 … 莊嚴畢竟 據萬行爲言 究竟畢竟 道衆生所得佛果一乘 但衆生有此佛果一乘 正由無明障覆故不能得見理"라고 하였다. 〔참고문헌〕『大般涅槃經』, 『大般涅槃經集解』. ⇨ 장엄필경 莊嚴畢竟, 구경필경 究竟畢竟, 필경 畢竟, 금강심 金剛心, 무학과 無學果

이종행 二種行 **1** ➡ 행 行 **2** 선행(善行)과 악행(惡行). 『장아함경』 권22 「세기경 世記經」(대정장1, p.149c4)에 "저 몸과 마음으로 이종행을 행하고 나서 목숨을 마치면 고보와 낙보를 받게 된다. 彼身意行二種行已 身壞命終 受苦樂報"라고 하였다. 〔참고문헌〕『長阿含經』,

『起世經』 권10(대정장1, p.364c12), 『瑜伽師地論』 권90(대정장30, p.808a16). ⇨ 선행 善行[1], 악행 惡行 **3** 보리행(菩提行)과 자비행(慈悲行). 『승천왕반야경』 권7 「이행품 二行品」(대정장8, p.722b4)에 "보살마하살에게는 이종행이 있으니, 반야를 성취하고 중생을 교화하는 것이다. 菩薩摩訶薩 有二種行 成就般若 教化衆生", 『대반야경』 권573 「이행품」(대정장7, p.959b6)에 "모든 보살마하살에게는 이종행이 있으니, 반야를 성취하고 유정을 교화하는 것이다. 諸菩薩摩訶薩 有二種行 成就般若 化導有情"라고 하였다. 〔참고문헌〕 『勝天王般若經』, 『大般若經』. ⇨ 보리행 菩提行, 자비행 慈悲行 **4** 신념처(身念處)에서 행하는 부정행(不淨行)과 정행(淨行). 『대방등대집경』 권25(대정장13, p.176c7)에 "보살마하살은 신념처를 관함에 이종행이 있다. 첫째는 부정행이고, 둘째는 정행이다. 부정행이란 몸은 부정하여 냄새나는 것들로 가득 채워져 있으며 무상하고 의지할 데가 없는데도 모든 범부를 속이고 있음을 관하는 것이다. 정행은 보살마하살이 이와 같이 사유하는 것이니 '나 이제 이 부정한 몸으로 청정불신을 얻고 정법신과 정공덕신 그리고 일체중생이 좋아하는 몸마저 얻는다'. 菩薩摩訶薩 觀身念處 有二種行 一者 不淨行 二者 淨行 不淨行者 觀身不淨 臭穢充滿 無常無住 誑諸凡夫 淨行者 菩薩摩訶薩 作是思惟 我今因是不淨之身 得淨佛身 得淨法身 淨功德身 一切衆生所樂見身"라고 하였다. 〔참고문헌〕 『大方等大集經』. ⇨ 부정행 不淨行[3], 정행 淨行, 신념처 身念處, 사신 四身 **5** Ⓢ ubhaya-saṃcara. 의(意)에 있어 두 가지 행인 선행(善行)과 불선행(不善行). 『대승입능가경』 권6 「게송품 偈頌品」(대정장16, p.626c24 : *Laṅk.*, p.278)에 "심(心 Ⓢ citta)은 언제나 무기이며, 의(意 Ⓢ manas)는 이종행을 갖추었네. 현재식(識 Ⓢ vijñāna)은 선과 불선 등에 모두 통하네. 心常爲無記 意具二種行 現在識通具 善與不善等 cittam avyākṛtaṃ nityaṃ mano hy ubhayasaṃcaram, vartamānaṃ hi vijñānaṃ kuśalākuśalaṃ hi tat"라고 하였다. 〔참고문헌〕 『大乘入楞伽經』, *Laṅk.* ⇨ 심의식 心意識, 선행 善行, 불선행 不善行, 삼성 三性[2] **6** 명자와 뜻이 있어야 수행되는 설법의 자행(字行)과 의행(義行). 『승사유범천소문경론』 권4(대정장26, p.353c12)에 "설법은 두 가지로 행한다. 첫째는 문자가 움직이고, 둘째는 뜻으로 행한다. 이는 무슨 뜻인가? 이와 같이 명자는 뜻 가운데서 행하고, 이와 같이 뜻은 명자 가운데서 행한다. 說法中 有二種行 一者字行 二者義行 此明何義 如是名字於義中行 如是義於名字中行"라고 하였다. 〔참고문헌〕 『勝思惟梵天所問經論』. **7** 싫어해 떠나는 염리행(厭離行)과 기꺼이 바라는 흔원행(欣願行). 『정토십의론』(대정장47, p.80c4)에 "결정코 서방에 나고자 한다면 이종행을 갖추어야 반드시 그곳에 날 수 있으니, 첫째는 염리행이고 둘째는 흔원행이다. 欲決定生西方者 具有二種行 定得生彼 一者 厭離行 二者 欣願行"라고 하였다. 〔참고문헌〕 『淨土十疑論』. ⇨ 염예흔정 厭穢欣淨 **8** 정행(正行)과 잡행(雜行). 당대 선도(善導)의 설이다. 『관무량수불경소』 권4(대정장37, p.272a28)에 "다음으로 행에 나아가 믿음을 세우는데, 행은 두 가지다. 첫째는 정행이고 둘째는 잡행이다. 정행이란, 오로지 왕생경의 행에 의지하여 행하는 것을 정행이라고 한다. 어떤 것인가? 일심으로 오로지 이 『관무량수경』과 『아미타경』과 『무량수경』 등을 독송하고, 일심으로 온전히 저 국토의 이보장엄을 생각하고 관하며 기억한다. 예배할 때도 일심으로 오로지 저 아미타불께 예배하며, 입으로 명호를 부를 때에도 일심으로 오로지 저 아미타불만을 부르며, 찬탄하거나 공양하는 경우에는 일심으로 오로지 찬탄하고 공양한다. 이를 두고 정행이라고 한다. 또한 이 정행도 다시 두 가지다. 첫째는 일심으로 오로지 아미타불의 명호를 칭념하는데, 행주좌와와 길든 짧든 념념이 버리지 않으면 이를 두고 바르고 정해진 업이라고 한다. 저 아미타불의 본원을 따르기 때문이다. 만약 예배나 독송 등에 의지하면 이를 조업이라고 한다. 이 정정업과 조업 두 가지 행 밖에 나머지 선업을 모두 잡행이라고 한다. 次就行立信者 然行有二種 一者正行 二者雜行 言正行者 專依往生經行行者 是名正行 何者是也 一心專讀誦 此觀經 彌陀經 無量壽經等 一心專注思想 觀察憶念 彼國二報莊嚴 若禮 卽一心專禮彼佛 若口稱 卽一心專稱彼佛 若讚歎供養 卽一心專讚歎供養 是名爲正 又就此正中 復有二種 一者 一心專念 彌陀名號 行住坐臥 不問時節久近 念念不捨者 是名正定之業 順彼佛願故 若依禮誦等 卽名爲助業 除此正助二行已外 自餘諸善 悉名雜行"라고 하였다. 〔참고문헌〕 『觀無量壽佛經疏』. ⇨ 오정행 五正行, 오잡행 五雜行

이종현시 二種顯示 언현시(言顯示)와 사수행현시(使修行顯示). 말로 드러내 보이는 것과 닦아 행하게 하여 깨우쳐 들게 하는 것을 뜻한다. 『화엄경소』 권1(대정장35, p.504c12)에 "이제 마음을 알아 체와 합하며 본에 이르고 분별마저 잊어서야 이 경을 말할 수 있고 드러내 보인다. 이에 또한 두 가지가 있다. 첫째는 말로 현시하여 (지혜와 복덕이) 있음을 알게 하고, 둘째는 수행하게 하여 깨달아 들어가 현현하게 한다. 今令知心合體 達本情亡 故談斯經 以爲顯示 亦有二種 一 以言顯示 令其知有 二 使其修行 悟入顯現", 『화엄경소초』 권3(대정장36, p.22b7)에 "말로 현시하여 있음을 알게 한다는 말은 오직 보이는 뜻만을 밝힌 것이다. 예를 들면 가난한 여인에게 집안의 보물 창고를 보여주는 것과 같으니, 보지 못하면 증하지도 못할 것이다. 수행하게 한다는 말은 통해서 열어보이는 것이어서 알지 못했는데 알게 하는 것이 오(悟)이고, 증득하지 못했다가 증득하는 것이 입(入)이다. 현현이란 말은 연다는 뜻에 대응한다. 以言顯示 令其知有者 唯明示義 如示貧女 宅中寶藏 未見未證 使其修行者 義通開示 不知令知 名之爲悟 未證能證 稱之爲入 顯現之言 對於開義"라고 하였다. 〔참고문헌〕『華嚴經』, 『法華經』, 『華嚴經疏』, 『華嚴經疏鈔』. ⇨ 현시 顯示, 개시오입 開示悟入, 법화유 法華喩

이종혜 二種慧 ❶ 유루혜(有漏慧 Ⓢ sāsrava-prajñā)와 무루혜(無漏慧 Ⓢ anāsravā-prajñā : 聖慧). 각각에 지성(智性)과 견성(見性)으로 차별이 있지만 둘 다 택법, 즉 법을 가린 뜻이기에 혜라 부른다. 『구사론』 권26(대정장29, p.134b24)에 "〔논〕 혜에는 두 가지가 있으니 유루혜와 무루혜다. 오직 무루혜에 대해서만 성이라는 이름을 세운다. 이 성혜 중에서 팔인은 지성이 아니니, 스스로 끊어야할 의를 아직 끊지 못했기 때문이다. 견의 자성으로 거두니, 미루어 헤아리는 성이기 때문이다. 진지와 무생지 두 가지는 견의 성이 아니니, 이미 구하는 마음이 쉬어서 미루어 헤아리지 않기 때문이다. 나머지 성혜는 모두 지와 견의 두 자성에 통하니, 이미 스스로 의혹을 끊은 미루어 헤아리는 성이기 때문이다. 論曰 慧有二種 有漏無漏 唯無漏慧立以聖名 此聖慧中八忍非智性 自所斷疑未已斷故 可見性攝 推度性故 盡與無生二智 非見性 已息求心不推度故 所餘皆通智見二性 已斷自疑推度性故", "모든 유루혜는 모두 지성으로 거두지만, 그중에서 오직 여섯은 역시 견성이니, (有身見 등의) 다섯 가지 염오견과 (의식과 상응하는) 세속정견이 그 여섯이다. 이와 같이 설한 성혜와 유루혜는 모두 법을 가린 것이기에 혜성으로 거둔다. 諸有漏慧皆智性攝 於中唯六亦是見性 謂五染汚見世正見爲六 如是所說聖有漏慧皆擇法故 並慧性攝"라고 하였다. 〔참고문헌〕『俱舍論』. ⇨ 유루혜 有漏慧, 무루혜 無漏慧 ❷ 별관제제혜(別觀諸諦慧)와 총관제제혜(總觀諸諦慧). 자상(自相)과 공상(共相)에 대한 혜를 뜻한다. 『대비바사론』 권42(대정장27, p.217a20)에 "다시 다음은 모든 진실을 따로 관하는 혜는 자상의 분별이고, 모든 진실을 다 들어 관하는 혜는 공상분별이다. 〔문〕 이 두 가지 혜는 어떻게 알아야 하는가? … 또 마치 사람이 등불을 들고 처음 어두운 방에 들어가면 문득 모든 어둠이 사라지듯이, 공상을 분별하는 혜도 마찬가지임을 알아야 하며, 마치 등불을 들고 들어가고 나서야 점차 물단지·옷·그릇·상자 등의 여러 물건들이 점차로 보이듯이, 자상을 분별하는 혜도 마땅히 이와 같다. 復次別觀諸諦慧名分別自相 總觀諸諦慧名分別共相 問 此二種慧如何應知 … 復次如人持燈初入闇室頓破諸闇 分別共相慧應知亦爾 如燈入已漸照甁衣器篋諸物 分別自相慧應知亦爾"라고 하였다. 〔참고문헌〕『大毘婆沙論』. ⇨ 별관 別觀❶, 총관 總觀

이종호지사 二種護持事 일체불보살이 대비력으로 보호하며 지키는 불종(佛種)과 정법(正法). 『대승대집지장십륜경』 권6 「유의행품 有依行品」(대정장13, p.752a1)에 "일체과거미래현재의 모든 불세존과 모든 보살마하살은 일체유정을 이롭고 즐겁게 하려고 대비력으로 두 가지 일을 보호하며 가진다. 첫째는 삼보의 종성을 잇고 일으켜 언제나 끊어지지 않게 하려고 세속을 버리고 출가하여 삭발하고 가사를 입게 하는 일이다. 둘째는 삼승으로 사성제 등과 상응하는 정법과 같은 요점을 추려낸다. 이와 같은 두 가지 일은 오직 불세존과 대보살만이 능히 잘 보호하며 가질 수 있을 뿐, 모든 성문독각 등을 비롯하여 백천나유다수의 대범천왕과 제석천왕과 사대주전륜왕 등이 능히 보호하며 지킬 수 있는 일은 아니다. 一切過去 未來現在 諸佛世尊 及諸菩薩摩訶薩 爲欲利樂一切有情 以大悲力 護持二事 一者 爲欲紹隆三寶種姓 常令不絶 捨俗出家 剃除鬚髮 被服袈裟 二者 三乘出要 四聖諦等相應正法 如是二事 唯佛世尊 及大菩薩 能善護持 非諸聲聞 獨勝覺等 亦非百千那庾多數 大梵天王 及天帝釋王 四大洲轉輪王等 所能護持"라고 하였다. 〔참고문헌〕『大乘大集地藏十輪經』. ⇨ 호지 護持

이종회향 二種廻向 ❶ 왕상회향(往相廻向)과 환상회향(還相廻向). 정토에 왕생하는 것과 세간으로 돌아옴의 뜻이다. 『왕생론주』 권하(대정장40, p.836a21)에 "회향에는 두 가지 양상이 있다. 첫째는 왕상이고, 둘째는 환상이다. 廻向 有二種相 一者 往相 二者 還相"라고 하였다. 〔참고문헌〕『往生論註』. ⇨ 왕상회향환상회향 往相廻向還相廻向, 회향 廻向 ❷ 중생회향(衆生廻向)과 불과회향(佛果廻向). 『인왕호국반야경소』 권2(대정장33, p.261b13)에 "〔문〕 보살이 지은 공덕을 어째서 회향하는가? 〔답〕 회향하는 이익이 공덕 가운데 가장 훌륭하기 때문이다. 그래서 『유마경』에서도 '회향은 뛰어난 이익이다. 회향은 두 가지다. 첫째는 지은 바를 중생에게 베푸는 것이고, 둘째는 지은 바를 불과에 회향하는 것이다〈이하 생략〉'라고 하였다. 問 菩薩所作 何故迴向 答 迴向之利 其功最善 故淨名云 迴向爲善利 迴向二種 一者所作回施衆生 二者 所作回向佛果也 云云"라고 하였다. 〔참고문헌〕『仁王護國般若經疏』. ⇨ 중생회향 衆生廻向, 보리회향 菩提廻向, 회향 廻向

이종훈 二種熏 훈습(熏習)과 자훈(資熏). 근본무명(根本無明)이 진여(眞如)를 훈하여 염정(染淨)의 인연을 성취하는 것과, 돌이켜 업식(業識) 등이 무명을 훈하여 명(明)일 수 없도록 돕는 것을 말한다. 『번역명의집』 권6(대정장54, p.1154a25)에 "훈은 두 가지다. 첫째는 익혀 거듭하는 것이니, 마음의 바탕을 훈하여 염정 등의 일을 성취해 내는 것이다. 둘째는 도와 익는 것이니, 현행하는 마음과 경과 모든 미혹들이 서로 돕는 것을 말한다. 熏有二種 一 熏習 謂熏心體 成染淨等事 二 資熏 謂現行心境 及諸惑相資等", 『기신론직해』 권하(卍속장72, p.183b8)에 "훈습에는 대략 두 가지 뜻이 있다. 첫째는 습훈이고, 둘째는 자훈이다. 근본무명이 진여를 훈하면 습훈이라 하고, 업식이 도리어 무명을 훈하여 깨닫지 못하는 상태가 더하면 자훈이다. 熏習約有二義 一 習熏 二 資熏 根本無明熏眞如 爲習熏 業識返熏無明 增其不了 爲資熏"라고 하였다. [참고문헌] 『翻譯名義集』, 『起信論直解』. ⇨ 훈습 熏習, 자훈 資熏

이죄 二罪 성죄(性罪 Ⓢ prakṛti-sāvadya)와 차죄(遮罪 Ⓢ pratikṣepaṇa-sāvadya). 성죄란 자성이 움직인 살도음망(殺盜淫妄) 등 중계(重戒)를 말하고, 차죄란 미리 막아 계체를 보호한다. 『원각경약소』 권하(대정장39, p.572a26)에 "악업에는 또한 성죄와 차죄가 있다. 차죄는 교법에 의지한 작법으로 참회할 수 있지만, 성죄는 반드시 그에 합당한 다스림이 있어야 한다. 행을 일으킴에도 두 가지다. 첫째는 사행(事行)이니 저 『방등경』과 『불명경』 등의 설과 같다. 둘째는 이행(理行)이니 저 『정명경』의 설처럼 죄는 안팎 그 어디에도 없다고 관하는 법 등이다. 惡業復有性罪遮罪 遮罪依教作法懺之 性罪卽須起行 起行有二 一 事行 如方等佛名經等 二 理行 如淨名經 觀罪不在內外等", 『사분계본여석』 권9(卍속장63, p.179b5)에 "또한 이 차죄도 일체성계상에 함께하고 있어서 참회하면 막아 멸하지만 성죄는 여전히 남아 있으니, 저 초목을 베거나 축생을 죽이거나 한결같이 타편에 속하는 죄다. 참회하면 두 죄 모두 제거되지만 목숨을 상하게 한 허물은 여전히 남는다. 그러므로 성죄와 차죄가 같지 않아서 오편칠취(五篇七聚)로 편목과 속함이 본래 다르다. 又此遮罪 於一切性戒上俱有 懺則遮滅 性罪猶存 如伐草害畜 同是墮篇 懺卽二罪俱蠲 償命之愆猶在 是故 性遮不同 篇屬自別"라고 하였다. [참고문헌] 『圓覺經略疏』, 『四分戒本如釋』, *Bodh-bh.113.* ⇨ 성죄 性罪, 차죄 遮罪, 계 戒, 오편칠취 五篇七聚

이주 二柱 불법을 지키는 두 개의 기둥. 좌선하고 배우고 묻는 일이다. 『살바다비니비바사』 권9(대정장23, p.564a17)에 "불법에는 두 기둥이 있어 능히 불법을 지키니, 좌선하고 익혀 묻는 일이다. 佛法有二柱 能持佛法 謂坐禪學問"라고 하였다. [참고문헌] 『薩婆多毘尼毘婆沙』, 『釋氏要覽』 권하(대정장54, p.297b22).

이주 擒住 멱살을 부여잡다. 보통은 금주(擒住)라고 쓴다. 이(擒)는 금(擒)의 이자(異字)이거나 오자(誤字)일 수 있다. 『천성광등록』 권13 「정상좌장 定上座章」(卍속장135, p.720b9)에 "(정상좌가 臨濟의 無位眞人 공안을 듣고난 후) 흠산이 말했다. '어찌하여 벌거벗은 몸뚱아리는 무위진인이 아니라고 말하지 않는가?' 정상좌가 별안간 멱살을 잡고서는 말했다. '무위진인과 무위진인이 아닌 그 사이 얼마인가? 빨리 일러라. 빨리'. 흠산은 멱살을 잡힌 채 울그락불그락 할 뿐 말을 잇지 못하였다. 欽山云 何不道 赤肉團上 非無位眞人 師便擒住云 無位眞人 與非無位眞人 相去多少 速道速道 欽山被擒 面靑面黃 語之不得"라고 하였다. [참고문헌] 『天聖廣燈錄』, 『五峰如學語錄』(가흥장25, p.754a20). ⇨ 금주 擒住, 무위진인 無爲眞人

이주눈계 二株嫩桂 두 그루 어린 계수나무. 달마(達磨)의 소림선풍이 융성하게 되리라는 27조 반야다라(般若多羅)의 예언이 담긴 게송에 나오는 말이다. 두 그루 나무(木)는 림(林), 어리다(嫩)는 말은 소(少)와 통하기에 달마가 머물던 소림사를 암시하는 말로 쓰였다. 『경덕전등록』 권3 「보리달마전 菩提達磨傳」(대정장51, p.217a24)에 "길 가다 물 건너면 다시 양(洛陽)을 만나겠지만, 홀로 쓸쓸히 강을 몰래 건너리. 태양 아래 가엾게도 코끼리와 말(梁과 魏의 황제)이 짝짓더니, 두 그루 어린 계수나무 길이 창창하리라. 路行跨水復逢羊 獨自悽悽暗度江 日下可憐雙象馬 二株嫩桂久昌昌", 『조당집』 권2(고려장45, p.243b19)에 "두 그루 어린 계수나무가 오랫동안 번창하리라〈두 그루는 두 나무를 뜻한다. 목이 둘이면 림 자다. 어린 계수나무란 소를 뜻하니 이는 바로 소림사다. 오랫동안 번창하리라는 말은 9년 동안 면벽한 뒤 출현하여 불법을 크게 유행시키리라는 뜻이다〉. 兩株嫩桂久昌昌〈兩株者 二木也 二木 是林字也 嫩桂者 少也 則是少林寺也 久昌昌者 九年面壁 而出大行佛法也〉"라고 하였다. [참고문헌] 『景德傳燈錄』, 『祖堂集』. ⇨ 소림사 少林寺 ■

이주왕 二洲王 두 대륙을 다스리는 동륜왕(銅輪王)을 말한다. 『대비바사론』 권30(대정장27, p.156b29)에 "모든 전륜성왕 힘 또한 일정한 바 없다. … 이주의 왕에게는 발라색건제의 힘이 있고, … 이주를 다스리는 이에게는 동륜보가 있는데, 그 양은 2구로사다. 諸轉輪王力亦不定 … 王二洲者 有鉢羅塞建提力 … 王二洲者 有銅輪寶 其量正等 二俱盧舍", 『구사론송소론본』 권12(대정장41, p.887c14)에 "동륜왕은 두 개의 대륙을 다스린다. 銅輪王 王二洲界"라고 하였다. [참고문헌] 『大毘婆沙論』, 『俱舍論頌疏論本』. ⇨ 전륜성왕 轉輪聖王

이준 李俊 신라중대 관원이자 스님. 경덕왕대(景德王代) 직장(直長)을 지냈으며 50세에 관직에서 물러나 단속사(斷俗寺)를 창건하고 출가하여 스님이 되었다. 『삼국유사』 권5(대정장49, p.1016b15・한불전6, p.365a17) 피은(避隱)8 신충괘관(信忠掛冠)에 "천보 7년 무자(748·경덕왕7)에 나이 오십이 되니, 조연소사를 개창하여 큰 절로 만들고 단속사라 하였다. 그 자신도 또한 머리를 깎고 법명을 공굉장로라 하였으며, 절에 20년 머물다 죽었다. 天寶七年戊子 年登五十矣 改創槽淵小寺爲大刹 名斷俗寺 身亦削髮 法名孔宏長老 住寺二十年 乃卒"라고 하였다.『삼국사기』권9 신라본기9 경덕왕 22년(763) 8월에 단속사 창건주는 이순(李純)이라 하였다. 〔참고문헌〕『三國遺事』,『三國史記』. ⇨이순 李純, 단속사 斷俗寺

이준욱 李遵勗 ?~1038. 북송(北宋) 때 관리. 자(字)는 공무(公武)·용화(用和), 호는 문화(和文). 변주(汴州 : 河南省) 출신. 진사(進士)에 급제하여 부마도위(駙馬都尉)에 이르렀다. 곡은온총(谷隱蘊總)에게 종요(宗要)를 묻다가 대오(大悟)하고 인가받았다. 자명초원(慈明楚圓)·양걸(楊傑) 등 많은 선객들과 교유하였다. 천성년간(1023~1030)에 선사들의 어록을 모아『천성광등록 天聖廣燈錄』30권으로 집록하여 인종(仁宗)에게 진상하였다. 보원(補元) 원년에 세상을 떠났고『한명집 閒冥集』 20권을 남겼다. 〔참고문헌〕『佛祖統紀』 권45(대정장49, p.410a4),『續傳燈錄』권4(대정장51, p.490b11),『嘉泰普燈錄』권22(卍속장137, p.309a12). ⇨부마색약 駙馬索藥, 천성광등록 天聖廣燈錄

이준창 李俊昌 고려 명종(明宗 재위 1170~1197)대 문신. 1181년(명종11) 12월 임자일에 개성 봉명산(鳳鳴山) 해안사(海安寺)에 모셨던 의종(毅宗)의 어진을 동쪽 선효사(宣孝寺)로 옮겨 모셨으며 "1196년(명종26) 2월 임신일에 추밀원사 이준창이 선효사 의종의 어진을 받들어 개성 인근 불주사로 옮겨 모셨다. 壬申 遣樞密院事 李俊昌 奉宣孝寺毅宗神御 移安于佛住寺"라고 하였다. 〔참고문헌〕『高麗史』권20 世家20.

이중 二中 삼론종(三論宗) 용어. 세제중(世諦中)과 진제중(眞諦中).『삼론현의』(대정장45, p.14b18)에 "이중이라 말하는 것은 이제를 잡아 가리는 중에 세제중과 진제중을 말한다. 세제로서도 치우침이 없으므로 중이라 하고, 진제에 있어서도 치우침이 없어야 진제중이라 한다. 所言二中者 則約二諦辨中 謂世諦中眞諦中 以世諦不偏 故名爲中 眞諦不偏 名爲眞諦中"라고 하였다. 〔참고문헌〕『三論玄義』. ⇨이제 二諦, 이제관 二諦觀 **1**

이중 二衆 **1** 출가 도중(道衆)과 재가 속중(俗衆).『유마경의소』권3(대정장38, p.935b29)에 "중을 잡아 말하자면 전에는 속중으로 병문안 한 것이고, 지금은 도중에 의한 격양이다. 約衆爲言 前俗衆問疾 今道衆擊揚"라고 하였다. 〔참고문헌〕『維摩經義疏』. ⇨도중 道衆, 속중 俗衆 **2** 출가이중 또는 재가이중. 출가이중은 오중(五衆)을 비구·비구니로 양분한 경우고, 재가이중은 우비이와 우바새를 가리킨다.『법화문구기』권2중(대정장34, p.181b19)에 "도는 출가이중을 말하고, 속은 재가이중을 말한다. 道謂出家二衆 俗卽在家二衆"라고 하였다. 〔참고문헌〕『法華文句記』. ⇨칠중 七衆

이중경 李仲卿 당대 도사(道士). 부혁(傅奕)을 도와 배불론(排佛論)을 주창하였고, 626년(무덕9)에『십이구미론 十二九迷論』을 지었다.『개원석교록』권8(대정장55, p.554c14)에 "도사 이중경이『십이구미론』을 진상하고, 도사 유진희가『현정론』을 진상하였는데, 모두 부처는 무량한 겁(塵點)을 말한다고 하며 불교(釋宗)을 폄하했다. 道士李仲卿 上十異九迷論 道士劉進喜 上顯正論 皆貶量佛聖塵點釋宗",『광홍명집』 권13(대정장52, p.175c22)에 "도사(黃巾) 이중경은 학문이 좁고 지혜는 부끄러우리만치 억측이 심한데도 백조의 날개를 뽐내면서 숭화산을 놀라게 하고자 횃불을 등에 업고 일월빛과 다투려고 이에『십이구미론』을 지어 지성을 폄량하였다. 내가 그 무식함을 개탄하여 그에게 어떤 허물이 있는지 생각하여「십유편」을 지어 깨우쳐 주고,「구잠편」을 지어 훈계하기를 손가락으로 손바닥을 가리키듯 하였다. 지혜로운 군자께서는 자세히 살펴보시고 고쳐 바로잡길 바란다. 有黃巾李仲卿 學謝管窺 智慚臆度 矜白鳥之翼 望駭嵩華 負爝火之光 爭輝日月 乃作十異九迷 貶量至聖 余慨其無識 念彼何辜 聊爲十喻曉之九箴誡之 用指諸掌 庶明達君子 詳玆而改正焉"라고 하였다. 〔참고문헌〕『開元釋敎錄』,『廣弘明集』. ⇨법림 法琳, 변정론 辯正論

이중공안 二重公案 두 번째 거듭 보인 공안. 양중공안(兩重公案)이라고도 한다.『원오어록』권16「시승수좌 示勝首座」(대정장47, p.786c22)에 "석가노자께서 다자탑전에서 (가섭에게) 자리의 반을 나누시어 이미 그 옥이 이 인을 선했고 이후에 꽃을 들어 보이셨으니, 이는 두 번 거듭한 공안이다. 釋迦老多子塔前分半座 已密授此印 爾後拈華 是第二重公案"라고 하였다. 〔참고문헌〕『圜悟語錄』,『佛果擊節錄』16칙(卍속장117, p.464a10). ⇨양중공안 兩重公案

이중둔 利中鈍 Ⓢ tīkṣṇa-madhya-mṛdu. 지혜롭거나 그 중간이거나 둔한 근기.『구사론소』권1(대정장41, p.490a19)에 "〔논〕근기에도 세 가지가 있다. 영리하거나 중간이거나 둔한 근기가 그것이다. 〈소〉지혜로운 이에게는 오온을 설한다. 오온은 간략하다. 중근에게는 십이처를 설한다. 십이처는 자세하지도 간략하지도 않기 때문이다. 둔근을 위해서는 십팔계를 설한다. 십팔계법문은 자세하기 때문이다. 論 根亦有三 謂利中鈍 爲利說蘊 蘊略故 爲中說處 處非廣略故 爲鈍說界 界門廣故"라고 하였다. 〔참고문헌〕『俱舍論疏』, 『俱舍論』 권1(대정장29, p.5b6), *Abh-k-bh.14.* ⇨ 근기 根器, 근기 根機, 온처계 蘊處界, 삼과 三科

이중복과실성 離重復過失聲 Ⓢ punaruktadoṣajahā, Ⓣ tshig-zlos-pa'i-skyon-med-pa. 육십사범음(六十四梵音) 중 하나. 여래의 음성은 다시 거듭하는 과실이 없다는 말. 『여래비밀대승경』 권7(대정장11, p.719c6)에 "여래께서 내신 음성 허공을 좇아 나왔지만, 중생이 불여래께서 지니신 음성은 입에서 나온다고 말할 뿐이다. 적혜여 마땅히 알라. 여래의 말씀은 예순네 가지 수승한 상을 갖추고 있다. 어떠한 것들이 예순네 가지인가? … 서른한 번째는 이중복과실이다. 如來所出音聲 從虛空出 但以衆生 謂佛如來所有音聲 從口門出 寂慧當知 如來語言 具有六十四種 殊妙之相 何等名爲 六十四種 … 三十一者 離重復過失"라고 하였다. 〔참고문헌〕『如來祕密大乘經』, *Mvyut.20.* ⇨ 육십사범음 六十四梵音

이중사 異衆師 다른 무리들의 스승. 외도의 스승을 말한다. 『장아함경』 권16 「나형범지경 倮形梵志經」(대정장1, p.103a17)에 "저들 다른 무리의 스승은 선하지 않은 법 거듭 탁하게 하고 어둡게 할 뿐이어서 현성의 법은 아니다. 누가 능히 감당하고 맡아서 이 법을 사라지게 하겠는가? 彼異衆師 於不善法 重濁 黑冥 非賢聖法 誰能堪任 滅此法者"라고 하였다. 〔참고문헌〕『長阿含經』. ⇨ 십팔종외도사 十八種外道師, 육사외도 六師外道

이중생계 利衆生戒 삼취정계(三聚淨戒) 중 하나. 중생을 이롭게 하는 계라는 뜻의 섭중생계(攝衆生戒)·섭리중생계(攝利衆生戒)다. 『섭대승론석론』 권7(대정장31, p.301b18)에 "이중생계는 의지해 머묾으로써 중생을 성숙시키므로 의지라고 한다. 利衆生戒 依止住故 得成熟衆生 故名依止", 『대승의장』 권10(대정장44, p.659a12)에 "섭중생계는 『십지론』에서 이중생계라고 하였다. … 불도로써 중생을 이롭게 하므로 이중생계라고도 한다. 攝生戒者 論中亦名利衆生戒 … 以道益物 是故亦名利衆生戒也", 『본업영락경소』(대정장85, p.750a7)에 "이중생계는 섭중생계다. 중생이라면 교화하지 않음이 없다. 利衆生戒者 卽攝衆生戒 無衆生而不化也"라고 하였다. 〔참고문헌〕『攝大乘論釋論』, 『大乘義章』, 『本業瓔珞經疏』. ⇨ 섭중생계 攝衆生戒, 삼취정계 三聚淨戒

이중생원 利衆生願 ❶ 중생을 이롭게 하리라는 서원. 『대승기신론약술』 권하(대정장85, p.1114c11)에 "〔논〕 '법신을 보기 때문에~열반에 든다'. 〔술〕 이것은 이타의 덕을 드러낸 것이다. 본래의 발심에 따라 중생을 이롭게 하리라고 서원하고 팔상을 드러내며 방편으로 불신을 짓는다. 팔상으로 도를 성취하는 것 모두 중생사를 지음이다. 論 以見法身至入於涅槃 述曰 此顯利他德也 隨本發心 利衆生願 能現八相 權作佛身 八相成道 作衆生事"라고 하였다. 〔참고문헌〕『大乘起信論略述』, 『大乘起信論』(대정장32, p.581a5). ⇨ 팔상성도 八相成道 ❷ 아미타불이 인위에서 발한 48원(願)을 셋으로 구분한 것 중 하나. 섭중생원(攝衆生願)이라고도 한다. 48원 중 섭불신원(攝佛身願)에 해당하는 제12원·제13원·제17원과 섭불토원(攝佛土願)에 해당하는 제31원·제32원을 제한 43원이 섭중생원이다. 『무량수경연의술문찬』 권중(대정장37, p.150c28·한불전2, p.472b12)에 "사십팔원에 대략 세 가지 뜻이 있다. 첫째, 불신을 구하는 원이다. 둘째, 불토를 구하는 원이니 제31원과 제32원이다. 셋째, 중생을 이롭게 하는 원이니 나머지 마흔세 가지다. 四十八願 略有三意 一 求佛身願也 二 求佛土願 卽三十一第三十二願也 三 利衆生願 卽餘四十三也"라고 하였다. 〔참고문헌〕『無量壽經連義述文贊』. ⇨ 섭중생원 攝衆生願, 삼원 三願❷, 사십팔원 四十八願, 구불신원 求佛身願, 구불토원 求佛土願

이중성 離重聲 Ⓢ punaruktadoṣajahā-śabha. 육십종성(六十種聲) 중 하나. 『대승장엄경론』 권6(대정장31, p.619c18 : *Sūtr.*, p.80)에 "이중성이란 헛되이 설하지 않는 뜻이다. 離重聲者 不虛說故 punaruktadoṣajahā avandhyatvāt"라고 하였다. 〔참고문헌〕『大乘莊嚴經論』, 『華嚴經疏鈔』 권51(대정장36, p.405a6), *Sūtr.* ⇨ 이중복과실성 離重複過失聲, 육십종성 六十種聲

이중암 尼衆庵 전라북도 김제시 묘고산(妙高山)에 있던 암자. 〔참고문헌〕『韓國寺刹全書』 권하 p.960a12.

이중이 異中異 다른 중에 또 다름. 『조산어록』(대정장47, p.529b18)에 "학인이 물었다. '눈이 온 산을 덮었는데 어째서 홀로 높은 저 봉우리 하얗지 않습니까?' '그렇게 다른 중에 또 다른 것 있음을 알아야 한다' '무엇이 다른 가운데 또 다른 것입니까?' '뭇 산의 색에 떨어지지 않는다'. 僧問 雪覆千山 爲甚麼孤峯不白 師曰 須知有異中異 僧云 如何是異中異 師曰 不墮諸山色", 이 공안에 대해 『굉지광록』 권5(대정장48, p.72a1)에 "굉지선사가 말했다. '이 학인 물은 곳 마치 저 새끼봉황 둥지를 떠나지만 그림자 흔적조차 남김 없음과 같고, 조산의 답 언뜻 늙은 용 뼈마저 물리고 탈진하여 이슬비 된 듯 하여, 곧바로 넉넉히 천리가 한 바람이고 시방이 일색이 되더라도 아직 납승이 몸도 목숨도 놓아버릴 곳 아니라네. 필경에 어떻게 해야 납승이 신명마저 버릴 곳인

가. 신령스런 물건 찾을 길 없고 떠받친 쟁반 바닥까지 말랐네. 師云 者僧問處 如雛鳳離巢 不留影迹 曹山答時 似老龍退骨 脫盡廉纖 直饒千里同風 十方一色 未是衲僧放身命處 畢竟作麽生 是衲僧放身命處 神物無尋處 臺盤徹底乾"라고 하였다. 〔참고문헌〕『曹山語錄』, 『宏智廣錄』.

이중인과 二重因果 ➡ 삼세인과 三世因果, 십이인연 十二因緣, 인과 因果

이중주 二中洲 사주(四洲) 각각에 속한 두 개의 중주(中洲 Ⓢ antara-dvīpa). 『구사론』 권11(대정장29, p.58a8)에 "다시 여덟 개의 중주가 있으니 대주의 권속이다. 이는 사주 옆에 각각 두 개의 중주가 있는 것을 말한다. 섬부주(Ⓢ Jambū-dvīpa) 곁 두 중주는 차말라주(Ⓢ Cāmara)와 벌라차말라주(Ⓢ Avara-cāmara)이다. 승신주(Ⓢ Pūrva-videha) 곁의 두 중주는 제하주(Ⓢ Deha)와 비제하주(Ⓢ Videha)다. 우화주(Ⓢ Apara-godānīya) 곁의 두 중주는 사체주(Ⓢ Śāṭhā)와 올달라만달리나주(Ⓢ Uttara-mantrin)다. 구로주(Ⓢ Uttara-kuru) 곁의 두 주는 구랍바주(Ⓢ Kuru)와 교랍바주(Ⓢ Kaurava)다. 이 모든 주에는 사람이 머문다. 復有八中洲 是大洲眷屬 謂四大洲側各有二中洲 贍部洲邊 二中洲者 一 遮末羅洲 二 筏羅遮末羅洲 勝身洲邊二中洲者 一 提訶洲 二 毘提訶洲 牛貨洲邊 二中洲者 一 舍搋洲 二 嗢怛羅漫怛里拏洲 俱盧洲邊 二中洲者 一 矩拉婆洲 二 憍拉婆洲 此一切洲皆人所住"라고 하였다. 〔참고문헌〕『俱舍論』, *Abh-k-bh.162.* ⇨ 팔중주 八中洲

이중중도 二重中道 두 겹으로 드러난 중도. 법상종(法相宗)의 언전중도(言詮中道)와 이언중도(離言中道)를 가리킨다. 이종중도(二種中道)라고도 한다. 언전중도는 삼성대망중도(三性對望中道)라고도 하고 언어로 표현하는 중도이며, 이언중도란 일법중도(一法中道)라고도 하는데 승의의 중도다. 『관심각몽초』 권하(대정장71, p.83b7)에 "이중중도다. 〔문〕 우리 종문(법상종)의 뜻은 무슨 뜻을 열어 중도라 하는가? 〔답〕 『대승법원의림장』에서 중도리에 이중의 뜻이 있다고 설명했다. 첫째는 언전중도이고 … 둘째는 이언중도다. 二重中道 問 我宗之意 以何義門 名中道耶 答 義林章中 明中道理 有二重義 一者 言詮中道 二者 離言中道", 『성유식론동학초』 권3(대정장66, p.429b15)에 "이에 중도에 두 가지가 있다. 첫째는 말로 연 중도이고, 둘째는 말을 떠난 중도다. 이언중도는 내증중도이고, 대망중도는 다른 이를 깨닫게 하는 것이다. 곧바로 법체를 논하면 (첫째는) 승의로 말을 여읜 비공비유이고, (둘째는) 상대하여 시설하면 삼성상대의 비공비유라고 한다. 비록 이종중도가 있지만 그 의미들은 끝내 서로 어긋나지 않는다. 爰以於中道 有二種 一 詮門中道 二 離言中道 離言中道 是內證中道 對望中道 是令他開悟 直論法體 云勝義離言 非空非有相對施設 名三性對望非空非有 雖有二種中道 其義遂不相違"라고 하였다. 〔참고문헌〕『觀心覺夢鈔』, 『成唯識論同學鈔』. ⇨ 언전중도 言詮中道, 이언중도 離言中道, 삼성대망중도 三性對望中道, 일법중도 一法中道, 중도 中道

이중지 離中知 근(根)과 경(境)이 떨어져 있어도(不至) 화합하는 지(知). 안·이·의(眼耳意)가 색·성·법(色聲法)과 만나는 경우다. 근경이 만나야(至境) 지(知)가 열리는 비·설·신(鼻舌身)과 향·미·촉(香味觸)은 합중지(合中知)다. 『법화의소』 권11(대정장34, p.615b18)에 "『대비바사론』에 이르길 '세 근은 합중지이니 비근·설근·신근을 말하며, 또 다른 세 근은 이중지이니 안근·이근·의근이다'라고 하였다. 婆沙云 三根合中知 謂 鼻 舌 身 三根 離中知 謂 眼 耳 意", 『법화경문구보정기』 권10(卍속장45, p.328a8)에 "설일체유부설을 이끌어 『구사론』에서 육근의 이와 합을 밝혔다. … 이 때문에 『구사론』 송에서 '안근·이근·의근의 경은 떨어져 있지만(不至) 나머지 셋은 이와 반대라네'라고 하였으니, 비근·설근·신근의 셋은 안근 등과 달라서 경과 접촉해야(至境) 비로소 알기 때문이다. 引薩婆多俱舍明六根離合 … 故論頌云 眼耳意根境不至 三相違 謂鼻舌身三與眼等相違 至境方知故"라고 하였다. 〔참고문헌〕『法華義疏』, 『法華經文句輔正記』, 『俱舍論』 권2(대정장29, p.11b18), *Abh-k-bh.32.* ⇨ 합중지 合中知, 육근 六根, 육경 六境, 삼사화합 三事和合

이즉 理卽 육즉(六卽) 중 하나. 여래장리(如來藏理)인 공가중(空假中) 삼제와 맞닿아 있는 뜻. 『마하지관』 권1(대정장46, p.10b15)에 "이즉이란, 일념심이 바로 여래장리이고, 여이기에 그대로 공이고, 장이기에 바로 가이며, 이이기에 곧 중이다. 삼지(一切智·道種智·一切種智) 일심중에 불가사의 갖추었다. 위에 설한 대로 삼제와 일세는 셋도 아니고 하나도 아니지만, 한 색 한 향에 일체법 구족하고 일체심 또한 이와 같다. 이를 이즉이라고 하니 곧 보리심이며, 또한 이에 즉한 지관이어서 적에 즉하면 지라 하고 비추려한 즉 관이다. 理卽者 一念心卽如來藏理 如故卽空 藏故卽假 理故卽中 三智一心中 具不可思議 如上說 三諦一諦 非三非一 一色一香 具一切法 一切心 亦復如是 是名理卽 是菩提心 亦是理卽止觀 卽寂名止 卽照名觀"라고 하였다. 〔참고문헌〕『摩訶止觀』, 40권본 『大般涅槃經』 권7(대정장12, p.407b12), 『六卽義』(卍속장100, p.805a11). ⇨ 육즉 六卽

이즉리비 離卽離非 그대로인 즉도, 아니다인 비도 여읜다는 말. 『수능엄의소주경』 권4(대정장39, p.880a2

9)에 "경전에서 '여래장에 즉한 묘명심원이어서 즉도 비도 떠났으며, 즉도 비즉도 아니다'라고 하였다. 이것은 두 가지 문이 다르지 않고 오직 일심일 뿐이라는 것에 근거한다. 진속을 모두 부정하므로 같다는 것도 떠나고 다르다는 것도 떠났다고 하였고, 진속을 모두 긍정하므로 긍정도 옳고 부정도 옳다고 한 것이다. 卽如來藏妙明心元 離卽離非 是卽非卽 此約二門不二唯是一心 雙遮眞俗 故曰離卽離非 雙照眞俗 故云是卽非卽"라고 하였다. 〔참고문헌〕『首楞嚴義疏注經』, 『楞嚴經』 권4(대정장19, p.121a25). ⇨즉비 卽非

이즉불 理卽佛 뜻으로는 일체중생이 그대로 부처라는 말. 육즉불(六卽佛) 중 하나로 이불(理佛)·소법신(素法身) 등이라고도 한다. 『아미타경소초연의』 권2(卍속장33, p.586a10)에 "이즉이란 중생 본래 갖추고 있는 불성의 이를 말하는데, 여래와 다르지 않고 차별도 없다. 그러므로 『열반경』에서 '일체중생은 모두 부처다'라고 했으니, 이것이 바로 이즉불이다. 옛말에 '움직이고 고요한 이치는 온전히 옳다 해도, 행하여 거둔 일들 온통 그르다. 그윽이 만물을 따라 구르지만 아득하고 아득하여 돌아갈 줄 모르네'라고 하였는데, 바로 이 뜻이다. 理卽者 謂衆生本具佛性之理 與如來無二無別 故涅槃云 一切衆生皆是佛 是爲理卽佛也 古云 動靜理全是 行藏事盡非 冥冥隨物轉 杳杳不知歸 是也"라고 하였다. 〔참고문헌〕『阿彌陀經疏鈔演義』, 『阿彌陀經要解便蒙鈔』 권상(卍속장91, p.880a10), 『圓覺經心鏡』 권3(卍속장93, p.1000a13). ⇨이즉 理卽, 이불 理佛, 소법신 素法身, 육즉불 六卽佛, 일체중생개유불성 一切衆生皆有佛性

이증 二證 **1** 이증(理證)과 교증(敎證). 『섭대승론석』 권1(대정장31, p.157b12)에 "앞에서 아비달마의 게로써 증을 삼았는데, 여기서는 다시 경의 게를 끌어와 증으로 삼았다. 아비달마는 이가 뛰어나고 경은 가르침이 뛰어나다. 가르침에는 반드시 이가 있어야 하고 이는 가르침에 따라야 한다. 이 둘을 일러 증이라고 한다. 이 이증을 떠나서 이를 세우는 일은 성취될 수 없다. 前引阿毘達磨偈爲證 此中更引經偈爲證 阿毘達磨 以理爲勝 經 以敎爲勝 敎必有理 理必順敎 此二名證 若離此二證 立義不成"라고 하였다. 〔참고문헌〕『攝大乘論釋』. ⇨교증 敎證**2**, 이증 理證 **2** 차제증(次第證)과 초월증(超越證). 『구사론』 권3(대정장29, p.17b8 : *Abh-k-bh.*, p.49)에 "우선 일래과가 차제증이란 세간도에 의지하고 칠근으로 얻는다. 칠근이란 의근 및 사근과 신근 등의 오근을 말한다. 출세간도에 의지하면 팔근으로 얻는다. 팔근이란 앞서 말한 칠근과 여덟 번째 이지근을 말한다. 욕탐을 갑절이나 벗어난 초월증은 저 예류과처럼 구근으로 얻는다. 且一來果 次第證者 依世間道 由七根得 謂意及捨 信等五根 依出世道 由八根得 謂卽前七根 已知根第八 倍離欲貪 超越證者 如預流果 由九根得 sakṛdāgāmiphalaṃ tāvad yady ānupūrvikaḥ prāpnoti sa ca laukikena mārgeṇa tasya saptabhir indriyaiḥ prāptiḥ. pañcabhiḥ śraddhādibhir upekṣāmanaindriyābhyāṃ ceti. atha lokottareṇa mārgeṇa tasyāṣṭabhir indriyaiḥ praptiḥ. ājñendriyam aṣṭamaṃ bhavati. atha bhūyo vītarāgaḥ prāpnoti tasya navabhir yeneva srota-āpattiphalasya"라고 하였다. 〔참고문헌〕『俱舍論』, *Abh-k-bh.* ⇨차제증 次第證, 초월증 超越證, 칠근 七根, 팔근 八根 **3** 사증(事證)과 이증(理證). ⇨사증 事證, 이증 理證

이증 理證 Ⓢyukti, Ⓣrigs-pa. 이(理)로써 증명함. 교증(敎證) 또는 사증(事證)에 상대한다. 『구사론기』 권1(대정장41, p.16a17)에 "구름·연기·티끌·안개 등은 현색(顯色)이지 형색(形色)은 아니다. 현상 뚜렷하게 드러나기에 현이라고 한다. 물질적 장애가 있고 거칠게 드러나서 접촉으로 기억해 알 수 있고, 길고 짧음 등을 일러 형(形)이라고 한다. 구름·연기·티끌·안개는 이러한 걸림의 용이 없기에 현색이지 형색이 아니다. 이것이 바로 이로써 증하는 것이다. 雲烟塵霧 是顯非形 相狀顯彰 名之爲顯 質礙麤著 因觸可憶知 長短等 說之爲形 雲烟塵霧 無此礙用 故顯非形 此卽理證"라고 하였다. 〔참고문헌〕『俱舍論記』, *Abh-k-bh.333.* ⇨교증 敎證**2**, 사증 事證, 형색 形色, 현색 顯色

이증보살 二增菩薩 지혜가 먼저인 지증보살(智增菩薩)과 자비가 넘치는 비증보살(悲增菩薩). 『수능엄의소주경』 권6(대정장39, p.912a24)에 "보살에 두 부류가 있다. 하나는 지증으로 먼저 불과를 취한 다음 중생을 제도한다. 다른 하나는 비증으로 중생을 제도하려는 마음이 간절하기에 일부러 뜻을 내어 혹에 머무르며 삼계를 기름지게 한다. 지금의 원은 자신 제도하지 못하더라도 중생은 건지겠다는 것인즉 비증이다. 菩薩有二類 一智增 先取佛果 後度衆生 二 悲增 度生心切 故意留惑 潤生三界 今願未度 而度衆生 卽悲增也", 『기신론소필삭기』 권12(대정장44, p.361b20)에 "이 보살이 지전에 있을 때는 이공관으로써 지장과 번뇌장을 쌍으로 조복시키고 분별하여 견도위에 이르면 종자와 현행을 함께 끊는다. 이 위를 좇아 감에 지증보살이라면 바로 번뇌현행을 조복시키다가 불지에 이르러야 비로소 다 끊지만, 만일 비증보살이라면 고의로 끝내 8지에 이르러 현행이 비로소 조복하지만, 번뇌혹에 머물러 원력의 도움으로 중생을 벗삼아 이롭게 한다. 此菩薩 在地前時 以二空觀 雙伏二障 分別至見道位 種現俱斷 從此位去 若智增者 便伏煩惱現行 至佛方斷 若悲增者 故意令生 極至八地 現行方伏

留隨眠惑 以助願力 化利衆生"라고 하였다. 〔참고문헌〕『首楞嚴義疏注經』, 『起信論疏筆削記』. ⇨지증보살 智增菩薩, 비증보살 悲增菩薩, 지증비증보살 智增悲增菩薩

이증애삼마지 離憎愛三摩地 Ⓢanurodha-apratirodha-samādhi, Ⓣ'thun-pa dang-'gal-ba med-pa zhes-bya-ba'i ting-nge-'dzin. 미움도 애착도 떠나는 삼마지. 백팔삼매 중 하나로 멸증애삼매(滅憎愛三昧)라고도 한다. 『대반야경』 권414(대정장7, p.77a23)에 "무엇이 이증애삼마지인가? 이 삼마지에 머물 때 모든 등지와 일체법에 대해 싫어하거나 애착하는 상을 전혀 보지 않는다. 그러므로 이증애삼마지라고 한다. 云何名爲離憎愛三摩地 謂若住此三摩地時 於諸等持 及一切法都不見有憎愛之相 是故名爲離憎愛三摩地"라고 하였다. 〔참고문헌〕『大般若經』, *Mvyut.21.* ⇨멸증애삼매 滅憎愛三昧, 백팔삼매 百八三昧

이지 二地 두 가지 지. 전거에 따라 많은 예가 있다. 『법화경』 권3 「화성유품 化城喩品」(대정장9, p.26a17)에 "부처님께서 그들의 마음이 겁약하열함을 아시고 방편의 힘으로 중도에서 그쳐 쉬게 하고자 두 가지 열반을 설하셨다. 만일 중생이 두 지에 머물면 여래께서는 그때서야 문득 위해서 말씀하신다. 佛知是心 怯弱下劣 以方便力 而於中道 爲止息故 說二涅槃 若衆生住於二地 如來爾時 卽便爲說", 『잡아비담심론』 권6(대정장28, p.923c6)에 "두 가지 지란 욕계와 초선이다. 二地者 欲界及初禪"라고 하였고, 『유마경약소수유기』 권10(대정장38, p.839a9)에서는 이승지(二乘地)를 말한다. 〔참고문헌〕『法華經』, 『雜阿毘曇心論』, 『維摩經略疏垂裕記』.

이지 二持 두 가지로 가짐. 그쳐서 가지는 지지계(止持戒)와 지어서 가지는 작지계(作持戒)를 말한다. 지작이지(止作二持)·지작(止作)이라고도 한다. 『사분율행사초』 권중(대정장40, p.91a17)에 "먼저 두 가지로 계 가짐을 푼다. 그쳐서 가진다는 것은, 방편으로 바르게 생각하여 본래 받은 계를 보호한다. 몸과 입을 방비하여 악업들을 짓지 않음을 일러 지(止)라 하니, 그쳐서 어김이 없다. 계체의 빛 순결하니 본래 받은 계를 순함을 일러 지(持)라고 하지만, 가지는 것도 그쳐서 성취하기에 지지계라 부르는데, 저 오편 중 첫 번째 류다. 둘째로 작지를 밝힌다. 악 이미 떠났으면 선 닦는 일을 해야 하는데, 반드시 삼업을 책려하여 계행을 수습하고 선업을 북돋고 보호한다. 이를 두고 작(作)이라 한다. 지(持)에 대한 풀이는 앞에서와 같다. 先解二持 言止持者 方便正念 護本所受 禁防身口 不造諸惡 目之曰止 止而無違 戒體光潔 順本所受 稱之曰持 持由止成 號止持戒 如初篇之類 二明作持 惡旣已離 事須修善 必以策勤三業 修習戒行有善起護 名之爲作 持如前解"라고 하였다. 〔참고문헌〕『四分律行事鈔』. ⇨지지계 止持戒, 작지계 作持戒, 오편칠취 五篇七聚, 계 戒

이지 二智 ❶일체지(一切智 Ⓢsarvajña)와 일체종지(一切種智 Ⓢsarvākāra-jñāna). 제법의 공상(共相)인 고·공·무아(苦空無我)를 아는 지와 제법의 차별상을 아는 지를 말한다. 『대지도론』 권27(대정장25, p.259a6)에 "일체지란 저 태어남이 고통이라고 설하는 것이고, 일체종지란 저 갖가지 중생이 곳곳에서 생을 받는다고 설하는 것이다. 一切智者 如說生苦 一切種智者 如說種種衆生處處受生"라고 하였다. 〔참고문헌〕『大智度論』, *Bodh-bh.279.* ⇨일체지 一切智, 일체종지 一切種智 ❷실지(實智)와 방편지(方便智). 『승만보굴』 권중(대정장37, p.28c20)에 "이러한 두 가지 지는 경론에서 네 가지로 다르게 분별한다. 첫째, 경에 따라 다르다. 진제를 비추면 실지라 하고 속제를 비추면 방편지라 한다. 둘째, 행에 따라 나눈다. 이제를 비추면 실지라 하고, 근기에 따라 타인을 이롭게 하는 것을 방편지라 한다. 셋째, 체를 실지라 하고 용을 방편지라 한다. 넷째, 닦음을 잡아 다름을 가리니 수행이 성취되지 못하면 방편이라 하고 수행이 만족되면 실지라 한다. 此二智經論中辨異有四 一約境分異 所謂照眞諦名實智 照俗諦名方便智 二約行分異 照二諦名實智 隨機宜利益他者名方便智 三體名實智 用名方便智 四約修辨異 修未成就名方便 修成滿足名實智"라고 하였다. 〔참고문헌〕『勝鬘寶窟』. ⇨실지 實智, 방편지 方便智, 권실이지 權實二智 ❸근본지(根本智 Ⓢmūla-jñāna)와 후득지(後得智 Ⓢpṛṣṭhalabdha-jñāna). 『섭대승론석론』 권6(대정장31, p.297b17)에 "만약 무분별지로 장애를 없애고 불법을 낳는다면 후득지가 다시 무슨 소용이 있는가? 무분별지로는 능히 저 인과법을 설명할 수 없다. 왜 그러한가? 분별이 없기 때문이다. 그러므로 후득지를 기다려서 저 인과법을 설한다. 若無分別智滅障礙出生佛法者 此後得智復何所用 無分別智不能說彼因果法 何以故 無分別故 是故須後得智 說彼因果法"라고 하였다. 〔참고문헌〕『攝大乘論釋論』, *Mah-saṃ.67.* ⇨근본지 根本智, 후득지 後得智 ❹진지(盡智 Ⓢkṣaya-jñāna)와 무생지(無生智 Ⓢanutpāda-jñāna). 『구사론』 권26(대정장29, p.135a23 : *Abh-k-bh.*, p.394)에 "무엇이 진지인가? 무학위를 말한다. 만약 바르게 스스로 알아 '나 이미 괴로움을 알았다. 나 이미 집을 끊었다. 나 이미 적멸을 증했다. 나 이미 수도했다'고 하면 이로써 생긴 지견명각과 해혜광관을 진지라고 한다. 무생지는 무엇인가? 바로 '나 이미 고를 알았고 더 알 것이 없다' 내지는 '나는 수도하였고 더 닦을 것이 없다'고 스스로 바로 아는 것을 말한다. 이로부터 생긴 것을 무생지라고 한다. 云何盡智 謂無學

位 若正自知我已知苦 我已斷集 我已證滅 我已修道 由此所有智見明覺解慧光觀是名盡智 云何無生智 謂正自知我已知苦不應更知 廣說乃至 我已修道不應更修 由此所有廣說乃至 是名無生智 kṣayajñānaṃ katamat. duḥkham me parijñātam iti jānāti. samudayaḥ prahīṇo nirodhaḥ sākṣātkṛto mārgo bhāvita iti jānāti. tad upādāya yat jñānaṃ darśanaṃ vidyā buddhir bodhiḥ prajñā āloko 'bhisamayam idam ucyate kṣayajñānam. anutpādajñānaṃ katamat. duḥkham me parijñātaṃ na punaḥ parijñeyam iti jānāti yāvat mārgo bhāvito na punar bhāvayitavya iti. tad upādāyeti vistareṇoktaṃ śāstre"라고 하였다. [참고문헌]『俱舍論』, *Abh-k-bh.* ⇨진지 盡智, 무생지 無生智 **5** 여리지(如理智)와 여량지(如量智). 초지보살이 얻는다. 『불성론』 권3(대정장31, p.802a25)에 "저 『승만경』에서 설하길 '세존이여! 선심은 념념이 멸하여 머물지 않습니다. 온갖 번뇌는 마음을 물들이지 못하니 악심 또한 찰나로 멸하여 온갖 번뇌 역시 물들이지 못합니다. 세존이시여! 번뇌는 마음에 닿을 수 없고 마음 또한 번뇌에 닿지 않습니다. 닿음 없는 법인데 어떻게 염심이 있을 수 있겠습니까?'라고 하였다. 이와 같이 아는 것을 여리지라 한다. 여량지란, 일체경계를 끝내 알아 마치는 것을 여량지라 한다. 만약 일체중생을 보되 경 그대로의 지와 어긋나면 생사이고, 경 그대로의 지를 붙들고 따르면 열반을 증득한다. 일체여래법은 이러한 뜻으로 여량이라고 한다. 초지에 이른 보살은 이러한 두 가지 지를 얻는다. 如勝鬘經說 世尊 善心念念滅不住 諸惑不能染 惡心念念滅 諸惑亦不染 世尊 煩惱不觸心 心不觸煩惱 云何無觸法 而能得染心 如此而知 名如理智 如量智者 究竟窮知一切境名如量智 若見一切衆生 乖如境智 則成生死 若扶從境智 則得涅槃 一切如來法 以是義故 名爲如量 至初地菩薩 得此二智"라고 하였다. [참고문헌]『佛性論』. ⇨여리지 如理智, 여량지 如量智

이지 以至 ~에 이르도록. ~조차도. 내지(乃至)와 같이 쓴다. 40권본 『화엄경』 권12(대정장10, p.714c23)에 "예업이라는 말은 어린 아이부터 아울러 장년에 이르도록 각각 그 세대에 맞게 그 일을 익혀 배운 것이다. 言藝業者 並從髫齔 以至壯年 各於其倫 習學其事", 『대아미타경』 권상 「연연역도분 蜎蠕亦度分」(대정장12, p.331a22)에 "무앙수 모든 하늘과 사람부터 날고 꿈틀대는 벌레류에 이르기까지 모두 교화하여 해탈의 길로 건너가지 못하는 중생은 없었다. 教化無央數諸天人民 以至蜎飛蠕動之類 莫不得過度解脫者"라고 하였다. [참고문헌]『華嚴經』, 『大阿彌陀經』. ⇨내지 乃至 **1**

이지 利智 뛰어난 지혜. 『대지도론』 권24(대정장25, p.238c27)에 "중생의 상하근을 아는 지력이란, 부처님께서는 중생이 이근인지 둔근인지 중근인지를 아시고, 이지를 상근이라 하시며 둔지를 하근이라 하신다. 부처님께서는 상하근지력으로 일체중생이 이근인지 중근인지 둔근인지를 분별하신다. 知衆生上下根智力者 佛知衆生是利根 鈍根 中根 利智名爲上 鈍智名爲下 佛用是上下根智力 分別 一切衆生是利根 是中根 是鈍根", 『바수밀소집론』 권8(대정장28, p.790c19)에 "이지와 무애지에는 어떤 차별이 있는가? [답] 모든 번뇌를 끊은 것이 '이지'이고, 사성제를 분별하는 것이 무애지이다. 利智無礙智 有何差別 答曰 斷諸結爲利智 分別諦爲無礙智", 『대반열반경의기』 권9(대정장37, p.847a29)에 "이에 속히 드는 지혜를 이지라고 하며, 사실을 속히 아는 지혜를 질지라 하고, 장애를 끊어 자재한 지혜를 해탈지라고 하며, 이를 끝내 비추는 지혜를 심심지라 하고, 세상의 뜻에 널리 통하는 지를 광지라고 하며, 바다처럼 넓고 깊은 부처님의 가르침을 다한 지를 무승지라 한다. 於理速入 名爲利智 於事速解 說爲疾智 斷障自在 名解脫智 於理窮照 名甚深智 世義博通 稱曰廣智 窮佛教海 名無勝智"라고 하였다. [참고문헌]『大智度論』, 『婆須蜜所集論』, 『大般涅槃經義記』. ⇨우둔 愚鈍, 이근 利根

이지 李贄 1527~1602. 명대 사상가. 자는 탁오(卓吾). 진강(晉江 : 福建省 廈門) 출신. 만력년간(1573~1620) 초기에 요안(姚安 : 雲南省)의 지부(知府)를 맡았다. 유학과 불교 사이를 오가면서 공종(空宗)에 귀의하였다. 일찍이 왕용계(王龍谿)·나근계(羅近谿) 등과 논란을 벌이며 세속 유가들의 위선을 들추고 본심을 밝히기도 하였고, 도안에 있던 시절에는 불교 인사들과 교유하며 항상 가람에 머물며 공사를 보았다. 그 뒤에 계족산(鷄足山)에 들어가 대장경을 열람하며 나오지 않다가 언관(言官)이 죄상을 따져서 마침내 해임되었다. 황안(黃安)·마성(麻城)에서 안거하던 기간에 삭발하고 가사를 입은 모습으로 법좌에 올라 설법하였다. 당시 일시에 바람이 불어 귀의한 신도가 매우 많았다. 후에 북쪽으로 통주(通州)에 유행하다가 장문달(張問達)에게 심문을 받고 공자를 모욕했다는 죄목으로 하옥을 명하였지만 따르지 않고 자결하였다. 저서에 『장서 藏書』·『구정역인 九正易因』 등이 있다. 독암도연(獨菴道衍 : 姚廣孝)이 지은 『도여록 道餘錄』을 교열하기도 하였다. [참고문헌]『明史』 권221, 『明史稿』 권284.

이지 理地 이가 구현된 경지. 실제이지(實際理地)와 통한다. 『경덕전등록』 권28 「분주대달무업국사어 汾州大達無業國師語」(대정장51, p.444c16)에 "만약 마음의 번뇌를 다하지 못하면 이지 밝힐 수 없다. 한갓되이 늙어 죽음에 이르고 이룬 것 없이 헛되이 세월만 보낸다. 致使心漏不盡 理地不明 空到老死 無成虛延歲月"라고 하였다. [참고문헌] 『景德傳燈錄』. ⇨ 실제이지 實際理地

이지 理智 **1** 이와 지. 이(理)는 체(體)로 적연(寂然)한 뜻이고 지(智)는 용(用)의 뜻으로 불일불이(不一不二)로 어울려 떨어질 수 없다. 『화엄경소』 권23(대정장35, p.671c12)에 "둘은 이미 둘이 아니니 이와 지가 두렷이 어울려 오로지 하나의 걸림이 없는 법계의 몸이 있을 뿐이다. 二既不二 理智圓融 唯一無礙 法界之身", 같은 책 권55(대정장35, p.918a27)에 "행과 해가 둘이 아니고 지와 더불어 이가 그윽이 어울리니, 그대로 이와 지는 둘이 아니다. 行解不二 智與理冥 則理智無二", 『조론신소』 권하(대정장45, p.241b19)에 "이와 지가 그윽이 만나니 둘이면서 둘이 아니어서 제대로 헤아려 비로소 밝음이 사람에게 이르고, 지혜로 이에 들어가니 또한 고요히 그러함마저 그윽이 통한다. 以明理智冥符 二而不二 以爲定量 方明至人 以智契理 亦寂然冥通", 『석마하연론』 권1(대정장32, p.596a11)에 "이와 지가 어울려 통하고 능소가 한 맛으로 평등 평등하니 다투고 논할 여지가 없기 때문이다. 理智和通 能所一味 平等平等 無諍論故", 『선문사자승습도』(卍속장110, p.874a2)에 "마침내 깨우칠 때를 잡아 이지라 한다〈이는 고요함(체)이고, 지는 앎(용)이다〉. 約了悟時 名爲理智〈理卽寂也 智卽知也〉", 『도서』 권하1(대정장48, p.406b5)에 "공종에서는 분별을 지(知)라 하고 무분별은 지(智)라 구분하니, 지(智)는 깊고 지(知)는 얕다. 성종은 성스런 이의 뛰어난 혜를 지(智)라 하고, 이와 지를 꾸림으로써 범성에 모두 통하는 영성을 지(知)라 하니, 지(知)는 통이고 지(智)는 국이다. 空宗 以分別爲知 無分別爲智 智深知淺 性宗 以能證聖理之妙慧 爲智 以該於理智 通於凡聖之靈性 爲知 知通智局"라고 하였다. [참고문헌] 『華嚴經疏』, 『肇論新疏』, 『釋摩訶衍論』, 『禪門師資承襲圖』, 『都序』. ⇨ 이지불이 理智不二 **2** 유루의 모든 지인 사지(事智)와 대칭하는 무루(無漏)의 모든 지. ⇨ 무루지 無漏智, 사지 事智**1**

이지근 已知根 Ⓢ ājñendriya, ājñā-indriya. 삼무루근(三無漏根 : 三根) 또는 이십이근(二十二根) 중 하나. 지근(知根)이라고도 한다. 수도위(修道位) 또는 견도위(見道位)로서 제16심찰나부터 무루지(無漏智)가 일어나게 하는 근으로서 의근(意根)·낙근(樂根)·희근(喜根)·사근(捨根)·신근(信根)·근근(勤根)·염근(念根)·정근(定根)·혜근(慧根)의 아홉 가지를 말한다. 이미 사성제(四聖諦)를 현관해 알아 마쳤다는 의미에서 '이지'라고 하는데, 수도소단(修道所斷)의 수면을 끊는 증상이 있다. 『구사론』 권3(대정장29, p.14c28)에 "근들을 다 세운다. 의근·낙근·희근·사근 그리고 신근 등의 다섯 가지 근을 합한 구근이 세 가지 도에 있기에 그 차제로 삼무루근을 건립하니 … 수도에 있어서는 이러한 아홉 가지 근에 의지해 이지근을 세운다. … 가령 수도에서는 일찍이 알지 못했던 바는 없지만, 나머지 수면은 끊어 없애기에 곧 그러한 경에 대해서는 거듭 명료하게 안다. 따라서 그것을 이지라고 부르는 것이다. … 미지근은 무간도에 있고 이지근은 해탈도에 있으니, 이 두 가지가 서로 도와 (사문의) 최초과를 얻게 된다. … 이지근은 무간도에 있고 구지근은 해탈도에 있으니, 이 두 가지가 서로 도와 최후과를 얻는다. 이와 같이 차제로 이계득에 있어서 인인과 의인이 된다. … 다음의 무루근(이지근)은 (수도위를 제한) 일체이생·견도·무학위에서는 결코 성취되지 않는다. … 만약 이지근을 성취하면 반드시 열한 가지 근을 성취하니, 열 가지 근(명근·의근·낙근·희근·사근과 여기에 신근 등 다섯 가지 근을 합한 것)은 위와 같고 아울러 이지근이 그것이다. 故總立根 意樂喜捨信等五根 如是九根在於三道 如次建立三無漏根 … 若在修道卽依此九立已知根 … 若在修道無未曾知 但爲斷除餘隨眠故 卽於彼境復數了知 是故說彼名爲已知 … 未知根在無間道 已知根在解脫道 此二相資得最初果 … 已知根在無間道 具知根在解脫道 此二相資得最後果 如其次第 於離繫得能爲引因依因性故 … 次無漏根一切異生見道無學定不成就 … 若成已知根亦定成十一 十根如上及已知根", 『유가사지론』 권28(대정장30, p.436b23)에 "만약 모든 제에 있어 이미 현관을 얻어 유학위에 머문다면, 이에 의지해 이지근을 건립한다. 若於諸諦已得現觀而居有學 依此建立已知根", 『성유식론』 권7(대정장31, p.41a28)에 "견도의 최후찰나에서 금강유정까지 모든 신 등의 무루의 아홉 근이 바로 이지근의 자성이다. 始從見道最後刹那乃至金剛喩定所有信等無漏九根 皆是已知根性", 『대승아비달마잡집론』 권10(대정장31, p.741c24)에 "'이지근이란 제16견도심찰나 이상에서 모든 유학도가 소유한 모든 근들이다' 이것이 이지근의 체다. 왜 그러한가? 앞의 열 가지 근의 제16견도심찰나에서 금강유정에 이르기까지의 이와 같은 유학도 중에서 알아야 할 경에 대해 일찍이 알지 못한 바가 없기 때문에 이지근이라 한다. 已知根者 從第十六見道心刹那已上 於一切有學道中所有諸根 是已知根體 所以者何 卽前十根從第十六見道心刹那 乃至金剛喩定 於如是有學道中 未有所應知境 曾所不知故 名已知根"라고 하였다. [참고문헌] 『俱舍論』, 『瑜伽師地論』, 『成唯識論』, 『大乘阿毘達磨雜集論』, *Abh-s.76.*, *Abh-s-bh.91.* ⇨ 무루근 無漏根, 삼근 三根**3**, 삼무루근 三無漏根, 이십이근 二十二根, 미지당지근 未知當知根, 구지근 具知根, 견도 見道**1**, 수도 修道

이지란 李之蘭 1331~1402. 고려말 조선초 무신. 여진(女眞) 출신으로 본국의 성은 퉁(佟)씨, 본국의 이름은 쿠룬투란티무르(古倫豆蘭帖木兒 : 줄여서 퉁두란), 자는 식형(式馨), 시호는 양렬(襄烈), 본관은 청해(靑海). 여진의 금패천호(金牌千戶) 아라부카(阿羅不花)의 아들이며, 부인은 혜안택주(惠安宅主) 윤(尹)씨로 태조 이성계(李成桂)의 조카딸인 곡산(谷山) 강(康)씨이다. 원(元)나라 말기에 부하를 이끌고 투항하여 함경도 북청(北靑)에 있다가, 공민왕(재위 1351~1374) 때 이성계의 휘하에 들어가 크게 전공을 세우고 이후 조선의 개국공신이 되었다. 이어 정사좌명공신(定社佐命功臣)이 되었으며, 조선의 입장에서 명나라를 도와 건주위(建州衛)를 정벌하고 청해백(靑海伯)에 봉해졌다. 『조선불교통사』 권하 p.546에 따르면 "개국초에 이성계가 그를 개국공신으로 책봉하고 철권(鐵券 : 金泥로 공적을 새긴 패)을 하사하였으나, 지란은 병을 핑계로 나오지 아니하고 벼슬에서 물러날 것을 간청하며, '신이 폐하를 만나 크나큰 은총을 입었으나 사명을 욕되게 하였을 뿐 아니라, 남정과 북벌 때 함부로 살생함이 많았습니다. 철권까지 하사하려는 은총은 비록 망극하오나, 지옥의 과보가 참으로 두렵사오니 간절히 바라건대, 모든 것을 떠나 스님이 되어 수도함으로써 지옥의 과보를 면하려 합니다'라고 상소하였다. 바로 그날 입산출가하였으므로 태종이 여러 차례 불렀으나 삭발하고 끝내 응하지 않았다. … 향수 72세를 일기로 세상을 떠나니, 유언에 따라 화장하고 부도를 세웠다. 명나라 숭정 병자년(1636·인조14) 가을 태풍이 불면서 요란하게 천둥이 울리더니 부도가 스스로 갈라졌다. 근처 사람들이 깜짝 놀라 가서 보니, 부도 내면(內面) 바닥의 석회에 '금나라 군사가 온다. 金來'라는 두 글자가 드러났다. 과연 그 해 겨울 금나라 군사들이 쳐들어오니, 그 사실을 들은 사람들은 신기하게 여겼다. 初策功臣 賜鐵券 之蘭 稱疾不出 上疏乞骸曰 臣遭遇聖明 誤忝司命 南征北伐 濫殺甚多 鐵券之寵 雖極 地獄之禍 可懼 伏願 祝髮爲僧 以免冥報 卽日 上寺被剃 謝絶家事 太宗 屢召不來 乃斷髮 以示不可用 … 年七十二卒 遺命火葬 立浮圖 明 崇禎丙子秋 大風雷 浮圖自開 邑人 驚往視之 則石灰中 有金來二字 是冬 金人果來 聞者神之"라고 하였다. 〔참고문헌〕『朝鮮佛教通史』, 『太宗實錄』 권3 2년 4월 9일.

이지명합 理智冥合 진여의 이와 그에 대한 지가 그윽이 합함. 『화엄경행원품소초』 권1(卍속장7, p.811a6)에 "'별처럼 늘어선 법신 그림자 마음의 물에 떨어진다'란, 앞의 이와 지가 그윽이 합함을 말미암기에 일체제법이 법신 아님 없음을 얻고, 시방세계중생에게 보리심 발함 있으니 심식이 깨끗하면 응하여 나타나 법을 설하지 않음이 없다. 저 가을 하늘 공하고 맑아 성신이 줄지어 늘어섬과 같다. 星羅法身影落心水者 由前理智冥合故 得一切諸法 無非法身 十方世界衆生 有發菩提心 心識淨者 無不應現而爲說法 如秋天空朗 羅列星辰", 『금강경찬요간정기』 권3(대정장33, p.194c8)에 "이와 지가 그윽이 합하니 능소가 다르지 않다. 마치 구슬과 그 빛이 서로 떨어질 수 없음과 같다. 理智冥合 能所不殊 如珠與光 不相捨離"라고 하였다. 〔참고문헌〕『金剛經纂要刊定記』. ⇨ 이지 理智[1], 진여 眞如, 법신 法身

이지모자 膩脂帽子 기름때로 더러워진 모자. 직지모자(膱脂帽子)라고도 한다. 번뇌를 비유하는 말이다. 『오가정종찬』 권2(卍속장135, p.948b16)에 "곧바로 넉넉히 기름때 낀 모자를 벗고 악취나는 저고리를 벗어버렸다 하더라도 보은문 향해서는 참으로 방망이 맞을 만하다. 直饒拈却膩脂帽子 脫却𦡄臭布衫 向報恩門下正好喫棒", 『증도가주』(卍속장111, p.368b9)에 "견성한 사람은 잠겨 두고 은근히 쓰니 번뇌와 무명에 뒤덮힐 일 없다. 그러므로 때묻은 옷을 벗는다고 하였다. 고덕께서 '기름때 묻은 모자와 냄새나는 저고리를 벗고 속박을 풀고 가시숲을 벗어나 대자유를 얻는다'고 한 것이 그것이다. 見性之人 潛藏密用 不爲塵勞無明盖覆 故云解垢衣也 古德云 卸却膩脂帽子 脫却骨臭布衫 擺手出荊棘林 得大自在也"고 하였다. 〔참고문헌〕『五家正宗贊』, 『證道歌註』.

이지무 李之茂 고려 제18대 의종(毅宗 재위 1146~1170) 때 문신(文臣)이며 필가(筆家). 문장에 뛰어나 1172년(명종2) 왕명에 의해 산청 단속사(斷俗寺)에 세운 대감국사(大鑑國師) 탄연(坦然)의 비문을 지었다. 이후 비는 유실되었고, 그 필사본(筆寫本)이 문경 김룡사(金龍寺)에 전하다가 『조선금석총람』에 수록됨으로써 빛을 보게 되었다. 〔참고문헌〕『朝鮮金石總覽』 권상 p.113, 『海東金石苑』 권상(亞細亞文化社, 1976) p.477, 李智冠 『校勘譯註歷代高僧碑文』 高麗篇3 p.398.

이지무애체 理智無礙體 이(理)와 지(智)가 걸림이 없는 바탕. 반야(般若)라는 한 법(一法)을 실상(實相)과 관조(觀照)로 나눈 뜻이다. 『인왕경과소현담』(卍속장94, p.888b9)에 "이지가 걸림 없는 체란, 반야라는 한 법에서 능소를 달리하면 실상은 이(소)고 관조는 지(능)다. 그러나 지 그대로 이이기에 관조로 실상이 온전히 드러나고, 이 그대로 지이기에 실상에서 본유를 관조한다. 그러므로 이와 지가 걸림이 없는 반야로써 마음과 경이 평등하여 그 성이 공함을 관한다. 理智無礙體者 謂般若一法 約能所別 實相卽理 觀照卽智 智卽理故 觀照而實相全彰 理卽智故 實相而觀照本有 故以理智無礙之般若觀心境平等之性空"라고 하였다. 〔참고문헌〕『仁王經科疏懸談』. ⇨ 이지 理智[1], 반야 般若[1]

이지불이 理智不二 이와 지의 둘이 아닌 뜻. 이와 지는 한 몸의 두 뜻이어서 체와 용으로, 법신과 보신으로 이름을 바꾼다. 『관음현의기』 권4(대정장34, p.919a6)에 "지금의 신령한 지로 이미 권과 실을 알았으니, 이와 지가 둘이 아님을 증명하겠다. 이와 지라는 두 이름은 단지 이름일 뿐 하나의 몸이다. 그것 마치 하나의 물과 같다. 사람이 오른쪽에 있으면 물은 저절로 왼쪽에 있게 되고, 사람이 왼쪽에 있으면 물은 오른쪽에 있게 된다. 왼쪽과 오른쪽이라는 이름이 다를 뿐 물은 처음부터 끝까지 달라진 적이 없다. 今之靈智 旣知權實 驗理智不二 理智二名 只名一體 其猶一物 人若在右 物則成左 人若在左 物則成右 左右名異 物未始殊", 『화엄경소』 권3(대정장35, p.526a21)에 "이가 아니면 지일 수 없다. 이 밖에 지가 없고 지가 아니면 이가 드러나지 못하므로 지 밖에 이는 없다. 곧 이와 지가 둘이 아니니 지를 거두어 이를 따르기도 하며, 체를 벗어나서는 용도 없으니 용을 거두어 체로 돌아간다. 非理不智故 理外無智 非智不理故 智外無理 則理智不二 亦攝智從理 離體無用 攝用歸體", 『기신론소필삭기』 권4(대정장44, p.315c17)에 "법신은 바로 이이고 보신은 그대로 지다. 이와 지가 둘이 아니니 보신도 두루 어디에나 있고, 법신과 보신은 체이고 응신은 용이니 체 그대로의 용이기에 응신 또한 두루 어디에나 있다. 法身是理 報身是智 理智不二 報身亦遍 法報是體 應身是用 卽體之用 應身亦遍"라고 하였다. 〔참고문헌〕『觀音玄義記』, 『華嚴經疏』, 『起信論疏筆削記』. ⇨이지 理智[1], 이지상응 理智相應, 삼신 三身, 사신 四身, 법신 法身, 보신 報身

이지불일불이 二智不一不異 실지(實智)와 방편지(方便智)가 하나도 아니지만 다르지도 않음. 『인왕경』 권하(대정장8, p.831c10)에 "이와 같다, 선남자야! 이 초각지는 유무상에 대해 둘이 아니라고 여기니, 이는 실지의 비춤이어서 공용으로는 (외도처럼) 증도 아니고 (범부처럼 생사에) 빠짐도 아니며, (이승인처럼) 벗어남도 아니고 (地前 보살처럼 初地에) 이른 것도 아니어서 이는 방편으로 본 것이다. 비유하면 물과 파도가 하나도 아니고 다르지도 않은 것과 같다. 如是 善男子 是初覺智 於有無相而不二 是實智照 功用 不證不沈 不出不到 是方便觀 譬如 水之與波 不一不異", 원측(圓測)의 『인왕경소』 권하(대정장33, p.418b19·한불전1, p.108c5)에 "〔경〕 비유하면 저 물과 파도가 하나도 아니고 다르지도 않은 것과 같다. 〔석〕 이하는 두 번째로 비유를 들어 같지도 다르지도 않음을 드러낸다. 문은 따로 둘이다. 처음에는 '이지의 불일불이'를 밝히고 뒤에는 유별로 제행 또한 밝히니, 그 바탕이 같지도 다르지도 않음을 나타낸다. 즉 위의 두 가지 지혜는 동일 찰나에 두 가지로 용이 다르기에 하나가 아니고, 동일하게 혜이므로 다르지 않다. 비유하면 물과 파도는 체상으로 달라 하나일 수 없지만, 파도 그대로 물이기에 다르지 않은 것과 같다. 經 譬如 水之與波 不一不異 釋曰 自下第二 擧喩 顯非一異 文別有二 初明二智不一不異 後類顯諸行亦體非一異 謂上二智 同一刹那 二用別故 不一 同一慧故 不異 譬如 水之波 體相別故 不一 波卽水故 不異"라고 하였다. 〔참고문헌〕『仁王經』, 『仁王經疏』. ⇨실지 實智, 방편지 方便智, 지 智

이지삼의 二智三義 두 가지 지의 세 가지 뜻. 여리지(如理智)와 여량지(如量智)에 있어서의 대치(對治)와 경계(境界)와 과(果)를 말한다. 『섭대승론석』 권9(대정장31, p.217b11)에 "〔논〕 능히 진상을 연한다. 〔석〕 진여를 연하는 것이니, 바로 여리지다. 〔논〕 그 품류에 따른다. 〔석〕 품류에 두 가지가 있으니 유위와 무위, 그리고 명 등의 오섭을 말한다. 이러한 법을 아는 것이 곧 여량지다. 論曰 能緣眞相 釋曰 謂緣眞如 卽如理智 論曰 隨其品類 釋曰 品類有二種 謂有爲無爲 及名等五攝 若知此法 卽如量智", "〔논〕 일체법을 알기에 야(若 Ⓢjña)라고 한다. 〔석〕 진여상과 품류를 일체법이라고 한다. 여리지를 반야라고 하며, 여량지는 반야과고 또한 이름이 반야다. 이 두 지는 세 가지 뜻으로 드러난다. 첫째는 대치이니 곧 두 가지 장애이고, 둘째는 경계이니 곧 진상이며, 셋째는 과이니 곧 여량지다. 이런 뜻을 갖추었기에 반라야(Ⓢprajñā)라고 한다. 論曰 知一切法故稱若 釋曰 眞如相及品類 名一切法 如理智名般若 如量智是般若果 亦名般若 此二智爲三義所顯 一 對治 卽二障 二 境界 卽眞相 三 果 卽如量智 由具此義故 稱般羅若"라고 하였다. 〔참고문헌〕『攝大乘論釋』. ⇨여리지 如理智, 여량지 如量智, 반야 般若

이지상 李志常 1193~1256. 원대 도사. 자는 호연(浩然), 낙주(洛州 : 河南省 永年) 출신. 도교의 일파인 전진교(全眞敎)의 제7조. 제5조 장춘진인(長春眞人) 구처기(丘處機 1148~1227)의 제자. 윤지평(尹志平)을 이어 전진교단을 6년간 이끌며 적극적으로 교세 확장을 꾀하면서 불교와 첨예하게 반목하고 대립하였다. 『불조역대통재』 권21(대정장49, p.710a17)·『변위록』 「서문 序文」(대정장52, p.751a15) 등에 따르면, 이지상은 원나라 황실의 후원에 힘입어 구처기 등과 함께 불상·백옥관음상·사리보탑 등을 훼손해가며 사찰 482개소를 무단으로 점유하여 도관으로 바꾸었고, 심지어 서경(西京)의 공자묘(孔子廟)까지 도관으로 개조하였다. 또 『노자화호경 老子化胡經』과 『노자팔십일화도 老子八十一化圖』 등을 간행유포하였다. 이에 반발한 소림사(少林寺)의 복유(福裕 1203~1275)가 진주(陳奏)하여 1255년(헌종5) 헌종(蒙哥皇帝)의 입회 아래 화호진위(化胡眞僞)에 관하여 대론하였다. 복유가 이지상을 논파하자 황제는 위경(僞經)을 불사르라고 명하였다. 이때 도사 17인이 개종하여 스님이 되었고, 사찰 37개소를 회복하였다. 다시 이듬해 제자를 내보내어 대론하였으나 다시 논파 당하였고, 그 해 1256년에 세상을 떠났다. 저술로는 구처기의 구술을 편집한 『장춘진인서유기 長春眞人西遊記』가 있다. 이는 구처기가 칭기즈칸의 서정(西征)을 수행하였다가 돌아와서 이지상에게 받아 적게 한 것으로 당시 지리연구의 중요한 자료이다. 〔참고문헌〕『佛祖歷代通載』, 『辯僞錄』. ⇨ 복유 福裕

이지상응 理智相應 이(理)와 지(智)가 서로 응함. 여기서는 각(覺)의 뜻이다. 『신화엄경론』 권9(대정장36, p.777b17)에 "비로소 정각을 이루었다는 뜻은, 고금의 분별이 다한 것을 시라 하고, 마음이 의지함 없음을 정이라 하며, 이와 지가 서로 응함을 각이라 하고, 이와 같은 법 얻음을 성이라 한다. 始成正覺者 古今情盡 名之爲始 心無所依 名之爲正 理智相應 名之爲覺 得如是法 名之爲成", 『금강삼매경통종기』 권6(卍속장55, p.514a12)에 "이와 지가 어김없이 일치하는 경지를 깨달음이라 한다. 夫理智相應曰覺"라고 하였다. 〔참고문헌〕『新華嚴經論』, 『金剛三昧經通宗記』. ⇨ 이지불이 理智不二, 이지 理智❶, 각 覺

이지양부 理智兩部 ➡ 양부 兩部

이지오법 理智五法 이와 지라는 다섯가지 법. 진여(眞如)와 사지(四智 : 大圓鏡智 平等性智 妙觀察智 成所作智)를 묶어 부르는 뜻이다. 『성유식론증의』 권10(卍속장82, p.77b7)에 "이 법신은 오법을 자성으로 한다. 『불지경』에서 청정진여와 사지품을 오법이라 이름하고는 청정법계로 열반을 삼고, 사지심품으로 보리라 여겨 이 둘을 합쳐 법신이라고 부르니, 유독 한 가지 청정법계만이 법신이라 하지 않는다. (煩惱所知障을 뒤쳐 涅槃菩提를 증득하는) 두 가지 전의로 이 오법을 거두었기에 오법 모두 이 법신으로 거둔다. 以此法身 五法爲性 佛地經云 淸淨眞如 及四智品 名爲五法 以淸淨法界 名爲涅槃 四智心品 名爲菩提 合此二種 名爲法身 不獨一種淸淨法界 名法身也 以二轉依攝此五法 五法皆是法身攝故"라고 하였다. 〔참고문헌〕『成唯識論證義』, 『成唯識論』 권10(대정장31, p.57c19). ⇨ 오법 五法❷, 진여 眞如, 사지 四智❶, 전의 轉依, 법신 法身

이지원만 理智圓滿 이(理)와 지(智)가 이즈러짐 없이 가득함. 보살 10지 중 제4지인 염혜지(焰慧地)를 묘사하는 뜻이다. 『능엄경지장소』 권8(卍속장24, p.651b8)에 "〈경〉 밝음이 극하여 깨우침 가득함을 염혜지라 한다. 〈소〉 명극이라는 두 글자는 위에서 거뒀다. 스스로 깨달아 이지원만한함을 명극이라 한다. 이 위는 스스로 깨우친 이지에 의지하여 정법의 불꽃을 일으켜 방편혜를 내서 중생의 번뇌를 태워 다하고, 중생교화의 공덕을 성취하므로 각원만이라고 한다. 明極覺滿 名燄慧地 明極二字躡上 以自覺理智圓滿 故云明極 此位依自覺理智 起正法燄 生方便慧 燒盡衆生煩惱 成就化他功德 故曰覺滿"라고 하였다. 〔참고문헌〕『楞嚴經指掌疏』. ⇨ 염혜지 焰慧地, 이지 理智❶, 각원만 覺圓滿

이지정 二指淨 Ⓟ dvaṅgula-kappa. 두 손가락 기준으로 여법(如法)함을 가림. 정(淨)이란 계와 율에 어긋남이 없다는 뜻이다. 십사비법(十事非法) 중 제1법이다. 두 손가락으로 공양해도 계율을 범한 것이 아니라는 해석. 또는 정오를 지나서 그림자가 손가락 두 개의 길이를 지나기 전에 공양하면 계율을 범한 것이 아니라는 뜻으로 해석한다. 양지초식(兩指抄食)·이지초식정(二指抄食淨)·이지정법(二指淨法)·지정(指淨) 등이라고도 한다. 『사분율』 권54(대정장22, p.971b5)에 "리바다(Ⓢ Revata)장자가 물었다. '대덕상좌여! 두 손가락으로 공양하는 것은 계율에 어긋납니까?' 상좌가 되물었다. '이지정이란 무엇입니까?' '대덕장로여! 발로 먹는 것이 위의를 버리는 것처럼, 두 손가락으로 음식을 집어먹으면 되겠습니까?' '안 됩니다' '어디에서 제정되었습니까?' '사위국에서 여식법을 지은 일 없기에 제정되었습니다'. 이것은 (십사 중) 첫 번째여서 법이 아니고 율도 아니며 부처님께서 가르치신 것도 아니다. 離婆多問言 大德上座 得二指淨不 卽還問言 云何二指淨 答言 大德長老 足食已 捨威儀 得二指抄食食 答言 不應爾 問言 在何處制 答言 在舍衛國 不作餘食法食 以是故制 此是第一事 非法 非毘尼 非佛所敎", 『살바다비니』 권5(대정장23, p.597b25)에 "이지정이란 공양을 마친 후에 두 손가락으로 음식을 집어 먹어도 되는지에 관한 것이다. 부처님께서 말씀하시기를 '그렇게 먹으면 바일제(Ⓢ pāyattika)를 범한다'라고 하셨다. 부처님께서 비야리성에서 공양법에서 이것이 죄라고 제정하셨다. 二指淨者 食自恣已 得二指挑食 佛言 食者 犯波夜提 佛在毘耶離 食法中制是罪"라고 하였다. 〔참고문헌〕『四分律』, 『薩婆多毘尼』, 『五分律』 권30(대정장22, p.192a28), *Vin.2.300·306.* ⇨ 십사비법 十事非法

이지지월 以指指月 손가락으로 달을 가리키다. 『대지도론』 권9(대정장25, p.125b1)에 "저 사람이 손가락으로 달을 가리킴과 같으니, 미혹된 이에게 보여서 미혹된 이가 손가락만 보고 달을 보지 않으니, '내가 손가락으로 달을 가리켰으니 그대가 알아야 하거늘, 왜 손가락만 보고 달은 보지 않는가?'라고 말한다. 이것 역시 그러하니 말은 뜻을 가리키는 것이지 말은 뜻이 아니다. 그러므로 말에 의지하지 말아야 한다. 如人以指指月 以示惑者 惑者視指而不視月 人語之言 我以指指月 令汝知之 汝何看指而不視月 此亦如是 語爲義指 語非義也 是以故不應依語"라 하였고, 『능엄경』 권2(대정장19, p.111a9)에 "저 사람이 손가락으로 가리켜 누군가에게 달을 보여주면 그 사람은 손가락을 따라서 달을 보아야 한다. 만약 다시 손가락을 보며 달 자체라고 여긴다면, 이 사람이 어찌 둥근 달만 놓치겠는가? 손가락마저 놓친 것이다. 如人 以手指月示人 彼人 因指當應看月 若復觀指以爲月體 此人 豈唯亡失月輪 亦亡其指"라는 대목이 경전상의 근거다. 〔참고문헌〕『大智度論』, 『楞嚴經』.

이지총명 利智聰明 지혜롭고 총명함. 『불본행집경』 권35(대정장3, p.816b6)에 "일체를 온통 단련하여 밝게 알지 못함이 없었다. 뛰어난 말솜씨나 예리한 지혜 그리고 총명함 모두 성취하여 아무도 겨룰 이 없었다. 諸如是等 一切皆練 無不洞曉 工巧辯捷 利智聰明 悉皆成就 無人與等", 『유부율출가사』 권2(대정장23, p.1029b12)에 "저들은 과거에 독각을 공양하며 칼과 희고 부드러운 면포 등을 받들어 보시함으로 널리 서원을 일으켰다. 이런 선근으로 지금 뛰어난 지혜와 총명함 제일이 되었다. 由彼過去 供養獨覺 奉施刀子 及白氎等 廣發誓願 由此善根 今得利智聰明第一"라고 하였다. 〔참고문헌〕『佛本行集經』, 『有部律出家事』.

이지하바론 伊底呵娑論 Ⓢ Ⓟ itihāsa. 바라문교 십팔대경(十八大經) 중 팔론(八論)에 속하는 경. 이치하사론 (伊致訶娑論)이라고도 한다. 『백론소』(대정장42, p.251b4)에 "세번째, 이지하바론은 전기와 숙세사를 밝힌다. 三 伊底呵娑論 明傳記宿世事"라고 하였다. 〔참고문헌〕『百論疏』, 『善見律毘婆沙』(대정장24, p.679b3). ⇨ 십팔대경 十八大經, 이치하사론 伊致訶娑論

이지하사 伊底呵寫 Ⓢ Ⓟ itihāsa의 음사어. 이치하사론(伊致訶娑論)이라고도 한다. 『선견율비바사』 권1(대정장24, p.679b2)에 "대덕 화가바는 세 가지 베다에 통달하였고 건주〈일체물명이라고 한역함〉·개주·이지하사·문자 등 일체를 분별하였다. 大德和伽婆 於三園陀中通達 及乾書〈漢言 一切物名〉 揩書 伊底呵寫 文字 一切分別"라고 하였다. 『삼무성론』 권상(대정장31, p.867b13)에서는 이지하사를 이제하바(伊覲訶婆)로 음사하였다. 〔참고문헌〕『善見律毘婆沙』, 『三無性論』, *Sp.39.* ⇨ 이치하사론 伊致訶娑論

이진 李眞 당대 궁정 화가. 정원년간(785~805)에 장안(長安)의 초복사(招福寺)를 비롯하여 많은 절에서 벽화를 그렸다. 『원형석서』 권1 「공해장 空海章」(대장경보편32, p.177b10)에 "공봉화공 이진 등 10여 인에게 명하여 태장만다라와 금강만다라 11포를 그리도록 하였다. 召供奉畫工 李眞等十餘人 圖胎金諸曼荼羅一十鋪"라고 하였다. 〔참고문헌〕『元亨釋書』.

이진 離塵 ❶ 티끌 즉 번뇌를 떠난다는 말. 출가를 비유한다. 『경덕전등록』 권6 「백장회해전 百丈懷海傳」(대정장51, p.249b26)에 "홍주 백장산 회해선사는 복주 장락출신이다. 어려서 출가하여 삼학을 널리 수련하였고, 마조선사가 남강 지역을 교화할 때 그 문하에서 마음 다해 의지하였다. 洪州百丈山懷海禪師者 福州長樂人也 丱歲離塵 三學該練 屬大寂闡化南康 乃傾心依附"라고 하였다. 〔참고문헌〕『景德傳燈錄』. ❷ 진(塵) 즉 경(境)을 여읜다는 뜻. 『대승기신론내의약탐기』(대정장44, p.417c26 · 한불전3, p.756a1)에 "마음과 마음의 법들은 육진의 경을 떠나서 성립하지 않는다. 諸心心法 離塵不立", 『종경록』 권3(대정장48, p.431a25)에 "분별성은 경을 떠나서는 체가 없다. 이것은 앞에 있는 티끌들도 분별로 비춘 그림자이니, 진 또한 상주하는 것이 아니다. 만약 변하고 멸할 때 이 마음은 거북이 털이나 토끼뿔과 같다. 若分別性 離塵無體 斯則前塵分別影事 塵非常住 若變滅時 此心則同龜毛兎角"라고 하였다. 〔참고문헌〕『大乘起信論內義略探記』, 『宗鏡錄』. ⇨ 진 塵, 육진 六塵 ❸ ➡ 이진구 離塵垢

이진구 離塵垢 Ⓢ Ⓟ viraja. 티끌의 허물 즉 번뇌를 여읜다는 뜻. 『과거현재인과경』 권3(대정장3, p.644c12)에 "이때 허공에서 팔만나유타의 천들 역시 번뇌를 여의고 법안정을 얻었다. 時虛空中 八萬那由他諸天 亦離塵垢 得法眼淨"라고 하였다. 〔참고문헌〕『過去現在因果經』, *Sam-r.175.*, *Sn.24.*

이진구삼매 離塵垢三昧 번뇌를 여읜 삼매. 무생법인삼매(無生法忍三昧)라고도 한다. 『대지도론』 권97(대정장25, p.737a16)에 "이진구삼매란, 이 삼매를 얻은 이는 모든 번뇌와 속박이 다 사라진다. 이것이 바로 무생법인삼매다. 離塵垢三昧者 得是三昧者 諸煩惱 結使塵垢皆滅 卽是無生法忍三昧"라고 하였다. 〔참고문헌〕『大智度論』. ⇨ 무생법인 無生法忍

이진동무 異軫同騖 다른 수레들 같이 달린다는 말. 덕풍을 흠모하여 온갖 이들이 함께하는 뜻이다. 『정법염처경』 「서문 序文」(대정장17, p.1a22)에 "다른 물줄기 함께 흘러드니 아무리 부어도 마르지 않고, 다른 수레들 함께 달리니 우러러 돌아갈 곳 알기 때문이다. 殊流共委酌而不竭 異軫同騖 仰以知歸"라고 하였다. 〔참고문헌〕『

正法念處經』. ⇨ 지귀 知歸

이진망 離眞妄 진과 망을 여읨. 『정심계관법』 권하(대정장45, p.832b26)에 "진과 망에서 모두 벗어난 경계를 불성이라 한다. 진을 세우고 망을 가려내기도 하고, 망을 마주하고 진을 나타내기도 하니, 만약 망의 법을 멸한다면 진은 이름조차 발생할 수 없다. 불성은 청정하여 분별하는 인식으로 알 수 없고 식으로도 알아차릴 수 없다. 離眞妄者 名爲佛性 立眞辯妄 對妄表眞 若滅妄法 眞名不生 佛性淸淨 智不能知 識不能識"라고 하였다. [참고문헌] 『淨心誡觀法』. ⇨ 진망 眞妄

이진복 離塵服 가사(袈裟 Ⓢ kāṣāya)의 다른 이름. 육진(六塵) 번뇌를 떠나는 뜻이다. 『번역명의집』 권7(대정장54, p.1170b27)에 "가사는 외국에서 삼의를 일컫는 이름이다. 이 이름은 다양한 뜻을 머금었는데, 때론 이진복이라 부르니 육진을 끊기 때문이다. 袈裟是外國三衣之名 名含多義 或名離塵服 由斷六塵故"라고 하였다. [참고문헌] 『翻譯名義集』. ⇨ 가사 袈裟

이진삼마지 離塵三摩地 Ⓢ raṇaṃ-jaha-samādhi, raṇa-jaha-samādhi, Ⓣ nyon-mongs-pa-spong-ba zhes-bya-ba'i ting-nge-'dzin. 진 즉 번뇌를 여읜 삼마지. 백팔삼매(百八三昧) 중 하나로 보단삼매(寶斷三昧)라고도 한다. 『대반야경』 권414(대정장7, p.75a26 : *Pañca-pr.200*, p.67)에 "이진삼마지란, 이 삼마지에 머물 때 일체번뇌 얽힌 허물을 벗는다. 그래서 이진삼마지다. 云何名爲離塵三摩地 謂若住此三摩地時 能滅一切煩惱纒垢 是故名爲離塵三摩地 tatra katamao raṇajaho nāma samādhiḥ. yatra samādhau sthitvā sarvasamādhīnāṃ nimittāny api jahāti prāg evānyāni nimittāni kleśānāṃ tenocyate raṇajaho nāma samādhiḥ"라고 하였다. [참고문헌] 『大般若經』, *Pañca-pr.*, *Mvyut.21.* ⇨ 보단삼매 寶斷三昧, 백팔삼매 百八三昧, 삼매 三昧

이진삼매 理盡三昧 뜻을 다한 삼매. 『인왕호국반야경소』 권3(대정장33, p.268c15)에 "이진삼매란 보살이 이 삼매를 얻으면 이에 달하고 근원을 다하여 무명 그 바탕마저 다하기에 이진삼매라고 하였다. 理盡三昧者 謂菩薩得此三昧 達理盡源 極無明本故 名理盡三昧也", 『인왕반야경소』 권상(대정장33, p.328a1)에 "금강보살이 이진삼매를 얻었다 함은, 십지보살이 생사의 인을 비춰 다함이다. 그러므로 이진이라 한다. 金剛菩薩得理盡三昧者 十地菩薩照窮因盡 故云理盡也", 원측(圓測)의 『인왕경소』 권상(대정장33, p.385b22 · 한불전1, p.56a21)에 "이것은 금강보살이 이진삼매를 얻었기에 두 가지 생사의 혹업이 모두 공이라는 것을 밝혔다. 此明金剛菩薩 得理盡三昧故 二種生死惑業皆空"라고 하였다. [참고문헌] 『仁王護國般若經疏』, 『仁王般若經疏』, 『仁王經疏』. ⇨ 십지보살 十地菩薩

이진삼매 離盡三昧 Ⓢ kṣayāpagato nāma samādhi, Ⓣ zad-pa-dang-bral-ba-zhes-bya-ba'i-ting-nge-'dzin. 다함이 없는 삼매. 백팔삼매 중 하나로 쌓은 공덕의 과보를 다하는 날이 없는 뜻에서 이진이다. 『대품반야경』 권5(대정장8, p.252a15)에 "무엇을 이진삼매라 하는가? 이 삼매에 머물면 모든 삼매가 다하는 것을 보지 않는다. 이를 이진삼매라 한다. 云何名離盡三昧 住是三昧不見諸三昧盡 是名離盡三昧", 『대지도론』 권47(대정장25, p.400a13)에 "이진삼매란 보살이 이 삼매를 얻으면 무량아승기겁동안 쌓은 선근공덕으로 반드시 과보를 얻어 잃지 않기에 붙여진 이름이다. 離盡三昧者 菩薩得是三昧 無量阿僧祇劫 善本功德必得 果報不失故"라고 하였다. [참고문헌] 『大品般若經』, 『大智度論』, *Mvyut.21.* ⇨ 백팔삼매 百八三昧, 이진삼마지 離塵三摩地

이진여 二眞如 **1** 이언진여(離言眞如)와 의언진여(依言眞如). 『수능엄의소주경』 권2(대정장39, p.854c3)에 "이언진여는 관하여 성취하는 지혜의 경계이고, 의언진여는 신심을 일으키는 경계이다. 離言眞如 是觀智境 依言眞如 是生信境"라고 하였다. [참고문헌] 『首楞嚴義疏注經』. ⇨ 이언진여 離言眞如, 의언진여 依言眞如, 진여 眞如 **2** 공진여(空眞如)와 불공진여(不空眞如). 의언진여(依言眞如)의 두 가지 뜻이다. 『대승기신론내의약탐기』(대정장44, p.412a23 · 한불전3, p.747c6)에 "두 번째, 의언진여는 불공과 공이라는 두 진여를 말한다. 공진여란 일체번뇌를 다해 없이하는 뜻이며, 수론 등 사종외도의 주장을 부수는 뜻이다. 또 부수어 멸한다는 것은 헤아림이기 때문이다. 불공진여는 가득 찬 상등 열반사덕의 뜻을 모두 갖추고 있다는 말이다. 논에 이르길 '항상 변화하지 않고 정법을 가득 채우고 있으므로 불공이라 한다'고 하였다. 二 依言眞如 謂不空空 二眞如也 空眞如者 謂滅無一切煩惱之義 及破數論等 四宗外道執等也 又破滅者 計故也 不空眞如者 滿足常等 四德之義 論云 常恒不變 淨法滿足 故名不空"라고 하였다. [참고문헌] 『大乘起信論內義略探記』. ⇨ 공진여 空眞如, 불공진여 不空眞如, 진여 眞如 **3** 불변진여(不變眞如)와 수연진여(隨緣眞如). 『대승기신론』에 의지한 진여의 뜻이다. 『기신론동이집』(한불전3, p.692c5)에 "[문] 불변진여와 수연진여는 어떻게 다른가? [답] 불변진여란, 일심 다 든 그 바탕이 적정으로 한 맛이고, 명언을 멀리 벗어나 염정이나 정비정으로 통하는 바탕 바로 그것이다. 수연진여란, 일심 모두 들어 무명의 연을 따라 생멸하고 유전하며 변하여 유정의 자체가 되는 뜻이다. 問 不變眞如 與隨緣眞如 云何異耶 答 不變眞如者 一心擧體 寂靜一味 遠離名言 染淨情非情之通體 是也 言隨緣眞如者 一心擧體 隨無明緣 生滅流轉 變爲有情之自體 是也"라고 하였다. 〔참고문헌〕『起信論同異集』. ⇨ 불변진여 不變眞如, 수연진여 隨緣眞如, 불변수연 不變隨緣, 진여 眞如 **4** 유구진여(有垢眞如)와 무구진여(無垢眞如). 번뇌(垢)의 오염 유무를 기준으로 구별한 진여다. 『섭대승론석』 권2(대정장31, p.188b27)에 "〔논〕 진실성에도 두 가지가 있다. 첫째는 자성을 성취한 진실성이다. 〔석〕 번뇌에 덮여 있는 유구진여를 말한다. 〔논〕 두 번째는 청정을 성취한 진실성이다. 〔석〕 번뇌 없는 무구진여다. 論曰 眞實性 亦有二種 一 自性成就 釋曰 謂有垢眞如 論曰 二 淸淨成就 釋曰 謂無垢眞如", 『대승기신론의기별기』(대정장44, p.292b26)에 "네 번째, 물듦과 깨끗함을 기준으로 한 분별이다. 처음 두 가지는 번뇌에 얽혀 있어 이름이 유구진여다. 뒤의 두 가지는 깨끗하므로 장애를 벗어났기에 무구진여라 부른다. 四 約染淨分別者 初二染故在纒 名有垢眞如 後二淨故出障 名無垢眞如也"라고 하였다. 〔참고문헌〕『攝大乘論釋』, 『大乘起信論義記別記』. ⇨ 무구진여 無垢眞如, 유구진여 有垢眞如, 진여 眞如 **5** 생공진여(生空眞如)와 법공진여(法空眞如). 유정(有情)과 제법(諸法)이 공한 뜻의 진여를 말한다. 『화엄경소』 권30(대정장35, p.725b26)에 "오로지 한 맛일 뿐 어떤 차별도 없다고도 하며, 때론 둘로 나누어 생공진여와 법공진여라고도 한다. 或唯一味 無有差別 或分爲二 卽生空眞如 法空眞如"라고 하였다. 〔참고문헌〕『華嚴經疏』. ⇨ 법공진여 法空眞如, 생공진여 生空眞如, 이공소현진여 二空所顯眞如, 진여 眞如

이진휴 李震休 1657~1710. 조선후기 문신이며 서예가. 자는 백기(伯起), 호는 성재(省齋) 또는 성암(省菴), 본관은 여흥(驪興). 영(泳)의 아들이다. 벼슬은 전적(典籍)으로부터 예조참판(禮曹參判)에 이르렀다. 글씨를 잘 써서 많은 비문을 썼는데, 양산 통도사(通度寺)에 있는 「사바교주석가여래영골사리부도비문 娑婆敎主釋迦如來靈骨舍利浮圖碑文」과 「순천조계산선암사중수비문 順天曹溪山仙巖寺重修碑文」이 있다. 〔참고문헌〕『朝鮮金石總覽』 권하 p.1037・1050.

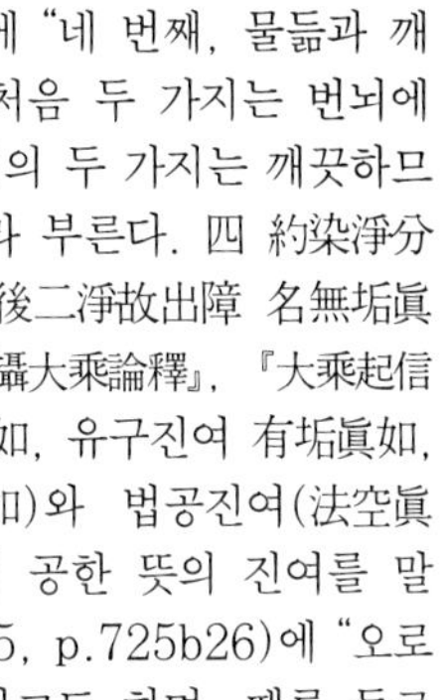

석가여래영골사리부도비 탁본
양산 통도사 1706년

이질불성 異質不成 삼불성(三不成) 중 하나. 바탕을 달리하는 것은 성립될 수 없다는 뜻. 정토와 예토의 시공간을 같이 한다는 뜻이다. 『원각경소』 권상(대정장39, p.529c16)에 "질을 달리해서 성취할 수 없으니 하나의 이로서 가지런히 평등하다. 異質不成 一理齊平", 『석정토군의론』 권1(대정장47, p.34c19)에 "정처에는 예가 없고 예처에도 정은 없다고 말할 수 없다. 별처로 나타난다면 장애가 되겠지만 같은 곳 같은 때에 정과 예가 드러나기에 다른 바탕으로는 성취하지 못한다고 한다. 그러므로 수현이란 곧 어둡다는 뜻이다. 수는 찾는다는 뜻이고 현은 그윽해 어둡다는 뜻이니, 그 유현한 종지를 찾는다는 뜻이다. (그러나) 정토와 예토의 두 상은 구분 없이 섞여 한 곳에 있으니, 두 곳으로 나눌 수 없다. 不可言有淨處無穢 有穢處無淨 別處而現 而有障礙 以同處同時 現淨穢故 故曰異質不成 故搜玄卽冥 搜者 搜求也 玄者 幽玄者 搜其幽玄旨趣 淨穢兩相 冥然同在一處 不可分成二所也"라고 하였다. 〔참고문헌〕『圓覺經疏』, 『釋淨土群疑論』. ⇨ 삼불성 三不成

이질인 利疾忍 Ⓢ tīkṣṇa-kṣānti, Ⓣ bzod-rnon. 지혜롭고도 거침없이 견뎌 앎. 승해행지(勝解行地)의 삼인(三忍) 중 제찰법인(諦察法忍)을 말한다. 최상품인(最上品忍)이라고도 한다. 『섭대승론석』 권7(대정장31, p.354c18)에 "이미 원만한 백법이란, 말하자면 먼저 저 승해행지에서 자량을 잘 갖추면 백법이 원만한데, 이것을 자량이라고 한다. 이질인을 얻음이란, 즉 연(軟:下)과 중(中)을 가려내 오직 상품인 제찰법인만을 취하는 것이다. 이 '인'이 구를 때가 바로 감인이다. 已圓滿白法者 謂先於彼勝解行地 善備資糧 白法圓滿 是謂資糧 及得利疾忍者 謂簡軟中 唯取上品 諦察法忍 此忍轉時 卽是堪忍"라고 하였다. 〔참고문헌〕『攝大乘論釋』, *Mah-saṃ.58.* ⇨ 승해행지 勝解行地, 제찰법인 諦察法忍

이집 異執 견해를 달리하여 집착함. 『기신론소필삭기』 권1(대정장44, p.301a26)에 "전도하여 헤아리고 착하는 것을 이집이라 하고, 바른 이치를 어지럽히므로 분륜이라 한다. 顚倒計者 名爲異執 亂於正理 故曰紛綸", 같은 책 권1(대정장44, p.301b3)에 "자신의 견해를 따라 각자 자신의 종지를 세움으로써 12여 부파로 갈라진 뒤 자신은 옳고 남은 틀리다고 한다. 이것은 모두 달리 집착한다고 한다. 隨自見解 各立己宗 分爲二十餘部 互相是非 此卽俱名異執", 『대비바사론』 권13(대정장27, p.61c11)에 "또한 어떤 경우는 한 눈으로 색을 본다고 주장한다. 독자부가 그 예이다. 이와 같은 다른 종의 이집을 그치고자 자기 종에서는 두 눈으로 색을 본다고까지 한다. 或復有執 一眼見色 如犢子部 爲止如是 他宗異執 顯示己宗 二眼見色", 『석마하연론』 권10(대정장32, p.645a8)에 "지금 이 논서는 무슨 뜻을 밝히고자 지었는가? 광협과 대소로 제각기 다른 집착을 대치하고자 지었다. 이집이란 무엇인가? 어떤 중생은 이와 같이 집착한다. '일법계심이야말로 본법이고 광대하며, 진망의 두 문은 지말의 법이고 협소하다'. 이러한 집착에 대치하기 위해 이와 같이 설한다. 今此論文 爲明何義 爲欲對治 廣狹大小 諸異執故 云何異執 謂有衆生 作如是執 一法界心 是其本法 亦廣亦大 眞妄二門 是其末法 亦狹亦小 爲欲對治此執著 故作如是說", 『관무량수불경소』 권4(대정장37, p.271b25)에 "또한 진실한 마음으로 깊이 믿는다 함은, 결정코 자기 마음을 세우고 교법을 따라 수행하여 영원히 의심과 착오를 버림으로써 모든 다른 견해와 다른 행법 그리고 이치에서 어긋나는 학문·견해·주장으로 물러나 잃고 기울어 흔들리지 않는다. 又深心深信者 決定建立自心 順敎修行 永除疑錯 不爲一切 別解別行 異學異見異執之所退失傾動", 『법원주림』 권79(대정장53, p.871b9)에 "비록 어리석은 무리에 속하지 않고 총명한 사람일지라도 망령되이 이집을 일으킨다면 이것도 사견이라 한다. 雖非愚畜 縱是聰人 妄生異執者 亦名邪見"라고 하였다. [참고문헌] 『起信論疏筆削記』, 『大毘婆沙論』, 『釋摩訶衍論』, 『觀無量壽佛經疏』, 『法苑珠林』.

이차능가라촌 伊車能伽羅村 Ⓟ Icchānaṅgala, Icchānaṅkala. 고대 인도 코살라국(Ⓢ Kosala)에 있던 브라만족 마을. 이차난가라촌(伊車難伽羅村)·일사능가라취락(一奢能伽羅聚落)이라고도 한다. 『잡아함경』 권17(대정장2, p.122b13)에는 석존께서 이 마을의 숲에서 보름 동안 좌선했다고 전하고, 같은 책 권29(대정장2, p.207a8)에서는 이 숲에서 2개월 동안 좌선하면서 안나반나념(安那般那念 Ⓟ ānāpāna-sati)을 닦았다고 전하는데, 팔리경전 *Icchānaṅgalam*(*SN.5*, p.325)에서는 우기(雨期) 3개월 동안 마을의 숲에서 독거하며 안나반나념삼매(Ⓟ ānāpāna-sati-samādhi : 阿那波那三昧)를 닦았으며, 이후 제자들에게 만약 외도들이 '부처님께서는 우기 동안 어떻게 머무는가?'하고 물으면 성주(聖住 Ⓟ ariya-vihāra)·범주(梵住 Ⓟ brahma-vihāra)·여래주(如來住 Ⓟ tathāgata-vihāra)인 안나반나념삼매에 머무신다고 말해야 한다고 하였다. [참고문헌] 『雜阿含經』, 『長阿含經』 권16 「三明經」(대정장1, p.104c21), *SN.*, *DN.1.87.*, *AN.3.30.* ⇨ 이차림 伊車林

이차돈 異次頓 506~527. 신라 법흥왕(재위 514~540) 때 불교 시흥(始興)을 위해 순교한 불자로 신라십성(新羅十聖) 중 한 분이다. 법흥왕을 시위하던 실무관인으로 사인(舍人)이다. 성은 박씨, 이름은 거차돈(居次頓)·염촉(猒髑)·염도(猒都). 아진찬 종랑(宗郎)의 고손자이며, 습보갈문왕(習寶葛文王)의 증손이고, 공한(功漢)의 손자이며, 길승(吉升)의 아들이라고 전한다. 『삼국유사』 권3(대정장49, p.987b3·한불전6, p.315b10) 흥법(興法)3 원종흥법염촉멸신(原宗興法猒髑滅身)에 "법흥왕 즉위 14년(527) 소신 이차돈이 법을 위해 몸을 버렸다. 즉 소량 보통 8년 정미(527)이니 서축에서 달마가 금릉에 온 해이다. … 신하들을 불러 묻기를, '경들은 내가 정사를 지으려 하는데 고의로 지체하여 어렵게 하는가?'〈향전에 따르면 '염촉이 왕명이라고 전하며 절을 창건하는 공사를 하려 하였더니 여러 신하들이 와서 간하였다. 왕은 이에 노하여 염촉을 책망하고, 왕명을 거짓으로 꾸며 전하였다고 하여 형벌을 가하였다'고 한다.〉 이에 여러 신하들이 전전긍긍하며 황급히 맹서하고 손가락으로 서로를 가리킬 뿐이었다. 왕이 사인을 불러 힐문하니, 사인은 얼굴빛이 하얗게 되어 답하지 못하였다. 대왕이 분노하여 그의 목을 베라고 명령하니 유사가 묶어 관아로 끌고 왔다. 사인이 맹서를 마치자 옥리가 목을 베니 하얀 젖은 한 길이나 솟구쳤다. 法興大王卽位十四年 小臣異次頓爲法滅身 卽蕭梁普通八年丁未 西竺達摩來金陵之歲也 … 以召群臣乃問 卿等於我欲造精舍故作留難〈鄕傳云 髑爲以王命傳下 興工創寺之意 群臣來諫 王乃責怒於髑 刑以僞傳王命〉 於是羣臣戰戰兢懼傯侗作誓指手東西 王喚舍人而詰之 舍人失色無辭以對 大王忿怒勑令斬之 有司縛到衙下 舍人作誓 獄吏斬之 白乳湧出一丈", 『삼국사기』 권4 신라본기(新羅本紀)4 법흥왕 15년(528)에 "이에 이르자 왕 역시 불교를 일으키고자 하였으나, 여러 신하들이 믿지 않고 이런저런 불평하였으므로 왕이 어려워하였다. 가까운 신하 이차돈〈혹은 처도〉가 아뢰기를, '바라건대 소신의 목을 베어 여러 대중의 논란을 진정시키십시오.'라고 하였다. 왕이 말하기를, '본래 도를 일으키고자 함인데, 죄 없는 사람을 죽이는 것은 옳지 않다.'고 하였다. 이차돈이 답하기를, '만약 도가 행해질 수 있다면, 신이 비록 죽는다 해도 여한이 없습니다.'고 하였다. 왕이 이에 여러 신하들을 불러들여 물으니 모두 다 말하기를, '지금 스님들을 보면, 깎은 머리에 이상한 옷을 입고, 말하는 논리가 기이하고 위험하여 떳떳한 도리는 아닙니다. 지금 그대로 놓아둔다면, 후회가 있을까 두렵습니다. 신들은 비록 중죄를 받더라도 감히 명령을 받들지 못하겠습니다.'라고 하였다. 이차돈이 홀로 말하기를, '지금 신하들의 말은 옳지 않습니다. 무릇 비상한 사람이 있은 연후에야 비상한 일이 있을 수 있습니다. 지금은 듣건대 불교가 그 깊은 곳 알 수 없다 하지만, 아마도 믿지 않을 수 없을 것입니다.'라고 하였다. 왕이 말하기를, '여러 사람들의 말이 견고하여 깨뜨릴 수 없다. 너만 홀로 다른 말을 하니, 양쪽을 다 따를 수는 없다.'라고 하였다. 마침내 관리가 목을 베려고 하니 이차돈이 죽음에 임하여 홀로 말하기를, '나는 법(法)을 위하여 형장에 나아가니, 부처님께 신통력이 있으시다면 내가 죽은 뒤에 반드시 남다른 일이 일어날 것이다.'고 하였다. 목을 베자, 피가 솟구쳤고 그 빛깔은 우유처럼 희었다. 여러 사람들이 괴이하게 여겨 다시는 불사를 훼방하지 않았다 至是 王亦欲興佛教 羣臣不信 喋喋騰口舌 王難之 近臣異次頓〈或云 處道〉 奏曰 請斬小臣以定衆議 王曰 本欲興道而殺不古辜非也 答曰 若道之得行 臣雖死無憾 王於是召群臣問之 僉曰 今見僧徒 童頭異服 議論奇詭而非常道 今若縱之 恐有後悔 臣等雖卽重罪 不敢奉詔 異次頓獨曰 今羣臣之言非也 夫有非常之人 然後有非常之事 今聞佛教淵奧 恐不可不信 王曰 衆人之言 牢不可破 汝獨異言 不能兩從 遂下吏將誅之 異次頓臨死曰 我爲法就刑 佛若有神 吾死必有異事 及斬之 血從斷處湧 色白如乳 衆怪之 不復非毁佛事"라고 하였다. [참고문헌]『三國遺事』, 『三國史記』, 『海東高僧傳』 권1 「釋法空傳」(대정장50, p.1018c21 · 한불전6, p.95a2), 『朝鮮佛教通史』 권상 p.47. ⇨신라십성 新羅十聖, 염촉 猒髑

이차돈순교비 異次頓殉教碑 이차돈의 순교사적을 그림과 글로 새긴 비상(碑像). 헌덕왕 9년(817)에 세운 석당(石幢)이 경주 백률사지(栢栗寺址)에서 발견되었으므로 백률사석당기라고 하며, 향도들이 모여 매월 공양을 올렸기에 이차돈공양당(異次頓供養幢)이라고 불렀다. 본래 석당기는 6면이며, 1면에는 순교의 현장을 생생히 묘사하였는데, 관을 쓴 채 떨어진 머리를 받쳐든 듯 대지의 물결이 새겨졌고, 비스듬히 스러지는 몸은 법신인 듯 영원히 견고하다. 우윳빛으로 솟구치는 기둥 사이로 하늘에서는 꽃비 가득 내리고 있다. 이 장면은 부조로 새겼다. 2면부터 6면까지 각 면 정간에 7칸 25행으로 순교사적을 자세히 새겼다. 이후 심하게 마멸되어 판독하기 어려웠으나, 목판에 모각(模刻)한 총336자의 조선후기 법첩이 『홍린군신각김생서 興隣君新刻金生書』와 『원화첩 元和帖』이라는 다른 이름으로 알려졌다. 이 법첩에는 "목을 베자 우윳빛 흰 피는 한 길이나 솟구쳤고 하늘에선 꽃비가 내리고 대지는 여섯 번이나 흔들렸다. 사람들 어쩔줄 몰라 슬피 울었고 우물길에는 자취마저 멈추고 곡소리만 가득했다. 북산에 장례를 치르고 서산에 묘를 세웠다. 劍命級時 頸中白乳一丈 當尒之時 天雨名花 地爲六躍 人物諫慟 動殖不安 路中携哭井碓停足 揮淚送殯 葬屍北山 立廟西山", 『삼국유사』 권3(대정장49, p.988a2 · 한불전6, p.316b18) 흥법3 원종흥법염촉멸신(原宗興法猒髑滅身)에 "훗날 국통 혜륭, 법주 효원, 김상랑, 대통 녹풍, 대서성 진노, 파진찬

이차돈순교비 국립경주박물관 817년

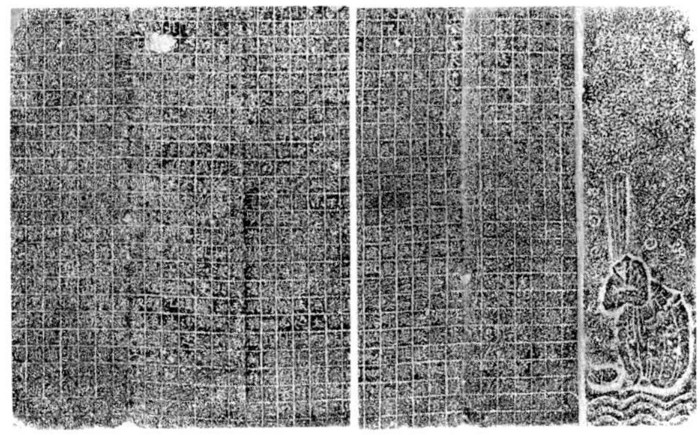

이차돈순교비 탁본

김억 등이 옛 무덤을 세우고 비를 세웠으니 원화 12년 정유(817) 8월 5일이며, 곧 제41 헌덕대왕 9년이었다. 흥륜사 영수선사〈때에 유가제덕을 모두 선사라 부름〉가 이 무덤에 예배하는 향도를 모아 단을 만들고 매월 5일에 저 가신 님의 숭고한 원을 기려 단을 마련하고 예를 올렸다. 降有國統惠隆 法主孝圓 金相郎 大統鹿風 大書省眞怒 波珍喰金嶷等 建舊塋 樹豐碑 元和十二年丁酉八

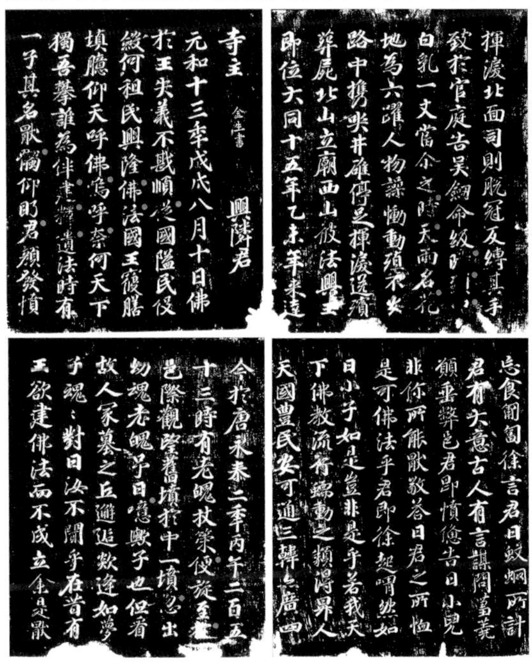

홍린군신각김생서법첩 미국 버클리대아사미문고 조선후기

月五日 卽第四十一憲德大王九年也 興輪寺永秀禪師〈于時瑜伽諸德 皆稱禪師〉 結湊斯塚 禮佛之香徒 每月五日 爲魂之妙願 營壇作梵"라고 하였다. 비는 1914년 사지에서

모셔와 지금의 국립경주박물관에 있으며, 자세한 사적을 담은 법첩은 미국 버클리대 아사미문고와 동아대 석당박물관에 남아 전하고 있다. 〔참고문헌〕『三國遺事』, 『朝鮮金石總覽』, 『韓國金石全文』, 『韓國上古代古文書資料集成』「元和帖」(一志社, 1986). ⇨ 이차돈 異次頓, 백률사 석당기 栢栗寺石幢記

이차림 伊車林 Ⓟ Icchānaṅkala-vana-saṇḍa. 부처님 재세 시 자주 머무시던 교살라국(憍薩羅國 Ⓟ Kosala) 이차능가라촌(伊車能伽羅村 Ⓟ Icchānaṅkala)에 있던 숲. 『장아함경』 권13 「아마주경 阿摩晝經」(대정장1, p.82a7 : *DN.1*, p.87)에 "언젠가 부처님께서 구살라국을 유행하실 때 대비구 천이백오십 명과 함께 이차능가라 구살라바라문촌에 이르러 그곳 이차림에 머무셨다. 一時 佛遊俱薩羅國 與大比丘衆千二百五十人俱 至伊車能伽羅俱薩羅婆羅門村 即於彼伊車林中止宿 ekaṃ samayaṃ bhagavā kosalesu cārikaṃ caramāno mahatā bhikkhusaṅghena saddhiṃ pañcamattehi bhikkhusatehi yena icchānaṅkalaṃ nāma kosalānaṃ brāhmaṇagāmo tad avasari. tatra sudaṃ bhagavā icchānaṅkale viharati icchānaṅkalavanasaṇḍe"라고 하였다. 〔참고문헌〕『長阿含經』, *DN.* ⇨ 이차능가라촌 伊車能伽羅村

이차식계 *以次食戒* 발우에 담긴 음식을 어지러이 뒤섞지 말고 차례대로 먹어야 한다는 계. 백중학법(百衆學法) 중 하나다. 『사분율』 권20(대정장22, p.703c21)에 "그때 어떤 거사가 스님들을 청하여 음식을 공양하고자 밤새 갖가지 맛난 음식을 장만하였다. 이튿날 아침에 가서 때가 되었음을 알리자 비구들은 가사를 입고 발우를 든 채 거사의 집으로 와서 자리에 앉았고, 거사는 손수 음식을 나누어주었다. 그런데 육군비구는 차곡차곡 밥을 떠먹지 않았다. 그러자 거사들이 이를 보고 모두 비난하였다. '이 사문석자들은 부끄러움을 모르고, 받는데 있어 만족함이 없구나. 겉으로는 스스로 나는 정법을 닦는다고 하지만, 지금 이를 보니 어찌 정법이 있겠는가. 차곡차곡 먹지 않으니 마치 개돼지가 먹는 것 같고, 또한 소나 나귀 또는 까마귀와 새들이 먹는 것 같구나'. … 차곡차곡 밥을 먹을지니 식차가라니(중학)이니라. 時有居士 請衆僧供設飯食 即夜辦具種種多美飲食 晨朝往白時到 時諸比丘 著衣持鉢詣居士家就座而坐 時居士手自斟酌飲食 時六群比丘 不次第取食食 時諸居士見已皆譏嫌言 此沙門釋子 不知慚愧受取無厭 外自稱言 我知正法 如是有何正法 不次第受食食 譬如猪狗食 亦如牛驢烏鳥食 … *以次食式叉迦羅尼*"라고 하였다. 〔참고문헌〕『四分律』, *Vin.4.191.*, 李智冠『南北傳六部律藏比較研究』 pp.296~297. ⇨ 백중학법 百衆學法, 식차가라니 式叉迦羅尼

이차환자 伊叉桓子 Ⓢ iṣikā, Ⓟ isikā, isīkā. 거칠어 먹을 수 없이 자란 갈대. 사견(邪見)의 견고함을 비유한다. 화살의 재료로 쓰일만큼 견고하다. 『출요경』 권11(대정장4, p.666b17)에 "장자여! 반드시 알아야 한다. 사견이 병이 되어 정법을 잃게 하니, 저 이차환자・제다라자・시바리자의 종자가 땅에 흩어져 때에 맞춰 자라나 점차 물의 습기・불의 온기・바람의 움직임・땅의 지지를 얻고 후에 장대해지면 오히려 먹기 매우 괴로운 것과 같다. 거칠고 떫으며 악취가 나서 먹을 수 없기 때문이다. 長者 當知 邪見爲病 迷於正法 猶伊叉桓子 帝多羅子 尸婆梨子種散於地 隨時長養 漸得水潤 火溫 風動 地持 後得長大 食之極苦 麤澁穢臭 不可食噉"라고 하였다. 〔참고문헌〕『出曜經』, *DN.1.77.*

이착 二著 생사와 열반이라는 두 가지 집착. 삼신(三身)으로 이 집착을 여읜다. 『중관론소』 권8(대정장42, p.125c14)에 "법신이기에 생사에 머물지 않고, 응신과 화신이어서 열반에 머물지 않으니, 생사와 열반에 대한 두 가지 착을 모두 다하면 이를 무주처열반이라 한다. 以法身故不住生死 應化兩身不住涅槃 以其俱滅二著名無住處涅槃"라고 하였다. 〔참고문헌〕『中觀論疏』. ⇨ 삼신 三身, 사신 四身

이착 離著 보살십상(菩薩十相) 중 하나로 집착을 여의는 것. 『대승장엄경론』 권13(대정장31, p.658b24)에 "이착이란, 전륜왕등의 위를 얻더라도 애착으로 물듦이 없다. 離著者 得輪王等位 無愛染故"라고 하였다. 〔참고문헌〕『大乘莊嚴經論』. ⇨ 보살십상 菩薩十相

이착허공불염삼매 離著虛空不染三昧 Ⓢ ākāśāsaṅga-vimukti-nirupalepa-samādhi, Ⓣ nam-mkha'-ltar-chags-pa-med-pas-rnam-par-grol-zhing-gos-pa-med-pa-zhes-bya-ba'i-ting-nge-'dzin. 백팔삼매 중 하나로 제법을 허공처럼 관하며 이 삼매에 물들지 않는 삼매. 『대품반야경』 권5(대정장8, p.253b13)에 "무엇을 이착허공불염삼매라 하는가? 이 삼매에 머물면 제법이 저 허공과 같아 끝이 없음을 알며, 또한 이 삼매에마저도 물들지 않는다. 이를 이착허공불염삼매라 한다. *云何名離著虛空不染三昧 住是三昧 見諸法如虛空無閡 亦不染是三昧 是名離著虛空不染三昧*"라고 하였다. 〔참고문헌〕『大品般若經』, 『大智度論』 권47(대정장25, p.398c20), 『法界次第初門』 권하(대정장46, p.692a8), *Pañca-pr.203.*, *Mvyut.21.* ⇨ 백팔삼매 百八三昧

이찬훼계 利讚毁戒 보살계(菩薩戒) 십중대계(十重大戒) 중 하나로, 이익을 위해 자신을 칭찬하고 남을 헐뜯는 것을 경계하는 계. 자찬훼타계(自讚毁他戒)라고도 한다. 원효(元曉)의 『범망경보살계본사기』 권상(한불전 1, p.601b9)에 "일곱째 자찬훼타계이니 이찬훼계라고도 한다. 이 계는 칠중이 함께 제계하고 대소승이 함께 익힌다. 단은 앞 계(의 三段) 같은데, 그 중에서 다섯 구로 뜻을 나타낸다. 첫째 이익을 바라지 않고 오직 자신만을 칭찬하고 타인을 헐뜯지 않으면 경구죄를 범할 뿐이고, 둘째 이익을 바라지 않고 오직 타인만을 헐뜯고 자신도 칭찬하지 않으면 경구죄를 범할 뿐이다. 셋째 오전 이하의 이익을 기대하고 자신은 칭찬하고 타인을 헐뜯어도 경구죄를 범함이고, 넷째 오전 이상의 이익을 기대하고 자신은 칭찬하고 타인을 헐뜯으면 바로 이 계를 범함이다. 다섯째 오전 이상의 이익을 기대하여 거듭하여 자신은 칭찬하고 타인을 헐뜯으면 이 계와 앞의 계 두 가지로 중계(重戒)를 범함이 된다. 第七 自讚毁他戒 亦名爲利讚毁戒 此戒七衆同制 大小共學 段同前戒 於中五句現意 一者 不望利 唯自讚非毁他 唯犯輕 二 不望利 唯毁他非自讚 犯輕 三 望五錢以下利 自讚毁他 犯輕 四者 望五錢以上利 自讚毁他 正犯此戒 五者 發望五錢以上利 意擧重意過 自讚毁他 犯此戒及前戒二重"라고 하였다. 〔참고문헌〕『梵網經菩薩戒本私記』. ⇨ 자찬훼타계 自讚毁他戒, 십중대계 十重大戒, 중계 重戒

이찰니 伊刹尼 Ⓢīkṣaṇikā의 음사어. 노형외도(露形外道 ⓈAcelaka-parivrājika)의 주술(呪術). 이차니가(伊叉尼柯)라고도 한다. 견명(見命)·관찰(觀察) 등이라 한역한다. 점상(占相)이나 주술을 관찰한다는 뜻도 있으니, 타인의 생각을 읽을 수 있다고 여긴다. 『구사론기』 권27(대정장41, p.413a23)에 "또한 이찰니라는 주술이 있다. 이것을 지니면 타인의 생각을 알 수 있으니 타심통과 같다. 이찰니는 관찰이라 한역한다. 또한 진제는 이르길 '이찰니는 논서의 이름으로 노형외도의 종사가 지었다. 한역하여 관찰이라 한다. 이 주술은 그가 지은 논서에 따라 붙인 이름이므로 이찰니라 부른다'. 復有呪術 名伊刹尼 持此便能知他心念 如他心通 伊刹尼 此云觀察 又眞諦云 伊刹尼 是論名 是露形外道師所造 翻爲觀察 此呪從彼所造論爲名故 稱伊刹尼", 『일체경음의』 권70(대정장54, p.767c8)에 "이찰니〈찰은 차와 힐을 반절한 음이다. 한역어는 '점상관찰'이다〉. 伊刹尼〈叉黠反 此云占相觀察也〉"라고 하였다. 〔참고문헌〕『俱舍論記』, 『一切經音義』, *Abh-k-bh.424*. ⇨ 노형외도 露形外道

이참 理懺 이를 깨우쳐 참회함. 『화엄경소초』 권48(대정장36, p.374b27)에 "또한 마음을 관하도록 하여 이렇게 공을 깨우친 혜가 마음과 상응하면 이것이야말로 이참이다. 復令觀心 令此空慧 與心相應 卽是理懺"라고 하였다. 〔참고문헌〕『華嚴經疏鈔』. ⇨ 사참 事懺, 이참사참 理懺事懺, 참회 懺悔

이참사참 理懺事懺 실상을 깨우쳐 참회하는 이참과 존상을 모시고 참회하는 등의 사참을 말한다. 『천태사교의』 권1(대정장46, p.779a11)에 "이참이란 참회하려는 사람이 단정히 앉아 실상을 념하면 온갖 죄들이 저 서리나 이슬같이 지혜의 햇볕으로 능히 사라지듯 한다. 사참이란 밤낮 육시로 삼업을 청정히 하니, 존상을 마주하고 아득한 과거세부터 금생의 몸에 이르기까지 지은 허물과 죄들을 낱낱이 펴 드러낸다. 理懺者 若欲懺悔者 端坐念實相 衆罪如霜露 慧日能消除 卽此義也 言事懺者 晝夜六時 三業淸淨 對於尊像 披陳過罪 無始已來 至于今身 凡所造作", 『사분율행사초자지기』 권중(대정장40, p.352b6)에 "〔문〕 이전의 화교에 의지해 이사라는 두 가지 참회로 죄를 깨끗이 할 수 있는가? 〔답〕 만일 이참을 수행하면 쫓아내지 못할 죄가 없지만, 사참을 수행해서는 때론 정해진 행법을 어기지 않거나 때론 뛰어난 상을 얻어야 무거운 죄를 멸할 수 있다. 問 依前化敎 理事二懺 得罪淨不 答 若修理懺 罪無不遣 若修事懺 或不違行法 或得好相 重罪得滅", 『법원주림』 권86(대정장53, p.916a12)에 "참회에는 두 가지가 있다. 하나는 어리석은 마음이 의례에 의지하는 참회이다. 곧 불상 앞에서 도를 행하고 예경발원함으로써 쌓은 죄악이 끊어지기를 바란다. 다른 하나는 지혜로운 마음으로 이에 의지하는 참회다. 곧 몸과 마음을 관하여 번뇌를 끊는다. 懺悔有二 一是迷心 依事懺悔 謂佛像前 行道禮敬發願 要期斷除事惡 二是智心 依理懺悔 謂觀身心 斷除結使"라고 하였다. 『유마경약소』 권10(대정장38, p.697b22)·『금광명경문구기』 권3(대정장39, p.115c21)·『석선바라밀차제법문』 권2(대정장46, p.485b29) 등에서는 대소승으로 작법참회(作法懺悔)·취상참회(取相懺悔)·무생참회(無生懺悔) 셋으로 구분하였는데, 그중 작법과 취상은 사참이고 무생은 이참이다. 〔참고문헌〕『天台四敎儀』, 『四分律行事鈔資持記』, 『法苑珠林』, 『維摩經略疏』, 『金光明經文句記』, 『釋禪波羅蜜次第法門』. ⇨ 이참 理懺, 사참 事懺, 삼종참회 三種懺悔[1], 참회 懺悔

이참정 李參政 ➡ 이병 李邴

이참회 理懺悔 이참(理懺)을 달리 이르는 말. 『왕생요집』 권중(대정장84, p.65b25)에 "다만 관불이나 염불만으로도 죄를 소멸할 수 있는데 무슨 이유로 다시 이참회를 닦는가? 直觀念佛 旣能滅罪 何故更修理懺悔耶"라고 하였다. 〔참고문헌〕『往生要集』. ⇨ 이참 理懺, 사참회 事懺悔, 이참사참 理懺事懺

이창문 二瘡門 요도와 항문. 대소변이라는 부정물(不淨物)이 새어나오는 신체의 두 부위. 〔참고문헌〕『有部律』 권1(대정장23, p.631a6). ⇨ 창문 瘡門

이처 二處 ❶ 의처(意處)와 법처(法處). 『집이문족론』 권4(대정장26, p.382c6)에 "무색계에 얽힌 3계·2처·4온은 제법중에 모든 탐이나 탐과 같은 것, 집착하여 가지거나 지키고, 탐착하고 애착하여 물드는 이들 모두를 무색애라 한다. 於無色界繫 三界 二處 四蘊 諸法中 諸貪等貪 執藏防護 耽著愛染 是謂無色愛"라고 하였다. 〔참고문헌〕『集異門足論』. ❷ 윤회하는 두 곳. 이취(二趣)라고도 한다. 『장아함경』 권19 「세기경 世記經」(대정장1, p.128a17)에 "나는 이들 삿된 견해에 물든 사람들은 반드시 두 곳으로 윤회한다고 말한다. 我說 此邪見人 必趣二處"라고 하였다. 〔참고문헌〕『長阿含經』. ⇨ 이취 二趣 ❸ 두 가지 상황. 볼 때와 보지 않을 때 등이다. 『중론』 권1 「관육정품 觀六情品」(대정장30, p.6a21)에 "눈은 색을 마주하지 않으면 볼 수 없고, 그때는 본다고 하지 않는다. 색을 마주해서야 본다고 한다. 그러므로 게송에서 '보지 못할 때는 보는 작용이 없는데, 어떻게 보는 것만으로 본다고 할 수 있겠는가?'라고 한 것이다. 또한 그 두 가지 사태 모두 법을 보는 일은 없다. 眼未對色 則不能見 爾時不名爲見 因對色 名爲見 是故偈中說 未見時無見 云何以見能見 復次 二處俱無見法"라고 하였다. 〔참고문헌〕『中論』.

이처 耳處 Ⓢ śrotra-āyatana, Ⓟ sota-āyatana, Ⓣ rna-ba'i-skye-mched. 십이처(十二處) 또는 외입처(外入處) 중 하나. 성처(聲處)과 만나 이식(耳識)을 일으키는 외처(外處)로서의 이근(耳根)을 가리키는 말. 『법온족론』 권10(대정장26, p.500a22)에 "무엇을 이처라고 하는가? 저 이근과 같다. 云何耳處 謂如耳根", 『품류족론』 권2(대정장26, p.699b1)에 "이처란 무엇인가? 귀를 말한다. 이 소리는 과거에 났고 지금 나고 있으며 앞으로 난다면, 이를 능히 듣는 이(能聞)와 저와 함께 하는 분(彼同分)이라 한다. 耳處云何 謂耳 是聲已正當 能聞及彼同分"라고 하였다. 〔참고문헌〕『法蘊足論』, 『品類足論』, *Abh-s.1.*, *Pañ-s.18.*, *MN.3.63.* ⇨ 이근 耳根, 십이처 十二處, 외입처 外入處

이처 異處 ❶ 처해 있는 곳이 다름. 『대지도론』 권48(대정장25, p.403b24)에 "보살마하살은 버려져 죽은 사람을 보게 되면, 뼈는 땅에 흩어져 있어 다리뼈는 저곳에 있고 팔뼈·넓적다리뼈·허리뼈·갈빗대·등골뼈·손뼈·목뼈·해골 등도 각각 다른 곳에 있음을 보아서 스스로 생각하길, '나의 몸도 이런 모습으로 이렇게 될 법이거늘 아직 이런 법에서 벗어나지 못하였네'. 菩薩摩訶薩 若見棄死人身 骨散在地 脚骨異處 膊骨髀骨 腰骨肋骨 脊骨手骨 項骨髑髏 各各異處 自念 我身如是相 如是法 未脫此法", 『중론』 권2(대정장30, p.19a5)에 "보는 것은 안근이고, 보이는 것은 색진이며, 보는 이는 아다. 이 세 가지는 각각 다른 곳에 있어서 결코 합할 때가 없다. 다른 곳이란 무엇인가? 눈은 몸에 있고, 색은 몸 밖에 있으며, '아'는 어떤 이는 몸 안에 있다고 하고, 어떤 이는 일체처에 편재한다고 한다. 그러므로 합은 없다. 見是眼根 可見是色塵 見者是我 是三事 各在異處 終無合時 異處者 眼在身內 色在身外 我者 或言在身內 或言遍一切處 是故無合"라고 하였다. 〔참고문헌〕『大智度論』, 『中論』. ❷ 걸식(乞食)을 하러 가지 않는 곳. 『제개장보살소문경』 권13(대정장14, p.738b24)에 "한 집에서 다른 한 집으로 차례대로 걸식하여 얻은 음식으로 만족할 줄 아는데, 이처만은 제외하고 모두 가지 않는다. 즉 이처란 사나운 개를 기르는 집, 송아지를 갓 나은 집, 정계를 파괴하여 축생에 떨어져 요란을 일으킬 이의 집, 남자·여인·동남·동녀 등이 모두 싫어하는 집 등이다. 이와 같은 곳들은 모두 다 멀리한다. 從一至一 次第行乞 所獲飮食 知量止足 唯除異處 而悉不往 謂異處者 惡犬畜家 及有新生犢子之舍 破壞淨戒 墮畜生中 能起嬈亂之者 若男若女 童男童女 共所嫌棄 如是等處 皆悉遠離"라고 하였다. 〔참고문헌〕『除蓋障菩薩所問經』.

이처기 異處起 Ⓢ deśa-antara-gamana, Ⓣ yul-gzhan-du-'gro-ba. 있던 곳이 아닌 다른 곳에서 일어나는 뜻. 십사종기(十四種起) 중 하나로, 이곳에서 죽어 저곳에 나는 뜻이다. 취이방(趣異方)이라고도 한역한다. 『대승장엄경론』 권11(대정장31, p.647a15)에 "이 두 게송은 열네 가지 기(起)로 내법의 제행이 찰나의 뜻임을 성립시킨다. 첫째는 초기다. 즉 최초에 자체가 생기는 것을 말한다. 둘째는 속기다. 즉 초찰나를 제한 나머지 찰나가 생기는 것을 말한다. … 열째는 무명기다. 즉 앞의 명처를 제한 나머지 처에 나는 것을 말한다. 열한째는 이처기다. 즉 이곳에서 죽어 저곳에 나는 것을 말한다. 열두째는 종기다. 즉 아라한을 제하고 최후의 오음생을 말한다. 열셋째는 무종기다. 즉 앞에서 제한 최후오음생을 말한다. 후생의 종자가 없기 때문이다. 열넷째는 상기다. 즉 해탈선에 들어간 이를 말한다. 정의 자재력 때문에 제행의 상이 일어난다. 此二偈 以十四種起 成立內法諸行 是刹那義 一者 初起 謂最初自體生 二者 續起 謂除初刹那 餘刹那生 … 十者 無明起 謂除前明處 所餘諸處生 十一者 異處起 謂此處死 彼處生 十二者 種起 謂除阿羅漢 最後五陰生 十三者 無種起 謂前所除最後五陰生 由後生種子無故 十四者 像起 謂入解脫禪者 定自在力故 諸行像生"라고 하였다. 〔참고문헌〕『大乘莊嚴經論』, *Sūtr.152.*

이처삼회 二處三會 두 곳에서 세 차례 행한 법회. 『법화경』을 영산(靈山)에서 두 번, 허공(虛空)에서 한 회 행한 법회를 말한다. 곧 초품부터 「보탑품 寶塔品」 중간까지는 영산회(靈山會)라 하고, 「보탑품」(대정장9, p.33c12)의 "큰 음성으로 사부대중에게 널리 알렸다. 大音聲普告四衆"는 구절부터 「신력품 神力品」 끝까지는 부처님께서 허공의 다보탑에 앉아 계시면서 신통력으로 대중도 허공에 머물도록 하였기에 허공회(虛空會)라 한다. 다시 「촉루품 囑累品」 이하는 탑에서 나와 다시 돌아가 설법하셨기에 우영산회(又靈山會) 또는 복영산회(復靈山會)라 한다. 『법화경문구기전난』 권4(卍속장46, p.526b13)에 "이처삼회 : 첫 회는 영산, 두 번째는 허공, 세 번째는 다시 영산이다. 二處三會 一 靈山 二 虛空 三 又靈山", 『불조강목』 권3(卍속장146, p.384b16)에 "부처님께서 『법화경』을 설하시며 모두 두 곳에서 세 차례 법회를 펼쳤다. 처음에는 영산에서 그 다음에는 허공에 올라 마지막으로 다시 영산으로 돌아와서 행하였다. 佛說 法華經 凡二處三會 始在靈山 次升虛空 後復還靈山"라고 하였다. 〔참고문헌〕『法華經』, 『法華經文句記箋難』, 『佛祖綱目』. ⇨ 법화이처삼회 法華二處三會

이처십종선교 二處十種善巧 이처(二處)의 열 가지 선교(善巧). 행처(行處)와 주처(住處)의 장애를 여읠 수 있는 정(定)의 여섯 가지 선교방편과 사택(思擇)의 네 가지 선교방편을 말한다. 『유가사지론』 권20(대정장30, p.394b11)에 "또한 이 (행처와 주처의) 두 가지 장애는 모두 두 가지 인연으로 멀리 여읠 수 있음을 알아야 한다. 첫째는 자주 여러 정들을 즐기는 것이고, 둘째는 자주 여러 사택하는 것이다. 자주 여러 정들을 즐기는 것에는 대략 여섯 가지가 있다. 곧 만약 이미 삼마지를 얻었으나 아직 원만도 자재도 얻지 못했다면 그는 지·거·사(止擧捨)의 세 가지 선교를 닦고 익혀야 하니, 이것에 의해 자주 여러 정들의 즐거움이 일어나기 때문이다. 만약 삼마지에서 이미 원만도 자재도 얻었어도 그는 정에 들어가고(入) 머무르며(住) 나오는(出) 세 가지 선교를 닦고 익혀야 하니, 이것에 의하여 자주 여러 정의 즐거움이 일어나기 때문이다. 又此二障 當知總有二種因緣 能爲遠離 一 多諸定樂 二 多諸思擇 多諸定樂 應知略有六種 謂若有已得三摩地 而未圓滿未得自在 彼應修習止擧捨三種善巧 由此發生多諸定樂 若有於三摩地已得圓滿 亦得自在 彼應修習入住出定三種善巧 由此發生多諸定樂", "자주 여러 사택하는 것이란 무엇인가? 승선의 혜를 사택이라고 하며, 이 혜에 의지하므로 밤낮으로 자기가 가진 모든 선법이 증장함을 여실히 알고, 불선법증장도 여실히 알고, 선법의 쇠퇴도 여실히 알며, 불선법쇠퇴 또한 여실히 안다. 또한 저 밤낮의 경우와 같이, 행하거나 머물거나 간에 의복 음식과 목숨을 유지하는 연들을 가까이 익힌다. 가까이 익히기에 불선법증장과 선법의 쇠퇴와, 혹은 선법증장과 불선법쇠퇴를 모두 여실히 안다. 곧 이러한 사택을 의지로 삼기에 생겨나는 모든 불선법에 대하여 방편도리에 완고하게 집착하지 않으므로 내쫓아 멀리 여읜다. 云何名爲多諸思擇 謂勝善慧 名爲思擇 由此慧故 於晝夜分自已所有善法增長如實了知 不善法增長 如實了知 善法衰退 如實了知 不善法衰退 如實了知 又彼如於晝夜 若行若住 習近衣服飮食命緣 由習近故 不善法增長 善法衰退 或善法增長 不善法衰退 皆如實了知 卽此思擇爲依止故 於所生起諸不善法由不堅著方便道理 驅擯遠離 於諸善法 能勤修習", "모든 선법에 대하여 이와 같이 이처에서 열 가지 선교를 부지런히 닦고 익혀서 이처소의 열한 가지 장애를 끊어버리며 생겨나는 대로 곧바로 여의는 것을 장애를 멀리 여의는 것이라고 한다. 如是二處十種善巧 於二處所十一種障能令斷滅 隨所生起 卽便遠離 如是名爲 遠離障礙滅"라고 하였다. 〔참고문헌〕『瑜伽師地論』.

이천 二天 두 하늘(天). ❶ 동생천(同生天)과 동명천(同名天). 사람이 태어날 때 함께 나고 이름도 같지만 항상 보이지 않게 따르기에 이렇게 부른다. 80권본 『화엄경』 권60(대정장10, p.324a12)에 "저 사람이 태어난 후에 두 하늘이 항상 서로 뒤따른다. 하나는 동생이고 또 하나는 동명이다. 하늘은 항상 사람을 살피지만 사람은 하늘을 볼 수 없다. 如人生已 則有二天 恒相隨逐 一曰 同生 二曰 同名 天常見人 人不見天"라고 하였다. 〔참고문헌〕『華嚴經』. ⇨ 동명신 同名神, 동생신 同生神 ❷ 범천(梵天)과 제석천(帝釋天). 『부자합집경』 권3(대정장11, p.925a18)에 "그때 사바세계주인 대범천왕은 여래의 좌측에 있고, 제석천주는 여래의 우측에 있었다. 時 娑婆世界主 大梵天王 在如來左 帝釋天主 居如來右"라고 하였다. 〔참고문헌〕『父子合集經』, 『給孤長者女得度因緣經』 권3(대정장2, p.851b25). ⇨ 범천 梵天, 제석천 帝釋天 ❸ ➡ 이왕존 二王尊

이천 履踐 몸소 밟다. 실천하다. 『대반야경』 권455(대정장7, p.297b13)에 "나는 마땅히 견뎌 참으리라. 길이나 다리처럼 오랫동안 일체유정들이 밟더라도. 我應堪忍 一切有情 長時履踐 猶如道路 亦如橋梁", 『유마의기』 권4(대정장38, p.513c2)에 "여래께서 가신 발자취를 몸소 밟아가는 것이 십지상에서 얻는 이익이다. 履踐如來所行之跡 是十地上所得益也", 『운문광록』 권상(대정장47, p.548c22)에 "학인이 물었다. '소식마저 끊긴 자리에서 어떻게 실천해야 합니까?' '삼십년 후에나 … ' '지금은 어떻게 해야 합니까?' '함부로 어지럽히지 마라'. 問 絶消息處 如何履踐 師云 三十年後 進云 秖今如何 師云 莫亂統"라고 하였다. 〔참고문헌〕『大般若經』, 『維摩義記』, 『雲門廣錄』.

이천문 二天門 두 하늘이 지키는 문. 절의 중문 좌우에 이천(이왕)이 수호하는 문. 『계족산지』 권2(中國佛寺史志彙刊81, p.173a2)에 "염불석 : 이천문 위에 자리잡아 그 꼭대기에 가부좌할 만하다. 절을 찾아 수행하는 비구 중에 정토를 닦는 이들은 일찍이 그 위에 묵묵히 앉아 아미타불을 칭념하였다. 念佛石 在二天門上 頂可趺坐 朝山比丘 修淨土者 嘗於其上 默坐念彌陀焉"라고 하였다. 〔참고문헌〕『雞足山志』. ⇨ 이왕존 二王尊

이천보현행법 二千普賢行法 보혜(普慧)보살이 이백가지 묻고 보현보살이 이천가지로 답한 일. 이천행법(二千行法)·이천행문(二千行門)이라고도 한다. 『원각경대소석의초』 권5(卍속장14, p.607b9)에 "이천행법이란 여덟 번째 한 회다. 보혜보살이 이백가지로 묻고 보현보살이 이천가지로 답하였으니, 하나의 물음에 열 가지로 답한 것을 말한다. 二千行法者 卽彼第八一會 謂普慧菩薩發二百問 普賢菩薩以二千答 問一答十故", 『화엄경탐현기』 권17(대정장35, p.421b23)에 "앞서의 이백문 낱낱에 모두 십문으로 답하였기에 이천행법이 있다. 이러한 이천보현행법을 풀면 대략 오문이 된다. 첫째 인과를 잡았고, 둘째 행위를 나누며, 셋째 널리 그리고 달리 드러내고, 넷째 서로 거둠을 밝히며, 다섯째 행상을 분별하였다. 於前二百門 一一皆以十門答故有二千行法 釋此二千普賢行法 略作五門 一 約因果 二 分行位 三 顯普別 四 明互攝 五 辨行相"라고 하였다. 〔참고문헌〕『圓覺經大疏釋義鈔』, 『華嚴經探玄記』.

이천삼선 二天三仙 두 하늘과 세 신선들. 『지관보행전홍결』 권10(대정장46, p.434a22)에 "모든 외도가 헤아린 바 이천과 삼선을 넘지 못한다. 一切外人所計 不過二天三仙"라고 하였다. 〔참고문헌〕『止觀輔行傳弘決』. ⇨ 삼선 三仙❶, 삼선이천 三仙二天

이천세계 二千世界 Ⓢ dvi-sāhasra-loka-dhātu, dvi-sāhasro madhyamo loka-dhātuḥ, Ⓟ dvi-sahassī majjhimikā loka-dhātu, Ⓣ stong-gnyis-kyi-'jig-rten-gyi-khams, stong-gnyis-pa-bar-ma'i-'jig-rten-gyi-khams. 천 개의 세계에 다시 천세계(千世界)가 있음. 중천세계(中千世界)라고도 한다. 하나의 천하와 일월, 그리고 수미산에서부터 타화자재천(他化自在天)까지를 하나의 세계라고 하는데, 이것이 천 개 있는 세계를 천세계라 하고, 천세계가 천 개 있는 세계를 이천세계라고 부른다. 천 개의 이천세계를 삼천세계(三千世界) 또는 삼천대천세계(三千大千世界)라고 한다. 『증일아함경』 권9(대정장2, p.590b10)에 "다시 저 천 개의 천하와 천 개의 일월, 그리고 천 개의 수미산 … 천 개의 타화자재천이 있으니 이를 천세계라고 한다. 이천세계에 이르면 이를 중천세계라 하고, 삼천세계에 이르면 이를 삼천대천세계라고 한다. 復有如千天下 千日月 千須彌山 … 千他化自在天 此名千世界 乃至二千世界 此名中千世界 乃至三千世界 此名三千大千世界", 『법문명의집』(대정장54, p.204b11)에 "삼계중생은 이와 같은 차제로 천 개의 수미산과 사천하에서 천 개의 비상비비상천까지다. 하나의 대철위산으로 둘러싸여 있으면 소천세계라 한다. 소천의 철위산의 수가 천이 되면 다시 대철위산이 그것을 둘러싸서 중천세계라 하고, 또 이천세계라고도 한다. 三界衆生如是次第有千須彌山四天下 乃至千非想非非想天 有一大鐵圍山繞之 名爲小千世界 卽以小千鐵圍爲數至千 復有大鐵圍繞之 名爲中千世界 亦名二千世界"라고 하였다. 〔참고문헌〕『增壹阿含經』, 『法門明義集』, *Abh-k-bh.171.*, *Bodh-bh.41.*, *Mvyut.154.*, *AN.1.228.* ⇨ 중천세계 中千世界, 삼천대천세계 三千大千世界, 소천세계 小千世界, 수미산 須彌山, 철위산 鐵圍山, 삼계구지 三界九地, 천 天

이천장암리마애보살반가상 利川長巖里磨崖菩薩半跏像 고려 초기 마애보살상. 보물 제982호. 높이 320cm. 경기도 이천시 마장면 장암리 절터 바위면에 조각되어 있다. 바위 뒷면의 명문에 따르면, 태평흥국(太平興國) 6년(981)에 20명의 향도에 의해 조성되었다고 한다(太平興國六年 辛巳 二月 十三日 元□□道俗香徒等二十人 上道). 왼발을 오른쪽 다리 위에 올려 놓고 오른발은 연화족좌(蓮花足座) 위로 내리고 있는 반가좌의 자세를 하고 있으나 전형적인 반가상과는 다리의 위치가 반대로 되어 있다. 머리에는 작은 화불이 표현된 원통형의 보관을 쓰고 있다. 몸에는 여래식의 옷을 입고 있는데 어깨부터 다리까지 일정한 간격을 두고 형식적인 띠주름이 간략하게 새겨져 있다. 오른손은 가슴 앞으로 올려 꽃가지를 들고 있다. 화불과 꽃가지는 관음보살의 도상적 특징이나 반가좌는 미륵보살이 주로 취하는 자세이므로 정확한 존명을 알 수 없다. 조성연대를 알 수 있다는 점에서 고려 초기 마애불상으로 중요한 자료라 할 수 있다. 〔참고문헌〕『韓國金石全文』 中世上 p.429.

이천장암리마애보살반가상

이철 異轍 달리 밟아간 자취. 법도·이치·학파 등이 다르다는 뜻이다. 『중허마하제경』 권10(대정장3, p.961b18)에 "저는 본래 수행하길 형에 의지해 가르침 받았고, 저의 제자들에 이르기까지도 모두 달리 밟은 자취는 없습니다. 我本修行 依兄指授 乃至弟子 咸無異轍", 『화엄경소』 권36(대정장35, p.783c1)에 "대승종 중에는 다른 자취가 없다. 만일 상을 모아 성으로 돌아간즉 여덟 가지 정의 숲으로 나뉘졌다한들 모두 다 공이다. 大乘宗中 亦無異轍 若會相歸性 則八定支林 一切皆空", 『화엄경소초』 권61(대정장36, p.486a24)에 "다른 자취가 없다는 말은 모든 교설에 통한다는 뜻이다. 無異轍者 卽通諸敎", 『광홍명집』 권29(대정장52, p.336c18)에 "청정한 하나의 도에는 다른 자취가 없지만, 오직 철인이라야 능히 다 드러내고 품어도 저 돌 물에 던지듯이 마음에 거스름 없다. 淸淨一道 無有異轍 唯有哲人 乃能披襟 如石投水 莫逆於心"라고 하였다. [참고문헌] 『衆許摩訶帝經』, 『華嚴經疏』, 『華嚴經疏鈔』, 『廣弘明集』.

이철 羸惙 고달프고 걱정스럽다. 여리고 쇠약하다. 『잡아함경』 권47(대정장2, p.346b13)에 "질병으로 괴롭고 기력은 여리고 쇠약하다. 疾病困苦 氣力羸惙", 『일체경음의』 권43(대정장54, p.596c18)에 "이철〈이는 여와 열을 반절한 음이다. 『성류 聲類』에 '철은 호흡이 짧은 모양. 철은 근심이라는 뜻이기도 하다'라고 하였다〉. 羸惙〈如劣反 聲類 惙 短氣貌也 惙 亦憂也〉", 『석가보』 권3(대정장50, p.67a9)에 "이들 범지는 바람을 마시고 기를 먹고 살아 기력이 여리고 쇠약함에도 여전히 음욕은 남아 있어 허물 또한 사라지지 않았다. 此等梵志 服風食氣 氣力羸惙 猶有婬欲 過患不除"라고 하였다. [참고문헌] 『雜阿含經』, 『一切經音義』, 『釋迦譜』.

이철위산 二鐵圍山 소철위산과 대철위산. 두 산 사이에 8대지옥이 있다. 철위산은 수미산(須彌山)을 둘러싸고 있는 아홉 개의 산 중 가장 마지막에 위치한 산이다. 삼천대천세계(三千大天世界)를 가장 밖에서 감싸고 있는 산이 대철위산이고, 소천계(小千界)를 둘러싸고 있는 산은 소철위산이다. 『기세경』 권4(대정장1, p.330b9)에 "염부주 남쪽 두 철위산 밖에 염마왕의 궁전이 자리잡고 있다. 當閻浮洲南 二鐵圍山外 有閻魔王 宮殿住處"고 하였다. 두 철위산 사이에 8대지옥이 있다는 설은 『증일아함경』 권34(대정장2, p.736a16) 등에 보인다. 선문(禪門)에서도 분별의 장막에 갇혀버린 뜻으로 등장한다. 『오조법연어록』 권중(대정장47, p.659c27)에 "법좌에 올라 남전이 '문수와 보현이 어젯밤 삼경에 부처라는 견해와 법이라는 견해를 일으켜 각각 20방을 때려서 두 철위산 향해 내쳤다'라고 들어서는 '나라면 큰 자비를 베풀겠다'고 하고서는 바로 박수를 치고 '만수실리(문수)여, 보현대사여! (그 지옥에서) 어떠십니까, 어떠십니까? 이 다음에 다시 몽둥이맛을 감당할 수 있겠습니까?'라고 한 뒤 스스로 말했다. '한 번 뱀에게 물려 상처를 입으면 끊어진 두레박줄만 보아도 놀란다'. 上堂 擧南泉云 文殊普賢 昨夜三更 起佛見法見 各與二十棒 貶向二鐵圍山 白雲則具大慈悲 遂拍手云 曼殊室利 普賢大士 不審 不審 今後更敢也無 自云 一度被蛇傷 怕見斷井索", 『완릉록』(대정장48, p.385a25)에 "유견과 무견, 그리고 상견과 단견이 문득 두 철위산이 된다. 견이라는 장막에 갇혀버리기 때문이다. 有見無見 常見斷見 便成二鐵圍山 被見障故", 『경덕전등록』 권27 「제방잡거징염대별어 諸方雜擧徵拈代別語」(대정장51, p.436b25)에 "오운지봉(五雲志逢)이 말했다. '어디란 말인가, 두 철위산이 있는 곳. 알겠는가? 지금 누군가 부처다 법이다 견을 일으킨다면 내가 그대에게 차 두 잔을 끓여 주겠다. 생각해 보라. 그에게 상을 내린 것인가, 벌을 준 것인가? 경의 뜻과 같은가, 경의 뜻과 다른가?' 五雲曰 什麽處 是二鐵圍山 還會麽 如今若有人 起佛法之見 吾與烹茶兩甌 且道 賞伊罰伊 同敎意 不同敎意"라고 하였다. [참고문헌] 『起世經』, 『增壹阿含經』, 『五祖法演語錄』, 『宛陵錄』, 『景德傳燈錄』. ⇨ 철위산 鐵圍山

이철청 耳徹聽 귀로 사무쳐 다 들음. 모든 소리를 막힘없이 듣는 귀의 뜻으로, 색계천(色界天)의 이근(二根)을 얻어 걸림 없이 듣는 신통력. 육신통 중 천이통(天耳通)을 말하며, 천이철청(天耳徹聽)이라고도 한다. 『중본기경』 권2(대정장4, p.161b5)에 "가섭비구도 육신통을 얻었다. … 세 번째는 이철청이다. 迦葉比丘 亦得六通 … 三者 耳徹聽", 『장아함경』 권18 「세기경 世記經」(대정장1, p.114b12)에 "그때 세존께서는 한정처에서 모든 소리를 막힘없이 듣는 천이로 비구들이 식후에 강당에 모여 이와 같이 주고받는 이야기를 들으셨다. 爾時 世尊 於閑靜處 天耳徹聽 聞諸比丘 於食後集講堂上 議如此言"라고 하였다. [참고문헌] 『中本起經』, 『長阿含經』. ⇨ 천이통 天耳通, 육신통 六神通

이첨존선사어록 爾噡尊禪師語錄 이첨달존(爾噡達尊 1609~1664)의 어록. 본개(本開)·본건(本虔) 공편. 2권. 청나라 때인 1666년(강희5) 간행. 가흥장27, pp.565a1~583a28, No.B200에 수록되어 있다. 임제종 산자통제(山茨通際)의 법을 계승한 이첨선사의 상당(上堂)·시중(示衆)·염고(拈古)·송고(頌古)·게(偈)·찬(贊)·서(書)·불사(佛事)·잡저(雜著)로 구성되어 있다. 권말에 수전광수(秀錢光繡)가 지은 탑명(塔銘)이 붙어 있다. ⇨ 달존 達尊

이청 二請 말로 청하는 언청(言請)과 마음으로 청하는 염청(念請). 『화엄경소』 권1(대정장35, p.506c11)에 따르면 다음과 같다. 첫째, 언청은 말로써 법을 청해 열린 법회로 『화엄경』 제1회 「삼매품 三昧品」과 보현보살

(普賢菩薩)이 거듭 청한 「세계성취품 世界成就品」·「화장세계품 華藏世界品」·「비로자나품 毘盧遮那品」 등 세 품이고, 둘째 말없이 오로지 상념으로만 법을 알고자 하여 열린 제2회 「여래명호품 如來名號品」이다. 세존께서 모든 보살이 마음에 품은 생각을 아시고 그들에게 신통을 드러내 보이신 인연 등을 가리킨다. 『화엄경문의강목』(대정장35, p.498c13)에 "무릇 청하는 질문을 말하면 두 가지가 있다. 첫째는 언청이고, 둘째는 염청이다. 답에도 두 가지가 있다. 첫째는 언설에 의한 답이고, 둘째는 상을 나투어 보이는 응답이다. 泛論請問有二 一 言請 二 念請 答亦有二 一 言說答 二 示相答"라고 하였다. 〔참고문헌〕『華嚴經疏』, 『華嚴經文義綱目』. ⇨ 염청 念請

이청 二聽 두 귀. 또는 천이(天耳)와 인이(人耳). 『조론』 「열반무명론 涅槃無名論」(대정장45, p.157c9)에 "오목(五眼)으로는 그 모습 볼 수 없고, 두 귀로도 그 울림 듣지 못하네. 五目不覩其容 二聽不聞其響", 『조론소』 권하(대정장45, p.192b28)에 "이청은 두 귀이다. 또는 천이와 인이이다. 오목으로도 그 모습 볼 수 없다는 말로 형이 없음을 밝히고, 두 귀로도 그 소리 듣지 못한다는 말로 소리마저 없음을 밝힌다. 열반의 길은 소리도 색도 아니라는 말이다. 二聽兩耳也 又天耳人耳也 五目不覩其形 明無形也 二聽不聞其響 明無聲也 言涅槃之道 非色聲也", 『설두어록』 권1(대정장47, p.669c28)에 "뭇 마구니들 이로부터 간담이 찢어지고, 천성은 이로 말미암아 눈을 뜬다. 참으로 두 귀 온전치 못한 듯하니 아무리 천둥 벼락쳐도 느낄 수 없고, 버려진 뿌리가 시들려 하면 봄비가 쏟아져도 적실 수 없다. 衆魔從玆膽裂 千聖由是眼開 其如二聽不圓 震迅雷而莫覺 孤根將敗 霈春雨以非滋"라고 하였다. 〔참고문헌〕『肇論』, 『肇論疏』, 『雪竇語錄』.

이체 二體 **1** 이승(二乘). 일승(一乘)의 상대어다. 『묘법연화경우파제사』 권하(대정장26, p.6b5)에 "이체가 없다는 것은, 무량승은 오직 일불승일 뿐이니 이승이 없기 때문이다. 無二體者 謂無量乘 唯一佛乘 無二乘故"라고 하였다. 〔참고문헌〕『妙法蓮華經憂波提舍』. ⇨ 이승 二乘, 일승 一乘 **2** 차별(差別)의 뜻으로 무차별(無差別), 즉 평등(平等)의 상대어다. 『석마하연론』 권6(대정장32, p.643b17)에 "능증의 정지와 소증의 여리는 평등한 일체이니, 차별이 없기 때문이다. 일체이기에 이체가 없으며, 이체가 없기에 일체마저 없다. 둘도 없고 하나도 없으니, 무마저 없을 따름이다. 이런 뜻으로 자연본성은 공덕을 다 갖추어서 다른 힘을 빌리지 않는다. 能證正智 所證如理 平等一體 無差別故 以一體故 無有二體 無二體故 亦無一體 無二無一 亦無無耳 以此義故 自然本性 具足功德 不假他力"라고 하였다. 〔참고문헌〕『釋摩訶衍論』. ⇨ 평등 平等 **3** 상키야(Ⓢ Sāṃkhya : 數論)에서 말하는 미세체(微細體)와 추체(麤體). 『금칠십론』 권하(대정장54, p.1259a25)에 "체상에는 두 가지가 있으니, 자성·각·만·오유를 미세체상이라 하고, 오유로부터 생긴 것과 십일근이 상응하여 일어나는 것을 추체상이라고 한다. 體相有二種 自性 覺 慢 五唯 名微細體相 從五唯所生 與十一根相應起者 名麤體相"라고 하였다. 〔참고문헌〕『金七十論』. ⇨ 팔유 八有

이체 理體 이(理)로서의 바탕. 일체지(一切智)의 바탕이며 법신(法身)의 뜻이고, 고요함(寂)이라 하지만 일체(一切)가 일어나 움직임에도 여읜 적이 없는 뜻이다. 『저리염송비밀법』 권상(대정장21, p.15a12)에 "부처님의 깊은 뜻을 터득한 사람이라면 진실하고 변함없는 행에 머물게 되니, 드러내는 행위마다 모두 이체에 들고 일체지의 지로 쓰는 마음과도 같다. 若人得佛深意者 當住眞常之行 諸有所作 皆入理體 同於一切智智之心", 『천태사교의』(대정장46, p.780a18)에 "수행의 위차에 따르면 낮은 곳에서 깊은 위에 이르므로 여섯 가지라 하지만, 실현된 이체라면 위위가 둘이 없으므로 즉이라 한다. 約修行位次 從淺至深 故名爲六 約所顯理體 位位不二 故名爲卽", 『사교의주휘보보굉기』 권2(卍속장102, p.355a10)에 "이체인 법신은 중생에게 있다고 줄지 않으며 모든 부처들에게 있다고 더하지도 않는다. 理體法身 在衆生不減 諸佛不增", 『아미타경소초연의』 권1(卍속장33, p.581a8)에 "정만 있고 혜가 없으면 어리석은 선이고, 아무 생각도 없는 지경에 떨어지면 외도가 된다. 그러므로 이체 비록 고요하다 하지만 행을 일으키고 이름을 가짐에 방해되지 않으니, 환으로 환을 닦고 쐐기로 쐐기를 뽑을 뿐이다. 환이 다해 깨달음 원만해지면 이에 비로소 진실의 고요함으로 돌아간다. 有定無慧 名曰癡禪 若墮無想 則成外道 故理體雖寂 不妨起行持名 以幻修幻 以楔出楔 幻盡覺圓 乃歸眞寂也", 『마하지관의례수석』 권4(卍속장99, p.917b15)에 "이체로 말하자면 봄을 떠나서 그침 없고 그침을 떠나서 봄이 없으니, 어찌 무생문에 유독 봄만 있고 그침은 없겠는가! 若論理體 離觀無止 離止無觀 豈無生門 唯觀無止耶"라고 하였다. 〔참고문헌〕『底哩念誦祕密法』, 『天台四敎儀』, 『四敎儀註彙補輔宏記』, 『阿彌陀經疏鈔演義』, 『摩訶止觀義例隨釋』.

이체 異體 **1** ➡ 이체문 異體門 **2** 다른 체. 『첨품법화경』 권3(대정장9, p.155a21)에 "모든 법은 평등하게 공이니, 다른 체가 있을 리 없다. 諸法平等空 無有異體者", 『이제의』 권하(대정장45, p.108c8)에 "이제가 다른 체라는 말은, 유는 속의 체이고 공은 진의 체다. 도리에 두 가지가 있다고 보면 이것은 이견에 속박된 중생이다. 지금은 이를 대치하고자 둘이 아닌 중도가 체임을 밝힌다. 二諦異體者 有爲俗體 空爲眞體 道理有二 則是二見衆生 今對此故 明不二中道爲體"라고 하였다. [참고문헌] 『添品法華經』, 『二諦義』.

이체동심 異體同心 다른 몸에 같은 마음. 『속화엄경약소간정기』 권2(卍속장5, p.83a2)에 "다섯째는 일심의 평등이다. 이는 부처님은 산경이 아님을 밝힌다. 곧 다른 몸에 같은 마음이 전후로 빈틈없으니 안근과 안식을 비롯한 연들이 바뀌지 않기에 일이라고 한다. 五一心等 明佛非散境 謂異體同心 前後無間 眼意根識 幷緣不易故 謂之一"라고 하였다. [참고문헌] 『續華嚴經略疏刊定記』. ⇨ 일심법계 一心法界

이체문 異體門 체를 달리 보아 연 문. 서로 들어가는 상입(相入)과 서로 맞서는 상즉(相卽)의 뜻으로 연다. 동체문(同體門)과 대칭한다. 『화엄오교장복고기』 권3하(卍속장103, p.552b2)에 "이체문 중에 또 두 문이 있다. 첫째는 일 중에 다이고 다 중에 일이며(상입문), 둘째는 일 그대로 다이고 다 그대로 일이다(상즉문). 異體門中 復有二門 一者 一中多 多中一 二者 一卽多 多卽一"라고 하였다. [참고문헌] 『華嚴五敎章復古記』. ⇨ 동체문 同體門, 동체문이체문 同體門異體門

이체삼보 理體三寶 이체를 삼보로 삼은 뜻. 『사분율행사초비』 권13(卍속장68, p.16b15)에 "삼보는 모두 네 가지로 구분한다. 첫째 이체삼보는 오분법신을 불보로 삼고, 적멸의 리인 무위로 법보를 삼으며, 성문·유학·무학의 공덕이 승보다. 總有四別 一 理體三寶者 如五分法身爲佛寶 滅理無爲是法寶 聲聞學無學功德是僧寶"라고 하였다. [참고문헌] 『四分律行事鈔批』. ⇨ 사종삼보 四種三寶, 삼보 三寶❶

이체상입 異體相入 체를 달리해 서로 들이는 뜻. 제법(諸法)이 자성을 달리해 일(一)과 다(多)로 서로 인과 연이 되어 어울려 유력(有力)과 무력(無力)으로 들지만 걸림없는 뜻이다. 화엄(華嚴)의 법계연기(法界緣起)를 밝히는 문 중에 하나다. 『화엄경소』 권2(대정장35, p.516b10)에 "(법계연기의 열 가지 문 가운데) 네 번째, 이체상입의 뜻이다. 모든 문의 역용이 번갈아 서로 의지하며 서로 형상을 빼앗기에 각자 전적으로 유력하거나 전적으로 무력한 뜻으로 연기 비로소 성취됨을 말한다. 저 논에서 '인은 스스로 나지 못하니 연하여 나기 때문이며, 연은 스스로 일어나지 못하니 인으로 일어나기 때문이다'라고 한 말과 같다. 만일 각자 오로지 유력이어서 무력이 없다면 다수의 과라는 허물이 있게 되니, 하나하나가 각각 생하기 때문이다. 반면에 각자 무력하고 유력이 없다면 과가 있을 수 없게 되는 허물이 있게 되니, 연이 아닌 존재와 같아서 함께 나지 못하기 때문이다. 그러므로 연기는 반드시 서로 의지하여 유력과 무력을 다 갖추어야 한다. 마치 하나의 연이라도 빠지면 일체가 성립하지 못하는 이치와 같으니 나머지도 이와 같다. 四 異體相入義 謂諸門力用 遞相依持 互形奪故 各全有力 全無力義 緣起方成 如論云 因不生緣生故 緣不生自因生故 若各唯有力無無力 則有多果過 一一各生故 若各唯無力無有力 則有無果過 以同非緣 俱不生故 是故緣起要互相依 具力無力 如闕一緣 一切不成 餘亦如是", "이 때문에 일(一)이 능히 다(多)를 가지면 일은 유력하여 다를 갖게 되고 다는 일에 의지하니 다는 무력하여 일 안에 잠겨든다. 일의 유력이 결코 다의 유력과 함께하지 못하기에 다를 거두지 못하는 일은 없다. 또한 다의 무력은 결코 일의 무력과 함께하지 못하기에 일도 들어가지 못하는 다는 없다. 마치 일이 다를 가져 이미 의지함이 그러하듯이, 다가 일을 가져 의지함도 마찬가지다. 위 문을 돌이켜 생각하라. 是故 一能持多 一是有力 能持於多 多依於一 多是無力 潛入一內 由一有力 必不與多有力俱 是故無有一 而不攝多也 由多無力 必不與一無力俱 是故無有多 而不入一也 如一持多依旣爾 多持一依亦然 反上思之", "일로 다를 바라볼 경우, 의지도 있고 유지도 있어 전적으로 유력하거나 무력하니, 항상 다를 자기 안에 품어 있게 하거나 자기 중에 있게 하거나 그윽이 잠겨들어 자기가 다 중에 있어 동시에 걸림이 없다. 다로 일을 바라볼 경우도 이와 같음을 마땅히 알라. 함께 같이 있거나 둘 다 쌍으로 사라지니 두 구가 걸림없음을 생각해 보라. 如一望多 有依有持 全力無力 常含多在己中 潛入己在多中 同時無礙 多望於一 當知亦爾 俱存雙泯 二句無礙 思之"라고 하였다. [참고문헌] 『華嚴經疏』, 『華嚴經疏鈔』 권11(대정장36, p.83b29). ⇨ 법계연기 法界緣起, 이체상즉 異體相卽, 동체상입 同體相入, 상즉상입 相卽相入, 인연 因緣, 일다상용부동문 一多相容不同門

이체상즉 異體相卽 체를 달리해 일(一)과 다(多)로 서로 맞서지만 유체(有體)와 무체(無體)로 어울려 걸림없는 뜻이다. 법계연기(法界緣起)를 밝히는 문 중에 하나다. 『화엄경탐현기』 권1(대정장35, p.124b18)에 "(법계연기의 열 가지 문 가운데) 다섯 번째, 이체상즉의 뜻이다. 모든 연이 서로 바라보니 체는 온전하지만 형상은 빼앗겨 유체와 무체의 뜻이 있게 되면 연기가 비로소 성립됨을 말한다. 만일 하나의 연이라도 부족하면 나머지 일어날 수 없고, 일어나지 못하기에 연의 뜻 바로 무너진다. 이 하나의 연을 얻어야 일체가 연기를 이루도록 하니, 연기가 이루어지므로 연의 뜻도 비로소 성립된다. 五 異體相卽義 謂諸緣相望 全體形奪 有有體無體義 緣起方成 以若闕一緣 餘不成起 起不成故 緣義卽壞 得此一緣 令一切成起 所起成故 緣義方立", "그러므로 일(一)이라는 연이 일어나면 다(多)라는 연과 과도 모두 일어나게 된다. 이러한 이상 다는 일을 성취하게 하지만 다는 체가 없고, 일은 다를 능히 만들어 내기에 일에는 체가 있다. 일에 체가 있음으로 말미암아 결코 다에 체가 있음과 함께할 수 없고, 다에 체가 없으니 결코 일에 체가 없음과도 함께 할 수 없다. 그러므로 다와 무관한 일은 없고, 일과 무관한 다는 없다. 일을 중심으로 한 다가 그러하니 다를 중심으로 한 일 또한 그러하다. 돌이켜 생각해 보라. 是故 一緣是能起 多緣及果 俱是所起 是卽多爲一成 多是無體 一能作多 一是有體 由一有體 必不得與多有體俱 多無體 必不得與一無體俱 是故 無有不多之一 無有不一之多 一多旣爾 多一亦然 反上思之", "일로 다를 바라볼 경우 유체와 무체가 모두 있으므로 타자(다)를 거두어 자기와 같이 하거나, 자신을 버리고 타자와 함께 함이 동시에 걸림없다. 다로 일을 바라볼 경우도 이와 같다고 알라. 전에 준하여 생각하라. 함께 하거나 한 쌍으로 사라지기도 하니 두 구에 걸림없다. 이 또한 생각하면 알 수 있다. 如一望多 有有體無體 故能攝他同己 廢己同他 同時無礙 多望於一 當知亦爾 准前思之 俱存雙泯 二句無礙 亦思之可見"라고 하였다. 〔참고문헌〕『華嚴經探玄記』, 『華嚴經疏』 권2(대정장35, p.516b25), 『華嚴經疏鈔』 권11(대정장36, p.84b20). ⇨ 법계연기 法界緣起, 이체상입 異體相入, 동체상즉 同體相卽, 상즉상입 相卽相入, 일다상용 一多相容

이촉 二觸 ❶ 증어촉(增語觸 Ⓢ adhivacana-saṃsparśa)과 유대촉(有對觸 Ⓢ pratigha-saṃsparśa). 『구사론』 권10(대정장29, p.52c5 : *Abh-k-bh.*, p.143)에 "안촉 등 오촉을 유대라고 한다. 상대하는 근이 있어 의지처로 하기 때문이다. 여섯 번째인 의촉을 증어촉이라고 한다. 왜냐하면 특별한 말을 이름이라고 하기 때문이다. 眼等五觸 說名有對 以有對根爲所依故 第六意觸 說名增語 所以然者 增語謂名 cakṣuḥśrotraghrāṇajihvākāyasaṃsparśāḥ pañca pratighasaṃsparśa ity ucyate. sapratighendriyāśrayatvāt. manaḥsaṃsparśaḥ ṣaṣṭhaḥ so 'dhivacanasparśa ity ucyate. kiṃ kāraṇaṃ adhivacanam ucyate nāma", 『발지론』 권15(대정장26, p.996b15)에 "무엇이 유대촉인가? 〔답〕 오식신과 상응하는 촉이다. 어떤 것을 증어촉이라고 하는가? 〔답〕 의식신과 상응하는 촉이다. 云何有對觸 答 五識身相應觸 云何增語觸 答 意識身相應觸"라고 하였다. 〔참고문헌〕『俱舍論』, 『發智論』, 『俱舍論頌疏論本』 권10(대정장41, p.874c4), *Abh-k-bh.* ⇨ 증어촉 增語觸, 유대촉 有對觸, 촉 觸 ❷ 애촉(愛觸 Ⓢ anunaya-sparśa)과 에촉(恚觸 Ⓢ vyāpāda-sparśa). 『구사론』 권10(대정장29, p.52c21)에서 애촉과 에촉을 두 가지 촉(愛恚二觸 Ⓢ vyāpādānunaya-sparśau)이라고 하였는데, 『발지론』 권15(대정장26, p.996b18)에 "무엇이 애촉인가? 〔답〕 탐과 상응하는 촉이다. 무엇이 에촉인가? 〔답〕 분노와 상응하는 촉이다. 云何愛觸 答 貪相應觸 云何恚觸 答 瞋相應觸"라고 하였다. 〔참고문헌〕『俱舍論』, 『發智論』, *Abh-k-bh.144.* ⇨ 촉 觸

이촉소생애신 耳觸所生愛身 육애신(六愛身) 중 하나. 이근(耳根)과 성경(聲境)과 이식(耳識) 등 삼사(三事)가 화합해 일어난 몸에 대한 애착. ⇨ 육애신 六愛身

이촌 二寸 Ⓢ dvyaṅgula, Ⓣ sor-gnyis. 손가락 두 개의 너비. 『번역명의집』 권3(대정장54, p.1107b28)에 "십분이 촌이고, 십촌이 척이며, 십척이 장이고, 십장이 인이다. … 네 손가락을 부(膚)라고 하며, 두 손가락을 촌이라고 한다. 十分爲寸 十寸爲尺 十尺爲丈 十丈爲引 … 四指曰膚 兩指曰寸"라고 하였다. 〔참고문헌〕『翻譯名義集』, *Mvyut.280.*

이총사별 理總事別 이는 총이고 사는 별이라는 말. 천태종(天台宗) 사명지례(四明知禮)가 비판한 산외파(山外派)의 설이다. 지례의 산가파(山家派)는 이사양중총별(理事兩重總別)에 따라 이 설을 비판한다. 『십불이문지요초상해』(卍속장100, p.382b6)에 "이란 총이고 사는 별이다. 별을 거두어 총에 들이니 이것이 사를 거두어 이로 돌아가는 것이다. 합하여 이르길 '변조하는 사는 이와 더불어 체로서는 같다'고 한다. 만일 (산외파처럼) '체에서 용이 일어난다'고 한다면 도리어 이인 총을 열어서 사의 다름을 내는 결과가 된다. 理總事別故 攝別入總 是攝事歸理也 合云 變造之事 與理體同 若云 從體起用 還成開理總 而出事別", 『능엄경원통소』 권4(卍속장19, p.568a6)에 "이로 총이고 사로 다르다. 이 관계를 안다면 이 없이는 드러나지 못하고 사 없이는 거두지 못할 것이다. 理總而事別 能知乎此 則無理而不彰 無事而不攝"라고 하였다. 〔참고문헌〕『十不二門指要鈔詳解』, 『楞嚴經圓通疏』. ⇨ 이사양중총별 理事兩重總別

이추 李樞 오대(五代) 이후 양(梁)나라 말제(末帝 : 朱瑱) 때 예부원외랑(禮部員外郎)을 지냈던 인물. 921년(용덕1) 3월 승니(僧尼)를 관리하는 조례 네 항목을 말제에게 올렸다. 『구오대사』 권10 「말제기 末帝紀」 하에 따르면 다음과 같다. 첫째, 공인되지 않은 사적인 통로로 승니가 되는 길을 금지한다. 둘째, 임금의 이름으로 승중에게 사호(師號)·자의(紫衣) 등을 내리는 조건을 엄하게 제한한다. 셋째, 출가자는 의무적으로 경전 시험을 치뤄야 한다. 넷째, 환속자는 조건 없이 인가해야 한다. 말제는 결국 주청을 받아서 불교 교단을 개혁하라고 명하였다. 〔참고문헌〕『舊五代史』.

이추악어 離麤惡語 Ⓢ pāruṣyāt prativiratiḥ, Ⓣ tshig-rtsub-po-smra-ba-spong-ba. 십선업(十善業) 중 하나. 추악어를 여읜다는 말. 타인에게 욕을 하거나 헐뜯음으로써 성나게 하여 괴롭히는 말을 멀리 떠난다는 뜻. 불악구(不惡口)와 같은 뜻이다. 『화엄경탐현기』 권11(대정장35, p.318b17)에 "여섯째는 이악구이니 이 추악어라고도 한다. 논 중의 첫째 과행리란 바로 추악한 말을 여의는 것이다. 논 중에는 열여섯 가지 말이 있으나, 여기에는 네 가지 말이 있다. 첫째, 추광이란 타인을 해치는 말이니, 타인을 분노하게 하기 때문이다. 둘째, 고란 타인을 괴롭히는 말이다. 셋째, 악이란 비루한 말이다. 넷째, 자괴괴타란 이미 뜻을 같이 한 일 때문에 자신도 실괴하고 타인도 실괴하게 하기 때문이다. 그 이외는 논과 같다. 둘째 대치리는 윤익어 등 열두 가지 말을 일컫는다. 이 경에는 생략되어 없으나 저 논에서 갖추어 드러냈다. 第六 離惡口 亦名離麤惡語 論中 初 果行離 正離麤惡之語 論經中 有十六語 此中 有四語 一 麤獷者 是損他語 能令他瞋故 二 苦者 是苦他語也 三 惡者 是鄙惡語 四 自壞壞他者 已有同意樂事 自身失壞 令他失壞故 餘語如論 二 對治離 謂潤益語等 有十二語 此經略無如論具顯"라고 하였다. [참고문헌] 『華嚴經探玄記』, 『集異門足論』 권10(대정장26, p.409c23), *Mvyut.92.* ⇨ 불악구 不惡口, 십선업 十善業, 추악어 麤惡語

이출 二出 수출(竪出)과 횡출(橫出). 전자는 오랜 기간 수행위를 밟아서 생사를 벗어나는 길이고, 후자는 위를 가로질러 단번에 정토에 왕생하는 길이다. 『세지원통장소초』(卍속장24, p.899a3)에 "범부와 외도는 견혹과 사혹 때문에 업을 일으켜 보를 감하여 윤회전생이 그치지 않는다. 그 나머지 법에 의지하여 수행함으로써 곧바로 미혹이 다함에 이르러야 비로소 생사를 벗어날 수 있다. 이것이 수로 차제를 밟아 삼계를 벗어난다고 한다. 오로지 염불문만은 혹을 가진 채로 왕생한다. 이것이 가로질러 삼계를 벗어난다고 하여 횡출삼계라 한다. 마치 벌레가 대나무에서 세로로는 마디를 지나 통과하기 어렵지만 가로로는 한 순간에 훌쩍 벗어날 수 있는 이치와 같다. 凡夫外道 由見思惑 起業感報 輪轉不休 依餘法修 直至惑盡 始得出離 名爲竪出三界 唯念佛門 帶惑往生 名爲橫出三界 如蟲在竹 竪則 歷節難通 橫則 一時透脫"라고 하였다. [참고문헌] 『勢至圓通章疏鈔』. ⇨ 수출 竪出, 횡출 橫出, 수 竪❷, 횡 橫

이출보살본기경 異出菩薩本起經 서진(西晋) 섭도진(聶道眞) 한역. 1권. 고려장13, pp.1235a1~1239c15, No.468 · 대정장3, pp.617b15~620c8, No.188에 수록되어 있다. 간명한 부처님 전기류의 경전이다. 부처님께서 전생에 마납보살(摩納菩薩)이셨을 때 구이(俱夷)라는 여인에게 우발화(優鉢花)를 사서 부처님께 바치는 이야기를 시작으로 탁태(托胎) · 탄생(誕生) · 점상(占相) 그리고 사문(四門)으로 나와 구이와 결혼한 다음 나무 아래서 사유(思惟)하고 출가(出家)하여 나무 아래서 좌선할 당시 문린(文隣)이라는 용이 수호했던 일과 득도(得道) · 자수용법락(自受用法樂), 다섯 제자를 교화한 사실, 세 도인(道人)과 그 일천 제자가 부처님께 귀의하는 일 등을 설한다. 경 이름에 불설(佛說)이 붙어 있지 않고, 설법 대상이 되는 제자의 이름도, 설하는 장소도 있지 않아 일반적인 불경의 형식에서 벗어나 있다고 여겨지나, 이 경의 내용은 다른 불전류의 이야기들과 크게 다르지 않다. [참고문헌] 『歷代三寶紀』 권6(대정장49, p.66a20), 『出三藏記集』 권4(대정장55, p.22c20), 『大唐內典錄』 권2(대정장55, p.237a27).

이충사 移忠寺 중국 호주부(湖州府 : 浙江省) 오정현(烏程縣) 하산(何山 : 金蓋山)에 있는 절. 갑찰(甲刹) 중 하나. 불감태평혜근(佛鑑太平慧懃 1059~1117)의 제자 불등수순(佛燈守珣)이 중흥하였다. 『담방수충어록』 권상(卍속장123, p.324a17)에 "서원의 달수좌는 이 충사에 주석할 때 법좌에 올라앉았다. 西源達首座 住移忠 上堂"라고 하였다. [참고문헌] 『曇芳守忠語錄』.

이충익 李忠翊 1744~1816. 조선후기 학자이며 필가(筆家). 자는 우신(虞臣), 호는 초원(椒園) · 수관거사(水觀居士), 본관은 전주(全州). 계파로는 소론(少論)으로서 정제두(鄭齊斗)의 양명학(陽明學)을 계승하여 연구했으며, 해서(楷書)와 초서(草書)를 잘 썼다. 「의정부망월사천봉당태흘대선사비문 議政府望月寺天峰堂泰屹大禪師碑文」을 짓고 썼으며, 「해남대흥사연담당유일대종사비문 海南大興寺蓮潭堂有一大宗師碑文」을 지었다. [참고문헌] 智冠 『韓國高僧碑文總集 朝鮮朝 · 近現代』 p.532 · 572.

이취 二取 ❶ 견취(見取 Ⓢ dṛṣṭi-parāmarśa)와 계금취(戒禁取 Ⓢ śīla-vrata-parāmarśa). 또한 오견(五見) 중 견취견(見取見)과 계금취견(戒禁取見)을 이르기도 한다. 『입아비달마론』 권상(대정장28, p.983a21)에 "취결이란 이취를 말하니, 견취와 계금취를 가리킨다. 앞서 말한 삼견(三見 : 有身見 · 邊執見 · 邪見)의 오취온은 승한 것이 아닌데도 취하여 승한 것으로 삼는다. 이러한 염오혜를 견취라고 한다. 취란 쫓아 구하고 굳게 집착하는 뜻이다. (계금취의) 계란 계법을 부수는 악업들로부터 멀리 벗어난다는 뜻이다. (계금취의) 금이란 (天에 나는 인이라고 여겨) 까마귀 · 닭 · 사슴 · 개처럼 행동하고, 나체로 지내면서 머리털을 뽑으며, 단식하고 재 위에 눕는 일들을 지키는 것을 말한다. 또는 복을 낳고 죄를 멸하게 해 준다고 망령되게 집착하여 강이나 연못에서 자주 목욕을 한다거나, 또는 식물의 뿌리·열매·채소·약물을 먹어 생명을 유지한다거나, 전신에 재를 바르고 상투를 틀고 있는 따위를 모두 금이라고 한다. 이 둘은 모두 수행자를 청정하게 하는 방법이 아닌데도 망령되게 집착하여 청정도라고 여긴다. 이와 같은 오염된 분별을 계금취라고 한다. 取結者 謂二取 卽見取戒禁取 謂前三見及五取蘊 實非是勝 而取爲勝 此染汚慧名見取 取是推求及堅執義 戒謂遠離諸破戒惡 禁謂受持烏雞鹿狗 露形拔髮 斷食臥灰 或於妄執生福滅罪 諸河池中數數澡浴 或食根果草菜藥物 以自活命 或復塗灰 持頭髻等 皆名爲禁 此二俱非能淸淨道 而妄取爲能淸淨道 此染汚慧 名戒禁取"라고 하였다. 〔참고문헌〕『入阿毘達磨論』, 『集異門足論』 권19(대정장26, p.446b9), 『品類足論』 권1(대정장26, p.693b21), 『大毘婆沙論』 권50(대정장27, p.258b23), 『大乘阿毘達磨雜集論』 권16(대정장31, p.773b3), *Abh-k-bh.282.*, *Abh-s-bh.155.* ⇨취 取, 견취 見取, 계금취 戒禁取, 오견 五見 **2** 능취(能取 Ⓢgrāhaka)와 소취(所取 Ⓢgrāhya). 『변중변론』 권중(대정장31, p.469b17 : *Madhy-vibh.*, p.40)에 "멸제 세 가지라는 말은 … 둘째는 이취멸이니 (依他起性의) 소취와 능취라는 두 가지가 나지 않는다는 뜻이다. 滅諦三者 … 二 二取滅 謂所取能取 二不生故 trividhena nirodhena nirodhasatyaṃ. trividho nirodhaḥ. … grāhyagrāhakayor anutpattir"라고 하였다. 〔참고문헌〕『辯中邊論』, 『唯識三十論頌』(대정장31, p.61b7), 『般若心經幽贊』 권하(대정장33, p.540c8), *Madhy-vibh.* ⇨능취 能取, 소취 所取

이취 二聚 복덕취(福德趣)와 지혜취(智慧聚). 『대승장엄경론』 권3(대정장31, p.606a22)에 "〔게〕 몸과 입과 마음의 세 가지 업으로 때에 따라 교화한다. 두 가지 문과 두 가지 무더기를 방편으로 다 원만하게 한다. 偈曰 發起身口心 三業恒時化 二門及二聚 方便悉圓滿", "〔석〕 이 게는 법계업의 뜻을 드러낸 것이다. '몸과 입과 마음의 세 가지의 업을 일으켜서 항시로 교화한다'는 말은 신업과 구업과 심업을 일으켜서 일체시에 중생을 교화함을 말한다. '두 가지 문과 두 가지 무더기를 방편으로 다 원만하다'는 두 가지 문과 두 가지 무더기를 구족하여 방편으로 삼음을 말한다. 두 가지 문은 삼매문과 다라니문이요, 두 가지 취는 복덕취와 지혜취이다. 釋曰 此偈顯示法界業義 發起身口心三業恒時化者 謂起身業口業心業 一切時敎化衆生故 二門及二聚方便 悉圓滿者 謂具足二門二聚 爲方便故 二門謂三昧門陁羅尼門 二聚謂福德聚智慧聚"라고 하였다. 〔참고문헌〕『大乘莊嚴經論』. ⇨복덕취 福德聚, 지혜취 智慧聚

이취 二趣 **1** 지옥취(地獄趣)와 축생취(畜生趣). 사견(邪見) 중생이 나는 곳이다. 『잡아함경』 권32(대정장2, p.227a25)에 "옛날의 어릿광대가 대중을 즐겁고 기쁘게 하였으므로, 이 업연으로 환희천에 난다고 한다면 이것은 사견이다. 사견이라면 마땅히 이취인 지옥취나 축생취에 난다. 若言古昔伎兒 能令大衆 歡樂喜笑 以是業緣 生歡喜天者 是則邪見 若邪見者 應生二趣 若地獄趣若畜生趣"라고 하였다. 〔참고문헌〕『雜阿含經』. **2** 인취(人趣)에서의 전륜성왕(轉輪聖王)과 출가인(出家人). 『유부율약사』 권8(대정장24, p.33a22)에 "사람에게 삼십이상이 있으면 그 사람은 반드시 이취에 있다. 첫째, 재가에서라면 전륜왕이 되어 천하를 바르게 교화하며, 윤보·상보·마보·여보·주병신보·주장신보·마니주보의 칠보를 성취한다. … 둘째, 머리와 수염을 깎고서 가사(法服 : 福田衣)를 입고 바른 믿음으로 출가하여 반드시 정각을 성취한다. 若人有三十二相 彼人當有二趣 一者 若在家 當爲轉輪王 正化天下 七寶成就 所謂輪寶象寶 馬寶 女寶 主兵臣寶 主藏臣寶 摩尼珠寶 … 二者 若剃除鬚髮 被福田衣 正信出家 當成正覺"라고 하였다. 〔참고문헌〕『有部律藥事』.

이취 易取 Ⓣgzung-sla-ba. 쉽게 취함. 이행도(易行道) 즉 왕생(往生)의 길을 말한다. 『안락집』 권상(대정장47, p.14a19)에 "또한 『목련소문경』에 '부처님께서 목련에게 말씀하셨다. 「 … 이 때문에 나는 무량수불국(極樂淨土)은 가기도 쉽고 취하기도 쉽다고 설하지만, 사람들은 능히 수행하여 왕생하지 못하고 도리어 95종의 삿된 도를 받든다. 나는 이런 사람들을 두고 눈이 없는 사람이고 귀가 없는 사람이라고 한다.」'고 하였다. 경의 가르침이 이와 같은데, 어째서 어려운 길을 버리고 쉬운 길에 의지하지 않는가? 又如目連所問經 佛告目連 … 是故 我說 無量壽佛國 易往易取 而人不能 修行往生 反事九十五種邪道 我說是人 名無眼人 名無耳人 經敎旣爾 何不捨難 依易行道矣"라고 하였다. 〔참고문헌〕『安樂集』, 『瑜伽師地論』 권66(대정장30, p.664b1), *Yogā-bh.* ⇨이행도 易行道

이취 理趣 **1** Ⓢnaya, nyāya, mata, Ⓣtshul, lugs. 이(理)에 담긴 뜻이나 그 이로 성취하고자 하는 뜻. 의취(義趣)·지취(旨趣)라고도 한다. 『이취경』(대정장8, p.784c11 : *Adhy-pr.*, p.11)에 "일체법에는 희론성이 없기에 반야바라밀다에는 희론성이 없음을 알아야 한다. 금강수여! 어떤 이가 이러한 이취를 듣고서 받아지니고 독송한다면, 설령 삼계의 일체유정을 해친다 해도 악취에 떨어지지 않으며, 마음을 조복시켰기에 무상정등보리를 증한다. 一切法無戱論性故 應知 般若波羅蜜多無戱論性 金剛手 若有聞此理趣 受持讀誦 設害三界一

切有情 不墮惡趣 爲調伏故 疾證無上正等菩提 sarvadharmāprapañcatayā prajñāpāramitāprapañcatā veditavyeti. yaḥ kaścid vajrapāṇe imaṃ prajñāpāramitānayaṃ śroṣyati dhārayiṣyati vācayiṣyati bhāvayiṣyati tasya traidhātukopapannān api sarvasattvān prapātayato nāpāyagamanaṃ bhaviṣyati vinayavaśam upādāya. kṣipraṃ cānuttarāṃ samyaksaṃbodhim abhisaṃbhotsyata iti"라고 하였다. 〔참고문헌〕『理趣經』, 『大品般若經』 권5(대정장8, p.256b18), 『大智度論』 권48(대정장25, p.409b4), *Adhy-pr.*, *Abh-k-bh.425.*, *Mvyut.66.* ⇨ 의취 義趣 **2** Ⓢ prakāra, Ⓣ rnam-pa. 방법. 또는 근거. 『변중변론』 권중(대정장31, p.469a25 : *Madhy-vibh.*, p.39)에 "첫째 없어 성마저 공한 것은 변계소집을 일컫는다. 이는 유(有)라고 말할 수 있는 이취가 없다는 뜻이고, 이비유(非有)로 말미암아 공이라고 말할 수밖에 없다. 一無性空 謂遍計所執 此無理趣可說爲有 由此非有說爲空故 parikalpitalakṣaṇaṃ na kenacit prakāreṇāstīty abhāva evāsya śūnyatā"라고 하였다. 〔참고문헌〕『辯中邊論』, *Madhy-vibh.*

이취 異趣 Ⓢ pṛthag-jāti. 다른 세계. 『출요경』 권5(대정장4, p.634c12)에 "이에 난다는 말은 현재 몸의 뜻이고, 저에 난다는 말은 저 다른 세계에서 난다는 뜻이다. 이에 난다는 말은 지금의 사람 몸이고, 저에 난다는 말은 저 오도(五道 : 五趣)에 난다는 뜻이다. 此生者 此現身分 彼生者 彼異趣也 此生者 此人身 彼生者 彼五道也"라고 하였다. 〔참고문헌〕『出曜經』, *Buddh-c.64.* ⇨ 오취 五趣, 육취 六趣, 취 趣

이취경 理趣經 ➡ 대락금강불공진실삼마야경 大樂金剛不空眞實三麽耶經, 반야이취경 般若理趣經

이취경만다라 理趣經曼茶羅 ➡ 이취경법 理趣經法, 이취회 理趣會

이취경법 理趣經法 밀교작법. 불공(不空 Ⓢ Amoghavajra)이 한역한 『이취경 理趣經』·『이취석 理趣釋』·『이취회궤 理趣會軌』·『오비밀의궤 五祕密儀軌』·『대락궤 大樂軌』 등에 근거하여 식재(息災)·멸죄(滅罪)·경애(敬愛)를 목적으로 수습하는 작법이다. 『이취경』은 대일여래(大日如來 Ⓢ Mahāvairocana)가 금강살타(金剛薩埵 Ⓢ Vajrasattva)의 삼매에 들어 설한 경전으로 금강살타 내증(內證)의 법문이다. 오비밀법 역시 금강살타의 법문으로 금강과 욕·촉·애·만(欲觸愛慢) 다섯 존격이 일체(一體)임을 종지로 한다. 반면 이취경법은 각각의 오존을 별존(別尊)으로 삼아 관상(觀想)의 대상으로 한다. 의궤에 따라 다양한 만다라(曼茶羅)가 있다. 일반적으로 금강살타를 본존(本尊)으로 모시지만 능설(能說)의 교주인 양부불이(兩部不二)의 대일여래를 본존으로 하는 비전(祕傳)도 있다. 본존만다라에 네 가지가 있다. 첫째, 이취경능설만다라(理趣經能說曼茶羅) 중 서품(序品)의 만다라는 태장 팔엽만다라(八葉蔓茶羅)에 금강계 대일여래와 팔대보살 등이 둘러싸는 양부불이의 만다라이다. 일본의 인융(印融)이 전한 25존만다라와 진해(眞海)가 전한 21존만다라가 있으며 모두 삼중으로 건립되었다. 둘째, 이취경십팔회만다라(理趣經十八會曼茶羅)는 17단 만다라에 능설만다라를 더한 것이다. 셋째, 이취회만다라(理趣會曼茶羅)는 금강계 구회(九會)만다라 중 초단(初段)에서 설한 만다라와 대동소이하다. 금강살타를 중심으로 16존을 배열하였다. 넷째, 오비밀만다라(五祕密曼茶羅)는 『이취경』 제17의 만다라로서 오존이 동일한 월륜(月輪)과 연화(蓮華)에 머무는 인과불이(因果不二)의 깊은 뜻을 나타낸다. 금강살타의 종자는 옴(oṃ)이고, 대일여래의 종자는 밤(vaṃ)이다. 삼매야형은 금강살타의 경우 오고저(五股杵) 또는 독고저(獨股杵)이고, 대일여래의 경우 만덕을 갖춘 오륜탑의 여의보주(如意寶珠)가 된다. 수인은 금강계삼매야회의 금강살타인과 비전법의 삼인으로서 지권인(智拳印)·대혜도인(大慧刀印)·독고인(獨股印) 등이 있다. 금강살타 진언은 "바아라살달무감 vajra-satvo 'ham 嚩惹囉薩怛舞憾 나는 금강살타이다"이고, 대일여래 진언은 "낭막 삼만다몰다남 아 사바하 namaḥ samanta-buddhānāṃ a svāhā 曩莫 三滿多沒馱南 阿 娑嚩賀 보변제불님께 귀의합니다. 아 스바하"이다. '아'는 본불생(本不生)을 뜻한다. 비전법의 경우 세 가지 수인에 따라 다른 진언을 염송한다. 〔참고문헌〕『大毘盧遮那略要速疾門五支念誦法』(대정장18, p.177b20), 『五祕密儀軌』(대정장20, p.536c10), 『祕鈔問答』 권7(대정장79, p.403b28). ⇨ 금강살타 金剛薩埵 **1**, 오비밀 五祕密, 이취회 理趣會, 대일여래 大日如來

이취경인 理趣經印 『반야이취경』의 총인(總印)과 정종분(正宗分) 17단에 해당하는 단인(段印). 총인은 두 손을 외박(外縛)하고 엄지와 소지를 세워서 각각 손가락 끝을 서로 맞대며, 두 중지를 교차하여 손바닥 쪽으로 넣되 손가락 면을 서로 붙인다. 활에 화살촉을 꽂듯이 하니 두 엄지와 소지는 정보리심(淨菩提心)인 독고(獨股)의 활이고, 두 중지는 정혜불이인 지혜 또는 동체대비의 화살을 의미한다. 또는 극선삼매야인(極善三昧耶印)·희열(喜悅)삼매야인·열희(悅喜)삼매야인·희(喜)삼매야인·극희(極喜)삼매야인·대삼매야진실인(大三昧耶眞實印)·소라다대서진실인(素羅多大誓眞實印)·대서진실인·대락금강불공삼매야수심인(大樂金剛

不空三昧耶隨心印)・일체제불여래안락열희환희삼매야인(一切諸佛如來安樂喜悅歡喜三昧耶印)・보현보살삼매야인・대욕인(大慾印)・대독고인(大獨股印)등이라고도 한다. 1단은 금강살타초집회(金剛薩埵初集會)이니, 두 손 각각 금강권(金剛拳)을 하여 오른 주먹을 세워 오른쪽 가슴에 두고 왼 주먹은 아래를 향하게 하여 왼쪽 허리에 둔다. 금강살타영지저인(金剛薩埵鈴智杵印)이라고도 한다. 2단은 비로자나이취회(毘盧遮那理趣會)이니, 지권인(智拳印)과 여래권인(如來拳印)이 있다. 여래권인은 왼손의 네 손가락은 주먹 쥐고 엄지를 곧게 세우며 오른손으로 금강권을 맺어 왼손의 엄지를 쥔다. 이지불이인(理智不二印)・양부불이인(兩部不二印)이라고도 한다. 3단은 항삼세(降三世)이니, 항삼세대인(降三世大印)이다. 4단은 관자재보살(觀自在菩薩)이니, 두 손 각각 금강권을 맺고 왼 주먹을 위로 향하여 왼쪽 가슴에 닫게 하고 오른 주먹을 아래로 하여 소지를 세워 펴고 손톱끝으로 왼쪽 소지부터 차례대로 펼치며 왼쪽 주먹을 세 차례 안으로 향하여 긁는다. 이때에 제일 먼저 중지로, 다음 무명지, 그 다음에는 소지로 긁는다. 왼손은 중생계에 해당하며 중생의 심련(心蓮)을 피어나게 한다는 의미가 있다. 5단은 허공장보살(虛空藏菩薩)이니, 보보살인(寶菩薩印)과 허공장삼매야인(虛空藏三昧耶印)과 같다. 두 손을 외박하고 두 검지를 보형(寶形)으로 만들고 두 엄지를 나란히 세워서 정상(頂上)에 둔다. 6단은 금강권보살(金剛拳菩薩)이니, 두 손 금강권을 하고 왼 주먹의 바닥을 위로 향하여 허리 아래에 두고 오른 주먹을 그 위에 덮어 중첩시킨다. 권보살의 갈마인(羯磨印)으로서 불공성취인(不空成就印)이라고도 한다. 7단은 문수사리보살이니, 두 가지 수인이 있다. 하나는, 두 손을 금강권을 하고 왼 주먹을 허리 위에 두어 범협을 잡은 듯이 하며 오른 주먹을 오른쪽 무릎 위에 세워서 칼을 지닌 듯한 자세를 취한다. 다른 하나는, 왼손은 화인(花印) 오른손은 검인(劍印)을 하는 것이다. 화인은 곧 엄지와 검지를 서로 맞대고 나머지 세 손가락을 펼쳐서 세워 꽃을 잡았다고 관상하는 것이다. 검인(劍印)은 엄지・소지・무명지를 굽혀 서로 손끝을 누르고 검지와 중지를 곧게 편다. 이어 오른쪽 검을 가지고 왼쪽의 꽃가지를 꺾기를 세 차례하는 자세를 취하는데, 이는 범부의 격집(隔執)을 자른다는 의미이다. 8단은 재발의보살(纔發意菩薩)이니, 두 손을 금강권을 하고 두 주먹을 서로 맞댄 후 두 검지를 동그랗게 세워서 손끝을 붙이며 두 엄지를 나란히 세워서 두 중지의 중간마디를 누른다. 금강륜인(金剛輪印)이라고도 한다. 두 검지의 동그란 모양은 일폭륜(一輻輪)으로서 그것으로써 나머지는 폭륜을 거둔다고 관상한다. 9단은 허 공고보살(虛空庫菩薩)이니 두 가지 수인이 있다. 하나는, 두 손을 검인을 하고 왼손을 안에 오른손을 바깥에 두고 서로 가슴을 포개듯이 하여 가슴 앞에서 한차례 춤춘 후 교차하여 정수리에 둔다. 다른 하나는, 두 손의 엄지가 각각 소지의 손끝을 누르고 나머지 여섯 손가락을 펼쳐서 세워 서로 교차한다. 손바닥을 아래로 하여 오른쪽에서 세차례 움직인다. 금강계삼매야회의 금강업보살인(金剛業菩薩印)이다. 10단은 최일체마보살(摧一切魔菩薩)이니, 두 손을 금강권을 하고 두 검지와 소지를 세워서 약간 구부린다. 좌우를 서로 마주보게 하고 입의 양쪽 끝에 닿게 한다. 금강야차인(金剛夜叉印)이나 금강계갈마회(金剛界羯磨會)의 금강아보살인(金剛牙菩薩印)이다. 11단은 항삼세교령륜(降三世教令輪)이니 보현인(普賢印)이며 금강합장과 같다. 12단은 외금강회(外金剛會)

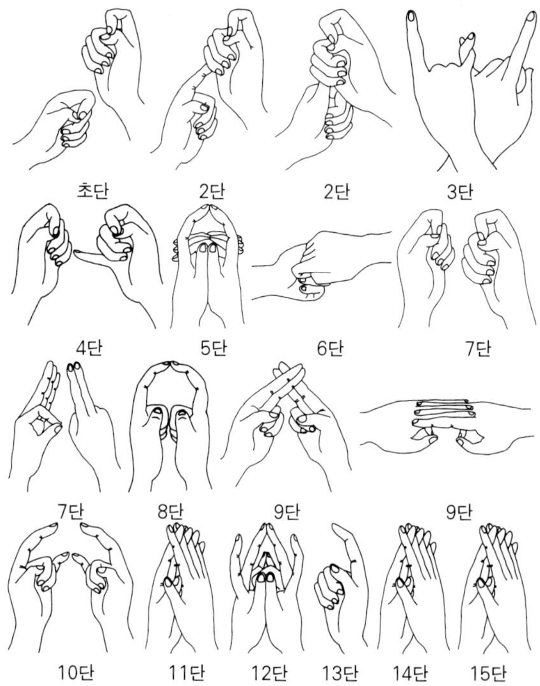

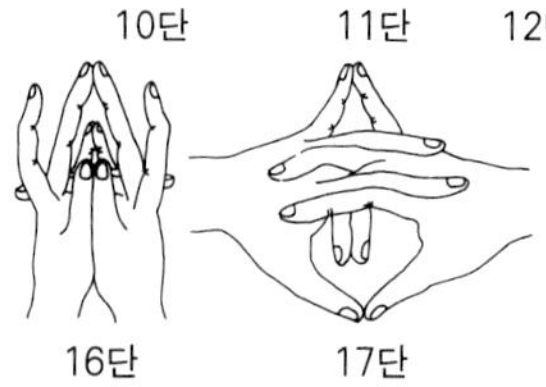

이니 내오고인(內五股印)이다. 13단은 칠모천(七母天)이니, 왼주먹을 허리에 두고 오른주먹은 연화권(蓮花拳)을 하고 검지를 세워서 갈고리 모양을 한 후 세차례 왔다갔다 한다. 이는 유정(有情)을 갈고리로 끌어 불도(佛道)로 이끄는 것을 나타낸다. 14단은 삼형제(三兄弟), 15단은 사자매(四姉妹)이니 수인은 모두 금강합장이다. 16단은 오부만다라(五部曼荼羅)이니 수인은 외오고인(外五鈷印)이다. 17단의 수인은 금강살타오비밀대독고인(金剛薩埵五秘密大獨鈷印)이니 이취경총인과 같다. ⇨ 반야이취경 般若理趣經

이취광경 理趣廣經 ➡ 근본대락경 根本大樂經

이취멸 二取滅 삼멸제(三滅諦) 중 하나. 택멸(擇滅)을 말한다. 의타기성(依他起性)의 능취(能取)와 소취(所取)가 일어나지 않는 뜻이다. 『성유식론』 권8(대정장31, p.47b17)에 "삼멸제란 무엇인가? … 둘째는 이취멸이니 택멸을 말한다. 이취가 일어나지 않기 때문이다. 滅諦三者 … 二 二取滅 謂擇滅 二取不生故", 『성유식론술기』 권6(대정장43, p.552a19)에 "둘째는 이취멸이니, 능취와 소취가 없기 때문이다. 二 二取滅 能所取無故", 『성유식론집해』 권8(卍속장81, p.566b3)에 "둘째 이취멸은 곧 길이 끊은 택멸의 이취다. 二 二取滅 謂永斷擇滅二取故", 『변중변론』 권중(대정장31, p.469b18)에 "둘째는 이취멸이니, 소취와 능취가 일어나지 않는 것을 말한다. 二 二取滅 謂所取能取 二不生故"라고 하였다. 〔참고문헌〕『成唯識論』, 『成唯識論述記』, 『成唯識論集解』, 『辯中邊論』. ⇨ 택멸 擇滅, 삼멸제 三滅諦

이취반야경 理趣般若經 ➡ 금강정유가이취반야경 金剛頂瑜伽理趣般若經

이취분 理趣分 반야이취분(般若理趣分)의 줄임말. 반야 16회 중 제10회. 『대반야경』 권578에 해당하며, 또한 『반야이취경』으로 독립되어 있기도 하다. 『대반야경』 권578 「서 序」(대정장7, p.986a5)에 "반야이취분이란 대체로 모든 회의 지귀를 따져서 밝히고, 각 편의 주요 실마리를 뽑아서 엮었다. 般若理趣分者 蓋乃覈諸會之旨歸 綰積篇之宗緖", 『화엄경소주』 권14(卍속장7, p.237b10)에 "『대반야경』의 「이취분」에서는 '모든 법이 다 공이어서 생도 없고 멸도 없으며 자성마저 없다. 자성이 일체상을 떠나 있기에 바라는 대로 구할 수 없다'고 설한다. 大般若經 理趣分 說諸法皆空 無生無滅 無自性 性離一切相 不可願求"라고 하였다. 〔참고문헌〕『大般若經』, 『華嚴經疏注』. ⇨ 반야이취분 般若理趣分

이취석 理趣釋 ➡ 반야이취석 般若理趣釋

이취석경 理趣釋經 『반야이취석 般若理趣釋』을 달리 이르는 말. 『근본대화상진적책자등목록』(대정장55, p.1066b26)에 "『이취석경』 1권〈불공 역〉. 理趣釋經一卷〈不空譯〉"라고 하였다. 〔참고문헌〕『根本大和尙眞跡策子等目錄』. ⇨ 반야이취석 般若理趣釋

이취습기 二取習氣 Ⓢgrāha-dvaya-vāsanā. 아(我)와 명언(名言)에 취착으로 남아 전하는 두 가지 습기. 아집습기(我執習氣)와 명언습기(名言習氣)이고, 유지습기(有支習氣)와 함께 삼종습기(三種習氣)라 한다. 『유식삼십론송』(대정장31, p.61a10 : *Vijñ-t-bh.*, p.112)에 "제업의 습기와 이취습기가 함께하기에 전의 이숙이 다하면 다시 나머지 이숙이 생겨난다네. 由諸業習氣 二取習氣俱 前異熟旣盡 復生餘異熟 karmaṇo vāsanā grāhadvayavāsanayā saha, kṣīṇe pūrvavipāke 'nyaṃ vipākaṃ janayanti tat", 『성유식론술기』 권8(대정장43, p.539b1)에 "이취습기란 바로 이장(煩惱障과 所知障)의 종자인데, 둘 다 집착이기에 모두 취라고 한다. 二取習氣 卽二障種子 俱執著故 皆說名取", 『성유식론음향보유』 권8(卍속장83, p.122b7)에 "〔문〕 송에서 말한 이취습기는 삼종습기 중 어느 것에 해당하는가? 〔답〕 아집과 명언이라는 두 습기다. … 〔문〕 취는 무슨 뜻인가? 〔답〕 취는 착의 뜻이다. 問 頌言二取習氣 三中當何 答 我執名言 二習氣也 … 問 取者何義 答 取謂著義"라고 하였다. 〔참고문헌〕『唯識三十論頌』, 『成唯識論述記』, 『成唯識論音響補遺』, *Vijñ-t-bh.* ⇨ 아집습기 我執習氣, 명언종자 名言種子, 삼종습기 三種習氣

이취육도경 理趣六度經 『대승이취육바라밀다경 大乘理趣六波羅蜜多經』(대정장8, No.261)을 달리 이르는 말. 『화엄융회일승의장명종기』(卍속장103, p.27a14)에 "삼승법의 뜻은 중생계를 의지로 삼고 대비업행에 능히 의지한다. 만일 의지할 곳이 없다면 의지할 업행도 건립할 근거가 없다. 그러므로 『이취육도경』에 '대승의 만행은 대비를 우선으로 삼는다'고 한 것이다. 三乘法義 以衆生界爲所依 以大悲業行爲能依 若無所依 能依業行 無由建立 是故 理趣六度經云 大乘萬行 大悲爲先"라고 하였다. 〔참고문헌〕『華嚴融會一乘義章明宗記』, 『理趣六波羅蜜多經』 권9(대정장8, p.904b20). ⇨ 대승이취육바라밀다경 大乘理趣六波羅蜜多經

이취육바라밀다경 理趣六波羅蜜多經 ➡ 대승이취육바라밀다경 大乘理趣六波羅蜜多經

이취입 已趣入 Ⓢavatīrṇa, Ⓣzhugs-pa, zhugs-zin-pa. 십종보살(十種菩薩) 중 한 명. 주종성보살(住種性菩薩)이 발심하여 이미 행에 든 것을 말한다. 즉 십신(十信) 이후 제10법운지(法雲地)까지의 보살을 일컫는다. 『유가사지론』 권21(대정장30, p.398c11)에 "무엇을 종성에 안주하였고, 이미 취입하였으나 아직 출리하지 못한 보특가라라고 하는가? 앞에서 말한 것과 같은 모든 흑품과 서로 다른 백품을 (성취한 이를) 종성에 안주하였고 이미 취입한 보특가라라고 함을 알아야 한다. 차별이라 한 것은, 아직 모든 성도와 성도과에서 번뇌계박을 얻지 못한 점이다. 云何名爲安住種姓 亦已趣入 而未出離補特伽羅 謂前所說 所有黑品 相違白品 當知卽名安住種姓 亦已趣入補特伽羅 而差別者 謂猶未得所有聖道及聖道果煩惱離繫", 같은 책 권46(대정장30, p.549a9 : *Bodh-bh.*, p.202)에 "보살에는 대략 열 가지가 있으니 첫째 주종성보살, 둘째 이취입보살, 셋째 미정의요보살, 넷째 이정의요보살 … 열째 주최후유보살 등이다. 이 중에서 주종성보살이 발심하여 수학하는 것을 이취입이라고 한다. 菩薩略有十種 一 住種性 二 已趣入 三 未淨意樂 四 已淨意樂 … 十 住最後有 此中 卽住種性菩薩 發心修學 名已趣入 te samāsato daśa veditavyāḥ. gotrasthaḥ. avatīrṇaḥ. aśuddhāśayaḥ. śuddhāśayaḥ. … caramabhavikaśceti. tatra gotrastho bodhisattvaḥ śikṣamāṇaścittamutpādayati. so 'vatīrṇa ityucyate", 『현양성교론』 권8(대정장31, p.521a6)에서는 취입(趣入)이라고 하였다. [참고문헌] 『瑜伽師地論』, 『顯揚聖教論』, *Bodh-bh.* ⇨ 십종보살 十種菩薩

이취회 理趣會 구회만다라(九會曼茶羅) 중 서북쪽에 위치하며 금강살타(金剛薩埵)를 주존(主尊)으로 하는 만다라. 금강계 구회만다라 중 일존법(一尊法)을 닦는 진언행자를 위한 일인만다라(一印曼茶羅)이다. 금강살타의 일인만다라를 이취회라 하고, 대일여래의 일인만다라를 일인회라고 하는데 대일여래의 일인회는 오직 대일여래만 그리지만 이취회에서는 금강살타를 중심으로 십칠존(十七尊)을 묘사한다. 이는 진언행자의 내증(內證)의 본질을 표상한 것으로서 『이취경』에 근거하므로 이취회라 하는데 이취(理趣)는 번뇌 그대로 보리와 같다는 금강살타의 내증이다. 현도(現圖)만다라에서는 『십팔회지귀 十八會指歸』에 근거하여 수행의 과정에 있는 인위(因位)의 금강살타와 과위(果位)의 대일여래를 구분하는데, 금강살타는 인위의 총덕이고 대일여래(大日如來)는 과위의 총덕(總德)으로서 인과부동(因果不同)이 되므로 구회만다라에서는 두 가지 일인만다라를 그린다. 옛 설에 의하면, 구회만다라는 자성륜(自性輪)·정법륜(正法輪)·교령륜(教令輪)만다라를 나타내기 위한 것이며 이취회는 『이취경』에 근거하여 정법륜신의 덕을 형상화한 것이다. 『이취경』에 의하면 욕(慾)·촉(觸)·애(愛)·만(慢) 사보살녀는 중생의 욕망을 인격화한 것으로 금강살타와 함께 일체(一體)를 이룬다. 이성(異性)에 대한 성적 욕망(慾)은 성불(成佛)을 욕망하는 청정한 지혜가 되고, 남녀의 접촉(觸)은 보리심에 닿은 선정(禪定)의 즐거움이 되며, 남녀의 포옹(愛)은 중생을 무한하게 사랑하는 자비가 되고, 욕망을 만족시키는 경계 그대로(慢) 중생을 구제하기 위한 정진(精進)이 된다. 이렇게 표현된 사보살과 금강살타의 합일(合一)이 오비밀(五祕密)이며 『이취경』에서는 이취회를 통해서 이것을 중생의 삶에서 가장 심오한 진실로 표현하였다. 도상은 중앙의 금강살타를 중심으로 십칠존이 배치되는데, 주존의 사방에 위치한 욕·촉·애·만의 사금강은 금강살타의 사지(四智)를 나타내고, 사우(四隅)에 위치한 향(香)·화(華)·등(燈)·도(塗)의 사보살은 사바라밀을 나타낸다. 내외의 팔공양보살은 성신회(成身會)와 같이 금강살타와 사금강의 상호공양을 나타내는데 보살의 구체적인 위치와 명칭은 전승에 따라 다르다. 법현(法賢) 역 『금강불공삼매대교왕경』에 의하면 희(嬉)·만(鬘)·가(歌)·무(舞)의 내공양보살

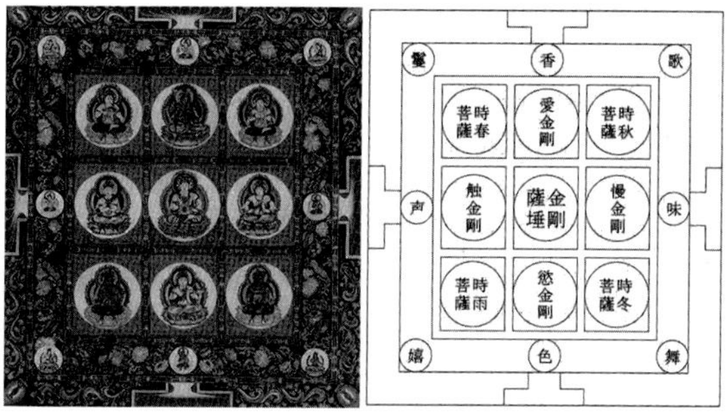

이취회 17존 금강계만다라

은 동남방에서부터 시계반대방향으로 순서대로 사우에 위치하고 삭(索)·구(鉤)·쇄(鎖)·령(鈴)의 외공양보살은 동방에서부터 시계방향으로 순서대로 사방에 자리한다. 『이취경』 각장의 법문에서 설하는 존상 및 종자에 근거하는 이취경만다라는 이취회와는 별개의 만다라이다. [참고문헌] 『金剛頂經瑜伽十八會指歸』(대정장18, p.285a11). ⇨ 구회만다라 九會曼茶羅, 금강계만다라 金剛界曼茶羅, 만다라 曼茶羅, 금강살타 金剛薩埵 **1**, 일인회 一印會, 오비밀 五祕密, 이취경법 理趣經法

이치 利齒 예리한 이. 변재(辯才)를 비유한다. 『광홍명집』 권27 「여원율사서 與瑗律師書」(대정장52, p.305b6)에 "선정의 첫 문을 열어젖히고 지혜의 횃불을 피웠으니, 신실함은 강을 기울여 바다에 붓듯이 말로 풀어 다하지 못한다. 먼저 나아간 이는 금성에 파묻히고 뒤에 난 이는 그 예리한 이마저 꺾일 것이다. 闡禪定之初門 開智慧之燈炬 信實傾河倒海 宣說不窮 先進者 陷於金城 後生者 摧其利齒"라고 하였다. [참고문헌] 『廣弘明集』, 『唐高僧傳』 권12(대정장50, p.521b21). ⇨ 변재 辯才 **1**

이치 理致 이(理)가 끝내 이르고자 하는 자리. 『법화유의』(대정장34, p.633b15)에 "지극한 여인 『묘법연화경』은 바로 이와 성을 다한 격언이요 구경이어서 나머지가 없는 극설이라, 이치가 심원하여 뭇 경의 요체를 아우르며, 문지 또한 아름답고 화려하여 담론의 교묘함마저 다했다. 세 성인이 칭송하고 네 부류의 보살이 받들어 모신다. 至如妙法蓮華經者 斯乃窮理盡性之格言 究竟無餘之極說 理致淵遠 統群典之要 文旨婉麗 窮巧妙之談 三聖之所揄揚 四依之所頂戴", 『원오어록』 권14(대정장47, p.777a1)에 "비록 가섭 이래로 28조(達磨)에 이르기까지 기관을 보인 바는 적고 이를 드러냄은 많았지만, 법을 부촉받을 때만큼은 언제나 직접 얼굴을 대하

여 주고 받지 않음이 없었다. 雖自迦葉 二十八世 少示機關 多顯理致 至於付受之際 靡不直面提持"라고 하였다. [참고문헌] 『法華遊意』, 『圜悟語錄』, 『百論』 「序文」(대정장30, p.167c24). ⇨ 기관 機關

이치란행 離癡亂行 Ⓢ amūḍha. 보살수행위 십행(十行) 중 다섯 번째. 무명(癡)의 난(亂)으로부터 떠난 위여서 무치란행(無癡亂行)이라고 한다. 『화엄경결의론』 권3(대정장36, p.1033b10)에 "다섯째 이치란행은 선바라밀이 주가 되며 나머지 아홉은 반이 된다. 第五離癡亂行 禪波羅蜜爲主 餘九爲伴", 『화엄경골목』 권상(대정장36, p.1055b13)에 "다섯째는 이치란행으로 정념을 성취하여 최상청정하고 음성을 잘 알아들으며, 생주멸하는 모습에도 마음이 혹란하지 않아 삼매가 더욱 넓어진다. 五 離癡亂行 成就正念 最上淸淨 善知音聲 生住滅相 心不惑亂 三昧增廣"라고 하였다. [참고문헌] 『華嚴經決疑論』, 『華嚴經骨目』, 『楞嚴經』 권8(대정장19, p.142b13), 『華嚴經探玄記』 권6(대정장35, p.222c19), *Gaṇḍ-vy.22.* ⇨ 무치란행 無癡亂行, 십행 十行❶

이치심 離癡心 Ⓢ vigatamohaṃ cittam, Ⓟ vītamohaṃ cittaṃ, Ⓣ gti-mug-dang-bral-ba'i-sems. 무명을 여읜 마음. 『대비바사론』 권190(대정장27, p.950b18)에 "어리석음에 얽혀 있으므로 유치심이라고 하며, 어리석음을 다스리므로 이치심이라 한다. 이와 같이 말하면 옳다. 癡所繫故 名有癡心 癡對治故 名離癡心 如是說者 好", 『유가사지론』 권28(대정장30, p.440c9)에 "유치심이란, 가히 만나는 일마다 무명으로 얽히고 무명으로 얽는 것을 말한다. 이치심이란, 이와 같은 무명의 얽어맴을 멀리 여의는 것을 말한다. 有癡心者 謂於可愚 所緣境事 癡纏所纏 離癡心者 謂卽遠離 如是癡纏"라고 하였다. [참고문헌] 『大毘婆沙論』, 『瑜伽師地論』, *Śrāv-bh.294.* ⇨ 무명 無明❶, 치심 癡心

이치하사론 伊致訶娑論 Ⓢ itihāsa, itihāsaka, Ⓟ itihāsa, Ⓣ sngon-byung-ba. 십팔대경(十八大經) 중 하나. 과거에 있었던 일(Ⓢ iti ha āsa)에 관한 구전문학. 이지하사(伊底呵寫·伊底呵娑)라고도 한다. 전설(傳說)·역사(歷史)·서사시(敍事詩) 등이 이에 해당하며, 『마하바라타 *Mahābhārata*』와 『라마야나 *Rāmāyaṇa*』가 대표적이다. 『방광대장엄경』 권4 「현예품 現藝品」(대정장3, p.564c12)에 "갖가지 다양한 재주(藝)에 통달하지 못한 것이 없었으니 선계타론·니건도론·포라나론·이치하사론 … 성명론·인명론 등 인간의 일체 기능과 인간을 뛰어넘는 모든 천신의 기예까지 모두 통달하였다. 種種雜藝 無不通達 善雞吒論 尼建圖論 布羅那論 伊致訶娑論 … 聲明論 因明論 人間一切伎能 及過人上諸天伎藝 皆悉通達"라고 하였다. [참고문헌] 『方廣大莊嚴經』, *Lal-v.108.*, *Mvyut.217.*, *Sn.195.* ⇨ 십팔대경 十八大經, 마하바라타 Mahābhārata

이친 二親 부모. 양친(兩親)이라고도 한다. 『별역잡아함경』 권5(대정장2, p.404a24)에 "범천과 화신, 아사리와 천신들, 저들을 공양하고자 한다면 마땅히 부모도 봉양해야 하니, 그렇게 하면 이생에 명예를 얻고 다음 생에는 범천에 나리라. 梵天及火神 阿闍梨諸天 若供養彼者 應奉養二親 今世得名譽 來世生梵天"라고 하였다. [참고문헌] 『別譯雜阿含經』.

이칠만다라 二七曼荼羅 일본 각종(覺鑁)화상이 찬술한 『오륜구자명비밀석』에서 시설한 만다라. 오자륜(五字輪)과 구자륜(九字輪)를 합하여 열네 자가 되므로 이칠(二七)이라고 이름 붙였다. 『오륜구자명비밀석』(대정장79, p.11a17)에 "이칠만다라는 대일여래의 내증이고 아미타세존의 내심이며 현생 석가모니부처님의 보문으로서 순서대로 왕생하는 한 길이다. 왜 그러한가? 이것을 잠깐 보거나 들은 무리들은 마침내 이번 생에 부처님을 뵙고 법을 듣게 된다. 한 번이라도 관상하거나 염상한 부류들은 결국 이 몸으로 괴로움을 여의고 낙과를 얻는다. 하물며 근의 청정을 믿고 은근하게 수행한다면 곧 대일여래의 각위를 증득하기가 손바닥 뒤집듯이 쉬울 것이다. 二七曼荼羅者 大日帝王之內證 彌陀世尊之肝心 現生大覺之普門 順次往生之一道 所以者何 纔見纔聞之類 遂見佛聞法於此生 一觀一念之流 果離苦得樂於卽身 況復信根淸淨 慇懃修行 是則大日如來之覺位取於證得反掌"라고 하였다. [참고문헌] 『五輪九字明祕密釋』.

이칠망인 二七亡人 임종한 지 14일이 지난 망자. 『지장시왕경』(卍속장150, p.770b8)에 "(죽은 지) 14일이 지난 망자가 내하를 건너니 천의 무리와 만의 대열이 강물결을 넘는구나. 길을 인도하는 우두나찰은 어깨에 몽둥이를 끼고 발걸음을 재촉하는 마두나찰은 허리춤에 작살을 쥐었네. 二七亡人渡奈河 千群萬隊涉江波 引路牛頭肩挾棒 催行馬頭腰擎叉"라고 하였다. [참고문헌] 『地藏十王經』. ⇨ 내하 奈河

이칠일 二七日 부처님 성도 후 두 번째 7일. 제이칠일(第二七日)이라고도 한다. 『법화문구』 권5 「석방편품 釋方便品」(대정장34, p.61a6)에 "부처님께서 성도하시고 두 번째 칠일 동안에는 상중하 등 중생들의 근기를 사유하셨다. 二七日 思衆生上中下根"라고 하였다. [참고문헌] 『法華文句』. ⇨ 일칠일 一七日, 삼칠일 三七日, 제이칠일설 第二七日說

이침투발 以針投鉢 바늘 발우에 던지다. 가나제바(伽那提婆 Ⓢ Kāṇadeva)가 물 가득 찬 발우에 바늘을 던진 인연. 이로써 용수(龍樹 Ⓢ Nāgārjuna)는 가나제바가 깊은 그릇(深器)임을 알아차리고 그를 선종 부법장(付法藏) 제15조로 삼았다. 전등사서에 따른 인연으로서 『경덕전등록』 권2 「가나제바전」(대정장51, p.211b3)에 "(가나제바는) 처음에는 복업을 구하고 변론하기를 즐겼다. 훗날 용수대사를 뵈려고 문에 이르렀는데, 용수가 이 사람이 지혜로운 이임을 알아보고 먼저 시자를 시켜 발우에 물을 가득 채워서 자리 앞에 두라고 하였다. 존자가 보더니 바로 바늘 하나 던지고는 나아갔다. 흔연히 계회하여 용수가 바로 법을 설했다. 初求福業 兼樂辯論 後謁龍樹大士 將及門 龍樹知是智人 先遣侍者 以滿鉢水 置於坐前 尊者覩之 卽以一鍼 投之而進 欣然契會 龍樹卽爲說法"고 하였다. 『벽암록』 13칙 「평창評唱」(대정장48, p.153c23)에 "제15조 제바존자 또한 외도 중 한 명이었으나, 제14조 용수존자를 만나 바늘 발우에 던짐으로써 용수가 그릇 깊은 줄 알아 불심종지를 전하고 이어서 제15조로 삼았다. 第十五祖提婆尊者亦是外道中一數 因見第十四祖龍樹尊者 以針投鉢 龍樹深器之 傳佛心宗 繼爲第十五祖"라고 하였다. 〔참고문헌〕『景德傳燈錄』, 『碧巖錄』, 『傳法正宗記』 권3(대정장51, p.727c14), 『永覺元賢廣錄』 권20(卍속장125, p.626b11), 『天聖廣燈錄』 권3(卍속장135, p.621a12). ⇨ 가나제바 伽那提婆, 용수 龍樹, 부법장인연전 付法藏因緣傳

이타 利他 Ⓢ para-hita, para-artha, para-anugraha, Ⓟ parattha, para-hita, Ⓣ gshan-la-phan-pa, gzhan-gyi-don, gzhan-la-phan-'dogs-pa. 남을 이롭게 함. 이타(利他)가 곧 자리(自利)인 뜻은 대승보살의 본령(本領)이다. 『대방편불보은경』 권2(대정장3, p.135b10)에 "선남자여! 보살마하살이 처음 삼보리심을 일으킬 때 크나큰 서원을 세워 이렇게 말한다. '내가 만일 아누다라삼막삼보리를 얻는다면, 반드시 일체중생을 크게 이롭게 하고, 반드시 일체중생을 대열반에 안치하며, 반드시 일체중생을 교화하여 전부 반야바라밀을 구족하게 하리라. 이를 두고 자리라 하며, 또한 이타라고 한다'. 善男子 菩薩摩訶薩 初發三菩提心時 立大誓願 作如是言 若我得阿耨多羅三藐三菩提時 當大利益一切衆生 要當安置一切衆生大涅槃中 復當教化 一切衆生 悉令具足般若波羅蜜 是則名爲自利 亦名利他"라고 하였다. 〔참고문헌〕『大方便佛報恩經』, 『優婆塞戒經』 권2(대정장24, p.1041b19). ⇨ 이타행 利他行, 자리 自利

이타 貳吒 Ⓢ Akaniṣṭha, Ⓣ 'og-min. 아가이타(阿迦貳吒)의 줄임말. 색계의 최상층 하늘로 아가니타(阿迦尼吒)라고도 음사하며, 색구경천(色究竟天)으로 한역한다. '이(貳)'는 '이(膩)'라고도 쓴다. "『일체경음의』 권28(대정장54, p.497b10)에 "이타〈(첫 글자인 이는) 여와 지를 반절한 음이다. 경전에서 아가니사타 또는 니사타라고도 하였는데, 모두 범어 강세의 강약에 따른 차이이다. 바른 음사어는 아가니슬차인데, 색구경천이라 한역한다. 타는 칙과 가를 반절한 음이고, 니는 여와 기를 반절한 음이며, 차는 칙과 가를 반절한 음이다〉. 貳吒〈如至反 經中或作 阿迦尼沙詫 或言尼師吒 皆梵言輕重也 正言 阿迦抳瑟搋 此言 色究竟天也 詫音勑嫁反 抳女几反 搋勑佳反〉"라고 하였다. 〔참고문헌〕『一切經音義』. ⇨ 아가니타천 阿迦尼吒天, 색구경천 色究竟天

이타결정 已墮決定 Ⓢ niyati-patita, Ⓣ nges-par-zhugs-pa. 이미 떨어져 끝내 정해짐. 십종보살(十種菩薩) 중 성숙하여 결정주(決定住)에 들어간 보살. 즉 제8부동지(不動地)와 제9선혜지(善慧地)에 증입한 보살을 일컫는다. 이득결정(已得決定)이라고도 한다. 『유가사지론』 권46(대정장30, p.549a9 : *Bodh-bh.*, p.202)에 "보살에는 대략 열 가지가 있으니 … 여덟째 이타결정보살 … 미성숙 중에서 아직 결정지와 결정행지에 증입하지 못한 것을 미결정이라 하고, 이미 증입하였다면 이결정이라 한다. 菩薩略有十種 … 八 已墮決定 … 未成熟中 乃至 未得入決定地 決定行地 名未決定 若已得入 名已決定 te samāsato daśa veditavyāḥ … niyatipatitaḥ … sa punaraparipakvo yāvanniyataniyatācaryābhūmau vā nānupraviṣṭo bhavati tāvadaniyata ityucyate. praviṣṭastu niyato bhavati", 『유가론기』 권11(대정장42, p.561c4 · 한불전, p.901a6)에 "일곱째 미타결정이란, 아직 제8지와 제9지에 증입하지 못한 것이다. 곧 아래 문에서 말하길 '미득입결정지란 아직 제8지에 증입하지 못한 것이고, 미입결정행지란 아직 제9지에 증입하지 못한 것이다'. 여덟째 이타결정이란 곧 이미 (제8지와 제9지에) 증입한 것이다. 七 未墮決定者 未入八地九地 卽下文云 未得入決定地者 未入八地 未入決定行地者 未入九地故也 八 已墮決定 卽已得入"라고 하였다. 『현양성교론』 권8(대정장31, p.521a7)에서는 이득결정(已得決定)이라고 하였다. 〔참고문헌〕『瑜伽師地論』, 『瑜伽論記』, 『顯揚聖教論』, *Bodh-bh.* ⇨ 십종보살 十種菩薩, 보살계위 菩薩階位

이타공 利他空 중생에게 공(空)의 이치를 설파하여 이롭게 하는 것. 십이부경(十二部經)과 같은 부처님의 가르침을 말한다. 수행(修行)을 일컫는 자리공(自利空)의 상대어이다. 『인왕경』 권상(대정장8, p.829b9)에 "부처님께 여쭙기를 '어떻게 시방의 모든 여래와 일체보살은 문자를 떠나지 않고 모든 법상을 행합니까?' '대왕이여, 법을 굴린다는 것은 법본여 · 중송여 · 수기여 · 불송게여 · 무문이자설여 · 계경여 · 비유여 · 법계여 · 본사여 · 방광여 · 미증유여 · 논의여여서 명미구이고, 음성과 이며 문자로 기록한 구이니, 일체가 여이다. 만약 문자를 취했다면 공을 행할 수 없다'. 白佛言 云何十方諸如來 一切菩薩 不離文字 而行諸法相 大王 法輪者 法本如重誦如 受記如 不誦偈如 無問而自說如 戒經如 譬喩如法界如 本事如 方廣如 未曾有如 論議如 是名味句 音聲果 文字記句 一切如 若取文字者 不行空也", 원측(圓測)의 『인왕경소』 권중(대정장33, p.405a13 · 한불전1, p.87b6)에 "두 번째는 여래께서 바로 답하신 것이다. 문을 구별하면 두 부분이 있다. 처음에는 설공(說空)을 밝히셨으니 이타공이며, 뒤에는 수공(修空)을 밝히셨으니 자리공이다. 앞에 셋이 있다. 처음에는 십이부경의 공을 밝히고 그 다음은 명미 이하이니, 모두 모아 교공(敎空)을 가렸으며 뒤의 약취는 행공이 아님을 나타낸다. 법륜이란, 법륜에는 둘이 있으니 첫째는 교(敎), 둘째는 행(行)이다. 이 중에서 설교(說敎)를 법륜이라 하였다. 법본여 등이란 십이부경을 벌려놓은 것이다. 第二如來正答 文別有二 初明說空 卽是利他 後明修空 是自利空 前中有三 初明十二部空 次是名味下 總辨敎空 後若取者 顯不行空 言法輪者 法輪有二 一 敎 二 行 此中說敎以爲法輪 言法本如等者 列十二部經"라고 하였다. 〔참고문헌〕『仁王經』, 『仁王經疏』. ⇨ 설공 說空, 십이부경 十二部經, 자리공 自利空

이타선교 利他善巧 남을 이롭게 하는 훌륭한 방편. 『속화엄경약소간정기』 권5(卍속장5, p.202a1)에 "넷째, 행해야 할 방편을 안다는 말은 두 가지 뜻에 통한다. 첫째는 스스로를 이롭게 하는 훌륭한 방편을 닦는다는 뜻이고, 둘째는 남을 이롭게 하는 아름다운 방편을 닦는다는 뜻이다. 四 知所行方便者 此通二義 一 脩自利善巧 二 脩利他善巧"라고 하였다. 〔참고문헌〕『續華嚴經略疏刊定記』, 『般若心經幽贊』 권상(대정장33, p.532b14). ⇨ 이타행 利他行, 방편 方便

이타성취 利他成就 Ⓢ para-artha-saṃpatti, para-artha-saṃpādana, Ⓣ gzhan-gyi-don-phun-sum-tshogs. 남을 이롭게 하여 성취함. 『대승장엄경론』 권3(대정장31, p.608a28 : *Sūtr.*, p.49)에 "〔석〕 비할 바 없이 두렷하고 깨끗한 법이란 부처님의 자리행이 성취되었음이고, 중생의 이락인이란 부처님의 이타행이 성취되었음을 나타낸다. 釋曰 無比圓白法者 由佛自利成就故 衆生利樂因者 由佛利他成就故 nirupamaśukladharmayogāt svārthasaṃpattitaḥ. hitasukhahetutvāc ca buddhatvasya parārthasaṃpattiḥ", 같은 책 권11(대정장31, p.645c14 : *Sūtr.*, p.148)에 "저 업은 두 가지다. 첫째는 자리의 성취이고 둘째는 이타의 성취이니, 이를 이름하여 위업이라고 한다. 彼業二種 一自利成就 二 利他成就 是名爲業 svaparārthaprasādhanaṃ karma"라고 하였다. 〔참고문헌〕『大乘莊嚴經論』, *Sūtr.*, *Ratna-ut.79.* ⇨ 이타행 利他行

이타행 利他行 Ⓢ para-artha-pratipatti, Ⓣ gzhan-la-phan-par zhugs-pa, gzhan-gyi-don-sgrub-pa. 타인을 이롭게 하는 행위. 타인에게 은혜를 베푸는 행위. 사섭법(四攝法) 중 하나이며, 자리(自利)를 행하는 성문승(聲聞乘)과 연각승(緣覺乘)에 상대하여 보살승(菩薩乘)의 가장 주요한 특색이다. 『미증유정법경』 권4(대정장15, p.439c17)에 "그래서 성문을 배우고 구하는 이들은 지혜가 좁고 열해서 (菩薩藏을) 받아들일 수 없으며, 윤회의 고통을 두려워하여 사제법만을 깊이 즐겨 원하며, 열반에 나아가 들어 안온을 얻기만을 구합니다. 연각을 즐겨 구하는 이들은 마음에 한계와 장애가 있어서 널리 중생을 위할 줄 모르고, 대비심으로 행하는 이타행도 없으며, 저 열반만을 구경이라고 여깁니다. 그러나 보살마하살이 배우는 보살장은 그 양이 광대하여 성문연각이 헤아릴 수 있는 것이 아니며, 오직 보살들만이 그 법을 수학하니 다 능히 깨우쳐 압니다. 所以 學求聲聞者 智慧狹劣 無所容受 怖輪迴苦 於四諦法深所樂欲 趣證涅盤 求安隱故 樂求緣覺者 心有限礙 不能普爲衆生 無大悲心行利他行 證彼涅盤 以爲究竟 菩薩摩訶薩 學菩薩藏 其量廣大 非聲聞緣覺之所測度 唯諸菩薩修學其法 悉能了知"라고 하였다. 〔참고문헌〕『未曾有正法經』, 『成唯識論』 권9(대정장31, p.49a11), *Abh-s-bh. 154.* ⇨ 사섭법 四攝法, 보살승 菩薩乘, 자리행 自利行

이탁삭 耳卓朔 ➡ 두봉송이탁삭 頭髼鬆耳卓朔

이탐심 離貪心 Ⓢ vigata-rāga, Ⓣ 'dod-chags-dang-bral-ba. 탐욕을 여읜 마음. 유탐심(有貪心)에 대칭한다. 『구사론』 권26(대정장29, p.135c20 : *Abh-k-bh.*, p.396)에 "만약 탐과 상응하지 않음을 이탐심이라고 한다면, 나머지 다른 번뇌와 상응하는 것도 마땅히 이탐이라는 이름을 붙여야 한다. 若貪不相應 名離貪心者 餘惑相應者 應得離貪名 yadi hi rāgeṇāsaṃprayuktaṃ vigatarāgaṃ syād anyakleśasaṃprayuktam api syāt"라고 하였다. 〔참고문헌〕『俱舍論』, *Abh-k-bh.* ⇨ 무탐심 無貪心❶, 유탐심 有貪心

이탑인 理塔印 ➡ 탑인 塔印

이토 二土 ❶ 정토(淨土)와 예토(穢土). 정토와 예토이지만 모두 범성이 동거(凡聖同居)하고, 오탁(五濁)으로 물들지만 차별하다. 『관음의소』 권하(대정장34, p.933b22)에 "토에는 두 가지가 있으니, 첫째는 정토이고 둘째는 예토이다. 부루나와 같은 성문이 태어나는 국토나 서방정토 등의 토이니, 이곳에 사는 중생이 삼독과 견사혹은 있지만 이곳에 삼악이라는 이름은 없으며, 과보 엄정하여 정토라 부른다. 이 사바세계와 같이 삼악과 사취로 가시덤불 덮인 폐허같기에 예토라고 한다. 그러나 예토든 정토든 모두 범부와 성인이 함께 머무는 토임에 분명하다. 이 두 토의 중생에는 각각 두 종류가 있으니, 근기는 뛰어나지만 오탁(五濁)이 심한 경우, 근기가 둔하고 오탁도 심한 경우, 근기가 뛰어나고 오탁도 심하지 않은 경우, 근기는 둔하나 오탁이 심하지 않은 경우다. 土有二種 一 淨 二 穢 如富樓那土 西方等土 其中衆生 具三毒見思 無三惡名 果報嚴淨 此名淨土 如此娑婆 三惡四趣 荊棘坵墟 是名穢土 若淨若穢 皆是凡聖同居土也 二土衆生 各有二種 根利濁重 根鈍濁重 根利濁輕 根鈍濁輕"라고 하였다. [참고문헌]『觀音義疏』, 『首楞嚴義疏注經』 권2(대정장39, p.855c4). ⇨정토 淨土, 예토 穢土, 오탁 五濁 **2** 사토(事土)와 이토(理土). 응신의 사토와 진신의 이토를 말한다. 『유마경문소』 권1(卍속장27, p.863a8)에 "불국에는 사토와 이토가 있다. 사토는 응신불이 머무는 국토이고, 이토는 지극한 지혜로 비추는 경이다. 그러나 지극한 이치는 텅 비고 고요하여 본래 경지의 다름이 없으니, 어찌 머물러 사는 경계에 차별이 있겠는가? 다만 근기에 따라 중생을 교화하므로 진신과 응신의 양신을 설하며, 이 때문에 사토와 이토를 밝힌다. 佛國有事有理 事卽應身所居之域 理則約極智所照之境 而至理虛寂 本無境智之殊 豈有能居界域之別 但以隨機化物 說其眞應兩身 故明事理二土也"라고 하였다. [참고문헌]『維摩經文疏』. ⇨이사 理事, 진신 眞身, 응신 應身 **3** 실지토(實智土)와 변화토(變化土). 둘 다 초지(初地)의 성인이 머무는 국토다. 『영락본업경』 권상(대정장24, p.1016a3)에 "초지의 성인에게도 두 토가 있다. 첫째는 실지토로 전 찰나의 지가 후 찰나의 지에 머무는 것을 토로 삼는다. 둘째는 정과 염으로 변화하며 겁의 세월을 거치면서 중생에 응하여 나투는 토이고, 내지 무구지토에 있어서도 또한 이와 같다. 일체중생부터 무구지에 이르기까지 정토 아님을 다하니, 과보에 머물기 때문이다. 오직 부처님만이 중도제일의인 법성토에 머무신다. 이 때문에 나는 옛날 보광당에서 널리 일체중생에게 정토의 문을 설하였다. 初地聖人 亦有二土 一 實智土 前智住後智爲土 二 變化淨穢 經劫數量 應現之土 乃至無垢地土 亦復如是 一切衆生 乃至無垢地 盡非淨土 住果報故 唯佛居中道第一法性之土 是故 我昔於普光堂上 廣爲一切衆生 說淨土之門"라고 하였다. [참고문헌]『瓔珞本業經』. ⇨실지토 實智土, 변화토 變化土, 법성토 法性土, 정토 淨土 **4** 내토(內土)와 외토(外土). 내토란 불공과(不共果)의 정보토(正報土)를, 외토란 공과(共果)의 의보토(依報土)를 일컫는다. 원효(元曉)의 『무량수경종요』(대정장37, p.127a1・한불전1, p.551c6)에 "토에는 두 가지가 있으니, 첫째 내토, 둘째 외토이다. 외토란 공과이고, 내토란 불공과이다. … 모두어 말하면 그렇지만 그 중에 분별하면 정보토가 불공과의 뜻임에는 이설이 없으나, 의보토를 공과로 삼는 데서는 여러 설이 다르다. 土有二種 一者 內土 二者 外土 言外土者 是共果 言內土者 是不共果 … 總說雖然 於中分別者 正報之土 不共果義 更無異說 依報之土 爲共果者 諸說不同"라고 하였다. [참고문헌]『無量壽經宗要』, 『瓔珞本業經』 권상(대정장24, p.1016a3). **5** 사토(四土) 중 두 가지 토. 사토란 범성동거토(凡聖同居土)・방편유여토(方便有餘土)・실보무장애토(實報無障礙土)・상적광토(常寂光土)를 말한다. 『서방합론』 권1(대정장47, p.391b28)에 "인천이승을 잡으면 (사토 중) 앞의 두 가지 토이고, 불보살을 잡으면 뒤의 두 가지 토이다. 約人天二乘 卽前二種土 約菩薩佛 卽後二種土"라고 하였다. [참고문헌]『西方合論』. ⇨사토 四土[1] **6** ➡보토 報土, 화토 化土, 보화이토 報化二土

이토 理土 이(理)로서의 법신(法身)이 머무는 국토. 법성토(法性土)・적광토(寂光土)라고도 한다. 『인왕호국반야바라밀다경소신보기』 권3(대정장33, p.305b27)에 "닦아 다한 법신은 상품의 적광토에 머무니 이것이 이토이다. 修極法身 居上品寂光 此理土也", 『관무량수불경의소』 권상(대정장37, p.283a9)에 "『인왕반야경』에 '오직 부처님 한 분만이 정토에 머무신다'고 하였으며, 『원각경』에 '중생과 국토는 동일법성이고, 지옥과 천궁 모두 정토다'라고 하였다. 이들은 모두 법성으로서 이토이니 적광토를 말한다. 仁王般若云 唯佛一人居淨土 圓覺經云 衆生國土 同一法性 地獄天宮 皆爲淨土 此皆法性理土 所謂寂光土也"라고 하였다. [참고문헌]『仁王護國般若波羅蜜多經疏神寶記』, 『觀無量壽佛經義疏』, 『仁王經』 권상(대정장8, p.828a1), 『圓覺經』(대정장17, p.917b5). ⇨법성토 法性土

이통 二通 오신통(五神通)을 두 가지 뜻으로 나눠 짝을 지음. 오신통은 신족통(神足通)・천안통(天眼通)・천이통(天耳通)・타심통(他心通)・숙명통(宿命通)이다. 『십지경론』 권5(대정장26, p.157a11)에 "여러 가지 신통이란 무엇인가? 제4신통은 명지이고, 제5신통은 명견이다. 제1신통은 신업이 청정한 것이고, 천이통과 타심지 두 신통은 구업청정이며, 숙명통과 생사통의 두 신통은 의업이 청정하다. 한 몸으로 통하여 중생의 처소에 도달할 수 있으며, 천이통과 타심통의 두 신통으로는 능히 설법음성과 그 뜻을 알고 타인의 마음도 알기에 갖가지 언어와 음성을 따라 능히 알아 다한다. 諸神通者 四通明智 第五明見 初一神通 身業淸淨 天耳他心智二通

口業淸淨 宿命生死智二通 意業淸淨 一身通 能到衆生所 天耳他心二通 能知說法音聲義故 以知他心故 隨種種言音 皆能盡知"라고 하였다. 〔참고문헌〕『十地經論』. ⇨ 오신통 五神通, 신통 神通

이통 二痛 신수(身受)와 심수(心受)의 두 가지 통. 통은 수(受)의 구역(舊譯)이다. 『아비담팔건도론』 권20(대정장26, p.865a12)에 "이통(身心)과 삼통(苦樂捨)에서는 이통이 삼통을 거두는가, 삼통이 이통을 거두는가? 〔답〕 종에 따라 서로 거둔다. 二痛三痛 二痛攝三痛 三痛攝二痛 答曰 隨種相攝", 『바수밀소집론』 권3(대정장28, p.742a6)에 "〔문〕 말한 것처럼 이 두 가지 통이 있는데, 이 신통과 심통과는 서로 어긋남이 있는가? 어떤 이는 다음과 같이 말한다. '일체통은 심통이며, 나아가 오근의 증상에서는 신통이라 한다'. 問 如所說 有此二痛 身痛心痛 則有相違 或作是說 一切痛是心痛 乃至五根增上 是謂身也"라고 하였다. 〔참고문헌〕『阿毘曇八犍度論』, 『婆須蜜所集論』. ⇨ 신수 身受, 심수 心受, 삼수 三受, 삼통 三痛2, 통 痛, 수 受

이통현 李通玄 635~730(일설에는 646~740). 당대 거사이자 화엄학의 대가. 황족 출신. 일설에는 창주(滄州 : 河北省 滄縣) 출신이라고도 한다. 타고난 자질이 비범하였으며, 배움에 일정한 스승이 없었다. 유교와 불교에 모두 정통하였으며, 인적을 피해 산림에 은거하였다. 719년(개원7) 태원부(太原府) 수양방산(壽陽方山)의 흙으로 된 감실(龕室)에 은거하며 신역 『화엄경』을 연구하였으며, 산에 머무는 수년간 매일 대추 열 알과 측백나무 잎으로 만든 떡 하나로 끼니를 해결했기에 세간에서 조백대사(棗栢大士)라고 불렀다. 730년(개원18) 3월에 향년 96세를 일기로 감실에서 앉은 채로 입적하였다. 후에 북송 때 휘종(徽宗)은 현교묘엄장자(顯教妙嚴長者)라는 호를 하사하였다. 저서에 『신화엄경론 新華嚴經論』 40권(대정장36, No.945)·『화엄경회석론 華嚴經會釋論』 14권·『약석신화엄경수행차제결의론 略釋新華嚴經修行次第決疑論』 4권(대정장36, No.1741)·『약석 略釋』 1권·『석해미현지성비십명론 釋解迷顯智成悲十明論』 1권 등이 있다. 〔참고문헌〕『佛祖統紀』 권40(대정장49, p.373c9), 『佛祖歷代通載』 권13(대정장49, p.594b20), 『居士分燈錄』 권상(卍속장147, p.868a17). ⇨ 방산토굴 方山土窟, 신화엄경론 新華嚴經論

이통현여래십종정경설 李通玄如來十種定經說 여래께서 처음 경을 설하신 때를 열 가지로 나눈 이통현의 설. 『신화엄경론』 권6(대정장36, p.759a1)에 "간략히 권과 실에 의지해 앞으로 가르침을 일으키신 전후의 시분이 같지 않음에 대해 열 가지로 나누어 세운다. 첫 번째는 저 『역사경』설과 같다. 부처님께서는 처음 성도하시고 첫 7일 동안 사유하기를 마치고서 녹야원에서 법을 설하셨다는 것이다. 두 번째는 『대품경』설과 같다. 부처님께서 애초에 녹야원에서 사제법륜을 굴리시자 무량한 중생이 성문심 내지는 독각심과 대보리심 등을 일으켰다는 것이다. 세 번째는 『법화경』설과 같다. 21일이 지나고 녹야원에 나아가 법을 설하셨다는 것이다. 네 번째는 『사분율』과 『살바다론』설과 같다. 42일이 지나 법을 설하였다는 것이다. 다섯 번째는 『흥기행경』과 『출요경』설과 같다. 49일이 지나 법을 설하셨다는 것이다. 여섯 번째는 『오분율』설과 같다. 56일이 지나 법을 설하셨다는 것이다. 일곱 번째는 『대지도론』의 설과 같다. 57일이 지나 법을 설하셨다는 것이다. 여덟 번째는 『십이유행경』의 설과 같다. 1년 동안 법을 설하지 않으셨다는 것이다. 아홉 번째는 근래 당나라 법사 법장의 여래께서 도를 이루고 경을 결정하셨다는 교판에 따라(성도 후) 7일이 지나서 『화엄경』을 설하셨다는 것이다. 略依權實 且立十種教起前後時分不同 第一 如力士經說 佛初成道一七日思惟已 卽於鹿園說法 第二 如大品經說 佛初鹿園轉四諦法輪 無量衆生發聲聞心 乃至獨覺心大菩提心等 第三 如法華經說 三七日詣鹿園說法 第四 如四分律及薩婆多論 六七日方說法 第五 如興起行經及出曜經 七七日方說法 第六 如五分律 八七日方說法 第七 如大智度論 五十七日方說法 第八 如十二遊行經 一年不說法 第九 依今唐朝藏法師判 如來成道定經 一七日後 方說華嚴經", "열 번째〈이통현〉는 이제 이 화엄법계문에 의지해 앞에서 설한 모든 설에 의지하지 않고 이 경과 같이하여 법계본지성 스스로가 체용이고 이사여서 대비 본래 실다운 것으로서 종을 삼을 뿐이니, 정으로 헤아린 시분의 설에 의지하지 않는다. 옛과 지금이라는 생각도 다하여 항상 법륜은 구른다. 시작도 끝도 없는 법 본래 이와 같을 뿐이다. 第十〈通玄〉 今依此華嚴法界門 總不依如上所說 如此經 以法界本智性自體用理事 大悲本實爲宗 不依情量時分之說 古今見盡 常轉法輪 無始無終 法本如是"라고 하였다. 〔참고문헌〕『新華嚴經論』.

이특 移忒 옮겨가 변함. 『불안어록』 「미오 迷悟」(고존숙어록30, 卍속장118, p.540b15)에 "미한 이는 깨달음에 미하고, 깨달은 이는 미혹함을 깨닫는다. 미와 오는 같은 몸이니 깨달은 이만이 비로소 안다. 남에 미하여 북이라 여긴다. 실정으로 취한즉 북쪽이 본래 바로 남이니, 깨달음에는 옮겨 변함이 없다. 迷者迷悟 悟者悟迷 迷悟同體 悟者方知 迷南爲北 實情取則 北本是南 悟無移忒"라고 하였다. 〔참고문헌〕『佛眼語錄』.

이티붓타카 Itivuttaka ➡ 여시어경 如是語經, 구부경 九部經, 십이부경 十二部經, 본사 本事1

이파 撈破 벗겨 부수다. 진면목(眞面目) 보게 하는 뜻이다. 『허당록』 권2(대정장47, p.993c26)에 "왕왕 흔히 그렇듯이 가시풀 그림자로 점치듯 하니, 오늘 밤에는 여러분에게 점괘 무늬 다 벗겨 부셔주리라. 간절히 정성 다해 드러내 헤아려 볼거나. 往往多是 向蓍草影邊 胡卜亂卜 今夜與諸人 撈破卦文了也 請款款出來商量", 『불조통기』 권37(대정장49, p.348c3)에 "임금이 장승요에게 명하여 지공(誌公)의 진영을 그리도록 하였다. 지공이 손가락으로 얼굴을 찢고 부수며 십이면관음상을 드러내 보였는데 때론 자비롭고 때론 위엄이 있어 장승요는 결국 그리지 못하였다. 嘗詔張僧繇寫誌眞 誌以指撈破面門 出十二面觀音相 或慈或威 僧繇竟不能寫"라고 하였다. 〔참고문헌〕『虛堂錄』, 『佛祖統紀』.

이판 已辦 이미 가려 끝냄. 다해 마치다의 뜻이다. 『불반니원경』 권상(대정장1, p.164b12)에 "내녀는 다음날 아침 부처님께서 계신 곳으로 와서 부처님께 여쭈었다. '자리가 이미 마련되었고, 음식과 자리 모두 끝냈으니, 천존께서는 위신을 거두시기 바랍니다'. 㮈女 明日旦來至佛所 白佛言 已設座 飯食具皆已辦 願天尊屈威神", 상응하는 범본 『불반니원경』(*Mp-s.*, p.186)에 "그때 암라팔리는 바로 그 밤에 청정하고 뛰어난 굳고도 부드러운 음식을 다해 마친 후 동틀 녘에 일어나 자리를 마련하고 물항아리까지 마련해놓고 사자를 보내 세존께 시간을 알려드렸다. '고타마시여, 지금이 고타마존자께서 공양하실 바로 그 시간입니다' athāmrapālis tām eva rātriṃ śuciṃ praṇītaṃ khādanīyabhojanīyaṃ samudānīya kālyam evotthāya āsanakāni prajñapyodakamaṇiṃ pratiṣṭhāpya bhagavato dūtena kālam ārocayati. samayo bho gautamo sadyo bhaktaṃ yasyedānīṃ bhavāṅ gautamaḥ kālaṃ manyate"라고 하였다. 〔참고문헌〕『佛般泥洹經』, *Mp-s.*

이판 理判 이치를 결판(決判)함. 이에 전념하는 스님을 이판승(理判僧)이라 한다. ⇨이판사판 理判事判

이판사판 理判事判 이판(理判)과 사판(事判). 참선간경 등 수행하며 홍법하는 소임과, 가람과 대중을 외호하는 소임을 크게 나눈 뜻이다. 선원수행과 대중소임을 번갈아 하며 이사(理事)에 상참(相參)하며 이사호임(理事互任)하는 것을 수행자의 본분으로 여긴다. 일제강점기 이후 일본의 대처육식하는 직업적 승려들의 영향으로 이판사판의 전통적인 이해가 왜곡되기도 하였다. 조선시대의 『응운공여대사유망록』 「상김승지서 上金承旨書」(한불전10, p.729b14)에 "지난 4월에 나와 삼학의 도반들이 『화엄론』을 인출하고자 가야산에 들어갔더니, 가야산의 사판이판의 모든 석덕들이 한번 더 인출하고자 하였다. 去四月 貧道與數三學伴 乃爲印出華嚴論 入于伽倻 伽倻事理判諸碩德 僉欲加印一件", 「이판사판사찰내정 理判事判寺刹內情」(『조선불교통사』 권하, p.930)에 "조선 사찰 안에는 이판과 사판승으로 구별하는 호칭이 있다. 이판이란 대개 참선강경수행홍법하는 스님이다〈세간에서 말하는 공부승〉. 사판이란 무릇 영산립업판사처무하는 스님이다〈세간에서 말하는 산림승이니, 산림이란 일체생산업과 사무를 일컫는다〉. 이와 사 둘 중 하나라도 빠질 수 없다. 이판 아니라면 부처님의 혜명을 이어가지 못하고, 사판 아니라면 가람을 보호하고 유지하지 못한다. … 청허 부휴 벽암 백곡 여러 대사는 모두 이판으로 사판을 겸했고 … 전등 용주 여러 절의 총섭은 모두 사판으로 이판을 겸했다. 朝鮮寺刹之內 有理判僧事判僧之區別名稱 理判者 謂凡參禪講經修行弘法之僧也〈俗所謂工夫僧〉 事判者 謂凡營産立業辦事處務之僧也〈俗所謂山林僧 山林者 卽幹辦一切産業事務之謂也〉 理事二者 闕一不可 非理判僧 則不能以續佛慧命 非事判僧 則不能以護持伽藍也 … 淸虛 浮休 碧巖 白谷諸大師 皆以理判兼事判者也 … 傳燈 龍珠諸寺摠攝 皆以事判制理判者也"라고 하였다. 평생 즉사즉리(卽事卽理) 함에 막힘 없었던 영암임성(映巖任性 1907~1987)은 1933년부터 울진 불영사(佛影寺)에서 자운(慈雲)·청담(靑潭) 등과 오후불식(午後不食)·장좌불와(長坐不臥)하면서 대중외호(大衆外護)를 겸하여 3년 만기(滿期)한 후 다음과 같은 게송을 읊었다. 「영암당임성대종사비문 映巖堂任性大宗師碑文」(『한국고승비문총집 조선조·근현대』 p.1236)에 "이사(理事)가 본무이(本無二)요, 사사(事事)가 무가애(無罣碍)라. 만법(萬法)이 진삼매(盡三昧)니 요산요수거(樂山樂水去)라"고 하였다. 〔참고문헌〕『應雲空如大師遺忘錄』, 『朝鮮佛教通史』, 『韓國高僧碑文總集 朝鮮朝·近現代』, 「僧團編年」(『韓國近世佛教百年史』 권1, p.6).

이판승 理判僧 ➡이판사판 理判事判

이팔 二八 『관무량수불경』의 십육관(十六觀)을 달리 이르는 말. 『정토론』 「서문 序文」(대정장47, p.83b7)에 "이팔이라는 큰 규범이 서토에서 성행하였다. 二八弘規 盛乎西土"라고 하였다. 〔참고문헌〕『淨土論』. ⇨십육관 十六觀, 관무량수불경 觀無量壽佛經

이팔옥 二八獄 팔한지옥(八寒地獄)과 팔열지옥(八熱地獄)의 십육지옥(十六地獄)을 달리 부르는 말. 『지장시왕경』(卍속장150, p.771a4)에 "다음으로 경대(鏡臺)에 이르러 거울에 비친 모습을 마주 보고, 여기서 죄의 양을 저울질하여 눈금에 표시하는데 세 가지로 다르다. 첫째로 근으로 끊어 결정하는 중죄인데, 이 중죄를 다시 열어 가볍게 함이 이팔옥에 떨어지는 죄다. 둘째로 냥으로 눈금을 끊는데 중죄로 아귀죄에 해당한다. 셋째로 푼으로 눈금을 끊으면 하죄로 축생에 떨어지는 죄다. 次至鏡臺 當見鏡影 於此秤量 點目有三別 一者 斤目斷 爲重罪 重中開輕 爲二八獄罪 二者 兩目斷 爲中罪 爲餓鬼罪 三分目斷 爲下罪 爲畜生罪"라고 하였다. [참고문헌]『地藏十王經』. ⇨ 십육유증지옥 十六遊增地獄, 팔한지옥 八寒地獄, 팔열지옥 八熱地獄, 지옥 地獄

이편 離偏 Ⓢ aneyā, Ⓣ bkrir-mi-btub-pa-nyid. 치우침을 여읨. 보살십상(菩薩十相) 중 하나로 폄훼나 칭찬에 동요하지 않는 뜻이다.『대승장엄경론』권13(대정장31, p.658b16 : *Sūtr.*, p.180)에 "입지의 보살에게는 각 지마다 열 가지 특징이 있다. 어떤 것이 그 열 가지인가? 첫째 명신, 둘재 무열, 셋째 무겁, 넷째 무대, 다섯째 통달, 여섯째 평등, 일곱째 이편, 여덟째 이착, 아홉째 지방편, 열째 성중생 등이다. … 이편이란 무엇인가? 헐뜯거나 칭찬하는 말을 들어도 흔들림이 없기 때문이다. 入地菩薩 地地皆有十相 何者爲十 一 明信 二 無劣 三 無怯 四 無待 五 通達 六 平等 七 離偏 八 離著 九 知方便 十 聖衆生 … 離偏者 耳聞毁譽 無高下故 etadbhūmipraviṣṭasya bodhisatvasya daśavidhaṃ liṅgaṃ sarvāsu bhūmiṣu veditavyaṃ. yāṃ bhūmiṃ praviṣṭas tatra sāloko yāṃ na praviṣṭas tatrādhimuktir ity etad ekaṃ liṅgaṃ. alīnatvaṃ parmodāragambhīreṣu dharmeṣu. adīnatvaṃ duṣkaracaryāsu. aparapratyayatvaṃ svasyāṃ bhūmau. sarvabhūmiprativedhaś ca tad abhinirhārakauśalyataḥ sarvasatveṣv ātmasamacittatā. aneyā varṇāvarṇaśabdābhyāṃ"라고 하였다. [참고문헌]『大乘莊嚴經論』,『金光明最勝王經疏』권4(대정장39, p.260a16), *Sūtr.* ⇨ 보살십상 菩薩十相

이포새 伊蒲塞 Ⓢ upāsaka의 음사어. 남성 재가신도를 가리킨다. 우바새(優婆塞)·오바새(烏婆塞)·오파삭가(鄔波索迦) 등이라고도 하며, 근사남(近事男)으로 한역한다.『대당서역기』권9(대정장51, p.919c7)에 "오파삭가〈근사남이라 한역한다. 구역에서는 이포새라 하였고, 우파새 또는 우바새라고도 했는데, 모두 변해 전해진 것이다〉. 鄔波索迦〈唐言 近事男 舊曰 伊蒲塞 又曰 優波塞 又曰 優婆塞 皆訛也〉"라고 하였다. [참고문헌]『大唐西域記』,『佛祖統紀』권35(대정장49, p.330a26). ⇨ 근사남 近事男, 오파삭가 鄔波索迦, 우바새 優婆塞

이포외금강 離怖畏金剛 절제열뇌보살(折諸熱惱菩薩)의 밀호.『태장금강교법명호』(대정장18, p.204b25)에 "절열제열뇌보살〈밀호는 이포외금강〉 折諸熱惱菩薩〈離怖畏金剛〉"라고 하였다. [참고문헌]『胎藏金剛教法名號』.

이포외여래 離怖畏如來 Ⓢ Abhayaṃkara-tathāgata. 여래의 명호. 그 명호를 들으면 아귀도를 떠날 수 있다고 전하는 사여래(四如來) 중 한 분. 시아귀회(施餓鬼會) 때 공양하는 다섯 본존 중 한 분.『구발염구아귀다라니경』(대정장21, p.465a26)에 "이포외여래의 명호를 칭념하여 가지하였기에 모든 귀신의 일체 공포를 모조리 소멸시키고 아귀취를 떠나게 할 수 있다. 由稱離怖畏如來名號加持故 能令諸鬼一切恐怖悉皆除滅 離餓鬼趣",『유가집요구아난다라니염구궤의경』(대정장21, p.471a4)에 "나무이포외여래〈전에 준하여 부르며, 아래에서도 따른다〉. 모든 불자들이 이포외여래의 명호를 들으면, 모두들 늘 안락을 얻고 영원히 두려움에서 벗어나 청정하고 쾌락하리라. 南無離怖畏如來〈准前爲稱 下皆例此〉 諸佛子等 若聞離怖畏如來名號 能令汝等 常得安樂 永離驚怖 淸淨快樂",『지각선사자행록』(卍속장111, p.159b15)에 "이포외여래를 칭념하며, 일체중생이 다섯 가지 두려움을 여의고 열반쾌락을 얻기를 원합니다. 念離怖畏如來 願一切衆生 離五怖畏 得涅槃樂"라고 하였다. [참고문헌]『救拔焰口餓鬼陀羅尼經』,『瑜伽集要救阿難陀羅尼焰口軌儀經』,『智覺禪師自行錄』,『焰羅王供行法次第』(대정장21, p.376a6). ⇨ 시아귀회 施餓鬼會, 나무이포외여래 南無離怖畏如來, 아바잉가라 阿婆孕迦羅, 오여래 五如來[2], 오불 五佛, 오지 五智[1]

이포외여래 양산 통도사 1760년

이포찬 伊蒲饌 남성 재가신도인 이포새(伊蒲塞 Ⓢ upāsaka : 優婆塞)가 몸소 승중에 들어가 공양함.『선림소어고증』권1(卍속장112, p.796a14)에 "재를 올리고 공양한 음식을 이포찬이라고 한다. 齋供食曰 伊蒲饌",『오등전서』권57「벽봉보금장 碧峰寶金章」(卍속장141, p.227b2)에 "명나라 홍무(1368~1398) 초 고제(高帝 : 明太祖)가 벽봉을 모셔 수도에 와서 천자의 경계(天界)에 머물며 법을 묻고 종지를 찬탄할 수 있게끔 하였다. 신해년(1371)에는 종산에서 보제회를 설행하며 벽봉에게 이 일에 자리하게 하고 이포찬을 하사한 뒤, 황제가 친히 행차하였다. 明洪武初 高帝詔師 至京住天界 問法稱旨 辛亥設普濟會于鍾山 命師蒞其事 賜伊蒲饌 上親幸臨"라고 하였다. [참고문헌]『禪林疏語考證』,『五燈全書』,『天如惟則語錄』권7(卍속장122, p.927b7). ⇨

이포새 伊蒲塞, 우바새 優婆塞, 재 齋

이품 二品 Ⓢ dvi-prakāra. 분제가 있는 두 가지 법들. 『구사론』 권23(대정장29, p.119c3)에 "이 인법에는 하중상 등이 있다. 하중 등 두 품은 정법과 더불어 같다. 즉 구족히 사성제경을 관찰하고, 십육행상을 닦는다. 상품에는 다름이 있으니, 오직 욕계의 고성제만을 관하여 세제일법과 서로 인접하기 때문이다. 此忍法 有下中上 下中二品 與頂法同 謂具觀察 四聖諦境 及能具修 十六行相 上品有異 唯觀欲苦 與世第一 相隣接故", 『유가사지론』 권16(대정장30, p.364c4)에 "'두 품이 의지가 되어, 생(生)이 문득 있게 된다'라고 하였다. 이 두 송으로 무명과 애라는 인이 있어 법이 있게 됨을 드러낸다. 由二品爲依 是生便可得等 由此二頌 顯無明愛有因法有"라고 하였다. 〔참고문헌〕『俱舍論』, 『瑜伽師地論』, *Abh-k-bh.63·238.* ⇨ 품 品

이품 異品 Ⓢ vipakṣa. 인명(因明) 용어. 종(宗 : 주장명제)의 후진(後陳 : 빈사) 범위를 벗어나 있는 일체법. 즉 명제의 술부인 주부의 속성과 다른 것을 말한다. 종이품(宗異品)과 인이품(因異品)이 있다. 동품(同品)에 상대한다. 『인명입정리론』(대정장32, p.11b9 : *Nyāy-pr.*, p.1)에 "이품이란 이 처에 세울 수 없는 것이다. 이는 상이어서 만들어진 것이 아니다. 저 허공 등처럼. 異品者 謂於是處無其所立 若有是常見非所作 如虛空等 vipakṣo yatra sādhyaṃ nāsti yan nityaṃ tad akṛtakaṃ dṛṣṭam yathākāśādir iti", 『인명입정리론소』 권상(대정장44, p.107c19)에 "이 아래 이품을 풀면 두 가지다. 처음에는 다 모아 체를 드러내고, 다음은 따로 법을 가리킨다. 첫 번째다. 처는 처소다. 즉 종을 제한 나머지 일체법이니 체가 있든 없든 통한다. (그러나) 만약 유종을 세울 때에는 동품도 반드시 체가 있어야 한다. 왜냐하면 앞에서 '균등의품'이라고 했기 때문이다. 이품은 체가 없어도 통한다. 따라서 '이 처'라 한 것이다. 소립은 종과 떨어질 수 없는 자성이다. 이를테면, 만약 모든 법처에 인을 세울 수 없다면 즉 이품이다. 따로 저 이품을 설명하는 법과 유법과 함께 하는 이름이 없는 것을 이품이라 하는 것은 아니다. 이 허물에 대해서는 앞에서 말한 것과 같다. 述曰 下解異品有二 一 總出體 二 別指法 此初也 處謂處所 卽除宗外餘一切法 體通有無 若立有宗 同品必有體 所以前言均等義品 異品通無體 故言是處 所立謂宗不相離性 謂若諸法處無因之所立 卽名異品 非別無彼言所陳法 及與有法名爲異品 過如前說"라고 하였다. 〔참고문헌〕『因明入正理論』, 『因明入正理論疏』, *Nyāy-pr.* ⇨ 인명 因明, 인이품 因異品, 종이품 宗異品, 동품 同品[2], 삼지작법 三支作法

이품변무성 異品遍無性 Ⓢ vipakṣe asattvaṃ. 인명(因明) 용어. 인삼상(因三相) 중 하나. 종(宗 : 주장명제)을 성취시키는 바른 인(因 : 이유명제)은 이품 어디에도 없어야 한다는 뜻이다. 이품비유(異品非有)라고도 한다. 『인명입정리론소』 권상(대정장44, p.105c7)에 "이품변무성이란 (인삼상 중) 세 번째 상을 드러낸다. 이는 다르다는 뜻이다. 세울 곳이 없은 즉 별이라 한다. 품은 취류이지 체류의 뜻이 아니다. 체가 없음도 인정하기에, 동품의 체류로 품을 푸는 경우와는 같지 않다. 체의 유무에 따라서 다만 세운 바 다른 취류를 이품이라 한다. 異品遍無性者 顯第三相 異者別義 所立無處卽名別異 品者聚類 非體類義 許無體故 不同同品體類解品 隨體有無 但與所立別異聚類卽名異品", 같은 책 권상(대정장44, p.106a22)에 "그 인은 저 종이품처에 결코 어디에도 없어야 이품변무성이다. 〔문〕 변무성이라 이미 인이 없기에 종도 반드시 따라 없을 터인데 어째서 이품이라 하는가? 이미 종이품이라 했기에 종이 없으면 인도 또한 따라 없음이 드러나는데 왜 다시 변무성이라 하는가? 〔답〕 단지 변무라 하고 이품을 말하지 않는다면, 이 인은 상위한 법 등을 성립시킬 수도 있어 종을 떠나 도리어 종의 뜻을 성취시키지 못한다. 단지 이품이라고만 하고 변무성을 말하지 않는다면, 또한 이 인은 부정 등을 성립시키게 되어 결코 종만을 성립시키지 못함이 드러난다. 여기서 이 인은 동품에 반드시 있고 이품에는 전혀 없음을 결정적으로 성립시킴을 드러낸다. 따라서 이품변무성이라 하는 것이다. 其因於彼宗異品處 決定遍無 故言異品遍無性也 問 言遍無性 已顯無因 宗必隨無 何須言異品 旣云異品 卽顯無宗因亦隨無 何須復云遍無性也 答 但言遍無不言異品 乃顯此因成相違法等 非離於宗返成宗義 但言異品不言遍無 亦顯此因成不定等非定成宗 今顯此因定成於宗同品定有 於異品上決定遍無 故說異品遍無性也"라고 하였다. 〔참고문헌〕『因明入正理論疏』. ⇨ 인삼상 因三相, 이품 異品, 구구인 九句因, 삼지작법 三支作法, 인명 因明

이품비유 異品非有 인명(因明) 용어. 구구인(九句因)의 한 요소. 이유명제가 이품에는 전혀 없다는 뜻으로 부정인(不定因)이다. 『인명론소명등초』 권4(대정장68, p.270b9)에 "구구인 중 여덟 번째 구에서 말하기를, '둘째는 동품에는 있기도 하고 없기도 하지만 이품에는 전혀 없다'는 것이다. 저 승론사가 '내성은 무상하다. 힘써 드러내는 즉시 나오는 성이기에. 비유하면 저 번개와 물단지와 같다'고 세우는 것과 같다. 여기서 무상이라는 종은 허공을 이유로 삼고, 노력에 따르는 인이란 동품인 물단지 등에는 있지만 번개 등에는 없으며, 이품인 허공에는 전혀 없다. 이미 노력에 따르는 인은 그 동유인 번개 등에는 없으니 모든 곳은 아니기에 소립의 인에는 수

순할 수 있다. 어찌 동유 중에 일분이 성취되지 못하는 허물이 있겠는가! 이미 바른 인이다. 句之中 第八句云 二同品有非有異品非有 如勝論立 內聲無常 勤勇無間所發性故 喩如電瓶 此無常宗 空爲異喩 勤勇之因 於同品瓶等有 電等上無 異品空中 一向非有 旣勤勇因 於其同喩電等上無 非是遍 能順所立之因 豈同喩中 有一分能立不成過 旣是正因"라고 하였다. [참고문헌]『因明論疏明燈鈔』. ⇨ 구구인 九句因, 이품유 異品有, 이품 異品, 동품 同品❷, 동품유 同品有, 동품비유 同品非有, 동품유비유 同品有非有, 인명 因明

이품유 異品有 인명(因明) 용어. 구구인(九句因)의 한 구성요소. 이유명제가 이품의 전부와 관계하는 것으로 부정인(不定因)이다.『인명론소명등초』권2(대정장68, p.228c24)에 "'이품이 두루 없지 않은 과'는 버릴 수 없는 허물을 세우는 것이다. 만약 인 중에 함께 할 부정이 있는 것과 다르지 않다면, 인의 삼상 중 세 번째 상(이품변무성)의 허물로서 이유의 능립불견과 다르지 않다. 예를 들어, 성론사가 '말소리는 상이다'는 종을 세우고 '만들 수 있기에'라고 할 때 동유는 허공 등이 되고 이유는 물단지 등이 되는데 이 '만들 수 있다'는 인이 이품에 있기에 세 번째 조건을 결여하게 된다. 곧 이유 중의 능립불견과 다르지 않다. 異品非遍無過者 能立不遣過也 若不異因中共不定者 因三相中 第三相過 不異異喩能立不遣 如聲論師立聲常宗 所作性故 同喩空等 異喩瓶等 此所作因 異品有故 闕第三相 卽是不殊異喩之中 能立不遣"라고 하였다. [참고문헌]『因明論疏明燈鈔』. ⇨ 구구인 九句因, 이품 異品, 동품 同品❷, 동품유 同品有, 동품비유 同品非有, 동품유비유 同品有非有, 인명 因明

이품유비유 異品有非有 인명(因明) 용어. 구구인(九句因)의 한 요소. 이품으로 설정한 예(喩)에 이품의 뜻이 있기도 하고 없기도 한 부정인(不定因)이다.『인명론소명등초』권5(대정장68, p.292c21)에 "'처음 셋의 최후의 비유와 같다'는 구구인 중 초삼제삼구인 동품유이품유비유이다. 저 '말소리는 노력하면 바로 일어난다'고 세우고, 인은 '무상성이기에'라 하고, 동유는 '비유하면 물단지와 옷과 같다'고 하고, 이유는 '비유하면 번개와 허공과 같다'고 하는 경우와 같다. 그 번개와 허공은 모두 노력에 따른 것이 아니기에 다 이품이다. 하지만 무상이라는 인은 허공에 있어서는 없지만 번개에 있어서는 있기에 이 이품에는 맞서는 류가 있어 한 가지 류가 아니다. 즉 불확정성이 있다. 번갯불과 같은 것이 무상성이라면 말소리는 노력으로 일어나는 것이 아니게 된다. 아니면 물단지 등과 같이 무상성이기에 말소리가 노력으로 일어나는 것이 된다. 如初三最後喩者 謂九句中 初三第三句 同品有異品有非有 如立聲是勤勇無間所發因云無常性故 同喩云譬如甁衣 異喩云譬如電空 以其電空俱非勤勇 齊是異品 然無常因 在空則無 在電則有 故此異品 乃有兩類 非一種類 卽有不定 爲如電光 無常性故 聲非勤發 爲如甁等 無常性故 聲是勤發"라고 하였다. [참고문헌]『因明論疏明燈鈔』. ⇨ 구구인 九句因, 이품유 異品有, 이품 異品, 동품 同品❷, 동품유 同品有, 동품비유 同品非有, 동품유비유 同品有非有

이품일분전동품변전 異品一分轉同品遍轉 Ⓢ vipakṣai kadeśa-vṛttiḥ sapakṣa-vyāpi. 인명(因明) 용어. 육부정과(六不定過) 중 하나. 인(因)이 유(喩)의 이품 일부에 관계하고 동품 전부에 관계하는 불확정적 과실로서 이품일분전동품변전부정과(異品一分轉同品遍轉不定過)라고 하고, 줄여서 이분동전(異分同全)·이분동전부정과라고도 한다. 한편, 고인명(古因明)의 구구인(九句因) 중에서는 동품유이품유비유(同品有異品有非有)에 해당한다.『인명입정리론』(대정장32, p.12a3 : *Nyāy-pr.*, p.4)에 "이품일분전동품변전이란 '말소리는 노력으로 바로 일어난다. 무상성이기 때문이다'라고 주장할 때 '노력에 따라 바로 일어나는 성'이라는 것은 종이다. 물단지 등은 동품이어서 온전히 있고, 번개·허공 등은 이품이다. 여기에서 일분인 번개 등에는 있고 허공 등에는 없다. 따라서 앞에서와 같이 불확정적이다. 異品一分轉同品遍轉者 如立宗言聲是勤勇無間所發 無常性故 勤勇無間所發宗 以甁等爲同品 其無常性於此遍有 以電空等爲異品 於彼一分電等是有 空等是無 是故如前亦爲不定 vipakṣaikadeśavṛttiḥ sapakṣavyāpī yathā prayatnānantarīyakaḥ śabdo 'nityatvāt prayatnānantarīyakaḥ pakṣaḥ asya ghaṭādiḥ sapakṣaḥ tatra sarvatra vidyate 'nityatvam prayatnānantarīyakaḥ pakṣaḥ asya vidyudākāśādir vipakṣaḥ tatraikadeśe vidyudādau vidyate nākāśādau tasmād api pūrvavad anaikāntikam",『유가론기』권21(대정장42, p.789a17·한불전14, p.600b4)에 "이품일분전동동품변전이란 '말소리는 노력으로 즉각 일어나는 성이다'고 말할 때, 그 인은 '무상성이기 때문이다'이다. 이 종에서 물단지 등은 동품이기에 무상성인은 저 물단지에 가득 움직인다. 번개와 허공은 이품인데도 저 무상성인은 번개에는 있고 허공에는 없다. 이 종 밖의 이품 일분에만 무상성의 뜻이 있게 된다. 異品一分轉同品遍轉 如言聲是 勤勇無間所發 因云無常性故 此宗以甁等爲同品 無常性因於彼遍轉 以電空爲異品 彼無常性因於電是有 於空卽無 此宗之外異品一分得有無常性義",『인명론소명등초』권8(대정장68, p.362a2)에 "네 번째인 이품일분전동품전은 구구인 중 세 번째인 동품유이품유비유구다. 第四異品一分轉同品遍轉 卽九句中 第三同品有異品有非有句也"라고 하였다. [참고문헌]『因明入正理論』,『瑜伽論

記』, 『因明論疏明燈鈔』, *Nyāy-pr.* ⇨ 동품유 同品有, 이품유비유 異品有非有, 육부정과 六不定過, 삼십삼과 三十三過, 인명 因明

이피 二彼 저 둘. 그나 저나. 이자(二者). 『경덕전등록』 권8 「칙천화상전 則川和尙傳」(대정장51, p.261a17)에 "방거사가 말하기를 '우리 칙천스님께서 나이가 드신 것은 이 방옹과 똑같습니다'라고 하자, 칙천이 '우리 두 사람(방거사와 칙천)이 나이가 똑같거늘 또 어찌 정도의 차이를 따지겠습니까!'라고 하였다. 居士云 阿師老耄不啻龐翁 師云 二彼同時 又爭幾許"라고 하였다. 〔참고문헌〕『景德傳燈錄』.

이필무위 已畢無爲 이미 다 마쳐 함이 없는 뜻. 무여열반(無餘涅槃)을 달리 이르는 말. 『음지입경』 권하(대정장15, p.180a8)에 "저 경계는 5음(陰)·18계(持)·12입(入)이 이미 다하여 고요하니 음지입이 있을 리 없고, 서로 이을 일도 없으며 다시 일지도 않는다. 이를 두고 이필무위라고 한다. 彼以爲是陰持入 已盡寂然 不有陰持入 不相連 不復發 是名爲已畢無爲"라고 하였다. 〔참고문헌〕『陰持入經』. ⇨ 무여열반 無餘涅槃

이필추 二苾芻 두 류의 필추. 필추는 비구(比丘)의 신역이다. 『구사론기』 권15(대정장41, p.236a16)에 "필추에 두 류가 있다. 첫째는 세속필추로 모든 범부(異生)들을 말하며, 둘째는 승의필추로 모든 성자들을 말한다. 苾芻有二 一 世俗苾芻 謂諸異生 二 勝義苾芻 謂諸聖者"라고 하였다. 〔참고문헌〕『俱舍論記』, *Abh-k-bh.223.* ⇨ 범부 凡夫, 승의필추 勝義苾芻, 필추 苾芻

이하 邇遐 멀고 가까움. 『기신론소필삭기』 권5(대정장44, p.324c6)에 "종이나 북 소리처럼 널리 퍼져 멀고도 가깝다. 如鐘鼓之響 普遍邇遐", 『사명존자교행록』 권6(대정장46, p.908a23)에 "다만 우리 종의 대덕만이 다섯을 갖추었다 함은 멀고 가까움을 가리지 않는다는 것이다. 나는 장차 받아 머물게 할 것이고 후후로도 계속 꾀함에 모두가 그렇게 하리라. 但吾宗大德備五者 無擇邇遐 吾將授以居之 後後之謀咸然"라고 하였다. 〔참고문헌〕『起信論疏筆削記』, 『四明尊者敎行錄』, 『佛祖統紀』 권5(대정장49, p.177b1).

이하론 夷夏論 남제(南齊) 때 도사 고환(顧歡 420~483) 지음. 불교와 도교의 동이(同異)를 변론한 책. 800여 자로 이루어져 있으며, 『남제서 南齊書』 권54·『남사 南史』 권75 「고환전」·『전제문 全齊文』 권22 등에 수록되어 있다. 후대에 큰 영향을 끼쳤다. 불교와 도교는 교화 방법은 차이가 있지만 근본뜻에 있어서는 다르지 않다는 도불일치(道佛一致)를 주장하며 불교의 뛰어난 점을 인정하면서도 그러나 중국과 이적(夷狄)의 풍속이 달라서 불교는 야만적인 풍속을 교화하기 위한 가르침이므로 도교만하지 못하다고 폄훼하기도 하여 출가자·재가신도들에 의해 본서를 비판하는 책들이 다수 저술되었다. ⇨ 고환 顧歡, 박고도사이하론 駁高道士夷夏論, 사진지 謝鎭之

이하위목 以蝦爲目 새우로 눈을 삼는다는 말. 자유(自由)의 안목이 없는 뜻이다. 이하위안(以蝦爲眼)·차하위안(借蝦爲眼)·차하위목(借蝦爲目)·득하위안(得蝦爲眼) 등 같은 뜻의 다른 표현이 많다. 경증(經證)은 『능엄경』 권7(대정장19, p.138c28)에 "(十二類生 중 非有色生) 여러 물에 사는 것들은 새우로 눈을 삼는 류들이 꽉 차게 된다. 諸水母等 以蝦爲目 其類充塞", 『연등회요』 권18 「동림도안장 東林道顔章」(卍속장136, p.719b11)에 "자기의 안목이 아직 열리지 않아 새우로 눈을 삼는 이라면, 무리 좇아 밥이나 먹을 뿐 자유의 분이란 없다. 若是已眼未開 以蝦爲目者 只了趂隊喫飯 無自由分", 『종경록』 권1(대정장48, p.418a14)에 "종문에서 일컫기를 '새우눈을 빌려서 안목으로 삼아 자기 몫이 없으니, 다만 문자로만 성인일 뿐 조사위엔 들지 못한다'라고 한다. 宗門中云 借蝦爲眼 無自己分 只成文字聖人 不入祖位"라고 하였다. 〔참고문헌〕『聯燈會要』, 『宗鏡錄』, 『翻譯名義集』 권5(대정장54, p.1141a14), 『楚石梵琦語錄』 권5(卍속장124, p.120a15).

이하진 李夏鎭 1628~1682. 조선후기 문신. 도승지(都承旨)와 대사간(大司諫)에 올랐으나 경신대출척(庚申大黜陟)에 진주목사로 좌천되었다가 운산에 유배 중 죽었다. 「통진문수사풍담당의심대사비문 通津文殊寺楓潭堂義諶大師碑文」의 글씨를 썼다. 문집으로 『육우당유고 六寓堂遺稿』가 있다. 〔참고문헌〕 智冠 『韓國高僧碑文總集 朝鮮朝·近現代』 p.226. ⇨ 문수사풍담대사부도및비 文殊寺楓潭大師浮屠◯碑

이학 二學 비구가 익혀야 할 두 가지 업. 독송(讀誦)과 선사(禪思)를 말한다. 『석씨요람』 권중(대정장54, p.292c19)에 "이학 : 율장에서 '부처님께서 두 가지 학업이 있다고 설하셨는데, 첫째는 독송이고, 둘째는 선사이다'라고 하였다. 二學 毘奈耶云 佛說有二種學業 一 讀誦 二 禪思"라고 하였다. 〔참고문헌〕『釋氏要覽』.

이학 異學 Ⓢ para-pravādin, pāṣaṇḍa, pāṣaṇḍika, Ⓟ titthiya, añña-titthiya, pāsaṇḍa, paribbājaka, Ⓣ ya-mtshan can. 불교 이외의 종파나 학설. 또는 믿고 받드는 사람. 외도(外道)와 통한다. 『중아함경』 권

57「전모경 箭毛經」(대정장1, p.781c4)에 "이때 공작림(P Mora-nivāpa)의 이학원(P Paribbājakārāma)에 전모(箭毛 P Sakuludāyin)라는 이름의 이학이 한 명 있었는데, 명망과 덕행을 갖춘 종주를 많은 이들이 스승으로 모셨으며, 대단한 명예가 있어서 대중들로부터 존중 받았으며, 대규모 무리를 이끌어 오백이학들이 모셨다. 爾時 孔雀林異學園中 有一異學 名曰箭毛 名德宗主 衆人所師 有大名譽 衆所敬重 領大徒衆 五百異學之所尊也", 『대지도론』 권2(대정장25, p.67c12)에 "이때 대가섭은 천명이나 선발하였는데, 아난을 제하고는 모두 아라한이었으며 육신통을 얻었고 공해탈과 무애해탈을 얻었으며, 다 삼명을 얻어 선정에 자재하였으며 온갖 삼매들을 역순으로 행하여 걸림이 없었다. 삼장을 독송하고 내외경서들과 외도가들의 18가지 대경을 모두 읽고 알았으며, 다 능히 논의하여 이학을 항복시킬 수 있었다. 爾時 大迦葉選得千人 除去阿難 盡皆阿羅漢 得六神通 得共解脫 無礙解脫 悉得三明 禪定自在 能逆順行諸三昧 皆悉無礙 誦讀三藏 知內外經書 諸外道家十八種大經 盡亦讀知 皆能論議 降伏異學"라고 하였다. [참고문헌] 『中阿含經』, 『大智度論』. *Lal-v.7., Av-ś.1., Laṅk.26., Mvyut.179., DN.2.152., MN.2.1., Thī.141., Nidd.1.298.* ⇨ 외도 外道, 외도이학 外道異學, 외학 外學, 이단 異端, 이학범지 異學梵志

이학 羸鶴 야윈 학. 늙은 학. 『벽암록』 36칙「송 頌」(대정장48, p.174c7)에 "대지는 티끌마저 끊었음이며, 어떤 이인들 눈 뜨지 않으랴. 처음에는 향기로운 풀 따라 갔다가 떨어진 꽃잎 따라 돌아왔다네(본칙의 長沙景岑의 答話). 야윈 학 찬서리나무에 깃들었고 분주한 원숭이 낡은 가지에서 울부짖네. 장사의 무한한 뜻이여! 돌! 大地絶纖埃 何人眼不開 始隨芳草去 又逐落花回 羸鶴翹寒木 狂猿嘯古臺 長沙無限意 咄"이라고 하였다. [참고문헌] 『碧巖錄』, 『五祖法演語錄』 권중(대정장47, p.657b29), 『禪林類聚』 권12「遊山」(卍속장117, p.144a4).

이학범지 異學梵志 S parivrājaka, P añña-titthiyā paribbājakā, T kun-tu-rgyu. 외도 수행자를 가리키는 말. 범지는 특별히 바라문(婆羅門 S brāhmaṇa)을 가리킨다. 『바수밀소집론』 권4(대정장28, p.750c6)에 "어떤 이는 말한다. 어떤 이학범지들은 '구담사문에게는 선정이 없고 단지 법만 설할 뿐이다'라고 말한다. 이 때문에 세존께서는 정에 들어 좌선하신다. 저 사견중생들을 교화하여 거두어들이신다. 이 때문에 세존께서는 정에 들고 좌선하신다. 或作是說 有異學梵志 備作是說 瞿曇沙門 無有禪定 但說法耳 是故世尊 入定坐禪 如所化邪見衆生 而攝取之 是故世尊 入定坐禪"라고 하였다. [참고문헌] 『婆須蜜所集論』, 『長阿含經』 권4「遊行經」(대정장1, p.26a13), *Pañca-pr.2.73., Mvyut.179., MN.1.84.* ⇨ 이학 異學, 범지 梵志

이학삼부 異學三部 P tiṇṇaṃ vedānam. 이학의 삼부 경전. 바라문의 근본성전인 『리그베다 *Ṛg-veda*』·『사마베다 *Sāma-veda*』·『야주르베다 *Yajur-veda*』. 『장아함경』 권15「종덕경 種德經」(대정장1, p.94a23 : *Soṇadaṇḍa-sutta, DN.1,* p.113)에 "이 바라문은 칠세 이래로 부모들이 진정하고 남들에게 무시와 비방을 당하지 않았으며, 이학삼부를 송하고 이에 정통하였으며 온갖 경서의 뜻을 다 분별할 수 있었고 세간전적의 깊고 은미한 뜻도 익히지 않은 것이 없었다. 또한 대인상법과 길흉을 점치고, 제사의례 등에 능하였고, 오백제자가 있어서 가르치고 배움에 그치지 않았다. 此婆羅門 七世以來 父母眞正 不爲他人之所輕毁 異學三部 諷誦通利 種種經書 盡能分別 世典幽微 靡不綜練 又能善於大人相法 占候吉凶 祭祀儀禮 有五百弟子 教授不廢 bhavaṃ hi soṇadaṇḍo ubhato sujāto mātito ca pitito ca saṃsuddhagahaṇiko yāva sattamā pitāmahayugā akkhitto anupakkuṭṭho jātivādena bhavaṃ hi soṇadaṇḍo ajjhāyako mantadharo tiṇṇaṃ vedānaṃ pāragū sanighaṇḍukeṭubhānaṃ sākkharappabhedānaṃ itihāsapañcamānaṃ padako veyyākaraṇo lokāyatamahāpurisalakkhaṇesu anavayo"라고 하였다. [참고문헌] 『長阿含經』, *DN.* ⇨ 리그베다 Ṛg-veda, 사마베다 沙摩吠陀, 야주르베다 Yajur-veda

이합 二合 초성에 이중자음(二重子音 : consonant cluster)이 쓰인 범어 한 음절을 두 글자의 한자로 표기하는 방식. 또는 그러한 방식으로 표기하였음을 나타내는 말. 이자합(二字合)이라고도 한다. 범어의 음운을 한자 음운에 합당하게 적용하기 위한 것으로 범어의 분절되지 않는 첫 자음의 조합을 두 글자의 한자 소리를 빌려 병합 표기하는 방식이다. 기존 한자의 반음법(反音法 : 反切)과는 구별되며, 두 글자 중 앞 글자의 모음을 탈락시켜 뒤 글자의 소리와 합쳐 한 음절(一聲)로 발성한다. 가령 음사어 바절라(嚩折囉 S vajra : 金剛)의 경우 '절라'(S jra)는 이합의 관계를 이루고, '절'은 다만 음가 'j'만을 표지한다. 나아가 자음이 셋 이상 겹치거나 종성에 반음(半音)을 동반하면, 삼합(三合)이나 사합(四合)으로 표기한다. 『불정존승다라니진언』(대정장19, p.389b14)에 "주석에 이합이라고 한 것은 두 글자를 서로 결합하여 한꺼번에 빠른 호흡으로 발음하는 것이다. 이것을 이합이라고 한다. 所注二合者 兩字相和 一時急呼 是爲二合也", 『성유식론장중추요』 권상(대정장43, p.613c23)에 "주석의 이합은 두 글자의 소리를 연음하여 읽는 것이다. 注二合者 兩字連聲讀之", 『일체경음의』 권1(대정장54, p.313c8)에 "반(般 Ⓢpra)〈음은 발인데 본래 범음은 발라의 이합이다. 라는 라 자 소리의 상성을 취함과 동시에 혀를 굴리면 바로 이 소리다. 이 이합이란 두 글자 각각 반음을 취하고 합하여 한 소리가 되는 것이다. 구역에서 반이라고 음사한 것은 와전되고 생략된 소리다〉. 야(若 Ⓢjñā)〈이와 자를 반절한 음이다. 바른 범음은 지냥의 이합이다. 지는 계와 이를 반절한 음이고, 냥은 상성을 취하여 두 글자의 소리를 합하여 한 소리가 된 것이다. 구역에서 야라고 음사한 것은 생략한 소리이다〉. 般〈音鉢 本梵音云 鉢囉二合 囉取羅字上聲 兼轉舌卽是也 其二合者 兩字各取半音 合爲一聲 古云般者 訛略也〉 若〈而者反 正梵音枳孃二合 枳音雞以反 孃取上聲 二字合爲一聲 古云若者 略也〉", 『번역명의집』 권4(대정장54, p.1124b7)에 "여러 주문에서 가령 두 글자를 합쳐서 하나의 소리로 발음하면 이합이라고 한다. 예컨대 사타(娑他 : stha)와 달다(怛多 : ddhā) 등이다. 또는 세 글자의 소리를 잇고 합쳐 한 글자로 삼아 빠르게 호흡하여 발음하면 삼합이라고 한다. 예컨대 발로암(敎魯奄 : bhrūṃ)과 구로사 등이다. 諸呪中 若二字合爲一聲 名爲二合 如云娑他 及怛多等 或以三字連聲合 爲一字急呼之 名爲三合 如敎魯奄 及拘盧奢等"라고 하였다. 〔참고문헌〕『佛頂尊勝陀羅尼眞言』, 『成唯識論掌中樞要』, 『一切經音義』, 『翻譯名義集』, 『金剛般若波羅蜜經略疏』 권상(대정장33, p.239c4). ⇨반음 半音, 반음법 反音法, 실담 悉曇

이해 易解 Ⓢsu-grāhya, Ⓣgzung-sla-ba. 쉽게 알다. 『집이문족론』 권10(대정장26, p.410a11)에 "이해란, 말을 함에 쉽게 하니 잘 알 수 있는 것을 이해라고 한다. 易解者 謂所發語 易可了知 是名易解", 『대승장엄경론』 권6(대정장31, p.619b19 : *Sūtr.*, p.79)에 "이해란, 여러 자구를 모아 뜻을 쉽게 얻도록 한다. 易解者 聚集諸字句 得義易故 prātītyād aupayikaiḥ pratītārthatayā cārthopagamanāt"라고 하였다. 〔참고문헌〕『集異門足論』, 『大乘莊嚴經論』, *Sūtr.81・82.*

이해 異解 Ⓢnānā-adhimukti, nānā-adhimuktika. 다르게 아는 것. 서로 다른 해석. 80권본 『화엄경』 권17(대정장10, p.92c8)에 "언어라는 법이 모두 적멸임을 알고, 다만 진여만은 온갖 다른 이해들을 끊어야 들 수 있으며, 제불경계라면 모두 따르고 관하여야 삼세에 통달하고 마음에 걸림이 없다. 知語言法皆寂滅 但入眞如絶異解 諸佛境界悉順觀 達於三世心無礙", 『보살선계경』 권1(대정장30, p.960b12)에 "금강공덕보살이 말했다. '세존이시여! 저는 각기 달리 아는 저 중생들이 모두 한 가지로 알게 할 수 있습니다'. 金剛功德菩薩言 世尊 我能令彼異解衆生 悉作一解"라고 하였다. 〔참고문헌〕『華嚴經』, 『菩薩善戒經』, *Sam-r.93., Laṅk.194.*

이해각 離害覺 Ⓟavihaṃsā-vitakka. 해하려는 생각을 내지 않는 것. 무뇌각(無惱覺)이라고도 한다. 『잡아함경』 권20(대정장2, p.143b26)에 "성제자들은 여래 응공께서 실천하신 법을 념하기에 탐욕하려는 생각을 여의고, 분노하려는 생각을 여의며, 해하려는 생각을 여읜다. 이와 같이 성제자들은 염착심에서 벗어난다. 聖弟子念如來應所行法故 離貪欲覺 離瞋恚覺 離害覺 如是 聖弟子出染著心", 『무량수경의소』 권상(대정장37, p.104b11)에 "해하려는 생각을 일으키지 않는 것을 이해각이라 한다. … 아직 대면하지 않은 경계에 미리 그릇된 의도를 일으키는 것을 각이라 한다. 不起害想 名離害覺 … 未對境界 預起邪思 名之爲覺"라고 하였다. 〔참고문헌〕『雜阿含經』, 『無量壽經義疏』. ⇨무뇌각 無惱覺❶, 삼각 三覺❷, 삼선각 三善覺

이해탈 二解脫 두 가지 해탈. 교상(敎相)이 다양하다. ❶성해탈(性解脫)과 득해탈(得解脫). 성정해탈(性情解脫)과 장진해탈(障盡解脫)이라고도 한다. 『보성론』 권4(대정장31, p.841b17 : Ratna-ut., p.80)에 "또한 청정에는 대략 두 가지다. 무엇이 그 둘인가? 첫째는 자성청정이고, 둘째는 이구청정이다. 자성청정이란 성해탈이여서 버리고 벗어날 게 없다는 말이다. … 이구청정이란 행해서 얻는 해탈이다. 又淸淨者 略有二種 何等爲二 一者 自性淸淨 二者 離垢淸淨 自性淸淨者 謂性解脫 無所捨離 … 離垢淸淨者 謂得解脫 tatra viśuddhiḥ samāsato dvividhā. prakṛtiviśuddhir vaimalyaviśuddhiś ca. tatra prakṛtiviśuddhir yā vimuktir na visaṃyogaḥ … vaimalyaviśuddhir vimuktir visaṃyogaś ca", 『대승본생심지관경천주』 권2(卍속장34, p.182b13)에 "해탈에 두 가지가 있다〈출처는 『보성론』〉. 첫째는 성정해탈이다. 중생의 자성이 원래 청정하여 염오의 상에 계박된 일이 없기에 성정해탈이다. 둘째는 장진해탈이다. 중생에게 번뇌의 혹이 성도를 가려 막고 있으니 이 장애를 벗어나야 자재를 얻기에 이를 장진해탈이라고 한다. 解脫有二種〈出寶性論〉 一 性淨解脫 謂衆生性本淸淨 而無繫縛染汙之相 故名性淨解脫 二 障盡解脫 謂衆生有煩惱之惑 障蔽聖道 不得出離 若離此障 卽得自在 是名障盡解脫"라고 하였다. 〔참고문헌〕『寶性論』, 『大乘本生心地觀經淺註』, *Ratna-ut.* ⇨성해탈 性解脫, 득해탈 得解脫 ❷시해탈(時解脫 Ⓢsamaya-vimukta)과 불시해탈(不時解脫 Ⓢasamay-vimukta). 『구사론』 권25(대정장29, p.129a28 : Abh-k-bh., p.373)에 "또한 시해탈이라고도 하는데, 때를 기다려야 해탈한다. … 때를 기다려야 비로소 정에 들 수 있기 때문이니, 필수품・병 없음・장소 등의 승연들이 화합하는 때를 기다려서야 비로소 정에 들기 때문이다. … 또한 불시해탈이라고도 하는데, 때를 기다리지 않고 해탈에 이르기 때문이다. 삼마지가 원하는 대로 현전하므로, 승연들이 화합하는 때를 기다리지 않는다. 또는 잠시해탈과 필경해탈에 의지하여 시해탈과 불시해탈이라는 이름을 건립하기도 하는데, 이는 퇴타함이 있을 때와 그렇지 않을 때를 모두 수용한다. 亦說名爲 時解脫者 以要待時 及解脫故 … 由此待時 方能入定 謂待資具無病處等勝緣合時 方入定故 … 亦說名爲 不時解脫 以不待時 及解脫故 謂三摩地 隨欲現前 不待勝緣和合時故 或依暫時畢竟解脫 建立時解脫不時解脫名 容有退墮時 無退墮時故 ata evaite samayavimuktā ucyante … eṣāṃ hi samayāpekṣāsamādhisaṃmukhībhāva upakaraṇārogyadeśa viśeṣāpekṣatvāt … ata evāsamayavimukti ucyate. sa hy asamayāpekṣāvimuktiś ca. icchātaḥ samādhisaṃmukhībhāvāt. kālāntarātyantavimuktito vā kopyākopyadharmaṇoḥ. samayāsamaye vimuktatvaṃ parihāṇisaṃbhavāsaṃbhavataḥ"라고 하였다. [참고문헌]『俱舍論』, 『俱舍論記』 권25(대정장41, p.371c29), *Abh-k-bh*. ⇨시해탈 時解脫, 불시해탈 不時解脫 **3** 심해탈(心解脫 Ⓢcetto-vimukti)과 혜해탈(慧解脫 Ⓢprajñā-vimukti). 『구사론소』 권25(대정장41, p.755b3)에 "또한 말하길 '이 두 가지 해탈에 각각 다시 두 가지가 있다. 첫째는 심해탈로 탐착을 벗어났기 때문이다. 둘째는 혜해탈로 무명에서 벗어났기 때문이다'. 又云 此二解脫 各有二種 一名 心解脫 離貪愛故 二名 慧解脫 離無明故", 『대승의장』 권18(대정장44, p.820c23)에 "사주지의 번뇌를 끊어 다해서 세제의 마음이 청정한 것을 심해탈이라 한다. 세제중의 일체덕으로부터 벗어나게 한 것은 마음씀을 바탕으로 삼기에 치우쳐 심이라고 설한다. 무명 끊어 다해서 진제로 지혜롭고 밝은 것이 혜해탈이다. 진제중에 일체덕으로부터 벗어났는데 지혜를 씀이 주가 되기에 혜라고 치우쳐 말하였다. 斷除四住世諦心淨 名心解脫 於世諦中 一切德脫 用心爲體 故偏說心 斷絶無明眞諦慧明 名慧解脫 於眞諦中 一切德脫 用慧爲主 故偏說慧"라고 하였다. [참고문헌]『俱舍論疏』, 『大乘義章』, *Abh-k-bh.388* ⇨심해탈 心解脫, 혜해탈 慧解脫 **4** 혜해탈(慧解脫 Ⓢprajñā-vimukta)과 구해탈(俱解脫 Ⓢubhayato-bhāga-vimukta). 『구사론』 권25(대정장29, p.131b26)에 "해탈의 다름에 의지하여 마지막 두 가지를 세웠으니, 즉 오직 혜는 번뇌장을 여읜 것으로 혜해탈을 세웠으며, 겸하여 정을 얻어 해탈장마저 모두 여읜 것을 구해탈이라 하였다. 依解脫異立後二種 謂依唯慧離煩惱障者 立慧解脫 依兼得定離解脫障者 立俱解脫"라고 하였다. [참고문헌]『俱舍論』, 『成實論』 권1(대정장32, p.246c13), 『大乘法苑義林章』 권5(대정장45, p.332c26), *Abh-k-bh.381*. ⇨혜해탈 慧解脫, 구해탈 俱解脫 **5** ➡무위해탈 無爲解脫, 유위해탈 有爲解脫, 해탈 解脫

이행 二行 **1** 번뇌장(煩惱障 Ⓢkleśa-āvaraṇa)과 소지장(所知障 Ⓢjñeya-āvaraṇa) 그리고 생(生)과 사(死). 80권본 『화엄경』 권12(대정장10, p.57c25)에 "미묘한 깨우침 온통 가득하니 이행은 영원히 끊어졌다. 妙悟皆滿 二行永絶", 『화엄경소론찬요』 권20(대장경보편5, p.404a2)에 "이행이 영원히 끊어졌다 하였으니 번뇌장과 소지장, 생사와 열반을 다 이행이라고 하며, 이들이 모두 현전하지 않기에 영원히 끊어졌다고 한다 〈[초] 번뇌장과 소지장이란 친광이 '범부와 이승은 이장이 현행하지만 세존께는 없으시다. 범부는 생사가 현행하여 온갖 잡염을 일으키니 바로 번뇌장이다. 이승은 열반만이 현행하니 이익과 안락한 일은 버린다. 세존께는 이러한 모든 일들도 없다'라고 하였다. 이 때문에 영원히 끊어졌다고 한다〉. 二行永絶者 煩惱所知 生死涅槃 皆名二行 俱不現前 名爲永絶〈鈔 煩惱所知者 親光云 凡夫二乘 現行二障 世尊無故 凡夫現行生死 起諸雜染 卽煩惱障 二乘現行涅槃 棄利樂事 世尊無彼二事 故云永絶〉"라고 하였다. [참고문헌]『華嚴經』, 『華嚴經疏論纂要』, 『佛地經論』 권2(대정장26, p.296b10). ⇨번뇌장 煩惱障, 소지장 所知障 **2** 견행(見行 Ⓢdṛṣṭi-carita)과 애행(愛行 Ⓢtṛṣṇā-carita). 『구사론기』 권23(대정장41, p.345c18)에 "풀어 말한다. 장차 견도에 들어가려 함에 두 가지 행이 있다. 첫째는 견행인데 이중에 두 가지다. 아견에 착하는 이는 비아행상을 짓고, 아소견에 착하는 이는 공행상을 짓는다. 둘째는 애행인데 이중에도 두 가지다. 아만이 증대하는 이는 무상행상을 지어 관하고, 해태가 증대하는 이는 고행상을 지어 관한다. 解云 將入見道有二行者 一 見行者 於中有二 著我見者 作非我行相 著我所見者 作空行相 二 愛行者 於中有二 我慢增者 作無常行相 懈怠增者 作苦行相"라고 하였다. [참고문헌]『俱舍論記』, 『大智度論』 권21(대정장25, p.215a15), *Abh-k-bh.261*. ⇨애행견행 愛行見行, 견행자 見行者, 애행자 愛行者

이행 已行 Ⓢgata, cīrṇa, Ⓣsong-ba. 이미 가버린, 과거의. 『구사론』 권1(대정장29, p.2a13 : *Abh-k-bh.*, p.5)에 "이 유위법을 세로(世路)라고도 한다. 이미 지나갔고 지금 지나가고 있으며 앞으로 지나갈 성질을 갖고 있기 때문이다. 또는 무상(無常)에 삼켜지기 때문이다. 此有爲法 亦名世路 已行 正行 當行性故 或爲無常所呑食故 ta eva saṃskṛtā gatagacchadgamiṣyadbhāvād adhvānaḥ adyante 'nityatayeti vā", 『구사론기』 권1(대정장41, p.14a23)에 "이 유위법을 세로라고도 한다는 말은 다음과 같은 뜻이다. 유위법은 삼세에 걸쳐 지나가는데, 과거의 법은 이미 지나간 성질이 있고, 현재의 법은 바로 지금 지나가고 있는 성질이 있으며, 미래의 법은 앞으로 지나갈 성질이 있다는 뜻이다. … 그러므로 『순정리론』 권1(대정장29, p.332c1

5)에서 '색온 등의 오온은 생멸하는 법이기 때문이며, 미래·현재·과거라는 노정을 유전하기 때문이다'라고 하였다. 此有爲法 亦名世路 謂有爲法 於世中行 過去法 是已行性 現在法 是正行性 未來法 是當行性 … 故正理云 色等五蘊 生滅法故 未來現在過去路中 而流轉故"라고 하였다. [참고문헌] 『俱舍論』, 『俱舍論記』, 『順正理論』, 『俱舍論頌疏論本』 권1(대정장41, p.819a25), *Abh-k-bh.*, *Lal-v.113.* ⇨ 세로 世路, 유위법 有爲法

이행 利行 Ⓢ artha-caryā, artha-kriyā, Ⓟ attha-cariyā, Ⓣ don-spyod-pa. 이로운 행위. 이행섭(利行攝)·이타행(利他行)과 통한다. 『성실론』 권2(대정장32, p.250a25)에 "이행이란 남을 위해 이익을 구하는 것이며, 인연이 있을 때마다 남을 도와 성사시키는 걸 돕는 것이다. 利行者 爲他求利 若有因緣 助他成事", 『대승장엄경론』 권8(대정장31, p.633c19)에 "이행이란 무엇인가? 법행(法行)을 일으키게 할 수 있는 것이니, 법도에 맞게 그에 따라 행동하기 때문이다. 동리란 무엇인가? 해탈을 얻도록 할 수 있는 것이니, 법행의 청정함이 오래되어 이로움을 얻기 때문이다. 이것이 사섭업이다. 利行者 能令於法起行 由如法 依行故 同利者 能令彼得解脫 由行淨長時 得饒益故 是爲四攝業", 『지관보행전홍결』 권2(대정장46, p.192c29)에 "이행이란 스스로 이롭고 남도 이롭게 하여 평등하게 거두어 들이는 것이다. 利行者 自利利他 平等攝取", 『법원주림』 권80(대정장53, p.883b15)에 "이행이란 남에게 경전을 주어 독송하게 하고 나아가 법을 설하여 싫증나지 않게 하는 것이다. 言利行者 謂於他授誦經典 乃至說法 無有厭倦"라고 하였다. [참고문헌] 『成實論』, 『大乘莊嚴經論』, 『止觀輔行傳弘決』, 『法苑珠林』, *Lal-v.132.*, *Sūtr.116.*, *Mvyut.35.*, *DN.3.152.* ⇨ 이행섭 利行攝, 이타행 利他行

이행 易行 쉽게 행함. 특히 염불(念佛)에 의지한 정토 수행을 가리킨다. 『십주비바사론』 권5(대정장26, p.41b2)에 "불법에는 무량한 문이 있으니, 마치 세간에 힘든 길과 쉬운 길이 있어, 육로로 걸어가면 고되지만 수로로 배를 타고 가면 즐거운 것과 같다. 보살도 역시 이러하여 부지런히 정진하며 나아가는 길도 있고, 때론 믿음이라는 방편으로 쉽게 가서 빠르게 아유월치에 이르는 길도 있다. 佛法有無量門 如世間道有難有易 陸道步行則苦 水道乘船則樂 菩薩道亦如是 或有勤行精進 或有以信方便易行疾至阿惟越致者", 같은 책 권8(대정장26, p.62b13)에 "집에 있은 즉 쉽게 하고, 출가한다는 것은 어려운 행이다. 在家則易行 出家則難行", 『아미타경의술』(대정장37, p.309a4)에 "이 땅에서 도닦음을 난행이라 하고, 서방에 왕생하려는 수도를 쉬운 행이라 한다. 마치 절름발이가 육로로 걸어가면 괴롭지만, 절름발이가 배를 타고 수로로 가면 즐거운 것과 같다. 此土修道 名曰難行 西方修道 名曰易行 如跛人步行 陸路卽苦 跛人乘船 水路卽樂"라고 하였다. [참고문헌] 『十住毘婆沙論』, 『阿彌陀經義述』. ⇨ 난행도이행도 難行道易行道, 이행도 易行道, 난행도 難行道

이행 履行 Ⓢ pratipanna, Ⓟ samatta, samādinna. 밟아 행함. 『별역잡아함경』 권2(대정장2, p.384b13)에 "부처님께서 비구들에게 말씀하셨다. '굳게 일곱 가지 행을 가지면 반드시 제석이 된다. 왜 그런가? 옛날에 제석이 사람이었을 때 처음으로 이렇게 행하였다. 부모에게 효순하고, 웃어른을 공경하였고, 말함에 유연하고 두말하지 않았으며, 보시를 좋아하여 인색함이 없었고, 늘 진실한 말을 하여 결코 속이지 않았으며, 분노를 일으키지 않으며 설령 싫어하고 원망하는 마음이 생기더라도 깊이 생각하여 이를 버린다'. 佛告諸比丘 堅持七行 必得帝釋 何以故 昔者帝釋 爲人之時 發初履行 孝順父母 恭敬尊長 所言柔軟 斷於兩舌 好施無慳 恒修實語 終不欺誑 不起瞋恚 設生嫌恨 尋思滅之"라고 하였다. [참고문헌] 『別譯雜阿含經』, *Kāśy.11.*, *SN.1.228.*

이행 離行 벗어나는 행. 십육특승(十六特勝) 중 하나다. 『성실론』 권14(대정장32, p.356a12)에 "번뇌를 끊었기에 마음은 싫어하고 버렸으므로 이행이라고 한다. 煩惱斷故 心則厭離 是名離行", 『대승의장』 권16(대정장44, p.771c27)에 "떠난다는 말은 모든 유위법에 온통 염리심을 내는 뜻이어서 이행이라고 한다. … 오음이 고통임을 관하여 염리를 일으켜 이행이라 한다. … 애결을 멀리 벗어나기에 이행이다. … 나머지 번뇌들로부터 벗어나기에 이행이다. … 미래번뇌 벗어나기에 이행이라 한다. 所言離者 於有爲法 悉生厭離 故名離行 … 觀五陰苦 生於厭離 名爲離行 … 遠離愛結 名爲離行 … 離餘煩惱 名爲離行 … 離未來煩惱 名爲離行"라고 하였다. [참고문헌] 『成實論』, 『大乘義章』. ⇨ 십육특승 十六特勝, 염리심 厭離心

이행각상 異行覺想 Ⓟ aññatra ākāra-parivitakkā. 달리 행한 생각. 『잡아함경』 권14(대정장2, p.98c3 : *Kosambī-sutta*, *SN.2*, p.115)에 "이때 존자 나라는 존자 무사라에게 말했다. '믿는 게 다르고, 하고자 하는 게 다르고, 들은 게 다르고, 달리 생각하고, 견이 달라 살펴 받아들이는 게 다른데, 이와 같이 바르게 스스로 깨우쳐 알아 견을 일으킴이 있어 「생 때문에 노사가 있으며, 생을 떠나서 노사가 없다」라고 말할 수 있겠는가?' 爾時 尊者那羅 語尊者茂師羅言 有異信 異欲 異聞 異行覺想 異見審諦忍 有如是正自覺知見生 所謂 生故有老死 不離生有老死耶 atha kho āyasmā saviṭṭho āya smantaṃ kho mūsīlaṃ etadavoca. aññatreva āvuso mūsīla saddhāya aññatra ruciyā aññatra anussavā aññatra ākāraparivitakkā aññatra diṭṭhinijjhānakkhantiyā atthāyasmato mūsilassa paccattameva ñāṇaṃ jātipaccayā jarāmaraṇanti"라고 하였다. 〔참고문헌〕『雜阿含經』, *SN.*

이행도 易行道 쉽게 행하는 길. 난이이도(難易二道) 중 하나로 불보살의 명호를 칭념하여 그 원력(願力)과 가호로 정토왕생하는 수행도를 말한다. 자력의 난행도(難行道)를 육로보행에 비유하고, 이것은 수로항행(水路航行)에 비유한다. 정토문(淨土門)·타력문(他力門) 등이라고도 한다. 정토교교판 용어다. 『십주비바사론』 권5(대정장26, p.41a28)에 "당신은 말하길 '아유월치(阿惟越致 Ⓢ avinivartanīya : 不退轉)지는 매우 어려워서 오래되어야 얻을 수 있다. 만일 쉽게 행하는 길이 있다면 아유월치지에 빨리 이를 수 있을 것이다'라고 하였는데, 이것은 겁약하고 근기 약한 말이지 대인의 뜻다운 말은 아니다. 당신이 만약 이 방편을 듣고자 한다면, 이제 말하겠다. 불법에 무량문이 있으니, 저 세간길에도 어렵고 쉬운 것이 있어서 육로로 걸어가면 고되고, 수로로 배를 타고 가면 즐거운 것과 같다. 보살의 길도 이와 같으니, 부지런히 행하며 정진하기도 하고 혹은 믿음의 방편으로 쉽게 가서 빨리 아유월치에 이르기도 한다. … 만약 보살이 이 몸으로 아유월치지에 이르고 아누다라삼막삼보리를 성취하고자 한다면, 마땅히 이 시방제불을 념하고 그 명호를 불러야 하리라. 汝言 阿惟越致地 是法甚難 久乃可得 若有易行道 疾得至阿惟越致地者 是乃怯弱下劣之言 非是大人志幹之說 汝若必欲聞此方便 今當說之 佛法 有無量門 如世間道 有難有易 陸道步行則苦 水道乘船則樂 菩薩道 亦如是 或有勤行精進 或有以信方便 易行疾至 阿惟越致者 … 若菩薩欲 於此身 得至阿惟越致地 成就阿耨多羅三藐三菩提者 應當念是十方諸佛 稱其名號", 『왕생론주』 권상(대정장40, p.826a28)에 "보살이 아비발치를 구함에 두 가지 길이 있으니, 첫째는 난행도, 둘째는 이행도이다. … 이행도란 무엇인가? 단지 부처님을 믿은 인연으로 정토에 나기를 원하고 불본원력에 올라서 문득 저 청정토에 왕생하는 것이다. 부처님 본원력으로 머물게 하고 붙들어주면 곧바로 대승정정취에 드는데, 정정취가 곧 아비발치다. 비유컨대 수로를 따라 배에 올라 즐거운 것과 같다. 菩薩求阿毘跋致 有二種道 一者 難行道 二者 易行道 … 易行道者 謂但以信佛因緣 願生淨土 乘佛願力 便得往生 彼淸淨土 佛力住持 卽入大乘正定之聚 正定卽是 阿毘跋致 譬如水路 乘船則樂"라고 하였다. 〔참고문헌〕『十住毘婆沙論』, 『往生論註』. ⇨ 난이이도 難易二道, 난행도 難行道

이행동사 利行同事 사섭법(四攝法) 중 이행섭(利行攝 Ⓢ arthacaryā)과 동사섭(同事攝 Ⓢ samānārthatā). 『보살본생만론』 권1(대정장3, p.332a9)에 "그 옛날 조어사께서 보살도를 부지런히 닦으시고 보시와 애어 그리고 이행과 동사에 의지하여 뛰어난 혜를 거두어 취하시어 물든 속박에서 벗어나셨네. 往昔調御師 勤修菩薩道 依布施愛語 及利行同事 攝取於勝慧 脫染汚縈縛", 『정심계관법』 권하(대정장45, p.830b10)에 "어찌하여 생사에 머무는가? 이롭게 행하고 중생과 함께하기 때문이며, 본원에 다함이 없기 때문이며, 생사업의 종자가 다하지 않았기 때문이며, 대자재를 얻어 해탈의 바다에 들어갔기 때문이다. 何故常處生死 利行同事故 本願無盡故 而非生死業種盡故 得大自在 入解脫海故"라고 하였다. 〔참고문헌〕『菩薩本生鬘論』, 『淨心戒觀法』. ⇨ 이행섭 利行攝, 동사섭 同事攝, 사섭법 四攝法

이행상 二行相 ❶ 자상행상(自相行相)과 공상행상(共相行相). 『불지경론』 권6(대정장26, p.318a22)에 "이 묘관찰지로 알 수 있으니, 분별이 있기에 일체를 위해 법을 설하여 의혹을 끊는다. 또 이 지체는 제법의 자상과 공상을 알아서 두 가지 행상에 둘러싸이는데, 자상행상은 저 소륜산과 같고 공상행상은 마치 대륜산과 같다. 此智能知 有分別故 能爲一切 說法斷疑 又此智體 能知諸法 自相共相 二種行相之所圍繞 自相行相 如小輪山 共相行相 如大輪山"라고 하였다. 〔참고문헌〕『佛地經論』. ❷ 비아행상(非我行相)과 공행상(空行相). 『대비바사론』 권9(대정장27, p.45b3)에 "〔문〕 비아행상과 공행상이 일체법을 구족히 반연한다 하였으니, 이 두 가지 행상에는 어떤 차별이 있는가? 〔답〕 비아행상은 아견을 다스리고, 공행상은 아소견을 다스린다. 問 若非我行相 與空行相 俱能緣一切法者 此二行相 有何差別 答 非我行相 對治我見 空行相 對治我所見"라고 하였다. 〔참고문헌〕『大毘婆沙論』. ⇨ 자상 自相

이행상삼마지 離行相三摩地 Ⓢ ākāra-anapakāra-samādhi, Ⓣ rnam-par-dor-ba-med-pa-zhes-bya-ba'i-ting-nge-'dzin. 행도 상도 여읜 삼마지. 백팔삼매(百八三昧) 중 하나로 불일행삼매(不一行三昧)라고 한다. 『대반야경』 권489(대정장7, p.484a2 : *Pañca-pr.*, p.202)에 "무엇을 이행상삼마지라고 하는가? 만약 이 삼마지에 머물면 모든 등지에 어떤 행상도 없음을 본다. 이런 까닭에 이행상삼마지라고 한다. 云何名爲離行相三摩地 謂若住此三摩地時 見諸等持都無行相 是故名爲離行相三摩地 tatra katamaḥ ākārānavakāro nāma samādhiḥ yatra samādhau sthitvā sarvadharmāṇām advayatāṃ samanupaśyati tenocyata ākārānavakāro nāma samādhiḥ"라고 하였다. 〔참고문헌〕『

大般若經』, *Pañca-pr.*, *Mvyut.21.* ⇨불일행삼매 不一行三昧, 백팔삼매 百八三昧

이행섭 利行攝 Ⓢarthacaryā, Ⓣdon-spyod-pa. 사섭법(四攝法) 중 하나. 신구의 삼업의 행으로 중생을 거두어 이롭게 함. 『대승의장』 권11(대정장44, p.694b19)에 "이행섭이란 경에 이익섭이라고도 한다. 중생에게 권하여 행을 일으키게 하니 이행이라 하고, 도로써 저들을 기름지게 하기에 이익이라 하며, 이로움으로 중생을 대하므로 이행섭이다. 이를 『보살지지경』에서는 도방편이라고 하였는데, 권하여 닦게 하여 가히 행하게 하고 생사마저 건너 떠나게 하기에 '건넌다'고 한다. 利行攝者 經中亦名 利益攝也 勸物起修 名爲利行 以道潤彼 故云利益 因利緣物 名利行攝 此地持中 名度方便 勸修可行 度離生死 故名爲度"라고 하였다. 〔참고문헌〕『大乘義章』, 『菩薩地持經』 권3(대정장30, p.905c18), *Bodh-bh.151.* ⇨이행 利行, 이타행 利他行, 사섭법 四攝法

이행섭사 利行攝事 이롭게 행하고 매사에 있어 거두어 보살핌. 사섭법 중 이행섭과 동사섭을 말한다. 『집이문족론』 권9(대정장26, p.403a18)에 "무엇이 이행섭사인가? 〔답〕 이에 이행이란 유정들이 중병에 걸리거나 액난을 당해 고초를 겪어 나오지 못하면, 곧바로 그곳으로 가서 자민심을 일으켜 신어업으로 방편을 다해 섬기고 구제하는 것을 이행이라 한다. 또한 세존께서 수장자에게 설하신 것과 같다. '장자여! 마땅히 알라. 이행 중에서 가장 수승한 것은 믿지 않는 이를 방편으로 권하여 이끌고, 조복시켜 바로 세움으로써 믿음이 원만토록 하는 것이다. 파계한 이는 방편으로 권하여 이끌고 조복시켜 편안히 하니, 계가 원만하게 한다. 간탐한 이는 방편으로 권하여 이끌고 조복시켜 바로 세움으로써 보시가 원만하게 한다. 악혜를 가진 이에게는 방편으로 권하여 이끌고 조복시켜 바로 세움으로써 혜가 원만하도록 한다'. 이와 같은 일들을 이행이라고 한다. 云何利行攝事 答 此中利行者 謂諸有情 或遭重病 或遭厄難 困苦無救 便到其所 起慈愍心 以身語業 方便供侍 方便救濟 是名利行 復次 如世尊爲手長者說 長者 當知 諸利行中 最爲勝者 謂不信者 方便勸導 調伏安立 令信圓滿 若破戒者 方便勸導 調伏安立 令戒圓滿 若慳貪者 方便勸導 調伏安立 令施圓滿 若惡慧者 方便勸導 調伏安立 令慧圓滿 諸如是等 說名利行", "섭사란 이러한 이행으로 타인을 고르게 거두고 가까이 거두며 곁에 있게 하는 것을 말한다. 이렇게 다른 유정에게 이로운 행위를 하면 고르게 거두고 가까이 거두며 가까이 함께 능히 할 수 있다. 이 때문에 이행섭사라고 한다. 攝事者 謂由此利行 於他 等攝 近攝 近持 令相親附 如是利行 於他有情 能等攝 能近攝 能近持 能令親附 是故名爲利行攝事"라고 하였다. 〔참고문헌〕『集異門足論』. ⇨사섭법 四攝法, 이행 利行, 이행섭 利行攝, 동사섭 同事攝

이행수로 易行水路 쉽게 행하니 물 위의 길이다. 염불에 의지하여 왕생하는 길은 배를 타고 수로로 가는 일과 같이 쉽다는 뜻이다. 『낙방문류』 권1(대정장47, p.164a4)에 "쉽게 행하는 도란 … 마치 사람이 물길로 가듯 배가 잠깐 사이에 천리 가는 듯하다. 또한 범부가 전륜왕을 따라 하룻낮 하룻밤에 사천하를 두루 다니는 것과 같으니, 이는 자력이 아니라 전륜왕의 힘이다. 易行道者 … 如人水路行 船須臾千里 亦如劣夫 從轉輪王 一日一夜 周行四天下 非是自力 輪王力也"라고 하였다. 〔참고문헌〕『樂邦文類』. ⇨이행 易行, 이행도 易行道

이행승 易行乘 ⓈSahaji-yāna. 밀교일파. 『금강정경 金剛頂經』 계통의 대락설(大樂說)을 강조하고 쌍신법(雙身法)을 통해 대락해탈(大樂解脫)을 추구하는 좌도밀교에 속한다. 8세기에 티베트에 전해져 라마교의 근간이 되었으며 10~11세기에 성행하였다.

이행품 易行品 용수(龍樹)가 지은 『십주비바사론 十住毘婆沙論』 권5에 속하는 품명. 대정장26, pp.40c28~45a17에 수록되어 있다. 초지(初地)에서 불퇴위(不退位)에 이르기까지에 쉬운 길(易行)과 어려운 길(難行)을 나누어 보이고, 별도로 아미타불의 본원(本願)에 대해서도 간절하게 설하고 있어 정토교에서 중시하는 품이다. ⇨난행도이행도 難行道易行道

이허 二許 도교 모산파(茅山派) 조사 허밀(許謐 305~376 : 許穆이라고도 함)과 그의 아들 허홰(許翽 341~370 : 許玉斧라고도 함). 모산파의 계보상 허밀은 제3조, 허홰는 제4조에 해당한다. 이 두 부자는 양희(楊羲)와 함께 『상청경 上淸經』을 정리하여 모산파의 이론적 근거를 제시한 것으로 평가 받는다. ⇨모산파도교 茅山派道敎, 도교 道敎

이허 裡許·裏許 ➡리허 裏許

이허 爾許 ❶그 정도. 조금 적거나 같거나 비슷함의 뜻이다. 『증일아함경』 권27(대정장2, p.699b10)에 "만일 성제자가 하나의 힘을 성취한다면 그 정도의 힘을 이겨낼 것이다. 무엇으로 그 하나의 힘을 삼는가? 이른바 방일함이 없는 힘이다. 若聖弟子 成就一力 勝爾許力 云何爲一力 所謂無放逸力", 『대비바사론』 권20(대정장27, p.100a1)에 "조금 적거나 같거나 비슷하기에 그 만큼이라고 하였다. 若少若等若相似故 說名爾許"라고 하였다. 〔참고문헌〕『增壹阿含經』, 『大毘婆沙論』. ❷할 만큼. 80권본『화엄경』 권19「십행품 十行品」(대정장10, p.104b27)에 “중생을 위하여 할 만큼의 겁을 지내며 념념중에 다 끊임없이 고통을 받는다. 爲衆生故 經爾許劫 於念念中 受苦不斷”라고 하였다. [참고문헌]『華嚴經』,『大莊嚴論經』 권15(대정장4, p.347b29).

이허광어 離虛誑語 Ⓢ mṛṣāvādaviratiḥ, Ⓣ brdzun-du-smra-ba-spong-ba. 사어묘행(四語妙行) 중 하나. 불망어(不妄語). 거짓이 없는 참말. 여실어(如實語) 등과 같은 뜻이다.『법온족론』 권1(대정장26, p.457c22)에 “허광어란, 탐진치로 일이나 생각에 어긋나게 말하여 타인이 알게 하는 것이 허광어다. 전에 말한 오파색가가 허광어에 대하여 잘 생각하고 택하여 싫어하고 멀리 여의며 그치고 막으며, 짓지도 하지도 행하지도 범하지도 않아서 버리고 막으며, 거역하지 않고 어기지 않는 것을 이허광어라고 한다. 虛誑語者 以貪瞋癡 違事想說 令他領解 名虛誑語 卽前所說 鄔波索迦 於虛誑語 能善思擇 厭患遠離 止息防護 不作不爲 不行不犯 棄捨堰塞 不拒不逆 不違不越 如是名爲離虛誑語”라고 하였다. [참고문헌]『集異門足論』,『法蘊足論』, *Mvyut.267.* ⇨ 불망어 不妄語, 사어묘행 四語妙行, 허광어 虛誑語

이헌성 李憲誠 당대 불공(不空 Ⓢ Amoghavajra 705~774)삼장의 속가제자. 불공에게 보현법(普賢法)을 받았으며 황제의 명을 받고 불공의 역경사업을 비호하였다. 또한 불공으로부터 은갈마(銀羯磨)·금강저(金剛杵)·륜(輪) 등의 밀교법구를 받기도 했다. 771년(대력6)부터 775년(대력10)까지 대종(代宗)에게 주청하여 대흥선사(大興善寺)의 시계방등도량(施戒方等道場)에 쌀을 하사하도록 하였다. 또한 불공이 한역한 경전을 대장경에 입장(入藏)하게 하고 불공의 장례를 장엄하게 하였으며, 번경원(翻經院) 안에 문수각(文殊閣)이라는 편액과 함께 불공의 사리탑을 건립하고 시호도 내리게 하였다. 또한 천하의 스님들에게 존승다라니(尊勝陀羅尼) 등을 독송하게 하였다. 777년(대력12)에는 불교의 융성을 상징하는 포합(怖鴿)의 털을 황제에게 드렸으며, 이듬해에는 금니(金泥)로 서사한『법화경』을 올리기도 하였다. ⇨ 불공 不空

이현 二現 수현(須現)과 불수현(不須現)의 두 가지를 가리키는 말. 천태의 교판에 의지해 수승한 응신(勝應身)인 존특신(尊特身)을 별교(別敎)의 수현존특신과 중도의 분제없는 장육신을 법계라 하여 불수현응신이라고 한다.『법화경』 권4(대정장9, p.35b26)에서 용녀(龍女)가 부처님의 삼십이상을 보고서 미묘하고 청정한 법신이라고 찬탄한 경우가 이에 해당하며, 천태의 교판 중에서는 원교의 근기에게 불수현의 존특이 응현한다고 한다. 또한『법화경』의 교설을 순전히 원만한 가르침으로 보기 때문에 여기서의 존특신도 불수현의 존특신이 된다.『불조통기』 권3(대정장49, p.150c18)에 “술하기를『화엄경』의 교주를 논하자면 사명(四明 : 知禮)『해방서 解謗書』에 따라 존특신을 수현과 불수현으로 구분한다. 수현이란『범망경』·『화엄경』·『관무량수경』 등의 존특신으로 상호가 다양하고 신이 크다. 불수현이란 즉 힘을 가하여 열응신이 분제를 취하지 않게 하여 삼십일상을 보되 끝이 없다고 하여 장육신이 그대로 법계임을 알게 한다. 述曰 論華嚴敎主者 準四明解謗之說 於尊特身 有須現不須現 二者之分故 須現 則如梵網華嚴及觀經等 相多身大 不須現 卽以力加 令於劣身 不取分齊 見三十一相 卽無有邊 以知丈六是法界故”라고 하였다. [참고문헌]『法華經』,『佛祖統紀』. ⇨ 승응신 勝應身

이현 已顯 이미 다 드러남.『대승장엄경론』 권7(대정장31, p.628a23)에 “모든 보살이 여러 바라밀을 닦는데, 낱낱에 네 가지 상이 있으니 첫째 치장, 둘째 합지, 셋째 만원, 넷째 성생이다. 치장이란, 보시 등 육바라밀행은 그 차제대로 간탐·파계·진에·해태·난심·우치 등을 맞서 다스린다. … 성생이란, 우선 보시로 거두고, 뒤에 삼승법으로 응함에 따라 성숙케 한다. 먼저 계 등을 안립하고, 뒤 삼승법으로 성숙하게 하는 것 역시 그러하다. 육바라밀상을 이미 다 드러냈다. 諸菩薩修諸波羅蜜 一一皆有四相 一 治障 二 合智 三 滿願 四 成生 治障者 檀等六行 如其次第 對治慳貪 破戒 瞋恚 懈怠 亂心 愚癡故 … 成生者 先以施攝 後以三乘法 隨其所應 而成熟之 先安立於戒等中 後以三乘 成熟亦爾 已顯六波羅蜜相”라고 하였다. [참고문헌]『大乘莊嚴經論』.

이현 理玄 조선후기 스님. 호는 청담(淸潭), 속성은 원(元)씨. 남평(南平 : 지금의 나주시 남평읍)에서 태어났다. 일찍이 나주 덕룡산 운흥사(雲興寺)를 찾아가 스님이 되었다. 두륜산 대흥사의 문암영유(聞庵永愈)·용연(龍淵)·운기(雲起), 달마산 미황사(美黃寺)의 응화유한(應化有閑)·영허의현(靈虛義玄), 조계산의 침명한성(枕溟翰醒)·청공(靑空) 등을 찾아다니면서 수학하고, 선과 교를 겸비하여 건당(建幢)하고 종사가 되었다. 초의(草衣)의 필법을 받아 전서(篆書)와 예서(隸書)를 잘 썼으며, 설법은 환월(喚月)로부터, 율법은 선곡(禪谷) 율사에게서 배웠다. 연대사(蓮坮寺)·운흥사·대흥사(大興寺)·선암사(仙巖寺) 등으로 다니면서 많은 후배를 지도하였다. [참고문헌]『東師列傳』 권6「淸潭禪師傳」(한불전10, p.1069c9).

이현석 李玄錫 1647~1703. 조선후기 문신이며 필가. 자는 하서(夏瑞), 호는 유재(游齋), 시호는 문목(文

穆), 본관은 전주(全州). 수광(睟光)의 증손(曾孫), 상규(尙揆)의 아들이다. 1675년(숙종1) 증광문과(增廣文科) 을과(乙科)로 급제하였고, 1700년(숙종26)에는 형조판서(刑曹判書)에 이르렀다. 글씨를 잘 써서 1694년(숙종20)에 세운 「낙산사관음공중사리비명 洛山寺觀音空中舍利碑銘」을 짓고 썼는데, 그 비명 전문(全文)이 『건봉사본말사적』 pp.133~134에 수록되어 있다. [참고문헌] 『乾鳳寺本末事蹟』(亞細亞文化社, 1977). ⇨ 낙산사해수관음공중사리탑비 洛山寺海水觀音空中舍利塔碑

이현자 李賢者 이성미(李成眉)의 별명. 『오등전서』 권3 「보유 補遺」(卍속장140, p.211b11)에 "당나라의 선타자 : 서역 출신으로 처음에는 이현자를 따라 대리국에 도착하였다. 唐禪陀子 西域人 初隨李賢者至大理"라고 하였다. [참고문헌] 『五燈全書』, 『曹溪一滴』(가흥장25, p.268c26). ⇨ 이성미 李成眉

이현행 二現行 두 가지로 현행(現行)함. 장애(障)가 있거나 없거나, 내외 2처에 한 곳에라도 지(智)가 없거나, 생사나 열반에 집착하는 등의 현행을 말한다. 지덕(智德)과 단덕(斷德)을 원만히 한 최청정각에는 이러한 두 가지가 현행하지 않기에 불이현행(不二現行)이라 한다. 『섭대승론석』 권5(대정장31, p.409b16)에 "[논] 덕처를 말미암는다는 뜻은 부처님공덕을 설하는 것이니, 최청정각이어서 둘이 없는 현행으로 무상법에 나아가서 불주에 머물며, 곧바로 일체불평등성을 얻어 무장애처에 이르는 것이다. … [석] 최청정각이란 이것은 첫 구와 나머지 구에 그 뜻을 열어 보였다. '이와 같이 법성을 잘 설했다'란 많은 덕으로 하나의 덕을 잘 가려 설하는 것이다. 즉 '알아야 할 것에 한결같이 장애없이 공덕을 굴린다'란 즉 불이현행을 열어 보인 것이다. 말하자면 부처님의 한결같이 장애가 없는 지를 말한다. 일체사 품류차별에 집착도 장애도 없기에, 저 성문등지처럼 어떤 곳에는 장애가 있고 어떤 곳에는 장애가 없는 두 가지가 아니다. 때론 두 곳에서 현행하더라도 여기에는 이런 두 현행이 없기에 '두 가지로 현행하지 않는다'고 하며, 이러한 이유로 '가장 청정한 깨달음'이라고 하는데, 큰 공능이 있어 지덕과 단덕이 가득하기 때문이다. 論曰 由德處者 謂說佛功德 最清淨覺 不二現行 趣無相法 住於佛住 逮得一切佛平等性 到無障處 … 釋曰 最清淨覺者 此是初句 由所餘句 開顯其義 如是乃名 善說法性 謂以多德 辯說一德 謂於所知 一向無障 轉功德者 此卽開示 不二現行 謂佛一向 無障礙智 於一切事 品類差別 無著無礙故 非如聲聞等智 有處有障 有處無障 二種 或二處現行 此中無有 如是所說 二種現行 是故 說名 不二現行 由此故名 最清淨覺 有大功能 智斷滿故", 원측(圓測)의 『해심밀경소』 권1(한불전1, p.151c20)에 "이와 같이 (이현행에 대한) 여러 해석은 모두 세 가지 설이 있다. 첫째는 장애가 있음과 장애가 없음이 이현행이며, 둘째 내외의 이처에 지혜 없는 것이 이현행이며, 셋째 생사와 열반을 좋아하여 집착하는 것이 이현행이다. 如是諸釋總有三說 一 有障無障爲二現行 二 內外二處無智爲二現行 三 樂著生死涅槃爲二現行"라고 하였다. [참고문헌] 『攝大乘論釋』, 『解深密經疏』, 『佛地經論』(대정장26, p.296a23). ⇨ 현행 現行, 불이현행 不二現行

이협사 二脇士 ➡ 협시 脇侍

이형 二形 Ⓢ ubhaya-vyañjana. ❶ 남근(男根)과 여근(女根). 『구사론』 권15(대정장29, p.80b21 : *Abh-k-bh.*, p.226)에 "오직 인취에만 불율의가 있다. 그러나 북구로주를 제한 동방·남방·서방 등 세 곳에만 있으며, 세 주(南贍部洲·東勝神洲·西牛賀洲) 중에서도 다시 선체(扇搋)·반택가(半擇迦)·이형(二形)을 갖춘 이 등은 제한다. 율의 역시 그러하니, 말하자면 인취 중에서는 앞에서 제한 경우를 제하며, 아울러 천취 중에도 있다. 그러므로 두 취에서 이 율의를 받아들인다. 唯於人趣 有不律儀 然除北洲 唯三方有 於三洲內 復除扇搋及半擇迦 具二形者 律儀亦爾 謂於人中 除前所除 幷天亦有 故於二趣 容有律儀 〈bhāṣya〉 manuṣyagatāvevāsaṃvaro nānyatra. tatrāpi śaṇḍhapaṇḍakobhayavyañjanān uttarakauravāṃś ca hitvā. 〈kārikā〉 saṃvaro 'py evaṃ devānāṃ ca. 〈bhāṣya〉 saṃvaro hi manuṣyānām eva yathoktaṃ hitvā devānāṃ ceti gatidvaye saṃvaraḥ"라고 하였다. [참고문헌] 『俱舍論』, *Abh-k-bh.* ❷ 십삼난(十三難) 중 하나. 남근과 여근을 함께 가진 사람. 이상자(二相者)·이근자(二根者) 등이라고도 한다. 수계(授戒)하는 것이 허용되지 않는 이다. 『구사론』 권3(대정장29, p.13b24 : *Abh-k-bh.*, p.38)에 "우선 여근과 남근의 두 가지 증상이란, 첫째는 유정으로서 다르고, 둘째는 분별로서도 다르다. '유정이'란, 이 두 가지 근에 의거하여 모든 유정중생을 여자와 남자로 구별한다. '분별이'란, 이 두 가지 근에 따라 형상·언어·유방 등의 구별이 있다. 어떤 이는 말하길 '이에 염정이 두드러지기에 둘이라 한다'. 왜 그런가? 본성이든 손상되었든 선체·반택·이형의 사람 등에게는 불율의·무간업·단선의 모든 잡염법 등이 없으며, 또한 율의·득과·이염의 모든 청정법도 없다. 且女男根二增上者 一 有情異 二 分別異 有情異者 由此二根 令諸有情 女男類別 分別異者 由此二根 形相言音乳房等別 有說 此於染淨增上 故言於二 所以者何 本性損壞 扇搋半擇 及二形人 無不律儀 無間 斷善 諸雜染法 亦無律儀 得果 離染 諸清淨法 strīpuruṣendriyayostāvat sattvabhedavikalpayoḥ. tatra sattvabhedaḥ strī, p uruṣa iti. sattvavikalpaḥ stanādisaṃsthānasvarā cārānyathātvam. saṃkleśavyavadānayor ity apare. tathā hi tadviprayuktavikalpānāṃ ṣaṇḍhapaṇḍakobhayavyañjanānām asaṃvarāanantaryakuśalamūlasamucchedā na bhavanti, saṃvaraphalaprāptivairāgyāṇi ceti", 『구사론소』 권3(대정장41, p.512c28)에 "이형이란 (남근과 여근) 두 근을 모두 갖춘 이다. 二形 謂具足二根"라고 하였다. 〔참고문헌〕『俱舍論』, 『俱舍論疏』, 『大乘阿毘達磨集論』 권8(대정장31, p.730a29), *Abh-k-bh*. ⇨ 십삼난 十三難

이형구생 二形俱生 Ⓢ ubhayavyañjanotpatti. 남성과 여성의 특징이 한 몸에 있음. 출가승이 별해탈율의 즉 계를 버리는 경우 중 하나다. 『구사론』 권15(대정장29, p.79a21 : *Abh-k-bh.*, p.222)에 "〔송〕 별해탈조복을 버리는 것은 고의로 버리거나 목숨을 마치거나 이형구생이거나 선근을 끊거나 밤이 다함에 의해서다. … 〔논〕 조복이란, 뜻으로 율의를 드러낸다. 이것으로 육근을 조복하기 때문이다. 오직 밤이 지나면 버리는 근주를 제한 나머지 일곱 가지 별해탈율의는 네 가지 이유로 버린다. 첫째는 뜻으로 기꺼이 버리는 경우이니, 알만한 사람에게 분명히 말해 학처를 버리는 것이다. 둘째는 중동분(목숨이 다함)을 버렸기 때문이다. 셋째는 이형으로 태어난 이다. 넷째는 선근을 끊는 인이 일어날 때이다. 頌曰 捨別解調伏 由故捨命終 及二形俱生 斷善根夜盡 … 論曰 言調伏者 意顯律儀 由此能令 根調伏故 唯除近住 所餘七種 別解律儀 由四緣捨 一 由意樂 對有解人 發有表業 捨學處故 二 由棄捨衆同分故 三 由二形俱時生故 四 由所因善根斷故 〈kārikā〉 prātimokṣadamatyāgaḥ śikṣānikṣepaṇāccyuteḥ, ubhayavyañjanotpattermūlacchedānniśātyayāt. 〈bhāṣya〉 dāmyanty aneneti damaḥ saṃvaro 'bhipretas tenendriyadamanāt. caturbhiḥ kāraṇaiḥ prātimokṣasaṃvarasya tyāgaḥ. sthāpayitvopavāsam. śikṣāpadānāṃ vijñapuruṣasyāntike pratyākhyānād āśayataḥ nikāyasabhāgatyāgāt yugapad ubhayavyañjanaprādurbhāvāt kuśalamūlasamucchedācca"라고 하였다. 〔참고문헌〕『俱舍論』, 『俱舍論頌疏論本』 권15(대정장41, p.901c5), *Abh-k-bh*. ⇨ 조복 調伏, 단선근 斷善根, 중동분 衆同分, 별해탈율의 別解脫律儀

이형난 二形難 십삼난(十三難) 중 하나. 남근과 여근이 한 몸에 있는 이. 『사분율개종기』 권7(卍속장67, p.8b14)에 "다음으로 이형난이다. 무릇 도를 닦는 근기라면 반드시 남녀상이 구별돼야 한다. 지금 몸에 두 근이 있다면 마음으로 두 가지 욕을 품게 된다. 먼저 받아 지금 그렇다 해도 응당 멸빈해야 하거늘, 하물며 처음 발심하였을 때 어찌 계를 얻게 하겠는가? 그러므로 난이라 한다. 次二形難 凡道器者 必須男女相別 今旣身有二形 心懷兩欲 先受今生 尙應滅擯 況始發心 寧容得戒 故稱難"라고 하였다. 〔참고문헌〕『四分律開宗記』. ⇨ 십삼난 十三難, 이형 二形❷

이형사 二形捨 비구오연사계(比丘五緣捨戒) 중 하나. 별해탈율의(別解脫律儀)를 버리게 되는 다섯 가지 인연 중 남근(男根)과 여근(女根)이 모두 있는 경우. 『순정리론』 권39(대정장29, p.564b3)에 "다섯 가지 연으로 별해탈율의를 버린다. … 셋째, 의지에 이형이 동시에 난 경우다. 말하자면 몸이 변할 때 마음도 따라 변하기 때문이다. 또한 이형은 증상은 아니기 때문이다. 由五緣捨別解律儀 … 三 由依止 二形俱生 謂身變時 心隨變故 又二形者 非增上故", 『구사론기』 권15(대정장41, p.239a25)에 "셋째 이형이기에 버리는 것이니, 상속신에 남녀근이 같이 생겨난 것이다. 의지하는 몸이 변하고 마음도 따라 변한다. 第三 二形捨 由相續身 二形俱生故 由依身變故 心亦隨變"라고 하였다. 〔참고문헌〕『順正理論』, 『俱舍論記』. ⇨ 비구오연사계 比丘五緣捨戒

이형상 李衡祥 1653~1733. 조선후기 문신. 자는 중옥(仲玉), 호는 병와(甁窩), 본관은 전주(全州). 1702년(숙종28)에 제주목사로 부임한 후, 제주도 토속신앙과 불교를 미신으로 치부하고 배척하였다. 『탐라기년』 권3에 "광양당을 철거하고 3읍의 사당과 불우 130여 곳을 불태웠다. 撤廣壤堂 毁焚三邑淫祠 佛宇 百三十餘所"라고 하였다. 〔참고문헌〕『耽羅紀年』.

이혜 利慧 Ⓢ tīkṣṇa-prajña, Ⓟ tikkha-pañña, Ⓣ shes-rab-rno-ba. 남김없이 있는 그대로 아는 지혜. 『불지경론』 권2(대정장26, p.299a17)에 "미세한 뜻에 들기에 이혜라 한다. 入微細義 故名利慧", 『유가사지론』 권83(대정장30, p.761a20)에 "이혜라는 말은 모든 것을 남김없이 있는 그대로 다 잘 알기 때문이다. 言利慧者 盡其所有 如其所有 皆善了知故", 『대일경소』 권5(대정장39, p.633b14)에 "이혜의 칼로 그 업의 수명인 무궁한 목숨을 끊어 대공이 나게 한다. 以利慧刀 斷其業壽無窮之命 令得大空生也"라고 하였다. 〔참고문헌〕『佛地經論』, 『瑜伽師地論』, 『大日經疏』, *Mvyut.48*.

이혜 異慧 뜻에 맞지 않고 여실하지 못한 사견(邪見)이나 악혜(惡慧). 『섭대승론석』 권6(대정장31, p.350c26)에 "'길이 잘못된 앎과 의심을 끊기 때문이다'라는 말은, 대승의 깊고깊은 광대함으로 길이 이혜와 의심을 끊을 수 있다는 뜻이다. 여기서 이혜란 비루한 악혜로 이치를 흔드는 것을 말한다. 以能永斷異慧疑故者 謂於

大乘甚深廣大 能永斷除異慧及疑 此中異慧 謂鄙惡慧於理動搖", 『대일경소』 권9(대정장39, p.670c5)에 "이혜란 분별망상의 혜다. 異慧是分別妄想之慧", 『대일경소묘인초』 권39(대정장58, p.325c25)에 "이혜라는 말은 실답지 못한 혜이기에 이혜라고 한 것이다. 所言異慧者 非如實慧故 云異慧也"라고 하였다. [참고문헌] 『攝大乘論釋』, 『大日經疏』, 『大日經疏妙印鈔』.

이혜동진 二惠同塵 진세(塵世)에 묻혀 중생을 은혜롭게 하신 두 스님. 진평왕대 혜숙(惠宿)은 사냥즐기는 국선(國仙) 구참공(瞿旵公)과 어울리다 자신의 살을 베어 깨우치게 하였다. 선덕왕대 혜공(惠空)은 천진공(天眞公) 집 고용살이 아들로서 어릴 때부터 신이한 능력 있어 출가하였으니, 삼태기 지고 술취해 절 우물에서 숙식하였으며 원효·명랑법사 등과 인연이 있을 뿐 신이한 자취만이 있을 뿐이다. 두 스님 누추한 모습으로 세간을 떠나지 않았으나 큰비에도 젖지 않고 큰불에도 타지 않았으니, 사람들은 동쪽에서 보았다 하고 서쪽으로 가신다고 하였다. 『삼국유사』 권4(대정장49, p.1005a10·한불전6, p.345c17) 의해(義解)5 이혜동진(二惠同塵)에 "찬하여 올린다. 초원 가로질러 사냥하고 평상에 머리를 누인다. 술취해 노래하며 우물 밑에서 잠든다. 한짝 짚신으로, 허공에 뜬 구름으로 가신 곳 어디신가? 한 쌍으로 귀하신 보배여, 연꽃 속의 불꽃이여! 讚曰 草原縱獵床頭臥 酒肆狂歌井底眠 隻履浮空何處去 一雙珍重火中蓮"라고 하였다. [참고문헌] 『三國遺事』. ⇨ 혜숙 惠宿, 혜공 惠空, 부궤화상 負簣和尙

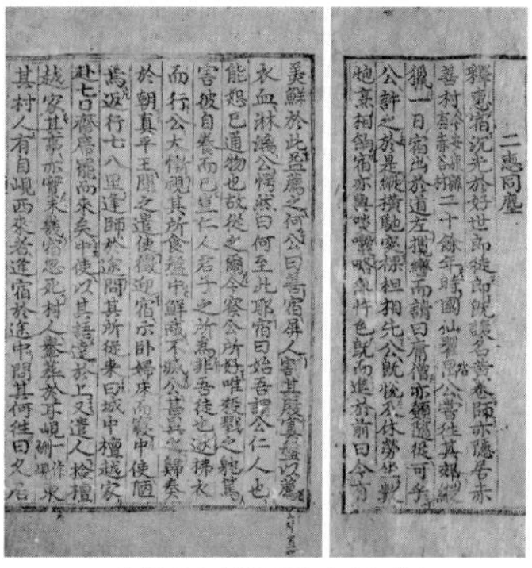

이혜동진 『삼국유사』목판본
보물제419-3호 부산 범어사

이호 二護 ➡내호 內護❶, 외호 外護❶

이혹 二惑 ❶견혹(見惑)과 수혹(修惑:思惑). 원효(元曉)의 『금강삼매경론』 권상(대정장34, p.973b5·한불전1, p.623b11)에 "결을 끊고 누를 다했다는 말은, 견혹과 수혹 두 번뇌를 끊는다는 뜻이다. 이로써 초지의 견도위에 들어가 바로 견혹을 끊고 아울러 수혹마저 끊는다. 斷結盡漏者 斷見修二惑故 欲顯得入初地見道 正斷見惑 兼斷修惑", 『구사론기』 권15(대정장41, p.248a24)에 "승과란, 예류과에서 견혹을 끊어 다하고 처음으로 견도를 나와서는, 아라한과에서 수혹을 끊어 다하고 처음으로 수도를 벗어난다. 일래와 불환과는 두 혹을 끊어 다하지 못하고 처음으로 벗어나는 것도 아니기에 승이라 하지 않는다. 勝果 謂預流果 斷見惑盡 初出見道故 阿羅漢果 斷修惑盡 初出修道故 一來不還 非斷二惑盡 非是初出 不名勝"라고 하였다. [참고문헌] 『金剛三昧經論』, 『俱舍論記』. ⇨견혹 見惑, 수혹 修惑, 사혹 思惑, 견사혹 見思惑 ❷이혹(理惑)과 사혹(事惑). 장교(藏敎)와 통교(通敎)에서는 견혹(見惑)이 사제(四諦)에 미한 이혹이고, 수혹(修惑)은 색성(色聲) 등에 미한 사혹이다. 별교(別敎)와 원교(圓敎)에서는 셋으로 분류하고 중도의 이치를 가리는 근본무명이 이혹이고, 속제에 미한 진사혹(塵沙惑)과 진제(眞諦)를 가려 열반을 장애하는 견사혹(見思惑)을 사혹이라 한다. 법상종(法相宗)에서는 번뇌장(煩惱障)은 열반을 장애하기에 이혹이고, 소지장(所知障)은 속제의 번뇌이기에 사혹이다. 『법화현의석첨』 권11(대정장33, p.892a19)에 "무릇 이를 막는 혹을 본(本)이라 하고, 사를 막는 번뇌를 지(枝)라 한다. 그러므로 삼계 내의 견혹이 본이고 사혹(思惑:修惑)은 지라 하며, 삼계 밖의 무명은 본이고 진사혹은 지다. 凡障理惑 名之爲本 障事之惑 名之爲枝 故以界內見惑爲本 思惑爲枝 界外無明爲本 塵沙爲枝", 『대승지관법문종원기』 권1(卍속장98, p.733a3)에 "만약 다 취해 삼혹을 대비시켜 논한다면 진사혹은 사혹이 되고 두 혹(見思惑과 無明惑)은 이혹이다. 『정명기』에 '진사혹은 이를 장애하지 않지만 (見思惑에 해당하는) 사주지는 진제를 장애하고 무명혹은 중도를 장애한다. 또한 무명혹은 이혹이고 두 혹(塵沙惑과 無明惑)은 사혹이다'라고 하였고, 『정명소』에 '이혹이란 중도에 미하고 사혹은 이제(眞諦와 俗諦)와 법계에 미한 번뇌다'라고 하였다. 若通取三惑對論之義 則塵沙爲事 二惑爲理 淨名記云 以塵沙惑 不障於理 四住障眞 無明鄣中 又無明爲理 二惑爲事 淨名疏云 理惑者 迷於中道 事惑者 迷於二諦法界惑也"라고 하였다. [참고문헌] 『法華玄義釋籤』, 『大乘止觀法門宗圓記』. ⇨이혹 理惑, 사혹 事惑, 진사혹 塵沙惑 ❸현행혹(現行惑)과 종자혹(種子惑). 『대명삼장법수』 권4(영락장181, p.528b2)에 "이혹〈출전은 『화엄경수소연의초』〉. 첫째는 현행혹이다. 육근이 육진을 대할 때 탐진치 등의 번뇌가 현행해 일어나 마음을 혼미하게 해 모든 선법을 장애하니, 이를 현행혹이라 한다.〈육근이란, 안근·이근·비근·설근·신근·의근을 말한다. 육진이란, 색진·성진·향진·미진·촉진·법진을 말한다〉. 둘째는 종자혹이다. 종자란 근본무명을 말한다. 이 무명으로 인해 일체 번뇌를 낳아 온갖 선법을 장애하니, 이를 종자혹이라 한다. 二惑〈出華嚴經隨疏演義鈔〉 一 現行惑 謂六根對六塵 現起貪瞋癡等煩惱 令心昏迷 障諸善法 是名現行惑〈六根者 眼根 耳根 鼻根 舌根 身根 意根也 六塵者 色塵 聲塵 香塵 味塵 觸塵 法塵也〉 二 種子惑 種子者 卽根本無明也 謂因此無

明 則能生一切煩惱 障諸善法 是名種子惑"라고 하였다. 〔참고문헌〕『大明三藏法數』. ❹ 상혹(相惑)과 추중혹(麤重惑). 『삼무성론』 권상(대정장31, p.870c10)에 "〔석〕 분별성(遍計所執性)이 상혹이라는 말은, 상은 모습을 말하며, 모습 말하게 되면 번뇌가 된다. 번뇌의 연이 되기에 설하여 혹이라 한다. 그러나 의타성은 바로 혹이므로 경중으로 설하면 분별성은 단지 혹연이기에 혹이라 할 뿐이어서 가볍다고 하지만, 의타성은 바로 혹체이기에 거칠고 무겁다고 말한다. 상혹이 능히 무분별지를 장애하기에 무분별경에 합하지 못한다. 상모를 분별하기 때문이다. 추중혹으로 곧바로 후생을 불러들이고 온갖 고통을 당한다. 두 가지(相惑과 麤重惑) 반드시 서로 말미암아 있기에 이 두 번뇌가 중생을 속박한다고 말한다. 釋曰 呼分別性爲相惑者 相謂相貌 說相貌爲惑 能爲惑緣 故說爲惑 但依他性是正惑 而說輕重者 分別性 但是惑緣 說惑 故說爲輕 依他性 正是惑體 故說麤重 由相惑故 能障無分別智 不合無分別境 分別相貌故 由麤重惑 正感後生 得諸苦等 兩必相由而有故 言二惑繫縛衆生也"라고 하였다. 〔참고문헌〕『三無性論』. ❺ 계내혹(界內惑)과 계외혹(界外惑). 삼계(三界)를 내외로 구분하고 삼혹(三惑)을 상대하면 견사혹(見思惑)이 계내혹이고, 진사혹(塵沙惑)과 무명혹(無明惑)이 계외혹이다. 『능엄경비록』 권1(卍속장20, p.121a15)에 "본래 삼계의 안과 밖은 같지 않다. 대승이 끊는 것이란 계외혹이고 별혹이라고도 하며, 소승에서 끊는 번뇌는 계내혹이고 통혹이라고도 한다. 自有界內外不同 若大乘所斷者 是界外惑 亦名別惑 小乘所斷者 是界內惑 亦名通惑", 『태종십류인혁론』 권2(卍속장95, p.898a18)에 "일곱째 의지하는 계를 기준으로 분류하니 견사혹은 계내혹이기에 전부 사주지혹이고, 진사혹과 무명혹은 계외혹이기에 자연히 일주지혹(一住 : 無明住地惑)이다. 七 從所依界 則見思爲界內惑 故共爲四住 塵沙無明 爲界外惑 故自爲一住"라고 하였다. 〔참고문헌〕『楞嚴經秘錄』, 『台宗十類因革論』. ⇨ 계내혹 界內惑, 계외혹 界外惑 ❻ 오주지혹(五住地惑)을 둘로 나눈, 번뇌장(煩惱障)의 사주지혹(四住地惑)과 소지장(所知障)의 무명주지혹(無明住地惑). 『유가론기』 권8(대정장42, p.488c24)에 "첫째, 오중을 잡아 체를 가리면 사주지혹은 번뇌장이고 무명주지혹은 소지장이다. 一 約五重辨體 亦四住地 是煩惱障 無明住地 是所知障", 『섭대승의장권제사』 권4(대정장85, p.1042c12)에 "넷째 오주지혹을 가린다. 첫째 견일처주지, 둘째 욕애주지, 셋째 색애주지, 넷째 유애주지, 다섯째 무명주지다. 이 중에 두 문을 열면 첫째, 체성을 밝히면 둘로 요약된다. 첫째는 혹이 일어나고 둘째는 머무는 터다. 혹이 일어난다는 것은 6식과 7식 중에 현행하는 번뇌다. 머무는 터란 아뢰야식(梨耶識) 중에 오주지혹의 종자를 말한다. 이 다섯에 대해 말한다면, 앞의 사주지혹은 현행하든 잠재해 있든 계내이고, 무명주지혹은 현행하든 잠재해 있든 계외혹이다. 四 辨五住 一 見一處住地 二 欲愛住地 三 色愛住地 四 有受住地 五 無明住地 於中二門 一 明體性 要說有二 一者 起惑 二曰 住地 言起惑者 六七識中 現行煩惱 言住地者 梨耶識中 五住種子 就此五中 前四住地者 若起若地 是界內惑 無明住地 若起若地 是界外惑", 『능가경합철』 권4(卍속장26, p.875a10)에 "끊어야 할 혹이란 사주지번뇌와 무명주지번뇌다. 所斷之惑 則有四住地煩惱 無明住地煩惱", 『능가경참정소』 권8(卍속장27, p.126a2)에 "사주지와 무명주지에 취해 범부는 깨닫지 못하고 매 순간 망상을 보아 마음을 물들인다〈사주지혹과 무명주지혹은 오주지혹이다. … 범부는 이 다섯 가지 혹에 취한 마음으로 여래장 뜻을 깨닫지 못하고 찰나에 견을 짓고 종종망상으로 마음을 물들인다〉. 四住地無明住地所醉 凡愚不覺 刹那見妄想熏心〈四住及無明者 爲五住地惑也 … 蓋凡愚 以此五惑醉心 不覺如來藏義 作刹那見種種妄想熏心〉"라고 하였다. 〔참고문헌〕『瑜伽論記』, 『攝大乘義章卷第四』, 『楞伽經合轍』, 『楞伽經參訂疏』. ⇨ 오주지혹 五住地惑, 번뇌장 煩惱障, 소지장 所知障

이혹 理惑 이에 미혹함. 사혹(事惑)에 대칭한다. 『유마경약소』 권2(대정장38, p.594c18)에 "'그 깊은 마음을 따르면 뜻을 조복한다'는 말은, 해행이 깊어지면 능히 사와 이의 모든 혹을 고른다. 이혹이란 중도에 미한 무명이고, 사혹이란 이제와 삼계혹에 미함이다. 처음 발심한즉 바로 중도에 들어 이제를 함께 비추고 마음 마음이 적멸하여 자연히 스며드니 사리의 온갖 번뇌를 조복한다. 隨其深心 則意調伏者 解行旣深 卽能調於事理諸惑 理惑者 迷於中道之無明也 事惑者 迷於二諦三界惑也 若初發心 卽入中道 雙照二諦 心心寂滅 自然流入 卽能調伏事理之惑"라고 하였다. 〔참고문헌〕『維摩經略疏』, 『維摩經』 권상(대정장14, p.538b27). ⇨ 미리혹 迷理惑, 견혹 見惑, 이혹 二惑❷, 사혹 事惑

이혹론 理惑論 중국불교 전래 초기에 불교교의에 대해 문답형식으로 해설한 문헌. 1권. 『모자이혹론 牟子理惑論』·『모융변혹 牟融辯惑』·『도가논변모자이혹론 道家論辨牟子理惑論』이라고도 한다. 『홍명집』 권1(대정장52, pp.1a28~7a22)에 전한다. 후한(後漢) 말기 창오태수(蒼梧太守) 모자박(牟子博)이 찬술했다고 하는데, 저자가 모융(牟融)이라 한 판본도 있다. 불교가 유가나 노장의 사상과 위배되지 않기에 유불도 삼교의 융화를 표명하고 더 나아가 불교의 우월함을 드러내고 있다. 37장으로 구성되어 있는데, 이는 불교의 37도품과 『노자 老子』 81장 전반부인 『도경 道經』 37장의 숫자를 본뜬 것이라고 한다. 제목인 이혹이란 미혹을 여읜다는 뜻으로 불도에 관한 세상 사람들의 미혹을 다스리기 위해 부처님의 의미와 전기(傳記), 도(道)의 의미와 수행법, 불멸과 윤회, 사문과 계율, 도에 있어서 중화(中華)와 이적(夷狄)의 문제, 출가와 인륜인 오상(五常) 등에 관하여 혹인(惑人)이 질문하고 모자가 답하는 체제로 구성되어 있다. 본서는 불교의 중국전래 초기역사를 알 수 있는 중요자료이며, 후세에 끼친 영향도 크다. 위진남북조시대에 있어서 삼교의 관계를 연구하는 데도 빼놓을 수 없는 전적이다. 저자와 찬술 연대에 관해서는 의견이 분분하다. 모자박과 모융이 동일 인물인지, 그리고 이들이 과연 본서의 저자인지에 대해 지금까지도 정론이 없다. 후한 말기에 찬술되었다는 설이 일반적이며, 호적(胡適)·주숙가(周叔迦)·여가석(餘嘉錫)·펠리오(Pelliot) 등이 주장하였다. 반면에 양계초(梁啓超)·상반대정(常盤大定) 등은 진(晉)과 유송(劉宋) 사이에 위작(僞作)이라 주장하였다. 우리나라에서는 1580년(선조13) 서산 가야산 보원사(普願寺)에서 개판한 목판 4판이 서산 개심사(開心寺)에 전하는데 보물 제1963호로 지정되었다. ⇨ 모자 牟子

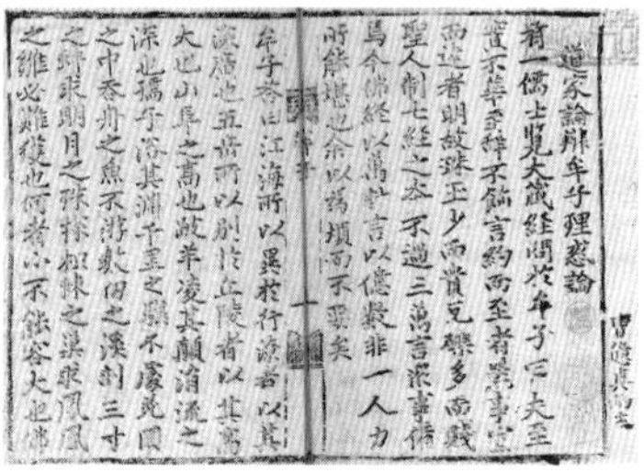

이혹론 도가논변모자이혹론
서산 보원사본 1580년

이화 二和 두 가지로 어울려 함께 함. 이(理)로 사(事)로 함께 하는 승가(僧伽 saṃgha : 衆)를 푼 뜻이다. 『금강반야경지찬』 권상(대정장85, p.71c7)에 "중(衆)이란 승(僧)이니 4인 이상이 이와 사로 화합하니 승이란 이름을 얻었다. 지켜 약속한 계와 세계를 이해하는 견(見) 등을 함께하기에 그 이름을 이화라 하고, 포살 등 온갖 일을 함께하기에 사화라 한다. 이렇게 화합하기에 그 이름이 중(衆)이다. 衆者 僧也 四人已上 理事二和 得僧名故 同戒見等 名曰理和 同布薩等名曰事和 以和合故名之衆也", 『능엄경소해몽초』 권1(卍속장21, p.126a12)에 "범어로 승가라 하고 번역하여 화합이라 한다. 4인이상 내지 백천무량대중이라도 다만 한처(一處)에서 갈마작법하고 일일이 함께 포살하니, 모든 일에 있어 화합함에 달리하는 무리가 없고, 법에 있어서도 화합하기에 따로 할 이치 또한 있을 리 없다. 일과 이치로 화합하기에 이름이 화합중이다. 〔정명소〕 이화란 함께 열반(擇滅)을 증함이고, 사화란 계로서 함께하여 같이 닦고 견해 같이해서 가려 판단하며, 몸으로 화합하여 같이 머물고, 이로움 고르게 가져 기울 일 없으며, 입으로도 부드러워 다툴 일 없고, 뜻으로 함께하여 설법함이 한결같다. 梵云僧伽 此翻和合 四人已上 乃至百千無量 一處羯磨作法 行籌布薩 事和無別衆 法和無別理 事理二和 名和合衆 〔淨名疏〕 理和 謂同證擇滅故 事和 謂戒和同修 見和同辨 身和同住 利和同均 口和無諍 意和同說", 『인왕경소법형초』 권2(卍속장41, p.146a7)에 "〔소〕 승가란 번역하여 중(衆) 또는 화합이라 한다. 이와 사 둘을 화합하기에 그 이름이 화합이다. 이화란, 모든 성인들께서 한결같이 증득하신 사제의 이치를 함께하기에 이화승이라 한다. 사화란, 함께 대계를 받아 여섯 가지로 화합한다 하니, 계·견·이·신·구·의 이 여섯 뜻을 구족히 하기에 사화승이라 한다. 疏 僧伽者 此云衆 亦云和合 理事二和故 名和合 理和者 謂諸聖人同證諦理 名理和僧 事和者 同受大戒具六和故 謂戒見利身口意 具此六義 名事和僧"라고 하였다. 〔참고문헌〕 『金剛般若經旨贊』, 『楞嚴經疏解蒙鈔』, 『仁王護國般若經疏法衡抄』. ⇨ 육화경 六和敬, 화합승 和合僧, 이사이화 理事二和, 이화 理和, 사화 事和, 승가 僧伽, 중 衆

이화 二華 초목화(草木華)와 엄신화(嚴身華). 화(華)는 화(花)로도 쓴다. 『화엄경소』 권3(대정장35, p.525b5)에 "꽃에는 두 종류가 있다. 첫째는 초목화로 만행의 인에 비유하는데, 그러나 때로는 과와 함께하고 때론 함께하지 않기도 한다. 둘째는 엄신화로 금옥 등에 통하며 신통과 뭇 상 등을 비유한다. 유독 과와 함께한다. 앞서 말한 (꽃의) 열 가지 의미 중 첫째·다섯째·아홉째·열째 의미는 초목화에 국한되고, 나머지는 두 가지 꽃에 다 통한다. 華有二種 一 草木華 喩萬行因 然或與果俱 或不與俱 二 嚴身華 通金玉等 喩於神通衆相等 唯與果俱 前十義中 一五九十 局於草木 餘通二華"라고 하였다. 〔참고문헌〕 『華嚴經疏』. ⇨ 초목화 草木華, 엄신화 嚴身華, 인화 人華, 화 華

이화 李華 715~766. 당대 선무외(善無畏 Ⓢ Śubhakarasiṃha)삼장의 속가제자. 자는 하숙(遐叔). 조주(趙州 : 河北省) 찬황(贊皇) 출신. 개원(開元 713~741)·천보(天寶 741~756)년간에 조정에서 관직을 지냈다. 안록산(安祿山)의 난이 일어나자 업(鄴)에 있던 모친과 피난하기도 하였으나, 난이 평정된 후 강등되어 항주(杭州 : 浙江省)의 사호참군(司戶參軍)이 되었고 결국 물러나 강남(江南)에 은거하였다. 그 후 산양(山陽 : 江蘇省)에 은거하여 아이들을 가르치고 농사에 힘쓰며 안빈하였다. 문필에 능하여 고래로 인구에 회자되는 「조고전장문 弔古戰場文」을 지었다. 만년에는 불법을 믿고 선무외를 스승으로 모셨고, 여러 종파의 고승들과도 교유하였으며 천태학에 조예가 깊었다. 「좌계대사비 左溪大師碑」에는 우두종(牛頭宗)의 현소(玄素) 문하로 전하며, 「윤주학림사고경산대사비 潤州鶴林寺故徑山大師碑」 등 많은 탑비문을 짓기도 하였다. 735년(개원22)에 선무외삼장이 입적하자 행장과 비명·서문 등을 지었다. 766년(대력1)에 향년 52세를 일기로 세상을 떠났다. 『이하숙문집 李遐叔文集』 10권이 전한다. 〔참고문헌〕『佛祖統紀』 권10(대정장49, p.204a2), 『佛法金湯編』(卍속장148, p.901a4). ⇨ 선무외 善無畏

이화 理和 뜻으로 화합함. 『금강경찬요간정기』 권2(대정장33, p.188c10)에 "이화 아래에서 범어 승가(Ⓢ saṃgha)는 중화합이라고 한역하는데, 뜻으로 화합하여 어긋남이 없고 매사에 화합하여 다툼이 없는 뜻이다. 理和下 梵語僧伽 此云衆和合 謂理和無違 事和無諍也", 『아미타경요해』(대정장37, p.365c24)에 "승이란 갖추어서 승가라고 하는데, 화합중이라 한역한다. 이화라 하니, 다같이 무위해탈을 증하는 것이다. 僧者 具云僧伽 此翻和合衆 理和則同證無爲解脫"라고 하였다. 〔참고문헌〕『金剛經纂要刊定記』, 『阿彌陀經要解』. ⇨ 이사이화 理事二和, 사화 事和, 승가 僧伽, 중 衆, 화합중 和合衆

이화동균 利和同均 이로움을 고르게 함께하여 화합함. 사화(事和)인 육화(六和)의 덕목 중에 하나다. 『화엄경소』 권20(대정장35, p.653b12)에 "육화란 말은 삼업인 신구의로 화합하고 계·견·이로 화합함을 말하니, 몸으로 화합하여 함께 모여 살고 … 이로움으로 화합하여 고르게 나눈다는 뜻이다. 言六和者 三業爲三 及戒見利 謂身和同集… 利和同均", 『사분계본여석』 권8(卍속장63, p.161a15)에 "마땅히 나누어 다른 비구에게 음식을 준다는 것이란, 함께하는 범행인과 고루 나누어 먹음을 말하니 이른바 이화동균이 이것이다. 應分與餘比丘食者 謂與同梵行人 均分而食 所謂利和同均 是也"라고 하였다. 〔참고문헌〕『華嚴經疏』, 『四分戒本如釋』. ⇨ 사화 事和, 육화경 六和敬

이환 已還 ❶ 마치고 돌아오다. 『장아함경』 권6 「전륜성왕수행경 轉輪聖王修行經」(대정장1, p.40a21)에 "그때 전륜성왕은 이미 금수레를 타고 온 세상을 두루 다니면서 도로써 백성을 교화하여 편안케 하고는 본국으로 돌아왔다. 時 轉輪王 旣隨金輪 周行四海 以道開化 安慰民庶 已還本國"라고 하였다. 〔참고문헌〕『長阿含經』. ❷ 이미 마침. 아주 돌아와 물러나지 않는 뜻이다. 『덕광태자경』(대정장3, p.414c18)에 "그때 모든 방에는 오백의 동남이 있었는데 나이 16세 이상 20세를 이미 마친 동남들로 모두 여러 나라에서 뽑힌 이들이었다. 爾時 一切房室中 有五百童男 限年十六以上 二十已還 皆悉童男 都於諸國採擇", 『대승의장』 권1(대정장44, p.474a28)에 "범부불성은 피 섞인 우유와 같고, 성문불성은 피를 걸러 낸 우유와 같으며, 연각불성은 낙과 같고, 보살불성은 생소나 숙소와 같은데, 7지를 이미 마쳐서는 생소와 같고 8지 이상은 숙소와 같다. 부처님은 제호와 같다. 凡夫佛性 如雜血乳 聲聞佛性 如出血乳 緣覺如酪 菩薩佛性 如生熟蘇 七地已還 如似生蘇 八地已上 如似熟蘇 佛如醍醐", 『안락집』 권하(대정장47, p.18c7)에 "7지에 이미 돌아와 머물게 되면 악탐이 장애가 되어 선탐으로 대치하지만, 8지 이상에서는 선탐이 오히려 장애가 되기에 무탐으로 다스린다. 七地已還 惡貪爲障 善貪爲治 八地已上 善貪爲障 無貪爲治"라고 하였다. 〔참고문헌〕『德光太子經』, 『大乘義章』, 『安樂集』.

이환추 李桓樞 고려 태조(太祖 재위 918~943) 때의 서예가. 이환상(李奐相)이라고도 한다. 해서(楷書)에 뛰어났고 구양순체를 터득하였다. 최언위(崔彦撝)가 지은 「광조사진철대사보월승공탑비문 廣照寺眞澈大師寶月乘空塔碑文」·「보리사대경대사현기탑비문 菩提寺大鏡大師玄機塔碑文」·「비로사진공대사보법탑비문 毘盧寺眞空大師普法塔碑文」을 썼다. 〔참고문헌〕李智冠 『校勘譯註歷代高僧碑文』 高麗篇1 p.18·78·102. ⇨ 광조사진철대사보월승공탑비 廣照寺眞澈大師寶月乘空塔碑, 보리사대경대사탑비 菩提寺大鏡大師塔碑, 비로사진공대사보법탑비 毘盧寺眞空大師普法塔碑

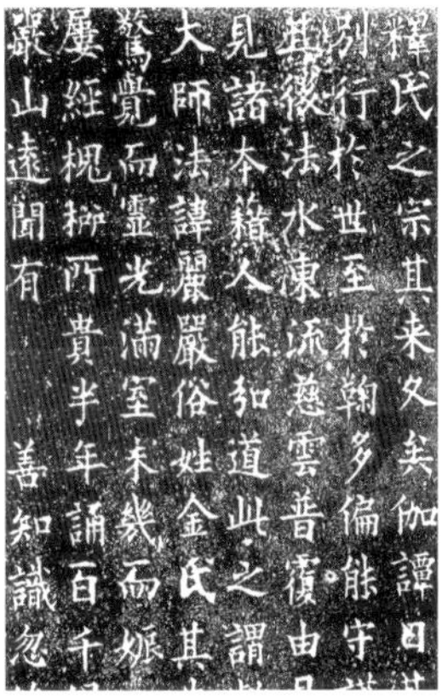

대경대사현기탑비 탁본 939년

이활 離闊 헤어져 멀어지는 것. 이별(離別)을 뜻한다. 『수행도지경』 권7(대정장15, p.224a15)에 "여러 겁을 거치며 부모와 떨어지고 형제와 헤어져 멀어지고 처자식과 어긋남에 울어서 흘린 눈물이 사해에 넘친다. 從累劫來 與父母違 兄弟離闊 妻子之乖 涕泣流淚 超于四海"라고 하였다. 〔참고문헌〕『修行道地經』, 『唐高僧傳』 권25(대정장50, p.648b5).

이회 理會 ❶ 이(理)로 알아차리다. 뜻으로 만나다. 『오조법연어록』 권3(대정장47, p.663c29)에 "지난밤 삼경반에 돌사람이 모여서 예배했다. 이러한 이야기 그대들 이치로는 알 수 없는 것이라고 말하지 마라. 나야말로 이해할 수 없다. 昨夜三更半 石人鬪禮拜 這箇說話 莫道儞理會不得 我也理會不得", 『대혜어록』 권16(대정장47, p.880b22)에 "자기신통함 발현하지 못하고 오로지 눈앞의 빛과 그림자만을 놀릴 줄 알아, 선을 이회했고 도를 이회했다거나, 심을 이회했고 성을 이회했다거나, 기특함 이회했고 현묘함 이회했다고 한다. 막대로 탁자 쳐서 달을 쳤다함과 크게 다르지 않으니, 심신을 헛되이 할 뿐이다. 여래께서 '참으로 가여운 이'라 한 말씀과 같다. 自己神通 不能發現 只管弄目前光影 理會禪理會道 理會心 理會性 理會奇特 理會玄妙 大似掉棒打月枉費心神 如來說爲 可憐愍者", 『굉지광록』 권5(대정장48, p.63a17)에 "만일 눈앞의 일을 이치로 알았다면 등뒤의 일을 잃을 것이고, 등뒤의 일을 알았다면 눈앞의 일은 놓쳤을 것이다. 若也理會面前事 便失却背後事 若也理會背後事 便失却面前事", 『무준사범어록』 권1(卍속장121, p.877a8)에 "이 일이야말로 오직 여러분만이 알지 못할 뿐이니, 이해하지 못하면 그대로 그만이다. 만일 분명히 알아 뜻으로 만났다 하면, 이는 곧바로 원수져 갚아 사람 죽일 일이어서 뜻으로 알 수 있는 일은 아니다. 어떤 까닭인가? 여러분이 동쪽을 향해 찾으려 하면 반드시 동쪽에 없고, 서쪽을 향해 애쓰면 요는 서쪽에 없다. 此箇事 諸人除是不知 不理會則已 若知了 要理會 直是殃害殺人 無理會處 何故 諸人擬向東邊尋 要且不在東邊 擬向西畔討 要且不在西畔"라고 하였다. 〔참고문헌〕『五祖法演語錄』, 『大慧語錄』, 『宏智廣錄』, 『無準師範語錄』. ❷ 헤아려 알려 하다. 연연하다. 『서장』「답왕내한장 答汪內翰狀」 제1서(대정장47, p.929b20)에 "지나간 저 일들 때론 선이고 때론 악하며 때론 거스르고 때론 순하니, 도무지 뜻으로 헤아릴 일 아닙니다. 過去底事 或善或惡 或逆或順 都莫理會", 『허당록』 권4(대정장47, p.1017b1)에 "매일 쓸데없이 다른 이 한가한 일 붙잡고 헤아려 알려 하지 말지니, 그대 스스로의 분상에 무량겁래로 저 큰 파도일랑 일찍이 쉬어본 일 없다. 每日不要 只管理會 他人閑事 爾自己分上 無量劫來 如洪波大浪 未嘗休息", 『파암조선어록』(卍속장121, p.846a6)에 "오로지 다른 사람 일에 마음 써 알려 하느라 자기는 옛 그대로 깜깜한 암흑천지다. 도리어 기울여 알고자 하는 그 끝도 알지 못하여, 온통 오물 무더기에 기름때 투성이일 뿐. 只管理會別人底 自己依舊黑漫漫地 却不知理會底 盡是糞埽肥膩"라고 하였다. 〔참고문헌〕『書狀』, 『虛堂錄』, 『破菴祖先語錄』.

이훤 離諠 육사성취(六事成就) 중 하나. 소란스러움을 떠남. 선정바라밀(禪定波羅蜜)을 성취한다. 『권발보리심집』 권하(대정장45, p.401b6)에 "보살은 육바라밀을 성취하기 때문에 모든 지중에 결코 마땅히 여섯 가지 일을 짓는다. … 다섯 번째로 반드시 소란스러움 여윈다. 菩薩爲成就六度故 於諸地中 決定應作六事 … 五 必應離諠"라고 하였다. 〔참고문헌〕『勸發菩提心集』, 『大乘莊嚴經論』 권12(대정장31, p.652b23). ⇨ 육사성취 六事成就❶, 선정바라밀 禪定波羅蜜

이흥사 利興寺 전라남도 영광군 묘량면 신천리 불덕산(佛德山)에 있던 절. 『동국여지승람』 권36 전라도 영광군 불우·『가람고』·『범우고』 등에 절의 이름과 위치가 전하나, 1931년에 간행된 『영광속수여지승람』에는 폐사로 전한다. 현재 절터에는 보물 제504호 영광신천리삼층석탑과 석등과 승탑 등이 남아 있다. 〔참고문헌〕『東國輿地勝覽』, 『伽藍考』, 『梵宇攷』, 『靈光續修輿地勝覽』, 『韓國寺刹全書』 권하 p.960b4. ⇨ 영광신천리삼층석탑 靈光新川里三層石塔

이흥사 梨興寺 경상북도 안동시 임하면에 있던 절. 『영가지』 권6 고적에 "임하현 서북쪽 5리쯤에 있다. 바위를 뚫고 샘물을 끌어와 우물을 만들었는데, 지금은 모두 황폐해졌다. 在臨河縣西北五里許 鑿石引泉爲井 今皆廢荒"라고 하였다. 〔참고문헌〕『永嘉誌』.

이희 離喜 제2정려(靜慮)의 희를 여읨. 『법온족론』 권7(대정장26, p.484b18)에 "'이희'라 하였으니, 무엇이 희인가? 마음 기꺼워 지극히 기껍고 내지 환희와 환희성을 다 희라 한다. 마음이 이 희에 대해 물듦을 여의고 해탈하기에 이희라 한다. 離喜者 云何喜 謂心欣極欣 乃至歡喜歡喜性 總名爲喜 心於此喜 離染解脫 故名離喜", 『대비바사론』 권81(대정장27, p.416b24)에 "〔문〕 제3정려를 얻을 때 제2정려의 모든 유루법을 모두 여의는데 어째서 이희라고만 설하는가? 〔답〕 희를 우두머리로 제2정려의 모든 유루법을 온통 여의기에 희만을 치우쳐 설한다. 또한 희는 끊기 어렵고 깨뜨리기 어려우며 넘어서기 어렵기에 치우쳐 설한다. 또한 희는 허물이 많고 치성하고 견고하기에 치우쳐 설한다. 또한 희는 제2정려의 염오를 떠날 때 심히 장애가 되고 계박하며 얽혀 어려움에 처하게 함이 마치 난폭한 옥졸같기에 일부러 치우쳐 설한다. … 이와 같은 갖가지 인연으로 유독 이희를 설한다. 問 得第三靜慮時 總離第二靜慮諸有漏法 何故但說離喜耶 答 以喜爲上首 總離第二靜慮諸有漏法 故偏說喜 復次以喜 難斷難破難可越度 故偏說之 復次以喜 多諸過患 熾盛堅牢 是故偏說 復次以喜 離第二靜慮染時 極爲障礙 繫縛留難 如暴獄卒 故偏說之 … 由如是等種種因緣 唯說離喜"라고 하였다. 〔참고문헌〕『法蘊足論』, 『大毘婆沙論』. ⇨ 이희묘락지 離喜妙樂地

이희론보살 離戲論菩薩 Ⓢ Niṣprapañca-vihāri-vajra-dhara. 태장현도만다라(胎藏現圖曼茶羅) 금강수원(金剛手院) 가장 바깥쪽의 오른쪽 위에서 다섯 번째에

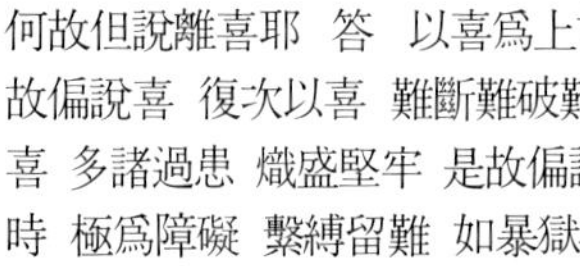

자리한 보살. 주무희론보살(住無戲論菩薩 Ⓢ Aprapañca-vihārin)이라고도 한다. 범명(梵名)은 희론을 없앤 세계에 머무는 지금강(持金剛)이라는 뜻이다. 밀호는 진행금강(眞行金剛)이다. 진행이란 허공에

머문다는 뜻이다. 삼매야형은 독고저(獨股杵), 종자는 (hūṃ)이다. 형상은 살색의 몸으로 연화좌 위에 오른 무릎을 세우고 앉아 있는 모습이다. 오른손은 손바닥을 앞으로 향하여 가슴 높이에서 검지를 위로 세운 채 가볍게 주먹을 쥐고 있고, 왼손은 손바닥을 아래로 향해 독고저를 아래로 내려트려서 쥐고 있다. 수인은 지지인(持地印)이고 진언은 일체지금강진언(一切持金剛眞言)이다.

〔참고문헌〕『青龍寺儀軌』 권중(대정장18, p.157b9). ⇨금강수원 金剛手院, 현도만다라 現圖曼荼羅

이희묘락 離喜妙樂 Ⓢ niṣprītika-sukha-maṇḍa. 제2정려(靜慮)의 희수(喜受)를 여의고 제3정려에서 묘한 안적수(安適受)를 얻음. 이희락(離喜樂)이라고도 한다. 『유가사지론』 권5(대정장30, p.299a9 : *Yogā-bh.*, p. 94)에 "제3정려지의 모든 천에서는 이희묘락을 받는다. 第三靜慮地諸天 受離喜妙樂 tṛtīyadhyānabhūmikā niṣprītikaṃ sukhamaṇḍaṃ pratyanubhavanti", 『유가론기』 권2(대정장42, p.338c20 · 한불전13, p.90b1)에 "'제3정려에서 이희묘락을 받는다'란, 때론 제2정려를 여의고자 하여 증상교법을 구하거나 또는 다른 가르침 받아 경계로 삼아 제2정려의 희상과실을 보고 이를 싫어하며 떠나는 것이다. 묘락이란 이미 전의한 이가 기쁨도 여의고 뛸듯한 느낌도 여의고 안락하고 쾌적한 수를 거둔다. 第三靜慮 受離喜妙樂者 謂或緣離第二欲增上教法 或緣彼教授爲境界 已見第二靜慮喜相過失 而厭離之 妙樂者 謂已轉依者 離喜離踊 安適受 受所攝"라고 하였다. 〔참고문헌〕『瑜伽師地論』, 『瑜伽論記』, *Yogā-bh.* ⇨이희묘락지 離喜妙樂地

이희묘락지 離喜妙樂地 색계(色界)의 세 번째 천에서 얻는 정려(靜慮). 『비니작지속석』 권4(卍속장65, p.98b7)에 "이희묘락지는 색계의 삼선천이다. 이 천은 이미 이선천의 기쁨으로 뛸듯함을 여의고 마음을 거둬 자세히 관하여 동요함 없이 하기에 정에 들어 승묘락을 얻는데, 이 정에 머물면 낙법이 증장해 몸 가득 차오른다. 離喜妙樂地 即色界三禪天 謂此天已離二禪天喜之踊動 因攝心諦觀泯然 入定而得勝妙之樂 住於此定 樂法增長 徧滿身中也"라고 하였다. 〔참고문헌〕『毘尼作持續釋』. ⇨삼선 三禪, 사선 四禪❶

이희지 離喜地 제2정려(靜慮)의 희를 여읜 지. 또는 제3정려 이상의 모든 지를 말하며 유희지(有喜地)에 맞선다. 『좌선삼매경』 권하(대정장15, p.278a3)에 "제2선에 들면 마음이 고요하여 본래 얻은 바 없는 희를 이제 얻게 된다. 이때 마음으로 관하길 희도 번뇌로 여긴다. 저 위에서 각관에서와 같이 무희법 내지 이희지를 행하여 현성이 말씀하신 낙을 얻는데, 한마음으로 자세히 알고 억념하며 방비함으로써 삼선에 들어간다. 得入二禪 心靜默然 本所不得 今得此喜 是時心觀 以喜爲患 如上覺觀 行無喜法 乃離喜地 得賢聖所說樂 一心諦知念護 得入三禪", 『대비바사론』 권167(대정장27, p.842a15)에 "어떤 이는 말하기를 '이중에 후를 들어 처음을 보인 것은 이희지를 들어 유희지를 나타낸 것이다'라고 하였다. 또 어떤 이는 말하기를, '처음 두 정려에는 부정상이 없기에 설하지 않았다. 왜 그러한가? 저 두 지는 온통 희근이어서 일체희근은 기껍고 환희함만 행하고 구르기에 부정상을 멀리하는 행은 없다. 한마음에 두 가지로 행해 구르지 않기 때문이다'라고 하였다. 有說 此中擧後顯初 擧離喜地 顯有喜地故 有說 初二靜慮 無不淨想 是故不說 所以者何 彼二地 皆有喜根 一切喜根欣歡行轉 不淨想厭慼行轉 非一心中二行轉故"라고 하였다. 〔참고문헌〕『坐禪三昧經』, 『大毘婆沙論』. ⇨이희 離喜, 삼선 三禪, 사선 四禪❶, 이희묘락지 離喜妙樂地

이희탐 離喜貪 Ⓢ prīti-vīta-rāgatva, Ⓟ nandirāgakkhaya, Ⓣ dga'-ba'i-'dod-chags-dang-bral-ba. 희(喜)도 탐(貪)도 여의는 것. 『잡아함경』 권8(대정장2, p.49b8 : *SN.4*, p.142)에 "이때 세존께서 비구들에게 말씀하셨다. '마땅히 바로 관찰해야 한다. 안근이 무상하다. 이와 같이 관하는 것을 정견이라 한다. 바르게 관하기에 버릴 마음이 생기고, 버릴 마음이 생기기에 희와 탐을 여의며, 희탐을 여의기에 마음이 바르게 해탈했다고 한다. 이와 같이 이비설신의에 있어서도 희탐을 여읜다. 이렇게 희탐을 여의기에 비구들이여! 마음이 바르게 해탈했다고 나는 설한다. 마음이 바르게 해탈한 이는 스스로 분명히 말한다. 「나의 생은 이미 다했다. 범행은 이미 섰고 해야 할 일도 마쳤기에 더 이상의 후유를 받지 않을 것을 스스로 안다」'. 爾時 世尊 告諸比丘 當正觀察眼無常 如是觀者 是名正見 正觀故生厭 生厭故離喜離貪 離喜貪故 我說心正解脫 如是耳鼻舌身意 離喜離貪 離喜貪故 比丘 我說心正解脫 心正解脫者 能自記說 我生已盡 梵行已立 所作已作 自知不受後有 aniccaṃ yeva bhikkhave bhikkhu cakkhuṃ aniccanti passati. sāyaṃ hoti sammādiṭṭhi. sammāsampassaṃ nibbindati nandikkhayā rāgakkhayo rāgakkhayā nandikkhayo. nandirāgakkhayā cittaṃ suvimuttanti vuccati. aniccaṃ yeva bhikkhave bhikk hu sotaṃ aniccanti passati. ghānaṃ aniccanti passati. jivhaṃ aniccanti passati. kāyaṃ aniccanti passati. aniccaṃ yeva bhikkhave bhikkhu manaṃ aniccanti passati. sāyaṃ hoti sammādiṭṭhi. sammāsampassaṃ nibbindati nandikkhayā rāgakkhayo rāgakkhayā nandikkhayo. nandirāgakkhayā cittaṃ suvimuttanti vuccati"라고 하였다. 〔참고문헌〕『雜阿含經』, 『俱舍論』 권3(대정장29, p.14c17), *SN.*, *Abh-k-bh.41.* ⇨ 희탐 喜貪

익공 翼工 목조건축 기둥 위에 새 날개 형태의 살미 부재로 이루어진 공포(栱包) 형식. 기둥 위에 보 방향으로 익공을 놓고 그 위에 보를 올린다. 주심포(柱心包)・다포(多包) 양식에 비해 화려하지는 않지만 구조적으로 가장 간결하고 목재의 양도 적게 들

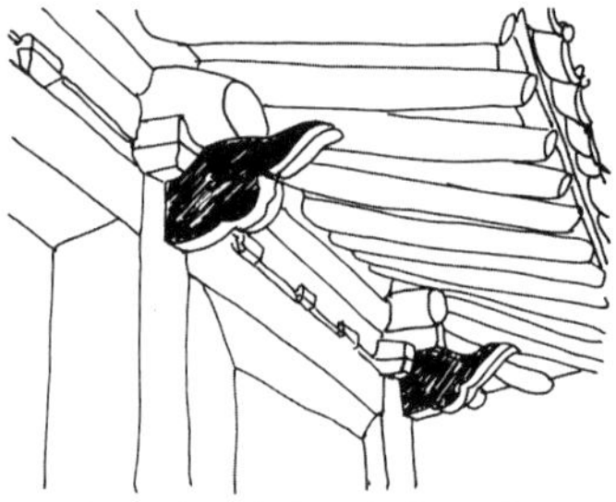

어가 사찰의 부속건물이나 누각・정자・서원 등에 주로 사용되었다. 익공의 개수와 모양에 따라 익공이 한 개인 초익공(初翼工), 두 개인 이익공(二翼工), 끝이 뾰족하지 않고 둥근 물익공(勿翼工)으로 나눈다. 익공이라는 용어는 문헌상으로 1796년(정조20) 『화성성역의궤 華城城役儀軌』에 입공(立工), 익공(翼拱), 익공(翼工) 등으로 사용되다 1800년(순조 즉위년) 『정조건릉산릉도감의궤 正祖健陵山陵都監儀軌』부터 익공(翼拱)으로 표기되었다. 익공형식이 언제부터 사용되었는지 확실하지 않으나, 조선 초기 익공 양식 건축물로 강릉 오죽헌(烏竹軒)과 해운정(海雲亭)이 남아 있다. 조선 후기 익공 양식은 점차 장식성이 강조되어 용두・연봉・연화 등이 화려하게 조각되었다. 익공 양식 불교건축물로 해인사 장경판전(海印寺藏經板殿)과 청평사회전문(清平寺回轉門), 개목사원통전(開目寺圓通殿) 등이 유명하다. 〔참고문헌〕 주남철 『한국건축사』(고려대학교출판부, 2006) pp.446~454, 김봉렬 『김봉렬의 한국건축이야기1』(돌베개, 2006) pp.380~389. ⇨ 공포 栱包

익덕장광 匿德藏光 덕을 숨기고 빛을 감추다. 평생 글재주와 명예로 살아온 왕언장에게 대혜(大慧)가 보낸 편지글 한 마디다. 『서장』 「답왕내한장 答汪內翰狀」 제1서(대정장47, p.928c14)에 "일개 왕언장 명성이 천하에 가득하나 평생 편안히 한 일은 계교로 얻고 인증으로 얻은 문장이고 명예고 관직일 뿐이니, 만년에 이르러 거둬들일 인결과처에서 무엇이 실다울까. 공부한다는 것이 끝없이 지・호・자・야일 터, 어느 한 구에서 힘을 얻었습니까? 명예 이미 드러났으나 덕 감춰 빛 감추던 일에서 얼마나 멀리 왔으며, 관직으론 이미 대양제에 이르렀으니, 수재짓던 그 시절에서 얼마나 멀리 와 있으십니까? 一箇汪彦章 聲名滿天下 平生安排得 計較得 引證得底 是文章 是名譽 是官職 晚年收因結果處 那箇是實 做了無限之乎者也 那一句得力 名譽旣彰 與匿德藏光者 相去幾何 官職已做到大兩制 與作秀才時 相去多少"라고 하였다. 〔참고문헌〕『書狀』.

익렵 弋獵 사냥. 『경덕전등록』 권6 「석공혜장전 石鞏慧藏傳」(대정장51, p.248b11)에 "본디 사냥하는 것이 일이어서 사문과 만나는 것을 싫어하였다. 本以弋獵爲務 惡見沙門", 『불조통기』 권36(대정장49, p.338b21)에 "병주의 유살하는 사냥을 업으로 삼다가 갑작스레 죽었다. 幷州劉薩訶 業弋獵暴卒"라고 하였다. 〔참고문헌〕『景德傳燈錄』, 『佛祖統紀』.

익륜 益倫 고려말 조선초 스님. 법호는 절간(絶磵), 당호는 송풍헌(松風軒). 윤공절간(倫公絶磵)으로 불렸다. 고려 공민왕의 왕사(王師)였던 나옹(懶翁)의 제자로, 조계종(曹溪宗) 스님이다. 양주 천보산(天寶山) 회암사(檜巖寺) 주지로 있으면서 절을 중창하였고, 개경 천마산(天磨山) 지족암(知足庵)에 주석하였다. 도은(陶隱) 이숭인(李崇仁), 목은(牧隱) 이색(李穡), 양촌(陽村) 권근(權近) 등과 교유하였다. 『목은고』에는 스님에게 드린 시 6편 및 「천보산회암사수조기 天寶山檜巖寺修造記」, 「송풍헌기 松風軒記」 등이 남아있다. 조선 건국 이후에는 태조(太祖)의 존숭을 받았다. 『태종실록』 권1 1년(1401) 4월 28일에 "태상왕(太上王 : 태조)이 안변으로부터 이르니 임금이 장전에 잔치를 베풀고 종친과 대신들이 시연하였는데 조계승 익륜도 참여하였다. 太上王 至自安邊 上設享於帳殿 宗親及大臣侍宴 曹溪僧益倫亦與焉", 같은 책 권4 2년 12월 2일에 "시자가 말하기를, '주상께서 전 정승 이서를 보내 대선사 익륜과 설오를 문안하게 하였사온데, 길이 막혀 이르지 못하고 돌아갔습니다'라고 하니, 태상왕이 말하기를, '모두 내가 믿고 중하게 여기는 사람이기 때문에 보낸 것이다'라고 하였다. 侍者曰 上使前政丞李舒 大禪師益倫雪悟問安 乃以路梗未達而返 太上王曰 皆予所信重者 故遣之也"라고 하였다. 〔참고문헌〕『牧隱文藁』, 『太宗實錄』, 『陽村集』 권7 「絶磵」(한국문집총간7, p.84a2).

익물 益物 만물을 유익하게 함. 『대장엄론경』 권5(대정장4, p.286c11)에 "마치 저 봄여름날에는 흐리든 개이든 모두 만물을 유익하게 하듯 부처님의 말씀 역시 이와 같아 갖가지 방편으로 중생을 이롭게 한다. 譬如春夏時 陰晴皆益物 佛語亦如是 多種利衆生", 『금강반야소』

권2(대정장33, p.97a7)에 "앞서서는 신업으로 중생을 유익하게 하고, 다음은 삼매에 들어 의업으로 중생을 유익하게 하며, 그 다음 반야를 설하여 구업으로 중생을 이롭게 한다. 前是身業益物 後入三昧是意業益物 次說般若是口業益物也", 『대승의장』 권10(대정장44, p.659a14)에 "(攝生戒는) 도로써 중생을 이롭게 하므로 이중생계라고도 한다. 以道益物 是故亦名利衆生戒也"라고 하였다. [참고문헌] 『大莊嚴論經』, 『金剛般若疏』, 『大乘義章』, 『宗鏡錄』 권61(대정장48, p.766a21). ⇨ 물 物 ❶❷

익산고도리석조여래입상 益山古都里石造如來立像 고려시대 석불입상. 보물 제46호. 높이 424cm. 전라북도 익산시 금마면 동고도리에 있는 2존(尊)의 석불입상이다. 커다란 돌기둥과 같은 형태로 곡선 없이 서 있어 장대하면서도 거대함마저 느끼게 한다. 높은 보관을 쓰고 그 위에 방형의 천개(天蓋)를 장엄했다. 이 천개는 제왕의 면류관(冕旒冠) 형상으로 논산관촉사석조보살입상, 부여대조사석조보살입상, 당진안국사지석불입상 등 고려시대의 거불(巨佛)에서 많이 볼 수 있다. 얼굴은 네모난 형태이며, 목을 거의 표현하지 않았다. 양 어깨를 덮은 도포형 옷은 옷주름선만을 간명하게 표현하여 곧고 웅장함을 방해하지 않는다. 대좌 또한 같은 돌로 장식 없이 평탄하다. 사다리꼴 모양의 웅장함이나 방형의 천개, 간략한 옷주름 등에서 지역적인 특성이 반영된 고려시대 거불로 볼 수 있다. 1858년(철종9) 4월 소휘건(蘇輝健)이 중건사적을 적어 남겼다. [참고문헌] 『朝鮮金石總覽』 권하 pp.1309~1310, 『전라북도의 불교유적』 불상·탑·석조물편(국립전주박물관, 2001).

익산고도리석조여래입상

익산관음사목조보살입상 益山觀音寺木造菩薩立像 조선후기 목조보살입상. 보물 제1842호. 높이 153cm. 전라북도 익산시 갈산동 관음사 대웅전에 봉안되어 있다. 머리를 약간 숙이고 서 있는 보살입상으로 어깨와 다리를 약간 틀어 삼곡자세를 취하고 있다. 통견의를 걸쳤고 옷자락은 오른쪽 어깨에서 팔꿈치까지 길게 내려오다가 왼쪽 어깨까지 넘겼다. 오른쪽 팔꿈치의 Ω형 옷주름은 조선시대 불상에서 볼 수 있는 특징이다. 조성발원문에 따르면, 1605년(선조38) 8월에 화주 의암(儀庵)이 발원하여 화원 원오(元悟)·충신(忠信)·청허(淸虛)·신현(信賢)·신검(神鈐)이 문수·보현·관음·지장보살상과 약사·미타·지장 등의 불화를 제작하였다고 하였다. 원오유파의 불상양식을 파악하는 데에도 중요한 자료라 할 수 있다. [참고문헌] 최선일 『17세기 조각승과 불상연구』(한국연구원, 2009) pp.1~26.

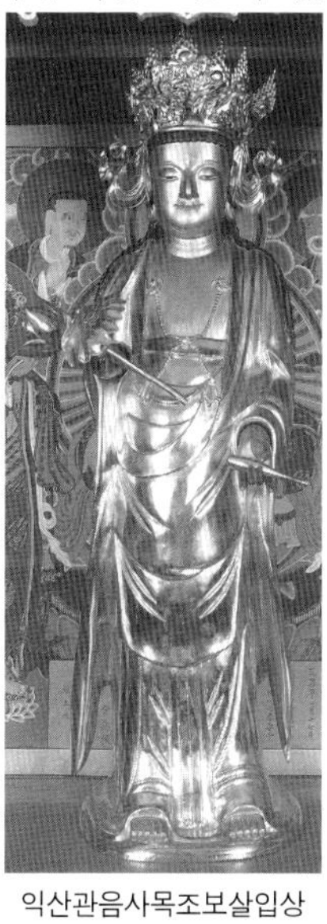
익산관음사목조보살입상

익산미륵사지금동향로 益山彌勒寺址金銅香爐 통일신라시대 금동향로. 보물 제1753호. 높이 30cm, 지름 29.7cm. 2000년 10월 전라북도 익산시 미륵사 절터에서 발견되었다. 일반적인 향로와 달리 다리가 4개이고 뚜껑에는 꽃문양이 선각되었으며 연꽃잎이 장식된 손잡이가 부착되어 있어 매우 화려하다. 뚜껑은 반구형으로 7개의 굵은 융기선이 돌려져 있으며, 향연 피어오르도록 꽃심모양의 구멍이 여러 개 뚫려 있다. 몸체에 고리를 물고 있는 동물의 얼굴 장식을 사방에 배치하고 그 사이마다 동물 형상의 다리를 도드라지게 얹었다. 동물 형상의 다리를 가진 향로를 수각형(獸脚形) 향로라고 하는데, 중국과 일본에서는 다수 확인되지만 우리나라에서는 미륵사지금동향로가 유일한 예다. 출토지 유구와 양식적 특징을 참고할 때, 8~9세기 통일신라시대에 제작된 것으로 추정된다. 또한 출토 경위가 확실하고 현존하는 유일한 수각형의 다족향로(多足香爐)라는 점에서 통일신라시대 금속공예사료로서도 가치가 매우 높다. [참고문헌] 『미륵사지출토 금동향로』(국립문화재연구소·미륵사지유물전시관, 2007). ⇨ 미륵사 彌勒寺 ⓫

익산미륵사지금동향로

익산미륵사지서탑출토사리장엄구 益山彌勒寺址西塔出土舍利莊嚴具 백제시대 사리구. 보물 제1991호. 금제사리봉영기(金製舍利奉迎記) 1판·금동사리내외호(金銅舍利內外壺) 각 1기·청동합(靑銅合) 6점 등 총 9점이 출토되어 국립익산미륵사지유물전시관에 소장되어 있다. 2009년 1월 14일 익산 미륵사지석탑의 1층 심초석(心礎石) 위 첫 번째 심주석(心柱石)에서 발견되었다. 금제사리봉영기는 가로 15.3cm·세로 10.3cm·두께 1.3mm의 얇은 금판으로 앞면 99자, 뒷면 94자로 총193자가 새겨져 있으며, 앞면 글자에 주칠이 되어 있다. 내용 중 "우리 백제왕후는 좌평 사택적덕의 딸로 … 삼가 깨끗한 재물을 희사하여 가람을 세우고 기해년 정월 29일에 사리를 받들어 맞이하셨다. 我百濟王后 佐平沙乇積德女 … 謹捨淨財 造立伽藍 以己亥年正月卄九日 奉迎舍利"라고 하였다. 금동사리호의 외호는 상하 2단으로 연판문과 당초문이 새겨져 있고 내호는 허리 부분을 돌려 여는 구조다. 선이 유려하고 양감과 문양이 생동감 있게 표현되었다. 청동합은 구리·주석의 합금으로 각각 크기가 다르며 그 중 하나에 백제의 벼슬 2품인 '달솔 목근 達率目近'이 새겨져 있다. 백제 왕실의 발원으로 조성 연대가 확실하고 제작기법과 예술적 가치가 매우 높은 사리장엄구로 평가된다. 〔참고문헌〕『익산 미륵사지 석탑 사리장엄』(국립문화재연구소·전라북도, 2014), 문화재청보도자료(20180627). ⇨미륵사지 彌勒寺址, 미륵사지석탑 彌勒寺址石塔

익산미륵사지서탑출토 사리장엄구

익산심곡사칠층석탑출토금동불감및금동아미타여래칠존좌상 益山深谷寺七層石塔出土金銅佛龕○金銅阿彌陀如來七尊坐像 고려말 조선초 불상. 보물 제1890호. 2012년 6월 심곡사 칠층석탑을 해체수리할 때 지대석의 방형 홈에서 금동불감과 함께 7존(尊)의 금동불상이 각각 발견되었다. 금동불감은 문비(門扉)가 양쪽에 달린 방형의 형태로 각각 분리되어 있다. 뚜껑은 모서리를 죽인 녹정형(盝頂形)으로 2개의 고리가 달려 있다. 감실의 내부 중앙벽면에는 아미타불설법도가 타출기법으로 표현되었고 양쪽 문 안 쪽은 금강역사상을 조각하였다. 불감 내부에는 아미타삼존불상이 전면에 봉안되었고 그 뒤로 2존의 여래좌상과 관음보살상 그리고 지장보살상이 안치되었다. 삼존불상의 높은 육계·연봉 모

익산심곡사칠층석탑출토 금동불감

양의 큼직한 계주·역삼각형의 대좌와 원반귀고리·U자형으로 두껍게 늘어진 목걸이 등은 원명대 라마불교의 영향을 받은 여말선초의 소형 금동불상들에서 볼 수 있는 공통된 특징이다. 아미타불상 뒤로 안치된 4존의 불상은 크기가 거의 같고 조선초기 불상의 특징을 보여준다. 2존의 여래좌상은 손의 위치가 반대로 되어 있을 뿐 착의법 등 거의 유사하다. 관음보살상은 화불보관에 두 손으로 병을 받들고 있다. 지장보살상은 두건을 쓴 모습으로 보주를 쥐고 있다. 이와 같이 탑 안에 불보살상을 봉안한 경우는 조선시대 석탑에서 많이 볼 수 있지만 금동불상 7존은 불감과 함께 안치된 점이나 조성시기가 다른 두 종류의 불상군을 안치한 점에서 특이한 예로서 주목된다. 〔참고문헌〕『심곡사 칠층석탑과 사리장엄』(국립전주박물관, 2014). ⇨심곡사 深谷寺

금동아미타여래칠존좌상

익산연동리석조여래좌상 益山蓮洞里石造如來坐像 백제시대 석불좌상. 보물 제45호. 불신 높이 156cm, 광배 326cm. 전라북도 익산시 삼기면 연동리 절터에서 발견되어, 지금은 석불사 대웅전에 모셨다. 불두(佛頭)는 새로 조성해 올렸지만 불신과 광배, 대좌는 백제불상 중에서 가장 크고 완전한 모습이다. 얇은 통견의 법의가 양 어깨를 덮으면서 다리 사이로 U자형의 옷주름이 길게 내려 대좌까지 늘어져 있다. 오른손은 다리 위에 올려 놓은 채 옷자락을 살짝 쥐었고, 왼손은 가슴에 댄 채 엄지와 중지를 맞대고 있다. 두광(頭光) 안쪽으로 16개의 연꽃무늬가 장식되었고 바깥쪽으로 방사선의 문양을 새겼다. 신광(身光)에는 7존의 화불이 안치되었고 그 주위로 화염문도 장식하였다. 특히 광배에 새긴 일곱 화불의 형태와 연화 및 주변 장식문양은 623년에 조성된 일본 나량(奈良) 법륭사금당석가삼존불상의 광배와 유사하여 백제불상의 일본전파를 확인해 주는 점에서 주목된다. 대좌는 사각형의 상현좌(裳懸座)인데, 군수리출토납석제불좌상 등 백제불상에서 보이는 특징이고 7세기경의 광배와 대좌도 백제의 특징을 뚜렷하게 보여주는 성보다. 〔참고문헌〕김리나『

익산연동리석조여래좌상

한국고대불교조각비교연구』(문예출판사, 2003).

익산왕궁리오층석탑 益山王宮里五層石塔 백제계 석탑. 국보 제289호. 높이 10.2m. 전라북도 익산시 왕궁면 왕궁리에 있다. 단층기단 위에 5층의 탑신이 단아하게 올려져 있다. 1993년 실시된 석탑의 하부조사에서 30여층에 달하는 판축층이 확인되어 석탑이 건립되기 이전에 목탑이 존재했을 것으로 추정한다. 기단부는 지대석과 면석, 갑석을 갖춘 전형적인 가구식 기단으로 2주의 탱주(撑柱)를 두어 면석을 3분하였고 8매의 갑석을 올렸다. 갑석 하단에는 부연(附椽)을 두었고 상면은 약간의 기울기를 두고 네 모서리에 합각선을 새겨 넣었다. 초층탑신은 중앙에 탱주를 새긴 별석을 끼워 넣은 특이한 구성이다. 2층 탑신부터는 우주(隅柱)를 모각하였고 흘림기법이나 문비(門扉) 등은 새기지 않았다. 옥개석은 거의 수평을 이루다가 전각부에서만 반전을 보인다. 옥개받침은 3단이며, 모서리에 각각 1개씩의 풍경공이 남아 있다. 상륜은 훼손이 심한 편이지만 노반과 복발, 앙화로 보이는 부재가 남아 있다. 1965년 전면적인 해체수리가 이루어졌으며, 이때 금동여래입상 1존(尊), 금제금강경판 등이 발견되었다. 지금까지 석탑의 제작시기에 대하여 금동여래입상의 양식을 토대로 고려초인 10세기로 보는 경우와 기단부의 결구방식이나 건립용척을 당척(唐尺)으로 추정하여 통일신라인 8세기로 보기도 하고, 더 나아가 최근 금제사리장엄구의 양식과 금제금강경의 제작기법 및 서체분석을 통해 백제시대인 7세기로 보는 설까지 다양하다. 석탑이 위치한 장소에서는 '왕궁사 王宮寺', '대관관사 大官官寺' 등의 명문와가 발견되었고 다양한 규모의 건물지들이 확인되어 무왕(武王)대에 새롭게 진행된 익산 천도(遷都)의 왕궁터였다가 후대에 사찰로 바뀐 것으로 보고 있다. [참고문헌] 『전라북도의 석탑』(국립문화재연구소, 2004), 천득염 『백제계석탑연구』(전남대출판부, 2000). ⇨ 익산왕궁리오층석탑사리장엄구 益山王宮里五層石塔舍利莊嚴具

익산왕궁리오층석탑

익산왕궁리오층석탑사리장엄구 益山王宮里五層石塔舍利莊嚴具 통일신라에서 고려초기 사리장엄구. 국보 제123호. 1965년 왕궁리오층석탑 보수 시 기단부와 1층 옥개석 적심부(積心部)에 2개의 방형 사리공(舍利孔)과 기단내부의 방형 심초석(心礎石)에 품(品)자로 다듬은 방형 사리공에서 발견된 일괄 성보로, 현재 국립전주박물관에 소장되어 있다. 옥개석 상단의 2개의 사리공 안쪽 바닥에 유리구슬을 실로 엮은 받침 위에 동쪽에는 금동제사리외함(金銅製舍利外函 : 높이 11.5cm · 가로 19.0cm · 세로 16.6cm)과 금제사리내합(金製舍利內盒 : 높이 10.3cm · 가로 7.2cm · 세로 6.0cm) 및 녹색 유리제사리병(琉璃製舍利甁 : 높이 7.7cm)이 발견되었다. 이는 봉안된 방식이 매우 특별하여 사리공 안에 법신사리인 『금강경』과 진신사리를 나누어 동서로 따로 모셨다. 사리병은 연꽃봉오리 모양의 금제 마개로 장식하고, 활짝 핀 중판 엽 꽃잎모양으로 유려하게 조성된 앙련좌와 하대까지 갖췄다. 내합은 뚜껑 중앙에 반쯤 핀 연꽃봉오리를 장식했으며, 몸체사면에는 연화당초문과 크고 작은 연주문(聯珠文)으로 빽빽이 장식하여 더없이 정교하고 아름답다. 서편 사리공에서

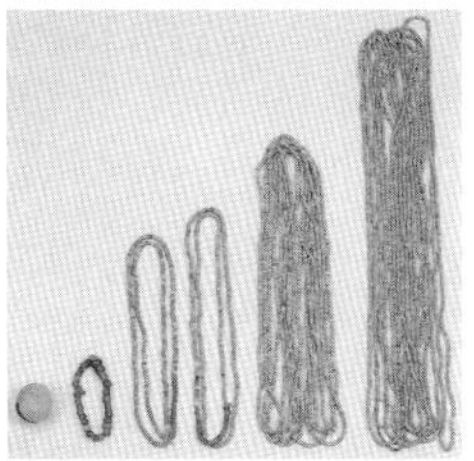

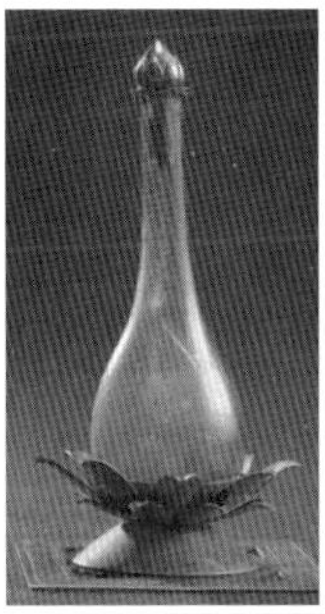

는 부처님의 말씀으로 법신사리 봉안을 뜻하는 『불설금강반야바라밀경』 경판 19매가 2개의 엮음대로 묶여 있었고, 금동제경판외함(높이 10.3cm · 가로 25.3cm · 세로 18.8cm)과 금동제경판내함(높이 8.0cm · 가로 19.3cm · 세로 15.9cm) 안에 이중으로 봉안돼 있었다. 19장의 경판(가로 14.8cm · 세로 18.8cm)에 구멍을 내어 경첩으로 엮어 접을 수 있도록 하고 모두 금사가 붙어 있다. 각 장의 경문은 17자 17행을 자경 0.6~0.7cm로 균등하게 양각(陽刻)한 유래없는 성보다. 내합은 뚜껑 윗면에 국화문을 2중으로 돌리고 중앙에 금고리를 달았다. 사리내합과 경판내합이 담긴 외함은 외부를 붉은색으로 칠하고 내부에 도금하였으나, 붉은 칠을 하였던 흔적만 보인다. 기단부 윗면에 品자형으로 뚫린 3개의 사리공 중, 동쪽 사리공에서는 단아하지만 다 갖춘 연화대 위에 보상당초문 밖으로 화염문이 고르게 피어 오르는 광배마저 두른 높이 17.4cm의 금동여래입상 1존(尊)과 청동요령 1구가 발견되었고, 북쪽 사리공에서는 향류(香類)가 나왔으며, 서쪽 사리공은 이미 도굴된 상태였다. 〔참고문헌〕『韓國金石全文』 古代 p.72, 『文化財大觀』 국보 금속공예(문화재청, 2008) pp. 246~255. ⇨ 익산왕궁리오층석탑 益山王宮里五層石塔

익산왕궁리오층석탑사리장엄구 금동여래입상

익상 益相 더 없이 유익한 모습들. 『화엄경탐현기』 권3(대정장35, p.163b21)에 "뒤에 두 송은 이익의 양상을 밝혔다. 처음 하나는 혹을 멸하여 덕을 성취하는 뜻이고, 두 번째는 인드라망처럼 펼쳐진 법계를 보는 것이다. 뒤에 정보(正報)의 용으로 거두는 이익도 두 가지다. 먼저 승용을 밝혔으니, 여기에 두 송이 있다. 첫째로 국토 밖에서 펼쳐지는 부처님의 용을 밝혔고, 둘째로 꽃 속에서 펼쳐지는 부처님의 용을 밝혔다. 또 앞의 구슬 중의 보살이 시방에 가득하다. 이러한 즉 꽃중에 제불과 중생계가 함께 하니 의보와 정보에 걸림이 없다. 後有二頌 明益相 初一 滅惑成德 二 觀帝網法界 後正報用益亦二 先明勝用有二頌 一 明刹外佛用 二 明華內佛用 又 前珠中 菩薩遍十方 此則華中 諸佛等衆生界 依正無礙故也"라고 하였다. 〔참고문헌〕『華嚴經探玄記』.

익상 益祥 조선후기 밀양 표충사(表忠寺) 스님. 동계경일(東溪敬一 1636~1695)의 문인으로 『동계집』 발문(跋文)을 썼다. 『동계집』 권4 발문(한불전12, p.229a4)에 "신묘년(1711 · 숙종37) 천중일에 문인 익상이 손을 씻고 향을 사르며 삼가 발문을 씁니다. 辛卯天中日 門人益祥 盥手焚香謹跋"라고 하였다. 〔참고문헌〕『東溪集』. ⇨ 동계집 東溪集

익상 益想 Ⓢ upakara-saṃjñā. 이롭다는 생각. 『대승장엄경론』 권8(대정장31, p.631c11)에 "이 게는 인욕바라밀의 청정공덕을 보인 것이다. 손해를 입은 이에게 이로운 생각을 얻게 한다는 것은, 보살이 저 이로움으로 넉넉치 못한 이에게 이익상을 얻게 하기 위해 인욕해야 한다. 왜냐하면 인욕을 성취하는 인을 위해서다. 此偈顯示 羼提波羅蜜清淨功德 損者得益想者 菩薩 於彼不饒益者 得饒益想 應須忍辱 何以故 爲成忍辱因故"라고 하였다. 〔참고문헌〕『大乘莊嚴經論』, *Sūtr.110.*

익상 溺喪 **1** 깊은 곳에 빠져 벗어나지 못함. 삼계생사해에 빠져 벗어나지 못함을 뜻한다. 『출삼장기집』 권6 「안반수의경서 安般守意經序」(대정장55, p.44a4)에 "무릇 삼계에 있어 전도된 견해를 가진 무리들은 깊은 물에 빠져 목숨을 잃어도 스스로 돌이키지 못한다. 凡在三界 倒見之徒 溺喪淵流 莫能自反"라고 하였다. 〔참고문헌〕『出三藏記集』, 『十二門論』 「序文」(대정장30, p.159b18). **2** ➡ 약상 弱喪

익성암 益聖庵 경상남도 양산시 하북면 용연리 천성산(千聖山)에 있는 암자. 내원사(內院寺)의 산내암자로, 신라시대 원효(元曉 617~686)가 창건하였다고 전한다. 1959년에 비구니 수옥(守玉)이 당우 3동을 중건하였다. 현존 당우로는 관음전과 요사 등이 있다. 〔참고문헌〕『韓國寺刹全書』 권하 p.960b15. ⇨ 내원암 內院庵 [13]

익수 翼宿 Ⓢ Uttara-phalgunī. 28수(宿) 중 하나이다. 남방 주작의 모이주머니에 해당하며 현재 바다뱀자리의 몸통 부분이다. 이칭은 북덕(北德)이다. 『불조통기』 권31(대정장49, p.306c28)에 "남방칠수는 정수 · 귀수 · 유수 · 성수 · 장수 · 익수 · 진수이다. 井鬼柳星張翼軫", 『수요경』 권상(대정장21, p.392c4)에 "왼쪽 어깨에 닿는다면 익수에 속한다. 若觸左肩則屬翼宿", 『대방등대집경』 권56(대정장13, p.371a24)에 "남방칠수에서 … 여섯째인 익수는

상인을 주관한다. 南方七宿 … 六者翼宿 主於商人"라고 하였다. 만다라에서 종자는 (pha), 인상은 이십팔수 총인(二十八宿總印)이다. 존형은, 왼손은 배꼽 앞에서 연꽃을 쥐고 오른손은 가슴 앞에서 무명지를 구부리며, 왼쪽 다리를 세워서 앉은 모습이다. 진언은 "나마 사만다 붓다남 익수이시여, 사바하 namaḥ samanta-buddhānām uttaraphalgunīnakṣatra svāhā"이다. [참고문헌] 『佛祖統紀』, 『宿曜經』, 『大方等大集經』. ⇨ 북덕수 北德宿, 이십팔수 二十八宿

익수암 益水庵 전라북도 완주군 소양면에 있던 암자. 위봉사(威鳳寺)의 산내암자였다. [참고문헌] 『韓國寺刹全書』 권하 p.960b17. ⇨ 위봉사 威鳳寺❷

익슈바쿠 Ikṣvāku ➡ 감자왕 甘蔗王

익식 益食 Ⓟ ālopika. 탁발할 때 빈 발우에 주는대로 음식을 받는 뜻. 『장아함경』 권16 「나형범지경 倮形梵志經」(대정장1, p.103c3 : *Kassapasīhanāda-sutta, DN.1*, p.166)에 "(나형범지는) 사람들이 덜어주는 것을 받되, 일곱 차례 이상 보태지 않는다. *受人益食 不過七益* so ekāgāriko vā hoti ekālopiko dvāgāriko vā hoti dvālopiko sattāgāriko vā hoti sattālopiko", 『마하승기율』 권30(대정장22, p.468b10)에 "어떤 한 비구가 자기 몫의 음식을 먹고 다시 한 번 더 받으려 하자, 음식을 덜어주는 사람이 물었다. '장로께서는 누구의 몫을 취하려 합니까?' '저를 위해 취합니다' '먹는 것은 누구의 몫입니까?' '저의 몫입니다'. 그때 다른 비구가 말하였다. '그대는 바라이죄를 범하였습니다'. *有一比丘 自食已分 復迎一分 益食人問言 長老爲誰取分 答言我取 食者誰分 復言 我分 時比丘言 汝犯波羅夷罪*", 『법현전』(대정장51, p.857b10)에 "일체가 고요하고 발우 소리마저 없었다 정인이 음식물을 덜어줄 때 서로 불러서는 안 되었고 다만 손짓으로 소통할 뿐이었다. *一切寂然 器鉢無聲 淨人益食 不得相喚 但以手指麾*"라고 하였다. [참고문헌] 『長阿含經』, 『摩訶僧祇律』, 『法顯傳』, 『四分律行事鈔』 권중(대정장40, p.78c29), *DN*.

익식

익아 益我 나를 이롭게 함. 『중허마하제경』 권7(대정장3, p.951b18)에 "이는 좋은 벗이네, 당연히 나를 위하고 나를 이롭게 한다. 此我善友 當爲我益我"라고 하였다. [참고문헌] 『衆許摩訶帝經』. ⇨ 자리 自利

익양 弋陽 중국 강서성(江西省) 동북쪽에 위치한 지역. 이곳 복녕사(福寧寺)에서 숭산보적(嵩山普寂 651~739)의 문도인 법융(法融 747~835)이 머물렀기에 그의 법호이기도 하다. 『송고승전』 권29 「법융전」(대정장50, p.894c10)에 "(長樂寺의 慧休에게 배우고 『南山律鈔』를 강의하다가) 훗날 구름처럼 물처럼 다니다가 숭악보적의 선도가 널리 행하는 것을 보고 그윽이 심인을 받들어 이었다. 익양 복녕사로 가서 하는 일 없이 지냈지만 도를 배우려는 이들은 무리지어 왔다. 後遊雲水 見嵩嶽普寂 禪道風行 密付心印 往弋陽福寧寺 放蕩閑居 學道者麕至"라고 하였다. [참고문헌] 『景德傳燈錄』, 『傳法正宗記』, 『宋高僧傳』, 『錦江禪燈』 권16(卍속장145, p.692b13). ⇨ 법융 法融❸

익운 益運 1836~1915. 조선후기 스님. 호는 경붕(景鵬) 또는 부요헌(扶搖軒), 속성은 김씨, 본관은 김해. 아버지의 이름은 기린(麒麟), 어머니는 경주 김씨이다. 1836년(헌종2) 2월 24일 전라도 순천에서 태어났다. 15세 때 선암사(仙巖寺)로 가서 함명태선(函溟太先)을 은사로 하여 스님이 되었고 호운(浩雲)에게서 비구계를 받았고, 응월(應月)에게 『능엄』·『기신』·『반야』·『원각』 등 경을 배웠으며, 설두유형(雪竇有炯)으로부터 『화엄경』과 『선문염송 禪門拈頌』을 수학하였다. 1861년 25세 때 함명의 법을 이어 받았다. 35세 때 선암사 대승암(大乘庵)에서 개당(開堂) 강설하다가 1878년 송광사로 옮겨 후학을 지도하였다. 1879년 경운원기(擎雲元奇)를 만나 상수제자로 삼았고, 은상좌에는 운악돈각(雲岳頓覺)이 있다. 1915년 6월 28일 서쪽을 향하여 단정히 앉아 입적하였으니 세수 80, 법랍 66세였다. 윤희구(尹喜求)가 비문을 지은 경붕당대선사비(景鵬堂大禪師碑)가 순천 선암사 비림에 있으며, 진영이 성보박물관에 소장되어 있다. [참고문헌] 『朝鮮佛教叢報』19(삼십본산연합사무소, 1920) pp.61~62, 『韓國佛敎雜誌叢書』15(寶蓮閣, 1976) p.649, 『石顚文鈔』 石林草 p.15, 智冠 『韓國高僧碑文總集 朝鮮朝·近現代』 pp.804~806. ⇨ 경붕 景鵬

익운 경붕당익운대선사진영
순천 선암사 1917년

익익 嗌嗌 나오는 웃음을 참는 소리. 키득키득. 익(嗌)의 음은 '악'으로도 한다. 『임제록』(대정장47, p.500b14)에 "이와 같은 무리들 온통 여우가 씐 요괴나 도깨비들이라 하여, 저 배우기 좋아하는 이들이 키득키득 비웃으며 말하길 '눈멀어 늙은 대머리 종놈아! 천하의 모든 사람들을 미혹하고 어지럽히는구나'라고 한다. 如是之流 總是野狐精魅魍魎 被他好學人 嗌嗌微笑言 瞎老禿奴 惑亂他天下人"라고 하였다. [참고문헌]『臨濟錄』, 『天聖廣燈錄』 권11 「臨濟義玄章」(卍속장135, p.697a11).

익장 益藏 고려후기 스님. 고려 말 민지(閔漬)가 지은 「금강산유점사사적기 金剛山楡岾寺事蹟記」(『유점사본말사지』, p.47)에 "과연 명종조에 조계종의 대선사 익장이 여기에 와서 주석하자 사방의 학자들이 그 문하에 운집하였으니, 이 해는 기유년(1189·명종19)이었다. 果於明廟朝 曺溪大禪師益藏 來住於此 四方學者 雲集于堂下 是歲卽己酉也"라고 하였다. [참고문헌]『楡岾寺本末寺誌』(亞細亞文化社, 1977). ⇨ 유점사 楡岾寺

익장원이담영대혈각위선사관고 益莊元伊談靈大歇各爲禪師官誥 고려후기 이규보(李奎報) 지음. 익장·원이·담령·대혈을 각기 선사로 삼는 관고. 『동국이상국집』 권34(한국문집총간2, p.56a7)와 『동문선』 권27에 전한다. 관고에 "이와같이 뛰어난 승보는 응당 천하와 더불어 함께해야 한다. … 마땅히 공문의 품급을 높여 범덕의 존엄을 더하니 가히 특별하게 선사를 드릴만하다. 如茲僧寶之奇 當與天下而共 … 宜峻空門之品級 用增梵德之尊嚴 可特授禪師"라고 하였다. [참고문헌]『東國李相國全集』, 『東文選』.

익종 翼從 Ⓢ anuyātrika. 모시고 따름. 양 날개처럼 무리지어 모셔 함께하는 뜻이다. 『대지도론』 권10(대정장25, p.130b7)에 "[문] 보명보살은 어찌하여 홀로 오지 않고 많은 이들을 거느리는가? [답] 모시고 따르는 것이 마땅하기 때문이다. 비유하면 국왕이 행차할 때, 반드시 함께 도모하는 무리가 있는 것과 같다. 問曰 是普明菩薩 何不獨來 而多將衆人 答曰 翼從所宜故 譬如國王出時 必有營從", 『구사론』 권12(대정장29, p.65a27 : *Abh-k-bh.*, p.185)에 "금륜이란 여러 작은 나라의 왕들이 각기 스스로 와서 맞이하며 다음과 같이 청한다. '저희들의 국토는 넓고 풍요로우며 편안하고 즐거워 많은 사람들이 살고 있습니다. 원컨대 천존께서는 친히 교칙을 내려주시옵소서. 저희들은 모두 천존 따르고 쫓는 이들이옵니다'. 金輪者 諸小國王 各自來迎 作如是請 我等國土 寬廣豐饒 安隱富樂 多諸人衆 唯願天尊 親垂敎勅 我等皆是 天尊翼從 yasya sauvarṇa cakraṃ bhavati, taṃ koṣarājānaḥ svayaṃ pratyudgacchanti. ime devasya janapadāḥ ṛddhāś ca sphītāś ca kṣemāś ca subhikṣāś cākīrṇabahujanamanuṣyāś ca. tān devaḥ samanuśāstu. vayaṃ devasyānuyātrikā bhaviṣyāma iti"라고 하였다. [참고문헌]『大智度論』, 『俱舍論』, *Abh-k-bh.*

익종선사 翼宗禪師 고려전기 스님. 교웅(敎雄)의 스승이다. 「국청사묘응대선사교웅묘지명 國淸寺妙應大禪師敎雄墓誌銘」에 "(교웅은) 9살 때 장경사 석찬선사에게 나아가 삭발하고 스님이 되었다. … 석찬선사가 입적한 후에는 쌍봉사 익종선사를 스승으로 삼았다. 이때 마침 대각국사가 천태종을 창립하고, 달마의 구산문중에 덕망이 높은 스님을 모집하고서 바야흐로 천태교관을 널리 선양하되, 일불승인 최상법문을 개창하였다. 익종선사도 그 교를 기꺼이 듣고 나아가 익혔으므로 교웅 또한 따라갔다. 年九歲 投長慶寺禪師釋贊 落髮… 贊禪師沒 謁雙峯寺禪師翼宗爲師 會大覺國師 肇立台宗 募集達摩九山門 高行釋流 方且弘揚敎觀 開一佛乘 最上法門 宗禪師樂聞其敎 遂就學焉 師亦隨之"라고 하였다. [참고문헌]『韓國金石全文』 古代 p.635, 李智冠『校勘譯註歷代高僧碑文』 高麗篇3 p.242. ⇨ 교웅 敎雄 ■

익주 益州 중국 사천성(四川省) 성도(成都) 지역 일대. 화양(華陽)이라고도 한다. 민강(岷江) 유역의 평야지대로 진(秦)나라 때부터 현(縣)이 설치되었고 줄곧 사천의 중심지로 번성하였던 곳이다. 부성(府城) 안에 신라 김화상(金和尙) 무상(無相 680~756)이 주석하였던 정중사(淨衆寺), 무주(無住 714~774)가 주석하였던 보당사(保唐寺), 원오극근(圜悟克勤 1063~1135)이 개법(開法)하였던 소각사(昭覺寺 : 六祖寺), 진헐청료(眞歇淸了 1088~1151)가 수학하였던 대자사(大慈寺) 등 수많은 사찰이 융성하였다. 또 동쪽 인근 장송산(長松山)에는 마조도일(馬祖道一 709~788)이 개창한 연경사(衍慶寺)도 있다. [참고문헌]『釋氏稽古略』 권3(대정장49, p.828c16), 『宋高僧傳』 권19(대정장50, p.832b10), 『歷代法寶記』(대정장51, p.185c27), 『景德傳燈錄』 권4(대정장51, p.226c6), 『續傳燈錄』 권25 「圜悟克勤傳」(대정장51, p.634b1). ⇨ 서촉 西蜀

익찬 益贊 조선후기 화사(畵師). 호는 해운(海雲). 익찬(益讚)이라고도 한다. 19세기 중반 전라도에서 주로 활동하였다. 풍계현정(楓溪賢正)의 제자이며 원담내원(圓潭乃圓)과는 도반이었으니, 『동사열전』 권5 「원담선사전 圓潭禪師傳」(한불전10, p.1052b17)에 "풍계는 나의 스승이요 해운은 나의 벗이다. 楓溪我師 海雲我友"라고 하였다. 순천 송광사(松廣寺) 화엄전 「신중도」(1820년), 해남 대둔사(大芚寺) 대양문(大陽門) 「대범왕도」 및 「제석도」(1847년), 구례 천은사(泉隱寺) 삼일암(三日庵) 「아미타후불도」(1853년), 해남 대둔사 대광명전 「지장시왕도」(1854년) 등을 조성하였다. 단아하고 사실적인 비례미와 중간 색조의 부드러운 화면이 특징이다. 제자 중에 두각을 보인 이는 도순(道詢)이다. [참고문헌]『東師列傳』, 장희정 『조선후기 불화와 화사 연구』(일지사, 2003) pp.280~285.

익찬 신중도
순천 송광사 1824년

익찬 翊贊 섬겨 빛나게 하다. 익찬(翼讚)이라고도 쓴다. 『호구소륭어록』(卍속장120, p.801a7)에 "능히 몸을 다해 모든 일 감당하여 총림을 섬겨 빛나게 하니, 스스로 이롭고 다른 이 이로우면 대해탈을 얻는다. 能橫身擔荷 翊贊叢林 自利利他 得大解脫"라고 하였다. [참고문헌]『虎丘紹隆語錄』, 『神僧傳』 권7 「義福傳」(대정장50, p.997b19), 『法苑珠林』 권22(대정장53, p.452b2).

익타 益他 다른 이를 이롭게 함. 『불본행집경』 권39(대정장3, p.836a12)에 "비구들아, 내가 이제 모든 고통 건져 마쳤으니, 나에게 이롭고 더욱이 타인을 이롭게 한다. 比丘我今度諸苦 已作自利復益他"라고 하였다. [참고문헌]『佛本行集經』. ⇨이타 利他

익화 益化 1818~1875. 조선후기 스님. 호는 운파(雲坡), 속성은 문(文)씨. 1818년(순조18) 전라도 완도안(完島岸)의 청해진(淸海鎭)에서 태어났다. 1831년(순조31) 14세 때 두륜산 대흥사(大興寺)를 찾아가서 출가의 뜻을 굳건히 하여 16세에 이르러 영철(永哲)을 은사로, 지허(知虛)선사를 계사로 하여 사미계를 받고 스님이 되었다. 얼마 후, 은사인 영철화상이 입적하므로 양성(養性)을 의지하고 수행정진하였다. 해남 대흥사 진불암(眞佛庵)에서 철선혜즙(鐵船惠楫)으로부터 사집(四集)을 배웠고, 같은 절 북미륵암(北彌勒庵)에서는 문암영유(聞庵永愈)에게서 사교(四敎)를 배움으로써 선리와 교리에 모두 정통하였다. 이어 용파영훤(龍坡永烜)의 법을 이어 받고 입실건당(入室建幢)했으니, 용파는 만허색척(萬虛賾陟)의 제자이고, 색척은 명진진봉(明眞珍峰)의 제자요, 진봉은 설봉(雪峰)의 제자이다. 익화의 제자로는 동화경운(東化敬雲)이 있다. 해남 서동사(瑞桐寺)·구례 보적사(寶積寺)·해남 은적사(隱跡寺) 등은 모두 스님이 수행하던 곳이다. 그리고 강진 수인사(修仁寺)를 개수(改修)했고, 해남 낙서암을 중건하여 『일지암문집』 권1 「낙서암중수기 樂捿庵重修記」(한불전12, p.262b8)에 "그 가장 극력으로 공을 이룬 이는 운파선사 익화이다. 其最後極力成功者 雲坡禪師益化也"라고 하였다. 삼각산에 들어가 혜봉(慧峰)과 나이를 따지지 않고 가깝게 지냈으며, 도총섭(都摠攝)이 되었다. 1875년(고종12) 12월 20일 사시(巳時 : 오전 9시~11시)에 세수 58, 법랍 41세를 일기로 입적하였다. 제자인 소조용완(小照龍琓)이 진영을 그리고 백파(白坡)가 영찬을 짓고 썼다. [참고문헌]『一枝庵文集』, 『東師列傳』 권5 「雲坡禪師傳」(한불전10, p.1058a3).

인 人 Ⓢmanuṣya, pudgala, puruṣa, nara, jana, Ⓟmanussa, puggala, jantu, jana, nara, Ⓣmi, gang-zag, skyes-bu. 사람, 윤회하는 유정(有情) 중 한 류로서의 인간이나 인류. 또는 그들이 사는 세계. 오취(五趣)·육도(六道)·십계(十界) 중 하나다. 개별적 존재를 가리키기도 하는데, 이 경우에는 법(法)에 대칭한다. 『삼법도론』 권하(대정장25, p.26c2)에 "[문] 어떤 것을 '인'이라 하는가? [답] '인'이란 남자와 여자와 명근이 관찰되는 모습이며, 사주(四洲)에 의지한다. 남근이 관찰되는 모습과 여근이 관찰되는 모습과 명근이 관찰되는 모습은 이 모두 '인'이며, 또한 이 일체는 사주에 의지함을 알아야 한다. 이 중에서 여자의 모습은 여라 하고, 남자의 모습은 남이라고 한다. 問 云何爲人 答 人者 男女命根所觀相 依四洲 男根所觀相 女根所觀相 命根所觀相 當知此一切是人 是一切亦依四洲 於中 女相謂之女 男相謂之男", 『대승의장』 권8(대정장44, p.624c27)에 "인이란 말은, 저 『잡아비담심론』의 해석과 같이 뜻을 고요히 할 수 있기에 인이라고 한다. 이는 인의 덕을 기준으로 인을 풀었다. 인이란 능히 사유하여 삿된 생각들을 끊을 수 있기에 뜻을 고요하게 한다고 한다. 또한 『열반경』에 따르면, 은의 뜻이 많기에 인이라고 한다. 사람들은 부자간에 혹은 친척 간에 서로 가엾이 여기기에 은의 뜻이 많다고 한다. 所言人者 如雜心釋 意寂靜故 名之爲人 此就人德 以釋人也 以人能思 斷絶邪念 名意寂靜 若依涅槃 以多恩義 故名爲人 人中父子 親戚相憐 名多恩義", 『법원주림』 권5(대정장53, p.305b20)에 "사람이란 마음을 멈추고 쉴 수 있기에 사람이라고 하는 것이다. 즉 육취 중에서 마음을 능히 그쳐 쉬게 할 수 있기에 사람이라고 하며, 육취 중에서 번뇌의 악하고 어지러운 마음을 능히 멈추고 쉬게 할 수 있는 것이 사람보다 나은 것이 없기에 지식의(止息意)라고 한다. 또 사람이란 인(忍)이니, 즉 세간에서 거스르거나 따르는 감정을 편안하게 참아내기에 '인'이라고 한다. 또 『입세아비담론』에서는 이렇게 말한다. '무엇 때문에 인도(人道)를 마누사(摩奚沙 Ⓢmanuṣya)라고 하는가? 여기에 여덟 가지 뜻이 있으니, 첫째 총명하기에, 둘째 훌륭하기에, 셋째 마음이 미세하기에, 넷째 바로 깨닫기에, 다섯째 지혜가 더 향상하기에, 여섯째 허와 실을 분별할 수 있기에, 일곱째 성도의 바른 그릇이기에, 여덟째 총명한 지혜의 업에서 생겼기에 인도를 마누사라고 한다'. … 어떤 이는 '매우 교만하기에 사람이라 한다. 오취중에서 교만이 많은 자로 사람만한 것이 없기 때문이다'라고 하며, 어떤 이는 '마음을 고요하게 할 수 있기에 사람이라고 한다. 오취 중에서 마음을 고요하게 할 수 있는 것이 사람만한 것이 없기 때문이다'라고 하였다. 그러므로 경전에서 다음과 같이 말한다. '사람에게는 세 가지 일이 있으니, 여러 하늘보다 뛰어나다. 첫째는 용맹, 둘째는 기억하여 잊지 않음, 셋째는 아름다운 행이다'. 人 名止息意 故名爲人 謂六趣之中 能止息意 故名爲人 謂於六趣之中 能止息煩惱惡亂之意 莫過於人 故稱止息意也 又人者忍也 謂於世間 違順情能安忍 故名爲忍 又立世阿毘曇論云 何故人道 名摩㝹沙 此有八義 一 聰明故 二 爲勝故 三 意微細故 四 正覺故 五 智慧增上故 六 能別虛實故 七 聖道正器故 八 聰慧業所生故 說人道爲摩㝹沙 … 有說 多憍慢故名人 以五趣中 憍慢多者 無如人故 有說 能寂靜意故名人 以五趣中 能寂靜意 無如人者 故契經說 人有三事 勝於諸天 一 勇猛 二 憶念 三 梵行", 『금강경』(대정장8, p.749b6 : Vajr-pr., p.31)에 "만약 법이라고 하는 관념을 취하면 아(我)·인(人)·중생·수명이 있는 존재(壽者 : 個體)에 집착하게 된다. 어째서인가? 또한 법이 아니라는 관념을 취해도 아·인·중생·수명이 있는 존재에 집착하게 된다. 이 때문에 법을 취해서도 안 되지만 법이 아니라는 뜻을 취해서도 안 된다. 若取非法相 卽著我 人 衆生 壽者 是故 不應取法 不應取非法 sacet subhūte teṣāṃ bodhisattvānāṃ mahāsattvānāṃ dharmasaṃjñā pravarteta sa eva teṣām ātmagrāho bhavet sattvagrāho jīvagrāhaḥ pudgalagrāho bhavet. saced adharmasaṃjñā pravarteta sa eva teṣām ātmagrāho bhavet sattvagrāho jīvagrāhaḥ pudgalagrāha iti", 『구사론』 권8(대정장29, p.40c24 : *Abh-k-bh.*, p.111)에 "〔송〕 지옥·축생·아귀와 인 및 육욕천을 욕계의 스무 곳이라고 하니 지옥주와는 다르다. 頌曰 地獄傍生鬼 人及六欲天 名欲界二十 由地獄洲異 narakapretatiryañco manuṣyāḥ ṣaḍ divaukasaḥ, kāmadhātuḥ sa narakadvīpabhedena viṃśatiḥ", 『나선비구경』 권상(대정장32, p.696a22)에 "나선이 왕에게 물었다. '어느 곳을 수레라 할 수 있는지요? 축을 수레라 할 수 있습니까?' '수레가 될 수 없습니다' '속바퀴가 수레입니까?' '속바퀴도 수레는 아닙니다'. … 나선이 말했다. '불경의 말씀에 이 모든 재목들이 모아져서 쓰임새 있어야 비로소 수레라 할 수 있다. 사람도 이와 같다고 합니다. 머리·얼굴, 눈·귀·코·입, 목·어깨, 뼈·살·손·발, 폐장·간장·심장·비장·신장·대장·위장, 얼굴색·음성·호흡, 괴로움·즐거움·선·악이 모두 합하여 한 사람이 됩니다'. 那先問王 何所爲車者 軸爲車耶 不爲車 那先言 轂爲車耶 王言轂不爲車 … 那先言 佛經說 合聚是諸材木 用作車因得車 人亦如是 合聚頭面 目耳鼻口 頸項肩臂 骨肉手足 肺肝心脾腎腸胃 顏色聲響喘息 苦樂善惡 合爲一人"라고 하였다. 〔참고문헌〕『三法度論』, 『大乘義章』, 『法苑珠林』, 『金剛經』, 『俱舍論』, 『那先比丘經』, 『雜阿毘曇心論』 권8(대정장28, p.936b8), 40권본 『大般涅槃經』 권18(대정장12, p.469c6), *Vajr-pr.*, *Abh-k-bh.470.*, *Laṅk.109.*, *Bodh-c.120.*, *Mvyut.208.*, *DN.3.234.*, *SN.1.93.*, *Th.20.*, *Nidd.I.281.*, *Nidd.II.19.* ⇨ 인간 人間, 오취 五趣, 육도 六道, 십계 十界 ❷, 인법 人法

인 仁 어짊. 살리기를 좋아하고 죽이기를 싫어하는 마음이다. 『인왕반야경소』 권상(대정장33, p.319a23)에 "불살생을 동방에 배려한다. 동방은 목으로 '목'은 '인'을 주관하며, '인'은 양생을 뜻으로 삼는다. 이런 까닭에 불살생을 동방에 둔다. 以不殺生配東方 東方是木 木主於仁 仁以養生爲義 是故以不殺生配東方", 『선종결의집』(대정장48, p.1013b13)에 "오계란 살생 멈추는 것을 으뜸으로 삼고, 오상은 '인'을 으뜸으로 삼는다. 그러므로 죽이지 않는 것을 '인'이라 일컫는다. '인'이란 자비로움이며 참음이며 널리 사랑함이다. 살리는 것을 좋아하고 죽이는 것을 싫어하기에 '그 살아 있는 것을 보면 차마 그 죽는 것을 보지 못하며, 그 소리를 듣고서는 차마 그 고기를 먹지 못한다. 이런 까닭에 군자는 푸줏간을 멀리 한다'(『孟子』「梁惠王」) 하였다. 이것이 바로 '인'이라는 계이다. 五戒者 止殺爲首 五常者 以仁爲首 故不殺可謂仁 仁者 慈也忍也博愛也 好生惡殺 故曰 見其生不忍見其死 聞其聲 不忍食其肉 是故君子遠庖廚 此是仁之戒也"라고 하였다. 〔참고문헌〕『仁王般若經疏』, 『禪宗決疑集』, 『法華玄贊』 권9(대정장34, p.816b12). ⇨ 불살생계 不殺生戒, 오계 五戒

인 仞 높이나 깊이를 헤아리는 기준. 7척(尺) 또는 8척을 1인이라 하지만, 그 외에 다양한 설이 있다. 『장아함경』 권3 「유행경 遊行經」(대정장1, p.21b18)에 "그 성 아래 깊이는 3인이고 높이는 12인이며 성 위의 누각의 높이는 12인이고 기둥 둘레는 3인이다. 其城下基深三仞 高十二仞 城上樓觀 高十二仞 柱圍三仞", 『일체경음의』 권11(대정장54, p.375c12)에 "『고성』에 이르길 '깊이를 재는 것을 인이라 한다'고 하였고, 공안국의 『상서』 주에는 '8척이 1인이다'라고 하였으며, 포함의 『논어』 주에는 '7척이 1인이다'라고 하였고, 『설문해자』에 '두 팔을 뻗은 길이인 1심을 인이라 한다'고 하였다. 考聲云 度深曰仞 孔注尙書 八尺曰仞 包咸注論語 七尺曰仞 說文 申臂一尋曰仞", 『번역명의집』 권3(대정장54, p.1107c7)에 "1인이란, 『설문해자』에 '인은 두 팔을 뻗은 길이인 1심을 말한다'라고 하였으며, 『사기』와 정현도 모두 '7척이 1인이다'라고 하였지만, 『소아』에는 '4척을 1인이라 하고, 1인의 배를 심이라 한다. 심은 두 팔을 펼친 길이다'라고 하였다. '5척이 1심이고, 1심의 배를 1상이라 한다'라고도 한다. 言一仞者 說文云 仞謂申臂一尋也 史記并鄭玄 皆云 七尺曰仞 小雅 四尺謂之仞 倍謂之尋 尋舒兩肱 或曰 五尺曰尋 倍尋曰常"라고 하였다. 〔참고문헌〕『長阿含經』, 『一切經音義』, 『翻譯名義集』.

인 印 ❶ 인계(印契)를 말한다. ⇨ 인계 印契 ❷ Ⓢ uddāna. 법상(法相)을 꾸려 정한 뜻. 우단나(優檀那)라고 음사하며, 일법인(一法印)·삼법인(三法印)·사법인(四法印) 등의 뜻으로 쓴다. 『대승의장』 권2(대정장44, p.507b22)에 "우단나는 중국어로 한역하면 인이다. 그러므로 『대지도론』에서 법이 무상·무아·열반임을 밝혀 삼법인이라 하였다. 『성실론』 역시 법상을 꾸려 정하였으니 바꿀 수 없는 뜻이어서 인이라고 부른다. 優檀那者是中國語 此名爲印 故大智論 明法無常無我涅槃 名三法印 成實亦爾 法相揩定 不易之義 名印也"라고 하였다. 〔참고문헌〕『大乘義章』, 『大智度論』 권22(대정장25, p.227b19). ❸ 선종에서 조사끼리 주고받는 심인(心印). 『원오어록』 권12(대정장47, p.767b28)에 "때론 마음을 설하고 때론 자성을 말하며 남의 인증을 구하지만 무엇을 주고받고 하겠는가? 有時說心說性 求人印證 有什麽交涉"라고 하였다. 〔참고문헌〕『圜悟語錄』. ⇨ 심인 心印 ❶ ❹ 찍힌 그림자라는 뜻. 『돈오입도요문론』(卍속장110, p.850a6)에 "경에서 이르길 '삼라만상이란 한 가지 법으로 찍은 그림자다'라고 하였다. 經云 森羅及萬像 一法之所印"라고 하였다. 〔참고문헌〕『頓悟入道要門論』.

인 因 ❶ Ⓢ hetu, kāraṇa, nimitta, nidāna, Ⓟ hetu, kāraṇa, nidāna, Ⓣ rgyu, gtan-tshigs, gzhi. 【이인二因】 〔능생인能生因과 방편인方便因〕『유가사지론』 권38(대정장30, p.501b9 : Bodh-bh., p.69)에 "이 일체인들은 두 가지 인으로 거둔다. 첫째는 능생인이고, 둘째는 방편인이다. 이 중 종자를 견인해 종자를 일으키는 것이 능생인이며, 나머지 모든 인들은 방편인이다. 此一切因 二因所攝 一 能生因 二 方便因 當知 此中牽引種子 生起種子 名能生因 所餘諸因 名方便因 punaḥ sarveṣāmeṣāṃ hetūnāṃ dvābhyāṃ hetubhyāṃ saṃgrahaḥ. janakena ca hetunā upāyahetunā ca. yadākṣepakaṃ nirvartakañca bījaṃ tajjanako hetuḥ. avaśiṣṭā hetava upāyaheturveditavyaḥ"라고 하였다. 〔정인正因과 연인緣因〕 36권본 『대반열반경』 권26(대정장12, p.775b8)에 "인에는 두 가지가 있다. 첫째는 정인이고, 둘째는 연인이다. 정인이란 저 우유가 낙을 일으키는 것과 같고, 연인이란 효모와 따뜻함 등이다. 우유로부터 생겨나기에 우유 중에 낙의 성이 있다고 한다. … 선남자여! 중생의 불성에도 두 가지 인이 있다. 첫째는 정인이고, 둘째는 연인이다. 정인이란 모든 중생을 말하고 연인이란 육바라밀을 말한다. 因有二種 一者 正因 二者 緣因 正因者 如乳生酪 緣因者 如酵煖等 從乳生故 故言乳中而有酪性 … 善男子 衆生佛性 亦二種因 一者 正因 二者 緣因 正因者 謂諸衆生 緣因者 謂六波羅蜜"라고 하였다. 〔생인生因과 인인引因〕『성유식론술기』 권3(대정장43, p.312a12)에 "〔술〕 내외의 종자는 가까운 과와 바로 과를 내면 생인이라 하고, 먼 과와 남은 과를 불러들이면 인인이라고 한다. 述曰 其內外種 生近果 生正果 名生因 引遠果 引殘果 名引因"라고 하였다. 〔견인인牽引因과 생기인生起因〕『대승백법명문론개종의결』 권1(대정장85, p.1075c25)에 "때를 달리하여 익고 변이하여 익는다는 말은 모든 종자에 두 가지 인의 의미가 있다는 것이다. 첫째는 견인인이니, 적셔지지 않았을 때에도 스스로 먼 과를 이끌기 때문이다. 둘째는 생기인이니, 적셔질 때 자신의 가까운 과를 낳기 때문이다. 견인인에 의해 때를 달리해 익을 수 있는데, 적셔지지 않았을 때에는 발생된 과와 때를 같이 하지 않는다. 생기인에 의해 변하고 달라지며 익을 수 있는데, 이미 적셔졌기에 인의 변이가 있어야 과가 비로소 익기 때문이다. 異時而熟 變異而熟者 謂諸種子 有二因義 一 牽引因 謂未潤時 以能牽引 自遠果故 二 生起因 謂被潤時 以能生起 近自果故 依牽引因 立異時熟 未被潤時 與所生果時不同故 依生起因 立變異熟 旣被潤已 由因變異 果方熟故"라고 하였다. 【오인五因】 〔생인生因·의인依因·입인立因·지인持因·양인養因〕『구사론』 권7(대정장29, p.38b8 : Abh-k-bh., p.102)에 "사대로 지은 것은 능히 다섯 가지 인이 있다. 무엇이 그 다섯인가? 생(生)·의(依)·보전(立)·지속(持)·양육(養)으로 다르다. 이와 같은 오인은 능작인의 차별일 뿐이다. 저것을 좇아 일어나기에 생인이라 하고, 난 다음에 스승 등에 의지하듯 사대를 따라 전개되기에 의인이라 하고, 벽이 그림을 지탱하는 것처럼 하기에 입인이라 하고, 끊이지 않게 하기에 지인이라 하고, 증장의 인이기에 양인이다. 大於所造能爲五因 何等爲五 謂生依立持養別故 如是五因 但是能作因之差別 從彼起故 說爲生因 生已隨逐 大種轉故 如依師等 說爲依因 能任持故 如壁持畫 說爲立因 不斷因故說爲持因 增長因故 說爲養因 〈bhāṣya〉 bhautikasya tu bhūtāni pañcaprakāro hetuḥ. katham, 〈kārikā〉 jananān niḥśrayāt sthānād upastambhopavṛṃhaṇāt. 〈bhāṣya〉 so 'yaṃ kāraṇahetur eva punaḥ pañcadhā bhinnaḥ. jananahetus tebhya utpatteḥ. niśrayahetur jātasya bhūtānuvidhāyhitvāt puruṣakāraphalād ācāryādiniḥśrayavat. pratiṣṭhāhetur ādhārabhāvāt. citrakṛtyavat. upastambhahetur anucchedahetutvāt"라고 하였다. 〔생인生因·화합인和合因·주인住因·증장인增長因·원인遠因〕 40권본『대반열반경』권21(대정장12, p.492b14)에 "선남자여! 인에는 다섯 가지가 있다. 무엇이 그 다섯 가지인가? 첫째 생인, 둘째 화합인, 셋째 주인, 넷째 증장인, 다섯째 원인이다. 善男子 因有五種 何等爲五 一者 生因 二者 和合因 三者 住因 四者 增長因 五者 遠因"라고 하였다. **【육인六因】** 설일체유부(說一切有部)에서 설한 능작인(能作因)·구유인(俱有因)·동류인(同類因)·상응인(相應因)·변행인(遍行因)·이숙인(異熟因)의 여섯 가지를 말한다. 이외에『능가경』권2(대정장16, p.490a12)에서는 당유인(當有因)·상속인(相續因)·상인(相因)·작인(作因)·현시인(顯示因)·대인(待因) 등의 여섯 가지를 설한다.『종경록』권71(대정장48, p.815b19)에 "육인이란, 능작인은 작용을 완성시키고, 구유인은 서로 동시에 있으며, 동류인은 처음과 나중이 유사하고, 상응인은 반드시 하나의 연에만 한정되며, 변행인은 물든 류와 함께하고, 이숙인은 나중의 과를 익힌다. 六因者 能作因 則業用成辦 俱有因 則更互同時 同類因 初後相似 相應因 則決定一緣 遍行因 則同其染類 異熟因 則成熟後果"라고 하였다. **【십인十因】** 유식종(唯識宗)에서 설한 수설인(隨說因)·관대인(觀待因)·견인인(牽引因)·섭수인(攝受因)·생기인(生起因)·인발인(引發因)·정별인(定別因)·동사인(同事因)·상위인(相違因)·불상위인(不相違因)의 열 가지를 말한다.『화엄경소초』권66(대정장36, p.531b22)에 "십인에 대해『유가사지론』권38「보리분품」에서 '첫째 수설인, 둘째 관대인, 셋째 견인인, 넷째 섭수인, 다섯째 생기인, 여섯째 인발인, 일곱째 정별인, 여덟째 동사인, 아홉째 상위인, 열째 불상위인이다. 일체법은 이름이 선행하기에 떠올릴 수 있고, 이 상이 선행하기에 말할 수 있다. 이를 저 이름 제법의 수설인이라고 한다. 이를 대하여 볼 수 있는 인이 되기에 저러저러한 일들을 구하거나 취한다. 이를 일러 저러저러한 일들의 관대인이라고 한다. 저 손을 상대하려면 손이 인이 되기에 집어 가질 수 있으며, 발을 상대해 발을 인 삼아 오고 갈 수 있다. 言十因者 瑜伽三十八菩提分品云 一 隨說因 二 觀待因 三 牽引因 四 攝受因 五 生起因 六 引發因 七 定別因 八 同事因 九 相違因 十 不相違因 謂一切法 名爲先故想 想爲先故說 是名彼諸法隨說因 觀待此故 此爲因故 於彼彼事 若求若取 此名彼觀待因 如觀待手故 手爲因故 有執持業 觀待足故 足爲因故 有往來業", "일체종자는 뒤에 과를 바라기에 견인인이라고 하고, 종자를 제한 나머지 모든 인은 섭수인이며, 종자들을 처음 생긴 자신의 과에 대하여 생기인이라고 하고, 맨 처음 종자가 낳은 과는 이후에 생긴 종자가 낳은 과에 상대하여 인발인이며, 종자마다 달라서 인연이 다른 것을 정별인이라 하고, 관대인이든 견인인이든 섭수인이든 생기인이든 인발인이든 별정인이든 간에 이러한 인들을 하나로 모두 거둬 동사인이라고 한다. 생겨난 과에 장애를 일으켰던 인을 상위인이라 하며, 이 장애를 일으켰던 인이 빠졌거나 떨어진 인을 불상위인이라고 한다'라고 하였다. 觀待節故 節爲因故 有屈申業 觀待飢渴故 飢渴爲因故 於諸飮食 若求若取 隨如是等無量道理 應當了知觀待因相 一切種子 望後自果 名牽引因 餘種子外 所餘諸緣 名攝受因 卽諸種子 望初自果 名生起因 卽初種子 所生起果 望後種子 所牽引果 名引發因 種種異類 各別因緣 名定別因 若觀待因 若牽引因 若攝受因 若生起因 若引發因 若定別因 如是諸因 總攝爲一 名同事因 於所生法 能障礙因 名相違因 此障礙因 若闕若離 名不相違因"라고 하였다. 이외에도『불성론』권2(대정장31, p.794a12)에서는 응득인(應得因)·가행인(加行因)·원만인(圓滿因)의 삼인(三因)을 설하며,『금광명경현의』권상(대정장39, p.4a2)·『법화현의』권10(대정장33, p.802a9) 등에서는 정인(正因)·요인(了因)·연인(緣因)의 삼인불성(三因佛性)을 설한다. 또한 칠인(七因)·십일인(十一因)·십이인(十二因) 등도 있으며,『능엄경』권8(대정장19, p.143c4)에서는 미래세에 지옥과를 초래하는 십습인(十習因)을 설한다. 이렇게 갖가지 이름의 인(因)들은 제법(諸法)의 온갖 모습을 성취시킨다. 〔참고문헌〕『瑜伽師地論』,『大般涅槃經』,『成唯識論述記』,『大乘百法明門論開宗義決』,『俱舍論』,『楞伽經』,『宗鏡錄』,『華嚴經疏鈔』,『佛性論』,『金光明經玄義』,『法華玄義』,『楞嚴經』, *Bodh-bh.116.*, *Abh-k-bh.136.*, *Laṅk.83.*, *Madhy-ś.53.*, *Sūtr.11.*, *Vin.1.40·5.185.*, *SN.2.11.* ⇨ 연 緣, 인연 因緣, 과 果, 인과 因果, 이인 二因, 오인 五因, 육인 六因❶, 십인 十因❶, 삼인 三因❷, 삼인불성 三因佛性❶, 십습인 十習因 ❷ Ⓢ hetu, gtan-tshigs. 인명용어. 명제(命題 Ⓢ pakṣa : 宗)를 성립시키는 인. 고인명(古因明)의 오지작법(五支作法) 중 하나이고, 신인명(新因明)의 삼지작법(三支作法) 중 하나다.『인명입정리론소』권상(대정장44, p.102a5)에 "이 '인'을 세움으로 주장 명제의 뜻을 따라 더하여 명제의 뜻이 성립하도록 하기에 '인'이라고 한다. 由立此因 順益宗義 令宗義立 是故名因", 같은 책 권상(대정장44, p.104b28)에 "종법이란 종이라 할 수 있는 법을 말하니, 곧 '인'이 이것이다. 言宗法者 謂宗之法 卽因是也", 같은 책 권중(대정장44, p.113a21)에 "'소작성'이란 종의 법이니, 능히 세운 '인'으로서의 언설이다. 이 종법으로 앞에서의 '소리는 무상하다'란 주장 명제를 성립시키므로 '인'이라고 하는 것이다. 所作性者 是宗之法 能立因言 由是宗法 故能成前 聲無常宗 名爲因也"라고 하였다. 대론(對論) 중에 주장하는 사람(立論者)이 제시하는 논증의 근거다. 이 인은 정인(正因 Ⓢ hetu)과 사인(似因 Ⓢ hetvābhāsa)으로 나뉜다. 정인이란,

명제인 종(宗)의 주어(主語 : 有法)에 충분한 근거가 되어야 한다는 변시종법성(遍是宗法性 Ⓢpakṣa-dharmatva)과 인은 반드시 종의 술어(述語 : 法)와 같은 품(同品)이어야 한다는 동품정유성(同品定有性 Ⓢsapakṣe sattvam)과 결코 종의 술어와 모순되는 다른 품(異品)에 속해서는 안 된다는 이품변무성(異品遍無性 Ⓢvipakṣe asattvam) 등의 세 가지 조건을 갖춰야 한다. 이 세 조건이 충분하지 못하면 사인이라 하고 불성인(不成因 Ⓢasiddha)·부정인(不定因 Ⓢanaikāntika)·상위인(相違因 Ⓢviruddha)으로 나눈다. 『인명입정리론』(대정장32, p.11b6)에 "인에 세 가지 상이 있다. 무엇이 세 가지인가? 변시종법성·동품정유성·이품변무성이다. 무엇을 일러 동품과 이품이라 하는가? 세운 법의 뜻과 고르게 같으면 동품이다. 마치 무상함을 세웠고 병 등도 무상하면 동품이다. 이품이란 이 이품 중에 주장한 뜻이 없는 것을 말한다. 만약 '이것은 영원하다. 보아서 지은 것이 아니어서. 저 허공 등과 같이'라고 할 때, 이 중에서 지을 수 있는 자성이란 때론 힘써 틈없이 일어나게 하는 자성으로서 주장한 법에 널리 타당하기에 동품정유성이고 이품변무성이기도 하니, 이것은 무상함의 인이다. 因有三相 何等爲三 謂遍是宗法性 同品定有性 異品遍無性 云何名爲同品異品 謂所立法 均等義品 說名同品 如立無常 甁等無常 是名同品 異品者 謂於是處 無其所立 若有是常 見非所作 如虛空等 此中所作性 或勤勇無間所發性 遍是宗法性 同品定有性 異品遍無性 是無常等因"라고 하였다. 〔참고문헌〕『因明入正理論疏』, 『因明入正理論』, *Nyāy-pr.1.* ⇨ 능상 能相[4], 정인 正因, 사인 似因, 인삼상 因三相, 변시종법성 遍是宗法性, 동품정유성 同品定有性, 이품변무성 異品遍無性, 불성인 不成因, 부정인 不定因, 상위인 相違因[2], 삼지작법 三支作法, 오지작법 五支作法, 종 宗, 인명 因明

인 忍 Ⓢkṣānti, Ⓟkhanti, khantī, Ⓣbzod-ba. 참아 견딤, 견뎌 깨우침, 깨우쳐 승인함 등의 뜻이다. 인욕(忍辱)·안인(安忍)·감인(堪忍)·인가(忍可)·인허(忍許)·인증(認證) 등의 복합어로도 쓰고, 범어 크샨티는 찬제(羼提)·찬지(羼底)·걸차지(乞叉底) 등으로 음사한다. 『정법염처경』 권60(대정장17, p.357c13)에서 "'인'이란 제일의 선법이요 가장 청정하니 부처님께서 찬탄하셨다. 忍者 第一善法 第一淸淨 佛所讚歎", 『구사론』 권23(대정장29, p.119c2)에서는 사제(四諦)를 깨우쳐 선근을 심고 다시는 악취에 떨어지지 않고 물러남이 없는 위를 인위(忍位)라고 하여 사선근(四善根) 중에 제3위로 꼽았고, 『성유식론』 권7(대정장31, p.41a17)에서는 유식오위(唯識五位) 중 제2 가행위(加行位)를 인가행(忍加行)이라 부른다. 또 『구사론기』 권26(대정장41, p.383b25)에서 "무릇 모든 '인'을 말하자면 대략 네 가지다. 만약 인욕을 '인'이라고 한다면 성냄없음이 '인'이다. 만약 고통을 받고 편안히 참는 것이 '인'이라면 정진이 '인'이다. 만약 참아 허락하면 신(信)이 '인'이다. 만약 법인(法忍)을 관찰하는 것이 인이라면 혜(慧)가 인이다. 泛言諸忍 略有四種 若忍辱名爲忍 卽無瞋名爲忍 若安受苦忍名爲忍 卽精進名爲忍 若忍許名爲忍 卽信名爲忍 若觀察法忍名爲忍 卽慧名爲忍"라고 하였는데, 인은 이처럼 여러 심소(心所)와 상응하여 다양한 뜻으로 확장된다. 〔이인二忍〕『정법염처경』 권60(대정장17, p.357c13)에서는 백정선법(白淨善法)을 사유하여 인증하는 법인(法忍)과 진에(瞋恚)를 일으킬 만한 경우에 견디어 평정심을 유지하는 생인(生忍)으로 구분하였고, 『대지도론』 권14(대정장25, p.164b2)·『법계차제초문』 권하(대정장46, p.686c24)에서는 감당해야 할 유정이 생인이고, 자연재해와 같은 비심법(非心法)과 분노·교만 등의 심법(心法)이 법인이다. 『대지도론』 권29(대정장25, p.272a11)에서는 신인(身忍)·심인(心忍)과 소인(少忍)·대인(大忍)으로 분별하였다. 『대방광십륜경』 권7(대정장13, p.715b27)·『대승대집지장십륜경』 권9(대정장13, p.770b25)·『우바새계경』 권7(대정장24, p.1072c28)에서는 세간인(世間忍 : 有漏忍)과 출세간인(出世間忍 : 無漏忍)으로 구분하였다. 〔삼인三忍〕『해심밀경』 권4(대정장16, p.705c17) 및 여러 유식논서에서는 다른 이의 핍박을 참아내는 내원해인(耐怨害忍), 질병이나 자연재해를 감내하는 안수고인(安受苦忍), 일체법이 생겨나지도 사라지지도 않는다는 진실을 명료하게 알고 인증하는 제찰법인(諦察法忍)으로 분류하였고, 『무량수경』 권상(대정장12, p.271a14)에서는 법음을 받아들여 편안히 머무는 음향인(音響忍 Ⓢghoṣa-anugā kṣāntiḥ), 진실에 수순하여 깊이 관찰하고 편안히 머무는 유순인(柔順忍 Ⓢanulomikī kṣāntiḥ), 진실에 합하여 모든 법이 생하지도 멸하지도 않음을 깨닫는 무생법인(無生法忍 Ⓢanutpattika-dharma-kṣānti)이라 하였고, 『법화현의』 권4(대정장33, p.730a24)·『마하지관』 권6(대정장46, p.72c13) 등에서는 반야십지(般若十地) 중 제1~4지까지를 삼인에 배대하여, 간혜지(乾慧地)는 복인, 성지(性地)는 유순인, 팔인지(八人地)와 견지(見地)는 무생인이라 하였다. 이는 아미타불의 제48원(願)과 상응하는 삼법인(三法忍)이다. 선도(善導)의 『관무량수불경소』 권2(대정장37, p.260c7)에서도 아미타정토를 관해 얻는 무생법인을 희인(喜忍)·오인(悟忍)·신인(信忍)이라 하였으며, 『법화현의』 권5(대정장33, p.733b23)에서는 생인·법인·적멸인(寂滅忍)이라 하였다. 〔사인四忍〕『사익범천소문경』 권1(대정장15, p.35c23)·『승사유범천소문경』 권1(대정장15, p.65b12)에서는 보살이 반드시 성취하는 법으로 네 가지를 설하였다. 모든 법이 생하지 않음을 인증하는 무생인(無生忍), 모든 법이 멸하지 않음을 인증하는 무멸인(無滅忍), 모든 법이 인연으로 생겨나 자성이 없음을 인증하는 인연인(因緣忍), 생겨나지만 머묾이 없는 무주인(無住忍)이다. 〔오인五忍〕『인왕경』 권상(대정장8, p.826b23)·『인왕호국경』 권상(대정장8, p.836b14)에서는 보살위를 다섯 인에 배대하였다. 삼현위(三賢位)인 십주(十住)·십행(十行)·십회향(十廻向)은 복인(伏忍), 제1지~3지는 신인(信忍), 제4지~6지는 순인(順忍), 제7지~9지는 무생인, 제10지와 불과(佛果)는 적멸인(寂滅忍)에 앉히고, 앞의 넷을 다시 상중하로 나누고, 마지막 적멸인도 상하로 나누어 십사인(十四忍)을 성취한다. 〔육인六忍〕『영락본업경』 권상(대정장24, p.1012b28)에서는 보살수행위를 종성(種性 Ⓢ gotra)에서 거두어 육종성(六種性)에 상응하는 육인(六忍)으로 이름하였는데, 신인·법인·수인(修忍)·정인(正忍)·무구인(無垢忍)·일체지인(一切智忍)이다. 〔십인十忍〕 80권본『화엄경』 권44(대정장10, p.232b6)·60권본『화엄경』 권28(대정장9, p.580c6)에서는 보살이 법계실상을 감내하여 얻는 열 가지 안주(安住)를 십인이라 하였는데, 음성인(音聲忍)·순인(順忍)·무생법인·여환인(如幻忍)·여염인(如焰忍)·여몽인(如夢忍)·여향인(如響忍)·여영인(如影忍)·여화인(如化忍)·여공인(如空忍)이다. 『보운경』 권1(대정장16, p.213c8)·『보우경』 권2(대정장16, p.288b5)에서는 보살의 열 가지 인행(忍行)으로 내인(內忍)·외인(外忍)·법인·수불교인(隨佛敎忍)·무방소인(無方所忍)·수처처인(修處處忍)·비소위인(非所爲忍)·불핍뇌인(不逼惱忍)·비심인(悲心忍)·서원인(誓願忍)을 설한다. 〔참고문헌〕『正法念處經』, 『俱舍論』, 『成唯識論』, 『俱舍論記』, 『大智度論』, 『法界次第初門』, 『大方廣十輪經』, 『大乘大集地藏十輪經』, 『優婆塞戒經』, 『解深密經』, 『無量壽經』, 『法華玄義』, 『摩訶止觀』, 『觀無量壽佛經疏』, 『思益梵天所問經』, 『勝思惟梵天所問經』, 『仁王經』, 『仁王護國經』, 『瓔珞本業經』, 『華嚴經』, 『寶雲經』, 『寶雨經』. ⇨ 인위 忍位, 이인 二忍[1], 삼법인 三法忍, 사인 四忍, 오인 五忍, 육인 六忍, 육종성 六種性[3], 십인 十忍, 인욕 忍辱, 인욕바라밀 忍辱波羅蜜

인 悋 Ⓢ mātsarya, matsarin, kadarya, Ⓟ kadariya, Ⓣ ser-sna, ser-sna-byed-pa, 'jungs-po. 인색. 인(悋·吝)으로도 쓴다. 인색함의 뜻이다. 『십지경론』 권11(대정장26, p.189a29)에 "다른 이에게 재물을 베푸는 것을 좋아하지 않는 것을 '인'이라 한다. 不喜施他財名悋", 『중아함경』 권55 「지재경 持齋經」(대정장1, p.770c5)에 "늘 보시하기를 좋아하여 마음으로 기꺼이 놓아버려 기꺼워하니 인색함이 없고 과보를 바라지도 않는다. 常好布施 心樂放捨 歡喜無悋 不望其報"라고 하였다. 〔참고문헌〕『十地經論』, 『中阿含經』, 『解深密經疏』 권2(한불전1, p.179a17), *Abh-k-bh.312.*, *Bodh-bh.15.*, *Mvyut.127.*, *AN.4.79.*

인가 人家 저 집안, 또는 남의 집. 타인을 가리키는 경칭. 『경덕전등록』 권8 「고사화상전 古寺和尙傳」(대정장51, p.262a9)에 "깨끗한 땅 그 위에서 남의 자녀 더럽혀서는 안 된다. 淨地上不要點汚人家男女"라고 하였다. 〔참고문헌〕『景德傳燈錄』.

인가 印可 옳다(可) 여겨 도장 찍듯이 하다. 뛰어난 지혜로 알아 마친 뜻, 또는 서로 깨우쳐 알아 인정함의 뜻이다. 『유마경』 권상(대정장14, p.539c19)에 "그대, 사리불! 굳이 앉지 않아도 연좌입니다. … 번뇌를 끊지 않고 열반에 드는 것이야말로 연좌입니다. 이렇게 앉을 수 있다면 부처님께서 옳다 하십니다. 唯 舍利弗 不必是坐 爲宴坐也 … 不斷煩惱 而入涅槃 是爲宴坐 若能如是坐者 佛所印可", 『구사론』 권4(대정장29, p.19a21)에 "승해란 능히 경을 제대로 아는 것이다. 勝解 謂能於境印可", 『유가사지론』 권55(대정장30, p.601c22)에 "승해란 무엇인가? 온갖 경계에 따라 나아가 비춰 안다. 勝解云何 謂於彼彼境界 隨趣印可", 『관무량수불경소』 권4(대정장37, p.271b15)에 "부처님뜻에 맞아 틀림없으면 인가하여 '이와 같다! 이와 같다!'라고 말하고, 부처님의 뜻이 아니면 '그대들이 한 말의 뜻은 이와 같지 않다'고 말한다. 인할 수 없는 것은 기억할 수도 이익도 없다는 말과 같으며, 부처님께서 인가하시는 것은 부처님께 수순하는 바른 가르침이다. 若稱佛意 卽印可言 如是如是 若不可佛意者 卽言 汝等所說 是義不如是 不印者 卽同無記無利無益之語 佛印可者 卽隨順佛之正教", 『대반열반경집해』 「서문 序文」(대정장37, p.379c25)에 "경이란 오직 부처님의 입으로 하신 말씀과 이치다. 이래야만 비로소 경이라 칭할 수 있다. 제자들이 제작한 것은 부처님께서 옳다 하신 것 아니기에 경이라 칭할 수 없다. 經者 唯金口所吐言理 乃得稱經 弟子製作 非佛印可 不得稱也", 『구사론기』 권4(대정장41, p.74c6)에 "수승한 이해이기에 승해라고 한다. 경에 대해 그렇다 여겨 살펴서 정하기를, 이 일은 반드시 그러하니 그렇지 않을 수 없다 한다. 殊勝之解 故名勝解 謂能於境 印可審定 是事必爾 非不如是", 『법안어록』(대정장47, p.591b9)에 "영은청용선사는 복주 출신이다. 처음 법안선사를 찾았을 때 법안이 비를 가리키며 말했다. '뚝뚝 떨어져 상좌의 눈 속이다'. 청용은 처음에는 그 뜻을 이해하지 못했지만, 후에 『화엄경』을 보다가 깨닫고 법안의 인가를 받았다. 靈隱清聳禪師 福州人 初參師 師指雨謂云 滴滴落在上座眼裏 清聳初不喩旨 後因閱華嚴感悟 承師印可", 『대혜어록』 권23(대정장47, p.907b14)에 "약산 또한 도리가 없어 마조에게 드릴 말 없어 다만 이렇게 말했다. '제가 석두 문하에 있었는데 마치 모기가 쇳덩이 소를 물듯 하였습니다'. 마조 또한 말없이 그를 인가했다. 藥山亦無道理 可以呈似馬師 但云 某在石頭 如蚊子上鐵牛相似 馬師 亦無言語 與之印可"라고 하였다. [참고문헌]『維摩經』,『俱舍論』,『瑜伽師地論』,『觀無量壽佛經疏』,『大般涅槃經集解』,『俱舍論記』,『法眼語錄』,『大慧語錄』. ⇨ 심인 心印, 이심전심 以心傳心

인가 忍可 Ⓢ kṣamaṇa. 견뎌 옳음을 알고 받아들임. 진실을 깨우쳐 받아들이고 물러나지 않는 뜻이다.『구사론』권23(대정장29, p.119c1)에 "사제의 뜻을 능히 참아 받아들이는 중에 이것(法忍)이 가장 뛰어나다. 於四諦理 能忍可中 此最勝故",『사분율개종기』권3(卍속장66, p.798a1)에 "도리와 합하여 마음을 편안히 하고 순종함을 인가라 한다. 稱合道理 安心順從 名爲忍可",『설무구칭경소』권2(대정장38, p.1011a29)에 "이 불생법을 관하여 옳다 참아낸 지를 일으키니 바로 삼무생인이다. 觀此不生法 而起忍可之智 卽三無生忍也",『성유식론증의』권3(卍속장81, p.751b8)에 "인위〈인은 옳다 받아들이는 뜻이다. 고집멸도 사제법을 인정하여 받아들이고 기꺼이 닦는다는 말이다〉. 忍位〈忍 卽忍可之義 謂於苦集滅道 四諦之法 忍可而樂修也〉"라고 하였다. [참고문헌]『俱舍論』,『四分律開宗記』,『說無垢稱經疏』,『成唯識論證義』, *Abh-k-bh.344*. ⇨ 인 忍, 인위 忍位

인가가 人家家 Ⓢ manuṣya-kulaṃkula, Ⓣ mi'i-rigs-nas-rigs-su-skye-ba. 인취(人趣)에 나는 소승의 성자. 일래향(一來向)에 든 두 가가성자(家家聖者) 중 인취에 두 번 또는 세 번을 다시 나서야 원적을 증득한 성자를 말한다.『구사론』권24(대정장29, p.124a5 : *Abh-k-bh.*, p.357)에 "모두 두 종류의 가가가 있음을 알아야 한다. 첫째는 천가가이다. … 둘째는 인가가이니, 인취에 두 번 또는 세 번 난 끝에야 원적을 증하는 이를 말하는데, 때론 한 주(州) 또는 두세 주로 옮겨 나기도 한다. 應知總有二種家家 一 天家家 … 二 人家家 謂於人趣 生三二家 而證圓寂 或一洲處 或二或三 sa eva kulaṃkulo dvividhiaḥ. devakulaṃkulo … manuṣyakulaṃkulo yo manuṣyeṣu tatra vānyatra vā dvīpe parinirvāti",『유가사지론』권26(대정장30, p.425a4)에 "인가가란 인간계에서 이 집안에서 저 집안으로 왕래하다가 고통의 끝인 열반을 증득한 이를 말한다. 人家家者 謂於人間 從家至家 若往若來 證苦邊際"라고 하였다. [참고문헌]『俱舍論』,『瑜伽師地論』, *Abh-k-bh.*, *Śrāv-bh.* ⇨ 가가성자 家家聖者, 천가가 天家家, 일래향 一來向, 사향사과 四向四果

인가대사 引駕大師 수레를 끄는 대사. 사대사(四大師) 중 하나로 당대 천자의 수레 즉 통치를 자문하는 뜻이다.『불조통기』권42(대정장49, p.384c27)에 "대화 원년 10월 황제의 생일에 황명에 의해 비서감(祕書監) 백거이(白居易)와 안국사(安國寺) 인가대사 의림(義林)과 상청궁(上淸宮) 도사 양홍원(楊弘元)은 인덕전(麟德殿)에서 유불도 삼교에 대해 담론하였다. 大和元年 十月誕節 詔祕書監白居易 安國寺引駕大師義林 上淸宮道士楊弘元 於麟德殿 談論三教"라고 하였다. [참고문헌]『佛祖統紀』. ⇨ 사대사 四大師

인가불 人可佛 사리불마저 엎드리게 한 과거겁에 부처님.『주유마힐경』권9(대정장38, p.406c10)에 "부처님께서 말씀하셨다. '그 옛날 과거 헤아릴 수 없는 겁에 부처님이 계셨으니 명호는 인가이다. 그때 어떤 이가 숲으로 들어 땔감을 줍고 있었는데, 호랑이가 숲에서 나와 잡아먹으려 하자 나무 위로 올라갔고, 호랑이는 나무 아래에 있었으니 극한의 공포에 떨고 있었다. 그때 부처님께서 공중으로 지나다가「부처님께 귀의합니다」라고 기도하는 이를 보았다. … 부처님께서 말씀하셨다. '저 돌 속에 금이 있지만 어리석은 사람 알지 못하여 버려 취하지 않으나, 금을 제련하는 장인은 그 속에 금이 있음을 아는 것과 같다'. 佛言 乃往昔過去 無央數劫 有佛名人可 時有一人 入林取薪 虎從林出 欲食其人 其人上樹 虎在樹下 其人極大恐怖 時 佛從空中飛過 其人見已 稱南無佛 … 佛言 譬如石中有金 愚人不知 棄而不取 金師見之知其中有金"라고 하였다. 선근(善根)을 금에 비유한 구마라집(鳩摩羅什)의 설이며, 인이불(人耳佛)이라 한 판본도 있다. 이 고사는 구마라집이 한역한『대장엄론경』권10(대정장4, p.312b1)에도 보인다. [참고문헌]『注維摩詰經』,『大莊嚴論經』,『阿彌陀經要解』(대정장37, p.372a22),『維摩經無我疏』권11(卍속장30, p.326b16).

인가신 印可信 옳다 여겨 승인하고 믿음. 인신(印信)이라고도 한다.『법화현의』권8(대정장33, p.779c22)에 "실상이기에 한결같은 적멸상이 바로 대열반이라 말하고 단지 하나의 인만을 쓸 뿐이다. 이러한 대소의 인으로 반만의 경을 인증하여 외도가 능히 섞이지 못하고 천마도 부수지 못하니, 마치 저 세간이 공문서로 인가의 증표를 얻는 것과 같다. 모든 경은 반드시 실상의 인을 얻어야 요의대승이라고 부를 수 있다. 實相故 言常寂滅相卽大涅槃 但用一印也 此大小印 印半滿經 外道不能雜 天魔不能破 如世文符 得印可信 當知諸經畢定須得實相之印 乃得名爲了義大乘也"라고 하였다. [참고문헌]『法華玄義』. ⇨ 인신 印信, 인가 印可

인가양삼아 人家養三兒 한 집안에서 세 아이를 낳아 기르다. 동산양개(洞山良价)의 화두로 황룡사심(黃龍死心)은 인가유삼자(人家有三子)라 하였다. 『선림승보전』 권20 「화엄도륭전 華嚴道隆傳」(卍속장137, p.520a5)에 "생전에 동산이 대중에게 말하였다. '이 일을 알고자 한다면 저 한 집에서 세 아이를 기르는 것과 같다. 한 아이는 대도시에서 자라고 한 아이는 시골에서 자라며 한 아이는 작은마을에서 자란다. 그중 한 아이는 집안의 재물을 쓰고, 한 아이는 집밖의 돈과 물건을 쓰며, 한 아이는 집안의 돈과 물건도 집밖의 돈과 물건도 쓸 수 없다. 말해보라. 누구는 대도시에 있어야 하고, 누구는 작은마을에 있어야 하며, 누구는 시골에 있는가?' 先洞山示衆曰 欲知此事 如人家養三兒 以一著州中 一著村中 一著縣中 其一用家中財物 其一用外處錢物 有一人不得家中錢物用 亦不得外處錢物用 且道 那一箇合在州中 那一箇合在縣中 那一箇合在村中"라고 하였다. 〔참고문헌〕『禪林僧寶傳』, 『宏智廣錄』 권4(대정장48, p.44c14), 『指月錄』 권16(卍속장143, p.359a8). ⇨ 인가유삼자 人家有三子, 양개 良价

인가유삼자 人家有三子 한 집에 세 아들 있네. 황룡사심(黃龍死心)의 화두로 동산양개(洞山良价)는 인가양삼아(人家養三兒)라 하였다. 『가태보등록』 권16 「용아지재장 龍牙智才章」(卍속장137, p.238a11)에 "시중에 용아가 사심화상의 소참법문을 들어 말하길 '이 일 말하고자 한 집에 세 아들을 예로 들겠다. 첫째 아들 총명하고 지혜로우며 효로써 부모를 봉양하고 왕래하는 손님을 응접하면서 가업을 책임진다. 둘째 아들 사납고 교활하며 음란을 탐닉하고 술을 즐기다가 저자거리에 버려지니 가업을 파괴한다. 셋째 아들 장님에 벙어리라서 콩과 보리도 구분하지 못하고 일에 무능하여 겨우 밥만 먹을 줄 안다. 황룡은 이 셋 중 꼭 한 사람만 뽑아서 쓰겠다'. 示衆 擧 死心和尙小參曰 若論此事 如人家有三子 第一子 聰明智慧 孝養父母 接待往來 主掌家業 第二子 兇頑狡猾 貪婬嗜酒 倒街臥巷 破壞家業 第三子 盲聾瘖瘂 菽麥不分 是事無能 只會喫飯 三人中黃龍要選一人用"라고 하였다. 〔참고문헌〕『嘉泰普燈錄』, 『列祖提綱錄』 권9(卍속장112, p.301a17), 『五燈會元』 권19(卍속장138, p.773a8). ⇨ 인가양삼아 人家養三兒

인가행 忍加行 사가행(四加行) 중 하나. 가행위(加行位)에서 인위(忍位 Ⓢ kṣānti)를 부르는 말. 『비니관요사의』(卍속장63, p.932a3)에 "(사가행 중) 세 번째 인가행이다. 인에는 두 가지 뜻이 있다. 첫째는 옳다 여겨 정하는 뜻이다. 이 위 중에 사제의 이치를 인가하여 '고제는 진실로 고이고, 내지 도제는 진실로 도이다'라고 한다. 둘째는 결정의 뜻이다. 이 선근에서는 결정코 물러나지 않음이다. 그러므로 인가행이라고 한다. 三 忍加行 忍有二義 一者 印可義 謂於此位中 卽能印可四諦之理 謂苦諦實是苦 乃至道諦實是道也 二者 決定義 謂此善根決定無退 故名忍加行"라고 하였다. 〔참고문헌〕『毘尼關要事義』. ⇨ 인위 忍位, 사가행위 四加行位, 가행위 加行位, 사제 四諦, 인순정 印順定

인각 麟角 Ⓢ khaḍga-viṣāṇa, Ⓟ Khagga-visāṇa. 기린(麒麟)의 뿔. 걸가비사나(揭伽毘沙拏)·거가비사나(佉伽毘沙拏) 등으로 음사하고, 서각(犀角)으로도 한역한다. 스승도 도반도 없이 혼자서 깨우친 독각을 비유하여 인각유독각(麟角喩獨覺)이라고 한다. 흔치 않거나 어울리지 않음에 비유하여 우모(牛毛)와 맞선다. 『금강반야경소론찬요』 권상(대정장33, p.154c16)에 "입으로 외우는 이는 소털처럼 흔하나, 마음으로 통달한 이는 기린의 뿔처럼 드물다. 口諷牛毛 心通麟角", 『일체경음의』 권61(대정장54, p.712c7)에 "인각〈위의 소리는 인이고, 상서로운 짐승이다. 왕에게 도가 있으면 출현 뛰어나 드러나듯 사슴의 몸에 소의 꼬리이고 말발굽 같은 외로운 뿔 하나에 끝에는 살이 붙었다〉. 麟角〈上音隣 瑞獸也 王者有道則出現 麢身牛尾 馬蹄一角 角端有肉〉"라고 하였다. 〔참고문헌〕『金剛般若經疏論纂要』, 『一切經音義』, 『四分律行事鈔資持記』 권중(대정장40, p.262a26), 『南海寄歸內法傳』 권4(대정장54, p.228c27). ⇨ 서각 犀角, 인각유독각 麟角喩獨覺, 걸가비사나 揭伽毘沙拏, 기린 麒麟 [1]

인각사 麟角寺 경상북도 군위군 삼국유사면 화북리 화산(華山)에 있는 절. 대한불교조계종 제10교구 본사 은해사(銀海寺)의 말사로, 사역은 현재 사적으로 지정되어 있다. 『동국여지승람』 권27 경상도 의흥현 불우에는 "화산동 입구에 있는데, 석벽이 깎은 듯 서 있다. 세속에는 '옛날 기린이 뿔을 석벽에 걸쳤기에 이름하였다'고 전한다. 在華山洞口 有石壁矗立 俗傳昔麒麟掛角于壁 因爲名"라고 하였다. 창건자·창건시기와 관련해서는 642년(선덕왕11) 의상(義湘 625~702) 창건설과 643년 원효(元曉 617~686) 창건설이 전한다. 그 뒤의 연혁은 전하지 않지만, 고려 후기에 일연(一然 1206~1289)이 이곳에서 『삼국유사 三國遺事』를 저술하였는데, 「군위인각사보각국존정조탑비문 軍威麟角寺普覺國尊靜照塔碑文」(이지관 『교감역주역대고승비문』 고려편4 pp.246~247)에 "그 해에 조정에서는 인각사로써 스님의 하안지지로 삼고, 근시 김용일에게 명하여 절을 수즙케 하고, 또 토지 백여 경을 헌납하여 상주를 갖추도록 하였다. 스님께서 이 절에서 구산문의 도회를 개설하니, 총림의 성황이 근고에 비길 데 없었다. 是年朝廷 以麟角寺 爲下安之地 勅近侍金龍釰 修葺之 又納土田百餘頃 以資常住 師入麟角 再闢九山門都會 叢林之盛 近古未曾有也"라고 하였으며, 1289년(충렬왕15)에 일연의 승탑을, 1295년에는 탑비를 건립하였다. 1362년(공민왕11)에는 무무당을 낙성하였는데, 이색(李穡 1328~1396)이 쓴 『목은문고』 권1의 「인각사무무당기 麟角寺無無堂記」에 "대개 이 절은 불전이 높이 있고 중정에는 탑이 있으며, 왼쪽은 월랑, 오른쪽은 선당인데, 왼쪽은 가깝고 오른쪽은 멀어 배치가 맞지 않아 선당의 왼쪽에 무무당을 세워 좌우의 거리를 고르게 하였다. 집을 기둥으로 헤아리면 다섯인 것이 셋이고, 칸으로 계산하면 다섯인 것이 둘인데, 공의 열고 세우심이 새롭고도 묘하다. 신축년(1361) 8월에 시작하여 올해 7월에 마쳤고, 8월 갑자일에 총림법회로 낙성하였다. … 지정 임인년(1362)에 쓴다. 盖本寺佛殿據高中庭而塔 左以廡 右以膳堂 左近右遠 布置不稱 是以立無無堂于膳堂之左 於是左右相距均矣 其爲屋 以楹計之 爲五者三 以間計之 爲五者二 此公之創立新巧也 經始於辛丑之八月 訖功於今歲之七月 而八月甲子 爲叢林法會以落之 … 至正壬寅記"라고 하였다. 그 뒤 『태종실록』 권14 7년(1407) 12월 2일에 "의정부에서 명찰로서 여러 주의 자복사를 대체하고자 청하니 따랐다. … 조계종에서는 … 의흥의 인각사 … 이다. 議政府請以名刹 代諸州資福 從之… 曹溪宗 … 義興 麟角寺"라고 하였다. 1721년에 작성된 「화산인각사강설루중수기 華山麟角寺講說樓重修記」 『조선사찰사료』 권상에는 "본사는 신라 때 거찰이었으나 시운이 고르지 못하여 절의 모습이 쇠퇴하여 지금은 마치 없는 듯하다. … 대웅과 극락 두 전각은 어수선한데 기둥은 기울어 바르지 않고 바람에 깎이고 비에 씻겼으며, 장육상은 물이 흐를 만큼 참혹하였다. 本寺 以羅代巨梵 時運不齊 寺樣衰退 今至無寺焉 … 大雄極樂兩招提攘 傾柱不正 風以磨 雨以洗 丈六滲漏 所見慘"라고 하면서, 성화(性和)를 화주로 하여 쾌일(快日)·봉엽(奉曄)·혜언(慧彦) 등이 법당·승방·강설루 등을 중수하고 법당의 불상을 새로 조성하여 봉안하였다. 그 뒤 1932년에 사문(寺門)을, 1934년에 무너진 대웅전과 요사를 건립하였지만 대웅전과 요사는 1958년에 다시 무너졌으며, 1963년에 이도원(李滴源)의 시주로 중창불사를 봉행하여 강설루를 중수하고 극락전·명부전·미륵당을 보수하였으며 산령각과 요사를 새로 건립하였다. 1991년에 경북대학교박물관에서 대웅전터·강설루터 시굴조사를 시행한 이래 2018년까지 중앙승가대학교 불교사학연구소·재단법인 불교문화재연구소 등이 모두 11차례 발굴조사를 진행하여 건물터·우물터·담장터·가마터·배수로 등을 확인하였는데, 경내 한쪽에 다량의 석재를 쌓아 놓아야 할 정도로 큰 규모의 사찰이었음이 밝혀졌다. 특히 인각사는 1997년 사단법인 일연학연구원을 설립하여 2009년 이래 일연스님과 삼국유사 관련 학술제를 꾸준히 개최하고 있고, 2001년에는 진영을 새로 모셨다. 군위군 역시 2011년에는 삼국유사 테마파크를 열었고, 2021년에 고로면을 '삼국유사면'으로 변경하기도 하였다. 현재 사역 성역화사업이 진행되고 있는데, 현존하는 당우로는 극락전·국사전·명부전·산령각·미륵당·일연선사 생애관 등이 있으며, 극락전 오른쪽과 뒤쪽에는 보물로 지정된 일연의 보각국사탑과 탑비·경상북도유형문화재로 지정된 석불좌상이 자리하고 있다. 인각사에서 군위호에 이르는 절의 주변에는 '효행의 길'이라는 일연 테마로드가 개설되어 있는데, 일연선사 모친의 산소를 비롯하여 원래 승탑이 있었던 곳, 취진당법화대사탑·연월당계훈대사탑·청진당법장대사탑 등과 함께 복원된 보각국존탑비와 「인각사보각국사일연선사비중수기 麟角寺普覺國師一然禪師碑重竪記」 등이 분포하여 있다. 2022년에는 『삼국유사』가 유네스코 세계기록유산 아시아·태평양지역 목록에 등재되기도 하였다. [참고문헌] 『東國輿地勝覽』, 『伽藍考』, 『梵宇攷』, 『牧隱文藁』 卷1(한국문집총간5, 4b7), 『太宗實錄』 권14, 李智冠 『校勘譯註歷代高僧碑文』 高麗篇4, 『朝鮮寺刹史料』 권상 pp.416~417, 『韓國寺刹全書』 권하 p.962b1.

인각사보각국존정조탑및비 麟角寺普覺國尊靜照塔○碑 고려 후기 『삼국유사』의 저자인 보각국존(普覺國尊) 일연(一然 1206~1289)의 부도와 탑비. 부도 높이 2.42m, 탑비 높이 1.8m, 너비 1.06m, 자경 약 1.8cm. 화강암 재질의 부도는 군위호 입구의 화북3리 동남쪽 언덕에 있었는데, 지금은 극락전과 명부전 사이에 석불좌상과 함께 자리하고 있다. 점판암 재질의 탑비는 아랫부분 일부만 남은 채 극락전 오른쪽 뒤의 비각 안에 있는데, 2006년에 복원하여 인각사 동남쪽에 「인각사보각국사일연선사비중수기 麟角寺普覺國師一然禪師碑重竪記」 비와 함께 건립하였다. [부도] 자연석을 지대석으로 삼은 팔각원당형 부도로, 탑신 전면에는 '보각국사정조지탑 普覺國師靜照之塔'이라는 탑명을 새겼고, 후면에는 문비(門扉)를 새겼으며, 6면에는 사천왕상과 함께 연화좌 위의 보살입상 2위를 돋을새김하였다. 옥개석 밑에는 낮은 받침을 두었고, 낙수면은 가파른 편이다. 상륜부는 보개(寶蓋)·앙련(仰蓮)·보주(寶珠)가 하나의 돌로 되어 있다. [탑비] 제액은 보각국사비명(普覺國師碑銘). 민지(閔漬 1248~1326)가 왕명을 받들어 짓고, 1295

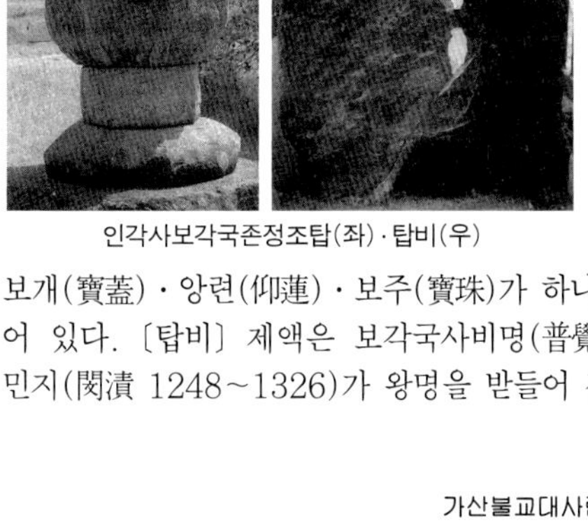

인각사보각국존정조탑(좌)·탑비(우)

년(충렬왕21) 8월에 문인 죽허(竹虛)가 왕명으로 왕희지(王羲之)의 글씨를 집자(集字)하였으며, 내원당겸주지(內院堂兼住持) 통오진정대선사(通奧眞靜大禪師) 청분(淸玢)이 비석을 세웠으며, 산립(山立)이 음기(陰記)를 지었다. 왕희지의 글씨를 집자하였기 때문에, 『승정원일기』 12책 인조4년(1626) 4월 6일에 "조익이 계를 올려 '이전에 천사(명 사신)가 왔을 때 전례에 따라 의흥 인각사 비를 구하였습니다. 글자가 결락되었더라도 천사는 역시 반드시 구할 것입니다. … '라고 하였다. 趙翼啓曰 前者天使之來 例求義興麟□寺碑 字缺天使亦必求之"라고 한 것처럼, 중국의 사신이나 우리나라의 명사들이 다투어 탁본을 소장하고자 하였던 탓에 지방 관리들과 인각사의 승도들이 빈번하고 고된 탑역(搨役)을 벗어나려고 비석을 깨트려 묻었다고 전한다. 홍양호(洪良浩)의 『이계집』 권16 「제인각사비 題麟角寺碑」(한국문집총간241, p.291a14)에는 그가 신라 폐사(廢寺)의 불전과 누각 아래에서 잘린 돌덩이 10여 개를 찾아내어 '인각 麟角'이란 두 글자를 확인하고 탁본을 제작한 일이 기록되어 있다. 현재 비신은 훼손이 심한 상태로 전면에 150여 자, 후면에 100여 자 정도를 확인할 수 있을 뿐이지만, 『대동금석첩 大東金石帖』 등 대략 24가지의 탁본이 전하고 있어, 전문은 아니더라도 비문의 내용은 확인 가능하다. 비음기(碑陰記) 역시 거의 파손되어 흩어져 있었는데, 박영돈(朴永弴)이 오랫동안 복원에 매진하여 복원본과 가묵본(加墨本)을 만든 뒤 가산지관(伽山智冠)의 감수를 거쳐 복원하였고, 가산지관은 여러 금석문자료를 교감(校勘)하고 수증(修證)한 보완본을 저본으로 하여 역주하기도 하였다. 비문은 『조선금석총람』 권상 pp.469~473, 『한국금석전문』 중세하 pp.1067~1077에 수록되어 있으며, 이지관 『교감역주역대고승비문』 고려편4 pp.190~282에는 비문과 음기에 대한 교감역주가 수록되어 있다. 〔참고문헌〕 『承政院日記』, 『耳溪集』, 『朝鮮金石總覽』, 『韓國金石全文』, 李智冠 『校勘譯註歷代高僧碑文』 高麗篇4. ⇨ 일연 一然, 인각사 麟角寺

인각사보각국사비 제액과 비문 탁본

인각유독각 麟角喩獨覺 [S] khaḍga-viṣāṇa-kalpa, [P] khagga-visāṇa-kappa, [T] bse-ru-lta-bu. 이종독각(二種獨覺) 중 하나. 기린 뿔에 비유하는 독각. 부처님이 없는 세계에서 어떤 스승에도 의지하지 않고 함께 수행하는 동료도 없이 오로지 홀로 정진하여 깨달은 이. 줄여서 인각독각(麟角獨覺)·인각유(麟角喩)라고도 하고, 구역은 서각유독각(犀角喩獨覺)이고 함께 수행하는 무리가 있는 부행독각(部行獨覺)과 맞선다. 『대비바사론』 권7(대정장27, p.33a10)에 "〔문〕 독각은 어떠한가? 〔답〕 인각유독각은 보살의 경우와 같고, 부행독각은 (종성이) 정해지지 않았으니 성문의 경우와 같다. 問獨覺云何 答 麟角喩獨覺 如菩薩說 部行獨覺不定 如聲聞說", 같은 책 권30(대정장27, p.156b26)에 "인각유란 근기가 극히 뛰어나 홀로 나타나기를 즐기기에 마땅히 알라. 저 부처님처럼 반드시 둘이 함께 세간에 나오지 않는다. 저 사리자와 같이 어울려 나타나지 않는데, 하물며 저 사리자보다 몇 갑절 뛰어난 인각유야 더 말해 무엇하랴! 麟角喩者 根極勝故 樂獨出故 當知如佛 必無有二並出世間 如舍利子尙無並出 況麟角喩勝彼多倍"라고 하였다. 〔참고문헌〕 『大毘婆沙論』, 『俱舍釋論』 권9(대정장29, p.222a20), 『瑜伽師地論』 권34(대정장30, p.478a15), 『仁王經疏』 권상(대정장33, p.368b15·한불전1, p.29c8), *Divy.294.*, *Abh-k-bh.183.*, *Mvyut.45.*, *Vism.234.* ⇨ 이종독각 二種獨覺, 부행독각 部行獨覺, 독각 獨覺 **1**, 인각 麟角

인간 人間 **1** [S] manuṣya, [P] manussa, [T] mi. 오취(五趣)·육도(六道)·십계(十界) 중 하나. 인류가 살고 있는 세계. 또는 인류 자체를 가리키는 말. 인간계(人間界)·인계(人界)·인취(人趣)·인도(人道) 등이라고도 쓰며, 마나사야(摩拏史也)·마누사(摩㝹沙·摩㝹史)·마노사(摩奴闍)·말노사(末奴沙) 등이라고 음사한다. 『법화경』 권4(대정장9, p.30c13 : *Saddh-p.*, p.225)에 "약왕이여! 이 모든 사람들 한결같이 일찍이 십만억의 부처님들께 공양하고 부처님들이 계신 곳에서 큰 서원을 성취하였지만 중생을 가엾이 여기기에 이 인간세상에 남을 알아야 합니다. 藥王 當知 是諸人等 已曾供養十萬億佛 於諸佛所 成就大願 愍衆生故 生此人間 buddhakoṭīnayutaśatasahasrakṛtapraṇidhānās te bhaiṣajyarāja kulaputrā vā kuladuhitaro vā bhaviṣyanti. sattvānām anukampārtham asmin jambudvīpe manuṣyeṣu pratyājātā veditavyāḥ", 『대지도론』 권4(대정장25, p.89c9)에 "보살은 도솔천상에 난 다음 네 가지로 인간세상을 관한다. 첫째 때를 관하고, 둘째 토지를 관하며, 셋째 종성을 관하고, 넷째 날 곳을 관한다. 菩薩兜率天上生竟 以四種觀人間 一者 觀時 二者 觀土地 三者 觀種姓 四者 觀生處", 『치문경훈』 권9(대정장48, p.1087b20)에 "도를 보고 산을 잊은 이는 인간세상이라도 고요하고, 산을 보고 도를 잊은 이는 산속이라도 시끄럽다. 見道忘山者 人間亦寂也 見山忘道者 山中乃喧也"라고 하였다. 〔참고문헌〕 『法華經』, 『大智度論』, 『

緇門警訓』, *Saddh-p.*, *Yogā-bh.77.*, *MN.1.73.* ⇨ 인인, 마노사 摩奴闍, 인도 人道❶, 인취 人趣, 인계 人界, 사주 四洲, 오취 五趣, 육도 六道, 십계 十界❷ ❷ 속세(俗世)의 뜻. 『증일아함경』 권30(대정장2, p.712c17)에 "사리불이 가고 오래되지 않았을 때 한 비구가 그를 비방하려는 뜻을 품고서 세존께 아뢰었다. '사리불은 비구들과 다투고 나서 참회하지 않았는데, 지금 사람들 사이를 돌아다니고 있습니다'. 時 舍利弗去未久 有一比丘 懷誹謗意 白世尊言 舍利弗 與諸比丘 共諍競 不懺悔 今遊行人間"라고 하였다. [참고문헌] 『增壹阿含經』.

인간 印簡 1202~1257. 송말원초(宋末元初) 임제종 스님. 자는 해운(海雲), 송(宋)씨. 산서성(山西省) 영원(寧遠 : 五寨) 출신. 일곱에 유교서적을 읽고 열한 살이던 1212년(숭경1) 중관소(中觀沼) 문하에서 구족계를 받았다. 중관의 유명을 따라 북쪽 연경(燕京 : 北京)으로 떠나던 길에 비를 맞아 추워지자 부싯돌로 불을 일으키는 순간 크게 깨닫고 "이제야 비로소 알았네. 눈썹은 가로고 코는 곧은지를. 믿고 가야 하리. 천하의 노화상들이 잠꼬대를 하지 않으신 길을. 今日始知 眉橫鼻直 信道天下老和尙不寐語"(『오등전서』 권56, 卍속장141, p.206b18)라고 말한 뒤 마침내 연경 대경수사(大慶壽寺)의 중화장(中和璋)을 친견하고 그 경계를 인가받고 그의 법을 이었다. 이때부터 명성이 자자해지면서 인지사(仁智寺)·홍국사(興國寺)·영경사(永慶寺)·대경수사(大慶壽寺) 등에 주석하며 종지를 떨쳤다. 원나라 태종(太宗) 때인 1237년 광천진국대사(光天鎭國大士)라는 호를 하사받았다. 그 뒤 헌종(憲宗)이 청하여 법요를 전하였고, 당시 즉위하기 이전의 세조(世祖)도 스승의 예를 갖추어 섬겼다. 1257년(헌종7) 세수 56세로 입적하였다. 시호는 불일원명대사(佛日圓明大師)이다. [참고문헌] 『五燈全書』, 『佛祖歷代通載』 권21(대정장49, p.702b10), 『禪林僧寶傳』 권8(卍속장137, p.691a4), 『五燈會元續略』 권2(卍속장138, p.922a9).

인간바라문 人間婆羅門 불선바라문(不禪婆羅門)을 달리 일컫는 말. 세간에서 사람들과 어울려 지내는 바라문. 바라문 종성의 시초에 해당한다. 『장아함경』 권6 「소연경 小緣經」(대정장1, p.38c10)에 "이에 세인들이 불선바라문이라고 칭하였고, 인간세상으로 들어왔기에 인간바라문이라고 하였다. 이에 세간에 바라문종이 있게 되었다. 於是世人稱不禪婆羅門 由入人間故 名爲人間婆羅門 於是世間有婆羅門種"라고 하였다. [참고문헌] 『長阿含經』. ⇨ 불선바라문 不禪婆羅門

인간사어천문약뢰 人間私語天聞若雷 사람들 사이의 사사로운 말이라도 하늘은 우레와 같이 듣는다는 말. '깜깜한 방에서 딴마음을 품어도 신은 번개처럼 알아본다. 暗室虧心神目如電'와 같이 쓴다. 『종용록』 55칙 「본칙 本則」(대정장48, p.262a28)에 "덕산이 전해 듣고 시자를 시켜 암두를 불러 물었다. '너는 나(老僧)를 옳게 여기지 않느냐?'〈기름을 뿌려 불을 끄려 한다〉. 암두가 비로소 자기 뜻을 열어 보이니〈사람들 사이에 몰래 주고받은 말이라도 하늘은 우레와 같이 듣는다〉, 덕산 이에 다 놓고 가버렸다〈과연 이해하지 못하였다〉. 山聞令侍者喚巖頭問 汝不肯老僧那〈潑油救火〉 巖遂啓其意〈人間私語天聞若雷〉 山乃休去〈果然不會〉"라고 하였다. [참고문헌] 『從容錄』, 『歸元直指集』 권하(卍속장108, p.300a14).

인강사 印江寺 충청남도 부여군 석성면 현내리에 있던 절. 백제시대에 창건되었으나, 여러 차례의 병화(兵火)로 소실되었다고 전한다. [참고문헌] 『文化遺蹟總覽』 권상(文化財管理局, 1977) p.673.

인개 忍鎧 인(忍)이라는 갑옷. 인은 일체번뇌를 막아내기에 갑옷에 비유하고, 가사(袈裟)의 별명이다. 80권본 『화엄경』 권77 「입법계품 入法界品」(대정장10, p.426a21 : *Gaṇḍ-vy.*, p.381)에 "인이라는 갑옷 입고 해탈의 수레 올라서 지혜로 빛나는 칼 잡고서 삼유 안에 모든 번뇌 도적들 물리치네. 忍鎧解脫乘 智慧爲利劍 能於三有內 破諸煩惱賊 kṣāntidharmatrivimokṣavāha no jñānakhaṅga ripukleśadharṣakaḥ", 『대지도론』 권10(대정장25, p.133a8)에 "인이라는 갑옷으로 마음을 견고히 하고, 정진이라는 활 힘 있게 하며, 지혜의 유연한 화살 힘껏 당겨 교만한 여러 적을 부수네. 忍鎧心堅固 精進弓力强 智慧利勁箭 破憍慢諸賊", 『사분율명의표석』 권26(卍속장70, p.803a12)에 "『대정법문경』에 '가사란 한역하여 거예라고 한다'고 하였고, 『대집경』에서는 이염복이라 하였고, 『현우경』에서는 출세복 또는 인개라고 하였다. 大淨法門經云 袈裟者 晉名去穢 大集經 名離染服 賢愚經 名出世服 亦名忍鎧"라고 하였다. [참고문헌] 『華嚴經』, 『大智度論』, 『四分律名義標釋』, 『集沙門不應拜俗等事』 권2(대정장52, p.453b13), *Gaṇḍ-vy.* ⇨ 인욕 忍辱, 가사 袈裟

인개모우 鱗介毛羽 물고기와 조개 그리고 털로 나는 무리. 미물(微物)을 대표한다. 『홍명집』 권3 「손작유도론 孫綽喩道論」(대정장52, p.16b10)에 "물고기와 조개 무리 언덕 위 땅 위의 일을 알지 못하고, 털로 나는 무리들 물길과 파도의 흐름 알지 못하네. 鱗介之物 不達皐壤之事 毛羽之族 不識流浪之勢"라고 하였다. [참고문헌] 『弘明集』, 『一切經音義』 권31(대정장54, p.514a16).

인객 人客 손님. 『대반열반경』 권중(대정장1, p.200b

25)에 "아난은 나아가거나 멈추는 때를 잘 안다. 어떤 손님이 와서 나를 보고자 하면, 아난은 바로 먼저 그 적절한 때를 헤아린다. 阿難善知進止時節 若有人客 欲來見我 阿難卽先思量其時", 『선원청규』 권1 「입실 入室」(卍속장111, p.884b13)에 "긴급하게 찾아온 손님이나 중요한 사무가 아니면 입당한 때에는 통보해서는 안 된다. 非緊急人客 要切事務 於入堂時 不得通報"라고 하였다. [참고문헌] 『大般涅槃經』, 『禪苑淸規』, 『宗門武庫』(대정장47, p.955a4).

인건도 人犍度 이십건도(二十犍度) 중 하나. 승잔죄를 범한 이에게 참회하게 하는 내용으로 부장갈마(覆藏羯磨)·마나타(摩那埵)·출죄(出罪) 등에 대하여 밝힌다. 팔리율장 건도부에서는 소품(小品) 제3 집건도(集犍度)에 해당한다. 승잔회법(僧殘悔法)·별주법(別住法)·별주건도(別住犍度) 등이라고도 한다. 『사분율소』 권9(卍속장65, p.856b8)에 "법을 행함에 나아가서는 마땅히 참회건도라고 해야 하지만, 여기서는 참회를 행하는 사람을 기준으로 하여 제목을 드러냈기에 인이라고 했다. 법도대로 밝히고 참회하면서 한곳에 모여 있기에 인건도라고 부른다. 若就行法 應名懺悔揵度 今約能懺行者 以標其目 故名爲人 度明人懺 集在一處 故稱人揵度"라고 하였다. [참고문헌] 『四分律疏』, 『四分律名義標釋』 권30(卍속장70, p.854a13). ⇨ 별주 別住, 승잔 僧殘, 마나타 摩那埵, 이십건도 二十犍度, 율장 律藏

인검 仁儉 당대 북종(北宗) 스님. 호는 복선(福先). 숭악혜안(嵩嶽慧安 582~709)의 제자이자, 5조 홍인(弘忍 601~674)의 손제자. 혜안에게서 공부를 마치고 이곳저곳을 방랑하였기에 등등화상(騰騰和尙)이라는 별명이 붙었다. 후에 낙양(洛陽) 복선사(福先寺)에 주석하였다. 측천무후(則天武后)가 천책만세년(695)에 입전(入殿)할 것을 명하자, 가서 아무 말 없이 측천을 우러러 보았다(仰視). 말을 하지 않는 계(不語戒)를 지키고 있다 말하고, 다음 날 단가(短歌) 19수를 지어서 올렸다. 측천이 흡족해 하며 하사품을 내렸으나 받지 않았다. 단가 19수가 천하에 유포되었는데 그 가사는 법의 이치를 부연(敷演)하는 내용이었다. 그중에서 시속(時俗)을 경책하는 「요원가 了元歌」 1수만이 『경덕전등록』 권30(대정장51, p.461b6)에 전한다. [참고문헌] 『景德傳燈錄』·권4(대정장51, p.232c15), 『釋氏稽古略』 권3(대정장49, p.820a22). ⇨ 인검단게 仁儉短偈, 등등화상요원가 騰騰和尙了元歌

인검단게 仁儉短偈 복선인검(福先仁儉)이 측천무후(則天武后)에게 짧은 게송 19수를 올린 인연. 『선원몽구』 권중(卍속장148, p.251a1)에 "인검단게〈출처는 『경덕전등록』 권4〉: 낙경(洛京 : 河南省 洛陽) 복선사의 인검선사는 숭산에서 문답을 마치고 교외나 저잣거리를 방랑하여 당시 선사를 등등화상이라 불렀다. 당나라 천책년간에 천후(天后)가 조서를 내려 궁궐로 들어오라고 명하였다. 궁전 앞에 당도하여 천후를 우러러 보고 말없이 있다가 말하였다. '아셨습니까?' '모르겠습니다'. 인검은 '저는 말하지 않는 계를 지키고 있습니다'라고 말을 마치고 물러나왔다. 다음 날 단가(短歌) 19수를 올리자, 천후가 보고서 기뻐하였다. 仁儉短偈〈傳燈四〉 洛京福先寺仁儉禪師 自嵩山罷問 放曠郊鄽 時謂之騰騰和尙 唐天冊間 天后詔入內 至殿前仰視天后 良久曰會麽 后曰不會 師云 老僧持不語戒 言訖而出 翌日晉短歌十九首 天后覽而嘉之"라고 하였다. [참고문헌] 『禪苑蒙求』, 『景德傳燈錄』 권4(대정장51, p.232c16). ⇨ 인검 仁儉

인게다 因揭陀 Ⓢ Aṅgaja. 십육나한(十六羅漢) 중 열세 번째 존자. 인갈다(因羯陀·因竭陀)·인게라(因揭羅)·인게라다(因揭羅陀)라고도 하고, 기점(機點)으로 한역하기도 하였다. 권속 일천삼백의 아라한과 함께 광협산(廣脅山 Ⓢ Vipula)에 머무르며 정법을 지키고 중생을 이롭게 한다고 전한다. 당(唐)나라 때 관휴(貫休)가 그린 나한도에 따르면, 명아주 지팡이에 몸을 기댄 채 고개는 떨구었으며 오른손으로는 경을 떠받치고 왼손으로는 구슬을 쥔 모습이다. 『법주기』(대정장49, p.13a7)에 "다시 대중이 거듭 청하며 '설하신 십육대아라한에 대해 우리들은 그 이름이 무엇인지 알지 못합니다'라고 하자, 경우(慶友 Ⓢ Nandimitra : 難提蜜多羅)가 답하였다. '… 제13 존자는 인게다이다'. 復重請言 所說十六大阿羅漢 我輩不知其名何等 慶友答言 … 第十三尊者 名因揭陀", 『십육대나한인과식견송』(卍속장3, p.842b11)에 "제13 인게다존자 : 범어 인게다는 한역어가 없다. 이 존자는 1,300명의 아라한과 함께 대부분 광협산에 머무르고 있다. 十三因揭陀尊者 梵語因揭陀〈無翻〉 此尊者 與一千三百阿羅漢 多分住在廣脅山

인게다 16나한도 대구 파계사 19세기(좌)
인게다 탕카 화정박물관(우)

中", 『자백존자전집』 권18 「당관휴화십육응진찬 唐貫休畫十六應眞贊」(卍속장126, p.945a13)에 "제13 인게다존자 : 명아주 지팡이에 어깨를 기대고 왼손에는 경을 떠받쳤네. 고개 떨군 채 주시하며 오른손엔 구슬을 쥐었네. 第十三因揭陀尊者 杖藜倚肩 左手托經 垂頭而注視 右手掐珠"라고 하였다. 〔참고문헌〕『法住記』, 『十六大羅漢因果識見頌』, 『紫柏尊者全集』. ⇨ 십육나한 十六羅漢

인게라 因揭羅 Ⓢ Aṅgaja. 인게다(因揭陀). 『법화경소의찬』 권2(卍속장45, p.407b2)에 "『법화문구기』 권2(대정장34, p.179a6)에서 『보운경』 권7을 인용하여 '부처님께서 십육나한에게 기별하셨다'고 하였는데, 검증 못한 경에 따르면 첫 번째는 빈도라발수사(Ⓢ Piṇḍola-bharadvāja)이고, … 열세 번째는 인게라이다. 記引寶雲經第七 佛記十六羅漢者 未檢經有云 一 賓度羅跋隨闍 … 十三 因揭羅"라고 하였다. 〔참고문헌〕『法華經疏義纘』, 『法華文句經』. ⇨ 인게다 因揭陀

인게라다 因揭羅陀 Ⓢ Aṅgaja. 인게다(因揭陀). 『법화경문구보정기』 권1(卍속장45, p.37b7)에 "제13 인게라다 : 한역하여 기점(機點)이다. 十三因揭羅陀 此云機點"라고 하였다. 〔참고문헌〕『法華經文句輔正記』. ⇨ 인게다 因揭陀, 십육나한 十六羅漢

인견 人見 Ⓢ pudgala-dṛṣṭi, Ⓣ gang-zag tu lta-ba. 선악의 행위 등을 상속케 하는 인(pudgala)이 따로 있다는 견해. 『능가경』 권3(대정장16, p.499b3 : *Laṅk.*, p.146)에 "이런 인이 있어, 나는 '차라리 인견을 취하여 저 수미산 같다 할지언정 아무것도 없다는 증상만의 공견을 일으키지는 않겠다'고 말한다. 因是故 我說寧取人見 如須彌山 不起無所有 增上慢空見 idaṃ ca mahāmate saṃdhāyoktaṃ mayā varaṃ khalu sumerumātrā pudgaladṛṣṭir na tv eva nāstyastitvābhimānikasya śūnyatādṛṣṭiḥ", 『능가경참정소』 권5(卍속장27, p.79b11)에 "'차라리 인견을 취한다'라는 말은 인견은 유에 집착하지만 오히려 교화할 수 있는 반면 증상만의 공견은 결코 교화할 수도 없어 허물의 뿌리가 참으로 깊다. 寧取人見者 人見著有 猶可化故 增上慢空見 必不可化 爲過實深"라고 하였다. 〔참고문헌〕『楞伽經』, 『楞伽經參訂疏』, *Laṅk.* ⇨ 인 人, 아견 我見, 인아견 人我見, 무아 無我, 유신견 有身見

인경 人境 사람과 경. 임제의현(臨濟義玄)의 사료간(四料簡)을 성취하는 개념이다. 『오가종지찬요』 권상(卍속장114, p.508b18)에 "사료간은 인과 경 두 글자만 있는데, 다시 법이라는 한 글자를 더했는가? 무릇 인이란 체에 당해 작용하는 이를 가리키고, 경이란 사물을 들어 보이는 말이다. 법인즉 근기에 따라 마주해 이끄는 말이다. 然四料揀中 止有人境二字 而復增一法字者何 大約人則就其當體作用者言 境則就其卽物拈示者言 法則就其隨機接引者言"라고 하였다. 〔참고문헌〕『五家宗旨纂要』. ⇨ 사료간 四料簡

인경 引磬 맑고 멀리 퍼지는 소리로 대중을 인도하는 법구. 그릇 모양의 작은 종. 손잡이를 달아서 휴대가 가능하도록 한 것을 수경(手磬)이라고 한다. 『선림상기전

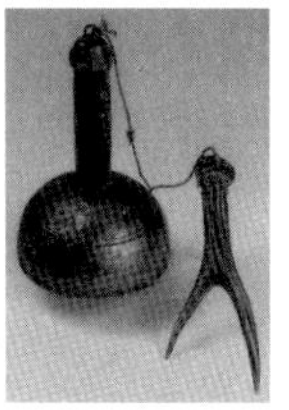

인경 양산 통도사 조선후기(좌)·인경 김천 직지사 조선말기(우)

』 권18 「인경」(불광장, 禪藏, p.1414)에 "도충이 말한다. '청나라 선림의 소경은 복숭아만 하다. 바닥에 구멍을 내어 작은 대나무가지를 꿰어 연결하여 자루로 삼고, 쇠로 만든 작은 채로 쳐서 소리를 낸다. 이것을 인경이라 하는데 대개는 대중을 인도하기에 붙여진 이름이다'. 忠曰 大淸禪刹 小磬如桃大 底有竅 貫緖 連縛小竹枝爲柄 以小鐵桴擊之 名爲引磬 蓋因導引衆故名"라고 하였다. 〔참고문헌〕『禪林象器箋』. ⇨ 수경 手磬

인경 引頸 목을 길게 늘인다는 말. 사모하거나 한껏 기대하는 모양. 『별역잡아함경』 권2(대정장2, p.382a27)에 "부처님 앞에 멈춰서는 몸소 부처님 주변을 돌고 나서 목을 길게 빼고 머리를 들어 부처님 정수리 높이에 두었다. 住於佛前 以身遶佛 引頸擧頭 當佛頂上", 『집이문족론』 권6(대정장26, p.392c2)에 "만일 구하여 얻지 못하더라도 결코 탄식하지 않고 목을 길게 하고 희망하며 답답한 가슴을 쓸어내린다. 若求不得 終不懊歎 引頸希望 撫胸迷悶", 『동산어록』(대정장47, p.522c11)에 "용아가 덕산에게 물었다. '제가 막야검을 빼어 들고 스님의 목 취한다면 어떻게 하시겠습니까?' 덕산이 목을 길게 빼고 다가서며 '화!' 하고 소리 질렀다. 용아가 '머리가 떨어졌군요'라고 함에 덕산이 껄껄대고 크게 웃었다. 龍牙問德山 學人仗鏌鎁劍 擬取師頭時如何 德山引頸近前云 囫 龍牙云 頭落也 德山呵呵大笑"라고 하였다. 〔참고문헌〕『別譯雜阿含經』, 『集異門足論』, 『洞山語錄』, 『大般若經』 권587(대정장7, p.1037a14).

인경 印經 목판(木板)이나 활자(活字)로 제작된 경판을 바탕으로 먹물을 칠하고 인경지(印經紙)를 덮어 여러 부(部)로 베껴내는 일. 그 과정을 인출(印出), 영인(影印)이라고도 한다. 판본 제작의 주체가 사찰이면 사

간판(寺刊板), 국가이면 국간판(國刊板)이라 한다. 또한 판본을 제작 후 처음으로 찍어낸 본은 개판본(開板本), 개판한 목판을 사용하여 다시 찍어낸 본은 중간본(重刊本), 개판한 목판이 소실되어 개판본인 서책을 뒤집어 붙이고 다시 새겨서 찍어낸 본은 번각본(翻刻本)이라 한다. 【우리나라 인쇄문화 발전과 인경】 우리나라의 인쇄문화는 인경의 역사와 함께 발전해 왔다. 세계에서 가장 오래된 현존 목판 인쇄물인 『무구정광대다라니경 無垢淨光大陀羅尼經』은 751년(경덕왕10) 무렵에 인쇄된 경전으로서 불국사 석가탑에서 출토되었다. 초기의 목판 인쇄는 본문 내용이 짧은 경전을 목판에 새겨 다량으로 간행 보급한데서 꽃을 피웠고, 그후 신라말에 일반 서적의 간행으로도 이어져 널리 보급되었다. 고려시대에는 불교의 성행으로 경전의 판각과 간행이 크게 증가하였으며, 역사적인 국간판 대장경 조성불사가 이루어졌다. 1007년(목종10)에 개성 총지사(摠持寺)에서 간행한 『일체여래심비밀전신사리보협인다라니경 一切如來心祕密全身舍利寶篋印陀羅尼經』을 비롯하여, 11세기에는 6천 여 권의 방대한 초조대장경(初雕大藏經)을 간행하였다. 초조대장경은 현종(顯宗 재위 1009~1031) 때 거란(契丹)의 침입을 막기 위해 발원하여 1011년(현종2)부터 판각하여 1076부 5048권을 인경하였다. 하지만 1231년(고종18) 몽고군의 1차침입 때 거의 불타버리고 낱권 형태의 초조본 경전들이 국내와 일본 경도 남선사(南禪寺) 등에 전하고 있다. 이어 13세기에 교장(教藏)과 세계 목판인쇄사에서 가장 정확하고 아름다운 새김으로 평가받는 재조대장경(再雕大藏經)을 새

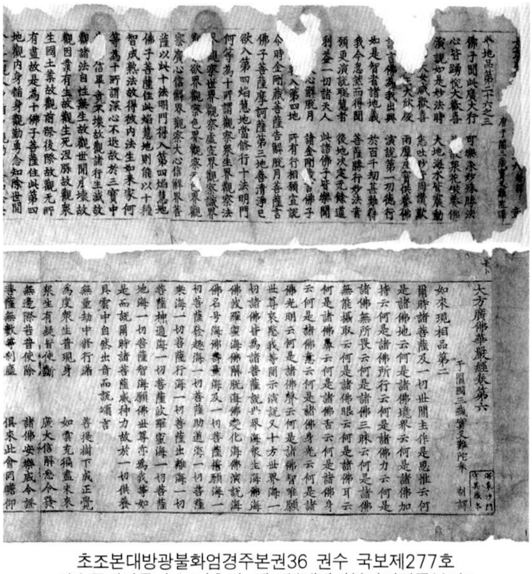

초조본대방광불화엄경주본권36 권수 국보제277호 한솔종이박물관 고려초기·재조본대방광불화엄경주본권6 국보제203호 성암고서박물관 12세기

겨 인경하였다. 재조대장경은 1236년(고종23) 10월부터 각판불사를 시작하여 무려 16년만인 1251년(고종38) 9월에 마쳤으니 81,258판, 1512종, 6819권이다. 재조대장경판은 강화도 선원사(禪源寺)에 봉안되었다가 1398년(태조7) 5월 10일에 한양의 용산강(龍山江)으로 이운되었다. 같은 달 12일에 2천 명이 동원되어 지천사(支天寺)에 잠시 봉안하였다가 합천 해인사로 이안(移安)되어 오늘에 이른다. 고려시대 목판 기술의 발전은 금속활자(金屬活字)의 발명으로 이어졌다. 활자로 찍은 『남명천화상송증도가 南明泉和尙頌證道歌』를 1239년(고종26)에 번각하여 찍어낸 인경본이 전래되고 있으며, 1377년(우왕3) 청주 흥덕사(興德寺)에서 활자를 주조(鑄造)하여 인경한 『불조직지심체요절 佛祖直指心體要節』(약명 『직지』)은 세계에서 가장 오래된 금속활자본이다. 『직지』는 우리나라의 귀중한 성보(聖寶)임에도 해외로 반출되어 파리국립도서관에 하권 1책이 소장되어 있으므로, 『직지』의 환수를 위한 국가적·불교종단적인 노력이 계속되고 있다. 고려시대 인쇄는 스님들이 판각·인출·장책 기술을 전수했기에 사찰이 인쇄문화의 중심 역할을 맡았다. 이렇게 사찰에서 영인·간행된 많은 경전들은 판각이 정교하고 고상하며 먹색이 선명하게 윤이 나는 우수한 인쇄물로 평가된다. 고려시대 주된 인경 사찰로는 진관사(眞觀寺)·금산사 광교원(廣教院)·보제사(普濟寺)·해인사(海印寺)·부인사(符仁寺)·부석사(浮石寺)·조계산 수선사·백련사(白蓮社)·달성 인흥사(仁興社)·묘련사(妙蓮社)·보성사(寶城寺)·계룡산 동학사(東學社)·소백산 정각사(正覺社)·전주 덕운사(德雲寺)·전주 원암사(圓巖寺)·남원 귀정사(歸正寺)·영통사(靈通寺)·안성 청룡사(青龍寺)·광명사(廣明寺)·지리산 무위암(無爲菴)·천녕 취암사(鷲巖寺)·충주 청룡사(青龍寺)·개경 금사사(金沙寺)·고달사(高達寺) 등이 확인된다. 조선시대에는 억불의 환경이었지만 오히려 경전의 판각과 인경불사는 계속 활기차게 이어졌다. 조선 전 시기를 걸쳐 경전은 지속적으로 판각 유통되었으며, 활자 인쇄는 재료 면에서 동(銅)·연(鉛)·철(鐵)·나무·찰흙 등과 같이 그 종류도 다양해졌다. 활자본 인쇄로는 초주갑인자(初鑄甲寅字)로 1447년(세종29)에 간행한 『석보상절 釋譜詳節』과 『월인천강지곡 月印千江之曲』이 있고, 1457년(세조3)에는 동(銅)활자인 정축자(丁

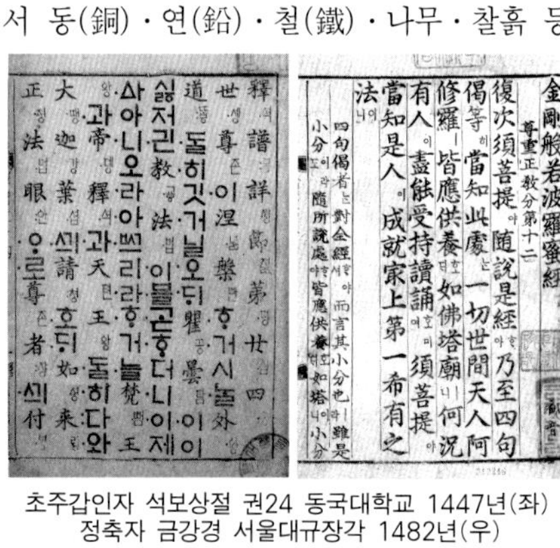

초주갑인자 석보상절 권24 동국대학교 1447년(좌)
정축자 금강경 서울대규장각 1482년(우)

丑字)를 만들어 『금강경』을 간행하였다. 1465년(세조11)에는 을유자(乙酉字)를 주조하여 『원각경』을 비롯한 불경을 간행하였다. 한자 활자와 함께 한글 활자도 만들어 한글로 번역한 불경을 간행하였는데 『육조대사법보단경 六祖大師法寶壇經』과 『진언권공 眞言勸供』은 한글 연구에도 중요한 자료로 남았다. 이와 같이 우리 문화에 있어 활자의 발명과 진전은 오랜 기간 동안 불교경전의 간행을 위한 노력과 밀접한 연관을 맺어 왔다. **【팔만대장경 인경 역사】** 해인사팔만대장경의 인경불사(印經佛事)는 경판의 수에 비례하여 막대한 시간과 비용이 들었다. 『세조실록』 권9 3년(1457) 9월 23일에 세조가 경상도 관찰사에게 내린 유시에 따르면, 인경작업이 복잡하고 오랫동안 지속해야 하며, 인경할 사우(舍宇)를 조성하고 종이와 먹을 만들며, 인경에 참여하는 승도들을 지휘하고 진행을 보조하는 백성들을 거두고, 채소·염장(鹽醬)·기명(器皿)과 같은 공급(供給)에 쓰이는 물건을 조달해야 하는 막대한 불사였다. 조선시대 이래 현대까지 팔만대장경의 주요 인경불사를 정리하면 다음과 같다. 〔태조 이성계 발원 1393년 인경〕 태조 이성계(李成桂)는 1392년(태조1) 윤12월 4일(경진)에 첨서중추원사(僉書中樞院事) 정총(鄭摠)에게 대장경원문 印出大藏經願文」을 짓게 하고, 1393년 7월에 스스로 지은 「인경발문 印經跋文」에 "이러한 즉위 초에 옛 탑을 거듭 영하여 장엄을 모두 갖추고 이어 군신과 발원하여 대장을 이루어서 탑에 봉안합니다. 바라오니, 밀호로 인하여 법운이 널리 퍼지고 군물이 다 소생하며, 나라와 백성이 복되고 이로우며 병기와 칼자루도 세상에서 다스려져, 만세에 길이 힘입는 이것이 과인의 원이옵니다. 肆於卽位之初 重營古塔 莊嚴畢備 仍與君臣 願成大藏 以安于塔 冀因密護 法雲廣布 群物咸蘇 福國利民 兵韜世治 萬世永賴 此寡人之願也"라 하고, 말미에 발문 동원자(同願者)로 왕실가족과 정도전·이지란과 당시 해인사 주지 경남(敬南) 등 86인의 명부가 전한다. 불사회향시 해인사 대적광전 앞에 있는 정중탑(庭中塔)의 보수·장엄을 마치고 탑 안에 인경본을 봉안하였다. 〔세조 발원 1457년 인경〕 세조는 1457년(세조3) 6월 20일에 대장경(大藏經) 50벌을 인출할 종이 40만 6천 2백 권을 각도에 마련하게 하되 중국삼(漢麻)을 닥나무 껍질과 섞어서 제조(製造)하게 하였다. 6월 26일에는 인경에 필요한 물자를 각도에서 마련하여 해인사에 보내도록 하였는데, 그 품목은 다음과 같다. 충청도에서 종이 5만 1126권·먹(墨) 875정(丁)·황랍(黃蠟) 60근(觔), 전라도에서 종이 9만 9004권·먹 1750정·황랍 125근, 경상도에서 종이 9만 9004권·먹 1750정·황랍 70근·호마유(胡麻油) 100두(斗), 강원도에서 종이 4만 5126권·먹 875정·황랍 125근, 황해도에서 종이 1만 1126권·먹 875정·황랍 60근이었다. 9월 23일 경상도관찰사에게 유시하여 인경경차관(印經敬差官)과 더불어 해인사 인경불사를 보살피도록 하였다. 이듬해인 1458년(세조4) 6월에 김수온(金守溫)이 왕명을 받들어 「인대장경오십건발 印大藏經五十件跋」을 짓고, 7월 27일에 인경경차관 정은(鄭垠)이 대장경(大藏經) 3부질을 올리자 이를 흥천사(興天寺)에 봉안케 하였다. 이때의 인경불사에는 통예문사(通禮門事) 윤찬(尹贊)과 인경경차관 정은 및 혜각존자(慧覺尊者) 신미(信眉)·판선종사(判禪宗事) 수미(守眉)·선사(禪師) 학열(學悅)·해인사 주지 죽헌(竹軒) 등이 솔선했다. 〔연산군비인 신비 발원 인경〕 황악산 직지사 등곡학조(燈谷學祖)가 지은 「인성대장경발 印成大藏經跋」에 따르면, 1500년(연산군6) 봄에 신비(愼妃)가 국가안녕과 주상전하 및 원자(元子)를 위하여 주지(做紙) 8천여 권으로 인경케 하고 1501년 4월 108명의 큰스님을 초빙하여 3일간 설법하는 회향법회를 열었다. 한편 풍계명찰(楓溪明詧)이 지은 「가야산해인사대장경인출문」(『풍계집』 권하·한불전9, p.155c20)에는 20부질을 인출하였다고 기록하고 있다. 〔남호영기와 남명 발원 1865년 인경〕 해인사 해명장웅(海冥壯雄)의 「인성대장경발 印成大藏經跋」에 따르면, 1865년(고종2) 남호영기(南湖永奇)와 남명(南溟)이 화주로서 1만 4000냥을 마련하여 부림(部林)이 감역(監役)하고 청하(淸霞)·영응(影應)·통허(通虛) 등이 일을 살펴서 2부질을 인경하고 1부질은 오대산 상원사에, 1부질은 설악산 오세암에 각각 봉안하였다. 〔용악혜견 발원 1899년 인경〕 안변 석왕사(釋王寺)의 용악혜견(龍岳慧堅)이 불교중흥과 나라의 부흥 및 국민안녕을 위해 『금강경』 십만독 기도를 마친 후, 1897년(광무1) 양산 통도사로 가서 부처님 정골사리(頂骨舍利)를 봉안한 사리각 옆에 머물면서 기도하였고 다시 합천 해인사로 가서 1899년(광무3) 5월 15일부터 북각(北閣)인 법보전(法寶殿)에서 70일 기도를 시작하여 7월 25일에 회향하였다. 회향 전날 밤 복행신장(腹行神將)인 마후라가(摩睺羅伽)가 나타나 배대(拜台)에 잠시 누워 있다가 서서히 상하 판전의 사방을 돌고는 간 곳이 없었다. 용악이 해인사 숭장을 위해 해인사에 와 있던 화계사의 범운(梵雲)·포응(抱應) 등과 함께 화주가 되어, 범운은 왕실로부터 내탕금 6만 2500냥을, 용악은 탁지부(度支部 : 재무부)에서 30만냥·의정부에서 7500냥·경운궁(慶雲宮 : 지금의 덕수궁)에서 1500냥·경상도관찰사 조시영(曺始永) 500냥·합천군수 박기묵(朴起默) 50냥·양산군수 김상필(金尙弼) 50냥·언양군수 최시명(崔時鳴) 100냥·판서 이용직(李容直) 100냥·통도사 대중의 동참금 5000냥·전주(全州) 신도 동참금 800냥 등 합계 31만 5600냥을 모금하였다. 이어 대장경 4부질을 인경하여 통도사·해인사·송광사 등 삼보사찰(三寶寺刹)에 각 1부질씩, 그리고 나머지 1부질은 전국의 명찰에 나누어 봉안하였다. 『조선불교통사』 권상 p.611에 이때의 인경사실을 다음과 같이 전하고 있다. 범운의 화주로 이 결정 사실을 1898년 5월에 고종황제가 궁내부대신 이재순(李載純)·시종원봉시 강석호(姜錫鎬)·상궁 최씨 등에게 칙명으로 하달했다. 그해 7월에 내탕금 6만 2500냥이 화주인 범운에게 하사되었다. 25일 궁내부에서 해인사 감동승(監董僧) 응해(應海)·전감승(錢監僧) 완허(翫虛)·미감승(米監僧) 해경(海耕)·인감승(印監僧) 봉성(鳳城)을 파견하였으며, 1899년 3월에는 인경 총감독으로 유봉준(兪鳳濬)을 파견하고 경상도관찰사 조시영으로 하여금 훈령(訓令)토록했다. 같은 해 3월 7일부터 인경을 시작하여 4월 20일 인경을 마치고 7일간 1부질의 경전을 전독(轉讀:轉經)하고 5월 2일에 회향하였다. 용악혜견의 문집인 『용악당사고집』에는 인경회주로서 스스로를 경책하는 글인 「인경자경 印經自警」(한불전11, p.563b9)과 낙성경찬법회 의례문인 「해인사대장경인출낙성소 海印寺大藏經印出落成疏」(한불전11, p.560a8)가 수록되어 있다. 아울러 백용성(白龍城)이 경판 훼손부분을 발견하고 임상궁(林尙宮)을 통해 순비(純妃)로부터 내탕금 2만냥을 하사받아 경판을 보수하고 판전의 기와번와를 하였는데, 박창선(朴昌善)이 지은 「대장경판보수발문」이 있다. 이에 따르면, 강대련(姜大蓮)의 감독으로 비틀어진 경판에 동제(銅製) 마구리를 끼워 바로잡고 글자의 륵상(泐傷)은 모두 새롭게 하였으며, 아울러 판전의 기와를 번와하고 요사 등을 보수하였다. 〔조선총독 사내정의 1915년 인경〕 1915년 3월부터 시작하여 6월에 3부질을 인경하고, 사내정의(寺內正毅)가 「인대장경발문 印大藏經跋文」에 "부처님께서 45년간에 걸쳐 설하신 8만대장경을 크게 나누면 남전장경(南傳)과 북전장경(北傳)으로 구분된다. 남전은 원전 그대로 팔리어로 전해졌고, 북전은 중국·몽고·만주·한국·일본 등지에서는 각기 자기나라 말로 번역되었다. 인도에서 범본 경전의 일부가 남아 있었지만, 빨리어장경에 완전하게 수록하지 못하였으며, 만주·몽고·서장·태국·미얀마 등에서 전하는 빨리어도 오늘까지 전하는 것은 나라마다 일부에 지나지 않는다. 그러나 한역본은 수당이래로 삼장을 전역 보완하여 송초에 이르러서 비로소 삼장이 완비되었으며 따라서 문의(文義)도 정연하게 체계화되었다. 그러나 여러차례에 걸쳐 개각(改刻)하면서 생긴 오류도 적지 않았다. 그러나 고려대장경의 초조판(初雕板)은 각판한지 얼마되지 않아 현종때(1009~1031) 몽고병난으로 소실되었고, 고종조(1236~1251)에 다시 새긴 재조판(再雕板)은 수기(守其) 등 뛰어난 교학승들이 북본·거란본(契丹本)·현종때의 초조본 등을 두루 교정 보완하였으므로 세칭(世稱) 세계의 현존판 장경 중에 정확함이 비교할 데 없는 세계 유일의 정밀본(精密本)이라고 한다. 이 세계 유일의 지극한 보배(세계문화유산)를 오늘날 그 영구 보존책을 강구하지 않으면 천재(千載)의 후회가 뒤따를까 두려워 경판을 정리 정돈하면서 아울러 대장경 3부질을 인출코자 한다. 1914년 8월부터 계획을 세워 12월에 준비가 완료되었으나, 가야산은 고한(高寒)지대이므로 겨울철에는 탁본이 어려워서 다음해 봄 해동기까지 기다려 3월부터 시작하여 6월에 인경을 마치고 서울로 운반하여 8월까지 제책(製冊)을 마쳤다. 서울로 운반하여 8월까지 제책(製冊)을 마쳤다"라고 하였다. 제책 기술자는 서울·대구·합천 등지에서 모집하였고, 필요한 표지용 종이와 비단 그리고 철책(綴冊)할 실(끈)은 서울·합천군 삼가(三嘉)에서 생산되는 것으로, 탁본할 먹은 서울 창의문(彰義門) 근처 조지서(造紙署)가 있는 양덕(陽德)에서 생산하는 먹을 사용하여 고제(古制)로 모장(摸裝)하였다. 3부질 중 1부질은 비단 책가의에 절본(折本)으로 제본하고, 2부질은 한지를 배접하여 장정(裝幀)하였다. 인경과 제책에 소요된 물품은 한지 52만 4000장·책가위용 비단 1만 1000자(尺)·제책용 실(끈) 1만 1000자이며, 인경 및 제책 등에 참여한 인원은 5000명이었다. 절본으로 된 1부질은 6805책(冊)에 663질이고, 철본(綴本)으로 장정한 책 2부질은 2320책이었다. 용지(用紙)는 양덕에서 제작할 때 좀벌레(蠹魚)를 방지하는 약을 섞었고, 책 표지의 문양은 고려와당(기와의 마구리 즉 막사에 그려진 그림)의 연판(蓮瓣)과 만초(蔓草)를 본떴다. 낙판(落板)과 결자(缺字)는 한국에 있는 고려대장경 및 일본 동도(東都:東京) 증상사(增上寺)와 서도(西都:京都) 동본원사(東本願寺)에 소장된 고려대장경을 복사하여 새로 새기거나 전각(塡刻)하였다. 절본인 1부질은 일본 경도 천용사(泉湧寺)에, 1부질은 조선총독부 참사실에, 1부질은 서울 경복궁에 각각 봉안하였다. 〔해인사 1963~1968년 인경〕 1968년에 가산지관(伽山智冠)이 쓴 「인경회향문 印經廻向文」에 따르면, "해인사에 봉안되어 있는 고려팔만대장경판은 부처님의 가르침을 전승하고 불법(佛法)에 의지하여 외침으로부터 나라와 민족을 지키고자 전란의 와중에서 민족의 혼과 성(誠)과 힘을 다하여 완성한 세계문화유산이다. 그러나 일제에게 나라가 강점된 비운 속에서 1937년에는 두 부질을 인출하였고 한 부질은 일제의 괴뢰(傀儡)인 만주국 강덕황제 부의(康德皇帝溥儀)에게 선사하는 역설적인 일이 빚어지기도 하였으며, 다른 한 부질은 안변 묘향산 모현사에 봉안하였다. 그 후 조국은 광복되고 한국불교와 민족문화를 세계에 널리 선양할 필요가 절실하여 1962년 당시 해인사 주지 금담(錦潭)이 정부의 허가를 받아 인출하였다"라고 하였다. 간행위원장인 동국대학교 총장 조명기(趙明基)를 비롯하여 김설제(金雪醍)·박상연(朴尙演) 등 거사의 주관으로 19

63년 4월부터 1968년 9월까지 5년에 걸쳐 13부질을 인경하였다. 종이는 원주산 치자색 한지를, 묵즙(墨汁)은 인천산 특제를 사용하였다. 인출된 13부질은 동국대학교·성균관대학교·동아대학교·서울 중동중고등학교에 각 1부질씩을, 해외에는 일본의 사천왕사·비예산사(比叡山寺)·고야산사(高野山寺)·일본국회도서관에 각 1부질씩, 미국 캘리포니아 주립대학교에 1부질을 배포하였다. 나머지 4부질은 범한주식회사를 통하여 영국에 2부질, 호주와 대만에 각 1부질씩 배포하였다. 이와 같이 국내외(國內外)에 걸친 고려대장경의 반포(頒布)는 실로 고려대장경판이 조조된 이래 가장 많은 부수라 할 수 있으며, 해외에까지 가장 널리 홍포된 인류문화유산이다. 우리의 민족문화의 정수를 세계만방에 보존케 했을 뿐만 아니라 한국불교의 홍포에도 잊히지 않는 자취로 빛난다. 〔참고문헌〕『高麗史』, 『太祖實錄』, 『世祖實錄』, 『楓溪集』, 『龍岳堂私藁集』, 『朝鮮佛敎通史』 권상 pp.403~404·446·611~614, 李智冠 『伽倻山海印寺誌』 pp.283~316, 千惠鳳 『韓國典籍印刷史』(범우사, 1990) pp.98~104, 千惠鳳 『韓國書誌學』(민음사, 1991) pp.159~164, 南權熙 『高麗時代 記錄文化 硏究』(淸州古印刷博物館, 2002) pp.47~103. ⇨ 대장경 大藏經, 목판본 木版本, 인경발문 印經跋文, 인경자 印經字

인경구불탈 人境具不奪 임제의현(臨濟義玄)의 사료간(四料簡) 중 하나. 사람과 경을 모두 빼앗지 않는다는 말. 『임제록』(대정장47, p.497a28)에 "학인이 물었다. '어떻게 해야 인도 경도 모두 빼앗지 않을 수 있습니까?' '왕이 보전에 오르고 촌로는 태평가를 부르네'. 僧云 如何是人境俱不奪 師云 王登寶殿 野老謳歌", 『인천안목』 권2(대정장48, p.311b15)에 "격 밖의 사람 온다면 사람도 경도 모두 빼앗지 않으리. 出格人來 人境俱不奪", 같은 책 권3(대정장48, p.315c17)에 "제4구는 사람과 경을 모두 빼앗지 않음이다. 겸중도로서 모든 격을 벗어나 자재하다. 사구를 여의고 백비도 끊었으니 묘마저 다하여 본래 없던 묘라네. 第四句人境俱不奪也 兼中到 出格自在 離四句絶百非 妙盡本無之妙也"라고 하였다. 〔참고문헌〕『臨濟錄』, 『人天眼目』. ⇨ 사료간 四料簡

인경발문 印經跋文 인경불사의 전말(顚末)을 기록한 글. 인경불사 발원자(發願者) 및 화주(化主), 인경의 이유와 목적, 시주(施主)·탑본(搨本)·장정(裝幀)·봉안(奉安)에 이르기까지 각 과정에 참여한 승도(僧徒)와 이를 지원한 재가신도(在家信徒), 인경에 소요된 물품과 비용 등이 기록되어 있다. 해인사팔만대장경 인경발문으로는 1393년(태조2) 7월에 태조 이성계(李成桂)가 지은 「인경발문」이 있고, 1458년(세조4) 6월에 김수온(金守溫)이 왕명을 받들어 지은 「인대장경오십건발 印大藏經五十件跋」, 1500년(연산군6)에 황악산 직지사 등곡학조(燈谷學祖)가 지은 「인성대장경발 印成大藏經跋」, 1865년(고종2)에 해인사 해명장웅(海冥壯雄)이

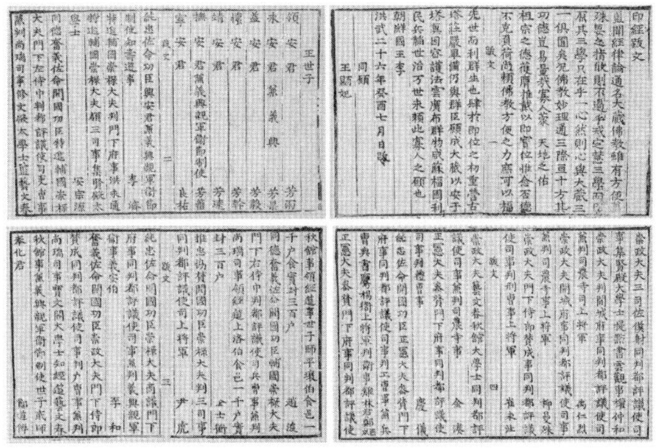

인경발문 태조이성계 인경발문
합천 해인사 1960년대(오른쪽 상단에서 시계반대방향)

지은 「인성대장경발」, 1915년에 사내정의(寺內正毅)가 지은 「인대장경발문 印大藏經跋文」, 1968년에 가산지관(伽山智冠)이 지은 「인경회향문 印經廻向文」 등이 있다. 1458년 김수온의 「인대장경오십건」(이지관 『가야산해인사지』, pp.289~290)에 "내가 부덕함에도 천지조종의 감영을 받아 신민의 윗자리에 올랐다. 다행히 경들과 함께 모였으니 또한 선근을 심어야 하지 않겠는가! … 종부시 주부〈정은〉을 경상도에 보내 미리 준비하되 판선종사 신〈수미〉과 함께하며, 해인사주지〈죽헌〉이 그 일을 살피게 하였다. 余以否德 承天地祖宗之靈 位乎臣民之上 幸與卿等而共際會 亦非小種善根 … 宗簿主簿臣〈鄭垠〉往慶尙道 預爲區辦 與判禪宗事臣〈守眉〉海印住持臣〈竹軒〉仍督其務"라고 하였다. 대장경 외에도 단일 경전을 인경하면서 지은 발문도 다수 전하니, 나암보우(懶庵普雨)가 지은 「천모인경발 薦母印經跋」(한불전7, p.580a18)과 사명유정(四溟惟政)이 지은 「한방응천부모인경발 韓方應薦父母印經跋」(한불전8, p.61c4) 등이다. 〔참고문헌〕『懶庵雜著』, 『四溟堂大師集』, 李智冠 『伽倻山海印寺誌』 pp.283~316. ⇨ 인경 印經

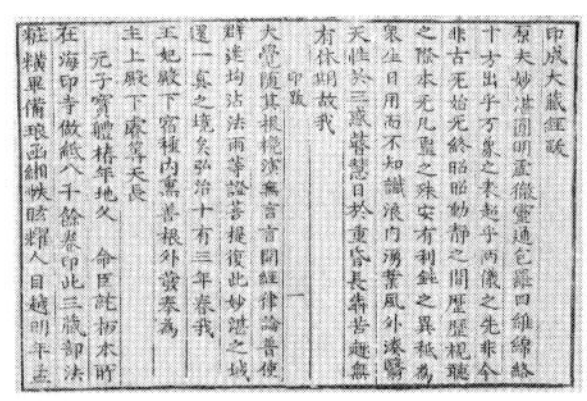

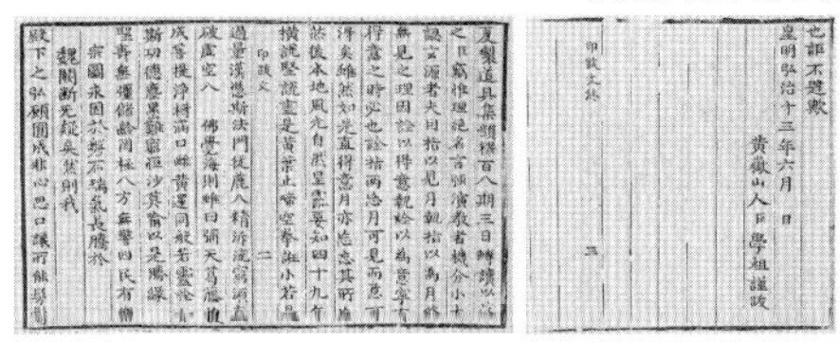

인경발문 등곡학조 인성대장경발 합천 해인사 1960년대

인경사 仁慶寺 전라남도 장성군 북하면 입암산성(笠巖山城)에 있던 절. 『가람고』·『여지도서』 전라도 광주

사찰에 절의 이름과 위치가 전한다. 〔참고문헌〕『伽藍考』, 『輿地圖書』, 『韓國寺刹全書』 권하 p.961a1.

인경사 印經寺 황해북도 개성시에 있던 절. 『선화봉사고려도경』 권17 「왕성내외제사 王城內外諸寺」에 "왕부의 동북쪽, 춘궁과는 별로 떨어져있지 않은 곳에 2곳의 절이 있는데, 하나는 법왕사이고 다른 하나는 인경사이다. 王府之東北 與春宮 相距不遠 有二寺 一曰法王 次曰印經"라고 하였다. 〔참고문헌〕『宣和奉使高麗圖經』, 『韓國寺刹全書』 권하 p.962a15. ⇨ 법왕사 法王寺 ❸

인경양구탈 人境兩具奪 사람도 경도 모두 빼앗음. 사료간(四料簡) 중 하나. 『임제록』(대정장47, p.497a27)에 "학인이 물었다. '무엇이 인도 경도 모두 빼앗음입니까?' '병주와 분주가 소식마저 끊고 홀로 저곳에 따로 있네'. 僧云 如何是人境兩俱奪 師云 幷汾絶信 獨處一方", 『인천안목』 권2(대정장48, p.311b15)에 "상상근의 사람이 오면 사람도 경도 온통 빼앗는다. 上上根人來 人境兩俱奪", 『진심직설』(대정장48, p.1001b13)에 "시방에 벽도 벼랑도 없고 사면에 문 역시 없어 깨끗이 다 벗어 걸친 것 없으니, 곧바로 인과 경 모두 빼앗는 조사가 연 문일세. 十方無壁落 四面亦無門 淨裸裸 赤洒洒 卽祖師人境兩俱奪法門也"라고 하였다. 〔참고문헌〕『臨濟錄』, 『人天眼目』, 『眞心直說』. ⇨ 사료간 四料簡

인경원 印經院 장경(藏經)을 간인(刊印)하는 관서. 중국 하남성(河南城) 개봉(開封) 태평흥국사(太平興國寺)의 전법원(傳法院 : 舊 譯經院)에서 천식재(天息災)·법천(法天)·시호(施護) 등이 번역한 불전을 목판으로 인쇄하여 유통시키기 위해 983년(태평흥국8)에 태평흥국사 서쪽에 건립했다. 『불조통기』 권43(대정장49, p.398c17)에 "역경원에 조서를 내려 전법이란 이름을 하사하였고 서쪽 귀퉁이에 인경원을 건립하였다〈지금 임안(臨安 : 浙江省 杭州)의 전법원이 동도의 역경원인데, 지금은 단지 내도량에 들어가 법사를 받든다〉. 성도(成都 : 四川省)에서 먼저 태조칙조대장경판을 조성해 진상하였다. 詔譯經院 賜名傳法 於西偏建印經院〈今臨安傳法院 卽東都譯經院 今但供奉入內道場法事〉 成都先奉太祖敕造大藏經板成進上"라고 하였다. 고려에서는 대장경·교장과 같은 방대한 불전 판각 사업과 사찰 단위의 판각 사업이 지속적으로 이루어졌으나 이를 인쇄 반포하는 기관은 잘 알려져 있지 않다. 현종이 부모의 명복을 빌기 위해 『반야경』 600권과 『화엄경』·『법화경』 등을 조판하여 반야보(般若寶)를 재원으로 간행 반포하도록 하였다. 의천은 교장도감(教藏都監)에서 교장을 간행했고 소현은 광교원(廣教院)에서 간행 사업을 진행하였다. 정종 때는 비서성(祕書省)에서 책판을 수장하고 책을 찍어 관료들에게 널리 나누어주었으나 불경에 대해서는 언급이 없다. 명종 때는 구중에 사경원(寫經院)이 있어 불전의 사경사업을 진행하였으며 충렬왕 때는 대장원(大藏院)에서 불전을 간행하였다. 조선시대인 1461년(세조7)에 설치되어 11년간 존속한 간경도감(刊經都監)도 불경의 간행과 유통을 목적으로 한다는 점에서 인경원과 같은 성격의 관서이다. 〔참고문헌〕『佛祖統紀』. ⇨ 간경도감 刊經都監, 대장도감 大藏都監, 사경원 寫經院

인경자 印經字 경전 인쇄를 목적으로 주조(鑄造)한 활자(活字). 고려시대까지 경전은 사경(寫經)하거나 목판에 새겨 간행되었으나, 13세기에 고려에서 세계 최초로 금속활자를 발명한 이후 금속 또는 여러 재료로 만든 활자인쇄도 성행하였다. 1239년(고종26)에 고려 무신정권의 실권자인 최이(崔怡)가 주자본(鑄字本) 『남명천화상송증도가 南明泉和尙頌證道歌』를 번각(飜刻)하였는데, 이 활자는 국가에서 주자한 관주자(官鑄字)이며 증도가자(證道歌字)라고 불린다. 1377년(우왕3) 청주의 흥덕사(興德寺)에서 사주자(寺鑄字)를 주조(鑄造)하여 『불조직지심체요절 佛祖直指心體要節』(약명 『직지』, 권하 1책 파리국립도서관 소장)을 간행하였다. 『직지』의 금속활자는 흥덕사에서 제작하였으므로 흥덕사자(興德寺字)라고도 불린다. 조선초에는 주로 왕실의 후원으로 인경자를 주조하여 불경을 간행하였다. 1447년(세종29)에 수양대군(首陽大君)이 주도하여 초주갑인자(初鑄

〈표〉

활자명	흥덕사자	초주갑인자	을해자	정축자	을유자	을유자	인경자
연 도	1377년	1434년	1455년	1457년	1465년	1465년	1495년
출 처	직지 심체요절	월인 천강지곡	능엄경 언해	금강반야 바라밀경	원각경	원각경	육조 법보단경
표본 집자	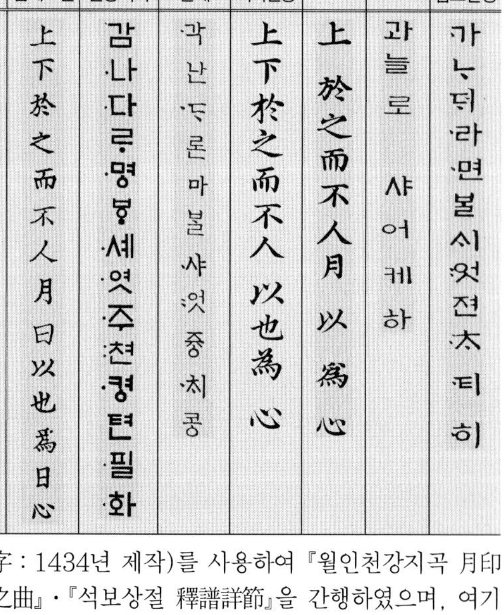						

甲寅字 : 1434년 제작)를 사용하여 『월인천강지곡 月印千江之曲』·『석보상절 釋譜詳節』을 간행하였으며, 여기에 쓰인 한글활자는 특별히 '월인석보한글자'라고 부른

다. 1455년(세조1)에는 강희안(姜希顔)의 글씨를 가지고 을해자(乙亥字)를 주조하여 『능엄경』·『법화경』·『원각경』·『능가경』 등을 간행하고, 1461년(세조7)에 을해자의 한글활자로 『능엄경언해 楞嚴經諺解』를 간행하였다. 1457년(세조3)에 세조의 친필을 베껴서 정축자(丁丑字)를 제작하고 대자(大字) 『금강경오가해 金剛經五家解』·『금강경삼가해 金剛經三家解』를 간행하였는데, 이 활자를 금강경대자(金剛經大字)라고도 부른다. 1465년(세조11)에 정난종(鄭蘭宗)의 글씨로 제작한 을유자(乙酉字)로 『원각경』·『벽암록 碧巖錄』 등을 간행하였다. 1495년(연산군1)부터 1496년까지는 성종의 계비인 정현대비(貞顯大妃)와 덕종의 비인 인수대왕대비(仁粹大王大妃)가 성종의 명복을 빌기 위해 한자와 한글 목활자를 만들어 원각사(圓覺寺)에서 『천지명양수륙잡문 天地冥陽水陸雜文』·『육조대사법보단경 六祖大師法寶壇經』·『진언권공 眞言勸供』 등을 간행하였다. 이들 활자를 특별히 '印經字'라고 칭하였는데, 글자체가 바르고 새김이 정교하며 인경본의 먹색 또한 선명하고 아름다운 것으로 손꼽힌다. 이외에도 15세기 사찰에서 을유자의 서체를 모방한 방을유체자(倣乙酉體字)를 만들어 『석씨요람 釋氏要覽』·『원교육즉의 圓敎六卽儀』·『석가여래행적송 釋迦如來行蹟頌』·『개사분율종기의경초 開四分律宗記義鏡鈔』·『벽암록』 등을 간행하였다. 이상의 인경자 중 증도가자와 홍덕사자는 금속활자이고, 월인석보자·을해자·정축자·을유자는 동(銅)활자이며, 방을유체자와 인경자는 목(木)활자이다. 최근에는 대한불교조계종에서 월인석보한글자를 현대적으로 재해석한 '대한불교조계종석보체'라는 한글폰트를 개발하여 무료배포하기도 하였다. [참고문헌] 千惠鳳 『韓國典籍印刷史』(범우사, 1990) pp.275~276, 千惠鳳 『韓國書誌學』(민음사, 1991) pp.159~164. ⇨갑인자 甲寅字, 인경 印經, 불조직지심체요절 佛祖直指心體要節

인경취인 引頸就刃 목을 길게 하여 칼날에 나아가다. 선종의 4조 도신(道信)이 문황제의 거듭된 소환에 응하지 않았고 목을 베겠다는 사신의 말에 이렇게 하였다. 『경덕전등록』 권3 「도신전」(대정장51, p.222b26)에 "스님이 이에 목을 길게 빼어 칼날에 들이대면서도 속이나 신색이 엄연하였다. 사신이 남다르다 여기고 돌아와 그 정황을 소상히 아뢰자 황제는 더욱 감탄하며 흠모하였다. 師乃引頸就刃 神色儼然 使異之 迴以狀聞 帝彌加歎慕"라고 하였다. [참고문헌] 『景德傳燈錄』. ⇨도신 道信, 인경 引頸

인경취인 33조사도
순천 선암사 조선후기

인계 人界 Ⓟ manussa-loka. 인간들이 사는 세계. 십계(十界) 중 하나다. 『지관보행전홍결』 권8(대정장46, p.401a28)에 "비록 인과를 알지만 병없는 사람을 늘 시기하며 '나의 선한 마음이 건강한 사람보다도 뛰어나다'라고 말한다면, 이는 아수라계다. 선한 마음을 고치지 않으면 이는 인계이고, 맹세코 십선을 지키면 이는 천계다. 雖知因果 而常猜忌 不病之人 謂我善心 勝於健者 是修羅界 善心無改 是爲人界 誓持十善 是爲天界"라고 하였다. [참고문헌] 『止觀輔行傳弘決』, *MN.1.73*. ⇨인 人, 인간 人間, 인도 人道, 인취 人趣, 십계 十界 ❷

인계 印契 Ⓢ mudrā, Ⓟ muddā, Ⓣ phyag-rgya. 불보살(佛菩薩)의 내증(內證)의 본서(本誓) 또는 법계(法界)를 표치(標幟)한 수인(手印)이나 계인(契印). 모다라(母陀羅)·목다라(目陀羅)·모날라(慕捺羅) 등으로 음사하고, 인(印)·인상(印相)·밀인(密印)이라고도 한다. 인(印)은 인신(印信)·결정불개(決定不改)·표치 등을 뜻하고 계(契)는 계약(契約)이라는 뜻이 있다. 넓은 의미에서 삼밀(三密) 중 신밀(身密)에 해당하며 제존(諸尊)의 삼매야신(三昧耶身)을 곧바로 보인다. 일반적인 용례는 수인 또는 계인의 의미로 쓰인다. 먼저 수인이란 제존이 결인(結印)하여 자신의 본증서원(本證誓願)을 드러낸 것으로서 경궤에 따라 수많은 수인이 시설되었다. 일반적으로 인모(印母)라고 지칭되는 십이합장(十二合掌)과 육종권(六種拳)을 기본형으로 하여 다양한 수인이 있는데 경궤와 전승에 따라 제존의 근본인(根本印)과 각종 수인이 다르게 해석된다. 양부(兩部)만다라의 각 회(會)에 따라, 또는 유파의 전승에 따라 수인에 대한 설명이 다르다. 다음으로 계인이란 만다라의 제존이 소지한 물건, 즉 삼매야형(三昧耶形)을 말한다. 이것은 제존의 내증본서(內證本誓)를 나타낸다. 계인에 대한 설명 역시 지역과 전승에 따라 일치하지 않는다. 『보현만나라경』(대정장20, p.539b12)에 "신속하게 성취하려는 이는 먼저 용맹하고 견고하며 수승한 마음을 일으켜 저 세간의 청정하고 수승한 스승을 찾아 관정을 청하여 받은 후에 그 스승으로부터 비밀유가의 인계와 의궤를 전수받아 낱낱에 오류가 없이 하고 오롯이 기억하여 잊지 않도록 한다. 그런 후에 청정하고 좋은 자리에서 이 법을 수습하여 실지를 구한다. 速疾成就者 先當發起勇猛堅固殊勝之心 求彼世間清淨勝師 請受灌頂已 於彼師處傳受祕密相應印契儀法 一一不謬 專注記憶 勿令忘誤 然後隨欲於清淨勝處 修習是法 以求悉地", 『대일경소』 권6(대정장39, p.641b11)에 "삼매야는 불정상으로 만들어야 한다. 여래정상은 일체공덕을 모두 갖추기 때문이다. 손에 물건이 없을 때 표치로 삼을 수 있는 것은 모두 이곳에 안치한다. 만다라에서 존형을 그리지 않고 오직 비밀인을 드러낸다는 것은 금강좌 위에 연화대를 만들고 연화대 위에 앞서와 같이 표치를 그리는 것이다. 三昧耶當作佛頂相 如來頂相具攝一切功德 凡手中無物可爲幖幟者 皆應置之 若漫荼羅不作尊形 但示祕密印者 於金剛座上作蓮華臺 臺上如前畫作幖幟", 같은 책 권13(대정장39, p.714a27)에 "이 인은 법계의 표치이다. 이 인으로 법계의 바탕을 표시하는데 이것을 법계당이라 한다. 제불께서 이것으로 신체를 장엄하므로 모든 회중에서 이러한 무상대보리의 표치당을 건립하여 팔부 등 사악한 무리들을 멀리하고 물리친다. 此印者 卽是法界之標幟 以此印故 標示法界之體 卽名法界幢也 諸佛其由此嚴身故 於一切大會中 建此無上大菩提標幟幢 能令八部等衆惡邪者遠而去之", 같은 책 권16(대정장39, p.741b5)에 "인은 수인과 계인을 말한다. 이것이 바뀌어 형상이 된다. 印謂手印契印也 改爲形相也"라고 하였다. 왼손과 오른손은 이(理)와 지(智)·금강계와 태장·정(定)과 혜(慧)를 상징하고, 다섯 손가락은 오불정(五佛頂)·오대(五大)·오자(五字)·오근(五根)·오온(五蘊)을, 양손의 열 손가락은 십법계(十法界)·십바라밀(十波羅蜜)·십진여(十眞如)를 뜻한다. 『표치만다라의궤』(대정장20, p.129b22)에 "연화합장에서 연꽃은 바로 이다. 이가 있는 곳에 반드시 지가 있다. 그러므로 왼손과 오른손을 이지라고 한다. 왼손은 적정하므로 이태장해라 하고 오른손은 모든 일을 분별하므로 지금강해라고 한다. 왼손의 다섯 손가락은 태장해의 오지이고 오른손의 다섯 손가락은 금강해의 오지이다. 왼손은 정, 오른손은 혜이고 열 손가락은 십바라밀 또는 십법계라고 하거나 십진여라고도 한다. 모으면 하나로 수렴하고 펼치면 숫자의 명칭이 있다. 왼손의 소지는 단이고, 무명지는 계이며, 중지는 인이라 하고, 검지는 진이라 하며, 엄지는 선이라 한다. 오른손의 소지는 혜, 무명지는 방, 중지는 원, 검지는 력, 엄지는 지라 한다. 왼손 엄지는 혜, 검지는 방, 중지는 원, 무명지는 력, 소지는 지라 한다. 오른손 엄지는 단·공륜, 검지는 계·풍륜,

〈표〉 인계

	왼손					오른손				
오지 五智	엄지	검지	중지	약지	소지	소지	약지	중지	검지	엄지
오대 五大	空	風	火	水	地	地	水	火	風	空
오근 五根	慧	定	念	進	信	信	進	念	定	慧
오온 五蘊	識	行	想	受	色	色	受	想	行	識
십도 十度	禪	進	忍	戒	檀	慧	方	願	力	智
	慧	方	願	力	智	禪	進	忍	戒	檀
오불정 五佛頂	輪	蓋	光	高	勝	勝	高	光	蓋	輪

중지는 인·화륜, 무명지는 진·수륜, 소지는 선·지륜이라 한다. 소지는 지, 무명지는 수, 중지는 화, 검지는 풍, 엄지는 공이다. 蓮花合掌者 蓮花卽理也 理處必有智故以左右手 其名曰理智 左手寂靜故 名理胎藏海 右手辨諸事 名智金剛海 左手五指者 胎藏海五智 右手五指者 金剛海五智 左手定右慧 十指卽十度 或名十法界 或曰十眞如 縮則攝收一 開則有數名 左小指爲檀 無名指爲戒 左中指爲忍 左頭指爲進 左大指爲禪 右小指爲慧 無名指爲方 右中指爲願 右頭指爲力 右大指爲智 左大指爲慧 左頭指爲方 左中指爲願 無名指爲力 左小指爲智 右手大指 爲檀空輪 右手頭指 爲戒風輪 右手中指 爲忍火輪 右無名指爲進水輪 右手小指 爲禪地輪 小指爲地 無名爲水 中指爲火 頭指爲風 大指爲空"라고 하였다. [참고문헌] 『普賢曼拏羅經』, 『大日經疏』, 『幖幟曼荼羅儀軌』, *Ht.12·13.* ⇨ 모날라 母捺羅, 모다라 母陀羅, 육종권인 六種拳印, 십이합장 十二合掌, 결인 結印, 계인 契印, 수인 手印, 삼밀 三密, 신밀 身密

인계 因界 인으로서의 계. 『능엄경』 권10(대정장19, p.155a4)에 "아난아! 이 오수음은 다섯 가지 망상으로 이루어졌다. 너는 인계의 낮고 깊음을 알고 싶은가. 색과 더불어 공은 색의 변제일 뿐이다. 阿難 是五受陰 五妄想成 汝今欲知 因界淺深 唯色與空 是色邊際", 『능엄경정맥소』 권10(卍속장18, p.890a17)에 "계라고 하는 것은 인의 뜻이다. 제법이 출생함을 말한다. 저 대지가 만물을 낳기에 대지가 만물의 인이 되는 것과 같다. 여기서 오음인 즉 계를 열고 닫음일 뿐이어서 인계라 한다. 乃云界者因義 謂出生諸法 如地生物 而地爲物因也 今五陰卽界之開合 故名因界", 『능엄경관심정해』 권3(卍속장23, p.719a8)에 "범어 다도(Ⓢdhatu)는 계로 한역한다. 계는 인의 뜻으로 근·경·식 셋이 서로 인이 되기 때문이다. 또한 종족의 뜻으로 근·경·식 셋은 각각이 하나의 종족이고, 또 안 등의 여섯 가지로 종족을 달리한다. 유계는 '인계란 인으로서 계를 삼음이다'고 하였다. 梵語馱都此云界 界是因義 根境識三互爲因故 又種族義 根境識三各一種族 又眼等六種族別故 幽溪曰 因界者因之爲界也"라고 하였다. [참고문헌] 『楞嚴經』, 『楞嚴經正脈疏』, 『楞嚴經觀心定解』. ⇨ 온처계 蘊處界

인계 忍界 ⓈⓅ sahā-loka-dhātu. 사바세계(娑婆世界)의 한역어. 참아 견뎌야 할 세계. 감인세계(堪忍世界)라고도 한다. 『법원주림』 권2(대정장53, p.278a19)에 "사하세계〈한역하면 인계이다. 이 국토의 중생은 거세어서 참기 어려운 상대이므로 인이라는 이름을 붙였다〉. 云娑訶世界者〈漢言忍界 謂此土人物 剛强難忍事故 立名號爲忍〉", 『능엄경소해몽초』 권2(卍속장21, p.212b9)에 "『능가경』 권4(대정장16, p.506b5)에서는 능인이라 한역하였다. 인계라 한역하고 인토라고도 한다. 일설에는 잡회세계라 한다. 『비화경』 권5(대정장3, p.199c22)에 '이 모든 중생은 삼독과 온갖 번뇌를 참고 받아들이므로 사

바라 한다'라고 하였다. 楞伽翻能忍 漢言忍界 亦云忍土 一云雜會世界 悲華云 是諸衆生 忍受三毒 及諸煩惱 故名娑婆"라고 하였다. [참고문헌] 『法苑珠林』, 『楞嚴經疏解蒙鈔』, 『楞伽經』, 『悲華經』, *Mvyut*. ⇨ 사바세계 娑婆世界, 감인세계 堪忍世界, 인 忍

인계 靷繫 소 등을 끌기 위한 멍에. 근(根)도 경(境)도 마음을 얽어매는 주인이 아니라는 뜻에서 쓴 비유다. 『출요경』 권3(대정장4, p.625a29)에 "코를 꿰어 끄는 멍에로 삼는다. 穿鼻爲靷繫", 『대비바사론』 권46(대정장27, p.237c15)에 "사리자는 말하길 '눈도 색을 결박하지 않고 색도 눈을 결박하지 않는다'라고 하였다. 이 중에 탐욕만이 능히 결박한다. 의와 법에 이르기까지 모두 이와 같다. 마치 검은 소와 흰 소가 같은 멍에에 묶여 있는 모양과 같다. 만일 누군가 '검은 소가 흰 소를 묶었는가, 흰 소가 검은 소를 묶었는가?'라고 묻는다면, 마땅히 '검은 소도 흰 소를 묶지 않았고, 흰 소도 검은 소를 엮지 않았다'고 바르게 응답하리라. 여기서는 이끄는 것이 있어 능히 엮는다 한다. 舍利子言 眼不結色 色不結眼 此中欲貪 說名能結 乃至意法 亦復如是 如黑白牛同一靷繫 若有問言 爲黑繫白 白繫黑耶 應正答言 黑不繫白 白不繫黑 此中有靷 說名能繫"라고 하였다. [참고문헌] 『出曜經』, 『大毘婆沙論』. ⇨ 육근 六根, 육진 六塵, 십이처 十二處, 구치라경 拘絺羅經

인고 忍苦 고통을 참아 냄. 40권본 『대반열반경』 권22(대정장12, p.498a20)에 "보살마하살은 이렇게 사유했다. '내가 만약 이 네 가지 공양을 받지 않는다면 몸은 닳아 없어져 견고하지 못할 것이며, 견고하지 못하다면 인고하지 못할 것이고, 인고하지 못한다면 선법을 수습하지 못할 것이다. 만약 능히 참아낸즉 무량한 선법을 수습할 수 있을 것이다. 내가 만약 뭇 고통을 견딜 수 없다면 괴로움을 당할 때 분노하는 마음을 낼 것이고, 즐거울 때 탐착하는 마음을 낼 것이며, 즐거움을 구하되 얻지 못한다면 무명이 일어날 것이다'. 菩薩摩訶薩 作是思惟 我若不受是四供養 身則磨滅不得堅牢 若不堅牢則不忍苦 若不忍苦則不能得修習善法 若能忍苦則得修習無量善法 我若不能堪忍衆苦 則於苦受 生瞋恚心 於樂受中 生貪著心 若求樂不得 則生無明"라고 하였다. [참고문헌] 『大般涅槃經』. ⇨ 인 忍, 인행 忍行❶

인곡 仁谷 ❶ 조선후기 스님. 법호는 일봉(一封). 회산보혜(晦山普慧)가 일봉인곡선사의 강석에서 수언(守彦)·학능(學能)·회성(會成) 등과 『화엄경』을 배웠다. [참고문헌] 『東師列傳』 권4 「晦山講伯傳」(한불전10, p.1044b13). ⇨ 보혜 普慧 ❷ 조선후기 스님 영환(永奐)의 법호. [참고문헌] 『東師列傳』 권5 「仁谷講伯傳」(한불전10, p.1050c18). ⇨ 영환 永奐 ❸ 법장(法長 1941~2005)의 법호. [참고문헌] 『仁谷法長大宗師行錄』(인곡법장대종사행록편찬위원회, 2006) p.383. ⇨ 법장 法長

인곡 麟谷 ❶ 조선후기 스님 뇌학(雷學 1734~1816)의 법호. [참고문헌] 智冠 『韓國高僧碑文總集 朝鮮朝·近現代』 p.606. ⇨ 뇌학 雷學 ❷ 창수(昌洙 1895~1961)의 법호. [참고문헌] 智冠 『韓國高僧碑文總集 朝鮮朝·近現代』 p.1130. ⇨ 창수 昌洙

인곡당뇌학대선사비문 麟谷堂雷學大禪師碑文 조선후기 인곡뇌학(麟谷雷學 1734~1816)의 행적비. 영명위(永明尉) 홍현주(洪顯周)가 짓고 글씨를 써서 1832년(순조32) 강원도 양양 명주사(明珠寺)에 건립하였다. [참고문헌] 趙東元 『韓國金石文大系』 권7(圓光大出版部, 1998) pp.139~141, 智冠 『韓國高僧碑文總集 朝鮮朝·近現代』 pp.606~607. ⇨ 뇌학 雷學

인곡당창수대선사비문 麟谷堂昌洙大禪師碑文 인곡창수(麟谷昌洙 1895~1961)의 행적비. 동곡일타(東谷一陀)가 짓고 혜암성관(慧菴性觀)이 썼으며 신춘범(愼春範)이 새겨 1980년 합천 해인사(海印寺)에 건립하였다. [참고문헌] 智冠 『韓國高僧碑文總集 朝鮮朝·近現代』 pp.1130~1133. ⇨ 창수 昌洙

인공 人工 Ⓢ prayatna, ārambha, śilpa. 사람의 수고로움. 『능가경』 권2(대정장16, p.489b9)에 "대혜야! 미래와 현재의 보살마하살은 아견으로 계착하지 않는다. 저 도예가가 한 덩이의 진흙에 사람의 수고로움과 물·물레·줄 등의 방편을 써서 갖가지 그릇을 만드는 것처럼 여래 역시 이와 같다. 즉 법무아로 일체망상의 상을 떠난 다음 갖가지 지혜의 훌륭한 방편을 쓴다. 여래장이라고도 하고, 무아라고도 하니, 이 인연으로 여래장이라고 하고, 외도가 말하는 아와는 다르다 하여 여래장이라 설하는 것이다. 大慧 未來現在菩薩摩訶薩 不應作我見計著 譬如陶家 於一泥聚 以人工水木輪繩方便 作種種器 如來亦復如是 於法無我 離一切妄想相 以種種智慧善巧方便 或說如來藏 或說無我 以是因緣故 說如來藏不同外道所說之我 是名說如來藏", 『반야등론석』 권6(대정장30, p.80c1)에 "세간에서 병·옷 등의 물건 역시 만드는 이가 있어서 그 작업을 하고자 하는데, 만약 만드는 이가 작업을 살피지 않고, 작업 또한 만드는 이에게 보이지 않는다고 한다면 저 병·옷 등은 사람의 수고로운 선교방편을 빌리지 않고 저절로 성취되었다고 하리라. 於世間中 瓶衣等物 亦有作者 欲作彼業 若謂作者不觀業 業不觀作者 彼瓶衣等 則不藉人工 善巧方便 自然成就"라고 하였다. [참고문헌] 『楞伽經』, 『般若燈論釋』,

Laṅk.33・35・160.

인공 人功 사람이 힘써 들인 노력.『중론』권2(대정장30, p.14c17)에 "인공이란 불을 가져 보호하여 타게 한다. 이런 공이 드러나 있어야 불이란 탈 수 있는 것(장작)과 다르지 않음을 안다. 人功者 將護火令燃 是功現有 是故知火不異可燃"라고 하였다. 〔참고문헌〕『中論』,『大乘入楞伽經』권2(대정장16, p.599b21).

인공 人空 인(人)이라 할 것이 없음. 이공(二空) 중 하나. 법공(法空)과 대칭한다. 생공(生空)・아공(我空)・인무아(人無我) 등이라고도 한다.『대승의장』권1(대정장44, p.485b10)에 "인무아란 경에서 중생무아라고도 하고, 생공이라고도 하며, 인무아라고도 하고, 인공이라고도 하며, 아공이라고도 한다. 人無我者 經中亦名 衆生無我 亦名生空 亦名人無我 亦名人空 亦名我空",『반야심경약소연주기』권2(대정장33, p.562c10)에 "인아상을 구하여도 끝내 얻을 수 없으니 이를 인공이라 한다. 求人我相 終不可得 名爲人空"라고 하였다. 〔참고문헌〕『大乘義章』,『般若心經略疏連珠記』. ⇨ 인공관 人空觀, 인법이공 人法二空, 이공 二空, 생공 生空, 아공 我空, 인무아 人無我, 아공법공 我空法空, 법공 法空 ■

인공 印公 고구려 스님. 중국에 유학하여 삼론학(三論學)을 강설한 인법사(印法師)를 말한다.『당고승전』권15(대정장50, p.539c21)에 "개황년간(581~600) 처음에 고려(고구려)의 인공이 촉에 들어와 삼론을 강의하였다. 開皇之始 高麗印公 入蜀講三論"라고 하였다. 〔참고문헌〕『唐高僧傳』. ⇨ 인법사 印法師

인공 印空 ➡ 종문삼인 宗門三印

인공 因空 인(因)도 공함.『인왕경』에서 설한 십삼공(十三空) 중 하나로 과위(果位)를 성취하기 위한 인위(因位)에서의 모든 것도 다 공하다는 뜻이다.『인왕호국반야경소』권3(대정장33, p.267b26)에 "인공은 육바라밀 등도 공하다는 것이다. 因空者 六度等空",『인왕반야경소』권상(대정장33, p.326b9)에 "인공이란, 금강유정에 돌아가기 전까지도 모두 다 공적하기에 인공이라 한다. 因空者 金剛已還 皆悉空寂名因空",『인왕호국반야바라밀다경소』권중(대정장33, p.457c14)에 "인공이란 등각 이전의 모든 보살 등도 일체가 모두 공이라는 뜻이다. 因空者 等覺已前 諸菩薩等 一切皆空"라고 하였다. 〔참고문헌〕『仁王護國般若經疏』,『仁王般若經疏』,『仁王護國般若波羅蜜多經疏』,『仁王經』권1(대정장8, p.826a13). ⇨ 인 因, 인과 因果

인공고공 因空故空 십지보살(十地菩薩)에게는 번뇌와 업이라는 인이 공이기에 수생(受生)한 삼계의 변역생사(變易生死)라는 과도 공이라는 것.『인왕경』권상(대정장8, p.826b9)에 "번뇌(惑)와 그 업(果)은 생멸하므로 공이고, 유로서의 그 과도 공하니, 인이 공이기에 공이고, 살바야(一切)도 공입니다. 惑果生滅空 有果空 因空故空 薩婆若亦空", 원측(圓測)의『인왕경소』권상(대정장33, p.385b25・한불전1, p.56b2)에 "인이 공하기에 공하다는 것은 과가 공인 까닭을 거듭 푼 것이다. 번뇌와 업이라는 인이 공이기에 과 역시 공이라는 것이다. 因空故空者 重釋果空所以 由惑業因空故 果亦空也"라고 하였다. 〔참고문헌〕『仁王經』,『仁王經疏』. ⇨ 인공 因空

인공관 人空觀 인공의 이치를 깨닫는 관법. 아공관(我空觀)이라고도 하며, 법공관(法空觀)과 대칭한다.『유가론기』권8(대정장42, p.489a8・한불전13, p.649b16)에 "8지 이후는 일체번뇌가 모두 현행하지 않지만 여전히 소지장만은 남아 번뇌의 의지처가 된다. 이 8지 이상에서 의식이 인공관에 들어갈 때 말나식은 바로 법집을 일으키니 소지장이 있다고 한다. 그러므로 6・7이라는 두 식은 모두 두 장애를 일으킨다. 八地已去 一切煩惱 皆不現行 唯有所知障 爲所依止 此八地已上 意識入人空觀時 末那卽起法執 名有所知障 是故 六七二識 皆起二障",『성유식론술기』권5(대정장43, p.407a12)에 "이 위에 있을 때는 비록 인집을 멸했더라도 법집은 여전히 남아 있다. 인공관은 거칠고 법집은 미세하여 저 지를 막지는 못한다. 오직 제7식의 인집만이 저 지를 막을 뿐이다. 그러므로 인공관에 들어가면 인집이 작용하지 못한다. 여래지에 있을 때는 이 식은 무루여서 언급하지 않는다. 此位之時 雖滅人執 法執仍在 人空觀麤 法執行細 不障彼智 唯第七人執 可障彼智 故入人觀位 人執不行 如來地時 此識無漏 故不說也"라고 하였다. 〔참고문헌〕『瑜伽論記』,『成唯識論述記』. ⇨ 아공관 我空觀, 법공관 法空觀, 인공 人空

인공법공 人空法空 ➡ 인법이공 人法二空

인공양 人供養 사람들의 공양.『장아함경』권11「아누이경 阿㝹夷經」(대정장1, p.69a5)에 "'파리자여! 그대 역시 지금 그러하다. 부처님의 위엄과 은혜를 입고서 세상에서 살아가고 사람들의 공양마저 받으니, 이제는 다시 여래와 다투는구나'. 波梨子 汝今亦爾 蒙佛威恩 存生於世 得人供養 而今更與如來共競"라고 하였다. 〔참고문헌〕『長阿含經』. ⇨ 공양 供養

인공양 因供養 Ⓢ hetu-pūja. 과를 성취하게 하는 인으로서의 공양. 팔종공양(八種供養) 중 하나. 부처님이 계시는 세상에 나기를 항상 서원하는 것이다. 『대승장엄경론』 권9(대정장31, p.634b13)에 "〔석〕 여래께 공양하는 일을 간략히 설하면 여덟 가지다. 무엇이 여덟인가? … 다섯째는 인공양으로서 … 항시 부처님이 계시는 세상에 나기를 원한다면 이를 인공양이라 한다. 숙원을 품고서 부처님 계시는 세상에 나고자 하니, 나에게 유익하여 헛되지 않은 공양이다. 釋曰 略說供養如來有八種 何謂爲八 … 五者 因供養 … 常願生佛世者 謂因供養 由有宿願 願生佛世 令我有益不虛供養故"라고 하였다. 〔참고문헌〕『大乘莊嚴經論』, *Sūtr.118*. ⇨팔종공양 八種供養, 공양 供養

인공음 印空唫 고려말 조선초 무학자초(無學自超 1327~1405) 지음. 음(唫)은 음(吟)으로도 쓴다. 변계량(卞季良 1369~1430)이 지어 1410년(태종10) 양주 회암사(檜巖寺)에 세운 무학왕사묘엄존자비(無學王師妙嚴尊者碑)에 따르면 "무학의 저서로는 『인공음』이 있는데, 문정공(文靖公 : 李穡의 시호)이 서문을 지어 붙였다. 師所著曰 印空唫 文靖公 序其端"고 하였으나, 지금은 전하지 않는다. 이색의 서문인 「제계월헌인공음 題溪月軒印空吟」이 『목은문고』 권13(한국문집총간5, p.112a2)에 전한다. 〔참고문헌〕『牧隱文藁』, 『朝鮮金石總覽』 권하 p.1283, 李智冠『校勘譯註歷代高僧碑文』 朝鮮篇1 p.83. ⇨자초 自超

인과 引果 끌어들인 과. 인업(引業)이 초감한 과보로 이숙과(異熟果 : 眞異熟)를 말한다. 총보(總報)라고도 한다. 별보(別報)인 만과(滿果)에 대칭한다. 오취(五趣)와 사생(四生) 등으로 나는 과보는 인과고, 인취 중에서 남녀·미추·귀천 등으로 나는 것은 만과다. 『종경록』 권50(대정장48, p.711c18)에 "〔문〕 제8식인 진이숙식을 어째서 인과라 하는가? 〔답〕 선악업으로 능히 이끌어 제8식을 끌어들이고는 어떤 일족(家)으로 나는 과를 능히 끌어들이기에 인과라 한다. 따라서 총보의 주다. 전6식은 만과라 한다. 일분의 선악별보로 채우기 때문이다. 이 만업으로 불러들인 것은 이숙생이라 하지 진이숙은 아니다. 네 가지 뜻을 갖추지 못했기 때문이다. 오직 제8식을 인과라 한다. 問 第八眞異熟識 如何名引果 答 爲善惡業爲能引 第八爲所引 是能引家之果故名引果 故是總報主 前六識 名爲滿果 有一分善惡 別報來滿故 此滿業所招 名異熟生 非眞異熟也 不具四義 唯第八是引果", 『성유식론술기』 권3(대정장43, p.337c6)에 "〔논〕 이것은 계·취·생을 시설하는 근본이기 때문이다. 〔술〕 이 뜻은 이 제8식에 의지하기에 삼계·오취·사생을 시설한다는 것이다. 이 식은 과를 이끌기 때문이다. 論 是界趣生施設本故 述曰 此意卽是 依此識故 施設三界 五趣 四生 是引果故", 『유식론동학초』 권8(대정장66, p.462c17)에 "선세에 지은 업과 번뇌에 의해 감한 이숙과란 총보인과다. 업과 번뇌가 견인해 일으킨 인이란 인인이다. 先所作業煩惱 所感異熟果者 總報引果也 業煩惱引發因者 是引因也"라고 하였다. 〔참고문헌〕『宗鏡錄』, 『成唯識論述記』, 『唯識論同學鈔』. ⇨인업 引業, 총보 總報, 만과 滿果, 진이숙 眞異熟

인과 因果 Ⓢhetu-phala, phala-hetu, kārya-kāraṇa, Ⓣrgyu-dang-'bras-bu. 인과 과를 아울러 부르는 말. 유위법(有爲法)을 드러내 이해하는 방편이다. 인(因)이란 제법(諸法)을 일어나게 하는 뜻으로 연(緣)의 뜻을 상대해서 보면 친인(親因)의 의미지만 과(果)에 대해서 보면 연(緣)의 뜻을 함께 가진다. 한편 삼세인과(三世因果) 또는 인과응보(因果應報)의 뜻으로 보면 이는 이숙인(異熟因)과 이숙과(異熟果)에 근거하여 과거의 선악(善惡)이라는 두 가지 업으로 현재와 미래의 무기(無記)인 과(果)를 받는 뜻이다. 나아가 인과법을 시설하는 뜻은 무인(無因)과 악인(惡因)을 대치하기 위함이다. 한편 일체법이 일어나고 머물고 사라지는 차별을 알게 하는 뜻도 있다. 『구사론』 권6(대정장29, p.33c10)에 "오직 유위법이란 인이 있고 과가 있어서 모두 무위가 아니다. 왜 그런가? 육인이 없기에 오과도 없다. 唯有爲法 有因有果 非諸無爲 所以者何 無六因故 無五果故", 『구사론기』 권6(대정장41, p.126c24)에 "오직 유위법만이 오과에 이른다는 것은, 답하길 '오직 유위법이기에 육인이 있고 오과가 있다. 그래서 모든 무위가 아닌 법이다. 왜 그런가? 무위의 체는 언제나 육인으로 나는 일이 없고 오과를 얻는 일도 없다'. 唯有爲法至無五果故者 答 唯有爲法 有六因 有五果 非諸無爲 所以者何 無爲體常 無六因生故 無得五果故", 『구사론소』 권6(대정장41, p.568c24)에 "논에 말하길 '오직 유위법만이 모든 무위에 이른다'. 이는 다 거둬 답함이다. 유위라는 법도 바로 인이고 과이지만 역시 인이 있고 과도 있다. 무위의 법도 이 인이고 과이지만 인이 있거나 과가 있지는 않다. 論 唯有爲法至非諸無爲 此總答也 有爲之法 是因是果 亦有因有果 無爲之法 是因是果 非有因有果", 『대비바사론』 권16(대정장27, p.79a16)에 "육인이 있다 하니 상응인 내지는 능작인이다. 묻기를 '왜 이러한 논을 짓는가?' 답하길 '무인과 악인 논하는 것을 그치기 위함이다'. 有六因 謂相應因 乃至能作因 問 何故作此論 答 爲止無因惡因論故", 『유가사지론』 권5(대정장30, p.301a3)에 "어떻게 인과 연과 과를 건립하는가? 간략히 네 가지로 설한다. 첫째 드러난 상을 따르고, 둘째 의지해 머무는 곳을 따르고, 셋째 차별함을 따르고, 넷째 세울 수 있는 것에 따른다. … 인등 차별이라 하였으니, 십인과 사연과 오과를 말한다. 십인이란 수설인·관대인·견인인·생기인·섭수인·인발인·정이인·동사인·상위인·불상위인이고, 사연이란 인연·등무간연·소연연·증상연이고, 오과란 이숙과·등류과·이계과·사용과·증상과다. 云何因緣果建立 謂略說有四種 一 由相故 二 由依處故 三 由差別故 四 由建立故 … 因等差別者 謂十因四緣五果 十因者 一 隨說因 二 觀待因 三 牽引因 四 生起因 五 攝受因 六 引發因 七 定異因 八 同事因 九 相違因 十 不相違因 四緣者 一 因緣 二 等無間緣 三 所緣緣 四 增上緣 五果者 一 異熟果 二 等流果 三 離繫果 四 士用果 五 增上果", 같은 책 권38(대정장30, p.499a1)에 "사에는 두 갈래가 있으니 유위와 무위다. 이러한즉 유위와 무위 두 갈래로 무량한 품의 다름이 있으니 그 이름은 일체품이다. 자상으로 거듭 펼쳐 구르며 종과 류로 차별하기 때문이고, 공상으로도 차별하고, 인과로도 차별하고, 계취로도 차별하고, 선과 불선 그리고 무기 등으로 차별하기 때문이다. 事有二種 一者 有爲 二者 無爲 卽此有爲無爲二事 無量品別 名一切品 謂自相展轉 種類差別故 共相差別故 因果差別故 界趣差別故 善不善無記等差別故", 『성유식론』 권3(대정장31, p.12c11)에 "이와 같이 법과 유로 뜻을 나투니, 이 식은 시작 없는 인과여서 단상의 뜻이 아니다. 이 식의 자성은 무시이래로 찰나찰나로 과로 생하고 인으로 멸한다. 과가 생하므로 끊어지는 일 없고 인이 멸하므로 영원하지도 않다. 허무도 영원함도 아닌 이 뜻 연기일 뿐이어서 이 식은 저 물과 같이 언제나 구르며 흐른다 설한다. 如是法喩意顯 此識無始因果 非斷常義 謂此識性無始時來 刹那刹那 果生因滅 果生故非斷 因滅故非常 非斷非常 是緣起理 故說此識恒轉如流", 『구사론』 권6(대정장29, p.31a6)에 "인명을 잘 아는 이는 인과상을 설한다. 이것 있거나 없음에 따라 저것도 있거나 없다면 이것은 반드시 인이 되고 저것은 반드시 과가 된다. 함께할 수 없는 법 중에서는 하나가 있으면 일체가 있으며, 하나가 없으면 일체가 없어서 이치로서의 인과가 성립한다. 善因明者 說因果相 言若此有無 彼隨有無者 此定爲因 彼定爲果 俱有法中 一有一切有 一無一切無 理成因果"라고 하였다. [참고문헌] 『俱舍論』, 『俱舍論記』, 『俱舍論疏』, 『大毘婆沙論』, 『瑜伽師地論』, 『成唯識論』, *Bodh-bh.89.*, *Madhy-ś.205.*, *Laṅk.181.* ⇨ 인 因[1], 과 果[1], 인연 因緣, 육인 六因[1], 십인 十因[1], 사연 四緣, 오과 五果[1], 인과동시 因果同時[1], 인과이시 因果異時, 인과보응 因果報應, 인과응보 因果應報, 발무인과 撥無因果, 수인득과 修因得果, 업 業, 삼세양중인과 三世兩重因果, 인중유과 因中有果, 인중무과 因中無果, 외도사집 外道四執

인과 忍果 Ⓢkṣānti-phala, Ⓣbzod-pa'i-'bras-bu. 안인(安忍) 또는 인욕(忍辱)의 과보. 『대반야경』 권75(대정장5, p.425b8)에 "인욕이나 인욕의 과보에 집착하지 않으면 그것이 보살마하살이 안인을 닦을 때 삼륜이 청정해지는 경지라 한다. 不著忍及忍果 是爲菩薩摩訶薩 修安忍時 三輪淸淨", 『구사론』 권21(대정장29, p.112c28)에 "세 가지 이유 때문에 여섯 가지 인의 결과를 건립하였다. 즉 무루의 이계득(離繫得 Ⓢvisaṃyoga-prāpti)을 획득하였기 때문이며, 유정(有頂 Ⓢbhava-agra)을 결하였기 때문이고, 두 가지 원인(同類因·遍行因)을 소멸하였기 때문이다. 由三緣 立六忍果 謂得無漏離繫得故 缺有頂故 滅雙因故", 『구사론송소론본』 권21(대정장41, p.937c14)에 "인은 팔인을 말하며 여섯 가지 두루 아는 바른 인식은 인의 소득이므로 인과라 한다. 忍謂八忍 六種遍知 是忍所得 名爲忍果"라고 하였다. [참고문헌] 『大般若經』, 『俱舍論』, 『俱舍論頌疏論本』, *Abh-k-bh.323·324.*

인과개공종 因果皆空宗 외도십육종(外道十六宗) 중 하나. 인도 과도 도무지 없다고 주장하여 선행선과나 악행악과 등을 부인하고 세간의 모든 법이 다 허망하다고 여기는 외도의 무리. 공견론(空見論)·공견외도(空見外道)라고도 한다. 『대승법원의림장』 권1본(대정장45, p.250a15)에 "열세 번째는 인과개공종이다. 삿된 견해에 물든 모든 외도는 애양 등이 모두 허망하다고 분별한다. 그들은 선을 행하는 이들이 도리어 악취로 태어난다고 보며, 악을 행하는 이들이 도리어 선취로 태어난다고 보면서 그 모두가 공이라고 여긴다. 또는 모두 비방하여 없애버리고 일체가 다 공이라 한다. 十三 因果皆空宗 諸邪見外道 計無愛養等 見行善者 返生惡趣 見行惡者 返生善趣 便謂爲空 或總誹撥 一切皆空", 『대승백법명문론개종의결』(대정장85, p.1082c8)에 "인을 비방한다는 말은 베푸는 행위도 없고 애양도 없으며 제사도 없고 악행도 없으며 미묘한 행위도 없다고 여긴다는 뜻이다. 과를 비방한다는 것은 악행이나 묘행으로 불러들이는 이숙과 등이 없다고 여긴다는 뜻이다. 작용을 비방한다는 말은 이 세간도 없고 저 세간도 없으며 부모도 없다고 여긴다는 뜻이다. 여실한 일마저 무너뜨린다는 말은 세간에 진실한 아라한은 없다고 여기는 뜻이다. 이것이 인과개공종이다. 言謗因者 謂無施與 無愛養 無祠祀 無惡行 無妙行 言謗果者 謂無惡行 無妙行 所感異熟果等 謗作用者 無此世間 無彼世間 無父無母 壞實事者 謂無世間 眞阿羅漢 卽是因果皆空宗也"라고 하였다. [참고문헌] 『大乘法苑義林章』, 『大乘百法明門論開宗義決』. ⇨ 공견론 空見論, 공견외도 空見外道, 외도십육종 外道十六宗

인과경 因果經 ➡ 과거현재인과경 過去現在因果經

인과교철 因果交徹 인과 과가 서로 사무치다. 인행(因行)과 과덕(果德)이 서로 사무쳐 틀림없는 뜻으로, 중생심(衆生心)중의 부처가 닦고 익혀 불심(佛心)중의 중생에게 설법하는 등이다. 『화엄경소』 권1(대정장35, p.542a1)에 "총과 별이 두렷이 어울려 인과가 서로 사무치며 겹겹이 걸림 없어야 비로소 참된 해탈문이다. 그러므로 아래서 부처님의 과덕을 찬탄하고 때론 인행을 찬탄한다. 總別圓融 因果交徹 重重無礙 方爲眞解脫門 故下或歎佛果德 或歎因行", 같은 책 권49(대정장35, p.879c13)에 "과를 얻고도 인을 버리지 않으므로 '보살행을 끊지 않는다'고 한다. 이로서 인과가 서로 사무쳐 펴고 구르며 서로 생한다. 得果不捨因 故云 不斷菩薩行 由此故得 因果交徹 展轉相生", 『화엄경소초』 권15(대정장36, p.112b7)에 "인은 과와 다름없는 인이고, 과는 인과 다름없는 과다. 인과 서로 사무쳐 평등하고 둘이 아니지만 둘이 아니면서 둘이기에 인과는 완연하다. 因無異果之因 果無異因之果 因果交徹 平等不二 不二而二 因果歷然", 같은 책 권80(대정장36, p.627c23)에 "이상의 모든 문이 다 장애가 없고 인과교철하여 오롯함과 섞임도 서로 어울리니 사사마다 서로 동참하길 거듭거듭 끝이 없다. 令上諸門 皆無障礙 因果交徹 純雜相融 事事相參 重重無盡", 『화엄경행원품소』 권2(卍속장7, p.506a13)에 "인과 서로 사무쳐 일시에 가지런히 나타난다. 하나의 부처님 교설을 따르기만 해도 거기에는 온통 두 마음에 있다. 그러므로 중생심중에 부처가 불심중에 중생에게 법을 설하고, 불심중 중생이 중생심중 부처의 설법을 듣는다. 因果交徹 一時齊現 隨一聖教 全在二心 故衆生心中佛 爲佛心中衆生說法 佛心中衆生 聽衆生心中佛說法"라고 하였다. [참고문헌] 『華嚴經疏』, 『華嚴經疏鈔』, 『華嚴經行願品疏』. ⇨ 인과 因果, 인과동시 因果同時❷, 인과무애 因果無礙❶

인과도리 因果道理 Ⓢ kārya-kāraṇa-yukti, Ⓣ bya-ba-byed-pa'i-rigs-pa. 사도리(四道理) 중 하나. 모든 법(法)이 심고 거두는 뜻으로 작용도리(作用道理)라고도 한다. 『대승장엄경론』 권12(대정장31, p.653b10 : *Sūtr.*, p.168)에 "인과도리란 바른 견해와 (그로 인한) 과를 말한다. 因果道理者 所謂正見及果 kāryakāraṇayuktiḥ samyagdṛṣṭiḥ saphalā"라고 하였다. [참고문헌] 『大乘莊嚴經論』, 『如實論』(대정장32, p.29b7), *Sūtr.* ⇨ 사도리 四道理

인과동시 因果同時 ❶ 인과 과는 동시라는 말. 전찰나 종자와 후찰나 종자, 그 사이에 현행 등 세 법이 서로 인과 과로 거듭하는 뜻이다. 유식의 입장이다. 인과이시(因果異時)와 맞선다. 『성유식론』 권2(대정장31, p.10a4)에 "능히 훈습하는 식 등은 종자에서 생할 때 바로 능히 인이 되어 거듭 익혀 종자가 된다. 이렇게 세 법이 펴고 구르며 인과 과는 동시이다. 마치 심지에 불꽃이 붙으면 불꽃이 다시 심지를 태우는 것과 같고, 또 저 갈대 묶으면 다시 서로 의지하듯이 인과가 함께 해야 진실한 뜻 기울어 움직일 일 없다. 能熏識等 從種生時 卽能爲因 復熏成種 三法展轉 因果同時 如炷生焰 焰生焦炷 亦如蘆束 更互相依 因果俱時 理不傾動", 『성유식론속전』 권2(卍속장81, p.75b8)에 "세 가지 법이란 전후 종자가 두 법이고 중간에 현행이 한 법이다. 바로 앞 종자를 능생으로 여기면 바로 뒤 종자는 소생이 된다. 이렇게 인과가 펴고 구름이 동시다. '저 등의 심지같이' 이하는 인과동시 뜻의 비유다. 전후로 심지가 탄다는 말은 앞뒤의 종자를 비유하고, 중간의 불꽃은 현행하는 식을 비유하며, 갈대는 묶여 서로 의지한다는 것은 서로 여의지 않는 비유다. 言三法者 前後種子爲二法 中間現識爲一法 望前種子 是能生 望後種子 是所生 是故 因果展轉同時 如炷下 喩上因果同時義 前後燋炷 喩前後種 中間光焰 喩現行識 蘆束相依 喩不相離", 『성유식론연비』 권1말(대정장43, p.827b27)에 "인과동시란 보기를 같이 한다하여 견동이라 한다. 마치 불과 연기는 동시라는 것과 같다. 因果同時 名爲見同 如火與烟 是同時故"라고 하였다. [참고문헌] 『成唯識論』, 『成唯識論俗詮』, 『成唯識論演祕』, 『成唯識論掌中樞要』 권상말(대정장43, p.631b29). ⇨ 인과 因果, 인과이시 因果異時 ❷ 인(因)이 다해야 과(果)가 생하는 뜻은 전혀 없다고 여겨 전후(前後)의 법을 상정하지 않는 화엄법계연기의 뜻에서 인과동시다. 『화엄오교장』 권4(대정장45, p.507c17)에 "인과는 동시여서 서로 맞서 자재하며 역순마저 갖춘다. 인이라 한즉 보현의 해행이며, 미쳐서 증해 과에 든즉 십불경계여서 드러난 바 무궁하다. 因果同時 相卽自在 具足逆順 因卽普賢解行 及以證入果 卽十佛境界 所顯無窮", 『화엄경문답』 권상(대정장45, p.605b27)에 "네 번째, 서로 여윌 수 없음을 관한다는 것은 때를 달리해 과가 생하는 뜻은 없어서 인이 다해야 과가 생한다는 집착을 다스린다. 인과 과는 서로 생하는 이치여서, 이를 체를 관한다 한다. 무명을 연한 행이라는 것도 동시에 서로 인과 과가 된다는 것으로 전후의 뜻은 아니다. 第四 不相捨離觀者 無別時生果義 治因滅果生執 因果同時互生理 爲此觀體 謂無明緣行者 同時互因果 非前後義也"라고 하였다. [참고문헌] 『華嚴五敎章』, 『華嚴經問答』. ⇨ 인과교철 因果交徹, 인과무애 因果無礙❶, 법계연기 法界緣起

인과무애 因果無礙 ❶ 인(因)이 과(果)를 향하는 불성관, 보리성 그리고 열반성(涅槃性)을 넘어 인과 과가 어울려 한 치의 걸림도 없는 연기성(緣起性)을 뜻한다. 『화엄경소』 권40(대정장35, p.812a23)에 "만일 사와 이를 좇는다 하면 걸림없이 사무쳐 밟아 들어가는 것만 거듭거듭함이며, 만약 사리가 의지한다 하면 역순으로 서로 어울려 바로 진문에서 고요고요한 뜻이다. 그러기에 법성연기는 깊고 깊으며 더없이 깊다. 이 인연인즉 불성관을 인하고, 연하는 지혜라면 인성을 인하는 것이다. 이렇게 인과 인으로 과에 이르면 보리성을 성취하고, 인성이 과에 이르면 열반을 성취한다. 마침내 인과가 걸림없으면 이야말로 연기성이다. 若從事理 無礙交徹 則涉入重重 若依事理 逆順雙融 則眞門寂寂 故法性緣起 甚深甚深 卽此因緣 名因佛性觀 緣之智 卽因因性 因因至果 成菩提性 因性至果 成涅槃性 因果無礙 是緣起性", 『속화엄경약소간정기』 권1(卍속장5, p.38b5)에 "법계가 연기하니 인과 과가 걸림없어 서로 서로 있게 하니, 본 모습이기도 하고 그림자이기도 한다. 法界緣起 因果無礙 互相在故 則亦本亦影"라고 하였다. [참고문헌] 『華嚴經疏』, 『續華嚴經略疏刊定記』. ⇨ 법계연기 法界緣起, 인과교철 因果交徹 **2** ➡ 십무애 十無礙

인과문 因果門 경론 등에서 제법상(諸法相)을 인과 과의 뜻으로 나누어 보이는 뜻. 원효(元曉)의 『열반종요』(대정장38, p.249c19 · 한불전1, p.539a11)에 "두 번째, 인과문을 밝힌다. 불성의 바탕은 인도 아니고 과도 아니지만 인과성마저 부정하지 않는다. 그렇기에 체를 들어 인을 짓고 과도 짓는다. 第二 明因果門 佛性之體 非因非果 而亦不非因果性 所以擧體 作因作果"라고 하였다. [참고문헌] 『涅槃宗要』. ⇨ 인과 因果

인과발무 因果撥無 인과를 버려 없다고 여김. 단멸(斷滅)의 사견(邪見)이다. 『대범천왕문불결의경』(卍속장87, p.663b14)에 "허무의 마음을 성취한다 여겨 후생에 과보도 없어서 인과는 전혀 없다고 버리면 마땅히 악취에 떨어진다. 成虛無心 無後果報 因果撥無 當墮惡趣"라고 하였다. [참고문헌] 『大梵天王問佛決疑經』. ⇨ 단멸론 斷滅論, 발무인과 撥無因果

인과법 因果法 **1** Ⓢ hetu-phala. 인과 과가 함께 하는 법. 『입능가경』 권3(대정장16, p.531c27 : *Laṅk.*, p.91)에 "대혜여! 저 외도들은 인과법을 비방하는데, 사견 때문이며 일체선근과 백법의 청정한 싹마저 뽑아 버린다. 大慧 彼諸外道 謗因果法 因邪見故 拔諸一切善根白法清淨之因 te hetuphalāpavādino durdarśanonmūlitahetukuśalaśuklapakṣāḥ"라고 하였다. [참고문헌] 『入楞伽經』, *Laṅk.* ⇨ 인과 因果 **2** 인(因)이라는 법과 과(果)라는 법. 하나여도 달라도(不一不異) 성취될 수 없는 뜻이다. 『성유식론술기』 권2(대정장43, p.302c10)에 "[술] 본식은 체이고 종자는 용이다. 종자는 인이고 소생법은 과다. 이 두 법은 이치상 이렇게 같지도 않고 다르지도 않다. … 만약 하나라 하면 인과법이 있고 체용법이 있다고 할 수 없다. 만약 오로지 다를 뿐이라면 보리 등에서 콩 등이 능히 날 수 있을 것이니 인과 과가 아주 다를 수 있어야 하기 때문이다. 그렇지 않다면 법이 멸하더라도 용이 남아 있을 것이어서 체와 용이 달라야 하기 때문이다. 용과 체가 서로 닮으면 기세 반드시 같으며, 과와 인이 서로 비슷하면 공능과 상모는 서로 따르니 오로지 다르기만 하지는 않다. 述曰 本識是體 種子是用 種子是因 所生是果 此之二法 理應如是 不一不異 … 若卽是一 不可說爲 有因果法 有體用法 若一向異 應穀麥等 能生豆等 以許因果 一向異故 不爾法滅 應方有用 以許體用 一向異故 用體相似 氣勢必同 果因相似 功能狀貌 可相隨順 非一向異"라고 하였다. [참고문헌] 『成唯識論述記』. ⇨ 인과 因果

인과보응 因果報應 인과 과는 서로 갚아 응한다는 뜻. 『무량수경』 권하(대정장12, p.277a24)에 "천지 사이에 오도가 분명하여 깊고 널리 아득하니, 선악으로 갚아 응하고 복과 화로 서로 이어받는다. 자신이 몸소 감당할 뿐 누구도 대신할 수 없다. 天地之間 五道分明 恢廓窈窕 浩浩茫茫 善惡報應 禍福相承 身自當之 無誰代者", 『미증유정법경』 권5(대정장15, p.444b20)에 "그렇지 않습니다. 대왕이시여! 저 부처님께서 설하신 것처럼 선악의 인과보응은 감출 수 없이 명백합니다. 不也 大王 如佛所說 善惡因果報應 昭然"라고 하였다. [참고문헌] 『無量壽經』, 『未曾有正法經』. ⇨ 인과 因果, 인과응보 因果應報, 선인선과 善因善果, 악인악과 惡因惡果

인과부정 因果不定 인도 과도 정해진 것은 아니라는 뜻. 『섭대승론석』 권2(대정장31, p.387c11)에 "(아뢰야식에서) 인이란 모양은 더하여 치성하게 작용하여 훈습하는 공능이 있어 능히 인성이 되고, 당장 눈앞에서 능히 잡염법을 낳는다. 과라는 상 또한 뒤치는 식에 거둬져 탐 등으로 현행하여 온갖 잡염법이 훈습하여 가진다. 이를 과상이라 한다. 이처럼 아뢰야식은 인도 과도 정할 수 없다. 因相卽是 增盛作用 熏習功能 能爲因性 現前能生 雜染法故 果相卽是 由轉識攝 貪等現行 雜染諸法熏習所持 名爲果相 阿賴耶識 因果不定"라고 하였다. [참고문헌] 『攝大乘論釋』. ⇨ 인과 因果, 인과발무 因果撥無

인과불이 因果不二 인과 과는 둘이 아님. 인(因)만으로 과(果)만으로 존재할 수 없는 뜻에서, 중생과 부처, 관(觀)과 지(智)가 떨어질 수 없는 뜻에서, 인중에 과상(因中果相)이 과중에 인상(果中因相)이 있는 뜻 등으로 인과 과는 둘이 아닌 뜻이다. 『인왕반야경소』 권상2(대정장33, p.323c14)에 "이제 '인과 둘이 아님을 보인다' 하였으니 중생은 필경에 공이기에 부처와 더불어 차별이 없음을 밝힌다. 今云 欲示因果不二 明衆生畢竟空 與佛無別", 『법화현의석첨』 권2(대정장33, p.828c15)에 "인과 비록 둘이지만 둘이 아니다. 오로지 인만이 오직 과만으로 따로 설 수는 없기 때문이다. 因果雖二 而不二也 以單因單果 不獨成故", 『십불이문지요초상해』 권하본(卍속장100, p.420a18)에 "이제 인과불이를 밝혔으니 또한 둘이지만 둘이 아니고 처음과 끝 그 바탕 하나임을 알아야만 한다. 今明因果不二 故復應知 二而不二 始終體一", 『금강삼매경론』 권하(대정장34, p.995a14)에 "인과가 둘이 아니기에 인이 아니라고 하며, 심경이 다름 없기에 연이 아니라고 한다. 因果不二 故言非因 心境無別 故曰非緣", 『무량수경소묘종초』 권2(대정장37, p.206b16)에 "세 가지 지혜는 과이고, 세 관은 인이다. 과가 일심에 있을진대 인이 어찌 전후이겠는가! 인과 과가 둘이 아니라야 비로소 이즈러짐 없이 두렷이 닦는다 한다. 이렇게 지를 뒤에 들어 바로 삼관을 밝힌다. 三智是果 三觀是因 果在一心 因豈前後 因果不二 方曰圓修 故擧智後 卽明三觀", 『수능엄의소주경』 권8(대정장39, p.927c23)에 "과중에 인상이 드러나고, 인중에 과상이 드러난다. 인과가 둘이 아니어서 서로 드러내고 서로 들이기에 아름다운 그림자 거듭거듭 서로 들인다 하고, 그 이름이 회향심이다. 果中現因相 因中現果相 因果不二 互現互入 故云 妙影重重相入 名迴向心"라고 하였다. [참고문헌] 『仁王般若經疏』, 『法華玄義釋籤』, 『十不二門指要鈔詳解』, 『金剛三昧經論』, 『無量壽經疏妙宗鈔』, 『首楞嚴義疏注經』. ⇨ 인과불이문 因果不二門

인과불이문 因果不二門 천태 십불이문(十不二門) 중 하나. 인위와 과위가 둘이 아님을 드러내는 문. 『십불이문』(대정장46, p.703b24)에 "넷째, 인과불이문이다. 중생심은 인위로서 세 가지 궤범을 갖추고 있다. 이 인위가 과위가 되면 삼열반이라 한다. 인위와 과위에 다름이 없이 처음부터 끝까지 이치로 하나다. 四 因果不二門者 衆生心因 旣具三軌 此因成果 名三涅槃 因果無殊 始終理一"라고 하였다. [참고문헌] 『十不二門』. ⇨ 십불이문 十不二門[1], 인과불이 因果不二

인과비량 因果比量 Ⓣ rgyu-dang-'bras-bu-las-rjes su-dpag-pa. 과(果)에서 인(因)을 추리해 알고 인에서 과를 비추어 아는 뜻. 오종비량(五種比量) 중 하나다. 『유가사지론』 권15(대정장30, p.358b18)에 "인과비량이란 인과를 펴고 구르며 서로 빗대 헤아리는 것을 말한다. 마치 가는 것을 보고 다른 곳에 도착할 것을 추론하고, 다른 곳에 도착한 것을 보고 먼저 감이 있다는 것을 추론하는 것이다. 만약 어떤 사람이 여법히 왕을 섬기는 것을 보면 앞으로 광대한 봉록과 지위를 얻을 것임을 추론해 알고, 큰 봉록과 지위를 보면 이전에 이미 여법히 왕을 섬겼던 적이 있음을 추론해 알 수 있다. … 만약 정려에 든 것을 보면 탐욕을 떠났다는 것을 추론해 알고, 탐욕을 떠난 것을 보면 정려에 들 것을 추론하는 것이다. 만약 도를 닦는 것을 보면 마땅히 사문과 득할 것을 알고, 사문과 증득을 보면 도를 닦았음을 안다. 마땅히 알라. 이와 같은 류를 모두 인과비량이라 한다. 因果比量者 謂以因果 展轉相比 如見有行 比至餘方 見至餘方 比先有行 若見有人如法事王 比知當獲廣大祿位 見大祿位 比知先已如法事王 … 見有靜慮 比知離欲 見離欲者 比有靜慮 若見修道 比知當獲沙門果證 若見有獲沙門果證 比知修道 如是等類 當知總名因果比量"라고 하였다. [참고문헌] 『瑜伽師地論』, *Yogā-bh.* ⇨ 비량 比量, 오종비량 五種比量, 인과 因果

인과상사 因果相似 Ⓢ hetu-phala-sādṛśya, Ⓣ rgyu-dang-'bras-bu-'dra-ba. 인과 과가 서로 닮아 있음. 『유가론기』 권3(대정장43, p.367a9 · 한불전13, p.180a13)에 "여기서는 선인으로 선이숙을 얻고 악인으로 악이숙을 얻는 인과상사를 드러낸다. 今顯善因得善異熟 惡因得惡異熟 因果相似", 『삼무성론』 권하(대정장31, p.877b23)에 "동류란 인과상사를 말한다. 인이 무상하기에 과 또한 무상하다. 所言同類者 謂因果相似 因無常故 果亦無常也"라고 하였다. [참고문헌] 『瑜伽論記』, 『三無性論』, *Yogā-bh.* ⇨ 인과 因果

인과상입 因果相入 부처와 중생, 부처와 보살, 수행위와 수행위끼리 제법(諸法)이 서로 인과 과로 서로 거두는 뜻이다. 원측(圓測)의 『인왕경소』 권3(대정장33, p.413c6 · 한불전1, p.101b2)에 "(『인왕경』 권하, 대정장8, p.831a8의) 넷째 '부처님 한 분이 무량한 중생에게 들어가시고'라고 하였으니 인과 과가 서로 들이니 저 처음에는 한 취만으로 서로 들였으나 뒤에는 육취가 서로 들이는 뜻에 따른다. 四 一佛入無量衆生等者 因果相入 於中初約一趣相入 後約六趣相入", 『신화엄경론』 권4(대정장36, p.740c24)에 "이처럼 낱낱의 위에서의 차제법문이 온통 다 서로 서로 성취하는 뜻이다. 마치 인드라망(帝釋網)처럼 서로 사무쳐 들어가 하나 중에 무량하고 무량 중에 하나인 것과 같다. 제불보살은 체용으로 서로 성취하고 인과로 서로 들여서 동시여서 둘이 아니다. 저 경에서 법혜보살이 정에 들자 곧 시방세계 한 가지로 법혜불이 오셨다라고 외친다. 如是一一位次法門 皆悉如是 互相成就 如帝釋網 互相徹入 一中無量 無量中一 諸佛菩薩 體用相成 因果相入 同時無二 如經中說 法慧菩薩入定 卽十方世界 同名法慧佛來"라고 하였다. [참고문헌] 『仁王經』, 『仁王經疏』, 『新華嚴經論』. ⇨ 인과동시 因果同時[2], 인과불이 因果不二

인과성 因果性 Ⓢ hetu-phala-bhāva, hetu-phala-bhūta, kārya-kāraṇa-bhāva, Ⓣ rgyu-dang-'bras-bu'i-dngos-po, rgyu-dang-'bras-bur-gyur-ba. 인

과 과가 함께 하는 바탕. 『대비바사론』 권77(대정장27, p.398c29)에 "유루의 세계는 인과성이 있다. 과성으로 고제를 세우고, 인의 성으로는 집제를 세운다. 有漏事有因果性 果性立苦諦 因性立集諦", 『구사론』 권4(대정장29, p.22c14 : *Abh-k-bh.*, p.64)에 "무엇을 이름하여 상속이라 하는가? 인과의 성이 삼세로 한껏 흐르는 것을 말한다. 何名相續 謂因果性 三世諸行 kā ceyaṃ santatiḥ. hetuphalabhūtās traiyadhvikāḥ saṃskārāḥ"라고 하였다. 〔참고문헌〕『大毘婆沙論』, 『俱舍論』, *Abh-k-bh·84·476.* ⇨인과 因果

인과어 因果語 칠종어(七種語) 중 하나. 여래께서 말씀하신 인과법문. 36권본 『대반열반경』 권32(대정장12, p.821a23)에 "무엇이 인과어인가? 저 경에서 '선남자여! 중생에게 현재의 육입과 촉이라는 인은 과거의 업과라고 하며, 여래께서는 또한 이것이 업이라고 설하시니, 이 업을 인연으로 미래과를 얻는다'라고 하였는데, 이를 인과어라고 한다. 云何因果語 如經中說 善男子衆生現在六入觸因 是名過去業果 如來亦說 名之爲業 是業因緣 得未來果 是名因果語", 『대반열반경집해』 권67(대정장37, p.590c19)에 "인과어란 과거업으로부터 난 것이면서 동시에 미래과를 짓는다고 말하는 것이다. 因果語者 謂從過去業生 亦能造未來果也", 『대반열반경의기』 권9(대정장37, p.873a8)에 "현재법이 전법에 대해 과가 되고, 뒤의 법에 대해 인이라고 설하면 인과어라고 한다. 說現在法 望前爲果 望後爲因 名因果語"라고 하였다. 〔참고문헌〕『大般涅槃經』, 『大般涅槃經集解』, 『大般涅槃經義記』. ⇨칠종어 七種語

인과역연 因果歷然 인과는 뚜렷해 드러난다는 말. 『화엄유심법계기』(대정장45, p.649b2)에 "만일 몸소 증득해 말이 없다면 인과는 뚜렷히 드러나 잃지 않겠지만, 만일 근원을 궁구한 견마저 다 버리지 않는다면 도리어 단상의 말놀음으로 돌아간다. 若也親證無言 卽因果歷然而不失 若不窮源盡見 還歸常斷之談也", 『금사자장운간유해』(대정장45, p.669b11)에 "하나 그대로 일체이니 인과는 뚜렷이 그러하다. 본에 의지하여 말을 일으키니 말이 본을 막지 못한다. 一卽一切 因果歷然 依本起末 不礙本也", 『지관의례』 권상(대정장46, p.447c21)에 "모든 교설을 보존하면 인과 뚜렷해 그대로일 것이다. 存諸敎則 因果歷然", 『종경록』 권12(대정장48, p.481a4)에 "일체 그대로 하나이니 일체가 모두 한가지로 자성이 없으며, 하나 그대로 일체이니 인과 뚜렷하여 그대로이다. 비록 그대로 분명하지만 무성의 이치 잃지 않고, 비록 무성이지만 연생의 길 또한 무너뜨리지 않는다. 一切卽一 皆同無性 一卽一切 因果歷然 雖卽歷然 不失無性之理 雖卽無性 不壞緣生之道"라고 하였다. 〔참고문헌〕『華嚴遊心法界記』, 『金師子章雲間類解』, 『止觀義例』, 『宗鏡錄』, 『華嚴經疏』 권3(대정장35, p.522c17).

인과육의 因果六義 **1** 인에도 과에도 각기 체광(體廣)·위고(位高)·용장(用長)의 뜻이 있다는 말. 『묘법연화경 *妙*法蓮華經』의 경명에서 '묘 *妙*'를 푼 뜻이다. 『법화현의』 권2(대정장33, p.692c11)에 "인은 세 뜻을 갖추었다 하니, 일법계가 구법계를 갖췄다 하는 것으로 체가 넓은 이름이고 구법계인즉 바로 불법계라 하니 이는 위가 높은 뜻이다. 십법계라 하면 바로 공에 즉한 가와 다시 이에 즉한 중이니 용이 끝없이 길다는 말이다. … 본을 좇아 자취 드리움에 과거현재미래 삼세로 중생을 이익케 함도 용장이다. 이러한 인과 과 여섯 가지 뜻으로 나머지 경들과 다르기에 '묘 *妙*'라 부른다. 因具三義者 一法界 具九法界 名體廣 九法界 卽佛法界 名位高 十法界 卽空卽假卽中 名用長 … 從本垂迹 過現未來三世益物 名用長 是爲因果六義 異於餘經 是故 稱*妙*", 『천태종미결』 권3(卍속장100, p.832a9)에 "〔문〕 나머지 경과 다르기에 '묘'라 한다. 이 인과육의는 연화육비 와 더불어 서로 맞서는 뜻인가 묻는다. 〔답〕 『법화현의』에서 일곱번째로 연화를 푸는 곳에서 '두 문과 여섯 비유로 각각에 응한다'(대정장33, p.773a20)라고 하였다. 저 문 차제대로 취하여 연이라 했고, 화(華)가 이 여섯 뜻에 상대한다. 異於餘經 是故稱*妙* 今疑此因果六義 與蓮華六譬 若有相對耶 答 玄文第七 釋蓮華處云 二門六譬 各有所擬 如文次第 取爲蓮故 華對此六也"라고 하였다. 〔참고문헌〕『法華玄義』, 『天台宗未決』. ⇨십법계 十法界 **2** 비구(比丘)의 의미를 인과 과 각각 세 가지 뜻으로 밝혔다. 『관무량수불경소』(대정장37, p.189b22)에 "비구란 인과로 여섯 뜻이 있다. 인으로 부르면 걸사·포마·파악이고, 과로 부르면 응공·살적·무생이다. 比丘者 因果六義 因名 乞士 怖魔 破惡 果號 應供 殺賊 無生"라고 하였다. 〔참고문헌〕『觀無量壽佛經疏』. ⇨비구 比丘, 걸사 乞士, 포마 怖魔, 파악 破惡, 응공 應供, 살적 殺賊, 무생 無生

인과응보 因果應報 인과 과로 마땅히 갚는다는 말. 인과보응(因果報應)이라고도 한다. 『유부율약사』 권5(대정장24, p.22c11)에 "이때 사천왕들도 다음과 같이 생각했다. '지금 모든 이들이 인과응보를 알지 못하는데도 오히려 스스로 공양을 하니, 하물며 과를 비춰 인을 아는 우리들이 어찌 공양하지 못하겠는가?' 이렇게 생각하고 나서 오백의 산개를 마련하여 부처님께 공양하였다. 時 有四天王衆 亦作是念 今諸人等 不見因果應報 猶自供養 況我等輩 照果知因 豈不能供養 作是念已 亦具五百傘蓋 而供養佛", 『윤전오도죄복보응경』(대정장17, p.564c6)에 "부처님께서 아난에게 말씀하셨다. '세상사람들

생사하는 육안으로 어찌 죄와 복을 알 수 있으리. 나 도안으로 무수겁 내지 금신에 이르도록 죄와 복 그리고 응당한 보 보았으니 마치 손바닥 위의 유리구슬 같아서 내외로 밝게 사무쳐 한 점 의심할 일 없다네'. 佛告阿難 世人無智 生死肉眼 不知罪福 吾以道眼 覩無數劫 乃至今身 罪福應報 猶觀掌中瑠璃珠 內外明徹 無狐疑想", 『법원주림』 권70(대정장53, p.815b7)에 "대저 모습 있으면 바로 그림자 따르고 소리 있은즉 바로 메아리 친다. 모습 있을 줄 모르면 그림자도 잊으련만 소리 그칠 줄 모르니 메아리 어긋나 돌아오네. 이것이 선악으로서 갚는 이치라네. 夫有形則影現 有聲則響應 未見形存而影亡 聲續而響乖 善惡相報 理路皎然"라고 하였다. 〔참고문헌〕『有部律藥事』, 『輪轉五道罪福報應經』, 『法苑珠林』. ⇨ 인과 因果, 인과보응 因果報應

인과이 因果異 인과 과의 체가 다르다고 여김. 바이셰쉬카(Ⓢ Vaiśeṣika : 勝論)나 상좌부(上座部)의 주장이다. 『중론』 권1(대정장30, p.1c15)에 "논사들은 갖가지로 만물이 생하는 상을 설한다. 때론 인과는 하나라고 하고, 때론 인과가 다르다고 한다. 諸論師 種種說生相 或謂因果一 或謂因果異", 『중관론소』 권2본(대정장42, p.24a8)에 "위세와 상좌부는 인과가 다른 체라고 밝힌다. 衛世與上座部 明因果異體", 같은 책 권3본(대정장42, p.35c23)에 "위세인은 인과 과가 체가 다르다고 주장한다. 衛世人 執因果異體"라고 하였다. 〔참고문헌〕『中論』, 『中觀論疏』, 『成唯識論述記』 권3본(대정장43, p.310a5). ⇨ 인과불이 因果不異, 인과일 因果一, 바이셰쉬카 Vaiśeṣika, 상좌부 上座部

인과이시 因果異時 인과 과가 때를 달리한다는 뜻. 인과동시(因果同時)와 맞선다. 『성유식론』 권2(대정장31, p.9b12)에 "현행과 종자는 류로서는 다르지만 서로 어긋나지 않고 한 몸에서 때를 같이 해서 능생의 용도 있게 된다. 이는 저 종자가 자기들끼리 서로 나게 해서 전후로 서로 어긋나서 결코 함께 하지 않는 것과는 다르다. 現種異類 互不相違 一身俱時 有能生用 非如種子 自類相生 前後相違 必不俱有", 『성유식론소초』 권5(卍속장80, p.379b12)에 "만일 인과가 때를 달리한다면 응당 현행이 멸한 다음이라야 비로소 종자가 생한다. 곧 함께 생하고 함께 멸하는 뜻이 성립하지 않는다. 만일 인과가 동시라 해야 곧바로 함께 생하고 함께 멸하는 뜻이 성립한다. 若因果異時者 卽應現行滅已 方始種生 則俱生滅義不成也 若因果同時 則俱生俱滅之義成", 『성유식론음향보유』 권4(卍속장82, p.938a2)에 "만일 종자가 현행을 생하고 현행이 종자를 훈한다면 인과 동시라 하지만, 종자가 종자를 이끈다면 인과는 때가 달라야 한다. 若種生現 現熏種 因果同時 若種引種 因果異時"라고 하였다. 〔참고문헌〕『成唯識論』, 『成唯識論疏抄』, 『成唯識論音響補遺』, 『仁王般若經』 권중(대정장33, p.338c27), 『成唯識論述記』 권3본(대정장43, p.310a5). ⇨ 인과동시 因果同時 ❶, 종자 種子, 현행 現行

인과일 因果一 인과 과가 같다고 여김. 상키야(Ⓢ Sāṃkhya : 數論)와 대중부(大衆部)의 설이다. 『중관론소』 권2본(대정장42, p.24a8)에 "승거와 대중부에서는 인과 과가 같은 체라고 밝힌다. 僧佉與大衆部 明因果一體", 같은 책 권3본(대정장42, p.35c22)에 "승거인은 인과 과가 하나의 체라고 여긴다. 僧佉人 謂因果一體"라고 하였다. 〔참고문헌〕『中觀論疏』. ⇨ 인과이 因果異, 대중부 大衆部, 상키야학파 Sāṃkhya學派

인과진실 因果眞實 Ⓢ phala-hetu-tattva, Ⓣ 'bras-bu dang rgyu'i de-kho-na. 사제(四諦)의 인과(因果)를 삼자성(三自性)에 의지해 각각이 모두 진실임을 밝힌 뜻. 『변중변론』(또는 『중변분별론』)에서 설한 십종인과(十種因果) 중 하나로 인(苦集諦)과 과(滅道諦)의 사성제(四聖諦), 진실을 삼자성(三自性)에 의지해 설한 것이다. 과인진실(果因眞實)이라고도 한다. 『변중변론』 권중(대정장31, p.469b8 : *Madhy-vibh.*, p.40)에 "인과진실은 사성제를 말하는 것이다. 어떻게 이것(인과진실)이 근본진실(삼자성)에 의지하는가? … 〔논〕 고제에는 세 가지가 있다. 이를테면 무상 등(고·공·무아)의 삼상(遍計·依他·圓成)에 대해서는 앞에서 설한 것과 같다. '집제는 세 가지다'란 첫째는 습기집으로 변계소집자성집습기, 둘째는 등기집으로 업번뇌, 셋째는 미리계집으로 미리장진여를 일컫는다. '멸제는 세 가지이다'란 첫째는 자성멸로 자성은 불생이기 때문이고, 둘째는 이취멸로 소취와 능취 둘은 불생이기 때문이며, 셋째는 본성멸로 두 가지 구적은 곧 택멸과 진여를 말하는 것이다. '도제는 세 가지이다'란 첫째는 변지도, 둘째는 영단도, 셋째는 증득도이다. 이 중에서 변계소집에는 변지도만이 있고 의타기에는 변지도와 영단도가 있으며 원성실에는 변지도와 증득도가 있음을 알아야 한다. 따라서 이 셋에 의지해 도제를 건립하는 것이다. 因果眞實 謂四聖諦 云何此依根本眞實 … 論曰 苦諦有三 謂無常等四各三相 如前已說 集諦三者 一 習氣集 謂遍計所執自性執習氣 二 等起集 謂業煩惱 三 未離繫集 謂未離障眞如 滅諦三者 一 自性滅 謂自性不生故 二 二取滅 謂所取能取二不生故 三 本性滅 謂垢寂二 卽擇滅及眞如 道諦三者 一 遍知道 二 永斷道 三 證得道 應知此中於遍計所執唯有遍知 於依他起有遍知及永斷 於圓成實有遍知及證得 故依此三 建立道諦 〈bhāṣya〉 phalahetumayan tatvaṃ tatraiva mūlatatve duḥkhasamudayanirodhamārgasatyatvaṃ. kathaṃ trividhaṃ mūlatatvaṃ duḥkhādisatyatvaṃ. yatas tad anityādilakṣaṇaṃ. duḥkhasatyam ato mataṃ 〈kārikā〉 trividhena samudayārthena samudayasatyaṃ trividhaḥ samudayārthaḥ, vāsanātha samutthānam avisaṃyoga eva ca. 〈bhāṣya〉 vāsanāsamudayaḥ parikalpitasvabhāvābhiniveśavāsanā samutthānasamudayaḥ karmakleśāḥ. avisaṃyogasamudayaḥ. tathatā yā āvaraṇāvisaṃyogaḥ. trividhena nirodhena nirodhasatyaṃ. trividho nirodhaḥ. svabhāvadvayanotpattir malaśāntidvayaṃ mataṃ. svabhāvānutpattir grāhyagrāhakayor anutpattir malaśāntidvayaṃ ca pratisaṃkhyānirodhatathatākhyam ity eṣa trividho nirodho yad uta svabhāvanirodho dvayanirodhaḥ. prakṛtinirodhaś ca. mārgasatyaṃ trividhe mūlatatve kathaṃ vyavasthāpyate", 『성유식론연비』 권7(대정장43, p.955a14)에 "'넷째는 인과진실이니 사성제를 말한다'란 염정인과에 차별이 있기 때문이다. 四 因果眞實 謂四聖諦 染淨因果有差別故"라고 하였다. [참고문헌] 『辯中邊論』, 『成唯識論演祕』, 『中邊分別論』 권상(대정장31, p.455b2), *Madhy-vibh.* ⇨ 인과 因果, 사성제 四聖諦, 삼성삼무성 三性三無性

인과차별 因果差別 Ⓢ kāraṇa-kārya-vibhāga. 인과로 차별함. 세제(世諦)에 의지해서 있고 승의에 의지해 다 알 수 없다고 하지만, 사제(四諦) 등의 인과차별은 승의로도 있다. 『대반야경』 권471(대정장7, p.383a21)에 "부처님께서 선현에게 이르셨다. '나는 세속에 의지해 이와 같은 인과차별을 시설하지만, 승의에 의지한 것은 아니다. 승의에서 보면 인과차별이 있다고 말할 수 없다. 왜 그런가? 승의제의 이치로는 제법의 성상은 분별할 수 없어서 말할 여지도 드러낼 수도 없거늘 어떻게 인과차별이 있다고 하겠느냐?' 佛告善現 我依世俗 施設如是 因果差別 不依勝義 以勝義中 不可說有 因果差別 所以者何 勝義諦理 諸法性相 不可分別 無說無示 如何當有 因果差別", 『이취육바라밀다경』 권8(대정장8, p.902b14)에 "또한 (보살은 타심통으로) 과거의 모든 유정이 지은 갖가지 업에서 초래된 인과차별을 안다. 復知過去 一切有情 所作諸業 因果差別", 『대승광백론석론』 권10(대정장30, p.244b29)에 "만일 일체법에 실성 도무지 없다면 세간에 있는 모든 인과차별 곧 눈 등을 따라 안식 등이 생하는 이들 모든 것들도 응당 없을 것이다. 차별이 없다 하는 것마저도 없기 때문이다. 若一切法 實性都無 所有世間 因果差別 謂從眼等 眼識等生 此皆應無 無無別故"라고 하였다. [참고문헌] 『大般若經』, 『理趣六波羅蜜多經』, 『大乘廣百論釋論』. ⇨ 인과어 因果語, 인과역연 因果歷然, 인과진실 因果眞實

인과차별제 因果差別諦 인과차별의 진실. 팔제(八諦) 중 승의(勝義)에 속하는 네 가지 제(四勝義諦) 중 하나다. 『성유식론술기』 권1(대정장43, p.244a14)에 "(승의 사제 중) 두 번째는 인과차별제이다. 고제와 집제 등 사제(四諦)를 알고(고제) 끊으며(집제) 증득하고(멸제) 닦는(도제) 인과차별은 세속의 도리를 넘어서므로 승의라 한다. 二 因果差別諦 謂苦集等 知斷證修 因果差別 過俗道理 故名勝義"라고 하였다. [참고문헌] 『成唯識論述記』. ⇨ 인과진실 因果眞實, 팔제 八諦, 사승의제 四勝義諦, 인과차별 因果差別

인과차제 因果次第 인과가 차례로 가지런한 뜻. 뒤섞이거나 전도되지 않는 인과의 뜻이다. 『구사론』 권7(대정장29, p.36c24 : *Abh-k-bh.*, p.99)에 "부처님은 과거현재의 인과의 차제를 비추어 보게 해서 미래세에 어지럽게 머물 모든 법을 지금 분명하게 내다볼 수 있게 하셨다. 由佛比類 過去現在 因果次第 便於未來 亂住諸法 能現了達 yasmād atītasāṃpratānumānena bhagavān vikīrṇāny anāgatāni dravyāṇi pratyakṣam īkṣitvā jānāty", 『유가사지론』 권93(대정장30, p.833a21)에 "또한 이렇게 이치에 맞는 인과의 차제는 시작을 알 수 없는 때부터 펴고 굴러 자리 잡았기에 이를 법성이라 한다. 又此稱理 因果次第 無始時來 展轉安立 名爲法性", 『신화엄경론』 권3(대정장36, p.738a10)에 "낱낱이 모두 인과차제를 드러냈으니 십신·십주·십행·십회향·십지 등의 위와 그중의 행상이 뒤섞여 어지럽지 않다. 一一皆表 因果次第 十信十住 十行十迴向 十地等位 其中行相 無有雜亂"라고 하였다. [참고문헌] 『俱舍論』, 『瑜伽師地論』, 『新華嚴經論』, *Abh-k-bh.*

인광 印光 ❶ 심인(心印)에서 발하는 빛. 『대일경소』 권6(대정장39, p.647a8)에 "집금강도 또한 그러해서 연꽃과 같은 마음의 눈으로 보리의 인광을 맞닥뜨리면, 연꽃이 활짝 피듯 환하게 온갖 덕이 다 들어찬다. 執金剛亦爾 心蓮花眼 遇菩提印光 朗然開敷 萬德皆備"라고 하였다. [참고문헌] 『大日經疏』. ❷ 1862~1940. 중국 정토종 스님이며, 연종(蓮宗) 제13조. 법호는 상참괴승(常慚愧僧), 자(字)는 인광. 속성은 조씨(趙氏), 속명은 성량(聖量). 섬서성(陝西省) 합양(郃陽) 출신. 어려서는 유학(儒學)을 배웠으며, 21세(1881)에 연화동(蓮華洞)의 도순(道純)에게 출가하고, 다음 해에 해정(海定)율사로부터 구족계를 받았다. 어려서부터 앓아온 눈병을 염불로 치유한 인연으로 평생 염불을 수행하였으며 교화방편으로 삼았다. 홍라산(紅螺山) 자복사(資福寺)·보타산(普陀山) 법우사(法雨寺) 등에서 30여 년 동안 수행하며 자취를 드러내지 않아 편지만으로 설법하였다. 영암사(靈岩寺)에서 입적하였다. 『인광대사전집 印光大師全集』 7권과 법문집 『인광법사가언록 印光法師嘉言錄』 등이 있다. 〔참고문헌〕 인광대사著 김지수譯 『화두 놓고 염불 하세』(불광, 2000).

인광성불 因光成佛 빛을 인으로 성불하시다. 빛이 무량하기를 서원하여 무애광불(無碍光佛)이 되신 아미타불(阿彌陀佛)의 성불을 가리킨다. 『찬아미타불게』(대정장47, p.421b8)에 "신령한 광명은 모든 상을 여워 이름 있을 수 없으니, 이 때문에 부처님을 무칭광이라고도 한다네. 빛을 인으로 삼아 성불하여 빛 빛나 가득하니, 모든 부처님께서 찬탄하는 분이시니 머리 숙여 예 올리네. 神光離相不可名 故佛又號無稱光 因光成佛光赫然 諸佛所歎故頂禮"라고 하였다. 〔참고문헌〕 『讚阿彌陀佛偈』.

인괴문성 印壞文成 찍은 도장 무너지고 찍힌 문양만 성취된다는 뜻. 밀랍으로 만든 도장을 진흙에 찍으면 밀랍도장이 허물어지면서 문양만이 남아 전함. 무명업이라는 밀랍으로 금생이라는 진흙밭에 현재몸 새겨 넣고 과거업은 무너져 사라지는 뜻이다. 40권본 『대반열반경』 권29(대정장12, p.535c11) "선남자여! 마치 밀랍으로 도장 만들어 진흙에 새겨 넣으면 도장과 진흙이 합쳐져 무늬만 남고 도장은 사라진다. 그러나 이 밀랍도장이 변하여 진흙에 있는 것도 아니고 문양 또한 진흙에서 나온 것도 아니다. 다른 곳에서 온 것이 아니라 찍어 남긴 인연으로 이 문양을 낳은 것이다. 현재의 음이 끝나면 중음의 오음이 생하는데, 이 현재의 오음은 끝내 변하지 않고 중음의 오음 되었으니, 중음의 오음 또한 스스로 생하는 것 아니다. 다른 데서 온 것 아니라 현재오음을 인연해서 중음오음이 생한다. 마치 도장을 진흙에 찍고 나면 도장이 무너지고 문양만이 성취된다. 善男子 如蠟印印泥 印與泥合 印滅文成 而是蠟印 不變在泥 文非泥出 不餘處來 以印因緣 而生是文 現在陰滅 中陰陰生 是現在陰 終不變爲中陰五陰 中陰五陰 亦非自生 不從餘來 因現陰故 生中陰陰 如印印泥 印壞文成", 『마하지관』 권9(대정장46, p.121b2)에 "과거무명업은 밀랍이고 현재 부모정혈은 진흙이다. 과거업은 머물지 않기에 '도장은 무너진다'고 하고, 현재 탁태한 식은 명색구족하기에 '문양은 성취된다'고 한다. 過去無明業是蠟 現在父母精血是泥 過去業不住 故名印壞 現在託識名色具足 故名文成", 『안락집』 권상(대정장47, p.11b27)에 "비유하면 밀랍도장 진흙에 찍은 뒤엔 도장은 무너지고 문양만이 남듯이, 이 목숨 끊어질 때가 곧 바로 안락국에 태어날 때이다. 譬如蠟印印泥 印壞文成 此命斷時 卽是生安樂國時"라고 하였다. 〔참고문헌〕 『大般涅槃經』, 『摩訶止觀』, 『安樂集』. ⇨ 오음 五陰

인교 人轎 사람이 메는 가마. 『선원청규』 권7 「청존숙請尊宿」(卍속장111, p.914b4)에 "반드시 써야할 금전·짐 꾸러미·인교 등이나 또는 배를 탈 경우 필요한 물건을 갖추어야 한다. 具合用錢物行李人轎等 或舟船要用之物"라고 하였다. 〔참고문헌〕 『禪苑淸規』.

인구성 因俱聲 인연 갖춰져야 나는 소리. 불거나 치는 행위의 유정과 악기 등의 비유정이 어울려야 나는 소리다. 『잡아비담심론』 권1(대정장28, p.872c6)에 "인구성이란 북을 치거나 조개에 바람을 불어넣는 등의 인연으로 나는 소리다. 저 소리 각각에는 두 가지가 있다. 듣기 좋은 소리와 듣기 싫은 소리이다. 因俱聲者 謂擊鼓吹貝等 因緣發聲 彼聲一一有二種 謂可意不可意", 『구사론기』 권1(대정장41, p.20a2)에 "내외로 양쪽 모두 사대를 갖추고 합하여 하나의 소리를 내는 것을 인구성이라 한다. 許內外兩具四大 合生一聲 名因俱聲"라고 하였다. 〔참고문헌〕 『雜阿毘曇心論』, 『俱舍論記』. ⇨ 인수사대성 因受四大聲, 인불수사대성 因不受四大聲

인궁즉사 人窮則詐 사람은 궁지에 몰리면 거짓되게 행한다는 말. 『순자 荀子』 「애공 哀公」에 나오는 말. 『북산록』 권10(대정장52, p.633b18)에 "새는 굶주리면 아무거나 쪼아 먹고, 짐승들은 굶주리면 무엇이나 잡아먹으며, 사람도 궁지에 몰리면 거짓으로 행하고, 말도 몰리면 사방으로 날뛴다. 쪼아 먹고 날뛰지 않아야 한다면 오직 뛰어난 지혜뿐 아닌가! 鳥窮則啄 獸窮則攫 人窮則詐 馬窮則佚 夫能使啄佚之不至者 其唯上智哉"라고 하였다. 〔참고문헌〕 『北山錄』.

인궁지단 人窮智短 사람이 궁하면 지혜마저 없게 된다는 말. 분별로 구한 그 끝 얻을 것 없어 지혜마저 빛을 잃게 된다는 뜻이다. 『천여유칙어록』 권1(卍속장122, p.809a6)에 "들기를 남전이 고양이를 베었다. 껄껄대고 크게 웃고서 말했다. '남전과 조주는 사람이 궁하면 지혜마저 없게 된다. 모양으로 아는 일 천하에 넘치지만 마음 아는 이 참으로 얼마나 될까?' '남전은 왜 고양이를 베었을까?' '산 놈은 저절로 살아진다' '조주라면 고양이를 구했을까요?' '죽은 놈은 스스로 죽는다' '베었어야 했을까요, 구해야 했을까요?' '베거나 구하거나 고양이와 더불어 무슨 일 하겠는가' '저는 알 길이 없습니다' '모르겠거든 양당의 수좌에게 물어보거라'. 擧 南泉斬猫話 乃呵呵大笑云 南泉趙州 人窮智短 相識滿天下 知心能幾人 僧問 南泉斬猫 意作麽生 答 活底自活 問 趙州救得猫兒 又作麽生 答 死底自死 問 斬底是邪 救底是邪 答 斬底救底 與猫兒都沒交涉 僧云 某甲不會 答 你若不會 問取兩堂首座"라고 하였다. 〔참고문헌〕 『天如惟則語錄』, 『永濟融語錄』 권하(가흥장28, p.414b28).

인권 引勸 이끌어 권함. 또는 그렇게 하는 소임. 권선(勸善)과 같다. 『선가귀감』「간기 刊記」(한불전7, p.647b24)에 "인권비구는 홍률이고 간행을 맡은 이는 통정별훈이다. 옹정 9년(1731) 5월 어느 날 향산 보현사에서 간행하여 보관해둔다. 引勸比丘弘律 功刊通政別訓 雍正九年辛亥 五月日 留刊于香山普賢寺", 『증곡집』 권하 「창호시주인권삼덕불망기 窓戶施主引勸三德不忘記」(한불전12, p.797b11)에 "각월이 흔연히 말하기를 '비록 재물이 있어도 인연할 불사가 없으면 시주할 수 없고, 인연할 불사가 있더라도 이끌어 권함이 없으면 시주할 수 없는데, 이제 연사도 있고 인권도 있으니 이는 하늘이 한 일이지 사람이 한 것이 아닙니다'하고, 곧바로 300금을 희사하였다. 覺月欣然曰 雖有貲財 無緣事 則不可舍施 雖有緣事 無引勸 則不可舍施 而今有緣事 亦有引勸 是天非人也 卽捐三百金而舍之"라고 하였다. 인권하는 글을 인권문이라 하며, 「향산보현사경판각인권문 香山普賢寺經板刻引勸文」(『설암잡저』 권3・한불전9, p.305c22)이 있다. [참고문헌] 『禪家龜鑑』, 『曾谷集』, 『雪嵒雜著』. ⇨ 권선 勸善, 권선문 勸善文

인귀 人鬼 사람이나 귀신. 또는 그들 무리. 『무량수경』 권하(대정장12, p.276b29)에 "이와 같은 악은 (신체를 온전히 갖추지 못한) 사람이나 귀신으로 태어난다. 如是之惡 著於人鬼", 『육도집경』 권2(대정장3, p.10b8)에 "천지가 갑자기 크게 흔들렸고 사람과 귀신의 무리가 모두 놀랐다. 天地卒然大動 人鬼靡不驚焉"라고 하였다. [참고문헌] 『無量壽經』, 『六度集經』. ⇨ 육도 六道

인균 印均 조선후기 전라도 지역을 중심으로 활동한 화사(畵師). 1615년에 수화승 태전(太顚)과 함께 김제 금산사(金山寺) 칠성각의 독성상(獨聖像) 조성을 시작으로 1633년에 부안 내소사(來蘇寺) 목조석가삼존불상과 김제 귀신사(歸信寺) 영산전 목조석가불좌상 및 십육나한상을, 1648년에 여수 흥국사(興國寺) 무사전(無私殿) 목조지장보살좌상 등을 조성하였다.

인극 鄰極 극과(極果)에 아주 가까움. 극과란 묘각위(妙覺位)・불과(佛果)이며, 가장 가까운 등각(等覺)을 말한다. 석존께서 남기신 교법을 이어 이 세계를 교화하고자 등각위도 마치고 보불처에 머물고 계신 미륵을 인극성이라고도 한다. 『법화문구기』 권10중(대정장34, p.350a13)에 "먼 이치를 봄으로써 도를 늘리고 생은 버려서 인극에 이른다. 由見遠理故 使增道損生 至於隣極", 『지관보행전홍결』 권6(대정장46, p.333b9)에 "인극이란, 불지와는 다르지만 십지는 넘었기에 따로 이름을 빌려서 '십지인극'이라고 한다. 言隣極者 以別佛地 過十地故 今借別名 乃云十地隣極故也", 『능엄경여설』 권5(卍속장20, p.869a13)에 "다음으로 부처님을 돕는 처란 이미 등각에 올라 위가 극성에 가까워진 것이니, 석존의 법이 사라진 이후에 미륵은 이 세계에서 석존을 도와 그 뒷일을 감당한다. 次補佛處者 謂旣登等覺 位隣極聖 釋尊法滅之後 彌勒卽於此界 補釋尊之後化"라고 하였다. [참고문헌] 『法華文句記』, 『止觀輔行傳弘決』, 『楞嚴經如說』. ⇨ 등각 等覺 ❷, 인극아성 鄰極亞聖

인극아성 鄰極亞聖 극과(極果)에 가까워 성인에 버금가다의 뜻. 십대제자인 사리불(舍利弗 Ⓢ Śāriputra)의 별칭이기도 하다. 『법화의소』 권1(대정장34, p.463c9)에 "극과에 가까워 성인에 버금가므로 '현'이라 하고, 불도를 넓혀 능히 견고히 하므로 '수'라 한다. 隣極亞聖曰賢 弘道能固稱守也", 『삼론현의』(대정장45, p.2b20)에 "(여섯 가지 아비담론 가운데) 둘째, 극과에 가까워 성인에 버금가기에 사리불이라 부르는 이가 부처님 말씀을 풀기 위해 『아비달마집이문족론 阿毘達磨集異門足論』 20권을 지었고, 이것이 중국에 전래되었다. 二者隣極亞聖 名舍利弗 解佛語故 造阿毘曇 凡二十卷 傳來此土", 『반야심경약소소초』 권하(卍속장41, p.777a16)에 "극과에 가까워 성인에 버금가면 등각이라는 이름을 세운다. 실은 근본불각이 다하지 못하여 중생상이 여전히 남아 있고 견성은 극에 이르지 못하였으니, 스승과 제자로서 위가 다르기 때문이다. 隣極亞聖 立等覺名 其實根本不覺未盡故 生相猶存故 見性未極故 師資異位故"라고 하였다. [참고문헌] 『法華義疏』, 『三論玄義』, 『般若心經略疏小鈔』. ⇨ 인극 鄰極, 사리불 舍利弗

인근 人根 ❶ Ⓢ upastha. 상키야(Ⓢ Sāṃkhya : 數論)에서 말하는 오작근(五作根) 중 하나. 생식기관인 남근(男根)과 여근(女根). 『금칠십론』 권중(대정장54, p.1252b25)에 "다음에는 오작근이 하는 일을 설한다. 언설은 설근의 경이고, 쥐는 것은 수근의 경이며, 걷는 것은 족근의 경이고, 즐거움에 빠지고 아이를 낳는 것은 인근의 경이며, 배설은 대유근의 경이다. 오작근이 하는 일을 설했다. 次說 作根事 言說是舌根境 持是手境 行步爲足境 戲樂及生子 爲人根境 除棄是大遺境 作根事已說"라고 하였다. [참고문헌] 『金七十論』. ⇨ 남근 男根, 여근 女根, 오작근 五作根 ❷ 사람의 근기. 『화엄오교장』 권4(대정장45, p.507b17)에 "만약 사람의 근기가 밝고 지혜롭고, 대자비심마저 있다면 모든 중생들을 이롭게할 수 있고 보살도를 설할 수 있으니, 이것이 곧 대승이다. 若人根明利 有大慈悲心 饒益諸衆生 爲說菩薩道卽大乘也"라고 하였다. [참고문헌] 『華嚴五教章』. ⇨ 근기 根器, 기근 機根

인근 隣近 Ⓢ āsannī-bhūta, Ⓣ nye-bar-gyur-pa.

아주 가까움. 바로 정에 들 수 있는 인력(因力)과 정려(靜慮), 또는 촉(觸)과 수(受)의 사이 등을 말한다. 『유가사지론』 권12(대정장30, p.335a26)에 "무엇이 인력인가? 아주 가까워 정려에 드는 등을 말한다. 무엇이 방편력인가? 비록 아주 가까이 정려 등에 들지 못하더라도 자주 익히고 틈 없이 닦는 힘으로 모든 정에 드는 것을 말한다. 云何因力 謂曾隣近 入靜慮等 云何方便力 謂雖不隣近 入靜慮等 然由數習 無間修力 能入諸定", 『성유식론』 권3(대정장31, p.11c1)에 "『집론』 등에서 '수의 의지가가 된다'고 한 것은 촉으로 수를 낳는 것이 가까워서 승하기 때문이다. 즉 촉으로 취한 뜻에 맞는 등의 상이 수로 취한 순익 등의 상과 아주 서로 가깝기에 끌어 승함을 일으키기 때문이다. 集論等說 爲受依者 以觸生受 近而勝故 謂觸所取 可意等相 與受所取 順益等相 極相隣近 引發勝故"라고 하였다. [참고문헌] 『瑜伽師地論』, 『成唯識論』, *Bodh-bh.224.* ⇨ 인근연 隣近緣

인근견도 隣近見道 견도에 아주 가까이 감. 『대비바사론』 권5(대정장27, p.24a17)에 "또 인선근(忍善根)은 견도에 아주 가까우나 난정 등은 그렇지 않다. 또한 인선근은 견도와 상사하지만 난정 등은 그렇지 않다. 復次 忍隣近見道 煖頂不爾故 復次 忍與見道相似 煖頂不爾故", 『구사론기』 권23(대정장41, p.347b1)에 "세제일법은 견도에 매우 가까운 선근이니, 견도와 가장 상사하다. 世第一法 是極隣近見道善根 最與見道相似"라고 하였다. [참고문헌] 『大毘婆沙論』, 『俱舍論記』. ⇨ 견도 見道 ❶

인근공능 隣近功能 Ⓢ samarthaṃ sākṣāt. 아주 가까운 공능. 『구사론』 권4(대정장29, p.22c11)에 "이 중에서 어떤 법을 종자라고 하는가? 이름과 더불어 색이 스스로의 과를 낳음에 있어 펴고 구르는 인근공능을 말한다. 이것은 상속으로 연유하는 전변차별이다. 此中何法 名爲種子 謂名與色 於生自果 所有展轉 隣近功能 此由相續 轉變差別"라고 하였다. [참고문헌] 『俱舍論』, *Abh-k-bh.64.* ⇨ 인근 隣近

인근균등 隣近均等 Ⓢ sāmānya. 아주 가까워 고르게 같음. 동품(同品)의 뜻이다. 『인명정리문론본』(대정장32, p.1c28)에 "이와 같이 종(宗 : 주장명제)의 법(法 : 술어부)에는 세 가지 차별이 있다. 말하자면 동품에 있거나, 있지 않거나, 그리고 있거나 있지 않은 것이다. 앞의 송에서는 '그리고(及)'라는 글자가 제외되었다. 이 중에 만약 품과 더불어 소립법이 아주 가깝고 고르게 같은 것을 동품이라 하고, 일체의 뜻을 모두 품이라고 한다. 만약에 소립법이 없다면 이품이라고 한다. 如是宗法 三種差別 謂同品有 非有及俱 先除及字 此中 若品與所立法 隣近均等 說名同品 以一切義 皆名品故 若所立無 說名異品"라고 하였다. [참고문헌] 『因明正理門論本』, 『因明正理門論』(대정장32, p.7a27), *Nyāy-pr.1.* ⇨ 동품유 同品有, 이품유 異品有, 인명 因明

인근석 隣近釋 Ⓢ avyayī-bhāva, Ⓣ zad-par-mi-'gyur-ba. 육합석(六合釋) 중 하나. 본래 범어(梵語)로는 여법(如法 Ⓢ yathā-vidhi)으로 앞에는 부사나 형용사 등의 불변화사가 자리하고 뒤에는 명사가 있는 복합어를 가리키지만, 번역어에서는 말하려는 법의 자성을 드러내는 뜻으로 쓴다. 『화엄경탐현기』 권3(대정장35, p.149a16)에 "다섯째 인근석이란, 즉 가까운 것을 쫓아 그 이름을 세우는 것을 말한다. 저 사념처관은 실은 혜가 체이지만, 염과 더불어 서로 가깝기에 염처라고 하는 것과 같다. 五 隣近釋者 謂從所近 以立其名 如四念處觀 實以慧爲體 以與念相近 名爲念處也"라고 하였다. [참고문헌] 『華嚴經探玄記』, 『大乘法苑義林章』 권1(대정장45, p.255b28), *Mvyut.210.* ⇨ 육합석 六合釋

인근연 隣近緣 Ⓢ āsannaḥ pratyayaḥ. 아주 가까운 연. 능작인(能作因)의 스무 가지 차별 중 하나로 안(眼)이 안식(眼識)을 가져 색(色)을 보고, 그리고 십이연기(十二緣起)에서 무명(無明)이 바로 행(行)을 연해 유(有)가 있게 되는 등이다. 『순정리론』 권7(대정장29, p.366b12)에 "안식이 견방편이라 하였으니, 안은 식을 가져서 색을 볼 수 있다. 식은 안근의 견방편이자 견의 지이기에 임시로 안이라 한다. 이 뜻이 말하는 것은 '식이 방편이 되어 눈이 색을 본다'. 저 나머지 경에서 '색을 요별할 경우에 안은 식이 의지할 성이고 인근연이기에 안근체를 임시로 식이라 한다'. 그러므로 계경에서 '눈으로 보는 색'이라고 하였는데, 이 중에서도 그러하니 색을 관조하는 경우에도 식은 눈의 인근연이자 소의지이기에 안식체를 임시로 '안'이라 한다. 此說 眼識 爲見方便 眼由識持 能見色故 識是眼根 見方便故 見依止故 假說名眼 此意說言 識爲方便 眼能見色 如餘經中 了別色位 以眼是識所依性故 隣近緣故 於眼根體 假說識名 故契經言 眼所識色 此中亦爾 觀照色位 以識是眼隣近緣故 所依止故 於眼識體 假說眼名", 『대승아비달마잡집론』 권4(대정장31, p.713b17)에 "(스무 가지 능작인의 차별 중) 열넷째는 생기의 능작인이다. 인근연을 말한다. 저 무명이 행을 바라는 것과 같으니, 이것으로 틈 없이 곧바로 유를 낳기 때문이다. 十四 生起能作 謂隣近緣 如無明望行 由此無間 生當有故"라고 하였다. [참고문헌] 『順正理論』, 『大乘阿毘達磨雜集論』, *Abh-s.27.* ⇨ 능작인 能作因, 삼사화합 三事和合, 십이인연 十二因緣

인기 人氣 Ⓟ vāyo jivo. 사람의 기. 『불본행집경』 권14(대정장3, p.718a23)에 "죽음의 귀신이 사람의 기를 빼앗아 가니, 저 해가 서산으로 져서 다시 나타나지 않는 듯하다. 死命鬼奪人氣去 如日沒山不復現",『나선비구경』권상(대정장32, p.696c11)에 "사람의 기 한 번 나가면 다시 돌아오지 못하는 한 그 사람 어찌 다시 살아나겠는가? 人氣一出 不復還入 其人寧復生不"라고 하였다. [참고문헌]『佛本行集經』,『那先比丘經』, *Mil.30.*

인기 人機 각 사람의 기틀. 각자의 근기(根機). 서로 다른 소질.『삼미륵경소』(대정장38, p.316a27)에 "하늘이 준 이로움 다해 마치고는 사람의 기틀 다시 익혀서 이에 비로소 하생한다〈규기(窺基)대사가 이와 같이 주장한다〉. 天利盡畢 人機復熟 故乃下生〈基師作如是說〉",『원각경대소석의초』권9상(卍속장14, p.813a13)에 "부숴버릴 허물모양은 크고 거친데, 마주할 사람의 기는 열하다. 그러므로 순관으로 과실을 삼고 역관으로 마주하여 물리친다. 所破之過相麤 所對之人機劣故 且以順爲過失 以逆觀爲對治"라고 하였다. [참고문헌]『三彌勒經疏』,『圓覺經大疏釋義鈔』. ⇨기근 機根, 근기 根機

인기 引起 Ⓢanukarṣa, ākṣepa. 끌어 일으키다.『대승본생심지관경』권6(대정장3, p.317c26)에 "낱낱의 욕락으로 각각 능히 팔만사천의 미세한 번뇌를 일으킨다. 一一欲樂 各能引起 八萬四千 微細塵勞",『보살본생만론』권13(대정장3, p.370b20)에 "아견이 다시 일어나 번뇌를 끌어 낸다. 我見復生 引起煩惱",『화엄오교장』권3(대정장45, p.493a9)에 "방편으로 점차 뛰어난 의욕 일으키니, 소승을 버리고 대승을 따르게 하기 위해 이를 지어 설한다. 方便漸引起彼勝欲 令捨小從大 故作此說"라고 하였다. [참고문헌]『大乘本生心地觀經』,『菩薩本生鬘論』,『華嚴五敎章』, *Daś-bh.28., Yogā-bh.219.*

인기 印奇 고려 제25대 충렬왕(재위 1274~1308) 때 스님.『동국여지승람』권12 경기 강화도호부 불우에 "전등사는 길상산에 있다. 원나라 지원 19년(1282·충렬왕8)에 충렬왕의 원비인 정화궁주 왕씨가 인기스님에게 부탁하여 배를 타고 송나라에 건너가 대장경을 인출해 왔으며 이 절에 모셨다. 傳燈寺 在吉祥山 元至元十九年 忠烈王元妃貞和宮主王氏 囑僧印奇航海入宋印大藏來藏寺中"라고 하였다. 이때 정화궁주가 대장경과 함께 옥등(玉燈)을 바치고 절 이름을 아도화상(阿道和尙)이 개창할 당시의 진종사(眞宗寺)에서 전등사로 바꾸었다. [참고문헌]『東國輿地勝覽』,『傳燈本末寺誌』(亞細亞文化社, 1978) pp.1~2. ⇨전등사 傳燈寺

인기 印記 인가(印可)와 기별(記別)을 합해 줄인 뜻. 스승이 제자의 법을 승인하여 독립을 허용한다는 말이다.『경덕전등록』권26「영명연수전 永明延壽傳」(대정장51, p.422a16)에 "저 나라 스님 36인이 몸소 인가를 받고 앞뒤로 본국으로 돌아가 각자 한 곳을 교화하였다. 彼國僧 三十六人 親承印記 前後歸本國 各化一方",『여정어록』「관음도리흥성보림사 觀音導利興聖寶林寺」(대정장48, p.136a25)에 "여섯 사람이 모두 여정선사의 인가를 받고 세간에 나아가 일가를 이루었다. 而六箇也 皆受師印記出世"라고 하였다. [참고문헌]『景德傳燈錄』,『如淨語錄』. ⇨인가 印可, 기별 記別

인기 因起 병이 생기거나 사건이 일어나는 인. 40권본『화엄경』권11(대정장10, p.711a7)에 "보살이 교화함에 먼저 국왕을 치료하고 그 다음 중생을 다스려 고통을 없앤 뒤에라야 법을 설하여 그 마음을 조복시킨다. 선남자여! 보살이 병을 치료하고자 한다면 먼저 병이 생긴 인과 품류와 더하고 덜한 증상이 무량무변하다. 그대를 위해 지금 아주 조금만을 설하겠다. 菩薩起化 先療國王 次治衆生 令無患苦 然後說法 調伏其心 善男子 菩薩若欲治諸病者 先當審觀諸病因起 品類 增損無量無邊 我今爲汝說其少分"라고 하였다. [참고문헌]『華嚴經』.

인기 驎驥 뛰어난 말. 인은 얼룩무늬 말이고 기란 천리를 가는 말이다.『불소행찬』권1(대정장4, p.10b7)에 "(태자가 탈 말은) 용 같은 목에 넓은 볼기와 가슴으로 준마의 상을 갖추었다. 龍咽臏臆方 具足驎驥相"라고 하였다. [참고문헌]『佛所行讚』.

인길자 人吉蔗 사람의 주검에 들어가는 길자(Ⓢkṛtyā, Ⓟkicca). 길자는 길차(吉遮)라고도 하는데, 악귀(惡鬼)의 하나로 원한을 되갚을 목적으로 시신에 베타라(Ⓢvetāla 毘陀羅) 주문을 걸면 길자가 그 주검을 일으켜 상대를 해치게 한다.『법화경구해』권8(卍속장48, p.245b3)에 "인길자는 시신을 일으키는 귀신이다. 人吉蔗 此云起屍鬼",『대일경의석』권7(卍속장36, p.756b11)에 "세간에서 전하기를 마하가라(ⓈMahākāla)의 권속으로 사람이 그 주술에 걸리면 그가 시키는 대로 하게 되어 결국은 사람의 마음을 먹는다 한다.『법화경』에서 '길자거나 인길자거나'라 한 것이 이것이다. 世間所傳云 屬摩訶迦羅 人有受其呪術者 爲彼所加持故 好食人心 故法華云 若吉蔗若人吉蔗 是"라고 하였다. [참고문헌]『法華經句解』,『大日經義釋』. ⇨길차 吉遮

인난 人難 사난(四難) 중 하나. 부처님께서 인간세(人間世)에 출현하시는 일도 드물고 직접 친견하기도 어려움. 치불난(値佛難)이라고도 한다.『법화경』권1「방편품 方便品」(대정장9, p.10a24)에 "여러 부처님 세상에 나오신다 해도 아주 먼 세월을 지나 오시기에 만나 뵙기는 더욱 어렵네. 諸佛興出世 懸遠値遇難"라고 한 구절을 해석한 말이다. 『법화문구』 권5(대정장34, p.62c24)에 "'여러 부처님 세상에 나오셔도 ~ '라고 한 두 구는 오래오래 아주 먼 멀리 떨어진 세월을 지나야 세간에 출현하시므로 이는 인난을 거론한 것이다. 諸佛興出世 兩句 久久懸遠時有佛出 此擧人難"라고 하였다. 〔참고문헌〕『法華經』, 『法華文句』, 『法華三大部科文』 권8(卍속장43, p.419a1), 『法華經科註』 권2(卍속장48, p.376a9). ⇨사난 四難❶, 치불난 値佛難

인날라 印捺羅 Ⓢ Indra의 음사어. 인다라(因陀羅). 인날로(印捺嚕)라고도 한다. 『오불정삼매다라니경』 권2(대정장19, p.274a7)에 "인날라란 제석 등의 이름이다. 所謂印捺羅 名帝釋等"라고 하였다. 〔참고문헌〕『五佛頂三昧陀羅尼經』. ⇨인다라 因陀羅❶, 인드라 Indra

인내 忍耐 Ⓢ kṣānti, Ⓟ khanti, Ⓣ bzod-ba. 참아내다. 『기세경』 권3(대정장1, p.326b15)에 "온갖 고통이 닥쳐 간절하면 참을 수가 없어 그 즉시 소리를 지른다. 이 때문에 규환지옥이라 한다. 諸苦逼切 不可忍耐 卽便叫喚 是故名爲叫喚地獄", 40권본 『화엄경』 권10(대정장10, p.802c27)에 "그대 마땅히 부지런히 닦아서 모든 역경을 참아내야 한다. 거친 말과 모욕 그리고 원한 맺힌 해코지 따위로도 내심이 무너지지 않고 항상 편안하게 견딘다. 汝應勤修 忍耐諸境 謂惡言毁辱 怨結毒害 不壞內心 常安忍故", 『대승본생심지관경천주』 권5(卍속장34, p.307b12)에 "자신을 돌이켜보아 어리석은 범부인 줄 아니 이치상 참아내야 한다. 설령 남에게 천시당하고 매를 맞는 상황에 부딪히더라도 이렇게 돌이켜 보아야 한다. '저는 성인이고 나는 범부이며 저는 지혜롭고 나는 어리석으니 저는 나를 교화하고 나를 제도한다'라고. 이렇게 생각한다면 도리어 기쁘고 다행이라 여겨 삼독은 저절로 그친다. 反觀自身 旣爲愚夫 理應忍耐 縱遇人所辱賤鞭撻 當作此觀 彼聖我凡 彼智我愚 彼爲敎我度我 當作此想 反生慶幸 而三毒自息矣", 『경덕전등록』 권18 「현사사비전 玄沙師備傳」(대정장51, p.345a9)에 "만일 근기가 느리고 더디다면 곧바로 부지런히 애쓰고 인내하며 밤낮으로 피곤마저 잊고 먹는 일도 놓아서 저 어머니 상 당한 듯하니, 이렇게 급하고 간절히 한평생을 다하도록 해야하리. 若是根機遲鈍 直須勤苦忍耐 日夜忘疲失食 如喪考妣相似 恁麽急切 盡一生去"라고 하였다. 〔참고문헌〕『起世經』, 『華嚴經』, 『大乘本生心地觀經淺註』, 『景德傳燈錄』, *Mvyut.55.* ⇨인 忍, 인욕 忍辱

인노작랑 認奴作郎 종을 주인으로 알다. 전도(轉倒)하는 당처를 곧바로 비유함이다. 인적위자(認賊爲子)와 통한다. 『동산어록』(대정장47, p.511a29)에 "이르길 '단지 저 험한 길 다닌다고 본래면목이라 할 수 있습니까?' '사리야! 참으로 알지 못하는구나!' '어느 곳이 저의 전도인지요?' '전도가 아니라면 어찌하여 종을 주인이라 하는가?' '무엇이 본래면목입니까?' '험한 길 가지 않는다'. 云 秖如行鳥道 莫便是本來面目否 師曰 闍黎 因甚顚倒 云 甚麽處是 學人顚倒 師曰 若不顚倒 因甚麽却認奴作郎 云 如何是本來面目 師曰 不行鳥道", 『종용록』 38칙 「시중 示衆」(대정장48, p.252b29)에 "도둑을 아들이라 여기고 종을 주인으로 안다. 부러진 나무 자루 어찌 선조의 유골이겠는가! 말안장 또한 아버지의 아래 턱뼈 아니다. 以賊爲子 認奴作郎 破木杓 豈是先祖髑髏 驢鞍鞽 亦非阿爺下頷", 『허당록』 권2(대정장47, p.994c23)에 "잎 하나가 떨어지면 천하가 가을이라 하고 종을 주인이라 하니 티끌 하나 일어나 대지를 거둔다고 하니, 여전히 자취만 남을 뿐이네. 一葉落天下秋 認奴作郎 一塵起大地收 猶有跡在", 『목암안영화상어』(속고존숙어요5, 卍속장119, p.123b10)에 "만일 옳다고 하려면 종을 주인으로 아는 것과 크게 다르지 않고, 받아들일 수 없다면 이 또한 목 잘리고 살기를 바라는 것이려니, 이곳쯤 와서는 어떻게 해야 할까? 若也肯去 大似認奴作郎 若也不肯 又是斬頭覓活 到這裡 合作麽生話會"라고 하였다. 〔참고문헌〕『洞山語錄』, 『從容錄』, 『虛堂錄』, 『木庵安永和尙語』, 『雲門廣錄』 권중(대정장47, p.554a10). ⇨인적위자 認賊爲子, 노랑 奴郎, 노랑불변 奴郎不辨

인능변 因能變 Ⓢ hetu-pariṇāma. 일체법을 낳는 인인 종자(種子). 아뢰야식(阿賴耶識)에 섭장되어 일체법을 생하는 인(因)인 등류습기(等流習氣)와 이숙습기(異熟習氣)를 말한다. 이 두 가지 습기가 전변해서 제법을 낳기에 인능변이다. 과능변(果能變)의 상대어이며, 인전변(因轉變)·인변(因變)이라고도 한다. 법상종에서는 인능변의 변을 전변 또는 생변(生變)으로, 과능변의 변을 변현(變現) 또는 연변(緣變)으로 구분해 쓴다. 『성유식론술기』 권2(대정장43, p.298c13)에 "인이 곧 능변이기에 인능변이라 한다. 이 두 인(등류습기·이숙습기)이 전변해서 후(인과이시)의 자류종자와 (등류습기와) 동류현행 그리고 이숙과를 생하기 때문이다. 謂因卽能變 名因能變 謂此二因 能轉變生後自類種 同類現行及異熟果故", 같은 책 권3(대정장43, p.317a18)에 "변에는 두 가지다. 첫째는 생변으로 전변의 뜻이니, 앞에서 설한 것과 같다. 변은 인과 과를 일으켜 익혀서 차별하게 함이다. 등류와 이숙의 이인습기를 인능변이라 하고, 소생의 8식이 갖가지 상을 변현하는 것을 과능변이라 한다. 따라서 능생의 인을 능변이라 한다. 둘째는 연을 변이라 하니 변현의 뜻으로 과능변이다. 또 제8식이 오직 종자와 유식신 등(기세간)을 전변하고 안 등의 전식이 색 등을 변현하는 것이 이것이다. 變有二種 一者生變 卽轉變義 如次前說 變謂因果生熟差別 等流異熟二

因習氣 名因能變 所生八識現種種相 是果能變 故能生因說名能變 二 緣名變 卽變現義 是果能變 且第八識 唯變種子 及有根身等 眼等轉識變色等是", 『성유식론소초』 권4(卍속장80, p.334b2)에 "이 인능변 중에 종자생종자·종자생현행·현행생종자를 거두니, 모두 인능변이라 한다. 此因能變中 則攝得種子生種子 種子生現行 現行生種子 皆名因能變"라고 하였다. [참고문헌] 『成唯識論』, 『成唯識論述記』, 『成唯識論疏抄』, *Vijñ-t-bh.48*. ⇨ 과능변 果能變, 능변 能變, 전변 轉變, 등류습기 等流習氣, 이숙습기 異熟習氣, 이인습기 二因習氣

인니 印泥 ➡ 종문삼인 宗門三印

인니연 因尼延 Ⓢ aiṇeya의 음사어. 검은 영양. 이니연(伊尼延)이라고도 한다. 『일체경음의』 권48(대정장54, p.630c12)에 "사슴왕의 이름이다. 구역 경전에서는 이니연이고 더러는 인니연 또는 열니연으로 쓰기도 했으나 모두 같은 것이다. 鹿王名也 舊經中伊泥延 又作因尼延 亦作噎尼延 皆一也"라고 하였다. [참고문헌] 『一切經音義』. ⇨ 이니연 伊尼延

인다니라 因陀尼羅 인다라니라(因陀羅尼羅 Ⓢ indranīla)의 줄임말. 『대지도론』 권10(대정장25, p.134a3)에 "인다니라〈제석천의 푸른 구슬이라는 의미에서 천청주라 한다〉. 因陀尼羅〈天靑珠〉", 『번범어』 권10(대정장54, p.1053c11)에 "인다니라〈『대지도론』에 '청주'라 하였고, 한역하여 '천주(제석천)의 대주'라고 한다〉. 因陀尼羅〈論曰靑珠也 譯曰 天主黛珠〉"라고 하였다. [참고문헌] 『大智度論』, 『翻梵語』, 『大乘寶雲經』 권1(대정장16, p.241c3), 『正法念處經』 권40(대정장17, p.235a2). ⇨ 인다라니라 因陀羅尼羅, 인다라니라목다 因陀羅尼羅目多

인다라 因陀羅 ❶ Ⓢ Indra, Ⓟ Inda. 불교의 수호신인 십이천 중 한 하늘. 인다라(因陀邏)·인달라(因達羅)·인제리(因提梨)·인제(因提)·인지(因抵)·인날로(印捺嚕)·인날라(印捺羅)라고도 한다. 한역어는 제석천(帝釋天)·천주(天主)·제(帝) 등이다. 도리천(忉利天 : 三十三天 Ⓢ Trāyastriṃśa)의 주인으로서 수미산(須彌山) 정상 도리천에 있는 선견성(善見城)에 머물면서 사천왕(四天王) 등의 무리를 거느리므로 천주·제석(帝釋)·석가천왕(釋迦天王)·석가인다라 등으로 불린다. 『잡아함경』 권40(대정장2, p.290c27)·『별역잡아함경』 권2(대정장2, p.384c18)에 여덟 가지 인드라의 이름이 있는데, 석제환인(釋提桓因)·부란다라(富蘭陀羅)·마가바(摩伽婆)·바사바(婆娑婆)·교시가(憍尸迦)·사지발지(舍脂鉢低)·천안(千眼)·인제리(因提利)이다. 이 밖에 이전부터 전하는 인다라의 별명에는 백팔 가지 또는 천 가지라는 설 등 다양하다. 보통 천인의 형상을 하고 큰 코끼리에 올라 앉아 천 개의 눈으로 몸을 장식하고 있다. 『잡아함경』 권40(대정장2, p.291a15)에 "저 석제환인은 과거세에 사람이었을 때 총명한 지혜로 한번 앉아 있는 틈에 천 가지 이치를 생각하여 관찰하고 헤아렸다. 이 인연으로 저 천제석은 천안이라고도 한다. 彼釋提桓因 本爲人時 聰明智慧 於一坐間 思千種義 觀察稱量 以是因緣 彼天帝釋 復名千眼", 『일체경음의』 권9(대정장54, p.361c13)에 "인제라고도 하며 인다라라고도 한다. 바른 한역은 천주이다. 제라고 대신하므로 경에서 천주라고 하거나 천제라고 하는 까닭은 지위와 이름을 아우르기 때문이다. 或言因提 或云因陀囉 正翻名天主 以帝代之故 經中亦稱天主 或稱天帝者 並位之與名者也"라고 하였다. [참고문헌] 『雜阿含經』, 『別譯雜阿含經』, 『一切經音義』. ⇨ 인드라 Indra, 석제환인 釋提桓因, 제석천 帝釋天, 부란다라 富蘭陀羅, 선견성 善見城, 인다라망 因陀羅網❶ ❷ Ⓢ indāla-nāma-mahāyakṣa-senāpatiḥ. 약사십이신장(藥師十二神將) 중 하나. 야차대장인다라(藥叉大將因陀羅)라고도 부른다. 인달라(因達羅)·인다로(印陀嚕) 등으로도 음사하고, 집력야차대장(執力藥叉大將)·인달라열리지방제사대장(因達羅涅哩底方帝使大將)이라고도 한다. 『정유리정토표』(대정장19, p.67a26)에 묘사된 형상은 황색의 몸에 가마와 같은 모습으로 왼손에는 흰 불자(白拂)를, 오른손에는 방울을 쥐고 있다. 그러나 『수약사의궤포단법』(대정장19, p.65c18)에는 홍색에 몽둥이를 잡고 있다고 하였다. [참고문헌] 『淨瑠璃淨土標』, 『修藥師儀軌布壇法』. ⇨ 약사십이신장 藥師十二神將 ❸ 원대 화승(畫僧). 임범인(壬梵因)이라고도 한다. 전기가 남아 있지 않아 행적은 분명하지 않지만 중국에는 인씨가 없기 때문에 천축출신으로 추정하기도 한다. 그의 그림 한산습득도(寒山拾得圖)에 적힌 관기(款記)에 따르면, 원나라 스님으로 대광교선사(大光教禪寺)에 주석하였고 대사의 칭호를 받았다. 선기(禪機)를 담은 그의 화풍에는 기백이 넘쳐 초석범기(楚石梵琦)가 그 각각의 그림에 대하여 송을 지었는데, 『초석범기어록』 권14(卍속장124, p.220a16)의 '인다라가 그린 16조사도를 문상인이 청하여 찬함. 因陀羅所畫十六祖 聞上人請贊'과 '인다라가 그린 여러 성인도를 문상인이 청하여 찬하다. 因陀羅所畫諸聖聞上人請贊'라 하였다. 동경근진미술관(東京根津美術館)이 소장하고 있는 포대도(布袋圖)와 정가당(靜嘉堂) 소장의 지상선사도사(智常禪師圖寺)와 더불어 한산습득도·단하소불도(丹霞燒佛圖)는 1953년도에 일본국보로 지정되었다. [참고문헌] 『楚石梵琦語錄』.

인다라굴 因陀羅窟 Ⓢ Indraśailaguhā, Ⓣ dbang-po'i-brag-phug. 영추산(靈鷲山 : 또는 영취산) 오정사

(五精舍) 중 하나. 왕사성 1차 결집을 수행했던 제석굴(帝釋窟)을 말한다. 제석암(帝釋巖)·인다라세라구하(因陀羅勢羅窶訶·因陀羅世羅求呵)·인다세라구하(因陀世羅求呵)·인사구(因沙舊)·천제석실(天帝石室)·석실정사(石室精舍)라고도 한다. 부처님께서 제석천의 질문에 응하여 42가지로 설법하였던 곳이다. 『장아함경』 권10 「석제환인문경 釋提桓因問經」(대정장1, p.63b16)에 "때에 세존께서 인다라굴에 머무셨다. 자연히 넓고 컸으며 장애될 것이 없었다. 그때 제석과 도리천과 반차익이 모두 부처님 발에 예하고 한쪽으로 앉았다. 時世尊所止因陀羅窟 自然廣博 無所障碍 爾時 帝釋與忉利諸天及般遮翼 皆禮佛足 於一面坐", 『금강선론』 권1(대정장25, p.801a3)에 "그 옛날 여래께서 열반하신 후 무릇 세 번이나 법장을 결집하였다. 처음은 왕사성 인다라굴에서였다. 오백비구가 법장을 모았고, 사리불 등 모든 나한비구들이 스스로 소리내어 말하였다. '이 경을 이와 같이 나는 들었습니다. 부처님께서 모처에 계시면서 설하신 것을'. 昔如來滅後 凡有三時 結集法藏 初在王舍城因陀羅窟中 五百比丘 結集法藏 舍利弗等諸羅漢比丘 各自稱言 某甲經如是我聞 佛在某處說"라고 하였다. 〔참고문헌〕『長阿含經』, 『金剛仙論』, 『帝釋所問經』(대정장1, p.246b8), 『大唐西域記』 권9(대정장51, p.925a24), *Mvyut.* ⇨ 제석굴 帝釋窟, 제석암 帝釋巖, 인다라세라구하 因陀羅勢羅窶訶, 인다세라구하 因陀世羅求呵, 오정사십탑 五精舍十塔, 결집 結集

인다라니 忍陀羅尼 Ⓢ kṣānti dhāraṇī. 사종다라니(四種陀羅尼) 중 하나. 보살이 견고한 인행(忍行)을 성취하여 사제(四諦)의 도리를 깨닫고 정진하며 안주하여 망실하지 않는 뜻으로 인총지(忍總持)라고도 한다. 『대승의장』 권11(대정장44, p.685b5)에 "법의 실상에 안주하는 것을 인이라 하고, 인법을 잃지 않는 것을 인다라니라 한다. 於法實相安住 名忍 忍法不失 名忍陀羅尼", 『보살선계경』 권7(대정장30, p.996c5)에 "인다라니란, 보살마하살은 지혜의 힘 때문에 마음으로 적정을 즐기며, 다른 사람과 함께 머물지 않으며 말없이 묵연히 함께 하는 이 없이 홀로 거처하고, 먹는 일에 족함을 알아 한 가지 음식을 먹으며, 좌선하여 사유하는 데 밤에도 잠들지 않는다. … 이러한 인의 힘으로 사다라니를 명료하게 알 수 있고, 명료하게 알기에 인다라니를 구족하게 되고, 인다라니를 구족하기에 오래지 않아 아누다라삼먁삼보리를 성취한다. 忍陀羅尼者 菩薩摩訶薩 智慧力故 心樂寂靜 不與人居 默然不語 獨處無伴 於食知足 食一種食 坐禪思惟 夜不眠寐 … 以忍力故 了了能知四陀羅尼 以了知故 則得具足忍陀羅尼 以能具足忍陀羅尼故 不久得成阿耨多羅三藐三菩提"라고 하였다. 〔참고문헌〕『大乘義章』, 『菩薩善戒經』, *Bodh-bh.185.* ⇨ 사종다라니 四種陀羅尼, 인총지 忍總持, 다라니 陀羅尼

인다라니라 因陀羅尼羅 Ⓢ indra-nīla, Ⓣ iṇ-ḍra-nila. 청색으로 빛나는 보석(青寶). 사파이어류의 유리보석이다. 인다라보(因陀羅寶)·인다라니(因陀羅尼)·인다니라(因陀尼羅)·인다라니라목다(因陀羅尼羅目多) 등이라고도 한다. 보배 중 청색이 으뜸이어서 청주(青主)라 하고, 제석천(帝釋天) 곧 인다라의 푸른 구슬이라는 뜻에서 제청(帝青)이라고도 한다. 『일체경음의』 권23(대정장54, p.451b5)에 "인다라니라〈인다라는 한역하여 제라고도 하고 주라고도 한다. 니라는 푸르다는 뜻의 청이다. 보배의 청색은 보배 중 가장 존귀하다. 으뜸이기에 청주라 한다〉. 因陀羅尼羅〈因陀羅者 此云帝也 主也 尼羅 青也 寶青色 寶中最尊也 第一故曰 青主也〉", 『번범어』 권10(대정장54, p.1053c22)에 "유리이다라보〈바른 음사어는 인다라니라이다. 한역하면 인다라는 천주, 니라는 청보이다〉. 瑠璃伊陀羅寶〈應云因陀羅尼羅 譯曰因陀羅者 天主 尼羅者 青寶〉"라고 하였다. 〔참고문헌〕『一切經音義』, 『翻梵語』, 80권본 『華嚴經』 권48(대정장10, p.255b18), 『守護國界主陀羅尼經』 권7(대정장19, p.555c8), 『華嚴經疏』 권48(대정장35, p.866c14), *Mvyut.* ⇨ 인다라보 因陀羅寶, 인다라니라목다 因陀羅尼羅目多, 인다라 因陀羅 ■

인다라니라목다 因陀羅尼羅目多 Ⓢ indra-nīla-muktā의 음사어. 제석천(帝釋天)의 청색 구슬(青珠). 인다라니라 또는 인다니라(因陀尼羅)·인다라니(因陀羅尼) 등이라고도 한다. 『법화경현찬섭석』 권2(卍속장53, p.97b8)에 "〔소〕 제청·대청 등이라 한 것은, 범어 음사는 인다라니라목다이고 제석의 보배다. 가장 빼어나기에 '대'라고 부르고, 이에 준하여 승열을 다툴 것이 더 없기에 제대청이라 한다. 또는 '제석천 거처의 파질다라나무 아래 터에서 이 보배가 나기에 제청이라 한다'라고도 한다. '목다'라는 말은 주(珠)라 한역한다. 이 제청을 구슬로 여긴다는 뜻이다. 〔문〕 저 『불지경론』이나 『섭대승론』에서 인용한 칠보의 이름과는 같지 않은데 무슨 까닭인가? 〔답〕 지역에 따라서 중히 여기는 것이 같지 않기에 경론마다 풍속에 따라 드러내어 보이는 이름들도 다름이 있으니 허물이라 할 것은 없다. 疏 帝青 大青等者 梵云 因陀羅尼羅目多 是帝釋寶 以其最勝 復稱爲大 准此勝劣 而有不同 云帝大青 或云 帝釋居處 波質多羅樹下地 是此寶故 故名帝青 言目多者 此云珠也 以此帝青而爲珠矣 問 如佛地論 攝大乘論 引七寶名 與此不同 何所以耶 答 良爲隨方 所重不同 經論隨俗 列名有異 故無過矣"라고 하였다. 〔참고문헌〕『法華經玄贊攝釋』. ⇨ 인다라니라 因陀羅尼羅, 인다라 因陀羅 ■

인다라망 印陀羅網 ➡ 인다라망 因陀羅網

인다라망 因陀羅網 ❶ⓈIndra-jāla, Ⓟinda-jāla. 인다라의 그물. 제석천 궁의 그물. 곧 제석천(帝釋天)의 보망(寶網). 천제망(天帝網)·제망(帝網)·인다라주망(因陀羅珠網) 등이라고도 한다. 80권본『화엄경』권20(대정장10, p.108b17)에 "부처님십력을 얻어 인다라망법계로 들어가 여래무애해탈을 성취한다. 得佛十力 入因陀羅網法界 成就如來無礙解脫",『화엄오교지관』(대정장45, p.513a27)에 "제석천의 구슬로 된 그물이란, 인다라망이라 부른다. 이 제석천의 그물은 모두 보배구슬로 엮었다. 보배구슬은 밝게 사무쳐 서로서로 비추고 나툰다. 이리저리 서로 들어가길 거듭거듭하니, 저 한 구슬 중에 동시에 문득 다 드러난다. 하나를 따라서도 이러할진대 마침내는 오고 갈 것도 없이 빛난다. 지금 저 서남쪽 끝을 향하여 구슬 한 알 취해 증험해 본다. 바로 이 하나의 구슬엔 일체 구슬의 그림자 여지없이 문득 나타난다. 이 구슬 이미 그러한데 나머지 낱낱의 저 많은 구슬들 어찌하랴! … 이와 같이 거듭거듭해서 그 끝 있을 수 없다. 帝釋天珠網者 卽號因陀羅網也 然此帝網皆以寶成 以寶明徹 遞相影現 涉入重重 於一珠中 同時頓現 隨一卽爾 竟無去來也 今且向西南邊 取一顆珠驗之 卽此一珠 能頓現一切珠影 此珠旣爾 餘一一亦然 … 如是重重 無有邊際",『화엄경탐현기』권1(대정장35, p.116a6)에 "다섯째, 원교 중에 설한 오직 끝없는 법계일 뿐이란, 자성의 바다 두렷이 어울리고 서로 연해 일어남에 걸림이 없고, 서로 만나고 서로 들이니, 저 인드라망과 같다. 거듭거듭하여 끝이 없고 미세하여 서로 들이니, 주인과 객으로도 끝이 없다. 열에 열을 더하는 법으로 연 문을 법계라 부른다. 五 圓敎中所說 唯是無盡法界 性海圓融 緣起無礙 相卽相入 如因陀羅網 重重無際 微細相容 主伴無盡 十十法門 各稱法界",『신화엄경론』권17(대정장36, p.836a23)에 "찰나간에 시방에 가득차서 몸을 나툼에 구름인 듯하다. 인다라망의 아름다운 모습인 듯 서로 들여서 빛과 그림자 겹겹으로 각각 한 목소리로 법계 가득 중생수만큼 설한다. 가르침 문 열어 비내리듯 하니 중생의 마음을 씻어내려 청정락 얻게 한다. 於刹那之際滿十方 現身如雲狀 因陀羅網妙像相入 光影重重 各各以一言音 普周法界 說等衆生 敎門如雨 灑衆生心 得淸淨樂",『화엄경결의론』권2하(대정장36, p.1027a7)에 "저 인다라망 서로서로 들어가 사무치듯 하니 하나하나의 글자에 각 근기 따라 헤아릴 수 없이 많은 법륜을 굴린다. 如因陀羅網 互相參徹 一一字內 隨器隨根 轉無量法輪",『화엄경소』권60(대정장35, p.957c17)에 "범본에 인다라망이라 하니 망이란 번뇌의 아수라를 거두기 때문이다. 梵本云因陀羅網 網取煩惱阿修羅故",『유마경약소수유기』권1(대정장38, p.717c28)에 "인다라망등이란 저 화엄에서 밝힌 제석망의 뭇 구슬이 서로 비춰 빛나는 모습으로 저 토의 색심에 걸림이 없어 모든 국토들끼리 서로 거둠을 비유한다. 인드라란 한역하면 제이고 제석궁중에 이 망이 있고 낱낱 망중에 온통 구슬이 있다고 한다. 因陀羅網等者 如華嚴所明帝網衆珠 交輝互照 以喩彼土 色心無妨 諸土互攝 因陀羅 此云帝 帝釋宮中 有此網也 一一網目 悉有珠焉"라고 하였다. 〔참고문헌〕『華嚴經』,『華嚴五敎止觀』,『華嚴經探玄記』,『新華嚴經論』,『華嚴經決疑論』,『華嚴經疏』,『維摩經略疏垂裕記』. ⇨ 보망 寶網, 인드라 Indra, 제석천 帝釋天, 인다라 因陀羅❶, 사리인다라 事理因陀羅, 법계연기 法界緣起 ❷ 아르주나(ⓈArjuna)의 무기. 전쟁할 때 인다라망으로 적을 낚아채어 제압함으로써 곤경에 빠뜨린다. 이로써 번뇌의 무리를 낚아채는 보리에 비유한다. 80권본『화엄경』권78(대정장10, p.430c17)에 "보리심이란 마치 인다라망과 같다. 번뇌라는 아수라군을 능히 굴복시키기 때문이다. 菩提心者 如因陀羅網 能伏煩惱 阿修羅故",『대보적경』권17(대정장11, p.92a25)에 "인다라망이 능히 마구니의 그물을 찢고 온갖 망견의 그물마저 부숨을 잘 배워서, 유정의 그물로 들어가 번뇌의 권속 및 마구니의 반려와 그 백성을 모두 넘어선다. 善學因陀羅網 能破魔網 壞諸見網 入有情網 能超煩惱眷屬 及魔侶魔人"라는 말도 같은 맥락이다. 〔참고문헌〕『華嚴經』,『大寶積經』. ⇨ 아르주나 Arjuna

인다라망경계문 因陀羅網境界門 화엄종 십현문(十玄門) 중 하나. 하나하나의 법과 하나하나의 지위에 다른 모든 법과 지위가 상호 섞여 있으면서 걸림이 없는 관계를 특징으로 하는 경계를 드러내는 문. 인다라망법계문(因陀羅網法界門)·인다라미세경계문(因陀羅微細境界門) 등이라고도 한다.『화엄경소초』권2(대정장36, p.10b25)에 "〔소〕'거듭거듭 서로 비춰 제망에 드리운 구슬과 같다'. 〈초〉 일곱 번째 인다라망경계문이다. 마치 천제전이 구슬망으로 덮인 듯하다. 하나의 밝은 구슬 안에 만상이 다 함께 모든 구슬에도 남김없이 비춘다. 그처럼 다시 서로서로 비춰서 그림자그림자 다시 거듭 비춘다. 그림자 거듭거듭 천 갈래 빛으로 만 가지 색으로 비록 겹겹이 비추지만 그들 모두 역력히 따로 빛난다. 疏 重重交映 若帝網之垂珠者 第七 因陀羅網境界門 如天帝殿珠網覆上 一明珠內萬像 俱現諸珠盡 然又互相現 影影復現 影重重無盡故 千光萬色 雖重重交映 而歷歷區分",『대화엄경약책』(대정장36, p.707b19)에 "일곱 번째, 인다라망경계문이란 저 두 거울이 서로 비추고 빛을 전해 서로 쏟아내고 번갈아 끝이 없는 듯이 한다. 七 因陀羅網境界門 若兩鏡互照 傳曜相寫 遞出無窮"라고 하였다. 〔참고문헌〕『華嚴經疏鈔』,『大華嚴經略策』,『華嚴五敎章』권4(대정장45, p.506a12),『華嚴一乘十玄門』(대정장45, p.516b6). ⇨ 인다라망 因陀羅網❶, 십현문 十玄門

인다라망법계문 因陀羅網法界門 ➡인다라망경계문 因陀羅網境界門

인다라망세계 因陀羅網世界 인다라망처럼 중중무진(重重無盡)하게 펼쳐져 있는 법계연기(法界緣起)의 세계. 60권본『화엄경』권58(대정장9, p.772c28)에 "인다라망세계와 제불세계에서 걸림없이 자유로우니 저 바람처럼 걸림없어 깊이 법계에 드네. 遍遊因陀羅網世界 諸佛世界 如風無礙 深入法界",『낙방문류』권4(대정장47, p.198a25)에 "인을 닦음에 정해진 길 없다. 색과 심이 걸림이 없으니 이 이름 실보무장애토다. 화엄에서 밝히는 인다라망세계가 그것이다. 修因無定 色心無礙 亦名實報無障礙土 華嚴明因陀羅網世界 是也"라고 하였다.〔참고문헌〕『華嚴經』,『樂邦文類』. ⇨인다라망 因陀羅網❶, 법계연기 法界緣起

인다라미세경계 因陀羅微細境界 인다라망의 미세한 경계. 주반도 빠짐없고 구세십세로 이즈러짐 없이 온통 다 거두는 법계의 뜻이다.『화엄오교장』권1(대정장45, p.482b20)에 "마치 해가 뜨면 먼저 높은 산부터 비추듯이 해인정중에 동시 연설하니 십십법문이다. 주반이 함께하고 두렷이 통해 자재하며, 구세와 십세를 다 꾸려 온통 인다라미세경계다. 猶如日出 先照高山 於海印定中 同時演說 十十法門 主伴具足 圓通自在 該於九世十世 盡因陀羅微細境界"라고 하였다.〔참고문헌〕『華嚴五教章』,『華嚴融會一乘義章明宗記』(卍속장103, p.26a13). ⇨인다라망 因陀羅網❶, 인다라망세계 因陀羅網世界

인다라발제 因陀羅跋帝 Ⓢindravatī의 음사어. 인다라 곧 제석천(帝釋天)이 사는 성.『대방등대집경보살염불삼매분』권10(대정장13, p.868a11)에 "저 천주왕이 사는 큰 성을 인다라발제〈천주성이라 한역하고 제당이라고도 한다〉라고 한다. 가로 세로 모두 12유순이며, 그 성 안팎의 누각과 전망대는 모두 칠보의 갖가지 색으로 꾸몄다. 彼天主王 所居大城 名曰因陀羅跋帝〈隋名天主城 亦名帝幢〉 縱廣正等十二由旬 其城內外 樓觀臺殿 皆以七寶雜色所成"라고 하였다.〔참고문헌〕『大方等大集經菩薩念佛三昧分』. ⇨인다라 因陀羅❶

인다라보 因陀羅寶 Ⓢindra-nīla. 인드라의 청색빛 보석. 인다라니라(因陀羅尼羅)라고도 한다.『광박엄정불퇴전륜경』권1(대정장9, p.256c19)에 "부처님 미소를 지으시자 몸에서 연꽃이 피어났다. 그 꽃 백천가지 색으로 무량백천 셀 수 없는 빛을 뿜는다. 금강을 뿌리로 삼고 인다라보를 수술로 삼으며 우륵가사라전단보왕을 대로 삼아 허공 중에 계셨다. 佛便微笑 身出蓮華 其花有百千種色 出無量百千 不可思議光 金剛爲根 因陀羅寶爲鬚 優勒迦娑羅栴檀寶王爲臺 在虛空中",『정법염처경』권25(대정장17, p.144a3)에 "(그곳의 새들은) 인다라보를 눈으로 삼았다. 因陀羅寶 以爲其眼"라고 하였다.〔참고문헌〕『廣博嚴淨不退轉輪經』,『正法念處經』. ⇨대청인다라보 大靑因陀羅寶, 인다라니라 因陀羅尼羅

인다라서다 因陀羅誓多 Ⓢindra-ceṭa의 음사어. 제석천(帝釋天)의 시자.『다라니집경』권12(대정장18, p.896b1)에 "여덟 번째 좌주는 인다라서다〈한역하면 제석시자이다〉로서 연화좌에 앉아 질리수라(삼지창) 모양의 머리를 하고 샛노란 황색 불꽃이 온몸을 둘러싸고 있다. 第八座主 名因陀羅誓多〈唐云帝釋侍者〉 蓮花座上 作咥㗚首羅頭 其色純黃 光焰圍繞"라고 하였다.〔참고문헌〕『陀羅尼集經』. ⇨제석 帝釋

인다라석가 因陀羅釋迦 ⓈIndra-śakra. 인다라(因陀羅 : 帝釋天). 석가는 삭갈라(爍羯囉)라고도 하며, 제석천의 다른 이름이다.『능가경』권4(대정장16, p.506b2)에 "비유하자면 인다라석가와 불란다라(ⓈPuraṃdara : 帝釋天)와 같이, 이와 같은 등의 모든 사물은 낱낱이 각각 여러 이름을 갖지만 또한 많은 이름만큼의 많은 자성이 있는 것은 아니며, 또한 자성이 없는 것도 아니다. 譬如因陀羅釋迦 不蘭陀羅 如是等諸物 一一各有多名 亦非多名而有多性 亦非無自性"라고 하였다.〔참고문헌〕『楞伽經』, *Laṅk. 78.* ⇨석가인다라 釋迦因陀羅

인다라세라구하 因陀羅勢羅寠訶 ⓈIndraśailaguhā, Ⓣdbang-po'i-brag-phug. 인다라굴(因陀羅窟)이라고도 한다.『대당서역기』권9(대정장51, p.925a23)에 "사리자 문인이 열반에 들었던 곳의 솔도파에서 동쪽으로 30여 리 가면 인다라세라구하산〈한역어는 제석굴〉에 이른다. 舍利子門人 窣堵波 東行三十餘里 至因陀羅勢羅寠訶山〈唐言帝釋窟〉"라고 하였다.〔참고문헌〕『大唐西域記』,『慈恩傳』권3(대정장50, p.238c4), *Mvyut.* ⇨인다라굴 因陀羅窟, 인다세라구하 因陀世羅求呵

인다라왕 因陀羅王 제석천(帝釋天)을 달리 이르는 말.『비야사문경』권하(대정장12, p.232a16)에 "33천의 주인인 인다라왕은 구천이나 되는 용의 힘을 지녔다. 三十三天 因陀羅王 九千龍力",『대일경소』권1(대정장39, p.579b12)에 "범본에 따르면 '대광박경인다라왕'이라고 온전하게 경의 제목을 붙임이 옳다. 인다라왕은 제석을 말한다. 이 경이 일체여래의 비요를 간직한 창고라는 말이며, 대승의 온갖 교설과 비교하여도 위덕이 특출하게 높아 마치 천 개의 눈이 달린 석천의 주인과 같다는 뜻이다. 若據梵本 應具題云 大廣博經因陀羅王 因陀羅王者 帝釋也 言此經 是一切如來 祕要之藏 於大乘衆教 威德特

尊 猶如千目 爲釋天之主"라고 하였다. [참고문헌]『毘耶娑問經』, 『大日經疏』. ⇨인다라 因陀羅❶

인다라익 因陀羅杙 인다라신의 형상을 새긴 말뚝. 성문이나 집 문 앞에 수호신으로 세운다. 『유부필추니비나야』 권4(대정장23, p.925c2)에 "문에 인다라신의 형상을 새긴 말뚝을 세워놓기도 하고, 불을 늘 꺼지지 않게 지펴 두기도 하며, 집에다 형상을 안치하기도 하고, 부처님 진신을 모시기도 한다. 或門有因陀羅杙 或火常不滅 或家安形像 或有佛眞身"라고 하였다. [참고문헌]『有部苾芻尼毘奈耶』. ⇨인다라 因陀羅❶

인다라종 因陀羅宗 제석의 종론(宗論). 소리를 종으로 여기는 『성명론 聲明論』을 가리킨다. 진언의 자성을 품음에도 비유한다. 『대일경』 권2(대정장18, p.9c23)에 "등정각의 진언이여, 말로 세운 상이라. 마치 인다라종과 같이, 모든 의리를 성취하였네. 等正覺眞言 言名成立相 如因陀羅宗 諸義利成就", 『대일경소』 권7(대정장39, p.649c16)에 "저 인다라종과 같다는 말은, 인다라는 천제석의 다른 이름이다. 천제석은 스스로 성론을 지었는데 하나의 말마다 여러 가지 뜻을 모두 머금고 있어 끌어들여 증거로 삼았다. 세간의 지혜도 이와 같거늘 하물며 여래가 법에 있어 자재함에랴! 如因陀羅宗者 因陀羅是 天帝釋異名 帝釋自造聲論 能於一言 具含衆義 故引以爲證 世間智慧 猶尙如此 何況如來於法自在耶", 『대일경의석연밀초』 권6(卍속장37, p.136a1)에 "또한 때론 저 천제전의 그물구슬 서로서로 맞아들여 거듭거듭 다함이 없으니, 그러므로 모두가 마치 인다라종과 같다고 한 것이다. 又或如天帝釋殿上網 互相涉入 重重無盡 故言皆如因陀羅宗也"라고 하였다. [참고문헌]『大日經』, 『大日經疏』, 『大日經義釋演密鈔』. ⇨인다라 因陀羅❶, 인다라표 因陀羅驃, 다라니 陀羅尼

인다라주 因陀羅柱 Ⓢindra-kīla, Ⓟinda-khīla. 문의 기둥. 『잡아함경』 권15(대정장2, p.107b7)에 "비유컨대 문의 기둥이 동철로 만들어져 땅 깊숙히 박혀 있으면 사방에서 부는 거센 바람에도 흔들리지 않는 것과 같다. 이처럼 사문·바라문으로서 고성제를 진실 그대로 알고 고집성제·고멸성제·고멸도적성제를 진실 그대로 아는 이라면, 마땅히 알라. 이 사문바라문은 남의 표정을 살피지 않고 남의 말을 따르지 않는다. 譬如因陀羅柱 銅鐵作之 於深入地中 四方猛風 不能令動 如是 沙門婆羅門 於苦聖諦 如實知 苦集聖諦 苦滅聖諦 苦滅道跡聖諦 如實知者 當知 是沙門婆羅門 不視他面 不隨他語"라고 하였다. [참고문헌]『雜阿含經』.

인다라표 因陀羅驃 Ⓢkāraṇa-dravya. 인으로서의 실체. 성상주(聲常住)를 주장하는 바이셰쉬카(Ⓢ Vaiśeṣika : 勝論)의 주장으로 다라표란 범어 드라비야(Ⓢ dravya)의 음사어로 실체를 뜻하며, 육구의(六句義) 중 하나다. 『성실론』 권4 「문성품 聞聲品」(대정장32, p.270a19)에 "소리는 념념이 사라지기에 다른 소리를 내지 않는다. … 업으로 인하여 세는 낼 수 있지만 소리는 그렇게 할 수 없다. 또한 업은 사라지기에 인다라표라고 이름하지 않는다. 왜 그런가? 선행하는 업이 멸한 다음에 후행하는 다라표가 생겨난다. 소리 또한 이와 같아서, 앞의 소리가 사라져 다하면 뒤의 소리는 스스로 생겨나니 뒤의 소리에 인이 있을 수 없다. 만약 그대가 앞의 소리가 다른 소리를 낸다고 주장한다면, 그 소리는 념념멸이라고 이름 붙이지 못한다. 聲念念滅故 不生異聲 … 因業能生勢 而聲不能 又業滅故 不名因陀羅驃 所以者何 先業滅已 後陀羅驃生 聲亦如是 先聲滅已 後聲自生 後聲不應有因 若汝猶謂前聲生異聲者 則聲不名念念滅"라고 하였다. [참고문헌]『成實論』. ⇨다라표 陀羅驃, 육구의 六句義, 실체 實體❷

인다라하실다 因陀羅呵悉多 Ⓢindrahasta의 음사어. 약용식물. 인달라갈실치(因達羅噶悉哆)·인다라하새다(因陀羅訶塞多)라고도 음사하고, 백급(白及·白芨)이라 한역한다. 『대보비밀다라니경』 권중(대정장19, p.625c22)에 "어떤 병에 걸리거나 물 한 병을 떠서 인다라하실다약〈백급약〉과 발라사약〈적급약〉과 백개자와 울금향 및 백단향 등을 각각 일분을 넣고 일만 번 가지한 다음 이 향수를 정수리에 뿌리면 모든 중병이 다 사라져 낫는다. 若患一切病 取水一瓶 以因陀羅呵悉多藥〈白及藥也〉及鉢羅奢藥〈赤及也〉 白芥子 幷鬱金香 白檀香等 各一分內著瓶中 加持一萬遍 取此香水 淋灌於頂 一切大重病人皆得除差"라고 하였다. [참고문헌]『大寶祕密陀羅尼經』.

인다바미 因陀婆彌 ⓈIndrabami. 왕 이름. 인다라나(因陀羅那)라고도 한다. 천주림(天主林)으로 한역한다. 『번범어』 권4(대정장54, p.1010b9)에 "인다바미왕〈인다라나라고 해야 한다. 한역하면 천주림이다〉. 因陀婆彌王〈應云因陀羅那 譯曰天主林也〉", 『현우경』 권2(대정장4, p.362a3)에 "모일 날이 가까워지자 부처님께서는 대중들과 함께 특차시리로 향하셨다. 이 나라 왕의 이름은 인다바미인데, 여러 신민들과 함께 나와 환대하였다. 둔진다라왕은 5억 명의 대중 및 병사왕 등의 왕과 신하들도 모두 부처님을 따라 특차시리로 향했다. 육사(六師)는 이미 도착하여 인다바미에게 극히 터무니없는 거짓말로 소리 높여 말했다. '구담과 신력을 겨루도록 허락하시옵소서!' 인다바미는 다시 부처님께 가 사뢰었다. 부처님께서는 예전처럼 답하셨다. '때에 맞게 알아서 하리라'. 그날이 다가오자 왕은 엄격히 준비했지만 부처님께서는 다시 버리고 대중들과 함께 바라내로 떠나셨다. … 인다바미도 6억 명의 대중과 병사왕 등과 함께 모두 부처님을 따라갔다. 會日垂至 佛與衆僧 卽向特叉尸利 此國中王 名因陀婆彌 與諸臣民 亦來奉迎 屯眞陀羅 與五億人 洴沙王等 諸王臣民 亦皆逐佛 向特叉尸利 六師已到 白因陀婆彌 極自譸張 高談大語 聽與瞿曇 捔試神力 因陀婆彌 復往白佛 佛故答言 我自知時 嚴辦日到 佛復捨去 幷與諸衆僧 至波羅㮈 … 因陀婆彌 與六億衆 洴沙王等 一切隨逐"라고 하였다. [참고문헌]『翻梵語』, 『賢愚經』.

인다색 因陀色 인다의 빛깔. 청색(靑色). 인다는 푸른 구슬인 인다라니라(因陀羅尼羅)의 줄임말. 『정법염처경』 권27(대정장17, p.154a7)에 "첫째, 비유리화는 은빛 가지에 인다색으로 꽃핀다. 一 毘琉璃華 若以銀枝 因陀色華"라고 하였다. [참고문헌]『正法念處經』. ⇨ 인다라니라 因陀羅尼羅, 인다라니라목다 因陀羅尼羅目多

인다세라구하 因陀世羅求呵 Ⓢ Indraśailaguhā의 음사어. 인다라굴(因陀羅窟)·인다라세라구하(因陀羅勢羅窶訶)라고도 한다. 『법화문구』 권1상(대정장34, p.5c8)에 "(五精舍 중) 인다세라구하는 사신산이라 한역한다. 因陀世羅求訶 此云蛇神山"라고 하였다. [참고문헌]『法華文句』, 『大智度論』 권3(대정장25, p.77c5). ⇨ 인다라굴 因陀羅窟, 인다라세라구하 因陀羅勢羅窶訶

인단 寅旦 인시(寅時). 인시인 새벽. 3시부터 5시까지의 시각. 『백장청규』 권6 「일용궤범 日用軌範」(대정장48, p.1144b20)에 "수건을 왼손에 걸치고 (단위에서 내려오면서) 다음과 같은 게송을 외운다. 〈아침 인시부터 날이 저물 때까지, 모든 중생이 스스로 잘 돌아볼 일이니, 만일 당장에 이 몸 잃을지라도, 원컨대 그대는 곧바로 정토에 왕생하기를〉. 巾搭左手念偈云〈從朝寅旦直至暮 一切衆生自回互 若於脚下喪身形 願汝卽今生淨土〉"라고 하였다. [참고문헌]『百丈淸規』, 『禪林象器箋』 권3(불광장, 禪藏, p.192).

인단 鄰單 승당과 중료(衆寮)에서 비구 1인이 앉거나 눕는 자리의 좌우경계. 인위(鄰位)·연단(連單)·인견(鄰肩) 등이라고도 한다. 『백장청규』 권6 「일용궤범 日用軌範」(대정장48, p.1144c14)에 "함부로 인단을 차지해서도 안 되고, 몸을 흔들어 소리를 내서도 안 되며, 이불로 바람을 내서도 안 된다. 不得橫占隣單 亦不得抖擻作聲 不得以被扇風", 『선림상기전』 권2(불광장, 禪藏, p.134)에 "인단 : 도충이 말한다. '자기 단위의 좌우이다'. 隣單 忠曰 己之單位左右也"라고 하였다. [참고문헌]『百丈淸規』, 『禪林象器箋』. ⇨ 인위 鄰位, 단 單❷

인달라 印達羅 Ⓢ indra, Ⓣ dbang-po. 수(數)의 이름. 육십수(六十數) 중 서른네 번째 수로 10의 33승. 인다(因陀)라고도 한다. 『구사론』 권12(대정장29, p.63b14)에 "무엇을 육십수라 하는가? 그 『해탈경』에서 설하길, 하나만 있어 나머지 수가 없는 수의 시작을 일로 삼는다. 일의 열 배가 십이다. … 대갈랍바(Ⓢ mahā-karabha)의 열 배가 인달라다. 인달라의 열 배가 대인달라(Ⓢ mahā-indra)다. 대인달라의 열 배가 삼마발탐(Ⓢ samāpta)이다. 云何六十 如彼經言 有一無餘數始爲一 一十爲十 … 十大羯臘婆爲印達羅 十印達羅爲大印達羅 十大印達羅爲三磨鉢耽"라고 하였다. [참고문헌]『俱舍論』, *Abh-k-bh.181.* ⇨ 육십수 六十數

인달라 因達羅 ➡ 인다라 因陀羅❷

인달라갈실치 因達羅喝悉哆 향약 32가지 맛(香藥三十二味)의 하나. 인다라하실다(因陀羅呵悉多)의 다른 이름. 『금광명최승왕경』 권7(대정장16, p.435a2)에 "백급〈인달라갈실치〉. 白及〈因達羅喝悉哆〉"라고 하였다. [참고문헌]『金光明最勝王經』. ⇨ 인다라하실다 因陀羅呵悉多

인달라구박가 因達羅瞿博迦 Ⓢ Indra-gopaka의 음사어. 바다에 사는 붉은 색의 벌레. 『대비바사론』 권30(대정장27, p.155b16)에 "이 상왕의 온몸은 새하얀 것이 마치 구모다의 백연화색과 같으며, 일곱 개의 팔다리로 잘 서 있고 여섯 개의 어금니를 갖추고 있으며, 그 머리는 붉은 것이 마치 인달라구박가의 색과 같다 . 謂此象王擧身鮮白 如拘牟陀白蓮花色 七支善住 具有六牙 其頭紅赤 如因達羅瞿博迦色", 『사분율명의표석』 권28(卍속장70, p.826b12)에 "마치 인달라구박가의 색〈연지색〉과 같다. 如因達羅瞿博迦色〈煙脂〉"라고 하였다. [참고문헌]『大毘婆沙論』, 『四分律名義標釋』.

인달사 仁達寺 황해북도 개성시 성거산(聖居山)에 있던 절. 1782년(정조6)에 정창순(鄭昌順)이 편찬한 『송도지』 권4 고적에 절의 이름과 위치가 전한다. [참고문헌]『松都誌』, 『韓國寺刹全書』 권하 p.961a2.

인달사 因達寺 황해북도 금천군 성거산(聖居山)에 있던 절. 『동국여지승람』 권42 황해도 우봉현 불우에 절의 이름과 위치가 전한다. [참고문헌]『東國輿地勝覽』, 『韓國寺刹全書』 권하 p.962a22.

인담 仁潭 ❶ 조선후기 스님 의철(義哲)의 법호. [참고문헌]『東師列傳』 권4 「白蓮禪師傳」(한불전10, p.1031c5)·「淸海大士傳」(한불전10, p.1046b8). ⇨ 의철 義哲 ❷ 조선후기 스님. 법명은 두인(斗印). 응화유한(應化有閑 1813~1885)의 제자이다. [참고문헌]『東師列傳』

권4 「應化講伯傳」(한불전10, p.1047a21). ⇨ 유한 有閑

인담소설 人談所說 사람들이 주고받은 이야기. 『순정리론』 권44(대정장29, p.595a17)에 "본사란 과거세부터 펴고 구르며 전해오는 일이어서, 사람들이 일삼아 주고받은 이야기들을 드러낸 것은 아니다. 言本事者 謂說自昔展轉傳來 不顯說人談所說事"라고 하였다. [참고문헌] 『順正理論』, 『俱舍論記』 권18(대정장41, p.288b3).

인대 因待 Ⓢ apekṣa-hetutva, apekṣya. 인을 기다린다는 말. 모든 법은 스스로 성취될 수 없고 반드시 서로 인이 기다려 성취된다는 뜻이다. 『중론』 권2(대정장30, p.15b16)에 "만약 법이 인을 기다려 성취된다면 이 법은 도리어 본인을 기다려 성취할 뿐이다. 이와 같이 결정된다면 두 가지 일은 없어야 한다. 마치 땔감으로 인해 불을 피우면 다시 그 불이 인이 되어 땔감이 있게 되는 것과 같다. 이러하므로 두 가지 모두 정한 바 없다. 정해진 것 없기에 가히 얻을 것도 없다. 若法因待成 是法還成本因待 如是決定 則無二事 如因可燃而成燃 還因於燃 而成可燃 是則 二俱無定 無定故不可得"라고 하였다. [참고문헌] 『中論』, *Laṅk.52.*, *Pras.89.* ⇨ 관대 觀待, 상대 相待, 연기 緣起❶, 인 因, 인연 因緣

인대치 忍對治 인으로 상대하여 다스림. 견단(見斷)을 달리 이르는 말. 인(忍)은 견도(見道)의 번뇌를 끊는데 수승한 작용이 있으므로 이렇게 말한다. 『아비담비바사론』 권25(대정장28, p.185b5)에 "초도(初道)에 머물 때 견도에서 끊는 번뇌를 남김없이 영원히 끊으니, 전도된 번뇌·인대치의 번뇌·사견 등을 완전히 끊는다. 住彼道時 見道所斷結 永盡無餘 永斷緣倒結 永斷忍對治結 永斷邪見", 『잡아비담심론』 권1(대정장28, p.878a15)에 "이 삼계의 인대치는 견단이고, 지대치(智對治)는 수단이다. 此三界 忍對治是見斷 智對治是修斷"라고 하였다. [참고문헌] 『阿毘曇毘婆沙論』, 『雜阿毘曇心論』. ⇨ 견소단 見所斷, 인 忍, 팔인팔지 八忍八智

인더스강 Indus江 Ⓢ Ⓟ Sindhu. 인도 서북부를 흐르는 큰 강. 인도의 3대 강(갠지스·인더스·브라마푸트라) 중 하나. 세계 4대 문명 발상지 중 하나인 인더스문명이 발생한 곳이다. 인더스는 신도(信度)·신두(辛頭)·신독(身毒) 등으로 음사하고, 험(驗)·영(聆) 등으로 한역한다. 발원지는 티베트 남서쪽 히말라야 산맥 북쪽 사면으로서 전체 길이는 2,900km, 유역 면적은 1,165,500㎢에 달한다. 히말라야 산맥 북부에서 발원한 여러 줄기의 물이 산맥 북서쪽을 따라 아프가니스탄 쪽으로 흐르는데 오른쪽으로 카불강, 왼쪽으로는 펀잡(Ⓢ Pañjāb : 五河)지방의 다섯 강(젤룸·체나브·라비·베아스·수틀레지)으로 흐른다. 이 강물줄기들은 카라코람산맥 등을 만나면서 남서쪽으로 방향을 바꾸어 파키스탄 쪽으로 흘러들고 강 중류에서 하나로 합쳐져 하류에서 아라비아해로 들어간다. 인더스강은 유구한 흐름만큼이나 페르시아, 그리스, 파키스탄, 중국, 티베트 문명과도 연관된, 지정학적으로 주요한 강이다. 현재의 인더스강과 인더스문명 당시의 강역(江域)이 같다고 보기는 어렵다. 지진과 홍수 등의 자연재해와 퇴적작용 등으로 현재보다 규모가 크고 하구의 위치도 동쪽 100~200km정도 상단으로 추정하고 있다. 인더스는 강과 바다를 뜻하는 산스크리트어 신두(Ⓢ Sindhu)로 불렸으며, 이를 페르시아어로 힌두(hindu)라 하고, 그리스어로 인더스(indus·indos)로 달리 불렸다. 이후 인더스강에서 갠지스강까지 이르는 지역을 지칭하다가 그곳에 사는 사람들까지를 다 모아 부르는 이름이 되었고, 현재 인도 국명의 기원이 되었다. 또한 이 강은 고대부터 신성한 강으로 여겼는데, 인도의 세계관에 의지하면 염부제(閻浮提 Ⓢ Jambudvīpa)의 북부 산악지대에 있는 아누달지(阿耨達池 Ⓢ Anavatapta : 無熱)에서 발원한 사대하(四大河) 중에서 남쪽으로 흘러 바다까지 흐르는 거대한 강의 이름이 바로 인더스다. 『마하바라타 *Mahābhārata*』 권13 제26장에 "카슈미라국(Ⓢ Kāśmīra·Kaśmīra : 迦濕彌羅國)에 흐르는 수많은 강들은 모두 위대한 인더스강으로 떨어진다. 이 강에서 몸을 적시면 선업을 쌓아 사후에 천계에 오른다. kāśmīramaṇḍale nadyo yāḥ patanti mahānadam tā nadīḥ sindhum āsādya śīlavān svargam āpnuyāt"라고 하였다. 같은 책 권6 제6장에 따르면, 인더스강은 바기라타(Ⓢ Bhagīratha)왕이 조상을 구제하기 위해 고행(苦行 Ⓢ tapas)을 한 공덕으로 생겨난 성스러운 강줄기다. 그는 지옥에 간 조상들의 고통스런 업을 없애주기 위해 고행을 거듭해 신들에게서 신성한 갠지스(Ⓢ Gaṅgā : 恆伽)강을 지상으로 소환하는 것을 허락받는다. 천상의 갠지스가 하늘에서부터 내려와 동서쪽으로 각각 세 줄기의 강이 생기는데, 서쪽으로 흘러내린 강 중의 하나가 인더스강이다. 또한 불교문화에서도 인더스강은 중요한 의미를 갖는다. 인더스강 상류는 카슈미르(Kashmīr), 중류는 펀잡, 하류는 신드(Sindh)지방으로서 이 지역들은 페르시아 등 서구문화와 맞닿아 있던 곳이다. 상류의 카슈미르지역은 불전에서 계빈국(罽賓國)으로 한역하는 카불(Kabul)지방으로서 불교가 상당히 성행했던 지역이다. 중류의 펀잡지역 역시 많은 불교문화유적이 남아 전하는데, 특히 펀잡 북부의 간다라(Ⓢ Gandhāra)지방에서 페르시아와 그리스 등의 문화에 영향을 받은 특유의 불교미술이 성행하면서 '간다라불교미술'이라는 독자적인 영역을 구축하기도 하였다. [참고문헌] *MBh*, 에띠엔 라모뜨 호진譯 『인도불교사』(시공사, 2006).

⇨사대하 四大河, 신도하 信度河, 계빈국 罽賓國, 간다라불교미술 Gandhāra佛教美術

인더스문명 Indus文明　기원전 3000년~1500년경 인더스강 유역을 중심으로 형성된 고대문명. 세계 4대 문명 중 하나. 현재는 인더스계곡문명(Indus Valley Civilization)이라 부른다. 베다(Ⓢ Veda)문헌을 남긴 인도 아리안(Indo-Aryan)이 이룩한 도시문명으로 알려져 있다. 베다의 문헌학적 층위로 인더스문명을 구분하면 『리그베다 *Ṛg-veda*』가 성립한 연대이고, 고고학적으로는 펀잡지방의 장례문화와 황토색토기문화(Ochre Coloured Pottery culture)가 성행했던 시기에 해당된다. 〔인더스강과 인더스문명〕 인더스강은 인도 대륙 북서쪽에 위치한 강으로서 히말라야 산맥 북쪽 사면에서 발원하여 아프가니스탄 방향으로 흐르다가 파키스탄 본토 쪽으로 방향을 바꾸어 아라비아해로 흘러들어간다. 고대의 인더스강은 지금보다 훨씬 규모가 컸던 것으로 여겨, 현재의 건조한 지형과 달리 당시에는 비옥한 땅과 울창한 산림을 갖추고 있었던 것으로 추측한다. 이와 같은 이유로 인더스강을 중심으로 여러 도시들이 형성되었고, 청동기문화를 바탕으로 약 천 년 동안 번성했다. 현재 인더스강의 상류에는 카슈미르(Kashmīr), 중류에는 펀잡(Panjāb), 하류에는 신드(Sindh)지방이 자리 잡고 있다. 〔인더스문명의 발견〕 인더스문명이 처음 알려진 것은 펀잡지방의 하라파(Harappā)에서 유적이 발견되면서부터다. 19세기 중엽 영국 고고학조사관 알렉산더 커닝햄(Alexander Cunningham)이 철도공사 중에 발견된 하라파를 방문하고 하라파 인장(印章)을 소개하는 저술을 남기면서 학계에 알려졌다. 이후 커닝햄에 이어 부임한 고고학조사관 존 마샬(John Marshall)에 의해 1922년 신드지방의 모헨조다로(Mohenjo-daro) 유적이 발굴되면서 인더스문명이 대규모 관계시설을 갖춘 계획도시라는 점이 밝혀졌다. 모헨조다로는 휠러(M.Wheeler)경의 지속적인 발굴 작업이 이어지면서 세계적 문명지로 유명세를 떨치게 되었다. 대표석인 누 유적지 외에도 찬후다로(Chanhu-daro)・암리(Amri)・주카르(Jhukar) 등의 유적지가 추가로 발굴되었는데 지금까지 보고된 것만 해도 도시 20여 곳, 또 유적구조가 확인된 촌락이 오백여 소나 된다. 이 유적지들 가운데 남쪽의 소라스트라(Saurashtra) 같은 곳은 그 성립시기가 인더스문명 후기 이후로 보이지만, 대부분의 유적지들은 동시대・동일 민족이 만든 동일한 문화권의 유적으로 추정된다. 그리고 여인상 등의 조각을 근거로 흑인계 종족으로서 인도 토착민인 드라비다족이 문명의 주역이 아닐까 추정하기도 한다. 인더스문명에서 가장 규모가 큰 두 곳이 하라파와 모헨조다로로서, 이들은 각각 펀잡지역과 신드지역의 중심도시 또는 수도였을 것으로 추측하고 있다. 〔하라파 유적〕 하라파의 경우, 안타깝게도 처음 발견된 1850년부터 1920년 무렵 재조사가 시작될 때까지 약 70여 년 동안 방치되어 있었기에 도굴과 파손, 그리고 현지인들의 건축 재료나 영국의 철도 공사 재료로 사용되는 등 심각하게 훼손되었다. 하라파유적의 규모는 1㎢ 정도로서 성곽요새지구와 시가지구로 나뉘어 있다. 성곽요새지구는 가로 200m・세로 400m 길이의 성곽으로 사방이 둘러싸여 있고 벽 안쪽에 높이 6m의 기단이 남아 있다. 하지만 훼손이 심하여 이 건물들이 어떤 것인지는 알 수 없다. 이 북쪽으로는 '노동자 공동주택'으로 불리는 주택이 2열로 서 있고, 그 옆으로 곡물창고와 제분을 위한 작업대 등도 남아 있다. 시가지구는 파괴가 심각하여 발굴조사가 진행되지 못했다. 다만 모헨조다로유적을 통해 그 형태를 유추하고 있을 뿐이다. 〔모헨조다로 유적〕 모헨조다로라는 말은 '죽은 언덕'이라는 뜻으로 사막 한가운데 유적이 위치한다. 크기는 2.5㎢지만 당시에는 5㎢에 달했을 것으로 추정하고 있다. 유적들은 일곱 개의 층으로 구성되어 있었기에 일곱 차례 붕괴와 재건을 거듭한 것으로 추정된다. 철저한 도시계획에 따라 성곽요새지구와 시가시구로 나뉘어 있고, 성곽지구에는 회의장・제단・광장 등이 있으며 시가지구에는 바둑판 형태로 주택이 있었는데, 그 구획마다 공동우물과 가로등의 흔적이 남아있다. 이 외에 많은 신상과 조각・장신구・생활용품들이 발굴되었다. 〔인더스문명의 특징〕 인더스문명의 도시는 잘 통제된 계획도시로서, 거대한 곡물창고와 성채 모두 구운 벽돌을 자재로 사용했다. 중앙집권적 통치기구와 능률적인 행정조직과 대욕장(大浴場), 하수처리시설, 위생시설 등을 갖춘 호화로운 대도시임을 추정할 수 있다. 주택의 크기나 구조가 거의 비슷하고 큰 무덤이 발견되지 않은 점들로 미루어 비교적 평등한 사회였다고 추정된다. 돌을 깎아 만든 약 2,000개의 인장(印章), 20여 점의 조각, 테라코타 상(像) 등의 유물들이 발견되었지만 인더스문자가 해독되지 못하여 문명의 정확한 실체를 파악하는 데 어려움을 겪고 있다. 인장의 경우 메소포타

모헨조다로 대욕장 발굴유적

인장 인도 뉴델리박물관
BC2500~BC2000

미아에서도 발견되기 때문에 두 문명 간의 교역이 있었으며, 인장은 신분증·통행증·수령증·부적 등의 용도로 사용되었다고 추정된다. 인장문양에 사용된 소, 코뿔소, 호랑이, 코끼리, 영양, 악어, 신화적 상상의 동물 등의 동물군상을 통해 당시 우거진 숲의 문명을 이루고 있었고 종교적으로 동물을 숭배하는 고대 신앙체계를 유추할 수도 있다. 사제가 제사를 지내는 모습·좌선하는 요가수행자·수주(獸主)·삼면신(三面神) 등 요가와 힌두교의 기원이 될만한 인장도 발견되었다. 그리고 윤회사상을 유추할 수 있는 인장도 발견되어 윤회사상이 아리아인의 유입 이전부터 토착민의 문화였으리라 추정한다. 인장 외에도 1926년 발굴된 청동으로 된 '춤추는 소녀'상은 화려한 팔찌 장신구와 춤 같은 놀이문화도 성행했음을 알려주는 대표적인 유물이다. 또한 돌로 만든 링가(Ⓢ liṅga : 男根)가 다수 발굴되면서 남성적 힘과 성력(性力)에 대한 신앙이 있었고, 지모신(地母神) 테라코타 상들이 출토되면서 풍요와 다산을 상징하는 여신숭배도 행해졌다고 추정한다. 〔인더스문명의 멸망〕 약 천여 년을 지속했던 인더스문명은 기원전 1500년경에 사라진 것으로 추정된다. 인더스문명이 멸망한 원인에 대해서는 여러 가지 학설이 있다. 기존의 유력한 학설로 아리안 침략설이 있었으나 침략에 관한 고고학적 증거가 없고, 아리안민족의 우월성과 베다순혈주의를 주창하는 서구 오리엔탈리즘적 허구로 밝혀지면서 오히려 이동설이 부각되었다. 인더스 주변의 자연재해, 특히 기후변화에 의한 대홍수·지진·사막화 현상·강우량 급감 등 환경적 요인으로 인한 경제침체, 문화적 쇠퇴, 내전 등 점진적 쇠퇴와 그에 따른 이동설이 유력한 상황이다. 〔참고문헌〕 John Marshal *Mohenjo-daro and the Indus Civilization* 3vols(Asian Educational Services, 1931), E.Mackay *Early Indus Civilizations*(Luzac, 1935), 에띠엔 라모뜨 호진譯『인도불교사』(시공사, 2006), Asko Parpola *The Roots of Hinduism : The Early Aryans and the Indus Civilization*(Oxford University Press, 2015). ⇨인도 印度, 인더스강 Indus江

여인상 인도 뉴델리박물관
BC2500~BC2000

인도 人道 ❶ Ⓢ manuṣya-gati. 육도(六道) 중 하나. 사람의 세계(人界). 인취(人趣)·인간계(人間界)라고도 한다. 천도(天道)와 함께 악업을 피하고 선업을 쌓아야 날 수 있는 윤회의 길이다. 『대보적경』 권42(대정장11, p.246c25)에 "내가 인도를 얻어 굳건한 몸을 얻고, 모든 근 빠짐없이 갖추어 청정하며, 온갖 고난에서 벗어나 고난 없는 삶을 얻었으니, 저 바다에 헤매던 거북이 고개 넣을 뜬나무 구멍 만나듯 하였다. 我獲人道猛健身 具足諸根處淸淨 遠離諸難得無難 如龜引頸遇浮孔", 『위산경책구석기』 권하(卍속장111, p.333b12)에 "'한 번 사람의 몸을 잃는다'는 말은 이제 인도를 잃어버린다는 뜻이다. '만겁에도 돌아오지 못한다'는 말은 악인이 하나가 아니라서 악과 다하기 어려우므로 사람몸 얻는 일이 마치 손톱 위에 흙처럼 드물고, 삼악도에 떨어질 일은 오히려 땅덩어리 어디에나와 같다. '사람몸 얻는다'는 말은 저 거북이 바다 위 떠도는 구멍 난 나무토막 만나는 일만큼 어렵지 않겠는가! 一失人身者 從此失却人道也 萬劫不復者 惡因非一 惡果難盡 故得人身 如爪上土 墮落三途 猶大地泥 得人身者 如龜値穴 可不艱哉", 『불위승광천자설왕법경』(대정장15, p.125b29)에 "인도에 난다는 것은 뛰어난 인연이 감해야 한다. 만일 남의 목숨을 끊는다면 반드시 악보만을 부를 뿐이다. 生人道者 勝緣所感 若斷其命 定招惡報", 『입세아비담론』 권9(대정장32, p.216c2)에 "몸으로 선행하고 입으로 선행하며 생각으로 선행하면 목숨 버린 뒤에 선도나 천도에 나리니, 수명이 다한 뒤에 다시 인도에 나고 인도에 나서도 자연히 어질고 선할 것이다. 身善行 口善行 意善行 捨壽命後生善道 及天道 捨壽命已 還生人道 生人道已 自然賢善", 『우란분경소』 권상(대정장39, p.506b6)에 "삼귀의와 오계로 중생을 실어 삼도를 넘어서 인도에 나게 한다. 三歸五戒 運載衆生 越於三途 生於人道", 『석씨요람』 권중 「인인 人因」(대정장54, p.291b14)에 "『업보차별경』에 '선세에 증상연 짓고 하품의 신어의로 미묘한 행을 하였기에 인도에 난다'고 하였다. 業報差別經云 由先造增上 下品身語意妙行故 生人道"라고 하였다. 〔참고문헌〕 『大寶積經』, 『潙山警策句釋記』, 『佛爲勝光天子說王法經』, 『立世阿毘曇論』, 『盂蘭盆經疏』, 『釋氏要覽』. ⇨육도 六道, 인취 人趣, 삼사인승제천 三事人勝諸天 ❷ 사람이 가야 할 길. 삼재(三才) 중 하나로서 천도(天道)·지도(地道)와 대칭한다. 『화엄경소초』 권1(대정장36, p.3c7)에 "삼재를 겸하면서 두 갈래로 나누므로 여섯 가지가 되니, 여섯도 다른 것이 아니라 삼재의 도에 불과하다. 만일 뜻을 취하여 경에 나아가면 이 또한 삼세간을 비유한다. 천도는 지정각세간이고, 인도는 유정세간이며, 지도는 기세간이다. 兼三才而兩之故六 六者非他也 三才之道也 今若取意就經 亦可喩三世間 天道智正覺也 人道有情也 地道器世間也"라고 하였다. 〔참고문헌〕 『華嚴經疏鈔』. ⇨삼세간 三世間

인도 引導 ❶ Ⓢ samudānayana, Ⓣ yang-dag-par-sdud-pa. 이끌어 가게 함. 도인(導引)이라고도 한다. 『법화경』 권4(대정장9, p.32a27)에 "만약 내가 멸도한

후에 이 경을 설하는 이에게는 내가 화현사중을 보내리니, 비구·비구니·청신사·청신녀들이다. 법사에게 공양을 올리게 하고 중생들을 인도해 모아놓고 법을 듣게 하리라. 若我滅度後 能說此經者 我遣化四衆 比丘比丘尼及淸信士女 供養於法師 引導諸衆生 集之令聽法", 『대승본생심지관경』 권2(대정장3, p.296c1) "나 이제 연설하리다. 심지의 묘한 법으로 중생을 인도해 불지에 들게 하리다. 我今演說 心地妙法 引導衆生 令入佛智"라고 하였다. [참고문헌] 『法華經』, 『大乘本生心地觀經』, *Bodh-bh.242.* ⇨ 도인 導引 **1** **2** 다비나 천도재시 망자를 인도하며 대중에게 들려주는 게송 또는 법문. 생사(生死)를 깨우치게 하는 무상게(無常偈)를 말한다. 『증일아함경』 권50(대정장2, pp.821b20)에 따르면, 대애도비구니(大愛道比丘尼 Ⓟ Mahāpajāpatī)가 열반하자 비구니승가가 큰 슬픔에 휩싸였다. 전단목을 놓아 다비할 때 부처님께서 "일체행은 무상하니 생겨난 것은 반드시 다함이 있네. 태어나지 않으면 죽지도 않으리니, 이 멸이야말로 최후의 즐거움이라네. 一切行無常 生者必有盡 不生則不死 此滅爲最樂"라는 게송을 읊어 대중의 슬픔을 달랬다. 신라시대에는 원효(元曉)가 사복의 어머니가 돌아가시자 장례를 치르며 법어를 한 일화도 있다. 『삼국유사』 권4(대정장49, p.1007b5·한불전6, p.350a4) 의해(義解)5 사복불언(蛇福不言)에 "태어나지 말아야 했네, 죽음이야말로 고통 아닌가. 죽을 수 없네, 나는 것 또 고통스러우리니 … 죽고 남이 괴로움이네. 莫生兮其死也苦 莫死兮其生也苦 … 死生苦兮"라는 게송이 전한다. [참고문헌] 『增壹阿含經』, 『三國遺事』, 『禪林象器箋』. ⇨ 무상게 無常偈 **3** 범패사(梵唄師) 중 인도자. ⇨ 범패 梵唄, 범패사 梵唄師

인도 印度 아시아 대륙 중남부 히말라야 산맥 남쪽에 위치한 나라. 정식 명칭은 인도공화국(Republic of India)이고 수도는 뉴델리(New Delhi)이다. 지리적으로 동양과 서양의 중간에 위치하면서 북으로는 히말라야 산맥에 막혀 있고 나머지는 바다에 둘러싸인 거대한 반도다. 다인종·다언어·다문화·다종교의 나라로서 특히 고대부터 이어온 윤회에 대한 믿음이 명상·고행·제식·신애(神愛 bhakti) 등의 해탈방법론으로 발전하면서 불교·자이나교·힌두교 등 다양한 종교와 철학의 발상지가 되었다. **【명칭】** '인도'라는 이름은 인더스(Indus)강에서 유래한 것이다. 고대에 이 강은 산스크리트어로 신두(Sindhu), 페르시아어로 힌두(hindu), 그리고 그리스어로 인더스(indus·indos)라고 불렸다. 이들은 모두 서북인도를 정복했던 왕국의 언어들로서 이로 인해 인도는 다양한 이름으로 불리게 된다. '신두'는 인도의 대서사시 『마하바라타 *Mahābhārata*』에서부터 인더스강과 그 인근 지역 또는 왕국 등을 가리키는 말로 쓰였다. 『마하바라타』 권3 제130장에 "오, 적을 무찌르는 분이시여, 이곳은 신두라는 이름으로 알려진 성소(聖所)로서, 로파무드라가 위대한 성자 아가스티야를 자신의 신으로 받아들인 곳입니다. etat sindhor mahat tīrthaṃ yatrāgastyam ariṃdama lopāmudrā samāgamya bhartāram avṛṇīta vai", 같은 책 권1 제89장에 "(피신한 삼바라나왕은) 위대한 인더스강 근처 숲에 정착한다. 바라타족들은 오랫동안 그곳에 살면서 산에 근접한 강 위편이라는 지리적 위치 때문에 커다란 곤란을 피할 수 있었다. sindhor nadasya mahato nikuñje nyavasat tadā nadī viṣayaparyante parvatasya samīpataḥ tatrāvasan bahūn kālān bhāratā durgamāśritāḥ"라고 하였다. 한역불전에서는 신독(身毒·申毒)·건독(乾篤)·천축(天竺)·천독(天篤) 등으로 음사한다. 다만 천축 등의 경우 신두보다 조금 더 권설음에 가까운 발음의 프라크리티어를 음사한 것으로 추정되지만 정확한 형태는 알 수 없다. 힌두는 현두(賢豆)·회도(呬度) 등으로 음사하며, 현대 인도의 종교를 힌두교(Hinduism)라 하고 인도 땅을 힌두스탄(Hindusthan)이라고 부르는 어원이 된다. 인더스의 인두(Indu, Indo) 또는 '인더스의 사람들'이라는 뜻의 그리스어 '인디(Indoi·Ινδοι)'를 음사한 것으로서 인도의 영어식 표기인 인디아(India) 역시 같은 어원에서 유래한 것이다. 『대당서역기』 권2(대정장51, p.875b16)에 "천축이란 이름을 자세히 살펴보면 다양한 의견이 분분하다. 옛날에는 신독 또는 현두라고 했지만 지금은 바른 음을 따라 인도라고 해야 한다. … 인도란 한역하면 월(月)로서 달의 많은 이름 중 하나다. 詳夫天竺之稱 異議糺紛 舊云身毒 或曰賢豆 今從正音 宜云印度 … 印度者 唐言月 月有多名 斯其一稱"라고 하였다. 여기서 달(月)로 한역한 것은 산스크리트어와 팔리어 인두(Indu)에서 기원한다. 인두가 달을 의미하기에 당나라 현장(玄藏 602~664)이 처음 썼고, 이후 중국에서 인도를 '달의 나라'로 부르게 된다. 현장은 쉼 없는 무명(無明)의 윤회를 밝혀 주는 달처럼, 인도에 위대한 성현들이 나타나 어두운 세상을 밝혀 주었기에 달이라 부른다고 설명한다. 하지만 인도의 올바른 음사어가 신두하(信度河)·신독(申毒)이며 중국어 표준발음이 '인뚜'라는 점을 들어 의정(義淨)은 『남해기귀내법전』 권2 (대정장54, p.222a18)에서 "인도를 번역하여 달로 부르는 것이 비록 뜻이 있다 하지만 흔히 부르는 것은 아니다. 저 대당을 '지나'라고 부른 것과 같이, 별다른 뜻이 없다. 印度譯之爲月 雖有斯理 未是通稱 且如西國名大唐爲支那者 直是其名 更無別義"라고 하였다. 이외에도 불전에서는 인특가라(印特伽羅)·바라문국(婆羅門國) 등의 이름도 쓰고 있으며, 인도를 동서남북과 중앙 등 다섯으로 나눈 것에서 오천축(五天竺)·오인도(五印度), 약칭하여 오천(五天)·오축(五竺)·오인(五印) 등으로 한역하기도 한다. 하지만 인도인들은 유구한 역사의 인도라는 국명보다 바라타(Bhārata)민족의 나라를 뜻하는 바라타공화국(Bhārat Gaṇarājya)으로 부르는 것을 선호한다. **【환경과 문화】** 인도는 전체 면적이 3,287,590㎢(남한의 33배)에 달하는 세계에서 일곱 번째로 큰 나라이고, 인구는 12억 6천여 명으로 세계 2위의 대국이다. 북쪽으로는 히말라야산맥에 막혀 있고 남쪽은 역삼각형 모양의 반도로서 바다에 둘러싸여 있으며, 인더스·갠지스(Ganges)·브라마푸트라(Brahmaputra)의 3대강으로 인해 서쪽의 인도사막을 제외한 대부분의 영토가 비옥한 토양이다. 건기(乾期)·우기(雨期)·한기(寒期)의 세 절기로 구분되는 몬순형 아열대성기후로 농사가 잘 되고 자원이 풍부하여 고대부터 많은 이민족의 침입을 받아왔다. 인도대륙이동설에 의하면 인도는 원래 아프리카반도의 남동쪽에 있었다. 지각변동에 의하여 인도 오스트레일리아판이 북상하게 되면서 유라시아 대륙판과 충돌하여 지금의 인도아대륙이 되었다. 이 과정에서 해저퇴적물이 횡압력을 받아 밀려 올라가 심한 습곡과 단층이 생기면서 히말라야 산맥이 형성된 것으로 본다. 거주했던 인종도 아주 오래전에는 니그로이드(Negroid)인이 있었고 그 다음으로 오스트로·아시아계 인종들이 유입되었는데, 현대 중인도의 콜족(Kol)·문다족(Muṇḍa)·아쌈(Assam)의 카시족(Khasī)·비하르지방의 산탈족(Santal) 등의 조상으로 보인다. 다음으로 유입된 사람들은 지중해 등의 소아시아에서 이주한 것으로 보이는 드라비다족(Dravida)이다. 이들은 인더스문명의 주인공으로 추정되며 현재에도 남인도지역의 주 인종으로 인도에서 아리안(Aryan·ārya)인 다음으로 수가 많다. 그리고 기원전 1500년경을 전후로 아리안들이 편잡지역을 통해 북인도로 진출하였고, 기원전 4세기에는 알렉산더(Alexander)대왕의 원정을 통해 그리스인과 서아시아인들이 정착하였으며, 그 후로도 이슬람왕조를 포함하여 여러 민족의 유입이 있었다. 여러 인종과 문화가 섞여 주류인 아리안들의 문화 속에 융회한 듯 보이지만 다양한 양상으로 드러나기에 어떤 무엇으로 규정할 수는 없다. 그래서 이것을 그냥 힌두이즘이라고 부르는데, 협의로는 힌두교라는 인도 고유의 종교를 말하지만, 광의로는 종교적·사회적·사상적 개념을 모두 아우른다. 현재 인도의 인종은 아리안이 약 72%, 드라비다인이 약 25%이고 몽고계를 포함한 기타 인종이 약 3% 정도이다. 종교는 힌두교 80%, 이슬람 14%, 기독교 2.3%, 시크교 1.7%, 불교 0.7%, 자이나교 0.4% 정도로 추산하고 있다. 행정구역은 스물아홉 개 주와 일곱 개의 연방직할시로 구성되어 있으며 아직도 각 지역에는 왕(rāja)들이 존재한다. 언어는 영어와 힌디어를 포함한 열여덟 개의 지방어를 공식 언어로 인정하고 있는데, 단순한 지방 사투리가 아니라 문자와 문법까지 완전히 다르기 때문에 공식적으로는 영어를 많이 사용하고 있다. **【역사】** 인도의 역사는 보통 고대(인더스문명·베다 우파니샤드시대·마우리야왕조), 중세(굽타왕조·무굴제국), 근현대(영국식민시대·공화국)로 나눈다. **〔인더스문명시대 BC 3000~1500년경〕** 인더스문명을 만든 드라비다인들은 주로 농업과 상업에 종사했고 원시적 윤회개념과 요가·명상문화가 있었으며 비교적 평등한 사회였던 것으로 추정한다. 모헨조다로(Mohenjo daro)와 하랍파(Harappa)에서 발굴된 도시는 그 어떤 고대유적에서도 찾아보기 힘든 하수시설과 대형목욕탕, 곧게 구획된 도로와 시장(市場)을 갖추었고 구운 벽돌로 건축물을 지었을 만큼, 드라비다인들의 문명이 상당한 수준에 이르렀음을 보여준다. **〔베다 우파니샤드시대 BC 1500년경~321년〕** 아리야인들은 원래 중앙아시아 지역에서 유목을 하던 민족으로 사제·무사·상인 등의 계급사회였고, 권능에 따른 여러 신을 섬겼으며, 신에 대한 제사(희생제의)를 중시했다. 이들이 인더스강을 넘어 인도로 대거 유입됐고 그들의 문화와 카스트제도를 통해 토착민을 흡수하면서 윤회사상과 명상문화를 받아들였다. 자신들의 신화를 토대로 한 베다(Veda)가 기원전 1200년대에 먼저 성립하고 그 후로 브라흐마나(Brāhmaṇa 梵書)·아란야카(Āraṇyaka 森林書)·우파니샤드(Upaniṣad 奧義書)가 차츰 성립되었다. 정치적으로는 지방마다 농경사회를 기반으로 한 도시(부족)국가들이 난립했는데, 석가모니부처님 당시에도 십육대국(十六大國)이 있었음이 『장아함경』 권5 「사니사경 闍尼沙經」(대정장1, p.34b20) 등 여러 곳에 전한다. 사회적으로는 카스트, 즉 브라만(brāhmaṇa : 사제)·크샤트리야(kṣatriya : 왕족)·바이샤(vaiśya : 상인·농인)·수드라(śūdra : 천민·노예), 제도가 정착했는데, 이 브라만문화에 반대하는 사문들의 세력이 커져서 기원전 600년 전후로 불교와 자이나교 등 사문들의 여러 종교가 출현하게 되었다. **〔마우리야Maurya왕조시대 BC 320~104년〕** 기원전 327년 그리스 마케도니아왕국 알렉산더대왕이 서북인도까지 진군했지만 2년 뒤 물러나고 그 틈에 다시 지방세력들이 난립하여 혼란한 상황이 된다. 이때 서북인도의 찬드라굽타(Chandragupta)가 이를 평정하고 마우리야왕조를 열었다. 특히 제3대 아쇼카(Aśoka)왕은 인도의 거의 전 지역을 처음으로 통일하고 아프가니스탄까지 점령하여 인도 역사상 가장 넓은 영토를 정복하였다. 그는 많은 전쟁 끝에 불교에 귀의하여 오락으로 행하던 사냥을 금지하고 법대관(法大官 dharmamahāmātra)을 설치하여 불교뿐 아니라 자이나교·아지비카교·브라만교 등 모든 종교를 평등하게 보호하였다. 재위 중 자신의 사업과 업적을 법칙으로 만들어 암벽이나 석주(石柱)에 새겼는데,

이것은 고대 인도의 유일하고도 확실한 역사적 자료로 남게 되었다. 이 왕조는 아쇼카왕이 죽은 후 급속히 쇠퇴하여 기원전 187년에 사라진다. 그 후 인도는 다시 분열하여 지방마다 쿠샨(Kuṣāna)왕조·슝가(Śuṇga)왕조·칸바(Kaṇva)왕조·사하(Sāh)왕조·안드라브리티야(Andhrabhṛtya)왕조 등이 일어났다. 〔굽타Gupta 왕조시대 AD 4~6c〕 기원후 320년 옛 마가다지방에서 일어난 굽타왕조는 제2대 왕인 찬드라굽타2세가 북인도 전역을 통일하였다. 굽타왕조는 브라만교(힌두교)에 기반을 두었지만 모든 종교에 포용적이어서 브라만교는 물론 불교·자이나교를 위해 땅을 시여(施與)한다거나 사원을 지어주기도 하였다. 문학·건축·예술·사상적으로도 크게 발전한 시기로서 산스크리트 문학이 성행하여 희곡·시·설화문학 등의 훌륭한 작품을 많이 남겼는데, 백미로 꼽히는 칼리다사(Kālidāsa)의 『샤쿤탈라 *Śakuntala*』도 이때의 작품이다. 뿐만 아니라 여러 철학학파들의 고전도 대부분 이 당시에 형성되었고, 문화적으로도 탄트리즘(Tantrism)과 샥티즘(Shaktism) 등 다양한 조류가 유행하기 시작하였으며, 기존 간다라(Gandhāra) 미술양식에 비해 인도풍의 조각들이 조성되기 시작했다. 이렇게 화려한 문화를 꽃피웠으나 6세기 중엽 훙노족에 의해 멸망하고 인도는 다시 찰루키야(Chālukya)왕조·케사리(Kesari)왕조 등 여러 왕조로 나뉘었다. 〔무굴제국시대 1526~1857년〕 이슬람세력으로서 중앙아시아에서 활동하던 바부르(Babur)는 카불지역을 점령하면서 이를 기반으로 1526년 델리까지 정복하고 무굴제국을 세웠다. 제3대 왕인 악바르(Akbar)는 북인도와 데칸(Deccan)지역까지 점령하면서 무굴제국의 전성기를 맞게 된다. 그는 이슬람교 외에 힌두교·기독교 등 다른 종교에 대해서도 포용책을 썼기에 인도 민중들의 지지를 얻을 수 있었고, 『마하바라타』 등의 인도 문학을 페르시아어로 번역하기도 하였다. 이후 제5대 왕인 샤 자한(Shah Jahan)은 건축에 관심이 많아 타지마할·아그라포트·델리포트 등 현재 세계문화유산으로 지정된 인도의 문화재를 많이 남겼다. 무굴제국은 이슬람왕조였지만 종교에 대한 포용력으로 300년이 넘는 기간 동안 인도를 다스릴 수 있었다. 하지만 제6대 왕인 아우랑제브(Aurangzeb)는 이슬람교를 강요하여 민중의 반발을 샀고, 지방왕조 연합군의 공격으로 델리지역을 제외한 대부분의 땅을 잃었다. 〔근대식민지시대 1857~1947년〕 유럽 열강들의 인도 침입은 17세기부터 시작되었다. 인도 본토를 두고 영국과 프랑스가 경쟁하던 중 칠년전쟁에서 승리한 영국이 1763년 파리조약을 통해 프랑스를 몰아내고 인도의 식민지화를 진행했다. 무굴제국 말기에 세포이항쟁을 진압하면서 인도를 직접 통치하게 되었는데, 그 과정에서 각 지역 왕들의 지위와 재산을 보장해주었기에 통치권을 쉽게 빼앗을 수 있었다. 모한다스 카람찬드 간디(Mohandas Karamchand Gandhi)를 위시한 인도국민회의가 등장하여 반영(反英)투쟁을 이끌었고, 제1차 세계대전 이후에는 비폭력·불복종 운동을 전개하였다. 제2차 세계대전이 끝난 후 1947년 영국으로부터 독립하여 인도공화국을 수립하였다. 하지만 이슬람교도들에 의해 파키스탄이 따로 독립하면서 아직까지도 갈등을 빚고 있다. 〔참고문헌〕 『大唐西域記』, 『南海寄歸內法傳』, 『長阿含經』, *MBh.*, V.A.Smith *Early History of India* (Oxford, 1967), Amartya Sen *The Argumentative Indian* (Penguin Books, 2005), S.Kathiroli "Recent Marine Archaeological Finds in Khambhat, Gujarat"(*Journal of Indian Ocean Archaeology*, 2004). ⇨ 인도불교 印度佛敎, 인도철학 印度哲學

인도 因道 **1** 인의 길. 종자로서의 인이 현행하여 과(果)를 생하는 쉼 없이 계속되는 과정을 말한다. 『유가사지론』 권16(대정장30, p.363c11)에 "인의 길 끊이지 않기에 화합하고 작용하여 언제나 구른다. 스스로의 인에서 생겨나고 또 지은 바도 거둬들인다. 因道不斷故 和合作用轉 從自因所生 及攝受所作", 『유가사지론약찬』 권7(대정장43, p.98c1)에 "또 이 '인의 길 끊어 사라질 일 없으니'라 한 송 중 4구는 그 차제로 네 가지 난문을 푼 것이다. 첫 번째 난은 '아가 있지 않다면 후유는 응당 끊어져야 한다'이다. 초구에서 답하기를 '인도는 끊이지 않는다'고 한 까닭이다. 두 번째 난은 '과는 단번에 함께 생겨나야 한다'이다. 이 난에 대한 답이 '화합하고 작용함이 끊임없이 이어진다'이다. 단번에도 아니고 함께 생겨나는 것도 아니니, 작용하고 화합하기 때문이다. 又此因道 無有斷絶 頌中四句 如其次第 釋此四難者 一者難言 若無有我 後有應斷 初句答言因道不斷故 二有難言 果應頓俱生 答此難言 和合作用轉 非頓非俱 作用合故"라고 하였다. 〔참고문헌〕 『瑜伽師地論』, 『瑜伽師地論略纂』. **2** 과(果)에 이르기 전에 행한 도(修道). 『무구우바이문경』(대정장14, p.951b14)에 "이 경전을 역출한 공덕을 모든 중생에게 널리 보시하오니, 원컨대 속히 인도를 닦아 인천의 열반 얻기를 바라옵니다. 譯此經功德 普施諸衆生 願速修因道 得人天涅槃"라고 하였다. 〔참고문헌〕 『無垢優婆夷問經』.

인도 忍度 인욕바라밀(忍辱波羅蜜). 육도(六度) 또는 십도(十度) 중 하나다. 『분별선악보응경』 권하(대정장1, p.899a20)에 "이 보특가라는 과거세에 성품에 분노가 많고 인도도 닦지 않아 부처님의 청정한 계를 무너뜨렸을 뿐만 아니라, 그 죄를 드러내어 참회하지도 않은 탓에 죽은 이후에 이류중에 처했다. 此補特伽羅 於過去世 性多瞋怒 不修忍度 破佛淨戒 又不發露 命終已後 處

異類中", 『분별공덕론』 권1(대정장25, p.33a15)에 "인도라는 것은, 욕을 먹거나 비방을 당해도 묵묵히 받아들이고 갚지 않는다. 보살은 인을 행하며 항상 자비심으로 남과 나를 평등하게 여긴다. 남과 나를 고르게 여기는 이상 원수도 친한 이도 둘이 아니다. 所謂忍度者 見罵見毁 默受不報 菩薩行忍 常以慈等等於彼我 彼我旣齊 怨親不二", 원효(元曉)의 『금강삼매경론』 권상(대정장34, p.971b15・한불전1, p.620b22)에 "청정하고 념이 없으면 인도를 구족히 하는 것이다. 淸淨無念 故具忍度"라고 하였다. [참고문헌] 『分別善惡報應經』, 『分別功德論』, 『金剛三昧經論』. ⇨ 육도 六度, 인 忍, 인욕 忍辱, 인욕바라밀 忍辱波羅蜜

인도고 人道苦 오고(五苦) 중 하나. 인도에 나서 겪는 고통. 『오고장구경』(대정장17, p.544a2)에 "오고 중 두 번째는 인도고라 한다. 여기에는 백천가지가 있어서 사람들이 실로 괴롭다. 노비・심부름꾼・걸인・천민부터 중간의 부귀층에서 위로 제왕・전륜성왕에 이르기까지 모두 생로병사와 굶주림・갈증・추위・더위 그리고 몸의 통증과 마음의 시름과 자연재해도 겪는다. 또는 전쟁・옥살이・형벌과 화재・물난리・산사태와 벽돌・무기 그리고 달리는 수레・말과 원수・도둑에게 상해를 입기도 한다. 이런 죽음에는 만가지 사연이 있지만 모든 중생이 삼계를 벗어나지 못하는 한 함께 품어야 할 것이기에 이고라 한다. 二曰人道苦 有百千種 人實爲疲勞 從奴婢 下使 乞兒 賤人 中間富貴 上至帝王 轉輪聖王 皆有生老病死 飢渴寒熱 苦痛愁惱 憂患災變 或有兵賊 牢獄刑戮 火燒水溺 墜落堆塩 塼石刀杖 奔車逸馬 怨家劫盜 更相傷害 其死萬端 一切衆生 未脫三界 皆共有之 是謂二苦"라고 하였다. [참고문헌] 『五苦章句經』. ⇨ 인 人, 인도 人道❶, 인취 人趣, 오고 五苦

인도교 印度敎 ➡ 힌두교 Hindu敎

인도방역 印度方域 인도의 모든 곳. 여기서는 세상 어디에라도의 뜻. 줄여서 인역(印域)이라고도 한다. 『순정리론』 권51(대정장29, p.627b22)에 "가소롭구나. 이와 같이 경의 뜻을 해석한다면, 이로써 어찌 과거와 미래의 실유를 막을 수 있겠는가? 이와 같이 「일체지경」을 잘못 해석한다면 어찌 인도방역을 장엄할 수 있으리오! 可笑 如是解釋經義 此豈能遮去來實有 如是謬釋一切智經 豈能莊嚴印度方域"라고 하였다. [참고문헌] 『順正理論』. ⇨ 인도 印度

인도불교 印度佛敎 인도에서 전개된 불교. 역사적으로는 석가모니부처님께서 성도(成道)하신 기원전 5세기 무렵부터 불교가 인도에서 소멸하는 기원후 12세기까지의 불교를 말하고, 사상사적으로는 초기불교(初期佛敎 : 원시불교・근본불교)・부파의 아비달마불교(部派佛敎)・인도대승불교(印度大乘佛敎)・중관학파(中觀學派)・유가행파(瑜伽行派)・인도밀교(印度密敎) 등을 포함한다. 인도 역사에 따른 불교의 사상사적 흐름을 살피면 다음과 같다. [인도불교의 배경] 인도인들은 고대부터 사람은 죽고 다시 태어나기를 반복한다고 믿었다. 꽃나무와 씨앗의 순환처럼 자연의 순리로 이해하던 이 관념은 나중에 아리아인들의 카스트제도 정착과 함께 업과 윤회사상으로 발전한다. 즉 선업(善業)에 따른 선과(善果)로서의 높고 낮은 계급의 차별을 정당화하는 근거가 되기도 하였다. 더욱이 카스트제도 안에서 선업을 쌓는 가장 좋은 방법은 베다의 신들에게 제사(희생제의)를 지내는 것이었기에, 사제인 바라문계급과 베다의 권위는 절대적이었다. 대다수 인도인들에게 윤회는 벗어나야 할 굴레가 되었고 해탈론은 그렇게 전개・발전하였다. 기원전 8세기 무렵 인간과 해탈에 대한 사색과 명상이 유행하면서 우파니샤드가 발전한 반면, 출가・걸식・고행 등을 행하는 사문(沙門 śramaṇa)들의 수가 늘어났는데, 이들은 베다의 권위와 제사를 부정하면서 세간과 해탈에 관한 다양한 이론과 실천의 길을 열었다. [석가모니부처님의 정각] 석가모니부처님의 생존연대에 관해서는 많은 이설이 있지만 기원전 563~483년 또는 463~383년 등 기원전 6~5세기 전후로 본다. 당시 인도는 크고 작은 도시국가들이 활발했던 시기로서, 그 통치자 계급인 크샤트리야(kṣatriya)들의 위상 또한 바라문 계급의 예속에서 벗어나 자유로웠고, 사문들에게 호의적이었다. 석가모니부처님은 카필라바스투(Kapilavastu)를 본거지로 한 작은 나라의 왕자였다. 그는 인간의 생로병사라는 근원적인 고통에 대한 숙고 끝에 사문으로 출가하였으며, 6년의 고행 끝에 연기중도(緣起中道)를 깨닫고 정각(正覺)을 이루었다. 그가 깨달은 진실은 일체(一切)가 인연(因緣)에 의

룸비니 네팔

해 생멸한다는 연기법이며, 연기에 의지한 세속과 진실 세계의 인과(因果)는 사성제(四聖諦), 진실의 요체는 삼법인(三法印)으로, 실천도는 팔정도(八正道)와 사선정(四禪定) 등으로 중도의 설법을 펴기 시작하였다. **〔교단의 성립과 결집〕** 석가모니부처님 당시의 사문들은 반드시 출가하여 세속을 떠났으며, 지도자를 중심으로 열린 토론을 하였고, 공동생활을 위해 그들을 존경하여 보시하는 재가신도들의 지원에 의지했다. 이는 세습하고 은밀히 전해 진리를 독점하는 사제(司祭)계급, 즉 브라만들과는 아주 다른 전범(典範)을 창출했다. 불전(佛典)에서 육사외도(六師外道)로 일컬어지는 이들이 그 예로서 『장아함경』 권17 「사문과경 沙門果經」(대정장 1, p.107b9 : *Sāmaññaphala-sutta*, *DN.1*, p.47)에 "부란가섭은 대중 중에 이끄는 우두머리가 되니, 아는 이들이 많아 이름이 멀리까지 퍼졌습니다. 저 바다가 받아들임이 많은 것처럼 뭇 사람들의 공양을 받습니다. 有不蘭迦葉 於大衆中 而爲導首 多有知識 名稱遠聞 猶如大海 多所容受 衆所供養 ayaṃ deva pūraṇo kassapo saṅghī ceva gaṇī ca gaṇācariyo"라 하였고, 같은 책(*DN.1*, p.49)에 "전하, 정등각자이며 아라한(阿羅漢)이신 세존께서 지금 1,250명의 많은 비구승가와 함께 저의 망고 숲에 머물고 계십니다. ayaṃ deva bhagavā arahaṃ sammāsambuddho amhākaṃ ambavane viharati mahatā bhikkhusaṅghena saddhiṃ aḍḍhateḷasehi bhikkhusatehi"라고 하였듯이, 불교 역시 석가모니부처님 재세 시부터 사부대중(四部大衆)의 교단이 성립해 있었음을 알 수 있다. 석가세존께서 80세의 나이로 열반에 드신 후 권위있는 장로비구제자들은 함께 모여 가르침을 합송하여 기억하고 전승하는 제1차 결집을 수행하였다. 그 후 백여 년이 지나자 부처님의 말씀에 대한 이견들이 생겨났고 다시 모여 제2차 결집을 하게 되었는데, 몇몇 의제들에 합의를 보지 못하여 승가는 상좌부(上座部)와 대중부(大衆部)로 분열하였다. 이 인연에 대해서는 서로 다르게 전하는데, 상좌부전승에서는 열 가지 계율에 관한 비법(十事非法)논쟁을, 대중부전승에서는 아라한의 해석에 관한 대천오사(大天五事)논쟁을 지목하고 있다. **〔아쇼카Aśoka왕의 지지를 통한 불교의 광역화〕** 기원전 4~3세기에 마우리야왕조가 일어나 북인도를 평정하였다. 특히 제3대 왕으로 즉위한 아쇼카왕은 인도전역을 통일하고 아프가니스탄 지역까지 정복하여 인도 역사상 가장 넓은 영토를 지배하였다. 그는 불교에 깊이 심취하여 전국에 자신의 업적과 칙령을 기록한 석주(石柱)를 세우면서 불교의 가르침을 함께 새겼다. 불교의 가르침을 통치이념으로 삼되 바라문교와 자이나교 등에 대해서도 관용을 베풀었고, 공적인 기관을 통해 가난한 이들을 구제하는 등 진보한 복지정책도 시행하였다. 불교포교에도 적극적이어서 스리랑카에 마힌다(Mahinda)장로를 보내어 스리랑카불교의 기원이 되게 하였고, 그리스·이집트 등에까지 스님들을 보내 불교를 널리 알렸다. 불교가 인도 전역과 주변국의 종교로 확장된 것은 아쇼카왕 덕분이라고 할 수 있다. 하지만 그 한편으로는 적주(賊住)비구들이 늘어났고 풍족한 공양물로 인해 재화에 탐닉하고 수행과 포살(布薩)을 게을리하는 등 타락한 교단이 발생하기도 했다. 이를 걱정한 스님들의 건의로 아쇼카왕이 목갈리풋타(Moggaliputta Tissa)를 초청하여 갈마(羯磨)를 한 결과, 분별설(分別說 vibhajja-vāda) 외에는 비불교로 판단하고 모두 추방하였다. 그 남은 아라한들을 모아 제3차 결집을 수행하였다. 사르나트(Sārnāt)·산치(Sāñcī)·카우삼비(Kausambī)의 비문에 승가를 파괴하는 일을 금한다고 기록하고 있을 만큼 왕의 불법수호는 적극적이었다. 또 이 당시 인도 각지에 파견된 스님들이 그 지역에서 펼친 불교는 부파불교의 형성과 발전에 큰 영향을 미쳤다. **〔부파불교의 발전〕** 기원전 2세기 무렵 마우리야왕조가 멸망하고 대제국은 여러 작은 왕조들로 쪼개졌다. 각 왕조마다 바라문이나 불교·자이나교 등을 지지하였는데, 샤카왕조·파흐라바왕조 등이 불교를 지지하였다. 특히 서북인도를 잠시 점령했던 그리스 계통의 메난드로스(Menandros·Milinda)왕이 나가세나(Nāgasena : 那先) 장로와 긴 문답을 나눈 끝에 불교에 귀의하는데, 이때의 이야기를 『밀란다팡하 *Milindapañha*』라는 문헌으로 전하고 있다. 불교는 근본분열 이후 아쇼카왕에

아쇼카석주
사르나트고고학박물관

다메크대탑 인도 사르나트

열반당 인도 쿠시나가라

의해 인도전역에 거점이 마련되자 교설에 대한 이견, 지도자에 대한 추종 또는 지역적으로 먼 거리 등 다양한 이유로 분열이 계속되어 여러 부파가 생겨났다. 부파의 지역별 분포는 설일체유부(說一切有部)·경량부(輕量部)·법장부(法藏部)·화지부(化地部)·음광부(飮光部)는 서북인도, 정량부(正量部)·독자부(犢子部)·법상부(法上部)·현주부(賢胄部)·육성부(六城部) 등은 마투라(Mathurā) 등의 서해안부터 서남인도까지, 대중부(大衆部)·일설부(一說部)·설출세부(說出世部) 등은 중인도에서 서북인도까지, 제다산부(制多山部) 등은 남인도에서 활동했다고 전한다. 각 부파들은 나름의 삼장(三藏)을 정리하였는데 기록으로는 분별설부(分別說部)·설일체유부·화지부·법장부·대중부 등이 사부 혹은 오부아함(阿含)을 전지하였다고 한다. 분별설부의 팔리삼장을 제외한 대부분이 유실되어 전하지 않지만 설일체유부의 중아함·잡아함과 법장부의 장아함이 한역되어 전하고, 한역 증일아함은 편집한 부파에 대해 자세히 알려진 것이 없다. 기원전 2세기부터 기원후 2세기 무렵까지의 또다른 특징은 각 지역 부파가 석굴사원을 조성한 것이다. 석굴사원은 원래 아지비카교나 자이나교에서 먼저 조성하기 시작한 것인데, 설산부(雪山部)·법상부 등 일부 부파도 지역의 왕족이나 귀족의 지원을 받아 조성하였다. 남인도의 군투팔레(Guntupaḷḷe)와 서인도의 바자(Bhājā)에 세워진 것이 비교적 초기의 것으로 보이고, 이후로도 데칸 서부지방에 주로 조성되어 나식(Nāsik) 열두 개·베다사(Beḍasā) 두 개·콘다네(Kondāne) 네 개·피타르코라(Pitarkhorā) 두 개·준나르(Junnār) 오십일곱 개·콘딘테(Kondinte) 열여섯 개·카를라(Kārla) 여덟 개·칸헤리(Kāṇherī) 백아홉 개·아잔타(Ajaṇṭā) 스물아홉 개·엘로라(Ellorā) 열두 개 등이 조성되었다. 〔카니쉬카왕의 불교 외호〕 기원후 1세기 초 서북인도를 중심으로 쿠샤나(Kuśana)왕조가 세력을 넓히면서 불교는 또 한번 큰 외호를 받게 된다. 이 왕조의 제3대 왕인 카니쉬카(Kaniṣka)왕이 설일체유부의 파르슈바(Pārṣva)에게 귀의하면서 그가 재위한 2세기 무렵 불교는 문학과 예술 분야에서 크게 발전한 것이다. 불교논서에서도 산스크리트어를 사용하게 되었고, 아쉬바고샤(Aśvaghoṣa 馬鳴)는 산스크리트 문학의 카비야(kāvya)운율에 의지하여 『붓다차리타 *Buddhacarita*』·『사운다라난다 *Saundarānanda*』 등을 남기기도 하였다. 또 기원전 2세기부터 기원후 5세기 무렵까지 간다라를 중심으로 탁실라(Taxila)·스와트(Swat)에 이르는 넓은 지역에서 그리스풍 불교미술이 성행하여 불상이나 보살상을 제작하기 시작하였다. 탑의 경우 기존의 복발탑 형식에 기단을 층층이 높게 쌓는 형태로 변화했고, 사원은 중정(中庭)을 중심으로 사방에 승방을 설치하는 새로운 형식이 나타나 후대 승원의 모델이 되었다. 〔힌두이즘Hinduism의 형성과 대승불교의 발생〕 마우리야왕조의 멸망 이후 크샤트리야 계급이 다양한 사상을 접하고 지지한 것과 달리, 일반 민중들에게는 바라문교가 지배적이었다. 마누법전이 제작되어 브라만중심의 계급질서와 종교의 의무와 윤리가 법제화되는 한편, 비슈누와 쉬바를 중심으로 여러 신격과 신화를 융합하여 믿음의 대상을 결집하였다. 불교와 자이나교의 수행자와 자비행, 희생제의 거부 같은 면모들까지도 수용하였다. 비슷한 시기에 불교에서는 붓다를 일반대중을 위한 신앙의 대상으로서 이상적인 모습으로 형상화하는 움직임이 일어났다. 이는 불탑(佛塔)을 중심으로 모여 독경·공양하고 부처님의 생애를 찬탄하는 문학을 집필하는 등의 운동으로 이어졌는데, 이 움직임은 훗날 대승불교로 자리잡게 된다. 또 신격화한 붓다를 대신해 자비를 실천하는 인간상으로 보살(菩薩)이 등장하여 출가승과 재가자의 경계를

팔천송반야경

넘어 적극적으로 육바라밀(六波羅密)을 수행하였다. 초기 대승불교경전은 기원전 1세기에서 기원후 1세기 사이에 성립된 것으로 추정하는데 부파의 아비담, 즉 현학적 논의 중심의 불교전통을 혁신적으로 반성한 공(空)에 바탕하여 반야바라밀행을 설한 『반야경』을 시작으로, 새로운 불타관으로 역사적 석가모니와 신격의 부처를 함께 모신(二佛並坐) 『법화경』, 부처들의 해인삼매(海印三昧) 중에 법신(法身)이 현현하는 법계연기를 드러낸 『화엄경』 등이다. 또 초기불교 때부터 시설하신 재가삼론(三論 : 施戒天)을 수용해온 불교는 대승에 와서는 불국토사상을 기반으로 한 왕생(往生)의 정토경전들도 성립하게 되었다. 한편 유부(有部)논사였던 나가르주나(Nāgārjuna : 龍樹)가 공사상을 논리적으로 설명한 『중론』을 지음으로써 이를 따르는 중관학파가 성립

하였다. 〔대승불교의 발전〕 기원후 4세기 초 마다가에서 일어난 굽타왕조는 북인도와 중인도 대부분을 지배하였다. 그들은 여러 종교와 사상에 관용정책을 펼쳤기에 바라문의 교학이나 산스크리트 문학이 크게 융성하였다. 불교 역시 5세기 초 아시아를 대표하는 대학으로 알려진 나란다(Nālandā)사원이 건립되는 등 많은 후원을 받았다. 당시 불교는 정통바라문교학에 맞서 불전언어로 산스크리트어를 적극 사용하였고, 교학적으로 수승한 층위를 성취하였다. 우선 서북인도에 자리잡은 유부는 카슈미르계와 간다라계로 나뉘었고, 후자는 다시 경량부로 이어지게 되었으며, 『화엄경』의 법신사상과 정토경전의 불타관에 의지한 법보응의 삼신설(三身說)이 정착되는가 하면, 나가르주나에 의해 적극 사유된 대승불교를 기원으로 새로운 주제를 맞이한다. 바로 해탈한 부처와 중생의 마음을 어떻게 연결시키느냐 하는 문제였다. 이것은 두 가지 사상을 낳는데, 하나는 마음이 곧 붓다라고 하는 여래장(如來藏)사상이고, 다른 하나는 마음의 현상과 구조 분석에 집중한 유식(唯識)사상이다. 특히 5세기 유식학파(唯識學派)의 디그나가(Dignāga : 陳那)가 신인명(新因明)을 세우고 이후 7세기 다르마끼르티(Dharmakīrti : 法稱)가 이를 더욱 발전시키면서, 불교는 인도에서 사상의 체계적 논증을 주도해온 논리학 분야에서도 뚜렷한 위상을 갖게 되었다. 한편 5세기 말 굽타왕조가 멸망하고 서북인도에 이민족들이 침입하면서 카슈미르지방의 유부승단이 한때 소멸할 위기에 처했고, 이로 인해 말법(末法)사상이 등장하고 탄트리즘(Tantrism)의 유행과 함께 밀교 또한 성행하였다. 7세기 초 야무나강 상류를 지배한 하르샤바르다나(Harṣavardhana : 戒日王)왕은 중년에 불교에 귀의하여 직접 불덕을 찬양하는 작품을 남기기도 하였다. 현장(玄奘)이 북인도를 방문했을 때가 이 시기로, 『대당서역기』 권2(대정장51, p.879c2)를 남겨 나란다사원을 중심으로 유가행파와 중관학파가 자유로이 논쟁했던 분위기를 전하고 있다. 〔팔라pala왕조와 밀교〕 하르샤바르다나왕이 죽은 후 13세기 무렵까지 인도는 데칸고원과 서인도, 벵갈·오릿사 지방으로 삼분되는데, 이 가운데 벵갈과 오릿사의 팔라왕조가 불교를 보호하여 밀교 발전에 큰 영향을 주었고 그 유적 또한 전하고 있다. 팔라왕조는 8세기 중엽부터 약 400여 년 집권하는 내내 불교를 보호하였다. 특히 마가다의 오단타푸리(Odandapurī)·비크라마쉴라(Vikramaśilā)사원 등을 지어 나란다사원과 함께 불교의 종합교육기관과 전법도량으로서의 역할을 하였다. 특히 비크라마쉴라사원은 인도불교 최후의 거점으로서 이후 티베트불교 형성에 큰 영향을 주었다. 이 당시 활동한 논사로는 샨타라크시타(Śāntarakṣita)·파드마삼바바(Padmasaṃbhava)·하리바드라(Haribhadra) 등이 있다. 이 당시 민중불교는 주술과 신비적 의례를 내용으로 하는 밀교가 성행하여 불보살 외에도 민간전승의 여러 존상(尊像)들이 거침없이 불교 안으로 유입되었다. 이후 11세기에 지어진 벵갈 자갓달라(Jagaddala)사원, 11~12세기 사이에 세워진 북벵갈의 데비고타(Devikota)사원, 동벵갈의 판디타(Paṇḍita)사원 등이 건립되어 밀교를 계승하였다. 밀교는 진언승(眞言乘)·금강승(金剛乘)·시륜승(時輪乘) 등으로 발전하였으며 대부분 티베트대장경에 섭수되어 전한다. 〔이슬람의 침입과 불교의 멸망〕 8세기 초부터 이슬람은 서북인도를 시작으로 끊임없이 침입해왔다. 특히 10세기 말 가즈니(Ghaznī)왕조, 12세기 구르(Ghur)왕조, 13세기 노예(奴隸 : 맘루크)왕조 등이 대표적이다. 이들의 점령은 오래가지 못했지만 그 사이 불교나 힌두교의 사원과 성지를 파괴하고 주요 성보를 약탈했으며 스님들을 학살하였다. 12세기 말에는 동인도 벵갈지역까지 이슬람이 점령하면서 1203년 비크라마쉴라사원이 파괴되었고, 이로써 인도에서 불교는 사라지게 되었다. 당시의 스님들은 대부분 티베트·네팔·남인도 등으로 피난을 갔고, 비크라마쉴라사원의 장서들은 티베트대장경 결집의 기초가 되어 지금까지 전승되고 있다. 〔현대 인도의 불교〕 이슬람 정권은 영국과 네덜란드 등 서양제국주의 세력에 의해 인도에서 밀려났다. 영국 등의 식민시대를 거치면서 인도는 힌두교적 전통을 회복하기 위해 노력했는데, 그것은 카스트제도에서 소외된 근대 인도인들에게는 진정한 자유의 의미가 아니었다. 이에 일부 지식인들을 통해 인도의 민족성과 자존을 회복하면서도 평등과 자유의 근대화된 가치를 동시에 성취할 수 있는 사상으로 불교를 그 대안으로 여기게 되었다. 스리랑카 출신의 아나가리카 다르마팔라(Anāgārika Dharmapāla 1864~1933)는 마하보디협회(Mahābodh

나란다사원 근본향전 인도 비하르 5세기

마하보디대탑 인도 부다가야

i Society : 大覺會)를 창설하고 그 근거지를 캘커타(Calcutta)로 옮기고 불교 부흥운동을 전개하였다. 그 일환으로 영국에서 수집·보존하고 있던 사리불과 목건련의 유골을 되찾아와 산치대탑 근처의 신불교사원에 안치하였고, 힌두교에 귀속되어 있었던 보드가야(Bodh Gaya)의 마하보디사원(Mahābodhi Vihāra : 根本大塔)도 회수하여 불교와 공동관리 체계로 전환시켰다. 이와 성격은 좀 다르지만 암베드카르(B.R.Ambedkar 1891~1956)가 불가촉천민 해방운동을 위해 1955년 인도불교협회(Bharatya Buddha Mahasabha)를 창설하고 불교정신에 입각한 대학을 만드는 등 신불교(新佛教 : Neo Buddhism)운동을 전개하였다. 불가촉천민 마하르(Mahar) 카스트 출신으로 법무장관까지 오른 암베드카르는 힌두교의 카스트와 불평등을 극복할 수 있는 불교의 만유평등 개념에 주목해 1956년 10월 14일에 나그푸르시에서 대규모 집단 불교개종식을 주도하기도 하였는데, 여기에 참여한 80만 명의 인원 중 50만 명 정도가 불교로 개종했으며, 현재 인도의 전체 불교도 대다수가 이때 개종한 하층민 불교도들일 것으로 추정하고 있다. [참고문헌]『長阿含經』, 『大唐西域記』, *DN.*, 左久木敎悟·高崎直道 권오민譯『印度佛敎史』(경서원, 1985), Tilmann Vetter *The Ideas and Meditative Practices of Early Buddhism* (Brill, 1988), 에띠엔 라모뜨 호진譯『인도불교사』(시공사, 2006), 李芝洙『인도불교철학의 원전적 연구』(여래, 2014). ⇨ 초기불교 初期佛教, 대승불교 大乘佛教, 밀교 密教, 부파불교 部派佛教, 석가모니 釋迦牟尼, 유가행파 瑜伽行派, 중관학파 中觀學派, 결집 結集, 네오부디즘 Neo Buddhism

인도철학 印度哲學 인도에서 형성되어 유행한 사상체계를 다 모아 부르는 말. **【개요 및 특징】** 종교(religion)나 철학(philosophy)은 서양문화를 기준으로 정립된 개념으로서 동양문화에 대입하기 어려운 경우가 대부분이다. 인도 역시 철학이나 종교로 명확히 구분할 수 없는 사상체계를 가지고 있다. 그들의 사상은 보편적 진리를 추구한다는 면에서 철학에 해당하지만, 궁극적인 세계(신·진리·해탈)에 도달하는 것을 최종목표로 하고 그것을 위한 구체적 실천방법론을 선언한다는 면에서는 종교라고 할 수도 있다. 인도에서 철학은 산스크리트어로 다르샤나(darśana : 見)라고 불리는데, 어떤 개조(開祖)의 가르침을 근본경전으로 하여 형성된 학파들의 사상을 일컫는다. 구체적으로 육파철학이나 불교·자이나교의 가르침들을 각각의 다르샤나라고 부른다. 이들은 모두 윤회사상에 기반하여 인간의 삶을 고통으로 보고 여기서 벗어나 해탈하는 것을 최종목적으로 한다는 면에서는 같다. 하지만 해탈의 주체문제와 해탈수행도 등에서는 현격한 견해 차이를 보인다. **【학파의 분류】** 인도철학은 보통 학파를 중심으로 연구되는데, 이들을 분류하는 가장 전통적인 방법은 베다의 권위를 인정하는가의 여부에 따른 것이다. 베다의 권위를 인정하는 학파들을 정통파인 유파(有派 : astika), 인정하지 않는 학파들을 비정통파인 무파(無派 : nāstika)라고 한다. 베다는 인간의 저작이 아닌 신의 영감과 계시를 그대로 옮긴 것, 즉 계시(啓示 : śruti)라고 하여 바라문계급에게만 전해지는 성전으로서 신들에 대한 찬가와 제사 방법 그리고 카스트 등이 명시되어 있다. 곧『리그베다 *Ṛg-veda*』(X.90.12)에 "(푸루샤의) 입은 브라만이 되었고, 두 팔에서 크샤트리야(왕)가 생겼고, 그의 두 넓적다리에서 바이샤가, 두 발로부터 수드라가 생겨났다. brāhmaṇo'sya mukhamāsīd bāhū rājanyaḥ kṛtaḥ, ūrū tad asya yad vaiśyaḥ padbhyāṃ śūdro ajāyata"라고 하였다. 베다의 권위는 곧 바라문의 권위로서 바라문들은 베다를 바른 지식의 근거로 삼고 세계의 전개와 해탈에 대한 이해도 구원도 독점한다. 정통파의 대표적인 학파로 상키야(Sāṃkhya : 數論)·니야야(Nyāya : 正理)·바이셰쉬카(Vaiśeṣika : 勝論)·요가(Yoga)·미망사(Mīmāṃsā)·베단타(Vedānta) 등의 육파철학(六派哲學)과 문법학파 등이 있다. 비정통파로는 절대 진리(眞理)의 권위에 맞선 불교·자이나교·차르바카(Cārvaka : 順世派) 등이 대표적이다. 베다의 권위를 인정하는 것은 희생제의와 계급차별 등을 인정하는 것인 만큼 출가사문들은 이를 인정하지 않았고, 신의 계시가 아닌 인간 스스로의 깨우침과 그 실행에 의해 이해된 말씀들(smṛti)을 공개적으로 논의·전승하며 해탈을 성취해갔다. **【역사적 변천】** 인도철학의 변천을 역사적으로 구분하면 네 시대로 나눌 수 있다. [베다 우파니샤드시대 BC 15~6c] 인도사에서 이 시기는 아리야인들이 인도에 유입되어 지배계급으로 정착해가던 때이다. 아리야인은 원래 중앙아시아지역에서 유목을 하던 민족으로, 사제·무사·상인 등 계급이 철저하게 구분된 계급사회였고, 권능에 따른 여러 신을 섬기고 있었으며 신에 대한 제사(희생제의)를 중시했다. 이 신들에 대한 이야기와 찬가가 담긴 것이『리그베다 *Ṛg-veda*』이다. 이어서『사마베다 *Sāma-veda*』·『야주르베다 *Yajur-veda*』·『아타르바베다 *Atharva-veda*』까지 4베다가 완성되었다. 아리야인들이 인도에 오기 전부터 거주했던 토착민들은 인간은 죽고 태어나기를 반복한다고 믿고 요가수행이나 거처 없이 유행(遊行)하며 사유하는 문화가 있었는데, 이러한 토착문화와 융회하면서 베다 문헌에 덧붙여 브라흐마나(Brāhmaṇa : 梵書)·아란야카(Āraṇyaka : 森林書)·우파니샤드(Upaniṣad : 奧義書) 등 철학적 내용을 포함한 문헌들이 생겨났다. 주목할 만한 내용은 궁극적 실재인 브라흐만이 현상적이고 상대적인 개아(個我)인 아트만(ātman)으로 현현하는 원리와, 다시 합일하는 이치인 범아일여(梵我一如)의 사상이다. 특히 기원전 8~7세기 무렵 활동한 것으로 추정되는 야즈냐발키야(Yājñavalkya)는 아트만이 욕망과 행위의 주체라는 점에 주목하며 오감(五感)과 마음(manas)의 여섯 가지 요소로 현상적 아트만을 분석하면서 이후의 학파들에게 많은 영향을 주었다. 〔바라문과 사문이 맞서 논쟁하던 시대 BC 6c~AD 10c〕 기원전 7~6세기 무렵 아리야인들의 제도에 따라 사회는 안정되었고 크샤트리야계급을 중심으로 크고 작은 국가들이 형성되었고, 바라문계급으로부터 자유로워진 크샤트리야들이 사문들을 지지하면서 이들의 교단이 형성되었다. 불전에서 육사외도(六師外道)로 불리는 이들이 대표적인 예로, 당시 많은 자유사상가들이 활동하였다. 대표적인 것이 불교와 자이나교다. 이들은 베다의 제식이나 신의 능력은 해탈에 도움이 안 되며, 오로지 인간 스스로의 자발적 수행을 통해 해탈할 수 있다고 설명했다. 불교의 경우 연기법(緣起法)을 바탕으로 유무(有無)·고락(苦樂)·선악(善惡)을 넘어 중도(中道)를 천명하여 업과 윤회 등 일체법(一切法)을 설명하였고, 무상(無常)·고(苦)·무아(無我)를 적극 주장하였다. 이러한 진실을 덮고 있는 무명(無明 : avidyā)을 타파하고 선정과 지계(持戒)로 지혜를 얻는 것을 해탈이라고 보았다. 자이나교는 업을 행위에 따라 영혼에 달라붙는 물질로 보기에, 고행과 단식을 통해 이미 영혼과 결합된 업물질의 부착을 떨쳐버리고 자유로워지는 것이 해탈이라 하였는데, 이는 세속적으로는 죽음에 해당한다. 이 두 학파는 당시 큰 세력을 형성했으며 기원전 3세기 무렵 아쇼카(Aśoka)왕의 비호를 받아 인도전역의 종교가 되었다. 이들은 바라문(정통파)의 사상을 근본적으로 비판했는데, 특히 불교가 무아와 일체법공(一切法空)을 토대로 아트만을 부정하는 등, 정통파 입장에서는 치명적인 공격을 하였다. 정통파에서 아트만은 윤회와 해탈의 주체로서 이것을 부정하면 궁극적 실재인 브라흐만과의 연결고리가 없어지기에, 그들은 아트만의 존재를 반드시 증명해야 했다. 더욱이 5~8세기 불교논사 디그나가(Dignāga : 陳那)와 다르마끼르티(Dharmakīrti : 法稱) 등에 의해 논리학이 발달하였고, 학파들 간의 논쟁은 더욱 극심해졌으며, 이렇게 비판과 해명을 주고받는 과정에서 각 학파들의 학설은 더욱 정교한 체계를 갖추게 되었다. 상키야학파와 요가학파는 순수정신인 푸루샤(Puruṣa)와 순수물질인 프라크리티(Prakṛti)의 결합으로 세계 전개를 설명했는데, 관조자인 푸루샤가 물질적 세계를 경험하는 것에 대해 비판이 일자 반영설(反影說)로써 해명하기도 하였다. 니야야학파와 바이셰쉬카학파는 다원론적 실재론을 바탕으로 하였기에 불교의 무아설을 논리적으로 비판하지 않을 수 없었고, 불교 역시 그들의 실재론이 허황됨을 증명했다. 미망사학파는 베다의 의미파악에 집중했던 학파인데, 8세기 쿠마릴라(Kumarila)라는 논사가 등장하면서 불교논리학의 가장 강력한 적수로 떠오르게 된다. 그의 방대한 저서 『슬로카바르틱카 *Ślokavārttika*』는 불교를 논파하기 위한 것이라고 할 정도이며, 쿠마릴라 때문에 인도에서 불교가 소멸했다고 말하는 학자도 있다. 베단타학파는 다른 학파들보다 늦게 성립되었는데, 8세기 샹카라(Śaṅkara)가 불이일원론(不二一元論 : advaita-vedanta)으로 브라흐만과 아트만의 관계를 설명하면서 전성기를 맞는다. 그는 현상세계를 가탁(假託)된 환영이라고 보는 등 불교와 유사한 세계관으로 무아설을 비판했다. 불교의 샨타라크쉬타(Śāntarakṣita)는 저서 『타트바상그라하 *Tattvasaṃgraha*』를 통해 육파철학과 자이나교의 사상체계를 조목조목 비판하였고, 자이나교·베단타학파에서도 비슷한 목적의 책이 만들어졌다. 이 시기 인도철학은 사상적·논리적으로 크게 융성하지만 10세기 이후 이슬람의 잦은 침입을 받았고, 대중을 보살피기보다 지적 논쟁에 몰두하는 한편 탄트리즘(Tantrism)이 유행하였으며, 결국 정통파 가운데 베단타학파만 남고 불교와 자이나교는 밀교적으로 주변부화되기에 이른다. 〔힌두교시대 10~18c〕 현학적인 논쟁에서 주변화될 수 밖에 없었던 민중들 사이에서는 『마하바라타』·『라마야나』·『바가바드기타』 같은 서사에 바탕한 작품들이 유행하면서 베다신화와 바라문문화가 영향력을 발휘하였다. 많은 신들이 점차 비슈누(Viṣṇu)와 쉬바(Śiva)를 중심으로 흡수되어 갔다. 11~12세기에 활동한 베단타 논사 라마누자(Rāmānuja)는 브라흐만과 아트만의 불일불이론(不一不二論)을 주장하였지만, 13세기에 활동한 마드바(Madhva)는 브라흐만과 아트만은 완전히 다른 존재로 브라흐만의 구원을 통해서만 해탈할 수 있다고 주장하여, 다시 유일절대의 이론적 전통으로 회귀한다. 이러한 사상적 근거를 토대로 '인도의 종교' 즉 힌두교(Hinduism)가 형성되었는데, 비슈누를 중심으로 한 바이슈나비즘(Vaiṣṇavism)과 쉬바를 중심으로 한 샤이비즘(Śaivism)으로 나뉘어 발전하게 된다. 불교의 마지막 사원이 사라지고 석가모니가 비슈누의 아홉 번째 화신으로 변용·흡수되면서 인도에서 불교는 사라지게 된다. 이외에도 카스트제도를 부정한 라마난다(Rāmānanda), 종교의 구별을 부정하고 다양한 일신론(一神論)을 주장한 카비르(Kabīr 1440~1518), 순수일원론을 확립한 발라바(Vallabha 1473?~1531) 등의 사상가들이 활동하였다. 특히 나나크(Nānak 1469~1538)는 수행자도 결혼하고 상업 등의 경제활동에 종사하도록 장려하는 등 현실적이고 세속적인 교단을 인정하면서 인도사상과 이슬람교를 혼합한 시크교(Sikhism)를 창설하기도 하였다. 〔근현대 18c 이후〕 네덜란드·영국 등 외세의 침입으로 이슬람세력은 물러났지만

식민시대를 살면서 사회에 대한 개혁의지가 높아져갔다. 그 가운데 람모한로이(Rām Mohan Roy 1772~1833)는 브라흐마사마지(Brāhma-Samāj)를 창설하고 브라흐마신을 유일신으로 섬기며 카스트 철폐·과부의 재혼 허용·사티(sati : 먼저 죽은 남편을 화장할 때 부인이 뛰어들어 죽는 것) 악습 금지 등을 주장하였다. 19세기에 들어서면서 인도철학을 세계에 알리고자 하는 노력이 커졌다. 라마크리슈나(Rāmakṛṣṇa 1834~1886)는 현대적 합리주의와 인도의 신비주의를 결합하여 세계 모든 종교의 동일성과 평등을 주장하였다. 그의 뒤를 이은 비베카난다(Vivekānanda 1863~1902)는 인도전역과 서양 각지를 다니며 힌두교의 우월성을 피력하였고 1897년에 라마크리슈나미션(The Ramakrishna Mission)을 설립하여 힌두교 부흥운동을 주도하였다. 또 암베드카르(Ambedkar 1893~1956)는 카스트철폐와 인도적인 사상 고취를 위해 네오부디즘(Neo-buddhism : 新佛教)을 주창하기도 하였다. 이외에도 간디(Gandhi 1869~1948)·타고르(Tagore 1861~1941)·오르빈도(Aurobindo Ghosh 1872~1950)·라다크리슈난(Radhakrishnan 1888~1975) 등이 인도의 정신세계를 세계에 알리는 데 큰 역할을 하였다. 〔참고문헌〕 *ṚV.*, E.B.Cowell·A.E.Gough *Sarva-darśana-saṃgraha : Review of the different systems of Hindu philosophy* (Trüber&co., 1882), 中村元『インドの哲學體系』(東京 : 春秋社, 1994), 라다크리슈난 이거룡譯『인도철학사』(한길사, 1996), S.C.Chatterjee 김형준譯『학파로 보는 인도사상』(예문서원, 1999), 李芝洙『인도불교철학의 원전적 연구』(여래, 2014). ⇨인도불교 印度佛教, 육사외도 六師外道, 육파철학 六派哲學, 자이나교 Jainism, 힌두교 Hindu教

인도피안 忍到彼岸 Ⓢ kṣānti-pāramitā, Ⓣ bzod-pa'i-pha-rol-tu-phyin-ba. 참아 저 언덕에 이름. 인욕바라밀(忍辱波羅蜜)을 말한다. 『십지경』 권3(대정장10, p.546c26 : *Daś-bh.*, p.23)에 "그러나 이 보살은 사섭사 중에서는 이행섭이 두드러지게 많고, 십도피안 중에서는 인도피안이 무엇보다 뛰어나지만, 나머지 도피안도 힘따라 분따라 수행하지 못할 일은 없다. 而此菩薩 四攝事中 利行偏多 十到彼岸中 忍到彼岸 而得增上 餘到彼岸 隨力隨分 非不修行 tasya caturbhyaḥ saṃgrahavastubhyo priyavadyatā atiriktatamā bhavati. daśabhyaḥ pāramitābhyaḥ kṣāntipāramitā atiriktatamā bhavati. na ca pariśeṣāsu na samudāgacchati yathābalaṃ yathābhajamānam", 『금강반야경소론찬요』 권하(대정장33, p.163a10)에 "〈경〉수보리야, 인욕바라밀을 여래께서는 인욕바라밀이 아니라고 설하신다. 〈요〉인도피안은 이미 고통이라는 상마저 여의었거늘, 하물며 저 언덕 언덕도 아니거늘 누가 고통스럽고 누가 참는단 말인가! 須菩提 忍辱波羅蜜 如來說非忍辱波羅蜜 忍到彼岸 已離苦相 況彼岸非岸 誰苦誰忍" 라 하였다. 〔참고문헌〕『十地經』, 『金剛般若經疏論纂要』, *Daś-bh.*, *Mvyut.34.* ⇨인 忍, 인욕바라밀 忍辱波羅蜜

인도학 印度學 인도의 역사, 문헌, 철학, 문화 등을 다루는 학문을 다 모아 부르는 이름. 산스크리트(sanskrit)를 연구하는 유럽학제에 의해 시작된 인도 고전문헌학. 18세기에 서구가 주도한 인도의 언어, 문화, 역사를 포괄하는 근대학문으로서, 유럽학자들이 제작한 인도학(Indology, 독일어 Indologie, 프랑스어 L'indologie·L'indianisme·L'études indiennes)으로 정의된다. 이러한 인도학은 현재의 인도만을 대상으로 하는 학문이 아니라 파키스탄, 방글라데시, 네팔, 스리랑카 등 근대 이전의 '인도' 전체를 포괄하며, 특히 고대인도를 집중적으로 연구한다. '서구에 의해 동양이 다루어지는' 동양학(東洋學 : Oriental Sciences·Orientalism, 독일어 Orientalistik)의 하위범주로 분류되기도 한다. 근대의 서구, 특히 영국이 식민지 인도의 효율적 통치를 위해 제국주의적 의도를 가지고 제작한 학문이기에, 영어권에서는 인도학자와 오리엔탈리스트를 구분하지 않는다. 한편 인도의 인도학자, 동양이 주체가 된 인도학(Indological Studies·Indian Studies)을 구분하기도 하는데, 이 경우는 민족주의적 성향을 주목한다. 또한 인도학은 19세기에 성립한 서구 근대불교학, 특히 인도불교학의 발생과 밀접한 관련을 갖는다. 서구 근대불교학의 출발점이 인도학에서 유래했으며, 인도학의 학문적 특성 안에서 불교가 연구되었기 때문이다. 현대 인도학은 인도 아대륙(亞大陸)을 전문적으로 다루는 남아시아학(South Asian Studies)이라는 지역학(Area Studies) 범주로 변화를 겪는다. 현재 미국과 유럽의 학제에서 연구되는 인도학은 산스크리트의 시대적 층위(Vedic·Classical·Hybrid)를 반영한 문헌연구를 기반으로 수행된다. 이 경우 고전인도학(Classic Indology)과 근대인도학(Modern Indology)으로 양분되며, 고전인도학은 중서부 인도어(특히 산스크리트어)를 중심에 두고 인도의 종교 및 문화 등 제반연구를 수행하고, 근대인도학은 현대 인도어와 남아시아의 문헌연구를 중심으로 인도 게르만어(힌디어·우르두어·벵골어)나 드라비다어(타밀어)를 다루면서 남아시아 전반을 다룬다. 〔인도학의 역사〕 오랜 역사와 전통을 가진 유럽의 인도학은 18세기 무렵 태동해 19세기 제국주의 시대에 폭발적인 성장을 거쳐 근대적 학문으로 성립된다. 초기 인도학자 윌리엄 존스 경(Sir. William Jones 1746~1794)은 캘커타 식민지 판사로서, 현지의 법률분쟁을 해결하기 위해 바라문들에게 산스크리트어를 배우게 된다. 그 과정에서 산스크리트어와 유럽어(특히 그리스어와 라틴어)의 유사성에 근거해 인도유럽어족(Indo European language family)을 발견하게 되었고, 이는 비교언어학(比較言語學 : comparative linguistic)에 기반한 문헌학(文獻學 : philology)적 특성을 갖는 인도학을 탄생시켰다. 윌리엄 존스가 인도 캘커타(Calcutta : 현재 Kolkata)에서 아시아학회(The Asiatic Society : 혹은 Asiatic Society of Bengal)를 창설한 1784년을 인도학의 시작점으로 평가한다. 이후 아시아학회는 『바가바드기타 *Bhagavad Gītā*』(1785), 『히토파데샤 *Hitopadeśa*』(1787), 『사쿤탈라 *Śakuntalā*』(1789), 『마누법전 *Manusmṛti*』(1794) 등 대표적인 산스크리트 종교문헌과 문학작품들을 영어로 번역출간한다. 아시아학회가 주도한 산스크리트문헌의 번역은 역설적으로 당시 식민지 인도지식인들의 민족적 자각을 불러일으키는 원동력으로 작용한다. 소수 바라문들에 의해서만 명맥을 유지하던 산스크리트어와 문헌연구를 서구학자들이 독점하면서 전통과 지식에 대한 개념전환이 일어났고 인도인들이 주체가 되는 인도학의 당위성을 촉구하게 된다. 한편 아시아학회는 동양, 특히 인도 중심의 전문학술지『아시아연구 *Asiatick Researches*』(1832)를 발간하고, 18세기 초부터 학회가 수집한 방대한 양의 필사본(筆寫本 : manuscript)을 주석이 포함된 원전번역총서로 기획하면서 1849년부터 비블리오테카 인디카 시리즈(Bibliotheca Indica Series)를 발간한다. 이를 통해 원전 해석학, 문헌학, 문법학, 사전학, 서지학 등 인도학의 발전을 주도하게 된다. 1814년에는 학회의 경전과 필사본뿐 아니라 금석문(金石文)류인 비문(碑文), 동전 등의 유물과 수집품을 모아 학회박물관을 개관하는데, 이 박물관이 현존하는 캘커타 박물관의 원형이다. 고고학적 조사는 학회의 창설회원이자 편집자인 제임스 프린셉(James Prinsep 1799~1840)이 선도한다. 그는 아쇼카왕 비문에 새겨진 브라흐미(Brāhmī)와 카로슈티(Kharoṣṭhī) 문자의 해독을 통해 찬란한 고대인도를 재구성하여 재현하려는 학회의 설립목적을 그대로 실천한다. 이와 같은 학회중심의 인도학의 발전은 각국에 학회(學會 : society)가 창설되면서 세계적 성장세를 보이게 된다. 1822년 프랑스 아시아학회(Société Asiatique), 1824년 영국 왕립아시아학회(Royal Asiatic Society), 1842년 미국 동양학회(American Oriental Society), 1845년 독일 동양학회(Deutsche Morgenländische Gesellschaft), 1949년 일본 인도학불교학회(日本印度學仏教學會 Japanese Association of Indian and Buddhist Studies) 등의 학회 창립시점을 각국의 인도학의 출발점으로 간주하기도 한다. 〔인도학의 성장과 근대불교학〕 인도학 역사의 선구자로 윌리엄 존스, 윌킨스(C.Wilkins 1750~1836), 콜브룩(H.Colebrook 1765~1836) 등의 영국학자들을 꼽는다. 그렇지만 인도학의 학제적 연구는 1832년에 옥스퍼드대학교 산스크리트학(sanskrit studies) 교수로 윌슨(H.Wilson)이 부임하면서 시작되었다. 이후 모니에르 윌리엄스(Monier Williams 1819~1899)와 맥도넬(A.A.Macdonell 1854~1930)이 산스크리트학 연구를 주도하고, 독일 출신의 막스 뮐러(Max Müller 1823~1900)가 1868년 같은 대학 비교문헌학과(comparative philology)에 부임하면서 대중적이고 광범위한 인도학 연구로 확장된다. 여기에 당대의 낭만주의 성향의 독일과 프랑스학자들이 인도를 서구에 알리는데 크게 기여하면서 전 유럽에서 인도학이 유행하게 된다. 18세기 유럽의 이성주의가 중국학에 몰두했다면, 19세기의 낭만주의는 인도와 산스크리트학 열풍을 몰고 왔다. 프랑스의 경우 알퐁스 드 라마르틴(Alphonse de Lamartine), 빅토르 위고(Victor Hugo), 알프레드 빅토르 드 비니(Alfred-Victor de Vigny) 같은 대문호들이 인도와의 영적인 교감을 피력할 정도였다. 이러한 사조 속에서 1814년 프랑스 파리에 설립된 꼴레쥬 드 프랑스(Collège de France)에 레오나르 드 쉐지(Leonard de Chézy 1773~1832)가 산스크리트학 교수로 부임하면서 프랑스에서 본격적으로 대학의 학제를 통해 인도학이 연구되기 시작한다. 하지만 프랑스 인도학의 진정한 학문적 출발점은 유럽 근대불교학의 아버지로 칭송되는 으젠느 뷔르누프(Eugène Burnouf 1801~1852)가 산스크리트학과 교수로 부임한 1832년으로 정의된다. 뷔르누프는 힌두교 경전 『바가바타 푸라나 *Bhagavata Purana*』의 불어 번역본(1840~1847)을 출간한 당대 최고의 인도학자였다. 그러나 뷔르누프의 최대 업적은 산스크리트학 중심의 인도학에서 근대불교학의 교두보를 마련하고 서구 인도불교학을 탄생시킨 일이다. 그는 산스크리트어뿐 아니라 불교 원전어인 팔리어, 티베트어에 근거한 정확하고 실증적인 텍스트 분석과 체계적인 불교학을 정립한다. 막스 뮐러도 극찬한 그의 연구방법론은 서구불교학의 선구적 연구법으로 꼽힐 만큼 지대한 영향력을 발휘하게 된다. 그는 1847년 네팔 카투만두(Katmandu) 주재 동인도회사 직원 브라이언 호지슨(Brian H.Hodgson 1800~1894)에게서 『묘법연화경 *妙法蓮華經*』의 산스크리트본과 티베트 필사본을 전달받는다. 호지슨이 네팔에 머문 기간(1820~1843) 동안 방대한 양의 고고학적 유물과 필사본이 발굴되었는데 이 자료들이 프랑스 아시아학회로 송달되어 뷔르누프의 책상 위에 놓이게 된 것이다. 뷔르누프는 대학의 지원은 물론이고 프랑스 교육정책의 기초를 세운 기조(F.Guizot) 수상의 국가적 지원을 받았다. 철저한 제도권의 후원을 바탕으로 뷔르누프는 '필사본을 기본으로 하는 불교학'이라는 기본적인 불교학 연구방법체계를 세우게 된다. 따라서 이 체계의 성립이 시작된 1847년을 근대불교학의 시작점으로 평가한다. 뷔르누프는 필사본이 도착하고 곧바로 번역에 착수하지만, 인도불교의 학문적 토양을 다지는 것이 우선이라고 판단하여 산스크리트와 티베트 원전의 철저한 분석으로 작성한 600페이지가 넘는 개론서 『인도불교사입문 *Introduction à l'histoire du Bouddhisme indien*』(1844)을 먼저 출간한다. 이후 불어 번역본 『묘법연화경 *Le Lotus de la bonne loi*』(Paris : Imprimerie Nationale, 1852)을 완성하면서 근대 서구불교학 연구방법론의 창시자로 자리매김한다. 〔인도학의 중흥기 1850~1920〕 뷔르누프와 꼴레쥬 드 프랑스가 선도한 인도학은 산스크리트학 중심의 인도학에서 불교학으로 학문적 발전을 거듭하면서, 19세기 중반까지 프랑스가 유럽내 인도학 연구의 구심적 역할을 하게 된다. 이러한 토대 위에 인도학의 중흥기는 독일이 주도하는데, 특히 인도학이 고전문헌학(古典文獻學 : classic philology)이라는 대표적 인문학으로 성장하는 데 크게 기여한다. 19세기 독일은 범유럽 식민주의 프로젝트(Pan-European Colonial Project)를 펼치면서 정부차원에서 산스크리트학을 공식적으로 후원하게 된다. 이에 프란츠 봅(Franz Bopp 1791~1867)이 베를린대학 산스크리트학과 교수로 부임하며 독일에서 인도학이 본격적으로 연구된다. 그는 1808년 슐레겔(F.von Schlegel 1772~1829)의 『인도인의 언어와 지혜에 대하여 *Über die Sprache und Weisheit der Indier: Ein Beitrag zur Begründung der Alterthumskunde*』에 나타나는 인도유럽어만을 고귀한 언어로 평가하는 비교연구방법을 계승한다. 슐레겔은 산스크리트어, 독일어, 그리스어 등과 같은 굴절어가 어간의 내적변형을 통해 단어를 만들어내는 생성력을 가진 우수한 언어라는 점을 강조한 반면, 왕립프로이센학회(Royal Prussian Academy) 회원인 봅은 정부의 재정적 후원 아래 인도유럽어족 중에서 프로이센어와 산스크리트의 연관성을 집중적으로 연구하는 비교연구를 수행한다. 그리고 『비교문법 *Vergleichende Grammatik*』(1832), 『산스크리트어, 젠드어, 그리스어, 라틴어, 리투아니아어, 고대슬라브어, 고트어, 독일어의 비교문법 *Vergleichende Grammatik des Sanskrit, Zend, Griechischen, Lateinischen, Litauischen, Gotischen und Deutschen*』(1833~1852) 등의 저술을 통해 인도유럽어족 중심의 산스크리트학의 유행을 선도한다. 이후 독일 주요 대학마다 산스크리학과가 개설되고 인문학을 대표하는 학문으로 부상하면서 인도학은 중흥기를 맞이한다. 이 시기 유럽 인도학의 대표적 성과물로는 막스 뮐러가 편찬한 『동방성서 東方聖書 *Sacred Books of the East*』(1879~1910) 총50권, 오톤 폰 뵈틀링크(Otto von Böhtlingk 1815~1904)가 로트(R.Roth)와 함께 편찬한 『산스크리트어용례사전 *Nachträge zum Sanskrit-Wörterbuch in Kürzerer Fässung*』(1853~1875) 총7권, 베버(A.F. Weber 1825~1901)의 『인도연구 *Indische Studien*』(1849~1898) 총18권 등을 꼽을 수 있다. 〔인도학과 오리엔탈리즘〕 에드워드 사이드(Edward Said 1935~2003)가 『오리엔탈리즘 *Orientalism*』(1978)에서 동양학의 전통 및 사유와 유럽제국주의 권력 사이의 공모를 고발한 이래, 19세기 인도학의 어두운 측면들도 날선 비판에 직면하게 된다. 유럽의 동양학과 마찬가지로 인도학도 제국주의국가들의 전폭적 후원으로 성장한 학문이다. 서구제국주의시대는 인도학의 르네상스라고 부를 만한 시기였고, 초기 인도학자들이 정부 공무원이거나 동인도회사 소속의 식민지 관료라는 사실은 인도학과 오리엔탈리즘과의 필연적 인과성을 대변한다. 또한 옥스퍼드대학교 산스크리트학과 교수이면서 『산스크리트사전 *A Sanskrit-English Dictionary*』(1899) 편찬자인 모니에르 윌리엄스 같은 순수학자도, 기독교만이 진정한 종교이며 이슬람교·브라만교·불교 등을 3개의 하위종교로 규정하는 서구중심적 사관을 드러낸다. 막스 뮐러 역시 인도유럽어족을 인종주의적 아리안주의(aryanism)와 연결해 아리안침략설을 주장하였고, 그가 정부와 기독교 선교단체의 재정적 후원을 받았다는 사실은 제국주의와 식민주의라는 시대적 전형성 안에서 인도학이 성장했음을 입증한다. 반면 1870년경부터 인도에서 시작된 인도인에 의한 인도학의 경우도, 서구식 대학교육을 받은 인도 지성인들에 의해 열등한 민족학이라는 비판과 고대문화에 대한 과장된 자긍심이라는 극단적 편견으로 양분된 인도학이 제작된다. 인도는 19세기 후반 영어교육이 전면으로 확대되기까지 사회구성주의적 역사서술방법론이 부재했기에, 인도 내 5개 지역(Calcutta·Bombay·Madras·Allahabad·Lahore)에 건립된 대학을 중심으로 체계적 영어교육을 받고 세계사를 통해 자신들의 역사를 학습한 비베카난다(Vivekananda), 라자 람 모한 로이(Raja Ram Mohan Roy) 등이 반영국제국주의에 기반한 인도학을 선도하게 된다. 이후 찬드라 보세(J.Chandra Bose), 찬드라 쉐카르 라만(Chandra Shekhar Raman), 라빈드라 나타 타고르(Rabindra Nath Tagore) 등이 사회개혁과 더불어 인도문명의 부활을 선언하는 독자적인 인도학을 개척한다. 이 인도 내에서의 인도학은 20세기 초 서구 근대인도학에 대한 적대적 반감과 공격적인 태도로 오리엔탈리즘 논쟁의 화두로 대두되기도 했다. 〔현대 인도학의 방향〕 오리엔탈리즘으로 촉발된 서구 중심 인도학에 대한 자성과 전진을 위한 노력은 프랑스의 경우 2001~2008년까지 8년여 준비기간을 거쳐 『프랑스어권 동양학자들의 사전 *Dictionnaire des orientalistes de langue française*』(2008)이라는 비판적 동양학 인명(人名)사전을 편찬·출간하면서 빛을 발한다. 편찬을 총괄 지휘한 학자가 7명, 집필에 참여한 인도학 연구자만 200명 이상이고, 그 분량도 1천쪽이 훌쩍 넘는다. 이 사전은 2008년 첫 출간 이래 2012년 제3판에 이르기까지 증보(增補)를 거듭하고 있으며 후속 작업도 진행 중에 있다. 본래 사이드가 말하는 오리엔탈리즘의 주요테마는 동양학과 이슬람학이며, 인도학의 경우 문헌학적 전통을 대략 소개한 정도로 비중이 적었다. 그러나 현대 인도학자들은 오리엔탈리즘을 인도학에 적용시켜 본질적 반성을 담은 주체적 출발을 모색하였다. 오리엔탈리즘을 적용해 인도학을 적확하게 비판한 대표적 저술은 시카고대학 로날드 인덴(Ronald Inden)의 『상상 속의 인도 *Imagining India*』(Cambridge, 1990)가 대표적이다. 그는 사이드의 오리엔탈리즘의 테제를 유럽 인도학에 확장·적용하면서 서구의 관용적 인식론을 비판한다. 이 저술은 인도학에 오리엔탈리즘을 적용하여 서구 지식체계를 분석한 최초의 연구서로서 후속 연구를 파생시키는 원동력이 되었다. 또한 리차드 킹(Richard King)의 『오리엔탈리즘과 종교 *Orientalism and Religion*』(Routledge, 1999)의 경우, 동양을 대표하는 신비주의가 건축되는 과정을 담은 타자화된 인도학을 분석한다. 킹은 인도학의 신비주의적 제작과정은 서구가 과학적·비종교적·실용주의적인 형태로 자신들의 우월성을 구축해가는 거대담론의 구축과정이며, 이것이 오리엔탈리즘의 본질이라는 점을 강조한다. 이와 달리 독일 출신 인도학자이자 캘리포니아대학교 교수인 할파스(W.Halbfass)는 『인도와 유럽 *Indien und Europa*』(1981)을 통해 동양과 서구의 이분법적 대립에 집중하는 오리엔탈리즘의 관점보다는 인도와 서구의 대화를 촉구하는 지적인 방법론을 제안한다. 그는 고대부터 현재까지 지속된 인도와 유럽의 관계 안에서의 인도학을 동서양의 이분법의 역사가 아니라 복잡한 문화적 충돌로 해석하면서, 인도학이야말로 서양과 동양의 혁신적 결합이라는 점에 주목한다. 그가 내세운 인도학은 인도와 서구의 지성적 이해가 가능하다는 것이 전제조건이며, 오리엔탈리즘을 극복할 수 있는 진정한 대화를 제안하는 방법론으로 해석된다. 이러한 할파스의 인도학은 이후 그의 뜻을 따르는 총23명의 현대 인도학자들이 모여서 인도학의 객관적이고 정교한 평가를 모색한 『오리엔탈리즘을 넘어서 *Beyond Orientalism*』(Brill, 1997)의 발간이라는 성과로 이어진다. 또한 1991년 인도 캘커타에서는 약 150여명의 세계적인 인도학 연구자들이 모여 인도학 연구의 성과와 미래에 관한 공개세미나를 열었고, 이 결과물을 다음해 『인도에서의 인도학과 연구 *Indological Studies and Research in India*』(Kolkata, 1992)로 출간하면서 인도학의 올바른 방향정립을 모색하였다. [참고문헌] R. N.Dandekar *Recent Trends in Indology*(BORI, 1978), S.Bhate *Indology, Past Present and Future*(Sahitya Akademi, 2002), D.T.Mcgetchin *Indology, Indomania, and Orientalism*(Fairleigh Dickinson University Press, 2009).

인동분 人同分 Ⓢ manuṣya-sabhāgatā, Ⓣ mi'i skal-ba-mnyam-pa. 사람과 분에 있어 같음. 인취에 있어 중동분(衆同分)이다. 『석마하연론』 권1(대정장32, p.599c15)에 "나는 과거에 인욕선인으로서 이 산에 머물며 하루 종일 도를 닦았지만, 한 때 화를 낸 인연의 힘으로 금생에 뱀의 몸을 얻고 항상 괴로움을 당하네. 목숨이 다한 후 사람과 같은 몸을 얻으면 나는 제자가 되어 당신을 따라 수행하겠네. 我過去世 忍辱仙人 住於此山 六時行道 而一時瞋 因緣力故 今得蛇身 常受大苦 若命終後 得人同分 我當弟子 隨汝修行", 『백법명문론찬』(卍속장76, p.885a18)에 "인동분이란 무엇인가? 저 천동분은 천이 천과 더불어 한 류라는 뜻인 것과 같이, 인동분은 사람이 사람과 더불어 한 류임을 말한다. 人同分者 如天同分 天與天是一類 人同分 則人與人是一類"라고 하였다. [참고문헌] 『釋摩訶衍論』, 『百法明門論纂』, *Abh-k-bh.67.* ⇨ 중동분 衆同分

인동선봉사대각국사비 仁同僊鳳寺大覺國師碑 ➡ 남숭산선봉사대각국사비 南嵩山僊鳳寺大覺國師碑

인동품 因同品 인명(因明) 용어. 인(因 : 이유명제)으로서 같은 품. 동유(同喩 : 긍정적 실례명제)가 갖추어야 할 조건 중 하나다. 『인명입정리론소』 권상(대정장44, p.104a8)에 "따라서 『인명입정리론』(대정장32, p.11b8)에서 '「말소리는 무상하다」고 세운다면, 물단지 등 무상한 것을 동품이라 하는 것과 같다'라고 하였다 이 종이 있는 곳에 결정적 인이 있는 것을 인동품이라 한다. 故論說言 如立無常 瓶等無常 是名同品 有此宗處 決定有因 名因同品", 같은 책 권상(대정장44, p.103c28)에 "둘째는 인동품이다. 아래의 글에서 또한 '만약 이 곳에 인동품으로서의 결정적 성이 드러난다면'이라고 하였다. 하지만 논에서는 대부분 종으로서의 동품을 설해서 동품이라 한다. 종과 상사하기 때문이다. 인으로서의 동품은 동법이라 부른다. 종의 법이기 때문이다. 왜 동품이 두 가지인가? 인이 있는 곳을 종동품이라 하는 것은 그 인이 종과 유에 모두 있음을 드러내려고 하기 때문이다. 종법이 있는 곳을 인동품이라 하는 것은 인이 있는 곳은 종법이 반드시 따른다는 것을 드러내기 위함이다. 二 因同品 下文亦言 若於是處 顯因同品 決定有性

然論多說 宗之同品 名爲同品 宗相似故 因之同品 名爲同法 宗之法故 何須二同 因之在處 說宗同品 欲顯其因 遍宗喩故 宗法在處 說因同品 顯有因處 宗法必隨故",『인명론소명등초』 권3(대정장68, p.303a26)에 "'이것은 동품을 따른다는 말이다'에서 동품이라는 말은 인동품인가, 종동품인가? 지금 이 소주(규기)는 간략히 두 가지로 푼다. 첫 번째, 동품은 인동품이다. 물단지 등은 만들어진 것으로서 저 말소리 상의 변시종법성의 동품이다. 물단지 상의 무상은 불상리의 뜻으로서 이 동품에 따르기에 이를 '동품을 따른다'고 한 것이다. 물단지의 무상은 동품을 따르기에 곧 말소리 상의 무상은 만들어진 것이라는 인을 따름을 나타낸다. 그 만들어진 것이라는 인이 말소리와 물단지 두 곳에 통한다면 인동품이라 한다. 뜻에 있어 결정적이기 때문이다. 지금 첫 번째 풀이다. 是隨同品言者 言同品者 爲因同品耶 爲宗同品耶 今此疏主 略作二解 一云 同品者 是因同品 甁等所作 是彼聲上 遍是宗法性之同品 甁上無常 不相離義 隨此同品故 云是隨同品 由甁無常逐同品故 卽顯聲上無常隨所作因 其所作因通聲甁兩處 名因同品 今擧甁上所作故 無常顯聲無常 亦隨因同品 義決定故 今此初解也"라고 하였다. 〔참고문헌〕『因明入正理論疏』, 『因明入正理論』, 『因明論疏明燈抄』. ⇨ 동품 同品, 종동품 宗同品, 동품정유성 同品定有性, 인명 因明, 인 因❷

인두 引頭 대중을 앞에서 이끄는 소임 이름. 인례(引例)라고도 한다. 『동대사계단원수계식』(대정장74, p.27b4)에 "인두와 교수사는 남면의 서교로 돌아와 북쪽을 향해 선다. 이에 나머지 스승들이 각각 향로를 제자들에게 주고 손수 좌구를 펴고 앉으면 (제자들은) 동시에 일어나 삼배하고는 첩을 들고 좌구를 펴 앉는다. 그런 뒤 각자 꼿꼿이 서서 위의를 갖춘다. 마음을 널리 운용하여 시방에 현재하는 제불·대보살·성문승중께서 두루 이 계단에 회합하시고, 천룡팔부가 허공에 가득차기를 청한다. 그런 뒤 남면의 서교에서 계단 위로 올라 좌로 탑을 한 차례 돌고나면 인두와 교수사가 탑으로 온다. 引頭敎授師 迴至南面西橋 向北而立 自餘諸師 各香爐授弟子 自手敷坐具已 同時起居三拜 卽起帖坐具了 然各卓立具修威儀 廣運心想 請十方現在 諸佛諸大菩薩 聲聞僧衆 普會戒壇 天龍八部 遍滿虛空 然從南面 西橋登壇上 左繞塔一匝已 引頭敎授師至塔"라고 하였다. 〔참고문헌〕『東大寺戒壇院受戒式』. ⇨ 인례 引例

인두당 人頭幢 Ⓢ daṇḍa. 사람의 머리 형상을 안치한 단다당(檀茶幢). 염라대왕의 삼매야형이다. 『금강정유가호마의궤』(대정장18, p.923b20)에 "남방 염마천은 물소에 올라타 오른손에는 인두당을 들고 왼손은 앙장을 하였다. 두 천녀가 협시하고 두 귀신 사자가 칼과 창을 들었다. 몸은 적흑색이고 오른발을 뻗었다. 南方焰魔天 乘水牛右手執人頭幢左手仰掌 有二天女侍 二鬼使者

인두당 염마천

持刀持戟 赤黑色垂右脚"라고 하였다. 〔참고문헌〕『金剛頂瑜伽護摩儀軌』. ⇨ 단다당 檀茶幢, 염마천 焰摩天

인두수신 人頭獸身 사람 머리에 짐승의 몸. 『보살영락경』 권13(대정장16, p.109c27)에 "그때 악독한 마구니 파순이 몇 가지로 변신한 뒤 부처님을 찾아와 두려움에 빠뜨리려 하였다. 사람 머리에 짐승의 몸으로 변신하도 하고, 짐승 머리에 사람의 몸으로 변신하기도 하며, 네 눈이나 여덟 눈에서 무수한 눈을 붙이고 나타나기도 하고, 원숭이나 범으로 변신하기도 하였다. 이렇게 부처님을 찾아와 두려움에 빠뜨리려 하였지만, 부처님은 대지처럼 단단히 마음을 잡고 동요하지 않으셨다. 이를 (굴복 없는) 무진행이라 한다. 是時 弊魔波旬 作若干變化 來恐於佛 或人頭獸身 或獸頭人身 或四眼八眼 至百千眼 或作猿猴虎豹 來恐於佛 執心如地 不爲傾動 是謂無盡之行"라고 하였다. 〔참고문헌〕『菩薩瓔珞經』.

인드라 Indra 인도의 신. 인도 신화에 등장하는 여러 신 중 하나로 하늘, 번개, 천둥, 폭풍, 비, 전쟁 등을 관장한다. 데바라자(Ⓢ Devarāja : 신들의 왕), 데벤드라(Ⓢ Devendra : 신들의 主), 푸란다라(Ⓢ Puraṃdara : 요새의 파괴자) 등 많은 별명을 갖고 있다. 아리아인들이 인도아대륙에 정착하기 전부터 숭배했던 것으로 추정되며, 고대 인도 신화에서부터 강한 힘을 상징하는 신으로 등장하는 만큼 힌두교, 불교, 자이나교 등 여러 인도종교에서 자주 언급된다. 불교에서는 제석천(帝釋天), 석제환인(釋提桓因) 등의 이름으로 호법신장의 역할을 하고 있다. 도상학적으로는 아이라바타(Ⓢ Airavata)라는 거대한 흰 코끼리를 타고 바즈라(Ⓢ Vajra : 금강저)를 들고 있는 모습이 일반적이다. 〔베다 문헌에서의 인드라〕『베다 *Veda*』 초기에 인드라는 아그니(Ⓢ Agni : 불의 신)·바루나(Ⓢ Varuna : 물의 신)와 함께 가장 중요한 신 중 하나였다. 『리그베다』의 1,028개 찬가 중 4분의 1에 등장할 만큼 중요한 신이자 데바(Ⓢ D eva : 天)들의 우두머리로서 그들에게 장애가 되는 악마나 괴물을 처치하고 풍요와 번영을 이루도록 돕는 신격이다. 대표적인 일화는 땅에 비가 내리지 않도록 막고 있던 악한 뱀 브리트라(Ⓢ Vṛtra)를 죽여 비를 내리게 하고 강을 만들어 땅을 비옥하게 한 것이다. 『리그베다 *Ṛg-veda*』(I.32.5~8)에 "인드라는 거대하고 치명적인 바즈라(천둥 번개)로 악 중의 악인 브리트라를 절단 내었으니, 마치 나무 줄기가 도끼로 쓰러지듯이 그 뱀이 땅으로 쓰러졌다. … 쓰러진 그 위로 강둑이 무너진 것처럼 마음을 즐겁게 하는 물이 흘렀으니 강력하게 버티던 브리트라도 그 (인드라)의 급류의 발 아래 누운 뱀이었다. ahan vṛtraṃ vṛtrataraṃ vyaṃsam indro vajreṇa mahatā vadhena, skandhāṃsīva kuliśenā vivṛkṇāhiḥ śayata upapṛk pṛthivyāḥ. … nadaṃ na bhinnam amuyā śayānaṃ mano ruhāṇā ati yanty āpaḥ, yāścid vṛtro mahinā paryatiṣṭhat tāsām ahiḥ patsutaḥśīr babhūva"라고 하였다. 이와 같이 『베다』에서 칭송되는 인드라의 역할은 유목민이던 아리아인들이 농경사회에 정착하는 과정에서 필요한 요소들과 관련있다고 평가된다. 하지만 농경사회에 정착한 이후에는 그 필요성과 중요성이 약화되면서 신화의 등장 빈도나 역할 등이 축소되는 경향을 보인다. 〔푸라나 문헌에서의 인드라〕 현재 대중적으로 알려진 인도의 신격들은 푸라나 문헌을 통해 구체화된 것으로서 브라흐만과 쉬바, 비슈누의 역할 증대가 뚜렷이 나타난다. 이 세 신격이 강조되면서 기존의 인드라는 권능이 약화되거나 비도덕적이고 감정적인 신격으로 묘사되기도 한다. 주로 데바들의 수장으로서 아수라들과 잦은 싸움을 벌이고, 소마주(Soma酒)에 취해 다른 신들과 다툼을 일으키거나 남의 아내 및 딸을 추행하다가 위험에 처하는 등 거칠고 호방한 무신(武神)으로 등장한다. 그리고 아수라에게 힘으로 밀릴 때마다 쉬바와 비슈누에게 찾아와 도움을 요청하거나 피신을 부탁하는 등 『베다』 문헌에서의 묘사와 사뭇 다른 지위를 갖는다. 또한 브라흐만·쉬바·비슈누와 달리 윤회를 면치 못하기에 복과(福果)가 다한 인드라는 인간계에 태어나게 되고, 역으로 선업을 지어 천계에 태어난 인간이 새롭게 인드라가 될 수도 있다고 생각하게 되었다. 도상에서는 보석을 몸에 걸치고 왕의 터번이나 원통형의 관을 뒤집어쓰고서 금강저·원반·도끼 등을 지닌 모습이다. 〔불교에서의 인드라〕 인드라는 고대부터 영향력이 큰 신이었기에 힌두교뿐 아니라 불교와 자이나교 모두 자신들의 가르침에 귀의한 후 법을 수호하는 강력한 수호자 역할을 감당하게 되었다. 불교에서는 '강력한 신들의 우두머리(Ⓢ Śakra-devānāṃ indraḥ)'라는 별명을 음사한 석제환인(釋提桓因) 또는 제석천이라는 이름으로 등장한다. 초기불전에서는 제석천이 직접 부처님을 찾아와 가르침을 받고 감동하여 귀의하는 일화나 부처님의 수도 과정에서 그를 보호하고 지키는 일, 다른 범천과 사람들에게 부처님을 칭송하는 일 등의 일화를 바탕으로 현신한다. 이외에도 많은 한역불전에서 인드라의 음사어인 인다라(因陀羅)와 인날라(印捺羅), 푸란다라의 음사어인 부란다라(副蘭陀羅), 카우쉬카(Ⓢ Kauśika)의 음사어인 교시가(憍尸迦), 데벤드라의 한역어인 천주(天主) 등 인드라의 여러 별명들을 널리 삼장 등에서 확인할 수 있다. 고대 이래 인도의 중요한 신이었던 인드라는 위없는 불법의 세계로 들어왔지만, 여전히 욕계(欲界)의 33천인 도리천(忉利天)의 주인이자 범천(梵天)의 왕으로서의 위상을 그대로 간직한 채 불법의 주요한 호법신으로서의 위상도 굳게 지켜오고 있다. 우리나라에서는 위타천(韋駄天)과 더불어 호법신중(護法神衆)의 우두머리로서 신중탱(神衆幀)의 중심에 자리잡았다. 인도나 미얀마 등에서는 인드라와 브라흐만(梵天)이 석존을 협시하고 있는 삼존상으로 전한다. 〔참고문헌〕『帝釋所問經』(대정장1, p.246b10), 『起世因本經』 권7(대정장1, p.398a7), *ṚV.*, 山本智教 譯 『インド學大事典』(東京 : 金花舍, 1981), Vettam Mani *Puranic Encyclopedia : A comprehensive work with special reference to the epic and puranic literature* (Motilal Banarsidass, 2015). ⇨인다라 因陀羅**1**, 제석천 帝釋天, 석제환인 釋提桓因, 부란다라 副蘭陀羅

인드라 석존 우협시 인드라상
미얀마 파간박물관 11~12세기

인드라 석존 좌협시 인드라상
인도 파트나박물관 11세기

인드라니 Indrāṇī 인드라(Ⓢ Indra)신의 아내. 원래 이름은 샤치(Ⓢ Śacī)인데 아인드리(Ⓢ Aindrī)라고도 하고, 아수라인 풀로만(Ⓢ Puloman)의 딸이라는 뜻에서 파울로미(Ⓢ Paulomī)라고도 한다. 음사어는 인날리(印捺哩)이다. 『리그베다 *Ṛg-veda*』(10.86) 등에 그 이름이 몇 차례 등장한다. 『타이티리야 브라흐마나 *Taittiriya Brāhmaṇa*』(2.4.2.7)에는 인드라신이 그녀의 아름다움에 반해 결혼하였다고 한다. 한편 『마하바라타 *Mahābhārata*』(Ādiparvan, 67장)에서는 여주인공인 드라우파디(Ⓢ Draupadī)가 그녀의 화신이라고 한다. 〔참고문헌〕 *ṚV.*, *TBr.*, *Mbh.* ⇨사지 舍脂, 드라우파디 Draupadī, 인다라 因陀羅 ❶

인드라부티 Indrabhūti 9세기경 무상유가탄트라 행자. 부(父)탄트라의 즈냐나파다(Ⓢ Jñānapāda) 유파(流派)에 속한다. 7~8세기에 활약한 우디야나(Ⓢ Uḍḍiyāna)의 국왕으로 밀교의 비조라고도 한다. 샨타라크시타(Ⓢ Śāntarakṣita : 寂護)와 함께 8세기에 티베트로 갔으며, 파드마삼바바(Ⓢ Padmasaṃbhava : 蓮華生)의 아버지라는 설이 있었으나 아직은 받아들여지지 않고 있다. 저작으로 『길상일체불평등유가탄트라주소 吉祥一切佛平等瑜伽怛特羅註疏 *Śrisarvabuddhasaṃyoga-nāma-tantrapañjikā*』, 『일체불평등유가취의궤 一切佛平等瑜伽聚儀軌 *Sarvabuddhasaṃyoga-gaṇavidhi*』, 『지혜성취 智慧成就 *Jñānasiddhi*』, 『구생성취 俱生成就 *Sahajasiddhi*』 등 약 23종이 알려져 있다. 이 중 『지혜성취』와 『구생성취』가 특히 유명하며, 전자는 범본이 현존한다. 〔참고문헌〕 B.Bhattacharya *Two Vajrayāna Works* (Boaroda : Oriental institute, 1929), 羽田野伯猷 「*Tantric Buddhism*における人間存在」(『東北大學文學部硏究年報』9, 1959).

인드라지트 Indrajit 인도 신화 속 인물. '인드라의 정벌자'라는 뜻. 『라마야나 *Rāmāyaṇa*』에 등장하는 나찰왕 라바나(Ⓢ Rāvaṇa)의 아들 메가나다(Ⓢ Meghanāda)의 다른 이름이다. 이 이름은 브라흐마(Ⓢ Brahmā) 신이 부여했다. 인드라지트는 인드라신과의 전투에서 라바나가 위험에 처하자 쉬바신에게 배운 삼매로 인드라신을 사로잡았고 브라흐마신은 신들의 청을 받아들여 그의 소원을 들어주는 조건으로 인드라신을 풀어주었다. 그는 제사를 마칠 수만 있다면 마차와 말들이 생겨나고 그 마차 위에서는 적에 의해 절대 죽는 일이 없게 하지만, 제사를 제대로 마치지 못하면 죽어도 상관없다고 하였다. 이후 라마(Ⓢ Rāma)와 락슈마나(Ⓢ Lakṣmaṇa)와의 전투에서 전세가 불리해지자 승전을 위한 제사를 지냈지만, 이를 틈탄 상대방의 공격으로 제사를 미쳐 끝내지 못하였고, 결국 락슈마나에게 죽임을 당한다. 〔참고문헌〕 *R.* ⇨라바나 羅婆那, 라마야나 Rāmāyaṇa

인드라프라스타 Indraprastha 인도 신화 속 도시. 『마하바라타 *Mahābhārata*』에 등장하는 쿠루족(Ⓢ Kuru)이 머물던 판다바(Ⓢ Pāṇḍava)의 수도이다. 판다바가 드르타라슈트라(Ⓢ Dhṛtarāṣṭra)로부터 물려받은 칸다바프라스타(Ⓢ Khāṇḍavaprastha) 삼림지대에 세웠다. 원래의 수도인 하스티나푸라(Ⓢ Hāstinapura)를 드르타라슈트라의 백 명의 아들인 카우라바(Ⓢ Kaurava)로부터 되찾기 전까지 머물렀다. 인드라의 세계(Ⓢ Indra-loka)처럼 아름다운 도시라는 의미에서 '인드라신이 계신 곳'이라 이름 붙였다고 한다. 지금의 델리의 푸라나킬라(Purana Qila)에 비정하나 확정적이진 않다. 〔참고문헌〕 *Mbh.*

인득 認得 알아차리다. 『경덕전등록』 권20 「백장안전 百丈安傳」(대정장51, p.367c18)에 "'연 따라 알아차릴 때는 어떤지요?' '알아차리지 못할 때는 어떻게 하는가?' 問 隨緣認得時 如何 師曰 未認得時 作麽生", 『종용록』 72칙 「착어 著語」(대정장48, p.272b24)에 "다만 담 밖 낭군이 소리 알아듣기만을 바랄 뿐이다. 只要檀郎認得聲", 『운문광록』 권중(대정장47, p.554c8)에 "운문이 언젠가 '잘 보아라! 법신이 등롱으로 변하였구나. 부처와 조사를 넘어서는 이야기이다. 그것이 그대 발밑으로 가버렸다'라고 말하자 학인이 '발밑에서 알아차렸을 때는 어떠합니까?'하였다. '어리석은듯 몰아 나를 죽이는구나' '그렇다면 분명히 멀어져 이 안에는 있을 리 없군요' '팔만하도고 사천이다'. 師有時云 看看 法身變作燈籠 超佛越祖之談 從爾脚跟下過也 僧云 脚跟下認得時如何 師云 鈍置殺我 僧云 與麽則逈然不在者裏也 師云 十萬八千", 『동산어록』(대정장47, p.511c23)에 "애통하다, 애통해! 요즘 사람들 다 이와 같으니, 단지 나귀였다가 말이였다가 하는 것들 가져다 자기라고 여긴다. 불법 무너져내린다 함이 이를 두고 하는 말이다. 苦哉 苦哉 今時人 例皆如此 只是認得驢前馬後底將爲自己 佛法平沈此之是也", 『조산어록』(대정장47, p.531b9)에 "구지가 이어 마땅한 그 곳 비록 거칠었으니, 단지 하나의 기틀에 하나의 경만을 알았기 때문이다. 俱胝承當處莽鹵 只認得一機一境", 『허당록』 권4(대정장47, p.1015c21)에 "눈감은 선과 애꾸눈으로 옳다 여겨 서로서로 이렇게 가다보면, 다만 다른 이 입끝의 성색만을 알아들을 뿐이니 자기 분상 깨우쳐 들어갈 기약 없으리. 그렇게 놀며 간 그 끝 마침내 말의 허물에 떨어질 뿐이다. 盲禪瞎證遞相恁麽流將去 只認得他人口頭聲色 爾自己分上 並無悟入之期 弄到極處 終成話墮也"라고 하였다. 〔참고문헌〕 『景德傳燈錄』, 『從容錄』, 『雲門廣錄』, 『洞山語錄』, 『曹山語錄』, 『虛堂錄』. ⇨백장 百丈, 구지 俱胝 ❷

인득탈 忍得脫 거발라바(車鉢羅婆)의 한역 이름. 인덕탈(忍德脫)이라고도 한다. 자신의 위력(威力)으로 사람들을 보호하고 길상(吉祥)하지 못한 것을 없애주는 일곱 신왕(神王) 중 하나이다. 『번역명의집』 권2(대정장54, p.1086b26)에 "거발라바 : 한역하여 인득탈이라고 한다. 車鉢羅婆 翻忍得脫", 『관정경』 권4(대정장21, p.505b9)에 "신 이름은 거발라바고, 자는 인덕탈이다. 神名車鉢羅婆 字忍德脫"라 하였다. [참고문헌] 『翻譯名義集』, 『灌頂經』, 『金光明經文句』 권6(대정장39, p.80a3).

인등 引燈 등불 이어 꺼지지 않게 함. 부처님 전에 항상 켜 두는 등으로 장등(長燈)·장명등(長明燈)이라고도 한다. 『현우경』 권3 「빈녀난다품 貧女難陀品」(대정장4, p.370c23)에 따르면, 빈녀 난다는 부처님께 등공양을 올리며 다음 생에는 지혜를 얻어 일체중생의 무명 사라지기를 간절히 서원했기에 꺼지지 않고 오래도록 타올랐다고 한다. 『극암집』 권3 「성전암장명등서 聖殿庵長明燈序」(한불전11, p.579b13)에 "그 옛날 연등불께서 서원 세우시길, '나의 마음 빛 저 등불처럼 두루 비춰, 중생들 무명 부수어 마음의 땅 밝히기를. 또 중생의 목숨 오래가고 자손으로 영화부귀를 누리기를'. 원대로 반드시 이루어진다. 사람들은 비록 그 까닭을 알 수 없더라도 세간에서 부처님께 공양을 올릴 줄 아니, 이는 다만 점등공양일 뿐만 아니라 또한 연등불공양이기도 하니 믿고 섬기는 것이다. 上古有燃燈佛立願 願我心光如燈徧照 使衆生破無明 明心地 又使衆生壽命也 子孫也榮華富貴 隨願必遂 人雖不知其由 世有供佛者 比言引燈非但點燈供養 亦以燃燈佛供養 信且崇矣"라고 하였다. 등불을 끊이지 않고 밝히기 위해 사부대중이 불유계(佛油契)를 맺기도 하고, 신도들도 인등시주를 한다. 삼봉지탁(三峯知濯 1750~1839)의 『삼봉집』에 「유점사설선당인등발원기 楡岾寺說禪堂引燈發願記」(한불전10, p.468c16)·「보봉산화장사대웅전응진전양법당인등불유계좌목서 寶鳳山華藏寺大雄殿應眞殿兩法堂引燈佛油契座目序」(같은 책, p.472a12)·「금강산장안사사성전인등시주축원책서 金剛山長安寺四聖殿引燈施主祝願冊序」(같은 책, p.473c10) 등 인등 관련 기문이 전한다. [참고문헌] 『賢愚經』, 『克庵集』, 『三峯集』. ⇨ 빈녀일등 貧女一燈, 장명등 長明燈

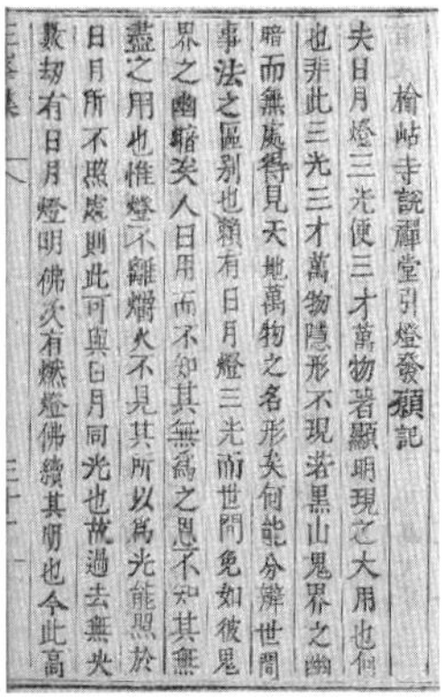
楡岾寺說禪堂引燈發願記
夫日月燈三光便三才萬物著顯明現之大用也何
也非此三光三才萬物隱形不現若黑山鬼界之幽
暗而無處得見天地萬物之名形矣何能分辨世間
事法之區別也顧有日月燈三光而世間免如彼鬼
界之幽暗矣人日用而不知其無爲之恩不知其無
盡之用也惟燈不離爛火不見其所以爲光能照於
日月所不照處則此可與日月同光也故過去無央
數劫有日月燈明佛次有燃燈佛續其明也今此高

인등 유점사설선당인등발원기
『삼봉집』 양주 보광사 1869년

인등기 因等起 인들이 가지런히 일어남. 업(業)이 일어나기 전의 사유(思惟) 등 작용. 즉 표업(表業)과 무표업(無表業)이 일어나기 전을 가리키며, 두 가지 등기(等起) 중 하나로 찰나등기(刹那等起)의 상대어다. 여기에 다시 원인등기(遠因等起)와 근인등기(近因等起)가 있다. 원인등기란 사유하는 업인(業因)으로 심려사(審慮思)·결정사(決定思) 등에 해당하고, 근인등기란 움직이게 하는 업인으로 동발승사(動發勝思)에 해당한다. 결정사의 전념(前念)을 원인등기, 결정사의 후념(後念)을 근인등기라고도 한다. 『순정리론』 권36(대정장29, p.547a8)에 "신업과 어업의 등기심에는 둘이 있으니, 인등기와 찰나등기를 말한다. 먼저 있었기에 인이 되는 것으로, 저 찰나에 있었기 때문이다. 이런 차제로 처음의 것을 전(轉)이라 하고, 두 번째 것을 수전(隨轉)이라고 한다. 즉 인등기하여 장차 업을 지으려고 할 때 이렇게 사유한다. '나는 지금 마땅히 이러저러한 일을 해야 한다'하고는 능히 끌어 시작하기에 전인이라고 한다. 身語二業 等起有二 謂因等起 刹那等起 在先爲因故 彼刹那有故 如次初名轉 第二名隨轉 謂因等起 將作業時 作是思惟 我今當作 如是如是 所應作業 能引發故 說名爲轉", 『화엄경소초』 권64(대정장36, p.518c5)에 "업을 일으키기 전의 마음을 인등기라고 한다. 發業前心 名因等起"라고 하였다. [참고문헌] 『順正理論』, 『華嚴經疏鈔』. ⇨ 등기 等起, 찰나등기 刹那等起, 동발승사 動發勝思, 심려사 審慮思, 사 思

인라나 堙羅那 인라바나(堙羅婆那)의 줄임말. 『번역명의집』 권2(대정장54, p.1088b18)에 "인라나는 향기로운 풀이라는 뜻의 향엽이라 한역한다. 제석천이 타는 코끼리왕이기도 하다. 이 코끼리의 몸은 길이가 9유순이고 높이는 3유순이다. 堙羅那 此云香葉 帝釋象王名 身長九由旬 高三由旬"라고 하였다. [참고문헌] 『翻譯名義集』. ⇨ 인라바나 堙羅婆那

인라바나 堙羅婆那 Ⓢ Airāvaṇa, Ⓟ Erāvaṇa. 제석천(帝釋天)이 타는 코끼리. 인(堙)은 인(湮)으로도 쓴다. 인라반나(堙羅槃那)·이라반나(伊羅槃那)·이라발나(伊羅鉢那)·예라엽(翳羅葉) 등이라고도 하며, 줄여서 인라·인라나라고도 한다. 본래 향기로운 풀이있지만 코끼리 이름으로 가져다 썼다. 『법집경』 권2(대정장17, p.617c2)에 "(象寶는) 허공을 타고 가니 매우 빨랐다. 마치 인라바나나 금시조 같아서 그 빼어난 선근은 복력으로 난 것이기에 나머지 뭇 윤왕들은 가질 수 없다. 乘空而行 其去迅疾 猶如堙羅婆那 金翅鳥等 殊勝善根 福力所生 餘凡輪王 所不能有", 『정법염처경』 권3(대정장17, p.14a2)에 "저 교시가제석천왕은 인라반나라 부르는 큰 코끼리를 탄다. … 마군들과 전투를 벌여 마군의 분을 줄이고 정법과 오래할 벗들을 늘린다. 彼憍尸迦帝釋天王 卽乘大象 其象名曰 堙羅槃那 … 欲共魔戰 損減魔分 長正法朋", 『일체경음의』 권14(대정장54, p.392a5에 "인라바나〈첫 글자는 영과 해를 반절한 음이다. 경에 신자는 오류이다. 범어이며, 흰코끼리왕 이름이다. 천제석이 항상 타고 다녔으며, 신통력을 갖추어 천기의 변화를 알고 천주의 뜻을 잘 따랐다〉. 㖒羅婆那〈上嬰奚反 經作哂 誤也 梵語 白象王名也 天帝釋常所乘 具足神通 知機變化 善隨天主之意也〉"라고 하였다. 〔참고문헌〕『法集經』, 『正法念處經』, 『一切經音義』, *Abh-k-bh.286.* ⇨ 인라나 堙羅那, 애라벌나대용왕 藹羅筏拏大龍王

인란 因蘭 인죄(因罪)에 해당하는 투란차(偸蘭遮 Ⓢ sthūlātyaya). 방편투란(方便偸蘭 : 從生偸蘭)을 일컫는다. 투란차를 범할 인(因)만 성립되었지 과(果)로는 맺어지지 않는 경우다. 이에 반하여 투란차를 범하여 선근(善根)을 끊게 된 경우는 독두투란(獨頭偸蘭 : 自性偸蘭)이라 하는데, 이는 과죄(果罪)에 해당하므로 과란(果蘭)이라고도 한다. 『사분율행사초간정기』 권9(卍속장68, p.554a17)에 "죄는 정(正)과 종(從)에 모두 통한다. 종은 인란이고 또한 방편이라고도 하며 또는 종생이라고도 부른다. 정은 과란이고 또한 독두라 하며 또한 정죄라고도 하고 자성이라고도 부른다. 罪通正從 從卽因蘭 亦云方便 或號從生 正者果蘭 亦名獨頭 亦名正罪 亦號自性也", 『법화경삼대부보주』 권13(卍속장44, p.430b10)에 "만약 중죄가 될 방편이면 인란이라 하고, 홀로 일어나는는 정죄이면 과란이라고 한다. 若爲重罪之方便 名爲因蘭 獨頭正罪 名爲果蘭也"라고 하였다. 〔참고문헌〕『四分律行事鈔簡正記』, 『法華經三大部補注』, 『四分律行事鈔』 권중(대정장40, p.73c23). ⇨ 투란차 偸蘭遮

인략 因略 ➡ 과광 果廣

인량 人量 사람의 몸을 헤아림. 『구사론』 권11(대정장29, p.61a14 : *Abh-k-bh.*, p.171)에 "섬부주 사람의 크기는 3주 반이나 4주이네. … 〔논〕 섬부주 사람의 몸은 대부분 크기가 3주 반이고 그 중 소수는 키가 4주이다. 贍部洲人量 三肘半四肘 … 論曰 贍部洲人身 多長三肘半 於中少分 有長四肘 〈kārikā〉 jāmbūdvīpāḥ pramāṇena catuḥsārdhatrihastakāḥ. 〈bhāṣya〉 jambūdvīpakā manuṣyā pramāṇārdhacaturhastakāḥ kecit tu caturhastakāḥ", 『대일경소』 권2(대정장39, p.593b28)에 "『대일경』에서 말하는 인량이란, 신아의 크기가 사람의 몸과 같아 몸이 작으면 신아 또한 작고, 몸이 크면 역시 크다고 헤아리는 것을 말한다. 經云人量者 謂計神我之量等於人身 身小亦小 身大亦大"라고 하였다. 〔참고문헌〕『俱舍論』, 『大日經疏』, *Abh-k-bh.* ⇨ 량 量

인량 因量 인으로 헤아림. 인명(因明)을 말한다. 80권본 『화엄경』 권13(대정장10, p.63c23)에 "해탈명행이란, 헤아릴 수도 없고 같이 견줄 수도 없으니 세간의 모든 인량들로도 그 허물 찾을 수 없네. 解脫明行者 無數無等倫 世間諸因量 求過不可得", 『인명입정리론후기』 권1(臺灣國圖善本28, p.3b3)에 "인량이란 인명에서 세운 헤아림이다. 과란 종인유 삼지작법에서의 삼십삼과이다. 因量者 卽此因明所立之量也 過卽論中 宗因喩三支之三十三過也"라고 하였다. 〔참고문헌〕『華嚴經』, 『因明入正理論後記』. ⇨ 인명 因明

인량사 人良寺 전라남도 화순군 능주면 연주산(連珠山)에 있던 절. 『동국여지승람』 권40 전라도 능성현 불우·『가람고』·『범우고』에 절의 이름과 위치가 전한다. 〔참고문헌〕『東國輿地勝覽』, 『伽藍考』, 『梵宇攷』, 『韓國寺刹全書』 권하 p.960b19.

인력 人力 힘을 보태는 사람. 『백장청규』 권4 「지욕知浴」(대정장48, p.1131b23)에 "북 울려 알리니 첫 번째 승중이 욕탕에 들어가고 … 네 번째 울려 인력이 욕탕에 들어간다. 遍鳴鼓 第一通 僧衆入浴 … 第四通 人力入浴", 『나호야록』 권상(卍속장142, p.965a12)에 "하룻밤 사인데 비오고 눈내리고 찌는 듯 더웠다. 포도나무 시렁 뒤집어졌다. 지사·두수·행자·인력이 모두 나서 받칠 것은 받치고 당길 것은 당기고 거듭 받치고 거듭 당기다보니 날이 밝았다. 언제나처럼 가련한 인생이여! 一夜雨雰烹 打倒葡萄棚 知事 頭首 行者 人力 拄底拄 撑底撑 撑撑拄拄到天明 依舊可憐生"라고 하였다. 〔참고문헌〕『百丈淸規』, 『羅湖野錄』, 『禪林象器箋』 권5(불광장, 禪藏, p.377). ⇨ 인복 人僕

인력 因力 Ⓢ kāraṇa-vaśa, hetu-bala, Ⓣ rgyu'i-dbang, rgyu'i-stobs. 인(因)의 힘. 또는 인이라는 힘. 『구사론』 권2(대정장29, p.7c20 : *Abh-k-bh.*, p.21)에 "또한 모든 근이 일어나는 까닭은 반드시 어떤 쓰임새가 있어서가 아니다. 만약 인의 힘이 있기만 하면 쓰임새 없더라도 일어난다. 又諸根生 非由有用 若有因力 無用亦生 na ca prayojanavaśād utpattiḥ. kiṃ tarhi. kāraṇavaśād ity aśobhākarasyāpi syād eva sati hetāv utpattiḥ", 같은 책 권17(대정장29, p.89b23 : *Abh-k-bh.*, p.250)에 "만일 인력으로 저 선근이 끊어진다면 죽으려는 순간에도 계속될 것이고, 만약 연의 힘으로 저 선근이 끊어진다 하면 장차 날 때에 상속할 것이다. 若由因力 彼斷善根 將死時續 若由緣力 彼斷善根 將生時續 tatra punar yo hetubalena samucchinatti, sa cyavamānaḥ pratisaṃdadhāti, yaḥ pratyayabalena sa upapadyamānaḥ", 『무량수경의소』 권하(대정장37, p.111b11)에 "과거세에 닦았던 모든 선행이 능히 금생의 선을 낳게 하니 이를 인력이라 하고, 선지식을 가까이하여 정법을 들음은 연력이라 한

다. 過去所修 一切善行 能生今善 名爲因力 近善知識 聽聞正法 名爲緣力", 『대승장엄경론』 권9(대정장31, p.639c8)에 "인력이란 인연을 드러내 보이는 것이고, 선지식이란 증상연을 나타내며, 자체상속류란 차제연을 나타낸다. 因力者 顯示因緣 善友者 顯示增上緣 自體相續流者 顯示次第緣"라고 하였다. 〔참고문헌〕『俱舍論』, 『無量壽經義疏』, 『大乘莊嚴經論』, 『無量壽經』 권하(대정장12, p.274b7), *Abh-k-bh.*, *Sūtr.15.* ⇨ 연력 緣力, 법이력 法爾力, 인 因[1], 인과 因果, 인연 因緣

인력 忍力 Ⓢ kṣānti-bala. 참아내는 힘. 『무량수경』 권상(대정장12, p.269c12)에 "인력이 성취되면 온갖 괴로움을 헤아리지 않는다. 忍力成就 不計衆苦", 『인왕호국반야바라밀다경소』 권하(대정장33, p.498a10)에 "인력으로 능히 자타의 맺힌 분노와 한마저 물리치는데 이를 거스름 없는 행이라 한다. 분노 없는 삼업을 자성으로 삼는다. 忍力能治 自他恚恨 名無違逆行 無嗔三業爲自性也"라고 하였다. 〔참고문헌〕『無量壽經』, 『仁王護國般若波羅蜜多經疏』, *Dharm-s.333.*, *Saddh-p.162.* ⇨ 인욕력 忍辱力

인령 引領 솔선해 이끈다는 말. 『선원청규』 권4 「지객 知客」(卍속장111, p.895b15)에 "단월이 재를 베풀거나 누구를 만나거나 향 올리려 하면 빠짐없이 지객이 솔선해 이끌어야 하는 일이다. 檀越 齋設相看行香 竝係知客引領"라고 하였다. 〔참고문헌〕『禪苑淸規』.

인례 引禮 수계갈마(受戒羯磨) 등에서 유나(維那)를 도와 종경(鍾磬)을 울려 알리거나 게송 등을 선창하며 진행을 돕는 소임. 인례사(引禮師)라고도 한다. 수계첩(受戒牒)에 삼화상(三和尙)·칠증사(七證師)·유나 다음에 인례 소임자명을 적는다. 『갈마의식』 권1 「청사승좌법 請師陞座法」(卍속장107, p.272b11)에 "대중 가운데 으뜸인 이가 향을 잡고 두 명의 인례가 경을 울린다. 衆中爲首者執香 二引禮鳴磬"라고 하였다. 〔참고문헌〕『羯磨儀式』, 伽山智冠 『한국불교계율전통』. ⇨ 수계의식 受戒儀式, 인청사리 引請闍梨

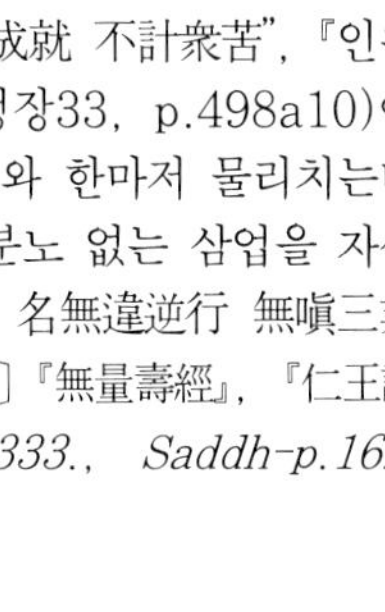
인례 감로계단비구계호계첩 합천 해인사

인례권신 引例勸信 예를 이끌어 믿게 함. 염불과 극락왕생을 주제로 여러 경론을 원용해 편찬한 원신(源信 942~1017)의 『왕생요집』에서 십문(十門)의 일곱 번째 문 중 여섯째에 인례권신을 풀고 있다. 같은 책 권하(대정장84, p.74c7)에 "여섯째 인례권신에는 열 가지다. 『관불삼매해경』 권3에 부처님께서 제자들에게 말씀하셨다. 비바시불의 상법시대에 월덕이라는 장자가 있었는데 500명의 아들 모두가 중병에 걸렸다. 아버지는 아들들 앞으로 가 눈물 흘려 합장하고는 모든 아들들에게 말했다. 「너희들은 사견에 빠져 정법을 믿지 않았으니 지금 무상의 칼날에 몸이 잘려 나가거늘 어디에 의지해야 하겠는가? 불세존이 계시니 그 이름 비바시이시니 너희들 그 부처님 칭념하거라」. 아들들은 존경하는 아버지의 말을 듣고는 나무불을 칭념하였다. 아버지는 다시 「너희들은 법을 칭념하고 승가를 칭념하거라」라고 하였다. 세 번의 칭념이 끝나기도 전에 아들들은 죽었다. 그러나 비바시불을 칭념했기에 사천왕의 처소에 났고, 천상의 수명이 다하자 앞서 사견에 빠졌던 업으로 대지옥에 떨어졌는데, 옥졸나찰이 달군 쇠꼬챙이로 그들의 눈을 찌르기까지 하였다. 이 고통을 받을 때에 아버지의 가르침을 기억하고는 염불을 하였으니 다시 인간계에 환생하였다. 第六引例勸信十 觀佛經第三 佛告諸釋子言 毘婆尸佛像法中 有一長者 名曰月德 有五百子 同遇重病 父到子前 涕淚合掌 語諸子言 汝等邪見 不信正法 今無常刀 截切汝身 爲何所怙 有佛世尊 名毘婆尸 汝可稱佛 諸子聞已 敬其父故 稱南無佛 父復告言 汝可稱法 汝可稱僧 未及三稱 其子命終 以稱佛故 生四天王所 天上壽盡 前邪見業 墮大地獄 獄卒羅刹 以熱鐵扠 刺壞其眼 受是苦時 憶父長者 所教誨事 以念佛故 還生人中"라고 하였다. 〔참고문헌〕『往生要集』. ⇨ 칭념 稱念, 염불 念佛, 왕생요집 往生要集, 관념염불 觀念念佛

인로 引路 길을 이끌다. 망자를 극락으로 또는 지옥으로 이끌다의 뜻이다. 『중허마하제경』 권5(대정장3, p.946b6)에 "그때 그 하늘의 주인 제석이 손에 횃불을 들고 길을 이끌며 앞서 가다가 마구간 입구에 이르러 말을 끌어당기자 그 말이 놀라 두 발로 바닥을 찼다. 時 天主帝釋 手執火炬 引路前行 至其廐門 牽致馬王 馬卽驚駭 雙足跑地", 『지장시왕경』(卍속장150, p.770b8)에 "두 번째, 일곱 망자가 내하를 건널 때 천무리 만무리 가득 강물을 건너네. 길 이끄는 소머리옥졸은 쇠방망이를 어깨에 걸치고, 걸음 재촉하는 말머리옥졸은 허리에 삼지창을 찼구나. 二 七亡人渡奈河 千群萬隊涉江波 引路牛頭肩挾棒 催行馬頭腰擎叉"라고 하였다. 〔참고문헌〕『衆許摩訶帝經』, 『地藏十王經』.

인로왕보살 引路王菩薩 영가(靈駕)를 인도하여 극락으로 이끄는 보살. 『석문의범』 권상 「대예참례 大禮懺禮」(p.33a8)에 "지심으로 머리숙여 예배하고 공양올립니다. 손끝에 달린 천겹의 보개와 몸을 가득 감싼 백가지 복의 꽃다발로, 저 맑은 영혼 극락세계중으로 불려 갑니다. 망령을 이끌어 푸른 연꽃대에 오르게 하시는 저 큰 성인이신 인로왕보살이시여! 志心頂禮供養 手擎千層之寶盖 身掛百福之華鬘 導清魂 於極樂界中 引亡靈 向碧蓮臺畔 大聖引路王菩薩"라고 하였다. 돈황(燉煌) 천불동(千佛洞)에 전하는 당말에 조성된 인로왕보살상의 모습도 영락천의(瓔珞天衣)를 입고 병향로(柄香爐)와 연꽃 보당(寶幢)을 들고 망자에 앞서 큰 걸음으로 인도하고 있으며, 오색 구름 가득한 저 너머 정토의 모습도 그리고 있다. 다비(茶毗) 등

인로왕보살번
표충사호국박물관 조선후기

영국 브리티시뮤지엄 당 9세기말·프랑스 기메뮤지엄 오대~북송 10세기·감로탱 보물제1732호 창원 성주사 1729년·감로탱 구례 쌍계사 1728년(왼쪽상단부터 시계방향)

의 의례시 올려 높이 드는 인로왕보살번(引路王菩薩幡)이 있으며, 감로탱(甘露幀) 상단에도 모신다. [참고문헌]『釋門儀範』, 『燉煌』(北京：朝華出版社, 2000). ⇨ 인로 引路, 감로탱 甘露幀, 왕생 往生

인론 因論 ❶ Ⓢ hetu-śāstra, Ⓣ gtan-tshigs-kyi-bstan-bcos. 오명(五明) 중 하나. 인명(因明)을 말한다. 『십지경론』 권7(대정장26, p.166c13)에 "(글 등이 대치하는 네 가지 장애 중) 둘째는 사견과 하지인 연지의 장애다. 인론과 성론으로 이 두 장애를 다스리기 위해 논한다. 二 邪見軟智障 以因論聲論 對治此二故論", 『보살지지경』 권3(대정장30, p.902c23)에 "외론이란 간략하게 말하면 세 가지가 있으니, 인론·성론·의방론 등이다. … 인론에도 두 가지 (효능이) 있다. 첫째는 타인의 주장을 설복시키는 것, 둘째는 자기의 뜻을 펼치는 것이다. 外論者 略說有三種 因論 聲論 醫方論 … 因論亦二種 一者 能屈他論 二者 自申己義", 『보살선계경』 권3(대정장30, p.978b8)에 "보살은 무슨 까닭에 인론을 구하는가? 인론으로 모든 과실을 알기 위하여, 외도의 악하고 잘못된 주장을 부수기 위하여, 너른 방편으로 중생을 조복하기 위하여, 여래 말씀의 뜻과 세간언어의 뜻을 분별하기 위하여 보살은 인론을 구한다. 菩薩何故 求於因論 爲知因論諸過罪故 爲破外道惡邪論故 爲弘方便調衆生故 爲欲分別如來語義世語義故 是故菩薩求於因論"라 하였다. [참고문헌]『十地經論』, 『菩薩地持經』, 『菩薩善戒經』, 『瑜伽師地論』 권38(대정장30, p.500c18), *Bodh-bh.68*. ⇨ 인명 因明, 오명 五明 ❷ ➡ 인론생론 因論生論

인론생론 因論生論 Ⓢ praśnāt praśnāntaram upajāyate. 논한 것을 인으로 논을 일으킨다는 말. 앞서 설정한 법에 대해 다시 논의를 일으키는 뜻이다. 『대비바사론』 권5(대정장27, p.22b29)에 "[문] 그렇다면(논의에 의거하여 논하건대), 무슨 까닭에 견도에서는 결코 물러나지 않는가? [답] 저 견도는 속질도이고, 어려움에 머물 일 없는 도이며, 중간에 일어나는 도도 아니기에 퇴전하지 않는다. 問 因論生論 何緣見道 定不退耶 答 以彼見道 是速疾道 無留難道 非中起道 是故不退", 『구사론』 권3(대정장29, p.15c1 : *Abh-k-bh.*, p.43)에 "이 명근은 이숙이 아니고, 나머지 일체는 모두 이숙이다. 논을 따라 논을 일으켜 본다. 저 아라한은 무슨 인연으로 유다수행인가? 此命根 非是異熟 所餘一切 皆是異熟 因論生論 彼阿羅漢 有何因緣 留多壽行 tasmān na tajjīvitendriyaṃ vipākaṃ tato 'nyattu vipākaḥ. praśnāt praśnāntaram upajāyate. kimartham āyuḥsaṃskārān adhitiṣṭhanti", 같은 책 권11(대정장29, p.58c17 : *Abh-k-bh.*, p.164)에 "지금 여기에서 논한 것을 다시 논하자면, 모든 지옥의 옥졸은 유정이 아니던가? 어떤 사람은 유정이 아니라고 하는데, 그러면 어떻게 움직이는가? 유정의 업력이어서 저 성겁의

바람과 같다. 今於此中 因論生論 諸地獄卒 是有情不 有說非情 如何動作 有情業力 如成劫風 praśnāt praśnāntaram upajāyate. kiṃ te narakapālāḥ sattvasaṃkhyātā utāho neti. nety eke. katham idānīṃ ceṭṭante. sattvānāṃ karmabhir vivarttanīvāyubījavat"라고 하였다. [참고문헌]『大毘婆沙論』, 『俱舍論』, 『俱舍論記』 권20(대정장41, p.315c13), *Abh-k-bh.*

인류 人類 인(人)이라는 류. 『무량수경』 권상(대정장12, p.271c15)에 "(아난이 부처님께 사뢰었다.) 이 모든 것은 전생에 덕의 뿌리를 심지 않았고, 재물을 쌓아두고 베풀지 않았으며, 부유할수록 더욱 인색했고, 다만 터무니없이 얻기만 바라서 탐하여 구하는 것을 싫어하지 않았으며, 선을 닦는 일을 믿지 않아 악한 짓이 산더미처럼 쌓였습니다. 이렇게 하다 목숨이 다하면 재보는 다 흩어지고 몸에는 고통만이 쌓이며, 이 때문에 번민하여도 자신에게는 이익이 없고 헛되이 다른 이의 것이 되어, 기대고 의지할만한 선도 덕도 없으니 죽어서 악취에 떨어져 오래도록 고통을 받습니다. 죄가 다하고 벗어나도 하천하게 나서 어리석고 비천함이 끝 간 데 없으니 인류처럼 보일 뿐입니다. 皆坐前世 不殖德本 積財不施 富有益慳 但欲唐得 貪求無厭 不信修善 犯惡山積 如是壽終 財寶消散 苦身積聚 爲之憂惱 於己無益 徒爲他有 無善可怙 無德可恃 是故 死墮惡趣 受此長苦 罪畢得出 生爲下賤 愚鄙斯極 示同人類"라고 하였다. [참고문헌]『無量壽經』. ⇨ 인 人, 인취 人趣

인륜 人倫 사람으로서 마땅히 지켜야 할 윤리. 『오분율』 권1 「바라이법 波羅夷法」(대정장22, p.3a19)에 "네가 비록 나의 아들(須提那 Ⓟ Sudinna)이나, 이제는 석가족이 되어 나를 거슬러 도를 닦으니 더는 무슨 할 말이 있겠는가! 다만 조상의 후사를 잇는 것은 인륜으로서 책임이 막중하다. 왕이 정한 법에 후사가 끊기면 재물이 관청으로 몰수되니 나는 그것을 대비하려는 것이다. 爾雖吾子 今爲釋種 違我以道 夫復何言 但祖宗繼嗣 人倫責重 王憲嗣絶 財物沒官 吾備之矣", 『사분율행사초자지기』 권상(대정장40, p.197a10)에 "군주·아버지·스승이란 인륜의 큰 근본이다. 군주는 의리가 두텁고, 아버지는 은혜가 두터우며, 스승은 군주와 아버지의 중간 격이다. 君父師是人倫之大本 君則義重 父則恩重 師卽君父之間"라고 하였다. [참고문헌]『五分律』, 『四分律行事鈔資持記』, *Vin.3.17.*

인리 人理 인간사의 이치. 또는 사람의 도리. 『불소행찬』 권2(대정장4, p.11c27 : *Buddh-c.*, p.46)에 "뜬구름이 높은 산에 일어나 사방에서 모여 허공에 가득하다가, 어느새 다시 산산이 흩어지니 인간사의 이치도 그러하다네. 세간 본래 스스로 어긋나니 잠깐 모여 은애로 얽히지만, 꿈처럼 모이고 흩어져 나의 친한 이라 헤아릴 일 아니네. 浮雲興高山 四集盈虛空 俄而復消散 人理亦復然 世間本自乖 暫會恩愛纏 如夢中聚散 不應計我親 sametya ca yathā bhūyo vyapayānti balāhakāḥ, saṃyogo viprayogaś ca tathā me prāṇināṃ mataḥ. yasmād yāti ca loko 'yaṃ vipralabhya paraṃparam, mamatvaṃ na kṣamaṃ tasmāt svapnabhūte samāgame", 『무량수경』 권상(대정장12, p.271c13)에 "빈궁한 걸인들과 밑바닥 하인들은 옷으로 몸을 가리지도 못하고 음식을 구하여 목숨을 겨우 부지하며 굶주리고 추워서 괴로우니 사람의 도리는 거의 사라졌다. 貧窮乞人 底極廝下 衣不蔽形 食趣支命 飢寒困苦 人理殆盡"라고 하였다. [참고문헌]『佛所行讚』, 『無量壽經』, *Buddh-c.* ⇨ 인 人, 인도 人道❷

인림 人林 칠림(七林) 중 하나. 사람의 모습을 닮은 열매를 맺는 나무들의 숲. 『입세아비담론』 권1(대정장32, p.175c19)에 "아마륵림의 남쪽에 다시 일곱 숲이 일곱 강 사이에 있다. … (그 일곱 개 숲 중) 다섯째는 인림이다. … 이 인림에서 자라는 과일의 모습이 사람을 닮았다. 마치 염부제의 수승한 왕족인 구리씨와 같아서, 남자가 십육 세가 되고 여자가 십오 세가 되면 온몸 잘 갖춰서 마치 결혼할 때가 된 듯하다. 이 인림의 열매가 사랑스러운 것도 이와 같다. 그 열매의 꼭지 모습은 마치 사람의 머리를 묶어 놓은 것과 같은데, 아직 욕심을 떠나지 못한 사람이 이 과일을 보면 곧 사랑하는 마음이 생기며, 외도들 가운데 욕심을 떠난 사람일지라도 이 과일을 보면 선정에서 퇴보하여 욕심이 다시 생긴다. 阿摩勒林南 復有七林 七河相間 … 五名 人林 … 是人林中 菓形似人 如剡浮提 勝人王種 其姓拘梨 若男十六歲 女十五歲 莊嚴具足 狀如行嫁 是人林菓 可愛如是 其子蔕形 如人頭髻 未離欲者 見此菓子 便生愛心 諸外道等 有離欲人 若見此菓 退失禪定 欲心還生"라고 하였다. [참고문헌]『立世阿毘曇論』, 『華嚴經疏鈔』 권26(대정장36, p.201b2), 『楞伽經參訂疏』 권1(卍속장27, p.12a11). ⇨ 칠림 七林

인만 引滿 인업(引業)과 만업(滿業). 『성유식론소의연』 권11(卍속장79, p.643b12)에 "[소] '인만업이 이것이다'라 하였으니, 뜻으로 말하면 이 중에는 두 가지 업고가 있다. 인업은 오직 제8식을 견인하니 총보의 주체이고, 만업은 오직 혹의 만과만을 초감하니 별보이숙이기 때문이다. 인만의 두 가지 업은 행지라고 이름한다. 引滿業是者 意云 此中有二種業苦 引業唯能引第八 總報主 滿業唯能惑滿果 謂別報異熟故 引滿二業 名行支"라고 하였다. [참고문헌]『成唯識論疏義演』. ⇨ 인업 引業, 만업 滿業, 행지 行支, 업 業

인만다라 因曼茶羅 태장만다라의 다른 이름. 금강계만다라를 과만다라(果曼茶羅)라고 하는데 이에 상대하는 이름이다. 인만다라(因曼陀羅)·이만다라(理曼茶羅)·동만다라(東曼茶羅)라고도 한다. 태장만다라는 본유(本有)를 드러내므로 인(因)과 리(理)로 거둔다. ⇨ 태장만다라 胎藏曼茶羅, 이만다라 理曼茶羅, 동만다라 東曼茶羅, 과만다라 果曼茶羅

인망사 人莽娑 인육(人肉). 망사(Ⓢ māṃsa, Ⓟ maṃsa)는 범어로 동물의 고기나 과육을 뜻하며, 마사(摩娑)라고도 한다. 『속일체경음의』 권5(대정장54, p.957a3)에 "인망사〈가운데 글자는 막과 랑을 반절한 음이고, 마지막 글자는 승과 가를 반절한 음으로 범어이다. 아직 썩지 않은 인육을 말한다〉. 人莽娑〈中莫朗反 下乘歌反 梵語也 此云是未壞人肉也〉", 『일자정륜왕경』 권3(대정장19, p.206a26)에 "물속에 들어가 해 뜰 때부터 밤까지 권인을 맺고 진언을 외우면 은신술(安怛但那 Ⓢ antardhana)을 성취할 것이니 인육을 취하여 잘라서 호마를 해야 한다. 의궤에 따라 작법하면 성취하리라. 當入於水中 日出乃至夜 結拳誦眞言 成安怛但那 應取人莽娑 割截而護摩 依儀作成就"라고 하였다. [참고문헌] 『續一切經音義』, 『一字頂輪王經』. ⇨ 망사 莽娑, 마사 摩娑

인망위진 認妄爲眞 헛된 것을 진실이라 여기다. 『종경록』 권67(대정장48, p.793b7)에 "외도는 아가 있다는 견에 집착하니 모래를 쪄서 밥을 지으려 함과 같아서 헛된 것을 진실로 아는 것이다. 外道執有我見 如蒸砂作飯 認妄爲眞", 『능엄경전』 권10(卍속장89, p.344b9)에 "거울에 비친 그림자를 진짜 자기 머리로 오인하니 마치 모든 중생이 본래의 진성을 잃고 허망함을 진실로 아는 것과 같다. 認影爲頭 如一切衆生 失本眞性 認妄爲眞", 『법집별행록절요』(한불전4, p.744b2)에 "마음 닦는 사람들이 반드시 자세히 살펴서 이러한 견해에 떨어지지 않기를 바란다. 거짓을 떠나서 진실을 구하는 것도 안 되고, 거짓을 진실로 오인해도 안 된다. 만일 망념이 자성에서 일어남을 뚜렷이 안다면, 일어났으나 일어났다 해도 일어난 일 없으니 당처에서 바로 고요할 뿐이다. 어찌 진실과 거짓이라는 두 가지 견이 있을 수 있겠는가! 冀修心人 切須審詳 不墮此見 不可離妄求眞 亦不可認妄爲眞 若了妄念 從性而起 起卽無起 當處便寂 豈有眞妄二見乎"라고 하였다. [참고문헌] 『宗鏡錄』, 『楞嚴經箋』, 『法集別行錄節要』. ⇨ 인노작랑 認奴作郞, 인적위자 認賊爲子, 진망 眞妄

인면 人面 사람의 얼굴. Ⓢ manuṣyāṇāṃ-mukhāni. 『장아함경』 권18 「세기경 世記經」(대정장1, p.115b13)에 "수미산 북쪽에 천하가 있는데 울단월이다. 그 땅은 반듯하고 높이도 넓이도 1만유순이다. 사람의 얼굴도 네모여서 그 땅의 모습을 본떴다. 須彌山北 有天下 名鬱單越 其土正方 縱廣一萬由旬 人面亦方 像彼地形"라고 하였다. [참고문헌] 『長阿含經』, 『俱舍論』 권11(대정장29, p.58a8), *Abh-k-bh.162.*

인면축고저 人面逐高低 사람의 낯빛은 높고 낮음 좇을 뿐이라는 말. 분별로서 타인과 외경을 마주하기에 스스로도 자유롭지 못하게 됨을 경계하는 뜻으로, 세상인심은 차고 따뜻함 살핀다 한 세정간냉난(世情看冷暖)과 댓구다. 『송원숭악어록』 권하(卍속장121, p.620b9)에 "물살이 빠르면 물고기 가는 길 힘들고, 봉우리 높으면 새들 깃들지 못하네. 세상인심 차고 따뜻함 보이니, 사람의 낯빛도 높고 낮음 좇을 뿐. 水急魚行澁 峰高鳥不栖 世情看冷暖 人面逐高低", 『오등전서』 권53 「무문혜개장 無門慧開章」(卍속장141, p.162b1)에 "조주는 이르길 '남쪽에서 왔다면 그에게 짐을 내리라 하고, 북쪽에서 왔다면 더불어 다른 이 짐 실으라'고 하였다. 이는 차고 더운 것 보듯 세상인심과 크게 같아 사람얼굴 높고 낮음 좇는다. 자수는 이르길 '남쪽에서 왔더라도 한 얼굴로 웃고, 북쪽에서 왔더라도 일면 미소만을 전한다'라고 말했다. 이는 '기쁜 얼굴로 서로 갈라져 다투니 웃음 속에 칼을 감추었다'라는 말과 참으로 닮았다. 만일 나라면 결단코 그렇게 하지 않으리라. 남쪽에서 왔다 해도 평소처럼 대하고 북쪽에서 왔다 해도 평소처럼 대하여 화내지도 웃지도 않으며 내려보지도 올려보지도 않겠다. 무슨 까닭인가? 태평한 세계에서는 칼도 창도 쓸일 없다. 趙州道 南來者 與他下載 北來者 與他上載 大似世情看冷暖 人面逐高低 慈受道 南來者 與他一面笑 北來者 與他一面笑 大似歡喜廝殺 笑裏有刀 若是焦山 又且不然 南來者 以平常待之 北來者 以平常待之 也不瞋 也不笑 也無下 也無高 何故 淸平世界 不用干戈", 『황룡혜남어록』(대정장47, p.632b22)에 "'만나기 전에는 어떤지요?' '나라가 태평하면 재주 있는 인물이 드물고, 집안이 부유하면 자손이 교만하다' '만난 다음에는 어떤지요?' '세상인심 빈천과 부귀를 살피고, 사람의 낯빛은 고하에 따라 달라진다'. 又云 未見時如何 師云 國淸才子貴 家富小兒嬌 見後如何 師云 世情看冷暖 人面逐高低", 『허당집』 81칙 「평창 評唱」(卍속장124, p.598a3)에 "세상인심은 차고 더움 살피고, 사람의 낯빛은 고하를 좇는다. 만일 저 통 바닥 없이 한듯한 사람이라면 자연히 어느 곳으로나 통달하여 막혀 멈출 곳 없으리라. 世情看冷暖 人面逐高低 若是桶底脫的人 自然 七通八達 了無凝滯"라고 하였다. [참고문헌] 『松源崇嶽語錄』, 『五燈全書』, 『黃龍慧南語錄』, 『虛堂集』.

인멸 因滅 ➡ 과생인멸 果生因滅

인명 人命 Ⓢ Ⓟ jīvita. 사람의 목숨. 『장아함경』 권5 「전존경 典尊經」(대정장1, p.33b20)에 "세간은 무상하고 사람의 목숨 가버림 또한 빠르니 숨쉬는 틈새마저 보존하기 어렵다. 世間無常 人命逝速 喘息之間 猶亦難保", 『출요경』 권1 「무상품 無常品」(대정장4, p.614a28)에 "비유컨대 저 옹기장이 흙으로 빚어낸 그릇은 모두 반드시 부서지기 마련이듯이 사람의 목숨도 그러하다. 譬如陶家 埏埴作器 一切要壞 人命亦然", 『석씨요람』 권하(대정장54, p.306c28)에 "지자대사는 임종할 때 유나에게 이르길 '임종하려는 순간에 경쇠 소리를 듣게 하여 정념을 더하도록 하라. 길고 오래 울려서 소리가 끊어지지 않도록 하면서 숨이 다하기를 기다리거라'. 智者大師 臨終時 語維那曰 人命終時 得聞磬聲 增其正念 惟長惟久 勿令聲絶 以氣盡爲期"라고 하였다. 〔참고문헌〕 『長阿含經』, 『出曜經』, 『釋氏要覽』.

인명 仁明 Ⓢ Ⓟ muni. 인(仁)만이 빛나는 이. 모니(牟尼)라 음사하고 적묵(寂默)・인(仁)・선인(仙人) 등이라 한역한다. 『법구경』 권하(대정장4, p.569a10)에 "마음이 무위여서 안의 움직임 맑고 비었으며, 이에 저에 다 적멸하니 이를 '인만이 빛난다'라고 한다. 謂心無爲 內行淸虛 此彼寂滅 是爲仁明", 상응하는 *Dhammapada*, p.75에 "그 무니(성인)는 악을 꺼린다. 따라서 그는 (진정) 무니이다. (현재와 미래의) 두 세계를 아는 (Ⓟ munāti) 그는 따라서 무니라고 불린다네. pāpāni parivajjeti sa munī tena so muni, yo munāti ubho loke munī tena pavuccati"라고 하였다. 〔참고문헌〕 『法句經』, *Dhp*. ⇨ 모니 牟尼

인명 印明 인계(印契 Ⓢ mudrā)와 진언(眞言 Ⓢ vidyā). 손으로는 인계를 맺고 입으로 다라니를 지송하는 것. 인주(印呪)・계명(契明)・인언(印言)이라고도 한다. 삼밀(三密) 중 인은 신밀(身密)이고 명은 구밀(口密)이다. 인계가 있는 곳에 반드시 진언이 있고 본존의 삼매에 머무는 진언행자의 관행이 있어서 행자의 삼밀이 본존의 삼밀에 상응한다. 『금강봉유기경』 권상(대정장18, p.259a15)에 "팔대진언을 수지함으로써 능히 백천 일을 이루고, 인계는 금강계와 같으니 진언행자는 알아야 하네. 조복시키기 어려운 모든 이들에게 마땅히 이 인계와 진언을 써야 함을. 由持八大明 能成百千事 印如金剛界 眞言者當知 一切難勝者 應用此印明", 『저리염송비밀법』 권하(대정장21, p.20c15)에 "무동금강검의 인계와 진언은 능히 모든 일을 성취시키네. 無動金剛劍印明 能成就一切事業", 『훔가타야의궤』 권상(대정장21, p.233b19)에 "이러한 인계와 진언으로 삼업의 부정을 모두 없애고 제불의 지혜바다를 얻으니 바로 선바라밀의 뜻과 같네. 卽由是印明 諸三業不淨悉皆除 得諸佛智惠海 卽禪波羅蜜意"라고 하였다. 〔참고문헌〕 『金剛峰瑜祇經』, 『底哩念誦祕密法』, 『吽迦陀野儀軌』. ⇨ 인계 印契, 진언 眞言, 삼밀 三密

인명 因明 Ⓢ hetu-vidyā, Ⓣ gtan-tshigs-kyi-rig-pa. 인(因)을 밝히는 것. 음사어는 혜도비다(醯都費陀)이고 인명처(因明處)라고도 한다. 인(因)은 hetu, 명(明)은 vidyā로 『인명입정리론소』 권상(대정장44, p.92a11)에 "혜도는 인이라 한역하고 비다는 명이라 한역한다. … 첫째 명은 오명으로 통칭하고, 인은 하나로 밝히는 별칭이다. … 여기서는 이 인의 뜻을 밝히기에 인명이라 한다. 밝혀지는 것은 인이고 밝히는 것은 교이다. 인으로 밝히기에 인명이라 부른다. 의주석이다. 醯都言因 費陀云明 … 一云 明者 五明之通名 因者 一明之別稱 … 今明此因義 故曰因明 所明者因 能明者敎 因之明故 號曰因明 依主釋也", 같은 책 권상(대정장44, p.92b3)에 "인은 언생인이고, 명은 지요인이다. 말이 생기므로 미처 알지 못했던 지가 생겨날 수 있고, 지로 알게 됨으로써 아직 알려지지 못했던 것이 밝혀진다. 밝혀진 주장명제(宗)를 정리(正理)라 하고, 생겨난 지는 '들어간다(入)'고 한다. 因者言生因 明者智了因 由言生故 未生之智得生 由智了故 未曉之義今曉 所曉宗稱正理 所生智名爲入", 『인명입정리론소초』 권1(卍속장53, p.884c1)에 "인명이라는 말은 까닭(所以)을 밝히는 뜻이다. 가령 '말소리는 무상하다'고 주장할 때, 어떤 까닭에서 무상한지 알 수 있게 하는 것이다. 삼상 등의 인이 무상의 까닭이기 때문이다. 또 인이라는 말은 의지하는 근거다. 무상이라는 이치는 반드시 이 인을 기다려야 비로소 드러나기 때문이다. 종을 밝히는 지는 반드시 이 인을 기다려 비로소 생겨나기 때문이다. 言因明者所以也 如立聲無常 有何所以 得知無常 三相等因 卽是無常所以故也 又因言者所待也 謂無常之理 要待因方顯故也 了宗之智要待因方生故也"라고 하였다. 인도의 종교철학에는 요가와 선정, 혹은 삼매를 추구하는 전통이 있는가 하면, 다른 한편으로 의심하고 비판하고 토론하고 논생하고 논증하는, 논리적이고 합리적인 전통도 있다. 석존께선 "권위나 존경심 때문에 무비판적으로 받아들이지 말고 그대들 스스로 심사숙고하여 옳다고 판명될 때 받아들이라"고 가르치셨고, 언젠가 세존께서는 "그대는 어떻게 생각하는가? 於意云何", "이 무엇인가? 何以故"라고 줄기차게 질문하게 하였으며, 제자들과 수많은 문답으로 스스로 진실을 깨우치도록 도우셨다. 불교는 이렇게 교설의 선언으로 그치지 않고 그 이유 혹은 근거(因)를 설득하고 해명한다. 문사수(聞思修) 삼혜(三慧)에서 듣거나 읽어서 배운 다음(聞慧)에는 그에 대해 논리적・합리적으로 사유하고 토론하는 사혜(思慧)가 뒤따른다. 침묵과 삼매를 통한 지혜의 발현을 추동하는 전통적 수행론 곁에서, 의심하고 토론하고 비판하는 논리학이라 할 수 있는 인명(因明)과 인식론이라 할 수 있는 양론(量論) 또한 함께 진흥하였다. 인명(hetu-vidyā)이란 이유(因)에 관한 학문(明), 즉 논리학에 가까운 개념이고 양론(量論 pramāṇa-vāda)이란 양(量) 즉 인식 방법(pramāṇa)에 관한 이론으로서 인식론에 가까운 개념이다. 논리와 인식을 주제로 하는 분야를 정리학(nyāya-śāstra)이라고도 부른다. 석존의 비판적이고 합리적인 태도와 또 그것을 반영한 초기불전 가운데 이미 논리적 사고가 배어있지만 인명(因明)이 본격적으로 거론된 것은 유식논사인 미륵·무착·세친에 의해서이다. 미륵의 『유가사지론』엔 보살이 배워야 할 학문으로서 불교학(內明)·논리학(因明)·의학(醫方明)·언어학(聲明)·공예학(工業明)의 다섯 가지(五明)를 들고 있는데 그 중 하나가 인명이다. 『유가론』 속에는 토론과 논쟁에 관한 여러 가지 주제들이 논의되고 있다. 세친은 논식(論式)·논심(論心)·논궤(論軌)라는 인명에 관한 독립적인 논서를 지었다. 그러나 그때까지의 인명은 불교 특유의 것이라기보다 힌두의 정리학을 불교의 요구에 맞게 취사선택한 것이며, 정당한 의미에서의 불교인명은 세친의 제자인 진나(陳那 Dignāga : 6세기경)에 의해 발전되었다. 그러므로 세친까지의 인명을 구인명(舊因明)이라 부르고 진나 이후를 신인명(新因明)이라고 부른다. 구인명은 바른 지를 얻는 수단으로서 현량(現量)·비량(比量)·성언량(聖言量)의 삼량설을 취했으나 진나는 그의 『집량론 集量論』에서 현량과 비량의 두 가지만을 바른 지를 얻는 수단이라고 주장했다. 현량(pratyakṣa)이란 근(根)과 경(境)이 만나는 직접지라면, 비량은 기억과 연상으로 헤아려 아는 지이다. 진나와 법칭(法稱 Dharmakīrti)의 논리사상을 담은 『집량론』이나 『양평석 量評釋』 같은 대저(大著)는 불행히도 한역되지 못했지만, 그 가운데서 논증법이나 논쟁을 요약해서 다룬 진나의 『인명정리문론 因明正理門論』이나 상갈라주(商羯羅主 Śaṃkarasvāmin)의 『인명입정리론 因明入正理論』은 한역되어 현장의 제자인 규기(窺基)와 우리나라 원효(元曉)를 비롯한 여러 학승들에 의해 상세한 주석이 쓰여졌고, 두 논서가 동아시아 인명논리의 교과처럼 전승되었다. 진나는 제법(諸法)을 찰나찰나 생멸하는 개체상(自相)과 모든 개체를 섭수하는 보편상(共相)으로 이분하였고, 그에 따라 헤아림(量)도 개체상을 대상으로 삼는 현량과 보편상을 대상으로 삼는 비량으로 나누었다. 보편상이란 인간의 분별심(識)이 만든 개념 혹은 관념이므로, 궁극적으로 실재하는 것(勝義有)은 오직 찰나생멸하며 변화하는 개체뿐이라 여긴다. 진나는 현량을 '분별이 배제된 것(除分別)'이라고 정의했다. 근과 경이 접촉하는 첫 찰나는 분별작용이 일어나기 이전의 순수 감각(pure sensation)이다. 이것은 개념과 언어와 결합되기 이전의 무분별지(無分別智)이므로 감정과 의지와 원하는 목표를 향해 행동을 일으키는 일상적 경험적 차원의 인식은 아니지만 모든 인식의 핵심이며, 일상적(속제적) 인식의 출발점이다. 또한 이 무분별적인 현량은 분별과 개념, 언어와 기억을 촉발시키는 힘도 있다. 비량(anumāna)은 다른 인식이 매개자가 되어 그후(anu-) 뒤따르는 인식(-māna)이다. 예를 들어 직접 보이지는 않지만 그 불이 원인이 되어 일어난 결과인 연기가 지각될 때 불과 연기 사이의 필연적 수반관계에 바탕하여 "저 산에 불이 있다. 왜냐하면 연기가 있기 때문에"라고 판단할 수 있다. 추리(比量)는 최소한 세 가지 요소를 필요로 한다. 즉 '산'이라고 하는 추리의 주제(宗 pakṣa)와 '불'이라는 증명될 대상(所證 sādhya)과 '연기'라고 하는 증거(因), 혹은 증명시켜주는 자(能證 sadhāna)가 그것이다. 그런데 연기로부터 불을 추리할 수 있는 근거는 연기와 불 사이의 필연적 수반관계(遍充 vyāpti)이다. 그러므로 인명논리에선 능증과 소증 사이의 변충(遍充) 관계를 뒷받침해주는 누구나가 인정하는 명백한 실례(喩)를 들어주어야 한다. 실례에는 부엌의 아궁이처럼 소증(불)과 능증(연기)을 갖고있는 저 산(pakṣa)과 유사한 경우인 동품(同品 sapakṣa)과 호수나 강물처럼 불과 연기가 없음이 분명한 따라서 저 산과 다른 경우인 이품(異品 vipakṣa)이 있다. 이유(因) 혹은 증표가 바른 것(正因)이 되기 위해서는 다음의 세 가지 조건(三相)을 갖추어야 한다. 첫째, 증표는 추리의 주제(宗)에 속해 있는 것이어야 한다(遍是宗法性). 둘째, 증표는 최소한 부분적일지라도 동품에만 있어야 한다(同品定有性). 셋째, 증표는 이품에는 전혀 있어선 안 된다(異品遍無性). 이 세 조건 중 어느 하나라도 결여되면 거짓 이유(似因)가 되며, 그에 바탕한 논증은 잘못된 것이다. 정지(正知) 획득의 방법으로서의 비량은 세 가지 조건을 갖춘 증표(liṅga, hetu)에 근거하여 추리 대상에 대해 인식하는 것이다. 비량은 추리 주체 혼자만에 한정된 스스로를 위한 것(爲自比量)과 그와 같이 내면에서 추리하여 인식한 결과를 타인에게 인식시키기 위한 것(爲他比量)으로 이분된다. 특히 위타비량의 경우 남과의 대화이고 의사소통이므로 언어에 의한 형식적 절차가 요구된다. 힌두의 정리학을 수용한 구인명에서는 힌두논리학에 따라 주장(宗)·이유(因)·실례(喩)·적용(合)·결론(結)의 오단논법(五支作法)을 썼으나 진나는 마지막 적용·결론을 불필요한 반복으로 보아 생략한 종·인·유(宗因喩)의 삼단논법(三支作法)을 주장했다. 예를 들면 다음과 같다. 「주장(宗) : 저 산에 불이 있다. 이유(因) : 왜냐하면 〔저 산에〕 연기가 있기 때문에. 실례(喩) : 모든 연기 있는 곳엔 반드시 불이 있다. 마치 아궁이와 같이(동품). 불이 없는 곳엔 연기도 없다. 마치 호수처럼(이품)

」. 인(因)이 소증과 갖는 관계의 성격에 따라 결과인, 자성인(自性因), 비지각인의 세 가지로 구분된다. 결과인은 연기와 불의 경우처럼 인과성(Causality)에 바탕한 것이고 자성인은 나무와 보리수의 관계처럼 하나가 다른 하나의 부분이므로 분리될 수 없는 동일성(Identity)의 관계에 바탕한 것이다. 비지각인은 부정 판단의 근거가 되는 것으로서 예를 들어 '여기에 물단지가 없다(宗). 만일 여기에 그것이 있다면 보일 수 있는 모든 조건을 다 갖추었음에도 지각되지 않기 때문에(因)'라는 추론에서 '모든 조건을 갖추었음에도 지각되지 않음'이 '여기에 물단지가 없다'는 부정 판단의 근거이다. 세친 이후의 후기 인도대승불교는 진나와 법칭에 의해 정립된 논리학파와 밀접히 연관되어 변천 발전해 갔으므로 인명에 대한 이해가 없이는 이해하기 어렵다. 티베트사원에서는 오늘날까지도 법칭 『양평석』의 송(頌)을 암기하고 이해하는 것이 스님들 교육의 필수과정으로 여겨 전승하고 있다. [참고문헌] 『因明入正理論疏』, 『因明入正理論疏抄』, 李芝洙 『인도불교철학의 원전적 연구』(여래, 2014) pp.467~660. ⇨ 불교논리학 佛敎論理學, 고인명 古因明, 신인명 新因明

인명대소 因明大疏 당대 규기(窺基)가 지은 『인명입정리론소 因明入正理論疏』(대정장44, No.1840)의 줄인 이름. ⇨ 인명입정리론소 因明入正理論疏

인명론 因明論 Ⓢ hetu-śāstra, Ⓣ gtan-tshigs-kyi-bstan-bcos. 오명론(五明論) 중 하나. 인명(因明 : 논리학)에 관한 논서. 『인명입정리론 因明入正理論』·『인명정리문론 因明正理門論』 등을 말한다. 『방광대장엄경』 권4(대정장3, p.564c12)에 "선계타론·니건도론 … 인명론과 인간의 모든 기능 및 인간계를 넘어 위 제천의 기예에 이르기까지 모두 다 통달하였다. 善雞吒論 尼建圖論 … 因明論 人間一切伎能 及過人上諸天伎藝 皆悉通達", 『유가사지론』 권64(대정장30, p.658a2)에 "세 가지 논서가 있으니, 첫째는 청문의 구경론이고, 둘째는 쟁송의 구경론이며, 셋째는 정행의 구경론이다. 청문의 구경론이란 바라문의 갖가지 악한 주술을 말하고, 쟁송의 구경론이란 모든 외도의 인명론을 일컬으며, 정행의 구경론이란 부처님의 성스런 가르침을 말한다. 有三種論 一 聽聞究竟論 二 諍訟究竟論 三 正行究竟論 聽聞究竟論者 謂婆羅門諸惡呪術 諍訟究竟論者 謂諸外道因明論 正行究竟論者 謂佛聖敎", 『유가론기』 권18(대정장42, p.710a27·한불전14, p.338a17)에 "'쟁송의 구경론이란 모든 외도의 인명을 일컫는다'라는 말은 무슨 뜻인가? 경법사는 말하길 '해탈의 뜻은 없고, 과실과 잘못만을 구하는 것일 뿐이다'라고 하였다. 신라의 효법사는 말했다. '인명의 흥기는 본래 외도에서 비롯되었으나 이치는 진실로 내도에도 통한다. (그러므로) 논주는 본래(의 흥기)에 근거하여 말하기 때문에 외도의 인명론이라고 하였으나 진나 등의 논사는 외도를 굴복시키고자 인명론을 지어 내론이라고 하였다'. 諍訟究竟論者 謂諸外道因明者 景云 無出離意 但求過非 新羅皛法師云 因明之興 本始外道 理實通內 論主約本爲語 故云外道因明論 陳那等論師 欲伏外道 故造因明論 名爲內論"라고 하였다. [참고문헌] 『方廣大莊嚴經』, 『瑜伽師地論』, 『瑜伽論記』, *Bodh-bh.68.* ⇨ 인론 因論❶, 오명론 五明論

인명론고금초보정형 因明論古今鈔補正衡 복선(福善) 지음. 2권. 『인명입정리론 因明入正理論』(대정장32, No.1630)에 관한 주석서이나, 자세한 내용은 알 수 없다. 『신편제종교장총록』 권3(한불전4, p.693c15)에 책 이름이 전한다. [참고문헌] 『新編諸宗敎藏總錄』.

인명론고적기 因明論古迹記 신라 태현(太賢) 지음. 1권. 인도의 상갈라주(商羯羅主)보살이 짓고 당 현장(玄奘)이 한역한 『인명입정리론 因明入正理論』(대정장32, No.1630)에 관한 논서. 『인명입정리론고적기 因明入正理論古迹記』·『인명입정리론고적』·『인명론고적』·『인명고적』 등이라고도 한다. 『동역전등목록』(대정장55, p.1160a13) 등에 책 이름이 보이며, 그 제하(題下)에 "태현의 전법공록에도 실려 있는데, 스님이 지은 『인명입정리론기』 1권과 『인명입정리론학기』 1권과 함께 합하여 3권으로 되어 있다고 하였는데, 살필 만하다. 太賢傳法供錄更載 同師所撰 記一卷幷學記一卷 合而有三卷可審"라고 하였다. 현재는 일실되어 전하지 않는다. [참고문헌] 『東域傳燈目錄』, 『新編諸宗敎藏總錄』 권3(한불전4, p.694a10). ⇨ 인명입정리론 因明入正理論

인명론과 因明論科 ❶ 원성(元盛) 지음. 3권. 『신편제종교장총록』 권3(한불전4, p.694a4)에 책 이름만 전한다. [참고문헌] 『新編諸宗敎藏總錄』. ❷ 의유(義幽) 지음. 3권. 『신편제종교장총록』 권3(한불전4, p.694a5)에 책 이름만 전한다. [참고문헌] 『新編諸宗敎藏總錄』.

인명론기 因明論記 당대 지주(智周)가 지은 『인명입정리론기 因明入正理論記』(대정장44, No.1840)의 줄인 이름. ⇨ 인명입정리론기 因明入正理論記❷

인명론보궐초 因明論補闕鈔 경전(敬田) 지음. 1권. 『인명입정리론 因明入正理論』(대정장32, No.1630)에 대한 주석서이나 자세한 내용은 알 수 없고, 다만 『신편제종교장총록』 권3(한불전4, p.693c12)에 책 이름이 전한다. [참고문헌] 『新編諸宗敎藏總錄』.

인명론비궐약초 因明論備闕略鈔 신라 오진(悟眞) 지음. 2권 또는 3권. 『신편제종교장총록』 권3(한불전4, p.694a3)에는 2권, 『부상장외현존목록 扶桑藏外現存目錄』에는 3권으로 되어 있다. 『인명입정리론 因明入正理論』(대정장32, No.1630)에 대한 주석서이나 일실되어 자세한 내용은 알 수 없다. [참고문헌] 『新編諸宗敎藏總錄』, 『昭和法寶總目錄』 권2 p.565.

인명론수경 因明論手鏡 혜심(惠深) 지음. 2권. 자세한 내용은 알 수 없고, 『신편제종교장총록』 권3(한불전4, p.693c19)에 책 이름이 전한다. [참고문헌] 『新編諸宗敎藏總錄』.

인명론약초 因明論略鈔 종은(從隱) 지음. 2권. 일실되어 자세한 내용은 알 수 없고, 『신편제종교장총록』 권3(한불전4, p.693c21)에 책 이름만 전한다. [참고문헌] 『新編諸宗敎藏總錄』.

인명론연밀수기 因明論演密手記 의심(義深) 지음. 3권. 『인명입정리론 因明入正理論』(대정장32, No.1630)에 대한 연구서이나 일실되어 자세한 내용은 알 수 없다. 『신편제종교장총록』 권3(한불전4, p.693c18)에 책 이름이 전한다. [참고문헌] 『新編諸宗敎藏總錄』.

인명론의단 因明論義斷 당대 혜소(慧沼) 지음. 『인명입정리론 因明入正理論』(대정장32, No.1630)에 대한 주석서. 1권. 대정장44, pp.143a24~158b19, No.1841에 수록되어 있다. 『인명입정리론의단』·『인명의단』 등이라고도 한다. 다른 논사들의 잘못된 주장을 논파하는 것을 주요 내용으로 하므로, 인명의 올바른 이치를 드러내는 내용의 『인명론찬요 因明論纂要』(대정장44, No.1842)와 대비된다.

인명론의초 因明論義鈔 신라 경흥(璟興) 지음. 1권. 『인명정리문론 因明正理門論』(대정장32, No.1629)에 대한 주석서이나 일실되어 자세한 내용은 알 수 없다. 『동역전등목록』 권3(대정장55, p.1159c16)에 책 이름이 전한다. [참고문헌] 『東域傳燈目錄』.

인명론이량장 因明論二量章 당대 혜소(慧沼 651~714) 지음. 2권. 『대승법원의림장보궐』 권8(卍속장98, p.59a16)에 의하면 이량(二量)은 현량(現量)과 비량(比量)을 말한다. 본서는 일실되어 자세한 내용은 알 수 없으며, 『신편제종교장총록』 권3(한불전4, p.693c7)에 책 이름이 전한다. [참고문헌] 『大乘法苑義林章補闕』, 『新編諸宗敎藏總錄』.

인명부정 人命不停 사람의 목숨은 머물 줄 모른다는 말. 40권본 『대반열반경』 권23(대정장12, p.498c26)에 "사람의 목숨이 머물 줄 모르니 산수보다 더하여 오늘까지 비록 살았다 하더라도 내일은 보존하기 어렵다. 어찌 마음 가는 대로 버려두고 악법에 깃들도록 하겠는가! 人命不停 過於山水 今日雖存 明亦難保 云何縱心 令住惡法", 『능엄경집주』 권8(卍속장17, p.454a13)에 "도흠(道欽)의 『수감석요 手鑑釋要』에서 이르길 '사람 가운데 양생법을 수련하는 이들은 「사람의 생명이 머물지 않음은 흐르는 물보다 더하고, 튼튼한 몸이 가만히 있지 못함은 달리는 말과 같다」는 사실을 모르고, 마침내 꿈처럼 헛된 몸뚱이 따라 지켜 굳고 길게 수명이 이어지리라 착각한다'. 手鑑云 人中鍊心者 斯不知 人命不停 過於流水 壯色不停 猶如奔馬 遂守夢幻之質 認爲堅固長齡"라 하였다. [참고문헌] 『大般涅槃經』, 『楞嚴經集註』.

인명사 因明師 인명논사(因明論師). 『인명정리문론』(대정장32, p.9c20)에 "다시 무슨 뜻으로 말미암아 이 동법 등의 상사과류는 인명논사들이 말한 차제와 다른가? 사능파가 같기 때문이다. 復由何義 此同法等 相似過類 異因明師 所說次第 似破同故"라고 하였다. [참고문헌] 『因明正理門論』, 『成唯識論了義燈』 권5(대정장43, p.766b26).

인명삼사 因明三似 인명(因明) 용어. 사종(似宗)·사인(似因)·사유(似喩)를 말한다. 옳은 듯하지만 옳지 않은 주장(宗)·이유(因)·실례(喩)를 말한다. [참고문헌] 『因明入正理論』(대정장32, p.12b26). ⇨ 인명 因明, 사종 似宗, 사인 似因, 사유 似喩

인명이문론의초 因明理門論義抄 신라 경흥(憬興) 지음. 1권. 실전되어 자세한 내용은 알 수 없고, 『주진법상종장소』(대정장55, p.1143a28)에 책 이름이 보인다. [참고문헌] 『注進法相宗章疏』.

인명인체이 認名認體異 종밀(宗密)이 제시한 공종(空宗)과 성종(性宗)의 열 가지 차이 중 일곱 번째. ⇨ 공종성종십이 空宗性宗十異

인명입정리론 因明入正理論 Ⓢ Nyāyapraveśa. 인도 상갈라주(商羯羅主 Ⓢ Śaṃkarasvāmin) 지음. 당대 647년(정관21) 현장(玄奘) 한역. 1권. 『입정리론』이라고도 한다. 고려장17, pp.477a1~479b3, No.607·대정장32, pp.11a24~13b7, No.1630 등에 수록되어 있다. 진나(陳那)가 지은 심오하고 난해한 『인명정리문론 因明正理門論』(대정장32, No.1629)을 이어 인명(因明)의 주요 내용을 간결하게 설명한 인명론 입문서이다. 우리나라는 물론이고 중국과 일본에 많은 영향을 끼쳤다. 책의 내용은 인명팔문(因明八門)이라고 하는 진능립(眞能立)과 사능립(似能立), 진능파(眞能破)와 사능파(似能破), 진현량(眞現量)과 사현량(似現量), 진비량(眞比量)과 사비량(似比量) 등 여덟 부분으로 구성되어 있다. 이 중에서 주로 종(宗 : 主張命題)·인(因 : 理由)·유(喩 : 譬喩) 등을 설명하는 진능립과 삼십삼과(三十三過)를 말하는 사능립이 중심을 이룬다. 또한 사현량과 사비량을 각각 현량과 비량에 포함시켜 여섯 부분으로 구분하기도 한다. 인명론에 대한 중요한 입문서로 높이 평가받는 이 책에 대한 주석서로는 현장(玄奘)의 제자인 규기(窺基)가 지은 『인명입정리론소』(대정장44, No.1840) 3권을 위시로 정안(淨眼)·신태(神泰)·문비(文備)·정매(靖邁)·영수(靈嶲)·승장(勝莊)·벽공(壁公)·문궤(文軌)·순경(順景)·현범(玄範) 등이 지은 소를 비롯하여 다음과 같이 많은 저술이 있다. 혜소(慧沼)의 『인명입정리론의단 因明入正理論義斷』(대정장44, No.1841) 1권·『인명입정리론의찬요 因明入正理論義纂要』(대정장44, No.1842) 1권·『인명입정리론속소 因明入正理論續疏』 2권 등과 지주(智周)의 『인명입정리론소전기 因明入正理論疏前記』 3권·『인명입정리론소후기 因明入正理論疏後記』 3권·『인명입정리론소초약기 因明入正理論疏抄略記』 1권, 지욱(智旭)의 『인명입정리론직해 因明入正理論直解』 1권 등이 있으며, 우리나라에도 원효(元曉)의 『인명입정리론기 因明入正理論記』 1권·도증(道證)의 『인명입정리론소 因明入正理論疏』 2권·태현(太賢)의 『인명입정리론고적 因明入正理論古迹』 1권 등 많은 연구서의 이름이 전한다. ⇨인명팔문 因明八門, 인명정리문론 因明正理門論, 인명 因明

인명입정리론고적 因明入正理論古迹 ➡인명론고적기 因明論古迹記

인명입정리론기 因明入正理論記 『인명입정리론 因明入正理論』(대정장32, No.1630)에 대한 주석서. ❶신라 원효(元曉) 지음. 1권. 실전되어 자세한 내용은 알 수 없고, 『주진법상종장소』(대정장55, p.1143b22) 등에 책 이름만 전한다. [참고문헌] 『注進法相宗章疏』, 『東域傳燈目錄』(대정장55, p.1160a10). ❷당대 지주(智周 668~723) 지음. 1권 또는 2권. 『동역전등목록』(대정장55, p.1160b24)에 "『인명입정리론기』 1권〈지주 지음. 『인명입정리론초 因明入正理論抄』라고도 한다〉. 同記 一卷〈智周 亦云抄〉"라 하였다. [참고문헌] 『東域傳燈目錄』.

인명입정리론소 因明入正理論疏 인도의 상갈라주(商羯羅主)보살이 짓고 당대 현장(玄奘)이 한역한 『인명입정리론』(대정장32, No.1630)에 대한 주석서. ❶신라 원효(元曉) 지음. 일실되어 자세한 내용은 알 수 없고, 『신편제종교장총록』 권3(한불전4, p.694a6)에 책 이름만 전한다. [참고문헌] 『新編諸宗教藏總錄』. ❷신라 도증(道證) 지음. 2권. 일실되어 자세한 내용은 알 수 없고, 『주진법상종장소』(대정장55, p.1143b17) 등에 책 이름만 전한다. [참고문헌] 『注進法相宗章疏』, 『東域傳燈目錄』(대정장55, p.1160a5). ❸당대 규기(窺基 632~682) 지음. 대정장44, pp.91b7~142b13, No.1840에 수록되어 있다. 스승인 현장의 강설에 기초하여 『인명입정리론』에 대해 주석한 책이다. 『인명론대소 因明論大疏』·『인명대소』 등이라고도 하며, 우리나라와 중국·일본 등에 널리 유포되어 많은 영향을 주었다. [참고문헌] 『新編諸宗教藏總錄』 권3(한불전4, p.693c4). ❹당대 혜소(慧沼) 지음. 2권. 『인명입정리론속소 因明入正理論續疏』라고도 한다. 卍속장86, pp.869a1~890b16에 수록되어 있다. 규기의 대소(大疏)는 미완성본이며, '능립법불성자 能立法不成者' 이하의 부분을 혜소가 뒤이어 보충하여 완전한 책으로 만든 것이다. 처음에는 규기의 주소본에 통합되어 구분되지 않다가, 후대에 혜소의 저술 부분을 산정(刪定)하여 별도의 약본(略本)으로 간행한 것이다. ❺당대 벽법사(壁法師) 지음. 3권. 일실되어 자세한 내용은 알 수 없고, 『동역전등목록』(대정장55, p.1160a3) 등에 책 이름만 전한다. [참고문헌] 『東域傳燈目錄』, 『注進法相宗章疏』(대정장55, p.1143b15). ❻당대 정매(靖邁) 지음. 1권. 『동역전등목록』(대정장55, p.1160a2) 등에 책 이름만 전한다. [참고문헌] 『東域傳燈目錄』, 『新編諸宗教藏總錄』 권3(한불전4, p.694a9). ❼당대 청간(淸幹) 지음. 3권 또는 2권. 『동역전등목록』(대정장55, p.1160a16)에 책 이름만 전한다. [참고문헌] 『東域傳燈目錄』. ❽당대 정안(淨眼) 지음. 1권. 『정리소 正理疏』라고도 한다. 『동역전등목록』(대정장55, p.1160a11)에 책 이름만 전한다. [참고문헌] 『東域傳燈目錄』. ❾당대 현응(玄應) 지음. 3권. 『동역전등목록』(대정장55, p.1160a6) 등에 책 이름만 전한다. [참고문헌] 『東域傳燈目錄』, 『注進法相宗章疏』(대정장55, p.1143b18). ❿당대 현범(玄範) 지음. 1권. 『동역전등목록』(대정장55, p.1160a7)에 책 이름만 전한다. [참고문헌] 『東域傳燈目錄』, 『注進法相宗章疏』(대정장55, p.1143b19). ⓫당대 문궤(文軌) 지음. 3권. 『인명문궤소』라고도 한다. 현재는 권1만 전하며 卍속장86, pp.659a2~687a9에 수록되어 있다. [참고문헌] 『新編諸宗教藏總錄』 권3(한불전4, p.694a8). ⓬당대 신태(神泰) 지음. 2권. 『동역전등목록』 권3(대정장55, p.1160a8)에 책 이름만 전한다. [참고문헌] 『東域傳燈目錄』. ⓭당대 이명사(利明師) 지음. 3권. 『주진법상종장소』(대정장55, p.1143b26)에 책 이름만 전한다. 〔참고문헌〕『注進法相宗章疏』. ⓮ 당대 비법사(備法師) 지음. 3권. 일실되어 전하지 않는다. 〔참고문헌〕『奈良朝現在一切經疏目錄』. ⓯ 당대 영준(靈雋) 지음. 권수 미상. 일실되어 전하지 않는다. 〔참고문헌〕『佛典疏鈔目錄』 권하.

인명입정리론의찬요 因明入正理論義纂要 당대 혜소(慧沼 651~714) 지음. 1권. 대정장44, pp.158b23~174b13, No.1842에 수록되어 있다. 『인명입정리론』(대정장32, No.1630)에 대한 주석서이다. 『인명입정리의찬요』·『인명론의찬요』·『인명론찬요』·『인명의찬요』·『인명찬요』 등이라고도 한다. 〔참고문헌〕『入唐新求聖教目錄』(대정장55, p.1083c11), 『新編諸宗教藏總錄』 권3(한불전4, p.693c5).

인명입정리론초 因明入正理論抄 ❶ 신라 순경(順憬) 지음. 1권. 『주진법상종장소』(대정장55, p.1143b20)에 책 이름만 전한다. 〔참고문헌〕『注進法相宗章疏』. ❷ 당대 문비(文備) 지음. 1권. 『동역전등목록』(대정장55, p.1160a12)에 책 이름만 전한다. 〔참고문헌〕『東域傳燈目錄』. ❸ 운엄(雲儼) 지음. 『신편제종교장총록』 권3(한불전4, p.693c10)에 책 이름만 전한다. 〔참고문헌〕『新編諸宗教藏總錄』.

인명입정리론학기 因明入正理論學記 신라 태현(太賢) 지음. 1권. 『동역전등목록』(대정장55, p.1160a13)에 책 이름만 전한다. 〔참고문헌〕『東域傳燈目錄』.

인명입정리론해 因明入正理論解 명(明) 진계(眞界) 집해(集解). 1권. 卍속장87, pp.84a1~104a7에 수록되어 있다. 현장(玄奘)의 『인명입정리론』(대정장32, No.1630)에 대한 주석서로 풍몽정(馮夢禎)의 해제사(解題辭)가 붙어있다. 1713년(숙종39) 지리산 왕산사(王山寺)에서 개판하였고 이어 1714년 중간하였다. 무용

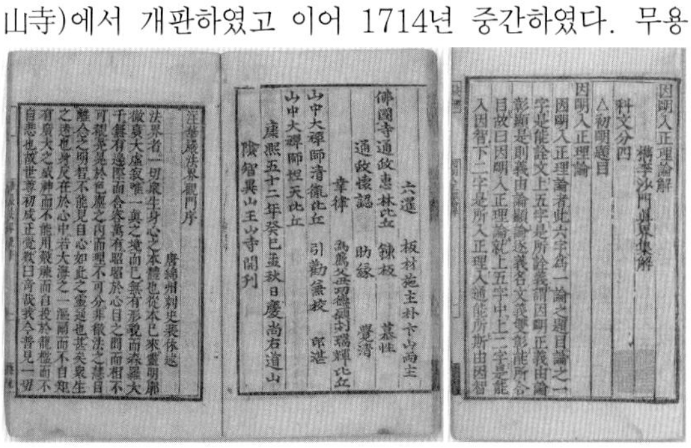

인명입정리론해 왕산사본 1713년

수연(無用秀演)의 「중간발문 重刊跋文」에 따르면, 법형인 설암(雪巖 : 石室明安)이 신유년(1681)에 풍랑으로 정착한 명나라 배에서 가흥장경본인 판본을 얻었고 사

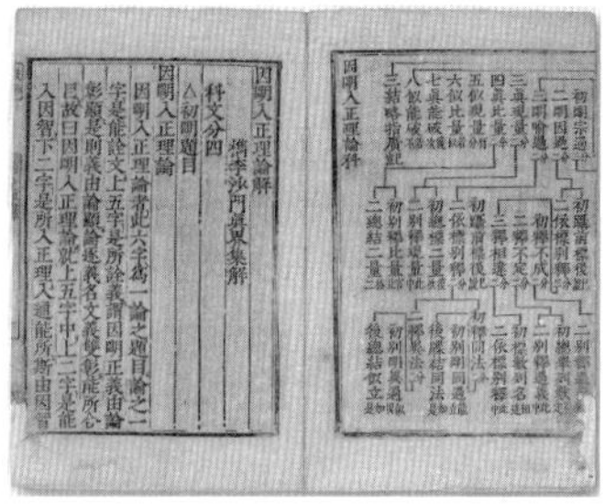

왕산사본 「론과」 분 1714년

법제자 심공(諶公)과 심표(心表)가 스승의 뜻을 이어 간행하였다. 1713년 개판본에는 『주화엄법계관문 註華嚴法界觀門』이 합철되었고, 1714년판에는 대신 이에 대한 「과판 科判」과 「중간발문」이 합철되어 있다. 〔참고문헌〕『원각사의 불교문헌』(동국대불교학술원, 2017) pp.206~207. ⇨ 인명입정리론 因明入正理論

인명자위해 認名字爲解 이름과 글자 아는 것만으로 다 알았다 여긴다는 뜻. 『임제록』(대정장47, p.501c14)에 "요즘 학인들이 얻지 못하는 것은 명자 아는 것만으로 다 알았다 여기기 때문이다. 묶인 글자상에서 안목 없는 이들의 말을 추려서 삼중오중으로 베껴 겹겹이 책보에 싸 다른 이들 보지 못하도록 하고 '여기에 깊은 뜻이 있다'고 말하며 쌓아놓고 중히 여긴다. 큰 잘못이다, 눈먼 이들아! 그대들 저 마른 뼈들 향하여 무슨 한 방울 즙이라도 찾으려 하는가? 今時學人不得 蓋爲認名字爲解 大策子上 抄死老漢語 三重五重複子裹 不教人見 道是玄旨 以爲保重 大錯 瞎屢生 爾向枯骨上 覓什麽汁"라고 하였다. 〔참고문헌〕『臨濟錄』.

인명정리문론 因明正理門論 Ⓢ Nyāyamukha. 인도 진나(陳那 Ⓢ Dignāga) 지음. 당대 의정(義淨) 한역. 1권. 『정리문론』·『이문론』 등이라고도 한다. 고려장17, pp.469a1~476b6, No.606·대정장32, pp.6a11~11a20, No.1629에 수록되어 있다. 『집량론 集量論』과 함께 신인명(新因明)의 근본논서다. 현장(玄奘)이 한역한 『인명정리문론본 因明正理門論本』(대정장32, No.1628) 1권과 동본이역(同本異譯)이다. 크게 능립(能立)과 능파(能破)의 두 부분으로 구성되고, 이것은 다시 진능립(眞能立)과 사능립(似能立)·진능파(眞能破)와 사능파(似能破)·진현량(眞現量)과 사현량(似現量)·진비량(眞比量)과 사비량(似比量) 등 여덟 부분으로 나뉜다. 이 책의 저술로 진나는 용수(龍樹)의 『방편심론 方便心論』·세친(世親)의 『여실론 如實論』 등으로 전개해 온 불교논리학의 전통을 계승하여 새로운 삼지작법(三支作法) 논증식(論證式)을 정립함으로써 신인명의 기초를 마련하였으며, 나아가 외도(外道)를 논파하고 불법(佛法)을 진흥하기 위한 새로운 발판을 놓았다. 이후 상갈라주(商羯羅主 Ⓢ Śaṃkarasvāmin)가 이에 대한 간결한 입문서인 『인명입정리론 因明入正理論』(대정장32, No.1630) 1권을 지어 널리 전파함으로써 많

은 지역의 사람들에게 심대한 영향을 끼쳤다. ⇨ 인명정리문론본 因明正理文論本, 인명입정리론 因明入正理論

인명정리문론고적 因明正理門論古迹 신라 태현(太賢) 지음. 1권. 『신편제종교장총록』 권3(한불전4, p.694a13)에 책 이름만 전한다. 『화엄종장소병인명록』에는 『이문고적 理文古迹』으로, 『동역전등목록』에는 『이문론』으로만 되어 있다. [참고문헌] 『新編諸宗敎藏總錄』, 『華嚴宗章疏幷因明錄』(대정장55, p.1134c11), 『東域傳燈目錄』(대정장55, p.1165b8).

인명정리문론본 因明正理門論本 Ⓢ Nyāyamukha. 인도 진나(陳那 Ⓢ Dignāga) 지음. 당대 현장(玄奘) 한역. 1권. 『정리문론본』이라고도 한다. 고려장17, pp.430a1~437a7, No.604·대정장32, pp.1a3~6a7, No.1628에 수록되어 있다. 의정(義淨)이 한역한 『인명정리문론 因明正理門論』(대정장32, No.1629) 1권은 동본이역(同本異譯)으로 내용이 거의 일치한다. ⇨ 인명정리문론 因明正理門論

인명정리문론소 因明正理門論疏 인도의 진나(陳那)가 짓고 당대 의정(義淨)이 한역한 『인명정리문론』(대정장32, No.1629)에 대한 주석서. ❶ 신라 원측(圓測) 지음. 『동역전등목록』(대정장55, p.1159c12)에 책 이름만 전한다. [참고문헌] 『東域傳燈目錄』. ❷ 신라 도증(道證) 지음. 2권. 『동역전등목록』(대정장55, p.1159c17) 등에 책 이름만 전한다. [참고문헌] 『東域傳燈目錄』, 『注進法相宗章疏』(대정장55, p.1143a29). ❸ 당대 현범(玄範) 지음. 1권 또는 2권. 『주진법상종장소』(대정장55, p.1143b2) 등에 책 이름만 전한다. [참고문헌] 『注進法相宗章疏』, 『東域傳燈目錄』(대정장55, p.1159c18). ❹ 당대 정빈(定賓) 지음. 6권. 『동역전등목록』(대정장55, p.1159c20)에 책 이름만 전한다. [참고문헌] 『東域傳燈目錄』. ❺ 당대 정안(淨眼) 지음. 3권. 『동역전등목록』(대정장55, p.1159c14) 등에 책 이름만 전한다. [참고문헌] 『東域傳燈目錄』, 『注進法相宗章疏』(대정장55, p.1143a27). ❻ 당대 문궤(文軌) 지음. 3권. 『동역전등목록』(대정장55, p.1159c13) 등에 책 이름만 전한다. [참고문헌] 『東域傳燈目錄』.

인명정리문론술기 因明正理門論述記 ❶ 신라 승장(勝莊) 지음. 1권. 일본 원인(圓仁)의 『입당신구성교목록』(대정장55, p.1083c15)에 "『인명정리문론술기』 1권 〈하권. 사문 승장 지음〉. 因明正理門論述記 一卷〈下卷 沙門勝莊述〉"이라 한 이름만 전한다. [참고문헌] 『入唐新求聖敎目錄』. ❷ 당대 신태(神泰) 지음. 1권. 『동역전등목록』(대정장55, p.1159c9)에 "『인명정리문론술기』 1권 〈신태 지음. 『인명정리문론초』라고도 한다〉. 因明正理門論述記 一卷〈神泰 亦云鈔〉"라고 하였다. [참고문헌] 『東域傳燈目錄』. ⇨ 인명정리문론 因明正理門論

인명제일 人命第一 사람의 목숨이 가장 귀중하다는 뜻. 『대지도론』 권13(대정장25, p.155b26)에 "모든 보배 가운데 사람의 목숨이 가장 귀중하다. 사람은 목숨을 유지하고자 재물을 구하지 재물을 얻고자 목숨을 구하지는 않는다. 一切寶中 人命第一 人爲命故求財 不爲財故求命"라고 하였다. [참고문헌] 『大智度論』.

인명칠론 因明七論 인도 법칭(法稱 Ⓢ Dharmakīrti)이 지은 일곱 가지 인명논서(因明論書). 칠지론(七支論)·칠부양론(七部量論) 등이라고도 한다. 『정리일적론 正理一滴論 *Nyāyabindu*』·『양평석론 量評釋論 *Pramāṇavarttika*』·『정량론 定量論 *Pramāṇaviniścaya*』·『인적론 因滴論 *Hetubindunāmaprakaraṇa*』·『관상속론 觀相屬論 *Sambandhaparīkṣāvrtti*』·『성타상속론 成他相續論 *Saṃtānāntarasiddhināmaprakaraṇa*』·『쟁정리론 諍正理論 *Vādanyāyanāmaprakaraṇa*』을 말한다. 일곱 논서 중에서 『정리일적론』·『양평석론』·『정량론』 등 셋은 인명에 대한 광론(廣論)으로 몸에 비유되고, 나머지 넷은 지론(肢論)으로 사지(四肢)에 비유된다. 티베트역본은 북경판 No.5709~5717(a)에 전한다. ⇨ 법칭 法稱❷, 인적론 因滴論

인명칠론입문 因明七論入門 티베트의 총카파(Ⓣ Tsong-kha-pa 1357~1419)가 지은 인명논서(因明論書). 인명칠론에 대한 개설서이기에 『인명개론 因明槪論』이라 하며, 『인명칠론입문제암론 因明七論入門除暗論』이라고도 한다. 외경(外境)과 내심(內心)의 성질과 차이 및 공용(功用) 등에 대해 명석하게 서술하고 있다. ⇨ 인명칠론 因明七論

인명칠론제암장언주 因明七論除暗莊嚴注 티베트 총카파(Ⓣ Tsong-kha-pa 1357~1419)의 제자인 겔렉팔상(Ⓣ dge-legs-dpal-bzang 1385-1438)이 지은 인명논서(因明論書). 『석량론 釋量論』을 변론한 저명한 인명논서이며, 티베트 겔룩파(格魯派)에서는 인명론을 연구하기 위한 필독서이다.

인명판비량론 因明判比量論 ➡ 판비량론 判比量論

인명팔문 因明八門 인명(因明) 용어. 인명을 여덟 갈래로 열어 뜻을 풀었기에 인명팔의(因明八義)라고도 한다. 능립(能立 Ⓢ sadhana)·능파(能破 Ⓢ dūṣaṇa)·사능립(似能立 Ⓢ sādhanbhāsa)·사능파(似能破 Ⓢ d ūṣaṇābhāsa)・현량(現量 Ⓢ pratyakṣa)・비량(比量 Ⓢ anumāna)・사현량(似現量 Ⓢ pratyakṣabhāsa)・사비량(似比量 Ⓢ anumānābhāsa)을 말한다. 다른 이를 깨우치기 위한 앞의 네 가지를 오타문(悟他門), 뒤의 네 가지를 자오문(自悟門)으로 분류한다. 효능에 따라서는 능립・능파・현량・비량을 사진(四眞), 사능립・사능파・사현량・사비량을 사사(四似)라고 구분한다.

〈표〉 인명팔문

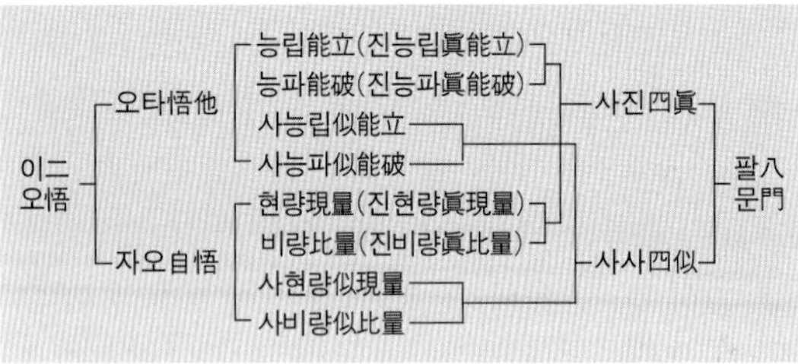

첫째, 능립이란 오류가 없는 주장명제를 말한다. 사능립과 구별하여 진능립(眞能立)이라고도 하며, 상대방에게 주장명제를 깨닫게 하기 위함이기에 오타문에 속한다. 둘째, 능파란 타인의 주장을 논파하는 것을 말한다. 사능파와 구별하여 진능파(眞能破)라고도 하며, 상대방의 주장이 잘못되었음을 알게 하기에 역시 오타문에 속한다. 셋째, 사능립이란 오류가 있는 주장명제를 말한다. 능립의 상대어이며, 준말은 사립(似立)이다. 넷째, 사능파란 타인의 주장을 논파할 수 없는 주장을 말한다. 능파의 상대어이며, 준말은 사파(似破)이다. 다섯째, 현량이란 직접적인 지각이나 그 지각으로 얻는 직접지식을 말하며, 자오문에 속한다. 여섯째, 비량이란 이미 알고 있는 것으로 아직 모르는 것을 추론하여 아는 것으로 자오문에 속한다. 비량은 능립과 논식(論式)이 같지만 능립의 주장은 타인에게 이익을 주기에, 자신에게 이로운 비량과 차이점이 있다. 일곱째, 사현량이란 착각이나 환각으로 얻는 그릇된 지식을 말하며 사현(似現)이라고도 한다. 여덟째, 사비량이란 오류가 있는 비량을 말하며 사능립과 같다. 『인명입정리론직소』(卍속장87, p.136a15)에 "『인명입정리론』(대정장32, p.11a28)에 '능립과 능파, 그리고 사능립과 사능파는 오타문일 뿐이요. 현량과 비량, 그리고 사현량과 사비량은 자오문일 뿐이네'라고 하였다. 이 송은 『인명입정리론』의 근본종지이니, 팔문과 이익의 대강을 보여 배우는 이가 그 요체를 알도록 하려는 것이다. 능립이란 삼분(三分 : 三支)에 오류가 없는 것이고, 능파란 주장의 잘못을 바로잡아 드러내는 것이며, 사능립이란 서른세 가지 오류를 수반하는 것이고, 사능파란 부정(不定)과 불성(不成) 등으로 잘못 파척(破斥)하는 것이며, 현량이란 명언의 모든 분별을 떠난 것이고, 비량이란 온갖 양상에 따라 그 뜻을 관하는 것이며, 사현량이란 뜻을 다르게 뒤집는 것이고, 사비량이란 바르게 이해하지 못하는 것이다. 能立與能破 及似唯悟他 現量與比量 及似唯自悟 此頌 一論之綱宗 揭示八門二益之梗槩 欲令學者知其要也 能立者 三支無過 能破者 正顯其非 似能立者 三十三種過隨之 似能破者 不定不成等謬斥 現量者 謂離名言所有分別 比量者 謂藉衆相 而觀於義 似現量者 於義異轉 似比量者 不能正解"라고 하였다. [참고문헌] 『因明入正理論直疏』, 『因明入正理論』. ⇨ 인명 因明, 팔문양익 八門兩益, 능립 能立, 능파 能破, 사능립 似能立, 사능파 似能破, 현량 現量, 비량 比量, 사현량 似現量, 사비량 似比量, 사진사사팔문 四眞四似八門

인명학 因明學 Ⓢ hetu-vidyā. 오명(五明 Ⓢ pañca vidyā-sthānāni) 중 하나. 논리학. 명(明 Ⓢ vidyā)에 학문의 뜻이 있으므로 '학'은 의미의 중복이다. 올바른 용어는 아니다. [참고문헌] 武邑尙邦 『因明學—起源と變遷』(法藏館, 2011). ⇨ 인명 因明, 오명 五明

인모 印母 모든 인계(印契)의 기본형. 십이합장(十二合掌)과 육종권(六種拳)이 모든 수인의 근본이므로 인모라고 부른다. 『대일경소묘인초』 권54(대정장58, p.444a2)에 "인모란 자증으로 두렷한 구경의 위다. 印母者 自證圓極之位也", 같은 책 권55(대정장58, p.449b18)에 "이 인은 연화합장을 인모로 한다. 이는 일체중생의 본각의 바탕이다. 此印以蓮華合掌爲印母 是卽一切衆生本覺體也"라고 하였다. [참고문헌] 『大日經疏妙印鈔』. ⇨ 십이합장 十二合掌, 육종권인 六種拳印, 인계 印契

인목왕후 仁穆王后 1584~1632. 조선 제14대 선조(宣祖)의 계비(繼妃). 존호(尊號)는 소성정의명렬광숙장정인목왕후(昭聖貞懿明烈光淑莊定仁穆王后), 능호(陵號)는 목릉(穆陵), 본관은 연안(延安). 영의정 의민공(懿愍公) 김제남(金悌男)의 딸이다. 1584년(선조17) 11월 14일 반송방(盤松坊) 사제(私第)에서 태어났고, 1600년(선조33)에 본비(本妃)인 의인왕후(懿仁王后) 박씨(朴氏)가 죽은 후 1602년(선조35) 왕비로 책봉되었다. 영창대군(永昌大君)과 정명공주(貞明公主)를 낳았다. 불교에 대한 신심이 깊고 문장과 글씨에도 뛰어났다. 광해군 즉위 후 폐서인(廢庶人)되어 어린 딸 정명공주와 함께 서궁(西宮)에 유폐되었다. 붕당의 여파로

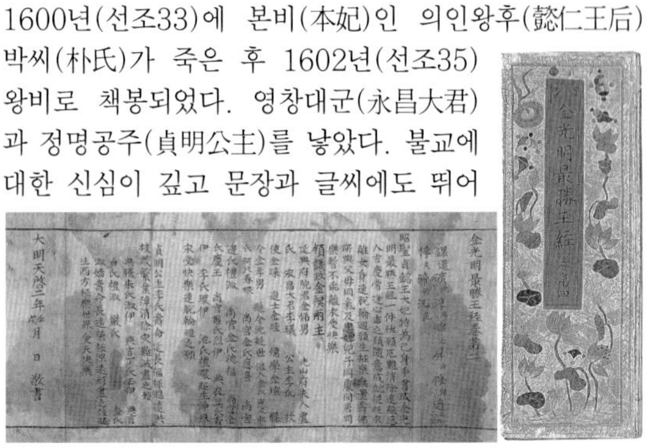

금광명최승왕경 동국대학교박물관 1622년

아버지 김제남과 아들인 영창대군이 죽게 되자, 홀로 남은 딸 정명공주에게 부처님의 가호가 내리기를 기원하며 은자(銀字)로 「관세음보살보문품 觀世音菩薩普門品」을 필사하였다. 1622년(광해군14)에는 먼저 죽은 부모 형제와 아들의 극락왕생 및 정명공주의 수명장수와 업장소멸을 기원하며 『금광명최승왕경 金光明最勝王經』 10책(동국대박물관 소장)을 사경(寫經)하였다. 「간기 刊記」에 "이로부터 길이 여인의 몸을 벗어나고, 윤회에서 속히 해탈하여 극락에 나서 무량수불이 계신 곳에서 부모동기와 어린 아들과 같은 곳에서 함께 살며 함께 즐거워하여 잠시라도 이별함이 없이 길이 쾌락하기만을 원하나이다. 從此 永離女身 速脫輪回 願生極樂 無量壽佛所 與父母同氣 及忠婢兒子 同處同居同樂 暫不乖離 永受快樂"라고 하였다. 인조반정(仁祖反正) 후 유폐에서 풀려나 1623년(인조1)에 친정아버지와 아들 영창대군의 천도를 기원하며 안성 칠장사(七長寺)를 원당(願堂)으로 삼아 중창하고, 인목왕후어필칠언시(仁穆王后御筆七言詩 : 보물 제 1627호)를 써서 남겼다. 1632년(인조10) 6월 28일 향수 49세를 일기로 죽었다. 경기도 구리시 인창동 동구릉(東九陵) 중 선조의 능 왼쪽에 묻혀 있다. [참고문헌] 『宣祖實錄』, 『光海君日記』, 『仁祖實錄』, 『大東野乘』, 『璿源系譜』 宣祖, 『發願, 간절한 바람을 담다 : 불교미술의 후원자들』(국립중앙박물관, 2015) p.191.

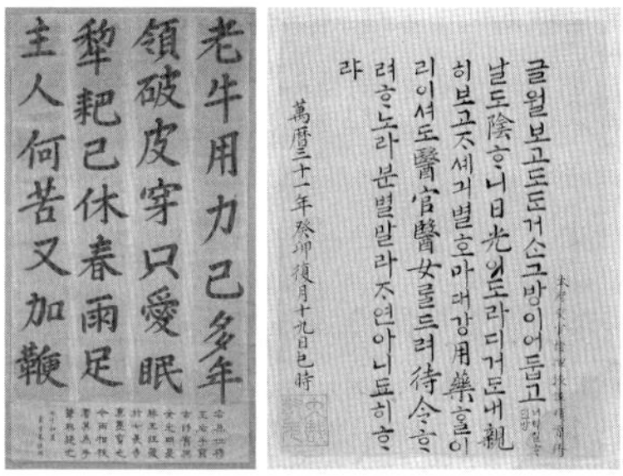

인목왕후어필칠언시 보물제1627호 안성 칠장사 1623년 · 인목왕후필적 서울대규장각 1603년

인무아 人無我 Ⓢ pudgala-nairātmya, Ⓣ gang-zag-la-bdag-med-pa. 이무아(二無我) 중 하나. 인공(人空) · 아공(我空) · 생공(生空) 등이라고도 하며, 법무아(法無我)와 대칭한다. 『주대승입능가경』 권4(대정장39, p.460b4)에 "이승관행을 닦는 사람은 인무아에 통달하여 자타의 온계처가 모두 무상고공이고 부정한 상이라고 보아서 관찰을 버리지 않고 초정려를 얻으며, 점차로 거듭 뛰어남 거쳐 무상정에 이른 뒤에 멸진삼매를 누리지만 상에서 벗어나지는 못하므로 우부소행선이라 한다. 言修二乘觀行者 達人無我 見自他蘊界處 皆是無常苦空 不淨之相 觀察不捨 得初靜慮 漸次轉勝 至無想 受滅盡三昧 然不離相故 名爲愚夫所行禪", 『금강선론』 권7(대정장25, p.851b18)에 "인무아란, 중생은 오음 중에 있어 본래부터 정해진 실로서의 신아나 중생 등은 없다고 아는 것이 인무아다. 人無我者 解衆生五陰中 從本以來 無定實神我 及衆生等 故曰 人無我也", 『유가론기』 권21(대정장42, p.798b22 · 한불전14, p.631c14)에 "여기서 아가 공인 뜻을 인무아라 하고 아에 속한 모든 것들도 공이므로 법무아라 한다. 此中我空 名人無我 我所空故 名法無我"라고 하였다. [참고문헌] 『注大乘入楞伽經』, 『金剛仙論』, 『瑜伽論記』, *Sūtr.57 · 58.* ⇨ 생공 生空, 인공 人空, 아소공 我所空, 이무아 二無我, 법무아 法無我, 무아 無我

인무아지 人無我智 Ⓢ pudgala-nairātmya-jñānam. 인무아를 아는 지혜. 법무아지(法無我智)와 맞선다. 『대승입능가경』 권2(대정장16, p.598a19 : *Laṅk.*, p.69)에 "갖가지 색신의 위의와 행동거지는 마치 저 주검이 주력으로 움직이는 것과 같고, 또한 꼭두각시가 조종함에 따라 움직이는 것과 같다. 만일 여기서 그 모양새를 잘 알면 이를 인무아지라 한다. 種種色身 威儀進止 譬如死屍 呪力故行 亦如木人 因機運動 若能於此 善知其相 是名人無我智 vicitradeharūpadhārimāyāvetālayantrapratimaṃ pravartamānaṃ pravartate. yad atra mahāmate lakṣaṇakauśalajñānam idam ucyate pudgalanairātmyajñānam"라고 하였다. [참고문헌] 『大乘入楞伽經』, *Laṅk.* ⇨ 인무아 人無我, 법무아 法無我, 법무아지 法無我智

인무지 因無知 Ⓢ hetāv-ajñānam, Ⓣ rgyu-mi-shes-pa. 인(因)에 대해 알지 못함. 십구종무지(十九種無知) 중 하나로 제법(諸法)이 생기하는 인에 대한 무지다. 이를 다시 칠종무지(七種無知)로 나눌 때는 행무지(行無知 Ⓢ saṃskāreṣv-ajñānam)와 함께 염정우(染淨愚 Ⓢ saṃkleśa-vyavadāna-saṃmoha)로 거둔다. 『유가사지론』 권9(대정장30, p.322c2)에 "인무지란, 일어난 것에 대해 이치에 맞지 않게 분별해서 인이 없다고 헤아리거나, 자재(Ⓢ īśvara) · 세성(Ⓢ prakṛti) · 사부(Ⓢ puruṣa) 중간(梵王) 등이라는 모순된 인(Ⓢ viṣama-hetu)이라고 잘못 분별하는 모든 무지를 말한다. 於因無知云何 謂起不如理分別 或計無因 或計自在世性 士夫 中間等 不平等因 所有無知", 『유가론기』 권3(한불전13, p.181a12)에 "'인에 대해 자재 · 세성 · 사부 · 중간 등으로 계탁한다'는 말은 다음과 같다. (불평등인은) 자재천 · 명성 · 사부 · 신아 · 범왕이다. (범왕은) 중간정려에 머물기에 중간이라 한다. 於因中 或計自在 世性 士夫 中間等者 自在天 冥性 士夫 神我 梵王 居中間禪 故名中間"라고 하였다. [참고문헌] 『瑜伽師地論』, 『瑜伽論記』, *Yogā-bh.* ⇨ 인 因❶, 십구종무지 十九種無知, 칠종무지 七種無知, 염정우 染淨愚

인문 印文 ❶ Ⓢ pratimudrā, Ⓣ rgya'i-gzugs-brny

an. 눌러 새겨 남은 자취. 인장으로 새긴 무늬. 마음으로 새겨 길이 바꾸거나 버릴 수 없는 뜻이다. 『대반야경』 권381(대정장6, p.968c20)에 "세존께서 걸을 때 발바닥은 땅으로부터 네 손가락 높이로 떨어져 있었지만 찍힌 발자욱은 뚜렷했다. 이것이 80종호 중 68번째이다. 世尊行時 其足去地 如四指量 而現印文 是六十八", 『관보현보살행법경』 권1(대정장9, p.390a18)에 "땅에서 7척 떨어졌지만 바닥에 문양이 찍혔고 찍힌 무늬에는 천 겹의 바큇살이 가득했다. 離地七尺 地有印文 於印文中 千輻轂輞 皆悉具足", 『설암조흠어록』 권2(卍속장122, p.527a10)에 "큰 바다 속에서 몸을 뒤치고, 수미산 꼭대기에 발을 붙인다. 그런 다음오롯이 이것만을 들어야 하니, 위없으신 불조의 반듯한 무늬 백억의 산하대지와 백억의 과거미래현재를 다하고, 성인이거나 범부이거나 풀이거나 나무이거나 한번 새겨 돌이킬 일 없이 하여 터럭만큼도 남김없이 한다. 불자를 세우고 말했다. '보고 또 보라! 새긴 자욱이 드러났다. 눈으로 알고 손에도 익숙하다'. 大洋海裡翻身 須彌頂上著脚 然後 單單提起 無上佛祖正印 盡百億山河大地 百億往古來今 若聖若凡 若草若木 一印印定 毫髮無餘 豎起拂子云 看看 印文露也 眼辦手親"라고 하였다. [참고문헌] 『大般若經』, 『觀普賢菩薩行法經』, 『雪巖祖欽語錄』, *Gaṇḍ-vy.369.*, *Lal-v.126.* **2** 명말청초(明末淸初) 임제종(臨濟宗) 스님. 호는 영은(靈隱), 속성은 왕(王)씨. 서천(西川 : 四川省) 기주(夔州) 고량(高梁) 출신. 목란사(木蘭寺) 대천(大千) 문하에서 출가한 후 황벽(黃檗) 문하에서 수년 동안 고행하였다. 『선종정맥 禪宗正脈』을 열람하다가 '수레가 가지 못하면 수레가 아니라 소를 때린다. 車不行 打牛卽是 打車卽是'라는 구절에서 홀연히 깨우쳤다. 그 뒤 만봉(萬峰) 파산해명(破山海明)의 법을 이었다. 운남(雲南) 운집사(雲集寺)에 있었고 1658년(순치15) 자죽원(紫竹院)에 주석하는 등 제방에서 수행하였다. 『영은문선사어록 靈隱文禪師語錄』 3권을 남겼다. [참고문헌] 『五燈全書』 권70(卍속장141, p.461b18).

인문육의 因門六義 법계연기(法界緣起)를 인(因)의 측면에서 여섯 가지로 밝힌 뜻. 연기인문육의법(緣起因門六義法) 또는 인육의(因六義)라고 한다. 지엄(智儼)이 제창하고 법장(法藏 643~712)이 그 설을 계승하였다. 『십지경론』·『대승아비달마잡집론』의 육의(六義)를 『섭대승론 攝大乘論』·『성유식론 成唯識論』 등 신유식(新唯識)의 종자육의(種子六義)에 배대하여 법계연기설의 토대로 삼았다. 『십지경론』 권8(대정장26, p.170b19)의 사종심관(四種深觀)에 "첫째, 유분은 다른 것으로 짓는 것이 아니어서 스스로의 인으로 생하기 때문이다. 둘째, 스스로 짓지 않는다. 연으로 생하기 때문이다. … 셋째, 인연 두 가지로 짓는 것이 아니니 단지 따라 순해서 생하기 때문이고 지자가 없기 때문이며 때를 지어 머물지 않기 때문이다. … 넷째, 무인으로 짓지도 않음이니 수순하여 있게 되기 때문이다. 一者 有分非他作 自因生故 二者 非自作 緣生故 … 三者 非二作 但隨順生故 無知者故 作時不住故 四者 非無因作 隨順有故", 『대승아비달마잡집론』 권4(대정장31, p.712c10)에 "그러므로 다음과 같이 설한다. 스스로의 종으로 있게 되므로 다른 것을 따르지 않는다. 대중연이므로 스스로 짓지 않는다. 작용이 없으므로 공생이 아니다. 공능이 있으므로 무인은 아니다. 是故如是說 自種有故不從他 待衆緣故非自作 無作用故非共生 有功能故非無因", 『화엄경수현기』 권3(대정장35, p.66a23)에 "무엇을 육의라 하는가? 첫째, 념념멸이다. 이 멸이 바로 공유력부대외연이니, 힘이 있고 연은 기다리지 않아도 인체가 되어 연사를 대하기 전에 스스로 옮겨 움직이기 때문이다. 둘째, 구유이다. 바로 공유력대연이니, 그 까닭은 외연을 얻어야만 오직 체공을 드러내 함께 역용을 이루기 때문이다. 셋째, 수축지치제이다. 바로 유무력대연이니, 지로 다른 것을 따르므로 능히 연을 어기지 않음이 없이는 불가하기 때문에 무력이다. 넷째, 결정이다. 바로 유유력부대연이니, 외연을 알지만 아직 이르지 않아서 자성을 고치지 않고 스스로 이루기 때문이다. 다섯째는 관인연이다. 바로 공무력대연이니, 아는 것이 외연을 기다려 오직 친인을 드러내 비유무력으로 능히 과를 낳기 때문이다. 여섯째는 인현자과이다. 바로 유유력대연이니, 지로 외연을 얻을 때 오직 스스로의 인만을 드러내서 스스로의 과만을 얻기 때문이다. 何者爲六義 一念念滅 此滅是空有力不待外緣 所以有力不待緣 爲因體未對緣事自遷動故 二俱有是空有力待緣 所以者 爲得外緣 唯顯體空 俱成力用也 三隨逐至治際 是有無力待緣 所以知爲隨他故 不可無不能違緣故無力也 四決定是有有力不待緣 所以知外緣未至性不改自成故 五觀因緣 是空無力待緣 所以知者 爲待外緣 唯顯親因非有無力能生果也 六如引顯自果 是有有力待緣 所以知得外緣時唯顯自因 得自果故", 『화엄오교장』 권4(대정장45, p.499a9)에 "둘째는 연기인문육의법이다. 이 뜻을 푸는데 여섯 가지 문으로 분별하겠다. … 일체인에는 모두 여섯 가지 뜻이 있다. 첫째 공유력부대연, 둘째 공유력대연, 셋째 공무력대연, 넷째 유유력부대연, 다섯째 유유력대연, 여섯째 유무력대연이다. 第二 緣起因門六義法 將釋此義六門分別 … 謂一切因 皆有六義 一 空有力不待緣 二 空有力待緣 三 空無力待緣 四 有有力不待緣 五 有有力待緣 六 有無力待緣", "두 번째인 상을 푼다. 첫째는 찰나멸의다. 왜인가? 찰나에 멸하여 자성이 없음을 드러내니 이것이 공이다. 이 멸을 말미암아 과법이 생할 수 있으니 이것이 유력이다. 하지만 이것이 사라져버릴 수 있으니 연력이 따르지 않기 때문이니 연을 기다리지 않는다는 것이다. 둘째는 함께하는 뜻이다. 왜인가? 함께해야 비로소 있을 수 있으니, 바로 있지 않음이 그대로 공의 뜻임을 드러낸 것이다. 함께하기에 있을 수 있고 힘도 있다. 함께하기에 홀로 있는 것이 아니니 연을 기다린다. 셋째 뭇 연을 기다리는 뜻이다. 무자성이기에 공이며, 따라서 인은 연이 생하지 않으면 일어날 수 없으니 무력이다. 그런즉 이 뜻을 이유로 연을 기다린다고 한다. 넷째 결정의 뜻이다. 그러나 이것은 연력을 연유하지 않고는 고칠 수 없으니, 이것이 연을 기다리는 뜻이다. 다섯째, 스스로 과를 이끄는 힘의 뜻이다. 왜인가? 끌어 스스로 과를 드러내기에 유력의 뜻이다. 비록 연을 기다려 바야흐로 일어나지만 그렇다고 연의 과를 내는 것은 아니다. 이래서 유력의 뜻이고, 연을 기다리는 뜻이다. 여섯째, 언제나 따라 도는 뜻이다. 왜인가? 다른 법을 따르기에 없지 않으니 능히 연을 거스르지 않기에 무력이다. 이로써 연을 기다리는 뜻이다. 二 釋相者 初者 是刹那滅義 何以故 由刹那滅故 卽顯無自性 是空也 由此滅故 果法得生 是有力也 然此謝滅 非由緣力故 云不待緣也 二者 是俱有義 何以故 由俱有故方有 卽顯是不有是空義也 俱故能成有是有力也 俱故非孤是待緣也 三者 是待衆緣義 何以故 由無自性故是空也 因不生緣生故 是無力也 卽由此義故是待緣也 四者 決定義 何以故 由自類不改故是有義 能自不改而生果故 是有力義 然此不改非由緣力故 是不待緣義也 五者 引自果義 何以故 由引現自果 是有力義 雖待緣方生 然不生緣果 是有力義 卽由此故是待緣義也 六者 是恒隨轉義 何以故 由隨他

〈표〉 인문육의

論文	因六義	種子六義
(十) 非他作, 自因生故 / (大) 自種有故, 不從他	空有力不待緣	刹那滅
	有有力不待緣	性決定
(十) 非自作, 緣生故 / (大) 待衆緣故, 非自作	空無力待緣	待衆緣
	有無力待緣	恒隨轉
(十) 非他作, 無知者故 / (大) 無作用故, 非共生	空有力待緣	果俱有
	有有力待緣	引自果
(十) 非無因作, 隨順有故 / (大) 有功能故, 非無因	總具六義法	有能生功能

故不可無 不能違緣故無力用 卽由此故是待緣也", 『오교장통로기』 권24(대정장72, p.477a16)에 "〔문〕 이 인육의가 유래한 근원과 근거는 무엇이고, 어떻게 건립하는가? 〔답〕 이 종자인육의는 본래 『십지론』 중 제법인연·안과 밖의 유무·생과 불생의 뜻 및 『잡집론』 중 제법연기·자타로 주고 뺏음·지음과 짓지 않음의 뜻에서 왔다. 이러한 구들이 전후 차제로 인문육의의 구체적인 모습을 이루기 때문이다. 이 인문육의는 『섭대승론』과 『성유식론』의 종자육의에 배대할 수 있으니 이것이 바로 『화엄오교장』 인문육의의 원유다. 問 此因六義 所由根源 依何爲據 以何建立 答 此種子因六義 本者 十地論中 諸法因緣 表裏有無 生不生義 雜集論中 諸法緣起 自他與奪 作不作義 此等諸句 前後次第 以成六義所具相貌 以此六義 卽配攝論 成唯識論 種子六義 此卽今章六義源由"라고 하였다. 〔참고문헌〕 『華嚴五敎章』, 『五敎章通路記』. ⇨ 종자육의 種子六義, 법계연기 法界緣起

인물 人物 ❶ Ⓢ sarvasattvā의 한역어. 일체유정(一切有情)을 이르는 말. 『유마힐경』 권하(대정장14, p.528a11 : *Vikī-n.*, p.252)에 "그때 문수사리가 유마힐에게 물었다. '보살은 어떻게 중생을 관찰합니까?' '마치 마술사가 환술로 만든 모양을 보여주듯이 보살이 중생을 관함도 이와 같습니다. 마치 통달한 사람이 물속의 달인 줄 알듯이 보살이 뭇 중생을 봄에도 이와 같이 하여야 합니다. 저 밝은 그 모습들 그대로 비추듯이 보살이 중생을 볼 때도 그렇게 봅니다'. 於是 文殊師利 問維摩詰言 菩薩何以觀察人物 答曰 譬如幻者 見幻事相 菩薩觀人物爲若此 譬如達士 見水中月 菩薩觀人物爲若此 譬如明鏡 見其面像 菩薩觀人物爲若此 atha khalu mañjuśrīḥ kumārabhūto vimalakīrtiṃ licchavim etad avocat. kathaṃ satpuruṣa bodhisatvena sarvasattvā avekṣitavyāḥ. āha. tadyathāpi nāma mañjuśrīḥ vijñapuruṣa udakacandram avekṣeta evaṃ bodhisatvena sarvasattvā avekṣitavyāḥ. tadyathāpi nāma mañjuśrīḥ ādarśamaṇḍale mukhamaṇḍalam ālokayet evaṃ bodhisatvena sarvasattvā avekṣitavyāḥ. … tadyathā mañjuśrīḥ māyākāro māyākāranirmitaṃ puruṣam avekṣeta evaṃ bodhisatvena sarvasattvā avekṣitavyāḥ"라고 하였다. 〔참고문헌〕 『維摩詰經』, *Vikī-n.* ❷ 덕이나 재능이 걸출한 사람. 참된 선지식. 『능가사자기』 「홍인장 弘忍章」(대정장85, p.1289c13)에 "노주의 법여와 소주의 혜능과 양주의 고려승 지덕, 이들은 모두 사람들의 스승 감당할 만하지만 단지 그곳의 인물일 뿐이다. 潞州法如 韶州惠能 揚州高麗僧智德 此並堪爲人師 但一方人物", 『무이원래광록』 권32(卍속장125, p.367a7)에 "고상한 재능과 큰 덕으로 건계제일류의 인물인데다가 불법마저 깊이 통달하였다. 高才碩德 爲建谿第一流人物 且深通佛法"라고 하였다. 〔참고문헌〕 『楞伽師資記』, 『無二元來廣錄』. ⇨ 인사 人師 ❸ 사람과 만물. 『중관론소』 권1(대정장42, p.15a8)에 "어떤 외도는 분별하길 '천지가 있기 전에 본래 한 남자와 한 여자가 있었다. 이 남녀에게서 모든 사람과 만물이 생하였으므로 화합하여 생한다고 한다'. 有一外道計 未有天地 本有一男一女 從此男女 生一切人物 故云和合生也"라고 하였다. 〔참고문헌〕 『中觀論疏』.

인물시의론 人物始義論 동진(東晉) 때 강법창(康法暢) 지음. 1권. 전하지 않는다. 청담(淸談)을 즐기던 인물들에 관한 글이다. 저자는 반야학자 강승연(康僧淵)·지민도(支敏度) 등과 함께 강남으로 건너가 활동하였다. 『역대삼보기』 권7(대정장49, p.74a10)에 "『인물시의론』 1권 : 위의 논 1권은 성제 재위 시(326~342) 사문 강법창이 지었다. 그는 항상 주미를 들고 다니며 유명 인사와 마주칠 때마다 종일토록 청담을 즐겼다. 유원규가 그에게 물었다. '이 주미는 어째서 항상 지니고 있소?' '검소한 이는 달라하지 않고 탐하는 이에게는 줄 수 없으니 언제나 저한테 있습니다'. 人物始義論一卷 右論一卷 成帝世 沙門康法暢作 暢常執麈尾行 每值名賓 輒淸談盡日 庾元規謂暢曰 此麈尾何以常在 暢曰 廉者不求 貪者不與 故得常在"라고 하였다. 육조(六朝)시대에 화북(華北)의 승중(僧衆)은 전란으로 인하여 남쪽으로 건너와 당시 강남 귀족의 풍속에 영합하였기에 이런 류의 저작이 나올 수 있었다. [참고문헌] 『歷代三寶紀』, 『梁高僧傳』 권4(대정장50, p.346c28). ⇨ 강법창 康法暢

인민 人民 Ⓢ manuṣyāḥ, manuṣya, jana, janapada, Ⓟ manussā. 세간 사람들. 평민 또는 백성. 『장아함경』 권1 「대본경 大本經」(대정장1, p.9c3)에 "그때 반두성에 사는 많은 인민이 이 두 사람이 출가하여 불도를 배운다는 소문을 들었다. 爾時 槃頭城內 衆多人民 聞二人出家學道", 『일체경음의』 권29(대정장54, p.500b14)에 "저 나라 인민은 네 부류로 차별하는데 바라문은 그 중 하나다. 彼國人民 四類差別 婆羅門 卽其一也", 『지장본원경과주』 권2(卍속장35, p.512b11)에 "인민은 나라의 근본이다. 민이란 중생이다. 人民 國之本也 民衆生也", 『아미타경직해정행』(卍속장33, p.751a6)에 "부처님은 법의 왕으로 여기기에 대중이라 하지 않고 인민이라 불렀다. 부처님 수명만 무량하다는 말이 아니라 인민의 수명까지도 무량하다는 뜻이다. 佛爲法王 不言大衆 而曰人民 非謂佛壽無量 以及人民壽命 亦無量也"라고 하였다. [참고문헌] 『長阿含經』, 『一切經音義』, 『地藏本願經科註』, 『阿彌陀經直解正行』.

인민치성 人民熾盛 Ⓢ ākīrṇa-bahujana-manuṣya. 인민이 북적거리며 살고 있다는 말. 나라가 번성한 뜻이다. 『장아함경』 권3 「유행경 遊行經」(대정장1, p.21b17)에 "그때 곡식은 풍성하고 흔했으며 인민 또한 북적거렸다. 是時 穀米豐賤 人民熾盛"라고 하였다. [참고문헌] 『長阿含經』, *Aṣṭ-pr.240.* ⇨ 인민 人民

인바라밀 忍波羅蜜 Ⓢ kṣānti-pāramitā, Ⓟ khanti-pāramī, Ⓣ bzod-pa'i-pha-rol-tu-phyin-ba. 인욕바라밀(忍辱波羅蜜). 80권본 『화엄경』 권22(대정장10, p.116c11)에 "백만억 보살이 인바라밀을 얻어 마음을 헛되이 움직이지 않아서 모든 불법을 능히 견뎌 받아들인다. 百萬億菩薩 得忍波羅蜜 心不妄動 悉能忍受一切佛法", 『대보적경』 권119 「승만부인회 勝鬘夫人會」(대정장11, p.674b9)에 "응당 견뎌 성숙한다는 것은, 만약 저 유정들이 헐뜯으며 욕하고 비방하며 어지럽혀도 성내지 않는 마음과 이롭게 하려는 마음으로 한껏 참아내고 얼굴빛도 바꾸지 않으며 저들 뜻에 수순하여 성숙시켜서 저 유정들로 하여금 정법에 안주케 하니, 이를 인바라밀이라고 한다. 應以忍成熟者 若彼有情 罵詈毁辱 誹謗擾亂 以無恚心 及利益心 最上忍力 乃至顏色 亦不變異 隨順彼意 而成熟之 令彼有情 安住正法 是名忍波羅蜜"라고 하였다. [참고문헌] 『華嚴經』, 『大寶積經』, 『大乘義章』 권17(대정장44, p.811a9), *Gaṇḍ-vy.118., Sūtr.32., Ap.6.* ⇨ 인 忍, 인욕 忍辱, 인욕바라밀 忍辱波羅蜜

인바라밀다 忍波羅蜜多 ➡ 인욕바라밀 忍辱波羅蜜

인바라밀보살 忍波羅蜜菩薩 Ⓢ Kṣāntipāramitā-bodhisattva. 십바라밀보살(十波羅蜜菩薩) 중 세번째 제3위의 보살. 태장만다라(胎藏曼茶羅) 허공장원(虛空藏院) 윗줄 좌측에 위치한다. 인욕(忍辱)바라밀보살 또는 안인(安忍)바라밀보살이라고도 한다. 밀호는 제찰금강(帝剎金剛), 종자는 क्षं(kṣaṃ) 또는 वं(vaṃ), 삼매야형은 보경(寶鏡) 또는 금반(金盤)과 명경(明鏡)이다. 몸은 살색이며 갈마의(羯磨衣)를 입고 붉은 연화대 위에 앉아 있다. 오른손은 중지와 약지 그리고 소지를 살짝 구부려 가슴 쪽을 향했으며, 왼손에는 가슴 앞에 보경을 들어 밖을 비춘다. 이 보살은 원수조차 연민으로 참아견디는 내원해인(耐怨害忍), 어떤 고통도 편안히 참아내는 안주고인(安住苦忍), 미망없는 그대로의 제찰법인(諦察法忍)을 드러낸다. 현도만다라에서는 거울에 비친 미소는 보살이 진실에 안인하고 있음을 보인 뜻이다. 『천수천안의궤경』 권하(대정장20, p.77c7)에 "다음으로는 인바라밀보살인을 맺는다. 전의 계바라밀인에 준하되, 왼손과 오른손 검지를 서로 합하여 침과 같이 하고, 왼손과 오른손 엄지도 나란히 세우고 진언을 외운

다. '옴 바바아바지 걸산〈합하여 길게 한다〉지다〈길게 한다〉리니 훔 발타. oṃ bhagavati kṣānti-dhāriṇi hūṃ phaṭ 옴 참아 견디는 여존이시여! 훔 팟'. 이 인계를 맺고 진언을 세 번 외우면 무량겁진에업종자가 사라지고 세 가지 인공덕을 얻는다. 次結忍波羅蜜菩薩印 准前戒波羅蜜印 以進力相合如針 禪智並竪 即誦眞言曰 唵 嚩婆誐嚩底乞鏟〈二合引〉底馱〈引〉哩抳吽發吒 由結此印 誦眞言三遍 則滅無量劫瞋恚業種 獲得三種忍功德"라고 하였다. 〔참고문헌〕『千手千眼儀軌經』, 『青龍寺儀軌』 권중(대정장18, p.156c27), 『胎藏金剛教法名號』(대정장18, p.203b26), 『不空羂索神變眞言經』 권15(대정장20, p.305a12). ⇨ 십바라밀보살 十波羅蜜菩薩, 인 忍, 인욕 忍辱, 인욕바라밀 忍辱波羅蜜

인반 印瘢 Ⓟ lakkhaṇāhata. 새긴 흔적. 몸에 새겨 넣은 무늬나 글씨 등으로 문신을 말한다. 『마하승기율』 권23(대정장22, p.416c1)에는 비구니의 청정한 행실을 훼손하는 조목 중 하나로 들고 있다. 『사분율행사초』 권상(대정장40, p.27c21)에 "몸에 무늬 새겨 살을 파낸 자리에 구리 등으로 글자나 동물 형상을 그려넣는다. 印瘢人破肉已 用銅青等 作字獸形", 『사분율행사초자지기』 권1(대정장40, p.223a26)에 "인반은 오늘날 몸에 검푸른 문신을 새겨넣음을 말한다. 印瘢今謂雕青也"라고 하였다. 〔참고문헌〕『摩訶僧祇律』, 『四分律行事鈔』, 『四分律行事鈔資持記』, *Vin.1.76.*

인반대사 引飯大師 정추(淨槌)의 별명. 정추를 쳐서 대중에게 공양시간을 알리기에 이렇게 부른다. 송(宋)대 도곡(陶穀)의 『청이록』에 "선가에서 공양하기 전에 먼저 정추를 울리는데 이는 유나가 친다. 총림에서 정추를 가리켜 인반대사, 유나를 난추도독이라 한다. 禪家未粥飯 先鳴槌 維那掌之 叢林目淨槌 爲引飯大師 維那爲欒槌都督"라고 하였다. 〔참고문헌〕『清異錄』.

인발 引發 Ⓢ abhinirhāra, Ⓣ mngon-par-sgrub-pa. 끌어내다. 잠재된 선한 요소나 능력 따위를 유도하여 실현한다는 의미를 나타낸다. 『방광대장엄경』 권1(대정장3, p.545a4)에 "비리야바라밀(Ⓢ vīrya-pāramitā)은 법문으로 모든 선법을 성취하여 끌어낸다. 중생을 교화하여 게으름을 버리게 하기 때문이다. 毘離耶波羅蜜是法門 成就引發 一切善法 教化衆生 除嬾惰故", 80권본 『화엄경』 권77(대정장10, p.421a13)에 "모든 보살의 선근을 끌어내고, 모든 보살의 조도를 쌓아 모은다. 引發一切菩薩善根 積集一切菩薩助道", 『대승입도차제』(대정장45, p.456c11)에 "둘째, 이것(禪定)으로 육신통을 일으키므로 '정려를 끌어낸다'고 한다. 二者 以此能發 六神通故 名爲引發靜慮"라고 하였다. 〔참고문헌〕『方廣大莊嚴經』, 『華嚴經』, 『大乘入道次第』, *Bodh-bh.98·120.*

인발의복 人髮衣服 사람의 머리카락으로 지은 옷. 『입세아비담론』 권9(대정장32, p.215c4)에 "이때 모든 사람들의 수명은 줄어들어 열 살 밖에 살지 못하는데, 몸은 왜소하여 두 뼘 혹은 세 뼘이고 스스로 재어도 여덟 뼘이다. 먹을 것이라고는 피가 으뜸이고 인발의복을 최고로 친다. 오직 칼과 창으로 몸을 꾸밀 뿐이다. 이때 사람들은 정법을 행하지 않고 법이 아닌 것에 탐착하여 항시 물들어 있고 도리가 아닌 것을 탐애하여 그것에 핍박받으며 삿된 법과 거짓이 널리 퍼져 온갖 잘못된 악행을 일으킨다. 是時一切人民 壽命短促 唯住十歲 身形矬小 或二搩手 或三搩手 於其自量 則八搩手 所可資食 稊稗爲上 人髮衣服 以爲第一 唯有刀仗 以自莊嚴 是時諸人 不行正法 非法貪著 恒所染汚 非理貪愛之所逼使 邪法欺張 起諸過惡"라고 하였다. 〔참고문헌〕『立世阿毘曇論』.

인발인 引發因 Ⓢ āvāhaka-hetu, Ⓣ 'dren-pa'i-rgyu. 십인(十因) 중 하나. 선악무기 등의 성질을 갖는 종자와 현행이 동류의 과나 수승한 과를 이어서 불러 일으키는 인. 즉 욕계(欲繫)·색계(色繫)·무색계(無色繫)·불계(不繫) 등의 선법(善法)과 불선법(不善法)과 무기법(無記法)을 인으로 삼아 수순해서 그에 상응하는 과나 그 이상의 선법과 불선법과 무기법을 그 과로 불러들이는 것을 인발인이라고 한다. 『유가사지론』 권38(대정장30, p.501a22 : *Bodh-bh.*, p.69)에 "처음 종자가 일으킨 과가 뒤의 종자가 이끌 과를 기다리기에 인발인이라고 한다. 卽初種子所生起果 望後種子所牽引果 名引發因 tatpunarbījanirvṛttaṃ phalamuttarasya bījākṣiptasya phalasyāvāhakahetuḥ", 『현양성교론』 권18(대정장31, p.571b20)에 "수순인이 의지하는 처에 의지해서 인발인을 세운다. 왜그런가? 욕계에 매인 선법은 능히 욕계에 얽힌 모든 더 뛰어난 선법을 이끌고, 이렇게 욕계선법은 색무색계에 매인 모든 뛰어난 선법마저 이끄다 이것은 저 승선법을 따라 순하기 때문이다. … 모든 단식으로 이끌려 이미 나게 된 유정들은 이렇게 세간에 머물러 무너질 일 없다. 능히 저 이미 심은 인(因)들이 즐겨하는 세력을 따라 한층 더 키워갈 뿐이니 저 인들을 따라 순하기 때문이다. 인을 따라 순하고 다시 그것에 의지해 삼계중에 처하게 된 것을 인발인을 건립한다고 하는 것이다. 依隨順因依處 建立引發因 何以故 欲繫善法 能引欲繫諸勝善法 如是欲繫善法 能引色無色繫諸勝善法 隨順彼故 … 所謂能持善不善無記種子阿賴耶識 又無記法 能引同類勝無記法 謂諸段食能引 已生有情 令住不壞 及能引彼 適悅勢力 令其增長 隨順彼故 是故 依隨順因依處 建立引發因"라 하였다. 〔참고문헌〕『瑜伽師地論』, 『顯揚聖教論』, *Bodh-bh.* ⇨ 십인 十因 ■

인발차별 引發差別 ❶이끌어 품류의 차별을 일으킴. 아뢰야식(阿賴耶識)의 사종차별(四種差別) 중 하나이며, 새롭게 훈습을 일으키는 것으로 최초의 명언훈습(名言熏習)을 말한다. 세친(世親)의 『섭대승론석』 권3(대정장31, p.336c13)에 "〔논〕 이 중에서 인발차별이란, 새롭게 훈습을 일으키는 것을 말한다. 이것이 없다면 행(行)이 식(識)을 연으로 삼고, 취(取)가 유(有)를 연으로 하는 일은 성립할 수 없다. 〔석〕 인발차별이란 품류차별을 이끌어내는 것을 말한다. 새롭게 훈습을 일으킨다는 것이란 가장 앞서 일어나는 훈습을 말한다. 論曰 此中引發差別者 謂新起熏習 此若無者 行爲緣識 取爲緣有 應不得成 釋曰 引發差別者 謂能引發品類差別 謂新起熏習者 謂彼最先 所起熏習", 무성(無性)의 『섭대승론석』 권3(대정장31, p.397b11)에 "'인발차별이란 새롭게 일어나 훈습한다'란, 최초의 명언으로 일으킨 훈습을 인발차별이라고 한다. 이 명언훈습으로 생(生)을 일으키기 때문이다. 引發差別 謂新起熏習者 謂最初名言 所生起熏習 是名引發差別 由此熏習引發生故"라고 하였다. 〔참고문헌〕『攝大乘論釋』. ⇨명언훈습 名言熏習, 훈습 熏習, 아뢰야식 阿賴耶識 ❷Ⓢabhinirhāra-prabheda, Ⓣmngon-par-sgrub-pas-rab-tu-dbye-ba. 대승의 심학(心學)이 일으키는 수승한 육종차별(六種差別) 중 하나. 걸림 없는 신통을 일으키는 것. 세친(世親)의 『섭대승론석』 권8(대정장31, p.362a9)에 "〔논〕 인발차별이란, 일체세계의 걸림 없는 신통을 이끌어 내는 것을 말한다. 〔석〕 이 정려로서 신통을 일으키니 일체세계에 모두 장애가 없다. 論曰 引發差別者 謂能引發 一切世界 無礙神通故 釋曰 由此靜慮 引發神通 一切世界 皆無障礙", 무성(無性)의 『섭대승론석』 권8(대정장31, p.427b20)에 "〔논〕 인발차별이란, 일체세계의 장애 없는 신통을 일으키는 것을 말한다. 〔석〕 이 선정의 힘으로 말미암아 갖가지 일체세계의 장애 없는 신통을 일으키는 것이다. 論曰 引發差別者 謂能引發 一切世界 無礙神通故 釋曰 由此定力 引發種種一切世界 無礙神通"라고 하였다. 〔참고문헌〕『攝大乘論釋』, *Mah-saṃ.70.*

인발행상삼마지 引發行相三摩地 Ⓢākārābhinirhāra-samādhi, Ⓣrnam-par-mngon-par-sgrub-pa-zhes-bya-ba'i-ting-nge-'dzin. 백팔삼매 중 하나. 온갖 삼매와 법들을 일으키지만 일으킨다는 생각마저 갖지 않는 삼매. 생행삼매(生行三昧)라고도 한다. 『대반야경』 권52((대정장5, p.295c22)에 "'세존이시여, 무엇을 인발행상삼마지라 하는지요?' '선현아, 만일 이 삼마지에 머물면 모든 등지 및 일체법에 있어서 비록 갖가지 행상을 끌어 일으키지만 능히 끌어내는 이가 있다고 보지 않는다. 이를 가리켜 인발행상삼마지라 한다'. 世尊 云何名爲引發行相三摩地 善現 謂若住此三摩地時 於諸等持 及一切法 雖能引發 種種行相 而都不見 能引發者 是故名爲引發行相三摩地", 같은 책 권489(대정장7, p.483c28)에 "끌어내는 이와 끌어낼 법도 따로 있다고 여기지 않는다. 而都不見 能所引發"라고 하였다. 〔참고문헌〕『大般若經』, *Pañca-pr.202.* ⇨생행삼매 生行三昧, 백팔삼매 百八三昧

인범 仁範 어진 행위. 행자가 가져 버리지 않는 위의로서, 정심(淨心)으로 행하는 보살의 팔만위의와 성문의 삼천위의를 말한다. 『정심계관법』 권상(대정장45, p.823c2)에 "사람은 하늘을 볼 수 없지만 하늘은 항상 사람을 본다. 업력으로 죄를 가짐에는 밤낮이 없고 행자의 삼가함에는 보이지 않거나 보이거나 다름이 없어야 한다. 대천세계가 부처님 모공중인데 어찌 숨은 허물을 용납하겠으며 현성이 알지 못하겠는가? 때문에 보살에게는 팔만위의가 있고 성문계에는 삼천위의가 있는 것이니, 그대들은 위의의 모든 것들을 닦고 모아서 보이지 않든 보이든 한결같이 마음을 쓰되 죽을 때까지 인범에 이즈러짐 없이 해야 할 것이다. 이와 같이 가져 행하는 것을 정심이라 한다. 人不見天 天常見人 業力持罪 不在晝夜 行者謹愼 屛露無差 大千世界 在佛毛孔 豈容屛過 賢聖不知 是故菩薩有八萬威儀 聲聞戒有三千威儀 汝應修集 威儀庠序 屛露二處 一等用心 乃至失命 不虧仁範 如是持行 名爲淨心", 『정심계관법발진초』 권상(卍속장105, p.352b18)에 "인범에 대해 유가에서는 자신을 사랑하는 마음을 미루어 만물에까지 미치는 것을 인의 본령으로 삼는다. 아주비구가 거위의 목숨을 구하고자 자신을 버린 것이야말로 사랑하는 마음을 미루어 만물에 미친 일이 아니겠는가? 저들이 인이라고 부르는 것을 석가에서는 계라고 부르는 인범이라 한 것이다. 仁範 儒中以推愛及物爲之仁本也 鵝珠護生損己 不曰推愛及物乎 在彼名仁 在釋則名戒 故仁範矣"라 하였다. 〔참고문헌〕『淨心誡觀法』, 『淨心誡觀法發眞鈔』. ⇨정심 淨心, 위의 威儀

인법 人法 인(Ⓟpuggala, Ⓢpudgala)과 법(Ⓟdhamma, Ⓢdharma). 주재(主宰)나 작자(作者)의 뜻을 상정해 인(人)이라 하고 제법(諸法)에 자성(自性)이 실(實)이라 여겨 법이라 부르는 것을 부정하는 뜻에서 인법을 말하기에 인법은 둘다 무아(無我)이고 공(空)이다. 『대지도론』 권14(대정장25, p.168a18)에 "보살은 오랜 세월 이래로 인연이 화합하였을 뿐이므로 임시로 이름하여 인이라 하였으며 실로 인과 법은 없다고 안다. 菩薩知從久遠已來 因緣和合 假名爲人 無實人法", 『섭대승론석』 권13(대정장31, p.249b2)에 "부정한 품을 생사라 하고 청정한 품을 열반이라 한다. 생사는 허망하고 인과 법 둘 다 아(我)가 없는 그대로 열반이기에 무분별지를 얻는다. 생사가 실로 있는 것 아님을 안다면 열반 또한 실로 있지 않음을 알지니, 이것 저것으로 다름은 없다. 不淨品 名生死 淨品 名涅槃 生死虛妄 無人法二我 卽是涅槃 得無分別智 見生死無所有 卽是見涅槃無所有 故無此彼之異", 원효(元曉)의 『대혜도경종요』(대정장33, p.73a7・한불전1, p.486a19)에 "독자부설은 '실로 인과 법이 있어 같지도 않지만 떨어질 수도 없다' 하여 5온18계12처로 거둘 수 없어서 다섯 번째인 불가설장(不可說藏 Ⓢ anabhilāpya-kośa)을 설정하여 거기에 둔다. 이제 대승설에 따르면, 인연이기에 있지만 별도의 자성은 없으니 색심 등 법도 모두 이와 같다. 만일 실로 인(人)이 있다고 여긴다면 증익하는 편견으로 기울고, 반대로 인이 전혀 없다고 여긴다면 손감하는 편견으로 기운다. 대승은 그렇지 않으니 인연을 따라 있다고 봄으로 손감의 편견에서도 벗어나고, 별도의 자성이 없다고 봄으로 증익의 편견에서도 벗어난다. 犢子部說 實有人法 不卽不離 雖蘊界處之所不攝 而在第五不可說藏 今大乘說 因緣故有 而無別性 色心等法 皆亦如是 若實有人 是增益邊 若都無人 是損減邊 大乘不爾 從緣有故 離損減邊 無別性故 離增益邊"라고 하였다. [참고문헌] 『大智度論』, 『攝大乘論釋』, 『大慧度經宗要』. ⇨ 인 人, 법 法, 주재 主宰, 작자 作者, 인법이공 人法二空, 인법이무아 人法二無我, 인법이집 人法二執

인법 印法 ❶ 각인된 법. 정해서 바꿀 수 없게 된 법. 『대보적경』 권6(대정장11, p.31b18)에 "이것은 문자로 각인된 모든 법을 벗어나고, 일체 모든 법은 다 그 중 들어간다. 무엇을 들어간다 이름하는가? 평등하기에 갖가지 모든 법은 무엇이 되었건 온통 차별없이 고르게 세계속으로 들어간다. 此是出離 一切文字印法 一切諸法 悉入其中 云何名入 以平等故 一切諸法 皆入平等", 『화엄경탐현기』 권19(대정장35, p.465a23)에 "선인선과와 악인악과란 이치상 결정되기에 인법이라 한다. 善惡因果 理決定故 名印法"라 하였다. [참고문헌] 『大寶積經』, 『華嚴經探玄記』. ❷ 인주(印呪) 또는 계인(契印)의 법. 『불심경』 권상(대정장19, p.4b17)에 "만일 모든 인법을 오래 가져서도 성취할 수 없었다 하면 이 인계를 맺고 매일 지니고서 천 번을 외운다면 7일이 지나지 않아서 이루지 못할 법이 없고 하는 일마다 막힘이 없을 것이다. 若諸印法 久持不得成者 結此契印持千遍 不經七日 無法不成 所用卽無滯礙"라 하였다. [참고문헌] 『佛心經』.

인법 因法 ❶ 인(因)으로서의 법. 인명 용어. 타인에게 드러내 말하고자 하는 뜻을 타당하게 해주는 이유명제(因 Ⓢ hetu). 구체적으로는 이유명제의 술어부(法)를 가리킨다. 『인명정리문론』(대정장32, p.10a7)에 "두 번째는 다르지 않아 비슷함이란, 사물성인과다. 그것은 본래 없던 것이 생겨서 한껏 유지되는 것으로 주장명제와 이유명제가 하나가 되는 허물을 만들기 때문이다. 이것은 본래 없다가 생긴 것으로 끝내 인법을 이루어 사라진 후에는 없음을 증명하는데, 만약 이렇게 주장한다면 논파할 수 있다. 第二 無異相似 是似不成因過 彼以本無而生 增益所立 爲作宗因成一過故 此以本無而生 極成因法 證滅後無 若卽立彼 可成能破", 『인명의단』(대정장44, p.147a3)에 "능립의 이유명제가 있으면 소립의 주장명제가 반드시 수반된다. 그러므로 비유 중에서 이유명제만을 말하여도 주장명제는 저절로 따라갈 수 밖에 없다. 夫有能立因法 所立宗法必隨 故於喩中 但說因法 宗法自隨逐也"라고 하였다. [참고문헌] 『因明正理門論』, 『因明義斷』. ⇨ 인명 因明 ❷ 인이 되는 법. 『반야등론석』 권12(대정장30, p.112b11)에 "수론의 사람은 말하기를 '인이 되는 법이 비록 이미 사라졌을지라도 과에 이를 때까지는 아직 그 인의 체는 머물러 있다'. 논자가 말한다. '인은 소멸하였으나 그 체는 폐기되지 않고 머물러 과의 체가 된다는 것은 이런 도리는 없다'. 佉人言 因法 雖已滅 至果起時 猶有因體住 論者言 若因滅已 而體不捨 卽住爲果體者 無如是義"라고 하였다. [참고문헌] 『般若燈論釋』.

인법 忍法 Ⓢ kṣānti. 가행위(加行位) 중인 사선근위(四善根位) 중 제2 정위(頂位)를 지난 제3 인위(忍位)에서 성취하는 법. 상중하의 능취소취공(能取所取空)을 여실히 안다. 『구사론』 권23 「분별현성품 分別賢聖品」(대정장29, p.119b28 : *Abh-k-bh.*, p.344)에 "이 정법(頂法)의 선근이 하중상으로 점차 증장하여 가득 차게 될 때까지 일으킨 선근이 있게 된 것을 인법이라고 한다. 사성진실을 능히 알아 다한 뜻 중에 이것이 가장 수승하기 때문이다. 또한 이 위의 인에는 물러나 떨어질 일 없기에 인법이라고 한다. 이 인법의 선근은 안족하든 증진하든 모두 법념주에 해당하니 전 위의 법과는 다르다. 此頂善根 下中上品 漸次增長 至成滿時 有善根生 名爲忍法 於四諦理 能忍可中 此最勝故 又此位忍 無退墮故 名爲忍法 此忍善根 安足增進 皆法念住 與前有別 mṛdu madhyādhimātrakramābhivṛddhebhyaḥ punar ut padyate. adhimātrasya kṣamaṇād aparihāṇitaḥ. … yathā mūrdhāna uktāḥ evaṃ mṛdumadhye kṣā ntī tathaivākaraṇāt. vivardhane tv ayaṃ viśeṣa ḥ. sarvasyāḥ smṛtyupasthānenaiva nānyena"라고 하였다. [참고문헌] 『俱舍論』, 『大智度論』 권6(대정장25, p.106c22), 『成實論』 권2(대정장32, p.250c16), *Abh-k-bh.* ⇨ 인위 忍位, 가행위 加行位, 사선근위 四善根位

인법관정 印法灌頂 삼종관정(三種灌頂) 중 하나. 전법관정(傳法灌頂) 시 제자의 자력(資力)이 부족하고 상황이 여의치 않을 경우 필요한 물자와 일정한 작법은 생략하고 비밀의 인법만을 방편으로 대신하는 관정으로, 비인관정(祕印灌頂)·이작업관정(離作業灌頂)·수인관정(手印灌頂)이라고도 한다. 『대일경소』 권15(대정장39, p.736b13)에 “관정에 세 가지가 있다. 첫째, 단지 인법만 짓고 갖가지 작법은 하지 않는 것이다. 이렇게 비밀만다라에 들어간다. 제자가 은근하고 진실한 마음으로 진언행을 깊이 좋아하고 대승을 구하는 것에 뜻을 두었으나 자력이 부족할 경우, 하나하나 다 갖추려고 하고 갖가지 일을 도모하면 도리어 도에 장애가 된다. 이런 이의 스승은 응당 자비심을 깊이 일으켜 그의 마음 행로를 보아 거두고 이끌어야 한다. 그러나 단지 이 사람을 위해서만 행해야지 모든 이에게 행해서는 안 된다. 왜 그러한가? 자력으로 할 수 있는 이마저 게으르고 오만한 마음을 일으켜 마음을 다하지 않고 여러 선근의 근본을 해칠까 걱정되기 때문이다. 관정할 때 자력이 닿는 대로 약간의 공양물로 삼보에 공양한다. 이것이 제일의 최승이니 본존의 신어의 삼업이 하나로 합쳐짐을 말한다. 삼업이 모두 청정하므로 이 수인으로 인가하니 이를 최승이라 한다. 아사리는 비밀하게 그 진언과 수인의 류를 받는다. 然灌頂有三種 一者 但以印法作之 離諸作業 此是入祕密漫茶羅 謂有弟子誠心慇重 深樂眞言行 志求大乘 然資力乏少 若令一一具 求衆事 反當於道有礙 如是之人師當深起慈心 觀彼心行而攝引之 然但得爲此人而作之 不得多爲人作 何以故 恐彼資力能辦者 生怠慢心 而不盡心 損衆德本故 作時隨力 令辦少供 供養三寶 此第一最勝 謂本尊身語意三合爲一 三俱淨故 以此印印之 此最勝也 師祕受其眞言手印之類也”라고 하였다. 〔참고문헌〕『大日經疏』. ⇨ 전법관정 傳法灌頂, 관정 灌頂❶, 인계 印契

인법무아 人法無我 Ⓢ dharma-pudgala-nairātmya. 인도 법도 아는 없다는 말. 『능가경』 권1(대정장16, p.480b4 : *Laṅk.*, p.264)에 “인도 법도 아가 없음을 알고, 번뇌에도 그것으로 일어난 허망한 불꽃에도 항상 청정하여 상이 없어서 대비심을 일으키신다. 知人法無我 煩惱及爾炎 常淸淨無相 而興大悲心 dharmapudgalanairātmyaṃ kleśajñeyaṃ ca te sadā, viśuddham animittena prajñayā kṛpayā ca te”, 『능가경주해』 권1(대정장39, p.363a18)에 “잘 인법무아상을 관한다는 것은 두 갈래 공을 잘 관해서 생법 두 가지 집을 파하는 것이다. 다른 경에서 생법이공이라 하는 것은 여기에서는 인무아법무아이다. 무란 공하는 것이다. 인(人) 이에 뭇 인연으로 생한 임시의 것들을 이름하며, 법 이에 오음실법을 말한다. 범부는 이 가와 실에 치우쳐 무겁게 여긴다. 무아로서 깨우쳐야 하니, 무아를 깨우친즉 모든 것에서 벗어난다. 본래 자성 그대로의 묘인과 묘법만이 드러나리라. 言善觀人法無我相者 謂用二空妙觀 破生法二執也 在他經 則曰生法二空 此云人無我法無我 無卽空也 人乃衆生假名 法乃五陰實法 凡夫於此假實我見偏重 故以無我破之 若達無我 則一切離著 顯出本性妙人妙法矣”, 『주대승입능가경』 권5(대정장39, p.465b17)에 “이와 같은 보살법으로 그들이 인법무아를 증득하여 혹장(번뇌장)도 지장(소지장)도 깨끗이 한다. 如是菩薩法 令其證得 人法無我 淨惑智障”라 하였다. 〔참고문헌〕『楞伽經』, 『楞伽經註解』, 『注大乘入楞伽經』, *Laṅk.* ⇨ 인법이무아 人法二無我, 인법 人法, 인 人, 법 法

인법사 印法師 고구려 스님. 제25대 평원왕(재위 559~590) 때 중국에 가서 유학하고 삼론학(三論學)을 강설하며 활동하였다. 법명(法名)의 앞글자는 알 수 없고, 뒷글자만으로 인법사라고 불렀다. 『당고승전』 권15 「석영예전 釋靈睿傳」(대정장50, p.539c21)에 “개황년간(581~600) 초에 고구려 인공이 촉에 들어가 삼론을 강설하였는데 영예가 인법사의 제자가 되었다. 開皇之始 高麗印公 入蜀 講三論 又爲印之弟子”라 하였고, 또 같은 책 권22 「석도주전 釋道胄傳」(대정장50, p.623a8)에 도주가 20세 때 병주로 가서 인법사를 청하여 화상을 삼았다고 하였으니, 수말당초에 중국에서 불도(佛道)로 크게 국위를 떨쳤던 스님임을 추지할 수 있다. 〔참고문헌〕『唐高僧傳』. ⇨ 인사 印師

인법위 忍法位 Ⓢ kṣānti. 인법을 행하여 물러남이 없는 인위(忍位). 가행위(加行位) 중 제3위로서 인순정(印順定)에 의지해 삼품의 여실지를 말한다. 『구사론』 권25 「분별현성품 分別賢聖品」(대정장29, p.132c23 : *Abh-k-bh.*, p.384)에 “인법위중에는 반드시 물러나 떨어질 일 없으며 선근이 견고하여 증상의 뜻을 얻기에 근이 증장한다고 한다. 忍法位中 必不退墮 善根堅固 得增上義 故說根增 apunaḥparihāṇita ādhipatyaprāptatvāt kṣāntiṣv indriyāni”, 『법화현의』 권4(대정장33, p.728a20)에 “인법위란 또한 그럴듯한 해의 증장으로 다섯 가지 선법이 증진하여 근을 성취하니, 사성제 중에 능히 견뎌 참아 기꺼워 알고자 한다. 그러므로 인법위라고 하며, 중하인 두 인(忍)을 모두 인위라고 한다. 忍法位者 亦是似解增長 五種善法 增進成根 於四諦中 堪忍樂欲 故名忍法位 下中二忍 皆名忍位”라고 하였다. 〔참고문헌〕『俱舍論』, 『法華玄義』, 『華嚴經疏鈔』 권62(대정장36, p.495c24), *Abh-k-bh.* ⇨ 인위 忍位, 인순정 印順定, 가행위 加行位

인법이공 人法二空 인(人)도 법(法) 모두 공하다는 말. 『반야경』에서는 인법이공의 뜻은 불여래만이 아시는 견줄 수 없는 뛰어난 법이며, 『섭대승론』에서는 일체법(一切法)에 통하는 진실(諦)이어서 최청정한 법이고, 안립제를 벗어난(非安立諦) 통상(通相)이라 한다. 유식에서도 이 뜻이 제법(諸法)의 실성(實性)이어서 원성실(圓成實)이라 하였으니, 『삼무성론』 권상(대정장31, p.871b18)에서는 진제(眞諦)의 칠종여여(七種如如) 중 상여여(相如如)의 뜻으로 인법이공을 세 가지로 드러냈으니, 희론을 여읜(離戱論) 무분별지경계(無分別智境界)이며, 진실성(眞實性)이라 하였다(眞諦者 謂七種如如 … 二 相如如者 謂人法二空 此二空相所以名如如有三義 一 離戱論 … 二是無分別智境界 此智無顚倒 無有俗諦 堪爲境者 是故此智所會 卽是如如 三是眞實性 若違此性 則成生死 若順此性 則得涅槃 此性爲一切法眞性 故名如如 是故二名相如如). 나아가 소지분(所知分)의 입장에서 성문과 보살이 인법이공에 차별이 있다 하였다. 『승천왕반야경』 권7(대정장8, p.723c19)에 "인도 법도 둘다 공하다 하니, 뜻으로는 함께 할 것이 없다. 오로지 불여래만이 그렇게 할 수 있으니, 견주어 같을 이 없네. 人法二空 理無等等 唯佛如來 等無等等", 『섭대승론석』 권8(대장경31, p.208b5)에 "삼무성이 드러난 것으로서의 인법이공은 안립제라 할 수 없다. 이 진실은 일체법에 통하기에 차별이 있을 수 없으니, 안립이 아니다. 三無性所顯 人法二空 名非安立諦 何以故 此諦通一切法 無有差別故 名非安立", 같은 책 권10(대정장31, p.222b1)에 "인법이공으로 모든 법을 거두어들여 다하니 가득 찬 뜻이다. 이 뜻 모든 법 가운데 가장 뛰어나 청정하니, 이 뜻을 관함으로써 십지 중 제2지에 든다. 人法二空 攝一切法 盡是遍滿義 此義於一切法中 最勝淸淨 由觀此義 得入二地", 같은 책 권12(대정장31, p.245c18)에 "〔석〕 나누어 두 가지니, 첫째 소지분이고, 둘째 중생이익분이다. 소지분에 다시 두 가지로 나눈 것이 인법이공이고, 이익중생분을 다시 나눈 것은 자신타신이다. 성문은 소지분 중에 단지 인공을 통달하여 고등사제생의 무류지에 그치고, 이익중생분중에 있어서도 자신이익사에만 의지한다. 원을 세워 수행하되 이 두 가지 중에 각각 일분만을 가진다. 보살은 소지분중에 인법이공을 다 통달하여 일체 일어난 여리여량지와 이익중생분중에 일체중생이익사도 모두 갖춘다. 釋曰 分有二種 一 所知分 二 利益衆生分 所知分中 復有二種 謂人法二空 利益衆生分中 亦有二種 謂自身他身 聲聞於所知分中 但通達人空 止於苦等四諦生無流智 於利益衆生分中 但依止自身利益事 發願修行 於此二分中 各有一分 菩薩於所知分中 具通達人法二空 於一切所生如理如量智", 『불성론』 권1(대정장31, p.787b4)에 "불성이란 인법이공으로 드러난 진여다. 진여로 말미암기에 내칠 일도 버릴 법도 없다. 이 이치에 통달하여 허망한 집착에서 벗어난다. 佛性者 卽是人法二空 所顯眞如 由眞如故 無能罵所罵 通達此理 離虛妄執", 『현식론』(대정장31, p.880c4)에 "일체법 반드시 있다고 할 수 없고, 다시 없다고도 정할 수 없다. 인과 법에 어떤 아도 실이 아니기에 유라 할 수 없고, 인법 둘 다 공하다는 진실은 있기에 무라 말할 수 없다. 又一切法不可定說有 亦不可定說無也 人法二我不實故 不可說有有 人法二空眞實故 不可言無", 『성유식론증의』 권8(卍속장81, p.961b12)에 "인법이공으로 드러난 이즈러짐 없이 성취하는 제법실성을 원성실이라 한다. 원만이란 삼계를 온통 에워싼다는 뜻이고, 성취란 빠짐없이 만물을 있게 한다는 뜻이다. 人法二空所顯 圓滿成就 諸法實性 名圓成實 圓滿者 範圍三界故 成就者 曲成萬物故", 『화엄공목장』 권3(대정장45, p.568b21)에 "인법이공이란 인공과 법공을 말한다. 인아라는 집착이 없는 곳에서 드러나는 진여를 인공이라 하고, 법아라는 집착이 없는 곳에서 드러나는 진여를 법공이라 한다. 인공은 소승에게 통하지만 아직 청정에 이르지 못했으니 삼승에 이르러야 비로소 청정하다. 법공은 삼승에게 있지만 아직도 청정이 아니니 일승에 이르러야 끝내 청정하다. 人法二空者 謂人空法空 人我執無處所顯眞如 名人空 法我執無 所顯眞如 名法空 人空通小乘 而未淸淨 至三乘方淸淨 法空在三乘 而未淸淨 至一乘究竟淨"라고 하였다. 〔참고문헌〕『三無性論』, 『勝天王般若經』, 『攝大乘論釋』, 『佛性論』, 『顯識論』, 『成唯識論證義』, 『華嚴孔目章』. ⇨ 이공 二空❶, 법공 法空❶, 인공 人空, 생법이공 生法二空, 아법이공 我法二空, 인법이무아 人法二無我, 청정 淸淨

인법이무아 人法二無我 Ⓢ pudgala-dharma-nairātmya, Ⓣ gang-zag-dang-chos-la-bdag-med-pa. 인(人)에도 법(法)에도 영원한 아(我)는 없다는 말. 인법이공(人法二空)이라고도 한다. 『섭대승론』에서는 십해(十解)에서 이미 인무아를 통달해 마치고, 초지(初地)에서 법무아(法無我)를 통달하는 것은 어렵게 닦는 난수(難修)라 여겼으니, 심학차별(心學差別)에서 여섯 번째 10종 유사차별(有事差別)을 설정하고 그중 일곱 번째 인법이무아를 알아 마치는 것을 통달난수(通達難修)라 하였다. 견도(見道) 11종 차별지(差別知) 중 인법이무아지는 세 번째 차별지라 하였다. 『대승장엄경론』에서는 인법이무아를 아는 것이 진실을 아는(了眞) 뜻이라 하여 삼삼매(三三昧 : 空·無願·無相) 중 첫 번째 공삼매(空三昧)로 인법이무아를 성취한다고 하였다. 『십팔공론』에서는 인법이무아야말로 일체법 모두에 통하는 상(一切法通相)이라 하였다. 『대승밀엄경』 권하(대정장16, p.746c23)에 "보살은 인법이무아를 잘 관한다. 관하고 나서는 바로 버리고 진제에도 머물지 않는다. 만일 진제에 머문다면 대비심을 버리게 되어 공업을 모두 이루지 못하기에 정각도 성취할 수 없다. 菩薩善能觀 人法二無我 觀已卽便捨 不住於眞際 若住於眞際 便捨大悲心 功業悉不成 不得成正覺", 『섭대승론』 권2(대정장31, p.123c21 : *Mah-saṃ.*, p.55)에 "성문보살은 견도에서 마땅히 열 한 가지 차별을 안다. … 세 번째 통달차별이다. 이는 인과 법 두 갈래 무아에 통달하는 것이다. 聲聞菩薩見道 應知有十一種差別 … 三 由通達差別 謂通達人法二無我 nyan thos kyi mngon par rtogs pa las khyad par bcus byang chub sems dpa'i mngon par rtogs pa khyad par du 'phags par blta bar bya ste … rtogs pa'i khyad par ni. gang zag dang chos la bdag med par rtogs pa'i phyir ro", 『섭대승론석』 권8(대정장31, p.210a14)에 "〔석〕 먼저 방편중에 이미 문사수를 얻어 진관에 이미 들었고, 능히 인법이무아의 뜻에 통달하였기에 인에도 법에도 애착이 일어날 일 없다. 범부는 인에 착하고, 이승은 법에 착하며, 보살은 어디에도 착이 없다. 인법 구함을 여의었으니, 이는 보살만이 얻는 진수혜여서 소승과는 바탕이 다른 정도라 한다. 釋曰 先於方便中 已得思修慧 從此得入眞觀 能通達人法二無我理故 於人法 不生愛著 凡夫著人 二乘著法 菩薩並不著 故言離欲人法 此即明菩薩所得眞修慧 是正道 體異於小乘", 『섭대승론』 권3(대정장31, p.127a22 : *Mah-saṃ.*, p.70)에 "무엇이 마음에 의지해 차별을 익힌다고 하는가? 간략히 여섯 가지 차별이 있다. … 여섯 번째 사(事)에 있어 차별이다. … 때론 광명을 놓고 대신통을 갖추는 등 능히 일체 난행정행을 이끈다. 이는 열 가지 난수정행을 거두었기 때문인데 … 일곱 번째 어려운 수행을 통달했기 때문이다. 그것은 바로 인법이무아를 능히 통달한 것이다. 云何應知依心學差別 略說由六種差別 應知 … 六 由事差別 … 或放光明 能引具相大神通 能引一切難行正行 以能攝十種難修正行故 … 七 通達難修 能通達人法二無我故 lhag pa'i sems kyi khyad par ji ltar blta zhe na. mdor bsdu na rab tu dbye ba drug gis blta bar bya ste … las kyis rab tu dbye ba ste … 'od zer gtong ba'i rdzu 'phrul chen po mngon par sgrub pa dang. dka' ba spyod pa thams cad bsdus pa dka' ba spyod pa rnam pa bcu mngon par sgrub pa'i phyir ro … rtogs par dka' ba spyod pa ni. gang zag dang chos la bdag med pa rtogs pa'i phyir ro", 『섭대승론석』 권11(대정장31, p.236b23)에 "〔석〕 이미 십해에서 인무아를 통달하였고, 이제 초지에서 법무아를 통달한다. 이 두 가지 공으로 이미 유무성 떠났다. 만약 능히 이런 법 통달했다면 이는 어려운 수행 통달했다고 한다. 釋曰 先於十解 已通達人無我 今於初地 又通達法無我 此二空離有無性 若能通達 則與此法同 是故難修", 『대승장엄경론』 권8(대정장31, p.631a7)에 "〔게〕 항상 참되게 어떤 경 알아 부처님 다 끊고 언제나 집착함이 없다. 지혜로 보리를 세우지만 자비로 지혜마저 거둬 다하네. 〔석〕 이 게는 반야바라밀의 이타 공덕을 드러내 보인 것으로 항상 어떤 경도 진실로 안다 한 것이다. 요진이란 제일의제평등상이니, 이는 인법무아의 지다. 여경이란 끝도 없다는 것이니, 상등의 차별이다. 偈曰 恒了眞餘境 佛斷尙不著 因智建菩提 悲攝智無盡 釋曰 此偈顯示般若波羅蜜利他功德 恒了眞餘境者 了眞謂第一義諦平等相 人法二無我智故 餘境謂無邊 名相等差別故", 같은 책 권11(대정장31, p.645c15 : *Sūtr.*, p.148)에 "〔게〕 마땅히 이무아를 알아 이아로서 의지하고 두 가지로 의지해 항상 적멸하고 세 가지 정으로 행한 경이다. 〔석〕 삼삼매에 세 가지 행함이 있다. 첫째 인법이무아이니, 이는 공삼매로 행한 바다. 둘째 저 두 가지 집착에 의지한 오취음이다. 이는 무원삼매로 행한 바다. 셋째는 저 필경적멸에 의지한 바다. 이는 무상삼매로 행한 바다. 저 세 가지로 취한 바탕을 세 가지 경계로 삼고 저 세 가지 능히 취하는 바탕은 삼종삼매이니 이를 삼삼매라 한다. 偈曰 應知二無我 及以二我依 二依常寂滅 三定所行境 釋曰 三三昧有三種所行 一 人法二無我 是空三昧所行 二 彼二執所依五取陰 是無願三昧所行 三 彼依畢竟寂滅 是無相三昧所行 彼三種所取體爲三種境界 彼三種能取體爲三種三昧 是名三三昧 〈śloka〉 nairātmyaṃ dvividhaṃ jñeyo hy ātmagrāhasya cāśrayaḥ, tasya copaśamo nityaṃ samādhitrayagocaraḥ 〈bhāṣya〉 trayāṇāṃ samādhīnāṃ trividho gocaro jñeyaḥ, pudgalanairātmyaṃ śūnyatāsamādheḥ, tadubhayātmagrāhasyāśrayaḥ pañcopadānaskandhā apraṇihitasamādheḥ, tasyāśrayasyātyanatopaśama ānimittasamādheḥ, sa eva samādhis trividho jñeyo grāhyagrāhakabhāvataḥ", 같은 책 권11(대정장31, p.646a6 : *Sūtr.*, p.148)에 "마땅히 알아야 할 것은 인법 둘다 없다는 것이고, 마땅히 끊어야 할 것은 두 가지 아집에 의지하는 일이다. 應知 謂人法二無我 應斷 謂二我執所依 pudgalanairātmyayayoḥ parijñārthaṃ śūnyatā tad ātmagrāhāśrayasya prahāṇārthaṃ apraṇihitaḥ", 『십팔공론』(대정장31, p.861a18)에 "〔문〕 공은 무분별인데 어떻게 열여덟 가지가 있을 수 있는가? 〔답〕 인도 법도 둘다 실체 없다는 뜻이 모든 법에 다 통하는 상임을 드러내고자 한다. 여기서는 모든 법의 종류가 같지 않으므로 열여덟 가지로 나누었다. 問 空無分別 云何得有十八種耶 答 爲顯人法二無我是一切法通相 今約諸法 種類不同 開爲十八", 같은 책(대정장31, p.864b3)에 "부처님께서 칠종진여를 설하셨다. 하나는 생이고 또 다른 갈래는 상이다. … 두 번째 상진여란 인법이무아를 말한다. … 두 번째 상진여란 법의 통상을 드러낸 것으로 인법이아이다. 즉 이공의 뜻에서 일체법통상이라 부르는 것이 바로 상진여다. 佛說有七種眞如 一 生 二 相 … 二 相眞如者 謂人法二無我 … 二 相眞如者 以顯法通相故 是人法二無我 卽二空之理 名一切法通相 卽名相眞如也"라고 하였다. 〔참고문헌〕 『大

乘密嚴經』, 『攝大乘論』, 『攝大乘論釋』, 『大乘莊嚴經論』, 『十八空論』, *Mah-saṃ.*, *Sūtr.* ⇨ 인법이공 人法二空, 인무아 人無我, 법무아 法無我, 십팔공 十八空

인법이아 人法二我 인아와 법아를 함께 이르는 말. 『십팔공론』(대정장31, p.864a20)에 "부처님께서 나누고 가려서 밝히셨으니, 인법이아는 결정코 없는 것이고 인도 없고 아도 없는 도리는 결정코 있으므로 공이다 하셨다. 있고 없는 두 갈래 뜻만이 있을 뿐이다. 이 뜻과 같이 해서 의혹에 물든 마음을 버린다. 佛爲分判明 人法二我 決定是無 無人無法之道理 決定是有 故空 有無兩義存焉 如此道理 能除疑之心也", 『섭대승론석』 권13(대정장31, p.249b2)에 "생사가 허망하여 인법이아가 없게 되면 열반이다. 무분별지를 얻으면 생사 있을 리 없음을 알게 되고 열반마저 있는 것이 아님을 알게 된다. 生死虛妄 無人法二我 卽是涅槃 得無分別智 見生死無所有 卽是見涅槃無所有", 『능가경주해』 권1하(대정장39, p.356c6)에 "여래께서 모든 보살이 생멸하는 법에서 자상과 공상이라는 집착을 일으키자, 그들을 걱정하여 헛되이 헤아리는 자성차별문을 설해주셨다. 이 뜻을 안 다음에 두루 관찰하면 인법이아의 집착을 떠난다. 집착을 떠난 다음이라야 모든 위로 들어갈 수 있다. 如來 閔諸菩薩於生法 自共相執 爲說妄計自性差別義門 知是義已 周遍觀察 則離人法二我之執 執旣離已 乃入諸地", 『원각경약소』 권하1(대정장39, p.552b12)에 "만일 삿된 스승에게 배운 이라면 인법이아에 끝내 집착하니 이를 가리켜 장애가 깊다고 한다. 만일 이승인이 설하는 인공의 뜻만을 듣고는 법에 대해서는 비록 어리석음을 벗어나지 못하였지만 인에 대해서는 이미 견집이 없으므로 전보다 장애가 얕다. 만일 보살과 부처님을 만나면 깊고 얕음마저 서로 바라서 다 안다. 若遇邪師教者 則於人法二我 極爲堅執 名之爲深 若遇二乘人 說人空理 於法雖未離愚 於人已無堅執 對前爲淺 若遇菩薩及佛 深淺相望可知"라고 하였다. 〔참고문헌〕『十八空論』, 『攝大乘論釋』, 『楞伽經註解』, 『圓覺經略疏』. ⇨ 인아 人我, 법아 法我, 인법 人法, 인법이공 人法二空, 인법이무아 人法二無我

인법이집 人法二執 인(人)에도 법(法)에도 아(我)가 실이라고 집하는 뜻. 주재(主宰)하고 짓는 이(作者)의 뜻에 집착하면 인집이고, 제법의 자성에 드러난 용을 실이라 집착하면 법집이다. 마음 밖에 법이 없음을 알면 이 두 가지 집착을 떠나고, 이러한 뜻을 성취하면 보살이라 부른다. 아법이집(我法二執)이라고도 한다. 『섭대승론석』 권10(대정장31, p.222a29)에 "인법이집이 영원히 청정하게 되니 이 뜻을 관함으로써 초지에 든다. 人法二執 永得淸淨 由觀此義 得入初地", 『불성론』 권4(대정장31, p.812a20)에 "〔문〕 어떻게 이 사람에게 진여로서 법신이라 부를 수 있습니까? 〔답〕 이 모든 범부의 색 등 제음은 자성으로는 있는 것이 아니다. 굳이 아와 아소가 있다고 이리저리 집착하여 이러한 인과 법이라는 두 가지 집착으로 그 마음 물들일 뿐이다. 신견처 사라지면 감로계인데 능히 믿어 즐기지 않는다. 問曰 云何對此人 以眞如名法身 答曰 是諸凡夫色等諸陰 無有此性 强橫執有我及有我所 由此人法二執 染汚其心 身見滅處 是甘露界 不能信樂", 『금강반야경찬술』 권2(대정장33, p.147a10)에 "부처님께서 일체법에 아도 인도 없다고 설하셨다는 것은, 진실을 증할 때 무아의 뜻을 깨우치고 인법의 두 가지 집착이 없게 되는 것을 보살이라 한다. … 모든 보살은 십지전에 수행이 원만하여 인법이집을 끊고 보살법신을 성취하기에 그 이름을 국토정구족이라 한다. 佛說一切法無我人等者 證眞時達無我理 不見有人法二執故 是爲菩薩也 … 諸菩薩於前十地 修行圓滿 斷除人法二執 成就菩提法身 名爲國土淨具足", 『금강경주해』(대정장33, p.237a29)에 "무아란 인과 법 두 가지에 집착이 없음이다. 無我者 無人法二執也", 『능가경주해』 권2(대정장39, p.366c29)에 "마음 밖에 법이 없다고 알면 인법이집을 함께 떠난다. 了知心外無法 則人法二執俱離", 원효(元曉)의 『대승기신론별기』(대정장44, p.240a22・한불전1, p.697a12)에 "인법이집이란, 헤아려 온갖 상을 주재하는 것이 있다는 집착을 인아집이라 하고, 모든 법에 각각 체성이 있다고 분별하는 집착을 법아집이라 한다. 言人法二執者 計有總相 宰主之者 名人我執 計一切法 各有體性 名法我執", 『종경록』 권52(대정장48, p.721c13)에 "〔문〕 인법이집은 함께 일어나는가? 어찌하여 분위와 전후로 같지 않은가? 〔답〕 인법 반드시 법집에 의지해 일어난다. 또한 법아는 통이고, 인아는 국이다. 논에 이르길 '보특가라는 아견이 일어나는 위이지만 저 법아견 또한 반드시 현전하고 아집은 반드시 법집에 의지해 일어난다. 마치 나무등걸 그릇 보아 사람이라 여기는 것과 같다'. 풀어 말한다. '지금 초위를 드러낸다는 것은 반드시 후위를 전제했기 때문이니, 초위는 짧다. 인아위에도 반드시 법아위가 있으니 인아 반드시 법아에 의지해 일어난다. 인아란 이 주재하고 짓는 이 등의 용이고, 법아란 자성에 뛰어난 용 등이 있는 것이니, 법아는 통이고 인아는 국이다'. 問 人法二執俱起 何故分位前後不同 答 人法必依法執起 又法我通 人我局 論云 補特伽羅 我見起位 彼法我見 亦必現前 我執必依法執而起 如要迷杌等 方謂人等故 釋云 今顯初位 必帶後位 以初短故 人我位 必有法我 人我必依法我起故 人我 是主宰作者等用故 法我 有自性勝用等故 卽法我通 人我局", 『광백론소』(대정장85, p.783a19)에 "인법이집이란 온통 아와 아소다. 일체변계소집을 다 거둬 다한 것이니, 이 변계소집의 체성과 그 상모마저 아울러 온통 있는 것 아니어서 모두 공이라 한다. 人法二

執 皆有我及我所 總攝一切遍計所執皆盡 此遍計所執體性及其相貌 並悉非有 故曰皆空"라고 하였다. [참고문헌]『攝大乘論釋』, 『佛性論』, 『金剛般若經贊述』, 『金剛經註解』, 『楞伽經註解』, 『大乘起信論別記』, 『宗鏡錄』, 『廣百論疏』. ⇨인법 人法, 인아집 人我執, 법아집 法我執, 아법이집 我法二執

인법입제 人法立題 ➡칠종입제 七種立題

인보 人寶 사람 가운데 보배. 부처님 또는 지혜로운 이를 가리킨다. 『유마경』 권상 「불국품 佛國品」(대정장14, p.537c23)에 "비난에도 칭찬에도 수미산 같고, 선하거나 선하지 않거나 자비로 대하여 마음을 행함이 고르고 같아 저 허공과 같으시니, 뉘라서 사람중에 보배를 알고서 공경하여 섬기지 않겠는가? 毁譽不動如須彌 於善不善等以慈 心行平等如虛空 孰聞人寶不敬承", 『유마경약소』 권2(대정장38, p.587b7)에 "인보란, 지혜로운 사람을 보배라 한다. 능히 진실과 거짓을 가리시니 듣는 이라면 공경하고 받든다. 人寶者 智人爲寶 能別眞僞 故聞者敬承"라고 하였다. [참고문헌]『維摩經』, 『維摩經略疏』. ⇨인중존 人中尊

인보 印寶 원대 스님. 속성은 강(康)씨. 유차(楡次 : 山西省 晉中市) 출신. 분주(汾州 : 山西省)의 법흥원(法興院)에 주석하였다. 계에 엄격하여 계행승(戒行僧)이라 불렸다. 『보속고승전』 권17(卍속장134, p.291b8)에 "사방에서 주지를 청한 일이 많았지만 응하지 않았다. 70세에 앉은 채 입적한 뒤 다비하는 불꽃 속에서 금빛을 뚫고 사리가 비처럼 내렸지만 눈과 혀는 타지 않았다. 四方多請住持弗應 七十歲坐亡 火化烈燄中 有金光透出舍利如雨 眼舌不壞"라 하였다. [참고문헌]『補續高僧傳』.

인복 人僕 사람을 돕는 이. 나이든 이나 일이 많은 이를 도와 거드는 사람을 말한다. 『선림상기전』 권5(불광장, 禪藏, p.378)에 "인복 : 『백장청규』 「존숙천화·제차」에 '방장의 인복'이라는 말이 있다. '노랑' 항목도 참조하라. 人僕 敕修淸規 尊宿遷化 祭次 有方丈人僕 又見老郎"라고 하였다. [참고문헌]『禪林象器箋』, 『百丈淸規』 권3(대정장48, p.1128c13). ⇨인력 人力

인복 引伏 이끌려 엎드림. 『찬집백연경』 권2 「건달바작악찬불연 乾闥婆作樂讚佛緣」(대정장4, p.211b28)에 "(건달바왕 善愛가) 곧바로 이끌려 엎드리고 무릎 꿇어 합장하고서 대사(大師 : 건달바왕으로 변신한 부처님)에게 거문고 타는 법을 자문하였다. 그때 여래께서는 선애왕이 아만심을 버리고 마음을 이미 조복하였음을 알고서 본래 모습으로 되돌아갔다. 卽便引伏 長跪叉手 請爲大師 更諮琴法 爾時 如來見善愛王 除去我慢 心已調伏 還服本形"라고 하였다. [참고문헌]『撰集百緣經』, 『四分律開宗記』 권8(卍속장67, p.92b3).

인본경 因本經 『기세인본경 起世因本經』(대정장1, No.25)의 다른 이름. 『석가여래행적송』 권상(한불전6, p.487c1)에 "저 『인본경』에서 '수미산 등 모든 대산왕과 대해 밖에는 철위산이 있다. 높기가 육백팔십만유순이고 넓기도 마찬가지다'라고 한 말과 같다. 如因本經云 須彌山等 諸大山王 及大海外 有鐵圍山 高六百八十萬由旬 廣亦爾"라고 하였다. [참고문헌]『釋迦如來行蹟頌』, 『華嚴經疏』 권24(대정장35, p.682a11). ⇨기세인본경 起世因本經

인본욕생경 人本欲生經 Ⓢ Mahānidāna-sūtra. 후한(後漢) 때 안세고(安世高) 한역. 1권. 고려장19, pp.227a1~235b7, No.655·대정장1, pp.241c23~246a25, No.14에 있다. 부처님께서 구류국(拘類國)에 계시면서 아난(阿難)에게 설한 경이다. 아난이 부처님께 깊고 어려운 연기의 뜻을 쉽게 알려주시길 청하였고, 부처님께서는 십이연기중 9지(支 : 老死 生 有 取 愛 受 觸 名色 識) 등을 각기 들어 자세히 설하셨다. 특히 애지(愛支)에서 수반되는 구·이·용·욕·착·질·수·호(求利用欲著嫉守護) 등의 지말법을 자세히 열고는 마지막 호(護) 때문에 몽둥이와 칼을 들고, 싸우고 다투며, 악구와 망어등 무수한 죄악의 법들이 세간에 가득하게 된다고 설하셨다. 따라서 이 경이 주석적 특징을 갖춘 연기법문이라 알려졌기에, 「대연방편경」 등의 이름으로 논서 등에 인용되고 널리 유통되었고, 4세기 도안(道安)이 『인본욕생경주 人本欲生經註』(대정장33, No.1693) 1권도 남기고 있다. 팔리 원전은 디가니카야 제15경 *Mahānidāna-sutta* (*DN*.2, pp.55~71)이다. 이역본으로 북송(北宋) 때 시호(施護)가 한역한 『대생의경 大生義經』(대정장1, No.52) 1권·『장아함경』 권10 「대연방편경 大緣方便經」(대정장1, pp .60a28~62b27), 동본으로 추정되는 『중아함경』 권24 「대인경 大因經」(대정장1, pp.578b7~582b6) 등이 있다. [참고문헌]『歷代三寶紀』 권4(대정장49, p.50b12), 『出三藏記集』 권2(대정장55, p.5c29), 『衆經目錄』 권1(대정장55, p.116a15), 『開元釋敎錄』 권1(대정장55, p.479b22).

인봉 仁峯 ❶ 조선후기 스님. 법명은 덕준(德俊). 뇌묵등인(雷默等仁)의 제자이다. 그의 법은 영허선영(映虛善影)에게 전해져서 문담원장(文潭元長)에게 계승되었다. [참고문헌]『東師列傳』 권4 「映虛講伯傳」(한불전10, p.1041b7)·권5 「文潭講伯傳」(한불전10, p.1052b8). ⇨선영 善影, 원장 元長 ❷ 조선후기 스님 쾌헌(快軒)

의 법호. 〔참고문헌〕『팔공산 동화사』(동화사·국립대구박물관, 2009). ⇨ 쾌헌 快軒

인봉 印封 Ⓢ mudrā. 인계(印契). 봉인이라고도 한다. 『대장엄론경』 권2(대정장4, p.267c8)에 "마군의 무리를 다스려 갈무리할 요긴한 방패의 둑방길이요, 마군의 경계마저 제도할 무상의 인봉이다. 關制魔軍衆 要防之隘路 度於魔境界 無上之印封", 『보살지지경』 권3(대정장30, p.904a26)에 "복점과 인봉은 각각 다르게 과를 생한다. 이를 사부과라 한다. 卜占印封 各有果生 是名士夫果"라고 하였다. 〔참고문헌〕『大莊嚴論經』, 『菩薩地持經』. ⇨ 인계 印契

인봉 印峰 근대 스님. 순천 송광사에 주석하였으며 기산석진(綺山錫珍 1892~1963)의 은사이다. 석전(石顚)이 지은 「송광사인봉선사상찬 松廣寺印峰禪師像贊」(『석전문초』 석림초, p.64)에 "곡성산 아래 금빛 돌 하나 옮기는 이 사백이나 되었네. 뒷날 사문인으로 나투었으니 소나무 계수나무 울창하게 푸르렀다. 육조샘물로 발우 씻고 추파 강석에서 빛을 갈았다. 빛을 머금은 푸른바다 진주여, 덕 품은 형잠의 벽옥이여! 여사로 단나 지으시니 입으로 세운 비가 참으로 낭자하다. 법랍 이미 헤아리기 어려워 하얗게 빛나는 눈썹 어깨마저 덮었네. 어린 저 기산진이 멀리서 봉황의 꼬리 펴서 흔드네. 穀城一黃石 造運漢四百 後現沙門印 松桂鬱然碧 洗鉢六祖硋 磨光秋波席 潛輝滄海珠 蘊德荊岑璧 餘事作檀那 口碑甚狼藉 夏臘屆黃耈 龐眉垂肩白 小師綺山珍 愈掉鳳尾赫"라 하였다. 〔참고문헌〕『石顚文鈔』 石林草, 「順天松廣寺綺山堂錫珍大宗師碑文」(智冠 『韓國高僧碑文總集 朝鮮朝·近現代』 p.1114). ⇨ 석진 錫珍

인봉선사지영
순천 송광사 1938년

인봉 茵峰 조선후기 스님 학서(鶴西)의 법호. 〔참고문헌〕 李智冠 『伽倻山海印寺誌』 p.100. ⇨ 학서 鶴西

인봉 鄰封 사원의 주변 경계를 정함. 결계(結界)의 뜻이다. 인사(鄰寺)·인봉(鄰峰)·인산(鄰山) 등이라고도 한다. 『선림상기전』 권1(불광장, 禪藏, p.12)에 "인봉 : 도충이 말한다. '인사·인산이라고도 한다. 인봉이라는 말에서 봉은 맺어 경계삼는다는 뜻이다'. 『백장청규』「존숙천화」에 인봉한 유서가 있다. 鄰封 忠曰 鄰寺鄰山 言鄰封 封者 封疆也 敕修清規 尊宿遷化 有鄰封遺書"라고 하였다. 〔참고문헌〕『禪林象器箋』, 『百丈清規』 권3(대정장48, p.1127b18). ⇨ 인봉 鄰峰, 결계 結界 ❶

인봉 鄰峰 같은 경계에 있는 절이나 대중. 인봉(鄰封)·인산(鄰山) 등이라고도 한다. 『백장청규』 권3(대정장48, p.1124b25)에 "한 사람의 무지로 인하여 한 절이 오명을 뒤집어쓴다. 나이들어 덕 있는 기숙 그리고 외호와 인봉일지라도 마땅히 경계하고 그만두게 해야 한다. 그러므로 주지 소임을 맡은 이로서는 매사에 애착을 보내버리고 머물 줄 알아야 한다. 因一人無知 而使一寺 蒙其惡名 老成耆宿 外護隣峯 當戒戢之 然爲住持者 凡事留遺愛可也"라고 하였다. 〔참고문헌〕『百丈清規』, 『嘉泰普燈錄』 권4 「寶覺祖心章」(卍속장137, p.87a12). ⇨ 인봉 鄰封, 결계 結界 ❶

인봉 麟鳳 기린과 봉황. 걸출한 인물. 『화엄경소』 권57(대정장35, p.936b13)에 "동체대비로 중생과 내가 둘이 아니다. 저 세간왕이 그 덕 건곤과 합하니, 기린과 봉황이 날아오르듯 하고 보배옥돌마저 상서를 드러내거늘 하물며 세간을 넘어서는 자비의 힘이야 말해서 무엇하랴! 同體大慈 物我無二故 如世間王 德合乾坤 則麟鳳來儀 寶璧呈瑞 況於出世慈力", 『허당록』 권7 「천축옥륜사부각해 天竺玉輪師赴覺海」(대정장47, p.1039c26)에 "미묘한 뜻 오직 구 밖에서 사유할 뿐이니, 백운은 앞서 방 안의 산가지를 보았네. 바다 산 깊은 곳엔 기린도 봉황도 많으니, 이렇듯 가서 가로질러 단번에 망을 펴 거두네. 妙旨惟從句外求 白雲先見室中籌 海山深處多麟鳳 此去橫經一網收", 『조정사원』 권3(卍속장113, p.65a15)에 "인봉 : 서응도에 전한다. '기린·봉황·거북·용은 나라의 네 가지 상서다. 기린은 어진 짐승으로 신령한 네 셋들 중 으뜸이다. 봉황은 왕자의 상서로 새의 우두머리다. 거북은 물에 사는 무리 중 가장 신령하여 개충의 머리다 용은 비늘 달린 동물의 우두머리다'. 麟鳳 瑞應圖云 麟鳳龜龍 國之四瑞 麟 仁獸也 四靈之首 鳳 王者之嘉祥 爲鳥之長 龜 水族之靈 介蟲之長 龍 鱗蟲之長"라고 하였다. 〔참고문헌〕『華嚴經疏』, 『虛堂錄』, 『祖庭事苑』, 『太古語錄』 권상(한불전6, p.672b1).

인부 引負 이끌려 짐이 되다. 문답이나 논쟁에서 지다의 뜻이다. 『찬집백연경』 권10(대정장4, p.256a15)에 "그때 금강밀적이 허공에서 금강저로 범지의 정수리를 가리키며 '네가 만일 답하지 못한다면 나는 이 금강저로 너의 몸을 부수겠다'라고 했다. 그때 범지는 마음에 두려움 가득하고 땀마저 흘러내려 몸 둘 곳이 없었다. 곧 스스로 논쟁에 이끌려 짐마저 지게 됐으니 얼굴을 둘 곳이 없었다. 곧바로 부처님 앞에서 공경하고 복종하는 마음을 품고 출가하여 불제자가 되기를 바랐다. 부처님께서 허락하시며 '잘 왔다, 비구여!'라고 하시자 그의 수염과 머리털이 저절로 떨어졌고 가사 입혀지고 사문이 되었다. 時 金剛密迹 於虛空中 以金剛杵 擬梵志頂 汝若不答 我以此杵 碎破汝身 爾時 梵志 心懷惶怖 流汗投地 無所歸趣 卽自引負 寄顔無所 便於佛前 心懷敬伏 求索出家 爲佛弟子 佛卽聽許 善來 比丘 鬚髮自落 法服著身 便成沙門"라고 하였다. [참고문헌]『撰集百緣經』. ⇨ 금강밀적 金剛密迹, 범지 梵志

인분 因分 ➡ 인분과분 因分果分

인분가설 因分可說 인분은 말로 드러낼 수 있다는 말. 말로 표현할 수 있는 연기인분(緣起因分)으로 말로 드러낼 수 없는 성해과분(性海果分)과 다르지 않다. 『화엄오교장의원소』 권1(卍속장103, p.191b5)에 "과분은 설할 수 없지만 모두 말로 할 수 있는 경계와 다르지 않다. 실덕은 보편이기 때문이다. 인분은 표현할 수 있지만 이 또한 말로 할 수 없는 경계와 다르지 않다. 연에 따르는 행은 자성이 없기 때문이다. 그러므로 '온전한 한 몸'이라 한다. 이미 온전한 한 몸이라 하였으니 어떻게 일분이라 하겠는가? 果分不可說 皆不異於可說 以實德普遍故 因分可說 亦不異於不可說 以緣修無性故 故云全體 既云全體 何言一分"라고 하였다. [참고문헌]『華嚴五教章義苑疏』. ⇨ 인분과분 因分果分, 과분불가설 果分不可說, 성해과분 性海果分

인분가설과분불가설 因分可說果分不可說 ➡ 인분가설 因分可說, 과분불가설 果分不可說, 인분과분 因分果分, 인과 因果

인분과분 因分果分 인(因)으로서의 분과 과(果)로서의 분. 자내증(自內證)의 과분(果分)과 닮아 행하기 위해 분명히 드러내 보인 언설(言說)의 교상(教相)으로서의 인분(因分)을 말한다. 화엄가들은 이 인분과분에 대해 다음과 같이 논의하고 주장하였으니, 법장(法藏)은 실상(實相)과 수상(隨相), 묘지(妙智)와 방편(方便)에 나아가 인과분을 해명했다. 혜원(慧苑) 또한 불일불이(不一不異)의 입장에서 인분(因分)이 가설(可說)이고 과분(果分)이 불가설(不可說)이라 하였으며, 『오교장 五教章』에서도 별교(別教)입장에서 성해과분(性海果分)과 연기인분(緣起因分)의 뜻은 저 물과 파도(猶水波)인듯 사유해야 한다고 하였다. 『화엄경탐현기』 권10(대정장35, p.298c13)에는 인분과 과분에 대해 네 가지 견해가 있다. "첫째, 어떤 이는 능히 언어로 드러낼 수 있는 가르침은 인분이고 그렇게 드러난 뜻을 과분이라 하니 이 설은 매우 거리가 있다. 有說 能詮之教爲因分 所詮之義爲果分 此說甚疎", "둘째, 어떤 이는 지전보살의 인행을 인분이라 하고 지상보살의 증한 지를 과분으로 본다. 어찌 이 십지품에서 지전법을 설하겠는가! 有說 地前因行爲因分 地上證智爲果分 此品豈說地前法耶", "셋째, 어떤 이는 십지에 두 문이 있고 하나는 점증의 문으로서 인분이니 십지가 바로 지전이어서 분제가 있다. … 또 하나의 문은 원만시의 문으로서의 과분이다. 십지가 온통 가설이어서 분제가 없다. … 아직 법운지에 이르지 못했는데 환희지를 알겠는가! 有說 十地有二種門 一 若約漸增之門名因分 十地是卽可說 有分齊故 … 二 若就圓滿時門名果分 十地是不可說 無分齊故 … 豈可未至法雲卽歡喜可說", "넷째, 어떤 이는 설한다. 십지에 두 가지 뜻이 있다. 교로 안립한 십지법문이니, 듣는 이의 분별상에 있어서 그 뜻인듯 드러내야 하니 그 이름이 인분이다. … 두 번째는 말로 보인 것을 잊고 십지정행에 드는 것이니, 모든 언교에서 세운 상들을 떠나는 과분이다. … 이 설 또한 문의를 순하는 뜻이 없게 하니 정당하지 못하다. 有說 十地有二種義 一者 教所安立十地法門 在聞者識上 似義顯現 名爲因分 … 二者 亡詮證入十地正行 離諸言教所安立相 說名果分 … 此說少順文意 猶非正當", 지금까지의 네 가지 견해에 대하여 다음과 같이 네 가지 뜻으로 바로잡는다. "십지를 둘로 나누어, 하나는 실에 나아간 십지이니 오직 부처님만이 아시고 부처님만이 행하신 이름하여 과분이다. … 다음은 드러난 모습을 따르는 십지이니 보살이 알고 보살이 행한 것으로서의 인분이다. 이렇게 곧장 과분으로 보면 그윽해 모든 것이 끊어져 마땅히 말할 것이 없지만 인분이란 근기에 나아가야 하니 곧 말로 할 수 밖에 없다. 이 뜻이야말로 이 경의 큰 뜻이다. 一 此十地有二分 一 就實十地 唯佛所知 佛智所行 名爲果分 … 二 隨相十地 菩薩所知 菩薩所行 名爲因分 是卽果分玄絶 當不可說 因分約機 是卽可說 此義通一部經中大意", "둘째 십지에 두 뜻이 있다. 그 하나는 묘지에 나아가면 정히 증지로서의 여경이니, 모양도 말도 떠난 과분이고 그래서 불가설이다. 다음은 방편으로 법에 의지하여 십지의 차별을 드러낸 것이다. … 연하여 일어나 지의 차별을 드러내니, 다양한 인이 십지의 뜻으로 드러나 알게 된다. 그래서 인분이다. 二 言十地有二分 一 約妙智 正證智如境故 離相離言故 名果分 卽不可說 二 約方便寄法 顯地差別 … 緣生以顯地別 令衆因此表解地義 故名因分". 이상은 법장(法藏)의 입장이고, 혜원(慧苑)은 비일비이(非一非異)를 다음과 같이 풀었다. 곧 『속화엄경약소간정기』 권9(卍속장5, p.350b5)에 "말로 드러낼 수 있으므로 인분이라 하고, 상이라 하지만 그대로 무상이기에 말로 끝내 미칠 수 없어서 과분이라 한다. 그러므로 이 두 구절은 하나도 아니고 다르지도 않다. 可言說故 名爲因分 相卽無相 非言及邊

名爲果分 故此二句 非一非異"라고 하였다. 징관(澄觀)도 『화엄경소초』 권52(대정장36, p.407a14)에서 인분과 과분은 수증(修證)의 차별일 뿐이라 하였고, 『화엄경문의요결문답』 권3(卍속장12, p.688b9)에 "법장사는 '일승은 두 문으로 삼고 하나는 별교이고 또 하나는 동교다'라고 하였다. 별교 중에 다시 나누면 하나는 성해과분으로 이는 말로 할 수 없고 교와도 상응할 수 없어서 그대로 십불경계다. 둘째는 연기인분으로서의 보현경계다. 이 둘은 둘이라 할 수 없으니 온전한 바탕에서 모두 남김없이 거둔다. 마치 물과 파도인듯 사유한다. 法藏師云 一乘爲二門 一 別敎 二 同敎 初中亦二 一 是性海果分 是當不可說義 不與敎相應 卽十佛境界 二 緣起因分 卽普賢境界也 此二無二 全體遍收 猶水波 思之"라고 하였다. 〔참고문헌〕『華嚴經探玄記』, 『續華嚴經略疏刊定記』, 『華嚴經疏鈔』, 『華嚴五敎章』, 『華嚴經文義要決問答』. ⇨인과 因果, 인분가설 因分可說, 과분불가설 果分不可說, 연기인분 緣起因分, 성해과분 性海果分, 수상십지 隨相十地, 비비상행 非非想行

인불 人佛 사람 모습을 한 부처. 『주유마힐경』 권9(대정장38, p.410b17)에 "도생이 말한다. '사람의 모습 없는 부처를 향하여 미루어 본다면, 참으로 사람의 모습을 한 부처가 아닌 부처를 드러낼 수 있어야 하지만, 충분히 그렇게 할 수 없다. 부처님이라고 하려면 필경에는 사람 모습의 부처는 없어야 한다. 만일 인불이 있다면 반드시 사대에서 일어나 있게 된다. 하지만 사대를 쫓아 일어난 존재는 생사하는 사람이다. 부처는 그렇지 않다. 응당 있다고 여기는 세계라면 부처는 언제나 없다'. 生曰 向雖推無人相佛 正可表無實人佛耳 未足以明 所以佛者 竟無人佛也 若有人佛者 便應從四大起而有也 夫從四大起而有者 是生死人也 佛不然矣 於應爲有 佛常無也"라고 하였다. 〔참고문헌〕『注維摩詰經』.

인불 印佛 부처님 가르침을 새겨 잊지 않기 위해 부처님 상호나 탑 도상을 새겨 지니는 일. 밀교의 경우는 작법을 마친 후에 대승경을 전독하고 나서는 인불인탑하여 지니고 보시행을 한다. 한시도 본존삼매를 잃지 않고 일체중생을 이롭게 하기 위해 행한다. 우리나라 사간판 중에는 부처님의 모습이나 탑을 새긴 영인용 목판 외에도 진언·다라니·대총상법문도·염불첩경도 등 부처님 말씀을 새겨 기억하게 하는 다양한 방편의 각판들이 남아 전한다. 그 중 1571년(선조4) 3월 서산 보원사에서 개간한 「영산회상도 靈山會上圖」에는 "참으로 다행입니다. 말법세에 영산의 설법도상을 만나 얻었으니, 우러러 자비로운 모습 사모하여 개간유통합니다. 한번 뵙고 한번 예배해도 가히 천생에 너른 과보를 모으며 한번 읽고 한번 찬탄해도 만겁의 번뇌를 다하리니, 뜻을 같이견디고 선근을 함께 닦아 모두가 정각을 이루기를 바라옵니다. 융경 5년 신미 3월 보원사 개간. 시주 박원문과 풍덕, 비구 지헌이 공덕주를 겸하였고 각주비구는 혜선이다. 幸哉 末法之歲 得靈山之畫相 仰慕慈容 開刊流通 一瞻一禮 可集千生之朴報 一讚一揚 能消萬劫之塵勞 於勘有志 同修善根 同成正覺 隆慶五年辛未三月日 普願寺開刊 施主 朴彦文 豐德 比丘智軒 兼功德主 刻主比丘 惠禪"라 하였다. 『성관자재보살심진언유가관행의궤』 권1(대정장6, p.6b21)에 "각각 본 진언을 외운후 예불발원회향해 마치고는 도량을 나가서도 대승화엄반야등 가르침이 항상 세간에 구르기를 발원하여 부처님을 새기고 탑을 새겨 경행하고 탑을 돌며 속히 성취하길 기도한다. 各誦本眞言 卽禮佛發願迴向已出道場 常轉大乘華嚴般若等敎 及印佛印塔經行 旋遶窣堵波令速成就", 『유가연화부염송법』(대정장20, p.8c3)에 "다시 갑주박인 등 가지를 맺어 관정한다. 도량을 나가서는 때론 대승경을 외우고, 불탑을 새기며 일체시에 본존삼마지를 끊이지 않게 한다. 然後復結加持灌頂甲胄拍印等 然後出道場 或讀大乘經 或印佛作塔 於一切時本尊三摩地不令間斷", 『대허공장보살염송법』 권1(대정장20, p.604c2)에 "대승경을 거듭 외우고 부처님과 탑을 새기며 널리 보시를 행하여 항상 일체 유정을 더욱 넉넉케 한다. 轉讀大乘 印佛印塔 廣行檀施 常須饒益一切有情"라고 하였다 〔참ㄱ문헌〕『聖觀自在菩薩心眞言瑜伽觀行儀軌』, 『瑜伽蓮華部念誦法』, 『大虛空藏菩薩念誦法』, 『全國寺刹所藏木板集』(文化財管理局, 1987) p.190. ⇨인탑 印塔

인불 영산회상도 서산 보원사본 1571년

인불구 因不具 인(因)을 갖추지 못하였다는 말. 열반인(涅槃因) 즉 성불(成佛)의 인인 불성(佛性)을 갖추지 못한 무종성(無種性)을 말한다. 궐인(闕因)과 같은 뜻이다. 『섭대승론석』 권14(대정장31, p.261c15)에 "〔논〕 장애를 입어 인을 갖추지 못한다. 〔석〕 일체중생에게 업 등 장애가 있으면 제불마저도 이런 상태에 있는 저 중생들을 열반에 들도록 하실 수 없다. 신통과 지혜조차도 저 장애만은 자재를 얻을 수 없다. 중생에게 열반성이 없게 되면 인불구라고 하는데, 모든 부처님께서도 이런 상태에 있는 저 중생들이 열반에 들도록 하실 수 없다. 신통과 지혜로도 자재할 수 없다. 열반성이 없으니 생사에 탐착하고 대승을 기꺼이 믿지 않기 때문이다. 論曰 被障因不具 釋曰 一切衆生 若有業等諸障 諸佛於此位中 不能令彼般涅槃 通慧 由被障故 不得自在 若衆生無涅槃性 名因不具 諸佛 於此位中 不能令彼般涅槃 通慧亦無自在 無涅槃性 謂貪著生死 不信樂大乘",『능현중변혜일론』 권4(대정장45, p.440c24)에 "『무상의경』·『불성론』·『보성론』 등에서 모두 한결같이 말한다. '중생에는 세 부류가 있다. 첫째 유(有)에 집착하는 중생이다. 유에 집착하는 중생에 다시 두 부류가 있다. 첫째는 열반의 길을 등져서 열반성이 없는 중생이니, 열반을 구하지 않고 기꺼이 생사를 즐긴다'. 『섭대승론석』 권14에 '중생에게 열반성이 없다면 인불구다'라 하였다. 無上依經 佛性論 及寶性論 俱云 衆生有三 一 著有 著有復二 一者 背涅槃道 無涅槃性 不求涅槃 願樂生死 梁攝大乘第十四云 若衆生無涅槃性 名因不具"라고 하였다. [참고문헌] 『攝大乘論釋』, 『能顯中邊慧日論』. ⇨ 궐인 闕因, 무종성 無種性, 무열반성 無涅槃性, 일천제 一闡提

인불불이 人佛不二 사람과 부처 둘이 아니다. 중생 중에 부처가 본래 부처인 중생을 마주한 뜻이다. 『원오어록』 권12(대정장47, p.767c25)에 "두 가지 연은 없으니 두 가지 상도 없다. 마음도 아니고 부처도 아니다. 온통 마음 그대로 부처이고 부처 고스란히 사람이다. 사람과 부처는 둘이 아니니, 다만 이 둘이 아니라는 말 또한 힘써 얻으려 하지 않는다. 그런 까닭에 천성이 출현하더라도 끌어 잡아들일 곳 없고, 저들이 진치고 머무를 곳도 없다. 저 타오르는 불구덩이 가까이 간즉 얼굴 온통 타버린 듯 할 것이다. 初無二緣 亦無二相 不是心 不是佛 全心卽佛 全佛卽人 人佛不二 只這不二 亦不消得 所以 千聖出來 無爾提掇處 無爾湊泊處 如猛火聚近之 則燎却面門"라고 하였다. [참고문헌] 『圜悟語錄』. ⇨ 생불불이 生佛不二, 생불일여 生佛一如, 불범일체 佛凡一體

인불상응법 因不相應法 Ⓟ hetu-vippayuttā-dhammā. 인(因)과 상응하지 않는 법. 일체법 중에 심법(心法)과 심소법(心所法)이 아닌 법. 색법(色法)과 심불상응행법(心不相應行法)과 무위법(無爲法)을 말한다. 비인상응법(非因相應法)의 신역(新譯)으로, 인상응법(因相應法)의 상대어다. 『품류족론』 권6(대정장26, p.715c8)에 "인불상응법이란 어떤 것인가? 색법·무위법·심불상응행법을 말한다. 因不相應法云何 謂色 無爲 心不相應行", 같은 책 권8(대정장26, p.725b22)에 "인불상응법이란 십일계·십일처·이온 등으로 거두는 것으로 구지로서 알지만 타심지로는 알지 못하며, 육식으로 분별하기에 삼계유루연의 번뇌로 따라 더한다. 因不相應法 十一界 十一處 二蘊攝 九智知 除他心智 六識識 三界有漏緣隨眠隨增"라고 하였다. [참고문헌] 『品類足論』, 『衆事分阿毘曇論』 권4(대정장26, p.648b4). ⇨ 색법 色法, 심법 心法, 심소법 心所法, 심불상응행법 心不相應行法, 무위법 無爲法, 인상응법 因相應法

인불성 因佛性 인으로서의 불성. 정인불성(正因佛性)·요인불성(了因佛性)·연인불성(緣因佛性)의 삼인불성(三因佛性)을 가리킨다. 『금광명경문구기』 권5(대정장39, p.146b9)에 "인불성이란, 경계의 성으로 다름 아닌 9계와 10여다. 이 법이야말로 부처를 바라는 인이며, 불계의 10여시의 법으로 9계를 바라보아 그 과라 여긴다. 이들 모두 능히 관하기에 경계라 부르지 않는다. 이 때문에 『기신론』에서는 9상만으로 경계를 삼는다. 그러므로 업상의 이름이 세 중에도 미세하여 불경계로 삼았다. 言因佛性者 境界之性 但齊九界十如 是法望佛是因 以其佛界 十如是法 望九稱果 皆屬能觀 不名境界 故起信論 但以九相 而爲境界 是故 業相名細中細 爲佛境界"라고 하였다. [참고문헌] 『金光明經文句記』. ⇨ 삼인불성 三因佛性[1], 연인불성 緣因佛性, 요인불성 了因佛性, 정인불성 正因佛性, 구계 九界, 구상 九相, 삼세육추 三細六麤, 십여시 十如是

인불수사대성 因不受四大聲 유정의 감수 없이도 사대(地水火風)로 나는 소리. 감수작용(執受)이 없는 사대종(四大種)만의 인연으로 나는 소리로서, 마음이 움직여야 나는 인수사대성(因受四大聲)과 맞선다. 신역은 무집수대종인성(無執受大種因聲)이다. 『잡아비담심론』 권1(대정장28, p.872c3)에 "성입(Ⓢ śabda-āyatana : 聲處)은 세 가지다. … 인불수사대성은 … 풍령·나무 등의 인연으로 나는 소리다. 聲入者三種 … 因不受四大聲 … 謂風鈴樹等因緣發聲", 『법화현론』 권10(대정장34, p.448c15)에 "인불수사대성이란, 종과 방울 등 밖에 있는 사물들의 소리다. 因不受四大聲 謂外物如鐘鈴等聲", 『사분율소식종의기』 권2(卍속장66, p.62a13)에 "인불수사대성은 신역하여 무집수대종위인성이라 한다. 풍령 등 심·심소 즉 마음이 움직여서 거둬들인 일 없이 나는 소리다. 新名無執受大種爲因聲 謂風鈴等 無心心所之所執受"라고 하였다. [참고문헌] 『雜阿毘曇心論』, 『法華玄論』, 『四分律疏飾宗義記』. ⇨ 무집수대종인성 無執受大種因聲, 성 聲

인불에구업 因不恚口業 에(Ⓢ pratigha, vyāpāda) 즉 분노 없는, 선한 마음으로 일으키는 구업. 『사리불아비담론』 권7(대정장28, p.584a25)에 "무엇을 인불에구업이라 하는가? 만약 구업이 선하면 불에가 인이어서

에를 여읜다. 분노 없는 마음이 일으킨 소리가 모여 음소가 되고 구와 말이 된 구교(口敎 : 語表業)와 유루인 구의 계무교(口戒無敎 : 말로 가진 無表業)라면 인불에 구업이라 이름한다. 云何因不恚口業 若口業善 因不恚離恚 非恚覆心所起 集聲音句言語口教 有漏口戒無教 是名因不恚口業"라고 하였다. [참고문헌]『舍利弗阿毘曇論』. ⇨ 구업 口業, 불에 不恚, 삼에 三恚

인불작법 印佛作法 향목(香木)이나 토사(土砂) 등으로 불상을 만들어서 향훈으로 공양하는 작법. 작법순서는 먼저 삼례를 하고 여래주(如來呪)를 염송한 후 향 피운 연기로 훈습하여 허공에 인불(印佛)한다. 금강합장하고 게송을 외운 후 불안인(佛眼印)을 맺고 불안진언을 염송하며, 대일인(大日印)을 맺고 대일진언을 염송한다. 『행심초』 권2(대정장78, p.727b19)에 "[문] 인불작법은 무엇인가? [답] 공양법이다. 결계를 해제한 후에 향을 사른 연기에 인불하고, 허공에 할 수 있는 한 가득 인불하되 불상을 그린다는 마음으로 한다. 問 印佛作法如何 答 供養法 解界撥遣等之後 以印佛薰燒香煙 印虛空遍數可任 畵像意也"라고 하였다. [참고문헌]『幸心鈔』.

인불타악취 忍不墮惡趣 Ⓢ kṣāntilābhy anapāyagaḥ. 인위(忍位 Ⓢ kṣānti)에 이르고 나면 다시는 악취로 떨어지지 않는다는 말. 『구사론』 권23 「분별현성품 分別賢聖品」(대정장29, p.120b23)에 "난위의 법(煖法)은 반드시 열반에 이르게 하고, 정위의 법(頂法)으로는 끝내 선근을 끊지 않네. 인위의 법으로는 악취로 떨어지지 않게 하고, 세제일법은 이생위(離生位 Ⓢ niyama)에 들게 하네. 煖必至涅槃 頂終不斷善 忍不墮惡趣 第一入離生"라고 하였다. [참고문헌]『俱舍論』, 『順正理論』 권61 「辯賢聖品」(대정장29, p.682a14), *Abh-k-bh.347*. ⇨ 인위 忍位, 사가행 四加行, 가행위 加行位, 악취 惡趣, 난위 煖位

인불탐신업 因不貪身業 불탐(不貪)을 인으로 일어난 신업. 『사리불아비담론』 권7(대정장28, p.584a15)에 "무엇이 인불탐신업인가? 만약 선한 신업이 불탐을 인으로 탐을 여의며, 탐 없는 마음 가득 일어난 몸동작(去來・屈申・迴轉)의 신교(身敎 : 身表業)와 유루인 신의 계무교(身戒無敎 : 계를 가진 身無表業)라면 인불탐신업이라 한다. 云何因不貪身業 若身業善 因不貪離貪 非貪覆心所起 去來屈申迴轉身敎 有漏身戒無敎 是名因不貪身業"라고 하였다. [참고문헌]『舍利弗阿毘曇論』.

인비인 人非人 ❶ 사람인 듯한 모습이지만 사람이 아닌 존재. 천룡(天龍) 등 팔부중(八部衆)을 일컫는다. 『사리불문경』(대정장24, p.901c9)에 "팔부의 귀신을 모두 인비인이라 한다. 八部鬼神 皆曰 人非人也", 『법화의소』 권2(대정장34, p.470b13)에 "사람인 듯 사람 아닌 것이란, 팔부의 귀신이 본래 모두 사람이 아니지만 사람 형상으로 변화하여 찾아와 부처님 설법을 들었으므로 '사람인 듯 사람이 아닌 존재'라 한다. 人非人者 八部鬼神 本悉非人 而變作人形 來聽說法 故云 人非人也"라고 하였다. [참고문헌]『舍利弗問經』, 『法華義疏』. ⇨ 팔부중 八部衆 ❷ Ⓢ manuṣya-amanuṣya, Ⓣ mi-dang-mi-ma-yin-pa. 사람과 사람 아닌 존재. 『법화경』 권7(대정장9, p.57c3)에 "그때 관세음보살이 모든 사부대중을 가엾이 여기시어 천・용・인・비인 등에게서 영락을 받아 둘로 나누어 일분은 석가모니불께 바치고 일분은 다보불탑에 바쳤다. 卽時 觀世音菩薩 愍諸四衆 及於天龍 人非人等 受其瓔珞 分作二分 一分奉釋迦牟尼佛 一分奉多寶佛塔"라고 하였다. [참고문헌]『法華經』, *Bodh-bh.145・234*. ❸ Ⓣ mi'am-ci. 천룡팔부중(天龍八部衆) 중 음악의 신(樂神)인 긴나라(緊那羅 Ⓢ Kiṃnara)의 별명. 사람 형상에 뿔이 달려 있어 사람과 같기도 하고 아닌 듯도 하여 의심스럽다는 뜻에서 의신(疑神)이라고도 한다. 『관음의소』 권하(대정장34, p.935a9)에 "긴나라는 천제(제석천) 밑에서 악기를 다루는 신이다. 건달바보다는 작고 모습은 사람인 듯하지만 머리에 뿔이 있어 의신이라 불렸고 인비인이라고도 하였다. 緊那羅者 天帝絲竹樂神 小不如乾闥婆 形似人 而頭有角 亦呼爲疑神 亦爲人非人"라고 하였다. [참고문헌]『觀音義疏』, *Mvyut.167*. ⇨ 긴나라 緊那羅

인비인 긴나라상부조
창림사지출토 국립경주박물관 9세기

인비입제 人譬立題 ➡ 칠종입제 七種立題

인빈지단 人貧智短 사람이 곤궁하면 지혜마저 사라진다. 분별로 구해 얻을 것 없게 되면 본래 갖춘 빛마저 잃게 된다는 뜻이다. 『석상초원어록』(卍속장120, p.167b7)에 "'물어도 아무 말 할 수 없을 때 어떻습니까?' '사람이 궁하면 지혜마저 사라진다'. 問 問著說不得時 如何 師云 人貧智短", 『오조법연어록』 권상(대정장47, p.651c5)에 "법좌에 올라앉자 학인이 물었다. '조사의 뜻과 경의 뜻은 같습니까 다릅니까?' 법연이 답했다. '사람이 궁하면 지혜마저 사라지고, 말이 여위면 털마저 긴 듯하다'. 이어서 '조사 말한들 드러내지 못하고, 부처님 눈으로 보려 해도 볼 수 없다. 어쩔줄 모르는 노파심으로 그대 위해 외길만 통하게 할 뿐'. 곧 법좌에서 내려왔다. 上堂 僧問 祖意教意 是同是別 師云 人貧智短 馬瘦毛長 乃云 祖師說不著 佛眼看不見 四面老婆心 爲君通一線 便下座",『선문염송설화』188칙(한불전5, p.193a13)에 "심문담분(心聞曇賁)이 이 공안(魯祖面壁)을 들고 말했다. '한 사람 면전에 있고 한 사람 등 뒤에 있지만, 점검하려 해도 큰일이네. 산승은 이제 또 어떻게 할 것인가? 사람이 빈하면 지혜마저 사라지고, 말이 수척하면 털마저 길어 보인다'. 心聞賁 上堂 擧此話云 一箇面前 一箇背後 點撿將來 也大叵耐 山僧今日 又且如何 人貧智短 馬瘦毛長",『보봉어록』(고존숙어록42, 卍속장118, p.713a2)에 "법좌에 올라 '사람이 가난하면 지혜마저 달아나고 말도 여위면 털만 길게 보인다'. 조주가 '내가 청주에 있을 때 일곱 근이나 되는 베적삼 한 벌을 지었다'라고 하였다. '나이가 들었음에도 덕이 없구나. 나는 토끼 보면 사냥매 풀고 사는 일이야 알지만 죽는 일 알지 못한다. 대중들이여! 생사 벗어나고자 하면 있는 길도 없는 길도 밟아서는 안 되리. 마음 크게 쓸 뿐이지 말 따라 헤매지 말기를'. 上堂 人貧智短 馬瘦毛長 趙州云 我在靑州 作一領布衫 重七斤 師云 有年無德 洞山見免放鷹 知生不知其死 大衆 欲出生死 不涉有無 大用現前 勿隨言語"라고 하였다. [참고문헌]『石霜楚圓語錄』,『五祖法演語錄』,『禪門拈頌說話』,『寶峰語錄』.

인사 人事 사람 사이에 섬기고 행해야 할 일. 마주하여서는 예를 갖추고 경조사에 축하와 위로를 주고 받으며, 서로가 누구인지를 알 수 있게 성명생연을 주고받는 행위 등을 말한다.『선림상기전』권10(불광장, 禪藏, p.756)에 "인사 : 도충이 말한다. '인사에는 세 가지 뜻이 있다. 첫째, 사람을 보면 행하는 예법이다. 둘째, 물건을 보내는 일이다. 셋째, 성씨와 생연을 인사라 한다'. 다음으로 기록으로 전하는 '사람을 보면 행하는 예법이다'는 것이니, 영평도원(永平道元)화상은 '인사란 서로 예를 갖추어 올리는 절이다'라고 말했으며,『관심론소』권3(대정장46, p.605b27)에 '인사란 경사나 조사에 위 아래로 절하며 축하하고 위로하며 안부를 묻고서 이곳에서 가고 저곳에서 와서 가고옴이 끊어지지 않게 한다'고 말했고,『마하지관』권4(대정장46, p.42c24)도 전적으로 이와 같다.『백장청규』권2「고향」(대정장48, p.1120c7)에 '원에 들어간 뒤에는 인사를 마치고 대중을 위하여 향을 사른다'고 하며, 같은 책 권3「개당축수」(대정장48, p.1126a25)에 '당사행자가 소리 지르길「모든 산중은 인사를 나누시오!」라고 한다. …『임제록』(대정장47, p.503b25)에 '어떤 한 노숙이 임제를 찾아와 인사를 나누기도 전에「절을 할까요, 하지 말까요?」라고 묻자 임제가 곧바로 할하였고 노숙은 절하였다'라고 운운하였다. …『논어』「학이편」에 '예로써 함에 화를 귀히 여긴다'라 하였으니, 주희의 주석에 '예란 하늘의 이치를 끊어 묶은 것이고 사람으로서 해야 할 법도다'라고 하였다. 다음은 '물건을 보내는 일을 인사라 한다'는 기록이다. 일산녕화상은 '물건을 남에게 보내는 일을 인사라 한다'라고 하였다. … 도충이 말한다. '처음의 인사란 예행을 말하고, 뒤의 인사는 물건을 보내는 일을 말한다'. 人事 忠曰 人事有三義 一 見人行禮 曰人事 二 餽贈物 曰人事 三 姓氏生緣曰人事 已下 錄見人行禮 稱人事者 永平元和尙曰 人事者 相禮拜也 觀心論疏云 人事者 慶弔俯仰 低昂造聘 此往彼來 來往不絕 摩訶止觀 全同此 敕修淸規 告香云 入院後 人事定 爲衆告香 又 開堂祝壽云 堂司行者喝云 諸山人事 … 臨濟玄禪師錄云 有一老宿參師 未曾人事 便問 禮拜卽是 不禮拜卽是 師便喝 老宿便禮拜 云云 … 論語 學而篇云 禮之用 和爲貴 朱熹注 禮者 天理之節文 人事之儀則也 已下 錄餽贈物 稱人事者 一山寧和尙曰 以物贈人 曰人事 … 忠曰 初人事 謂行禮 後人事 謂餽贈物",『선원청규』권2「동년인사 冬年人事」(卍속장111, p.888b6)에 "어떤 절(節) 하루 전에 당두화상이 대중의 인사를 생략하도록 할 경우 미리 승당 앞에 써붙여 알린다. 節前一日 堂頭有免人事 預貼僧堂前",『경덕전등록』권12「보응전 寶應傳」(대정장51, p.298c5)에 "인사로 드릴 특별히 좋은 물건은 없고 하여, 허주에서 강서의 삭도 한 자루를 사서 화상께 드립니다. 別無好物人事 從許州買得一口江西剃刀 來獻和尙"라고 하였다. [참고문헌]『禪林象器箋』,『觀心論疏』,『摩訶止觀』,『百丈淸規』,『臨濟錄』,『禪苑淸規』,『景德傳燈錄』. ⇨ 인 人, 인씨 人氏

인사 人師 사람들의 스승. 만인의 사범.『마하지관』권5상(대정장46, p.49a9)에 "스스로 다스리고 남도 다스려 자타를 이롭게 함이 구족하니 만인의 사범이자 나라의 보배가 이 사람 아니면 그 누구란 말인가? 自匠匠他 兼利具足 人師國寶 非此是誰",『일체경음의』권36(대정장54, p.546b5)에 "사람들이 스승이라 여긴다는 말은, 안팎의 온갖 서적을 아울러 정통하고 세간의 모든 예술을 밝게 이해한 뒤에야 가히 사람의 스승이 될 만하다. 言爲人師者 兼通內外墳典 明解世間 一切藝術 然後 可爲人師也",『경덕전등록』권5「혜충전 慧忠傳」(대정장51, p.244b10)에 "사람들의 스승이라 하는 이가 명예와 이익에 물들어 따로 별다른 단서를 열고자 한들 자신과 남에게 무슨 이익이 있겠는가! 마치 저 세상의 뛰어난 장인은 도끼를 가져 손을 상할 일 없고, 코끼리가 진 짐을 당나귀는 감당할 수 없는 것과 같다. 夫爲人師者 若涉名利 別開異端 則自他何益 如世大匠 斤斧不傷其手 香象所負 非驢能堪"라고 하였다. [참고문헌]『摩訶止觀』,『一切經音義』,『景德傳燈錄』.

인사 仁祠 **1** 절. 불사(佛寺). 인은 석가(釋迦 Ⓢ Śāky

a, Śakya)의 한역인 능인(能仁)의 줄임말이므로 부처님을 모신 사당이라는 의미에서 불사를 인사라고 한다. 『석문정통』 권3(卍속장130, p.792a4)에 "정사가 점유하고 있는 곳 인사라 부른다. 精舍所踞 號曰仁祠"라고 하였다. 〔참고문헌〕『釋門正統』. ❷ 불교의식으로 치르는 재(齋). 『불조통기』 권35(대정장49, p.330a25)에 "초나라 왕은 부처님 말씀을 외우고 불교의 재마저 숭상하고 있으니 어찌 싫어하고 의심하겠는가? 마땅히 잘못을 뉘우치고 속금을 돌려주어 이포새(우바새)와 상문(사문)의 성찬(공양)에 보태도록 하라. 楚王誦黃老之微言 尙浮圖之仁祠 何嫌何疑 當有悔吝 其還贖 以助伊蒲塞桑門之盛饌"라고 하였다. 〔참고문헌〕『佛祖統紀』. ⇨ 재 齋

인사 印師 고구려 스님. 인법사(印法師)·인공(印公)이라고도 한다. 『당고승전』 권15 「법민전 法敏傳」(대정장50, p.538c16)에 "고구려 실공이 대승경론을 강설하였다. … 실공이 입적한 후 고구려의 인사가 촉에 와서 강론하였다. 高麗實公講大乘經論 … 及實亡後 高麗印師上蜀講論"라고 하였다. 〔참고문헌〕『唐高僧傳』. ⇨ 실공 實公, 인법사 印法師

인사 因事 인(因)이 되는 것들. 또는 일체 모든 일이 일어나게 되는 바탕의 뜻이다. 육인(六因 : 能作·俱有·同類·相應·遍行·異熟) 등의 뜻으로 연(緣)을 기다려 과(果)를 성취하게 하는 시작이 되는 것들과 삼매(三昧) 등 만덕(萬德)을 일으키는 바탕이 되는 일들을 말한다. 『화엄오교장』 권4(대정장45, p.502b2)에 "〔문〕 연을 기다린다 했는데 어떤 연을 기다린다는 뜻인가? 〔답〕 인사 외에 증상 등 세 가지 연(增上·所緣·等無間)을 기다린다. 스스로 여섯 가지 뜻을 취하지 않고 서로 서로 기다릴 뿐이다. 問 待緣者 待何等緣 答 待因事之外 增上等三緣 不取自六義 更互相待耳", 『화엄경탐현기』 권13(대정장35, p.353b9)에 "인사란 덕에 의지하여 일으키는 용이다. 삼매는 대용의 바탕이므로 그 이름을 인사라 한다. 因事者 依德起用 三昧是大用本 故名因事"라고 하였다. 〔참고문헌〕『華嚴五敎章』, 『華嚴經探玄記』. ⇨ 인 因, 인연 因緣❶, 육인 六因❶, 사연 四緣, 오과 五果

인사 鄰死 늘 죽음 가까이 있다는 말. 무상(無常)을 드러낸 뜻이다. 『잡아함경』 권32(대정장2, p.230a8)에 "부모에 의지해 받은 덧없이 변하는 것이어서 나 또한 죽음 가까이 있을 뿐이니, 어찌 걱정하고 슬퍼하며 괴로워하고 아파할 뿐이랴. 若依父母 無常變異者 我或隣死 豈唯憂悲惱苦"라고 하였다. 해당 경문은 『별역잡아함경』 권7(대정장2, p.423a24)에는 "죽었든지 죽음이 가까울 뿐이다. 若死若近死"라고 풀었다. 〔참고문헌〕『雜阿含經』, 『別譯雜阿含經』.

인사대의 因四大義 사대(四大 : 地水火風)를 인으로 삼는 뜻. 색온(色蘊)이 일어나는 뜻이다. 『바수밀소집론』 권1(대정장28, p.721c8)에 "색상(色相)을 색이라고 하기도 하며, 사대를 인으로 삼는 뜻이 색이라고 하기도 한다. 세존께서도 사대를 설하셨으니, '저 사대를 연으로 하여 색음이 일어나고 받아들여 치성하게 된다'고 하셨다. 或作是說 色相爲色 或作是說 因四大義爲色 世尊亦說四大 緣彼四大 生色陰受盛"라고 하였다. 〔참고문헌〕『婆須蜜所集論』. ⇨ 사대 四大❶

인사상당 因事上堂 일(事)이 일어나면 법좌에 올라 법의 문(法門)을 연다는 말. 정해진 법 없이(無有定法) 드러난 사태를 범례로 법을 펼치는 뜻이다. 부처님께서도 일(事)이 있을 때마다 설법하셨고, 일(事)이 벌어질 때마다 계(戒)와 율(律)을 정하셨고, 조사들도 만사(萬事)를 당하여 지혜롭게 길(祖道)을 열었다. 상당에는 정시상당(定時上堂)과 수시상당(隨時上堂)이 있고, 인사상당은 수시상당에 해당한다. 『선림상기전』 권11(불광장, 禪藏, p.802)에 "비록 그 일을 정하진 않았지만 많은 경우 해롭거나 거슬러 어려움이 있게 되면 설법하지만 그 일을 드러내지는 않는다. 이렇게 하는 것을 '어떤 일로 인하여'라 한다. 雖其事不定 多是有毁逆違難 因此說法 不露言其事 故稱因事也", 『열조제강록』 권17(卍속장112, p.437b4)에 "자수회심(慈受懷深)선사의 인사상당 : 옛 사람이 '참고 또 참아라. 삼세여래도 이렇게 함을 다함없이 하였을 뿐이다. 용서하고 또 용서하라. 천만 가지 재앙과 불행도 이로 좇아 사라진다. 침묵하고 또 침묵하라. 무상보리는 여기서 깨우친다'라 하고는 다시 말했다. '이 세 마디 말씀도 알아채지 못하면 한낱 쾌활자재한 이 되지는 못하리라. 산승은 소 한 마리 얻었다가 말 한 마리로 갚을 뿐이거늘 물 퍼붓듯 침 뱉고, 입 내밀어 욕할 따름이다'. 주장자를 세우고 말했다. '치우침 없이 마음 내고 고르게 마음 낼지니!' 慈受深禪師因事上堂 古者道 忍忍 三世如來從此盡 饒饒 萬禍千殃從此消 默默 無上菩提從此得 師曰 會得此三種語了 好箇不快活漢 山僧祇是 得人一牛 還人一馬 潑水相唾 插嘴斯罵 卓拄杖曰 平出 平出", 『허당록』 권3(대정장47, p.1007b25)에 "인사상당 : '하늘에 구름 있으니 해와 달 가리고 단비도 내린다. 땅에 물 있으니 배를 저어 건너고 마른 초목을 적신다. 사람에게 마음 있으니 화복이 일어나도 강유로 다스린다. 삼재를 이렇게 밝혔으니 뜻으로는 한 가지일 뿐이니 그 까닭 무엇일까?' 주장자를 세우고 말했다. '대붕이 날개를 펼쳐 세상을 덮었건만, 울타리 끝에 까치 참새 공연히 재잘거린다'. 因事上堂 天之有雲也 可以蔽日月降甘雨 地之有水也 可以濟舟楫潤焦枯 人

之有心也 可以興禍福制剛柔 三才旣明 理歸一揆 所以然者何也 卓主丈 大鵬展翅蓋十洲 籬邊燕雀空啾啾", 『무문혜개어록』 권상(卍속장120, p.504b18)에 "인사상당 : 시비와 장단은 귓전을 스치는 바람이다. 결코 그 중에서 같고 다름 찾으려 하지 마라. 팔풍이 불어도 흔들리지 않고 싶다면, 마음바탕 허공같이 놓아두어야 하리. 자수노인 물길 따라 돛 펼칠 줄만 알았지 역풍에 키 잡지는 못했다. 나라면 결코 그렇게 하지 않겠다. 시비 모조리 버리는 일 없이 시비 중에서 뒤쳐 취하리. 왜 그런가? 그것은! 깜깜한 폭풍 불어 큰 파도 뒤집힌 적 그 몇 번이던가? 일찍이 고깃배 기울었다는 소식 들은 적 없노라. 因事上堂 是非長短耳邊風 切莫於中覓異同 要得八風吹不動 放教心地等虛空 慈受老人 只解順水張帆 不能逆風把柂 黃龍又且不然 是非都去了 是非裏薦取 何故 曾幾度黑風翻大浪 未曾聞道釣舟傾"라고 하였다. 〔참고문헌〕『禪林象器箋』, 『列祖提綱錄』, 『虛堂錄』, 『無門慧開語錄』. ⇨ 상당 上堂❶, 팔풍 八風

인사의 人四依 행하는 이는 네 갈래로 의지함. 소승은 사과(四果)에 의지하고 대승은 사십심(四十心)과 십지(十地)의 세 갈래를 의지한다. 사의인(四依人)이라고도 한다. 『대승현론』 권5(대정장45, p.64b18)에 "인사의란, 소승에 따르면 오방편을 제일의 의지로 삼고, 수다원과 사다함을 두 번째 의지로 삼으며, 아나함을 세 번째 의지로 삼고, 아라한을 네 번째 의지로 삼는다. 만일 대승에 따르면 십지전의 사십심(십신·십주·십행·십회향)으로 번뇌성 갖춘 뜻을 제일의지로 삼고, 초지부터 육지까지를 두 번째 의지로 삼으며, 칠팔구지를 세 번째 의지로 삼고, 제십지를 네 번째 의지로 삼는다. 人四依者 依小乘 五方便爲第一依 須陀洹斯陀含爲第二依 阿那含爲第三依 阿羅漢爲第四依 若依大乘 地前四十心具煩惱性爲第一依 從初地至六地爲第二依 七八九地爲第三依 第十地爲第四依"라고 하였다. 〔참고문헌〕『大乘玄論』. ⇨ 사의인 四依人❶, 사성종 四聖種❷, 보살계위 菩薩階位, 십지 十地, 사십심 四十心❶❷

인사이교 印師二教 당대 고구려의 인법사(印法師)와 법민(法敏 : 愍法師) 등이 나눈 두 갈래 교. 부처님 일대시교(一代時教)를 주처중설(主處衆說)의 입장에서 굴곡교(屈曲教)와 평등교(平等教) 또는 평등도교(平等道教)로 나눴다. 『화엄오교장』 권1(대정장45, p.481a3)에 "여덟째, 강남 민법사에 의지해 세운 이교다. 첫째, 석가모니불께서 설하신 경이니 굴곡교를 말한다. 중생의 근기에 맞추고 분별에 따라 그 집착을 무너뜨린다. 『열반경』 등과 같다. 둘째, 비로자나불께서 설하신 경이니 평등도교를 말한다. 법성을 좇아 자재로 설한다. 『화엄경』이 그것이다. 八 依江南愍法師 立二教 一 釋迦經 謂屈曲教 以逐物機 隨計破著故 如涅槃等 二 盧舍那經 謂平等道教 以逐法性 自在說故 卽華嚴是也", 『신화엄경론』 권3(대정장36, p.735a9)에 "열 번째, 당대 강남 인법사가 세운 이교다. 첫째, 석가모니불께서 설한 경이니 굴곡교다. 중생의 근기와 성품에 맞추어 분별하여 설한다. 둘째, 『화엄경』으로 비로자나불의 십신평등한 교설이다. 법사가 세운 이교 사이에는 간략하게 네 가지 다름이 있다. 첫째, 설법주의 다름이다. 굴곡교는 석가모니불의 화신설법이고, 평등교는 비로자나불의 십신설법이다. 둘째, 설법 장소의 다름이다. 굴곡교는 사바세계로서 나무그늘 아래 풀로 엮은 법좌에서 행한 설법이고, 평등교는 연화장세계로서 보배나무 아래 금빛 법좌에서 행한 설법이다. 셋째, 청중의 다름이다. 굴곡교는 성문 보살에게 전한 말씀이고, 평등교는 모두를 오로지 보살 극위로 여겨 한결같이 전한 말씀이다. 넷째, 말씀의 다름이다. 굴곡교는 다만 그때마다의 장소에 적절하게 행하신 말씀이고, 평등교는 반드시 시방에 가지런히 행하신 말씀이니 저 『화엄경』의 설법이다. 第十 唐朝江南 印法師 立二教者 一 釋迦經 名屈曲教 以遂機性隨計說故 二 華嚴經 盧舍那 十身平等教 彼法師立二教 略有四別 一 主別 謂彼釋迦 化身所說 此舍那 十身所說 二 處別 謂彼娑婆世界 木樹草座上所說 此於蓮華藏世界 寶樹金座上所說 三 衆別 彼與聲聞及菩薩說 此唯菩薩極位同說 四 說別 謂彼但是 當方所說 此要十方同說 如華嚴經中說"라고 하였다. 〔참고문헌〕『華嚴五教章』, 『新華嚴經論』. ⇨ 굴곡교 屈曲教, 평등교 平等教, 인법사 印法師

인사자 人師子 Ⓢ nara-siṃha, puruṣa-siṃha, Ⓣ skyes-bu-seng-ge. 사람 중의 사자. 인중사자(人中師子)라고도 한다. 60권본 『화엄경』 권5(대정장9, p.423c26)에 "모든 음계입이 없고, 영원히 생사의 고통을 여의었으며, 세간의 무리에도 있지 않기에, 사람 중의 사자라 부른다네. 無諸陰界入 永離生死苦 不在世間數 故號人師子", 『대지도론』 권7(대정장25, p.111a28)에 "〔문〕 무엇 때문에 사자좌라 하는가? 부처님께서 사자로 변해서인가? 실제 사자가 된 것인가? 금은이나 목석으로 사자를 만들어서인가? 또 사자는 선량한 짐승이 아니어서 굳이 부처님께서 불러들일 일 없으시고 인연도 없을 터인데. 〔답〕 여기서 사자라 한 것은 실제의 사자가 아니다. 부처님을 인중사자로 여길 뿐이니, 부처님께서 앉는 곳이면 법상이든 땅이든 모두 사자좌라고 한다. 마치 요즘 국왕이 앉는 자리 역시 사자좌라 하는 것과 같다. 나아가 왕이 용맹한 사람을 가리켜 인사자라고 부르며, 사람들이 국왕을 칭할 때도 인사자라고 한다. 또한 사자가 네 발 달린 짐승 중에 유독 두려움 없이 모든 짐승을 굴복시키듯이 부처님 또한 이와 같이 96종 외도 일체를 항복시키고 두려움 없으시니 인사자라고 한다. 問曰 何以名師子座 爲佛化作師子 爲實師子來 爲金銀木石作師子耶 又師子非善獸故 佛所不須 亦無因緣故不應來 答曰 是號名師子 非實師子也 佛爲人中師子 佛所坐處若床若地 皆名師子座 譬如今者國王坐處 亦名師子座 復次 王呼健人 亦名人師子 人稱國王 亦名人師子 又如師子 四足獸中獨步無畏 能伏一切 佛亦如是 於九十六種道中 一切降伏無畏故 名人師子", 『잡아함경』 권48(대정장2, p.355a28 : *Sakalika*(*SN.1*, p.28)에 "사문구담은 사람 중에도 사자이시다. 온몸으로 고통을 당해도 견디고 참아 스스로 편안케하시니 정지와 정념으로 물러나 덜하는 일 없네. 沙門瞿曇 人中師子 身遭苦痛 堪忍自安 正智正念 無所退減 nāgo vata bho samaṇo gotamo. nāgavatā ca samuppannā sārīrikā vedanā dukkhā tibbā kharā kaṭukā asātā amanāpā. sato sampajāno adhivāseti avihaññamāno ti", 『치선병비요법』 「후서 後序」(대정장15, p.342b8)에 "천축비구 대승사문 불다사나(佛陀斯那 Ⓢ Buddhasena)는 천재로 특출하였다. 나라 안에 독보적이었으니 반 억 게송을 입으로 외웠으며 선법에도 밝았다. 내외전을 빠짐없이 널리 알았고 익히지 않은 서적이 없었다. 그러므로 세간 사람들이 모두 인중사자라고 일컬었다. 저거경성(沮渠京聲)은 친히 대면하고 품수하였는데, 기억하여 외움에 막힘이 없었다. 天竺比丘 大乘沙門 佛陀斯那 其人天才特拔 國中獨步 口誦半億偈 兼明禪法 內外綜博 無籍不練 故世人咸曰 人中師子 沮渠親面稟受 憶誦無滯"라고 하였다. [참고문헌] 『華嚴經』, 『大智度論』, 『雜阿含經』, 『治禪病秘要法』, *SN.*, *Lal-v.66.* ⇨ 불 佛, 사자 師子

인사지물 人事之物 예물(禮物). 인사로 보내는 물품. 『선원청규』 권5 「화주 化主」(卍속장111, p.900b12)에 "다탕과 예물을 갖추고, 마음 낮추어 번거로움 참아내며, 좋은 말로 (施主를) 교화하여 이끈다. 及備茶湯 人事之物 低心耐煩 善言化導"라고 하였다. [참고문헌] 『禪苑淸規』. ⇨ 인사 人事

인사집현어록 因師集賢語錄 덕인(德因) 지음. 여영(如瑛) 엮음. 15권. 卍속장114, pp.1b1～105b13에 있다. 『용천집 龍泉集』이라고도 한다. 고봉용천덕인(高峰龍泉德因)이 게송과 시문(詩文)으로 후학을 접했던 일대어록이다. 그 제자인 여영이 「입단서사경문 入壇敍時景門」부터 「자진정사문 自陳情詞門」까지 15종으로 분류하여 편찬하였다. 1287년(지원24) 심세창(沈世昌)이 「서문 序文」을 붙인 간행본 외에도 오산판(五山版) 및 1634년(관영11) 간행본이 전한다.

인사행례 人事行禮 ➡ 인사 人事

인삼상 因三相 Ⓢ liṅgasya trairūpyam. 인명(因明) 용어. 인명의 삼지작법(三支作法) 중 타당한 이유명제인 인(因)이 갖추어야 하는 세 가지 조건. 첫째는 변시종법성(遍是宗法性)이니, 인은 반드시 종(宗)의 술부로서 주부(有法)를 만족시켜야 한다. 둘째는 동품정유성(同品定有性)이니, 모든 인은 종의 술부와 자성에 있어 같아야 한다. 셋째는 이품변무성(異品遍無性)이니, 인은 종의 술부와 반드시 다른 성질이 아니어야 한다. 이와 같이 주장명제(宗)·이유(異喩)·동유(同喩) 등 세 가지로 향한 인의 뜻이 있어야 하기에 삼향(三向)이라고도 한다. 『인명입정리론』(대정장32, p.11b6)에 "인에는 세 가지 상이 있으니, 변시종법성·동품정유성·이품변무성을 말한다. 因有三相 何等爲三 謂遍是宗法性 同品定有性 異品遍無性", 『인명입정리론집해』(卍속장87, p.110b5)에 "마치 '소리는 무상하다. 만들어진 성질의 것이기에'라고 주장하는 경우, 동유는 병처럼이고, 이유는 허공 등처럼이다. 곧 이 '만들어진 성질'이라 하는 것이 무상한 소리라는 법상에 결정적으로 있는 성을 변시종법성이라 하고, 병 등의 동품법상에서 바라보았을 때 반드시 '만들어진 성질'이 있는 것을 동품정유성이라고 하며, 허공 등의 이품법상에서 바라봤을 때 모두 '만들어진 성질'이 없는 것을 이품변무성이라고 한다. 이 '만들어진 성질'이 세 가지 상을 갖추고 나서야 비로소 진실한 무상의 인이 된다. 如立聲是無常 所作性故 同喩如甁 異喩如空等 卽此所作性 望於無常聲法之上 決定有性 名徧是宗法性 望於甁等同品法上 定有所作 名同品定有性 望於空等異品法上 徧無所作 名異品徧無性 此所作性 具三相已 方眞成無常因也"라고 하였다. [참고문헌] 『因明入正理論』, 『因明入正理論集解』. ⇨ 변시종법성 遍是宗法性, 동품정유성 同品定有性, 이품변무성 異品遍無性, 삼지작법 三支作法, 인 因❷, 인명 因明

인삼주 人三洲 사주(四洲) 중 북구로주(北俱盧洲 Ⓢ Uttara-kuru)를 제한 나머지 세 주. 동승신주(東勝身洲 Ⓢ Pūrva-videha)·남섬부주(南贍部洲 Ⓢ Jambu-dvīpa)·서우화주(西牛貨洲 Ⓢ Apara-godānīya)를 말한다. 『대비바사론』 권39(대정장27, p.202b10)에 "[문] 어떤 계와 취와 처에 흰머리가 있는가? [답] 욕계에 있고 색계와 무색계에는 없으며, 지옥취에는 없고 축생과 아귀에는 있으며, 인삼주에는 있으니 북구로주는 아니다. 저곳에는 이러한 싫어할 만한 모습이 없기 때문이고, 정업을 따라 이곳에 나기 때문이니, 번뇌로 물든 업으로 말미암아 흰머리가 생기기 때문이다. 問 何界趣處有白髮耶 答 在欲界有 非色無色 地獄趣無 傍生鬼有 人三洲有 除北俱盧 彼無如是可厭相故 乘純淨業 而生彼故 由雜穢業 白髮生故", 『구사론』 권17(대정장29, p.92c28 : *Abh-k-bh.*, p.260)에 "무간업은 오직 인삼주에만 있고, 북구로주와 나머지 취와 계에는 없다. 삼주 안에서도 오직 남녀만이 무간업을 지을 뿐이고, 선체 등은 그렇지 않다. 無間業 唯人三洲 非北俱盧 餘趣餘界 於三洲內 唯女男及造無間業 非扇搋等 〈kārikā〉 triṣu dvīpeṣ vānantarya. 〈bhāṣya〉 nottarakurau nānyāsu gatiṣu. kuta evānyatra dhātau. teṣvapi strīpuruṣāṇāmeva. 〈kārikā〉 śaṇḍhādīnāṃ tu neṣyate"라고 하였다. [참고문헌]『大毘婆沙論』, 『俱舍論』, *Abh-k-bh*. ⇨ 사주 四洲, 선체 扇搋, 북구로주 北俱盧洲

인삼천이 人三天二 사람으로 세 번 나고 천계에는 두 번 나는 과정을 마쳐야 성자가 된다는 말. ⇨ 가가성자 家家聖者, 소생 小生❸

인상 人相 ❶ ➡ 사상 四相❸, 인상 人想 ❷ 사람의 모습. 『화엄오교장』 권3(대정장45, p.497c16)에 "부처님께서 인간계에 나시어 보이시길 사람이 하는 일과 같이 하시고 사람의 모습과 같이 하셨으니 32상이라 하였고, 어떤 천신보다도 뛰어나시기에 80종호라 하였다. 佛生人間 示同人事 同人相故 說三十二相 勝諸天故 說八十種好"라고 하였다. [참고문헌]『華嚴五教章』. ❸ 위인의 모습. 『방광대장엄경』 권1(대정장3, p.542a28)에 "어떤 천인은 이렇게 말하기도 한다. '반다바왕(Ⓢ Pāṇḍava)은 도읍지를 상성(Ⓢ Hastināpura)에 정하고 매사에 부지런하고 용맹하며 지체도 원만하여 위인의 모습을 빠짐없이 갖추고 능히 적마저 다스리니 저곳이야말로 살 만하다'. 或有天言 般荼婆王 都在象城 勤事勇健 支體圓滿 人相具足 能制怨敵 可生於彼"라고 하였다. [참고문헌]『方廣大莊嚴經』.

인상 人想 Ⓢ pudgala-saṃjñā, Ⓟ manussa-sañña. 사람이라는 상. 인(人 Ⓢ pudgala) 즉 개별적 아(我)를 상정하여 그 실체가 있다고 여기는 뜻이다. 『중아함경』 권49 「소공경 小空經」(대정장1, p.737a12 : *Cūlasuññata-sutta, MN.3*, p.104)에 "아난아! 비구가 만약 언제나 공을 행하고자 한다면, 그 비구는 마을이라는 상도 가지지 말아야 하며, 사람이라는 상도 가지지 말아야 하며, 오로지 아무 일도 없다는 상만 자꾸 떠올려야 한다. 阿難 比丘若欲多行空者 彼比丘莫念村想 莫念人想 當數念一無事想 evameva kho ānanda bhikkhu amanasikaritvā gāmasaññaṃ amanasikaritvā manussasaññaṃ araññasaññaṃ paṭicca manasikaroti ekattaṃ", 『광찬경』 권1(대정장8, p.155c15)에 "보살마하살이 반야바라밀을 행하면, 인상도 일으키지 않고 아상도 일으키지 않으며 수상도 일으키지 않고 명상도 일으키지 않으며 중생상도 일으키지 않고 견지상도 일으키지 않는다. 菩薩摩訶薩 行般若波羅蜜者 不起人想 不起我想 不起壽想 不起命想 不起衆生想 不起見知想", 『금강반야바라밀경론』 권상(대정장25, p.768c16)에 "만약 보살이 중생상·인상·수자상을 일으키면 보살이라고 부를 수 없다. 若菩薩起衆生想 人想壽者想 則不名菩薩", 『대법거다라니경』 권11(대정장21, p.709b27)에 "인상이 있으면 아상이 있게 되고 아상이 있으면 중생이 있게 된다. 중생이 있기에 언설이 있고 언설이 있기에 세간상이 나타난다. 세간상 때문에 모든 것이 존재하게 되는 제유를 받고 제유를 받기에 바로 무명이 있게 되며 무명이 있기에 바로 삼라만상이 움직이는 제행이 있게 된다. 有人想者 則有我想 有我想者 則有衆生 有衆生故 則有言說 有言說故 則世間相 世間相故 則受諸有 受諸有故 則有無明 有無明故 則有諸行"라고 하였다. [참고문헌]『中阿含經』, 『光讚經』, 『金剛般若波羅蜜經論』, 『大法炬陀羅尼經』, 『宗鏡錄』 권77(대정장48, p.841a29), *MN., Vajr-pr.29*. ⇨ 아인상 我人相

인상 印相 인계(印契 Ⓢ mudrā)를 달리 일컫는 말. 『유가대교왕경』 권5(대정장18, p.582c22)에 "부처님께서 보살들에게 말씀하셨다. '지금 이 유가의 큰 가르침에는 열 가지 비밀하고 진실한 뜻이 있다. 첫째는 만나라, 둘째는 삼마지, 셋째는 인상, 넷째는 행보, 다섯째는 좌위, 여섯째는 지송, 일곱째는 호마, 여덟째는 공양, 아홉째는 본사, 열째는 상응이다. 이 열 가지 법은 대지혜로 생겨나는 깊고 깊은 비밀법으로 삼세의 제불께서 한결같이 모두 널리 설하신 것이다'. 佛告諸菩薩言 今此瑜伽大教 有十種祕密眞實之義 一 曼拏羅 二 三摩地 三 印相 四 行步 五 坐位 六 持誦 七 護摩 八 供養 九 本事 十 相應 此之十法 大智所生 甚深祕密三世諸佛 同共宣說", 『지명장유가대교존나보살대명성취의궤경』 권1(대정장20, p.678a13)에 "또한 진언행자가 만일 모든 성취법을 닦고 익히고자 한다면, 먼저 관지와 모든 인상을 닦고 익혀 정미하게 하여 오류가 없도록 해야 비로소 모든 실지를 구할 수 있다. 復次 行人若欲修習諸成就法者 先須修習觀智 及諸印相 皆令精熟 無使謬誤 方可求諸悉地", 『최상비밀나라천경』 권하(대정장21, p.365b19에 "만약 어떤 행인이 모든 성취법을 짓고자 한다면 언제나 삼밀(三密)을 행해야 하니, 삼매와 인상과 대명 등을 말한다. 若有行人作諸成就法者 當須常行三密 所謂三昧及印相大明等"라 하였다. [참고문헌]『瑜伽大教王經』, 『持明藏瑜伽大教尊那菩薩大明成就儀軌經』, 『最上祕密那拏天經』. ⇨ 인계 印契, 진언 眞言, 신밀 身密, 삼밀 三密

인상 印像 찍힌 모습. 그대로 찍혀 드러난 모습. 『대방등대집경』 권15(대정장13, p.106c12)에 "비유컨대 저 염부제에 사는 모든 중생의 몸과 그 나머지 외색 등 이와 같은 색들은 바다 중에는 모든 것들이 남김없이 찍혀 비추듯 한다. 이 때문에 '큰 바다를 인으로 삼는다'고 한다. 보살도 이와 같다. 대해인삼매를 얻고 나서 일체중생의 마음행로를 능히 분별하여 보고는 일체법의 문을 열어 모두가 다 지혜롭게 한다. 이것을 가리켜 보살이 해인삼매를 얻어 일체중생의 마음이 다니는 길을 안다고 한다. 喩如閻浮提 一切衆生身 及餘外色 如是等色 海中皆有印像 以是故名 大海爲印 菩薩 亦復如是 得大海印三昧已 能分別見 一切衆生心行 於一切法門 皆得慧明 是爲菩薩 得海印三昧 見一切衆生心行所趣"라고 하였다. [참고문헌]『大方等大集經』, 『海印三昧論』(대정장45, p.774c19). ⇨ 해인삼매 海印三昧

인상 因相 ❶ Ⓢ nimitta-lakṣaṇa, Ⓣ mtshan-ma'i-mtshan-nyid. 아뢰야식(阿賴耶識) 삼상(三相) 중 하나. 제8식인 아뢰야식이 모든 종자를 집지해서(依持因) 만법이 일어나는 인으로 작용하기에(生起因) 인상이라 한다. 『성유식론술기』 권2말(대정장43, p.302a10)에 "인상의 뜻을 푼다. 이 제8식이 집지하는 제법이 모든 법의 인이다. 지금 또한 이것을 말하는 것이어서 이 식의 인상은 종자식이다. … 이 제8식은 현행이건 종자이건 모두 인상이다. 현행이 종자가 되면 의지인과 같고 종자는 그대로 모든 법의 인연이니 모두 다 인상이다. 釋因相義 此第八識 所執諸法 諸法之因 今說亦是 此識因相 卽種子識 … 其第八識 若現若種 皆是因相 現行爲種等依持之因 種子卽是 諸法因緣 皆因相也", 같은 책 권2말(대정장43, p.302b12)에 "다만 인상을 다 거둬 말하면 의지인과 생기인 등이다. 다만 종자를 가지는 그 공능은 다른 법과 함께하지 않는다. 나머지 법은 할 수 없는 공력이 있고 이는 함께할 수 없기에 치우쳐 설하였다. 但通說因相 謂依持因 生起因等 但持種之能 不共餘法 餘法不能 有此功力 非是共故 是故偏說"라고 하였다. [참고문헌]『成唯識論述記』, *Yogā-bh.59.* ⇨ 뢰야삼상 賴耶三相, 아뢰야식 阿賴耶識 ❷ ➡ 인 因, 인삼상 因三相

인상욕 人相欲 육욕(六欲) 중 하나. 사람이라는 모습에 집착함. 『선요경』(대정장15, p.237c25)에 "인상욕에 집착하면 뼈만 남아 흩어진 주검의 조각조각 끊어진 상을 관하게 한다. 著人相欲 令觀骨人分分斷相", 『석선바라밀차제법문』 권9(대정장46, p.537a2)에 "인상욕이란 어떤 사람이 나머지 다섯 가지 일에는 집착하지 않고 다만 사람 모습에만 집착하는 것이다. 人相欲者 有人皆不著五事 但著人相"라고 하였다. [참고문헌]『禪要經』, 『釋禪波羅蜜次第法門』, 『摩訶止觀』 권6(대정장46, p.70b1). ⇨ 육욕 六欲❷, 인상 人相❷, 인상 人想

인상응법 因相應法 Ⓟ hetu-sampayutta-dhammā. 인(因)과 상응하는 법. 심법(心法)과 심소법(心所法). 인불상응법(因不相應法)의 상대어이다. 『품류족론』 권6(대정장26, p.715c7)에 "인상응법이란 어떤 것인가? 일체의 심심소법을 말한다. 因相應法云何 謂一切心心所法"라고 하였다. [참고문헌]『品類足論』, 『衆事分阿毘曇論』 권4(대정장26, p.648b4), *Dhs.2.* ⇨ 심법 心法❶❷, 심소법 心所法, 인불상응법 因不相應法

인색 湮塞 막혀 통하지 않는다는 뜻. 『아미타경의소문지기』 「발문 跋文」(卍속장33, p.285a2)에 "이 소도 막혀 통하지 못하므로 내가 소에 의지하여 삼산의 경원암에서 강설하고 있던 차에 몇몇 학인들의 청이 있어 뜻을 잇고자 후배로서 성심을 다했지만, 뜻은 컸어도 실행이 미치지 못하여 이전보다 흠이 많았다. 由此疏亦湮塞 余寓疏三山慶遠庵 因講次 二三子有請 爲續其後誠故 爲狂簡有玷於前"라 하였다. [참고문헌]『阿彌陀經義疏聞持記』.

인생 人生 Ⓟ jantu. 인간의 삶. 『의족경』 권상(대정장4, p.175b20)에 "저 뿔도 발톱도 생겨나면 나날이 자라듯 사람의 삶도 그러하네. 알지 못하는 사이에 욕망은 더하여 목말라함이 끝이 없어 나날이 더하네. 如角距生日長取增 人生亦爾 不覺欲增 飢渴無盡 日日復有"라고 하였다. [참고문헌]『義足經』, *Sn.152.*

인생 因生 Ⓢ hetu-samutpanna, hetumattva. 인에서 생겨남. 곧 유위법(有爲法)을 말한다. 40권본 『대반열반경』 권14(대정장12, p.445c5)에 "선남자여! 상이란 곧 여래이고, 여래는 곧 승이며, 승은 곧 상이다. 이런 뜻이 있기에 인에서 생긴 법은 상이라 하지 않는다. 善男子 常者 卽是如來 如來卽是僧 僧卽是常 以是義故 從因生法 不名爲常", 원측(圓測)의 『해심밀경소』 권3(한불전1, p.214b24)에 "인을 좇아 생하기에 유위로 거둔다. 승의제가 아니기 때문이다. … (붓다께서는) 생한 것은 반드시 멸한다고 한결같이 말씀하셨기 때문이다. 從因生故 是有爲攝 非勝義諦故 … 生者必滅 一向記故"라고 하였다. [참고문헌]『大般涅槃經』, 『解深密經疏』, *Laṅk.68.* ⇨ 인 因❶, 인연 因緣, 무상 無常, 유위 有爲, 상 常❶

인생가 因生假 사가(四假) 중 하나. 인에서 생겨난 법은 가유(假有)라는 말. 연생가(緣生假)라고도 한다. 『구사론기』 권29(대정장41, p.441b1)에 "넷째는 인생가이다. 일체유위법은 인에서 생겨나는 바 모두 자성이 없다. 四 因生假 一切有爲法 從因所生 皆無自性", 『대승의장』 권1(대정장44, p.479b24)에 "첫째는 인생가이니 연생이라고도 한다. 둘째는 인성가이니 연성이라고도 한다. 셋째는 상대가이니 상형이라고도 한다. 넷째는 상속가이다. 인생이라는 말은 인을 좇아 과가 생하므로 별체상이 일어난 것이기에 인생이라 한다. 생할 때 인에 가탁해 일어나기에 인생가라고 하는 것이다. 一 因生假 亦名緣生 二 因成假 亦名緣成 三 相待假 亦名相形 四 相續假 言因生者 從因生果 別體相起 故曰因生 生假因起 名因生假", 원측(圓測)의 『인왕경소』 권중(대정장33, p.402b14・한불전1, p.83b6)에 "[석] 일곱 번째는 인생가이니 동시인과를 말한다. 예를 들어 현행이 종자를 훈습하고 종자가 현행을 생하는 경우 등을 설하는 등이니, 이는 구시인과다. 종자가 자류로 서로 생하는 등은 전후인과문에 해당한다. 釋曰 第七 因生假 謂同時因果 如說現行熏種子 種子生現行等 卽是俱時因果 種子自類相生等 卽是前後因果門"라고 하였다. [참고문헌] 『俱舍論記』, 『大乘義章』, 『仁王經疏』. ⇨ 가 假[1], 사가 四假, 연생가 緣生假, 종자 種子, 현행 現行

인생본 人生本 나라연(那羅延 Ⓢ Nārāyaṇa)의 한역어. 사람이 생겨나는 뿌리라는 뜻. 『일체경음의』 권70(대정장54, p.767c4)에 "나라연〈나라는 사람이라는 뜻이고 연나는 생본이라는 말이니 인생본이라 하니 곧 대범왕이다. 외도들은 모든 사람이 범왕에서 생긴다고 여기므로 이를 인생본이라 한다〉. 那羅延〈那羅 此云爲人 延那 此云生本 謂人生本 卽是大梵王也 外道謂一切人 皆從梵王生 故名人生本也〉"라고 하였다. [참고문헌] 『一切經音義』. ⇨ 나라연 那羅延

인석 悋惜 Ⓢ āgraha. 인색하고 아까워하다. 『증일아함경』 권35(대정장2, p.746b13)에 "(불열반 후 천 년이 지나면) 혹 그 (비구들) 중에는 재화를 탐착하고 방사마저 인색하고 아까워하여 언제나 서로 싸우고 다툴 것이다. 或於其中 貪著財貨 悋惜房舍 恒共鬪諍"라고 하였다. [참고문헌] 『增壹阿含經』, 『佛所行讚』 권4(대정장4, p.31b20), *Saddh-p.257*. ⇨ 인 悋

인선 人仙 사람이지만 선(仙). 부처님을 부르는 말이다. 40권본 『대반열반경』 권2(대정장12, p.375c5)에 "조어장부께 머리 숙여 예배드리며 저희들은 지금 청하옵니다. 인선을 멀리 떠나서는 영원히 구제받을 수 없습니다. 稽首禮調御 我等今勸請 遠離於人仙 永無有救護"라고 하였다. [참고문헌] 『大般涅槃經』.

인선 忍仙 인욕선인(忍辱仙人). 『경덕전등록』 권9 「귀산지진전 龜山智眞傳」(대정장51, p.269c28)에 "인선은 숲에서 좌선하실 때 일찍이 가리왕에게 팔다리를 잘렸네. 어찌하여 우리 성스런 조정에 이런 일 없는가! 지금 도마저 닦지 않으니 어찌 슬퍼만 할 일인가? 忍仙林下坐禪時 曾被歌王割截支 況我聖朝無此事 只今休道亦何悲"라고 하였다. [참고문헌] 『景德傳燈錄』, 『三具足經憂波提舍』(대정장26, p.361a10). ⇨ 인욕선인 忍辱仙人, 가리왕할절인욕선 歌利王割截忍辱仙

인선 忍善 Ⓢ śāntāś ca dāntāś ca. 참아 선함. 『별역잡아함경』 권7(대정장2, p.421b1)에 "바른 정을 닦기에 다른 것들 만나도 번뇌 일어나지 않으니, 번뇌를 일으키지 않기에 '참아 선하다'고 한다. 修正定故 爲他所觸 而不生惱 不生惱故 名爲忍善", 『법화경』 권3 「화성유품 化城喩品」(대정장9, p.23c25 : *Saddh-p.*, p.170)에 "그때 모든 범천왕이 한마음 한목소리로 게를 읊었다. '위대한 성인께서 법륜을 굴려 모든 법상을 보이시니 고뇌중생을 제도하여 대환희를 얻게 하시네. 중생은 이 법을 듣고서 도를 얻어 하늘에 나리니 모든 악도는 줄어들고 참아 선한 이들 더욱 늘어나리'. 時諸梵天王 一心同聲而說偈言 大聖轉法輪 顯示諸法相 度苦惱衆生 令得大歡喜 衆生聞此法 得道若生天 諸惡道減少 忍善者增益 atha khalu bhikṣavas tāni pañcāśad brahmakoṭīnayutaśatasahasrāṇi ekasvareṇa samasaṃgītyā taṃ bhagavantamābhyāṃ sārūpyābhyāṃ gāthābhyā madhyabhāṣanta. pravartayā cakravaraṃ mahā mune prakāśayā dharmu daśādiśāsu, tārehi sattvān dukhadharmapīḍitān prāmodyaharṣaṃ janayasva dehinām. yaṃ śrutva bodhīya bhaveyu lābhino divyāni sthānāni vrajeyu cāpi, hāyeyu co āsurakāya sarve śāntāśca dāntāśca sukhī bhaveyuḥ"라고 하였다. [참고문헌] 『別譯雜阿含經』, 『法華經』, 『妙法蓮華經要解』 권8(영락장184, p.759b1), *Saddh-p.*

인선경 人仙經 송대 법현(法賢) 한역. 1권. 고려장34, pp.533a1~536b11, No.1247・대정장1, pp.213c22~216b4, No.9에 있다. 빔비사라왕(Ⓢ Bimbisāra)이 전생에 비사문천(毘沙門天 Ⓢ Vaiśravaṇa)의 태자로 나고 인선(人仙)으로 불렸다는 일화로, 우바새의 사후를 묻는 아난(阿難)에게 부처님께서 답하시는 내용이다. 상응하는 팔리경전은 디가니카야 제18경 *Janavasabha-sutta* (*DN.2*, pp.200~219)이며, 한역 『장아함경』에 수록된 「사니사경 闍尼沙經」(대정장1, pp.34b4~36b23)과 동본이역이다. ⇨ 빈바사라왕 頻婆娑羅王, 병사왕 甁沙王, 비사문천 毘沙門天

인선사비문 忍禪師碑文 선종 제5조 홍인(弘忍 602~675)선사의 비문. 당대 문인 여구균(閭丘均) 지음. 현재 남아 있지 않으나 『송고승전』 권8 「동산홍인전 東山弘忍傳」(대정장50, p.754b21)에 개원년간(713~742)에 태자문학(太子文學) 여구균이 「탑비」를 찬술했다고 하였고, 돈황본 『역대법보기』(대정장51, p.182b5)에도 유사한 기록이 전한다. 또한 『일본비구원진입당구법목록』(대정장55, p.1101a21)에 「당기주인선사비문

唐蘄州忍禪師碑文」과 『지증대사청래목록』(대정장55, p.1106c14)에 「기주인선사비문」이 남아 전하나 이 비문들이 여구균의 찬본과 동본(同本)인지의 여부는 알 수 없다. 〔참고문헌〕『宋高僧傳』, 『歷代法寶記』, 『日本比丘圓珍入唐求法目錄』, 『智證大師請來目錄』. ⇨ 홍인 弘忍

인선성취유 因善成就有 상키야(Ⓢ Sāṃkhya : 數論)에서 말하는 삼유(三有) 중 하나. 법(法)·지(智)·이욕(離欲)·자재(自在) 등 네 가지 덕을 선(善)으로 성취하는 존재. 『금칠십론』 권중(대정장54, p.1255b28)에 "(삼유 중) 선으로 성취한 이란, 저 가비라선인처럼 처음 날 때 네 가지 덕도 함께 난다. 법, 지, 이욕, 자재의 네 덕은 선으로 성취하는 것이다. 그러므로 이 네 덕은 선으로 성취하는 유다. 因善成就者 如迦毘羅仙人 初生 共四德生 一 法 二 智 三 離欲 四 自在 是四種德 因善得成就 故此四德 依善成就有"라고 하였다. 〔참고문헌〕『金七十論』. ⇨ 삼유 三有 4

인섭 引攝 Ⓢ arjana, āvarjana, Ⓣ sgrub-pa, 'dun-par-byas-nas. 이끌어 거둔다는 뜻. 인접(引接)·인입(引入)으로도 쓴다. 『대비바사론』 권26(대정장27, p.136a4)에 "세존께서는 왜 이와 같이 말씀하셨는가? 〔답〕 모든 외도들도 교화할 유정으로 여겨 이끌어 거두셨으니 불법에 들게 하시고자 함이다. 世尊何故 作是說耶 答 爲欲引攝 諸外道等 所化有情 入佛法故", 『섭대승론석』 권10(대정장31, p.377c19)에 "〔석〕 이 중에서 두 송은 제불께서 일승을 설하신 뜻을 밝힌 것이다. '한 류를 이끌어 거두기 위해서'에서 '위해서'라는 말은 부정 종성과 모든 성문 등을 이끌고 거둬 대승으로 나아가게 하기 위해서다. 釋曰 此中二頌 辯諸佛說一乘意趣 爲引攝一類 謂爲者 引攝不定種性 諸聲聞等 令趣大乘"라고 하였다. 〔참고문헌〕『大毘婆沙論』, 『攝大乘論釋』, *Yogā-bh.* ⇨ 인접 引接, 인입 引入

인섭구 引攝句 이끌어 거두는 구(句). 아(阿 अ a) 자를 일컫는다. 섭소구(攝召句)라고도 한다. 아 자는 수행·증득·열반·방편 등 일체법의 인이 되는 보리심(菩提心)의 체성(體性)을 상징하는데, '아'라는 모음이 모든 소리가 나게 하는 시작이 되기 때문이다. 『대일경』 권3 「실지출현품 悉地出現品」(대정장18, p.20b10)에 "아 자는 제일의 목숨이니 이를 인섭구라 하네. 늘 대공점(大空點 Ⓢ anusvāra : •)을 안치하여 능히 모든 과를 거두어주네. 阿字第一命 是爲引攝句 常安大空點 能攝授諸果"라고 하였다. 〔참고문헌〕『大日經』. ⇨ 섭소구 攝召句, 아자 阿字, 아자오전 阿字五轉

인섭인 引攝印 이끌어 거두는 인(印). 『지장시왕경』(卍속장150, p.774b1)에 "금강비지장은 왼손에 석장을 쥐고 오른손은 인섭인을 맺고서 축생을 비롯한 모든 중생계를 이롭게 한다. 金剛悲地藏 左手持錫杖 右手引攝印 利傍生諸界"라고 하였다. 〔참고문헌〕『地藏十王經』. ⇨ 계인 契印, 인상 印相

인섭청정 引攝淸淨 Ⓢ upasaṃhāra-viśuddhi, Ⓣ nye-bar-sbyor-ba-rnam-par-dag-pa. 중생을 이끌어 거둠에 청정함. 『유가사지론』의 수행성취사상 중 하나다. 같은 책 권5(대정장30, p.303a20 : *Yogā-bh.*, p.116)에 "수행의 성취에는 또 네 가지 상이 있다. 첫째는 욕해청정, 둘째는 인섭청정, 셋째는 승해정청정, 넷째는 지청정이다. 成就修者 亦有四相 一 欲解淸淨 二 引攝淸淨 三 勝解定淸淨 四 智淸淨 catvāri bhāvakalakṣaṇāni. āśayaviśuddhiḥ. upasaṃhāraviśuddhiḥ. adhimuktisamāpattiviśuddhiḥ. jñānaviśuddhiśca", 『유가론기』 권2(대정장42, p.342c19·한불전13, p.103c14)에 "인섭청정이란 신통 등으로 중생을 이끌어 거둔다는 뜻이다. 引攝淸淨者 神通等引攝衆生"라고 하였다. 〔참고문헌〕『瑜伽師地論』, 『瑜伽論記』, *Yogā-bh.* ⇨ 인섭 引攝, 청정 淸淨

인성 仁性 ❶ 부처님 제자 시리라(尸利羅 Ⓢ Sīvali)의 한역 이름. 인길(仁吉)이라고도 한역하는데, 모두 어진 성품덕에 붙여진 이름이다. 『무량수경연의술문찬』 권1(대정장37, p.133c22·한불전2, p.21b5)에 "인성은 『오백제자본기경』의 시리라다. 仁性者卽應本起中尸利羅"라고 하였다. 〔참고문헌〕『無量壽經連義述文贊』. ⇨ 시리라 尸利羅 ❷ 조선후기 순천 송광사(松廣寺) 스님. 법호는 벽련(碧蓮). 전라남도 순천군 월등면 주동에서 태어났다. 『동사열전』 권6 「벽련선사전 碧蓮禪師傳」(한불전10, p.1069b2)에 "지봉지안의 법인을 이어받았다. 지봉은 성월서유의 제자이니, 스님은 응암화상의 5세 법손이다. 受法印於智峰之安禪師之壇 智峯 聖月瑞蕍之弟子 應庵之五世"라고 하였다. 법을 설함에 막힘없어 실통(說通)으로 크게 감명을 받게 하였다. 법손 중에 금명보정(錦溟寶鼎 1861~1930)이 출중하다. 〔참고문헌〕『東師列傳』. ⇨ 보정 寶鼎 ❸ 조선후기 스님. 법호는 경암(鏡庵). 1883년(고종20)에 해인사 인봉(茵峰)화상이 화주로서 『육조단경 六祖壇經』을 판각할 때 승통(僧統)이었고, 1893년(고종30)에 예봉평신(禮峰平信)과 범운취견(梵雲就堅)의 비를 해인사에 건립할 때 총섭(總攝)이었다. 〔참고문헌〕李智冠 『伽倻山海印寺誌』 p.772·940, 智冠 『韓國高僧碑文總集 朝鮮朝·近現代』 p.748·753.

인성 引聲 ❶ 한 호흡으로 길게 늘여 내는 소리. 또는 끊이지 않고 내는 소리. 장인성(長引聲)이라고도 한다. 실담자(悉曇字)의 장음을 말하며, 길게 늘여 소리내야 하는 다라니자에는 인(引)·인성장호(引聲長呼)·인성급호(引聲急呼)라고 부기하기도 하였다. 『대일경』 권7(대정장18, p.49b14)에 "나마 삼만다 몰타남 아〈끌어 소리낸 후 급히 마친다〉 南麽三曼多勃馱喃阿〈引聲急呼〉", 『대위노오추삽마의궤경』(대정장21, p.140a23)에 "언제나 하 자에 이르면 모두 끌어 소리낸 후 길게 마친다. 每至其訶字 皆引聲長呼", 『불조통기』 권27(대정장49, p.273c23)에 "지통은 수나라 하동 사람이다. 항상 선현의 찬불게 30수를 지송하는데, 육시마다 불상을 마주하고 소리 끊이지 않고 높이 불렀다. 곡조가 처절하여 듣는 이들이 슬퍼하였다. 智通 隋河東人 常誦先賢讚佛偈三十首 每六時對像引聲高唱 季曲凄切 聞者悲之"라고 하였다. [참고문헌] 『大日經』, 『大威怒烏芻澁麽儀軌經』, 『佛祖統紀』. ❷ 범패(梵唄) 짓소리. 영산재(靈山齋)·수륙재(水陸齋) 등의 시련(侍輦) 의식 중 나무대성인로왕보살(南無大聖引路王菩薩)의 명호를 부를 때 곡조다. 홑소리에 비해 길고 장중하다. 박운월(朴雲月) 소장 판본 『동음집』(『한국불교의례자료총서』 권4, p.255a2)에 "나무〈「거령산」의 '나무'와 같은 음〉 대성〈「거령산」의 '영산'과 같은 음〉 인로왕보살〈인부터 「거령산」의 '회상' 소리와 같음〉. 南無〈擧靈山南無同〉 大聖〈擧靈山靈山同〉 引路王菩薩〈會上聲을 引으로부터 同〉"라고 하였다. [참고문헌] 『同音集』. ⇨ 범패 梵唄, 영산재 靈山齋

인성 印性 1794~1877. 호는 낙파(洛波). 1794년(정조18) 부산 동래에서 태어났다. 1810년(순조10) 17세 때 금정산(金井山) 범어사(梵魚寺)로 찾아가 스님이 되었다. 24세 때 서기(書記) 소임을 맡아보던 어느 날, 잠시 졸던 중 죽은 도반스님이 나타나서 하는 말이 '자네가 서기인가?' '그렇다' '서기소임을 살지 말게나!' '왜 그러는가?' '우리는 이미 서기를 맡아 일한 죄로 죽어서 모두 뱀의 몸을 받아 현재 이 도량에 우글대고 있다. 만약 내 말을 믿지 못하겠거든 누각 곁으로 와서 보아라!' 깜짝 놀라 깨고 나서 누각 곁으로 가니 꿈 그대로 무수한 뱀·도롱뇽·지렁이들이 엉켜 꿈틀거리고 있었는데 개중에는 서까래만 한 것들도 있었다. 스님은 크게 놀라서 모든 소임 내려놓고 가사와 발우만 지니고 금강산 표훈사 마하연(摩訶衍)으로 들어갔다. 27년 동안 산문 밖을 나오는 일 없이 용맹정진하다가 크게 깨닫고 홍명궤관(鴻鳴軌觀)의 법을 이었다. 홍명은 응파태인(凝波兌仁)의 제자이고, 응파는 용파도주(龍波道周)의 제자이며, 용파는 호암체정(虎巖體淨 1687~1748)의 제자이니 스님은 호암의 4세 법손인 셈이다. 일의일발(一衣一鉢)로 일중식(日中食)만 하는 모범적 선지식이었으므로 당시 제방에서 제일선지식이라고 칭송이 자자하였다. 1877년(고종14) 마하연에서 세수 84, 법랍 67세로 입적하였다. [참고문헌] 『東師列傳』 권4 「洛波禪師傳」(한불전10, p.1041b22), 『朝鮮佛教略史』 p.242.

인성 因成 인(因)이 있어야 성취된다는 말. 일체법 공(空)이고 실(實)이 아니어서 인이 있어야 성취된다는 뜻이다. 『성실론』 권3(대정장32, p.262c6)에 "법이 인으로 난 것이라면 이것이 인성이다. 만약 마음이 정(분별)을 인으로 하고 진(번뇌)으로 있게 되었다면 이 또한 인으로 있게 된 법이다. 若法隨所因生 卽是因成 若心因情塵有 卽是因所成法", 같은 책 권4(대정장32, p.265c13)에 "만약 법이 실이라면 인으로 성립된 것이 아니다. 임시로 이름한 법으로 인하여 다시 가명을 성립시킬 뿐이다. 마치 나무를 인으로 숲이 성립하는 것과 같다. 若法有實 則非因成 因假名法 更成假名 如因樹成林"라고 하였다. [참고문헌] 『成實論』. ⇨ 가 假❶, 인 因❶, 인성 因性, 인연 因緣

인성 因性 Ⓢ hetu-bhāva Ⓣ rgyu'i-rang-bzhin, rgyu'i-dngos-po. 인(因)으로서의 성. 제법(諸法)이 생기하는 인(因)으로서, 아뢰야식(阿賴耶識)의 성으로서의 종자(種子)를 말한다. 과성(果性 Ⓢ phala-bhāva)과 상대한다. 종자는 제법을 생하는 측면(種子生現行)에서는 인성이고, 제법이 종자를 훈습한 측면(現行熏種子)에서는 과성이다. 『유가사지론』 권93(대정장30, p.828a14)에 "이와 같이 무명이 연이 되기에 제행이 생할 수 있고, 행이 연이 되기에 식 또한 굴러 변한다. 이 식이야말로 현행법에 있어서는 단지 인성임을 알아야 한다. 마땅히 일어날 제식의 과를 거두어들이기 때문이다. 如是無明以爲緣故 諸行得生 行爲緣故 令識轉變 當知 此識於現法中 但是因性 攝受當生諸識果故", 『섭대승론본』 권상(대정장31, p.133b20)에 "또한 왜 이 식을 아뢰야식이라 하는가? 일체 일어난 잡염품법이 이것에 거두어져 있어서 과의 바탕이 되기 때문이다. 또 이 식이 저것에 섭장되어 있어 인성을 삼기에 아뢰야식이라 한다. 復何緣故 此識說名阿賴耶識 一切有生 雜染品法 於此攝藏 爲果性故 又卽此識 於彼攝藏 爲因性故 是故說名阿賴耶識", 『성유식론요의등』 권4(대정장43, p.742a17)에 "'이것은 제법종자다'란 모든 유위법을 생하는 인성이란 말이다. 是諸法種子者 是諸有爲能生因性"라고 하였다. [참고문헌] 『瑜伽師地論』, 『攝大乘論本』, 『成唯識論了義燈』, *Bodh-bh.165·239.* ⇨ 아뢰야식 阿賴耶識, 종자 種子, 인 因❶

인성가 因成假 인(因)이 있어 임시로 존재함. 성실(成實)의 삼가(三假) 중 하나로 인성문(因成門)이라고도 한다. 『대승현론』 권1(대정장45, p.18b11)에 "무릇 세 가지 가명이 있다. 첫째는 인성가다. 사미(四大)가 기둥이 되고 오음은 사람이 되므로 인성이라 한다. 凡有三種假名 一者 因成假 以四微成柱 五陰成人 故言因成", 『지관보행전홍결』 권5(대정장46, p.316a19)에 "안(內六處)을 인하고 밖(外六處)을 인해서 화합하여 비로소 성취된다. 그런 까닭에 생겨난 법을 인성가라고 한다. 因內因外 和合方成 故所生法 名因成假"라고 하였다. 〔참고문헌〕『大乘玄論』, 『止觀輔行傳弘決』. ⇨ 삼가시설 三假施設❷, 가 假❶

인성암 引聖庵 울산광역시 울주군 서생면 서생리 해운산(海雲山)에 있는 암자. 대한불교조계종 제14교구 본사 범어사(梵魚寺)의 말사이다. 신라시대에 창건되었다고 전하며, 18세기에 제작된 『해동지도』에 절의 이름과 위치가 전한다. 현존 당우로는 대웅전·칠성각·범종루 등이 있으며, 성보문화재로는 1880년대에 조성된 유형문화재 제17호 신중도·조선 후기에 조성된 것으로 추정되는 석조보살좌상이 있다. 〔참고문헌〕『海東地圖』, 『韓國寺刹全書』 권하 p.962a13.

인성염불 引聲念佛 끊임없이 소리내어 염불하다. 『역대법보기』(대정장51, p.185a11)에 "김화상(金和尙 : 無相禪師)은 매년 12월과 정월에 사부대중 백천만인의 연을 지어서 도량을 장엄하게 베풀고 높은 자리에서 설법할 때 먼저 높이 소리내어 염불하게 하였다. 金和上每年十二月正月 與四衆百千萬人受緣 嚴設道場處 高座說法 先教引聲念佛"라고 하였다. 〔참고문헌〕『歷代法寶記』. ⇨ 인성 引聲, 염불 念佛

인성취사종 人成就四種 불보살이 인취(人趣)의 중생을 성취시키는 네 갈래 일. 『보살지지경』에는 인성숙(人成熟)이라 하였다. 원측(圓測)의 『해심밀경소』 권1(한불전1, p.133b24)에 "『보살지지경』 권3(대정장30, p.900a16)에서 말했다. '인성취는 간략히 설해 네 가지다. 성문종성이 있으면 성문승으로 성취하고, 연각종성이 있으면 연각승으로 성취하며, 불종성이 있으면 무상승을 성취하고, 무종성이라면 선취에 나는 것으로서 성숙시킨다. 이와 같이 네 부류의 인은 제불보살께서 이 네 가지로 드러내서 성숙시킨다'. 經 彼云 人成就者 略說四種 有聲聞性 以聲聞乘 而成就之 有緣覺性 以緣覺乘 而成就之 有佛種性 以無上乘 而成就之 無種性者 則以善趣而成熟之 如是四人 諸佛菩薩 以此四事 而成熟之"라고 하였다. 〔참고문헌〕『解深密經疏』, 『菩薩地持經』.

인세 印稅 과세 대상의 물품임을 새겨놓는 것. 『선원청규』 권5(卍속장111, p.900b8)에 "장차 세를 내야 할 물건이라면 스스로 인세임을 분명히 해야 한다. 如將帶係稅之物 自合分明印稅"라고 하였다. 〔참고문헌〕『禪苑淸規』.

인세간 人世間 사람들의 세간. 인취(人趣 Ⓢ manuṣya-gati)를 달리 이르는 말. 인계(人界)·인간계(人間界)라고도 한다. 『불본행집경』 권32(대정장3, p.802b9)에 "저 상주(商主) 둘은 인세간에서 처음으로 삼귀의와 오계를 받은 우바새라는 이름을 얻었으니, 그 두 상주는 제리부사와 이상주 등이다. 彼二商主 於人世間 最初而得 三歸五戒優婆塞名 所謂帝梨富娑二商主等", 『제보살구불본업경』(대정장10, p.451a10)에 "이것을 지니고 몸으로 행하고 입으로 말하며 마음으로 염하면, 뭇 아라한과 벽지불과 제천과 인세간의 인민들로서는 능히 알 수 없는 바를 알게 된다. 持是身所行 口所言 心所念 衆阿羅漢 辟支佛 及諸天 人世間人民 所不能及知"라고 하였다. 〔참고문헌〕『佛本行集經』, 『諸菩薩求佛本業經』. ⇨ 인취 人趣, 인 人

인세계 忍世界 Ⓢ sahā-loka-dhātu, Ⓣ mi-mjed-kyi-'jig-rten-gyi-khams. 참고 견디는 세계. 사바세계(娑婆世界)의 한역어이며 감인세계(堪忍世界)라고도 한다. 『방광반야경』 권1(대정장8, p.2b14)에 "여기로부터 아주 먼 곳에 인세계가 있으니 부처님의 명호는 석가문이고 여러 보살들에게 반야바라밀을 설하신다. 이(광명과 진동)는 그곳의 상서가 반응한 것이다. 去是極遠 有忍世界 佛號釋迦文 爲諸菩薩 說般若波羅蜜 是其瑞應", 『정법화경』 권4(대정장9, p.92b3)에 "이제서야 나 능인은 인세계에서 여래지진등정각을 이루었으니 합하면 열여섯 번째 세존이다. 今吾能仁 於忍世界 得成如來至眞等正覺 合十六尊", 상응하는 범본 『법화경』(*Saddh-p.*, p.185)에 "그리고 비구들이여, 나 석가모니는 열여섯 번째로 여래아라한정등각으로 이 사바세계에서 무상정등정각을 얻었다. ahaṃ ca bhikṣavaḥ śākyamunirnāma tathāgato 'rhan samyaksaṃbuddhaḥ ṣoḍaśamo madhyo khalvasyāṃ sahāyāṃ lokadhātāvanuttarāṃ samyaksaṃbodhimabhisaṃbuddhaḥ"라고 하였다. 〔참고문헌〕『放光般若經』, 『正法華經』, 『阿彌陀經疏』(대정장37, p.327c26), *Saddh-p.*, *Mvyut.155.* ⇨ 감인세계 堪忍世界, 사바세계 娑婆世界, 인 忍

인소단 忍所斷 인(忍)으로 끊어야 할 것. 견도위(見道位) 중에서도 십육심상견도(十六心相見道)에서는 사제(四諦) 각각의 법(法)과 유(類)의 지(智)를 성취하기 전에 그 법과 유를 견디는 인(忍)의 위가 있다. 『대비바사론』 권64(대정장27, p.333c29)에 "아홉 부류의 번뇌(結)가 있으니 고법지인소단에서 도류지인소단까지이다. 이렇게 말하지 않는 다른 뜻도 있다. 인은 지의 권속으로 지를 돕는 뜻에서 모든 인소단은 지소단이다. 마치 신하가 한 일을 왕이 했다 하는 것과 같다. 有九部結謂苦法智忍所斷 乃至道類智忍所斷 而不作是說者 有別意趣 謂忍屬智 是智助伴 諸忍所斷 名智所斷 如臣所作 名王所作"라고 하였다. 〔참고문헌〕『大毘婆沙論』. ⇨ 법인 法忍, 유인 類忍, 견도 見道, 견도소단 見道所斷, 팔인 八忍, 팔지 八智

인소단혹 忍所斷惑 인으로 끊는 번뇌. 견도에서 끊는 번뇌를 말한다. 『대비바사론』 권46(대정장27, p.239c29)에 "또한 만약 처음 도를 얻어 마쳐서는 견소단의 모든 번뇌·소연 없는 번뇌·인소단혹·부정견을 끊은 이라야 예류라 한다. 復次 若初得道已 斷一切見所斷結 無事煩惱 忍所斷惑 見邪性者 乃名預流"라고 하였다. 〔참고문헌〕『大毘婆沙論』. ⇨ 인 忍, 인소단 忍所斷

인소대치 忍所對治 Ⓢ kṣānti-vipakṣa, Ⓣ bzod-pa'i-mi-mthun-pa'i-phyogs. 인(忍)으로 상대해 다스림(對治 Ⓢ pratipakṣa). 『대비바사론』 권197(대정장27, p.986b13)에 "이 중에서 견도에서 끊는 법을 인으로 상대해 다스린다 한다. 此中見所斷法 謂忍所對治", 『유가사지론』 권37(대정장30, p.495a29 : *Bodh-bh.*, p.51)에 "모든 보살들은 인욕을 수행해 능히 견디지 못할 것을 끊는다. 인으로 상대해 다스리는 것이야말로 제일이라 한다. 이 인욕이야말로 자신의 보리자량을 짓는다. 謂諸菩薩 修行忍辱 能斷不忍 忍所對治 是名第一 卽此忍辱能作自已菩提資糧 kṣamo bodhisattvaḥ kṣānti vipakṣamakṣānti prajahāti. bodheśca saṃbhārabhūtā sāsya kṣānti rbhavati"라고 하였다. 〔참고문헌〕『大毘婆沙論』, 『瑜伽師地論』, *Bodh-bh.* ⇨ 견도소단법 見道所斷法, 인 忍, 인욕 忍辱

인송 麟頌 가타(Ⓢ gāthā)의 다른 이름. 고기송(孤起頌)이라고도 하며 장행(長行)을 수반하지 않는 독립적인 게(偈)만의 글. 뿔 기린에 비유하여 이렇게 부른다. 구부경(九部經) 중의 한 형식이다. 『대비바사론』 권126(대정장27, p.660a2)에 "가타란 무엇인가? 모든 경전에서 맺는 구절을 송의 형식으로 읊는데 그것에 실린 말들은 인송과 같다. 다음 가타의 말과 같다. '좋아하거나 미워하는 사람과 가까이 지내면서, 탐욕과 진에를 일으키게 된다네. 이 때문에 지혜로운 사람들은 모두 멀리 피하여, 외딴 곳에서 기린의 뿔처럼 경행하노라'. 伽陀云何 謂諸經中 結句諷頌 彼彼所說 卽麟頌等 如伽陀言 習近親愛與怨憎 便生貪欲及瞋恚 故諸智者俱遠避 獨處經行如麟角"라고 하였다. 〔참고문헌〕『大毘婆沙論』. ⇨ 가타 伽陀[1], 게 偈, 고기송 孤起頌, 구부경 九部經, 십이부경 十二部經

인수 人壽 Ⓢ puruṣa-āyus, manuṣyānām āyuḥ, Ⓟ manussāyu, Ⓣ mi'i tshe, mi-rnams kyi tshe. 인간의 수명. 시기(劫)와 장소(洲)에 따라 증감이 있으니 가장 줄었을 때는 10세, 가장 늘었을 때는 8만세에 이른다. 『장아함경』 권1 「대본경 大本經」(대정장1, p.2a4 : *Mahāpadāna-sutta*, *DN.2*, p.3)에 "비바시불 때는 인간수명이 8만세였고, 시기불 때는 인간수명이 7만세였으며, 비사바불 때는 인간수명이 6만세였다. 구루손불 때는 인간수명이 4만세였고, 구나함불 때는 인간수명이 3만세였으며, 가섭불 때는 인간수명이 2만세였다. 내가 이제 세상에 나오니 인간수명이 백세인데도 넘게 사는 이는 적고 덜 사는 이가 많다. 毘婆尸佛時 人壽八萬歲 尸棄佛時 人壽七萬歲 毘舍婆佛時 人壽六萬歲 拘樓孫佛時 人壽四萬歲 拘那含佛時 人壽三萬歲 迦葉佛時 人壽二萬歲 我今出世 人壽百歲 少出多減 vipassissa bhikkhave bhagavato arahato sammāsambuddhassa asītivassasahassāni āyuppamāṇaṃ ahosi. sikhissa … sattativassasahassāni āyuppamāṇaṃ ahosi. vessabhussa … saṭṭhivassasahassāni āyuppamāṇaṃ ahosi. kakusandhassa … cattālīsavassasahassāni āyuppamāṇaṃ ahosi. koṇāgamanassa … tiṃsavassasahassāni āyuppamāṇaṃ ahosi. kassapassa … vīsativassasahassāni āyuppamāṇaṃ ahosi. mayhaṃ bhikkhave etarahi appakaṃ āyuppamāṇaṃ parittaṃ lahukaṃ yo ciraṃ jīvati so vassasataṃ appaṃ vā bhiyyo", 『중아함경』 권13 「설본경 說本經」(대정장1, p.509c14)에 "인간수명이 8만세일 때 왕이 있었으니 이름이 라(螺)였으며 전륜성왕이었다. 총명하고 지혜로웠으며 사종군을 휘하에 두고 천하를 반듯하게 다스렸으니 하고자 하는대로 자재하였다. 人壽八萬歲時 有王名螺 爲轉輪王 聰明智慧 有四種軍 整御天下 由己自在", 같은 책 권15 「전륜왕경 轉輪王經」(대정장1, p.523a12)에 "비구여, 미래의 아주 먼 시절에는 인간수명은 십세가 된다. 비구여 인수가 십세인 시절에는 여성은 태어나 5개월이 되면 시집을 간다. 比丘 未來久遠時 人壽十歲 比丘 人壽十歲時 女生五月 卽便出嫁", 『구사론』 권11(대정장29, p.61b6 : *Abh-k-bh.*, p.172)에 "북구로주에 사는 인간의 정해진 수명이 천세이고, 서우화주에 사는 인간의 수명은 오백세이며, 동승신주에 사는 인간의 수명은 이백오십세이고, 남섬부주에 사는 인간의 수명은 정해진 한계가 없으니 겁이 감해 최후의 극한에 이르면 십세이나 겁초에 인간수명은 한량이 없었다. 北俱盧人定壽千歲 西牛貨人壽五百歲 東勝身人壽二百五十歲 南贍部人壽無定限 劫減最後極壽十年 於劫初時人壽無量 dvayor dvīpayor ardhārdhaṃ varjayitvā pañca varṣaśatāni godānīyānām. ardhatṛtīye varṣaśate pūrvavidehānām. … ja mbūdvīpe nāsty āyuṣo niyamaḥ kadācit bhūyo bhavati kadācid alpīyaḥ. … abdaḥ saṃvatsaraḥ. ante hīyamānaṃ daśa varṣāṇy āyur bhavati. … āditaḥ prāthamakalpikānāṃ manuṣyāṇām aparimāṇam āyur bhavati"라고 하였다. 〔참고문헌〕『長阿含經』, 『中阿含經』, 『俱舍論』, 『大智度論』 권18(대정장25, p.192b4), 『瑜伽師地論』 권44(대정장30, p.538a8), *DN. 3.68.*, *Abh-k-bh.185.* ⇨ 인 人

인수 仁守 합천 해인사 스님. 법호는 서암(瑞庵). 해인사에 전하는 진영의 제액은 '신심효경원력자비서암당대선사인수진영 信心孝敬願力慈悲瑞庵堂大禪師仁守眞影'이다. 〔참고문헌〕 李智冠『伽倻山海印寺誌』 p.775.

인수 신심효경원력자비서암당대선사인수진영 합천 해인사 조선후기

인수 仁壽 당대 스님 혜소(慧薰)의 호. 〔참고문헌〕『唐高僧傳』 권22(대정장50, p.617c13). ⇨ 혜소 慧薰

인수 引手 손을 펼치거나 뻗다. 『대장엄론경』 권14(대정장4, p.335b28)에 "몸은 비록 지상에 있으나 손을 뻗어 해와 달을 만지고, 몸을 바꿔 숨어 사라졌다가 허공중에 솟아오른다. 身處於地上 引手捫日月 變身使隱沒 踊出虛空中", 『경덕전등록』 권19「운문문언전 雲門文偃傳」(대정장51, p.358b26)에 "운문이 신라 스님에게 물었다. '무슨 물건 가지고 바다를 건넜는가?' '좀도둑이 들켰군요'. 운문이 손을 뻗으며 말했다. '그대가 어째서 내 손 안에 있는가?' '참으로 그렇군요'. 師問新羅僧 將什麼物過海 曰 草賊敗也 師引手曰 汝爲什麼 在我手裏 曰 恰是"라 하였다. 〔참고문헌〕『大莊嚴論經』, 『景德傳燈錄』.

인수 印手 ➡ 인계 印契, 인상 印相, 수인 手印

인수 印水 ❶ 1626~1693. 명말청초 임제종 스님. 호는 운교(雲嶠). 속성은 조(趙)씨. 화성(化城 : 四川省 巴中市) 출신. 파산해명(破山海明 1597~1666)의 사법제자이며, 사천성 쌍계복국원(雙桂福國院)에 주석하였다. 〔참고문헌〕『五燈全書』 권70(卍속장141, p.465a8). ⇨ 해명 海明 ❷ ➡ 종문삼인 宗門三印

인수 印授 스승은 승인하고 제자는 받아가짐. 정법(正法)을 계승하는 사자상승(師資相承)의 뜻이다. 『대혜어록』 권15(대정장47, p.876c4)에 "이후로 한 사람이 전한 빈말을 만인이 실이라고 전하며 서로서로 인정하고 받아 전하였다. 自後一人傳虛 萬人傳實 遞相印授", 『증도가주』(卍속장114, p.892b16)에 "바로 그 자리에서 마음을 밝히고 견성하여 부처가 되니, 이것이 바로 역대 성인들로부터 서로서로 주고 받은 일이다. 저 경을 읽고 논을 거듭 논하며 잎을 따고 가지를 찾는 일들은 나는 하지 않는다. 直下明心 見性成佛 此乃從上諸聖 遞相印授 若窮經討論 摘葉尋枝 則吾不能爲也"라고 하였다. 〔참고문헌〕『大慧語錄』, 『證道歌註』. ⇨ 인가 印可, 사자상승 師資相承

인수 因修 인(因)으로서의 행. 과증(果證)과 대칭한다. 『자은전』「서 序」(대정장50, p.220c26)에 "공과 유를 나눠 쪼개고 단상을 따로 드러내며 인수로써 보여주고 과증으로써 밝히시니, 당대에 모범을 보이시고 장래에 자취가 될 말씀이 되기에 충분해 귀의하는 무리가 모두 그 뜻을 따랐다. 剖析空有 顯別斷常 示之以因修 明之以果證 足以貽範當代 軌訓將來 歸向之徒 並遵其義", 『법원주림』 권19(대정장53, p.425c16)에 "인으로 닦은 선행이 미래의 생처다. 가깝게는 인천이고 멀게는 성과를 이룬다. 因修善行 未來生處 近得人天 遠成聖果", 『조론신소』 권중(대정장45, p.212c29)에 "여기에는 또 두 가지가 있다. 첫째는 인수로 지나온 위에서 점차로 얻었기 때문이다. 둘째는 과증으로 깨우쳐 구경에 이르렀기 때문이다. 此復有二 一 因修 謂歷位漸得故 二 果證 謂覺至究竟故"라 하였다. 〔참고문헌〕『慈恩傳』, 『法苑珠林』, 『肇論新疏』. ⇨ 인위 因位, 과증 果證, 인분과분 因分果分

인수 忍水 인욕의 물. 참아 견뎌내 대지를 적시고 만물을 키우는 물에 비유한다. 『대방등대집경』 권47(대정장13, p.311b8)에 "인욕은 저 대지와 같아서 인수로 언제나 출렁인다. 忍辱如大地 忍水常盈滿", 『경석적유집』 권4(卍속장117, p.975b7)에 "자비의 구름과 인욕의 물은 다 거두어도 한마디 마음속(方寸)에 있다. 慈雲忍水 總在方寸"라고 하였다. 〔참고문헌〕『大方等大集經』, 『徑石滴乳集』.

인수 忍受 Ⓢ adhivāsayati, adhivāsanā, kṣamate, marṣayati, Ⓟ adhivāsana, Ⓣ dang-du-len-pa, dang-du-blang-ba, bzod-pa. 참아 받아들임. 고통을 참고 견디고 또는 위없는 진실을 깊이 이해하여 받아들이는 뜻이기도 하다. 『별역잡아함경』 권14(대정장2, p.472b7)에 "나(天女)는 과거세 사람으로 살 때 고약한 시부모를 효로써 섬겼네. 욕하고 꾸짖는 거친 말을 능히 참아 받아들였네. 이런 까닭에 지금 이런 천신을 얻었네. 我本人中時 孝事難舅姑 罵詈麤惡言 我悉能忍受 是故於今者 獲得此天身", 『보살본연경』 권하(대정장3, p.

69c25)에 "나 이제 중생을 위하기에 응당 묵묵히 참아 받아들이리라. 만약 내가 저들 인내하며 받아들인다면 비로소 진실로 나와 짝이 되는 선지식이 되리라. 我今爲衆生故 應當默然而忍受之 若我於彼生忍受者 乃爲眞伴我之知識", 『대보적경』 권54(대정장11, p.319b8)에 "인을 얻었다고 하니, 이는 곧 제법 도무지 얻을 수 없다는 것을 견뎌 받아들임을 일컫는다. 言得忍者 是則名爲忍受諸法都無所得"라고 하였다. [참고문헌] 『別譯雜阿含經』, 『菩薩本緣經』, 『大寶積經』, *Bodh-bh.97·118., Abh-k-bh.261., Madhy-vibh.62., AN.3.389.* ⇨ 인 忍

인수고 忍受苦 Ⓢ duḥkhodvahana. 괴로움을 참고 견디는 것. 『아미타경통찬소』 권하(대정장37, p.346b11)에 "범어로 사바(Ⓢ sahā)는 견뎌 참는다는 감인으로 한역한다. 괴로운 일을 참고 견뎌야 하기 때문이다. 梵云娑婆 此云堪忍 堪可忍受苦惱之事故也", 『유가사지론』 권44(대정장30, p.537b7 : *Bodh-bh.*, p.170)에 "모든 중생을 이롭게 하기 위해 생사에 머물며 일체의 큰 고통을 참고 견딘다. 爲欲饒益諸有情故 於生死中 堪能忍受一切大苦 sattvānām cārthe saṃsāre sarvaduḥkhodvahanāya bhavati"라고 하였다. [참고문헌] 『阿彌陀經通贊疏』, 『瑜伽師地論』, *Bodh-bh.* ⇨ 고 苦, 인수 忍受, 사바 娑婆

인수대비 仁粹大妃 1437~1504. 세조의 장자 덕종(德宗)의 비(妃)이며 성종의 모후(母后). 청주 한씨. 아버지는 한확(韓確 1403~1456). 1471년(성종2)에 덕종이 추존되면서 수빈(粹嬪)에서 인수왕비(仁粹王妃)에 진봉(進封)되었고, 1504년(연산군10)에 소혜왕후(昭惠王后)로 개봉(改封)되었다. 학식이 깊어 『예종실록』 권8 1년(1469) 11월 28일에 "수빈은 문자도 알고 사리에도 밝았으니 가히 국사를 다스릴 만하다. 粹嬪解文達理 可治事"라고 하였을 뿐만 아니라 범자(梵字)도 이해할 정도였다. 불교에 대한 신심이 돈독하여 복세암(福世庵)과 연굴사(演窟寺)를 원찰(願刹)로 삼았으며 불경 간행에도 적극적이었다. 1472년 『육경합부 六經合部』(보물 제965호)·『묘법연화경삼매참법 妙法蓮華經三昧懺法』을 인출케 하고, 같은 해 신미(信眉)에게 초역(抄譯)을 명하여 간경도감(刊經都監)에서 『몽산화상법어약록 蒙山和尙法語略錄』(보물 제768호와 보물 제769호)을 간행케 하였다. 1474년에 성종비 공혜왕후(恭惠王后)의 명복을 빌기 위해 『상교정본자비도량참법 詳校正本慈悲道場懺法』(한불전12, pp.451b1~155c31)을 간행하였다. 1485년(성종16)에는 아들 성종을 위하여 도상과 경문이 상하로 함께 있는 당본(唐本) 『불정심다라니경 佛頂心陀羅尼經』을 간행하였고, 세조비 정희왕후(貞熹王后)의 대상(大祥)을 맞아 명복을 빌기 위해 학조(學祖)에게 부탁하여 『오대진언집 五大眞言集』(『한국불교의례자료총서』 권1, pp.135~191)을 언해케 하였다. 1496년(연산군2)에는 성종의 대상을 맞아 다시 학조에게 부탁하여 『진언권공 眞言勸供』(『한국불교의례자료총서』 권1, pp.435~497)을 언해하고 400부를 인출하였으며, 『육조법보단경언해 六祖法寶壇經諺解』 300부를 인경케 하였다. 1504년(연산군10) 4월 27일에 창경궁 경춘전에서 승하하였다. 장의사(藏義寺)에서 초재(初齋)가, 진관사(津寬寺)에서 이재(二齋)가 설행되었다. [참고문헌] 『睿宗實錄』, 『成宗實錄』, 『燕山君日記』, 『발원』(국립중앙박물관, 2015). ⇨ 소혜왕후 昭惠王后

몽산화상법어약록
보물제768호 개인소장 1472년

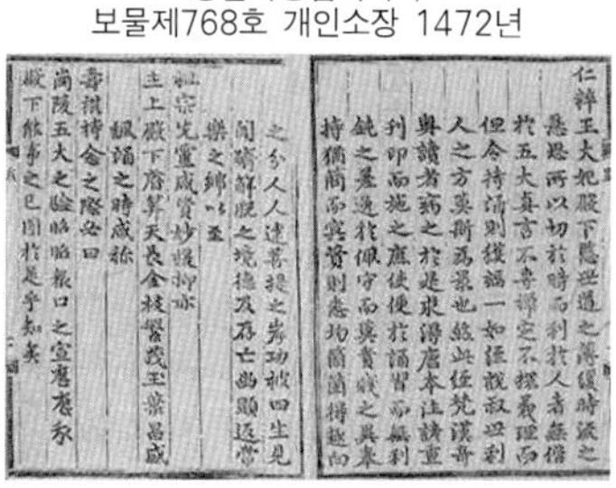
오대진언집발문 은진 쌍계사 1634년

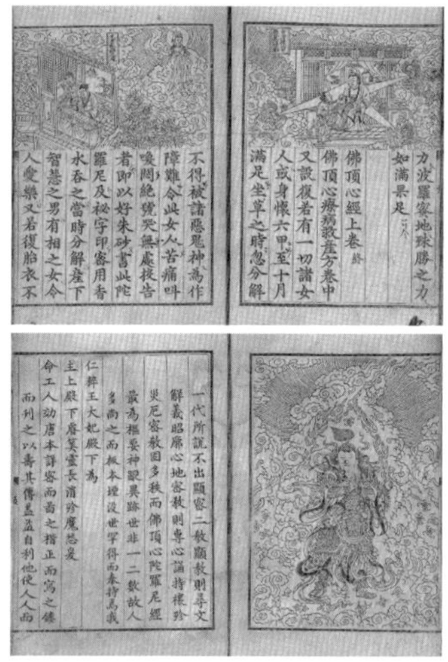
불정심다라니경 보물제1108호
호림박물관 1485년

인수록 仁壽錄 ➡ 언종록 彦琮錄, 중경목록 衆經目錄

인수보살 印手菩薩 동진(東晋) 때 스님 도안(道安)의 별명. 인수성인(印手聖人)이라고도 한다. 『양고승전』 권5 「도안전」(대정장50, p.354a3)에 "도안은 태어나면서부터 왼쪽 팔에 한 치 되는 살이 돋아 있었다. 팔에 붙은 것을 집으면 위아래로 움직였으니, 오직 손만은 내놓고 보일 수가 없었다. 또 팔꿈치 너머의 그 네모난 살 위에는 '통'이라는 글자가 있었으니, 당시 사람들이 그를 가리켜 인수보살이라고 하였다. 初安生而便左臂有一皮廣寸許 著臂捋可得上下之 唯不得出手 又肘外有方肉 上有通文 時人謂之爲印手菩薩"라고 하였다. [참고문헌] 『梁高僧傳』, 『釋淨土群疑論』 권1(대정장47, p.34c8), 『佛

祖統紀』 권36(대정장49, p.341a28), 『唐高僧傳』 권29(대정장50, p.693a26). ⇨ 도안 道安❶

인수사 仁壽寺 ❶ 옛 한양 삼각산(三角山)에 있던 절. 『고려사』에 따르면 1090년(선종7) 10월 계축·1099년(숙종4) 윤9월 경진·1108년(예종3) 10월 신묘·1126년(인종4) 11월 갑자일에 왕이 행차하였다. 『한국사찰전서』 권하 p.962a4에서는 "경기도 개성에 있다. 在京畿道開城"라고 하였지만, 인수사에 행차하기 전후로 다녀온 승가굴(僧伽窟 : 現 僧伽寺)·장의사(藏義寺)·신혈사(神穴寺) 등이 모두 삼각산에 있던 절이고, 『대동지지』 권1 한성부 산수(山水)에 "삼각산은 부 북쪽으로 15리쯤 떨어져 있다. … 또 삼천사·인수사·향림사·청량사·적석사·재림사 등의 여러 절들은 모두 폐사되었다. 三角山距府北十五里 … 又三川 仁壽 香林 淸涼 積石 梓林等 諸寺俱廢"라고 하였으니 삼각산에 있던 절임을 알 수 있다. 대각국사 의천이 쓴 「삼각산인수사예문수성상 三角山仁壽寺禮文殊聖像」이 『대각국사문집』 권9(한불전4, p.562a19)에 있다. [참고문헌] 『高麗史』 권10 世家10·권11 世家11·권12 世家12·권15 世家15, 『韓國寺刹全書』, 『大東地志』, 『大覺國師文集』. ❷ 옛 한양 도성 내에 있던 인수원(仁壽院)을 일컫는다. [참고문헌] 『顯宗實錄』 「顯宗純文肅武敬仁彰孝大王崇陵誌」. ⇨ 인수원 仁壽院

인수사대성 因受四大聲 유정이 내는 소리. 집수대종성(執受大種聲)이라고도 한다. 『잡아비담심론』 권1(대정장28, p.872c3)에 "성입이란 세 가지로 인수사대성·인불수사대성·인구성이다. 인수사대성은 목구멍·입술·혀가 인연이 되어 나는 소리다. 聲入者三種 謂因受四大聲 因不受四大聲 因俱聲 因受四大者 謂咽喉 脣 舌因緣發聲", 『법화의소』 권12(대정장34, p.624c18)에 "『잡아비담심론』에서 말했다. '소리에는 세 가지가 있다. 첫째는 인수사대성으로 중생음성이고, 둘째는 인불수사대성으로 중생이 아닌 것의 소리이고, 셋째는 인구성으로 사람과 바깥의 사물이 함께 내는 소리이니 종치는 소리 등이다'. 雜心云 聲有三種 一 因受四大聲 謂衆生音聲 二 因不受四大聲 謂非衆生聲 三 因俱聲 如人與外物合共出聲 謂打鐘等"라고 하였다. [참고문헌] 『雜阿毘曇心論』, 『法華義疏』. ⇨ 집수대종성 執受大種聲, 인구성 因俱聲, 사대 四大, 성 聲, 유집수 有執受, 대종인성 大種因聲

인수원 仁壽院 조선시대 왕실 여성들이 불교에 귀의하여 여생을 보낸 곳. 인수궁(仁壽宮)·인수사(仁壽寺)라고도 한다. 『명종실록』 권4 1년(1546) 7월 26일에 "인수궁은 선왕의 후궁을 위하여 삼월부터 이미 수리하게 하였다. … 옛 정업원〈즉 안일원으로 옛날 비구니들이 머물던 곳이나 지금은 폐했다〉을 인수궁에 속하도록 한다. 仁壽宮爲先王後宮 自三月 已令修理 … 以古淨業院〈卽安逸院 古僧尼所居處 今廢〉 屬仁壽宮", 『동국여지비고』 권1 궁궐에 "인수궁은 명종 4년(1549)에 옛 정업원 터에 새로 지었는데, 이것이 인수원이다. 仁壽宮 明宗四年 新構于舊淨業院基 此是仁壽院也"라고 하였다. 이후 관료와 유생들이 인수원을 파할 것을 건의하였으나 왕들이 윤허하지 않았다. 『현종실록』 권4 2년(1661) 1월 5일에 "상이 이르기를, '궁중에 예전에 나이든 박상궁이 있었는데, 선조 때에 은혜를 받은 후궁이었다. 나이가 들어 의지할 곳이 없자 머리 깎고 스님이 되었다. 궁궐에서 나가 자수원에서 수십년 동안 머물렀는데, 수년 전에 죽으니 이제 사는 이도 없다'고 하였다. 상이 이에 도성 내의 두 비구니절(자수원·인수원)을 파하라 명하였다. 上曰 宮中舊有老朴尙宮者 宣祖朝承恩後宮也 年老無依 落髮爲尼 出居慈壽院數十年矣 數年前已逝 今無在者矣 上乃命罷城內兩尼院"라고 하였는데, 이때 인수원도 자수원과 같이 머무를 이들이 없자 파한 것으로 추측된다. [참고문헌] 『明宗實錄』, 『東國輿地備攷』, 『顯宗實錄』 「顯宗純文肅武敬仁彰孝大王崇陵誌」, 『韓國寺刹全書』 권하 p.962a8. ⇨ 정업원 淨業院, 안일원 安逸院, 자수원 慈壽院

인수이오 因修而悟 닦음으로 인하여 깨우침. 『도서』 권하(대정장48, p.408a3)에 "만약 닦음을 인하여 깨우쳤다 하면 이는 바로 증오이다. 若因修而悟 卽是證悟", 『종용록』 56칙 「평창 評唱」(대정장48, p.262c19)에 "닦음으로 인하여 깨우쳤다 하니 범부로 좇아 성인으로 들어가는 것이다. 因修而悟 從凡入聖"라고 하였다. [참고문헌] 『都序』, 『從容錄』, 『宗鏡錄』 권36(대정장48, p.627b20). ⇨ 인오이수 因悟而修, 증오 證悟

인숙 印肅 ➡ 보암 普菴❶

인순 因循 하던 그대로. 오래된 관습을 답습하며 버리지 못하거나 머뭇거려 벗어나지 못하는 뜻이다. 『임제록』(대정장47, p.498c14)에 "반드시 선지식을 찾아 물을 일이지 하던 그대로 즐겨서는 안 된다. 且要 訪尋知識 莫因循逐樂", 『설두어록』 권5 「정전백수자 庭前柏樹子」(대정장47, p.703a26)에 "천성의 신령한 기틀로도 쉽게 가까이 할 수 없으니, 용이 용새끼 낳았다고 해도 하던 그대로 따르지 마라. 조주가 연성벽 빼앗아 버리니, 진나라 왕과 인상여가 온통 몸을 상했다. 千聖靈機不易親 龍生龍子莫因循 趙州奪得連城璧 秦王相如總喪身", 『신조어록』(고존숙어록35, 卍속장118, p.616b4)에 "여러분, 크게 반드시 힘을 다해야 한다. 하던 그대로 헛되이 시간을 보내지 마라. 諸人 大須竭力 不得因循過日", 『용서증광정토문』 권3 「보권수지 普勸修持」(대정장47, p.260b10)에 "나이가 많은 사람은 마땅히 힘써 공부해야 하지만, 젊은 사람 또한 그럭저럭 한갓되이 보내서도 안 된다. 年高者固當勉力 年少者亦不可因循", 『원오어록』 권9(대정장47, p.753b20)에 "스스로 생사를 뚫고 벗어나고자 하면서 어찌 그렇게 그대로인가. 산 듯도 하고 죽은 듯도 하구나! 自已透脫生死 豈可因循如存若亡"라고 하였다. 〔참고문헌〕『臨濟錄』, 『雪竇語錄』, 『神照語錄』, 『龍舒增廣淨土文』, 『圜悟語錄』.

인순여방 因順餘方 불국토 아닌 인천(人天) 등 타방을 인으로 따른다는 말. 『무량수경』 권상(대정장12, p.271c4)에 "저 불국토는 청정하고 안온하며 미묘하고 쾌락하니, 무위법인 열반의 도에 버금간다. 저곳의 성문·보살·인·천 등은 지혜가 뛰어나고 신통에도 통달하였으며, 모두가 한 류여서 모습에 다른 특징이 없지만, 다만 불국토 아닌 타방을 인으로 따르기에 인천 등의 이름이 있다. 彼佛國土 淸淨安隱 微妙快樂 次於無爲泥洹之道 其諸聲聞 菩薩人天 智慧高明 神通洞達 咸同一類 形無異狀 但因順餘方 故有人天之名", 신라 경흥(憬興)의 『무량수경연의술문찬』 권중(대정장37, p.157b23·한불전2, p.57a20)에 "비록 인천이 있지만 둘은 다름이 없다. 단지 예토에서 지은 업에 따라 인간과 천신이 다를 뿐이다. 이 때문에 '저 불국토 아닌 곳을 말미암고 따르기에 인천 등의 이름이 있는 것이다'라고 하였다. 雖有人天 人天無別 但逐穢土業 以別人天 故云 因順餘方 有人天之名"라고 하였다. 〔참고문헌〕『無量壽經』, 『無量壽經連義述文贊』, 『阿彌陀經』. ⇨인천 人天

인순정 印順定 유식에서 시설한 사정(四定) 중 하나. 『성유식론』에서만 보이는 번역어이며, 진실의분정(眞實義分定 Ⓢtattva-artha-eka-deśa-praviṣṭa-samādhi)이라고도 한다. 사선근위(四善根位) 중 제3위인 인위(忍位)에서 닦는 선정이다. 『성유식론』 권9(대정장31, p.49b12)에 "인순정에 의지하여 하품의 여실지를 취할 바 없음을 결정하고 인정하여 가진다. 없음을 따라 기꺼이 받아들여서 이미 실경이 없고 능히 취하는 식마저 떠났으니 어찌 실로 취할 경도 없는 식이 있다 하겠는가. 능취와 소취는 서로 기다려야 성립하기 때문이다. 결정하여 따르며 견뎌낼 때 다 서게 되면 인이라 한다. 앞을 인정하고 뒤를 따르므로 인순이라는 이름을 세웠으며, 경과 식이 공임을 견뎌 알았기에 또한 인이라고 한다. 依印順定 發下如實智 於無所取 決定印持 無能取中 亦順樂忍 旣無實境 離能取識 寧有實識 離所取境 所取能取 相待立故 印順忍時 總立爲忍 印前順後 立印順名 忍境識空 故亦名忍", 『성유식론술기』 권9(대정장43, p.566b10)에 "〔술〕 앞서 취할 것이 없고, 따라서 뒤로도 능히 취하는 이 없는 것을 인순정이라 한다. 순해 통하는 것이 두 가지이니, 하나는 기꺼이 순하는 낙순이고 또 하나는 정하고 순하는 인순이다. 만약 이 삼품을 모두 다 인(忍)이라 부른다면 하상위중에 모두 정하여 견디기에 인순이란 이름을 세웠다. 한 가지 인순이라는 이름으로 처음과 나중에 다 통하니, 낙순이라는 말은 오직 중인에 있다. 그러므로 합하여 그냥 인순정이라 한다. 述曰 印前所取無 順後能取無 名印順定 順通二種 一名 樂順 二名 印順 若此三品 皆名爲忍 下上位中 皆印忍故 立印順名 一印順名 通初及後 樂順之言 唯在中忍 故合但言 印順定也", "차별이란 하품인명은 인인이니 취할 것 없는 줄 아는 것이며, 중품의 인이란 낙순이니 능취 없음을 즐겨 순하여 저를 닦음이다. 상인이 일어날 때를 인순이라 하니, 능취 없음을 깨우쳐서 순하여 저를 관하니, 처음과 나중은 이에 준하여 안다. 무소취에 있어 결정하고 가진다는 것은 이 하인위이고, 능히 취하는 이가 없음을 따라 기꺼이 견디는 것은 중상의 인위다. 따름은 중품과 상품에 통하고, 즐기는 것은 중품에만 해당한다. 又差別者 下品忍名 印忍 印所取無故 中品忍名 樂順 樂無能取順修彼故 上忍起時 但名印順 印能取無 順觀彼故 故合三忍 名印順定 忍者 智也 印順俱定 名印順定 初後准此解 於無所取 決定印持者 是下忍位 無能取中 亦順樂忍者 是中上忍位 順通中上 樂唯在中"라고 하였다. 〔참고문헌〕『成唯識論』, 『成唯識論述記』, 『成唯識論集解』 권9(卍속장81, p.578a1), 李芝洙 『印度佛敎哲學의 原典的 硏究』 p.402. ⇨법상사선근 法相四善根, 사여실지 四如實智, 사선근위 四善根位, 인 忍, 인위 忍位

인순종지방 印順宗旨棒 제종팔방(濟宗八棒) 중 하나. 종지와 일치하여 인증(印證)해 주는 방. 칭찬과 상을 내린다는 의미로 치는 상방(賞棒). 『오가종지찬요』 권상(卍속장114, p.517b17)에 "네 번째 인순종지방 : 삼산등래가 말한다. '저 학인이 마주하고는 종사가 종지를 들어보였는데 저가 능히 알아차리고 맞게 응답하면 종사는 문득 여지없이 때린다. 이것이야말로 당도한 기틀을 인정하는 일이다. 그래서 상으로 휘두른 방이다'. 四印順宗旨棒 三山來云 如學人相見 宗師拈示宗旨 彼能領會 答得相應 宗師便打 此是印證來機 名爲賞棒", 『한송어록』 권7(가흥장37, p.591b23)에 "'도끼 휘두르면 종풍을 성취하고 문자를 새겨본들 덕을 잃는다 하니, 어떻게 해야 인순종지방인지요?' '번갯불 그림자로 흑백을 가려야 하리'. 進云 運斤成風 雕文喪德 怎生印順宗旨棒 師云 電光影裏分緇素"라고 하였다. 〔참고문헌〕『五家宗旨纂要』, 『寒松語錄』, 『宗範』 권하(卍속장114, p.653b5). ⇨제종팔방 濟宗八棒

인술 仁術 어짊을 베푸는 행위. 살생하지 않음(不殺生)의 뜻이다. 『맹자』 「양혜왕 梁惠王」에 "맹자가 (齊宣

王에게) 말하였다. '상하지 않게 함이야말로 인술입니다'. 日無傷也 是乃仁術也"라고 한 구절에 근거한다. 『보왕삼매염불직지』 권하 「권계살 勸戒殺」(대정장47, p.367c21)에 "제선왕이 (釁鍾에 끌려가는 소를 보고) 차마 하지 못함으로써 상하지 않게 함이 인술이라고 한 말이나, 『예기』에서 짐승을 죽여서 하는 일은 불효일 뿐이라는 이야기나, 서생이 개미를 구하고 과거에 장원한 예를 보자면 살생과 불살생의 손익은 분명하다. 하물며 우리 불교의 사부대중이 이런 죽이는 일 해서야 되겠는가! 齊王不忍 乃稱無傷仁術之言 戴記殺獸有不孝之談 書生救蟻中甲科之選 當知殺與不殺 損益昭然 況我釋氏四衆 乃可行此殺業乎"라고 하였다. [참고문헌] 『孟子』, 『寶王三昧念佛直指』, 『佛祖統紀』 권43(대정장49, p.396c16), 『三敎平心論』 권하(대정장52, p.793b8), 『紫柏尊者全集』 권10(卍속장126, p.805b11). ⇨ 불살생 不殺生

인술 因術 인명(因明)을 달리 이르는 말. 『보살선계경』 권3(대정장30, p.976c21)에 "방술에는 다섯 가지가 있다. 첫째는 내술(내명)이고, 둘째는 인술(인명)이며, 셋째는 성술(성명)이고, 넷째는 지병인치병술(의명)이며, 다섯째는 지일체작사(공교명)이다. 보살마하살은 항상 이와 같은 다섯 가지 방술을 구한다. … 인론을 구하는 것은 두 가지 일 때문이다. 첫 번째는 외도의 허물을 알기 위해서이고, 두 번째는 외도 논사들을 논파하기 위해서이다. 方術有五 一者 內術 二者 因術 三者 聲術 四者 知病因治病術 五者 知一切作事 菩薩摩訶薩 常求如是五種方術 … 求因論者 爲二事故 一者 爲知外道過故 二者 爲壞外道諸論師故"라고 하였다. [참고문헌] 『菩薩善戒經』. ⇨ 인명 因明

인습기 因習氣 인(因)으로서의 습기(習氣 Ⓢ vāsanā). 현행(現行)하는 습기의 인으로 과습기(果習氣)와 대칭한다. 『화엄경탐현기』 권14(대정장35, p.369b21)에 "맨 처음은 인습기이니, 과거에 지은 선악 등 업을 일컫는다. 저 습기는 지금 드러난 과와 더불어 때로는 함께 드러나고 때로는 함께하지 않기도 한다. 그러므로 경에서 '일어나기도 일어나지 않기도 한다'(대정장9, p.568b23)라고 설한 것이다. 初一是因習氣 謂過去所作善惡等業 彼習氣與今現果 或同現起 或不同起 故云 有起不起", 『화엄경소초』 권20(대정장36, p.151c12)에 "습기에는 두 가지가 있으니 인과 과이다. 현행하여 일어난 장애에 대해 능히 인이 되면 또한 종자라고도 하는데, 이 인습기는 근본지로써 끊는다. 이 인을 끊으면 이미 현행하였지만 일어나지는 않는다. 習氣有二 謂因與果 於現起障 能爲因者 亦名種子 此因習氣 根本智斷 斷此因已現不起故", 같은 책 권65(대정장36, p.525b15)에 "종자가 생겨나 현행하면 인습기라고 한다. 種子生現行名因習氣"라고 하였다. [참고문헌] 『華嚴經探玄記』, 『華嚴經疏鈔』. ⇨ 습기 習氣

인습본유 因習本有 습기로 인해 본래 있게 된 것. 탐에치(貪恚癡) 삼독(三毒)을 일컫는다. 『중아함경』 권3 「가람경 伽藍經」(대정장1, p.438c15)에 "가람이여! 마땅히 알라. 모든 업에 세 가지 숙습으로 인하여 본디 갖게 되는 것이 있다. 무엇이 그 세 가지인가? 가람이여! 탐은 제업인습으로 본래 있게 된 것이다. 가람이여! 에와 치도 제업인습으로 본래 있게 된 것이다. 伽藍 當知 諸業有三因習本有 云何爲三 伽藍 謂貪是諸業因習本有 伽藍 恚及癡是諸業因習本有"라고 하였다. [참고문헌] 『中阿含經』, *AN.1.189.* ⇨ 삼독 三毒

인승 人乘 인취(人趣)에 오름. 오승(五乘) 중 하나로 오계(五戒) 가짐을 말한다. 오계를 수지한(受持) 공덕으로 사람으로 태어나기 때문에 오계를 인승이라고 한다. 『법화현론』 권7(대정장34, p.418b11)에 "오계의 인연으로 사람의 몸을 얻기에 오계를 인승이라고 설한다. 다만 사람 중에 둔근은 목숨이 짧고 기쁨은 적으며 고통만 많다. 五戒因緣則得人身故 說五戒爲人乘也 但人中鈍根 短壽樂少苦多"라고 하였다. [참고문헌] 『法華玄論』, 『維摩經略疏』 권10(대정장38, p.697b14), 『三敎平心論』 권상(대정장52, p.783a22). ⇨ 오승 五乘, 오계 五戒, 세간승 世間乘

인시 因時 Ⓢ hetu-kāla, Ⓣ rgyu'i-tshe, rgyu'i-dus. 보리(菩提)의 씨앗을 심을 때. 『대장엄론경』 권8(대정장4, p.298b24)에 "석가모니존께서는 일체종지를 갖추셨으니, 인시에 능히 교화하여 모든 허물 남김없이 다하셨네. 釋迦牟尼尊 具一切種智 因時能敎化 滅除一切過", 『금광명최승왕경소』 권4(대정장39, p.258b8)에 "인시에 능히 아껴 인색함 부수었고 복덕자량 넉넉히 끌어 넓게 하였다가 과시에 미쳐서는 능히 쪼개 빈궁에게 베풀어, 큰 재물위에 오르는 것을 베풀었다 이른다. 於因時 能破慳悋 亦能引廣 福德資糧 及於果時 能裂貧窮 得大財位 故名爲施"라 하였다. [참고문헌] 『大莊嚴論經』, 『金光明最勝王經疏』, *Yogā-bh.144·179.* ⇨ 인행 因行

인시 寅時 십이시(十二時) 중 세 번째 시. 새벽 3시부터 5시 사이의 시각. 『수습지관좌선법요』(대정장46, p.470b11)에 "12시 짐승들 변화하여 갖가지 형색으로 나타난다. 소녀의 모습을 짓기도 하고 노숙의 모습을 짓기도 하며 나아가 무서운 몸들도 한둘이 아니어서 수행인을 괴롭게 미혹시킨다. … 만일 인시가 되어 나타나는 형상이라면 틀림없이 호랑이와 같은 짐승이리라. 十二時獸 變化作種種形色 或作少女 老宿之形 乃至可畏身等

非一 惱惑行人 … 若於寅時來者 必是虎獸等", 『초석범기어록』 권19 「십이시송 十二時頌」(卍속장124, p.277b1)에 "인시 : 어떤 이가 참으로 할 일 없는 이인가? 귀천과 현우 가릴 것 없이 온통 제 몸만을 위한다. 달콤한 잠에 빠져 불러도 일어나지 않으니, 마당쇠나 몸종이라도 깨우면 짜증내리라. 寅時 那箇是閒人 貴賤賢愚總爲身 只管噇眠呼不起 奴兒婢子也生嗔"라고 하였다. [참고문헌] 『修習止觀坐禪法要』, 『楚石梵琦語錄』. ⇨ 십이시 十二時, 이육시중 二六時中

인시설론 人施設論 Ⓟ Puggala-paññatti. 칠론(七論) 중 네 번째 논서다. 여기서 인(人)이란 인아(人我 Ⓟ puggala)의 뜻을 푼 것이 아니라, 범부·성인·인인·과인(凡夫人 聖人 因人 果人) 등으로 인의 유형을 나누고 다시 그에 따라 끊어야 할 번뇌, 닦아야 할 덕목, 현성의 계위 등을 한 가지에서 열 갈래로 나누어 풀었다. 이 논서는 온처계근(蘊處界根) 등의 논모(論母 Ⓟ mātikā) 시설을 생략하고 인(人)만으로 논모의 위를 설정하였다. 일종인(一種人) 54종, 이종인(二種人) 26종, 삼종인(三種人) 17종, 사종인(四種人) 29종에서 십종인(十種人) 1종까지 차례로 시설하고 있다. 이 논서는 아비담의 선구적 경전이라 알려진 디가니카야 제33경 *Saṅgīti-sutta* (*DN.3*, pp.207~271)와 앙굿타라니카야 *Catukka-nipāta* (*AN.2*, pp.1~257) 및 *Pañcaka-nipāta* (*AN.3*, pp.1~278) 경들의 내용을 담고 있으며, 한역본 『집이문족론 集異門足論』과 『사리불아비담론 舍利弗阿毘曇論』 「인품 人品」의 내용과도 상당수 일치한다. 팔리어 주석(註釋)으로 『푸갈라판냣티 앗타카타 *Puggalapaññatti-aṭṭhakathā*』가 전한다. ⇨ 칠론 七論, 논모 論母

인시제의 因時制宜 때에 맞게 마땅함 드러내다. 시절인연(時節因緣)을 알아 지혜롭게 방편을 드러내는 뜻이다. 『법화경지장소현시』(卍속장93, p.450b10)에 "두 경 중에 비록 품게의 갈래가 있지만 이 경과 비교하면 진실로 피차 득실은 없으니 서문의 취지와 같다. 때에 맞게 마땅함 제정한다는 점에서는 모두 같으므로 그 까닭은 술하지 않는다. 以二經之中 雖有品偈支別 較之此經 實無彼此得失 同如序歷 因時制宜一般 故所以不述也", 『고설철어록』 권6(가흥장28, p.334b19)에 "병에 적절하게 약을 처방하고 때에 맞게 마땅함 드러내니 참으로 달마조사답구나. 그러나 나라면 그렇게 하지 않으리라. 누군가 '절 짓고 스님 되었으니 어떤 공덕이 있겠소?'라고 묻는다면, 그에게 '물이 불어나면 배 높이 뜨고 진흙 많을수록 불상은 커진다'라고만 답하리라. 對病下藥 因時制宜 須是達摩祖師 若是翠巖卽不然 或問 造寺度僧 有何功德 但向他道 水漲船高 泥多佛大", 『속여한어록』 권5(가흥장40, p.462c20)에 "대중에게 보이다. '팔꿈치에 부적 붙이고 정수리에 눈 치켜뜨고는 밭가는 소도 쫓아버리고 굶주린 이 밥마저 빼앗는다. 생각도 말도 모두 밀어버려라'. 주장자를 세우고 말했다. '밀어내고 밀어버려라! 때가 임했을 때 마땅함 가려 드러낼지니, 게을리 배우고 널이나 메서는 되겠는가. 어느 한 편만 보는 방식은 배우지 마라'. 示衆 懸肘後符 豎頂門眼 驅耕奪食 意句俱鏟 卓杖云 鏟 鏟 因時制宜 謾學擔板"라고 하였다. [참고문헌] 『法華經指掌疏懸示』, 『古雪哲語錄』, 『粟如瀚語錄』. ⇨ 담판한 擔板漢, 시절인연 時節因緣

인식 因識 Ⓢ hetu-vijñānaṃ, vijñānaṃ hetu-bhūtam. 인으로서의 식(識). 십이연기에서 행(行)을 연으로 일어난, 아직 명색(名色)이라는 과를 부르지 않은 상태에서의 식이다. 『유가사지론』 권9(대정장30, p.321b28 : *Yogā-bh.*, p.200)에 "행을 연으로 삼아 식이 생긴다. 이때의 식은 현법중에서 인으로서의 식이다. 능히 거두어들인 후에야 과로서의 식을 낳기 때문이다. 行爲緣故識生 此識於現法中名爲因識 能攝受後生果識故 saṃskārapratyayaṃ ca vijñānaṃ utpadyante. tacca vijñānaṃ dṛṣṭe dharme hetubhūtamāyatyāmabhinirvṛttivijñānaphalaparigrahāt"라 하였다. [참고문헌] 『瑜伽師地論』, *Yogā-bh.199.* ⇨ 십이인연 十二因緣

인식생념 因識生念 Ⓟ muddāto sati uppajjati. 분명하게 알아서 기억함. 열여섯 가지로 기억하는 일(生念) 중 하나. 글자의 순서를 기억하는 법을 말한다. 『나선비구경』 권하(대정장32, p.701b27 : *Mil.*, p.79)에 "왕이 다시 나선비구에게 물었다. '어떻게 식을 인으로 념이 생한다 합니까?' 나선이 답했다. '글 쓰는 것을 배우는 이가 그 글자를 순서대로 쓸 수 있다면 이것이 식으로부터 생기는 기억입니다'. 王復問那先 何等爲因識生念者 那先言 學書者能次其字 是爲因識生念 kathaṃ muddāto sati uppajjati. lipiyā sikkhitattā jānāti. imassa akkharassa anantaraṃ imaṃ akkharaṃ kātabbanti. evaṃ muddāto sati uppajjati"라고 하였다. [참고문헌] 『那先比丘經』, *Mil.* ⇨ 십육사생념 十六事生念, 생념 生念

인신 印信 새겨 믿음. 인가의 증표로 주고받는 신물. 일반적으로 국가나 개인 사이에 주고받는 증표를 가리킨다. 밀교작법의 경우 아사리(阿闍梨)가 관정제자(灌頂弟子)에게 주는 수인(手印)과 진언(眞言) 등을 말한다. 『훔가타야의궤』 권상(대정장21, p.240b12)에 "만약 관정하지 않으면 받은 법에 공덕이 없다. 만약 아사리를 따라 법을 받으면 관정을 받고 즉위한 것과 같다. 만약 인신을 얻지 못하면 관정위를 얻을 수 없으니 이러한 상들을 다 갖추지 않으면 전하고 받을 수 없다. 만약 관정위를 받지 못하면 아사리라고 부르지 않는다. 若不灌頂 受法無功德 若隨阿闍梨得受法 卽受灌頂位卽 若不得印信 不得灌頂位 此相等不具足 不得傳授 若不受得灌頂位 不名阿闍梨", 『대지도론』 권73(대정장25, p.571b7)에 "보살이 초발심한 후 행한 인연과 얻은 과보가 불퇴전이면 반드시 성불하리라는 수기를 받는다. 마치 어떤 사람이 직책을 얻고서 이미 인가의 신물마저 받았으면 더 이상 의심하지 않는 것과 같다. 菩薩初發心來所行因緣 所得果報 是阿鞞跋致 受記必當作佛 如人受職已得印信 心無復疑", 『능엄경직지』 권7(卍속장22, p.836b13)에 "제불의 밀인은 왕의 인신과 같으니 통하지 않는 곳이 없다. 諸佛密印 如王印信 無往不通"라고 하였다. [참고문헌] 『吽迦陀野儀軌』, 『大智度論』, 『楞嚴經直指』. ⇨ 인가 印可, 인가신 印可信

인신 印宸 1623~1669. 명말청초(明末淸初)대 임제종 스님. 법호는 운환(雲幻), 속성은 만(萬)씨. 충주(忠州 : 四川省 重慶市) 출신. 어려서부터 속세를 떠날 뜻을 품었다가 16세에 양친의 허락을 받고 출가했다. 22세에 상애성정(象崖性珽)에게 구족계를 받고 3년 동안 시봉했다. 이후 도를 물어 제방을 편력하다가 파산해명(破山海明)을 만나 제자의 예를 갖추고 법을 이었다. 평생 중봉사(中峰寺)와 정자사(淨慈寺)에 머물며 학인들을 지도했다. 강희 8년(1669) 4월 6일에 석고사(石鼓寺)에서 죽을 먹고 입당하여 임종게를 내리고 세수 47, 법랍 25세로 입적했다. 25명의 사법제자들이 석고사 왼쪽에 탑을 세웠고, 이도태(李道泰)가 「탑기 塔記」를 지었다. 『운환신선사어록』 1권이 전한다. [참고문헌] 『雲幻宸禪師語錄』 「雲幻宸禪師塔記」(가흥장36, p.544b1).

인신난득 人身難得 Ⓢ durlabho mānuṣya-pratilābhaḥ. 사람몸 받기 어렵다는 말. 『잡아함경』 권42(대정장2, p.305b23)에 "사람몸 얻기 어려우니 오직 마땅히 법을 행하고 의를 행하며 복을 행하여 불법의 가르침에 오롯이 하고 방편에도 밝아야 하리. 人身難得 唯當行法行義行福 於佛法敎 專精方便", 80권본 『화엄경』 권64(대정장10, p.346b26 : *Gaṇḍ-vy.*, p.90)에 "사람몸 얻기가 어렵고 온갖 어려움 여의는 일마저도 어렵다. 得人身難 離諸難難 durlabhā aṣṭākṣaṇavinivṛttiḥ. durlabho mānuṣyapratilābhaḥ", 『대반열반경후분』 권상(대정장12, p.901a4)에 "사람몸을 한 번 잃으면 다시 나는 일 어려우니, 반드시 이렇게 한 번 받은 몸을 늘 경계하고 살펴야 한다. 一失人身 難可追復 畢此一形 常須警察"라고 하였다. [참고문헌] 『雜阿含經』, 『華嚴經』, 『大般涅槃經後分』, 『梵網經』 「序文」(대정장24, p.1003a26), *Gaṇḍ-vy.* ⇨ 인 人

인신선 忍神仙 Ⓢ Kṣānti-vādī ṛṣiḥ. 인욕하는 선인. 인욕선(忍辱仙)이라고도 한다. 『승가라찰소집경』 권상(대정장4, p.122a22)에 "모든 보시는 습비국왕(Ⓢ Śivi)처럼 하고, 언제나 정행을 닦되 나태한 적 없으며, 마하제피왕(Ⓢ Mahādeva)처럼 인욕의 힘을 갖추고, 저 인신선처럼 계를 가져 잃지 않는다. 一切惠施 如濕鞞國王 常修淨行 未曾懈惓 如摩訶提披王 忍力具足 如忍神仙 戒不缺漏"라고하였다. [참고문헌] 『僧伽羅刹所集經』. ⇨ 인욕선인 忍辱仙人, 인욕 忍辱

인신우 人身牛 사람 몸을 하고 있는 소. 몸만 사람이지 지혜가 없는 이를 말한다. 『대지도론』 권5(대정장25, p.101b10)에 "혜가 있다 하나 (불법에) 들은 것이 많지 않으면 실상을 알지 못하니, 비유하자면 저 깜깜한 어둠 속에서는 눈이 있어도 볼 수 없는 것과 같다네. 많이 듣기만 하고 지혜롭지 못해도 또한 실상을 알지 못하니, 비유하자면 저 밝은 대낮에 등불은 있지만 눈이 없는 듯하네. 많이 듣고 날카로운 지혜를 갖춰야만 설한 것 바르게 받아들인다네. 들은 것도 없고 지혜도 없으면, 이를 '사람 몸을 하고 있는 소'라고 한다네. 有慧無多聞 是不知實相 譬如大闇中 有目無所見 多聞無智慧 亦不知實相 譬如大明中 有燈而無目 多聞利智慧 是所說應受 無聞亦無智 是名人身牛"라고 하였다. [참고문헌] 『大智度論』, 『八無暇有暇經』(대정장17, p.591b9), 『法華玄義』 권1(대정장33, p.686a12).

인신집금강 刃迅執金剛 십구집금강(十九執金剛) 중 한 분. 칼날처럼 날카로운 지혜로 끊기 어려운 것을 끊는 금강보살. 『대일경소』 권1(대정장39, p.581c15)에 "열셋째는 인신집금강이다. 이 인 자는 범문에서는 분노 중의 분노, 날카로움 중의 날카로운 뜻이다. 번역하면 저 칼날과 같다. 이 금강보살의 날카로운 지혜로 끊기 어려운 모든 것을 다 끊고, 멸하기 어려운 것을 모두 멸하므로 이렇게 이름 붙였다. 十三 刃迅執金剛者 此刃字梵文是忿中之忿 利中之利義 翻猶如刀刃也 持此金剛利智 一切難斷處悉斷 難滅處悉滅 故以爲名"라고 하였다. [참고문헌] 『大日經疏』. ⇨ 십구집금강 十九執金剛, 금강살타 金剛薩埵, 집금강 執金剛

인심 人心 Ⓣ mi'i-sems. 사람의 마음. 스스로 믿고(信) 닦아(修) 불법(佛法)을 성취하여 불심(佛心)과 같아질 수도 있으며, 신통변화하기도 하지만, 사유하고 기억해 다른 이와 중생, 만물을 헤아려 이롭게 할 줄 아는 마음(思念利他)을 인간의 마음이라 한다. 『대지도론』 권1(대정장25, p.63a2)에 "인심중에 믿음이 있어 청정하면, 이 사람은 능히 불법에 들어갈 수 있으나, 만약 믿음이 없다면 불법에 들어갈 수 없다. 若人心中 有信淸

淨 是人能入佛法 若無信 是人不能入佛法", 『범망경합주』 권2(卍속장60, p.659b11)에 "인심 속에 불심이 갖추어져 있다. 人心中具有佛心", 『관불삼매해경』 권1(대정장15, p.646a17)에 "지극한 마음으로 안으로 생각(念)을 메어두고 단정히 앉아 정수(正受 Ⓢsamādhi)하며 부처님의 색신을 본다면, 마땅히 알라, 이런 사람의 마음은 부처님의 마음과 같으며 부처님과 조금도 차이가 없다. 若能至心 繫念在內 端坐正受 觀佛色身 當知是人心如佛心 與佛無異", 『진심직설』(한불전4, p.718a23)에 "어떤 이가 말한다. '장생(莊生 : 莊子)이 일컫기를 「마음이란 그 뜨겁기는 타오르는 불과 같고, 차갑기는 얼어붙은 얼음과 같으며, 그 빠르기는 위아래 보는 사이 사해 밖을 주무르며, 머무른다 하면 호수처럼 고요하고, 그 움직이기는 하늘에 닿으니, 그것은 오직 사람의 마음뿐이도다!」라고 하였다. 이 장생이 앞서 설하였으니 범부의 마음 다스릴 수 없는 모양새 이와 같다. 그렇다면 종문에서는 어떤 법으로 망심을 다스리는가?' '무심법으로 망심을 다스린다'. 或曰 莊生云 心者其熱燋火 其寒凝氷 其疾俛仰之間 再撫四海之外 其居也淵而靜 其動也懸而天者 其惟人心乎 此莊生先說 凡夫心不可治伏如此也 未審 宗門以何法治妄心也 曰 以無心法 治妄心也", 『영각광록』 권10 「시범주선인 示梵珠禪人」(卍속장125, p.517b17)에 "인심과 불심은 둘이 없어서 다름도 없다. 人心佛心 無二無別"라고 하였다. 또한 『대일경』 권1 「입진언문주심품 入眞言門住心品」(대정장18, p.2c26)에서는 인심을 육십심(六十心)의 하나로 분류하였는데, "무엇을 인심이라고 하는가? 사유하고 기억해 다른 이를 이롭게 하는 마음이다. 云何人心 謂思念利他"라고 하였다. 이에 대해 『대일경소』 권2(대정장39, p.597b15)에서는 "사유하고 기억해 다른 이를 이롭게 한다는 것은 즐겨 찾아 구하고 사유하고 기억하는 것을 말한다. '누구는 나에게 은혜를 베풀었으니 나는 마땅히 이러저러한 방편으로 큰 이익을 얻게 해야겠다. 누구는 일찍이 나에게 이롭지 않게 하였으니 이제 마땅히 갚으리라'. 아울러 갖가지로 사람을 다스리고 만물을 이롭게 하는 계책이 모두 인심이다. 思念利他者 謂好追求思念 某甲於我有恩 我當以如是方便令得大利 某甲曾於我所有不饒益 今當報之 及種種理人利物之計 皆是人心也"라고 주석하였다. 〔참고문헌〕『大智度論』, 『梵網經合註』, 『觀佛三昧海經』, 『眞心直說』, 『永覺廣錄』, 『大日經』, 『大日經疏』. ⇨심 心, 불심 佛心, 도심 道心, 육십심 六十心

인심 忍心 참아내는 마음. 『대장엄론경』 권13(대정장4, p.329b21)에 "갖가지로 비방하고 욕해도 오히려 더욱 인심을 일으키네. 種種加毁罵 猶故生忍心", 『대보적경』 권59(대정장11, p.342c17)에 "욕설과 매질을 당하더라도 (보살은) 인심을 성취하여 성내거나 원망하지 않는다. 若遇罵辱及捶打時 忍心成就 不生瞋恨", 『출요경』 권18(대정장4, p.708b8)에 "참아내는 마음이 저 대지와 같고, 움직이지 않음은 안명산(安明山 : 須彌山)과 같으며 맑기는 맑은 샘과 같으니 지혜로운 이는 어지러울 일이 없다. 忍心如地 不動如安明 澄如淸泉 智者無亂"라고 하였다. 〔참고문헌〕『大莊嚴論經』, 『大寶積經』, 『出曜經』. ⇨인 忍, 인욕 忍辱

인심마 因甚麼 어찌하여. 무슨 까닭에. 위십마(爲什麽)·위심마(爲甚麽)·인십마(因什麽)·연심마(緣甚麽)·연십마(緣什麽) 등으로도 쓴다. 『동산어록』(대정장47, p.511a29)에 "학인이 동산에게 물었다. '험한 길로만 다니니 본래면목이라 할 수 있습니까?' '사리는 어찌하여 전도인가?' '어떤 것이 학인의 전도처입니까?' '전도가 아닐진대 어찌 노비를 주인이라고 여기는가?' '무엇이 본래면목입니까' '새가 나는 길은 가지 않는다'. 云 秖如行鳥道 莫便是本來面目否 師曰 闍黎因甚顚倒 云甚麽處是學人顚倒 師曰 若不顚倒 因甚麽却認奴作郎 云如何是本來面目 師曰 不行鳥道", 『무문관』 38칙 「본칙 本則」(대정장48, p.297c13)에 "오조법연(五祖法演)이 말하였다. '마치 물소가 창틀 사이를 지나가는 것과 같다. 머리와 뿔, 네 발굽 모두 통과했지만, 무슨 까닭에 꼬리는 지나지 못할까?' 五祖曰 譬如水牯牛過窓櫺 頭角四蹄都過了 因甚麽尾巴過不得"라고 하였다. 〔참고문헌〕『洞山語錄』, 『無門關』, 『法眼語錄』(대정장47, p.593b4), 『大慧語錄』 권17(대정장47, p.885a18). ⇨위심마 爲甚麽, 인십마 因什麽

인십마 因什麽 무엇 때문에. 무슨 이유로. 인심마(因甚麽)라고도 한다. 『동산어록』(대정장47, p.517b3)에 "동산이 학인을 마주해 말했다. '마음과 법 모두 잊어야 성품 바로 진실이다. 몇 번째 자리인가?' '두 번째 자리입니다' '무슨 이유로 제일의 자리 다른 이에게 내어주지 않는가?' 대답이 없었다. 師勘僧曰 心法雙忘性卽眞 第幾座 僧云 第二座 師曰 因什麽不與他第一座 無對", 『경덕전등록』 권8 「송산화상전 松山和尙傳」(대정장51, p.261a6)에 "송산화상이 하루는 방거사에게 차 한 잔 하자고 하였다. 방거사가 차탁 들어 올리며 송산에게 말했다. '사람마다 온통 분이 있거늘 무엇 때문에 말로는 얻을 수 없다고 합니까?' '사람사람에게 모두 있기에 말로는 다할 수 없다 하는 것이다'. 松山和尙 一日命龐居士喫茶 居士擧起托子云 人人盡有分 因什麽道不得 師云 只爲人人盡有 所以道不得"라고 하였다. 〔참고문헌〕『洞山語錄』, 『景德傳燈錄』, 『雲門廣錄』 권상(대정장47, p.545c25). ⇨인심마 因甚麽

인십사과 因十四過 인명(因明) 용어. 삼십삼과(三十三

過) 중 인지(因支)에서의 열네 가지 허물. 삼지작법(三支作法)에서 인(因 : 이유명제)의 세 가지 조건인 인삼상(因三相 Ⓢ liṅgasya trairūpyam)이 충분하지 못해 일어나는 열네 가지 오류다. 사인십사과(似因十四過)라고도 한다. 인삼상에 따라 셋으로 분류한다. ① 변시종법성(遍是宗法性)의 결여로 초래되는 네 가지 불성과(四不成過) : 양구불성과(兩俱不成過)·수일불성과(隨一不成過)·유예불성과(猶豫不成過)·소의불성과(所依不成過). ② 변시종법성과 동품정유성(同品定有性) 중 어느 하나의 결여로 초래되는 여섯 가지 부정과(六不定過) : 공부정과(共不定過)·불공부정과(不共不定過)·동품일분전이품변전부정과(同品一分轉異品遍轉不定過)·이품일분전동품변전부정과(異品一分轉同品遍轉不定過)·구품일분전부정과(俱品一分轉不定過)·상위결정부정과(相違決定不定過). ③ 동품정유성과 이품변무성(異品遍無性) 모두의 결여로 초래되는 네 가지 상위과(四相違過) : 법자상상위과(法自相相違過)·법차별상위과(法差別相違過)·유법자상상위과(有法自相相違過)·유법차별상위과(有法差別相違過). 『인명론소명등초』 권2(대정장68, p.220a27)에 "『인명입정리론소』 권상(대정장44, p.93a29)에 '열네 가지 등을 여읜다'란 인십사과로 곧 사불성·육부정·사상위를 말한다. 離十四等者 因十四過 卽四不成 六不定 四相違也"라고 하였다. [참고문헌] 『因明論疏明燈鈔』, 『因明入正理論疏』. ⇨ 사인십사과 似因十四過, 삼십삼과 三十三過, 인삼상 因三相, 사불성과 四不成過, 사상위과 四相違過, 삼지작법 三支作法, 인명 因明

인씨 人氏 사람 각각을 구별해 서로 알게 하는 이름이나 호칭. 성씨(姓氏). 생연(生緣). 인사(人事)라고도 한다. 혈족이나 출신 지역 등 세속의 연분을 가리킨다. 『선림상기전』 권5(불광장, 禪藏, p.394)에 "인씨 : 『백장청규』 권8 「대괘탑귀당방식 : 대중의 명부를 적어 내건 방」(대정장48, p.1141a25)에 '괘탑 : 저 한 스님은 아무개 상좌이며 어디 출신이고 성씨는 무엇이며 법랍은 얼마다'. … 도충이 말한다. '인씨는 인사라고도 한다. 사와 씨는 음이 통하여 빌려 쓴다. 인사라는 말은 의미가 다양한데, 그 상세한 내용은 「예칙류」에 보인다. 씨 자로 바로 잡는다'. 『경덕전등록』 권12 「호계암주장」(대정장51, p.296a10)에 '어떤 학인이 「화상께서는 어느 곳의 인사이신지요?」라고 묻자 「농서인이다」라고 답했다'라고 하였다. … 『종문무고』(대정장47, p.943b26)에 전한다. '담당문준화상이 처음으로 진정극문 만났다. 진정이 「어느 곳의 인사인가?」라고 물었고, 「홍원부입니다」'. 또한 '진정화상이 소참에서 「사람마다 생연이 다른데 상좌의 생연은 어떻게 되는가?」라고 물으니 「저는 아무개 주 출신의 인사입니다」라고 답해 놓고는 이 무슨 말일까?'라고 하였다. 『가태보등록』 권15 「불해원선사장」(卍속장137, p.233a6)에 '노승의 본관은 미주의 미산현 인사이다'라고 하였다. 人氏 敕修淸規 大掛搭歸堂榜式云 掛搭 一僧 某甲上座 某州 人氏 某戒 … 忠曰 人氏又作人事 蓋事與氏音通 假借而已 人事義多 詳禮則類 作氏爲正 傳燈錄 虎谿菴主章云 有僧問 和尙何處人事 師云 隴西人 … 大慧武庫云 湛堂準和尙 初參眞淨 淨云 甚處人事 準云 興元府 又云 眞淨和尙 小參云 人人有箇生緣 那箇是上座生緣 便道 某是某州人事 是何言歟 普燈錄 佛海遠禪師章云 老僧本貫 眉州眉山縣人事"라고 하였다. [참고문헌] 『禪林象器箋』, 『百丈淸規』, 『景德傳燈錄』, 『宗門武庫』, 『嘉泰普燈錄』. ⇨ 인사 人事

인아 人我 ❶ 인(人 Ⓢ pudgala, Ⓟ puggala)을 주재(主宰)하는 아(我 Ⓢ atman, Ⓟ atta). 오온(五蘊)의 가화합(假和合)을 잘못 헤아려 영원한 아라고 여기는 뜻에서의 인아다. 이런 견해를 인아집(人我執)·인아상(人我想)·인아견(人我見)·인집(人執)이라고 한다. 신역은 생아(生我)이며 제법(諸法)의 자성을 실체로 여기는 아(我)는 법아(法我)다. 『성유식론술기』 권1(대정장43, p.234c14)에 "무엇을 이공이라 하는가? 생과 법이다. 앞에서는 인아라고 하고, 지금은 생이라고 한다. 인아라고만 하면 인취가 아닌 나머지 취들은 꾸리지 못하기 때문이다. 何謂二空 謂卽生法 先云人我 今說爲生 但說於人我 不該餘趣故"라고 하였다. [참고문헌] 『成唯識論述記』. ⇨ 아 我, 아집 我執, 아견 我見, 인아집 人我執, 법아 法我 ❷ ➡ 푸루샤 puruṣa, 신아 神我

인아가색 隣阿伽色 Ⓢ agha-sāmantakaṃ rūpam. 아가(Ⓢ agha)에 가까운 색. 공계(空界)의 색(色)으로 극미의 질애(質礙)에 가깝기에 부르는 이름이다. 『품류족론』 권2(대정장26, p.699c5)에 "공계란 무엇인가? 인아가색을 말한다. 空界云何 謂隣阿伽色", 『구사론기』 권1(대정장41, p.33a18)에 "이 공계색을 '인아가색'이라고 한 것을 두 가지로 푼다 '가'는 번역하면 애라는 뜻이고 '아'는 두 가지 뜻에 통하는데 '극'이라고도 하고 '무'라고도 한다. '인극애색'이라고 하면 공계색이 극애와 서로 인접해 있기에 아가에 가까운 색이므로 인아가색이라고 한다. 이는 '서로 가깝다'는 것을 풀이한 것이다. 만약 '인무애색'이라고 하면 이는 무애가 색이 되어 버린다. 이 무애색이 다른 애와 서로 가까이 있어야 하니 인은 이 아가다. 그러므로 인아가색이라 한다. 두 논사가 각자 하나의 풀이에 의지했으니 뜻 또한 아울러 어긋나지 않는다. 有二釋 卽此空界色說名隣阿伽色 伽翻爲礙 阿通二義 或名爲極 或名爲無 若言隣極礙色 謂空界色與極礙相隣 是隣阿伽之色 名隣阿伽色 約相隣釋 若言隣無礙色 卽無礙名色 此無礙色與餘礙相隣 卽隣是阿伽 故名

隣阿伽色 兩師各據一釋 義竝無違"라고 하였다. 〔참고문헌〕『品類足論』, 『俱舍論記』, *Abh-k-bh.18.* ⇨ 아가색 阿伽色, 색 色, 공 空

인아견 人我見 인아(人我)를 상정하는 견해. 법아견(法我見)과 대칭한다. 원효(元曉)의 『기신론소』 권하(대정장44, p.219b2 · 한불전1, p.723a15)에 "이름을 늘어놓는 중에 '인아견'이란 총상으로서의 주재자가 있다고 계탁하는 것을 인아집이라고도 한다. 법아견이란 일체법 각각에 체성이 있다고 헤아리는 것으로 법아집이라고도 하는데 이것은 이승인이 일으킨다. 여기서 말하는 인집이란 유독 불법에 들어온 초학자로서의 대승인이 일으키는 것을 말한다. 列名中言人我見者 計有總相宰主之者 名人我執 法我見者 計一切法各有體性 故名法執 法執卽是二乘所起 此中人執 唯取佛法之內初學 大乘人之所起也"라고 하였다. 〔참고문헌〕『起信論疏』. ⇨ 아집 我執, 아견 我見, 법아견 法我見, 인아집 人我執

인아식 人我識 육식십명(六識十名) 중 하나. 제6식의 별칭. 아견(我見 Ⓢ ātma-dṛṣṭi)을 일으키는 식의 뜻이다. ⇨ 육식십명 六識十名

인아업산 人我業山 인아라는 업의 산. 「소예참례 小禮懺禮」(『석문의범』 권상, p.4a18)에 "중생의 인아업산을 무너뜨리시는 대자제장애보살마하살께 지극한 마음으로 귀의합니다. 至心歸命禮 … 摧滅衆生 人我業山 大慈除障碍菩薩摩訶薩"라고 하였다. 〔참고문헌〕『釋門儀範』. ⇨ 인아 人我 1

인아집 人我執 인아(人我)에 집착함. 소승은 오온(五蘊)을 계탁하여 인아로 삼지만, 원효(元曉)는 대승도 여래장(如來藏) 본각(本覺)의 뜻을 잘못 헤아려 인아로 여긴다고 하였다. 『대승기신론의기』 권하(대정장44, p.276c15)에 "무엇을 인아집이라 하는가? 〔답〕 여기에 두 가지 풀이가 있다. 첫 번째는 '이것은 초학범부가 인아라는 것이 있다며 집착하는 것을 인아집이라고 한다'라고 하였다. 두 번째는 '여래장에 두 뜻이 있다. 첫째는 본각의 뜻인데 그것이 인에 당한다고 위에서처럼 잘못 헤아리는 것을 인집이라 한다. 둘째는 이는 이를 실로 여기는 뜻이니, 보여지는 법이 실체(我)라고 여기는 것이다. 여기서는 첫째 뜻에 의거한 인집을 말한다'라고 하였다. 云何說爲人我執耶 答 此有二釋 一云 此是初學凡夫 有人我者作此執 故云人我執也 二云 由如來藏中有二義 一 是本覺義 卽是當人 於上妄計 故云人執 二 是理實義 當所觀之法 今據初義 故說人執"라고 하였다. 〔참고문헌〕『大乘起信論義記』. ⇨ 아집 我執, 아견 我見, 인아견 人我見, 법아집 法我執

인악 仁岳 982~1064. 북송대 천태종 스님. 자는 적정(寂靜), 자호(自號)는 잠부(潛夫), 속성은 강(姜)씨. 삽천(雪川 : 浙江省 吳興縣) 출신. 사명지례(四明知禮 960~1028)를 스승으로 10여 년 동안 교관(敎觀) 연구하였다. 당시 사명지례가 『십불이문지요초 十不二門指要鈔』에서 관심론(觀心論)을 발표했는데, 절강지인(浙江志因)의 제자 자광오은(慈光晤恩)이 『금광명현의발휘기 金光明玄義發揮記』를 짓고는 「관심석」은 후대에 첨가되었다고 주장하여 산가산외논쟁(山家山外論爭)이 시작되었을 때 인악은 스승인 사명지례를 도와 『문의서 問疑書』를 짓기도 하였지만 나중에는 『삼신수량해 三身壽量解』를 지어 지례의 『관경소묘종초』의 설을 비판하였고 끝내는 지례의 문하를 떠나 절양(浙陽) 영산사(靈山寺)의 자운준식(慈雲遵式 964~1023) 문하로 들어갔고 이후 지례가 『십삼료간 十三料簡』을 지어 비판하자 『십간설방 十諫雪謗』을 지어 재비판하기까지 하였다. 석벽사(石壁寺) · 영지사(靈芝寺) · 혜안사(慧安寺) 등에 주석하였고, 정사사(淨社寺)에 머물며 10년 간 널리 교화하였다. 후에는 고향 상부사(祥符寺)에 주석하였으며, 관찰사 유종광(劉從廣)의 주청에 의해 정각(淨覺)이라는 호도 받았다. 만년에는 정업(淨業)에 전념하였으며, 손가락 세 개를 태워 소신공양하였고 계 엄격하였기에 많은 이들이 존경하였다. 1064년(치평1) 3월 25일에 세수 83세를 일기로 앉은 채로 입적하였다. 저서에 『사십이장경과 四十二章經科』 1권 · 『사십이장경통원기 四十二章經通源記』 1권을 비롯해 38부가 있었다고 하지만, 현재는 『능엄경훈문기 楞嚴經熏聞記』 5권 · 『능엄경문구 楞嚴經文句』 3권 · 『십불이문문심해 十不二門文心解』 2권 · 『금강비과 金剛錍科』 1권 · 『결막서 抉膜書』 1권 · 『지의서 止疑書』 1권 · 『십간서 十諫書』 1권 · 『설방서 雪謗書』 1권 · 『십문석난 十門析難』 1권 · 『여의륜과법 如意輪課法』 1권 · 『석가융생예찬문 釋迦隆生禮讚文』 1권 · 『석가열반예찬문 釋迦涅槃禮讚文』 1권 · 『남산조사예찬문 南山祖師禮讚文』 1권 등 13부만 남아 있다. 후에 지례를 비판했기에 잡전파(雜傳派) 또는 후산외(後山外)로 불린다. 제자로 범자(梵慈) · 내인(乃仁) · 영조(靈照) 등이 있다. 〔참고문헌〕『四明尊者教行錄』 권6(대정장46, p.916a28), 『佛祖統紀』 권21(대정장49, p.241b1). ⇨ 지례 知禮

인악 仁嶽 조선후기 스님인 의첨(義沾 1746~1796)의 법호. 〔참고문헌〕『仁嶽集』 권3 「仁嶽和尙行狀」(한불전10, p.422c21). ⇨ 의첨 義沾

인악기 仁嶽記 인악의첨(仁嶽義沾)의 사기(私記). 인악의첨은 조선후기에 대구 동화사 · 화원 용연사(龍淵寺) · 합천 해인사 등에서 활동한 강백(講伯)으로서 경론에 대한 사기를 다수 남겼다. 그 중 『원각경사기 圓覺經私記』 1권 · 『화엄경사기 華嚴經私記』 1권 · 『능엄경사기 楞嚴經私記』 1권 · 『금강경사기 金剛經私記』 1권 · 『기신론사기 起信論私記』 1권 · 『선문염송집사기 禪門拈頌集私記』 1권 · 『대혜서장사기 大慧書狀私記』 1권 등이 남아 전한다. ⇨ 의첨 義沾, 사기 私記

인악대사비명 仁嶽大師碑銘 인악의첨(仁嶽義沾)의 행적을 새긴 비명. 김희순(金羲淳) 지음. 갖춘 이름은 부종수교화엄강주인악대사비명(扶宗樹敎華嚴講主仁嶽大師碑銘)이다. 지관(智冠) 『한국고승비문총집 조선조·근현대』 pp.634~635에 수록되어 있다. 명문(銘文) 중에 "대비구께서 달성(達城)의 남쪽에 계시니 명성과 영광이 빛나고 법의 기치가 깊고 깊었다. 증명사가 되시어 소리 내어 하늘 북 울리는 정법안장이었으니 누가 감히 그리워하지 않으리! 有大比邱 在達之南 聲光態態 法幢深深 作證明師 發音天鼓 正法眼藏 孰敢不慕"라 하였다. [참고문헌] 『韓國高僧碑文總集 朝鮮朝·近現代』. ⇨ 의첨 義沾, 동화사인악대사비 桐華寺仁嶽大師碑

인악집 仁嶽集 인악의첨(仁嶽義沾)의 문집. 3권. 한불전10, pp.400a1~423c18에 수록되어 있다. 권수에 홍직필(洪直弼)의 서문, 권말에 우재악(禹載岳)의 발문, 부록으로 제자 성안(聖岸)이 찬술한 「인악화상행장 仁嶽和上行狀」이 있다. 본문의 권1에 시 72수, 권2에 용주록(龍珠錄) 3편 · 소(疏) 3편 · 축문(祝文) 1편 · 제문 1편 · 서문 1편 · 사찰 기문 11편 · 비 1편 · 유공록(有功錄) 2편 · 사찰 상량문 4편, 권3에 편지글 35편이 수록되어 있다. 이 중 용주록은 「용주사불복장봉안문 龍珠寺佛腹藏奉安文」 · 「경찬소 慶讚疏」 · 「용주사제신장문 龍珠寺祭神將文」 3편이 전하는데, 정조(正祖)의 아버지 사도세자(思悼世子)의 능인 융릉(隆陵)의 수호사찰 용주사 사적과 관련한 글이다. ⇨ 의첨 義沾

인악화상행장 仁嶽和上行狀 인악의첨(仁嶽義沾)의 행적을 기록한 행장. 1797년(정조21) 제자 제월성안(霽月聖岸)이 지었으며, 『인악집』 권3(한불전10, pp.422c20~423c2)에 수록되어 있다. [참고문헌] 『仁嶽集』, 『朝鮮佛敎通史』 권상 pp.577~579. ⇨ 의첨 義沾, 인악집 仁嶽集, 성안 聖岸

인암 仁巖 조선후기 양악계선(羊岳啓璇)의 전법제자인 의준(儀俊)의 법호. [참고문헌] 『東師列傳』 권4 「羊岳禪師傳」(한불전10, p.1034b1). ⇨ 의준 儀俊

인암 忍庵 조선후기 스님 의한(意閑)의 법호. [참고문헌] 『東師列傳』 권4 「忍庵禪伯傳」(한불전10, p.1040b20). ⇨ 의한 意閑

인약왕자 人藥王子 사람에게 약이 된 왕자님. 석존의 인위(因位)에서의 모습 중 하나. 대병겁(大病劫) 때 염부제의 마혜사나왕(摩醯斯那王)의 아들로 태어나 손만 닿아도(觸手) 병든 중생들을 치유하셨기에 '인약'이라고 불렸다. 『대보적경』 권79(대정장11, p.451c2)에 "태어나자마자 '나 반드시 모든 아픈 이 치료하리라'라 하였으며, 또 날 때 염부제의 모든 천신과 귀신이 함께 큰 소리로 '지금 왕께서 낳은 이는 바로 인약이시다'라고 하였다. 이 음성이 두루 퍼져 들렸기에 이름을 인약이라고 하였다. 당시 사람들이 모두 병든 이를 이 왕자에게 보였고 왕자가 손으로 어루만지자 곧바로 모두들 병이 나아 편안하고 기뻐했다. … 인약왕자는 천 년 동안이나 이처럼 병을 치료한 후에 목숨을 마쳤다. … (다비한 후에) 남은 뼈를 가루로 만들어 몸에 바르면 곧바로 병이 나았다. … 뼈가 다하자 후에는 다비한 자리에서 땅 잿더미를 취하여 그 몸에 바르기까지 하였으니 이 또한 모든 병이 나았다. 生已卽言 我能治諸病人 又亦生時 閻浮提內 諸天鬼神 皆共唱言 今王所生 便是人藥 以是音聲普流聞故 字爲人藥 時人皆將病人示此王子 諸病人至 王子手觸 若以身觸 卽皆得差安隱快樂 … 人藥王子於千歲中 如是治病 後則命終 … 出骨擣末 以塗其身 卽皆得差 … 骨盡之後 至然身處 取地灰炭 各塗其身 病皆得差"라고 하였다. [참고문헌] 『大寶積經』, 『經律異相』 권32(대정장53, p.177a8).

인양 仁讓 어질고 사양할 줄 앎. 『옥야녀경』(대정장2, p.864b11)에 "첫 번째 계를 가진다 하니, 자기 손으로 은혜 입은 이와 뭇 중생을 죽이지 않는다. 두 번째 계를 지닌다 함은 청정하고 어질어 사양할 줄 알아 몰래 가질 일 없으니 자기를 버려 중생을 제도한다. 持一戒者 身手不殺恩及群生 持二戒者 淸淨仁讓不盜 減己濟衆"라고 하였다. 『법화경』 권4 「제바달다품 提婆達多品」(대정장9, p.35b19)에 "(娑竭羅龍王女는) 중생을 자비롭게 생각하기를 저 아기처럼 여기니 공덕이 구족하고 마음으로는 생각하고 입으로는 펼치니 그 미묘함이 넓고도 크다. 자비롭고 인양하며 가진 뜻 부드럽고 아름다워 능히 보리에 이른다. 慈念衆生 猶如赤子 功德具足 心念口演 微妙廣大 慈悲仁讓 志意和雅 能至菩提"라고 하였으니, 『법화경삼대부보주』 권9(卍속장44, p.269a10)에서 "인양이라 하였으니 다른 이를 아끼고 만물을 이롭게 하는 것을 인이라 하고, 다른 이를 앞세우고 자신은 물리는 것을 양이라 한다. 仁讓者 愛人利物謂之仁 先人後己謂之讓"라고 해설하였다. 『마하지관』 권10(대정장46, p.135b12)에 "다만 이루고자 서두르는 탐욕을 그치고 자연의 아름다움을 관하면 험하고 사특한 행이 사라지고 인양의 풍속만이 남을 수 있다 여기니, 이는 모두 자연이 있어 선해질 수 있다고 여기는 분별이다. 但息跨企之欲 觀自然之妙 險詖之行旣除 仁讓之風斯在 此皆計有自然而行善也"라고 하였다. 〔참고문헌〕『玉耶女經』, 『法華經』, 『法華經三大部補注』, 『摩訶止觀』.

인양사 仁陽寺 경상남도 창녕군 창녕읍 교리에 있던 절. 810년(헌덕왕2)에 세운 보물 제227호 인양사조성비(仁陽寺造成碑)문에 "신해년(771·혜공왕7)에 인양사의 종이 완성되었다. 辛亥年 仁陽寺鍾成"라고 하였으므로, 8세기 말에는 창건되어 있었음을 알 수 있다. 2015년에 발굴조사가 있었는데, '인양사와초 仁陽寺瓦草'라 새겨진 기와 4점이 발굴되었다. 〔참고문헌〕『韓國寺刹全書』 권하 p.961a3. ⇨인양사조성비 仁陽寺造成碑

인양사조성비 仁陽寺造成碑 창녕 인양사에서 금당과 탑을 수리한 내용을 새긴 비. 보물 제227호. 높이 1.58m, 너비 48cm, 두께 18cm. 창녕읍내석불조상기(昌寧邑內石佛造像記)·창녕인양사석불조상기·인양사탑금당치성문기비(仁陽寺塔金堂治成文記碑)라고도 한다. 보존상태가 양호한 편으로, 비면에는 10cm 두께의 불상이 부조되어 있다. 또 양쪽 비측에 각각 2행, 비음에 10행의 명문이 새겨져 있는데, 지름 5cm 안팎의 해서체이다. 771년(혜공왕7)부터 810년(헌덕왕2)까지 인양사와 인근 여러 절의 금당·탑과 불상 및 창고 등을 짓거나 수리한 기록으로서, 신라 지방사원의 건립과 유지에 지역과 왕경(王京)의 후원이 함께 있었고 사원운영도 출가승도와 재가신도 공동으로 행하였음을 알게 하는 중요한 사적이 남아 전한다. 〔참고문헌〕『朝鮮金石總覽』 권상 pp.49~50, 『韓國金石全文』 古代 pp.156~157. ⇨인양사 仁陽寺

인양사조성비

인어 因語 칠종어(七種語) 중 하나. 장차 현재의 인이 어떤 과를 낳을지 알고 하는 말. 40권본『대반열반경』 권35(대정장12, p.574a3)에 "무엇을 인어라 하는가? 현재의 인중에 미래의 과를 설하는 것이다. 내가 말한 대로이다. 선남자야, 그대는 중생이 살생을 즐기고 사견을 즐겨 행하는 모습을 보라. 마땅히 이 사람 장차 지옥사람이 되리라. 선남자야, 만일 어떤 중생이 살생이나 사견을 즐기지 않는다면 마땅히 이 사람 장차 천계나 인계에 나리라. 이러한 말을 인어라 한다. 云何名因語 現在因中 說未來果 如我所說 善男子 汝見衆生 樂殺乃至樂行邪見 當觀是人 卽地獄人 善男子 若有衆生 不樂殺生乃至邪見 當觀是人 卽是天人 是名因語"라고 하였다. 〔참고문헌〕『大般涅槃經』. ⇨칠종어 七種語

인언 印言 ❶인계(印契)와 진언(眞言). 『원각경약소』 권하(대정장39, p.556c20)에 "부처님께서 말씀하셨다. '이 사람은 일체종지를 성취하였다고 한다. 일체종지는 이로 말미암아 얻는다. 인과 과로 서로 거두어 결정코 걸림이 없다. 이로써 여래는 인언을 성취하셨다'. 佛說是人 名爲成就一切種智 謂一切種智 由此而得 因果相攝 決定無疑 是以如來 印言成就"라고 하였다. 〔참고문헌〕『圓覺經略疏』. ⇨인계 印契, 진언 眞言 ❷인정하여 하는 말. 『금요동자경』(대정장14, p.850b25)에 "세존께서 인정하며 말씀하셨다. '그렇다, 그래! 내가 지은 복으로 이 보를 얻는다'. 世尊 印言 如是 如是 我所作福 乃獲斯報"라고 하였다. 〔참고문헌〕『金耀童子經』.

인언오도 因言悟道 말로 인하여 도를 깨우치다. 『종경록』 권44(대정장48, p.675b7)에 "마음을 등지고 도를 구하는 이는 언설을 빌려 자기 마음으로 돌아간다. 이후로는 일향에 안으로만 관하여 말을 버리고 뜻만을 구한다. 이렇게 하는 것인즉 어찌 말로 인하여 도를 깨우치고 교에 의지하여 종을 밝히는 일이 아니겠는가? 이익이 없을 리 없다. 背心求道者 假以言說 指歸自心 從此一向內觀 捨詮究理 斯則豈不是因言悟道 藉敎明宗 爲此之人 不無利益", 『만선동귀집』 권중(대정장48, p.974b28)에 "말로 인하여 도를 깨닫고 가르침에 의지하여 종지를 밝히는 것은 진실한 말씀으로 이즈러짐 없는 두렷한 말씀으로 들어가 깊이 부처님 뜻을 깨우쳐 가지는 일이다. 若因言悟道 藉敎明宗 諦入圓詮 深探佛意", 『정혜결사문』(한불전4, p.703c21)에 "말을 씨앗으로 도를 깨우치고 교를 빌어 으뜸의 뜻을 밝히니 모두 법안을 가려 갖춘 이라 하였으니, 비록 많이 들어도 이름과 모양에 분별과 집착을 일으키지 않고, 비록 이타를 행하지만 자타도 애증도 능히 끊는다. 若因言悟道 藉敎明宗 具擇法眼者 雖多聞而不起認名執相之念 雖利他而能斷自他憎愛之見"라고 하였다. 〔참고문헌〕『宗鏡錄』, 『萬善同歸集』, 『定慧結社文』. ⇨이언설상 離言說相

인업 人業 사람다운 업. 사람으로 날 수 있는 업. 말과 뜻과 몸(三業 : 身口意)으로 사람답게 행하는 뜻으로, 오계(五戒)를 가져 지키고 나아가 인의(仁義)와 효순(孝順) 그리고 신경(信敬)과 참괴(慚愧) 등의 마음을 가져 행하는 것을 말한다. 40권본『대반열반경』 권37(대정장12, p.833b1)에 "인업의 열 가지 선이 있고 다시 네 가지가 있다. 첫째는 하품, 둘째는 중품, 셋째는 상품, 넷째는 상상품이다. 하품의 인연으로 울단월(北俱盧洲 Ⓢ Uttara-kuru)에 나고, 중품의 인연으로 불바제(東勝身洲 Ⓢ Pūrva-videha)에 나며, 상품의 인연으로 구다니(西牛貨洲 Ⓢ Apara-godānīya)에 나고, 상상품의 인연으로 염부제(南贍部洲 Ⓢ Jambu-dvīpa)에 난다. 人業十善 復有四種 一者下 二者中 三者上 四者上上 下因緣故 生鬱單越 中因緣故 生弗婆提 上因緣故 生瞿陀尼 上上因緣 生閻浮提", 『법화현의』 권6(대정장33, p.759b26)에 "오계를 굳게 지키고 겸하여 어질고 떳떳하며 부모에 효순하고 믿고 존중하며 부끄러워하니 이것이 바로 인업이다. 인업에는 사품이 있으니 상중하하하품이다. 과보로 따지자면 염부제가 하하품이고, 입도로 나아가면 울단월이 하하품이다. 若堅持五戒 兼行仁義 孝順父母 信敬慚愧 卽是人業 人業有四品 上中下下下 若就果報 閻浮提爲下下 若就入道 鬱單越爲下下", 『만선동귀집』 권상(대정장48, p.969a1)에 "굳게 오계를 가진다면 인업이라 할 수 있고, 십선마저 꾸준히 닦는다면 이는 하늘에 나는 업이다. 堅持五戒卽人業 精修十善卽天業"라고 하였다. 〔참고문헌〕『大般涅槃經』, 『法華玄義』, 『萬善同歸集』. ⇨ 오계 五戒, 인 人, 업 業

인업 引業 Ⓢ ākṣepakaṃ karma, Ⓣ 'phen-pa'i-las. 오취(五趣)와 사생(四生)의 과(果)를 이끄는 업. 인인(引因)·견인업(牽引業)·총보(總報)·인업(因業)이라고도 한다. 만업(滿業 : 別報)과 상대한다. 유부와 대승에 차이가 있는데, 유부에서는 불상응행법 중 하나인 중동분(衆同分)을, 대승에서는 과보의 총체(果體)인 이숙과(異熟果 : 眞異熟)를 불러들인다(招感)고 한다. 가령 오취 중 인간으로 나는 것은 인업이 불러들인 것으로 그 과체는 제8식이고, 인간중에서도 남녀·미추·귀천 등이 나뉘는 것은 만업이 부른 것으로 전6식의 차별 때문이다. 『순정리론』 권12(대정장29, p.400a21)에 "지금 몸의 모습을 보면, 이는 서로 상사업이 이끈 과다. 제근의 업용과 마시고 먹는 등에 차별이 있다. 만약 만업에 차별로 이 차별이 있다고 한다면 이치상 옳지 않다. 혹은 어떤 신형은 오직 상사인업에 의해 생겨난 것이다. 중동분이 차별하기에 업용 등에도 차별이 있다. 現見身形 是更相似業所引果 諸根業用 及飮食等 有差別故 若謂滿業有差別故 此差別者 理不應然 或有身形 唯由相似引業所起 以衆同分 有差別故 業用等別", 『성유식론』 권2(대정장31, p.7c7)에 "이숙습기를 증상연 삼아 제8식을 부른다. 인업력에 응하여 간단없이 상속하기에 이숙이란 이름을 건립한다. 전6식도 감한다. 만업에 응하여 이숙이 일어나기에 이숙생이라고 한다. 이숙이라 하지 않는 것은 틈새의 끊어짐이 있기 때문이다. 앞의 이숙 및 이숙생을 이숙과라 한다. 과는 인과 다르기 때문이다. 異熟習氣 爲增上緣 感第八識 酬引業力 恒相續故 立異熟名 感前六識 酬滿業者 從異熟起 名異熟生 不名異熟 有間斷故 卽前異熟 及異熟生 名異熟果 果異因故"라고 하였다. 〔참고문헌〕『順正理論』, 『成唯識論』, *Abh-s.54.* ⇨ 만업 滿業, 총보 總報, 진이숙 眞異熟, 인인 引因

인업 因業 ❶ 인과 업. 또는 인으로서의 업. 일체법이 일어나는 뜻으로서의 인과 업이다. 『대일경』 권2(대정장18, p.12a17)에 "모든 법은 형상이 없고, 맑고 깨끗하여 때 묻은 일 없으며, 집착도 없고 언설을 여의었으나, 다만 인을 따라 업이 일어나네. 諸法無形像 淸澄無垢濁 無執離言說 但從因業起", 『대일경소』 권19(대정장39, p.771a21)에 "인은 저 거울과 같고 업은 몸과 같으니 거울에 비춘 대로 모습이 드러나듯 한다. 因如鏡業如身 如對鏡而影現也"라고 하였다. 〔참고문헌〕『大日經』, 『大日經疏』. ⇨ 인 因❶, 업 業 ❷ ➡ 인업 引業

인에구업 因恚口業 에로 인한 구업. 『사리불아비담론』 권7(대정장28, p.584a5)에 "무엇이 인에구업인가? 만약 구업이 불선하다면 에를 인하고 에를 여의지 못하며 에 가득한 마음으로 일어난 말소리(集聲·音句·言語)의 구교(口敎 : 語表業)와 구의 비계무교(非戒無敎 : 계에 어긋나는 語無表業)라면 이를 인에구업이라 한다. 云何因恚口業 若口業不善 因恚不離恚 恚覆心所起 集聲音句言語口敎 口非戒無敎 是名因恚口業"라고 하였다. 〔참고문헌〕『舍利弗阿毘曇論』. ⇨ 에 恚, 구업 口業

인연 因緣 ❶ Ⓢ hetu-pratyaya, Ⓣ rgyu-dang-rkyen, rgyu'i-rkyen. 인과 연. 먼저 있던 가까운 법이 인(因)이 되고, 이를 따라 돕는 법은 연(緣)이 되어 서로 어울려 일체법(一切法)을 성취시키는 것이 인연의 뜻이다. 이렇게 일체법 즉 세계를 성취시키는 뜻으로서의 인연은 무인(無因)이나 사인(似因) 등을 근거로 현상계를 설명하는 외도(外道)의 뜻에 비춰볼 때, 무상고무아(無常苦無我) 나아가 무자성(無自性)·공(空)의 뜻을 성취시키는 교설이기도 하나. 불교를 통틀어 말하자면 '인연' 두 글자를 벗어나지 않는다고도 말한다. 인(因)이 연의 뜻을 품고 있으면 인과(因果)라 부르고, 인에서 연을 따로 하여 과를 부르게 되면 인연과(因緣果)라 한다. 근경식(根境識)의 삼사화합(三事和合), 육육법(六六法), 십이인연(十二因緣), 육인사연(六因四緣) 등 인연의 교상은 넓고 그 뜻 또한 깊다. 『수능엄의소주경』 권1(대정장39, p.825a25)에 "불교를 다 들어 말하면 인연을 종으로 삼는다. 부처님의 성스러운 낮음에서 깊음에 이르기까지 설하신 일체법이 인연이라는 두 글자를 벗어나지 않는다. 統論佛敎 因緣爲宗 以佛聖敎自淺至深 說一切法 不出因緣二字", 『잡아함경』 권3(대정장2, p.20b19)에 "또 이렇게 관찰한다. '저 인과 연으로 식이 일어난다면, 저 식의 인과 연은 상인가? 아니면 무상인가?' 또 이렇게 사유한다. '인과 연이 있어 식이 생겨난다면, 저 인과 연은 모두 무상하다. 또한 저 인과 연이 모두 무상하다면 저들로 인해 생겨나는 식이 어떻게 영원할 수 있겠는가!' 復作是觀察 若因若緣 而生識者 彼識因緣 爲常 爲無常 復作是思惟 若因若緣 而生識者 彼因彼緣 皆悉無常 復次 彼因彼緣 皆悉無常 彼所生識 云何有常", 같은 책 권9(대정장2, p.57c18)에 "눈이라는 인이 색을 연하여 안식이 생한다. 왜 그런가? 안식이 생한다면 일체 눈과 색을 인연하기 때문이다. 귀와 성이라는 인연, 코와 향이라는 인연, 혀와 미라는 인연, 몸과 촉이라는 인연도 마찬가지이며, 의근과 법이라는 인연으로 의식이 생한다. 왜 그런가? 모든 의식이라는 저 일체는 의근과 법이라는 인연으로 인해 생하기 때문이다. 비구여! 이를 두고 안식은 인연으로 생하고 이렇게 의식도 인연생이다. 眼因緣色 眼識生 所以者何 若眼識生 一切眼色因緣故 耳聲因緣 鼻香因緣 舌味因緣 身觸因緣 意法因緣 意識生 所以者何 諸所有意識 彼一切皆意法因緣生故 是名比丘 眼識因緣生 乃至意識因緣生", 같은 책 권26(대정장2, p.190c1)에 "인이 있고 연이 있어 중생이 번뇌하고 인이 있고 연이 있어 중생이 청정하다. 有因有緣 衆生煩惱 有因有緣 衆生淸淨故", 『대승도간경』(대정장16, p.823c6)에 "인연이란 무엇인가? 이것이 있으므로 저것이 있고 이것이 생하므로 저것이 생한다. 그러므로 무명은 행을 연한다. … 이것이 세존께서 설하시는 인연의 법이다. 言因緣者 此有故彼有 此生故彼生 所謂無明緣行 … 此是世尊所說因緣之法", 『대법고경』 권상(대정장9, p.292c24)에 "(부처님께서 가섭에게 이르셨다) '가섭아, 제불세존은 항상 무량한 인연으로 해탈을 드러내신다'. 가섭이 부처님께 여쭈었다. '무엇을 인이라 하는지요?' '인이란 이 사(事)이다' '무엇을 연이라 하는지요?' '연이란 의(依)다' '다시 드러내어 주십시오. 그것을 비유하면 어떤지요?' '마치 부모에게서 아들딸이 태어나는 경우와 같다. 어머니는 인이고 아버지는 연이다. 그러므로 부모라는 인연으로 아들딸이 태어난다. 이와 같이 인연으로 법이 생하는 것을 이룬다(成)고 한다'. 迦葉 諸佛世尊 常以無量因緣 顯示解脫 迦葉白佛言 云何爲因 佛告迦葉 因者是事 迦葉白佛言 云何爲緣 佛告迦葉 緣者是依 迦葉白佛言 願更顯示 其譬云何 佛告迦葉 如由父母 而生其子 母則是因 父則是緣 是故父母因緣生子 如是說因緣生法 是名爲成", 『법화현찬』 권9본(대정장34, p.822b11)에 "인연이란 인을 말미암고 연을 빌리는 뜻이다. 言因緣者 因由緣藉之義", 『주유마힐경』 권2(대정장38, p.346b27)에 "구마라집이 말한다. '힘이 강하면 인이 되고, 힘이 약하면 연이 된다'. 什曰 力强爲因 力弱爲緣", 『지관보행전홍결』 권1(대정장46, p.163c9)에 "가까이 일어나면 인이라 하고, 떨어져서 도우면 연이라 한다. 親生爲因 疎助爲緣", 『화엄경소』 권16(대정장35, p.619b4)에 "인연이란, 몸소 능히 일어나 대보리를 구하는 것을 인이라 하고, 의지하여 일어나도록 돕는 것은 연이라 한다. 인인즉 자성이어서 자성 안에 쌓은 힘이 머무르는 것이고, 연이란 익혀서 이룬 성이다. 言因緣者 謂親能發起 求大菩提 曰因 假之助發爲緣 因卽自性 住性內熏之力 緣卽習所成性", 『금광명경문구』 권4(대정장39, p.68b7)에 "인연이란, 무명 안에 혹을 인으로 삼고, 생법이공의 이치를 분명히 알지 못하여 밖에 물들어 애착하여 연을 삼는다. 言因緣者 無明內惑爲因 不了生法二空 染愛於外爲緣", 『중론』 권4 「관사제품 觀四諦品」(대정장30, p.33b5)에 "만일 제법이 인연으로 생한다면 성이 있을 리 없다. 그러므로 제법에 결정적인 성이 있다면 인연은 없다. 만일 제법이 결정적으로 자성에 머문다고 여긴다면 이 또한 타당하지 않다. 若諸法從因緣生 則無有性 是故諸法 決定有性 則無因緣 若謂諸法決定 住自性 是則不然", 『대승의장』 권3(대정장44, p.523c4)에 "인연이란, 앞의 망상에서 능히 취하는 마음과 취한 법의 실체를 궁구하면 모두 자성이 아니어서 인연 있게 될 뿐이므로 인연이라 한다. 법이 연을 따라 일어나므로 거듭 경중에서 연기라고 설한다. 言因緣者 前妄想中 能取之心 及所取法 窮其體實 皆非自性 因緣之有 故曰因緣 法從緣起 故復經中說爲緣起", 『중관론소』 권2(대정장42, p.22c3)에 "인연으로 임시로 있게 된 것이기에 인연가생이고 인연가멸이다. 인연가생이기에 정해진 생 있을 수 없고, 인연가멸이기에 영원히 사라짐도 없다. 因緣假有 卽是因緣假生 因緣假滅 因緣假生 不可定生 因緣假滅 不可定滅"라고 하였다. 〔참고문헌〕『首楞嚴義疏注經』, 『雜阿含經』, 『大乘稻芉經』, 『大法鼓經』, 『法華玄贊』, 『注維摩詰經』, 『止觀輔行傳弘決』, 『華嚴經疏』, 『金光明經文句』, 『中論』, 『大乘義章』, 『中觀論疏』, 『大乘入楞伽經』 권2(대정장16, p.600a9), 『大毘婆沙論』 권16(대정장27, p.79a29), *Abh-k-bh.79.*, *Bodh-bh.70.*, 고익진 『아함법상의 체계성 연구』(동국대학교 출판부, 2002) pp.64~66. ⇨ 인 因❶, 연기 緣起❶, 내인외연 內因外緣, 십이인연 十二因緣, 육인 六因❶, 육육법 六六法, 사연 四緣, 인과 因果, 오과 五果❶

❷ 의미 있는 사건이나 계기. 실마리. 『요암청욕어록』 권3(卍속장123, p.658b18)에 "어떤 까닭이 있어서 들어맞지 않는가? 有什麽因緣不契", 『벽암록』 65칙 「평창 評唱」(대정장48, p.195c16)에 "법안이 어느 날 물었다. '그대는 어떤 인연을 보았는가?'. 法眼一日問 爾看什麽因緣", 『연등회요』 권19 「약산유엄장 藥山惟儼章」(卍속장136, p.738b4)에 "석두가 말했다. '그대의 인연은 이곳에 있지 않으니 강서의 마대사 거처로 가거라. 틀림없이 그대에 맞는 법을 설해줄 것이다'. 頭云 子因緣不在此 江西馬大師處去 必爲子說"라고 하였다. 〔참고문

헌] 『了菴淸欲語錄』, 『碧巖錄』, 『聯燈會要』. **3** Ⓢ nidāna, Ⓣ rgyu, gleng-gzhi'i-sde. 십이부경(十二部經) 중 하나. 『번범어』 권1(대정장54, p.983b23)에 "니다나〈인연이라 한역한다〉. 尼陀那〈譯曰因緣〉"라고 하였다. [참고문헌] 『翻梵語』, *Bodh-bh.19.31.* ⇨ 니다나 尼陀那, 인연경 因緣經, 십이부경 十二部經

인연 夤緣 연으로 얽힘, 얽히고설키다의 뜻이다. 『황룡혜남어록』(대정장47, p.637c28)에 "푸른 담쟁이덩굴은 연으로 얽혀 곧바로 소나무 꼭대기에 이르고, 흰 구름은 맑게 흐르며 태허중에 출몰한다. 만법은 본래 이처럼 한가롭거늘 유독 사람만이 시끄럽구나. 이 무슨 일인가? 돌! 靑蘿夤緣 直上寒松之頂 白雲淡泞 出沒太虛之中 萬法本閑 唯人自鬧 鬧箇什麽 咄", 『원오어록』 권8(대정장47, p.747a22)에 "여기에 이르면 불법과 세법 그리고 유무와 신구를 일시에 집어 저 구석을 향하게 한다. 자 얽히고설킨 일 없는 일구 무어라고 해야 하나? 到箇裏 佛法世法 有無新舊 一時拈向一邊 且不落夤緣一句 作麽生道", 『굉지광록』 권1(대정장48, p.10b8)에 "굉지선사가 6월 초사흘에 대중과 작별하는 상당법문을 하였다. '납승의 거취는 물과 구름인 듯하여야 하니 연에 얽혀 떨어져 있다가도 반드시 벗어날 때를 만난다. 이제 다시 숲 깊은 곳으로 돌아가 뜻대로 살 기회 얻었으니 또 마음껏 살리라'. 師於六月初三日 退院 辭衆 上堂云 衲僧去就水雲姿 偶墮夤緣出應時 今日又歸林壑去 得便宜了得便宜"라고 하였다. [참고문헌] 『黃龍慧南語錄』, 『圜悟語錄』, 『宏智廣錄』.

인연가 因緣假 삼론(三論)의 사가(四假) 중 하나. 법의 이름은 상대하는 다른 법과 인과 연으로 만나야 그 뜻을 얻기에 인연가라 한다. 『삼론현의』(대정장45, p.13a21)에 "인연가란 예컨대 공과 유의 이제에서 유는 스스로 유가 아니라 공을 인으로 유가 되고, 공은 스스로 공일 수 없으니 유를 인으로 공이 되는 것과 같다. 그러므로 공과 유는 인연가의 뜻이다. 因緣假者 如空有二諦 有不自有 因空故有 空不自空 因有故空 故空有是因緣假義也"라고 하였다. [참고문헌] 『三論玄義』. ⇨ 사가 四假

인연각 因緣覺 연각(緣覺)을 달리 이르는 말. 『대지도론』 권18(대정장25, p.191b5)에 "벽지불은 두 가지다. 첫째는 독각, 둘째는 인연각이다. 辟支佛有二種 一名 獨覺 二名 因緣覺", 『인왕호국반야경소』 권2(대정장33, p.260a7)에 "인연각은 부처님 계실 때 나서 십이인연을 듣고 견혹과 사혹을 끊는다. 因緣覺 出於佛世 聞十二因緣 斷見思惑"라고 하였다. [참고문헌] 『大智度論』, 『仁王護國般若經疏』. ⇨ 연각 緣覺, 벽지불 辟支佛

인연경 因緣經 Ⓢ Nidāna, Ⓣ gleng-gzhi'i-sde. 십이분교(十二分教) 중 하나. 부처님께서 법을 설하시게 된 인연과 율장에서 계율을 제정하게 된 인연을 설한 부분을 말하며 서품(序品)에 해당한다. 전통 구분교(九分教)에는 없었다. 인연 또는 인연설(因緣說)이라고도 한다. 『대품반야경』 권1(대정장8, p.220b26)·『보살영락경』 권13(대정장16, p.116a29) 등에서 십이분교 중 하나로 시설한다. 『인왕반야경소』 권중4(대정장33, p.341c24)에 "계경여란 한역어이고 범본으로는 니다나(Ⓢ Ⓟ nidāna)이다. 이는 인연경이라 하니 일이 있을 때마다 계를 제정하였기 때문이다. 戒經如者 此間語 梵本名尼陀那 此是因緣經 以因事制戒故", 『화엄경소초』 권13(대정장36, p.97c27)에 "계경이란 인연경으로, 일이 있게 되면 계를 제정한다는 뜻이다. 戒經者 卽因緣經 因事制戒"라고 하였다. [참고문헌] 『大品般若經』, 『菩薩瓔珞經』, 『仁王般若經疏』, 『華嚴經疏鈔』, *Mvyut.62.* ⇨ 십이분교 十二分教, 인연 因緣 **3**, 니다나 尼陀那

인연공의 因緣空義 Ⓢ pratītya-samutpāda-śūnyatā. 인연으로 생한 모든 법들은 공하다는 뜻. 『이제의』 권상(대정장45, p.83b7)에 "살위(Ⓢ Sarvāstivādin : 설일체유부)는 제법성이 공임을 모르고 제법이 전도인연으로 있다는 진실도 알지 못한다. 이미 제일의를 잃으면 세제 또한 잃고 만다. 그러므로 『중론』 권4 「관사제품 觀四諦品」(대정장30, p.34b14 : *Pras.*, p.224)에서 '그대가 모든 법은 뭇 인연으로 있게 되어 공이라는 이치를 부정한다면, 세속의 나머지 모든 법까지 부정하게 되리라 sarvasaṃvyvahārāṃś ca laukikān pratibādhase, yat pratītyasamutpādaśūnyatāṃ pratibādhase'고 한 것이다. 이것은 공의 이치를 부정하면 일체 있는 법들마저 부정하게 된다는 뜻이다. 薩衛旣不知諸法性空者 亦不識諸法 於顚倒因緣有 旣失第一義 卽失世諦 故中論云 汝破一切諸法 因緣空義 則破於世俗 諸餘所有法 此卽破空義 卽破一切有法也"라고 하였다. [참고문헌] 『二諦義』, *Pras.* ⇨ 인연 因緣 **1**, 공 空, 연기 緣起 **1**, 제일의 第一義, 세제 世諦

인연과 因緣果 ⇨ 육인 六因 **1**, 사연 四緣, 오과 五果

인연과보 因緣果報 인연으로 과를 받음. 『별역잡아함경』 권3(대정장2, p.390b13)에 "불법중에 청정한 믿음을 일으키고 계를 가져 깨끗이 하며 경전도 조금 독송하고 약간의 보시도 할 수 있었다. 이 네 가지 일의 인연의 과보로 몸이 무너지고 목숨을 마쳐서는 도리천에서 가장 미묘하고 좋은 곳에 태어났다. 於佛法中 生淸淨信 能淨持戒 少讀誦經 亦能小施 有此四事 因緣果報 身壞命終 生忉利天 勝妙善處", 『증일아함경』 권48(대정장

2, p.810c28)에 "이 인연과보로 천이나 되는 밭 가는 소에게 이끌려 혀가 문드러졌다. 由此因緣果報 使千具犁牛 而壞其舌", 『주유마힐경』 권10(대정장38, p.416c18)에 "승조(僧肇)가 말했다. '어길 일도 없고 다툴 것도 없다는 말은 따라 순하는 뜻이다. 오수음으로 받은 몸과 일가친속은 인연과보로서 곧 내가 저지른 일이다. 만일 인연과보의 바탕을 분명히 마주해 따라 어기지 않으면 곧바로 모든 아소를 떠나게 된다'. 肇曰 無違無諍 卽隨順義也 五受陰身 及家屬所有 因緣果報 卽我所也 若能明見 因緣果報之性 順而無違 則離諸我所也"라고 하였다. [참고문헌] 『別譯雜阿含經』, 『增壹阿含經』, 『注維摩詰經』. ⇨ 인연 因緣[1], 과보 果報

인연관 因緣觀 제법(諸法)의 인연을 관함. 십이인연(十二因緣)을 순역(順逆)으로 관하거나 제법을 유(有)에서 관하는 순관과 무(無)의 입장에서 관하는 순관 등을 말한다. 오정심관(五停心觀) 중 하나이기도 하다. 『대승의장』 권12(대정장44, p.698a20)에 "인연관이란 저 생사의 십이인연을 분별하여 관찰한다. 이 관찰은 같지 않으니 두 가지다. 하나는 순관이고 다른 하나는 역관이다. 역과 순이 같지 않으니 간략하게 두 문을 연다. 첫째는 전후로 분별한다. 앞에서 뒤로 가며 차제로 관찰하면 순관이라 하고, 뒤에서 앞으로 가며 차제로 미루어 가면 역관이라 한다. 둘째는 공과 유의 분별이다. 유에 대한 관찰은 순이라 한다. 법상을 그대로 따르기 때문이다. 공에 대한 관찰은 역이라 한다. 모든 법을 거스르기 때문이다. 因緣觀者 於彼生死 十二因緣 分別觀察 是觀不同 略有二種 一 順 二 逆 逆順不同 略有兩門 一 前後分別 從前向後 次第觀察 名爲順觀 從後向前 次第推之名爲逆觀 二 空有分別 有觀名順 順法相故 空觀名逆 逆諸法故"라고 하였다. [참고문헌] 『大乘義章』. ⇨ 연기관 緣起觀[1], 인연 因緣[1], 십이인연 十二因緣, 십이중인과 十二重因果, 오정심관 五停心觀

인연력 因緣力 인연의 힘. 『불본행집경』 권57(대정장3, p.918a8)에 "저 업보에 의지하는 인연의 힘 때문에 금생에 석종가에 태어났다. 藉彼業報 因緣力故 今得生於釋種之家", 『앙굴마라경』 권3(대정장2, p.532a26)에 "귀에 스친 인연의 힘으로 마침내 열반성에 도달하리라. 經耳因緣力 終到涅槃城"라고 하였다. [참고문헌] 『佛本行集經』, 『央掘魔羅經』. ⇨ 인연 因緣[1]

인연륜 因緣輪 인연의 수레바퀴. 제법(諸法)이 서로 인과 연이 되어 끊임없이 돌고 도는 뜻이다. 『대일경의석연밀초』 권9(卍속장37, p.218b17)에 "이 수레바퀴를 인연륜이라고도 한다. 잘 어울리는 열두 자로 설명하겠다. 단음 아(𑖀)를 연해서 장음 아(𑖁)가 있고, 장음 아(𑖁)를 연해서 이(𑖂)가 있고, 내지 암(𑖀𑖽)을 연해서 악(𑖀𑖾)이 있다. 또한 단음 아(𑖀)가 멸하면 장음 아(𑖁)가 멸하고, 장음 아(𑖁)가 멸하면 이(𑖂)가 멸하며, 내지 암(𑖀𑖽)이 멸하면 악(𑖀𑖾)이 멸한다. 곧 무명을 연해서 행이 있고 내지 무명이 멸하면 행도 멸한다. 此輪亦名因緣輪者 且依和會音 十二字說之 所謂阿〈短〉緣阿〈長〉 阿〈長〉緣伊 乃至暗緣惡 又阿〈短〉滅則阿滅 阿滅則伊滅 乃至暗滅則惡滅 卽是無明緣行 乃至無明滅則行滅等", 『아미타경소』(대정장37, p.315a22)에 "사람으로서 능히 삼계의 십이인연이라는 돌고 도는 수레바퀴를 부수었기에 아라한이라 한다. 진제에서 불러보면 파륜이니 십이인연의 수레바퀴를 부수었다는 말이다. 人能打三界 十二因緣輪轉車輪 故名阿羅漢 卽眞諦稱爲破輪 謂破十二因緣輪"라고 하였다. [참고문헌] 『大日經義釋演密鈔』, 『阿彌陀經疏』. ⇨ 인연 因緣[1], 삼계 三界, 윤전 輪轉, 십이인연 十二因緣, 생사륜 生死輪[1]

인연박 因緣縛 Ⓢ pratyaya-saṃbaddha. 인연에 의한 속박. 『입능가경』 권9(대정장16, p.566b24 : *Laṅk.*, p.271)에 "마음이 인연에 얽혀있기에 온갖 몸을 내지만, 만일 모든 인연을 떠날 수만 있다면 나는 말하리라, 법을 볼 일도 없으리라고. 心依因緣縛 是故生諸身 若離諸因緣 我說不見法 cittaṃ pratyayasaṃbaddham pravartati śarīriṇām, pratyayebhyo vinirmuktaṃ na paśyāmi vadāmyaham"라고 하였다. [참고문헌] 『入楞伽經』, *Laṅk.* ⇨ 인연 因緣[1]

인연법 因緣法 Ⓢ pratītya-samutpāda, para-tantra, Ⓟ paṭicca-samuppāda. 인과 연으로 일어나는 법. 또는 십이인연(十二因緣) 등 인연을 설하는 법으로 연기법(緣起法)을 말한다. 『잡아함경』 권12(대정장2, p.84b14)에 "무엇을 가리켜 인연법이라 하는가? '이것이 있으므로 저것이 있다'라 하고, '무명을 연해서 행이 있고 행을 연으로 식이 있으며 내지 이와 같고 이와 같이 해서 여지없이 큰 고통의 무더기만 쌓였네'라고도 한다. 云何爲因緣法 謂此有故彼有 謂緣無明行 緣行識 乃至如是如是 純大苦聚集", 『입능가경』 권4(대정장16, p.537a18)에 "마치 저 모든 인연법상에 의지해서 허망분별하여 실로 상이 일어난 듯하다. 저들 인연법에는 유도 무도 아니어서 유무로 분별하여도 실로 상은 아니다. 어리석은 범부는 갖가지 법상에 집착하니 마치 목마른 짐승이 아지랑이를 보고 물이라 착각하는 경우와 같다. 譬如依諸因緣法相 虛妄分別 而生實相 彼因緣法中 非有非無 以分別有無 非實相故 愚癡凡夫 執著種種法相 如諸禽獸見於陽炎 取以爲水", 『중론』 권4(대정장30, p.34c11)에 "만일 공의 뜻을 무너뜨리면 인연법도 무너진다. 若破空義 則破因緣法", 『화엄오교장』 권1(대정장45, p.4

78b8)에 "만일 또 어떤 중생의 제근이 밝고 예리하지는 못하더라도 인연법을 좋아한다면 그에게 벽지불의 교법을 설해준다. 근기가 밝고 지혜로운 이에게는 큰 자비심을 품고 중생들을 요익하게 하는 보살도를 설해준다. 若復有衆生 諸根小明利 樂於因緣法 爲說辟支佛 若人根明利 有大慈悲心 饒益諸衆生 爲說菩薩道"라고 하였다. 〔참고문헌〕『雜阿含經』, 『入楞伽經』, 『中論』, 『華嚴五敎章』, 『維摩經』 권3(대정장14, p.556b24), *Laṅk.27·35.* ⇨ 연기 緣起❶, 인연 因緣❶, 십이인연 十二因緣

인연변 因緣變 분별(分別)의 세력 없이도 인연만으로 변하는 뜻. 이변(二變 : 因緣變 分別變) 중 하나로 실제 작용하는 종자를 인연으로 변현하는데, 명언종자(名言種子)와 업종자(業種子)로 인연을 삼지만 계탁 등의 분별력을 빌리지 않고도 저절로 제법을 변현한다. 제8심왕, 전5식의 심심소, 오구의식(五俱意識)의 심왕심소, 정심(定心)의 소연이 인연변이다. 성경(性境), 즉 전5식과 제8식의 소연이 인연변인데 대질경(帶質境) 일분만을 거둔다. 분별변(分別變)에 대칭한다. 『성유식론』 권2(대정장31, p.11a21)에 "유루식의 변에는 간략히 두 가지가 있다. 첫째는 인연의 세력을 따르기에 변하고, 둘째는 분별의 세력을 따르기에 변한다. 앞의 것은 반드시 용이 있고, 뒤의 것은 단지 경일 뿐이다. 이숙식의 변은 인연을 따를 뿐이고 그 변한 색 등에는 반드시 실제의 용이 있다. 有漏識變 略有二種 一 隨因緣勢力故變 二 隨分別勢力故變 初必有用 後但爲境 異熟識變但隨因緣 所變色等 必有實用", 『성유식론술기』 권3(대정장43, p.326b14)에 "인연변의 법에는 반드시 실체가 있다. 멋대로 헤아리는 것이 아니기 때문이어서 용이 없지 않다. 因緣變法 必有實體 非橫計故 非無用故", 같은 책 권3(대정장43, p.326c23)에 "실의 종자에서 생겨난 경우라면 모두 인연변이다. … 저 변현한 상분은 실의 종자에서 생했기에 인연변이라 한다. … 성경은 심을 따르지 않는 것은 인연변으로 거두기 때문이다. 독영경과 대질경은 모두 분별변이다. 有實種生者 皆因緣變 … 彼所變相 從實種生 名因緣變 … 性境不隨心 因緣變攝 獨影帶質 皆分別變", 『성유식론장중추요』 권상(대정장43, p.633b16)에 "성경의 전부와 대질경의 일분만이 인연변이다. 性境全及 帶質一分 是因緣變", 『종경록』 권49(대정장48, p.702c15)에 "인연변에는 두 가지 뜻을 갖춘다. 첫째 임운이라는 뜻이고, 둘째는 종자라는 뜻이다. 경은 종자로부터 생하고 식은 저절로 연하기에 인연변이라 한다. 제8식의 소연경은 반드시 견분과는 다른 종자에서 생하니 이것도 인연변이다. 因緣變具二義 一任運義 二 種子義 爲境從種生 識任運緣 名因緣變 今第八所緣境 定以見分別種生 是因緣變"라고 하였다. 〔참고문헌〕『成唯識論』, 『成唯識論掌中樞要』, 『成唯識論述記』, 『宗鏡錄』. ⇨ 분별변 分別變, 이변 二變❶

인연분 因緣分 어떤 일이 일어나게 된 단서와 그 주변의 일들. 대개 법문이 설해진 계기를 교기인연(敎起因緣)이라 하고, 계율이 제정된 내력이나 까닭은 연기(緣起)라 하며, 논을 짓게 된 이유를 따로 인연분이라 한다. 『대승기신론』(대정장32, p.575b22)에 "처음에 인연분을 설한다. 묻는다. '어떤 인연이 있어 이 논을 짓는가?' 初說因緣分 問曰 有何因緣 而造此論", 원효(元曉)의 『기신론소』 권상(대정장44, p.204c15·한불전1, p.737b6)에 "인연분이란 까닭 없이 논을 지으려 하지는 않았으니 지혜로운 이(馬鳴)께서 하시고자 한 뜻을 먼저 반드시 알아야 하기 때문이다. 因緣分者 非無所以而造論端 智者所爲 先應須知故"라고 하였다. 〔참고문헌〕『大乘起信論』, 『起信論疏』. ⇨ 인연 因緣❷

인연불생 因緣不生 인도 연도 일어나지 않는다는 말. 『금칠십론』 권상(대정장54, p.1246a7)에 "성자의 말씀이란 다음 게설과 같다. '아함은 성자의 말씀이니, 성자는 모든 혹을 멸하였고, 혹이 없어 헛된 말을 하지 않으니, 어떤 인연도 일어나지 않기 때문이라네'. 聖言者如偈說 阿含是聖言 聖者滅諸惑 無惑不妄語 因緣不生故"라고 하였다. 〔참고문헌〕『金七十論』.

인연상 因緣相 ❶ 인연으로 드러난 모습. 무상(無常)·무아(無我)·공(空)·무소유(無所有) 등 일체법의 총상을 말한다. 달리 정자량(定資糧)으로 여타의 모든 정(諸定)에 드는 등의 별상으로서의 인연상도 있다. 40권본 『대반열반경』 권14(대정장12, p.445c25)에 "모든 인연상은 무너질 수밖에 없어 무상이라고도 한다. 諸因緣相 可破壞故 亦名無常", 『대승의장』 권14(대정장44, p.746b7)에 "인연상을 관하여 결정된 성을 부수어 보내는 것을 무아라 하고, 초지 중에 인연상을 보내버리고 법의 평등에 들어감을 공이라 한다. 觀因緣相 破遣定性 名爲無我 初地中得遣因緣相 入法平等 名之爲空", 『중론』 권1 「관인연품 觀因緣品」(대정장30, p.1b20)에 "부처님께서 이러한 온갖 사견을 끊고 불법을 알게 하고자 먼저 성문법 중에 십이인연을 설하고, 또한 이미 익히고 행하여 큰 마음을 가지게 하고는 깊은 법을 견뎌 받을 만한 이를 위해서는 대승법으로 인연상을 설하셨다. '일체법은 불생불멸이고 하나도 아니고 다르지도 않아서 필경에 공하여 무소유다'라는 말이 그것이다. 佛欲斷如是等諸邪見 令知佛法故 先於聲聞法中 說十二因緣 又爲已習行 有大心 堪受深法者 以大乘法 說因緣相 所謂一切法 不生不滅 不一不異等 畢竟空 無所有", 『유가사지론』 권13(대정장30, p.342a6)에 "인연상이란 정의 자량을 말한다. 이 인연 능히 모든 정에 들어간다. 因緣相者 謂

定資糧 由此因緣 能入諸定"라고 하였다. 〔참고문헌〕『大般涅槃經』, 『大乘義章』, 『中論』, 『瑜伽師地論』. ⇨인연 因緣❶, 공 空, 무상 無相❶, 무상 無常, 무아 無我 ❷의타기상(依他起相)을 달리 이르는 말. ⇨의타기상 依他起相, 의타기성 依他起性, 삼종상 三種相❶, 삼성 三性❶, 정 定, 입정 入定, 자량 資糧

인연생 因緣生 Ⓢpratyaya-udbhava, Ⓟhetuppabhava. 인연으로 난다는 말. 일체법은 인연으로 일어나 상속할 뿐 그 어떤 주재자(主宰者)나 짓는 이(作者)가 있어 일어나지 않는다는 뜻이다. 『불소행찬』 권5(대정장4, p.47c12)에 "모든 법은 인연으로 일어나니 자재함이 있을 수 없다. 인연으로 일어나기에 괴롭고, 인연으로 사라짐 또한 그러하다. 諸法因緣生 無有自在故 因緣生故苦 因緣滅亦然", 『대방등대집경』 권93(대정장13, p.265a11)에 "만일 인연을 떠나면 일어나는 일 있을 수 없다. 인연으로 인하여 생하고 인연으로 인하여 멸하니 이와 같은 인연을 상속법이라 한다. 그러므로 마땅히 알라. 진실로 아는 없으니 이 인연일 뿐이다. 짓는 이도 없고 받는 이도 없으며 일어나는 이도 없고 일으킬 타자도 없다. 그러므로 아는 없다. 若離因緣 則不得生 因因緣生 因因緣滅 如是因緣 名相續法 是故當知 實無有我 而是因緣 亦無作者 無有受者 無有起者 無他起者 是故無我", 『입능가경』 권3(대정장16, p.528a5)에 "인연으로 생하므로 아도 없고 짓는 이도 없다. 因緣生故 無我無作者", 『대비바사론』 권76(대정장27, p.393b27)에 "또한 현재세는 무위법이 아니니 인연으로 나기 때문이고 용이 있기 때문이다. 무위는 그렇지 않다. 又現在世 非無爲法 因緣生故 有作用故 無爲不爾"라고 하였다. 〔참고문헌〕『佛所行讚』, 『大方等大集經』, 『入楞伽經』, 『大毘婆沙論』, 『四分律』 권33(대정장22, p.798c21), *Laṅk.34·117.* ⇨인연 因緣❶, 연기 緣起❶, 연생 緣生

인연생법 因緣生法 인연으로 일어난 법. 오직 인과 연으로 일어났을 뿐이어서 일어난 바탕 따로 없고(無自性), 저 메아리와 같아서 오고간 실마리를 찾을 길 없기에 끝내 공(畢竟空)한 뜻이다. 인연소생법(因緣所生法)이라고도 한다. 『대보적경』 권69(대정장11, p.392b21)에 "지혜로운 이는 저를 관하여 해탈을 얻으니, 마치 알에서 나는 중생이 껍질을 깨고 나오는 듯이 한다. 인연으로 일어난 법은 모두 무상하니, 온통 다 공적하여 끌어 연한 일 없다. 智者觀彼得解脫 猶如卵生出於𣪊 因緣生法悉無常 皆悉空寂離攀緣", 80권본 『화엄경』 권24(대정장10, p.128b21)에 "인연으로 난 법은 모두 저 메아리와 같다. 因緣生法 悉皆如響", 『대지도론』 권74(대정장25, p.581c2)에 "인연으로 생한 법은 자성이 없고 자성이 없으므로 그대로 끝내 공하다. 因緣生法 無自性 無自性故 卽是畢竟空"라고 하였다. 〔참고문헌〕『大寶積經』, 『華嚴經』, 『大智度論』. ⇨인연소생법 因緣所生法, 인연 因緣❶, 연기 緣起❶, 연생 緣生, 인연화합 因緣和合, 무상 無常, 무자성 無自性

인연생사 因緣生死 인연으로 나고 죽음. 특히 보살이 무루업을 인으로 생사하는 뜻이다. 네 가지 변역생사(變易生死) 또는 칠종생사(七種生死) 중 하나. 초지 이후 모든 위의 보살이 인과 연에 따라 중생을 위해 드러내는 생사이므로 인연생사라 한다. 『불성론』 권2(대정장31, p.799a17)에 "둘째, 인연생사란 무명주지에서 생한 무루업이다. 이 업을 인연생사라고 한다. 마치 무명에서 생한 행과 같다. 이 업은 단지 동류만으로 감하기에 부동류의 과는 일으키지 않는다. 선행은 단지 즐거운 과만 일으키고 악행은 괴로운 보를 부를 뿐이다. 그러므로 인연생사라고 한다. 二 因緣生死者 是無明住地所生 無漏業 是業名爲因緣生死 譬如無明所生行 是業但感同類 不生不同類果 善行但生樂果 不善但招苦報 故名因緣生死", 『승만보굴』 권3(대정장37, p.78b15)에 "인연생사란 『보성론』 중의 인상인 무루업의 인으로 변역생사를 초래한다. 과를 인에 따라 이름을 붙였으므로 인연생사라 한다. 因緣生死者 卽寶性論中因相 無漏業因能感變易生死 果從因立名 故云因緣生死"라고 하였다. 〔참고문헌〕『佛性論』, 『勝鬘寶窟』, 『寶性論』(대정장31, p.830b5). ⇨칠종생사 七種生死, 변역생사 變易生死

인연석 因緣釋 천태지의(天台智顗)의 사종석의(四種釋義) 중 하나. 경문에 대해 사실단(四悉檀)을 인연으로 설정하고 해석하는 것. 『법화문구』 권1(대정장34, p.2a27)에 "인연은 또한 감하고 응하는 것이다. 중생에게 (감하는) 근기가 없다면 비록 (부처님이) 가까이에 있어도 보지 못하지만 (부처님이 지닌) 자비의 선근력은 멀리서도 저절로 (중생에게) 통한다. 이처럼 중생이 하고 부처님께서 응하시는 길이 오고 가기에 그 움직임을 인연으로 푼다. 因緣亦名感應 衆生無機 雖近不見 慈善根力 遠而自通 感應道交故 用因緣釋也", 『인왕호국반야바라밀경소신보기』 권1(대정장33, p.290c11)에 "경론을 끌어와 인연으로 풀어 사실단을 갖춘다. 引經論約因緣釋 具四悉檀義"라고 하였다. 〔참고문헌〕『法華文句』, 『仁王護國般若波羅蜜經疏神寶記』. ⇨사종석의 四種釋義, 사실단 四悉檀

인연석의 因緣釋義 삼론(三論)의 사종석의(四種釋義) 중 하나. 맞서는 법을 세운 다음 뜻을 푸는 방편이다. 『이제의』 권중(대정장45, p.95a21)에 "다음으로 두 번째 인연석의란 속진의 뜻으로 밝힌다. 진속의 뜻이 무엇인가 하면 속은 진이 아닌즉 속일 수 없고 진 또한 속이 아니면 진도 되지 못한다. 진이 아니면 속도성립하지 않지만 속은 또한 진을 장애하지 않는다. 속이 아니면 진이 성립하지 않지만 진이 속을 장애하지 않는다. 속이 진을 장애하지 않으니 속은 진으로서 뜻을 삼는다. 진이 속을 장애하지 않으니 진은 속으로 뜻을 삼는다. 次第二就因緣釋義者 明俗眞義 眞俗義何者 俗非眞則不俗 眞非俗則不眞 非眞則不俗 俗不礙眞 非俗則不眞 眞不礙俗 俗不礙眞 俗以眞爲義 眞不礙俗 眞以俗爲義也"라고 하였다. 〔참고문헌〕『二諦義』. ⇨사종석의 四種釋義

인연설 因緣說 ➡인연 因緣[3], 인연경 因緣經

인연설법 因緣說法 인연으로 법을 설함. 온갖 중생의 끝없는 인연들을 살펴 법을 설하시다의 뜻이다. 『승천왕반야경』 권2(대정장8, p.700a3)에 "여래의 설법은 다함이 없으니 두루 시방의 모든 중생에게 일겁·백겁·천겁에서 무량겁 동안 갖가지 인연으로 법을 설함에 끝도 없다. 如來說法無盡 普爲十方 一切衆生 一劫百劫千劫 若無量劫 種種因緣說法無盡", 『십송율』 권13(대정장23, p.90b20)에 "부처님께서 갖가지 인연으로 법을 설하시고 가르침 보여서 이롭고 기쁘게 하신다. 佛爲種種因緣說法 示敎利喜"라고 하였다. 〔참고문헌〕『勝天王般若經』, 『十誦律』. ⇨인연 因緣[1]

인연설주 因緣說周 ➡법화삼주 法華三周, 삼주설법 三周說法

인연성 因緣性 Ⓢ hetu-pratyayatā. 인과 연의 자성. 인이 되고 연이 되어 다른 법(果)를 생할 수 있는 뜻으로서의 성이다. 『구사론』 권7(대정장29, p.36b14 : *Abh-k-bh.*, p.98)에 "계경에서 '사연성이 있으니 인연성·등무간연성·소연연성·증상연성이다'라고 한 말씀과 같다. 여기서 성(性)이란 연의 종류다. 육인에서 능작인을 제한 나머지 오인이 인연성이다. 如契經中說 四緣性 謂因緣性 等無間緣性 所緣緣性 增上緣性 此中性者 是緣種類 於六因內 除能作因 所餘五因 是因緣性 〈bhāṣya〉 sūtre catasraḥ pratyayatāḥ. hetupratyayatā, samanantarapratyayatā, ālambanapratyayatā, adhipatipratyayatā ceti. pratyayajātiḥ pratyayatā. tatra 〈kārikā〉 hetvākhyaḥ pañca hetavaḥ 〈bhāṣya〉 kāraṇahetuvarjyāḥ pañca hetavo hetupratyayaḥ", 『성유식론』 권2(대정장31, p.8c3)에 "오직 본유종자일 뿐이라면 칠전식은 결코 아뢰야식과 인연성이 될 수 없다. 若唯本有 轉識不應與阿賴耶 爲因緣性", 같은 책 권2(대정장31, p.9c2)에 "내부 종자는 반드시 훈습으로 생하고 더해서 직접 과를 생할 수 있다. 이것이 인연성이다. 內種必由熏習生長 親能生果 是因緣性", 라고 하였다. 〔참고문헌〕『俱舍論』, 『成唯識論』, *Abh-k-bh.* ⇨인연 因緣[1], 육인 六因[1], 사연 四緣

인연소생법 因緣所生法 인연으로 생겨난 법. 인연생법(因緣生法)이라고도 한다. 『입대승론』 권상(대정장32, p.41b18)에 "인연으로 생한 법, 이것이야말로 자성이 없다네. 만일 자성이 없다면, 어떻게 체와 상이 있겠는가! 因緣所生法 是卽無自性 若無自性者 云何有體相"라고 하였다. 〔참고문헌〕『入大乘論』. ⇨인 因[1], 인연 因緣[1], 인연생법 因緣生法, 연생법 緣生法

인연승호경 因緣僧護經 Ⓢ Saṃgharakṣitāvadāna. 동진(東晉) 때 한역자 미상. 1권. 고려장20, pp.1208a1~1217b24, No.858·대정장17, pp.565c3~572b14, No.749에 수록되어 있다. 『승호인연경 僧護因緣經』·『승호경』이라고도 한다. 비구 승호가 유행 중에 마주했던 중생의 고통스런 56사(事)에 대하여 부처님께서 그 인연을 설하신 경이다. 이들 모두 지옥을 묘사한 장면이었다. 특히 지옥 죄인 중에 속인은 적고 승중이 많은 까닭은 출가하여 계율을 따르지 않으며, 상호 업신여겨 화합하지 않고, 승물을 사사롭게 낭비하며 공양에 고르게 하지 않는 등의 인연으로 끝내 피할 수 없는 과를 마주할 수밖에 없다는 법문으로, 대중생활에 있어서 계를 잘 지켜 화합하는 등을 경계하셨다. 〔참고문헌〕『開元釋敎錄』 권3(대정장55, p.510a23), 『貞元新定釋敎目錄』 권30(대정장55, p.1041c22), *Śikṣ.57.*

인연심론송인연심론석 因緣心論頌因緣心論釋 용맹보살(龍猛菩薩 : 龍樹菩薩) 지음. 한역자 및 한역시기는 미상. 전통시대 대장경에는 입장되지 않고, 돈황사본(敦煌寫本)으로 발견되어 대정장32, pp.490a25~491b2, No.1654에 수록되었다. 돈황사본목록은 S1358·S2462·S4235·P4645·北7257·北7255이다. 140자로 이루어진 십이지연기(十二支緣起)에 관한 게송인 『인연심론송』과 그에 대한 주서인 『인연심론석』으로 이루어진 합본이다. 줄여서 『인연심론송석 因緣心論頌釋』이라고도 한다. 관련된 논서로는 『인연심론송』의 확장인 『연생론 緣生論』(대정장32, No.1652)과 그 이역본인 『대승연생론 大乘緣生論』(대정장32, No.1653)이 있다. ⇨연생론 緣生論, 대승연생론 大乘緣生論

인연업 因緣業 인연으로 지은 업. 『불본행집경』 권48(대정장3, p.878b28)에 "마치 잘 드는 칼을 버리면 잘라내지 못하는 물건이 없듯이, 이 법으로 인연업을 끊어 버리기에 나는 내세에 모든 번뇌를 끊어 없애지 못할 일 없으리. 如施利刀 無不割者 以此斷割 因緣業故 令我來世 一切煩惱 莫不斷壞", 『대보적경』 권71(대정장11, p.

401a27)에 "온갖 인연으로 지은 업, 그리고 얻은 과보, 이 체성은 모두 공이라 하시니, 부처님의 그 말씀 사자와 같구나. 若諸因緣業 及所得果報 此體性悉空 佛說如師子", 『대지도론』 권5(대정장25, p.100a24)에 "바닷물이 말라 다하고 수미산의 흙 다 사라질지라도, 선세에 인연한 업은 태우지도 다하지도 못하리라. 大海水乾竭 須彌山地盡 先世因緣業 不燒亦不盡", 『유가사지론』 권9(대정장30, p.319b26)에 "선업이란 탐욕도 분노도 어리석음도 없이 한 인연으로 성취한 업이다. 善業者 謂無貪無瞋無癡 爲因緣業"라고 하였다. [참고문헌] 『佛本行集經』, 『大寶積經』, 『大智度論』, 『瑜伽師地論』. ⇨ 인연 因緣❶, 업 業, 인연과보 因緣果報

인연온 因緣蘊 『식신족론』 권4·5 제3품의 품명(品名). 육식신(六識身)을 중심으로 선심(善心)·불선심(不善心)·무기심(無記心) 등 삼종심을 욕계(欲界)의 선심·불선심·유부무기심·무부무기심 4심, 색계(色界)의 선심·유부무기심·무부무기심 3심, 무색계(無色界)의 선심·유부무기심·무부무기심 3심 등의 십종심으로 세분하고, 그 마음을 고집멸도(苦集滅道)의 사지(四智)와의 인연으로 풀었다. ⇨ 아비달마식신족론 阿毘達磨識身足論

인연의 因緣依 인과 연으로 의지함. 제8식 자체(自體)에 구유(具有)하는 종자(種子)가 제법(諸法)이 일어나게 하는 근본 인연이 되기에 종자의라 한다. 심심소(心心所)가 의지하는 삼소의(三所依 : 因緣依 等無間緣依 增上緣依) 중에 근본이 되기에 종자의(種子依)·근본의(根本依)라고도 한다. 『성유식론술기』 권4말(대정장43, p.379a15)에 "만일 종자의를 말한다면 오로지 현행법에만 종자가 있을 뿐이다. 현행으로 종자를 바라보면 마땅히 의지할 일은 없다. 여기에서 인연의라는 말은 넓고 두루하다는 뜻을 알게 할 뿐이다. 若言種子依 卽唯現行法有種 現望種子 應無此依 今言因緣依者 令知寬遍故", 『종경록』 권72(대정장48, p.817b16)에 "인연의란 자종자를 말한다. 모든 유위법은 다 이의지함을 따르니 스스로의 인연을 떠나서는 결코 생하지 못하기 때문이다. 이 인연의란 과를 상대하여 붙인 이름이다. 인이란 바로 연이니, 인유하다는 뜻을 취하지 않는다. 이 인이란 곧바로 과가 의지하는 것이기 때문이다. 현행을 가리켜 과라 하고, 능히 생하는 종자는 인연이라 한다. 또한 인이란 바로 현행과의 인이고, 연이란 곧바로 이 인이지만 몸소 현행과를 일으키는 용이 있게 되기에 연이라 부른다. 因緣依者 謂自種子 諸有爲法 皆託此依 離自因緣 必不生故 此因緣依者 對果得名 因卽是緣 卽不取因由之義 此因是果之所依故 卽現行名果 能生種子名因緣 又因者是現行果之因 緣者 卽此因 有親生現行果之用 名緣"라고 하였다. [참고문헌] 『成唯識論述記』, 『宗鏡錄』. ⇨ 근본의 根本依❶, 삼소의 三所依❶, 소의 所依, 종자의 種子依

인연인 因緣忍 ➡ 사인 四忍

인연종 因緣宗 설일체유부(說一切有部 : 薩婆多部 Ⓢ Sarvāsti-vāda) 또는 비담종(毘曇宗)을 가리키는 말. 교판가에 따라 사종(四宗)·오종(五宗)·육종(六宗) 중 하나로 거둔다. 외도의 사인론(邪因論)·무인론(無因論)을 상대하여 인연설로 파한 뜻이 크다. 『법화현의』 권10(대정장33, p.801b12)에 "불타삼장(Ⓢ Buddhaśānta)과 학사광통이 가려낸 사종교판 중 첫째는 인연종이니 비담의 육인사연을 가리킨다. 佛馱三藏 學士光統 所辨四宗判敎 一因緣宗 指毘曇六因四緣", 『화엄경탐현기』 권1(대정장35, p.111a9)에 "제나라 때 대연법사 등은 사종교를 세웠으니 첫째는 인연종으로 소승의 살바다 등 부를 말한다. 齊朝大衍法師等 立四宗敎 一因緣宗 謂卽小乘薩婆多等部"라고 하였다. [참고문헌] 『法華玄義』, 『華嚴經探玄記』, 『大乘義章』 권1(대정장44, p.483b17), 『大乘玄論』 권5(대정장45, p.63c17). ⇨ 설일체유부 說一切有部, 비담종 毘曇宗, 사종 四宗❶, 오종 五宗, 기사육종 耆闍六宗

인연주 因緣周 ➡ 법화삼주 法華三周, 삼주설법 三周說法

인연즉공 因緣卽空 인과 연이라면 그대로 공이라는 말. 제법(諸法)은 인(因)과 연(緣)이 함께하면 일어나기에, 어떤 창조의 인(邪因)도 인 없이(無因)도 일어나지 않는다는 뜻에서 공이며, 인도 연으로 있고 연도 인으로 비로소 있을 뿐이어서 절대의 자성 바탕 어디에도 없고(非有), 인연으로 언제나 드러나 없지(無) 않기에 중도인연으로 언제나 드러나 현상하니, 없지 않은(非無) 뜻에서 중도(中道)다. 『인왕호국반야경소』 권5(대정장33, p.277b5)에 "인과 연이 함께해서 생하므로 흩어짐이 없고, 인과 연이라면 그대로 공이므로 합함도 없다. 因緣共生 故無散 因緣卽空 故無合也", 『화엄경소초』 권7(대정장36, p.48a24)에 "처음의 가르침이라면 바로 '인연으로 일어난 법'이고, 이 두 번째 가르침은 바로 '나는 그래서 곧바로 공이다라고 설한다'라 하며, 세 번째인즉 또 그 이름마저 임시로 이름할 뿐이다'라 하고, 네 번째 '또한 중도의 뜻이다'라고 한다. 그러므로 여기에서 '인연은 공이다'라고 한다. 初敎卽因緣所生法 此敎卽我說卽是空 第三亦名爲假名 第四亦是中道義 故此云因緣卽空", 『수능엄의소주경』 권5(대정장39, p.898c9)에 "인연과 인연 그대로 공이라는 말씀 들었으니 곧바로 혜안 얻어 진실의 뜻 본다. 旣聞因緣 因緣卽空 卽獲慧眼

見眞諦理", 『청관음경소천의초』 권4(대정장39, p.1002c26)에 "경에서 드러낸 열 가지 비유는 모두 '인연이라면 공'이라는 비유다. 그중 더운 날의 화염이 바로 아지랑이다. 經擧十喩 皆喩因緣卽空 熱時炎 卽陽焰也"라고 하였다. [참고문헌] 『仁王護國般若經疏』, 『華嚴經疏鈔』, 『首楞嚴義疏注經』, 『請觀音經疏闡義鈔』. ⇨ 인연공의 因緣空義, 인연상 因緣相[1], 인연생 因緣生

인연지 因緣智 인연에 따른 지. 또는 인연을 깨우쳐 아는 지를 말한다. 『분신왕문경』 권상(대정장13, p.941c17)에 "명과 아울러 무명, 이들 법은 둘이 아니다. 만일 이것을 안다면 인연지라 한다. 행과 비행, 이들 법은 둘이 아니다. 만일 이것을 안다면 인연지라 한다. … 노사와 비노사는 둘이 아니다. 만일 이것을 안다면 인연지라 한다. 明與無明 此法不二 若知此者 名因緣智 行與非行 此法不二 若知此者 名因緣智 … 老死非老死不二 若知此者 名因緣智"라고 하였다. [참고문헌] 『奮迅王問經』. ⇨ 인연 因緣[1], 인연관 因緣觀

인연합성 因緣合成 인연이 합하여 있을 뿐. 인연이 흩어지면 사라질 꿈결같아 실체 없는 뜻을 아는 지혜다. 『생경』 권1(대정장3, p.71a18)에 "이 사대의 지수화풍이 인연으로 합하여 있을 뿐이어서 본디 실체는 없다고 관한다. 觀此四大 地水火風 因緣合成 本無所有", 『수행도지경』 권7(대정장15, p.229c14)에 "뜻을 일으킨 보살은 일체중생을 구제하고자 하니, 사대의 몸은 인연으로 합하여 있을 뿐 저 꿈결같다고 관한다. 發意菩薩 欲救一切 觀四大身 因緣合成 若如幻化"라고 하였다. [참고문헌] 『生經』, 『修行道地經』. ⇨ 인연화합 因緣和合, 인연생법 因緣生法, 인연관 因緣觀

인연화합 因緣和合 Ⓢ hetu-pratyaya-saṃgṛhīta, hetu-pratyaya-sāmagrī. 인과 연이 화합함. 인과 연이 화합해야 오온·십이처·십팔계등 일체법이 일어나고 인연의 화합이 깨지면 일체법도 사라진다. 『잡아함경』 권45(대정장2, p.327c10)에 "인연의 화합으로 생하였다가 연이 흩어지면 사라져버린다. 因緣和合生 緣離則磨滅", 『별역잡아함경』 권12(대정장2, p.454c29)에 "비유하면 갖가지 연들이 화합해야 수레가 움직이듯이, 음계입도 그러하니 인연화합으로 있을 뿐이다. 譬如因衆緣 和合有車用 陰界入亦爾 因緣和合有", 『방광대장엄경』 권1(대정장3, p.545b25)에 "뜻 그대로 제법을 관하니, 인연화합으로 일어날 뿐이니 무상하고 고·공이며 주인도 없고 아도 없다. 如理觀諸法 因緣和合生 無常及苦空 無主亦無我", 『불모출생반야경』 권25(대정장8, p.674b7)에 "인연이 화합하면 있고, 인연이 흩어지면 없다. 있다하지만 시방 그 어디에도 쫓아온 곳 없고, 없음에도 시방 그 어디로도 간 곳 없다. 모든 여래의 몸도 이와 같아서 시방 그 어디서 온 적 없고 시방 그 어디로 간 적도 없다. 다만 인연으로 화합하여 생할 뿐이며 인연법에 머물지도 않지만 그렇다고 인연없이 일어나지는 않는다. 인연이 화합하면 생하고, 인연이 흩어지면 사라질 뿐이다. 因緣和合卽有 因緣散滅卽無 有亦不從十方來 無亦不至十方去 諸如來身 亦復如是 不從十方來 不至十方去 但以因緣和合所生 亦不住因緣法 亦不無因緣生 因緣和合卽生 因緣離散卽滅", 『대지도론』 권15(대정장25, p.170c12)에 "생이란 무엇인가? 생은 인연화합의 이름이다. 영원하지도 자재하지도 못한 인연에 예속되어 존재할 뿐이다. 云何生 生名因緣和合 無常 不自在 屬因緣有者", 『중론』 권2(대정장30, p.10c18)에 "마치 불이 타오를 수 있으려면 인연으로 화합해야 성취된다. 자성이 있을 리 없으니, 태울 것 없어서 불 또한 없다. 불 없으면 태울 것도 없으니, 일체법도 이와 같다. 如燃可燃 因緣和合成 無有自性 可燃無故燃亦無 燃無故可燃亦無 一切法亦如是"라고 하였다. [참고문헌] 『雜阿含經』, 『別譯雜阿含經』, 『方廣大莊嚴經』, 『佛母出生般若經』, 『大智度論』, 『中論』, *Aṣṭ-pr.254.*, *Ratna-ut.45.* ⇨ 인연 因緣[1], 연기 緣起[1], 공 空, 무상 無常, 무아 無我, 일체법 一切法, 일체 一切

인연회우 因緣會遇 Ⓢ sāmagrī. 인연이 모여 만난다는 말. 『대보적경』 권57(대정장11, p.335b14)에 "설령 백겁이 지나더라도 지은 업은 잊혀지지 않으리니, 인연을 만나는 순간 과보 저절로 받게 되리라. 假使經百劫 所作業不亡 因緣會遇時 果報還自受"라고 하였는데, 『유부율』 권6(대정장23, p.657c2)에 "너희 모든 비구들이여. 사람이 지은 선악업은 외계의 지수화풍이 보를 받게 하는 것이 아니라 온통 자신의 온처계중에서 이숙을 부름이다. 汝諸苾芻 若人所作善惡之業 不於外界地水火風令其受報，皆於自身蘊界處中而招異熟 "라 하고는 위와 같은 송으로 마무리 하였다. [참고문헌] 『大寶積經』, 『有部律』, *Saṅ-v.161.* ⇨ 인연 因緣[1], 인연과보 因緣果報

인엽림 刀葉林 Ⓢ asipattra-vana, Ⓣ nags-tshal-ral-gri'i-lo-ma-can. 칼잎의 숲. 검엽림(劍葉林)이라는 지옥의 모습이다. 『유가사지론』 권4(대정장30, p.296c16 : *Yogā-bh.*, p.85)에 "다음으로 칼날 번뜩이는 빽빽한 칼잎숲이 있다. 저 일체유정은 머물 집 구해 그곳을 벗어났지만 가도 가도 그 그늘일 뿐이다. 겨우 자리 찾아 앉자마자 미풍 때마침 일어나 칼잎이 떨어져 온몸 마디마디 쪼개 다한다. 次刀劍刃路無間 有刀葉林 彼諸有情 爲求舍宅 從彼出已 往趣彼蔭 纔坐其下 微風遂起 刀葉墮落 斫截其身 一切支節 tasya khalu kṣuradhārācitasya pathaḥ samanantaraṃ sannihitamevāsi patravanaṃ. tatra te sattvā abhigamya layanag aveṣiṇastacchāyāmāsevanti. tatra teṣāmadhastā nniṣaṇṇānāṃ vṛkṣādasayaḥ patanti ye teṣāṃ satt vānāmaṅgapratyaṅgāni cchindrayanti vyatibhind anti"라고 하였다. [참고문헌]『瑜伽師地論』, *Yogā-bh.* ⇨검엽림 劍葉林, 지옥 地獄

인영 印英 조선후기 스님. 호는 현빈(玄賓). 청허휴정(淸虛休靜)의 제자로서 편양언기(鞭羊彦機)의 계사이다. 인영의 법사(法嗣)는 원응석언(圓應釋彦)이다. 「편양당집서 鞭羊堂集序」(한불전8, p.244a20)에 "어려서 현빈장로에게 계를 받았다. 幼受戒於玄賓長老", 「속향산록 續香山錄」(『허정집』 권하 · 한불전9, p.525c7)에 "개울 건너 산기슭을 오르니 경성일선(敬聖一禪) · 현빈 · 완허원준(玩虛圓俊) · 편양 등 선사들의 부도가 총총히 줄지어 계셨다. 渡石磵上山麓 敬聖玄賓玩虛鞭羊等先師浮屠塔 葱葱列坐"라고 하였다. [참고문헌]『鞭羊堂集』, 『虛靜集』, 『西域中華海東佛祖源流』(한불전10, p.105b2). ⇨휴정 休靜, 언기 彦機

인예순덕태후 仁睿順德太后 ?~1092. 고려 제11대 문종(재위 1046~1083)의 비. 능호는 대릉(戴陵). 아버지는 중서령(中書令) 이자연(李子淵 ?~1086)이며 어머니는 낙랑군군(樂浪郡君) 김씨이다. 1052년(문종6)에 왕비, 1086년(선종3)에 태후로 봉하였다. 이후 1140년(인종18)에는 성선(聖善), 1253년(고종40)에는 효목(孝穆)이라는 시호를 더하였다. 소생으로는 순종(順宗) · 선종(宣宗) · 숙종(肅宗) · 대각국사(大覺國師) 의천(義天) · 보응승통(普應僧統) 규(規) · 총혜수좌(聰慧首座) 경(璟) 등이 있다. 태후는 불교를 깊이 신봉하여 백주(白州) 견불사(見佛寺)에서 일만일을 기약하고 천태예참법을 설행하였으며, 추진했던 불사는 숙종대까지 이어졌다. 『고려사』 권88 열전(列傳)1 인예순덕태후에 "태후는 천성으로 부처님을 좋아하여 국청사를 창건하였고, 또 원을 깃들여 은니로 『유가현양론』을 베끼던 불사는 태후 사후 숙종 7년(1102)에야 경찬법회를 가졌다. 后性好佛 創國淸寺 又願銀書瑜伽顯揚論 至肅宗乃成", 『대각국사문집』 권3 「신창국청사계강사 新創國淸寺啓講辭」(한불전4, p.530b14)에 "돌아가신 어머니 인예국모께서는 누생에 법을 받들고 적겁에 닦은 인으로, 정람을 시작하심에 국청이라는 큰 모범을 취하셨고, 아름다운 법 높이 드날림에 부처님 계신 곳 옮겨온 듯하셨네. 伏遇我先妣 仁睿國母 累生奉法 積劫修因 經始精藍 取國淸之宏制 發揚妙法 移佛隴之高風"라고 하였다. [참고문헌]『高麗史』, 『大覺國師文集』. ⇨국청사 國淸寺 ❷, 유가현양론 瑜伽顯揚論, 의천 義天 ❶

인오 印悟 1548~1623. 임진왜란 때 승병장(僧兵將). 자는 묵계(默契), 호는 청매(靑梅). 일찍이 출가하여 묘향산(妙香山)에서 휴정(休靜)을 은사로 하여 스님이 되었다. 이어 휴정의 회하에서 정진하고 법을 이었다. 청허휴정이 인오의 문법(問法) 후 베푼 게송인 「새인오선자구게 賽印悟禪子求偈」가 『청허집』 권1(한불전7, p.676b17)에 전한다. 이후 제방으로 다니다가 1591년(선조24) 3월에 다시 묘향산으로 돌아가 비로봉(毘盧峰)에서 정진하였다. 1592년(선조25) 4월 임진왜란이 발발하자 팔도도총섭인 휴정의 명을 받아 많은 승병을 규합하고 승병장이 되어 3년 동안 왜적과 싸워 혁혁한 공을 세웠다. 그 공훈으로 나라에서 훈작을 주려하였으나, 굳게 사양하고 수행자의 본분으로 돌아가 금강 · 태백 · 지리 · 구월산 등 전국의 명산대찰을 두루 순방하면서 행각하였다. 전라도 부안(扶安)의 변산(邊山)에 이르러 산고해활(山高海闊)의 절경인 아차봉(丫嵯峰) 마천대(摩天臺)의 기슭에 월명암(月明庵)을 짓고 수행하였다. 1617년(광해군9)에는 왕명을 받들어, 달마(達磨)의 제32대이며 태고(太古)의 제3세 벽계정심(碧溪正心) · 제4세 벽송지엄(碧松智嚴) · 제5세 부용영관(芙蓉靈觀) · 제6세 청허휴정(淸虛休靜) 그리고 영관의 제자이며 휴정과 사형사제간인 부휴선수(浮休善修) 등 다섯 스님의 진영을 조성하여 조사당(祖師堂)에 봉안하고 재를 올렸다. 의론보다 실천을 중시한 스님의 좌우명(左右銘)은 십무익(十無益)이라는 이름으로 널리 사람들의 입에 회자되었으니, "마음 돌이키지 않는다면 경을 읽은들 이익이 없고, 성이 공한 뜻 깨우치지 못한다면 좌선해도 이익이 없으며, 인은 적고 과만 크기를 바란다면 도를 구하여도 이익이 없다. 정법을 믿지 않으면 고행도 이익이 없고, 아만을 꺾지 않으면 법을 배워도 이익이 없으며, 안으로 진실한 덕을 쌓지 않으면 밖으로 꾸며도 이익이 없다. 스승이 될 만한 덕이 없으면 아무리 중생을 건진다 해도 이익은 없다. 마음 신실하지 못하면 꾸민 말 이익이 없고, 평생동안 괴각만을 부릴 뿐이면 대중의 이익이 없다. 배 채우고 아는 것 없으니 교만하여 이익이 없다 心不返照看經無益 不達性空坐禪無益 輕因重果求道無益 不信正法苦行無益 不折我慢學法無益 內無實德外儀無益 欠人師德濟衆無益 心非信實巧言無益 一生乖角處衆無益 滿腹無識憍慢無益"라 하였다. 스님은 국난에 임해 승병장으로 활약한 구국활동을 제외하고는 오로지 선수행에만 전념한 선지식으로서 모범을 보이다가 1623년(인조1) 세수 76세를 일기로 지리산 천왕봉(天王峰) 연곡사(燕谷寺)에서 입적하였다. 제자에는 벽운쌍운(碧雲雙雲) · 유경(惟敬) 등이 있다. 저서에는 『청매집』 2권이 있는데, 1633년(인조11)에 조각한 판각본과 필사본이 전하며, 1987년 동국대학교출판부에서 출간한 한불전8, pp.128a1~156c25에 있다.

［참고문헌］『淸虛集』, 『靑梅集』. ⇨ 십무익송 十無益頌, 아차봉기 丫嵯峰起, 청매집 靑梅集

인오이수 因悟而修 깨우침 있은 후 닦는다는 말. 선오후수(先悟後修)라고도 하며, 인수이오(因修而悟)와 대칭한다. 『도서』 권하(대정장48, p.408a2)에 "만약 깨우침 있어서 수행한다고 하면 이것이야말로 해오다. 若因悟而修 卽是解悟"라고 하였다. ［참고문헌］『都序』. ⇨ 선오후수 先悟後修, 인수이오 因修而悟, 해오 解悟

인옥 引玉 옥을 얻는다는 말. 향상(向上)의 뜻이다. 본래 가졌던 벽돌을 버리고 옥을 얻는다는 말인 포전인옥(抛塼引玉)의 줄임말이다. 값을 달리하는 옥과 벽돌을 마주하게 하여, 버리고 얻음을 지혜롭게 하는 방편이다. 『경덕전등록』 권24 「보화전 寶華傳」(대정장51, p.403c23)에 "보화가 듣고서 '이 늙은 코흘리개가 그런 이야기를 지어내었단 말인가!'라고 하자 대용이 그 말을 듣고 사람을 시켜 말을 전했다. '종놈의 습성을 끊지 못하는 것과 무엇이 다른가?' '이전에 벽돌을 버린 까닭은 다름 아닌 옥을 얻고자 했기 때문이었소'. 師聞之乃曰 遮老凍膿 作恁麽語話 大容聞 令人傳語云 何似奴緣不斷 師曰 比爲抛甎 只圖引玉", 『오등엄통』 권80 「해홍제연장 海洪濟演章」(卍속장141, p.658a16)에 "(문수는 실패했지만 오히려 초지보살 망명이) '여자 정에서 깨어났네' 들어 말했다. '문수는 벽돌을 버렸고 망명은 옥을 얻었다. 손바닥 뒤집고 손바닥을 엎으니 곧기도 하고 굽기도 하여 수많은 사람들 속는다. 견뎌보려 하지만 여자 부술 수 없어서 헛되이 눈만 비벼보누나'. 擧女子出定曰 文殊抛磚 罔明引玉 翻手覆手 有直有曲 賺却多少人 勘者女子不破 妄生揑目"라고 하였다. ［참고문헌］『景德傳燈錄』, 『五燈嚴統』. ⇨ 포전인옥 抛塼引玉

인온 氤氳 가득 차서 일렁이는 기운. 천지(天地)가 나누어지기 전에 만물이 비롯되는 기(始氣)라 하며, 선문(禪門)에서는 화두만이 성성하고 분별이 일지 않아서 상서만이 어지없이 출렁이는 뜻의 표현이다. 연온(烟熅)이라고도 한다. 『일체경음의』 권6(대정장54, p.341c7)에 "인온〈첫 글자는 인, 다음 글자는 위와 운을 반절한 음이다. 『역』에 '천지가 어울리니 만물이 변화로 따른다'고 하였고, 『광아』에는 '겹겹이 얽힌 원기다'라고 하였다. 생각건대 인온은 상서로운 기운이다. 구름인 듯 운이 아닌 가볍게 일렁이는 푸른 연기 같다〉. 氤氳〈上音因 下威雲反 易曰 天地絪縕 萬物化淳 廣雅 絪絪縕縕 元氣也 案 氤氳祥瑞氣也 似雲非雲 而輕盈如靑煙〉", 같은 책 권19(대정장54, p.424c24)에 "인온〈인은 일과 린을 반절한 음, 온은 우와 문을 반절한 음이다. 원기다. 곧 천지 나누기 전에 비롯한 기다〉. 氤氳〈上一隣反 下紆文反 元氣也 謂天地未分之始氣也〉", 『속일체경음의』 권2(대정장54, p.939a19)에 "인온〈… 『절운』에 '두 글자는 원기 성하다는 뜻이다. 또한 향기가 나뉘어 퍼진 모습이다'라고 하였다〉. 氤氳〈… 切韻云 二字元氣盛也 又香氣分布皃〉", 『기세인본경』 권7(대정장1, p.398b27)에 "그 꽃 향기는 널리 퍼져 은은하고 좋았다. 其花香氣 氤氳軟美", 『보살염불삼매경』 권2(대정장13, p.800a25)에 "또한 삼천대천세계 하늘에서 전단가루 향 비처럼 내려 그 향기가 아득히 퍼져 대천세계에 두루 가득 찼다. 又佘三千大千世界 雨天栴檀 細末之香 香氣氤氳 遍滿大千", 『원오어록』 권3(대정장47, p.723c1)에 "상서로운 연기가 에워싸고 서기마저 일렁인다. 공안 눈앞에 성성하니 누구 있어 치고 두드리는가. 祥煙繚繞 瑞氣氤氳 公案見成 有誰扣擊"라고 하였다. ［참고문헌］『一切經音義』, 『續一切經音義』, 『起世因本經』, 『菩薩念佛三昧經』, 『圜悟語錄』.

인와기립설법계 人臥己立說法戒 백중학법(百衆學法) 중 하나. 누운 채로 법을 청하는 이에게 설법을 금하는 계. 법을 청하는 사람이 아픈 이일 경우는 예외다. 『사분율』 권21(대정장22, p.712c9)에 "누워있는 사람에게 앉아서 법을 설해서는 안 된다. 아픈 이는 제외다. 시차계뢰니(중학)이니라. 人臥已坐 不得爲說法 除病 尸叉罽賴尼"라고 하였다. ［참고문헌］『四分律』, 『五分律』 권10(대정장22, p.77a12), 『彌沙塞五分戒本』(대정장22, p.199b21), 『解脫戒經』(대정장24, p.664c8), *Vin.4.202.*, 李智冠 『南北傳六部律藏比較硏究』 p.345. ⇨ 백중학법 百中學法, 식차가라니 式叉迦羅尼

인왕 人王 Ⓢ manuṣyendra. 인간의 왕. 『별역잡아함경』 권13(대정장2, p.463a28)에 "모든 국토에서 인왕이 가장 높고 … 시방세계에서는 부처님이 가장 으뜸이시네. 一切國土中 人王最爲上 … 十方世界中 佛爲第一尊", 『대승입능가경』 권7(대정장16, p.638c4)에 "보배와 같은 모습 다 갖춘 이란 하늘사람과 인간의 왕이다. 寶相具足者 生天及人王"라고 하였다. ［참고문헌］『別譯雜阿含經』, 『大乘入楞伽經』, *Lank.102.*

인왕 仁王 ❶『인왕경』에서 설하고 있는 16국의 국왕. 어진 덕을 쌓아 민중이 의지할 만하다는 뜻이다. 원측(圓測)의 『인왕경소』 권상(대정장33, p.359b7・한불전1, p.15b21)에 "인왕이란 부처님께 설법을 청한 국왕들이다. 인이란 견디는 뜻이다. 선이건 악이건 참아낸다는 뜻이다. 왕은 간다는 뜻이다. 민중이 돌아갈 의지처다. 그러므로 인왕이라 한다. 仁王者 能請國王 仁者忍也 善惡含忍 王者 往也 衆所歸往 故名仁王", 『인왕호국반야경소』 권1(대정장33, p.253c4)에 "또한 인왕의 인이란 견딤이다. 선한 소리를 들어도 기뻐하지 않고 악한 소리를 들어도 분노하지 않으면서 선과 악 모두 능히 참아내기에 인이라 한다. 又仁者 忍也 聞善不卽喜 聞惡不卽怒 能含忍於善惡 故云忍也", 『인왕반야경소』 권상(대정장33, p.314b20)에 "인왕의 인이란 은혜를 베풀고 덕을 넓게 하기에 인이라 하고, 모두 거두어 자재하므로 왕이라 한다. … 여기서 인왕반야라 함은 모두 능히 지키는 이들이고 지키고자 하는 것은 국토다. 仁王仁者 施恩布德 故名爲仁 統化自在 故名爲王 … 今仁王般若 皆是能護 國土是所護", 『인왕경소법형초』 권1(卍속장41, p.89b7)에 "파사익 등 대국의 왕들은 복과 지혜를 충분히 닦아 어진 덕을 갖추고 있으므로 인왕이라 한다. 왕에게 어진 덕이 있어서 인왕이다. 波斯匿等 諸大國王 久修福慧 具仁賢德 故名仁王 王有仁德 名曰仁王"라고 하였다. [참고문헌] 『仁王經疏』, 『仁王護國般若經疏』, 『仁王般若經疏』, 『仁王經疏法衡鈔』. ⇨ 인왕보살 仁王菩薩 ❶ ❷ 금강역사(金剛力士)를 말한다. 『인왕경』의 인왕(仁王)과 그 인왕을 외호하는 금강(金剛)이라는 이름의 오대력보살(五大力菩薩)을 금강역사라 부르기도 한다. 석굴사원의 전실(前室)과 탑의 문비(門扉) 좌우에 그 형상을 새겨 금강문 즉 인왕문에 봉안하여 불법을 수호케 한다. 『선문염송설화』 1338칙(한불전5, p.875a14)에 "인왕이 문을 지키며 사자좌를 하고 있으니 온 사람이 한 줄기 터럭조차 움직이지 못했다. 역시 방편을 쓰지 않고 곧 인왕문에 들어오는 것을 허락하여 인왕을 볼 수 있는 사람은 어떠한가? 그는 본래 상처 없는 이이니 삼가하여 해치지 말라. 仁王當門 有據坐獅子 來者不動他一莖毛 亦不作方便 便許入仁王門 得見仁王人 何也 彼自無瘡 愼勿傷之"라고 하였다. [참고문헌] 『禪門拈頌說話』. ⇨ 인왕상 仁王像, 인왕문 仁王門, 금강문 金剛門, 오대력보살 五大力菩薩, 이왕존 二王尊

인왕경 仁王經 ➡ 인왕반야바라밀경 仁王般若波羅蜜經

인왕경고적기 仁王經古迹記 신라 태현(太賢) 지음. 1권. 『신편제종교장총록』 권1(한불전4, p.686a11)에 이름만 전한다. [참고문헌] 『新編諸宗敎藏總錄』.

인왕경과 仁王經科 ❶ 당대 우영(遇榮) 지음. 2권. 전하지 않는다. 저자 자신의 『인왕경법형초 仁王經法衡鈔』 권6에 대한 과문이다. [참고문헌] 『新編諸宗敎藏總錄』 권1(한불전4, p.686a16). ❷ 송대 정원(淨源) 지음. 1권. 卍속장41, p.284a1~297a1에 수록되어 있다. 본래 제목은 『주인왕경과 注仁王經科』로서 저자 자신의 『인왕경』 주석에 대한 과문이다. [참고문헌] 『新編諸宗敎藏總錄』 권1(한불전4, p.686a19). ❸ 도초(道初) 지음. 3권. 『신편제종교장총록』 권1(한불전4, p.686a13)에 서명이 전한다. [참고문헌] 『新編諸宗敎藏總錄』. ❹ 예원(禮元) 지음. 1권. 저자 자신의 『인왕경』 주석에 대한 과문이나 전하지 않는다. [참고문헌] 『新編諸宗敎藏總錄』 권1(한불전4, p.686a18).

인왕경대과 仁王經大科 저술연대 미상. 도초(道初) 지음. 1권. 『신편제종교장총록』 권1(한불전4, p.686a13)에 서명이 전한다. [참고문헌] 『新編諸宗敎藏總錄』.

인왕경만다라 仁王經曼茶羅 『인왕호국경』과 『인왕호국반야의궤』에 근거하여 도상화한 만다라. 인왕경법(仁王經法)을 닦을 때 의지한다. 도량(道場)에 걸어두는 현만다라(懸曼茶羅)와 대단(大壇) 위에 펼치는 부만다라(敷曼茶羅)가 있다. 『인왕호국반야의궤』(대정장19, p.515b18)에 "단 중심에 십이폭륜을 그린다. 동쪽에 오고금강저, 남쪽에 금강보, 서쪽에 금강검, 북쪽에 금강령을 그린다. 이 다섯 가지는 오방보살이 손에 쥔 비밀의 인계이다. 동남쪽에 삼고금강저, 서남쪽에 보관, 서북쪽에 공후, 동북쪽에 갈마금강저를 그리고 네 모서리 위에 네 개의 현병(賢甁)을 안치한다. 금·은·동·자기 또는 새로 만든 질그릇도 쓸 수 있다. 한 되 이하의 용량을 쓴다. 병 가득 물을 붓고 가지와 꽃을 꽂는다. 네 가지 색의 끈을 네 자 길이로 쓴다. 청·황·적·녹을 위의 순서대로 네 병목에 묶고 다음으로 삼중의 동문에 금강구, 남문에 금강삭, 서문에 금강쇄, 북문에 금강령을 그린다. 동남쪽에 향로, 서남쪽에 연잎, 중앙에 잡화, 서북쪽에 등, 동북쪽에 도향기를 그린다. 오고저 등의 그림에는 모두 불꽃이 있다. 삼중단의 바깥쪽 일중의 계도의 사면에 문을 그려 외계도로 삼는다. 단의 네 모서리에 거다라목 말뚝을 박는다. 이 나무가 없을 경우 쇠기둥이나 자단목 말뚝도 쓸 수 있다. 길이는 열두 뼘인데 네 뼘 길이를 땅에 박는다. 금강진언을 세 번 외우고 말뚝을 스물한 번 가지한 후에 땅에 박는다. 於壇中心畫十二輻輪 東畫五股金剛杵 南邊畫金剛寶 西邊畫金剛劍 北邊畫金剛鈴 此上五事卽是五方菩薩手中所執祕密之契 東南隅畫三股金剛杵 西南隅畫寶冠 西北隅畫箜篌 東北隅畫羯磨金剛杵 當四角上 置四賢甁 金銀銅瓷 新瓦亦得 受一升已下 滿甁盛水 揷枝條花 用四色繒 各長四尺

〈표〉 인왕경만다라

방	오불	오대보살	오대명왕	수호신
중	대일	금강바라밀다	부동	제석
동	아촉	금강수	항삼세	지국
남	보생	금강보	군다리	증장
서	아미타	금강법	대위덕	광목
북	불공성취	금강업	금강야차	다문

인왕경만다라
일본 구미전사 12~14세기

青黃赤綠 如上次第 繫四甁項 次第三重東門畫金剛鉤 南門畫金剛索 西門畫金剛鎖 北門畫金剛鈴 東南角畫香爐 西南角畫荷葉 於中畫雜花 西北角畫燈 東北角畫塗香器 所畫杵等皆有光焰 三重壇外一重界道 四面畫門 當外界道 於壇四角釘佉陀羅木橛 如無此木橛 鐵紫檀木橛亦得 長十二指 入地四指 誦下第三金剛眞言 加持橛二十一遍已 然後釘也"라고 하였다. 일본 동밀(東密) 계통에서 전하는 만다라는 경전과 의궤를 바탕으로 하되 전승에 따라 가감이 있다. 대표적으로 동사(東寺) 강당(講堂)에 전해지는 공해(空海) 소전은 『인왕호국반야경』에 근거하여 5불 및 범천(梵天)이 더해져 21존을 안치한 만다라가 도시된다. 소야승정(小野僧正) 소전은 중앙에 검(劍)과 륜(輪)을 든 부동명왕(不動明王)을 중심으로 하여 사방(四方)과 사우(四隅)에 의궤에 따라 삼매야형을 배열하고, 제2원에는 사대명왕(四大明王)을 그렸으며 사보살은 분노형으로 그렸다. 외원에 사공양(四供養)보살과 사섭(四攝)보살을 그리되 그 사이에 사천왕천(四天王天)·제석천(帝釋天)·화천(火天)·수천(水天)·풍천(風天)의 팔방천을 그려 넣는다. 인해(仁海)의 인왕만다라는 작법의 목적에 따라 방향을 바꾸는 것이 특징이다. 서향은 증익법(增益法), 바다를 바라보는 남향은 식재법(息災法)을 위해 사용한다. [참고문헌] 『仁王護國般若儀軌』. ⇨ 인왕경법 仁王經法

인왕경법 仁王經法 밀교수법(密敎修法)의 하나. 국가를 진호(鎭護)하려는 목적에서 시행하는 비밀작법. 당나라 때 불공(不空 Ⓢ Amoghavajra)이 한역한 『인왕호국경』·『인왕호국반야의궤』를 근거로 하며, 공작경법(孔雀經法) 및 수호경법(守護經法)과 함께 삼대법으로 불린다. 국가를 보호하고, 수명을 늘리며, 천하를 태평하게 하거나 일곱 가지 재난을 소멸하고자 시행한다. 일곱 가지 재난은 『인왕호국경』 권하(대정장8, p.843a18)에 나오는 일월(日月)·성신(星辰)·화(火)·비시(非時)·대풍(大風)·재한(災旱)·병적(兵賊)에서 발생하는 재난을 말한다. 『인왕경소』 「서문 序文」(卍속장41, p.298a6)에 "인왕이 권청하여 일곱 가지 재난을 제거함으로써 백성을 안정시킨다. 仁王勸請 祛七難以安民"라고 하였다. 본 작법은 『인왕호국경』 「호국품 護國品」과 「봉지품 奉持品」의 교설을 근거로 하며, 고려와 일본의 내원(內院)에서 여러 차례 시행하였다. 대단(大壇)·호마단(護摩壇)·십이천단(十二天壇)·성천단(聖天壇)을 마련하고 북쪽을 향한다. 대단 위에 천개(天蓋)를 달고 팔색(八色)의 번(幡) 스물네 개를 드리운다. 대단 중앙에 십이폭륜(十二輻輪), 네 모서리에 갈마, 사방에 기물(器物)과 화병 등을 안치한다. 불전에 별도로 큰 화사(火舍)를 둔다. 또는 사면의 기물에 화사를 안치한다. 가운데 화병 뒤에 경전함을 놓고 중앙에 『인왕경』을 안치한다. 경전함 뒤에 불사리를 모신다. 만다라(曼荼羅)는 경궤에 근거하는데 유파에 따라 각각 다른 현도만다라가 전승된다. 일본 동사(東寺) 강당(講堂)에 전하는 공해(空海) 소전은 21존을 모신 것이 특징이다. 모시는 본존은 각 전승 만다라에 따라 다르고 종자와 삼매야형 역시 다르다. 대일여래(大日如來)를 본존으로 하는 경우 종자는 (vaṃ)이고 삼매야형은 오고금강저(五股金剛杵)이며, 반야보살(般若菩薩)이 본존인 경우 종자는 (jña) 또는 (dhiḥ)가 되고 삼매야형은 범협(梵篋) 또는 십이폭륜이다. 수인(手印)도 다양하지만 근본인은 경대인(經臺印)이고 반야바라밀다근본인(般若波羅蜜多根本印)·반야무진장(般若無盡藏)·반야안(般若眼)·반야근본(般若根本)·금강반야심(金剛般若心)이라고도 한다. 인상(印相)은 양손을 교차하여 손등을 붙이고 양손의 검지와 소지를 구부려서 양손의 엄지로 누르며 양손의 중지와 약지를 곧게 세운 채 배면을 붙인다. 여기에서 중지와 약지는 경대를 나타낸다. 경대인 위에 범협이 있고 그 안에 팔만법장(八萬法藏)이 있다고 관상한다. 진언은 대주(大呪)와 소주(小呪)가 있는데 대주는 『인왕호국경』 「봉지품」(대정장8, p.843c20)에 보이며, 소주는 대주의 마지막 부분에 해당한다. 소주는 "아라이가라내 아라나가라내 마하발라지양파라미제 사바하 阿囉儞迦囉嬭 阿囉拏迦囉嬭 摩賀鉢囉枳穰播囉弭諦 娑嚩賀 araṇe 'karaṇe araṇa-karaṇe mahāprajñāpāramite svāhā 아라네 카라네 아라나카라네 대반야바라밀다이시여! 스바하"이다. '아라이가라내 아라나가라내'는 삼비밀(三祕密)을 밝힌다는 뜻이다. [참고문헌] 『仁王護國經』. ⇨ 인왕반야바라밀경 仁王般若波羅蜜經, 인왕경만다라 仁王經曼荼羅

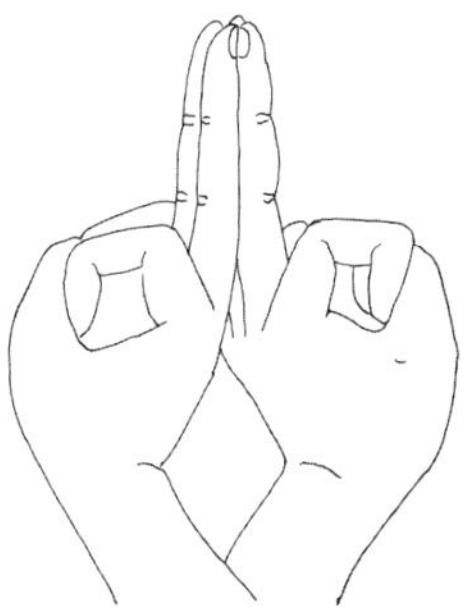
인왕경근본인

인왕경법형초 仁王經法衡鈔 ➡ 인왕호국반야경소법형초 仁王護國般若經疏法衡鈔

인왕경소 仁王經疏 ❶ 『인왕경』에 대한 모든 주소(註疏). 『인왕반야경소 仁王般若經疏』·『인왕반야소』 등이라고도 한다. 구마라집(鳩摩羅什)본의 주소로는 지의(智顗)가 설하고 관정(灌頂)이 기록한 『인왕호국반야경소 仁王護國般若經疏』(대정장33, No.1705) 5권, 길장(吉藏)이 풀이한 『인왕반야경소 仁王般若經疏』(대정장33, No.1707) 6권, 원측(圓測)이 풀이한 『인왕경소』(대정장33, No.1708) 3권 등이 있다. 불공(不空)본의 주소로는 양분(良賁)이 풀이한 『인왕호국반야바라밀다경소 仁王護國般若波羅蜜多經疏』(대정장33, No.1709) 3권, 정원(淨源)이 풀이한 『인왕경소』(卍속장41, pp.298a1~409b11) 4권(內題는 注仁王護國般若經) 등이 있다. ⇨ 인왕반야바라밀경 仁王般若波羅蜜經, 인왕호국반야경소 仁王護國般若經疏, 인왕호국반야바라밀다경소 仁王護國般若波羅蜜多經疏, 주인왕호국반야경 注仁王護國般若經 ❷ 신라 원측(圓測) 지음. 3권. 대정장33, pp.359a19~427c22, No.1708·한불전1, pp.15b1~123a16에 있다. 「서품」(한불전1, p.15b6)에 "장차 이 경을 풀어보고자 네 문으로 나누었다. 첫째 설경의 뜻과 제목을 풀고, 둘째 드러내고자한 으뜸의 말씀과 능히 말하고자 한 이의 교체를 가리며, 셋째 이 가르침에 의지해 유정이 해야 할 일을 드러냈으며, 넷째 번역의 시대와 경문에 의지해 곧바로 풀었다. 將欲釋經 四門分別 一說經之意及釋題目 二辨所詮宗能詮敎體 三顯敎所依所爲有情 四翻譯時代依文正釋"라고 하였다. 또한 제4 「의문정석 依文正釋」에서는 경문을 삼분과경(三分科經)에 따라 교기인연분(敎起因緣分)·성교소설분(聖敎所說分)·의교봉행분(依敎奉行分)으로 나눴다. 첫째 교기인연분은 「서품」에 해당하며 총현이문(總顯已聞)과 시주처중(時主處衆) 등 오사(五事)를 밝혔다. 둘째 성교소설분은 「관공품 觀空品」·「교화품 敎化品」·「이제품 二諦品」으로 불과(佛果)와 십지행(十地行)을 안으로 보호해야 할 법(內護)으로 밝혔고, 「호국품 護國品」에서는 밖으로 국토를 수호하는 법(外護)에 대해 밝혔으며, 「산화품 散華品」은 은혜입은 대중들이 부처님을 공양함을 밝혔다. 셋째 의교봉행분은 법문을 듣고 기꺼이 봉행하였음을 드러냈으니, 「수지품 受持品」은 권학(勸學)을 촉루품」은 부촉(付囑)을 밝혔다.

인왕경주 仁王經注 예원(禮元) 지음. 4권. 『신편제종교장총록』 권1(한불전4, p.686a18)에 서명만 전한다. [참고문헌] 『新編諸宗敎藏總錄』.

인왕경팔유 仁王經八喩 반야(般若)의 뜻을 드러낸 『인왕경』의 여덟 가지 비유. 심식신본(心識神本)·부모(父母)·신부(神符)·벽귀주(辟鬼珠)·여의주(如意珠)·호국주(護國珠)·천지경(天地鏡)·용보신왕(龍寶神王)을 말하며 원측(圓測)은 이를 실상·관조·문자의 세 반야로 분류하였다. 『인왕경』 권하(대정장8, p.832c23)에 "대왕이여, 이 반야바라밀은 제불보살과 일체중생의 심식으로서의 신령한 바탕이고, 모든 국왕의 부모이다. 또한 신부라고도 하고, 귀신을 물리치는 구슬, 여의주, 나라를 수호하는 구슬, 천지의 거울, 용보신왕이라고도 한다. 大王 是般若波羅蜜 是諸佛菩薩 一切衆生 心識之神本也 一切國王之父母也 亦名神符 亦名辟鬼珠 亦名如意珠 亦名護國珠 亦名天地鏡 亦名龍寶神王", 『인왕반야경소』 권하(대정장33, p.355c26)에 "심식의 신령한 바탕이란 여래장이 생사근본인 것과 같다. 모든 국왕의 부모라는 말은 반야는 국토를 수호하기에 부모에 비유하였다. 신부라고도 한다는 말은 능히 여실경계에 통달하여 천마외도를 조복하고 세간출세간의 선근을 모두 지킬 수 있기에 신부에 비유하였다. 귀신을 물리치는 구슬이란 능히 귀신을 없앤다는 뜻이다. 여의주란 반야는 뜻대로 얻게 하기 때문이다.나라를 수호하는 구슬이란 반야의 힘으로 국토를 안온케 할 수 있다는 뜻이다. 천지를 비추는 거울이란 반야로 세계 본래 있는 것이 아님을 비추기 때문이다. 용보신왕이란 반야는 능히 모든 선신을 출생하는 뜻이다. 心識神本者 似如來藏 是生死根本 言一切國王之父母者 般若能護國土故 譬如之父母 亦名神符者 能通達如實境界 能伏天魔外道 是世出世善根悉能守護故 譬神符也 辟鬼珠者 能除鬼神難故也 如意珠者 般若稱意 所得故也 護國珠者 波若力 能令國土 安穩故也 天地鏡者 波若照世界 無所有故 龍寶神王者 波若能出諸善神 故云 龍寶神王也", 원측(圓測)의 『인왕경소』 권하말(대정장33, p.423a23·한불전1, p.115c19)에 "여덟 가지 비유 중에 처음은 실상반야를 드러냈으니 이는 모든 범성의 마음의 신령한 바탕이란 뜻이다. 두 번째는 관조반야를 밝혔으니 모든 국왕의 지혜로 마음을 출생하기 때문이다. 나머지 여섯 가지는 문자반야로 가리니 여섯 가지 뛰어난 인으로 국토를 보호하기 때문이다. 八中初一 顯實相般若 是諸凡聖 心神體故 第二 明觀照般若 生諸國王 慧解心故 後六辨文字般若 有六勝因 護國土故"라고 하였다. [참고문헌] 『仁王經』, 『仁王般若經疏』, 『仁王經疏』. ⇨ 반야바라밀 般若波羅蜜

인왕공 仁王供 ➡ 인왕경법 仁王經法

인왕급금경법석소 仁王及金經法席疏 『인왕경』과 『금광명경』 「금고참회품 金鼓懺悔品」을 강설하는 법석에 대한 소. 고려후기에 이규보(李奎報)가 지었으며 『동국이상국집』 권41(한국문집총간2, p.139b9)에 수록되어 있다. 경전의 미묘한 교설 및 외침과 재난으로부터 국가를 진호하는 신통한 공덕에 대한 찬탄을 내용으로 한다. [참고문헌] 『東國李相國集』.

인왕다라니 仁王陀羅尼 ➡ 인왕주 仁王呪

인왕다라니석 仁王陀羅尼釋 ➡ 인왕반야다라니석 仁王般若陀羅尼釋

인왕도량 仁王道場 『인왕경』을 강설하는 도량. 나아가 인왕경법(仁王經法)을 더불어 행한다. 백 개의 사자좌

(師子座)를 마련하고 백 명의 고승대덕을 모셔 강설하므로 백고좌도량(百高座道場)・백고좌인왕도량(百高座仁王道場)이라고도 한다. 중국에서는 559년에 진무제(陳武帝)가 궁궐 안에서 인왕대재(仁王大齋)를 설행한 것을 시작으로 매년 두 차례 거행하였다. 수당대에 널리 행하였으며 구마리집역의 『인왕경』 이후 당 대종(代宗 재위 762~779) 때 불공(不空)이 『인왕호국반야바라밀다경』을 한역하였고 이에 크게 성행하였다. 우리나라에서는 636년(선덕여왕5)에 황룡사에서 설행하였으며, 고려시대에도 자주 설행되었다. 1012년(현종3)에 내전에 스님들을 모아 『인왕반야경』을 강설한 이래 1364년(공민왕13)까지 무려 119회의 백고좌도량을 설행하였는데, 그 중 『인왕경』을 강설한 도량만 53회에 이른다. 조선시대에는 태조 때 인왕회(仁王會)가 설행된 이후로는 국가에서 설행한 인왕도량 기록은 보이지 않는다. 『삼국유사』 권2(대정장49, p.974a8・한불전6, p.291a14) 기이(紀異)2 성덕왕(聖德王)에 "왕이 태종대왕을 위해 봉덕사를 창건하고 7일 동안 인왕도량을 설행하고 크게 사면하였다. 王爲太宗大王 刱奉德寺 設仁王道場七日 大赦", 『고려사』 권8 세가(世家)8 문종 18년(1064) 3월에 "갑인일에 회경전에서 3일 동안 인왕도량을 설행하고 구정에서 스님 만 명을 모셔 공양(齋)를 올렸다. 甲寅 設仁王道場 于會慶殿三日 飯僧一萬 於毬庭"라고 하였다. [참고문헌] 『三國遺事』, 『高麗史』. ⇨인왕경법 仁王經法, 백고좌도량 百高座道場, 백좌인왕회 百座仁王會, 인왕반야바라밀경 仁王般若波羅蜜經

인왕문 仁王門 금강역사(金剛力士)를 모신 문. 『인왕경』에서 인왕을 도와 불법을 보호하는 금강(金剛)으로 모두 이름한 오대력보살(五大力菩薩)에 의지하기에 인왕문이라고 부른다. 금강문(金剛門)이라고도 한다. 『낙양가람기』 권1 「영녕사 永寧寺」(대정장51, p.1000a22)에 "사원 벽 4면 4방에 각기 문이 있었다. … 문마다 문을 지키는 네 역사와 네 사자상을 모셨는데 금과 은으로 칠했고, 구슬로 장식하여 그 빛남이 세간에서 본 적 없었다. 동서 양문이 다 이와 같았다. 四面各開一門 … 拱門有四力士四獅子 飾以金銀 加之珠玉裝嚴 煥炳世所未聞 東西兩門 亦皆如之", 『낙양가람기교석』 권1(대장경보편12, p.48a12)에 "문을 지키는 네 역사〈일사에서는 본래 협문의 네 역사라 하였고, 『속고승전』(대정장50, p.428b16)에는 '협문에 네 역사가 늘어서 있다'고 하였다. 『대당내전록』(대정장55, p.268a3)에는 '협문 양쪽에 네 역사가 있다' 하였으니, 생각컨대 금강역사로서의 호법신이다. 『인왕경』에 오대력보살이 있으니 첫째 금강후보살로서 천보상륜, 둘째 용왕후보살로서 금륜등, 셋째 무외십력후보살로서 금강저, 넷째 뇌전후보살로서 천보라망, 다섯째 무량력후보살로서 오천검륜을 쥐고 있으니 이것이다. 또한 『변정론』 권1(대정장52, p.496c21)에도 보인다〉. 拱門有四力士〈逸史本作拱夾門有四力士 續僧傳作夾門列四力士 內典錄作夾門兩傍有四力士 案金剛力士乃護法之神 仁王經有五大力菩薩 一 金剛吼菩薩 手持千寶相輪 二 龍王吼菩薩 手持金輪燈 三 無畏十力吼菩薩 手持金剛杵 四 雷電吼菩薩 手持千寶羅網 五 無量力吼菩薩 手持五千劍輪是也 亦見辯正論卷一〉"라고 하였다. [참고문헌] 『洛陽伽藍記』, 『洛陽伽藍記校釋』. ⇨금강문 金剛門, 이왕존 二王尊

인왕반야다라니석 仁王般若陀羅尼釋 당대 불공(不空) 한역. 1권. 고려장37, pp.294a1~297b8, No.1373・대정장19, pp.522a5~524b8, No.996에 수록되어 있다. 『인왕반야바라밀경진언석 仁王般若波羅蜜經眞言釋』・『인왕다라니석』 등이라고도 한다. 『인왕호국반야바라밀다경 仁王護國般若波羅蜜多經』이 역출되었던 765년(영태1) 이후에 한역자인 불공이 풀었다. 이 경의 「봉지품 奉持品」에 시설된 금강수(金剛手)・금강보(金剛寶)・금강리(金剛利)・금강야차(金剛藥叉)・금강바라밀다(金剛波羅蜜多) 5대 보살과 다라니에 대한 주석이다. 다라니의 해석은 『인왕호국반야바라밀다경다라니염송의궤 仁王護國般若波羅蜜多經陀羅尼念誦儀軌』에 시설된 다라니자를 풀었다. [참고문헌] 『大唐貞元續開元釋敎錄』 권상(대정장55, p.754a9), 『貞元新定釋敎目錄』 권1(대정장55, p.773b13).

인왕반야바라밀경 仁王般若波羅蜜經 2권. 요진(姚秦) 구마라집(鳩摩羅什)역은 고려장5, pp.1021a1~1033c21, No.19・대정장8, pp.825a3~834a8, No.245에 있고, 당(唐) 불공(不空)역은 고려장37, pp.52c1~68a12, No.1340・대정장8, pp.834a11~845a2, No.246에 있다. 『인왕호국반야바라밀경 仁王護國般若波羅蜜經』・『인왕반야호국바라밀경』이라고도 한다. 불과(佛果)와 십지(十地)의 행을 보호하고 국토(國土)를 수호하는 인연을 설하는 등 총8품(序 觀空 菩薩敎化 二諦 護國 散華 受持 囑累)이다. 「서품」에서 부처님께서 왕사성 기사굴산에서 대비구중팔백만억등과 함께히시면서 십육대국왕이 각기 권속을 데리고 와서 자리하고는 부처님의 마하반야와 금강반야등의 설법을 듣는 것으로 시작한다. 제2 「관공품」에서는 불과를 보호하기 위해서 십이입십팔계공(十二入十八界空)・육대법공(六大法空)・사제십이연공(四諦十二緣空)・십팔공(十八空) 등의 뜻을 밝혔다. 제3 「보살교화품」에서는 십지행을 보호하는 인연을 설하는데, 복・신・순・무생・적멸(伏信順無生寂滅)이라는 다섯 가지 인(五忍)을 들었다. 다시 이를 분위하여 51위에 배대하고는 그에 따라 은륜왕(銀輪王)・동륜왕(銅輪王)・금륜왕(金輪王)・욕계육천왕(欲界六天王)・색계사천왕(色界四天王)・삼계왕(三界王)으로 나누어 행화중생상(行化衆生相)도 시설하였다.

제4「이제품」에서는 세제(世諦)와 제일의제(第一義諦) 그리고 공색심(空色心) 삼제(三諦)를 설하고, 제5호국품에서는 호국의 인연을 설하니, 백고좌를 설치하고 백법사를 청하며 백등에 불밝히고 백가지로 화합향도 피워 올리며 일일이시(一日二時)로 이 경을 강설한다. 제6「산화품」에서는 16국왕들이 갖가지 꽃으로 부처님회상에 뿌리면서 원하길 삼세불(三世佛)께서 항상 반야를 설하시고, 비구비구니등이 항상 반야행하기를 원한다. 제7「수지품」에서는 거듭 보살의 13관문 13법사위를 설하고 신지견(信止堅)과 삼인(三忍)의 삼현(三賢)과 선각인(善覺印) 등 십지보살이 일아승기겁 내지 백만아승기겁을 지나 승가타위(僧伽陀位) 내지는 바가도위(婆伽道位)라는 13법사위에 드는 것을 밝혔다. 나아가 이 경을 강독하면 7난(七難)을 버리고 7복(七福)을 얻으며, 국왕이 삼보를 호지하면 오대력보살이 와서 그 나라를 보호하는 것이라 설한다. 제8「촉루품」에서는 이 경을 국왕과 사부대중에게 부촉하는 품이다. 만일 국왕이 권력을 힘삼아 나의 제자들을 다스리려 하거나 승적이나 승제를 만들어 승가를 억압한다면 끝내 파국의 인연을 부르게 되리라 경계하여 마쳤다. 옛부터 이 경에 대한 여러 가지 설이 있다.『역대삼보기』에는 총 세 가지 역본이 있다 하였으니 서진(西晉) 축법호(竺法護), 요진 구마라집, 양(梁) 진제(眞諦)의 역이다. 수(隋) 지의(智顗)도『인왕호국반야경소』권1(대정장33, p.254b13)에 "이 경문의 역자는 같지 않아 전후로 세 본이 있다. 첫째는 진 영가년간(307~313)에 월지삼장 담마라찰(Ⓢ Dharmarakṣa : 法護)이 한역한 2권으로 이름이『인왕반야』다. 둘째는 이 위경이니 진 홍시 3년(401) 구마라집이 장안 소요원 별관에서 한역한 2권으로 이름이『불설인왕호국반야바라밀』이다. 셋째는 양 진제가 대동년간(535~546)에 예장 실인사에서 한역해낸 1권으로 이름이『인왕반야경』이다. 卽今經文 譯者不同 前後三本 一者 晉時永嘉年 月支三藏 曇摩羅察 晉云法護 翻出二卷 名仁王般若 二是僞 秦弘始三年 鳩摩羅什 於長安逍遙園別館翻 二卷 名佛說仁王護國般若波羅蜜 三者梁時眞諦 大同年於豫章實因寺翻出一卷 名仁王般若經"라고 하였다. 원측(圓測)의『인왕경소』등에서도 같이 전한다. 그러나『출삼장기집』권8(대정장55, p.54b19)에 "오직 인왕반야만이 굳이 서명과 부를 갖추고 세간에서는 이미 의경이라 하기에 여기서는 그대로 두고 논하지 않는다. 唯仁王般若 具書名部 世旣以爲疑經 今則置而不論"라고 하였다. 이는 이 경 서품에서 마하(摩訶)·금강(金剛)·천왕(天王)·광찬(光讚) 4부의 반야를 들고서는 더하여 인왕반야(仁王般若)로 반야오시설(般若五時說)을 드러낸 것을 지적한 것이다. 다만 이 경은 다시 당 대종 영태(永泰) 원년(765) 4월에 불공이 중역하여『인왕호국반야바라밀다경 仁王護國般若波羅蜜多經』이라 제목하였으니 이 또한 2권 8품이다. 경문은 줄었지만 내용이 같다. 한편 규기(窺基)의『유가사지론약찬』권10(대정장43, p.129c10)에서 "서방에서 이 경을 찾아 헤맸지만 아직 본책은 보지 못했다. 西方尋訪彼經 未聞有本"라고 하는 등 의경 논란은 계속되었다. 지의(智顗)·길장(吉藏)·원측(圓測) 등의 이 경에 대한 논(論)과 소(疏), 돈황출토본『인왕반야실상론』이 전한다. 우리나라에서도 신구역본이 유통되었는데『고려사』권26 세가(世家)26 원종 2년(1264)에 "인왕법회를 열고자 이 경의 신구역본을 각기 120부씩 인경하였다. 欲設仁王法會 印成是經新舊譯各一百二部"라고 하였다. 이 경의 이름에 대해『인왕반야경소』권상1(대정장33, p.314b20)에 "인왕의 인이란 은혜를 베풀고 덕을 펼치므로 인이라 한다. 모두 거두어 자재하므로 왕이라 한다. 호국이란, 인왕은 보호하는 이고 국토를 보호한다. 인왕이 여법히 다스려 가기에 만민을 기쁘게 하고 국토는 안은하다. 만일 인왕이 반야를 소망한다면 반야는 능히 보호할 것이니 반야를 가짐으로써 인왕은 안은하고 사람이 법을 잡게 되면 인왕은 능히 다스리는 이가 되고 반야는 잘 지켜진다. 仁王 仁者 施恩布德 故名爲仁 統化自在 故名爲王 護國者 仁王是能護 國土是所護 由仁王如法治道 萬民適樂 國土安穩 若仁王望般若 般若是能護 由持般若故 仁王安穩 由人柄法 仁王是能護 般若是所護"라고 풀었다. [참고문헌]『仁王護國般若經疏』,『出三藏記集』,『瑜伽師地論略纂』,『仁王般若經疏』,『歷代三寶紀』권11(대정장49, p.99a2),『大唐內典錄』권4(대정장55, p.266a24),『衆經目錄』권2(대정장55, p.126b8). ⇨ 백고좌도량 百高座道場, 인왕법회 仁王法會, 묘법연화경 *妙法蓮華經*, 금광명경 金光明經, 호국삼부경 護國三部經

인왕반야백좌대회 仁王般若百座大會 백 개의 사자좌(師子座)를 마련하고 백 명의 고승대덕을 모셔『인왕경』을 강설하는 대법회.『대각국사문집』권1「신집원종문류서 新集圓宗文類序」(한불전4, p.528b7)에 "또한 3년에 한번씩 인왕반야백좌대회를 베풀고 스님들 삼만대중에게 공양올리는 일을 언제나 행하게 하였다. 又三年一度 置仁王般若百座大會 齋僧三萬人 以爲恒式"라고 하였다. [참고문헌]『大覺國師文集』. ⇨ 사자좌 師子座, 백고좌인왕도량 百高座仁王道場, 인왕도량 仁王道場

인왕반야염송법 仁王般若念誦法 당대 불공(不空) 한역. 1권. 고려장36, pp.1048c1~1051c17, No.1322·대정장19, pp.519b23~522a1, No.995에 수록되어 있다.『인왕염송법』이라고도 한다.『인왕호국반야바라밀다경 仁王護國般若波羅蜜多經』이 역출되었던 765년(영태1) 이후 한역자 불공에 의하여 정리되었다.『인왕호국반야바라밀다경』에 의지해 인왕경법(仁王經法)

의 차제를 설하였다. 『인왕호국반야바라밀다경다라니염송의궤 仁王護國般若波羅蜜多經陀羅尼念誦儀軌』의 입도량의궤(入道場儀軌)와 크게 다르지 않지만, 반야보살(般若菩薩)의 근본인(根本印)에 대한 해석에서 「봉지품 奉持品」 다라니(陀羅尼)를 자세히 풀고 인왕경법(仁王經法)의 차제에 대해서도 설명하고 있다. ⇨ 인왕경법 仁王經法, 인왕도량 仁王道場

인왕반야오단법 仁王般若五壇法 오단(五壇)을 베풀어 『인왕경』의 오대력보살(五大力菩薩)을 본존으로 닦는 작법. 삼보와 정법을 지키는 국왕의 나라를 오대력보살이 수호한다는 경설에 의지한다. 오대력보살의 명칭은 신역과 구역이 각각 다르다. 구마라집(鳩摩羅什)의 구역 『인왕경』 권하(대정장8, p.833a10)에서는 천보상륜(千寶相輪)을 든 금강후(金剛吼)보살, 금륜등(金輪燈)을 든 용왕후(龍王吼)보살, 금강저(金剛杵)를 든 무외십력후(無畏十力吼)보살, 천보라망(千寶羅網)을 든 뇌전후(雷電吼)보살, 오천검륜(五千劍輪)을 든 무량력후(無量力吼)보살이다. 이에 반해 불공(不空) 역 『인왕호국경』(대정장8, p.843b27)에서는 금강저를 든 금강수(金剛手)보살, 금강마니(金剛摩尼)를 든 금강보(金剛寶)보살, 금강검(金剛劍)을 든 금강리(金剛利)보살, 금강령(金剛鈴)을 든 금강야차(金剛藥叉)보살, 금강륜(金剛輪)을 든 금강바라밀다(金剛波羅蜜多)보살을 시설한다. 〔참고문헌〕『仁王經』, 『仁王護國經』. ⇨ 오대력보살 五大力菩薩, 인왕경법 仁王經法

인왕반야의궤 仁王般若儀軌 ➡ 인왕호국반야바라밀다경도량염송의궤 仁王護國般若波羅蜜多經道場念誦儀軌

인왕법회 仁王法會 『인왕경』을 강설하는 법회. 『고려사』 권26 세가(世家)26 원종 5년(1264) 7월 기해일에 "지난번 도읍을 옮길 적에 사자좌를 가져오지 못하여 법연 위의가 여법하지 못하였다. 이제 김준이 과인이 몸소 열고자 하는 인왕법회를 위해 이 경의 신구 한역본을 각각 102부씩 인성하였다. 또 사자좌 일백개를 조성하여 채색하고 장엄하였으며, 공양구와 의복 등에 이르기까지 모두 정성을 다하지 않음이 없었으니 충성이 실로 깊었다. 往者 移都時 師子座不能輸入 及乎法筵 儀不如法 金俊爲寡人親朝 欲設仁王法會 印成是經新舊譯各一百二部 造師子座一百 彩畵粧飾 至於供具衣物 無不精備 忠誠深重"라고 하였다. 〔참고문헌〕『高麗史』. ⇨ 인왕경법 仁王經法, 인왕도량 仁王道場, 인왕반야바라밀경 仁王般若波羅蜜經, 인왕회 仁王會, 백고좌도량 百高座道場

인왕보살 仁王菩薩 ❶ 백성을 애민(哀愍)하고 반야의 공덕을 갖춘 왕을 보살로 부른다. 『선림상기전』 권13(불광장, 禪藏, p.1008)에 "도충이 말한다. 축성회향에 인왕보살마하살이 있는데 한 사람을 정해서 부르는 이름이 아니다. 경에 『인왕호국반야경』이 있는데 간단히 삼보를 취해서 보면 승보라 해도 충분하다. 또한 축성이라 하였으니 황제를 말한다. 忠曰 祝聖回向 有仁王菩薩摩訶薩 蓋非定有一人所名 經有仁王護國般若 今畧三寶取之 充僧寶矣 又祝聖 所以竊對配今上也"라고 하였다. 〔참고문헌〕『禪林象器箋』. ❷ 『인왕경』에서 설하는 오대력보살(五大力菩薩)을 일컫는 말. ⇨ 오대력보살 五大力菩薩

인왕불 仁王佛 궁궐내에서 원불로 모셨던 불상. 『고려사』 권45 세가(世家)45 공양왕(恭讓王) 2년(1390) 1월에 "이 달에 왕이 인왕불을 별전에 모시고 조석으로 예배하였으며, 재변이 있을 때마다 기도를 올렸다. 是月 王置仁王佛於別殿 每朝夕禮拜 凡有灾異 輒行祈禳", 『정종실록』 권6 2년(1400) 11월 13일에 "인왕불이란 환관들의 원불로 궁중에 모신 지 오래되었다. 임금께서 즉위하자 환관들이 그 부처를 바치고자 하였으나 받아들이지 않자 내원당에 모셨다. 仁王佛 宦官等願佛也 留置宮中久矣 上卽位 宦官等欲進其佛 不納 置于內願堂"라고 하였다. 〔참고문헌〕『高麗史』, 『定宗實錄』.

인왕사 仁王寺 ❶ 서울특별시 종로구 무악동 인왕산(仁王山)에 있는 절. 인왕사(仁旺寺)라고도 한다. 태조 이성계가 도읍을 정한 후 호국도량으로 창건하고 내원당(內願堂) 조생(祖生)대사를 주지로 삼았다. 1503년(연산군9)에 경복궁이 내려다보인다는 이유로 복세암 등과 함께 철거되었다(傳曰 景福宮臨壓 福世庵 仁王寺 金剛窟及鄭子芝等十一人家 並撤). 1912년에 박선묵(朴銑默)이 선암정사(禪巖精舍), 1914년에 탄옹(炭翁)이 대원암(大願庵), 1922년에 서옹(西翁)이 극락전(極樂殿), 1924년에 비구니 자인(慈仁)이 안일암(安逸庵), 1927년에 춘담(春潭)이 별도의 극락전, 1930년에 비구니 묘법(妙法)이 치성당(致誠堂)을 지었다. 1942년에 이들을 모두 아울러 인왕사라 하고 봉은사(奉恩寺)의 말사로 귀속시켰다. 〔참고문헌〕『燕山君日記』 권51 9년 11월 9일, 『韓國寺刹全書』 권하 p.961b6. ❷ 평안남도 평양에 있던 절. 『고려사』에 따르면 선종(宣宗)이 1087년 10월, 의종(毅宗)이 1169년 3월에 행차하였다. 『동국여지승람』 권51 평안도 평양부 불우에 절의 이름과 위치가 전하나, 『범우고』에는 폐사라 하였다. 〔참고문헌〕『高麗史』 권10 世家10 · 권19 世家19, 『東國輿地勝覽』, 『梵宇攷』, 『韓國寺刹全書』 권하 p.961b15.

인왕상 仁王像 법을 수호하는 수문신장(守門神將)인 인왕의 형상. 『인왕경 仁王經』의 인왕과 오대력보살(五大力菩薩)에서 기원한 이름의 인왕은 금강역사(金剛力

士)·이왕(二王)·집금강신(執金剛神)이라고도 부른다. 인도의 민간신인 야차(藥叉)에서 유래하였다. 『유부율잡사』 권17(대정장24, p.283b2)에 "부처님께서 말씀하셨다. 급고장자여! 문 양쪽에는 몽둥이를 잡은 야차를 세워야 한다. 佛言 長者 於門兩頰 應作執杖藥叉"라고 한 것에서 기원한다. 사찰의 문과 입구에 좌우대칭 한 쌍을 마주보게 하였기에 이왕(二王)이라고 부른다. 한 상은 입을 벌리고 있는 아형(𑖀形)으로 손에 금강저(金剛杵)를 들었고, 다른 한 상은 입을 꽉 다물고 있는 훔형(𑖮𑖳𑖽形)으로 주먹을 움켜쥔 권법자세를 하고 있다. 우리나라에서 조성된 인왕상은 주로 사찰·불상·불사리를 지키는 수문장으로서 사리장엄구등에 새겨졌다. 통일신라 시대 많이 조성되었는데, 분황사석탑(芬皇寺石塔) 문의 좌우 인왕상과 경주 석굴암(石窟庵) 전실 좌우 인왕상이 가장 유명하다. 특히 석굴암 인왕상은 허리 아래로 얇은 군의만 걸치고 상반신을 드러냈는데, 드러난 몸의 굴곡이나 근육 묘사에서 당시 사실적인 조각기법이 잘 나타나 있다. 〔참고문헌〕『영원한 생명의 울림-통일신라조각』(국립중앙박물관, 2008). ⇨인왕 仁王❷, 오대력보살 五大力菩薩, 인왕문 仁王門, 금강역사 金剛力士, 금강역사상 金剛力士像, 이왕존 二王尊

인왕상 국보제30호 경주 분황사 634년

인왕상 국보제24호 경주 석굴암 8세기후반

인왕의궤 仁王儀軌 ➡인왕호국반야바라밀다경도량염송의궤 仁王護國般若波羅蜜多經道場念誦儀軌

인왕존 仁王尊 ➡이왕존 二王尊

인왕주 仁王呪 『인왕경』에서 설하는 다라니. 『불조통기』 권52(대정장49, p.456a12)에 "당 현종 때 강거족이 안서를 침략했다. 황제가 불공삼장에게 인왕주를 염송하도록 하니 이에 감응하여 북방 천왕의 신병이 나타나자 다섯 나라로 뿔뿔이 흩어졌다. 玄宗 康居入寇安西 詔不空誦仁王呪 感北天王子神兵現 五國奔潰"라고 하였다. 〔참고문헌〕『佛祖統紀』, 『三寶感應要略錄』 권중 「唐玄宗皇帝誦仁王呪感應」(대정장51, p.846a16).

인왕호국반야경 仁王護國般若經 ➡인왕호국반야바라밀다경 仁王護國般若波羅蜜多經

인왕호국반야경소 仁王護國般若經疏 수대 지의(智顗)가 풀고 관정(灌頂)이 채록함. 5권. 대정장33, pp.253a4~286a10, No.1705에 수록되어 있다. 후진(後秦) 구마라집(鳩摩羅什)역 『인왕반야바라밀경』 2권의 주석서다. 천태삼대부(天台三大部)에 의지해 오중(五重)의 현의(玄義)로 대의를 술하고 문에 따라 풀었다. 『수천태지자대사별전』(대정장50, p.194b4·194b20)에 따르면, 지의는 『인왕경』을 두 차례 강설하였다. 〔참고문헌〕『隋天台智者大師別傳』. ⇨인왕반야바라밀경 仁王般若波羅蜜經, 인왕경소 仁王經疏

인왕호국반야경소법형초 仁王護國般若經疏法衡鈔 당대 우영(遇榮) 지음. 6권. 卍속장41, pp.89a1~283b1에 수록되어 있다. 양분(良賁)이 한역한 『인왕호국반야바라밀다경소 仁王護國般若波羅蜜多經疏』(대정장33, No.1709)에 대한 주석이다. 〔참고문헌〕『新編諸宗教藏總錄』 권1(한불전4, p.686a16). ⇨인왕호국반야바라밀다경소 仁王護國般若波羅蜜多經疏

인왕호국반야바라밀다경 仁王護國般若波羅蜜多經 당 대종(代宗) 때인 765년(영태1) 불공(不空) 한역. 『인왕호국반야바라밀경 仁王護國般若波羅蜜經』을 말한다. ⇨인왕반야바라밀경 仁王般若波羅蜜經

인왕호국반야바라밀다경도량염송의궤 仁王護國般若波羅蜜多經道場念誦儀軌 당대 불공(不空) 한역. 1권. 고려장37, pp.93a1~102a4, No.1342·대정장19, pp.514a13~519b18, No.994에 수록되어 있다. 『인왕호국반야바라밀다경다라니염송의궤 仁王護國般若波羅蜜多經陀羅尼念誦儀軌』·『인왕의궤』·『인왕반야의궤』·『인왕호국반야의궤』·『인왕염송의궤』라고도 한다. 『인왕호국반야바라밀다경』 권하 「봉지품 奉持品」의 문구를 풀고 인왕경법(仁王經法) 만다라(曼荼羅)의 의칙(儀則)과 수법차제(修法次第)를 설한다. 5과(科)로 나누어져 있다. 첫째, 오대보살의 위덕을 밝힌다. 둘째, 만다라를 건립하는 의궤를 시설한다. 셋째, 도량에 드는 의궤를 밝힌다. 넷째, 다라니자를 관하는 행법에 대해 푼다. 다섯째, 다라니에 분포된 자륜(字輪) 하나하나를 관상한다. ⇨오대보살 五大菩薩, 인왕경법 仁王經法

인왕호국반야바라밀다경소 仁王護國般若波羅蜜多經疏

당대 양분(良賁) 지음. 3권 또는 7권. 대정장33, pp.429a3~523b6, No.1709에 수록되어 있다. 『신역인왕반야경소 新譯仁王般若經疏』·『신번인왕경소 新翻仁王經疏』라고도 한다. 불공(不空)역 『인왕호국반야바라밀다경』 2권에 대한 주석서다. 4분으로 나누었으니 처음은 이 경을 일으킨 뜻을 폈고, 다음은 경의 종체(宗體)를 드러냈으며, 이 가르침을 입을 근기를 자세히 살피고, 바로 본문에 나아가 풀었다. 〔참고문헌〕『大唐貞元續開元釋敎錄』 권중(대정장55, p.758a14). ⇨인왕반야바라밀경 仁王般若波羅蜜經, 인왕경소 仁王經疏

인왕회 仁王會 『인왕경』을 강찬(講讚)하는 법회. 인왕재(仁王齋)·인왕반야회(仁王般若會)·인왕도량(仁王道場)·백좌도량(百座道場)·인왕백고좌도량 등이라고도 한다. ⇨인왕경법 仁王經法, 인왕법회 仁王法會, 인왕도량 仁王道場, 백고좌도량 百高座道場

인요 人妖 사람들 사이의 괴이함. 인륜이 무너지는 등의 일이 일어남을 말한다. 『법원주림』 권44(대정장53, p.628c16)에 "한대 영제 건녕 3년(170)에 하내에서는 아내가 남편을 먹었고, 하남에서는 남편이 아내를 먹었다. … 영제가 죽자 세상이 크게 어지러웠다. 군주는 무고하게 주살하는 폭정을 저질렀고 신하는 권력을 빼앗아 반역하고, 병사들은 골육을 해쳐 원수가 되니, 인민에게까지 그 화가 미쳤다. 때문에 인간세계의 요망한 징후가 먼저 일어났으나, 신유(춘추시대 周나라 大夫)나 도승(晋나라 太史) 같은 이를 만나 정세를 미리 알 수 없었음이 한스러울 뿐이었다. 漢靈帝建寧三年 河內有婦食夫 河南有夫食婦 … 靈帝旣沒 天下大亂 君有妄誅之暴 臣有劫弑之逆 兵革傷殘骨肉爲讎 生民之禍至矣 故人妖爲之先作 恨不遭辛有屠乘之論以測其情也"라고 하였다. 〔참고문헌〕『法苑珠林』.

인요 忍樂 견뎌 기꺼워함. 참아내어 즐기는 뜻이니 마음으로 승인함이다. 『별역잡아함경』 권8(대정장2, p.434c11)에 "부처님의 말씀을 믿고서 흔쾌히 바라고 기쁘게 익히려 한다면 다섯 가지 법을 견뎌 즐긴다. 이른바 신·정진·염·정·혜다. 이를 현성의 제자가 삼악도에 떨어지지 않음이라 하고, 무너지지 않는 법이라 한다. 若信佛語 欣尙翫習 忍樂五法 所謂信精進念定慧 是名賢聖弟子不墮三塗 是名堅法", 『대반야경』 권311(대정장6, p.585c27)에 "세존이시여, 설령 삼천대천세계의 모든 유정들이 모두 다 수신행과 수법행과 여덟 번째 위와 예류와 일래와 불환과 아라한과 독각을 성취하였다 해도 저들이 성취한 지덕과 단덕은 어떤 사람이 하루 동안 이 깊고 심오한 반야바라밀다를 견뎌 기꺼이 사유하고 헤아려 살핌보다는 못하다. 世尊 假使三千大千世界 諸有情類 一切皆成隨信行 隨法行 第八 預流 一來 不還 阿羅漢 獨覺 彼所成就 若智若斷 不如有人一日 於此甚深般若波羅蜜多 忍樂思惟 稱量觀察"라고 하였다. 〔참고문헌〕『別譯雜阿含經』, 『大般若經』, 『集異門足論』 권17(대정장26, p.436c20). ⇨인 忍, 의요 意樂

인욕 忍辱 Ⓢkṣānti, Ⓟkhanti, Ⓣbzod-pa. 견뎌 참아냄. 안인(安忍)·인(忍)이라고도 한다. 범어 크샨티는 찬제(羼提)·찬지(羼底)·걸차지(乞叉底) 등으로 음사한다. 몸과 마음 온갖 고통을 견뎌 참아내서 평등심을 유지하여 분노를 일으키지 않음을 뜻한다. 인욕은 출가자의 기본 덕목으로서 가사(袈裟)를 인욕의 갑옷(忍辱鎧)이라 부른다. 특히 대승에서는 육바라밀(六波羅蜜) 또는 십바라밀(十波羅蜜) 중 하나다. 나아가 인욕행은 부처를 이룬 이들의 과거행으로서 본생담 등에 인욕선인(忍辱仙人)과 인욕태자(忍辱太子) 등 이야기로 다수 전한다. 『장아함경』 권1 「대본경 大本經」(대정장1, p.10a26 : *Mahāpadāna-sutta, DN.2,* p.49)에 "인욕을 제일로 여기고, 부처님께서 설한 열반을 최고로 여긴다. 수염과 머리털을 없애고 다른 중생 해치지 않아야 사문이다. 忍辱爲第一 佛說涅槃最 不以除鬚髮害他爲沙門 khantī paramaṃ tapo titikkhā nibbānaṃ paramaṃ vadanti buddhā. na hi pabbajito parūpaghātī samaṇo hoti paraṃ viheṭhayanto", 『잡아함경』 권40(대정장2, p.291c26)에 "출가하여 도를 배우려면 마땅히 인욕을 행해야 한다. 出家學道 當行忍辱", 『대지도론』 권14(대정장25, p.164b1)에 "〔문〕 무엇을 찬제라고 하는가? 〔답〕 찬제는 한역하여 인욕이라고 한다. 인욕에 두 가지가 있으니, 생인과 법인이다. 보살은 생인을 행하여 무량복덕을 얻고 법인을 행하여 무량지혜를 얻는다. … 선한 마음에도 두 가지니, 크게 해야 할 것과 자세히 할 것이 있다. 크게 해야 할 것은 인욕이라 하고, 자세히 할 것은 선정이라고 한다. 선정을 마음껏 누리지 못해도 능히 뭇 악을 막을 수 있으면 그 이름이 인욕이고, 마음으로 선정을 기꺼워하면서도 뭇 악을 행하지 않으면 이를 선정이라고 한다. 問曰 云何名羼提 答曰 羼提 秦言忍辱 忍辱有二種 生忍 法忍 菩薩行生忍 得無量福德 行法忍 得無量智慧 … 善心有二種 有麤有細 麤名忍辱 細名禪定 未得禪定心樂 能遮衆惡 是名忍辱 心得禪定樂 不爲衆惡 是名禪定", 『유가사지론』 권57(대정장30, p.617c18)에 "무엇이 인욕인가? 세 가지 행상을 마땅히 알아야 한다. 첫째는 분노하지 않는 것이고, 둘째는 원한을 갚지 않는 것이며, 셋째는 악을 품지 않는 것이다. 云何忍辱 謂由三種行相應知 一不忿怒 二不報怨 三不懷惡", 『우바새계경』 권7 「찬제바라밀품」(대정장24, p.1072c28)에 "인에는 두 가지가 있으니, 첫째는 세인이고 둘째는 출세인이다. 능히 배고픔·목마름·추위·더위·고통·쾌락을 참으면, 이를 세인이라고 한다. 능히 믿음·계·보시·들음·지혜를 견뎌 정견에 오류가 없으며, 불법승을 인정하여 꾸짖음·때림·악구·악사·탐·진·치 등을 모두 능히 참아내면서 도저히 참을 수 없고 도저히 베풀 수 없으며 도저히 할 수 없는 것을 견뎌내면 출세인이라고 한다. … 보살은 다른 이가 때리며 욕하거나 천하게 여겨 헐뜯거나 욕하며 꾸짖어도 마음속으로 갚을 생각을 하지 않는다. … 인욕이면서 바라밀이 아닌 것이 있고, 바라밀이면서 인욕이 아닌 것이 있으며, 인욕이면서 바라밀이기도 한 것도 있고, 인욕도 아니고 바라밀도 아닌 것이 있다. 인욕하지만 바라밀이 아닌 것이 이른바 세인이고, 성문연각이 행하는 인욕이다. 바라밀이면서 인욕이 아닌 것이 이른바 선바라밀이다. 인욕이면서 바라밀인 것이 이른바 '머리와 손발이 잘리더라도 한 찰나도 성내는 마음 일으키지 않는다'라는 경계이다. 忍有二種 一者世忍 二者出世忍 能忍飢渴 寒熱苦樂 是名世忍 能忍信戒施聞智慧 正見無謬 忍佛法僧 罵詈撾打 惡口惡事 貪瞋癡等 悉能忍之 能忍難忍難施難作 名出世忍 … 菩薩若値他人打罵 輕賤毁呰 惡口罵詈 是時內心 無加報想 … 有是忍辱非波羅蜜 有波羅蜜非是忍辱 有是忍辱是波羅蜜 有非忍辱非波羅蜜 是忍辱非波羅蜜者 所謂世忍 聲聞緣覺所行忍辱 是波羅蜜非忍辱者 所謂禪波羅蜜 亦是忍辱亦波羅蜜者 所謂若被割截頭目手足 乃至不生一念瞋心", 『대승장엄경론』 권12(대정장31, p.650b29)에 "남김없이 참아냄이란 이 인욕하는 마음은 평등하여 뛰어나거나 열한 중생을 가리지 않고 능히 모두 참아낸다는 뜻이다. 遍忍者 是忍辱心平等 普於勝劣衆生 皆能忍故", 『천태보살계소』 권중(대정장40, p.593a16)에 "보살은 마땅히 원수나 친속이나 평등하게 대하고 항상 인욕을 품고 자비를 버리지 않는다. 菩薩理應 怨親平等 常懷忍辱 無捨慈悲"라고 하였다. [참고문헌] 『長阿含經』, 『雜阿含經』, 『大智度論』, 『瑜伽師地論』, 『優婆塞戒經』, 『大乘莊嚴經論』, 『天台菩薩戒疏』, 『解脫戒經』(대정장24, p.659b9), 『法界次第初門』 권하(대정장46, p.686c23), *DN.*, *Saddh-p.236.*, *Pañca-pr.18.*, *Madhy-vibh.62.* ⇨ 인 忍, 인욕바라밀 忍辱波羅蜜, 육바라밀 六波羅蜜, 십바라밀 十波羅蜜, 인욕선인 忍辱仙人, 인욕태자 忍辱太子, 찬제 羼提

인욕갑 忍辱甲 Ⓢ kṣānti-varman. 인욕의 갑옷. 인욕이 모든 외부의 장애를 막아내기에 갑옷에 비유한다. 인욕개(忍辱鎧)라고도 한다. 80권본 『화엄경』 권62 「입법계품 入法界品」(대정장10, p.333a4 : *Gaṇḍ-vy.*, p.42)에 "몸에는 인욕갑을 두루고 손에는 지혜의 칼 잡고서 자재로 마군을 항복시키시니, 원컨대 저를 건져주시길. 身被忍辱甲 手提智慧劍 自在降魔軍 願垂拔濟我 kṣāntisāradṛḍhavarmavarmitā jñānakhaṅgakaruṇāya tābhujā, māramaṇḍalaraṇasmi āmukhe śūrabhūta abhivāhayāhi me", 40권본 『화엄경』 권33 「보현행원품 普賢行願品」(대정장10, p.811b16)에 "선지식은 인욕갑을 두르고 일체악언과 욕설을 받아들인다. 由善知識被忍辱甲 能受一切惡言毁辱"라고 하였다. [참고문헌] 『華嚴經』, 『梵網經直解』 권하(卍속장61, p.158a2), *Gaṇḍ-vy.* ⇨ 인욕개 忍辱鎧 ❶, 인욕 忍辱

인욕개 忍辱鎧 ❶ Ⓢ kṣānti-kakṣya, Ⓣ bzod-pa'i-go-cha. 인욕의 갑옷. 인욕갑(忍辱甲)이라고도 한다. 『법화경』 권4 「권지품 勸持品」(대정장9, p.36c16 : *Saddh-p.*, p.272)에 "우리들 부처님을 존경하고 믿으니 마땅히 인욕개를 입고 이 경을 설해야 하기에 이 모든 어려운 일 견딥니다. 我等敬信佛 當著忍辱鎧 爲說是經故 忍此諸難事 gauraveṇeha lokendre utsahāma su duṣkaram, kṣāntīya kakṣyāṃ bandhitvā sūtrametaṃ prakāśaye", 『대지도론』 권15(대정장25, p.169a26)에 "보살이 이 모든 마군을 비록 아직 다 깨뜨리지는 못하였지만, 인욕갑옷을 입고서 지혜의 칼을 쥐고 선정방패를 잡고서 모든 번뇌화살을 막아내니, 이를 내인이라고 한다. 菩薩於此諸軍 雖未能破 著忍辱鎧 捉智慧劍 執禪定楯 遮諸煩惱箭 是名內忍"라고 하였다. [참고문헌] 『法華經』, 『大智度論』, 『圜悟語錄』 권4(대정장47, p.729a28), *Saddh-p.* ⇨ 인욕갑 忍辱甲, 인욕 忍辱 ❷ 가사(袈裟)의 다른 이름. 인욕의(忍辱衣)라고도 한다. 『석씨요람』 권상(대정장54, p.268b25)에 "(가사의) 특별한 이름 : 『대집경』에서는 '가사를 이염복이라 한다'고 하였고, 『현우경』에서는 '출세복', 『여환삼매경』에서는 '무구의'라고 하였다. 또한 '인욕개'·'연화의'라고도 한다. 別名 大集經云 袈裟名離染服 賢愚經云 出世服 如幻三昧經云 無垢衣 又名忍辱鎧 又名蓮華衣"라고 하였다. [참고문헌] 『釋氏要覽』. ⇨ 인욕의 忍辱衣 ❷, 가사 袈裟

인욕경 忍辱經 ➡ 나운인욕경 羅云忍辱經

인욕고행 忍辱苦行 참아 견디며 고통스럽게 행함. 『증도가주』(卍속장111, p.372a6)에 "비단 나만이 지금 이 인욕을 수행하는 것이 아니라 시방제불과 석가여래께서도 모두 이 인욕고행을 수행하셨다. 非獨我今修此忍辱 乃至十方諸佛 釋迦如來 盡皆修此忍辱苦行也"라고 하였다. [참고문헌] 『大方等大集經』, 『證道歌註』. ⇨ 인욕 忍辱, 인욕선인 忍辱仙人, 고행 苦行

인욕력 忍辱力 Ⓢ kṣānti-bala, ksāntī-bala, Ⓟ khanti-bala, Ⓣ bzod-pa'i-stobs. 인욕의 힘. 『대품반야경』 권6(대정장8, p.258a8 : *Pañca-pr.*, p.219)에 "무엇을 '보살이 인욕력으로 머문다' 하는가? 만약 보살

이 일체중생에 대해 성냄도 원한도 없으면, 이를 '인욕력으로 머문다'고 한다. 云何菩薩住忍辱力 若菩薩於一切衆生 無瞋無惱 是名住忍辱力 tatra katamad bodhisattvasya mahāsattvasya kṣāntibalapratiṣṭhānam. yat sarvasattvānām antike 'vyāpādāvihiṃsācittatā idaṃ bodhisattvasya mahāsattvasya kṣāntibalapratiṣṭhānam", 『법화경』 권1 「서품 序品」(대정장9, p.3b4 : *Saddh-p.*, p.13)에 "또 불자라면 인욕력으로 머물기에 증상만인이 욕하고 때려도 모두 능히 참아냄으로써 불도를 구한다. 又見佛子 住忍辱力 增上慢人 惡罵捶打 皆悉能忍 以求佛道 kṣāntībalā keci jinasya putrā adhimānaprāptāna kṣamanti bhikṣuṇām, ākrośa paribhāṣa tathaiva tarjanāṃ kṣāntyā hi te prasthita agrabodhim", 『대지도론』 권81(대정장25, p.629a18)에 "이 보살의 인욕력 때문에 그 마음이 고르고 부드러우며, 고르고 유하기에 쉽게 선정을 얻는다. 是菩薩忍辱力故 其心調柔 心調柔故 易得禪定"라고 하였다. 〔참고문헌〕『大品般若經』, 『法華經』, 『大智度論』, *Pañca-pr.*, *Saddh-p.*, *Sn.120.* ⇨인욕 忍辱

인욕바라밀 忍辱波羅蜜 Ⓢ kṣānti-pāramitā, Ⓣ bzod-pa'i-pha-rol-tu-phyin-pa. 참아 견디기를 쉬지 않고 함. 육바라밀(六波羅蜜) 또는 십바라밀(十波羅蜜) 중 하나로 보살이 온갖 고난을 참아내며 평등심을 유지하는 행을 말한다. 인바라밀(忍波羅蜜)·안인바라밀(安忍波羅蜜)·찬제바라밀(羼提波羅蜜)·인욕도무극(忍辱度無極)·인도(忍度)라고도 한다. 일체중생을 보아 모든 고난을 견디기도 하지만, 바라밀행은 반야를 여의지 않아야 하기에 부처님 법을 사유하고 견뎌 가져야 하는 뜻이 있다. 『대승본생심지관경』 권7 「바라밀다품 波羅蜜多品」(대정장3, p.322c22)에 "출가보살이 아란야에 머무르며 능히 진에를 다해 자심삼매를 얻고, 또한 일체중생을 비방하여 모욕하는 일이 없으면 인욕바라밀이라는 이름을 얻는다. 出家菩薩 住阿蘭若 能滅瞋恚 得慈心三昧 亦無毁辱一切衆生 卽得名爲忍辱波羅蜜", 『금강경』(대정장8, p.750b13 : *Vajr-pr.*, p.41)에 "수보리야, 인욕바라밀을 여래는 인욕바라밀이 아니라고 설한다. … 그러므로 수보리야, 보살은 반드시 일체상을 여의고 아누다라삼막삼보리심을 일으켜야 한다. 須菩提 忍辱波羅蜜 如來說非忍辱波羅蜜 … 是故須菩提 菩薩應離一切相 發阿耨多羅三藐三菩提心 api tu khalu punaḥ subhute yā tathāgatasya kṣāntipāramitā saivāpāramitā … tasmāt tarhi subhūte bodhisattvena mahāsattvena sarvasaṃjñā vivarjayitvā anuttarāyāṃ samyaksaṃbodhau cittam utpādayitavyam", 『이취육바라밀다경』 권9(대정장8, p.908b11)에 "인욕바라밀다 역시 반야바라밀다로부터 나온다. 일체유정의 본래 지혜는 저 해와 같으나, 무명에 덮여 인욕의 빛은 드러나지 않는다. 안인을 닦으면 무명을 끊고 없애서 성지가 눈앞에 드러나 불일이 남김없이 비춘다. 忍辱波羅蜜多 亦從般若波羅蜜多生 一切有情 本智如日 無明覆蔽 忍光不現 修安忍者 除斷無明 聖智現前 佛日斯照", 『법화의소』 권2(대정장34, p.474c21)에 "이제 인욕바라밀을 밝힌다. … 인에는 세 가지다. 첫째는 다른 이가 자신에게 이롭지 않아도 참고, 둘째는 고통을 받아도 눌러 참고, 셋째는 법을 사유하여 견뎌내는 것이다. 此明忍度 … 忍有三種 一他不饒益忍 二安受苦忍 三法思惟忍", 『종경록』 권30(대정장48, p.592b17)에 "인욕이란, 중생은 오직 식으로 허망하게 볼 뿐이라고 관해서 본심 밖에 법 가히 성낼 일이 없음을 아는 것이다. 忍辱者 觀衆生唯識妄見 知本心外無法可瞋", 같은 책 권90(대정장48, p.906a25)에 "만약 인욕에 반야가 없어도 그 보로 단정한 형상은 얻겠지만 적멸의 인을 증득하지는 못할 것이다. 若忍辱無般若 報得端正形 不證寂滅忍"라고 하였다. 〔참고문헌〕『大乘本生心地觀經』, 『金剛經』, 『理趣六波羅蜜多經』, 『法華義疏』, 『宗鏡錄』, 『六度集經』 권5(대정장3, p.24a19), 『大品般若經』 권1(대정장8, p.219a1), 『大乘菩薩藏正法經』 권25(대정장11, p.843b9), 『大智度論』 권80(대정장25, p.624c7), 『大乘莊嚴經論』 권12(대정장31, p.650b29·651b26), *Vajr-pr.*, *Sūtr.32.* ⇨인忍, 인욕 忍辱, 인도 忍度, 안인바라밀다 安忍波羅蜜多, 변인 遍忍, 애인 愛忍, 육바라밀 六波羅蜜, 십바라밀 十波羅蜜, 바라밀 波羅蜜

인욕바라밀보살 忍辱波羅蜜菩薩 ➡인바라밀보살 忍波羅蜜菩薩

인욕선 忍辱仙 참아 견딘 수행인. 『증도가』(대정장48, p.396a12)에 "우리 스승께서는 연등불을 만나뵈옵고는 여러 겁 동안 인욕선이 되었네. 몇 번이나 다시 태어나고 몇 번이나 거듭 죽었던가! 나고 죽음 아득하여 그칠 줄 모르네. 我師得見然燈佛 多劫曾爲忍辱仙 幾迴生幾迴死 生死悠悠無定止"라고 하였다. 〔참고문헌〕『證道歌』, 『大莊嚴論經』 권11(대정장4, p.320a24). ⇨인욕선인 忍辱仙人, 연등불 燃燈佛

인욕선인 忍辱仙人 Ⓢ Kṣānti-vādī ṛṣiḥ, Ⓟ Khanti-vādi-tāpasa. 참아 견뎌낸 선인. 석존이 인위(因位)에서 수행하실 때의 모습. 인선(忍仙)·인욕선(忍辱仙) 등이라고도 한다. 또 설인선(說忍仙)·인어선인(忍語仙人)이라고 한역하는데, 이는 찬제파리(羼提波梨 Ⓢ Kṣānti-pāla) 또는 찬제화(羼提和 Ⓢ Kṣānti-vādin)에 상응한다. 과거 구원겁 때 가리왕(歌利王 Ⓢ Kali : 迦藍浮 Ⓟ Kalābu)에 의해 팔다리가 잘리고도 참아 견뎌 왕을 조복시키고 공양을 받았다. 『현우경』 권2 「찬제파리품」(대정장4, p.359c21)에 전한다. 선인이 오백제자와 함께 숲에서 수행하던 중 가리왕이 여러 신하와 부인·채녀와 함께 그 숲으로 행차하였다. 왕이 잠든 사이, 선인이 수행하는 모습을 본 부인과 채녀들이 선인에게 설법을 들었다. 이 광경을 본 왕은 질투심에 선인의 팔다리·코·귀를 차례로 자르며 시험하였다. 선인은 잘 참아냈다. 피는 우유빛이었고 잘렸던 지절은 저절로 몸에 붙었다. 이를 본 가리왕은 깊이 참회하고서 인욕선인에게 공양하였다. 선인은 '훗날 내가 성불하면 가장 먼저 지혜의 칼로 왕의 삼독을 끊어주겠다 我後成佛 先以慧刀 斷汝三毒'고 기별하였으니, 선인은 석존의 전신이고 가리왕과 네 명의 신하는 교진여(Ⓢ Kauṇḍinya) 등 오비구다. 『대방등대집경』 권50(대정장13, p.330b5)에 "예컨대 나는 그 옛날 인욕선인이었다. 늘 숲속에서 온갖 맛난 과일을 먹었다. 그때 국왕 가리(迦利 Ⓢ Kali)는 나의 몸을 여덟 토막내기도 하였다. 나는 그때 으뜸의 인을 능히 잘 닦았기에 베인 곳에서 우유빛 피가 흘렀다. 이런 인욕고행의 인연으로 무량억나유타백천의 천신·용·야차·나찰·건달바·아수라·긴나라·마후라가·가루라·아귀·비사차·부단·나가타·부단나 등으로 성숙케 한다. 如我昔作忍辱仙人 常在林中 食諸甘果 時有國王 名曰迦利 支解我身 而爲八段 我於彼時 以能善修第一義忍故 從所割處 流出白乳 以是忍辱苦行因緣 成熟無量億那由他 百千天龍 夜叉羅刹 乾闥婆 阿修羅 緊那羅 摩睺羅伽 伽樓羅 餓鬼 毘舍遮 富單 那迦吒 富單那等"라 하였으니, 이 본생담은 다른 경에도 널리 전하는데 팔리문헌 『칸티바디자타카 *Khantivādi-jātaka*』(*Jā.3*, p.39)·『육도집경』 권5 「인욕도무극장 忍辱度無極章」(대정장3, p.25a15)·『승가라찰소집경』 권상(대정장4, p.119a8) 등이다. 『칸티바디자타카』에는 젖이나 참회이야기 대신 가리왕이 선인의 시야에서 벗어나자마자 아비지옥(Ⓟ Avīci)으로 떨어졌고, 왕을 수행했던 우두머리는 선인의 상처를 천으로 감쌌으나 선인은 바로 그날 죽었으며, 가리왕과 우두머리는 각각 데바닷타(Ⓟ Devadatta)와 사리풋타(Ⓟ Sāriputta)의 전신이라 전한다. 우리나라에서는 고려시대 찬술한 『석가여래십지수행기 釋迦如來十地修行記』 제5편의 이름을 「인욕선인전 忍辱仙人傳」이라 하여 널리 유통하였다. 『금강경』(대정장8, p.750b16 : *Vajr-pr.*, p.41)에 "나의 과거세에 마디마디가 잘려나갈 때 만약 아상·인상·중생상·수자상이 있었다면 분명히 성내고 원망하였을 것이다. 수보리야! 또 과거 오백세 전에 인욕선인이었던 것을 떠올리면 그 세상에서도 아상이 없고 인상이 없으며 중생상이 없고 수자상이 없다. 我於往昔 節節支解時 若有我相 人相 衆生相 壽者相 應生瞋恨 須菩提 又念過去於五百世 作忍辱仙人 於爾所世 無我相 無人相 無衆生相 無壽者相 sacen me subhūte tasmin samaye ātmasaṃjñā abhaviṣyat vyāpādasaṃjñāpi me tasmin samaye 'bhaviṣyat. sacet sattvasaṃjñā jīvasaṃjñā pudgalasaṃjñābhaviṣyat vyāpādasaṃjñāpi me tasmin samaye 'bhaviṣyat. tat kasya hetoḥ. abhijānāmy ahaṃ subhūte atīte 'dhvani pañca jātiśatāni yad ahaṃ kṣāntivādī ṛṣir abhūvam. tatrāpi me nātmasaṃjñā babhūva na sattvasaṃjñā na jīvasaṃjñā na pudgalasaṃjñā babhūva", 『대비바사론』 권182(대정장27, p.915a25)에 "그때의 인욕선인은 지금 세상의 석가모니이고, 갈리왕은 지금의 구수교진나다. 爾時忍辱仙人者 卽今世尊釋迦牟尼是 羯利王者 卽今具壽憍陳那是", 『자은전』 권2(대정장50, p.230b18)에 "몽게리성(瞢揭釐城) 동쪽 사오리 쯤에 있는 큰 솔도파는 자주 기이한 상서를 보인다. 이곳은 부처님께서 과거에 인욕선인이셨던 곳이니, 갈리왕〈한역하여 투쟁이라 한다. 구역에서 '가리'라고 한 것은 변한 음이다〉에 의해 몸이 잘렸던 곳이다. 城東四五里 有大窣堵波 多有奇瑞 是佛昔作忍辱仙人 爲羯利王〈唐言鬪諍 舊曰歌利訛也〉 割截身體處", 『완릉록』(대정장48, p.386a19)에 "마음을 일으키자마자 밖으로 향하여 구하면 '가리왕이 즐겨 놀며 사냥다닌다'라 하고, 마음이 밖으로 돌아다니지 않으면 곧바로 인욕선인이다. 몸도 마음도 모두 없어야 바로 불도다. 纔起心向外求者 名爲歌利王愛游獵去 心不外遊 卽是忍辱仙人 身心俱無 卽是佛道"라고 하였다.
〔참고문헌〕『賢愚經』, 『六度集經』, 『僧伽羅刹所集經』, 『大方等大集經』, 『金剛經』, 『大毘婆沙論』, 『慈恩傳』, 『宛陵錄』, *Jā.*, *Vajr-pr.* ⇨ 가리왕 歌利王, 가리왕할절인욕선 歌利王割截忍辱仙, 인욕태자 忍辱太子

인욕선인전 忍辱仙人傳 고려시대에 찬술된 불교계 설화문학집인 『석가여래십지수행기 釋迦如來十地修行記』 중 제5지(地)의 이름. 『육도집경 六度集經』 권5 「인욕도무극장 忍辱度無極章」(대정장3, p.25a15) 등에 전하는 석존의 인욕선인 시절의 본생담을 풀어낸 글이다. ⇨ 석가여래십지수행기 釋迦如來十地修行記

인욕육종공덕력 忍辱六種功德力 인욕의 평등지력으로 얻는 여섯 가지 공덕. 『법집경』 권3(대정장17, p.623c8)에 "무엇이 보살마하살의 인욕력인가? 보살은 다른 이가 욕해도 갚지 않으니, 저 메아리와 같은 평등지력을 얻었기 때문이다. 보살은 다른 이가 때려도 갚지 않으니, 저 거울의 영상과 같은 평등지력을 얻었기 때문이다. 보살은 다른 이가 괴롭혀도 갚지 않으니, 저 아지랑이인 듯한 평등지력을 얻었기 때문이다. 보살은 다른 이가 성을 내어도 갚지 않으니, 안으로 청정평등지력을 얻었기 때문이다. 세간의 여덟 가지 법에 물들지 않으니,

세간법청정평등지력을 얻었기 때문이다. 일체번뇌가 물들일 수도 없고 이길 수도 없으니, 인연을 쌓아 평등지력을 얻었기 때문이다. 요점을 들어 말하자면, 이러한 보살은 일체 물든 법문을 보아도 온통 청정문이다. 이를 보살마하살의 인욕력이라고 한다. 何者是菩薩摩訶薩忍辱力 若菩薩爲他所罵 而不加報 以得如響平等智力故 若菩薩爲他人所打 而不加報 以得鏡像平等智力故 若菩薩爲他所惱 而不加報 以得如幻平等智力故 若菩薩爲他所瞋而不加報 以得內清淨平等智力故 世間八法所不能染 以得世法清淨平等智力故 一切煩惱不能染不能勝 以得集因緣平等智力故 擧要言之 是菩薩見一切染法門 皆是清淨門是名菩薩摩訶薩忍辱力"라고 하였다. 〔참고문헌〕『法集經』. ⇨ 인욕력 忍辱力, 인욕 忍辱

인욕의 忍辱衣 ❶ 인욕이라는 옷. 『법화문구』 권8(대정장34, p.119a23)에 "그쳐 행할 줄 알기에 인욕의를 입고, 관해 행할 줄 알기에 여래좌에 앉으며, 자비가 있기에 여래실에 들어간다. 有止行故 著忍辱衣 有觀行故 坐如來座 有慈悲故 入如來室", 원효(元曉)의 『금강삼매경론』 권중(대정장34, p.988c25 · 한불전1, p.647c2)에 "인욕의를 입고서 지치지 않는다. 著忍辱衣 而不疲倦", 『대승본생심지관경』 권8(대정장3, p.330a3)에 "무엇이 서른두 가지 갑옷인가? … 아홉 번째는 인욕의를 입는 것이다. 모든 어긋난 인연을 만나 헐뜯고 욕하고 채찍질을 당한다고 해도 갚을 줄 모르는 큰 갑옷이다. 云何名爲三十二甲 … 九者 著忍辱衣 遇諸違緣 毁罵鞭打 不報大甲"라고 하였다. 〔참고문헌〕『法華文句』, 『金剛三昧經論』, 『大乘本生心地觀經』. ⇨ 여래의 如來衣, 인욕 忍辱 ❷ 가사(袈裟)의 별명. 인욕개(忍辱鎧)라고도 한다. 『석씨요람』 권상(대정장54, p.270b29)에 "〔문〕 그대들이 입고 있는 옷을 무엇이라고 하며, 어떤 공덕이 있는가? 〔답〕 인욕의이다. 삼보의 상으로서 위로는 요망한 마구니를 다스리고 아래로는 외도를 항복시킨다. 問 汝所披衣何名 有何功德 答 忍辱衣 三寶之相 上制天魔 下降外道"라고 하였다. 〔참고문헌〕『釋氏要覽』. ⇨ 인욕개 忍辱鎧❷, 가사 袈裟

인욕자비 忍辱慈悲 참아 견뎌 자비로움. 불법을 행하는 이의 바탕이 되는 마음이다. 『비바시불경』 권상(대정장1, p.155b27)에 "태자가 말했다. '어떻게 해야 출가인인가?' 수레를 끄는 유아가 답했다. '늙고 병들어 죽음을 깨우쳐 해탈문에 들어가 인욕자비를 행하며 열반안락을 구하고 영원히 친하고 애욕에 얽힌 이들을 떠나 사문이 되기를 바라면 출가인입니다'. 太子曰 云何名出家人 瑜誐答言 悟老病死 入解脫門 行忍辱慈悲 求涅槃安樂 永別親愛 願作沙門 名出家人", 『법화경안락행의』(대정장46, p.700c12)에 "고통을 당할 때는 인욕자비를 일으켜 성내는 마음을 일으키지 않고, 기쁨을 느낄 때마저 받는 마음을 관하고 여의어서 탐착하지 않는다. 受苦時 起忍辱慈悲 不生瞋心 受樂時 觀離受心 不貪著"라고 하였다. 〔참고문헌〕『毘婆尸佛經』, 『法華經安樂行義』. ⇨ 인욕 忍辱, 자비 慈悲

인욕정진 忍辱精進 인욕과 정진. 서로 인과 연이 되어 불퇴(不退)를 성취한다. 육바라밀(六波羅蜜)과 십바라밀(十波羅蜜)의 덕목이다. 『대승장엄경론』 권7 「도섭품 度攝品」(대정장31, p.627c21 : *Sūtr.*, p.100)에 "인욕하고 정진해야 이 둘로써 물러나지 않는다. 중생과 중생이 아닌 것이 짓는 고통을 참아내야 불퇴를 얻고, 정진하여 선법을 수행해야 불퇴를 얻는다. 行忍辱精進時 此二不退 忍於衆生非衆生所作苦 得不退故 精進於修行善時 得不退故 kṣāntiḥ satvānutsarge sarvopakāraduḥkhānudvegāt. vīryaṃ kuśalavivardhana ārabdhavīryasya tadvaddhigamanāt", 『대지도론』 권81(대정장25, p.629c14)에 "욕하고 때리더라도 능히 참는 것을 인이라고 하며, 기뻐하며 물러나지 않는 것을 정진이라고 한다. 이 두 가지 법은 때로는 정진으로부터 인욕이 일어나고, 때로는 인욕으로부터 정진이 일어난다. 若有罵詈打害 能忍者 是爲忍 歡喜不退 是爲精進 是二法或從精進生忍辱 或從忍辱生精進"라고 하였다. 〔참고문헌〕『大乘莊嚴經論』, 『大智度論』, *Sūtr.* ⇨ 인욕 忍辱, 정진 精進, 불퇴 不退, 육바라밀 六波羅蜜

인욕지 忍辱地 Ⓢ kṣānto bhavati bhūmi. 인욕의 땅. 보살이 끝내 돌아가 머무는 땅이며, 인욕만이 흔들림 없이 하게 하고 나아가 일체선법을 일으키며, 온갖 중생을 실어 견디고 온갖 법을 견뎌 알게 하며, 크게 견뎌 신통마저 일으키는 뜻이 있어 인욕을 대지에 비유한다. 『법화경』 권5 「안락행품 安樂行品」(대정장9, p.37a16 : *Saddh-p.*, p.275)에 "문수사리여, 무엇이 보살마하살의 행처인가? 보살마하살이 인욕지에 머무르면 온화하고 유순하여 서둘러 험악하지 않으며 마음 또한 놀라지 않는다. 또 법에 대해 행하는 바 없어 제법의 여실상을 관할 뿐이니 또한 행하지도 분별하지도 않는다. 이를 보살마하살의 행처라고 한다. 文殊師利 云何名菩薩摩訶薩行處 若菩薩摩訶薩 住忍辱地 柔和善順而不卒暴心亦不驚 又復於法無所行 而觀諸法如實相 亦不行不分別是名菩薩摩訶薩行處 kathaṃ ca mañjuśrīrbodhisattvo mahāsattva ācāragocarapratiṣṭhito bhavati. yadā ca mañjuśrīr bodhisattvo mahāsattvaḥ kṣānto bhavati dānto dāntabhūmim anuprāpto 'nutrastāsaṃtrastamanā anabhyasūyakaḥ yadā ca mañjuśrīr bodhisattvo mahāsattvo na kasmiṃś ciddharme carati yathābhūtaṃ ca dharmāṇāṃ svalakṣ aṇaṃ vyavalokayati. yā khalv eṣu dharmeṣv avicāraṇā avikalpanā ayamucyate mañjuśrīr bodhisattvasya mahāsattvasyācāraḥ", 『법화문구』 권8(대정장34, p.119b29)에 "일체가 돌아갈 곳은 바로 인욕지다. 땅은 곧 중도이니 모든 법이 돌아가기에 땅이라고 한 것이다. 뭇 행위가 그쳐 쉬기에 인욕이라 하니, 이는 바로 행하지만 행하지 않는 행이다. 一切所歸者 卽忍辱地也 地卽中道 諸法歸之 故名爲地 衆行休息 故名忍辱 此卽行不行之行也", 『법화의소』 권10(대정장34, p.595a8)에 "『대지도론』에 따라 두 가지 인을 푼다. 인욕지에 머무는 것은 생인에 해당하고, 뒤에 밝힌 공을 관한다는 것은 법인이다. 依智度論 二忍解之 住忍辱地者 謂生忍也 後明觀空 謂法忍也", 같은 책 권10(대정장34, p.595a22)에 "인욕을 땅이라고 한 것에는 두 가지 뜻이 있다. 첫째, 외부의 연에 움직이지 않기에 땅이라고 한다. 둘째, 능히 낳기를 땅과 같이 하니 모든 욕을 능히 견디고 어디에나 통하는 대법을 얻어 온갖 선을 낳기에 참는 마음을 일컬어 땅이라고 한다. 忍辱名地 有二種義 一者 不爲外緣所動 故名爲地 二者 能生如地 以能忍諸辱 得通大法 萬善便生 故名忍心 以之爲地", 『법화경안락행의』(대정장46, p.701b13)에 "무엇을 인욕지에 머문다고 하는가? 간략히 설하자면 세 가지 인(忍)이 있다. 첫째는 중생인이고, 둘째는 법인이다. 셋째는 대인으로 신통인이라고도 한다. 云何名爲住忍辱地 略說有三種忍 一者 衆生忍 二者 法忍 三者 大忍 亦名神通忍"라고 하였다. [참고문헌] 『法華經』, 『法華文句』, 『法華義疏』, 『法華經安樂行義』, *Saddh-p.* ⇨ 인 忍, 인욕 忍辱, 이인 二忍, 삼법인 三法忍, 생인 生忍, 법인 法忍 ■

인욕초 忍辱草 설산(雪山)에서 나는 풀. 이 풀을 먹은 소만이 제호(醍醐)를 낸다. 열반 또는 불성을 비유한다. 40권본 『대반열반경』 권27 「사자후보살품 師子吼菩薩品」(대정장12, p.525c24)에 "일체중생은 모두 불성이 있다. 선남자야! 설산에 인욕이라는 이름의 풀이 있는데 소가 먹으면 제호를 낸다. 또 다른 풀도 있고 소가 먹지만 제호는 내지 못한다. 비록 제호가 없다 하여 설산에 인욕초가 없다고 말할 수는 없으니, 불성 또한 이렇다. 설산이란 여래이고 인욕초란 대열반이며 다른 풀이란 십이부경이다. 一切衆生 悉有佛性 善男子 雪山有草 名爲忍辱 牛若食者 則出醍醐 更有異草 牛若食者 則無醍醐 雖無醍醐 不可說言 雪山之中 無忍辱草 佛性亦爾 雪山者 名爲如來 忍辱草者 名大涅槃 異草者 十二部經"라고 하였다. [참고문헌] 『大般涅槃經』, 『大方等無想經』 권2(대정장12, p.1085a23), 『宗鏡錄』 권88(대정장48, p.897b1). ⇨ 제호 醍醐, 십이부경 十二部經

인욕태자 忍辱太子 석존의 인위(因位)에서 행하신 모습 중 하나. 과거겁에 중병이 든 부왕의 연명을 위해 자신의 몸을 희생한 태자다. 『대방편불보은경』 권3(대정장3, p.137c18)에 전하는 인욕태자 본생담은 다음과 같다. 과거 비바시불(毘婆尸佛 Ⓢ Vipaśyin)이 입멸한 후 상법시대(像法)의 바라나국(波羅奈國 Ⓢ Vārāṇasī) 왕자로 태어났다. 부왕이 위독하자 여섯 명의 간신이 모의하여 성품이 착하고 성내지 않는 태자를 함정에 빠뜨렸다. 부왕을 치료할 약은 오직 '화내지 않는 사람의 눈과 골수'라고 태자에게 말하였다. 태자는 그 약은 바로 자신의 눈과 골수라고 여겨 자신의 골수를 빼내고 두 눈을 도려내어 왕을 살렸다. 태자가 희생했다는 소식을 듣고서 비탄에 빠진 부왕은 아들의 시신을 다비하고 유골을 추슬러 칠보탑에 공양하였다. 같은 책 권2(대정장3, p.137c29)에 "모양으로 길흉을 점쳐 이름을 지었으니 그 태자가 성품이 착하고 화낼 줄 몰라서 '인욕'이라고 하였다. 인욕태자가 나이 들어 성장하니 기꺼이 보시하고 총명하며 인자하였다. … 세존께서 미륵보살과 선남자 등의 대중에게 말씀하셨다. '마땅히 알라. 그때 바라내국의 대왕은 지금 나의 아버지이신 열두단(悅頭檀 Ⓢ Śuddhodana)이시고, 그때의 어머니는 지금 나의 어머니이신 마야(摩耶 Ⓢ Māyā)이시다. 인욕태자는 지금의 나다'. 占相吉凶 卽爲立字 以其太子 性善不瞋 名曰忍辱 忍辱太子 其年長大 好喜布施 聰明慈仁 … 世尊告彌勒菩薩 善男子等大衆 當知 爾時波羅奈大王者 今現我父悅頭檀是 爾時母者 今現我母摩耶是 忍辱太子者 今我身是"라고 하였다. [참고문헌] 『大方便佛報恩經』, 『肇論新疏游刃』 권하(卍속장96, p.551a12). ⇨ 인욕 忍辱, 인욕고행 忍辱苦行, 인욕선인 忍辱仙人

인욕태자전 忍辱太子傳 고려시대에 찬술된 불교계 설화문학집인 『석가여래십지수행기 釋迦如來十地修行記』 중 제2지(地)의 이름. 『육도집경 六度集經』 권1 「보시도무극장 布施度無極章」(대정장3, p.1b12)·『대장엄경론 大莊嚴經論』 권12(대정장4, p.321a26)·『현우경 賢愚經』 권1 「범천청법육사품 梵天請法六事品」(대정장4, p.351c6) 등에 전하는 석존의 본생담을 저본으로 한다. 부처님께서 과거세에 선주국의 인욕태자로서 보봉산에서 수행하였는데 하루는 매에게 쫓기던 토끼를 무릎 밑에 감추어서 생명을 구해주었다. 매가 태자를 원망하며 그의 몸을 요구하니 "태자 몸을 버려 먹게 하였다. 매가 태자에게 눈을 감게 하고 문득 날아올라 주위를 수차례 돌았지만 태자의 얼굴빛 전혀 놀라거나 두려움 없었다. 매 또한 감히 먹으려 하지 못하고 날아가버렸다. 太子捨身 任鷹食之 鷹令太子閉目 卽便騰身 飛遶數匝 見太子面容無改 全不驚怖 蒼鷹 以此不敢下口 飛武而去". ⇨ 석가여래십지수행기 釋迦如來十地修行記

인용 仁勇 송나라 때 임제종 양기파 스님. 법호는 보령(保寧). 속성은 축(竺)씨. 사명(四明 : 浙江省) 출신. 처음에는 천태를 배웠지만, 설두중현(雪竇重顯 980~1052)을 뵙고는 선종으로 전향하였다. 후에 양기방회(楊岐方會 996~1049)가 호남성(湖南省) 담주(潭州) 운개산(雲蓋山)에서 종풍을 선양한다는 소문을 듣고 찾아가 문하에서 깨달음을 얻었다. 방기가 입적한 후 동학인 백운수단(白雲守端 1025~1072)과 함께 제방을 다녔고, 후에 금릉(金陵 : 江蘇省) 보령사(保寧寺)에 주석하면서 선풍을 적극 선양했다. 제자에 수성지연(壽聖智淵)·수성범문(壽聖梵文)·보적종앙(寶積宗映)·경복일여(景福日餘) 등이 있다. 『보령인용선사어록 保寧仁勇禪師語錄』 1권(속고존숙어요3, 卍속장118, pp.955a9~964a9)이 있다. [참고문헌] 『續傳燈錄』 권13 「保寧仁勇傳」(대정장51, p.548a16), 『五燈會元』 권19(卍속장138, p.727a3). ⇨ 방회 方會

인용 引用 이끌어 씀. 『조론신소』 권하(대정장45, p.236b9)에 "논주가 끌어 씀에는 실로 많은 형식이 있다. 때론 문 그대로 끌어오거나, 때론 의미를 취해오거나, 때론 경명을 드러내거나, 때론 널리 들거나, 때론 다만 경의 인명만을 끌어오거나, 혹은 위아래의 자와 문만을 모아서 합하거나, 혹은 두 경을 끌어모아서 합하거나, 혹은 간략히 하거나, 혹은 상세히 한다. 論主引用 實有多式 或引正文 或取義引之 或出經名 或汎擧之 或但引經中人名 或合集上下字文 或合集兩經引之 或略或詳", 『불조통기』 권3(대정장49, p.151c17)에 "천태의 인용은 신역 80권본을 따랐으니, 이는 당대 실차난타(Ⓢ Śikṣānanda)가 한역한 것이다. 天台所引用者 若新譯八十卷是唐實叉難陀譯"라고 하였다. [참고문헌] 『肇論新疏』, 『佛祖統紀』, 『四分律行事鈔資持記』 권상(대정장40, p.157c9). ⇨ 인증 引證

인용 忍龍 용왕 이름. 음사어는 발사가(鉢娑呵)·발파가(鉢婆呵)이다. 『정법염처경』 권18(대정장17, p.105c13)에 "그리하여 그 정수리 위에 용과 뱀의 머리가 있고 그 성에 법을 행하는 용왕들이 있었다. 그 용왕의 이름은 칠두용왕 … 발사라용왕〈한역 이름은 인용〉이다. 이들과 같은 복덕의 용들은 법행을 따르고 선심으로 때에 맞게 비를 내려 세간의 오곡이 성숙하고 풍요롭고 즐거우며 안은하게 하여 재앙이 닥치지 않게 한다. 然其頂上有龍蛇頭 於其城中 有諸法行龍王 其名曰七頭龍王 … 鉢娑呵龍王〈魏言忍龍〉 如是等福德諸龍 隨順法行 以善心故依時降雨 令諸世間五穀成熟 豐樂安隱 不降災雹"라고 하였다. [참고문헌] 『正法念處經』. ⇨ 발파가 鉢婆呵

인용사 仁容寺 경상북도 경주시 인왕동에 있던 절. 문무왕(文武王 재위 661~681) 때에 당나라 감옥에 갇혀 있던 김인문(金仁問 : 문무왕의 아우)의 석방을 기원하며 창건하였다. 나당연합군이 백제와 고구려를 멸망시킨 후, 당나라는 손을 떼지 않고 백제와 고구려의 영토를 자신들의 직접 지배하에 두고자 하였다. 이에 문무왕은 무력으로 당나라 군사를 몰아내고 삼국통일을 완성했다. 이때 당나라에서 숙위(宿衛)하던 김인문은 비밀리에 유학하고 있는 의상(義湘)으로 하여금 당나라 군사가 신라를 침공하고자 한다는 급박한 정황을 본국에 알리게 했다. 이 보고를 받은 조정에서는 경주 신유림(神遊林)에 사천왕사(四天王寺)를 짓고, 명랑법사(明朗法師)로 하여 문두루비법(文豆婁祕法)을 행하게 하였으며, 두 차례 해전에서 당나라 군사를 전멸시켰다. 이에 격분한 당 고종(재위 650~683)은 김인문과 한림랑(翰林郎) 박문준(朴文俊) 등을 옥에 가두고 예부시랑(禮部侍郎) 악붕귀(樂鵬龜)를 신라에 보내 사천왕사를 조사하도록 했다. 이와 같이 급박한 양국 간의 사정을 안정시키기 위해 사천왕사 앞에 망덕사(望德寺)를 지어 당 황제의 축수를 비는 것으로 은폐하였다. 이와 때를 같이하여 강수(强首)에게 김인문 등을 석방해 주기를 청하는 상표문(上表文)을 짓게 하고, 외교가이며 사인(舍人)인 원우(遠禹)가 사신으로 가서 주청(奏請)한 결과, 고종이 표문을 보고 크게 감동하여 김인문 등을 사면했다.

인용사 치미

『삼국유사』 권2(대정장49, p.972b27·한불전6, p.288b19) 기이(紀異) 2 문무왕법민(文武王法敏)에 "인문이 옥에 있을 때 나라사람이 절을 짓고 그 이름을 인용사라 하였다 하고 관음도량을 개설하였다. 인문이 환국길에 바다 위에서 죽자 이를 바꿔 미타도량을 삼았다. 仁問在獄時 國人爲創寺名仁容寺 開設觀音道場 及仁問來還 死於海上 改爲彌陀道場" 하였으니, 그의 명복을 빌기 위함이었다. 일연(一然 120

인용사 출토기와

인용사지 발굴조사전경

6~1289)이 『삼국유사』를 저술할 때까지 존재하였으며 이후 사적은 자세하지 않다. 1916년 조선총독부에서 발행한 경주 지도에는 '인왕사지 仁旺寺址'로 기록하였으며, 1931년 대판금태랑(大坂金太郎)은 인왕리와 인용사가 발음이 유사하므로 이 유적을 인용사지라 이름하였다. 2002년 11월부터 2011년 8월까지 4차에 걸친 발굴조사를 진행하여 금당지·동서 탑지·십자형 건물지 등 유구와 금동불입상 2점·청동불입상 1점 등 불교관련 금속유물 및 와전(瓦塼)·토기·자기 등을 확인하였다. 〔참고문헌〕『三國遺事』, 『三國史記』 권46 列傳 6 强首, 『傳仁容寺址 발굴조사보고서 I』(국립경주문화재연구소, 2013). ⇨ 김인문 金仁問

인용왕 人龍王 Ⓢ upanaro nāgarājā, Ⓣ klu'i-rgyal-po-mi-dang-nye. 팔십일용왕(八十一龍王) 중 하나. 인치용왕(人値龍王) 또는 근인용왕(近人龍王)이라고도 한다. 〔참고문헌〕『大方等無想經』 권1(대정장12, p.1078c22), 『孔雀王呪經』 권하(대정장19, p.455a14), *Mvyut.168.* ⇨ 팔십일용왕 八十一龍王

인우구망 人牛俱忘 사람도 소도 모두 잊었네. 곽암사원(廓庵師遠)의 십우도송(十牛圖頌) 중 제8송. 소를 찾던 목동도 찾으려던 소도 모두 잊혀졌다는 말이니, 능소(能所)도 인법(人法)도 다 공한 뜻이다. 이 적멸(寂滅)에 뒤이은 제9 반본환원(返本還源)과 제10 입전수수(入廛垂手)로 세간으로 돌아온다. 『십우도송』「인우구망서 人牛俱忘序」(卍속장113, p.919b8)에 "범부의 망정도 남김없이 떨어졌고, 성인의 생각도 온통 비웠다. 부처 계신다 하니 짐짓 헤맬 일 없고, 부처 없는 곳이라 하니 급히 도망갈 일이다. 양 끝 머물 일 없어 천개의 눈으로도 엿볼 수 없다네. 온갖 새들 꽃 문다해도 한바탕 꼭두각시 놀음일 뿐. 凡情脫落 聖意皆空 有佛處 不用遨遊 無佛處 急須走過 兩頭不著 千眼難窺 百鳥含花 一場懡㦬", 이어서 곽암 「송 頌」에 "채찍과 고삐도 사람도 소도 온통 비었건만, 푸른하늘 저 멀리 이 소식 전할 길 없네. 붉게 타는 화로 불꽃 위로 어찌 눈송이 들이리오. 이에 이르러야 비로소 조종에 하나 되리라. 鞭索人牛盡屬空 碧天遼闊信難通 紅爐焰上爭容雪 到此方能合祖宗", 석고이(石鼓夷)의 「화 和」에 "부끄럽구나, 중생세계가 이미 텅 비었건만, 이 소식 통할 수만 있다면 뒤에 오는 이 없고 앞에 가는 이 없으리니, 어찌하랴. 누구에 의지하여 이 종지 이어가리. 慘愧衆生界已空 箇中消息若爲通 後無來者前無去 未審憑誰繼此宗", 괴납련(壞納璉)의 「우 又」에 "철퇴 한 방으로 큰 허공 부수고, 범성의 자취마저 다 사라져 통할 길 없네. 밝은 달 비치는 집 앞에 바람은 솔솔 불고, 온갖 강물은 바다로 돌아가지 않음이 없다. 一鎚擊碎大虛空 凡聖無蹤路不通 明月堂前風颯颯 百川無水不朝宗"라고 하였다. 〔참고문헌〕『十牛圖頌』. ⇨ 심우 尋牛, 십우도 十牛圖 ❶, 십우도송 十牛圖頌

인우구망 승보전 벽화 순천 송광사

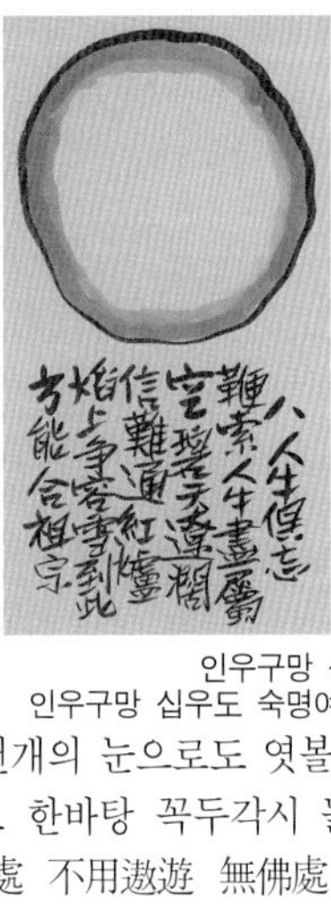

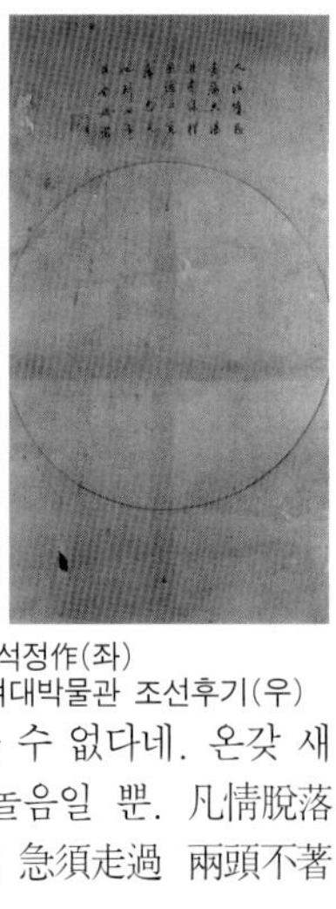

인우구망 석정作(좌)
인우구망 십우도 숙명여대박물관 조선후기(우)

인우암 印又庵 황해남도 신천군 구월산(九月山)에 있던 암자. 『동국여지승람』 권42 황해도 문화현 불우에 절의 이름과 위치가 기록되어 있으나, 『범우고』에는 폐사로 전한다. 〔참고문헌〕『東國輿地勝覽』, 『梵宇攷』, 『韓國寺刹全書』 권하 p.962a16.

인웅사자 人雄師子 인간의 영웅이시며 사자같으신 분. 부처님의 덕을 찬탄하는 말이다. 사자는 백수의 왕으로서 무외(無畏)를 상징한다. 『무량수경』 권상(대정장12, p.267a27)에 "무명도 탐욕도 분노도 세존께는 영원토록 없으시니, 인간의 영웅이자 사자로서 신이한 공덕이 가이 없으시네. 無明欲怒 世尊永無 人雄師子 神德無量"라고 하였다. 〔참고문헌〕『無量壽經』, 『無量壽經連義述文贊』 권중(대정장37, p.148c23·한불전2, p.44b11). ⇨ 인사자 人師子, 사자 師子 ❶

인원 印元 ❶ 고려전기 스님. 『일승법계도원통기』「간기 刊記」(한불전4, p.38c19)에 "임인년에 김생사 주지 수좌 인원이 고장에서 법기법사가 필사한 이 기의 방언본 1권을 찾아내어 후세에 유전시켰다. 壬寅歲 金生寺 住持首座印元 於古藏 搜得法璣法師所寫此記方言本一卷 流傳後進"라고 하였다. 〔참고문헌〕『一乘法界圖圓通記』. ⇨ 법계도원통기 法界圖圓通記 ❷ 조선후기 스님. 『동사열전』 권3 「두륜대사전 頭輪大師傳」(한불전10, p.1028a5)에 "(두륜청성이) 일찍이 두륜산에 들어가 인원노사에게 머리를 깎았다. 早投頭輪山 落髮於印元老師"라고 하였다. 〔참고문헌〕『東師列傳』. ⇨ 청성 淸性

인원 因願 인위(菩薩因位)에서 일으킨 원. 본원(本願)

이라고도 한다. 『연종보감』 권7 「염불정원설 念佛正願說」(대정장47, p.335c13)에 "그 까닭은 보현보살의 넓고 끝없는 원해와 아미타불의 48원문이 바로 이것이니, 시방제불과 옛날 선현이 모두 인원의 힘으로 보리를 성취할 수 있었음을 안다. 所以普賢廣無邊願海 彌陀有六八願門是 知十方諸佛上古先賢 皆因願力 而得成就菩提"라고 하였다. [참고문헌] 『蓮宗寶鑑』. ⇨ 본원 本願

인원 忍元 고려후기 스님 인원(忍源)의 다른 이름. 목암체원(木庵體元)이 제(題)한 『삼십팔분공덕소경』 「발문 跋文」(한불전6, p.604b18)에 "시주 월광대사 인원이 기록하다. 施主月光大師忍元誌"라고 하였다. [참고문헌] 『三十八分功德疏經』.

인원 忍源 고려후기 스님. 호는 월광(月光), 자는 보응(普應). 인원(忍元)이라고도 한다. 목암체원(木庵體元)의 속형(俗兄)이다. 『백화도량발원문약해』 「간기 刊記」(한불전6, p.577a13)에 "나의 가형인 보응대사 원공은 평생 관음대성을 깊이 믿어 화엄관음법문을 지송토록 권화하였다. 我家兄普應大師源公 一生偏信觀音大聖 勸誦花嚴觀音法門"라고 하였다. 30년 동안 「관세음보살보문품 觀世音菩薩普門品」을 독송하였으며, 목암체원에게 청탁하여 『백화도량발원문약해』(한불전6, pp.570c1~577b5)와 「화엄경관음지식품」(한불전6, pp.602b1~604b23) 등을 짓게 하였다. [참고문헌] 『白花道場發願文略解』, 「華嚴經觀音智識品」, 『羅麗藝文志』 p.254, 『古書綜合目錄』 p.512. ⇨ 체원 體元, 백화도량발원문약해 白花道場發願文略解, 화엄경관음지식품 華嚴經觀音智識品

인원 隣圓 등각(等覺)을 달리 이르는 말. 원만한 묘각(妙覺)에 가까웠음을 뜻한다. 『법화문구』 권4상(대정장34, p.47c22)에 "도가 더해 더욱 높아질 생사는 덜해 다하고, 원만 묘각에 가까워 그 끝에 다하니 오로지 이 한 번의 생사만이 있을 뿐이다. 增道彌高 損生彌盡 隣圓際極 唯一生在", 『법화문구기』 권4하(대정장34, p.228c16)에 "인원이란 무슨 뜻인가? 원은 원만으로서 꽉 찬 위에 가깝다는 말이니, 묘각에 접해 있다는 뜻이다. 그 끝이 다했다는 것은 인원을 드러냈을 따름이다. 言隣圓者 圓謂圓滿 近於滿位 隣妙覺也 言際極者 顯隣圓耳"라고 하였다. [참고문헌] 『法華文句』, 『法華文句記』. ⇨ 등각 等覺❷, 묘각 妙覺❶, 만위 滿位❶, 원만 圓滿

인원과만 因圓果滿 인 두렷해 이즈러짐 없고 과도 가득차다는 말. 일체행을 빠짐없이 닦아 심은 씨앗 더할 수 없어 그 열매인 과덕 또한 가득 찼다는 뜻으로, 불과(佛果)로서의 묘각(妙覺)을 가리킨다. 『대승본생심지관경』 권1(대정장3, p.295a2)에 "삼승기겁 동안 중생을 건지고 부지런히 팔만바라밀을 닦아서 인을 두렷이 하여 과가 가득하고 정각을 성취하니, 수명 멈추고 응연하여 오고 감도 없네. 三僧祇劫度衆生 勤修八萬波羅蜜 因圓果滿成正覺 住壽凝然無去來", 『화엄경소』 권33(대정장35, p.754c8)에 "등각은 묘각과 비등하지만 인이 원만할 뿐이고, 묘각에서 행마저 버려야 비로소 과 가득하다 부른다. 等覺等於妙覺 而但是因圓 妙覺捨行 方稱果滿", 『유마경현소』 권3(대정장38, p.533a18)에 "인원이란 이제를 쌍으로 비춰서 자연히 흘러든다는 뜻이다. 과원이란 묘각부사의와 열반삼덕의 과는 종도 횡도 아니다. 因圓者 雙照二諦 自然流入也 果圓者 妙覺不思議三德之果 不縱不橫也", 『수능엄의소주경』 권8(대정장39, p.926c26)에 "광겁에 수행하여 인이 두렷하고 과도 가득차야 비로소 구경이라 부른다. 曠劫修行 因圓果滿方稱究竟", 『아미타경요해편몽초』 권중(卍속장91, p.963a6)에 "보신은 인도 차고 과도 가득차다라 했으니, 만행의 인이 이즈러짐 없고 만덕의 과도 가득차서 보리를 얻었다고 한다. 報身因圓果滿者 萬行之因圓 萬德之果滿 名得菩提"라고 하였다. [참고문헌] 『大乘本生心地觀經』, 『華嚴經疏』, 『維摩經玄疏』, 『首楞嚴義疏註經』, 『阿彌陀經要解便蒙鈔』. ⇨ 불과 佛果, 불지 佛地, 묘각 妙覺❶, 인 因❶, 인과 因果, 인위 因位, 인지 因地

인원과해 因源果海 인이라는 샘과 과로서의 바다. 『화엄경소초』 권1(대정장36, p.3b15)에 "만일 '인은 과의 바다를 꾸리고 과는 인의 샘을 사무치니 둘은 서로 거듭 사무친다'고 한즉 깊음을 드러낸다. '처음 마음을 일으켰을 때 문득 정각을 성취한다'(60권본 『화엄경』 권8, 대정장9, p.449c14)함은 '인이 과를 꾸린다'는 뜻이다. 비록 불도를 얻었다 하더라도 인문을 버리지 않으니 '과는 인을 사무친다'는 뜻이다. 若云 因該果海 果徹因源 二互交徹 則顯深也 初發心時 便成正覺 因該果也 雖得佛道 不捨因門 果徹因也", 『범망보살계경의소발은』 권5(卍속장59, p.817b17)에 "심체란 처음에 닦아야 할 바라서 인이라 하고, 마지막에 거두는 증을 과라 한다. 인은 과의 바다를 갖추니 인의 바탕이 한계가 없고, 과는 인의 원천에 사무치니 과의 바다는 한계가 없다. 그러므로 장이라 한다. 心體 始之所修 曰因 終之所證 曰果 而因該果海 因地無邊 果徹因源 果海無限 故云藏也"라고 하였다. [참고문헌] 『華嚴經疏鈔』, 『華嚴經』, 『梵網菩薩戒經義疏發隱』. ⇨ 과해 果海, 인 因❶, 인과 因果

인원덕 因圓德 Ⓢ hetu-saṃpad, Ⓣ rgyu-phun-sum-tshogs-pa. 닦아 심은 행이 가득차 더할 것이 없는 덕. 부처님의 세 가지 원덕(圓德) 중 하나다. 무여수(Ⓢ sarvaguṇa-jñāna-saṃbhāra-abhyāsa)·장시수(Ⓢ dīrgha-kāla-abhyāsa)·무간수(Ⓢ nirantara-abhyā sa)·공경수(Ⓢ satkṛtya-abhyāsa)를 말한다. 『구사론송소론본』 권27(대정장41, p.966b5)에 "인원덕에는 다시 네 가지가 있다. 첫째 무여수이니, 복덕지혜를 닦아 남김없이 함이다. 둘째 장시수이니, 삼아승기야를 닦음에 권태가 없다. 셋째 무간수이니, 찰나찰나에 틈없이 닦는다. 넷째 존중수이니, 배운 것을 공경하여 닦아 게으름이 없다. 因圓德者 復有四種 一 無餘修 福德智慧 修無遺故 二 長時修 三阿僧祇耶 修無倦故 三 無間修 刹那刹那 時無廢故 四 尊重修 恭敬所學 修無慢故"라고 하였다. [참고문헌] 『俱舍論頌疏論本』, 『俱舍論』 권27(대정장29, p.141b11), *Abh-k-bh.415.* ⇨인 因❶, 삼종원덕 三種圓德, 사수 四修❶, 무간수 無間修, 무여수 無餘修, 장시수 長時修, 존중수 尊重修

인월 印月 ❶조선후기 스님. 율사이면서 『화엄경』에 정통하였던 경담서관(鏡潭瑞寬 1824~1904)의 사미계 사이다. [참고문헌] 『石顚文鈔』 「華嚴宗主鏡潭大律師碑文」, 智冠 『韓國高僧碑文總集 朝鮮朝·近現代』 p.778. ⇨서관 瑞寬 ❷1919년 3·1독립운동 때 불교계의 자금조달책을 맡아 활동하였던 서울 종로구 숭인동 청룡사(靑龍寺) 비구니 상근(祥根 1872~1951)의 법호. [참고문헌] 『靑龍寺誌』(청룡사지편찬실, 1972) pp.155~160. ⇨상근 祥根 ❸➡지행 智幸

인월 寅月 인지(寅支)에 당하는 달. 음력 정월을 말한다. 『석씨계고략』 권1 「제우 帝禹」(대정장49, p.743a3)에 "인월을 한 해의 처음으로 정했다. 以建寅月爲歲首", 『번역명의집』 권3(대정장54, p.1101c10)에 "대략 서역에서는 인월 16일을 한 해의 첫 날로 삼고, 인월 15일은 한 해의 마지막 날이 된다. 蓋西域以寅月十六 爲歲首 以寅月十五 爲歲終"라고 하였다. [참고문헌] 『釋氏稽古略』, 『翻譯名義集』.

인월사 印月寺 ❶강원도 강릉시 저동에 있는 절. 신라 화랑들이 모여 심신을 단련하였던 곳이라 전한다. 1326년(충숙왕13)에 존무사(存撫使) 박숙정(朴淑貞)이 이곳에 경포대(鏡浦臺)를 건립하였으므로, 인월사는 그전에 폐사된 듯하다. 근래에 새로 지은 인월사가 인근에 있다. [참고문헌] 『한국사지총람』 권상(문화재청·佛敎文化財硏究所, 2010) p.199. ❷전라남도 장성군 불대산(佛臺山)에 있던 절. 『동국여지승람』 권36 전라도 진원현 불우에 절의 이름과 위치 및 김시습(金時習)의 시가 전하고 있으나, 김상헌(金尙憲 1570~1652)의 『청음집』 권3 「오산잡영 鼇山雜詠」(한국문집총간77, p.36b7)에는 "옛 지취와 무너진 터는 푸른 언덕에 버려져 있고 동봉(김시습)의 시판도 남아 있지 않네. … 여기까지는 인월사다. 古跡遺墟寄碧巒 東峯詩板亦無存 … 右印月寺"라고 하였다. [참고문헌] 『東國輿地勝覽』, 『淸陰集』, 『韓國寺刹全書』 권하 p.962a18.

인월암 印月庵 강원도 양양군 오봉산(五峯山)에 있던 암자. 낙산사(洛山寺)의 산내암자였다. 1697년(숙종23)에 정수(精粹)가 창건하였으나 폐사되었다. [참고문헌] 『韓國寺刹全書』 권하 p.962a20, 『乾鳳寺本末事蹟』(亞細亞文化社, 1977) p.121.

인위 人爲 사람이 하다. 사람으로서 하는 유위(有爲)의 행은 무명(無明)의 인간이 하는 일로서 천연(天然)이니, 무위(無爲)를 거스른다는 뜻이다. 『원각경심경』 권3(卍속장93, p.999a1)에 "어찌 학의 긴 다리를 자르고 오리의 짧은 다리를 늘리겠는가! 설령 그렇게 할 수 있다 해도 조작일 뿐이다. 저 사람이 비단을 오색으로 물들이는 것도 조작이다. 이제 원각의 성이라 할진대는 성 스스로 본래 그러해서, 사람이 해서 지어낼 수 있는 것은 아니다. 그러므로 '다 같지는 않다'고 한다. 豈可截鶴之長 續鳧之短 假使得成 亦屬造作 且人將物帛 染爲五色 乃造作也 今爲圓覺之性 性自天然 非人爲之僞也 故云無平等者", 『금강경휘찬』 권상(卍속장40, p.277b8)에 "무위법이란 자연의 각성이기에 사람의 함을 빌리지 않는다. 이것인즉 무상보리의 별명이다. 無爲法者 乃自然覺性 不假人爲者也 即是無上菩提之別名", 『정토극신록』(卍속장110, p.135b1)에 "마치 까마귀의 검은 깃털이나 복잡하게 얽힌 거미의 집과 같으니 어찌 조작을 빌리거나 애써 사람이 한 것이겠는가! 무명으로 채운 배와 습기 가득한 상자로 오로지 밖을 향해 달려 구하니, 어찌 안으로 정념을 행하겠는가! 猶烏鴉之黑羽 蜘蛛之網纏 甯假造作 豈勞人爲 以其無明滿腹 習氣全箱 專慣向外馳求 奚有內行正念"라고 하였다. [참고문헌] 『圓覺經心鏡』, 『金剛經彙纂』, 『淨土極信錄』. ⇨무위 無爲

인위 因位 ❶Ⓢ hetv-avasthā. 인으로서의 위. 보살행 등의 위를 말한다. 『삼무성론』 권하(대정장31, p.878b13)에 "인위에서는 생사와 열반 두 곳에 걸림이 없다. 왜 그러한가? 중생을 아끼고 생사에 애착하지 않기 때문이다. 과위에서는 열반에 들었어도 다시 마음을 일으키니, 저 소승에서 '부처님은 무심정에 들었어도 돌이켜 다시 마음을 일으키신다'라고 설하는 것과 같다. 在因位中 於生死涅槃 二處無礙 何以故 由愛衆生 不愛生死故 在果位中入涅槃 有更起心 如小乘說 佛入無心定 還更起心也", 『반야이취분술찬』 권2(대정장33, p.48a23)에 "위에서 설한 모든 공덕 등을 인위에서는 보살행이라 하고, 과위에서는 불보리라 한다. 此上所說 諸功德等 若在因位 名菩薩行 若在果位 名佛菩提", 『대승광백론석론』 권5(대정장30, p.214a6)에 "불세존께서 옛적 인위에 계실 때 일체유정을 이락케 하기 위하여 가없는 공용의 원행을 일으키셨는데, 이로 말미암아 무분별지혜를 증득하셨다. 謂佛世尊 在昔因位 爲欲利樂 一切有情 發起無邊 功用願行 由此證得 無分別慧"라고 하였다. [참고문헌] 『三無性論』, 『般若理趣分述讚』, 『大乘廣百論釋論』, *Madhy-vibh.56.* ⇨ 인지 因地, 십팔수분위 十八修分位, 부정위 不淨位[2] **2** 인의 위. 행성(行性)과 이성(理性)으로서의 불성(佛性), 즉 여래장(如來藏)을 말한다. 『대승법계무차별론소』 권1(대정장44, p.63a20)에 "법에는 또한 두 가지 뜻이 있다. 첫째는 인위에서 행하는 법이고, 둘째는 과위에서 거두는 법이다. 계에도 두 가지 뜻이 있다. 첫째는 인위로 여래장이라 하고, 둘째는 과위로 법신이라 한다. 法亦二義 一 因位行法 二 果位德法也 界亦二義 一 因位 名如來藏 二 果位 名法身", 원측(圓測)의 『인왕경소』 권중(대정장33, p.406a28・한불전1, p.89a18)에 "인위에 있을 때는 행성과 이성으로 불성을 삼는다. 在因位中 行性理性 以爲佛性", 『금강명최승왕경소』 권1(대정장39, p.176c18)에 "인위에 있을 때를 여래장이라 하니, 법신이라 이름하지 않는다. 如在因位名如來藏 非名法身故"라고 하였다. [참고문헌] 『大乘法界無差別論疏』, 『仁王經疏』, 『金光明最勝王經疏』. ⇨ 여래장 如來藏, 불성 佛性

인위 忍位 Ⓢ kṣānty-avasthā, kṣānti, kṣānti-lābha, Ⓣ bzod-pa'i-gnas-skabs, bzod-pa, zhi-ba-thob-pa. 사선근위(四善根位) 중 제3위 또는 칠현위(七賢位) 중 제6위. 사성제(四聖諦)를 견뎌 깨우치고(忍可) 선근(善根)을 성취해 다시는 악취(惡趣)로 물러나지 않는 위. 인법(忍法)・인법위(忍法位) 등이라고도 한다. 유식위에 의지하면 인위는 인순정(印順定)에 의지해 하품여실지(下品如實知)를 발해서 소취능취공(所取能取空)을 상중하 삼품으로 닦는다. 『구사론』 권23 「분별현성품 分別賢聖品」(대정장29, p.119c3)에 "이 인법에는 하중상품이 있고 하중 두 품은 정위의 법(頂法 Ⓢ mūrdhan)과 같다. 곧 사성제경을 구족히 관하고 능히 십육행상을 갖춰 닦는다. 상품은 다르다. 오직 욕계고제만을 관하니 세제일법(世第一法 Ⓢ agra-dharma)과 서로 인접하다. 이런 뜻에 준하면 난위의 법(煖法 Ⓢ ūṣma-gata) 등의 선근은 모두 능히 삼계고 등을 다 반연해서 닦는다는 뜻이 성취되기에 간별하지 않는다. 곧 유가사는 색계와 무색계를 대치하는 도제 등 각각 성제의 행상 소연을 점차로 줄이고 덜어낸다. 그리고 다만 두 찰나(念)의 작의(作意)만으로 욕계의 고제경을 사유한다. 이 이전을 이렇게 가지런히 하는 것이 중인위다. 이 위를 좇아 끊임없이 뛰어난 선근을 일으키면 일행으로 일찰나를 남기니 상품인이다. 이 선근은 일어나면 상속하지 않기 때문이다. 상품인은 틈새없이 세제일법을 일으키니, 상품인과 같이 욕계고제를 연하여 일행상으로 오직 일찰나만을 닦는다. 此忍法有下中上 下中二品與頂法同 謂具觀察四聖諦境及能具修十六行相 上品有異 唯觀欲苦 與世第一相隣接故 由此義准 煖等善根 皆能具緣三界苦等 義已成立 無簡別故 謂瑜伽師於色無色對治道等 一一聖諦 行相所緣 漸減漸略 乃至但有二念作意 思惟欲界苦聖諦境 齊此以前名中忍位 從此位無間起勝善根 一行一剎那 名上品忍 此善根起不相續故 上品忍無間生世第一法 如上品忍緣欲苦諦修一行相唯一剎那"라고 하였다. [참고문헌] 『俱舍論』, 『大毘婆沙論』 권5(대정장27, p.24a19), 『顯揚聖敎論』 권16(대정장31, p.562a12), 『俱舍論記』 권23(대정장41, p.345a14), *Sūtr.93・121., Abh-k-bh.344.* ⇨ 인 忍, 인순정 印順定, 사선근위 四善根位[1], 사위 四位[4], 상인 上忍[2], 칠현위 七賢位, 사가행위 四加行位, 가행위 加行位, 구사사선근 俱舍四善根, 법상사선근 法相四善根, 사제십육행 四諦十六行

인위 隣位 옆자리. 옆자리에 앉는 사람. 승당(僧堂) 자기 자리(座位)의 좌우에 앉는 사람을 일컫는다. 『선원청규』 권1 「부죽반 赴粥飯」(卍속장111, p.882b2)에 "나물 찌꺼기나 과일 씨는 큰 발우 뒤 보이지 않게 해서 인위가 꺼리는 일이 없도록 한다. 인위의 발우에 남은 음식이나 과일이 있거든 비록 사양할지언정 받아먹어서는 안 된다. 또 인위에 바람을 싫어하는 사람이 있거든 부채를 부쳐서는 안 된다〈자기가 바람이 싫거든 유나에게 밝히고 당사 밖에서 먹는다〉. 菜滓果核 安鎭鉢後屛處 以避隣位之嫌 如隣位鉢中 有餘食及果子 雖讓不得取食 及隣位有怕風之人 不得使扇〈如自己怕風 白維那堂外喫食〉", 같은 책 권4 「성승시자노두직당 聖僧侍者爐頭直堂」(卍속장111, p.899a15)에 "범하는 일이 있는 듯하면 인위와 대중이 꾸짖어 못하게 해야 한다. 如有所犯 卽鄰位及衆人呵止"라고 하였다. [참고문헌] 『禪苑淸規』.

인위만행 因位萬行 인위에서 닦는 온갖 행. 과지만덕(果地萬德)에 대칭한다. 『대일경소지심초』 권6(대정장59, p.649b16)에 "'방편으로 구경을 짓는다'는 말은 인위만행의 방편으로써 과지의 구경을 이룬다는 뜻이다. 方便作究竟 謂以因位萬行方便 成果地究竟之義也", 『대승현문답』 권6(대정장70, p.600c15)에 "[문] 그렇다면 인위만행과 과위만덕 모두 승의 체인가? [답] 여기서 만선을 승체로 삼는다 한 것은 인과의 두 위에 통한다. [문] 인위만을 잡아 만선이라 취할 수 있지만 과위의 공덕과는 어떻게 통하는가? 대저 승이란 실어 나르는 뜻으로 행인을 실어 날라 생사를 벗어나 불과에 합하도록 하는 것이다. 따라서 인위만행을 승체라 할 수 있다. 어찌 과지에서의 뭇 선을 승체라 할 수 있겠는가? 問 爾因位萬行 果位萬德 俱爲乘體歟 答 今所言萬善

爲乘體者 通因果二位也 問 付因位可取其萬善 何通果位功德乎 夫乘是運出之義 運載行人 令出生死 合至佛果 故以因位萬行 可云乘體 何取果地之衆善 可爲乘體乎"라고 하였다. 〔참고문헌〕『大日經疏指心鈔』, 『大乘玄問答』. ⇨ 인지 因地, 만행 萬行, 인위 因位❶, 과지만덕 果地萬德

인위문신 隣位問訊 자기 자리(單位) 좌우에 있는 이와 인사함. 마주해서 인사하는 대좌문신(對坐問訊)과 대칭한다. 『백장청규』 권6 「부재죽 赴齋粥」(대정장48, p.1144a5)에 "자리에 오를 때 인위와 서로 인사한다. 上床時 問訊隣位"라고 하였다. 〔참고문헌〕『百丈淸規』. ⇨ 대좌문신 對坐問訊, 인위 隣位

인위시 因位時 인위로 행하는 때. 『대반야경』 권380(대정장6, p.964c27)에 "일체법의 자상공상을 비춰 깨우쳐 어둡지 않고 청정을 구족하니, 인위에 머무를 때를 보살마하살중이라 하고 과위에 이르면 여래응공정등각이라 한다. 그렇기에 보살마하살은 모든 여래응공정등각과 더불어 비록 일체상지를 얻었다고 할 수는 있지만 차별이 있다. 於一切法 自相共相 照了無闇 淸淨具足 住因位時 名爲菩薩摩訶薩衆 若至果位 卽名如來應正等覺 是故菩薩摩訶薩 與諸如來應正等覺 雖俱名得一切相智 而有差別", 『대승기신론동이약집』 권본(한불전3, p.693a10)에 "〔문〕 대원경지로 진실을 비추고 씀에 틈새나 끊어짐이 있는가? 〔답〕 그 제8식이 인위에 있을 때 항상 상속하여 구르고 변한다. 불과위에는 틈새나 끊어짐이 있는가? 항상 진리를 비추고 세속의 만사마저 비추기를 념념이 상속하여 간단이 없다. 問 大圓鏡智 照理之用 若有間斷耶 答 其第八識 有因位時 常相續轉變 佛果之位 有間斷耶 恒照眞理 亦照俗事 念念相續 無有間斷"라고 하였다. 〔참고문헌〕『大般若經』, 『大乘起信論同異略集』. ⇨ 인위 因位❶, 인지 因地

인위지모 因位智母 인위에서의 지혜의 어머니. 인위시의 불성(佛性)을 말한다. 두 가지 인위지모 중 수성지모(修性智母)는 행불성(行佛性), 이성지모(理性智母)는 이불성(理佛性)이다. 원측(圓測)의 『인왕경소』 권중(대정장33, p.406a10 · 한불전1, p.88c16)에 "수습에 나아가서 널리 가리니 둘로 나눈다. 처음은 인위지모를 밝힌 것이고, 나중의 '살바야(Ⓢ sarvajña : 一切智)의 체'는 과지모를 밝힌 것이다. 인위중에 나아가 경문을 둘로 나눈다. 먼저는 수성지모를 밝힌 것이고, 뒤의 '일체중생' 이하는 이성지모를 밝힌 것이다. 이러한 두 가지 성은 능히 불지를 낳기에 지모라 한다. 就廣辨修 文別有二 初明因位智母 後卽爲薩波若體者 果之智母 就因位中 文別有二 初明修性智母 後一切下 明理性智母 如是二性 能生佛智 故言智母"라고 하였다. 〔참고문헌〕『仁王經疏』. ⇨ 인위 因位❶, 지모 智母, 수성지모 修性智母, 이성지모 理性智母, 과지모 果智母

인유 人有 Ⓢ manuṣya-bhava. 인(人)으로서 존재함. 칠유(七有) 중 하나로 인취(人趣). 인간세계를 말한다. 인취유정(人趣有情)의 이숙과(異熟果)가 망실되지 않고 상속하여 고락(苦樂)의 과보를 낳기에 '유'라고 한다. 『구사론』 권8(대정장29, p.42a29 : *Abh-k-bh.*, p.114)에 "『칠유경』에서는 칠유를 설하였으니, 지옥유 · 방생유 · 아귀유 · 천유 · 인유 · 업유 · 중유를 말한다. 저 경에서는 오취 및 (오취의) 인(業有) 그리고 (오취로) 나아가는 방편(中有)을 설한다. 謂七有經 彼說七有 謂地獄有 傍生有 餓鬼有 天有 人有 業有 中有 彼經中說五趣 及因幷趣方便 kasmin sūtre sapta bhavā narakabhavas tiryagbhavaḥ pretabhavo devabhavo manuṣyabhavaḥ karmabhavo 'ntarābhava iti. atra hi pañca gatayaḥ sahetukāḥ sahāgamanāś coktāḥ"라고 하였다. 〔참고문헌〕『俱舍論』, *Abh-k-bh.* ⇨ 인 人, 인취 人趣, 칠유 七有

인유 仁裕 ❶ 고려초 스님. 균여(均如 923~973)와 친했던 도반(道伴). 당시 화엄종이 영주 부석사(浮石寺)를 총본산(總本山)으로 하였으나, 희랑(希朗)을 축으로 하는 해인사의 북악파(北岳派)와, 관혜(觀惠)를 의지하는 화엄사 남악파(南岳派)로 나뉘었으니, 고려 태조인 왕건(王建)과 후백제의 견훤(甄萱)이 각각 두 스님을 복전(福田)으로 모셨기 때문이다. 이 때 스님은 가야산 해인사에 주석하면서 균여와 함께 양파의 주축이 되는 스님들을 찾아 불법으로 한 자취로 돌아갈 것을 설득하였다. 『균여전』(한불전4, p.512a9)에 "스승께서 매양 한탄하시길, 남악과 북악의 종취 모순되어 나뉠 일 없으나 서로 간혀 갈래 많으니, 그 뜻 한 자취로 돌아가길 바라 수좌인유와 뜻을 같이 했다. 師每嘆南北宗趣 矛楯未分 庶塞多歧 指歸一轍 與首座仁裕同好"라고 하였다. 〔참고문헌〕『均如傳』. ⇨ 화엄종 華嚴宗, 희랑 希朗, 관혜 觀惠 ❷ 조선후기 스님. 백파긍선(白坡亘璇 1767~1852)의 문인이다. 〔참고문헌〕『東師列傳』 권5 「雪竇講伯傳」(한불전10, p.1060a21). ⇨ 긍선 亘璇

인유 引喩 ❶ Ⓢ Ⓟ udāharaṇa, Ⓣ dper-brjod-pa. 비유로 이끌다. 『장아함경』 권7 「폐숙경 弊宿經」(대정장1, p.43a21)에 "가섭이 답했다. '모든 지혜로운 이들은 비유로써 알게 한다. 이제 그대를 위해 비유를 이끌어 알게 하리라. 비유하자면, 저 도둑이 항시 간사함을 품고 왕이 금한 법을 범했다고 하자'. 迦葉報曰 諸有智者 以譬喩得解 今當爲汝引喩解之 譬如盜賊 常懷姧詐 犯王禁法"라고 하였다. 〔참고문헌〕『長阿含經』, *Mvyut.14*

0. ❷ Ⓢ dṛṣṭānta, Ⓣ dpe. 인명(因明) 용어. 실례(實例)를 들어 주장한 바 종(宗)을 증명함. 고(古)인명의 능성립법(能成立法 Ⓢ sādhana) 8법 중 하나로 삼지작법(三支作法)의 유(喩)를 말한다. 유·입유(立喩)라고도 한다. 『현양성교론』 권11(대정장31, p.531c17)에 "능성립법에는 여덟 항목이 있다. 첫째 입종, 둘째 변인, 셋째 인유, 넷째 동류, 다섯째 이류, 여섯째 현량, 일곱째 비량, 여덟째 지교(至敎 : 正敎量)이다. … 인유란 또한 소립(所立 : 주장)의 뜻을 성립시키기 위한 것이다. 인(因 : 이유)이 의지하는 바를 끌어들여 모든 세간이 관습적으로 인정하는 알기 쉬운 법을 비유로 드는 것이다. 能成法八種者 一 立宗 二 辯因 三 引喩 四 同類 五 異類 六 現量 七 比量 八 至敎 … 引喩者 亦爲成就所立義故 引因所依諸餘世間 串習共許 易了之法 以爲比況", 『인명입정리론소』 권상(대정장44, p.97c20)에 "〔문〕 어째서 다음이 인유인가? 〔답〕 능히 뜻을 성취하고자 의지할만한 현실에 존재하는 일을 드러내 보이고자 하기 때문이다. 問 何故次引喩耶 答 爲欲顯示能成道理之所依止現見事故"라고 하였다. 〔참고문헌〕 『顯揚聖敎論』, 『因明入正理論疏』, *Mvyut.140.* ⇨ 능립 能立, 유 喩❶, 능성립법팔종 能成立法八種, 인명 因明

인유 因由 인과 까닭. 인으로서의 까닭으로 어떤 일이 있게 된 실마리나 배경을 말한다. 『중아함경』 권33 「석문경 釋問經」(대정장1, p.635a22)에 "(천왕석이) 다시 여쭈었다. '대선인이시여! 인색하고 시기함은 어떤 인이고 무슨 연이며, 무엇을 좇아 어떻게 일어나서, 무엇을 연유하여 있게 됩니까? 다시 어떤 인을 말미암아야 인색하고 시기함 없이합니까?' 復問曰 大仙人 慳嫉者 何因何緣 爲從何生 由何而有 復何因由 無慳嫉耶", 『정법화경』 권1(대정장9, p.65b27) "어떤 인유로 대광명 터지듯 입에서 뿜어내십니까? 何所因由 奮大光明 而從口出"라고 하였다. 〔참고문헌〕 『中阿含經』, 『正法華經』. ⇨ 인 因❶, 인연 因緣

인유 麟喩 ➡ 인각유독각 麟角喩獨覺

인유독각 麟喩獨覺 ➡ 인각유독각 麟角喩獨覺

인유동 因儒童 부처님 제자 중 힐혜제일(黠慧第一)로 불리는 비구. 『아비담팔건도론』 권27(대정장26, p.899c23)에서는 혜도마납(醯兜摩納)으로 음사하였다. 본래 실라벌성(室羅筏城 Ⓢ Śrāvastī) 부유한 가문의 아들로 일천(日天)을 섬겼으나, 혼인하는 날에 부처님과의 문답에 깨우쳐 바로 아라한과를 얻었다. 『대비바사론』 권179(대정장27, p.901a4)에 "저 힐혜란 마치 말이 사람의 뜻을 잘 알아들어서, 놀라더라도 사람을 해치지 않는 것과 같다. 존자 인유동 역시 이와 같아서 힐혜로 부처님의 뜻을 잘 알고, 물으실 때 그 뜻에 따라 바르게 답한다. 如黠慧 馬善識人意 雖或驚觸 無損於人 尊者因儒童 亦復如是 由黠慧故 善知佛意 於詰問時 隨順正答", 『발지론』 권18(대정장26, p.1018a29)에 "'나의 제자 가운데 인유동은 힐혜제일이고, 바희가 등은 민첩제일이다'. '이 두 사람은 어떻게 차별하는가?' '존자 인유동은 마음이 바르고 왜곡함이 없으며 순질함이 뛰어나다. 존자 바희가 등은 마음이 유하고 고르며 부드러워 더불어 순함에 뛰어나다'. 我弟子中 因儒童 黠慧第一 婆呬迦等 敏捷第一 此二何差別 答 尊者因儒童 心直心無曲 心淳質增上 尊者婆呬迦等 心濡心調柔 心和順增上"라고 하였다. 〔참고문헌〕 『阿毘曇八犍度論』, 『大毘婆沙論』, 『發智論』. ⇨ 혜도마납 醯兜摩納, 힐혜 黠慧

인유정 人有情 사람으로서의 유정. 인간계의 중생을 말한다. 『섭대승론본』 권2(대정장31, p.142b21)에 "무량한 세계에 무량한 인유정들이 찰나찰나에 무상정등보리를 깨닫는다. 이것을 제일로 연마해야 할 마음이다. 이 의요로 말미암아 능히 보시 등의 바라밀을 행한다. 無量諸世界 無量人有情 刹那刹那證覺無上正等菩提 是爲第一練磨其心 由此意樂 能行施等波羅蜜多", 『섭대승론석』 권6(대정장31, p.350b17)에 "인취 중 무량세계의 무량중생이 찰나찰나 능히 무상정등보리를 증득한다고 하는데, 어째서 지금 나만 홀로 깨닫지 못하는가? 謂人趣中 無量世界 無量有情 刹那刹那 能證無上正等菩提 云何我今獨不能證"라고 하였다. 〔참고문헌〕 『攝大乘論本』, 『攝大乘論釋』. ⇨ 인취 人趣, 유정 有情

인육의 因六義 ➡ 인문육의 因門六義

인육팔전 因六八轉 인명(因明)·육합석(六合釋)·팔전성(八轉聲)의 세 분야를 한데 모아 이르는 말. ⇨ 인명 因明, 육합석 六合釋, 팔전성 八轉聲

인응 因應 마땅함을 인할 뿐이다라는 말. 하던 그대로 따라서 응한다는 뜻이니, 만물과 만사에 이름 붙이는 일 등이다. 『조론』 「열반무명론 涅槃無名論」(대정장45, p.158b28)에 "이것을 그렇게 부르는 것은 마땅함을 인해서 지을 뿐이니, 자취를 나타내면 생이라 하고 자취를 감추면 멸이라 하며, 생은 유여라 하고 멸은 무여라 한다. 其爲稱也 因應而作 顯迹爲生 息迹爲滅 生名有餘 滅名無餘"라고 하였다. 〔참고문헌〕 『肇論』.

인의 仁義 Ⓟ dhamma-cariyā sama-cariyā kusala-kiriyā puñña-kiriyā. 어질고 의로움. 법다이 바르고 선하여 공덕이 되는 행의 뜻으로 축생도 등에서는 행할

수조차 없다.『선생자경』(대정장1, p.254c19)에 "보화를 쌓아놓고 있는 이라면 마땅히 인의를 위해 써야하네. 居積寶貨者 當興爲仁義",『중아함경』 권53「치혜지경 癡慧地經」(대정장1, p.761b21 : *Bālapaṇḍita-sutta, MN.3,* p.169)에 "만약 어리석은 사람이 축생으로 나면 다시 사람으로 나기는 심히 어렵다. 왜 그런가? 저 축생도에서는 인의를 행할 수 없고 예법도 행하지 못하며 아름다운 선행도 할 수 없다. 저 축생이란 게다가 서로 잡아먹으니 강한 놈이 약한 놈을 먹고 큰 놈이 작은 놈을 먹는다. 若愚癡人 從畜生出 還生爲人 極大甚難 所以者何 彼畜生中 不行仁義 不行禮法 不行妙善 彼畜生者 更相食噉 强者食弱 大者食小 khippataraṃ kho so bhikkhave kāṇo kacchapo amukasmiṃ ekacchiggaḷe yuge gīvaṃ paveseyya. ato dullabhatarāhaṃ bhikkhave manussattaṃ vadāmi sakiṃ vinipātagatena bālena. taṃ kissa hetu. na hettha bhikkhave atthi dhammacariyā samacariyā kusalakiriyā puññakiriyā aññamaññakhādikā ettha bhikkhave vattati dubbalamārikā",『출요경』 권22(대정장4, p.727a12)에 "이 염부제경계에 인의가 머무니, 이 십육대국을 벗어난 곳에는 찾아볼 수 없다. 此閻浮境 仁義所居 無有出此十六大國",『선림보훈』 권4(대정장48, p.1034c11)에 "주지의 바탕은 네 가지이니 첫째는 도덕, 둘째는 언행, 셋째는 인의, 넷째는 예법이다. 도덕과 언행은 가르침의 바탕이요, 인의와 예법은 가르침의 끝이다. 본이 없으면 설 수 없고 끝이 없으면 이룰 수 없다. 住持之體有四焉 一道德 二言行 三仁義 四禮法 道德言行乃教之本也 仁義禮法乃教之末也 無本不能立 無末不能成"라고 하였다. 〔참고문헌〕『善生子經』,『中阿含經』,『出曜經』,『禪林寶訓』,『孟子』,『書狀』「答汪狀元狀」(대정장47, p.932c6), *MN.*

인의 因義 Ⓢ hetv artha, Ⓣ rgyu'i-don. 인의 뜻. 인으로서의 뜻. 일체종지(一切種智)나 불보리(佛菩提) 등 청정법계나 피안을 성취시키는 씨앗으로서의 인의 의미를 푼 것이다.『대승장엄경론』 권3(대정장31, p.606a17 : *Sūtr.*, p.44)에 "〔석〕 이 게송은 법계의 인의 뜻을 드러내보였다. '일체종여지로 정법계인을 닦는다' 한 것은 청정법계를 위해서 일체시에 일체종여문지를 닦는 것으로써 인을 삼는다는 뜻이다. 釋曰 此偈顯示 法界因義 一切種如智 修淨法界因者 謂爲淸淨法界 於一切時 修一切種如門智 以爲因故 〈bhāṣya〉 eṣa hetvarthaṃ phalārthaṃ cārabhya dvitīyaḥ ślokaḥ. sarvatasthatājñānabhāvanā dharmadhātuviśuddhihetuḥ. sarvata iti sarvadharmaparyāyamukhaiḥ",『아비달마잡집론』 권1(대정장31, p.694c6)에 "'거룩한 행의 바다를 뛰어넘어 피안에 오르네'라는 말은 인의를 드러낸 것이다. 부처님의 보리는 일체종과 극희지 등 십지의 거룩한 행으로 무량무수대겁 동안 원만히 수습한 인을 좇아 생겨나기 때문이다. 超聖行海 昇彼岸者 顯因義 謂佛菩提 從一切種極喜等 十地聖行 無量無數大劫 圓滿修習因所生故"라고 하였다. 〔참고문헌〕『大乘莊嚴經論』,『阿毘達磨雜集論』, *Sūtr.* ⇨ 일체종지 一切種智

인의도중 仁義道中 인의의 길 중에서 세간의 법 또는 관습의 길에 서서의 뜻. 선문에서 격외(格外)로 나오게 하는 방편으로 언급한다.『위산어록』(대정장47, p.578c5)에 "위산이 정병을 앙산에게 건네려는데, 앙산이 받으려 하자 위산이 손을 거두며 말했다. '이것은 무엇인가?' '화상께서는 도대체 무엇을 보신 것입니까?' '그러하다면 굳이 나에게서 찾을 필요가 있는가?' '비록 그렇긴 하지만 인의도로는 화상께서 주시면 받아 정병의 물을 버림이 이 또한 본분사입니다'. 위산이 이에 정병을 앙산에게 건넸다. 師過淨瓶與仰山 仰山擬接 師却縮手云 是甚麼 仰山云 和尙還見箇甚麼 師云 若恁麼 何用更就吾覓 仰山云 雖然如此 仁義道中 與和尙提瓶挈水 亦是本分事 師乃過淨瓶與仰山",『연등회요』 권23「구봉보만장 九峰普滿章」(卍속장136, p.808b3)에 "학인이 절을 올리자 구봉이 때렸고 학인이 말했다. '인의도중으로 예배하는 일 어찌 허물이 됩니까?' '온 곳 알 수 없으니 모름지기 엄한 령 따를 뿐이네'. 僧作禮 師便打 云 仁義道中 禮拜何咎 師云 來處不明 須行嚴令"라고 하였다. 〔참고문헌〕『潙山語錄』,『聯燈會要』,『碧巖錄』 3칙「本則」(대정장48, p.142c11).

인의리어 引義利語 오어로(五語路) 중 하나. 뜻으로 이끌어 이롭게 하는 말.『집이문족론』 권13(대정장13, p.422a6)에 "〔문〕 무엇이 인의리어인가? 〔답〕 예컨대 한 필추가 다른 필추의 범계·범견·범궤칙·범정명의 죄를 지적할 때, 그 다른 필추는 이러한 죄를 고백하지도 드러내지도 다른 이에게 보이지도 참회하여 없애지도 않는다면, 때론 죄가 남아있으니 유여라고 말해야 한다. 그가 이와 같이 말하는 것을 인의리어라고 한다. 問 云何引義利語 答 且如苾芻擧他苾芻 犯戒犯見犯軌則犯淨命罪 然他苾芻 於如是罪 未陳首未發露未顯示未悔除 或有餘言有餘 彼如是語 名引義利語"라고 하였다. 〔참고문헌〕『集異門足論』. ⇨ 오어로 五語路

인이 忍異 Ⓟ añña-khantika. 다른 법을 견뎌 승인함. 다른 가르침을 믿는 것을 말한다. 이인(異忍)이라고도 한다.『장아함경』 권11「아누이경 阿㝹夷經」(대정장1, p.70a14)에 "그대가 (淨解脫에) 들어가려 한다면 아주 어려울 것이다. 그대의 견도 인도 행도 다르기 때문이다. 다른 나머지 견에 의지하여 정해탈에 들고자 한다면 얻기 어렵다. 汝欲入者 甚爲難也 汝見異忍異行異欲依餘見 入淨解脫者 難可得也", 상응하는 팔리경전 *Pāṭika-sutta*(*DN.3*, p.35)에 "박가바여, 다른 견해를 지니고 다른 것을 받아들이며 다른 것을 좋아하고 다른 정근을 하며 다른 스승을 따르는 그대가 정해탈을 얻어 머물기는 어렵다. dukkaraṃ kho evaṃ bhaggava tayā aññadiṭṭhikena aññakhantikena aññarucikena aññatrāyogena aññatrācariyakena subhaṃ vimokkhaṃ upasampajja viharituṃ"라고 하였다. [참고문헌]『長阿含經』, *DN.* ⇨ 이인 異忍

인이품 因異品 Ⓢ vaidharmya-dṛṣṭānta-hetu. 인명(因明) 용어. 인(因 : 이유)으로서의 다른 품. 주장하는 바 종(宗)을 성취시키는 유(喩 : 실례) 중 인을 성립시키지 않는 예로서 이유(異喩 : 부정적 실례)의 필수조건이다. 가령 '말소리는 무상하다(宗)' '만들어진 것(所作性)이기 때문에(因)' '마치 허공 등과 같이(異喩)'라는 논증식에서 허공의 상주성(常住性)이라는 인은 소작성이라는 인과 무관하기에 인이품이라 한다. 이 논증이 참이려면 유에 '마치 물단지와 같이(同喩)'라는 동유도 함께해야 한다.『인명입정리론소』권상(대정장44, p.106a15)에 "따라서『인명입정리론』(대정장32, p.11b9 : *Nyāy-pr.*, p.1)에서 다음과 같이 말한다. '이품이란 이곳에 세울 수 없는 것이다. 또 이것이 상이라 하면 지을 수 없는 것을 보여야 하니 허공 등과 같이 vipakṣo yatra sādhyaṃ nāsti yan nityaṃ tad akṛtakaṃ dṛṣṭam yathākāśām iti'. 이것은 다만 약술해서 없다고 한 것이니, 바로 무상에 대해 다툴 때에는 오직 상을 들어 보여야 하기에 이품이라고 한다. 이치에 준하면 앞에서와 같이 따라 응해 세울 법이 없고, 이 주장하는 곳에는 그 인이 전혀 없어야 인이품이라 한다. 故論說言 謂於是處無其所立 又若是常 見非所作 如虛空等 此但略無 正諍無常 唯擧見常 名爲異品 准理同前 無隨所應所立之法 無此宗處定遍無因 名因異品"라고 하였다. [참고문헌]『因明入正理論疏』,『因明入正理論』, *Nyāy-pr.*

인인 人因 사람으로 나는 인.『화엄경탐현기』권14(대정장35, p.368a8)에 "선에서 상품은 하늘의 인이고, 중품은 사람의 인이며, 하품은 아수라인이다. 善中上者天因 中者人因 下是修羅",『화엄경소초』권70(대정장36, p.562a4)에 "하품십선은 사람의 인이고, 중품십선은 욕계천의 인이고, 상품십선은 색계와 무색계의 인이다. 下品十善是人因 中品十善是欲天因 上品十善是色無色界因",『원각경대소석의초』권9(卍속장14, p.833a11)에 "사람으로 나는 인연은 풀이나 돌 따위와는 관계가 없다. 이런 까닭에 돌에는 풀의 인연이 없어 풀로 나지 않고, 풀에는 사람의 인연이 없어 사람으로 나지 않으며, 사람 중에 물고기 등이 나지 않는다. 人生因緣 不關草等石等 是故 石中無草因緣 不生於草 草中無人因緣 不生於人 人中不生於魚等"라고 하였다. [참고문헌]『華嚴經探玄記』,『華嚴經疏鈔』,『圓覺經大疏釋義鈔』. ⇨ 인人, 인천 人天, 인업 人業

인인 引因 이끄는 인. 끌어 내는 인으로 원과(遠果)와 잔과(殘果)를 낳는다. 근과(近果)와 정과(正果)를 낳는 생인(生因)에 대칭한다. 이 인인으로 만물이 문득 사라지지 않고 잔해와 주검으로 남아 서서히 사라지는 행상을 설명한다.『성유식론』권2(대정장31, p.9c1) "이 종자의 세력이 근과와 정과를 낳는 것을 생인이라 하고, 멀고 남은 과를 이끌어 갑자기 사라지지 않게 하는 것을 인인이라 한다. 此種勢力 生近正果 名曰生因 引遠殘果令不頓絶 卽名引因",『성유식론술기』권3(대정장43, p.312a12)에 "[술] 그 내외종자가 근과와 정과를 낳으면 생인이라 하고, 원과와 근과를 이끌어 내면 인인이라 한다. 무성이 이르길 '내식종자가 현행식 등을 낳는 것을 근과라 한다. 이것은 생인이다. 명색 등에서 본다면 이것은 원과이니, 이것은 인인이다. 외종자는 싹에서 본다면 이것은 근과이니, 이것은 생인이 된다. 줄기 등에서 본다면 이것은 원과이니, 이것은 인인이 된다'라고 하였다. 천친은 이르길 '내종자가 정과를 일으킨다면 생인이라 하고, 잔과를 일으킨다면 인인이라 한다. 곧 현재의 종자가 현재의 몸을 낳는 것을 생인이라 하고 육처 등을 낳는 것도 모두 생인이라 한다. 그 밖의 마른 나무와 썩어가는 주검 등을 끌어 인인이라 한다'라고 하였다. … 만약 인인의 세가 나뉘는 힘이 없다면 모든 것은 모두 죽은 후에 갑자기 끊어져 화생이 나고 죽는 듯 하리라. 述曰 其內外種 生近果生正果 名生因 引遠果引殘果 名引因 無性云 如內識種 生現識等 名近果 是生因 望名色等是遠果 是引因 外種望芽 是近果 是生因 望莖等是遠果是引因 天親云 如內種子生正果 名生因 生殘果 名引因 卽現在種 生現在身 名生因 生六處等 皆名生因 引餘枯喪屍骸等 名引因 … 若無引因勢分力者 一切死後 皆應頓絶如化生死"라고 하였다. [참고문헌]『成唯識論』,『成唯識論述記』. ⇨ 생인 生因, 인업 引業, 원과 遠果

인인 因人 심고 행하는 이. 보리의 씨앗을 틔워 불과(佛果)를 향해 행하는 이의 뜻으로 스님과 보살 등 모든 행자를 말한다.『화엄경탐현기』권17(대정장35, p.431a12)에 "[문] 부처님은 과인이고 보살은 인인인데 어떤 이유로 인인에서는 불신이 이승이 되는가? [답] 이것은 보현위 중에서야 보살과 부처님은 가지런하기 때문이다. 問 佛是果人 菩薩因人 何故因人 能令佛身 作二乘耶 答 此是普賢位中 菩薩與佛齊故",『금광명경현의습유기』권4(대정장39, p.35b29)에 "모두들 '인인에게

과인의 성품이 있다'고 말하는데 그 이름이 불성이다. 皆言因人有果人之性 故名佛性", 『열반경소사기』 권6(卍속장57, p.862a12)에 "스님을 인인이라 하는 까닭은 부처님에게 의지하여 수행하기 때문이다. 僧是因人者 依佛修行故也"라고 하였다. 〔참고문헌〕『華嚴經探玄記』, 『金光明經玄義拾遺記』, 『涅槃經疏私記』. ⇨인위 因位[1], 과인 果人, 불성 佛性

인인 因因 인의 인. 사종불성(四種佛性) 중 하나로 무명(無明)은 행(行)의 인(因)이고 행은 다시 식(識)의 인이 되듯이, 십이지(十二支) 각각이 서로 인과 인이 되어 일어나는 뜻에서 연기의 지혜를 뜻한다. 『대반열반경』에서는 인인을 지혜라고 하였고 길장(吉藏)은 관지(觀智)라고 하였으며, 정영사(淨影寺) 혜원(慧遠)은 보살도라 하였다. 40권본 『대반열반경』 권27(대정장12, p.524a6)에 "인의 인이란 바로 지혜다. 因因者 卽是智慧", 『대승의장』 권1(대정장44, p.473c28)에 "인인이란 보살도를 말한다. 도가 일어남은 반드시 십이인연으로 일어나니 인을 좇아 인이 일어나기에 인인이라 한다. 言因因者 謂菩薩道 道起必由十二緣生 從因起因 故曰因因", 『대승현론』 권3(대정장45, p.37c17)에 "인인이란 곧 연인이다. 십이인연이 일으킨 관지다. 경계가 이미 인이니 관지는 인인으로 있게 되었기에 인인이라 한다. 所言因因者 卽是緣因 謂十二因緣所生觀智也 境界已是因 此之觀智 因因而有 故名因因"라고 하였다. 〔참고문헌〕『大般涅槃經』, 『大乘義章』, 『大乘玄論』. ⇨십이지 十二支, 인과 因果, 과과 果果, 인인과과 因因果果

인인과과 因因果果 인의 인과 과의 과. 인(因)은 가까운 것의 인이지만 먼 것에는 다시 인의 인이 되고, 과도 앞선 것의 과이지만 멀리 앞선 것에게는 과의 과가 되는 뜻이다. 40권본 『대반열반경』 권27(대정장12, p.524a5)에 "선남자야, 불성이란 이 인으로 있고 인인으로 있고, 과로 있고 과의 과로 있다. 인이 있다는 것은 바로 십이인연이고, 인인이란 바로 지혜이며, 있는 과란 아누다라삼막삼보리이고, 과과란 무상대반열반이다. 선남자야, 예를 들어 무명이 인이면 모든 행이 과이고, 행이 인이면 식이 과인 것과 같다. 이런 뜻이므로 저 무명체는 인이고 또 인인이며, 식 또한 과이고 과과이다. 불성 역시 그러하다. 善男子 佛性者 有因 有因因 有果 有果果 有因者 卽十二因緣 因因者 卽是智慧 有果者 卽是阿耨多羅三藐三菩提 果果者 卽是無上大般涅槃 善男子 譬如無明爲因 諸行爲果 行因識果 以是義故 彼無明體 亦因亦因因 識 亦果亦果果 佛性亦爾", 『법화현의석첨』 권11(대정장33, p.891c19)에 "무명은 행에 대하여 인이라 하고, 식에 대해서는 인인이라 하며, 과거인에 대해 과라 하고, 과거인인에 대해서는 과과라고 한다. 無明望行 名之爲因 若望於識 名爲因因 望於往因 名之爲果 望往因因 名爲果果"라고 하였다. 〔참고문헌〕『大般涅槃經』, 『法華玄義釋籤』. ⇨인인 因因, 과과 果果, 인과 因果, 십이인연 十二因緣, 삼세양중인과 三世兩重因果

인인구족 人人具足 사람사람마다 갖춰 가득하다는 말. 본분사(本分事)에서 말하자면 모두가 부처인 뜻이다. 개개원성(箇箇圓成) 또는 각각원성(各各圓成)과도 함께 쓴다. 『원오어록』 권11(대정장47, p.765b28)에 "말해보라. 모든 이들 분상에 이 한 소식이 있는가? 만약 없다고 한다면 사람마다 빠짐없이 갖추고 있고 낱낱에 두렷이 밝았는데 무엇 때문에 없다고 하겠는가? 만약 있다고 한다면 여러분 지금 몸과 마음 둔 곳 어디인가? 여지없이 알겠는가? 且道 諸人分上 還有這箇消息也無 若無 人人具足 箇箇圓成 因什麽却無 若有 諸人卽今 在甚處安身立命 還知落處麽", 『진심직설』(대정장48, p.999b22)에 "천진자성 사람사람마다 구족하고, 열반의 아름다운 바탕 낱낱이 두렷이 밝았네. 天眞自性人人具足 涅槃妙體箇箇圓成", 『불조광화상어』(속고존숙어요5, 卍속장119, p.93a13)에 "사람마다 구족하고 낱낱이 두렷이 성취했으니, 겨우 입 열어보았자 마을의 조롱거리가 되리라. 만일 상류라면 당장에 황금 자물쇠를 끊고 그윽한 빗장 부수라. 만리 구름이 걷히고 푸른 하늘 오롯이 드러나리니 일년은 삼백육십일이고, 나날은 그대로이리. 人人具足 箇箇圓成 纔開臭口 便見鄉談 若是上流 直下掣斷金鎖 擊碎玄關 萬里雲開 靑天獨露 便知道 一年三百六十日 日日一般"라고 하였다. 〔참고문헌〕『圜悟語錄』, 『眞心直說』, 『佛照光和尙語』, 『碧巖錄』 62칙 「評唱」(대정장48, p.194a13), 『緇門警訓』 「重刊序文」(대정장48, p.1040c25). ⇨개개원성 箇箇圓成, 인인본구 人人本具, 개유불성 皆有佛性

인인본구 人人本具 사람마다 본래 갖추고 있다는 말. 인인구족(人人具足)이라고도 한다. 『고봉원묘어록』(卍속장122, p.670a9)에 "이 일단의 기특한 일에 대해 말하자면, 사람사람이 본래 갖추고 있고 낱낱에 두렷이 성취해 있다. 若論此一段奇特之事 人人本具 箇箇圓成"라고 하였다. 〔참고문헌〕『高峰原妙語錄』, 『蓮宗寶鑑』 권5(대정장47, p.328a22). ⇨인인구족 人人具足

인인중법 因人重法 사람을 인해야 법이 무거워진다는 말. 사람을 만나야 법은 비로소 소중하게 된다는 뜻이다. 『왕생론주』 권상(대정장40, p.826c16)에 "거의 사람으로 인해야 법 비로소 무거워지므로 '내가 지었다'고 한다. 그러므로 '『무량수경우파제사원생게』 바수반두보살 지음'이라고 되어 있다. 庶因人重法 故云 某造 是故言 無量壽經優婆提舍願生偈 婆藪槃頭菩薩造"라고 하였다. [참고문헌] 『往生論註』.

인인진유장안로 人人盡有長安路 사람사람에게는 모두 장안으로 가는 길이 있다는 말. 누구에게나 부처의 길이 있는 뜻이다. 『경덕전등록』 권24 「남대수안전 南臺守安傳」(대정장51, p.401b12)에 "어떤 학인이 남대에게 물었다. '사람마다 모두 장안으로 가는 길이 있다고 하는데, 어떻게 도달할 수 있습니까?' '바로 지금은 어디에 있는가?' 有僧問 人人盡有長安路 如何得到 師曰 卽今在什麽處"라고 하였다. [참고문헌] 『景德傳燈錄』.

인일 寅日 인(寅)의 날. 『법원주림』 권45(대정장53, p.634b3)에 "산중에서 인일에 관리라 칭하는 놈은 호랑이고, 길이 나의 집이라고 하는 놈은 이리고, 면장이라 칭하는 놈은 살쾡이다. 山中寅日 有稱虞吏者 虎也 稱當路居者 狼也 稱令長者 貍也"라고 하였는데, 『포박자 抱朴子』 「등섭 登涉」에서 인용한 대목이다. [참고문헌] 『法苑珠林』. ⇨ 인월 寅月

인일폐식 因噎廢食 목이 메일까 두려워 먹기를 그만둔다는 말. 두려움이나 의심으로 도에 나아가지 못함을 경계하는 뜻이다. 『여씨춘추』 「탕병 蕩兵」에 "음식을 넘기다 목이 막혀 죽은 사람이 있다고 하여 천하의 음식을 금한다면 잘못이다. 夫有以饐死者 欲禁天下之食 悖"라는 말에서 유래한다. 『어제간마변이록』 권8(卍속장114, p.499b19)에 "저 글로 밝히 드러낼 수 없다고 한다면 저절로 이 글은 닿지 못할 뿐이니, 글 때문에 이르지 못했다면 이는 또한 뜻으로도 사무쳐 밝힐 수 없다. 유와 무를 끊고 이 이치를 분명하게 꿰뚫었어도 그것을 다 할 수 있는 문자는 없다. 그러나 어찌 먹다가 목이 멘다고 하여 음식 먹기를 그만두겠는가! 문자로 밝힐 수 없다고 하여 마침내 문자를 세우지 않을 수야 있겠는가! 如文不能發明 自是文不至 文之所以不至 自是理之未曾透明 斷無有透明此理 而無文字可以達之者 何得因噎廢食 因文不能明 遂乃不立文字", 『종보도독어록』 권5 「답진추도종백 答陳秋濤宗伯」(卍속장126, p.152a7)에 "길에서 듣고 길에서 퍼뜨리고 물고기 눈과 진주를 가리지도 못한다. 비록 성인이 다스리는 세상일지라도 면할 수 없는 일이 있다. 만일 이러한 무리들 때문에 마침내 신심의 길 다하지 못하고 의심한다면 이 또한 먹다가 목이 멨다고 하여 먹기를 그만두는 격이다. 至於道聽塗說 魚目明珠之混 雖聖人之世 亦所不免 若因此輩 而遂疑信心之道有未盡 則又因噎廢食也"라고 하였다. [참고문헌] 『呂氏春秋』, 『御製揀魔辨異錄』, 『宗寶道獨語錄』.

인입 引入 끌어들인다는 말. 이끌어 들어가게 한다는 뜻. 『대일경소』 권19(대정장39, p.769c20)에 "만일 그 사람의 성품이 부드러우면서도 곧고 담백하여 온갖 선행을 갖추었다면 이와 같은 사람이야말로 이끌어 관정법으로 들일 만하다. 또한 항상 자비심을 품고 있는 사람이라야 만다라로 이끌어 들게 하기에 적합하다. 若其人性 調柔質直 具諸善行 如是之人 乃可引入 灌頂之法也 又有常悲者 乃合引入 漫荼羅也", 『종경록』 권12(대정장48, p.480a13)에 "이름있는 것들을 이름 없는 곳으로 끌어들여 구경에는 모두 본심의 적멸한 경지에 이르게 한다. 用有名引入無名 究竟咸令 到於本心 寂滅之地"라고 하였다. [참고문헌] 『大日經疏』, 『宗鏡錄』.

인자 仁者 ❶ Ⓢ tvat, mārṣa, Ⓟ mārisa. 2인칭 존칭. 상대를 존중하여 부르는 말. 『잡아함경』 권9(대정장2, p.59b25)에 "존자순다가 존자아난에게 말했다. '인자는 많이 들어 뛰어나시니, 내가 먼 곳에서 와서 존자의 처소를 방문함은 이 법을 묻기 위함이오'. 尊者純陀 語尊者阿難言 仁者最爲多聞 我從遠來 詣尊者所 爲問此法故", 『대일경소』 권4(대정장39, p.622c23)에 "범음 이이는 인자라고 한다. 梵音爾爾 名爲仁者"라고 하였다. [참고문헌] 『雜阿含經』, 『大日經疏』, 『佛本行集經』 권24(대정장3, p.767a29), *Gaṇḍ-vy.300.*, *Lal-v.13.*, *SN.1.232.* ❷ Ⓢ sat-puruṣa. 어진 이. 『조론소』 권중(대정장45, p.184b29)에 "어진 이에게는 반드시 용기가 있지만, 용기 있는 이라고 하여 반드시 어진 것은 아니다. 仁者必有勇 勇者不必有仁也"라고 하였다. [참고문헌] 『肇論疏』, 『三教平心論』 권상(대정장52, p.785c6), *Saddh-p.446.* ⇨ 인의 仁義

인자 仁慈 Ⓟ metta. 어질고 자비로움. 『장아함경』 권2 「유행경 遊行經」(대정장1, p.12a8)에 "어질고 자비로운 말을 베풀 뿐 나쁜 말을 하지 않는다. 口宣仁慈 不演惡言", 상응하는 팔리경전 *Mahāparinibbāna-sutta* (*DN.2*, p.80)에 "비구들이여, 비구들이 도반들에 대해 드러나거나 드러나지 않더라도 자애로운 구업만을 보인다면 비구들이여, 그대들은 향상할 일만 있어 쇠퇴할 일 없으리. yāvakīvañca bhikkhave bhikkhū mettaṃ vacīkammaṃ paccupaṭṭhāpessanti sabrahmacārīsu āvī ceva raho ca vuddhiyeva bhikkhave bhikkhūnaṃ pāṭikaṅkhā no parihāni", 『증일아함경』 권39(대정장2, p.760b25)에 "인자의 갑옷을 입고 손에는 삼매의 활과 지혜의 화살을 쥐고서 저 마구니 대중을 기다렸다. 著仁慈之鎧 手執三昧之弓 智慧之箭 俟彼大衆", 『낙방문류』 권3 「전당백련사주비 錢唐白蓮社主碑」(대정장47, p.183c25)에 "맑고 고요하여 헛되이 함이 없고 인자하여 죽이는 일 없었다. 清靜而無爲 仁慈而不殺"라고 하였다. [참고문헌] 『長阿含經』, 『增壹阿含經』, 『樂邦文類』, 『普曜經』 권6(대정장3, p.521a10), 『無量壽經』

권하(대정장12, p.277b28), *DN.*

인자과 引自果 종자육의(種子六義) 중 하나로. 종자는 스스로의 과(自果)를 이끌어 낸다는 뜻이다. 색인(色因)에서는 색과(色果)를, 심인(心因)에서는 심과(心果)를 이끌어 생하게 한다. 일인(一因)에서 일체과(一切果)를 낸다는 대자재천론(大自在天論)의 외도설과 색심(色心)이 서로 인연이 된다는 유부의 주장을 논파하는 근거다. 『성유식론』 권2(대정장31, p.9b25)에 "여섯 번째는 인자과다. 따로따로의 색심등과에 각각 이끌어 생하게 하니 바야흐로 종자가 된다. 이것은 외도가 오직 하나의 인에서 일체과가 생한다고 주장하는 것을 배척한다. 또는 여타 부파가 색과 심 등이 서로에 대해 인연이 된다고 집착함도 막는다. 六 引自果 謂於別別 色心等果 各各引生 方成種子 此遮外道 執唯一因生一切果 或遮餘部 執色心等互爲因緣", 『성유식론술기』 권3(대정장43, p.311b25)에 "〔논〕 여섯 번째는 인자과이다~바야흐로 종자가 된다. 〔술〕 따로의 색과 따로의 심등과에 대해서 각각 스스로 끌어 생하게 하기에 종자라 할 수 있다. 선등색의 종자가 선등의 심과를 생한다면 종자라 할 수 없다. (색과 심은) 상응할 수 없기 때문이다. 論 六引自果 至方成種子 述曰 謂於別色 別心等果 各自引生 方名種子 非善等色種 生善等心果 可名種子 不相應故", "〔논〕 이것은 외도를 막고~일체과를 생한다. 〔술〕 '대자재천이 인이 되어 일체과를 낸다' 등이 모두 이러한 계탁이다. 과는 다름이 없어야 하지만 인이 하나이기 때문이다. 과에 다름이 있다면 인 역시 달라야 한다. 따라서 하나의 인이 일체과를 내는 것은 아니다. 〔논〕 또한 여타 부파가~서로 인연이 된다. 〔술〕 살바다 등은 선색이 네 가지 온(수상행식)에 대해 인이 되고, 네 가지 온은 색온에 대해 또한 인이 될 수 있다고 하였으나 이는 그렇지 않다. 오직 인자과만이 인과를 수순한다. 論 此遮外道 至生一切果 述曰 卽大自在爲因 生一切果等 皆是此計 果應無別 以因一故 果旣有異 因亦應殊 故非一因生一切果 論 或遮餘部 至互爲因緣 述曰 薩婆多等 以善色望四蘊爲因 四望色蘊 亦得爲因 此卽不然 唯引自果 因果隨順", 『섭대승론석』 권2(대정장31, p.329c10) "'오직 능히 스스로 과만을 이끌 뿐이다'라는 말은 자종은 단지 자과만을 이끌 뿐이라는 뜻이다. 마치 아뢰야식의 종자가 오직 아뢰야식을 끌어 생하고, 저 볍씨 등이 오직 볍씨 등만을 끌어와 나게 하는 것과 같다. 唯能引自果者 謂自種但引自果 如阿賴耶識種子 唯能引生阿賴耶識 如稻穀等 唯能引生稻穀等果"라고 하였다. 〔참고문헌〕 『成唯識論』, 『成唯識論述記』, 『攝大乘論釋』. ⇨ 종자육의 種子六義, 종자 種子, 아뢰야식 阿賴耶識

인자심동 仁者心動 그대들의 마음이 움직인다는 6조 혜능(慧能)의 화두. 종보본 『단경』 「행유 行由」(대정장48, p.349c10)에 "그때 바람이 불어 깃발이 움직이고 있었다. 한 학인은 '바람이 움직인다'고 하고, 또 다른 학인은 '깃발이 움직인다'라고 하며 의논이 끝이 없자, 혜능이 나아가 말하였다. '바람이 움직이는 것도 아니고 깃발이 움직이는 것도 아니요 당신들의 마음이 움직이는 것이오'. 時有風吹旛動 一僧曰 風動 一僧曰 旛動 議論不已 惠能進曰 不是風動 不是旛動 仁者心動"라고 하였다. 〔참고문헌〕 『壇經』. ⇨ 비풍비번 非風非幡

인재경찬 因齋慶讚 재(齋)로 인해 기쁘게 찬탄함. 진정 먹은 것이 공양받은 밥 뿐이고 기쁘게 찬탄한 일인가라 되물어 본분사를 되새기는 뜻이다. 『양기후록』(대정장47, p.646b9)에 "한 학인이 물었다. '스님은 어느 집의 곡조를 부르고 어느 분의 종풍을 이었는지요?' '강 너머에서 북을 치니 소리가 들리지 않는다' '홍화의 적자요 임제의 후손이시군요' '오늘은 재를 베푼 공덕을 찬탄할 뿐이다'. 僧問 師唱誰家曲 宗風嗣阿誰 師云 隔江打鼓 不聞聲 僧云 興化的子 臨濟兒孫 師云 今日因齋慶讚", 『벽암록』 74칙 「본칙 本則」(대정장48, p.201c23)에 "한 학인이 장경에게 물었다. '옛 사람(금우선사)이 「보살들, 밥 먹으러 오시게」라고 말한 속뜻은 무엇일까요?' 〈의심을 금할 수 없군. 원래 어디에 떨어질지 알 수 없다. 장경은 무엇이라 답할까?〉 '재를 베푼 공덕을 찬탄함과 크게 같다'〈자리 봐가며 타령하고 자백에 따라 판결을 내린다〉. 僧問長慶 古人道 菩薩子 喫飯來 意旨如何〈不妨疑著 元來不知落處 長慶道什麽〉 慶云 大似因齋慶讚〈相席打令 據款結案〉", 같은 칙 「평창 評唱」(대정장48, p.202a20)에 "장경이 '재를 베푼 공덕을 찬탄함과 아주 비슷하다'라고 하였으니 존숙이 과분하게 자비를 베푸는 바람에 도리어 잘못이 적지 않지만 옳기는 옳다. 재를 베푼 공덕을 찬탄할 뿐이다. 그대들이 답해 보라! 경찬이 무엇인가? … 설두는 '두 손으로 받쳐서 그에게 드린다'고 하였다. 답해 보라! 다만 저들에게 밥을 주었을 뿐인가, 그와 달리 기특함 있었던 것일까? 만일 이에 대하여 분명한 실마리 안다면 그가 바로 금털 사자의 새끼리라. 만일 금털 사자 새끼라면 결코 금우선사가 밥통을 들고서 춤추고 함박웃음을 지을 리 없을 것이니, 곧바로 삼천 리 밖을 향하여 문득 잘못된 곳 알리라. 慶云 大似因齋慶讚 尊宿家忒殺慈悲 漏逗不少 是則是 因齋慶讚 爾且道 慶讚箇什麽 … 雪竇道 兩手持來付與他 且道 只是與他喫飯 爲當別有奇特 若向箇裏 知得端的 便是箇金毛獅子子 若是金毛獅子子 更不必金牛 將飯桶來 作舞大笑 直向三千里外 便知他敗缺處"라고 하였다. 〔참고문헌〕 『楊岐後錄』, 『碧巖錄』, 『大慧語錄』 권14(대정장47, p.869b6).

인재고경행처설법계 人在高經行處說法戒 백중학법(百

衆學法) 중 하나. 높은 경행처에 있는 이를 위한 설법을 금하는 계. 『사분율』 권21(대정장22, p.712c17)에 “청법할 사람은 높은 경행처에 있고 자신은 낮은 경행처에 있으면서 그에게 법을 설해서는 안 된다. 병자는 제한다. 시차계뢰니(중학)이니라. 人在高經行處已在下經行處 不應爲說法 除病 尸叉罽賴尼”라고 하였다. 〔참고문헌〕『四分律』, 李智冠 『南北傳六部律藏比較硏究』 p.349. ⇨ 백중학법 百衆學法, 식차가라니 式叉迦羅尼

인재고좌설법계 人在高座說法戒　백중학법(百衆學法) 중 하나. 높은 곳에 앉아 있는 이에게 설법을 금하는 계. 『사분율』 권21(대정장22, p.712c13)에 “법을 들을 사람은 높은 곳에 있고 자신은 낮은 곳에 있다면, 그에게 법을 설해서는 안 된다. 병자는 제한다. 시차계뢰니(중학)이니라. 人在高坐已在下坐 不得爲說法 除病 尸叉罽賴尼”라고 하였다. 〔참고문헌〕『四分律』, *Vin.4.204*, 李智冠 『南北傳六部律藏比較硏究』 p.346. ⇨ 백중학법 百衆學法, 식차가라니 式叉迦羅尼

인재도설법계 人在道說法戒　백중학법(百衆學法) 중 하나. 듣는 이는 길 위에 있고 설법하는 이는 길 밖에 서서 설법해서는 안 된다는 계. 『사분율』 권21(대정장22, p.712c19)에 “사람이 길에 있는데 자신은 길이 아닌 곳에 있으면서 그를 위해 법을 설해서는 안 된다. 병자는 예외다. 시차계뢰니(중학)이니라. 人在道已在非道 不應爲說法 除病 尸叉罽賴尼”라고 하였다. 〔참고문헌〕『四分律』, *Vin.4.205*, 李智冠 『南北傳六部律藏比較硏究』 p.348. ⇨ 백중학법 百衆學法, 식차가라니 式叉迦羅尼

인재전행설법계 人在前行說法戒　백중학법(百衆學法) 중 하나. 앞에 가는 이를 위해 뒤따라가면서 법을 설하는 행위를 금하는 계. 병자는 예외다. 『사분율』 권21(대정장22, p.712c15)에 “청법하는 사람이 앞에 가고 있는데 자신은 뒤에 있으면서 그에게 법을 설해서는 안 된다. 병자일 경우에는 예외이다. 시차계뢰니(중학)이니라. 人在前行已在後 不得爲說法 除病 尸叉罽賴尼”라고 하였다. 〔참고문헌〕『四分律』, 『摩訶僧祇律大比丘戒本』(대정장22, p.555a15), *Vin.4.205*, 李智冠 『南北傳六部律藏比較硏究』 p.347. ⇨ 백중학법 百衆學法, 식차가라니 式叉迦羅尼

인재좌기재비좌설법계 人在座已在非座說法戒　백중학법(百衆學法) 중 하나. 앉을 자리도 없이 앉아 있는 이를 위해 법을 설해서는 안 된다는 계. 『사분율』 권21(대정장22, p.712c11)에 “사람이 자리에 있는데 자신은 자리가 아닌 곳에 있으면서 그에게 법을 설해서는 안 된다. 병자는 예외다. 시차계뢰니(중학)이니라. 人在座已在非座 不得爲說法 除病 尸叉罽賴尼”라고 하였다. 〔참고문헌〕『四分律』, 李智冠 『南北傳六部律藏比較硏究』 p.346. ⇨ 백중학법 百衆學法, 식차가라니 式叉迦羅尼

인적론 因滴論　Ⓢ Hetubindu, Ⓣ gtan-tshigsd-thigs pa. 인도의 법칭(法稱 Ⓢ Dharmakīrti) 지음. 1권. 인명칠론(因明七論) 중 하나. 『인일적론 因一滴論』·『인륜일적론 因輪一滴論』이라고도 한다. 비량(比量)에 대해 서술한 책으로 인명을 처음 배우는 이가 익혀야 하는 기초적인 내용이며, 삼지(三支) 중 인(因)을 건립하는 규칙 등을 서술하고 있다. 티베트 겔룩파(格魯派) 스님들의 필독서다. 아르차타(Ⓢ Arcaṭa)가 주석한 범본이 출판되어 있다. 티베트역에는 본론(東北目錄 No.4213) 외 조복천(調伏天 Ⓢ Vinītadeva)의 주(東北目錄 No.4234·4235) 등이 있다. 〔참고문헌〕 P.Sukhlalji *Hetubinduṭīkā of bhaṭṭa arcaṭa with the commentary*(Baroda, 1949). ⇨ 인명칠론 因明七論

인적위자 認賊爲子　도둑을 자식으로 안다는 말. 온갖 분별로 전도된 마음을 비유한다. 『원각경』(대정장17, p.919c19)에 “(정법의 말세라고 하는 까닭은) 일체아를 헤아려 열반으로 삼기 때문이며, 조금이라도 증득이 있거나 사소한 깨우침만 있어도 성취했다 하기 때문이다. 비유하자면 저 사람이 도둑을 잘못 알아 자식으로 삼는 것이니 그 집안의 재보는 결코 제대로 보존할 수 없는 것과 같다. 認一切我 爲涅槃故 有證有悟 名成就故 譬如有人 認賊爲子 其家財寶 終不成就”, 『능엄경』 권1(대정장19, p.108c19)에 “이것은 눈앞의 티끌이며 허망한 상상일 뿐이지만 그대의 진성을 미혹시킬 뿐이다. 그대가 시작없는 때로부터 금생에 이르기까지 도둑을 잘못 알아 자식으로 삼아 그대의 본래 떳떳함을 잃어버렸기에 생사의 바다에서 거듭 구를 뿐이네. 此是前塵 虛妄相想 惑汝眞性 由汝無始 至于今生 認賊爲子 失汝元常 故受輪轉”, 『경덕전등록』 권28 「남양혜충국사어 南陽慧忠國師語」(대정장51, p.438c22)에 “신심과 망심 그리고 불지와 세지는 이름은 같지만 바탕은 다르다. 남방에서 착각하여 망심을 가져 진심이라 말하니 도둑을 잘못 알아 자식을 삼음이다. 세지를 취해 불지라 부르기도 하니 마치 물고기 눈을 밝은 진주라 여기듯이 한다. 眞心妄心 佛智世智 名同體異 緣南方錯將妄心 言是眞心 認賊爲子 有取世智 稱爲佛智 猶如魚目 而亂明珠”라고 하였다. 〔참고문헌〕『圓覺經』, 『楞嚴經』, 『景德傳燈錄』, 『宗鏡錄』 권3(대정장48, p.431a5). ⇨ 인노작랑 認奴作郎

인전회확 印前恢廓　새겨 남긴 그림자 없기에 드넓고 텅 비어 어떤 자취도 없는 모습. 분별이 일기 전의 풍광이니 원래 없던 글자 등 무늬 만들고 새겨 분별하니 넓고 크게 자유롭지 못함에 견준 뜻이다. 『종용록』 44칙 「송 頌」(대정장48, p.255c10)에 "새기기 전에 넓게 트임이여, 원래 새 본뜸도 벌레무늬도 없었다네〈글자의 뜻 그대로 드러났네〉. 印前恢廓兮 元無鳥篆蟲文〈字義炳然〉"라고 하였는데, 이 구절에 대해 『직주천동송고』 권1(卍속장117, p.794b11)에서는 「착어 著語」로 "아득한 겁 밖이라면 본래 손님도 주인도 없네. 저 옥 아직 새기지도 않았거늘 어찌 새긴 문장 있으리오! 若論劫外 本無賓主 如玉未印 何有文章"라고 하였다. 〔참고문헌〕『從容錄』, 『直註天童頌古』.

인접 引接 끌어 가까이 함. 80권본 『화엄경』 권59(대정장10, p.315b5)에 "큰 지혜와 넓은 서원으로 함께 견고한 배를 만들어 중생들을 이끌고 가까이 해 보리의 언덕에 편안히 내려주네. 大智與弘誓 共作堅牢船 引接諸衆生 安置菩提岸", 『아미타경소』(대정장37, p.328b10)에 "『아미타경』(대정장12, p.348a23)에 '중생들에게 일체세간에서 믿기 어려운 법을 설한다'고 하였는데, 이는 비법전수를 찬탄한 데 대한 네 번째 풀이다. '일체세간에서는 믿기 어려운 법'이란, 1일 내지 7일 동안 염불하면 번뇌의 때에서 벗어나 정경으로 높이 오르지만, 잠깐의 인행만으로도 과가 나타난다는 것을 세간의 정으로는 믿기 어렵기에 사람들은 여래께서 끌어 친히 하는 말씀을 두려워한다. 이런 이유로 믿기 어려운 법이라고 한다. 經曰 爲諸衆生 說是一切世間難信之法 次第四釋 讚授祕法也 一切世間難信之法者 謂一日乃至七日念佛 卽拔塵滓 高昇淨境 微因著果 俗情難信 人恐如來引接之語 故言 難信之法"라고 하였다. 〔참고문헌〕『華嚴經』, 『阿彌陀經疏』, 『阿彌陀經』. ⇨ 인섭 引攝, 내영 來迎

인접결연락 引接結緣樂 정토십락(淨土十樂) 중 하나. 극락정토에 왕생하여 자재한 신통을 얻은 다음 여러 생을 거치면서 은혜를 입고 인연을 맺었던 사람들을 정토로 이끌어 얻는 즐거움. 『왕생요집』 권상(대정장84, p.43c11)에 "제6인접결연락 : … 유정이 윤회하며 육도에 나는 것은 마치 저 구르는 수레바퀴에 시작도 끝도 없는 것과 같으니, 부모가 되기도 하고 남녀가 되기도 하며 세세생생 서로 은혜를 입게 된다. 극락에 왕생하면 지혜가 높아 밝고 신통통달하므로 여러 생을 거치는 동안 은혜를 입었던 지식들을 마음대로 몸소 이끄는데, 천안으로 나는 곳을 보고 천이로 말소리를 들으며 숙명지로 은혜를 기억하고 타심지로 그의 마음을 읽으며, 신족통으로 쫓아 변하여 나타나고 방편력으로 가르치고 타일러서 이끈다. 第六引接結緣樂者 … 有情輪廻生六道 猶如車輪無始終 或爲父母爲男女 世世生生互有恩 若生極樂智慧高明 神通洞達 世世生生 恩所知識 隨心引接 以天眼見生處 以天耳聞言音 以宿命智憶其恩 以他心智了其心 以神境通隨逐變現 以方便力教誡示導"라고 하였다. 〔참고문헌〕『往生要集』. ⇨ 정토십락 淨土十樂

인접원 引接願 ➡ 내영인접원 來迎引接願, 사십팔원 四十八願, 내영 來迎, 내영도 來迎圖

인정 人定 십이시(十二時) 중 해시(亥時). 오후 9시~11시. 사람들이 잠에 드는 시간이다. 인정해(人定亥)·인정시(人定時)라고도 한다. 『대루탄경』 권3(대정장1, p.291a25)에 "왕은 구슬 밝기를 시험하려고 인정 이후 어둠이 칠흑과 같아지자 구슬을 금간 끝에 매달았다. 王意欲試珠明 人定已後陰冥如漆 以珠繫著金竿頭", 『불반니원경』 권하(대정장1, p.171b20)에 "왕은 인정시에 부처님의 처소에 도착하여 인민 십사만무리와 함께 밖에 머물렀다. 王以人定時到佛所 與民十四萬衆 俱住在外", 『분양어록』 권하 「십이시가 十二時歌」(대정장47, p.629b17)에 "인정해에는 한 생각도 일어나지 않아 장애가 없네. 도가 천기와 합해 그 성이 완연하니, 묘한 뜻 그윽이 통하여 보는대로 자재하네. 人定亥一念不生無障礙 道合天機性宛然 妙旨玄通觀自在"라고 하였다. 〔참고문헌〕『大樓炭經』, 『佛般泥洹經』, 『汾陽語錄』, 『念佛鏡』 권말 「修西方十二時」(대정장47, p.132c12), 『禪林象器箋』 권3(불광장, 禪藏, p.197). ⇨ 십이시 十二時 ❶

인정 人情 Ⓢ mānuṣyaka. 사람들의 평소 마음씀. 또는 세간의 정세 등을 말한다. 『보살본행경』 권중(대정장3, p.114a19)에 "위로는 천문을 알고 아래로는 지리를 살피며 그 중간에 인정을 안다. 일체전적에 대해 꿰뚫어 통달하지 않은 것이 없었다. 上知天文 下察地理 中知人情 一切典籍 靡不貫達", 『무량수경』 권하(대정장12, p.277a8)에 "인정을 알지 못하고서 억지로 억제하려고 하였다. 不識人情 强欲抑制", 『조론』 「물불천론 物不遷論」(대정장45, p.151a27)에 "불쌍하구나! 인정에 물듦이 오래였구나. 눈으로 진실을 마주하고도 깨우칠 줄 모르네. 傷夫 人情之惑也久矣 目對眞而莫覺", 『서장』 「답허사리장 答許司理狀」(대정장47, p.924b14)에 "이 일에 인정이란 없으니 전수할 수 없고, 반드시 스스로 깨달아야 비로소 나아갈 분이 있다. 만약 다른 이의 입끝 가림을 취한다면 영겁토록 쉴 때는 없으리. 此事無人情 不可傳授 須是自家省發 始有趣向分 若取他人口頭辦 永劫無有歇時"라고 하였다. 〔참고문헌〕『菩薩本行經』, 『無量壽經』, 『肇論』, 『書狀』, *Mañj-m.36.*

인정 印正 1617~1694. 청대 임제종(臨濟宗) 스님. 휘는 도정(道正), 호는 연월(蓮月), 속성은 강(姜)씨. 사천성(四川省) 악지(岳池) 출신. 스스로 삭발하고 『능엄경』과 유식 등을 강설하다가 후에 선에 뜻을 내어마침내 만봉에 올라가 파산해명(破山海明)과 상애성정(象崖性珽)을 친견하였다. 야랑산(夜郎山) 회백당(懷白堂)에서 6년 동안 좌선하였다. 1658년(순치15) 준의부(遵義府) 구청산 동인사(東印寺)에 머물다가 사천성(四川省) 각림사(覺林寺) 등과 호북성(湖北省) 용흥사(龍興寺) 등에 두루 주석하였다. 1694년(강희33) "33년이나 긴 꿈 꾸다가, 하루아침에 인연 다해 돌아가 쉬리라. … 생사는 깨달음의 바다 떠나지 못하는 법, 어찌 구태여 분 밖에 근심 이끄는가? 진흙소 울부짖자 바다 뒤치고 하늘 가득 가을빛이네. 다시 재주넘는 모습을 한 번 보시라. 三十三年大夢 一朝緣盡歸休 … 生死不離覺海 何須分外牽愁 泥牛吼動海天秋 試看再翻觔斗"(『오등전서』 권107, 卍속장142, p.73b1)라는 임종게를 남기고 세수 78세로 입적하였다. 『연월선사어록 蓮月禪師語錄』 6권과 『옥천연월정선사어록 玉泉蓮月正禪師語錄』 2권을 남겼다. [참고문헌] 『五燈全書』, 『五泉山志』 권7.

인정 印定 **1** 무늬 찍어 정하다. 진실임을 드러내는 뜻이다. 『대반야경』 권575(대정장7, p.973b16)에 "무상의 무늬로 제법에 찍어 남겼다. 以無相印 印定諸法", 『원오어록』 권14 「시해지욕 示諧知浴」(대정장47, p.779c21)에 "이 큰 법이야말로 삼세제불이 함께 증명하고 육대조사들이 함께 전했다. 하나의 무늬로 새겨 정하였으니 곧바로 사람의 마음 가리켜 자성을 보아 부처를 이루며 문자와 어구는 세우지 않는다. 이를 가리켜 '교 밖에 따로 행하여 오직 심인만을 전한다'고 한다. 此箇大法 三世諸佛同證 六代祖師共傳 一印印定 直指人心 見性成佛 不立文字語句 謂之教外別行單傳心印"라고 하였다. [참고문헌] 『大般若經』, 『圜悟語錄』, 『大慧語錄』 권17(대정장47, p.884b4). ⇨ 인가 印可 **2** Ⓢ saṃketa. 함께 세우고 기억해 정함. 세간에서 분별하고 이름붙여 정한 세간지를 말한다. 『중변분별론』 권상 「진실품 眞實品」(대정장31, p.456b9 : *Madhy-vibh.*, p.42)에 "분별성 중에 이 물처 세울 수 있으니, 함께 세워 새겨 정하길 거듭하기 때문이다. 이렇게 세운 인정이 있기에 세간지를 일으키니, 일체세간인은 하나의 것에는 하나의 세간지로 같이 한다. 마치 이 물은 땅이지 불이 아니고, 이 물은 색이지 소리가 아니라고 여기는 것과 같다. 分別性中 得立是物處 共立印定數習故 因此所立印定起世智 一切世間人一處同一世智 如此物是地非火 此物是色非聲 parikalpitasvabhāvāt. yasmin vastuni saṃketas aṃstavānupraviṣṭayā buddhyā sarveṣāṃ laukikā nāṃ darśanatulyatā bhavati. pṛthivy evayaṃ nā gnī rūpam evedaṃ na śabda ity evamādi"라고 하였다. [참고문헌] 『中邊分別論』, 『辯中邊論』 권중(대정장31, p.469c13), *Madhy-vibh.* **3** 1805~1883. 조선후기 스님. 호는 도암(道巖), 속성은 차(車)씨, 본관은 연안(延安). 인정(印正)이라고도 한다. 아버지의 휘는 대유(大維), 어머니는 분성(盆城 : 김해의 옛 이름) 김씨이다. 1805년(순조5) 1월 오산(鰲山) 북쪽 우지리(芋枝里 : 長城郡 北一面 鰲山里)에서 태어났다. 1817년 13세 때 장성 백양사를 찾아가 심옥(心沃)을 은사로 하여 스님이 되었다. 1827년(순조27) 23세 때 인월선화상(印月銑和尙)을 계사로 비구계를 받고, 그에게 율장(律藏)을 배웠다. 계율을 굳게 지키는 한편 제방(諸方) 강원으로 다니면서 경율론 삼장을 깊이 연마하였다. 1840년(헌종6) 3월 화월찬우(華月瓚瑀)의 법을 이었다. 화월은 소요태능(逍遙太能)의 8세 법손(法孫)이며 설담자우(雪潭自優)의 증손(曾孫)이니, 임제의현(臨濟義玄)의 제33세이고 태고보우(太古普愚)의 15세이고 청허휴정(淸虛休靜)의 9세가 된다. 설담(雪潭)의 밑으로 춘담법함(春潭法咸 1748~1835)·화담영원(華潭靈源 1776~1849)·운담정일(雲潭鼎馹 1741~1804) 등의 대강백(大講伯)은 교종을 크게 진작하였다. 한때 전라도 순창 광덕산(廣德山) 연대암(蓮臺庵)에 주석하기도 했다. 심히 퇴락한 백양산(白羊山) 정토사(淨土寺)를 서원을 세우고 10여 년간 일신(一身)을 돌보지 않고 중수하였으나 1864년(고종1) 폭우로 다시 폐허가 되자 쌍계(雙溪)의 서쪽 언덕에 옮겨 신축하였으니 지금의 백양사 구전(舊殿)이다. 불사를 마치고는 백학봉(白鶴峰) 석실에서 10년간 무자화두(無字話頭)로 참선과 일중식하며 나오지 않았다. 천진암(天眞庵)으로 옮겨 얼마 되지 않은 1883년(고종20) 1월 8일에 "가을 기운 몇 번이나 하늘 서렸을까? 단풍도 국화도 저절로 울긋불긋 하네. 그 누가 그렇게 하였으리? 물새 물속으로 잠겨들고 물빛은 더욱 반짝이네! 秋氣凡幾天 楓菊自丹黃 誰使然之者 鴻鴈下水陽"라 설하고 조용히 입적하니 세수 79, 법랍은 67세였다. 제자에는 능률(楞栗)·삼일(三日)·보봉계환(寶峰桂煥)·호봉보윤(虎峰普閏)·농은우엽(農隱雨曄) 등이 뛰어났다. 노사(蘆沙) 기정진(奇正鎭 1798~1876)이 지은 「정토사기 淨土寺記」(『노사집』 권21·한국문집총간310, p.482b19)에 스님의 정토사 중창사적이 전하며, 1918년 11월에 석전정호(石顚鼎鎬) 박한영(朴漢永)이 지은 「백암산도암당대사행략 白巖山道巖堂大師行略」이 『석전문초』에 실려있다. [참고문헌] 『蘆沙集』, 『石顚文鈔』, 『朝鮮佛教叢報』15(삼십본산연합사무소, 1919) pp.81~83, 『韓國佛教雜誌叢書』 권14(寶蓮閣, 1976) p.347. ⇨ 도암 道巖

인정 印淨 조선후기 취운학린(翠雲學璘 1575~1651)의 은사. 「철원심원사취운당학린대사비문 鐵原深源寺翠雲堂學璘大師碑文」에 "15세(1589·선조22) 때 인정을 은사로 하여 스님이 되었다. 十五 從印淨師 祝髮"라고 하였다. [참고문헌] 『朝鮮金石總覽』 권하 p.891, 『朝鮮佛

敎通史』 권상 p.502, 『楡岾寺本末寺誌』(亞細亞文化社, 1977) p.633, 李智冠 『校勘譯註歷代高僧碑文』 朝鮮篇1 p.390. ⇨ 학린 學璘

인정 因淨 인이 깨끗함. 정토의 행업과 덕업을 성취했음을 말한다. 초지보살이 바라는 정토의 일곱 가지 정(七種淨) 중 하나다. 『대승의장』 권19(대정장44, p.836a8)에 "인정이란 인을 들어서 과를 보인다. 인에는 두 가지다. 첫째, 정토행업으로 보시지계행업을 말한다. 『유마경』의 말씀과 같다. 둘째, 정토덕업으로 정토삼매법문을 말한다. 이 문을 얻어야 일체경계가 마음 따라 회전한다. 저 금강장보살이 드는 불국체성삼매와 같다. 『십주경』에서는 치우쳐 뒤의 문만 의지했다. 또 저 경에서 말하길 '불토묘평등경계에 들어간다'라 한 것이 인의 깨끗함이다. 제불정토법문을 상묘평등경계라 하고, 보살이 증입하여 능히 다른 경계를 나투게 되는 것을 인정이라 설한다. 初因淨者 擧因顯果 因有二種 一 淨土行業 所謂布施持戒行業 如維摩說 二 淨土德業 所謂淨土三昧法門 得此門故 一切境界 隨心迴轉 如金剛藏所入佛國體性三昧 如是等也 住中之中 偏據後門故 彼又言 入佛土妙平等境界 名爲因淨 諸佛淨土法門 名爲上妙平等境界 菩薩證入 能有異現 說爲因淨"라고 하였다. 〔참고문헌〕 『大乘義章』, 『十住經』 권4(대정장10, p.530c29), 『十地經論』 권3(대정장26, p.140a4), 『維摩經略疏』 권1(대정장38, p.564c24). ⇨ 칠종정 七種淨

인정사 因井寺 경상북도 경주시 인왕동에 있던 절. 1933년에 최준(崔浚)이 간행한 『동경통지』 권7 불우에 "인정사 터는 부 동쪽 인왕리에 있다. 因井寺址 在府東仁旺里"라고 하였다. 〔참고문헌〕 『東京通志』.

인정왕 引正王 ➡ 인정태자 引正太子

인정태자 引正太子 Ⓢ Sātavāhana. 고대 중인도 교살라국(憍薩羅國 Ⓢ Kośala) 인정왕(引正王)의 아들. 인정왕은 용수보살(龍樹菩薩)에게 귀의하여 불법을 숭상하고 널리 인정(仁政)을 베풀었으며, 용수보살에게서 약술(藥術)을 배워 나이가 들어도 쇠하지 않는 묘술도 얻었다. 이에 하루라도 빨리 왕위에 오르길 원하였던 태자는, 부친이 장수하는 것이 용수보살의 복력에 힘입었다 여겨 용수보살에게 자살할 것을 부탁하였고, 용수보살이 입적하자 그 소식을 들은 인정왕도 명이 다해 태자는 마침내 왕위에 올랐다고 전한다. 『대당서역기』 권10(대정장51, p.929b21)에 "용맹보살은 약술에 능하여 음식과 양생법으로 수백 년을 장수하였어도 의지와 용모가 쇠하지 않았다. 인정왕도 이미 묘약을 얻어 나이가 수백 살이었다. 왕에게는 어린 아들이 있었는데 자신의 모친에게 말했다. '저는 언제쯤 왕위를 이을 수 있겠습니까?' 모친이 말했다. '지금으로선 기약할 수 없다. 부왕의 나이 이미 수백 살이고 자손으로서 늙어 죽은 이들도 아마 많을 것이다. 이는 모두 용맹보살의 복력이 베푼 약술 때문에 일어난 일이다. 보살이 입적한다면 왕도 틀림없이 죽을 것이다'. 龍猛菩薩 善閑藥術 飡餌養生 壽年數百 志貌不衰 引正王旣得妙藥 壽亦數百 王有稚子 謂其母曰 如我何時 得嗣王位 母曰 以今觀之 未有期也 父王年壽 已數百歲 子孫老終者 蓋亦多矣 斯皆龍猛福力所加 藥術所致 菩薩寂滅 王必殂落"라고 하였다. 〔참고문헌〕 『大唐西域記』, 『釋迦方志』 권하(대정장51, p.966b14). ⇨ 용수선태 龍樹蟬蛻

인제 因提 Ⓢ Indra의 음사어. 인다라(因陀羅)를 달리 이르는 말. 『장아함경』 권5 「전존경 典尊經」(대정장1, p.30c9 : *Mahāgovinda-sutta, DN.2,* p.221)에 "도리와 인제는 사유하고 스스로 기꺼워 하며, 최상의 법왕이신 여래께 예경을 올리네. 忉利及因提 思惟此自樂 禮敬於如來 最上法之王 idaṃ disvāna nandanti tāvatisā sahindakā, tathāgataṃ namassantā dhammassa ca sudhammatanti"라고 하였다. 〔참고문헌〕 『長阿含經』, 『大智度論』 권54(대정장25, p.443b15), *DN.* ⇨ 인다라 因陀羅 ❶, 인드라 Indra

인제라 因提羅 Ⓢ Indra의 음사어. 인다라(因陀羅). 『중아함경』 권54 「아리타경 阿梨吒經」(대정장1, p.766a6)에 "어떤 인제라나 천신 이사나나 혹은 범천과 그들의 권속 구하는 것으로는 여래의 지혜를 얻을 수 없다. 有因提羅 及天伊沙那 有梵及眷屬 彼求不能得如來所依識", 상응하는 팔리경전 *Alagaddūpama-sutta*(*MN.1,* p.140)에 "실로 비구들이여, 이와 같이 인드라와 함께, 브라흐마와 함께, 프라자파티와 함께하는 천신들은 비구의 심해탈을 알 수 없다. '이것은 여래의 지혜이기 때문이다'라고 한다면. evaṃ vimuttacittaṃ kho bhikkhave bhikkhuṃ saindā devā sabrahmakā sapajāpatikā anvesaṃ nādhigacchanti. idaṃ nissitaṃ tathāgatassa viññāṇanti", 『번범어』 권7(대정장54, p.1029b16)에 "인대라신〈응당 '인제라'다. 한역하여 천주라고 한다〉. 因臺羅神〈應云因提羅 譯曰天主〉"라고 하였다. 〔참고문헌〕 『中阿含經』, 『翻梵語』, *MN.* ⇨ 인다라 因陀羅 ❶, 인드라 Indra

인제려 因提麗 생몰연대 미상. 서역승. 『사아함모초해』의 범본을 가지고 차사국(車師國) 전부(前部)로 들어갔고, 전부의 왕 미제(彌第)가 전진(前秦)에 전하면서 한역되었다. 『사아함모초해』 「서문 序文」(대정장25, p.1a12)에 "외국사문 인제려가 먼저 전부국에 가지고 왔다. 숨겨 몸에 지니고는 남에게 보여주지 않았는데, 그곳의 왕 미제가 구하여 알림으로써 드디어 이곳에서 유포될 수 있었다. 有外國沙門 字因提麗 先齎詣前部國 祕之佩身 不以示人 其王彌第 求得諷之 遂得布此"라고 하였다. [참고문헌]『四阿鋡暮抄解』, 『出三藏記集』 권9(대정장55, p.64c11). ⇨사아함모초해 四阿鋡暮抄解

인제리 因提利 Ⓢ Indra의 음사어. 인다라(因陀羅). 리(利)는 리(梨)로도 쓴다. 『잡아함경』 권40(대정장2, p.291a17 : *SN.*, 1, p.229)에 "비구가 부처님께 아뢰었다. '어떤 인연으로 저 석제환인을 다시 인제리라고 부릅니까?' 부처님께서 비구에게 말씀하셨다. '저 천제석은 모든 삼십삼천의 왕이며 주인이다. 이런 인연으로 저 천제석을 인제리라고 한다'. 比丘白佛 何因何緣 彼釋提桓因 復名因提利 佛告比丘 彼天帝釋 於諸三十三天 爲王爲主 以是因緣故 彼天帝釋 名因提利 sakko bhikkhave devānamindo devānaṃ tāvatiṃsānaṃ issariyādhipaccaṃ rajjaṃ kāreti. tasmā devānamindoti vuccati"라고 하였다. [참고문헌]『雜阿含經』, 『大智度論』 권1(대정장25, p.65a11), 『法苑珠林』 권2(대정장53, p.283b1), *SN.* ⇨인다라 因陀羅[1], 인드라 Indra, 석제환인 釋提桓因, 천제석 天帝釋

인제사 因提闍 석존 재세시의 비구니. 인다사(因陀闍) 또는 인지사(因地闍)로 음사하기도 한다. 『석가보』 권1(대정장50, p.12b27)에 "마음이 끝내 고요하여 산란한 생각을 일으키지 않으니 비구니 인제사다. 心已永息 不興亂想 卽因提闍尼", 『번범어』 권3(대정장54, p.1002a1)에 "인제사〈인다라사라고 해야 한다. 주아라고 한역한다. 因提闍〈應云因陀羅闍 譯曰主兒也〉"라고 하였다. [참고문헌]『釋迦譜』, 『翻梵語』.

인제현오세선원기 麟蹄縣五歲禪院記 조선후기 설정(雪淨)이 오세암(五歲庵)을 중건한 사적을 적은 글. 『강한집』 권9(한국문집총간224, p.185a20)에 전한다. "금상 25년(영조25·1749) 스님 설정이 설악산에 올라 선생(김시습)의 오세선원에 대해 물으니 없어진 지 백 년이라 하였다. 곧바로 남겨진 그 터에 다시 세워 3년 10월 후에 원이 이루어졌다. 今上二十有五年 僧雪淨登雪嶽山 問先生五歲禪院 廢可百年 乃卽其遺墟 而復建之 後三年十月 院成"라고 하였다. [참고문헌]『江漢集』. ⇨오세암 五歲庵

인조 仁照 고려 제26대 충선왕(재위 1308~1313) 때 스님. 스님은 당시 많은 문무관원 등과 교류가 깊었으며, 왕으로부터 신경(信敬)도 매우 돈후하였다. 『고려사』 권33 세가(世家)33 충선왕 복위년(1308) 10월에 "기축일에 중문에 방을 붙였는데, '왕륜사 주지 인조·용암사 주지 용선·선암사 주지 약굉과 최단·권한공·김지겸·김사원·최성지·환이·오현량·강방언·이진·강융·조통·조적·조석·최현·정자우·최중공·문점·이백겸외 나머지 사람은 특별한 부름이 없으면 왕궁에 들어오지 못한다'라고 하였다. 己丑 貼榜中門曰 除王輪住持仁照 龍岩住持用宣 仙巖住持若宏 及崔湍 權漢功 金之兼 金士元 崔誠之 桓頤 吳玄良 姜邦彦 李珍 姜融 趙通 曹頔 曹碩 崔玄 鄭子羽 崔仲公 文玷 李伯謙外餘人 非特召 不得入"라고 하였다. [참고문헌]『高麗史』. ⇨약굉 若宏, 용선 用宣

인조 印照 조선후기 스님. 1686년(숙종12) 전라도 낙안(樂安) 금화산(金華山) 징광사(澄光寺)에서 『법집별행록절요병입사기』 판각 때 화주였다. [참고문헌]『法集別行錄節要并入私記』「刊記」(한불전4, p.766c34).

인조 忍調 Ⓢ kṣama-dama, Ⓣ bzod-ba-dang-dul-ba. 참아 고르게 함. 『수행본기경』 권하(대정장3, p.471b16)에 "수많은 천신들이 부처님께서 마구니무리 사로잡는 것을 보았다. 참아 고르게 하고 상념 없이 하셨기에 원적이 스스로 항복하였다. 모든 천신들이 환희하며 꽃다발 받들고 모여들었으니, 법왕이 아닌 이들 무너지고 법왕만이 승리하였다. 垓天見佛擒魔衆 忍調無想怨自降 諸天歡喜奉華臻 非法王壞法王勝", 『유마경』 권상 「방편품 方便品」(대정장14, p.539a17 : *Vikī-n.*, p.56)에 "참아 고르게 행하여 모든 분노를 거두었다. 以忍調行 攝諸恚怒 kṣamadamaprāpto duṣṭapraduṣṭavyāpannakrudhacittānāṃ sattvānāṃ saṃgrahāya"라고 하였다. [참고문헌]『修行本起經』, 『維摩經』, 『普曜經』 권6(대정장3, p.521c6), *Vikī-n.* ⇨인 忍, 인욕 忍辱

인존 人尊 사람 중에 귀하신 분. 인중존(人中尊 Ⓢ prajāna uttama)이라고도 한다. 『증일아함경』 권1(대정장2, p.550a13)에 "인존께서 육도무극을 실하셨나. 人尊說六度無極"라고 하였다. [참고문헌]『增壹阿含經』, 『正法華經』 권1(대정장9, p.65b14), *Saddh-p.14.*

인존 仁尊 어질어 받들만한 분. 부처님 칭호 중 하나다. 『장아함경』 권1 「대본경 大本經」(대정장1, p.4a16)에 "마치 맑은 유리구슬 저 해 달처럼 빛나니 인존께서 모태에 계실 때 그 어머니 괴로움 없으셨네. 如淨琉璃珠 其明如日月 仁尊處母胎 其母無惱患", 40권본 『화엄경』 권4(대정장10, p.678b7)에 "인존께서는 영원히 다하여 남김 없으셨으니, 세상을 비추는 진실한 등불 되어 우리의 갈 길 보여주셨네. 仁尊永滅盡無餘 照世眞燈示我道"라고 하였다. [참고문헌]『長阿含經』, 『華嚴經』.

⇨ 능인여래 能仁如來

인종 人種 Ⓟ sattanikāya. 사람의 씨앗. 『사제경』(대정장1, p.814c8)에 "고통스런 생이란 어떠한가? 저 사람이 그렇고 그런 사람의 씨앗이라면 생을 좇아 생을 더하고 따라 욕망 가득하여 오유 이미 일어나고 목숨의 뿌리 얻으니 이를 생이라 한다. 苦生爲何等 若是人彼彼人種 從生增生 以隨以有欲成 五陰已生 命根已得 是名爲生"라고 하였다. [참고문헌] 『四諦經』.

인종 印宗 627~713. 당대 스님. 속성은 인(印)씨. 오군(吳郡 : 江蘇省 蘇州) 출신. 처음에는 『대반열반경』에 정통하였다. 670년(함형1)에 수도로 와서 칙명에 따라 대경애사(大敬愛寺)에 머물다가 나중에 사양하고 기춘(蘄春)으로 가서 홍인(弘忍 602~675)대사를 만났고, 후에 광주 법성사(法性寺)에서 『열반경』을 강의하였으며, 육조혜능(慧能 638~713)을 만나 깨닫고 법을 이었다. 양(梁)대부터 당대에 이르기까지 뜻을 얻은 이들의 말을 모아 『심요집 心要集』을 지어 세상에 유행하였다. 713년(선천2) 2월 21일 회계산(會稽山 : 浙江省) 묘희사(妙喜寺)에서 세수 87세를 일기로 입적하였다. [참고문헌] 『宋高僧傳』 권4 「印宗傳」(대정장50, p.731b8). ⇨ 법성사 法性寺 ❸

인좌 引座 선지식(善知識)을 법좌(法座)로 인도하는 일. 또는 다른 회상 존숙이 방문해 오면 법좌에 올라 설법하게 인도하는 일과 선림에 서당·수좌 등의 자리가 비면 다른 총림의 선지식을 청해 그 자리에 앉게 하고 법좌로 인도하는 의식을 말한다. 『백장청규』 권3 「수청인승좌 受請人陞座」(대정장48, p.1124c17)에 "전사는 하룻밤 묵을 곳에 당도하면 향을 품고서 방장실을 예방하고 촉례로 삼배를 올린 다음 이렇게 말한다〈절을 올리고 화상께 청합니다. 내일 새로 온 법사를 화상께서 인좌해주십시오〉. 專使當隔宿 懷香詣方丈 觸禮三拜詞云〈拜請和尙來日爲新命 和尙引座〉", 『선림보훈필설』 권하(卍속장113, p.761b4)에 "덕행과 명망이 있는 존숙이나 선지식이 선원에 이르면, 주지는 먼저 그가 자리에 올라 설법하게 해야 하니, 이를 인좌라고 한다. 有德行名望的尊宿知識至院 主人先須爲他陞座說法 謂之引座", 『속전등록』 권34 「긍당언충전 肯堂彦充傳」(대정장51, p.701c19)에 "원암에서 지자(智者 : 元庵眞慈)의 청을 받고 인좌하여 말하였다. '남산에 늙은 마왕 한 놈 있으니, 형형한 두 눈동자로는 번갯불을 쏘고 핏빛 입 벌려 부처와 조사 꾸짖으며 칼숲같은 어금니로 제방을 욕한다'. 元庵受智者請引座曰 南山有箇老魔王 炯炯雙眸放電光 口似血盆呵佛祖 牙如劍樹罵諸方", 『선림상기전』 권11 「인좌」(불광장, 禪藏, p.804)에 "도충이 말한다. '인좌란 다른 이가 법좌에 오르도록 인도하는 것이다. 만약 갑자기 자리에 올라 설법의 자리를 펼치면 대중이 의아스레 여길 수 있기 때문에 주지가 미리 드러내어 알린다. 그러므로 말미에 반드시 「사람들이 느닷없다 할까 걱정된다」라는 등의 말을 남긴다'. 옛말에는 '인좌에 두 가지가 있다. 첫째는 다른 절의 존숙이 방문했을 때 수좌가 설법을 권청하고 주지가 그를 먼저 자리로 인도한 다음, 존숙은 대중에게 널리 밝히려는 뜻을 펼친다. 둘째는 다른 절에 자리가 비면 본사의 서당 또는 수좌 등이 옮겨 자리를 채우는 것이다. 곧 전사가 먼저 본사주지를 청하여 자리를 인도하게 하고, 그 다음에 새로 임명된 서당등이 법좌에 오르기를 청한다'. 忠曰 引座者 導引他陞座也 若突然敷演 則衆可驚疑 故住持先表白 故語尾必有恐人無憑等語 舊說曰 引座有二 一 他寺尊宿來訪時 首座勸請說法 住持爲之先引座 以申尊宿當爲衆闡揚之意 二 他剎虛席 請本寺西堂 或首座等遷補 卽專使先請本寺住持引座 次受請新命陞座"라고 하였다. [참고문헌] 『百丈淸規』, 『禪林寶訓筆說』, 『續傳燈錄』, 『禪林象器箋』.

인좌기립설법계 人坐己立說法戒 백중학법(百衆學法) 중 하나. 법을 듣는 이만 앉아 있을 때 선 채로 설법해서는 안 된다는 계. 『사분율』 권21(대정장22, p.712b29)에 "법을 듣는 사람은 앉아 있고 자신은 서서 설법해서는 안 된다. 시차계뢰니(중학)이니라. 人坐己立 不得爲說法 尸叉罽賴尼"라고 하였다. [참고문헌] 『四分律』, 『摩訶僧祇律』 권22(대정장22, p.408a6), *Vin.4.204.*, 李智冠 『南北傳六部律藏比較硏究』 p.344. ⇨ 백중학법 百衆學法, 식차가라니 式叉迦羅尼

인주 人主 Ⓢ nara-pati, nṛ-pa, Ⓣ rgyal-po'am-mi'i-bla, mi-bdag. 인민의 주인. 인민을 위해 복을 지음이 으뜸이어야 그 보로 왕이 될 수 있다. 『중아함경』 권11 「빈비사라왕영불경 頻鞞娑邏王迎佛經」(대정장1, p.497b17)에 "만약 모든 왕족인 찰리가 물로 관정을 받고 인주가 되어 대지를 바로 다스리려면, 다섯 가지 의식을 갖추어야 한다. 若諸王刹利 以水灑頂 得爲人主 整御大地 有五儀式", 『불본행집경』 권43(대정장3, p.854b16)에 "왕은 인주가 되어 사방을 다스리니, 이치를 알고 세간사를 잘 알아야 한다. 王爲人主統四方 知理達解世間事", 『법화현의석첨』 권10(대정장33, p.883c26)에 "인주는 단연 복 중에서 최고이니, 복으로 으뜸이었기에 그 보로 인주가 된다. 人主秖是福中之最 爲福之最故 報爲人主"라고 하였다. [참고문헌] 『中阿含經』, 『佛本行集經』, 『法華玄義釋籤』, *Suv-pr.133·134.*, *Mvyut.187.* ⇨ 인 人, 사주 四主

인주 印呪 인계(印契)와 다라니. 손으로 맺는 인계와 입으로 외우는 주문(呪文). 인명(印明)·인언(印言)·계명(契明) 등이라고도 한다. 인은 모든 존자의 신밀(身密)이고, 주는 다라니(陀羅尼)의 다른 이름으로 모든 존자의 어밀(語密)이다. 『다라니집경』 권1(대정장18, p.790a13)에 "만일 이 인주를 수지한다면 모든 죄장 멸제할 수 있고, 주문을 40만 번 채워 외운다면 어디를 가거나 모두 기쁨을 누리고 모든 도적의 피해를 다 물리칠 수 있다. 若能受持 此印呪者 悉能滅除 一切罪障 誦呪滿四十萬遍 所往之處 皆悉歡喜 一切賊難 皆悉退散", 『광대보루각선주비밀다라니경』 권하(대정장19, p.646a17)에 "인주를 가지는 사람은 깨끗하게 씻고 정결한 옷을 입어야 한다. 若持印呪者 應淨洗浴 著鮮潔衣"라고 하였다. [참고문헌] 『陀羅尼集經』, 『廣大寶樓閣善住祕密陀羅尼經』. ⇨ 인명 印明, 인언 印言 [1], 인계 印契, 다라니 陀羅尼, 삼밀 三密

인주인파 印住印破 찍어 머물고 머물러 무너짐. 도장 찍어 바로 거두면 그 자취는 남지만 머물러 그대로 있으면 그 자취마저 무너져버린다는 말로서, 마음이 가고 머무는(去住) 비유다. 『경덕전등록』 권13 「풍혈연소전 風穴延沼傳」(대정장51, p.302b23)에 "법좌에 올라 대중에게 말했다. '조사의 심인 그 모양 무쇠소의 기틀과 같아서 거둔즉 찍혀 선명히 남고, 머문즉 그 무늬 부서진다. 다만 거둘 수도 머물 수도 없으니 찍어도 그렇고 찍지 않아도 그러하리. 昇座示衆云 祖師心印 狀似鐵牛之機 去卽印住 住卽印破 秖如不去不住 印卽是不印卽是"라고 하였다. [참고문헌] 『景德傳燈錄』. ⇨ 파주 把住

인준 忍俊 잘 알아 영리함. 인정을 기대하여 말귀만이 밝은 뜻이다. 『벽암록』 43칙 「평창 評唱」(대정장48, p.180c9)에 "뒤에서 말하길 '오래된 유리 궁전에 달빛마저 가득하니, 영리한 한나라 개는 공연히 계단을 오른다' 하였다. 이것은 바로 그 학인이 말을 쫓아 달린다고 읊은 구다. 後面道 琉璃古殿照明月 忍俊韓獹空上階 此正頌 這僧逐言語走"라고 하였다. [참고문헌] 『碧巖錄』.

인준불금 忍俊不禁 빼어남 인정받기를 숨기지 못함. 또는 품은 생각을 참지 못하고 드러냄의 뜻이다. 평지풍파를 일으키기도 하지만 선지식의 불금이 불꽃 튀는 곳에서 도를 성취하기에 경계하는 뜻과 함께한다. 『앙산어록』(대정장47, p.586c27)에 "위산은 한때 참지 못하고 터뜨리는 바람에 정수리에 붙은 눈 잃는 줄도 몰랐다. 潙山 一期忍俊不禁 不知失却一隻眼", 『원오어록』 권8(대정장47, p.749c10)에 "이 설화를 펼친다면 여러 공들 면전에 대고 꿈 없이 꿈을 말하고 일 없이 일을 일으키는 듯하네. 문득 품은 생각을 참지 못하는 소식 있어 할을 내질러 대중이 흩어지고, 선상에서 끌어내려 매서운 한 방을 먹이더라도 이상하다 여기지 못하리라. 비록 그렇기는 하지만 반드시 이러한 심경에 진실로 이를 수 있어야 비로소 옳다. 似此說話 可謂對諸公面前 無夢說夢 無事生事 忽有箇忍俊不禁出來 喝散大衆 拽下繩床 痛打一頓 也怪他不得 然雖如是 也須是實到這箇田地 始得", 『허당록』 권3(대정장47, p.1007a25)에 "노승은 오늘 밤에 품은 것 감출 수 없어 제야의 폭죽이 울리기 전으로 돌아가 여러분에게 한 가닥 활로를 펼쳐 주리라. 老僧今夜 忍俊不禁 向爆竹未鳴已前 與諸人開 一條活路子", 『총림성사』 권상(卍속장148, p.73b9)에 "조주의 죽순설화를 즐겨 읊던 노파가 이르길 '앵두 여물 무렵 죽순은 울타리 비집고 나오네. 숲에서 마주친 꼿꼿한 저 늙은이(조주) 품은 생각 감추지 못해 바로 그 법령 행하였지만, 편의 얻은 듯하더니 곧바로 그 묘수에 떨어져버렸다.'. 又愛其頌 婆子偸趙州筍話云 櫻桃初熟筍穿籬 林下相逢老古錐 忍俊不禁行正令 得便宜是落便宜", 『산암잡록』 권하(卍속장148, p.358a6)에 "내가 참았던 속을 터뜨려 그 송에 네 글자를 바꾸어 읊었다. 余忍俊不禁 就其頌易四字而頌之"라고 하였다. [참고문헌] 『仰山語錄』, 『圜悟語錄』, 『虛堂錄』, 『叢林盛事』, 『山菴雜錄』.

인중 人中 육도(六道) 중 인계(人界). 『인왕경』 권하(대정장8, p.830b29)에 "천상과 인중의 육도중생이 모두 칠불의 가르침(諸惡莫作 衆善奉行) 받아 지녀야 한다. 天上人中 六道衆生 皆應受持 七佛名味句", 『법화의소』 권12(대정장34, p.625c4)에 "욕계에서는 흔히 인중의 고통을 건지고, 인중에서는 흔히 염부제의 고통을 건어낸다. 於欲界中 多拔人中苦 於人中 多拔閻浮苦", 『화엄공목장』 권1(대정장45, p.540c28)에 "삼계육도에 나아가면 인중에서는 사생이 모두 있고, 축생도 사생을 갖추며, 귀중은 일정하지 않다. 만약 정귀라면 화생만 있고 변귀라면 사생에 모두 통한다. 지옥과 천계는 오로지 화생으로 난다. 就三界六道 人中具四生 畜生亦具四 鬼中則不定 若正鬼唯化生 若邊鬼卽通四 地獄及與天 唯是於化生"라고 하였다. [참고문헌] 『仁王經』, 『法華義疏』, 『華嚴孔目章』. ⇨ 인계 人界, 인취 人趣

인중 因中 불과(佛果)를 증득하기 전에 인위에서 수행하고 있는 동안. 『법화현의』 권4(대정장33, p.729a26)에 "불시해탈아라한은 인중에서 도를 닦아 일체시에 원하는 대로 선업을 닦아나가되 온갖 것 갖추기를 기다리지 않는다. 그러므로 불시해탈이라고 한다. 此人因中 修道 能一切時 隨所欲進修善業 不待衆具 故名不時解脫"라고 하였다. [참고문헌] 『法華玄義』.

인중무과론 因中無果論 Ⓢ asat-kārya-vāda, Ⓣ 'bras-bu-snga-na-med-pa. 인중에 과는 없다는 주장.

바이셰쉬카(Ⓢ Vaiśeṣika : 勝論)의 주장을 불교의 인과론 입장에서 부정하여 부르는 말이다. 무인론(無因論)이라고도 한다. 반면 상키야(Ⓢ Sāṃkhya : 數論)는 인중유과론(因中有果論 Ⓢ sat-kārya-vāda)이라 한다. 인도 베단타(Ⓢ Vedānta) 샹카라(Ⓢ Śaṅkara)의 가현설(假現說 Ⓢ vivarta-vāda) 역시 인중무과론으로 분류된다. 인중무과론은 인과 과를 다른 것으로 보는 이론(異論)이어서 상속을 부정하는 단견(斷見)으로 비판된다. 불교 내부에서는 중관(中觀)에서 경량부(經量部 Ⓢ Sautrāntika)의 교설을 인중무과론으로 비판한다. 『금칠십론』 권상(대정장54, p.1247a12)에 "만약 인중에 과가 없다면 과는 반드시 인과 닮지 않아야 한다. 그렇다면 보리의 씨앗에서 콩의 싹 등이 생겨나야 한다. 이러한 일은 없기에 인중에 과가 있음을 알 수 있다. 바이셰쉬카는 인중무과를 고집하지만 그 뜻은 옳지 않다. 그러므로 인중에 반드시 과가 있다고 안다. 若因中無果者 果必不似因 是則從麥種 豆等芽應成 以無如此故 故知因有果 衛世師等 執因中無果 是義不然 故知因中定有果", 『중관론소』 권3(대정장42, p.36a1)에 "혹자는 인중에 과가 있다하고 혹자는 인중에 과가 없다고 한다. 상키야는 하나라고 설명하니 그 하나란 오히려 (인과가) 있다는 뜻이다. 바이셰쉬카는 다르다고 주장하니 다르다는 것은 오히려 없다는 뜻이다. 或謂因中有果 或謂因中無果者 僧佉明一 一猶是有 衛世辯異 異猶是無", 『백론소』 권상(대정장42, p.246a14)에 "바이셰쉬카의 인중무과는 다섯가지 뜻에 있어서 성립하지 않는다. 첫째, 지을 수 없는 것이 없기 때문이다. 예컨대 모래중에 기름이 없으면 모래로 기름을 만들 수 없는 것과 같다. 마치 세간의 성들 중에 대(大 Ⓢ mahā-bhūta) 등 성이 있어 세간에 있는 성들을 좇아 대(大) 등이 생겨나는 것과 같다. 둘째, 반드시 인을 취하기 때문이다. 예컨대 낙을 구하려면 우유를 취해야지 물을 취해서는 안 되니 우유에 낙의 성이 있음을 안다. 그러므로 세성중에 대 등의 성이 있음을 안다. 셋째, 일체가 일어나지 않기 때문이다. 만약 인중에 과가 없다면 한 가지 물에서 일체물이 생겨날 수 있어야 한다. 그러나 실제는 그렇지 않다. 그러므로 과가 있음을 안다. 넷째, 능작과 소작이 있기 때문이다. 예컨대 도공이 능작이므로 흙을 취해 항아리로 만들지 풀 등을 취해 항아리를 만들지 않는 것이다. 그러므로 인 안에 과가 있음을 안다. 그러므로 세성이 능히 대 등의 과를 만든다. 곧 세성중에 대 등이 있다. 다섯째, 각각 인을 따라 과가 있기 때문이다. 예컨대 보리에서 보리가 나는 일과 같다. 만약 인에 과가 없다면 인과 과는 닮지 않아야 한다. 이러한 다섯 가지 예로써 인에 과가 있다는 것을 부정한 바이셰쉬카의 주장을 논파하였다. 破衛世師因中無果 凡有五義不成 一者 無不可作故 如沙中無油 終不可取沙作油 如世性中有大等 從世性生大等也 二 必須取因者 如求酪取乳 不取水也 故知乳有酪性 故世性中有大等也 三 一切不生故者 若因中無果 則應一物中 生一切物 而實不爾 故知有果也 四 能作所作故 如陶師是能作故 取土作瓶 不取草等作瓶 故知因中有果 故世性能作大等果 則世性中有大等也 五 各隨因有果故 如麥還生麥等 若因中無果 則因果不相似 以此五事故破衛世師無立因中有果也", 같은 책 권하(대정장42, p.290a24)에 "원중에 과가 없다면 과는 생겨나지 않는다. 과가 이미 생겨나지 않는다면 과가 일으키는 상속도 없게 된다. 그러므로 이것을 단견이라 한다. 若因中無果則果不生 果既不生 無果起續 故名爲斷"라고 하였다. [참고문헌] 『金七十論』, 『中觀論疏』, 『百論疏』, *Māṭ-v.13.*, *Laṅk.333.*, *Mvyut.204.* ⇨ 인중유과론 因中有果論, 인과 因果, 바이셰쉬카학파 Vaiśeṣika學派

인중분다리화 人中分陀利花 ❶ 꽃중의 꽃이 연꽃이고, 연꽃중에 가장 아름다운 이름이 분다리화다. 부처님을 비유한다. 『법화유의』(대정장34, p.642c9)에 "여기서 말하는 분다리는 반드시 연화라고 번역하지 않는다. 『열반경』에서 '부처님은 사람중에 연꽃, 사람중에 분다리화다'라고 하였다. 이미 두 가지 이름으로 나왔는데 비슷하지만 다르다. 여기서 말하는 연화는 다 안다는 것이고 분다리는 다른 꽃이다. 今謂分陀利未必翻爲蓮花 涅槃經云 人中蓮花 人中分陀利花 既其兩出 似如爲異 今謂蓮花爲通 分陀利爲別", 『법화현론』 권2(대정장34, p.378b21)에 "『열반경』 권16에서 여래십호를 풀이하여 '사람중에 연화이고 분다리화다'라고 하여 두 이름이 나란히 나왔으니 통별의 차이가 있다. 또한 네 가지 꽃을 들고 마지막으로 분다리화를 말했다. 하서도랑은 밝은 흰색이라고 하였고, 또한 다른 곳에서는 적색의 향 짙은 연화라고 한역하였다. 여기서는 연화가 뭇 꽃중에 수승한 분다리임을 밝힌 것이고, 또한 연꽃중에 아름답다는 뜻으로 분다리화라고 한 것이다. 大經十六卷解十號云 人中蓮華分陀利華 二名並出 應有通別之異 又列四華最後云分陀利華 河西道朗云鮮白色 又餘處翻爲赤色最香蓮華 今明蓮華是衆華中之勝分陀利 又是蓮華中之美所以云分陀利華也"라고 하였다. [참고문헌] 『法華遊意』, 『法華玄義』, 36권본 『大般涅槃經』 권16(대정장12, p.710c19). ⇨ 분다리화 奔陀利花, 연화 蓮花 ❷ 염불하는 사람을 비유한 말. 『관무량수불경소』(대정장37, p.194c13)에 "염불하는 이는 사람중에 분다리화이니 그 몸이 뛰어나고 관세음보살과 대세지보살을 빼어난 벗으로 삼아 함께하는 뜻을 밝힌 것이다. 念佛者人中分陀利華 明其身勝 觀音勢至爲勝友伴勝"라고 하였다. [참고문헌] 『觀無量壽佛經疏』. ⇨ 분다리화 芬陀利花, 연화 蓮花

인중사자 人中師子 ➡ 인사자 人師子

인중상보 人中常寶 인간세상에서 모두가 언제나 보배로 여김. 『대지도론』 권10(대정장25, p.134a17)에 "〔문〕 이 모든 진귀한 보배는 어디에서 나오는가? 〔답〕 금은 산의 돌과 모래와 적동에서 나오고, 진주는 물고기의 뱃속이나 대나무 속이나 뱀의 뇌에서 나오고, 용주는 용의 뇌에서 나오고, 산호는 바다 속의 석수에서 나오고, 옥패는 벌레의 겉껍질에서 나오고, 은은 불에 달군 돌에서 나오고, 그 외의 유리와 파리 등은 모두 산의 굴속에서 나온다. 여의주는 부처님의 사리에서 나오는데 정법이 무너질 때는 사리가 모두 변하여 여의주가 된다. 비유하면 천년의 세월이 지나면 얼음이 파리주가 되는 것과 같다. 이와 같은 보배들은 인간세에서 언제나 보내로 섬긴다. 問曰 是諸珍寶 從何處出 答曰 金出山石沙赤銅中 眞珠出魚腹中 竹中 蛇腦中 龍珠出龍腦中 珊瑚出海中石樹 玉貝出虫甲中 銀出燒石 餘琉璃頗梨等 皆出山窟中 如意珠出自佛舍利 若法沒盡時 諸舍利皆變爲如意珠 譬如過千歲 氷化爲頗梨珠 如是等諸寶 是人中常寶"라고 하였다. 〔참고문헌〕『大智度論』.

인중설과 因中說果 Ⓢsat-kārya-vāda, kāraṇe-kāryopacāra. 인중에 과를 설함. 과중에 인을 설하면 과중설인(果中說因)이다. 40권본 『대반열반경』 권37(대정장12, p.583b18)에 "선남자여! 여래께선 때론 인중에 과를 설하시고 과중에 인을 설하신다. 저 세간사람들이 진흙을 호리병이라 하고, 실을 옷이라고 하는 것이 인중설과다. 과중인설은 소를 여물이라 하고 사람을 밥이라고 하는 것이다. 나 또한 이처럼 인중에 과를 설한다. 먼저 경에서 말하기를 '나는 마음과 몸으로 〈마음이 인해 몸을 움직이기에 마음과 몸이라고 한다〉 범천의 곁에 이른다'라고 한 것은 인중설과라고 한다. 善男子 如來 或時因中說果 果中說因 如世間人說泥卽是甁 縷卽是衣 是名因中說果 果中說因者 牛卽水草 人卽是食 我亦如是 因中說果 先於經中作是說言 我從心身〈因心運身 故名心身〉 至梵天邊 是名因中說果"라고 하였다. 〔참고문헌〕『大般涅槃經』. ⇨ 과중설인 果中說因

인중수 人中樹 인간세계 중에 나무. 불신(佛身)의 비유다. 『인왕호국경』 권1(대정장8, p.838a4)에 "법왕께서는 위없는 인중수이시니 대중들에게 널리 무량한 빛을 드리우신다. 法王無上人中樹 普蔭大衆無量光", 『인왕반야경소』 권2(대정장33, p.475a22)에 "풀어 말한다. 인중수란 비유를 들어 밝힌다. 불신의 업이 그늘이 되어 타는 듯한 번뇌를 없애고 빛으로 능히 무명의 어둠마저 깨뜨리는 것을 찬탄하는 것이다. 解曰 人中樹者 擧喩明也 讚佛身業 蔭除熱惱 光能破闇"라고 하였다. 〔참고문헌〕『仁王護國經』, 『仁王般若經疏』.

인중승천 人衆勝天 사람이 무리를 이루면 하늘도 이긴다는 말. 출전은 『사기』 권66 「오자서전 伍子胥傳」이다. 『석문문자선』 권30 「제곽태위문 祭郭太尉文」(가흥장23, p.730a29)에 "(郭公은) 강직하면서도 예를 갖추어 천자께서도 그를 존경하며 형제와 같이 아꼈다. 비록 그 이름을 아는 이 없었지만 인민들은 알게 모르게 그의 은덕을 받았으니, 마치 한나라 때 장자방(張子房)과 같고 당나라 때 육지(陸贄)와 같았다. 사람이 무리를 이루면 하늘도 이긴다. 시샘하는 이들이 있음을 알고도 공은 웃어 넘겼다. 도의 견고함이 이와 같은지라 한 번 물리치면 되돌리는 법이 없었다. 剛而有禮 天子敬之 愛等昆弟 雖無知名 民陰受賜 如漢子房 如唐陸贄 人衆勝天 覺中妒忌 公笑徑去 道固如是 一斥不復"라고 하였다. 〔참고문헌〕『石門文字禪』.

인중역유과인중역무과 因中亦有果因中亦無果 ➡ 인중역유역무과 因中亦有亦無果

인중역유역무과 因中亦有亦無果 인중에 과가 있기도 없기도 하다는 말. 인도 육파(六派) 중 고행외도(苦行外道)의 주장이다. 『산정지관』 권하(卍속장99, p.199b13)에 "(상키야의) 카필라(Ⓢ Kapila)외도는 인중에 과가 있다고 주장하고, (바이셰쉬카의) 우루카(Ⓢ Ulūka)는 인중에 과가 없다고 주장하며, 늑사바(Ⓢ Ṛṣabha)는 인중에 과가 있기도 없기도 하다고 주장한다. 迦毗羅外道計因中有果 漚樓僧佉計因中無果 勒沙婆計因中亦有亦無果", 『십이문론종치의기』 권중(대정장42, p.221b26)에 "니건외도는 인중에 과가 있기도 없기도 하다고 생각한다. 尼揵計因中亦有果亦無果"라고 하였다. 〔참고문헌〕『刪定止觀』, 『十二門論宗致義記』. ⇨ 인중유과론 因中有果論, 인중무과론 因中無果論, 고행외도 苦行外道, 니건자외도 尼犍子外道

인중우왕 人中牛王 Ⓢnara-vṛṣabha, puruṣa-ṛṣabha, Ⓟnarāsabha, Ⓣskyes-bu-khyu-mchog. 사람 중에 우왕과 같은 분. 부처님의 덕을 찬탄하는 비유다. 『유가사지론』 권82(대정장30, p.756a10)에 "인중우왕이시니 대중을 이끄시기 때문이다. 是人中牛王 御大衆故", 『아육왕경』 권1(대정장50, p.134c7)에 "인중우왕이신 부처님께서는 스스로를 고르게 하시고 또 다른 이도 편안히 하시니, 나를 이제 삼유의 감옥에서 벗어나게 하셨네. 佛人中牛王 自調復調他 令我今得脫 三有之牢獄", 『열반경소사기』 권6(卍속장58, p.211a9)에 "인중우왕이라고 한 뜻은, 걸어가심이 평등하고 나아가고 멈추심이 볼만 하기 때문이다. 人中牛王者 行步平等 進止可觀故"라고 하였다. 〔참고문헌〕『瑜伽師地論』, 『阿育王經』, 『涅槃經疏私記』, *Sam-r.2・114.*, *Aṣṭ-pr.166.*

인중웅 人中雄 Ⓢ nara-rṣabha. 사람 중에 위대하신 분. 80권본 『화엄경』 권13 「보살문명품 菩薩問明品」(대정장10, p.69a1)에 "일체의 모든 세계에서 응하여 교화를 받는 이들은 언제나 사람중에 영웅을 본다네. 모든 불법이 이와 같다네. 一切諸世界 所應受化者 常見人中雄 諸佛法如是", 『보살영락경』 권11 「삼세법상품 三世法相品」(대정장16, p.101c27)에 "모든 부처님께서는 일체삼세를 공하여 상이 없음을 관하시고, 지혜로 애욕의 뿌리를 끊어서 현성위에 응하시네. 뜻을 세워 힘써 고행하며 항사와 같은 부처님을 공양하였고, 뭇 지혜 일체를 갖추었기에 사람 중에 위대한 이라고 부르네. 諸佛觀一切 三世空無相 慧斷愛欲本 乃應賢聖地 造志勤苦行 供養恒沙佛 衆智一切具 故號人中雄"라고 하였다. 〔참고문헌〕『華嚴經』, 『菩薩瓔珞經』, 『出曜經』 권20(대정장4, p.716b6), *Gaṇḍ-vy.289.* ⇨불 佛

인중유과론 因中有果論 Ⓢ sat-kārya-vāda, Ⓣ 'bras-bu-snga-na-yod-pa. 인중에 과가 있다는 주장. 고대 인도철학 중 상키야(Ⓢ Sāṃkhya : 數論)의 인과론으로서 불교에서 비판되며, 부파불교 중 설일체유부(說一切有部 Ⓢ Sarvāsti-vāda)의 교설도 중관학파에 의해 인중유과론으로 분류되어 비판받는다. 『백론』 권하(대정장30, p.177b25)에 "〔외도〕 인중에 과가 앞서 있다. 인이 있기 때문이다. 만약 진흙 중 앞선 항아리가 없다면 진흙은 항아리의 인이 될 수 없다. 〔불교〕 만약 인중에 앞선 과가 있기에 과가 존재한다면, 과가 없으면 인중에 과도 없다. 만약 진흙덩어리로 항아리를 만든다면 진흙은 유실되지 않기에 인 안에 과가 있다고 할 수 있다. 그런데 이 항아리가 만약 깨진다면 응당 인 안에 과가 없다. 〔외도〕 인과 과는 하나다. 저 흙이 인이고 진흙이 과이며, 진흙이 인이고 항아리는 과다. 인이 변하여 과가 되니 달리 다른 법은 없다. 그러므로 인중에 과가 없을 수 없다. 〔불교〕 인과가 하나면 미래는 없다. 예컨대 진흙덩어리는 현재이고 항아리는 미래라고 할 수 있다. 인과가 하나라면 미래는 없다. 미래가 없으므로 현재도 없다. 현재가 없으므로 과거도 없다. 이와 같이 삼세가 어지러워진다. 外曰 因中先有果 因有故 若泥中先無甁 泥不應爲甁因 內曰 若因先有果故有果 果無故因無果 若泥團作甁 泥不失故 因中有果 是甁若破 應因中無果 外曰 因果一故 如土因泥果 泥因甁果 因變爲果 更無異法 是故不應因中無果 內曰 若因果一 無未來 如泥團現在 甁爲未來 若因果一 則無未來 無未來故 亦無現在 無現在故 亦無過去 如是三世亂", 『십이문론종치의기』 권하(대정장42, p.221b27)에 "소승에서 설일체유부는 인중에 과의 성이 있다고 주장하고, 경량부는 인중에 과체는 없다고 주장하며, 또한 대중부는 과거와 미래가 없다고 주장하니 그 중에 과가 없다는 것이다. 독자부는 인과가 있기도 하고 없기도 하다고 주장하는데, 드러내는 인은 없지만 성은 있다고 여기기 때문이다. 小乘 薩婆多計因中有果性 經部計因中無果體 又大衆部計過未是無 則是中無果也 犢子部計亦有亦無 以無事而有性故"라고 하였다. 〔참고문헌〕『百論』, 『十二門論宗致義記』, *Mvyut.204.* ⇨상키야학파 Sāṃkhya學派, 인중무과론 因中無果論, 인과 因果

인중유과종 因中有果宗 인중에 과가 있다는 주장. 십육이론(十六異論) 중 하나. 인중유과론(因中有果論)이라고도 한다. 상키야(Ⓢ Sāṃkhya : 數論)의 주장이다. 『대승법원의림장』 권1(대정장45, p.249c13)에 "인중유과종이란 우중(Ⓢ Vārṣya)외도가 제법인 중 항상 과의 성이 있다고 주장하는 것이다. 예컨대 벼는 볍씨를 인으로 하는 것과 같다. 벼를 구하려 할 때 볍씨를 심을 뿐이다. 벼는 반드시 볍씨에서 생기지 보리에서 생기지는 않는다. 그러므로 볍씨라는 인중에 이미 벼의 성이 있음을 알 수 있다. 그렇지 않으면 모든 것은 모든 것을 따라 제멋대로 생겨야 한다. 因中有果宗 謂雨衆外道執諸法因中 常有果性 如禾以穀爲因 欲求禾時 唯種於穀 禾定從穀生 不從麥生 故知穀因中 先已有禾性 不爾 應一切從一切法生"라고 하였다. 〔참고문헌〕『大乘法苑義林章』. ⇨인중유과론 因中有果論, 십육이론 十六異論

인중정유과 因中定有果 인중에 과가 정해져 있다는 말. 40권본 『대반열반경』 권28(대정장12, p.531c10)에 "만약 인중에 과가 정해져 있다고 한다면 계정혜는 증장할 수 없다. 나는 세상 사람들에게 본래 금계도 선정도 지혜도 없었으나 스승으로부터 받아서 점점 더하여 느는 것을 보았다. 若言因中定有果者 戒定智慧 則無增長 我見世人本無禁戒禪定智慧 從師受已 漸漸增益", 『백론소』 권하(대정장42, p.289c12)에 "만약 인중에 과가 없다면 여러 인들이 어지럽게 일어나고 또한 과도 어지럽게 따른다. 그러나 인이 어지럽게 일어나지 않고 과도 어지럽게 따르지 않으니, 인중에 과가 정해져 있음을 검증할 수 있다. 若因中無果者 則諸因便亂生 又果亦亂從 而因不亂生 果不亂從 則驗因中定有果也"라고 하였다. 〔참고문헌〕『大般涅槃經』, 『百論疏』. ⇨인중유과론 因中有果論, 인중무과론 因中無果論, 인과 因果

인중존 人中尊 Ⓢ narottama, nara-vṛṣabha, narendra, prajāna uttamaḥ, dvipadottama, Ⓣ mi-mchog. 사람 중에 높이 섬길 분. 인간들 중에서 가장 존귀하시고 훌륭하시다는 찬탄의 뜻이다. 『법화경』 권1 「서품 序品」(대정장9, p.4c2 : *Saddh-p.*, p.23)에 "하늘에서 만다화 꽃비가 내리고 하늘북 저절로 울리는 가운데 여러 천신·용신·귀신들이 인중존께 공양올리네.

天雨曼陀華 天鼓自然鳴 諸天龍鬼神 供養人中尊 divyaṃ ca māndāravavarṣamāsīdaghaṭṭitā dundubhayaśc a neduḥ, devāśca yakṣāśca sthitāntarīkṣe kurva nti pūjāṃ dvipadottamasya", 80권본『화엄경』권17「초발심공덕품 初發心功德品」(대정장10, p.94b24)에 "모든 삼세의 인중존께서는 모두 발심으로부터 출생하셨네. 以諸三世人中尊 皆從發心而得生"라고 하였다. [참고문헌]『法華經』,『華嚴經』,『如來祕密大乘經』권10(대정장11, p.727c26),『菩薩瓔珞經』권6(대정장16, p.54b4), *Saddh-p.*, *Śikṣ.170·304.*, *Laṅk.103.*

인중진액득상미상 咽中津液得上味相 Ⓢ rasa-rasāgratā, Ⓣ ro-bro-ba'i-mchog-dang-ldan-pa. 삼십이상(三十二相) 중 하나. 인중에 고이는 뛰어난 맛. 미중득상미상(味中得上味相)이라고도 한다.『사분율명의표석』권21(卍속장70, p.723a2)에 "스물여섯 번째는 인중진액득상미상이다〈인후부에 항상 고여 있는 진액은 가장 뛰어난 맛으로 마치 감로가 흐르는 듯하다〉. 二十六 咽中津液得上味相〈謂咽喉中 常有津腋 上妙美味 如甘露流注也〉"라고 하였다. [참고문헌]『四分律名義標釋』, *Mvyut.17.* ⇨ 미중득상미상 味中得上味相, 삼십이상 三十二相

인중질역난 人衆疾疫難 Ⓢ vyādhi-pīḍa. 칠난(七難) 중 하나. 사람들이 집단으로 전염병에 걸리는 재난.『약사여래본원경』(대정장14, p.407c13 : *Bhai.*, p.171)에 "또한 아난이여! 찰제리관정왕 등에게도 재난이 일어날 때가 있으니 사람들이 집단으로 전염병에 걸리는 등이다. … 저 찰제리관정왕 등은 그때 응당 일체유정에 대해 자비심을 일으켜 모든 묶이고 갇힌 이를 풀어주고 앞서 설한 공양법에 따라 저 세존이신 약사유리광여래를 공양해야 할 것입니다. 復次 阿難 若刹帝利灌頂王等 災難起時 所謂人衆疾疫難 … 彼刹帝利灌頂王等 爾時應於一切有情起慈悲心 赦諸繫閉 依前所說供養之法 供養彼世尊藥師琉璃光如來 punar aparaṃ bhadanta ānan da yeṣāṃ rājñāṃ kṣatriyāṇāṃ mūrdhābhiṣiktānām upadravā vā upasargā vā pratyupasthitā bhavey uḥ, vyādhipīḍā vā … tena rājñā kṣatriyeṇa mūrd hābhiṣiktena sarvasattveṣu maitracittena bhavi tavyam bandhanagatāś ca sattvā mocayitavyāḥ. tasya ca bhagavato bhaiṣajyaguruvaidūryaprab hasya tathāgatasya yathāpūrvoktapūjā karaṇīyā"라고 하였다. [참고문헌]『藥師如來本願經』,『藥師七佛本願功德經』권하(대정장14, p.415c29),『本願藥師經古跡』권하(대정장38, p.261c24), *Bhai.* ⇨ 칠난 七難

인중행불가득 人中行不可得 사람 중에서 행하여도 얻을 수 없다는 말.『인왕경』권상(대정장8, p.828b4)에 "그러므로 반야공덕은 중생 중에 행할 수 없지만 행한다. 是以般若功德 不可衆生中行而行", 원측(圓測)의 『인왕경소』권중(대정장33, p.399c11·한불전1, p.79b2)에 "[석] 두 번째는 위의 네 가지 뜻을 맺는다. 경문에는 네 구절이 있다. 첫째, 사람 중에 행한들 얻을 수 없으니 중생이 공이기 때문이다. 釋曰 第二結上四義 文有四節 一 人中行不可得 以生空故"라고 하였다. [참고문헌]『仁王經』,『仁王經疏』. ⇨ 경중행불가득 境中行不可得, 법중행불가득 法中行不可得, 해중행불가득 解中行不可得, 행불가득 行不可得, 불가득 不可得

인중호화 人中好華 인간세계에서 가장 아름다운 꽃. 분다리화(芬陀利花 Ⓢ puṇḍarīka)를 일컫는 말로 염불수행자를 비유한다.『관무량수불경소』권4(대정장37, p.278a13)에 "능히 쉬지 않고 염불하는 이가 있다면 이런 사람은 아주 희유하니, 가히 그와 견줄만한 것이 없어 분다리를 끌어 비유한다. 분다리는 인중호화라고 하며, 또한 희유화라고도 하고, 또한 인중상상화라고도 하고, 또한 인중묘호화라고도 한다. 이 꽃모양 때문에 채화라는 이름도 전한다. 만약 이렇게 염불하는 이가 있다면 인중호인이요, 인중묘호인이요, 인중상상인이요, 인중희유인이요, 인중최승인이다. 若能相續念佛者 此人甚爲希有 更無物可以方之 故引分陀利爲喩 言分陀利者 名人中好華 亦名希有華 亦名人中上上華 亦名人中妙好華 此華相傳名蔡華 是若念佛者 卽是人中好人 人中妙好人 人中上上人 人中希有人 人中最勝人也"라고 하였다. [참고문헌]『觀無量壽佛經疏』. ⇨ 분다리화 芬陀利花

인증 引證 끌어와 증명함. 논서를 구성하는 세 가지(立義 引證 譬喩) 요소 중 하나다.『유식론』(대정장31, p.64b15)에 "무릇 논을 지음에는 모두 세 가지 뜻이 있다. 무엇이 세 가지인가? 첫째, 뜻을 세운다. 둘째, 끌어 증명한다. 셋째, 비유로 밝힌다. 뜻을 세운다는 말은 저 게로 말하길 '식이 있을 뿐 경계는 없다'고 하는 것이다. 끌어 증명한다는 말은 게에서 '긴이 없이도 헛되이 본다'는 구다. 비유라는 말은 게에서 '마치 사람의 눈에 백태가 끼면 잔털과 달이 같이 보이는 등의 일이다'라고 한 구다. 凡作論者 皆有三義 何等爲三 一者 立義 二者 引證 三者 譬喩 立義者 如偈言 唯識無境界故 引證者 如偈言 以無塵妄見故 譬喩者 如偈言 如人目有瞖見毛月等事故",『대반열반경소』권24(대정장38, p.178c19)에 "세 번째로 이끌어 증명하여 답한다. … 문은 두 가지다. 먼저 과거를 이끌어 지금을 증명한 다음 다시 회통한다. 첫 번째로 과거를 끌어 지금을 증명함에도 두 가지다. 먼저 과거를 인용하고 다음으로 현재를 증명한다. 第三引證答 … 文爲二 先正引昔證今 次更會通 初引昔證今又二 先引昔 次證今",『서장』「답여랑중장 答呂郎

中狀」(대정장47, p.930b23)에 "간절히 바라니 문자를 뒤져서 끌어 증명하지 마십시오. 切忌尋文字引證"라고 하였다. 〔참고문헌〕『唯識論』, 『大般涅槃經疏』, 『書狀』.

인증 印證 공부한 경계를 인정할 만하다고 보여 알게 함. 인증(印証)이라고도 쓴다. 『대승지인경』 권5(대정장15, p.486a23)에 "오온이 티끌들의 아지랑이라 여겨 관찰하고, 사대의 몸은 진실이 아님을 증명한다. 觀察五蘊如塵幻 印證四大體非眞", 『선관책진』(대정장48, p.1106a22)에 "덥거나 춥거나 아랑곳하지 않고 참구하지 않은 날이 하루도 없었다. 밤에는 호롱불을 켜고 잠자지 않았고 밥을 잊은 세월이 거의 3년이 되어서야 비로소 인증을 받았다. 雖祈寒溽暑 無日不參 焚膏繼晷廢寢 忘飡者幾三年 乃獲印證", 『경덕전등록』 권21 「진적전 眞寂傳」(대정장51, p.378b11)에 "오로지 스님만이 그 뜻을 분명하게 깨닫고 입실하여 인증을 받았다. 唯師 朗悟厥旨 入室印證", 『원오어록』 권12(대정장47, p.767b28)에 "때로는 마음이라 말하고 성이라 말하여 남의 인증을 구하지만, 어찌 오고 가서 알 수 있는 일이겠는가? 有時 說心說性 求人印證 有什麽交涉", 『대천보제어록』(卍속장121, p.336a14)에 "앙산이 차나무 흔들어 단지 그 용을 얻었다 하고, 위산은 말없이 있어 단지 그 바탕 얻었다 하니, 서로서로 인정하고 증명한 셈이다. 仰山撼茶樹 只得其用 潙山良久 只得其體 互相印證"라고 하였다. 〔참고문헌〕『大乘智印經』, 『禪關策進』, 『景德傳燈錄』, 『圜悟語錄』, 『大川普濟語錄』. ⇨ 인가 印可

인증 因增 인(因)이 더해짐. 종(宗)을 성취시키는 인(因)에 더해 다른 인을 덧붙이는 것을 말한다. 『방편심론』(대정장32, p.24c23)에 "만일 '소리라는 법은 무상하다. 화합하여 이루어지기 때문이다. 마치 병이 만들 수 있는 것이어서 무상한 것과 같다'고 말하고, 그에 덧붙여 '소리는 공의 성이다'라고 하였다면, '허공은 상대해도 걸림 없지만 소리는 색법인데 어떻게 서로 의지한다 하는가?'라고 하는 것이 인을 더한다는 인증이다. 若言 聲法無常 和合成故 如瓶造作 則爲無常 又言 聲是空之求那 空非對礙 聲是色法 云何相依 是名因增"라고 하였다. 〔참고문헌〕『方便心論』. ⇨ 언증 言增, 유증 喩增

인지 印持 새겨 가짐. 결정(決定)의 뜻이다. 『대승지인경』 권3(대정장15, p.481c27)에 "큰 지혜력과 뛰어난 이해로써 새겨 가지고 사유하며 항상 기억하여 잃어버리는 일이 없으니, 모든 희론과 헛된 상들을 멀리 떠난다. 以大智慧力 及勝解印持 思惟常憶念 而無有忘失 遠離諸戲論 及以諸異想", 『대승중관석론』 권1(대정장30, p.138a23)에 "끝내 거둔 과가 있고 결정코 말할 수 있다면 이야말로 새겨 가지는 뜻이다. 決定有果 決定之言卽印持義", 『금강경찬요간정기』 권5(대정장33, p.216c18)에 "'무생인 등을 얻었다'는 말은 바른 지혜로써 인가하여 무생법을 인증하여 간직한다는 뜻이다. 得無生忍等者 謂以正智忍可 印持無生法故", 『변중변론술기』 권하(대정장44, p.44a13)에 "인지란 사유한 지혜다. 뜻을 인증하여 가져 끝내 정한다. 印持者 謂思慧 印持於義令決定"라고 하였다. 〔참고문헌〕『大乘智印經』, 『大乘中觀釋論』, 『金剛經纂要刊定記』, 『辯中邊論述記』.

인지 印紙 작은 종이조각에 사호(寺號)가 찍힌 직인(朱印). 『선림상기전』 권16(불광장, 禪藏, p.1221)에 "인지 : 도충이 말한다. '선림에서 작은 종이조각에 절 이름이 찍힌 직인을 인지라 한다. 공양물을 나누어줄 경우 먼저 인지를 나눈 다음 훗날 보시물을 받을 사람이 각자 인지〈스스로 자신의 이름을 써 넣는다〉를 지니고 와서 보시물을 수령하여 간다'. 조정에도 인지에 관한 조목이 있다. … 『직관지』 「도관낭중」에 '역할의 경중에 따라 그 노고를 고르게 헤아려 인지를 배급하고 그 공과를 적어 넣어 고생한 세월을 줄이도록 헤아린다'고 한 것이다. 印紙 忠曰 禪林以小片紙 朱印其寺號 謂之印紙 凡俵嚫金 先俵散印紙 後日受嚫人 各持印紙〈自書己名〉來收嚫去 朝廷亦有印紙目 … 職官志 都官郎中云 以役之輕重均其勞逸 給印紙 書其功過 展減磨勘歲月"라고 하였다. 〔참고문헌〕『禪林象器箋』.

인지 因地 불과(佛果)를 향해 수행하는 지위. 또는 모든 여래와 석존께서 세세생생에 원행을 행하던 때. 인행(因行)으로 증과(證果)에 이르는 사이의 위로서 인위(因位)·인분(因分)이라고도 한다. 과지(果地)에 대칭한다. 과위(果位)를 기준으로 하면 52계위 중 51번째인 등각(等覺) 이하를 말하고, 십지(十地) 중 초지(初地) 이상 보살을 기준으로 하면 지전보살(地前菩薩)의 위를 말한다. 『원각경대소』 권상(卍속장14, p.257b3)에 "인지란 인행이 의지하는 지위이다. 因地者 因行所依之地", 『대승본생심지관경』 권5(대정장3, p.316c24)에 "옛적 여래들께서 인지에 계실 때 아란야에 머무시며 세간을 떠나 번뇌소지장을 조복해 끊으시고 삼계를 넘어 보리를 증득하셨네. 昔諸如來因地時 住阿蘭若離塵處 伏斷煩惱所知障 超過三界證菩提", 『석마하연론』 권6(대정장32, p.640a13)에 "제불여래께서 본래 인지에 계실 때 대자비를 일으켜 모든 바라밀을 닦으시고 중생을 교화하며 대서원을 세워 중생계를 남김없이 제도하고자 하시면서 미래가 다할 때까지 겁수를 정하지 않으셨다. 일체중생을 자신의 몸처럼 여기셨기 때문이었는데 그러면서도 중생상을 취하지는 않으셨다. 所謂諸佛如來 本在因地 發大慈悲 修諸波羅蜜 攝化衆生 立大誓願 盡欲度脫 等衆生界 亦不限劫數 盡於未來 以取一切衆生如己身

故 而亦不取衆生相"라고 하였다. 〔참고문헌〕『圓覺經大疏』, 『大乘本生心地觀經』, 『釋摩訶衍論』. ⇨ 과지 果地, 인행 因行, 인위 因位 ■

인지 忍地 참아 견디며 수행하던 때. 보살이 인지(因地)에서 행한 일을 말한다. 『월등삼매경』 권10(대정장15, p.617a15)에 "무엇을 인지라 하는가? 몸과 마음의 모든 핍박을 참아내는 것이다. 云何名忍地 所謂忍於身心逼惱故", 『방광반야경』 권15 「육도상섭품 六度相攝品」(대정장8, p.107a26)에 "보살이 행한 인이란, 지금의 보살이 초발심으로부터 이 도량에 이르기까지 일체 중생의 욕과 질타와 무시함 등은 물론 팔다리를 잘리는 등을 말한다. 보살이 인지에 머문다는 것은 뜻과 생각으로 말하길 '비록 사람들이 하지 못하더라도 나 마땅히 보시하길 잠깐도 멈추지 않으리니, 이 공덕 가져 중생과 함께할 수 있어야 아누다라삼야삼보리다'. 비록 이 원을 짓더라도 두 곳에는 머물지 않으니, 그 두 곳이란 원의 모습도 원을 짓는 일도 본래 있을 리 없는 곳이다. 이것이 보살이 인에 머물러 보시바라밀을 취한다 한다. 菩薩行忍 從初發意至于道場 一切衆生罵詈輕易 節節支解 菩薩以住於忍地者 意常念言 雖人不取 我當布施不廢須臾 持是功德與衆生共 發阿耨多羅三耶三菩 雖作是願 不住二處 何等二處 無有願相 無有作相 是爲菩薩住忍攝取檀波羅蜜", 80권본 『화엄경』 권44 「십인품 十忍品」(대정장10, p.236a5)에 "제법 분별로 알 수 없으니, 저 꿈과 마음 다르지 않네. 삼세 모든세간 온통 다 이러하니, 꿈도 바탕도 생멸이 없네. 찾아도 찾을 곳 없어, 삼계 다 이와 같음을 보네. 이 마음으로 해탈하니, 그 꿈 세간에 없고 세간 아닌 곳에도 없다네. 이 두 갈래 분별하지 않는다면, 저 인지에 들었다 하리. 諸法無分別 如夢不異心 三世諸世間 一切悉如是 夢體無生滅 亦無有方所 三界悉如是 見者心解脫 夢不在世間 不在非世間 此二不分別 得入於忍地"라고 하였다. 〔참고문헌〕『月燈三昧經』, 『放光般若經』, 『華嚴經』. ⇨ 인 忍, 인지 因地, 절절지해 節節支解, 가리왕할절인욕선 歌利王割截忍辱仙

인지 忍智 Ⓢ kṣānti-jñāna, Ⓣ bzod-pa-dang-shes-pa. 제법(諸法)의 뜻을 알아 모든 것을 견뎌내고 법을 마음에 품으면 인(忍)이라 하고, 일체 일어난 일에 있어서 머뭇거림 없이 결단코 가려 분명히 아는 것은 지라 부른다. 견도위(見道位)에서는 인은 무애(無碍)이고 지만이 해탈이지만 수도위(修道位)에서는 지가 무애이면서 해탈이다. 『성실론』이나 대승에서 인과 지는 모든 수행도에 함께한다 하지만, 분한이 있어 시작하고 관하는 때를 인이라 한다면 끝마쳐 성취하는 때는 지라고 부른다. 『구사론』 권23(대정장29, p.122a14 : *Abh-k-bh.*, p.352)에 "〔논〕 십육심 중 인은 바로 무간도다. 혹을 끊어 얻어서 능히 틈새와 장애가 없게 하기 때문이다. 지는 바로 해탈도이니, 혹해탈을 얻고 더불어 얽힘에서도 떠남을 얻는다. 이 두 차제를 갖춤이 이치상 정해져 마땅히 그러하니, 저 세간에서 도둑을 쫓아낸 뒤에야 문을 닫는 것과 같다. 論曰 十六心中 忍是無間道 約斷惑得 無能隔礙故 智是解脫道 已解脫惑得 與離繫得 俱時起故 具二次第 理定應然 猶如世間驅賊閉戶 anantaryamārgāḥ kṣāntayaḥ kleśaprāptivicchedaṃ pratyantarayitumaśakyatvāt. vimuktimārgāstu jñānāni kleśaprāptivimuktānāṃ visaṃyogaprāptisahotpādāt. ata ubhayair avaśyaṃ bhavitavyam. dvābhyāṃ cauraniṣkāsanakapāṭapidhānavat", 『구사론소』 권23(대정장41, p.741c21)에 "도둑을 쫓아낸다 함은 무간도를 비유한다. 번뇌를 끊어서 이 몸을 나가버렸기 때문이다. 문을 닫음은 해탈도를 비유한다. 가려다함을 얻어 가졌으니 번뇌가 몸에 들어올 일이 없다. 驅賊 喩無間道 斷惑令得出身故 閉戶 喩解脫道 持擇滅得 令惑不入身", 『대승의장』 권9(대정장44, p.642b16)에 "다음으로 인지에 나아가 번뇌를 분별하여 다스리는 도다. 지혜로운 마음으로 법을 들여앉히는 것을 인이라고 하며, 경을 맺어 끊는 것을 지라고 한다. 次就忍智 分別治道 慧心安法 名之爲忍 於境決斷 說之爲智", "저 비담에 의지하면 견도의 번뇌를 끊으면 인이 무애이고 지가 해탈이지만, 수도의 번뇌를 끊으면 지가 무애이면서 해탈이다. 依如毘曇 斷見諦惑 忍爲無礙 智爲解脫 斷修道惑 智爲無礙 智爲解脫", "어찌하여 인이 무애여서 지라는 이름을 얻지 못하는가. 풀어 말하길, 보고 알아 뜻을 품어 자리하게 하는 것이어서 혹을 끊어 얻어서 오히려 마음과 함께한다. 마음과 함께하는 중에는 그에 대한 의혹도 있게 되니, 의혹을 가져 아직 결정이 아니므로 지라 이름하지 못한다. 何故見惑 忍爲無礙 不得名智 釋言見解安理名忍 所斷惑得 猶與心俱 心俱得中 有其疑得 帶疑不決 故不名智", "왜 견혹은 지를 해탈로 삼는가. 의이미 버려서 마음으로 결정코 알아 마쳤기 때문이며, 왜 수혹은 지로써 무애를 삼으면서 해탈로 삼는가 하면, 의혹 오직 견을 장애할 뿐이지 수도를 장애하지는 않기에 수도로 다스릴 영역이다. 한결같이 의혹이 없어서 온통 그 이름이 지다. 何故見惑 智爲解脫 疑得已捨 心決了故 何故修惑 智爲無礙 智爲解脫 疑唯障見 不障修道 修道治邊 一向無疑 故皆名智", "왜 의혹은 오직 견제만 장애할 뿐 수도는 가리지 않는가. 풀어 말한다. 의혹이란 뜻에 미한 번뇌이기에 오직 견만을 가릴 뿐 드러난 사를 어둡게 하지는 않기 때문에 수도를 장애하지 않는다. 何故疑惑 唯障見諦 不障修道 釋言 疑是迷理煩惱 故唯障見 不迷事故 不障修道", "성실법중에서는 일체 다스리는 도는 다 들어 이름하여 인이라 하고, 다 들어 지라고 하며, 마음에 법이 들어앉기에 다 들어 인이고, 결단코 끊어서 집착이 없기에 온통 지라고 할 수 있다. 成實法中 一切治道 通名爲忍 通名爲智 以心安法 故通名忍 決斷無著 故通名智", "대승법 중에서도 인과 지는 또한 통하니, 저에서 설하길 오인의 처음과 끝을 다 꾸려 이제지 등도 처음부터 끝까지 다 통한다. 뜻을 따라 갖추고 나눌 뿐 뜻에 다름이 없지는 않다. 관하기 시작하면 인이라 하고 마쳐 성취하면 지라 부른다. 大乘法中 忍智亦通 如說五忍 該始至終 二諦智等 通初及後 隨義具分 非無義異 始觀名忍 終成曰智"라고 하였다. [참고문헌] 『俱舍論』, 『俱舍論疏』, 『大乘義章』, *Abh-k-bh.* ⇨인 忍, 지 智

인지 隣智 등각의 지혜. 『성유식론소초』 권1(卍속장80, p.202b16)에 "인지란 보살이다. 그런즉 불지와 아주 가까이 하고 있다. 隣智者 卽菩薩也 然卽隣近佛智故"라고 하였다. [참고문헌] 『成唯識論疏抄』, 『成唯識論述記』 권1(대정장43, p.229a11). ⇨등각 等覺 2

인지동시 印紙同時 새기는 일과 종이에 남겨지는 일은 동시라는 말. 종이에 찍는 순간과 글이 드러나는 일은 시차가 없다는 말로서, 화엄의 보법(普法)을 비유한다. 바다나 거울에 삼라만상이 새겨 드러날 때 일시에 드러나지 차제로 시차를 두지 않는 뜻과 같다. 『화엄경탐현기』 권2(대정장35, p.127c14)에 "저 새겨진 글과 같아서 읽을 때는 전후 있지만 종이에 찍을 때는 동시다. 如印文 讀時前後 印紙同時", 『화엄오교장』 권1(대정장45, p.482c1)에 "이 보법에 의지해 일체불법을 제이칠일 일시에 전후로 설하고 전후를 일시에 설한다. 마치 세간의 새기는 법과 같다. 글을 읽을 때인즉 글과 뜻에 전후가 있지만, 새길 때 글은 동시에 드러난다. 전후가 동시라는 뜻에 틀림이 없다. 依此普法 一切佛法 並於第二七日 一時前後說 前後一時說 如世間印法 讀文則句義前後 印文則同時顯現 同時前後 理不相違"라고 하였다. [참고문헌] 『華嚴經探玄記』, 『華嚴五教章』. ⇨보법 普法 1, 해인삼매 海印三昧

인지라 因持羅 Ⓢ Indala. 인다라(因陀羅). 집력(執力)이라 한역한다. 『관정경』 권12(대정장21, p.536a16)에 "신장의 이름은 인지라이다. 神名因持羅", 『다라니잡집』 권8(대정장21, p.624c8)에 "인지라는 제2 도리천상에서 부처님과 약속한 후 천하인민을 옹호하여 허망하게 죽지 않게 한다. 因持羅 在第二忉利天上 與佛結要 當擁護天下人民 不得妄死"라고 하였다. [참고문헌] 『灌頂經』, 『陀羅尼雜集』, *Bhai.173.* ⇨인다라 因陀羅 2, 십이신장 十二神將, 십이야차대장 十二藥叉大將

인지불 因地佛 인위(因位)에 계시는 부처님. 곧 불성(佛性)·여래장(如來藏)을 뜻한다. 과지불(果地佛)과 대칭한다. 『위산경책구석기』 권하(卍속장111, p.341a13)에 "앞서 '진실의 근원을 열어 깨우친다'고 하였는데, 이것은 자심의 진여인 인지불에 계합함이다. 여기에서 말하는 '부처님 계위'란 곧 구경의 과위부처님이시다. 前啓悟眞源 是契自心眞如因地佛 此中言佛階者 乃證究竟果位佛也"라고 하였다. [참고문헌] 『潙山警策句釋記』. ⇨과상불 果上佛, 인위 因位 2

인지사 仁智寺 부산광역시 해운대구 반여동에 있는 절. 700년경에 인지암(仁智庵)으로 창건되었다고 전하며, 18세기에 편찬된 『해동지도』·『여지도』 「동래부 東萊府」에도 인지암의 이름 및 위치가 전하였으나 이후 폐사되었다. 1984년에 동고문성(東皐汶星)과 상좌 법성(法性)이 옛터에 관음정사(觀音精舍)를 창건하였다. 2014년에 전통사찰로 지정되었으며, 2016년에 원래 사명을 회복하였다. 현존 당우로는 대웅전·명부전·감로당 등이 있으며, 성보문화재로는 조선시대 문화재자료인 석존상이 있다. [참고문헌] 『海東地圖』, 『輿地圖』, 『불교신문』 제3196호.

인지소연 印持所緣 Ⓢ avadhāraṇa-ālambana, Ⓣ nges-par-'dzin-pa'i-dmigs-pa. 뜻을 새겨 가진 경계. 사유해서 지혜로운(思慧) 뜻이다. 『변중변론』 권3(대정장31, p.477a11 : *Madhy-vibh.*, p.74)에 "[논] 이와 같이 소연에는 열두 가지가 있다. … 여섯째는 인지소연이다. … 여섯 번째 것은 사소성혜의 경이다. 뜻을 새겨 가지기 때문이다. 論曰 如是所緣有十二種 … 六印持所緣 … 第六謂思所成慧境 印持義故 dvādaśavidham ālambanaṃ. … avadhāraṇālambanaṃ. … ṣaṣṭhaṃ. cintāmayasyāvagamya *dhāraṇāt*", 『법화경현찬섭석』 권3(卍속장53, p.130a8)에 "여섯째는 인지소연이다. 사유하여 지혜로운 경이다. 뜻을 새겨 가지기 때문이다. [석] 인지란 바로 사유하여 지혜로움이다. 뜻에 있어 새겨 가져서 결단코 움직임이 없기 때문이다. 六 印持所緣 謂思慧境 印持義故 釋曰 印持者 謂卽思慧印持於義 令決定故"라고 하였다. [참고문헌] 『辯中邊論』, 『法華經玄贊攝釋』, *Madhy-vibh.* ⇨사소성혜 思所成慧

인지이도자인지이기 因地而倒者因地而起 땅에서 넘어지면 땅에 의지해 일어난다는 말. 지눌(知訥)의 『정혜결사문』(한불전4, p.698a4)에 "삼가 듣건대 사람이 땅 때문에 넘어졌으면 땅을 짚고 일어나니, 땅을 떠나서 일어나기를 구한다면 옳지 않다. 일심에 미하여 끝없이 번뇌하면 중생이요, 일심을 깨달아 끝없는 묘용을 일으키는 이는 모든 부처다. 미하고 깨우침이 비록 다르기는 하나 반드시 하나의 마음을 말미암으니, 마음을 떠나서 부처를 구한다면 이런 일은 있을 수 없다. 恭聞 人因地

而倒者因地而起 離地求起 無有是處也 迷一心而起無邊煩惱者 衆生也 悟一心而起無邊妙用者 諸佛也 迷悟雖殊 而要由一心 則離心求佛者 亦無有是處也"라고 하였다. 이 비유는 경과 어록에도 전한다. 『대장엄론경』 권2(대정장4, p.263b5)에 "마치 사람이 땅에서 넘어졌으면 다시 돌이켜 땅을 짚고서야 일어날 수 있는 것처럼, 부처님 때문에 허물인 줄 알았으니 또한 부처님에 의지해서 없앨 수 있다. 如人因地跌 還扶而得起 因佛獲過罪 亦因佛而滅", 『경덕전등록』 권1(대정장51, p.207b16)에 "만약 땅에서 넘어졌으면 도리어 땅에 의지해 일어나야 하니, 땅을 떠나서 일어나기를 구한다면 이치로도 맞지 않는다. 若因地倒還因地起 離地求起終無其理"라 하여 서천의 제4조 우파국다(優波鞠多)의 게송을 들었다. 한편 야보(冶父)는 이에 대해 『금강경주』 권중(卍속장38, p.727a8)에서 "땅에서 넘어지면 땅을 짚고 일어나면 그만이니, 땅이 그대에게 무어라 하더냐? 因地而倒因地而起 地向你道甚麽"라고 하였다. [참고문헌] 『定慧結社文』, 『大莊嚴論經』, 『景德傳燈錄』, 『金剛經註』, 『宗鏡錄』 권7(대정장48, p.454c1).

인지조료 引持照了 Ⓢ āhāryaṃ dhāryaṃ prakāśyam ca. 이끌어 가져서 비춰 안다는 말. 견집조(牽執照 Ⓢ āharanadhāraṇaprakāśa)라고도 한다. 상키야(Ⓢ Sāṃkhya : 數論)의 십삼작구(十三作具)의 용을 표현하는 말로 오지근(五知根)의 조현, 오작근(五作根)의 집지, 삼근(三根)의 견인을 말한다. 『금칠십론』 권중(대정장54, p.1253b13)에 "작구의 수가 십삼이란, 이 논 중 곳곳에서 말한 작구는 확실히 열세 가지일 뿐이니, 오지근·오작근·각·만·심 등이다. 이 열세 가지로 무슨 일을 하는가? 견인하고 집지하며 조현하는데, 그 일에는 열 가지가 있으니 성 등의 오진과 언어 등의 오사다. 이 열 가지가 그 일인데, 이 일에는 세 가지다. 첫째는 견인이고, 둘째는 조현이며, 셋째는 집지다. 이 중에서 세 가지는 견인의 용이며, 오지근은 조현의 용을 갖추고, 오작근은 집지의 용을 구비한다. 이 세 가지 일로 열세 가지 근을 세우므로 인지조료라 한다. 作具數十三者 此論中 處處說作具 決定唯十三 五知根 五作根 及覺慢心等 此十三作何事 能作牽執照 其事有十種 聲等五塵 語言等五事 此十是其事 是事有三種 一 應牽 二 應照 三 應執 是中三有所牽 五知具所照 五作具執持 因此三事故 立十三根 故說應引持照了"라고 하였다. [참고문헌] 『金七十論』. ⇨ 견집조 牽執照, 십삼작구 十三作具

인지천 因坻天 인드라(Ⓢ Indra)를 달리 부르는 말. 『도행반야경』 권2(대정장8, p.431a1)에 "그때 모든 인지천, 모든 범천, 모든 파나화제천, 모든 이사천, 모든 나제건천이 동시에 세 번이나 이렇게 법을 찬탄했다. 爾時諸因坻天 諸梵天 諸波那和提天 諸伊沙天 諸那提乾天 同時三反 作是稱譽法"라고 하였다. [참고문헌] 『道行般若經』. ⇨ 인다라 因陀羅 [1], 인드라 Indra

인지화 人持華 Ⓢ nara-dhara. 향기가 으뜸이어서 사람들이 품어 가지는 꽃. 나라다(那羅陀)라고도 음사한다. 『번역명의집』 권7(대정장54, p.1178b5)에 "나라다 : '나라'를 바르게 음사하면 날라이고 한역하면 인(人)이다. '다'는 다라의 줄임말이니 한역하면 지(持)이다. 그 꽃의 향기가 묘하여 사람들이 모두 품고 다니므로 인지화라고 한다. 那羅陀 那羅正云捺羅 此云人也 陀謂陀羅 此云持也 其華香妙 人皆佩之 故名人持華也"라고 하였다. [참고문헌] 『翻譯名義集』. ⇨ 나라다 那羅陀 [3]

인진 人塵 인이라는 티끌. 인아에 집착하는 번뇌로 인집(人執)을 말한다. 인무아(人無我)의 뜻으로 쉽게 벗어난다. 아진(我塵)이라고도 하고, 벗어나기 어려운 번뇌인 법진(法塵)과 대칭한다. 『백론소』 권상(대정장42, p.237c22)에 "아와 법 모두 상에 불과하기에 아울러 진이라 부른다. 진을 안으로 그 자체로 부수려 하면 어렵기도 하고 쉽기도 하다. 인진인 오온은 취해서 얻을 수 없는 것이기에 쉽게 버린다. 십주에서 인무아를 얻는다. 법진은 오온으로 취해 얻어 버린 것이기에 물리치기 어렵다. 이 때문에 법무아는 얻기 어렵다. 我之與法 皆是想謂 並秤爲塵 於塵內破之 自有難易 人塵五情 取之不得 故易除 十住 得人無我 法塵五情 取之並得 故難破 故未得法無我"라고 하였다. [참고문헌] 『百論疏』. ⇨ 법진 法塵 [1], 진 塵, 인집 人執, 법집 法執

인집 人執 인(人)을 집착함. 임시로 화합한 오온(五蘊)을 상일주재(常一主宰)의 아(我 Ⓢ ātman)로 집착하는 것. 아집(我執)·생집(生執)이라고도 한다. 이집(二執)의 하나로 법집(法執)과 대칭한다. 『유가론기』 권20(대정장42, p.763c7·한불전14, p.512c3)에 "저 오온에 신아가 있다는 편견을 인집이라 한다. 如五蘊上 執有神我邊 名人執", 같은 책 권21(대정장42, p.787c21·한불전14, p.596c6)에 "셋째는 인집이고, 넷째는 법집이다. 이 두 가지 집은 미래세에 유전하는 인이 된다. 三 是人執 四 是法執 由此二執 爲未來世流轉之因"라고 하였다. [참고문헌] 『瑜伽論記』. ⇨ 아집 我執, 생집 生執, 인아견 人我見, 이집 二執, 법집 法執

인집 因集 인이 쌓임. 과거세에 닦은 선근이 인으로 쌓이는 뜻이다. 『십지경론』 권4(대정장26, p.148c2)에 "성문에게는 다섯 가지 상이 있다. 첫째는 인집이다. … 인집이란 아주 작은 선근만을 수행하기에 단지 자신만이 이익을 얻는다. 聲聞有五種相 一 因集 … 因集者 修

行微少善根故 但依自身利益", 『십지경론의기』 권4(卍속장71, p.475a1)에 "인집이란, 과거에 닦은 보잘 것 없는 선근이 지금의 행을 있게 하는 것을 인이라 하고, 그것에 의지해 쌓인 길을 집이라 한다. 言因集者 過去所習狹劣善根 能生今行 說之爲因 依之集道 故名爲集", 『화엄경소』 권35(대정장35, p.775a26)에 "'인집'이라는 말은 과거세에 닦은 선근에 의지해 행을 일으킨다는 뜻이다. 言因集者 宿習善根 依之起行"라고 하였다. [참고문헌] 『十地經論』, 『十地經論義記』, 『華嚴經疏』.

인집 悋執 Ⓢāgṛhīta, Ⓣkun-tu-'dzin-pa. 아껴 집착함. 『유가사지론』 권39(대정장30, p.507c10 : *Bodh-bh.*, p.86)에 "또 모든 보살들은 현재 갖가지 보시할 재물이 있어도 아까워하는 집과 극히 아까워하는 집이 있음을 안다. 재보를 아까워 집착하고 심히 집착하여 어쩔 줄 모르니, 그 집안에서는 일체사문바라문 등에게 일찍이 베푼 적이 없었다. 又諸菩薩 現有種種可施財物 知有慳家 最極慳家 悋執財寶 慳固競戰 於其家中 曾未惠施一切沙門婆羅門等 punaraparaṃ bodhisattvaḥ satsu saṃvidyamāneṣu deyadharmeṣu yāni tāni matsarikulāni bhavanti paramamatsarikulānyāgṛhītapariṣkārāṇi kuṭakuñcakāni yeṣu na jātu śramaṇabrāhmaṇeṣu deyadharme prajāyate", 『유가론기』 권10(대정장42, p.532c6 · 한불전13, p.781b1)에 "신태는 '아껴 인색함을 조복한다는 것은 재물에 대한 집착을 버린다는 것이다. 어떤 이는 저 물이 자신에게 쓸모없다는 것을 알면서도 인색하게 집착하기에 남에게 베풀지 않는다'고 하였다. 泰云 調伏慳悋 謂捨財物著者自有人知彼物於已無用 然慳悋執著故不施人"라고 하였다. [참고문헌] 『瑜伽師地論』, 『瑜伽論記』, *Bodh-bh.*

인집생연 因集生緣 Ⓢhetu-samudaya-prabhava-pratyaya. 집제(集諦)의 인·집·생·연이라는 네 가지 행상. 무루지(無漏智)에서의 법지(法智)를 성취하기 위해 닦는 욕계사제(欲界四諦)의 십육행상(十六行相) 중 집제행상이다. 『집이문족론』 권7(대정장26, p.393c29)에 "집지란 무엇인가? [답] 유루법에 대해 인집생연이라고 사유해서 일어나는 무루지를 집지라고 한다. 集智云何 答 於有漏 因思惟因集生緣 所起無漏智 是名集智", 『대승아비달마집론』 권4(대정장31, p.681b16 : *Abh-s.*, p.61)에 "집제에는 모두 네 가지 행상차별이 있으니 인상·집상·기생상·연상이다. 무엇이 인상인가? 습기를 끌어와 일으키기에 인상이라 한다. 무엇이 집상인가? 저들 각각의 유정이 쌓은 습기로 저들 각각의 유정류에 어김없이 일어나기에 집상이라 한다. 무엇이 생상인가? 각기 다른 내신이 무량품류의 차별을 일으키는 인이 되기에 생상이라 한다. 무엇을 연상이라 하는가? 유정들 각각이 따로따로 버리는 인을 얻기에 연상이라 한다. 集諦總有 四種行相差別 謂因相集相 起生相緣相 云何因相 謂能引發復有習氣因 是名因相 云何集相 謂彼彼有情所集習氣 於彼彼有情類 爲等起因 是名集相 云何生相 謂各別內身 無量品類差別生因 是名生相 云何緣相 謂諸有情 別別得捨因 是名緣相 samudayasatyaṃ samāsato lakṣaṇaprabhedena caturvidham. hetulakṣaṇaṃ samudayalakṣaṇaṃ prabhavalakṣaṇaṃ pratyayalakṣaṇaṃ ca. hetulakṣaṇaṃ katamat. punarbhavavāsanāyā āhārakaṃ kāraṇaṃ hetur iti hetulakṣaṇaṃ veditavyam. samudayalakṣaṇaṃ katamat. teṣāṃ teṣām upacitavāsanānāṃ sattvānāṃ tasmiṃs tasmin sattvanikāye udayasya kāraṇam iti samudayalakṣaṇaṃ veditavyam. prabhavalakṣaṇaṃ katamat. pratyātmaṃ santānanānāṃ sarvaprakāraprakarṣodbhavasya kāraṇam iti prabhavalakṣaṇaṃ veditavyam. pratyayalakṣaṇaṃ katamat. sattvānām anyānyaprāptyatyayakāraṇam iti pratyayala kāraṇaṃ veditavyaṃ"라고 하였다. [참고문헌] 『集異足門論』, 『大乘阿毘達磨集論』, *Abh-s.* ⇨집제 集諦, 사제십육행 四諦十六行, 십육행상 十六行相, 법지 法智❶, 무루지 無漏智

인차 人次 사람으로 나는 차례. 육취(六趣)중에 인취(人趣)에 드는 때를 말한다. 『출요경』 권7(대정장4, p.645c20)에 "'후세에 미치는 연'이란, 방일하지 않은 사람이 사람으로 나는 차례를 얻어서는, 바로 보시하고 계를 가져 재를 지키면서 모든 도를 행하는 이들을 보면 대신 기뻐한다. 그들은 온갖 선법으로 몸을 향기롭게 물들이기에 백천 세가 되도록 용모가 아름답다. 이 때문에 '후세에 미치는 연이다'라고 한다. 亦及後世緣者 不放逸人 得爲人次 便能布施 持戒守齋 見諸行道者 代其歡喜 以諸善法 香熏身體 於百千世 顏貌端正 是故說曰 亦及後世緣也"라고 하였다. [참고문헌] 『出曜經』. ⇨인 人, 육취 六趣, 인취 人趣

인차별수기 人差別授記 Ⓢpudgala-bheda-vyākaraṇa. 수기를 받는 사람에 따른 차별. 때에 따른 차별은 시차별(時差別)이다. 『대승장엄경론』 권12 「공덕품 功德品」(대정장31, p.652a20 : *Sūtr.*, p.166)에 "수기는 두 가지다. 첫째는 인차별이고, 둘째는 시차별이다. 인차별수기는 네 가지다. 첫째는 미발심수기로 곧 종성위다. 둘째는 이미 발심한 후에 수기함이고, 셋째는 곧 바로 그 자리에서 수기함이며, 넷째는 보지 않고도 수기함이다. 授記有二種 一 人差別 二 時差別 人差別授記有四種 一 未發心授記 謂性位 二 已發心授記 三 現前授記 四 不現前授記 tatra pudgalabhedena vyākaraṇaṃ gotrasthotpāditacittasaṃmukhāsamakṣapudgala vyākaraṇāt"라고 하였다. [참고문헌]『大乘莊嚴經論』, *Sūtr.* ⇨ 수기 授記, 시차별수기 時差別授記

인착 認著 알았다고 여겨 집착함. 그릇되이 알고서는 그것을 가져 견고히 하는 뜻이다. 『임제록』(대정장47, p.498c11)에 "길에 들어선 무리들이여! 꿈결로 함께하는 이 몸 그릇 알아 집착하지 마라. 빠른듯 느린듯 그 중간에 문득문득 돌아가 영원할 수 없다. 道流 爾莫認著箇夢幻伴子 遲晩中間便歸無常", 『양기어록』(대정장47, p.644c19)에 "법좌에 올라 말했다. '옛 사람이 이르길 「옛 그대로 헤아려 안다 하면 옳지 않다」라고 한 말이야말로 참으로 알기 어렵다. 토숙 사람 수염 많고, 페르시아인의 눈은 깊고 콧구멍은 크다. 참으로 기괴하구나! 홀연히 신라의 국경을 뚫고 지나네'. 上堂云 古人道 認著依前還不是 實難會 土宿 頷下髭鬚多 波斯 眼深鼻孔大 甚奇怪 欻然透過新羅界", 『굉지광록』 권7(대정장48, p.79b18)에 "모습은 늙고 뼈는 야위었다. 구름 사이 달이 홀로 밝네. 모습 따른즉 있는 듯하다가 찾아 잡으려 하면 없다. 貌古骨癯 雲間月孤 相隨似有 認著還無", 『선종결의집』(대정장48, p.1016a4)에 "또 이른다. 알아챌 수 없다. 그대 만약 알아챘다 한다면 저 신식이 놀아난 그림자를 가져 진실에 마땅한 일이라 여기는 것이다. 도리어 다른 것 가져다 분별하고 헤아려 보는 중에 아만심만 높아지리니, 다시는 앞으로 나아갈 길 막막하다. 又且 不可認著 爾若認著 這箇識神 弄影者 以爲諦當事 反被他引 入情識見中 我慢心高 不復前進"라고 하였다. [참고문헌]『臨濟錄』, 『楊岐語錄』, 『宏智廣錄』, 『禪宗決疑集』.

인천 人天 Ⓢ deva-manuṣya, divya-mānuṣyaka, mānuṣa-divya, nṛ-deva, Ⓟ nara-deva, Ⓣ lha-dang-mi, mi-rnams-dang-lha-rnams. 인간과 하늘. 육도(六道) 중 인도(人道)와 천도(天道). 오계(五戒)의 수지(受持)와 십선(十善)의 수습을 인(因)으로 하기에 선도(善道)에 있어서 함께 어울린다. 그래서 인과응보를 믿고 선업을 닦아 인천에 태어나도록 하는 가르침을 인천교(人天敎) 또는 인천승(人天乘)이라 한다. 『대반열반경』 권중(대정장1, p.199b29)에 "만약 비구·비구니·우바새·우바이가 내가 멸도한 후에 능히 발심하여 내가 머물던 네 곳에 간다면 공덕 얻음이 헤아릴 수 없으리니. 날 때마다 항상 인천에 있고 받는 낙과보도 다함이 없으리라. 若比丘 比丘尼 優婆塞 優婆夷 於我滅後 能故發心 往我四處 所獲功德 不可稱計 所生之處 常在人天 受樂果報 無有窮盡", 『대승본생심지관경』 권1(대정장3, p.292c2)에 "세존이시여! 저는 이제 삼계유루업인 인천과보를 구하지 않고 오로지 출세간의 아누다라삼막삼보리만을 구하겠습니다. 왜냐하면 삼계 중 인천복락이 비록 높은 자리에 있게 하지만 앞선 세간의 복이 다하면 악취에 환생하여 무량고를 받기 때문입니다. 世尊 我今不求 三界有漏 人天果報 唯求出世阿耨多羅三藐三菩提 所以者何 三界之中 人天福樂 雖處尊位 先世福盡 還生惡趣 受無量苦", 『법화문구』 권10(대정장34, p.140b2)에 "인천을 보는 것은 육안과 천안의 두 눈이고, 이승을 보는 것은 혜안이며, 보살을 보는 것은 법안이고, 부처를 보는 것을 불안이다. 見人天是二眼 見二乘是慧眼 見菩薩是法眼 見佛卽佛眼", 『법화현론』 권7(대정장34, p.418a19)에 "또한 인천승은 삼악도를 벗어나는 수레다. … 또한 인천은 번뇌를 끊지 못한 승이라고 한다. … 또한 인천은 범부승이라고 한다. … 인천은 오계와 십선의 우열이 다르므로 인과 천 둘로 나눈 것이다. 又人天乘是出三途乘 … 又人天名爲不斷煩惱乘 … 又人天名凡夫乘 … 以人天 五戒十善 優劣不同 故開爲二", 『대승의장』 권4(대정장44, p.547b9)에 "삼악도에 떨어지는 악업을 죄라 하고, 욕계중 인천에 나는 선업을 복이라 한다. 三塗惡業 名之爲罪 欲界地中人天善業 名之爲福", 『마하지관』 권4(대정장46, p.39b17)에 "만약 인천에 있더라도 가르침 닦지 않는 이는 과보가 다하면 다시 삼악도에 떨어져 백천의 부처가 출현해도 끝내 도를 얻을 길 없다. 若於人天 不修乘者 果報若盡 還墮三途 百千佛出 終不得道", 『인천안목』 권1(대정장48, p.301b27)에 "제1구에서 알아차리면 부처와 조사의 스승이 될 만하고, 제2구에서 알아차리면 인천의 스승이 될 만하며, 제3구에서 알아차리면 스스로도 구제하지 못한다. 若第一句中薦得 堪與佛祖爲師 若第二句中薦得 堪與人天爲師 若第三句中薦得 自救不了"라고 하였다. [참고문헌]『大般涅槃經』, 『大乘本生心地觀經』, 『法華文句』, 『法華玄論』, 『大乘義章』, 『摩訶止觀』, 『人天眼目』, *Yogā-bh.87.*, *Suv-pr.42.*, *Śikṣ.340.*, *SN.1.141.* ⇨ 인 人, 천 天, 인도 人道❶, 천도 天道, 인천교 人天敎, 삼악도 三惡道, 육도 六道, 오안 五眼

인천계 人天界 인계(人界)와 천계(天界). 『결정의경』(대정장17, p.652a25)에 "또 다시 저 중생 몸으로 선업을 지어 그릇된 행위를 하지 않고, 말로 선업을 지어 현성을 비방하지 않으며, 마음으로 선업을 지어 정견을 일으킨다. 이러한 인연으로 목숨을 마친 뒤에는 인천계에 난다. 又復衆生 身作善業 不行邪行 口作善業 不謗賢聖 意作善業 起於正見 由是因緣 命終之後 生人天界", 『유부율약사』 권8(대정장24, p.36a25)에 "모두 믿는 마음을 일으켜 고통의 업을 모두 다한다. 지옥따름을 다하여 인천계에서 생을 받아 사람이나 천중으로 난 뒤 반드시 부처님을 만나 바로 성과를 증득한다. 皆發信心 苦業都盡 從地獄滅 於人天界受生 生人天已 後當遇佛 便證聖果"라고 하였다. [참고문헌]『決定義經』, 『有部律藥事』.

⇨ 인 人, 천 天, 인계 人界, 천계 天界

인천계십법 人天界十法 인천(人天)에 나는 열 가지 법(語相性體力作因緣果報). 『법화현의』 권2(대정장33, p.694b27)에 "다음으로 인천계의 열 가지 법을 가린다. 다만 선하고 즐거운 것에 나아가 사취(四趣 : 地獄 餓鬼 畜生 阿修羅)와 다르다. 모습으로 말하면 깨끗하고 오르는 듯하며 성으로는 물론 백법이다. 체로는 안락한 색심이다. 힘으로는 선기를 감당하여 견딘다. 작으로는 그치고 행하는 두 가지 선을 짓는 것이다. 인으로는 청정한 업이다. 연으로는 선의 아와 아소로 갖춘 바라밀이다. 과는 저절로 선심을 불러 나게 한다. 보로는 자연스럽게 받는 낙이다. 次辨人天界十法者 但就善樂爲語 異於四趣 相表清升 性是白法 體是安樂色心 力是堪任善器 作是造止行二善 因是白業 緣是善我我所 所有具度 果是任運酬善心生 報是自然受樂"라고 하였다. [참고문헌] 『法華玄義』. ⇨ 인천 人天

인천과보 人天果報 인과 천에 나는 과보. 오계(五戒)와 십선(十善)의 선업(善業)을 인(因)으로 한다. 『이취육바라밀다경』 권9(대정장8, p.908c20)에 "비단 다섯 가지 바라밀만 지혜에서 생기는 것이 아니라 일체세간의 복덕과 명예, 인천으로 나는 과보에서 출세간의 무루선근에 이르기까지 모든 것들이 지혜 생처로 삼는다. 非唯五度從智慧生 一切世間福德名聞人天果報 乃至出世無漏善根 皆以智慧而爲生處", 『무량수경의소』 권하(대정장37, p.111c28)에 "만약 이 방편에 의지하여 수습하고 끊어내면 먼저 견혹을 끊어 삼악도의 인을 여의고 삼악도의 과를 없앤 후에는 수혹을 끊고 인천의 인을 여여서 인천의 과마저 끊는다. 若依此方 修習斷除 先斷見惑 離三途因 滅三途果 後斷修惑 離人天因 絶人天果", 『대승의장』 권4(대정장44, p.551b24)에 "선도에도 세 단계가 있다. 선업이 인이 되고, 사주가 연이 되어 인천의 보를 받는다. 善道亦有三階 善業爲因 四住爲緣 受人天報", 『화엄경소초』 권56(대정장36, p.439c21)에 "승과 계가 모두 느슨하다는 것은, 갖가지 계를 범하고 또한 가르침의 수레에 오르지도 않는다는 뜻이니 영원히 지옥에 떨어져 인천의 보마저 잃는다. 乘戒俱緩者 謂具犯衆戒 又復無乘 永墜泥犁 失人天報"라고 하였다. [참고문헌] 『理趣六波羅蜜多經』, 『無量壽經義疏』, 『大乘義章』, 『華嚴經疏鈔』. ⇨ 인천복보 人天福報, 인천교 人天教

인천교 人天教 인간계와 하늘에 나는 가르침. 오계(五戒)와 십선(十善) 등의 가르침. 인천교문(人天教門) · 인천승(人天乘) · 인천인과교(人天因果教)라고도 한다. 부처님께서 성도하신 후 법륜을 굴리시기(轉法輪) 전에 제위장자(提謂長者 Ⓢ Trapuṣa) 등에게 오계와 십선을 닦아 인도(人道)와 천도(天道)에 나기를 가르치셨고, 이후로도 삼론(三論 : 施 戒 天)의 가르침으로 세간을 교화하셨다. 오시교판(五時教判) 중 첫 번째 가르침이다. 『도서』 권상(대정장48, p.403a18)에 "밀의의성설상교(密意依性說相教)에 세 가지다. 첫째 인천인과교는 선악의 업보를 설하여 인과에 어긋남이 없음을 알도록 하였다. 삼악도의 고통을 두려워하여 인천락을 구하고 보시 · 지계 · 선정 등 일체선행을 닦으면 인도와 천도 나아가 색계와 무색계에 날 수 있다. 이것을 인천교라고 한다. 此一教中自有三類 一 人天因果教 說善惡業報 令知因果不差 懼三途苦 求人天樂 修施戒禪定等一切善行 得生人道天道乃至色界無色界 此名人天教", 『대승의장』 권1(대정장44, p.465a13)에 "점교 중에 오시와 칠계가 있다. 오시에서 첫째는 부처님께서 처음 성도하시고 제위장자 등에게 오계와 십선의 인천교문을 설하신 것이다. 漸中有其五時七階 言五時者 一 佛初成道 爲提謂等 說五戒十善 人天教門", 『번역명의집』 권2(대정장54, p.1081b25)에 "경에서 말씀하신 오계란 천하에서 절대 금하는 것이다. 오계를 범하는 것은 하늘에서는 오성을 거스르는 것이고, 땅에서는 오악을 거스르는 것이며, 나라에서는 오제를 거스르는 것이고, 몸으로 오장을 거스르는 것과 같다. 그러므로 부처님께서 성도하시고 아직 법륜을 굴리기 전에 먼저 제위장자를 위해서 오계법을 주고 인간을 위한 가르침인 인승이라고 하였으니 오승 중 처음이다. 이 오계로 말미암아 삼악도를 벗어나니 실어나른다는 뜻을 취하여 수레라는 이름을 썼다. 옛 논사는 통상 인천교라고 불렀다. 經云五戒者 天下大禁忌 若犯五戒 在天違五星 在地違五岳 在方違五帝 在身違五藏 故佛成道 未轉法輪 先爲提謂 授五戒法 號曰人乘 居五乘首 由玆五戒 超出三塗 取運載義 以立乘名 古師通漫稱人天教"라고 하였다. [참고문헌] 『都序』, 『大乘義章』, 『翻譯名義集』. ⇨ 인천승 人天乘, 삼론 三論, 오계 五戒, 십선 十善, 오시교판 五時教判 ❷

인천구처 人天九處 인과 천이 머무는 아홉 곳. 사주(四洲) 중 북구로주(北俱盧洲)를 제한 삼주와 육욕천(六欲天)을 말한다. 사선근(四善根)을 성취할 수 있는 곳이다. 『구사론기』 권23(대정장41, p.347c13)에 "이 사선근은 욕계신에 의지하여 일어난다. 인과 천이 머무는 장소 아홉 곳은 북구로주를 제한다. 오직 (욕계의) 아홉 가지 몸에 의지할 뿐이니 이 몸에 의지해 견도에 들어갈 수 있다. 此四善根依欲界身起 人天九處 除北俱盧 唯依欲九身 以依彼身容入見道"라고 하였다. [참고문헌] 『俱舍論記』. ⇨ 삼주 三洲, 육욕천 六欲天, 사선근위 四善根位, 북구로주 北俱盧洲

인천도사 人天導師 인간과 천을 이끄시는 스승. 『육도집』 권4(卍속장149, p.749b2)에 "그러나 부처님은 인간과 천을 이끄는 스승으로서 세간에 출현하신 성인이다. 천하의 황제조차도 오히려 귀의하여 법문을 듣는다. 然佛是人天導師 出世聖人 天帝猶歸依聞法"라고 하였다. [참고문헌] 『六道集』. ⇨ 인천사 人天師 ❶

인천락 人天樂 Ⓢ deva-manuṣya-saṃpatti-sukha. 인이나 천으로 나서 누리는 즐거움. 『대반야경』 권363(대정장6, p.874a28)에 "모든 중생들이 성불한 후에는 다시 보리수 가지와 잎새들 그리고 꽃과 열매로 중생을 이롭게 하고, 모든 유정들 악취의 고통에서 벗어나 인천으로 태어나 누리는 즐거움을 얻도록 하고, 점차 삼승에 들어가 반열반계에 들도록 한다. 是諸有情得成佛已 復用佛樹枝葉 花果饒益有情 令諸有情脫惡趣苦得人天樂 漸次安立令入三乘般涅槃界", 『대지도론』 권1(대정장25, p.58b23)에 "만약 악한 생각을 한 번 일으켜도 얻는 죄가 헤아릴 수 없고, 깨끗한 신심을 한 번이라도 일으키면 인천의 즐거움을 얻고 반드시 열반과를 얻는다. 若一發惡念 獲罪無量 一發淨信 受人天樂 必得涅槃果"라고 하였다. [참고문헌] 『大般若經』, 『大智度論』, 『大寶積經』 권89(대정장11, p.512a9), *Gaṇḍ-vy.222.* ⇨ 인천 人天

인천명맥 人天命脈 인간과 하늘의 목숨길. 여기서는 불조의 가르침은 인간으로 나고 하늘에 나는 일이 운명이나 하늘신의 일이라 여기는 인천교(人天敎)의 뜻이 아님을 드러냈다. 『벽암록』 11칙 「수시 垂示」(대정장48, p.151b8)에 "부처와 조사의 큰 기틀을 온통 돌이켜 장악하고 인천의 목숨길을 다 손 끝에 거둠에랴. 무심한 한 구 한 마디에 무리들 놀라 달아나고, 한 기틀과 한 경에 온갖 사슬 풀어헤쳐 향상의 근기를 끌어들여 향상사로 이끈다. 말해보라. 어떤 사람이 일찍이 이렇게 해왔는가? 돌이켜 이 말 떨치고 간 자리 아는 이 있는가? 한번 말해보라. 佛祖大機 全歸掌握 人天命脈 悉受指呼 等閑一句一言 驚群動衆 一機一境 打鎖敲枷 接向上機 提向上事 且道 什麽人曾恁麽來 還有知落處麽 試擧看"라고 하였다. [참고문헌] 『碧巖錄』. ⇨ 인천교 人天敎

인천보감 人天寶鑑 남송(南宋) 때 담수(曇秀) 지음. 1권 또는 2권. 1230년(소정3) 간행. 卍속장148, pp.97a1~142b13에 수록되어 있다. 선교율(禪敎律)과 유학·노장 등의 전적까지 수용하여 불도를 공부하는 사람이 반드시 알아야 하거나 수행의 귀감이 되는 이야기와 빼어난 구절을 편집하였다. 책머리에 유비(劉棐)의 「서문 序文」이 실려 있고, 말미에 영은사(靈隱寺) 묘감(妙堪)의 「발문 跋文」이 붙어 있다. 「자서 自序」(卍속장148, p.97a12)에 "무릇 공부할 뜻을 불러일으키고 세상에 귀감으로 보일만한 말을 마주칠 때마다 기록해두다 보니 모두 백 단락(110여 편)이 되었다. 이것에 '인천보감'이라는 제목을 붙였다. 凡可以激發志氣 垂鑑於世者 輒隨而錄之 總數百段 目曰人天寶鑑"라고 한 말에서 편집의 방향을 알 수 있으며, 이어서 대혜종고(大慧宗杲)의 『정법안장 正法眼藏』의 체제를 참고했다고도 하였다. ⇨ 인천 人天, 인천안목 人天眼目 ❷

인천복보 人天福報 인간과 하늘의 복을 받음. 보리(菩提)의 대원(大願)으로만이 성취할 수 있는 불법에 있어서는 인천의 복마저도 건너야 할 꿈일 뿐이다. 『대승비분다리경』 권2(대정장3, p.245b10)에 "인간과 하늘의 복일지라도 질풍처럼 머무를 시간 오래지 않으니, 물에 비친 달과 같다. 범부는 오욕에 만족할 줄 모르고 경계에 취하여 인천에 나는 복된 과보만을 기꺼이 구한다. 人天福報 譬如疾風 無有住時 如水中月 凡夫五欲無足 醉於境界 樂求人天福報", 『아미타경요해』(대정장37, p.370c29)에 "인천의 복 받기를 구하지 않고 게다가 성문연각도 구하지 않으니, 이것이야말로 보리의 대원이 아니고 무엇이랴! 以旣不求人天福報 又不求聲聞緣覺 非是菩提大願而何", 『금강경주해』 권3(卍속장38, p.914a9)에 "야보도천(冶父道川)선사가 말한다. '인천에 태어나는 복된 과보가 없지 않지만 불법을 꿈에서도 볼 수는 없으리'. 川禪師曰 人天福報卽不無 佛法未夢見在"라고 하였다. [참고문헌] 『大乘悲分陀利經』, 『阿彌陀經要解』, 『金剛經註解』, 『文殊師利根本儀軌經』 권9(대정장20, p.869b8). ⇨ 인천과보 人天果報, 인천교 人天敎, 인천 人天

인천사 人天師 ❶ 인간과 하늘의 스승. 부처님 십호 중 천인사(天人師 Ⓢ śāstā deva-manuśyāṇāṃ)의 뜻이다. 『중허마하제경』 권11(대정장3, p.964c4)에 "과거세에 부처님이 세상에 출현하셨으니 그 이름 아라낭비이시다. 십호를 구족하셔서 인천의 스승이 되셨다. 過去世時 有佛出世 名阿囉曩毘 十號具足 爲人天師", 『대보적경』 권111(대정장11, p.626c21)에 "인천의 무리에게 이익이 무량하고, 그들 모두가 대승심을 일으키도록 하리니, 우리들 장차 사자후 할 수 있고, 우리 장차 인천의 스승 되리라. 利益無量人天衆 悉令發起大乘心 我等當能師子吼 我等當作人天師", 40권본 『대반열반경』 권28(대정장12, p.533c1)에 "저 사람은 들어 알았다. 제불세존께서는 인천의 스승으로서 중생 중에서 최상이며 견줄 이 없고 성문과 벽지불 등 누구보다 뛰어나시다는 것을. 有人得聞 諸佛世尊 是人天師 於衆生中 最上無比 勝於聲聞 辟支佛等"라고 하였다. [참고문헌] 『衆許摩訶帝經』, 『大寶積經』, 『大般涅槃經』. ⇨ 인천 人天, 천인사 天人師 ❷ 선종의 선지식을 높여 부르는 말. 『원오어록』 권9(대정장47, p.753a14)에 "참된 선지식이 사자좌에 앉아 각각 인천의 스승이라 하니, 어금니 저 날카로운 칼이고 입안 가득 핏물 머금은 듯하다. 眞善知識 踞師子座 各各爲人天師 牙如利劍 口似血盆", 『가태보등록』 권5 「혜원청만장 慧圓淸滿章」(卍속장137, p.101a18)에 "이 일 칼날 위에 서는 일이니, 반드시 칼날 위에 서는 사람이라야 한다. 명리를 좇는 무리들 있어 인천의 스승 인양 하니, 양머리를 내걸고 개고기를 팔고 후진과 초기를 망치고 앞선 성인들의 홍범을 흐린다. 此劍刃上事 須是劍刃上漢 始得 有般名利之徒 爲人天師 懸羊頭賣狗肉 壞後進初機 滅先聖洪範"라고 하였다. [참고문헌] 『圜悟語錄』, 『嘉泰普燈錄』. ⇨ 인천안목 人天眼目

인천승 人天乘 인간과 하늘을 위한 가르침. 다섯 갈래의 교법인 오승(五乘) 중 처음이다. 인천인과교(人天因果敎)·인천교(人天敎)라고도 한다. 『유가사지론석』(대정장30, p.883a26)에 "종성이 없는 이는 인천승에 의지하여 세간선을 닦아 인천과를 얻음으로써 악취를 벗어난다. 無種姓者 依人天乘 修世間善 得人天果 脫惡趣故", 『법화문구』 권7상(대정장34, p.92a13)에 "따로 산·냇물·계곡물·골짜기를 달리하여 오승의 습인으로 삼는다. 골짜기는 물이 많기에 보살을 비유하고, 계곡물은 벽지불을 비유하며, 냇물은 성문을 비유하고, 산 높아 적심이 적은 뜻으로 인천승을 비유한다. 別出山川谿谷 爲五乘習因 谷受水多 譬菩薩 谿譬支佛 川譬聲聞 山高受潤少 譬人天乘", 『화엄공목장』 권1(대정장45, p.537b19)에 "범부의 인천승이라면, 부처님께서 범부에게 다가가 저 인천과 함께함으로써 범부가 인천복을 닦도록 이끄신다. 기왕에 무루도 없고 견수의 번뇌를 가릴 일도 없어 다만 세간선정으로 세간수만을 성취한다. 若凡夫人天乘 佛臨凡夫 同彼人天 引凡夫人 修人天福 旣無無漏 不辨見修 但論世間禪定 成世間修", 같은 책 권3(대정장45, p.560b26)에 "오승이란, 인천 등이 그 하나이니 이를 인천승이라 하고, 성문과 연각이 함께 그 하나이니 이를 소승이라 한다. 言五乘者 人天等爲一 謂人天乘 聲聞緣覺 共爲一 謂爲小乘", 『석정토군의론』 권5(대정장47, p.62a12)에 "인천승은 오로지 생사유전하는 범부들의 가르침일 뿐이어서 저들은 정토에 날 수 없다. 정토의 중생은 모두들 마땅히 무상보리를 얻을 이들이기 때문이다. 人天乘 唯是流轉生死凡夫 不可生淨土 以淨土衆生 皆是當得 無上菩提故", 원측(圓測)의 『인왕경소』 권하말(대정장33, p.418c28·한불전1, p.109b5)에 "『승만경』에 따르면, 네 가지 귀한 교법의 창고가 있다. 첫째, 값을 매길 수 없는 보살승이다. 둘째, 높은 값의 연각승이다. 셋째, 중간 값의 성문승이다. 넷째, 낮은 값의 인천승이다. 依勝鬘經 四種寶藏 一者 無價 菩薩乘也 二者 上價 緣覺乘也 三者 中價 聲聞乘也 四者 下價 人天乘也"라고 하였다. [참고문헌] 『瑜伽師地論釋』, 『法華文句』, 『華嚴孔目章』, 『釋淨土群疑論』, 『仁王經疏』. ⇨ 오승 五乘, 인천 人天, 인천교 人天敎, 삼과 三科

인천안목 人天眼目 **1** 인간과 하늘을 이끄는 안목. 또는 그러한 사람. 수좌(首座)를 가리키는 말이다. 『경덕전등록』 권11 「영수여민전 靈樹如敏傳」(대정장51, p.286c3)에 "광주(廣州)의 왕(劉隱 874~911)이 군사를 일으키기에 앞서 절을 찾아가 스님에게 성패를 묻고자 했다. 스님이 미리 알고서 편안하게 좌탈하였다. 왕이 화가 나서 지사에게 물었다. '화상이 언제 병이 들었소?' '스님은 병이 나신 적이 없으셨고, 얼마 전에 상자 하나를 밀봉하여 왕이 오면 드리라고 하셨습니다'. 왕이 상자를 열어 편지를 얻었는데 이렇게 적혀 있었다. '인천을 이끄는 안목은 이 절간의 상좌요'. 왕이 스님의 뜻을 알아차리고 마침내 거병을 그만둔 다음 제일좌인 수좌에게 개당설법을 청하였다〈운문문언雲門文偃 화상의 법제자 설봉이 그이다〉. 廣主將興兵 躬入院 請師決臧否 師已先知 怡然坐化 主怒知事云 和尙何時得疾 對曰 師不曾有疾 適封一函子 令俟王來呈之 主開函得一帖子 書云 人天眼目 堂中上座 主悟師旨遂寢兵 乃召第一坐 開堂說法〈卽雲門偃和尙法嗣 雪峯 是也〉", 『백장청규』 권4 「전당수좌 前堂首座」(대정장48, p.1130c22)에 "(수좌는) 총림을 드러내 거느리고 인천의 안목으로 법좌를 나누어 법을 설해 후손에게 열어 깨우친다. 表率叢林 人天眼目 分座說法 開鑿後昆"라고 하였다. [참고문헌] 『景德傳燈錄』, 『百丈淸規』. **2** 송대 회암지소(晦巖智昭) 엮음. 3권 또는 6권. 대정장48, pp.300a3~336a17, No.2006에 수록되어 있다. 중국 선종 오가(五家)의 요지를 바탕으로 각파의 선덕이 제기한 종강(宗綱)을 드러낸 다음, 그에 대하여 평가한 갖가지 염(拈)과 송(頌) 등을 모았다. 회암지소가 편집한 뒤에 1258년(보우6) 물초대관(物初大觀)이 수정하였다. 또 원나라 때인 1317년(연우4)에 무주(撫州) 천봉(天峰)의 치우(致祐)가 전승 순서에 따라 임제종·위앙종·조동종·운문종·법안종으로 중간하였다. 이상은 3권본이다. 1368년 간행한 조선본(朝鮮本)은 6권본이고, 오가의 순서도 임제종·운문종·조동종·위앙종·법안종이며, 권5~6에 「종문잡록부용담고 宗門雜錄附龍潭考」가 첨부되어 있다.

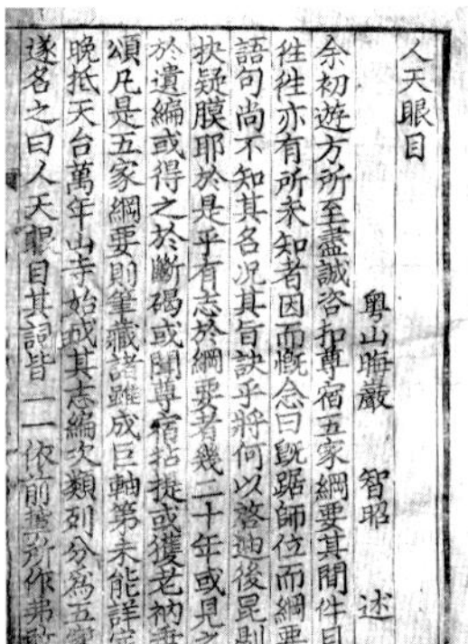
人天眼目
粤山晦巖 智昭 述

인천안목 회암사본
보물제640호 아단문고 1395년

이 조선본이 명대 1586년(만력14) 간행한 명속장본(明續藏本)·만속장본(卍續藏本) 그리고 현재 유포된 판본의 기초가 되었다. 또한 청대인 1703년(강희42) 인거(仁岠)가 다시 수정한 『

증집인천안목 增集人天眼目』은 상・하 2권으로서 그 내용 또한 유포본과 현저하게 다르다. 그 밖에 조선본・오산판(五山版) 등 다른 판본과 몇 가지의 말서류(末書類)도 있다. 현재 우리나라에는 조선본은 전하지 않으며, 고려수경선사(高麗壽慶禪寺) 중간 3권본의 번각본만이 전한다. 고려수경선사 중간본은 1357년(지정17・공민왕6)에 강금강이 중간한 판본(資德大夫資正使美公金剛卒衆重板 留京師高麗大聖壽慶禪寺 至正十七年 丁酉三日 松月閑人 玉田誌)이며, 이를 1395년(태조4)에 무학자초(無學自超)가 회암사(檜巖寺)에서 번각하였다. 이후 1529년(중종24)에 순천 송광사본, 1530년에 전라도 진산(珍山) 서대사(西臺寺)본, 1771년(영조47)에 청량산 문수전(文殊殿)본이 간행되었다. 현존하는 판본들은 보물 제640호(아단문고 소장)・1015호(단양 구인사)・1094호(삼성출판박물관), 서울특별시 유형문화재 제317호(서울역사박물관)・울산광역시 유형문화재 제24호(양덕사)・충청북도 유형문화재 제266호(석종사)로 지정되어 있다. 또한 송광사본의 모본이 되는 목판 42매가 송광사에 소장되어 있는데 보물 제1911호이다. ⇨ 오가종지찬요 五家宗旨纂要

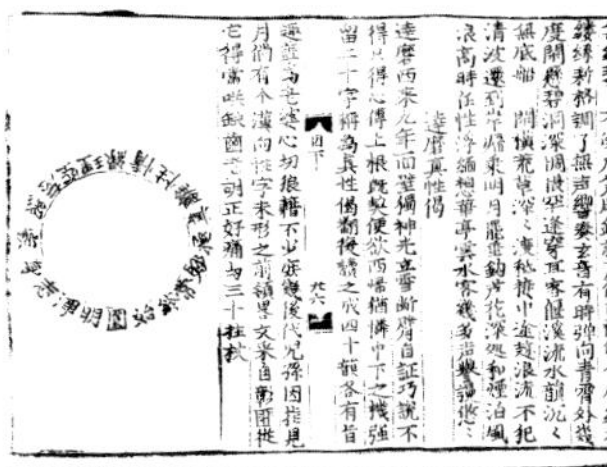
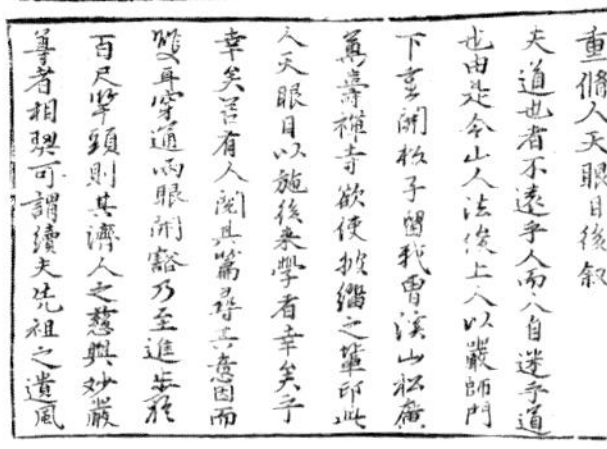
인천안목 순천 송광사 1529년
중수인천안목후서 순천 송광사 1529년

인천어 人天魚 인간과 하늘의 물고기. 생사의 바다에 빠진 중생을 비유한다. 『반야심경약소소초』 권상(卍속장41, p.728a14)에 "인천의 물고기를 생사의 바다에서 건져 열반의 언덕에 안치하니, 이것이 미묘한 지혜의 공용이다. 人天魚 渡生死海 置涅槃岸 乃斯妙慧之功用也", 『기신론소기회열』 권1(卍속장72, p.273a5)에 "마치 큰 그물 이미 낡았거늘 그물코 어떻게 갖출 수 있겠는가! 인천의 물고기를 건질 도구 없으니 부처님 계신 저 언덕인들 무엇에 의지하여 이를 수 있겠는가! 헤엄쳐 고해를 건널 기약은 없으니 도가 행하지 못하는 까닭은 바로 이때문이다. 如大綱旣頹 綱目何整 人天魚無其撈漉 佛彼岸何由得到 游泳苦海 無能出期 道之不行 職由斯也"라고 하였다. [참고문헌] 『般若心經略疏小鈔』, 『起信論疏記會閱』. ⇨ 인천 人天

인천인과 人天因果 인천에 나는 인과 과. 오계(五戒)・십선(十善) 등의 인(因)으로 나는 인간과 하늘세계의 과(果)를 말한다. 『법화현의』 권10상(대정장33, p.800b2)에 "『증일아함경』은 인천인과를 밝히고, 『중아함경』은 진실한 적멸의 깊은 뜻을 밝히며, 『잡아함경』은 모든 선정을 밝히고, 『장아함경』은 외도를 논파함으로써 이들 모두 무상을 말한다. 增一明人天因果 中明眞寂深義 雜明諸禪定 長破外道 而通說無常", 『금강선론』 권4(대정장25, p.822b3)에 "칠보 베푼 복으로 인천인과를 얻음을 밝혔다. 쌓아 모은다는 뜻이 있으므로 취라 하지만, 보리를 불러오지는 못하기에 복덕취라 하지는 않는다. 明七寶施福 得人天因果 有積聚之義 故名爲聚 但不能感得菩提故 名爲非福德聚也", 『금강경찬요간정기』 권2(대정장33, p.181a12)에 "아직 설하지 않았다는 말은, 성도한 이후 12년 이전에는 다만 인천인과 및 사제와 십이연생을 설했을 뿐 삼공의 반야는 아직 설하지 않았다는 뜻이다. 未說等者 卽成道之後 十二年已前 但說人天因果 及四諦緣生 未說三空般若", 『대승본생심지관경천주』 권2(卍속장34, p.165a17)에 "세간공덕은 인천의 인과이고, 출세간공덕이란 바로 삼승의 권교다. 世間功德 卽人天因果 出世間功德 卽三乘權敎"라고 하였다. [참고문헌] 『法華玄義』, 『金剛仙論』, 『金剛經纂要刊定記』, 『大乘本生心地觀經淺註』. ⇨ 인천 人天, 인천교 人天敎, 인천과보 人天果報, 인과 因果

인천인과교 人天因果敎 인간과 하늘에 나는 인과의 가르침. 인천교라고 한다. 『도서』 권상2(대정장48, p.403a18)에 "이 하나의 교에 본래 세 류가 있다. 첫째는 인천인과교다. 선악업보를 설하여 인과가 어김없음을 알게 하고, 삼악도의 고통이 두려워 인천의 즐거움만을 구하며, 보시・지계・선정 등 모든 선행을 닦아서 인도와 천도에서 색계와 무색계까지 얻는다. 이상을 인천교라 한다. 此一敎中 自有三類 一 人天因果敎 說善惡業報 令知因果不差 懼三途苦 求人天樂 修施戒禪定等 一切善行 得生人道天道 乃至色界無色界 此名人天敎"라고 하였다. [참고문헌] 『都序』. ⇨ 인천교 人天敎

인천장수원 人天長壽願 사십팔원(四十八願) 중 인천의 장수를 서원하였다. 『무량수경』 권상(대정장12, p.268a20)에 "제가 부처가 된다면 그 국토에 사는 인천의 수명 한량이 없으리니 이 원이 아니라면 닦을 일 없이도 자재하리니, 그렇지 못하면 정각을 취하지 않으리라. 設我得佛 國中人天壽命無能限量 除其本願 脩短自在 若不爾者 不取正覺"라는 서원을 말한다. [참고문헌] 『無量壽經』. ⇨ 사십팔원 四十八願

인천치경원 人天致敬願 아미타불(阿彌陀佛)이 인위(因位)에서 발한 48원 중 제37원. 인간도 하늘도 모두 부처님을 공경하도록 하겠다는 원이다. 그 이름이 같지 않다. 영성존덕원(令成尊德願)·문명수행득타경익원(聞名修行得他敬益願)·문명득익원(聞名得益願)·작례치경원(作禮致敬願)·문명수행중소경중원(聞名修行衆所敬重願)·문명경중원(聞名敬重願)이라고도 한다.『무량수경』 권상(대정장12, p.268c28)에 "내가 부처가 된다면 시방의 무량하고 불가사의한 제불세계와 제천인민들이 나의 이름을 듣기만 하고도 오체투지하고 머리 숙여 예를 올리며 기쁜 마음으로 믿고 즐거워하며 보살행을 닦아서 제천세인들이 공경을 다하지 않는 이가 없게 하리라. 만일 그렇게 될 수 없다면 정각을 취하지 않겠노라. 設我得佛 十方無量 不可思議 諸佛世界 諸天人民 聞我名字 五體投地 稽首作禮 歡喜信樂 修菩薩行 諸天世人 莫不致敬 若不爾者 不取正覺"라고 하였다. 〔참고문헌〕『無量壽經』. ⇨ 미타인행사십팔원 彌陀因行四十八願, 사십팔원 四十八願

인첩 引牒 십이구전(十二口傳) 중 하나. 먼저 말하고 후에 경을 이끌어 붙이는 일.『대일경소묘인초』 권1(대정장58, p.31b13)에 "지금 이 소는 본래 교만한 이를 다스리기 위한 것으로, 문단과단을 정하지 않고 곧장 풀었기에 곳곳에 난탈·미회·향상·향하·인첩·교첩 등이 있다. 이것은 스승께서 말로 전하신 것을 잇기 위함이다. 저『대일경』의 교주가 비밀로 하였기에 작법차제를 설명할 수 없게 된 것과 같다. 然今疏是自本爲治慢法者 不定文段科段 直爾釋之故 處處有爛脫 未會 向上 向下 引牒 交牒 是爲令承師口傳也 即如云此經聖者所祕故不說明白次第也"라고 하였다. 〔참고문헌〕『大日經疏妙印鈔』. ⇨ 십이구전 十二口傳

인청 引請 이끌고 청함. 법을 듣기 위해 불러 청하는 뜻이다.『금강수명다라니염송법』(대정장20, p.575c18)에 "다음으로 넉자 진언으로 불러 청하여 보살이 화로에 들어 갖가지 공양을 받도록 청한다. 次以四字四明引請菩薩入火爐 受諸供養",『사분율행사초자지기』 권하(대정장40, p.419c29)에 "가르쳐 말한다는 것은, 모름지기 사람을 본보기로 가르쳐 보이는 것이다. 여기서는 이끌어 청한 사람이다. 教云者 準須旁人教示 今時所謂引請人也",『사분율행사초간정기』 권7(卍속장68, p.421a11)에 "곁에 있는 사람이 가르쳐 말한다는 것은, 여기서는 스스로 불러 청한 사람이 있어서 가르침 보인다는 뜻이다. 旁人教云者 今時自有引請之人教示也"라고 하였다. 〔참고문헌〕『金剛壽命陀羅尼念誦法』,『四分律行事鈔自持記』,『四分律行事鈔簡正記』.

인청 忍聽 Ⓟ khamati. 들은 대로 인정함. 고백하거나 대중의 뜻을 받아들여 승인하는 뜻이다.『십송율』 권1(대정장23, p.3a28)에 "만일 스님들이 때가 되었다고 여기시면 스님들은 들은 대로 인정하여 난제비구에게 학법을 돌려주시기 바랍니다. 若僧時到僧忍聽 還與難提比丘學法"라고 하였다. 〔참고문헌〕『十誦律』,『四分戒本如釋』 권1(卍속장63, p.48a13).

인청사리 引請闍梨 이끌어 안내하는 스승. 수계의례중에 수계자를 이끌어 위의를 여법하게 하는 화상을 말하며 인례(引禮)·인청아사리라고도 한다.『선림상기전』 권8「인청사리」(불광장, 禪藏, p.552)에 "도충이 말한다. '득도할 사미는 아직 나아가고 물러나는 위의에 어둡다. 그러므로 이 아사리가 인도하고 가리켜 예법을 행하게 한 다음 계사를 청하여 계를 받게 한다'.『백장청규』 권5「사미득도」(대정장48, p.1136c29)에 '인청사리가 계사 앞에 나아가 크게 삼배하게 하고 내지는 좌구를 거두어 일으켜 수경을 울리고 삭발하여 법당에 들어가 성승 앞에서 삼배를 올리게 한 다음, 계사 앞에서 삼배를 마친 후에 무릎을 꿇는다. 인청병법이 사미에게 가르쳐 말한다.「스승 청하는 말은 그대 스스로 해야 한다. 그대가 하지 못하겠으면 내 말을 따라 어느 곳이라 부르면서 자기의 이름을 밝힌다」' 忠曰 得度沙彌 未諳進退 故此闍梨引導之 指揮行禮 而請戒師受戒焉 敕修淸規沙彌得度云 引請闍梨 至戒師前 大展三拜 乃至引請收坐具起 鳴手磬 引剃頭人入堂 聖僧前三拜 次戒師前三拜了就跪云云 乃至 引請秉爐 教沙彌云 請師言句 汝合自陳汝若不能 隨我聲道 凡稱某甲處 當稱自己名"라고 하였다. 〔참고문헌〕『禪林象器箋』,『百丈淸規』. ⇨ 인례 引禮, 아사리 阿闍梨

인체 因體 인명(因明) 용어. 인의 바탕. 세운 바 법의 뜻을 성취시키는 이유(因)의 보편성, 즉 공유(共有)의 자성을 인체라 한다. 가령 불자가 '말소리는 무상하다'라는 주장을 하며 '만들어진 것(所作性)이기 때문에'라는 이유를 들 때, 성론사(聲論師)가 그 소작성을 인정한다면 바로 이 성이 인체이다.『인명입정리론소』 권상(대정장44, p.102b29)에 "〔논〕 변시종법성(Ⓢ pakṣa-dharmatva), 동품정유성(Ⓢ sapakṣe sattvam), 이품변무성(Ⓢ vipakṣe asattvaṃ)을 말한다. 〔술〕 세 가지 이름을 들었다. 변시종법성이 처음 상이다. 인의 바탕을 드러내 주장을 성립시키기에 반드시 이 주장하는 법의 성에 충분해야 한다. 이렇게 세운 주장은 반드시 이 끝내 성취될 수밖에 없는 법과 서로 떨어질 수 없는 자성으로서의 법이 있게 된다. 여기에서 '종'이란 말은 온전히 법이 있게 되었음을 말한다. 유법상에 있게 된 특별한 뜻이 법이 되고, 이 법에 두 가지가 있다. 첫째는 불공유법이니 종 중 법이 이것이고, 둘째는 공유법이니 바로 인의 바탕이 그것이다. 論 謂遍是宗法性 同品定

有性 異品遍無性 述曰 三列名也 遍是宗法性 此列初相顯因之體以成宗故 必須遍是宗之法性 據所立宗 要是極成法及有法不相離性 此中宗言 唯詮有法 有法之上所有別義名之爲法 此法有二 一者 不共有 宗中法是 二者 共有 卽因體是"라고 하였다. 〔참고문헌〕『因明入正理論疏』. ⇨ 유법 有法[3], 인명 因明

인체유 因體有 Ⓢ hetu-bhāvenā sat, Ⓣ rgyu'i-dngos-por-yod. 인의 자성으로서만이 있다는 말. 과체(果體)로서는 없다는 뜻이다. 『대승장엄경론』 권1(대정장31, p.594c2 : *Sūtr.*, p.11)에 "〔석〕 보살종성에 네 가지 자성이 있다. 첫째 성종자성, 둘째 습종자성, 셋째 소의자성, 넷째 능의자성이다. 저들은 이와 같은 차제다. 또한 다음으로 저들이 '있다'는 말은 인의 바탕으로서 있다는 뜻이며, '있지 않다'는 말은 과의 바탕으로는 있는 것이 아니라는 뜻이다. 釋曰 菩薩種性有四種自性 一 性種自性 二 習種自性 三 所依自性 四 能依自性 彼如其次第 復次彼有者 因體有故 非有者 果體非有故 etena caturvidhaṃ gotraṃ darśayati prakṛtisthaṃ samudānītam āśrayasvabhāvam āśritasvabhāvaṃ ca tad eva yathākramaṃ tat punar hetubhāvena sat phalabhāvenāsat"라고 하였다. 〔참고문헌〕『大乘莊嚴經論』, *Sūtr.* ⇨ 인체 因體

인총지 忍總持 사총지(四總持) 중 하나. 인다라니(因陀羅尼)를 말한다. 『삼미륵경소』(대정장38, p.311c24)에 "인총지는 공의 지혜다. 무생의 뜻을 견뎌 아는 뜻이다. 忍總持 名空慧 以忍無生理故"라고 하였다. 〔참고문헌〕『三彌勒經疏』. ⇨ 사총지 四總持

인출불성 引出佛性 이끌어 내는 불성. 이불성(二佛性) 또는 삼불성(三佛性) 중 하나로 수행으로 과위를 증득하게 하는 불성이며 인출성(引出性)이라고도 한다. 삼신(三身) 중 응신(應身)과 화신(化身)을 낳는 근거가 된다. 『불성론』 권2(대정장31, p.794a23)에 "인출불성이란 초발심으로부터 유학이 다하는 성위까지다. 引出性者 從發心以上 窮有學聖位", 같은 책 권4(대정장31, p.808c1)에 "인출불성은 초발심을 시작으로 금강심에 이르기까지 그간의 불성을 인출이라 하고, 그 인출에 다섯 위가 있다. 첫째 일천제를 벗어난 위, 둘째 외도를 벗어난 위, 셋째 성문을 벗어난 위, 넷째 독각을 벗어난 위, 다섯째 보살의 무명주지를 벗어난 위다. 이 법신이 능히 번뇌의 껍질을 깨고 그 바탕을 드러내기 때문이다. 여섯 번째 비유로 암라수싹을 말했다. 저 나무의 싹이 속살을 뚫고 나와 큰 나무가 되는 것과 같으므로 인출불성이 암라수싹이 큰 나무가 되는 것과 같다고 설하였다. … 인출불성으로 인하여 응신을 설한다. 응신에 네 가지 공덕이 있으므로 여덟 번째 비유로 빈천한 여인에게 전륜성왕의 태가 있다고 한 것이다. … 인출불성은 또한 화신을 낳는다. 引出佛性 從初發意 至金剛心 此中佛性名爲引出 言引出者 凡有五位 一能出闡提位 二能出外道位 三出聲聞位 四出獨覺位 五出菩薩無明住地位 此法身能破煩惱殼 其體顯現故 第六說菴羅樹芽爲譬 如彼樹芽能破皮肉 得出生爲大樹王故 說引出佛性 如菴羅樹芽能生大樹王故 … 因引出佛性 故說應身 應身有四種功德 是故第八說如貧賤女人有轉輪王胎 … 引出佛性 復出化身"라고 하였다. 〔참고문헌〕『佛性論』. ⇨ 삼불성 三佛性[2], 불성 佛性, 응신 應身, 화신 化身

인취 人聚 사람이 모여 사는 곳. 마을 즉 취락(聚落)과 통한다. 『육도집경』 권3(대정장3, p.14b7)에 "범지의 딸이 마을에 이르러 한 걸음 밟는 자리마다 연꽃 한 송이가 피었다. 女至人聚 一躇步處 一蓮華生"라고 하였다. 〔참고문헌〕『六度集經』.

인취 人趣 Ⓢ manuṣya-gati, Ⓣ mir-gyur-pa. 육도(六道 : 六趣) 또는 십계 중 사람으로 나는 갈래. 인도(人道)·인계(人界)라고도 한다. 『증일아함경』 권48(대정장2, p.812a4)에 "나는 인취를 알고 인취에 드는 길도 안다. 我知人趣 亦知趣人之道", 『아비담비바사론』 권7(대정장28, p.49a11)에 "또한 어떤 이는 설하길 '만이 치우쳐 많기 때문이다'라고 한다. 오도중에 만심이 많은 존재로는 사람과 비교할 상대가 없다. 그러므로 이 갈래를 인취라 한다'. 復有說者 慢偏多故 五道之中 慢心多者 莫若於人 是故 此趣名爲人趣", 『대승의장』 권7(대정장44, p.610b8)에 "'처에 대하여'라고 한 말은 삼계와 오도처를 가리킨다. 삼계 중 욕계에서 일어나고, 색무색계인 상계에서는 일어나지 않는다. 오도 중에 인취에서 일어나고 인취중에서도 승단을 파괴하거나 부처님 몸에서 피를 내는 일은 염부제에서만 일어난다. 言就處者 所謂三界五道處也 三界之中 欲界能起 上界不能 五道之中 人趣起之 就人趣中 破僧出血 局在閻浮"라고 하였다. 〔참고문헌〕『增壹阿含經』, 『阿毘曇毘婆沙論』, 『大乘義章』, *Mvyut.280.* ⇨ 인 人, 인계 人界, 육도 六道, 십계 十界[2], 파승 破僧, 염부제 閻浮提, 삼계구지 三界九地

인취사 仁萃寺 충청남도 아산시 신창면 읍내리 학성산(鶴城山)에 있는 절. 대한불교조계종 제6교구 본사 마곡사(麻谷寺)의 말사이며, 인취사(咽嘴寺)라고도 한다. 518년(무령왕18)에 창건하였다고 전한다. 『여지도서』 충청도 신창(新昌) 사찰에 "인취사는 현 북쪽 5리에 있다. 법당 3칸·정문 3칸·동실방 3칸·서실방 3칸·북실 곁방은 4칸이다. 咽嘴寺在縣北五里 法堂三間 正門三間 東室房三間 西室房三間 北室俠房四間"라고 하였다. 『

범우고』에 '금폐 今廢'라 하여 폐사로 전했으나, 1872년에 편찬된 『지방도』「신창현지도 新昌縣地圖」에는 현존 사찰로 기록되어 있다. 1929년에 간행된 『조선환여승람』 아산군 사찰에는 "仁萃寺"로 기록된 이후 현재에 이른다. 현존 당우로는 극락전·범종각·요사 등이 있으며, 성보문화재로는 고려시대에 조성된 것으로 추정되는 문화재자료 제235호 석탑과 조선전기에 조성된 것으로 추정되는 제395호 석조아미타삼존불상 등이 있다. 〔참고문헌〕『輿地圖書』, 『梵宇攷』, 『地方圖』, 『朝鮮寰輿勝覽』, 『韓國寺刹全書』 권하 p.962a9.

인측지심 仁惻之心 어질고 측은히 여기는 마음. 『오분율』 권9(대정장22, p.70c2)에 "(동물의 뼈·어금니·뿔로 바늘통을 만드는 비구들을 보고) 여러 도살꾼들이 한결같이 나무라기를 '이 사문들을 보라! 오직 많이 죽이기만을 바라며 죽이는 것을 보고서 기뻐한다. 밤낮으로 늘 자비심으로 중생을 호념한다 하지만 지금 보니 어질고 측은히 여기는 마음 있을 리 없네. 諸屠殺者 皆譏呵言 觀此沙門 唯欲多殺 見殺便喜 晝夜常說慈愍 護念衆生 而今無有仁惻之心"라고 하였다. 〔참고문헌〕『五分律』·권19(대정장22, p.129a14).

인타뇌 忍他惱 Ⓢpara-viheṭhaṃ kṣamate. 타인이나 밖에서 일어나는 온갖 번뇌를 참아냄. 『화엄경소초』 권63(대정장36, p.508b9)에 "온갖 번뇌를 능히 견디는 것을 인욕이라 한다. 能忍他惱 名爲忍辱", 『유가사지론』 권49(대정장30, p.566a28 : *Bodh-bh.*, p.257)에 "모든 보살은 먼저 재물에 대해 애착하고 연연해하는 마음이 없으며, 집과 모든 욕망을 버리고 정계를 받는다. 계를 공경하고 무겁게 여기므로 다른 번뇌를 능히 참아내고 여타의 것들에 번뇌하지 않는다. 諸菩薩先於財位無所顧戀 棄家諸欲受淨尸羅 敬重戒故 能忍他惱 不惱於他 ihādita eva bhoganirapekṣo bodhisattvaḥ tyaktvā āgārikān kāmān śīlasamādānaṃ karoti. śīlagauravāccā paraviheṭhaṃ kṣamate. no tu paraṃ viheṭhayati"라고 하였다. 〔참고문헌〕『華嚴經疏鈔』, 『瑜伽師地論』, *Bodh-bh.*

인탑 仁塔 승방(僧房) 즉 비하라(Ⓢvihāra)의 뜻으로, 탑이 있고 승방도 있는 절을 말한다. 『광홍명집』 권7(대정장52, p.132b8)에 "그래서 비구가 승방을 지을 때는 먼저 훼방과 재난이 될 만한 것들을 없이 하여 목숨을 상할 만한 일은 결코 해서는 안 된다. 만물을 중히 여기고 자비를 일으켜야 인탑이라 할 수 있으니, 뜻이 극히 바르더라도 일에 당해서는 드물게 행한다. 故比丘造房 先除妨難 有損命者 必不得爲 重物起慈 卽爲仁塔 理極正矣 事罕行之"라고 하였다. 〔참고문헌〕『廣弘明集』. ⇨비하라 毘訶羅

인탑 印塔 ❶탑을 새기는 일. 탑 모양을 새긴 인장으로 다라니를 염송하면서 거듭 탑을 찍는 수행법이다. 이렇게 다라니를 탑 모양으로 찍은 종이나 비단은 탑 등에 봉안하기도 한다. 『일자불정륜왕경』 권2(대정장19, p.236b17)에 "다라니를 외워 가지기만 하여도 죄업을 소멸할 수 있는데, 하물며 인탑이랴! 但誦持呪 亦得銷滅 何況印塔", 『오불정삼매다라니경』 권4(대정장19, p.281a16)에 "다라니를 외우고 탑을 새긴다. 탑 크기는 한 팔꿈치 정도로 하며, 한 번 외우고 한 탑을 찍는다. 새긴 낱낱의 탑 앞에 꽃과 향수를 바치고 향을 사른다. 誦呪印塔 塔長一肘 一呪印一塔 隨一一塔前 置花香水燒香", 『준제다라니경회석』 권상(卍속장37, p.440a1)에 "행자는 염송을 할 때마다 대인을 맺고 진언을 외우면서 인탑을 60만 번 채운다면 구하는 일이 다 만족하리라. … 큰 바닷가나 강가에서 탑 형상의 인장으로 모래밭에 찍어 탑 형상을 만든다. 한 번 염송하고 나서 하나의 탑을 찍어 만든다. 이와 같이 하여 60만 번 채우면 곧바로 관자재보살 등의 성자를 친견하니, 마음에 품은 소원이 무엇이건 모두 성취한다. 行者每念誦時 結大印誦眞言 印塔滿六十萬遍 所求之事 卽得滿足 … 於大海邊 或河渚間 沙灘之上 以塔形像印 印沙灘上 爲塔形像 念誦一遍 印成一塔 如是數滿 六十萬遍 卽覩見聖者 觀自在菩薩等 隨其心願 皆得滿足"라고 하였다. 〔참고문헌〕『一字佛頂輪王經』, 『五佛頂三昧陀羅尼經』, 『準提陀羅尼經會釋』. ❷보협인다라니(寶篋印陀羅尼)를 봉안하고자 조성한 탑. 보협인탑(寶篋印塔)이라고도 한다. ⇨보협인다라니 寶篋印陀羅尼, 보협인다라니경 寶篋印陀羅尼經

인토 印土 인도(印度)를 말한다. 『신화엄경론』 권9(대정장36, p.777b2)에 "또한 '마는 크다는 뜻이고 갈제는 몸이라는 뜻이다'라고도 하는데, 오인토 중 이 나라가 가장 크고 주변 여러 나라들을 다스려 거뒀기에 대체라고 한다. 又云 摩者 大也 竭提 體也 謂五印土中 此國最大 統攝諸國 故云大體也", 『조론신소』 권중(대정장45, p.213a28)에 "천축은 때론 인토 또는 신독이라고도 하는데, 오인도인 바라문국이다. 天竺 或曰 印土 身毒 卽五印婆羅門國"라고 하였다. 〔참고문헌〕『新華嚴經論』, 『肇論新疏』. ⇨인도 印度

인토 忍土 참아 견뎌야 하는 땅. 사바세계(娑婆世界 ⓈⓅsahā-loka-dhātu)의 한역어 중 하나다. 『유마경약소수유기』 권5(대정장38, p.769b8)에 "인토란 범어로 사바이고 견뎌 참는다고 한역한다. 忍土者 娑婆 此云堪忍"라고 하였다. 〔참고문헌〕『維摩經略疏垂裕記』. ⇨사바세계 娑婆世界, 감인 堪忍❷

인통성 忍痛聲 고통을 참는 소리. 『건중정국속등록』 권1 「백장회해장 百丈懷海章」(卍속장136, p.48a1)에 "어느날 백장선사가 마조대사를 따라 전원에서 노닐던 중 들오리를 보았다. 대사가 물었다. '이것이 무엇인가?' 백장이 말했다. '들오리입니다' 잠시 후에 들오리가 날아갔다. '어디로 갔는가?' '날아가버렸습니다'. 마조가 백장의 코를 잡아 비틀자 백장이 고통을 참는 소리를 냈다. '날아가버렸다고 또 말해보라'. 백장이 이에 깨달았다. 후에 백장산에 머물며 정법의 안목을 전했다. 一日 隨馬大師遊田中 見野鴨子 大師問 是什麽 師云 野鴨子 少須鴨子飛去 大師云 什麽處去也 師云 飛過去也 大師扭師鼻 師作忍痛聲 大師云 又道飛過去 師因有省 後住百丈 傳正法眼"라고 하였다. 〔참고문헌〕『建中靖國續燈錄』.

인특가 印特伽 인도(印度)를 달리 이르는 말. 『능엄경통의』 권1(卍속장19, p.90b15)에 "인도는 갖추어서 인특가라고 음사하며, 월방이라고 한역한다. 印度 具云 印特伽 此云月邦"라고 하였다. 〔참고문헌〕『楞嚴經通議』, 『首楞嚴義疏注經』 권1(대정장39, p.826c20).

인파 仁坡 ❶ 지봉우기(智峯祐祈)의 은사 축현(竺絃)의 법호. 〔참고문헌〕『東師列傳』 권4 「智峯講伯傳」(한불전10, p.1043b18). ⇨ 축현 竺絃 ❷ 조선후기 스님. 용운처익(龍雲處益)의 스승. 『동사열전』 권4 「용운선백전 龍雲禪伯傳」(한불전10, p.1045a23)에 "인파를 참방하여 선교를 들었다. 訪仁坡師 聽諸禪教"라고 하였다. 〔참고문헌〕『東師列傳』. ⇨ 처익 處益 ❸ 조선후기 스님. 우담홍기(優曇洪基)의 스승. 『동사열전』 권5 「우담강백전 優曇講伯傳」(한불전10, p.1058c6)에 "인파율사 계단에서 선을 배웠다. 受禪於仁坡律師戒壇"라고 하였다. 〔참고문헌〕『東師列傳』. ⇨ 홍기 洪基

인파 仁波 조선후기 해인사(海印寺) 스님인 유안(由安)의 법호. 〔참고문헌〕『霜峯門譜』 「仁波由安禪師行狀」 p.29. ⇨ 유안 由安

인파 印波 조선후기 스님. 화담영원(華潭靈源 1776~1849)의 법손이다. 〔참고문헌〕『東師列傳』 권4 「華潭講師傳」(한불전10, p.1036c3). ⇨ 영원 靈源 ❷

인파 印破 ❶ 선종에서 종사에게 공부를 인정받는 것. 『임제록』(대정장47, p.498b20)에 "도반들이여! 제방의 노숙들로부터 얼굴에 차례로 인가의 도장을 받고서 '나는 선을 알고 도를 안다'고 말하지 마라. 변재가 폭포수와 같더라도 온통 지옥업을 짓는 셈이다. 道流 莫取次被 諸方老師 印破面門 道我解禪解道 辯似懸河 皆是造地獄業"라고 하였다. 〔참고문헌〕『臨濟錄』. ⇨ 인가 印可 ❷ 무늬만 남고 찍은 도장은 무너져버림. 인괴(印壞)라고도 한다. ⇨ 인괴문성 印壞文成, 인주 印住, 파주 把住 ❸ 분명하게 알게 하다. 『벽암록』 6칙 「평창 評唱」(대정장48, p.146b22)에 "사람들은 흔히 헤아려 도를 알려 하니 '하나 보내버렸으니 십오일 이전의 일이다'라고 말한다. 설두는 곧바로 아래 두 구절 붙여 말로 분명하게 깨우쳐 알게 했으니, 버리고 드러내 사람들이 '하나를 지우고 일곱을 집어든다'는 것을 알게 했다. 人多作算數會道 去却一是十五日已前事 雪竇驀頭下兩句言語印破了 却露出教人見 去却一拈得七"라 하였다. 〔참고문헌〕『碧巖錄』, 『闢妄救略說』 권5(卍속장114, p.276b13).

인편두 因褊頭 머리 모양이 작아 붙여진 지인선사(志因禪師)의 별명. 『선림구실혼명집』 권하에 "서주(江西省) 황벽산에 주석하던 지인선사는 지해본일에게 법을 받았다. 사람들이 인편두라 불렀다. 瑞州黃檗 志因禪師 嗣法於智海本逸 人謂之因褊頭"라고 하였다. 〔참고문헌〕『禪林口實混名集』.

인편석 因便釋 이미 있는 방편에 의지해 푼다는 말. 『법화경현찬석』(卍속장93, p.13a7)에 "『소』에 준하면 『무량의경』의 열일곱 가지 이름이 있고, 그 방편을 근거로 열여섯째 이름인 묘법연화를 푼다. 准疏無量義經十七名 因便釋第十六名妙法蓮花"라고 하였다. 〔참고문헌〕『法華經玄贊釋』.

인편접세 因便接勢 기회가 왔을 때 밀어부친다. 접화(接化)의 때를 잘 알아 드러내고 거두는 선사들의 기용을 말한다. 『종용록』 97칙 「본칙 本則」(대정장48, p.290a12)에 "동광제가 흥화에게 말했다. '과인은 중원의 보물 하나를 얻었는데〈슬쩍 드러내는군〉, 값을 치르고 살 사람이 없을 뿐입니다'〈나라가 기울어도 바꾸지 못한다〉 '폐하의 보물을 빌려 보겠습니다'〈기회를 보아 밀어부치다〉. 同光帝 謂興化曰 寡人收得中原一寶〈少賣弄〉 只是無人酬價〈傾國莫換〉 化云 借陛下寶看〈因便接勢〉"라고 하였다. 〔참고문헌〕『從容錄』.

인평불어수평불류 人平不語水平不流 사람이 고요하면 할 말이 없고, 물도 고요하면 흐를 일 없다. 치우침 없어 공평한 마음이라면 굳이 말로 분별하지 않아도 지혜롭게 서로 알 수 있다는 뜻으로, 물도 고르지 못해 높낮이가 있어야 이리저리 요동치며 따로 각기 흐른다는 비유다. 『분양어록』 권중(대정장47, p.614a27)에 "법에는 더할 일도 덜할 일도 없건만, 무슨 일로 글자 출렁거리며 요란한가? 스스로 답하길 '사람이 고요하면 할 말이 없고, 물도 고르면 흐를 일 없다'. 法無增減 爲什麽滿字匑匑 代云 人平不語水平不流", 『광지광록』 권4(대정장48, p.39c24)에 "사람이 고요하면 할 말이 없고, 물도 고르면 흐를 일 없다. 바람이 고요해도 꽃은 떨어지고, 새 울음소리에 산은 더욱 그윽하다. 천진하다만 천진할 뿐 더할 것 없이 하고, 실오라기 붙일 곳 없이할 뿐이다. 人平不語水平不流 風定華落 鳥啼山更幽 只麽天眞無少剩 莫於裏許著絲頭", 같은 책 권4(대정장48, p.43b15)에 "법좌에 올라 『금강경』(대정장8, p.751c24)에서 이르길 '이 법은 평등하여 높고 낮음 없다. 이를 아누다라삼막삼보리라 한다'고 하였다. '높은 것은 높고 낮은 것은 낮으며, 큰 것은 크고 작은 것은 작다. … 그렇다면 무엇이 이 법의 평등한 뜻인가? 여러분 일체시에 어떻게 움직여야 진실로 높고 낮음 없이 행할 수 있을까? 그렇지 못할 때일랑 억지로 밀고 당겨야 할 것이다. 사람이 평화로우면 할 말이 없고 물도 고요하면 이리저리 흐를 일 없다'. 上堂 擧 金剛經中道 是法平等 無有高下 是名阿耨多羅三藐三菩提 師云 高者高 下者下 大者大 小者小 … 作麽生說 箇是法平等底道理 諸人一切時如何行履 得眞箇無高下去 其或未然 强爲錐劄去也 人平不語水平不流", 『황룡조심어록』(卍속장120, p.226a11)에 "'큰 바다에 구슬 있어도 구할 수 없으니 금빛 용턱 아래 있는 것 구하려 하니 스님의 처분을 바랍니다' '사람이 고요하면 할 말이 없고, 물도 고르면 흐를 일 없다' '안 된다는 말입니까? 아니면 다른 뜻 있습니까?' '한 마디에 알지 못하면 천 갈래로 말한들 알겠는가'. 僧問 大海有珠求不得 黃龍頷下乞師分 師曰 人平不語水平不流 僧曰 莫卽者箇 爲當別有 師曰 一言不中 千言不用", 『대혜어록』 권8(대정장47, p.844c1)에 "그 학인은 조주에게 물었고 조주는 조주에게 답한다. 말 한 마리를 빌렸다가 소 한 마리로 갚은 격이었다. 사람이 고요하면 할 말이 없고, 물도 고르면 흐를 일 없다. 알겠는가? 깊은 은혜 입었으면 마땅히 먼저 물러나고, 뜻 얻어 가득 찼을 땐 문득 쉴 줄 안다. 這僧問趙州 趙州答趙州 得人一馬 還人一牛 人平不語水平不流 會麽 受恩深處宜先退 得意濃時便好休", 『장령수탁어록』(卍속장120, p.312a7)에 "'부처님께서 세상에 오시기 전은 어떠할까요?' '터럭만한 실마리마저 끊어졌다' '세상에 오신 후에는 어떤지요?' '도랑 가득하고 골짜기 꽉 막혔다' '오셨을 때와 오시지 않으셨을 때 그 간극이 얼마나 되는지요?' '사람이 고요하면 할 말이 없고, 물도 고르면 흐를 일 없다'. 僧問 佛未出世時 如何 師云 絶毫絶氂 進云 出世後 如何 師云 塡溝塞壑 進云 出與未出 相去幾何 師云 人平不語水平不流", 『선문염송설화』 1429칙(한불전5, p.907c15)에 "심문담분(心聞曇賁)이 법좌에 올라 이 공안을 들었다. '부대사 옳긴 옳지만 어찌하랴. 곧은 것 휘어 굽게 만든 것을! 산승이 그대들에게 일러줄 것은, 6월은 상복이고 8월은 중추다. 사람이 고요하면 할 말이 없고, 물도 고르면 흐를 일 없다'. 心聞賁 上堂 擧此話云 傅大士是卽是 爭奈拗直爲曲 山僧向你道 六月上伏 八月中秋 人平不語水平不流"라고 하였다. [참고문헌] 『汾陽語錄』, 『宏智廣錄』, 『金剛經』, 『黃龍祖心語錄』, 『大慧語錄』, 『長靈守卓語錄』, 『禪門拈頌說話』.

인풍취화 因風吹火 바람 불어야 불 붙인다. 일어난 말(言)이나 일(事)을 보아 지혜를 낸다는 말로, 기틀에 응해서야 그 용이 자재할 수 있다는 뜻이다. 모습 있어야 그림 그리고, 토끼 움직임 보아 매를 날린다는 비유로 이 뜻을 보였다. 『자수회심광록』 권4(卍속장126, p.610b14)에 "법신은 무상이고 법안엔 흠집이라곤 없다. 바람 따라 불을 붙이고 물 타고 꽃을 드릴 뿐. 터럭 하나 세우지 않으니 만가지로 각별하고 천갈래로 뚜렷하다. 다만 오는 해 삼이월을 볼 뿐이니 진흙 문 제비가 집집마다 찾아들리라. 法身無相 法眼無瑕 因風吹火 借水獻花 絲毫不立 萬別千差 但看來年三二月 銜泥鷰子入人家", 『경덕전등록』 권13 「풍혈연소전 風穴延沼傳」(대정장51, p.303b7)에 "'무엇이 기에 임한 한 구인지요?' '바람 기다려 불 붙이면 힘쓸 일 없다'. 問 如何是臨機一句 師曰 因風吹火 用力不多", 『굉지광록』 권1(대정장48, p.13a6)에 "보화는 언뜻 뒤집힌 듯 미친 듯 하였고, 금우는 저절로 노래하고 춤추었다. 여러분, 알겠는가? 바람 보아 불 붙이면 힘을 들일 일 없다. 참! 普化 半顚半狂 金牛 自歌自舞 諸人 還會麽 因風吹火 用力不多 參", 『분양소선사어』(속고존숙어요1, 卍속장118, p.840b8)에 "종소리도 새 지저귐도 온통 진실한 바탕과 어울렸을 뿐인데, 별다른 뜻 찾아 달려 헛되이 절과 목 만든다. 바람 보아 불을 붙인다 하면 믿겠지만, 평지에 구덩이를 파는 일은 믿을 수 없다. 세상 일이란 어쩔 수 없이 본 만들어 놓고 그 모양 그린다. 鍾聲雀噪 可契眞源 別處馳求 妄生節目 信得因風吹火 不信平地掘坑 事不獲已 起模畫樣", 『벽암록』 27칙 「수시 垂示」(대정장48, p.167b21)에 "하나를 물으면 열 가지로 답하고, 하나를 들어 셋을 밝힌다. 토끼 보고 사냥매를 풀고, 바람 일면 불을 붙인다. 問一答十 擧一明三 見兎放鷹 因風吹火", 『원오어록』 권17(대정장47, p.793a15)에 "남선선사는 틀림없이 바람 보아 불 붙였지만 말 따라 알음알이 내는 일 면하지는 못했다. 만일 누군가 나에게 '무엇이 달마가 서쪽에서 온 까닭인가?'라고 묻는다면 그에게 '물이 불면 배 높이 뜨고, 진흙이 많으면 불상이 커진다'고 답하겠다. 南禪不妨 因風吹火 也未免隨語生解 若有問道林 如何是祖師西來意 只對他道 水長船高 泥多佛大", 『차암정선사어』(속고존숙어요5, 卍속장119, p.76a3)에 "한 해 보내면서 말했다. '나날이 이리저리 밤이 되어도 멈출 줄 모른다. 뛰다 이른 곳이 해가 끝나는 밤인데 변함없이 샛별은 빛나네. 산승이 오늘 밤 바람으로 불을 붙여 다시 여러분에게 거듭 게로써 말해주겠다. 「360일

다한 이 밤, 정해진 새날 맞아 풍차를 돌리리라. 열 것은 열고 맺을 것 맺어 다한 그곳에, 틀림없이 풍류는 그 집에서 나오리」'. 歲除云 日日波波走 夜夜不曾停 走到歲窮夜 依舊定盤星 山僧今夜 因風吹火 更爲諸人 重說偈言去也 三十六旬窮此夕 定盤星上轉風車 放開結角羅紋處 須信風流出當家"라고 하였다. [참고문헌]『慈受懷深廣錄』, 『景德傳燈錄』, 『宏智廣錄』, 『汾陽昭禪師語』, 『碧巖錄』, 『圜悟語錄』, 『此菴淨禪師語』.

인하 因何 어째서. 무슨 까닭으로. 인십마(因什麽) 등과 같이 쓴다. 『조당집』 권3 「학림현소장 鶴林玄巢章」(고려장45, p.250b23)에 "숙종제가 말했다. '대사께서 짐이 오는 모습을 보고 일어나게 한 것은 무엇인지요?' '무엇이 있길래 저 사위의중에서도 빈도를 보시는지요?' 帝曰 大師見朕來 因何起 師曰 因什摩 向四威儀中 見貧道"라고 하였다. [참고문헌]『祖堂集』.

인학 仁學 1836~1894. 호는 월화(月華), 속성은 윤(尹)씨. 1836년(헌종2) 전라도 영암(靈巖)에서 태어났다. 어릴 때 해남 달마산(達摩山) 미황사(美黃寺)로 찾아가 추담(秋潭)을 은사로 하여 스님이 되었고, 영담(靈潭)으로부터 비구계를 받았다. 제방강원으로 다니면서 경론을 연마한 후, 추담의 법을 이어 은법(恩法)을 겸하였다. 벽해(擘海)·응화유한(應化有閑)·침명한성(枕溟翰醒)·우담홍기(優曇洪基) 등 당대의 뛰어난 강백 밑에서 수학한 다음, 범해각안(梵海覺岸)의 강석(講席)을 계승하여 학인을 지도하였다. 말년에는 강석을 제자에게 넘겨주고, 해남 대흥사(大興寺)·장흥 보림사(寶林寺)·조계산 대승사(大乘寺) 등 선원에서 참선하다가 1894년(고종31) 1월 30일 해남 대흥사에서 세수 59세를 일기로 입적하였다. [참고문헌]『東師列傳』 권6 「月華講師傳」(한불전10, p.1067a18).

인한 忍寒 추위를 참아내다. 또는 혹독한 추위. 『미증유인연경』 권하(대정장17, p.586b26)에 "처자를 버리고 입산하여 불도를 익히고 배우며, 풀옷 걸치고 추위도 참아내며 고통을 견딘다. 捨離妻子 入山習學 被服草衣 忍寒耐苦", 『사분율행사초』 권하1(대정장40, p.109b13)에 "『마하승기율』 권8(대정장22, p.291a26)에 따르면, '나의 제자들 삼의만을 입은 채로도 추위의 고통을 막아내기에 충분하다. 천성적으로 추위를 참지 못하는 이는 낡은 옷을 좋을 대로 겹쳐서 입는다'라고 한다. 僧祇 我弟子著三衣 足遮寒苦 若性不忍寒者 弊故衣隨意重著", 『치문경훈』 권2(대정장48, p.1051b3)에 "여름에는 더위를 참아내고, 겨울에는 추위를 견딘다. 夏則忍熱 冬則忍寒"라고 하였다. [참고문헌]『未曾有因緣經』, 『四分律行事鈔』, 『摩訶僧祇律』, 『緇門警訓』, 『有部律』 권21(대정장23, p.736c5). ⇨인 忍

인해 印海 조선후기 스님. 호는 명월사당(明月舍堂). 1743년(영조19)에 화주(化主) 재신(再信)과 제자 서안(瑞眼)·재정(再淨) 등이 강원도 김화군(金化郡) 원동면(遠東面) 장연리 장연사(長淵寺)에 비를 세웠다. 『유점사본말사지』(아세아문화사, 1977) p.786에 '명월사당인해지비 明月舍堂印海之碑'라는 비명과 화주와 제자 이름만 전한다. [참고문헌]『楡岾寺本末寺誌』, 智冠『韓國高僧碑文總集 朝鮮朝·近現代』 p.390.

인해과해 因該果海 인(因)은 과(果)의 바다를 꾸린다는 말. 『화엄경소초』 권27(대정장36, p.207b14)에 "이 마음 중에 거두지 못할 덕은 없다. 인은 과의 바다를 다 꾸리니 이미 초심에도 있다. 초발심한 때로부터 문득 정각을 성취한다. 此心中 無德不攝 因該果海 並在初心 從初發心時 便成正覺", 『화엄경금사자장주』(대정장45, p.670c14)에 "인은 과의 바다를 꾸리고, 과는 인의 샘에 사무친다. 과는 바로 인의 과이고, 인은 그대로 과의 인이기에 평등하여 두 상은 없다. 경에 '평등하고 진실한 법계에는 부처도 없고 중생도 없다'라고 한다. 因該果海 果徹因源 果是卽因之果 因是卽果之因 平等無二相也 經云 平等眞法界 無佛無衆生矣"라고 하였다. [참고문헌]『華嚴經疏鈔』, 『華嚴經金師子章註』. ⇨인원과해 因源果海, 인 因, 인과 因果

인행 印行 찍어 다니게 함. 목판 등에 새긴 글을 종이 등에 찍어 세간에 널리 유통케 하는 뜻이다. 『무문관』「서 序」(대정장48, p.292b4)에 "부처와 조사의 기연 마흔여덟 칙을 끌어내고 드러낸 것들을 새기고 찍어 세간에 유통하였다. 印行拈提佛祖機緣 四十八則", 『만선동귀집』「간기 刊記」(대정장48, p.993a22)에 "판을 새김에 화주 단월들의 감격스런 일이 많았고, 찍어 행함에 도성과 나라에 이 뜻을 아는 이들이 널리 퍼졌다. 板化信檀多感果 印行京國廣知音"라고 하였다. [참고문헌]『無門關』, 『萬善同歸集』. ⇨인경 印經

인행 因行 인(因)으로서의 행. 인위(因位)에서 보살로서의 행. 불여래께서 인위에서 행하신 일 등을 말한다. 더 나아가 대비(大悲)의 마음으로 행하는 일이면 모두 인행(因行)의 뜻이 된다. 『묘법성념처경』 권2(대정장17, p.422a8)에 "이 모든 지옥에서 죄를 받고 있는 중생들은 어떤 인행을 닦아야 미래세에 갖가지 고통의 시달림에서 벗어나 속박을 당하지 않고 속히 해탈할 수 있는지요? 此諸地獄 受罪有情 修何因行 免於未來 諸苦痛惱 不被纏縛 速得解脫", 『인왕반야경소』 권중3(대정장33, p.331b13)에 "인이란 보살이 닦는 일이니 이를 인행이라 한다. 忍是菩薩修 名因行", 『능엄경정맥소』 권1(卍속장18, p.313a10)에 "보살이라는 이름은 인행을 다 채우지 못했을 때의 부름이다. 인행을 다 마쳤다면 보살이라는 이름을 마땅히 잃는다. 菩薩之名 因行未滿之號 若因已滿 卽應失菩薩名", 『대승의장』 권1(대정장44, p.474c29)에 "인행이 많기는 하지만 네 가지로 요약하면 첫째는 신심이고 둘째는 반야이며 셋째는 삼매이고 넷째는 대비다. 因行雖衆 且論四種 一者 信心 二是 般若 三是 三昧 四是 大悲", 『법화경현찬요집』 권21(卍속장54, p.387a11)에 "사유하여 인행을 일으켰다는 말이란, … 또 '대비심을 인행이라 한다. 곧 금생에 교화하는 갖가지 모습을 가리키니 이렇게 일으키는 인이 바로 비심이다. 현생에 보이신 팔상 등은 모두 교화하는 갖가지 모습으로 인행을 드러내 보인 것이다'라고도 하고, '부처님께서 범부였던 과거세에 곤경에 처한 중생을 보고 스스로 사유해서 행하고 행하셨기에 과가 가득 차셨고 비로소 구제할 수 있었기 때문이다'라고도 한다. 言思起因行者 … 又云 大悲心 名因行 卽指今生化相 起此之因 是悲心 卽示八相等 皆化相 示起因行也 又云 佛昔爲凡夫時 見衆生處難 自思行行 果滿方救故", 『화엄경소』 권12(대정장35, p.585b18)에 "(뛰어난 덕의 열 가지 특징 중) 두 번째는 비상이다. 인행을 버리지 않으니 일으키지 않는 행이 없다. 二 悲相 不捨因行 無所不生"라고 하였다. [참고문헌] 『妙法聖念處經』, 『仁王般若經疏』, 『楞嚴經正脈疏』, 『大乘義章』, 『法華經玄贊要集』, 『華嚴經疏』. ⇨ 과덕 果德, 인위 因位 ■

인행 忍行 ❶ 참아 견디는 행. 『해의보살소문경』 권16(대정장13, p.517a20)에 "보살은 인욕바라밀다를 행할 때 인행을 성취하고자 몸으로는 비록 참지만 말로는 참지 못하여 마음에서 분노를 일으켰다. 菩薩行忍辱波羅蜜多時 欲成忍行 身雖能忍 語不能忍 心生瞋恚", 『미증유정법경』 권6(대정장15, p.448a5)에 "만일 사람이 인행을 닦는다면 일겁중에 항상 인욕을 행하여 일체중생에게 분노나 해칠 생각을 일으키지 않으니, 이와 같이 해서 인행원만을 얻는다. 若人修忍行者 於一劫中 常行忍辱 於一切衆生 不生恚害 如是獲得 忍行圓滿", 『유마힐경』 권상(대정장14, p.521a3)에 "인욕으로 행을 조절함으로써 모든 분노를 포섭한다. 以忍調行 攝諸恚怒"라고 하였다. [참고문헌] 『海意菩薩所門經』, 『未曾有正法經』, 『維摩詰經』, 『分別善惡報應經』 권하(대정장1, p.899a17). ⇨ 인 忍, 인욕 忍辱 ❷ Ⓟ Khemaṅkara, Khemaṁkara. 시기불(尸棄佛)의 집사제자(執事弟子). 『장아함경』 권1 「대본경 大本經」(대정장1, p.3a15)에 "시기불의 집사제자는 인행이라 불렀다. 尸棄佛執事弟子 名曰忍行"라고 하였다. [참고문헌] 『長阿含經』. ⇨ 인 忍

인행과 因行果 보리(菩提)인 인과 비(悲)로서의 행과 방편(方便)으로서의 과를 말한다. 『대일경』 권1(대정장18, p.1b29)에 "보리심을 인으로 삼고, 비를 근본(행)으로 삼으며, 방편을 구경(과)으로 삼는다. 菩提心爲因 悲爲根本 方便爲究竟", 『대일경소지심초』 권14(臺灣國圖善本18, p.528a8)에 "이와 실 두 경에서 모두 인행과를 설하지만, 밀종에서는 오로지 보리만 인으로 삼고 종으로 삼기에 그 덕을 드러낼 수 있다. 따라서 「주심품」 결문에 '이미 정보리심을 설했으니 모든 심상을 마친다'라고 했던 것이다. 理實二經 皆雖說因行果 今密中專菩提 爲因爲宗 故顯彼德也 故住心品 結文云 已說淨菩提心 諸心相竟"라고 하였다. [참고문헌] 『大日經』, 『大日經疏指心鈔』. ⇨ 교리행과 敎理行果

인행과덕 因行果德 인행과 과덕을 함께 이르는 말. 『수능엄의소주경』 권10(대정장39, p.964b10)에 "혜심은 유리와 같고, 인행은 보배와 같으며, 과덕은 달과 같다. 이는 하나 중에 무량이 나타나고 무량 중에 하나가 나타나는 비유다. 인행과 과덕이 일시에 다 갖추어 걸림없고 두렷이 밝다. 그러므로 저 유리 안에 보배와 달을 머금은 듯하다 하였다. 慧心 如瑠璃 因行 如寶 果德 如月 此喩一中現無量 無量中現一 因行果德 一時具足 無閡圓明 故如瑠璃內含寶月"라고 하였다. [참고문헌] 『首楞嚴義疏注經』. ⇨ 인행 因行, 과덕 果德

인행자 引行者 수계식 등에서 인청사(引請師 : 引請闍梨)가 행자를 이끄는 일. 『선원청규』 권9(卍속장111, p.923b1)에 "인청사리〈좌구를 거두고 일어나면, 행자 이끌어 당에 든다〉. 引請闍梨〈收坐具起 引行者入堂〉"라고 하였다. [참고문헌] 『禪苑淸規』, 『入衆須知』(卍속장111, p.968b17). ⇨ 인례 引禮, 인청사리 引請闍梨

인허 仁虛 조선후기 자운천우(慈雲天祐 1817~?)의 수계법(受戒法) 스승. 『동사열전』 권6 「자운선사전 慈雲禪師傳」(한불전10, p.1074a15)에 "월출산으로 출가하여 인허선사에게 머리를 깎고 계를 받았으며 법인도 받았다. 出家於月出山 薙染受戒受法印於仁虛禪師"라고 하였다. [참고문헌] 『東師列傳』. ⇨ 천우 天祐

인허 印虛 ❶ 만화원오(萬化圓悟 1694~1758)의 참회(懺悔) 스승인 해안(海岸)의 법호. [참고문헌] 『東師列傳』 권3 「萬化講師傳」(한불전10, p.1026c15). ⇨ 해안 海岸 ❷ 조선후기 성유(性惟)의 법호. [참고문헌] 三角山內院庵板 『阿彌陀經要解』 「刊記」. ⇨ 성유 性惟 ❸ 현대 스님 택호(宅豪 1916~2003)의 법호. [참고문헌] 「印虛堂宅豪大禪師葬禮彙報」. ⇨ 택호 宅豪

인허 隣虛 S P paramāṇu. 허에 가까운 것. 신역은 극미(極微)이며, 공성에 가까워 더이상 쪼갤 수 없는 색진(色塵)을 말한다. 승론(勝論)외도는 이 인허를 삼재(三災) 겁말(劫末)의 때에도 파괴되지 않는 상(常)이라 분별한다. 유부(有部)에서도 극미실유(極微實有)라고 하지만 인연의 화합이기에 무상(無常)이고, 나아가 오롯이 홀로 존재할 수 있는(獨住) 극미는 없어서 육방중심(六方中心)의 칠극미(七極微)인 일미취(一微聚)부터 색진의 용(用)이 가능하다고 여긴다. 『능엄경』 권3(대정장19, p.117b29)에 "그대가 지대(地大)의 자성을 관하면 크게는 대지이고 적게는 미진이다. 인허진에 이르면 저 극미인 색변제상은 쪼개도 일곱 분으로 되어 있다. 인허를 다시 쪼갠다면 곧바로 실로 공성이다. 汝觀地性 麤爲大地 細爲微塵 至隣虛塵 析彼極微 色邊際相 七分所成 更析隣虛 卽實空性", 『백론소』 「서소 序疏」(대정장42, p.236c15)에 "외도는 '인허는 시방으로 나뉜 것이 아니어서 온 곳에 상주한다'라고 분별한다. … 비담에서는 '여기에도 인허진이 있으니 시방으로 나뉘어지지 않지만 두 연을 갖추어야 생하므로 무상이다. 하나는 인연이고 또 하나는 증상연이다'라고 밝힌다. 外道計 隣虛 無十方分 圓而是常 … 毘曇明 亦有隣虛塵 無十方分 具二緣生 故是無常 一 因緣 二 增上緣", 『대일경소』 권2(대정장39, p.601c4)에 "나누고 나눠 끝까지 쪼개다 보면 인허에 이르고 알기 어렵게 된다. 分分披折之 至於隣虛 亦不可得", 『마하지관』 권3하(대정장46, p.32a22)에 "저 『대지도론』에서 단바라밀을 풀이하면서 외도가 주장하는 인허설을 논파하여 '이 진은 있는가 있지 않는가? 만일 극미의 색이 있다면 시방으로 나뉘어 있어야 하고, 극미의 색이 있지 않는다면 시방이라는 분도 없을 것이다'라고 한 말과 같다. 如釋論解 檀波羅蜜 破外道隣虛云 此塵爲有爲無 若有極微色 則有十方分 若無極微色 則無十方分", 『벽암록』 22칙 「수시 垂示」(대정장48, p.162b27)에 "가장 큰 곳이라 하면 밖이 없는 것이고, 적다 하면 저 인허다. 大方無外 細若隣虛", 『종용록』 67칙 「송 頌」(대정장48, p.269b11)에 "인허는 쪼갠다 해도 안은 없다〈불안으로 보려 해도 볼 수 없다〉. 析隣虛而無內〈佛眼覷不見〉"라고 하였다. 〔참고문헌〕『楞嚴經』, 『百論疏』, 『大日經疏』, 『摩訶止觀』, 『碧巖錄』, 『從容錄』, 『大智度論』 권12(대정장25, p.147c26), 『俱舍論』 권2(대정장29, p.171b21), 『大乘唯識論』(대정장31, p.72a17), 『金七十論』 권상(대정장54, p.1251a14), *Abh-k-bh.176*. ⇨극미 極微, 진 塵, 칠극미 七極微

인허진 隣虛塵 허(虛)에 가까이 간 티끌. 극미(極微)의 색(色). 극미진(極微塵 : 極微)을 말한다. 『창소지론』 권상(대정장32, p.226b12)에 "지로 견고하고 물로 적시며 불로 따뜻하고 바람으로 움직이는 등 이와 같은 사대종의 가장 미세한 것을 극미진이라 하고 또 인허진이라 한다. 地堅 水濕 火煖 風動 是等大種 最極微細者 曰極微塵 亦名隣虛塵"라고 하였다. 〔참고문헌〕『彰所知論』, 『楞嚴經』 권3(대정장19, p.117b29). ⇨극미 極微, 극미상 極微相, 석미진 析微塵, 진 塵

인허함대천지법 鄰虛含大千之法 인허가 대천의 법을 품는다는 말. 『능가사자기』 「삼조승찬장 三祖僧璨章」(대정장85, p.1286c1)에 "인허가 대천의 법을 품고, 찰나에 삼제의 모든 시를 다 거느린다. 隣虛含大千之法 刹那總三際之時"라고 하였다. 〔참고문헌〕『楞伽師資記』. ⇨인허 隣虛, 찰나 刹那

인헌 印軒 ❶조선전기 스님. 1588년(선조21)에 호거산(虎踞山) 운문사(雲門寺)에서 개판(開板)한 『법집별행록절요병입사기』 각자질(刻字秩)에 스님의 이름이 보인다. 〔참고문헌〕『法集別行錄節要幷入私記』(한불전4, p.766b22). ❷조선후기 스님. 영해약탄(影海若坦 1668~1754)이 계봉사(鷄峰寺)에 머물다 떠나며 지은 시 「유별인헌사주계봉사 留別印軒師住鷄峯寺」가 『영해대사시집초』(한불전9, p.479b22)에 전한다. 〔참고문헌〕『影海大師詩集抄』. ⇨약탄 若坦 ❸조선후기 스님. 1742년(영조18) 경상도 성산(星山) 쌍계사(雙溪寺)에서 『보현행원품 普賢行願品』 1권을 판각하였다. 〔참고문헌〕杜慧 誌 「華嚴經入不思議普賢行願品新刊跋」.

인형 印泂 조선후기 스님. 1681년(숙종7)에 경상도 울산 원적산(圓寂山) 운흥사(雲興寺)에서 『고봉화상선요』를 개간할 때 교정을 맡았으며, 1690년(숙종16)에도 『삼로행적』을 개간하고 통도사에 이판(移板)할 때 산중대덕(山中大德)으로 참여하였다. 〔참고문헌〕『三老行蹟』(한불전7, p.758c15), 『雲興寺木板資料集』(國立昌原文化財硏究所, 2003) p.626・719.

인혜 印惠 조선후기 스님. 1638년(인조16)에 경상도 밀양 재악산(載岳山) 영정사(靈井寺 : 表忠寺)에 수지로 있으면서 『치문경훈속집』 판각불사를 주관하였다. 〔참고문헌〕『緇門警訓續集』(한불전8, p.654a15).

인혜 因惠 신라 스님. 『삼국유사』 권5(대정장49, p.1010b27・한불전6, p.355b7) 신주(神呪)6 밀본최사(密本摧邪)에 거사와 신통을 겨룬 이야기가 전한다. "인혜가 '거사는 나의 신통을 보십시오'라고 말하였다. 이에 향로를 받들어 주문을 외우고 향을 피우니 잠시 동안 오색의 구름이 정수리 위를 돌더니 하늘꽃마저 흩어졌다. 惠曰 汝見我神通 乃奉爐呪香 俄頃五色雲 旋遶頂上 天花散落"라고 하였다. 〔참고문헌〕『三國遺事』. ⇨밀본최사

설화 密本摧邪說話

인혹 人惑 사람이라는 번뇌. 예외없이 분별 가득한 존재라는 뜻에서 사람자체가 미혹일 수 있다. 법(法)에 있어서 정견(正見)을 다투는 이들간에 오직 법만을 보지 않고 분별로 마주함을 경계하는 뜻이다. 『임제록』(대정장47, p.497a29)에 "오늘날 불법을 배우는 이들은 먼저 진실하고 바른 견해를 구해야 한다. 진정 견해를 얻으면 생사에 물들지 않고 가고 머무름에 자유롭다. 수승함 구하려 하지 않아도 수승함 저절로 이른다. 도를 구하는 이들이여! 예부터 선덕들에게는 사람을 벗어나는 길이 있었다. 저 산승이 지시하는 인처가 있더라도 다만 사람의 의혹이 없어야 하니, 쓰려면 바로 써서 머뭇거려 의심하지 말아야 한다. 그러나 지금 학인들은 그러지 못하니, 병통이 어디에 있을까? 병통은 스스로를 믿지 않는 데 있다. 今時學佛法者 且要求眞正見解 若得眞正見解 生死不染 去住自由 不要求殊勝 殊勝自至 道流 秖如自古先德 皆有出人底路 如山僧指示人處 秖要爾不受人惑 要用便用 更莫遲疑 如今學者不得 病在甚處 病在不自信處", 같은 책(대정장47, p.500b21)에 "도 구하는 이들이여! 그대들이 여법한 견해를 얻고자 한다면, 다만 사람이라는 혹을 없이 하라. 만나는 대로 문득 죽이니 부처 만나면 부처를 죽이고, 조사 만나면 조사를 죽여라. 道流 爾欲得如法見解 但莫受人惑 向裏向外 逢著便殺 逢佛殺佛 逢祖殺祖"라고 하였다. [참고문헌] 『臨濟錄』.

인혼번자 引魂幡子 망자의 혼을 부르고자 내거는 깃발. 원기를 묶어서 넣어두는 주머니인 축기대(搐氣袋)와 짝이다. 『종용록』 29칙 「본칙 本則」(대정장48, p.246a20)에 "그때 노피장로가 나와서 풍혈에게 물었다. '저에게 무쇠소 기틀 있으니 스님 불러 도장을 찍을 일 있습니까.'〈거스르는 파도 완연하구나〉 '고래 낚아서 큰 파도 맑히는 일 이골이 났는데 진흙밭에 몸 굴리는 개구리 볼 뿐이니 안타까울 뿐'〈망자의 혼을 부르는 깃발이자 원기 넣어두는 주머니로구나〉. 노피 우두커니 생각에 잠겼다〈이미 귀문관을 지나가 버렸다〉. 時有盧陂長老出問云 某甲有鐵牛之機 請師不搭印〈宛有逆水之波〉 穴云 慣釣鯨鯢澄巨浸 却嗟蛙步驟泥沙〈引魂幡子 搐氣袋〉 陂佇思〈已過鬼門關〉"라고 하였다. [참고문헌] 『從容錄』.

인홍 仁弘 1908~1997. 가지산 석남사(石南寺) 비구니. 호는 원허(圓虛), 속성은 이(李)씨, 속명은 귀동(貴童), 본관은 월성(月城 : 慶州). 아버지의 휘는 종순(種淳)이고 어머니의 휘는 하수이(河水伊)이다. 1908년 7월 7일 경상북도 영일군(迎日郡) 대송면(大松面) 동촌리(東村里)에서 3남 2녀 중 둘째 딸로 태어났다. 어머니가 갑옷을 입은 장군이 말을 타고 방으로 들어오는 태몽을 꾼 다음 태어났고, 용기와 총명함도 남달라 할아버지께서 남자로 태어나지 못한 것을 늘 아쉬워했다. 부유한 가정에서 났지만 세연에는 전혀 애착이 없어 마침내 1941년 34세 때 오대산 월정사(月精寺) 지장암(地藏庵)으로 찾아가 정자(淨慈)를 은사로 정하고 행자생활을 하다가 다음해인 1942년 상원사에서 한암(漢巖)을 계사로 하여 사미니계를 받았고, 1946년 39세 때 서울 선학원에서 동산혜일(東山慧日)율사로부터 비구니계를 받았다. 그 후 걸망을 지고 덕숭산 정혜사(定慧寺) 만공(滿空) 회상을 비롯하여 제방 선원으로 다니면서 정진하던 중 1949년 42세 때 월내(月內) 묘관음사(妙觀音寺)에서 지견이 열렸다고 자부하였으나 퇴옹성철(退翁性徹)의 법문을 듣고 은산철벽(銀山鐵壁)이 가로막은듯 한걸음도 나아갈 수 없었다. 이후로 더욱 정진하였으니 1951년 창원 성주사(聖住寺) 선원장으로 비구니대중을 지도하였고 47세인 1954년에는 태백산 홍제사(弘濟寺) 주지에 취임하여 후학을 외호하였다. 종단정화(宗團淨化) 때에는 비구니대표로 동분서주하였다. 같은 해 5월 비구니총림의 원력을 세우고 대구 동화사(桐華寺) 총무직을 맡았고, 1956년 49세 때는 조계종 중앙종회 의원에도 당선되었다. 1957년 50세 때인 어느 날 밤 꿈에 큰 소금산(塩山)을 본 뒤 후학들의 권유로 언양 석남사(石南寺) 주지에 취임하고 보니 석남사 법당 뒤에 가지산(迦智山) 주봉이 바로 꿈에 본 산이었다. 전당을 두루 중수하고 8,942평의 전답(田畓)을 매입하는 등 하여 황폐했던 도량이 20여 년 만에 대가람으로 일신하였다. 성철선사의 지도하에 화두공부로 일관하셨고 비구니총림의 꿈은 끝내 접지 않았다. 도량에 강주(講主)를 상주케 하여 초심 학인들을 위한 강학원(講學院)을 운영하였고 동국제일(東國第一)이라 현판한 정수선원(正修禪院)을 제방의 비구니수좌들을 위한 으뜸의 수선처로 가꾸었으며, 단일계단이 정비되기 전까지는 자운대율사(慈雲大律師)를 모시고 전국의 사미니와 비구니를 위한 계율산림(戒律山林)을 솔선하여 개설하였다. 결제중에는 수좌들의 공부점검을 위해 향곡(香谷)선사 등을 모셔 상당(上堂)과 입실(入室) 법문을 정례화하는 등 실질에 있어서는 총림다운 도량을 성취했다고 할 수 있다. 울밀선(蔚密線) 차도(車道)가 법당 뒤를 통과하게 되자 대중과 함께 길에 연좌하여 막아내는 등 가람수호의 공로 또한 지대하였다. 69세 때인 1976년에 이르러 18년 만에 석남사 주지직을 사임하고 모든 것을 떨쳐 버리고 본분납자로서 수도암선원 등에서 정진하였고, 나의 평생에 마지막 공부라 하며 지리산 상무주암(上無住庵)에서 결사하기도 하였다. 1986년에는 조계종 단일계단 제7회 이부승수계식(二部僧受戒式) 때 비구니전계화상으로 추대되었고 80세에는 전국비구니총재로 추대되는 등 비구니계의 큰 어른으로서 매사에 솔선하여 머뭇거림이 없었다. 화두를 들고 확철대오의 꿈을 버린 적 없기에 노구에도 몸소 선방의 자리를 지켰으며, '대중은 모여 살아야 중이다'라 하며 대중을 극히 아꼈다. 나아가 불법만이 무상(無上)의 길(道)이라 호령하여 단월들을 애호하였기에 '가지산(迦智山) 호랑이'라는 별명답게 그 자취가 뚜렸했다. 1997년 3월 8일 오전 10시 20분에 세수 90, 법랍 55세를 일기로 입적하였다. 화두정진과 대중살림을 중노릇의 으뜸으로 여긴 스님의 뒤를 이은 묘경(妙瓊)·진관(眞觀)·철마(鐵馬)·법희(法喜)·법용(法涌)·백졸(百拙)·불필(不必)·도문(道門) 등 상좌들이 비구니계의 어른이 되어 수많은 손상좌들을 육성하였다. 삼락자(三樂子) 석정(石鼎)이 비문을 짓고 월정(月汀) 정주상(鄭周相)이 써서 1999년에 세운 스님의 행적비가 석남사에 있다. 〔참고문헌〕「彦陽石南寺比丘尼圓虛堂仁弘禪師碑文」(智冠 『韓國高僧碑文總集 朝鮮朝·近現代』 pp.1248~1251). ⇨ 석남사 石南寺❶, 전국비구니회 全國比丘尼會

인홍사 仁弘寺 위치 미상. 진각(眞覺)국사 혜심(慧諶 1178~1234)이 1231년(고종18)에 인홍사를 지나면서 쓴 시 「신묘팔월과인홍사차벽상운 辛卯八月過仁弘寺次壁上韻」이 『무의자시집』 권하(한불전6, p.62a15)에 전한다. 〔참고문헌〕『無衣子詩集』.

인홍사 仁弘社 대구광역시 달성군 화원읍 본리리에 있던 인흥사(仁興寺). 〔참고문헌〕『韓國寺刹全書』 권하 p.962a11. ⇨ 인흥사 仁興寺❶

인화 人華 Ⓢ manuṣya-puṣpa. 꽃처럼 피어나는 사람들. 삼초이목(三草二木)을 말한다. 『법화경』 권3 「약초유품 藥草喩品」(대정장9, p.20b18)에 "부처님께서 말씀하신 법은 마치 저 큰 구름이 한 맛의 비를 내려 사람과 꽃을 기르니 저들 각각이 열매를 맺음과 같다. 佛所說法 譬如大雲 以一味雨 潤於人華 各得成實", 『법화경삼대부보주』 권8(卍속장44, p.233a2)에 "경에서 인화라 한 것은 곧 먼저 꽃이 피고 열매를 맺은 뒤 씨를 퍼뜨린다. 꽃 피고 열매 맺는 빛나는 세계를 말함이다. 인이란 일곱가지 방편의 사람이고 화란 인을 좇는다는 비유다. 經云人華 卽前華果敷實 華果光色之謂也 人則七方便之人也 華則從因爲喩矣"라고 하였다. 〔참고문헌〕『法華經』, 『法華經三大部補注』, *Saddh-p.90.* ⇨ 삼초이목 三草二木, 엄신화 嚴身華

인화 仁和 ❶ 어질고 온화함. 『장아함경』 권3 「유행경 遊行經」(대정장1, p.22a1)에 "이곳 동방은 토지가 풍요롭고 인민은 넘치고 그 뜻과 성품이 어질고 온화하며 자애롭고 효성스러우며 충심으로 따른다. 今此東方 土地豐樂 人民熾盛 志性仁和 慈孝忠順", 『대보적경』 권8(대정장11, p.43a14)에 "자비로운 심업을 행하고 항상 닦아 어질고 온화하며 해치려는 생각을 품은 적이 없다. 行慈心業 常修仁和 未嘗懷害"라고 하였다. 〔참고문헌〕『長阿含經』, 『大寶積經』. ❷ 중국 절강성(浙江省) 항현(杭縣). 『불조통기』 권28(대정장49, p.282b13)에 "예도자는 인화출신으로 속가를 버리고 수행자가 되어 작은 암자 짓고 오롯이 염불하였다. 倪道者 仁和人 棄家作道者 建小菴專意念佛"라고 하였다. 〔참고문헌〕『佛祖統紀』.

인화 引化 이끌어 교화함. 『보살행문제경요집』 권상(대정장17, p.943b5)에 "우파리는 마땅히 알라. 처음 대승수행을 닦는 보살은 각각의 근기를 따라 중생을 이끌어 교화하는데, 그들의 마음에 따르는 까닭에 번뇌가 없고 계행을 닦고 지킨다. 優波離 當知 初修大乘行菩薩 各各隨機 引化衆生 順他心故 無所惱故 修持戒行", 『삼십칠존심요』(대정장18, p.292b18)에 "일체유정을 무엇으로 이끌고 교화하는가? 반드시 사섭법을 행하여 제도한다. 사섭법이란 무엇인가? 보시·애어·이행·동사 등으로 거두고 품는다. 一切有情 將何引化 須行四攝法 而濟度之 四攝法者何 布施 愛語 利行 同事等 而攝取之"라고 하였다. 〔참고문헌〕『菩薩行門諸經要集』, 『三十七尊心要』, 『二諦義』 권중(대정장45, p.103a29), 종보본 『壇經』(대정장48, p.352a16). ⇨ 사섭법 四攝法

인화음 忍和音 참아 부드러운 소리. 부처님의 육십종성(六十種聲) 중 하나다. 『대보적경』 권10 「밀적금강역사회 密迹金剛力士會」(대정장11, p.55c27)에 여래육십품음(如來六十品音)으로 시설하였다. 〔참고문헌〕『大寶積經』. ⇨ 육십종성 六十種聲

인환 仁煥 조선후기 스님. 속성은 정(鄭)씨. 전라도 영암 출신. 금월의관(錦月誼寬 1811~1888)의 법손이다. 〔참고문헌〕『東師列傳』 권5 「錦月禪師傳」(한불전10, p.1055a14). ⇨ 의관 誼寬

인환 印煥 1881~1950. 상주 남장사(南長寺) 스님. 호는 상월(霜月), 속성은 김씨, 본관은 청풍(淸風). 아버지의 휘는 일권(日權), 어머니의 휘는 김장사(金長沙)이다. 1881년 5월 22일 경상북도 상주시 사벌면에서 장남으로 태어났다. 1899년 12월 8일 상주 남장사에서 함원응인(涵圓應寅)을 은사와 계사로 하여 사미계를 받고 스님이 되었고, 1901년 2월 6일 문경 원적사(圓寂寺)에서 석교소선(石橋昭鮮)율사로부터 비구계를 받았다. 1897년 남장사에서 사집과를, 1902년 문경 대승사(大乘寺)에서 사교과를 수료, 1907년에 대교과를 졸업하였다. 1920년 금강산 마하연(摩訶衍)에서 석우(石友), 석하(石下) 등과 함께 정진했다. 월정사(月精寺)·금강산 장안사(長安寺) 등 선원에서 정진하였고, 1938년 유점사(楡岾寺)에서 대선법계(大禪法階)를 받았으며, 이어 금강산 장안사에서 연담(蓮潭)을 법사로 건당(建幢)하였다. 1941년 선학원 유교법회(遺敎法會)에 참석하였고 1945년 9월 23일 조선불교중앙교무회 고문에 추대되었으며, 1946년 말 가야총림 해인사(海印寺)에 동참한 이후 1950년 6·25전쟁 때 해인사에서 입적하였다. 스님은 연로할 때까지 고고한 마음가져 상좌를 두지 않았으니 권하면 상좌 하나에 지옥이 하나라며 단호히 거절하였다. 사형(師兄)인 석우의 맏상좌였던 우봉(愚峰)이 문경 봉암사결사 때 주지로 있으면서 당시 봉암사로 출가하여 행자로 있던 서황룡(徐黃龍) 의현(義玄)을 위패(位牌)상좌가 되게 하였다. 문정영(文靜影), 진암, 비룡(飛龍), 송월(松月), 지웅, 혜암성관(1920~2001), 고봉(高峰), 범어사 조실 지유(知有), 송광사 방장 보성(菩成) 등은 모두 상월율사로부터 보살계와 비구계를 받았다. [참고문헌] 『曹溪宗 中興의 幢竿, 四一年 遺敎法會를 照明하는 硏鑽會論文集』(대한불교조계종, 2008) p.78. ⇨ 유교법회 遺敎法會

인활 印豁 1619~?. 명말청초대 임제종 스님. 호는 적광(寂光), 속성은 양(楊)씨. 과성(果城 : 四川省) 남충(南充) 출신. 어려서부터 세속을 떠날 뜻을 가졌지만 부모의 허락을 받지 못하였으며, 늘 『금강경』을 수지하였다. 30세에 법우(法雨)에게 출가하였고, 41세에 쌍계(雙桂)로 가서 파산해명(破山海明)의 인가를 받았다. 1660년(순치17)에 봉계현(蓬溪縣 : 四川省) 용인산(龍印山) 불자사(佛子寺)에 주석하였으며 이후 대명원(大明院)·광덕원(廣德院) 등에 머물렀다. 『적광활선사어록 寂光豁禪師語錄』 6권(가흥장36, No.B367)이 있다. [참고문헌] 『正源略集』 권5(卍속장145, p.350b17), 『錦江禪燈』 권10(卍속장145, p.624a14),『寂光豁禪師語錄』 권4 「行實」(가흥장36, p.870b16). ⇨ 적광활선사어록 寂光豁禪師語錄

인효권선서 仁孝勸善書 명대 인효황후 지음. 온전한 제목은 『대명인효황후권선서 大明仁孝皇后勸善書』이다. 영락제(永樂帝) 때 유불도의 전적에서 선행을 권하는 구절을 선별하여 수록하였다. 특히 불교설화가 많이 들어 있다. 일찍이 우리나라에도 유통되었다. 현재 부산 범어사(梵魚寺)에 총 20권 10책 중 제5·6·10 등 3책이 소장되어 있다. 『귀원직지집』 권2 「보권계살결의문 普勸戒殺決疑文」(卍속장108, p.338b6)에 "원이란 이와 같아야 하니, 그대 만일 의문이 있어 풀수 없다면 『인효권선서』를 볼 만하다. 但願如是 汝若有疑未決 可看仁孝勸善書"라고 하였다. [참고문헌] 『歸元直指集』.

인훈습경 因熏習鏡 인(因)으로서 연(緣)을 비춰 훈습하는 거울. 진여(眞如)의 여실불공(如實不空)한 뜻으로 일심(一心)에 일체법 진실한 무루(無漏)의 씨앗을 다 갖추고 일체세간을 비춰 일체중생이 선법을 성취하게 하는 뜻을 말한다. 각체상(覺體相)의 네 가지 큰 뜻을 정경(淨鏡)에 비유한 사경(四鏡 : 如實不空 因熏習鏡 法出離鏡 緣熏習鏡) 중에 두번째 뜻이다. 『대승기신론』(대정장32, p.576c23)에 "인훈습경이란 여실하고 공이 아님을 말한다. 일체세간경계가 온통 그 중에 드러나지만, 나오지도 들지도 않으며 잃지도 무너지지도 않아서 항상 일심에 머문다. 일체법이 곧 진실성이기 때문이다. 또한 일체염법으로도 물들일 일 없고 지혜의 바탕은 흔들리지 않아서 무루법을 갖추어 중생을 훈한다. 因熏習鏡 謂如實不空 一切世間境界 悉於中現 不出不入 不失不壞 常住一心 以一切法卽眞實性故 又一切染法 所不能染 智體不動 具足無漏 熏衆生故", 『대승기신론의소』 권상(대정장44, p.185b16)에 "인훈습경이란 진심을 말한다. 이 마음에 의지하고 인으로 삼아 연을 비추고 훈습하기에 인훈습이라 한다. 言因熏習鏡者 謂眞心也 依因此心 緣照熏習故 因熏習也", "일체세간이 모두 그 안에 드러난다는 것은, 일체제법은 마음으로 바탕을 삼기에 마음 중에 드러난 것이 그대로 밖으로 드러난다고 한다. 체 중에 나는 것인가 할까 하여 '나지도 않고'라 하였다. 또한 나투지만 그 끝이 없기에 나타나서 밖으로 나가는 일 없고, 바탕 중에 드러나기에 섞이고 어지러움마저 하나의 상이므로 들지 않는다고 하였다. 드는 일 없기에 허망한 법은 사라져 잃을 일도 무너질 일도 없다고 하였다. 一切世間悉中現者 一切諸法 心之爲本 故本中現 然卽現故 體中生耶 故言不出 亦可現無邊故 現外不出 體中現故 雜亂一相 故言不入 以不入故 妄法敗亡 故言不失不壞", "일설에는 진에 나아가 법을 설하기에, 말도 상도 떠나 밖의 온갖 물들 넘어서지만 유무를 떠나지 않으므로 벗어난 일 없다고 하였고, 유무를 떠나지 않으면서 유무도 아니므로 들지 않는다고 하였다. 一云 就眞法說 絶言離相 超外衆物 而不離有無 故言不出 不離有無 而非有無 故言不入", "그러므로 경에서 '비록 음계입에 있지만 음계입과 같이 하지 않는다'고 하였다. 故經說言 雖在陰界入而不同陰界入也", "만상의 밖이기에 잃거나 무너질 일 없으므로 잃거나 무너지지 않는다고 하였다. 이 무슨 물건인가? 언제나 머무는 일심이다. 왜 그러한가? 일체진실성이므로 법 진실하지 않음이 없다. 일체염법이 물들이지 못한다는 말은 마음의 바탕 상주여서 물들이지 못한다는 뜻이지 용의 뜻은 아니다. 지혜의 바탕이 흔들리지 않는다는 것은 물들지 않는 이유를 푼 것이다. 무루법을 갖추고 중생을 훈습한다는 것은 정법을 갖추었기에 그윽이 중생을 도와 선행하게 한다. 以萬像外 而不失壞 故言不失壞 是爲何物 常住一心 何以故 一

切眞實性故 無法不眞也 又一切染法不能者 心體常住 故不能染 非謂用義也 智體不動者 釋不染由 具足無漏熏衆生者 具淨法故 冥資衆生 令修善行也", 『능엄경의소석요초』 권4(卍속장16, p.941b6)에 "인훈습경이란 거울로 진여를 비유한다. 염정에 훈습되어 일체법을 드러낸다. 因熏習鏡者 鏡喩眞如 爲染淨所熏 現一切法"라고 하였다. [참고문헌] 『大乘起信論』, 『大乘起信論義疏』, 『楞嚴經義疏釋要鈔』. ⇨ 사경 四鏡, 본각 本覺, 음계입 陰界入

인휘 印徽 조선후기 스님. 청허휴정(淸虛休靜 1520~1604)이 스님에게 드린 시 「증인휘선자 贈印徽禪子」가 『청허집』 권4(한불전7, p.703b20)에 전한다. [참고문헌] 『淸虛集』.

인흔 仁欣 1863~1931. 근세 밀양 표충사(表忠寺) 스님. 호는 보운(寶雲), 속성은 장(張)씨, 본관은 인동(仁同). 아버지의 휘는 익상(翼祥)이며, 어머니는 최정행화(崔淨行華)이니 1863년(철종14) 8월 8일 경상남도 밀양군(密陽郡) 단장면(丹場面) 고례리(古禮里)에서 셋째 아들로 태어났다. 14세 때 표충사로 찾아가 계월계담(桂月桂潭)을 은사로 하고 다음해인 1877년(고종14) 15세 때 보월보현(寶月普賢)을 사미계사로 하여 스님이 되었다. 23세부터 제방강원으로 다니면서 경론을 연마하다가 호월(皓月)을 계사로 하여 비구계를 받았다. 이어 경봉(慶逢)의 법을 이어 받고 법제자가 되었다. 44세 때 표충사의 승통(僧統)이 되었으며, 52세 때는 양산 통도사 법계고시에 응하여 중덕법계를 받았고, 58세 때 대덕(大德)으로 승급하였다. 65세 때 표충사 제6대 주지가 되었다. 1904년 1월 21일 탐진당(探眞堂)이 불탔으나 복구책임을 맡아 1년 만에 말끔히 중창하였다. 1926년 4월 9일 화재로 인하여 대적광전(大寂光殿)·명부전·서원(書院 : 표충서원) 등이 모두 소실되었을 때에는 천성산 내원사(內院寺)에 있었는데, 본사의 화재 소식을 듣고 달려와 사재 천여 원을 희사하고 사방으로 다니면서 성금을 모아 복구에 전심전력하였다. 단장면 장터에서 절까지의 진입로가 너무 좁아 국내 본사 중 가장 나쁜 교통이었는데, 밀양군과 교섭하여 2차선 차도를 개설하게 하는 등의 큰 공적도 남겼다. 1931년 1월 22일 세수 69, 법랍 56세를 일기로 표충사에서 입적하였다. 퇴경상로(退耕相老)가 비문을 지어 세운 비가 표충사에 있다. 비문은 『한국고승비문총집 조선조·근현대』 pp.886~887에 전한다. [참고문헌] 智冠 『韓國高僧碑文總集 朝鮮朝·近現代』, 『退耕全書』 권1(退耕堂全書刊行委員會, 1990) pp.456~458. ⇨ 보운당인흔대선사사비 寶雲堂仁欣大禪師碑, 표충사 表忠寺

인흥사 仁興寺 ❶ 대구광역시 달성군 화원읍 본리리 비슬산에 있던 절. 원래 이름은 인홍사(仁弘社)였으며, 일연(一然 1206~1289)이 중수하고 이름을 인홍사라 하였다. 「군위인각사보각국존정조탑비문 軍威麟角寺普覺國尊靜照塔碑文」에 따르면 "인홍사주 만화가 인연에게 그 자리를 넘겼다. … 스님이 11년 동안 주석하였는데, 절 지은지 오래되어 전우 등이 다 쇠락하였다. 스님께서 거듭 일신하니 크고 훤했다. 이에 조정에 주청하여 인흥이라 이름하고 제액도 받았다. 仁弘社主萬恢 讓師主席 … 師住仁弘十一年 是社創搆旣遠 殿宇皆頹圮 又且湫隘 師並重新 恢廓之 仍奏于朝 改號仁興 宸書題額以賜之"고 하였다. 『동국여지승람』 권28 경상도 성주목 불우에 이숭인(李崇仁 1347~1392)의 시와 함께 "인흥사는 비슬산 북쪽에 있는데, 고려 공민왕이 제액하였다. 仁興寺在琵瑟山北 高麗恭愍王題額"고 하였는데, 공민왕을 일연에게 제액을 하사한 충렬왕(忠烈王 재위 1274~1308)의 오식(誤植)으로 보는 견해도 있다. 『여지도서』 경상도 성주 사찰에도 위의 기록을 승계하고 있으나 『범우고』에는 폐사라 하였다. 절터에는 주춧돌과 탑 부재 등이 남았는데, 문경호(文敬鎬 1812~1874)가 들어와 남평문씨 본리 세거지를 이루면서 삼층석탑·석조(石槽)·우물 등 일부 유구를 관리하고 있다. 절터에 있던 삼층석탑 2기 중에 1기는 경북대학교 박물관 야외정원에 이건(移建)되었다. [참고문헌] 『東國輿地勝覽』, 『輿地圖書』, 『梵宇攷』, 李智冠 『校勘譯註歷代高僧碑文』 高麗篇4 p.192, 『韓國寺刹全書』 권하 p.962a12. ⇨ 일연 一然 ❷ 경상북도 경산시 자인면 일언리 도천산(到天山)에 있는 절. 대한불교조계종 제10교구본사 은해사(銀海寺)의 말사이다. '절골'이라고 불리는 일언리에는 예전에 계림사가 있었다가 폐사되었다는 전승이 전하는데, 1960년 전후에 일건화상(一乾和尙)이 복원하여 인흥사라고 하였다. 절터에서 발견된 석등은 현재 경북대학교 박물관에 있고, 현존 당우로는 대웅전, 삼성각, 요사 등이 있다. [참고문헌] 『한국의 사찰문화재』 제1권 대구광역시·경상북도 I (문화재청·대한불교조계종, 2007).

인희 印熙 ❶ 조선후기 스님. 운곡충휘(雲谷沖徽 ?~1613)가 스님과 이별하며 드린 시 「증별인희사 贈別印熙師」가 『운곡집』(한불전8, p.267b19)에 전한다. [참고문헌] 『雲谷集』. ❷ 조선후기 스님. 법호는 남월(覽月). 천경해원(天鏡海源 1691~1770)이 드린 시 「증남월인희대사 贈覽月印熙大師」가 『천경집』 권상(한불전9, p.606a3)에 전한다. [참고문헌] 『天鏡集』.

일 日 Ⓢ sūrya, āditya, arka, bhāskara, ravi, Ⓟ suriya, ādicca, ravi, Ⓣ nyi-ma, nyi. 해. 태양. 일륜(日輪)이라고도 한다. 『유가사지론』 권16(대정장30, p.364a2)에 "이 연못은 여러 지류로 갈라지는데 세간

에서는 이 흐름이 넘쳐나니, 불과 바람과 태양으로도 말릴 수 없지만 오직 정법을 행할 때만이 고요하다. 此池派衆流 於世流爲暴 非火風日竭 唯除正法行", 『범어천자문』(대정장54, p.1198b14)에 "(su)(rya) 소〈장음〉리야〈리와 야를 합한 음〉 해다. 素〈引〉哩也〈二合〉日", 같은 책(대정장54, p.1212a21)에 "(a)(di)(tya) 아이지야〈지와 야를 합한 음〉 해다. 阿儞底也〈二合〉 日"라고 하였다. [참고문헌] 『瑜伽師地論』, 『梵語千字文』, *Śrāv-bh.99.*, *Laṅk.227.*, *Abh-k-bh.166·171.*, *Sn.133.*, *SN.1.47.*, *Jā.2.375.* ⇨일륜 日輪[1]

일 壹 실담자 (i)의 음사어. 실담오십자문(悉曇五十字門) 중 하나이며, 실담십이운(悉曇十二韻)에서 세 번째이다. 이(伊)·억(億)·액(縊)·익(益) 등으로도 음사한다. 『최승묘길상근본지최상비밀일체명의삼마지분』 권상(대정장20, p.808c27)에 "아아〈장음〉일예올오이애오오암악 a-ā-i-ī-u-ū-e-ai-o-au-aṃ-aḥ. 이 법으로 모든 지혜로운 마음에 안주하니, 삼세의 제불께서 한결같이 설하시었네. 阿阿〈引〉壹翳嗢汚伊愛烏奧暗惡 此法安住諸智心 三世諸佛所共說"라고 하였다. [참고문헌] 『最勝妙吉祥根本智最上祕密一切名義三摩地分』. ⇨이 伊[1], 실담십이운 悉曇十二韻, 실담오십자문 悉曇五十字門

일 逸 Ⓢpramāda, Ⓣbag-med-pa. 게으름. 한갓되이 어떤 선법도 닦지 않는 대번뇌지법 중에 하나다. 『구사론』 권4(대정장29, p.19c1 : *Abh-k-bh.*, p.56)에 "[송] 치·일·태·불신과 혼·도이니 언제나 오직 번뇌일 뿐이네. [논] 이 중 치란 이른바 어리석음이니 바로 무명·무지·무현이다. 일이란 방일로서 온갖 선을 닦지 않는 것이다. 이것은 모든 선을 닦는 것만이 다스릴 법이다. 頌曰 癡逸怠不信 惛掉恒唯染 論曰 此中癡者所謂愚癡 卽是無明無智無顯 逸謂放逸 不修諸善 是修諸善所對治法 〈kārikā〉 mohaḥ pramādaḥ kauśīdyamāśraddhyaṃ styānam uddhavaḥ, kliṣṭe sadaiva … 〈bhāṣya〉 tatra moho nāmāvidyā 'jñānam asaṃprakhyānam. pramādaḥ kuśalānāṃ dharmāṇām abhāvanā 'pramādavipakṣo dharmaḥ", 『팔종강요초』 권상(대장경보편32, p.26a6)에 "대번뇌지법 여섯가지란, 그 책 게송에서 '치·일·태·불신과 혼·도이니 언제나 오직 물들어 있다네'라고 하였다. 大煩惱地法六者同頌云 癡逸怠不信 惛掉恒唯染"라고 하였다. [참고문헌] 『俱舍論』, 『八宗綱要鈔』, *Abh-k-bh.* ⇨방일 放逸, 대번뇌지법 大煩惱地法

일가 一家 한 가정이나 집안. 하나의 유파(流派)·학파(學派)·종파(宗派). 독자적인 학설 또는 뛰어난 견해를 지닌 한 사람을 말하기도 한다. 『법화경문구찬요』 권1(卍속장46, p.656b23)에 "수십만의 말로 드러낸 일가(천태종)의 삼대부의 뜻을 모두 초석으로 삼았다. 凡數十萬言 一家三大部之旨 皆爲之鈔釋", 『광홍명집』 권7(대정장52, p.133a1)에 "아홉 유파 중 일가. 九流之一家", 『일체경음의』 권21(대정장54, p.441a1)에 "가섭〈온전한 음사어는 가섭파이고 한역어는 음광이다. 이는 한 집안의 성씨다〉. 迦葉〈具云 迦攝波 此曰 飮光 斯則一家之姓氏也〉", 『경덕전등록』 권8 「경조흥평전 京兆興平傳」(대정장51, p.262b20)에 "동산이 작별을 고하자 경조가 말했다. '어디로 가는가?' '물 흐르듯 하여 정한 곳 없습니다' '법신 흐르는가, 보신이 흐르는가?' '모두 다 알음알이 짓지 않습니다'. 경조가 손뼉을 쳤다. 〈보복이 '동산은 본래 뛰어난 일가를 이룬 이다'라고 하고는 이어 다시 말했다. '몇 사람이나 찾았는지?'〉 洞山辭 師云 什麽處去 洞山云 沿流無定止 師云 法身沿流 報身沿流 洞山云 總不作此解 師乃撫掌 〈保福云 洞山自是一家 乃別云 覓得幾人〉"라고 하였다. [참고문헌] 『法華經文句纂要』, 『廣弘明集』, 『一切經音義』, 『景德傳燈錄』.

일가사문 一家四門 한 집안에 열린 네 갈래 문. 천태(天台) 일가에서 항상 열고 닫는 유문(有門)·공문(空門)·역유역공문(亦有亦空門)·비유비공문(非有非空門)의 네 문을 말한다. 『법화현의』 권1하(대정장33, p.687a18)에 "부처님께서 이와 같은 곳곳의 경에서 제일의실단상을 설하셨다. 이것이 바로 일가에서 밝힌 사문으로 실에 드는 뜻이다. 佛於如是等 處處經中 說第一義悉檀相 此亦是一家明四門 入實之意"라고 하였다. [참고문헌] 『法華玄義』. ⇨사문 四門[1], 공문 空門[2], 비유비공문 非有非空門, 역유역공문 亦有亦空門

일가연 一家宴 한 절의 대중만이 모여 인사하는 등의 공양 모임. 산중(山中)의 다른 절 대중은 청하지 않는 대중연회다. 연은 筵·醼으로도 쓴다. 『오조법연어록』(대정장47, p.650c23)에 "하안거를 결제하여 법상에 오른다. 어떤 학인이 물었다. '오천축국에서는 결제 때 밀랍인형을 징표로 나누어주는데, 이곳 쌍천에서는 무엇을 대중에게 보여주시는지요?' 오조가 '발이 땅에 닿지도 않았다'라고 한 뒤 이어 '하안거를 시작하는 날임에도 대중공양하고서는 일가연 베풀 만한 물건이 없구나'라 하고서는, 대중을 돌아보다가 마침내 손을 들고 말했다. '라라초, 라라요, 라라송! 허전하다고 이상타 여기지 마라. 엎드려 바로오니, 안녕히!' 結夏上堂 僧問 五天結制 分付蠟人 未審雙泉 如何示衆 師云 足不履地 乃云 結夏 無可供養大衆 作一家宴 管顧諸人 遂擡手云 囉邏招 囉邏搖 囉邏送 莫怪空疏 伏惟 珍重", 『선림상기전』 권9(불광장, 禪藏, p.593)에 "일가연 : 원에 들어온 후 여러 사찰 인사를 청하지 않는 연회를 일가연이라 한다. 연(宴)은 연(燕・醼・䜩)이라고도 쓴다. 때로는 입원에 국한하지 않고 다른 절의 대중을 청하지 않는 행사는 모두 일가연이라 한다. 一家宴 入院 不請列剎 名爲一家宴 宴亦作燕醼䜩 或不局入院 凡不請他寺 皆一家宴也"라고 하였다. 〔참고문헌〕『五祖法演語錄』, 『禪林象器箋』.

일가일체가 一假一切假 하나가 가이면 일체가 가라는 뜻. 천태종의 공가중(空假中) 삼관(三觀) 가운데 가관(假觀)의 풀이다. 『법화현의』 권4하(대정장33, p.725c14)에 "하나이면서 셋이고 셋이면서 하나이다. 하나가 공이면 일체가 공이고, 하나가 가이면 일체가 가이며, 하나가 중이면 일체가 중이다. 그래야 여래행이라 한다. 卽一而三 卽三而一 一空一切空 一假一切假 一中一切中 故名如來行"라고 하였다. 〔참고문헌〕『法華玄義』. ⇨ 공가중 空假中, 일심삼관 一心三觀

일각 一覺 ❶ 다르지도 둘도 아닌 하나뿐인 깨우침. 일체제법이 일심(一心)으로 드러난 것이라면 일체유정은 일각(一覺)이 그 바탕이다. 『금강삼매경』(대정장9, p.368b14)에 "부처님께서 말씀하셨다. '제불여래께서는 항상 일각으로 모든 식 뒤쳐 암마라에 든다. 어째서인가? 일체중생은 본래 깨우침 있기에 항상 일각으로 제중생 깨우쳐 저 중생들 모두 본각을 얻게 한다. 온갖 정식들 공적하여 일어난 적 없음을 알게 한다. 어째서인가? 결정된 본성은 본래 움직임이 없다'. 佛言 諸佛如來 常以一覺 而轉諸識 入庵摩羅 何以故 一切衆生本覺 常以一覺 覺諸衆生 令彼衆生 皆得本覺 覺諸情識 空寂無生 何以故 決定本性 本無有動", 원효(元曉)의 『금강삼매경론』 권상(대정장34, p.964b28・한불전1, p.610a13)에 "지금 이 경에서 말한 일각이란, 일체제법이 단지 일심일 뿐이어서 일체중생 곧바로 일각이다. 이러한 뜻에서 일각이라고 한다. 今此經言一覺者 一切諸法 唯是一心 一切衆生 是一本覺 由是義故 名爲一覺"라고 하였다. 〔참고문헌〕『金剛三昧經』, 『金剛三昧經論』. ⇨ 암마라식 庵摩羅識 ❷ 1924~1996. 순천 송광사 스님. 호는 회광(廻光), 아호(雅號)는 승찬(僧讚), 속성은 김(金)씨, 본관은 연안(延安), 속명은 인건(寅健). 아버지의 휘는 재혁(在赫)이며, 어머니의 휘는 이연희이다. 1924년 2월 15일 평안남도 개천군(价川郡) 중남면(中南面) 청곡리(靑谷里)에서 6남매 중 둘째 아들로 태어났다. 1947년 동국대학교 국문학과를 졸업하였으며, 하동 칠불암(七佛庵)에서 효봉(曉峰)을 은사로 탄허를 계사로 하여 스님이 되었다. 1948년 4월 15일 해인사 가야총림에서 처음 하안거를 시작했으며, 1955년 2월 15일 양산 통도사에서 자운성우(慈雲盛祐)율사를 계사로 하여 비구계와 보살계를 받았다. 1957년부터 1960년까지 대구 동화사 금당선원(金堂禪院) 입승으로 대중을 지도하였으며, 1960년 8월부터 통영 미래사(未來寺) 주지에, 1962년 9월부터 충무 용화사(龍華寺) 주지에 각각 취임하였다. 1970년 5월 조계종 중앙종회의원에, 1972년 중앙감찰위 위원에 선임되었으며, 1971년 1월 순천 송광사 주지에 취임하였다. 1984년 4월 25일 조계총림 제3대 방장(方丈)에 추대되었다. 1984년 5월 조계총림 전국불일회(全國佛日會) 총재에 추대되었고, 1990년 조계종 원로회의 의원, 1994년 조계총림 제4대 방장에 다시 추대되었으며, 1995년 원로회의 부의장에 당선되었다. 1996년 6월 23일(음력 5월 8일) 오후 9시 30분 송광사 삼일암에서 세수 73, 법랍 50세를 일기로 입적했다. 〔참고문헌〕『法蓮寺報』 제34호(불기2540) 3면.

일각선인 一角仙人 Ⓢ Ṛṣyaśṛṅgamuni. 외뿔선인. 녹각대선(鹿角大仙)・독각선인(獨角仙人) 등이라고도 하며, 일각・일각선으로 줄여 부르기도 한다. 『대지도론』 권17(대정장25, p.183a28)에 "바라나국왕은 근심에 젖어 괴로워하며 모든 대신들이 모여 비오기를 논하였다. 현명한 이가 말하였다. '제가 일전에 듣기로는 선인 산중에 외뿔선인이 사는데 다리가 불편한 탓에 산에 오르다가 넘어져 발을 다쳤습니다. 이 바람에 진노하여 12년 동안이나 비내리지 않도록 주문을 걸었다고 합니다'. 婆羅㮈王 憂愁懊惱 命諸大臣 集議雨事 明者議言 我曾傳聞 仙人山中 有一角仙人 以足不便故 上山躄地傷足 瞋呪此雨 令十二年不墮"라고 하였다. 그러자 아름답기 그지없는 바라나국의 음녀 선타(扇陀)는 방편으로 일각선인이 온갖 욕락에 취하게 하였다. 얼마되지 않아 신통마저 잃게되니 하늘에선 칠일칠야에 큰 비가 내려 모두가 기뻐하였다. 선인이 이에 크게 깨우쳐 다시 산중에 돌아가 정진하였다. 그때의 일각선인은 석존이셨고 선타는 야소다라였다. 〔참고문헌〕『大智度論』, *Vajra-s.* ⇨ 녹각대선 鹿角大仙, 독각선인 獨角仙人, 선타 扇陀, 리쉬야슈링가 Ṛṣyaśṛṅga

일간 一間 Ⓢ eka-vīcika, Ⓣ bar-chad-gcig-pa. 십팔유학(十八有學) 중 불환향(不還向)에 속하는 성자(聖者). 구역에서는 일종자(一種子)라고도 하며, 예가비지가(翳迦鼻至迦)라고 음사한다. 일간성자(一間聖者)라고도 한다. 이들은 이미 욕계(欲界)의 7・8품의 수혹(修惑 Ⓢ bhāvanā-heya)을 끊었지만 여전히 1품 내지 2품이 남아 있기에 다시 한 번 욕계에 나야 한다. 『구사론』 권24(대정장29, p.124a13 : *Abh-k-bh.*, p.358)에 "〔송〕 7・8품을 끊고 다시 한 번 나는 것을 일간이라 하는데, 이는 세 번째 향이어서 9품을 끊으면 불환과라네. 〔논〕 한 번만 더 이 세계에 나러 오는 성자(一來果)가 진일보하여 남은 번뇌를 끊을 경우 세 가지 연을 갖추면 일간으로 뒤친다. 첫째는 번뇌를 끊는 것인데, 욕계의 수도위에서 끊어야 할 7·8품 번뇌를 끊는다. 둘째는 근을 성취하는 것인데, 저 번뇌들을 능히 다스려 무루근을 얻는다. 셋째는 다시 나는 것인데, 다시 욕계에서의 남은 한 생애를 받는다. … 간은 간격을 말한다. 저 남은 한 생애가 간격이 되기에 반열반(圓寂)을 증득하지 못한다. 혹은 욕계의 수도위에서 끊어야 할 남은 1품의 번뇌가 간격이 되기에 불환과를 얻지 못한다. 이처럼 하나의 간격이 있는 성자를 일간이라 한다. 頌曰 斷七或八品 一生名一間 此卽第三向 斷九不還果 論曰 卽一來者 進斷餘惑 若三緣具 轉名一間 一 由斷惑 斷欲修斷七八品故 二 由成根 得能治彼無漏根故 三 由受生 更受欲有餘一生故 … 間謂間隔 彼餘一生 爲間隔故 不證圓寂 或餘一品欲修所斷惑 爲間隔故 不得不還果 有一間者 說名一間 kṣīṇasaptāṣṭadoṣāṃśa ekajanmaikavīcikaḥ, tṛtīyapratipannaś ca so 'nāgāmī navakṣayāt. tribhiḥ kāraṇaiḥ. sa eva sakṛdāgāmy ekavīciko veditavyaḥ. saptāṣṭaprakāraprahāṇāt. tatpratipakṣānāsravendriyalābhād ekajanmāvaśeṣatvāt. … vīcir nāmāntaraṃ tasya caikajanmavyavahitatvāt nirvāṇasya ekakleśaprakāravyavahitatvād vā 'nāgāmiphalasyaiko vīcir asyety ekavīcikaḥ"라고 하였다. [참고문헌]『俱舍論』, 『一切經音義』 권47(대정장54, p.619b19), *Abh-k-bh*. ⇨비지가 鼻至迦, 불환향 不還向, 십팔유학 十八有學, 사향사과 四向四果

일간사다함 一間斯陀含 아라한과(阿羅漢果)에 이르기까지 한 생애의 간극이 남은 사다함. 『삼미지부론』 권하(대정장32, p.472a16)에 "일곱 번째는 일간사다함이다. 第七 一間斯陀含"라고 하였다. [참고문헌]『三彌底部論』. ⇨사다함 斯陀含, 일간 一間

일개 一蓋 한 번 펼친 덮개. 지혜가 깊고 크다 하면 삼천대천세계를 덮고도 남음이 있다는 비유다. 『주유마힐경』 권1(대정장38, p.332a20)에 "〈경〉 부처님의 위신력으로 모든 보개를 합하여 하나의 개를 이루어 삼천대천세계를 두루 덮었다. 〈주〉 구마라집(鳩摩羅什)이 말했다. '이 신변을 드러내는 뜻에 두 가지가 있다. 첫째, 신변을 무량함을 드러내어 지혜가 틀림없이 깊음을 할게 한다. 둘째, 보배를 쌓아 그 진귀함을 바치니 틀림없이 진귀한 과를 얻고, 내세에 이룰 과도 틀림없이 이와 같이 미묘할 것이니, 인은 작지만 과가 큼을 밝혔다'. 〈경〉 이 세계의 넓고 아득한 형상이 모두 그중에 나타났다. 〈주〉 승조(僧肇)가 말한다. '덮어 넓히지 않아도 팔극에 가득하고, 국토도 좁지 않지만 그 개 중에 나타난다'. 佛之威神 令諸寶蓋 合成一蓋 遍覆三千大千世界 什曰 現此神變 其旨有二 一者 現神變無量 顯智慧必深 二者 寶積獻其所珍 必獲可珍之果 來世所成 必若此之妙 明因小而果大也 而此世界 廣長之相 悉於中現 肇曰 蓋以不廣 而彌八極 土亦不狹 而現蓋中"라고 하였다. [참고문헌]『註維摩詰經』. ⇨천개 天蓋

일개 一箇 ❶하나. 한 사람·한 마리 등 수를 세는 단위. 일개(一個)라고도 쓴다. 『경덕전등록』 권6 「석공혜장전 石鞏慧藏傳」(대정장51, p.248b14)에 "'그대 한 번 쏘아 몇이나 맞추는가?' '한 발 화살로 한 마리를 쏩니다'. 祖曰 汝一箭射幾箇 曰 一箭射一箇"라고 하였다. [참고문헌]『景德傳燈錄』, 『念佛鏡』 권말(대정장47, p.130a18). ❷한 사람. 뛰어난 어떤 사람 또는 의미 있는 그 사람의 뜻으로 쓰인다. 『능가사자기』 「서문 序文」(대정장85, p.1283a9)에 "조사 홍인(弘忍)대사가 수기하기를 '안주에 한 사람이 있다'라고 하였는데 우리 대화상이 그 분이다. 祖忍大師 授記之 安州有一箇 卽我大和上 是也", 『선가귀감』(한불전7, p.635c20)에 "아무도 없으리라 했는데 다행히 한 사람 있었군. 將謂無人 賴有一箇"라고 하였다. [참고문헌]『楞伽師資記』, 『禪家龜鑑』. ❸온통 그것. ⇨일개혼신무처착 一箇渾身無處著

일개개 一箇箇 낱낱의 모든 이들. 빠짐없이 누구나. 『경덕전등록』 권23 「동산수초전 洞山守初傳」(대정장51, p.389b19)에 "지금 이후로는 사방으로 터진 대로에서 쌀 한톨 남김없고 푸성귀 하나 심지 않고도 시방의 사람들을 접대하여 낱낱이 가고 온다. 기름때 묻은 모자 벗고 악취 나는 적삼마저 벗게 하여 깨끗이 씻고 다 털어 버렸으니, 밝은 눈 납승이 되었으니 이 어찌 통쾌하지 않은가! 從今已去 向十字街頭 不畜一粒米 不種一莖菜 接待十方 往來一箇箇 敎伊拈却膩脂帽子 脫却鶻臭布衫 敎伊洒洒落落地 作箇明眼衲僧 豈不快哉", 『속전등록』 권8 「개원지자전 開元智孜傳」(대정장51, p.514c25)에 "아득히 드넓은 우주에 사람들 무수한데 한 사람 한 사람이 모두 코 하늘에 닿았네. 茫茫宇宙人無數 一箇箇鼻孔遼天", 『원오어록』 권12(대정장47, p.767a9)에 "산승은 27년 동안 한낱 점포 열어 모든 사람에게 끈끈한 질곡을 풀어주고 속박을 버리게 하였으니, 번뇌의 못을 빼내고 망상의 쐐기를 뽑아줌으로써 한 사람 한 사람이 모두 소굴도 없고 계교도 없게 하였다. 山僧 二十七年 開箇鋪席 與一切人 解黏去縛 抽釘拔楔 令一箇箇 無窠臼無計校"라고 하였다. [참고문헌]『景德傳燈錄』, 『續傳燈錄』, 『圜悟語錄』. ⇨개 箇, 개개 箇箇

일개거화인 一箇擧話人 한낱 화두 든 이. 진정으로 화두 드는 사람을 말한다. 『종문십규론』 「거령제강부지혈맥 擧令提綱不知血脈」(卍속장110, p.879a4)에 "알지 못하는가, 운문대사가 '온 대당국 온통 뒤져도 화두 든

한 사람을 찾아보기 어렵다'고 했던 말을. 不見雲門大師道 盡大唐國內 覓一箇擧話人也難得"라고 하였다. 〔참고문헌〕『宗門十規論』.

일개관재양개사한 一箇棺材兩箇死漢 널 짝 재목은 한 사람 몫인데 죽은 이는 둘이라네. 분별은 늘 사지(死地)로 몰린다. 마주해서 분별하니 하나의 널 위에 둘이 누워버린 비유다. 『설두어록』 권3(대정장47, p.689c2)에 "들고 묻는다. 대매에게 '무엇이 달마가 서쪽에서 온 까닭인지요?'라고 묻자 대매가 '서쪽에서 온 뜻 없다'고 하자, 학인이 들고 염관에게 가니 염관이 말했다. '관 짝 재목은 한사람 몫인데 죽을 이는 둘이네'. 현사가 그렇게 제기한 말을 듣고 '염관이야말로 작가로다'라고 했다. 설두가 말한다. '셋이나 되어야 얻는다'. 擧 僧問大梅 如何是祖師西來意 梅云 西來無意 僧擧到鹽官云 一箇棺材兩箇死漢 玄沙聞擧云 鹽官是作家 師云 三箇也得", 『석전법훈어록』 권1(卍속장122, p.17b7)에 "법좌에 올라 학인이 석상에게 '무엇이 교외별전의 구인가요?'라고 묻자 '아니라고 말하는 구다'라고 답했고, 운문이 '구 아닌 것이라야 비로소 옳은 구다'라 한 것을 들어 석전이 말했다. '하나 짝 널인데 둘이나 죽었군'. 上堂 擧僧問石霜 如何是敎外別傳底句 霜云 非句 雲門云 非句始是句 師拈云 一箇棺材兩箇死漢"라고 하였다. 〔참고문헌〕『雪竇語錄』, 『石田法薰語錄』.

일개납승 一箇衲僧 한낱 납승. 납승의 본분이 온통 납승이어서 다른 일 없는 뜻으로 본분사(本分事) 벗어나지 않은 이를 말한다. 대칭하는 말은 반개납승(半箇衲僧)이다. 『굉지광록』 권5(대정장48, p.70b15)에 "시방세계 온통 일개납승이니 옮겨 갈 수도 없다. 문득 성을 취해 법을 설하고 성을 취해 법을 들을 뿐이다. 어떤 정해진 구석 따라 처소를 좇고 높으면 높은 대로 낮으면 낮은 대로 만나는 곳마다 모두 응하니, 저 밝은 달 하늘 널리 어디에나 같이 비추듯 한다. 盡十方世界 是一箇衲僧 移動不得也 便能取性說法 取性聽法 隨方隅逐處所 高高下下 觸處皆應 如皓月普天相似"라고 하였다. 〔참고문헌〕『宏智廣錄』, 『列祖提綱錄』 권8 「雪峰空禪師上堂」(卍속장112, p.289a17). ⇨ 반개납승 半箇衲僧

일개반개 一箇半箇 ❶ 하나는커녕 반개라도. 아주 보잘 것 없음 또는 하나인 듯 반 개인 듯 하다는 말로, 분명하게 깨우쳐 알지 못하는 뜻이다. 일개반개(一個半個·一个半个)라고도 쓴다. 『경덕전등록』 권7 「노조보운전 魯祖寶雲傳」(대정장51, p.251c28)에 "노조는 평소에 학인이 오는 모습만 보아도 곧바로 등 돌리고 면벽하였다. 남전이 그 소문을 듣고 말했다. '나는 평소에 학인들에게 「부처님이 세상에 오시기 전을 향해 알아차렸어도 하나는커녕 반도 얻지 못할 것이다」라고 말해 왔는데, 그가 이렇게 하다가는 끝내 세월만 보내리'. 師尋常見僧來便面壁 南泉聞云 我尋常向僧道 向佛未出世時會取 尙不得一箇半箇 他恁麽地驢年去"라고 하였다. 〔참고문헌〕『景德傳燈錄』. ⇨ 반개 半箇 ❷ 있는 듯 없는 듯하여 찾아보기 드물거나 알아보기 어려운 사람. 반개성인(半箇聖人)의 뜻과도 통하며, 아주 적고 희소하다는 의미다. 도안(道安)·습착치(習鑿齒)와 관련된 고사에서 유래하며 일인반인(一人半人)과 통한다. 『경덕전등록』 권22 「연수혜륜전 延壽慧輪傳」(대정장51, p.384a16)에 "'무엇이 이 일색인지요?' '청·황·적·백' '참으로 아름다운 한가지 색이로군요' '아는 사람 없을 것이라 했는데 뛰어난 사람이 있었군'. 問 如何是一色 師曰 靑黃赤白 曰 大好一色 師曰 將謂無人 也有一箇半箇", 『벽암록』 26칙 「송 頌」(대정장48, p.167a25)에 "조사의 나라로 부단히 오가는 천마여!〈오백 년에 한 번 날 드문 인물이다. 천 사람 만 사람 중에 하나나 그 반이다. 아들이 아버지의 업을 이었군〉. 교화의 문을 펴고 거둠에 길은 같을 수 없네. 祖域交馳天馬駒〈五百年一間生 千人萬人中 有一箇半箇子承父業〉 化門舒卷不同途", 『요암청욕어록』 권8 「시종장주 示琮藏主」(卍속장123, p.770b16)에 "있는 듯 없는 듯 진실한 선지식을 가까이 하여 그 화로에 들어가 집게와 망치로 단련해야 하리. 親近一箇半箇 眞善知識 入其爐鞴 受得鉗鎚", 『단교묘륜어록』 권하 「시철시자 示哲侍者」(卍속장122, p.436a11)에 "단지 이름만으로 참선하고 도를 배운다고 할 뿐이니, 반드시 있는 듯 없는 듯한 이를 찾아야 한다. 只是名字參禪學道 要覓一个半个"라고 하였다. 〔참고문헌〕『景德傳燈錄』, 『碧巖錄』, 『了菴淸欲語錄』, 『斷橋妙倫語錄』. ⇨ 반개 半箇, 반개성인 半箇聖人, 일인반인 一人半人

일개철궐자 一箇鐵橛子 한낱 쇳덩이. 잡을 수도 놓을 수도 없어 분별로 어찌하지 못하여 마침내 본분사로 이끄는 비유다. 역순경계에 초연한 뜻도 있다. 『벽암록』 44칙 「본칙 本則」(대정장48, p.180c21)에 "화산이 법어를 내렸다. '익히고 배워 들었다 하며, 배움도 끊어지면 가깝다고 한다〈천하 납승 도망쳐도 나갈 길 없고 구멍 없는 쇠뭉치도 한낱 쇳덩이요, 하나의 쇠말뚝이로군〉. 이 두 가지를 지나서야 진실로 넘어선다고 한다〈정수리에 눈 하나가 붙어 있다. 무엇에 쓰려는가?〉' 학인이 나와서 물었다. '무엇이 진실로 지나감인가요?'〈무슨 말인가? 말끔히 지워버렸다. 한낱 쇳덩이일세〉. 禾山垂語云 習學謂之聞 絶學謂之隣〈天下衲僧跳不出 無孔鐵鎚 一箇鐵橛子〉 過此二者 是爲眞過〈頂門上具一隻眼 作什麽〉 僧出問 如何是眞過〈道什麽一筆勾下 有一箇鐵橛子〉", 『설암조흠어록』 권2(卍속장122, p.513b9)에 "그가 매일 포단 위에 있으니 저 한낱 쇳덩이인 듯 하고, 마당에서 경행할 때 등골을 꼿꼿이 세우고 두 팔을 늘어뜨리며 두 눈을 크게 떴지만 여전히 쇳덩이같다. 아침마다 이와 같고 나날이 이렇다. 他每日在蒲團上 如一箇鐵橛子相似 在地上行時 挺起脊梁 垂兩隻臂 開了兩眼 也如箇鐵橛子相似 朝朝如是 日日一般", 『연월어록』 권5 「시운숭선인 示雲嵩禪人」(가흥장29, p.419c16)에 "불법을 배우는 사람은 저 한낱 쇠말뚝같이 하니 아무리 흔들어도 움직이지 않아 역경과 순경, 비방과 칭찬에도 다른 마음 없고 득실과 시비에 그 뜻 바꾸지 않는다. 學佛法人 如一箇鐵橛子相似 直是搖撼不動 逆順毀譽 不二其心 得失是非 不變其志"라고 하였다. 〔참고문헌〕『碧巖錄』, 『雪巖祖欽語錄』, 『蓮月語錄』. ⇨ 철궐자 鐵橛子, 무공철추 無孔鐵鎚

일개혼신무처착 一箇渾身無處著 한낱 이 몸뚱이 둘 곳이 없네. 『무문관』 20칙 「송 頌」(대정장48, p.295c3)에 "발 들어 향수해 뒤집고, 머리 숙여 사선천 굽어보니, 한낱 이 몸뚱이 둘 곳 없어라〈나머지 한 구절을 이어 보라〉. 擡脚踏翻香水海 低頭俯視四禪天 一箇渾身無處著〈請續一句〉"라고 하였다. 〔참고문헌〕『無門關』.

일객번양주 一客煩兩主 한 손님이 두 주인을 귀찮게 한다는 말. 『종용록』 87칙 「본칙 本則」(대정장48, p.283b18)에 "마침내 위산이 소산에게 당부하며 말했다. '언젠가는 외눈박이 용(明招德謙)이 그대에게 자세하게 밝혀 줄 것이다'〈다시 4천리나 가야 하네〉. 뒤에 명소(명초)를 찾아가 전에 있었던 이야기를 들려주자〈한 손님이 두 주인을 귀찮게 하는군〉 명소가 말했다. '위산은 머리도 반듯하고 꼬리도 반듯하지만, 알아보는 사람은 만나지 못했을 뿐이다〈두레박줄이 짧을 뿐, 천고에 우물이 깊어서는 아니다〉. 遂囑云 向後有獨眼龍 爲子點破去在〈更有四千里〉 後到明昭 擧前話〈一客煩兩主〉 昭云 潙山可謂頭正尾正 只是不遇知音〈自是浦繩短 非干古井深〉"라고 하였다. 〔참고문헌〕『從容錄』.

일갱매각 一坑埋却 한 구덩이에 묻어버리다. 현묘함과 떨어진 짚신, 앞서간 이와 뒤늦은 이, 천상과 인간 등 온갖 분별을 평정해서야 밝고 밝은 조사의 뜻 드러난다 하였다. 한 번 내린 판결문에 온갖 허물 처분한다는 일장령과(一狀領過)의 뜻과도 통한다. 『원오어록』 권20 「시택언선인삼게 示擇言禪人三偈」(대정장47, p.806a5)에 "기관이라 하지만 쓸모없는 가구이고, 현묘함 섞어본들 떨어진 짚신이다. 쇠 이마에 구리 머리로 불조 뛰어넘고, 가로로 들고 거꾸로 잡아채 한 구덩이에 묻으리. 機關並是閑家具 玄妙渾成破草鞋 鐵額銅頭超佛祖 橫拈倒捉一坑埋", 『대혜어록』 권8(대정장47, p.843c10)에 "방거사는 먼저 갔으나 이르지 못했고, 딸 영조는 뒤늦게 떠나 멀리 지나쳐 버렸다. 곧바로 넉넉히 같이 가고 같이 이르렀다 해도 나 운문에게 왔다면 한 구덩이에 파묻어버릴 것이다. 말해 보라! 허물 있는 곳 어디인가? 밝고 밝은 백 가지 풀끝에 빛나고 빛나네, 조사의 마음들. 龐居士 先行不到 靈照女 末後太過 直饒齊行齊到 若到雲門 一坑埋却 且道 過在甚麽處 明明百草頭 明明祖師意", 『벽암록』 76칙 「송 頌」(대정장48, p.204a18)에 "천상과 인간이 함께 가라앉았다〈세상의 납승을 모두 한 구덩이에 묻어버렸다. 아직도 살아 있는 사람 있는가? 잘못 둔 한 수다. 아이고, 아이고!〉 天上人間同陸沈〈天下衲僧 一坑埋却 還有活底人麽 放過一著 蒼天 蒼天〉", 『송고연주통집』 권10(卍속장115, p.114b17)에 "어둡지도 않지만 떨어질 일도 없네. 그릇됨 가져 그릇됨 드러낼 뿐. 백장도 여우도 한 구덩이에 묻어버렸네! 〈니무저총의 송〉. 不昧不落 將錯就錯 百丈野狐 一坑埋却 〈尼無著總〉"라고 하였다. 〔참고문헌〕『圜悟語錄』, 『大慧語錄』, 『碧巖錄』, 『頌古聯珠通集』. ⇨ 일장령과 一狀領過

일거 一車 하나의 수레. 가르침을 달리해 따로 세운 법을 말한다. 『법화현찬』 권5말(대정장34, p.750c22)에 "만일 『열반경』과 『승만경』의 설이 같다면 오로지 진여를 취해 수레의 체로 삼을 일이지 어찌하여 모든 아들에게 각각 하나의 수레를 주었겠는가? 若同涅槃 及勝鬘說 唯取眞如 以爲車體 如何各賜 諸子一車"라고 하였다. 〔참고문헌〕『法華玄贊』. ⇨ 사거 四車, 삼거 三車

일거만리 一擧萬里 한 번에 만리까지 간다는 말. 지행(智行)을 겸비하거나, 마음을 비우고, 일심으로 염불하는 등의 공덕의 비유다. 일거천리(一擧千里)로도 쓴다. 『범망경직해』 권1(卍속장61, p.71a8)에 "이러한 지와 행을 한 쌍으로 움직여 중생을 널리 교화하여 열반성에 이르게 함에 어떤 어려움도 없다. 마치 새의 두 날개로 한 번에 만리까지 가는 일과 같다. 以是智行雙乘 廣化衆生 到涅槃城 無諸難事 如鳥二翼 一擧萬里", 『파암어록』(卍속장121, p.846a11)에 "자연히 한 번에 만리까지 날아가니 어찌 제비나 참새가 할 수 있는 일이겠는가! 自然一擧萬里 豈燕雀之所能爲", 『낙방문류』 권4(대정장47, p.211c19)에 "아미타불의 명호를 듣고 칭념하면 저절로 그 나라에 돌아간다. 마치 배가 물을 얻고 순풍까지 만나면 한 번에 천리를 가니 쉽지 않겠는가! 若人聞名 稱念自歸彼國 如舟得水 又遇便風 一擧千里 不亦易哉", 『용문불안어록』(고존숙어록28, 卍속장118, p.514a14)에 "고니는 한 번에 천리까지 날아가고, 구름을 뚫는 매는 하늘과 나란히 난다. 鴻鵠一擧千里飛 鑽雲鷂子與天齊"라고 하였다. 〔참고문헌〕『梵網經直解』, 『破菴語錄』, 『樂邦文類』, 『龍門佛眼語錄』.

일거사십구 一擧四十九 하나로 마흔아홉을 들다. 여지없이 깨우쳐 걸림없는 근기라면 무엇을 해도 모든 것에 걸림없고 자재한 뜻이다. 『주역』에서 점칠 때 서죽(筮竹) 50개 중에 하나를 태극(太極)으로 삼으면 그 나머지 49개도 다 거두는 것으로 간주한다. 『운문광록』 권중(대정장47, p.559c12)에 "대왕이 '스님께서 본을 보여주시기 바랍니다'라고 하자 설봉이 두 손을 펼쳤다. 운문이 말하길 '하나로 마흔아홉을 들었다'. 大王云 請師樣子 峯展兩手 師云 一擧四十九", 『응암담화어록』 권1(卍속장120, p.811b2)에 "'기틀은 자리를 여윌 일 없다. 움직인즉 기틀 멈춘다면 묻지도 않겠다. 온갖 기틀로도 이르지 못하는 곳에서는 어떻게 그 소식을 전하는지요?' '하나로 마흔아홉 다 든다'. 僧問 機不離位 用處停機卽不問 未審萬機不到處 如何通信 師云 一擧四十九", 『종용록』 78칙 「본칙 本則」(대정장48, p.277b5)에 "한 학인이 운문에게 물었다. '무엇이 부처를 넘어서고 조사를 뛰어넘는 이야기인지요?'〈이 질문은 참으로 고상하구나〉 '호떡'〈한 마디로 다 들었다〉. 僧問雲門 如何是超佛越祖之談〈此問太高生〉 門云 餬餠〈一擧四十九〉"라고 하였다. [참고문헌] 『雲門廣錄』, 『應庵曇華語錄』, 『從容錄』.

일거월저 日居月諸 해가 뜨고 달이 지다. 『시경』 「패풍 邶風·백주 柏舟」에 "해 뜨고 달 지네. 어찌 저리도 서둘러 가버리는가? 日居月諸 胡迭而微", 『지장본원경과주』 권5(卍속장35, p.633b15)에 "해 뜨고 달 지니 앉은 채로 고요히 복되고, 낮과 밤이 나고 든다 해도 더욱 안녕하길. 日居月諸 坐享貞吉 晝出夜入 尤望安寧"라고 하였다. [참고문헌] 『詩經』, 『地藏本願經科註』.

일건사 一件事 한 번 일어날 일. 한 번밖에 일어날 수 없는 일로서 생사(生死)를 깨우치는 본분사(本分事)를 말한다. 생사는 한 번 벗어나면 그만이지 두 번 일어날 일은 아니다. 거듭 일어난다면 그것은 생사를 건 공부가 아닌 뜻이다. 일대사(一大事)라고도 한다. 『원오어록』 권12(대정장47, p.769b10)에 "이 한 번의 일로 설령 삼세제불이 출현하시어 무량지견과 방편으로 이끌더라도 그 끝은 있고, 역대조사들과 천하의 노화상이 백천가지 문답으로 들더라도 역시 그 끝은 있다. 자기 발끝 밑을 향해 끝을 봄만 같지 않으리. 此一件事 直饒三世諸佛出興 以無量知見 方便接引 亦只有限 歷代祖師 天下老和尙 設百千問答提持 亦只有限 不如向自己脚跟下究取", 『굉지광록』 권5(대정장48, p.66a14)에 "부처가 부처에게 손수 전하고 조사와 조사만이 마음을 전한다. 특별한 이 있어 한번에 해낼 일 없고, 맡아 처분할 한마디도 있을 리 없다. 납승 스스로 깨우치고 스스로 마주해야 하리. 佛佛授手 祖祖傳心 也無別人安排一件事 也不受它處分一轉語 衲僧自證自到"라고 하였다. [참고문헌] 『圜悟語錄』, 『宏智廣錄』, 『五祖法演語錄』 권중(대정장47, p.661a23). ⇨ 본분사 本分事, 일대사인연 一大事因緣

일걸수 一傑手 Ⓢ vitasti, Ⓣ mtho-gang. 한 뼘의 길이. 일걸수(一搩手)·일책수(一磔手)라고도 한다. 돈황본 『사부율병론요용초』 권상(대정장85, p.699b17)에 "오조의 너비는 네 마디이고 안의 길이는 일걸수이다. 五條廣邊四指 內長邊一傑手"라고 하였다. [참고문헌] 『四部律幷論要用抄』, *Mvyut.259.* ⇨ 일책수 一磔手

일걸수반 一搩手半 한 뼘 하고도 반. 일걸수는 일책수(一磔手)와 같고 엄지손가락의 끝에서 가운뎃손가락 끝까지인 한 뼘의 길이다. 『마하승기율』 권20(대정장22, p.393a2)에 "사위성에 의지하여 머무는 비구들을 모두 다 모이게 하라. 열 가지 이익이 있기에 여러 비구들과 계를 제정한다. 그러니 이미 들은 이도 거듭하여 들어야 한다. 비구가 니사단을 만든다면 마땅히 헤아려 지어야 하니, 길이는 이수가타걸수이며, 너비는 '일걸수반'에 다시 일걸수를 더할 수 있다. 만일 이보다 크게 재단하면 바야제죄이다. 依止舍衛城住者 皆悉令集 以十利故 與諸比丘制戒 乃至已聞者 當重聞 若比丘作尼師壇 應量作 長二修伽陀搩手 廣一搩手半 更益一搩手 若過作 截已 波夜提"라고 하였다. [참고문헌] 『摩訶僧祇律』, 『十誦律』 권18(대정장23, p.130a29). ⇨ 걸수 搩手, 일책수 一磔手, 십리 十利❶, 니사단 尼師壇

일겁수 一劫壽 승가의 화합을 깨고(破僧) 받는 지옥에서의 세월. 『십송율』 권37(대정장23, p.265c3)에 "그때 사리불이 모든 비구들에게 설법하여 갖가지 인연으로 불법승계를 찬탄하였고, 갖가지로 조달의 죄과와 악도분으로 장차 아비지옥에 떨어져 일겁수 동안 구제받을 수 없다고 꾸짖었다. 時 舍利弗 爲諸比丘說法 種種因緣 讚歎佛法僧戒 種種呵責說 調達過罪惡道分 當墮阿鼻地獄 一劫壽不可救", 『대비바사론』 권119(대정장27, p.620b12)에 "또한 먼저 승단의 화합을 깨고 뒤에 그 나머지 무간업을 짓는다. 그 뒤에 짓는 업은 모두 파승의 증상력이기에 함께 무간업을 부르고 끝내 일겁수과를 받으니 더 이상 헤아릴 수 없다. 又先破僧 後造餘無間業 彼後所造 皆由破僧 增上力故 同招無間 乃至極受一劫壽果 更無增壽"라고 하였다. [참고문헌] 『十誦律』, 『大毘婆沙論』. ⇨ 파승 破僧, 아비지옥 阿鼻地獄

일겁시 一劫時 한 겁의 시간. 『금강선론』 권1(대정장25, p.801a18)에 "그러나 시에는 다양한 종류가 있다. 일념시도 있고 일야시도 있으며 백년시도 있고 일겁시도 있으며 춘하추동시도 있다. 여기서 말하는 일시란 이와 같은 시가 아니다. 바로 여래께서 이 『금강반야경』을 설하신 때다. 然 時有多種 或有一念時 有日夜時 有百年

時 有一劫時 有春秋冬夏時 今言一時者 非此等時 正是如來說 此金剛般若經時", 『정법안장』「별집삼시업 別輯三時業」에 "오역의 죄로 아비지옥에 나서 결정코 일겁시 동안 끊을 수 없다. 그 때문에 틈이 없는 지옥이라 한다. 五逆之罪 生阿鼻獄 決定一劫時不斷故 故名無間"라고 하였다. 〔참고문헌〕『金剛仙論』, 『政法眼藏』. ⇨ 겁 劫

일겁유여 一劫有餘 일겁 남짓. 『장아함경』 권3 「유행경 遊行經」(대정장1, p.17b12)에 "여래께서는 일겁이나 일겁 남짓 머무시며 세상의 어둠을 없애 많은 중생을 요익케 하신다. 如來可止一劫 一劫有餘 爲世除冥 多所饒益", 『마하승기율』 권32(대정장22, p.492a26)에 "만일 사신족을 얻은 이라면 일겁이나 일겁 남짓 수명을 누린다. 若得四神足者 可住壽一劫 一劫有餘"라고 하였다. 〔참고문헌〕『長阿含經』, 『摩訶僧祇律』. ⇨ 겁 劫

일게 一偈 Ⓢ eka-gāthā, Ⓣ tshigs-su-bcad-pa-gcig. 한 마디 게. 네 구(四句) 등으로 구성된 형식을 일게라 한다. 경문 중에 아주 적은 한마디의 뜻이다. 36권본 『대반열반경』 권20(대정장12, p.741a5)에 "한 게의 힘도 오히려 이와 같은데, 하물며 온통 받아 지니며 독송하는 것임에랴? 一偈之力 尙能如是 何況具足 受持讀誦", 『법화경』 권4(대정장9, p.30c4 : *Saddh-p.*, p.224)에 "이렇게 하는 무리들이 모두 부처님 앞에서 『묘법화경』의 한 게 또는 한 구를 듣거나 내지는 일념이라도 따라 기뻐하면, 나는 그들에게 모두 수기하여 반드시 아누다라삼막삼보리를 얻게 한다. 如是等類 咸於佛前 聞妙法華經 一偈一句 乃至一念隨喜者 我皆與授記 當得阿耨多羅三藐三菩提 sarve khalv ete bhaiṣajyarāja bodhisattvā mahāsattvāḥ yair asyāṃ parṣady antaśa ekāpi gāthā śrutaikapadam api śrutam yair vā punar antaśa ekacittotpādenāpy anumoditam idaṃ sūtram sarvā etā ahaṃ bhaiṣajyarāja catasraḥ parṣado vyākaromy anuttarāyāṃ samyaksaṃbodhau"라고 하였다. 〔참고문헌〕『大般涅槃經』, 『法華經』, *Saddh-p.*, *Abh-k-bh.267.* ⇨ 게 偈

일격고인 逸格高人 격을 벗어나 뛰어난 이. 『경덕전등록』 권25 「도사행언전 導師行言傳」(대정장51, p.414a10)에 "진실로 보통의 마음이 아닌 뛰어난 인물이나 격을 벗어난 탁월한 이가 아니라면 어떻게 온통 번뇌 중에 아름다운 그 끝을 드러내서 물상을 거두고 펴며 삼라를 좇고 빼앗을 수 있겠는가! 苟非通心上士 逸格高人 則何以於諸塵中 發揚妙極 卷舒物象 縱奪森羅"라고 하였다. 〔참고문헌〕『景德傳燈錄』, 『五燈會元』 권10(卍속장138, p.356a8). ⇨ 격외 格外, 격외현기 格外玄機

일격변행 一擊便行 단번에 문득 행하다. 짐짓 머뭇거려 돌아볼 겨를 없이 마음의 기틀 온전히 다하는 뜻이다. 『원오어록』 권1(대정장47, p.716c25)에 "삼천근이나 되는 무더기 화살을 걸고 단번에 문득 행하니, 화살들 철위산 사무친다. 짐짓 생각할 틈도 없이 일언지하에 죽고 사는 일 온전히 드러나고, 잠깐의 기틀 중에 뭇 모습 품어 거둔다. 곧바로 그 끝 붙잡아 파해야 가히 천 개의 눈 뜰 수 있으리. 만약 사방 돌아보아 주저한다면 언뜻 보아 하늘 휘젓고 땅 더듬을 뿐이다. 駕千鈞弩 一擊便行 射透鐵圍 不容擬議 一言之下 殺活全彰 寸機之中 包括群象 直須當頭點破 可以千眼頓開 更若四顧躊躇 便見撈天摸地", 『벽암록』 45칙 「평창 評唱」(대정장48, p.181c21)에 "저 단번에 바로 행하는 자리 알아챈다면 천하의 노화상 콧구멍 꿴다 해도 어쩌지 못하리. 若向一擊便行處會去 天下老和尙鼻孔 一時穿却 不奈爾何"라고 하였다. 〔참고문헌〕『圜悟語錄』, 『碧巖錄』.

일격초종 逸格超宗 격을 벗어나고 종지마저 넘어서다. 그 어떤 모양새도 그 어떤 으뜸의 뜻마저도 가져 머물지 않는 뜻이다. 월격초종(越格超宗)이라고도 한다. 『종용록』 35칙 「시중 示衆」(대정장48, p.250b20)에 "빠른 움직임과 민첩한 말솜씨로 외도천마를 꺾고, 격을 떨쳐 종지마저 넘어서 특별히 상근이지만을 위한다. 하지만 문득 한 방 맞아도 돌아보지 않는 이 만났을 때는 어떻게 하겠는가? 迅機捷辯 折衝外道天魔 逸格超宗 曲爲上根利智 忽遇箇一棒打 不迴頭底漢時 如何", 『고림청무어록』 권4(卍속장123, p.491a15)에 "만일 하늘과 땅에 눌러 끊고 격을 벗어나 종지마저 넘어서며 망상의 쇳덩이 자르고 번뇌의 못 자르며 범성도 통하지 못해야 비로소 이 사람 분별 떨친 큰 사람이라 할 수 있다. 若要乾坤坐斷 逸格超宗 截鐵斬釘 不通凡聖 須是沒量大漢 始得"라고 하였다. 〔참고문헌〕『從容錄』, 『古林淸茂語錄』.

일견담하 一肩擔荷 한 어깨로 견뎌 짊어지다. 어디에도 의지할 곳 없이 하여 견디는 뜻이다. 가사를 한 어깨에 걸치는 비유를 겸해 위없는 깨우침만을 견뎌야 할 짐으로 여기고(荷擔如來阿耨多羅三藐三菩提) 행하는 뜻이다. 『열조제강록』 권26(卍속장112, p.583a12)에 "(弘覺忞의 상당) 진실로 능히 위로는 의지해 우러를 것 없고 아래로는 몸 하나 버틸 곳 없어, 한 어깨로 견뎌 짊어지고 와 맨손 들어 보일 수만 있다면 하는 일마다 당연하여 뜻대로 온전히 같아지리니, 어찌 삼세번 수고하고 아홉 번이나 오르겠는가! 苟能上無攀仰 下絶己躬 一肩擔荷將來 赤手提持得去 則事出當然 宛同本得 何勞三登九上", 『대천보제어록』(卍속장121, p.312a14)에 "가사를 잡고 말했다. '부처님들 몸소 건넸으나 미치지 못하였고, 조사들 서로 전했으나 이르지 못하였다'. 가사를 올리며 말했다. '바로 이것 문득 한 어깨에 짊어졌네'. 拈衣 佛佛授手不及 祖祖相傳不到 呈起衣云 者箇 蹔一肩擔荷去",『천여유칙어록』 권9(卍속장122, p.966a18)에 "설령 그대가 파초주장자로 일대장교 걸터 메고 시방의 모든 부처님을 한 어깨에 짊어지고서 수미산을 백천 바퀴 뛰면서 돌더라도 돌아오면 예전 그대로 물은 하늘에 닿아 푸르리라. 縱使你將芭蕉主丈子 橫挑一大藏教 及十方諸佛 一肩擔荷 繞須彌山 走百千匝 歸來依舊 水連天碧"라고 하였다. [참고문헌]『列祖提綱錄』,『大川普濟語錄』,『天如惟則語錄』. ⇨하담 荷擔, 하담아뇩다라삼먁삼보리 荷擔阿耨多羅三藐三菩提

일견변견 一見便見 한번 보아 문득 앎. 일득영득(一得永得)과 대구를 이루기도 한다.『원오어록』 권20(대정장47, p.808c13)에 "한번 보고 문득 알아 본래면목을 깨우치며, 민첩한 손길로 단청하고 연에 응하여 나툰다. 一見便見 了本來面 敏手丹靑 應緣而現",『고림청무어록』 권2(卍속장123, p.429b14)에 "산문을 가리켜 말했다. '한눈에 바로 알 수 있거늘 무슨 속임수가 있겠는가! 용문에는 손님이 적고 시장에는 사람이 많다'. 指山門云 一見便見 有甚誵訛 龍門客少 鬧市人多",『물초대관어록』(卍속장121, p.177b9)에 "한눈에 바로 안다고 해도 벼랑과 물가에 당한 안목일 뿐이며, 한 번 얻어 길이 얻었다 하지만 우물 속에 앉아 하늘을 볼 뿐이다. 一見便見 臨崖詐眼 一得永得 坐井觀天"라고 하였다. [참고문헌]『圜悟語錄』,『古林淸茂語錄』,『物初大觀語錄』.

일견일락 一見一樂 한결같이 알아듣고 한결같이 기꺼워 함.『대비바사론』 권41(대정장27, p.210b24)에 "[문] 세존께서는 무슨 까닭에 다른 이에게 말씀하시면 알아듣는가? [답] 세존께서는 드러내시고자 한 선설법 중에 말씀은 진실이기에 한결같이 보고 한결같이 기꺼워하여 모두가 받아들인다. 그러므로 다른 이에게 말하면 안다. 問 世尊 何故 告他令知 答 世尊欲顯 善說法中所言誠諦 一見一樂 衆皆同許 故告他知"라고 하였다. [참고문헌]『大毘婆沙論』.

일결 一結 한줌의 번뇌. 득도(得度)시 은사에게 맡겨 자르게 하는 마지막 한줌의 머리털을 말한다. 주라발(周羅髮)이라고도 한다.『선원청규』 권9「사미수계문 沙彌受戒文」(卍속장111, p.924b5)에 "본사가 삭도를 들고서 '최후의 일결을 주라라고 한다. 오직 부처님 한 분만이 자를 수 있지만 내가 오늘 그대에게 정수리의 머리털을 제거하니 그대는 받아들이겠는가?'라고 묻고 '그렇게 하겠습니다'라고 답하면 은사는 '대중을 우러러 한 목소리로 낙발게를 읊는다'라고 말한다. 本師執刀云 最後一結 謂之周羅 唯佛一人 乃能斷之 我今爲汝 除去頂髮 汝今許否 答曰 可爾 本師云 仰大衆同聲 誦落髮偈"라고 하였다. [참고문헌]『禪苑淸規』. ⇨주라발 周羅髮, 낙발게 落髮偈, 삭발 削髮, 득도식 得度式

일경 一境 Ⓢeka-agra, Ⓟekagga, Ⓣrtse-gcig-tu. 심사(尋伺)가 없는 오롯한 경.『대견고바라문연기경』 권하(대정장1, p.211c2)에 "어떤 이들이 정을 닦아 행한다는 것은, 안으로 마음이 청정하여 하나의 경성에 머무르니 찾아 분별함 없어서 정으로 희락하다. 이선정을 증하여 구족히 행한 바를 심주일경이라 부른다. 有一類修定行者 內心淸淨 住一境性 無尋無伺 定生喜樂 證二禪定 具足所行 此卽名爲心住一境"라고 하였다. [참고문헌]『大堅固婆羅門緣起經』, *Bodh-bh.105.*, *Patis.1.15.* ⇨경 境[1], 경계 境界[1], 기경 機境, 심일경성 心一境性, 일기일경 一機一境, 심사 尋伺

일경기이 一經其耳 한 번 귀를 스치기만 하여도의 뜻. 일입이근(一入耳根)과 통한다.『대반야경』 권105(대정장5, p.580b13)에 "만일 선남자선여인들이나 모든 천자와 천녀라면 이 반야바라밀다가 한 번 귀를 스치기만 해도 이 선근력으로 반드시 아누다라삼막삼보리를 증득하게 될 것이다. 若善男子 善女人等 或諸天子 及諸天女 由此般若波羅蜜多 一經其耳 善根力故 決定當證 阿耨多羅三藐三菩提",『약사여래본원경』(대정장14, p.405a29)에 "(약사12서원 중 제7원) 바라건대 제가 내세에 보리를 얻은 그때, 모든 유정에게 온갖 병이 핍박함에도 구할 이도 없고 귀의할 곳도 없으며 의사도 없고 약도 없으며 부모도 없고 집도 없이 빈궁하여 괴롭더라도, 나의 이름이 한 번이라도 귀를 스친다면 모든 병 남김없이 나아 몸과 마음이 안락하고, 가정과 살림살이도 채워져 모두 풍족할 뿐만 아니라 무상보리까지 증득하게 하여지다. 願我來世 得菩提時 若諸有情 衆病逼切 無救無歸 無醫無藥 無親無家 貧窮多苦 我之名號 一經其耳 病悉得除 身心安樂 家屬資具 悉皆豐足 乃至證得 無上菩提"라고 하였다. [참고문헌]『大般若經』,『藥師如來本願經』. ⇨일입이근 一入耳根, 일구염신 一句染神, 약사십이대원 藥師十二大願, 약사여래 藥師如來

일경사심 一境四心 ➡일수사견 一水四見

일경삼제 一境三諦 관법(觀法)의 묘경(妙境)을 말한다. 삼제일경(三諦一境)이라고도 하며, 원융삼제(圓融三諦)·부사의삼제(不思議三諦)와 뜻을 같이한다. 삼신(三身) 중 법신(法身)에 배대되고, 본시이각(本始二覺) 중 본각에 해당한다.『원각경대소초』 권10(卍속장14, p.880b12)에 "장엄이란, 아직 증하지 못한 제법은 단지 공이거나 가일 뿐이다. 원각은 공가를 훤출히 끊고 아득히 홀로 서기에 장엄이라 부르지 않는다. 이제 원이 차올라 온전히 일경삼제와 일심삼관을 증득한다. 관과 제가 둘이 아니므로 제법이 낱낱이 어울려 원각이다. 원각이 이렇듯 무량무변무수한 일체제법을 갖추니 이것이 야말로 장엄의 뜻이다. 莊嚴者 比來未證諸法 諸法但空但假 其圓覺 超絶空假 迥然獨立 不名莊嚴 今願滿 全證一境三諦一心三觀 觀諦無二故 諸法一一融同圓覺 圓覺具此無量無邊無數一切諸法 是莊嚴之義也", 『유마경무아소』 권4(卍속장30, p.154a8)에 "관해야 할 일경이 삼제이면 법신이고, 능히 삼관을 관하는 마음은 보신이며, 경관이 하나되어 능히 크게 활달하면 응신이다. 所觀一境三諦 名爲法身 能觀三觀一心 名爲報身 境觀契合 能起大用 名爲應身", 『무량수경소묘종초』 권1(대정장37, p.195a23)에 "능히 관하는 이는 일심삼관이고 보아야 할 것은 삼제일경이다. 能觀皆是一心三觀 所觀皆是三諦一境", 『금광명경문구기』 권3(대정장39, p.112b8)에 "제와 경이란 삼제일경이니 본각이고, 각과 혜는 삼지일심이니 시각이다. 諦境者 三諦一境本覺也 覺慧者 三智一心始覺也"라고 하였다. 〔참고문헌〕『圓覺經大疏鈔』, 『維摩經無我疏』, 『無量壽經疏妙宗鈔』, 『金光明經文句記』. ⇨ 삼제원융 三諦圓融, 원융삼제 圓融三諦, 부사의삼제 不思議三諦, 삼제 三諦, 일심삼관 一心三觀, 삼신 三身, 이각 二覺 ❶, 본각 本覺, 시각 始覺

일경성 一境性 Ⓢ ekāgratā. 한 경의 자성. 심소법(心所法)이 아닌 삼마지로 거둔다. 『구사론』 권28(대정장29, p.145b1 : *Abh-k-bh.*, p.432)에 "무엇이 일경성인가? 오롯이 한 가지만을 연한다. 만약 그렇다면 곧바로 마음이 옷이 한 경의 위에 있음이어서 의지해서 세워야 할 삼마지의 이름이어야 하기에 마땅히 별다른 심소법은 없어야 한다. 何名一境性 謂專一所緣 若爾 卽心專一境位 依之建立 三摩地名 不應別有 餘心所法 keyam ekāgratā nāma. ekālambanatā. evaṃ tarhi cittāny ekavaikālambanāni samādhir na caitasikaṃ dharmāntaram iti prāpnoti"라고 하였다. 〔참고문헌〕『俱舍論』, 『順正理論』 권77(대정장29, p.756b26), *Abh-k-bh.* ⇨ 심일경성 心一境性, 삼매 三昧

일경초 一莖草 풀 한 포기. 일지초(一枝草)라고도 한다. 범찰(梵刹)이나 장륙금신(丈六金身)과도 맞설 수 있으니 성역(聖域)의 장벽을 깨뜨려 일여평등(一如平等)한 경계에 이르는 비유다. 『경덕전등록』 권20 「정근온전 正勤蘊傳」(대정장51, p.368c4)에 "'무엇이 도인지요?' '능가봉 정상에 한 줄기 풀이군'. 曰 如何是道 師曰 楞伽峯頂一莖草", 『원오어록』 권7(대정장47, p.746c25)에 "방거사는 혀로 범천을 떠받치고 입으로 사해를 머금으며, 때론 풀 한 포기 가져 장륙금신 삼고 때론 장륙금신을 가져 한 줄기 풀로 피운다. 그 얼마나 뛰어난 솜씨인가? 龐居士 舌拄梵天 口包四海 有時 將一莖草 作丈六金身 有時 將丈六金身 作一莖草 甚是奇特", 『굉지광록』 권2(대정장48, p.18c20)에 "세존께서 대중과 함께 나선 길에 손으로 땅을 가리키며 '이곳에 범찰을 세우기 알맞겠구나'라고 하자, 제석이 풀 한 포기 집어서 땅에 꽂으며 '범찰을 다 세웠습니다'라고 하자 세존께서 미소를 지으셨다. 世尊與衆行次 以手指地云 此處宜建梵刹 帝釋將一莖草 揷於地上 云 建梵刹已竟 世尊微笑"라고 하였다. 〔참고문헌〕『景德傳燈錄』, 『圜悟語錄』, 『宏智廣錄』. ⇨ 범천 梵天, 장륙금신 丈六金身

일계 一界 ❶ Ⓢ sadhātu. 하나의 계. 진지(眞智)의 여래장심(如來藏心)을 드러내기 위한 상서가 있으면 계는 하나로 합한다. 『능엄경』 권1(대정장19, p.108b23)에 "이때 세존께서는 얼굴 가득 갖가지 빛을 놓으셨는데, 그 빛 빛나기가 백천의 해가 떠있듯 하였으며, 모든 불세계 여섯 가지로 진동하였고, 이와 같은 시방에 미진수만큼의 국토가 일시에 나타났다. 부처님 위신력으로 이 모든 세계들을 다시 하나의 계로 합하셨는데, 그 세계 중에 모든 대보살들은 전부 본국에 머물면서 합장하고 받들었다. 爾時 世尊 從其面門 放種種光 其光晃耀 如百千日 普佛世界 六種震動 如是十方 微塵國土 一時開現 佛之威神 令諸世界 合成一界 其世界中 所有一切諸大菩薩 皆住本國 合掌承聽", 『수능엄의소주경』 권1(대정장39, p.837b3)에 "집이 아직 녹지 않았고 육정 또한 각기 따로여서 진실한 지혜가 한 번 발현되면 법계가 탁트여 자재하리니 어찌 자타 있으리요? 그러므로 한 계가 성취했다 한다. 이는 바로 여래장심을 설하기 전에 상서다. 妄執未融 六情殊隔 眞智一發 法界洞然 誰爲自他 故成一界 卽欲說如來藏心之先瑞也"라고 하였다. 〔참고문헌〕『楞嚴經』, 『首楞嚴義疏注經』, *Madhy-ś.155.* ⇨ 세계 世界 ❷ 십법계(十法界) 중 어느 한 법계. 『법화현의』 권2(대정장33, p.696a6)에 "가이없는 부처님의 지혜로 광대한 부처님의 경계를 비추니 … 내 뜻도 다른 이의 뜻도 불가사의하고 내 몸도 저들의 몸도 미묘하여 자취 없어 고요하다. 온통 권도 실도 아니어서 구계의 방편과 일계의 진실에 응할 뿐 불법에 줄어들 일은 없다. 以無邊佛智 照廣大佛境 … 自意他意 不可思議 己身他身 微妙寂絶 皆非權非實 而能應於九界之權 一界之實 而於佛法 無所損減"라고 하였다. 〔참고문헌〕『法華玄義』. ⇨ 십법계 十法界 ❸ ➡ 일실성계 一實性界

일계나찰 一髻羅刹 Ⓢ Ekajaṭā-rakṣaḥ. 일계나찰왕보살(一髻羅刹王菩薩)의 줄임말. 밀교 태장만다라(胎藏曼荼羅) 소실지원(蘇悉地院)의 남단에 자리 잡고 있다. 밀호는 전뇌금강(電雷金剛)이고, 종자는 ka(ka 迦) 또는 𑖋(ai, 翳)이다. 삼매야형은 검(劍) 또는 구(鉤). 수인은 양손의 엄지·검지·중지는 손바닥 안으로 넣고 양손의 무명지는 곧게 세워서 끝을 붙이며 양손의 소지를 구부려서 끝을 붙인다. 진언은 '에카자타 마마 무카자야 스바하. ekajaṭa mama mukhajāya svāhā. 일계존이여, 나의 정수리에서 나오시는 이이에. 스바하'라는 뜻이다. 불이(不二)의 일지(一智)로써 분노하는 형상을 드러내어 번뇌를 항복시키므로 이 이름이 붙여졌다. 이 보살의 진언을 받아서 지니면 천마(天魔)·악야차(惡藥叉)·나찰사(羅刹斯)·독악귀신(毒惡鬼神)을 비롯한 모든 역병과 자연재해와 도적의 피해 등을 쳐부순다고 한다. 몸은 흑청색이고 붉은 머리카락의 분노형으로 해골에 관을 썼다. 네 팔 가운데 오른쪽 첫 번째 손에 칼을 쥐고 두 번째 손에는 월부구(鉞斧鉤)를 쥐었으며, 왼쪽 첫 번째 손에 삭(索)을 쥐고 두 번째 손에는 삼고저(三股杵)를 쥐고서 적련화(赤蓮華)에 앉아 있다. [참고문헌] 『大日經大成就瑜伽』 권2(대정장18, p.156b3), 『胎藏金剛敎法名號』(대정장18, p.203c18), 『釋氏六帖』 권16(대장경보편13, p.348a13). ⇨ 예가야타 翳伽惹吒

일계나찰녀 一髻羅刹女 한 묶음 머리한 나찰녀. 나찰부(羅刹婦)라고도 한다. 불모대공작명왕진언을 수지하고서 중생을 수호한다. 『불모대공작명왕경』 권중(대정장19, p.429c14)에 "또한 일계라는 이름의 대필사지녀가 있는데 이 대나찰부는 큰 해안에 살면서 피냄새를 맡고서 하룻밤 사이에 팔만유선나를 간다. 부처님이 보살로서 모태에 머물던 때 그리고 탄생하던 순간과 탄생한 이후도 이 나찰부가 항상 호위하였다. 저 또한 이 불모대공작명왕의 진언으로 나〈아무개〉를 비롯한 모든 권속의 수명이 다할 때까지 수호한다. 復有一大畢舍支女 名曰一髻 是大羅刹婦 居大海岸 聞血氣香 於一夜中 行八萬踰繕那 於菩薩處胎時 初生時及生已 此羅刹婦 常爲衛護 彼亦以此佛母大孔雀明王眞言 守護於我〈某甲〉 幷諸眷屬 壽命百年"라고 하였다. [참고문헌] 『佛母大孔雀明王經』. ⇨ 나찰녀 羅刹女 [1], 공작명왕경 孔雀明王經

일계나찰법 一髻羅刹法 일계나찰존의 수법. 이 존자의 진언을 수지독송하는 방법을 중심으로 한다. 『일계존다라니경』(대정장20, p.484c22)에 "만일 사문과 바라문으로서 이 진언을 받아서 지닌 이가 독송하거나 서사하거나 유포한다면 이 법으로 그 몸을 방호할 수 있다. 만일 적진에 처들어가 전투하거나 독으로 피해를 당할 입어도 이 다라니를 지니면 일체 모든 어려움 막아낸다. 이와 같은 법은 일체제불의 뜻하신 바다. 若沙門婆羅門等 有能受持此眞言者 若讀誦書寫流布 或以此法 防護其身 若入軍陣鬪戰 若爲毒所害者 持此陀羅尼 一切諸難 無所能爲 如是之法 一切諸佛所念"라고 하였다. [참고문헌] 『一髻尊陀羅尼經』. ⇨ 일계나찰 一髻羅刹

일계문수 一髻文殊 Ⓢ Ekajaṭa-mañjuśrī. 정수리에 한묶음 상투 맺은 문수보살. 일자문수(一字文殊)라고도 한다. 일(一)은 정상(頂相)의 상투 형상이나 일자주(一字呪)를 뜻한다. 형상은 금색의 신체이고 백련화 위에 반가부좌한 모습이다. 왼손에는 청련화를 들었고 꽃 위에 여의마니보주(如意摩尼寶珠)가 있다. 오른손은 손바닥을 바깥쪽으로 하고 손가락은 아래를 향하는 만원인(滿願印)을 맺는다. 의궤에 따라 청련 위에 마니보주 대신 명경(明鏡)을 그리는 경우도 있다. 삼매야형은 청련 위의 보주이며 복덕삼매(福德三昧)를 나타낸다. 종자는 𑖫𑖿𑖨𑖱(śri)이고 길상(吉祥)이라는 뜻이다. 이는 『대방광보살장경중문수사리근본일자다라니경』(대정장20, p.780b11)의 "옴 치림 oṃ śrīṃ 唵 齒臨"이라는 일자주에서 왔거나 또는 『만수실리보살주장중일자주왕경』(대정장20, p.781b10)의 "옴 질락희염 唵 叱洛呬焰"이라는 일자주에서 유래했다고 한다. 종자에 대해 『아사박초 阿娑縛鈔』에서는 질·락·희·염(叱洛呬焰)의 네 자를 하나로 합쳐서 공점을 더한 것으로 설한다. 수인은 금강합장을 하고 양손의 검지를 보주 형태로 만든다. 심진언(心眞言)은 "옴 사마나시리 훔 사바하 oṃ samāna-śri hūṃ svāhā 唵 娑麼那始哩 吽 娑嚩賀 옴 두루 길상한 이시여, 훔, 스바하"이

일계문수 돈황 유림25굴 일계문수보살상 당대 紀永元 模

고, 수심진언(隨心眞言)은 "옴 치림" 또는 "옴 질락희염"이다. 『만수실리보살주장중일자주왕경』(대정장20, p.781b10)에 "'옴 질락희염'〈이 네 글자가 모여 한 글자를 이룬다. 그러므로 범어와 한자 두 가지 글자체가 모두 남아있다〉. 唵 叱洛呬焰〈此有四字總成一字 是故梵漢二體俱存〉", 『일계문수사리동자다라니염송의궤』(대정장20, p.782c4)에 "흰 종이나 비단에 일계문수사리보살동자형을 그린다. 몸은 금색이고 반가부좌하여 천엽백련 위에 앉아 있다. 왼손에는 청련화를 들었는데 꽃 위에 여의마니보주가 있다. 오른손은 손바닥을 바깥으로 하고 다섯 손가락을 아래로 내려서 만원인을 맺는다. 밝고 기쁜 얼굴로 미소를 짓고 갖가지 화만을 머리에 쓰고 영락으로 신체를 장엄했다. 於白氎上或絹素上 畫一髻文殊師利菩薩童子形 金色半跏坐千葉白蓮花上 左手執青蓮華 華上有如意摩尼寶珠 右手指掌向外 垂下五指作滿願印 熙怡微笑 種種珠鬘頭冠 瓔珞莊嚴其身"라고 하였다. 〔참고문헌〕『大方廣菩薩藏經中文殊師利根本一字陀羅尼經』, 『曼殊室利菩薩呪藏中一字呪王經』, 『一髻文殊師利童子陀羅尼念誦儀軌』, 『중국돈황大벽화』(동아갤러리, 1994). ⇨ 문수보살 文殊菩薩, 오계문수 五髻文殊, 일자문수법 一字文殊法

일계존다라니경 一髻尊陀羅尼經 당대 불공(不空) 한역. 1권. 고려장37, pp.239a1~245a20, No.1360 · 대정장20, pp.484c3~489a1, No.1110에 수록되어 있다. 『일계존경』이라고도 한다. 진언을 지니고 외우면서 얻는 열 가지 이익과 네 가지 과보를 설하고, 세 가지 다라니(陀羅尼) · 칠일작단관정법(七日作壇灌頂法) · 단법(壇法) · 호마(護摩) · 근본인(根本印)을 설하고 결계법(結界法)도 상세하다. 〔참고문헌〕『大唐貞元續開元釋敎錄』 권상(대정장55, p.753c12), 『貞元新定釋敎目錄』 권15(대정장55, p.880c5).

일고성간 一鼓聲間 한 번 울린 북소리가 들리는 거리. 고성간은 구로사(俱盧舍 Ⓢ krośa)의 한역어이기도 하며, 고성문(鼓聲聞)이라고도 한다. 『사분율』 권22(대정장22, p.720c29)에 "만일 마을 없는 곳에 홀로 텅 빈 광야의 길도 없는 일고성간의 거리까지 간다면 승가바시사다. 若無村獨詣空曠 無道處行 一鼓聲間 僧伽婆尸沙", 『사분율행사초』 권하(대정장40, p.154a25)에 "만일 텅 빈 광야의 길도 나지 않은 곳으로서 북소리 들을 수 없는 곳에 있다면 승잔이다. 若空野無道處 一鼓聲間亦僧殘"라고 하였다. 〔참고문헌〕『四分律』, 『四分律行事鈔』. ⇨ 일구로사 一拘盧舍, 구로사 俱盧舍

일공 一空 하나의 공. 둘도 없는 다른 뜻도 없어서 일체중생과 만법의 바탕으로서의 공이고, 법성(法性)의 실상(實相)이고 제불(諸佛)의 실법(實法)으로서의 뜻이다. 『칠불소설신주경』 권2(대정장21, p.546b16)에 "온갖 중생과 만물들 모두 하나의 공으로 돌아간다. 蒼生萬品 會歸一空", 『적조음소문경』(대정장24, p.1082b6)에 "저 질그릇 중에 공과 보배 그릇 중에 공이라면 둘도 없고 차별도 없다. 천자여, 물들어도 공하고 깨끗해도 공하여 온통 한결같이 공하니 둘도 없고 차별도 없다. 如瓦器中空 寶器中空 無二無別 如是 天子 垢空淨空俱同一空 無二無別", 『마하지관』 권7상(대정장46, p.90c10)에 "(십팔공은 모두) 단지 하나의 공일 뿐이다. 방등에 '대공과 소공이 모두 하나의 공으로 돌아간다'라고 하였다. 하나의 공이란 법성의 실상이다. 제불의 실법을 『대품반야경』에서는 오롯한 공이라 하였다. 但是一空 方等云 大空小空 皆歸一空 一空卽法性實相 諸佛實法 大品云 獨空也"라고 하였다. 〔참고문헌〕『七佛所說神呪經』, 『寂調音所問經』, 『摩訶止觀』, 『大品般若經』 권14(대정장8, p.326c27). ⇨ 공 空, 독공 獨空

일공일모불상잡란 一孔一毛不相雜亂 Ⓢ ekaikaroma pradakṣiṇāvartaḥ, Ⓣ spu-re-re-nas-skyes-shing-gyas-su-'khyil-ba. 삼십이상(三十二相) 중 하나. 일일공일모생상(一一孔一毛生相)이라고도 한다. 『니건자소설경』 권6(대정장9, p.342c21)에 "열한째, 사문 구담은 모공 하나에 털이 하나만 나서 어지럽지 않다. 十一者 沙門瞿曇 一孔一毛不相雜亂"라고 하였다. 〔참고문헌〕『尼乾子所說經』, *Mvyut.17.* ⇨ 일일공일모생상 一一孔一毛生相, 삼십이상 三十二相

일공일모선생상 一孔一毛旋生相 Ⓢ ekaikaromapradakṣiṇāvartaḥ, Ⓣ spu-re-re-nas-skyes-shing-gyas-su-'khyil-ba. 삼십이상(三十二相) 중 하나. 모공 하나에 털 하나가 소용돌이 모양으로 나 있는 것. 일공일모우선상(一孔一毛右旋相) · 일일공일모생상(一一孔一毛生相)이라고도 한다. 『불본행집경』 권9(대정장3, p.692c27)에 "열한째, 태자의 피부에는 모공 하나에 털 하나가 소용돌이 모양으로 나 있습니다. 十一 太子皮膚 一孔一毛旋生"라고 하였다. 〔참고문헌〕『佛本行集經』, *Mvyut.17.* ⇨ 삼십이상 三十二相

일과명주 一顆明珠 한 과의 밝은 구슬. 『현사광록』 권하(卍속장126, p.391b3)에 "현사선사가 법좌에 올라 말했다. '다 가져와본들 단지 한 과의 밝은 구슬일 뿐이다'. 학인이 물었다. '화상께서 모든 것이 한 과의 밝은 구슬일 뿐이라고 하셨으나 저는 모르겠습니다. 선사의 가르침을 바랍니다' '온통 이러한데 다시 누구를 알게 하겠는가?' '비록 전체가 그렇다해도 알지 못하면 어찌해야 하는지요?' '알고 싶다면 그대의 안목을 가져다 물어라'. 上堂云 都來只是一顆明珠 僧問 承和尙有言 都來是一顆明珠 學人不識 乞師指示 師云 全體是 更敎阿誰識 僧云 雖然全體是 爭奈不會何 師云 欲得會 但問取汝眼", 『경덕전등록』 권18 「현사사비전 玄沙師備傳」(대정장51, p.346c16)에 "학인이 물었다. '화상께서 말씀하시길 「시방세계 온통 하나로 밝은 구슬이다」라고 하셨다는데 제가 어떻게 알 수 있겠습니까?' '시방세계 온통 한 과의 밝은 구슬인데 힘써 알려해야 하나?' 현사선사가 다음 날 학인에게 물었다. '시방세계 온통 한 과의 밝은 구슬인 것을 그대는 어떻게 알았는가?' '모든 시방세계가 바로 한 과의 밝은 구슬일진대 애써 알려고 할 일 있겠습니까?' '그대가 산속 귀신의 굴에서 살림살이한다는 것만을 알 뿐이다'. 僧問 承和尙有言 盡十方世界 是一顆明珠 學人如何得會 師曰 盡十方世界 是一顆明珠用會作麽 師來日却問其僧 盡十方世界 是一顆明珠 汝作麽生會 對曰 盡十方世界 是一顆明珠 用會作麽 師曰 知汝向山鬼窟裏作活計", 『중화전심지선문자사승습도』(卍속장110, p.873a4)에 "또 한 무리의 사람들은 구슬에 비친 갖가지 색이 모두 허망하다는 말을 듣고 온전히 공임을 사무쳐 안다 하고는, 한 과의 명주도 공이라고 헤아린다. 전혀 얻을 바가 없어야 비로소 달인이다. 한 가지 법이라도 있다고 여기면 아직도 깨우친 것은 아니다. 색상이 모두 공인 자리를 깨닫지 못하면 이것이야말로 불공의 구슬이다〈우두종의 견해가 이와 같다. 공을 설하는 등을 듣는다는 것은 공을 설하는 반야부의 여러 경전을 말한다〉. 復有一類人 聞說珠中種種色皆是虛妄 徹體全空 卽計此一顆明珠都是其空 便云都無所得 方是達人 認有一法 便是未了 不悟色相皆空之處 乃是不空之珠〈牛頭見解如此也 聞說空等者 諸部般若說空之經也〉"라고 하였다. [참고문헌] 『玄沙廣錄』, 『景德傳燈錄』, 『中華傳心地禪門師資承襲圖』.

일과염불 日課念佛 염불(念佛)을 매일의 과업으로 행함. 『서방휘정』 권상(卍속장135, p.499a5)에 "이때 고려의 심왕이 반곡(盤谷)법사의 덕망을 듣고 모셔 화엄 강의를 들으니 칠부대중이 기울여 엎드렸고 심왕도 크게 기뻐하였다. 후에 송군에 이르러 정사를 짓고 정토업을 부지런히 닦으며 매일 일과로 염불하였다. 時高麗瀋王 聞師德望 聘講華嚴 七衆傾服 瀋王大悅 後至松郡 構精舍 勤修淨業 日課念佛"라고 하였다. [참고문헌] 『西舫彙征』. ⇨ 칭명염불 稱名念佛

일과일굴 一窠一窟 보금자리 하나에 굴속도 하나. 『벽암록』 87칙 「평창 評唱」(대정장48, p.205b3)에 "미진 속 향해 대법륜을 굴리니 한 곳만 사무쳐 얻어도 천 곳 만 곳을 일시에 다 뚫어 사무친다. 보금자리 하나 굴속 하나 지킬 일 아니다. 일체처 도무지 온통 이러하니, 소리 관하고 뜻으로 들어가는 문일 뿐이다. 옛 사람 또한 소리 들어 깨우치고 모양 보아 마음 밝혔다. 向微塵裏轉大法輪 一處透得 千處萬處一時透 莫只守一窠一窟 一切處都是 觀音入理之門 古人亦有 聞聲悟道 見色明心", 『삼산등래어록』(가흥장29, p.692c4)에 "산승이 방 휘둘러 독하게도 낱낱의 보금자리와 굴을 때려 부순다. 한번 맡겨 보게나. 놓아 버리든 거둬 들이든. 山僧棒頭 頗毒打殺 一窠一窟 一任放去收來"라고 하였다. [참고문헌] 『碧巖錄』, 『三山燈來語錄』. ⇨ 과굴 窠窟

일관 一串 한 꾸러미. 떨어질 수 없어 한 꾸러미에 얽힌 뜻이다. 『유가사지론』 권18(대정장30, p.381a29)에 "모든 업을 즐긴다는 말은 마치 한 꾸러미로 익힌 악이 있어 모든 악을 애착하며 즐긴다는 뜻이다. 樂諸業者 謂如有一串習惡故 愛樂諸惡", 『낙방문류』 권5(대정장47, p.231b22)에 "만일 구 밖의 소식을 함께 자세히 알고자 하면, 백팔마니주 한 꾸러미에 꿰어야 하리. 若於句外同相委 百八摩尼一串穿", 『대혜어록』 권3(대정장47, p.824a23)에 "불자를 세우고 말했다. '불자 끝에 한 꾸러미로 꿰어 문득 이렇게 가게 하지만 업식이 아득하여 의지할 고향이 없다. 말해보라! 업식이 아득한 그 곳 석가노자와 얼마나 먼가?' 할을 한 번 내지르고 말했다. '다 간듯 했는데 각주를 그르쳤네'. 擧起拂子云 拂子頭上一串穿却 便恁麽去 業識茫茫 無本可據 且道 業識茫茫底與釋迦老子 相去多少 喝一喝云 洎合錯下註脚"라고 하였다. [참고문헌] 『瑜伽師地論』, 『樂邦文類』, 『大慧語錄』. ⇨ 일관천각 一串穿却

일관 一觀 하나로 관함. 선악(善惡)·죄복(罪福)·유무(有無) 등이 없는 불이(不二)의 평등관(平等觀)을 성취하는 뜻이다. 『문수대교왕경』 권8(대정장20, p.763b25)에 "무상과 공법인 실제본성 중에서는 선과 악을 볼 일 없고, 유견과 무견 그리고 죄와 복이라는 두 가지 중에서도 평등하여 한결같이 관해서 실제를 비추어 본다. 진여성에는 아상도 인상도 있을 수 없다. 於無相空法 實際性中 不見善惡 有見無見 罪福二中 平等一觀 照見實際 於眞如性中 無有我相 無有人相", 『거력장자소문대승경』 권중(대정장14, p.833a18)에 "제중생을 평등하게 하나로 본다. 於諸衆生 平等一觀", 『십지경론』 권3(대정장26, p.140a7)에 "일체보살은 마음도 같이하고 행도 같이하기에 함께 선근을 닦을 뿐 원망과 질투가 없다. 일체보살은 평등하게 하나로 보기 때문이다. 一切菩

薩 同心同行故 共集善根 無怨嫉故 一切菩薩 平等一觀故"라고 하였다. 〔참고문헌〕『文殊大教王經』, 『巨力長者所問大乘經』, 『十地經論』. ⇨ 평등관 平等觀

일관려자 一關捩子 하나뿐인 관문의 빗장. 려는 려(棙)와 같이 쓴다. 『조당집』 권13 「보자장 報慈章」(고려장45, p.317b5)에 "'옛 사람 이르길 「횡설수설하지만 여전히 향상의 하나뿐인 빗장은 알지 못하네」라고 하였는데, 무엇이 향상의 하나뿐인 빗장인지요?' '다행히 타고난 팔은 짧구나'. 問 古人道 橫說豎說 猶未知有向上一關捩子 如何是向上一關捩子 師云 賴遇孃生臂短", 『경덕전등록』 권18 「고산흥성전 鼓山興聖傳」(대정장51, p.351b15)에 "어떤 학인이 '무엇이 종문 안의 본분사인지요?'라고 묻자 고산이 따귀를 올리고는 '훔! 훔!' 하고 소리쳤고, '무엇이 향상의 하나뿐인 빗장인지요?' 라고 물음에 고산이 이에 때렸다. 問 如何是宗門中事 師側掌曰 吽 吽 問 如何是向上一關棙子 師乃打之"라고 하였다. 〔참고문헌〕『祖堂集』, 『景德傳燈錄』. ⇨ 관려자 關捩子, 상두관려자 上頭關捩子

일관성불 一觀成佛 하나의 관행으로 부처를 이룸. 위차를 거쳐야 불과(佛果)에 이르는 현교(顯教)와 달리 밀교(密教)는 하나의 관행에 투철하면 성불할 수 있다고 말한다. 『오륜구자명비밀석』(대정장79, p.12a18)에 "현교에는 태장과 금강계 양부 밀교의 독립적인 교법이 결여되었고, 현교에는 일관성불의 뜻도 없으며, 현교에는 관자성불문이 없고, 현교에는 결인성불의 뜻도 없네. 顯闕兩界密獨說 顯無一觀成佛義 顯無觀字成佛門 顯無結印成佛義"라고 하였다. 〔참고문헌〕『五輪九字明祕密釋』. ⇨ 삼밀행 三密行

일관천각 一串穿却 한 꿰미에 뚫어 다한다는 말. 벗어날 수도 흩어질 수도 없지만, 두 갈래로 이름 가져 여기저기 흩어진 분별들을 평정하는 비유다. 『원오어록』 권5(대정장47, p.733c28)에 "'천하 조사의 콧구멍이 모두 화상에게 한 꿰미로 뚫려 꿰어졌지만, 화상의 콧구멍은 어떤 이가 뚫는가?' '불과(원오 자신이면서 불과의 지위를 중의적으로 드러냄)를 비방하지 마라'. 進云 天下祖師鼻孔 盡被和尙 一串穿却 未審和尙鼻孔 被什麽人穿 師云 莫謗佛果好", 『대혜어록』 권3(대정장47, p.824a22)에 "법좌에 올라 말했다. '념을 하든 념을 떠나든, 깨우쳤든 깨우침 아니든, 유심이든 무심이든, 선이든 악이든, 온통 섞어 한 덩이 만든다. 그릇됨 가져 그르쳐 나아갈 뿐이다'. 불자를 들고 말했다. '불자 끝에 한 꿰미로 뚫어 다했다'. 上堂 卽念離念 覺與非覺 有心無心 若善若惡 攪成一塊 將錯就錯 擧起拂子云 拂子頭上 一串穿却", 『종용록』 76칙 「평창 評唱」(대정장48, p.275c1)에 "부처와 조사의 해골 한 꿰미로 뚫어 꿴 다음이라야 가히 불조와 더불어 스승이 될만하다 하고, 비로의 정수리 뚫고 갔다고 하겠지만 다시 와서 화신불의 혀끝에 앉는다. 佛祖髑髏 一串穿却 然後 可與佛祖爲師 可謂透出 毘盧頂顊行 却來化佛舌頭坐", 『무문관』 3칙 「평창 評唱」(대정장48, p.293b17)에 "구지와 동자가 깨달은 곳은 손가락 끝에 있지 않다. 만일 이 곳 향해 제대로 알아차린다면 천룡을 구지 그리고 동자와 함께 자기의 한 꿰미에 뚫어 다할 것이다. 俱胝幷童子悟處 不在指頭上 若向者裏見得 天龍同俱胝幷童子 與自己一串穿却", 『소은대흔어록』 권1(卍속장121, p.201b11)에 "세존께서 망명보살에게 여자를 정에서 깨우도록 하자 망명은 여자 앞에서 손가락 한 번 튕겼고 여자는 바로 삼매에서 나왔다. 소은이 이 이야기를 들고는 주장자를 잡고 말했다. '(세 사람을) 한 꿰미로 뚫어 다했다'. 世尊勅罔明出女子定 罔明於女子前 彈指一下 女子於是 從定而出 師擧了拈拄杖云 一串穿却"라고 하였다. 〔참고문헌〕『圜悟語錄』, 『大慧語錄』, 『從容錄』, 『無門關』, 『笑隱大訢語錄』. ⇨ 일관 一串, 여자출정 女子出定

일관편초자령출두 一款便招自領出頭 한 장의 소환장에 스스로 법정에 출두하여 죄를 고백한다는 말. 일관(一款)이란 소환장(召喚狀)을 가리키고 자령출두는 스스로 법정에 나와 자기 죄를 고백한다는 뜻의 법정용어(法庭用語)다. 『종용록』 18칙 「본칙 本則」(대정장48, p.238b25)에 "학인이 조주에게 물었다. '개에게도 불성이 있습니까?'〈길 막던 개는 흙덩이를 쫓아간다〉 '있다'〈일찍이 더한 적 없다〉 '이미 불성이 있다면 왜 저 가죽부대에 들어갔습니까?'〈한 장의 소환장에 법정에 나가 스스로 고백하네〉. 僧問趙州 狗子還有佛性也無〈攔街趁塊〉 州云 有〈也不曾添〉 僧云 既有 爲甚麽却撞入這箇皮袋〈一款便招自領出頭〉"라고 하였다. 〔참고문헌〕『從容錄』.

일광 一光 일제강점기 불교전수학교(佛教專修學校 : 현 동국대학교의 전신)의 교지(校誌). 1928년 12월 29일에 창간, 1940년 1월 15일 통권 제10호로 종간되었다. 편집 겸 발행인은 조학유(曹學乳), 발행처는 불교전수학교교우회(1930년 4월 中央佛教專門學校로 바뀜)다. 국판으로 50~70면 내외였으나 100면 이상 간행된 경우도 있다. 교지의 성격으로 교수와 학생 등 학교 구성원들의 논문과 문예작품이 주로 수록되었다.

일광 日光 **1** Ⓢ sūrya-prabhā, sūrya-ābhā, āditya-raśmi, raśmi, Ⓟ suriya-ābhā, Ⓣ nyi-ma'i-'od, nyi-ma'i-'od-zer, 'od-zer. 햇빛. 『대승장엄경론』 권3(대정장31, p.604b1 : *Sūtr.*, p.39)에 "〔게〕 마치 해와 빛이 합하고 일을 같이하여 세간을 비추는 일을 하는

것과 같다네. 정계 또한 이와 같아서 부처님과 합하여 업을 같이한다네. 〔석〕 이 게는 법계에서 하는 업을 드러냈다. 비유하자면 많은 해와 많은 빛이 일시에 화합하여 하나의 일을 함께 하는 것과 같으니, 말리고 익히는 등이다. 이와 같이 많은 부처님과 많은 지혜가 일시에 화합하여 하나의 업을 함께 지으니, 모습을 변화시키는 따위를 말한다. 偈曰 譬如日光合 同事照世間 淨界亦如是 佛合同業化 釋曰 此偈顯示法界化所作業 譬如多日多光 一時和合 同作一事 謂乾熟等 如是 多佛多智 一時和合 同作一業 謂變化等 〈śloka〉 ameyā raśmayo yadvad vyamiśrā bhānumaṇḍale, sadaikakāryā vartante lokam ālokayanti ca. tathaivānāsrave dhātau buddhānām aprameyatā, miśraikakāryā kṛtyeṣu jñānālokakarā matā. 〈bhāṣya〉 ekena vyāmiśraraśmy ekakāryasyopamatayā sādharaṇakarmatāṃ darśayati. raśmīnām ekakāryatvaṃ pācanaśoṣaṇasamānakāryatvād veditavyaṃ. dvitīyenānāsrave dhātau miśraikakāryatvaṃ nirmāṇādikṛtyeṣu"라고 하였다. 〔참고문헌〕『大乘莊嚴經論』, *Sūtr.*, *Abh-k-bh.6.*, *Bodh-bh.238.* ❷ 석존 재세시 비구니. 『증일아함경』 권3 「비구니품 比丘尼品」(대정장2, p.559b15)에 "마음이 안락하고 생각이 없어 온갖 집착을 없앴으니 비구니 일광이다. 心樂無想 除去諸著 所謂日光比丘尼是"라고 하였다. 〔참고문헌〕『增壹阿含經』, 『釋迦譜』 권1(대정장50, p.12b21). ❸ ➡ 일광보살 日光菩薩 ❹ 당대 율사 법려(法礪)의 호. 〔참고문헌〕『唐高僧傳』 권22(대정장50, p.615c4). ⇨ 법려 法礪

일광변조보살 日光遍照菩薩 Ⓢ Sūrya-vairocana. 일광보살(日光菩薩)의 갖춘 이름. 월광보살(月光菩薩)과 함께 약사여래를 협시한다. 『약사여래본원경』(대정장14, p.405c6 : *Bhai.*, p.167)에 "그 국토에 두 보살마하살이 계시니, 한 분은 일광변조이고 다른 한 분은 월광변조이다. 이들은 저 무량무수보살중의 상수로서 저 세존이신 약사유리광여래의 정법보장을 지킨다. 만수실리여! 이 때문에 신심있는 모든 선남자와 선여인등이 저 부처님의 세계에 나기를 서원해야 한다. 於其國中 有二菩薩摩訶薩 一名 日光遍照 二名 月光遍照 是彼無量無數菩薩衆之上首 悉能持彼世尊藥師琉璃光如來正法寶藏 是故 曼殊室利 諸有信心善男子 善女人等 應當願生彼佛世界 tatra vaidūryanirbhāsāyāṃ lokadhātau dvau bodhisattvau mahāsattvau teṣām aprameyāṇām asaṃkhyeyānāṃ bodhisattvānāṃ mahāsattvānāṃ pramukhau ekakaḥ sūryavairocano nāma dvitīyaś candravairocanaḥ yau tasya bhagavato bhaiṣajyaguruvaidūryaprabhasya tathāgatasya saddharmakośaṃ dhārayataḥ. tasmāt tarhi mañjuśrīḥ śrāddhena kulaputreṇa vā kuladuhitrā vā tatra buddhakṣetropapattaye praṇidhānaṃ karaṇīyam", 『수약사의궤포단법』(대정장19, p.65b21)에 "동북쪽 모퉁이의 일광변조보살은 금홍색을 띠고 있으며, 오른손에는 오답파랍화를 들고 있는데 꽃 위에 범협이 놓여 있고 그 위에는 일륜으로 장엄하고 있다. 왼손은 금강권인을 한 채로 무릎 위를 누르고 있다. 東北隅 日光遍照菩薩 金紅色 右手執烏答巴拉花 花上安梵夾 上嚴日輪相 左手金剛拳印 按于髈上"라고 하였다. 〔참고문헌〕『藥師如來本願經』, 『修藥師儀軌布壇法』, *Bhai.* ⇨ 일광보살 日光菩薩❶, 약사삼존 藥師三尊

일광보살 日光菩薩 ❶ Ⓢ Sūrya-vairocana. 월광보살(月光菩薩)과 함께 약사여래(藥師如來)를 협시하는 보살. 일광변조보살(日光遍照菩薩)·일요보살(日曜菩薩) 등이라고도 한다. 몸은 적홍색(赤紅色)이며, 왼손바닥에는 일륜(日輪)이 놓여 있고 오른손에는 만주적화(蔓朱赤花)를 집고 있다. 『정유리정토표』(대정장19, p.66c19)에 "왼쪽 둘째 줄에 일광보살을 그리는데, 온몸이 적홍색이고 왼손바닥에는 해가 놓여 있으며 오른손으로는 만주적화를 집고 있다. 이 꽃은 만개하거나 반쯤 개화했거나 아직 개화하지 않은 모양이며, 열매가 달려 있는 경우도 있다. 左第二重作日光菩薩 通身赤紅色 左手掌安日 右手執蔓朱赤花 貌或開敷 或半開 或未開 或其實菓爲之"라고 하였다. 〔참고문헌〕『淨琉璃淨土標』. ⇨ 일광변조보살 日光遍照菩薩, 월광보살 月光菩薩❷, 약사삼존 藥師三尊 ❷ Ⓢ Sūrya-prabha. 태장만다라(胎藏曼茶羅) 지장원(地藏院)의 보살. 일광명보살(日光明菩薩)이라고도 한다. 『대일경』에는 이 보살이 거론되지 않지만, 『현법사의궤』 권2와 『청룡사의궤』 권중에는 지장원에 배속되어 있다. 밀호는 위덕금강(威德金剛), 삼매야형은 일륜(日輪), 종자는 (aṃ)이며, 금강계만다라(金剛界曼茶羅)의 금강광보살(金剛光菩薩)과 동체(同體)다. 형상은 흰색 몸에 적련화에 앉았으며, 오른손으로는 여원인(與願印)을 맺고, 왼손은 허리 근처에서 연꽃의 줄기를 잡고 있는데 꽃 위에 일륜이 놓여 있다. 진언은 "옴 수리야프

일광보살 회암사약사삼존도
국립중앙박물관 1565년

라바야 스바하 oṃ sūryaprabhāya svāhā 옴. 일광보살님께, 스바하"이다. 다른 진언은 『제존편람 諸尊便覽』에 의하면 "나마 사만타붓다남 하사나 비마티 체다카 스바하 namaḥ samantabuddhānāṃ hasana vimati cchedaka svāhā 제불께 귀명합니다. 미소 짓는 이여! 의혹을 끊은 이여! 스바하"이고 이때 종자는 (ka)

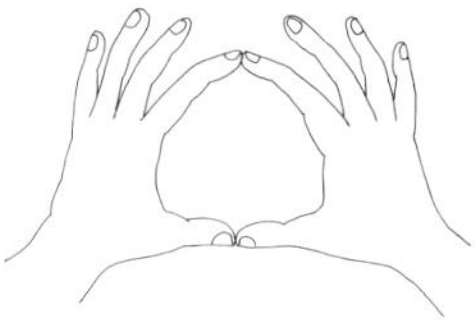

일광인(좌)·일광보살(우)

이다. 수인은 먼저 양손을 외박(外縛)하고 양손의 검지를 구부려 보형(寶形)을 만든 다음 양손의 엄지를 세워서 붙인 후 나머지 여섯 손가락을 펼쳐서 일륜이 방출되는 형상을 만든다. 이 보살은 지장보살의 덕으로 번뇌의 어둠을 없이하고 중생에게 널리 광명을 비추는 일을 맡아 태양의 광명에 비유된다. 『태장금강교법명호』(대정장18, p.204b23)에 "남쪽을 향하고 있는 네 번째 줄 중 서쪽에서부터 첫째가 일광보살〈위덕금강〉이다. 南面第四重 從西第一 日光菩薩〈威德金剛〉"라고 하였다. [참고문헌] 『胎藏金剛教法名號』. ⇨ 금강광보살 金剛光菩薩

일광사 日光寺 ❶ 경상북도 포항시 북구 죽장면 일광리에 있던 절. 사지(寺址)는 경작활동 등으로 훼손이 심하며, 계단식 구조의 석축과 집선문(集線文)·무문(無文)의 백자 조각 등이 발견되었다. [참고문헌] 『한국사지총람』 권하(문화재청·佛教文化財研究所, 2010) p.326, 『한국의 사지』 경상북도Ⅲ(문화재청·佛教文化財研究所, 2012) pp.319~321. ❷ 전라북도 정읍시 수성동 구미산(龜尾山)에 있는 절. 1910년 박장조가 창건하였다. 1993년에는 인법당을 헐고 대웅전을 새로 지었다. 천왕문으로 들어가면 대웅전·삼성각·종각·요사 등의 당우가 있으며 미륵입상과 공덕비 2기도 있다. 대웅전은 팔작지붕으로 석가삼존불상과 지장상 및 탱화 등이 모셔져 있고, 삼성각에는 치성광여래좌상 및 불상, 탱화 등이 있다. [참고문헌] 『전통사찰총서』 권9 전북의 전통사찰Ⅱ(寺刹文化研究院, 1997) pp.208~209. ❸ 충청남도 서천군 화양면 월산리 취봉산(鷲峯山)에 있던 절. 이색(李穡)이 『목은시고』 권3 「일광석벽 日光石壁」·권15 「억상산 憶象山」·권17 「유감 有感」등에서 일광사를 언급하고 있으며, 『동국여지승람』 권17 충청도 한산군(韓山郡) 불우(佛宇)에 이름과 위치가 전한다. 『가람고』와 『범우고』 한산지역에 기록을 남기고 있어 조선후기까지 존속되었음을 알 수 있다. [참고문헌] 『牧隱詩藁』, 『東國輿地勝覽』, 『伽藍考』, 『梵宇攷』, 『韓國寺刹全書』 권하 p.963b14, 『한국의 사지』 세종특별자치시·충청남도(문화재청·佛教文化財研究所, 2014) pp.357~359.

일광사 日廣寺 전라북도 순창군 적성면 고원리에 있는 절. 1948년 10월 김세현(金世鉉)이 창건하였으며 1960년에는 관음전을 신축하였고, 법당과 요사채 등이 있다. 유형문화재 목조관음보살좌상이 있다. [참고문헌] 『文化遺蹟總覽』 권하(文化財管理局, 1977) p.86.

일광삼매 日光三昧 Ⓢ sūrya-pradīpa-samādhi, Ⓣ nyi-ma'i-sgron-ma-zhes-bya-ba'i-ting-nge-'dzin. 햇빛삼매. 백팔삼매(百八三昧) 중 하나다. 해가 모든 어둠을 부수고 밝게 하듯이 중생세계의 어둠을 부수는 삼매다. 이십오유(二十五有)의 이십오삼매(二十五三昧) 중 하나인데, 사주(四洲) 중 동승신주(東勝身洲)인 불바제유(弗婆提有 Ⓢ pūrava-videha)의 어둠을 부순다. 『법화현의』 권4(대정장33, p.722c25)에 "불바제유는 일광삼매로 어둠을 부순다는 말은, 해는 아침에 동쪽에서 뜨기에 이름했다. 해는 지혜의 빛을 비유하며, 미혹을 비춰 없앤다. 동천하의 사람들은 악업이라는 어둠과 견사혹이라는 어둠과 진사혹이라는 어둠과 무명혹이라는 어둠이 있다. 보살은 이 모든 어둠들을 비추기 위해 앞서 말한 계율이라는 빛을 닦아 악업의 어둠을 부수고, 선정유광을 닦아 견사혹의 어둠을 굴복시키며, 일체지광을 닦아 견사혹의 어둠을 부수고, 도종지광을 닦아 진사혹의 어둠을 부수며, 일체종지광을 닦아 무명혹의 어둠을 깨우쳤다. 견사혹의 어둠을 부수었기에 일체지일광삼매를 성취하고, 진사혹의 어둠을 깨우쳐 도종지일광삼매를 성취하며, 무명혹의 어둠을 부수고 일체종지일광삼매를 성취한다. … 이미 스스로 어둠을 파했기에 남의 어둠마저 파한다. 그러므로 일광삼매라고 칭한다. 弗婆提有 用日光三昧破者 日朝出於東 隨便爲名耳 日譬智光 能照除迷惑 東天下人 有惡業闇 見思闇 塵沙闇 無明闇 菩薩爲照此諸闇故 修前戒光 破惡業闇 修禪定流光 伏見思闇 修一切智光 破見思闇 修道種智光 破塵沙闇 修一切種智光 破無明闇 破見思闇故 一切智日光三昧成 破塵沙闇故 道種智日光三昧成 無明闇破故 一切種智日光三昧成 … 自旣破闇 亦令他破闇 故稱日光三昧也"라고 하였다. [참고문헌] 『法華玄義』, 『大品般若經』 권3(대정장8, p.238a5), 『大智度論』 권43(대정장25, p.373a13), *Pañca-pr.1-1.183*, *Mvyut.21*. ⇨ 일광정 日光定, 백팔삼매 百八三昧, 이십오삼매 二十五三昧, 이십오유 二十五有, 사대주 四大洲, 불바제 弗婆提

일광삼존 一光三尊 광배(光背) 중 삼존을 모신 도상. 본존이 아미타불이면 '일광삼존아미타불'이라고 한다. 중국 남북조시대와 우리나라 삼국시대에 다수 조성되 었고, 중국 서안(西安)의 초당사구전좌불삼존상(草堂寺舊殿座佛三尊像), 우리나라의 국보 제72호 금동계미명삼존불입상(金銅癸未銘三尊佛立像)·제85호 금동신묘명삼존불입상(金銅辛卯銘三尊

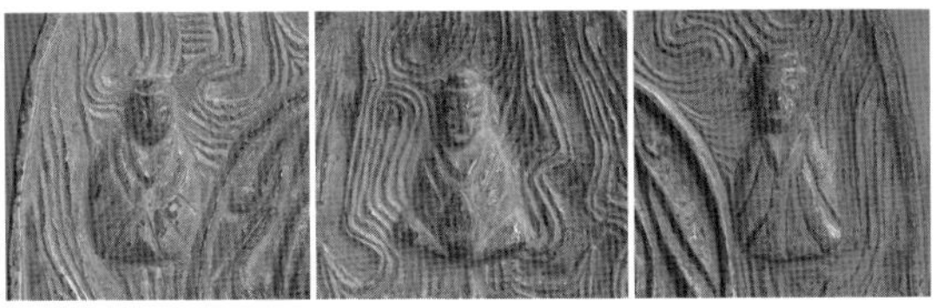

일광삼존 금동신묘명삼존불입상 국보제85호 리움미술관 삼국시대

佛立像)·제134호 금동보살삼존입상 등이 있다. 특히 금동계미명삼존불입상은 일광삼존의 전형적인 예로 꼽힌다. ⇨ 금동삼존불상 金銅三尊佛像 **1** **2** **3**

일광암 日光庵 전라북도 전주시 완산구 교동 기린봉(麒麟峰)에 있는 암자. 1933년에 중창하였으며 현존당우로는 법당·요사·범종각 등이 있다. 〔참고문헌〕『寺刹誌』(전라북도, 1990).

일광정 日光定 태양의 빛과 같은 삼매. 일광삼매(日光三昧)·일등삼매(日燈三昧)라고도 한다. 『섭대승론석』 권1(대정장31, p.153c28)에 "미륵보살을 섬기며 일광정에 의지하였다. 事彌勒菩薩 依止日光定", 『금강반야경소론찬요』 권상(대정장33, p.155b6)에 "천축의 무착보살은 일광정에 든 채로 도솔천에 올라가 미륵보살을 직접 찾아뵙고 80행의 게송을 전해받았다. 天竺有無著菩薩 入日光定 上昇兜率 親詣彌勒 禀受八十行偈"라고 하였다. 〔참고문헌〕『攝大乘論釋』, 『金剛般若經疏論纂要』. ⇨ 일광삼매 日光三昧, 무착 無著 **2**

일광존 日光尊 Ⓟ ādicca-bandhuna. 태양처럼 존귀한 분. 석존을 찬탄하여 부르는 말. 석존이 일종족(日種族)이기에 이렇게 부른다. 『장아함경』 권10 「석제환인문경 釋提桓因問經」(대정장1, p.65b22)에 "은애의 가시덤불을 능히 끊으신 이여, 이제 저 태광처럼 존귀하신 분께 예배드리네. 能斷恩愛刺 今禮日光尊", 상응하는 팔리경전 *Sakkapañha-sutta* (*DN.2*, p.287)에 "갈애의 화살을 뽑으셨으며 견줄 이 없는 부처님, 큰 영웅이시며 태양의 친족이신 부처님께 저는 예배합니다. taṇh āsallassa hantāraṃ buddham appaṭipuggalaṃ, a haṃ vande mahāvīraṃ buddham ādiccabandhun aṃ"라고 하였다. 〔참고문헌〕『長阿含經』, *DN.*

일광천자 日光天子 Ⓢ Āditya. 세계를 비추고 만물을 기르는 하늘의 태장을 여래에 비유한 뜻이다. 일천자(日天子)라고도 한다. 『대승본생심지관경』 권2(대정장3, p.299b14)에 "저 일광천자가 백천광을 놓아 세계를 비추더라도 눈먼이는 그 광명을 보지 못하는 것과 같다. 譬如日光天子 放百千光 照明世界 而有盲者 不見光明"라고 하였다. 〔참고문헌〕『大乘本生心地觀經』, 60권본 『華嚴經』 권2(대정장9, p.401b11). ⇨ 일천자 日天子

일괵 一摑 한 차례 후려친다는 말. 손을 들어 친다는 일장(一掌)과 같다. 타(打)나 여(與) 등이 앞에 붙기도 한는다. 『임제록』(대정장47, p.505a27)에 "황벽이 스스로 입에 한 손 올려치자 수좌가 말했다. '알면 되었습니다'. 黃蘗自於口上打一摑 首座云 知卽得", 『운문광록』 권하(대정장47, p.569c23)에 "운문이 한 손 후려치자 학인은 응대함이 없었다. 師以一摑 無對", 『앙산어록』(대정장47, p.587b26)에 "황벽이 마침내 백장을 한 차례 후려치자 백장이 끙끙대더니 웃으며 돌아갔다. 黃檗遂與百丈一摑 百丈吟吟 而笑便歸"라고 하였다. 〔참고문헌〕『臨濟錄』, 『雲門廣錄』, 『仰山語錄』. ⇨ 일장 一掌

일괵일장혈 一摑一掌血 한 손 후려칠 때마다 손바닥 피로 가득하다는 말. 몸도 목숨도 온통 다 들어 여지없이 공부하는 뜻이다. 일방일조흔(一棒一條痕)과 짝이다. 『밀암어록』(대정장47, p.978a28)에 "한 방 내리칠 때마다 한 줄기 자국 남고, 한 손 후려칠 때마다 손바닥 피 가득하다. 향상의 기관도 아니고 오롯이 전하는 비결도 아니다. 부처와 조사가 보면 눈썹 찌푸리고, 마구니와 외도가 들으면 간담이 서늘하리라. 一棒一條痕 一摑一掌血 不是向上機關 亦非單傳妙訣 佛祖見之攢眉 魔外聞之膽折", 『천여유칙어록』 권4 「절조강주기교참선 絶照講主棄教參禪」(卍속장122, p.869b13)에 "경이라면 경사가 있고 논이라면 논사가 있지만, 대당국 안에 선사가 없다. 옛 사람은 한 손 후려칠 때마다 손바닥 피 가득하다. 참으로 아팠는지 가려웠는지 그 누가 일찍이 알았던가? 經有經師 論有論師 大唐國裏無禪師 古人一摑一掌血 是痛是癢 誰曾知"라고 하였다. 〔참고문헌〕『密菴語錄』, 『天如惟則語錄』. ⇨ 일방일조흔 一棒一條痕

일교 一交 단 한번 마주치다. 한번에 알다의 뜻이다. 『운문광록』 권하(대정장47, p.571c23)에 "운문이 의자를 세 번 두드리고 말했다. '그대는 어떻게 아는가?' '모든 것은 때가 되야 합니다'. 운문이 이윽고 소매를 걷어 올리더니 '내가 그대와 씨름을 한번 붙어도 되겠느냐?'라 하였고, 그는 응대하지 않았다. 師乃敲椅子三下云 儞

作麽生會 僧云 一切臨時 師乃揎拳云 我共儞相撲一交得麽 無對", 『허당록』 권6(대정장47, p.1033c27)에 "만리 저편에 영산 보고, 위엄 떨쳐 외마디 할 맞았다. 생사의 견고한 저 관문, 단 한번 마주쳐 다 부수고 사무쳤다. 萬里見靈山 震威遭一喝 生死牢關 一交打徹"라고 하였다. 〔참고문헌〕『雲門廣錄』, 『虛堂錄』.

일구 一口 ❶ 한 입. 한 차례 먹거나 한 입 물다의 뜻이다. 『중아함경』 권4 「사자경 師子經」(대정장1, p.441c24)에 "한 입 먹고 한 입으로 만족하기도 하고, 또는 두서너 입이나 일곱 입을 먹고서야 일곱 입으로 만족한다. 或噉一口 以一口爲足 或二三四 乃至七口 以七口爲足", 『니다나목득가』 권2(대정장24, p.423b2)에 "만일 비구로서 중계를 어긴 이라면 승중이 머무는 곳에서 한 입의 음식도 먹어서는 안 되며 승가람의 영역에 한 발도 들여서는 안 된다. 若有苾芻 破重戒者 於僧住處 乃至不銷一口之食 僧伽藍地 不容一足", 『경덕전등록』 권9 「황벽희운전 黃檗希運傳」(대정장51, p.266a19)에 "백장노한께서 오늘 몸소 한 입 무셨다. 百丈老漢 今日親遭一口"라고 하였다. 〔참고문헌〕『中阿含經』, 『尼陀那目得迦』, 『景德傳燈錄』. ❷ 한 마리. 동물 입이 하나인 따위를 세는 단위. 『권발보리심집』 권중 「권지문 勸持門」(대정장45, p.385a5)에 "부모가 칼과 양 한 마리를 준 다음 방안에 가두고서 말했다. '만일 양을 죽이지 못한다면 너는 나가서 햇빛을 보고 생활하며 음식 먹는 일은 없다'. 父母與刀 幷一口羊 閉著屋中 而語之言 若不殺羊 不令汝出得見日月 生活飮食"라고 하였다. 〔참고문헌〕『勸發菩提心集』. ❸ 하나. 사물을 세는 단위. 『불조광화상어』(속고존숙어요5, 卍속장119, p.93b16)에 "자명화상이 방장실에 한 동이 물과 한 자루 칼과 한 켤레 짚신을 놓아두고서 주장자를 잡은 채로, 학인들이 문 들어오다 머뭇거리면 곧바로 내리쳤다. 불조가 들어 말한다. '도착해 보지 못한 그 사이 의심만 가득하다'. 擧 慈明和尙 於方丈內 置一盆水 一口劍 一緉草鞋 橫按拄杖 凡見僧入門 便指 擬議便棒 師拈云 未到此間 不妨疑著"라고 하였다. 〔참고문헌〕『佛照光和尙語』.

일구 一句 한 마디의 말. 백천 가지 뜻 다 담아내고도 남음이 있고, 온갖 분별 다할 수 있는 한 마디를 뜻한다. 말이지만 말 없는 곳으로 나아가는 뜻에서 부모미생전일구(父母未生前一句)라고도 한다. 『조산어록』(대정장47, p.531a10)에 "어떤 학인이 물었다. '가르쳐 이르길 「한 구로 백천만 뜻을 다 삼킨다」고 하였는데, 어떤 것이 한 구인지요?' '바늘도 들일 틈 없다'. 僧問師 敎云 一句能呑 百千萬義 如何是一句 師曰 針箚不入", 『조주록』 권상(고존숙어록13, 卍속장118, p.308a3)에 "'무엇이 한 구인지요?' '한 구 지키려다 늙어 죽는다'. 問 如何是一句 師云 若守著一句 老却你", 『기원정의』(卍속장111, p.169b13)에 "이조는 눈 위에 선 채로 팔을 잘랐으니 모진 고난을 다했다고 할 만하다. 그러나 달마 한 마디 던진 적 없고, 이조 일찍이 한 구도 물어본 적 없다. 二祖至於立雪斷臂 可謂受盡艱辛 然而 達摩不曾措了一詞 二祖不曾 問著一句"라고 하였다. 〔참고문헌〕『曹山語錄』, 『趙州錄』, 『祇園正儀』. ⇨ 일구자 一句子, 일구도진 一句道盡, 부모미생전일구 父母未生前一句

일구 一鉤 ❶ 낚싯바늘 하나. 진실을 걷어 올리는 한 마디 일구(一句)의 동음비유다. 종사가 드리우는 한 마디 말끝으로 깨우침도 분별도 모두 낚는다. 『벽암록』 8칙 「평창 評唱」(대정장48, p.148b10)에 "옛사람은 낚싯바늘 하나 드리우더라도 끝내 헛되이 베풀지 않았고, 반드시 의미 깊은 뜻 있어 학인을 위했다. 학인들은 대부분 잘못 헤아려서 '한낮 푸른 하늘에 뜻없이 떠들면서 일없이 지내다가 하안거가 끝나갈 때 먼저 스스로 허물을 말하고 먼저 스스로 점검하여 타인의 점검을 면할수 있다'한다. 이야말로 오고가는 일 없이 하여 아무일 없는 듯함을 기뻐함이니, 이러한 견해를 일러 종자를 멸하는 족속이라 한다. 古人垂一鉤 終不虛設 須是有箇道理爲人 人多錯會道 白日靑天 說無向當話 無事生事 夏末先自說過 先自點檢 免得別人點檢他 且喜沒交涉 這般見解謂之滅胡種族", 『대천보제어록』(卍속장121, p.327b7)에 "법좌에 올라 말했다. '붉은 대나무 낚싯대에 한 치 낚싯줄 그리고 낚싯바늘 하나에 미끼 달고서 물결 일렁이는 호수에서 자라를 낚았다. 〈돌!〉 기린과 용이라 해도 상서는 아니다. 풀과 나무들이 찬란하게 빛난다'. 上堂 赤竹寸絲 一鉤香餌 湖波練練 釣著鱉頭 〈咄〉 麟龍不爲瑞 草木生光輝", 『진헐청료어록』(卍속장124, p.632b4)에 "맑은 물결 흔들지 않는 구 있어 잠잠한 강에 낚싯바늘 하나 잠겼네. 노 끝에 머문 바람 고요한데 깊은 저 곳 달빛 밝은 가을이라네. 不犯淸波句 澄江涵一鉤 棹頭風色靜 篷底夜明秋"라고 하였다. 〔참고문헌〕『碧巖錄』, 『大川普濟語錄』, 『眞歇淸了語錄』. ❷ 낚싯바늘과 같은 초생달. 아득한 안개에 갇히거나 물결치는 창파에 깊이 잠긴 초생달로서 번뇌의 파도로 망상의 바다에 갇혀버린 실상의 편린을 비유한다. 『허당어록』 권6 「현사화상 玄沙和尙」(대정장47, p.1031c3)에 "단 뜻이 바늘 끝에 있었으니 눈에 붙은 금가루 미처 몰랐네. 하하하! 만 이랑 안개 물결치는데 누가 낚싯바늘과 같은 초생달 가려낼까? 只知意在鉤頭 不覺眼中著屑 阿呵呵 誰辨別 萬頃煙波 一鉤新月", 『종용록』 46칙 「송 頌」(대정장48, p.256c2)에 "푸른 물결 낚아 다하니 초생달 낚였네〈푸른 물결 범하지 않는다면 뜻 저절로 분명할텐데〉. 釣盡滄浪月一鉤 〈不犯淸波意自殊〉", 『종감법림』 권46(卍속장116, p.586b2)에 "만길 차가운 못에 잠긴 초생달, 맑고 찬 물빛이 눈동자로 밀려드네. 萬丈寒潭下一鉤 水光淸冷逼人眸"라 하였다. [참고문헌]『虛堂語錄』, 『從容錄』, 『宗鑑法林』.

일구 一漚 한 방울의 거품. 『능엄경』 권6(대정장19, p.130a21)에 "공중에 대각이 일어나니, 마치 바다의 물방울 하나인듯 번뇌투성이 티끌같은 국토, 그 모두가 저 공에서 생긴다네. 空生大覺中 如海一漚發 有漏微塵國 皆從空所生", 『정토혹문』(대정장47, p.294a28)에 "마땅히 알라! 정토는 오로지 마음일 뿐이니 마음 밖에는 정토가 없다. 마치 바다에 파도치는 수많은 물거품같이 한 방울도 바다 밖이 아니다. 當知 淨土惟心 心外無土 如大海之現群漚 無一漚能外海也"라고 하였다. [참고문헌]『楞嚴經』, 『淨土或問』.

일구 一軀 한 구. 구는 불상 등을 헤아리는 단위. 『다라니집경』 권2(대정장18, p.799b4)에 "약사불상 한 구를 만들고 『약사경』 1권을 베끼며 오색에 49척으로 된 번기 하나를 짓도록 하였다. 仍敎令作藥師佛像一軀 寫藥師經一卷 造幡一口 以五色成四十九尺"라고 하였다. [참고문헌]『陀羅尼集經』.

일구경도 一究竟道 하나 뿐인 마지막 길. 『유마경현소』 권6(대정장38, p.558a18)에 "문파를 따라 깨달음 다르므로 각기 유일한 구경도를 얻었다고 말하며 쟁론을 일으킨다. 隨門異故 見理亦異 是故 各說謂得一究竟道 起諍論也"라고 하였다. [참고문헌]『大智度論』, 『維摩經玄疏』. ⇨ 구경도 究竟道 ❶

일구경천 一究竟天 색구경천(色究竟天 Ⓢ Akaniṣṭha). 『출요경』 권9(대정장4, p.657c22)에 "꽃향기는 가까이 다가가야 맡을 수 있지만, 지계의 향기는 위로 일구경천까지 사무친다. 이 때문에 '꽃향기 바람 거스르지 못하지만, 덕 있는 이의 향기 널리 어디에서나 맡는다'라고 설한다. 華香 逼近乃別 持戒之香 上徹一究竟天 是故說曰 華香不逆風 德人遍聞香"라고 하였다. [참고문헌]『出曜經』. ⇨ 색구경천 色究竟天

일구기 一口氣 한번 내쉰 숨. 일대사(一大事) 즉 나고 죽는 일(生死大事)을 마쳐야 쉴 수 있는 숨의 뜻이다. 대천세계의 겁화도 잡는 숨이라 하였다. 『분신왕문경』 권상(대정장13, p.940c24)에 "또한 그 보살은 한 번 내분 숨으로 셀 수 없어 항하사만큼의 모든 부처님 세계에 겁으로 타오르는 불길을 잡는다. 又 彼菩薩 以一口氣 能令無量 恒河沙等 諸佛世界 劫燒火滅", 『원오어록』 권11(대정장47, p.763b10)에 "놓아 간다면 한 숨이라도 통하겠지만, 놓아 갈 수 없다면 한 줌 쥐기도 전에 권채로 죽으리라. 放行 敎他通一口氣 若不放行 不消一搦搦殺", 『무문관』 15칙 「평창 評唱」(대정장48, p.295a6))에 "향한 그대로 그 속에서 밝혀야 하리. 비로소 동산에게 막힌 숨 내쉬리라. 向者裏明得 方與洞山 出一口氣", 『염팔방주옥집』 권하(卍속장119, p.295b1)에 "한 가닥 길을 놓으면 그대 막힌 한 숨 쉴 수 있겠지만, 만일 붙잡아 요긴한 나루터 정해버린다면, 저 아래 너른 뜰 풀밭에 뿔 달린 큰 호랑이 앉힌듯 같으리니 어느 곳에 곁을 줄 것인가? 放一線道 且容你出一口氣 若也把定要津 直下似平田淺草 戴角底大蟲 有什麽近傍處", 『박산경어』(卍속장112, p.951b11)에 "사람의 목숨 호흡에 달려 있지만, 대사를 밝히기 전이라면 한 숨마저도 쉰 적 없다. 앞길 아득하여 어디로 가는지 모르니 서두르지 않을 수 없다. 人命在呼吸 大事未明 一口氣不來 前路茫茫 未知何往 不得不緊"라고 하였다. [참고문헌]『奮迅王問經』, 『圜悟語錄』, 『無門關』, 『拈八方珠玉集』, 『博山警語』. ⇨ 일대사인연 一大事因緣

일구도단 一句道斷 한 마디로 말해 끊는다. 더이상 할 말이 없게 하는 뜻이다. 일구도진(一句道盡)이라고도 한다. 『벽암록』 63칙 「송 頌」(대정장48, p.195a1)에 "동당 서당이 모두 멋대로 말한다〈몸소 한 말 그대로 입에서 나온다. 한 구로 말해 한 마디 일러 끊어버리고 죄인의 자백에 따라 판결문을 작성한다〉. 兩堂俱是杜禪和〈親言出親口 一句道斷 據款結案〉"라고 하였다. [참고문헌]『碧巖錄』. ⇨ 일구도진 一句道盡, 동당 東堂, 서당 西堂

일구도득진 一句道得盡 한 마디 일러서도 얻을 일 다해 마치다. 한 마디 말에 모든 뜻 다해 마친다는 뜻이다. 『백운수단화상어』(속고존숙어요3, 卍속장118, p.951a11)에 "'한 마디 일러 주고 얻을 일 다했다면 불조 닮은 스승이고, 한 마디 해서도 말하지 못한다면 인천의 스승이다. 이제 어떻게 말해야 할까?' 이어서 말했다. '물 있으면 모두 달을 머금고, 구름을 두르지 않은 산은 없다'. 一句道得盡 與祖佛爲師 一句道不盡 與人天爲師 今日作麽生道 乃云 有水皆含月 無山不帶雲"라고 하였다. [참고문헌]『白雲守端和尙語』. ⇨ 일구도진 一句道盡

일구도진 一句道盡 한 구로 말해 다한다. 한 마디로 끝낸다. 『경덕전등록』 권12 「진존숙전 陳尊宿傳」(대정장51, p.291c8)에 "'한 마디로 일러 다할 때 어떻습니까?' '뜻 찾다 패한다.' '무엇을 학인이 뜻에 떨어진다 합니까?' '30방은 누구를 시켜 때릴까?' 問 一句道盡時 如何 師云 義墮也 僧云 什麽是學人義墮處 師云 三十棒敎誰喫", 『벽암록』 76칙 「본칙 本則」(대정장48, p.203b28)에 "베푸는 이와 받는 이, 둘 모두 눈먼 사람이다〈명령해야 행한다. 한 마디로 끝난다. 그런 사람 만나기는 드물다〉. 施者受者 二俱瞎漢〈據令而行 一句道盡 罕遇其人〉", 『

천성광등록』 권25 「승천사확장 承天辭確章」(卍속장135, p.854b13)에 "'스님께서 「한 마디로 다한다」라고 말씀하셨는데, 한 구로 말해 모두 다하는 법은 어떠한지요?' '천 년의 일을 알고자 하면 백 세 먹은 사람에게 물어보라'. 問 承師有言 一句道盡 如何是一句道盡底法 師云 要知千年事 但問百歲人"라고 하였다. [참고문헌] 『景德傳燈錄』, 『碧巖錄』, 『天聖廣燈錄』. ⇨ 일구도진무잉어 一句道盡無剩語

일구도진무잉어 一句道盡無剩語 한 구절로 모두 말하여 더할 말이 없다는 뜻. 『석씨계고략』 권4(대정장49, p.896b25)에 "『중론』에 '인연으로 생한 법'이라 하니, 한 구로 모두 말하여 더할 말이 없고, '나는 그것이 공가중이라 설한다'라고 하니, 주렴을 저물어 걷어올리니 서산에 비가 내리네. 中論因緣所生法 一句道盡無剩語 我說卽是空假中 珠簾暮捲西山雨"라고 하였다. [참고문헌] 『釋氏稽古略』. ⇨ 일구도진 一句道盡

일구로사 一拘盧舍 Ⓢ krośa, Ⓣ rgyang-grags. 떨어진 공간 사이를 헤아리는 단위. 거리를 세은 단위 중 하나다. 구로사(俱盧舍)라고도 쓴다. 전거에 따라 각각 다르게 기술한다. 원측(圓測)의 『해심밀경소』 권3(한불전1, p.205a15)에 "아비달마에서는 4주(Ⓢ hasta)가 1궁(Ⓢ dhanu)이고, 500궁을 1구로사라고 한다. 毗曇論云 四肘爲一弓 五百弓名一拘盧舍", 『마하승기율』 권9(대정장22, p.309c24)에 "5주가 궁이고, 2천궁을 1구로사라고 한다. 五肘弓 二千弓名一拘盧舍", 『유부율』 권21(대정장23, p.739a10)에 "3주반이 1인이 되고 4주가 1궁이 된다. 500궁이 1구로사가 된다. 三肘半成一人 四肘成一弓 五百弓爲一拘盧舍", 『법화현찬』 권6(대정장34, p.768b28)에 "사천왕천의 몸 크기는 1구로사의 4분의 1이다. 삼십삼천의 몸 크기는 다시 1족을 더한다. 1족이란 1구로사를 4분한 것을 반으로 나눈 것을 말한다. 四天王天身量 如一拘盧舍四分之一 三十三天身量 復增一足 一足者 一拘盧舍分爲四分 一分中半名爲一足", 『일체경음의』 권22(대정장54, p.446b19)에 "1구로사〈아비달마에서는 1자 5촌이 1주, 4주가 1궁, 300궁이 1리, 4리가 1구로사라고 한다. 이에 준해 헤아리면 1리는 360보이니 1구로사는 1440보다〉. 一俱盧舍〈依毘曇中 一尺五寸爲一肘 四肘爲一弓 三百弓爲一里 四里爲一俱盧舍 準計一里三百六十步 則一俱盧舍有一千四百四十步也〉"라고 하였다. [참고문헌] 『解深密經疏』, 『摩訶僧祇律』, 『有部律』, 『法華玄贊』, 『一切經音義』, *Abh-k-bh.172·177.*, *Lal-v.104.* ⇨ 구로사 俱盧舍, 일고성간 一鼓聲間

일구염신 一句染神 한 마디 말에 신이 물들다. 『법화문구기』 권10하(대정장34, p.359c27)에 "한 마디 말로 신이 물들면 온통 피안의 먹을 양식이 되고, 그것을 사유하고 수습하면 영원히 고해를 건너는 배를 띄운다. 一句染神 咸資彼岸 思惟修習 永用舟航", 『유마경약소』 권5(대정장38, p.624c29)에 "또한 경에서 '한 마디 말이 정신에 물들면 아득한 겁 지나도록 썩지 않는다'라고 한다. 又經言 一句染神 彌劫不朽", 『종경록』 권13(대정장48, p.487c27)에 "한 구 마음에 물들어도 반드시 성불하게 되고, 한 자가 귀를 스치기만 해도 칠대를 이어 쇠하지 않으리. 一句染神 必當成佛 一字經耳 七世不沈"라고 하였다. [참고문헌] 『法華文句記』, 『維摩經略疏』, 『宗鏡錄』. ⇨ 일경기이 一經其耳

일구요연초백억 一句了然超百億 한 마디에 깨우쳐 다하면 백억세계 넘어선다는 말. 『증도가』(대정장48, p.396c20)에 "뼈 쪼개고 몸 부수어도 은혜 갚기에 충분치 않으니, 한 구 깨우쳐 밝아 백억을 넘어서리. 粉骨碎身未足酬 一句了然超百億", 『증도가송』(卍속장114, p.888a3)에 "한 구 밝아 백억 겁을 넘어서지만, 한 구로 말하려면 나는 도리가 없다네. 이와 같이 소리 쳐서 종지 밝히고, 서쪽에서 온 푸른 눈의 달마는 웃으면서 보내버리리. 一句了然超百億 若論一句我無能 如斯擧唱明宗旨 笑殺西來碧眼僧", 『분양어록』 권상(대정장47, p.605b7)에 "바람 소리 요란하고 말은 시끄럽구나. 모든 현자들에게 묻노니 무슨 물건 베풀려 하는가? 한 마디로 백억세계 넘으리니, 누가 있어 다시 그 중에 깊은 뜻 물어올텐가? 風聲浩浩語喧喧 借問諸賢何物宣 一句了然超百億 誰人更問箇中玄"라고 하였다. [참고문헌] 『證道歌』, 『證道歌頌』, 『汾陽語錄』. ⇨ 일구 一句

일구유경 一搆乳頃 우유 한 번 짤 틈에 물방울이 바다를 적시고, 셀 수 없이 젖을 짜야 마실 수 있듯이, 견뎌 참아야 할 기나긴 도의 길도 잠깐의 마음에서 비롯된다는 비유다. 『정심계관법』 권하(대정장45, p.830a18)에 "도에 나아가는 마음을 일으킴은, 마치 물방울로 바다를 적시듯 하여 비록 보잘것없는 듯하지만 물은 끝내 잃지 않는 경우와 같다. 경에 '우유를 한 번 짜는 틈에 대승심을 일으켜도 마땅히 불도를 성취한다'라고 하였다. 왜 그런가? 만일 도를 닦는 때에는 백열 가지 고통을 모두 참아 견디기 때문이다. 夫發道心 如滴水寄海 雖復微鮮 水終不失 經云 一搆乳頃 起大乘心 當成佛道 何以故 若修道時 百一十苦 悉堪忍之", 『지관보행수요기』 권2(卍속장99, p.257b5)에 "한 번 채취하는 틈을 일구라 한다. 구라는 자는 젖을 짠다는 뜻의 구(㲃)로 써야 한다. 以一採頃 名爲一搆 搆字應作㲃"라고 하였다. [참고문헌] 『淨心戒觀法』, 『止觀輔行搜要記』.

일구자 一句子 한 마디 말. 말이 스스로 적멸(寂滅)의 자성을 잃지 않아서 말이 있기 전의 자취를 분명히 드러낼 수 있다는 뜻에서의 일구다. 『유심집』(卍속장110, p.679b13)에 "나에게 한 마디 말 있지만 남에게 베풀 순 없네. 혀가 움직여 시비만 일어날 뿐이니— 말과 문자들 본래 적멸이라네. 我有一句子 不便與人說 舌動是非生 言詞相寂滅", 『굉지광록』 권4(대정장48, p.41c4)에 "학인이 '혀끝 길 끊어버려도 둘셋의 근기들 추락할 일 없겠지요'라고 하자, 굉지가 말했다. '말 있기 전 한 마디 말 그 자취는 극히 분명하리라'. 僧云 坐斷舌頭路 不落二三機 師云 言前一句子 的歷極分明", 『임제록』(대정장47, p.500a26)에 "저 제방의 학인들이 찾아와 주인과 손님이 서로 보아 마쳐서는 문득 한 마디 말로도 앞선 선지식 가릴 수 있다. 如諸方有學人來 主客相見了 便有一句子語 辨前頭善知識", 『경덕전등록』 권14 「도오원지전 道吾圓智傳」(대정장51, p.314a25)에 "약산이 법좌에 올라 '내가 품은 한 마디를 누구에게도 말한 적 없다'라고 하자 도오가 나와서 말했다. '서로 따라 와야지요'. 藥山 上堂云 我有一句子 未曾說向人 師出云 相隨來也"라고 하였다. [참고문헌] 『唯心集』, 『宏智廣錄』, 『臨濟錄』, 『景德傳燈錄』. ⇨ 일구 一句

일구절류만기침삭 一句截流萬機寢削 한 마디로 흐름 끊고 만 갈래 기틀 물리쳐 버린다는 말. 말의 자성이 분별인 줄 알아 다그쳐 그 흐름 끊고 말하게 하는 뜻이다. 삭(削)은 식(息)으로도 쓴다. 『철편소화상어』(속고존숙어요4, 卍속장119, p.50a14)에 "한 마디로 흐름을 끊어 만 가지 움직임 물리친다. 공한 바탕도 공으로 된 것들도 사라져 적멸만이 현전한다. 그러면 보화불의 머리에 눌러 앉고 생사의 보금자리도 훌쩍 벗어난다. 보금자리 벗어던지니 도무지 내가 없어 티끌마다 국토마다 본래의 광명 어둡지 않고, 만물 낱낱이 온전히 아름답게 빛난다. 一句截流萬機寢削 空所空滅 寂滅現前 坐斷報化佛頭 逈脫死生窠臼 窠臼逈脫 覿體無私 塵塵刹刹 不昧本光 物物頭頭 全彰妙用", 『요암청욕어록』 권1(卍속장123, p.601b10)에 "법좌에 올라 '진실은 거짓을 가리지 못하고, 굽은 것은 곧은 것을 가두지 못한다. 한 마디로 흐름을 끊어 만 갈래 번뇌들 물리쳐 잠들게 한다'라고 한 뒤 주장자를 잡고 내리치면서 말했다. '한산이여, 습득이여!'. 上堂 眞不掩僞 曲不藏直 一句截流萬機寢息 拈拄杖卓一下云 寒山拾得", 『서중무온어록』 권2(卍속장123, p.826b13)에 "법좌에 올라 '한 마디로 흐름 끊으니 온갖 다툼 그친다. 두 개라고 한 쌍 되지도 않고, 하나라고 한쪽 되지도 않는다'라고 한 뒤 주장자를 잡고 올렸다가 한 번 내리치며 말했다. '철벽이다. 철벽이야!' 上堂 一句截流萬機寢息 兩不成雙 單不成隻 拈拄杖卓一卓 鐵壁 鐵壁", 『벽암록』 32칙 「수시 垂示」(대정장48, p.171b23)에 "시방세계 전체에 앉아 끊고 천안을 문득 뜨네. 한 구로 모든 흐름을 끊으니 만 갈래 기틀 무너져 내린다. 함께 죽고 함께 살 사람이 있는가? 十方坐斷 千眼頓開 一句截流萬機寢削 還有同死同生底麽"라고 하였다. [참고문헌] 『鐵鞭韶和尙語』, 『了菴淸欲語錄』, 『恕中無慍語錄』, 『碧巖錄』.

일구지교 一九之敎 왕생이라는 한 가지 길에 아홉 갈래로 난 가르침. 상상품(上上品)부터 하하품(下下品)까지 구품(九品)의 정토왕생의 교법을 말한다. 『정토론』 「서문 序文」(대정장47, p.83b6)에 "정토의 현묘한 문은 시방에서 모두 찬탄하고 아미타불의 보배로운 극락세계는 범부와 성인이 함께 기뻐한다. 그러므로 십육관법의 넓은 규범이 인도에서 성행하였고 구품왕생 가르침은 동하까지 멀리 이어졌다. 夫淨土玄門 十方咸讚 彌陀寶界 凡聖同欣 然則二八弘規 盛乎西土 一九之敎 陵遲東夏"라고 하였다. [참고문헌] 『淨土論』. ⇨ 구품왕생 九品往生, 왕생 往生

일구탄진 一口呑盡 한 입에 삼켜 다한다는 말. 『경덕전등록』 권27 「제방잡거징염대별어 諸方雜擧徵拈代別語」(대정장51, p.435a14)에 "한 노숙이 사람을 시켜 사대선사에게 말을 전했다. '무슨 이유로 산에서 내려가 중생을 교화하지 않고 저 높은 하늘만 바라보고 계십니까?' '삼세 제불을 내 한 입에 남김없이 삼켜버렸거늘 또 무슨 교화할 중생이 남아 있겠는가!'〈현각이 물어 알았다. '말해 보라! 산 꼭대기 말인가, 산 아래 말인가?'〉 有老宿令人傳語 思大禪師 何不下山 教化衆生 目視雲漢作麽 思大曰 三世諸佛 被我一口呑盡 更有甚衆生可敎化〈玄覺徵云 且道 是山頭語 山下語〉", 『운문광록』 권중(대정장47, p.565b24)에 "운문이 차를 마시다가 찻잔을 집어들고 '한 모금에 삼켜 다하면 어떤가?'라고 한 뒤 대신 말했다. '차를 또 마신다'. 師因喫茶 拈起茶盞云 一口呑盡 作麽生 代云 茶又喫却", 『대혜어록』 권11 「시준박선인 示遵璞禪人」(대정장47, p.858a8)에 "한 입에 삼세불 삼켜 다하더라도 집안에선 심부름꾼이다. 어찌 아무짝에두 쓸모 없는 박선처 같다 하겠는가! 그대는 한 터럭 끝에서 어쩔 줄 몰라 하네. 一口呑盡三世佛 正是吾家客作兒 爭似璞禪無用處 一毛頭上便忘機"라고 하였다. [참고문헌] 『景德傳燈錄』, 『雲門廣錄』, 『大慧語錄』.

일구투화 一句投火 한 마디 얻고자 불구덩이에 몸을 던진다는 말. 『불조통기』 권8 「법지지례장 法智知禮章」(대정장49, p.193a6)에 "반 게 구하고자 몸을 버리고, 한 구 듣고자 불구덩이에 몸을 던진다. 성인의 마음은 법을 얻고자 함이 이와 같았으니 나도 장차 몸을 버림으로써 게으름을 경계하리라. 半偈亡軀 一句投火 聖人之心 爲法如是 吾將捐身 以警懈怠", 『금강경찬요간정기』

권5(대정장33, p.211c26)에 "보살의 행으로는 하지 못할 일이 없다. 살을 잘라 등불을 밝히고, 넓적다리살 저며 비둘기 구하며, 한 구 듣고자 불구덩이에 몸을 던지고, 반 게 얻고자 몸을 버리며, 부처님께 공양하고자 몸을 사르고, 몸을 버려 호랑이도 먹인다. 이와 같은 행위를 모두 고행의 인이라 한다. 菩薩之行 無所不爲 剜身然燈 割股救鴿 一句投火 半偈亡軀 供佛燒身 捐形飼虎 如是等行 皆名苦因"라고 하였다. 〔참고문헌〕『佛祖統紀』, 『金剛經纂要刊定記』. ⇨반게 半偈, 반게연구 半偈捐軀

일구합두어 一句合頭語 한 구로 딱 들어맞는 말. 한마디로 상응한다 해도 결국은 만겁에 나귀 묶는 말뚝 되기 십상이라 하였으니, 말하는 일도 종사들의 본분이기도 한 뜻이다. 『경덕전등록』 권14 「선자덕성전 船子德誠傳」(대정장51, p.315b24)에 "선자가 협산선회(夾山善會)에게 말했다. '지금껏 어디서 배웠는가?' '귀로도 눈으로도 가지 못하는 곳입니다'. 선자가 웃으며 말했다. '한 구로 딱 들어맞는 말이라 함은 만겁토록 나귀를 묶을 말뚝이다. 천 길이나 되는 낚시줄 드리운 뜻은 깊은 못에 있으리니. 세 치 바늘 버리고 빨리 말해보라. 어서 말하라!' 선회가 입을 떼려 하자 선자가 상앗대로 물을 쳤는데 그 모습을 보고 선회는 크게 깨달았다. 선자는 그 자리에서 배를 버리고 가버렸다. 그 끝은 아무도 모른다. 師曰 何處學得來 曰非耳目之所到 師笑曰 一句合頭語 萬劫繫驢橛 垂絲千尺 意在深潭 離鉤三寸 速道 速道 會擬開口 師便以篙撞在水中 因而大悟 師當下棄舟而逝 莫知其終", 『조정사원』 권2(卍속장113, p.41a9)에 "한 구로 딱 들어맞는 말 : 살펴보면 운문 대신 말한 '옛사람이 말하기를 「한 구로 들어맞는 말이란 만겁토록 나귀 묶을 말뚝과 같다」고 하였는데, 어떻게 밝혀야 이 허물 벗어날 수 있을까?'라고 하였다. 여기서 옛사람은 선자화상이다. 一句合頭語 按雲門垂代 古人道 一句合頭語 萬劫繫驢橛 作麽明得免此過 古人謂船子也", 『원오어록』 권7(대정장47, p.745b16)에 "'무엇이 참되고 변함없이 흘러든다는 말인지요?' '거울이 언제나 밝게 비추는 듯하다' '뜻은 어떻습니까?' '이 또한 한 구로 딱 들어맞는 말이다'. 進云 如何是眞常流注 似鏡常明 意旨如何 師云 也是一句合頭語", 『해인소여어록』(卍속장122, p.598b9)에 "학인이 조주에게 물었다. '「개에게도 불성이 있습니까?」라고 하자 조주가 「없다」고 하셨지요?' '땅은 말 없는데 만물이 자란다' '그렇다면 한마디 딱 들어맞는 말은 만겁으로 나귀 묶는 말뚝이겠네요' '운문의 보자고 조주의 무자다'. 학인이 절을 올렸다. 又僧問趙州 狗子還有佛性也無 州云 無 又作麽生 師云 地不言而萬物生 僧云 與麽則一句合頭語 萬劫繫驢橛 師云 雲門普字 趙州無 僧禮拜"라고 하였다. 〔참고문헌〕『景德傳燈錄』, 『祖庭事苑』, 『圜悟語錄』, 『海印昭如語錄』. ⇨일구 一句

일구흡진서강수 一口吸盡西江水 한 모금에 서강의 물을 다 삼킨다는 말. 마조도일(馬祖道一)이 방거사(龐居士)에게 던진 화두이다. ⇨마조만법위려 馬祖萬法爲侶

일국토 一掬土 한 줌의 흙. 『법원주림』 권81(대정장53, p.887b5)에 "이때 왕궁에 가난하고 하천한 계집종이 있었다. 왕이 복 짓는 것을 보고 스스로를 엄하게 책망하며 말했다. '왕은 전생에 여래께 한 줌의 흙덩이를 보시하고도 지금 부귀를 얻었다네'. 時王宮中 有一婢使 最貧下賤 見王作福 自剋責言 王先身時 布施如來 一掬土故 今得富貴"라고 하였다. 〔참고문헌〕『法苑珠林』.

일군왕 日軍王 Ⓢ Adityasena. 계일왕(戒日王)의 다른 이름. 『대당서역구법고승전』 권상(대정장51, p.5a26)에 "대각사 동북쪽으로 두 역 거리쯤에 굴록가라는 절이 있다. 예전에 남방 굴록가국왕이 지었다. 절은 비록 가난하지만 계행은 맑고 엄정하였다. 근래에 일군왕이 다시 옛 절 곁에 새로 절을 지었는데 지금 비로소 완성되었다. 남국의 스님들이 와서 많이 머문다. 大覺東北兩驛許有寺 名屈錄迦 卽是南方屈錄迦國王 昔所造也 寺雖貧素 而戒行淸嚴 近者日軍王 復於故寺之側 更造一寺 今始新成 南國僧來 多住於此"라고 하였다. 〔참고문헌〕『大唐西域求法高僧傳』. ⇨계일왕 戒日王

일궁 一弓 Ⓢ dhanu, Ⓣ gzhu. 길이의 단위. 4주(肘 Ⓢ hasta)에 상당한다. 『구사론기』 권12(대정장41, p.193a2)에 "1주는 1척 6촌이고 4주는 1궁이 되므로 1궁은 6척 4촌이며, 500궁은 1구로사가 된다. 一肘有一尺六寸 四肘爲一弓 一弓有六尺四寸 五百弓爲一俱盧舍"라고 하였다. 〔참고문헌〕『俱舍論記』, *Abh-k-bh.177.*, *Lal-v.104.* ⇨궁 弓 ❷

일궁 日宮 일천자(日天子)의 궁전. 수야(脩野 Ⓢ sūrya)라는 이름으로 불린다. 『입세아비담론』 권5(대정장32, p.195b1)에 "이 일궁은 높기가 51유순이고, 넓이도 51유순이며, 둘레는 153유순이다. 이 일궁전은 파리로 이루어져 있으며 적금으로 뒤덮여 있다. 是日宮者 厚五十一由旬 廣五十一由旬 周迴一百五十三由旬 是日宮殿頗梨所成 赤金所覆"라고 하였다. 〔참고문헌〕『立世阿毘曇論』. ⇨수야 脩野, 일천자 日天子

일권 一拳 한번 쥔 주먹. 만기틀 부셔 다하는 순간. 『금강경주』 권중(卍속장38, p.728a16)에 "한 주먹에 허깨비 성문을 엎고, 한 발에 그윽한 요새를 차 뒤집는다. 남북과 동서 어디나 발길 닿는 대로 갈 뿐, 대비관자재 찾는 일도 쉬었다. 一拳打倒化城關 一脚踢飜玄妙塞 南北東西信步行 休覓大悲觀自在", 『가태보등록』 권5

「정엄수수장 淨嚴守遂章」(卍속장137, p.110b4)에 "한 주먹에 황학루를 쳐서 뒤집고, 한 발길에 앵무주를 차서 엎어버린다. 一拳拳倒黃鶴樓 一踏踏翻鸚鵡洲"라고 하였다. [참고문헌]『金剛經駐』,『嘉泰普燈錄』.

일권 一圈 하나의 울타리. 다른 세계와 경계짓는 뜻에서 구역의 뜻이기도 하다. 경계지어 울타리 치고 들어앉으니 안심도 자재도 아니다. 권궤(圈繢)와 같은 뜻이다. 『원오어록』 권10(대정장47, p.758b16)에 "반드시 금강의 울타리를 뚫어 벗어나고 남밤·대추·생쑥을 삼킨다. 하나의 울타리를 뚫고 나가면 백천억의 울타리를 한꺼번에 뚫을 수 있고, 하나의 생쑥을 삼킬 수 있으면 헤아릴 수 없이 많은 생쑥도 한꺼번에 삼킨다. 須是透出金剛圈 呑却栗棘蓬 若透得一圈 則百千億圈一時透過 若呑得一蓬 則無數億蓬 一時呑得",『불조역대통재』 권22(대정장49, p.721b5)에 "선림이 마침내 '무엇이 선인지요?'라고 묻자 성지는 손으로 원상 하나를 그렸다. '어째서 손발을 움직이십니까?' '바로 이 둥근 틀도 뚫지 못하면서 천경 만론을 말한들 무엇하겠느냐?' 선림이 아무 대꾸도 못했다. 林遂問 如何是禪 答 以手打一圓相 林云 何得動手動脚 答云 只這一圈子 便透不過 說甚千經萬論 林無語",『혼원밀화상어』(속고존숙어요5, 卍속장119, p.118a14)에 "수주 : 알알이 둥근 백팔마니주여! 하늘까지 닿는 콧구멍 한 순간에 꿰었네. 강가의 모래알처럼 많은 불보살이시여! 나날이 불러들이고는 한 울타리 뛰어넘는구나. 數珠 百八摩尼顆顆圓 遼天鼻孔一時穿 恒河沙數佛菩薩 日日呼來跳一圈",『영각광록』 권4(卍속장125, p.443b5)에 "젓가락을 들고 허공중에 한 구역 그리고 말했다. '산승은 호떡 하나로 여러분과 나누리니 송년의 잔치로 여겨 마음껏 먹도록 하시게. 만일 먹는다면 틀림없이 배가 불러서 기쁜 마음으로 해를 보내겠지만, 만일 그렇지 못하다면 이 호떡은 먹을 수 없는 대추·날밤·생쑥으로 변하여 삼키려 해도 삼킬 수 없고 토하려 해도 토할 수 없을 것이네. 이것은 여러분의 허물이지 산승의 잘못은 아니라네'. 擧箸向空中 畵一圈云 山僧 祇將箇餬餠 與諸人分歲 一任諸人餐采 若餐采得管取飽 欣欣地 過了殘年 其或未然 這箇餬餠 變成棘栗蓬 要呑呑不得 要吐吐不得 此乃諸人之咎 非山僧之咎也"라고 하였다. [참고문헌]『圜悟語錄』,『佛祖歷代通載』,『混源密和尙語』,『永覺廣錄』. ⇨ 권궤 圈繢, 권련 圈攣

일권련 一圈攣 ➡ 권련 圈攣, 일권 一圈

일권오지 一拳五指 한 주먹에 다섯 손가락. 오온(五蘊)으로 인견(人見) 삼음을 비유한다. 『원각경집해강의』 권9(卍속장87, p.928a16)에 "중생이란 오음이 화합하여 일어났다. 마치 다섯 손가락을 쥐면 한 주먹이니 다섯 손가락이 주먹이 되었으므로 주먹이라는 이름도 생겼다. 오음이 몸이 되면 느닷없이 이름지어 중생이라 하고, 중생견이라고도 하고 인견이라고도 한다. 衆生者 五陰和合而生 如五指頭束成一拳 此五成拳 故有拳名 五陰成身 假名衆生 亦云衆生見 亦云人見",『환계유일어록』 권하(卍속장122, p.142b5)에 "'분별하고 자세히 생각하여도 찾을 곳 없다. 찾을 길 없는 그 속에서 마침내 주먹을 쥐고 '보았는가?'라고 한 뒤 잠깐 침묵하다가 말했다. '쥐면 한 주먹이다'. 다시 펼치면서 말했다. '펼치면 다섯 손가락이다'. 擬議尋思無覓處 無覓處在這裏 遂握起拳云 見麼 良久云 握則一拳 復展開云 開則五指"라고 하였다. [참고문헌]『圓覺經集解講義』,『環溪惟一語錄』. ⇨ 오음 五陰

일권일실 一權一實 하나의 방편(權)과 하나의 진실(實). 『천태사교의』(대정장46, p.775b12·한불전4, p.519c2)에 "권실이란 이름으로는 현재와 과거에 통하지만 뜻은 같지 않다. 이는 법화이전에는 방편과 진실이 같지 않고, 대승과 소승이 서로 멀다. 저 화엄시에서는 하나의 방편이고 하나의 진실이어서〈원교의 진실과 별교의 방편〉이 서로 상즉하지 않는 것과 같다. 言權實者 名通今昔 義意不同 謂法華已前 權實不同 大小相隔 如華嚴時 一權一實〈圓實別權〉 各不相卽"라고 하였다. [참고문헌]『天台四教儀』. ⇨ 권실 權實

일궐 一橛 짧은 나무 막대기. 말뚝. 양궐(兩橛) 중 하나라는 말로 짝을 이루는 사물 중 하나만을 가리킨다. 무엇을 얻었다 하면 무언가는 잃는다는 뜻에서 하나다. 『원오어록』 권7(대정장47, p.744c24)에 "옛사람이 이르길 '움직인즉 미친 짓이고, 고요한즉 속이는 일이다. 움직임과 고요함을 멀리 넘는 일이 있다. 나의 입이 좁아서 그대에게 말해줄 수 없다'고 하였다. 원오는 '맞기야 맞지만 한 짝만을 얻었다고 할 수 있다. 산승이라면 그렇게 하지 않으리라. 말은 미친 짓이고 침묵은 비방이다. 말도 침묵도 넘어서는 일이 있다. 노승의 혀가 짧아서 그대에게 말해 줄 수 없다. 확실하게 알겠는가? 양날의 금강보검이 구멍 없는 철추와 한번 겨루네'라고 하였다. 古者道 動是誑寂是謗 動寂向上有事在 老僧口門窄不能與汝說 師云 是則是 只道得一橛 若是山僧則不然 語是誑默是謗 語默向上有事在 老僧舌頭短 不能與爾說 還委悉麼 兩仞金剛寶劍一對無孔鐵槌",『벽암록』 14칙 「평창 評唱」(대정장48, p.155a15)에 "(게송에서) '별나고 별나다. 운문은 말뚝 하나 얻었네'라고 하였는데, 왜 전부 얻었다 하지 않았나? 왜 하나 뿐인가? 말해보라! 나머지 하나 어디에 있는가? 別別 韶陽老人得一橛 何不道全得 如何只得一橛 且道 那一橛 在什麽處"라고 하였다. [참고문헌]『圜悟語錄』,『碧巖錄』. ⇨ 양궐 兩橛

일귀하처 一歸何處 ➡ 만법귀일 萬法歸一

일규 一揆 만법(萬法)이 여법(如法)하여 한결같은 뜻이다. 『법화문구기』 권10상(대정장34, p.343a24)에 "심심(深心)에서 심이란 둘이 아닌 뜻을 다함이고, 직심(直心)에서 직이란 처음과 끝이 한결같다는 뜻이다. 이로써 보면 낱낱 구의 뜻이 수많은 지혜 아님이 없다. 深謂窮理不二 直謂始終一揆 以此而觀 一一句義 無非多聞", 『화엄경소초』 권33(대정장36, p.254c7)에 "네 문이 한가지 뜻이다. 곧 하나이면서 다르지만 걸림이 없고, 물들고 벗어남도 서로 어울린다. 드디어 사사로 무애한 거울 속의 그림자 되네. 四門一揆 則一異無礙 染淨相融 方爲事事無礙之鏡像也", 『능엄경정견』 권6(卍속장91, p.116b7)에 "스승이 이미 이와 같은 이상 제자도 그렇지 않음이 없으니, 사자의 도가 같음은 고금에 한결같은 본보기다. 그러므로 다 모아 관세음이라 이른다. 師旣如此 資莫不然 師資道同 古今一揆 是故 總稱之曰觀世音", 『원오어록』 권3(대정장47, p.725a22)에 "만물 낱낱이 밝고 밝아 빛나고 빛나니, 모든 세계 천가지로 다르지만 뜻만은 한 길로 돌아간다네. 物物頭頭 明明歷歷 事有千差 理歸一揆"라고 하였다. [참고문헌] 『法華文句記』, 『華嚴經疏鈔』, 『楞嚴經正見』, 『圜悟語錄』.

일규 一竅 하나의 구멍. 꽉 막혀 진퇴양난이거나 아득한 때에 활로가 되는 유일한 구멍의 뜻으로 향상일규(向上一竅)라고 한다. 『운문광록』 권중(대정장47, p.559b3)에 "도리어 일 없는 사람이라 부르겠지만 다시 덧붙여 향상하는 하나의 통로 있음을 알아야 한다. 喚作無事人 更須知有 向上一竅在", 『설두어록』 권5(대정장47, p.702b20)에 "물에 찍고 진흙에 찍고 허공에 찍으니, 납자들 동서를 가리지 못하네. 향상하는 하나의 통로를 제쳐 여니, 천성이 일제히 그 바람 아래 서누나. 印水印泥印空 衲子不辯西東 撥開向上一竅 千聖齊立下風", 『원오어록』 권11(대정장47, p.761a28)에 "만일 향상하는 통로로 말하자면, 부처나 조사도 설 수 없고 범성마저 멀리 끊어진 자리라네. 若論向上一竅 佛祖不立 凡聖杳絶", 『법화전거어요』(고존숙어록26, 卍속장118, p.493a7)에 "학인이 물었다. '운문이 말한 한 통로란 무엇인지요?' '활짝 열고 단단히 잠근다'. 僧問 如何是雲門一竅 師云 開張閉合"라고 하였다. 규의 기원을 『장자』 「제물론 齊物論」의 "대지가 숨쉬는 것을 바람이라 하니, 이는 오직 짓는 일 없다. 작정하면 만갈래 구멍으로 분노해 절규하리라. 夫大塊噫氣 其名爲風 是唯無作 作則萬竅怒呺"라고 하기도 한다. [참고문헌] 『雲門廣錄』, 『雪竇語錄』, 『圜悟語錄』, 『法華全擧語要』, 『莊子』.

일규선사어록 一揆禪師語錄 **1** 청대 일규초침(一揆超琛 1625~1679)의 어록. 보명(普明) 엮음. 1권. 가흥장39, pp.7a1~18a29, No.B.436에 수록되어 있다. 1679년(강희18) 간행되었다. 본 제목은 『참동일규선사어록 參同一揆禪師語錄』이며, 『복사선사어록 伏獅禪師語錄』과 합책(合冊)이다. 비구니선사 일규초침의 시중(示衆)·송고(頌古)·불사(佛事)·참동암기명(參同庵記銘) 등을 수록하고, 마지막에 행장에 해당하는 「참동일규선사행실 參同一揆禪師行實」을 붙였다. **2** 청대 일규원규(一揆元揆)의 어록. 성형(成炯) 등 엮음. 12권. 가흥장37, pp.445a1~504a10, No.B.388에 있다. 1699년(강희38) 간행될 때 제목은 『신정일규선사어록 神鼎一揆禪師語錄』이다. 일규원규가 수성사(壽聖寺) 등에서 행한 상당(上堂)·소참(小參)·만참(晩參)·염송고(拈頌古)·행실(行實) 등을 수록하였다.

일규허통 一竅虛通 하나의 구멍만으로 허공에 통한다는 말. 『직주천동송고』 권하(卍속장117, p.797b3)에 "한 구멍만으로도 허공에 통한다〈한 뜻으로도 막힘없이 통하니 시방이 모두 트였다〉, 팔면이 영롱하구나〈티끌같고 모래알 같은 세계 통하여 어울리지 않음이 없구나〉. 一竅虛通〈一理虛通 十方廓然〉 八面玲瓏〈刹塵沙界 無不通融〉"라고 하였다. [참고문헌] 『直註天童頌古』, 『宏智廣錄』 권2(대정장48, p.23b24), 『從容錄』 54칙 「頌」(대정장48, p.262a7). ⇨ 팔면영롱 八面玲瓏

일극 一極 한결같이 성취하는 그 끝. 부처와 중생에게는 정각(正覺), 삼승(三乘)에게는 일승(一乘)이고 이승(二乘)은 성취하지 못한다. 『무량의경』 「서문 序文」(대정장9, p.383b18)에 "삼계중생들 업을 따라 윤회하지만, 한결같은 그 끝인 정각은 그들 기틀에 임하여 다 통한다. 夫三界群生 隨業而轉 一極正覺 任機而通", 『삼론현의』(대정장45, p.5b13)에 "넷째로 법화회상에서 저 삼승은 한결같은 끝으로 돌아가니, 동귀교라고 한다. 四者 法華會 彼三乘同歸一極 謂同歸敎", 『화엄경행원품소』 권1(卍속장7, p.471b5)에 "한껏 소리높여 부르지만 이승은 듣지 못한다. 一極唱高 二乘絶聽"라고 하였다. [참고문헌] 『無量義經』, 『三論玄義』, 『華嚴經行願品疏』.

일금일종 一擒一縱 한번은 잡고 한번은 놓다. 잡았다(把住) 놓았다(放行)를 자유로이 하여 걸림없이 함의 뜻이다. 『벽암록』 49칙 「평창 評唱」(대정장48, p.185a2)에 "저 작가들 서로 만나면 잡기도 놓기도 한다. 강함 만나면 약하고 천함 만나면 귀하다. 그대 승부만을 생각한다면, 꿈에라도 눈 쌓인 그 끝에 설 수 없으리라. 他作家相見 一擒一縱 逢强卽弱 遇賤卽貴 爾若作勝負會 未夢見雪峯在", 『밀암어록』(대정장47, p.961a3)에 "잡기도 좇기도 하며 눈 뜨고 꿈꾼다. 한번은 비추고 한번은 쓰이니, 드렁허리 뛰다가 기름독에 빠진 듯하다. 이런 까닭에 이르기를 '이 일 따지려면 곧바로 칼 들 일이다. 칼 휘두르지 못하면 어부가 새 둥지에 깃든 듯하리'라고 하였다. 옛 사람(夾山)이 이렇게 한 말은 돈 주고 자두 사서 오직 맛나게 익은 곳만 베어문 듯하다. 一擒一縱 開眼作夢 一照一用 鱔魚走入麻油甕 所以道 若論此事 直須揮劍 若不揮劍 漁父捿巢 古人與麼 大似將錢買李子 只從赤邊咬", 『자수회심어록』 권상(卍속장126, p.538b9)에 "(오랜 장마에 날이 개지 않는다는 말에 대하여) 운문은 '찔러라!' 하고, 자복은 '거두어라!' 하였다. 한 사람은 사로잡고 한 사람은 풀어주었으니 각자 떳떳한 이유가 있었다. 지난 밤 봄바람 나무 끝에 불더니, 날 밝자 붉은 해가 구름 끝에 올랐다. 웃음 뒤친 쌍림부대사여! 도리어 '다리는 흐르고 물은 흐르지 않는다'고 말하다니. 雲門箚 資福收 一擒一縱 各有來由 昨夜春風吹樹尾 曉來紅日上雲頭 翻笑雙林傅大士 却道橋流水不流"라고 하였다. 〔참고문헌〕『碧巖錄』, 『密菴語錄』, 『慈受懷深語錄』. ⇨ 방행 放行, 파주 把住, 방개날취 放開捏聚, 방개파정 放開把定, 일애일찰 一挨一拶

일기 一氣 ❶ 분별(是非)이 일어나기 전(未分)의 상태. 물아(物我)를 존재하게 하는 일심(一心)을 유도(儒道)의 일기(一氣)에 비정하여 푼 뜻이다. 『견정론』 권하(대정장52, p.571a3)에 "일이란 원기다. 뒤섞이고 어지러워 분별할 수 없고 모양 또한 볼 수 없다. 모습 분별할 수 없는 중에 일기의 조짐만이 출렁인다. 그 기 맑은 것은 하늘 되고 탁한 것은 땅이 된다. 이렇듯 일기가 천지를 낳으니 하나가 둘을 낳는다. 一者 元氣 謂混沌未分 無狀可見 於無狀可見道中 生一氣兆 氣之清者爲天 濁者爲地 此一氣生天地 一生二也", 『조론소』 권상(대정장45, p.171a19)에 "『장자』 내편대종사장에 '저들 바야흐로 조물자와 짝이 되어 사람이라 하고는 그중에 자유로워 천지일기'라 부른다. 곽상은 '온통 아득할 뿐, 둘이 없다'라고 붙였다. 莊子 內篇 大宗師章云 彼方且與造物者爲人 而遊乎天地之一氣 郭注云 皆冥之 故無二也", 같은 책 권상(대정장45, p.171b7)에 "일기란, 물은 외물이고 아는 내 몸이다. 하나로 같아서 모양 없으니 뿌리 같고 길도 같기에 일기라 한다. 一氣者 物是外物 我者己身 同一無相 故曰同根 同一正道 故曰一氣也", 『원각경약소』 「서문 序文」(대정장39, p.524a16)에 "원형이정은 하늘의 덕이니 일기에서 비롯하고, 상락아정은 부처님의 덕이니 본래 일심을 말한다. 일기에 오롯하면 부드럽게 되고, 일심을 닦아 도를 이룬다. 元亨利貞 乾之德也 始於一氣 常樂我淨 佛之德也 本乎一心 專一氣而致柔 修一心而成道", 『종용록』 1칙 「평창 評唱」(대정장48, p.228a24)에 "유교와 도교는 일기를 으뜸으로 삼고, 불가의 무리는 일심이 으뜸이라 한다. 儒道二教 宗於一氣 佛家者流 本乎一心", 『조론약주』 권2(卍속장96, p.592a9)에 "시도 비도 일기다〈시는 진제고 비는 속제다. 일기란 진속 둘이 아니어서 묘하게 중도로 합한다〉. 是非一氣〈是謂眞諦 非謂俗諦 一氣 謂眞俗不二 妙契中道〉"라고 하였다. 〔참고문헌〕『甄正論』, 『肇論疏』, 『圓覺經略疏』, 『從容錄』, 『肇論略註』, 『華嚴經疏鈔』 권16(대정장36, p.124b1). ❷ 단숨. 『방광대장엄경』 권9(대정장3, p.591b23)에 "큰 바다를 능히 떠서 건너고, 게다가 단숨에 그 파도마저 들이키는 등, 이와 같은 일들은 스스로 할 수 있다 해도, 보살을 나쁜 마음으로 볼 수 있는 이는 없다. 設使善浮過大海 復能一氣吸滄溟 如是之事自可爲 無能懷惡觀菩薩"라고 하였다. 〔참고문헌〕『方廣大莊嚴經』.

일기 一期 ❶ 한 생애. 『대비바사론』 권150(대정장27, p.767c27)에 "〔문〕 어째서 이 위에서 견도에 들 수 있는가? 〔답〕 이 애행자는 한 생애 동안 늘 생사를 싫어하다가, 목숨이 다하여 그 고통 직면하고는 염심 한껏 더하여 견도에 들어간다. 問 何故此位 能入見道 答 是愛行者 一期生中 恒厭生死 臨命終時 苦受所觸 厭心轉增 能入見道"라고 하였다. 〔참고문헌〕『大毘婆沙論』. ❷ 한때. 그 때만. 『임제록』(대정장47, p.502c7)에 "길에 든 이들이여! 부처 가히 얻을 수 없으며 심지어 삼승·오성과 원돈의 자취마저 온통 이 한 때일 뿐이어서, 약과 병으로 서로 다스릴 뿐 정해진 법은 없다. 설령 있다 하더라도 전부 그럴 듯한 것이니, 드러내 벌린 문자로 차별하게 하여 이와 같다 할 뿐이다. 道流 無佛可得 乃至三乘 五性 圓頓敎迹 皆是一期 藥病相治 並無實法 設有 皆是相似 表顯路布 文字差排 且如是說", 『운문광록』 권상(대정장47, p.545b24)에 "일단 남이 한 말을 들으면 바로 의심이 생겨서 부처에 대해 묻고 법에 대해 물으며, 향상에 대해 묻고 향하에 대해 물으면서 구하고 찾아 헤아려 알려 하니, 거듭거듭 엉키고 헤메다 마음 멈춰본들 다 어긋난다. 一期聞人說著 便生疑心 問佛問法 問向上問向下 求覓解會 轉沒交涉 擬心卽差"라고 하였다. 〔참고문헌〕『臨濟錄』, 『雲門廣錄』.

일기 一蟣 Ⓢ likṣā, Ⓣ sro-ma. 한 알. 크기의 단위. 극진(隙塵 Ⓢ chidra-rajas : 隙遊塵)의 일곱 배 크기의 한 알. 기(蟣)는 작은 벌레의 알. 『구사론송소론본』 권12(대정장41, p.885b13)에 "일곱의 극유진이 쌓이면 하나의 기가 되고, 일곱의 기가 쌓이면 하나의 슬(蝨 Ⓢ yūka)이 된다. 積七隙遊塵 爲一蟣 積七蟣 爲一蝨"라고 하였다. 〔참고문헌〕『俱舍論頌疏論本』, *Abh-k-bh.176.* ⇨ 극유진 隙遊塵, 극미 極微, 진 塵

일기무상 一期無常 한때의 무상. 나서 사라지는 동안의 무상함. 무정(無情)의 생주이멸(生住異滅)과 유정

(有情)의 생로병사(生老病死), 기세간(器世間)의 성주괴공(成住壞空)을 말한다. 『화엄경소』 권18(대정장35, p.636c25)에 "『십지경론』에서 '목숨이 움직여 머물지 않는 것을 다 무상'이라고 하니, 이는 다 거두는 구다. 그런데 다시 두 가지가 있다. 첫째는 염념무상이고, 둘째는 일기무상이다. 論云 命行不住 總名無常 此總句也 然復有二 一者 念念無常 二者 一期無常"라고 하였다. 〔참고문헌〕『華嚴經疏』, 『十地經論』 권5(대정장26, p.153b27), 『大毘婆沙論』 권151(대정장27, p.772c16). ⇨ 상속무상 相續無常, 염념무상 念念無常, 무상 無常

일기사상 一期四相 나서 사라질 때까지 생주이멸(生住異滅)의 네 가지 모습. 추사상(麤四相)이라고도 하며 찰나사상(刹那四相)에 대칭한다. 『능가경의소』 권1(卍속장26, p.116a18)에 "이제 이 글에 의하면 두 가지 사상이 있으니, 첫째는 찰나사상이고 둘째는 일기사상이다. 일기사상이란 이 몸을 잡아보면 생로병사이고, 기세간에서 보면 성주괴공이다. 今按此文 則有二種四相 一 是刹那四相 二 是一期四相也 就一期中 若約根身 則是生老病死 若約器界 則是成住壞空", 『인왕경소법형초』 권4(卍속장41, p.186a6)에 "일기사상은 추사상이라고도 하고 유정과 기세간에 의지해 한동안 세간에 머물고 때를 나눠 차별하니 네 가지 모습이다. 예를 들면 인간에 처음 생겨나 모태에 들고 머물다가 나오는 것은 전부 생상이고, 나서 세상에 머무는 한때의 수명이 주상이며, 소년에서 노년에 이르기까지 전후로 변하니 이상이며, 한 찰나에 바로 목숨을 버리거나 중유위는 모두 멸상이다. 一期四相 亦名麤四相 依於情器 一期住世 分齊差別 以分四相 且如人趣初生 入胎住胎出胎 皆名生相 生已住世 一期壽命 皆名住相 少年老年 前後改變 皆名異相 於一刹那 正捨壽命 及中有位 皆名滅相"라고 하였다. 〔참고문헌〕『楞伽經義疏』, 『仁王經疏法衡鈔』. ⇨ 사유위상 四有爲相, 사상 四相[2], 유위사상 有爲四相, 찰나사상 刹那四相, 추사상 麤四相

일기생멸 一期生滅 한 생의 생멸. 유정이 나서 죽기까지의 한 생애를 말한다. 한 법도 머물지 않는 찰나는 염념생멸(念念生滅)·찰나생멸(刹那生滅)이라 한다. 『불유교경론소절요』(대정장40, p.850a10)에 "무상에는 두 가지가 있으니, 첫째는 추이고, 둘째는 세이다. 일기생멸이 추이고, 염념생멸이 세이다. 無常有二 一 麤 二 細 一期生滅爲麤 念念生滅爲細", 『구사론송소기』 권5(卍속장86, p.289b18)에 "경량부(經量部)에 의하면 일기생멸로 생주이멸 사상을 세운다. 依經部宗 約一期生滅 以立四相"라고 하였다. 〔참고문헌〕『佛遺教經論疏節要』, 『俱舍論頌疏記』. ⇨ 생멸 生滅, 염념생멸 念念生滅

일기생사 一期生死 한때의 생사. 나서 죽을 때까지를 말한다. 『종경록』 권5(대정장48, p.440c23)에 "또한 시작과 끝을 잡아 보면 사구분별이 있다. 첫째는 시작은 있고 끝은 없는 것으로 시각이다. 둘째는 끝은 있고 시작은 없는 것으로 무명이다. 셋째는 시작도 끝도 없는 것으로 실제를 말한다. 넷째는 시작도 있고 끝도 있는 것으로 나서 죽을 때까지의 한때다. 又約始終 有四句分別 一 有始無終 卽是始覺 二 有終無始 卽是無明 三 無終無始 謂實際 四 有始有終 是一期生死", 『성유식론증의』 권2(卍속장81, p.698b12)에 "나서 죽을 때까지를 잡아 보면, 과보의 시종을 나누어 정하면 네 가지 모습이다. 처음으로 태에서 나올 때는 생이고, 목숨이 다하면 멸이다. 난 이후로 이삼십년 또는 칠팔십년 동안 이 몸이 상속하며 끊이지 않는 것을 주라 하고, 소년에서 장년으로 장년에서 노년으로 옮겨 변하며 같지 않은 것을 이라 한다. 若約一期生死 果報始終分位 亦有四相 初出胎時名生 命終名滅 生已 或二三十年 或七八十年 只是此身 相續不斷名住 自少而壯 自壯而老 遷變不同名異"라고 하였다. 〔참고문헌〕『宗鏡錄』, 『成唯識論證義』. ⇨ 생사 生死, 사상 四相[2], 유위사상 有爲四相, 시각 始覺, 무명 無明, 실제 實際

일기일경 一機一境 단 한 번뿐인 마음이 단 한 때만의 경을 만날 뿐, 마음도 늘 움직이고 경계 또한 흘러 멈추지 못하기에 오직 일기일경, 일언일구(一言一句), 일방일할(一棒一喝)이 있을 뿐, 덧붙일 분별도 없고 궁구할 기특함이나 깊은 뜻마저도 거두절미하는 뜻이다. 『원오어록』 권15(대정장47, p.782a13)에 "금강정안을 갖추었다면 씻고 씻어 떨쳐버려야 한다. 오직 본분사만으로 만나야 곧바로 저 부처와 같이 보리니, 오히려 불지가 있어 장애다. 그러므로 예로부터 방을 휘두르거나 할을 내지르는 한 순간에 한 경계고 한마디 한 구절일 뿐이어서, 뜻은 그 끝에 있어 단지 홀로 벗어남만을 귀하게 여기니 풀 끝에도 나무뿌리에도 의지할 일 없다. 若具金剛正眼 須灑灑落落 唯以本分事接之 直饒見與佛齊 猶有佛地障在 是故從上來行棒行喝 一機一境 一言一句 意在鉤頭 只貴獨脫 勿使依草附木", 『조산어록』(대정장47, p.531b9)에 "구지화상이 마땅히 여긴 곳 이빨 부딪힌 소리다. 단지 한 때 한 모습만을 알아차렸을 뿐이다. 俱胝承當處莽鹵 只認得一機一境", 『대혜어록』 권15(대정장47, p.874c23)에 "허다한 차별안목 갖추지 못하고서 마음의 자성을 헤아리는 노상에서 한 소식 얻었다 함과 같이 하니, 정히 부싯돌 불 붙여 번개 치듯함을 즐겨하지 않고 도리어 말놀음 좋아하고 더하여 실법을 알았다 착각하기까지 한다. 저 일기일경 일방일할상에서 한 소식 얻은 이라면 참으로 말놀음 좋아할 리 없으리. 若不具許多差別眼目 如心性解路上得箇入處底 定不愛擊石火閃電

光 却愛這般說話 又却錯做實法會了 如一機一境一棒一喝上得箇入處底 定不愛這般說話", 『완릉록』(대정장48, p.385b25)에 "이 한낱 법 뜻으로 논하려 한들 어찌 그대가 언구상에서 얻을 수 있겠으며, 또한 한 기틀 한 경계상에서 볼 수 있겠는가. 이 뜻 오직 말 없이 상응해 얻을 뿐이니, 그 한가지 문 있으니 무위법의 문이다. 理論這個法 豈是汝於言句上解得他 亦不是於一機一境上見得他 此意唯是默契得 這一門名爲無爲法門", 『위림도패어록』 권하(卍속장125, p.813b18)에 "이 일은 하나의 기틀과 하나의 경계상에서 말할 수는 없다. 此事 不可於一機一境上取則", 『천여유칙어록』 권2(卍속장122, p.828a6)에 "뚜렷이 드러나 더할 것 없는데 뒤쳐 오히려 늦게 하니 도대체 알 수 없는 일이다. 불조의 일기일경과 일언일구는 본래 분별할 것도 기특할 것도 심오할 것도 없고, 더해서 숨기고 드러낼 것도 없다. 온통 다 모든 이들이 늘상 언제나 하는 일들이다. 只爲分明極 飜令所得遲 殊不知 佛祖一機一境 一言一句 本無誵訛 亦無奇特 又無深奧 且無隱藏 總是諸人 日用常行底事"라고 하였다. [참고문헌] 『圜悟語錄』, 『曹山語錄』, 『大慧語錄』, 『宛陵錄』, 『爲霖道霈語錄』, 『天如惟則語錄』. ⇨ 기경 機境

일기종횡 一期縱橫 석가세존의 일대설법을 오시(五時 : 華嚴時 阿含時 方等時 般若時 法華涅槃時)와 사교(四敎) 또는 팔교(八敎 : 化法四敎 化儀四敎)로 교판한 것. 『법화현의석첨』 권14(대정장33, p.918a27)에 "일기종횡은 일념을 벗어나지 않으며, 삼천세간 그대로 공가중이다. 一期縱橫 不出一念 三千世間 卽空假中", 『주법화본적십불이문』(卍속장100, p.144b13)에 "일기종횡 : 오시를 종이라 하고 팔교를 횡이라 한다. 一期縱橫 五時曰縱 八敎曰橫", 『십불이문문심해』(卍속장100, p.173b18)에 "일기종횡이란 석가세존께서 세간에 출현하신 한 때에 오미를 서로 낳았기에 종이라 하며, 사교로 각각 입혔기에 횡이라 한다. 一期縱橫 能仁出世爲一期 五味相生故縱 四教各被故橫"라고 하였다. [참고문헌] 『法華玄義釋籤』, 『註法華本跡十不二門』, 『十不二門文心解』. ⇨ 오시팔교 五時八敎, 일대시교 一代時敎, 화법사교 化法四敎, 화의사교 化儀四敎

일날 一捏 단 한 숨의 궁리나 분별. 일날(一揑)이라고도 쓴다. 『황벽어록』(고존숙어록2, 卍속장118, p.181a13)에 "선사가 어느 날 주먹을 쥐고 대중에게 말했다. '천하의 노화상들 모두 여기에 있다. 내가 만약 하나의 활로를 펼쳐주고 그대들 종횡으로 자유롭겠지만, 놓아주지 않는다 해도 한 치의 힘마저 쓸 필요 없다. 師一日捏拳謂衆云 天下老和尚總在這裏 我若放一線道 從汝七縱八橫 若不放過 不消一捏", 『원오어록』 권6(대정장47, p.738a13)에 "만약 향상사가 있는 줄 알아버린다면 설령 건곤대지초목총림 낱낱에 천백억석가신을 나툰다 할지라도 한 숨 쓸 일도 없다. 若知有向上事去 設使盡乾坤大地草木叢林 一一現千百億釋迦身 不消一捏"라고 하였다. [참고문헌] 『黃檗語錄』, 『圜悟語錄』.

일납 一衲 한 벌의 납의. 일납(一納)이라고도 한다. 『불제비구육물도』(대정장45, p.898a27)에 "이곳 남악의 스님들과 예부터 도력을 갖춘 고승들은 베로 된 납의에 말린 쑥 잎이나 솜을 넣어 입을 뿐 실 한 올 섞지 않았다. 천태(智顗)는 납의 한 벌만 입었고, 남산(道宣)은 비단이나 솜을 같이 입은 적이 없었으며, 형계(湛然)는 거친 삼베로 옷을 지었고, 영가(玄覺)는 옷에 누에가 토해 낸 실을 쓰지 않았으니, 어찌 자비의 헤아림이 깊지 않다 하겠는가? 참으로 존숭할 만하다. 此方南嶽山衆及自古有道高僧 布衲艾絮 不雜一絲 天台 唯被一衲 南山繒纊不兼 荊溪 大布而衣 永嘉 衣不蠶口 豈非慈惻之深 眞可尙也"라고 하였다. [참고문헌] 『佛制比丘六物圖』. ⇨ 납의 衲衣, 지의 智顗, 도선 道宣

일념 一念 **1** Ⓢ eka-kṣaṇa, eka-citta, eka-citta-utpāda. 한 생각, 한순간 또는 한 번 움직인 마음. 가장 짧은 순간인 찰나를 기준으로 헤아려 1념을 90찰나라 하고, 90찰나가 900생멸이라 하면 1념에는 8만1천 생멸이 있게 된다. 생멸과 찰나가 거듭해서 무한히 서로 거두는 뜻에서 보면 일념은 시간이라는 범주로 헤아릴 수 없다. 따라서 일념은 일심법(一心法)이라 부르기도 하고, 한결같은 무명(無明)의 마음이거나 한 찰나로 움직일 때만이 드러나는 마음의 다른 이름이기도 하다. 『무량수경』 권하(대정장12, p.279a1)에 "그중에 저 부처님의 명호를 듣고 뛸 듯이 기뻐하며 단 한 번 생각해도 마땅히 알라, 이 사람은 큰 이익을 얻으리니, 곧바로 위 없는 공덕을 다 갖추리라. 其有得聞 彼佛名號 歡喜踊躍 乃至一念 當知此人 爲得大利 則是具足 無上功德", 『대지도론』 권38(대정장25, p.339b24)에 "시 중 최소는 60념중 일념이며, 가장 큰 시는 겁이다. 時中最小者 六十念中之一念 大時名劫", 『인왕호국반야경소』 권3(대정장33, p.267a12)에 "90찰나가 일념이고 일념중 1찰나는 900생멸을 경과한다. 따라서 일념에 90찰나가 있으니 도합 8만 1천의 생멸이 있다. 생멸로써 찰나를 거두고 찰나로써 일념을 거둔다. 이와 같이 심법은 끝내 헤아릴 수 없다. 이로써 심공을 밝힌다. 九十刹那爲一念 一念中一刹那 經九百生滅 一念有九十刹那 合有八萬一千生滅 以生滅攝刹那 刹那攝一念 如是心法不可得 此明心空", 『왕생론주』 권상(대정장40, p.834c13)에 "101생멸을 1찰나라 하고 60찰나를 일념이라 한다. 百一生滅名一刹那 六十刹那 名爲一念", 『화엄경소초』 권3(대정장36, p.24a23)에 "오로지 일념뿐이라는 말은 한 찰나

경을 말한다. 唯一念者 謂於一剎那頃", 『화엄경담현결택』 권3(卍속장11, p.895b3)에 "'오로지 일념이라는 말은 한 찰나경을 말한다'고 하였다. 『구사론』에 따르면 시의 극소를 1찰나라 하고 120찰나를 1달찰나라 한다. … 또한 『인왕경』에 준하면 900생멸이 1찰나이고, 90찰나가 일념이라 한다. 『화엄경소초』는 앞의 문에 근거하므로 '일념이 찰나다'라고 한다. 唯一念者 謂於一剎那者 案俱舍論 時之極少 名一剎那 百二十剎那 名一怛剎那 … 又准仁王經 九百生滅 爲一剎那 九十剎那爲一念 鈔據前文 故云 一念卽剎那也", 『법화문구기』 권8(대정장34, p.305c17)에 "처음에 '일념'이라고 한 말은 일념의 시간을 지난다는 뜻은 아니다. 일심법을 가리켜 일념이라 한다. 初於一念者 非唯經於一念時 須指一心法 名爲一念", 『기신론소필삭기』 권9(대정장44, p.344b26)에 "일념이라는 말에는 두 뜻이 있다. 첫째는 다만 한결같은 무명의 념이고, 둘째는 한 찰나의 념이다. 所言一念有兩意 一則但是一無明之念 二則一剎那之念", 『지관보행전홍결』 권8(대정장46, p.394c20)에 "일념이란 지극히 짧은 한 찰나의 때를 가리키는 것이 아니다. 선악업이 성취되는 것을 일러 일념이라 한다. 삼세와 이세의 연박 등의 상과는 다르므로 일념이라 한다. 하지만 그 모두가 무상하기에 성의 실은 없다. 言一念者 非謂極促一剎那時 謂善惡業成 名爲一念 異於三世二世 連縛等相 故名一念 皆是無常 故無性實", 60권본 『화엄경』 권9(대정장9, p.451a20)에 "무량겁이 곧 이 일념임을 알고 일념이 곧 무량겁임을 안다. 知無量劫卽是一念 知一念卽是無量劫"라고 하였다. 〔참고문헌〕『無量壽經』, 『大智度論』, 『仁王護國般若經疏』, 『往生論註』, 『華嚴經疏鈔』, 『華嚴經談玄抉擇』, 『法華文句記』, 『起信論疏筆削記』, 『止觀輔行傳弘決經』, 『華嚴經』, *Saddh-p.224·332.*, *Suv-pr.56.* ⇨념경 念頃, 유찰나 有剎那, 찰나 剎那, 원초일념 元初一念, 염불 念佛, 십념 十念[2] ❷ 신라대 스님. 『삼국유사』 권3(대정장49, p.987b7·한불전6, p.315b14) 흥법(興法)3 원종흥법염촉멸신(原宗興法厭髑滅身)에 "원화년간(806~820)에 경주 남간사 사문일념이 「촉향분예불결사문」을 지었다. 元和中 南澗寺沙門一念 撰髑香墳禮佛結社文"라고 하였다. 〔참고문헌〕『三國遺事』, 『韓國寺刹全書』 권상 p.214b3.

일념경 一念頃 Ⓢeka-kṣaṇa-lava-muhūrtena. 마음 한번 움직이는 그 때. 60권본 『화엄경』 권33(대정장9, p.610a13)에 "헤아릴 수 없는 모든 겁은 일념경이다. 不可說諸劫 卽是一念頃", 『나마가경』 권상(대정장10, p.859c1)에 "모든 대보살은 한 생각중에 삼세불법이 그 본래의 자리에서는 평등함을 다 안다. 諸大菩薩於一念頃 悉知三世佛法 本際平等"라고 하였다. 〔참고문헌〕『華嚴經』, 『羅摩伽經』, *Bodh-bh.227.* ⇨일념 一念[1], 념경 念頃, 찰나 剎那

일념만년 一念萬年 한 생각이 만년이라는 뜻. 『주화엄법계관문송』 권하(대정장45, p.707c9)에 "한 생각이 만년이니 바탕은 더함도 덜함도 끊어졌다. 一念萬年 體絶增減"라고 하였다. 〔참고문헌〕『註華嚴法界觀門頌』, 『信心銘』(대정장48, p.377a4). ⇨일념 一念[1]

일념만년거 一念萬年去 한 생각에 만년이 가버리네. 석상칠거(石霜七去) 중 하나다. 『종용록』 96칙(대정장48, p.289b8)에 "한 생각에 만년이 가버리네〈지난 일도 잊고 올 일마저 잃은 사람이네〉. 一念萬年去〈忘前失後漢〉"라고 하였다. 〔참고문헌〕『從容錄』. ⇨석상칠거 石霜七去

일념미맹 一念未萌 한 생각마저 싹트지 않음. 마음이 견문(見聞)과 정식(情識)으로 움직이지 않음의 뜻이다. 『금강경비』 권하(卍속장39, p.196b6)에 "설법이란, 한 방울 일기 전에 언제나 머물고, 한 생각 싹트기 전에 만물을 만나 모습 나투고 움직임 따라 법을 설하니, 자연히 다 비워 신령하게 고요히 비춘다. 說法者 常住於一漚未發之先 一念未萌之際 因物現形 隨機說法 自然虛靈寂照", 『원각경요해』 권하(卍속장16, p.268a10)에 "선배 중 통달한 이들은 모두 한 생각 일기 전에 한소리 뱉기도 전에 두 어깨에 짊어지고 곧바로 갈 뿐이다. 그러므로 '능히 다해 마쳐야 마땅히 설한다'고 한다. 前輩達士 皆於一念未萌 一音未吐已前 兩肩荷負 直前一往 故云 能盡宣說", 『총림공론』(卍속장113, p.910b1)에 "쉽고 간략한 진실은 한 생각도 일어나기 전에 있다. 낮은 밝고 밤은 어두우며, 봄에 나고 여름에 자란다. 이것이 하늘과 땅의 쉽고 간결함이다. 그러므로 '쉽고도 분명한 선은 지극한 덕의 짝이다'라고 한다. 易簡在一念未萌已前 晝明夜暗 春生夏長 則知乾坤之易簡也 故曰 易簡之善配至德", 『할당혜원광록』 권3(卍속장120, p.961b8)에 "대해탈인은 큰 근기를 갖추었으니 보고 듣는 일 떠나고 헤아려 아는 일도 넘어선다. 나날이 쓰는 중에도 곧바로 보아 알아 끊어서 무상묘도임을 안다. 나날이 마음 쓰는 도처에 머물지 않으려면, 마치 천둥이 산을 부수듯 한 생각 일기 전에 다 알아 부숴야 하리. 大解脫人 具大根器 離見聞超情識 於日用中 急著眼看斷知無上妙道 不在日用處著到 如疾雷破山 於一念未萌已前 識得破", 『은원어록』 권6(가흥장27, p.251c1)에 "이순에 마음이 트여 사리에 걸림이 없으니, 한 생각이 싹트기 전에 삼계를 단번에 넘고 본래무량수불 곧바로 증득하니 이리 보아도 저리 보아도 온통 관자재다. 이 말에서 알아차린다면 천추에 빛나겠지만, 그렇지 못하다면 어떤 분별을 붙인들 방해될 일 있으랴. 耳順心通 事理無礙 一念未萌 頓超三界 直證本來無量壽 團團圞遶觀自在 設若於此薦得 亘

赫千秋 其或未然 何妨海屋又添籌", 『산휘어록』 권2(가흥장29, p.31b7)에 "어떤 학인이 물었다. '한 생각이 싹트기 전에 어떻게 이것이 도인지 아는가요?' '발 밑을 보아라. 이십방 줄 일도 놓아버리네'. 僧問 一念未萌時 如何得知是道 師云 脚跟下 放你二十棒"라고 하였다. 〔참고문헌〕『金剛經鐩』, 『圓覺經要解』, 『叢林公論』, 『瞎堂慧遠廣錄』, 『隱元語錄』, 『山暉語錄』. ⇨ 일념 一念❶

일념법계 一念法界 법계만을 온통 사유함. 마음이 한결같이 법계만을 연하다의 뜻으로, 삼매나 여래의 경계다. 80권본 『화엄경』 권5(대정장10, p.22b1)에 "여래경계 가이 없고 한 마음 법계로 온통 충만하다. 낱낱의 티끌중에 도량을 건립하여, 어디서나 보리를 증득하고 신통변화 일으킨다. 如來境界無邊際 一念法界悉充滿 一一塵中建道場 悉證菩提起神變", 『대일경소』 권6(대정장39, p.645b18)에 "저 아(𑖀)자문에 들어가 한 마음 법계이니 이것이 비로자나삼매다. 如入阿字門 一念法界是毘盧遮那三昧", 『수능엄의소주경』 권6(대정장39, p.907b4)에 "원조삼매란 일행삼매다. 곧 처음부터 실상을 연하여 경계지은즉 그중에 진실 아님이 없이 법계에 묶였으니, 한 마음 법계여서 연심이 자재하다 한다. 이것이 바로 한 경이 으뜸으로 여기는 수능엄정이다. 圓照三昧者 卽一行三昧也 謂初緣實相 造境卽中 無不眞實 繫緣法界 一念法界 故云 緣心自在 此卽一經所宗 首楞嚴定", 『점찰선악업보경의소』 권상(卍속장35, p.152a13)에 "점점 어지럽고 어두운 두 덮개 없애니 법계를 얽혀 연할 뿐이어서 일념법계라 한다. 漸漸令除 散昏二蓋 正所謂 繫緣法界 一念法界者也"라고 하였다. 〔참고문헌〕『華嚴經』, 『大日經疏』, 『首楞嚴義疏注經』, 『占察善惡業報經義疏』. ⇨ 일념 一念❶, 법계 法界

일념불생 一念不生 한 생각도 일어나지 않음. 뒤집힌 마음의 행로마저 끊어져 온전히 그대로인 마음을 가리킨다. 『화엄경소』 권2(대정장35, p.512b26)에 "돈교란, 다만 한 생각도 일어나지 않음을 부처라 하고, 지위에 의지해 점차로 설하지 않으므로 돈이라는 말을 붙인다. 頓敎者 但一念不生 卽名爲佛 不依地位 漸次而說 故立爲頓", 『서장』 「답부추밀장 答富樞密狀」(대정장47, p.921a26)에 "반드시 어떤 망념도 일어나지 않아 전도의 마음 끊어져야 비로소 물리칠 미혹도 없고 기다릴 깨달음도 없으며 가로막는 분별도 없음을 안다. 直須一念不生 顚倒心絶 方知無迷可破 無悟可待 無知解可障"라고 하였다. 〔참고문헌〕『華嚴經疏』, 『書狀』.

일념불생전체현 一念不生全體現 한 생각 일지 않으면 온전히 그 바탕 드러나리. 마음 움직인즉 그대로 번뇌의 구름 일어 막아 가린다. 장졸수재(張拙秀才)의 오도송이다. 『연등회요』 권22 「장졸장」(卍속장136, p.794a11)에 "광명 고요히 모래알처럼 많은 세계 가득 비추네. 범성이 함께 신령하니 한 집안이네. 한 생각 일으키지 않으면 온전히 그 바탕 드러나지만, 여섯 근이 움직이자 구름 막아 가린다네. 번뇌 끊어 다하려 하지만 병만 거듭 더하고, 진여를 향한들 이 또한 삿되리. 세상 일 따라 순하여 걸림없고 열반도 생사도 허공의 꽃이라네. 光明寂照徧河沙 凡聖含靈共我家 一念不生全體現 六根纔動被雲遮 斷除煩惱重增病 趣向眞如亦是邪 隨順世緣無罣礙 涅槃生死是空華", 『원오어록』 권16(대정장47, p.787c7)에 "만일 이근으로 용맹하여 몸과 마음 단번에 그쳐 쉬어버리니, 한 생각도 일지 않는 곳에 이르니 바로 본래면목이다. 그래서 고인이 이르길 '한 마음도 움직이지 않으면 온전한 바탕 드러나리라. 육근 겨우 움직이려 해도 구름 가득 차리라' 하였다. 若以利根勇猛 身心直下頓休 到一念不生之處 卽是本來面目 所以古人道 一念不生全體現 六根纔動被雲遮", 『종용록』 76칙(대정장48, p.275b28)에 "구슬 얻은 맹인이여, 지극한 도 면면하리 〈한 생각도 일지 않으니 온전한 본래모습 드러나네〉. 칼 자유로워 소 잡는 이여, 베는 곳마다 적심이다〈비통한 창자 눈물 흘린다〉. 得珠罔象兮 至道綿綿〈一念不生全體現〉 游刃亡牛兮 赤心片片〈泪出痛腸〉"라고 하였다. 〔참고문헌〕『聯燈會要』, 『圜悟語錄』, 『從容錄』. ⇨ 일념불생 一念不生

일념불생전후제단 一念不生前後際斷 한 생각도 일어나지 않아 과거의 번뇌도 미래의 망상도 다 끊어짐. 『수능엄의소주경』 권2(대정장39, p.847a7)에 "만일 능히 품은 것 버려 도와 합하여 능소상을 떠난다. 한 생각도 일지 않아서 전후의 시절마저 끊어졌다. 이것이야말로 참으로 법성을 얻었다 할 만하다. 若能忘懷合道 離能所相 一念不生 前後際斷 斯可名爲眞得法性", 『석씨계고략』 권3(대정장49, p.833b26)에 "만일 한 생각도 일어나지 않아 전후의 세계가 끊어지면 비추는 당체 오롯이 홀로여서 너도 나도 모두 그대로일 것이다. 若一念不生 則前後際斷 照體獨立 物我皆如"라고 하였다. 〔참고문헌〕『首楞嚴義疏注經』, 『釋氏稽古略』. ⇨ 일념불생 一念不生

일념불퇴 一念不退 한 생각도 물러남이 없음. 불퇴위(不退位)에 든 지상보살(地上菩薩)을 말한다. 『대승본생심지관경천주』 권3(卍속장34, p.241a7)에 "만일 뜻을 좇고 문을 따르지 않아 지혜의 빛 이미 모든 것 비추었다면, 한 생각도 물러남 없어 이미 십지를 넘어서 무명혹을 부수어 영원히 잃을 일 없다. 중도의 정념일 뿐이니 가히 지상보살이다. 若從義不從文 智光旣是大機 則一念不退 已入地上 破無明惑 永不退失 中道正念 可謂地上菩薩矣"라고 하였다. 〔참고문헌〕『大乘本生心地觀經淺註』. ⇨ 불퇴위 不退位, 지상보살 地上菩薩

일념삼천 一念三千 한 찰나의 마음이 곧바로 삼천대천세계(三千大千世界)다라는 말. 천태종(天台宗)의 설. 삼천(三千)은 성상(性相)과 색심(色心) 등 모든 법(諸法)의 법계(法界)를 빠짐없이 거두는 뜻에서 여지없는 수로 일체(一切)를 말한다. 『마하지관』 권5상(대정장46, p.51c18)에 "〔문〕 일념에 십법계를 갖춘다고 하니, 념을 지어 갖추는가, 아니면 자연스럽게 갖추는가? 〔답〕 법의 본성이 스스로 그러하기에 지어 이룬 것은 아니다. 저 한 티끌에 시방분을 갖추었다 하는 것과 같다. 問 一念具十法界 爲作念具 爲任運具 答 法性自爾 非作所成 如一微塵 具十方分", 같은 책 권5상(대정장46, p.54a5)에 "일심은 십법계를 갖추고 일법계도 십법계를 갖추니 100법계다. 그 하나의 계에 30종세간이 있으니 100법계인즉 3천종세간을 갖춘다. 이 삼천이 일념심에 있다. 만일 마음이 없다면 그만이지만, 조금이라도 마음이 있다면 이미 삼천세계 가득하다. 夫一心 具十法界 一法界 又具十法界 百法界 一界具三十種世間 百法界卽 具三千種世間 此三千在一念心 若無心而已 介爾有心 卽具三千", 『지관보행전홍결』 권5(대정장46, p.295c23)에 "몸도 국토도 일념삼천임을 알아야 한다. 그러므로 성도하는 순간 이 본래의 뜻과 합하니 한 몸과 한 생각이 법계 어디나 있다. '마음이 없다면 그만이지만'이라는 말은 마음은 없을 수 없다는 뜻이다. '조금이라도 있다면'이라는 말은 찰나의 마음이 틈없이 이어져 끊임이 없으니, 겨우 한 찰나일지라도 삼천을 가득 갖춘다는 뜻이다. 當知身土 一念三千 故成道時 稱此本理 一身一念 遍於法界 言無心而已者 顯心不無 言介爾者 謂剎那心 無間相續 未曾斷絶 纔一剎那 三千具足", 『천태사교의』(대정장46, p.780c3・한불전4, p.527b3)에 "한 찰나의 마음에 삼천성상과 백계천여가 빠짐없이 꽉 차있다고 관한다. 이 경 그대로 공이고 가이며 중이니, 더 이상 앞뒤의 차별이 없이 광대원만하며 종횡으로 자재하다. 觀一念心 具足無減 三千性相 百界千如 卽此之境 卽空卽假卽中 更不前後 廣大圓滿 橫竪自在", 『십불이문지요초』 권상(대정장46, p.706b17)에 "비록 모든 법에 다 삼천이 구족하지만 여기서는 묘해와 묘관을 쉽게 성취케 하기 위해 일념이 삼법(空假中)이라 단적으로 말했다. 묘중에서 특별히 심법을 취한 것이다. 雖諸法皆具三千 今爲易成 妙解妙觀故 的指一念卽三法 妙中特取心法也", 같은 책 권상(대정장46, p.710b7)에 "삼천색심에서 하나도 바꿀 것 없으니 성이다. 이 한 구 이치에 따라서 총별을 밝힌다. 본래 삼천을 갖춤은 별이고, 찰나일념은 총이다. 삼천이 한결같은 자성으로 온통 일념에 있기 때문이다. 총은 일념에 있다. 三千色心 一不可改 故名爲性 此一句約理明總別 本具三千爲別 剎那一念爲總 以三千同一性故 故總在一念也"라고 하였다. 〔참고문헌〕 『摩訶止觀』, 『止觀輔行傳弘決』, 『天台四敎儀』, 『十不二門指要鈔』. ⇨ 일념 一念[1], 일체 一切, 삼천제법 三千諸法, 산가산외 山家山外, 십계십여삼천세간 十界十如三千世間, 심성삼천 心性三千, 십계일념 十界一念, 계여삼천창 界如三千窓, 색구심구 色具心具, 백법계 百法界

일념상응 一念相應 한 마음으로 서로 응함. 다른 마음이 없이 한 마음(始覺)이 본래 밝은 마음(本覺)과 서로 응해 한 티끌 다른 마음 없는 뜻으로, 보살지마저 다한 구경각(究竟覺)을 말하며, 무분별지(無分別智)로 진여(眞如)와 함께 하는 뜻이기도 하다. 『화엄경소초』 권72(대정장36, p.574c8)에 "일념상응이란 시각이 본각과 더불어 상응한다는 뜻이다. 저 논에서 '만일 보살지가 다하여 방편이 만족하면 일념에 상응하기 때문이다. 깨우친 마음이 처음 일어나지만 마음에 그 처음이란 생각도 없어서 미세념마저 멀리 여의었기에 마음의 자성을 본다. 마음인즉 언제나 머물게 되니 그 이름이 구경각이다'(『대승기신론』, 대정장32, p.576b23)라고 말했다. 이것이야말로 시각과 본각에 두 상이 없다는 것이다. 言一念相應者 卽始覺與本覺相應故 彼論云 如菩薩地盡 滿足方便 一念相應故 覺心初起 心無初相 以遠離微細念故 得見心性 心卽常住 名究竟覺 正是始本無二相也", 『기신론의소』 권상(卍속장71, p.541a14)에 "일념상응이란 최후의 금강삼매인 무분별혜가 진여와 더불어 서로 응했음을 말한다. 一念相應者 謂最後金剛三昧無分別慧 與眞如相應"라고 하였다. 〔참고문헌〕 『華嚴經疏鈔』, 『大乘起信論』, 『起信論義疏』. ⇨ 구경각 究竟覺, 무분별지 無分別智, 진여 眞如, 역겁수행 歷劫修行

일념상응혜 一念相應慧 한 마음으로 서로 응하는 지혜. 무명(無明)이 문득 사라져 마음 저 깊은 본래의 자리(本覺)와 함께 하고, 일체종지(一切種智)마저 얻어 일체중생을 거두게 되는 대원경지(大圓鏡智)의 구경각(究竟覺)을 말한다. 『대품반야경』 권22(대정장8, p.378b20)에 "능히 불도인연을 다 갖춰 마치고는 한 찰나 마음과 상응하는 지혜로 일체종지를 얻는다. 바로 그때 일체번뇌습기 영원히 다하여 일어날 일 없다. 能具足是佛道因緣已 以一念相應慧 得一切種智 爾時 一切煩惱習永盡 以不生故", 『금광명경문구기』 권4하(대정장39, p.136c1)에 "일념상응혜란 구경각이다. 一念相應慧者 究竟覺也", 『대승기신론』(대정장32, p.581b14)에 "한 생각에 상응하는 혜로써 무명이 문득 다하니 일체종지라 부른다. 以一念相應慧 無明頓盡 名一切種智", 『대승기신론의소』 권하(대정장44, p.200a29)에 "일념상응혜란 연지를 끝낸 일념해를 말한다. 이 해로 무명이 몰록 다하고 종지가 현전한다. 종지가 현전하기에 자연스럽게 부사의업용이 법계에 가득하고 시방에 드러나 중생을 이익케 한다. 一念相應慧者 是緣智終一念解也 以此解故

無明頓盡 種智現前 以此種智現前故 自然而有 不思議業用 充法界能現十方 利益衆生也",『대승기신론열망소』권5(대정장44, p.456c4)에 "일념상응혜란, 시작없는 불각을 가리켜 장식중에 무명종자라 하고, 장식중에 무명종자가 있는 한 별경중에 지혜는 서로 응하지 못한다. 이제 광겁에 무루훈을 닦아 저 무시무명종자를 없애서 도무지 다한 위에 이르렀으니, 바로 제8정식이다. 문득 지혜와 바로 응하니 대원경지라 부른다. 이렇게 한번 상응하면 영원히 상응한다. 그래서 단번에 무명의 뿌리 뽑고 일체종지를 채운다고 한다. 一念相應慧者 旣指無始不覺 爲藏識中 無明種子 由藏識中 無明種子未盡 所以不與別境中慧相應 今由曠劫無漏熏修 滅彼無始無明種子至都盡位 則第八淨識 忽與慧所相應 名爲大圓鏡智 從此一相應後 永得相應 故曰頓拔無明根 具一切種智也",『화엄경담현결택』권4(卍속장11, p.903b3)에 "일념상응혜란 일념시각이 마음 깊은 곳에 이르는 순간 본각과 함께 한다. 무명이 단번에 사라져 일체종지라 한다. 以一念相應慧者 謂一念始覺 至心源時 契於本覺 無明頓盡 名一切種智"라고 하였다. [참고문헌]『大品般若經』,『金光明經文句記』,『大乘起信論』,『大乘起信論義疏』,『大乘起信論裂網疏』,『華嚴經談玄抉擇』. ⇨ 구경각 究竟覺, 대원경지 大圓鏡智, 일체종지 一切種智, 일념 一念 ■

일념선심생불좌마왕전 一念善心生佛坐魔王殿 한번 일으킨 선한 마음으로 부처가 마왕전에 앉으시네. 한번 낸 나쁜 마음 마왕이 부처의 궁전에 드네(一念惡心生魔王居佛殿)와 댓구다.『조계진각국사어록』(한불전6, p.20c18)에 "소참 때 고덕의 송을 들었다. '한 생각 선한 마음 일어나면 부처가 마왕전에 들어앉고, 한 찰나 악한 마음 일으키면 마왕은 부처의 궁전에 든다. 선악이라는 두 가지 상을 모두 잊으면 부처든 마구니든 어느 자리에서 나타나리오'. 조계진각이 말하였다. '선과 악, 부처와 마구니는 모두 묘성이다. 연을 따라서 변하는 곳에 임시로 이름과 모양 세울 뿐이다. 마치 저 맑은 거울이 색을 따라 영상을 비추니 검은듯 흰듯 하지만 거울은 필경 검지도 희지도 않다'. … 육조의 말씀 본 적 없는가?「선도 악도 헤아리지 말지니, 저절로 마음 고향 돌아가리라. 고요히 그러해서 언제나 조용한 저 아름다운 항하의 모래들처럼」이라 하였다'. 小叅 擧古德頌云 一念善心生佛坐魔王殿 一念惡心生魔王居佛殿 善惡兩相忘 佛魔何處顯 師云 善惡佛魔 俱是妙性 隨緣似變之處 假立名相耳 譬如明鏡 隨色現影 似黑似白 而鏡畢竟非黑白也 … 不見六祖有言 善惡都莫思量 自然得入心體 湛然常寂 妙用恒沙"라고 하였다. 여기서 고덕은 남송대 정인계성(淨因繼成)인데,『연등회요』권16「정인계성장」(卍속장136, p.696a17)에 "대중에게 말하였다. '한 찰나 마음이 청정하면 부처가 마왕전에 머물고, 한 찰나에 악한 마음 일어나면 마왕이 부처의 궁전에 든다'. 示衆云 一念心淸淨 佛居魔王殿 一念惡心生 魔王居佛殿"라고 하였다. [참고문헌]『曹溪眞覺國師語錄』,『聯燈會要』, 종보본『壇經』(대정장48, p.360a13). ⇨ 일념 一念 ■

일념성불 一念成佛 한 생각에 부처를 이룬다는 말. 각(覺)의 바탕인 무분별진여(無分別眞如)에서는 부처를 성취하는 일은 때를 기다릴 필요가 없다는 뜻이며, 한편 그 때는 닦아 수행위를 가득 채운 순간이라는 뜻이기도 하다.『신화엄경론』권2(대정장36, p.730a14)에 "탐진치 없으면 그대로 부처다. 한 생각으로 상응하여 한 순간에 성불한다. 하루 상응하면 하루 만에 성불하거늘, 어찌 겁을 헤아려 점점 닦고 많은 겁을 닦고 삼아승기겁에 과에 이른다 하는가! 無貪嗔癡 任運卽佛 故一念相應一念成佛 一日相應 一日成佛 何須劫數 漸漸而修 多劫積修 三祇至果",『화엄오십요문답』권초(대정장45, p.519c27)에 "[문] 일념성불과 다겁성불의 차별은 무엇인가? [답] 소승교에 따르면 세계성괴의 대겁인 삼아승기겁에 반드시 성불하기에, 한 순간의 성불은 없다. 삼승교에 따르면 일념성불 하기도 하는데, 두 가지 뜻이 있다. 첫째, 깨달음의 이치로 보면 위 만족의 때는 오로지 한 순간이기 때문이다. 둘째, 연을 만나 진실한 그 때 법성에는 다소와 장단이 없어, 하나의 성취는 일체의 성취, 일체성취는 하나의 성취와 같기 때문이다. 問 一念成佛 與多劫成佛 差別云何 答 依小乘敎 世界成壞 大劫滿三阿僧祇 定得成佛 無一念成佛者 依三乘敎 或一念成佛 此有二義 一 由覺理位滿足時 唯一念故 二 會緣從實時 法性 無多少長短 一成卽一切成 一切成卽一成故",『화엄공목장』권3(대정장45, p.561a14)에 "일념성불은 무분별진여의 입장에서 말할 수 있는 것이다. 一念成佛約無分別眞如 故作此說"라고 하였다. [참고문헌]『新華嚴經論』,『華嚴五十要問答』,『華嚴孔目章』,『華嚴一乘十玄門』권1(대정장45, p.518a24). ⇨ 일념 一念 ■

일념신해 一念信解 한 생각에 또는 한 마음으로 믿어 알다. 듣는 즉시 알아 깨우치는 뜻으로, 일체법을 헤아려 다 아는 뜻이기도 하다.『법화경』권5(대정장9, p.44c19)에 "그곳 중생들이 부처님 수명이 이처럼 길고 멀다는 것을 듣고 한 생각에 믿어 알아 얻는 공덕은 한량이 없다. 其有衆生 聞佛壽命 長遠如是 乃至能生 一念信解 所得功德 無有限量",『법화문구』권10(대정장34, p.137b21)에 "이제 일념신해를 푼다. 들은 대로 따라 여지없이 열려 밝게 되니, 말하는 대로 깨우쳐 걸림이 없다. 일체법이 모두 불법이라고 믿고, 또한 불법이 일체법과 격이 없음을 믿는다. 불법을 터득하지 못하면 일체법도 얻지 못하고 일체법을 알면 불법도 본다. 하나 그대로 셋이고 셋 그대로 하나다. 今釋一念信解者 謂隨所

聞處 豁爾開明 隨語而入 無有罣礙 信一切法 皆是佛法 又信佛法 不隔一切法 不得佛法 不得一切法 而見一切法 亦見佛法 卽一而三 卽三而一"라고 하였다. 〔참고문헌〕『法華經』, 『法華文句』. ⇨ 일념 一念[1]

일념심 一念心 Ⓢ eka-citta-kṣaṇa. 한 찰나의 마음. 한 마음. 문득 일으킨 마음은 금강제(金剛際)로 자유롭든지 또는 천당과 지옥으로 헤매든지 반드시 무량한 세계와 함께 한다는 뜻이다. 『대반야경』 권329(대정장6, p.683a21)에 "이 보살마하살은 능히 이와 같이 정진수학함으로써 깊은 반야바라밀다에 의지하기에, 한 찰나의 마음으로도 헤아릴 수 없을 정도로 끝 없는 공덕을 거두어들인다. 是菩薩摩訶薩 由能如是 精勤修學 依深般若波羅蜜多 起一念心 尙能攝取 無數無量 無邊功德", 『범망경』 권상(대정장24, p.1002c12)에 "이 지에 머무는 중에 생사제를 좇아 일어나지만 금강제에 이른다. 한 순간의 마음중에 이와 같은 일을 나투며 무량중생계로 거침없이 구르며 들어간다. 이와 같이 한량없는 뜻을 간략히 비유해 저 바다중에 한 물방울이라 하였다. 住是地中 從生死際起 至金剛際 以一念心中 現如是事 而能轉入 無量衆生界 如是無量 略說如海一渧", 『임제록』(대정장47, p.500a16)에 "시방의 부처님이 눈앞에 나타나도 한 순간 마음에 기쁨이 없고, 삼악도 지옥이 문득 나타나도 한 순간 마음에 두려움 없다. 十方諸佛現前 無一念心喜 三塗地獄頓現 無一念心怖", 『밀암어록』(대정장47, p.975a24)에 "한 찰나 마음이 겨우 움직인즉 염정의 두 인연에 떨어져 문득 천당과 지옥을 본다. 一念心纔動 墮落染淨二緣 便見有天堂地獄"라고 하였다. 〔참고문헌〕『大般若經』, 『梵網經』, 『臨濟錄』, 『密菴語錄』, *Suv-pr.70.* ⇨ 일념 一念[1], 일심 一心[1]

일념십념 一念十念 한 찰나의 마음이나 열 찰나의 마음. 서방정토의 왕생을 성취할 수 있는 쉽고 짧은 순간의 행을 말한다. 『무량수경연의술문찬』 권하(대정장37, p.163c16 · 한불전2, p.66b15)에 "일곱 가지 뜻으로 서방에 쉽게 날 수 있음을 증명하겠다. 첫째, 시간상 아주 조금만 닦는 길이다. 『관경』에 이르길 '하삼품은 목숨을 마칠 때에 한 번의 념이나 열 번의 념으로도 모두 왕생할 수 있다'고 하였다. … 지금 바로 서방정토에 왕생하기는 비록 매우 어렵지만 오로지 왕생만을 구하여 한 번의 칭념이나 열 번의 칭념이나 모두 왕생할 수 있으니, 왕생하기 어려운 중에서는 가장 쉬운 방법이라 하겠다. 今以七義 證西方易生 一 時但少修 故卽觀經云 下三品 臨命終時 一念十念 悉得生故 … 今卽生西方土 雖復甚難 專求往生 一念十念 皆得往生 可謂難生中之易也", 『석정토군의론』 권2(대정장47, p.41c19)에 "오역과 십악의 죄악범부일지라도 한 번의 념이나 열 번의 념으로 지극정성 사무쳐 가면 부처님의 본원에 올라 서방정토에 왕생할 수 있다. 五逆十惡 罪惡凡夫 一念十念 至誠徹到 乘佛本願 得生西方"라고 하였다. 〔참고문헌〕『無量壽經連義述文贊』, 『釋淨土群疑論』. ⇨ 십념왕생 十念往生, 일념왕생 一念往生, 왕생 往生

일념온 一念蘊 삼온(三蘊 : 一念蘊 一期蘊 窮生死蘊) 중 하나로 찰나에 생멸하는 온. 일념경온(一念頃蘊)이라고도 한다. 한 생에 걸쳐 생멸하면 일기온(一期蘊)이라 한다. 『성유식론술기』 권4(대정장43, p.354b4)에 "인간의 왕이 땅과 사람을 다스리다 왕위를 버리고 출가하여 부파의 지도자가 되었기에 화지부라고 한다. … 『무성섭대승론석 無性攝大乘論釋』에 말했다. '화지부에는 삼온이 있다. 첫째는 일념온이니 찰나에 생멸하는 법을 말한다. 둘째는 일기생온이다'. 人中國主 化地理人 捨位出家 因爲部主 名化地部也 … 無性釋云 彼部有三蘊 一 一念蘊 謂刹那生滅法 二 一期生蘊", 『성유식론학기』 권중(한불전3, p.555a6)에 "저 『무성섭대승론석』에서 말했다. '화지부는 삼온을 세웠다. 첫째는 일념온이니 찰나에 생멸하는 법을 말한다. 둘째는 일기온이다'. 如無性論 彼立三蘊 一 一念蘊 謂刹那生滅法 二 一期蘊"라고 하였다. 〔참고문헌〕『成唯識論述記』, 『成唯識論學記』. ⇨ 삼온 三蘊[1], 온 蘊, 화지부 化地部

일념왕생 一念往生 단 한 번의 생각으로 왕생한다는 말. 『염불삼매보왕론』 권중(대정장47, p.138c17)에 "다시 묻는다. '한 번의 념이나 열 번의 념으로 정토에 왕생한다고 한다. 어느 편이 바른 길인가?' 답한다. '단 한 번의 념으로 왕생하여 물러나지 않는 지에 머물 뿐이다. 이것이 바른 길이다'. … 지금의 염불만으로도 정토에 왕생하고 한 생각으로 한 선업을 성취해도 즉시 극락에 오른다. 又問 一念十念 往生淨土 何者爲正 對曰 但一念往生 住不退地 此爲正也 … 今之念佛 生于淨土 亦一念善業成 卽登極樂", 『왕생집』 권3(대정장51, p.150c1)에 "사람들은 안락을 의심하여 신통력으로도 이를 수 없다고 여긴다. 아! 한 번의 념으로 왕생하니 애써 손가락 퉁길 일도 없는 것을. 어찌 그럴 수 있는가. 人疑安樂 非神力可到 噫 一念往生 不勞彈指 獨何歟"라고 하였다. 〔참고문헌〕『念佛三昧寶王論』, 『往生集』. ⇨ 십념왕생 十念往生, 일념십념 一念十念, 왕생 往生

일념유신라 一念逾新羅 한 찰나에 신라를 넘었다는 말. 소동파(蘇東坡)의 시 「백보홍 百步洪」에 나오는 구절이다. 나날이 변하는 무상한 몸이지만 한마음 돌이켜 깨우치면 가지 못할 곳이 없게 되니, 무상을 넘어서는 뜻이다. 『소동파시집』 권17 「백보홍」에 "우리네 삶도 변하는 대로 밤낮으로 달려가지만, 앉아 깨우치니 한 찰나에 신라를 넘었네. 我生乘化日夜逝 坐覺一念逾新羅"라고 하였다. [참고문헌]『蘇東坡詩集』. ⇨ 요자과신라 鷂子過新羅, 전과신라 箭過新羅

일념정신 一念淨信 Ⓢ ekacitta-prasādam. 한 찰나에 일으킨 깨끗한 믿음. 반야(般若)중에 일으킨 정신으로 공(空)을 성취한 뜻이다. 『금강경』(대정장8, p.749b2 : *Vajr-pr.*, p.76)에 "이 장구를 듣고 나서 한 찰나에 정신을 일으킨 이라면, 수보리야, 여래는 다 알고 다 보시니, 이러한 모든 중생은 이와 같이 무량복덕을 얻는다. 聞是章句 乃至一念生淨信者 須菩提 如來悉知悉見 是諸衆生 得如是無量福德 ye imeṣvevaṃrūpeṣu sūtrāntapadeṣu bhāṣyamāṇeṣu ekacittaprasādamapi pratilapsyante. jñātāste subhūte tathāgatena buddhajñānena, dṛṣṭāste subhūte tathāgatena buddhacakṣuṣā, buddhāste subhūte tathāgatena. sarve te subhūte aprameyamasaṃkhyeyaṃ puṇyaskandhaṃ prasaviṣyanti pratigrahīṣyanti", 『금강반야소』 권1(대정장33, p.84b25)에 "부처님께서 멸도하신 후 다시 최후의 오백년에도 반야중에 한 찰나의 정신을 능히 일으키니, 밖으로 제불이 지켜 거두시고 안으로 끝 없는 공덕을 얻는다. 佛滅度後 後五百歲 般若中能生 一念淨信 外爲諸佛護念 內得無邊功德", 『금강경음석직해』(卍속장39, p.337b8)에 "정신이란, 정은 깨끗하여 물듦이 없는 것이고, 신은 믿어 의심이 없다. 이 장구를 듣고서 한 찰나에 정신을 일으킨 이라면 이 사람의 마음이 공임을 안다. 淨信者 淨者 淨而無染 信者 信而無疑 若人聞是章句 生一念淨信者 悉知此人心空"라고 하였다. [참고문헌]『金剛經』, 『金剛般若疏』, 『金剛經音釋直解』, *Vajr-pr.* ⇨ 신심청정 信心淸淨

일념칭명 一念稱名 한 생각으로 이름을 부른다는 말. 원효(元曉)의 『무량수경종요』(대정장37, p.130b6·한불전1, p.560b24)에 "시방세계 가득 한 생각으로 그분의 이름을 부르면 다겁의 중죄도 영원히 사라지네 遍十方世界 一念稱名 永滅多劫重罪"라고 하였다. [참고문헌]『無量壽經宗要』. ⇨ 일념십념 一念十念

일념환희 一念歡喜 ❶ 다른 마음 없이 한 생각으로 기뻐함. 『미륵보살소문경론』 권7(대정장26, p.261b17)에 "또한 보살들이 보시를 베풀 때 마음을 기울여 한 생각으로 기뻐하며 산란하지 않고 다른 일을 구하지도 않는다면 이를 보살마하살의 선바라밀이라 한다. 又諸菩薩 施布施時 專心一念歡喜 不散亂 不求餘事 是名菩薩摩訶薩 禪波羅蜜"라고 하였다. [참고문헌]『彌勒菩薩所問經論』. ⇨ 일념 一念[1] ❷ 잠깐 사이의 환희. 닦는 이에게 있어서는 경계해야 할 순간이다. 『감산집』 권7 「시태소원선인 示太素元禪人」(卍속장127, p.293b8)에 "만일 화두가 무르익어 망상이 저절로 엷어지면서 장애가 없고 오래 품었던 의정마저 힘을 얻어 망상이 잠시 그칠 때 문득 한 순간의 환희를 얻는다. 若話頭純熟 妄想自稀 不作障礙 久久疑情得力 妄想暫歇時 便得一念歡喜也", 같은 책 권11(卍속장127, p.358b16)에 "문득 차거운 재에서 콩이 튀듯이 본체일념이 현전하면, 이것이야말로 스스로의 본심을 깨우쳤다고 한다. 이렇게 하여 의연하여야 하니, 단지 오래된 그 때의 사람일 뿐이어서 한 터럭 기특한 것 더한 일 없다. 만일 한 생각이라도 환희해서 문득 스스로 족하다 여기면, 이것이야말로 도둑을 그르쳐 자식을 삼는 격이다. 忽然 冷灰豆爆 本體一念現前 是謂悟自本心 到此依然 只是舊時人 更無一毫奇特處 若得一念歡喜 便自爲足 是名認賊爲子矣"라고 하였다. [참고문헌]『憨山集』. ⇨ 일념 一念[1]

일다 逸多 Ⓢ Ⓟ Ajita. 아일다(阿逸多)의 줄인 이름. 미륵보살(彌勒菩薩)을 말한다. 『보살계의소』 권상(대정장40, p.568a10)에 "이것은 노사나부처님께서 묘해왕자를 위해 주신 계법이고, 석가모니부처님께서는 사나부처님께 받아 외우셨으며, 다음으로 일다보살에게 전하였다. 이렇게 이십여보살에게 차제로 서로 전해 구마라집법사에게 전해졌다. 是盧舍那佛爲妙海王子受戒法 釋迦從舍那所受誦 次轉與逸多菩薩 如是二十餘菩薩 次第相付什師傳來"라고 하였다. [참고문헌]『菩薩戒義疏』. ⇨ 아일다 阿逸多, 미륵 彌勒[1]

일다무애 一多無礙 일과 다가 걸림이 없음. 일체법 각각이 서로 들여 걸림이 없고, 그 제법이 거듭 서로 들여 헤아릴 수도 없게 된다. 보현의 경계라 하고 부처의 경계라고 한다. 『대화엄경약책』(대정장36, p.708a14)에 "이 하나는 바로 많은 것으로서의 하나이기에 보현의 일시돈원에 이른다. 많은 것 또한 하나로서 많은 것이니, 일다가 걸림이 없어 헤아려 알기 어렵다. 此一乃即多之一故 至普賢一時頓圓 多是即一之多 一多無礙故 難思議也", 『화엄경소』 권7(대정장35, p.549b27)에 "일다무애란 부처님의 경지다. 一多無礙 名爲佛境", 같은 책 권54(대정장35, p.908b24)에 "사로써 이가 드러나기에 이로 하여금 나뉘지 않을 수 없게 하니 일다무애라 하고, 하나의 법계라고도 하고 모든 법계라고도 한다. 以事顯理故 令理非無分 謂一多無礙 或云一法界 或云諸法界", 『금사자장운간유해』(대정장45, p.665b10)에 "금과 사자가 서로 들여 성립하니 일과 다가 걸림이 없다. 다가 일을 들이니 육근이 성립하고, 다가 다를 들이면 사자마저 다르지 않다. 金與師子相容成立一多無礙 多容一則 六根成立 多容多則 師子無殊", 『종용록』 64칙 「송頌」(대정장48, p.267b8)에 "달은 배 쫓아 흐르고 강물결 고요하네〈일과 다가 걸림이 없고 가고 머묾도 자유다〉. 月逐舟行江練淨〈一多無礙 去住自由〉"라고 하였다. 〔참고문헌〕『大華嚴經略策』, 『華嚴經疏』, 『金師子章雲間類解』, 『從容錄』. ⇨ 일다상용부동문 一多相容不同門, 이사무애 理事無礙

일다상용 一多相容 일과 다가 서로 거두어 들인다는 말. 『법계도기총수록』 권하1(대정장45, p.764b3)에 "일곱째, 일다상용은 법계의 인과도리다. 七 一多相容者 法界因果道理"라 하였다. 〔참고문헌〕『法界圖記叢髓錄』. ⇨ 일다상용부동문 一多相容不同門, 법계연기 法界緣起

일다상용부동문 一多相容不同門 십현문(十玄門) 중 하나. 일(一)과 다(多)가 서로 들여 자유롭지만 일체법(一切法)은 각각의 자성을 지켜 그대로이니 같아지지 않는 뜻. 만법(萬法)이 서로 자유롭게 어울리지만 그 자성을 잃는 일이 없으니, 무진법계(無盡法界)를 성취하는 뜻이다. 『화엄경소초』 권2(대정장36, p.10b7)에 "'일다무애는 빈 방에 걸린 천 개의 등불과 같다'라는 말은 다섯 번째 일다상용부동문이다. 일과 함께한 다가 서로 연이 되어 일어나서 력과 용이 서로 사무쳐 서로서로 깊이 들어간다. 이를 서로 들인다고 한다. 각자의 모습 부순 일 없기에 같지 않다 한다. 마치 한 방안에 천 개의 등불이 가지런히 비추면 등불은 잔을 따라 달리해서 낱낱이 같지 않고 등불도 빛을 따라 널리 펴지고 빛마다 서로 거둬들이니, 언제나 다르면서 언제나 들인다. 一多無礙 等虛室之千燈者 第五一多相容不同門 由一與多 互爲緣起 力用交徹故 得互相涉入 是曰相容 不壞其相 故云不同 如一室內千燈並照 燈隨盞異 一一不同 燈隨光遍 光光涉入 常別常入", 같은 책 권13(대정장36, p.98b5)에 "이에 즉해 서로 들이는 것이 일다상용문이다. 능히 들어가는 것을 입이라 하고 들이는 것을 용이라 한다. 능히 들인즉 들어오게 하고 받아들인즉 능히 들어간다. 뜻을 따라 이름이 달라 용과 입이지 뜻은 같다. 卽此相入 是一多相容不同門 能入名入 所入名容 能容卽所入 所容卽能入 隨義名異 容入一義耳", 『화엄금사자장주』(대정장45, p.669b24)에 "두 번째 일다상용부동문이다. 금과 사자가 서로 들여 함께하니 일과 다가 걸림이 없다. 그중에 이와 사가 같지 않다. 때론 다가 각각 스스로 위에 머물기도 하니, 저 이에 합하여 행한 낱낱이 각각 일체제법을 들이기도 하고, 또 낱낱이 각각 일체제행을 갖추기도 하며 서로 들이지만 그 바탕 움직인 적 없다. 第二 一多相容不同門 謂金與師子相容成立 一多無礙 於中理事 各各不同 或多各住自位 如稱理之行 一一各容 一切諸法 亦一一各 具一切諸行 雖相容本不動也", 『칠처구회송석장』(대정장36, p.718c6)에 "제칠 일다상용부동문이란, 이 위의 모든 뜻은 하나의 문을 따르는 중에 곧바로 전의 인과이사일체법문을 온통 다 거둔다. 그러므로 이 일 중에 비록 다를 갖추지만 일 그대로 다는 아니다. 나머지 낱낱 문 중에도 모두 이와 같아서 거듭거듭 끝이 없다. 七 一多相容不同門者 此上諸義 隨一門中 卽具攝前 因果理事 一切法門 然此一中 雖具有多 仍一非卽 是其多耳 餘一一門中 皆悉如是 重重無盡"라고 하였다. 〔참고문헌〕『華嚴經疏鈔』, 『華嚴金師子章註』, 『七處九會頌釋章』, 『華嚴五敎章』 권4(대정장45, p.505a16). ⇨ 십현문 十玄門, 법계연기 法界緣起, 일다무애 一多無礙

일다상입 一多相入 일과 다가 서로에게 들인다는 말. 『인왕호국반야바라밀다경소』 권하(대정장33, p.494a2)에 "〔경〕 한 티끌찰토가 무량한 티끌찰토에 들어가고, 무량한 티끌찰토가 한 티끌찰토에 들어간다. 〔해〕 저들 대중이 한 티끌중에 부처님 찰토를 보는 것은 일과 다가 서로 들어감이다. 經 一塵剎土 入無量塵剎土 無量塵剎土 入一塵剎土 解曰 令彼大衆 於一塵中 見佛剎土 一多相入", 『화엄경보현관행법문』(卍속장103, p.146b11)에 "여덟 번째는 마주하고 들임에 걸림없는 문이다. 일과 다가 서로 들이니 하나가 아니고, 일과 다가 서로 마주하니 다르지 않다. 이 두 가지는 함께 섞이고 통하는 하나의 법계다. 그러므로 보살은 무념지로 이 장애 없는 법을 단번에 본다. 第八 卽入無礙門 謂由以一多相入 而非一 一多相卽 而非異 此二俱由融通 一法界 是故 菩薩以無念之智 頓見於此無障礙之法", 『화엄망진환원관소초보해』(卍속장103, p.183b17)에 "때론 한 몸으로 다양한 몸에 들어가고, 다양한 몸으로 한 몸에 들어간다〈일과 다가 서로 들임〉. 或以一身入多身 或以多身入一身〈一多相入〉"라고 하였다. 〔참고문헌〕『仁王護國般若波羅蜜多經疏』, 『華嚴經普賢觀行法門』, 『華嚴妄盡還源觀疏鈔補解』. ⇨ 상즉상입 相卽相入, 사사무애 事事無礙

일다상즉 一多相卽 일과 다가 서로 마주함. 일과 다가 서로 들이는 일다상입(一多相入)의 댓구다. 『화엄경탐현기』 권1(대정장35, p.123c7)에 "이 한 꽃잎은 자기를 버리고 타자와 하나되니, 온몸이 온통 저 일체법이어서 항상 타자를 거두어 자기와 같이 한다. 온전히 저들 일체가 곧바로 자기의 바탕이다. 일과 다가 서로 일치하여 한 덩어리로 어떤 장애도 없다. 此一華葉 廢己同他 擧體全是彼一切法 而恒攝他同己 全彼一切 卽是己體 一多相卽 混無障礙", 법장(法藏)의 『수화엄오지망진환원관』(대정장45, p.640a7)에 "이와 사가 걸림없이 자유로워 법 그대로 떳떳하다. 고요한 바탕도 비춰 움직임도 쌍으로 어울리면 갈라져 다투던 일 떠난다. 이것이 하나의 법과 많은 법들이 서로 마주한다는 뜻이다. 理事無礙法如是故 定慧雙融 離分齊故 一多相卽", 표원(表員)의 『화엄경문의요결문답』 권2(한불전2, p.364a10)에 "일다상즉이란 온통 어울려도 걸림없다는 말이다. 경에서 말씀하시길 처음 마음을 일으킨 보살이 곧바로 부처라 하였으니, 이런 연기야말로 더없이 아름다운 뜻이어서 처음과 마지막이 온통 가지런하고 저 여마저 얻는다. 이렇게 하면 곧바로 저 끝이 다하고 다한 끝은 다시 시작한다. 一多相卽 混無障礙 經云 初發心菩薩卽是佛故 由此緣起 妙理始終 皆齊得如 卽得終窮 終方原始"라고 하였다. 〔참고문헌〕『華嚴經探玄記』, 『修華嚴奧旨妄盡還源觀』, 『華嚴經文義要決問答』. ⇨ 상즉상입 相卽相入

일다일탕 一茶一湯 한 잔의 차와 한 그릇의 탕. 선문에서 객승을 맞이하는 간략한 의례다. 『선원청규』 권5 「당두전점 堂頭煎點」(卍속장111, p.903a14)에 "만일 금방 당도한 스님과 잠깐 머무는 스님과 다른 절의 스님들과 서로 마주하게 되면 한 차례 향을 사르고 함께 일제히 인사를 나눈 다음 아울러 한 잔의 차와 한 그릇의 탕을 함께한다. 或新到暫到 外寺僧相看 只一次燒香 普同問訊 竝合一茶一湯"라고 하였다. 〔참고문헌〕『禪苑清規』, 『密菴語錄』(대정장47, p.978c3).

일단 一段 ❶ 한 묶음. 뜻을 드러내기 위한 한 단락이나 품. 『대지도론』 권70(대정장25, p.550c24)에 "이 한 단의 설로 '세간공을 보인다'고 한 것은 위에서 널리 설한 '62견을 떠난다'고 한 것을 말한다. 此一段說 示世間空者 上廣說 離六十二見等", 『법화문구』 권1상(대정장34, p.1b28)에 "품이란, 뜻 무리가 같은 것으로서 모아 한 단에 있게 하였으므로 품이라 한다. 品者 義類同者 聚在一段 故名品也", 『동산어록』(대정장47, p.507c29)에 "한 베틀에서 나온 명주실은 한 가지인가, 두 가지인가? 一機之絹 是一段 是兩段"라고 하였다. 〔참고문헌〕『大智度論』, 『法華文句』, 『洞山語錄』. ❷ 일단대사(一段大事)의 줄임말. 『원오심요』 권하 「시종대사 示從大師」(卍속장120, p.762b11)에 "역대 조사들은 세상에 나타나 오로지 이 일단만을 들어 가져 만 길 벽처럼 선다. 列祖出興 只提持箇一段 壁立萬仞"라고 하였다. 〔참고문헌〕『圜悟心要』. ⇨ 일단대사 一段大事

일단 一端 한 끝. 사물이나 덕의 한 부분. 『사분율행사초자지기』 「석서문 釋序文」(대정장40, p.160b22)에 "참으로 계덕이 높고 넓기에 한 가지 사물로는 비유할 수 없고, 뭇 모습 두루 들어도 각각 일단만을 얻을 뿐 온전히 같을 수 없다. 그러므로 넘어선다고 말한다. 良以戒德高廣故 非一物可喩 遍擧諸象 各得一端 不能全似 故云冠超也", 『마하지관』 권7(대정장46, p.90b11)에 "옛 주석서에서는 '극미색을 관한즉 십팔공이 있게 된다'고 하였으나, 지금의 책에서는 '한 끝 터럭을 관한즉 십팔공이 있게 된다'고 한다. 터럭은 가명이고 극미는 실법이니 이렇게 다를 뿐이다. 古釋論本云 若觀極微色 則有十八空 今本云 若觀一端氈 則有十八空 氈是假名 極微是實法 以此爲異"라고 하였다. 〔참고문헌〕『四分律行事鈔資持記』, 『摩訶止觀』. ⇨ 극미 極微, 십팔공 十八空

일단 日單 선림 사중물(寺衆物)의 매일의 들고 남을 기록한 문서. 『백장청규』 권4 「부사 副寺」(대정장48, p.1132c2)에 "고자에게 매일 들고 남을 헤아려 비단에 허실이 없는지 살펴본 후 방장에게 보고한다. 이를 일단이라 한다. 令庫子 每日具收支若干 僉定飛單 呈方丈 謂之日單", 『선림상기전』 권16(불광장, 禪藏, p.1216)에 "일단 : 부사는 매일의 수지를 살펴 마무리하는데, 이를 일단이라고 한다〈일황총부에 상세하다〉. 日單 副寺 每日僉定收支 謂之日單〈詳日黃總簿處〉"라고 하였다. 〔참고문헌〕『百丈清規』, 『禪林象器箋』. ⇨ 비단 飛單

일단대사 一段大事 단 한 가지 큰 일. 자성을 깨우쳐 생사를 벗어나는 일이다. 『원오어록』 권3(대정장47, p.726c2)에 "하나가 움직이면 일체가 움직이고, 하나를 말하면 일체를 말하게 된다. 곧장 근원에 이르러 분명하게 드러낸다. 만일 이렇게 통달해 간다면 자기 발아래 단 한 가지 큰 일은 저 해처럼 밝고 태허같이 걸림 없으리니, 이렇게 몸을 닦고 이렇게 자성을 보아야 하리. 一用一切用 一說一切說 直截根源 當陽顯露 若能於此洞達去 自己脚跟下 一段大事 明如杲日 寬如太虛 可以修身可以見性"라고 하였다. 〔참고문헌〕『圜悟語錄』. ⇨ 일단사 一段事, 일대사 一大事❶, 생사대사 生死大事

일단대사인연 一段大事因緣 단 한 가지 크나큰 일. 무엇으로도 대신할 수 없는 단 한 가지 절박한 사태의 뜻으로, 깨우쳐 생사를 해탈하는 견성성불의 일을 말한다. 『대혜어록』 권17(대정장47, p.886a1)에 "모름지기 알아야 한다. 사람사람마다에 이 일단대사인연이 있어 옛과 지금에도 언제나 한결같아 변한 적도 움직인 적도 없다. 잊고 품는 것에도 뜻에 집착함도 개의치 않는다. 다만 스스로 때때로 들고 끌어서는 망념이 일어날 때도 부득이 마음 잡아 그쳐 쉬게 하지 않는다. 움직임은 그침에 돌아가고 그치면 다시 움직이기 시작할 뿐이다. 단지 움직이고 그치는 당처에 나아가 저 화두만을 볼 뿐이다. 須知人人 有此一段大事因緣 亘古亘今 不變不動 也不著忘懷 也不著著意 但自時時提撕 妄念起時 亦不得將心止遏 止動歸止 止更彌動 只就動止處 看箇話頭", 『벽암록』 56칙 「수시 垂示」(대정장48, p.190a8)에 "밖을 향해 치달아 구하면 자기 발아래 일단대사인연은 천성이 찾아 헤매도 얻지 못한다. 向外馳求 殊不知 自己脚跟下 一段大事因緣 千聖亦摸索不著"라고 하였다. 〔참고문헌〕『大慧語錄』, 『碧巖錄』. ⇨ 일단사 一段事, 일대사 一大事

❶, 일대사인연 一大事因緣

일단사 一段事 단 하나의 일. 무엇으로도 대신할 수 없는 일이라는 뜻으로, 천성(千聖)이나 조사와 부처(祖佛)가 대신할 수 없고 오직 스스로 깨우쳐 해탈할 수밖에 없는 나고 죽는 일(生死大事)에서 자유로워지는 일을 말한다. 『경덕전등록』 권14 「운암담성전 雲岩曇晟傳」(대정장51, p.315a21)에 "'단 한 가지 일을 묻고자 하는데, 괜찮겠습니까?' '일러 준들 일러주지 못한 일이 된다'. 曰 問一段事 還得否 師曰 道得却不道", 같은 책 권19 「운문문언전 雲門文偃傳」(대정장51, p.357a15)에 "그대들 각각 사람마다 당한 한 가지 일 한껏 일으켜 눈 앞에 드러낸다. 그대의 한 터럭 끝 기력마저 흔들리지 않아서 조사나 부처 다름이 없다. 汝等各各 且當人一段事 大用現前 更不煩汝一毫頭氣力 便與祖佛無別", 『원오어록』 권10(대정장47, p.759c17)에 "일체시에 한 생각도 헛것에 떨어지는 일 없고 얽혀 섞임 없을 때 온통 그대로 그렇게 왔다가 온통 그대로 그렇게 간다. 다만 공겁이전 저 편 단 하나의 일은 어떤가? 알겠는가? 천성의 정수리 눈 비춰 열고 위음왕 세계 밖의 봄빛 가득하리라. 於一切時 無一念落虛 無參雜時 全體恁麽來 全體恁麽去 只如空劫已前 那畔一段事 作麽生 還委悉麽 照開千聖頂門眼 放出威音物外春", 같은 책 권13(대정장47, p.772a7)에 "모름지기 알아야 하리, 사람사람마다 단 한 가지 일 있으니, 지금도 옛날에도 빛나 오르고 있는 것을. 보고 아는 것 아득히 끊어지면 깨끗해 다 털어내고 다 벗어 걸친 것 없어서 온갖 번다한 일들 앞서 사라져버렸네. 須知人人分上 有一段事 輝騰今古 迥絶見知 淨裸裸 赤灑灑 先沒許多般", 『굉지광록』 권6(대정장48, p.76b25)에 "저 단 한 가지 일은 익혀 알 곳 전혀 없다네. 오직 몸과 마음 비워 걸림없게 하고 태허와 더불어 같게 헤아리니, 자연히 세계 어디서나 가득 차 부족함 없으리라. 底一段事 全無學處 要在虛廓身心 與大虛等量 自然於一切處具足"라고 하였다. [참고문헌] 『景德傳燈錄』, 『圜悟語錄』, 『宏智廣錄』. ⇨ 일단대사인연 一段大事因緣, 일대사인연 一大事因緣, 생사대사 生死大事

일단식 一揣食 Ⓢ pātrapiṇḍapātika. 한 줌의 양식. 비구가 걸식함에 있어 한 번 받아 적게 먹는 것. 절량식(節量食)이라고도 한다. 한 번 받은 한줌의 음식으로 한 자리에서 공양하는 뜻으로, 넘쳐 배부르게 하지 않는 뜻도 있다. 단(揣)은 단(摶)으로도 쓴다. 『대일경공양차제법소』 권상(대정장39, p.792b8)에 "일단식이란 경에서 절량식이라고도 한다. 한 번만 받아 그치는 것을 일단식이라 한다. 절약하고 검소하여 적게 먹는 것을 절량식이라 한다. 一揣食者 經中亦名節量食 一受便止 名一揣食 節儉少食 名節量食", 『유가론기』 권6(대정장42, p.441c17·한불전13, p.470c9)에 "걸식과 일좌식과 일단식을 식삼이라 한다. 乞食一座一揣名食三", 『번역명의집』 권1(대정장54, p.1074c3)에 "일단〈도와 단을 반절한 음이다. 단은 섞는다는 뜻이다. 하나로 모아 섞는다는 것은 갖가지로 채워 담지 않음이니 이것을 일단식이라 한다〉. 一揣〈徒端切 揣者雜也 一和雜者 不以種種盛貯 名一揣食〉", 『사분율소식종의기』 권5(卍속장66, p.232b15)에 "범어 '파달라빈다파지가'는 일단식으로 한역한다. 『대지도론』 권72에서 '경에서 사리불이 「나는 대여섯 입의 밥과 물이면 충분하니 이것으로 몸을 지탱하기에 충분하다」라고 한 것과 같다. 중국에서는 보통 열 술 정도다'. 梵云 波咀囉賓茶波底迦 義譯云 一揣食也 智論七十二云 如經中說 舍利弗言 我若食五六口 以水足之 則足支身 於秦人食 可十口許"라고 하였다. [참고문헌] 『大日經供養次第法疏』, 『瑜伽論記』, 『翻譯名義集』, 『四分律疏飾宗義記』, 『大智度論』 권68(대정장25, p.538a4). ⇨ 절량식 節量食

일단일체단 一斷一切斷 하나를 끊으면 일체를 끊는다는 말. 법계연기(法界緣起)에 의지해 보면 하나를 얻으면 일체를 얻듯이 한 끝을 끊으면 무진연기(無盡緣起)하는 일체를 끊게 된다. 이런 원교(圓敎)의 뜻은 이치로 돈교(頓敎)를 겸한다. 『화엄오교장』 권3(대정장45, p.495c29)에 "다만 저 법계와 같아서 하나를 얻으면 일체를 얻기 때문에 번뇌 또한 하나를 끊으면 일체가 끊어진다. 그러므로 「보현품」에서 하나의 장애로 일체가 장애임을 밝혔고, 「소상품」에서 하나를 끊으면 일체가 끊어진다 함이 바로 이 뜻이다. 但如法界 一得一切得故 是故煩惱 亦一斷一切斷也 故普賢品明 一障一切障 小相品明 一斷一切斷者 是此義也", 『화엄경소』 권33(대정장35, p.752c29)에 "원종 입장에서 혹을 끊는다 하면, 하나에 혹하면 일체에 미혹하기에 하나를 끊으면 일체를 끊어 끊음도 없고 끊지 못함도 없다. 若依圓宗 所斷之惑 一迷一切迷故 一斷一切斷 無斷無不斷", 『화엄경소초』 권57(대정장36, p.447c12)에 "끊음도 없고 끊지 못함도 없다는 것에는 돈교의 뜻까지 아우른다. 곧 만일 끊을 것도 없으면 일체는 뜻대로이기 때문이고, 끊지 못할 것이 없다면 하나를 끊으면 일체를 끊는다는 뜻이다. 이는 원교의 이치다. 於無斷無不斷中 兼頓敎義 謂若無斷者 一切契理故 無不斷者 一斷一切斷故 卽圓敎義", 『수능엄의소주경』 권10(대정장39, p.966b19)에 "이치로는 돈오라는 말은, 만일 두렷한 뜻을 증해 깨우치면 곧바로 하나를 끊어도 일체를 끊는 것이어서 전후가 없다. 理則頓悟者 若約證悟圓理 卽一斷一切斷 無前後也"라고 하였다. [참고문헌] 『華嚴五敎章』, 『華嚴經疏』, 『華嚴經疏鈔』, 『首楞嚴義疏注經』, 『華嚴經探玄記』 권1(대정장35, p.108c25). ⇨ 원교 圓敎, 돈교 頓敎, 원돈교 圓頓敎

일단풍류옥탁성 一段風流玉琢成 단 하나의 풍류만이 옥 다듬어 빛나게 함. 별다른 길이 없어 오직 단 하나의 길만을 간절히 해야 도를 성취할 수 있다는 뜻이다. 『괴안국어』 권5(대정장81, p.561b3)에 "우주건곤 한가지로 보배요〈이천년 지난 거대한 말뚝이로군. 이 무슨 악취 가득한 가죽 버선인가! 부처님 없는 세계로 던져버리리〉, 등롱도 불전도 다 형산 중이네〈소반마저 물컹한 진흙덩이로 던져버려라〉. 청송에 눈 걷히니 바위 세는 저물었고〈청주맛의 시작은 쟁기질이고, 임금옷의 아름다움은 베틀질에 있었네〉, 차거운 달빛에 바람은 맑고 시냇가 텅 비었네〈단 하나의 풍류만 이 옥 다듬어 빛나게 하니, 오랜 풍류 여전히 한 가지에 머물러 있네. 곤륜이 대추 삼킬 일만을 간절히 막아보게나〉. 宇宙乾坤同一寶〈二千年外 大繫驢橛 當什麽臭皮襪 無佛世界抛擲著〉 燈籠佛殿形山中〈和盤托出爛泥團〉 青松雪霽嵒勢晩〈淸醲之美 始於耒耜 黼黻之美 在於杼軸〉 寒月風淸谿畔空〈一段風流玉琢成 一枝留得舊風流 切忌崑崙呑棗〉"라고 하였다. 〔참고문헌〕『槐安國語』.

일단화 一團火 한 덩이 불. 『대혜어록』 권19 「시청정거사 示淸淨居士」(대정장47, p.891b17)에 "남은 어디서 오고 죽음은 어디로 가는가? 오고 가는 곳을 알아야 비로소 부처를 배우는 이라 할 수 있습니다. 생사를 아는 이 누구이고 생사를 받는 이 또 누구입니까? 오고 가는 곳을 모르는 이는 또 누구입니까? 홀연히 오고 가는 끝을 아는 이는 또 누구입니까? 이 말을 살피며 눈을 깜빡이며 헤아려도 이해 못하여, 뱃속 일곱 번 오르고 여덟 번 내려 한 치 가슴 속에 한 덩이 불을 삼킨듯 하니, 이는 또 누구입니까? 만약 알고자 한다면 오직 저 뜻으로 헤아려 얻을 수 없는 곳 향하여야 취할 수 있을 것입니다. 만약 문득 알았다면 비로소 생사는 결정코 서로 섞여 밟을 일 아님을 알게 되실 겁니다. 生從何處來 死向何處去 知得來去處 方名學佛人 知生死底是阿誰 受生死底復是阿誰 不知來去處底又是阿誰 忽然知得來去處底 又是阿誰 看此話 眼眨眨地 理會不得 肚裏七上八下 方寸中如頓却一團火相似底 又是阿誰 若要識 但向理會不得處識取 若便識得 方知生死決定不相干涉", 『열조제강록』 권16(卍속장112, p.435b5)에 "대혜화상이 이르길 '나라는 놈 속의 선이란 저 한 덩이 불과 같아서 닿은즉 그대들 사정없이 태워버릴 것이고, 등진즉 곧바로 얼어 죽으리라'고 하였다. 大慧和尙云 我者裏禪 如一團火相似 若觸他則燒殺你 若背他則凍殺你"라고 하였다. 〔참고문헌〕『大慧語錄』, 『列祖提綱錄』.

일담선 一擔禪 한 짐일 뿐인 선. 일개 의리(義理)로 가득 찬 보따리를 짊어지고 선이라 여기는 뜻이다. 『벽암록』 98칙 「평창 評唱」(대정장48, p.221c27)에 "불법은 이 일개 도리가 아니다. 이 일을 논하는데 어찌 늘 그렇듯 하고많은 갈등이 있겠는가? 그대가 만약 '나는 아는데 그는 알지 못한다'고 말하면서 한 짐의 선을 짊어지고 천하를 돌아 뛸 뿐이니, 눈 밝은 사람이 그 짐 감당해 부숨 당해서 한 점 붙일 수 없게 하여야 하리. 佛法不是這箇道理 若論此事 豈有許多般葛藤 爾若道我會他不會 擔一檐禪 遶天下走 被明眼人勘破 一點也使不著"라고 하였다. 〔참고문헌〕『碧巖錄』.

일당 日幢 고려시대 스님. 『법계도원통기』에 대한 문장화상본(文莊和尙本)과 인원수좌본(印元首座本)을 대조교정하여 널리 유통시켰다. 『일승법계도원통기』 권하(한불전4, p.38c22)에 "반룡사 비구 일당이 두 가지 본(문장본과 인원본)을 상세히 교감하여 상하 2권으로 만들고 『법계도원통기』란 제목을 달았다. 盤龍社比丘日幢 詳校二本 爲上下卷 目爲法界圖圓通記"라고 하였다. 〔참고문헌〕『一乘法界圖圓通記』. ⇨법계도원통기 法界圖圓通記, 일승법계도원통기 一乘法界圖圓通記

일당화안고 日幢華眼鼓 태장계 오불(五佛)의 약칭. 일은 대일(大日), 당은 보당(寶幢), 화는 화개부(華開敷), 안은 연화안(蓮華眼), 고는 천고뢰음(天鼓雷音)이다. 연화안은 무량수불(無量壽佛) 과지(果地)의 이름이다. 『비장보약』 권상(대정장77, p.363b14)에 "대일·보당·화개부·연화안·천고뢰음 부처님은 금보법업으로 노래하며 춤추는 이들이네. 日幢華眼鼓勃馱 金寶法業歌舞人"라고 하였다. 〔참고문헌〕『祕藏寶鑰』. ⇨오불 五佛

일대거 一大車 하나의 큰 수레. 일승(一乘)을 비유하며, 대백우거(大白牛車)라고도 한다. 『법화현의』 권5(대정장33, p.735b8)에 "또한 「비유품」에서 '아들들이 문 밖에서 수레를 찾자 장자가 모두에게 고르게 큰 수레 하나씩 주었다'고 하였는데, 이때 아들들은 이 보배수레에 타고 사방으로 노닐면서 기쁘고 즐거워하며 자재하여 걸림 없었으니 곧바로 도량에 이르렀다. 又譬喩品 諸子門外索車 長者各賜 等一大車 是時諸子 乘是寶乘 遊於四方 嬉戲快樂 自在無礙 直至道場", 『마하지관』 권7(대정장46, p.100a11)에 "찰나찰나의 마음을 관하면 법성이 실상 아님이 없게 되니 이것을 가지런한 하나의 큰 수레라고 한다. 觀念念心 無非法性實相 是名等一大車", 『아미타경소초연의』 권1(卍속장33, p.540a8)에 "방편으로 삼승일 뿐 실은 일승의 큰 수레이니, 흰소가 끄는 큰 수레로서 바로 대승묘법이다. 權卽三 實卽一 大車 謂大白牛車 卽大乘妙法也"라고 하였다. 〔참고문헌〕『法華玄義』, 『摩訶止觀』, 『阿彌陀經疏鈔演義』, 『法華經』 권2(대정장9, p.12c18). ⇨대우거 大牛車, 등일대거 等一大車, 삼거사거 三車四車, 일승 一乘 ❶

일대사 一大事 ❶ 단 하나 크나큰 일. 생사하는 중생이 생사를 알아 깨우치는 일이니, 중생이 부처가 되고 끊임없이 중생을 부처가 되게 하는 일을 말한다. 『금강삼매경』(대정장9, p.366b12)에 "이 일대사 헤아려 알 수 없네. 넘치는 자애로움과 참을 수 없는 슬픔 때문에 나는 설하지 않을 수 없네. 만일 설하지 않는다면 곧바로 간탐에 떨어지리라. 是一大事 不可思議 以大慈故 以大悲故 我若不說 卽墮慳貪", 『굉지광록』 「서 序」(대정장47, p.1a15)에 "부처를 배우는 이는 나고 죽는 일 마치기를 기약하기에 참으로 일대사라 할 만하다네. 學佛者期於了生死 誠可謂一大事矣", 『감산집』 권6 「시영원각선인 示靈源覺禪人」(卍속장127, p.281a13)에 "일대사라는 말이야말로 곧바로 중생이 본래 지니고 있는 스스로의 마음을 가리키니 불성종자라 부를 따름이다. 所言一大事者 卽指衆生本有之自心 名爲佛性種子耳"라고 하였다. [참고문헌] 『金剛三昧經』, 『宏智廣錄』, 『憨山集』. ❷ 일대사인연(一大事因緣)을 말한다. 『도서』 권하1(대정장48, p.408b3)에 "일대사란, 중생들이 불지견을 열어서 불지견도에 들게 하기 위해서 하는 모든 일이 언제나 이 하나의 일만을 위한다. 오로지 불지견을 중생에게 보여 깨닫게 하는 것일 뿐이어서, 저 이승도 삼승도 다른 가르침이 아니다. 삼세와 시방의 모든 부처님께서 전하는 법도 이와 같다. 一大事者 欲令衆生 開佛知見 乃至入佛知見道故 諸有所作 常爲一事 唯以佛之知見 示悟衆生 無有餘乘 若二若三 三世十方諸佛 法亦如是", 종보본 『단경』(대정장48, p.355c2)에 "일대사란 부처로서 알고 보는 것이다. 一大事者 佛之知見也", 『화엄경행원품소』 권1(卍속장7, p.482b15)에 "일대사란 불지견을 말한다. 모든 중생이 누구나 여래의 지견을 지니고 있음을 밝히고자 하므로 오로지 하나의 교설(일승)이 있을 뿐이다. 이 때문에 『법화경』에서 '오로지 이 하나의 사실이 있을 뿐 나머지 두 가지는 진실이 아니기에 결코 소승으로 중생을 제도하지 않는다'(대정장9, p.8a21)라고 하였다. 一大事者 謂佛知見 爲明一切衆生 皆有如來知見 故唯一乘 是以經云 唯此一事實 餘二則非眞 終不以小乘 濟度於衆生"라고 하였다. [참고문헌] 『都序』, 『壇經』, 『華嚴經行願品疏』. ⇨ 일대사인연 一大事因緣

일대사인연 一大事因緣 Ⓢ ekakṛtyamekakaraṇīyaṃ mahākṛtyaṃ mahākaraṇīyam. 오직 한 가지 크나큰 일로서의 인연. 일체중생(一切衆生)이 본래 부처로서 알고 보게(佛之知見) 하고자 모든 부처님께서 세간에 출현하시는 사태를 말한다. 『법화경』에서 중생에게 불지견을 열어 보이고 깨우쳐 들게(開示悟入) 한다는 이 일대사인연은 위로는 제법실상(諸法實相)의 뜻이기도 하다. 『법화경』 권1 「방편품 方便品」(대정장9, p.7a21 : *Saddh-p.*, p.28)에 "제불세존께서는 오직 일대사인연으로 세간에 출현하셨다. 사리불아! 어찌하여 제불세존께서는 오직 일대사인연으로 세간에 출현하셨다고 하는가? 제불세존께서는 중생들이 불지견을 열어 청정을 얻게 하고자 세간에 출현하셨다. 중생에게 불지견을 보이고자 세간에 출현하셨고, 중생이 불지견을 깨닫게 하고자 세간에 출현하셨으며, 중생이 불지견도에 들게 하고자 세간에 출현하셨다. 사리불아! 이것이 모든 부처님께서 일대사인연으로 세간에 출현하신 까닭이다. 諸佛世尊 唯以一大事因緣故 出現於世 舍利弗 云何名諸佛世尊 唯以一大事因緣故 出現於世 諸佛世尊 欲令衆生開佛知見 使得淸淨故 出現於世 欲示衆生 佛知見故 出現於世 欲令衆生 悟佛知見故 出現於世 欲令衆生 入佛知見道故 出現於世 舍利弗 是爲諸佛 以一大事因緣故 出現於世 ekakṛtyena śāriputra ekakaraṇīyena tathāgato 'rhan samyaksaṃbuddho loka utpadyate mahākṛtyena mahākaraṇīyena. katamaṃ ca śāriputra tathāgatasya ekakṛtyamekakaraṇīyaṃ mahākṛtyaṃ mahākaraṇīyaṃ yena kṛtyena tathāgato 'rhan samyaksaṃbuddho loka utpadyate. yadidaṃ tathāgatajñānadarśanasamādāpanahetunimittaṃ sattvānāṃ tathāgato 'rhan samyaksaṃbuddho loka utpadyate. tathāgatajñānadarśanasaṃdarśanahetunimittaṃ sattvānāṃ tathāgato 'rhan samyaksaṃbuddho loka utpadyate. tathāgatajñānadarśanāvatāraṇahetunimittaṃ sattvānāṃ tathāgato 'rhan samyaksaṃbuddho loka utpadyate. tathāgatajñānapratibodhanahetunimittaṃ sattvānāṃ tathāgato 'rhan samyaksaṃbuddho loka utpadyate. tathāgatajñānadarśanamārgāvatāraṇahetunimittaṃ sattvānāṃ tathāgato 'rhan samyaksaṃbuddho loka utpadyate. idaṃ tacchāriputra tathāgatasya ekakṛtyamekakaraṇīyaṃ mahākṛtyaṃ mahākaraṇīyamekaprayojanaṃ loke prādurbhāvāya", 『법화문구』 권1상(대정장34, p.2b13)에 "실상을 '일'이라 하고 넓고 넓은 것을 '대'라 하니, 부처님께서 이를 가리켜 할 일 즉 '사'라 여기셔서 세간에 출현하셨으니 이 이름이 일대사인연이다. 實相名一 廣博名大 佛指此爲事 出現於世 是名一大事因緣也", 『법화경통의』 권3(卍속장49, p.850b9)에 "이는 여래께서 특별히 하근을 위해 불지견을 연 것이다. 범어 비로자나는 광명변조다. 곧바로 크게 통하는 지혜 그대로 부처를 이루는 일체종지로 삼았고, 이 지혜를 일체중생이 본래 갖춘 불지견으로 삼았다. 부처님께서 이런 까닭에 세간에 출현하셨고 이를 일대사인연이라 한다. 此如來 特爲下根 開佛知見也 梵語毘盧遮那 此云光明徧照 卽大通智 而云成佛 爲一切種智也 此智爲一切衆生 本有之佛知見 佛爲此故 出現世間 名爲一大事因緣", 같은 책 권1(卍속장

49, p.814b16)에 "일대사라는 말은 중생이 본래 갖춘 진심으로 곧 불지견이다. 그러나 이 마음 다만 무명에 덮여 있을 뿐이다. 그러기에 모든 부처님께서 세간에 출현하시어 특별히 중생에게 활짝 열어 가리켜 보임으로써 망염을 떠나 청정을 얻고 스스로 깨우쳐 들게 하셨다. 이 일을 위할 뿐이니 어찌 또 다른 일이 있을 수 있겠는가! 所言一大事者 乃衆生本具眞心 卽佛之知見也 然而此心 但爲無明所蔽 故諸佛出世 特爲衆生揭開 而指示之 令離妄染而得淸淨 使自悟入 爲此而已 豈更別有他事哉", 『법화현의』 권5(대정장33, p.735b6)에 "또한 경에서 '이것이 제불의 일대사인연이다'라고 한 말은 모두 함께 일승제법실상에 들어가게 함이다. 又經云 是爲諸佛一大事因緣者 同入一乘諸法實相也", 『법화경연의』 권1(卍속장52, p.128a6)에 "일대사인연이란 위로는 제법실상이고 아래로는 불지지견이다. 실상인즉 권실이 둘이 아니고 지견이란 이에 중생과 부처가 한결같음이다. 그런 까닭에 '대사를 일단 밝히면 본래 품은 뜻도 빛나리라'고 한다. 一大事因緣者 卽上諸法實相 卽下佛之知見也 實相 則權實不二 知見 乃生佛一如 所以 大事一明 卽本懷亦暢耳", 『법화문구』 권1 「서문 序文」(대정장34, p.1a7)에 "『묘법연화경』이란, 부처님께서 세간에 출현하시자 일대사인연을 위해서 설하신 경전이다. 다만 약목이 같지 않고 적심을 성취함도 다르듯이 근기 마땅히 한결같을 수 없고, 가르침 품 받는 일 또한 각각이다. 妙法蓮華經者 洎仁雄出世 爲一大事因緣之所說之也 但藥木不同 受潤成異 機宜匪一 稟教亦差"라고 하였다. 〔참고문헌〕 『法華經』, 『法華文句』, 『法華經通義』, 『法華玄義』, 『法華經演義』, *Saddh-p*. ⇨ 대사 大事[1], 대사인연 大事因緣, 개시오입 開示悟入, 여래일대사 如來一大事, 일대사 一大事, 제법실상 諸法實相

일대생 一大生 단 한 번의 큰 생. 성불하기 전에 마지막 생사윤회의 삶을 말한다. 『미륵상생경서응초』 권상(卍속장35, p.888b9)에 "한 번의 생에 묶여 있다는 말은 또 다시 단 한 번의 생이 남아 아직 얽혀 있다. 그 생만 떠나면 성불한다. 미륵보살이 석가모니불회상에 있을 때 또 다시 왕래해야 할 한 번의 큰 생이 남아 있었던 것이다. 一生所繫者 更有一生 爲所繫故 離卽成佛 彌勒在於釋迦會時 更有往來 一大生也", 『관미륵상생도솔천경찬』(대정장38, p.274c13)에 "미륵보살을 일생이라 부르는 것은, 인간으로서 세계에 머무르는 한 생으로 한 번의 큰 삶을 말하기에, 저 일곱 차례 생사를 오간 끝에 열반에 드는 칠생과 같다. 彌勒菩薩 名一生者 住在人中 名一生 一大生故 如七生等"라고 하였다. 〔참고문헌〕 『彌勒上生經瑞應鈔』, 『觀彌勒上生兜率天經贊』. ⇨ 일생 一生[1], 칠생 七生, 일생보처 一生補處

일대성교 一代聖教 석가모니부처님께서 한 평생 설하신 성스러운 가르침. 일대시교(一代時教)라고도 한다. 『화엄오교장』 권1(대정장45, p.480b29)에 "대연법사 등 당시의 여러 대덕들에 따르면, 4종의 가르침을 세워 일대성교를 모두 다 거두었다. 첫째는 인연종으로 소승의 살바다부 등이다. 둘째는 가명종으로 성실・경량부 등이다. 셋째는 부진종으로 제부의 반야로서 즉공의 이치를 설하여 일체법이 진실이 아님 등을 밝혔다. 넷째는 진실종으로 열반・화엄 등으로 불성법계의 진실한 뜻 등을 밝혔다. 依大衍法師等一時諸德 立四宗教 以通收一代聖教 一 因緣宗 謂小乘薩婆多等部 二 假名宗 謂成實經部等 三 不眞宗 謂諸部般若 說卽空理 明一切法不眞實等 四 眞實宗 涅槃華嚴等 明佛性法界眞理等"라고 하였다. 〔참고문헌〕 『華嚴五教章』, 『天台四教儀』(대정장46, p.774c13). ⇨ 일대시교 一代時教

일대시교 一代時教 석가모니부처님의 일생동안의 가르침. 나아가 불교의 모든 교법을 말한다. 일대교(一代教)・일대교문(一代教門)・일대성교(一代聖教)・일대제교(一代諸教)라고도 하고, 삼장(三藏)・십이부경(十二部經)・팔만사천법문(八萬四千法門)이라고도 한다. 오랜 세월 동안 성립한 인도불교의 역사적 변천을 하나의 체계로 이해하기 위해 동아시아에서 발생한 개념이며, 교판(教判)을 전제로 활용된다. 일대시교를 여래일음(如來一音)의 일시교(一時教)로 이해하는 것을 불분가(不分家)라 하는데, 구마라집(鳩摩羅什)과 보리류지(菩提流支)가 그 예다. 이와 달리 여러 시기의 교설로 나누어 이해하는 것을 분가설(分家說)이라 한다. 분가설에는 이시교(二時教)에서 오분가(五分家)의 설에 이르기까지 다양하다. 이시교의 경우 교법을 반만(半滿) 또는 돈점(頓頓)으로 구분하고, 삼시교(三時教)는 돈교(頓教)・점교(漸教)・부정(不定) 또는 돈교・점교・원교(圓教) 등으로 구분한다. 사분가(四分家) 중 천태는 일대시교를 삼장교(三藏教)・통교(通教)・별교(別教)・원교(圓教) 등으로 구분한다. 오분가(五分家) 중 현수법장은 소승교・대승시교・대승종교・대승돈교・대승원교 등 다섯으로 구분하고 있으며 이외에 교가에 따른 다양한 분류가 있다. 『화엄경소』 권2(대정장35, p.513b20)에 "이제 여래의 일대시교를 가려 보려 크게 열 갈래의 문을 연다. 첫째 본말차별문, 둘째 의본기말문, 셋째 섭말귀본문, 넷째 본말무애문, 다섯째 수기부정문, 여섯째 현밀동시문, 일곱째 일시돈연문, 여덟째 적막무언문, 아홉째 해통삼제문, 열째 중중무진문이다. 今辯如來一代時教 略啓十門 一 本末差別門 二 依本起末門 三 攝末歸本門 四 本末無礙門 五 隨機不定門 六 顯密同時門 七 一時頓演門 八 寂寞無言門 九 該通三際門 十 重重無盡門", 『운문광록』 권상(대정장47, p.545c7)에

"학인이 물었다. 무엇이 '일대시교입니까?' 운문이 말했다. '하나를 대한 말씀이다. 問 如何是一代時教 師云 對一說", 『법연선사어록』 권중(대정장47, p.657c9)에 "법좌에 올라 말했다. '일대시교 오천사십팔 권의 가르침에 공유돈점이 어찌 있을 수 없다고 하겠는가? 영가현각이 이르길, 「사람도 없고 부처도 없다. 삼천대천세계해 중에 거품과 같고 일체성현 또한 저 번갯불과 같다」고 하였으니 어찌 이것을 없지 않다고 하겠는가? 대중들이여! 있다고 말한다면 영가현각을 거스르는 것이고, 없다고 말한다면 또한 석가노자를 거스르는 셈이다. 上堂云 一代時教 五千四十八卷 空有頓漸 豈不是有 永嘉道 亦無人亦無佛 大千沙界海中漚 一切聖賢如電拂 豈不是無 大衆 若道是有 違他永嘉 若道是無 又違釋迦老子", 『벽암록』 「제14칙 본칙평창」(대정장48, p.154c5)에 "석가노자는 49년 동안 세간에 머물며 삼백육십회중에서 돈점권실로 열어 말씀하셨으니, 이를 일대시교라 한다. 내가 집어 묻겠으니 일대시교란 무엇인가? 운문은 왜 그 학인에게 구구절절 풀이하여 말하지 않고 도리어 하나만을 상대한 설법이라고 하였는가? 釋迦老子 四十九年 住世 三百六十會 開談頓漸權實 謂之一代時教 這僧拈來問云 如何是一代時教 雲門何不與他紛紛解說 却向他道箇對一說"라고 하였다. [참고문헌] 『華嚴經疏』, 『雲門廣錄』, 『法演禪師語錄』, 『碧巖錄』, 李智冠 『四集私記』. ⇨ 일대성교 一代聖教, 일대장교 一大藏教, 대일설 對一說

일대오시 一代五時 석가모니부처님께서 일생 설하신 가르침을 다섯 시기로 나눈 것. 천태의 오시교판을 말한다. 『불조통기』 권3(대정장49, p.146b15)에 "여래께서 법륜을 굴리심에 한평생 다섯 시기에 여덟 가지 가르침이 있다. 如來轉法輪 一代五時 則有八教", 『종범』 권하(卍속장114, p.694a11)에 "천태가에서 가리기를 우리 부처님께서 일생 동안 다섯 시기에 걸쳐 법을 설하셨다고 한다. 첫째는 화엄시, 둘째는 아함시, 셋째는 방등시, 넷째는 반야시, 다섯째는 법화시다. 台家判我佛一代五時說法 初 華嚴時 二 阿含時 三 方等時 四 般若時 五 法華時"라고 하였다. [참고문헌] 『佛祖統紀』, 『宗範』. ⇨ 오시팔교 五時八教, 교상판석 教相判釋

일대장교 一大藏教 수많은 교설로 가득 찬 하나의 위대한 가르침. 『원오어록』 권1(대정장47, p.717b29)에 "법좌에 오르자 학인이 물었다. '일대장교에서 무엇이 그 처음입니까?' '여시아문이다' '이것은 아난의 말입니다. 어떤 것이 화상의 말입니까?' '산승의 마음씀이 아주 통쾌하다'. 上堂 僧問 一大藏教 那箇是頭 師云 如是我聞 進云 此是阿難底 如何是和尚底 師云 山僧用得甚快", 『굉지광록』 권4(대정장48, p.56c13)에 "대중에게 보이다. '학인이 투자에게 물었다. 일대장교에 기특한 일이 있습니까? 단 한 번 큰 가르침 편 일이다'. 이어서 말했다. '일대가르침을 연출하자 밝고 밝아 모든 인연위를 넘어 지나네. 굽으면 굽은 대로 바르면 바른 대로 유수는 산골짜기를 에돌아 흐르고, 높으면 높은 대로 낮으면 낮은 대로 빈 배는 파도를 타네'. 示衆 擧僧問投子 一大藏教 還有奇特事也無 子云 演出一大藏 師云 演出一大藏 明明超過諸緣上 隨曲隨直也 流水轉山 隨高隨下也 虛舟駕浪"라고 하였다. [참고문헌] 『圜悟語錄』, 『宏智廣錄』. ⇨ 삼장 三藏[1], 대장경 大藏經

일도무위주심 一道無爲住心 한결같이 무위로 머무는 마음. 공해(空海)가 시설한 십주심(十住心) 중 여덟 번째 마음. 공성무경심(空性無境心)·여실지자심(如實智自心)·여실일도심(如實一道心)이라고도 한다. 『주심결의초』(대정장77, p.519c15)에 "일체법이 한결같은 성이라 하였으니, 일도무위주심을 출생한다. 제법이 상 없음으로 오직 한결같다. 그러므로 하나의 성이라고 한다. 一切法一性者 出生一道無爲住心 諸法無相唯一如 故名爲一性", 『계람습엽집』 권73(대정장76, p.745b13)에 "제8 일도무위주심은 (종파에 배대하면) 천태종의 뜻이다. 第八 一道無爲住心 謂天台宗也"라고 하였다. [참고문헌] 『住心決疑抄』, 『溪嵐拾葉集』. ⇨ 공성무경심 空性無境心, 십주심 十住心

일도신광 一道神光 한 줄기 신령한 빛. 일체 견문각지의 분별을 벗어나면 그 어떤 것도 상관(相關)하거나 상간(相干)함이 없게 되어 그대로 드러나는 밝고도 신령한 길을 말한다. 『경덕전등록』 권8 「용산전 龍山傳」(대정장51, p.263a27)에 "동산이 다시 물었다. '화상께서는 무슨 도리를 깨우쳤기에 이 산에 머무시는지요?' '나는 두 마리 진흙소가 다투며 바다에 드는 것을 보았는데, 그 이후로 지금까지 아무 소식도 없다'. 용산이 이를 송으로 읊었다. '초가삼간 사는 내내 한 줄기 신령한 빛으로 온갖 풍경 고요하네. 시비 지어 내가 누군지 가리려 하지 마라. 허망한 인생 뚫고 천착한들 무슨 소용 있으리'. 洞山又問 和尚見箇什麽道理 便住此山 師云 我見兩箇泥牛鬪入海 直至如今 無消息 師因有頌云 三間茅屋從來住 一道神光萬境閑 莫作是非來辨我 浮生穿鑿不相關", 『원오어록』 권4(대정장47, p.731a3)에 "한 줄기 신령한 빛 온전히 밝아 견문각지에 떨어질 일 없네. 바로 이러한 때에 당해서 인을 거두고 과를 맺는 한 구 어찌 말할까. 만리를 흐르는 강도 돌아갈 길이 있어 승리의 노래 다 같이 부르며 주인 돌아온 일 축하하네. 全明一道神光 不落見聞知覺 正當恁麽時 收因結果一句 作麽生道 萬里江河歸有道 凱歌齊唱賀郎回", 『굉지광록』 권2(대정장48, p.21b9)에 "한 줄기 신령한 빛이여! 애초에 가려 덮인 적 없고 보는 인연도 넘어섰네. 옳다 해도 옳은 것 없으니, 정으로 헤아릴 일 아니어서 마땅하다 한들 마땅함 없다네. 一道神光 初不覆藏 超見緣也 是而無是 出情量也 當而無當", 『여정어록』 권하(대정장48, p.131c16)에 "생사를 벗어던지니 서로 섞일 일 없어 한 줄기 신령한 빛만이 언제나 오롯이 환하네. 生死脫著不相干 一道神光常獨露"라고 하였다. [참고문헌] 『景德傳燈錄』, 『圜悟語錄』, 『宏智廣錄』, 『如淨語錄』.

일도양단 一刀兩段 한 칼에 두 토막 내다. 머뭇거림 없이 사무쳐 알고 주저함 없이 행하는 선기(禪機)를 묘사하는 말이다. 『분양어록』 권중(대정장47, p.610b7)에 "한 칼에 두 토막 낸 일은 남전의 솜씨이고, 남은 짚신은 후인(조주)이 신고 갔다. 一刀兩段南泉手 草鞋留著後人行", 『설두어록』 권4(대정장47, p.694b11)에 "어느 날 설두가 학인에게 물었다. '남전이 고양이 벤 일을 그대는 어떻게 이해하는가?' '무슨 어려움이 있겠습니까?' '무슨 뜻이냐?' 대답이 없자 설두가 대신 답했다. '한 칼에 두 토막 낸다'. 一日問僧 南泉斬猫兒 儞作麽生會 云 有什麽難 師云 作麽生 無語 代云 一刀兩段", 『원오어록』 권4(대정장47, p.730b12)에 "누구라도 조사와 부처를 알아차린다면 그 자리에서 바로 넘어선다. 상근기의 예리한 지혜는 천 리라도 한 바람이다. 한 칼에 두 토막 내듯 듣자마자 골수에 사무쳐 저절로 일어나 문득 간다. 若人識祖佛 當處便超越 上根利智 千里同風 一刀兩段 聊聞擧著 徹骨徹髓 剔起便行", 『밀암어록』 「시도선인 示道禪人」(대정장47, p.979a27)에 "반드시 한 칼에 두 토막 낸다. 뱃속에 실오라기 하나 묶어둔 생각 없다. 다만 묶어둔 생각 없는 곳에 나아가 이 화두를 간한다. 直須一刀兩段 肚裏無一絲毫繫念 只就無繫念處 看箇話頭"라고 하였다. [참고문헌] 『汾陽語錄』, 『雪竇語錄』, 『圜悟語錄』, 『密菴語錄』.

일도장 一道章 신라대 원효(元曉) 지음. 1권. 『일도의 一道義』라고도 한다. 의천(義天)의 『신편제종교장총록』 권1(대정장55, p.1167a19·한불전4, p.681b18)과 일본의 『동역전등목록』(대정장55, p.1161c7)에 서명이 전한다. [참고문헌] 『新編諸宗教藏總錄』, 『東域傳燈目錄』, 『華嚴宗章疏幷因明錄』(대정장55, p.1134b19).

일도진언 一道眞言 오직 한 길 진실한 말 뿐. 진언행자가 진언만을 외워 가져 다른 마음 없듯이, 화두 들어 다른 일 없이 한다면 이 또한 일도진언으로 일체를 성취하듯 하리라 한 뜻이다. 『유희야경』 권하(대정장18, p.772b15)에 "또한 말한다. '다만 한마디 진언으로 만다라를 짓는다'라고 한 것은 저 법에 의지해 지은즉 곧바로 저 다라존만다라일 뿐이다. 或說 但以一道眞言 作曼荼羅者 則依彼法而作 卽彼多羅尊曼荼羅 是也", 『선문염송설화』 227칙 「설화 說話」(대정장5, p.226b23)에 "옴은 일도진언이며, '소로소로 실리실리'는 양도진언이다. 唵者 一道眞言 蘇嚕蘇嚕 悉唎悉唎 兩度眞言也", 『오조법연어록』 권상(대정장47, p.654b29)에 "이윽고 여러 번 우물거리다가 '잊었다, 잊었어!'라 하고 나서 다시 이르길 '교중에 일도진언은 총명왕이라 불린다. 외운 이라면 잊은듯 하다가도 기억해 낸다'고 한 뒤 마침내 '옴, 아로륵단 사바하!'라고 읊고서 박수치고 크게 웃으며 말했다. '기억났다, 기억났어! 부처를 찾지만 부처를 볼 수 없고 조사를 말하지만 조사를 볼 수 없다. 참외는 꼭지마저 달고 쓴 박은 뿌리까지 쓰다'. 乃沈吟多時云 忘却也 忘却也 復云 教中有一道眞言 號聰明王 有人念者 忘卽記得 遂云 唵 阿盧勒繼 娑婆訶 乃拍手大笑云 記得也 記得也 覓佛不見佛 討祖不見祖 甛瓜徹蒂甛 苦瓠連根苦", 『대혜어록』 권15(대정장47, p.876a4)에 "낙포가 고개 떨구고 헤아리더니 '이 한마디 진언 이해할 수 없구나' 하다가 협산에게 등골이 쪼개지도록 맞고서 콧구멍마저 꿰여버렸다. 洛浦却低頭思量 這一道眞言 理會不得 被夾山劈脊便打 穿了鼻孔", 『회해원조어록』(卍속장121, p.353b4)에 "비내리기를 기원하며 법좌에 올라 운문이 말했다. '오늘로 벌써 하안거 반이 지났다. 상응한 바 한 구절 가져와보라'고 하고는 스스로 대신하여 '달밀리!'라고 대답하고 다시 '달밀리지!'라 하고, 또 '개!'라 하였다. '운문의 이 한마디 진언은 나를 속이지 못한다. 오늘로 하안거 반이 지났다. 맞아 딱 떨어진 곳 아니면 어떤 일 있어도 말하지 마라. 지리, 지리! 제루, 제루! 나의 이 한마디 진언도 여러분을 속이지 못한다. 왜 그런가? 조각 구름 푸른 하늘에 떨어졌을 뿐, 비 올 조짐이 저 산에 있는지는 알지 못한다'. 祈雨 上堂 擧雲門道 今已半夏了也 敲磕處 道將一句來 自代云 怛蜜唎 又云怛蜜唎智 又云 榼 師云 雲門者一道眞言 瞞淸涼不得 如今半夏了也 不敲磕處 切忌道著 枳利 枳利 諸漏 諸漏 淸涼者一道眞言 亦瞞諸人不得 何故 但見片雲生碧落 不知雨意在他山"라고 하였다. [참고문헌] 『蕤呬耶經』, 『禪門拈頌說話』, 『五祖法演語錄』, 『大慧語錄』, 『淮海原肇語錄』.

일도출생사 一道出生死 오직 이 한길로 생사를 벗어난다는 말. 생사가 바로 열반임을 아는 이에게 열린 길로 화엄가에서는 보리도(菩提道)를 내세우고, 법화논서에서는 일승(一乘)을 강조한다. 60권본 『화엄경』 권5(대정장9, p.429b19)에 "일체에 걸림이 없는 사람은 한길로 생사를 벗어난다. 一切無礙人 一道出生死", 80권본 『화엄경』 권13(대정장10, p.68c5)에 "모든 부처님과 세존께서는 오직 한길로 벗어나셨다. 諸佛世尊 唯以一道 而得出離", 『화엄경소초』 권20(대정장36, p.152a25)에 "[소] 일도와 무량도란, 일체에 걸림이 없는 사람은 한길로 생사를 벗어나기 때문이다. 「이세간품」(대정장10, p.300b4)에 '일도는 바로 보살도이니 오직 하나뿐인 보리심을 버리지 않기 때문이다'라고 하였다. 疏一道無量道者 一道者 一切無礙人 一道出生死故 離世間品說 一道是菩薩道 不捨獨一菩提心故", 『법화현의』 권5(대정장33, p.743b22)에 "일체에 걸림이 없는 사람은 한길로 생사를 벗어나니, 시방으로 살펴 구해도 더 이상 어떤 다른 가르침은 없어 오직 일불승 뿐이다. 이 때문에 묘라고 한다. 一切無礙人 一道出生死 十方諦求 更無餘乘 唯一佛乘 是故爲妙", 『법화현론』 권2(대정장34, p.373a28)에 "그러나 일도에도 두 종이 있다. 첫째 96종으로 다르지 않아 일이라고 한다. 둘째 오승으로 다르지 않아 일이라고 한다. 이 두 가지가 없기에 일도라고 한다. 但一道有二種 一者 無九十六種之異故 言一 二者無五乘之異故 言一 無此二種故 言一道", 『왕생론주』 권하(대정장40, p.843c20)에 "경에서 말하기를 '시방의 걸림 없는 사람은 한 길로 생사를 벗어난다'고 하였다. 한 길이란 일무애도다. 무애란 생사가 바로 열반임을 아는 것이다. 이러한 것들이 불이법문에 드는 무애상이다. 經言 十方無礙人 一道出生死 一道者 一無礙道也 無礙者謂知生死卽是涅槃 如是等入不二法門無礙相也"라고 하였다. [참고문헌] 『華嚴經』, 『華嚴經疏鈔』, 『法華玄義』, 『法華玄論』, 『往生論註』.

일도행견 一道行遣 머뭇거림 없이 한 길로 보내버린다는 말. 『서장』 「답강급사장 答江給事狀」(대정장47, p.921a6)에 "알아차리지 못하여 이름도 잘못 붙이고 말 따라 알음알이 일으켰으니, 주봉이 보낸 편지 말미에 제멋대로 풀이하였다고 합니다. 산승이 읽다가 몰란결에 절도하였습니다. 여래선이니 조사선이니 말하는 저들, 한 장 판결문으로 한 길로 보내버려야 합니다. 理會不得 錯下名言 隨語生解 見與舟峯書尾 杜撰解註 山僧讀之 不覺絶倒 可與說如來禪 祖師禪底 一狀領過 一道行遣也", 『천암어록』 「발능엄경 跋楞嚴經」(가흥장32, p.229a27)에 "집안의 추한 꼴을 밖으로 드러내 무명 끊으려 하고, 공평치 못한 일 한꺼번에 불러내었으니, 한 길로 보내버리고 각각 30방씩 크게 때려 '쾌활 쾌활!'이라고 소리 지르도록 하리라. 왜 그런가? 삼계지옥에서 벗어나 하늘 가득 햇빛 찬란하지 않은가. 外揚家醜 無明要斷 不平之事 一時喚來 一道行遣 各各與三十大棒 敎他叫箇 快活快活 何也 脫三界獄 天日開明"라고 하였다. [참고문헌] 『書狀』, 『千巖語錄』. ⇨ 일장령과 一狀領過

일동 一動 Ⓢ vikṣobha, Ⓣ 'brug yas. 인도 고대의 극대수 중 하나. 하리바(訶理婆 Ⓢ hariva)의 제곱. 80권본 『화엄경』 권45 「아승기품 阿僧祇品」(대정장10, p.237c9)에 "하리바의 제곱을 1일동이라 하고, 일동의 제곱을 1하리포(訶理蒲 Ⓢ halibhū)라 한다. 訶理婆訶理婆 爲一一動 一動一動 爲一訶理蒲"라고 하였다. [참고문헌] 『華嚴經』, *Mvyut.246.*

일두수고우 一頭水牯牛 한 마리 물소. 이류중행(異類中行)에 등장하는 비유다. 『경덕전등록』 권8 「남전보원전 南泉普願傳」(대정장51, p.259a27)에 "제일좌가 물었다. '화상께서는 백년 후에 어디로 가십니까?' '절 아래에서 한 마리 물소가 될 것이다'. 第一座問 和尙百年後 向什麽處去 師云 山下作一頭水牯牛去"라고 하였다. [참고문헌] 『景德傳燈錄』. ⇨ 이류중행 異類中行, 남전수고우 南泉水牯牛, 대위좌협오자 大潙左脇五字, 법연수고우 法演水牯牛

일두피선 一肚皮禪 뱃속만 가득 채우는 선. 쓸데없는 지견(知見)만 가득할 뿐 매사에 통연명백한 요처(要處)를 출생하지는 못하는 수행자를 말한다. 『원오어록』 권15(대정장47, p.782a26)에 "황룡혜남선사는 옛날 석상을 만나기 전부터 일두피선을 알고 있었다. 취암이 애타하며 자명을 찾아가라 권했다. 단지 현사의 말을 궁구했지만, 영운은 사무치지 못했다고 한 말을 응할 때마다 여지없이 무너졌으나 마침내 인가를 받았고, 30년 이 인가만으로 제방에서 안다 하는 길을 따라다녔다. 병을 치유하는 데 나귀 등에 가득한 약을 빌리지 않는다. 긴요한 곳에 어찌 수많은 불법이 있겠는가! 黃龍老南禪師昔未見石霜 會一肚皮禪 翠巖憫之 勸謁慈明 只窮究玄沙語 靈雲未徹處 應時瓦解氷消 遂受印可 三十年 只以此印拈諸方解路 瘥病不假驢駝藥 緊要處 豈有如許多佛法也", 『응암담화어록』 권9 「시당화사 示瑠化士」(卍속장120, p.882b8)에 "황룡이 자명을 보기 전에는 한 배 가득한 선으로 입으로 물레 실 뽑듯 하였다. 老黃龍 未見慈明時一肚皮禪 口似紡車", 『대혜어록』 권13(대정장47, p.864c27)에 "선을 한다는 무리들은 매양 일두피선 가져서는 도처에서 백 가지 풀꽃 다투듯 한다. 당나귀 해나 되어서야 그칠 수 있으리. 禪和家 每人有一肚皮禪 到處鬪百草相似 驢年得休歇麽", 『진헐청료어록』 권2(卍속장124, p.639a1)에 "스승 말에 의지하고 그럴듯한 말과 격식만 갖춘 말 그리고 머리말만 모은 말 등을 가져서는 입으로 전하고 마음으로 받고는 판에 새겨 차제로 배포한다. 이렇게 익히고 얽혀가다 뱃속 가득채운 선만을 익히게 된다. 이삼년 정도 지나면 이전 그대로마저 망각하니 가는 곳마다 승부와 피차와 인아를 다투어 무명은 하늘까지 꽉 찬다. 어떻게 해야 증애 온통 가버리게 하고 모든 이 여지없이 알아 통연명백할 수 있으리? 將依師語 相似語 格則語 合頭語 口傳心授 印板上 次第排布 參來參去 參得一肚皮禪 三年兩歲 依前忘却 到處爭勝負 彼此人我 無明亘天 作麽生得 無憎愛去 諸人者要會 洞然明白麽"라고 하였다. [참고문헌] 『圜悟語錄』, 『應菴曇華語

錄』, 『大慧語錄』, 『眞歇淸了語錄』.

일득일실 一得一失 하나는 얻고 하나는 잃는다는 말. 지견(知見)에 밝아 주착(住著)함이 없어서 얻고 버림에 걸림없이 응하는 뜻이다. 남전호풍(南泉好風)·법안지렴(法眼指簾) 등의 공안이 있다. 『석계심월어록』 권상(卍속장123, p.76b2)에 "법좌에 올라 말했다. '두 학인이 발을 걷어 올리자 한 사람은 얻었고 한 사람은 잃었다 하였다. 양당에서 함께 할을 내지르자 손님과 주인이 분명해졌다. 필경에는 누가 주인이고 누가 손님인가? 어느 편이 얻었고 어느 편이 잃었는가?' 잠깐 침묵하다가 말했다. '촌 늙은이 눈썹 펴건 말건 집안이나 나라는 대단한 기초 세우려 할 뿐이다'. 上堂 二僧卷簾 一得一失 兩堂下喝 賓主歷然 畢竟誰是主誰是賓 那箇得那箇失 良久云 野老從教不展眉 且圖家國立雄基", 『물초대관어록』(卍속장121, p.188a6)에 "둥근 막대기 모난 구멍에 맞추고, 모난 막대기 둥근 구멍에 넣으려 하네. 하나는 얻고 하나는 잃으리니, 하늘 거울은 그대로 비춰 밝으리. 持圓逗方 持方逗圓 一得一失 天鑑昭然"라고 하였다. [참고문헌] 『石溪心月語錄』, 『物初大觀語錄』. ⇨ 남전호풍 南泉好風, 법안지렴 法眼指簾

일등삼매 日燈三昧 Ⓢ sūrya-pradīpa-samādhi, Ⓣ nyi ma'i sgron ma zhes bya ba'i ting nge 'dzin. 백팔삼매(百八三昧) 중 하나로 태양이 만물을 비추듯이 모든 삼매문에서 빛을 발하게 하는 삼매. 『대품반야경』 권5(대정장8, p.252a20)에 "무엇이 일등삼매인가? 이 삼매에 머물러 빛을 발해 모든 삼매문을 비춘다. 이를 일등삼매라 한다. 云何名日燈三昧 住是三昧 放光照諸三昧門 是名日燈三昧", 『대승비분타리경』 권7(대정장3, p.278c7)에 "일등삼매로 모든 삼매문에 빛을 놓는다. 日燈三昧 能於諸三昧門放光"라고 하였다. [참고문헌] 『大品般若經』, 『大乘悲分陀利經』, 『大智度論』 권47(대정장25, p.397c3), *Mvyut.21.* ⇨ 백팔삼매 百八三昧, 이십오삼매 二十五三昧, 일광삼매 日光三昧, 일광정 日光定

일라 Ilā 힌두신화에서 마누(Manu)의 딸이자 아들. 태양왕조의 시조인 익슈바쿠(Ikshvaku)의 후손이며 달왕조를 시작한 푸루라바스를 낳기도 하였다. 본래 남녀 양성을 모두 갖지만 일라는 여성형이며, 그 남성형은 수디윰나(Sudyumna)라 달리 부른다. 본래 여자였으나 실수로 신성한 숲에 들어간 이후 저주를 받아 매달 성별이 바뀌게 되었다는 전설도 있다. 여성으로서 일라는 달의 신 찬드라(Chandra)의 아들이자 수성(水星)의 신 부다(Budha)와 결혼하여 달의 왕조를 시작한 아들 푸루라바스를 낳았으며, 일라의 자손들을 아일라스(Ailas)라고도 부른다. ⇨ 수디윰나 Sudyumna

일락사 日樂寺 충청남도 서산시 해미면 황락리 상왕산(象王山)에 있는 절. 대한불교조계종 제7교구 본사 수덕사(修德寺)의 말사이다. 『동국여지승람』 권20 해미현(海美縣) 불우(佛宇)에는 일악사(日岳寺), 『한국사찰전서』 권하 p.963b17에는 일락사(日落寺)로 전한다. 663년(문무왕3)에 의현(義賢)이 창건하였으며, 한 때 폐사되었다가 조선초에 중창된 이후로 1479년(성종10)부터 1649년(인조27)까지 여러 차례 중건 및 중수되었다. 1919년에는 대웅전을 중건하고 호은정연(湖隱定淵)이 신중탱화와 칠성탱화를 조성하여 봉안하였으나, 1993년에 해체이전하여 명부전으로 복원하고는 대웅전 자리에 지금의 대적광전을 건립하였다. 성보문화재로는 문화재자료인 대웅전(지금의 명부전)과 삼층석탑·철불·범종 등이 있다. [참고문헌] 『東國輿地勝覽』, 『韓國寺刹全書』 권하 p.963b18, 『전통사찰총서』 권13 충남의 전통사찰Ⅱ(寺刹文化硏究院, 1999) pp.68~74.

일래 一來 Ⓢ sakṛd-āgāmin, Ⓟ sakadāgāmin, Ⓣ lan-cig-phyir-'ong-ba. 단 한 번만 오시는 분. 반열반을 성취하기 전 마지막으로 남은 단 한 번만 인간계에 나는 일, 또는 그 성자를 말한다. 사다함(斯陀含)이라 음사한다. 사향사과(四向四果) 중 하나다. 『장아함경』 권5 「전존경 典尊經」(대정장1, p.34a27 : *Mahāgovinda-sutta, DN.2,* p.252)에 "다음으로 삼결이 다하고 탐진치가 엷어지면 단 한 번 세간에 온 뒤에 반열반한다. 其次 三結盡 薄婬怒癡 一來世間 而般涅槃 ye na sabbena sabbaṃ sāsanaṃ ājānanti appekacce tiṇṇaṃ saṃyojanānaṃ parikkhayā rāgadosamohānaṃ tanuttā sakadāgāmino honti sakideva imaṃ lokaṃ āgantvā dukkhass' antaṃ karonti", 『창소지론』 권하(대정장32, p.234b29)에 "저 일래라는 말은 다시 욕계로 돌아와 한 번 더 난다는 뜻이다. 彼一來者 復來欲界 受一生故", 『금강반야경소론찬요』 권상(대정장33, p.160c22)에 "사다함은 일래라고 한다. 욕계 육품수혹을 끊고 나서 목숨이 다하면 한 번 천상에 갔다가 다시 한 번 인간계로 온 뒤에야 아라한과를 얻기에 일래다. '그러나 실제로 온 일이 없다'는 말은 이미 무아를 깨쳤을진대 굳이 누가 가고 오겠는가. 斯陀含 此云一來 斷欲界六品修惑 從此命終 一往天上 一來人間 便得阿羅漢果 故名一來 而實無來者 已悟無我 誰能往來"라고 하였다. [참고문헌] 『長阿含經』, 『彰所知論』, 『金剛般若經疏論纂要』, *Abh-k-bh.357., DN.* ⇨ 사다함 斯陀含, 일래과 一來果, 일래향 一來向, 사향사과 四向四果 ❶

일래과 一來果 Ⓢ sakṛd-āgāmi-phala, Ⓟ sakadāgāmi-phala, Ⓣ lan-cig-phyir-'ong-ba'i 'bras-bu. 사향사과(四向四果) 중 단 한 번 인간계에 오신 후 열반

과를 얻는 성자 또는 그 열매. 『순정리론』 권56(대정장29, p.657a26)에 "욕계에서 물듦을 어느 정도 벗어나면 일래과를 얻으며, 온전히 벗어나면 불환과를 얻는다. 若於欲界 分離染故 得一來果 全離染故 得不還果", 『유가사지론』 권29(대정장30, p.445c19 : *Śrāv-bh.*, p.333)에 "천계와 번뇌와 인간계에 얽히고 다시 나서 상속하는 모든 번뇌들을 영원히 끊는다면, 끝내는 다시 천계에서의 한 생과 인간계에서의 한 생만을 받는다. 이때 일래과로 선다. 若永斷天有所攝 人有所攝 再生相續 所有煩惱 極唯更受天有一生 人有一生 故於爾時 立一來果 devabhavasaṃgṛhītānmanuṣyasaṃgṛhītāṃśca. yeṣāṃ prahāṇātparamekaṃ devabhavamabhinirvarttayatyekaṃ manuṣyabhavaṃ. tasminsamaye sakṛdāgāmiphalaṃ vyavasthāpyate", 『창소지론』 권하(대정장32, p.234c13)에 "박지란 일래과다. 욕계번뇌 대부분을 끊기에 박지라고 한다. 薄地者 是一來果 欲界煩惱 多分斷故 名曰薄地"라고 하였다. 〔참고문헌〕『順正理論』, 『瑜伽師地論』, 『彰所知論』, *Śrāv-bh.331.*, *DN. 1.229.* ⇨ 일래 一來, 일래향 一來向, 사다함 斯陀含, 성문사과 聲聞四果, 사과 四果, 사향사과 四向四果 ■

일래총관 一來總觀 한 번에 다 거둬 관하다. 사념처(四念處)를 각각 따로 관하지 않고 한꺼번에 관하는 뜻이다. 『아비담심론경』 권3(대정장28, p.849a4)에 "일체의 신수심법염처를 한 번에 다 거둬 관한다. 〔문〕 무슨 말인가? 〔답〕 이 네 가지는 무상 공 무아 비락이니, 일체유위의 모든 법을 무상 등이라는 뜻으로 한꺼번에 관하는 것이다. 一切身受心法念處 一來總觀 問曰 云何 答曰 此四是無常空無我非樂 總觀一切有爲諸法 無常等如是義"라고 하였다. 〔참고문헌〕『阿毘曇心論經』. ⇨ 사념처 四念處, 일체유위법 一切有爲法

일래향 一來向 Ⓢ sakṛd-āgāmi-pratipanna, sakṛd-āgāmi-phala-pratipannaka, dvitīya-pratipannaka, Ⓣ lan-cig-phyir-'ong-ba la-'jug-pa. 사향사과(四向四果) 중 하나. 제2과인 일래과(一來果)를 향하는 인위(因位). 일래과향(一來果向)·사다함향(斯陀含向)이라고도 한다. 욕계(欲界)의 구품수혹(九品修惑) 중 한 가지 내지 다섯 가지를 끊는다. 이들은 두 번 또는 세 번에 걸쳐 욕계의 인간계나 천계에 다시 나는데, 인간계와 천계를 집으로 삼아 오고 가기에 가가(家家)라고도 부르며, 가서 나는 차례로 삼생가가(三生家家)와 이생가가(二生家家)로 나누고, 나는 곳에 따라 천가가(天家家)와 인가가(人家家)로 부른다. 『창소지론』 권하(대정장32, p.234b26)에 "이미 사제를 증득하고 십육행상을 수습하여 순숙하니 욕계수도위에서 끊는 구품번뇌 중에 앞의 오품을 끊으면 일래향이다. 已證四諦 十六行相 修習純熟 欲界修道所斷九品煩惱之中 斷前五品 卽一來向", 『반야이취분술찬』 권2(대정장33, p.48b7)에 "욕계수도위번뇌 중 전 오품을 끊으면 일래향이라 하고, 육품을 다 끊으면 일래과다. 이는 욕계에서 오직 한 번만 더 나는데, 저 인간계중에서 제2과를 얻으면 이 몸을 버리고 나서 다음에 천상에 나고, 천상에서 죽고 나서는 인간계로 돌아와서는 바로 아라한과를 얻는다. 이 때문에 일래라고 한다. 欲界修道前五品盡 名一來向 六品盡時 名之爲果 此於欲界 唯有一生 如從人中 得第二果 捨此身已 次生天中 天中沒已 來生人中 便得無學 故名一來"라고 하였다. 〔참고문헌〕『彰所知論』, 『般若理趣分述讚』, *Abh-k-bh.357.*, *Abh-s.86.*, *Mvyut.224.* ⇨ 일래 一來, 일래과 一來果, 사다함 斯陀含, 사다함향 斯陀含向, 가가성자 家家聖者, 사향사과 四向四果 ■

일랭십삼연 日冷十三緣 햇빛이 서늘한 열 세 가지 인연. 『장아함경』 권22 「세기경 世記經」(대정장1, p.146b16)에 뜨거운 태양별을 어루만져 서늘하게 하는 큰 물 위에 핀 수많은 꽃들과 큰 물의 열 세 가지 공덕을 밝혔다. "부처님께서 비구들에게 이르셨다. '무슨 까닭에 겨울의 햇빛궁전은 추워서 다가설 수 없고 빛은 있지만 차가운가? 열 세 가지 인연 때문에 비록 빛은 있지만 춥다. 무엇이 열 세 가지인가?' 佛告比丘 何故 冬日宮殿 寒而不可近 有光而冷 有十三緣 雖光而冷 云何爲十三"라고 한 다음 그 인연을 밝혔다. "첫째, 수미산(須彌山 Ⓢ Sumeru)과 거다라산(佉陀羅山 Ⓢ Khadiraka) 사이에 너비 팔만사천유순의 물 위로 우발라화(優鉢羅花 Ⓢ utpāla) 등 갖가지 꽃들 가득 피어 셀 수 없다. 우발라화·구물두·발두마·분다리·수건제화 등 꽃들 위로 햇빛 쏟아져 닿자마자 서늘해진다. 이것이 햇볕이 차거워지는 첫 번째 연이다. 一者 須彌山 佉陀羅山中間有水 廣八萬四千由旬 周匝無量 其水生雜華 優鉢羅華 拘勿頭 鉢頭摩 分陀利 須乾提華 日光所照 觸而生冷 是爲一緣日光爲冷". 둘째 거다라산과 이사다라산(伊沙陀羅山 Ⓢ Īśādhāra) 사이에 너비 사만이천유순의 물 위로 갖가지 꽃이 피어 비추기에, 셋째 이사다라산과 수제다라산(樹提陀羅山) 사이에 너비 이만유순의 물 위로 갖가지 꽃이 피어 있기에, 넷째 수제다라산과 선견산(善見山 Ⓢ Sudarśana) 사이에 너비 일만이천유순의 물이 있는데 갖가지 꽃이 피어 있기에, 다섯째 선견산과 마사산(馬祀山 : 馬耳山 Ⓢ Aśvakarṇa) 사이에 너비 육천유순의 물 위로 갖가지 꽃이 피어 있기에, 여섯째 마사산과 니미다라산(尼彌陀羅山 Ⓢ Nimiṃdhara) 사이에 너비 일천이백유순의 물 위로 갖가지 꽃이 피어 있기에, 일곱째 니미다라산과 조복산(調伏山 Ⓢ Vinataka) 사이에 너비 육백유순의 물 위로 갖가지 꽃이 피어 있기에, 여덟째 조복산과 금강륜산(金剛輪山 Ⓢ Cakravāḍa) 사이에 너비 삼백유순의 물 위로 갖가지 꽃이 피어 있기에, 아홉째 금강륜산과 염부제(閻浮提 Ⓢ Jambudvīpa : 南閻浮提) 사이의 물이 햇빛을 비추기에, 열째 남염부제의 강물은 적고 서구야니(西拘耶尼 Ⓢ Aparagodānīya : 西牛貨)의 많은 물 때문에, 열한째 서구야니의 강물은 적고 동불우체(東弗于逮 Ⓢ Pūrvavideha : 東勝身)의 많은 물 때문에, 열두째 동불우체의 강물은 적고 북울단월(北鬱單越 Ⓢ Uttarakuru : 北俱盧)의 많은 물 때문에, 열셋째 일궁전의 빛이 바닷물을 비추고 그 바닷물 때문에 차가워진다. 〔참고문헌〕『長阿含經』, 『大明三藏法數』 권34(영락장182, p.799a6).

일량인 一兩人 한두 사람. 매우 적은 수의 사람을 말한다. 『염불경책』 권하(卍속장109, p.725a5)에 "염불법문은 가상 간편하지만 다만 요즘 염불하는 사람들은 도무지 굳은 의지가 없다. 그래서 천백 인이 염불해도 그중 한두 사람도 성취하지 못한다. 念佛法門 最爲簡便 但如今念佛之人 都無定志 所以千百人念佛 無有一兩人成就者"라고 하였다. 〔참고문헌〕『念佛警策』.

일려사 一綟絲 한 타래의 실. 끊고자 하면 단번에 끊고 물들이려 하면 온통 물들어 버린다는 뜻으로, 돈오돈수(頓悟頓修)와 돈단(頓斷)의 비유로 쓴다. 『도서』 권하(대정장48, p.407c25)에 "장애를 끊음은 한 묶음 실을 끊어 만 가닥이 단번에 끊어지듯 하고, 덕을 닦음도 한 묶음의 실을 물들여 만 가닥이 단번에 물들듯 한다. 하택신회는 이르길 '무념의 바탕을 보아 물을 좇는 일 없다'고 하였다. 또한 '한 찰나의 마음이 자성과 상응하면 곧장 항하사의 공덕을 채우고 팔만사천바라밀문이 일시에 움직인다'고 하였다. 斷障如斬一綟絲 萬條頓斷 修德如染一綟絲 萬條頓色也 荷澤云 見無念體 不逐物生 又云 一念與本性相應 便具河沙功德 八萬四千波羅蜜門 一時齊用也", 『만선동귀집』 권하(대정장48, p.987c1)에 "돈오돈수란 저 한 묶음 실을 물들이면 만 가닥이 문득 물드는 것과 같다. 頓悟頓修 如染一綟絲 萬條頓色"라고 하였다. 〔참고문헌〕『都序』, 『萬善同歸集』.

일력비다 一力毘陀 Ⓢ Ṛg-veda의 음사어. 『반야등론석』 권13(대정장30, p.119b25)에 "또 그대의 『위다』 중에서 말한다. '일력산에서 『일력비다』를 지었고, 삼마산에서 『삼마비다』를 지었으며, 가보처〈백령지로 한역함〉에서 『아달비다』를 지었다'. 又汝韋陀中言 一力山中造一力毘陀 三摩山中造三摩毘陀 迦逋處〈唐言白領地〉造阿闥毘陀"라고 하였다. 〔참고문헌〕『般若燈論釋』. ⇨ 리그베다 Ṛg-veda, 비다 毘陀 **1**, 베다 吠陀

일련 日蓮 1222~1282. 일본 일련종(日蓮宗)의 개조(開祖). 자는 연장(蓮長). 부친은 본관이 중충(重忠)으로 원강(遠江 : 靜岡縣) 출신이었지만 후에 안방(安房 : 千葉縣)으로 추방되어 물고기를 잡으며 생활했다. 12세에 청징사(淸澄寺)로 출가하였으며, 배우고 있던 대밀(臺密)과 염불법문에 대해 의심이 일어나 허공장보살(虛空藏菩薩)에게 일본제일의 지자(智者)가 되기를 기도하였다. 후에 비예산(比叡山)으로 가서 11년 동안 수학하였고, 고야산(高野山)·사천왕사(四天王寺) 등을 유력한 후 『법화경』이 일대성교(一代聖敎)의 정수임을 깨닫고는 고향으로 돌아와 법명을 일련으로 고치고 일련종을 창립하였다. 그 후 겸창(鎌倉)으로 가서 정토(淨土)·선(禪)·율(律) 등 여러 종파를 비판하고 『입정안국론 立正安國論』을 저술하여 당시 막부의 실권자였던 북조시뢰(北條時賴)에게 바쳤지만 신임을 얻지 못하였고, 1261년(홍장1)에 이두(伊豆) 이동(伊東)으로 추방되었다. 1263년(홍장3)에 사면되어 겸창 명월(名越)로 돌아온 뒤 타 종파를 더욱 격렬하게 비방하였고, 마침내는 법난(法難)을 겪고 1271년(문영8) 9월에 참형이 선고됐지만 사면받고 좌도(佐渡)로 유배되었다(瀧口法難). 3년 후 사면되어 겸창으로 돌아왔으며 신정산(身延山)에 암자를 짓고 종풍을 선양하였다. 이후 병이 나서 신정산을 내려와 상륙(常陸)으로 가던 도중 무장(武藏)의 호수 위에서 세수 61세로 입적하였다. 저서에 『관심본존초 觀心本尊鈔』·『개목초 開目鈔』·『입정안국론』·『보은초 報恩鈔』·『찬시초 撰時抄』 등이 있다. 후에 입정대사(立正大師)라는 시호가 내려졌다.

일련정종 日蓮正宗 ➡ 일련종 日蓮宗

일련종 日蓮宗 일본 십삼종(十三宗) 중 하나. 일련(日蓮 1222~1282)을 종조로 하는 종파. 『법화경』을 소의경전으로 하여 본문본존(本門本尊)·본문제목(本門題目)·본문계단(本門戒壇) 등으로 구성된 삼대비법(三大祕法)의 종지를 선양하고 즉신성불(卽身成佛)을 구하는 종파다. 법화종(法華宗)·불립종(佛立宗)·일련법화종(日蓮法華宗)·일련정종(日蓮正宗) 등이라고도 한다. 본종은 총본산인 신연(身延) 구원사(久遠寺)만을 일련종이라 하고, 이 밖에 대석사(大石寺)의 일련정종, 본문종(本門宗), 묘만사(妙滿寺)의 현본법화종(顯本法華宗), 본문불립종(本門佛立宗) 등이 있다. 본종은 말법시대에 적극적으로 본불(本佛)과 묘법(妙法)을 실천할 것을 주장하며, 개인보다 국가와 사회 전체의 구제를 더 강조하고, 현실세계의 불국토를 이상(理想)으로 생각한다. 또한 가르침(敎)·근기(機)·시대(時)·국가의 정세와 풍속(國)·교법 유포의 순서(序) 등을 기준으로 교상(敎相)을 판석하였는데, 이를 오강판(五綱判)이라 한다. 일련 문하의 제자 중에서 일소(日昭)·일랑(日

朗)·일흥(日興)·일향(日向)·일정(日頂)·일지(日持) 등 6명을 육노승(六老僧)이라 하며, 일법(日法)·일가(日家) 등 18명을 중노승(中老僧)이라 한다. 육노승 중 일소는 수좌로서 빈문류(濱門流)를 세웠고, 그 문하의 일우(日祐)가 옥택문류(玉澤門流)를 세웠다. 일랑의 문하인 일상(日像)·일륜(日輪) 등 9명은 낭문구봉(朗門九鳳)이라 하였는데, 이 중에서 일상은 1294년(영인2)에 경도에서 포교를 시작하여 묘현사(妙顯寺)를 창건하고 왕성류(王城流)를 이루었다. 또 일흥의 법계를 부사문류(富士門流)라고 부르는데, 일련종에서 가장 먼저 갈라져 나온 분파이다. ⇨일련 日蓮

일령 一領 가사(袈裟) 등의 한 벌. 령(領)은 가사를 세는 양사(量詞)다. 『삼국유사』 권3(대정장48, p.993a29·한불전6, p.325a19) 홍법(興法)3 전후소장사리(前後所將舍利)에 "선덕왕대 정관 17년(643) 계묘년에 자장법사가 불두골·불아·불사리 백과와 부처님께서 입으셨던 금점 찍힌 붉은 가사 한 벌을 가져오셨다. 사리는 삼등분하여 일분은 황룡탑에 안치하였고, 일분은 대화탑에 안치하였으며, 일분과 가사는 함께 통도사 계단에 모셨다. 善德王代 貞觀十七年癸卯 慈藏法師所將佛頭骨佛牙佛舍利百粒 佛所著緋羅金點袈裟一領 其舍利分爲三 一分在皇龍塔 一分在大和塔 一分幷袈裟在通度寺戒壇"라고 하였다. [참고문헌] 『三國遺事』.

일령물 一靈物 짓거나 이름붙일 수 없으며 만고에 늘지도 줄지도 않지만 뭇 경(境)의 무덤에 갇혀 애석하기도 한 마음자리. 『경덕전등록』 권14 「단하천연전 丹霞天然傳」(대정장51, p.311a4)에 "그대들 어느 집안이라도 간절히 단 하나 신령한 그 물건 보호해야 하리. 그대들 지어낼 수도 그려낼 수도 없거늘, 다시 어떻게 드러내고 드러내지 않을 수 있겠는가! 阿爾渾家 切須保護一靈之物 不是爾造作 名貌得 更說什麽 薦與不薦", 같은 책 권18 「보은회악전 報恩懷岳傳」(대정장51, p.350b29)에 "'무엇이 이 보은의 단 하나 신령한 물인지요?' '많은 술찌끼를 먹고서 무엇을 하겠느냐?' 問 如何是報恩一靈物 師曰 喫如許多酒糟作麽", 『한산자시집』 「풍간시부 豐干詩附」(가흥장20, p.669c1)에 "안타깝다, 단 하나 영물이여! 아득한 옛적부터 경계에 묻혔구나. 可惜一靈物 無始被境埋", 『조계일적』(가흥장25, p.274c18)에 "이 중에 하나의 영물은 만고에 늘지도 줄지도 않네. 個中一靈物 萬古無增減", 『굉지광록』 권9(대정장48, p.105c10)에 "만상 스스로 모습 던지거늘, 단 하나의 신령함마저 의지할 일 없네. 묵묵히 한 티끌 삼매에 들었더니, 역력하네, 온갖 티끌들 삼매 일으키네. 萬像自相投 一靈還不倚 默默一塵入正受 歷歷諸塵三昧起"라고 하였다. [참고문헌] 『景德傳燈錄』, 『寒山子詩集』, 『曹溪一滴』, 『宏智廣錄』. ⇨일물 一物

일령진성 一靈眞性 단 하나 밝고 참된 자성. 『조산어록』(대정장47, p.527c23)에 "도자가 문득 눈 뜨고 물었다. '하나의 밝고 진실한 성은 포태를 기다린 적 없다는 말은 무슨 뜻인지요?' '여전히 묘는 아니군요' '무엇이 바로 묘인지요?' '빌릴 수도 빌리지 않을 수도 없다'. 도자는 작별인사를 하고 곧바로 죽었다. 道者忽開眼問云 一靈眞性 不假胞胎時 如何 師曰 未是妙 道者云 如何是妙 師曰 不借借 道者珍重便化", 『대천보제어록』 「영장주화 靈藏主火」(卍속장121, p.344b16)에 "하나의 밝고 진실한 성은 포태를 빌리지 않는다. 쌓고 쌓아 올리던 땅 잠깐 사이에 동쪽에서 솟는가 하면 다시 서쪽으로 가라앉으며, 불똥이 흩어지고 번갯불 달아나듯 미칠 수 없지만 향상에는 다시 할 일이 있다. 영장주여! 지난 밤에 서풍 불어 숲의 나무 흔들더니, 천산만산에서 패엽이 뒹구네. 一靈眞性 不假胞胎 堆堆地 瞥然 東湧復西沒 火迸雷奔追不及 向上更有事在 靈藏主 昨夜西風撼林樾 千山萬山翻貝葉", 『담연원징어록』 권7(卍속장126, p.273b10)에 "부모에게 나기 전일랑 접어 두고, 다만 저 사대육신이 무너진 다음에는 그대의 하나 밝아 참된 성은 어느 곳 향하여 몸과 마음 깃들이겠는가? 알겠는가? 만일 알 수 없다면 반드시 통렬하게 산승의 독한 맛을 볼 것이다. 父母生前卽且置 只如四大敗壞後 你一靈眞性 向什麽處 安身立命 還會麽 若也不會 須得山僧痛下毒手"라고 하였다. [참고문헌] 『曹山語錄』, 『大川普濟語錄』, 『湛然圓澄語錄』. ⇨진성 眞性

일령포삼중칠근 一領布衫重七斤 조주(趙州)의 선어. 한 벌 베적삼의 무게는 일곱 근이라는 말. 만법은 하나로 돌아가는데 하나는 어디로 돌아가느냐(萬法歸一一歸何處)는 물음에 대한 조주선사의 답화(答話)다. 『원오어록』 권8(대정장47, p.750a16)에 "조주가 처음 남전에게 참학하고 평상심이 도라는 것을 깨달았다. 후에 '달마조사가 서쪽에서 온 뜻'을 물으면 '뜰 앞의 잣나무'라고 하거나 '진주에서 큰 무우가 난다'거나 '내가 청주에서 있을 때 베적삼 한 벌 지었는데 무게가 일곱 근이다'라고 하기에 이르렀다. 趙州初參南泉 悟平常心是道後來有問西來意 便對曰 庭前柏樹子 以至鎭州出大蘿蔔頭 我在靑州作一領布衫重七斤", 『벽암록』 45칙 「평창 評唱」(대정장48, p.181c23)에 "불법을 깨우칠 요처는 말이 많지도 번잡하지도 않다. 예컨대 학인이 조주에게 '만법은 하나로 돌아가는데 하나는 어디로 돌아갑니까?'라고 묻자 조주가 '내가 청주에 있을 때 베적삼 한벌을 지었는데 무게가 일곱 근이었다'고 답할 뿐이다. 만약 언구상에서 가린다면 정해진 저울 눈금을 실물로 그르쳐 아는 것이고, 언구상 가려내지 않는다면 어떻게 일러줄 수 있겠는가? 佛法省要處 言不在多 語不在繁 只如這僧問趙州 萬法歸一一歸何處 他却答道 我在青州作一領布衫重七斤 若向語句上辨 錯認定盤星 不向語句上辨 爭奈却恁麽道", 『대혜어록』 권14(대정장47, p.868b3)에 "어떤 이는 고인공안을 보고 이치로 헤아릴 수 없다 하여, 문득 한번 뒤쳐 아무데도 걸림없는 한마디 드러내 한 번 응하고 지나쳐 현묘하다 말한다. 또 한편 뜻으로 갈 수 있는 길도 아니라 하고, 또 단지 기에 당해 사무쳐 알았다고도 한다. 예컨대 학인이 조주에게 '만법은 하나로 돌아가는데 하나는 어디로 돌아갑니까?'라고 묻자, 조주가 '내가 청주에 있을 때 베적삼 한 벌을 지었는데 무게가 일곱 근이다'라고 하는 등이다. 많은 사람들이 잘못 헤아리고는 '이 학인의 질문이 기특하다. 조주가 아니었다면 벗어날 길이 있더라도 어떻게 하지 못했을 것이다. 만법은 하나로 돌아간다고 하였지만 하나는 더 이상 돌아갈 곳이 없다. 만약 돌아갈 곳이 있다면 실법이 있는 셈이다. 그래서 조주가 알아차리고 상황에 맞는 묘용을 발휘하여 한 차례 응하여 말하기를 「내가 청주에 있을 때 베적삼 한 벌을 지었는데 무게가 일곱 근이다」라고 하였으니 매우 기특하다'라고 말한다. 어떤 이는 헤아려 말하기를 '만법은 하나로 돌아가지만 하나는 어디로 돌아가는가? 하나가 돌아갈 곳이 없다면 공에 떨어진다. 그래서 조주가 「내가 청주에 있을 때 베적삼 한 벌을 지었는데 무게가 일곱 근이다」라고 하였다. 조주의 이 결정적인 한 마디 매우 기특하여 유무에 떨어질 일 없었으니, 답인즉 깊고 묘하다'라고 말한다. … 이러한 무리들 모조리 어리석게도 제멋대로 밖으로 치닫는다. 或者見古人公案 不可以理路商量處 便著一轉沒交涉底語 一應應過 謂之玄妙 亦謂之不涉義路 亦謂之當機透脫 如僧問趙州 萬法歸一一歸何所 州云 我在青州作一領布衫重七斤之類 多少人錯商量云 這僧致得箇問頭奇特 不是趙州 有出身之路 便奈何不得 云萬法歸一 一更無所歸 若有所歸 卽有實法 所以趙州識得破 當機妙用 一應應過云 我在青州作一領布衫重七斤 多少奇特 或者商量道 萬法歸一一歸何所 一若無所歸 卽落空去 所以趙州道 我在青州作一領布衫重七斤 趙州這一轉語 直是奇特 不落有無 答得甚妙 … 如此之流 盡是癡狂外邊走"라고 하였다. 〔참고문헌〕『圜悟語錄』, 『碧巖錄』, 『大慧語錄』. ⇨ 만법귀일 萬法歸一

일례 一例 한결같이 하다. 모범이 되다. 『승사략』 권1(대정장54, p.240a22)에 "도신선사는 동림사에 주석하였고, 능선사는 광과사에 머물렀으며, 담선사는 백마사에 주석하였다. 모두 한결같이 율의를 중시하였기에 참선하는 학인들은 때론 두타를 행하였다. 道信禪師 住東林寺 能禪師 住廣果寺 談禪師 住白馬寺 皆一例律儀 唯參學者 或行杜多"라고 하였다. 〔참고문헌〕『僧史略』.

일로 一路 단 하나의 길. 과거현재미래 즉 삼세제불이 열반을 성취한 유일한 길을 말한다. 『능엄경』 권5(대정장19, p.124c28)에 "이 아비달마야말로 시방의 박가범께서 가신 한 길 열반문이다. 此阿毘達磨 十方薄伽梵 一路涅槃門", 같은 책 권6(대정장19, p.131b7)에 "이것이야말로 티끌처럼 무수한 부처님들의 한 길 열반문이니, 과거 모든 여래께서도 이 문을 이미 성취하셨고, 현재의 모든 보살도 지금 각각 들어 두렷이 밝아지며, 미래에 수학할 사람들도 마땅히 이와 같은 법에 의지한다. 此是微塵佛 一路涅槃門 過去諸如來 斯門已成就 現在諸菩薩 今各入圓明 未來修學人 當依如是法", 『수능엄의소주경』 권5(대정장39, p.893c7)에 "시방의 모든 부처님께서 보리를 취하여 얻으셨으니 열반의 묘한 과는 오로지 이 한 길로 능히 통하여 저에 이르므로 문이라 한다. 十方諸佛 取證菩提 涅槃妙果 唯此一路 能通至彼 故名爲門", 『능엄경정맥소』 권5(卍속장18, p.587b10)에 "한 길이란 삼세시방의 제불이 함께 따라가서 깨우친 길이다. 一路者 三世十方諸佛 共由之達道也"라고 하였다. 〔참고문헌〕『楞嚴經』, 『首楞嚴義疏注經』, 『楞嚴經正脈疏』. ⇨ 일로열반문 一路涅槃門

일로생기 一路生機 한 길로 발휘되는 활발한 작용. 곧바로 드러나 생생하게 움직이는 선기(禪機). 『벽암록』 70칙 「평창 評唱」(대정장48, p.199c8)에 "종사들은 학인들을 가르칠 때마다 번뇌의 못을 빼내고 망상의 쐐기를 뽑아준다. 요즘 사람들이라면 '이 대답은 그의 마음을 인정하지 않고 그의 말을 이해하지도 못한 것이다'라고 말한다. 그러나 그들은 이 안에 한 길로 발휘되는 활발한 작용의 경계가 있어 천 길의 절벽처럼 우뚝 나타나 있고, 손님과 주인이 마음껏 자리를 바꾸면서 파닥파닥 생기 있게 움직인다는 사실을 전혀 모른다. 大凡宗師爲人 抽釘拔楔 若是如今人 便道 此答不肯他不領話 殊不知 箇裏一路生機處 壁立千仞 賓主互換 活鱍鱍地", 『천여유칙어록』 권9 「종승요의 宗乘要義」(卍속장122, p.963b9)에 "모르는가? 기미가 나타나기 전에 길이 있지만 나가려 하면 어긋나고, 구절 자체에는 치우친 분별이 전혀 없지만 생각이 조금이라도 끼어들면 그 구절은 속박의 보금자리가 된다. 그대가 만일 이 안에서 자리까지 뒤집어엎고 어떤 흔적도 남기지 않는다면 자신에게 별도로 곧바로 드러나 생생하게 움직이는 선기가 생겨서 틀림없이 오가 종사들의 콧구멍이 그대의 한 꿰미에 뚫리게 될 것이다. 不見道 機前有路 擬向卽乖 句下無私 動成窠臼 你若解向者裏 和座推飜 不留朕迹 自家別有 一路生機 敢保五家 宗師鼻孔 被汝一串穿却"라고 하였다. 〔참고문헌〕『碧巖錄』, 『天如惟則語錄』.

일로열반문 一路涅槃門 오직 한 길로 통하는 열반의

문. 『능엄경』 구절로서 조사선 화두로 자주 등장한다. 『경덕전등록』 권12 「자복여보전 資福如寶傳」(대정장51, p.298a24)에 "묻기를 '무엇이 한 길로 통하는 열반의 문인지요?'라고 하자 자복이 손가락 퉁겨 한 소리를 내었고, 다시 두 손을 펼쳤다. '어떻게 해야 아시겠습니까?' '달 밝은 가을밤도 아닌데 그대 멋대로 이곳저곳 다니는군'. 問 如何是一路涅槃門 師彈指一聲 又展開兩手 僧曰 如何領會 師曰 不是秋月明 子自橫行八九"라고 하였다. 〔참고문헌〕『景德傳燈錄』. ⇨ 일로 一路

일로일불로 一老一不老 동산양개(洞山良价)의 화두. 하나는 늙었고 하나는 늙지 않았다는 말. 『고림청무어록』 권5(卍속장123, p.510a15)에 "만리에 풀 한 포기 없었으나 문을 나서니 문득 풀이다. 유양과 동산이여! 하나는 늙었고 하나는 늙지 않았구나. 그대는 모르는가? 한산자여! 십년이 되도록 돌아오지 못하니 오는 때도 길도 잊었구나. 萬里無寸草 出門便是草 瀏陽與洞山 一老一不老 君不見 寒山子 十年歸不得 忘却來時道"라고 하였다. 〔참고문헌〕『古林淸茂語錄』, 『大慧語錄』 권10(대정장47, p.854c9). ⇨ 동산무심합도 洞山無心合道

일로향 一爐香 **1** 한줄기 향. 향로 위로 어울려 피어오르는 향연을 묘사한 말이다. 『함허당득통화상어록』 「위옥봉각령헌향헌다헌반수어 爲玉峰覺靈獻香獻茶獻飯垂語」(한불전7, p.231a22)에 "제가 이제 한줄기 향 사루어 한 조각 마음 내오니, 원컨대 이 향연 그윽히 스며 본래의 참된 밝음 빛나기를 바라옵니다. 我此一爐香 生從一片心 願此香烟下薰發本眞明"라고 하였다. 〔참고문헌〕『涵虛堂得通和尙語錄』. **2** 초의의순(草衣意恂 1786~1866)의 선실(禪室) 이름. 추사(秋史) 김정희(金正喜 1786~1856)가 제주에 유배중일 때 차를 받고 감사하는 마음으로 '一爐香室'이란 글씨를 써서 보냈고, 해남 대흥사 일지암(一枝庵) 편액으로 전한다. 초의와 추사는 깊이 교유하여 『완당전집』에 초의에게 보낸 편지글 38편이 전한다. 같은 책 권5(한국문집총간301, p.107b22)에 "게다가 요즘에는 일로향에 계속 머무시는데, 깊고 승한 인연이라도 있으신가요? 어찌 칡넝쿨 헤치고 지팡이 멀리 날리시어 이 차연 함께하지 않으시나요? 且審近日 連住一爐香 有甚勝緣 何不破除藤葛 一笻遠飛 共此茶緣也"라고 하였다. 〔참고문헌〕『阮堂全集』. ⇨ 일지암 一枝庵, 의순 意恂, 김정희 金正喜

일류 一類 Ⓢ ekāgra. 한 류. 삼수(三受 : 苦樂捨)나 삼성(三性 : 善 不善 無記) 그리고 경계에 있어 변이(變異)가 없고 간단(間斷) 없이 상속(相續)하여 견고히 머무는 것(堅住)들을 말한다. 『구사석론』 권21(대정장29, p.296b18 : *Abh-k-bh.*, p.433)에 "어떤 법을 하나의 류라 하는가? 하나의 경 등이다. 만일 그대가 오로지 하나의 경에 마음을 기울여 정을 성취한다면 다른 류의 심법으로 정을 이루는 일은 없기에 모든 마음을 이 정이라고 설하지 않는다. 저 법의 모든 마음이 하나의 류가 되면 저 법을 정이라 설하고, 저 법을 하나의 류라고 한다. 何法名一類 謂一境等 若爾唯心一境成定 非別類心法成定 不說諸心是定 由彼法諸心成一類故 說彼法爲定 彼法名一類 keyam ekāgratā nāma. ekālambanatā. evaṃ tarhi cittāny ekavaikālambanāni samādhir na caitasikaṃ dharmāntaram iti prāpnoti. na cittāny eva samādhiḥ. yena tu tāny ekāgrāṇi vartante sa dharmaḥ samādhiḥ", 『성유식론술기』 권7본(대정장43, p.492c6)에 "하나의 류란 비슷하다는 뜻이다. 전후로 한 류여서 변하거나 달라지지 않고 빈틈과 끊어짐도 없으므로 견고하게 머문다고 한다. 一類者 是相似義 前後一類 無有變異 亦無間斷 故名堅住", 같은 책 권3(대정장43, p.314b24)에 "〔문〕 만일 아홉 가지 품이 있다면 무엇 때문에 하나의 류라고 할까? 〔답〕 하나의 류라는 말에는 다양한 뜻이 있다. 첫째, 삼수가 바뀌지 않는다. 둘째, 삼성이 바뀌지 않는다. 셋째, 경계가 바뀌지 않는다. 넷째, 상속이 바뀌지 않는다. 그러므로 뒤집히기 전을 하나의 류라 한다. 아홉 가지 품류가 없지 않아도 이를 하나의 류라 한다. 問 若有九品 何故名一類 答 一類有多義 一 三受不易 二 三性不易 三 境界不易 四 相續不易 故未轉前 名爲一類 非無九品 名爲一類"라고 하였다. 〔참고문헌〕『俱舍釋論』, 『成唯識論述記』, *Abh-k-bh.* ⇨ 삼성 三性 **2**, 삼수 三受

일류범부승 一類凡夫僧 한 무리의 범부승. 사종승(四種僧) 중 하나다. 불도를 숭상하여 외도와는 다르지만 온전히 승이라 할 수는 없는 무리. 『대승본생심지관경천주』 권3(卍속장34, p.236a16)에 "일류범부승이 있다. … '계품이 온전하지 못하다'하였으니 계를 받기는 하였지만 어찌 지키고자 하지 않을까? 범한다는 말은 계가 좋고 바르지만 진실로 삿된 욕심은 고집하고 깨끗하다 하지만 치우쳐 물들어 있는 등이다. 대체로 과거세에 익힌 업종자가 하는 일이다. 비록 범하기는 하지만 정견에는 미하지 않는다. 여전히 이타의 마음이 남아 있고 일승을 찬양하며 그 미묘한 법을 설한다. 或有一類凡夫僧 … 戒品不全者 謂旣能受戒 豈不欲持 良有犯者 所謂好正 而固邪欲 潔而偏染 蓋宿習業種使然也 雖有毁犯 正見不迷 猶有利他之心 讚詠一乘 說微妙法"라고 하였다. 〔참고문헌〕『大乘本生心地觀經淺註』, 『大乘本生心地觀經』 권3(대정장3, p.306a11). ⇨ 사종승 四種僧 **3**

일류상속 一類相續 Ⓢ saṃtāna ekato. 하나의 류로 이어짐. 유정(有情)은 각기 제행(諸行)이 모여 아뢰야식을 갖게 되고, 다시 아집(我執)에 의지해 하나의 류로 생존을 이어간다는 뜻이다. 『구사론』 권30(대정장29, p.157a29 : *Abh-k-bh.*, p.474)에 "모든 행이 모여서 하나의 류로 이어지면 세상에서 함께 시설하여 제달라 소라 하고 제달라를 세워 소의 주인이라 한다. 卽諸行聚 一類相續 世共施設 制怛羅牛 立制怛羅 名爲牛主 yaś cā pi sa caitrābhidhānaḥ saṃskārasamūhasaṃtāna ekato gṛhītvā gavākhyasvāmīty ucyate", 『대승광백론석론』 권2(대정장30, p.195a20)에 "유정 몸중에 낱낱이 각기 아뢰야식이 있고 하나의 류로 이어져 임시로 모든 법 유지하여 종자를 잃지 않으니, 일체법과 함께 서로 인과가 된다. 有情身中 一一各有 阿賴耶識 一類相續 任持諸法 種子不失 與一切法 互爲因果", 『섭대승론석』 권1(대정장31, p.157b6)에 "모든 중생은 아집이 없지 않다. 아집이 일어나면 어떤 경을 연하는가? 본식을 연으로 미세망념을 일으켜 하나의 류로 이어 끊이지 않는다. 一切衆生 無無我執 我執若起 緣何境 緣本識起 微細 一類相續不斷故"라고 하였다. [참고문헌] 『俱舍論』, 『大乘廣百論釋論』, 『攝大乘論釋』, 『成唯識論』 권1(대정장31, p.2b6), *Abh-k-bh.* ⇨ 상속 相續, 일류 一類

일륜 日輪 Ⓢ bhānumaṇḍala, Ⓣ nyi-ma'i-dkyil-'khor. 해. 태양. 또는 세간의 어둠을 비추는 가르침. 또는 지혜를 비유한다. 『구사론』 권11(대정장29, p.59a29)에 "일륜의 아래에 자리한 파지가(Ⓢ sphaṭika)보배는 불꽃 구슬이어서 뜨겁게도 하고 비추기도 한다. … 달의 궁전이 운행하며 일륜에 가까워지니 달은 일륜의 빛 때문에 스스로의 빛을 빼앗긴다. 日輪下面 頗胝迦寶 火珠所成 能熱能照 … 以月宮殿行近日輪 月被日輪光 所侵照", 『대승장엄경론』 권3(대정장31, p.604a28 : *Sūtr.*, p.39)에 "저 일륜이 나와서 빛을 내어 만물을 비추는 듯한다. 정법계도 이와 같으니 말씀을 퍼뜨려 중생을 교화한다. 譬如日輪出 流光照一切 淨界亦如是 流說化群生 〈śloka〉 ameyā raśmayo yadvad vyamiśrā bhānumaṇḍale, sadaikakāryā vartante lokam ālokayanti ca", 『광석보리심론』 권4(대정장32, p.571c23)에 "저 깨끗한 해가 한 줄기 빛을 비추니 세간에 두루 가득 밝게 비춘다. 如淨日輪放一光 普遍世間悉照耀", 『변현밀이교론』 권상(대정장77, p.375b19)에 "나는 마땅히 그대를 위해 일륜을 띄워 어둠을 깨뜨리고, 금강을 휘둘러 미혹을 부수리. 我當爲汝 飛日輪而破暗 揮金剛以摧迷"라고 하였다. [참고문헌] 『俱舍論』, 『大乘莊嚴經論』, 『廣釋菩提心論』, 『辨顯密二敎論』, *Sūtr.* ⇨ 월륜 月輪[1]

일륜관 日輪觀 ➡ 일륜 日輪, 일상관 日想觀

일륜당오 日輪當午 해가 정오에 자리하다. 해가 가장 높이 떠 비추므로 기운 그림자도 없이 천지를 가득 채우는 때다. 깨우쳐 남음이 없는 뜻이며, 천태교판에서는 제5시에 비유한다. 『천태사교의』(대정장46, p.775c1・한불전4, p.520a3)에 "시를 잡은즉 해는 오에 당하면 기울어진 그림자가 전혀 없다〈제5시〉. 約時則日輪當午 罄無側影〈第五時〉", 『사교의주휘보보굉기』 권2상(卍속장102, p.345b10)에 "십계 온통 열려 성불하지 못할 일 없다. 마치 저 해가 한가운데 있으면 비추지 못할 곳이 없는 것과 같다. 十界咸開 無不成佛 如日方中 無處不南", 『투자의청화상어』(속고존숙어요2, 卍속장118, p.899a15)에 "금계(해) 우는 새벽에 달은 삼경에 떨어지고, 옥토(달)가 잠든 때 해는 정오에 자리한다. 金鷄啼處 月落三更 玉兎眠時 日輪當午", 『수산어록』(고존숙어록8, 卍속장118, p.246b11)에 "학인이 물었다. '애써도 공 없다면 어떻게 하나요?' '해가 정오에 당하면 치우쳐 비추는 일이 없다. 다만 스스로 이때가 되면 사람들의 생각도 옮겨가리라'. 僧云 勞而無功時 如何 師云 日輪當午無私照 自是時人見有移"라고 하였다. [참고문헌] 『天台四敎儀』, 『四敎儀註彙補輔宏記』, 『投子義青和尙語』, 『首山語錄』. ⇨ 오시교판 五時敎判

일륜사 日輪寺 위치 미상. 자세한 사적은 알 수 없으며 갑오명일륜사종(甲午銘日輪寺鍾)이 현재 일본 애지현(愛知縣) 강남시(江南市) 만다라사(曼陀羅寺)에 소장되어 있다. 종신(鍾身)에 새겨진 보살좌상과 두광 위 구름의 모습이 1233년에 조성된 탑산사종(塔山寺鍾)과 거의 같다. 일륜사종이 조성된 갑오년은 1234년(고종21)이어서 일륜사 역시 이때까지 법등을 이었을 것으로 보인다. [참고문헌] 『韓國金石全文』 中世上 p.1246.

일륜월 一輪月 한결같이 떠 있는 밝은 달. 일체중생에게 언제나 떠 있는 열반의 바탕을 비유하기도 한다. 『여정어록』 권하(대정장48, p.131c10)에 "8월 보름 깊은 밤 서늘하고, 둥근 달은 서호의 물을 비춘다. 八月十五中夜涼 一輪月照西湖水", 『분양어록』 권상(대정장47, p.602a3)에 "'무엇이 이 둥근 달인지요?' '천지에서 나오지 않았다면 어찌 사계절 따라 움직이겠는가!' 問 如何是一輪月 師云 不從天地出 豈藉四時推", 『능엄경전』 권1상(卍속장88, p.894b14)에 "마치 천상의 둥근 달 맑고 밝아 분명하지만, 문득 구름에 덮혀 나타나지 못하다가 구름이 걷히면 저절로 본래의 달덩이를 드러내는 것과 같다. 법으로는 모든 중생이 열반의 바탕이어서 본래청정이지만, 번뇌와 소지라는 두 가지 장애에 덮혀 드러나지 못할 뿐이다. 似天上一輪月 皎潔分明 一乍被雲籠不得現 但雲盡 自然顯得 本來月體 法上一切衆生 涅槃之體 本來淸淨 被煩惱所知 二障障之 不得顯現", 『태암보장어록』 권8 「대월료잔경 對月了殘經」(卍속장123, p.1

013b3)에 “수중에는 한 권 경이요, 천상에는 둥근 달 떴네. 또렷이 눈앞에 있는데, 이 밝디 밝은 소식 누구에게 일러주나. 手中一卷經 天上一輪月 了了在目前 明明向誰說”라고 하였다. [참고문헌] 『如淨語錄』, 『汾陽語錄』, 『楞嚴經箋』, 『呆菴普莊語錄』. ⇨ 일륜일 一輪日

일륜일 一輪日 빛나는 둥근 해. 무명을 물리치고 드러나는 지혜에 비유한다. 『반야심경주해』(卍속장42, p.87b2)에 “풀 한포기 나지 않고 진토마저 다하면, 한 덩이 둥근 해가 바다에서 뜨리라. 寸草不生塵土盡 一輪日向海中生”, 『초석범기어록』 권16(卍속장124, p.249a16)에 “부상 저편에 한 덩이 둥근 해는 황혼에 이른 다음이라야 떠오른다. 扶桑那畔一輪日 直至黃昏後方出”라고 하였다. [참고문헌] 『般若心經註解』, 『楚石梵琦語錄』.

일리 一理 둘이 아닌 이치. 색공(色空), 진속(眞俗), 범성(凡聖)이 둘이 아닌 뜻으로 진여 등을 가리키기도 한다. 『십이문론』 「서 序」(대정장30, p.159b7)에 “만약 하나의 이를 다하지 못한즉 온갖 다른 것들이 분분하게 일어나 미혹의 윤회로 갈라진다. 若一理之不盡 則衆異紛然 有惑趣之乖”, 『인왕호국반야바라밀경소신보기』 권1(대정장33, p.287b22)에 “오직 원돈교에서는 색과 공이 하나의 이일 뿐이니 양변을 비춤으로써 둘이 아니면서 둘이고, 비춤이 그치면 둘이면서 둘이 아니게 되어 쌍으로 비추고 쌍으로 그치면 오직 일념에 있을 뿐이다. 惟其圓頓 色空本唯一理 以約照邊 不二而二 卽照而亡 二而不二 雙照雙亡 只在一念”, 『법화문구』 권3(대정장34, p.42b1)에 “실상이란 바로 실지의 경이니, 하나의 리로 헛되지 않아 실상이라 한다. 實相者 是實智境 一理非虛故言實相”, 『중관론소』 권8(대정장42, p.123c29)에 “만약 하나의 이가 있다면 이는 상견이라 하게 되어 곧 바로 허망이니 실이라 하지 않는다. 만약 하나의 이가 없다고 하면 이것 역시 사견이어서 허망하게 된다. 역유역무는 단견과 상견을 갖추었고, 비유비무는 어리석은 말이다. 若有一理 名爲常見 卽是虛妄 不名爲實 若無一理 又是邪見 亦爲虛妄 非是眞實 亦有亦無 則具足斷常 非有非無 是愚癡論”, 『이제의』 권상(대정장45, p.87c23)에 “삼론학파에서 이제가 교의 문이라고 밝히는 것은 바로 두 가지 이치라는 견해를 뿌리 뽑기 위함이다. 저들은 두 가지 이치라는 견해에 깊이 빠져서 두 가지 도리가 있다는 견해를 갖고 끝내 고치지 못한다. 그러므로 이제 하나의 이치만 있고 두 가지 이치는 없음을 밝힌다. 왜 그러한가? 여래께서 유를 설하거나 무를 설하시는 것은 하나의 길을 드러내기 위함이다. 이러한 유와 무는 이에 길이고 문이지 이치가 아니다. 그러므로 이제는 바로 교일 뿐이지 이치가 아님을 밝힌다. 今明 二諦是教門者 正爲拔二理之見 彼埋二理見深 有此二理 終不可改 爲是故今明 唯有一理 無有二理 何者 如來說有說無爲表一道 此之有無 乃是道門 非是理 爲是故明 二諦是教非是理也”, 『수습지관좌선법요』(대정장46, p.474b29)에 “오직 하나의 성일 뿐이니 얻으면 깨우치고 잃으면 미혹이다. 하나의 이치일 뿐이니 이것을 미하면 범부고 깨달으면 성인이다. 是唯一性而已 得之爲悟 失之爲迷 一理而已 迷而爲凡 悟而爲聖”, 『십불이문지요초』 권하(대정장46, p.715b25)에 “만약 삼천대천세계가 바로 성의 덕이라면 구계는 무너질 일 없이 그대로 불법이다. 즉의 뜻이 비로소 성립하고 두렷한 이치 또한 드러나기 시작한다. 그러므로 『금강비』(대정장46, p.785b19)에서 ‘변하는 뜻이라면 오직 둘일 뿐이고, 즉으로 갖추어야 오직 원이다’라고 하였다. 그러므로 갖추고 변함이 동시에 밝아야 비로소 바로 옳다고 말할 수 있다. 만약 하나라도 부족하면 온통 원극이 아니다. 형계담연은 ‘다른 이들은 닦는 성은 밝히지 않았다’고 하였다. 만약 진여라는 하나의 이치만을 성이라고 이름하고 연에 따라 차별되는 것을 닦음으로 삼는다면, 이는 형계담연의 때에 만연하던 다른 이들의 설이다. 그러므로 다른 종의 원극이란 성기만을 말하고 성구는 말하지 않음을 알 수 있으니 깊이 생각해볼만하다. 若三千世間是性德者 九界無所破 卽佛法故 卽義方成 圓理始顯 故金錍云 變義唯二 卽具唯圓 故知具變雙明 方名卽是 若隨闕一 皆非圓極 荊谿云 他家不明修性 若以眞如一理名性 隨緣差別爲修 則荊谿出時 甚有人說也 故知他宗極圓 秖云性起 不云性具 深可思量”라고 하였다. [참고문헌] 『十二門論』, 『仁王護國般若波羅蜜經疏神寶記』, 『法華文句』, 『中觀論疏』, 『二諦義』, 『修習止觀坐禪法要』, 『十不二門指要鈔』, 『金剛錍』.

일리겁만리겁 一里劫萬里劫 일리겁과 만리겁. 사방 일리 되는 바위가 다해 없어지는 데 걸리는 시간과, 사방 만리나 되는 바위가 다해 사라지는 데 걸리는 시간을 말한다. 『영락본업경』 권하(대정장24, p.1019a25)에 “겁수는 일리석·이리석 내지 십리석이 다하면 일리겁이나 이리겁이라고 부른다. 오십리석이 다하면 오십리겁이라 하고, 백리석이 다하면 백리겁이고 천리석이 다하면 천리겁이며, 만리석이 다하면 만리겁이라 한다. 劫數者 所謂一里二里乃至十里石盡 名一里劫二里劫 五十里石盡 名五十里劫 百里石盡 名百里劫 千里石盡 名爲千里劫 萬里石盡 名爲萬里劫”라고 하였다. [참고문헌] 『瓔珞本業經』. ⇨ 겁 劫, 반석겁 盤石劫

일리수연 一理隨緣 진여의 한 이치가 연을 따른다는 것. 천태종 산가파(山家派) 사명지례(四明知禮)가 화엄종과 천태종 산외파(山外派)의 연기설을 비판적으로 규정한 개념이다. 단리수연(但理隨緣)·별리수연(別理隨緣)이라고도 한다. 반면 이에 상대하는 산가파의 입장을 원리수연(圓理隨緣) 또는 성구수연(性具隨緣)이라고 한다. 일리수연이란 진여가 연을 따르면 차별상이 생기고 연을 따르지 않으면 차별상이 없다는 입장이지만, 천태종의 원리수연은 이(理)로 갖춘 삼천대천세계와 사(事)로 갖춘 삼천대천세계를 같다고 보는 차이가 있다. 『십불이문지요초』 권하(대정장46, p.715b14)에 "다른 종에서는 일리가 연을 따라 차별법을 짓는다고 밝혔는데, 차별은 무명의 상이고 순일은 진여의 상이다. 연을 따른즉 차별이 생기고, 연을 따르지 않을 때는 차별이 없다. 그러므로 일성과 더불어 무명이 합해야 비로소 차별이 생긴다는 것을 알 수 있다. 이것은 합의 뜻이지 바탕이 둘이 아니라는 뜻은 아니다. 무명을 없애야 차별이 없어지기 때문이다. 他宗明一理隨緣作差別法 差別是無明之相 淳一是眞如之相 隨緣時則有差別 不隨緣時則無差別 故知一性與無明合 方有差別 正是合義 非體不二 以除無明 無差別故", 『금강비론석문』 권중(卍속장100, p.625b6)에 "『기신론』은 일심문중에 진여와 생멸의 두 문을 열었으나, 법장은 장소에서 오히려 진여문으로 불변과 수연의 두 뜻을 밝혔다. 그는 비록 수연의 뜻을 세웠지만 단지 일리수연일 뿐 성구수연은 알지 못했다. 사명지례는 이 이유로 별리수연을 세워서 이를 비판하였다. 良由起信論 於一心門中 開眞如生滅二門 藏師於藏疏中 却以眞如門 明不變隨緣二義 彼雖立隨緣之義 但以一理隨緣 而性具隨緣 非彼所知 四明所以立別理隨緣 而格量之也"라고 하였다. 〔참고문헌〕『十不二門指要鈔』, 『金剛錍論釋文』. ⇨ 단리수연 但理隨緣, 별리수연 別理隨緣

일리제평 一理齊平 하나의 이치로서 나란하여 평등하다는 말. 『화엄경소』 권2(대정장35, p.513a1)에 "일체중생은 평등하여 한 가지 성이다. 다만 이 진여가 연에 따라 성립하되 다른 것을 의지할 뿐 자성이 없으니, 곧 바로 두렷이 성취되니 하나의 이치로 가지런하고 고르다. 그러므로 중생계와 불계는 늘지도 줄지도 않는다. 一切衆生 平等一性 但是眞如 隨緣成立 依他無性 卽是圓成 一理齊平 故說生界佛界 不增不減", 『원각경약소초』 권3(卍속장15, p.240b14)에 "성종의 이해에 따르면 일체중생은 모두 차별이 없다. 자성은 다만 진성일 뿐이어서 하나의 이치로 가지런히 고르기에 성불하거나 성불하지 못하는 일은 없고 증감도 없다. 그러므로 『화엄경』 「여래출현품」에서 '불자야! 여래께서 정각을 이루실 때 그 몸중에 널리 일체중생도 정각을 성취하는 것을 드러내셨다'고 하였다. 若性宗解則云 一切衆生 悉無差別 自性但是眞性 一理齊平 無成不成 故無增減 故華嚴出現品云 佛子 如來成正覺時 於其身中 普見一切衆生成正覺"라고 하였다. 〔참고문헌〕『華嚴經疏』, 『圓覺經略疏鈔』, 80권본 『華嚴經』 권52(대정장10, p.275a19).

일린 一鱗 ❶ 비늘 한 조각. 일린반갑(一鱗半甲)·일린편갑(一鱗片甲)·일린일조(一鱗一爪) 등으로 용(龍) 등이 그 전모가 아닌 지극히 적은 실마리만을 보인다는 뜻이다. 『설두어록』 권6 「진주자복선원신주종명 眞州資福禪院新鑄鍾銘」(대정장47, p.711c7)에 "스승의 노랫가락 제자가 이어받기 어려우니, 아침저녁 늘 맑게 울리지만 부르는 이 듣는 이 감감하다. 하지만 비늘 한 조각과 반 껍질만으로도 충분하니, 진실한 교화의 방편으론 어긋남이 없다. 師之唱險 資之繼難 寅夕鏗鏗 主伴索索 足使一鱗半甲 無違眞化之方"라고 하였다. 〔참고문헌〕『雪竇語錄』. ❷ 한 마리. 린은 물고기를 세는 단위. 『유방기초』 「당대화상동정전 唐大和上東征傳」(대정장51, p.989c13)에 "아무리 비가 퍼부어도 넘치지 않고 극한 가뭄에도 마르지 않는 그 우물에 일척구촌 물고기 한 마리가 산다. 그것은 세상에서 호탑보살이라 한다. 極雨不溢 極旱不涸 中有一鱗魚 長一尺九寸 世傳云 護塔菩薩"라고 하였다. 〔참고문헌〕『遊方記抄』. ❸ 걸출한 한 인물. 『오등전서』 권40 「도독지책장 塗毒智策章」(卍속장140, p.925b8)에 "우뚝해서 부처와 조사를 넘고, 언젠가 가문을 일으킬 한 인물이면 충분하다. 嶄然超出佛祖 他日起家一鱗足矣"라고 하였다. 〔참고문헌〕『五燈全書』.

일린족 一鱗足 기린 하나면 족하다. 한 명의 뛰어난 인물로 충분하다는 말. 린(鱗)은 기린(麒麟)을 가리키며 빼어난 인재를 의미한다. 족(足)은 충분하다는 뜻이다. 『경덕전등록』 권5 「청원행사전 青原行思傳」(대정장51, p.240b5)에 "청원행사가 석두희천에게 물었다. '그대는 어디에서 왔는가?' '조계에서 왔습니다' '무엇을 얻으려고 왔는가?' '조계에 가기 전에도 잃지 않았습니다' '이렇다면 쓸모없이 조계에는 뭐 하러 갔는가?' '조계에 가지 않았더라면 본래 잃지 않았다는 것을 어떻게 알았겠습니까?' 희천이 또 물었다. '육조 혜능스님은 화상을 아십니까?' '그대는 나를 아는가?' '압니다. 하지만 어찌 다 알았다고 하겠습니까?' '온갖 뿔 비록 많지만 기린 하나면 족하다'. 師問曰 子何方而來 遷曰 曹谿 師曰 將得什麽來 曰 未到曹谿亦不失 師曰 恁麽用去曹谿作什麽 曰 若不到曹谿爭知不失 遷又問曰 曹谿大師還識和尚否 師曰 汝今識吾否 曰 識又爭能識得 師曰 衆角雖多一麟足矣"라고 하였다. 〔참고문헌〕『景德傳燈錄』.

일림사 日林寺 ❶ 전라남도 보성군 회천면 봉강리에 있는 절. 신라 진지왕(眞智王) 13년에 통의국사(通義國師)가 창건했다고 전하나 자세한 사적은 알 수 없다. 1865년(고종2)에 대웅전의 벌집을 없애는 과정에서 소실되었고, 1941년에 중창하고 1946년에 법당을 신축하였으나 1948년에는 여순사건 때 작전상의 이유로 극락전·명부전·천불전·산신각·요사·선방 등의 가람

전체를 소각하였다. 이후 회천면 회령리의 옛 절터에서 현 위치로 이전하고는 옛 법당의 목조불상을 봉안하고 법등을 잇고 있다. 옛 절터에도 석축이 남아 있다. 〔참고문헌〕『寶城郡鄕土史』, 『文化遺蹟總覽』 권하(文化財管理局, 1977) p.288, 『寶城郡文化遺蹟學術調査』(전남대학교 박물관 · 보성군, 1992) p.170, 『한국전쟁과 불교문화재』 권3 광주광역시 · 전라남도편(대한불교조계종총무원, 2005) pp.121~123, 『한국사지총람』 권하(문화재청 · 佛敎文化財硏究所, 2010) p.572. ❷ 전라남도 장흥군 봉림산(鳳林山)에 있던 절. 『가람고』에 임일사(林日寺)라 하였다. 『지제지』에 "봉림산에 있으며 순치갑오(1654년 효종5) 정월에 작성한 전장기가 있다. 在鳳林山有順治甲午正月傳掌記"라고 하였다. 〔참고문헌〕『伽藍考』, 『支提誌』, 『梵宇攷』, 『韓國寺刹全書』 권하 p.964a1.

일립속중장세계 一粒粟中藏世界 한 톨 좁쌀 중에 세계를 머금다. 『원오어록』 권10(대정장47, p.759a27)에 "한 톨 좁쌀 중에 세계를 머금으니, 모래알처럼 많은 찰해도 비로소 편안히 머문다. 一粒粟中藏世界 恒沙刹海始安居", 『오등회원』 권8 「여암진인장 呂巖眞人章」(卍속장138, p.304a13)에 "여암이 '한 톨 좁쌀 중에 세계를 머금고, 반 되의 솥에서는 산천을 삶는다고 합니다. 대답해 보십시오. 이 뜻은 무엇입니까?'라고 묻자 용산이 그를 가리키며 '이 시체나 지키는 귀신이여!' '어찌하겠습니까? 주머니에 장생불사의 약이 들어 있는 걸' '팔만겁이 지나더라도 마침내 헛된 죽음뿐이겠군'. 問 一粒粟中藏世界 半升鐺內煮山川 且道 此意如何 龍指曰 這守屍鬼 呂曰 爭奈囊有長生不死藥 龍曰 饒經八萬劫 終是落空亡"라고 하였다. 〔참고문헌〕『圜悟語錄』, 『五燈會元』. ⇨ 속립 粟粒, 속미립 粟米粒

일마일미 一麻一米 Ⓢ eka-tilaika-taṇḍula. 깨 한 톨과 쌀 한 톨. 석가모니부처님께서 6년 고행하실 때 하루에 먹었던 음식. 일마일맥(一麻一麥)이라고도 한다. 『증일아함경』 권23(대정장2, p.670c24)에 "이때 하루에 깨 한 톨과 쌀 한 톨만을 먹어 몸은 쇠약해지고 피골이 상접했으며 정수리엔 종기가 나고 피부는 늘어져서 마치 곯은 조롱박 같았다. 爾時 日食一麻一米 形體劣弱 骸骨相連 頂上生瘡 皮肉自墮 猶如敗壞瓠盧", 『수행본기경』 권하(대정장3, p.469c3)에 "천신들이 감로를 바쳤지만 보살은 한 번도 받지 않고 하루에 깨 한 톨과 쌀 한 톨만 먹고 정기를 유지하기로 맹세했다. 6년 동안 단좌하여 몸은 여위고 피골이 상접했다. 諸天奉甘露 菩薩一不肯受 自誓日食一麻一米 以續精氣 端坐六年 形體羸瘦 皮骨相連", 『대지도론』 권38(대정장25, p.341b7)에 "외도 고행자는 석 달이나 반 년 또는 일 년을 하는 이는 있지만, 6년 동안 하루에 깨 한 톨과 쌀 한 톨만 먹을 수 있는 이는 없다. 외도들은 이는 극한의 고행이니 이 사람이 도가 아니라고 한다면 정말로 도가 아니었다. 이에 신심으로 가르침을 받아들이고 모두 정도에 들었다. 有外道苦行者 或三月 半歲 一歲 無能六年日食一麻一米者 諸外道謂此爲苦行之極 是人若言無道 眞無道也 於是信受 皆入正道", 『대방광선교방편경』 권3(대정장12, p.174b28)에 "내가 6년 동안 고행하며 겪은 온갖 어려운 일들은 오직 외도를 항복시키고 중생들을 정진하게 하려 함이었다. 깨 한 톨과 보리 한 톨을 먹을 것으로 삼은 까닭은 몸을 청정하게 하고자 함이었다. 我所有六年苦行 歷諸難事 但爲降伏諸外道故 又欲令諸衆生起精進故 一麻一麥爲所食者 欲令身器得清淨故"라고 하였다. 〔참고문헌〕『增壹阿含經』, 『修行本起經』, 『大智度論』, 『大方廣善巧方便經』, *Abh-k-bh.468.*

일막사 一幕寺 경기도 안양시 만안구 석수동 삼성산(三聖山)에 있던 절. 이유원(李裕元)이 1871년(고종8)에 지은 『임하필기』 권31 「삼막 三幕」에 "원효의 일막사는 지금은 다만 폐허일 뿐이다. 元曉一幕 今只墟"라고 하였다. 〔참고문헌〕『林下筆記』, 『韓國寺刹全書』 권하 p.963b3. ⇨ 삼막사 三幕寺, 원효 元曉

일만승회 一萬僧會 일만의 스님을 모셔 법문을 펴고 공양하는 법회. 『조선불교통사』 권상 「충숙왕 忠肅王」 p.303에 "이날이 되면 이천의 스님을 공양하고 이천의 등을 밝히는데 닷새가 되면 일만스님과 일만등을 채워 기한을 마치면 원을 성취한다. 이를 만승회라 한다. 至是日 飯二千僧 點二千燈 五日可滿僧一萬 燈一萬 期以畢願 謂之萬僧會"라고 하였다. 〔참고문헌〕『朝鮮佛敎通史』, 『高麗史』 권34 世家34 忠肅王1. ⇨ 삼만승재 三萬僧齋

일망타취 一網打就 한 그물로 모조리 거둬들인다는 말. 일망타진(一網打盡)과 같이 쓴다. 한마디나 한 생각으로 여지없이 깨우쳐 아는 뜻의 비유다. 『대혜어록』 권24 「시성기의 示誠機義」(대정장47, p.912c24)에 "부처님께서 이것으로 발보리심을 비유한 이유는 보리심은 곧 충의심이기 때문이니, 이름은 다르지만 바탕은 같습니다. 단지 이 마음이 충의와 만나기만 한다면 세간과 출세간을 한 그물에 거둬들여서 모자람도 남을 일도 없습니다. 佛以此喩發菩提心者 菩提心則忠義心也 名異而體同 但此心與義相遇 則世出世間 一網打就 無少無剩矣", 『벽암록』 52칙 「본칙 本則」(대정장48, p.187a23)에 "학인이 물었다. '무엇이 석교입니까?'〈낚시에 걸렸군. 과연〉. 조주가 말했다. '당나귀도 건너고 말도 건넌다'〈한 그물로 다 거뒀네. 온 세상 사람들이 숨 쉴 곳이 없다. 한 번 죽었으니 다시 살 일은 없다〉. 僧云 如何是石橋〈上釣來也 果然〉 州云 渡驢渡馬〈一網打就 直得盡大地人無出氣處 一死更

不再活〉"라고 하였다. 〔참고문헌〕『大慧語錄』, 『碧巖錄』.

일맥 一麥 Ⓢyava, Ⓣnas. 보리 한 알의 길이. 이(Ⓢyūka) 일곱 마리 또는 개자(芥子 Ⓢsarṣapa) 일곱 개의 길이다. 『구사석론』 권9(대정장29, p.220a1 : *Abh-k-bh.*, p.176)에 "서캐 일곱 마리가 이 한 마리 길이다. 이 일곱 마리가 보리 한 알 길이고, 보리 일곱 알이 손가락 한 마디의 길이다. 七蟣爲一虱 七虱爲一麥 七麥爲指一節 tāni sapta likṣās tadudbhavā yūkety arthaḥ. sapta yūkā yavaḥ. sapta yavā aṅgulī parva"라고 하였다. 〔참고문헌〕『俱舍釋論』, *Abh-k-bh.*, *Lal-v.104.*

일맹인중맹 一盲引衆盲 눈 먼 사람 하나가 여러 사람 눈 멀게 한다는 말. 안목 없는 종사가 그릇되이 인도함을 비유한다. 『경덕전등록』 권12 「흥화존장전 興化存獎傳」(대정장51, p.295b14)에 "학인이 물었다. '남양혜충(南陽慧忠)국사가 시자를 부른 뜻은 무엇입니까?' '맹인 한 사람이 여러 맹인들을 이끄는구나'. 僧問 國師喚侍者意作麽生 師曰 一盲引衆盲", 『벽암록』 9칙 「평창 評唱」(대정장48, p.149b23)에 "어떤 사람들은 '본래 한 가지 깨우칠 일도 없으니, 다만 차를 만나 차 마시고, 밥을 만나 밥을 먹을 뿐이다'라고 한다. 이는 크게 잘못된 말이니, 아직 얻지 못하고 얻었다 하고, 증하지 못하고서 증했다 하니 원래 일찍이 참한 적도 사무친 적도 없다. 사람들이 성이니 심이니 현이다 묘다 설하는 것을 보고서는 '허튼 소리일 뿐 본래 아무 일 없다'고 말한다. 가히 한 맹인이 뭇 맹인들을 이끎이어서 도대체 알 수 없는 일이다. 조사가 아직 오지 않았을 때 어찌 하늘을 땅이라 하고 산을 물이라 불렀겠는가? 무엇 때문에 조사는 다시 서쪽에서 왔는가? 제방에서 승당에 오르고 방장실에 들어가 무엇을 설하는가? 이는 모조리 분별로 헤아린 것일 뿐이다. 有般底人道 本來無一星事 但只遇茶喫茶 遇飯喫飯 此是大妄語 謂之未得謂得 未證謂證 元來不曾參得透 見人說心說性說玄說妙 便道只是狂言 本來無事 可謂一盲引衆盲 殊不知 祖師未來時 那裏喚天作地喚山作水來 爲什麽祖師更西來 諸方陞堂入室 說箇什麽盡是情識計較"라고 하였다. 〔참고문헌〕『景德傳燈錄』, 『碧巖錄』.

일면고경 一面古鏡 옛 거울 하나. 만고에 변함없이 만물을 비추고 빛나는 마음자리를 거울에 비유한 뜻이다. 일면은 거울을 세는 단위다. 『경덕전등록』 권12 「삼성혜연전 三聖慧然傳」(대정장51, p.295a7)에 "삼성이 설봉 문하에 있을 때 설봉이 '사람사람에게 하나 오래된 거울이 있고, 이 원숭이에게도 역시 하나 오래된 거울이 있다'는 말을 듣고서 물었다. '겁이 지나도록 이름이 없었건만, 화상께서는 무슨 까닭으로 옛 거울이라 이름하셨는지요?' '얼룩졌다'. 師在雪峯 聞峯垂語云 人人盡有一面古鏡 遮箇獼猴 亦有一面古鏡 師出問 歷劫無名 和尙爲什麽 立〈一作彰〉爲古鏡 峯云 瑕生也", 『건중정국속등록』 권20 「운개지본장 雲蓋智本章」(卍속장136, p.288b10)에 "'사람사람에게는 다 오래된 거울 하나 있다고 하는데, 무엇이 저의 오래된 거울인지요?' '깨부숴 가져오면 그대에게 일러주리라' '깨부숴버렸습니다' '오랑캐 땅에서는 겨울에도 죽순이 자란다'. 問 人人盡有 一面古鏡 如何是學人古鏡 師云 打破來 向儞道 僧曰 打破了也 師云 胡地冬生笋"라고 하였다. 〔참고문헌〕『景德傳燈錄』, 『建中靖國續燈錄』. ⇨ 고경 古鏡 ❶

일면불 日面佛 해의 얼굴을 한 부처님. 월면불(月面佛)과 한 쌍의 부처님. 『월등삼매경』에 등장하는 수명이 긴 부처님이시다. 마조도일(馬祖道一)의 화두로 선가에 이어져 송(頌)으로 회자되었다. 『월등삼매경』 권4(대정장15, p.569a23)에 "저 일면불은 견줄 이 없는 존귀한 부처님으로서 수명은 일만팔천세다. 彼日面佛無比尊 壽命一萬八千歲", 『화엄경소초』 권28(대정장36, p.215c15)에 "일면불의 수명은 일천팔백세다. 日面佛壽 一千八百歲", 『건중정국속등록』 권19 「불해장 佛海章」(卍속장136, p.279b4)에 "'상서로운 안개 피어오르고 밝은 해는 하늘에 걸렸네. 한마디 사심없는 말씀 청컨대 온전히 일러주시길 바랍니다' '주장자 가로로 일면불을 꿰고, 납의는 기울여서 소림의 바람을 태우네'. 問 祥煙起處 杲日當空 一句無私 請師全道 師云 拄杖橫穿日面佛 衲衣斜褡少林風"라고 하였다. 〔참고문헌〕『月燈三昧經』, 『華嚴經疏鈔』, 『建中靖國續燈錄』. ⇨ 일면월면 日面月面, 월면불 月面佛

일면불월면불 日面佛月面佛 ➡ 마조불안 馬祖不安

일면월면 日面月面 해의 얼굴과 달의 모습을 한 부처님. 일면불월면불(日面佛月面佛)로 부른다. 『원오어록』 권3(대정장47, p.726c25)에 "일면월면은 진주와 옥이 구르는 듯하고, 유구와 무구는 씨줄과 날줄이 오가는 듯하다. 여래선은 부모미생전 소식이고, 조사의 뜻은 우물 바닥에서 흙먼지 일으키는 일이네. 사무쳐 얻었을진댄 권이든 실이든 모든 구 온통 밝을 것이지만 깨우치지 못했다면 얽힌 등지 속에 묻혀 사라지리라. 사무쳐 얻어도 얻지 못한다 해도 온통 이러할 때 어떻게 해야 하나? 따뜻한 바람 남쪽에서 불어오는데 전각은 겨우 서늘한 기운이 일어난다. 日面月面 珠回玉轉 有句無句 絲來線去 如來禪 父母未生前 祖師意 井底紅塵起 透得者 權實句下雙明 透未得者 葛藤窠裏埋沒 透得透不得 總不恁麽時 如何 薰風自南來 殿閣生微凉", 『직주천동송고』 권1

(卍속장117, p.792b10)에 "일면월면이여! 별들은 흐르고 번개는 번뜩인다〈곧바로 사사로움 없이하고 머뭇거림 용납치 않는다〉. 日面月面 星流電卷〈直下無私 不容擬議〉"라고 하였다. 〔참고문헌〕『圜悟語錄』, 『直註天童頌古』. ⇨ 마조불안 馬祖不安, 부모미생전 父母未生前

일멸 一滅 사성제(四聖諦) 중 멸제(滅諦)만 일컫는 말. 일멸제(一滅諦)라고도 한다. 『성실론』 권15(대정장32, p.363a27)에 "〔문〕 사제로써 도를 얻는 것이 아니라면 어떤 법으로 득도하는가? 〔답〕 오직 한 진실로 득도하니 멸제를 말한다. 問曰 若不以四諦得道 當以何法得道 答曰 以一諦得道 所謂爲滅", 『삼론현의』(대정장45, p.5c23)에 "비담종에 의하면 삼승은 한결같이 사제를 보아야 득도한다. 성실의 뜻에 따르면 단지 한 가지 멸제만 깨달아도 바야흐로 성인이 된다. 依毘曇宗 三乘則同見四諦 然後得道 就成實義 但會一滅 方乃成聖"라고 하였다. 〔참고문헌〕『成實論』, 『三論玄義』. ⇨ 멸제 滅諦

일명 一明 하나로 밝은 것. 명은 다라니(陀羅尼)·진언(眞言)을 말한다. 진언 한 마디 울림으로도 어둠을 물리쳐 일체를 밝히는 뜻에서 하나의 밝음이라고 한다. 『대일경소』 권11(대정장39, p.693c6)에 "저 마혜수라 천왕에게는 승의생명이라는 하나의 명이 있다. 이 진언의 힘으로 한순간에 큰 변화를 일으켜 이 삼천대천세계 가득 낱낱의 중생에게 나타나 그들이 좋아하는 온갖 이익이 되는 일을 하니 저들 따라 거두어 쓰이되 온통 진실하여 거짓이 없다. 如摩醯首羅天王有一明 名曰勝意生明 以此眞言力故 能於一時 作大變化 遍此三千大千世界 現爲一一衆生 現所愛樂 諸利益事 隨彼受用 皆實不虛", 같은 책 권12(대정장39, p.708a21)에 "일체무명을 부숴 없애기에 명이라 한다. 그러나 명과 진언은 뜻에서 차별하다. 만일 마음과 입에서 나오면 진언이라 하고, 모든 몸마다에서 어디서나 나온다면 명이라 한다. 破除一切 無明煩惱之闇故 名之爲明 然明及眞言 義有差別 若心口出者 名眞言 從一切身分 任運生者 名之爲明也"라고 하였다. 〔참고문헌〕『大日經疏』. ⇨ 다라니 陀羅尼, 명주 明呪, 진언 眞言, 명 明, 마혜수라 摩醯首羅

일명무량의 一名無量義 하나의 이름에 헤아릴 수 없이 많은 뜻이 있다는 말. 이름(名)과 뜻(義)으로 만든 사구(四句) 중 하나다. 일명무량명(一名無量名)이라고도 하며, 하나의 뜻에 한량없는 이름이 있다는 일의무량명(一義無量名)과 마주한다. 『이제의』 권중(대정장45, p.94c28)에 "하나의 이름에 무량한 뜻이 있다. 어떻게 하나의 이름에 무량한 뜻이 있는가? 〔해〕 하나란 무량한 하나니, 하나가 어찌 무량하지 않겠는가? 이것은 무량한 하나고, 하나의 무량이다. 그러므로 경에서 '하나에서 무량을 알고, 무량에서 하나를 알며, 거듭 뒤쳐 낳지만 실은 아니어서 지혜로운 이는 두려운 것 없네'라고 하였다. 〔문〕 어떻게 하나의 이름에 무량한 뜻이 있는가? 〔해〕 네 가지 뜻에 나아가 푼다. 첫째 이름에 따라 풀고, 둘째 인연에 따라 풀며, 셋째 도를 드러내기 위해 풀고, 넷째 정한 바 없는 풀이다. 次一名無量義者 若爲一名無量義耶 解言 一是無量一 一豈不是無量 此則無量一 一無量 故經云 一中解無量 無量中解一 展轉生非實 智者無所畏也 問曰 若爲一名有無量義耶 解云 就四義解之 一 隨名釋 二 就因緣釋 三 顯道釋 四 無方釋", 40권본 『대반열반경』 권33(대정장12, p.563c16)에 "하나의 이름으로 무량한 이름을 설한다는 말은 무슨 뜻인가? 마치 저 열반과 같다. 열반이라고도 하고, 무생이라고도 하며, 무출이라고도 하고, 무작이라고도 하며, 무위 또는 귀의라고도 하고 … 감로라고도 하며 길상이라고도 한다. 이렇듯 하나의 이름으로 무량한 이름을 지을 수 있다. 云何一名說無量名 猶如涅槃 亦名涅槃 亦名無生 亦名無出 亦名無作 亦名無爲 亦名歸依 … 亦名甘露 亦名吉祥 是名一名作無量名"라고 하였다. 〔참고문헌〕『二諦義』, 『大般涅槃經』. ⇨ 일의무량명 一義無量名

일명사실 一名四實 하나의 이름에 네 가지 뜻이 있다는 말. 『대반열반경현의』 권상(대정장38, p.1c24)에 "하나의 이름에 많은 뜻이 있다. 마치 저 선타바라는 이름에 네 가지 뜻이 있다. … 선타바라고 부르는 한마디는 때에 따라 다르게 쓰이기에 지혜로운 신하는 왕의 마음을 잘 안다. 열반 역시 그러하다. 처음에 말씀하신 열반은 열반즉생이고, 장차 떠나려 할 때 말씀하신 열반은 열반즉멸이다. 一名多義 如先陀婆 一名四實 … 秪先陀婆一語 隨時各用 智臣善解契會王心 涅槃亦爾 初出言涅槃 涅槃卽生也 將逝言涅槃 涅槃卽滅也", 『번역명의집』 권3(대정장54, p.1104c21)에 "『대반열반경』에서 '소금·물·그릇·말은 하나의 이름에 있는 네 가지 뜻이다. 지혜로운 신하는 왕이 씻으려 할 때 물을 바치고, 먹으려 하면 소금을 드리며, 마시고자 부르면 그릇을 바치고, 유람하려 부르면 말을 준비하는데, 이 모든 경우마다 왕이 「선타바 오너라!」라고 할 뿐이다'라고 하였다. 涅槃云 鹽水器馬 一名四實 智臣善知 謂洗時奉水 食時奉鹽 飮時奉器 游時奉馬 皆但云先陀婆來"라고 하였다. 〔참고문헌〕『大般涅槃經玄義』, 『翻譯名義集』, 40권본 『大般涅槃經』 권9(대정장12, p.421a29). ⇨ 선타바 先陀婆 1, 사실 四實, 열반 涅槃

일명일의 一名一義 하나의 이름에 하나의 뜻만 있다는 말. 『이제의』 권중(대정장45, p.94c25)에 "하나의 이름에 하나의 뜻만 있다는 말에서 하나의 이름이란 하나의 속된 이름과 하나의 참된 이름이다. 한 가지 뜻이란 속으로는 허망한 뜻이고 진에서는 진실한 뜻이다. 言一名一義者 一名卽一俗名一眞名 一義者 俗以浮虛義 眞眞實義"라고 하였다. [참고문헌] 『二諦義』.

일모단 一毛端 Ⓢ eka-vāla-patha, vāla-koṭi, vāla-agra-koṭi, Ⓣ skra'i-rtse-mo. 한 터럭 끝. 아주 미세하고 작은 것을 비유한다. 일모(一毛)라고도 한다. 『능엄경』 권2(대정장19, p.111c26)에 "만약 능히 만물을 굴릴 수 있은 즉시 여래와 같아지고 몸과 마음이 두렷이 밝아 도량을 움직이지 않고도 한 터럭 끝에 시방국토를 모두 받아들인다. 若能轉物則同如來 身心圓明不動道場 於一毛端遍能含受十方國土", 『제법무쟁삼매법문』 권하(대정장46, p.637a26)에 "모든 사천왕과 도리천은 부지불식간에 삼천대천세계를 한 터럭 끝에 두어도 기울지 않는다. 諸四天王及忉利天 不覺不知 三千世界置一毛端 亦不傾側", 『신화엄경론』 권3(대정장36, p.737b6)에 "『화엄경』에서 '하나의 털끝과 티끌 중에서 모든 부처님들이 법륜을 굴리시고 중생은 다르게 안다'고 하였다. 華嚴經云 於一毛端處 及以一塵中 諸佛轉法輪 衆生解差別", 『대승기신론열망소』 권2(대정장44, p.436b27)에 "한 터럭 끝에 보왕국토를 나투고 티끌속에 앉아 대법륜을 굴린다 하니 대의를 드러낸 것이다. 所謂於一毛端 現寶王刹 坐微塵裡 轉大法輪 卽示現大義也", 『수행본기경』 권하(대정장3, p.471a12)에 "보살은 자비로운 마음으로 놀라거나 두려워하지 않으니 한 터럭도 움직이지 않았다. 菩薩慈心 不驚不怖 一毛不動"라고 하였다. [참고문헌] 『楞嚴經』, 『諸法無諍三昧法門』, 『新華嚴經論』, 『大乘起信論裂網疏』, 『修行本起經』, *Gaṇḍ-vy.50.*, *Daś-bh.94.*, *Sam-r.257.* ⇨ 모단 毛端

일모탈출 一模脫出 같은 틀에서 찍어낸다는 말. 따라하기만 하는 진부한 방편을 꾸짖는 말이다. 『벽암록』 31칙 「본칙 本則」(대정장48, p.170a25)에 "마곡보철이 석장을 들고 장경회해에게 가서 선상을 세 바퀴 돌고 석장을 한 번 치고는 우뚝 섰다〈유조혜능의 처소에서 현각(玄覺)이 했던 그대로여서 참으로 하늘도 땅도 놀라게 할 만하다〉. 麻谷持錫到章敬 遶禪床三匝 振錫一下 卓然而立〈曹溪樣子一模脫出 直得驚天動地〉", 같은 책 20칙 「본칙 本則」(대정장48, p.160a28)에 "임제는 용아가 건넨 포단을 잡자마자 바로 때렸다〈맞았다. 애석하게도 죽은 이를 때렸으니 한가지 모양새 벗어나지 못하네〉. 濟接得便打〈著 可惜打這般死漢 一模脫出〉"라고 하였다. [참고문헌] 『碧巖錄』. ⇨ 의모탈출 依模脫出, 의모화양 依模畵樣

일모호율다 一牟呼栗多 ➡ 모호율다 牟呼栗多 [1], 수유 須臾

일목다가 一目多伽 이제목다가(伊帝目多伽 Ⓢ itivṛttaka)의 다른 음사어. 구분교(九分敎) 중 본사(本事)를 말한다. 일목다가(一目多迦)라고도 쓴다. 『법화현의』 권6(대정장33, p.753b22)에 "이러한 세 가지 본인연을 설하였으므로 일목다가라고 하였다. 說此三事本因緣 故名一目多伽也"라고 하였다. [참고문헌] 『法華玄義』. ⇨ 이제목다가 伊帝目多伽, 구분교 九分敎

일목지라라지일목 一目之羅羅之一目 그물코가 하나뿐인 그물. 새처럼 날아다니는 마음을 잡으려면 그물코 하나뿐인 그물이 아닌 펼친 그물의 그물코여야 된다는 뜻이다. 『마하지관』 권5(대정장46, p.59b2)에 "그물코 하나인 그물로는 새를 잡을 수 없다. 새를 잡는 것은 펼쳐진 그물의 한 그물코일 뿐이다. 그러나 중생의 마음씀은 각각 같지 않아 때론 많은 사람들이 한결같이 한 마음으로 행하고 때론 한 사람이 가지가지로 마음을 쓴다. 한 사람을 위해 많은 이들 역시 그렇게 하고, 많은 사람들을 위해 한 사람이 그렇게 한다. 모름지기 법의 그물코를 널리 베풀어서 마음으로 날아다니는 새를 잡아야 한다. 一目之羅 不能得鳥 得鳥者 羅之一目耳 衆生心行 各各不同 或多人同一心行 或一人多種心行 如爲一人 衆多亦然 如爲多人 一人亦然 須廣施法網之目 捕心行之鳥耳"라고 하였다. [참고문헌] 『摩訶止觀』.

일몰 日沒 Ⓢ astagamana, Ⓣ nub pa nyi ma. 해질 무렵. 육시(六時) 중 미시(未時)부터 유시(酉時)까지로 오후 2시부터 오후 6시까지를 말한다. 일모(日暮). 『장아함경』 권22 「세기경 世記經」(대정장1, p.147c6)에 "이 염부제에 해가 중앙일 때는 불우체는 일몰이다. 此閻浮提日中時 弗于逮日沒", 『번역명의집』 권3(대정장54, p.1104a13)에 "파라사화(波羅奢華 Ⓢ palāśa)는 세 가지 색이 있다. 해가 뜨기 전에는 흑색, 해가 비추는 때에 꽃은 적색, 해가 질 때 꽃은 황색이다. 華有三色 日未出時 則黑色 日正照時 華赤色 日沒時 華黃色"라고 하였다. [참고문헌] 『長阿含經』, 『翻譯名義集』, *Abh-k-bh.* ⇨ 육시 六時 [1]

일묵 一默 한때의 침묵. 마음먹은 침묵의 뜻으로 법문(法門)으로서의 침묵을 말한다. 『운문광록』 권상(대정장47, p.552c26)에 "학인이 물었다. '유마의 한때 침묵은 도리어 언설과 같은 것 아닙니까?' '뼈아픈 질문이다' '그렇다면 말한 것이나 한가지입니까?' '방금 뭐라고 했는가?' 問 維摩一默 還同說也無 師云 痛領一問 進云 與麽則同說也 師云 適來道什麽", 『대혜어록』 권24 「시준박선인 示遵璞禪人」(대정장47, p.913c8)에 "예부터 존숙들은 법으로 사람을 구했습니다. 스승은 뛰어났고 제자는 굳세었으니 줄 퉁기자 그 곡조를 알아차린다. 한

마디와 한 구절, 한마디의 말이나 한 번의 침묵마저 모두 결코 헛되이 베풀지 않기 때문이다. 古來尊宿 以法求人 師勝資彊 動絃別曲 一言一句 一語一默 並不虛施"라고 하였다. [참고문헌]『雲門廣錄』, 『大慧語錄』.

일묵여뢰 一默如雷 문득 침묵하니 천둥치듯 하다. 말보다 힘이 있었던 유마의 침묵을 역설적으로 표현한 말이다. 『위림선사여박암고』 권4 「만황오재거사 輓黃鰲載居士」(卍속장126, p.70a1)에 "비야리(Ⓢ Vaiśālī)에서 병에 걸린 척 했던 노련한 유마여! 불이법문 활짝 열었거늘 보이는가? 한번 침묵함에 저 천둥치듯 하여 온세상 떨치니, 철선은 이미 멀리 안개 자욱한 물 위를 떠가네. 毗耶示疾老維摩 不二門開見也麽 一默如雷千古震 鐵船已駕出煙波"라고 하였다. [참고문헌]『爲霖禪師旅泊菴稿』. ⇨ 유마일묵 維摩一默

일문 一門 단 하나의 문. 생사를 벗어날 수 있는 유일한 길로 열린 문의 뜻이다. 『능엄경』 권1(대정장19, p.107a23)에 "삼매의 이름이 대불정수능엄왕인데 만행을 구족하여 시방여래께서 한 문으로 벗어나신 묘장엄의 길이다. 有三摩提名大佛頂首楞嚴王 具足萬行 十方如來 一門超出 妙莊嚴路", 『법화문구』 권5(대정장34, p.67a1)에 "『법화경』 권2(대정장9, p.12b15)에서 '오직 하나의 문이 있다'고 한 것은 위에서 종종 법문으로 불도를 널리 보임을 비유한 것이다. 『도량관』에서 '실상의 이는 다르지 않고 지혜 역시 하나다. 나감에 다른 길 없어 하나의 문이라 한다'고 했다. 광택사 법운이 '삼계가 비록 넓고 구십으로 비록 많다지만 핵심을 논하자면 오직 불도일 뿐이므로 하나의 문이라 한다'고 하였다. 唯有一門者 譬上種種法門宣示於佛道 道場觀云 實相理不異 慧亦宜一 出無異路 故言一門 光宅雲曰 三界雖曠 九十雖多 論於出要 唯是佛教 故言一門", 『능엄경원통소』 권1(卍속장19, p.413b2)에 "부처님께서 문수에게 이근원통을 선택하도록 하신 것은, 도에 드는 비록 많은 문이 있지만 초심으로 어찌 능히 온갖 곳에 들 수 있겠는가? 그러므로 오직 하나의 문에서 깊이 들도록 하였다. 하나에 들어 허망함 없으면 저 육근도 일시에 청정하다. 佛命文殊選擇耳根者 蓋入道雖有多門 初心豈能遍入 故令但於一門深入 入一無妄 彼六知根 一時淸淨"라고 하였다. [참고문헌]『楞嚴經』, 『法華文句』, 『楞嚴經圓通疏』.

일문 一聞 한 번 듣다. '듣자마자'라는 뜻이다. 『법화의소』 권3(대정장34, p.493a10)에 "상근기는 듣자마자 알고, 중근기는 다시 설명해야 비로소 깨달으며, 하근기는 세 번 설해야 겨우 안다. 上根人 一聞則解 中根人再說方悟 下根人三說始解也", 『양고승전』 권2 「구마라집전 鳩摩羅什傳」(대정장50, p.330a15)에 "당시 구자국(龜兹國) 왕에게 누이가 한 명 있었는데, 나이는 겨우 스무 살이었지만 알아 깨우침이 명민하여 눈으로 지나간 것은 반드시 기억하고 한 번 들어도 바로 외웠다. 王有妹年始二十 識悟明敏 過目必能 一聞則誦"라고 하였다. [참고문헌]『法華義疏』, 『梁高僧傳』.

일문보문 一門普門 한 문에 사무쳐 깨우치면 법계에 깨우쳐 들고, 법계를 깨우쳐 사무치면 모든 문으로 들어간다는 뜻. 『화엄경탐현기』 권2(대정장35, p.138b3)에 "일문 중에도 곧바로 원융법계를 거둘 수 있기에 보문이라 한다. 一門中卽 攝圓融法界 故云普門也", 『화엄경소』 권6(대정장35, p.543c27)에 "보문이란, 일문으로 모든 문을 거두기에 보문이라 한다. 낱낱의 문을 따라 각각 온전히 법계를 거두기에 그 중에서 법계를 본다. 普門者 一門攝一切門 名爲普門 隨一一門 各全收法界故 於其中觀察法界", 『대일경소』 권1(대정장39, p.582a25)에 "만일 모든 행자들이 은근히 닦고 익혀 삼업이 본존과 같도록 한다. 하나의 문을 따라 법계에 들어감을 얻자마자 곧바로 널리 일체법계문으로 들어간다. 若諸行人 慇懃修習 能令三業 同於本尊 從此一門 得入法界 卽是普入一切法界門也", 같은 책 권6(대정장39, p.642c11)에 "그때 부처님께서 드러내 보이신 것처럼 보문만다라로 제존들 계신 자리 펴 보이셔 마치시자 비밀주께서는 보안으로 이 낱낱의 제존들께서 근본을 돌아보지 않으시고 주처도 없으심을 관한다. 時佛如所示現普門漫荼羅 演說諸尊圖位竟 祕密主 以普眼觀 此一一諸尊 皆不見根本 亦無住處", 『대일경소지심초』 권5(선본불전18, p.182a10)에 "때론 일문을 닦아 일문의 과를 얻어 마치며 다시 뒤쳐 보문으로 들어가기도 한다. 때론 일문행으로 일문과를 얻어 보문과를 얻기도 하기에, 때론 일문이 바로 보문임을 알아 그렇게 행한다. 或修一門得一門果畢 更轉入普門也 或依一門行 得一門果 卽得普果故 或解一門卽普門而行故"라고 하였다. [참고문헌]『華嚴經探玄記』, 『華嚴經疏』, 『大日經疏』, 『大日經疏指心鈔』. ⇨ 보문 普門❶, 일문 一門

일문신 一問訊 주지나 방장이 대중을 접견하여 문안인사를 받을 때 각각 따로 하지 않고 단 한 번만 하는 것. 접입일문신(接入一問訊)의 줄임말이다. 『선림상기전』 권10(불광장, 禪藏, p.737)에 "일문신 : 『축선소청규』에 '주지가 시자와 함께 대중을 만날 때 합장하고 가만히 서 있을 따름이니 이를 접입일문신이라고 한다'라고 하였다. 『대감소청규』 「구괘탑례」에서 '방장행자는 아침공양이 끝나면 방장에게 차를 올리기를 청한다. 아침공양을 마치면 참두는 대중을 이끌고 방장전에 있다가 주지가 들어간 다음 참두는 대중을 이끌고 나아가서 문밖에 조용히 선다. 시자는 한 번 문안을 올리면 향로 앞으로 접입한다. 一問訊 竺仙小清規云 住持并侍者 接入大衆時 合掌立而已 是名接入一問訊 大鑑小清規 求掛搭禮云 方丈行者 請粥罷方丈獻茶 粥罷 參頭領衆方丈前 候住持入了 參頭領衆進 門外肅立 侍者一問訊 接入香爐前"라고 하였다. 〔참고문헌〕『禪林象器箋』.

일문일답 一問一答 묻고 답한다. 선문에서 일문일답은 다반사이지만 이 행위마저도 때때로 돌이키고 깨우칠 일이라 경계한다. 『운문광록』 권중(대정장47, p.559a8)에 "건추를 들거나 불자를 세우거나 손가락을 퉁기고 눈썹을 찡긋하거나 묻고 답하는 것은 향상하는 종승에는 당치않다. 拈槌竪拂 彈指揚眉一問一答 並不當向上宗乘", 『황룡어록』(대정장47, p.630a3)에 "이 법좌에 오르기 전에는 아무 일도 없었다. 이 자리에 오르자마자 문답이 허다하다. 대중들에게 묻겠다. 일문일답하는 일이 종승에 마땅한가? 맞다고 한다면 일대장교인들 어찌 문답이 없겠는가? 그렇다면 무엇 때문에 상근기들에게 교외로 따로 행하게 하는가? 만약 부당하다면 조금 전의 허다한 문답들은 도대체 무엇이란 말인가? 未登此座 一事也無 纔登此座 便有許多問答 敢問大衆 只如一問一答 還當宗乘也無 若言當去 一大藏教 豈無問答 爲什麽道 教外別行 傳上根輩 若言不當 適來許多問答 圖箇什麽", 『벽암록』 21칙 「평창 評唱」(대정장48, p.162a12)에 "옛 사람의 일문일답은 시절의 기연에 응할 뿐이지 허다한 일은 없다. 그대가 언구를 찾고 좇는다면 전혀 관계없는 일이다. 古人一問一答 應時應節 無許多事 爾若尋言逐句 了無交涉", 『대혜어록』 권1(대정장47, p.811c7)에 "일문일답하니 자기의 영명함 저버리는 일이고, 고금을 들먹이는 것 또한 선대의 조사를 땅에 묻는 격이다. 一問一答 辜負己靈 擧古擧今 埋沒先祖"라고 하였다. 〔참고문헌〕『雲門廣錄』, 『黃龍語錄』, 『碧巖錄』, 『大慧語錄』. ⇨ 문답 問答, 빈주문답 賓主問答

일물 一物 한 물건. 이름 붙일 수도 그려낼 수도 없는 마음자리에 굳이 붙인 이름일 뿐이다. 『선가귀감』(한불전7, p.634c4)에 "여기 한 물건이 있어 본래부터 소소영령하다. 일찍이 난 적도 없고 일찍이 사라진 적도 없으니 이름을 붙일 수도 없고 모습을 그려낼 수도 없다. 有一物於此 從本以來 昭昭靈靈 不曾生 不曾滅 名不得 狀不得", 『금강경오가해설의』 「서설 序說」(한불전7, p.10c1)에 "육조 이르길 '한 물건 있는데, 머리도 없고 꼬리도 없으며, 이름도 없고 부를 수도 없다. 위로는 하늘을 받치고 아래로는 땅을 지탱하며, 밝기로는 태양 같고 어둡기로는 칠흑 같다. 언제나 움직여 쓰는 중에 있어 움직여 쓰는 중에 거두어 잡을 수도 없다'한 것이 바로 이것이다. 비록 이러하지만 '일물'이라는 말 또한 억지로 붙인 말일 뿐이다. 그러므로 남악회양화상이 말하길 '한 물건이라 하여도 그대로 맞지 않는다'고 하였다. '여기 한 물건이 있다'고 한 말은 처하는 곳마다에서 언제나 맑고 뚜렷하므로 그렇게 말할 뿐이다. 六祖云 有一物 無頭無尾 無名無字 上柱天下柱地 明如日 黑似漆 常在動用中 動用中 收不得者 是 然雖如是 一物之言 亦强稱之而已 故南嶽讓和尙道 說似一物 卽不中 有一物於此者 不離當處常湛然 故云爾"라고 하였다. 〔참고문헌〕『禪家龜鑑』, 『金剛經五家解說誼』. ⇨ 무일물 無一物, 본래무일물 本來無一物, 남악설사일물 南嶽說似一物

일물부장래 一物不將來 ➡ 엄양일물부장래 嚴陽一物不將來

일물장년 一物長年 한 물건 길이 이어지다. 불조(佛祖)의 혜명(慧命)이 끊어지지 않는다는 뜻이다. 『보제어록』 권상(대정장82, p.499b22)에 "하안거를 시작하는 날 법좌에 올랐다. '시방에서 함께 모였으니 한 물건 길이 이어지리라. 일찍이 범한 적도 없으니 결코 연을 따르지도 않으리라. 범부도 넘고 성인도 넘어, 정위에도 속하고 편위에도 속한다. 비운듯 신령하게 밝고, 고요하면서 널찍이 트였다. 이와 같이 비춰 사무치고 이와 같이 드러난다. 바로 이러할 때 이렇게 말해야 하니 「태양문 아래는 날마다 가을이고, 명월당 앞에는 때때로 여름이다」라고 한다. 어떻게 알아가야 할까? 물총새가 차오르며 뒤치니 연잎에 비 쏟아지고, 해오라기가 부딪혀 날아가니 대나무숲 안개 자욱하다'. 結夏 上堂 十方同聚 一物長年 曾不觸諱 終不隨緣 超凡越聖 屬正屬偏 虛而靈明 寂而廓然 如是照徹 如是現前 正當與麽時 如道 大陽門下 日日三秋 明月堂前 時時九夏 作麽委悉去 翡翠蹈翻荷葉雨 鷺鷥衝破竹林煙"라고 하였다. 〔참고문헌〕『普濟語錄』. ⇨ 일물 一物, 일영물 一靈物

일물진장령 一物鎭長靈 단 하나의 물만은 길이 빛나네. 백골이 흩어지는 무상(無常) 중에 깨우친 불멸(不滅)의 대구다. 단하자순(丹霞子淳)의 「완주음 翫珠吟」의 구절로, 『조당집』 권4 「단하자순장」(고려장45, p.260a1)·『경덕전등록』 권30(대정장51, p.463b29) 등에 '온몸의 뼈가 비록 뿔뿔이 흩어져도, 한 물건 떨쳐 길이 신령하다. 百骸雖潰散 一物鎭長靈'라고 하였다. 『조주어록』(고존숙어록13, 卍속장118, p.318a11)에 "어떤 학인이 조주에게 물었다. '온몸의 뼈들 뿔뿔이 흩어지고 단 하나의 물만은 떨쳐 길이 빛날 때 어떠하십니까?' '오늘 아침에 바람은 부는구나'. 問 百骸俱潰散 一物鎭長靈時 如何 師云 今朝又風起", 『경덕전등록』 권20 「천왕화상전 天王和尙傳」(대정장51, p. 368b24)에 "'백골이 흩어져도 하나의 물만은 길이 빛난다 하니 무슨 뜻입니까?' '무너져 사라지는 일이 없는 곳에 떨어지지 말지니'. 問 百骸俱潰散 一物鎭長靈 如何 師曰 不墮無壞爛"라고 한 다음 『운문광록』 권중(대정장47, p.559a20)에 "주장자도 신령하지 않다고 할 수 없는데, 무엇을 불러 백골이라 하겠는가! 拄杖不可不靈也 喚什麽作百骸", 『보령인용어록』(속고존숙어요3, 卍속장118, p.961a5)에 "푸른 하늘에 어찌 원통한 심정인가. 蒼天中更添冤苦"라고 평가하였다. [참고문헌] 『祖堂集』, 『景德傳燈錄』, 『趙州語錄』, 『雲門廣錄』, 『保寧仁勇語錄』. ⇨ 백해구궤산 百骸俱潰散, 일영물 一靈物

일미 一味 Ⓢ eka-rasa, eka-rasatā , Ⓟ eka-rasa, Ⓣ ro-gcig-pa. 한 맛. 제법(諸法)의 자성(自性)이 공(空)하니 각기 다른 실성(實性) 있을 수 없는 뜻에서 일체(一切) 즉 만법(萬法)은 무차별평등(無差別平等)으로 한 맛이라는 뜻이다. 『중아함경』 권8 「아수라경 阿修羅經」(대정장1, p.476c10)에 "또 파라라여! 대해의 물이 짜도 모두 한 맛인 것처럼 나의 법과 율 또한 그러하다. 욕이 없는 맛이며 깨달음이라는 맛이며 열반의 맛이며 길이 있는 맛이다. 파라라여! 나의 법과 율이 욕이 없는 맛이고 깨달음이라는 맛이고 열반의 맛이고 길이 있는 맛이라고 한다면, 이를 일러 나의 정법율 중의 네 번째 미증유법이라 한다. 비구들이 보아 알게 되면 기쁨 중에 있게 되리라. 復次 婆羅邏 如大海水鹹 皆同一味 婆羅邏 我正法律 亦復如是 無欲爲味 覺味息味及道味 婆羅邏 若我正法律中 無欲爲味 覺味息味及道味者 是謂我正法律中第四未曾有法 令諸比丘 見已樂中", 『증일아함경』 권37(대정장2, p.753a28)에 "또한 나의 법들은 한결같은 맛이니, 현성의 팔품도(八品道 : 八正道)의 맛이다. 이를 일러 네 번째 미증유법이라고 하며 저 대해가 모두 한 맛인 것과 같다. 復次 我法中 皆同一味 所謂賢聖八品道味 是也 是謂第四未曾有之法也 如彼大海 悉同一味", 『대지도론』 권27(대정장25, p.257c15)에 "십지가 여실지 중에 드니 한결같은 지가 되는데 이것이 무루지다. 마치 시방의 물이 대해에 들어 한 맛이 되는 것과 같다. 是十智入是如實智中 都爲一智 所謂無漏智 如十方水入大海水中 都爲一味", 『중론』 권3(대정장30, p.25a18)에 "일체진실이다 한 것은 제법실성을 사유하고 구하여 다 제일의 뜻인 평등일상에 든다는 뜻이니 소위 무상이다. 마치 여러 강물이 색도 맛도 다르지만 대해에 들어가면 한 색 한 맛이 되는 것과 같다. 一切實者 推求諸法實性 皆入第一義平等一相 所謂無相 如諸流異色異味 入於大海 則一色一味", 『십팔공론』(대정장31, p.864c20)에 "이인과 이 과는 이미 의타로 어울렸으니 자성이 있을리 없다. 자성이 없으므로 그 바탕이 진실일 수 없다. 그러므로 한 맛뿐이다. 此因此果 旣並依他 則無有自性 無自性故 體不眞實 故名一味", 『화엄경소』 권24(대정장35, p.681b26)에 "일미란 백 가지로 꽃색이 다르지만 그 꽃들이 드리운 그늘은 하나다. 만법이 비록 다르지만 꾸리면 한결같은 지혜다. 一味者 百華異色 共成一陰 萬法雖殊 貫之一智"라고 하였다. [참고문헌] 『中阿含經』, 『增壹阿含經』, 『大智度論』, 『中論』, 『十八空論』, 『華嚴經疏』, 80권본 『華嚴經』 권51(대정장10, p.269a23), *Pañca-pr. 5.52.*, *Saddh-p.127.*, *Abh-s-bh.74.*, *AN.4.199.* ⇨ 미 味[4], 일미우 一味雨, 여래언음 如來言音

일미사 一味寺 경상남도 창녕군 창녕읍 화왕산(火王山·火旺山)에 있던 절. 『동국여지승람』 권27 경상도 영산현(靈山縣) 불우·『가람고』·『범우고』에 절의 이름과 위치가 전한다. [참고문헌] 『東國輿地勝覽』, 『伽藍考』, 『梵宇攷』, 『韓國寺刹全書』 권하 p.963b5.

일미사병 一味瀉甁 한 맛의 물만을 다른 병에 온전히 붓는 것. 법을 오롯이 전하는 뜻이다. 『팔종강요초』 권상(대장경보편32, p.33a8)에 "[문] 사분율종은 언제 일어났는가? [답] 나누어지기 전에는 한 맛의 물을 병에 붓듯 하였다. 여래께서 세간에 계실 때는 근기에 따라 다르게 설하셨고, 부처님열반후 백년이 지나서 결집하여 흘러 전했다. 問 四分律宗何時興乎 答 未分已前 一味瀉甁 如來在世 隨機散說 佛滅百年 結集流傳"라고 하였다. [참고문헌] 『八宗綱要鈔』. ⇨ 사병 瀉甁, 사병무유 瀉甁無遺, 일미 一味

일미선 一味禪 한 맛 뿐인 선. 이런저런 분별이 없는 선의 뜻으로 오미선(五味禪)과 맞선다. 『완릉록』(고존숙어록3, 卍속장118, p.190b16)에 "한 스님이 귀종에게 작별인사를 드렸다. '어디로 가느냐?' '제방에 오미선을 배우러 갑니다' '제방에는 오미선이 있고 나에게는 일미선 뿐이다' '무엇이 일미선입니까?'. 귀종이 바로 때리자 스님이 '알았다! 알았어!'하자, 귀종은 '말해라! 말해!'하였고, 이에 스님이 말하려 하자 귀종이 또 때렸다. 이 스님이 나중에 황벽에게 왔다. 황벽이 물었다. '어디서 왔는가' '귀종에게서 왔습니다'. '귀종에게는 어떤 언구가 있었는가?' 스님이 앞서의 이야기를 하자 황벽이 법좌에 올라 이 인연을 들어 말했다. '마조대사가 여든넷의 선지식을 배출했는데 묻는 낱낱이 드러내 쓸어버리지만 오직 귀종이 그 중 제일이다'. 有僧辭歸宗 宗云 往甚處去 云 諸方學五味禪去 宗云 諸方有五味禪 我者裏祇是一味禪 云 如何是一味禪 宗便打 僧云 會也 會也 宗云 道 道 僧擬開口 宗又打 其僧後到師處 師問 甚麽處來 云 歸宗來 師云 歸宗有何言句 僧遂擧前話 師乃上堂 擧此因緣云 馬大師出八十四人善知識 問著箇箇屙漉漉地 祇有歸宗較些子"라고 하였다. [참고문헌] 『宛陵錄』. ⇨ 귀종유일미선 歸宗有一味禪, 오미선 五味禪

일미온 一味蘊 Ⓢeka-rasa-skandha. 무시 이래로 상속하는 한 맛 즉 미세한 의식. 오온(五蘊) 중 색온(色蘊)을 제한 나머지 네 가지 온이 끊임없이 서로 화합하며 이어온 것의 이름일 뿐이다. 경량부(經量部)의 설로 행위자의 윤회주체로 여긴다. 『대승법원의림장』 권1(대정장45, p.250c21)에 "일미온이란 미세한 의식이다. 一味蘊者 卽細意識", 『성유식론요간』 권상(卍속장76, p.956b12)에 "근변온이 있다는 것과 일미온이 있다고 하였는데 세의식이 무시이래로 한 맛으로 굴러서 끊어짐이 없이 전역하기에 이것은 네 가지 온(受想行識)이어서, 색온이 아니다. 근변온이란, 미세한 의(意)를 근이라 하는데 이것이 생사의 뿌리이기 때문이다. 이것을 근으로 하여 오온이 생기므로 근변이라고 하였으니, 오온이 변이기 때문이다. 有根邊蘊 有一味蘊者 卽細意識 無始時來 一味而轉 無有間斷 及轉易故 此四蘊非色攝 根邊蘊者 細意 卽名根 是生死根故 由此爲根 有五蘊起 故名根邊 是五蘊邊故"라고 하였다. [참고문헌] 『大乘法苑義林章』, 『成唯識論料簡』. ⇨ 오온 五蘊, 경량부 經量部

일미우 一味雨 Ⓢmeghena vāri samaṃ pramuktam. 한 맛의 비. 차별없이 고르게 적시는 비. 부처님 일음(一音)의 교법으로 일체중생을 차별없이 적시는 비유다. 『법화경』 권3(대정장9, p.20b2 : *Saddh-p.*, p.130)에 "부처님의 평등한 설법은 한 맛의 비가 내리지만 중생의 자성에 따라 품받음이 같지 않으니 마치 저 초목이 품받음이 각각 다른 것과 같다. 佛平等說 如一味雨 隨衆生性 所受不同 如彼草木 所稟各異 samaśca so dharma jinena bhāṣito meghena vā vāri samaṃ pramuktam, citrā abhijñā ima evarūpā yathauṣadhīyo dharaṇītalasthāḥ", 『법화경연의』 권3(卍속장52, p.258a12)에 "이 비유는 일미우의 비유로써 일음의 교법을 비유한 것이다. 마치 바닷물 한 방울과 같다고 한 것은 부처의 지혜는 바다와 같고 지혜의 설법은 바다의 한 방울과 같다는 뜻이다. 비록 한 방울로 적을지라도 그 바탕은 온 파도와 같음을 알아야 한다. 此喩者卽以一味雨喩 喩於一音敎之法也 如海一滴者 佛之智慧 猶如大海 智所說敎 猶海之一滴 當知雖是一滴之少 其體同乎全潮"라고 하였다. [참고문헌] 『法華經』, 『法華經演義』, *Saddh-p.* ⇨ 일음교 一音敎, 일미 一味

일미우 묘법연화경권3변상도
국보제211호 호림박물관 1377년

일미진 一微塵 Ⓢeka-rajāgra. 하나의 미세한 티끌. 온 세계를 머금어 드러내는 뜻에서의 한 티끌이다. 80권본 『화엄경』 권46(대정장10, p.243a27)에 "모든 부처님께서는 어느 분이나 한 티끌 중에 온갖 국토를 시현하신다. 一切諸佛 皆悉能於一微塵中 示現衆刹", 『능엄경』 권3(대정장19, p.119b7)에 "돌이켜 부모미생전 몸을 보면 마치 저 시방허공 중 한 티끌 불어낸듯 있는 없는듯 하네. 反觀父母所生之身 猶彼十方虛空之中 吹一微塵 若存若亡", 『십불이문지요초』 권하(대정장46, p.717c16)에 "일미진의 몸과 일미진의 국토에 각각 삼천세계 가득하여 그 바탕 법계에 두루하고 저들 낱낱의 몸과 국토 또한 이와 같다. 一微塵身 一微塵國 各具三千 體遍法界 彼彼身土 亦復如是"라고 하였다. [참고문헌] 『華嚴經』, 『楞嚴經』, 『十不二門指要鈔』, *Gaṇḍ-vy.376·432.* ⇨ 극미 極微, 미진 微塵, 아누 阿耨[1], 아토 阿菟

일미진중유대천경권 一微塵中有大千經卷 한 티끌중에 대천경권이 있다는 말. 『유마경약소』 권9(대정장38, p.684b17)에 "만일 제법이 불생임을 알면 일체불법 가득하리니, 저 한 티끌중에 대천경권이 있는 듯하리라. 若知諸法不生 卽具一切佛法 如一微塵中 有大千經卷", 『마하지관』 권1하(대정장46, p.9a16)에 "한 티끌에 대천경권이 있고 마음중에 모든 불법을 다 갖춘다. 一微塵中有大千經卷 心中具一切佛法"라고 하였다. [참고문헌] 『維摩經略疏』, 『摩訶止觀』.

일미칠근 一米七斤 한 톨의 쌀이 일곱 근이라는 말. 시주의 은혜가 크고 무겁다는 말이다. 『분양어록』 권하 「여중암도자주산가 與重巖道者住山歌」(대정장47, p.621a5)에 "내가 닦고 행함은 무슨 힘에 의지하는가? 견성도 알 수 없고 도덕도 없거늘, 무엇으로 저들 시주의 은혜를 갚으리. 한 톨 쌀 일곱 근이나 되니 먹어 없애기 너무나 어렵구나. 我修行憑何力 見性未分無道德 將甚酬他施主恩 一米七斤難消得", 『치문경훈』 권2(대정장48, p.1051a15)에 "덜고 나누어도 무거울 뿐이어서, 한 톨의 쌀 일곱 근이라네. 減割之重 一米七斤"라고 하였다. [참고문헌] 『汾陽語錄』, 『緇門警訓』, 『釋門自鏡錄』 권하(대정장51, p.825b15).

일바하 一婆訶 하나의 바하(Ⓢvāha). 바하는 대나무로 만든 그릇으로 천(篅·圌)이라 한역한다. 『번역명의집』 권3(대정장54, p.1107a29)에 "『구사론』 권11(대정장29, p.61c9)에 '알부타지옥의 수명은 하나의 바하에 담긴 참깨를 백년마다 하나씩 버려 모두 덜어지는 기간이다'라고 하였다. 한역하면 일천이다. 20곡의 참깨를 매 백년마다 한 되씩 꺼내 참깨가 모두 다하는 때가 돼서야 알부타에서의 수명이 찬다. 俱舍云 頞部陀壽量 如一婆訶麻 百年除一盡 此言一篅 二十斛麻 百年之間 除去一升 除盡麻時 頞部壽滿也", 『속일체경음의』 권7(대정장54, p.964c2)에 "일바하〈하는 하(呵)로 발음하고 범어다. 한역하면 천(圌)이고 천(篅)이라고도 한다. 같은 음으로 시와 연을 반절한 음이다. 저장용 대나무 그릇이다〉. 一婆訶〈下音呵 梵語也 此云圌 又作篅 同音 市緣反 即倉圌也〉"라고 하였다. [참고문헌] 『翻譯名義集』, 『俱舍論』, 『續一切經音義』. ⇨ 바하 婆訶 [2], 마바하 摩婆訶

일반 一班 선원(禪院)의 지사(知事)와 두수(頭首)의 양반(兩班) 중 하나를 말한다. 『백장청규』 권4 「양서진퇴 兩序進退」(대정장48, p.1134a20)에 "다음으로 아침 오경을 알리는 종이 울리면 두수 일반이 향을 품고 방장실에 가서 한 번 예배를 올리고 고한 후에 물러간다. 次早五更鍾鳴 頭首一班懷香詣方丈 觸禮一拜告退"라고 하였다. [참고문헌] 『百丈淸規』.

일반 一般 **1** 늘 그렇게 하는 이들. 『임제록』(대정장47, p.501c17)에 "어떤 이들은 좋고 나쁨 구분하지 못하고 가르침을 취하여 생각으로 헤아리고 구뜻을 얻고자 하지만 마치 똥덩어리를 입 안에 머금고 있다가 엉뚱한 사람에게 토하는 것과 같다. 마치 저 속인들이 때리면 구령을 하는 듯한다. 有一般不識好惡 向教中取 意度商量 成於句義 如把屎塊子 向口裏含了 吐過與別人 猶如俗人打傳口令相似", 『운문광록』 권상(대정장47, p.552a15)에 "또 한 무리 사람들은 마음 쉬는 자리에 대해 듣자마자 문득 음계안을 향해서 눈을 닫고 쥐구멍에서 살림살이를 지으니 흑산 아래에 앉아 귀신계 중에 당해서야 문득 말하길 '나 이제 들어갈 길 찾았다'라 하지만 꿈에선들 보겠는가? 이러한 사람들 만 명을 죽인다한들 어찌 죄가 되겠는가? 更有一般底 纔聞說箇休歇處 便向陰界裏閉目合眼 老鼠孔裏作活計 黑山下坐 鬼趣裏 體當便道 我得箇入路也 還夢見麽 這一般底 打殺萬箇 有什麽罪過"라고 하였다. [참고문헌] 『臨濟錄』, 『雲門廣錄』. **2** 한가지로 같다는 말. 늘 그러해서 다르지 않다는 뜻이다. 『전심법요』(대정장48, p.383c14)에 "한 물건도 중생도 부처도 없음을 분명하게 보아 알고 또 안다. 삼천대천세계가 바다 중의 물거품이고 일체성현도 저 번개처럼 떨칠 뿐이네. 온통 모든 것이 마음만 같지 않다. 진실법신은 예로부터 지금까지 부처나 조사와 더불어 한가지다. 어느 곳에 털끝만큼이라도 모자람이 있는가? 了了見無一物 亦無人亦無佛 大千沙界海中漚 一切聖賢如電拂 一切不如心 眞實法身 從古至今 與佛祖一般 何處欠少一毫毛", 『불조광화상어』(속고존숙어요5, 卍속장119, p.93a15)에 "일년 삼백육십일 하루하루가 그렇고, 하루 열두 시 매 시간이 언제나와 같다. 一年三百六十日 日日一般 一日十二時 時時相似"라고 하였다. [참고문헌] 『傳心法要』, 『佛照光和尙語』.

일반담판득인증 一般擔板得人憎 늘 그렇듯 널 짊어진 이들 사람의 미움 산다. 헛되이 본분사를 살림살이인 양 짊어지고 내려놓지 못함을 깨우치는 뜻이다. 『허당록』 권3(대정장47, p.1004a24)에 "한 무리 담판한들이 사람의 미움을 사서 오랜 세월 깊이 구름져 홀로 문 닫고 숨었네. 一般擔板得人憎 十載深雲獨掩扃"라고 하였다. [참고문헌] 『虛堂錄』. ⇨ 담판한 擔板漢

일반면초 一般麵草 그저 밀가루일 뿐이라는 말. 무자성(無自性)의 모든 법들은 보아서 다르고 이름붙여 다를 뿐 모든 것은 그저 그 바탕(草)에 있어 공(空)이고 연기(緣起)일 뿐 한가지로 같다는 뜻이다. 『종용록』 35칙 「평창 評唱」(대정장48, p.250c21)에 "구름과 달은 같다 하고, 계곡과 산은 각각 다르다 한다. 그저 다 밀가루일 뿐이니 사람이 궁리해서 만들어냈기 때문이다. 雲月是同 溪山各異 一般麵草 由人做造", 같은 책 100칙 「송 頌」(대정장48, 292a8)에 "보는대로 있기도 하고 없기도 하다〈매한가지 밀가루일세〉. 뒤치면 손바닥 엎으면 손등이라〈사람이 생각내어 한 일이다〉. 見有不有〈一般麵草〉 翻手覆手〈由人故造〉"라고 하였다. [참고문헌] 『從容錄』.

일발 一鉢 ➡ 삼의일발 三衣一鉢

일발가 一鉢歌 동진(東晋) 때 배도(杯渡 ?~426)선사 지음. 1수. 『경덕전등록』 권30(대정장51 p.462a8~c9)에 있다. 작자를 다르게 전하기도 하는데, 목암선경(睦庵善卿)의 『조정사원』 권7(卍속장113, p.207a13)에서는 약산유엄(藥山惟儼)의 법을 이은 도오원지(道吾圓智)와 다른 인물인 양주관남도오화상(襄州關南道吾和上)이 지었다고 하였고, 각범혜홍(覺範惠洪)의 『지증전』(卍속장111, p.209a5)에서는 등등(騰騰)화상이 지었다고 하였으며, 『선문제조사게송』 권상(卍속장116, p.908a17)·『불조강목』 권26(卍속장146, p.437b4)·『종통편년』 권7(卍속장147, p.121a14) 등에서는 배도(杯渡·杯度)가 지었다고 전한다. 송판(宋版) 『경덕전등록』과 『전등옥영집 傳燈玉英集』에는 작자이름이 없다. [참고문헌] 『景德傳燈錄』, 『祖庭事苑』, 『智證傳』, 『禪門諸祖師偈頌』, 『佛祖綱目』, 『宗統編年』, 『傳燈玉英集』.

일발암 一鉢庵 전라남도 해남군 삼산면 두륜산(頭輪山)에 있던 암자. 1807년(순조7) 다산(茶山 : 與猶堂) 정약용(丁若鏞 1762~1836)이 지은 「일발암기」(『여유당전서』 제1집 시문집 권13)에는 아암혜장(兒庵惠藏 1

772~1811)이 모든 것 버리고 발우 하나만으로 살아가는 덕을 칭송하고 있다. "혜장이 두륜산에 초가집 한 채를 짓고는 일발이라는 편액을 붙이고 나에게 기문을 부탁하였다. 惠藏於頭輪山中 結茅菴一區 牓其額曰一鉢 丐余爲之記"라고 하였다. [참고문헌] 『與猶堂全書』.

일발의경 一發意頃 한 마음 일으켰을 때. 『정법화경』 권8(대정장9, p.116b8)에 "한 마음 일으켰을 때 환희하며 믿는 이는 위없는 바르고 진실한 도에 견고하게 머물러서 최상의 정각을 성취한다. 一發意頃歡喜信者 則爲堅住無上正眞道成最正覺", 『도세품경』 권2(대정장10, p 626a1)에 "한 마음 일으켰을 때에 일심혜에 들어간다. 무위심의 고요한 지혜로 보살의 모든 지혜를 널리 닦는다. 一發意頃 入一心慧 以無爲心 閑靜之慧 悉能普修 諸菩薩慧"라고 하였다. [참고문헌] 『正法華經』, 『度世品經』. ⇨ 일념경 一念頃

일발일잔납 一鉢一殘衲 발우 하나와 낡은 가사 한 벌. 보통 일발일납(一鉢一衲)이라고 한다. 납자(衲子)의 단출한 살림살이를 말한다. 『무의자시집』(한불전6, p.51b11)에 "스님을 보내며 : 출가란 모름지기 자재해야 하니, 몇번이든 험한 관문 뚫어야 하네. 홀로 다니고 세속 밖에서 놀며, 큰 뜻 품고 세간 가벼이 여기네. 한 조각 구름 닮은 몸은 늘 쾌활하고, 밝은 달 같은 맘 맑고 고요하네. 발우 하나 낡은 납의 한 벌로, 새처럼 천만봉우리 날으리. 送僧 出家須自在 幾個透重關 獨步遊方外 高懷傲世間 片雲身快活 霽月性淸閑 一鉢一殘衲 鳥飛千萬山"라고 하였다. [참고문헌] 『無衣子詩集』.

일발타 一鉢他 기준이 되는 발우(鉢盂) 하나의 량. 발타(Ⓢ pātra, Ⓟ patta)는 발우의 다른 한역어이다. 1발타량을 전함에 차이가 있다. 『마하승기율』에서는 한 말 여섯 되가 상품발우의 삼분의 일에 당한다고 하고, 『살바다비니비바사』에서는 인도의 도량형으로 15냥, 중국의 도량형으로 30냥에 해당한다고 전한나. 『마하승기율』 권10(대정장22, p.314c28)에 "(발우 중) 적은 발우에는 1발타의 쌀로 지은 밥과 국을 받는다. 삼분은 밥이고 일분은 국이다. 下者 一鉢他米作飯 及受羹菜 三分飯一分羹菜", 『살바다비니비바사』 권5(대정장23, p.536c18)에 "발에는 상중하의 세 가지가 있다. 상품은 3발타의 밥과 1발타의 국과 국의 반에 상당하는 나머지 음식물을 담을 수 있다. 이를 상발이라 한다. 하발은 1발타의 밥과 반발타의 국과 국의 반에 상당하는 여타 음식물을 담을 수 있다. 이를 하발이라 한다. … 발타에 대해 율사는 '논사마다 다르게 설했다'고 하였다. 그러나 1발타가 15냥의 밥에 해당하고, 중국의 도량형으로는 30냥에 해당하는 것을 정한 뜻으로 삼는다. 鉢者 三種上中下 上者 受三鉢他飯 一鉢他羹 餘可食物半羹 是名上鉢 下者 受一鉢他飯 半鉢他羹 餘可食物半羹 是名下鉢 … 鉢他者 律師云 諸論師有種種異說 然以一義爲正 謂一鉢他受十五兩飯 秦稱三十兩飯", 『십송율』 권7(대정장23, p.53b21)에 "하발우에는 1발타의 밥과 반발타의 국을 담을 수 있다. 下鉢者 受一鉢他飯 半鉢他羹"라고 하였다. [참고문헌] 『摩訶僧祇律』, 『薩婆多毘尼毘婆娑』, 『十誦律』, *Vin.3.243.* ⇨ 발 鉢, 발우 鉢盂

일방 一棒 한 방. 선기(禪機)로 소통하고 깨우치는 행위 중 하나다. 방의 쓰임새는 임제팔방(臨濟八棒)에서 풀고 있다. 『경덕전등록』 권20 「풍화전 豐化傳」(대정장51, p.362c25)에 "'한 방으로 허공을 부수었을 때 어떠합니까?' '한 조각 집어와 보라' '위로는 기와 조각 하나 없고, 아래로는 송곳 꽂을 땅도 없는데, 저는 도대체 어느 곳에 서야 합니까?' '거센 바람이 이슬에 졌더냐'. 問 一棒打破虛空時 如何 師曰 把一片來 問 上無片瓦 下無卓錐 學人向什麽處立 師曰 莫飄露麽", 『조주어록』(고존숙어록14, 卍속장118, p.332a18)에 "조주가 불전을 지나다가 예배하는 한 학인을 보고 한 방 때렸다. '예배야말로 참으로 좋은 일입니다' '좋은 일도 없느니만 못하다'. 師從殿上過 見一僧禮拜 師打一棒 云 禮拜也是好事 師云 好事不如無"라고 하였다. [참고문헌] 『景德傳燈錄』, 『趙州語錄』. ⇨ 방할 棒喝

일방야교부득 一棒也較不得 한 방 맞음에 머뭇거려 얻을 것 없다는 말. 『건중정국속등록』 권25 「상오장 常悟章」(卍속장136, p.340a10)에 "석가노한께서 아이들 불쌍히 여겨 자신이 추해지는 줄도 몰랐다는 사실을 아는가? 산승이 (염화미소할) 그때를 마주했더라면 30방 치리라. 한 방이라도 분명히 하지 않으면 안 된다. 어째서 이와 같이 할까? 선조가 할 일 마치지 못하면 그 재앙은 후손에게 미친다. 還知釋迦老漢 憐兒不覺醜麽 山僧 當時若見 三十棒 一棒也較不得 爲什麽如此 祖禰不了 殃及子孫", 『대혜어록』 권10(대정장47, p.852c9)에 "홍화가 말하였다. '조금 전에 만일 다른 사람이었다면 30방 중 한 방도 머뭇거려선 안 된다. 왜 그런가? 저 민덕은 한번의 할이 단 한번 할이라고 알지 못하기 때문이다'. 化云 適來若是別人 三十棒 一棒也較不得 何故 爲他旻德 會一喝不作一喝用", 『종용록』 33칙 「평창 評唱」(대정장48, p.249c9)에 "설두가 말하길 '애석하게도 그대로 놓아주었군. 30방 한껏 때렸다 해도 이들 방 중 한 방이라도 곧바로 뛰어난 솜씨는 아니기에, 이 두 노숙이 한번은 놓아주고 한번은 빼앗더라도 각각이 다 이 몸 정한 법 없이 자유로워 때에 따라 들이고 놓음에 걸림없는 뜻이다. 벗어나는 길이라네. 雪竇云 可惜放過 好與三十棒 這棒 一棒也較不得 直是罕遇作家 此二老一縱

一奪 各有出身之路"라고 하였다. 〔참고문헌〕『建中靖國續燈錄』, 『大慧語錄』, 『從容錄』. ⇨ 방할 棒喝

일방일수 一放一收 때론 놓아주고 때론 잡아들임. 시방시촉(時放時促)과 통한다. 『단교묘륜어록』 권상(卍속장122, p.416a13)에 "곧바로 비로자나 바른 인장 지니고 왕 창고의 보검 쥐고서 살리기도 하고 죽이기도 하니 육도와 삼략을 한 쌍으로 온전히 가진다. 놓아주기도 하고 잡아들이기도 하니 문무를 아울러 갖췄다. 直下佩毗盧正印 按王庫寶刀 一生一殺 韜略雙全 一放一收 文武兼備", 『벽암록』 24칙 「평창 評唱」(대정장48, p.165a23)에 "그 노파는 저 위산의 말귀를 알아들었으니 씨줄과 날줄이 오가듯이 놓기도 하고 들이기도 하면서 서로 주고받았던 것이다. 마치 두 거울이 서로 비추는 그림자가 없이 볼 수 있어 마음의 움직임 낱낱이 서로 따르고 하는 말마다 맞아든다. 這老婆會他潙山說話 絲來線去 一放一收 互相酬唱 如兩鏡相照 無影像可觀 機機相副 句句相投"라고 하였다. 〔참고문헌〕『斷橋妙倫語錄』, 『碧巖錄』. ⇨ 방행 放行, 파주 把住, 일염일방 一拈一放

일방일조흔 一棒一條痕 한 방 내리칠 때마다 한 줄기 자국이 남는다는 말. 일괵일장혈(一摑一掌血)과 같은 뜻으로, 모든 행위는 돌이켜 다시 할 수 없고 지울 수도 없다는 뜻에서 일체 행위를 살활(殺活)의 경계에서 행한다. 굉지정각(宏智正覺)은 『굉지광록』 권1(대정장48, p.2a26)에서 오가(五家)의 종지를 밝히는 데 있어 이것을 임제종(臨濟宗)의 상응구로 활용하였다. 『분양어록』 권상(대정장47, p.607c4)에 "'무엇이 고불의 가풍인지요?' '한 방마다 한 줄기 자국이 남는다' '마침내 무슨 뜻인지요?' '천만 조각으로 부숴버린다'. 問 如何是古佛家風 師云 一棒一條痕 畢竟如何 師云 劈裂千萬片", 『청주백문』(卍속장119, p.349a14)에 "〔문〕 구름은 용을 따르고 바람은 호랑이를 좇는다. 말해 보라! 앙산의 주장자는 무엇을 따를까? 〔답〕 한 방 내리칠 때마다 한 줄기 자국이 남는다. 問 雲從龍 風從虎 且道 仰山拄杖從箇甚麽 答 一棒一條痕", 『가태보등록』 권22 「효종황제장 孝宗皇帝章」(卍속장137, p.307a3)에 "법령을 행하니, 한 방마다 한 줄기 자국 남고, 기틀 마주침이여, 사람을 죽이면 반드시 피를 보리라. 令行兮 一棒一條痕 逗機兮 殺人須見血"라고 하였다. 〔참고문헌〕『宏智廣錄』, 『汾陽語錄』, 『靑州百問』, 『嘉泰普燈錄』, 『續傳燈錄』 권13(대정장47, p.552a20). ⇨ 일괵일장혈 一摑一掌血

일방중 日方中 해는 하늘 한가운데 있음. 천태교판에서 제5시인 법화열반시(法華涅槃時)를 비유하는 말이다. 정오의 태양은 가장 높이 떠 비추지 못하는 곳이 없듯이 법화의 교법이 삼승마저 거둬 일체중생을 제도하는 으뜸의 법이라는 비유다. 『법화현의석첨』 권2(대정장33, p.823b15)에 "인도에서 하지 정오에 뜬 태양은 그림자가 없다. 그러므로 예법사가 '태양이 하늘 중앙에 있으면 양지 아닌 곳이 없다'고 하였으니, 이것은 가운데 자리는 그늘이 없다는 것이다. 天竺此日則無餘陰 故叡法師云 如日方中 無處不南 此指中方 無餘陰處", 『사교의주휘보전굉기』 권2(卍속장102, p.345b9)에 "때인즉 해가 정오에 당하면 그림자가 없다〈제5시〉. 〔주〕 십계가 모두 열리고 성불하지 않음이 없으니 태양이 하늘의 중앙에 있어서 양지 아닌 곳이 없는 것과 같다. 〔기〕 이것은 시를 따른 것이다. 구계를 연 즉시 불계이니 이 모든 것 여래께서 멸도하셨기에 다른 이들을 멸도한 때문이다. '마치 태양이 하늘의 중앙에 있는 것과 같다'고 한 예법사의 말씀이다. 約時則日輪當午 罄無側影〈第五時〉 註 十界咸開 無不成佛 如日方中 無處不南 記 此約時也 開九界卽佛界 皆以如來滅度 而滅度之 如日方中 叡法師語"라고 하였다. 〔참고문헌〕『法華玄義釋籤』, 『四敎儀註彙補輔宏記』. ⇨ 법화열반시 法華涅槃時

일방타불회두 一棒打不回頭 한 방 맞아도 돌아보지 않음. 어떤 상황에서도 누구를 만나더라도 자유로운 그 자리에는 어떤 동요도 분별도 일어나지 않는 뜻이다. 『경덕전등록』 권15 「덕산전 德山傳」(대정장51, p.317b22)에 "용담이 대중에게 말했다. '여기에 대단한 한 사람이 있다. 그 이는 칼나무와 같고 입은 혈분과 비슷하며, 한 방을 때려도 돌아보지 않는다. 언젠가는 저 높은 봉우리 정상에서 우리의 도를 세우리라'. 龍潭謂諸徒曰 可中有一箇漢 牙如劍樹 口似血盆 一棒打不迴頭 他時向孤峯頂上 立吾道在", 『대혜어록』 권20 「시공혜도인 示空慧道人」(대정장47, p.895c15)에 "이 생사대사를 짊어지고는 단번에 흔들림 없는 뜻 충만하다. 한 방을 때려도 돌아보지 않는 이다. 만일 반은 나간 듯 반은 물러난 듯하고 믿는 듯 믿지 못하는 듯한다면 저 머리 들일 곳 있더라도 풀무질 견뎌내지 못하리니, 천차만별한 곳마다에서 어찌 주인이 되랴. 擔荷此事 直是具決定志 一棒打不回頭底 若半進半退 似信不信 縱得箇入頭處 亦禁大鑪鞴 烹鍛不得 況欲向千差萬別處 作主宰耶", 『벽암록』 7칙 「평창 評唱」(대정장48, p.147b8)에 "만일 다른 이의 온전한 기틀을 알고자 한다면 한 방 맞고도 고개조차 돌리지 않는 사람 아닐 수 없으니, 이는 칼나무 같고 입은 혈분과 같아서 말 밖을 향하여 돌아갈 곳 알아야 비로소 조금이라도 알 수 있으리라. 若要見他全機 除非是一棒打不回頭底漢 牙如劍樹 口似血盆 向言外知歸 方有少分相應"라고 하였다. 〔참고문헌〕『景德傳燈錄』, 『大慧語錄』, 『碧巖錄』. ⇨ 아검수 牙劍樹

일방타살 一棒打殺 한 방에 때려죽인다는 말. 세존초생(世尊初生) 공안에 대한 운문(雲門)의 평으로 유행하였다. 『대혜어록』 권22(대정장47, p.903b1)에 "진실로 간절히 마음의 생사를 끊고 마음의 얼룩을 씻으며 마음의 숲을 베고자 한다면 반드시 저 원숭이란 놈 잡아서 한 방에 때려죽여야 비로소 얻는다. 眞實要 絶心生死 浣心垢濁 伐心稠林 須是把這猢猻子 一棒打殺 始得"라고 하였다. [참고문헌] 『大慧語錄』. ⇨ 세존초생 世尊初生

일백 一白 1년. 『경덕전등록』 권2 「마나라존자전 摩拏羅尊者傳」(대정장51, p.214a9)에 "후에 학륵나가 마나라존자에게 말했다. '제가 숲에 머문 지 9년이 지났습니다'<인도에서 일년을 일백이라 한다>. 後鶴勒那問尊者曰 我止林間已經九白<印度以一年爲一白>"라고 하였다. [참고문헌] 『景德傳燈錄』.

일백단오 一百單五 동지(冬至) 후 백일하고도 다섯을 더한 한식(寒食). 『오조법연어록』 권중(대정장47, p.657b23)에 "동짓날 법좌에 올라 말했다. '달마가 서쪽에서 온 이래로 그 일이 오래 지나면서 많이 바뀌어 후대의 자손들과 문도들의 가풍도 한없이 많아졌다. 몸과 마음 흔들어 한 덩이 엉킨 삼실 같다. 내가 지금 당장 모두 통하도록 끊어버리겠다. 대중이여, 일백단오는 청명과 가깝고, 상원일은 분명히 정월 보름이다'. 冬日 上堂云 達磨西來 事久多變 後代兒孫 門風無限 攪擾身心 一團麻線 白雲今日 都通截斷 大衆 一百單五近清明 上元定是正月半", 『대천보제어록』(卍속장121, p.334a2)에 "붙들어 정하면 하늘과 땅이 빛을 잃고, 마음껏 놓아주면 삼라만상이 빛을 발하리라. 말해 보라! 붙들어야 좋은가, 놓아주어야 좋은가? 주장자를 한 번 내리치고 말했다. 백날하고 다섯날 지나면 한식이고, 마흔하고 다섯날에는 또 다시 봄을 맞는다. 把定則乾坤失色 放行則萬象騰輝 且道 把住好 放行好 卓拄杖一下 一百單五 是寒食 四十五日 又逢春"라고 하였다. [참고문헌] 『五祖法演語錄』, 『大川普濟語錄』.

일백사위 一百四位 일백사위의 신중(神衆). 『석문의범』 권상 「신중단 神衆壇」 p.59a5에 "신중작법의 옹호게다. '팔부의 금강신이 도량을 수호하니, 허공신은 속히 나아가 천왕께 아뢰시길, 삼계의 모든 천들 다 와서 모이니, 지금 불찰 상서로움을 아뢰오니 일백사위 낱낱이 들어봅니다. 神衆作法 擁護偈 八部金剛護道場 空神速赴報天王 三界諸天咸來集 如今佛刹報禎祥 擧目 一百四位"라고 하였다. [참고문헌] 『釋門儀範』.

일백삼갈마 一白三羯磨 한 사안에 대하여 세번에 걸쳐 동의를 구하거나 대중의 뜻을 묻는 행위. 백사갈마(白四羯磨)·삼갈마(三羯磨)·백사(白四) 등이라고도 한다. 수계갈마와 중죄 등에 대한 처분 및 멸쟁(滅諍) 등의 중대한 안건은 반드시 이 절차를 거친다. 『마하승기율』 권23(대정장22, p.413a4)에 "부처님께서 사리불에게 말씀하셨다. '오늘부터 구족계 받는 법을 정하겠다. 열 분의 스승이 화합하여 세 차례 묻고 답하며 갈마하면 이는 어긋남이 없는 법이다'. 구족계를 받고자 하는 사람은 먼저 승중에 들어가 스님들 한 분마다 낱낱이 이마를 발에 대고 절을 올린 다음 먼저 스승을 청해야 한다. 오른 어깨에 가사를 걸치고 한쪽 무릎을 꿇고 앉아서 이렇게 말하다. '저는 존엄하신 스님을 화상으로 모시고자 합니다. 존엄하신 스님께서 저의 화상이 되어 주시고, 제가 구족계 받기를 바랍니다'. 이렇게 세번 말한다. 佛告舍利弗 從今日 制受具足法 十衆和合 一白三羯磨 無遮法 是名善受具足 欲受具足人 初入僧中 一一頭面 禮僧足已 先求和上 偏袒右肩 胡跪接足 作是言 我從尊乞求和上 尊爲我作和上 與我受具足 如是至三"라고 하였다. [참고문헌] 『摩訶僧祇律』, 『四分律』 권44(대정장22, p.886b21), 『善見律毘婆沙』 권7(대정장24, p.718c14). ⇨ 백사갈마 白四羯磨, 삼갈마 三羯磨❶, 삼설갈마 三說羯磨, 구족계 具足戒

일백삼십육지옥 一百三十六地獄 일백삼십육 곳의 지옥. 욕계(欲界)에 팔대지옥(八大地獄)이 있고, 팔대지옥 각각에 십육소지옥(十六小地獄)이 있기에 합하면 일백삼십육지옥이다. 『우바새계경』 권7(대정장24, p.1071a26)에 "무량세계와 일백삼십육지옥과 무량축생과 무량아귀들은 모두 업으로 인한 과이며, 인천 또한 마찬가지다. 무량중생이 해탈을 얻는 것 또한 업을 인으로 한다. 無量世界 一百三十六地獄處 無量畜生 無量餓鬼 皆因業作 人天亦爾 無量衆生 獲得解脫 亦因於業", 『법화의소』 권6(대정장34, p.541b13)에 "경에 이르길 '수미산 아래에 일백삼십육지옥이 있는데, 대지옥은 여덟 곳이다. 첫째 등활, 둘째 흑승, 셋째 합회, 넷째 규환, 다섯째 대규환, 여섯째 초열, 일곱째 대초열, 여덟째 아비다. 이들 팔대지옥마다에 다시 십육소지옥의 권속이 있으니, 한빙의 여덟 지옥과 불타는 여덟 지옥이다. … 도합 일백삼십육이다'라고 하였다. 經云 須彌山下 有一百三十六地獄 大地獄有八 一 等活 二 黑繩 三 合會 四 叫喚 五 大叫喚 六 燋熱 七 大燋熱 八 阿鼻 此八大地獄一一 復有十六小地獄 以爲眷屬 謂八寒氷 八炎火 … 合一百三十六也"라고 하였다. [참고문헌] 『優婆塞戒經』, 『法華義疏』. ⇨ 팔대지옥 八大地獄, 십육소지옥 十六小地獄

일백오십찬불송 一百五十讚佛頌 Ⓢ Śata-pancāśatakastotra. 마질리제타(摩咥里制吒 Ⓢ Mātṛceṭa) 지음. 당대 의정(義淨) 한역. 1권. 고려장30, pp.587a1~590a7, No.1024·대정장32, pp.758b22~762a13, N o.1680에 있다. 『일백오십찬』이라고도 한다. 실제로는 부처님의 덕행을 찬탄하는 찬가(讚歌) 형식의 148송이다. 진나(陳那 Ⓢ Dignāga)는 『잡송 雜頌』, 석가제바(釋迦提婆)는 『유잡찬 糅雜讚』이라는 찬가의 주석을 지었다고 하지만 전하지 않는다. 이에 앞서 지었다는 『사백찬불송 四百讚佛頌』은 티베트역만 남아 있고, 범본단편에 대한 티베트역도 전한다. 『개원석교록』 권9(대정장55, p.568a21)에 "『일백오십찬불송』 1권〈존자 마질리제타 지음. 중인도 나란다사에서 (의정) 한역하고, 708년(경룡2)이 되어 천복사에서 거듭 회철하였다〉. 一百五十讚佛頌一卷〈尊者 摩咥里制吒造 於中印度 那爛陀寺譯 至景龍二年 於薦福寺 重更迴綴〉", 『남해기귀내법전』 권4(대정장54, p.227b25)에 "처음에는 『사백찬』을, 그 다음에 『일백오십찬』을 지었다. 初造四百讚 次造一百五十讚"라고 하였다. 〔참고문헌〕『開元釋敎錄』, 『南海寄歸內法傳』, 『貞元新定釋敎目錄』 권13(대정장55, p.868c8). ⇨ 사백찬 四百讚, 백오십찬 百五十讚

일백유순내 一百由旬內 일백유순 안의 경계. 밀교에서 작법(作法)시 일체장애를 없앨 수 있는 결계의 반경을 말한다. 『천안천비관세음보살다라니신주경』 권상(대정장20, p.85b3)에 "이 다라니를 베껴 써서 당 위에 붙여두고 일백유순 안에 어떤 쇠락과 환란도 없다면 결계를 이루어 옹호도 성취된다. 寫此陀羅尼 繫著幢上 一百由旬內 無諸衰患 卽成結界 擁護成就", 『금강수광명관정경최승립인성무동존대위노왕염송의궤법품』(대정장21, p.6b18)에 "진언문자로 몸 가득히 퍼뜨리면 백유순 안의 마음대로 할 수 없었던 난관과 귀신이 하던 것들 모두 산산이 무너뜨릴 수 있다. 以眞言文字 布身諸支分 一百由旬內 所有難調御 鬼神所持者 皆悉能散壞", 『서방군다리법』(대정장21, p.65c11)에 "흰 개자를 가져다 일곱 차례 주문을 외우고 시방을 결계하여 일백유순 안에 흩뿌린다. 그런 다음에 단장을 빙 둘러 길을 순행하며 음식을 뿌리면서 공양한다. 取白芥子 誦呪七遍 散十方結界 一百由旬內 然後 遶壇行道 散飮食供養"라고 하였다. 〔참고문헌〕『千眼天臂觀世音菩薩陀羅尼神呪經』, 『金剛手光明灌頂經最勝立印聖無動尊大威怒王念誦儀軌法品』, 『西方軍吒利法』. ⇨ 작법 作法

일백응당학법 一百應當學法 Ⓢ śikṣā-karaṇīya, Ⓟ sikkhā-karaṇīya. 마땅히 익혀 가져야 할 백가지 법(戒法). 응당학·일백중학(一百衆學)·백중학법(百衆學法) 등이라고도 한다. 『전계정범』 권3(卍속장107, p.70a14)에 "비구들이여, 내가 이제 그대들에게 본래 수지해야 하는 일백응당학법을 물을 것이니 그대들은 마땅히 진실하게 답하라. 첫 번째, 가지런히 내의를 입지 않으면 안 되는 계이니, 그대들은 이 법에 범한 일이 있는가?〈'있습니다', '없습니다'라고 진실대로 답한다〉 … 백 번째, 병이 든 경우를 제외하고 일산을 지닌 사람에게 설법해서는 안된다〈앞의 경우와 같다〉. 諸比丘 我今問汝 本所受持一百應當學法 汝等應當 諦實而答 第一 不齊整著內衣戒 汝於是中有犯否〈有無實答〉 … 一百 人持蓋不應爲說法 除病戒〈如前〉"라고 하였다. 〔참고문헌〕『傳戒正範』. ⇨ 백중학법 百衆學法, 식차가라니 式叉迦羅尼, 응당학 應當學

일백이십팔번뇌 一百二十八煩惱 Ⓢ aṣṭāviṃśaty-uttaraṃ kleśaśatam. 백스물여덟 가지 번뇌. 욕계(欲界)의 사제(四諦)마다 열 가지 번뇌가 있어 모두 마흔 가지 번뇌가 있고, 색계(色界)와 무색계(無色界)의 팔제에 진(瞋)을 제한 아홉 가지 번뇌가 있어 모두 일흔두 가지다. 이것을 백열두 가지 견소단(見所斷)의 번뇌라고 한다. 또 욕계에 사견(邪見)·견취(見取)·계금취(戒禁取)·의(疑) 등을 제한 여섯 가지 번뇌가 있고, 다시 색계와 무색계에 '진'을 제한 열 가지 번뇌가 있어 모두 열여섯 가지 번뇌가 있는데, 이것이 수소단(修所斷)의 번뇌다. 이상의 백열두 가지 견소단번뇌와 열여섯 가지 수소단번뇌를 합하여 백스물여덟 가지 번뇌라고 한다. 『유가사지론』 권8(대정장30, p.313b1 : *Yogā-bh.*, p.161)에 "번뇌와 분별한다. 때론 한 가지로 세우는데, 즉 번뇌는 잡염의 뜻이기 때문이다. … 열 가지로 나누기도 한다. 첫째 살가야견, 둘째 변집견, 셋째 사견, 넷째 견취, 다섯째 계금취, 여섯째 탐욕, 일곱째 진에, 여덟째 오만, 아홉째 무명, 열째 의심이다. 煩惱分別者 或立一種 謂由煩惱雜染義故 … 或分十種 一 薩迦耶見 二 邊執見 三 邪見 四 見取 五 戒禁取 六 貪 七 恚 八 慢 九 無明 十 疑 kleśānāṃ prabhedaḥ katamaḥ. syād ekavidhaḥ kleśasaṃkleśārthena … syāddaśavidhaḥ satkāyadṛṣṭirantagrāhadṛṣṭirmithyā dṛṣṭiparāmarśaḥ śīlaparāmarśo rāgaḥ pratigho māno'vidyā vicikitsā ca", "때론 백스물여덟 가지 번뇌라 하니, 위의 열 가지 번뇌가 열두 가지의 진실을 잘못 집착하여 건립된다는 것을 알아야 한다. 무엇을 열두 가지 진실이라고 하는가? 말하자면 욕계의 고제와 집제, 색계의 고제와 집제, 무색계의 고제와 집제, 욕계증상의 변지과와 변지로 드러나는 멸제와 도제, 색계증상의 변지과와 변지로 드러나는 멸제와 도제, 무색계증상의 변지과와 변지로 드러나는 멸제와 도제 등이다. 或分一百二十八煩惱 謂卽上十煩惱 由迷執十二種諦 建立應知 何等名爲十二種諦 謂欲界苦諦集諦 色界苦諦集諦 無色界苦諦集諦 欲界增上 彼遍智果 彼遍智所顯 滅諦道諦 色界增上 彼遍智果 彼遍智所顯 滅諦道諦 無色界增上 彼遍智果 彼遍智所顯 滅諦道諦 syādaṣṭāviṃśatyuttaraṃ kleśaśatam eṣāmeva daśānāṃ kleśānāṃ dvādaśākārasatyavipratipattivyavasthānataḥ. dvādaśākāraṃ satyaṃ katamat. kāmāvacaraṃ duḥkhasatyaṃ samudayasatyaṃ. rūpāvacaraṃ duḥkhasatyaṃ samudayasatyaṃ ārūpyāvacaraṃ duḥkhasatyaṃ. kāmāvacarādhipatitatparijñāphalaṃ tatparijñāprabhāvitaṃ nirodhasatyaṃ mārgasatyaṃ. rūpāvacarādhipatitatparijñāphalaṃ tatparijñāprabhāvitaṃ nirodhasatyaṃ mārgasatyaṃ. ārūpyāvacarādhipatitatparijñāphalaṃ tatparijñāprabhāvitaṃ nirodhasatyaṃ mārgasatyaṃ", "이 가운데 욕계의 고제와 집제, 그리고 욕계증상의 멸제와 도제에는 모두 열 가지 번뇌로 미혹된 집착이 있으며, 색계의 고제와 집제, 그리고 색계증상의 멸제와 도제에는 진을 제한 그 나머지 번뇌로 미혹된 집착이 있으며, 색계에서와 같이 무색계에서도 그러하다. 此中於欲界苦集諦 及於欲界增上滅道諦 具有十煩惱迷執 於色界苦集諦 及於彼增上滅道諦 除瞋有餘煩惱迷執 如於色界 於無色界亦爾 tatra kāmāvacare duḥkhasatye samudayasatye kāmāvacarādhipateye nirodhasatye mārgasatye sarve daśakleśā vipratipannāḥ. rūpāvacare duḥkhasatye samudayasatye tadādhipateye nirodhasatye mārgasatye pratighavarjāsta eva daśa kleśā vipratipannāḥ. yathā rūpāvacara evamārūpyāvacare.", "욕계의 대치수에도 여섯 가지 번뇌로 미혹된 집착이 있으니, 즉 사견·견취·계금취·의 등은 제한다. 색계의 대치수에도 다섯 가지 번뇌로 미혹된 집착이 있으니, 곧 위의 여섯 가지 가운데 '진'은 제한다. 색계의 대치수와 같이 무색계의 대치수도 그러하며, 미혹된 집착과 같이 장애도 그러하다. 於欲界對治修中 有六煩惱迷執 謂除邪見見取戒禁取疑 於色界對治修中 有五煩惱迷執 謂於上六中除瞋 如於色界對治修中 於無色對治修中亦爾 如迷執障礙亦爾 kāmāvacarapratipakṣe bhāvanāyāṃ ṣaṭ kleśā vipratipannā mithyādṛṣṭiṃ dṛṣṭiparāmarśaṃ śīlavratаparāmarśaṃ vicikitsāṃ ca sthāpayitvā. rūpāvacarapratipakṣe bhāvanāyāṃ pañca kleśā vipratipannā ebhya eva ṣaḍbhyaḥ pratighaṃ sthāpayitvā. yathā rūpāvacarapratiprakṣa evamārūpyāvacarapratipakṣe", 『현양성교론』 권1(대정장31, p.485b13)에 "견소단에 백열두 가지 번뇌가 있으며, 수소단에 열여섯 가지 번뇌가 있다. 이와 같이 견소단과 수소단에 모두 백스물여덟 가지 번뇌가 있다. 見所斷有百一十二煩惱 修所斷有十六煩惱 如是見修所斷 合有一百二十八煩惱"라고 하였다. [참고문헌] 『瑜伽師地論』, 『顯揚聖教論』, *Yogā-bh.* ⇨ 견소단 見所斷, 수소단 修所斷

일백일십선지식 一百一十善知識 Ⓢ daśottaraṁ kalyāṇamitraśataṁ. 110개의 성을 지나며 친견한 선지식. 선재동자(善財童子)가 110개의 성을 거치며 만났던 53선지식을 말한다. 80권본 『화엄경』 권78 「입법계품 入法界品」(대정장10, p.428c23 : *Gaṇḍ-vy.*, p.394)에 "이 장자의 아들은 이전에 복성에서 문수보살의 가르침을 받고 나서 점차로 남쪽으로 행하면서 선지식을 구했다. 일백일십선지식을 친견해 마친 다음에야 이렇게 와서 내(미륵보살)가 있는 곳에 이른 것이다. 此長者子 曩於福城 受文殊教 展轉南行 求善知識 經由一百一十善知識已 然後而來 至於我所 śreṣṭhidārakaḥ … mañjuśriyā kumārabhūtena saṃpreṣito dhanyākarānnagarādupādāya sarvadakṣiṇāpathamaṭan daśottaraṃ kalyāṇamitraśataṁ paripṛcchan yāvanmamāntikamanuprāptaḥ"라고 하였다. [참고문헌] 『華嚴經』, *Gaṇḍ-vy.* ⇨ 백일십성 百一十城, 백일십성삼천지식 百一十城三千知識, 오십삼선지식 五十三善知識

일백일십유순 一百一十由旬 일백일십유순의 거리. 문수보살(文殊菩薩)이 선재동자(善財童子)의 이마를 쓰다듬은 거리다. 『화엄경탐현기』 권20(대정장35, p.490b7)에 "일백일십유순을 지났다는 말은 차별의 경계를 언제나와 같이 사무쳐 넘었기에 드디어 이런 평등하고 막힘없는 너른 문이 있는 곳에 이르렀다는 뜻이다. 言過一百一十由旬者 徹過如前 差別之位 至此平等普門之所"라고 하였다. [참고문헌] 『華嚴經探玄記』.

일백팔편 一百八遍 일백여덟번을 되새김. 염불(念佛)이나 송주(誦呪) 등 거듭 외우는 횟수다. 『합부금광명경』 권6(대정장16, p.387a8)에 "먼저 몸으로 108번 주문을 외우고, 다시 끓인 물에 108번 주문을 외운 다음, 이 끓인 물로 몸을 씻는다. 先呪身一百八遍 復呪湯一百八遍 以此湯洗浴其身", 『능엄경약소』 권7(卍속장23, p.52a17)에 "오롯한 마음으로 주문을 외워 항상 108번 행하는 까닭은 백팔번뇌를 부수고자 함이다. 專心持呪 常行一百八遍者 表破百八煩惱也"라고 하였다. [참고문헌] 『合部金光明經』, 『楞嚴經略疏』.

일법계 一法界 다름 아닌 그 법계. 일법계란 심진여(心眞如)·일심(一心)·진심(眞心)을 부르는 다른 이름이다. 걸림없이 자유롭게 성법(聖法)을 드러내지만 몸도 모양도 없는 것의 이름일 뿐 숫자로서의 하나는 아니다. 『대승기신론』(대정장32, p.576a8)에 "심진여란 곧 이 일법계 대총상법문의 바탕이다. 심성은 불생불멸이고 일체제법은 오직 망념에 의지하여 차별이 있다. 망념을 떠난다면 즉시 일체경계상이 없게 된다. 心眞如者 卽是一法界 大總相法門體 所謂心性 不生不滅 一切諸法 唯依妄念 而有差別 若離妄念 則無一切境界之相", 원효(元曉)의 『기신론소』 권상(대정장44, p.207a23·한불전1, p.743b24)에 "간략하게 언표한 이 일법계란 바로 진여문이 의지하는 체를 든 것이다. 일심이 바로 일법계이기 때문이다. 이러한 일법계는 온통 두 가지 문으로 거두는데 여기서는 별상의 문을 취하지 않고 그 중 총상의 법문만을 취했다. 略標中言卽是一法界者 是擧眞如門所依之體 一心卽是一法界故 此一法界通攝二門 而今不取別相之門 於中但取總相法門", 『대승기신론의기』 권중(대정장44, p.252a25)에 "처음에 일법계라고 한 것은 둘이 없는 진심을 일법계로 삼았다. 이것은 산수의 하나가 아니다. 이치대로 텅비어 어울리고 평등한 불이이므로 하나라고 하였다. 또한 아래에서 '말에 의지하면 두 가지 뜻이 있다'고 한 것에 맞서서 여기서는 체에 따라 다만 하나일 뿐이라고 한 것이다. 성스러운 법을 일으킨다는 뜻에 근거하여 법계라고 하였다. 『중변분별론』 권상(대정장31, p.452c3)에서 '법계란 성스러운 법의 인으로 뜻을 삼는다. 그러므로 법계라고 설한다. 성스러운 법은 이 경에 의지하여 생한다. 여기에서 인이라는 뜻이 바로 계의 뜻이다'라고 하였다. 初中一法界者 卽無二眞心爲一法界 此非算數之一 謂如理虛融平等不二故 稱爲一 又對下依言有二義故 今約體但云一也 依生聖法故云法界 中邊論云 法界者 聖法因爲義故 是故說法界 聖法依此境生 此中因義 是界義故也", 『종경록』 권3(대정장48, p.430b19)에 "이 두 가지 근본은 진망의 두 가지 마음이다. 첫째, 시작 없는 생사의 근본인 것이니 곧 근본무명이다. 이것이 바로 망심이니 최초로 일법계를 미하고는 알지 못한 사이에 홀연하게 일어나 망념이 있게 되었다. 此二種根本 卽眞妄二心 一者 無始生死根本者 卽根本無明 此是妄心 最初迷一法界 不覺忽起而有其念"라고 하였다. [참고문헌] 『大乘起信論』, 『起信論疏』, 『大乘起信論義記』, 『中邊分別論』, 『宗鏡錄』, *Madhy-vibh.23.* ⇨ 일심 一心[1], 일법계심 一法界心, 법계 法界

일법계심 一法界心 일법계의 마음. 일체법을 거두고 드러내지만 진여와 생멸로 안밖도 경계도 없기에 둘 아닌 법계다. 나아가 여래장(如來藏)과 중도제일의(中道第一義)의 뜻으로 성색(性色)의 진공(眞空)과 성공(性空)인 진색(眞色)을 아우른다. 『석마하연론』 권1(대정장32, p.601a9)에 "일법계심이란 일체생멸문법을 온통 거두므로 이름이 섭세간법이고, 일체진여법도 다 거두기에 섭출세간법이라고 한다. 모두 법계를 짓기에 이름이 법이다. … 일법계심진여문을 짓는 것은 곧바로 유일한 체로서의 마하연법을 드러냄이고, 일법계심생멸문을 짓는 일은 스스로의 체상용으로서의 마하연법을 드러낸 것이다. 一法界心 總攝一切生滅門法 是故名爲攝世間法 總攝一切眞如門法 是故名攝出世間法 皆作法界故名爲法 … 作一法界心眞如門 卽顯示一體摩訶衍法 作一法界心生滅門 能示自體自相自用摩訶衍法", 『수능엄의소주경』 권3(대정장39, p.868a16)에 "여래장은 곧 일법계심이고 중도제일의제이다. 성색진공은 속에서의 진이고, 성공진색은 진으로서의 속일 뿐인데 모두 성이라고 한 까닭은 중도와 상즉한 진속을 드러내려 하기 때문이다. 如來藏卽一法界心 中道第一義諦也 性色眞空卽俗之眞 性空眞色卽眞之俗 皆言性者 顯卽中之眞俗也"라고 하였다. [참고문헌] 『釋摩訶衍論』, 『首楞嚴義疏注經』. ⇨ 일심 一心[1], 일법계 一法界, 여래장 如來藏

일법구 一法句 결정의 뜻이고 진실무위의 뜻으로서의 법다운 한 말씀. 일체법을 성취하는 이 법구로 다문지혜(多聞智慧)는 물론 법신(法身)마저 성취한다. 『도세품경』 권3(대정장10, p.634a7)에 "모든 형상에서 일법의 장구를 연설하니, 두루 모든 법계에 남김없이 펼친다. 於一切形 演一法句 普周無餘 一切法界", 『대법거다라니경』 권1(대정장21, p.662c13)에 "이 다라니 일법구는 무량한 억수의 수다라를 다 거둔다. 이것이 돌이킬 수 없는 뜻이다. 마땅히 알라. 여래께서 한번 힘써 하신 말씀에는 그 끝을 알 수 없으니 그대들도 갖가지 법문을 얻을 수 있다. 此陀羅尼 一法句中 總攝無量 億數修多羅 是決定義 當知 如來一力所說 無有邊際 汝等亦得 多種法門", 『십주비바사론』 권11(대정장26, p.78a7)에 "불법은 말씀대로 행함을 귀하게 여길 뿐, 많이 읽고 많이 외우는 것을 높이 사지 않는다. 또한 부처님 말씀대로 일법구만을 행하여도 능히 스스로를 이롭게 하니, 이 이름이 다문이다. 지혜도 이와 같다. 佛法貴如說行 不貴多讀多誦 又如佛說 行一法句 能自利益 名爲多聞 智慧亦如是", 『무량수경우파제사』(대정장26, p.232b24)에 "일법구란 청정구를 말한다. 청정구란 진실지혜로서 무위법신을 말한다. 一法句者 謂淸淨句 淸淨句者 謂眞實智慧 無爲法身故"라고 하였다. [참고문헌] 『度世品經』, 『大法炬陀羅尼經』, 『十住毘婆沙論』, 『無量壽經優波提舍』.

일법신 一法身 한 법으로서의 몸. 수(數)로서의 하나가 아닌 자성(自性)을 지킬 일 없어 경계도 차별도 없는 뜻에서 둘 아닌 법의 몸이다. 60권본 『화엄경』 권5(대정장9, p.429b18)에 "문수의 법은 항상 그러하네. 법왕은 오로지 한 법일 뿐이니, 일체에 걸림이 없는 그 사람 한 길로 생사에서 벗어나네. 모든 부처님 몸도 오직 하나의 법신이고, 하나의 마음에 하나의 지혜이니, 역과 무외도 역시 그러하다네. 文殊法常爾 法王唯一法 一切無礙人 一道出生死 一切諸佛身 唯是一法身 一心一智慧 力無畏亦然", 『화엄현담회현기』 권13(卍속장12, p.180b1)에 "일법신이란, 뜻에 따라 다섯으로 나눌 수 있지만, 체에 의지하면 둘이 있을 수도 없다. 이는 실교로서 이사무애의 뜻이다. 一法身者 隨義不妨分五 據體則無有二 此實教 理事無礙義也"라고 하였다. [참고문헌] 『華嚴經』, 『華嚴懸談會玄記』. ⇨ 이사무애 理事無礙, 이체 理

體, 일도출생사 一道出生死, 법신 法身, 일심 一心

일법약유 一法若有 '한 가지 법이라도 있다면'이라는 말. 『원오어록』 권2(대정장47, p.718c29)에 "한 가지 법이라도 있다면 비로자나가 범부의 경계에 떨어지고, 만법이 없다면 보현보살이 그 경계를 잃는다. 일법과 만법이 있든 없든 비로자나와 보현보살 그리고 범부의 법계가 모조리 여기에 있다. 一法若有 毘盧墮在凡夫 萬法若無 普賢失其境界 一法萬法 若有若無 毘盧普賢 凡夫法界 盡在箇裏"라고 하였다. 〔참고문헌〕『圜悟語錄』.

일법인 一法印 단 하나의 법인. 대승의 제법실상(諸法實相)을 가리킨다. 신인(信印). 실상인(實相印)·일실상인(一實相印)이라고도 한다. 『보살영락경』 권4(대정장16, p.37a21)에 "여래는 한 가지 상으로 모습 없으시다. 어떤 보살은 단 한 법인을 얻어 헤아릴 수 없이 많은 여래의 교법을 연설한다. 스승에게 받은 바 없이 스스로 깨우친다. 爲如來一相無形 或有菩薩 得一法印 演說無量如來法教 非從師受 自然而覺", 『법화현의』 권8상(대정장33, p.779c12)에 "삼법인이 없다하면 마구니설이다. 하지만 대승경은 단 하나의 법인이 있을 뿐이니 제법실상이다. 요의경이라 하고 이로써 대도를 얻는다. 無三法印 卽是魔說 大乘經 但有一法印 謂諸法實相 名了義經 能得大道", 『화엄경소초』 권41(대정장36, p.314a6)에 "삼장교문이라면 삼법인을 법인으로 삼지만, 마하연(대승)에서는 제법실상만이 유일한 법인이다. 若三藏教門 以三法印爲法印 若摩訶衍 但有諸法實相 一法印"라고 하였다. 〔참고문헌〕『菩薩瓔珞經』, 『法華玄義』, 『華嚴經疏鈔』. ⇨실상인 實相印, 일실상인 一實相印, 제법실상 諸法實相, 삼법인 三法印

일법중도 一法中道 삼성(三性 : 遍計所執性 依他起性 圓成實性)을 하나의 법으로 보아 밝힌 중도의 뜻. 변계소집성은 체성이 도무지 없기에(體性都無) 비유(非有)이고 물거품같은(如幻假有) 의타기성과 진공묘유(眞空妙有)인 원성실성은 비무(非無)인 뜻에서 삼성대망중도(三性對望中道)를 말한다. 이에 비해 변계소집을 정유이무(情有理無), 의타기를 여환가유(如幻假有), 원성실을 진공묘유(眞空妙有)로 설정하고 각각의 성에 중도를 드러낸 뜻은 삼성각구중도(三性各具中道) 즉 일성중도(一性中道)라 부른다. 『팔종강요초』 권하 「법상종 法相宗」(대장경보편32, p.54a1)에 "〔문〕 제3시 중에 중도란, 다만 삼성만을 잡아서 세우는가? 아니면 한 법에서만 중도를 밝히는가? 〔답〕 여기에는 두 가지 뜻이 있다. 하나는 삼성대망중도 운운하는 설이고, 또 하나는 일법중도 운운하는 설이다. 그러나 흔히 삼성대망중도라 하지만 일법중도도 타당하다. 問 第三時中中道者 但約三性而立歟 頗有一法中 而明中道乎 答 此有二義 一云 三性對望中道云云 二云 一法中道云云 然多是三性對望中道而已 亦可一法中道", 『대승법원의림장』 권1(대정장45, p.251a10)에 "그러므로 일체법은 공도 아니고 불공도 아니니, (의타기의 여환가유) 유와 (변계소집의 정유이무) 무와 (원성실성의 진공묘유) 급유(及有)이기에 곧바로 중도의 뜻이 되고 이렇게 삼성의 유식을 건립하게 된다. 아법경은 공이고, 진속식은 유이니, 공도 아니고 유도 아닌 중도의 뜻이 선다. 故說一切法 非空非不空 有無及有故 是卽契中道 此卽建立三性唯識 我法境空 眞俗識有 非空非有中道義立"라고 하였다. 〔참고문헌〕『八宗綱要鈔』·권하(대장경보편32, p.53a6), 『大乘法苑義林章』. ⇨중도 中道, 삼성대망중도 三性對望中道, 정유이무 情有理無, 의타기성 依他起性, 원성실성 圓成實性

일법통시만법통 一法通時萬法通 한 법 깨우칠 때 만법도 환히 밝다. 만법이라 하지만 모든 법마다의 자성은 공(空)으로 연기하여 평등(平等)한 일체법의 바탕을 깨우쳐 걸림없게 되는 뜻이다. 『금강경주해철전함』(卍속장92, p.453a11)에 "만일 무쟁삼매를 정히 마쳐서 청정한 열반묘심을 드러낸다면 곧바로 이는 하나의 법계 진심이다. 이 때문에 하나의 법에 통하면 모든 법에 다 통한다. 若得無諍三昧定了 顯出清淨 涅槃妙心 卽是一箇法界眞心 是故 一法通時萬法通", 『반야심경주해』 권하(卍속장42, p.139a12)에 "어떤 사람이 사구를 알아 밝히면 그 한 법에 통하는 순간 만법도 통하리니, 생사를 넘어 고통의 굴레 벗어나 금강의 무너질 리 없는 몸을 얻는다. 有人會得明四句 一法通時萬法通 超生越死離苦趣 得了金剛不壞身", 『소각죽봉속어록』 권4 「임제사할 臨濟四喝」(가흥장40, p.135b14)에 "단 한번의 할에 깨우치지 못했다면 의심하고 사량하여 천 겹이나 멀어진다. 짓고 헤아리는 중을 향하여 남모를 계략 펴지 말아야 하리. 단 하나의 법을 깨우치면 만법이 단번에 밝으리라. 一喝不作一喝用 擬思量處隔千重 莫向計中陳妙計 法通時萬法通"라고 하였다. 〔참고문헌〕『金剛經註解鐵鋑鋁』, 『般若心經註解』, 『昭覺竹峰續語錄』.

일변 一邊 **1** Ⓢ eka-anta, anta, Ⓣ mtha'. 치우쳐 한쪽으로 기운 생각. 모든 법이 자성을 지키지 않아 평등함을 보지 못하고 치우쳐 분별한다는 견해를 말한다. 『변중변론』 권하(대정장31, p.476a23 : *Madhy-vibh.*, p.70)에 "색 등이 아와 다르다고 집착하거나 또는 하나라고 집착하는 것을 일변이라고 한다. 이러한 집착을 여의기 위해 중도를 설한다. 若於色等執我有異 或執是一 名爲一邊 爲離此執 說中道行 tatra rūpādibhyaḥ. pṛthaktvam ātmana ity antaḥ. ekatvam ity antaḥ tatparivarjanārthaṃ madhyamā pratipat", 원

효(元曉)의 『금강삼매경론』 권상(대정장34, p.972a21·한불전1, p.621c7)에 "마음에 출입이 없고 성품은 항상 평등하다는 말은, 앞의 두 가지 길 항상 서로 여의지 않으니 움직이되 언제나 고요하고 고요하되 항상 움직이므로 출입이 없다. 움직임과 고요함이 항상 함께하여 일변에 멈춰있지 않으므로 성은 항상 평등하다. 心無出入性常平等者 前之二道 恒不相離 動而常寂 寂而恒動 故無出入 動寂恒並 不滯一邊 故性常平等", 『대승현론』 권3(대정장45, p.38c4)에 "경에서 말씀하시길 '둘로 갈라진즉 사견이다'라고 하였다. 그러므로 알아야 하리. 모든 논사들이 불성을 모르고 각자 일변에 집착하여 시비를 다투니 불성을 잃는다. 經云 凡有二者皆是邪見 故知 一切諸師 不知佛性 各執一邊 是非諍論 失佛性也", 『이제의』 권상(대정장45, p.91a12)에 "치우침이 일변이고 중도 다른 일변이어서 치우침과 가운데가 다시 이변이 된다. 이변이므로 세제라 한다. 치우침도 아니고 중도 아님이 바로 중도제일의제다. 偏是一邊 中是一邊 偏之與中 還是二邊 二邊故名世諦 非偏非中 乃是中道第一義諦也"라고 하였다. [참고문헌] 『辯中邊論』, 『金剛三昧經論』, 『大乘玄論』, 『二諦義』, *Madhy-vibh.* ⇨ 이변 二邊, 세제 世諦, 중도제일의제 中道第一義諦 ❷ Ⓢ ekam-pārśvam, eka-deśa. 여럿 중 하나. 한 가지. 한쪽 면. 『구사론』 권15(대정장29, p.79b8 : *Abh-k-bh.*, p.223)에 "가습미라국의 비바사논사는 말한다. '근본죄를 범했을 때도 출가계를 버리지 않는다'고 하였다. 왜 그러한가? 한 가지를 범했더라도 모든 율의를 버려야 하는 것은 아니기 때문이다. 迦濕彌羅國 毘婆沙師言 犯根本罪時 不捨出家戒 所以然者 非犯一邊一切律儀應遍捨故 kāśmīrās tu khalu vaibhāṣikāḥ evam icchanti. na maulīmadhyāpattim āpannasyāsti bhikṣusaṃvaratyāgaḥ. kiṃ kāraṇam. na hy ekadeśakṣobhāt kṛtsnasaṃvaratyāgo yukta iti", 『구사석론』 권8(대정장29, p.215a7 : *Abh-k-bh.*, p.162)에 "[석] 이 바다 중 염부주 한쪽 면이 이천유순이고 세 면의 길이도 같으며 그 모양은 수레와 비슷하다. 釋曰 於此海中剡浮洲一邊二千由旬 三邊等量 其相似車 〈kārikā〉 jambūdvīpo dvisāhasras tripārśvaḥ śakaṭākṛtiḥ. 〈bhāṣya〉 dvisāhasrāṇi trīṇi pārśvānyasya śakaṭasyevākṛtiḥ"라고 하였다. [참고문헌] 『俱舍論』, 『俱舍釋論』, 『俱舍論疏』 권15(대정장41, p.654c28), *Abh-k-bh.*

일별주 日別住 날별로 머물다. 해가 뜨고 지는 하루하루를 견디며 살아가는 유정의 생존을 말한다. 유정의 삼주(三住) 중 하나다. 『유가사지론』 권13(대정장30, p.347a28)에 "일체유정의 머묾에는 세 가지가 있으니, 일별주·진수주·좋아할 만한 선법을 낳아 계속 머무는 것을 말한다. 시작은 먹는 힘으로 머물렀다. 一切有情住有三種 謂日別住 盡壽住 善法可愛生展轉住 初 由食增上力"라고 하였다. [참고문헌] 『瑜伽師地論』.

일보 一寶 단 하나 귀한 것. 중생 모두가 갖춘 영묘한 품성 즉 불성(佛性)을 비유한 말. 『진심직설』(대정장48, p.1000c21)에 "승조의 『보장론』에서 '하늘과 땅 사이 우주간에 단 하나 보배가 있으니 몰래 형산에 숨었다'한다. 이것은 진심이 번뇌 중에 있다는 뜻이다. 肇論云 乾坤之內 宇宙之間 中有一寶 祕在形山 此乃眞心在纏也", 『벽암록』 62칙 「평창 評唱」(대정장48, p.194a12)에 "건곤 속과 우주 사이에 단 하나 보배가 있는데 비밀하게 형산에 있다. 큰 뜻은 사람마다 구족하고, 낱낱이 이미 온전히 성취해 있는 뜻을 밝힌 것이다. 乾坤之內 宇宙之間 中有一寶 祕在形山 大意明人人具足箇箇圓成"라고 하였다. [참고문헌] 『眞心直說』, 『碧巖錄』.

일보시별포살 一布施別布薩 보시물(布施物)은 하나로 공유하지만 포살은 따로 하는 것. 안거등으로 주처(住處)가 다를 경우다. 『십송율』 권24(대정장23, p.177c17)에 "비구가 발심하여 저곳에서 하안거를 지내고자 하면 이것은 두 주처다. 보시물은 하나로 하지만 포살은 따로 행한다. 이 비구는 이와 같이 생각하였다. '내가 만약 이곳에서 포살을 하면 이곳에서 나누는 옷을 얻고, 저곳 주처에 있을 때 포살하여도 또 이곳에서 나누는 옷을 얻을 것이다'. 比丘發心 欲彼處夏安居 是二住處 一布施別布薩 是比丘如是思惟 我若是中作布薩 得此處衣分 若彼間住處布薩 亦得此處衣分"라고 하였다. [참고문헌] 『十誦律』. ⇨ 포살 布薩, 결계 結界

일보환성천리격 一步還成千里隔 한 걸음에도 천 리로 멀어진다는 말. 마음 한 끝 움직여도 천지로 벌어진다 하였으니, 움직여 분별한즉 어긋남을 경계한 뜻이다. 『괴안국어』 권5(대정장81, p.555a10)에 "셋으로 벌리고 반으로 쪼개는 이 소식 어떻게 전할까?〈모든 곳 그대로 빛나고, 물물마다 참되다〉 고개 돌려 흰구름 아무리 보려 해도 덧없구나〈한 걸음에 천 리로 멀어지네〉. 列三折半信何通〈頭頭顯露 物物全眞〉 回首白雲眼力空〈一步還成千里隔〉"라고 하였다. [참고문헌] 『槐安國語』. ⇨ 호리유차천지현격 毫釐有差天地懸隔

일본십지 一本十支 법상종(法相宗)의 소의논서 중 뿌리가 되는 한 가지와 가지가 되는 열 가지. 『유가사지론 瑜伽師地論』을 본으로 삼고, 『백법명문론 百法明門論』·『오온론 五蘊論』·『현양성교론 顯揚聖教論』·『섭대승론 攝大乘論』·『잡집론 雜集論』·『변중변론 辯中邊論』·『이십유식론 二十唯識論』·『삼십유식론 三十唯識論』·『대승장엄론 大乘莊嚴論』·『분별유가론 分別瑜伽論』

을 그 가지로 삼는다는 말이다. ⇨ 십지론 十支論, 오분십지 五分十支, 육경십일론 六經十一論

일봉 一封 조선후기 인곡(仁谷)의 법호. [참고문헌]『東師列傳』 권4 「晦山講伯傳」(한불전10, p.1044b13). ⇨ 인곡 仁谷 ❶

일봉 一鳳 1863~1936. 부산 범어사(梵魚寺) 스님. 근세에 선과 율을 겸비한 대종사. 휘는 경념(敬念), 호는 일봉(一鳳). 출생지와 속연(俗緣)은 알 수 없다. 1878년(고종15) 16세에 범어사로 찾아가 담해덕기(湛海德基 1860~1933)를 은사로, 성월(惺月) 율사를 사미계사로 하여 스님이 되었다. 은사스님을 시봉하면서 범어사 강원에서 대교과(大敎科)를 졸업하였고, 성월율사로부터 비구계를 받은 후 참선정진하고 계율도 굳게 지켰다. 1930년을 전후하여 범어사와 중앙선원인 선학원(禪學院)의 전계사로 있으면서 많은 수계제자를 배출하였는데, 그중 한 스님이 자운성우(慈雲盛祐 1911~1992)율사다. 수많은 후학을 양성하고 단월을 교화하다가 1936년 4월에 세수 74, 법랍 58세를 일기로 입적하였다. 범어사 성보박물관에 소장된 스님의 영정(影幀) 제액(題額)은 '대선사겸대율사일봉당경념진영 大禪師兼大律師一鳳堂敬念眞影'이고, 영찬(影贊)은 용성진종(龍城震鐘 1864~1940)이 지었는데 다음과 같다. "임제의 아손이며 서산의 후예로서 계율이 청정하고 품행도 뛰어나 제도한 이들 헤아릴 수 없네. 실로 천년에 빛날 큰 스승이시여. 臨濟之兒孫 西山之後裔 戒律淸淨 品行出衆 度人無數 實千載之大師"라 하였다. [참고문헌] 「東萊梵魚寺湛海堂德基大禪師碑文」(智冠 『韓國高僧碑文總集 朝鮮朝·近現代』, p.864), 「東萊梵魚寺惺月堂一全大宗師碑文」(智冠 『韓國高僧碑文總集 朝鮮朝·近現代』, p.906), 『梵魚寺聖寶文化財解說集』(梵魚寺聖寶博物館, 2002) p.60, 「一鳳堂敬念大師影幀」, 『慈雲盛祐律師備忘錄』.

대선사겸대율사일봉당경념진영
부산 범어사 20세기

일봉암 日封庵 전라남도 나주시 다도면 덕룡산(德龍山) 불회사(佛會寺 : 옛 이름은 佛護寺)의 산내암자. 옛 이름은 일봉암(日峯庵)·일류암(日留庵)이다. 신라대에 왜구를 막고자 철야현(鐵冶縣)에 성을 쌓고 일봉성(日峯城)이라 하였는데, 고려대에는 한 스님이 선방(禪房)을 개설하여 일류암이라 하자 당시 사람들이 성과 절의 이름을 함께 '일봉'이라 불렀다. 1647년(인조25)에는 설주(雪珠)가 중수하고, 1680년(숙종6)에 성민(性敏)·서연(瑞連) 등이 동서 익실(翼室)을 확장하고 양공색(良工色) 윤경(潤敬)을 시켜 연방삼성(蓮邦三聖 : 아미타삼존불상)을 조성하였으며, 1724년(영조즉위년)에는 적화(寂和)가 단청하였다. 1737년(영조13)에 노숙(魯肅)이 산양(山陽)의 대원사(大原寺)로부터 와서 주석하면서 명선(明善)의 청탁으로 「일봉암기 日封庵記」(『조선사찰사료』 권상, pp.259~261)를 지었다. 조선후기 대강백 인곡영환(仁谷永奐)이 이곳에서 후학들을 지도하기도 하였다. 금명보정(錦溟寶鼎 1861~1930)이 지은 시 「덕룡산불호사일봉암 德龍山佛護寺日封庵」(『다송시고』 권1·한불전12, p.597b10)이 전한다. 현존 당우로는 원통전(圓通殿)과 요사 등이 있다. [참고문헌] 『朝鮮寺刹史料』, 『茶松詩藁』, 『海東地圖』, 『韓國寺刹全書』 권하 p.964a3, 『東師列傳』 권5 「仁谷講伯傳」(한불전10, p.1051a2). ⇨ 불회사 佛會寺

일부구 一浮漚 잠깐 뜬 한 방울의 물거품. 끝도 없이 무상한 생멸의 비유다. 『능엄경』 권3(대정장19, p.119b7)에 "부모에게 받은 몸 돌이켜 본다. 마치 저 시방허공중에 날리는 한 티끌 있는 듯 없는 듯하고, 저 고요한 바다에 떠다니는 한 방울 물거품 일어나고 사라지니 종적도 없네. 反觀父母所生之身 猶彼十方虛空之中 吹一微塵 若存若亡 如湛巨海 流一浮漚 起滅無從", 『수능엄의소주경』 권1(대정장39, p.838b9)에 "마음도 경도 둘 다 허망하다. 이 마음 저 경계 진여바다중에 물거품일 뿐이네. 心之與境 二俱虛妄 此心及境 卽眞如海中 一浮漚耳", 『능엄경지장소』 권3(卍속장24, p.363b17)에 "물거품은 색신무상을 비유한다. 어디서나 출생하고 곳곳에서 사라진다. 그러므로 '일어났다 사라져도 종적조차 없다'고 한다. 浮漚 喩色身無常 當處出生 隨處滅盡 故云起滅無從", 『원오어록』 권11(대정장47, p.764a6)에 "천성인이 함께 전했지만 밑 빠진 발우, 대천의 모래알 세계 한 방울 물거품이네. 千聖共傳無底鉢 大千沙界一浮漚"라고 하였다. [참고문헌] 『楞嚴經』, 『首楞嚴義疏注經』, 『楞嚴經指掌疏』, 『圜悟語錄』. ⇨ 부구 浮漚

일부주이불휴 一不做二不休 우선은 도모하지 말아야 하고 다음은 놓아 멈추지 말아야 한다는 말. 뜻이 전하여 도모해서 될 일이 아닌 이 공부만은 놓아버릴 수 없다는 뜻이다. 본래 안사(安史)의 난 당시 반란군 참모를 자청하여 일하다가 전세가 기울자 투항하였지만 난이 평정되고 사형에 처해졌던 장광성(張光晟)이 죽기 전에 후회하며 남긴 말에서 비롯한다. 제일막작제이막휴(第

一莫作第二莫休)라고도 한다.『벽암록』79칙「평창 評唱」(대정장48, p.206a2)에 "그 스님이 당시에 몸을 뒤치고 숨을 토해낼 줄 알았다면 어찌 입이 혈분과 같은 사나이가 되지 않았겠는가! 납승이라면 한번은 일부러 지을 일 없어야 하고 다음은 놓지 말아야 한다. 그 스님 되돌아 치지 못하는 바람에 도리어 투자에게 코가 꿰이고 말았다. 這僧當時 若解轉身吐氣 豈不作得箇口似血盆底漢 衲僧家 一不做二不休 這僧旣不能返擲 却被投子穿了鼻孔",『허당록』권1(대정장47, p.984b17)에 "산승이 오늘 세상에 나가더라도 선도불법으로 사람들 가르칠 일 없을 것이다. 오직 한 맛으로, 있는 입으로 밥 먹으리라. 홀연히 대단한 사람이 나와서 '화상의 지시에 감사드립니다'라고 한다면 주장자 집어 바로 때리겠다. 왜 그런가? 우선은 일부러 지을 일 없이 하고, 다음은 쉬지도 말아야 하리. 풍류가 없는 곳이야말로 풍류이기 때문이다. 山僧今日出世 亦無禪道佛法爲人 只一味有口喫飯 忽有箇漢出來道 謝和尙指示 拈主丈便打 何故 一不做二不休 不風流處也風流"라고 하였다.〔참고문헌〕『碧巖錄』,『虛堂錄』. ⇨ 일미 一味, 주공부 做工夫

일분가 一分家 일분 즉 자증분(自證分)만을 유(有)로 인정하는 학파. 안혜(安慧 Ⓢ Sthiramati)의 설이다. 이외에 난다(難陀 Ⓢ Nanda)의 이분설(二分說), 진나(陳那 Ⓢ Dignāga)의 삼분설(三分說), 호법(護法 Ⓢ Dharmapāla)의 사분설(四分說) 등을 통합하여 안난진호일이삼사(安難陳護一二三四)라고 한다.『성유식론집해』권2(卍속장81, p.368a11)에 "안혜는『성유식론』에 의지하여 말한다. '이 자증분은 연을 좇아 생긴 것이니 의타기다. 그러므로 있다(有)라고 설한다. 견분과 상분은 연을 따라 생긴 것이 아니고, 변계심으로 헛되이 집착하여 있게 되었기에, 이와 같은 이 두 가지는 분별로만 있지 이로는 없는 것이다. 安慧據論云 此自證分 從緣所生 是依他起 故說爲有 見相二分 不從緣生 因徧計心妄執而有 如是二分 情有理無"라고 하였다.〔참고문헌〕『成唯識論集解』,『成唯識論了義燈』권1(대정장43, p.674b7). ⇨ 사분 四分❶, 이분가 二分家, 삼분가 三分家, 안난진호일이삼사 安難陳護一二三四, 정유이무 情有理無

일분계 一分戒 계법 중 일분만을 받는 계.『영락본업경』권하(대정장24, p.1021b16)에 "일분의 계를 받는 경우를 일분보살이라 하고, 이분·삼분·사분·십분등을 구족히 하여도 계를 받음이다. 有受一分戒 名一分菩薩 乃至二分 三分 四分 十分 名具足受戒"라고 하였다.〔참고문헌〕『瓔珞本業經』. ⇨ 일분보살 一分菩薩, 일분수 一分受, 소분 少分❷, 분만계 分滿戒

일분다리상 一奔陀利象 Ⓟ Eka-puṇḍarīka-nāga. 파사익(波斯匿 Ⓟ Pasenadi)이 타고 다니던 코끼리 이름. 백련화인 듯한 하얀 점(Ⓟ paṇḍara-ṭṭhāna)이 있어 붙여진 이름이다.『중아함경』권60「애생경 愛生經」(대정장1, p.801c18)에 "말리부인(Ⓟ Mallikā)이 다시 파사익왕에게 물었다. '왕께서는 대신 시리아다(Ⓟ Sirivaḍḍha)를 사랑하며, 일분다리상을 사랑하며, 동녀 바이리(Ⓟ Vajirī kumarī)를 사랑하며, 우일개(Ⓟ Vāsabhā)를 사랑하며, 가시국과 구살라국(Ⓟ Kāsi-kosalā)을 사랑하십니까?' '진실로 사랑하오'. 末利復問 王愛尸利阿荼大臣 愛一奔陀利象 愛婆夷利童女 愛雨日蓋 愛加尸及拘薩羅國耶 答曰 實愛", 같은 책 권59「비하제경 鞞訶提經」(대정장1, p.797c13 : *Bāhitika-sutta, MN.2,* p.112)에 "그때 구살라국왕 파사익은 일분다리상을 타고 대신 시리아다와 함께 사위국을 나섰다. 爾時拘薩羅王波斯匿 乘一奔陀利象 與尸利阿荼大臣 俱出舍衛國 tena kho pana samayena rājā pasenadi kosalo ekapuṇḍarīkaṃ nāgaṃ abhiruhitvā sāvatthiyā niyyāsi divādivassa"라고 하였다.〔참고문헌〕『中阿含經』, *MN.2.110.* ⇨ 파사익왕 波斯匿王

일분보살 一分菩薩 일분계(一分戒)만을 받아 지닌 보살.『현계론』권중(대정장74, p.606a10)에 "지상보살은 팔만위의를 갖추고, 지전보살은 분에 따른 위의만 갖춘다. 하물며 일분보살이나 구분보살을 말해서 무엇하랴! 地上菩薩 八萬威儀 地前菩薩 隨分威儀 何況一分菩薩 具分菩薩"라고 하였다.〔참고문헌〕『顯戒論』. ⇨ 일분계 一分戒, 구분보살 九分菩薩

일분상론 一分常論 Ⓢ ekatya-śāśvatika, Ⓟ ekacca-sassatika, Ⓣ kha-cig-rtag-par-'dzin-pa. 어느 한 세계만이 영원하다고 주장하는 일. 고대 인도 외도의 육십이견(六十二見) 중 하나. 자타(自他) 중 일부(一分)가 상주한다는 주장. 네 가지 부류가 있어 사일분상론(四一分常論)이라고도 부른다.『대비바사론』권199(대정장27, p.997a23)에서 설한다. 첫째, 색계천에서 살다가 사바세계에 난 이가 숙명통을 얻고서 하는 주장이다. 범천왕(梵天王)은 능작(能作)으로서 저 계에 상주하고, 우리들은 화현으로 무상하다고 주장하는 외도다. 둘째, 범천왕이 사대(四大)는 무상하고 마음은 상주한다거나 또는 사대는 상주하고 마음은 무상하다고 설하는 것을 듣고서 사대와 마음 중 하나는 상주고 다른 하나는 상주하지 않는다고 주장하는 외도다. 셋째, 희망천(戱忘天)에서 죽어서 이 세계에 난 다음 숙명통을 얻어서 과거를 관하고, 전생의 주처(住處)가 상주한다고 주장하는 외도다. 희망천에서는 유희에 빠져 망념을 일으키는 일을 그치지 못한 이들이 그 세계에 상주하고, 우리들은 그 일을 그치고 이 세계에 났으므로 무상하다고 한다. 넷째, 의분천(意憤天)에서 죽은 후에 이 세계에 난 이가 숙명통을 얻고서 하는 주장이다. 그 세계에 사는 이들은 분한 마음으로 서로를 질시하는 일을 그치지 않으면서 그 세계에 상주하고, 그 일을 그친 이들은 이 세계에 태어났으니 무상하다고 한다. 〔참고문헌〕『大毘婆沙論』, 『俱舍論記』 권19(대정장41, p.294c14), 『瑜伽師地論』 권37(대정장30, p.494a11), *Bodh-bh.47.*, *Paṭis.1.155.* ⇨ 육십이견 六十二見, 상견 常見

일분수 一分受 일분의 계만 받는 것. 일분행(一分行)이라고도 한다. 비구계는 그럴 수 없기에 구족계(具足戒)라 한다. 『범망경고적기』 권하(대정장40, p.700b3)에 "이러한 마음을 일으키고 나면 두 가지로 받는다. 첫째는 일분수다. 계를 받는 사람의 기꺼운 뜻으로 감당할 바를 따라 때론 일계만을 받고 때론 다 받기도 하지만, 모두 계를 성취하므로 보살이라 한다. 성문계는 그렇지 않다. 반드시 빠짐없이 다 받아 지녀야 한다. 만일 일분만 받는다면 비구라 할 수 없다. 發此心已 有二種受 一者 一分受 隨其受者 意樂所堪 或受一戒或多 皆得成戒 名爲菩薩 不同聲聞 必總受持 若其一分 不名比丘"라고 하였다. 〔참고문헌〕『梵網經古迹記』. ⇨ 일분계 一分戒

일분수삼매 一分修三昧 삼삼매(三三昧 : 一分修三昧·共分修三昧·聖正三昧) 중 하나로 정(定)과 혜(慧) 중 하나만 닦는 삼매를 말한다. 『성실론』 권12(대정장32, p.335a23)에 "경에서 말하는 삼삼매란 일분수삼매 등인데 … 일분수삼매란 정은 닦지만 지혜는 닦지 않고, 혹은 혜를 닦고 정은 닦지 않는 것이다. 經中說三三昧 一分修三昧 … 一分修者 若修定不修慧 或修慧不修定"라고 하였다. 〔참고문헌〕『成實論』. ⇨ 삼삼매 三三昧❸, 공분수삼매 共分修三昧, 성정삼매 聖正三昧

일분수지 一分修智 진지(盡智)만을 낳는 지혜. 진지이면서 무생지인 이분수지(二分修智)에 상대한다. 『사리불아비담론』 권9(대정장28, p.591c17)에 "일분수지란, 어떤 지가 진지만 일으키지 무생지가 아니라면 일분수지라고 한다. 一分修智 若智 是盡智生 非無生智 是名一分修智"라고 하였다. 〔참고문헌〕『舍利弗阿毘曇論』. ⇨ 이분수지 二分修智, 진지 盡智, 무생지 無生智

일분치 一分直 한 푼 가치의 돈이나 물건. 한 푼은 약 5전(錢) 또는 그에 상당하는 물품을 말한다. 『마하승기율』 권3(대정장22, p.242c23)에 "한 푼을 훔치거나 한 푼 가치의 무엇을 훔치거나 그 죄로 반드시 죽음에 이른다. 若盜一分 若一分直 罪應至死"라고 하였다. 〔참고문헌〕『摩訶僧祇律』.

일분해탈인 一分解脫人 유학(有學)과 무학(無學)위에서 팔해탈(八解脫)과 멸진정(滅盡定)을 얻은 사람. 또는 진지(盡智)는 낳지만 무생지(無生智)는 낳지 못하는 이로, 진지와 무생지를 낳는 이는 이분해탈인(二分解脫人)이다. 『사리불아비담론』 권8(대정장28, p.588a15)에 "어떤 것이 일분해탈인인가? 어떤 이가 먼저 배울 때 팔해탈멸진정을 얻고 후에 무학위에서 팔해탈멸진정을 얻지 못하거나, 후에 무학위에서 팔해탈멸진정을 얻지만 유학위에서는 팔해탈멸진정을 얻지 못한다면 이를 일분해탈인이라고 한다. … 또 일분해탈인이란, 어떤 이가 진지는 일으키지만 무생지가 아니면 이런 이는 일분해탈인이라고 한다. 云何一分解脫人 若人先學時 得八解脫滅盡定 非後無學時 得八解脫滅盡定 後無學時 得八解脫滅盡定 非學時 得八解脫滅盡定 是名一分解脫人 … 復次 一分解脫人 若人盡智生 非無生智 是名一分解脫人"라고 하였다. 〔참고문헌〕『舍利弗阿毘曇論』. ⇨ 이분해탈인 二分解脫人, 팔해탈 八解脫, 멸진정 滅盡定, 진지 盡智

일분행 一分行 하나의 계만 받아 행하는 것. 일분수(一分受)라고도 한다. 오계(五戒) 또는 팔재계(八齋戒) 중에 살생 등 하나의 계만 받아 행하는 뜻이다. 『마하승기율』 권9(대정장22, p.306a19)에 "우바새란 삼보에 귀의하고 일분행·소분행·다분행·만분행·수순행 등으로 수계한다. 이 법을 우바새라 한다. 優婆塞者 三歸 一分行 少分行 多分行 滿分行 隨順行 此法 是名優婆塞", 『대지도론』 권13(대정장25, p.158c25)에 "일분행이란 오계중 하나의 계만 받고 나머지 네 가지는 받지 않는다. 一分行者 於五戒中 受一戒 不能受持四戒"라고 하였다. 〔참고문헌〕『摩訶僧祇律』, 『大智度論』. ⇨ 일분계 一分戒, 일분수 一分受, 소분행 少分行❷

일불 一佛 Ⓢ eka-buddhatā. 단 한 분의 부처님. 한 국토에는 오직 한 분의 부처님만 계시는 뜻이다. 『증일아함경』 권32(대정장2, p.723b8)에 "한 국토에는 두 왕이 없고, 하나의 부처님 경계에도 두 가지 존호는 없다. 一國之中 亦無二王 一佛境界 無二尊號", 『관무량수경의소』(대정장37, p.236c17)에 "소승인은 모두 오로지 한 부처님만 계시다 하여 시방에는 오로지 한 부처님만 계시고 그 이상 다른 부처님은 없다고 말한다. 대승인은 모두 오로지 한 부처님만 계시다고 설하는 것은 한 국토에 오로지 한 부처님만 계시지만 나머지 국토에 다른 부처님이 없지는 않다고 밝힌다. 小乘人 皆說唯有一佛 便言十方唯有一佛 更無餘佛 大乘人 皆說唯有一佛 明此一國土 唯有一佛 餘方國土 不無餘佛", 『섭대승론석』 권10(대정장31, p.378b1)에 "한 부처님이란 어떤 한 때에 하나의 세계 중에 두 부처님이 출현하는 일은 없다는 뜻이다. 이런 뜻에서 한 부처님이라 함을 알아야 한다. 一佛者 以於一時 一世界中 無二佛現 故知一佛", 『대승기신론열망소』 권6(대정장44, p.463b14)에 "한 부처님을 념하면 모든 부처님을 념하는 것이어서 모든 부처님께서 호념하신다. 법신은 둘이 아니기 때문이며, 중생과 부처님이 둘이 아니기 때문이고, 그리워하는 이나 그리운 이는 둘일 수 없다. 念一佛 卽是念一切佛 卽爲一切佛所護念 以法身不二故 生佛不二故 能念所念不二故"라고 하였다. [참고문헌] 『增壹阿含經』, 『觀無量壽經義疏』, 『攝大乘論釋』, 『大乘起信論裂網疏』, *Laṅk.30.* ⇨ 일불다불 一佛多佛, 법신 法身

일불거사 一拂居士 송대 화가 정협(鄭俠 1041~1119)의 호. 자는 개부(介夫). 안상감문(安上監門) · 천주교수(泉州敎授) 등을 역임하였다. 저서에 『서당집 西塘集』이 있다. [참고문헌] 『居士傳』 권27 「鄭介夫傳」(卍속장149, p.893b4), 『宋史』 권321 「鄭俠列傳」.

일불거이부주 一不去二不住 앞서 가버린 일도 없지만 뒤이어 머물지도 않는다는 말. 경계를 좇는 주인공은 아니라는 뜻에서 무아의 반야행을 말한다. 『연등회요』 권13 「황룡혜남장 黃龍慧南章」(卍속장136, p.649b10)에 "한 학인이 물었다. '한번은 떠나지 않았고 두번째는 머물지 않았다 하였으니 스님께서 일러주시길 청합니다' '고조(유방)의 궁 앞에서 번쾌가 노한 격이다' '이렇게 듣고보니 오늘 화상을 제대로 만났군요' '얼굴 들어 하늘 보지만 하늘을 못 보는구나' '만일 그렇다면 제가 감사의 절을 올려야겠군요' '어찌 기다려 때를 묻는가'. 僧問 一不去二不住 請師道 師云 高祖殿前樊噲怒 云 與麽則今日得遇和尙也 師云 仰面看天不見天 云 若然者 學人禮謝 師云 更待何時"라고 하였다. [참고문헌] 『聯燈會要』, 『五燈會元』 권17(卍속장138, p.651a3).

일불국토 一佛國土 한 부처님께서 교화하는 한 국토. 일불세계(一佛世界)라고도 한다. 『법화경』 권4(대정장9, p.33a27)에 "바다와 강 그리고 목진린다산 · 마하목진린다산 · 철위산 · 대철위산 · 수미산 등 모든 큰 산을 다 들어 일불국토라 한다. 亦無大海江河 及目眞隣陀山 摩訶目眞隣陀山 鐵圍山 大鐵圍山 須彌山等 諸山王 通爲一佛國土", 80권본 『화엄경』 권29(대정장10, p.159a21)에 "일체중생으로 하여금 일불국토에서도 일체국토를 널리 볼 수 있게 한다. 爲令一切衆生 於一佛國土 普見一切佛國土故", 『불승도리천위모설법경』 권하(대정장17, p.795b29)에 "부처님께서 목련에게 이르셨다. '이 삼천대천세계에 백억의 해달과 백억의 사대해와 백억의 수미산왕과 백억의 사천하를 가리켜 삼천대천세계 일불국토라 한다. 그 뜻은 무엇인가? 어찌 부처님께서 오로지 하나의 염부제에서만 정각을 이루셨겠는가! 이렇게 보아서는 안된다. 왜 그런가? 나 널리 모든 사방의 부처님 세계 그 어디에나에서 따라 응하면서 중생을 위해 경법을 강설한다'. 佛告目連 斯三千大千世界 百億日月 百億四大海 百億須彌山王 百億四天下 是則名曰 三千大千世界 一佛國土 於意云何 佛爲獨在 一閻浮提 成正覺乎 莫作斯觀 所以者何 吾普悉遍 諸四方面 佛之世界 順如所應 爲衆生類 講說經法", 『화엄경소초』 권22(대정장36, p.166c12)에 "일불국토란 의보를 다 거둔 것이고, 하나의 미진 등은 의보의 별체다. 一佛國土 爲依之總 一微塵等 爲依之別"라고 하였다. [참고문헌] 『法華經』, 『華嚴經』, 『佛昇忉利天爲母說法經』, 『華嚴經疏鈔』. ⇨ 일불세계 一佛世界, 불출세 佛出世

일불다불 一佛多佛 ❶ 한 부처님이 그대로 많은 부처님이라는 말. 『보암인숙어록』 권2(卍속장120, p.586b16)에 "경에서 이르기를 '꿈틀대고 움직이는 유정들까지 모두 불성이 있다'고 하였으니, 일체가 한결같이 하나의 불성이라면 하나의 몸이 여러 몸이요, 하나의 부처가 여러 부처이며, 천백억 화신이 다만 한 법신일 뿐이다. 듣지 못하였는가? 영가대사께서 이르시길 '제불법신이 나의 자성으로 들어오고, 나의 자성이 여래와 더불어 합하네'라고 하였으니, 중생과 제불은 오직 하나로 법성일 뿐이어서 또다른 바탕 있을 리 없다. 經云 蠢動含靈 皆有佛性 一佛性者 一身多身 一佛多佛 千百億化身 只是一法身也 豈不聞 永嘉大師云 諸佛法身入我性 我性同共如來合 衆生諸佛 唯一法性 更無二體"라고 하였다. [참고문헌] 『普菴印肅語錄』. ⇨ 법신 法身, 화신 化身 ❷ 한 부처님 또는 많은 부처님께서 시절인연을 따라 출현이 자재한 뜻이다. 보리자량(菩提資糧)을 수습하는 보살들이 세계에 가득하기에 무량무수의 부처님들이 세상에 출현하실 수 있기 때문이다. 『유가사지론』 권38(대정장30, p.499c10 : *Bodh-bh.*, p.65)에 "어떤 이는 여러 겁에 한 분의 부처님만 세간에 출현하시는 일은 없다 하고, 어떤 이는 한 겁에도 여러 부처님이 세간에 출현하신다 한다. 마땅히 알아야 하리. 여기저기 시방무량무수한 모든 세계 중에는 동시에 무량한 부처님께서 세간에 출현하신다. 왜인가? 시방계에서는 무량무수의 보살이 나타나 동시에 원을 발하고 함께 부지런히 보리자량을 닦아 모으기 때문이다. 或有多劫無有一佛出現於世 或有一劫有衆多佛出現於世 彼彼十方無量無數諸世界中 應知 同時有無量佛出現於世 何以故 於十方界 現有無量無數菩薩同時發願 同勤修集菩提資糧 tatra prabhūtairapi kalpairekasyāpi buddhasya prādurbhāvo na bhavati. ekasminneva ca kalpe prabhūtānāṃ buddhānāmutpādo bhavati. teṣu teṣu ca daśasu dikṣvaprameyāsaṃkhyeyeṣu lokadhātuṣvaprameyāṇāmeva buddhānāmutpādo veditavyaḥ. tatkasya hetoḥ. s anti daśasu dikṣvaprameyāsaṃkhyeyā bodhisattvā ye tulyakālakṛtapraṇidhānāstulyasaṃbhārasamudāgatāśca"라고 하였다. [참고문헌] 『瑜伽師地論』, *Bodh-bh.* ⇨ 일불 一佛, 불출세 佛出世

일불다불일처다처 一佛多佛一處多處 한 부처님께서 한처에도 다처에도 계실 수 있고, 많은 부처님이 한 곳에도 많은 곳에서도 머무실 수 있다는 말. 『화엄유의』(대정장35, p.10c18)에 "'한 분의 부처님은 한 곳에 계신다'는 것은, 저 『대반열반경』 「광명변조고귀덕왕보살품」 중에 밝힌 것과 같이 석가모니불께서 정토에 계실 때 서방의 이름을 무승이라고 했으니, 이는 곧 한 분의 석가모니불께서 정토에도 예토에도 계신다는 것이다. 『대지도론』에서는 석가모니불에게는 예토도 있고 정토도 있다고 하였으니, 석가모니불의 예토라면 이미 정토가 있고 아미타불의 정토에도 예토가 있다. 그러므로 '한 분의 부처님이 여러 곳에 계신다'라고 한다. '여러 부처님이 한 곳에 계신다'는 것은 『법화경』에서 밝힌 것과 같아서 시방의 부처님께서 사바세계에도 함께 계시고 또한 저 다섯 분의 부처님이 함께 신상보살의 방에 나타나시기도 한다. 한 분의 부처님이 한 곳에 계신다 하면, 석가불께서는 동방에 계시고 아미타불께서는 서방정토에 주하신다. '여러 부처님께서 여러 곳에 계신다' 하면 시방제불께서 시방국토에 계신다는 뜻이다. 一佛一處者 如涅槃經德王品中明 釋迦有淨土在 西方名曰無勝 此則一釋迦在淨穢等處 大智論云 釋迦有穢土亦有淨土 釋迦穢土旣有淨土 彌陀淨土亦有穢土 故云一佛在多處也 多佛在一處者 如法華明 十方佛同在娑婆 亦如五佛共現信相之室也 一佛一處 釋迦有東方 彌陀居西土也 多佛多處者 十方諸佛 在十方土處也"라고 하였다. [참고문헌] 『華嚴遊意』, 『法華經』 권4(대정장9, p.33a7), 『大智度論』 권32(대정장25, p.302c6).

일불성도법계무비차불지의정 一佛成道法界無非此佛之依正 한 부처님께서 도를 성취하면 국토와 모든 중생이 온통 부처님의 법계가 된다는 뜻. 『금강비』(대정장46, p.784c24)에 "중생은 단지 사(事)일 뿐이고, 제불은 이(理)를 증한다. 그렇다면 중생은 단지 미혹 중에 사와 이를 가졌을 뿐이고, 제불은 깨달음 중에 사와 이를 갖추었을 뿐이다. 미혹과 깨달음으로 비록 다르지만 사와 이의 바탕은 같다. 그러므로 한 분의 부처님께서 도를 성취하면 법계는 이 부처님의 의보와 정보 아닌 것이 없다. 한 분 부처님 이미 그러할진대 모든 부처님들 모두 그러하시다. 衆生但事 諸佛證理 是則衆生唯有迷中之事理 諸佛具有悟中之事理 迷悟雖殊 事理體一 故一佛成道法界無非此佛之依正 一佛旣爾諸佛咸然"라고 하였다. [참고문헌] 『金剛錍』. ⇨ 일성일체성 一成一切成

일불성이불시 一不成二不是 하나라 해도 성립하지 못하고 둘이라 해도 옳지 않다는 말. 같다고 해도 바르지 않고 다르다고 해도 틀리다는 뜻. 『수산어록』(고존숙어록8, 卍속장118, p.254a18)에 "석문이 사람을 시켜 개당서를 보내오자 수산이 대중을 모아놓고 법상에 올랐다. 사신이 다가가 인사를 올리자마자 수산이 꼼짝 못하게 하고는 말했다. '이것은 조동종의 종지인가? 아니면 설산의 가풍인가?' '적은 대로 입니다' '하나라 해도 맞지 않고 둘이라 해도 어쩌지 못한다'. 사신이 말이 없자 수산이 말했다. '앉아서 차나 마시게'. 石門 遣使馳開堂書至 師乃集衆 於法堂上 使纔近前人事 師約住云 是洞上宗乘 是雪嶺家風 使云 書中已載 師云 一不成二不是 使無語 師云 且坐喫茶", 『운문광록』 권상(대정장47, p.551b26)에 "'삼승교 밖에 따로 전한 일이라는 게 무엇인지요?' '그대가 묻지 않았다면 나도 답하지 않았으려만 그대가 나에게 물었으니 말한다. 「아침에는 서천에 가고 저물면 중국으로 돌아온다」' '스님의 지시를 바랍니다' '하나라 해도 옳지 않고 둘이라 해도 마땅치 않다'. 問 如何是三乘敎外別傳底事 師云 爾若不問 我卽不答 爾若問我 卽朝到西天 暮歸唐土 僧云 乞師指示 師云 一不成二不是", 『원오어록』 권1(대정장47, p.714c7)에 "'분명한 일은 도대체 어떤 것인가?' '온몸에 그림자가 없고 걸음마다 발자취가 끊어진다' '같다고 해도 성립하지 않고 다르다고 해도 틀리다'. 師云 分明底事 又作麼生 僧云 通身無影象 步步絶行蹤 師云 一不成二不是"라고 하였다. [참고문헌] 『首山語錄』, 『雲門廣錄』, 『圜悟語錄』, 『金粟智和尙語』(속고존숙어요2, 卍속장118, p.938b5).

일불세계 一佛世界 Ⓢ eka-buddha-kṣetra. 한 부처님께서 교화하시는 세계. 일불찰(一佛刹)·일불국토(一佛國土)라고도 한다. 『생경』 권3(대정장3, p.86a1)에 "(부처님께서) 일불세계에 있는 삼천대천세계의 티끌 수처럼 많은 보살과 함께 하셨는데 저들은 각각 다른 불국토에서 이곳(마가다국)으로 와 모였다. 與一佛世界 三千大千 塵數菩薩俱 各各從異佛國 而來會此所", 『문수반야경』 권상(대정장8, p.726c1)에 "설령 한 부처님께서 세계에 주하시지만 또는 한 겁이 지나면 저 일불세계는 다시 헤아릴 수 없고 끝도 없는 항하의 모래알처럼 많은 부처님이 계시게 되며, 이와 같은 한 분 한 분의 부처님도 한 겁이 되거나 한 겁이 지나면 밤낮으로 설법하시니 마음이 잠시도 쉬지 않는다. 이들 부처님들이 각각 무량하고 갠지스강의 모래알처럼 많은 중생을 제도하여 모두 열반에 들게 하지만 중생계는 늘지도 줄지도 않는다. 假使一佛住世 若一劫 若過一劫 如此一佛世界 復有無量無邊 恒河沙諸佛 如是一一佛 若一劫 若過一劫 晝夜說法 心無暫息 各各度於無量 恒河沙衆生 皆入涅槃 而衆生界 亦不增不減", 『대지도론』 권9(대정장25, p.1

25b22)에 “백억의 수미산과 백억의 해와 달을 삼천대천세계라 한다. 이와 같이 시방의 항하사 수와 같이 많은 삼천대천세계를 일불세계라 한다. 이 세계에는 더 이상 다른 부처님은 계시지 않으니 참으로 석가모니불 한 분뿐이다. 이 일불세계에서 항상 모든 부처님의 갖가지 법문과 갖가지 몸과 갖가지 인연과 갖가지 방편으로 중생을 제도하신다. 百億須彌山 百億日月 名爲三千大千世界 如是十方 恒河沙等 三千大千世界 是名爲一佛世界 是中更無餘佛 實一釋迦牟尼佛 是一佛世界中 常化作諸佛種種法門 種種身 種種因緣 種種方便 以度衆生”라고 하였다. 〔참고문헌〕『生經』, 『文殊般若經』, 『大智度論』. ⇨ 불출세 佛出世, 일불국토 一佛國土, 일불다불 一佛多佛

일불승 一佛乘 Ⓢ ekam buddhayānam. 오직 한 가지 부처님의 가르침일 뿐이라는 말. 『법화경』 권1(대정장9, p.7c8 : *Saddh-p.*, p.30)에 “모든 불여래의 말씀에는 허망함이 없으니, 다른 가르침 있을 리 없어 오로지 일불승일 뿐이다. 諸佛如來 言無虛妄 無有餘乘 唯一佛乘 na hi śāriputra tathāgatānāṃ mṛṣāvādaḥ saṃvidyate. ekamevedaṃ śāriputra yānaṃ yadidaṃ buddhayānam”, 『화엄경소초』 권1(대정장36, p.7b20)에 “그러므로 『법화경』 권1(대정장9, p.7b26)에서 이르길 ‘일불승을 분별하여 세 가지로 설한다’고 하니, 일승은 바로 삼승의 본이다. 일불승이란 바로 화엄이다. 삼승을 모아 일승으로 돌아간다 한즉 말을 거두어 본으로 돌아간다는 뜻이기 때문이다. 故法華云 於一佛乘 分別說三 一乘卽三乘之本 一佛乘者 卽華嚴也 會三歸一 卽攝末歸本故”라고 하였다. 〔참고문헌〕『法華經』, 『華嚴經疏鈔』, *Saddh-p.* ⇨ 일승 一乘❶, 불승 佛乘❷, 대각승 大覺乘, 원돈일승 圓頓一乘, 분별설삼 分別說三

일불출세도구십나유타중생 一佛出世度九十那由他衆生 부처님 한 분 세간에 출현하시면 구십나유타중생을 제도하신다는 말. 『대방편불보은경』 권6(대정장3, p.161a4)에 “이 경에서 ‘한 부처님이 세상에 출현하시어 구십나유타의 중생을 제도하신다’라고 한 말은, 단지 ‘부처님 따라 직접 제도를 받은 사람’이라고만 하면 그 현장에 있던 중생뿐이지만, 중생 중에는 때론 부처님에게서 직접 제도 받기도 하고, 때론 부처님께서 남긴 법으로 제도를 받는다. ‘구십나유타중생’이라 한 것이어서, 곧바로 부처님 주변 계신 곳 어디서나 도를 얻은 이들을 다 거둬 말한다면 무수아승기중생이 무여열반에 든다고 할 수 있다. 此經說 一佛出世 度九十那由他衆生者 但云從佛得度者 有爾所衆生 而衆生 或自從佛得度 或從弟子 或遺法中 而得度者 言九十那由他衆生者 直佛邊得度者 總而言之 無數阿僧祇衆生 入無餘泥洹”라고 하였다. 〔참고문헌〕『大方便佛報恩經』. ⇨ 일불 一佛, 불출세 佛出世

일불출세사법차별 一佛出世四法差別 모든 부처님께서 세간에 출현하는 뜻이 평등하지만 각기 수명·명호·족성·신상만은 다르다는 뜻. 『유가사지론』 권38(대정장30, p.500a18 : *Bodh-bh.*, p.67)에 “하나의 불토에는 오로지 한 분의 부처님이 출현하시어 모든 유정들로 하여금 스스로 도리를 성취하도록 하니 지극히 치열하고 지극히 잘 따르도록 한다. 모든 여래께서 성취한 일체공덕은 평등평등하여 어떤 차별도 없지만, 오직 네 가지 법에서는 차별한다. 첫째는 부처님의 수명, 둘째는 명호, 셋째는 족성, 넷째는 신상이다. 一佛土 一佛出世 令諸有情 成辦自義 極爲熾盛 極爲隨順 一切如來 一切功德 平等平等 無有差別 唯除四法 一者壽量 二者名號 三者族姓 四者身相 evameṣāmekasya buddhasyotpādātsvārthe karaṇaprasiddhiḥ pracuratarā ca bhavati pradakṣiṇatarā ca. tatra sarvabuddhānāṃ sarvaṃ samasamaṃ bhavati nirviśiṣṭaṃ sthāpayitvā catvāri sthānāni-āyurnāma kulaṃ kāyañca”라고 하였다. 〔참고문헌〕『瑜伽師地論』, *Bodh-bh.* ⇨ 일불 一佛, 불출세 佛出世, 일불다불 一佛多佛

일불출세이불승천 一佛出世二佛升天 한 부처님 오시는가 했더니 두 부처님 오신다는 말. 틈새없이 정진하여 깨우치지 못함을 경책하는 뜻이다. 『열경십이종』 권13(卍속장59, p.323a10)에 “원래 변변치 못한 한 사람이어서 한 부처님 오시는가 했더니 두 부처님 하늘에 오르신다. 앉은 지 오래여서 피곤하다며 잠들어 깨어날 줄 모른다. 原來是個 不喞嚠漢 一佛出世 二佛升天 坐久成勞 瞌睡還不曾醒”라고 하였다. 〔참고문헌〕『閱經十二種』.

일붕 一棚 한 시렁. 엮어 하나로 쓰이거나 움직이는 것. 자성이 없는 것들이지만 인연으로 모여 뜻밖의 묘용을 드러내는 뜻이다. 『조정사원』 권1(卍속장113, p.21b8)에 “일붕 : 붕은 박과 맹을 반절한 음이다. 사냥꾼이 매를 길들여 토끼를 잡을려면 반드시 차제로 매를 세 번 날린 다음에야 얻는다. 풍속에 이처럼 세 마리 매를 묶어서 일붕이라 한다. 一棚 薄萌切 獵者 養鶻搦兎 必次第三發之而後得 俗以架三鶻者 謂之一棚”, 『여정어록』 권상(대정장48, p.126a23)에 “법좌를 가리키며 말했다. ‘정자의 법좌는 나무토막 이리저리 하나로 엮은 것이지만 가로로 받치고 세로로도 떠받치니 흑칠로 빛난다’. 指法座 淨慈法座 木頭一棚 橫撑竪撑 黑漆光生”라고 하였다. 〔참고문헌〕『祖庭事苑』, 『如淨語錄』.

일붕괴뢰 一棚傀儡 한바탕 꼭두각시 놀음. 분별하는 조작의 정체를 깨우치지 못하고 빠져 헤매는 뜻의 비유다. 『오조법연어록』 권1(대정장47, p.653b23)에 “산승은 어제 성에 들어가 한바탕 인형극 펼쳐지기에 가까이 가서 살피지 않을 수 없었다. 단엄기특하기도 하고 누추하기도 하였으나 움직여 걷고 앉는 일이 여의치 못하였다. 울긋불긋한 것들 낱낱이 본 뒤에 자세히 살펴보니 원래 사람은 푸른 천막 안에 있었다. 山僧昨日入城見一棚傀儡 不免近前看 或見端嚴奇特 或見醜陋 不堪動轉行坐 青黃赤白 一一見了 子細看時 元來青布幔裏有人", 『무문관』 13칙 「평창 評唱」(대정장48, p.294c7)에 "마지막 구로 말하자면 암두도 덕산도 모두 꿈에서도 보지 못하였다. 점검해 보니 늘 그렇듯 한바탕의 인형극이다. 若是末後句 巖頭德山 俱未夢見在 撿點將來 好似一棚傀儡"라고 하였다. [참고문헌] 『五祖法演語錄』, 『無門關』. ⇨ 괴뢰자 傀儡子, 기관목인 機關木人

일붕준골 一棚俊鶻 시렁에 갇힌 날쌘 매. 숨 죽어 활발발하지 못한 때를 깨우쳐 돌아보는 뜻이다. 『설두어록』 권1(대정장47, p.670b20)에 "법좌에 올라 말했다. '하늘에서 내리고 땅에서 솟아오르며 남북동서로 활개 치지만 시렁 하나에 묶인 날쌘 매일뿐. 북을 돌아볼 뿐 베틀은 멈췄다. 굴욕이로다, 굴욕이로다!' 上堂云 從天降下 從地湧出 南北東西 一棚俊鶻 顧杼停機 苦屈 苦屈", 『벽암록』 25칙 「본칙 本則」(대정장48, p.165c10)에 "대중이 말이 없었다〈천 사람 만 사람이 삼씨나 좁쌀같이 많다하지만 애석하구나! 시렁에 묶인 날쌘 매일 뿐〉. 衆無語〈千箇萬箇如麻似粟 却較些子 可惜許 一棚俊鶻〉", 『석전법훈어록』 권1(卍속장122, p.11a13)에 "집사에게 인사하며 법좌에 올라 말했다. '뭇 물줄기 바다를 이루고 온갖 털을 뭉쳐 공이 됐다네. 시렁에 갇힌 빼어난 매 우아한 풍류인듯, 석전도 할 일 없이 앉은 자리에서 양주를 볼 뿐이다'. 謝執事上堂 衆流成海 衆毛成毬 一棚俊鶻儒雅風流 石田無一事 坐地看楊州"라고 하였다. [참고문헌] 『雪竇語錄』, 『碧巖錄』, 『石田法薰語錄』.

일비 一非 고려후기 설산천희(雪山千熙 1307~1382)의 은사. 「수원창성사진각국사대각원조탑비문 水原彰聖寺眞覺國師大覺圓照塔碑文」(『조선금석총람』 권상, p.531)에 "13세 때 화엄종 반룡사주 일비를 은사로 하여 머리를 깎고 스님이 되었다. 師年十三 投華嚴盤龍社主一非大師 薙髮"라고 하였다. [참고문헌] 『朝鮮金石總覽』, 『海東金石苑』 권8, 『韓國金石全文』 中世下 p.1234, 李智冠 『校勘譯註歷代高僧碑文』 高麗篇4 p.49. ⇨ 천희 千熙

일사 一似 아주 비슷함. 『동산어록』(대정장47, p.511b21)에 "흡사 80세 노파가 세 살 아이에게 시집가는 듯하다. 나이는 비록 많지만 저 세 살 아이에게 묶여 있으니, 자유롭지 못하다고 부르짖는다. 一似八十老婆 嫁與三歲兒子 年雖長大 要且 被他三歲兒子索 喚不得自由"라고 하였다. [참고문헌] 『洞山語錄』.

일사 一事 Ⓢ eka-kṛtya. 단 하나 해야 할 일. 일대사(一大事) 또는 일대사인연(一大事因緣)이라고도 한다. 불지견(佛知見)을 열어 보여 깨우치게(開示悟入) 하는 일이다. 『법화경』 권1(대정장9, p.7a29)에 "부처님께서 사리불에게 이르셨다. '모든 불여래께서 다만 보살을 교화하시면서 하시는 일은 언제나 한 가지 일일 뿐이다. 오직 부처의 지견을 중생에게 보여서 깨우치는 일이다'. 佛告舍利弗 諸佛如來 但教化菩薩 諸有所作 常爲一事 唯以佛之知見 示悟衆生", 『석마하연론기』 권3(卍속장73, p.79b16)에 "오직 하나의 일 뿐이니 본각과 시각이다. 불여래께서는 오로지 일대사인연을 위해서 세간에 출현하시니, 부처의 지견을 열어서 보이고 깨닫도록 하신다. 그러므로 지견의 성은 본각이고 지견의 상은 시각이다. 言一事者 卽本始覺 諸佛如來 唯爲一大事因緣故 出現於世 所謂開示悟入 佛之知見 故其知見性 卽是本覺 知見相者 卽是始覺"라고 하였다. [참고문헌] 『法華經』, 『釋摩訶衍論記』, *Saddh-p.28.* ⇨ 일대사 一大事, 일대사인연 一大事因緣, 본분사 本分事, 불지견 佛知見

일사구게 一四句偈 Ⓢ eka-catuṣ-padāyā gāthāyāḥ, Ⓣ tshig-bzhi-ba'i tshigs-su-bcad-pa-gcig-tsam. 오직 네 구로 부른 노래. 비록 네 구의 법문이지만 온통 진실법이어서 더할 나위 없는 법이라는 뜻이다. 『비화경』 권7(대정장3, p.211c3)에 "네 구 게송 하나 독송하거나 남에게 말해 주어 그것을 들은 사람들 마음에서 환희하게 한다. 讀誦一四句偈 爲他人說 令彼聽者 心生歡喜", 『대승본생심지관경』 권2(대정장3, p.300c5)에 "진실법 그대로의 네 구 게송을 한 중생에게 베풀어 무상정등보리로 향하도록 한다면 이는 진실바라밀다다. 以眞實法 一四句偈 施一衆生 使向無上正等菩提 是名眞實波羅蜜多", 『대반열반경집해』 권36(대정장37, p.494c25)에 "저 설산보살의 네 구 게송은 유위무위를 다 거두어 두 바퀴 뜻마저 다하였으니 품어 거두지 않은 것이 없었다. 그러므로 방광이라 한다. 如雪山菩薩 一四句偈 收有爲無爲 二輪理盡 則無所不包 故謂爲方廣也"라고 하였다. [참고문헌] 『悲華經』, 『大乘本生心地觀經』, 『大般涅槃經集解』, 『金剛仙論』 권4(대정장25, p.820b17), *Bodh-bh.111.* ⇨ 사구게 四句偈, 설산게 雪山偈

일사불란 一絲不亂 한 오라기 실처럼 흐트러짐 없다는 말. 『금강경주정와』(卍속장39, p.669b9)에 "(삼십이상 중) 다섯 번째로 머리털 모양이다. 오른쪽으로 돌며 자리잡아 감겨 한 가닥처럼 가지런하다. 五 髮相 右旋盤曲一絲不亂", 『보은론』 권하(卍속장110, p.606b3)에 "이 한 구의 부처는 촘촘하고도 겹겹이어서 한 가닥으로 어지럽지 않았으니 능히 조동종에서 거둔다. 此一句佛 密密層層 一絲不亂 能攝曹洞宗"라고 하였다. [참고문헌] 『

金剛經註正訛』, 『報恩論』.

일사사증 一師四證 한 명의 계사(戒師)와 네 명의 증명법사만으로 수계를 성취하는 법. 대중이 갖추어지지 않은 변지(邊地)에서 삼사칠증(三師七證)을 모두 갖출 수 없어 부득이 행하는 수계법이다. 『사분율』 권39(대정장22, p.846a2)에 "그때 해가 밝고 깨끗한 아침 세존께서 이 일로 비구들을 모이게 하고 모든 비구들을 위하여 수순해서 법을 설하시며 갖가지 방편으로 두타행과 위의의 가지런함, 소욕지족 한가히 머물기 좋아하는 등을 칭찬하셨다. 그리고 모든 비구들에게 말씀하였다. 아습파아반제국에서는 율을 가지려 5인으로도 대계를 수계할 수 있도록 청했다. … 이와 같이 제방 밖에서는 율을 수지하고자 청할 때 5인으로도 대계를 성취한다. 時世尊明日淸旦 以此事集比丘僧 爲諸比丘隨順說法 無數方便稱讚頭陀 威儀齊整 少欲知足 樂處空閑 告諸比丘言 聽阿濕婆阿槃提國持律五人得受大戒 … 如是諸方外, 聽持律五人得受大戒"라고 하였다. [참고문헌] 『四分律』. ⇨ 변오득 邊五得, 오인득 五人得, 삼사이증 三師二證

일사수미자쟁 一蛇首尾自諍 한 마리 뱀이 자신의 머리와 꼬리로 서로 다툰다는 말. 서로 얽혀 의지해(相依相存) 있어 떨어질 수 없는 것들(緣起)이 몽매하게 다투는 비유다. 『경율이상』 권48 「일사수미양쟁종미즉망 一蛇首尾兩諍從尾則亡」(대정장53, p.256c29)에 "옛날에 뱀 한 마리의 머리와 꼬리가 다투었다. 머리는 꼬리에게 '내가 더 낫다'고 하였고 꼬리는 머리에게 '내가 더 낫다'고 하였다. 머리는 '나는 귀로 듣고 눈으로 보며 입으로 먹고 다닐 때 앞에 있으나, 너는 그럴 수 없다'고 하였다. 꼬리가 말했다. '내가 너를 가도록 하기에 네가 갈 수 있다. 내가 몸으로 나무 둘레를 세 번 감고 삼일 동안 풀어주지 않으면 먹지 못해 굶어 죽는다'. 그러자 머리가 꼬리에게 말했다. '네가 풀어주면 네가 더 낫다고 인정하겠다'. 꼬리가 그 말을 듣고 바로 풀었다. 그러자 머리가 다시 꼬리에게 '네가 더 나으니 네가 앞장 서서 가라'고 하였다. 꼬리가 앞장서서 가다가 몇 걸음 못가 불구덩이에 떨어져 죽었다. 昔有一蛇頭尾自諍 頭語尾曰 我應爲大 尾語頭曰 我應爲大 頭曰 我有耳能聽 有目能視 有口能食 行時在前 故可爲大 汝無此術 尾曰 我令汝去 故得去耳 若我以身遶木三匝 三日不已 不得求食 飢餓垂死 頭語尾曰 汝可放之 聽汝爲大 尾聞其言 卽時放之 復語尾曰 汝旣爲大 聽汝前行 尾在前行 未經數步 墜火坑而死"라고 하였다. [참고문헌] 『經律異相』.

일산 一山 ❶ 한 산중. 큰 대중이 머무는 절을 말한다. 『위산어록』(대정장47, p.577a25)에 "잠시 호남에 머물 때 한 산중 있었는데 이름은 대위였으며, 그곳은 일천오백선지식이 머무는 거처였다. 頃在湖南 尋得一山 名大潙 是一千五百人善知識 所居之處"라고 하였다. [참고문헌] 『潙山語錄』. ⇨ 산사 山寺, 산 山❷, 제산 諸山 ❷ ➡ 일산일녕 一山一寧

일산국사묘자홍제대사어록 一山國師妙慈弘濟大師語錄 일산일녕(一山一寧)의 어록. 시자 요진(了眞) 등 엮음. 2권. 대정장80, pp.311c10~333c21, No.2553에 수록되어 있다. 『일산녕화상어록 一山寧和尙語錄』·『영일산어록』 이라고도 한다. 대운암(大雲庵)에서 개판하였기에 『대운록 大雲錄』이라고도 한다. 권상에 요진이 엮은 초주사명오봉산조인선사어록(初住四明鰲峰山祖印禪寺語錄)과 유봉(惟鳳)이 엮은 주경원부보타관음선사어록(住慶元府寶陀觀音禪寺語錄) 등 7종의 어록 그리고 소참(小參)·법어(法語)·염고(拈古)·송고(頌古) 등이 수록되었고, 권하에는 게송(偈頌)·찬불조(贊佛祖)·자찬(自讚)·소불사(小佛事) 등이 수록되었다. 언재(彦栽)의 「행기 行記」와 중봉명본(中峰明本) 등의 「발 跋」도 붙어 있다. ⇨ 일산일녕 一山一寧

일산일녕 一山一寧 1247~1317. 송대 임제종 양기파(楊岐派) 스님. 호는 일산, 속성은 호(胡)씨. 대주(台州 : 浙江省 臨海縣) 출신. 불문에 들어선 뒤로 사명산(四明山)에서 천태(天台)와 율(律)을 배웠고, 천동사(天童寺)의 간옹경(簡翁敬)과 육왕산(育王山)의 장수진(藏叟珍) 등을 찾아 참선하였으며, 사명 조인사(祖印寺)와 주산열도(舟山列島)의 보타산(普陀山)에서 주지를 역임하며 이름을 알렸다. 원의 성종(成宗) 때인 1299년(대덕3) 금란(金襴)의 승가리(僧伽梨)와 묘자홍제(妙慈弘濟)라는 호를 하사받고 칙명으로 일본으로 건너갔지만 간첩으로 오인 받아 이두(伊豆)의 수선사(修禪寺)에 감금되었다. 밤낮으로 참선하고 경전을 외우면서 여유롭게 즐기다가 이듬해 해금되고 나서 건장사(建長寺)·원각사(圓覺寺)·남선사(南禪寺) 등 여러 절에서 교화하여 점차 조정과 막부의 신임을 받았다. 주자학(朱子學)에도 정통하여 제자 설촌우매(雪村友梅)와 함께 일본 오산문학(五山文學)의 원천이 되었다. 사후 일산국사(一山國師)라는 시호를 하사받았으니, 그 법맥은 일본 선종 24파 중 하나인 일산파(一山派)이다. 1317년(문보1) 세수 71세로 입적하였으며, 저서에 『일산국사어록』 2권이 있다. [참고문헌] 『元亨釋書』 권8(대장경보편32, p.212b16), 『延寶傳燈錄』 권4. ⇨ 일산국사묘자홍제대사어록 一山國師妙慈弘濟大師語錄

일살다생 一殺多生 하나를 죽여 많은 것을 살림. 『종요백원안립』 권4(대정장74, p.512b19)에 "부득이 중생을 이롭게 하고자 악취에 난다고 한 것은, 살생죄를 다스림에 자비로 치우쳐 사라고 말한다. 하나를 죽여 많은 것을 살린다는 뜻의 문은 보살이 항상 익히는 것이지만 구경엔 모두 성냄으로 말미암은 일이다. 대자비로써 생을 받기 위해 비록 목숨을 버리지만 죽음의 찰나에 성냄을 일으킨다는 뜻이 있다. 抑爲利生生惡趣云 致殺生罪 慈悲有偏頗云事 一殺多生義門 菩薩常習也 但究竟皆由嗔事 以大慈悲 爲受生雖殺生 殺一刹那生嗔恚云義有之"라고 하였다. [참고문헌]『宗要柏原安立』.

일상 一相 Ⓢeka-lakṣaṇa. 한결같은 모습. 유무(有無)·일이(一異) 등 일체의 분별을 멀리 떠나 연기무성(緣起無性)인 자리. 일체종지(一切種智)라고도 하고, 본래 있지도 않아 볼 수도 없는 적멸(寂滅)을 부르는 이름이기도 하다. 『대품반야경』 권21(대정장8, p.375c22)에 "일상이므로 일체종지라 한다. 곧 일체법 적멸의 상을 말한다. 一相故 名一切種智 所謂一切法寂滅相", 『방광반야경』 권6(대정장8, p.42b1)에 "이 법은 같지도 않고 다르지도 않으며, 어떤 모양도 없고 볼 수도 없지만 일상에 걸리는 일은 없다. 일상이란 상 없음이다. 是法 亦不同亦不異 亦無有形 亦不可見 亦無有礙一相 一相者 則無相", 『대방등대집경』 권28(대정장13, p.197b10)에 "일체상이 한 가지로 일상이라고 관한다는 것에서, 일상은 다름 아닌 무상이다. 觀一切相 同於一相 一相者 卽是無相", 『화엄오교장』 권1(대정장45, p.477b20)에 "이러한 방편 때문이다. 이 방편으로 아이들을 불타는 집에서 끌어내었기에 진실이 없지 않지만, 이 방편으로 끌어낸 것이기에 진실이 아니기도 하다. 이 둘 또한 둘이라 할 수 없어 오직 일상일 뿐이다. 是方便故 由是方便 引子得出 非不實 由是方便引故 非是實 此二無二 唯一相也", 『인왕호국반야바라밀다경소』 권하(대정장33, p.511c28)에 "일상이란 정법계라는 단 하나의 진실한 상을 뜻한다. 言一相者 卽淨法界 一眞相故", 『화엄경소』 권25(대정장35, p.687a7)에 "연기에는 자성이 없다고 알기에 법에 상도 없음을 알며, 상이 없고 다름도 없기에 일상이라 한다. 知緣起無性故 知法無相 無相無異故 名一相", 『선견율비바사』 권4(대정장24, p.701a20)에 "일상이란, 상념과 사유에서 이미 벗어나 마주할 짝이 없다고 하니 이를 일상이라 한다. 一相者 念思已離 亦言無雙 是名一相", 『대품반야경』 권22(대정장8, p.382c23)에 "모든 법은 무상이어서 하나의 상도 아니고 다른 상도 아니다. 만약 무상을 닦으면 반야바라밀을 닦는 것이다. 諸法無相 非一相 非異相 若修無相 是修般若波羅蜜", 『대승기신론의소』 권상(대정장44, p.183b7)에 "일상이라 부르는 것은 마음이 그대로 일상이다. 言一相者 心是一相也", 『기신론소필삭기』 권4(대정장44, p.318b13)에 "마땅히 알라. 진여자성은 일상도 아니고 이상도 아니며, 일상이 아님도 아니고 이상이 아님도 아니며, 일상과 이상을 함께하는 상도 아니다. 當知 眞如自性 非一相 非異相 非非一相 非非異相 非一異俱相", 『대승밀엄경소』 권4(卍속장34, p.559a14)에 "일상이란, 이 여여 중에 일체법차별의 상이 없고 하나도 다름도 모두 떠났기에 임시로 일상이라 하지만, 일상이라는 것이 있는 것도 아니다. 그러므로 일상이라 한다. 言一相者 此如如中 無一切法差別之相 離一異故 假名一相 非有一相 故名一相", 『유마경』 권상(대정장14, p.540b23)에 "저 수보리는 음노치를 끊은 것도 아니지만 함께하지도 않는다. 몸을 버리지 않으면서 일상을 따른다. 若須菩提 不斷婬怒癡 亦不與俱 不壞於身 而隨一相", 『주유마힐경』 권3(대정장38, p.350a25)에 "구마라집이 말한다. '몸이 곧 일상이니 무너짐 기다리지 않고 따를 뿐이다'. 승조가 말한다. '만물이 가지런하다는 뜻으로 옳고 그름 오직 하나의 상으로 본다. 그러한즉 몸이 그대로 오직 하나의 상일진대 어찌 몸 사라진 그 바탕 드러나야 일상이라 하겠는가. 몸은 몸대로 오음의 몸을 말한다. 什曰 身卽一相 不待壞而隨也 肇曰 萬物齊旨 是非同觀一相也 然則 身卽一相 豈待壞身滅體 然後 謂之一相乎 身五陰身也"라고 하였다. [참고문헌]『大品般若經』, 『放光般若經』, 『大方等大集經』, 『華嚴五教章』, 『仁王護國般若波羅蜜多經疏』, 『華嚴經疏』, 『善見律毘婆沙』, 『大乘起信論義疏』, 『起信論疏筆削記』, 『大乘密嚴經疏』, 『維摩經』, 『注維摩詰經』, *Gaṇḍ-vy.89.*, *Laṅk.18·57.* ⇨일상무상 一相無相, 일상일미 一相一味, 무차별상 無差別相, 적멸 寂滅

일상 一想 **1** Ⓢeka-saṃjñā. 상(想)을 움직여 있게 하는 그 하나. 의식(意識). 『성유식론연비』 권5(대정장43, p.919b19)에 "오로지 하나의 의식이 있을 뿐이고 나머지 다섯(前五識)은 없으므로 『대비바사론』 권200(대정장27, p.999c12)에 '저들 온갖 모든 상들은 하나의 문으로만 움직이므로 하나의 상'이라고 한다. 唯一意識 餘五無故 故婆沙論云 由彼諸想 一門轉故 說名一想"라고 하였다. [참고문헌]『成唯識論演祕』, 『大毘婆沙論』, *Abh-k-bh.115.* ⇨의식 意識**1** **2** Ⓟekatta-saññin. 아(我)로 여기지만 허망하여 실체 없는 하나의 정신활동. 『사리불아비담론』 권20(대정장28, p.659b7)에 "또한 어떤 외도는 이렇게 말한다. '하나의 상은 이 아이고 상들은 바로 세이니 죽은 다음에 아는 더 이상 있지 않다. 이 견해만이 진실이고 나머지는 거짓이다'. 復有言 一想是我 想是世 命終已我不復有 此實餘虛妄"라고 하였다. [참고문헌]『舍利弗阿毘曇論』, *DN.1.31.*

일상관 日想觀 해를 떠올려 관함. 십육관(十六觀) 중 하나로 서쪽을 향해 앉아 저무는 해를 관하는 법. 해의 광명을 관하면서 서방정토를 떠올리는 관법으로 일륜관(日輪觀)·일상(日想)·일관(日觀)·일몰관(日沒觀)이라고도 한다. 「관경십육관변상도 觀經十六觀變相圖」에서 상징적으로 묘사된 도상을 볼 수 있다. 『관무량수경』(대정장12, p.341c27)에 "부처님께서 위제희에게 이르셨다. '그대와 중생들 마땅히 마음을 오롯이하여 한 곳에 생각을 묶어두고 서방을 관상해야 다. 어떻게 상을 짓는가? 무릇 상을 짓는 이와 일체중생들 본래 눈먼 이 아니니, 눈 있는 무리라면 누구나 해가 지는 모습을 볼 수 있을 것이다. 마땅히 생각을 일으켜 반듯하게 서쪽을 바라보고 앉아서 해가 사라져 가는 광경을 자세히 관하면서 마음을 굳게 머물러 오롯한 생각을 움직이는 일 없이 한다. 해가 지려고 할 때 그 모습 마치 매달린 북과 같다고 본다. 해를 보고난 다음에는 눈을 감거나 눈을 뜨거나 모두 그 모습 명료하도록 한다. 이것이 일상이며 초관이다. 이 관을 짓는 것을 정관이라 하고, 다른 관법은 사관이라 한다'. 佛告韋提希 汝及衆生 應當專心 繫念一處 想於西方 云何作想 凡作想者 一切衆生自非生盲 有目之徒 皆見日沒 當起想念 正坐西向 諦觀於日 欲沒之處 令心堅住 專想不移 見日欲沒 狀如懸鼓 旣見日已 閉目開目 皆令明了 是爲日想 名曰初觀 作是觀者名爲正觀 若他觀者 名爲邪觀", 『관무량수경의소』(대정장37, p.242b23)에 "마땅히 서쪽을 향해 해를 자세히 관하면서 마음에 머물게 하라. 만일 상을 해에 묶어두지 않으면 마음인즉 머물지 못할 것이다. 마음을 묶어 해를 관상하면 마음은 바로 머물 것이다. 마음이 머문즉 마음이 저절로 깨끗하게 되어 저 나라를 보게 된다. 當西向諦觀於日 令心得住 若不繫想於日 心則不住 以繫心作想於日 心則得住 心住故 心自得淨 見彼國也", 『관무량수불경소』 권3(대정장37, p.262a23)에 "관행하는 이들 중에 저 경에서의 빛나는 상을 모르는 사람이라면 이 해에서 발하는 광명의 상을 보라. 가거나 머물거나 앉거나 눕거나 예불하거나 염불하면서 상을 떠올려 항상 이렇게 알도록 하라. 오래지 않아 고요한 마음을 얻고 저 정토의 일들이 즐겁고 장엄한 줄을 보게 된다. 이러한 의미 때문에 세존께서 무엇보다 먼저 일상관을 지으라고 하셨다. 行者等 若不識彼境光相者 卽看此日輪光明之相 若行住坐臥 禮念憶想 常作此解 不久之間 卽得定心 見彼淨土之事 快樂莊嚴 爲此義故 世尊先教作日想觀也"라고 하였다. 〔참고문헌〕『觀無量壽經』, 『觀無量壽經義疏』, 『觀無量壽佛經疏』. ⇨ 십육관 十六觀, 월륜관 月輪觀

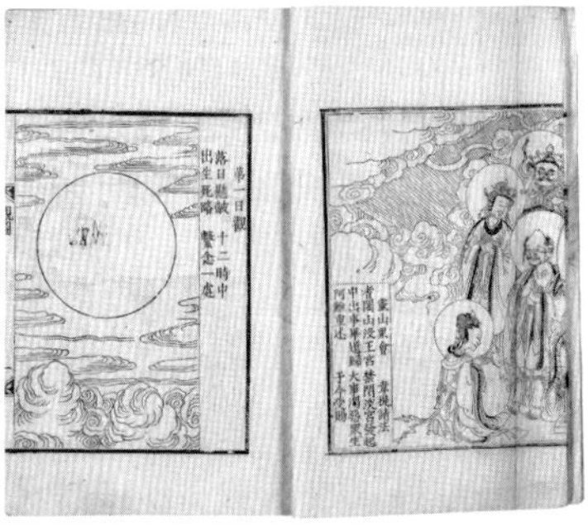

일상관 관무량수경 양주 내원암본 1853년

위제희부인의 일상관 키질석굴 8세기

일상관 관경십육관변상도 일본 서복사 고려 13세기

일상무상 一相無相 한결같은 모습으로서 상이 없음. 『대지도론』 권11(대정장25, p.142a29)에 "제법 또한 이와 같아서 일상이면서 무상이니 상은 언제나 스스로 공하다. 諸法亦如是 一相無相 相常自空", 『인왕호국반야바라밀다경소』 권중1(대정장33, p.468c27)에 "일상무상이란 불과를 밝힌 말이다. 지혜의 체는 같으므로 일상이라 하고, 지혜가 진리와 합하면 무상이라 한다. 一相無相者 明佛果也 如智體同 故云一相 智冥眞理 故云無相", 『인왕반야경소』 권하6(대정장33, p.352b24)에 "일상이면서 무상이란, 둘을 마주해야 하므로 일이라 하고, 유와 마주하므로 무라 한다. 이 때문에 일상이면서 무상이라 한다. 一相無相者 對二故說一 對有故說無 故云 一相無相也", 『기신론소필삭기』 권8(대정장44, p.340b4)에 "염정이 평등하니 하나의 상이지만 상은 없다. 染淨平等 一相無相", 『조론소』 권상(대정장45, p.171b2)에 "만나는 것들마다 반야로 관하니, 그것들 모두가 공이어서 걸려 막힘이 없다고 안다. 이렇게 한즉 만법은 두 모습 없는 하나의 상이고 어떤 모습도 영원히 가지지 않아서 무상이다. 所逢遇皆 以般若觀之 知其皆空 無有滞礙 是則萬法 一相無相也"라고 하였다. 〔참고문헌〕『大智度論』, 『仁王護國般若波羅蜜多經疏』, 『仁王般若經疏』, 『起信論疏筆削記』, 『肇論疏』. ⇨ 일상 一相, 무상 無相 ❶

일상법문 一相法門 한결같은 모습으로 열린 법의 문. 일체법 깊고 깊어(一切法甚深) 볼 수 없음(不見)을 깨우쳐 알게 하는 법의 문을 뜻한다. 『대보적경』 권 60(대정장11, p.349a28)에 "만일 온계처를 보려고도 보지 않으려고도 하는 일 없어 분별할 일 없으며, 또한 모이고 흩어지는 것마저 보려 하지 않으면 이것이 바로 일상법문이다. … 만일 일체 깊고 깊은 법을 요달하고 능히 설할 수 있다 해도, 능히 설하고 듣는 이와 그렇게 하는 일 마저도 보는 일 없어야 비로소 이것이 일상법문이라 이름 붙일 수 있다. 若有不見蘊界處 亦非不見 無所分別 亦不見集散 是名說一相法門 … 若有能說了達 一切甚深之法 亦不見彼 能說所說 及與所爲 是名說一相法門"라고 하였다. 『문수사리공덕장엄경』 권하(대정장11, p.917a8)에는 일상법문에 대한 열네분 보살의 각기 다른 법문이 있다. 〔참고문헌〕『大寶積經』, 『文殊師利功德莊嚴經』. ⇨ 일상 一相, 온처계 蘊處界, 삼과 三科

일상분별 一相分別 ➡ 십종분별 十種分別 ❷

일상삼매 一相三昧 Ⓢ eka-vyūha-samādhi, Ⓣ bkod-pa-gcig-pa-zhes-bya-ba'i ting-nge-'dzin. 백팔삼매 중 하나. 오직 부처님만을 연(佛緣)으로 삼아 일체 여래법신과 중생신이 평등무이(平等無二)임을 잊지 않거나 일체처에 있으면서 어떠한 모습에도 머물지 않으며(不住相), 한편 한 부처님께 마음을 오롯이 하여 떠나지 않는 등의 행을 말한다. 『화수경』 권10(대정장16, p.204a27)에 "부처님께서 견의에게 이르셨다. '이 부처님의 연에 생각을 묶되 흩어지지도 여의지도 않게 하는 이 연을 삼매문이라 한다. 견의야, 이 단 하나의 연으로 모든 법을 요달하여 일체법이 모두 평등상임을 본다면 이를 일상삼매라 한다'. 佛告堅意 於是佛緣繫念 不散不離是緣 是名三昧門 堅意 以是一緣 了達諸法 見一切法皆平等相 是名一相三昧", 『대승기신론』 권하(대정장32, p.590c7)에 "이 삼매에 의지하여 법계상을 증한 다음 일체여래법신과 더불어 일체중생의 몸이 평등하고 둘이 없어 모두 하나의 상이라고 안다. 이런 까닭에 일상삼매라 한다. 만일 이 삼매를 닦고 익힌다면 무량삼매를 낳을 수 있다. 진실로 이와 같이 하여야 하니 일체삼매의 본래자리이기 때문이다. 依此三昧 證法界相 知一切如來法身 與一切衆生身 平等無二 皆是一相 是故說名 一相三昧 若修習此三昧 能生無量三昧 以眞如是 一切三昧根本處故", 『연종보감』 권2(대정장47, p.312b13)에 "만일 마음을 오롯이하여 한 부처님에 생각을 묶어두지 못한다면 마음이 산만하여 삼매를 성취하기 어렵다. 그러므로 오롯이 아미타불에 념하도록 한다면 그것이 일상삼매다. 若不專心 繫念一佛 則心散漫 三昧難成 故專令念阿彌陀佛 卽是一相三昧", 종보본 『단경』(대정장48, p.361a28)에 "일체처에서 상에 머물지 않고, 저 상에서 애증을 일으키지 않으며, 취하고 버림도 없어서 이익이나 성패 등의 일을 생각하지 않는다면, 편안하고 고요하며 빈 듯이 어울려 담박할 것이니 이 이름이 일상삼매다. 若於一切處 而不住相 於彼相中 不生憎愛 亦無取捨 不念利益 成壞等事 安閒恬靜 虛融澹泊 此名一相三昧", 『경덕전등록』 권26 「사지전 師智傳」(대정장51, p.428a24)에 "'일상삼매란 무엇인지요?' '푸르고 누르고 붉고 희구나!' '하나의 상은 어디에 있단 말인가?' '자네가 도리어 밝게 알지 않겠는가'. 問 如何是一相三昧 師曰 青黃赤白 曰 一相何在 師曰 汝却靈利"라고 하였다. 〔참고문헌〕『華手經』, 『大乘起信論』, 『蓮宗寶鑑』, 『壇經』, 『景德傳燈錄』, 『大品般若經』 권3(대정장8, p.238a16), *Mvyut.21.* ⇨ 백팔삼매 百八三昧, 일장엄삼매 一莊嚴三昧, 일행삼매 一行三昧, 안한염정 安閑恬靜

일상속 一相續 ➡ 상속 相續

일상일미 一相一味 한결같은 모습과 한결같은 맛. 부처님법이란 한 땅에서 나고 한 비로 적셔 생겨난 법으로서, 한결같은 모습이고 단 하나의 맛일 뿐이라는 뜻이다. 『법화경』 권3(대정장9, p.19b23)에 "여래의 설법은 한결같은 모습이고 한결같은 맛이다. 그것은 해탈상·이상·멸상이며 구경에는 일체종지에 이른다. 如來說法 一相一味 所謂 解脫相 離相 滅相 究竟至於一切種智", 같은 책 권3(대정장9, p.19c1)에 "중생은 갖가지 지에 머물지만 오직 여래만이 진실 그대로 보고 분명하게 아시어 걸림이 없다. 마치 저 초목등 총림 그리고 갖가지 약초 등은 스스로 상중하 성마저도 모르지만, 여래께서는 이 모든 것들이 한결같은 모습과 한결같은 맛이라고 아신다. 衆生住於種種之地 唯有如來 如實見之 明了無礙 如彼卉木叢林 諸藥草等 而不自知上中下性 如來知是一相一味之法", 『법화경의기』 권6(대정장33, p.649a24)에 "일상이란 무위과를 보이는 문이고, 일미란 유위과를 드러내는 문이다. 여래께서 과거에 말씀하신 삼승법으로는 시종 언제나 하나는 무위의 과 또 하나는 유위의 과를 얻는다고 하셨는데, 이 또한 한 가지 상과 한 가지 맛이라 한 것이다. 一相者 無爲果章門 一味者 有爲章門 明如來昔日 所說三乘之法 始終同得 一無爲一有爲之果 故言一相一味也", 『법화의소』 권8(대정장34, p.561b26)에 "한결같은 상과 한결같은 맛이란 위에서 '한 땅에 나서 한 비로 적셨다'는 말과 합한다. 일상은 한결같은 실상을 말하니 한 땅에 합하고, 일미는 단 하나 지혜의 맛을 말하니 한 가지로 비에 합한다. 그러므로 아래 게에서 '그 구름에서 나온 한 가지 맛의 비'라 하였고, 해탈상 아래에서는 위의 '한결같은 일상일미를 쌍으로 풀었다. 一相一味者 合上一地所生 一雨所潤也 一相謂一實相 合一地也 一味謂一智味 合上一雨也 故下偈云其雲所出一味之雨也 所謂解脫相下 雙釋上一相一味也", 『유마경약소수유기』 권9(대정장38, p.828b26)에 "일상일미란 십계중생이 똑같이 진여상이라는 뜻이다. 一相一味者 十界衆生 同一眞如相"라고 하였다. 〔참고문헌〕『法華經』, 『法華經義記』, 『法華義疏』, 『維摩經略疏垂

裕記』, 『法華宗要』(한불전1, p.488c16). ⇨ 일상 一相, 일미 一味, 일체종지 一切種智, 진여상 眞如相

일상일적 一相一寂 한결같이 드러나는 모습과 한결같이 고요한 바탕. 일체법(一切法)을 가리켜 부득이 부르는 이름이지만 끝내 다 드러낸 뜻은 아니라고 하였다. 『화엄오교장』 권4(대정장45, p.507b26)에 "근기를 따라 드물게 일상·일적·일미의 이치 등이라 설하였을 뿐 끝내 다 말할 수 없다. 隨機少說 一相一寂 一味理等 非窮盡說也", 『평복고기』(卍속장103, p.578a18)에 "기에서 일상일적이라 한 말은 곧 일사일리다. 이는 삼승종교의 일상진여를 말한다. 記曰 一相一寂 卽一事一理 所謂三乘終敎 一相眞如也"라고 하였다. 〔참고문헌〕『華嚴五敎章』, 『評復古記』. ⇨ 일체법 一切法

일색변 一色邊 한 가지 색으로 끝없이 펼쳐진 세계. 무슨 일이 일어나도 오직 한 색으로 평정하여 다른 일 있을 수 없는 뜻이다. 『벽암록』 13칙 「평창 評唱」(대정장48, p.154b5)에 "파릉이 이렇게 말한 것은 극히 고준하고 난해하다. 또한 칼끝을 전혀 드러내지도 않고서 온갖 곳의 적을 만나도 마주칠 때마다 벗어날 길도 호랑이 함정에 빠트리는 기틀도 있어 인정을 벗어난다. 만약 온통 한 가지 색일 뿐인 일을 논한다면 여기에서 반드시 스스로 뚫고 나가야 하겠지만 모름지기 사람을 만나야 하리. 唯有巴陵恁麽道 極是孤峻 不妨難會 亦不露些子鋒鋩 八面受敵 著著有出身之路 有陷虎之機 脫人情見 若論一色邊事 到這裏須是自家透脫了 却須是遇人始得", 같은 책 42칙 「평창 評唱」(대정장48, p.179c28)에 "설두는 스스로 눈(雪) 친 곳을 자랑했지만 놓쳐버린 곳은 전혀 몰랐다. 설두가 '천상과 인간이 저도 모르게 눈도 귀도 왜 이리 시원하지'라고 한 것은, 눈 속도 눈이고 귀 속도 눈이어서 다름아닌 일색변에 있을 수만 있다면 또한 이것을 보현경계의 일색변사라고도 하고 타성일편이라고도 한다. 雪竇自誇他打處 殊不知有落節處 天上人間不自知 眼裏耳裏絶瀟灑 眼裏也是雪 耳裏也是雪 正住在一色邊 亦謂之普賢境界一色邊事 亦謂之打成一片"라고 하였다. 〔참고문헌〕『碧巖錄』. ⇨ 단명일색변 單明一色邊, 타성일편 打成一片, 향상일색변 向上一色邊

일색일향무비중도 一色一香無非中道 색마다 향마다 중도가 아님이 없다는 말. 보고 맡는 일마다에서 치우침 없는 중도실상을 성취한다는 뜻이다. 『마하지관』 권1상(대정장46, p.1c23)에 "원돈이란 애초에 실상을 연해 이르는 경계마다 맞아들어 진실 아님이 없다. 법계를 연으로 얽어 오로지 한 생각 법계여서 하나의 색도 하나의 향도 중도 아님이 없고, 자기의 세계와 부처의 세계와 중생계도 또한 그러하다. 오온과 십이입이 떳떳하니 버릴 괴로움마저 없다. 圓頓者 初緣實相 造境卽中 無不眞實 繫緣法界 一念法界 一色一香無非中道 己界及佛界 衆生界亦然 陰入皆如 無苦可捨", 같은 책 권6상(대정장46, p.75b4)에 "세속이 아니기에 있는 것 아니고, 출세간 아니기에 없지도 않다. 하나의 색과 하나의 향마다 중도 아님이 없어서 하나가 중이니 일체도 중도다. 비로자나 모든 곳에 가득 찼거늘 어찌 견혹과 사혹에 걸려 진실한 법이 아니겠는가! 이를 유도 아니고 무도 아닌 문이라 한다. 非世故非有 非出世故非無 一色一香無非中道 一中一切中 毘盧遮那 遍一切處 豈有見思 而非實法 是名非有非無門", 『법화현의』 권4상(대정장33, p.720b29)에 "이들 아홉 가지 큰 선이 다 법계다. 일체가 선에 나아갔으니 이르는 경마다 곧바로 진실이어서 색마다 향마다 중도 아님이 없다. 此九大禪 皆是法界 一切趣禪 造境卽眞 一色一香無非中道", 『무량수경소묘종초』 권3(대정장37, p.209a9)에 "낱낱의 색과 향마다 중도 아님이 없으니, 일체제법이 온통 불법이다. 이미 일체가 모두 실상일진대 실상 밖은 있을 리 없다. 一色一香無非中道 一切諸法 皆是佛法 旣一切皆實 實外無餘", 『관심론소』 권2(대정장46, p.597c11)에 "사구 모두 문을 얻은 것이다. 문은 능히 통한다는 이름이니 갖추지 못할 법이 없다. 낱낱의 색마다 향마다 중도 아님이 없으니, 다리 들고 내리는 곳마다 도량 아님이 없다. 애써 그 문에 집착한즉 바로 막히리라. 막힌즉 미혹 아닌 법이 없게 된다. 그렇게 미혹된 마음으로 보는 낱낱의 색도 향도 전도 아님이 없게 되리니, 사견외도와 다름이 없다. 四句皆是得門也 門名能通 則無法不具 一色一香無非中道 擧足下足 無非道場 必其苟執其門則塞 塞則無法非惑 惑心所見 一色一香 無非顚倒 邪見外道也", 『마하지관의례찬요』 권6(卍속장99, p.770a3)에 "『마하지관』「서문」에서 원돈지관과 대의를 밝히는 중에 이미 '하나의 색과 하나의 향마다 중도 아님이 없다'고 하였다. 止觀序中明圓頓止觀 及大意中 旣乃皆云 一色一香無非中道", 『제종교리동이석』(대장경보편32, p.521a10)에 "드러나고 일어나는 모든 법은 본래 진여의 묘한 뜻이다. 그러므로 『마하지관』에 '… 하나의 색과 하나의 향마다 중도 아님이 없다'라고 한 것이다. 事事諸法 本眞如妙理 故止觀云 … 一色一香無非中道"라고 하였다. 〔참고문헌〕『摩訶止觀』, 『法華玄義』, 『無量壽經疏妙宗鈔』, 『觀心論疏』, 『摩訶止觀義例纂要』, 『諸宗敎理同異釋』. ⇨ 중도 中道, 원돈지관 圓頓止觀 ❶, 색향중도 色香中道

일생 一生 ❶ 마지막 남은 단 한 번의 생. 『대승본생심지관경천주』 권4(卍속장34, p.274b7)에 "단 한 번 남이란 다시 한 차례 인간계에 태어나면 성불할 수 있다는 뜻이다. 一生者 再一下生人間 卽能成佛"라고 하였다. 〔참고문헌〕『大乘本生心地觀經淺註』. ⇨ 불환향 不還向,

일대생 一大生, 일생보처 一生補處 **2** 단 한 번의 생. 선재동자(善財童子)가 긴 세월을 빌리지 않고도 성취한 단 한 번의 금생을 말한다. 『화엄경소초』 권2(대정장36, p.12a13)에 "자씨(미륵)보살이 선재동자를 칭찬하여 말했다. '나머지 모든 보살은 무량한 백천만억나유타 겁을 지나야 능히 채울 수 있고, 이렇게 모든 불보살을 친히 뵙고 가르침을 받을 수 있다. 그러나 이 장자의 아들은 한 생만에 불국토를 청정하게 할 수 있고, 중생을 교화할 수 있으며, 지혜로써 법계에 깊이 들어갈 수 있고, 모든 바라밀을 성취할 수 있다'. 慈氏讚善財云 餘諸菩薩 於無量百千萬億那由他劫 乃能滿足 菩薩願行 乃能親近 諸佛菩薩 此長者子 於一生內 則能淨佛刹 則能化衆生 則能以智慧 深入法界 則能成就 諸波羅蜜"라고 하였다. [참고문헌] 『華嚴經疏鈔』. ⇨ 선재동자 善財童子 **3** 한평생. 태어나 죽을 때까지. 『불조역대통재』 권15(대정장49, p.618c27)에 "만약 한평생 마음이 목석과 같이 음계의 오욕팔풍에 헤매지 않는다면 곧바로 생사인을 끊고 가고 머묾에 자유로우리라. 若能一生 心如木石相似 不爲陰界 五欲八風之所漂溺 卽生死因斷 去住自由", 『경덕전등록』 권29 「지공화상십사과송 誌公和尙十四科頌」(대정장51, p.451a6)에 "지혜로운 이는 무심으로 부처를 구하지만, 어리석은 사람은 삿된 것에도 바르다 하는 것에도 집착한다. 부질없이 한평생 헛되이 보내기에, 여래의 아름답고 아득한 저 높은 곳 볼 수 없네. 智者無心求佛 愚人執邪執正 徒勞空過一生 不見如來妙頂"라고 하였다. [참고문헌] 『佛祖歷代通載』, 『景德傳燈錄』.

일생과수 一生果遂 한 생만에 불과(佛果)를 거둔다는 말. 아미타불이 인위에서 발한 48원(願) 중 제20원인 모든 중생이 한 생만으로도 정토에 왕생할 수 있다는 일본 진종에서 세운 뜻이다. 『무량수경』 권상(대정장12, p.268b3)에 "설령 내가 부처가 되더라도 시방의 중생이 나의 명호를 듣고 나의 국토를 생각하면서 온갖 덕의 뿌리를 심어 지극한 마음으로 회향하여 나의 국토에 태어나고자 함에도 과를 얻지 못한 사람이 있다면 정각을 취하지 않겠나이다. 設我得佛 十方衆生 聞我名號 繫念我國 植諸德本 至心迴向 欲生我國 不果遂者 不取正覺"라는 원이다. 과거나 현재의 제1생에 부처님 명호를 듣고, 현재나 미래라는 제2생에 부지런히 염불을 행하여, 미래나 그 미래의 미래생이라는 제3생에 왕생할 수 있으니, 제1생에는 자력염불(自力念佛)을 실천하고, 제2생에는 화신불(化身佛)의 국토에 태어나며, 제3생에는 보신불(報身佛)의 국토에 태어난다는 삼생과수(三生果遂)의 설이 있었으나, 일본의 진종은 타력왕생(他力往生)에 근거하여 따로 일생과수의 설을 세웠다. [참고문헌] 『無量壽經』. ⇨ 삼생과수 三生果遂, 왕생 往生

일생보처 一生補處 Ⓢ eka-jāti-pratibaddha, Ⓣ skye-ba-gcig-gis-thogs-pa. 부처가 되기 전 단 한 번의 생. 부처님의 자리를 잇기 전이어서 보처라고 한다. 『보살본업경』(대정장10, p.446c4)에 "이 회의 보살들 모두 일생보처로서 신통이 미묘함에 달했기에 시방 가득 미쳐서 중생을 인도해 이롭게 하고 부처님의 법장을 연다. 時會菩薩 盡一生補處 神通妙達 周遍十方 導利衆生 開佛法藏", 『신화엄경론』 권12(대정장36, p.793c27)에 "등각지라야 일생보처라 하고 바야흐로 최후몸이라 부른다. 等覺地 始名一生補處 方名最後身", 『대일경소』 권6(대정장39, p.647c10)에 "제10지 만족함에 이르렀지만 아직 제11지인 묘각에는 이르지 못했다. 이때는 일실경계 구족함 쫓아서 일체장엄 발생하지만 오로지 여래라는 하나의 위만은 부족하여 증지를 얻지 못한다. 다시 한번 뒤쳐 법성으로 나아야 할 일이 있어 부처님을 대신하는 자리이므로 일생보처라 한다. 迄至第十地滿足 未至第十一地 爾時 從一實境界具足 發生一切莊嚴 唯少如來一位 未得證知 更有一轉法性生 卽補佛處 故名一生補處", 『대지도론』 권40(대정장25, p.350a12)에 "일생보처는 때론 모습으로도 알 수 있었다. 저 아사타 선인은 자기 몸의 상을 관함으로써 금세에 성불하리라고 미리 알았고, 산야바라문은 우유죽을 보고서 오늘 성불하는 이가 반드시 먹으리라 알고 있었다. 또한 저 변길보살·관세음보살·문수사리보살 등은 이 보살이 제불의 상호와 같아서 장차 성불하리라고 알았다. 一生補處者 或以相知者 如阿私陀仙人 觀其身相 知今世成佛 珊若婆羅門見乳糜 知今日成佛者 應食 如遍吉菩薩 觀世音菩薩 文殊師利菩薩等 見是菩薩 如諸佛相 知當成佛", 『천태사교의』(한불전4, p.524b10)에 "다시 한 품의 무명을 끊고 등각위에 든다. 이를 금강심이라고도 하고 일생보처라고도 하며, 더 위의 자리가 있다라고 한다. 다시 단 한 품의 무명을 무너뜨리고 묘각위에 들어가는데 연화장세계의 칠보로 된 보리수 아래의 큰 보배꽃 자리에 앉아서 원만보신을 나툰다. 更斷一品 入等覺位 亦名金剛心 亦名一生補處 亦名有上士 更破一品無明 入妙覺位 坐蓮華藏世界 七寶菩提樹下 大寶華王座 現圓滿報身"라고 하였다. [참고문헌] 『菩薩本業經』, 『新華嚴經論』, 『大日經疏』, 『大智度論』, 『天台四敎儀』, *Saddh-p.2.*, *Bodh-bh.44.*, *Mvyut.30.* ⇨ 일생보처보살 一生補處菩薩, 등각위 等覺位, 일생소계 一生所繫, 삼생보살 三生菩薩

일생보처보살 一生補處菩薩 단 한 번 최후의 생에 머물러 부처님의 자리를 보하는 등각위(等覺位)의 보살. 석가모니불의 후불처를 보하는 보살은 미륵(彌勒)이다. 『증일아함경』 권11(대정장2, p.601a4)에 "만일 다시 일생보처보살을 공양한다면 큰 공덕을 얻고 큰 과보도 얻을 것이다. 若復供養 一生補處菩薩 獲大功德 得大果

報", 『대일경』 권2(대정장18, p.9c4)에 "일생보처보살은 불지에 머무는 삼매도로써 조작을 벗어나 세간상을 알고 업지에 머물지만 불지에 견고하게 머문다. 一生補處菩薩 住佛地三昧道 離於造作 知世間相 住於業地 堅住佛地", 『미륵상생경』(대정장14, p.418c13)에 "그때 도솔천상에는 오백만억천자가 있었고 낱낱 천자들 모두 깊고 깊은 단바라밀을 닦았다. 그들은 일생보처보살을 공양하고자 했기 때문이다. 爾時 兜率陀天上 有五百萬億天子 一一天子 皆修甚深 檀波羅蜜 爲供養一生補處菩薩故", 원측(圓測)의 『해심밀경소』 권1(한불전1, p.165b8)에 "〔문〕『해절경』에 '미륵·관음·문수사리보살은 모두 일생보처보살이다'라고 하였는데, 일생보처와 최후의 몸 사이에는 어떤 차별이 있는가? 〔답〕 살바다종(설일체유부)에서는 저 미륵 등의 보살은 도솔천몸을 일생보처로 삼았고, 인계중에 나서 성불하는 몸은 최후신이라 한다. 問 解節經云 彌勒觀音 文殊師利 皆是一生補處菩薩 一生補處 與最後身 有何差別 答 薩婆多宗 如彌勒等 覩史多天身 名爲一生 生人中 成佛身者 名最後身", 『삼보감응요략록』 권상(대정장51, p.835b2)에 "제4천(兜率天)에서는 욕심을 줄이고 만족할 줄 아니, 항상 일생보처보살이 그곳으로부터 오셔서 법을 잇는 일이 끊이지 않는다. 第四天中 少欲知足 恒有一生補處菩薩 來生其中 法詞不絶"라고 하였다. 〔참고문헌〕『增壹阿含經』, 『大日經』, 『彌勒上生經』, 『解深密經疏』, 『三寶感應要略錄』. ⇨ 미륵 彌勒❶, 보처 補處❶, 보처대사 補處大士, 보처보살 補處菩薩, 일생보처 一生補處, 등각보살 等覺菩薩, 도솔천 兜率天, 일생소계보살 一生所繫菩薩

일생보처원 一生補處願 아미타불이 인위에서 발한 48원(願) 중 제22원. 『무량수경』 권상(대정장12, p.268b8)에 "설령 내가 불도를 성취하더라도 타방의 불토에 머무는 모든 보살 대중이 나의 국토에 나서 구경에는 반드시 일생보처에 이르도록 하소서. 設我得佛 他方佛土 諸菩薩衆 來生我國 究竟必至 一生補處"라고 하였다. 〔참고문헌〕『無量壽經』. ⇨ 사십팔원 四十八願

일생불리총림 一生不離叢林 평생 총림을 떠나지 않는다는 말. 쉼없이 공부하는 뜻이다. 『조주어록』 권상(고존숙어록13, 卍속장118, p.308a4)에 "조주가 또 말했다. '만약 평생 총림을 떠나지 않고, 십년이든 오년이든 말을 하지 않아도 벙어리라 부르는 이가 없다면, 이후에는 부처도 어쩌지 못할 것이다. 믿지 못하겠다면 노승의 목을 쳐 버려라'. 師又云 若一生不離叢林 不語十年五載 無人喚你作啞漢 已後佛也 不柰你何 你若不信 截取老僧頭去"라고 하였다. 〔참고문헌〕『趙州語錄』.

일생소계 一生所繫 Ⓢekajāti-pratibaddha. 단 한 번의 얽힌 생. 일생보처(一生補處)를 달리 이르는 말. 『미륵상생경서응초』 권상(卍속장35, p.888b9)에 "단 한 번의 생만이 얽혀 있다는 말은 또 다시 한 번의 생에 얽히리라는 뜻이다. 떠나면 바로 성불이다. 미륵은 석가모니불의 회상에 있을 때 다시 한 번 오간 일이 있었다. 도솔의 하늘을 좇아 내려왔을 때 그 몸은 죽지 않고 곧바로 성불에 이르렀으니 이를 최후라 한다. 또한 바로 이 몸이 성불하려는 찰나에 임하여 앉은 보살좌를 좌도량이라 하고, 성도한 곳은 도량이라 한다. 一生所繫者 更有一生 爲所繫故 離卽成佛 彌勒 在於釋迦會時 更有往來 一大生也 從天下時 彼身不死 直至成佛 爲名最後 又只此身 臨欲成佛 坐菩薩座 名坐道場 成道之處 名爲道場"라고 하였다. 〔참고문헌〕『彌勒上生經瑞應鈔』, *Vikī-n.138*. ⇨ 일생보처 一生補處, 미륵 彌勒

일생소계보살 一生所繫菩薩 Ⓢekajāti-pratibaddha. 일생보처보살(一生補處菩薩)의 다른 이름. 『대반야경』 권341(대정장6, p.753a2)에 "일생소계보살의 공덕에 함께 기뻐하는 마음을 일으켜 얼마나 많은 복을 얻었던가? 於一生所繫菩薩功德 起隨喜心 得幾所福", 『구사론』 권11(대정장29, p.62a2 : *Abh-k-bh.*, p.177)에 "도솔천에 머무는 일생소계보살과 최후의 몸으로 사는 보살과 부처님 수기를 받은 보살과 부처님 소임을 대신하는 보살과 수신행이나 수법행을 행하는 보살과 전륜왕의 어머니로서 저들 둘을 잉태하였을 때, 이들 마땅히 모두 요절함이 없다. 住覩史多天 一生所繫菩薩 及最後有 佛記佛使 隨信法行菩薩 輪王母 懷彼二胎時 此等如應 皆無中夭 〈kārikā〉 kurubāhyo 'ntarāmṛtyuḥ … 〈bhāṣya〉 tuṣitasthasyaikajātibaddhasya bodhisattvasya caramabhavikasattvasya jinādiṣṭasya jinabhūtasya śraddhadharmānusāriṇo bodhisattvacakravarttimātroś ca tadgarbhayor ity evamādīnām", 『설무구칭경소』 권4(대정장38, p.1057c16)에 "부처님께서 미륵에게 이르셨다. '현생에 만족할 줄 알고 그 한 번의 생마저 다하면 장차 성불하여 지족천에 오를 것이니 일생소계보살이다'. 사람중에 산다고 설하지 않으니 단지 한 번 생이라 한다. 이 뜻으로 바로잡는다. 佛言彌勒 當生知足 盡彼一生 當得成佛 在知足天 亦名一生所繫菩薩 不說居人 名爲一生 此理爲正"라고 하였다. 〔참고문헌〕『大般若經』, 『俱舍論』, 『說無垢稱經疏』, *Abh-k-bh.* ⇨ 일생보처보살 一生補處菩薩

일선 一線 ❶ 한결같아 둘이 아닌 길로 한맛(一味)인 부처님 가르침을 말한다. 『분양어록』 권중(대정장47, p.608a22)에 "동포와 더불어 함께 품어 한결같이 가리라. 갈대꽃에 눈이 덮이고 국화에는 가을이 왔다. 且與同袍通一線 蘆花雪覆菊當秋", 『분양소선사어』(속고존숙어요1, 卍속장118, p.840a12)에 "한번 밝기 시작하면 해는 주저없이 한길로 뻗어간다. 그대 답해 보라. 불법이 길다면 얼마이겠는가? 一陽生後 日長一線 你道 佛法長多少"라고 하였다. [참고문헌]『汾陽語錄』, 『汾陽昭禪師語』. ⇨ 일승 一乘❶, 일미 一味 ❷ ?~1756. 일본 조동종(曹洞宗) 스님. 호는 만회(萬回). 치둔자(癡鈍者)라고도 한다. 전승은 불확실하다. 천계(天桂) 문하 학승으로 이여(伊予 : 愛媛縣) 계수사(溪壽寺)에 주석하였다. 『증도가직절 證道歌直截』 2권·『청요원몽어 青鷂原夢語』 2권·『동종통익 洞宗通翼』 3권 등을 지었다. 1750년(관연3)에 『신심명염제 信心銘拈提』를 교간(校幹)하였고, 그에 대한 주석으로 『신심명염제사략 信心銘拈提事略』과 『증도가직절사략 證道歌直截事略』도 남겼다. 1756년(보력6) 1월 23일 입적하였다.

일선 一禪 ❶ 1488~1568. 조선전기 스님. 호는 경성(敬聖·慶聖)·휴옹(休翁) 또는 선화자(禪和子), 속성은 장(張)씨. 아버지의 휘는 윤한(胤韓), 어머니는 박(朴)씨. 밝은 구슬 삼키는 태몽후 1488년(성종19) 12월 13일(혹은 12일) 진시(辰時)에 울산(蔚山)에서 태어났다. 7~8세 때부터 노성(老成)다운 면이 있었으며, 오신채와 고기를 먹지 않았으니 부엌에서 고기가 끓는 것을 보면 슬퍼하였다. 이웃 아이들이 서로 다투어 밤을 주우면 스님은 자신의 것을 나눠주고 맨손으로 돌아갔으며, 모래를 모아 탑을 만들고 돌을 쌓아 불단을 만들어 아이들과 예배드리곤 하였다. 일찍이 부모의 3년상을 마치고는 무상을 느끼고 청허(清虛)한 뜻을 품고 있다가, 13세 때인 1500년(연산군6) 경주 서쪽에 있는 단석산(斷石山) 단석사로 찾아가 해산(海山)을 은사로 하여 3년간 시봉하다가 16세 때 스님이 되었다. 1511년(중종6) 24세 때 영변 묘향산(妙香山) 문수암(文殊庵)에서 일표일납(一瓢一衲)으로 고행정진하다가 다시 지리산에 들어가 벽송지엄(碧松智嚴)을 친견하니 지엄이 법기(法器)임을 알고 다음과 같은 게송을 읊었다. "바람 솔솔 달은 밝은데, 구름 자욱하고 물은 졸졸. 누구나 이 소식을 알고자 한다면, 모름지기 조사관을 뚫어야 하리. 風颼颼月皎皎 雲冥冥水潺潺 欲識這箇事 須參祖師關"라고 했다. 그 후 금강산 시왕동(十王洞)에 들어가 참선하니 오매일여(寤寐一如)에 이르렀다. 표훈사(表訓寺)로 옮겨 하안거를 지내고, 건봉사 상원암(上院庵)에서 2하를 지냈다. 1536년(중종31) 중종이 승군을 동원하여 신천(新川)의 제방을 수축하던 역장에서 팔영산(八影山) 능가사(楞伽寺)로 가던 스님은 도청대관(都廳大官)을 만나 함께 머물자, 서울의 사서(士庶)들이 스님의 명성을 듣고 앞을 다투어 시주가 날로 더하고 칭송이 자자하였다. 대간(臺諫)에서 혹세무민한다는 구실로 금부(禁府)에 가두고 엄하게 국문(鞫問)하였으나, 스님이 종용자약(從容自若)하여 시종일관하므로 감탄하고 왕에게 보고하여 특사하였다. 그 길로 서산(西山)에 들어가 9년간 두문불출 정진하였다. 1544년(중종39) 봄에 다시 묘향산으로 돌아와 보현사(普賢寺) 관음전에서 후학을 지도하니 팔방으로부터 석덕고사(碩德高士)들이 운집하여 해동절상회(海東折床會)라고 불리웠다. 1558년(명종13) 가을 의웅(義雄)·종민(宗敏)·법심(法心)·법진(法眞)·성준(性俊)·성일(性一)·혜옥(慧玉)·지문(智文)·조행(祖行) 등 제자들과 태백산(太白山)에 상선암(上禪庵)을 짓고 따로 경성당(慶聖堂)이라 이름한 별채에 주석하면서 호를 경성(慶聖)이라 부르게 되었다. 1568년(선조1) 2월 30일 회암사(檜巖寺) 주지 무변(茂卞)·보현사 주지 원규(元珪)와 선덕(禪德)인 휘정(暉晶)·학현(學玄)·선등(禪燈)·의정(義淨)·일정(一精) 등 제자들에게 명하되 '세계는 성주괴공(成住壞空)하고 사물(事物)은 생주이멸(生住異滅)하며 육신은 생로병사(生老病死)한다. 무릇 시작이 있으면 반드시 끝이 있는 법이다. 오늘 떠나려 하니 주검은 산기슭에 버려 새와 짐승들이 먹게 할 것이요, 화장도 하지 마라'는 유언을 남기고는, 이어 "80세의 인간 목숨 그 빠르기가 번갯불 같도다. 임종을 당하여 홀연히 눈 뜨고 보니 살아온 길이 바로 고향이로다. 지나온 팔십은 저 허공꽃 같고, 유유히 눈에 뜬 꽃일 뿐이네. 떠나는 발 문턱도 밟기 전에 본국에 돌아왔더니 옛 동산 복사꽃 활짝 피었네! 八十人間命 迅如一電光 臨行忽擧目 活路是家鄉 年逾八十似空花 往事悠悠亦眼花 脚未跨門還本國 故園桃李已開花"라는 임종게를 남기고 입적하였으니 세수 81, 법랍 65세였다. 유언을 따르지 않고 화장하였는데 사리 5과가 출현하여 영변 보현사의 서쪽 기슭에 부도를 세우고 봉안하였다. 『동국제산선등직점단』(한불전7, pp.739~740)의 봉청(奉請) 순서는 태고보우(太古普愚)·환암혼수(幻菴混修)·귀곡각운(龜谷覺雲)·벽계정심(碧溪正心)·벽송지엄(碧松智嚴)·부용영관(芙蓉靈觀)·경성일선·청허휴정이다. 한편 『서역중화해동불소원류』(한불전10, pp.103~104)에 따르면, 스님의 법계(法系)는 태고보우→환암혼수→귀곡각운→벽계정심→벽송지엄→부용영관·경성일선→청허휴정으로 이어지고 적전(嫡傳)은 5세(世) 벽송지엄·6세 부용영관·7세 청허휴정이라 하였으며, 일선의 법을 계승한 법사(法嗣)로는 성준(性俊)·일정(一精)·선등(禪燈)·의변(義卞) 등이 있다. 행장과 전기로는 청허휴정의 「경성당휴옹행록 慶聖堂休翁行錄」(『삼로행적』·한불전7, p.756a1)과 범해각안(梵海覺岸)의 「경성대덕전 慶聖大德傳」(『동사열전』 권2·한불전10, p.1013b19) 등이 전한다. [참고문헌]『東國諸山禪燈直點壇』, 『西域中華海東佛祖源流』, 『三老行蹟』, 『東史列傳』, 『朝鮮佛教通史』 권상 p.456. ❷ 1

533~1608. 조선중기 스님. 자호는 정관(靜觀), 속성은 곽(郭)씨, 본관은 현풍(玄風). 기이한 스님이 두 개의 구슬을 주면서 기숙을 부탁하는 어머니 이씨(李氏)의 태몽 후, 1533년(중종28) 연산(連山 : 충청남도 논산시 연산면)에서 태어났다. 어려서 남달리 영특했으며 15세 때인 1547년(명종2)에 스님이 되었다. 선운(禪雲)·수진(守眞)·서산(西山) 등 강백(講伯)을 찾아다니면서 경론을 연마하였는데, 제승(諸乘)의 현지(玄旨)에 두루 정통하였다. 회상을 여는 곳마다 항상 학인이 수백 명에 이르렀으며, 청허휴정의 법도 전해 받았다. 1620년(광해군12)에 석중도인(石潨道人)이 지은 「정관집서 靜觀集序」(한불전8, p.24b13)에 "일선은 도덕이 고매한 스님이다. 내가 그 이름을 들은 지는 매우 오래되었다. 지난 계묘년(癸卯年 : 1603·선조36) 봄 속리산 법주사에 갔을 때 일선화상(一禪和尙)이 대암사(大庵寺 : 法住寺 큰 절)에 있으면서 이백여 명의 제자를 거느리고 『법화경』을 강설한다기에, 편지를 보내 복천암(福泉庵)에서 하룻밤을 보냈다. 그 얼굴 청아함이 마치 잠자는 학과 같고, 그 기백은 마치 깊은 샘물과 같았다. 一禪 釋之有道者也 余聞其名久矣 往在癸卯春 尋山到俗離 聞禪公率弟子二百餘人 方在大庵寺 講法華經 以書招至福泉 留與同宿 見其容 寂如睡鶴 覵其氣 恬如古井" 라고 하였다. 만년에는 속리산으로부터 덕유산 백련사(白蓮社)로 옮겨 주석하다가 1608년(선조41) 가을 가벼운 병을 앓았는데, 목욕하고 차를 마신 다음 "평생동안 조잘대어 부끄럽더니, 말후구 분명하여 백억구를 넘어섰네. 말 있음도 말 없음도 다 옳지 않으니, 바라건대 그대들 스스로 깨우치길. 平生慚愧口喃喃 末後了然超百億 有言無言俱不是 伏請諸人須自覺"라 하고 이어 "석자 지혜칼이여! 몇 해를 북두에 숨었더니 태허에 구름 흩어져 다하니 비로소 그 칼날 드러냈구나. 三尺吹毛劒 多年北斗藏 太虛雲散盡 始得露鋒鋩"라는 임종게를 남기고 다음 날 가사와 장삼을 입고 단정히 앉아 입적하니 세수 76, 법랍 61세였다. 화장할 때 불 속에서 튀어나온 영골(靈骨)을 거두어 덕유산과 속리산에 부도를 세우고 봉안했다. 스님의 계보(系譜)는 사명유정(四溟惟政)·편양언기(鞭羊彦機)·소요태능(逍遙太能) 등과 함께 휴정(休靜) 문하의 네 파 중 일파다. 일선은 임진왜란(1592년) 중 의승군(義僧軍)으로 참전했던 스님들이 하루 빨리 승가(僧伽)의 본분으로 돌아오기를 희망하기도 하였는데, 사형(師兄)인 팔도승병도대장 유정(惟政)에게 다음과 같은 편지를 보냈다. 「상도대장연형 上都大將年兄」(『정관집』·한불전8, p.30c13)에 "슬프다. 말세에는 불법만 쇠할 뿐 아니라 세간 극히 어지러워 민중들도 편치 않고 스님들도 조용히 수도할 수 없는 실정입니다. 왜적의 잔혹함으로 국민의 고초는 이루 말할 수 없을 정도입니다. 더더욱 처참한 일은 스님들이 속복으로 갈아입고 군에 종사하여 동분서주로 혹은 왜적의 손에 죽거나, 혹은 절을 비우고 여염집에 도망가서 연명하는 비참한 현실입니다. 개중에는 출가한 초지를 온전히 망각하고 율행마저 송두리째 던져 버리고 허명을 바라 치달으니, 선풍 장차 사라져 종적조차 알 수 없게 되었습니다. 於戲 季法之衰 世又亂極 民無安堵 僧不寧居 賊之殘害 人之勞苦 不可道也 而益增悽感者 僧衣俗服 驅使從軍 東西奔走 或就死於賊手 或逃生於閭閻 塵習依然 復萌乎中 全忘出家之志 永廢律帆之行 希赴虛名 火馳不返 禪風將息 從可知矣", "하물며 승가의 거취는 속인과 달라야 합니다. 육조 혜능(惠能)도 중종의 부름에 거부하였고(『景德傳燈錄』 권5 惠能大師傳 : 대정장49, p.235c24), 승조(僧稠 : 480~560, 佛陀跋陀羅의 제자)는 위나라 효명제(孝明帝)가 세 번 청했으나 끝내 사양하였으며, 효무제(孝武帝 재위 561~564) 역시 궁중으로 스님을 초빙하였으나, 응하지 않았어도 이 두 임금 모두 스님께 죄를 묻기는 커녕 오히려 더욱 존경하였고(『唐高僧傳』 권16 釋僧稠傳 : 대정장50, p.554a8), 당 덕종(德宗)은 나찬(懶瓚 : 明瓚)을, 신라의 선덕여왕은 자장율사(慈藏律師)를 각각 두세번씩 칙청(勅請)하였으나 모두 병과 부덕(不德)을 이유로 거절하였으니, 이는 모두 방외의 사람들이 방내의 예로써 대우하지 않은 때문입니다. 듣건대 왜적 이미 물러갔고 큰 공 이미 마쳤으나, 왕에게 나아가 사퇴하기란 매우 어려울 터이니 고하지 않고 도망하는 것이 옳을 듯합니다. 원컨대 하루 속히 인수와 오랑캐옷은 벗고 다시 누더기로 갈아입으시고, 깊은 산에 들어가 자취를 감추고 시냇물을 한줌 마시고, 명아주 끓여 먹으면서 선정을 닦아 반야의 자주에 올라 보리의 피안에 이르시기를 간절히 바랍니다. 이 편지는 참고로 한 번 보시고 태워 버리기 바랍니다. 況僧之去就 異於世俗之人 是以六祖道播天下 而不赴天子之詔 僧稠德隆一世 而現拒魏王之招 而二主不加罪而加敬焉 盖方外之人 不以方內之禮待之故也 聞今倭賊已退 大功已遂 欲詣辭退云 何必如斯乎 不告而逃之可也 若告辭則必有難去之勢 願須速解印綬 封付裨將 使致丹墀 卽脫戎服 還掛衲衣 入深山絶蹤迹 掬溪而飮 煮藜而食 再澄芝水重朗慧月 快登般若慈舟 直到菩提彼岸 至祝至祝 師取吾言則吾當躑躅 倘不取之則吾不復也 伏惟一覽回"라 하였다. 임성충언(任性沖彦)과 태호(太浩)

일선정관당부도
무주 백련사 조선후기

등 많은 수법제자가 있었고, 저서로는 시문(詩文)을 모은 『정관집』 1권(한불전8, pp.24b13~33c11)이 있고, 1641년(인조19) 안심사(安心寺)에서 새긴 판본도 남아 전한다. [참고문헌] 『靜觀集』, 『西域中華海東佛祖源流』(한불전10, p.105a4), 『朝鮮佛敎通史』 권상 p.2. ⇨ 정관집 靜觀集, 유정 惟政

일선사 一禪寺 서울특별시 종로구 평창동 삼각산(三角山)에 있는 절. 신라 말 도선국사(道詵國師)가 보현사(普賢寺)라는 이름으로 창건하고 고려의 탄연(坦然)국사가 중수하였다고 전한다. 조선 초기 무학자초(無學自超)와 함허기화(涵虛己和) 등의 수도처였으며, 1592년(선조25) 임진왜란시 전소(全燒)되었다가 1600년경 북한산성 수호사찰로 복원되었다. 1940년 김만신행이 처음의 절터에서 300m 떨어진 지금의 위치로 옮겨 중창하고 절 이름을 관음사(觀音寺)로 바꾸었다. 1957년에 일초(一超)가 자신의 법명 중 일(一)과 도선(道詵)의 선(詵)을 합쳐 일선사(一詵寺)로 바꾸었으나, 1962년 일선사(一禪寺)로 다시 바꾸었고 비구니 수행도량으로 오늘에 이른다. 현존 당우로는 대웅전·약사전·산신각·요사 등이 있다. [참고문헌] 『전통사찰총서』 권4 서울(寺刹文化硏究院, 1994) pp.411~413.

일선삼매 日旋三昧 Ⓢ sūryāvarta-samādhi. 해 돌듯한 삼매. 십육삼매 중 하나로 일륜삼매(日輪三昧)라고도 한다. 『법화경』 권7 「묘음품 妙音品」(대정장9, p.55b2)에 의지하였으니, 『법화의소』 권12(대정장34, p.622b9)에 "일선삼매는 저 하늘의 해가 일궁전에 올라 모든 중생을 비추면서 돌아 다시 거듭 시작하는 것과 같으니, 구경에서는 일륜삼매라 부른다. 日旋三昧者 如日天子 乘日宮殿 照諸衆生 周而復始 舊經名 日輪三昧也", 『법화경구해』 권7(卍속장48, p.224b4)에 "일선삼매는 정지로 분명히 비춰 아는 것이 마치 저 해가 도는 듯하다는 뜻이다. 日旋三昧 淨智明了 如日旋轉", 『법화경회의』 권7(卍속장50, p.738b12)에 "실지로 이를 비추지만 어디에도 머물지 않으니 이 이름이 일선삼매다. 實智照理 而無所住 名日旋三昧"라고 하였다. [참고문헌] 『法華經』, 『法華義疏』, 『法華經句解』, 『法華經會義』, *Saddh-p.244.* ⇨ 십육삼매 十六三昧

일선일주 一旋一呪 한 바퀴 돌 때마다 한 번 주를 외운다는 말. 『금광명경문구기』 권3상(대정장39, p.116a25)에 "한 바퀴 돌면서 다라니를 한 번 외우되 느리지도 빠르지도 않게 하고, 돌기를 마치고는 바로 앉아서 중도정공을 사유한다. 이 궤의를 이끌기에 작법이라 한다. 一旋一呪 不徐不疾 旋訖却坐 思惟中道正空 導此軌儀 故名作法"라고 하였다. [참고문헌] 『金光明經文句記』.

일설부 一說部 Ⓢ Eka-vyāvahārika, Ⓟ Ekavyohāra, Ekavyohārika, Ⓣ Tha-snyad-gcig-pa'i sde. 소승이십부(小乘二十部) 중 한 부파. 모든 법이 한결같이 가명(假名)이라고 주장한다. 불멸 후 이백 년 경에 대중부(大衆部)에서 파생하였다. 부파 이름에 대해 진제(眞諦)는 대중부의 주장과 하나이기에 일설부라 하였다고 한 반면, 규기(窺基)는 일체법이 한결같이 가명의 뜻으로 붙여졌다고 풀었다. 『삼론현의』(대정장45, p.8c26)에 "일설부는 생사와 열반이 모두 가명이라고 주장한다. 그러므로 일설이라고 한다. 一說部 此部執生死涅槃皆是假名 故云一說", 『이부종륜론소술기』(卍속장83, p.435a8)에 "일설부는 세간과 출세간의 법이 모두 실체가 없고 단지 가명만 있을 뿐이라고 주장한다. 부파 이름은 이 뜻이다. 모든 법이 단지 하나의 가명일 뿐 얻을만한 실체가 없다고 하여 본종 뜻과 어긋나므로 분별하여 일설부라고 하였으니, 주장하는 뜻을 따라 이름 붙인 것이다. 진제논사도 이 이름을 논했다. 『문수문경』에서 '(그 부파는) 일(一)이라는 말을 강조한다'고 하였는데, 이름은 비록 비슷하나 진제논사가 주석하길 '주장하는 바는 승기부와 같다는 뜻에서 일이라고 하였다'라고 한 것은 옳지 않다. 一說部 此部說世出世法 皆無實體 但有假名 名卽是說 意謂諸法 唯一假名 無體可得 卽乖本旨 所以別分名一說部 從所立爲名也 眞諦師論 名與此同 文殊問經云 執一語言 部名雖相似 然注解云 所執與僧祇同 故言一也 此釋非也"라고 하였다. [참고문헌] 『三論玄義』, 『異部宗輪論疏述記』, 『文殊師利問經』 권하(대정장14, p.468b4). ⇨ 소승이십부 小乘二十部, 대중부 大衆部

일섭 日燮 1900~1975. 불모(佛母). 호는 금용(金蓉) 또는 퇴운(退耘·退雲), 속성은 김씨. 1900년에 12월에 전라남도 보성군 문덕면 덕치리에서 태어났다. 어릴 때에 한문을 배우고 15세에 순천 송광사(松廣寺)에 들어가 청오(靑悟)를 은사로 추광(秋光)을 계사로 스님이 되었다. 19세에 봉린(鳳麟)을 만나 불화에 입문하고 근세의 대불모 보응화상(普應和尙)을 사사하였다. 전국 사찰의 고탱화를 모사하며 연구하는 한편 많은 불사에 참여하여 1970년 12월에 인간문화재에 추대되었다. 1975년 음력 2월 15일에 김제 부용사(芙蓉寺)에서 입적하였

조계사석가불도
유형문화재제125호 1938년

고, 1991년에 해봉석정(海峰石鼎)이 비문을 짓고 정주상(鄭周相)이 글씨를 써서 순천 송광사에 비를 세웠다. 불화로는 「조계사석가불도 曹溪寺釋迦佛圖」·「해인사사천왕탱 海印寺四天王幀」 및 「도림사응진당십육나한탱 道林寺應眞堂十六羅漢幀」 등이 있고, 불상으로는 「대원사삼존목조상 大源寺三尊木造像」과 「백양사사천왕소조상 白羊寺四天王塑造像」 등이 있다. [참고문헌] 智冠 『韓國高僧碑文總集 朝鮮朝·近現代』 pp.1180~1182.

일성 一性 ❶ Ⓢ ekatva, Ⓟ ekatta, Ⓣ gcig-pu-nyid. 한결같은 바탕. 일체법(一切法)이 자성없음(無性)의 뜻에서 한결같고, 일체중생도 이 뜻에 의지한 불성(佛性)으로 평등하기에 모양도 없는 것에 붙인 이름이 일성일 뿐이다. 『대반야경』 권288(대정장6, p.466c2)에 "일체법 한결같은 자성이어서 둘 아니다. 선현아, 모든 법은 하나의 성이란 곧바로 성이 없는 뜻임을 알아야 한다. 모든 법에 자성이 없다는 뜻에서 일성이다. 以一切法 一性非二 善現 當知 諸法一性 卽是無性 諸法無性 卽是一性", 40권본 『대반열반경』 권32(대정장12, p.559b15)에 "일체중생 다 평등하고, 일체법성은 다같이 하나의 성이다. 이는 더함도 덜함도 없는 것이라 한다. 一切衆生 悉平等故 一切法性 同一性故 是名無增減", 80권본 『화엄경』 권51(대정장10, p.271a3)에 "마치 저 모든 물이 한결같이 하나의 성이듯이 공덕 여덟 가지나 되지만 그 맛은 하나다. 譬如衆水同一性 八功德味無差別", 『화엄경담현결택』 권6(卍속장11, p.983b9)에 "소에서 '하나의 성이란 성이 없는 뜻이어서 곧바로 불성을 말한다'란, 중생들 평등하게 지니기에 한결같은 성이라 한다는 뜻이다. 疏 一性無性 卽是佛性者 衆生等有 故名一性"라고 하였다. [참고문헌] 『大般若經』, 『大般涅槃經』, 『華嚴經』, 『華嚴經談玄抉擇』, *Madhy-vibh.71*. ⇨ 정인불성 正因佛性 ❷ Ⓢ samanavaya. 상키야(Ⓢ Sāṃkhya : 數論)의 설. 『금칠십론』 권상(대정장54, p.1248c16)에 "세 가지 덕의 본질은 하나다. 이 단 하나 본질 때문에 모든 것에는 근본이 있음을 알기에 자성이 있다고 안다. 三德性是一 以此一性故 知其皆有本 故知有自性"라고 하였다. [참고문헌] 『金七十論』. ⇨ 상키야학파 Sāṃkhya學派 ❸ 1684~1763. 조선후기 스님. 호는 미월(嵋月). 1684년(숙종10) 전라도 순창 서쪽 아미산 밑에서 태어났다. 성품이 고결하고 눈썹은 길고 짙어 얼굴을 덮을 정도였다고 한다. 순창 광덕산(廣德山) 강천사(剛泉寺)에서 15년간 동구불출하고 정진하다가 1763년(영조39) 3월 9일 세수 80세를 일기로 입적하였다. 화장 후 영주(靈珠) 셋을 얻었으니 하나는 백색이고, 다른 하나는 담묵색이며, 나머지 하나는 귀눈코를 모두 갖춘 사람의 모습과 같았다고 한다. 사중에서 석탑을 조성하여 봉안하고 제자인 해주(解珠)가 서울에 가서 여암(旅庵) 신경준(申景濬 1712~1781)의 비문을 받아 세운 비가 강천사에 있다. [참고문헌] 『旅庵遺稿』 권11 「山眉月示單師靈珠塔碑銘」(한국문집총간231, p.150b2), 智冠 『韓國高僧碑文總集 朝鮮朝·近現代』 p.428.

일성사 一星事 한 순간의 일. 문득 깨우쳐야 할 일. 찰나에 사라지는 별빛처럼 덧없음을 비유하지만 역설적으로 그 무상(無常)의 찰나를 가로질러 문득 깨우치는 사태를 뜻한다. 『서장』 「답왕교수장 答王教授狀」(대정장47, p.934c16)에 "만일 죽음이 닥쳐왔는데 손쓸 일 없다면 겨우 말로 조금 얻은 것으로 온통 다 안듯 떨어져 있거나, 차별없는 것 알았다 한들 온통 다 귀신의 살림살이일 뿐이어서 도무지 나의 일성사에는 도움이 되지 못합니다. 若生死到來不得力 縱說得分曉 和會得有下落 引證得無差別 盡是鬼家活計 都不干我一星事", 『자수회심어록』 권1(卍속장124, p.919a3)에 "백천법문과 만억의 묘한 뜻을 나에게 가져와서 일성사를 보라. 만일 실로 가려내지 못한다면 떠돌며 남의 점포나 부수는 이 되리라. 百千法門 萬億妙義 與吾拈來 一星事看 若不悉辨 浪破鋪席漢", 『원오어록』 권8(대정장47, p.750b25)에 "언제나 그렇듯이 차 만나면 차 마시고 밥 먹을 때 밥 먹는다. … 등롱은 다만 등롱이라 부를 뿐이어서 일체 또한 그러하다. 이육시중에 다만 이렇게 하면 늘 평화로워 문득 한 순간의 일은 없다. 於一切時 遇茶喫茶 遇飯喫飯 … 燈籠但喚作燈籠 一切亦然 二六時中只麽 平常無一星事"라고 하였다. [참고문헌] 『書狀』, 『慈受懷深語錄』, 『圜悟語錄』. ⇨ 무일성사 無一星事, 본분사 本分事

일성오성이 一性五性異 일성과 오성의 다름. 법성종(法性宗)과 법상종(法相宗)의 차이 중 하나다. 일성오성별(一性五性別)이라고도 한다. 일성은 천태와 화엄이 주장하는 일체개성(一切皆成 : 一性皆成)이고, 오성은 법상종의 오성각별(五性各別)을 말한다. 법성종은 일성을 진실로 오성을 방편으로 보는 반면, 법상종은 오성각별을 근본교의인 요의(了義)라 하고 일체개성을 방편설로 본다. 『화엄경소』 권2(대정장35, p.511a1)에서는 법성종과 법상종의 주장을 크게 열 가지로 분별하였는데 그 중 하나로 일성오성별(一性五性別)을 자세하게 언급하였다. 『천태명목유취초』 권1(臺灣國圖善本40, p.55a7)에 "법상은 오성을 요의로 삼고 일성으로 밀의를 삼는다. 법성은 오성을 중생의 뜻에 따른 것으로 삼고, 일성을 결정적인 교의로 여긴다. 法相 以五性爲了義 一性爲密意 法性 以五性爲隨意 一性爲決定", 『화엄경행원품소』 권1(卍속장7, p.483a4)에 "일성과 오성으로 다른 것은 방편교에서 드러낸 설로, 오성이 요의고 일성이 불료의다. 오성이란 『반야경』과 『능가경』 등에 의지하여 성에 다섯 가지가 있다고 설하는 것이다. 첫째 성문성, 둘째 연각성, 셋째 여래성, 넷째 부정성, 다섯째 무종성이다. … 모든 성교에서 일성이란 통상에 따른 설이고 진정한 요의가 아니니 오성을 갖춰 밝혀야 비로소 요의다. 진실교의 경우에는 일성을 요의라 하고 오성은 요의가 아닌 것으로 여겨 경에서 설한 오성은 방편설이다. 一性五性別者 權敎明說 五性爲了義 一性非了義 言五性者 依大般若楞伽等經 說性有五 一 聲聞性 二 緣覺性 三 如來性 四 不定性 五 無種性 … 諸聖敎中 說一性者 約通相說 非眞了義 具明五性方爲了義 若實敎宗 則以一性而爲了義 五性非了 經說五性 約方便說"라고 하였다. 〔참고문헌〕『華嚴經疏』, 『天台名目類聚鈔』, 『華嚴經行願品疏』. ⇨ 일성 一性❶, 오종성 五種性❶, 일체개성 一切皆成, 오성각별 五性各別

일성인할 一城人瞎 한 성에 사는 모든 이들을 눈 멀게 한다는 말. 임제의 제자 삼성혜연(三聖慧然)이 동참의 보수소(寶壽沼)에게 한 말이다. 『선원몽구』 권하(卍속장148, p.270a14)에 "일성인할〈출전은 『경덕전등록』 권12〉: 보수가 법문을 시작하던 날 삼성이 한 스님을 밀쳐 보수 앞에 서게 했다. 보수가 곧바로 그를 때렸다. 삼성이 말했다. '장로시여, 이와 같이 가르치시면 진주 한 성에 사는 모든 이들의 눈 멀게 할 것입니다'. 一城人瞎〈傳燈十二〉 寶壽 開堂 三聖推出一僧 在寶壽前 壽便打其僧 聖云 長老 若恁麽爲人 瞎却鎭州一城人眼在", 『경덕전등록』 권12 「삼성혜연전」(대정장51, p.295a14)에 "법안이 말했다. '어떤 측면을 가리켜 눈을 멀게 하였다고 할까?' 法眼云 什麽是 瞎却人眼處"라고 하였다. 〔참고문헌〕『禪苑蒙求』, 『景德傳燈錄』.

일성일체성 一成一切成 하나가 성취되면 모든 것이 이루어진다는 말. 이성(理性) 즉 자성이 공한 뜻에서 성불(成佛)을 논한 것으로 일체개성(一切皆成)이라고도 한다. 초목성불(草木成佛)이나 사사무애(事事無礙)의 뜻을 드러내는 구다. 『화엄경소초』 권17(대정장36, p.134c6)에 "하나가 이루어지면 일체가 이루어진다는 것은 사사무애를 말한다. 그러므로 『화엄경』 「여래출현품」에서 '여래께서 정각을 이루셨을 때 그 몸중에 널리 일체 중생이 정각을 이루는 것을 보았다'고 하였다. 그러므로 여래가 성취하면 곧바로 중생도 이룬다. 一成一切成者 事事無礙故 故出現品云 如來成正覺時 於其身中 普見一切衆生成正覺 故如來成 卽衆生成矣", 『종경록』 권14(대정장48, p.489a24)에 "이러한 무성의 뜻으로 능히 일체를 이룰 수도 있고 일체를 부술 수도 있으니, 하나가 이루어지면 일체가 이루어지고 하나가 무너지면 일체가 무너진다. 하나가 이루어지면 일체가 이루어진다는 것은 인과가 서로 사무치는 것이다. 又此無性理 能成一切能壞一切 則一成一切成 一壞一切壞 一成一切成者 卽因果交徹", 『사명존자교행록』 권4(대정장46, p.890b17)에 "진여의 닦음을 드러내고자 한다면 반드시 이성에 의지해야 한다. 이성은 옛과 오늘이 없고 색심을 가리지 않기에 하나가 이루어지면 일체가 이루어지므로 무정성불이라 한다. 欲顯眞修 須依理性 理非今古 不簡色心 一成一切成 故說無情成佛也"라고 하였다. 〔참고문헌〕『華嚴經疏鈔』, 『宗鏡錄』, 『四明尊者敎行錄』, 80권본 『華嚴經』 권52(대정장10, p.275a19). ⇨ 일체개성 一切皆成, 사사무애 事事無礙, 초목성불 草木成佛

일성지화 一星之火 순간의 불꽃. 찰나로만 존재하는 것들. 순간의 별빛들이 이어져 오래 빛나는 별처럼 보이듯이, 제법도 찰나로 생멸하며 상속하는 뜻에서의 비유다. 『아미타경통찬소』 권하(대정장37, p.343c24)에 "순간의 불꽃으로 늦 섶을 태운다. 一星之火 能燒萬束之薪", 『대승기신론열망소』 권3(대정장44, p.438a25)에 "다만 이렇게 상속할 뿐 참으로 체성은 없다. 마치 저 한 점 불씨를 돌리면 불 수레 돌지만 불이란 찰나마다 사라지고 있는 중이다. 只此相續 實無體性 譬如一星之火 旋之成輪 火念念滅", 『우익삼송』(가흥장20, p.391c4)에 "한 점의 불이 수미산을 다 태울 수 있다. 一星便可燎須彌"라고 하였다. 〔참고문헌〕『阿彌陀經通贊疏』, 『大乘起信論裂網疏』, 『蕅益三頌』.

일세 一世 ❶ 한 사람의 일생. 『출요경』 권6(대정장4, p.643c28)에 "사람이 일세를 살면서 누구인들 뜻을 품지 않겠는가? 어지러운 세상에서 누구인들 허물이 없겠는가? 人生一世誰不志 亂世誰無過"라고 하였다. 〔참고문헌〕『出曜經』. ❷ 삼세(三世 : 過現未) 중 한 시절. 『법화현론』 권9(대정장34, p.441a12)에 "삼세가 일세가 될 수도 있고, 일세가 삼세가 될 수도 있다. 又三世得爲一世 一世得爲三世"라고 하였다. 〔참고문헌〕『法華玄論』. ⇨ 삼세 三世 ❸ 한 세대. 보통 30년 또는 한 왕이 다스리는 기간 또는 성인이 재세하시는 때를 말한다. 『지관보행전홍결』 권5(대정장46, p.325a28)에 "세속에서는 30년을 한 세로 삼지만, 여기서는 다만 전왕과 후왕의 치세를 한 세로 삼는다. 俗以三十年爲一世 今但以前王後王 而爲一世", 『일체경음의』 권36(대정장54, p.548b22)에 "대체로 30년을 한 세대로 삼는다. 凡三十年爲一世", 『열반현의발원기요』 권2(대정장38, p.23b3)에 "일세란 성인이 계시는 동안에 나서 살아가는 세대이다. 一世者 生於聖人之間也"라고 하였다. 〔참고문헌〕『止觀輔行傳弘決』, 『一切經音義』, 『涅槃玄義發源機要』.

일소 日昭 중천축 삼장 지바하라(地婆訶羅)의 한역 이름. 신라 최치원이 지은 『법장화상전』(대정장50, p.282a11 · 한불전3, p.771b12)에 "중천축 삼장 지바하라

〈한역하면 일소〉가 이곳에 범본을 가져왔고 법장화상이 직접 함께 바로잡아 빠진 것을 찾아내 여법히 하였다. 有中天竺三藏地婆訶羅〈此云 日昭〉 齎此梵本來屆 藏乃親共讐校 顯驗缺如"라고 하였다. [참고문헌]『法藏和尙傳』. ⇨ 지바하라 地婆訶羅, 법장화상전 法藏和尙傳

일소세계 一小世界 1사주(四洲)의 다른 이름. 수미산(須彌山)을 중심으로 동서남북의 사주고, 7산8해가 돌고 다시 철위산(鐵圍山)을 두르고, 해와 달이 돌며 비추는 세계다. 『북산록』 권1(대정장52, p.576c7)에 "사대주는 묘고산(수미산)을 중심으로 사면에서 마주보면서 각각 염해의 일방에 자리 잡고 있다. 이를 일소세계라 한다〈1사주〉. 而四大洲 對妙高之四面 各在鹹海之一方矣 是謂一小世界〈一四洲也〉", 『금강경주소』 권상(卍속장38, p.534a4)에 "하나의 수미산과 하나의 해와 달과 하나의 사천하를 모두 아울러 일소세계로 삼는다. 一須彌 一日月 一四天下 爲一小世界", 『조정사원』 권7(卍속장113, p.216b14)에 "1사주를 일소세계로 삼는다. 一四洲爲一小世界"라고 하였다. [참고문헌]『北山錄』, 『金剛經註疏』, 『祖庭事苑』. ⇨ 대천세계 大千世界, 사대주 四大洲, 사주 四洲, 사천하 四天下

일수고선사어록 逸叟高禪師語錄 일수행고(逸叟行高)의 어록. 1권. 명덕(明德) 등 엮음. 가흥장39, pp.687a1~690a12, No.B455에 수록되어 있다. 강희년간(1662~1722)에 간행되었다. 원제목은 『통천일수선사어록 通天逸叟禪師語錄』이다. 상당(上堂)·소참(小參)·기연(機緣)·게(偈) 등의 순서로 수록되어 있고, 말미에 제자 초원(超原)의 행장(行狀)이 붙어 있다.

일수대일수날 一手擡一手捺 한 손으론 들어올리고 한 손으론 누른다는 말. 일수대일수익(一手擡一手搦)이라고도 한다. 매사에 주착(住著)함이 없게 하여 어디에도 걸리지 않게 하는 뜻이다. 『종용록』 22칙 「본칙 本則」(대정장48, p.241b18)에 "암두가 말했다. '동산노한은 좋고 나쁜 것 구분할 줄 몰랐다〈다시 또 어찔 줄 몰라한다〉. 나는 그 때 한 손으론 들어올리고 한 손으론 눌렀던 것이다'〈내가 어찌 몰랐겠는가!〉 頭云 洞山老漢 不識好惡〈却又著忙〉 我當時 一手擡一手捺〈我豈不知〉", 『청익록』 43칙 「본칙」(卍속장117, p.851a17)에 "학인이 운문에게 물었다. '문득 이렇게 간다면 어떠합니까?'〈착각하지 마라〉 '금빛으로 빛나는 사자로군'〈한 손으론 들어올리고 한 손으론 누른다〉. 僧云 便恁麼去時如何〈莫錯認〉 門云 金毛師子〈一手擡一手捺〉", 『종범』 권상 「이인 利人」(卍속장114, p.610b16)에 "진실을 참구하여 진실을 깨우쳐 마쳐서는 진실을 실천한다. 한 손으론 들어올리고 한 손으론 눌러야 하네. 기틀은 신령하고 말씀은 살았으니 죽이고 살리기를 한꺼번에 한다. 보왕위에 올라 주장자 뒤집고 휘젔는다. 사자상에 걸터앉아 멋대로 할하고 방도 내리친다. 參究眞實 了悟眞實 踐履眞實 一手擡一手捺 機靈句活 殺活同時 登寶王位 倒用橫拈 據師子牀 胡喝瞎棒"라고 하였다. [참고문헌]『從容錄』, 『請益錄』, 『宗範』.

일수로가론 壹輸盧迦論 용수(龍樹) 지음. 1권. 고려장17, pp.773a1~774b6, No.632·대정장30, p.253a3~253c26, No.1573에 있다. 『일수가론』이라고도 한다. 수로가(Ⓢ śloka)는 8운의 4구로 구성된 하나의 게송을 논한 글이다. 그 주제가 된 게송은 다음과 같다. "스스로의 몸의 자성 덧없어, 이렇게 그 몸 몸마저 없네. 스스로의 몸의 자성 몸마저 없다 하니, 공하고 무상하다 말한다. 自體性無常 如是體無體 自體性無體 故說空無常". [참고문헌]『大周刊定衆經目錄』 권6(대정장55, p.407c13), 『開元釋教錄』 권20(대정장55, p.714c3), 『貞元新定釋教目錄』 권9(대정장55, p.841a17).

일수사견 一水四見 한 가지 물을 네 갈래로 보다. 업식(業識)에 따라 다르게 보는 것으로 일경사견(一境四見)·일경사심(一境四心)·일처사견(一處四見)이라고도 한다. 『섭대승론석』 권4(대정장31, p.402c14)에 "이 상을 분명하게 알면 오직 마음 속의 변화일 뿐 밖의 뜻은 성립하지 않는다. 그러므로 뜻은 있을 리 없고 단지 명(名)이라 하고 지(智)라 한다. 예컨대 아귀·축생·천·인 등이 있으니, 아귀 스스로의 업의 변이와 증상력 때문에 강물을 보면 모두 피고름 등이 가득찬 곳으로 보고, 물고기 등의 축생은 집과 도로로 보며, 천은 갖가지 보배가 장엄된 땅으로 보고, 사람은 시원한 물과 물결 그리고 소용돌이로 본다. 了知此相 唯內心變 外義不成 故無有義 說名爲智 如餓鬼傍生及諸天人等者 謂於餓鬼自業變異增上力故 所見江河皆悉充滿膿血等處 魚等傍生卽見舍宅遊從道路 天見種種寶莊嚴地 人見是處有淸冷水波浪湍洄", 『심부주』 권4(卍속장111, p.123b14)에 "『유식론』에서 '저 한 가지 물을 네 가지로 보는 차이가 생긴다. 하늘은 보배장엄지로 보고, 사람은 물로 보며, 아귀는 불로 보고, 물고기는 집으로 본다'고 한 것과 같다. 그러므로 눈앞의 티끌들 정해진 상이 없어 사람으로 말미암아 구르고 구른 것임을 알 수 있다. 예컨대 '경은 업식을 따라 구르므로 유심이라 한다'는 말과 같다. 唯識論云 且如一水 四見成差 天見是寶嚴地 人見是水 餓鬼見是火 魚見是窟宅 故知前塵無定相 轉變由人 如云 境隨業識轉 是故說唯心"라고 하였다. [참고문헌]『攝大乘論釋』, 『心賦註』. ⇨ 유심 唯心

일수식 一受食 Ⓢ ekāsanika, Ⓟ ekāsanikaṅga, Ⓣ stan-gcig-pa. 십이두타행(十二頭陀行) 중 하나로 하

루에 한 번 공양하는 것. 일식(一食)·수일식법(受一食法)·일식묘재(一食卯齋)·일중식(日中食)이라고도 한다. 『대반야경』 권303(대정장6, p.546c8)에 "선현아, 법을 말할 수 있는 이는 십이두다의 공덕을 받아들이니 … 네 번째는 하루에 한 번만 공양한다. 善現 能說法者受行十二杜多功德 … 四 一受食"라고 하였다. 〔참고문헌〕『大般若經』, *Aṣṭ-pr.19.*, *Mvyut.49.* ⇨ 십이두타행 十二頭陀行, 십이두다 十二杜多

일수식십법 一受食十法 일수식을 행하는 열 가지 법. 『보운경』 권5(대정장16, p.231c20)에 "선남자야, 보살에게 다시 열 가지 법이 있으니 일수식이라 부른다. 어떤 것이 열 가지인가? 음식을 탐하지 않는 것, 염착하지 않는 것, 충분히 먹었다고 여겨 일절 받지 않는 것, 소·유·흑식밀·아마륵즙·감사즙·모든 과일즙 등을 때이건 때가 아니건 결코 먹지 않는 것, 타인이 먹는 것을 보아도 괴로워하지 않는 것, 항상 한 끼만 먹는 것, 보살은 병이 들어 고통스러울 때나 목숨이 위태로울 때나 선법만으로는 유지하기 어려울 때 등 이런 경우에는 의심도 후회도 없이 약이라 생각하고 먹는 것이다. 선남자야, 이러한 열 가지를 갖추면 이것을 보살의 '일수식법'이라고 한다. 善男子 菩薩 復有十法 名一受食 何等爲十 不貪食 不染著食 以言食足 一切不受 蘇油 黑石蜜 阿摩勒汁 甘蔗汁 及諸果汁 時非時 都不飮食 見他飮食 而不生惱 常一受食 菩薩 設有患苦 若爲命難 善法留難 當爾之時 不生疑悔 作藥想服 善男子 具此十事 是名菩薩一受食法"라고 하였다. 〔참고문헌〕『寶雲經』.

일수암 一水庵 전라남도 장흥군 관산읍 천관산 태자동(太子洞)에 있던 암자. 천관사 산내의 89암자 중 하나였다. 『지제지』에 "신라 효명태자 형제가 유람하다가 이 산 서쪽 지장봉 아래에 이르러 친히 물을 길어다가 재를 올려 산령에게 기도하였으므로 일수·이수·삼수암 등의 이름을 얻었다. 지금 골짜기 이름은 큰태자동 작은태자동이다. 新羅孝明太子兄弟 遊方外 到此山西地藏峯下 親汲水供齋以祈山靈 一水二水三水庵得名以此 至今洞名有大小太子洞"라고 하였다. 〔참고문헌〕『支提誌』, 『韓國寺刹全書』 권하 p.963b7. ⇨ 천관사 天冠寺

일수일체수 一修一切修 한 사람의 수행이 모든 사람의 수행과 같다는 말. 한 사람과 모든 사람이 같다는 일즉다다즉일(一卽多多卽一)의 논리를 전제하는 사사무애(事事無礙) 사상을 나타낸다. 일성일체성(一成一切成)이 과(果)라면 이것은 인(因)에 해당한다. 『화엄경문답』 권상(대정장45, p.600b24)에 "〔문〕 한 사람이 수행하면 모든 사람이 성불한다는 말의 뜻은 무엇입니까? 〔답〕 이것은 연기하는 사람을 잡아서 설한 것이다. 한 사람이 바로 모든 사람이고, 모든 사람이 한 사람이기 때문이다. 닦는다는 말 역시 그러하다. 한 번 닦음이 모든 닦음이고, 모든 수행은 하나의 수행이다. 같은 뜻의 말이다. 問 一人修行 一切人皆成佛 其義云何 答 此約緣起之人說故 一人卽一切人 一切人卽一人故 修言亦爾 一修一切修 一切修一修 故同云也", 『화엄경담현결택』 권6(卍속장11, p.1011b4)에 "인으로 보면 하나의 수행이 모든 수행이고, 과로 보면 하나를 이루면 일체를 이룬다. 因則一修一切修 果則一成一切成"라고 하였다. 〔참고문헌〕『華嚴經問答』, 『華嚴經談玄抉擇』. ⇨ 일성일체성 一成一切成, 사사무애 事事無礙

일숙각 一宿覺 영가현각(永嘉玄覺 665~713)의 별칭. 육조 혜능(慧能)이 문답중 하룻밤 묵고 가라고 했던 일화를 인연으로 붙여진 이름이다. 『경덕전등록』 권5 「영가현각전」(대정장51, p.241b6)에 "영가현각선사가 위의를 갖추고 예배를 올린지 얼마 지나지 않아 작별 인사를 드리자 혜능이 말했다. '왜 그리도 급히 발길을 돌리는가?' '저는 본래 움직인 적도 없거늘 어찌 빠름이 있겠습니까?' '움직임이 아닌 줄 아는 이는 누구인가?' '조사께서 스스로 분별을 일으키신 것입니다' '그대는 어떻게 무생의 뜻을 얻었는가?' '무생에 어찌 뜻이 있겠습니까?' '뜻이 없는 줄 분별하는 이는 누구인가?' '분별 역시 뜻은 아닙니다' 육조 혜능이 찬탄하여 '옳다 옳아! 하룻밤 묵고 가라'고 하였다. 이 때부터 사람들이 일숙각이라고 불렀다. 師方具威儀參禮 須臾告辭 祖曰 返太速乎 師曰 本自非動豈有速耶 祖曰 誰知非動 曰 仁者自生分別 祖曰 汝甚得無生之意 曰 無生豈有意耶 祖曰 無意誰當分別 曰 分別亦非意 祖歎曰 善哉善哉 少留一宿 時謂一宿覺矣"라고 하였다. 〔참고문헌〕『景德傳燈錄』. ⇨ 현각 玄覺, 영가일숙 永嘉一宿

일숙암 一宿庵 황해북도 개풍군 성거산(聖居山)에 있던 암자. 〔참고문헌〕『韓國寺刹全書』 권하 p.963b12.

일순 一瞬 Ⓢ tat-kṣaṇa, Ⓣ de'i-skad-cig. 눈 한 번 깜빡이는 아주 짧은 순간. 『번역명의집』 권2(대정장54, p.1093a29)에 "달찰나 : 아비달마에서는 일순으로 한역한다. 『마하승기율』에서는 '20찰나를 일순이라 하고 20순을 일탄지라고 한다'라고 하였다. 怛刹那 毘曇翻一瞬 僧祇云 二十念爲一瞬 二十瞬名一彈指"라고 하였다. 〔참고문헌〕『翻譯名義集』, 『摩訶僧祇律』 권17(대정장22, p.360a12), *Abh-k-bh.177.*, *Yogā-bh.45.*

일승 一乘 ❶ Ⓢ eka-yāna, Ⓣ theg-pa-gcig. 하나의 수레. 하나의 수레에 담겨 구르는 한결같은 가르침. 모든 교설이 한결같이 부처님의 교설일 뿐이어서 한 수레라고 말하는 뜻에서의 일승은 반야·승만·화엄등 경에서 고르게 말하고 있으며 일불승(一佛乘) 또는 불승(佛乘)등으로 부른다. 그러나 회삼귀일(會三歸一)의 지취를 드러내서 삼승(三乘)의 길을 뚜렷하게 거두어 들이는 뜻에서의 일승은 『법화경』에 의지한 천태의 입장이다. 화엄종 또한 일승의 뜻을 다 거두어 들여서는 동교별교(同敎別敎)로 자세히 살폈다. 『오교장집성기』 권1(卍속장95, p.1004b4)에 "일승이라 한 것은, 현수가 이르길 '일은 다른 교법이 없다는 뜻이고, 승은 실어 나른다는 뜻이다'라고 하였고, 규산은 '다 거두어 다름이 없게 하는 것을 일이라 하고, 실어 나르며 다 품는 것을 승이라 한다. 그러므로 일승 곧 일불승이다'라고 하였다. 교리행과를 다 거두어 승이라 하니, 그 모두 실어 나른다는 뜻이 있다. 言一乘者 賢首曰 一者無他義 乘者運載義 圭山曰 統收不異 謂之一 運載含容 謂之乘 故名一乘 卽一佛乘 謂敎理行果 總名爲乘 皆有運載義故", 『법화경』 권1 「방편품 方便品」(대정장9, p.8a17 : *Saddh-p.*, p.32)에 "시방불토중에 오직 일승의 법만 있을 뿐 둘도 없고 셋도 없으나 부처님의 방편설만은 제한다. 十方佛土中 唯有一乘法 無二亦無三 除佛方便說 ekaṃ hi yānaṃ dvitiyaṃ na vidyate tṛtiyaṃ hi naivāsti kadāci loke, anyatrupāyā puruṣottamānāṃ yadyā nanānātvupadarśayanti", 『화엄오교장』 권1(대정장45, p.477c12)에 "주반이 함께하고 거둔 덕도 무량하다. 그러므로 경(『법화경』 권2, 대정장9, p.12c27)에서 말씀하시길 '나에게는 이와 같이 칠보를 실은 거대한 수레가 있는데 그 수는 헤아릴 수 없이 많다'라고 한다. 무량보배수레 단 하나만을 위한 것이 아니라는 것이니, 이것은 일승의 다함없는 교의를 나타낸 것이다. 이 뜻을 널리 설하고 있으니 저 『화엄경』이다. 主伴具足 攝德無量 是故 經云 我有如是 七寶大車 其數無量 無量寶車 非適一也 此顯一乘 無盡敎義 此義廣說 如華嚴中", 『법화현의』 권5상(대정장33, p.738a25)에 "옛날부터 일불승에서 분별하여 삼승을 설하였더니 삼승이 합하지 못하였다. 삼승을 하나로 모으고자 하면 처처에서 반드시 버릴 것이 있게 된다. 이제 삼승을 모이게 해서 일승으로 돌아가게 하여 함께 일승에 오르게 되었다. 그러므로 일승의 행은 버리지 않는다. 昔於一佛乘 分別說三 三乘不合 欲令三合一 處處須廢 今會三歸一 同乘一乘 是故一行不廢", 『법화현론』 권6(대정장34, p.413c16)에 "일승이 바로 진실이므로 자식들이 큰 수레를 얻고는 더는 다른 법이 없게 되었고, 이전에 타던 세 수레를 버리고 함께 부처님에게로 다가가니 큰 수레의 할 일이다. 一乘是實 故子得大車 更非別法 卽捐昔三乘 同運向佛 爲大車體", 『법화의소』 권3(대정장34, p.495a4)에 "일승을 설한다는 것은 이에 따라 실을 설하는 것이다. 삼승을 설한다는 것은 근기에 따라 마땅함을 설한다고 여긴다. 說一乘者 謂隨理實說也 說三乘者 謂隨機宜說也", 『승만경』(대정장12, p.220c19)에 "성문연각승이 모두 대승에 들어가고, 대승이란 불승이다. 그러므로 삼승은 곧 일승이고 일승을 얻는다는 것은 아누다라삼막삼보리를 얻음이다. 聲聞緣覺乘 皆入大乘 大乘者 卽是佛乘 是故三乘卽是一乘 得一乘者 得阿耨多羅三藐三菩提", 40권본 『대반열반경』 권27(대정장12, p.524c13)에 "구경의 필경이란 일체중생이 얻은 일승이고, 일승의 이름은 불성이다. 이러한 뜻 때문에 나는 '모든 중생은 누구나 불성이 있고, 모든 중생은 누구나 일승이 있지만, 무명에 덮여 보지 못할 뿐'이라고 말한다. 究竟畢竟者 一切衆生所得一乘 一乘者 名爲佛性 以是義故 我說 一切衆生 悉有佛性 一切衆生 悉有一乘 以無明覆故 不能得見", 『대반열반경집해』 권54(대정장37, p.550a22)에 "일승이란 불지이니 이것이야말로 타고 갈 구경이어서 수레라는 이름을 붙인다. 一乘者 佛智 是乘之究竟 說乘名也"라고 하였다. 〔참고문헌〕 『五敎章集成記』, 『法華經』, 『華嚴五敎章』, 『法華義疏』, 『法華玄義』, 『法華玄論』, 『勝鬘經』, 『大般涅槃經』, 『大般涅槃經集解』, *Saddh-p.*, *Mvyut.59.* ⇨ 동교일승 同敎一乘, 별교일승 別敎一乘, 삼승 三乘 1, 일불승 一佛乘, 백우거 白牛車, 분별설삼 分別說三, 구경일승 究竟一乘, 사승 四乘, 오종일승 五種一乘, 삼거사거 三車四車, 삼승진실일승방편 三乘眞實一乘方便 **2** 고구려 스님. 보장왕(재위 642~668) 때 열반종을 개창한 보덕화상(普德和尙)의 11명 고제(高弟) 중 한 스님이다. 『삼국유사』 권3(대정장49, p.988a10 · 한불전6, p.318b4) 흥법(興法)3 보장봉로보덕이암(寶藏奉老普德移庵)에 "일승과 심정·대원 등이 대원사를 창건하였다. 一乘與心正大原等創大原寺"라고 하였다. 대원사는 전라북도 완주군 모악산(母岳山)에 있는 절이다. 〔참고문헌〕 『三國遺事』. ⇨ 대원사 大原寺 3, 보덕 普德

일승 日昇 고려후기 스님. 호는 고암(杲菴). 나옹혜근(懶翁慧勤 1320~1376)의 제자이며, 공민왕(恭愍王 재위 1351~1374) 때 10년 동안 광암사(光巖寺)에 주석하면서 왕으로부터 일승고암(日昇杲菴)이란 네 글자 호를 받았으며, 「안심사지공나옹비음기 安心寺指空懶翁碑陰記」에 '전회암사주지정지원명응물무애총지국일대선사 고암일승 前檜巖寺住持正智圓明應物無礙摠持國一大禪師 杲菴日昇'이라 하였다. 〔참고문헌〕 『朝鮮金石總覽』 권상 p.516, 『韓國金石全文』 중세하 p.1211, 李智冠 『校勘譯註歷代高僧碑文』 高麗篇4 p.408, 『牧隱文藁』 권6 「杲菴記」(한국문집총간5, p.47b10). ⇨ 고암 杲菴

일승교 一乘敎 일체중생이 불성이 있어 반드시 보리심을 일으켜 부처가 된다는 한결같은 가르침을 말한다. 『법화의소』 권4(대정장34, p.505c25)에 "일승교를 종자로 삼으므로 「비유품」에 '부처의 종자가 끊어지기 때문이다'라고 하였으니, 이것이야말로 교법을 무너뜨림이다. … 일승의 가르침이란 곧바로 보리심을 일으키는 연이다. … 만일 불성이 없다면 비록 일승교와 발보리심을 설한다고 해도 결코 성불할 수 없다. 그러므로 반드시 불성을 밝혀야 한다. 以一乘教爲種子 故譬喩品云 斷佛種故 則是破教也 … 一乘教 則是發菩提心緣也 … 若無佛性 雖說一乘教 及發菩提心 終不得成佛 是故須明佛性也"라고 하였다. [참고문헌]『法華義疏』, 『法華經』(대정장9, p.15c5). ⇨ 일승 一乘[1], 사승교 四乘教

일승도 一乘道 Ⓢ ekāyana-patha, Ⓟ ekāyana-magga. 하나의 수레로 난 길. 다른 교법이 아닌 오직 부처님 교법만을 따르는 길이라는 의미에서 일행도(一行道)라고도 한다. 『잡아함경』 권20(대정장2, p.143b22)에 "오직 한 수레로 난 길을 설하여 모든 중생을 깨끗하게 한다. 모든 고통을 떠나고 근심걱정을 다한 끝에 진여법을 얻도록 한다. 說一乘道 淨諸衆生 離諸惱苦 憂悲悉滅 得眞如法", 『법화경』 권1(대정장9, p.8b28)에 "모든 세존들은 어느 분이나 일승교법을 설하시니, 여기 모든 대중 누구나 의혹이 없어야 한다. 모든 부처님의 말씀은 차이가 없으니 오로지 하나여서 둘이 없다. 一切諸世尊 皆說一乘道 今此諸大衆 皆應除疑惑 諸佛語無異 唯一無二乘"라고 하였다. [참고문헌]『雜阿含經』, 『法華經』, *Sūtr.177.* ⇨ 일승교 一乘教

일승만교 一乘滿教 원효가 교판한 사교(四教) 중 하나. 다른 세 가지는 삼승별교(三乘別教)·삼승통교(三乘通教)·일승분교(一乘分教)다. 『화엄경문의요결문답』 권4(한불전2, p.385b12)에 "넷째, 일승만교〈『화엄경』의 보현의 가르침〉. 四 一乘滿教〈謂華嚴經 普賢教〉"라고 하였다. [참고문헌]『華嚴經文義要決問答』, 『華嚴經探玄記』 권1(대정장35, p.111a29). ⇨ 사교 四教, 효공사교 曉公四教, 원만교 圓滿教

일승묘법 一乘妙法 한 수레로 움직이는 미묘한 법. 『법화경』에 의지하고 말로는 그리거나 도달할 수 없는 적멸(寂滅)의 법을 말한다. 『법화의소』 권2(대정장34, p.476a9)에 "처음에 적멸법을 밝혔으니 바로 이 경의 일승묘법이다. 그러므로 「방편품」에 '모든 법은 본래부터 언제나 적멸의 상이다'라고 한다. 初 明說寂滅法 卽是此經 一乘妙法 故方便品云 諸法從本來 常自寂滅相", 『법화경통의』 권1(卍속장49, p.808a1)에 "이 마음 밖에서는 한 조각도 얻을 수 없으니, 일승묘법의 불지견이라 한 것이다. 이 적멸로 언어를 떠난 길이기에 말로는 이를 수 없다. 그러므로 먼저 정에 들어 그 비밀을 보이고 빛을 놓아 그 두렷함을 빛나게 하였다. 除此心外 無片事可得 所謂一乘妙法 佛知見也 以此寂滅 離言之道 非言可到 故先入定 以示其微密 放光以彰其圓"라고 하였다. [참고문헌]『法華義疏』, 『法華經通義』. ⇨ 묘법일승 妙法一乘, 불지견 佛知見

일승법계도 一乘法界圖 ➡ 법계도 法界圖, 화엄일승법계도 華嚴一乘法界圖

일승법계도원통기 一乘法界圖圓通記 고려 균여(均如 923~973) 지음. 3권이었으나 2권만 전한다. 한불전 4, pp.1a1~39a8에 있다. 줄여서 『법계도원통기』라고도 한다. 신라 의상(義湘)이 지은 『일승법계도』를 정조자(定造者)·석제목(釋題目)·수문석(隨文釋)의 3문으로 열어 상세히 풀었다. 958년(광종9)에 균여가 마하갑수(摩訶岬藪) 백운방(白雲房)에서 『일승법계도』를 강설한 것을 그의 제자들이 필록(筆錄)하여 입장(入藏)시켰다가 1287년(충렬왕13)에 해인사(海印寺) 승통(僧統) 천기(天其)가 개판하여 오늘에 전한다. ⇨ 법계도원통기 法界圖圓通記, 균여 均如

일승별교 一乘別教 일승에만 있는 특별한 교법. 삼승과는 다른 일승만의 설을 가리킨다. 별교일승(別教一乘)이라고도 한다. 반면에 삼승과 함께하면 동교일승(同教一乘)이라 한다. 『화엄공목장』 권4(대정장45, p.584b28)에 "일승별교는 열 가지 뜻으로 사친근(사선법)을 성취한다. 첫째, 반드시 선지식을 알아야 한다. 둘째, 반드시 설한 법을 알아야 한다. 셋째, 반드시 마구니의 장애를 알아야 한다. 넷째, 스스로 지켜야 할 계를 성취해야 한다. 다섯째, 반드시 정진을 갖추어야 한다. 여섯째, 반드시 선지식을 공경해야 한다. 일곱째, 반드시 법을 구하려는 마음을 일으켜야 한다. 여덟째, 마음이 늘 정법을 향해야 한다. 아홉째, 정법에 대하여 깊이 믿는 마음을 성취해야 한다. 열째, 명료법(일승의 별교와 동교를 아우르는 법)을 터득한다. 이 십문 하나하나마다 모두 십문을 갖춘다. 저 「이세간품」의 말씀과 같이 모두 십문이라 하는 까닭은 일승의 다함없는 법에 응하고자 하기 때문이다. 一乘別教 卽有十義 成四親近 一 須識知識 二 須識所說 三 須識魔事 四 自戒成就 五 須具精進 六 須敬善知識 七 須起求法心 八 心向正法 九 成其深心 十 得明了法 此之十門 一一皆具十門 如離世間品說 所以皆說十門者 爲應一乘無盡法故"라고 하였다. [참고문헌]『華嚴孔目章』. ⇨ 일승 一乘[1], 별교일승 別教一乘, 동별이교 同別二教, 일승원교 一乘圓教

일승보살 一乘菩薩 일승의 가르침을 깨우쳐 행하는 보살. 8지 이상의 보살을 말하기도 한다. 『신화엄경론』 권18(대정장36, p.839a9)에 "일승보살은 지로써 사제와 십이연생을 관한다. 一乘菩薩 以智觀四諦 十二緣生", 『화엄오교장』 권2(대정장45, p.491c5)에 "제7지는 삼승보살을 의지하니 아직 자재하지 못하다. 제8지 이후의 지는 일승법을 의지하니 자재를 얻는다. 第七地 寄三乘菩薩 以未自在故 八地已去 寄一乘法 以得自在故", 『화엄경결의론』「후기 後記」(대정장36, p.1049a19)에 "화엄의 교설은 부처님과 일승보살이라야 감당할 일이 아니겠는가! 처음도 끝도 일념이고, 옛과 오늘이 일시이며, 인과 과 모두 한 분의 부처님이고, 범부와 성인이 하나의 성이며, 시방이 하나의 불국토이고, 삼계가 한 바탕이며, 정상말이 모두 한 법이고, 초중후가 모두 한 때일 뿐이다. 지금 처한 곳마다에 현전하니 분별로 살펴 알아갈 일 아니다. 십신으로 불지에 드는 처음으로 삼고, 제10지로 성불의 끝을 삼는다. 夫華嚴之爲敎也 其佛與一乘菩薩之事乎 始終一念也 今昔一時也 因果一佛也 凡聖一性也 十方一刹也 三界一體也 正像末一法也 初中後一際也 當處現前 不涉情解 以十信爲入佛之始 以十地爲成佛之終"라고 하였다. [참고문헌] 『新華嚴經論』, 『華嚴五教章』, 『華嚴經決疑論』. ⇨ 일승 一乘[1]

일승분교 一乘分教 원효의 사교판(四教判 : 三乘別教 三乘通教 一乘分教 一乘滿教) 중 하나. 이승과 함께하지 않는 교법을 가리킨다. 『화엄경문의요결문답』 권4(한불전2, p.385b12)에 "셋째, 일승분교〈『영락경』·『범망경』 등의 교법〉. 三. 一乘分敎〈如瓔珞 及梵網經等〉"라고 하였다. [참고문헌] 『華嚴經文義要決問答』, 『華嚴經探玄記』 권1(대정장35, p.111a29). ⇨ 효공사교 曉公四教

일승불성구경론 一乘佛性究竟論 당대 초기 법보(法寶) 지음. 6권. 제3권만 남아 卍속장95, pp.742a1~753b13에 전한다. 현존하는 3권은 일승현밀장(一乘顯密章)·불성동이장(佛性同異章)으로 구성되어 있다. 『법화경』과 『열반경』 등 여러 가지 경론에 의지하여 일승이 최후의 진실한 교법임을 입증하고, 대승의 경론에서 밝히고 있는 불성에 관한 논의들을 드러내 그 의미를 밝히고 있다. 대안사(大安寺) 경준(慶俊)이 『일승불성구경론기 一乘佛性究竟論記』 6권에서 이를 다시 풀었다. [참고문헌] 『三論宗章疏』(대정장55, p.1138a27), 『東域傳燈目錄』(대정장55, p.1161c28).

일승삼매 一乘三昧 묘화삼매(妙華三昧)의 다른 이름. 『대방등무상경』 권2 「삼매건도 三昧健度」(대정장12, p.1087a7)에 여러 삼매와 함께 일승삼매라는 이름을 시설하였다. 『범망경고적기』 권상(대정장40, p.696c1)에 "묘화삼매란, 일승삼매로 모든 인을 다 거두니 부처님께서 즐기시는 과다. 妙花三昧者 一乘三昧 總攝因也 佛樂果也"라고 하였다. [참고문헌] 『大方等無想經』, 『梵網經古迹記』. ⇨ 묘화삼매 妙華三昧

일승삼보 一乘三寶 육종삼보(六種三寶) 중 하나로 『승만경』·『법화경』 등에 의지한다. 구경의 법신은 불보, 일승의 법은 법보, 일승의 보살들은 승보다. 『성유식론소초』 권1(卍속장80, p.228a3)에 "일승삼보란, 부처님이시면 불보이고 대승중 교리행과는 법보라 하지만, 소승의 교리행과는 취하지 않는다. 십지보살을 승보라 하지만, 지전보살을 승보라 하지는 않는다. 一乘三寶者 若佛 卽名佛寶 大乘中教理行果 卽名法寶 卽不取小乘教理行果也 其十地菩薩 卽名僧寶 亦不取地前菩薩 名僧寶也", 『성유식론소의연』 권1본(卍속장79, p.12b11)에 "일승삼보라는 말은 대승만이지 소승은 아니다. 또한 화신으로 분별하면 각기 다른 부처님이기에 그 법 또한 같을 수 없다. 그런 까닭에 (소승의 법은) 삼보로 취하지 않는다. 言一乘三寶者 是大非小 又計化身 卽特佛故 法旣不同 所以不取", 『대승법원의림장』 권6(대정장45, p.343c6)에 "일승도법으로 구경법신을 얻는다고 말하며, 그 이상 어떤 일승법사도 설하는 경우는 없다. 說一乘道法 得究竟法身 於上更無說 一乘法事", 같은 책 권6(대정장45, p.345a24)에 "『승만경』의 설에 따르면 정법주·정법멸·바라제목차·비니·출가·수구족 이들 여섯 가지는 대승에서도 설한다. 앞의 네 가지는 법보이고 뒤의 두 가지는 승보다. 따라서 일승방편이므로 두 가지 보 역시 일승으로 거둔다. 勝鬘說 正法住 正法滅 波羅提木叉 毘尼 出家 受具足 此六處爲大乘故說 初四是法 後二是僧 故爲一乘方便 二寶亦一乘攝"라고 하였다. [참고문헌] 『成唯識論疏抄』, 『成唯識論疏義演』, 『大乘法苑義林章』. ⇨ 육종삼보 六種三寶, 삼보 三寶[1]

일승연기 一乘緣起 일승의 뜻으로서의 연기. 법계연기(法界緣起)를 가리킨다. 여기서 일승은 화엄종의 별교일승(別教一乘) 또는 일승원교(一乘圓教)를 말한다. 『화엄공목장』 권4(대정장45, p.586a27)에 "삼승의 연기는 연이 모이면 생겼다가 연이 흩어지면 사라지지만, 일승연기는 연이 모여도 있는 것이 아니고 연이 흩어져도 떠나는 일 없다. 三乘緣起 緣聚卽有 緣散則離 一乘緣起 緣聚不有 緣散未離", 『화엄경소』 권35(대정장35, p.771b8)에 "논주는 일승연기의 뜻을 따르기에 나누어서 총과 별을 두었다. 낱낱의 별들이 모두 총이 되면 총 중에 별들의 뜻이 가득 들어찬다. 그래서 따로 총의 구를 풀지 않는다. 今論主爲順一乘緣起義故 分爲總別 別皆成總 則令總中 具於別義 故不別釋總句"라고 하였다. [참고문헌] 『華嚴孔目章』, 『華嚴經疏』. ⇨ 일승 一乘[1], 연기 緣起[1], 법계연기 法界緣起, 별교일승 別教一乘

일승요의실설 一乘了義實說 일승의 요의를 진실 그대로 설하는 화엄종의 방법. 방편수상대치문(方便修相對治門)·실제연기문(實際緣起門)·궁실법계문(窮實法界門) 세 문으로 열었다. 『석화엄교분기원통초』 권2(한불전4, p.278a13)에 "일승요의실설이라는 이름은 이 경에서 붙여졌지만 교에 차제가 있음을 논한 것일 뿐이다. 그러므로 옛 사람은 '일승을 삼승으로 가렸고, 요의와 불요의를 가렸으며, 실설과 권설을 가려 말했다'고 하였던 것이다. 이 때문에 문이라는 이름도 이들이 종지로 삼는 일승에서 붙여 열었을 뿐이다. 一乘了義實說之名 從此經得 然幷論下敎漸耳 故古人云 一乘簡三乘 了義簡不了義 實說簡權說也 是故 門名從其所宗一乘得也"라고 하였다. [참고문헌] 『釋華嚴敎分記圓通抄』. ⇨ 방편수상대치문 方便修相對治門

일승원교 一乘圓敎 일승의 두렷한 가르침. 화엄의 교설로 별교일승(別敎一乘), 별교일승원교라고도 한다. 화엄만의 교설이라는 뜻에서 별교이고, 범성 등 차별없이 모두 아우르기에 원교라고 한다. 『화엄오교장』 권4(대정장45, p.507c11)에 "이 교설은 일승원교의 법계연기를 밝혔다. 끝없이 원융하여 자재상즉하고 걸림없이 섞여 어울려서 인다라와 같이 이와 사로 끝없는 뜻이다. 此敎 爲顯一乘圓敎 法界緣起 無盡圓融 自在相卽 無礙鎔融 乃至因陀羅 無窮理事等", 『원각경약소』 권상2(대정장39, p.537c5)에 "일승원교란 만유를 다 꾸린즉 이 일심일 뿐이어서, 이와 사 그리고 본과 말이 떨어질 일도 달라질 일도 없다. 一乘圓敎 總該萬有 卽是一心 理事本末 無別異故", 『주대승입능가경』 권10(대정장39, p.504a9)에 "다섯째, 일승원교는 한 위가 모든 위고 모든 위도 한 위임을 밝힌다. 이 때문에 십신을 채운 마음은 곧바로 다섯 위를 거두기에 정각 성취함과 같다. 주반이 구족하므로 원교라 한다. 五 一乘圓敎 明一位卽一切位 一切位卽一位 是故 十信滿心 卽攝五位 成正覺等 主伴具足 故名圓敎"라고 하였다. [참고문헌] 『華嚴五敎章』, 『圓覺經略疏』, 『注大乘入楞伽經』. ⇨ 별교일승 別敎 乘, 일승별교 乘別敎

일승현자심론 一乘顯自心論 ➡ 기주인화상도범취성오해탈종수심요론 蘄州忍和上導凡趣聖悟解脫宗修心要論

일시 一時 ❶ Ⓢ ekasmin samaye, ekaṃ samayam, Ⓟ ekaṃ samayaṃ, Ⓣ dus-gcig-na. 어느 한 때. 경(經)을 설한 바로 그때를 말한다. '여시아문일시불재 如是我聞一時佛在' 중 '일시'는 육성취(六成就) 중 시성취(時成就)에 해당한다. 『금강선론』 권1(대정장25, p.801a17)에 "일시란, 이미 '나는 들었다' 하였고, 설했다면 반드시 때가 있다. 그러므로 다음에 '일시'라고 한다. 그런데 시(時)에는 여러 가지가 있다. 한 생각의 때가 있고, 낮과 밤의 때가 있으며, 백년이란 때가 있고, 한 겁의 때이거나 봄여름가을겨울의 때가 있다. 一時者 旣曰我聞 說必有時 故次云一時 然時有多種 或有一念時 有日夜時 有百年時 有一劫時 有春秋冬夏時", "여기서 말하는 '일시'는 이와 같은 때가 아니다. 바로 여래께서 이 『금강반야경』을 설하신 때이다. 비록 '일시'라고 말하였지만, '어느 연월일에 설하였다'라고 하지 않았으므로 어느 때인지 알 수 없다. 저 『대화엄경』 「세간정안품」은 여래께서 바로 성도하신 날 적멸도량에서 설하신 것이고, 「십지품」은 제14일 타화자재천에서 설하신 것이다. 今言一時者 非此等時 正是如來說此金剛般若經時 雖言一時 不云某年某月某日說 故不知何時也 如大華嚴世間淨眼品 如來卽成道日 在寂滅道場說 十地品 第二七日 在他化自在天中說", "『십만송반야경』의 경우에는 여래께서 성도 5년 후에 설하신 것이라고 경문으로 갖추어져 있지만, 나머지 7부의 반야경전은 다만 '일시'라고 하였으니, 모두 어느 해에 설하신 것인지 알 수 없다. 如十萬偈般若 如來成道五年說 經有成文 餘七部般若但云一時 皆不知何年說也", "『여래장경』은 부처님께서 성도 10년 후에 설하신 것이고, 『대방등대집경』 「보당품」의 경우는 부처님께서 성도 1년 후에 왕사성 가란타죽원에서 설하신 것이며, 「다라니자재왕품」은 성도 16년 후 욕계와 색계 두 계의 중간에서 설하신 것이다. 경에 밝힌 문장이 있으면 바로 그때를 알 수 있지만, 경에 밝힌 문장이 없으면 그때를 알 수가 없다. 如來藏經 佛成道十年說 如大集寶幢品 佛成道一年 王舍城迦蘭陀竹園說 陀羅尼自在王品 成道十六年 在欲色二界中間說 經有明文者 卽便可知 經無明文者 卽不可知也", 『인왕반야경소』 권상1(대정장33, p.316c17)에 "'한 때 부처님께서 왕사성에 계셨다'라는 말에서 '일시'는 경전을 설하신 때를 말하는 것으로, 저 『열반경』을 설하신 2월 15일이다. 이 경은 (부처님께서 성도하신 후) 30년 후 정월 8일을 그 때로 삼는다. 시에는 세 가지가 있으니 첫째는 삼마야시로 긴 시간을 의미하고, 둘째는 가라시로 짧은 시간을 의미하며, 셋째는 서두시로 길지도 짧지도 않은 시간을 의미한다. 여기서 말하는 시는 삼마야시다. 一時佛住王舍城 一時者 卽說經之時 如說涅槃二月十五日 此經三十年正月八日爲時 時有三種 一 三摩耶時 卽長時 二 迦羅時 是短時 三 佉樓時 是不長不短時 今言時者 三摩耶時"라고 하였다. [참고문헌] 『金剛仙論』, 『仁王般若經疏』, 『長阿含經』 권1 「大本經」(대정장1, p.1b12), 『大般若經』 권1(대정장5, p.1b8), 『法華經』 권1(대정장9, 1c19), 『新華嚴經論』 권9(대정장36, p.777a5), *Saddh-p.1.*, *Mp-s.102.*, *DN.1.1.* ⇨ 시성취 時成就, 육성취 六成就❶, 시간 時間 ❷ Ⓢ yuga-pad, eka-kāla, ekadā, sakṛt, Ⓣ skabs-'ga', gcig-tu, cig-car. 같은 때. 주저없이 단번에. 『중론』 권3 「관인과품 觀因果品」(대정장30, p.26c

14 : *Madhy-ś.*, p.191)에 "만약 뭇 연이 모였을 때 과가 생긴다면, 생기는 것과 생기게 하는 것은 일시에 함께하네. 若衆緣合時 而有果生者 生者及可生 則爲一時俱 phalaṃ sahaiva sāmagryā yadi prādurbhavet punaḥ, ekakālau prasajyete janako yaś ca janyate", 같은 책 권3 「관성괴품 觀成壞品」(대정장30, p.29a29)에 "〈석〉 일시에 두 가지 유(有 Ⓢ bhava)가 있게 되는 것이어서 이러한 일은 있을 수 없다. … 앞의 유가 사라질 때 뒤의 유가 생겨난다고 하면 두 가지 유는 일시에 함께 한다. 一時有二有 是事不然 … 若初有滅時 後有生者 卽二有一時俱", 『임제록』(대정장47, p.505a20)에 "임제가 괭이질을 하며 말했다. '제방에서는 화장을 하지만 저는 여기에다가 주저없이 산채로 묻습니다'. 師钁地云 諸方火葬 我這裏一時活埋"라고 하였다. [참고문헌] 『中論』, 『臨濟錄』, 『成實論』 권5(대정장32, p.276b13), 『華嚴五敎章』 권1(대정장45, p.480c1), 『黃龍慧南語錄』(대정장47, p.631b27), *Madhy-ś.*, *Laṅk.56.*, *Bodh-bh.6·45.*, *Yogā-bh.188.*

일시생 一時生 Ⓢ yugapat-pravartate. 때를 같이해서 일어남. 함께 생하는 뜻으로 구생(俱生)이라고도 한다. 시차를 두고 생겨나는 것을 차제생(次第生)이라 한다. 『입능가경』 권3(대정장16, p.530b23 : *Laṅk.*, p.35)에 "대혜야, 이 모든 법은 차제로 생한 것도 아니고 일시에 생한 것도 아니다. 왜 그런가? 대혜야, 만약 일체법이 일시에 생긴다면 인과를 차별할 수 없으니, 인과의 신상을 볼 수 없기 때문이다. 만약 차제로 생한다면 아직 신상을 얻지 못하였으므로 차례대로 생긴다고 할 수 없다. 마치 아들이 있지도 않은데 아버지라 부를 수 없는 것과 같다. 大慧 是諸法 非次第生 非一時生 何以故 大慧 若一切法 一時生者 因果不可差別 以不見因果身相故 若次第生者 未得身相 不得言次第生 如未有子 不能言父 mahāmate … na kramavṛttyā na yugapatpravartante. tatkasya hetoḥ. yadi punarmahāmate yugapatpravarteran, kāryakāraṇavibhāgo na syād apratilabdhahetulakṣaṇatvāt. atha kramavṛttyā pravarteran, alabdhasya lakṣaṇātmakatvātkramavṛttyā na pravartate. ajātaputrapitṛśabdavan", 『잡아비담심론』 권2(대정장28, p.882c25)에 "'처소가 멀다'는 말은, 인도(天竺)와 진단(振旦)의 땅은 비록 일시에 생겨나 합쳐져서 한 바탕이지만 저들 처한 곳이 다르기에 멀다고 한다. '때(時)가 멀다'는 말은, 안근이 안식을 낳을 때 저 뒤에 생긴 것과 먼저 생긴 것의 시간이 멀기에 멀다고 하는 것이다. 이상으로 제행이 일시에 생길지라도 어지럽지 않음을 설명하였다. 處所遠者 謂天竺振旦地 雖一時生 合成一體 然彼處異故 說遠 時遠者 謂眼生眼識 彼後生前生 時間遠故 說遠 已說諸行一時生不亂"라고 하였다. [참고문헌] 『入楞伽經』, 『雜阿毘曇心論』, *Laṅk.* ⇨ 인과 因果, 차제 次第

일식 一識 ❶ 유일한 식. 근경(根境)이 의지하여 일어나는 식이 아닌 개별지를 통어하는 단 하나의 식이 별도로 존재한다는 외도의 주장이다. 경량부의 일미온(一味蘊) 등의 세식(細識)을 '일식'이라 부를 수 있지만 외도의 뜻과는 다르다. 『성실론』 권5(대정장32, p.279a13)에 "너는 하나의 식으로는 육진을 취할 수 없기에 하나의 마음이 아니라고 하는데, 이 일은 그렇지 않다. 나는 근의 차별로 육식(六識)의 차별이 있다고 생각한다. '식'이 안근(眼根)에 머문다면 단지 색진(色塵)에 머물 뿐이어서 나머지 오진은 취할 수 없게 된다. 나머지도 역시 이와 같다. 汝言 一識 不取六塵 故非一心 是事不然 我以 根差別故 識有差別 若識住眼中 但能取色 不取餘塵 餘亦如是", 『대승의장』 권3(대정장44, p.538a4)에 "어떤 사람은 말하길 육식의 마음이 근을 따라 비록 구별되지만 그 체성은 하나다. 이리저리 오고 가는 것이 마치 한 마리 원숭이가 여섯 개의 창에 모두 나타나지만 여섯 마리 원숭이가 있는 것은 아닌 것처럼, 심식도 이와 같이 육근중에 나타나지만 여섯 가지 마음이 있는 것은 아니다. 有人宣說 六識之心 隨根雖別 體性是一 往來彼此 如一猨猴 六窓俱現 非有六猴 心識如是 六根中現 非有六心"라고 하였다. [참고문헌] 『成實論』, 『大乘義章』, 『四分律行事鈔』 권하(대정장40, p.151a5). ⇨ 일식외도 一識外道, 일미온 一味蘊, 육식 六識❶, 법계체성지 法界體性智, 육창일원 六窓一猿 ❷ ➡ 일심 一心❷

일식 日蝕 해가 달 품에 먹히듯이 모습을 감추는 때. 『칠요양재결』 권중(대정장21, p.442c2)에 "해와 달의 길이 같아지면 달이 해를 가리고 해는 달 뒤로 사라진다. 日月同道 月掩日而日蝕", 『법화문구』 권2하(대정장34, p.187b6)에 "일식이라 하니, 만약 일식에 대한 세속의 분별을 전혀 받아들이지 않고 역수에 의지하고 미리 계산하여 알 수 있다. 무슨 뜻인가? 기세간법 자연스러울 따름이니 사람의 음양의 이치와 더불어 합하기에 사람의 몸 중에서 오행과 천지의 수가 합한다. 그러므로 이지러지고 차는 법 또한 반드시 세월 헤아리는 법과 상응하니 어찌 정업을 방해하겠는가! 日蝕者 若全不許 俗有計者 然依曆數 亦可預算知之 何耶 以器世間法爾與人陰陽理合 故人身中 五行與天地數合 故虧盈之法 須應曆數 豈妨正業耶", 『정법염처경』 권20(대정장17, p.117c21)에 "그때 라후아수라왕이 한 손으로 저 햇별을 가렸으니 이것이 세 번째 인연이다. 세인들이 보고는 어리석은 마음으로 모두 다 말하길 '지금 해가 사라졌다'라고 하면서 사람에 따라 풍년이 들 것이라고도 하고, 흉년이 들 것이라고도 하며, … 민중에게 닥치는 역병의 유무를 언급하기도 한다. 이와 같이 실없이 헛되이 분별을 일으킨다. 진실대로 알지 못하여 어리석은 추정에 따라 말하는 것이다. 是時 羅睺阿修羅王 卽以一手障彼日光 是第三因緣 世人見已 以愚癡心 咸作是言 今者日蝕 或言當豐 或說當儉 … 衆人有疫無疫 如是無實 妄生分別 不如實知 隨愚癡說"라고 하였다. [참고문헌] 『七曜攘災決』, 『法華文句』, 『正法念處經』. ⇨ 월식 月蝕

일식묘재 一食卯齋 하루 한 번 묘시(卯時 : 오전 5시~7시)에 공양함. 일수식(一受食)을 말한다. 『수심결』(한불전4, p.708b11)에 "'마음 밖에 부처가 있고 성품 밖에 법이 있다'는 말에 굳게 집착하여 불도를 구하고자 한다면, 비록 진겁을 지내도록 몸을 태우고 팔을 태우며, 뼈를 두드려 골수를 내고, 찔러서 피를 내어 경전을 베껴 쓰며, 오래 앉아 눕지 않으며, 일식묘재하고 나아가 일대장경의 가르침을 모두 읽으며 갖가지 고행을 닦을지라도, 마치 모래를 쪄서 밥을 짓는 것과 같아서 다만 스스로 수고로움만 더할 뿐이다. 若言心外有佛 性外有法 堅執此情 欲求佛道者 縱經塵劫 燒身煉臂 敲骨出髓 刺血寫經 長坐不臥 一食卯齋 乃至轉讀 一大藏敎 修種種苦行 如蒸沙作飯 只益自勞爾"라고 하였다. [참고문헌] 『修心訣』, 『少室六門』(대정장48, p.376a12). ⇨ 일수식 一受食, 십이두타 十二頭陀

일식법 一食法 Ⓢ ekāsanika, Ⓟ ekāsanikaṅga, Ⓣ stan-gcig-pa. 하루에 한 번만 음식을 먹는 법. 일식(一食)·일수식(一受食)이라고도 한다. 『대장엄경론』 권9(대정장4, p.305b26)에 "부처님께서 비구승들을 모으시고 일식법을 찬탄하시고는 마침내 일식계법을 제정하려 하셨다. 그때 비구승들은 모두 조용히 침묵하여 마치 큰 바다가 고요하여 아무 소리도 없는 것과 같았다. 그때 제승중에 바다리라는 한 비구가 부처님께 이렇게 말씀드렸다. '세존이시여, 이 계율을 제정하지 말아주십시오. 저는 능히 지킬 수 없습니다'. 부처님께서는 바다리비구에게 다음과 같이 말씀하셨다. '과거세로부터 생사함이 이 음식 때문이고, 생사하는 중에 끝없는 고통을 받으며 흘러 구르며 여기까지 왔다'. 佛集比丘僧 讚一食法 乃至欲制一食戒法 時比丘僧 咸各默然 猶如大海 寂默無聲 時諸僧中 有一比丘 名婆多梨 白佛言 世尊 莫制是戒 我不能持 佛告比丘 於過去 生死 爲是飮食 生死之中 受無窮苦 流轉至今"라고 하였다. [참고문헌] 『大莊嚴論經』, 『摩訶僧祇律』 권17(대정장22, p.359b12), *Mvyut.49.* ⇨ 일수식 一受食

일식외도 一識外道 하나의 식이 따로 있다고 주장하는 외도. 근경(根境)이 화합해야 일어나는 식이 아닌 별도의 유일한 식이 있다는 주장이다. 『사분율행사초』 권하(대정장40, p.151a5)에 "일식외도는 다음과 같이 주장한다. '한 방에 난 여섯 창문을 원숭이가 두루 돌아다니는 것처럼 육근도 이와 같이 하나의 식이 여섯 곳을 모두 돌아다닌다'. 一識外道 如一室六局 獼猴遍歷 根亦如是 一識通遊"라고 하였다. [참고문헌] 『四分律行事鈔』. ⇨ 일식 一識[1], 육창일원 六窗一猿

일신사 日新寺 전라북도 익산시 용안면 덕용리 칠성산(七城山)에 있던 절. 『동국여지승람』 권34 전라도 용안현 불우에 절 이름과 위치가 전하고, 『범우고』에는 폐사라 하였다. 『사탑고적고』에 "옛 터가 익산군 용안면 덕용리 연동부락 북쪽으로 약 7정 거리에 있다. 절터는 약 1반보(反步 : 1町步의 10분의 1이니 대략 300평)이다. 古址 在益山郡龍安面德龍里蓮洞部落北方約七町 基址約一反步"라고 하였다. [참고문헌] 『東國輿地勝覽』, 『梵宇攷』, 『寺塔古蹟考』, 『韓國寺刹全書』 권하 p.964a6.

일실 一實 하나의 진실. 진여·실제·법성의 다른 이름이며, 일실진여(一實眞如)·일실제(一實諦)·일실경계(一實境界) 등을 말한다. 『유마경약소수유기』 권3(대정장38, p.749b11)에 "품어 어울리되 밖이 없기에 일실이라 하고, 두 갈래 극단도 훤출히 넘어서므로 일실이라 한다. 包融無外 故名一實 超出二邊 故名一實", 『대승의장』 권3(대정장44, p.516b4)에 "오로지 여래장 진실법계일 뿐이니, 진여라고도 하고 실제라고도 하며 법성이라고도 하고 또한 일실이라고도 하며 불성이라고도 한다. 唯如來藏 眞實法界 亦名眞如 亦名實際 亦名法性 亦名一實 亦名佛性"라고 하였다. [참고문헌] 『維摩經略疏垂裕記』, 『大乘義章』. ⇨ 일실경계 一實境界, 일실제 一實諦, 진여 眞如, 실제 實際[1]

일실경계 一實境界 단 하나 진실한 경계. 중생심의 바탕으로 본래 깨끗한 진심이고, 유무의 분별을 넘어서기에 중도의 뜻이기도 하다. 『점찰선악업보경』 권하(대정장17, p.907a4)에 "일실경계란 중생심의 바탕을 말한다. 본래부터 생함도 없고 멸함도 없으며, 자성이 청정하고 막힘도 없고 걸림도 없어 허공과 같다. 분별을 벗어났으므로 평등하고 널리 두루하니 두렷이 시방에 가득하다. 구경의 일상으로 둘도 없고 다름도 없어서 변할 일도 달라질 일도 없으며, 더할 것도 덜할 것도 없다. 所言一實境界者 謂衆生心體 從本以來 不生不滅 自性淸淨 無障無礙 猶如虛空 離分別故 平等普遍 無所不至 圓滿十方 究竟一相 無二無別 不變不異 無增無減", 『대일경소』 권7(대정장39, p.649b7)에 "일어나지 않는다는 말은 바로 이 하나의 진실한 경계이고 중도이기도 하다. 그러므로 용수는 '인연으로 일어난 법은 공이기도 하고 가이기도 하고 중이기도 하다'라고 한 것이다. 不生者

卽是一實境界 卽是中道 故龍樹云 因緣生法 亦空亦假亦中", 『사분율행사초자지기』 권중4(대정장40, p.350c19)에 "또는 '진실한 식'이라고도 하니, 그것은 상주하는 본래 깨끗한 진심이어서 곧 바로 중도인 하나의 진실한 경계다. 或云眞識 卽是常住 本淨眞心 卽是中道 一實境界"라고 하였다. [참고문헌] 『占察善惡業報經』, 『大日經疏』, 『四分律行事鈔資持記』. ⇨ 일상 一相, 일성 一性 ❶

일실관 一實觀 단 하나의 진실을 보다. 마음 밖에 어떤 법도 없는 단 하나의 진실을 보는 것이어서 실상(實相)·불지견(佛知見) 등이 그 경계의 다른 이름이다. 『대보적경』 권112(대정장11, p.634b10)에 "백천만겁 지나도록 한없이 익힌 번뇌의 업일지라도 하나의 진실로 관한 즉시 모두 사라진다. 百千萬劫 久習結業 以一實觀 卽皆消滅", 『종경록』 권92(대정장48, p.916b7)에 "하나의 진실로 관한다는 말은 일체가 오직 마음이고 진여일 뿐이라고 진실로 관하니, 마음을 떠난 밖은 온통 헛된 그림자다. 그러므로 일실경계라 부른다. 또 다시 부르기를 실상·실지·실제·실법이라고도 하며, 불지견·성지혜 등이라고도 한다. 이 하나의 마음법으로써 번뇌라는 병을 다스린다. 所言一實觀者 卽是唯心 眞如實觀 離心之外 盡成虛幻 故稱一實境界 亦云實相 實地 實際 實法 乃至名佛知見 聖智慧等 以此一心法 治煩惱病"라고 하였다. [참고문헌] 『大寶積經』, 『宗鏡錄』. ⇨ 실제 實際, 실상 實相, 불지견 佛知見, 유심 唯心

일실리 一實理 단 하나 진실한 뜻. 법성에 차별이 없는 일승의 뜻이다. 80권본 『화엄경』 권6(대정장10, p.32a23)에 "구르는 미묘한 법의 수레바퀴, 법의 성에는 차별이 없구나. 하나의 진실한 뜻에 의지하여, 모든 법의 상을 풀어낸다네. 所轉妙法輪 法性無差別 依於一實理 演說諸法相", 『화엄경소』 권31(대정장35, p.741b25)에 "둘이 없는 상이란 바로 하나의 진실한 이치다. 不二相者 卽一實理", 『화엄경소초』 권12(대정장36, p.89c5)에 "연을 모아 실에 들어가니, 하나의 헛되지 않은 뜻으로 돌아가니, 곧바로 단 하나 수레에 오르네. 以會緣入實 歸一實理 卽一乘故"라고 하였다. [참고문헌] 『華嚴經』, 『華嚴經疏』, 『華嚴經疏鈔』. ⇨ 일승 一乘 ❶

일실상 一實相 단 하나 진실상. 전도(轉倒)가 없어 허망(虛妄)하지 않으며, 무상(無常)도 열반(涅槃)도 아니어서 진속(眞俗)이 온통 진실인 뜻을 말한다. 80권본 『화엄경』 권19(대정장10, p.104b14)에 "다만 일체불법은 단 하나 실상일 뿐임을 알고자 하기에 행하고 정진한다. 但爲知一切佛法 一實相故 而行精進", 『금강경찬요간정기』 권2(대정장33, p.182b22)에 "그러므로 알라. 다만 전도 없음을 잡아 허위를 버리면 바로 실상이니, 한 쌍의 진실인 진제와 속제를 하나의 진실한 상으로 여긴다. 故知 但約不顚倒 離虛僞 便爲實相 則雙實眞俗二諦 爲一實相也", 『법화현의』 권8상(대정장33, p.779c21)에 "본래 난 적 없다고 한즉 무상무아의 상은 아니고, 지금 사라지는 일도 없다는 말은 소승의 열반도 아니다. 오직 단 하나 실상일 뿐이다. 本不生者 則非無常無我相 今則無滅者 則非小寂滅相 唯是一實相"라고 하였다. [참고문헌] 『華嚴經』, 『金剛經纂要刊定記』, 『法華玄義』. ⇨ 실상 實相, 진속이제 眞俗二諦

일실상인 一實相印 단 하나 진실한 모습만을 새긴 인장. 생사가 곧 열반이어서 일체법에 둘이 없는 대승의 진실을 표하고 인증하는 뜻이다. 『인왕경소신보기』 권1(대정장33, p.286b24)에 "실상을 몸으로 삼는다는 말은 모든 대승이 온통 하나의 진실이라는 인장을 가리켜 몸으로 삼는다는 뜻이다. 實相爲體者 凡諸大乘 總指一實相印爲體", 『법화현의』 권8상(대정장33, p.779c26)에 "체를 반듯하게 드러내는 것이라면 곧바로 일실상인이다. 正顯體者 卽一實相印也", 『청관음경소천의초』 권3(대정장39, p.993c17)에 "『대론』에 따르면 대승경은 하나의 진실한 상이라는 인장으로써 생사 그대로 열반이고 열반 그대로 생사라고 여기는데, 둘도 아니고 다르지도 않기 때문이다. 大論云 大乘經 用一實相印 生死卽涅槃 涅槃卽生死 不二不異故"라고 하였다. [참고문헌] 『仁王經疏神寶記』, 『法華玄義』, 『請觀音經疏闡義鈔』. ⇨ 일실상 一實相, 실상 實相

일실성계 一實性界 Ⓢ eka-dhātu. 단 하나 진실한 성으로서의 법계. 제불여래께서 한결같이 평등하게 증득하신 지혜의 세계이며, 일체중생이면 누구나 깨우쳐 들 수 있는 계를 말한다. 『보성론』 권2(대정장31, p.824b13 : *Ratna-ut.*, p.13)에 "어리석은 범부는 하나의 진실한 성으로서의 계를 진실 그대로 알지 못하고 진실 그대로 보지 못한다. 저 진실 그대로의 성을 진실 그대로의 성으로 관찰하지만 그 상마저도 취하지 않고, 상을 취하지 않기에 능히 진실한 성을 볼 수 있다. 이와 같은 실성은 제불여래께서 평등하게 증득한 지혜이다. 愚癡凡夫 不如實知 不如實見 一實性界 如彼如實性 觀察如實性 而不取相 以不取相故 能見實性 如是實性 諸佛如來平等證智 bālānām ekasya dhātor yathābhūtam ajñānād adarśanāc ca pravartate. sa ca tathā draṣṭavyo yathā parigaveṣayan na tasya kiṃcin nimittam ārambaṇaṃ vā paśyati. sa yadā na nimittaṃ nārambaṇaṃ vā paśyati tadā bhūtaṃ paśyati. evam ete dharmās tathāgatenâbhisaṃbuddhāḥ samatayā samā iti"라고 하였다. [참고문헌] 『寶性論』, *Ratna-ut.* ⇨ 일실 一實

일실승 一實乘 한결같이 진실만을 실어 나르는 수레. 방편이 아닌 일실(一實)의 뜻만을 보이는 가르침을 말한다. 일실만이 아니라 일체중생의 근기를 살펴 여러 갈래로 가르침을 펴면 방편승(方便乘)이라 한다. 『대일경의석연밀초』 권2(卍속장37, p.45b7)에 "'만일 다른 방편문에서 밀의(密意)를 열어보인다면'(『대일경소』 권1, 대정장39, p.584b8)이라 한 것은, 부처님의 방편에 들어감에는 헤아릴 수 없이 많은 문이 있다. 문이 비록 헤아릴 수 없이 많더라도 만일 밀의를 열어보일 수 있어야 모두 이 유일한 진실을 전하는 교승에서 벗어나지 않는다. 若於異方便門等者 謂入佛方便 有無量門 門雖無量 若開顯密意 則皆不離 此一實乘矣", 『법화경연의』(卍속장52, p.133b18)에 "모든 부처님은 본래 일실승을 설하시려 한다. 그러나 오탁악세에 얽혀 있는 중생의 근기로는 알아차릴 수 없으므로, 먼저 삼승의 방편을 설해줌으로써 무르익도록 한 다음에 일승의 실상을 설하여 벗어나도록 한다. 이것은 방편을 따르다가 실상으로 돌아가도록 한다. 諸佛本欲說一實乘 緣在五濁惡世 衆生之機有所不契 乃先且說 三乘之權 以調熟之後 乃說於一乘實相 而度脫之 使從權而歸實"라고 하였다. [참고문헌] 『大日經義釋演密鈔』, 『大日經疏』, 『法華經演義』. ⇨ 일실 一實, 방편승 方便乘, 일승 一乘❶

일실제 一實諦 한결같아 허망하지 않은 진실. 진제와 속제, 열반과 생사, 보리와 번뇌가 둘이 아닌 뜻으로 드러나는 실상중도를 말한다. 『법화현의』 권2하(대정장33, p.701b8)에 "『대경』에서 이르길 '세제가 곧 제일의제이다. 세제에는 훌륭한 방편이 있어서 중생을 수순하기에 이제가 있다고 설하지만, 출세인이 알면 그것은 제일의제다'(40권본 『대반열반경』 권13, p.443a10)라고 한다. 하나의 진실한 이치는 허망함이 없고 전도가 없어서 상락아정 등이다. 그러므로 지을 일 없는 사성제라 한다. 大經云 世諦卽是第一義諦 有善方便 隨順衆生 說有二諦 出世人知 卽第一義諦 一實諦者 無虛妄 無顚倒 常樂我淨等 是故名爲無作四聖諦", 『대반열반경소』 권15(대정장38, p.131c6)에 "단상을 버려서 드러난 중도를 일실제라 한다. 除斷常顯中道 爲一實諦", 『유마경현소』 권2(대정장38, p.525c5)에 "한결같이 진실한 뜻만을 비추고 다 비워 통하여 걸림없는 것을 중도관이라 한다. 照一實諦 虛通無滯 名中道觀也", 같은 책 권2(대정장38, p.530c18)에 "만일 열반 그대로 생사라 하면 일실제는 바로 고제의 인연이고, 생사 그대로 열반이라 한다면 일실제는 멸제의 인연이며, 보리 그대로 번뇌라 한다면 일실제는 집제의 인연이고, 번뇌 그대로 보리라 한다면 일실제는 도제의 인연이다. 若言涅槃卽生死 一實諦卽是苦因緣 若言生死卽涅槃 一實諦 卽是滅因緣 若言菩提卽煩惱 一實諦 卽是集因緣 若言煩惱卽菩提 一實諦 卽是道因緣也"라고 하였다. [참고문헌] 『法華玄義』, 『大般涅槃經』, 『大般涅槃經疏』, 『維摩經玄疏』. ⇨ 실상중도 實相中道, 실제 實諦, 진제 眞諦, 중도 中道

일심 一心 Ⓢ eka-citta, Ⓣ sems gcig. ❶ 하나뿐인 마음. 끝내 찾아도 얻을 수 없고(不可得), 여래로 빛나며(如來光), 찰나로 생멸하지만 끊임없이 이어지고, 어떤 이름과 모양으로도 그려낼 수 없지만 부술 수도 없어서 그저 진여(眞如)라고 부른다. 삼계(三界)와 만법(萬法)도 이 일심 밖이 아니라고 한다. 80권본 『화엄경』 권31(대정장10, p.194a14)에 "삼계의 모든 존재는 오직 일심일 뿐이다. 三界所有 唯是一心", 『대방광삼계경』 권하(대정장11, p.697c21)에 "만일 도저히 얻을 수 없는 마음을 일심이라 하며, 이것이야말로 일심을 설한 것이다. 若不得心 是名一心 是名說一心", 『입능가경』 권1(대정장16, p.519a1)에 "적멸이란 것에 이름한 것이 일심이고, 일심이라 한 것의 이름이 여래장이다. 寂滅者名爲一心 一心者 名爲如來藏", 『사익범천소문경』 권1(대정장15, p.34a6)에 "여래로 빛나는 것을 일심이라 한다. 부처님은 이 빛으로 망념에 물든 중생들이 모두 선정을 얻도록 하신다. 如來光 名曰一心 佛以此光 能令妄念衆生 皆得禪定", 『대지도론』 권83(대정장25, p.643b10)에 "마음에는 두 가지가 있다. 하나는 념념이 생멸하는 마음이고, 다른 하나는 이어지며 차제로 생겨나는 것들을 다 거둬 일심이라 한다. 상속하여 차제로 일어나기에 비록 많지만 일심이라 부른다. 心有二種 一者念念生滅心 二者 相續次第生 總名一心 以相續次第生故 雖多 名爲一心", 『대승기신론』(대정장32, p.576a11)에 "모든 법은 본래부터 언설상을 떠나고 명자상을 떠나며 심연상을 떠나 있어, 필경은 평등하고 변이도 없고 파괴할 수도 없어서 오로지 일심일 뿐이다. 그러므로 진여라 한다. 一切法 從本已來 離言說相 離名字相 離心緣相 畢竟平等 無有變異 不可破壞 唯是一心 故名眞如", 원효(元曉)의 『금강삼매경론』 권하(대정장34, p.996a15・한불전1, p.659a8)에 "생멸은 둘이 아니고 움직임과 고요도 다른 것이 아니다. 이와 같은 것을 이름하여 일심의 법이라 한다. 비록 진실은 둘이 아니지만 하나를 지키지도 않는다. 生滅不二 動寂無別 如是名爲一心之法 雖實不二 而不守一", 『마하지관』 권5상(대정장46, p.54a5)에 "일심은 십법계를 갖춘다. 夫一心具十法界", 『대승지관법문』 권1(대정장46, p.642b11)에 "모든 법의 진실은 이와 같으니 오로지 일심일 뿐이다. 그러므로 이 일심을 진여라고 여긴다. 以一切法 眞實如是 唯是一心 故名此一心 以爲眞如", 『관음의소』 권상(대정장34, p.922c12)에 "일심이 돌아가 기대고 더는 다른 뜻이 없으므로 사(事)로서의 일심이라 한다. … 이(理)로서의 일심이란, 이 마음 깨우치면 자타 함께 없고 인마저

언을 수 없다. 마음도 없고 상념도 없어 공의 지혜와 상응한다. 一心歸憑 更無二意 故名事一心也 … 理一心者 達此心自他共無 因不可得 無心無念 空慧相應", 『분양어록』 권하 「직시불심 直示佛心」(대정장47, p.629a4)에 "모든 냇물이 다투어 흘러 마침내 바다로 돌아가듯이, 만법의 수많은 이름들, 일심일 뿐이다. 百川競注歸滄海 萬法多名只一心"라고 하였다. 종밀(宗密)은 『화엄경행원품소초』 권2(卍속장7, p.844a5)에서 일심을 오교(五敎)에 배대하여 소승의 가설일심(假說一心)·대승권교(大乘權敎)의 사일심(事一心)·대승실교(大乘實敎)의 이사무애일심(理事無礙一心)·대승돈교(大乘頓敎)의 절대일심(絶對一心)·별교일승(別敎一乘)의 총해만유일심(總該萬有卽時一心)으로 풀었다. 〔참고문헌〕『華嚴經』, 『大方廣三戒經』, 『入楞伽經』, 『思益梵天所問經』, 『大智度論』, 『大乘起信論』, 『金剛三昧經論』, 『摩訶止觀』, 『大乘止觀法門』, 『觀音義疏』, 『汾陽語錄』, 『華嚴經行願品疏鈔』, *Yogā-bh.* ⇨ 여래장 如來藏 **1**, 여래장심 如來藏心 **2**, 진여 眞如, 불어심 佛語心, 만법일심 萬法一心, 삼계유심 三界唯心, 심생멸문 心生滅門, 심진여문 心眞如門 **2** 오직 마음 하나뿐이라는 말. 마음 밖에 그 어떤 것도 없다(心外無境)는 유식(唯識)의 뜻에서의 일심이다. 『성유식론』 권2(대정장31, p.10c9)에 "'스스로의 마음에 집착함으로 말미암아 마음이 외부 경계를 따라 움직이는 듯하지만, 저 보이는 것들 실재하지 않으므로 오직 마음일 뿐이라고 한다'. 이와 같이 곳곳에서 하나의 마음일 뿐이라고 설하지만, 이 하나의 마음이라는 말도 역시 심소에 속한다. 由自心執著 心似外境轉 彼所見非有 是故說唯心 如是處處 說唯一心 此一心言 亦攝心所", 『유식이십론술기』 권상(대정장43, p.981c5)에 "외경은 없으니 오로지 마음만 있을 뿐이어서 굳이 일심이라 부른다. 無外境唯有心 故名爲一心", 『성유식론소의연』 권3(卍속장79, p.153a13)에 "'이와 같이 곳곳에서 하나의 마음일 뿐'이라고 한 것은 『십지경』·『화엄경』·『해심밀경』 등에서 하나의 식에 대하여 설한 문을 가리킨다. 如是處處 說唯一心者 卽指十地花嚴解深密等 說一識文", 『주화엄법계관문』(대정장45, p.685a26)에 "색 등은 본래 진여라는 일심이 생멸과 더불어 화합하니, 아리야식 등이라 이름한다. 以色等本是眞如一心 與生滅和合 名阿梨耶識等"라고 하였다. 〔참고문헌〕『成唯識論』, 『唯識二十論述記』, 『成唯識論疏義演』, 『註華嚴法界觀門』. ⇨ 일체유심조 一切唯心造, 아뢰야식 阿賴耶識 **3** Ⓢ ekāgra-citta, cittaikāgra, Ⓟ citta-ekaggatā. 흐트러짐 없는 오롯한 마음. 『중아함경』 권52 「주나경 周那經」(대정장1, p.755b24)에 "법을 닦게 하고 망념을 거두게 함으로써 사문답게 되고, 한 마음 얻고 정진하여 열반에 이르렀다. 令修令攝 得沙門 得一心 得精進 得涅槃", 『마하지관』 권4하(대정장46, p.48b17)에 "일심이란 이 법을 닦을 때 한 마음으로 뜻을 집중하고 결코 다른 연이 없게 한다. 一心者 修此法時 一心專志 更不餘緣", 『낙방문류』 권4(대정장47, p.213c16)에 "선지식을 만나 아미타불의 본원과 명호를 얻어 듣고 한 마음으로 칭념하고 왕생하기를 기원했다. 今遇善知識 得聞彌陀本願名號 一心稱念 求願往生", 『치선병비요법』 권하(대정장15, p.341c1)에 "그대들은 오늘 마땅히 (귀신의) 이름을 알고 한 마음으로 생각을 묶어 어지럽지 않도록 하라. 汝等今日 宜識名字 一心繫念 莫爲所亂", 『금광명최승왕경소』 권4(대정장39, p.269c16)에 "저 경에 오롯이 머무는 것을 일심이라 한다. 專注於境 名爲一心", 『선관책진』 「미타경 彌陀經」(대정장48, p.1107a7)에 "아미타불의 명호를 가져 지니고 한 마음으로 어지럽지 않도록 한다. 〔평〕 다만 일심불란이라는 이 네 글자로 참선하는 일을 다해 마칠 수 있음에도 사람들이 보통 이것을 소홀히 여긴다. 執持名號 一心不亂 評曰 只此一心不亂四字 參禪之事畢矣 人多於此忽之"라고 하였다. 〔참고문헌〕『中阿含經』, 『摩訶止觀』, 『樂邦文類』, 『治禪病祕要法』, 『金光明最勝王經疏』, 『禪關策進』, *Bodh-bh. 74.* ⇨ 심일경성 心一境性, 수일 守一 **2** **4** 분별하는 한 마음. 『신심명』(대정장48, p.376c6)에 "한 마음도 일지 않으면 만법에 허물이 없다. 一心不生 萬法無咎", 『경덕전등록』 권4 「보당무주전 保唐無住傳」(대정장51, p.234b24)에 "한 마음 일어나지 않으면 계정혜를 갖춰서 하나도 아니고 셋도 아니다. 一心不生 具戒定慧 非一非三也"라고 하였다. 〔참고문헌〕『信心銘』, 『景德傳燈錄』.

일심 一尋 Ⓢ vyāma, Ⓟ byāma, Ⓣ 'dom gang ldan pa. 두 팔을 최대한 벌린 길이. 8척(尺) 또는 6척 정도이다. 7척이라는 설도 있다. 『무량수경』 권하(대정장12, p.273b21)에 "그 불국에 사는 모든 성문 대중의 몸에서 나오는 광명은 일심의 길이이고, 보살의 광명은 일백유순을 비춘다. 彼佛國中 諸聲聞衆 身光一尋 菩薩光明 照百由旬", 『일체경음의』 권70(대정장54, p.762b4)에 "일심〈… 사람 두 팔을 벌린 길이를 심이라 한다〉. 一尋〈… 人兩臂爲尋〉"라고 하였다. 〔참고문헌〕『無量壽經』, 『一切經音義』, *Bodh-bh.259.*

일심계 一心戒 **1** 한 마음으로 가지는 계. 대승보살계 65종 뜻 중에 하나다. 『이취육바라밀다경』 권5(대정장8, p.889c28)에 "일심계는 (사십팔 등의) 경계와 (波羅夷 등) 중계의 차이가 없다. 一心戒 輕重無差故"라고 하였다. 〔참고문헌〕『理趣六波羅蜜多經』. ⇨ 바라이 波羅夷, 사십팔경계 四十八輕戒 **2** ➡ 일심계문 一心戒文 **1**

일심계문 一心戒文 **1** 저자 미상. 1권. 필사본. 온전한 제목은 『달마대사상승일심계문 達磨大師相承一心戒文』

이다. 달마가 전했다고 알려져 있기도 하고, 남악혜사(南岳慧思)가 달마에게 전해받았다고도 한다. 불조(佛祖)가 전한 자성청정심(自性淸淨心)을 계로 삼는다는 취지다. ❷ ➡ 전술일심계문 傳述一心戒文

일심계의궤 一心戒儀軌 영서(榮西) 지음. 1권. 온전한 제목은 『달마상승일심계의궤 達磨相承一心戒儀軌』이다. 무상중훈(無相中訓)이 지었다고도 한다. 자성청정계(自性淸淨戒)의 계의(戒儀)를 서술하였다.

일심법계 一心法界 한 마음 법계. 『화엄경탐현기』 권18(대정장35, p.440c10)에 "한 마음 법계는 두 문을 모두 품는다. 첫째는 심진여문이고, 둘째는 심생멸문이다. 비록 이렇게 두 문이지만 다 각각 갖가지 모든 법을 거둔다. 一心法界 具含二門 一 心眞如門 二 心生滅門 雖此二門 皆各總攝一切諸法"라고 하였다. [참고문헌] 『華嚴經探玄記』. ⇨ 일심 一心❶, 법계 法界

일심불생만법무구 一心不生萬法無咎 한 마음 움직이지 않으면 만법에 허물이 없다는 말. 3조 승찬(僧粲)의 『신심명 信心銘』 구로, 마음만이 오직 일체법 분별하여 염정(染淨) 등의 파도를 일으킨다는 뜻이다. 『신심명』(대정장48, p.376c5)에 "둘은 하나 때문에 있으니, 하나 또한 지키지 마라. 한 마음도 일지 않아야 만법 허물이 없으리. 二由一有 一亦莫守 一心不生 萬法無咎", 『임제록』(대정장47, p.502b7)에 "길을 나선 무리들이여, 그대들이 부처가 되고자 한다면 만물을 따르지 마라. 마음 일어나면 갖가지 법이 다 일어나고 마음이 멸하면 갖가지 법 사라진다. 한 마음조차 일지 않아야 만법에 허물이 없다. 道流 爾欲得作佛 莫隨萬物 心生種種法生 心滅種種法滅 一心不生 萬法無咎", 『운문광록』 권중(대정장47, p.554c23)에 "삼조가 말한 '한 마음조차 일지 않아야 만법에 허물이 없으리'라는 말을 들고는, 운문이 '바로 여기서 깨우쳐 마쳐야 한다'고 한 뒤 주장자를 들고 말했다. '하늘과 땅 그리고 대지에 무슨 허물이 있는가?' 擧三祖云 一心不生 萬法無咎 師云 秖者裏悟了 乃拈起拄杖云 乾坤大地 有什麽過"라고 하였다. [참고문헌] 『信心銘』, 『臨濟錄』, 『雲門廣錄』. ⇨ 만법일심 萬法一心, 승찬 僧璨, 만법귀일 萬法歸一

일심사 一心寺 전라남도 신안군 지도읍 읍내리에 있는 절. 1919년에 창건하였다. 300년 전부터 관운장(關雲長)의 초상을 모시던 사당에 법당과 요사채를 신축하였다. 한국전쟁 당시 사망한 군인 및 경찰 등 호국영령들의 위패 540여 기를 모신 극락전이 있다. [참고문헌] 『전통사찰현황』(문화관광부, 2004) p.188.

일심삼관 一心三觀 한 마음을 세 갈래로 관하다. 한 마음을 공가중(空假中) 세 갈래로 관하여 일심(一心)도 일체법(一切法)도 공가임을 깨우치고 중도에 들지만, 공가와 중도마저 마음에 두지 않을 때 일심삼제(一心三諦)를 넘어 원융삼관(圓融三觀)을 성취한다. 천태(天台)의 관법이다. 불가사의삼관(不可思議三觀)·불차제삼관(不次第三觀)이라고도 한다. 『마하지관』 권5상(대정장46, p.55b13)에 "만일 한 법이 일체법이라 한 것은 바로 이 인연으로 일어난 법일 뿐이어서, 이것은 임시의 이름일 뿐이다. 만일 일체법이 한 법이라 한 것은 '나는 설하길 곧바로 이것이 공이다'라고 한 공관이다. 만일 하나도 아니고 일체도 아니라 한 것은, 이는 중도관이고, 하나가 공이면 일체가 공이니 공이 아닌 가와 중은 없다 하면 이것은 총공관이다. 하나가 가이면 일체가 가이니 가가 아닌 공과 중은 없다 하면 총가관이다. 하나가 중이면 일체가 중이니 중이 아닌 공과 가는 없다 하면 총중관이다. 이상이 『중론』에서 설하는 불가사의한 일심삼관이다. 若一法一切法 卽是因緣所生法 是爲假名 假觀也 若一切法卽一法 我說卽是空 空觀也 若非一非一切者 卽是中道觀 一空一切空 無假中而不空 總空觀也 一假一切假 無空中而不假 總假觀也 一中一切中 無空假而不中 總中觀也 卽中論所說 不可思議 一心三觀", 『유마경현소』 권2(대정장38, p.528c22)에 "이제 이 일심삼관을 밝히고자 또한 세 가지 뜻으로 나눈다. 첫째는 관할 부사의한 경을 밝히고, 둘째는 능히 관하는 세 가지 관을 밝히며, 셋째는 증해 마친 뜻을 밝힌다. 첫째, 부사의한 경을 밝힌다는 말은 일념무명심의 인연으로 일어난 십법계가 경이 된다는 것이다. … 둘째, 능히 관하는 것이란 저 일념무명심이 공도 아니고 가도 아니며 갖가지 모든 법도 공이나 가가 아니라고 관할 수 있다면, 능히 마음이 공이고 가임을 알고 곧바로 일체법도 공가임을 안다. 이렇게 일심삼관으로 삼제의 뜻을 남김없이 비춰 알아 무명과 갈망을 끊을 일 없이 모든 지혜 일으킨다. 마치 물이 맑아 깨끗하면 구슬의 모습 저절로 나타나듯 한다. 이것이 관행즉이다. 셋째, 증해 마쳤다는 것은 일심삼관을 깨우친즉 곧바로 이 일심은 삼지와 오안을 성취한다는 뜻이다. 今明此一心三觀 亦爲三意 一明所觀 不思議之境 二明能觀三觀 三明證成 一明不思議之觀境者 卽是一念無明心 因緣所生十法界 以爲境也 … 二明能觀者 若觀此一念無明之心 非空非假 一切諸法 亦非空假 而能知心空假 卽照一切法空假 是則 一心三觀 圓照三諦之理 不斷癡愛 起諸明脫 若水澄淸 珠相自現 此卽觀行卽也 三明證成者 若證一心三觀 卽是一心 三智五眼也", 『법화현의』 권7상(대정장33, p.763b15)에 "깨끗한 마음으로 관한다는 말은 모든 마음이 다 인연으로 일어난 법이기에 그 모두가 공이고 가이며 중이라고 관하니, 한 마음을 세 가지로 관한다는 뜻이다. 이렇게 관하므로 마음은 마음이 아니고 마음은 단지 이름일 뿐이라고 알며, 법도 법이 아니어서 법에는 아가 없다고 안다. 淨心觀者 謂觀諸心 悉是因緣生法 卽空 卽假 卽中 一心三觀 以是觀故 知心非心 心但有名 知法非法 法無有我", 『관음의소기』 권4(대정장34, p.955b19)에 "한 마음을 세 가지로 관하여 부수어 다하지 못한 곳이 없게 되니 곧바로 공이고, 유를 들이지 않고 곧바로 가이므로 공을 들이지 않으며, 일체가 중이므로 공가 이변을 들이지 않고, 공가를 관조하므로 중도마저 들이지 않는다. 이와 같이 그 무엇도 받아들이지 않고 한 마음중에 있어야 비로소 차제에서 벗어난다. 一心三觀 破無不遍 以卽空故 不受於有 以卽假故 不受於空 以卽中故 不受二邊 照空假故 不受中道 如是不受 在一心中 方離次第", 『법화경과주』 권1(卍속장48, p.714b2)에 "이즈러짐 없이 두렷한 방편인즉 일심삼관을 닦는 것이고, 삼혹을 다 타파하고 삼제를 빠짐없이 증득하며 삼덕을 두렷이 성취한다. 圓巧則修一心三觀 圓破三惑 圓證三諦 圓成三德也"라고 하였다. [참고문헌] 『維摩經略疏』, 『摩訶止觀』, 『維摩經玄疏』, 『法華玄義』, 『觀音義疏記』, 『法華經科註』. ⇨ 삼관 三觀 ❶, 삼종삼관 三種三觀, 원융삼관 圓融三觀, 일심삼혹 一心三惑, 심관 心觀, 삼제 三諦, 산가산외 山家山外

일심삼지 一心三智 일심중에 세 가지 지혜가 드러남. 일체지(一切智)·도종지(道種智)·일체종지(一切種智)를 한 마음으로 동시에 증득한다는 천태(天台)의 설로, 삼지일심(三智一心)·부사의삼지(不思議三智)라고도 한다. 공가중(空假中) 삼관(三觀)을 닦아 삼종반야(觀照 方便 實相)인 삼지를 얻는데, 별교(別敎)는 시차를 두고 닦는 차제삼관(次第三觀)이고 원교(圓敎)는 불차제삼관(不次第三觀)이므로 일심삼지라 한다. 『기신론소필삭기』 권17(대정장44, p.392c8)에 "일심삼관을 닦음을 인으로 과인 일심삼지를 증득한다. 곧 즉공관을 닦아 일체지를 증득하고, 즉가관을 닦아 도종지를 증득하며, 즉중관을 닦아 일체종지를 얻는다. 因修一心三觀 果得一心三智 謂修卽空觀 得一切智 修卽假觀 得道種智 修卽中觀 得一切種智", 『금광명경현의』 권하(대정장39, p.8b23)에 "이와 같이 관하는 것이 곧바로 일심삼지다. 즉공관은 관조반야로 일체지이고, 즉가관은 방편반야로 도종지이며, 즉중관은 실상반야로 일체종지다. 이들 삼지를 일심에서 증득하니 즉공즉가즉중이어서 앞도 없고 뒤도 없으니, 나란히 하지도 않지만 따로이지도 않다. 如是觀者 卽是一心三智 卽空是 觀照般若 一切智 卽假是 方便般若 道種智 卽中是 實相般若 一切種智 是三智一心中得 卽空卽假卽中 無前無後 不並不別", 『마하지관』 권5상(대정장46, p.55b19)에 "'인연으로 일어난 모든 법'이란 방편으로 유정의 뜻을 따르는 길로서의 씨앗을 뿌리는 방편지다. 만일 일체법이 하나의 법이어서 '나는 곧바로 공이라 설한다'고 하는 뜻은 곧바로 따르는 지여서 일체지다. '만일 하나도 아니고 일체도 아니라면 중도의라고 한다'면, 권도 아니고 실도 아닌 일체종지다. 하나가 권이면 일체가 권이고 하나가 실이면 일체가 실이어서 일체는 권도 아니고 실도 아니라고 하면, 일체를 두루 거두기에 이것이야말로 부사의한 삼지다. 若因緣所生 一切法者 卽方便隨情 道種權智 若一切法一法 我說卽是空 卽隨智 一切智 若非一非一切 亦名中道義者 卽非權非實 一切種智 例上一權一切權 一實一切實 一切非權非實 遍歷一切 是不思議三智也", 『대지도론』 권27(대정장25, p.260b17)에 "일심중에 일체지와 일체종지를 얻고 일체번뇌의 습기를 끊는다. 一心中得 一切智 一切種智 斷一切煩惱習"고 하였는데, 『사명존자교행록』 권6(대정장46, p.915c15)에 따르면, 북제의 혜문(慧文)이 이 문구를 보아 활연히 깨닫고 혜사에게 전했으며, 혜사는 다시 지의에게 전했으니, 지의가 이를 일심삼관·일경삼제(一境三諦) 등으로 드러내 마침내 천태 핵심교의를 성취하게 되었다. [참고문헌] 『起信論疏筆削記』, 『金光明經玄義』, 『摩訶止觀』, 『大智度論』, 『四明尊者教行錄』. ⇨ 삼지 三智 ❶, 도종지 道種智, 일체종지 一切種智, 일체지 一切智, 산가산외 山家山外

일심삼혹 一心三惑 한 마음이 세 가지로 어둡다는 말. 사혹(思惑)·진사혹(塵沙惑)·무명혹(無明惑)이라는 세 가지로 마음을 어둡게 한다는 천태의 설로 동체삼혹(同體三惑)이라고도 하며, 삼혹은 삼장(三障)이라고도 한다. 『유마경현소』 권2(대정장38, p.531c21)에 "삼제를 가리는 혹장을 끊지 않고도 일심의 삼관과 삼지로 밝혀 벗어난다. 밝음도 해탈도 비록 삼혹 안에 있지만, 삼혹에 물들지 않으므로 무구라 한다. 不斷三諦惑障 能起一心三觀三智之明脫 明脫雖處 三惑之內 不爲三惑所染 故稱無垢", 『금광명경현의습유기』 권5(대정장39, p.36b13)에 "만일 일심으로 이 세 가지를 닦는다면 저절로 두렷이 밝게 보게 될 것이다. 어째서 그런가? 삼혹을 단번에 부순즉 하나가 공이면 일체가 공이게 되고, 삼제를 단번에 드러내면 하나가 가이면 일체가 가이게 된다. 세 가지로 온통 묘하게 되면, 하나가 중이면 일체가 중이게 된다. 若能一心修此三者 自成圓觀 何則 頓破三惑 則一空一切空也 頓顯三諦 則一假一切假也 三皆妙故 則一中一切中也", 『지관보행전홍결』 권6(대정장46, p.347b28)에 "견혹사혹 오히려 곧바로 법성일진대 어찌 견혹과 사혹을 벗어난 진사혹이 있겠으며, 어찌 두 가지로 관해 마친 후에 무명이 있겠는가! 삼혹이 이미 곧바로 법성이라면 삼관 분명히 밝게 빛나리라. 見思尙乃 卽是法性 豈有塵沙在見思外 豈有無明在二觀後 三惑旣卽 三觀必融"라고 하였다. [참고문헌] 『維摩經玄疏』, 『金光明經玄義拾遺記』, 『止觀輔行傳弘決』. ⇨ 삼혹 三惑 ❷

일심상속론자 一心相續論者 일심이 상속한다고 주장하는 것. 어떤 상황에서도 물들지 않고 이어지는 일심이 있다고 주장하기에 심성본정론(心性本淨論)이라고도 한다. 『대비바사론』 권22(대정장27, p.110a10)에 "때론 집착하기를 다만 일심이 있다 한다. 저 일심상속을 말하는 이들이다. 저들은 이렇게 말한다. 번뇌의 마음도 번뇌 없는 마음도 그 성은 다르지 않다. 或有執 但有一心 如說一心相續論者 彼作是說 有隨眠心 無隨眠心 其性不異", "성도가 현전하면 번뇌와 더불어 서로 어긋난 듯하지만 심성이 달라진 것은 아니다. 번뇌를 다스리는 것일 뿐 마음을 다스릴 수는 없다. 聖道現前 與煩惱相違 不違心性 爲對治煩惱 非對治心", "저 옷을 빨고 거울을 닦으며 금을 단련시키는 것과 같아서, 바탕과 때가 다르긴 하지만 옷 등이 바뀌는 일은 없다. 성스런 길이란 것이 바로 이렇다. 如浣衣磨鏡鍊金等 物與垢等相違 不違衣等 聖道亦爾"라고 하였다. 〔참고문헌〕『大毘婆沙論』. ⇨ 심성본정 心性本淨, 심성본정론 心性本淨論

일심오행 一心五行 한 마음이 다섯 갈래로 움직임. 일심에 오행의 공덕을 갖추고 있다는 말. 천태종(天台宗)의 주장. 여래행(如來行)·불차제행(不次第行)·원오행(圓五行) 등이라고도 한다. 40권본 『대반열반경』 권11(대정장12, p.432a9)의 성행(聖行)·범행(梵行)·영아행(嬰兒行)·병행(病行)·천행(天行)이다. 『법화현의』 권4하(대정장33, p.725c9)에 "일심오행이라 하니, 이는 바로 삼제삼매다. 성행은 진제삼매고 범·영·병행은 속제삼매이며 천행은 중도왕삼매다. 一心五行 卽是三諦三昧 聖行 卽眞諦三昧 梵嬰病 卽俗諦三昧 天行 卽中道王三昧", 『천태팔교대의』(대정장46, p.772a2)에 "다음으로 원교를 간략하게 밝히겠다. 원이란 원묘를 가리키는 말이다. 화엄법계의 광대함, 유마의 입불이법문, 『반야경』의 최상승, 『열반경』의 일심오행 등이 모두 원묘법이다. 次略明圓教者 圓名圓妙 華嚴法界廣大 淨名入不二法門 般若最上之乘 涅槃一心五行等 並圓妙法也"라고 하였다. 〔참고문헌〕『大般涅槃經』, 『法華玄義』, 『天台八教大意』. ⇨ 오행 五行[2], 삼제삼매 三諦三昧

일심이문 一心二門 한 마음으로 열린 두 갈래의 문. 심진여문(心眞如門)과 심생멸문(心生滅門)을 말한다. 『대승기신론』의 틀. 원효(元曉)의 『기신론소』 권상(대정장44, p.205a10·한불전1, p.702b12)에 "이 두 갈래로 열린 문이 있어 각각 일체제법을 모두 거둔다. 마땅히 알라. 이는 여래께서 말씀하신 일체법문 근본의 뜻이다. 이 일심이문 안에서는 한 법의 뜻이라도 거두지 못할 것이 없기 때문이다. 是二種門 皆各總攝 一切諸法 當知 卽是如來所說 一切法門之根本義 以是一心二門之內 無一法義 而所不攝故"라고 하였다. 〔참고문헌〕『起信論疏』. ⇨ 기신이문 起信二門, 심생멸문 心生滅門, 심진여문 心眞如門, 여래장심 如來藏心[2]

일심지 一心支 마음이 삼매와 함께하여 하나가 되는 뜻. 초선천정(初禪天定)의 오지(五支) 공덕 중 하나다. 『석선바라밀차제법문』 권5(대정장46, p.511c22)에 "일심지란, 오랫동안 즐거움을 누리던 마음을 그치면, 비록 온갖 일들을 부딪혀 흔들림이 있더라도 마음에 얽힘이 없어 분산되는 일이 없고, 흔들림 없이 적정에 머문다. 이 때문에 일심지라 한다. 一心支者 經久受樂心息 雖有覺觸等事 而心不緣 旣無分散 定住寂靜故 名一心支", 『법계차제초문』 권상(대정장46, p.672a5)에 "일심지란 마음이 정법과 더불어 하나가 되면 일심이라 한다. 수행자가 즐거움을 누리던 마음을 그치면 마음은 스스로 정법과 하나 되고, 고요히 멈춰 흔들림 없이 하니 그 이름이 일심지다. 一心支 心與定法一 名曰一心 行者受樂心息 則心自與定法一 澄渟不動 名一心支", 『대승의장』 권13(대정장44, p.727a18)에 "초선에 들어 행하면 초선의 몸이다. 이것은 경에서 말한 일심지다. 入初禪行 是初禪體 此猶經中 一心支也"라고 하였다. 〔참고문헌〕『釋禪波羅蜜次第法門』, 『法界次第初門』, 『大乘義章』. ⇨ 오지 五支[1], 초선오지 初禪五支, 일심 一心[3]

일심진견도 一心眞見道 오직 한 마음만이 진실로 길을 본다. 찰나의 마음들도 그때마다 구경을 성취하여 진여의 모습 아닐 때가 없어서, 온통 일마다 진여일 뿐인 때를 말한다. 이종견도(二種見道) 중 하나로 이공(我空法空)을 증득하고 이장(煩惱所知障)을 끊은 위로서 일심견도(一心見道)라고도 하며, 상견도(相見道)와 맞선다. 『인왕호국반야바라밀다경소』 권중(대정장33, p.473a27)에 "〔경〕 초주에서 일심으로 뭇 덕을 갖추고, 승의제중에서는 움직이지 않는다네. 〔해〕 '초주'란, 견도에서 진여를 증득하는 것을 이름한다. '일심'이라 하였으니, 곧 진견도다. '뭇 덕을 갖추었음'이란, 이전에 경에서 말씀하신 팔만사천의 덕을 두루 갖추었다는 것이다. 經 初住一心具衆德 於勝義中而不動 解曰 言初住者 見道證如 名爲初住 言一心者 卽一心眞見道也 具衆德者 如前經云 具足八萬四千德也", 『성유식론집해』 권9(卍속장81, p.580a10)에 "〈논〉 그러나 이 견도에는 대략 두 가지다 ~ 의지력으로 감당함이 있기 때문이다. 〈해〉 이것은 일심의 진견도를 밝히는 것이다. 진견도란 '아공'과 '법공' 등의 지혜가 쌍으로 일어나, 전의 무간도중에서 아법을 분별하는 두 장애의 종자를 모두 끊고, 해탈도중에서 '아공'과 '법공'을 드러내는 진여를 모두 증득한다. 然此見道 略說有二 〈至〉 有意樂力 有堪能故 此明一心眞見道也 眞見道者 謂雙空智起 於前無間道中 雙斷分別我法二障種子 解脫道中 雙證分別我法二空所顯眞如", "〔문〕

가행도·무간도·해탈도·승진도 등 많은 순간이 있는데, 어찌 단지 일심만을 진견도라고 하는가? [답] 비록 이처럼 다양한 순간이 있을지라도 그 각각으로 드러나는 일마다는 마침내 구경이어서 그 상은 평등하기 때문에 다 들어 일심이라고 한다. 많은 찰나란 가행도에서 한 찰나에 닦고, 무간도에서 한순간에 끊으며, 해탈도에서 한순간에 증득하고, 승진도에서 한순간에 증입하는 것이다. 비록 많은 찰나가 있더라도 그 각각의 차별사마다 결국 구경이어서 진여상일 뿐이니, 처음부터 끝까지 평등하여 다른 상은 없다. 그러기에 온통 다 거두어 일심이라고 한다. 問 加行 無間 解脫 勝進 有多刹那 何故 但說一心 名眞見道 答 雖多刹那 事方究竟 而相等故 總說一心 言多刹那者 謂加行道 一刹那脩 于無間道 一刹那斷 解脫道中 一刹那證 勝進道中 一刹那入 雖說有多刹那 事方究竟 而眞如相 始終平等 無有二相 故總說一心"라고 하였다. [참고문헌] 『仁王護國般若波羅蜜多經疏』, 『成唯識論集解』, 『仁王護國經』 권상(대정장8, p.837b25), 『成唯識論』 권9(대정장31, p.50a5). ⇨ 일심 一心[1], 진견도 眞見道, 견도 見道[1], 상견도 相見道, 진여 眞如

일심진여 一心眞如 일심이문(一心二門) 중 하나. 일심의 진여. 일심의 생멸(生滅)과 대칭한다. 『기신론소필삭기』 권3(대정장44, p.311c21)에 "일심의 진여란 곧 자성으로 돌아가는 문을 성취한다. 또한 『원각경소』 권상(대정장39, p.524a23)에서 말씀하시길 '일어난 법이란 본래는 없어서 일체는 오직 식일 뿐이다. 식마저 허깨비나 꿈과 같으니, 다만 하나의 마음일 뿐이다'라고 한 구절과 동일하다. 一心眞如 則成此歸性門也 亦同圓覺疏云 生法本無 一切唯識 識如幻夢 但是一心", 『대승기신론열망소』 권2(대정장44, p.429a10)에 "일심의 진여를 떠나면 얻을 수 있는 생멸이 없다. 마치 방위를 떠나면 별도로 길을 잃거나 찾는 차이가 없는 일과 같고, 또한 마치 습한 속성을 떠나서 별도로 얼음과 물이 없는 것과 같다. 이처럼 일심의 생멸을 떠나서 얻을 수 있는 진여도 없다. 離一心眞如 則無生滅可得 如離於方 別無迷悟 亦如離於濕性 別無氷水 離一心生滅 亦無眞如可得"라고 하였다. [참고문헌] 『起信論疏筆削記』, 『圓覺經疏』, 『大乘起信論裂網疏』. ⇨ 심진여문 心眞如門, 심생멸문 心生滅門, 일심이문 一心二門

일심합장 一心合掌 Ⓢ daśanakhakṛtakara-puṭāñjali. 한 마음으로 합장함. 『방광대장엄경』 권1(대정장3, p.539b21)에 "부처님 계신 곳으로 나아가 부처님 발에 이마를 대고 절을 올린 뒤, 한 마음으로 합장하며 우러러 존경하여 서서 부처님께 아뢰었다. 來詣佛所 頂禮佛足 一心合掌 恭敬而立 白佛言", 『법화경문구보정기』 권6(卍속장45, p.197b15)에 "일심합장이란, 중국에서는 두 손을 가지런히 모음으로써 공경을 보이고, 인도에서는 합장하여 공경을 드러낸다. 손은 본래 두 짝이지만 합하여 하나가 되게 한다. 오로지 하나의 마음에 이르렀음을 표하고, 한 마음에 상당하여 공경을 표한다. 합한다 하면 전에는 권실이 합하지 않았지만, 이제 비로소 합하여 권과 실이 둘이 아니고 사와 이가 어김없게 되는 것을 일심합장이라 한다. 一心合掌者 此方 以抑手爲恭 外國 以合掌爲敬 手本二邊 今合爲一 表專至一心 一心相當 以表敬也 合法者 昔權實不合 而今方合 權實不二 事理契合 云一心合掌也"라고 하였다. [참고문헌] 『方廣大莊嚴經』, 『法華經文句輔正記』, 『觀音義疏』 권상(대정장34, p.922a16), *Gaṇḍ-vy.134.*

일아라 一阿羅 Ⓟ āḷhaka. 고대 인도의 도량형 단위. 『마하승기율』 권10(대정장22, p.314c25)에 "(발우 중에) 상이라 하면 마갈제국의 일아라 분량의 쌀로 지은 밥과 삶은 채소를 담을 수 있는 크기다. 일아라는 중국에서 한 말 여섯 되 정도다. 上者 摩竭提國 一阿羅米 作飯及受羹菜 一阿羅者 可此間斗六升"라고 하였다. [참고문헌] 『摩訶僧祇律』, *Vin.3.62.*

일악사 日岳寺 충청남도 해미면 상왕산(象王山 : 一名 伽倻山)에 있는 일락사(日樂寺). [참고문헌] 『東國輿地勝覽』 권20 忠淸道 海美縣 佛宇. ⇨ 일락사 日樂寺

일안인 一眼人 삼배인(三輩人 : 盲人·一眼人·二眼人) 중 하나. 외눈박이. 한 가지만을 알고 행하는 이. 『사리불아비담론』 권8(대정장28, p.586b8)에 "어떤 이가 일안인인가? 저 사람 눈을 갖춰 아직 얻지 못한 재보를 얻어 더욱 증대시킬 수 있는 이와 같은 눈은 있고, 어떤 이가 눈은 있지만 아직 낳지 않은 선법을 능히 낳아 더욱 넓혀간다. 이러한 눈이 없으면 일안인이라고 한다. 云何一眼人 如人成就眼 未得財寶能得 得已弘廣 有如是眼 如人成就眼 未生善法能生 生已弘廣 無如是眼 是名一眼人", 『칠처삼관경』(대정장2, p.876a26)에 "일안인은 어떤 사람인가? 비구여, 세간에 눈이 하나라 하니 다음과 같은 눈이 있다. 아직 얻지 못한 재물이 있으면 마땅히 얻게 하고, 이미 얻은 재물은 줄지 않게 하는 이런 눈만 있고, 다음과 같은 눈은 없다. 나 마땅히 허깨비라 여기고 보시하지만 이 인연으로 하늘에 오르는 과보를 얻는다. 이런 눈이 없는 이를 일안인이라고 한다. 一眼人名爲何等 世間 比丘 一眼者 有如是眼 令我未得財當爲得 已得財當爲莫折減 但有是眼 無有是眼 我當爲幻布施 當從是因緣 得上天 無有如是眼 是名爲一眼"라고 하였다. [참고문헌] 『舍利弗阿毘曇論』, 『七處三觀經』.

일안지귀 一眼之龜 외눈박이 거북이. 불법을 만나기 어려운 인연을 비유한다. 『벽암록』 19칙 「평창 評唱」(대정장48, p.160a10)에 "『법화경』에서 말씀하셨다. 저 외눈박이 거북이 떠돌던 나무조각 구멍 만난 듯 하니, 이제 빠질 걱정이 없다. 法華經云 如一眼之龜 値浮木孔 無沒溺之患"라고 하였다. 〔참고문헌〕『碧巖錄』. ⇨ 맹귀부목 盲龜浮木, 맹귀우목 盲龜遇木

일암 一庵 조선초 스님 학전(學專)의 호. 〔참고문헌〕『慵齋叢話』 권7. ⇨ 학전 學專

일암 一菴 조선후기 스님. 휘는 만회(萬回). 석실대사(石室大師) 명안(明眼 1646~1710)이 1710년(숙종36)에 하동 칠불암(七佛庵)에서 구한 『현행경 現行經』을 제자인 명진(明眞)이 중간(重刊)할 때, 일암이 석실의 수업제자(受業弟子)인 단숙(端肅)의 청으로 1714년(숙종40)에 발문(跋文)을 지었다. 〔참고문헌〕『現行西方經』(한불전6, p.876b23). ⇨ 현행서방경 現行西方經

일암 日庵 조선후기 스님. 정이(精頤 1674~1765)의 법호. 〔참고문헌〕 智冠 『韓國高僧碑文總集 朝鮮朝·근현대』 p.394. ⇨ 정이 精頤

일애일찰 一挨一拶 한번은 밀고 한번은 당기다. 『종범』 권하(卍속장114, p.642b2)에 "초조 달마대사는 양무제와 밀고 당기며 문답을 주고받았다. 두 거울이 서로 비추듯이 하여 털끝도 허용하지 않았다. 밑도 끝도 없이 지공이 밝은 거울에 덧칠하면서 허공이 도리어 얼룩이 되었다. 初祖與武 一挨一拶 如兩鏡相照 間不容髮 無端被誌公 向明鏡上彩畫 虛空翻成瑕翳", 『대혜어록』 권24(대정장47, p.915b21)에 "밀고 당기길 저 부싯돌 튀듯이, 번갯불이 번득이듯이 한다. 머뭇거릴 겨를 없이 껄껄대고 크게 웃는다. 이를 일러 기 끝이 예리하고 뛰어나면서도 쾌활하여 의근에 떨어질 일 없다. 비록 이것이 야말로 바로 업식이고 귀신의 눈동자 놀음이니, 어찌 사람을 속이고 스스로를 기만하는 일 아니겠는가. 남을 그르치고 나도 잘못되는 일이다. 一挨一拶 如擊石火 似閃電光 擬議不來 呵呵大笑 謂之機鋒俊快 不落意根 殊不知正是業識 弄鬼眼睛 豈非謾人自謾 誤他自誤耶"라고 하였다. 〔참고문헌〕『宗範』, 『大慧語錄』. ⇨ 애찰 挨拶 **1**

일야육시 日夜六時 Ⓢ tri-saṃdhyā. 낮과 밤 여섯 때. 온종일. 주야육시(晝夜六時)라고도 한다. 『대반야경』 권566(대정장7, p.924c20)에 "세간의 뛰어나고 아름다운 꽃과 과일을 보면 늘 가져다 제불보살에게 공양하되 낮밤 여섯 때에 잠시도 그친 적이 없었다. 若見世間勝妙花果 常持供養諸佛菩薩 日夜六時 曾無暫廢", 『범망경』 권하(대정장24, p.1007b21)에 "너희 불자들아! 금계를 잘 가져가고 머무르고 앉고 눕는 낮밤 여섯 때에 이 계를 읽고 외우되 마치 금강과 같이 한다. 若佛子 護持禁戒 行住坐臥 日夜六時 讀誦是戒 猶如金剛", 『마하지관』 권2(대정장46, p.14a11)에 "『보현관경』에서 이르길 '대승경을 전심으로 외우는데도 삼매에 들지 못하면 하루 종일 육근으로 지은 죄를 참회하라'라고 하였다. 普賢觀云 專誦大乘 不入三昧 日夜六時 懺六根罪"라고 하였다. 〔참고문헌〕『大般若經』, 『梵網經』, 『摩訶止觀』, 『阿彌陀經』(대정장12, p.348b12), *Laṅk.160.* ⇨ 주야육시 晝夜六時, 육시 六時 **1**

일야율의법 日夜律儀法 하루 낮 하룻밤을 온전히 지키는 법. 팔재계(八齋戒) 등을 수지하는 법이다. 『잡아비담심론』 권3(대정장28, p.892a5)에 "〔문〕 만약 불율의에 머물렀는데 일야율의법을 받으면, 그때 율의를 얻고 불율의를 버렸다가 동이 트면 그는 다시 율의는 버리고 또 다시 불율의를 얻는가? 〔답〕 어떤 이는 그렇다고 한다. 즉 불율의를 버리면 율의를 얻고, 율의를 버리면 불율의를 얻게 된다. 어떤 이는 그렇지 않다고 한다. 만약 하나의 몸을 가진 류로 살생을 하지 않고 마침내 몸이 다한다면 불율의를 얻지 않는다. 왜냐하면 짓는 것도 없고 받는 것도 없기 때문에 불율의를 버리면 율의를 얻고, 율의를 버리면 불율의를 얻는다 하는 것 역시 율의가 아니다. 問 若住不律儀 而受日夜律儀法 爾時 得律儀 捨不律儀 至明相出 彼復捨律儀 還得不律儀耶 答 有說得 捨不律儀 得律儀 捨律儀 得不律儀 有說 不得 若一身種類不殺生 乃至身種類盡 不得不律儀 無作無受故 捨不律儀得律儀 捨律儀得不律儀 亦非不律儀"라고 하였다. 〔참고문헌〕『雜阿毘曇心論』. ⇨ 팔재계 八齋戒

일언 一言 **1** Ⓢ eka-vāc, Ⓣ tshig-gcig. 다른 이를 충분히 깨우치게 하는 결정적인 한마디 말. 60권본 『화엄경』 권2(대정장9, p.404b15)에 "부처님께서는 한마디 말씀만으로 일체지와 일체법상을 설함에 모두 남김 없이 하셨다. 佛以一言 說一切地 一切法相 皆悉窮盡", 『화엄경소초』 권27(대정장36, p.208a12)에 "『논어』에 '공자가 말하기를 「시 삼백 수를 한마디로 다 거둘 수만 있다면 일러 생각함에 삿됨이 없다고 할 수 있겠다」'(「爲政」) 하였으니, 바름으로 되돌아감이다. 한 부처님을 떠올리는 것 또한 한마디 말이니, 곧바로 한마디 취할 수 있다면 다만 '불'이라는 한 글자일 뿐이기 때문이다. 論語 子曰 詩三百一言以蔽諸 曰思無邪 謂歸於正也 念一佛號 亦名一言 直取一言 只一佛字故", 『대혜어록』 권6 「대혜보각선사탑명 大慧普覺禪師塔銘」(대정장47, p.836c16)에 "담당문준(湛堂文準)이 입적하자 대혜스님은 승상 장무진을 찾아가서 문준의 탑명을 부탁하였다. 무진거사의 집안은 천하에 이름이 높았으니 사대부들도 거의 만나기가 어려웠다. 그런데 대혜의 말 한마디에 깨우친 바 있어 극진히 대접하고 아침저녁으로 말을 나누었다. 그때 머물던 암자 이름을 묘희라 하였고, 스님을 담회라고 불렀다. 湛堂死 師謁丞相張公無盡 求準塔銘 無盡門庭高於天下 士亦小許可見 師一言而契 卽下榻 朝夕與語 名其菴曰妙喜 字之曰曇晦"라고 하였다. 〔참고문헌〕『華嚴經』, 『華嚴經疏鈔』, 『大慧語錄』, *Sam-r.86.*, *M vyut.139.* **2** 한결같은 말씀. 일음(一音)과 같은 뜻이다. 『대지도론』 권22(대정장25, p.223a17)에 "많은 회중에는 각각 저마다 듣고 싶은 것이 있고, 부처님께서는 한결같은 말씀으로 답하셨다. 각각 나름의 이해를 얻고서 각각 스스로 '부처님께서는 오직 나만을 위하여 설하셨다'고 한다. 多會衆中 各各欲有所聞 佛以一言答 各各得解 各各自見佛獨爲我說"라고 하였다. 〔참고문헌〕『大智度論』. ⇨ 일음 一音, 원음 圓音

일언이출사마난추 一言已出駟馬難追 한 마디가 입 밖으로 나오면 사마로도 따라잡을 수 없다는 말. 한마디 말에 일체분별이 준동하기에 말함에 있어 엄중함을 깨우치는 뜻이다. 『대우수지어록』(고존숙어록25, 卍속장118, p.478b9)에 "'화상의 가풍은 무엇인지요?' '한마디 입 밖으로 나오면 사마로도 따라잡을 수 없다'. 僧問 如何是和尙家風 師云 一言已出駟馬難追", 『무명혜성어록』(卍속장121, p.641b6)에 "법좌에 올라 말했다. '사구를 떠나고 백비도 끊어라. 한마디 입 밖으로 나오면 사마로도 쫓을 수 없다. 단번에 맡기자 해가 동쪽에서 뜨고 수고롭게 가르쳤지만 달이 서쪽으로 지면 진다'라고 말한 뒤, 불자로 선상을 치고서 '천균이나 되는 쇠뇌를 생쥐 잡기 위해 쏘지 않는다'라고 말하였다. 上堂云 離四句 絶百非 一言已出駟馬難追 一任金烏東出 徒敎玉兎沈西 拂子擊禪床云 千鈞之弩 不爲鼷鼠而發機"라고 하였다. 〔참고문헌〕『大愚守芝語錄』, 『無明慧性語錄』, 『雪竇語錄』 권4(대정장47, p.693c19), 『石霜楚圓語錄』(卍속장120, p.174a3). ⇨ 사마난추 駟馬難追

일엄 日嚴 고려 제19대 명종(明宗 재위 1170~1197) 때 스님. 『고려사절요』 권13 명종(明宗) 17년 9월에 "당시 전라도 안찰사(按察使)인 오돈신(吳敦信)이 왕에게 '일엄이라는 한 스님이 계시는데, 눈 멀어 보지 못하는 사람의 눈을 뜨게 하고 죽은 사람을 살린다고 합니다'라고 하자, 임금은 내시 금극의를 보내어 개경으로 모시고 와 … 보현원에 머물게 하였는데, 많은 사람들이 그를 만나 보기 위해 모여드는 바람에 마을마저 텅 빌 정도였다. … 뒤에 개성 천수사(天壽寺)로 옮겼을 때에는 임민비(林民庇 ?~1193)·문극겸(文克謙 1122~1189) 등 대신들도 찾아와 존경하며 귀의했다. 다시 개성 홍법사(弘法寺)로 옮겨 주석할 적에는 남녀가 앞을 다투어 마치 선혜선인이 진흙땅을 지나가려는 연등부처님을 위해 머리 풀어 깔아드리듯이 하였으며, 그가 아미타불의 명호를 부르는 염불을 하자 많은 사람들이 함께 따라 염불하는 소리가 10리 밖까지 들렸다. 全羅州道按察使吳敦信奏 有僧日嚴者 在全州 能使眇者復視死者復生 王遣內侍琴克儀迎之 … 來寓普賢院 都人無貴賤 扶老携幼 奔走謁見 里巷一空 … 迎入天壽寺 宰輔大臣亦趨下風 御史大夫林民庇拜於樓下 平章事文克謙以微服致禮 又移居弘法寺 士女競布髮於前 藉嚴足 嚴令唱阿彌陁佛 聲聞十里 凡其盥漱沐浴之水 苟得之"라고 하였다. 〔참고문헌〕『高麗史節要』, 『高麗史』 권99 列傳12 林民庇.

일엄사 日嚴寺 중국 섬서성(陝西省) 서안(西安)에 위치한 절. 수대인 601년(인수1) 양제(煬帝)가 진왕광(晉王廣)이라 불리던 시절 자신의 저택을 짓기 위해 구했던 자재를 헌납하여 건립한 절이다. 법징(法澄)·도장(道莊)·변의(辯義)·지탈(智脫)·법론(法論) 등 여러 스님들이 이 절에서 강설하였다. 절 안에 석영상(石影像)과 사리(舍利)를 모셨는데 높이 약 32m에 너비 약 19m로 양무제(梁武帝) 때인 태청년간(547~549) 인도에서 전래되었다고 한다. 수당교체 후인 624년(무덕7) 몰수되려 하자 스님들이 석영상과 사리를 숭의사(崇義寺)로 잠시 옮겨 모셨고, 632년(정관6) 결국 폐사되면서 석영상은 내전(內殿)으로 옮겨져 봉안되었다.

일여 一如 **1** 한결같아 변함이 없음. 중생과 부처, 닦음과 자성, 마음과 경계, 동과 정 등이 둘이 아닌 뜻에서 한결같다는 뜻이다. 『금강선론』 권7(대정장25, p.851c6)에 "참으로 진여법계의 평등한 뜻을 깨우치지 못하였기에 범부와 성인이 한결같이 자유롭고 의보와 정보가 한 바탕임을 모른다. 正以不達 眞如法界 平等理故 不知凡聖一如 依正同體", 원효(元曉)의 『금강삼매경론』 권중(대정장34, p.987c8·한불전1, p.645c15)에 "들어갈 때 고요히 한결같고 그대로인 경을 지키지만 나올 때에도 그 한 맛의 마음을 잃지 않는다. 入時 靜守一如之境 出時 不失一味之心 故言守一", 『유마경약소』 권5(대정장38, p.635b4)에 "마계와 불계가 한결같이 여일뿐 둘이 아님을 알도록 한다. 마구니의 권속이 무진등을 닦으면 그것이 바로 사리무애여서 마구니의 일과 부처님의 일, 선과 악은 어울려 통한다. 令知魔界佛界 一如無二 魔家眷屬 修無盡燈 卽是事理無礙 魔事佛事 善惡融通", 『능가경주해』 권2(대정장39, p.388b5)에 "자득이란 스스로 깨우치며 닦는 덕이고, 본주란 본래 갖추어진 성덕이다. 닦음과 본성이 하나로 같아서 모두 언설을 떠났다. 自得卽自證修德也 本住卽本具性德也 修性一如 皆離言說", 『대승현론』 권3(대정장45, p.40c19)에 "미륵이 보리를 얻으면 일체중생도 모두 보리를 얻는다. 이것은 중생과 미륵이 하나로 그러하여 둘이 아님을 밝힌 것이다. 若彌勒得菩提 一切衆生皆亦應得 此明以衆生彌勒一如無二故", 『조론신소』 권하(대정장45, p.236b22)에 "색을 관할 때 공을 보지 않음이 없고, 공을 관할 때 색을 보지 않음이 없으니 나란히 관한다고 한다. 저들과 자기는 마음과 경이다. 마음과 경이 하나로 같기에 둘이 아니라고 하였다. 觀色之時 莫非見空 觀空之時 莫非見色 故云齊觀 彼已目心境 心境一如 故云莫二", 『경덕전등록』 권29 「혜충국사어 慧忠國師語」(대정장51, p.438c5)에 "이러한즉 몸과 마음이 한결같이 같고 마음 밖에 다른 것이 없다. 그러므로 온전히 생멸하지 않는다. 此則身心一如 心外無餘 所以全不生滅", 『속전등록』 권8 「불일지재전 佛日智才傳」(대정장51, p.513b25)에 "법좌에 올라 말했다. '성 안 저잣거리는 소란스럽고 텅 빈 산은 고요하다. 비록 이와 같더라도 동정은 그렇게 하나이고 생사는 둘이 아니다'. 上堂 城裏喧繁 空山寂靜 然雖如此 動靜一如 死生不二", 『정심계관법발진초』 권하말(卍속장105, p.426a18)에 "일여라 함은, 부처와 중생이 둘이 아니어서 그대로인 뜻이다. 중생 그대로 열반이며 사라짐을 기다리지 않는다. 一如者 佛與衆生 無二如也 所謂 衆生卽涅槃 不待滅也", 『조동오위현결』 권하(卍속장111, p.257b14)에 "진실로 길을 밟아가면 한결같아진다고 하는 뜻은 안과 밖이 사무쳐 밝아 다른 중에도 같음이 있고 같은 중에 다른 것 있어 마치 은쟁반 위에 눈 온 듯 백로가 달과 함께 하듯 한다. 夫履道一如者 內外明皎 異中有同 同中有異 如銀與雪 如鷺與月"라고 하였다. 〔참고문헌〕『楞伽經註解』, 『大乘玄論』, 『肇論新疏』, 『景德傳燈錄』, 『續傳燈錄』. ⇨ 불이 不二, 불이 不異❶ ❷ 1352~1425. 명대 스님. 절강성 상우(上虞) 출신. 속성은 손(孫). 영락연간에 승록사(僧錄司)를 맡았고 상천축사(上天竺寺)에 주지로 있었다. 칙명으로 대장경을 교열하고 『대명삼장법수』를 편찬했다. 세수 74세로 입적했다. 『석감계고략속집』 권3(대정장49, p.942b25)에 "(영락17년) 2월28일 승록사우선세 일여에게 불상 2축과 불골 5외·초 1천관·제불보살명칭가곡대소 3권·도성불 1축·사광불 1축·대소가곡 각 3권을 하사하고 선종어록을 편찬할 것을 명했다. 같은 해 3월 초에 성도와 일여 등 여덟 사람에게 명하여 대장경을 교감하고 신본과 구본을 비교하여 학인을 모아 필사하도록 하였다. 『법화과주』는 상천축사 주지 승록사우선세 일여법사가 『법화문구구기』에 의하여 편집하여 만들었고 『대명삼장법수』는 일여법사가 칙명을 받들어 대장경의 여러 경전을 검토하여 자료를 모아 편찬했다. 二月二十八日 賜僧錄司右善世 一如 佛像二軸 佛骨五魄 鈔一千貫 諸佛菩薩名稱歌曲大小三本 道成佛一軸 思擴佛一軸 大小歌曲各三本 命編類禪宗語錄 三月初三 命道成一如等八人 校勘藏經 新舊比對 聚僧寫錄 法華科註 上天竺住持 僧錄司右善世 一如法師 依法華文句句記 編葺成之 大明法數 一如法師 奉勅探討大藏群經 采輯類編"라고 하였다. 〔참고문헌〕『釋鑑稽古略續集』. ⇨ 대명삼장법수 大明三藏法數 ❸ 조선후기 해남 대흥사 스님 신순(信淳 1807~1832)의 법호. 〔참고문헌〕『東師列傳』 권5 「一如禪伯傳」(한불전10, p.1055c7). ⇨ 신순 信淳

일역 日域 햇빛이 비추이는 지역. 천하 또는 해 뜨는 동쪽. 우리나라 또는 일본. 『자은전』 권6(대정장50, p.255b13)에 "지극한 도는 구석구석 통한다. 깊은 인은 먼 리까지도 적신다. 동으로는 멀리 해뜨는 곳을 지나, 서로는 곤구(곤륜산)까지 이른다. 至道旁通 深仁遠洽 東逾日域 西邁崑丘"라고 하였다. 〔참고문헌〕『慈恩傳』.

일역비리 一亦非理 Ⓢ ekatve doṣah. 하나라 해도 뜻으로는 아니다. 하나라고 국집할 때 범하는 네 가지 사례를 말한다. 『유식이십론』 권1(대정장31, p.76a29)에 "이 안근 등의 경과 청색 등의 실성이 하나인가 다수인가? 설령 그렇다 해도 어떤 허물이 있는가? 둘 모두 과실이 있다. 다수라고 할 때의 과실은 앞서와 같다. 하나라고 해도 논리에 맞지 않다. 〔송〕 하나라고 하면 차례로 행할 수 없고 함께 이를 수 없으며, 많은 일들이 서로 섞여 자세히 사물을 볼 수 없다. 此眼等境青等實性爲一爲多 設爾何失 二俱有過 多過如前 一亦非理 頌曰 一應無次行 俱時至未至 及多有間事 幷難見細物", "〔논〕 따로 떨어져 구별되지 않는 청색 등을 눈으로 보고는 하나의 물이라고 집착한다면, 차제로 대지를 걸어간다는 이치가 없어야 한다. 만약 한 발을 내딛으면 모든 곳에 도달해야 하기 때문이다. 또 여기에는 갔지만 동시에 저기에는 가지 못하는 일이 없어야 한다. 하나의 물뿐이라면 이치상 한 번에 얻음과 얻지 못함이 있지 않아야 하기 때문이다. 또 단일한 장소에 다수의 코끼리와 말 등이 간격을 두고 떨어져 있을 수 없어야 한다. 만약 어떤 곳에 하나가 있으면 나머지도 있어야 하니, 어떻게 이것과 저것에서 차이를 변별할 수 있겠는가? 論曰 若無隔別所有青等 眼所行境執爲一物 應無漸次行大地理 若下一足至一切故 又應俱時 於此於彼無至未至 一物 一時理不應有得未得故 又一方處 應不得有多象馬等 有間隙事 若處有一亦卽有餘 云何此彼可辯差別", "혹은 둘이라 하더라도 어떻게 한곳에 이르고 이르지 못함이 있고, 그 중간에 빈 틈을 보는 일이 가능한가? 또한 작은 물 속 벌레 등 볼 수 없는 미세한 사물도 없어야 한다. 저 작은 것이 커다란 물과 한곳에 있으려면 크기가 같아야 하기 때문이다. 或二如何可於一處有至不至 中間見空 又亦應無小水虫等 難見細物 彼與麤物 同一處所量應等故"라고 하였다. 〔참고문헌〕『唯識二十論』.

일연 一然 1206~1289. 고려후기 스님. 불멸의 명작인 『삼국유사 三國遺事』를 지은 뛰어난 학자. 휘는 견명(見明)이었으나 뒤에 일연으로 고쳤다. 자는 회연(晦然), 시호는 보각국존(普覺國尊), 탑호(塔號)는 정조(靜照), 속성은 김씨. 경상북도 경산군 장산(章山 : 경주의 옛 이름)에서 태어났는데 아버지의 이름은 언필(彦弼), 어머니는 낙랑군부인(樂浪郡夫人) 이씨다. 태양이 천장을 뚫고 들어와 비추는 태몽을 꾼 후 1206년(희종2) 6월 11일(辛酉)에 태어났다. 어릴 때부터 출가할 뜻을 품었으니 9세 때 해양(海陽 : 光州) 무량사(無量寺)로 가서 공부하다가 1219년(고종6) 13세 때 양양 설악산 진전사(陳田寺)로 찾아가 대웅(大雄)을 은사로 하여 스님이 되었다. 이로부터 선사(禪肆 : 선방)로 다니면서 참선하여 이름을 떨쳐 구산(九山) 즉 선종의 사선법계(四選法階 : 入選→大德→大師→重大師)의 수위(首位)에 올랐다. 1227년(고종14) 승과에 응시하여 상상과(上上科)에 급제한 후, 포산(包山 : 지금의 경북 현풍 비슬산) 보당암(寶幢庵)에 주석하였다. 1236년(고종23) 가을에 몽고병이 침입하여 남으로 남경(南京)·평택(平澤)·아주(牙州)·죽주(竹州)·전주(全州)까지 이르렀고 국가는 존망의 지경에 처했다. 이때에 스님도 문수오자주(文殊五字呪 : 阿 羅 波 左 那 [illegible])를 외우면서 감응(感應)을 기원하였고, 홀연히 현신하신 문수보살이 무주암(無住庵 : 包山 妙門庵 북쪽에 있는 절)으로 옮기라 하니, 이듬해인 1237년(고종24) 여름에 무주암으로 옮겼다. 스님은 무주암에서 "중생계도 불멸이고 불계는 더하지도 않는다. 生界不滅 佛界不增"는 화두를 참구하여 삼계가 환몽이며 대지가 털끝만큼도 걸림이 없음을 깨달았다. 같은 해에 삼중대사(三重大師)의 비서(批署)를 받았으며, 1246년(고종33)에는 선사(禪師)법계를 받았다. 1249년(고종36)에 재상이었던 정안(鄭晏)이 남해의 집을 절로 만들어 정림사(定林寺)라 이름하고 스님을 모셨다. 1259년(고종46)에는 대선사(大禪師)의 법계에 올랐다. 1261년(원종2) 왕명으로 개성 선월사(禪月社) 주지가 되어 개당법회 때 보조지눌(普照知訥)의 법을 멀리서 이었다(遙嗣). 1264년(원종5) 영일(迎日) 오어사(吾魚寺)에서 주석하다가 인홍사(仁弘社 : 지금의 대구광역시 달성군 화원읍 본리리에 있던 절)의 강원조실인 만회(萬恢)로부터 강석(講席)을 전해 받았는데 학인이 구름처럼 모여들었다. 1268년(원종9) 여름 왕명에 의해 선교 고승 일백 명을 초빙하여 운해사(雲海寺)에서 팔만대장경 판조조회향 법회를 가졌는데, 스님께서 증명법사(主盟)로 있으면서 낮에는 독경하고 밤에는 선담(禪談)을 열어 각 종파에서 의심나는 바를 토론하였다. 인홍사에서 11년 동안 강설하면서 퇴락한 건물을 모두 중창하고 왕으로부터 인흥사(仁興寺)라고 개명한 친필사액(賜額)을 받았다. 그 후에도 포산 동쪽에 있는 용천사(湧泉寺)를 중수하여 불일사(佛日寺)라고 이름을 고치기도 하였다. 1277년(충렬왕3)에는 왕명으로 청도 운문사(雲門寺) 주지에 취임하여 교세를 크게 떨쳤다. 1281년(충렬왕7) 몽고군의 일본정벌(東征) 때문에 왕이 경주에 머물 때 왕청에 따라 경주에서 1년을 보내기도 하였다. 충렬왕이 세 차례에 걸쳐 국존(國尊)에 책봉하려 하였으나 사양하다가 마침내 1283년(충렬왕9) 원경충조(圓徑冲照)라는 호와 함께 받아들였다. 1284년에 조정에서 인각사(麟角寺 : 경북 군위에 있는 절)를 수리하고 전토(田土)를 하사하여 주지를 맡게 하였다. 스님은 인각사를 '생을 마칠 땅(終生之地)'으로 정하고는 구산문(九山門)의 도회(都會)를 열자 많은 대중이 운집하여 총림의 융성함이 근래에 없을 정도였다고 한다. 효심이 지극하여 운문사 시절부터 어머니를 모시기 시작하여 인각사에서 96세로 임종하실 때까지 모셨으며, 인각사 북쪽 5리 지점인 가천곡(加川谷 : 일명 능골)에 장사지냈는데 지금도 그 묘가 남아 있다. 1289년(충렬왕15) 7월 8일 임금과 정안거사에게 각각 고별편지를 쓴 다음 대중들과 온종일 문답을 나누고 후사(後事)를 당부하였다. 다음 날인 7월 8일 새벽 목욕하고 옷을 갈아입은 후 단정히 앉아 고요하였으나, 선원정공(禪源頂公)이 울면서 생전에 탑비를 세울 장소도 물어보지 못하였다고 하자 스님께서 조용히 다시 일어나 절의 동쪽 5리 지점 능선에 길상지가 있으니 세우라고 일러주시고는 다시 적멸에 드셨으니, 세수 84 법랍 71세였다. 제자로는 굉훈(宏訓)·혼구(混丘)·수정(守精)·계잠(戒岑) 등이 있다. 저서로는 『삼국유사』 3권, 『중편조동오위 重編曺洞五位』 3권, 『신라국동토함산화엄종불국사사적 新羅國東吐含山華嚴宗佛國寺事蹟』 등이 현존한다. 스님이 『삼국유사』를 지으신 때는 몽골이 강토를 유린하는 등 민생과 왕실이 고통받고 고려의 시간도 땅도 사람도 늘 위태로웠다. 이때 스님께서 한 일은 덧없음에 고통받는 고려의 중생들에게 선조들이 남긴 잊지 못할 이야기를 다시

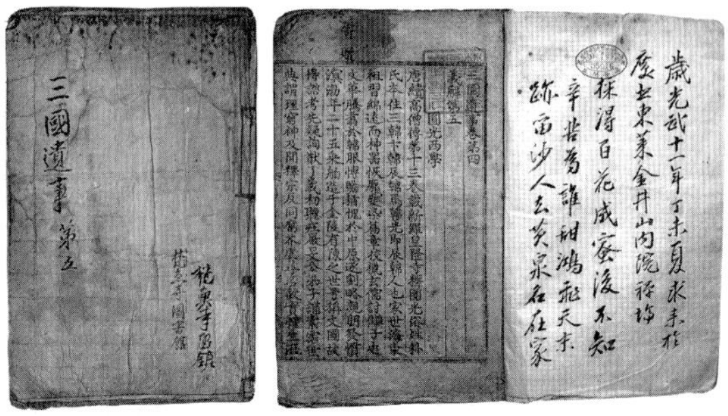

삼국유사 보물제419-3호 부산 범어사

남긴 일이다. 『삼국유사』는 어차피 생사하는 우리들이 그 곳 그 시간을 넘어 기억하여 남기고자 한 이야기들이기에, 말 그대로 유사(遺事)다. 과거로부터 살아남아

지금에 당도한 이야기들을 미래로 남겨 되새기게 하는 일이야말로 끝없이 불멸(不滅)을 꿈꾸며 중생을 구원해 가는 대승보살의 행이다. 『유사』는 아직도 깊이 사유되거나 되새긴 적 없는 다른 불교유산처럼 과제로 남아 있다. 현존하는 저술 외에 『어록 語錄』 1권, 『게송잡저 偈頌雜著』 3권, 『조파도 祖派圖』 2권, 『대장수지록 大藏須知錄』 3권, 『제승법수 諸乘法數』 7권, 『조정사원 祖庭事苑』 30권, 『선문염송사원 禪門拈頌事苑』 30권 등 7종 76권을 저술하였으나 일실되어 전하지 않는다. 민지(閔漬)가 비문을 지어 1295년(충렬왕21) 인각사에 세운 탑비(塔碑)는 편석(片石)만 남았으나, 최근 복원불사로 다듬어 다시 세웠다. [참고문헌] 『朝鮮佛教通史』 권하 p.358, 『朝鮮金石總覽』 권상 p.469, 『韓國金石全文』 中世下 p.1067, 李智冠 『校勘譯註歷代高僧碑文』 高麗篇4 pp.190~282, 『高麗史』 권59 志11 章山郡條, 『高麗史』 권29 世家29 忠烈王 9年 3月 庚午. ⇨ 무극 無極, 목암 睦庵, 인각사보각국존정조탑및비 麟角寺普覺國尊靜照塔○碑, 삼국유사 三國遺事, 인각사 麟角寺

일연 逸然 황벽종 스님 성융(性融 1601~1668)의 법호. ⇨ 성융 性融

일연소생 一緣所生 Ⓢ eka-pratyaya-janita, Ⓣ rkyen-gcig-gis-bskyed-pa. 하나의 연으로만 난 것. 대자재천(大自在天) 등의 단일한 인(因)이나 연에 의해 만물이 생기한다는 외도주장을 말한다. 중연소생(衆緣所生)에 맞선다. 『구사론』 권1(대정장29, p.2a10 : *Abh-k-bh.*, p.4)에 "이와 같은 다섯 가지 법은 모두 유위법이다. 뭇 연들이 모여 함께 지은 것이기 때문이다. 어떤 법도 일연소생은 아니다. 如是五法 具攝有爲 衆緣聚集 共所作故 無有少法 一緣所生 rūpaskandho vedanāskandhaḥ saṃjñāskandhaḥ saṃskāraskandho vijñānaskandhaścety ete saṃskṛtā dharmāḥ. sametya saṃbhūya pratyayaiḥ kṛtā iti saṃskṛtāḥ. na hy ekapratyayajanitaṃ kiṃcid astīti", 『사분율소식종의기』 권2(卍속장66, p.6b9)에 "어떤 법도 일연소생이 아니다〈단 하나 인에서 생겨난다는 외도의 주장을 논파하기 위해서다. 따라서 '어떤 법도 일연소생이 아니라'고 하였다〉. 無有少法 一緣所生〈爲破外道執一因生 故云 無有少法一緣所生〉"라고 하였다. [참고문헌] 『俱舍論』, 『四分律疏飾宗義記』, *Abh-k-bh.* ⇨ 중연소생 衆緣所生, 인자과引自果, 일상 一想❷, 일식외도 一識外道

일염일방 一拈一放 한번은 잡고 한번은 놓는다. 세계를 향해 자유롭게 마음을 운용하는 뜻이지만, 이마저도 유위분별일 것을 경계한다. 『능엄경정견』 권2(卍속장91, p.29a15)에 "저들 자세히 보라. 세우기도 하고 부수기도 하고 잡기도 하고 놓기도 한다. 무엇보다 앞서 시비 두 글자 가져 치고 열어 알려 함이다. 그런 다음 낱낱의 면목 드러내고 '저는 오늘 문수로서 없는 것은 아닙니다'라고 한다. 이것이 어찌 실지에 발 디디고 자신의 밝은 심성 움직여 본분을 드러내는 것이라 하지 않겠는가! 看他一立一破 一拈一放 却先將是非二字打開了 然後 露個面目曰 我今日非無文殊 此豈非是 其脚踏實地 運自己性靈 而顯本分作用者乎", 『덕풍어록』 권3(가흥장38, p.389a9)에 "'자식 하나가 출가하면 구족이 승천한다고 들었는데, 목련의 어머니 무슨 까닭으로 지옥에 떨어졌습니까?' '잡기도 하고 놓기도 해야 하리'. 士問 一子出家 九族昇天 因甚目蓮母親 藏在地獄 師云 一拈一放", 『환주어록』 권2(가흥장38, p.988c20)에 "사유 짓는 일 있다면 반드시 나고 죽는다. 틈 없이 도를 행하고 번뇌가 없는 업을 닦으며, 잡기도 하고 놓기도 하며, 반은 열고 반은 닫는다한들 새둥지 벗어나지 못한 듯할 뿐이다. 有作思惟 亦能生滅 行無間道 修無漏業 一拈一放 半開半合 則未免在窩窟裏"라고 하였다. [참고문헌] 『楞嚴經正見』, 『德風語錄』, 『幻住語錄』. ⇨ 염일방일 拈一放一❷, 일금일종 一擒一縱, 일방일수 一放一收

일엽 一葉 ❶ 잎사귀 하나. 『오등회원』 권15 「덕산연밀장 德山緣密章」(卍속장138, p.562a1)에 "법좌에 올라 말했다. '오로지 활구만을 참하고 사구일랑 되새기지 마라. 활구에서 알아차리면 영원히 막힐 일 없다. 한 티끌마다에 한 불국토 있고, 한 꽃잎마다에는 한 분의 석가가 계신다. 이 구야말로 죽은 말이다'. 上堂 但參活句 莫參死句 活句下薦得 永劫無滯 一塵一佛國 一葉一釋迦 是死句"라고 하였다. [참고문헌] 『五燈會元』. ❷ 한 조각. 『불안어록』(고존숙어록27, 卍속장118, p.501b4)에 "법좌에 올라 말했다. '양 강둑에 갈대꽃 사이로 조각배 하나, 서늘한 바람은 차고 밤은 깊은데 초생달 하나, 천 척 낚싯줄 드리워놓고는 집으로 돌아가 그저 쉬리라'. 上堂 兩岸蘆花一葉舟 涼風深夜月如鉤 絲綸千尺慵抛放 歸到家山卽便休"라고 하였다. [참고문헌] 『佛眼語錄』. ❸ 근세 덕숭산 수덕사 견성암(見性庵) 비구니 하엽(荷葉 1896~1971)의 법호. [참고문헌] 『불교신문』 제3114호(2015.06.20.). ⇨ 하엽 荷葉

일엽관음 一葉觀音 삼십삼관음(三十三觀音) 중 한 분. 연엽관음(蓮葉觀音)·남명관음(南溟觀音)이라고도 한다. 한 조각 연잎 타고 생사의 바다를 떠돌며 중생을 차별없이 살피기에 붙여진 이름이다. 『법화경』 권7 「보문품 普門品」(대정장9, p.56c10)에 "만일 깊은 물에 빠져 떠돌더라도 관세음보살의 명호를 소리내어 부르면 곧바로 물이 얕은 곳에 이른다. 若爲大水所漂 稱其名號 卽得淺處" 하였다. 『석계심월잡록』(卍속장123, p.158a

3)에 "연잎에 떠 계신 관음이란, 관음 염송하면서 아미타불도 받드네. 문득 희유하고 아름다운 분 이마 끝 그 위였다네. 오탁중생이여! 아는가 모르는가? 泛蓮觀音 一葉蓮舟泛渺瀰 誦觀音也戴阿彌 希奇妙相毫端上 五濁衆生知未知", 『허주어록』(卍속장123, p.184a18)에 "관음 : 고해에 몸 던지니 연잎 하나 가볍고, 폭풍이 부는 대로 맡겨 이리도

저리도 가네. 험처를 만나 머리 돌리려 하자, 달은 이미 보타산 하늘가에 떠 있었네. 觀音 苦海橫身一葉輕 黑風吹墮任縱橫 要令險處人回首 月在補陀天際生", 『감산집』 권33(卍속장127, p.696b13)에 "연잎 타신 관음을 찬탄하다. 끝도 없는 저 고해, 누가 피안으로 이끌까? 한 잎 붉은 연꽃, 파도 타고 떠돌지만 이 배 타고서는 가지 못하는 곳 없다 하네. 모든 중생 구하는 소망들, 따라 보듬고 그대로 생각한다네. 이 때문에 관음 명호 부르면 어느 문에서나 그 모습 보여주신다네. 蓮葉觀音贊 苦海無涯 誰爲彼岸 一葉紅蓮 隨流汎汎 以此舟航 無處不徧 萬類有求 隨感應念 是故稱名 普門示現"라고 하였다. [참고문헌] 『法華經』, 『石溪心月雜錄』, 『虛舟語錄』, 『憨山集』. ⇨ 관세음보살 觀世音菩薩, 삼십삼관음 三十三觀音

일예재안공화난추 一翳在眼空華亂墜 한 티끌 눈에 앉자 허공 꽃 어지럽게 떨어지다. 티끌만한 분별이라도 경계하는 뜻이다. 예(翳)는 예(瞖)라고도 한다. 『주화엄경제법계관문송』 권상(대정장45, p.697b13)에 "'저 색이란 것이 있어 눈 멀게 한다. 한 티끌 눈에 앉으면 헛된 꽃들 어지러이 떨어지네'라 한 이 게송은 청황의 상은 진공의 이치가 아님을 말한 것이다. 그러므로 부정하여 곧바로 보이는 공의 뜻인 부즉공이다. 이는 범부가 색이라는 실유의 체가 공중에 포함되었다 집착함을 가린 뜻이다. 겸하여 초발심보살이 색상을 헤아려 진공에 병듦을 간별한 것이다. 이승인은 분별하지 않으니 그들은 이러한 집착이 없다. 有色爲迷盲 一翳在眼空花亂墜 此頌以靑黃之相 非是眞空之理 故云 不卽空也 揀凡夫執色實有體在空中包含矣 兼揀初心菩薩計色相 以爲眞空之病 不揀二乘人 彼無此執也", 『경덕전등록』 권10 「부용영훈전 芙蓉靈訓傳」(대정장51, p.280c23)에 "복주 부용산 영훈선사가 처음 귀종선사를 참문했다. '무엇이 부처입니까?' '내가 그대에게 일러준들 그대는 믿겠는가' '화상께서 하시는 진실한 말씀을 어떻게 믿지 않겠습니까?' '그대가 바로 부처이다' '어떻게 보림해야 합니까?' '한 티끌 눈에 앉으면 허공 꽃이 어지럽게 떨어지리'. 福州芙蓉山靈訓禪師 初參歸宗問 如何是佛 宗曰 我向汝道汝還信否 師曰 和尙發誠實言 何敢不信 宗曰 卽汝便是 師曰 如何保任 宗曰 一翳在眼空華亂墜"라고 하였다. [참고문헌] 『註華嚴經題法界觀門頌』, 『景德傳燈錄』.

일오점등 日午點燈 한낮에 등불을 켠다는 말. 하는 말 하는 행위마다 덧없을 수 있음을 경계하는 뜻이다. 야반발묵(夜半發墨)과 짝이다. 『청익록』 27칙(卍속장117, p.837b2)에 "천동정각이 집어 말했다. '위산과 앙산은 아버지는 아버지였고 아들은 아들다웠다〈야밤에 먹물 뿌리고 한낮에 등불을 켜는 일이다〉. 天童拈云 潙山仰山 父父子子〈夜半潑墨 日午點燈〉"라고 하였다. [참고문헌] 『請益錄』. ⇨ 야반발묵 夜半發墨

일옥 一玉 1562~1633. 조선후기 스님. 호는 진묵(震默). 어머니는 조의씨(調意氏). 1562년(명종17) 9월 전라도 만경현(萬頃縣) 불거촌(佛居村 : 현 김제시 만경읍 화포리)에서 태어났다. 어려서부터 오신채 고기등을 먹지 않았고 천품이 인자하며 효심이 지극하였다. 7세 때 완주(完州) 서방산(西方山) 봉서사(鳳棲寺)로 찾아가 경전을 배우기 시작하였는데, 한 번 보면 모두 외웠다. 경론을 두루 열람한 후 외전(外典)도 보고자 봉서사에서 약 5리 근처에 사는 봉곡(鳳谷) 김동준(金東準 1573~1661)과 교유하였다. 어느 날 그의 집을 찾아 『통감강목 通鑑綱目』을 빌렸는데, 봉곡이 시동(侍童)에게 스님을 절까지 모셔 드리라고 했다. 스님이 돌아가면서 한 권씩 읽고 읽은 책을 길바닥에 던지면 시동이 따라 모두 거두었으니, 절문까지 가는 동안 『통감』 전질(全帙)을 다 읽었다. 봉곡선생이 훗날 '책을 빌려 길에 던져버리는 것은 무슨 일입니까?'라고 물었고, 스님은 '고기를 잡으면 통발은 버리는 법이고, 뜻을 얻으면 말을 잊습니다. 得魚忘筌 得意忘言'라고 답했으며, 봉곡선생이 『통감』에 대해 물었으나 한 글자 틀리지 않았다고 한다. 봉서사에서 정진하다 삭발목욕하고 가사와 장삼을 갈아 입은 다음 지팡이 끌고 절 앞 개울가에 이르러 지팡이를 세우고 서서 물에 비친 자신을 보고는 '이 분이 바로 석가모니부처님이시니라' 하니, 시자가 묻기를 '이는 스님의 그림자

일옥 진묵대조사지진영
완주 대원사 1906년

가 아니십니까?' 스님이 이르되 '너는 다만 나의 그림자만 알고 석가진신은 알지 못하는구나!' 하고는 곧바로 방장실로 돌아가 제자들을 불러 놓고 '내가 곧 떠나려 하니 너희들은 의심나는 것이 있거든 기탄없이 물어 보라'고 했다. 제자가 묻되 '스님께서 입적하신 지 일백년 후 종통은 누구에게로 이어지겠습니까?' 스님이 이르되 '종통을 따로 지적할 일이 있겠는가?'라 하였으나 제자는 재차 청하니, 스님께서 마지못해 이르되 '나 자신도 아직 속태를 벗지 못했다. 그러나 비록 명리승이기는 하지만, 휴정노사의 법을 이어 받는다. 휴정은 청허당 서산대사이시다'라 하였다. 1633년(인조11) 10월 28일 입적하니 세수 72, 법랍 52세였다. 초의의순(草衣意恂)이 쓴 「진묵조사유적고서 震默祖師遺蹟攷序」(『진묵조사유적고』·한불전10, p.877b19~c10)에는 '인도의 유마거사(維摩居士)는 금속여래(金粟如來)의 후신이요, 제양(齊梁) 때의 보지(寶誌 : 誌公)선사는 관음여래(觀音如來)의 응신이며, 소양(蕭梁) 때의 쌍림부대사(雙林傅大師)는 미륵여래의 화현이고, 조선조의 진묵조사는 석가여래의 분신'이라고 하였다. 초의의순이 지은 『진묵조사유적고』에는 스님의 기적같은 많은 일화가 전한다. 스님은 때로는 술에 취하여 노래하였는데 "하늘은 이불로, 땅은 요로, 산은 베개로 삼고, 달은 촛불로, 구름은 병풍으로, 바다는 술독으로 삼았네. 크게 취하여 홍을 타고 두둥실 춤을 추니, 천지가 좁아 장삼소매 곤륜산에 걸리네! 天衾地席山爲枕 月燭雲屏海作樽 大醉居然仍起舞 却嫌長衫掛崑崙". 조사의 행지(行止)가 초연무애하고 임운자재(任運自在)함이 마치 원효(元曉)를 연상케 하여 그의 행적을 되새긴다. 〔참고문헌〕『震默祖師遺蹟攷』(한불전10, pp.876c1~884c5), 『東師列傳』 권2 「震默祖師傳」(한불전10, p.1018a20), 『朝鮮佛教通史』 권하 pp.837~839, 『朝鮮佛教略史』 p.209, 「完州鳳棲寺震默堂一玉大師碑文」(智冠 『韓國高僧碑文總集 朝鮮朝·近現代』, pp.134~135), 石顚鼎鎬 「震默祖師無縫塔頌並序」(『石顚文鈔』, pp.1~3). ⇨ 진묵조사유적고 震默祖師遺蹟考

일옥부도 완주 봉서사 조선후기

일옹 一翁 현대 양산 통도사 혜각(慧覺 1905~1998)의 법호. 〔참고문헌〕 智冠 『韓國高僧碑文總集 朝鮮朝·近現代』 p.1228. ⇨ 혜각 慧覺

일왕래 一往來 사다함(斯陀含 Ⓢ sakṛdāgāmin)의 한 역어. 탐진치의 번뇌가 엷어져 단 한 번씩 천상과 인계로 오가면 마침내 모두 끊는 위. 36권본 『대반열반경』 권10(대정장12, p.673a27)에 "두 번째 사람은 세 가지 결박을 끊어서 탐진치가 엷어짐으로써 사다함과를 얻고 한 번 오가고 나서 영원히 모든 고통을 끊고 열반에 들어간다. 第二人者 斷三結縛 薄貪恚癡 得斯陀含果 一往來 永斷諸苦 入於涅槃", 『대승밀엄경소』 권2(卍속장34, p.511a14)에 "일왕래를 사다함이라 한다. 천상에 갔다가 인계로 돌아오는 방식으로 한번씩 오간다. 一往來者 名斯陀含 天上人中 一往一來"라고 하였다. 〔참고문헌〕『大般涅槃經』, 『大乘密嚴經疏』. ⇨ 사다함 斯陀含, 일래 一來, 욕계육품혹 欲界六品惑, 빈래과 頻來果, 일왕인간일왕천래 一往人間一往天來

일왕인간일왕천래 一往人間一往天來 사향사과(四向四果) 중 사다함(斯陀含 Ⓢ sakṛd-āgamin : 一來果)의 위. 『대명삼장법수』 권3(영락장181, p.502a5)에 "일왕인간이란 제1과인이다. 만일 천취에서 제2과를 얻으면 한 번 인취에 나고 한 번 천취에 나서 곧바로 제3과를 증한다. 이를 일왕인간이라 한다. 一往人間 謂第一果人 若在天中 得第二果 則一往人間 一來天上 便證第三果 是名一往人間"라고 하였다. 〔참고문헌〕『大明三藏法數』, 『俱舍論』 권24(대정장29, p.124a10). ⇨ 가가 家家, 사다함 斯陀含, 사향사과 四向四果 1

일요 日曜 Ⓢ Sūrya. 태장만다라 최외원(最外院) 동쪽에 위치한 존격. 삼매야형은 일륜(日輪), 종자는 (su), 인상은 금강합장, 진언은 보세천명비(普世天明妃)진언. 태장현도만다라에서 오른손에 태양 곧 일륜(日輪)을 쥐고 천의(天衣)를 입은 자태로 세 마리 백마가 끄는 수레를 타고 있다. 칠요(七曜) 또는 구요(九曜) 중 하나로서 일천요(日天曜)·일성(日星)·일정(日精)·태양밀일성(太陽密日星) 등이라고도 한다. 밀교(密教)에서는 일천(日天)의 권속이거나 일천과 한 몸으로 간주된다. 『대일경』 권3(대정장18, p.20c26)에 "일요의 모든 권속이 모든 종류의 불을 만든다. 日曜諸眷屬 及作一切火", 『대일경소』 권4(대정장39, p.618c18)에 "일은 본래 청정한 보리심을 비유한다. 곧 비로자나불의 본체이다. 日喻本淨菩提心 即是毘盧遮那自體", 『소바호동자청문경』 권하(대정장18, p.733a17)에 "또한 찬 서리가 태양이 비추면

일요 영국 브리티시 뮤지엄 당 8세기

녹는 것처럼 계의 태양에서 발하는 염송의 빛으로 죄의 서리를 녹이는 것도 이와 마찬가지이다. 復如寒霜 日曜

일요·일요권속·종자 인상 일륜(왼쪽부터 시계방향으로)

卽消 以用戒日 念誦之光曜 消罪霜 亦復如是"라고 하였다. 〔참고문헌〕『大日經』, 『大日經疏』, 『蘇婆呼童子請問經』. ⇨ 구요 九曜, 칠요 七曜

일요사 日曜寺 함경남도 북청군 대덕산(大德山)에 있던 절. 『동국여지승람』 권49 함경도 북청도호부(北青都護府) 불우(佛宇)에 이름과 위치가 전하고, 『범우고』에 폐사로 전한다. 〔참고문헌〕『東國輿地勝覽』, 『梵宇攷』, 『韓國寺刹全書』 권하 p.964a10.

일요소취 一窯燒就 한 가마에서 구워 내다. 한 스승 문하의 제자를 비유한다. 『종용록』 6칙 「송 頌」(대정장48, p.231a12)에 "흰 머리(西堂智藏)와 검은 머리(百丈懷海)여! 집 안의 종지를 이어 마친 이들이로다〈한 가마에서 구웠구려〉. 말 있어도 말 없어도 일체를 끊고 흐르는 기틀이여〈또 다시 위산의 웃음을 더욱 신선하게 만드는구나〉. 白頭黑頭兮 克家之子〈一窯燒就〉 有句無句兮 截流之機〈更使潙山笑轉新〉"라고 하였다. 〔참고문헌〕『從容錄』.

일요암 日曜庵 경상북도 성주군 수륜면 백운리 가야산(伽倻山)에 있던 암자. 1677년(숙종3)에 이원정(李元禎)의 서문이 있는 『경산지』 권2 불우(佛宇)에 "용기사 북쪽에 있다. 在龍起寺北", 제365호 『경산지』 초고본(草稿本)에 "고려말 호군 송천우가 … 마침내 머리를 깎고 이 암자를 창건하였다. 高麗末護軍宋千祐 … 遂祝髮創建此菴"라고 하였다. 절터에 석축 계단지와 자연석굴 아래 신장상이 새겨진 석주가 남아있다. 〔참고문헌〕『京山誌』, 『梵宇攷』, 『朝鮮寰輿勝覽』, 『韓國寺刹全書』 권하 p.964a12, 『文化遺蹟分布地圖 - 星州郡』(성주군·경상북도 문화재연구원, 2000) p.179, 『한국사지총람』 권하(문화재청·佛教文化財研究所, 2010) p.210.

일요요살 一澆澆殺 단번에 불씨를 끄다. 『무문관』 28칙 「평창 評唱」(대정장48, p.296c11)에 "용담은 흡사 자식 가엾이 여기다가 추한 꼴 되는지도 몰랐다. 그(덕산)에게 적은 불씨가 남아 있음을 알고는 황급히 더러운 물 가져다 머리에 뿌려 단번에 꺼버렸다. 냉정하게 살펴보니 한바탕 웃을 일이었네. 龍潭 大似憐兒不覺醜 見他有些子火種 郎忙將惡水 驀頭一澆澆殺 冷地看來 一場好笑"라고 하였다. 〔참고문헌〕『無門關』.

일용궤범 日用軌範 『백장청규』 권6(대정장48, pp.1144b5~1146b8)에 실려 전한 승가의 대중생활 규범. 남송 때 대혜종고(大慧宗杲)의 법손인 무량종수(無量宗壽)가 지었다. 『백장청규』의 편목으로 편입되기 전에는 『입중일용 入衆日用』 또는 『무량수선사일용소청규 無量壽禪師日用小淸規』라는 표제로 별행되었다. 입중법(入衆法)·전발법(展鉢法)·끽식법(喫食法)·세발법(洗鉢法)·입측법(入厠法)·목욕법(沐浴法) 등에 대해서 상세히 분별하고 있다. 〔참고문헌〕『百丈淸規』, 『入衆日用』(卍속장111, p.943a1), 『叢林校定淸規總要』 권하(卍속장112, p.50a15). ⇨ 입중일용 入衆日用, 청규 淸規

일용사 日用事 누구나 겪는 나날의 일상. 특별하지 않은 보통의 일들을 말하며, 일용사중에 오히려 공부하고 힘을 얻어야 함을 드러내는 뜻이다. 『대혜어록』 권23(대정장47, p.911a29)에 "공부하는 길이란 없는 곳이 없다. 마주하는 곳마다 온통 진실이다. 진실 떠나 설 곳 없으니 선 자리 그대로 진실이다. 교 중에서 이르길 치생과 산업도 모두 바른 도리를 따르니 실상과 서로 어긋나지 않는다고 한 것이다. 그러므로 방거사가 말하길 '매일 하는 일이라고 다르지 않으니, 오직 나 스스로를 짝 삼아 주고 받을 뿐이다. 매사에 취하지도 버리지도 않아 처처에서 크게 어긋나지 않게 하네. 붉다 자주빛이라 부른 이 누구인가. 저 큰 산에 티끌 한 점 없네. 신통도 묘용도 물 긷고 나무하는 일이라네!'라고 하였다. 道無不在 觸處皆眞 非離眞而立處 立處卽眞 教中所謂 治生產業 皆順正理 與實相不相違背 是故龐居士有言 日用事無別 唯吾自偶諧 頭頭非取捨 處處勿張乖 朱紫誰爲號 丘山絶點埃 神通幷妙用 運水及搬柴", 『경덕전등록』 권8 「방온전 龐蘊傳」(대정장51, p.263b6)에 "어느 날 석두 희천이 물었다. '그대가 나를 만난 이후 일용사는 어떠한가?' '일용사 물으신들 드릴 말씀은 없습니다. 一日 石頭問曰 子自見老僧已來 日用事作麼生 對曰 若問日用事 卽無開口處", 같은 책 권26 「효영전 曉榮傳」(대정장51, p.425a11)에 "'매일매일 어떻게 지내는지요?' '한 생각에 모래알처럼 많은 세계를 돌아다니고, 나날이 만가지 일 처리하지만, 가라앉은 듯 언제나 고요하여 항상 자성의 가풍 놓은 일 없다네'. 問 日用事如何 師曰 一念周沙界 日用萬般通 湛然常寂滅 常轉自家風"라고 하였다.

〔참고문헌〕『大慧語錄』, 『景德傳燈錄』.

일용사무별송 日用事無別頌 일용사라고 다르지 않다는 말. 공부함에 있어 별다른 때와 곳이 있지 않다는 뜻이다. 방거사(龐居士)가 지은 게송. 방거사가 석두(石頭)에게 일용사에 대한 질문을 받고 "일용사라고 다르지 않네. 오직 나 스스로 짝하여 함께할 뿐이라네. 日用事無別 唯吾自偶諧"라고 시작하는 게송이다. 〔참고문헌〕『景德傳燈錄』 권8 「龐蘊傳」(대정장51, p.263b9), 『龐居士語錄』 권상(卍속장120, p.55a9). ⇨ 방거사 龐居士

일용작법목록 日用作法目錄 1869년(고종6) 해인사의 추담정행(秋淡井幸)이 제반의식을 모아 편집한 『일용집 日用集』의 목록. 언본(諺本)으로 한 장을 시작으로 묵언작법·식당작법·예불절차·소예참에서 간당규(看堂規)·하단헌식(下壇獻食)· 장로화상종선근인연도(長老和尙種善根因緣圖)에 이르기까지 총 61가지 의법(儀法)을 갖추어 모았는데 다음과 같다. ① 언본(諺本) ② 묵언작법(默言作法) ③ 식당작법(食堂作法) ④ 사물연기(四物緣起) ⑤ 모송절차(暮誦節次) ⑥ 예불절차(禮佛節次) ⑦ 소예참(小禮懺) ⑧ 준제지송(准提持誦) ⑨ 염불절차(念佛節次) ⑩ 향수해(香水海) ⑪ 칠처구회(七處九會) ⑫ 칠불례(七佛禮) ⑬ 참회불(懺悔佛) ⑭ 행선축원(行禪祝願) ⑮ 조송절차(朝誦節次) ⑯ 삼시정진출입송(三時精進出入頌) ⑰ 정진도설(精進圖說) ⑱ 예불시경금(禮佛時磬金) ⑲ 식시경금(食時磬金) ⑳ 승통화상출입시격대종식(僧統和尙出入時擊大鐘式) ㉑ 오경송(五更頌) ㉒ 백장화상청규법(百丈和尙淸規法) ㉓ 등측규(登厠規) ㉔ 삼장육재일(三長六齋日) ㉕ 삭발목진언(削髮沐眞言) ㉖ 세족무병수진언(洗足無甁水眞言) ㉗ 대소변송(大小便頌) ㉘ 수구세수진언(漱口洗手眞言) ㉙ 답살무죄진언(踏殺無罪眞言) ㉚ 가사송(袈裟頌) ㉛ 정수패(淨水牌) ㉜ 시현관음명호(示現觀音名號) ㉝ 비구수식법(比丘受食法) ㉞ 삼시과송의(三時課誦儀) ㉟ 관자재보살감로주(觀自在菩薩甘露呪) ㊱ 비로자나총귀진언(毗盧遮那摠歸眞言) ㊲ 여래장경실상장구(如來藏經實相章句) ㊳ 왕생정토주(往生淨土呪) ㊴ 불설소재길상다라니(佛說消災吉祥陀羅尼) ㊵ 나옹화상발원문(懶翁和尙發願文) ㊶ 보통축원(普通祝願) ㊷ 십재일(十齋日) ㊸ 사성례(四聖禮) ㊹ 제부(諸符) ㊺ 유마경오종초(維摩經五種草) ㊻ 이상의처론(已上疑處論) 안국초출(安國抄出) ㊼ 이십사락(二十四樂) 군의론출(群疑論出) ㊽ 삼십종익(三十種益) ㊾ 간당규(看堂規) ㊿ 행선축원규(行禪祝願規) 51 십법계송(十法界頌) 52 십팔지옥송(十八地獄頌) 53 현장법사예불문(玄奘法師禮佛文) 54 인과경약초(因果經略抄) 55 식당말(食堂末) 56 금강유가염주경(金剛瑜伽念珠經) 57 아함경종송(阿含經種頌) 58 천수사방관(千手四方觀) 59 삼단작관변공(三壇作觀變供) 60 하단헌식의(下壇獻食儀) 61 장로화상종선근인연도(長老和尙種善根因緣圖)이다. 후대에 전하는 추담정행 편저로 알려진 『일용집』의 목록은 판본에 따라 차이가 있다.

일우 一愚 대한불교조계종 율사 종수(宗壽 1918~1985)의 법호. 〔참고문헌〕智冠 『韓國高僧碑文總集 朝鮮朝·近現代』 p.1358. ⇨ 종수 宗壽

일우 逸愚 조선전기 스님. 호는 송월(松月). 1552년(명종7)에 성담(性湛)이 함경도 구룡산 도성암(道成庵)에서 『선종영가집과주설의』를 판각하고 스님에게 청하여 발문(跋文)을 짓게 하였다. 『선종영가집과주설의』 권하(한불전7, p.216a19)에 "가정 임자년(1552) 춘2월 상한에 오봉산인 송월당 일우 삼가 지음. 歲嘉靖壬子春二月 上澣 五峰山人 松月堂 逸愚 謹跋"이라 하였다. 〔참고문헌〕『禪宗永嘉集科註說誼』. ⇨ 송월 松月 ❶

일우중 日禺中 사시(巳時)를 말한다. 우중(禺中)·일우(日禺)라고도 한다. 천태종의 오시교(五時敎) 중 제4 반야시(般若時)를 비유한다. 『법화경과주』 권1(卍속장48, p.713a6)에 "넷째 반야시 : 소승인들이 마음이 이미 미혹한 줄 돌이키자 대승의 근기가 이때에 일어났다. 반야를 설하기 위하여 어울려 통하게 하고 버릴 것은 버리게 하자, 집 떠나 헤매던 이는 보물창고를 보고 마음에 기쁨이 솟았다. 이것은 일우중의 때와 같고, 생소가 변하며 숙소의 맛이 나는 것과 같다. 四般若時 小乘之人 心旣迴惑 大乘機發於此時 爲說般若 融通淘汰 令彼窮子 得見寶藏 心生欣喜 此如日禺中時 如轉生酥成熟酥味也"라고 하였다. 〔참고문헌〕『法華經科註』, 『南海寄歸內法傳』 권1(대정장54, p.210c21). ⇨ 우중 禺中, 사시 巳時, 반야시 般若時, 오시교판 五時敎判

일우후지 一牛吼地 한 마리 큰 소의 울음 소리가 들리는 거리. 일구로사(一拘盧舍)를 말한다. 보통 5리(里)에 해당하며, 출전에 따라 달리 셈하기도 한다. 일우후(一牛吼)·일우명지(一牛鳴地)라고도 한다. 『신화엄경론』 권22(대정장36, p.874b10)에 "첫 번째 보리수 아래 보리도량에서의 첫 설법회는 희련하가에서 열렸는데, 우루빈라가섭마을에서 5리 떨어진 곳으로 이는 소 울음 소리 들리는 거리다. 第一菩提場菩提樹下一會 在熙連河邊 去優樓頻螺迦葉聚落五里 是一牛吼地", 『번역명의집』 권3(대정장54, p.1107c11)에 "구로사(Ⓢ krośa) : 오백궁이라고 한역하며 일우후지라고도 한다. 拘盧舍 此云五百弓 亦云一牛吼地"라고 하였다. 〔참고문헌〕『新華嚴經論』, 『翻譯名義集』, 『石門文字禪』 권8(가흥장23, p.611c13). ⇨ 일구로사 一拘盧舍

일운 一雲 조선전기 스님. 호는 여암(如庵). 1442년(세종24) 홍천사(興天寺) 사리각(舍利閣) 경찬법회(慶讚法會)의 법주(法主)였고, 1446년(세종28)을 전후하여 홍덕사(興德寺) 주지로 있으면서 왕실의 주요 법회를 주관하였다. 『세종실록』 권95 24년 3월 24일의 집현전 직제학(直提學) 남수문(南秀文 1408~1443)이 찬한 「설선문 說禪文」에 "행향사 판중추원사 성달생은 삼가 여암화상 장하(仗下)에 청하옵니다. 우리 주상전하께서 특히 조종을 위하여 홍천사사리탑을 중창하시어 불사를 마치시고 이에 경찬회를 베풀게 하셨습니다. 엎드려 바라오니, 법연을 주장하여 진승을 열어 넓히시고 조종으로 하여금 불과를 단박에 이루게 하소서. … 여암화상 장하에 엎드려 비오니, 화상께서는 총림의 큰 근간이시며 석원의 고매한 표준이시고, 마음은 백수의 선을 참구하셨고 배움은 패엽의 종지를 전하였습니다. 行香使判中樞院事成達生 謹請如庵和尙仗下 惟我主上殿下 特爲祖宗, 重創興天寺舍利塔訖 爰設慶讚會 伏望主張法筵 開廣眞乘 致令祖宗頓成佛果者 … 伏惟如庵和尙仗下 叢林巨幹 釋苑高標 心參栢樹之禪 學傳貝葉之旨", 같은 책 권96 24년 4월 24일에 "일운이 하직하니, 역말을 하사하여 돌아가도록 명하였다. 애초에 일운은 경상도에 있었는데 홍천경찬법주로서 부름을 받고 왔다가 지금 산으로 돌아가므로 이러한 명령이 있었다. 僧一雲辭 命賜馹騎遣還 初一雲在慶尙道 以興天慶讚法主 承召而來 今乃還山 故有是命"라고 하였다. 〔참고문헌〕『世宗實錄』. ⇨ 여암 如庵, 홍천사 興天寺

일운소우 一雲所雨 한 구름에서 내린 비. 중생이 각기 받아 다르게 꽃피우지만 부처님 가르침은 한결같다는 뜻이다. 『법화경』 권3(대정장9, p.19b4)에 "한 구름에서 내리는 비를 맞아도 그들의 종성에 따라 생장하여 꽃을 피우고 열매를 맺는다. 一雲所雨 稱其種性 而得生長華菓敷實", 『법화경지장소』 권3(卍속장93, p.645a6)에 "한 구름에서 내리는 비를 맞는다는 말은 같은 구름에서 내리는 빗물을 가리킨다. 이는 한결같은 부처님의 설법을 비유한다. 한결같은 부처님의 설법은 모든 중생의 근기에 두루 응한다. 一雲所雨者 謂卽此一雲所雨之水 喩一佛所說之法 一佛所說之法 便能普應羣機"라고 하였다. 〔참고문헌〕『法華經』, 『法華經指掌疏』. ⇨ 일음 一音, 일음설법 一音說法, 일미 一味

일원상 一圓相 한결같아 두렷한 모습. 원상(圓相)이라고도 한다. 혜충국사(慧忠國師)에서 비롯하여 탐원응진(耽源應眞)을 거쳐 앙산혜적(仰山慧寂)에게 전해졌다. 위앙종(潙仰宗)의 원상육명(圓相六名) 중 하나이기도 하다. 『앙산어록』(대정장47, p.584c20)에 "위주가 위산에게 나아가 한 게송 청했다. 위산이 '눈앞에 모조리 드러나 있어도 몰라보는 사람인데 어찌 종이에 먹물 그리겠는가?' 위주가 앙산에게 나아가자 앙산이 종이 위에 일원상을 그리고 붙여 말했다. '생각해서 알면 두 번째 끝에 떨어지고, 생각하지 않고도 알았다 하면 세 번째 머리에 떨어진다'. 韋宙就潙山請一伽陀 潙山云 覿面相呈猶是鈍漢 豈況形於紙墨 韋乃就師請 師於紙上畫一圓相 註云 思而知之 落第二頭 不思而知 落第三首"라고 하였다.

일원상 성철유묵 백련문화재단

우리나라에 앙산혜적의 법을 전한 순지(順之)가 일원상을 전했고 나름 사대팔상(四對八相)・양대사상(兩對四相)・사대오상(四對五相) 등을 시설한 내용이 『조당집』 권20 「오관산순지전 五冠山順之傳」(고려장45, pp.356a23~357b18)에 전한다. 고려 정각국사(靜覺國師) 지겸(至謙 1145~1229)은 순지의 영향을 받아 『종문원상집 宗門圓相集』(한불전6, pp.71a1~89a6)을 지었다. 조선 후기 백파긍선(白坡亘璇 1767~1852)의 『선문수경』 「원상설 圓相說」(한불전10, p.520c8)에 "○ 이는 종문에서 향상하는 것이니 다만 진공이다. 묘한 바탕 물일 수 없어서 하나 둥근 모습일 뿐이다. 오직 어두워 밝지 않아도 지금의 모든 것들을 멀리 뛰어넘으므로 무물이라고 부를 뿐이다. ○此宗門向上 但是眞空 妙體無物 一圓相故 唯暗非明 以逈超今本 故云無物", 『괄허집』 권1 「일원상 一圓相」(한불전10, p.308a16)에 "능히 넓고 더없이 깊어 저 바다와 같고 줄지도 늘지도 않아 허공인 듯 하네. 때때로 알 수 없이 돌이켜 빛을 내니 마음 저절로 공할 때 경계 스스로 사라지네. 能廣能深如大海 無增無減若虛空 時時密密回光照 心自空時境自空"라고 하였다. 〔참고문헌〕『仰山語錄』, 『祖堂集』, 『宗門圓相集』, 『禪文手鏡』, 『括虛集』. ⇨ 원상 圓相, 육명 六名, 순지 順之, 종문원상집 宗門圓相集, 남전화일원상 南泉畵一圓相, 위앙종 潙仰宗, 선문수경 禪文手鏡

일월광불 日月光佛 일월광부처님. 과거세에 출세(出世)하였던 오십삼불(五十三佛) 중 한 분이다. 『사익범천소문경』 권1(대정장15, p.34b2)에 "이때 동쪽으로 칠십이항하사불토를 지나 청결이라는 국토가 있고, 일월광여래응공정변지라는 이름의 부처님께서 지금 현재 그 불국토에 계신다. 爾時東方過七十二恒河沙佛土 有國名淸潔 佛號日月光如來 應供 正遍知 今現在其佛土", 『왕생정토참원의』(대정장47, p.492c26)에 "남방의 일월광불등과 남방의 항하 모래알처럼 많은 정토의 모든 부처님들께 일심으로 공경하고 예배합니다. 一心敬禮 南方日月光佛等 盡南方河沙淨土一切諸佛"라고 하였다. 〔참고문헌〕『思益梵天所問經』, 『往生淨土懺願儀』. ⇨과거오십삼불 過去五十三佛

일월등명불 日月燈明佛 Ⓢ Candra-sūrya-pradīpa. 과거세에 출현하시어 『법화경』을 설하신 부처님. 이 부처님의 광명은 하늘에서는 해와 달과 같고 땅에서는 등불과 같으므로 붙여진 이름이다. 과거세에 일월등명이라는 이름을 가진 이만이나 되는 부처님이 계셨는데, 그 마지막 부처님께서 아침에 『법화경』을 설하시고 밤에 열반에 드셨다. 『법화경』 권1(대정장9, p.3c27)에 "또한 일월등명이라는 이름의 부처님이 계셨으니 이와 같이 이만의 부처님이 모두 같은 이름으로 일월등명이었고 같은 성으로 파라타(Ⓢ Bhāradvāja)라고 하였다. 미륵은 알아야 한다. 첫 부처님과 마지막 부처님이 모두 같은 이름으로 일월등명이었고 십호를 구족하셨다. 설법은 처음도 중간도 마지막도 훌륭하였다. 次復有佛亦名日月燈明 如是二萬佛 皆同一字 號日月燈明 又同一姓 姓頗羅墮 彌勒當知 初佛後佛 皆同一字 名日月燈明 十號具足 所可說法 初中後善", "그 마지막 부처님께서 출가하시기 전에 여덟 왕자가 있었으니 유의·선의·무량의·보의·증의·제의의·향의·법의였다. 여덟 왕자는 위덕이 자재하였고 각각 사천하를 다스렸다. 여덟 왕자는 부왕이 출가하여 아누다라삼막삼보리를 얻었다는 소식을 듣고 모두 왕위를 버리고 부왕을 따라 출가하여 대승의 뜻을 세우고 항상 범행을 닦아 모두 법사가 되었고 천만의 부처님이 계신 곳에서 선근공덕을 심었다. 其最後佛 未出家時有八王子 一名 有意 二名 善意 三名 無量意 四名 寶意 五名 增意 六名 除疑意 七名 嚮意 八名 法意 是八王子 威德自在 各領四天下 是諸王子 聞父出家 得阿耨多羅三藐三菩提 悉捨王位 亦隨出家 發大乘意 常修梵行 皆爲法師 已於千萬佛所 殖諸善本", "이때 일월등명부처님께서는 '무량의'라는 대승경전을 설하셨는데, 보살법을 가르쳤으니 부처님께서 호념하시는 것이었다. 이 경전을 모두 설한 후에 대중 속에서 결가부좌하고 무량의처삼매에 들어 몸도 마음도 움직임이 없었다. 是時日月燈明佛說大乘經 名無量義 教菩薩法 佛所護念 說是經已 卽於大衆中結加趺坐 入於無量義處三昧 身心不動". 『화엄경소초』 권6(대정장36, p.41c27)에 "고덕께서 다같이 말씀하시기를 '일월등명불께서는 새벽에 『법화경』을 설하시고 한밤중에 멸도하셨다'고 하였으니, 『법화경』을 설한 밖에 따로 다른 시간에 『열반경』을 설한 것은 아니다. 이것은 중생의 근기가 뛰어나서 『법화경』을 들은 후에 다시 『열반경』을 설할 필요가 없었기 때문이다. 『열반경』은 설하기도 하고 때론 설하지 않는다. 古德共云 日月燈明佛 晨旦說法華 中夜便滅度 則法華之外 非是別時更說涅槃 謂人根利故聞法華竟 不復須說涅槃 則涅槃或說不說"라고 하였다. 〔참고문헌〕『法華經』, 『華嚴經疏鈔』, *Saddh-p.18.*

일월등명지팔왕자 日月燈明之八王子 ➡일월등명불 日月燈明佛

일월륜 日月輪 일륜과 월륜. 해와 달. ❶ 생사의 어둠을 밝히는 지혜를 해와 달에 비유한다. 40권본 『화엄경』 권34(대정장10, p.820a1)에 "불자가 여기에 머물러 중생 앞에 널리 나타나니 마치 해와 달이 도는 듯하여 널리 생사의 어둠을 모두 없앴네. 佛子住於此 普現衆生前 猶如日月輪 遍除生死暗"라고 하였다. 〔참고문헌〕『華嚴經』. ❷ 밀교(密敎)의 이지불이(理智不二)를 상징하는 말. 일륜은 태장(胎藏)의 이치, 월륜은 금강계(金剛界)의 지혜를 나타낸다. 『묘길상대교경』 권3(대정장20, p.915c11)에 "금강지 위에 일륜과 월륜이 있다고 관상한다. 일륜 위에 열두 자가 있고, 월륜 위에 열여섯 자가 있다고 관상하되 범자의 자모에서 모든 법이 생겨나지만 끝내 얻을 수 없다. 월륜 위에 옴(ॐ) 자가 안치되어 있다고 관상하고 또한 옴 자를 관하되 보살이 되어 시방세계를 빙빙 돌아다니며, 제불과 성현에게 뜻대로 공양하고 공양을 마치면 잠시 멈춰 있다가 돌아와서 윤자형을 만든다고 관상한다. 다시 한 번 관상하여 비로자나불과 사방불이 된다고 차례대로 관상한다. 金剛地上想日月輪 於日輪上 想十二字 月輪之上 想十六字 梵字之母 出生諸法 不可得故 於月輪上 想安唵字 又觀唵字 想爲菩薩 旋復而去 十方世界 隨意供養 諸佛聖賢 旣供養已良久而來 作輪子形 復想一返 爲毘盧佛 餘四方佛 次第想安"라고 하였다. 〔참고문헌〕『妙吉祥大教經』.

일월박식 日月薄蝕 Ⓢ āditya-candra-graha, Ⓣ nyi-ma-dang-zla-ba-dang-gza'. 일식(日蝕)과 월식(月蝕). 일월박식(日月博食)이라고도 한다. 허망하게 길상을 논하는 것을 경계한다. 『유가사지론』 권7(대정장30, p.312c18 : *Yogā-bh.*, p.159)에 "허망하게 길상을 논한다 하니 예컨대 어떤 사문이나 바라문이 다음과 같은 견해로 다음과 같은 이론을 세우는 것이다. '만약 세간에 일식과 월식이 일어나거나 별들이 그 궤도를 잃으면 하고자 하는 일이 이루어지지 않고, 저들이 순리대로 따라야 이루고자 하는 것이 모두 이루어진다'라고 하는 것이다. 妄計吉祥論者 謂如有一 若沙門 若婆羅門 起如是見 立如是論 若世間日月薄蝕 星宿失度 所欲爲事 皆不成就 若彼隨順 所欲皆成 kautukamaṅgalavādaḥ katamaḥ. yathāpīhaikatyaḥ śramaṇo brāhmaṇo vaiva ṃdṛṣṭirbhavatyevaṃvādī ādityacandragrahatithi vaiguṇyena manorathānāmasiddhirbhavati. tadā nuguṇyena ca manorathasiddhiḥ"라고 하였다. 〔참고문헌〕『瑜伽師地論』, 『藥師如來本願經』(대정장14, p.404a13), *Yogā-bh.* ⇨ 박식 薄蝕, 칠난 七難

일월보현일체수 一月普現一切水 하나의 달이 널리 모든 물에 나투다는 말. 일심(一心)이 일체처에 두루하지 않음이 없는 뜻이다. 『증도가』(대정장48, p.396b7)에 "하나의 성이 일체성에 통하고, 나투는 한 법도 일체법에 두루 안긴다. 하나의 달이 널리 모든 물에 나타나고, 모든 물에 비친 달은 하나의 달이 거두네. 一性圓通一切性 一法遍含一切法 一月普現一切水 一切水月一月攝", 『증도가주』(卍속장114, p.897a15)에 "'하나의 달이 모든 물에 널리 나투고 모든 물에 비친 달은 하나의 달이 다 거둔다'는 말에서, 하나의 달은 일심을 비유하고 모든 물은 모든 세간을 비유한다. 오직 마음만이 능히 일체처에 드러날 수 있으니, 마침내 일심에 거두어질 뿐이다. 一月普現一切水 一切水月一月攝 一月 喩於一心 一切水 喩諸世間也 唯心能現於一切處 而終攝於一心也"라고 하였다. 〔참고문헌〕『證道歌』, 『證道歌註』.

일월불리승가리숙갈마 一月不離僧伽梨宿羯磨 한 달 동안 승가리(僧伽梨)를 입지 않아도 허물이 되지 않도록 허락하는 갈마. 『십송율』 권5(대정장23, p.32a4)에 "부처님께서는 갖가지 인연으로 계를 찬탄하시고 계 지키는 것을 찬탄하셨다. 계를 찬탄하고 계를 지키는 것에 대한 찬탄을 마친 후 비구들에게 말씀하셨다. '지금부터 늙은 비구와 병든 비구들이 한 달 동안 승가리를 벗고 생활해도 죄가 되지 않는 갈마를 허락한다'. 佛以種種因緣 讚戒讚持戒 讚戒讚持戒已 語諸比丘 從今聽老比丘病比丘 作一月不離僧伽梨宿羯磨"라고 하였다. 〔참고문헌〕『十誦律』. ⇨ 이숙계 離宿戒

일월사 日月寺 ❶ 강원도 홍천군 공작산(孔雀山)에 있는 수타사(壽陁寺)의 창건당시 이름. 〔참고문헌〕 韓國寺刹全書』 권하 p.964b8 欄外. ⇨ 수타사 壽陁寺 ❷ 전라남도 보성군 율어면 유신리 존제산(尊帝山 : 尊者山이라고도 함)에 있는 절. 『동국여지승람』 권40 전라도 보성군 불우(佛宇)와 『범우고』에 이름과 위치가 전하고 있으나, 한때 폐사되었다가 1970년대에 복원중창되었다. 현존 당우로는 대웅전·미륵대전·대적광전·관음전·약사전·나한전 등이 있고, 보물 보성유신리마애여래좌상이 있다. 〔참고문헌〕『東國輿地勝覽』, 『梵宇攷』, 『韓國寺刹全書』 권하 p.964b6. ⇨ 보성유신리마애여래좌상 寶城柳新里磨崖如來坐像 ❸ 황해북도 개성시 송악산(松嶽山)에 있던 절. 『고려사』 권1 세가(世家)1 태조(太祖) 5년(922) 4월에 "궁성의 서북쪽에 일월사를 창건하였다. 創日月寺于宮城西北", 같은 책 권11 세가11 숙종(肅宗) 6년(1101) 4월에 "왕이 일월사에 행차하여 금자연화경의 완성을 경축하였다. 幸日月寺 慶成金字妙法蓮華經", 같은 책 권14 세가14 예종(睿宗) 16년(1121) 5월에 "상춘정과 일월사·왕륜사·고봉사·극락사에서 삼칠일(21일) 동안 소재도량을 열었다. 甲寅 設消災道場 於賞春亭及日月·王輪·高峯·極樂寺三七日", 『파한집』 권상에 "황통 3년(1143) 계해 4월 어느 날에 김승선이 성상의 뜻을 받들어 두 영공에게 어명을 받들게 하였으니, 일월사 낙성재 학당에 이르러 여러 생도들과 강습하였다. 皇統三年癸亥四月日 承宣金奉聖旨 令兩令公受命 到日月寺樂聖齋學堂 與諸生講習"라고 하였다. 『동국여지승람』 권5 개성부 하 고적에 절 이름이 보인다 전하고 있어 건국전에는 존속한 것으로 추정된다. 〔참고문헌〕『高麗史』, 『破閑集』, 『東國輿地勝覽』, 『韓國寺刹全書』 권하 p.964a14.

일월사발합 日月寺鉢盒 고려시대 발합. 신경(身徑) 36cm·높이 18cm, 자경(字徑)은 1.4cm 크기의 불전에 불전에 올렸던 법기다. 뚜껑에 "병오년(1186년으로 추정) 4월 15일에 일월사 금당 대보처 관음보살님 앞에 놓기 위해 조성한 모발합으로, 무게는 6근이다. 丙五四月十五日 日月寺金堂大輔處觀音前母鉢 蓋入重陸斤", 몸체에 "병오년 윤7월일에 각도감 충순이 만들어 바쳤다. 무게는 6근 6량이다. 丙午閏七月日 刻都監忠順造上 入重六斤六兩"라는 명문이 전하며, 국립중앙박물관에 소장되어 있다. 〔참고문헌〕『韓國金石全文』 中世下 p.887.

일월삼신 一月三身 하나의 달에 세 가지 몸. 월체(月體)·월광(月光)·월영(月影)을 각각 법신(法身)·보신(報身)·화신(化身)인 삼신(三身)에 비유하였다. 『염불삼매보왕론』 권중(정토십요5, 卍속장108, p.740a7)에 "〔문〕 세 가지 불신이 있으니 어떻게 억념해야 하는가? 〔답〕 세 가지 불신은 하나도 아니지만 다른 것도 아니다. 법신은 달과 같고, 보신은 달의 광명과 같으며, 화신은 물에 비친 달의 그림자와 같다. 하나라고 말할 수 없으니 온갖 물에 비친 달은 항상 다르기 때문이고, 많다고 할 수 없으니 허공의 달은 언제나 하나이기 때문이다. 이(伊 ∴) 자의 세 점과 같고 마혜수라의 세 눈과 같다. 종횡으로 구별하면 모두 다 의론할 수 없다. 問 佛有三身 如何憶念 對 佛三身 非一異 法身如月 報身如月光 化身如水中月影 不可言一 萬水之月常差 不可言多 虛空之月常一 如伊字三點 摩醯三目 縱橫竝別 皆不可議"라고 하였다. 〔참고문헌〕『念佛三昧寶王論』.

일월삼주 一月三舟 ➡ 삼주관월 三舟觀月

일월수다라니주머니 日月繡陀羅尼○○○ 조선후기 복장주머니(腹藏囊). 국가민속문화재 제42호. 가로 11.5cm, 세로 19cm, 위 끈 9.5cm, 아래 줄 17cm. 공단에 자수. 한국자수박물관 소장. 연화등(蓮花燈) 모양의 주머니에 연화화생도(蓮花化生圖)를 수놓은 한 쌍의 주머니이다. 불화나 번기(幡旗) 양 옆을 장식하던 것으로 보인다. 연두색 공단 바탕천에 연화화생한 보살이 맨 위 연꽃과 연결된 줄을 잡고 합장하는 모습을 자련수로 수놓았다. 연꽃 안에 해를 상징하는 삼족오(三足烏)를 수놓은 주머니에는 보살 좌우로 "청신녀 기유생 김씨 상궁 허공화 극락지대원 淸信女 己酉生 金氏 尙宮 虛空華 極樂地大願"라는 글씨를 평수로 수놓았다. 뒷면에는 "곤명갑슐싱 곽시 망건명 갑슐생 경쥐김시 국낙지딕원"이라고 먹으로 썼다. 연꽃 안에 달을 상징하는 토끼를 수놓은 주머니에는 "청신녀 기유생 유씨 상궁 묘진화 극락지대원 淸信女 己酉生 柳氏 尙宮 妙眞華 極樂地大願"이라고 수놓았다. 뒷면에는 "만건명임즈싱문화뉴시 국낙지딕원 망곤명을유싱졔쥬고시 건명병즈싱뉴시 국낙지딕원"이라고 마찬가지로 먹으로 썼다. 뒷면의 기록에 나타난 발원자들의 생년으로 보아 19세기 중반에 제작한 것으로 보인다. 복장주머니의 형태와 자수, 묵서가 잘 보존되었다. [참고문헌]『문화재대관』 중요민속자료2 복식·자수편(문화재청 무형문화재과, 2006) pp.234~237. ⇨ 복장주머니 腹藏囊, 불화복장 佛畵腹藏

일월이궁 日月二宮 일궁과 월궁. 『인왕경과소』 권5(卍속장94, p.1051b24)에 "『기세경』에서 '일월이궁은 화주(火珠)와 수정(水精)이라는 두 가지 파리로 만들었다'고 밝혔다. 이에 따르면 일궁은 순수한 불꽃색으로서 홍적색을 띠며, 월궁은 순물색으로서 하얗게 빛난다. 起世經明 日月二宮 火水二玻璃所成 準此 日純火色紅赤 月純水色白光", 「소예참례 小禮懺禮」(『석문의범』 권상, p.5a10)에 "일월이궁의 양대보살과 대성인로왕보살 및 일체청정하고 대해처럼 많으신 보살마하살께 지극한 마음으로 귀의하며 예를 올립니다. 至心歸命禮 日月二宮 兩大菩薩 大聖引路王菩薩 一切淸淨 大海衆菩薩摩訶薩"라고 하였다. 일궁천자와 월궁천자라는 이름으로 일월관을 쓴 채 신중탱(神衆幀)에서 마혜수라천(摩醯首羅天)이나 제석천(帝釋天)을 좌우로 협시하기도 하는데 1863년(철종14)에 조성된 울산 석남사(石南寺) 신중탱이 그 예다. [참고문헌]『仁王經科疏』, 『釋門儀範』, 『韓國의 佛畵』 권3(聖寶文化財硏究員, 1997) p.127.

일유다종이무양반 一有多種二無兩般 하나지만 여러 가지가 있고 둘이라 해도 나눌 수는 없다. 다 끊어진 오직 하나인 것도, 떨어져 각각인 것들도 있을 수 없다는 말이니, 일(一)과 다(多)가 상즉(相卽)하며 연기하는 제법의 실상을 드러낸 뜻이다. 『벽암록』 2칙 「송 頌」(대정장48, p.142a6)에 "하나이지만 많은 종이 있다〈나누고 열면 좋지만 단지 한 바탕인데 어느날에야 그렇게 하겠는가!〉 一有多種〈分開好 只一般 有什麽了期〉", 『직주설두송고』 권상(卍속장117, p.508b8)에 "하나에 여러 가지가 있고〈펼치면 온전한 체에서 온갖 작용이 일어난다. 하나가 그대로 일체이다〉, 둘이지만 따로 맞서지 않는다〈거둔즉 온전히 움직여 체로 돌아간다. 일체가 그대로 하나다〉. 一有多種〈放則全體發用 一卽一切〉 二無兩般〈收則全用歸體 一切卽一〉", 『언계어록』 권하(卍속장121, p.286a9)에 "하나에 여러 가지가 있고, 둘이지만 짝으로 나뉜 적은 없다. 꽃은 뿌리까지 본디 곱고, 호랑이 몸은 원래 얼룩졌다. 어째서 이빨 빠진 오랑캐(달마)는 9년 면벽하면서도 깨우치지 못했을까? 一有多種 二無兩般 花根本艶 虎體元斑 因甚缺齒老胡 九年覷不破", 『설암어록』 권3(卍속장122, p.555b17)에 "하나는 여러 가지 있고 둘이지만 양쪽은 없다. 저울 끝을 보아 취할 뿐이지 정해진 눈금을 진실이라 오인하지 마라. 一有多種 二無兩般 鉤頭識取 莫認定盤"라고 하였다. [참고문헌]『碧巖錄』, 『直註雪竇頌古』, 『偃溪語錄』, 『雪巖語錄』. ⇨ 일의유중다명 一義有衆多名, 일즉일체일체즉일 一卽一切一切卽一

일유보살십종선법 日喩菩薩十種善法 해에 비유한 보살의 열 가지 선한 법. 『보우경』 권5(대정장16, p.304c10)에 "보살이 성취하는 열 가지 법은 태양과 같다. 어떤 것들이 그 열인가? 첫째, 일체의 무명과 암흑을 깨뜨린다. 둘째, 유정을 조복시켜 깨달음을 얻게 한다. 셋째, 시방을 밝게 비춘다. 넷째, 선법을 출현시킨다. 다섯째, 모든 번뇌를 사라지게 한다. 여섯째, 빛을 낸다. 일곱째, 일체외도의 삿된 이론을 비춰 사라지게 한다. 여덟째, 높고 낮음을 드러낸다. 아홉째, 짓는 업마다 모두 최상의 선법이다. 열째, 선량한 사람 즐겨 좋아한다. 菩薩成就十種法 等之於日 何等爲十 一者 能破一切無明黑闇 二者 能調伏有情令得覺悟 三者 能光耀十方 四者 能出現善法 五者 諸漏滅盡 六者 能作光明 七者 能映蔽一切外道邪論 八者 能示現高下 九者 起所作業 所謂一切白淨善法 十者 得善人愛樂"라고 하였다. [참고문헌]『寶雨經』, 『除蓋障菩薩所問經』 권9(대정장14, p.725c7).

일음 一音 Ⓢ ekāṃ vācaṃ, Ⓣ gsung-gcig. 한결같은 소리. 한맛(一味)의 부처님 설법(說法)은 한 가지 소리로 법을 설하지만 청자(聽者)인 유정(有情)들은 근기에 따라 각기 듣는다는 뜻이다. 『유마경』 권상 「불국품 佛國品」(대정장14, p.538a2 : *Viki-n.*, p.24)에 "부처님은 한 가지 음성으로 설법하지만 중생은 류에 따라 각각 달리 이해한다. 佛以一音演說法 衆生隨類各得解 ekāṃ ca vācaṃ bhagavān pramuñcase nānārutaṃ ca pariṣad vijānati", 『아비담비바사론』 권41(대정장28,

p.306c26)에 "일음이란 범음(梵音)을 말한다. 갖가지 뜻을 드러낸다란, 그 법회 중에 진단인이 있으면 '부처님께서는 진단어로 나를 위하여 법을 설하신다'고 하고저 석가인(Ⓢ Sakya)·야마나인(Ⓢ Yamana)·다라다인(陀羅陀人 Ⓢ Dravida)·마라사인(摩羅娑人 Ⓢ Mālava)·거사인(佉沙人 Ⓢ Kāṣa)·도거라인(兜佉羅人 Ⓢ Tukhāra)들도 같이 모여 있지만, 그들도 '부처님께서 우리들의 언어로 오직 나를 위하여 법을 설하신다'고 여긴다. 즉 탐욕이 많은 사람은 '부처님께서 나를 위하여 부정을 설하신다', 성내는 마음이 많은 사람은 '부처님께서 나를 위하여 자비심을 설하신다', 어리석음이 많은 사람은 '부처님께서 나를 위하여 연기법을 설하신다'고 생각하다. 중생들은 모두 오직 나를 위해 모든 법을 해설해 주시니 다른 사람을 위한 것이 아니다라 한 것 또한 같은 때 같이 모여 있지만 각자는 '부처님께서 법을 설하심은 다른 사람을 위한 것이 아니다'라고 생각한다는 것이다. 一音者 謂梵音 現種種義者 若會中有 眞丹人者 謂佛以眞丹語 爲我說法 如有釋迦人 夜摩那人 陀羅陀人 摩羅娑人 佉沙人 兜佉羅人 如是等人 在會中者 彼各各作是念 佛以我等語 獨爲我說法 若貪欲多者 佛爲我說不淨 瞋恚多者 佛爲我說慈心 愚癡多者 佛爲我說緣起 衆生皆謂 爲我解說諸法 不爲他者 時會各謂 佛爲說法 不爲他", 『유마경약소』 권1(卍속장29, p.210b6)에 "한음에 대하여 어떤 이는 풀기를 '한 가지 법신의 음성'이라 하고, 『지론』에는 '하나의 원만한 소리'라 한다. 이 음성으로 내지 못할 일이 없기에 '각각 달리 이해한다'고 하였다. 一音者 有解云 一法身音 地論云 一圓音 此音無所不出 故云各解", 『마하지관』 권7하(대정장46, p.96a9)에 "한 가지 음으로 다르게 드러내니 수많은 사람이 듣고 모두 즐거워한다. 一音殊唱 萬聽咸悅"라고 하였다. [참고문헌] 『維摩經』, 『阿毘曇毘婆沙論』, 『維摩經略疏』, 『摩訶止觀』, *Viki-n*. ⇨ 일음교 一音教, 일음설법 一音說法, 여래일원음교 如來一圓音教, 여래일음 如來一音, 원음 圓音

일음교 一音教 한결같은 말씀의 교법. 부처님의 일대시교(一代時敎)를 대소·삼승 등 여러 갈래로 나누지만 이는 듣는 이에 따른 차이일 뿐이라는 뜻. 일분가(一分家)라고도 한다. 『화엄경소』(대정장35, p.508a9)에서 보리유지는 "如來一音으로 同時報萬하야 大小並陳"이라 하였지만, 구마라집은 "佛一圓音이 平等無二하사 無思普應이언만은 機聞이 自殊언정 非謂言音이 本陳大小"라 하였다. 『대비바사론』 권79(대정장27, p.410a16)에 "부처님께서 한 음으로 법을 연설하시나 중생은 류에 따라 각자 다르게 알아듣는다. 모두 '세존께서 하신 말씀 한결 같으시지만 유독 나를 위해 갖가지 뜻을 말씀해주신다'고 생각한다. 佛以一音演說法 衆生隨類各得解 皆謂世尊同其語 獨爲我說種種義", 『법화현의』 권10(대정장33, p.801b25)에 "북지의 선사는 사종·오종·육종·이상교·반만교 등 어디에도 속하지 않고 다만 일불승일 뿐이며 이승도 없고 삼승도 없다. 한 가지 음성으로 설법하지만 류에 따라서 다르게 이해한다. 모든 부처님은 항상 일승을 행하시고 중생은 세 가지로 보지만 단지 한 가지 음으로 가르치셨다. 北地禪師 非四宗 五宗 六宗 二相 半滿等教 但一佛乘 無二亦無三 一音說法 隨類異解 諸佛常行一乘 衆生見三 但是一音教也"라고 하였다. [참고문헌] 『大毘婆沙論』, 『華嚴經疏』, 『法華玄義』. ⇨ 일음 一音, 원음 圓音, 일음설법 一音說法, 불원음 佛圓音, 여래일원음교 如來一圓音教

일음사 一音寺 중국 호북성 옥천산(玉泉山) 부근에 위치한 절. 593년(개황13) 경 천태종(天台宗) 지자대사(智者大師)가 자신의 고향에 보은하는 뜻으로 세웠고, 왕이 일음이라 사액하였다. [참고문헌] 『唐高僧傳』 권15 「法敏傳」(대정장50, p.538c22), 『弘贊法華傳』 권3(대정장51, p.18c28). ⇨ 옥천사 玉泉寺 [17]

일음설법 一音說法 한결같은 음성 또는 뜻으로 말씀하신다는 말. 중생이 각기 다르게 이해하고 깨우치지만 전하고자 하신 뜻은 한결같다는 뜻이다. 『잡보장경』 권8(대정장4, p.488c3)에 "부처님께서 한 가지 음성으로 설법하면 중생은 각자 받아들여 류에 따라 다르게 이해한다. 佛以一音說法 衆生各得 隨類受解", 『대승보운경』 권3(대정장16, p.258c11)에 "다시 이렇게 생각하였다. '불여래께서는 근기와 자성을 잘 구별해 아시고 제근이 지혜롭든 둔하든 교화받을 중생들은 한 가지 말씀으로 설하신 법을 류에 따라 각각 알아차린다 함을 듣고는 저 의심을 끊었다. 선근이 성숙한 이들이 먼저 교화되는데, 하나하나의 중생은 「여래께서 지금 나 한 사람을 위해 이와 같은 법을 설하셨다」고 이해하지만, 모든 여래께서는 이러한 분별이 없고 그런 생각도 없으시다. 이것들은 모두 진실이니 잘못도 없고 거짓도 없다'. 이것에 대하여 어떤 의혹도 품지 않고 이와 같은 믿음을 일으킨다. '기연을 따라 중생을 교화하신다'라고. 復作是念 聞佛如來 了別機性 諸根利鈍 所化衆生聞 以一音說法 隨類各各得解 斷其疑心 善根成熟者 而前化之 一一衆生作如是解 如來今者 爲我一人 說如是法 而諸如來 無是分別 亦無思惟 是等悉皆眞實 非謬非誑 是處不疑不惑 生如是信 隨機緣故 教化衆生"라고 하였다. [참고문헌] 『雜寶藏經』, 『大乘寶雲經』. ⇨ 일음 一音, 원음 圓音, 일음교 一音教, 불원음 佛圓音, 멸려차어 滅戾車語

일음진변 一音振辯 한 가지 음성으로 떨쳐 다하다. 『역대삼보기』 권11(대정장49, p.97c18)에 "한 가지 음성으로 떨쳐 다 알게 하니 온갖 유정의 경에 응한다. 一音振辯 應乎群有之境"라고 하였다. [참고문헌]『歷代三寶紀』,『出三藏記集』 권1「出三藏記集序」(대정장55, p.1a8). ⇨ 일음 一音

일의 一意 마음이 한결같음.『정법염처경』 권3(대정장17, p.16b4)에 "견고한 의지와 적정한 근으로 진흙탕에서 벗어나 항시 한결같은 마음으로 바르게 머물면 이런 이를 비구라 한다. 堅意寂靜根 捨離欲淤泥 常一意正住 如是名比丘",『아비담심론』 권4(대정장28, p.828b14)에 "일의라 함은 마음을 한결같이 함이이서 설함에 뜻대로 족한다. 一意者 立一意故 說如意足"라고 하였다. [참고문헌]『正法念處經』,『阿毘曇心論』.

일의무량명 一義無量名 한 가지 뜻에 무량한 이름이 있다. 의(義)와 명(名)의 관계를 푼 사구(四句) 중 하나다.『이제의』 권중(대정장45, p.96a19)에 "한 가지 뜻에 헤아릴 수 없이 많은 이름이 있다는 것은 다시 말해 한 길로 하나의 뜻으로 삼는다는 말이다. 헤아릴 수 없이 많은 이름이라는 것은 하나로 나아갈 길을 밝히기 위해 무량한 이름을 세우고, 한량 없는 이름을 세워 하나의 길을 보인다. 이미 하나의 길을 위해 무량한 이름을 세운다고 하였으니 무량한 이름이 어찌 하나의 길을 보이지 않겠는가? 그러므로 하나의 뜻을 가진 이름이 헤아릴 수 없이 많다고 하였다. [문] 어떻게 헤아릴 수 없이 많아 지는가? [해] 무량한 이름을 간략히 하면 네 가지로 분류되니 세제·속제·진제·제일의제를 말한다. [문] 오직 이 네 가지 이름만 있는가? [해] 무량한 이름이란 세제·속제·유제·범제·진제·제일의제·공제·성제다. 그러므로『화엄경』「사제품」에서 사바세계에 사십억백천나유타처럼 많은 사제의 이름이 있다고 하였다. 하물며 시방세계의 명호는 말할 것도 없으니, 이렇듯 많은 이름들이 있어서 다 들 수 없다. 만약 모두 들자면 책에는 다 싣지 못할 것이다. 一義無量名者 還以一道爲一義 無量名者 爲顯一道立無量名 立無量名爲顯一道 旣爲一道立無量名 無量名豈不顯乎一道 故言一義無量名也 問 若爲無量名耶 解云 名無量略出四種 謂世諦俗諦眞諦第一義諦 問 唯有此四名不 解云 名無量 世諦俗諦有諦凡諦眞諦第一義諦空諦聖諦 故華嚴四諦品云 此娑婆世界 有四十億百千那由他四諦名 況十方世界名號 斯則有衆數名 不可具擧 若具擧 竹帛所不能載"라고 하였다. [참고문헌]『二諦義』, 60권본『華嚴經』 권4(대정장9, p.420b19). ⇨ 일명무량의 一名無量義

일의유중다명 一義有衆多名 한 뜻 중에 여러 가지 이름이 있다. 무성(無性)의『섭대승론석』 권5(대정장31, p.406a10)에 "뜻으로 헤아리는 힘 때문에 의타기 중에서 뜻을 헤아리게 되고, 한 뜻 중에 여러 가지 이름이 있게 된다. 저 니건다(Ⓢ Nirgrantha-jñāniputra)와 같이 하나의 물을 써서 여러 이름이 서게 되니, 소(Ⓢ go)라는 하나의 발음에 갖가지 이름들이 안립된다. 由意解力 依他起中計度於義 於一義中立衆多名 如尼犍茶 書一物立多名 於一牛上立種種名", 세친(世親)의『섭대승론석』 권5(대정장31, p.343b11)에 "하나의 뜻에서도 여러 이름이 있을 수 있다. 만약 이름과 뜻이 같아 하나라면 뜻은 마땅히 이름과 같아야 하니 이름 또한 여러 가지가 있게 된다. 그렇다면 이 뜻 마땅히 많은 체가 있게 되어서 서로 어긋나게 된다. 又於一義有衆多名 若名與義同一相者 義應如名 亦有多種 若爾 此義應成多體 一義多體則成相違"라고 하였다. [참고문헌]『攝大乘論釋』.

일의일명 一義一名 하나의 뜻에는 하나의 이름만이 있다는 말.『이제의』 권중(대정장45, p.96a15)에 "한 가지 뜻에 한 가지 이름만 있다는 말은 정도로서의 한 가지 뜻으로 삼고 진속을 하나의 이름으로 삼을 때이다. 그렇지만 정도라는 이름 아직 붙이지 않았으니, 일도로서 하나의 이름을 세워 부르면 하나의 이름이 하나의 도라고 불러낼 수 있다. 왜 그런가? 이미 하나의 길을 위해서 하나의 이름을 세우면 하나의 이름이 어찌 하나의 길을 밝히지 않겠는가? 그러므로 하나의 뜻에는 하나의 이름이 있을 뿐이다. 言一義一名者 以正道爲一義 眞俗爲一名 然正道未曾名 爲一道故 立乎一名 亦立一名 爲顯乎一道 何者 旣爲一道立一名 一名豈不顯一道 故言一義一名也"라고 하였다. [참고문헌]『二諦義』.

일이 一異 오직 유일한 하나(一)도, 각기 따로 다르게 존재하는 것(異)들도 없어서 공이고 연기일 뿐이라는 뜻.『대지도론』 권20(대정장25, p.209c1)에 "이런 모든 성인들 내가 바로 영원한 아라는 생각을 부수었기에, 하나다 여럿이다 하는 상도 버렸다. 다만 인연을 좇아 상속하며 일어나는 온갖 욕망을 관할 뿐이다. 是諸聖人破吾我相 滅一異相故 但觀從因緣相續生諸欲", 같은 책 권20(대정장25, p.206b6)에 "모든 법 아가 없으니 아소마저 공하고, 공하다 하면 남도 여도 없어서 오직 하나인 것도 각각으로 다른 것들도 한결같이 평등하다. 諸法無我 我所故空 空故無男無女 一異等法",『중관론소』 권2(대정장42, p.33b19)에 "다음으로 오직 하나인 것도 각기 다른 것들도 본래 없다. 외도들이 오직 절대의 하나가 있다거나 여러 실체들이 각기 본래 있다고 여기는 등의 장애를 다스리기 위해서이니, 외도들은 오음을 따로 있는 아로 여기기 때문이다. 지금 이러한 절대라는 하나도 오온과 달리 따로 있는 영원한 아도 없음 밝혀서, 외도의 하나다 다르다 하는 장애를 다스린다고 한 것이다. 次不一不異 治外道計執一異障 以外道於五陰計

卽離我故 今明無此一異之我 故言治外道執一異障"라고 하였다. 〔참고문헌〕『大智度論』, 『中觀論疏』. ⇨ 비일비이 非一非異, 불일불이 不一不異

일이문파 一異門破 하나다 다르다 하는 갈래에서 부순다. 『십이문론 十二門論』의 여섯 번째 문인 관일이문(觀一異門)에 대한 길장(吉藏)의 해석으로, 같지도 않고 다르지도 않다는 데 의지해 논파하는 것이다. 실상(實相)은 단지 공일 뿐이어서 하나이니 다르니 하여 드러나지 않는다는 뜻이다. 『중관론소』 권7(대정장42, p.105b4)에 "이제는 하나이니 다른 것이니 하는 문을 열어 색을 부수고, 색이 무상만이 아님을 밝힌다. 색의 상주성 또한 부수어 외도의 주장을 논파하고, 색의 무상성을 부수어 소승주장도 논파한다. 따라서 『마하반야바라밀경』에서 '「색은 언제나 있는 것도 아니고 언제나 없는 것도 아니다」 한 뜻을 수습하는 이는 반야와 상응한다'고 하였다. 〔문〕 색이 하나이니 다른 것이니 하는 것은 누구의 주장인가? 〔답〕 상주한다(一)고 하는 것은 수론(僧佉 Ⓢ Sāṃkhya : 상키야)의 주장을 논파하는 것이고, 무상하다(異)고 하는 것은 승론(衛世 Ⓢ Vaiśeṣika)의 주장을 논파하는 것이다. 또 일문으로 색을 파척하는 것은 전변부를 논파하는 것이니 대중부의 주장이다. 이문으로 색을 파척하는 것은 상좌부의 주장을 논파하는 것이다. 今就一異門破色 明色非無常 破色是常 破外道義 破色無常 破小乘義 故般若云 色非常非無常 如是習者 與波若相應 問 色一異破誰義耶 答 一破僧佉義 異破衛世義 又 一門破色破轉變部 卽大衆部義 異門破色 破上座部義也", 『십이문론소』 권3(대정장42, p.201c20)에 "일이문파란 다 들어 묻는 것이니, 위의 두 문에서 표와 체의 두 가지 상과 드러난 상이 하나인가 다른 것인가 하는 것이기에 일이문파라고 하는 것이다. 하지만 이 일이문은 상과 가상만이 아니라 진제와 속제, 모름과 앎, 인과 법이라는 온갖 뜻을 피하는 것이다. 다만 보이는 것과 보여야 할 것이라는 단 한 가지 일에 의지해 모든 법들의 예로 삼은 것이다. 一異門破者通問 上二門標體兩相與所相爲一爲異 故名一異門破 然此一異非但破相可相 眞俗惑解人法萬義 但寄相可相一事 以例諸法也"라고 하였다. 〔참고문헌〕『中觀論疏』, 『十二門論疏』.

일이이일 一二二一 하나 그대로 둘이고 둘도 그대로 하나다. 여기서는 계(戒)와 행(行)의 같고 다름을 물어 예를 드러냈지만, 일체법은 반야와 공의 뜻으로 하나이지만 낱낱의 법들이 임시의 자성을 유지해 드러내기 시작하면 다를 수 밖에 없게 된다는 뜻이다. 『경덕전등록』 권3 「보리달마전 菩提達磨傳」(대정장51, p.217c16)에 "'무엇을 계라 하고, 무엇을 행이라 하는가? 이 계와 행은 하나인가 둘인가?'라고 묻자 그 대중 가운데 어떤 현자가 답하였다. '하나면서 둘이고 둘이면서 하나다. 모두가 저렇게 일어난다. 교설대로 따르면 번뇌에 물들지 않으니, 이를 계행이라 한다'. 問曰 何者名戒 云何名行 當此戒行 爲一爲二 彼衆中有一賢者 答曰 一二二一 皆彼所生 依教無染 此名戒行"라고 하였다. 〔참고문헌〕『景德傳燈錄』. ⇨ 불일불이 不一不二

일인 一印 ❶ ➡ 인상 印相, 인계 印契 ❷ 고려후기 스님. 시호는 자정(慈靜), 탑호는 묘광(妙光). 조계산 수선사(修禪社) 십육국사(十六國師) 중 한 분이다. 『조계산송광사사고』(아세아문화사, p.462)에는 제7세(世)라고 하였으나, 「송광사사원사적비 松廣寺嗣院事蹟碑」(『조선금석총람』 권하, p.954)와 『서역중화해동불조원류』(한불전10, p.131a5)에는 제6세로 전한다. 송광사에 부도 묘광탑이 남아 있으며, 묘광탑에서 출토된 사리함은 전라남도 유형문화재다. 〔참고문헌〕『曹溪山松廣寺史庫』(亞細亞文化社, 1977), 『朝鮮金石總覽』, 『西域中華海東佛祖源流』. ⇨ 십육국사 十六國師, 십육조사 十六祖師

일인당천 一人當千 한 사람이 천 명과 맞선다는 말. 『육도집경』 권8(대정장3, p.52a15)에 "왕에게 천 명의 아들이 있었는데 모두 단정하고 깨끗하였으며 인자하고 용감하여 한 사람이 천 명에 맞설 수 있었다. 王有千子 皆端正皎潔 仁慈勇武 一人當千"라고 하였다. 〔참고문헌〕『六度集經』.

일인반인 一人半人 한 사람과 반 사람. 온전히 드러내기도 하지만 반만을 드러내는 기틀이 어울려야 대단한 일을 해낼 수 있다는 뜻으로 뛰어난 인물을 가리킨다. 일개반개(一箇半箇)라고도 한다. 도안(道安)과 습착치(習鑿齒)의 고사에 따른다. 전진(前秦)의 부견(苻堅)이 양양(襄陽)을 공략하여 도안 한 사람을 얻었고 다리 하나 절던 습착치 반 사람 얻은 일을 말한다. 『불조역대통재』 권6(대정장49, p.524a2)에 "좌우의 신하들에게 '나는 십만 군사로 양양을 함락시키고 한 사람과 반 사람을 얻었다'라고 말하자 신하들이 물었다. '누구입니까?' '안공이 한 사람이요 습착치가 반 사람이다'. 謂左右曰 吾以十萬師取襄陽 得一人半耳 左右問 爲誰 曰 安公一人 習鑿齒半人也", 『언계광문어록』 권상(卍속장121, p.275b6)에 "사람에게는 남북이 있지만 도에는 남북이 따로 없다. 도는 상중하 자리로 허공을 꽉 매우고 있지만 그 중에 한 사람이나 반 사람만이 기꺼이 간다. 人有南北 道無南北 上中下座 虛空逼塞 其中有一人半人肯去", 『설암조흠어록』 권1(卍속장122, p.491b15)에 "이중에 한 사람이나 반 사람 있어 저곳을 향해 한 치의 걸음 옮기지 않고도 밀치고 들어 주인과 손님으로 자리 바꾸니, 옳고 그름 아득히 잊혀진다. 就中一人半人 向這

裡 不移寸步 挨拶得入 便見主賓互換 是非杳忘",『연등회요』 권24(卍속장136, p.839b2)에 "설두가 말했다. '납승에게는 이렇게 기특한 일이 있다. 만일 한 사람과 반 사람이 있어 서로서로 가지런히 펼 수만 있다면 옛 성인들 헛되이 한번만 오지는 않으리라'. 雪竇云 衲僧有此奇特事 若有一人半人 互相平展 古聖也不虛出來一回"라고 했다. 〔참고문헌〕『佛祖歷代通載』,『偃溪廣聞語錄』,『雪巖祖欽語錄』,『聯燈會要』,『梁高僧傳』 권5(대정장50, p.352c28). ⇨ 반개성인 半箇聖人, 일개반개 一箇半箇 ❷

일인외도 一因外道 단 하나의 인을 주장하는 외도. 『중관론소』 권1(대정장42, p.7a23)에 "(세 가지 邪因 중) 첫째는 일인외도이다. 자재천 등의 단일한 원인이 조건이 되어 모든 부류의 결과를 낳는다고 한다. 一者卽一因外道 謂自在天等之一因緣 能生萬類之果",『중론소기』 권1(대정장65, p.15b20)에 "(『중관론소』의) 글에서 '첫째는 일인외도다'라고 하였으니 저 『반야경』 권19에서 말한 가라구타가전연(Ⓢ Kakuda-katyāyana)이 일체중생은 모두 자재천이 만들었고, 자재천은 중생의 안락에 기뻐하고, 자재천은 중생의 괴로움에 노여워하고, 일체중생이 죄를 짓든 복을 짓든 이는 자재천이 한 일이라고 주장한다. 그는 육사외도 중 다섯 번째 외도다. 文言 一者卽一因外道等 如大經第十九卷云 迦羅鳩馱迦旃延 計一切衆生悉是自在天之所作 自在天喜衆生安樂 自在天瞋衆生苦腦 一切衆生若罪若福 乃是自在之所爲作 此六師中第五師"라고 하였다. 〔참고문헌〕『中觀論疏』,『中論疏記』. ⇨ 외도 外道, 육사외도 六師外道

일인전허만인전실 一人傳虛萬人傳實 한 사람은 허를 전하지만 만인은 실이라 여겨 전한다. 또는 한 사람이 전하면 헛되지만 많은 이가 전하면 실이 된다는 뜻이다. 『오조법연어록』 권상(대정장47, p.650c2)에 "법좌에 올라 들었다. '양무제가 달마에게 물었다. 「성스러운 진실의 제일의 뜻은 무엇입니까?」「텅비어 성스러울 것도 없습니다」「짐을 마주한 이는 누구입니까?」「알 수 없습니다」라고 하였다. 또 학인이 육조에게 물었다. 「오조 홍인(黃梅)의 뜻은 누가 얻었습니까?」「불법을 깨우친 이가 얻었다」「화상께서는 얻으셨습니까?」「얻지 못했다」「화상께서는 왜 얻지 못하셨습니까?」「나는 불법을 알지 못했다」' 이에 대해 법연선사가 말했다. '많은 조사들은 물어보면 알 수 없거나 깨우치지 못했다고 하는데, 어이하여 법손들은 이 땅에 가득한가? 한 사람이 전하면 헛되지만 만인이 전하면 실이 된다'. 上堂擧 梁武帝問達磨 如何是聖諦第一義 磨云 廓然無聖 帝云 對朕者誰 磨云 不識 又僧問六祖 黃梅意旨什麽人得 祖云 會佛法底人得 僧云 和尙還得麽 祖云 不得 僧云 和尙爲什麽不得 祖云 我不會佛法 師云 大小大祖師 問著底便是不識不會爲什麽却兒孫遍地 乃云 一人傳虛萬人傳實",『허당록』 권8(대정장47, p.1041c4)에 "단오날 법좌에 오르자 학인이 물었다. '문수가 선재에게 약초를 캐어오라고 시켰더니 선재가 「약이 되지 않는 것이 없습니다」라고 하였는데 이 뜻은 무엇입니까?' '바람에 떨어진 연꽃을 집어내라' '선재가 아무 풀이나 집어서 문수에게 주었더니 문수가 「이 약은 사람을 죽일 수도 있고 살릴 수도 있다」고 하였는데 이것은 또 어떻습니까?' '한 사람이 진실 아닌 말을 전하니 많은 이가 그것이 진실이라고 여기고 전하는 격이다' '저는 온몸이 병들었는데 어떻게 치료합니까?' '부처님 손길로도 그대를 치료할 수 없다'. 端午上堂 僧問 文殊令善財採藥 財云 無不是藥者 此意如何 師云 引出落風蓮 僧云 善財拈草 度與文殊 殊云 此藥亦能殺人 亦能活人 又作麽生 師云 一人傳虛萬人傳實 僧云 學人通身是病 作麽生醫 師云 佛手也醫爾不得"라고 하였다. 〔참고문헌〕『五祖法演語錄』,『虛堂錄』.

일인회 一印會 금강계만다라(金剛界曼茶羅) 총9회 중 제6회로 위쪽 중앙에 위치한다. 간단히 행할 수 있는 일존법(一尊法) 만다라로서 제존(諸尊) 중 일존(一尊)만을 상응하는 법을 닦는다. 일존 대신 단독의 삼매야형 만다라도 넓은 의미에서 일인회다. 만다라 중앙에 불상(佛像)이나 불화(佛畵)를 안치하는데 이 존상을 대만다라(大曼茶羅) 또는 대인(大印)이라 한다.

만다라의 네 모서리에 사지(四智)를 상징하는 화병(花瓶) 네 개를 안치한다. 『금강정경』의 경우 일인회의 만다라를 위해 금강살타(金剛薩埵) 중 일존을 선정한다. 이 경우 금강살타를 진언행자 자신으로 자각하고 금강살타의 일존과 상응한다. 따라서 아사리는 제자에게 금강살타와 일체가 되는 상응유가를 전수하고 제자는 이에 의지해 수행하는데 상세한 행법은 금강계만다라 성신회(成身會)와 같다. 현도만다라에서는 일인회를 수행하는 인위(因位)의 금강살타와 과위(果位)의 비로자나불 두 가지로 행한다. 사인회(四印會)의 4종 만다라를 통합하는 대인(大印)의 만다라인 경우 비로자나여래일존의 만다라가 되고 일인(一印)은 금강계의 총체로서 제불(諸佛)의 체를 상징하는 지권인(智拳印)이 된다. 종자는 밤(वं), 진언은 '옴 바즈라 다투 밤 ओं वज्र धातु वं oṁ vajra dhā tu vaṃ 옴 금강계여! 밤'이다. ⇨ 구회만다라 九會曼荼羅, 금강계만다라 金剛界曼荼羅, 성신회 成身會 ❶

일일 一日 ❶ 하루 온종일. 『문수사리근본의궤경』 권14(대정장20, p.886c8)에 "하루 낮과 하루 밤을 일일이라고 한다. 一晝一夜 名爲一日", 『임제록』(대정장47, p.503a17)에 "황벽이 공양간에 들어와서는 반두에게 물었다. '무얼 하느냐?' '대중에게 공양할 쌀을 가늠하고 있습니다' '하루에 얼마나 먹는가?' '두 섬 닷 말입니다' '너무 많지 않느냐?' '오히려 적을 것 같습니다'. 황벽이 바로 때렸다. 黃蘗因入廚次 問飯頭 作什麽 飯頭云 揀衆僧米 黃蘗云 一日喫多少 飯頭云 二石五 黃蘗云 莫太多麽 飯頭云 猶恐少在 黃蘗便打"라고 하였다. 〔참고문헌〕 『文殊師利根本儀軌經』, 『臨濟錄』. ❷ 어느 날. 『임제록』(대정장47, p.503b17)에 "어느 날 보화가 승당 앞에서 채소를 씹어 먹고 있자, 임제가 보고서 보화에게 말했다. '정말이지 한 마리 당나귀 같군'. 보화가 바로 당나귀 울음소리를 냈다. 一日普化 在僧堂前喫生菜 師見云 大似一頭驢 普化便作驢鳴"라고 하였다. 〔참고문헌〕 『臨濟錄』, 『雲門廣錄』 권중(대정장47, p.554a4), 『宛陵錄』(대정장48, p.387a10). ❸ ➡ 일일일야 一日一夜

일일경 一日經 하루 만에 경을 베끼는 일. 또는 그 행위. 단번에 필사한다는 의미에서 돈사(頓寫)라고도 한다. 『선림상기전』 권14 「돈사」(불광장, 禪藏, p.1093)에 "『무주화상잡담집』에 전하는 이야기이다. 남도대안사 근조승정의 꿈에 어떤 스님이 나타나 '저와 저의 어머니를 위하여 하루 만에 『법화경』을 필사해 주시길 부탁드립니다. 이렇게 공양한다면 얼마 되지 않아 휜출이 고해를 넘어 서리라'라고 말했다. 근조는 깨어나서 그 말과 똑같이 하였다. 남도에서는 이것을 일일경연기로 삼았다. 無住和尙雜談集云 南都大安寺 勤操僧正 曾夢一僧告曰 請爲我及吾母 一日書寫法華經 供養之 則庶幾得超拔矣 操覺 而一如其言 南都以此 爲一日經緣起"라고 하였다. 〔참고문헌〕 『禪林象器箋』. ⇨ 돈사 頓寫

일일공일모생상 一一孔一毛生相 Ⓢ ekaika-roman, ekaika-roma-pradakṣiṇa-āvarta, Ⓟ ekeka-lomo, Ⓣ spu-re-re-nas-skyes-shing-gyas-su-'khyil-ba. 삼십이상(三十二相) 중 하나. 낱낱의 모공(毛孔)에 털이 나 있는 상. 공생일모상(孔生一毛相)·모공일모상(毛孔一毛相)·일일모상(一一毛相)·연신일일공중일모생상(軟身一一孔中一毛生相)이라고도 한다. 『대방등대집경』 권6(대정장13, p.37c6)에 "세간사에 대해 설하는 것들을 모조리 멀리 떠났기에 일일공일모생상을 얻었다. 遠離聚說世間事故 得一一孔一毛生相", 『대지도론』 권4(대정장25, p.90b24)에 "(삼십이상 중) 열세 번째는 일일공일모생상이다. 털이 어지럽지 않으며, 푸른 유리색의 털이 오른쪽으로 돌아 위로 향하고 있다. 十三者 一一孔一毛生相 毛不亂 青瑠璃色毛 右靡上向"라고 하였다. 〔참고문헌〕 『大方等大集經』, 『大智度論』, *Lal-v.74.*, *Mvyut.17.*, *DN.3.184.* ⇨ 삼십이상 三十二相

일일공토 一一供吐 낱낱이 다 털어놓다. 『선요』 「통앙산노화상의사서 通仰山老和尙疑嗣書」(卍속장122, p.721b14)에 "제가 하나하나 진실 그대로 털어놓자 스님께서 그 자리에서 이전부터 쌓아왔던 병폐를 모두 버려주시고 무자 화두를 간하도록 하셨습니다. 처음부터 열어 드러내고 꾸준히 공부해 한결같아지니, 어둠 속에서 등불을 얻은 듯하고 거꾸로 매달린 지옥에서 나온 듯하였습니다. 이때부터 비로소 어떻게 공부해야 할 지 알게 되었습니다. 某甲一一供吐 當下便得 勦除日前 所積之病 却令看箇無字 從頭開發 做工夫一遍 如暗得燈 如懸得救 自此方解用工處"라고 하였다. 〔참고문헌〕 『禪要』.

일일면남간북두 一一面南看北斗 ➡ 면남간북두 面南看北斗

일일부작백일불식 一日不作百日不食 하루 일하지 않으면 백 일 동안 먹지 못한다는 말. 『정도삼매경』 권3에 "아난아! 내가 열반에 든 후 말법시대 사람 중에 불법을 믿고 경전과 계율을 봉행하는 이가 적어 법에 의지하고 계에 의지함이 이루 말할 수 없을 지경이 될 것이다. 설령 법을 신봉하는 이가 있더라도 사람들이 모두 미친 사람이라고 할 것이다. 하루 일하지 않으면 백 일 먹을 것이 없으니 어찌 짓지 않겠는가? 사문이 일억이라도 아직 능히 계를 지켜 끝내 성취하는 이는 없다. 阿難 我般泥洹後 末世時人 少有信佛奉行經戒者 倚法倚界難名 設有奉法者 皆言是狂人耳 一日不作百日不食 云何不作 正使沙門萬萬 未有能樂戒究竟者也"라고 하였다. 〔참고문헌〕 『淨度三昧經』.

일일부작일일불식 一日不作一日不食 하루 일하지 않으면 하루 먹지 않는다는 말. 당대(唐代) 백장회해(百丈懷海)에 의해 전통이 된 선림(禪林)의 수행가풍이다. 『백장어록』(사가어록2, 卍속장119, p.820b12)에 "백장선사는 일하며 애쓸 때마다 대중보다 앞장섰다. 대중이 모두 참을 수 없어 새벽 일찍 농기구를 감추고는 쉬시라 간청했다. 선사께서 '내가 덕이 없는데 어찌 대중을 힘들게 하겠는가?'라고 하시며 농기구를 두루 찾아다녔으나 끝내 얻지 못하자 공양하시지 않았다. 그래서 하루 일하지 않으면 하루 먹지 않는다는 말이 세상에 퍼지게 되었다. 師凡作務執勞 必先於衆 衆皆不忍 蚤收作具 而請息之 師云 吾無德 爭合勞於人 師旣徧求作具不獲 而

亦忘食 故有一日不作一日不食之言 流播寰宇矣", 『백장청규』 권6 「보청 普請」(대정장48, p.1144b1)에 "목어치는 소리를 듣거나 북소리를 들으면 각자 밧줄을 어깨위에 두르고 보청하는 곳으로 가서 온 힘을 다한다. 요사채를 지키는 당직과 늙고 병든 이를 제외하고 마땅히 다 가야 한다. '하루 일하지 않으면 하루 먹지 않는다'는 옛사람의 유계를 헤아려야 한다. 或聞木魚 或聞鼓聲 各持絆膊搭左臂上 趨普請處宣力 除守寮直堂老病外 並宜齊赴 當思古人一日不作一日不食之誡", 『연종보감』 권6 「자생조도 資生助道」(대정장47, p.332a6)에 "방거사는 조릿대를 팔며 도를 닦았고, 유미타는 불상을 그리는 것으로 업을 삼았으며, 대불암은 등촉을 밝히는 것으로 입신하였으니 그들 모두 하루 일하지 않으면 하루 먹지 않았다고 할만 하다. 居士龐公 賣笊籬而養道 喩彌陀 畫像爲業 戴佛庵 發燭資身 可謂一日不作一日不食矣"라고 하였다. [참고문헌] 『百丈語錄』, 『百丈淸規』, 『蓮宗寶鑑』.

일일삼시 一日三時 하루 낮 세 때. 신조(晨朝 : 淸旦)·일중(日中)·황혼(黃昏 : 向暮)이다. 주삼시(晝三時)라고도 한다. 『소실지갈라경』 권하(대정장18, p.687a2)에 "하루 낮 세 때에 진언을 백팔 번 외우면 진언주는 환희심으로 위력을 더한다. 一日三時 誦以眞言 一百八遍 眞言主歡喜 而得增威", 『법화현의』 권5(대정장33, p.733b1)에 "『금강경』(대정장8, p.750a24)에서 '하루 낮 세 때에 항하사 몸으로 보시한다고 해도 이 경의 한 구절을 받아 지니는 공덕만 못하다'라고 하였다. 金剛般若云 一日三時 以恒河沙身布施 不如受持一句功德"라고 하였다. [참고문헌] 『蘇悉地羯羅經』, 『法華玄義』, 『金剛經』, 『度諸佛境界智光嚴經』(대정장10, p.916b13), 『毘尼心』(대정장85, p.663c16). ⇨ 육시 六時 [1], 일일일야 一日一夜, 십이시 十二時

일일시호일 日日是好日 ➡ 운문일일시호일 雲門日日是好日

일일식 日一食 Ⓢ aikāsanika, Ⓟ ekāsanika, Ⓣ stan gcig pa. 하루에 한 번 식사하는 것. 일수식(日受食)이라고도 한다. 『화수경』 권10(대정장16, p.206a14)에 "만약 재가보살이라면 오계를 수지하며 매일 한 끼만 먹고 탑묘에 의지한다. 菩薩若在居家 受持五戒 常日一食 依止塔廟", 『각호집』 권하(卍속장109, p.569a17)에 "어느 날 밤 꿈에 인도 스님이 나타나 출가를 권유하자 부모님께 작별을 고하고 불문에 들어와 구족계를 받고 좌선을 익히며 일일식을 했다. 一夕夢梵僧勸出家 卽辭親入道 及受具戒 習坐禪 日一食"라고 하였다. [참고문헌] 『華手經』, 『角虎集』. ⇨ 일중식 日中食

일일식심 一一識心 십식(十識) 중 제10식. 둘이 아닌 자성으로 성취한 과분으로서 진여를 반연하는 식이다. 일일심식(一一心識)·일심일식심(一心一識心)이라고도 한다. 『석마하연론』 권2(대정장32, p.606b4)에 "심량에는 열 가지가 있다. … 열 번째는 일일식심이다. 이와 같은 열 가지 가운데 처음의 아홉 가지 심은 진리를 반연하지 못하지만, 뒤의 한 가지 심은 진리를 연으로 얻는다. 여기서는 앞의 아홉 가지에 의거해 '심연의 상이 없다'고 설한 것이다. '깊고 깊은 진리는 어떤 경계도 아니다. 오직 스스로 의지할 연만을 경계로 삼을 뿐이다'고 하였기 때문이다. 心量有十 … 十者 一一識心 如是十中 初九種心 不緣眞理 後一種心 得緣眞理 而爲境界 今據前九 作如是說 離心緣相 本有契經中 作如是說 甚深眞理非餘境界 唯自所依緣爲境界故", 『변현밀이교론현경초』 권4(대정장77, p.457a3)에 "『석마하연론』에서 '열 번째 일일식심이다' 한 것은 불이성으로 거둔 바다처럼 넓고 깊은 공덕의 법문을 보인 것이다. 이것은 단지 성덕해 원만의 과분으로서의 일미의 뜻이기에 일일식심이다. 論十者一一識心者 是卽示不二性德海法也 此唯性德海圓滿之果分一味義 故云一一識心者也", 『석마하연론기』 권2(卍속장73, p.43a8)에 "일일식심은 심진여문으로서 구름도 얽움도 멀리 떠난 여래장에서 거둔다. 一一識心 心眞如門 遠轉遠縛如來藏攝"라고 하였다. [참고문헌] 『釋摩訶衍論』, 『辨顯密二敎論懸鏡抄』, 『釋摩訶衍論記』. ⇨ 십식 十識, 일일심식 一一心識

일일심식 一一心識 일일식심(一一識心)을 달리 이르는 말. 『금강정대교왕경사기』 권3(대정장61, p.145b5)에 "'열 번째는 일일심식이다'는 말은 진여문의 본각이기에 '진리만을 반연하여 경으로 삼는다'고 한 것이다. 言第十一一心識 卽眞如門本覺 故云緣眞理而爲境也", 『변현밀이교론현경초』 권4(대정장77, p.457a22)에 "열 번째 일일심식이란 능히 몸소 사유하여 둘이 아닌 진리를 깨우쳐 안다. 第十 一一心識 能親緣慮證知 不二門眞理", 『개심초』 권1(대정장77, p.751a16)에 "실다운 심성의 바탕은 진도 아니고 망도 아니다. 이것을 일일심식이라 하니 『석마하연론』에서 밝힌 제10식이 이것이다. 實心性體非眞非妄 是名一一心識 釋論所明 第十識 是也"라고 하였다. [참고문헌] 『金剛頂大敎王經私記』, 『辨顯密二敎論懸鏡抄』, 『開心抄』. ⇨ 일일식심 一一識心, 십식 十識

일일일야 一日一夜 Ⓢ aho-rātra, rātriṃdiva, Ⓟ ratti-divāni, Ⓣ nyin-zhag. 하루 낮과 하루 밤. 하루종일. 일일야(一日夜)라고도 한다. 육시(六時) 또는 십이시(十二時)라고도 한다. 『중아함경』 권5 「지경 智經」(대정장1, p.452b13 : *Kaḷāra-sutta*, *SN.2*, p.56)에 "비구 사리자는 반드시 나에게 하루 밤낮으로 다른

문과 다른 구로 이 뜻에 답해 주리라. 舍梨子比丘 必能爲我 一日一夜 以異文異句 而答此義 rattidivāni pi me sāriputto etam attham vyākareyya. … aññam aññehi padehi aññam aññehi pariyāyehi", 『대승기신론』(대정장32, p.583b1)에 "어떤 사람이 이 논을 받아 지니어 관찰하고 수행한다면 하루 낮과 하루 밤에 거두는 공덕이 무량무변하여 이루 다 말할 수 없을 것이다. 若人受持此論 觀察修行 若一日一夜 所有功德 無量無邊 不可得說"라고 하였다. [참고문헌] 『中阿含經』, 『大乘起信論』, 80권본 『華嚴經』 권63 「入法界品」(대정장10, p.342b3), *SN.*, *Abh-k-bh.173.*, *Gaṇḍ-vy.76.* ⇨ 육시 六時❶, 일야육시 日夜六時

일일재법 一日齋法 하룻낮 하룻밤 동안 팔재계(八齋戒)를 가져 지키는 것. 『십주비바사론』 권8(대정장26, p.60a7)에 "재가보살은 … 마땅히 일일재법을 행해야 한다. 이미 스스로 이익을 얻었다면 남도 이롭게 할 수 있다. [문] 일일재법은 무엇인가? [답] 마땅히 이렇게 말해야 한다. '저 모든 성인들께서는 항상 살생을 멀리하시어 칼과 몽둥이를 버리고, 언제나 성내지 않으며 참괴의 마음을 가지고 중생을 자비롭게 대하십니다. 저 아무개도 오늘 하루 동안 살생을 멀리하여 칼과 몽둥이를 버리고 언제나 성내지 않으며 참괴하는 마음을 가지고 중생을 자비롭게 대하겠습니다. 이와 같은 법으로써 성인들을 따라 배우겠습니다. … 저 성인들께서는 항상 정오가 지나서는 드시지 않으시어 때에 맞지 않는 탁발과 때 아닌 공양을 하지 않으시듯, 저 아무개도 오늘 하루 동안 점심이 지나서는 먹지 않고 때 아닌 때에 다니거나 때 아닌 공양을 하지 않겠습니다'. 在家菩薩 … 應行一日齋法 旣得自利 亦能利人 問曰 齋法云何 答曰 應作是言 如諸聖人常離殺生 棄捨刀杖 常無瞋恚 有慚愧心 慈悲衆生 我某甲今一日一夜 遠離殺生 棄捨刀杖 無有瞋恚 有慚愧心 慈悲衆生 以如是法 隨學聖人 如諸聖人 常過中不食 遠離非時行非時食 我今一日一夜過中不食 遠離非時行非時食"라고 하였다. [참고문헌] 『十住毘婆沙論』. ⇨ 팔재계 八齋戒, 팔관재 八關齋

일일정사 一一呈似 낱낱이 드러낸다는 말. 『서장』 「증시랑문서 曾侍郎問書」(대정장47, p.916c1)에 "한평생 저질러온 잘못을 이미 낱낱이 드러내었습니다. 一生敗闕 已一一呈似"라고 하였다. [참고문헌] 『書狀』.

일입도 一入道 한 마음으로 팔정도를 행하는 뜻. 심일경성(心一境性)과 팔정도(八正道)를 가리킨다. 『증일아함경』 권5(대정장2, p.568a2)에 "세존께서 비구들에게 말씀하셨다. '일입도로써 중생의 행을 깨끗이 하여 시름을 없애어 번뇌가 남지 않아서 대지혜를 얻고 열반을 성취한다. 이는 오개를 바로 소멸하고 사의지를 사유한다는 말이다. 무엇을 일입이라 하는가? 한 마음 오롯이 하는 것이다. 무엇을 도라 하는가? 현성의 팔정도를 말한다. 世尊告諸比丘 有一入道 淨衆生行 除去愁憂 無有諸惱 得大智慧 成泥洹證 所謂當滅五蓋 思惟四意止 云何名爲一入 所謂專一心 是謂一入 云何爲道 所謂賢聖八品道"라고 하였다. [참고문헌] 『增壹阿含經』. ⇨ 심일경성 心一境性, 팔정도 八正道

일입이근 一入耳根 경전 읽는 소리나 부처님 명호 등을 한 번 듣고 잊지 않는다는 말. 일경기이(一經其耳)와 통한다. 『서방합론』 권8(대정장47, p.410a7)에 "만일 마음에 두려고만 한다면 기억하기 어려운 갖가지 일도 한 번 듣는 순간 죽을 때까지 기억하여 잊지 않는다. 염력은 견고하기 때문이다. 若心在者 種種難記之事 一入耳根 終身憶持不忘 以念力堅固"라고 하였다. [참고문헌] 『西方合論』. ⇨ 일경기이 一經其耳

일자관 一字關 오직 한 글자 관문만으로 응수하는 운문의 선법. 일자선(一字禪)이라고도 한다. 어떤 법을 물어도 오직 한 글자로 답함으로써 의단(疑團)을 한층 더 하게 하여 쉽게 언변이나 사변에 떨어지지 않게 하기에 관이라 한다. 『인천안목』 권2(대정장48, p.312b28)에 "일자관 : 학인이 운문선사에게 물었다. '무엇이 운문의 검입니까?' '조' '무엇이 현묘함의 과녁입니까?' '축' '무엇이 취모검입니까?' '격' '자' … '무엇이 조사가 서쪽에서 온 뜻입니까?' '사' '영수가 침묵한 자리에 어찌 비명을 세웁니까?' '사' '오랫동안 비가 개지 않을 때는 어떻습니까?' '차' '광명이 벽을 뚫을 때는 어떻습니까?' '흡' '옛말에 알아마치면 업장이 본래 공하고, 깨우치지 못하면 숙세의 빚을 갚아야 한다고 하는데 이조께서 깨우치셨는지 아닌지 알 수 없습니다' '확' … 운문선사는 학인을 상대할 때 왕왕에 흔히 쓰던 것이 이런 주고 받음이다. 그러므로 총림에서 이를 가리켜 일자관이라 하였다. 一字關 僧問師 如何是雲門劍 師云 祖 如何是玄中的 師云 㘞 如何是吹毛劍 師云 骼 又云 胔 … 如何是祖師西來意 師云 師 靈樹一默處如何上碑 師云 師 久雨不晴時如何 師云 劄 鑿壁偸光時如何 師云 恰 承古有言 了卽業障本來空 未了應須還宿債 未審二祖是了是未了 師云 確 … 師凡對機 往往多用此酬應 故叢林目之 曰一字關云", 『오가종지찬요』 권하(卍속장114, p.558a12)에 "삼산등래가 읊는다. '일자관 일자관이라 하니 어찌하여 쌍이면 안 되고 오로지 한 글자인가. 오직 한 자 한 자뿐이니 정말 헤아리기 어렵네. 한 글자란 정말 헤아리기 어렵기에 어렵네. 어렵고도 어려워라. 눈 앞에 수미산이 가로막고 있네'. 三山來頌云 一字關 一字關 何不成雙獨成單 單單一字誠難測 一字誠難測也難 難 難 目前隔箇須彌山"

라고 하였다. [참고문헌] 『人天眼目』, 『五家宗旨纂要』. ⇨ 운문일자관 雲門一字關, 일자선 一字禪, 아 啞③

일자금륜 一字金輪 Ⓢ Ekākṣara-uṣṇīṣacakra. 대일여래(大日如來)께서 최승삼마지(最勝三摩地)에서 부르는 진언 곧 (bhrūṃ : 勃嚕唵)자로서 오불정존(五佛頂尊) 중의 일존. 일자불정륜(一字佛頂輪)·일자금륜불정(一字金輪佛頂)·일자정륜왕(一字頂輪王)·일자금륜불정왕(一字金輪佛頂王)·대금륜명왕(大金輪明王) 등이라고도 한다. 음사어는 예가걸사라(翳迦訖沙羅 : 一字)발타오슬니사(勃馱烏瑟尼沙 : 佛頂)작걸라(斫訖羅 : 輪)이다. 『일자정륜왕유가일체시처염송성불의궤』(대정장19, p.320b19)에 "대금륜명왕의 위광이 뭇 해를 넘어 비추니 칠보로 빽빽히 일체 불정을 둘러싸니, 윤왕 중의 윤왕이로다. 기특한 몸 나타내자마자, 뭇 성중들 온통 사라지네. 수승하고 아름다워 견줄 이 없기에 오직 부처님과 한 몸일 뿐이다. 大金輪明王 威光逾衆日 七寶具圍繞 爲一切佛頂 輪王之輪王 纔現奇特身 諸聖衆皆沒 顯勝絶不共 唯佛一體故", 『법륜보참』 권9(卍속장130, p.78a17)에 "이 불정은 모든 다라니 중 가장 뛰어나서 먼저 신력을 모으고 모두가 일자금륜불정의 힘만을 잡으려 한다. 此佛頂 一切呪中勝 先聚神力 悉秉一字金輪佛頂之力", 『오불정삼매다라니경』 권1(대정장19, p.266b1)에 "일자륜왕주를 성취하고자 하는 사람은 반드시 안팎을 반듯하게 장식하고 청결하게 한 다음 자작나무 껍질이나 명주 종이를 가져다가 웅황으로 이 고정왕주를 써서 어깨에 둘러 차고 이 다라니를 송지하면 속히 성취할 수 있다. 樂成就一字輪王呪者 應令內外 嚴飾淸潔 持以樺皮或絹紙上 雄黃書斯高頂王呪 佩帶肩臂 幷持斯呪 卽速成就"라고 하였다. [참고문헌] 『一字頂輪王瑜伽一切時處念誦成佛儀軌』, 『法輪寶懺』, 『五佛頂三昧陀羅尼經』. ⇨ 오불정 五佛頂, 대일여래 大日如來, 대일금륜 大日金輪, 예가글사라 翳迦訖沙羅

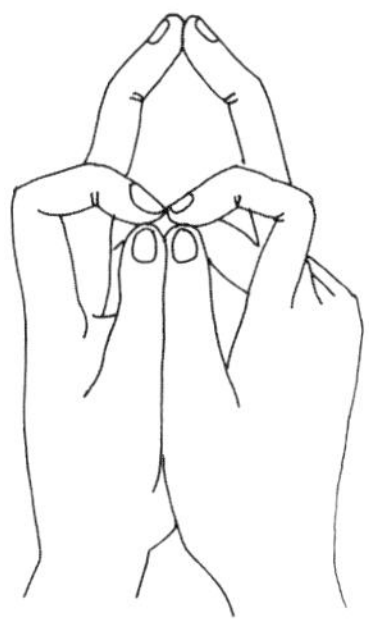

일자금륜만다라 一字金輪曼荼羅 대일금륜(大日金輪 : 一字金輪)을 본존으로 삼고 그 주위에 윤왕(輪王)의 칠보와 불안존(佛眼尊)을 안치한 만다라. 일자금륜불정법(一字金輪佛頂法)이라고도 한다. 불정존은 가장 뛰어난 존자이기 때문에 세간의 전륜성왕의 금륜(金輪)이라는 수승한 모습에 비유하여 일자금륜 또는 금륜불정이라 한다. 그 몸은 황금색이나 백색이고, 여덟 잎의 백련화 위에 앉아 있으며, 지권인(智拳印)을 맺는다. 형상은 금강계(金剛界)에서는 지불(智佛)이고, 태장(胎藏)에서는 일륜삼매상(日輪三昧相)에 들어간다. 이 존자를 본존으로 모든 실지(悉地)를 구하는 식재(息災)법이다. 만일 이 법을 닦으면 모든 장애를 넘어서 보리를 곧바로 성취한다. 곧 『감로군다리보살공양염송성취의궤』(대정장21, p.46a24)에 "누구라도 정륜왕 등의 불정을 외워가지고 500유순 안에 나머지 부의 밀언을 닦는 사람으로서 본존을 청하여 염송한다면 성자가 강림하지도 않고 실지를 함께하지 않아도 되니, 일자정륜의 위덕으로 거두기 때문이다. 若有人誦持 頂輪王等佛頂 五百由旬內 修餘部密言者 請本所尊念誦 聖者不降赴 亦不與悉地 由一字頂輪威德攝故"라고 하였다. [참고문헌] 『甘露軍荼利菩薩供養念誦成就儀軌』. ⇨ 일자금륜 一字金輪, 대불정만다라 大佛頂曼荼羅, 지권인 智拳印

일자금륜만다라 일본 나라박물관 12세기

일자문수법 一字文殊法 일자문수를 본존으로 모시고 닦는 밀교의 증익(增益) 작법. 『대방광보살장경중문수사리근본일자다라니경』(대정장20, p.780b12)의 설에 근기한다. 질·락·희·염(叱洛呬焰) 네 글자를 한 자(trhyīṃ)로 만들어 주송(呪誦)하여 모든 망량(魍魎)과 귀신(鬼神)을 없애고, 모든 일을 성취하게 하는 일체제불의 길상법이다. 이 진언을 외움으로써 중생이 자비심을 일으키고 모든 장애가 소멸되며 모든 소원이 이루어진다. 치통이나 부인의 난산(難産) 또는 화살 맞은 이의 몸에서 화살을 뽑고 상처를 치료하기 위해 시설한다. 『현비초』 권1(대정장78, p.385a8)에 "일자문수법 : 종자는 즈리()이고, 삼매야형은 연꽃

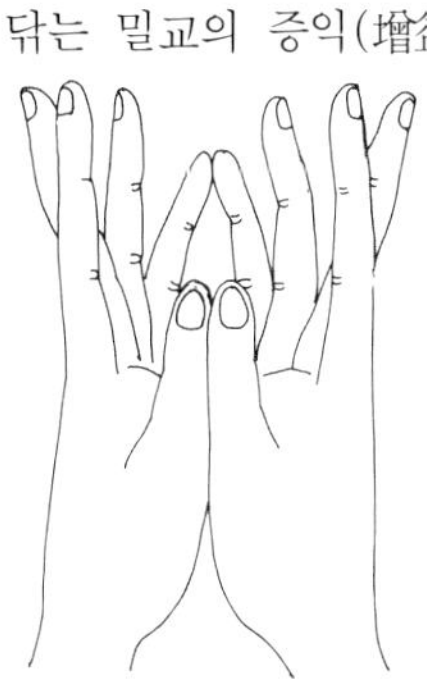

팔엽인

위의 여의보주이다. 본존의 형상은 위에 여의보주가 있는 청련화를 왼손에 들고, 오른손은 바깥쪽을 향해 다섯 손가락을 아래로 늘어뜨려 만원인을 맺는다. 수인은 팔엽이고 심진언은 '옴 사마야 시리 훔 사바하'이다. 수심진언은 '옴 아사마녕 훔 사바하'이다. 소주는 정념으로 주송하는데 '질락희염'이다. 『검인』에서 '대성문수사리일자진언 : 「옴 지리희염〈네 글자가 합하여 한 음절〉 사바하」'라고 하였다. 一字文殊法 種子𑖦𑖽 三形蓮上如意寶珠 尊形左手執青蓮花上有如意寶珠 右手向外垂下五輪作滿願印 印八葉 心眞言 唵娑摩耶始哩吽 娑嚩賀 隨心眞言 唵阿捨摩寧吽 娑嚩賀 小呪正念誦用之 叱洛呬焰 劍印云 大聖文殊師利一字眞言 唵 地哩呬閻〈四合〉 娑婆賀"라고 하였다. 〔참고문헌〕『大方廣菩薩藏經中文殊師利根本一字陀羅尼經』, 『玄祕抄』. ⇨ 문수호신주 文殊護身呪

일자불설 一字不說 한 자도 설하지 않았다는 말. 끝내는 언어문자(言語文字)를 넘어서야 한다는 뜻이다. 『능가경』 권4(대정장16, p.506c5)의 불설일자(不說一字)에서 기원하여, 화엄에서는 과분불가설(果分不可說), 선종에서는 불립문자(不立文字), 천태에서는 사불가설(四不可說) 등이라 한다. 『정자혜휘어록』 권1(卍속장124, p.916b9)에 "산하대지가 모두 거두어 쓸 삼매다. 스스로 얻었는가, 어디선가 온 소식인가. 이미 한 물건도 없을진대 어째서 때때로 새로운가? 또한 이미 이것은 분 밖에 없을 텐데 어째서 '자세히 살펴보라'고 말할까? 그러므로 '한 글자 설하지 않았는데 온갖 변설 폭포 쏟듯 한다'고 한다. 山河大地 受用三昧 自甚處得箇消息來 旣是無一物 爲甚般般新 旣是無分外 爲甚道看 故曰 一字不說懸河辯", 『본조제종요집』 권3(대장경보편32, p.475c9)에 "참으로 본묘의 아(𑖀)라는 자는 말과 글이 아니다. 『능가경』에서 '한 글자도 말하지 않았다'라고 한다. 그렇다면 우열은 어디에 있단 말인가? 夫本妙之阿字 則無言說故 所謂 楞伽曰 一字不說 然則於何在乎勝劣焉"라고 하였다. 〔참고문헌〕『楞伽經』, 『淨慈慧暉語錄』, 『本朝諸宗要集』. ⇨ 불설일자 不說一字, 불설 不說❷, 불설저일구 不說底一句, 불립문자 不立文字

일자불정륜왕경 一字佛頂輪王經 당대 보리유지(菩提流志) 한역. 5권. 고려장13, pp.731a1~792c19, No.425 · 대정장19, pp.224a20~263b21, No.951에 수록되어 있다. 『오불정경 五佛頂經』이라고도 한다. 불공(不空) 역의 『보리장소설일자정륜왕경 菩提場所說一字頂輪王經』(대정장19, No.950)과 동본이역으로 708년(경룡2) 한역되었다. 마가다국(Ⓢ Ⓟ Magadha)의 보리수 아래 금강도량(金剛道場)에서 설했다. 일자불정륜왕주(一字佛頂輪王呪)에 의지한 수법과 공덕을 설한 잡부밀교(雜部密教)의 경전으로 분류된다. 「서품 序品」·「화상법품 畵像法品」·「분별성법품 分別成法品」·분별밀의품 分別密儀品」·「분별비상품 分別祕相品」·「성상법품 成像法品」·「말법성취품 末法成就品」·「인성취품 印成就品」·「대법단품 大法壇品」·「공양성취품 供養成就品」·「호법품 護法品」·「증학법품 証學法品」·「호마단품 護摩壇品」 제13품으로 구성되어 있다. 〔참고문헌〕『開元釋敎錄』 권9(대정장55, p.569c5), 『貞元新定釋敎目錄』 권14(대정장55, p.872b20). ⇨ 오불정경 五佛頂經❶, 오불정삼매다라니경 五佛頂三昧陀羅尼經

일자불정륜왕진언 一字佛頂輪王眞言 『일자불정륜왕경』의 근본진언. 진언은 '나마 사만타 붓다남 암 훔 발림훔 𑖡𑖦𑖾 𑖭𑖦𑖡𑖿𑖝 𑖤𑖲𑖟𑖿𑖠𑖯𑖡𑖯𑖽 𑖌𑖼 𑖮𑖳𑖽 𑖥𑖿𑖨𑖳𑖽 娜莫 縒曼䪩 勃馱南 唵 𤙖 勃琳𤙖 namaḥ samanta-buddhānāṃ oṃ hūṃ bhrūṃ 두루하신 제불께 귀의합니다 옴 훔 브룸'이다. 암·훔·발림훔은 종자다. 『일자불정륜왕경』 권1(대정장19, p.226b7)에 "만약 세계의 모든 보살마하살·비구·비구니·오파삭가·오파사가, 그리고 모든 족성의 남자와 여자들 중에 법에 의지하여 이와 같은 일자불정륜왕대명주를 독송하고 수지할 수 있는 이가 있다면 모든 천과 세상사람 및 갖가지 귀신들이 해칠 수 없고 파괴할 수도 없다. 이 사람은 모든 안락한 수명과 헤아릴 수 없는 복락을 얻고 대자비를 실천하리라. … 일자불정륜왕주를 설하면 '나막 차만타 발타남 암 훔 발림 훔'이다. 若此世界一切菩薩摩訶薩等 及諸苾芻 苾芻尼 鄔波索迦 鄔波斯迦 諸族姓男族姓女等 具能依法 讀誦受持如是一字佛頂輪王大明呪者 所有一切諸天世人種種神鬼 悉無能害作諸破壞 是人當得一切安壽 無量福樂 行大慈悲 … 卽說一字佛頂輪王呪曰 娜莫 縒曼䪩 勃馱南 唵 𤙖 勃琳 𤙖", 『법륜보참』 권9(卍속장130, p.77b1)에 "부처님께서 말씀하셨다. '만약 일자정륜왕진언을 외우는 이가 있다면 5유순 이내에 모든 세간출세간진언은 성취될 수 없다. 왜 그러한가? 불정륜왕삼마지에 머무는 이는 아무도 속이거나 욕보일 수 없기 때문이다'. 佛言 若有人持一字頂輪王眞言者 五由旬內 一切世間出世間眞言 皆不成悉地 何以故 由住此佛頂輪王三摩地 無能欺凌故"라고 하였다. 〔참고문헌〕『一字佛頂輪王經』, 『法輪寶懺』.

일자삼례 一字三禮 사경(寫經)할 때 한 자 쓸 때마다 세 번 절한다. 또는 불상을 조각할 때 한 번 새길 때마다 세 번 절하는 예법. 『대혜어록』 권상(卍속장121, p.50b17)에 "피를 내어 『화엄경』을 썼으니 한 자마다에 세 번 절한다. 刺血書華嚴經 每一字三禮", 『연종보감』 권10(대정장47, p.351c9)에 "모은 모든 『연종보감』 편목의 글자 수대로 한 글자마다 세 번 절하고 한 번 절할 때마다 능엄주를 한 편 외우고 나무관세음보살의 존호를 세 번 부른다. 所集蓮宗寶鑑篇 字數一字三禮 每一

禮 念楞嚴呪心一遍 三稱南無觀世音菩薩尊號”라고 하였다. [참고문헌]『大慧語錄』, 『蓮宗寶鑑』.

일자상 一子想 Ⓢekaputraka-saṃjñā. 일체중생을 하나밖에 없는 자녀로 여김. 한 중생도 버리지 않는 뜻이다. 『불본행집경』 권4(대정장3, p.668a29)에 “그대는 마땅히 저들 일체중생을 단 하나 자녀일 뿐이라는 생각으로 가엾이 여겨야 하니 마음과 말을 조복하여 거짓꾸며 하지 마라. 汝應於彼一切衆生 生一子想 哀愍衆生 調伏心口 莫作諂曲”, 80권본 『화엄경』 권72(대정장10, p.394a17)에 “와서 구하는 이들 하나밖에 없는 자녀라 생각하고 부모라 생각하며 … 스승이라는 생각하고 부처님이라는 생각한다. 於來乞者 生一子想 生父母想 … 師想 佛想”, 『대승의장』 권20(대정장44, p.870c11)에 “부처님은 무량겁 동안 모든 중생에 대하여 항상 평등하고 한 자녀라는 생각을 닦으신다. 그러므로 나와 남이 없다고 보니 원수와 친구도 마땅히 떠나기 때문이다. 佛無量劫 於諸衆生 常修平等 一子想 故見無我人 離怨親故”라고 하였다. [참고문헌]『佛本行集經』, 『華嚴經』, 『大乘義章』, *Gaṇḍ-vy.254.*, *Laṅk.100.* ⇨일자지 一子地

일자석일체자 一字釋一切字 한 자로 일체자를 푼다는 말. 밀교 십육현문(十六玄門) 중 하나로 일자석다(一字釋多)라고도 하고, 다자석일(多字釋一)과 대칭한다. 『대일경소』 권7(대정장39, p.656a21)에 “한 글자로써 모든 글자를 푼다는 말은 무슨 뜻인가? 저 가(𑖎) 자를 풀 때 다만 갖가지 인연으로 본불생을 관함으로써 무소작의 뜻을 알며, 하(𑖮) 자를 풀 때에도 갖가지 인연으로 본불생을 관함으로써 인이 없는 뜻을 본다. 云何以一字釋一切字 如釋迦字時 但以種種因緣 觀本不生 卽見無所作義 乃至釋訶字時 亦以種種因緣觀本不生 卽見無因義”라고 하였다. [참고문헌]『大日經疏』, 『大日經義釋』 권5(卍속장36, p.672a16). ⇨십육현문 十六玄門, 다자석일 多字釋一, 자문 字門, 실담 悉曇

일자선 一字禪 운문(雲門)이 학인의 질문에 한 글자로 답했던 선법. 일자관(一字關)이라고도 한다. 『벽암록』 6칙 「평창 評唱」(대정장48, p.146a17)에 “운문은 평소에 세 글자로 선을 말하기 좋아하였는데 고·감·이가 그것이다. 또한 일자로 선을 설하기도 하였다. 학인이 물었다. ‘부모를 죽인 죄는 부처님 앞에서 참회한다지만 불조를 죽이는 죄는 어디에서 참회합니까?’ ‘로’ ‘무엇이 정법안장입니까?’ ‘보’. 머뭇거림 없이 곧장 평등한 자리로 인도하고, 한편 학인들을 꾸짖어 한 마디 할 때는 저 철퇴치듯 하였다. 雲門尋常愛說三字禪 顧鑒咦 又說一字禪 僧問 殺父殺母 佛前懺悔 殺佛殺祖 向什麽處懺悔 門云 露 又問 如何是正法眼藏 門云 普 直是不容擬議 到平鋪處 又却罵人若下一句語 如鐵橛子相似”라고 하였다. [참고문헌]『碧巖錄』. ⇨일자관 一字關, 고감이 顧鑒咦, 정법안장 正法眼藏

일자성일체 一字成一切 한 자(字)로 일체를 성취한다는 말. 밀교 십육현문(十六玄門) 중 하나다. 일자성다(一字成多)라고도 한다. 『대일경소』 권7(대정장39, p.656a29)에 “한 자로 모든 것을 성취한다는 말은 무슨 뜻인가? 일체법 지은 일 없어 그것은 본래 일어난 일이 없기 때문이다. 이렇게 모든 법에는 인이 없으니 그것은 본래 생멸하지 않기 때문이다. 云何一字成一切字 謂一切法無作 以其本不生故 乃至一切法無因 以其本不生故”라고 하였다. [참고문헌]『大日經疏』. ⇨십육현문 十六玄門, 다자성일 多字成一, 자문 字門

일자수륜관진언 一字水輪觀眞言 사다라니(四陀羅尼) 중 하나. 일자수륜진언이라고도 한다. 사다라니는 변식(變食)진언·감로수(甘露水)진언·일자수륜관진언·유해(乳海)진언을 함께 순서대로 지송하는 뜻이다. 『작법귀감』 권상(『한국불교의례자료총서』 권3, p.427b16)에 “일자수륜관진언. 옴 밤밤밤밤〈일곱 차례 지송〉. 𑖌𑖼 𑖪𑖼〈뒷자는 밤이다. 버드나무 가지로 천수가 담긴 그릇에 옴밤 두 글자를 쓰고 물을 세 번 저어서 수륜(水輪)을 만들어 관상한다. 밤 자의 위신력으로 향해의 묘수가 유출함을 관상하면서 이 천수를 공중에 두루 뿌린다〉. 一字水輪觀眞言 唵鍐鍐鍐鍐〈七遍〉 𑖌𑖼𑖪𑖼〈鍐 以楊枝書此二字於水中 回攪三度作水輪而想 𑖪𑖼字神力流出香海妙水遍洒空中也〉”라고 하였다. [참고문헌]『作法龜鑑』, 『雲水壇』(『韓國佛敎儀禮資料叢書』 권2, p.55a4), 「水陸齋儀」(『釋門儀範』 권상, p.256a16). ⇨사다라니 四陀羅尼[2], 변식진언 變食眞言, 감로수진언 甘露水眞言, 유해진언 乳海眞言

일자업 一字業 일본 천태밀교의 오업(五業) 중 하나. 『일자불정륜왕경』에 의하여 닦는 수행법을 말한다. 불정업(佛頂業)이라고도 한다. 일본 천태종 원진(圓珍)의 주청으로 시설되었다. ⇨불정업 佛頂業, 오업 五業[5], 일자정륜왕유가관행의궤경 一字頂輪王瑜伽觀行儀軌經

일자왕 日子王 우전왕(優塡王 ⓈUdayana)의 한역 이름. 왕비 사마바지(舍摩嚩底 ⓈŚyāmāvatī)에 인도되어 부처님에게 귀의하였다. 『대승일자왕소문경』(대정장12, p.72b22)에 “무비녀 마건이가(ⓈMāgandiyā)는 분노를 일으키고 왕비 사마바지를 미워하고 질투하여 일자왕의 곁에서 말하였다. ‘천자시여! 아십니까? 왕비 사마바지와 시종 오백녀들이 저 사문과 함께 음욕을 행하였습니다. 제가 지금 말씀드리는 것을 천자께서는 아셔야 하니, 진실로 용서하기 어렵습니다’. 無比摩建儞

迦女 而起瞋恚 憎嫉舍摩嚩底妃后 於日子王邊說言 天子知耶 舍摩嚩底妃后等五百女 共其沙門而行婬慾 我今告言要天子知 實難容恕"라고 하였다. 〔참고문헌〕『大乘日子王所問經』. ⇨ 우전왕 優塡王, 우전왕경 優塡王經 **1**

일자정륜왕유가관행의궤경 一字頂輪王瑜伽觀行儀軌經 당대인 753년(천보12) 불공(不空)삼장 한역. 1권. 『유가의가훌사라오슬니사작훌라진언안달다나의칙일자정륜왕유가경 瑜伽翳迦訖沙羅烏瑟尼沙斫訖囉眞言安怛陀那儀則一字頂輪王瑜伽經』 또는 『일자정륜왕유가경』이라고도 하고, 『관행의궤 觀行儀軌』로 약칭한다. 고려장36, pp.1041c1~1044b3, No.1320 · 대정장19, pp.313b21~315c12, No.955에 수록되어 있다. 일자정륜이란 모든 공덕을 거두는 일자(一字)진언으로 석가모니부처님께서 삼매에 들어 드러낸 상으로서 최상의 지혜를 뜻한다. 일자정륜삼매와 하나가 되기 위한 삼매와 세속적인 성취를 위해 은신술을 닦고 환약을 만들어 변신하여 자유자재로 왕래하는 능력을 얻기 위해 일자정륜왕삼매를 수습(修習)할 것을 설한다. 금강계(金剛界) 중 불부(佛部)의 금륜법(金輪法) 중 심비(深祕)에 당한 의궤다. 오부진언을 염송하고, 오상(五相)을 성취하며, 어성취(語成就)와 물성취(物成就) 그리고 은형법(隱形法 Ⓢ antardhanā)을 성취하기 위해 일체법이 무색(無色)이고 공(空)임을 관상하는 삼매를 수습한다.

일자주 一字呪 단 하나의 자(字)만을 외워 가지는 법. 종자(種字)의 뜻으로서의 한 자이다. 『대불정광취다라니경』 권4(대정장19, p.171a11)에 "일자주수법을 성취하고자 하는 이는 송주를 백천번 하라. 오로지 자비와 연민으로 모든 중생을 단 하나의 자녀처럼 여기고 탐진치를 끊는다. 천만번을 모두 외워마치면 바로 제1위를 얻고 백천구지의 여래께서 따라 기뻐하신다. 若欲成就一字呪法者 誦呪百千遍 唯須慈愍 視諸衆生 猶如一子 斷貪嗔癡 誦滿百千遍 以卽得第一位 百千俱胝如來 隨喜讃歎", 『문수사리야만덕가주법』(대정장21, p.96a23)에 "만일 귀신이 재를 강탈하려 할 경우 마음 속으로 야만덕가일자주를 염송하라. 그 주는 '훔(ᡝ)'이다. 이 소리를 내면 귀신이 모두 사라지고 모든 장애 깨끗이 사라진다. 若鬼神强奪灰者 卽憶念 耶曼德迦一字呪 呪曰 吽 作是聲 鬼神悉皆散滅 一切障礙 悉皆淨盡", 『만수실리일자주왕경』(대정장20, p.781b11)에 "그대들 하늘의 무리여! 이는 일체비밀 중에서 뛰어난 일자주왕이니, 어떤 중생이라도 이를 거스를 수 없고 어떤 귀신도 감히 가까이 할 수 없다. 모든 부처님은 이를 길상한 일로 여기시고 모든 주 중에 가장 뛰어나게 성취할 수 있게 하셨으니 뜻대로 이루어진다. 일체세간에서 대승존이 되어 재물을 구하는 이에게 대자재를 주어 부 가득하고, 분노하는 갖가지 상황도 자비롭고 선하게 한다. 이로써 식을 머금은 모든 중생에게 자비와 연민을 본성으로 삼게 하고 거스르는 마음을 품은 사람은 모두 순하게 따르도록 한다. 汝等天衆 此是一切祕密中 勝一字呪王 一切有情無敢違者 一切鬼神 不敢親近 一切諸佛 爲吉祥事 一切呪中 最能成立 隨意所爲 一切世間 作大尊勝 於求財者 有大自在 能令富盛 諸瞋恚中 此令慈善 於諸含識 悲愍爲性有違逆者 皆悉順從"라고 하였다. 〔참고문헌〕『大佛頂廣聚陀羅尼經』, 『文殊師利耶曼悳迦呪法』, 『曼殊室利一字呪王經』, 『不動使者陀羅尼祕密法』(대정장21, p.26b15).

일자지 一子地 하나 밖에 없는 자녀 보듯이 하는 지. 보살이 일체중생을 보기를 자식 보듯이 한다는 뜻이니, 불성 곧 여래를 보살피는 일이라 할 수 있다. 40권본 『대반열반경』 권32(대정장12, p.556c27)에 "일자지의 인연 때문에 보살은 일체중생에게 평등심을 지니고, 일체중생도 반드시 언젠가는 일자지를 얻게 된다고 하니 '모든 중생은 누구나 불성을 가지고 있다'고 설한다. 일자지란 바로 이 불성이고 불성이란 다름아닌 여래다. 以一子地因緣故 菩薩則 於一切衆生 得平等心 一切衆生 必定當得 一子地故 是故 說言一切衆生 悉有佛性 一子地者 卽是佛性 佛性者 卽是如來", 『금강삼매경』(대정장9, p.374a10)에 "여래의 대비는 본원을 버린 적 없으므로 일자지로서 번뇌에 머문다. 如來之大悲 不捨於本願 故於一子地 而住於煩惱", 원효(元曉)의 『금강삼매경론』 권하(대정장34, p.1006a29 · 한불전1, p.674c18)에 "일자지란, 초지 이상이면 일체중생 평등함을 이미 깨우쳐 일체중생을 보기를 한 자녀 보듯 한다. 一子地者 初地已上 已證一切衆生平等 視諸衆生 如視一子"라고 하였다. 〔참고문헌〕『大般涅槃經』, 『金剛三昧經』, 『金剛三昧經論』. ⇨ 극애일자지 極愛一子地, 일자상 一子想

일자출가구족생천 一子出家九族生天 자녀 한 명이 출가하면 그 공덕으로 구족이 천계에 태어난다는 말. 『동산어록』(대정장47, p.516b15)에 "망극하고 깊은 은혜를 갚고자 한다면 출가공덕만한 것이 없다. 생사하는 애욕의 강을 싣고 번뇌의 고해를 건너 천생부모에게 보은하고 만겁자애에 보답하니 삼계의 사은을 갚지 못함이 없다. 그러므로 경에서 말씀하시길 '한 자녀 출가하면 구족이 하늘에 난다'고 하였다. 欲報罔極深恩 莫若出家功德 截生死之愛河 越煩惱之苦海 報千生之父母 答萬劫之慈親 三有四恩 無不報矣 故經云 一子出家九族生天", 『엽현광교성어록』(고존숙어록23, 卍속장118, p.460a13)에 "학인이 물었다. '듣자오니 자녀가 출가하면 구족이 하늘에 난다고 하는데 저희 두 사람이 출가하면 무슨 일이 있겠습니까?' '혀를 셋으로 잘라라' '무슨 뜻이십니까?' '저잣거리에 누웠구나'. 問 承聞一子出家九族生天

某甲兩人出家 合作甚道理 師云 截舌三分 進云 未審意旨如何 師云 鬧市裏臥街"라고 하였다. 〔참고문헌〕『洞山語錄』, 『葉縣廣敎省語錄』.

일자파일체 一字破一切 밀교 십육현문(十六玄門) 중 하나. 한 자로 모든 자를 부순다는 말. 일자파다(一字破多)라고도 한다. 『대일경소』 권7(대정장39, p.656b5)에 "한 자로 모든 자를 부순다는 말은, 저 사람이 만들어낼 수 있다고 집착할 경우 그것을 부수고자 마땅히 저에게 일러준다. '만일 모든 법이 본래 생멸이 없는 뜻이 이미 성취되었는데도 지음이 있다고 말한다면 이 뜻 맞지 않다'라고 한다. 나아가 인이 있다고 집착할 경우 또한 그것을 부수고자 '만일 모든 법이 본래 나지 않는 뜻 이미 성취되었음에도 인이 있다고 한다면 이 뜻 옳지 않다'라고 한다. 云何一字破一切字 如人執有造作 應破彼言 若諸法本不生義已成立 而云有作 是義不然 乃至執有因者 亦破彼言 若諸法本不生義已成立 而云有因 是義不然"라고 하였다. 〔참고문헌〕『大日經疏』. ⇨ 십육현문 十六玄門, 다자파일 多字破一, 일자성일체 一字成一切

일장낭적 一場狼籍 한바탕 소란스러움. 낭적(狼籍)은 낭자(狼藉)라고도 한다. 이리가 풀 깔고 잔 자리처럼 어지럽다는 뜻이다. 『운문광록』(대정장47, p.545b15)에 "운문선사가 말했다. '오늘 내가 여러분을 속인다고 생각하지 마라. 부득이하게 여러분 앞에서 한바탕 소란거리를 만들었으나, 눈 밝은 사람이 본다면 한바탕 웃음거리가 된 것을 이제 피할 수 없게 되었다. 師云 莫道今日瞞諸人好 抑不得已向諸人前作一場狼籍 忽被明眼人見 成一場笑具 如今避不得也", 같은 책 권상(대정장47, p.552a4)에 "법좌에 올라 말했다. '화상들이여! 그대가 설령 그대가 무슨 일이 있다고 말하더라도 머리 위에 머리 얹고, 눈 위에 서리를 더하며, 관 속에서 눈 깜빡이고, 뜸뜬 상처에 다시 쑥뜸을 뜨는 듯하니 이것이 한바탕 소란이 아니면 무엇이랴'. 上堂云 和尙子 直饒爾道有什麽事 猶是頭上安頭 雪上加霜 棺木裏眨眼 炙瘢上更著艾燗 這箇是一場狼藉不少也"라고 하였다. 〔참고문헌〕『雲門廣錄』. ⇨ 낭자 狼藉

일장누두 一場漏逗 한바탕 허물 드러내다. 『무문관』 29칙 「평창 評唱」(대정장48, p.296c21)에 "무문이 말한다. 바람이 움직이는 것도 아니고 깃발이 움직이는 것도 아니며 마음이 움직이는 것도 아니다. 어느 곳에서나 조사를 볼 수 있을까? 이를 향하는 중에 몸소 볼 수 있다면 비로소 두 학인은 쇠 팔아 금 얻고 조사는 참을 수 없어 속내 보일 터여서 한바탕 허물 드러낸 줄 알게 될 것이다. 無門曰 不是風動 不是幡動 不是心動 甚處見祖師 若向者裏見得親切 方知二僧買鐵得金 祖師忍俊不禁 一場漏逗", 『고봉원묘어록』 권하(卍속장122, p.685b5)에 "자잘한 현사여! 능소를 잊지 못했구나. 당시에 다행히 유대왕을 만났기 망정이지 본분납승과 마주쳤더라면 틀림없이 한바탕 허물이 폭로되었을 것이다. 大小玄沙 能所未忘 當時賴遇是劉大王 若撞著箇本分衲僧 管取一場漏逗"라고 하였다. 〔참고문헌〕『無門關』, 『高峰圓妙語錄』. ⇨ 누두 漏逗

일장령과 一狀領過 한 장의 판결문에 모든 허물 달렸다는 말. 일장안과(一狀案過)라고도 한다. 『운문광록』 권상(대정장47, p.551a1)에 "운문선사가 '설령 그대가 여기에서 한 번에 밝혀 얻더라도 역시 다 드러내지 못한 사람이니 뜬금없이 똥구덩이에 뛰어든 것이다. 만약 이 납승문하를 지나갔더라면 다리를 부러뜨렸을 것이다'라고 하였다. 이때 세 사람의 학인이 함께 나와서 예를 올렸다. 운문이 말하기를 '한 장 판결문으로 모든 허물 드러났다'라고 하였다. 饒汝便向這裏一時明得 亦是不著便漢 無端跳入屎坑 可中於我衲僧門下過打脚折 時有三僧一時出禮拜 師云 一狀領過", 『설두어록』 권2(대정장47, p.677b26)에 "어느 날 다섯 명의 학인이 새로 들어왔다. 설두선사가 말했다. '그대들은 모두 행각할 필요가 없다'. 학인이 말하려고 하자 설두가 말했다. '한 장 판결문으로 모조리 처분해야겠군'. 一日五人新到 師云 爾總不消行脚 僧擬議 師云 一狀領過", 『벽암록』 51칙 「본칙 本則」(대정장48, p.185c28)에 "설봉이 암자에 머물 때 두 사람의 학인이 와서 예배했다〈무슨 일인가? 한 장 판결문에 모두 처분했다〉. 雪峯住庵時 有兩僧來禮拜〈作什麽 一狀領過〉"라고 하였다. 〔참고문헌〕『雲門廣錄』, 『雪竇語錄』, 『碧巖錄』, 『大慧語錄』 권7(대정장47, p.839a23).

일장마라 一場懡㦬 한바탕 부끄러운 일. 웃음거리라는 뜻이다. 『오조법연어록』(대정장47, p.656a19)에 "법좌에 올라 앉자 학인이 물었다. '등불을 밝히기 전에는 어떻습니까?' '남을 의심하게 만든다' '등불을 밝히는 그 순간은 어떻습니까?' '정해진 지울 눈금 잘못 알았구나' '등불을 밝힌 후에는 어떻습니까?' '한바탕 부끄러울 뿐이다'. 上堂 僧問 如何是燃燈前 師云 令人疑著 學云 如何是正燃燈 師云 錯認定盤星 學云 如何是燃燈後 師云 一場懡㦬", 『밀암어록』(대정장47, p.964c8)에 "달마대사는 구년 동안 면벽했지만 부수지 못했고, 석가모니는 삼백여회나 설법하였지만 다 드러내지 못했다. 덕산과 임제는 입을 다물었으니 이 모두가 한바탕 부끄러운 일이다. 達磨大師 九年面壁覷不破 黃面老子 三百餘會道不著 德山臨濟咬定牙關 一場懡㦬"라고 하였다. 〔참고문헌〕『五祖法演語錄』, 『密菴語錄』. ⇨ 마라 懡㦬

일장불사 一場佛事 한바탕 떠들썩한 부처짓는 일. 스승과 제자 간에 펼치는 기연(機緣)을 말한다. 『경덕전등록』 권18 「현사사비전 玄沙師備傳」(대정장51, p.344c5)에 "석가께서 세간에 출현하여 허다한 변화로 십이분교를 설하였지만 저 병에 물 부은 듯 하니, 그대 향해 크게 한바탕 불사 짓더라도 이 문중에서는 한 점도 쓸 일 없으니, 한 터럭끝 기량만도 못하다. 알겠는가? 저 꿈 속의 일같고 잠꼬대 같음을. 只如釋迦出頭來 作如許多變弄說十二分敎 如甁灌水 大作一場佛事向汝 此門中用一點不得 用一毛頭伎倆不得 知麽 如同夢事 亦如寱語"라고 하였다. 〔참고문헌〕『景德傳燈錄』.

일장엄삼매 一莊嚴三昧 Ⓢeka-vyūha-samādhi. 한결같이 장엄한 삼매. 백팔삼매 중 하나로, 있다고 여기면 다 있는 것이고 없다고 생각하면 다 없어서, 본래 무생(無生)이고 법공(法空)인 뜻에서 한결같다는 뜻이다. 『대품반야경』 권5(대정장8, p.252c21)에 "무엇이 일장엄삼매인가? 이 삼매에 머물면 결코 제법의 두 가지 상을 보지 못한다. 이를 일장엄삼매라 한다. 云何名一莊嚴三昧 住是三昧 終不見諸法二相 是名一莊嚴三昧", 『대지도론』 권47(대정장25, p.401b14)에 "일장엄삼매란, 이 삼매를 얻으면 온갖 법이 모두 한결같다고 관한다. 모든 법은 상이 있기에 하나이고, 일체법 상이 없어서 하나이며 일체법 비었기에 하나이다. 이와 같은 예들 무량하지만 모두 하나다. 한결같은 모양의 지혜로 이 삼매를 장엄하므로 일장엄이라 한다. 一莊嚴三昧者 得是三昧 觀諸法皆一 或一切法有相 故一 或一切法無 故一 或一切法空 故一 如是等無量皆一 以一相智慧 莊嚴是三昧 故言一莊嚴", 『이취육바라밀다경』 권9(대정장8, p.906b26)에 "무엇을 일장엄삼매라 하는가? 하나라 하는 말은 곧 무생이고, 무생은 법공이다. 또한 하나란 모든 곳에 두루함을 가리킨다. 비유하자면 유마의 기름이 마 중에 가득한 것과 같다. 무생법도 이와 같아서 그 바탕이 일체에 두루하다. 이를 일장엄삼매라 한다. 云何名一莊嚴三昧 所言一者 卽是無生 無生者 卽是法空 又一者 名遍一切處 譬如油麻 油遍麻中 無生法者 亦復如是 體遍一切 是名一莊嚴三昧"라고 하였다. 〔참고문헌〕『大品般若經』, 『大智度論』, 『理趣六波羅蜜多經』.

일장일단 一長一短 하나의 긴 조엽(條葉)과 하나의 짧은 조엽을 붙여 만든 가사(袈裟). 옷감이 부족할 경우를 제외하고는 주로 오조의(五條衣)를 짓는 방법에 적용한다. 『마하승기율』 권28(대정장22, p.455a10)에 "오조의는 일장일단이 마땅하고, 칠조에서 십삼조까지는 양장일단, 십오조의는 삼장일단이 마땅하다. 五條 應一長一短 七條乃至十三條 兩長一短 十五條 三長一短"라고 하였다. 〔참고문헌〕『摩訶僧祇律』, 『四分律行事鈔』 권하(대정장40, p.106c13). ⇨ 삼장일단 三長一短, 양장일단 兩長一短, 단격 壇隔, 변제의 辨制衣, 가사 袈裟

일장자 一障者 저 하나 있어 어둠도 빛도 막을 수 있는 것. 이것이 아니면 미혹할 일(無明)도 없고 이것이 아니면 빛으로 가득할(明) 수도 없는 그 하나여서, 보리(菩提)가 곧 번뇌(煩惱)인 뜻에서의 한 마음을 가리킨다. 『금강봉유기경』 권상(대정장18, p.258a3)에 "그때 회중에 문득 하나 장애란 것이 생겼다. 그것은 허공에서 오지도 않았고 타방에서 오지도 않았으며 땅에서 솟지도 않았고 홀연히 나타났다. 마치 술취한 사람처럼 온 곳을 알지 못했다. 時會中 忽有一障者 不從空生 亦不從他方而來 亦不從地出 忽然而現 諸菩薩 各如醉人 不知所從來處", "그때 박가범께서 만면에 미소 가득 지으시며 금강수와 모든 보살들에게 이르셨다. '이 장애는 어디서 왔을까? 일체중생에게 본래 있는 장애일 뿐이어서 시작도 없이 모르는 사이에 왔다. 본래 있는 장애란 자아가 일으킨 장애이니 시작도 없고 시작한 때도 없어서 본래 있었고 본래부터 구르던 것이다'. 時薄伽梵 面門微笑 告金剛手 及諸菩薩等言 此障從何而來 從一切衆生本有障 無始無覺中來 本有俱生障 自我所生障 無始無初際 本有俱本輪", "그때에 장애란 이가 홀연히 몸을 드러내 금강수의 모습의 머리 위에 한 금강륜 나툰다. 몸 가득 빛어서 회중을 가득 비췄다. 時障者 忽然現身 作金剛薩埵形 於頂上現一金剛輪 足下現一金剛輪 兩手中各 現一金剛輪 又於心上 現一金剛輪 遍身放光 照觸會中"라고 하였다. 〔참고문헌〕『金剛峯瑜祇經』.

일장패궐 一場敗闕 한바탕 큰 실수. 어떻게 해도 돌이킬 수 없는 일 또는 무엇으로도 바꿀 수 없는 대단히 큰 일, 미증유(未曾有)의 사태를 말한다. 『선관책진』(대정장48, p.1098b2)에 "달마가 서쪽에서 오셔서 바람도 없이 물결을 일으키고, 세존께서 꽃을 드시는 바람에 한바탕 큰 일 벌어지고 말았다. 達磨西來 無風起浪 世尊拈花 一場敗闕", 『운봉어록』(고존숙어록40, 卍속장118, p.679b15)에 "덕산은 들어오자마자 몽둥이를 휘두르고, 임제는 들어오자마자 한 소리 내지른다. 이 두 노인께서 한바탕 저지른 잘못을 보라. 그러나 일이란 느닷없이 일어나지 않으니 일어남에는 반드시 인이 있다. 나 또한 편치않지만 대중을 위해선 있는 힘을 다할 뿐이다. 그대 여러분들이여 평지에서도 접지를 일 있으니 허물 누구에게 있겠는가. 德山入門便棒 臨濟入門便喝 看這兩箇老漢一場敗闕 然則事不孤起 起必有因 翠巖不著便 蓋是爲衆竭力 你等諸人平地喫交 過在阿誰"라고 하였다. 〔참고문헌〕『禪關策進』, 『雲峰語錄』. ⇨ 패궐 敗闕

일장호소 一場好笑 한바탕 웃을 일. 『오조법연어록』 권중(대정장47, p.657c20)에 "이런 이야기를 일러 난

장이가 놀이 보고자 사람따라 섰다 앉았다 하듯 한다고 한다. 삼십 년 후에나 한바탕 웃을 일이 되리라. 者箇說話 喚作矮子看戲 隨人上下 三十年後 一場好笑"라고 하였다. [참고문헌]『五祖法演語錄』.

일장화패 一場話覇 한바탕 이야기 펼치다. 패(覇)는 파(欛)로 쓰기도 하는데 칼의 손잡이로 씀에 핵심이 되는 뜻이다. 화패는 화두(話頭)·화병(話柄)라고도 한다. 『종용록』 7칙 「본칙 本則」(대정장48, p.231b11)에 "약산이 법좌에 올라 앉아 잠깐 침묵하다가 법좌에서 내려와 방장실로 돌아갔다〈한바탕의 이야기 펼쳤구나〉. 山陞座 良久 便下座 歸方丈〈一場話覇〉"라고 하였다. [참고문헌]『從容錄』. ⇨ 화패 話覇

일적 一寂 하나로 고요하기만 함. 『화엄공목장』 권4(대정장45, p.576a8)에 "일승의 도리는 하나 그대로 일체이고 일체 바로 하나이니 인다라도 미세함도 다 갖춘다. 삼승의 도리는 다만 하나로 고요할 뿐이니, 어떤 상으로도 설할 수 없어 불상응이라 한다. 一乘道理 一卽一切 一切卽一 具因陀羅 及微細等 三乘道理 但是一寂 不說別相 名不相應"라고 하였다. [참고문헌]『華嚴孔目章』. ⇨ 일상일적 一相一寂

일적수 一滴水 한 방울의 물. 물 한 방울, 즉 한 법이라도 일체법의 자성인 공무아(空無我)의 뜻이 함께 하고, 그 한 법이라도 있다 여기면 끝내 얻을 수 없게 된다는 뜻이다. 80권본 『화엄경』 권14(대정장10, p.72b1)에 "나는 이제 힘 따라 겨우 설한다. 저 바다의 물 한 방울 같네. 我今隨力說少分 猶如大海一滴水", 『오조법연어록』 권중(대정장47, p.656c25)에 "'무엇이 백운(오조)의 물 한 방울인지요?' '디딜방아를 밟고 연자방아를 돌린다' '마시는 이는 또 무엇이라 해야 하는지요?' '국수마저도 없으리라'. 僧問 如何是白雲一滴水 師云 打碓打磨 學云 飮者如何 師云 敎儞無著麵處", 『분양어록』 권상(대정장47, p.601b26)에 "'무엇이 서하의 물 한 방울인지요?' '마시는 이 다시는 목마르지 않으리'. 問 如何是西河一滴水 師云 飮者永無飢", 『경덕전등록』 권20 「수서남대전 水西南臺傳」(대정장51, p.362c15)에 "'무엇이 이곳의 물 한 방울인지요?' '입에 들어간 즉 잡아낸다'. 僧問 如何是此間一滴水 師曰 入口卽擭出"라고 하였다. [참고문헌]『華嚴經』, 『五祖法演語錄』, 『汾陽語錄』, 『景德傳燈錄』. ⇨ 조원일적수 曹源一滴水

일전 一全 1866~1943. 호는 성월(惺月), 속성은 오(吳)씨, 속명은 철근(哲根), 본관은 해주(海州). 아버지의 휘는 사홍(士洪) 어머니는 김씨부인으로 1866년(고종3) 7월 15일 경상남도 울주군(蔚州郡) 온산면(溫山面) 우봉리(牛峰里)에서 태어났다. 1872년(고종9) 7세 때 금정산 범어사(梵魚寺)로 찾아가 보암정호(寶庵定浩)를 은사로 하여 스님이 되었다. 15세 때 범어사 미륵전에서 백일기도를 마친 후, 일의일발(一衣一鉢)로 금강산·오대산·설악산·묘향산 등으로 유력하며 정진하다가 남쪽 하동 쌍계사(雙磎寺) 칠불암(七佛庵) 아자방(亞字房)에서 정진하였다. 1895년(고종32) 30세 때 해인사(海印寺) 퇴설당(堆雪堂)에서 지내던 중, "대천세계 본래 공함이여! 공하고 또 공하여 공한 것이 공한 것도 없네! 한 법도 가히 얻을 것이 없는데, 팔만사천 공덕이라니! 大千本來空 空空無空空 無一法可得 八萬四千功"라고 하였다. 이로부터 천성산 내원사(內院寺)에서 혜월(慧月)과 함께 정진하였고, 통도사(通度寺) 백운선원에서 수옹(睡翁)과 함께 공부하였다. 1899년(광무3) 34세 때 범어사 산내의 금강암(金剛庵)에서 선방을 개설하고 정진하였으니, 범어사 산내 최초의 선방이었다. 이어 산내의 안양암(安養庵)과 내원암(內院庵)에도 선방을 개설하고, 1902년에 계명암(鷄鳴庵)을 중창하여 경허성우(鏡虛惺牛)를 조실로 초빙하고 무차선회(無遮禪會)를 열었다. 이후 산내의 원효암(元曉庵)·대성암(大聖庵)·원응료(圓應寮) 등에도 선방을 개설하여 온 산중이 선방 일색이 되었으니 마침내 범어사가 '선찰대본산 禪刹大本山'이라는 이름을 얻게 되었다. 1904년(광무8)에는 만하승림(萬下勝林)율사를 모시고 범어사에 금강계단(金剛戒壇)을 설립하여 대소승계법을 복고(復古)하였으며 계맥(戒脈)의 전통도 다시 세웠다. 1909년(융희3) 43세 때는 담해덕기(湛海德基)에 이어 총섭(摠攝)이 되어 불사에 진력하여 가람을 수호하고 강원(講院)을 여는 한편 금정중학도 설립하였으며, 범어사의 젊은 스님을 해외에 유학시키는 등 육영(育英)에도 힘을 기울였다. 마침내 범어사 금당(金堂) 내에 금어선원(金魚禪院)을 개설하고 산내의 크고 작은 선방의 재정을 통합하였다. 1910년 7월 원종(圓宗)의 종정인 회광사선(晦光師璿)이 독단으로 일본 조동종 관장인 홍진설삼(弘津說三)과 함께 연합조약을 체결하자, 백양사(白羊寺)의 한영정호(漢映鼎鎬)·화엄사(華嚴寺)의 진응혜찬(震應慧燦)·백담사(百潭寺)의 만해봉완(卍海奉玩) 등과 함께 적극 저항하며 원종을 뿌리채 부인했다.

성월당일전대선사지진
부산 범어사 20세기

회광의 한일 불교합병 기도에 반대하며 1911년 임제종(臨濟宗)을 세우고 그 사무소를 순천 송광사(松廣寺)에 두었다가 1914년 부산 범어사로 옮겼을 때에는 만해·담해·경산(擎山)·상호(尙昊)·법린(法麟) 등 범어사 스님들과 함께 원종에 대항하며 항일투쟁에도 적극 참여했다. 1912년 46세 때 개화(開化) 제1세 범어사 주지에 부임하여 승풍을 정립하고, 사영(寺營)을 혁신하며 범어사를 선찰대본산으로 승격시켰으므로 스님을 선찰의 개창주라고 일컬는다. 1919년을 전후하여 경산·담해·이산(梨山)·상호·상헌(祥憲)·석두(石頭)·상완(尙玩) 등과 밀의를 거듭한 끝에 상당액의 사재(寺財)를 출연하여 상호로 하여금 상해임시정부에 전달토록 하였다. 이에 임시정부는 담해·경산·성월 등을 고문으로 추대하고 상호를 통해서 추대장도 전했다. 이때 대한승려연합회 대표자 12인 명의의 선언서가 상해에 배포되었는데, 이는 범어사의 성월일전, 통도사의 구하천보(九河天輔) 등과 함께 일본 경찰의 눈을 피하기 위해 가명으로 서명했던 것이다. 1921년 55세 때는 범어사 중앙포교당을 재단법인 중앙선학원(中央禪學院)으로 독립시켜 남전한규(南泉翰奎)·적음(寂音) 등이 회광의 한일불교 합병 계획도 분쇄하였다. 1922년 1월 통도사와 범어사 등 10개 본사 주지와 불교유신회(佛敎維新會) 회원들이 조선불교총회를 개최하고 중앙기관으로 각황사(覺皇寺)에 총무원을 두었을 때는 이무부장(理務部長)을 맡았다. 범어사 주지 3임(三任)을 역임하면서 가람 수호는 물론 사격을 크게 진작하였다. 1943년 8월 9일 사시(巳時 : 오전 9시~11시)에 계좌(戒佐)인 동산혜일(東山慧日)에게 범어사의 장래를 부촉하고 "크게 잊어 세간의 낙엽 풀잎 다하니, 하루 아침에 다 비워 고요하네. 분별 잊고 생각 끊으니 잠들어도 꿈꿀 일 없네. 걸림 없는 이 경지 어찌 말할고? 大忘人世落草盡 一朝廓然萬事休 忘情絶慮寢不夢"라는 임종게를 설하고 입적하였으니 세수 77, 법랍 70세였다. 동곡인다(東谷日陀)가 비문을 짓고, 서강기현(西岡奇玄)이 써서 1988년에 세운 비가 범어사 입구에 있다. [참고문헌]『日陀和尙水月銘』(一然學研究院, 2000) pp.22~26, 智冠『韓國高僧碑文總集 朝鮮朝·近現代』 pp.906~910, 「社會參與」(『韓國近世佛敎百年史』 권1, p.37). ⇨범어사 梵魚寺, 조선불교유신회 朝鮮佛敎維新會

일전 一轉 ❶단 한 번 뒤치다. 무간위에서 단 한 번 뒤치면 바로 묘각에 오르는 뜻이다. 『인왕호국반야바라밀다경소』 권중2(대정장33, p.474c1)에 "일전이라는 말은 참아 견디는 인위를 가리는 것이다. 이 무간위를 뒤쳐 해탈을 삼으니, 일전이라 이름한다. 이는 곧바로 묘각불과가 두렷이 밝았음을 부르는 이름이다. 言一轉者 辯忍位也 此無間位 轉爲解脫 名爲一轉 卽名妙覺佛果圓也"라고 하였다. [참고문헌]『仁王護國般若波羅蜜多經疏』. ❷한 번 뒤치다. 일하(一下)·일상(一上) 등과 같다. 『경덕전등록』 권18 「도부전 道怤傳」(대정장51, p.348c11)에 "설봉이 말하길 '다시 나에게 물어 한 번 뒤치면 어찌 좋지 않겠는가?'라고 하자 도부가 말했다. '화상의 청대로 한 번 뒤쳐 그 끝을 묻겠습니다'. 雪峯曰 更問我一轉 豈不好 曰 就和尙請 一轉問頭"라고 하였다. [참고문헌]『景德傳燈錄』.

일전가 一顚迦 Ⓢicchantika의 음사어. 일천제(一闡提). 『능엄경』 권6(대정장19, p.132c6)에 "이 일전가는 부처 될 씨앗을 마치 저 칼로 다라나무 베듯 하였으니, 부처님은 이런 사람은 영영 선근을 버려 다시는 지견을 얻을 수 없어서 삼도의 고해에 잠겨 삼매를 이루지 못하리라는 기별하셨다. 是一顚迦 銷滅佛種 如人以刀斷多羅木 佛記是人 永殞善根 無復知見 沈三苦海 不成三昧"라고 하였다. [참고문헌]『楞嚴經』. ⇨일천제 一闡提

일전공덕 一殿功德 한 불전 꾸미는 공덕. 불전 꾸미고 부처님 모시는 공덕을 돌이켜 지금의 이들이 부처 이루기를 바라 뜻을 보였다. 『조주어록』(고존숙어록14, 卍속장118, p.330b11)에 "조주가 불전에 들어갔다가 나오면서 '시자야!' 하고 부르자 시자가 '예!' 하고 대답했다. '대단한 일전공덕이로구나'. 시자가 아무 대꾸도 하지 않았다. 因在殿上過 乃喚侍者 侍者應諾 師云 好一殿功德 侍者無對", 『대혜어록』 권10 「송고 頌古」(대정장47, p.851b24)에 "대단한 일전공덕이라 하나 온통 과거세 부처님일 뿐이로다. 온갖 복된 상호의 몸이신데, 굳이 전단으로 새길 일 아니다. 날마다 향 사르고 밤마다 등불 밝혀 모시지만, 막상 살펴보니 무슨 말라비틀어진 무란 말인가! 好一殿功德 總是過去佛 百福相嚴身 不使栴檀刻 日日香煙夜夜燈 看來當甚乾蘿蔔", 『허주보도어록』(卍속장123, p.164b6)에 "불전에서 · '부처님 몸 무위여서 어떤 법수에도 떨어지지 않거늘 일전공덕이라 하며 어찌 모조리 색으로 꾸미고 진흙으로 빚는가?' 잠깐 침묵하다가 말했다. '지금 없다면 없다. 과거세 부처님도 계실 일 없다'. 佛殿 佛身無爲 不墮諸數 者一殿功德 爲什麽盡是色裝泥塑 良久云 無今不成古"라고 하였다. [참고문헌]『趙州語錄』, 『大慧語錄』, 『虛舟普度語錄』.

일전과서천 一箭過西天 화살 하나 서쪽하늘 나네. 분별 일으킨 즉시 천리로 멀어진다는 뜻이다. 『임제록』(대정장47, p.506a29)에 "취봉의 처소에 이르자 취봉이 임제에게 물었다. '어디에서 왔는가?' '황벽에서 왔습니다' '황벽은 어떤 언구로 사람에게 보이는가?' '황벽에게 언구란 없습니다' '어찌하여 없는가?' '설령 있더라도 들어 보일 수 없습니다' '들어 보아라' '화살 하나 서천으로 벌써 날아가버렸습니다'. 到翠峯 峯問 甚處來 師云 黃蘗來 峯云 黃蘗有何言句 指示於人 師云 黃蘗無言句 峯云 爲什麽無 師云 設有亦無擧處 峯云 但擧看 師云 一箭過西天", 『목주어록』(고존숙어록6, 卍속장118, p.229a14)에 "'제가 얼마 전 총림에 들어왔으니 스님의 가르침 바랍니다' '노승을 파묻으려 해서는 안 된다' '스님의 자비를 바랍니다' '화살 한 발 벌써 서천으로 날아갔다. 하나라 해도 맞지 않고 둘이라 해도 옳지 않다'. 問 學人近入叢林 乞師指示 師云 不得埋沒老僧 進云 乞師慈悲 師云 一箭過西天 一不成 兩不是"라고 하였다. 〔참고문헌〕『臨濟錄』, 『睦州語錄』. ⇨ 일전과신라 一箭過新羅

일전과신라 一箭過新羅 한 번 당긴 화살 신라로 가버렸네. 『오등회원』 권16 「응부광조장 應夫廣照章」(卍속장138, p.617b14)에 "학인이 응부에게 물었다. '옛 사람이 이르시길 「여래선이라면 노형이 알았다고 할 수 있으나, 조사선은 꿈에도 본적이 없을 것입니다」라고 하였는데, 여래선과 조사선은 같습니까, 다릅니까?' '화살 한 발 신라로 날아가버렸다'. 학인이 말하려고 하자 응부가 곧장 할을 내질렀다. 僧問 古者道 如來禪卽許老兄會 祖師禪未夢見在 未審如來禪與祖師禪 是同是別 師曰 一箭過新羅 僧擬議 師便喝"라고 하였다. 〔참고문헌〕『五燈會元』. ⇨ 일전과서천 一箭過西天

일전도 一箭道 한 번 당겨 쏜 화살이 날아가 도달한 거리. 사전(射箭 Ⓢiṣu-kṣepa)이라고도 한다. 통상 2리(里)를 가리킨다. 보(步)로 환산할 경우 120~150보 가량이다. 『대방편불보은경』 권1(대정장3, p.125b21)에 "칠보행수에 있는 그 나무들은 모두 높아 온통 일전도에 달했다. 七寶行樹 其樹皆高盡一箭道", 『법화의소』 권11(대정장34, p.620b15)에 "일전도는 2리다. 一箭道者 二里也", 『번역명의집』 권3(대정장54, p.1107b22)에 "일전도라 하니, 가상은 '2리'라고 했는데, 더러는 과녁까지의 거리를 포함해 150보 혹은 130보 혹은 120보라 하기도 한다. 一箭道 嘉祥云二里 或云取射垜 一百五十步 或云百三十步 或云百二十步"라고 하였다. 〔참고문헌〕『大方便佛報恩經』, 『法華義疏』, 『翻譯名義集』.

일전어 一轉語 단 한 번 뒤쳐 하는 말. 또는 뒤쳐 벗어나게 하는 한 마디 말씀의 뜻이다. 전(轉)은 전신(轉身)·전기(轉機)·반전(反轉) 등의 뜻이다. 『조산어록』(대정장47, p.527b12)에 "조산선사가 시중하여 말했다. '제방이 온통 꼴 갖춘 말만 잡고 있는데 어찌하여 그들에게 뒤칠 한 마디 해서 의심을 없애지 못하는가?' 師示衆曰 諸方盡把格則 何不與他道一轉語 令他不疑去", 『대혜어록』 권14(대정장47, p.868b12)에 "어떤 이는 헤아린 끝에 말하기를 '온갖 법이 하나로 돌아가면 하나는 어디로 돌아가는가? 하나가 돌아갈 곳이 없다면 공에 떨어질 것이다'고 한다. 그래서 조주가 '내가 청주에서 적삼 한 벌을 지었는데 무게가 일곱 근이었다'라고 한 것이다. 조주의 이 한 마디 뒤친 뜻이 무어라 할 것 없이 기특하여 유와 무에 떨어지지 않았으니 답함에 깊고 묘함 얻는다. 或者商量道 萬法歸一一歸何所 一若無所歸 卽落空去 所以趙州道 我在青州作一領布衫重七斤 趙州這一轉語 直是奇特 不落有無 答得甚妙", 『백장어록』(고존숙어록1, 卍속장118, p.163b13)에 "노인이 말했다. '저는 과거 가섭불 때에 이 산에 머물렀는데 어떤 학인이 「진정한 수행자도 인과에 떨어집니까?」라고 묻기에 「인과에 떨어지지 않는다」라고 대답했다가 여우몸에 떨어졌습니다. 지금 청컨대 화상께서 한 번 뒤칠 말씀을 대신 해주시길 바랍니다' '그대 물어보시오'. 노인이 바로 물었다. '진정한 수행자도 인과에 떨어집니까?' '인과에 어둡지 않다'. 노인은 말을 듣자마자 크게 깨달았다. 老人云 某甲於過去迦葉佛時曾住此山 有學人問 大修行底人 還落因果也無 對云 不落因果 墮在野狐身 今請和尙代一轉語 師云 汝但問 老人便問 大修行底人還落因果也無 師云 不昧因果 老人於言下大悟"라고 하였다. 〔참고문헌〕『曹山語錄』, 『大慧語錄』, 『百丈語錄』.

일정 一晶 조선중기 스님. 청허휴정(淸虛休靜 1520~1604)이 스님을 보내며 지어준 선게가 전한다. 『청허집』 권2 「송일정선자 送一晶禪子」(한불전7, p.689b21)에 "밤 깊어 맑은 이야기를 나누니 수천 개 구슬 옥쟁반에 떨어지듯 하네. 석장 날려 산 그림자 깊은데, 바람결에 들리는 물소리 차디 차네! 半夜開淸話 千珠落玉盤 錫飛山影晩 風送水聲寒"라 하였다. 〔참고문헌〕『淸虛集』.

일정 一精 조선중기 스님. 경성일선(敬聖一禪 1488~1568)의 제자이다. 『삼로행적』 「경성당선사행적 敬聖堂禪師行蹟」(한불전7, p.757a24)에 "문인인 대사의변과 선등·일정·성준 등이 사리 5과를 거두어 부도를 건립하고 봉안하였다. 門人大師義卞 禪燈 一精 性峻之輩 收舍利五箇 建石鍾安之"라고 하였다. 〔참고문헌〕『三老行蹟』. ⇨ 일선 一禪❶

일정관자재보살 日精觀自在菩薩 사십관음(四十觀音) 중 한 분. 갖춘 이름은 일마니수일정관자재보살(日摩尼手日精觀自在菩薩)이다. 『천광안관자재보살비밀법경』(대정장20, p.122a29)에 "눈이 어두워 광명을 구하는 이는 일마니법을 닦는다. 일정관자재보살상의 상호 장엄하니 앞에서 밝힌 것과 같다. 다만 왼손은 화파지〈일정이라 한역〉를 잡고 오른손은 가슴 앞에 두어 위로 향하였다. 모습 그림을 마친다. 인상은 삼매수인으로 일륜을 받들 듯이 하고 눈동자에 [illegible]와 [illegible]자를 관한다. 만일 천안을 얻고자 한다면 미간에 또 하나의 눈이 있다고 관한다. 若人欲眼闇求光明者 可修日摩尼法 其日精觀自在菩薩像 相好莊嚴 如上說 唯左手拳上持火頗胝〈此云日精也〉右手當心仰掌 畫像竟 其印相 擧定手 作受日輪勢 觀我眼中有ꤷ(ma)ꤸ(ṭ)字 若欲得天眼者 觀自眉間有一目"라고 하였다. 〔참고문헌〕『千光眼觀自在菩薩祕密法經』. ⇨ 일정마니수 日精摩尼手, 관세음보살일정마니수진언 觀世音菩薩日精摩尼手眞言, 사십관음 四十觀音

일정마니 日精摩尼 ➡ 일정마니수 日精摩尼手

일정마니수 日精摩尼手 천수관음(千手觀音) 40수(手) 가운데 오른쪽 여덟 번째 손. 눈 하나 붙어 있는 손바닥에 삼족오(三足烏)가 들어 있는 일정마니가 쥐어져 있다. 태양의 정수를 담은 마니주(일정마니) 곧 화주(火珠)를 쥐고 있는 손이다. 파리(頗梨 Ⓢsphaṭika)라는 구슬은 불꽃같은 화주와 물색의 수주(水珠)로 나누는데, 그 화주가 태양빛을 상징한다. 『천수천안관세음보살대비심다라니』(대정장20, p.111a10)에 "눈이 어두워 광명을 보지 못하는 이는 일정마니수를 관함이 마땅하리라. 若爲眼闇 無光明者 當於日精摩尼手", 『불조통기』 권13 「유엄장 有嚴章」(대정장49, p.218b19)에 "어머니 눈에 병이 났을 때 스님은 관세음보살을 마주하고 일정마니수를 관상하였다. 어머니는 스님이 해를 들어 앞에 놓아두는 꿈을 꾸었고 꿈에서 깨어나자 눈이 밝아졌다. 母病目 師對觀音 想日精摩尼手 母卽夢師擎日當前 覺而目明"라고 하였다. 〔참고문헌〕『千手千眼觀世音菩薩大悲心陀羅尼』, 『佛祖統紀』. ⇨ 천수관음 千手觀音

천수천안관세음보살대자심다라니경 대만 국립고궁박물원 명대

일정명 一精明 한결같이 또렷하고 밝음. 모든 중생의 청정한 일심(一心). 보고 듣고 알아차리는 등 육근 또한 이에 의지해 움직인다. 『능엄경』 권6(대정장19, p.131a29)에 "육근 역시 이와 같아서 원래 일정명에 의지하지만 나뉘어 여섯으로 화합한다. 그 한 곳이 쉬면 여섯 용도 모두 성립하지 않네. 六根亦如是 元依一精明 分成六和合 一處成休復 六用皆不成", 『전심법요』(대정장48, p.382a26)에 "일정명이란 일심이다. 육화합이란 육근을 말한다. 一精明者 一心也 六和合者 六根也", 『능엄경요해』 권12(卍속장17, p.805a4)에 "일정명은 알아차림의 정수다. 육근을 인으로 진과 화합하여 온갖 망상을 헛되이 짓는다. 그러므로 한 곳이 멈춰 돌아가면 여섯 모두 할 일이 없어 상진도 번뇌도 응념도 다해서 더없이 두렷한 신통을 얻는다. 一精明 識精也 六根因之與塵和合 而幻作諸妄 故一處休復 六皆不成 而想塵識垢 應念消亡 得妙圓通矣"라고 하였다. 〔참고문헌〕『楞嚴經』, 『傳心法要』, 『楞嚴經要解』. ⇨ 일심 一心 ❶

일정지의 一正之義 하나로 바른 뜻. 천지인(天地人) 간에 한결같아 바른 뜻을 말한다. 허응보우(虛應普雨 1509~1565)의 『나암잡저』 「일정 一正」(한불전7, p.581b19)에 "이(理)라 하고 심(心)이라 하여 비록 이름과 말함이 다르지만, 하늘과 사람의 이치 하나로 바른 뜻일터 일찍이 다름은 없다. 하늘이 곧 사람이고 사람이 곧 하늘이며 이 한결같음은 곧 바른 뜻이니 바르다면 바로 한결같아야 한다. 사람의 바탕이 곧 천지의 바탕이고 사람의 마음은 곧 천지의 마음이며 사람의 기는 곧 천지의 기다. … 천지만물이 본래 나와 일체이니 내 마음이 바르면 천지의 마음이 바르고 내 기가 순응하면 천지의 기 또한 따른다. 하나로 바르다는 뜻이 어찌 우연이겠는가! 曰理曰心 雖有名言之有殊 其天人之理一正之義 則未嘗有異故 天卽人 人卽天 一卽正 正卽一 而人之體卽天地之體 人之心卽天地之心 人之氣卽天地之氣也 … 是所謂天地萬物本吾一體 吾之心正則天地之心亦正 吾之氣順則天地之氣亦順者也 一正之意 豈偶然哉"라고 하였다. 〔참고문헌〕『懶庵雜著』. ⇨ 보우 普雨

일제 一際 한결같아지는 때. 한결같은 때란 때가 없는 (無際) 때의 뜻이다. 만법(萬法)이 임시의 자성을 버려 시(時)도 공(空)도 사라지면 평등무애하여 걸림없게 된다. 이때를 열반도 생사의 시간도 없는 일제라 한다. 『대지도론』 권19(대정장25, p.198a6)에 "열반은 세간과 다르지 않고 세간 또한 열반과 다르지 않다. 열반의 때와 세간의 때는 한결같은 때여서 다를 수 없기 때문이다. 涅槃不異世間 世間不異涅槃 涅槃際 世間際 一際無有異故", 『심부주』 권3(卍속장111, p.85b17)에 "생사와 열반의 때가 이미 그러할진대 마음과 경계, 능과 소, 염과 정, 나와 그대 일체만법 또한 모두 다같이 한 때다. 일제란 제가 없다는 뜻이다. 生死涅槃際旣爾 乃至心境能所 染淨自他 一切萬法 皆同一際 一際者 卽無際也", 『금강경소기회편』 권1(卍속장39, p.462a12)에 "화엄의 항포문은 만 가닥이지만 원융하여 한 때일 뿐이니 있거나 없거나 넓거나 좁거나 다 걸리지 않는다. 바야흐로 모든 것 깨우쳐 아는 뜻이다. 惟華嚴行布萬殊 圓融一際 有無濶狹 悉皆無閡 方爲了義耳", 『종경록』 권22(대정장

48, p.535a29)에 "법으로 응하는 일 비록 나뉘지만 진실한 교화는 한결같다. 法報雖分 眞化一際"라고 하였다. [참고문헌]『大智度論』, 『心賦注』, 『金剛經疏記會編』, 『宗鏡錄』. ⇨ 원융 圓融 **1**

일제 一諦 Ⓟ eka-sacca. 하나의 진실. 일실제(一實諦)·실제(實諦)라고도 한다. 이제(二諦)·삼제(三諦) 등의 갈래를 다 거둬 드러내는 하나의 진실로 진여(眞如) 등을 일컫는다. 『대지도론』 권86(대정장25, p.662b24)에 "성문인은 사제로 길을 얻고 보살은 일제로 길에 든다. 부처님께서 설하신 이 사제는 모두 일제다. 분별하여 넷이지만, 이 사제의 이승의 지덕과 단덕이 모두 일제 중에 있다. 聲聞人以四諦得道 菩薩以一諦入道 佛說是四諦 皆是一諦 分別故有四 是四諦二乘智斷 皆在一諦中", 『이취육바라밀다경』 권10(대정장8, p.914a16)에 "다시 일제가 있으니 곧 진여청정법계이다. 생도 없고 멸도 없으며 단도 아니고 상도 아니어서 두 변을 멀리 떠나 구경에 안락하다. 생이다 무생이다 마음에 두 갈래 없으니, 이를 보살마하살의 진실인 아름다운 지혜라 한다. 復有一諦 謂卽眞如淸淨法界 無生無滅 非斷非常 遠離二邊 究竟安樂 於生無生 心無二相 是名菩薩摩訶薩諦善巧智", 『유마경의소』 권4(대정장38, p.951b22)에 "소승에서는 사제를 설하고 대승에서는 일제를 설한다. 여기서 제라 한 것이 바로 일제이다. 小乘中說四諦 大乘中說一諦 今言諦是則一諦", 『유마경현소』 권3(대정장38, p.535b21)에 "일제는 저 본래의 태양과 같고 이제는 도는 태양과 같다. 一諦如眞日 二諦如轉日"라고 하였다. [참고문헌]『大智度論』, 『理趣六波羅蜜多經』, 『維摩經義疏』, 『維摩經玄疏』, 『義足經』 권하(대정장4, p.182b10), 『法華玄義』 권6(대정장33, p.757c14), *Sn.172*. ⇨ 일실제 一實諦, 실제 實諦, 중도실상 中道實相, 진여 眞如, 이제 二諦, 삼제 三諦, 사성제 四聖諦

일조 日照 **1** 해가 비추다. 『초일명삼매경』 권1(대정장15, p.540c6)에 "비유하면 일조가 물속 내지는 군·나라·현·읍·언덕·마을을 드러내지만 태양의 궁전은 내려오지도 옮겨 가지도 않는다. 譬如日照現于水中 乃至 郡國縣邑丘聚村落 日殿不下亦不轉移"라고 하였다. [참고문헌]『超日明三昧經』. **2** 여래 명호. 또는 상주(商主) 이름. 80권본 『화엄경』 권22(대정장10, p.120c7)에 "옛적에 일조라는 명호의 여래께서 계셨는데 모든 길상 중에서도 가장 뛰어났다. 昔有如來名日照 諸吉祥中最殊勝", 『금색동자인연경』 권1(대정장14, p.865b2)에 "왕사성에는 일조라는 이름의 한 상주가 있었다. 王舍大城 有一商主 其名日照 居處城中"라고 하였다. [참고문헌]『華嚴經』, 『金色童子因緣經』. **3** Ⓢ Divākara. 613~687. 당대 역경승. 음사어는 지바하라(地婆訶羅). 중인도(中印度) 출신. 삼장(三藏)에 능통해 일조삼장(日照三藏)이라고 부른다. 어릴 때 출가해 마하보리사(摩訶菩提寺 Ⓢ Mahābodhi)와 나란다사(那爛陀寺 Ⓢ Nālandā)에서 머물렀다. 오명(五明)에 능하고 주력에 뛰어났다. 의봉년간(儀鳳年間 676~678) 초에 입당해 679년 5월에 표를 올려 가져온 범본을 한역하기를 청하였다. 680년(영륭원년)에 조서를 내려 현장(玄奘)의 사례에 준해 동서태원사(東西太原寺)와 서경(西京)의 광복사(廣福寺)에서 역경을 했다. 그 뒤 685년부터 6년간 『대승현식경 大乘顯識經』 2권·80권본 『화엄경』 「입법계품」 1권·『조탑공덕경 造塔功德經』 1권·『불정존승다라니경 佛頂尊勝陀羅尼經』 1권·『대승광오온론 大乘廣五蘊論』 1권 등 18부 34권의 경론을 역출했다. 687년(수공3) 12월에 세수 75세로 동태원사에서 입적했다. 『송고승전』 권2 「일조전」(대정장50, p.719a18)에 "석지바하라는 일조라 한역한다. 중인도 사람이다. (대·소승의 경·율·논·잡의) 팔장에 능통했고 오명에 두루 밝았다. 계행은 빼어났고 학업에 열성적이었는데 주술에 특히 뛰어났다. 천황(天皇)때 이 나라에 들어와 의봉4년 5월에 인도에서 가지고 온 경협을 번역하고자 한다는 청을 올렸다. 이에 현장의 사례에 준해 큰 절한 곳에 별원을 안치하고 아울러 대덕 너더댓 분과 함께 한역을 했다. 측천무후의 수공말년에 이르러 동경과 서경의 동·서태원사〈서태원사는 뒤에 서숭복사로 개명했고, 동태원사는 뒤에 대복선사로 개명했다〉와 서경의 광복사에서 『대승현식경』·『대승오온론』 등 18부를 역출했다. … 일조는 이전에 각호(Ⓢ Buddhapāla)와 함께 『불정존승다라니경』을 한역했는데, 한문에 대한 이해가 깊어 불법의 뜻을 잘 전달했다. 매번 새로운 경전을 진상하는 데에 많은 하사품이 뒤따랐다. 뒤에 번경원의 작은 방에서 입적하였으니 향년 75세였다. 측천무후가 낙양 용문의 향산에 장례를 치르도록 했으니 그 탑이 지금도 남아온다. 釋地婆訶羅 華言日照 中印度人也 洞明八藏 博曉五明 戒行高奇 學業勤悴 而呪術尤工 以天皇時 來遊此國 儀鳳 四年 五月 表請翻度所齎經夾 仍準玄奘例 於一大寺別院安置 幷大德三五人同譯 至天后垂拱末 於兩京東西太原寺〈西太原寺 後改西崇福寺 東太原寺 後改大福先寺〉 及西京廣福寺 譯大乘顯識經 大乘五蘊論等 凡一十八部 … 照嘗與覺護同翻佛頂 深體唐言善傳佛意 每進新經錫賚豐厚 後終于翻經小房 享年七十五 天后勅葬于洛陽龍門香山 塔見存焉"라고 하였다. [참고문헌]『宋高僧傳』. **4** 1910~1990. 비구니. 호는 청호(淸浩). 1910년(융희4) 경상북도 청도(淸道)에서 태어났다. 1922년 13세 때 고향인 청도 운문사(雲門寺)에서 스님이 되었다. 이어 운문사에서 대교(大敎)를 졸업하고, 서울시 성북구 안암동(安巖洞) 개운사(開運寺)의 부속 암자인 대원암(大圓庵) 주지를 역임하였으며 대한불교보문종(大韓佛敎普門

宗) 이사장을 역임한 후, 1986년 77세 때 대한불교보문종 제5대 종정(宗正)에 추대되어 입적할 때까지 보문종을 위해 헌신하였다. 1990년 2월 11일 서울시 보문동 보문사에서 세수 81, 법랍 69세를 일기로 입적하였다. 〔참고문헌〕『普門寺誌』.

일조암 日照庵 충청남도 예산 가야산(伽倻山)에 있던 절. 『가람고』 덕산(德山)에 "일조암·능인암은 모두 가야산에 있으며, 현 서쪽 10리 지점이다. 日照庵能仁庵俱在伽倻山 縣西十里"라고 하였다. 〔참고문헌〕『伽藍考』, 『梵宇攷』, 『韓國寺刹全書』 권하 p.964b8.

일조제수관신라 一條濟水貫新羅 한 줄기 잔잔한 물이 신라를 관통한다는 말. 『경덕전등록』 권23 「묘승진전 妙勝臻傳」(대정장51, p.390c14)에 "'마음 마음이 적멸이라 한 즉 물을 일 없지만 무엇이 향상하는 한 길입니까?' '한 줄기 잔잔한 물이 신라를 관통한다'. 問 心心寂滅卽不問 如何是向上一路 師曰 一條濟水貫新羅"라고 하였다. 〔참고문헌〕『景德傳燈錄』.

일조천림 日照天臨 태양빛 하늘 가득 쏟아진다. 설봉할출(雪峰喝出)의 공안을 이어 설두중현(雪竇重顯)이 썼다. 한 조각 의심도 분별도 없게 하여 온통 지혜롭게 제법의 실상을 깨우치게 하는 뜻이다. 『불과격절록』 48칙 「평창 評唱」(卍속장117, p.482b4)에 "앞의 다섯 방은 태양빛이 하늘 가득 쏟아지면 만상을 비춰 그림자 감출 길 없게 한다. 뒤의 다섯 방으로 구름 피어올라 비를 내리니, 이렇게 학인은 허물 찾았고 설봉은 다시 후려쳤던 것이다. 말해 보라! 구름인가, 비인가? 설두가 사람들에게 한 일은 박힌 못를 빼고 쐐기를 뽑을 뿐이다. 前五棒 日照天臨 萬象不能逃影 後五棒 雲騰致雨 這僧覓過雪峰又打 且道 是雲是雨 雪竇要與人 抽釘拔楔", 『평석여지어록』(卍속장122, p.382b8)에 "산문을 가리키며 만했다. '누각의 문을 여니, 태양빛 하늘 가득 쏟아지기 시작하면 준마인들 따라갈 수 없고 빠른 매조차 쫓을 수 없다'. 指山門云 樓閣門開 日照天臨 俊馬不移蹄 快鶻趂不及 喝一喝"라고 하였다. 〔참고문헌〕『佛果擊節錄』, 『平石如砥語錄』. ⇨설봉할출 雪峰喝出

일조활로 一條活路 한 가닥 살 길. 생사를 깨우쳐 벗어나는 일. 『밀암어록』(대정장47, p.972a18)에 "덕산은 비 오듯 방을 휘둘렀고, 임제는 천둥이 치듯 할하였다. 이야말로 평온한 곳에서 전쟁 일으키고, 태평한 시절에 염탐질을 하는 격이다. 납승가에 한 가닥 살 길이 있지만 천성도 밟은 적 없으니 강토는 광활한데 인적은 드물다. 德山 棒如雨點 臨濟 喝似雷奔 正是平地上干戈 太平時細作 衲僧家 有一條活路 千聖不曾蹈著 土曠人稀", 『할당혜원광록』 권2(卍속장120, p.936a9)에 "이곳이야말로 한 가닥 살 길이다. 만일 살펴 깨우친다면 써도 써도 다하지 않겠지만, 살펴도 보지 못한다면, 인을 부르고 과를 보이는 일은 더는 없으리라. 這裡却有 一條活路 若看得見 受用不盡 如看不見 非但招因帶果 更有事在"라고 하였다. 〔참고문헌〕『密菴語錄』, 『瞎堂慧遠廣錄』.

일족 日族 Ⓢ Sūrya-vaṁśa, Ⓣ nyi-ma'i-rigs. 불오성(佛五姓) 중 하나. 석존(釋尊)의 족성(族姓)으로 일종(日種)과 같은 뜻이다. 앙기라사(Ⓢ Aṅgirasa)선인의 후예를 말하는데, 다시 구분하면 Kevala-aṅgirasa·Gautama-aṅgirasa·Bhāradavāja-aṅgirasa 등 셋으로 나뉜다. 석존은 이 중 두 번째 족성이다. 『중허마하제경』 권2(대정장3, p.936b5)에 "그때 금색선인이 대신통을 얻어 잠깐 사이에 허공에 올라 큰 비를 내려 제자의 몸을 적시니 곧바로 맑고 시원하여 모든 고뇌를 여의고 전처럼 편안하였다. 이에 제자는 전의 쾌락을 생각하니 욕정이 생겨나 두 방울의 정액이 땅위에 떨어졌다. 爾時 金色仙人 具大神通 經刹那間 於虛空中 降大風雨 淋弟子身 卽得淸涼 離諸苦惱 平復如故 由是弟子思前快樂 而生欲心 滴二滴精 墮地面上", "그때 구담선인은 네 가지로 사유하였다. 첫째 자기 몸을 사유하고, 둘째 중생을 사유하고, 셋째 중생성불을 사유하고, 넷째 일체불찰을 사유하는 것 등이다. 이와 같은 생각을 하고 나니, 그 두 방울의 정액이 두 개의 알이 되었으며, 매일 해가 솟아날 때마다 햇빛을 받다가 며칠 지나지 않아 그 알이 저절로 깨지면서 두 아이가 태어났는데, 그 모습이 단정하였다. 구담선인은 이 두 아이를 데려다 감자원으로 들여 살게 하였는데, 구담은 햇빛에 타서 재가 되어 목숨을 마쳤다. 爾時 瞿曇仙人 有四思惟 一 思惟自身 二 思惟衆生 三 思惟衆生成佛 四 思惟一切佛刹 如是思已 其二滴精 結成二卵 每日出時 被日所照 不久之間 其卵自破 生二童子 色相端正 瞿曇仙人 將此二童子 入甘蔗園 棲泊居止 瞿曇 因日所炙", "그때 금색선인은 동산안에 들어와서 이렇게 물었다. '애들아, 너희들은 누구냐?' 동자들은 답하였다. '저희들은 구담이 낳은 아이들입니다'. 금색선인은 듣고서 마음으로 기뻐하며 두 아이들을 데리고 암자로 돌아와 길렀다. 처음 태어났을 때에 알에 햇빛이 비쳤으므로 '일족'이라 하였으니 첫 번째 성이고, 다시 구담이 낳은 아이들이므로 구담이라 하였으니 두 번째 성이며, 또 이는 자신의 소생이기도 하니 아의라사(阿儗囉娑 Ⓢ Aṅgirasa)라 하였으니 세 번째 성이고, 감자원에 데려다 길렀으므로 감자라 하였으니 네 번째 성이다. 尋卽命終 爾時 金色仙人 來入園中 問言 童子 汝誰人耶 童子答言 我卽瞿曇所生之子 金仙聞已 心生歡喜 因挈二童 歸菴養育 以初生時 卵因日照 乃爲立名 名爲日族 爲第一姓 復是瞿曇所生之子 因立瞿曇 爲第二

姓 又是自身所生 因立阿儗囉娑 爲第三姓 由於甘蔗園中 收得養育 因立甘蔗 爲第四姓"라고 하였다. [참고문헌]『衆許摩訶帝經』, *Mvyut.1.* ⇨ 일종 日種, 불오성 佛五姓

일존법 一尊法 인연 있는 한 존자만을 본존으로 삼는 수행법. 별존법(別尊法)이라고도 한다. 『금강정경유가십팔회지귀』(대정장18, p.286a19)에 "여섯 번째, 일인만다라에는 13존자가 계시다. 제자예를 설하여 이들을 끌어들이고 나서 일존법과 제약삼마지 등의 삼마지가 모두 저 바가범께서 금강허공장변화를 가진다고 설한다. 그 다음으로 이전처럼 하나하나의 만다라에서 비밀스럽게 도와 방편 성취하고는 자유롭게 염송하는 방법을 모두 설한다. 第六 一印曼荼羅 具十三 說引入弟子儀 說修一尊法 及修諸藥等三摩地 皆是則彼婆伽梵 執金剛虛空藏變化 次都說如前 一一曼荼羅中 祕密助成 方便散誦"라고 하였다. [참고문헌]『金剛頂經瑜伽十八會指歸』. ⇨ 일인회 一印會, 별존법 別尊法, 제존법 諸尊法

일종 一宗 ❶ 드러내고자 하는 한결같은 뜻. 경이나 논에서 시종일관 드러내고자 하는 으뜸의 뜻을 말한다. 『화엄경탐현기』 권1(대정장35, p.120a6)에 "여섯 번째 종취를 밝힌다. 말로 드러낸 바를 종이라 하고, 종이 돌아갈 길을 취라 한다. 그러나 이 대경의 종취는 분간하기 어려워 크게 열 가지로 서술함으로써 하나의 종을 드러낸다. 第六 宗趣者 語之所表 曰宗 宗之所歸 曰趣 然此大經宗趣難辨 略敘十說 以顯一宗", 『법화경현찬석』(卍속장93, p.3b11)에 "이 경중에는 오로지 일승도리만을 종으로 삼는다. 그러므로 그 이하에서 '이 경은 오로지 일승만 설하기 때문이다'라고 한다. 모든 경들이 각각 그 하나의 종지를 밝히고 있다. 이 때문에 부마다 종이 다르다. 此經之中 唯一乘道理 卽以此爲宗 故下云 今此經中 唯說一乘故 諸經各各 明其一宗 故名部別宗", 『성유식론소의연』(卍속장79, p.32a15)에 "이 논의 한결같은 으뜸의 뜻이란, 저 식의 변화일 뿐이란 구를 유식종을 삼은 것이다. 일체법은 모두 식의 변화이기에 논하고자 하는 것은 바로 유식으로 종을 삼는다는 것이다. 此論一宗者 卽彼依識所變一句 爲唯識宗 一切法 皆識所變故 故論卽以唯識爲宗也"라고 하였다. [참고문헌]『華嚴經探玄記』, 『法華經玄贊釋』, 『成唯識論疏義演』. ❷ 무엇보다 중요한 일. 『사분율행사초자지기』 권1상(대정장40, p.158a9)에 "사분이란 오부의 별명이자 일종에 모두 통하는 명칭이다. 四分者 五部之別名 一宗之通號", 『선원청규』 권7 「망승 亡僧」(卍속장111, p.913a1)에 "직세는 무리를 이끌어 법구 모신 감을 들고는 다비할 나무단 앞에 모신다. 모든 일중에 가장 으뜸인 일이기에 다 함께 어울려 모두 주인이 된다. 直歲部領擧龕 准此備柴薪壇前 一宗諸事 並皆主之"라고 하였다. [참고문헌]『禪苑淸規』. ❸ 조선후기 스님. 나주 쌍계산 쌍계사(雙溪寺)의 호연태호(浩然太湖 1564~1652)의 은사이다. 이민구(李敏求)가 지은 『동주집』 권7 「호연당태호법사비명 浩然堂太湖法師碑銘」(한국문집총간94, p.388a3)에 "15세 때에 세상의 진탁을 싫어하여 천관산의 일종선사에게 나아가서 머리를 깎고 계를 받아 스님이 되었다. 十五 意不樂塵濁 就天冠山一宗禪師 祝髮受戒"라고 하였다. [참고문헌]『東州集』, 智冠『韓國高僧碑文總集 朝鮮朝·近現代』 pp.146~147. ⇨ 태호 太湖

일종 一種 Ⓢ eka-vicīka. 십팔유학(十八有學) 중 하나인 일간(一間)의 구역어. 일종자(一種子)·일종인(一種人)이라고도 한다. 『중아함경』 권30 「복전경 福田經」(대정장1, p.616a12)에 "무엇이 십팔학인인가? 신행·법행·신해탈·견도·신증·가가·일종·향수다원 … 상류색구경 등을 십팔학인이라고 한다. 云何十八學人 信行 法行 信解脫 見到 身證 家家 一種 向須陀洹 … 上流色究竟 是謂十八學人", 『대지도론』 권22(대정장25, p.224a13)에 "신행과 법행은 때론 향수다원과 향사다함 그리고 향아나함 등으로 거두고, 가가는 향사다함으로 거두며, 일종은 향아나함으로 거두니, 다섯 아나함은 향아라한으로 다 거둔다. 信行 法行 或向須陀洹攝 或向斯陀含攝 或向阿那含攝 家家 向斯陀含攝 一種 向阿那含攝 五種阿那含 向阿羅漢攝"라고 하였다. [참고문헌]『中阿含經』, 『大智度論』. ⇨ 일간 一間, 불환향 不還向

일종 日種 Ⓢ Sūrya-vaṁśa, Ⓣ nyi ma'i rigs. 태양의 후예. 불오성(佛五姓) 중 하나. 석존(釋尊)의 족성(族姓)으로 일족(日族)이라고도 한다. 『불본행집경』 권5(대정장3, p.674a26)에 전하는 일종(日種)이 출현한 이야기다. '그 옛날 대모초왕(大茅草王)에게는 아들이 없었으므로, 출가하여 도를 닦아서 성현의 종자를 잇고자 하였다. 이에 왕은 모든 일을 대신들에게 부촉하고서 출가하여 계를 지키며, 용맹하게 정진하여 마침내 사선(四禪)을 성취하고 신통도 구족하여 왕선(王仙)이 되었으나 늙고 쇠약해지자 등이 굽어 지팡이에 의지해도 멀리 갈 수 없었다. 제자들은 음식을 구하러 가면서 벌레나 짐승이 왕선을 범할까 걱정스러워 풀을 깐 대바구니에 왕선을 모시고는 나뭇가지 위에 걸어놓았다. 이때 포수 한 사람이 사냥을 나왔다가 흰 새 둥지로 오인하고 활을 쏘았다. 왕선은 화살에 맞아 피를 흘리고 땅에 떨어져 세상을 떠났고 걸식을 하고 돌아온 제자들은 그의 주검과 땅에 흘린 피를 보았다. 같은 책(대정장3, p.674b15)에 "화장한 뒤에 탑을 만들고 향과 꽃으로 탑에 공양을 올리고 찬탄하였다. 그런데 땅에 흘린 왕선의 피에서 감자의 싹이 두 줄기로 솟아 자라나 익었으며 한 줄기에서는 단정한 모습의 동자가 나오고, 다른 한 줄기에서는 아름다운 동녀가 나왔다. … 그는 이렇게 말했다. 「이 동자 햇볕쪼인 감자에서 나왔으므로 선생이라 불렀으며, 또 감자에서 나왔으므로 감자생이고 또 햇볕 때문에 감자의 싹이 텄기에 또 그 이름이 일종이다. 그녀 또한 다르지 않았다. 將王置地 集聚柴木 焚燒王屍 收骨爲塔 復將種種雜妙香華 供養彼塔 尊重讚歎 承事畢了 爾時 彼地有兩滴血 卽便生出二苷蔗 芽漸漸高大 至時蔗熟 日炙開剖 其一莖蔗出一童子 更一莖蔗 出一童女 端政可憙 … 此童子者 旣是日炙熟 苷蔗開而出生故 一名善生 又以其從苷蔗出故 第二復名苷蔗生 又以日炙 苷蔗出故 亦名日種 彼女因緣一種無異故"라고 하였다. [참고문헌] 『佛本行集經』, 『大悲經』 권2(대정장12, p.953a14), *Mvyut.1.* ⇨ 일족 日族, 불오성 佛五姓

일종자 一種子 Ⓢ eka-vicīka. 불환향(不還向)의 성자. 일종(一種)이라고도 한다. 『대지도론』 권54(대정장25, p.447a13)에 "욕계의 제7분결을 끊는 것을 아나함향이라 하고, 제8분결을 끊는 것도 아나함향이라고 하며 일종자라고도 한다. 斷欲界第七分結 名向阿那含 斷第八分結 亦名向阿那含 又名一種子", 『잡아비담심론』 권5(대정장28, p.911c15)에 "만약 욕계에서 수도로 칠품과 팔품의 번뇌를 끊고, 견도로 일체의 번뇌를 다해서 저것을 대치하는 무루근을 얻으면 욕계에 한 번 더 태어나게 되는데 이것을 일종자라 한다. 若欲界修道斷七品八品 及見道斷一切盡 得彼對治無漏根 欲界餘一生名一種子"라고 하였다. [참고문헌] 『大智度論』, 『雜阿毘曇心論』. ⇨ 일종 一種, 불환향 不還向

일좌수미산 一座須彌山 한 좌의 수미산. 운문수미(雲門須彌) 화두다. 『서장』 「답증시랑장 答曾侍郎狀」 제2서(대정장47, p.918a14)에 "이와 같이 믿어 얻는데 미쳐서는 보아 얻음 또한 사무쳐서 바야흐로 나고 죽는 일에 크게 자유로운 이 되리니, 비로소 조주 '방하착'이나 운문의 수미산에 조금 상응함이 있을 것입니다. 만약 믿음 미치지 못하거나 내려놓지 못하겠다면 차라리 한 좌 수미산을 짊어지고 발 닿는 대로 다니십시오. 그러다가 밝은 안목을 지닌 사람을 만나거든 분명하게 들어 보이십시오. 如此信得及 見得徹 方是箇出生入死 得大自在底漢 始與趙州放下著 雲門須彌山 有少分相應 若信不及放不下 却請擔取一座須彌山 到處行脚 遇明眼人 分明擧似"라고 하였다. [참고문헌] 『書狀』. ⇨ 화두 話頭, 수미납개자개자납수미 須彌納芥子芥子納須彌, 수미입개자 須彌入芥子, 운문수미 雲門須彌

일좌식 一坐食 Ⓢ ekāsanika, Ⓟ ekāsanin, Ⓣ stan gcig pa. 십육자구(十六資具) 또는 십이두타행(十二頭陀行) 또는 육종식(六種食) 중 하나로 하루에 한 번 밥을 먹는 것. 예가산니(翳伽珊尼)라고 음사하며, 일수식(一受食)·일중식(日中食)이라고도 한다. 『법원주림』 권84(대정장53, p.903c1)에 "넷째, 일좌식에도 열 가지 이익이 있다. 첫째 또 다시 음식을 구하는 고달픔이 없음, 둘째 적게 받음, 셋째 먹으려 애쓰지 않음, 넷째 먹기 전에도 고달픔이 없음, 다섯째 늘 조심스럽게 먹음, 여섯째 소화가 된 후 먹게 됨, 일곱째 몸을 거스르는 고통이 적음, 여덟째 질병이 적음, 아홉째 신체가 경쾌함, 열째 몸으로 쾌락을 느낌이다. 第四 一坐食 亦有十利 一 無有求第二食疲苦 二 於所受輕少 三 無所用疲苦 四 食前無疲苦 五 入在細行食法 六 食消後食 七 少防患 八 少疾病 九 身體輕便 十 身受快樂"라고 하였다. [참고문헌] 『法苑珠林』, *Aṣṭ-pr.19, Mvyut.49.* ⇨ 십육자구 十六資具, 십이두타행 十二頭陀行, 육종식 六種食

일주 一肘 Ⓢ hasta, Ⓣ lag pa, phyag. 팔꿈치에서 손가락 끝까지의 길이. 1척4촌(一尺四寸)이나 1척8촌(一尺八寸) 쯤의 길이를 말한다. 『구사론』 권12(대정장29, p.62b7 : *Abh-k-bh.*, p.177)에 "7맥이 지절이 되고, 3절이 1지이며 … 24지를 가로로 펴면 주다. 七麥爲指節 三節爲一指 … 二十四指 橫布爲肘 〈bhāṣya〉 sapta yavā aṅgulīparva trīṇi parvāṇy aṅgurīti … 〈kārikā〉 caturviṃśatir aṅgulyo hasto", 『대당서역기』 권2(대정장51, p.875c9)에 "1구로사를 나누면 5백궁이며, 1궁을 나누면 4주고, 1주를 나누면 24지며, 1지절을 분할하면 7숙맥이다. 分一拘盧舍 爲五百弓 分一弓 爲四肘 分一肘 爲二十四指 分一指節 爲七宿麥", 『잡아비담심론』 권2(대정장28, p.887a4)에 "7양모진(羊毛塵 Ⓢ aviaries)이 1우모진(牛毛塵 Ⓢ gorajas)이고, 7우모진이 1향유진(向遊塵 Ⓢ vātayanachidrarajas)이며, 7향유진이 1기(蟣)고, 7기가 1슬(蝨)이며, 7슬이 1광맥(穬麥)이다. 〈송〉 이와 같이 7광맥이 점차 증가하여 1지가 되고, 24지가 1주가 된다. 〈논〉 7광맥은 1지고, 24지는 1주다. 〈송〉 4주가 1궁이고, 500궁은 구루사며, 마을로부터 1구루사 떨어진 곳을 공처라고 한다. 七羊毛塵成一牛毛塵 七牛毛塵成一向遊塵 七向遊塵成一蟣 七蟣成一蝨 七蝨成一穬麥 〈頌〉 如是七穬麥 轉增爲一指 二十四指量 名之爲一肘 〈論〉 七穬麥爲一指 二十四指爲一肘 〈頌〉 四肘爲一弓 五百拘屢舍 去村拘屢舍 是名爲空處", 『일체경음의』 권22(대정장54, p.446b18)에 "양이 7주이다〈『불본행집경』에 '1주는 2척을 말한다'고 하였다〉. 1구로사〈『비담』에 의하면 1척5촌이 1주고, 4주가 1궁이며, 300궁이 1리다〉. 其量七肘〈佛本行集云 一肘謂二尺也〉 一俱盧舍〈依毘曇中 一尺五寸爲一肘 四肘爲一弓 三百弓爲一里〉"라고 하였다. [참고문헌] 『俱舍論』, 『大唐西域記』, 『雜阿毘曇心論』, 『一切經音義』, 『佛本行集經』 권12(대정장3, p.710a10), *Abh-k-bh.*

일주 一珠 ❶ 고려후기 스님. 호는 자조(自照). 「영변안심사지공나옹사리석종비음기 寧邊安心寺指空懶翁舍利石鐘碑陰記」에 제일수좌(第一首座)로 이름이 올라 있다. 나옹화상이 일주수좌에게 준 글인 「시일주수좌 示一珠首座」가 『나옹화상어록』(한불전6, p.724a11)에 전한다. [참고문헌] 『懶翁和尙語錄』, 李智冠 『校勘譯註歷代高僧碑文』 高麗篇4 p.428. ❷ 조선중기 스님. 사명유정(四溟惟政 1544~1610)이 스님에게 준 선게가 전한다. 『사명당집』 권5 「증일주선자 贈一珠禪子」(한불전8, p.788a10)에 "양이 간 길이 여러 갈래니 허망하여 묵자는 슬프다! 거울 속의 머리 실제 아니니 보이는 대로 좇지 마라. 이미 금선자 되었으니 세운 뜻을 허물지 말게나. 그대 일주선자 스스로 보아야 하리. 부처가 되는 일 많은 시간이 아니다. 羊去多歧路 空令墨子悲 鏡中頭不是 勿與演相隨 旣作金仙子 無令立志虧 爾珠宜自看 成佛不多時"라고 하였다. [참고문헌] 『四溟堂集』.

일주 日珠 ❶ 햇빛을 모아 불을 내는 구슬. 『유가론기』 권17(대정장42, p.689c24・한불전14, p.268c16)에 "햇빛을 기다려 불을 내기에 일주라 한다. 待日光照 卽出火 故名爲日珠"라고 하였다. [참고문헌] 『瑜伽論記』, 『瑜伽師地論』 권60(대정장30, p.635b20). ❷ 마명(馬鳴)의 과거세 이름. 용수의 전생은 월경(月鏡)이다. 『삼보감응요략록』 권하(대정장51, p.856a7)에 의하면 "옛날에 가섭불께서 세상에 출현하셨을 때, 윤수라는 장자와 수타라는 부인이 있었다. … 두 아들을 얻었는데 형은 일주라고 하였으며, 동생은 월경이라 하였다. … 이때 형이었던 일주가 지금의 마명이다. 昔迦葉佛 出世之中 時有一長者 名曰輪秀 有女曰殊他 … 卽生二子 兄名日珠 弟名月鏡 … 昔日珠者 今馬鳴菩薩"라고 하였다. [참고문헌] 『三寶感應要略錄』, 『釋摩訶衍論記』(卍속장72, p.731a5). ⇨ 마명 馬鳴

일주문 一柱門 사찰의 산문(山門)에 드는 첫 번째 문. 일주문은 기둥 두 주를 일렬로 세우고 그 위에 다포계 지붕을 올리는 것이 일반적인 형식이나, 2개의 기둥을 겹으로 세우기도 한다. 일주문의 안쪽은 율의(律儀)에 의지해 수행하는 승가대중의 영역임을 드러내는 결계(結界)의 표시이며, 삼보(三寶)의 영역으로 존중했기에 과거 일주문 밖에 하마석(下馬石)을 세워 예를 갖추게 하였다. 하지만 사역(寺域)은 일주문을

범어사 일주문 앞 하마석

기준으로 하지 않기에 그보다 넓다. 『허정집』 「차가야산해인사일주문 次伽耶山海印寺一柱門韻」(한불전9, p.491c16)에 "옛절 종소리 삼매에 들려 하고, 공문의 해가 어두워질 때. 배꽃으로 봄날은 더욱 깊고, 바람불어 눈처럼 흩날리네. 古寺鍾初定 空門日欲曛 梨花春又晩 風動雪紛紛", 조근(趙根 1631~1680) 『손암집』 권4 「유가야산기 遊伽倻山記」에 "홍류동 따라 육칠리에 일주문 있는데 홍하문이라 한다. 自紅流 行六七里 至一柱門 一名紅霞門", 『환성시집』(한불전9, p.469b21)에 환성스님이 귀은(歸隱)대사를 보내드리며 "일주문 앞에서 이별했네. 긴 세월 꿈속에서나 만나겠지. 남몰래 품었네 끝없는 마음. 공연히 다섯 마디 시 써 붙일 뿐. 一柱門前別 多年夢裡期 暗將無限意 空賦五言詩", 『다송문고』 권2 「태안사대지전신창건상량문 泰安寺大持殿新創建上樑文」(한불전12, p.756b8)에 "엎드려 바라건대, 상량 후에는 칠중이 만세의 누각 위로 다투어 모여들고, 팔부중 일주문 앞에 서서 그들을 옹호하네. 伏願上梁之後 七衆騈闐於萬歲樓上 八部擁衛於一柱門前"라고 하였다. 일주문에는 산이름(山門)과 절이름(寺名)을 쓴 현판을 달아서 사격(寺格)을 드러내는데, 우리나라 삼보(三寶)사찰인 통도사 일주문에는 '영축산통도사 靈鷲山通度寺' 현판 좌우에 '불지종가 국지대찰 佛之宗家 國之大刹'이라는 주련을 내렸다. 해인사 일주문은 안밖으로 '해동제일도량 海東第一道場' '가야산해인사 伽倻山海印寺' 현판을 달았고, 송광사 일주문에는 '조계산대승선종송광사 曹溪山大乘禪宗松廣寺'와 '승보종찰조계총림 僧寶宗刹曹溪叢林'이라는 현판을 위아래로 걸었다. 범어사 일주문은 4개의 기둥을 병렬로 배치하였는데, 높고 둥근 화강암 주춧돌 위에 나무기둥을 세워 위용을 더했다. 삼간일

보은 법주사 일주문

주(三間一柱) 구조 위로 가파른 지붕을 올려 화려한 공포를 솟게 하고는 그 전면에 3개의 현판을 나란히 걸었다. 중앙에는 작게 '조계문 曹溪門'이라 하고 좌우로 '선찰대본산 禪

부산 범어사 일주문 보물제1461호 17세기

刹大本山' '금정산범어사 金井山梵魚寺'라 하였다. 법주사의 일주문은 '호서제일가람 湖西第一伽藍'이라 하였

다. 〔참고문헌〕『虛靜集』, 『損菴集』, 『喚惺詩集』, 『茶松文稿』, 허균 『사찰100美100選』 권상 pp.17~24. ⇨산문 山門, 사문 寺門

일중도영 日中逃影 햇빛 중에 그림자 피하다. 불가능한 일을 비유한다. 『서방합론』 권9(대정장47, p.416b8)에 "부장계란 모든 곳의 제불과 모든 곳의 보살, 그리고 모든 곳의 신명에게 감출 수 없다는 뜻이다. 저 햇빛 비추는 중에 그림자 피하려 하고, 파도 속에서 물을 피하려 하며, 모래 속에서 티끌을 피하려 하는 것과 같으니 피할 도리가 없기 때문이다. 覆藏戒 謂一切處諸佛 一切處菩薩 一切處神明 無可覆故 如日中逃影 波中逃濕 沙中逃塵 無可逃故", 『허당록』 권10(대정장47, p.1060b14)에 "고요히 하여 마음을 비추려 함은 햇빛 중에 그림자 피하려 하고, 공으로 묘를 관하려 하니 깊은 꿈속에서 깨어있는 것이다. 以靜照心 日中逃影 以空觀妙 大夢方省"라고 하였다. 〔참고문헌〕『西方合論』, 『虛堂錄』.

일중보석 日中寶石 햇빛 중의 보석은 그 빛을 정하지 않는다. 36권본 『대반열반경』 권22(대정장12, p.754a22)에 "마치 금강을 햇빛 중에 있게 하면 색인즉 정함이 없다. 금강삼매도 이와 같다. 대중에 있어서의 색 또한 정하지 않으므로 금강삼매라 한다. 譬如金剛 若在日中 色則不定 金剛三昧 亦復如是 在於大衆 色亦不定 是故 名爲金剛三昧", 『종용록』 18칙 「시중 示衆」(대정장48, p.238b22)에 "물 위 조롱박 건드리기만 하면 곧바로 구르고, 햇빛 중에 보석은 그 색에 정한 모양이 없다. 무심으로도 얻을 수 없고 유심으로도 알 수 없다. 水上葫蘆 按著便轉 日中寶石 色無定形 不可以無心得 不可以有心知"라고 하였다. 〔참고문헌〕『大般涅槃經』, 『從容錄』, 『臥龍字水語錄』 권2(가홍장29, p.10b5).

일중식 日中食 하루에 한 번 공양하는 것. 일수식(一受食)이라고도 한다. 『대애도비구니경』 권하(대정장24, p.952a23)에 "비구니가 처소에서 나가려 하면 반드시 세 가지 사유가 있어야 나갈 수 있다. … 셋째는 일중식을 마치고 일어나 스승께 예를 올리는 것이다. 比丘尼出室 有三事應得出 … 三者 日中食訖 當起禮師"라고 하였다. 〔참고문헌〕『大愛道比丘尼經』.

일즉다 一卽多 ➡일즉다다즉일 一卽多多卽一

일즉다다즉일 一卽多多卽一 하나가 곧 여럿이고 여럿은 바로 하나다. 무진법계로 제법이 연기하지만 무자성(無自性)이고 공(空)이어서 일체법은 한 바탕인 뜻이다. 60권본 『화엄경』 권8(대정장9, p.448b16)에 "하나가 곧 여럿이고 여럿이 바로 하나다. 의미 고요해 다하면 온통 평등하다. 같다 다르다 뒤집힌 망상을 멀리 여의니 이를 보살의 불퇴주라고 한다. 若一卽多多卽一 若味寂滅悉平等 遠離一異顚倒相 是名菩薩不退住", 『법계도기총수록』 권하(대정장45, p.749a29·한불전6, p.820b11)에 "모든 법이 서로 만나 장애함이 없다. 위의 문에서 '하나가 곧 여럿이고 여럿이 바로 하나임을 안다'고 한 것은 모두 이 뜻이다. 그러므로 다함이 없어 밖이 없이 큰 연기법은 걸림없이 자재하다. 모든 것이 이 문을 따라 열고 나툰다. 諸法相卽無所障礙 上文云 知一卽多多卽一等 皆此義也 是故無盡大緣起法無礙自在 皆從此門而開現矣", 『화엄경소』 권18(대정장35, p.638b27)에 "사와 이를 잡으면 이가 능히 사를 성취시키니 일즉다라고 하고, 사가 능히 이를 드러내면 다즉일이다. 約事理 理能成事說一卽多 事能顯理說多卽一", 『화엄경소초』 권4(대정장36, p.30c19)에 "만약 상이 다른 뜻이라면 불신의 색상은 곧바로 사다. 온통 법신뿐이라면 이다. 그대로 하나고 그대로 여럿이라는 말에 두 가지 뜻이 있다. 첫째는 법신으로 하나를 삼은 것이고, 응화로서 여럿이라 한 것이다. 진법신과 응화신 곧바로 어울리니 상즉이다. 둘째, 한 곳이 곧바로 여러 곳에 응하니, 응 역시 체로 어울리고 또한 이렇게 하나로 응한즉 여럿도 따른다. 若指相別說者 佛身色相卽事也 全同法身卽理也 卽一卽多乃有二義 一 法身爲一 應化爲多 眞應旣融 故相卽也 二 此一處應卽多處 應亦以體融 又卽此一應爲多應故", 『화엄경탐현기』 권1(대정장35, p.107a27)에 "이에 대소를 허물지 않고도 거대한 불국토를 털끝에 들고, 큰 파도 작은 털을 바꾸지 않고서도 극미로 어울리고 법계에 가득하다. 인다라망 서로 비춰 거듭거듭하니 정광파리 티끌마다 은은하다. 하나가 그대로 여럿이어서 걸림없고, 일체가 곧 하나여서 두렷이 통하니 구세를 거둬 찰나에 들이고 한 생각 펴서는 영겁을 꾸린다. 於是 無虧大小 潛巨刹以入毫端 未易鴻纖 融極微以周法界 故以因陀羅網參互影而重重 錠光頗黎照塵方而隱隱 一卽多而無礙 多卽一而圓通 攝九世以入刹那 舒一念而該永劫"라고 하였다. 〔참고문헌〕『華嚴經』, 『法界圖記總髓錄』, 『華嚴經疏』, 『華嚴經疏鈔』, 『華嚴經探玄記』. ⇨일즉일체 일체즉일 一卽一切一切卽一

일즉십 一卽十 하나가 그대로 열이다. 연기하는 뜻에서 모든 것은 예외없이 모든 것들과 서로 만나는 뜻이다. 『화엄오교장』 권4(대정장45, p.503c27)에 "연으로 이루어지므로 일 그대로 열이다. 왜 그런가? 만일 일이 없다면 열도 없기 때문이고, 하나라는 바탕이 있어서 나머지는 모두 공이기 때문이다. 그러므로 이 일이 그대로 십이다. 緣成故 一卽十 何以故 若無一卽無十故 由一有體 餘皆空故 是故 此一卽是十矣", 『신화엄경론』 권36(대정장36, p.972c13)에 "일 그대로 십이므로 고요함과 움직임이 사무친다. 一卽十故 體用徹也", 『화엄일승십현문』(대정장45, p.514c18)에 "앞서 일 중 십이 있음을 밝힌다는 말은 일을 떠나서는 십도 있을 수 없지만 십은 이 일이 아니다. 여기서 일 그대로 열임을 밝힌다면 일을 떠나서는 십이 있을 수 없으며 십 그대로 일이라는 뜻이다. 연하여서만 이루어지기 때문이다. … 연으로 이루어지므로 항상 동시면서 선후가 있다. 왜 그런가? 일이 곧 열이고 열 그대로 일이므로 항상 동시이지만 위로 가고 아래로 오기에 전후의 차이가 있다. 前明一中十者 離一無有十 而十非是一 若此明一卽十者 離一無有十 而十卽是一 緣成故 … 緣成故常同時而先後 所以然者 一卽十 十卽一 故常同時 而向上去 向下來故 有前後也"라고 하였다. 〔참고문헌〕『華嚴五敎章』, 『新華嚴經論』, 『華嚴一乘十玄門』. ⇨ 십현문 十玄門

일즉일체 一卽一切 ➡ 일즉일체일체즉일 一卽一切一切卽一

일즉일체일체즉일 一卽一切一切卽一 하나가 바로 일체고 일체는 그대로 하나다. 『인왕호국반야바라밀다경소』 권중(대정장33, p.472a3)에 "일설에는, 제불께서는 실로 온갖 음성을 갖추셨지만 불음은 장애가 없다. 일체가 곧바로 하나이므로 일음이라 하고, 하나가 그대로 일체여서 원음이라 한다. 有說 諸佛實有衆多音聲 但以佛音無障無礙 一切卽一故名一音 一卽一切故名圓音", 『화엄경소』 권5(대정장35, p.535b16)에 "인위에서 보현은 자비와 지혜를 함께 움직이고 부처님께서 출현하신 후에 보현은 지혜의 바다 이미 가득차서 움직이면 곧바로 지혜로운 자비여서 고요한 중에 항상 움직인다. 또한 하나가 바로 일체이면 보라 하고, 일체가 하나와 같음을 현이라 한다. 位中普賢悲智雙運 佛後普賢智海已滿而運卽智之悲 寂而常用窮未來際 又一卽一切曰普 一切卽一曰賢", 같은 책 권36(대정장35, p.783c2)에 "만약 사가 다하여 이가 드러나면 모두 여래장이고, 사라져서 깃들 곳이 없으면 고요함도 움직임도 모두 사라진다. 만약 사와 이가 두렷이 어울리면 하나는 바로 일체다. 若事盡理現皆如來藏 泯絶無寄 則定亂兩亡 若事理圓融 一卽一切", 『화엄오교장』 권2(대정장45, p.485b7)에 "원교에 의하면 성해원명에 따라 법계연기여서 걸림없이 자재하니 하나가 바로 일체고 일체는 그대로 하나여서 주인도 손님도 두렷이 어울린다. 若依圓敎 卽約性海圓明 法界緣起 無礙自在 一卽一切一切卽一 主伴圓融", 『신화엄경론』 권18(대정장36, p.841b29)에 "경에서 이르길 '열 가지 법으로 보살은 곧바로 모든 지에 들어간다'고 한 것은 초발심주위에서 십주·십행·십회향·십지의 법문을 두루 아는 뜻을 밝힌 것이니, 하나가 그대로 일체고 일체는 곧바로 하나다. 곧바로 인이고 그대로 과다. 經云 有十種法令諸菩薩速入諸地者 明於初發心住位而遍知諸住諸行諸迴向諸地法門 爲一卽一切故 一切卽一故 卽因卽果故"라고 하였다. 〔참고문헌〕『仁王護國般若波羅蜜多經疏』, 『華嚴經疏』, 『華嚴五敎章』, 『新華嚴經論』. ⇨ 일즉다다즉일 一卽多多卽一, 일즉십 一卽十

일지 一持 Ⓢ dharaṇam, Ⓣ gzhal dpag. 극대수(極大數)인 백이십전(百二十轉) 중 하나. 80권본 『화엄경』 권45 「아승기품 阿僧祇品」(대정장10, p.237c3)에 "칭량의 제곱이 1일지이고, 일지의 제곱이 1이로이다. 稱量稱量 爲一一持 一持一持爲 一異路"라고 하였다. 〔참고문헌〕『華嚴經』, *Mvyut.246.* ⇨ 백이십전 百二十轉

일지 一智 한결같은 지. 여실지(如實智), 일체종지(一切種智)를 말한다. 『정명현론』 권5(대정장38, p.889b7)에 "한결같은 지라는 말은 곧바로 실다운 지다. 진실 그대로인즉 부처님의 눈이고, 부처님의 눈으로 보지 못하는 법이 없으면 권지라 하고, 본 것도 없으면 실지라 한다. 言一智者 則如實智 如實則是佛眼 佛眼無法不見名權智 而無所見 名爲實智", 『마하지관』 권3하(대정장46, p.28b27)에 "하나인 지란, 경에 '모든 여래는 하나의 법신과 하나의 마음과 하나의 지혜와 더불어 함께한다. 역무외도 그러하다. 오직 하나 뿐인 부처님 지혜라 한즉 일체종지다. 一智者 經云 一切諸如來 同共一法身一心一智慧 力無畏亦然 唯一佛智 卽一切種智", 『지관보행전홍결』 권6(대정장46, p.356c26)에 "다만 하나의 지로 능히 사와 이를 비춘다. 사와 이가 비록 다르지만 지의 바탕은 다르지 않다. 秖是一智 能照事理 事理雖殊 智體無別"라고 하였다. 〔참고문헌〕『淨名玄論』, 『摩訶止觀』, 『止觀輔行傳弘決』.

일지두선 一指頭禪 손가락 하나만 세우는 선(禪). 구지(俱胝)화상이 평생 손가락 하나만을 들어서 선기를 운용한 일을 말한다. 『경덕전등록』 권11 「구지전」(대정장51, p.288b1)에 "천룡화상이 손가락 하나를 세워 보이자 구지화상이 곧바로 크게 깨달았다. 이후 참학하는 학인이 오면 구지선사는 오직 손가락 하나를 들어 올릴 뿐 다른 제창이 없었다. 밖에 사람들이 동자에게 '화상이 법문은 할 줄 아느냐' 홍보아 말하자 동자는 손가락을 세웠고 돌아가서 선사에게 말했더니 선사가 칼로 동자의 손가락을 잘랐다. 동자가 비명을 지르며 뛰쳐나가자 구지선사가 불렀다. 동자가 머리를 돌렸고, 선사는 손가락을 세웠다. 동자가 활연히 깨달았다. 구지선사가 입적하기 전에 대중에게 '나는 천룡의 일지두선을 얻어 평생 써서 다함이 없었다'라고 말하였다. 말을 마치고 입적했다. 天龍竪一指而示之 師當下大悟 自此 凡有參學僧到 師唯擧一指 無別提唱 有一童子 於外被人詰曰 和尙

說何法要 童子竪起指頭 歸而擧似師 師以刀斷其指頭 童子叫喚走出 師召一聲 童子回首 師却竪起指頭 童子豁然領解 師將順世 謂衆曰 吾得天龍一指頭禪一生用不盡 言訖示滅", 『종용록』 84칙 「평창 評唱」(대정장48, p.281a26)에 "현각이 또 말하였다. '말해보라! 구지화상은 깨달았는가? 만약 깨달았다면 무엇 때문에 (조산본적은) 구지의 당처가 허술하다고 하였겠는가? 만약 깨닫지 못했다면 구지가 또한 일지두선을 아무리 써도 다하지 않았다고 했는가? 말해보라! 조산의 뜻 어느 곳에 있는가?' 玄覺又云 且道 俱胝還悟也未 若悟 爲甚麽說承當處莽鹵 若不悟 又道用一指頭禪不盡 且道 曹山意旨 在甚麽處"라고 하였다. 〔참고문헌〕『景德傳燈錄』, 『從容錄』, 『大慧語錄』 권5(대정장47, p.832c6). ⇨ 구지 俱胝 [2]

일지소생일우소윤 一地所生一雨所潤 한 땅에서 나고 한 비로 적시다. 한결같은 부처님 가르침에 중생이 각각 다르게 이익을 얻는 뜻이다. 『인왕호국반야경소』 권3(대정장33, p.269a15)에 "〔문〕 부처님께서 반야를 말씀하셨는데, 무슨 까닭에 얻는 이익은 같지 않은가? 〔답〕 『법화경』 「약초품」에서 이르시길 '같은 땅에서 자라고 같은 비로 적시지만 뿌리도 가지도 대소로 차별하여 스스로 다르니, 마치 저 종자의 성에 따라 각각 자라는 것과 같다'고 하였다. 지금 반야를 말씀하신 것 역시 이와 같다. 비록 한 법을 말씀하실지라도 얻는 이익은 저절로 다르다. 問 佛說般若 何故得益不同 答 法華經云 一地所生一雨所潤 根莖大小 差別自殊 如其種性 各得生長 今說般若 亦復如是 雖說一法 得益自差也"라고 하였다. 〔참고문헌〕『仁王護國般若經疏』, 『法華經』 권3(대정장9, p.19b5). ⇨ 일지일우 一地一雨

일지암 一枝庵 전라남도 해남군 삼산면 구림리 두륜산(頭輪山)에 있는 대한불교조계종 제22교구 본사 대흥사(大興寺)의 산내암자. 창건시기는 전하지 않으며, 1824년(순조24)에 초의의순(草衣意恂)이 중수하였다. 신헌(申櫶 1810~1884)의 「초의대종사비명 艸衣大宗師塔碑銘」(『초의시고』 권하 · 한불전10, p.869c11)에 "두륜산 꼭대기 등나무 우거진 곳에 작은 암자를 지어 일지라 편액을 걸고 홀로 지관을 닦은 지 사십년이다. 就頭崙山頂藤蘿陰中 結一小庵 扁曰一枝 獨處止觀四十年", 강위(姜瑋 1820~1884)의 「초의존자비 艸衣尊者碑」(『고환당수초문고』 권3 · 한국문집총간318, p.505b6)에 "일지암에서 입적하였다. 示化於一枝庵中"라고 하였다. 『초의시고』 권1에는 일지암 중수를 노래한 「중성일지암 重成一枝庵」(한불전10, p.840b24)과 1833년(순조33)에 대나무 심은 일을 노래한 「종죽계사재일지암 種竹癸巳在一枝庵」(같은 책, p.850b1)이 전한다. 초의선사 입적 후 화재로 소실되었다가 1970년에 복원되었으며, 당우로는 대웅전을 비롯하여 초암 · 자우홍련사(紫芋紅蓮社) 등이 있다. 초의선사가 오래 주석하면서 『동다송 東茶頌』과 『다신전 茶神傳』 등을 찬술하였으므로 한국 차의 성지(聖地)로 불리며, 매년 음력 8월 1일에 초의선사의 열반다례를 봉행한다. 〔참고문헌〕『草衣詩藁』, 『古歡堂收艸文稿』. ⇨ 의순 意恂

일지암문집 一枝庵文集 초의의순(草衣意恂 1786~1866)의 문집. 2권 1책 57장. 한불전12, pp.258c1~272c26에 수록되어 있다. 권1에 시 2편과 문 12편, 권2에 문 27편 그리고 부록으로 「초의화상게 艸衣畫像偈」와 「초의대사탑명병서 艸衣大師塔銘幷序」가 수록되어 있다. 1890년(고종27)에 문인 범인(梵寅)이 편집하고 원응계정(圓應戒正)이 필사하였으며, 1911년에 신관호(申觀浩)가 발문을 썼다. 상량문으로 「진도쌍계사시왕전상량문 珍島雙溪寺十王殿上梁文」, 비문으로는 「완호법사비음기 玩虎法師碑陰記」, 기문으로 「표충사이건기 表忠祠移建記」 · 「낙서암중수기 樂捿庵重修記」 등, 서문으로 「범해회중학계서 梵海會中學契序」 등, 불사를 위해 쓴 「적련암개금모연소 赤蓮庵改金募緣疏」 · 「대둔사비로전신건화연소 大芚寺毘盧殿新建化緣疏」 · 「미황사상수암불상개금모연문 美黃寺上岫庵佛像改金募緣文」 등이 있으며, 「수보살계첩규 受菩薩戒牒規」 · 「수보살법문 受菩薩法文」 2편과 제문과 축문으로 「대둔사탑원다례제문 大芚寺塔院茶禮祭文」 등 다수가 전하며, 영찬 또한 「백련화상영찬 白蓮和尙影贊」 등이, 서간으로 「답쌍수도인 答雙修道人」 등이 수록되어 있다. 이밖에도 「천불전상량문 千佛殿上樑文」 등 16편의 글은 『초의시고』(한불전10, pp.860c4~870b1)에만 전한다. 용운이 『초의선사전집 草衣禪師全集』(아세아문화사, 1985)에 묶어 출간하였고, 동국역경원에서 1998년에 초의의 다른 글과 함께 『초의집 외 草衣集 外』로 번역 출간하였으며, 2010년에도 『초의선과 草衣禪課』 · 『선문사변만어 禪門四辨漫語』와 함께 묶어 번역 출간하였다. 필사본의 복사본은 동국대학교 도서관에서 소장하고 있다. 〔참고문헌〕『草衣詩藁』. ⇨ 의순 意恂

일지암문집 동다송
아모레퍼시픽박물관 조선후기

일지일우 一地一雨 Ⓢ eka-dharaṇī eka-rasatoya. 같은 땅과 같이 맞은 비. 부처님 법의 비 한결같이 내리지만 근기 따라 다르게 자라는 뜻의 비유다. 『법화경』

권3(대정장9, p.19b5 : *Saddh-p.*, p.122)에 "비록 같은 땅에서 자라고 같은 비로 윤택해지지만 모든 초목들은 각각 차별이 있다. 雖一地所生 一雨所潤 而諸草木各有差別 ekadharaṇī-pratiṣṭhitāś ca te sarve oṣadhigrāmā bījagrāmā ekarasatoya-abhiṣyanditāḥ", 『법화문구』 권7(대정장34, p.92c17)에 "한 땅에 같은 비로 차별이 없는 비유로, 하나의 진실을 나타낸다. 一地一雨 無差別譬 顯於一實也"라고 하였다. [참고문헌] 『法華經』, 『法華文句』, *Saddh-p.*

일진 一眞 ❶ 한결같은 진실. 이와 사, 유와 공으로 온갖 상을 드러내지만 바탕은 무루여서 진여(眞如). 일여(一如)·일실(一實)이라고도 한다. 『금강경찬요간정기』 권1(대정장33, p.177c2)에 "다만 이르길, 일진이라 한 것은 오직 홀로라는 뜻이다. 이 경이 공무상종임을 듣고서 시종일관 마음도 경도 떠나 공무상도리를 짓고 일미로 해석하니 일진이라 한다. 但云一眞者 但猶獨也 以聞說此經是空無相宗 則首末作離心離境空無相道理 一味銷釋 故云一眞", 『원각경약소』 권상(대정장39, p.542a20)에 "처음은 일진법계이지만 뒤는 삼중법계이다. 일진이란 이와 사를 밝히기 전이고 유와 공도 말하지 않고 곧장 본각의 신령한 근원에 닿는 것이다. 初一眞法界 後三重法界 言一眞者 未明理事 不說有空 直指本覺靈源也", 『대승기신론열망소』 권4(대정장44, p.448b12)에 "일진이란 분별상을 떠나니 둘의 자성이 없기 때문이다. 일미로 같다는 것은 한결같은 무루의 맛이다. 일진과 같다는 것은 여여와 여여지이니 곧바로 일진법계다. 一眞 離分別相 無二性故 同一味者 同無漏味也 同一眞者 如如及如如智 卽是一眞法界也"라고 하였다. [참고문헌] 『金剛經纂要刊定記』, 『圓覺經略疏』, 『大乘起信論裂網疏』. ⇨ 일실 一實, 일미 一味, 진여 眞如 ❷ 조선전기 스님. 벽송지엄(碧松智嚴 1464~1534)의 제자다. 숭인(崇仁)·설은(雪訔)·원오(圓悟)와 함께 의신암(義神庵) 남쪽에 석종(石鍾)을 만들고 지엄의 정골(頂骨)과 사리를 봉안하였다. [참고문헌] 『東師列傳』 권2 「碧松禪師傳」(한불전10, p.1011c21). ⇨ 지엄 智嚴

일진 一塵 ➡ 일미진 一微塵

일진 日眞 조선후기 스님. 호는 환명(喚明). 상봉정원(霜峰淨源) 문중의 인악의첨(仁岳義沾 1746~1796)의 후손으로서, 법계는 인악의첨 → 화악응규(華岳應奎) → 환월지화(煥月智和) → 환명일진으로 이었다. 제자로는 구봉유신(龜峰有信)이 있다. 진영은 동화사성보박물관에 봉안되어 있는데, 영찬(影讚)에 "자성의 바다에서 더없이 자유로우시어, 경율론삼장을 일생에 수용하셨네! 의전에서 해탈하심이여, 계정혜삼법을 일심으로 꿰었도다! 이전의 모습 흡사 칠분으로 가히 그려냈구나. 설산 더욱 높아 숙인청정하시어 일체무량한 인연을 건지셨네. 세간을 비춘 공덕 오래 빛나리라! 優游性海 經律論三藏是其一生受用 解脫意筌 戒定慧三法是其一心貫穿 前身仿佛揭七分可像者像 雪山增峨 宿因淸淨度一切無量之緣 印月長懸"라고 하였다. [참고문헌] 『霜峰門譜』 p.17, 『韓國의 佛畫』 권22(聖寶文化財硏究院, 2001) p.155, 『팔공산 동화사』(동화사·국립대구박물관, 2009) p.175.

일진 환명당대사일진지진영
대구 동화사 조선후기

일진거대지수 一塵擧大地收 티끌 들어 대지를 거두네. 일진기대지수(一塵起大地收)라고도 한다. 『원오어록』 권9(대정장47, p.754a6)에 "'티끌 들어 대지를 거두고, 잎새 하나 떨어져 천하가 가을이다. 납승 분상엔 어떤 일이 있는지요?' '전진한들 마을에 이르지 못하고, 물러나도 점포에 닿지 못한다' '대단한 도림(원오)께서 말귀 알아듣지 못하시는군요' '간절히 바라니 허공을 쪼는 일일랑 없어야 하리'. 僧問 一塵擧大地收 一葉落天下秋 衲僧分上 成得箇什麼 師云 前不迭村 後不迭店 進云 大小道林 話頭也不識 師云 切忌虛空裏鷂啄"라고 하였다. [참고문헌] 『圜悟語錄』.

일진무위 一眞無爲 한결같이 진실하여 함이 없음. 일체법이 유무거래로 현상하지만 그 바탕 적멸(寂滅)한 진실을 말한다. 『능엄경』 권8(대정장19, p.142b19)에 "하나하나 모든 것이 청정무루여서 한결같이 진실한 무위야말로 자성이 본래 그러한 뜻이기에 진실행이라고 한다. 一一皆是 淸淨無漏 一眞無爲 性本然故 名眞實行", 『수능엄의소주경』 권8(대정장39, p.929b22)에 "진실에 의지하여 움직이지만, 움직임 그 바탕 떠날 일 없다. 바탕 바로 진여이고 번뇌 없어 청정한 한결같고 진실한 법계이다. 이 법계의 바탕이 본래 갖춰 이러하니 치우침 없는 묘한 용을 본연이라 한다. 이렇게 그대로 바탕이기에 진실이라 한다. 依眞起用 用不離體 體卽眞如 無漏淸淨一眞法界 此法界體本具如是無方妙用 故云本然 以卽體故 名爲眞實", 『능엄경지장소』 권8(卍속장24, p.644a17)에 "온통 청정무루라고 한 것은 일진무위로서 그 성이 본래 그러하기 때문이다. 일진무위 등이라고 한 말은, 보살은 적멸이 현전할 때에 당해서 다같이 공이고 일어남이 없어서 한 가지 진실만이 오롯이 드러날 때 곧바로 무위를 깨우친다. 言所謂皆是淸淨無漏者 蓋以一眞無爲 性本然故 言一眞無爲等者 謂菩薩當寂滅現前之時 俱空不生 一眞獨露 卽證無爲"라고 하였다. [참고문헌] 『

楞嚴經』, 『首楞嚴義疏注經』, 『楞嚴經略指掌疏』. ⇨ 일진법계 一眞法界, 무루 無漏, 적멸 寂滅

일진법계 一眞法界 언제나 하나로 진실인 법계. 나와 남도 부처와 중생도 없이 적멸하지만 본원의 부처가 머물고 중생이 다시 그 본원으로 부처가 되는 여래장의 다른 이름이다. 『금강경찬요간정기』 권4(대정장33, p.199c27)에 "법계란 한결같이 진실한 법계로서 평등하여 차별이 없는데, 무엇이 그 중에서 자타의 상을 보는가? 그러므로 게로 말하기를 '평등하고 진실한 법계에서는 부처님께서 중생을 제도할 일 없다'라고 하였다. 法界者 一眞法界 平等無差 云何於中見自他相 故偈云 平等眞法界 佛不度衆生", 『무량수경연의술문찬』 권하(대정장37, p.169b18 · 한불전2, p.74c20)에 "아미타불은 이미 일진법계를 증득하여 그 공덕 두렷하지 않음 없고 모든 번뇌를 남김없이 다하셨거늘 어느 때나 쉬지 않으시니 본원을 부르면 맞이해 거둔다. 그러므로 인연이 있는 중생은 모두 정토에 왕생한다. 彌陀旣證一眞法界 無德不圓 諸患悉盡 盡當際而不竭 稱本願而迎接 故有緣衆生 皆生彼土", 『수능엄의소주경』 권1(대정장39, p.840b21)에 "마음에 진과 망이 있고 봄에 바름과 삿됨이 있다. 그러므로 앞에서 망심을 부수어 여래장을 드러내었으니 이것이야말로 일진법계여서 인연도 모습도 끊고 버린다. 이렇게 관해야 한다. 心有眞妄 見具正邪 故前破妄心 顯如來藏 卽一眞法界 離緣絶相 是所觀境"라고 하였다. 〔참고문헌〕『金剛經纂要刊定記』, 『無量壽經連義述文贊』, 『首楞嚴義疏注經』. ⇨ 비안립 非安立

일질 日昳 해가 기울다. 해가 서쪽으로 기울기 시작하는 미시(未時)를 가리킨다. 『폐마시목련경』(대정장1, p.868a9)에 "(부처님께서) 공양을 마치신 다음 해가 기우는 시각에 대제자 홍음과 함께 군현을 돌아다니셨다. 飯食之後 以日昳時 與大弟子洪音 俱行遊於郡縣", 『일체경음의』 권58(대정장54, p.694b15)에 "일질〈질은 도와 결을 반절한 음이다. 해가 기운다는 뜻이다. 日昳〈徒結反 日仄也〉", 『자명어록』(고존숙어록11, 卍속장118, p.290a6)에 "해가 기우는 미시 : 장공이 술을 마셨는데 이공이 취한다. 日昳未 張公喫酒李公醉"라고 하였다. 〔참고문헌〕『弊魔試目連經』, 『一切經音義』, 『慈明語錄』, 『十誦律』 권42(대정장23, p.304b19). ⇨ 일포 日晡

일차구왕 一叉鳩王 Ⓢ Ikṣvāku, Ⓟ Okkāka. 석가족(釋迦族)의 선조(先祖). 감자왕(甘蔗王)이라 한역한다. 『번범어』 권4(대정장54, p.1009a21)에 "일차구왕〈일차는 감자라 한역하며, 아구는 서(鼠)라 한역한다〉. 一叉鳩王〈譯曰 一叉者甘遮 阿鳩者鼠也〉"라고 하였다. 〔참고문헌〕『翻梵語』, 40권본 『大般涅槃經』 권39(대정장12, p.592a7). ⇨ 감자왕 甘蔗王

일찰일애 一拶一挨 ➡ 일애일찰 一挨一拶

일채양새 一彩兩賽 두 개의 주사위를 던져 같은 숫자가 나온 것을 이르는 말. 양채일새(兩彩一賽)라고도 한다. 둘 사이의 우열을 가릴 수 없는 경우를 말한다. 『운문광록』 권하(대정장47, p.570a6)에 "운문선사가 스님이 오는 것을 보고 주먹을 들어 때리려 하자 스님이 가까이 와서 맞는 듯이 했다. 운문은 한 대 때렸고 스님은 말이 없었다. 대어하여 말하기를 '썩 꺼지거라'. 다시 말하기를 '두 주사위가 같은 패가 나왔다'라고 하였다. 師見僧來 乃擧起拳作打勢 僧近前作受勢 師與一摑 無對 代云 便出去 又云 一彩兩賽"라고 하였다. 〔참고문헌〕『雲門廣錄』. ⇨ 양채일새 兩彩一賽

일책수 一磔手 Ⓢ vitasti, Ⓣ mtho gang. 엄지 끝에서 중지 끝까지인 한 뼘의 길이. 일책(一磔) · 일걸수(一搩手) · 일장수(一張手) · 일탁수(一拆手) · 일탑수(一搭手) · 대찰(大札) 등이라고도 한다. 『구사론』 권22(대정장29, p.118b5)에 "날숨을 생각하는 경우에는 몸을 떠나 일책이나 일심(一尋)에 이르도록 (날숨이) 이르는 곳에 따라 항상 그에 따라 생각한다. 若念息出 離身爲至 一磔一尋 隨所至方 念恒隨逐", 『일체경음의』 권24(대정장54, p.462a3)에 "일책수〈장과 혁을 반절한 음이다. 『광아』에서 '책(磔)은 개(開) 또는 장(張)과 같다'고 하였다. 일책수란 손을 펴서 엄지와 중지의 끝을 취하여 길이 단위로 삼은 것이다〉. 一磔手〈張革反 廣雅 磔猶開也 又張也 一磔手者 張其手 取大指中指所極爲量也〉"라고 하였다. 〔참고문헌〕『俱舍論』, 『一切經音義』.

일척리 一隻履 신발 한 짝. 『벽암록』 47칙 「평창 評唱」(대정장48, p.183c4)에 "달마를 웅이산 아래에 장례지냈다. 이때 송운이 사신으로 서역에 갔다가 돌아오고 있었는데 총령 서쪽에서 달마가 손에 신발 한 짝을 끌며 서천으로 돌아가는 것을 보았다. 사신이 돌아와서 황제에게 보고하였다. 무덤을 열어보니 신발 한 짝만 남아 있을 뿐이었다. 達磨葬於熊耳山之下 時宋雲奉使西歸 在西嶺見達磨手携隻履歸西天去 使回奏聖 開墳惟見遺下一隻履", 『오조법연어록』 권중(대정장47, p.658b24)에 "법연선사가 법좌에 올라서 말했다. '조사께서 남기신 신발 한 짝 천고에 만고에 사람들 귓전에 널리 퍼졌다. 공연히 신발 어깨에 메고 맨발로 다녔다 하니 어찌 일찍이 자기 집 땅 밟기나 했는가?' 上堂云 祖師遺下一隻履 千古萬古播人耳 空自肩擔跣足行 何曾踏著自家底"라고 하였다. 〔참고문헌〕『碧巖錄』, 『五祖法演語錄』. ⇨ 달마사후휴척리서귀 達磨死後携隻履西歸

일척수 一隻手 양손 중 한 손. 『무문관』 48칙 「평창評唱」(대정장48, p.299a7)에 "무문이 말한다. '한 사람은 깊고 깊은 바다 밑을 향해 키질하여 먼지 날리고, 다른 한 사람 높고 높은 산꼭대기에 서서 흰 파도를 일으켜 하늘을 덮치네. 잡아 머물고 놓아 가게 하며 종승을 붙들어 세운다. 마치 마주해 내달리던 두 말 부딪치듯 해야 하지만 세상에 마땅히 그렇게 하는 이 없다. 바른 안목으로 보면 두 노화상 모두 갈 길 몰라 했다네'. 無門曰 一人向深深海底 行簸土揚塵 一人於高高山頂 立白浪滔天 把定放行 各出一隻手 扶竪宗乘 大似兩箇馳子相撞著 世上應無直底人 正眼觀來 二大老總未識路頭在" 라고 하였다. 〔참고문헌〕 『無門關』.

일척안 一隻眼 한 개의 눈. 외눈박이. 두눈으로 분별하지 않아 하나로 진실을 보는 뜻이다. 정문안(頂門眼)·척안(隻眼) 등과 통한다. 『임제록』(대정장47, p.503b12)에 "임제가 물었다. '너는 범부인가, 성인인가?' 보화가 말했다. '네가 한번 말해봐라. 나는 범부인가, 성인인가?'. 임제가 갑자기 크게 소리질렀다. 보화가 손으로 가리키며 말했다. '하양은 새색시같고, 목탑은 노파선이고, 오줌싸개 임제가 그래도 일척안을 갖추었다'. 師便問 汝是凡是聖 普化云 汝且道我是凡是聖 師便喝 普化以手指云 河陽新婦子 木塔老婆禪 臨濟小廝兒 却具一隻眼", 『설두어록』 권3(대정장47, p.688a5)에 "'목주가 학인에게 「큰스님!」하고 부르자 학인이 돌아보았다. 이에 목주가 「판자나 짊어진 놈」이라고 하였다' 한다 하며 설두선사가 말했다. '목주는 단지 일척안만 갖추었다. 왜 그러한가? 저 학인 불러 돌아보자 무엇 때문에 도리어 판자 지게 했을까?' 擧 睦州喚僧大德 僧迴首 州云 擔版漢 師云 睦州只具一隻眼 何故 者僧喚旣迴頭 因甚却成擔版", 『원오어록』 권10(대정장47, p.756b3)에 "실오라기만한 기량을 가졌다면 귀신을 볼 것이고, 다시 실오라기만한 기량 짓지 않으면 일없는 곳에 떨어질 것이다. 호공의 호리병 안에 천지와 일월이 있는 것과 같다. 그래서 설봉화상이 '온 대지를 움켜쥐면 좁쌀만하다'고 하였고, 또한 '온 대지가 사문의 일척안이다'라고 하였다. 若有一絲頭伎倆去 便乃見神見鬼 更不作一絲頭伎倆 未免墮在無事界裏 箇事如壺公瓢中自有天地日月 所以雪峯和尙道 盡大地撮來 如粟米粒大 又道盡大地是沙門一隻眼" 라고 하였다. 〔참고문헌〕 『臨濟錄』, 『雪竇語錄』, 『圜悟語錄』. ⇨ 사문일척안 沙門一隻眼, 심안 心眼

일천 日天 Ⓢ Āditya. 십이천(十二天) 중 하나인 태양신. 음사어는 아니지야(阿泥底耶)이며, 일천자(日天子)라고도 한다. 밀교 태장만다라에서는 최외원(最外院) 동쪽에 자리한 존격(尊格)이다. 삼매야형은 금강륜(金剛輪). 종자는 a(a 阿). 존형은 붉은 살색에 천의를 입고 양손에 연꽃을 쥐었으며 다섯 필의 말이 끄는 수레에 올라탄 형상이다. 태양을 신격화한 존격으로 고대 인도 신화에서 일곱 필의 말이 끄는 수레를 타고 천공을 달리며 광명을 비추고 어둠을 없애는 모습으로 묘사된다. 밀교 『대일경』에서는 여덟 필의 말이 끄는 존격으로 묘사되고 있다. 수인은 양손의 무명지를 손바닥 안으로 넣고 양손의 중지는 끝을 붙이며, 양손의 엄지는 측면을 서로 붙이고 소지는 붙이고 검지는 떼어서 펼친다. 진언은 『대일경』 권2 「진언장품 眞言藏品」(대정장18, p.15b6)에 따르면, "나마 삼만다발타남 아이달야야 사하 南麽 三曼多勃馱喃 阿儞怛夜耶 娑訶namah samantabuddhānam āditya svāhā 두루하신 제불께 귀의합니다. 태양이시여. 스바하"이다. 『대일경소』 권5(대정장39, p.634b18)에 "제석천 권속의 남쪽에 일천 중을 안치하는데, 여덟 필의 말이 끄는 수레 위에 앉아 있다. 또한 두 명의 비(妃)가 그의 좌우에 있는데, 서야미(誓耶微)와 서야(誓耶)라고 부르며 각각 승(勝)과 무승(無勝)으로 한역한다. 일천의 권속들은 여러 집요(執

태장계 일천

금강계 미세회微細會·항삼세삼매야회降三世三昧耶會 일천

일천 키질석굴 7세기

曜)에 두루 분포되어 있다. 釋天眷屬之南 置日天衆 在八馬車輅中 幷二妃在其左右 所謂誓耶微 誓耶 譯云勝無勝也 日天眷屬 布諸執曜"라고 하였으며, 금강계만다라(金剛界曼荼羅)에서는 성신회(成身會)와 항삼세삼매야회(降三世三昧耶會)에 권속으로 밀호는 금강군다리(金剛軍荼利)다. 〔참고문헌〕『大日經』, 『大日經疏』. ⇨일천자 日天子, 십이천 十二天

일천자 日天子 Ⓢ Āditya. 태양신 수리야(須梨耶 Ⓢ Sūrya : 蘇利耶·修野). 음사어는 아니지야(阿泥底耶). 일천·일신(日神)이라고도 한다. 밀교(密敎) 도상에선 현도태장만다라(現圖胎藏曼荼羅) 밖에 있는 금강부원(金剛部院)에 위치한 일천자는 천인(天人)의 형상을 하고 두 손에 모두 연꽃을 쥐고 붉은 오마거(五馬車) 또는 팔마거(八馬車)를 타고 있다. 서야(誓耶 Ⓢ Jayā)·미서야(微誓耶 Ⓢ Vijaya) 등 두 비(妃)를 거느린다. 『대일경소』 권5(대정장39, p.634b18)에 "제석천 권속의 남쪽에 일천중을 둔다. 일천은 팔마거로에 타고 있고 서야·미서야라는 두 비가 그 좌우에 동반한다. 한역하면 승무승이다. 일천의 권속은 모든 요들을 퍼뜨린다. 釋天眷屬之南 置日天衆 在八馬車輅中 幷二妃在其左右 所謂誓耶 微誓耶 譯云 勝無勝也 日天眷屬 布諸執曜", 『유가법궤의』 권하(대정장19, p.379b17)에 "남문의 서면에 일천자와 그 비가 오마거를 타고 두 손에 활짝 핀 연꽃을 잡고 원륜 위에 앉아 있다. 南門西面 日天子幷后 乘五馬車 兩手把開蓮華 坐圓輪"라고 하였다. 십이천도(十二天圖)에는 왼손에 들고 있는 연꽃 위에 다시 삼족오(三足烏)의 일륜(日輪)을 올려놓는다. 『청룡사의궤』 권하(대정장18, p.163a23)에 "일천자의 진언은 다음과 같다〈세간에서는 (일천자가) 중생을 이익케 한다. 아(𑖀) 자의 불생으로 불일삼매를 비유한다. 태양이 뜨면 모든 어둠 사라지듯 보리심이 자연히 열린다. 이 진여실상의 해를 타고 큰 빛 두루 비추는 법계에 위대한 이다〉. 日天子眞言曰〈世間謂利衆生 阿字不生 喩佛日三昧 日出破諸暗 菩提心自然開 乘此眞如實相日 大光遍照 法界尊〉", 『입세아비담론』 권5(대정장32, p.195b14)에 "이 궁전은 수야라 하고, 일천자가 그곳에 살기에 그도 수야라 하며, 궁전의 천자들도 모두 수야라 한다. 是宮殿 說名修野 是日天子 於其中住 亦名修野 宮殿天子 悉名修野", 『법화의소』 권1(대정장34, p.464b6)에 "보광천자란 일천자라 한다. … 또한 어떤 경에는 관세음보살을 보의라 하고 일천자라 하기도 한다. 寶光天子者 謂日天子也 … 復有經云 觀世音 名寶意 作日天子", 같은 책 권12(대정장34, p.622b9)에 "일선삼매란 저 일천자가 일궁전에 올라 모든 중생을 비추고 두루 돌아 다시 시작하는 것과 같다. 구역의 경에서는 일륜삼매라 한다. 日旋三昧者 如日天子 乘日宮殿 照諸衆生 周而復始 舊經 名日輪三昧也"라고 하였다. 〔참고문헌〕『靑龍寺儀軌』, 『立世阿毘曇論』, 『法華義疏』, 『大日經疏』, 『瑜伽法軌儀』. ⇨수리야 須梨耶[1], 보광천자 寶光天子, 삼광천자 三光天子, 일천 日天

일천제 一闡提 Ⓢ icchantika, ecchantika, Ⓣ 'dod-chen-po. 열반의 성이 없어 부처가 될 수 없는 사람. 일체선근이 끊어져(斷善根) 끝내 성불할 수 없다는 뜻과 대비(大悲)로 결코 성불하지 않겠다는 뜻도 함께 한다. icchan 또한 '깊이 열망을 품다'라는 뜻이어서 중생과 함께하여 끝내 버리지 않겠다는 비원(悲願)의 뜻이 앞선다. 일천지(一闡底)·일천지가(一闡底迦)·아전지가(阿顚底迦)·일전가(一顚迦)·아천제(阿闡提)·일천제가(一闡提柯·一闡提迦)·아천지가(阿闡底迦)·천제(闡提) 등으로 음사하며, 단선근(斷善根)·신불구족(信不具足)·극악(極惡)·극욕(極欲)·대욕(大欲)·무종성(無種性)·소종(燒種) 등으로 한역한다. 생맹천제(生盲闡提)라고도 한다. 또 본래 선근이 끊어져 성불할 수 없는 뜻으로 단선천제(斷善闡提 : 斷善根)라 하고, 중생을 위해 열반에 들지 않기 위해 끝내 성불하지 않는 뜻에서는 대비천제(大悲闡提 : 菩薩闡提)라 부른다. 또 한편 언젠가는 부처님의 힘에 의해 성불하는 유성천제(有性闡提)와 결코 성불할 수 없는 무성천제(無性闡提) 둘로 구분하거나, 단선천제(斷善闡提)·대비천제(大悲闡提)·무성천제(無性闡提) 등 셋으로 나눈다. 도생(道生 355~434)의 천제성불(闡提成佛) 주장을 비롯하여, 법상종(法相宗)의 오성각별설(五姓各別說) 등의 논쟁이 있다. 『입능가경』 권2(대정장16, p.527a29 : *Laṅk.*, p.28)에 "대혜야, 어떤 것이 무성승인가? 일천제를 말한다. 대혜야, 일천제는 열반성품이 없다. 왜냐하면 해탈에 대하여 믿는 마음을 내지 않아 열반에 증입하지 못하기 때문이다. 대혜야, 일천제에는 두 부류가 있다. 어떤 것이 그 두 부류인가? 첫째는 일체선근이 타서 없어진 것이고, 둘째는 일체중생을 가엾이 여겨 일체중생계가 다하기를 서원한 경우다. 대혜야, 어떤 것을 일체의 선근을 불태워 버렸다 하는가? 말하자면 보살장을 비방하여 다음과 같이 말한다. '저것은 수다라·비니·해탈의 말씀을 따른 것이 아니다'라고 하여 모든 선근을 버리기에 열반을 얻지 못한다. 대혜야, 중생을 가엾이 여겨 일체중생계가 다하는 원을 짓는다 함은 바로 보살이다. 대혜야, 보살은 방편으로 원을 세우길, '만약 모든

중생이 열반에 들지 않으면, 나 또한 열반에 들지 않겠다'라고 한다. 그러므로 보살마하살은 열반에 들지 않는다. 대혜야, 이것이 두 부류의 일천제이고 열반성품이 없다고 한다. 大慧 何者無性乘 謂一闡提 大慧 一闡提者 無涅槃性 何以故 於解脫中 不生信心 不入涅槃 大慧 一闡提者 有二種 何等爲二 一者 焚燒一切善根 二者 憐愍一切衆生 作盡一切衆生界願 大慧 云何焚燒一切善根 謂謗菩薩藏 作如是言 彼非隨順修多羅 毘尼 解脫說 捨諸善根 是故 不得涅槃 大慧 憐愍衆生 作盡衆生界願者 是爲菩薩 大慧 菩薩方便作願 若諸衆生 不入涅槃者 我亦不入涅槃 是故 菩薩摩訶薩 不入涅槃 大慧 是名二種一闡提無涅槃性 tatrecchantikānāṁ punarmahāmate anicchantikatāmokṣaṁ kena pravartate. yaduta sarvakuśalamūlotsargataśca sattvānādikālapraṇidhānataśca. tatra sarvakuśalamūlotsargaḥ katamaḥ. yaduta bodhisattvapiṭakanikṣepo'bhyākhyānaṁ ca naite sūtrāntā vinayamokṣānukūlā iti bruvataḥ sarvakuśalamūlotsargatvānna nirvāyate. dvitīyaḥ punarmahāmate bodhisattvo mahāsattva evaṁ bhavapraṇidhānopāyapūrvakatvānnāparinirvṛtaiḥ sarvasattvaiḥ parinirvāsyāmīti tato na parinirvāti", 『성유식론장중추요』 권상(대정장43, p.610c19)에 "『능가경』에서 말하는 두 부류의 천제란, 처음은 선근을 끊어 사견 가득한 사람이며, 뒤는 보살로서 대비를 갖춘 이다. 처음의 사람은 열반에 증입하는 때가 있으나, 뒤의 사람은 결코 그렇지 않다. 왜냐하면 중생계가 다할 때는 없기 때문이다. 무성유정은 성불할 수 없는 것이고 대비보살은 성불할 때가 올 수 없는 것이다. 그러나 다섯 번째 성품을 합하면 세 가지가 되니, 첫째는 '일천지가(Ⓢ icchantika)', 둘째는 '아천지가(Ⓢ anicchantika)', 셋째는 '아전지가(Ⓢ ātyantika)'다. '일천지가'는 즐겨 하고자 한다는 뜻이니 생사를 좋아하기 때문이고, '아천지가'는 즐겨 하고자 하지 않는다는 뜻이니 열반을 즐길 수 없기 때문이다. 이 두 류는 모두 선근을 끊은 이들이 아니니 불신과 어리석음으로 덮였을 뿐이기 때문이다. 또 대비보살 통하니, 대지대비를 훈습하기 때문이다. '아전지가'는 필경이라 하는데, 끝내 열반성품이 없기 때문이다. 楞伽所說 二種闡提 初是斷善根具邪見者 後是菩薩具大悲者 初者有入涅槃之時 後必不爾 以衆生界無盡時故 無性有情不成佛故 大悲菩薩無成佛期 然第五性 合有三種 一名 一闡底迦 二名 阿闡底迦 三名 阿顚底迦 一闡底迦是樂欲義 樂生死故 阿闡底迦是不樂欲義 不樂涅槃故 此二通不斷善根人 不信愚癡所覆蔽故 亦通大悲菩薩 大智大悲所熏習故 阿顚底迦名爲畢竟 畢竟無涅槃性故"라고 하였다. 〔참고문헌〕『入楞伽經』, 『成唯識論掌中樞要』, 『能顯中邊慧日論』 권4(대정장45, p.441b7), *Laṅk*. ⇨ 아전지가 阿顚底迦, 아천제 阿闡提, 아천지가 阿闡底迦, 단선근 斷善根, 신불구족 信不具足, 무종성 無種性, 생맹일천제 生盲一闡提, 단선천제 斷善闡提, 대비천제 大悲闡提, 유성천제 有性闡提, 무성천제 無性闡提, 무열반성 無涅槃性, 이종천제 二種闡提, 삼종천제 三種闡提, 오종성 五種性 ■1

일천제가 一闡提迦 Ⓢ icchantika, ecchantika의 음사어. 『화엄경담현결택』 권5(卍속장11, p.952a18)에 "다섯째 무성에는 세 가지 범어 이름이 있어 한역 역시 다르다. 첫째는 아천지가이니, 기꺼이 욕망하지 않는 뜻의 불요욕이라 한역한다. 열반을 좋아하지 않기 때문이다. 둘째는 일천제가이니, 즐겨 욕망한다는 뜻의 요욕(樂欲)이라 한역한다. 즐겨 생사에 머물기 때문이다. 第五 無性 有三梵名 翻譯亦異 一 阿闡底迦 此云不樂欲 不樂涅槃故 二 云一闡提迦 此云樂欲 樂住生死故"라고 하였다. 〔참고문헌〕『華嚴經談玄決擇』. ⇨ 무성 無性 ■2

일천제장 一闡提杖 일천제(一闡提 Ⓢ icchantika)의 지팡이. 일체중생이 모두 불성이 있음(一切衆生悉有佛性)을 천양한 『열반경』이기에 일천제에게마저 의지가 된다는 뜻이다. 『열반경』과 같은 부처님의 가르침을 가리킨다. 40권본 『대반열반경』 권38(대정장12, p.586b20)에 "선남자야, 이 경은 능히 병으로 괴로워하는 중생들에게 매우 좋은 약이 되는데, 마치 향산에 있는 미묘한 약이 온갖 병을 치료할 수 있는 것과 같다. 선남자야, 이 경은 일천제의 지팡이가 되는데, 마치 쇠약한 사람이 이것을 짚고 일어나는 것과 같다. 선남자야, 이 경전은 일체악인을 위해 다리가 되는데, 마치 세상의 다리가 모든 사람을 건너게 할 수 있는 것과 같다. 善男子 是經能爲 病苦衆生 作大良藥 如香山中 微妙藥王 能治衆病 善男子 是經能爲 一闡提杖 猶如羸人 因之得起 善男子 是經能爲 一切惡人 而作橋梁 猶如世橋 能渡一切"라고 하였다. 〔참고문헌〕『大般涅槃經』, 『涅槃玄義發源機要』 권2(대정장38, p.24c22). ⇨ 일천제 一闡提

일천지가 一闡底迦 Ⓢ icchantika의 음사어. 삼종천제(三種闡提) 중 하나. 일천제(一闡提)라고도 한다. 『대승아비달마집론』 권3(대정장31, p.673c25 : *Abh-s.*, p.35)에 "만약 열반법이 아닌 일천지가라면, 구경에는 잡염제법만을 성취한다. 해탈의 인이 없으므로 또한 아전지가라고도 한다. 그는 해탈을 위한 인을 결코 성취할 수 없기 때문이다. 若非涅槃法 一闡底迦 究竟成就雜染諸法 由闕解脫因 亦名阿顚底迦 以彼解脫得因 必竟不成就故 ātyantikaḥ punaḥ saṃkleśasamanvāgamaḥ aparinirvāṇadharmakāṇāmicchantikānāṃ draṣṭavyaḥ mokṣahetuvaikalyādātyantika eṣāṃ hetvasamanvāgamaḥ", 『성유식론장중추요』 권상(대정장4

3, p.610c22)에 "다섯 번째 종성은 모두 세 가지다. 첫째는 일천지가라 한다. … 일천지가란 즐겨 욕망한다는 뜻이니 생사를 좋아하기 때문이다. 第五性合有三種 一名 一闡底迦 … 一闡底迦是樂欲義 樂生死故", 『번역명의집』 권2(대정장54, p.1084b13)에 "일천지가란 곧바로 모든 선근을 불태워버린 뜻이다. 一闡底迦 卽焚燒一切善根"라고 하였다. 〔참고문헌〕『大乘阿毘達磨集論』, 『成唯識論掌中樞要』, 『翻譯名義集』, *Abh-s*. ⇨ 삼종천제 三種闡提, 아천지가 阿闡底迦, 아전지가 阿顚底迦

일천칠백공안 一千七百公案 일천칠백 가지 공안. 조사들의 수많은 기연을 다 들어 부르는 말이다. 『경덕전등록』에서 유래한 숫자다. 삼장십이분교의 수많은 가르침은 팔만사천법문이라 부른다. 『경덕전등록』「서문 序文」(대정장51, p.196c3)에 "과거칠불부터 대법안의 법계에 이르는 무릇 52세 일천칠백인들의 이야기로 30권을 완성하고 『경덕전등록』이라 제목하였다. 由七佛以至大法眼之嗣 凡五十二世 一千七百一人 成三十卷 目之曰景德傳燈錄", 『담연원징어록』 권6(卍속장126, p.234b7)에 "옛 사람은 말한다. '원앙 수 놓아 누구든 보도록 하겠지만, 금침만은 붙잡아 누구에게도 주지 않겠다'라고 하였는데, 삼승십이분교와 일천칠백공안을 모두 원앙이라 한다면 무엇을 금침이라 하겠는가? 古人道 鴛鴦繡出從君看 不把金針度與人 三乘十二分敎 一千七百公案 俱是鴛鴦 如何是金針", 『성암법사어록』 권상 「시선자염불게 示禪者念佛偈」(卍속장109, p.603b12)에 "팔만사천법장이 여섯 자로 전부 거두고, 일천칠백공안도 한 칼에 자른다. 八萬四千法藏 六字全收 一千七百公案 一刀斬斷", 『청주집』「직하승당 直下承當」(卍속장110, p.29a1)에 "팔만사천법문이 모두 부처라는 한 구만 못하고, 일천칠백공안도 한 구 부처만 못하다. 왜 그런가? 이 하나의 문을 생각해보면 돈도 있고 점도 있으며, 뜻도 있고 자취도 있다. 상근의 지혜로운 사람은 곧바로 알아차려 자성을 보고 부처가 되지만, 중하의 무리로 능히 단번에 넘을 수 없는 이들은 저 부처님의 힘에 의지하여야 모두 왕생할 수 있다. 이와 같은 문이야말로 다른 모든 문을 훤출히 넘어선다. 八萬四千法門 總不如一句佛 一千七百公案 亦不如一句佛 何則 惟此一門 有頓有漸 有理有迹 上根智人 直下承當 見性成佛 中下之流 未能頓超者 仗彼佛力 皆得往生 是如此門 勝過一切"라고 하였다. 〔참고문헌〕『景德傳燈錄』, 『湛然圓澄語錄』, 『省菴法師語錄』, 『淸珠集』. ⇨ 공안 公案

일청 一淸 조선후기 스님. 『청허집』 권5 「금강산장안사신주종명병서 金剛山長安寺新鑄鍾銘幷序」(한불전7, p.708c19)에 "을사년(1605·선조38) 봄에 비구 일청이 중창을 발원하였다. 이어서 무차회를 베풀어 낙성하였다. 乙巳春 苾蒭一淸發 願重刱焉 因設無遮會以落之"라고 하였다. 〔참고문헌〕『淸虛集』. ⇨ 장안사 長安寺

일체 一切 Ⓢ sarva, Ⓟ sabba, Ⓣ kun tu, thams cad. 모든 것. 남김없이 모두 다의 뜻으로 살바(薩婆)·사바(娑婆)·사사(娑娑) 등으로 음사한다. 『대지도론』 권27(대정장25, p.260b1)에 "살바는 일체라고 한역한다. 薩婆 秦言一切", 『번범어』 권1(대정장54, p.986b17)에 "사바〈바른 음사는 살바이다. 『대지도론』에서는 일체라고 한역하였다〉. 娑婆〈應云薩婆 論曰一切〉", 『장아함경』 권2 「유행경 遊行經」(대정장1, p.12c27)에 "부처님께서는 바다의 사공이시고, 법의 다리 놓아 강을 건너는 나루터 되시니, 대승으로 이끄는 큰 수레는 일체 즉 빠짐없이 모두 실어서 천상과 인간도 건져주시네. 佛爲海船師 法橋渡河津 大乘道之輿 一切渡天人", 『잡아함경』 권13(대정장2, p.91a26 : *Sabba-sutta*, *SN.4*, p.15)에 "말하길 일체라 하니, 무엇이 일체인가. 부처님께서 바라문에게 말씀하셨다. 일체란 바로 십이처다. 눈과 색, 귀와 소리, 향과 맛, 몸과 감촉, 의와 법이다. 이를 이름하여 일체라 한다. 만약 다시 말하기를 '이것은 일체가 아니다. 사문구담이 설한 일체를 나는 지금 버리고 따로 나머지 일체를 세운다'고 하는 이가 있다면 저 사람 다만 언설 있을 뿐이지 아무리 물어보아도 알지 못하여 의혹만 더할 것이다. 왜 그런가. 그것은 경계가 아니기 때문이다. 所謂一切者 云何名一切 佛告婆羅門 一切者 謂十二入處 眼色 耳聲 鼻香 舌味 身觸 意法 是名一切 若復說言 此非一切 沙門瞿曇所說一切 我今捨別立餘一切者 彼但有言說 問已不知 增其疑惑 所以者何 非其境界故 Sabbaṃ vo bhikkhave desissāmi taṃ suṇātha. Kiñca bhikkhave sabbaṃ. cakkhuñceva rūpā ca sotañca saddā ca ghānañca gandhā ca jivhā ca rasā ca kāyo ca phoṭṭhabbā ca mano ca dhammā ca idaṃ vuccati bhikkhave sabbaṃ. yo bhikkhave evaṃ vadeyya 'ham etaṃ sabbaṃ paccakkhāya aññaṃ sabbaṃ paññāpessāmi'ti, tassā vācāvatthurevassa. puṭṭho ca na sampāyeyya, uttariñca vighātaṃ āpajjeyya, taṃ kissa hetu. yathā taṃ bhikkhave avisayasmiṃ ti"라고 하였다. 〔참고문헌〕『大智度論』, 『翻梵語』, 『長阿含經』, 『雜阿含經』, 『翻譯名義集』 권5(대정장54, p.1134c5), *SN.*, *Bodh-bh.61*. ⇨ 십이처 十二處, 십팔계 十八界, 삼과 三科, 일체계 一切界, 일체법 一切法, 일체유 一切有, 일체공 一切空, 일체유법 一切有法, 일체의 一切依, 일체의 一切義, 사사 娑娑, 사종일체의 四種一切義

일체개고 一切皆苦 Ⓢ sarvaṃ dukham, Ⓣ thams cad ni sdug-bsngal-ba. 사고(四苦 Ⓢ catur-vidhaṃ duḥkham : 生老病死)와 애별리고(愛別離苦 Ⓢ priya-viprayoga-duḥkham)·원증회고(怨憎會苦 Ⓢ apriya-saṃprayoga-duḥkham)·구부득고(求不得苦 Ⓢ icchayā paryeṣamāṇo na labhate tad api duḥkham)·오음성고(五陰盛苦 Ⓢ pañca-upadānaskandha-duḥkham)를 더해 팔고(八苦 Ⓢ aṣṭa-vidhaṃ duḥkham)를 내용으로 한다. 사법인(四法印) 또는 삼법인(三法印) 중 하나로 일체 즉 모든 유위법(一切有爲法)이 무상(無常)이고 고(苦)이고 무아(無我)라는 삼법인(三法印) 중의 한 뜻이고, 마지막 적정열반(寂靜涅槃)의 뜻을 더하여 사법인을 성취한다. 일체행고(一切行苦 Ⓟ sabbe saṅkhāra dukkhā)라고도 한다. 『불개해범지아발경』(대정장1, p.263c28)에 "사람은 마땅히 어질고 의로워야 한다. 보시로 복을 짓고 깨우쳐 마땅하지 않음을 알아야 하고 행을 지켜 계를 가진다. 세간은 위태롭고 즐거움은 적고 고통은 가득하네. 마땅히 스스로 이 몸을 걱정하여 마땅히 게을리 해서는 안 되리. 힘써 탐욕을 끊고 지극히 두려워하며 익혀야 하리. 생로병사여, 슬피 통곡할 일이로다. 사랑하는 이들과 헤어지는 등 일체가 고통이어서 성인은 무위도를 구하신다. 人當仁義 布施作福 覺識非當 守行經戒 世間危嶮 樂少苦多 當自憂身 不宜解怠 務斷貪欲 致畏之習 生老病死 憂哭之痛 恩愛別離 一切皆苦 是故聖人 求無爲道", 『승가라찰소집경』 권중(대정장4, p.128b29)에 "일체가 모두 고이니, 저들 번뇌 받는 일 없이 하여 생사를 멀리한다. 一切皆苦 莫受彼塵垢 厭患生死", 『대애경』 권8(대정장13, p.447c7)에 "온갖만물은 일체가 모두 고라고 관하라. 이것이 야말로 지혜의 본이다. 觀諸萬物 一切皆苦 是爲智本", 『화엄경소』 권7(대정장35, p.553c9)에 "모든 것들이 옮겨가니 일체가 고다. 보리인 일어난 즉 생멸고가 사라지고 곧바로 열반의 고요한 안락을 얻는다. 爲行所遷 一切皆苦 菩提因起 則生滅苦亡 便得涅槃寂滅安樂", 『성실론』 권14(대정장32, p.349a29)에 "행자는 온갖 세간이 일체 모두 고이고 마음에 즐거울 일 없다고 안다. 行者見諸世間 一切皆苦 心無所樂", 『능엄경소해몽초』 권9(卍속장21, p.653b9)에 "십팔계의 삼수법 그 일체가 모두 고라고 관하여 버려서 집착하지 않는다. … 이와 같이 관할 때 공이어서 얻을 수 있는 것도 없고 버릴 수 있는 법도 없으며, 버려야 할 법마저 없다는 것마저 있지 않으니 진실과 거짓이 함께 고요해지는 그때 음계입의 마구니는 무너지리라. 觀十八界三受法 一切皆苦 捨之不著 … 如是觀時 空無可得 亦無可捨 亦復不得無可捨法 眞假俱寂 是時卽破陰界入魔"라고 하였다. 〔참고문헌〕『佛開解梵志阿颰經』, 『僧伽羅刹所集經』, 『大哀經』, 『華嚴經疏』, 『成實論』, 『楞嚴經疏解蒙鈔』, *Abh-s-bh.122.*, *Bodh-bh.167.*, *Mvyut.112.* ⇨사법인 四法印, 삼법인 三法印, 사고 四苦, 팔고 八苦, 일체행고 一切行苦, 십팔계 十八界, 음계입 陰界入, 일체고본 一切苦本

일체개공 一切皆空 ❶ Ⓣ thams cad stong-pa. 일체 온통 공이다. 공은 연기(緣起)의 다른 이름일 뿐이여서 자성이 따로 없는(無自性) 일체법이 서로 의지해 일어나고 사라지는 뜻에서 유위도 무위도 중생도 일체가 공하다는 뜻이다. 『십이문론』(대정장30, p.166c3)에 "만약 복업의 인연으로 중생중에 위대한 것이 있다면, 다른 중생도 복업을 행하면 역시 위대할 것인데, 어찌하여 자재천만을 귀중하게 여기는가? 만약 인연없이도 자재롭다면 모든 중생도 자재로워야 할 것인데, 실제로는 그렇지 않으니 자재천이 만든 것이 아니라는 것을 알아야 한다. 若福業因緣故 於衆生中大 餘衆生行福業者 亦復應大 何以貴自在 若無因緣而自在者 一切衆生 亦應自在 而實不爾", "만약 자재함이 다른 것에 의해서 얻을 수 있는 것이라면 다른 것은 다시 다른 것을 좇는다. 이와 같이 끝이 없고, 끝이 없는즉 인도 없다. 이와 같이 종종의 인연들 때문에 만물은 자재천이 낳은 것이 아니고, 자재천도 없음을 알아야 한다. 當知非自在所作 若自在從他而得 則他復從他 如是則無窮 無窮則無因 如是等種種因緣 當知萬物非自在生 亦無有自在", "이와 같은 사견으로 이 세간 짓는 이 다른 어딘가에 있는가 물으면 타작(他作)을 묻기 때문에 부처님께서는 대답하지 않으셨다. 어울려 짓는다 하는 것 역시 옳지 않으니 두 가지 허물이 있다. 뭇 인연화합으로 생기기에 인이 없이 생기는 것이 아니므로 부처님께서는 역시 대답하지 않으셨다. 如是邪見 問他作故 佛亦不答 共作亦不然 有二過故 衆因緣和合生故 不從無因生 佛亦不答", "그러므로 이 경은 네 가지 사견을 부술 뿐이니 고이기에 공이라 설한 것은 아니다. 〔답〕 부처님께서 비록 이와 같이 뭇 인연을 좇아 '고'가 생긴다고 하시며 네 가지 사견을 무너뜨리고 '공'을 말씀하신 것이다. 즉 고가 뭇 인연으로 생한다고 하는 것은 공의 뜻을 말하는 것이다. 是故 此經但破 四種邪見 不說苦爲空 答曰 佛雖如是說 從衆因緣生苦 破四種邪見 卽是說空 說苦從衆因緣生 卽是說空義", "왜냐하면 뭇 인연으로 생긴다면 자성이 없는 것이고, 자성이 없다면 '공'이기 때문이다. '고'가 '공'인 것처럼 유위·무위·중생 등 일체가 모두 '공'임을 알아야 한다. 何以故 若從衆因緣生 則無自性 無自性卽是空 如苦空 當知有爲無爲 及衆生 一切皆空", 『불성론』 권1(대정장31, p.791c25)에 "만약에 네가 '병 등이 색 등과 다르다'고 말한다면, 어떻게 증명하겠는가? 만약 색 등의 모든 덕을 떠나서 이 물건을 증명할 수 있겠는가. 마치 석녀에게 아이가 있고, 아지랑이로 목욕하며, 거북이 털로 옷을 입고, 토끼뿔로 신을 신으며, 허공 꽃다발 쓰고, 건달바성에 들어가며, 화녀와 함께 노는 것 등 역시 증명할 수 있어야 한다. 만약 이것을 증명할 수 없다면, 저 병 등도 그러할 것이다. '색' 등이 이미 없는데 병이 어떻게 있다고 하겠는가? 저 병처럼 일체를 모두 헤아려도 그 바탕 찾을 수 없다. 이와 같이 자성이 모두 존재하지 않으니, 모든 법이 다 '공'임을 알아야 한다. 若汝謂甁等與色等異者 云何得證 若離色等諸德 是物可證者 應知 石女有兒 用炎水浴 被龜毛衣 著兎角屣 戴空華鬘 入闥婆城共化女戲 是等亦應可證 若此不可證者 甁等亦爾 色等旣無 甁云何有 如甁 一切諸量 亦皆不成 如是自性 悉不可得 故知諸法一切皆空"라고 하였다. [참고문헌]『十二門論』, 『佛性論』. ⇨ 일체공 一切空, 공 空 **2** 겁이 다해 세계가 무너지는 뜻. 『대지도론』 권8(대정장25, p.116a5)에 "겁이 다하여 타버릴 때 일체는 모두 사라지지만 중생복덕의 인연력으로 시방에서 바람이 불어와 서로 부딪쳐서 큰물을 지탱한다. 물 위에는 천 개의 머리와 이천 개의 팔과 다리를 가진 사람이 있는데, 위뉴(韋紐 Ⓢ Viṣṇu)라 한다. 이 사람의 배꼽에서 천 개의 꽃잎을 가진 금빛의 아름다운 보배 연꽃이 나오는데, 그 광명이 매우 밝아서 만 개의 해가 함께 비추는 것과 같다. 꽃 속에 한 사람이 가부좌를 하고 있는데, 이 사람에게도 한량없는 광명이 있으니 범천왕이라 한다. 이 범천왕의 가슴에서 여덟 아들이 태어나며, 이 여덟 아들이 천지의 인민을 낳는다. 劫盡燒時 一切皆空 衆生福德 因緣力故 十方風至 相對相觸 能持大水 水上有一千頭人 二千手足 名爲韋紐 是人臍中 出千葉金色妙寶蓮花 其光大明 如萬日俱照 華中有人 結加趺坐 此人復有無量光明 名曰梵天王 此梵天王心生八子 八子生天地人民"라고 하였다. [참고문헌]『大智度論』. ⇨ 겁 劫

일체개공종 一切皆空宗 일체가 다 공이라고 세우는 종. 화엄종에서 시설한 십종(十宗) 중 하나로 삼론종(三論宗)이 이에 해당하며, 오교(五教) 중 대승시교(大乘始教)를 일컫는다. 이 종파의 주요 경론은 『반야경 般若經』·『중론 中論』·『백론 百論』·『십이문론 十二門論』 등이다. 『화엄경탐현기』 권1(대정장35, p.116b20)에 "일곱째 일체개공종이니, 대승초교를 말한다. 일체법의 성이 공이여서 세간의 표현을 넘어 분별할 것이 없기 때문이다. 저 『반야경』 등에서 가려 말하는 것이다. 七一切皆空宗 謂大乘初教 說一切法 悉皆性空 超於情表 無分別故 如般若等 皆辯"라고 하였다. [참고문헌]『華嚴經探玄記』. ⇨ 삼론종 三論宗, 대승시교 大乘始教, 십종 十宗, 오교십종 五教十宗

일체개성 一切皆成 일체가 온통 부처를 성취한다. 일체개성불(一切皆成佛)의 줄임말이다. 일성개성(一性皆成)이라고도 한다. 천태종·화엄종 등 일승가(一乘家)의 주장이며, 삼승가(三乘家)인 법상종의 오성각별(五性各別)에 맞선다. 『화엄경소초』 권80(대정장36, p.628b2)에 "부처란 비롯함이 있어 성취하는 것이 아니다. 부처란 본래 이 부처이기 때문이니 부처로서의 본래 부처가 어찌 달리 부처를 낼 수 있겠는가. 이런 이유로 한 번 부처이면 모두가 부처다. 또한 이렇게도 말할 수 있으니, 한 번 부처를 이루지 못하면 일체가 한결같이 부처가 아니니다. 하나인 자성이기 때문이다. 佛非始成 佛本是佛 佛之本佛 何異生佛 是故 一成 一切皆成 亦可說言若一不成 一切不成 同一性故"라고 하였다. [참고문헌]『華嚴經疏鈔』. ⇨ 일체중생실유불성 一切衆生悉有佛性, 불성 佛性, 오종성 五種性 **1**

일체견불인 一切見不忍 Ⓟ sabbaṃ me na khamati. 모든 견해를 인정하지 않는 것. 모든 견해에 대해 회의하는 것. 일체불인(一切不忍)이라고도 한다. 『잡아함경』 권34(대정장2, p.249b2)에 "(장조외도가) 부처님께 다음과 같이 말씀드렸다. '구담이시여, 저는 일체의 견해를 인정하지 않습니다'. 부처님께서 화종(火種)에게 이렇게 말씀하셨다. '너는 일체의 견해를 인정하지 않는다고 하였는데, 이 견해 역시 인정하지 않는가?' 장조외도는 다음과 같이 말씀드렸다. '전에 말한 일체의 견해를 인정하지 않는다는 견해도 인정하지 않습니다'. 白佛言 瞿曇 我一切見不忍 佛告火種 汝言一切見不忍者 此見亦不忍耶 長爪外道言 向言一切見不忍者 此見亦不忍"라고 하였다. [참고문헌]『雜阿含經』.

일체견주지혹 一切見住地惑 온갖 사견으로 삼계에 머무는 번뇌. 오주지혹(五住地惑) 중 하나. 견일처주지혹(見一處住地惑)이라고도 한다. 이 번뇌를 끊어야 견도(見道)에 들어간다. 『능가경심인』 권5(卍속장27, p.249a3)에 "삼계견혹이 (四住 중) 일주다. 일체견주지혹을 말한다. 곧 삼계를 분별하는 견혹이니, 의근으로 법진을 분별하여 온갖 사견을 일으킴으로써 삼계에 머물러 벗어나지 못한다. 三界見惑爲一住 謂一切見住地惑 即三界分別見惑 由意根對法塵分別 起諸邪見 住著三界也"라고 하였다. [참고문헌]『楞伽經心印』. ⇨ 견일처주지 見一處住地, 삼계견혹 三界見惑, 오주지혹 五住地惑

일체경 一切經 모든 경. 부처님께서 말씀하신 모든 것을 엮어 모은 경율론(經律論) 삼장(三藏)을 비롯한 불교의 모든 것 즉 유형의 삼장과 무형의 교설을 다 거둬 일컫는다. 부처님 일대의 말씀을 집성했다는 의미에서 일대장교(一代藏教)라 하듯이, 불교를 전승하고 증대해 온 논서나 번역경 등을 모두 거두는 뜻이다. 『정법화경』 권6(대정장9, p.105a12)에 "이 경전을 헤아려 보면 일체경중 으뜸이니, 이 경을 받들어 가진다면, 모든 부처님 몸을 모심과 같으리. 計是經典者 一切經中尊 其奉持此典 則侍諸佛身", 『금강삼매경』(대정장9, p.374a26)

에 "만약 중생은 누구라도 이 경을 가진다면 일체경중에 더 바랄 것 없으리라. 若有衆生 持是經者 則於一切經中 無所悕求",『백론소』「서 序」(대정장42, p.232c20)에 "일체경은 하나같이 중도를 밝히고 하나같이 정관을 밝히니 일체경은 그대로 하나의 경이다. 또한 일체경은 일체논이다. 경이든 논이든 모두 길을 드러내보이기 위함이니, 길에는 이미 둘이 없을진대 어찌 경론인들 있겠는가! 그러므로 본래 둘이 있어야 하나도 있을 수 있지만 마침내 일찍이 둘도 없었다면 어찌 하나인들 있겠는가. 이와 같이 하나이면 둘이고 하나도 아니면 둘도 아니다. 그러므로 헤아림 다 잊어 고요할 뿐이다. 一切經 亦通明中道 通明正觀 則一切經 是一經 又一切經 猶是一切論 以經論皆爲顯道 道旣無二 豈有經論異哉 然本有於二 可言有一 竟未曾二 何有一耶 如是亦一亦二 非一非二 故言亡慮寂矣",『대승보요의론』 권9(대정장32, p.71a11)에 "이 깊고 깊은 법은 일체법과 일체경 중에서 거두기 때문이다. 此甚深法 於一切法 一切經中攝故",『금강반야경소』(대정장33, p.76b2)에 "일체경의 처음에 모두 '여시'라는 말을 둔다. '아문'이란 몸소 부처님 말씀을 받아 이었기에 들은 그대로 그릇됨이 없다는 뜻이다. 一切經初 皆安如是 我聞者 親承金口 而聞事非謬也",『화엄경소초』 권2(대정장36, p.16a22)에 "또한 일체경의 처음에 육성취를 둔 것은 중생으로 하여금 믿게 하기 위해서다. 又一切經 初有六成就 令物信故"라고 하였다. [참고문헌]『正法華經』,『金剛三昧經』,『百論疏』,『大乘寶要義論』,『金剛般若經疏』,『華嚴經疏鈔』. ⇨ 대장경 大藏經

일체경 一切境 오종순수(五種順受) 중 하나. 일체의 대상경계인 소연순수(所緣順受)를 말한다.『구사론』 권15(대정장29, p.81b25 : *Abh-k-bh.*, p.229)에 "(오종순수 중) 셋째는 소연순수이니, 일체경을 말한다. 三所緣順受 謂一切境 ālambanavedanīyatā viṣayāṇām. yathoktaṃ cakṣuṣā rūpāṇi dṛṣṭvā rūpapratisaṃvedī bhavati, no tu rūparāgapratisaṃvedīty evamādi. vedanayā hi tām ālambamānaḥ pratisaṃvedayate"라고 하였다. [참고문헌]『俱舍論』, *Abh-k-bh.* ⇨ 소연순수 所緣順受, 오종순수 五種順受

일체경음의 一切經音義 모든 경의 말씀들의 소리와 뜻을 모아놓은 것. ❶ 북제(北齊)대 도혜(道慧) 지음. 본래의 서명(書名)은『일체경음 一切經音』이었으나 청(淸)대 완원(阮元)이『연경실외집 揅經室外集』에서『일체경음의』라고 하였다. 일실되어 전하지 않으며 다만『대당내전록』 권5(대정장55, p.283b24)에 서명만 보인다. [참고문헌]『大唐內典錄』. ❷ 당(唐)대인 정관(貞觀) 말년에 현응(玄應) 지음. 25권 또는 26권.『대당중경음의 大唐衆經音義』·『현응음의』·『원응 元應』 등이라고도 한다. 고려장32, pp.1a1~340a4, No.1063에만 수록되어 있다. 본서는 현존하는 음의서(音義書) 중 표준적이고 가장 오래된 것이며,『화엄경 華嚴經』으로부터『순정리론 順正理論』까지 대략 454부의 대소승 경율론에서 나오는 술어들에 대해 여러 전적을 원용하고 범어음역(梵語音譯)을 참조하여 음의를 풀이하였는데 그 주해(注解)가 정미하여 후대에서 중요하게 여긴다. 권1부터 권20까지는 당나라 현장(玄奘) 이전에 한역된 총 430종 경들의 내용을 대승과 소승으로 나누고, 다시 경율론전기 등으로 분류하여 추출한 술어들을 풀고 있다. 권21부터 권25까지는 현장이 한역한 대승경 13종, 대승논서 11종, 소승논서 2종을 싣고 있는데 각 지방마다 달리 읽는 글자나 용어는 물론이고, 경의 원문도 교감하여 바로잡았으며, 현재 전하지 않는 다수의 고전들을 인용하고 있을 뿐만 아니라 술어의 불경 용례 외에도『논어』·『맹자』 등도 참조하고 있어 서지학적으로도 그 가치가 높이 평가된다. [참고문헌]『大唐內典錄』 권5(대정장55, p.281a5),『開元釋敎錄』 권13(대정장55, p.624c6). ❸ 당(唐)대인 807년(원화2) 혜림(慧琳) 지음. 100권.『대장음의 大藏音義』·『혜림음의 慧琳音義』·『혜림일체경음의』 등이라고도 한다. 고려장42, p.1a1~고려장43, p.1007a3, No.1498·대정장54, pp.311a3~933b3, No.2128 등에 수록되어 있다. 본서는『대반야경 大般若經』부터『호명방생법 護命放生法』에 이르는 1,225종의 불경에서 어휘를 선정하여 풀이하였으며, 이를 위해 혜림은『옥편 玉篇』·『설문 說文』·『자림 字林』·『자통 子統』 등 7종의 자서를 참고하고 범독(梵讀)을 고찰하였다. 이 중 1종은 혜원(慧遠)의『음의』에서, 5종은 운공(雲公)의『음의』에서, 337종의 불경은『현응음의』를 보완하여 그대로 수록하였고, 146종은 불경의 이름만 적어 놓고 풀이는 하지 않았으므로 혜림 자신이 주석한 것은 736종의 불경이다. 일반적으로『일체경음의』라 하면 혜림이 편찬한『음의』를 말하며, 음운연구에 중요한 문헌으로 평가된다. 우리나라의 고려팔만대장경입장본이 일본의 대정신수대장경에 입장되어 전승되고 있었다. 이는 고려시대에 거란대장경(契丹大藏經)이 우리나라에 전해져 의천(義天)이 교장(敎藏)에 입장(入藏)시키고『신편제종교장총록』의 해동유본현행록(海東有本見行錄)에도 그 목록을 남겼기 때문에 가능했다.『신편제종교장총록』 권3(한불전4, p.697a6)에 "『일체경음의』 100권 혜림 지음.『속일체경음의』 10권 희린 지음. 一切經音義一百卷 惠琳述 續一切經音義十卷 希麟述"이라고 하였다. 이후 재조본(再造本) 팔만대장경에 입장된 1245년(고종32) 대장도감(大藏都監) 판각본『일체경음의』와 1247년 대장도감 판각본『속일체경음의』가 유통되었고 조선시대 여러 사찰에서 중간본(重刊本)·복각본(復刻本) 등으로 유통시켰다. 그 중

충청북도 단양군 영춘면 구인사(救仁寺) 소장『일체경음의권92』는 충청북도 유형문화재 제327호로 지정되었다. 그 외 1786년(건륭51) 개간본을 1869년(동치8)에 중국에서 중각(重刻)한『일체경음의』가 고려대학교중앙도서관과 규장각한국학연구원에 소장되어 있고, 1924년 8월 무석(無錫) 정복보(丁福保) 간행기가 있는『일체경음의』가 동국대학교에 소장되어 있다. 그리고 송광사성보박물관 소장의 팔만대장경판본의 복각본인『속일체경음의』(간행연도 등 미상)가 전한다. [참고문헌]『新編諸宗敎藏總錄』,『開元釋敎錄』권8(대정장55, p.562a17). **4** ➡ 속일체경음의 續一切經音義 **5** ➡ 신역대방광불화엄경음의 新譯大方廣佛華嚴經音義

일체경전 一切經典 모든 경전. 일체경이라고도 한다.『유부율』권11(대정장23, p.682c18)에 "여래께서 말씀하신 일체경전은 듣는 즉시 모두 능히 받아들인다. 마치 저 병에서 물을 쏟아 다른 그릇에 부어두듯 한다. 如來所說 一切經典 聞悉能受 如甁瀉水 置之異器"라고 하였다. [참고문헌]『有部律』. ⇨ 일체경 一切經

일체경회 一切經會 일본불교 의식 중 하나. 경의 제목만 소리 내어 읽는 형식으로 행한다.『일본서기』에 따르면, 일본에서는 673년(천무2) 3월에 처음으로 비조천원사(飛鳥川原寺)에서 일체경을 서사하였다 하였고, 일체경회를 전하는 예는 1069년(연구1)에『초예초 初例抄』나『감상초 濫觴抄』에서 보이며, 우치일체경회(宇治一切経會) 또는 평등원일체경회(平等院一切経會)로 불린다.『원형석서』권25「연구황제 延久皇帝」(대정장보편32, p.306a17)에 "(1069년) 5월, 태사 등뢰통이 일체경회를 닦았다. 五月 太師藤賴通 修一切經會"라고 하였다. [참고문헌]『元亨釋書』.

일체계 一切界 Ⓢ sarva-dhātu, sarva dhātuka, Ⓣ khams thams cad. 모든 계. 일체(一切)란 십팔계(十八界: 六根界 六境界 六識界)를 말하며, 십팔계는 다시 삼계(三界: 欲界 色界 無色界)로 열어 말한다. 세계가 차별한 뜻도 온처계(蘊處界)에 의지해서 가지가지로 일어나기 때문이어서, 삼계(三界)도 온(蘊)에 있어서 상(相)·추중(麤重)·방처(方處)·수용(受用)·임지(任持) 등의 차별이 계로 드러난 뜻이다.『섭대승론석』권5(대정장31, p.181c20)에 "일체계란 바로 삼계이고 십팔계다. 一切界 卽三界 十八界",『현양성교론』권1(대정장31, p.484c14)에 "이제 일체세계에 대하여 말하겠다. [송] 세계란 욕계색계 등과 삼천세계를 말한다. 一切界 今當說 頌曰 界謂欲色等 及與三千界", "[논] 계에는 두 가지가 있으니, 첫째는 욕계 등 삼계, 둘째는 삼천세계이다. 욕계 등 삼계란, 첫째는 욕계이니 아직 욕계에서의 번뇌와 갖가지 온의 차별을 말하고, 둘째는 색계이니 이미 욕계의 온갖 번뇌와 갖가지 온의 차별을 여읜 뜻이며, 셋째는 무색계이니 색계와 욕계의 온갖 번뇌와 온의 차별을 여읜 뜻이다. 論曰 界有二種 一 欲等三界 二 三千世界 欲等三界者 一 欲界 謂未離欲地 雜衆煩惱 諸蘊差別 二 色界 謂已離欲地 雜衆煩惱 諸蘊差別 三 無色界 謂離色欲地 雜衆煩惱 諸蘊差別", "이와 같은 삼계에는 다시 다섯 가지 차별이 있음을 알아야 한다. 첫째는 상차별이고, 둘째는 추중차별이며, 셋째는 방처차별이고, 넷째는 수용차별이며, 다섯째는 임지차별이다. 如是三界 復有五種差別應知 一 相差別 二 麤重差別 三 方處差別 四 受用差別 五 任持差別", "상차별이란, 욕계중에 색의 상이 흔하니 깨끗하지 못한 상이나 갖가지 잡된 모습 등이며, 색계중에는 상이 깨끗하여 적으니 잡되지 않다. 무색계중에는 비록 업으로 생긴 색은 없지만 선정으로 생긴 색 있어도 보거나 만질 수 없다. 相差別者 謂欲界中 色多相 不鮮淨相 種種雜相 色界中 色少相 鮮淨相 非種種雜相 無色界中 雖無業所生色 而有定所生色 無見無對", "또한 욕계중에는 고통과 진에와 번뇌도 상응하는 상이 있고, 색계무색계중에는 고통으로도 진에로도 상응함이 없지만 적은 번뇌만은 상응한다. 색계와 무색계에서 괴로운 느낌과 상응하지 않는 양상이나 분노와 상응하지 않는 양상이나 적은 수번뇌와 상응하는 양상 등이 있다. 又欲界中 有苦受相應相 瞋恚相應相 多隨煩惱相應相 色無色界中 有苦受不相應相 瞋恚不相應相 少隨煩惱相應相", "추중차별이란, 욕계 중의 추중은 거칠고 해를 입히며, 색계와 무색계에서의 추중은 미세하여 해를 입히지 않는다. 麤重差別者 謂欲界中麤重 麤而損害 色無色界中麤重 細而不損害", "방처차별이란, 욕계는 아래에 위치해 있고, 색계는 높은 곳에 있으며, 무색계는 방처가 없다. 方處差別者 謂欲界居下方 色界居上方 無色界無方處", "수용차별이란, 욕계는 근 밖의 경계를 수용하고, 색계와 무색계는 근 안의 경계를 수용한다. 受用差別者 謂欲界受用 外門境界 色無色界 受用內門境界", "임지차별이란, 욕계에 얽매인 모든 '온'은 사식에 의지하여 머물고, 색계와 무색계에 매인 모든 온은 삼식에 의거하여 머문다. 任持差別者 謂欲廛諸蘊 依四食住 色無色廛諸蘊 依三食住", "삼천세계란 무엇인가? 첫째는 소천세계, 둘째는 중천세계, 셋째는 대천세계이다. 三千世界者 一 小千世界 二 中千世界 三 大千世界"라고 하였다. [참고문헌]『攝大乘論釋』,『顯揚聖敎論』, *Bodh-bh.62.* ⇨ 삼계 三界**1**, 십팔계 十八界, 일체 一切

일체고본 一切苦本 모든 고통의 뿌리. 모든 고통(一切苦: 生老病死 등)의 뿌리는 오온(五蘊)의 몸을 받음으로부터 시작이고 오온수신은 유정(有情)이라면 피할 수 없는 실존이어서 누구도 벗어나지 못할 조건이다. 이 고통으로서의 과(果：苦諦)인 오온의 인(因：集諦)은 갈망(愛)이고, 그 갈망은 무시이래 무명(無明) 즉 지혜를 등진 때문이다. 이 생사인과를 벗어나는 인과가 있으니 이 고통의 뿌리를 헤쳐벗어나는 길(因：道諦)이 있고 그 길을 나서서 이르는 길이 밝은 그곳(明) 즉 열반(果：滅諦)이다. 일체고본이란 이렇게 사제(四諦)의 뜻에서 집제다. 『정법염처경』 권57(대정장17, p.335b26)에 "너희들 하늘 무리여! 마땅히 알아야 하리. 이런 일체 오도에서 헤매는 중생은 방일 때문이고, 삼취중생 또한 악업을 행하기 때문에 극심한 악도에 떨어진다. 그러므로 온갖 고통으로 두려운 이는 부지런히 방일을 버려야 한다. 방일이야말로 모든 고통의 뿌리다. 汝等天衆 當知 如是一切五道所攝衆生 以放逸故 三趣衆生 行惡業故 墮大惡道 是故 一切畏苦惱者 應當勤心 捨離放逸 此放逸者 一切苦本", 『대지도론』 권94(대정장25, p.720b21)에 "고통이란, 오온(色受想行識)의 몸을 받음이야말로 고통의 뿌리다. 이 고를 간략하게 말하면 생로병 등이니 경중에 곳곳에서 설한다. 고통이 모인 뜻은 갈망 등의 모든 번뇌고 애(愛：欲愛 有愛 無有愛)란 이 마음 중에 오래된 법이고 이를 쓰기 때문이다. 부처님께서 말씀하시길 갈망은 능히 미래의 몸을 일어나게 하기에 고의 씨앗이다. 고의 씨앗인 즉 이 갈망들이 모인 것이다. 만약 사람으로서 고통을 벗어나고자 한다면 먼저 갈망을 끊어야 한다. 苦者 受五受衆身 是一切苦本 性卽是苦 是苦略而言之 是生老病等 如經中處處廣說 苦集者 愛等諸煩惱 愛是心中舊法 以是故 佛說 愛能生後身 故是苦因 苦因卽是集 若人欲捨苦 先當斷愛"라고 하였다. [참고문헌] 『正法念處經』, 『大智度論』. ⇨ 고 苦, 삼애 三愛, 애 愛, 삼법인 三法印, 사제 四諦

일체공 一切空　일체는 공이다. 세계만법을 현상하게 하는 그 어떤 실체 즉 근원적인 것은 없다는 뜻으로, 만물을 수재한다고 여겨왔던 정신이라 할 만한 아(我)도 없고, 만물을 구성하고 유지하는 영원한 법(法)도 본래 그 자성이 텅 비워 없는 뜻이다. 세계는 무시이래로 상의상존하는 법들의 연기일 뿐이므로 바탕이 없기에(無) 오히려 자유롭게 무한히 현상하는(有) 것들이 있을 수 있다는 뜻에서 중도(中道)의 진실(諦)이라고도 한다. 나아가 이 바탕인 공(空)에도 머물지 않고, 그렇게 드러난 중생을 대비로 아끼는 뜻에서도 물러나지 않기에 오히려 화엄의 뜻으로는 제불이 중생을 아낌없이 사랑하여 걸림없이 세계를 장엄할 수 있게 한다. 그래서 일체공은 허무나 없는 뜻(頑空)이 아니다. 『대보적경』 권27(대정장11, p.148a3)에 "만일 진지로써 일체공을 관하면 이는 곧 불생이다. 若以盡智 觀一切空 是名不生", 『금강경종통』 권2(卍속장39, p.17b6)에 "일체공이란 인공과 법공이라는 견이다. 인과 법이 함께 공하여 도무지 분별하지 않으면 그대로 실상이 있게 되지만 가히 말로 설할 수 없게 된다. 비록 말로 할 수 없지만 아무것도 없는 공은 아니다. 다만 세제의 언사에 따라 표현할 뿐이니 그대로 말하면 중도제다. 一切空者 卽人空法空見也 人法俱空 都無分別 卽實有 不可說也 雖不可說 不是頑空 但依世諦言詞而說 卽是中道諦也", 『대지도론』 권79(대정장25, p.614c3)에 "비록 일체공을 관하지만 중생을 버리지 않고, 비록 중생을 연민하지만 일체공은 버리지도 않는다. 일체법이 공이라고 관하지만 공마저 공하기에 공에 집착하지 않고 이 때문에 중생에 대한 연민도 방해하지 않는다. 雖觀一切空 而不捨衆生 雖憐愍衆生 不捨一切空 觀一切法空 空亦空故 不著空 是故 不妨憐愍衆生", 『중관론소』 권10(대정장42, p.150b24)에 "제일의에 의지해 설한 법으로 나는 앞서서 일체공을 밝힌 것은 외도는 법에 본성이 있다고 집착하여 제일의 잃는다는 사실을 드러낸 것이다. 以依第一義說法故 我上來明一切空 卽顯外人 執法有性 失第一義", 『대일경소』 권6(대정장39, p.645b28)에 "게로서 '부처님께서는 일체공이라 설하셨다'라고 한 뜻은 아(𑖀)자문에 들어간다. 偈云佛說一切空者 卽是入阿字門", 『화엄원인론합해』 권하(卍속장104, p.324b11)에 "일체가 공이라 설하는 것은 헛된 집착을 무너뜨리는 뜻이고, 영각을 열어 보인다는 말은 진성이 드러난다는 뜻이다. 說一切空者 破妄執也 開示靈覺者 顯眞性也"라고 하였다. [참고문헌] 『大寶積經』, 『金剛經宗通』, 『大智度論』, 『中觀論疏』, 『大日經疏』, 『華嚴原人論合解』. ⇨ 공 空, 일체개공 一切皆空

일체구 一切俱　사종일체의(四種一切義) 중 하나. 모든 심과 심소가 상응하는 것. 『대승백법명문론개종의결』(대정장85, p.1079c27)에 "일체구란 무엇인가? 일체의 심과 심소가 항상 상응하여 일어나는 것을 말한다. 一切俱者 謂與一切心及心所 常相應起"라고 하였다 [참고문헌] 『大乘百法明門論開宗義決』, 『成唯識論』 권5(대정장31, p.27a5). ⇨ 사종일체의 四種一切義

일체금강삼마야심 一切金剛三摩耶心　일체금강륜삼매에 들어가 금강륜을 굴리는 내증(內證)의 심진언(心眞言)인 "훔 𑖮𑖳𑖽 hūṃ 吽"이다. 마(麽)는 매(昧)로도 쓴다. 『이취경』(대정장8, p.785b7)에 "이때 겨우 마음을 일으키자마자 전법륜대보살이 거듭 이 뜻을 밝히고자 환하게 미소 지으며 금강륜을 굴리니 일체금강삼마야심진언인 '훔(𑖮𑖳𑖽)'을 설하였다. 時纔發心 轉法輪大菩薩 欲重顯明此義故 熈怡微笑 轉金剛輪 說一切金剛三麽耶心 吽", 『반야이취석』 권하(대정장19, p.614a14)에 "이 겨우 발심전법륜대보살이 … 일체금강삼매야심을 설했다고 한 것은 무엇인가? 앞 구절의 뜻을 풀면서 설했듯이 금강륜보살은 대지인의 형상이다. 금강삼매야심이란 훔

(𑖁) 자이다. 是纔發心轉法輪大菩薩 … 說一切金剛三昧耶心者 如前句義中說 金剛輪菩薩大智印形狀 金剛三昧耶心者 吽字是也"라고 하였다. [참고문헌] 『理聚經』, 『般若理趣釋』. ⇨ 금강륜 金剛輪❸

일체남녀아부모 一切男女我父母 이 세상의 모든 남녀가 나의 어머니요 아버지다. 시작없는 그때부터(無始以來) 끊임없이 생사윤회 해온 유정이라면 이 세상 어떤 유정들과의 인연도 예외일 수 없다는 뜻에서 부모도 되고 자식이기도 하다. 『범망경』 권하(대정장24, p.1006b9)에 "불자야! 자비로운 마음으로 유정을 자유롭게 해야 한다. '모든 남자는 나의 아버지이고 모든 여인은 나의 어머니이다. 내가 생을 거듭하며 저들로부터 삶을 받지 않은 적이 없다. 그러므로 육도중생은 나의 부모이고 중생을 죽이고 먹는 것은 바로 나의 부모를 죽이는 것이다'. 若佛子 以慈心故行放生業 一切男子是我父 一切女人是我母 我生生無不從之受生 故六道衆生皆是我父母 而殺而食者 卽殺我父母", 『화엄경소』 권15(대정장35, p.616a12)에 "일체를 보호하고 봉양한다는 말은 일체중생이 모두 나의 자녀이므로 보호하고, 모든 남녀가 모두 나의 부모이므로 봉양한다. 생을 거듭하며 그들로부터 받지 않은 몸이 없으니 평등하게 공경해야 할 법신불이기 때문이다. 護養一切者 一切衆生皆我子故護之 一切男女皆我父母故養之 生生無不從之受身故 平等敬之法身佛故", 『범망경순주』 권하(卍속장61, p.340b10)에 "살생의 보로 나는 것들이어서 모든 중생을 세세생생 끝없이 서로 죽이지 않을 수 없다. 보살은 사람을 사유할 때 모든 남녀는 나의 부모이니, 중생을 죽이는 것은 나의 부모를 죽이는 것과 같이 한다. 이와 같은 뜻을 어찌 효도의 뜻만이라 하겠는가? 蓋殺生報生 使諸衆生 生生世世互殺不已 菩薩人觀 一切男女是我父母 而殺之者卽殺我父母 若如此豈順孝道之理哉"라고 하였다. [참고문헌] 『梵網經』, 『華嚴經疏』, 『梵網經順硃』.

일체류섭수인경 一切流攝守因經 후한(後漢) 때 안세고(安世高) 한역. 1권 『일체류섭경』·『일체류경』·『일체류섭수경』·『유섭경 流攝經』 등이라고도 한다. 고려장19, pp.519b1~521b2, No.672·대정장1, pp.813a5~814b4, No.31에 있다. 어리석은 이는 번뇌의 근본을 관하지 못하여 증대시키지만, 지혜로운 이는 선지식을 찾아 배우고, 번뇌의 근본을 관하여 견(見)·수(守)·피(避)·용(用)·인(忍)·효(曉)·행념(行念) 등 일곱 가지 방법으로 끊는다는 내용이다. 상응하는 팔리경전은 맛지마니카야 *Sabbāsavasutta*(*MN.2*)이다. 이역본으로는 『중아함경』 권2 「누진경 漏盡經」(대정장1, pp.431c13~432c29)이 있다. [참고문헌] 『歷代三寶記』 권4(대정장49, p.50c1), 『出三藏記集』 권2(대정장55, p.6a20), 『大唐內典錄』 권1(대정장55, p.223b1), 『開元釋敎錄』 권1(대정장55, 479b27).

일체만법 一切萬法 이 세상 모든 것. 세간의 말과 글로 드러내야 보이는 것들(世間言說所安立法)의 뜻이다. 원효(元曉)의 『금강삼매경론』 권하(대정장34, p.992a23·한불전1, p.653a2)에 "[경] 사리불이 부처님께 말씀드렸다. '일체만법이 모두 다 글과 말일 뿐인데, 글과 말이란 것이 곧바로 뜻이 되지는 않는다. 여실한 뜻은 말로 설할 수 없거늘, 지금 여래께서는 어찌하여 설법을 하십니까?' [논] 이 아래는 크게 셋으로 나눈 중에 부처님의 말씀은 뜻에 떳떳한 것임을 밝혔으니, 먼저 묻고 뒤에 답한다. 물음 중의 '일체만법'이란 세간의 언설로 안립한 법을 말한다. 저 말로 한 법이란 온통 진실을 알 수 없으니 오직 글과 말일 뿐이어서 곧바로 뜻이 될 수 없다. 제법의 실다운 뜻은 모든 언설이 끊어진 곳에 드러난다. 지금 부처님께서 설하신 법이 만약 이 글과 말 뿐일진댄 곧바로 진실의 뜻은 없게 된다. 만약 실의를 얻을 수 있으면 말과 글뿐이 아니다. 그러므로 '어찌하여 법을 설하십니까?'라고 여쭌 것이다. 經曰 舍利弗言 一切萬法 皆悉文言 文言之相 卽非爲義 如實之義 不可言說 今者如來 云何說法 論曰 此下 大分 第三 明佛言敎 稱如理說 先問後答 問中 言一切萬法者 世間言說 所安立法 如言之法 皆無所得 故唯文言 卽非爲義 諸法實義絶諸言說 今佛說法 若是文言 卽無實義 若有實義 應非文言 是故 問言 云何說法"라고 하였다. [참고문헌] 『金剛三昧經論』, 『金剛三昧經』(대정장9, p.371a11). ⇨ 일체법 一切法, 일체 一切, 일체계 一切界

일체무상각자구 一切無上覺者句 모든 위없는 깨우친 자 즉 제불의 마음을 드러내는 구. 백광변조진언(百光徧照眞言)인 𑖁(aṃ 暗)자를 말한다. 『대일경』 권6(대정장18, p.40c3)에 "이 일체무상각자구를 부지런히 행하라. 그것은 백문학처에서 모든 부처님께서 말씀하신 마음이다. 勤勇此一切無上覺者句 於百門學處 諸佛所說心"라고 하였다. [참고문헌] 『大日經』. ⇨ 암 暗, 암 闇❶

일체무애 一切無礙 세간 무엇에도 걸림 없음. 여래(如來)의 다른 이름이다. 『이취육바라밀다경』 권7(대정장8, p.898b2)에 "자재한 신구의업을 깨우쳐 원하는 대로 나서 걸림이 없다. 得自在身口意業 隨願現生一切無礙", 『대방등대집경』 권9(대정장13, p.60a22)에 "나는 보리 외에 단 하나의 법도 본 적 없으니 일체법이 모두 평등함만을 본다. 그러나 평등은 법수에 들어가지 않는다. 그러므로 평등을 무애라고 하고, 이러한 인연으로 여래를 일체무애라고 한다. 我都不見離菩提外別有一法 見一切法皆悉平等 而是平等不入於數 是故平等 名爲無礙

以是因緣 如來名爲一切無礙"라고 하였다. [참고문헌]『理趣六波羅蜜多經』, 『大方等大集經』.

일체무애 一體無礙 한 바탕인 여래장에서는 삼보도 삼신도 걸림없이 함께 어울린다는 뜻이다. 『능엄경통의』 권6(卍속장19, p.222a10)에 "지금 여래장에 예배함은 법을 가리킨다. 여래장이란 세 가지 덕을 갖추었고, 삼신이 이미 깨우쳐 꽉차있고, 삼보 또한 빠짐없이 두렷해서 한 바탕으로 걸림없다. 그러므로 단지 이 법에 예배하면 삼신과 삼보를 다 구족히 한다. 今頂禮如來藏乃指法也 以如來藏乃三德祕藏 三身圓證 三寶圓具 一體無礙 云不思議 故但禮其法而三身三寶具焉"라고 하였다. [참고문헌]『楞嚴經通議』. ⇨여래장 如來藏[1]

일체무애인일도출생사 一切無礙人一道出生死 일체에 걸림없는 이 한 길로 생사를 벗어난다. 생사와 열반이 둘이 아닌 즉 평등일여(平等一如)한 일심(一心)에 의지해 벗어나는 뜻이다. 80권본『화엄경』 권13(대정장10, p.68c12)에 "문수의 법은 항상 그러하여서 법왕의 단 하나밖에 없는 법이니, 무엇에도 걸림없는 자유인이 이 한 길로 생사를 나온다. 文殊法常爾 法王唯一法 一切無礙人一道出生死", 『법화문구』 권10(대정장34, p.145b6)에 "부처가 될 근기란 일체법중에 언제나 가지런히 보아 들어간다. 일체 걸림 없는 이여서 한 길로 생사를 벗어난다. 佛機者 一切諸法中悉以等觀入 一切無礙人一道出生死也", 『정명현론』 권1(대정장38, p.853b18)에 "유마힐의 부사의해탈의 바탕은 불이법문을 말한다. 왜 그러한가? 불이의 도를 체득함으로써 둘이 아닌 지혜가 있게 되고, 둘이 아닌 지혜로 인하여, 능히 중생에 나아감에 치우치지 않는다. 그러므로 경에서 말씀하셨다. '문수의 법은 항상 그대로이니 법왕의 유일한 법이네. 모든 것에 걸림 없는 이만이 한 길로 생사를 벗어나네' 라고 하였다. 그러므로 알아야 하리. 불이만이 뭇 성인들의 원뿐임을 알 수 있다. 維摩詰不思議解脫本者 謂不二法門 所以然者 由體不二之道 故有無二之智 由無二之智 故能適化無方 是以經云 文殊法常爾 法王唯一法 一切無礙人一道出生死 故知不二爲衆聖之原", 『심부주』 권1(卍속장111, p.18a10)에 "『화엄경』에서 이르길 '무엇에도 걸림없는 이는 한 길로 생사를 벗어난다'라고 하였고, 『수능엄경』에서는 '시방세계 바가반께서 한 길로 열반의 문을 연다' 하였다. 이러한 두 가르침은 오직 일심법을 종으로 벗어남이다. 그러므로 둘 모두 일심을 깨달아 벗어난 이상 생사와 열반에 어디에도 머물지도 않으니 이를 대비라고 한다. 華嚴經云 一切無礙人一道出生死 首楞嚴經云 十方薄伽梵 一路涅槃門 此二教 唯宗一心法而求出離 是以既了一心而出 亦不住生死涅槃 謂大悲故"라고 하였다. [참고문헌]『華嚴經』, 『法華文句』, 『淨名玄論』, 『心賦注』, 『楞嚴經』 권5(대정장19, p.124c29).

일체무희론여래 一切無戲論如來 일체희론이 없으신 여래. 지혜의 상징인 문수보살의 다른 이름이다. 『반야이취석』 권2(대정장19, p.613b21)에 "때에 박가범이신 일체희론여래란 이 문수보살의 다른 이름이다. … 일자명을 외운즉 그대로 사종의 반야이취를 외움이어서 마음과 더불어 상응한다. 법계 가득 충만하여 다시 시작한다. 이렇게 한달 또는 여섯달 내지 일년을 하면 오래지 않아 마땅히 무애변재를 얻고 무량삼마지문을 증득한다. 문수사리보살이 현전하시니 그때 문수사리동진께서 이 뜻을 거듭 밝히고자 얼굴 가득 미소지으신다. 時婆伽梵一切無戲論如來者 是文殊師利菩薩之異名 … 誦一字明 則誦四種般若理趣 與心相應 遍周法界周而復始 乃至一月或六月一年 不久當得無礙辯才 證得無量三摩地門 文殊師利菩薩現前 時文殊師利童眞欲重顯明此義故 熙怡微笑"라고 하였다. [참고문헌]『般若理趣釋』. ⇨무희론여래 無戲論如來, 문수보살 文殊菩薩

일체문계 一切門戒 구종상계(九種相戒) 중 하나로 일체 즉 모든 세계로 열려 일체중생을 거두는 계문, 이 계를 가지면 삼취정계를 가져 일체중생을 요익케 하고, 중생계에 머물러 언제나 청정하며, 본성으로 선행을 좋아하고, 사섭법으로 몸과 말로 쉬지 않는다. 여기에는 정수계(正受戒)·본성계(本性戒 : 性戒)·관습계(串習戒)·방편상응계(方便相應戒)의 네 가지가 있다. 『유가사지론』 권40(대정장30, p.510c12)에 "구종상계를 이름하여 보살계바라밀다라고 한다. … 넷째는 일체문계이다. 九種相戒名爲菩薩戒波羅蜜多 … 四 一切門戒", 같은 책 권42(대정장30, p.522a10)에 "어떤 것이 보살의 일체문계인가? 이 계에는 대략 네 가지가 있다. 첫째 정수계, 둘째 본성계, 셋째 관습계, 넷째 방편상응계이다. 云何菩薩一切門戒 當知此戒略有四種 一者 正受戒 二者 本性戒 三者 串習戒 四者 方便相應戒", "정수계란 모든 보살이 이미 받은 삼종보살정계율의 곧 율의계·섭선법계·요익유정계를 받는다. 正受戒者 謂諸菩薩受先所受三種菩薩淨戒律儀 卽律儀戒攝善法戒饒益有情戒", "본성계란 모든 보살이 종성위에 머물러 본성이 어질고 현명함이 상속하고, 신어의 두 가지 업이 언제나 청정함을 유지한다. 本性戒者 謂諸菩薩住種性位 本性仁賢於相續中 身語二業恒淸淨轉", "관습계란 모든 보살이 과거세에 익힌 법으로 앞서 말한 삼종정계 등이 있어서 숙인력이 유지됨으로써 현세에 일체악법이 드러날 일 없고 모든 악법들에 대해 깊은 마음으로 싫어하여 여의고 선행을 닦으며, 선행중에 깊은 마음으로 흠모하는 것을 말한다. 串習戒者 謂諸菩薩昔餘生中曾串修習 如先所說三種淨戒 由宿因力所任持故 於現在世一切惡法不樂現行 於諸

惡法深心厭離樂修善行 於善行中深心欣慕", "방편상응계란 모든 보살이 사섭사에 의지하여 모든 중생들에게 선한 신어업을 항상 굴린다. 方便相應戒者 謂諸菩薩依四攝事 於諸有情 身語善業恒相續轉"라고 하였다. 〔참고문헌〕『瑜伽師地論』, 『菩薩地持經』 권5(대정장30, p.917b26). ⇨ 구종상계 九種相戒, 삼취정계 三聚淨戒

일체문선 一切門禪 Ⓢ sarvato-mukhaṃ dhyānam, Ⓣ thams-cad-kyi-sgo-nas-bsam-gtan. 구종대선(九種大禪) 중 하나. 모든 선(禪)이 이 문으로 의지해 나오기에 일체문정려(一切門靜慮)라고도 한다. 초선에서 제4선에 이르는 유관유각선(有觀有覺禪)·희구선(喜俱禪)·낙구선(樂俱禪)·사구선(捨俱禪)을 말한다. 『보살지지경』 권6(대정장30, p.922a1 : *Bodh-bh.*, p.144)에 "무엇이 보살의 일체문선인가? 간략히 네 가지다. 첫째 유관유각선, 둘째 희구선, 셋째 낙구선, 넷째 사구선이다. 云何菩薩一切門禪 略說四種 一者 有觀有覺禪 二者 喜俱禪 三者 樂俱禪 四者 捨俱禪 tatra katamadbodhisattvasya sarvatomukhaṃ dhyānam. taccaturvidhaṃ draṣṭavyam. savitarkaṃ-savicāraṃ vivekajaṃ samādhijaṃ prītisahagataṃ sātasukhasahagatam upekṣāsahagataṃ ca", 『사미학계의궤송주』(卍속장107, p.212a6)에 "일체문선이란 일체선정이 모두 이 문으로 말미암아 나온다는 뜻이다. 여기에 네 가지가 있으니 첫째, 유각유관선은 초선이다. 둘째, 희구선은 2선이다. 셋째, 낙구선은 3선이다. 넷째, 제구선은 4선이다. 一切門禪 謂一切禪定 皆由此門而出 名有四種 一 有覺有觀 卽初禪也 二 喜俱禪 卽二禪也 三 樂俱禪 卽三禪也 四 除俱禪 卽四禪也"라고 하였다. 〔참고문헌〕『菩薩地持經』, 『沙彌學戒儀軌頌註』, *Bodh-bh.* ⇨ 사선 四禪[1], 구종대선 九種大禪, 선 禪

일체법 一切法 Ⓢ sarva-dharma, Ⓟ sabba-dhamma, Ⓣ chos thams cad. 일체의 모든 법. 유루법(有漏法)과 무루법(無漏法), 또는 모든 유위법(有爲法 Ⓢ saṃskṛta-dharma)과 무위법(無爲法 Ⓢ asaṃskṛta-dhrama)과 불가설법(不可說法 Ⓢ anabhilapya-dharma) 등을 말하며 일체제법(一切諸法)·일체만법(一切萬法)이라고도 한다. 『대지도론』 권2(대정장25, p.74c2)에 "〔문〕 부처님께서는 스스로 불법만을 설하시니, 나머지 약방·천문·수학·세전 등의 법은 말씀하지 않으셨다. 만약 일체지인이신데 어찌하여 말하지 않으셨겠는가? 이런 까닭으로 일체지인이 아님을 알겠다. 〔답〕 비록 일체법을 안다해도 소용이 있으면 말하고 소용이 없으면 말하지 않으며, 어떤 사람이 물으면 말하고 묻지 않으면 말하지 않는 것이다. 또한 일체법에는 대략 세 가지가 있으니, 첫째 유위법, 둘째 무위법, 셋째 불가설법이다. 이것으로 이미 일체법을 거두어 마쳤다. 問曰 佛自說佛法 不說餘經 若藥方 星宿 算經 世典 如是等法 若是一切智人 何以不說 以是故 知非一切智人 答曰 雖知一切法 用故說 不用故不說 有人問故說 不問故不說 復次 一切法 略說有三種 一者 有爲法 二者 無爲法 三者 不可說法 此已攝一切法", 같은 책 권11(대정장25, p.138b4)에 "다시 또 세 종의 법이 있으니 오중(五衆 : 五蘊)·십이입·십팔계이다. 이와 같은 세 종류의 법을 가지고 일체법을 남김없이 거둔다. 復有三種法 五衆 十二入 十八界 持如是等種種三法 盡攝一切法", 같은 책 권27(대정장25, p.259b20)에 "〔문〕 무엇 등이 일체지로 아는 일체법인가? 〔답〕 저 부처님께서는 비구들에게 이렇게 말씀하셨다. '그대들에게 일체법을 설하겠다. 무엇이 일체법인가? 소위 안색과 이성과 비향과 설미와 신촉 그리고 의법이다. 이 십이입을 일체법이라고 한다'. 問曰 何等是一切智所知一切法 答曰 如佛告諸比丘 爲汝說一切法 何等是一切法 所謂 眼色 耳聲 鼻香 舌味 身觸 意法 是十二入 名一切法", 『구사론』 권1(대정장29, p.1c6 : Abh-k-bh., p.3)에 "일체법을 말하자면 간략히 두 가지가 있으니, 유루와 무루다. 유루법이란 어떤 것인가? 말하자면 도제(道諦)를 제한 그 이외의 유위법이다. 왜냐하면 모든 번뇌가 그 중에 차별없이 따라 거듭하기 때문이다. 멸도제를 연해서도 갖가지 번뇌가 비록 생기지만 따라 더하지는 않기에 유루법이 아니다. '따라 더하지 않는다'란 「수면품」에서 말하게 될 것이다. 이미 유루법 말해 마쳤다. 무루법이란 어떤 것인가? 말하자면 도성제와 세 가지 무위법이다. 어떤 것이 세 가지 무위법인가? 허공과 두 가지 멸이다. 두 가지 멸이란, 택멸과 비택멸이다. 이 허공 등의 세 가지 무위법과 도성제를 무루법이라고 한다. 說一切法 略有二種 謂有漏無漏 有漏法云何 謂除道諦 餘有爲法 所以者何 諸漏於中等隨增故 緣滅道諦 諸漏雖生 而不隨增 故非有漏 不隨增義 隨眠品中 自當顯說 已辯有漏 無漏云何 謂道聖諦 及三無爲 何等爲三 虛空二滅 二滅者何 擇非擇滅 此虛空等三種無爲 及道聖諦 名無漏法 〈kārikā〉 sāsravānāsravā dharmāḥ. 〈bhāṣya〉 eṣa sarvadharmāṇāṃ samāsa nirddeśaḥ. tatra katame sāsravā dharmā ity āha. … mārgasatyaṃ varjjayitvānye saṃskṛtā dharmāḥ sāsravāḥ. kiṃ kāraṇam … kāmaṃ nirodhamārgasatyālambanā api āsravā upajāyante na tv anuśerate tatreti na tayoḥ sāsravatvaprasaṅgaḥ. yathātra nānuśerate tat paścād anuśayanirdeśa eva jñāpayiṣyāmaḥ. uktāḥ sāsravāḥ. anāsravāḥ katame. 〈kārikā〉 anāsravā mārgasatyaṃ trividhaṃ cāpy asaṃskṛtam. 〈bhāṣya〉 katamat trividham. 〈kārikā〉 ākāśaṃ dvau nirodhau ca. 〈bhāṣya〉 katamau dvau. pratisaṃkhyānirodho 'pratisaṃkh yānirodhaś ca. ity etad ākāśādi trividham asaṃskṛtaṃ mārgasatyaṃ cānāsravā dharmāḥ",『변중변론』 권상(대정장31, p.464b27)에 "일체법이란 모든 유위법과 무위법을 말한다. 허망분별을 유위라 하며, 이취(能取 所取) 즉 아(我)와 법(法)의 공성을 무위라고 한다. 一切法者 謂諸有爲 及無爲法 虛妄分別名有爲 二取空性名無爲"라고 하였다. [참고문헌]『大智度論』,『俱舍論』,『辯中邊論』, *Abh-k-bh.*, *Bodh-bh.26.* ⇨ 유루법 有漏法, 무루법 無漏法, 유위법 有爲法, 무위법 無爲法, 불가설법 不可說法, 일체 一切, 법 法

일체법계자신표 一切法界自身表 일체법계는 스스로의 몸을 드러낸 것이라는 말. 비로자나부처님께서 잠깐 일으킨 마음이 일체법계란 말이니, 법신(法身)이 변만(徧滿)한 뜻이다. 『대일경』 권5(대정장18, p.31a18)에 "이때 법계로부터 나신 여래신은 일체법계 스스로 몸의 겉모습을 구름으로 바꿔 가득 차게 한다. 비로자나세존께서 마음을 기울이자마자 모든 모공에서 한량없는 부처님이 나타나서 거듭거듭 가지하고 다시 법계궁으로 돌아가신다. 이야말로 대일세존이시다. 爾時 法界生如來身 一切法界自身表化雲遍滿 毘盧遮那世尊 纔生心頃 諸毛孔中 出無量佛 展轉加持已 還入法界宮中 於是大日世尊",『대일경소』 권14(대정장39, p.727a1)에 "이 중 법계에서 생긴 몸이란 곧바로 비로자나법신이다. 법계 진실에서 생겨났으므로 법계에서 나셨다고 한다. '일체법계자신표'에서 표란 일체를 다 알고 보게 한다는 것이다. 모든 법계중에 스스로의 몸을 구름처럼 펴서 가득 채운다. 여래몸의 드러난 모습이 널리 색신으로 나투는 뜻이어서, 가득 덮은 듯하다는 것이다. 이는 화신의 구름이 법계를 가득 채워 시방세계에 그 끝을 알 수 없게 한다. 此中法界生身 卽是毘盧遮那法身也 以從法界眞實而生故 名法界生也 一切法界自身表者 表謂能令一切悉知見也 謂於一切法界中 自身表化雲皆遍滿也 謂如來身表普現色身 如彼大雲遍于法界 雲是遍滿義也 言此化身之雲遍滿法界 遍於十方世界不可限量也"라고 하였다. [참고문헌]『大日經』,『大日經疏』. ⇨ 대일여래 大日如來

일체법고왕경 一切法高王經 후위(後魏) 때 구담반야유지(瞿曇般若流支 Ⓢ gautama-prajñāruci) 한역. 1권. 『일체법의왕경 一切法義王經』이라고도 한다. 고려장11, pp.231a1~240b8, No.201・대정장17, pp.852a20~858c24, No.823에 있다. 모든 법중에 가장 위없는 공덕의 법을 뛰어난 법 즉 고왕(高王)이라 한 뜻이다. 출가행자와 보살수행자의 공덕을 설한다. 출가하여 수계한 이는 승단(僧團 : 四雙八輩)에 들어가 승업(僧業 : 三十七菩提分)을 닦고 승리(僧利 : 四果)를 얻음으로써 스스로 중생들 신시(信施)의 은혜에 보답하지만, 보살행자는 대승심(大乘心)을 내어 일체지지(一切智智)를 구하고 보리심을 발원하는 등의 삼법(三法)을 성취함으로써 중생에게서 받은 신시에 다 보답할 수 있다 하였다. 또 아나파달다지(阿那波達多池)에서 흘러나온 사대하가 연안(沿岸)과 대해중생에게 이익을 주듯이 일체중생은 보살을 통해 안락을 얻으므로, 보살은 천인의 위없는 복인(福因)임을 강조한다. 그러므로 일체 위없는 은혜에 보답하려는 이는 모두 보리심을 내야 한다. 번뇌를 다한 아라한(阿羅漢)도 보리심을 낸 보살도 여래에 대해 최상의 공양이라고 설한다. 보리심을 내는 것, 보살행을 수행하는 것, 보리도를 성취하고 열반에 드는 것 등은 바로 모든 부처의 법문 중 으뜸이기에 일체법 중에서도 최고의 법이라는 뜻에서 고왕이다. 이런 까닭으로 『일체법고왕경』이라고 칭한다. 이역본으로는 『제법용왕경 諸法勇王經』(대정장17, No.822)・『제법최상왕경 諸法最上王經』(대정장17, No.824)이 있다. ⇨ 제법용왕경 諸法勇王經, 제법최상왕경 諸法最上王經

일체법공 一切法空 Ⓢ sarvadharma-śūnyatā, Ⓣ chos thams cad stong pa nyid. 일체법은 공이다. 십육공(十六空) 또는 십팔공(十八空) 중 하나이기도 하다. 『여래장엄지혜광명입일체불경계경』 권2(대정장12, p.244b27)에 "문수사리여! 일체법공을 깨닫는 것을 보리라 하고, 보리는 일체법공을 깨우치는 것이니 공이란 바로 이 보리다. 文殊師利 覺一切法空者 名爲菩提 菩提者 名覺一切法空 空者卽是菩提",『금강선론』 권3(대정장25, p.813c29)에 "일체법공이란, 유위법은 체와 상이 없어서 공이지만, 진여나 불성이라는 법은 만덕을 두렷이 채우니, 그 바탕 바로 묘유여서 고요한 듯 그대로 언제나 머물러 공이 아니다. 言一切法空者 有爲之法 無體相故空 然眞如佛性法 萬德圓滿 體是妙有 湛然常住 非是空法",『대반야경』 권51(대정장5, p.291b23)에 "부처님께서 말씀하셨다. '선현아! 일체법은 오온・십이처・십팔계와 유색과 무색・유견과 무견・유대와 무대・유루와 무루・유위・무위의 법을 말한다. 이 일체법이란 일체법공하기 때문이다. 왜 그렇겠는가? 언제나 있는 것도 아니고, 무너져버리지도 않는다. 본성이 그럴 뿐. 선현아! 이것을 일체법공이라 한다.' 佛言 善現 一切法謂五蘊 十二處 十八界 有色無色 有見無見 有對無對 有漏無漏 有爲無爲法 此一切法 由一切法空 何以故 非常非壞 本性爾故 善現 是爲一切法空"라고 하였다. [참고문헌]『如來莊嚴智慧光明入一切佛境界經』,『金剛仙論』,『大般若經』, *Mvyut.37*, *Madhy-vibh.24.* ⇨ 십팔공 十八空, 법공 法空, 공 空, 일체법 一切法, 일체공 一切空

일체법리언설공 一切法離言說空 Ⓢ sarvadharma-nirabhilāpya-śūnyatā. 칠공(七空) 중 하나. 『능가경』

권1(대정장16, p.488c16)에 "무엇이 일체법리언설공인가? 말하자면 망상자성(妄想自性)에 대해서는 말할 수 없으므로 일체법리언설이라고 하는데, 이것을 일체법리언설공이라고 한다. 云何一切法離言說空 謂妄想自性無言說 故一切法離言說 是名一切法離言說空"라고 하였다. 〔참고문헌〕『楞伽經』, *Laṅk.31.* ⇨ 칠공 七空

일체법멸진삼매 一切法滅盡三昧 일체법 적멸한 줄 알아 움직임 없지만 보살도 버리지 않는 삼매. 열 가지 신통(神通) 중 하나다. 80권본『화엄경』권44(대정장10, p.231c27)에 "불자야! 보살마하살은 일체법멸진삼매지통으로 념념중에 일체법멸진삼매에 든다. 또한 보살도에서 물러나지도 않고, 보살의 일을 버리지 않으며, 대자대비심을 버리지 않고, 바라밀의 수습도 쉬지 못한다. 일체 불국토를 살피지만 권태도 싫어함도 없다. 佛子 菩薩摩訶薩 以一切法滅盡三昧智通 於念念中 入一切法滅盡三昧 亦不退菩薩道 不捨菩薩事 不捨大慈大悲心 修習波羅蜜未嘗休息 觀察一切佛國土無有厭倦",『화엄경소』권46(대정장35, p.851c28)에 "열 번째, 멸정지통은 세 가지다. 먼저 드러내는 이름은 일체법멸진인데, 오취법이 온통 그 바탕 적멸하다는 뜻이다. 이것은 이에 있어의 절멸이니 다른 종의 멸진정이 단지 현상의 적멸만을 밝힌 것과 다르다. 제6식과 제7식의 심법과 심소법만이 사라지고 제8식 등을 없애지 않아서 단지 현상만 없어졌기에 적정하지만 작용할 수 없다. 이로서의 적멸을 증득하면 고요하든 산란하든 장애가 없으니 현상 그대로 이여서 적멸에 걸림이 없고, 이 그대로가 현상으로 용에도 걸림이 없다. 그러므로 경에서 '비록 생각생각에 이 삼매에 들되 보살도 한결같아 버리지 않는다'고 하였다. 第十 滅定智通中三 初標名 云一切法滅盡者 謂五聚之法皆當體寂滅故 斯卽理滅 不同餘宗滅定 但明事滅 唯滅六七心心所法 不滅第八等 但事滅故 不能卽定而用 證理滅故 定散無礙 由卽事而理故不礙滅 卽理而事故不礙用 是以文云 雖念念入而不廢菩薩道等"라고 하였다. 〔참고문헌〕『華嚴經』,『華嚴經疏』. ⇨ 적멸 寂滅, 일체법 一切法

일체법무아 一切法無我 ➡ 제법무아 諸法無我

일체법불생불멸 一切法不生不滅 일체법은 생기지도 멸하지도 않는다. 연기(緣起)하기에 무자성(無自性) 공(空)인 뜻에서 모든 법들은 생멸(生滅)을 벗어나 있다.『십지경론』권5(대정장26, p.158b23)에 "〔논〕'일체법 불생불멸'라는 말은 청정법 중에서 더하지도 않고, 번뇌 망상이라고 해서 덜하지도 않는다. 그 인연이 모여 생하기 때문이다. 저들 청정 중이라고 해서 더하는 법은 하나도 없고, 저들 번뇌망상 중에 있다고 하여 한 법도 덜하지 않는다. 마주해 다스리는 인연에 의지해 번뇌망상을 여의면 뒤쳐 수승하고 청정한 반야가 현전한다. 경에서 '일체법은 생하지도 않고 멸하지도 않으니 인연으로 있을 뿐이다고 관한다'고 한 것과 같다. 論曰 一切法不生不滅者 於清淨法中不見增 於煩惱妄想中不見減 因緣集生故 彼清淨中無一法可增 彼煩惱妄想中無一法可減 依對治因緣故 離煩惱妄想 轉勝清淨般若現前 如經 觀一切法不生不滅 因緣而有故",『중론』권4(대정장30, p.36a7)에 "일체법은 불생불멸이어서 세간과 열반 다르지 않다. 以一切法不生不滅故 世間與涅槃 無有分別",『섭대승론석』권7(대정장31, p.202a8)에 "안립된 법상에 의지해 여래께서는 삼성을 설하셨으니 이는 일체법무성이고, 일체법은 불생불멸이며, 본래적정하여 자성열반이다. 이 같은 것들은 품류로서는 있을 수 없고 분별성에 의지해 설하신 것이다. 依所安立法相 如來說三性 謂一切法無性 一切法不生不滅 本來寂靜自性涅槃 如是等無有品類 是依分別性說"라고 하였다. 〔참고문헌〕『十地經論』,『中論』,『攝大乘論釋』. ⇨ 불생불멸 不生不滅

일체법자성평등무외 一切法自性平等無畏 Ⓣ chos-thams-cad kyi ngo-bo-nyid mnyam-pa-nyid kyis dbugs-phyin-pa. 일체법의 자성이 평등함을 깨우쳐 두려움을 벗어남. 육무외(六無畏) 중 하나다.『대일경소』권3(대정장39, p.606a21)에 "이 공의 지혜가 일어나면 일체법자성평등무외를 얻는다 하였으니, 자기의 마음이 필경에는 공한 성품이라는 것을 관할 때 아라 여긴 온과 법과 무연도 온통 하나같이 성이 같음을 안다. 이른바 자성이 무성임을 말하는 것이어서 공의 지혜가 일어나는 즉시 자성 없는 마음이 일어난다는 뜻이다. 업이나 번뇌 등에 도무지 얽힐 일 없고 또한 벗어날 것조차 없다. 그러므로 일체법자성평등을 증득했다고 한다. 이때 유위무위계의 두 가지 얽힘에서 벗어날 자리를 얻으니 바로 진언행자의 허공처럼 때 없는 보리심이다. 그러나 이 마음은 얽힌들 벗어난들 필경에는 상이 없다. 此空智生 當得一切法自性平等無畏者 謂觀自心畢竟空性時 我之與蘊法及無緣 皆同一性 所謂自性無性 此空智生 卽是時極無自性心生也 於業煩惱等 都無所縛 亦無所脫 故云得一切法自性平等 爾時 於有爲無爲界 二種扼縛 得蘇息處 卽是眞言行者 虛空無垢 菩提心也 然此心在纏出纏 皆畢竟無相"라고 하였다. 〔참고문헌〕『大日經疏』,『大日經』권1(대정장18, p.3c10). ⇨ 육무외 六無畏

일체법평등 一切法平等 Ⓢ sarva-dharma-samatā. 일체법이 자성이 없는 뜻(無自性)에서 평등하다는 뜻. 십지보살이 제5지를 마쳐서 제6지에 드는 법으로, 무성·무상·무생·무멸·본래청정·무희론·불취불사·리·여환몽·불이(無性無相無生無滅本來淸淨無戲論不取不捨離如幻夢不二)의 열 가지로 평등의 뜻을 열었다.

『대반야경』 권400(대정장6, p.1071b5)에 "일체법이 평등하므로 반야바라밀다 역시 평등함을 알아야 한다. 一切法平等故 當知般若波羅蜜多亦平等", 같은 책 권465(대정장7, p.354a27)에 "나는 이때 일체법이 평등함을 관하여 평등무성으로 자성을 삼아 한 찰나에 반야에 상응하였기에 무상정등보리를 증득한다. 我於爾時 觀一切法平等 平等無性爲性 以一刹那相應般若 證得無上正等菩提", 60권본 『화엄경』 권25(대정장9, p.558b1 : *Daś-bh.*, p.31)에 "금강장보살이 말했다. '불자야! 보살마하살이 이미 5지를 구족하고 6지에 들어가고자 한다면 반드시 열 가지 평등법에 의지한다. 열 가지란 무엇인가? 첫째, 자성이 없으므로 일체법이 평등하다. 둘째, 상(相)이 없으므로 일체법이 평등하다. 셋째, 생함이 없으므로 일체법이 평등하다. 넷째, 소멸이 없으므로 일체법이 평등하다. 다섯째, 본래청정하므로 일체법이 평등하다. 여섯째, 희론이 없으므로 일체법이 평등하다. 일곱째, 취사가 없으므로 일체법이 평등하다. 여덟째, 여읨이 없으므로 일체법이 평등하다. 아홉째, 허깨비·꿈·그림자·메아리·물속의 달이므로 일체법이 평등하다. 열째, 유와 무가 둘이 아니므로 일체법이 평등하다. 보살은 이러한 열 가지 평등한 법으로 제6지에 들어간다. 金剛藏菩薩言 佛子 菩薩摩訶薩 已具足五地 欲入六地 當以十平等法 何等爲十 一 以無性故 一切法平等 二 以無相故 一切法平等 三 以無生故 一切法平等 四 以無滅故 一切法平等 五 以本來淸淨故 一切法平等 六 以無戲論故 一切法平等 七 以不取不捨故 一切法平等 八 以離故 一切法平等 九 以幻夢影響水中月故 一切法平等 十 以有無不二故 一切法平等 菩薩以是十平等法 得入第六地 vajragarbho bodhisattva āha. yo 'yaṃ bhavanto jinaputrā bodhisattvaḥ pañcamyāṃ bodhisattvabhūmau suparipūrṇamārgaḥ ṣaṣṭhīṃ bodhisattvabhūmim avatarati. sa daśabhir dharmasamatābhir avatarati. katamābhir daśabhiḥ. yaduta sarvadharmānimittasamatayā ca sarvadharmālakṣaṇasamatayā ca sarvadharmānutpādasamatayā ca sarvadharmājātatayā ca sarvadharmaviviktasamatayā ca sarvadharmādiviśuddhisamatayā ca sarvadharmaniṣprapañcasamatayā ca sarvadharmānāvyūhānirvyūhasamatayā ca sarvadharmamāyāsvapnapratibhāsapratiśrutkodakacandrapratibimbanirmāṇasamatayā ca sarvadharmabhāvābhāvādvayasamatayā ca. ābhir daśabhir dharmasamatābhir avatarati", 『법화문구기』 권3(대정장34, p.201c2)에 "일체법이 평등한 경지에 도달하면 선이라 하고, 일체법에 일어나는 상이 없는 경지에 이르면 혜라 한다. 達一切法平等名禪 達一切法無有起相名慧"라고 하였다. 〔참고문헌〕 『大般若經』, 『華嚴經』, 『法華文句記』, *Daś-bh.* ⇨ 일체법 一切法, 평등 平等

일체변인 一切遍因 Ⓢ sarva-traga-hetu. 일체에 있어서 빠짐없이 두루 행하는 인. 육인(六因) 중 하나다. 신역어는 변행인(遍行因)이다. 『아비담팔건도론』 권1(대정장26, p.773a13)에 "육인이 있으니 상응인·공유인·자연인·일체변인·보인·소작인이다. 有六因 相應因 共有因 自然因 一切遍因 報因 所作因", 『아비담비바사론』 권11(대정장28, p.75a7)에 "무엇이 일체변인인가? 먼저 생한 견고소단 즉 고제를 보아 끊어야 할 일체에 다 작용하는 번뇌다. 云何一切遍因 前生見苦所斷一切遍使", 『잡아비담심론』 권2(대정장28, p.884b13)에 "고와 집제를 보아야 끊는 번뇌종인 칠견(七見)과 이의(二疑) 그리고 저들과 상응하는 무명과 불공무명이고, 변행수면(使)들은 부지런히 방편을 닦지 않으면 또한 치성해지기에, 또 번뇌에 두루 하기에 일체변인이라 한다. … 〔문〕 무엇이 변인이 되고, 어떤 분이 변인인가? 〔답〕 모든 번뇌들에 앞서 일어난 것들이다. 과거는 현재미래의 일체변인이고, 현재는 미래의 일체변인이다. 見苦集所斷煩惱種見疑 卽彼相應無明及不共無明 此諸使不勤方便亦熾然故 及遍煩惱故說一切遍因 … 問 爲誰遍因 爲何分是遍因 答 諸煩惱前起 過去現在未來一切遍因 現在未來一切遍因"라고 하였다. 〔참고문헌〕 『阿毘曇八犍度論』, 『阿毘曇毘婆沙論』, 『雜阿毘曇心論』. ⇨ 육인사연 六因四緣, 육인 六因 [1], 인 因 [1], 변행인 遍行因

일체변지인 一切遍智印 태장만다라 변지원(遍知院) 중앙의 삼각형 지인(智印). 일체불심인(一切佛心印)·일체여래지인(一切如來智印)·제불심인(諸佛心印)·삼각형인(三角形印)·대근용인(大勤勇印)이라고도 한다.

부처님께서 보리수 아래에서 모든 마구니를 조복시키고 무상정등각을 이룬 것과 같이 일체법계에 대비광명 가득 차게 하는 뜻이다. 『대일경소』 권5(대정장39, p.631c19)에 "다음으로 동쪽 내원에 안치한 대일여래 위에 일체변지인을 그리되 모서리가 아래를 향하는 삼각형으로 그린다. 순백색의 불꽃이 흰 연꽃 위에서 이것을 둘러싸고 있다. 이것이 시방삼세 일체여래의 대근용인이며, 제불심인이라고도 한다. 삼각형은 장애를 항복시키고 없앤다는 뜻인데, 부처님께서 보리수 아래에 앉아 맹렬한 위세로 네 마구니를 항복시키고 정각을 성취하신 뜻이다. 선명한

흰색은 대자비의 색이다. 여래의 사자분신과 같은 대정진력이 바로 성도의 인연이었으니 대비광명을 항상 법계에 가득 채우신다. 그러므로 보주변이라 한다. 次於東方內院 當大日如來之上 畫作一切遍知印 作三角形其銳下向 純白色光焰圍之在白蓮花上 卽是十方三世一切如來大勤勇印也 亦名諸佛心印也 三角是降伏除障義 謂佛坐道樹以威猛大勢 降伏四魔 得成正覺 鮮白是大慈悲色也 如來師子奮迅大精進力 正爲是事因緣 乃至放大悲光常遍法界故云普周遍也", 『대일경소연오초』 권13(대정장59, p.137c22)에 "일체변지인은 제불심인이라 하고〈일체불심인이라고도 한다〉, 대근용인이라고도 한다. 변지와 대근용은 모두 부처님의 다른 이름이다. 그러므로 세 가지 이름의 뜻은 하나이다. 이 인은 삼각형이다. 一切遍知印者 此印名諸佛心印〈亦名一切佛心印〉 亦名大勤勇印 遍知大勤勇 共是佛異名也 是故三名 其義是一也 此印是三角形也"라고 하였다. [참고문헌] 『大日經』, 『大日經疏』, 『大日經疏演奧抄』. ⇨ 일체여래지인 一切如來智印

일체보살진언 一切菩薩眞言 일체불보살에게 귀의한다는 뜻을 담은 진언. 널리 통하는 보통진언이라 한다. 진언은 "나마 삼만다발다남 가 namaḥ samanta-buddhānāṃ ka 보변제불님께 귀의합니다. 가"이다. 『대일경지송차제의궤』(대정장18, p.186a6)에 "보통종자심진언은 '[illegible] 나마 삼만다발다남 가'이다〈일체의 모든 법에 조작이 없다는 뜻이다〉. 이 이치의 광명으로 이 소리의 진실한 뜻을 관하고 오른손의 엄지손가락과 새끼손가락을 교차하여 마니보왕인을 맺으며 일체보살진언을 외운다〈진언은 위와 같다〉. 普通種子心眞言曰 [illegible] 南麽 三曼多勃馱喃 迦〈所謂一切諸法無造作〉 以是理光明 觀此聲實義 摩尼寶王印 定慧互相交 一切菩薩眞言曰〈眞言如上〉"라고 하였다. [참고문헌] 『大日經持誦次第儀軌』. ⇨ 마니보왕 摩尼寶王

일체불섭상응대교왕경성관자재보살염송의궤 一切佛攝相應大敎王經聖觀自在菩薩念誦儀軌 잡밀(雜密) 계통의 밀교의궤. 송나라 때 법현(法賢) 한역. 1권. 줄여서 『불섭상응경관자재궤』·『성관자재보살염송의궤』라고도 한다. 고려장34, pp.468b1~472b19, No.1222·대정장20, pp.64a16~67a12, No.1051에 수록되어 있다. 관자재보살법(觀自在菩薩法)과 만다라를 만드는 화상법(畫像法)이다. 관자재법은 먼저 고요한 곳에 택지결계(擇地結界)한 후 운심관상(運心觀想)에 대해 설한다. 중대팔엽 위의 월륜 속에서 관자재보살의 본존과 제존을 관상하는 법과 다양한 진언·염송법을 설하고 만다라의 제존을 그리는 화상법을 설한다. 이 의궤에서 설하는 만다라는 7권본 『금강불공삼매대교왕경 金剛不空三昧大敎王經』 권2에서 제시하는 만다라와 유사하다.

일체불심인 一切佛心印 일체변지인(一切遍智印)의 다른 이름. 『진실섭경』 권16(대정장18, p.393a29)에 "금강살타는 견고하게 소지를 금강처럼 서로 붙이네. 이것을 일체불심인이라 하니, 이 인은 모든 일을 성취할 수 있네. 薩埵金剛堅固作 小指相合如金剛 此名一切佛心印 是印能成一切事"라고 하였다. [참고문헌] 『眞實攝經』. ⇨ 일체변지인 一切遍智印

일체비밀최상명의대교왕의궤 一切祕密最上名義大敎王儀軌 송대 시호(施護) 한역. 2권. 고려장40, pp.520a1~526a15, No.1452·대정장18, pp.536c19~541c11, No.888에 수록되어 있다. 유가행의 방편지를 닦는 의궤다. 사인(四印)·사대종(四大種)·사종법(四種法) 그리고 오불(五佛)과 금강만다라(金剛曼荼羅)의 건립 등을 설한다. 한역과 티베트역도 게문(偈文)으로 쓰여 있으며 무상유가(無上瑜伽)탄트라에 속한다.

일체비밀탄트라 一切祕密Tantra ➡ 일체비밀최상명의대교왕의궤 一切祕密最上名義大敎王儀軌

일체사업불공삼마야일체금강심 一切事業不空三摩耶一切金剛心 모든 행위가 허망하지 않은 삼매에 머물러서 하는 일마다 금강심을 성취하는 뜻. 금강살타(金剛薩埵)의 심진언(心眞言)에 해당한다. 『반야이취석』 권하(대정장19, p.614c7)에 "또는 행자가 만다라중에 앉아서 스스로 본존유가관을 행할 때 성중에 둘러싸여 사자진언으로 소청하고 일자진언을 지송한다. 이렇게 네 가지 반야이취를 염송하여 법계에 가득 운심하고 다시 시작하여 삼마지현전에 이른다. 만약 스스로 들어간다면 타인으로 하여금 이 만다라에 들어가 일자진언을 수지하게 하고, 혹은 향화 등의 갖가지 공양구를 더하기도 한다. 만약 불보살께 운심공양할 수 있다면 공양구가 법계에 가득 퍼져 일체불보살전에 광대공양을 성취한다. 이때 허공고대보살이 거듭해서 이 뜻을 드러내 밝히고자 환히 미소 짓는다. 일체사업불공삼매야일체금강심을 설한다고 한 것은 앞의 설명과 같다. 심진언은 옴([illegible])자다. 옴 자는 삼신의 뜻이고 정상의 뜻은 볼 수 없다는 뜻이고, 또한 본래 일어난 적 없는 뜻이고, 여래호상공덕이라는 뜻이다. 或時修行者 坐曼荼羅中 自作本尊瑜伽觀 以聖衆圍遶 以四字明召請 持一字眞言 則誦四種般若理趣 運心遍法界 周而復始 乃至三摩地現前 若自入令他入此曼荼羅 然後受持一字眞言 或加香花等種種供養具 若能運心供養佛菩薩 則供養具遍周法界 一一佛菩薩前成廣大供養 時虛空庫大菩薩欲重顯明此義 故熙怡微笑 說此一切事業不空三昧耶一切金剛心者 如前已釋 心眞言者 唵字是也 唵字三身義 亦名無見頂上義 亦名本不生義 亦是如來毫相功德義"라고 하였다. [참고문헌] 『般若理趣釋』.

일체삼보 一體三寶 한결같은 바탕으로서의 삼보. 불법승(佛法僧)이 이름을 달리하지만 그 몸은 하나라는 의미다. 동체삼보(同體三寶)라고도 한다. 별상삼보(別相三寶)에 맞선다. 『법화현의』 권5(대정장33, p.745c12)에 "일체삼보란, 진성인즉 법보고, 깨우쳐 비추인즉 불보며, 도와 성취한 뜻에서 승보다. 따라서 법성으로서 움직이지 않는 것을 불각이라 하고, 불지는 이와 상응하는 뜻에서 부처님 이름이 각이다. 행위로도 뜻으로도 화합하기에 승(僧)을 화합이라 한다. … 일체삼보는 하나 아닌 하나이며, 셋 아닌 셋이고, 이 셋과 종으로도 횡으로도 구별이 없다. 一體三寶者 眞性卽法寶 觀照卽佛寶 資成卽僧寶 故法性不動名不覺 佛智契理 故佛名爲覺 事和理和 故僧名和合 … 一體三寶 非一之一 不三之三 此之三一 不縱不橫", 『종경록』 권26(대정장48, p.565c16)에 "무릇 일체삼보란 단지 일심일 뿐이다. 심성 스스로 능히 깨우쳐 비춘즉 불보고, 심체의 자성은 본래 (번뇌를) 여의었기에 법보라 하며, 심성과 심체는 둘이 아닌즉 승보다. 夫一體三寶者 只是一心 心性自能覺照 卽佛寶 心體本自性離名法寶 心體無二卽僧寶", 『열반경소사기』 권9(卍속장58, p.328a6)에 "가르침은 법이고, 행하는 이는 승이며, 주인은 불이다. 또 가르침은 일체삼보를 언설하는 것이고, 행은 일체삼보에 나아가는 것이며, 부처는 일체삼보라는 과다. 教是法 行是僧 主是佛 又教詮一體三寶 行趣一體三寶 佛是一體三寶果"라고 하였다. [참고문헌] 『法華玄義』, 『宗鏡錄』, 『涅槃經疏私記』. ⇨ 동체삼보 同體三寶, 별상삼보 別相三寶

일체삼신자성불 一體三身自性佛 한 몸이 삼신(法報化)의 자성불이라는 말. 종보본 『단경』(대정장48, p.354b13)에 "내가 이제 한몸에 삼신을 갖추신 자성불을 설하여 주리라. 그대들 모두 차별없이 삼신을 보아 분명히 그러한 줄 알게 하리니, 스스로 스스로의 자성을 깨우쳐야 하리. 모두 내 말을 따르라. 자기의 색신에서 청정법신불에 귀의하고, 자기의 색신에서 원만한 보신불에 귀의하며, 자기의 색신에서 천백억의 화신불에 귀의한다. 吾與說一體三身自性佛 令汝等見三身了然 自悟自性 總隨我道 於自色身 歸依淸淨法身佛 於自色身 歸依圓滿報身佛 於自色身 歸依千百億化身佛"라고 하였다. [참고문헌] 『壇經』. ⇨ 삼신 三身

일체상지분별 一切相智分別 불심(佛心)을 구하기 위해 십이인연을 관하는 관법을 총칭하는 이름. 염정분별관(染淨分別觀) 등의 아홉 가지 관법을 아우른다. 일체상지분별관(一切相智分別觀)이라고도 한다. 『화엄경수현기』 권3(대정장35, p.62b7)에 "불심을 구하기 위해 십이인연을 관하는 것을 논한 내용을 일체상지분별관이라 한다. 求佛心觀十二緣 論文名爲一切相智分別觀", 『속화엄경약소간정기』 권11(卍속장5, p.408b18)에 "일체상을 지혜로 분별하는 중에 십문을 거둬서 아홉으로 삼았다. 첫째 염정분별관이니 초문의 반을 거둔다. 둘째, 의지관이니 초문의 후반과 제2문을 아우른다. 셋째, 방편관이니 제3문을 아우른다. 넷째, 인연상관이라 하고 제4문을 섭수한다. 다섯째, 입제관이니 제5문을 아우른다. 여섯째, 역무력입의관이니 제6문을 섭수한다. 일곱째, 증상만비증상만신입관이니 제7문을 섭수한다. 여덟째, 무시관이니 제8문과 제9문을 아우른다. 아홉째, 종종관이니 제10문을 아우른다. 一切相智分別中 攝十爲九 一 名染淨分別觀 攝初半門 二 名依止觀 攝初中後半門及第二門 三 名方便觀 攝第三門 四 名因緣相觀 攝第四門 五 入諦觀攝第五門 六 力無力入依觀 攝第六門 七 增上慢非增上慢信入觀 攝第七門 八 無始觀 攝第八第九門 九 種種觀 攝第十門"라고 하였다. [참고문헌] 『華嚴經搜玄記』, 『續華嚴經略疏刊定記』. ⇨ 십이인연 十二因緣

일체선 一切禪 Ⓢ sarva-dhyāna, Ⓣ bsam-gtan-thams-cad. 구종대선(九種大禪) 중 하나. 세간(世間 Ⓢ laukika)과 출세간(出世間 Ⓢ lokottara)의 선이 있고, 다시 각각에 현법락주선(現法樂住禪 Ⓢ dṛṣṭa-dharma-sukha-vihārāya dhyānam)·출생삼매공덕선(出生三昧功德禪 Ⓢ bodhisattva-samādhi-guṇa-nirhārāya dhyānam)·이익중생선(利益衆生禪 Ⓢ sattvārtha-kriyāyai dhyānam)이 있다. 『법화현의』 권4(대정장33, p.726a25)에 "일체선은 세 가지다. 첫째, 현법락선이다. 실상공혜중의 삼매다. 둘째, 출생일체종성삼마발제이니 이승을 등져 버리고 들어가는 진삼매다. 셋째, 이익중생선이니 속삼매다. 마땅히 알라. 오행삼제는 일체선 중에서 모두 성취한다. 一切禪有三種 一 現法樂禪 卽實相空慧 中三昧也 二 出生一切種性三摩跋提 二乘背捨除入等 卽眞三昧也 三 利益衆生禪 卽俗三昧也 當知五行三諦 於一切禪中 皆悉成就"라고 하였다. [참고문헌] 『法華玄義』, 『菩薩地持經』(대정장30, p.921c7), *Bodh-bh.143.* ⇨ 구종대선 九種大禪

일체성 一切性 ❶ Ⓢ sarvatā, Ⓟ sabbatta, Ⓣ thams cad nyid. 일체법의 바탕이 공한 뜻을 드러내기 위해 크게 자성(自性)·타성(他性)·공성(共性)·이성(離性)의 사성(四性)으로 나누지만 이 상 또한 공(相空)이어서 공으로 돌아간다. 『능가경주해』 권1(대정장39, p.365a11)에 "〈경〉 '무엇이 상공인가? 일체성의 자상과 공상이 공함을 일컫는다. 펴 구르는 뜻과 모여 쌓이는 것을 관하여 성 없음과 자상과 공상의 불생과 자성·타성·구성·무성을 분별하기에 상이 머물지 않는다. 그러므로 일체성의 상이 공이라 하는데, 이것을 상공이라고 한다. 〈주〉 이것은 상공을 자세하게 풀어 일체성의 자상과 공상의 공을 말한 것이다. 일체법에는 본래 자성·타성·공성·이성의 네 가지 성이 없지만, 중생이 잘못 집착하여 네 가지 성으로부터 생긴다고 한다. … 자성·타성·구성·무성이란 무엇인가? 이것은 위의 뜻을 다시 푼 것인데, 자란 스스로 남을 말하고, 타성이란 다른 것에서 나는 것을 가리키며, 구성이란 함께 나는 것을 일컫고, 무성이란 인 없이 생기는 것을 말한다. 인 없이 생기는 것은 곧 이생이다. 云何相空 謂一切性 自共相空 觀展轉積聚故 分別無性 自共相不生 自他俱性無性故 相不住 是故 說一切性相空 是名相空 此徵釋相空 而言一切性 自共相空者 蓋一切法 本無自他共離四性 衆生妄執 從四性生 … 自他俱性無性者 此覆疎上義 自謂自生他謂他生 俱謂共生 無謂無因生 無因生卽離生也"라고 하였다. [참고문헌] 『楞伽經註解』, 『楞伽經』 권1(대정장16, p.488c9), *Bodh-bh.25.* ❷ 사종일체의(四種一切義) 중 하나. 심소의 모든 성질인 선·악·무기의 삼성(三性). 『대승백법명문론개종의결』(대정장85, p.1079c24)에 "일체성이란 무엇인가? 선·불선·유부무기·무부무기를 말한다. 一切性者 謂善 不善 有覆無記 無覆無記"라고 하였다. [참고문헌] 『大乘百法明門論開宗義決』, 『成唯識論』 권5(대정장31, p.27a5). ⇨ 사종일체의 四種一切義

일체세간 一切世間 Ⓢ sarva-loka, Ⓟ sabba-loka, Ⓣ 'jig rten thams cad. 모든 세간. 오온세간(五蘊世間)·중생세간(衆生世間)·기세간(器世間)을 아울러 말한다. 『아미타경소』(대정장37, p.328b28)에 "일체세간이라 말한 것은 세간물이 하나가 아니기에 일체라고 한다. 『대집일장경』에서는 '세간에는 셋이 있다. 첫째는 중생세간이니 육취의 류이고, 둘째는 기세간이니 삼계로서 사십으로 머무는 곳이고, 셋째는 오중세간이니 유루의 오음을 말한다'고 하였다. 어째서 세간이라 하는가? 『잡아함경』 권9(대정장2, p.56b14)에서는 '위태롭고 불러서 부너지기에 세간이라 한나'고 하였다. 言一切世間者 世間物非一 故言一切 大集日藏經云 世間有三 一 衆生世間 謂六趣之類 二 器世間 謂三界四十居止處 三 五衆世間 謂有漏五陰 云何名世間 雜阿含云 危脆敗壞故 名世間也"라고 하였다. [참고문헌] 『阿彌陀經疏』, 『雜阿含經』, *Ratna-ut.24·51, Bodh-bh.224.* ⇨ 세간 世間, 육취 六趣, 삼계 三界, 오온 五蘊

일체세간난신지법 一切世間難信之法 Ⓢ sarvaloka-vipratyanīyaka-dharma-paryāya. 세간의 중생들이 믿기 어려워하는 부처님의 교법. 『아미타경』(대정장12, p.348a20)에 "석가모니불께서는 심히 어렵고 희유한 일을 하셨으니 사바국토의 오탁악세인 겁탁·견탁·번뇌탁·중생탁·명탁에서도 아누다라삼막삼보리를 깨우치시어 중생들을 위해 설하신 일이니 일체세간은 믿기 어려운 법이다. 釋迦牟尼佛 能爲甚難希有之事 能於娑婆國土 五濁惡世 劫濁 見濁 煩惱濁 衆生濁 命濁 得阿耨多羅三藐三菩提 爲諸衆生說是 一切世間難信之法", 『아미타경소』(대정장37, p.328b11)에 "일체세간난신지법이란, 하루 내지 칠일 간 염불하여 번뇌를 떨쳐 버리고 깨끗한 경에 높이 오르며 작은 노력으로도 결실을 맺는다. 세간의 정리로는 믿기 어렵고 사람들은 여래가 정토로 이끄는 말씀을 두려워하여 믿기 어려운 법이라 한 것이다. 世間難信之法者 謂一日乃至七日念佛 卽拔塵滓 高昇淨境 微因著果 俗情難信 人恐如來引接之語 故言難信之法"라고 하였다. [참고문헌] 『阿彌陀經』, 『阿彌陀經疏』, *Saddh-p.11.* ⇨ 오탁 五濁, 오탁악세 五濁惡世

일체소유심상응법 一切所有心相應法 마음(心王)과 상응하는 일체의 심소법(心所法). 마음에서 일어나는 모든 작용들을 말한다. 『성유식론연비』 권6(대정장43, p.942c19)에 "『구사론』 권6(대정장29, p.30b27)에서는 '일체소유심상응법과 정려와 무루의 두 가지 율의와 저 법들 및 마음에서 일어나는 등 상, 이와 같은 것들을 모두 마음을 따라 움직이는 법이다'고 하였다. 按俱舍論第六說云 一切所有心相應法 靜慮無漏二種律儀 彼法及心之生等相 如是皆謂心隨轉法"라고 하였다. [참고문헌] 『成唯識論演祕』, 『俱舍論』. ⇨ 심상응법 心相應法, 심소 心所, 오위칠십오법 五位七十五法, 오위백법 五位百法

일체시 一切時 Ⓢ sarva-kāla, nitya-kāla. Ⓣ dus thams cad, rgyun du. 과거·현재·미래의 모든 때. 『반야등론석』 권11(대정장30, p.109b17)에 "만약 일체시 다한 것이 온통 과거시라 한다면, 현재시와 미래시도 없을 것이다. 다한 과거이기 때문이다. 만약 현재시와 미래시가 없다면 마땅히 과거시도 없다. 왜 그러한가? 현재시와 미래시가 이미 과거시 중이기 때문이다. … 만약 시를 기디리는 뜻으로 세우지 않는다면, 현재와 미래가 따로 일어나는 허물이 있게 된다. 若一切時 盡名過去時者 則無現在未來時 盡過去故 若無現在未來時 亦應無過去時 何以故 現在未來時 已在過去時中故 … 若不立時有待者 現在未來有別起過", 『백론』 권하(대정장30, p.179b29)에 "세간 사람들은 일체처에 허공이 있다고 믿는다. 그렇기 때문에 편이라 하고 과거·미래·현재가 일체시에 허공에 있다고 믿기에 상이라고 한다. 世人信一切處有虛空 是故遍 信過去未來現在一切時有虛空 是故常"라고 하였다. [참고문헌] 『般若燈論釋』, 『百論』, *Bodh-bh.16·62.* ⇨ 시간 時間, 삼세 三世

일체시위 一切施爲 일체 베풀어 하는 일. 『신화엄경론』 권29(대정장36, p.921a1)에 "일체 베풀어 하는 일이 근본지의 큰 정의 바탕을 벗어나지 않음을 밝힌다.

이 뜻 때문에 근본지의 보광명전으로 돌아가 고요에서 나오는 용의 문을 설한다. 明一切施爲 不離根本智之大定體故 以是義故 還於根本智 普光明殿中 說寂用之門", 『종경록』 권13(대정장48, p.488a12)에 "일체 베풀어 하는 일은 온통 부처님 지혜의 용이다. 一切施爲 皆是佛智之用", 『만선동귀집』 권상(대정장48, p.958b17)에 "일체 일어나는 일들이 불사 아님이 없다. 一切施爲 無非佛事", 『경덕전등록』 권9 「대안전 大安傳」(대정장51, p.267c19)에 "일체 드러나는 일들은 법신의 용이다. 一切施爲 是法身用", 『마조어록』(사가어록1, 卍속장119, p.811b14)에 "옷 입고 밥 먹으며 마주보고 이야기하는 등 육근을 운용하는 모든 행위 하나하나가 남김없이 법성이지만, 그 근원 돌이킬 줄 모르면 이름을 따르고 모양을 좇아 미혹된 분별을 헛되게 일으켜 갖가지 업을 짓게 된다. 만약 한 찰나에 돌이켜 비추어본다면 그 모두가 성인의 마음이다. 著衣喫飯 言談祇對 六根運用 一切施爲 盡是法性 不解返源 隨名逐相 迷情妄起 造種種業 若能一念返照 全體聖心"라고 하였다. 〔참고문헌〕『新華嚴經論』, 『宗鏡錄』, 『萬善同歸集』, 『景德傳燈錄』, 『馬祖語錄』. ⇨시위 施爲, 사위의 四威儀

일체신 一切身 Ⓢsarva-śarira, sarva-dehin. 일체의 모든 몸. 색신과 명신. 『섭대승론석론』 권2(대정장31, p.277b16)에 "일체신이란 제취중의 같거나 같지 않은 갖가지 몸을 말한다. 一切身者 謂趣趣中 同類不同類種種身故", 『해탈도론』 권7(대정장32, p.430c10)에 "〔문〕 어떤 것이 어리석음 없이 온몸을 아는 것인가? 〔답〕 좌선인이 안반정에 전념하면 몸과 마음에 희락을 느껴 가득해지고, 희락의 느낌이 가득하므로 온몸에 어리석지 않게 된다. 〔문〕 어떤 것이 사로써 일체의 몸을 아는 것인가? 〔답〕 들숨과 날숨이란 어떤 곳에 머무는 색신이 숨을 내쉬고 들이쉬는 일이고, 심법(心法)과 심수법(心數法 : 心所法)은 명신이다. 이 색신과 명신을 일체신이라고 한다. 問曰 云何無愚癡 知一切身 答曰 若坐禪人 念安般定 身心喜樂觸成滿 由喜樂觸滿 一切身成不愚癡 問曰 云何以事 知一切身 答曰 出入息者 所謂一處住色身 出入息事 心心數法名身 此色身名身 此謂一切身"라고 하였다. 〔참고문헌〕『攝大乘論釋論』, 『解脫道論』, *Laṅk.110·161.* ⇨명색 名色

일체심 一切心 Ⓢsarva-cetas. 마음의 모든 것들. 모든 마음은 선(善)·악(惡)·무기(無記)로 움직이며 범부·유학·무학에 따라 마음의 행로는 달라진다. 『유가사지론』 권51(대정장30, p.584a15)에 "온통 번뇌에 얽힌 것이 일으키는 마음은 즐거움과 함께 행하거나 괴로움과 함께 행하거나 괴롭지도 즐겁지도 않은 것과 함께 행하는데, 이 일체의 마음은 낙종자나 염종자나 불고불락의 종자들이 따르고 좇는다. 착한 마음이나 물든 마음이나 무기의 마음을 일으키기도 하는데, 이 일체의 마음은 모두 선종자나 염오종자나 무기종자들이 따라 좇는 것이다. 具縛者 所有心起 若樂俱行 或苦俱行 或不苦不樂俱行 此一切心 皆樂種子 苦種子 不苦不樂種子之所隨逐 若起善心 或染污心 或無記心 此一切心 皆善種子 染污種子 無記種子之所隨逐", "모든 유학의 얽힘이 없는 이가 낳는 모든 마음은 세간의 선심이거나 출세간심이거나 오염된 마음이거나 무기의 마음인데, 이 일체의 마음은 모두 다 수도위에서 끊는 번뇌종자들이 좇고 따르는 것이다. 아직은 끊지 못하였기에 때때로 생겨나며, 또한 그 이외의 모든 법종자에 수반되는 것이다. 又諸有學不具縛者 所有心生 若世間善心 或出世心 或染污心 或無記心 此一切心 皆爲一切修道所斷 煩惱種子之所隨逐 由未斷故 有時得生 亦爲所餘 諸法種子之所隨逐", "모든 무학의 일체번뇌를 이미 길이 끊은 이가 낳는 모든 마음은 세간의 선심이거나 출세간심이거나 무기의 마음인데, 이 일체의 마음은 모두 이미 염법종자를 길이 여의었다. 又諸無學 一切煩惱 已永斷者 所有心生 若世間善心 若出世心 若無記心 此一切心 皆已永離 染法種子"라고 하였다. 〔참고문헌〕『瑜伽師地論』, 『成唯識論演祕』 권3(대정장43, p.880c26). ⇨삼성 三性 ❷

일체여래 一切如來 모든 여래. 시방삼세의 모든 부처님으로 본래 청정한 불덕을 함께하시지만 중생을 보살피려 닦음도 깨우침도 따로 보이는 이들이다. 『반야이취분술찬』 권1(대정장33, p.30c6)에 "일체여래란 부처님의 덕을 모든 부처님과 함께함을 드러내고자 하기 때문이다. 이렇게 함께함으로 말미암아 부처님의 덕이 존숭할 만한 것이다. 이 진실한 덕을 범어 음사어로 달타게다(ⓈⓅTathāgata)라 하고, 예전에는 다타아가도라 하였으며, 한역하면 여래이다. 一切如來者 欲顯佛德諸佛共故 由此共故 佛德可尊 是眞實德 梵云達他揭多 古云多陀阿伽度 此云如來", 『일자불정륜왕경』 권5(대정장19, p.263a20)에 "과거 무량무수로 이름이 같거나 다르거나 모든 여래께서는 어느 분이나 범부시절에 함께 일자정륜왕주와 무상보리의 삼마지법을 깨우쳐서 등정각을 이루었다. 是所過去 無量無數 同名異名 一切如來 皆凡夫時 同得證是 一字頂輪王呪 無上菩提 三摩地法 成等正覺", 『화엄경탐현기』 권16(대정장35, p.403c10)에 "일체여래란 이와 같이 중생의 병통에 따르고 근기에 적절하게 하신 약간의 말씀과 같아서 삼세의 모든 부처님 그 어느 분이나 다같이 그렇게 하신다는 의미이다. 一切如來者 謂如此隨病就機小說 三世諸佛 皆悉同爾故也", 『원각경유해』 권3말(卍속장15, p.880a5)에 "일체여래란 바로 삼세의 부처님과 시방의 모든 부처님이시다. 광대하고 영명하며 각청정 체에 계셔서 본래 닦을 일 없으시다. 이미 그러하셔서 닦을 일도 얻을 일도 없다면 무슨 인으로 모든 교법에서 일체보살과 말대중생을 설하고 닦음도 증함도 있는가? 진실로 본각상에 한 생각 불각으로 진을 미하고 그 고요함을 등져 본래 받은 수레를 잃고 만다. 一切如來者 卽指三世諸佛 與十方諸佛 廣大靈明 圓覺淸淨體上 本無所修之人 旣然 無修無證 因甚諸敎所說 一切菩薩 及末代衆生 又有修有證耶 良由於本覺上 一念不覺 迷眞背湛 喪本受輪", 『반야이취석』 권상(대정장19, p.607a22)에 "일체여래란 유가의 교설에 준하면 오불이다. 一切如來者 准瑜伽教中 五佛是也"라고 하였다. [참고문헌] 『般若理趣分述讚』, 『一字佛頂輪王經』, 『華嚴經探玄記』, 『圓覺經類解』, 『般若理趣釋』.

일체여래금강삼업최상비밀대교왕경 一切如來金剛三業最上祕密大教王經 Ⓢ Śrī sarva tathāgata-kāya-vāk-citta-rahasyād-vinirgama śrī guhyasamājasya mahā-tantra-rājasya pūrvārddhaḥ. 북송(北宋) 때 시호(施護) 한역. 7권. 고려장40, pp.90b1~140b11, No.1418·대정장18, pp.469c16~511b18, No.885에 수록되어 있다. 『칠권교왕경 七卷教王經』·『금강삼업경』·『비밀대교왕경』·『비밀삼업경』 등이라고도 한다. 유가행자(瑜伽行者 Ⓢ yogin)가 유가달특라(瑜伽怛特羅 Ⓢ yoga-tantra)에 도달하여 해탈하는 아주 짧은 과정을 서술하였다. 열여덟개 분으로 구성되어 있는데 순서대로 열거하면 다음과 같다. 안주일체여래삼마지대만나라분(安住一切如來三摩地大曼拏羅分)·보리심분(菩提心分)·금강장엄삼마지분(金剛莊嚴三摩地分)·일체여래심만나라분(一切如來心曼拏羅分)·일체명구행분(一切明句行分)·신어심가지분(身語心加持分)·비밀정묘행분(祕密精妙行分)·감로삼매분(甘露三昧分)·최상청정진실삼매분(最上淸淨眞實三昧分)·관찰일체여래심분(觀察一切如來心分)·일체여래진실삼매최상지명대사분(一切如來眞實三昧最上持明大士分)·일체여래금강상응삼매최상성취분(一切如來金剛相應三昧最上成就分)·금강상응장엄삼매진실관상정지삼마지분(金剛相應莊嚴三昧眞實觀想正智三摩地分)·신어심미증유대명구소미일임비다왕최승삼마지분(身語心未曾有大明句召尾日林毘多王最勝三摩地分)·일체심진실금강출생삼매분(一切心眞實金剛出生三昧分)·일체만나라성취금강현증보리분(一切曼拏羅成就金剛現證菩提分)·일체여래삼매법금강가지왕분(一切如來三昧法金剛加持王分)·선설일체비밀행금강가지분(宣說一切祕密行金剛加持分)이다. 오온·사대·십이처를 배대한 비밀집회만다라(祕密集會曼茶羅)로서 인도와 티베트에서 무상유가부(無上瑜伽部)를 대표하는 경으로 널리 유행하였으며, 게룩파(Ⓣ dge-lugs-pa)의 근본경전으로 중시되고 있다. [참고문헌] 『大中祥符法寶錄』 권12, 『西藏大藏經總目錄』. ⇨ 금강삼업경 金剛三業經, 비밀대교왕경 祕密大教王經

일체여래금강수명다라니경 一切如來金剛壽命陀羅尼經 당나라 때 불공(不空) 한역. 1권. 고려장36, pp.883c1~884b23, No.1292·대정장20, p.578a12~c14, No.1135에 수록되어 있다. 『금강수명다라니경』·『수명다라니경』·『수명경』 등이라고도 한다. 모두 1천 글자 정도의 단편이다. 부처님께서 사천왕(四天王)에게 연명주(延命呪)와 죽음의 공포를 대치하는 법과 이 경을 독송하는 공덕도 서술하고 있다. 불공은 이와 별도로 『금강수명다라니염송법 金剛壽命陀羅尼念誦法』 1권(대정장20, No.1133)도 한역하였다. 이는 『금강수명염송법』이라고도 하며, 비로자나불(毘盧遮那佛)께서 설한 금강수명진언(金剛壽命眞言)·갑주진언(甲冑眞言)과 그 공덕·호마제재연명단(護摩除災延命壇) 등이 시설되어 있다. 여기서 말하는 금강수명보살은 보현연명존(普賢延命尊)을 가리키며, 그 염송법은 보현연명법의 본궤(本軌)이다. 양편이 모두 두 가지 이본을 가지고 있다. 『금강수명다라니경법 金剛壽命陀羅尼經法』 1권(대정장20, No.1134A)과 『금강수명다라니경』 1권(대정장20, No.1134B)이 그것이다. [참고문헌] 『貞元新定釋教目錄』 권15(대정장55, p.879b23), 『入唐新求聖教目錄』(대정장55, p.1079c27), 『智證大師請來目錄』(대정장55, p.1103a21). ⇨ 금강수명경 金剛壽命經❶, 수명경 壽命經, 수명다라니경 壽命陀羅尼經

일체여래대비밀왕미증유최상미묘대만나라경 一切如來大祕密王未曾有最上微妙大曼拏羅經 송대 천식재(天息災) 한역. 5권. 고려장34, pp.1a1~27b22, No.1555·대정장18, pp.541c13~559b17, No.889에 수록되어 있다. 『미묘만나라경』이라고도 한다. ⇨ 미묘만나라경 微妙曼拏羅經

일체여래보관삼계법왕관정 一切如來寶冠三界法王灌頂 일체여래의 보관과 삼계법왕의 관정. 관정아사리가 행자의 몸에 본유한 여래장성(如來藏性)을 가지(加持)함으로써 진언행자가 법기(法器)를 성취하고 진언과 수인의 전법(傳法)을 감당하고는 이 인연으로 구경에는 삼계의 법왕이 됨을 말한다. 『금강정경』 권상(대정장18, p.207a10)에 "한때 바가범께서 일체여래금강가지수승삼매야지를 성취하고 일체여래보관삼계법왕관정을 얻으셨으며, 일체여래일체지지유가자재를 증득하고 일체여래일체인을 맺으셨다. 평등한 갖가지 사업은 다함이 없고 남김이 없이 하셨으니, 일체중생계의 일체의 뜻과 원대로 업을 행하여 모두 성취한다. 一時 婆伽梵成就一切如來金剛加持殊勝三昧耶智 得一切如來寶冠三界法王灌頂 證一切如來一切智智瑜伽自在 能作一切如來一切印 平

等種種事業 於無盡無餘 一切有情界 一切意願 作業皆悉成就", 『반야이취석』 권상(대정장19, p.607b2)에 "이미 일체여래관정보관을 얻어 삼계주가 되었다는 말은, 여래가 인위에서 관정아사리를 따라 삼매야지만다라에 들고 아사리가 제자몸에 본유하는 여래장성을 가지하여 금강가지를 일으켜 진언행보살법기를 성취하면 지명 등 내지는 전수인가 등의 관정계위까지 견뎌 가진다. 이것을 첫 인으로 하여 삼밀사지인이 상응하고 구경에는 삼계법왕을 성취한다. 已得一切如來灌頂寶冠爲三界主者 如來在因地 從灌頂師 入三昧耶智曼茶羅 阿闍梨加持弟子身中本有如來藏性 發金剛加持 以成修眞言行菩薩法器 則堪任持明等 乃至傳受印可等灌頂階位 以此爲初因 由三密四智印相應 成究竟三界法王主"라고 하였다. [참고문헌] 『金剛頂經』, 『般若理趣釋』.

일체여래보변광명염만청정치성여의보인심무능승대명왕대수구다라니 一切如來普遍光明燄鬘清淨熾盛如意寶印心無能勝大明王大隨求陀羅尼 ➡ 대수구다라니 大隨求大陀羅尼, 보변광명청정치성여의보인심무능승대명왕대수구다라니경 普遍光明淸淨熾盛如意寶印心無能勝大明王大隨求陀羅尼經

일체여래소생인명 一切如來所生印明 일체여래께서 일으킨 수인과 진언. 『저리염송비밀법』 권중(대정장21, p.18b11)에 "일체여래소생인명 제2 : 금강권을 견고하게 안으로 교차하고 양손의 소지를 세워서 열면 소생인이네. 이 인의 이름은 공덕의 어머니라고 하고 불법승 삼보가 그 안에 머무네. 명왕과 본존을 소청하고 이 비밀인을 맺으면 모두 구름처럼 모이네. 바로 이 인을 제존께 회향하여 봉헌하고 부처님께 알가공양을 올리네. 진언은 '낭마 살바모타 모지살달바 남아 마라 미가라 다제이이 아라서 사바하'이다. 이러한 여래소생인의 관상을 알가로 삼아 제불과 보살 등 제존의 성현들에게 바치고 항상 이 법으로 공양하면 빠르게 성취한다. 또한 부동의 성자가 본위에 머묾을 관하고 앞의 관정인과 진언을 활용하여 본존께 봉헌하고 바로 근본진언을 한 번 외우면 성자를 기쁘게 하고 원만한 성취를 속히 얻는다. 一切如來所生印明 第二 金剛堅固內相叉 檀慧竪開所生印 此印名爲功德母 佛法僧寶住其中 請召明王及本尊 結此祕印皆雲集 便迴此印獻諸尊 卽成閼伽供養佛 曩麽 薩嚩母馱 冐地薩怛嚩 喃阿 摩羅 尾迦羅 多帝餌儞 阿羅逝 莎嚩訶 便以此如來所生印想爲閼伽 奉獻諸佛菩薩諸尊賢聖 常作此法供養 是速得成就 復觀不動聖者住本位 用前灌頂印明 奉獻本尊 卽誦根本明一遍 能令聖者歡喜 速得圓滿成就故"라고 하였다. [참고문헌] 『底哩念誦祕密法』.

일체여래심비밀전신사리보협다라니경 一切如來心祕密全身舍利寶篋陀羅尼經 『보협경』(대정장19, No.1022A) 또는 『보협인다라니경 寶篋印陀羅尼經』의 갖춘 이름. 『정원신정석교목록』 권15(대정장55, p.879b22)에 "보협경 1권〈경의 내제는 '일체여래심비밀전신사리보협다라니경'이라 한다〉. 寶篋經一卷〈經內題云 一切如來心祕密全身舍利寶篋陀羅尼經〉"라고 하였다. [참고문헌] 『貞元新定釋敎目錄』. ⇨ 보협인다라니경 寶篋印陀羅尼經

일체여래안상삼매의궤경 一切如來安像三昧儀軌經 북송 때인 980년(태평흥국5) 시호(施護) 한역. 1권. 『안상경』·『안상삼매의궤경』·『안상삼매경』이라고도 한다. 고려장33, pp.1187a1~1190a19, No.1146·대정장21, pp.933b2~935c3, No.1418에 수록되어 있다. 불상을 안치하는 방법을 설한 경전이다. 부처님께서 일체여래금강안상삼매에서 출정(出定)하신 후에 안상경찬의궤법(安像慶讚儀軌法)을 설하시는 것으로 시작한다. 불상을 안치하려면 불상조성의 열 가지 방법에 정통한 아사리를 만나야 하고, 불신의 원만한 상과 크기를 잘 알아야 하며, 재앙을 그치게 하는 식재법(息災法)과 이익을 늘게 하는 증익법(增益法)에 정통해야 하고, 진언과 수인의 의궤와 도량과 탑사에 안치하는 제존(諸尊)의 형상을 잘 알아야 한다. 이러한 조건을 충족시키지 못할 경우 현세와 미래에 큰 괴로움을 얻게 되므로, 안상경찬을 법식에 따라 청정하게 행하기 위해 만다라를 건립하고 순서대로 길성(吉星)과 길일(吉日)을 골라 청정한 승지(勝地)에 결계(結界)하여 의궤에 따라 순서대로 공양하여 불상을 안치해야 한다는 내용이다.

일체여래오슬니사최승총지경 一切如來烏瑟膩沙最勝總持經 Ⓢ Sarvatathagatoṣṇīṣavijayanāmadhāraṇīkalpasahita, Ⓣ De-bshin-gśegs-pa thams-cad-kyi gtsug-tor rnam-par rgyal-ba shes-bya-baḥi gzuṅs rtog-pa daṅ-bcas-pa. 북송 때인 973년(개보6) 법천(法天) 한역. 1권. 『오슬니사총지경』 또는 『오슬니사최승총지경』이라고도 약칭한다. 고려장34, pp.286b1~290a6, No.1204·대정장19, pp.407b13~409c29, No.978에 수록되어 있고 티베트역본(北京版 No. 197)도 전한다. 무량수여래께서 극락 대선법당에 계실 때 관자재보살에게 중생의 이익을 위해 설하신 경전이며 오슬니사최승다라니법을 내용으로 한다. 오슬니사란 부처님의 정수리 위에 솟아오른 육계(肉髻)로서 최상의 공덕을 의미한다. 일체여래오슬니사최승다라니를 의궤에 따라 서사하여 불탑에 안치하고 널리 공양하면 지혜가 증장하고 복락이 늘어나며 수명이 연장되고 임종 후에 극락정토에 왕생하는 공덕을 얻는다는 내용이다. 본서의 동본이역으로는 당(唐) 불타파리(佛陀波利) 한역의 『불정존승다라니경 佛頂尊勝陀羅尼經』(대정장19, N o.967)·당 두행의(杜行顗) 한역의『불정존승다라니경』(대정장19, No.968)·당 지바하라(地婆訶羅) 한역의『불정존승다라니경』(대정장19, No.969)과『최승불정다라니정제업장주경 最勝佛頂陀羅尼淨除業障呪經』(대정장19, No.970), 당 의정(義淨) 한역의『불설불정존승다라니경』(대정장19, No.971) 5종이 있다. ⇨ 불정존승다라니경 佛頂尊勝陀羅尼經, 최승불정다라니정제업장주경 最勝佛頂陀羅尼淨除業障呪經

일체여래정법비밀협인심다라니경 一切如來正法祕密篋印心陀羅尼經 송대 시호(施護) 한역. 1권. 고려장33, pp.922b1~926a16, No.1113·대정장19, pp.715a7~717c2, No.1023에 수록되어 있다.『비밀협인심경』이라고도 한다.『보협인다라니경 寶篋印陀羅尼經』곧『일체여래심비밀전신사리보협인다라니경 一切如來心祕密全身舍利寶篋印陀羅尼經』의 이역본이다. 부처님께서 마가다국의 무구원보광명지(無垢園寶光明池)에 거처하실 때 무구묘광(無垢妙光)이라는 바라문이 초빙하여 그 집으로 가는 길에 안락(安樂)이라는 원(園)에 낡고 오래되었지만 광명을 번득이고 있는 탑을 마주쳤다. 이때 대야차주금강수(大藥叉主金剛手)의 질문을 받고 부처님께서 응답하시길, 이 탑에는 일체여래의 전신사리가 봉안되어 있고 또한 일체여래의 백천구지호마(百千俱胝胡麻)의 형상과 정법심인다라니(正法心印陀羅尼)가 들어 있다. 이 다라니 따르면 탑은 백천구지여래의 전신사리를 친견하는 것과 같다는 등의 공덕을 설하신다. 〔참고문헌〕『法界聖凡水陸大齋法輪寶懺』(卍속장129, p.797b6). ⇨ 보협인다라니경 寶篋印陀羅尼經

일체여래지인 一切如來智印 Ⓢ sarva tathāgata jnāna mudrā. 일체변지인(一切遍智印)의 다른 이름.『금강불공삼매대교왕경』권2(대정장8, p.792c24)에 “이때 석가모니부처님께서는 제불지인을 얻고 제불지권을 가지셨으니 이것이야말로 제불구경이다. 또한 일체여래지인을 설하시고 금강반야바라밀다 편안히 떠올리셨으니, ‘일체여래의 신인을 거두어 일체여래신과 같고, 일체여래어인을 거두어 일체법자재를 얻으며, 일체여래심인을 거두어 일체삼마지를 얻고, 일체여래금강인을 거두어 곧바로 금강삼업최상성취를 얻는다’. 爾時 釋迦牟尼佛 得諸佛智印 持諸佛智拳 是諸佛究竟者 復說一切如來智印 安想金剛般若波羅蜜多教 謂攝一切如來身印故 卽是一切如來身 攝一切如來語印故 卽得一切法自在 攝一切如來心印故 卽得一切三摩地 攝一切如來金剛印故 卽得金剛三業最上成就”.『불정존승다라니경』「서 序」(대정장19, p.349a6)에 “불정존승총지경주는 일체여래지인이다. 광대자비가 매우 깊고 희유하여 어두워 헤매는 이를 널리 이롭게 한다. 실로 거대한 바다의 나루터이고, 깜깜한 어둠중에 해와 달이며, 굶주리고 목마른 때의 음식과 같다. 佛頂尊勝總持經呪者 一切如來智印 廣大慈悲 甚深希有 普利昏迷 實巨海之津梁 幽暗之日月 飢渴之飲食也”라고 하였다. 〔참고문헌〕『金剛不空三昧大教王經』,『佛頂尊勝陀羅尼經』. ⇨ 일체변지인 一切遍智印

일체여래진실섭대승현증삼매대교왕경 一切如來眞實攝大乘現證三昧大教王經 송나라 때 시호(施護) 한역. 30권. 고려장40, pp.658a1~797a15, No.1466·대정장18, pp.341a3~445b10, No.882에 수록되어 있다.『금강정경유가십팔회지귀 金剛頂經瑜伽十八會指歸』가운데 초회(初會)에 해당되기에『초회금강정경 初會金剛頂經』이라고도 한다. 장 구성은 크게 다섯 품으로, 제1 금강계품(金剛界品)은 권1~8에, 제2 항삼세품(降三世品)은 권9~17에, 제3 변조복품(遍調伏品)은 권18~21에, 제4 일체의성취품(一切義成就品)은 21~24권에, 제5 일체여래진실섭광대교리분(一切如來眞實攝廣大教理分)은 권24~30에 당한다. 그중『금강정일체여래진실섭대승현증대교왕경 金剛頂一切如來眞實攝大乘現証大教王經』곧 3권본『금강정경』(대정장18, No.865)은 제1 금강계품의 금강계대만나라광대의궤분(金剛界大曼拏羅廣大儀軌分)과 상응하고, 금강계품에서는 육만다라(六曼茶羅), 항삼세품에는 십만다라(十曼茶羅), 변조복품과 일체의성취품에서는 육만다라를 설한다. 육만다라란 금강계대만다라(金剛界大曼茶羅)·삼매야만다라(三昧耶曼茶羅)·미세만다라(微細曼茶羅)·공양만다라(供養曼茶羅)·사인만다라(四印曼茶羅)·일인만다라(一印曼茶羅) 등이고, 십만다라는 육만다라에 외금강부(外金剛部) 대만다라·삼매야만다라·법만다라(法曼茶羅)·갈마만다라(羯磨曼茶羅)를 더한다. ⇨ 금강정경 金剛頂經, 섭대승론현증삼매경 攝大乘論現證三昧經, 송역교왕경 宋譯教王經

일체오용 一體五用 한 바탕에서 다섯으로 움직임. 모양도 없는 법성이란 바탕에서 움직이는 오온(色受想行識)을 뜻한다. 종보본『단경』(대정장48, p.357a6)에 “또한 법성이란 바로 생멸의 바탕이고 오온이야말로 생멸의 움직임이다. 하나의 바탕에서 다섯 갈래가 움직이므로 생멸이 언제나 항상한다. 생이란 바탕에서 일어난 움직임일 뿐이며, 멸이라 하니 움직임 거두어 바탕 즉 법성으로 돌아갈 뿐이다. 又法性是 生滅之體 五蘊是生滅之用 一體五用 生滅是常 生則從體起用 滅則攝用歸體”라고 하였다. 〔참고문헌〕『壇經』,『書狀』「答呂郎中狀」(대정장47, p.931a23). ⇨ 법성 法性❶, 오온 五蘊

일체위의 一切威儀 일체의 위의(威儀). 행주좌와(行住坐臥) 등 일체의 기거동작(起居動作)을 말한다.『대집대허공장보살소문경』 권2(대정장13, p.621a20)에 "불수념이란 무엇인가? 부처님의 행주좌와 등 일체의 위의를 마음으로 가져 집착을 일으키지 않고, 부처님의 설법과 부처님의 침묵에 대해 염하되 집착을 일으키지 않으며, 또한 염하거나 염하지 않거나 어느 편에도 집착하지 않는 것을 말한다. 佛隨念 謂念於佛行住坐臥一切威儀不生執著 於佛說法 於佛寂嘿 不生執著 亦不執著 念與非念"라고 하였다. [참고문헌] 『大集大虛空藏菩薩所問經』. ⇨ 위의 威儀, 사위의 四威儀

일체유 一切有 Ⓢ sarvam asti, Ⓣ thams cad yod pa. 존재하는 모든 것. 삼세(三世)의 유위법(有爲法)과 무위법(無爲法)이 십이처로 의지해 있다(有)는 뜻이다. 『현종론』 권26(대정장29, p.901c1)에 "경에서는 오직 다 거둬 '일체유란 십이처이다'고 설하셨지, 일찍이 '현재만이 존재하고 과거와 미래는 존재하지 않는다고' 따로 설하신 일이 없다. 여러 곳곳의 경에서 과거와 미래도 존재한다고 설하셨다. 따라서 일체유란 삼세에도 무위에도 통하는 것이다. 經唯總說一切有者 謂十二處 曾不別說 唯現在有無有去來 處處經說去來是有 故說一切有通三世無爲"라고 하였다. [참고문헌] 『顯宗論』, *Yogā-bh.124.* ⇨ 삼세실유 三世實有, 일체 一切, 일체법 一切法, 십이처 十二處, 유위법 有爲法

일체유법 一切有法 Ⓢ sarvam sat. 존재하는 모든 법. 『구사론』 권26(대정장29, p.137c4 : *Abh-k-bh.*, p.401)에 "혜와 그 밖의 모든 심과 심소법에는 소연이 있기에 다 능히 움직인다. 일체유법이란 바로 이렇게 움직이는 것들이다. 慧及諸餘心心所法 有所緣故皆是能行 一切有法皆是所行 〈kārikā〉 ākārayanti sālambanāḥ. 〈bhāṣya〉 prajñā cānye ca sarve sālambanā dharmā ākārayanti. 〈kārikā〉 sarvam ākīryate tu sat. 〈bhāṣya〉 yat kiṃcid asti, sarvam ākāryate", 『삼무성론』 권하(대정장31, p.877b20)에 "일체유법은 동류인이 모이고 쌓인 것으로 이 모이고 쌓인 것을 쫓아 앞서서는 없던 과가 현재에 생할 수 있는 것이다. 謂一切有法 同類因聚集 從此聚集 先未有果 而今得生"라고 하였다. [참고문헌] 『俱舍論』, 『三無性論』, *Abh-k-bh.*

일체유부 一切有部 Ⓢ Sarvāstivāda. 설일체유부(說一切有部)의 줄임말. 『중관론소』 권6(대정장42, p.100a19)에 "살바다는 일체법이 있다고 주장하기 때문에 일체유부라 한다. 일체유라는 말은 삼세도 있고 삼무위 또한 있다는 것이다. 따라서 일체유부라 부른다. 薩婆多計一切法有故 名一切有部 一切有者 明三世是有 及三無爲亦有 故名一切有部也", 『구사론소』 권1(대정장41, p.457c26)에 "세친보살은 건타라국(Ⓢ Gandhāra) 출신이다. 먼저 일체유부로 출가하였고, 그 때문에 저 부파의 삼장을 수지하였다. 世親菩薩 健馱羅國人也 先於一切有部出家 因卽受持彼部三藏"라고 하였다. [참고문헌] 『中觀論疏』, 『俱舍論疏』. ⇨ 설일체유부 說一切有部

일체유심조 一切唯心造 일체는 오직 마음이 지을 뿐. 마음 밖에 다른 법이 있을 수 없어, 세계는 여지없이 마음으로 있게 된다는 뜻이다. 삼계유심(三界唯心)·삼계유식(三界唯識)·삼계허망유일심작(三界虛妄唯一心作)이라고도 한다. 80권본 『화엄경』 권19(대정장10, p.102a29)에 "누구라도 삼세의 모든 부처님을 분명히 알고자 한다면, 마땅히 법계성을 관해야 하니, 일체는 오로지 마음이 지을 뿐이다. 若人欲了知 三世一切佛 應觀法界性 一切唯心造"라는 각림(覺林)보살의 게송 중 한 구다. 60권본 『화엄경』 권10(대정장9, p.466a5)에서는 "만약 삼세의 모든 부처님을 알고자 한다면, 마땅히 이와 같이 관해야 하니, 마음이 모든 여래를 짓는다. 若人欲求知 三世一切佛 應當如是觀 心造諸如來", 같은 책 권10(대정장9, p.465c26)에 "마음은 저 화가와 같아서 종종으로 오음을 그려낸다. 모든 세계에서 짓지 못할 법이 없다. 心如工畵師 畵種種五陰 一切世界中 無法而不造"라 하였고, 『묘법성염처경』 권4(대정장17, p.428b22)에서도 "세존께서 이에 송을 읊으셨다. '세간과 출세간의 일체는 마음으로 짓는다네, 마치 저 화가가 뛰어난 솜씨로 모든 것을 그려낼 수 있듯이'. 世尊乃說頌曰 世及出世間 一切由心造 猶如工畵師 巧善皆成就"라고 하였다. 『기신론소필삭기』 권5(대정장44, p.322a6)에 "만약 마음을 떠나서 성불한다면 있을 수 없는 일이므로 『화엄경』에서 그렇게 읊었다. 若離於心 得成佛者 無有是處 故華嚴云", 『현과수록』 권2(卍속장149, p.509b4)에 "파옹이 말했다. '불경에 일체유심조라 하고 또한 삼계는 마음일 뿐이고 만법은 식일 뿐이라 하였다. 그런 까닭에 부처가 되거나 성인이 되거나 모두 자기 마음으로 말미암고 삼악도에 떨어진다 해도 자기 마음으로 연유한다'. 罷翁曰 佛經言 一切唯心造 又言 三界唯心 萬法惟識 所以成佛成聖 皆由自心 縱墮三途 亦由自心", 『금사자장운간유해』(대정장45, p.666a26)에 "온전히 마음 한 가지일뿐이니, 마음을 따라 일체중에 두루 하니, 하나는 숨고 나머지는 모두 드러난다. 온톤 마음으로서의 일체여서, 마음을 따라 하나의 사중으로 들어가고 온갖 일들은 숨고 하나만이 나타난다. 사자(多)와 금(一)을 드러내 모두 돌고돌지만 정해진 상은 없다. 사도 설하고 이도 설하여 이루기도 하고 세우기도 하니, 경에서 '법계성을 관해야 하니, 일체는 오로지 마음이 지어낼 뿐이다'라고 하였다. '오직 마음이 돌고 돌아야 잘 성취하는 문'이라 한다. 현수는 이 하나의 문을 고쳐서 '주반원명구덕문'이라 하였다. 그러므로 대소에 '북극성이 자리하면 뭇별은 받들어 함께 함과 같다'고 하였다. 全心一事 隨心遍一切中 卽一隱多顯也 全心之一切 隨心入一事中 卽多隱一顯也 以表師子與金 悉皆迴轉 而無定相耳 說事說理 有成有立 經云 應觀法界性 一切唯心造 名唯心迴轉善成門 賢首亦改此一門 爲主伴圓明具德門 故大疏云 如北辰所居 衆星拱之", 『대승본생심지관경천주』 권8(卍속장34, p.455a15)에 "누구라도 미한 즉 업과가 되고 깨우치면 곧바로 크게 남김없이 쓴다. 이것은 문수가 '망상은 능히 생할 수 있지만 진심은 망을 거두지 않는다'라고 한 말로 인한다. 그러므로 부처님께서 갖가지 비유로써 '진심은 연을 따라 상을 나툰다'라 한 것은 삼계의 주를 삼은 뜻이다. 『화엄경』에서 '마땅히 법계성을 관해야 하니, 일체는 오로지 마음이 지어낼 뿐이다'라고 한 말이 그것이다. 人若迷之 則爲業果 悟之 則爲大用 此因文殊說 妄想能生 而眞不受妄 故佛以種種喩 說眞心隨緣現相 故爲三界主 華嚴云 應觀法界性 一切唯心造 是也", 『십불이문지요초상해』 권상(卍속장100, p.361b2)에 "『화엄경』에서 '일체는 오로지 마음이 지을 뿐이다'라고 하거나 '마음이 모든 여래를 짓는다'라는 등의 말이 어찌 십법계가 모두 마음으로 짓는다는 뜻이 아니겠는가? 華嚴云 一切唯心造 心造諸如來等 豈非十法界 皆由心造", 『만법귀심록』 권중 「돈오수증 頓悟修證」(卍속장114, p.816a10)에 "지옥이 없지 않지만 마음으로 인하여 있다. 모든 중생이 열 가지 습으로 업을 맺고 그것으로 인하여 습이 이루어지면, 업을 따라 과보를 받아 마음에 지옥이 나타날 뿐 다시 밖의 경계는 없다. 『화엄경』의 게송에 '마땅히 법계성을 관해야 하니, 일체가 오로지 마음이 지어낼 뿐이다'라고 하였다. 그러므로 지옥에서 괴로움을 당함은 자기 마음이 나타난 것에 불과하다. 地獄非無 因心而有 一切衆生 十習結業 因以習成 循業受報 心現地獄 更無外境 華嚴偈云 應觀法界性 一切惟心造 是知地獄受苦 自心所現", 『석문정통』 권3(卍속장130, p.768b13)에 "일체는 오로지 마음이 지을 뿐이다. 마음의 지음이란 두 가지 뜻을 벗어나지 않는다. 첫째는 이를 잡아 지은 즉 바로 갖춤이고, 둘째는 사를 잡아 삼세라는 법수를 벗어나지 않는다. 一切唯心造 言心造者 不出二意 一者約理 造卽是具 二者約事 不出三世法數", 『제법집요경』 권9(대정장17, p.504b12)에 "지와 경은 본래 평등하니, 일체가 모두 마음으로 지음이네. 이를 깨우쳐 알기에, 세 가지(智·境·心)가 다르다고 하지 않는다. 智境本平等 一切皆心造 於此證解已 故不說三種", 『종경록』 권9(대정장48, p.461a26)에 "마땅히 법계성을 관해야 한다는 말은 진여를 이로 관하는 것이고, 일체는 오로지 마음이 지을 뿐이라는 말은 오직 식일 뿐이라는 사로 관하는 뜻이다. 應觀法界性者 卽眞如理觀 一切唯心造者 卽唯識事觀"라고 하였다. [참고문헌] 『華嚴經』, 『妙法聖念處經』, 『起信論疏筆削記』, 『現果隨錄』, 『金師子章雲間類解』, 『大乘本生心地觀經淺註』, 『十不二門指要鈔詳解』, 『萬法歸心錄』, 『釋門正統』, 『諸法集要經』, 『宗鏡錄』, 『淨土聖賢錄續編』 권2(卍속장135, p.408a5). ⇨ 법계유심 法界唯心, 삼계유식 三界唯識, 삼계유심 三界唯心, 삼계허망유일심작 三界虛妄唯一心作, 만법유식 萬法唯識, 일체 一切, 일체법 一切法

일체유위법 一切有爲法 모든 유위법. 무상·고·무아(無常苦無我)인 모든 법을 말한다. 『금강경』 권1(대정장8, p.752b28)에 "이 세상 모든 법들, 저 꿈과 같고 아지랑이와 같고 물거품과 그림자 같고, 이슬과 번갯불 같다. 마땅히 이와 같이 보아야 하리. 一切有爲法 如夢幻泡影 如露亦如電 應作如是觀", 60권본 『화엄경』 권25(대정장9, p.556a5)에 "보살은 이와 같이 이 모든 진실에 대한 지혜로 일체유위법은 허위의 속임수고 잠깐 동안 임시로 머물며 범부를 미혹하게 함을 여실히 안다. 菩薩如是以此諸諦智 如實知一切有爲法 虛僞誑詐 假住須臾 誑惑凡人", 『대지도론』 권3(대정장25, p.78c8)에 "일체유위법이란 인연에서 생할 뿐이어서 영원하지 않다. 본래 없다가 지금 있고 그런 다음에는 다시 사라지기에 무상이다. 인연에서 생하기에 무상이고, 무상이기에 고이고, 고이기에 무아이고, 무아이기에 지혜가 있는 이라면 아에도 아소에도 집착하지 않는다. 一切有爲法 因緣生故無常 本無今有 已有還無故無常 因緣生故無常 無常故苦 苦故無我 無我故 有智者不應著我我所"라고 하였다. [참고문헌] 『金剛經』, 『華嚴經』, 『大智度論』. ⇨ 유위법 有爲法, 유위 有爲, 여몽환포영여로역여전 如夢幻泡影如露亦如電, 대승십유 大乘十喩

일체유정 一切有情 Ⓢ sarva-sattva, Ⓣ sems can thams cad. 모든 유정. 『불지경론』 권3(대정장26, p.305c6)에 "이 법계로 말미암아 일체유정의 마음이 상속하며 평등하게 있기에 '일체유정이 바로 여래장이고 일체유정에게는 모두 불성이 있다'고 말하니, 부정종성의 유정을 이끌어 그 마음이 반드시 대승에 나아가도록 하고, 여래종성이 있는 유정에게는 '일체유정은 모두 부처가 될 것이다'고 말한다. 由此法界 一切有情心相續中 平等有故 說如是言 一切有情是如來藏 一切有情皆有佛性 爲引不定種性有情 令心決定趣大乘故 就有如來種性有情 說如是言 一切有情皆當作佛"라고 하였다. [참고문헌] 『佛地經論』, *Bodh-bh.12.* ⇨ 유정 有情, 중생 衆生

일체의 一切依 Ⓢ sarvopādhi, Ⓣ phung po thams cad. 모든 것들이 의지하는 것. 명색(名色) 즉 오온·십이처·십팔계와 육계 등에 의지해 존재하는 뜻이다. 이 의지처를 놓아버리면 곧바로 열반이다. 『집이문족론』 권7(대정장26, p.394b3)에 "버려야 할 것은 무엇인가? 〔답〕 박가범께서 육계(六界 : 地水火風空識)를 가리는 『변육계기별경』에서 장로(具壽 Ⓢ āyuṣmat) 지견에게 설하시기를 ' … 마땅히 알아야 하리. 가장 뛰어난 사처란 일체의를 버리는 것이다. 애욕이 다하며 염오를 떠나는 영멸의 열반이다. 그러니 비구는 이러한 열반을 성취해야 할 것이다'. 捨處云何 答 如薄伽梵 於辯六界記別經中 爲具壽池堅說 … 當知 最勝捨處 謂棄捨一切依 愛盡離染 永滅涅槃 是故 苾芻 應成就此涅槃", 『유가사지론』 권50(대정장30, p.577b16)에 "무엇이 괴로움이 없는 적멸인가? 일체의와 더불어 서로 응하지 않고 일체번뇌의 모든 고통의 흐름 구르고 생기하는 것 등져서는 뒤쳐 드러난 진실 무루계에 의지한다. 云何無損惱寂滅 謂與一切依不相應 違背一切煩惱諸苦流轉生起 轉依所顯眞無漏界"라고 하였다. 〔참고문헌〕 『集異門足論』, 『瑜伽師地論』, *Śrāv-bh.236.* ⇨ 의 依[4], 전의 轉依

일체의 一切義 Ⓢ sarva-artha, Ⓢ don thams cad. 모든 것들이 드러내는 온갖 뜻과 드러내지 않지만 평등한 뜻을 아울러 일컫는 말이다. 『유가사지론』 권49(대정장30, p.566b16 : *Bodh-bh.*, p.257)에 "심이란 일체의에 대해 능히 견뎌 바로 아는 신통의 지혜(通慧 Ⓢ abhijñā) 있다. 마땅히 알라. 이를 네 번째 원만이라 이름한다. 心有堪能 於一切義 速證通慧 當知是名 第四圓滿 sahajā ca mandarajaskasya svacittavaśitā cittakarmaṇyatā sarvārtheṣu kṣiprābhijñatāyai. iyaṃ caturthī sampat", 『현양성교론』 권5(대정장31, p.502b8)에 "십종의는 … 둘째는 여소지의이고, … 여소지의란 잡염과 청정법 중의 진여실성이다. 이를 본 자성 그대로 아는 뜻의 여소지의라 한다. … 이와 같은 십종의로 일체의를 거둠을 알아야 할 것이다. 十種義者 … 二 如所知義 … 如所知義者 卽於雜染淸淨法中 眞如實性 是名如所知義 … 此十種義 攝一切義應知", 『화엄경탐현기』 권16(대정장35, p.412c25)에 "일체의라는 말은 진속으로 보여지는 것들의 의미다. 言一切義者 眞俗境義也"라고 하였다. 〔참고문헌〕 『瑜伽師地論』, 『顯揚聖教論』, 『華嚴經探玄記』, *Bodh-bh.* ⇨ 일체 一切, 의 義[1]

일체의성취 一切義成就 Ⓢ sarvārtha-siddha, Siddhārtha, Ⓣ don thams cad grub pa. 모든 것에 대하여 그 뜻을 성취한 이. 여래 또는 석존(釋尊)의 아명(兒名)인 실달다(悉達多 Ⓢ Siddhartha)태자의 뜻이고, 밀교 금강정경 초회에 안주한 보살 이름이다. 일체의성(一切義成)이라고도 한다. 『이취석비요초』 권5(대정장61, p.690c13)에 "일체의성취 등이라 하였다. 한편에서는 말한다. 『화엄경음의』 권하에서는 '실달태자〈실달이란 말은 갖추어서 말하면 살박알타실지다. 「지」 자는 평성으로 발음해야 한다. 「살박」은 일체다. 「알타」는 사(事 Ⓢ artha)다. 「실지」는 성(成)이다. 말하자면, 해야 할 모든 일을 성취한 이다〉'고 하였다. 『대당서역기』 권7(대정장51, p.906b8)에서는 '〈살바갈자타실타는 번역하면 일체의성이다. 구역에서는 실달다라고 하였으나 다르게 약한 것이다〉'고 하였다. 『우란분경소신기』 권1(卍속장35, p.206a9)에서는 '실달은 일체의라 한다. 곧 정반왕의 적자이다. 따라서 태자라고 한 것이다'고 하였다. 이는 현교보살이다. … 다른 한편에서는 다음처럼 말한다. 일체의성취는 석존이 아니다. 『금강정경』의 초회(『眞實攝經』)의 모두에는 색계정에서 정각을 성취한 보살이다. 『교왕경』에서도 이 보살을 일체의성취라고 한다. 또 30권본 『교왕경』과 『십팔회지귀』에 따르면, 이 보살은 성도 후에 초회의 경을 설하고 나서 염부제에 내려와 석가모니의 몸으로 화현하여 (사문유관상 등의) 여덟 가지 일화를 거쳐 부처가 되었다(八相作佛)고 한다. 一切義成就等者 一義云 華嚴經音義下云 悉達太子〈悉達者 具云薩縛頞他悉地 地字應平聲呼 言薩縛者 此云一切也 頞他事也 悉地成也 言其於一切所應作事皆已成就也〉文云云 西域記第七云 〈薩婆曷剌他悉陀 唐言一切義成 舊曰悉達多 訛略也〉文 盂蘭盆經疏新記云 悉達此云 一切義成 卽淨飯王之嫡嗣 故名太子文 是顯敎菩薩也 … 一義云 一切義成就者非釋尊 金剛頂經初會最初於色界頂成正覺之菩薩也 敎王經此菩薩名一切義成就 且依三十卷教王經并十八會指歸 此菩薩成道後說初會經已 降於閻浮現釋迦身八相作佛"라고 하였다. 〔참고문헌〕 『理趣釋祕要鈔』, 『大唐西域記』, 『盂蘭盆經疏新記』, *Mvyut.24.* ⇨ 실달다 悉達多, 금강정경 金剛頂經

일체일심식 一切一心識 Ⓢ hṛdaya. 일체는 다른 것이 아닌 마음에 의지해 일어난다는 뜻이다. 『석마하연론』에서 말하는 십식(十識) 중 하나다. 『석마하연론』 권2(대정장32, p.611c27)에 "십종식을 세워 모든 식을 거둔다. 무엇이 열 가지인가? 앞의 아홉 가지에 일체일심식을 더했다. 立十種識 總攝諸識 云何爲十 謂前九中 加一切一心識故", 『번역명의집』 권6(대정장54, p.1159a12)에 "지금은 일체일심식이라고 하니, 이는 한역어며 범어로는 정확히 '건률다야'라고 한다. 〔문〕 일체일심식과 암마라식(菴摩羅識 Ⓢ amala-vijñāna)을 어떻게 뚜렷이 구분하는가? 〔답〕 제불께서 증득한 이에 따라서는 암마라식이라는 이름을 세웠고, 중생이 미혹되는 그 뿌리에 나아가서는 '건률다'라고 불렀다. 今謂一切一心識 是此方言 梵語正名乾栗陀耶 問 一切一心識與菴摩羅 云何甄別 答 從諸佛所證之理 乃立菴摩羅名 就衆生所迷之本 則標乾栗陀號", 『금강삼매경통종기』 권6(卍속장55, p.510b2)에 "『석마하연론』에서 십종식심(十種識心)을 세웠으니 안식심부터 제8 아뢰야식심에 이르고, 그 아홉 번째는 '다일식심'이라 하고, 열 번째는 일일식심이라고 한다. 그러므로 계경에서 '마음의 량은 비록 헤아릴 수 없지만 십식을 벗어나지 않는다'라고 하였다. 이는 곧 앞의 아홉에 일체일심식을 더하여 앞의 아홉을 다 거둔 것이다. 그러므로 이와 같은 열 가지 마음의 량 중에 처음 아홉 가지 마음은 진실한 이치와 연하지 않지만, 마지막 한 가지 마음은 진실한 이치를 반연해 얻은 것이어서 경계로 삼는다. 釋摩訶衍論中 立十種識心 眼識心至第八阿賴耶識心 其第九 名多一識心 第十 名一一識心 故契經中云 心量雖無量 而不出十識 此卽前九中 加一切一心識 總攝前九 故如是十種心量中 初九種心 不緣眞理 後一種心 得緣眞理 而爲境界故"라고 하였다. 〔참고문헌〕『釋摩訶衍論』, 『翻譯名義集』, 『金剛三昧經通宗記』, 『宗鏡錄』 권56(대정장48, p.739b3). ⇨ 다일식심 多一識心, 십식 十識, 간률타 干栗馱

일체일체소분일체 一切一切少分一切 ❶ Ⓢ sarveṇa sarvam, ekadeśena sarvam, Ⓣ thams-cad-kyi-thams-cad, phyags-gcig-gi thams-cad. 예외없이 모두 다의 뜻과 범주를 정한 한계 내에서 모든 것. 『유가사지론』 권89(대정장30, p.801a3)에 "또한 분명히 알아야 할 간략히 두 가지 일체가 있다. 첫째는 소분일체고, 둘째는 일체일체다. '일체는 모두 무상하다'고 말하는 경우 이 말은 소분일체에 의지해서 알아야 한다. 일체행은 유위(有爲 Ⓢ saṃskāra)여서 무위(無爲 Ⓢ asaṃskāra)는 아니기 때문이다. '일체법은 모두 무아다'라고 하면 이 말은 일체일체에 의지하는 것임을 알아야 한다. 復次當知 略有二種一切 一 少分一切 二一切一切 如說一切皆無常者 當知此依少分一切 唯一切行非無爲故 言一切法皆無我者 當知此依一切一切", 『범망경보살계본술기』 권상(卍속장60, p.222b4)에 "둘째는 호법보살 등이 말하기를 '일체에는 두 가지가 있다. 첫째는 일체일체고 둘째는 소분일체다. 『열반경』에서 「모든 중생에게는 모두 불성이 있다」고 한 것은 소분일체를 취한 뜻이다'고 한 것이다. 二 護法菩薩等云 一切有二 一 一切一切 二 少分一切 經說一切衆生 皆有佛性者 此就少分一切"라고 하였다. 〔참고문헌〕『瑜伽師地論』, 『梵網經菩薩戒本述記』, *Bodh-bh.30.* ⇨ 소분일체 少分一切 ❷ 일체를 거듭 강조해 드러내는 뜻. 『유가사지론』 권29(대정장30, p.444a1 : *Śrāv-bh.*, p.318)에 "그는 이와 같은 네 가지 삼매의 우월한 힘 때문에 이미 모든 번뇌에서 멀어졌지만, 다시 일체일체의 악불선법의 모든 수면을 영구히 없애고 또 저것들을 대치하는 모든 선법을 닦고 모으기 위해 기꺼이 채근하는 마음을 거듭 내는 것이다. 彼由如是四三摩地增上力故 已遠諸纏 復爲永害一切一切惡不善法諸隨眠故 及爲修集能對治彼諸善法故 便更生起樂欲策勵 sa taṃ caturvidhaṃ samādhimadhipatiṃ kṛtvā paryavasthāneṣu dūrīkṛteṣu. sarveṇa sarvamanuśayasamudghātāya pāpakānāmakuśalānāṃ dharmāṇāṃ, tatprātipākṣikāṇāñca kuśalānāṃ. dharmāṇāṃ samudāgamāya 〔c〕chandaṃ janayati. vyāyacchata iti", 『유가론기』 권7(대정장42, p.457b11 · 한불전13, p.531a7)에 "일체일체라고 한 것은 일체악업과 일체번뇌를 말하기 위해 거듭 말한 것이다. 또 풀이하면 일체의 생과 일체의 화합이다. 云一切一切者 謂一切惡業及一切煩惱 故重云也 又解 一切生及 一切和合也"라고 하였다. 〔참고문헌〕『瑜伽師地論』, 『瑜伽論記』, *Śrāv-bh.* ⇨ 일체 一切, 일체유법 一切有法

일체제법본래공적 一切諸法本來空寂 일체의 모든 법은 본래 공적(空寂)하다는 뜻. 『석마하반야바라밀경각의삼매』(대정장46, p.622a12)에 "일체제법은 본성이 공적하고 필경에는 청정하지만 모든 중생들 능히 아는 이는 없다. 여러 불보살이나 선지식이 일체의 모든 법 본래공적하다고 설하는 것을 들으면 이 사람은 이 말을 듣고서는 곧바로 크게 놀라며 깨우칠 뿐이다. 一切諸法本性空寂 畢竟清淨 而諸衆生無能知者 若遇諸佛菩薩及善知識 說一切諸法本來空寂 是人聞已 卽大驚悟"라고 하였다. 〔참고문헌〕『釋摩訶般若波羅蜜經覺意三昧』. ⇨ 본래공적 本來空寂, 제법개공 諸法皆空

일체제불 一切諸佛 Ⓢ sarva-buddha, Ⓣ sangs-rgyas-thams-cad. 시방삼세(十方三世)의 모든 부처님. 60권본 『화엄경』 권5(대정장9, p.429b12)에 "일체제불께서는 하나의 수레에 올라 생사를 벗어나신다. 一切諸佛 唯以一乘 得出生死", 『대방편불보은경』 권6(대정장3, p.160c27)에 "일체제불에게는 반드시 하시는 세 가지 일이 있다. 첫째 행을 쌓는 일, 둘째 법신등, 셋째 중생을 제도하는 일이다. 일체제불께서는 모두 삼아승기겁이 다하도록 보살행을 닦아 오분법신 · 십력 · 사무소외 · 십팔불공법을 모두 갖추며 헤아릴 수 없이 많은 중생을 제도하여 모두 열반에 들게 하신다. 一切諸佛有三事等 一 積行等 二 法身等 三 度衆生等 一切諸佛盡三阿僧祇劫修菩薩行 盡具足五分法身 十力 四無所畏 十八不共法 盡度無數阿僧祇衆生入於泥洹", 『종경록』 권14(대정장48, p.491b15)에 "일체제불께서는 모두 다 무념을 증득하셨기에 부처라고 부른다. 一切諸佛 皆得無念 名爲佛故"라고 하였다. 〔참고문헌〕『華嚴經』, 『大方便佛報恩經』, 『宗鏡錄』, *Suv-pr.8.*, *Abh-k-bh.216.*

일체종계 一切種戒 Ⓢ sarvākāraṃ śīlam. 보살의 계바라밀다(戒波羅蜜多 Ⓢ śīla-pāramitā)로서 구종상계(九種相戒) 중 하나. 『유가사지론』 권42(대정장30, p.522a25)에 "무엇을 보살의 일체종계라 하는가? 이 계는 요약해 말하면 여섯 가지 또는 일곱 가지이고, 모두 말하면 열 세 가지이다. 云何菩薩一切種戒 當知此戒以

要言之 六種七種 總十三種"라고 하고는 다음과 같이 설한다. 여섯 가지란, 첫째는 회향계이니 대보리에 회향하기 때문이고(言六種者 一 迴向戒 迴向大菩提故), 둘째는 광박계이니 모든 배워야 할 바를 널리 거두기 때문이고(二 廣博戒 廣攝一切所學處故), 셋째는 무죄환희처계이니 욕락과 스스로 괴롭히는 고행의 두 가지 극한 행을 멀리 여의기 때문이고(三 無罪歡喜處戒 遠離耽著欲樂自苦二邊行故), 넷째는 항상계이니 수명이 다한다 할지라도 배워야 할 바를 버리지 않기 때문이고(四 恒常戒 雖盡壽命亦不棄捨所學處故), 다섯째는 견고계이니 모든 이양과 공경을 구하는 마음·타론·근본수번뇌로도 굴복시킬 수도 빼앗을 수도 없기 때문이고(五 堅固戒 一切利養恭敬他論本隨煩惱 不能伏故不能奪故), 여섯째는 시라장엄구상응계이니 일체계장엄을 구족하기 때문이니 시라장엄은 성문지에서 말한 바와 같이 마땅히 그 상을 알아야 한다(六 尸羅莊嚴具相應戒 具足一切戒莊嚴故 尸羅莊嚴如聲聞地應知其相)고 하였다. 또 일곱 가지란, 첫째는 그쳐 하지 않는 계(Ⓢ nivṛtti-śīla)이니 일체살생 등을 멀리 여의기 때문이고(言七種者 一 止息戒 遠離一切殺生等故), 둘째는 뒤쳐 짓는 계(Ⓢ pravṛtti-śīla)이니 일체선을 거두어 유정을 이롭게 하기 때문이고(二 轉作戒 攝一切善故饒益有情故), 셋째는 방호계(Ⓢ ārakṣaka-śīla)이니 지식과 전작을 따라가며 수호하는 계이기 때문이고(三 防護戒 隨護止息轉作戒故), 넷째는 대사상이숙계(大士相異熟戒 Ⓢ mahāpruṣa-lakṣaṇa-vaipākya-śīla)이고, 다섯째는 증상심이숙계(增上心異熟戒 Ⓢ adhicitta-vaipākya-śīla)이고, 여섯째는 가애취이숙계(可愛趣異熟戒 Ⓢ iṣṭagati-vaipākya-śīla)이고, 일곱째는 이익유정이숙계(利有情異熟戒 Ⓢ sattavārthakriyā-vaipākya-śīla)라고 하였다. 〔참고문헌〕『瑜伽師地論』, *Bodh-bh.127.* ⇨ 구종상계 九種相戒, 항상계 恒常戒, 시라장엄구상응계 尸羅莊嚴具相應戒

일체종여지수정법계인 一切種如智修淨法界因 Ⓢ sarvatas tathatā-jñāna-bhāvanā dharmadhātu-viśuddhi-hetu. 일체시에 진여와 함께한 지혜로 온갖 일로 법계를 깨끗이 하는 인. 『대승장엄경론』 권3(대정장31, p.606a15 : *Sūtr.*, p.44)에 "〔게〕 일체종여지, 닦아 법계를 깨끗이 한 인이라네. 중생을 이롭고 안락하게 교화하여 이 과 또한 다함이 없다. 〔석〕 이 게송은 법계인의 뜻이다. '일체종여지는 정법계인'이란 일체시에 법계를 청정히 하기 위해 일체종여문지를 닦아 인을 삼기 때문이다. 偈曰 一切種如智 修淨法界因 利樂化衆生 此果亦無盡 釋曰 此偈顯示 法界因義 一切種如智修淨法界因者 謂爲淸淨法界 於一切時 修一切種如門智 以爲因故 〈śloka〉 sarvatas tathatājñānabhāvanā samudāgamaḥ. sarvasatvadvayādhānasarvathākṣayatā phalam. 〈bhāṣya〉 eṣa hetvarthaṃ phalārthaṃ cārabhya dvitīyaḥ ślokaḥ. sarvatastathatājñānabhāvanā dharmadhātuviśuddhihetuḥ. sarvata iti sarvadharmaparyāyamukhaiḥ"라고 하였다. 〔참고문헌〕『大乘莊嚴經論』, *Sūtr.* ⇨ 일체종지 一切種智

일체종자식 一切種子識 Ⓢ sarva-bījakam vijñānam, sarva-bīja-vijñāna, Ⓣ sa bon thams cad pa'i rnam par shes pa. 제8아뢰야식(阿賴耶識 Ⓢ ālaya-vijñāna)을 다르게 부르는 이름. 일체법의 종자를 가져 잃지 않는 뜻에서 종자식(種子識)·일체종자심식(一切種子心識)·일체종식(一切種識)이라고도 한다. 『유가사지론』 권1(대정장30, p.279b1 : *Yogā-bh.*, p.4)에 "일체종자식은 시작 없는 그때부터 희론을 즐겨 집착함을 쏘이고 익혀 인을 삼아서 생겨난 일체종자들이 달리 익어가는 식이다. 一切種子識 謂無始時來 樂著戲論 熏習爲因 所生一切種子異熟識 sarvabījakaṃ vijñānaṃ katamat pūrvakaṃ prapañcaratihetumupādāya yaḥ sarvabījako vipāko nirvṛttaḥ", 『대승아비달마잡집론』 권2(대정장31, p.701a27 : *Abh-s-bh.*, p.11)에 "일체종자식이라 한 것은 온 등의 제법종자를 일으켜 쌓은 것들이다. 一切種子識者 謂能生蘊等諸法種子所積集故 sarvabījakaṃ teṣāmeva skandhādīnāmutpattibījairyuktatvāt", 『섭대승론석』 권2(대정장31, p.328a25)에 "일체종자식이란 … 잡염품의 법들을 능히 일으켜 공능이 차별하게 서로 응하게 하는 뜻이다. 나서 저 공능과 상응하기에 일체종자식이라 한다. 이 의미에 대해 세간의 비유를 들면, 저 보리가 스스로 싹을 내는 공능이 있어 종자성이 있다 하고, 만약 시간이 지나거나 불에 탄다면 공능 또한 잃어버린다. 그때 보리의 겉모습은 본래와 다름없지만 세력은 파괴되었기에 종자성은 없다. 아뢰야식도 이와 같이 모든 잡염법을 일으키는 역능도 있어, 이 역능과 상응하기에 일체종자식이라 한다. 名一切種子識者 … 謂有能生雜染品法 功能差別相應道理 由與生彼功能相應故 名一切種子識 於此義中有現譬喩 如大麥子 於生自芽有功能故 有種子性 若時陳久或火相應 此大麥果功能損壞 爾時麥相雖住如本 勢力壞故無種子性 阿賴耶識亦復如是 有生雜染諸法功能 由此功能相應故 說名一切種子識", 『성유식론술기』 권3(대정장43, p.311c8)에 "〔문〕 언제나 따라 구르기에 이름해 종자라고 말한다면, 제8식의 현행도 이미 항시 따라 전전하고 있으니 종자라고 할 수 있는가? 어떤 이는 그럴 수 있다고 한다. 일체종자식이라고도 하기 때문이다. 만약 그렇다고 한다면, 이 현행은 자신의 종자에 대해 이미 인연이 아니게 된다. 능훈이 없는데 어떻게 종자라 할 수 있겠는가. 어떤 이는 그럴 수 없다고 한다. 일체종자식이라는 말은 일체법을 함장해서 일체법을 낳기에 일체종이라 부른 것이다. 저 현행이 스스로 종자를 낳는다는 것이 아니다. 종자는 식이 현행하는 자체에 의지하긴 해도 이는 식의 소연일뿐이다. 식과 같은 것은 아니다. 따라서 식현행을 일체종자식이라 부르지 않는다. 問 言恒隨轉名爲種子 第八識現行既恒隨轉 爲名種不 有說亦得以名一切種子識故 若謂然者 此現行望自種既非因緣 非能熏故 如何名種 有說不得 言一切種子識 含藏一切法 能生一切法 名一切種 非彼現行能生自種 種雖依識現行自體是識所緣 不同於識 故識現行非名種子"라고 하였다. 〔참고문헌〕『瑜伽師地論』, 『大乘阿毘達磨雜集論』, 『成唯識論述記』, *Yogā-bh.*, *Abh-s-bh.* ⇨아뢰야식 阿賴耶識, 종자 種子, 현행 現行, 이숙식 異熟識

일체종지 一切種智 Ⓢsarva-jña, sarva-jñatā, sarvākāra-jñāna, sarvākāra-jñatā, Ⓣrnam pa thams cad mkhyen pa. 일체를 낱낱이 아는 지혜. 삼지(三智) 또는 네 가지 지원덕(智圓德) 중 하나다. 모든 법의 쓰임새·공상(共相)·세속의 일 등을 아는 것이다. 음사어는 살바야(薩婆若)·살반야(薩般若)·살운연(薩芸然) 등이고, 불지(佛智)·불종지(佛種智) 등과 같은 뜻이다. 일체지와 같은 의미로 쓰이기도 하고 구별하기도 한다. 『대지도론』 권27(대정장25, p.258c27)에 "〔문〕 일체지와 일체종지에는 어떤 차이가 있는가? 〔답〕 어떤 이는 '차이가 없다. 어떤 때는 일체지라 하고 또 어떤 때는 일체종지라 한다'고 하였다. 또 어떤 이는 '다 거둔 뜻(總相 Ⓢsāmānya-lakṣaṇa)으로 일체지고, 나누어 낱낱의 특징(別相 Ⓢsva-lakṣaṇa)을 일체종지라 한다. 인은 바로 일체지고, 과는 바로 일체종지다. 간략히 설하면 일체지고, 널리 설하면 일체종지다. 일체지란 모두 거두어 일체법중 무명이라는 어둠을 깨트리는 것이고, 일체종지란 갖가지 법을 관한 문으로 모든 무명을 부수는 것이다. … 일체지란 저 고제를 설하는 경우라면, 일체종지는 고의 여덟 가지 상을 설한다. … 부처는 모든 법의 총상과 별상을 빠짐없이 아시기에 일체종지라 한다. … '일체지란 이 성문벽지불의 일이고, 도지란 모든 보살의 일이고, 일체종지는 부처의 일이다'. 성문벽지불에게는 뭉뚱거려 일체지만 있을 뿐 일체종지는 없다. 問曰 一切智 一切種智 有何差別 答曰 有人言 無差別 或時言一切智 或時言一切種智 有人言 總相是一切智 別相是一切種智 因是一切智 果是一切種智 略說一切智 廣說一切種智 一切智者 總破一切法中無明闇 一切種智者 觀種種法門破諸無明 … 一切智者 如說苦諦 一切種智者 如說八苦相 … 佛盡知諸法總相別相故 名爲一切種智 … 一切智是聲聞 辟支佛事 道智是諸菩薩事 一切種智是佛事 聲聞辟支佛但有總一切智 無有一切種智", 『구사론송소론본』 권27(대정장41, p.966b12)에 "일체종지란 세속의 일을 비춰 아는 것이다. 一切種智 照俗事故", 『대승기신론』 권1(대정장32, p.581b23)에 "제불여래께서는 견(見)도 상(想)도 여의어 닿지 못할 곳이 없으시니 그 마음이 진실하기 때문이니, 모든 법의 성이다. 스스로의 바탕으로 나투어 일체망법을 관하고 대지혜의 작용이 있어 무량방편으로 모든 중생의 뜻에 따라 알고 능히 다 열어 보이기에 일체종지라고 한다. 諸佛如來 離於見想 無所不遍 心眞實故 卽是諸法之性 自體顯照 一切妄法 有大智用 無量方便 隨諸衆生所應得解 皆能開示 種種法義 是故得名一切種智", 『대승의장』 권19(대정장44, p.845a25)에 "(三智 중) 세 번째는 살반야지다. 이것은 일체종지라 한역한다. 제불여래께서 일체의 두 갈래로 진실한 모든 법을 깨달아 아는 것을 일체종지라 하였다. 앞서 말한 삼종지도 이 살바야로 거두지만 그 밖의 두 가지는 그렇지 않다. 저 둘은 인에 있지 과에 있지 않기 때문이다. 三 薩般若智 此翻名爲 一切種智 諸佛如來 覺知一切 二諦諸法 名薩婆若 向前三智 入此三中 薩婆若攝非餘二種 彼二在因 不在果故"라고 하였다. 〔참고문헌〕『大智度論』, 『俱舍論頌疏論本』, 『大乘起信論』, 『大乘義章』, *Bodh-bh.279*, *Sūtr.33·54.* ⇨일체지 一切智, 여실지 如實智, 삼지 三智[1], 사지 四智[4], 지원덕 智圓德, 불지 佛智, 삼종원덕 三種圓德, 백사십불공 百四十不共

일체종지식 一切種智識 『종경록』의 팔식십명(八識十名) 중 하나로 모든 것을 낱낱이 지혜롭게 분별함. 『번역명의집』 권6(대정장54, p.1155a10)에 "『종경록』 권5(대정장48, p.713a6)에서는 제8식의 열 가지 이름을 밝힌다. 첫째, 제7식 다음에 얻은 이름이기에 제8식이라 한다. … 열째, 공덕이 원만해 일체종지식이라 한다. 이 식으로 유정과 무정을 건립하고 염법과 정법을 일으킨다. 지가 있고 각이 있게 되면 중생계가 일어나고, 상도 없고 념려함도 없으면 국토의 연이 일어난다. 염법을 인하기에 육취로 돌고 돌며, 정법을 따르기에 네 갈래 성자의 위에 이르니 범부든 성자든 그 바탕은 근기로 유래하는 것이라 할만하다. 이 식들을 분명히 알면 원래 어느 법인들 깨우침 아니겠으며, 이 마음의 자성을 사무치면 어느 경인들 진실이 아니겠는가. 가히 배움마저 끊는 문으로 신이 깃든 집에 드는 일이 아니겠는가. 宗鏡明八識十名 一 七後得名稱爲八識 … 十 功德圓滿名一切種智識 此識建立有情無情 發生染法淨法 若有知有覺則衆生界起 若無想無慮則國土緣生 因染法而六趣回旋 隨淨法而四聖階降 可謂凡聖之本根器之由 了此識原何法非悟 證斯心性何境不眞 可謂絶學之門栖神之宅"라고 하였다. 〔참고문헌〕『翻譯名義集』, 『宗鏡錄』, 『八識規矩略說』(卍속장98, p.572a15). ⇨팔식십명 八識十名

일체중생 一切衆生 Ⓢsattva, sarva-sattva, sarva-jagat, loka-saṃniveśa, Ⓣsems-can-thams-cad, sems-can-rnams. 모든 중생. 살바살타(薩婆薩埵)·살화살(薩和薩) 등으로 음사하고, 일체유정(一切有情)·일체생류(一切生類)라고도 한다. 『번범어』 권1(대정장54, p.989c4)에 "살화살<'살바살타'라고 해야 한다. 한역하여 '일체중생'이라고 한다>. 薩和薩<應云 薩婆薩埵 譯曰 一切衆生>", 『대일경의석』 권7(卍속장36, p.725b8)에 "𑖭𑖨𑖿𑖪𑖭𑖝𑖿𑖪(sarvasatva)살바살타는 일체중생이다. 𑖭𑖨𑖿𑖪𑖭𑖝𑖿𑖪 薩婆薩埵 是一切衆生", 『증일아함경』 권4(대정장2, p.565a18)에 "일체중생은 모두 먹는 것으로 말미암아 그 목숨을 존속한다. 먹을 것이 있으면 존속하고 먹을 것이 없으면 죽는다. 一切衆生 皆由食 而存其命 有食便存 無食便喪", 『대반열반경』 권상(대정장1, p.193a27)에 "일체중생은 모두다 생사의 크나큰 바다에서 뜨고 가라앉기를 거듭한다. 一切衆生 皆悉漂沒生死大海", 『금강경』(대정장8, p.749a6 : *Vajr-pr.*, p.28)에 "살아 움직이는 일체중생의 류를 난생이든 태생이든 습생이든 화생이든 유색이든 무색이든 유상이든 무상이든 비유상비무상이든 나는 모두 무여열반으로 끌어들여 멸도케 하리라. 所有一切衆生之類 若卵生若胎生 若濕生若化生 若有色若無色 若有想若無想 若非有想非無想 我皆令入無餘涅槃 而滅度之 yāvantaḥ subhūte sattvāḥ sattva dhātau sattvasaṃgraheṇa saṃgṛhītā aṇḍajā vā ja rāyujā vā saṃsvedajā vā aupapādukā vā rūpiṇo v ā arūpiṇo vā saṃjñino vā asaṃjñino vā naivasaṃ jñino nāsaṃjñino vā yāvān kaścit sattvadhātuḥ p rajñapyamānaḥ prajñapyate te ca mayā sarve ′n upadhiśeṣe nirvāṇadhātau parinirvāpayitavyāḥ", 『대지도론』 권87(대정장25, p.669c8)에 "일체중생은 모두 보살의 복전이니, 능히 대비를 일으키기 때문이다. 一切衆生 皆是菩薩福田 能生大悲故", 『법화경』 권2 「비유품 譬喩品」(대정장9, p.14c20 : *Saddh-p.*, p.89)에 "일체중생은 모두 나의 자녀이거늘 세속쾌락에 깊이 집착하여 지혜로운 마음일랑 있을 수 없네. 一切衆生 皆是吾子 深著世樂 無有慧心 putrāśca te prāṇina sarvi mahyaṃ traidhātuke kāmavilagna bālāḥ", 『이취육바라밀다경』 권1(대정장8, p.868a9)에 "부처와 중생은 성품이 다르지 않으니, 범부는 다르다 보고 성인은 차이가 없다고 보네. 일체중생이 본래 청정함은 삼세의 여래께서 한결같이 설하셨네. 그 성품의 때묻고 깨끗함도 본래 둘이 아니어서 중생과 부처 차별이 없다네. 佛與衆生性不異 凡夫見異聖無差 一切衆生本清淨 三世如來同演說 其性垢淨本無二 衆生與佛無差別", 『능엄경』 권2(대정장19, p.111c25)에 "일체중생은 시작도 없는 때부터 자기를 모르고 중생이 될 뿐이니 본심을 잃고서 물을 따라 구르니 이 중에서 보고는 크다 작다 여긴다. 만약 능히 물을 굴릴 수 있다면 곧바로 여래와 같아지리니, 몸과 마음이 훤히 밝아져 도량에서 움직이지 않고도 한 털끝으로 능히 시방국토를 다 머금을 수 있다. 一切衆生 從無始來 迷己爲物 失於本心 爲物所轉 故於是中 觀大觀小 若能轉物 則同如來 身心圓明 不動道場 於一毛端 遍能含受 十方國土"라고 하였다. [참고문헌] 『翻梵語』, 『大日經義釋』, 『增壹阿含經』, 『大般涅槃經』, 『金剛經』, 『大智度論』, 『法華經』, 『理趣六波羅蜜多經』, 『楞嚴經』, *Vajr-pr.*, *Saddh-p.*, *Abh-k-bh.62.*, *Ratna-ut.4·14.*, *Laṅk.20.* ⇨ 일체유정 一切有情, 일체중생실유불성 一切衆生悉有佛性, 중생 衆生, 유정 有情

일체중생개유불성 一切衆生皆有佛性 일체중생에게는 모두 불성이 있다는 말. 일체중생실유불성(一切衆生悉有佛性)이라고도 한다. 36권본 『대반열반경』 권7(대정장12, p.645b10)에 "일체중생에게는 모두 불성이 있다. 이 성 때문에 무량억의 모든 번뇌결을 끊고 곧바로 아누다라삼막삼보리를 성취한다. 일천제는 제한다. 一切衆生皆有佛性 以是性故 斷無量億諸煩惱結 卽得成於阿耨多羅三藐三菩提 除一闡提", 같은 책 권8(대정장12, p.654b19)에 "가(伽 𑖐)란 장(藏)이라고 하니, 장은 곧 여래비장이다. 일체중생에게는 모두 불성이 있으니, 이런 까닭에 가라고 한다. 伽者 名藏 藏者 卽是如來祕藏 一切衆生皆有佛性 是故名伽", 『오조법연어록』 권하(대정장47, p.665b27)에 "법좌에 올라 들기를, '학인이 조주에게 물었다. 「개에게도 불성이 있습니까?」 「없다」 「일체중생에게 모두 불성이 있는데, 개는 어찌하여 없습니까?」 「그놈에게는 업식이 있다」'. 법연이 말하였다. '대중들이여! 그대들은 평소 어떻게 알고 있는가? 나는 평소 다만 무자만 들 뿐 문득 쉬어버린다. 그대들이 이 한 자를 꿰뚫는다면 천하의 사람들도 어떻게 할 수 없을 것이다. 그대들은 어떻게 꿰뚫겠는가? 훤하게 꿰뚫은 사람이 있는가? 있다면 나와서 말해 보라! 나는 그대들이 있다고 말하기를 바라지도 않고, 없다고 말하기를 바라지도 않으며, 있는 것도 아니고 없는 것도 아니다라고 말하기를 바라지도 않는다. 그대들은 어떻게 말하겠는가?' 上堂 擧 僧問趙州 狗子還有佛性也無 州云 無 僧云 一切衆生皆有佛性 狗子爲什麽却無 州云 爲伊有業識在 師云 大衆 爾諸人尋常作麽生會 老僧尋常只擧無字便休 爾若透得這一箇字 天下人不柰爾何 爾諸人作麽生透 還有透得徹底麽 有則出來道看 我也不要爾道有 也不要爾道無 也不要爾道不有不無 爾作麽生道", 『경덕전등록』 권7 「전선유관전 典善惟寬傳」(대정장51, p.255a18)에 "학인이 물었다. '개에게도 불성이 있습니까?' '있다' '화상께도 있습니까?' '나에게는 없다' '일체중생에게 모두 불성이 있는데, 화상께서는 어찌하여 홀로 없다 하십니까?' '나는 일체중생이 아니다' '이미 중생이 아니라면 부처입니까?' '부처도 아니다' '구경에는 이 무슨 물건입니까?' '그 물건도 아니다' '보기도 하고 생각도 하십니까?' '사유해 미치지 못하고 말로도 얻을 수 없다. 그러므로 불가사의라고 한다'. 問 狗子還有佛性否 師云 有 僧云 和尙還有否 師云 我無 僧云 一切衆生皆有佛性 和尙因何獨無 師云 我非一切衆生 僧云 旣非衆生是佛否 師云 不是佛 僧云 究竟是何物 師云 亦不是物 僧云 可見可思否 師云 思之不及 議之不得 故云不可思議"라고 하였다. 〔참고문헌〕『大般涅槃經』, 『五祖法演語錄』, 『景德傳燈錄』. ⇨ 일체중생실유불성 一切衆生悉有佛性

일체중생실유불성 一切衆生悉有佛性 일체중생에게 모두 불성이 있다는 말. 『앙굴마라경』 권4(대정장2, p.539a14)에 "문수사리가 앙굴마라에게 말했다. '여래장이라는 말에는 무슨 뜻이 있을까? 만약 일체중생에게 여지없이 여래장이 있다면 일체중생은 모두 부처가 되어야 할 텐데, 일체중생이 모두 죽이고 도둑질하고 음행을 저지르며 거짓을 말하며 술을 먹는 등 선하지 않는 업의 종적을 남기니, 어찌된 일인가? 일체중생 모두 불성이 있어서 한순간 생사를 벗어날 수 있다'. … 부처님께서 문수사리에게 말씀하셨다. '일체중생은 여래장을 가지고 있으나 한량없는 번뇌로 덮여있으니, 마치 병중에 등불과 같다. … 문수사리여! 만약 어떤 남자와 여인이 「나의 몸에는 여래장이 있어서 저절로 생사를 벗어날 것이니, 나는 악을 저질러도 되리라」 하고 이와 같이 악을 짓는 이도 불성이 있어 벗어날 수 있겠느냐, 그렇지 않겠느냐?' … 중생이 망령되이 말하고 온갖 일에 함부로 하니 법을 들음에도 멋대로 한다. 스스로 이렇게 허물과 악만을 지으니 어찌 성불하겠는가. 文殊師利語央掘魔羅言 如來藏者有何義 若一切衆生悉有如來藏者 一切衆生皆當作佛 一切衆生皆當殺盜邪婬 妄語飮酒等 不善業跡 何以故 一切衆生悉有佛性 當一時得度 … 佛告文殊師利 一切衆生有如來藏 爲無量煩惱覆 如甁中燈 … 文殊師利 若男子女人 作是念言 我身中有如來之藏 自當得度 我當作惡 若如是作惡者 爲佛性得度耶 不得度耶 … 衆生妄語作諸放逸 以聞法放逸故 自過惡故不得成佛", 40권본 『대반열반경』 권6(대정장12, p.402c8)에 "지혜로운 이는 일체중생이 모두 불성이 있음을 분명히 안다. 智者 了知一切衆生悉有佛性", 같은 책 권7(대정장12, p.405b9)에 "일체중생에게 모두 불성이 있지만 번뇌에 뒤덮여 있기에 알지도 보지도 못한다. 이런 까닭에 반드시 부지런히 방편을 닦아 번뇌를 끊어 무너뜨린다. 一切衆生悉有佛性 煩惱覆故 不知不見 是故 應當勤修方便 斷壞煩惱", 같은 책 권27(대정장12, p.522c24)에 "일체중생은 모두 불성이 있고, 여래는 상주하여 변하거나 바뀔 일 없다. 一切衆生悉有佛性 如來常住 無有變易", 『대방등무상경』 권5(대정장12, p.1099a29)에 "여래는 상주하여 필경에 열반에 든 적이 없고 일체중생은 모두 불성이 있다 하니 그러므로 대반열반이라는 이름을 얻게 된다. 如來常住 無有畢竟入涅槃者 一切衆生悉有佛性 故得名爲大般涅槃", 『불성론』 권1(대정장31, p.787a8)에 "〔문〕 부처님께서는 무슨 인연으로 불성을 설하셨는가? 〔답〕 여래께서는 다섯 가지 허물을 버려서 다섯 가지 공덕을 일으키기에 일체중생은 모두 불성이 있다고 설하셨다. 問曰 佛何因緣說於佛性 答曰 如來爲除五種過失 生五功德故 說一切衆生悉有佛性", 『승만보굴』 권중(대정장37, p.41a17)에 "일체중생은 모두 불성이 있다. 불성이란 바로 깨닫는 성이고, 깨닫는 성이란 그대로 곧 지혜다. 一切衆生悉有佛性 佛性者卽覺性 覺性者卽是慧也", 『화엄경탐현기』 권1(대정장35, p.117c4)에 "대승종교에 따르면 일체중생은 모두 불성이 있다고 하니, 저 『대반열반경』 등의 경과 『불성론』 등의 논서가 그러하다. 若依終敎 一切衆生悉有佛性 如涅槃等經佛性等論"라고 하였다. 〔참고문헌〕『央掘魔羅經』, 『大般涅槃經』, 『大方等無想經』, 『佛性論』, 『勝鬘寶窟』, 『華嚴經探玄記』. ⇨ 일체중생 一切衆生, 불성 佛性, 일체중생개유불성 一切衆生皆有佛性, 여래장사상 如來藏思想, 오성각별 五性各別, 초목국토실개성불 草木國土悉皆成佛

일체중생희견보살 一切衆生憙見菩薩 Ⓢ Sarva-sattva-priya-darśana. 약왕보살(藥王菩薩 Ⓢ Bhaiṣajya-rāja)의 전신. '일체중생이 기쁘게 바라보는 보살'이다. 일월정명덕불(日月淨明德佛) 재세 시 『법화경』을 듣고 정진하여 현일체색신삼매(現一切色身三昧)를 얻었다. 일월정명덕불이 열반에 들자 두 팔을 소신공양하였다. 희(憙)는 희(喜)로도 쓴다. 『법화경』 권6 「약왕보살본사품 藥王菩薩本事品」(대정장9, p.54a10 : Bhaiṣajyarājapūrvayoga-parivarta, *Saddh-p.*, p.414)에 "일체중생희견보살이 어찌 다른 사람이겠느냐? 지금의 약왕보살이 바로 그이며, 그가 몸을 버려서 보시한 것은 이와 같이 한량없는 백천만억나유타수에 이른다. 一切衆生憙見菩薩 豈異人乎 今藥王菩薩是也 其所捨身布施如是無量百千萬億那由他數 ayaṃ sa nakṣatrarājasaṃkusumitābhijña bhaiṣajyarājo bodhisattvo mahāsattvastena kālena tena samayena sarvasattvapriyadarśano bodhisattvo mahāsattvo 'bhūt. iyanti nakṣatrarājasaṃkusumitābhijña bhaiṣajyarājo bodhisattvo mahāsattvo duṣkarakoṭīnayutaśatasahasrāṇi karotyātmabhāvaparityāgāṃśca karoti", 『법화경연의』 권6(卍속장52, p.502b7)에 "일체중생희견이라고 한 이유는 다음과 같다. 저 보살이 서원을 일으켜 일체중생의 몸과 마음에 생긴 두 가지 병을 치유하고자 하였기 때문이다. 일체중생이 모두 그 사람을 기쁘게 바라보니, 바로 이런 이유로 붙인 이름이다. 또 몸을 사르고 팔을 태워 고행하며 이 경을 유통시키고 교화하니 일체중생이 이로 말미암아 그 윤택한 이익을 입었

다. 그러므로 모두가 기쁘게 바라보니, 이로 인하여 그 이름을 붙였다. 名一切衆生喜見者 由彼菩薩 發願欲療一切衆生身心二病 故一切衆生 皆喜見其人 乃卽以爲名 又能然身燒臂 行於苦行 流通此經而教化 一切衆生由此 蒙其潤澤利益 故皆喜見 因此立其名也"라고 하였다. [참고문헌]『法華經』, 『法華經演義』, *Saddh-p.* ⇨ 약왕보살 藥王菩薩, 보현색신삼매 普現色身三昧 ❶

일체중생희견여래 一切衆生喜見如來 Ⓢ Sarva-sattva-priya-darśana. 석존께서 비구니 대애도(憍曇彌 Ⓢ Gautamī : 瞿曇彌大愛道)에게 수기하신 불호. 『법화경』 권4 「권지품 勸持品」(대정장9, p.36a16)에 "교담미여, 나는 먼저 다 거둬 설하여 일체성문에게 모두 수기하여 마쳤다. 이제 그대가 기별을 알고자 하니, 장래 세상에 육만팔천억 모든 불법중에 대법사가 되고, 육천의 유학무학비구니들도 함께 법사가 될 것이다. 그대는 이와 같이 점점 보살도를 구족하여 반드시 성불하리니, 그 이름은 일체중생희견여래 응공정변지 명행족선서 세간해무상사 조어장부천인사 불세존이다. 교담미여, 이 일체중생희견불과 육천의 보살은 차례대로 수기를 받고, 아누다라삼막삼보리를 얻을 것이다. 憍曇彌 我先總說一切聲聞 皆已授記 今汝欲知記者 將來之世 當於六萬八千億 諸佛法中 爲大法師 及六千學無學 比丘尼 俱爲法師 汝如是漸漸具菩薩道 當得作佛 號一切衆生喜見如來 應供正遍知 明行足善逝 世間解無上士 調御丈夫天人師 佛世尊 憍曇彌 是一切衆生喜見佛 及六千菩薩 轉次授記 得阿耨多羅三藐三菩提", 『법화경연의』 권4(卍속장52, p.372b16)에 "일체중생희견이라고 부르는 것은, 그 인위(因位)에서 능히 큰 마음을 일으키고 위없는 불도를 사랑하고 기꺼워하며 또한 일체중생으로 하여금 마음으로 불도를 구하게 하며 비구니중의 주인이 되었으니, 곧 일체가 모두 스스로의 행을 기쁘게 여기고서 또 다시 다른 이를 교화한다. 그러므로 과위에 이르렀을 때 구계의 일체중생이 기쁘게 바라보니, 이에 드디어 그 이름을 세운 것이다. 號一切衆生喜見者 以其因中 能發大心 愛樂無上佛道 亦令一切發心 求於佛道 而爲衆尼之主 則一切皆喜其自行 亦復化他 故至果時 爲九界一切衆生之所喜見 乃遂以立其名也"라고 하였다. [참고문헌]『法華經』, 『法華經演義』, *Saddh-p.268.* ⇨ 구담미대애도 瞿曇彌大愛道

일체지 一切地 Ⓢ sārva-bhūmika, Ⓣ sa-thams-cad-pa. 모든 지. 삼계의 구지(三界九地) 또는 삼지(三地)를 말한다. 『유가사지론약찬』 권2(대정장43, p.20c2)에 "'일체지'라 한 것에는 두 가지 뜻이 있다. 첫째는 유심유사지 등 삼지를 이른 것이고, 둘째는 색계의 넷과 무색계의 넷 그리고 욕계의 하나를 합해서 (삼계의) 구지를 삼은 것이다. 一切地者 有二義 一云 有尋等三地 二云 色四無色四 幷欲界一 合爲九地"라고 하였다. [참고문헌]『瑜伽師地論略纂』, *Yogā-bh.96.* ⇨ 삼계구지 三界九地, 삼지 三地, 삼계 三界

일체지 一切智 Ⓢ sarvajña, sarvatra-jñāna, Ⓟ sabbaññū, Ⓣ gzhi shes. 모든 것에 대해 남김없이 지혜로움. 삼지(三智)나 부처님의 네 가지 지원덕(智圓德) 중 하나이기도 하다. 음사어는 살바야(薩婆若)·살바야다(薩婆若多)·살반야(薩般若)·살운연(薩芸然)·살바야낭(薩婆若囊) 등이다. 『인왕경』 권하(대정장8, p.843a4)에 "무루계를 만족하고 언제나 깨끗한 해탈신이고 적멸이어서 부사의하기에 일체지라 한다. 滿足無漏界 常淨解脫身 寂滅不思議 名爲一切智", 『대지도론』 권1(대정장25, p.58b2)에 "또한 어떤 이는 의심하기를 '부처님은 일체지를 얻지 못하였다. 왜냐하면 모든 법은 무량무수한데 어떻게 한 사람이 일체법을 알 수 있겠는가?' 라고 한다. … 스스로 '나는 일체지인이다'라고 성심으로 말씀하셨다. 일체중생의 의혹을 끊어주려고 『마하반야바라밀경』을 설하신 것이다. 復次 有人疑佛不得一切智 所以者何 諸法無量無數 云何一人能知一切法 … 自發誠言 我是一切智人 欲斷一切衆生疑 以是故說 摩訶般若波羅蜜經", 『대비바사론』 권74(대정장27, p.383a2)에 "또한 부처님은 십이처에 대해 일체지와 일체종지를 갖추시고, 존자 사리자는 십이처에 있어 일체지만 갖추고 있을 뿐 일체종지는 없다. 復次 佛於十二處 具一切智一切種智 尊者舍利子於十二處 唯有一切智 無一切種智", 『유가사지론』 권38(대정장30, p.498c27 : *Bodh-bh.*, p.62)에 "모든 계·모든 일·모든 품·모든 시에 있어 지혜 걸림 없이 구르는 것을 일체지라 한다. 於一切界一切事 一切品 一切時 智無礙轉 名一切智 sarvadhātuṣu sarvavastuṣu sarvaprakāreṣu sarvakāleṣu yad jñānamavyāhataṃ pravartate tatsarvajñānamity ucyate", 『화엄경소초』 권16(대정장36, p.120b2)에 "일체지는 근본지이고 일체종지는 후득지이다. 둘째, 끊어야 할 장애 가운데 일체지로는 번뇌장을 끊고, 일체종지로는 소지장을 끊는다. … 일체지의 총상으로 법의 성을 관하고, 일체종지의 별상으로 법의 상을 관한다. 법성을 증득하기에 번뇌장을 끊고, 법상을 통달하기에 소지장을 끊는다. … 일체지로 법성을 자증하니 문득 이 스스로 깨우치고, 일체종지로 법상을 깨닫기에 능히 타인을 깨우친다. 一切智是根本智 一切種智是後得智 二所斷障中 以一切智 斷煩惱障 一切種智 斷所知障 … 以一切智總相 觀法之性 以一切種智別相 觀法之相 由證法性 除煩惱障 由達法相 斷所知障 … 以一切智 自證法性 便是自覺 以一切種智 覺法之相 故能覺他", 원측(圓測)의 『인왕경소』 권2(대정장33, p.390b28·한불전1, p.64b19)에 "살바야는 일체지라 한역하고, 살운야는 일체종지라 한역한다. 『본기』에 따르면 모두 일체지라 한역한다. 薩婆若 名一切智 薩云若 名一切種智 若依本記 皆翻一切智", 『구사론송소론본』 권27(대장장41, p.966b11)에 "일체지란 참된 이치를 비추는 뜻이다. 一切智 照眞理故", 『유가론기』 권10(대정장42, p.523b1·한불전13, p.746a12)에 "'일체지란 무엇인가? 여러 경론에 의하면 일체종지란 바로 속지(Ⓢ saṃvṛti-jñāna)고, 일체지란 곧 진지(Ⓢ bhūta-jñāna)다. 진제삼장이 번역한 경론에 의하면, 여리지의 이름이 일체종지다. 言一切智者 依諸經論 一切種智是俗智 一切智是眞智 若依眞諦三藏所譯經論 如理智名一切種智"라고 하였다. ［참고문헌］『仁王經』, 『大智度論』, 『大毘婆沙論』, 『瑜伽師地論』, 『華嚴經疏鈔』, 『仁王經疏』, 『俱舍論頌疏論本』, 『瑜伽論記』, *Bodh-bh*. ⇨ 일체 一切, 일체법 一切法, 일체종지 一切種智, 여실지 如實智, 지원덕 智圓德, 사지 四智❹, 삼종원덕 三種圓德

일체지경 一切智經 동진(東晋) 때 구담승가제바(瞿曇僧伽提婆 Ⓢ Gautama Saṃghadeva) 한역. 1권. 고려장18, pp.288b1~292b3b3, No.648·대정장1, pp.792c13~795b16, No.26에 수록되어 있다. 부처님께서 울두수야(鬱頭隨若 Ⓢ Ujuññā)에 계실 때 구살라(拘薩羅 Ⓢ Kosala)의 왕 파사익(波斯匿 Ⓢ Pasenadi)이 여자 형제인 현(賢 Ⓢ Sakulā)·월(月 Ⓢ Somā)과 함께 문안을 드리고, 오단지(五斷支)와 일체지(一切智)에 관한 설법을 듣는 내용이다. 상응하는 팔리경전은 맛지마니카야 제128경 *Kaṇṇakatthala sutta*(*MN.2*)이다. ⇨ 오단지 五斷支, 일체지 一切智

일체지광명선인자심인연불식육경 一切智光明仙人慈心因緣不食肉經 삼진(三秦 350~431) 때 한역. 역자 미상. 1권. 『일체지광명선인불식육경』이라고도 한다. 고려장14, pp.361a1~38a1, No.509·대정장3, pp.457c15~459a21, No.183에 수록되어 있다. 가바리바라문(迦波利婆羅門)의 아들인 미륵의 본생담(本生譚)이다. 아주 오랜 옛날 승화부세계(勝花敷世界)의 미륵부처님께서 『자삼매광대비해운경 慈三昧光大悲海雲經』을 말씀하셨고, 이때 어떤 바라문의 아들 일체지광명(一切智光明)이 부처님의 제자가 되어 이 경전을 수지하고 독송한 공덕으로 성불하고자 보리심을 내었으며, 산수겁을 지나 성불하여 미륵이라는 부처가 되고자 서원하였으며 흰토끼왕과의 인연 등으로 석가모니부처님께서 열반하신 뒤 56억만 세에 용화수(龍華樹) 아래에서 성불할 것이라는 기별도 전하고 있다. ⇨ 미륵 彌勒❶

일체지금강진언 一切持金剛眞言 시방세계 불국토의 헤아릴 수 없이 많은 금강보살이 한결같이 무승정(無勝定)에 들때 나오는 광명중 드러나는 진언. 『대일경』 권2(대정장18, p.14c7)에 "일체지금강진언. 나마 사만타 바즈라 남 훔훔훔 팟팟팟 얌얌 스바하 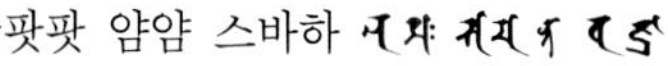 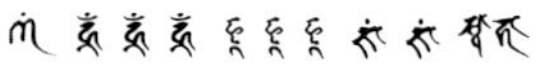 一切持金剛眞言曰 南麼三曼多伐折囉 赧 鋑鋑鋑 發吒 發吒 發吒 髯髯 莎訶 namaḥ samanta vajra ṇaṃ hūṃ hūṃ hūṃ phaṭ phaṭ jaṃ jaṃ svāhā", 『청룡사의궤』 중(대정장18, p.158a19)에 "일체지금강진언〈불국토의 헤아릴 수 없이 많은 금강보살이 같이 무승정에 들어 가슴에서 광명을 방출하는데 광명 속에서 이 진언이 나타난다〉. 一切持金剛眞言曰〈謂佛刹微塵數金剛同入無勝定 心中出光 光中顯此眞言〉", 『대일경소』 권10(대정장39, p.683a4)에 "일체지금강진언 : 이 때 시방불국토의 티끌처럼 많은 금강보살이 한결같이 금강무승삼매에 들어 금강수와 다름이 없다. 또한 자심에서 부사의한 광명을 놓아 그 광명중에 이 진언이 드러난다. 나머지 권속들도 이에 준한다는 것을 알아야 한다. 진언 중 훔훔훔에서 첫 자가 바탕이고 대공행삼매이기도 하다. 이 삼매는 대금강무승행이다. 사람이 이 삼매에 들므로 대공행삼매라고 한다. 세 글자는 여러 뜻이 있다. 일체중생과 많은 금강이 함께 설하므로 세 자를 합하였다. 반탁 반탁 반탁〈장애를 꾸짖는다는 뜻으로 위와 같다. 반복해서 말한 것은 삼장을 꾸짖는다는 뜻이다〉 염염은 일어난다는 뜻이다. 위에 점 하나가 있으니 대공점이다. 온갖 장애를 부순 다음에 대공의 일어남을 얻으니 곧바로 이는 제불의 출현이다. 금강지가 일어남이 곧바로 제불법신의 일어남이다. 『앙굴경』에서 '이 일어남 없는 몸을 일으킨다'고 한 것이 그 뜻이다. 次一切持金剛眞言 時十佛刹塵數金剛 同入金剛無勝三昧 猶如金剛手無異 亦於自心出不思議光 光中現此眞言 當知餘眷屬准有也 吽吽吽 以初字爲體 亦是大空行三昧也 此三昧卽是大金剛無勝之行 人也 入此三昧故名大空行三昧也 三字是衆多義 一切衆生多金剛同說故合三字也 件吒 件吒 件吒〈訶障之義與上同也 私謂再說者謂訶三障也〉 髯髯者 是生義 上有一點是大空也 已破諸障 當得大空之生 卽是諸佛生也 金剛智生 卽是諸佛法身之生 如央掘經生此不生之身 卽其義也"라고 하였다. ［참고문헌］『大日經』, 『青龍寺儀軌』, 『大日經疏』.

일체지도 一切智道 Ⓢ sarvajña-jñāna-mārga, Ⓣ thams cad mkhyen pa'i ye shes kyi lam. 모든 것이 지혜로워 비할 데 없는 길. 80권본 『화엄경』 권64(대정장10, p.345b14)에 "선지식이란 바로 일체지도로 향해 가는 이로서 저를 열반성에 들게 하신다. 善知識者則是趣向一切智道 令我得入涅槃城故", 같은 책 권78(대정장10, p.433a20)에 "여래의 일체지도를 배우고자 한다면, 먼저 보리심에 안주하고 그런 뒤에 일체불법을 닦는다. 欲學如來一切智道 先當安住菩提之心 然後修行一切佛法", 『대승장엄경론』 권1(대정장31, p.592b2)

에 “만약 그대가 다른 대승의 체가 있다고 인정한다면, 이 체는 바로 일체지도로서 비할 데 없는(最爲第一 Ⓢ agra-prāpta) 험처다. 若汝許有異大乘體 此體卽是一切智道 最爲第一險處”, 『속화엄경약소간정기』 권8(卍속장5, p.271b2)에 “일체지도라 하였으니, 도 자는 범본 중에서 바로 보리다. 一切智道者 道字梵本中 是菩提也”라고 하였다. 〔참고문헌〕『華嚴經』, 『大乘莊嚴經論』, 『續華嚴略疏刊定記』, *Sūtr.6.* ⇨ 일체지 一切智

일체지무외 一切智無畏 Ⓢ sarva-dharma-abhisaṃbodhi-vaiśāradya, Ⓣ chos thams cad mngon par rdzogs par byang chub pa la mi 'jigs pa. 모든 것에 지혜 얻어 두려움이 없음. 사무소외(四無所畏) 중 하나다. 『출요경』 권20(대정장4, p.716c27)에 “일체지무외에 대해 말한다. 일체의 근심을 떠나 다시는 온갖 번뇌가 없고, 수재와 화재나 강도를 당할 일이 없으며, 모든 액난을 벗어나 홀로 선을 행하며 근심이 없기 때문에 일체지무외라 한다. 一切智無畏者 離一切患無復衆惱 不爲水火惡賊所見陷溺 超越厄難獨善無憂 是故說 一切智無畏也”, 『니건자소설경』 권9(대정장9, p.356c19)에 “대왕께서는 아셔야 합니다! 일체지무외자라고 한 것은, 사문구담께서는 모든 법을 다 깨우쳐 아시기 때문입니다. … 이렇게 사문구담은 일체법을 다 아셨기에 두려움 없는 곳에 이르르시고 대중을 향한 대비로서 사자후를 하며 청정한 법륜을 굴립니다. … 일찍이 이와 같이 법륜을 굴린 이가 없으니 일체지무외라 하는 것입니다. 大王當知 一切智無畏者 沙門瞿曇悉以覺知一切諸法 … 是故沙門瞿曇悉能覺知一切諸法 至無畏處 以大悲心在大衆中 作師子吼 轉梵法輪 … 未曾有能如法轉者”라고 하였다. 〔참고문헌〕『出曜經』, 『尼乾子所說經』, *Mvyut.8.* ⇨ 사무소외 四無所畏, 정등각무외 正等覺無畏

일체지상 一切智相 Ⓢ sarvajñatākārāḥ. 일체지를 성취한 모습. 음역은 살바야다(薩婆若多)며, 일체지성(一切智性 Ⓢ sarvajñatā)으로도 번역한다. 『대지도론』 권27(대정장25, p.260b1)에 “살바야다의 ‘살바(Ⓢ sarva)’는 번역하면 ‘일체’고, ‘야(Ⓢ jña)’는 번역하면 ‘지’며, ‘다(Ⓢ tā)’는 번역하면 상이다. 薩婆若多者 薩婆秦言一切 若秦言智 多秦言相”, 『번역명의집』 권5(대정장54, p.1132a3)에 “살바야다는 『반주삼매경』에서는 살운야라고 했고, 『대지도론』에서는 ‘번역하면 일체지상이다’고 하였다. 인의 이름은 반야고, 과에서의 이름은 살바야다. 薩婆若多 般舟名薩雲若 大論云秦言一切智相 因名般若 果名薩婆若”, 80권본 『화엄경』 권55(대정장10, p.290c9)에 “무량한 중생이 불법중에 일체지와 상응하는 마음을 일으켜 진실상에 들어가고 아누다라삼막삼보리에서 불퇴전을 얻는다. 令無量衆生 於佛法中 發一切智相應心 入眞實相 於阿耨多羅三藐三菩提得不退轉”, 『유가사지론』 권78(대정장30, p.735a18)에 “일체지자의 상에는 마땅히 몇 가지가 있다. 선남자여! 간략히 다섯 가지가 있다. 첫째는 세간의 일체지성으로 출현하여 듣지 못하는 이가 없고, 둘째는 삼십삼종의 대장부상을 성취하며, 셋째는 십력을 구족해 일체중생의 모든 의혹을 끊고, 넷째는 사무소외를 구족해 정법을 널리 설하여 어떤 외도의 주장에도 굴복하지 않고 모든 삿된 주장을 부순다. 다섯째는 능히 설법하고 비나야 중에 팔정도와 성문사과 등도 모두 현전해 얻는다. … 이 다섯 가지를 일체지상이라 함을 알아야 한다. 一切智者相 當知有幾種 善男子 略有五種 一者 若有出現世間一切智聲 無不普聞 二者 成就三十二種大丈夫相 三者 具足十力 能斷一切衆生一切疑惑 四者 具足四無所畏 宣說正法不爲一切他論所伏 而能摧伏一切邪論 五者 於善說法毘奈耶中 八支聖道四沙門等皆現可得 … 如是五種 當知名爲一切智相”라고 하였다. 〔참고문헌〕『大智度論』, 『翻譯名義集』, 『華嚴經』, 『瑜伽師地論』, *Pañca-pr.4.3.* ⇨ 일체지 一切智

일체지인 一切智人 일체지를 갖춘 이. 일체지자(一切智者)와 같은 말. 『대지도론』 권2(대정장25, p.75a29)에 “〔문〕 일체지인이 있다면 어떤 분들이십니까? 〔답〕 으뜸가는 대인이고 삼계에서 섬기니, 부처라고 한다. 問曰 有一切智人 何等人是 答曰 是第一大人 三界尊名曰佛”, 『십주비바사론』 권10 「난일체지자품 難一切智人品」(대정장26, p.75b27)에 “부처님이야말로 실로 일체지인이시다. 왜 그런가? 무릇 일체법은 다섯 갈래(五法藏 Ⓢ pañca-dharma-kośāḥ)로 나뉘는데 이른바 과거법(Ⓢ atīta-dharma)·미래법(Ⓢ anāgata-dharma)·현재법(Ⓢ pratyutpanna-dharma)·삼세를 벗어나는 법(無爲法 Ⓢ asaṃskṛta-dharma)·불가설법(Ⓢ anabhilāpya-dharma)이다. 오직 부처님만이 이 법들을 여실하게 빠짐없이 아신다. 佛實是一切智人 何以故 凡一切法有五法藏 所謂過去法 未來法 現在法 出三世法 不可說法 唯佛如實遍知是法”라고 하였다. 〔참고문헌〕『大智度論』, 『十住毘婆沙論』. ⇨ 일체지 一切智

일체지인 一切智忍 육인(六忍) 중 하나. 보살이 묘각위(妙覺位)에서 최후의 무명(無明)을 끊어 일체지(一切智)를 얻어 중도법(中道法)을 증득하는 위를 말한다. 『본업영락경소』(대정장85, p.752a11)에 “일체지인이란 여래다. 一切智忍者 如來也”라고 하였다. 〔참고문헌〕『本業瓔珞經疏』. ⇨ 육인 六忍, 묘각 妙覺 ❶

일체지자 一切智者 Ⓢ sarvajña, Ⓟ sabbaññu, Ⓣ thams cad mkhyen pa. 일체지를 갖춘 이. 부처님을 가리키며 일체지자(一切知者)로도 쓴다. 『유가사지론』

권82(대정장30, p.756a24)에 "이는 박가범으로서 이와 같이 백법이 원만하시다. 일체지자이시며 일체법주로서 법을 망실하는 일이 없으시기에 모든 유정에 있어서도 견고하고 가장 뛰어나시니 일체고락에도 그 마음이 흔들리는 일이 없다. 是薄伽梵 如是白法圓滿 一切智者 一切法主 無忘失法 於諸有情堅固最勝 一切苦樂不擾其心", 『법화경현찬』 권3(대정장34, p.710b7)에 "일체지자는 부처다. 또 '지'라는 말은 근본지와 후득지로서 두 가지로 움직이고, 이 두 가지 지의 자성은 바로 진여다. 一切智者佛也 又言智者 根本後得智 此二是用 此二智性卽是眞如", 『구사론기』 권29(대정장41, p.443c14)에 "한 찰나 중 능히 문득 두루 빠짐없이 알기에 일체지자다. 一刹那中能頓遍知故 名一切智者"라고 하였다. 〔참고문헌〕 『瑜伽師地論』, 『法華經玄贊』, 『俱舍論記』, *Yogā-bh.136・147.* ⇨ 일체지 一切智

일체지장 一切智障 Ⓢ sarva-jñeya-āvaraṇa. 모든 지혜를 장애하는 것. 이장(二障) 중 하나로 모든 소지장(所知障 Ⓢ jñeyāvaraṇa)이며 번뇌장(煩惱障)에 맞선다. 『불성론』 권4(대정장31, p.810a19)에 "셋째, 일체지장이란 보살도로서 부수고 이 장을 떠나서 정각을 성취한다. 三 一切智障 是菩薩道所破 離此障故 得成正覺", 『삼무성론』 권하(대정장31, p.875b3)에 "〔석〕 혹장(惑障 : 번뇌장)을 해탈하면 바로 이승인이고, 일체지장을 벗어나면 바로 대승보살이다. 釋曰 解脫惑障 卽二乘人 脫一切智障 卽大乘佛菩薩也", 『섭대승론석』 권11(대정장31, p.232b17)에 "이승은 해탈장 없애기만을 구할 뿐 일체지장의 소멸은 구하지 않으며, 자신의 제도만을 구할 뿐 타인을 구하려 하지 않는다. 二乘但求滅解脫障 不求滅一切智障 但求自度不求度他"라고 하였다. 〔참고문헌〕 『佛性論』, 『三無性論』, 『攝大乘論釋』. ⇨ 소지장 所知障, 번뇌장 煩惱障, 이장 二障 ❶

일체지장 一切智藏 일체지를 머금고 낳는 창고. 여래 또는 반야바라밀(般若波羅蜜)을 말한다. 80권본 『화엄경』 권46(대정장10, p.242b23)에 "모든 부처님께서는 일념중에 무량세계의 갖가지 장엄과 무수한 장엄, 여래자재한 일체지장을 능히 드러내신다. 一切諸佛於一念中 悉能示現無量世界種種莊嚴 無數莊嚴 如來自在一切智藏", 『삼법장경』 권7(대정장8, p.613c1)에 "반야바라밀다가 바로 일체지장이다. 般若波羅蜜多是一切智藏", 『사분율행사초』 권3(대정장40, p.134a20)에 "『선생경』에서는 '선남자여! 여래가 곧 일체지장이시다'라고 하였다. 善生經云 善男子 如來卽是一切智藏"라고 하였다. 〔참고문헌〕 『華嚴經』, 『三法藏經』, 『四分律行事鈔』. ⇨ 일체지 一切智, 여래 如來, 반야바라밀 般若波羅蜜

일체지지 一切智地 Ⓢ sarvajña-bhūmi. 일체지를 성취한 위. 불위(佛位)・불과위(佛果位)를 가리킨다. 『법화경』 권3(대정장9, p.19a23)에 "일체법에 있어서 지혜방편으로 연설하시기에 설한 법 모두 다 일체지지에 도달한다. 於一切法 以智方便而演說之 其所說法 皆悉到於一切智地", 『대일경소』 권2(대정장39, p.604c12)에 "정보리심을 좇아 십주위 그 위에 올라 모두 신해(信解 Ⓢ adhimukti)하는 중에 행하나 오직 여래만을 구경의 일체지지라 한다. 從淨菩提心 以上十住地 皆是信解中行 唯如來名究竟一切智地"라고 하였다. 〔참고문헌〕 『法華經』, 『大日經疏』, *Saddh-p.84.* ⇨ 일체지 一切智

일체지지 一切智智 Ⓢ sarvajña-jñāna, Ⓣ thams-cad-mkhyen-pa'i ye-shes. 일체지 중의 지. 불지(佛智 Ⓢ buddha-jñāna) 즉 부처님의 자내증(自內證)을 말한다. 『인왕경』 권1(대정장8, p.837a1)에 "자성청정을 본각성이라 하니 제불의 일체지지다. 自性淸淨 名本覺性 卽是諸佛一切智智", 『대일경』 권6(대정장18, p.41b9)에 "일체분별도 무분별도 여의어서 저 끝없는 중생계에서 오고 가는 것들과 만들어진 것들에 대해 의심을 일으키지 않는다. 이와 같이 무분별의 일체지지가 허공과 같아서 일체중생에 있어 안밖으로 움직인다. 離一切分別及無分別 而彼無盡衆生界 一切去來 諸有所作 不生疑心 如是無分別一切智智 等同虛空 於一切衆生 內外而轉", 『반야이취석』 권1(대정장19, p.607b10)에 "일체지지란 오직 부처님께서 자증한 지혜다. 一切智智者 唯佛自證之智"라고 하였다. 〔참고문헌〕 『仁王經』, 『大日經』, 『般若理趣釋』, *Bodh-bh.74., Saddh-p.12.* ⇨ 자내증 自內證, 일체지 一切智, 불지 佛智

일체지처도지력 一切至處道智力 Ⓢ sarvatra-gāminī-pratipaj-jñāna-bala, Ⓣ thams cad du 'gro ba'i lam mkhyen pa'i stobs. 일체중생이 있는 어디에나 이르러서도 방편지를 열어 남김없이 깨우치게 하는 힘. 여래의 십력(十力) 중 하나며 변취행지력(遍趣行智力)이라고도 한다. 『법집경』 권1(대정장17, p.610a26)에 "일체처에서 수행하지만 위의를 무너뜨리지 않아서 온갖 중생을 위해 평등하게 설법하시는 것은 일체지처도지력을 성취하셨기 때문이다. 修行一切處 不壞威儀 爲諸衆生 平等說法者 成就一切至處道智力故", 『대지도론』 권24(대정장25, p.236c14)에 "일체지처도지력으로써 중생의 해탈문을 분별하고 헤아린다. 以一切至處道智力 分別籌量衆生解脫門", 『보살지지경』 권10(대정장30, p.958a4)에 "일체지처도지력으로써 경계와 제도의 문 열고 방편심으로 머물며 섭수심으로 머물기에 행이 청정해 마쳐서는 유신견・단상등견을 여의게 하는 중도를 설한다. 以一切至處道智力 於境界度門 方便心住 攝受心

住 行淸淨已 離身見斷常等見 爲說中道"라고 하였다. 〔참고문헌〕『法集經』, 『大智度論』, 『菩薩地持經』, *Mvyut.7.* ⇨ 변취행지력 遍趣行智力

일체처몰 一切處沒 일체처 사라지다. 상류반(上流般 : 全超般・半超般・遍沒般) 중 하나로 색계천에 차례로 난 후, 색구경천(色究竟天 Ⓢ Akaniṣṭha : 阿迦尼吒天)에서 열반에 드는 성자(聖者)를 말한다. 변몰불환(遍沒不還)・변몰(遍沒)・변몰반(遍沒般)・변몰반열반(遍沒般涅槃)・변몰반불환(遍沒般不還)이라고도 한다. 『구사론기』 권24(대정장41, p.361c15)에 "상류반에는 세 가지가 있으니, 첫째 전초, 둘째 반초, 셋째 일체처몰이다. … 일체처몰이란 무엇인가? 즉 욕계에서 죽어 범중천에 나고, 범중천에서 죽어 범선행천에 나며, 이와 같이 차례대로 위의 모든 하늘에 나서 마침내 광과천에 이르고, 이로부터 그 이상에는 두 갈래 길의 구별이 있으니, 첫째는 정거천에 들고, 둘째는 무색천에 든다. 정거천에 드는 것이란, 광과천에서 죽어 무번천에 나고, 차례대로 마침내 색구경천에 나서 열반에 드는 것이다. 무색천에 드는 것이란, 광과천에서 죽어 공무변처에 나며, 차례대로 마침내 비상비비상처에 나서 열반에 드는 것이다. 上流有三種 一 全超 二 半超 三 一切處沒 … 一切處沒者 謂欲界沒 生梵衆天 梵衆天沒 生梵先行天 如是次第生上諸處 乃至廣果天 從此以上 有二路別 一 入淨居 二 入無色 入淨居者 廣果天沒 生無煩天 次第乃至 生色究竟 而般涅槃 入無色者 廣果天沒 生空無邊處 次第乃至 生非想非非想處 而般涅槃"라고 하였다. 〔참고문헌〕『俱舍論記』, 『雜阿毘曇心論』 권5(대정장28, p.913a1). ⇨ 변몰불환 遍沒不還, 상류반열반 上流般涅槃

일체처제법 一切處諸法 삼계와 무루계, 세간과 출세간, 과거현재미래인 삼세에 미치지 못함이 없는 법. 『대지도론』 권52(대정장25, p.433b14)에 "일체처란, 오중・십이입・십팔계 내지는 일체종지다. 一切處者 五衆 十二入 十八界 乃至一切種智", 『불성론』 권1(대정장31, p.789b21)에 "일체처제법이란, 처에는 세 가지가 있다. 첫째 사생처를 준해서는 삼계생처와 무류계생처를 말한다. 이 네 가지로 일체내외처를 다 거둔다. 이 네 곳에 있는 일체제법이 또한 법을 거둬 다한다. 둘째 내도와 외도를 잡아서는 일체 있는 바 법을 거두니, '처'란 세간과 출세간의 모든 것에 통하여 다하는 것이다. 셋째 유정과 무정을 잡아서 일체법을 거둬 다하니, '처'는 삼세에 통하여 있는 것 다 거둬 남음이 없다. 이렇기에 일체처의 제법이 다한다. 言一切處諸法者 明處有三 一 約四生處 謂三界生處 及無流界生處 此四攝一切內外處盡 四中所有 一切諸法 攝法亦盡 二 約內道外道 攝一切所有法 處通世出世皆盡 三 約有情無情 攝一切法皆盡 處通三世 攝有皆盡故 言一切處諸法"라고 하였다. 〔참고문헌〕『大智度論』, 『佛性論』. ⇨ 온처계 蘊處界

일체행 一切行 Ⓢ sarva-saṃskāra, Ⓟ sabba-saṅkhāra, Ⓣ 'du byed thams cad. 유위법이 생주이멸하여 무상・고・부정(無常苦不淨)으로 움직여 고요함(寂滅)이 없는 뜻이다. 『십지경론』 권5(대정장26, p.153b23)에 "경에서 말씀하셨다. 불자들아, 이 보살은 제3보살지에 머물고 나서는 유위법의 일체행이 무상하고 고이며 부정하고, 무상하여 무너지고, 오래 머물지 못하며 념념이 생멸하고, 과거로부터 온 것도 아니며 미래로 가는 것도 아니고 현재에 머무는 것도 아니라고 정관(正觀)한다. 이와 같이 일체행을 정관한다. 〔논〕 이중에 목숨을 행하여 머물지 않으니, 이 모든 것은 무상관을 밝힌 것이다. 경에서 '유위법일체행이 무상하다고 정관한다'고 한 말씀과 같다. 經曰 諸佛子 是菩薩住第三菩薩地已 正觀有爲法一切行 無常 苦 不淨 無常敗壞 不久住 念念生滅 不從前際來 不去至後際 現在不住 如是正觀 一切諸行 論曰 是中命行不住故 總明無常觀 如經 正觀有爲法一切行 無常故"라고 하였다. 〔참고문헌〕『十地經論』, *Bodh-bh.190.* ⇨ 유위법 有爲法, 행 行

일체행고 一切行苦 Ⓢ sarva-saṃskāra-duḥkha, Ⓟ sabbe saṅkhārā dukkhā, Ⓣ 'du byed thams cad sdug bsngal ba. 이 세상 모든 것들이 예외없이 쉬지 않고 흐르며 고통을 이어간다는 뜻. 삼법인(三法印)・사법인(四法印) 중 하나로 유위법에서는 어떻게 해도 자유로울 수 없는 뜻이어서 일체개고(一切皆苦)・일체제행고(一切諸行苦)라고도 한다. 『보살선계경』 권6(대정장30, p.993a28)에 "일체행고는 괴로움 그 자체 때문에 받는 괴로움, 즐거움을 여의어 받는 괴로움, 모든 감수를 끊지 못한 괴로움, 출가할 수 없는 괴로움, 적정할 수 없는 괴로움, 보리를 얻지 못한 괴로움, 많은 생각이 일어나는 괴로움, 범부의 괴로움, 사대로 인한 괴로움, 삼계의 괴로움, 번뇌의 괴로움이다. 一切行苦者 因苦受苦 離樂受苦 一切諸受未斷故苦 不能出家苦 不能寂靜苦 不得菩提苦 多生思覺苦 凡夫苦 四大苦 三界苦 煩惱苦", 『보살지지경』 권8(대정장30, p.935a21)에 "또한 보살은 일체제행이 무상하게 상속하며 전전할 때 세 가지 고상을 관한다. 쉬지않고 계속되는 고통(行苦)・변하고 뒤집히는 고통(變易苦)・거듭되는 고통(苦苦)이다. 이와 같이 보살은 일체행고를 여실하게 안다. 復次 菩薩於一切諸行 無常相續轉時 觀三苦相 行苦變易苦苦苦 如是菩薩於一切行苦如實知"라고 하였다. 〔참고문헌〕『菩薩善戒經』, 『菩薩地持經』, *Bodh-bh.190, Sūtr.149.* ⇨ 삼법인 三法印, 일체개고 一切皆苦

일체행무상 一切行無常 Ⓢsarva-saṃskārā anityāḥ, Ⓟsabbe saṅkhārā aniccā, Ⓣ'du byed thams cad mi rtag pa. 유위의 모든 법 쉬지 않고 움직여 영원한 일 있을 수 없네. 삼법인(三法印)·사법인(四法印) 중 하나로 찰나에도 생멸하는 유위법의 예외없는 특징을 뜻한다. 제행무상(諸行無常)·일체제행무상(一切諸行無常)라고도 한다. 『장아함경』 권21 「세기경 世記經」(대정장1, p.137c12)에 "부처님께서 비구들에게 말씀하셨다. '일체행은 무상하여 변하고 썩어 무너지며 믿고 기댈 만한 것이 아니다. 유위의 법들은 심히 염환해야 할 것이니 마땅히 구해야 하리 세간을 건널 해탈의 도를. 佛告比丘 以是當知 一切行無常 變易朽壞 不可恃怙 有爲諸法 甚可厭患 當求度世解脫之道", 『증일아함경』 권35(대정장2, p.746c22)에 "일체행은 무상하여 일어난 것은 반드시 사라지네. 나는 일 없다면 죽는 일도 없으니 이러한 적멸이야말로 최상의 즐거움이네. 一切行無常 起者必有滅 無生則無死 此滅最爲樂", 『출요경』 권13(대정장4, p.682b21)에 "일체행무상이란 변하고 정주하지 않기에 믿고 기댈 만한지 않다는 것이다. 마치 목전에 번개 스치고 부싯돌 쪼아 불꽃 보아 사라지듯 하리라 하시며 일체행무상을 설하신 것이다. 一切行無常者 變易不停不可恃怙 猶電過目琢石見火焰現已滅 是故說一切行無常也", 『순정리론』 권67(대정장29, p.708c8)에 "또 계경에서 '일체행은 무상하다'고 설하였는데, 이 경에서 그 뜻은 일체유위법을 말한 것이다. 又契經說 一切行無常 此經意說 一切有爲法"라고 하였다. 〔참고문헌〕『長阿含經』, 『增壹阿含經』, 『出曜經』, 『順正理論』, *Bodh-bh.190, Sūtr.149.* ⇨삼법인 三法印, 제행무상 諸行無常, 유위법 有爲法, 일체행 一切行

일체행무상성 一切行無常性 이 세상 모든 것 즉 일체행 그 바탕에 영원한 것은 없다. 원측(圓測)의 『해심밀경소』 권2(한불전1, p.200a7)에 "일체행무상성이란, 행(行)은 일체의 뜻이니 유루와 무루는 사상(四相 : 生住異滅)으로 옮겨 움직이기에 '무상'이라고 한다. 그러므로 『열반경』에 '제행은 무상하니 이것이 생멸하는 법이다'라고 하였다. 言一切行無常性者 行謂一切 有漏無漏 四相所遷 故名無常 故涅槃云 諸行無常 是生滅法"라고 하였다. 〔참고문헌〕『解深密經疏』, 40권본 『大般涅槃經』 권14(대정장12, p.450a16), 『顯揚聖教論』 권20(대정장31, p.582b18). ⇨일체행무상 一切行無常

일체행무아 一切行無我 이 세상 모든 것 인과 연으로 모여 있게 되었을 뿐 그 어떤 아(我)도 없다. 삼법인(三法印)·사법인(四法印) 중 하나다. 『출요경』 권13(대정장4, p.682c29)에 "일체행무아라 하니 지혜로운 소견으로 이것이 고임도 깨닫는다면 도를 행하여 그 자취를 깨끗이 한다. 일체행무아란 의욕함도 일부러 만든 적도 없는 뜻으로 일체법무아고, 견고하지 않기에 일체법무아며, 자유로부터 유래하지 않았기에 일체법무아라는 것이다. 그렇기에 일체행무아라 설하신다. 一切行無我 如慧之所見 若能覺此苦 行道淨其迹 一切行無我者 無欲無作故一切法無我 以不堅固故一切法無我 不自由故一切法無我 是故說 一切行無我"라고 하였다. 〔참고문헌〕『出曜經』. ⇨삼법인 三法印, 제법무아 諸法無我

일체행선 一切行禪 Ⓢsarvākāra-dhyānam. 일체행이 그대로 선이다. 구종대선(九種大禪) 중 하나로 대승 행법은 그대로 선이라는 뜻이며 모두 13종으로 분류된다. 『보살지지경』 권6(대정장30, p.922a7 : *Bodh-bh.*, p.144)에 "보살의 일체행선이란 무엇인가? 6종과 7종을 합하여 간략하게 13종으로 설한다. 선선·무기화화선·지분선·관분선·자타이선·정념선·출생신통력공덕선·명연선·의연선·지상연선·거상연선·사상연선·현법락주제일의선. 이들을 13종의 보살일체행선이라 한다. 云何菩薩 一切行禪 謂六種七種 略說十三種 善禪 無記化化禪 止分 觀分禪 自他利禪 正念禪 出生神通力功德禪 名緣 義緣 止相緣 擧相緣 捨相緣 現法樂住第一義禪 是名十三種菩薩一切行禪 tatra katamadbodhisattvasya sarvākāra-dhyānam. tatṣaḍvidhaṃ 〔saptavidhaṃ〕 caikadhyamabhisaṃkṣipya trayodaśavidhaṃ veditavyam. kuśalaṃ dhyānamavyākṛtaṃ ca nirmitanirmāṇāya dhyānaṃ śamathapakṣyaṃ vipaśyanāpakṣyaṃ svaparārthasamyagupanidhyānāya dhyānaṃ abhijñāprabhāvaguṇarnirhārāya dhyānaṃ nāmālambanaṃmarthālambanaṃ śamathanimittālambanaṃ pragrahanimittālambanamupekṣānimittālambanaṃ 〔dṛṣṭadharmasukha〕 vihārāya parārthakriyāyai ca dhyānam. itīdaṃ trayodaśākāraṃ bodhisattvānāṃ dhyānaṃ sarvākāramityucyate"라고 하였다. 〔참고문헌〕『菩薩地持經』, 『止觀輔行傳弘決』 권3(대정장46, p.242a20), 『法界次第初門』 권하(대정장46, p.689a2), *Bodh-bh.* ⇨구종대선 九種大禪, 거상연선 擧相緣禪, 관분선 觀分禪, 명연선 名緣禪, 무기화화선 無記化化禪, 사상연선 捨相緣禪, 선선 善禪, 의연선 義緣禪, 자타이선 自他利禪, 정념선 正念禪, 지분선 止分禪, 지상연선 止相緣禪, 현법락주제일의선 現法樂住第一義禪

일초분 日初分 Ⓢpūrvāhṇa. 해 뜰 무렵. 또는 하루를 초중후(初中後)로 삼분한 그 첫 번째. 일후분(日後分)에 대칭한다. 『기세인본경』 권2(대정장1, p.373b8)에 "비구들이여! 이 전륜왕이 일초분에 궁에 앉아 관하니 곧바로 면전에 코끼리보배가 나타났다. 諸比丘 是轉輪

王 於日初分 坐宮觀時 卽當王前 出生象寶", 『집이문족론』 권9(대정장26, p.407a25)에 "그들은 이미 청정한 계온을 성취하였고 근들을 촘촘히 수호해 정념정지이기에, 의지하는 성읍과 취락에 따라 해 뜰 무렵에 의발을 갖추고서 근들을 수호하고 정념에 안주하면서 위의에 맞는 몸가짐으로 걸식을 다닌다. 彼旣成就淸淨戒蘊 密護根門正念正知 隨所依止城邑聚落 於日初分執持衣鉢 守護諸根安住正念 威儀庠序修行乞食"라고 하였다. [참고문헌] 『起世因本經』, 『集異門足論』, *Bodh-bh.135.*

일초원선사어록 一初元禪師語錄 명대 일초조원(一初曺元)의 어록. 진개(眞開)·진지(眞智) 등 엮음. 2권. 가흥장29, pp.380a7~396c30, No.B234에 수록되어 있다. 1663년(강희2) 간행되었다. 본래 제목은 『영정일초원선사어록 永正一初元禪師語錄』이다. 상당(上堂)·시중(示衆)·소참(小參)·기연(機緣)·행실(行實)·송고(頌古)·상찬(像讚)·시게(詩偈)·잡저(雜著)·불사(佛事) 등으로 구성하였고, 권말에 「중건영정선원비기 重建永正禪院碑記」를 붙였다.

일초직입 一超直入 단번에 뛰어넘어 곧바로 든다는 말. 『사명존자교행록』 권4(대정장46, p.891b6)에 "용녀는 깨우치는 데는 철저한 반면 계율에 대해서는 느슨한 사람이다. 그러므로 단번에 뛰어넘어 곧바로 든다. 龍女乃是乘急戒緩之人 是故一超直入也", 『능엄경집주』 권4(卍속장17, p.212a10)에 "이와 신이 만나되 눈으로 볼 수 없지만 류로 묘한 종지를 깨닫되 점수를 빌리지 않고 곧바로 깨닫는다. 理與神遇 不以目視 類證妙旨 不假漸修 一超直入", 『능엄경통의』 권10(卍속장19, p.330b17)에 "좇아 서로 쓰는 중에 금강간혜지에 든다는 말은 식음이 한 번 부숴지면 곧바로 모든 위를 밟지 않고 곧장 원증의 불과에 든다는 뜻이다. 왜 그러한가? 여래장의 청정한 진심에는 본래 미오가 없기 때문이다. 다만 한 찰나 허망하게 움직여 상과 무명이 생겨난다. 從互用中 卽入金剛乾慧者 此言識陰一破 則不歷諸位 一超直入圓證佛果 所以然者 以如來藏淸淨眞心本無迷悟 但因一念妄動是爲生相無明"라고 하였다. [참고문헌] 『四明尊者敎行錄』, 『楞嚴經集註』, 『楞嚴經通義』.

일초직입여래지 一超直入如來地 단 한 번에 곧바로 여래지에 들다. 『증도가』(대정장48, p.396a16)에 "깨우친즉 곧바로 공력을 허비하지 않지만, 모든 유위법은 같지 않아서 생각해 보시를 하여 천계에 나는 복이 있더라도 마치 허공을 향해 쏜 화살이 힘이 다하면 다시 떨어지는 것과 같으니, 결국 다음 생을 받게 되어 여의를 얻지는 못한다. 이것이 어찌 무위법실상문에서 곧장 여래지에 드는 것과 같겠는가? 오직 근본을 얻을 뿐 그 끝을 근심하지 말지니 저 맑고 깨끗한 유리만이 보배같이 환한 달을 품으리. 覺卽了不施功 一切有爲法不同 住相布施生天福 猶如仰箭射虛空 勢力盡箭還墜 招得來生不如意 爭似無爲實相門 一超直入如來地 但得本莫愁末 如淨瑠璃含寶月", 『증도가주』(卍속장114, p.895b4)에 "어찌 무위실상문에서 단번에 뛰어넘어 여래지에 드는 것과 같으리요. 〈주〉 실상문은 공행을 빌리지 않으니 일념에 빛을 돌이켜 여래지에 이른다. 爭似無爲實相門 一超直入如來地 實相門 不假功行 一念回光 至如來地"라고 하였다. [참고문헌] 『證道歌』, 『證道歌註』.

일초태자 日初太子 Ⓢ Pradyota, Ⓟ Pajjota, Ⓣ Rab-snang. 부처님 탄생 시 아반제국(阿般提國 Ⓢ Ⓟ Avanti)의 오사니성(鄔舍尼城 Ⓢ Ujjayanī)에서 태어난 태자. 파수제(波殊提)라고 음사하며, 포악하다고 하여 전다파수제(旃陀波殊提 Ⓟ Caṇḍa-pajjota)라고도 한다. 같은 날 다른 세 왕국에서도 태자가 태어났는데, 교살라국(憍薩羅國 Ⓢ Kośala) 실라벌성(室羅伐城 Ⓢ Śrāvastī)의 승군태자(勝軍太子 Ⓢ Prasenajit : 波斯匿), 마가다국(摩伽陀國 Ⓢ Ⓟ Magadha) 왕사성(王舍城 Ⓢ Rāja-gṛha)의 영승태자(影勝太子 Ⓢ Bimbisāra : 頻毘娑羅), 발사국(拔沙國 Ⓢ Vatsa) 교사미성(驕奢彌城 Ⓢ Kauśāmbī)의 출광태자(出光太子 Ⓢ Udayana : 優塡)를 말한다. 『유부율출가사』 권1(대정장23, p.1021a8)에 "이때 아난다니미왕(Ⓢ Anantanemin) 역시 다른 왕과 마찬가지로 태자를 상서롭게 여기고 '나의 아들이 태어나니 해가 막 떠오른 것처럼 빛 가득해 어둠을 부수었으며 광휘마저 끝없이 오르며 상서를 표했다'라고 말하였다. 이 일로 인하여 일초태자라고 이름 붙였다. 時阿難多泥彌王 亦同彼王 以爲子瑞 而作是言 我子誕生 如日初出 揚光破暗 光輝轉昇 用表嘉祥 因遂名爲日初太子"라고 하였다. [참고문헌] 『有部律出家事』, *Vin.1.276.*

일촉파삼관 一鏃破三關 화살촉 하나로 세 개의 관문을 부순다는 말. 삼구(三句)의 차별을 무력화하는 일구(一句)를 말하며, 세 관문이란 함개건곤(函蓋乾坤)·목기수량(目機銖兩)·불섭춘연(不涉春緣)의 운문삼구(雲門三句)를 말한다. 『원오어록』 권3(대정장47, p.724b29)에 "본색을 완비한 납승이라면 곧바로 내려서 한 칼에 끊는다. 이것도 저것도 가고 머묾도 떠나니 태양처럼 밝고 태허처럼 넓으며 가는 곳마다 주인이 되고 인연 만나 바로 행한다. 중생에 응해 이롭게 하는 한 구를 어떻게 해야 할까? 그에게 앞뒤는 없어야 화살촉 하나로 세 관문 뚫으리. 若是本色衲僧 直下一刀劃斷 無彼無此 離去離住 明如杲日 寬若太虛 隨處作主 遇緣卽行 且應物利生一句作麼生道 渠儂無向背 一鏃破三關", 『허당록』 권9(대정장47, p.1056a23)에 "허당화상이 법좌에 오르자 학인이 물었다. '조사께서 서쪽에서 오신 뜻은 무엇입니까?' '화살촉 하나로 세개나 되는 관문 부쉈다. 화살 지나간 길 분명하다'. 上堂 僧問 如何是祖師西來意 師云 一鏃破三關 分明箭後路", 『속전등록』 권18 「곡은정현전 谷隱靜顯傳」(대정장51, p.586a11)에 "물었다. '화살촉 하나로 세 관문을 뚫는다는 말 묻지 않겠습니다. 도인이 서로 만났을 때는 어떠합니까?' '도둑의 정체 이미 드러낼 뿐'. 問 一鏃破三關卽不問 道人相見時如何 師曰 賊身已露"라고 하였다. 〔참고문헌〕『圜悟語錄』, 『虛堂錄』, 『續傳燈錄』. ⇨ 운문삼구 雲門三句

일추변성 一槌便成 단 한 번 쳐서 문득 성취하다. 분별의 시간도 궁리의 기다림도 없어야 깨우치는 뜻이다. 추(槌)는 추(椎·鎚)와 같이 쓴다. 『경덕전등록』 권15 「투자대동전 投子大同傳」(대정장51, p.319b9)에 "설봉이 어느 날 투자에게 다시 물었다. '한 번 쳐서 곧바로 성취한다는 말은 무슨 뜻인지요?' '그래도 재빠르게 급한 이는 아니구나' '한 번 치는 일조차 빌리지 않은 때 어떤 것인지요?' '이 칠통아!' 雪峯異日又問 一槌便成時 如何 師曰 不是性懆漢 雪峯曰 不假一槌時 如何 師曰 漆桶", 『벽암록』 46칙 「수시 垂示」(대정장48, p.182b15)에 "한 번 쳐 문득 알아차리니 범부도 성인도 넘는다. 한 마디 말로 옥사를 해결하듯이(『논어』 「안연편 顏淵篇」) 속박도 버리고 집착도 푼다. 一槌便成 超凡越聖 片言可折 去縛解粘", 『속전등록』 권14 「서산가전 西山軻傳」(대정장51, p.558c20)에 "'순금은 반드시 화로 중에 단련하고 한 번의 망치질로 문득 그 빛을 얻는다'. '간절히 바랄 뿐이니 한 마디도 하지 말길'. 問 眞金須假爐中煆 一鎚便成時 如何 師曰 切忌道著"라고 하였다. 〔참고문헌〕『景德傳燈錄』, 『碧巖錄』, 『續傳燈錄』, 『祖庭事苑』 권5(卍속장113, p.142a13).

일출논자 日出論者 Ⓢ Kumāralāta. 경량부(經量部) 논사를 일컫는 별칭. 또는 경량부의 일파인 비유사(譬喩師 Ⓢ Dārṣṭāntika)를 일컫기도 하고, 경량부의 본사(本師)인 구마라다(鳩摩邏多 Ⓢ Kumāralāta)나 그의 후계인 실리라다(室利邏多 Ⓢ Śrīlabdha)를 특칭하기도 한다. 일출논사(日出論師)·일출사(日出師)라고도 한다. 『성유식론술기』 권2(대정장43, p.274a7)에 "일출논자는 경부의 본사다. 부처님께서 입멸하시고 백 년 후에 북천축의 달차시라국에 구마라다가 있었다. 한역하여 동수(童首)라 하는데, 『구백론 九百論』을 지었다. 당시 오천축에는 오대논사가 있었는데, 비유하자면 해가 떠서 세간을 밝히어 이끄는 것과 같아서 일출이라고 하였다. 日出論者 卽經部本師 佛去世後一百年中 北天竺怛叉翅羅國 有鳩摩邏多 此言童首 造九百論 時五天竺有五大論師 喩如日出明導世間 名日出者", 같은 책 권4(대정장43, p.358a10)에 "일출논자는 경부라고 하는데, 이것에 세 가지가 있다. 첫째는 근본사이니 곧 구마라다이다. 둘째는 실리라다이니, 경부의 『비바사』를 지었다. 『순정리론』에서 말하는 상좌(上座)가 이것이다. 셋째는 단순히 말하는 경부이다. 근본사(구마라다)는 『결만론』을 지으면서 비유를 널리 설하였기 때문에 비유사라고 한다. 日出論者 是名經部 此有三種 一 根本卽鳩摩羅多 二 室利邏多 造經部毘婆沙 正理所言上座是 三 但名經部 以根本師造結鬘論 廣說譬喩 名譬喩師"라고 하였다. 〔참고문헌〕『成唯識論述記』, 『大乘成業論』(대정장31, p.782b14). ⇨ 경량부 經量部, 구마라다 鳩摩邏多, 비유사 譬喩師, 실리라다 室利邏多

일출사 日出寺 **1** 경상북도 안동시 녹전면 녹래리 봉두산(鳳頭山)에 있는 절. 일출암(日出庵)이라고도 한다. 대한불교조계종 제16교구 본사 고운사(孤雲寺)의 말사이다. 633년(선덕왕2)에 의상대사(義湘大師) 창건으로 전한다. 김순의(金純義 1645~1714)의 『과헌일기』 임진년(壬辰年 : 1712·숙종38) 7월 10일에 "저령으로 해서 대령을 넘어 녹전촌의 이대표 초당에 이르렀다. … 일출암에 오르니 눈 아래가 확 트여 막힘이 없었다. 방사는 종이를 바르지 않아 매우 누추하였고 단지 스님 대여섯 명이 있는데 또한 흩어져 떠날 것이라고 하였다. 由杵嶺踰大嶺 至綠田村李大標草堂 … 上日出庵 眼底通豁無碍 而房舍無塗紙甚陋 只有殘僧五六 而亦將流散云"라 하여, 지역(紙役)의 극심한 폐단으로 인근 사찰들이 점차 쇠잔해짐을 전한 글이다. 이런 폐사위기에서도 법등을 이었으나 일제강점기에는 폐사되었다. 한국전쟁 중에 최학수가 대웅전을 중건하였으며, 1998년부터 지웅(智雄)이 도량을 정비하기 시작하여 2002년에는 삼성각도 중건하였다. 현존하는 당우는 대웅전·삼성각·선방·범종각·요사 등이 있다. 〔참고문헌〕『果軒日記』, 『한국사지총람』 권하(문화재청·佛教文化財研究所, 2010) p.234. **2** 평안북도 안주군 봉덕산(鳳德山)에 있던 절. 『범우고』에 이름과 위치가 전한다. 〔참고문헌〕『梵宇攷』, 『韓國寺刹全書』 권하 p.964b10. **3** 황해북도 봉산군 정방산(政方山)에 있던 절. 『동국여지승람』 권41 황해도 봉산군(鳳山郡) 불우(佛宇)에 이름과 위치가 전한다. 『여지도서』에는 정방성(正方城)에 이속(移屬)되었다고 하였으며, 『가람고』와 『범우고』에 "금폐 今廢"라고 남겼다. 〔참고문헌〕『東國輿地勝覽』, 『輿地圖書』, 『伽藍考』, 『梵宇攷』, 『韓國寺刹全書』 권하 p.964b11.

일출선원 日出禪院 경상북도 포항시 남구 동해면 중산리 운장산(雲藏山)에 있는 절. 본래 신라시대 사찰 터에 1915년 기림사(祇林寺)의 혜광의 도움으로 서우실(徐愚室) 보살이 일출암(日出庵)으로 창건했다. 1963년에는 범어사(梵魚寺)의 계학(戒學)이 거주하였으며, 1970년에 향곡이 선적사(禪寂寺)로 이름을 바꾸었다. 1971년 김상행화 등이 법당을 창건하였고, 1973년에는 범어사의 묘선이 와서 4년간 주석하였다. 1977년 법주사(法住寺)의 지현(智玄)이 온 후 1978년 선학원에 등록하면서 일출선원이 되었다. 이후 꾸준히 가람이 정비되고 있으며, 현존하는 당우로는 대웅전·산령각·요사 등이 있다. [참고문헌] 『전통사찰총서』 권16 경북의 전통사찰Ⅲ(寺刹文化硏究院, 2001) pp.441~444.

일출암 日出庵 ❶ 옛 한성에 있던 암자. 『성종실록』 권7 1년(1470) 9월 26일에 "국초에 도읍을 세울 때에 산수의 향배를 살펴서 사찰과 사사를 건립하고 비보로 삼아 재변을 진압코자 하였으니, 그렇게 복세암 … 일출암 … 정업원 등이 세워졌다. 國初建都時 審山水向背 建寺社 以爲裨補 鎭禳災變 邇來 寺刹如福世庵 … 日出庵 … 淨業院"라고 하였다. [참고문헌] 『成宗實錄』, 『韓國寺刹全書』 권하 p.964b13 欄外. ❷ 강원도 고성군 간성읍 신안리 금강산(金剛山) 건봉사(乾鳳寺) 산내(山內)에 있던 암자. 『건봉사급건봉사말사사적』(아세아문화사, 1976) p.18에 "1465년(세조11)에 현붕(玄鵬)이 창건하였고, 임진년(1592년)의 병화(兵火)로 폐사되었다"라고 하였다. [참고문헌] 『乾鳳寺及乾鳳寺末寺史蹟』, 『韓國寺刹全書』 권하 p.965a1. ❸ 강원도 고성군 토성면 원암리 천후산(天吼山)에 있던 암자. 『범우고』 강원도 간성(杆城)에 "유암에 있었는데 지금은 폐사되었다. 在油巖 今廢"라고 하였다. 유암은 천후산에 있는 지명이다. [참고문헌] 『梵宇攷』, 『韓國寺刹全書』 권하 p.964b19. ❹ 강원도 양양군 양양읍 화일리 설악산(雪嶽山)에 있던 암자. 대한불교조계종 제 3교구 본사 신흥사(新興寺)의 말사인 영혈사(靈穴寺)의 부속 암자였다. 『건봉사급건봉사말사사적』(아세아문화사, 1976) p.175에 "처음에 원효대사가 설악산에 와서 일출암을 창건하고 주석하다가 2년 후인 689년(신문왕9)에 영혈사를 창건하였다"라고 하였다. [참고문헌] 『乾鳳寺及乾鳳寺末寺史蹟』. ⇨ 영혈사 靈穴寺 ❺ 경상북도 안동시 녹전면 녹래리 봉두산(鳳頭山)에 있는 일출사(日出寺). [참고문헌] 『韓國寺刹全書』 권하 p.964b17. ⇨ 일출사 日出寺❶ ❻ 전라북도 완주군 용진읍 만덕산(萬德山)에 있던 암자. 일제강점기 대본사(大本寺) 위봉사(威鳳寺)의 말사였다. 『한국사찰전서』 권하 p.964b15에 "1623년(인조1) 응호대사(應湖大師)가 창건"이라고 하였다. [참고문헌] 『韓國寺刹全書』. ❼ 충청북도 옥천군 청산면 의지리 천금산(天金山 : 옛 이름은 千芚山·千屯山)에 있던 암자. 『여지도서』 충청도 청산(靑山)에 "천둔산에 있다. 암자의 동쪽에 송대가 있는데 가뭄이 들면 비가 내리기를 기도한다. 在千芚山 菴之東有松臺 遇旱禱雨"라고 하였다. 『범우고』 청산에도 절 이름이 보이고 폐사기록은 없으나, 19세기에 편찬된 읍지류에는 폐사기록이 전한다. [참고문헌] 『輿地圖書』, 『梵宇攷』, 『忠淸道邑志』, 『韓國寺刹全書』 권상 p.964b13, 『한국사지총람』 권상(문화재청·佛敎文化財硏究所, 2010) p.324. ❽ 황해남도 안악군 구월산(九月山)에 있던 암자. 『가람고』에 '군 서쪽 30리 지점의 초교방(草郊坊)에 있다', 『여지도서』 황해도 안악 사찰에 '군 서쪽 40리 초교방에 있다'라고 하였다. 아울러 『여지도서』와 『범우고』에는 이로(李輅 1536~1614)가 지은 일출암 제영(題詠)이 전한다. [참고문헌] 『伽藍考』, 『輿地圖書』, 『梵宇攷』, 『韓國寺刹全書』 권하 p.965a5. ❾ 황해남도 재령군 장수산(長壽山)에 있던 암자. 『범우고』에 이름과 위치가 전한다. [참고문헌] 『梵宇攷』, 『韓國寺刹全書』 권하 p.965a4. ❿ 황해북도 개성시 천마산(天磨山)에 있던 암자. 1660년(현종1)에 건립된 천마산관음사중건비의 「비문」(『전등본말사지』, p.225)에 "서쪽으로 일출암이 있다. 西有日出之庵"라 하였고, 풍계명찰(楓溪明察 1640~1708)의 『풍계집』 권중(한불전9, p.141c19)에 시 「일출암」이 전하고, 임창택(林昌澤 1682~1723)이 1718년(숙종44)에 지은 「천마산완월루기 天磨山翫月樓記」(『숭악집』 권2·한국문집총간202, p.522a6)에 "정광봉 동쪽에 일출암이 있다. 매번 겨울에 45일 동안 해를 보지 못하므로 이름을 지었다. 곁에 월출지가 있다. 頂光東 有日出庵 每冬四十五日 不見日故名 傍有月出址"라고 하였다. [참고문헌] 『傳燈本末寺誌』(亞細亞文化社, 1978), 『楓溪集』, 『崧岳集』, 『韓國寺刹全書』 권하 p.964b13 欄外.

일췌식 一揣食 ➡ 일단식 一揣食

일칙 一則 하나의 공안(公案). 불조(佛祖)가 전한 하나의 이야기. 칙이란 법도·준칙·본보기로서 함부로 바꾸거나 훼손할 수 없는 불조의 이야기지만 이 준칙을 그 어떤 분별이나 추론으로 정의할 수 없다는 뜻에서 본보기인 측은 격외(格外)로 전복(轉復)하며 자유로워진다. 『조정사원』 권7(卍속장113, p.199a4)에 "일칙 : 종문인연은 한 마디 한 문장도 말하지 않아야 함에도 단 하나 칙은 말하는 까닭은, 칙이라 한즉 만든 글자이니 조개를 보고 칼도 가져왔다. 조개는 사람이 귀하게 여기는 것이고 칼 또한 사람에게 이롭다 여긴다. 한번 드러낸 말씀마다 저 칼로 도려내듯 하여 생사에 머물지 않게 하니 법도가 있다 여긴다. 그러므로 사람들이 모두 보배로 여기며 죽을 때까지 이롭게 여긴다. 그러므로 알라. 일칙이라 한 말에는 깊은 뜻이 없지 않다. 一則 宗門因緣 不言一節一段 而言一則者 蓋則以制字 從貝從刀 貝人所寶也 刀人所利也 所發之語 若刀之制物 以有則也 故人皆寶之 以爲終身之利焉 是知謂一則者 不無深意也", 『오조법연어록』 권상(대정장47, p.651b10)에 "법좌에 올라 '오직 한 마디로 여러분에게 들려주었다. 제일은 그르쳐 들지 마라!'라고 한 다음 법좌에서 내려왔다. 上堂云 有一則語擧似諸人 第一不得錯擧 便下座", 『설두어록』 권2(대정장47, p.679c6)에 "한 칙을 보는 순간 그대의 눈 멀고, 한 칙 알았다 한 즉시 그대의 눈은 막이 덮힌다. 막이 생긴 즉시 천상과 인간이고, 눈 먼즉 머리 셋에 팔은 여섯이리라. 만일 제대로 가려낸다면 그 사람 십자가두에서 자유로우리라. 見一則瞎汝眼 知一則翳汝眼 翳生則天上人間 瞎却則三頭六臂 或若辯得 許爾十字縱橫", 『박산참선경어』 권하(卍속장112, p.961a5)에 "한 마디 공안을 들자마자 도리지어 알아 헤아리고 본래 참구하던 화두에서 의정을 일으키지 않거나 누군가에게 어려운 질문을 당하고도 기껍지 않다면 생멸하는 마음일 뿐이니 선은 아니다. 纔擧起一則公案 便作道理會去 於本參話頭上 不能發起疑情 逢人難問著則不喜 此是生滅心 非禪也"라고 하였다. [참고문헌] 『祖庭事苑』, 『五祖法演語錄』, 『雪竇語錄』, 『博山參禪警語』. ⇨ 공안 公案

일칠일 一七日 ❶ 부처님 성도 후 첫 번째 7일. 『법화문구』 권5 「석방편품 釋方便品」(대정장34, p.61a5)에 "부처님께서 성도하시고 처음 칠일 동안에는 나의 법은 미묘하여 능히 가르침을 받을 만한 사람이 없다고 생각하셨다. 佛成道初一七日 思惟 我法妙 無能受者"라고 하였다. [참고문헌] 『法華文句』. ⇨ 이칠일 二七日, 삼칠일 三七日 ❷ 중음(中陰)의 칠칠(七七) 49일 중 하나. 초칠일(初七日)・소원기(所願忌)・시선기(始善忌)・곡첨기(哭添忌)라고도 한다. 죽은 다음 처음 7일 동안이다. 『칠요성신별행법』(대정장21, p.456c12)에 "만일 일칠일의 제사 때가 되어도 그 효력을 얻지 못하면 반드시 죽게 되어 구제할 수 없다. 如至一七日祭 卽不得其功 當須死不可救也"라고 하였다. [참고문헌] 『七曜星辰別行法』. ⇨ 사십구재 四十九齋, 소원기 所願忌

일칭 日稱 ?~1078. 송(宋)대 역경승(譯經僧). 사호(賜號)는 선범대사(宣梵大師). 중인도 출신. 인종(仁宗) 경력 6년(1046)에 변경(汴京 : 河南省 開封)에 와서 경전을 한역하였다. 지화 3년(1056)에 법호(法護)와 함께 『대승집보살학론 大乘集菩薩學論』 25권을 한역하였고, 가우 8년(1063)에 『십불선업도경 十不善業道經』 1권・『사사법오십송 事師法五十頌』 1권・『육취윤회경 六趣輪迴經』 1권・『니건자문무아의경 尼乾子問無我義經』 1권 등을 한역하였으며, 영종(英宗) 치평 원년(1064)에는 『제법집요경 諸法集要經』 10권, 신종(神宗) 희녕 6년(1073)에 『부자합집경 父子合集經』 20권・『복개정행집경 福蓋正行集經』 12권 등을 한역하였다. 원풍 원년(1078) 에 입적하였다. [참고문헌] 『宋會要輯稿』, 『參天台五台山記』.

일타 日陀 1929~1999. 현대 스님. 호는 동곡(東谷), 속성은 김(金)씨, 속명은 사의(思義), 본관은 연안(延安). 아버지의 휘는 봉수(鳳秀), 어머니의 휘는 김상남(金上南). 1929년 9월 2일(음력 8월 1일) 충청남도 공주시(公州市) 우성면(牛城面) 동대리(銅大里) 182번지에서 4남매 중 셋째 아들로 태어났다. 1933년 5세 때 고향 마을로 탁발(托鉢) 나온 스님이 외우는 『천수경』과 『반야심경』을 듣고는 바로 외웠을 뿐만 아니라 크게 기뻐하기도 하였다. 어려서부터 신심이 돈독한 어머님을 따라 계룡산 갑사(甲寺)에 가서 부처님을 친견하고 스님들을 만나면 합장하고 법문을 듣는 등 신심을 키웠다. 1942년 14세 때 외삼촌인 법안(法眼)을 따라

전지조인통달삼장광화중생동곡당일타대종사지진영 합천 해인사 2004년

친가와 외가의 친척 41명이 출가하여 불교사에 유래가 없는 가문이다. 이때 법안은 합천 해인사로, 누나(이모)인 경희는 금강산으로, 어머니인 김상남 여사와 여동생(작은 이모)인 명희는 대승사 윤필암(潤筆庵)으로 가서 스님이 되었다. 스님께서는 불지종찰(佛之宗刹)인 양산 통도사(通度寺)로 찾아가면서 다음과 같은 출가시(出家詩)를 남겼다. "세속은 좁고 좁아 감옥과 같아서, 괴로움이 한량없어 끝이 없도다. 나는 이제 스님 되어 중생을 위해 모든 고통 극복하며 수행하리라. 在家狹隘如牢獄 一切苦惱由之生 出家廣闊若虛空 一切樂法因之起". 1943년에 통도사 강주였던 고경(古鏡)을 은사로, 자운(慈雲)을 계사로 하여 스님이 되었다. 1945년 통도사에서 설립한 보광(普光)중학교를 졸업하고, 1946년 1월 26일 은사인 고경이 입적한 후 49재까지 마치고 그해 여름 순천 송광사(松廣寺) 삼일암(三日庵) 효봉(曉峰) 밑에서 첫 안거를 마쳤다. 그해 겨울 안거는 속리산 복천암(福泉庵) 선원에서 지냈다. 1947년부터 통도사 불교전문강원의 해련(海蓮) 강하에서 수학하다가 1949년 1월 대교과(大敎科)를 졸업했다. 같은 해 3월 14일 부산 범어사(梵魚寺)에서 동산으로부터 비구계와 보살계를 받았다. 1950년부터 진주 응석사(凝石寺)・부산 범어사・마산 성주사(聖住寺) 등 선원에서 정진하다가 1953년 3월부터 자운율사의 지도로 통도사 천화율원(千華律院)에서 석암혜수(昔巖慧秀)・가산지관(伽山智冠) 등과 함께 율장을 연구했다. 1954년 26세 때 혜암

성관(慧庵性觀)과 함께 오대산 서대(西臺)에서 여름 안거를 마치고 중대 보궁에서 하루 삼천배(三千拜)씩 7일간 기도 끝에 모든 반연을 끊고 일여히 정진하리라는 서원을 세우고, 그해 7월 22일 오른손의 엄지를 제외하고 네 개를 모두 태우는 연지(燃指)를 했다. 1955년 여름부터 태백산 도솔암(兜率庵)에서 혼자 오후불식과 장좌불와(長坐不臥)로 6년 결사를 하던 중, 1956년 3월 22일 홀연히 한 소식을 얻고는 다음과 같은 오도송을 읊었다. "선열 중에 한밤을 지나고 보니, 시공을 초월하여 걸림이 없네! 문 밖의 꽃들은 웃음을 머금고, 온누리엔 광명이 가득하누나! 頃忘一夜過 時空何所有 開門花笑來 光明滿天地". 1962년 태백산에서 내려와 중앙종회의원·법규의원·역경위원 등을 역임하였다. 1965년 해인총림(海印叢林) 율주(律主)에 취임, 1973년 동남아 불교국가들을 순방하고 이어 미주 등지를 여행했다. 1984년 10월 해인사 주지에 취임하였으며, 1987년 봄부터 하동 칠불암(七佛庵)에서 정진하였고, 1991년 해인총림 수좌(首座)에 취임하였다. 1993년 5월 조계종 단일계단 전계화상(傳戒和尙)으로 추대되었고, 1994년 조계종 원로의원으로 추대되었으며, 같은 해 6월부터 영천 은해사(銀海寺) 주지에 취임하였다. 평소 스님은 부강한 미국에 태어나 대학을 마친 뒤 한국에 와서 출가하겠다는 소원을 말하기도 했다. 1999년 11월 29일(음력 10월 22일) 오후 8시 39분 하와이 와불산(臥佛山) 금강굴(金剛窟)에서 상좌인 혜인(慧印)과 혜국(慧國) 등에게 후사(後事)를 당부한 다음, "높은 하늘 밝은 해는 진심을 나타내고, 솔솔 부는 맑은 바람 고금을 퉁기도다. 생사니 열반이니 모두가 꿈인 것을, 높은 산과 넓은 바다 서로가 걸림 없네. 一天白日露眞心 萬里淸風彈古琴 生死涅槃曾是夢 山高海闊不相侵"라는 임종게를 읊고 세수 71, 법랍 58세를 일기로 입적하였다. 저서로는 『범망경보살계해설』·『戒律과 修行』·『法供養門』·『生活 속의 祈禱法』·『自己를 돌아보는 마음』·『始作하는 마음』·『執着을 버리면 幸福이 보인다』 등이 있다. 은상좌(恩上佐)에는 혜인·성진(性眞)·혜국·자혜(慈慧)·자명(慈明)·향적(香寂) 등 일백여 명이 있으며 법제자(法弟子)에는 법룡·법타·법의·설송·현소·법일·향공·중봉·무이·법산·도설 등이 있다. 가산지관(伽山智冠)이 지은 비문을 새긴 비를 2008년 해인사에 세웠으며, 그 비문은 『일타대종사법어집』 pp.597~603에 수록되어 있다. 〔참고문헌〕『日陀大宗師法語集』, 『東谷堂日陀大宗師元老會議葬彙報』. ⇨ 동곡 東谷

일탄지경 一彈指頃 Ⓢ acchaṭā-saṃghāta-mātrakam, eka-acchaṭā-saṃhāta-mātram, Ⓟ accarā-saṅhāta-matta, Ⓣ se-gol-gtogs-pa-tsam. 손가락 한 번 튕기는 그 순간. 아주 짧은 시간의 뜻이다. 탄지는 고대인도에서 허락, 경고, 경건을 드러내는 동작이었다. 일탄지(一彈指)·탄지(彈指) 등이라고도 한다. 『희유교량공덕경』(대정장16, p.785a10)에 "이때 세존께서 또 아난에게 이르셨다. '만약 어떤 이가 부처님께 귀의하고 법에 귀의하고 승가에 귀의하거나 내지는 손가락을 한 번 튕기는 순간이라도 십선을 받고, 받은 후에 이를 닦아 행하기까지 한다면, 이러한 인연으로 무량무변한 공덕을 얻을 것이다'. 爾時 世尊復告阿難 若有人能歸依佛竟 歸依法竟 歸依僧竟 乃至一彈指頃 能受十善 受已修行 以是因緣 得無量無邊功德", 『법화의소』 권12(대정장34, p.632c7)에 "여섯 번째, 단정히 앉아 제일의의 깊고 깊은 공법을 사유하여 이 육근이 저 허깨비 같고 꿈과 같아 인연을 따라 생한다. 인연 따라 생겨나므로 적멸상이며, 이 적멸상이 바로 실상이고 실상이 곧 법신임을 깨닫는다. 이와 같이 관할 때 념념이 시방의 불법신과 보현보살을 친견하고, 손가락 한 번 튕기는 때에도 백만억아승기겁생사의 죄를 능히 다한다. 六 端坐思惟第一義甚深空法 達此六根 如幻如夢 從因緣生 因緣生卽是寂滅相 寂滅相卽是實相 實相卽是法身 作此觀時 念念見十方佛法身及普賢菩薩 於一彈指頃能滅百萬億阿僧祇劫生死之罪", 『화엄경탐현기』 권18(대정장35, p.458b24)에 "찰나란 한 생각 기울이는 때를 말한다. 손가락 한 번 튕기는 때에 육십찰나가 있다. 刹那者 此云念頃 於一彈指頃有六十刹那", 『굉지광록』 권4(대정장48, p.47b8)에 "삼천대천세계는 손가락 한 번 튕기는 순간에 나타나고, 팔만의 법문은 양 눈썹을 움직이는 순간에 활짝 열린다. 三千界現一彈指 八萬門開雙用眉"라고 하였다. 〔참고문헌〕『希有挍量功德經』, 『法華義疏』, 『華嚴經探玄記』, 『宏智廣錄』, *Aṣṭ-pr.5.107.*, *Śikṣ.214.*, *Mvyut.253.*, *AN.1.10.* ⇨ 탄지 彈指

일탕 溢蕩 이리저리 흘러 넘치다. 볼 수도 잡을 수도 찾을 수도 없이 움직이는 마음의 비유다. 『대안반수의경』「강승회서 康僧會序」(대정장15, p.163a10)에 "마음은 이리저리 흘러 넘쳐 아무리 미세해도 스며들지 못함이 없고, 있는 듯 없는 듯 비슷한 듯 다른 듯한 모양으로 틈 없는 곳을 출입한다. 보려 해도 형체가 없고, 들으려 해도 소리가 없으며, 거꾸로 좇으려 해도 앞이 없고, 찾아가도 뒤가 없다. 매우 미세하고 묘하여 모양이라 할 만한 아주 작은 실마리도 없다. 心之溢蕩 無微不浹 恍惚髣髴 出入無間 視之無形 聽之無聲 逆之無前 尋之無後 深微細妙 形無絲髮"라고 하였다. 〔참고문헌〕『大安般守意經』, 『出三藏記集』 권6(대정장55, p.43a5).

일편허응절위정 一片虛凝絶謂情 한 조각 텅 비고 고요하여 할 말도 정도 끊어졌네. 『벽암록』 90칙 「평창 評唱」(대정장48, p.215a26)에 "'한 조각 비고 고요하여 할 말도 정도 끊어졌다'는 설두의 한 구 문득 외워 볼 만하니, 자연히 옛사람의 뜻 알 수 있네. 육근이 맑고 고요한 이것 무엇일까? 다만 한 조각 텅 비어 밝고 움직임 없고 고요하여 하늘로 올라가 찾을 일 아니고, 특별한 이 향해 구할 필요도 없이 자연히 언제나 밝게 현전한다. 이곳 마주해 서니 절벽은 천 길이네. 一片虛凝絶謂情 雪竇一句 便頌得好 自然見得古人意 六根湛然 是箇什麽 只這一片虛明凝寂 不消去天上討 也不必向別人求 自然常光現前 是處壁立千仞",『송고합향집』「영서송 靈瑞頌」(가흥장28, p.571b12)에 "한 조각 텅 비어 움직임 없어 말도 분별도 끊어져, 누구인가? 일찍이 무생을 깨달았다고 말한 이는. 一片虛凝絶謂情 阿誰曾說悟無生" 라고 하였다. 〔참고문헌〕『碧巖錄』,『頌古合響集』.

일포 日晡 Ⓢsāyāhna. 해질 무렵. 일포(日餔)라고도 쓰고, 일모(日暮)와 같은 뜻이다.『유부율잡사』 권35(대정장24, p.380c13)에 "해질 무렵에 삼매에서 일어나시어 승중에 들어가 자리를 잡고 앉은 다음 비구들에게 이르셨다. 於日晡時 從定而起 於僧衆中 就座而坐 告諸苾芻曰",『조정사원』 권8(卍속장113, p.236b4)에 "해질 무렵 행하는 염송을 만참이라 한다. 日晡念誦 謂之晩參"라고 하였다. 〔참고문헌〕『有部律雜事』,『祖庭事苑』, *Saṅ-v.226.* ⇨일질 日昳

일포망백기 一飽忘百飢 한 번 배부르니 백 날의 굶주림을 다 잊는다는 말. 기(飢)는 기(饑)와 같이 쓴다.『조주어록』「십이시가 十二時歌」(고존숙어록14, 卍속장118, p.333b2)에 "해 기우는 미시 : 돌이켜 빛그림자 진 땅 밟을 일 없다. 일단 배부르고 나면 수없이 굶주렸던 지난 일은 잊는다더니, 오늘 노승의 이 몸이 바로 그러하구나. 日昳未 : 者回不踐光陰地 曾聞一飽忘百飢 今日老僧身便是",『종용록』 32칙「평창 評唱」(대정장48, p.249b4)에 "조주는 한 번 배불러 수없이 굶주렸던 지난 일을 잊는다 했으니, 인천의 맛있는 공양을 받아 마땅하지만 그 학인은 밥만 배불리 먹고 농사도 망쳤으니, 물 한 방울 들일 수 없다. 눈 밝은 이 가려내 보라. 趙州 一飽忘百飢 合受人天妙供 這僧飯飽頹農 滴水難消 明眼人辨取",『송원숭악어록』 권상(卍속장121, p.592b15)에 "금강울타리 뚫었으니 쇠떡마저 씹어먹는다. 한 번 배불러 백 날의 굶주림 다 잊으니 비로소 속이지 않았음을 믿는다. 透得金剛圈 細嚼鐵餕餡 一飽忘百飢 始信不相賺"라고 하였다. 〔참고문헌〕『趙州語錄』,『從容錄』,『松源崇嶽語錄』,『大慧語錄』 권7(대정장47, p.839b21).

일포살공주처 一布薩共住處 포살도 공주도 함께하는 한 곳.『십송율』 권5(대정장23, p.31c18)에 "이 일포살공주처의 스님들이 먼저 맺은 함께할 포살계라면, 이 중에서는 취락과 취락의 계는 제하고 빈 터나 주처를 취해야 한다. 是一布薩共住處僧 先所結共布薩界 是中除聚落 及聚落界 取空地 及住處"라고 하였다. 〔참고문헌〕『十誦律』. ⇨포살 布薩

일포쇄다계 一褒灑陀界 하나의 포살계. 포쇄다(Ⓢpoṣadha)의 다른 음사어다.『유부율』 권17(대정장23, p.712b23)에 "이때 승가(Ⓢsaṃgha)는 하나의 포살계였기에 모든 비구들이 15일이 되어 포살할 때 아울러 모두가 모여서 오직 대가섭파(ⓈMahākāśyapa)를 기다렸다. 此時 僧伽同一褒灑陀界 時諸苾芻 至十五日 褒灑陀時 並皆現集 唯待大迦攝波"라고 하였다. 〔참고문헌〕『有部律』. ⇨포살 布薩, 포쇄다 褒灑陀

일하 一夏 한 번의 하안거. 4월 16일부터 7월 15일까지 90일간.『유부율약사』 권10(대정장24, p.45b26)에 "한 번의 하안거 석달 동안 고요한 곳에 머무르며 남들이 보지 않도록 하라. 만일 능히 이와 같이 할 수 있다면 정에 들어 그 위를 잃지 않고, 몸 또한 다시는 죽지 않는다. 於一夏三月 住幽隱處 勿令人見 若能如是 定不失位 身復不死",『유부백일갈마』 권4(대정장24, p.472a11)에 "한 번의 하안거 중에는 마땅히 대부분 결계 안에 머물지, 계 밖에 거처하는 일은 거의 없게 하라. 一夏之中 應多居界內 少在界外",『종용록』 71칙「평창 評唱」(대정장48, p.272a9)에 "어느 날 법좌에 올라 말했다. '한 번의 하안거 이래로 형제들 동에서 말하고 서에서 말한다. 보라! 취암에게 눈썹이 있긴 하더냐?' 一日 上堂曰 自一夏以來 爲兄弟東語西話 看 翠巖眉毛在麽" 라고 하였다. 〔참고문헌〕『有部律藥事』,『有部百一羯磨』,『從容錄』. ⇨안거 安居, 불랍일 佛臘日

일하 一荷 조선후기 스님. 운봉성수(雲峯性粹 1889~1946)의 은사이며, 향곡혜림(香谷蕙林 1912~1978)의 노스님이다.「월내묘관음사운봉당성수대종사비문 月內妙觀音寺雲峯堂性粹大宗師碑文」에 따르면 성수가 13세 때인 1901년(광무5)에 영천 은해사로 찾아가 일하를 은사로 하여 스님이 되었다고 하였다. 〔참고문헌〕智冠『韓國高僧碑文總集 朝鮮朝·近現代』 p.1088. ⇨성수 性粹, 향곡 香谷

일하구순 一夏九旬 한 번의 하안거 90일.『법화전기』 권9(대정장51, p.91b7)에 "호구산에 들어가『법화경』을 암송하며 한 번의 하안거 90일을 보냈다. 그 산에 원숭이 떼가 살았는데 백 마리가 넘었다. 入虎丘山 誦法華經 一夏九旬 其山有獼猴群 數過一百"라고 하였다. 〔참고문헌〕『法華傳記』. ⇨일하 一夏, 안거 安居

일하불도등 日下不挑燈 태양 아래 등불을 돋우지 않는다는 말. 굳이 덧붙이지 않아도 완벽하게 구비되어 있다는 뜻. 『연등회요』 권23 「낙포원안장 洛浦元安章」(卍속장136, p.812b10)에 "제일좌가 '청산에서 발 뗄 일 없고, 태양 아래 등불 돋울 일 없습니다'라고 하자 낙포가 말했다. '지금이 어떤 시절이라고 이러한 말을 지어내느냐!' 第一座云 青山不擧足 日下不挑燈 師云 如今是甚麽時節 作這箇語話"라고 하였다. 〔참고문헌〕『聯燈會要』. ⇨ 백일불도등 百日不挑燈

일한 一閒 조선후기 스님. 법호는 쌍수(雙修). 초의의순(艸衣意恂)의 법제(法弟)이다. 1906년에 초의의 법손인 상운응혜(祥雲應惠)와 함께 『초의시고』를 간행하였다. 〔참고문헌〕『艸衣詩藁』 권하 「艸衣詩藁跋」(한불전10, p.870c23). ⇨ 초의시고 艸衣詩藁

일할만기파 一喝萬機罷 한 번 크게 소리쳐 만 가닥 기틀 놓아버리다. 『종용록』 43칙 「송 頌」(대정장48, p.255a26)에 "돌!〈한 번의 할에 온갖 기틀이 그치고, 3일 동안 두 귀가 멀어버린다〉. 咄〈一喝萬機罷 三朝兩耳聾〉"라고 하였다. 〔참고문헌〕『從容錄』. ⇨ 할 喝

일함 弌咸 원대 임제종(臨濟宗) 양기파(楊岐派) 스님. 일명 여함(與咸). 호는 택산(澤山). 일함(壹咸)이라고도 쓴다. 원오극근(圜悟克勤)의 7대 법손으로 각암몽진(覺庵夢眞)의 법을 이었다. 여산(廬山) 동림사(東林寺)에 주석하면서 1311년(지대4)에 『선림비용청규 禪林備用淸規』 10권을 지었다. 〔참고문헌〕『增集續傳燈錄』 권5(卍속장142, p.846b10), 『續燈正統』 권8 「鐵關法樞章」(卍속장144, p.587a2), 『雲外雲岫語錄』 「跋備用淸規」(卍속장124, p.1012b5).

일합상 一合相 Ⓢ piṇḍa-grāha. 하나로 합한 상. 오온의 아(我)나 색법(色法)들이 여러 인연들이 모인 것으로 무아(無我)이고 공(空)인을 알지 못해서 일으키는 집착을 말한다. 취일집(聚一執)·일합집(一合執)·박취(摶取)·취집(聚執)이라고도 한다. 『금강경』(대정장8, p.752b10)에 "'세존이시여, 여래께서 말씀하신 삼천대천세계도 세계가 아니지만 세계라고 하신 것입니다. 왜 그렇습니까? 세계가 참으로 있는 것이라면 한 덩어리이지만 여래께서 말씀하시는 한덩어리는 한덩어리가 아니지만 한덩어리라고 하신 것입니다' '수보리야, 한 덩어리란 말할 수 없는 것인데, 범부중생들이 그 사물에 탐착하는 것일 뿐이다'. 世尊 如來所說 三千大千世界 則非世界 是名世界 何以故 若世界實有者 則是一合相 如來說一合相 則非一合相 是名一合相 須菩提 一合相者 則是不可說 但凡夫之人 貪著其事", 『금강반야경찬술』 권하(대정장33, p.153c4)에 "집착하는 것처럼 세계가 실유한다면 이것은 집착이 아니고 정견이기 때문에 허망하지 않은 것이며, 실은 없고 실에 집착하기에 일합상이라 하는 것이다. 일합상이란 아집을 말한다. 즉 일신에 집착하여 이 다 모여 있는 오온을 아로 삼기에 일합상이라 한다. … 일합상이란 말할 수 없는 것인데, 단지 범부중생들이 그 일을 탐착하는 것일 뿐이다. 〔술〕 이것은 세 번째로 실에 대한 집착을 밝힌 것이다. 여래께서는 임시로 일합상을 말씀하시는데, 범부들은 그 중에 집착을 일으켜 실이라 여긴다. 若如其所執 有世界者 卽非是執 是正見故 非虛妄也 以無實執實故 一合相也 一合相者 謂我執 謂執一身 總聚五蘊 以爲我故 名一合相也 … 一合相者 則是不可說 但凡夫之人 貪著其事 述曰 此第三明執實也 謂如來假說一合相 凡夫於中 起執爲實也"라고 하였다. 〔참고문헌〕『金剛經』, 『金剛般若經贊述』, *Vajr-pr.88.*

일합상 一合想 Ⓢ piṇḍa-saṃjñā. 하나로 합한 것이 있다는 생각. 오온(五蘊)도 극미(極微)도 여러 인연들이 임시로 모였다 흩어질 뿐이어서 실체(實體)란 있을 수 없고, 더하여 합한 하나도 있을 수 없다. 끝내 무아(無我)이고 공(空)인 뜻을 깨우치지 못한 범부들이 흔히 집착하는 것이 일합상이다. 일합상(一合相)이라고도 한다. 『순정리론』 권3(대정장29, p.344a5)에 "모든 어리석은 범부중생들은 오온상에 일합상을 낳아 아집을 일으키니, 저들의 일합상을 없애기 위하여 일온중에 많은 부분이 있음을 말한 것이다. 색 등의 오온이라는 여러 법이 합하여 이루어졌으므로 가법이지 실이 아님을 드러내기 위한 것이 아니다. 諸愚夫 於多蘊上 生一合想 現起我執 爲令彼除一合想故 說一蘊中 有衆多分 不爲顯示 色等五蘊 多法合成 是假非實", 『대승아비달마잡집론』 권6(대정장31, p.721c6 : *Abh-s-bh.*, p.53)에 "〔문〕 모든 극미에 실체성이 없다면 무슨 까닭에 건립하는가? 〔답〕 한 덩어리라는 생각을 보내버리기 위한 것이다. 각혜로 나누고 또 나눠 쪼개보면 그때 일체제색이 한 덩어리라는 생각을 곧 버리게 된다. 이루 말미암아 따라 들어가길 자주하고 취하면 무아성에 나아가고, 또 모든 색이 진실이 아님을 깨달아 들게 된다. 각혜로 이와 같이 분석한 존재하는 모든 색은 무소유에 이르게 되어, 이때 문득 능히 모든 색은 진실이 아니라고 깨우쳐 든다. 이로 인하여 유식도리를 깨닫고, 이로 말미암아 모든 법 무아성에 따라 들어간다. 問 若諸極微 無實體性 何故建立 答 爲遣一合想故 若以覺慧 分分分析 所有諸色 爾時妄執 一切諸色 爲一合想 卽便捨離 由此 順入 數取趣無我性故 又爲悟入 諸所有色 非眞實故 若以覺慧 如是分析 所有諸色 至無所有 爾時 便能悟入 諸色 皆非眞實 因此 悟入 唯識道理 由此 順入 諸法無我性故 kiṃ punaḥ kāraṇaṃ yadevaṃ niḥśarīro 'pi paramāṇurvyavast hāpyate. piṇḍasaṃjñāvibhāvanatāmupādāya, avayavaśo hi buddhyā bhidyamāne rūpe sarvametadekaṃ rūpamiti piṇḍasaṃjñā vigacchati, yataḥ pudgalanairātmyapraveśasyānukūlyaṃ bhavatīti. rūpadravyāpariniṣpattipraveśatāṃ copādāya, evaṃ hi buddhyā bhidyamānaṃ rūpaṃ na kiṃcidbhavatīti matvā rūpadravyasyāpariniṣpattiṃ praviśati, yato vijñaptimātrāvatāreṇa dharmanairātmyapraveśasyānukūlyaṃ bhavatīti"라고 하였다. 〔참고문헌〕『順正理論』, 『大乘阿毘達磨雜集論』, 『瑜伽師地論』 권27(대정장30, p.430c2), *Abh-s-bh.*

일합자 一合子 하나로 덮인 그릇. 여닫을 수 있는 그릇 하나. 『벽암록』 6칙 「평창 評唱」(대정장48, p.146a4)에 "광주왕이 노하여 말했다. '화상은 언제 병을 얻었는가?' 시자가 답하길 '스님은 일찍이 병든 적 없으셨고, 일전에 그릇 하나를 봉하여 두고서 왕이 찾아오시면 드리라고 하셨습니다'. 광주는 그릇을 열어 편지 한 통을 발견하였다. 거기에는 '인천의 대중을 이끌 안목은 이곳 승당의 수좌다'라고 쓰여 있었다. 광주가 뜻을 알아챘다. 廣主怒曰 和尙何時得疾 侍者對曰 師不曾有疾 適封一合子 令俟王來呈之 廣主開合 得一帖子云 人天眼目 堂中首座 廣主悟旨"라고 하였다. 〔참고문헌〕『碧巖錄』.

일합집 一合執 Ⓢ piṇḍa-grāha, Ⓣ ril-por-'dzin-pa. 하나로 합한 것이 있다고 여기는 집착. 총집(總執)이라고도 한다. 『대반야경』 권577(대정장7, p.985b27)에 "이 일합집이란 말할 수 있는 것이 아니고, 희론으로도 언급할 수 없다. 그런데도 일체의 어리석은 범부와 이생(異生 Ⓢ pṛthagjana)은 굳게 이 법에 집착한다. 此一合執不可言說 不可戲論 然彼一切愚夫異生 强執是法"라고 하였다. 〔참고문헌〕『大般若經』, 『金剛般若論會釋』 권하(대정장40, p.779b19), *Bodh-bh.34·35*

일해천종 一解千從 하나를 알면 천 가지가 따른다는 말. 『종용록』 84칙 「시중 示衆」(대정장48, p.280c28)에 "하나를 들어 천 갈래 깨닫고, 하나를 알아 천 가지가 따른다. 상사는 하나에 트이면 일체를 깨우치고, 중하는 많이 들을수록 그만큼 믿지 않는다. 一聞千悟 一解千從 上士一決一切了 中下多聞多不信", 『종경록』 권37(대정장48, p.634a25)에 "만일 일체법이 모두 자성이 없다면, 몸을 나눈 부처님들이 모여 보배탑에서 출현하시고, 수미산이 개자로 들어가리라. 이와 같이 통달하니 하나를 알아 천 갈래로 알게 되니, 곧바로 부처님은 있는 것 없는 곳에서 출생하시고, 법은 필경공중에서 건립됨을 안다. 생멸도 없고 자성도 없기에 돌고 돌아 마음만을 따른다는 것을 안다. 若一切法 皆無性 卽是分身佛集 寶塔出現 須彌入芥耳 如是洞達 一解千從 則知佛向無所有中出生 法於畢竟空中建立 以無生無性故 迴轉由心"라고 하였다. 〔참고문헌〕『從容錄』, 『宗鏡錄』.

일해탈의 一解脫義 Ⓢ ekaiva vimuktiḥ. 하나뿐인 해탈의 뜻. 비록 삼승(三乘)이지만 해탈에 있어서는 한결같아 일해탈(一解脫)이라고 한다. 『법화경』 권1(대정장9, p.6b1 : *Saddh-p.*, p.24)에 "지금 세존께서는 무슨 까닭으로 은근히 방편을 찬탄하여 다음과 같이 말씀하시는가? '부처님께서 증득하신 법은 매우 심오하여 이해하기 어렵고, 말씀하신 의취도 알기 어려워 모든 성문이나 벽지불이 미칠 수 없다'. 부처님께서 말씀하신 일해탈의는 우리들 역시 이 법을 얻어 열반에 이르렀지만 지금 이 뜻이 나아가는 곳은 알 수가 없다. 今者 世尊 何故慇懃 稱歎方便 而作是言 佛所得法 甚深難解 有所言說 意趣難知 一切聲聞 辟支佛 所不能及 佛說 一解脫義 我等 亦得此法 到於涅槃 而今不知 是義所趣 ko nu hetuḥ kiṃ kāraṇaṃ yad bhagavānadhimātram upāyakauśalyaṃ tathāgatānāṃ saṃvarṇayati. gambhīraścāyaṃ mayā dharmo 'bhisaṃbuddha iti saṃvarṇayati. durvijñeyaśca sarvaśrāvakapratyekabuddhairiti saṃvarṇayati. yathā tāvad bhagavatā ekaiva vimuktirākhyātā, vayamapi buddhadharmāṇāṃ lābhino nirvāṇaprāptāḥ. asya ca vayaṃ bhagavato bhāṣitasyārtha na jānīmaḥ", 『법화경의기』 권3(대정장33, p.600a14)에 "해탈을 말하자면 삼가(三家 : 聲聞 緣覺 菩薩)가 한결같지만, 그 공용을 논하면 넓거나 좁고 길거나 짧은 구별이 있으므로 세 수레의 비유를 들었다. 그러므로 '부처님께서 말씀하신 일해탈의'라고 한 말에서 '해탈'은 유여무여열반이어서 그대로 멸제이고, '의'란 도제이니 과를 들어 인을 밝힌 것이다. 나는 예전에 부처님의 가르침에 의지하여 '도제'를 닦아서 '멸제'인 과를 증득하였기에 '부처님께서 말씀하신 일해탈의는 우리들 역시 이 법을 얻어 열반에 이르렀다'라고 하였다. 若語其解脫 三家一等 論其功用 有廣狹之殊 長短之別 取譬三車 故言佛說一解脫義 解脫是有餘 無餘涅槃 卽是滅諦也 義者卽是道諦 擧果明因 我昔依佛教 修行道諦 證得滅諦果 故言佛說 一解脫義 我等 亦得此義 到於涅槃"라고 하였다. 〔참고문헌〕『法華經』, 『法華經義記』, *Saddh-p.* ⇨ 해탈 解脫

일행 一行 ❶ 한 가지로 행함. 염불 또는 다른 법을 한 가지로 행하는 뜻이지만, 여실한 일행은 일체행이다. 『화엄경행원품소』 권4(卍속장7, p.570a14)에 "일행이라는 말은 하나의 법계로 행하지만 그 하나마저도 없다는 뜻이다. 그러므로 저 경에서 '법계는 하나의 상이어서 온통 다 얽혀 연하는 법계다'(『문수반야경』 권2, 대정장8, p.731a26)라고 말한 것이다. 言一行者 一法界行 亦無一故 故彼經云 法界一相 繫緣法界",『관무량수불경소』권1(대정장37, p.249c12)에 "부처가 되는 법은 반드시 만행을 빠짐없이 다 갖추어야 비로소 성취한다. 어찌 염불일행만을 가져 성취하길 바라는가! 이 말은 타당하지 않다. 成佛之法 要須萬行圓備 方乃剋成 豈將念佛一行 卽望成者 無有是處"라고 하였다. [참고문헌]『華嚴經行願品疏』,『文殊般若經』,『觀無量壽佛經疏』. ⇨ 일행일체행 一行一切行 ❷ 683~727. 당나라 때 밀교 오조(五祖) 중 한 조사. 천문역산가이기도 하다. 속성은 장(張)씨. 거록(鉅鹿 : 河北省 鉅鹿縣) 출신. 일행아사리(一行阿闍梨)라고도 한다. 대대로 고관을 배출하는 가문에 속하여 어린 시절부터 경사(經史)에 취향을 가지다가 형주(荊州) 경(景)선사 문하로 출가하였다. 그 뒤에 숭산(嵩山) 보적(普寂) 문하에서 선을 배웠고 또 당양(當陽) 진찬(眞纂)에게서 율을 학습하였다. 율부(律部) 및 주요 경론의 핵심 문구를 모아서『섭조복장 攝調伏藏』60권을 완성하였다. 일찍이 인도의 고승 선무외(善無畏)·금강지(金剛智)에게 사사를 받았다. 선무외와 함께 밀교 근본성전으로 간주되는『대일경 大日經』을 한역하였고, 금강지에게는 비밀관정(祕密灌頂)을 받았다. 이 밖에 선(禪)·도(道)·수학(數學)·역법(曆法)에 정통하였다. 721년(개원9) 황제의 명으로 전통 역법을 교정하여『개원대연력 開元大衍曆』52권을 짓고, 그 역법을 천하에 반포하였다. 이 역법은 762년부터 지금까지 일본에서 널리 채택하여 쓰고 있기도 하다. 그 뒤 자신의 해박한 천문학 지식에 근거하여 양령찬(梁令瓚)과 함께 황도유의(黃道游儀)를 제작하였다. 150여 항성(恒星)의 위치를 거듭 새롭게 측정하고 아울러 자오선(子午線) 위도에 상당하는 길이를 산출하기도 하였다. 또한 자신이 필록하여 편찬한『대일경소 大日經疏』20권은 오늘날에도 밀교계에서 중시된다. 727년(개원15) 세수 45세로 입적하였다. 시호는 대혜선사(大慧禪師)이다.『수요의궤 宿曜儀軌』·『범천화라의궤 梵天火羅儀軌』·『칠요성신별행법 七曜星辰別行法』·『약사유리광여래소재제난염송의궤 藥師琉璃光如來消災除難念誦儀軌』등 각 1권을 남겼고, 제자 혜각(慧覺)과 함께『화엄경해인도량참의 華嚴經海印道場懺儀』42권을 지었다. [참고문헌]『佛祖歷代通載』권13(대정장49, p.589b4),『宋高僧傳』권5(대정장50, p.732c7).

일행조력『석씨원류응화사적』권4
양주불암사판 1673년

일행거집 一行居集 청대 팽소승(彭紹升) 지음. 8권. 언어 선택에 심혈을 기울여 글자마다 모두 성해(性海)에 근거를 가지도록 하였다. 특히 정토의 뜻을 부각하는 이야기가 많이 수록되어 있다.『유문공안염제 儒門公案拈題』1권이 부록으로 붙어 있다. [참고문헌]『淨土聖賢錄續編』권2「往生王臣」(卍속장135, p.410b15).

일행삼매 一行三昧 Ⓢ ekavyūho nāma samādhi. 한 가지로만 행하는 삼매. 백팔삼매(百八三昧) 중 하나. 일삼매(一三昧)·일상삼매(一相三昧)·일장엄삼마지(一莊嚴三摩地)·진여삼매(眞如三昧)라고도 한다. 삼매(三昧)의 뜻에 충실하면 일행(一行)일 수밖에 없기에, 이렇게 한 가지로 행한 삼매는 일체삼매에도 통한다.『방광반야경』권4(대정장8, p.24b16)에 "또한 일행삼매가 있다. 이 삼매에 머무는 사람은 모든 법에 둘이 있다고 보지 않는다. 復有一行三昧 住是三昧者 不見諸法有二",『대품반야경』권5(대정장8, p.252c24 : *Pañca-pr.*, p.202)에 "무엇을 일행삼매라 하는가? 이 삼매에 머물면 모든 삼매에서 차안과 피안을 보지 않는다. 이를 일행삼매라 한다. 云何名一行三昧 住是三昧 不見諸三昧此岸彼岸 是名一行三昧 tatra katamaḥ ekavyūho nāma samādhiḥ yatra samādhau sthitvā na kasyacid dharmasya dvayatāṃ samanupaśyati tenocyate ekavyūho nāma samādhiḥ",『반야심경약소연주기』권하(대정장33, p.564b20)에 "일행삼매에 들어간 사람은 모래알처럼 무수한 부처님 법계에서 차별 없는 상을 남김없이 안다. 入一行三昧者 盡知河沙諸佛法界無差別相",『대지도론』권47(대정장25, p.401b20)에 "일행삼매란, 이 삼매는 항상 하나로 행하여 필경공에 상응하는 삼매중에 있기에 그 어떤 다른 행의 차제는 없다. 저 무상행중에 있은 다음에 고행이 있고, 고행에 든 다음에는 무아행이 있는 따위의 차제가 없다는 뜻이다. 一行三昧者 是三昧常一行 畢竟空相應三昧中 更無餘行次第 如無常行中 次有苦行 苦行中 次有無我行", 돈황본『단경』(대정장48, p.338b15)에 "일행삼매라면 일체시중 행주좌와에서 항상 마음을 곧게 함이 바로 이것이다. 그래서『정명경』에 이르길 '곧은 마음이 그대로 도량이고, 곧은 마음이 바로 정토다'라고 한 것이다. 一行三昧者 於一切時中 行住坐臥 常行直心是 淨名經云 直心是道場 直心是淨土",『보리달마남종정시비론』(『神會和尙遺集』, p.308)에 "이 무념은 반야바라밀이며, 반야바라밀은 일행삼매이다. 是無念者 卽是般若波羅密 般若波羅密者 卽是一行三昧",『문수반야경』권하(대정장8, p.731b1)에 "선남자와 선여인이 일행삼매에 들고자 한다면 마땅히 고요한 곳에 자리잡고 모든 산란한 생각을 버린 다음 어떤 상모도 받아들이지 않으면서 마음을 한 부처님께 묶어두고 오로지 그 명자만 소리내어 부르며, 부처님 계신 곳을 향하여 몸을 단정히 하고 반듯하게 바라본다. 한 부처님만을 념념이 이어가면 이들 찰나에 과거미래현재의 모든 부처님을 친견할 수 있다. 善男子 善女人 欲入一行三昧 應處空閑 捨諸亂意 不取相貌 繫心一佛 專稱名字 隨佛方所 端身正向 能於一佛 念念相續 卽是念中能見過去 未來 現在諸佛"라고 하였다. [참고문헌]『放光般若經』, 『大品般若經』, 『般若心經略疏連珠記』, 『大智度論』, 『壇經』, 『菩提達摩南宗定是非論』, 『文殊般若經』, 『大寶積經』 권116(대정장11, p.655b21), 『大乘起信論』(대정장32, p.582b1), 『起信論疏』 권하(대정장44, p.223b15・한불전1, p.729a18), *Pañca-pr.* ⇨ 백팔삼매 百八三昧, 일상삼매 一相三昧, 사종삼매 四種三昧, 상좌삼매 常坐三昧, 염불삼매 念佛三昧, 순일직심 純一直心

일행상삼마지 一行相三摩地 Ⓢ ekākāro nāma samādhiḥ, Ⓣ rnam-pa-gcig-tu-gyur-pa-zhes-bya-ba'i ting-nge-'dzin. 오로지 한 가지 행상만 있다고 관하는 삼매. 『대반야경』 권52(대정장5, p.295c25)에 "'세존이시여, 무엇을 일행상삼마지라 하는지요?' '선현아, 만일 이 삼마지에 머물 때면 모든 등지에 두 가지 행상이 없음을 안다. 이 때문에 일행상삼마지라 한다'. 世尊 云何名爲一行相三摩地 善現 謂若住此三摩地時 見諸等持無二行相 是故名爲一行相三摩地"라고 하였다. [참고문헌]『大般若經』, *Mvyut.21.* ⇨ 일행삼매 一行三昧

일행일체행 一行一切行 한 가지로 행하면 모든 것을 행한다. 원돈(圓頓)의 행을 말한다. 『화엄경소』 권1(대정장35, p.504c1)에 "행에도 두 가지가 있다. 하나는 단박에 모든 행을 이루는 것으로 하나의 행이 모든 행인 뜻이다. 그러므로 「십주품」에서 '하나는 바로 여럿이고 여럿은 그대로 하나다'라 하였고, 「보현행품」에서 '하나를 끊으면 모든 것을 끊는다'고 하였다. 行亦二種 一 頓成諸行 一行一切行 故十住品云 一卽是多多卽一等 普賢行品說 一斷一切斷等故", 『법화현의』 권3(대정장33, p.715b19)에 "지혜는 능히 이를 드러내고 이가 끝내는 지를 쉬게 한다. 이렇게 서로를 필요로 하는 것은 묘행이 아니다. 묘행이란 하나를 행하면 모든 것을 행하는 것이다. 경에서 '본래 헤아릴 수 없이 많은 부처님을 좇기에 온갖 도가 이미 구족하였다'고 한 예와 같다. 智能顯理 理窮則智息 如此相須者 則非妙行 妙行者 一行一切行 如經 本從無數佛 具足行諸道", 『사교의』 권1(대정장46, p.722b23)에 "행이 두렷하다 하였으니, 하나를 행하면 일체를 행한다. 대승으로 두렷한 인이고 열반 또한 원만한 과여서, 인과 그대로 구족하여 이즈러짐 없다. 이것을 일행 그대로 일체행으로 여긴다. 行圓者 一行一切行也 大乘圓因 涅槃圓果 卽因果而具足無缺 是爲一行一切行"라고 하였다. [참고문헌]『華嚴經疏』, 『法華玄義』, 『四教義』. ⇨ 원행 圓行

일향기 一向記 Ⓢ ekāṃśa-vyākaraṇa, Ⓟ ekaṃsa-vyākaraṇa, Ⓣ mgo-gcig-tu-lan-gdab-pa. 한결같이 답할 수 있음. 사기답(四記答 : 四記) 중 하나로 질문에 기꺼이 답하는 것의 뜻이며, 답할 수 없는 것에 무기(無記) 등이 있다. 직답(直答)・일정답(一定答)・결정답(決定答)・필정론(必定論)・일향론(一向論)・일향기론(一向記論)・결정기론(決定記論)・응일향기(應一向記)라고도 한다. 『불지경론』 권6(대정장26, p.320c15)에 "일향기란, 저 사람이 '모든 생겨난 것은 반드시 사라지는가?', '불법승 등 삼보는 진실로 복전인가?' 이와 같은 등의 물음에 한결같이 '마땅히 한결같이 그렇다'고 답하는 것이다. 一向記者 如有問言 一切生者決定滅耶 佛法僧寶良福田耶 如是等問 應一向記 此義決定"라고 하였다. [참고문헌]『佛地經論』, 『大集法門經』 권상(대정장1, p.230a4), *Mvyut.86.* ⇨ 사기답 四記答

일향위타은 一向爲他恩 한결같이 타인을 위하신 은혜. 여래의 열 가지 은혜(如來十恩) 중 하나로, 부처님께서 오랜 겁 동안 오로지 모든 중생만을 위해 애쓰신 은혜를 말한다. 『화엄경소초』 권35(대정장36, p.265a24)에 "셋째, 자신을 돌아보지 않음이란 한결같이 타인을 위하는 은혜다. 한 순간도 자기를 생각하지 않았던 것은 자애로운 어머니가 오직 자녀를 행복하게 하기 위해 자신이 죽는 것도 마다하지 않는 것과 같다. 경에서 '보살이 닦은 공덕행은 자기도 타인도 위함이 아니어서, 단지 최상의 지혜심으로 중생만을 이롭게 하기 위해 회향한다'고 하였다. 三 不顧自身者 一向爲他恩 曾無一念自爲於己 猶如慈母但令子樂自殺不辭 經云 菩薩所修功德行 不爲自己及他人 但以最上智慧心 利益衆生故迴向"라고 하였다. [참고문헌]『華嚴經疏鈔』, 80권본 『華嚴經』 권31(대정장10, p.169c14). ⇨ 여래십은 如來十恩, 십종대은 十種大恩

일향전도 一向顚倒 한결같이 뒤집혀 잘못됨. 『유가론기』 권7(대정장42, p.460a23・한불전13, p.541c18)에 "삼계에 대한 견혹은 살가야견 즉 유신견(有身見)이 으뜸이다. 이 살가야견이란 아를 헤아려 한결같이 뒤집어 없는 것 중에서 있다고 헤아린다. 헤아려진 '아'는 없는 것 중에 헤아린 망상이므로 있을 수 없는 일이다. 그러므로 견혹을 통틀어 '무사'라고 한다. 이 무사의 번뇌가 악취를 능히 끌어 나게 한다. 三界見惑 薩迦耶見爲首 此見計我 一向顚倒 無中計有 所計我 無中計故 名無事 是故 見惑 總名無事 無事煩惱 能牽惡趣"라고 하였다.

〔참고문헌〕『瑜伽論記』, 『般若燈論釋』 권14(대정장30, p.123a19). ⇨전도 轉倒

일향전수 一向專修 물러남 없이 오롯이 닦는다는 말. 『현양성교론』 권3(대정장31, p.492a16)에 “넷째는 정진바라밀다다. 때론 처음 발심하는 투구의 인이 되고, 혹은 방편가행을 빌리고 혹은 유정을 이롭게 하고, 이어서 순숙케 하는 마음의 용맹한 성 등을 인으로 삼아 일체선근을 이끌어내려 한다. 이런 행으로 말미암아 모든 보살들은 비록 아직 번뇌를 조복하지는 못했으나 능히 한결같이 하고 오롯이하여 일체선을 닦는다. 第四 勤波羅蜜多 謂或因被發心鎧 或因方便加行 或因利益有情 相續純熟 心勇猛性 爲欲引生 一切善根 由此行故 而諸菩薩雖未伏惑 而能一向 專修諸善”라고 하였다. 〔참고문헌〕『顯揚聖敎論』. ⇨정진바라밀 精進波羅蜜

일향종 一向宗 ➡진언종 眞言宗

일향출생보살경 一向出生菩薩經 Ⓢ Anantamukhanirhāradhāraṇī. 수(隋)대 사나굴다(闍那崛多 523~600) 한역. 1권. 고려장11, pp.1325a1~1330c5, No.330 · 대정장19, pp.698b3~702b29, No.1017에 수록되어 있다. 부처님께서 사리불(舍利弗)을 비롯한 대중들에게 무변문(無邊門)에 드는 다라니(陀羅尼)를 말씀하시어 이익을 얻도록 하신 내용이다. 본 경전의 동본이역(同本異譯)으로는 유송(劉宋) 때 구나발다라(求那跋多羅) 한역의 『아난타목거니하리다경 阿難陀目佉尼呵離陀經』(대정장19, No.1013)이 있으며, 그밖에 『무량문미밀지경 無量門微密持經』(대정장19, No.1011) · 『출생무량문지경 出生無量門持經』(대정장19, No.1012) · 『사리불다라니경 舍利弗陀羅尼經』(대정장19, No.1016) · 『아난타목거니하리다린니경 阿難陀目佉尼呵離陀鄰尼經』(대정장19, No.1015) · 『출생무변문다라니경 出生無邊門陀羅尼經』(대정장19, No.1009) · 『무량문파마다라니경 無量門破魔陀羅尼經』(대정장19, No.1014) 등 여러 이역본들이 있다. 〔참고문헌〕『衆經目錄』 권2(대정장55, p.159a4), 『大唐內典錄』 권6(대정장55, p.293a28), 『開元釋敎錄』 권20(대정장55, p.708b21). ⇨아난타목거니하리다경 阿難陀目佉尼呵離陀經, 무량문미밀지경 無量門微密持經, 출생무량문지경 出生無量門持經, 사리불다라니경 舍利弗陀羅尼經, 아난타목거니하리다린니경 阿難陀目佉尼呵離陀鄰尼經, 출생무변문다라니경 出生無邊門陀羅尼經, 무량문파마다라니경 無量門破魔陀羅尼經

일허일실 一虛一實 어디는 허하고 언제는 실하다는 말. 일실일체실이고 일허일체허이지, 일허일실은 아니라는 강조의 뜻이다. 일허일영(一虛一盈)이라고도 한다. 『정토십의론』(대정장47, p.80a7)에 “염불하는 이라면 선지식을 쫓아 아미타불의 진실한 공덕과 명호 설함을 듣고는 허하기도 하고 실하기도 하니 어찌 서로 견줄 수 있겠는가! 비유하자면 만년의 암실에 햇볕이 잠깐 들면 어둠이 단번에 사라지는 것과 같으니, 어찌 오래 이어져 온 어둠인들 사라지지 않겠는가! 念佛者 從善知識 聞說阿彌陀佛 眞實功德名號 一虛一實 豈得相比 譬如萬年闇室 日光暫至 而闇頓滅 豈以久來之闇 不肯滅耶”라고 하였다. 〔참고문헌〕『淨土十疑論』.

일현 日玄 조선후기 스님. 국립중앙도서관에 소장된 1630년(인조8) 평안도 성천부(成川府) 백련산(白蓮山) 영천사(靈泉寺) 개간본 『구자무불성화간병론』 「간기 刊記」(한불전6, pp.70b46)에 “글자를 새긴 이는 전 주지 숭우와 전 주지 일현, 묘안 · 혜쌍 · 학경이다. 雕字 前住持崇祐 前住持日玄 妙安 惠雙 學冏”라고 하였다. 〔참고문헌〕『狗子無佛性話揀病論』. ⇨구자무불성화간병론 狗子無佛性話揀病論

일협 一篋 한 상자. 사대로 치성한 몸의 비유다. 『잡아함경』 권43(대정장2, p.313b15)에 “비유하자면 저 지독한 네 마리 뱀을 하나의 상자에 가득 채운 듯하다. 譬如有四蚖蛇 凶惡毒虐 盛一篋中”라고 하였다. 〔참고문헌〕『雜阿含經』. ⇨사대 四大, 일협사사 一篋四蛇

일협사사 一篋四蛇 한 상자에서 꿈틀대는 네 마리 뱀. 사대(四大 : 地水火風)로 치성한 중생의 몸을 비유한다. 40권본 『대반열반경』 권23(대정장12, p.499b19)에 “몸을 상자와 같다고 관하고, 지수화풍은 네 마리 독사와 같다고 관하라. 모든 중생은 견독 · 촉독 · 기독 · 설독 등 이들 네 가지 독을 만나 그 목숨을 잃는다. 중생의 사대도 이와 같다. 견이 악이 되고 촉이 악이 되며, 기가 악이 되고 설이 악이 된다. 이 인연 때문에 모든 선행에서 멀어진다. 觀身如篋 地水火風 如四毒蛇 見毒觸毒 氣毒齧毒 一切衆生 遇是四毒 故喪其命 衆生四大亦復如是 或見爲惡 或觸爲惡 或氣爲惡 或齧爲惡 以是因緣 遠離衆善”, 『대반열반경집해』 권48(대정장37, p.525c10)에 “네 마리 독사는 사대의 비유다. 한 상자에 가득 움직인다는 말은, 사대로써 한 몸이 된다는 것이다. 四毒蛇者 喩四大也 盛一篋者 如說四大 以成一身也”, 『대지도론』 권22(대정장25, p.228a8)에 “몸 중에 사대가 서로 해친다. 가령 어떤 사람이 독사의 상자를 지닌 듯하니, 어찌 지혜로운 이라면 안은할 수 있겠는가? 身中四大 各各相害 如人持毒蛇篋 云何智人 以爲安隱”라고 하였다. 〔참고문헌〕『大般涅槃經』, 『大般涅槃經集解』, 『大智度論』, 80권본 『華嚴經』 권11(대정장10, p.711b4).

일형 一形 ❶ 하나로 이어지는 모습. 일생(一生)·일기(一期)·일세(一世) 등의 뜻으로 아주 짧은 기간을 뜻하는 십념(十念)과 맞선다. 『유부율』 권32(대정장23, p.800c20)에 "여러 보배는 하나가 아니니, 너희들이 만약 바다 속으로 들어가 이 보배들을 얻을 수만 있다면, 일형에 있어서 환락을 받으며 부모·처자·친족·지인과 그들의 여러 시종에 이르기까지 고통이 없다. 衆寶非一 汝等若能入大海中 得此寶者 自於一形 歡樂受用 父母妻子 親族知識 及諸童僕 無辛苦者", 『관무량수불경소』 권1(대정장37, p.247b9)에 "위로는 일형을 다하고 아래로는 십념도 거두니, 부처님의 원력에 오르면 왕생하지 못하는 이가 없다. 上盡一形 下收十念 乘佛願力 莫不皆往", 『석정토군의론』 권2(대정장47, p.39b18)에 "이 일형이 다하면 곧바로 정토에 태어난다. 盡此一形 卽生淨土"라고 하였다. 〔참고문헌〕『有部律』, 『觀無量壽佛經疏』, 『釋淨土群疑論』, 『淨土十疑論』(대정장47, p.79c25). ⇨ 일기 一期❶, 일세 一世❶, 십념 十念 ❷ Ⓢ eka-vyañjana, Ⓣ mtshan-gcig-pa. 하나의 개체가 남근(男根)과 여근(女根) 중 하나만을 취하는 종. 생식 없이 증식하는 종은 무형(無形), 자웅동체로 생식하는 종은 이형(二形)이라고 한다. 『구사론』 권3 「분별근품 分別根品」(대정장29, p.16c23 : *Abh-k-bh.*, p.47)에 "화생은 초위부터 육칠팔근을 갖추어 난다. 무형은 처음부터 육근이 있다. 저 겁초에 나는 것들과 같다. 어떤 것들이 그 육근인가? 이른바 안이비설신명이다. 일형은 처음부터 칠근을 갖고 나니, 여러 천신들과 같다. 이형은 처음에 팔근을 갖고 난다. 어떻게 이형인데 화생을 받을 수 있는가? 악취라면 이형화생 할 수 있다. 化生初位 得六七八 謂無形者 初得六根 如劫初時 何等爲六 所謂眼耳鼻舌身命 若一形者 初得七根 如諸天等 若二形者 初得八根 豈有二形受化生者 惡趣容有二形化生 athopapādukaiḥ kati labhyante. taiḥ ṣaḍ vā. yady avyañjanā bhavanti. yathā prāthamakalpikāḥ. katamāni ṣaṭ. cakṣuḥśrotraghrāṇajihvākāyajīvitendriyāṇi. sapta vā. yady ekavyañjanā bhavanti. yathā devādiṣu. aṣṭau vā. yady ubhayavyañjanā bhavanti. kiṃ punar ubhayavyañjanā apy upapādukā bhavanti. bhavanty apāyeṣu"라고 하였다. 〔참고문헌〕『俱舍論』, *Abh-k-bh.*

일형 日泂 1696~1783. 조선후기 스님. 호는 정련(淨蓮), 속성은 윤(尹)씨, 본관은 파평(坡平). 아버지의 휘는 신군(莘君)이고, 어머니는 김씨 부인이니 1696년(숙종22) 9월 20일 평안도 평양에서 태어났다. 어릴 때 부모를 모두 잃고 신원(信元)을 은사로 하여 스님이 되었다. 20세 때 보암(寶岩)율사로부터 비구계를 받았다. 천품이 공손하고 겸허하여 은사에 대한 효심은 물론, 어른을 존경함이 남달랐다. 특히 어려운 사람과 미물을 보살핌으로 일생동안의 이타행을 삼았으며, 개인의 수행으로는 염불왕생과 『법화경』 독송으로써 필생의 수행을 삼았다. 특히 만년에는 현월(現月)을 친견하여 염불법문을 들은 후부터 죽을 때까지 주야에 걸쳐 염불정진하다가 1783년(정조7) 10월 5일에 세수 88세를 일기로 입적하였다. 화장 후 사리 2과를 얻어 1786년(정조10) 평안도 대동 대보산(大寶山) 송태사(松泰寺)에 탑과 비를 세웠는데 비문은 능허세웅(淩虛世雄)이 지었다. 〔참고문헌〕『朝鮮寺刹史料』 권하 pp.125~126, 「大同松泰寺淨蓮堂日泂大師碑文」(智冠 『韓國高僧碑文總集 朝鮮朝·近現代』, p.494).

일형 日馨 1875~1942. 일제강점기 친일승(親日僧). 처음 법명은 보영(寶英), 호는 대련(大蓮)·금허(錦虛), 속성은 강(姜)씨, 본관은 진주. 경남 진주에서 태어났다. 1889년(고종26) 14세 때 아버지가 세상을 떠나자, 인연에 따라 강원도 금강산 장안사(長安寺)에 가서 49재를 지내고, 이 절 스님들의 권유에 따라 진허(震虛)를 은사로 스님이 되었다. 『조선불교통사』 권상 p.617에 따르면 고종의 계비(繼妃)인 순헌황귀비(淳獻皇貴妃) 엄씨(嚴氏 : 영친왕 李垠의 어머니)에게 권화(勸化)하여 내탕금 일만냥을 얻어 금강산 장안사 해은암(海恩庵) 터에 해광전(海光殿)을 신축하였다. 1906년(광무10) 용성진종(龍城震鐘) 선사가 순헌황귀비에게 권하여 내탕금 6천원을 얻어 해인사 고려대장경판을 보수하고 양쪽 마구리에 구리로 정장(釘裝)하고 대장경 1천 4백 권을 인출하여 금강산 정양사(正陽寺)에 봉안하고 궐판(闕板)을 보각할 때, 화주(化主)는 용성이고 감역(監役)은 대련(大蓮 : 日馨)이었으며, 발문(跋文)은 해인사의 경명(景明)이 지었다. 1911년 정조의 원찰이었던 수원 용주사(龍珠寺) 주지에 취임하였다. 『조선불교통사』 권상 p.622에 따르면 1914년 해인사 주지 이회광(李晦光)을 비롯하여 선암사 주지 김상숙(金相淑) 등 30인이 불교진흥회를 조직하고 그 회주(會主)에 이회광, 부회주에 강대련(일형)이 취임하였다. 1915년에는 조선사찰 삼십본산연합회의 위원장이 되어 서울시 종로구 숭인동 북관제묘(北關帝廟) 자리에 불교중앙학림을 설립하였으며 1919년 11월에는 재등총독(齋藤總督)에게 조선 스님들의 취처(娶妻)를 건의하여 큰 파문을 일으켰다. 1921년 12월에 창립한 불교유신회(佛教維新會)의 활동을 제약하고 1923년 3월 불교유신회와 충돌을 일으켜 일형은 조선불교계의 악마(惡魔)라고까지 불리웠다. 이 해에 유신회 회원인 범어사 김상호(金尙昊) 등에 의하여 마침내 북을 등에 매고 두드리면서 사찰 밖으로 축출하는 이른바 명고출석(鳴鼓出席)을 당했다. 그리고 총독부에서 삼십본산 주지를 그들의 산하에 두고 일본화하려는 음모를 꾸미는 회의에 강대련이 총독부의 통제를 받는 것이 좋다고 아부 발언을 하자 당시 마곡사 주지 만공월면(滿空月面) 등으로부터 혹독한 면박을 당하기도 하였다. 1942년에 세수 67, 법랍 54세를 일기로 입적하였다. 〔참고문헌〕『朝鮮佛教通史』, 「僧團編年」(『韓國近世佛教百年史』 권상, pp.70～153). ⇨ 대련 大蓮, 명고축출사건 鳴鼓逐出事件

일형자 一形者 신체에 남근(男根)이나 여근(女根) 중 하나만 있는 사람. 남녀근 두 근을 갖춘 이는 이형자(二形者)라 한다. 『대비바사론』 권147(대정장41, p.68c14)에 "무형자에게는 여섯 개가 있다는 것은 안이비설신명근을 말하는데, 일형자 일곱이란 앞의 여섯 근과 남녀근 중 하나를 말하는 것이며, 이형자 여덟이란 앞의 여섯 근과 남녀근을 말한다. 無形者六 謂眼耳鼻舌身命根 一形者七 謂前六及男女根隨一 二形者八 謂前六及男女根", 『구사론기』 권3(대정장41, p.68c14)에 "'일형자'라 한 것은 이형과 무형이 성법을 얻는 일은 있을 수 없기 때문이다. 『순정리론』에서 이미 '무형으로 성도에 들어가는 일은 있지 않다'고 하였다. 따라서 반드시 남녀로 하나만 따라 이루어진 것임을 알아야 할 것이다. 言一形者 無有二形 及與無形 得聖法故 正理既言 無有無形入聖 故知男女定隨成一"라고 하였다. 〔참고문헌〕『大毘婆沙論』, 『俱舍論記』. ⇨ 이형 二形❶❷

일혜 一惠 조선초 스님. 대선사(大禪師) 법계에 올랐으며, 1429년(세종11) 6월에 빈민구제 기관인 동활인원(東活人院)의 한증목욕실(汗蒸沐浴室)을 증축하여 불교의 자비를 실천하였던 스님이다. 〔참고문헌〕『世宗實錄』 권44 11년 6월 27일. ⇨ 불교복지 佛教福祉

일호의 一狐疑 한 가닥 의심. 한결같이 끊이지 않는 의심. 『서장』 「답증시랑장 答曾侍郎狀」 제3서(대정장47, p.918c4)에 "만일 운문(대혜)을 믿는다면 다만 이렇게 참구할 일일 뿐 달리 보일 불법이라곤 없습니다. 만일 믿을 수 없다면 강북으로 강남으로 단번에 맡기고, 선지식에게 물어가며 한 가닥 의심을 마쳐서는 다시 하나를 의심하십시오. 若信得雲門及 但恁麽參 別無佛法指示人 若信不及 一任江北江南問王老 一狐疑了一狐疑", 『벽암록』 21칙 「평창 評唱」(대정장48, p.162b25)에 "참학하는 사람이 만일 한 가닥 의심을 풀고 나서 또 하나 의심해간다면 어느 때나 평온한 심경이 되겠는가? 參學人若一狐疑了 一狐疑 幾時得平穩去"라고 하였다. 〔참고문헌〕『書狀』, 『碧巖錄』. ⇨ 호의 狐疑

일화 日華 조선후기 스님. 호는 서암(瑞巖). 전라도 장흥 천관사(天冠寺)로 찾아가 덕현(德玄)을 은사로 스님이 되었다. 법맥은 부휴선수(浮休善修) → 벽암각성(碧巖覺性) → 취미수초(翠微守初) → 설파민기(雪坡敏機) → 빙곡덕현(氷谷德玄) → 서암일화 → 석담만의(石潭萬宜) → 호봉성관(虎峰聖館) → 포암덕정(蒲庵德政) → 선월행정(船月幸政)으로 이어진다. 『동사열전』 권3 「서암선사전 瑞巖禪師傳」(한불전10, p.1028c20)에 "스님은 불가의 명필이다. 그 필체는 원교(圓嶠) 이광사와 같다. … 그 후 영남의 영파성규(影波聖奎 1728～1812)와 호남의 영파덕수(永坡德壽)의 필법이 스님과 같았다. … 스님의 필력도 고금의 명필에 뒤지지 않았다. 日華佛家之名筆也 其體若李員嶠 … 其後嶺之影波聖奎 湖南之永坡德壽 筆法如也 … 日華之筆 亦不愧於古今"라고 하였다. 〔참고문헌〕『東師列傳』.

일화개오엽 一華開五葉 한 송이 꽃에서 다섯 잎이 피다. 달마대사(達磨大師)의 전법게(傳法偈) 중 한 구다. 『경덕전등록』 권25 「천태덕소전 天台德韶傳」(대정장51, p.408a2)에 "'한 송이 꽃에서 다섯 잎이 필 것이니, 그 열매가 자연히 이루어지리라고 하였는데, 한 송이 꽃에서 다섯 잎이 핀다는 말은 무슨 뜻인지요?' '해 떴는데 달도 밝다' '열매가 자연히 이루어진다는 말은 무슨 뜻인가요?' '천지가 환하다'. 問 一華開五葉 結果自然成 如何是一華開五葉 師曰 日出月明 曰 如何是結果自然成 師曰 天地皎然"라고 하였다. 〔참고문헌〕『景德傳燈錄』. ⇨ 달마전법게 達磨傳法偈, 오엽 五葉

일화개지천하춘 一華開知天下春 한 송이 꽃 피니 천하에 봄이 왔음을 안다는 말. 상(相)의 류(類)로 유추하는 뜻이다. 『화엄경소초』 권75(대정장36, p.592c7)에 "『소』에서 '첫째, 상의 류라 하였으니, 저 한 잎 떨어지니 천하가 가을임을 알고, 꽃 한 송이 열리니 천하에 봄이 왔음을 아는 듯하다. 疏一約相類者 如覩一葉落知天下秋 見一華開知天下春矣"라고 하였다. 〔참고문헌〕『華嚴經疏鈔』, 『華嚴經疏』 권46(대정장35, p.854a3).

일화농니단한 一火弄泥團漢 한결같이 불장난하듯 진흙덩이 놀음하는 이. 쉬지 않고 분별하며 무엇인가를 만들어 내는 무리의 뜻이다. 『벽암록』 36칙 「본칙 本則」(대정장48, p.174b9)에 "답해주어 감사합니다〈진흙덩어리 만지작거리고 노는 한 무리의 속한이로다. 세 사람 한장에 모든 허물 물으리〉. 謝答話〈一火弄泥團漢 三箇一狀領過〉"라고 하였다. 〔참고문헌〕『碧巖錄』. ⇨ 농니단 弄泥團

일화오미지교 一化五味之敎 부처님 일대의 교화는 다섯 맛의 가르침이라는 설. 천태(天台)에서 세운 오시교판(五時敎判)을 말한다. 40권본 『대반열반경』 권8(대정장12, p.411a10)에서는 오미유(五味喩)라 했으며,

우유·락(酪)·생소(生酥)·숙소(熟酥)·제호(醍醐)다. 『법화문구』 권6하(대정장34, p.86c10)에 "사대제자는 부처님 의중을 깊이 알아차리고 일대 교화가 오미여서 처음부터 끝까지 차제임을 이해하였다. 四大弟子 深得佛意 探領一化五味之教 始終次第"라고 하였다. 〔참고문헌〕『大般涅槃經』, 『法華文句』. ⇨ 오미 五味 1, 오시교판 五時教判, 일대시교 一代時教

일화합생 一和合生　한 찰나에 화합해서 생하는 뜻. 유위법을 낱낱의 생상(生相)으로 보면 따로 화합해서 일어나는 별화합상(別和合相)이다. 『대비바사론』 권52(대정장27, p.270a16)에 "인과 연이 있기에 유위법은 하나로 화합해서 생하니, 서로 여윌 수 없어 일시에 생하기 때문이다. 생상에 의지해서 말하면 유위법은 따로 화합하여 생한다고 할 수 있고, 만약 찰나에 의지한다면 유위법은 하나로 화합해서 생한다고 해야 하며 서로 떨어지지 못하는 것은 반드시 함께 일어나야 하기 때문이다. 有因緣故 說有爲法一和合生 不相離者 一時生故 謂依生相 說有爲法別和合生 若依刹那 說有爲法一和合生 不相離者 必俱起故"라고 하였다. 〔참고문헌〕『大毘婆沙論』. ⇨ 별화합생 別和合生, 화합생 和合生

일확사 一籰絲　한 타래의 실. 하나로 이어진 실타래와 같이 한번 물들면 다 물들고, 끊어지면 온통 풀어진다는 뜻이다. 『종경록』 권36(대정장48, p.627b6)에 "만일 장애를 끊는 방식을 말하자면 마치 한 타래의 실을 끊으면 모든 가닥이 단번에 끊어지는 경우와 같고, 덕을 닦는 방식을 말하자면 마치 한 타래의 실을 물들이면 모든 가닥이 단번에 물드는 경우와 같다. 하택은 '무념의 본체를 깨닫고서 만물에 끌려다니며 마음을 일으키지 마라'고 하며, 또한 '한 생각이 본성과 상응하면 팔만 바라밀행이 일시에 골고루 움직인다'라고도 하였다. 若斷障說 如斬一籰絲 萬條頓斷 若修德說 如染一籰絲 萬條頓色 荷澤云 見無念體 不逐物生 又云 一念與本性相應 八萬波羅蜜行 一時齊用", 『수설유가집요시식단의』(卍속장104, p.862b6)에 "장사가 예리한 칼을 잡고 한 타래의 실을 베면 매 한 가닥마다 80찰나가 들어 있으니 시간이 얼마나 빠른지 알 수 있다. 如壯士執利劍 斬一籰絲 每一絲上 有八十刹那 則時促可知矣"라고 하였다. 〔참고문헌〕『宗鏡錄』, 『修設瑜伽集要施食壇儀』.

일황총부 日黃總簿　총림의 상주물(常住物)의 출납을 매일 적어 남기는 장부. 상주총부(常住總簿)라고도 한다. 일(日)은 '일상'을 뜻하고, 황(黃)은 '누런 종이'로 황벽(黃蘗 : 황경피나무)에서 추출한 노란색 염료로 물들인 종이를 말한다. 『백장청규』 권4 「부사 副寺」(대정장48, p.1132c2)에 "고자를 시켜 매일 수지를 갖추어 살펴 알고 단자(單子 : 물목을 적은 문서)를 빠르게 작성하여 방장에게 보이니 이를 일단이라고 한다. 또는 열흘에 한 번 결산을 하니, 이를 순단이라고 한다. 한 달에 한 번 결산하며 한 해를 다 거둬 마치고 현 유무를 살펴 가늠하니 이를 일황총부라고 한다. 令庫子 每日具收支若干僉定 飛單呈方丈 謂之日單 或十日一次結算 謂之旬單 一月一結 一年通結 有無見管 謂之日黃總簿", 『선림상기전』 권16(불광장, 禪藏, p.1211)에 "일황총부 : 옛날에는 상주총부라고 하였다. 황벽으로 물들인 종이로 좀먹는 것을 피했기에 황부라고 하였다. 日黃總簿 舊說曰 常住總簿 黃蘗染成紙 避蠹災 故言黃簿也"라고 하였다. 〔참고문헌〕『百丈清規』, 『禪林象器箋』.

일회거착일회신 一回擧著一回新　한 번 돌이켜 들 때마다 또 한 번 새롭다. 일회염출일회신(一回拈出一回新)·일회음수일회착열(一迴飮水一廻著噎)이라고도 쓴다. 『벽암록』 30칙 「송 頌」(대정장48, p.169c27)에 "진주에서 큰 무가 난다〈천하의 모든 이들이 안다. 간절히 꺼리니 말할 일 아니다. 한 번 돌이켜 들 때마다 한 번 새롭다〉. 鎭州出大蘿蔔〈天下人知 切忌道著 一回擧著一回新〉", 『수산성념어록』(고존숙어록8, 卍속장118, p.249a9)에 "'옛 사람 이르길 「동쪽 산 서편 능선이 푸르다」 하였으니, 그 뜻은 무엇인지요?' '한 번 돌이키면 또 한 번 새롭다' '가리켜 보이시니 감사드립니다' '공이란 함부로 베풀 일 아니네'. 問 古人道 東山西嶺青 意旨如何 師云 一回擧著一回新 僧云 謝師指示 師云 功不浪施", 『건중정국속등록』 권17 「통혜규장 通慧珪章」(卍속장136, p.251a5)에 "'거두어 오고 놓아간즉 물을 일 없으리. 옛 부처가 남긴 가풍사 어떤지요?' '한 번 돌이켜 들 때마다 또 한 번 새롭다' '화상께서 어찌 방편이 없겠습니까?' '포승줄이 짧을 뿐이니 오랜 우물 깊음을 꺼리지 말길'. 問收來放去 卽不問 古佛家風事 若何 師云 一回擧著一回新 僧曰 和尙豈無方便 師云 自是蒲繩短 休嫌古井深"라고 하였다. 〔참고문헌〕『碧巖錄』, 『首山省念語錄』, 『建中靖國續燈錄』. ⇨ 일회음수일회착열 一迴飮水一廻著噎

일회음수일회착열 一迴飮水一廻著噎　물 한 번 마실 때마다 또 한 번 목이 메인다는 말. 같은 물 삼킬 때마다 다르게 느낀다는 말로 일회거착일회신(一回擧著一回新)과 같은 뜻이다. 『종용록』 2칙 「송 頌」(대정장48, p.228c14)에 "확 트여 성스러움조차도 없다〈물 한 번 마실 때마다 또 다시 목이 메인다〉. 다가오는 기회마다 지나온 정원이 있다〈얼굴 붉혀 그대로 말하지 못한다〉. 廓然無聖〈一迴飮水一迴著噎〉 來機逕庭〈面赤不如語直〉", 같은 책 84칙 「평창 評唱」(대정장48, p.281c11)에 "그러므로 알아야 하리. 구지가 손가락 끝 보인 취지는 한 번 물을 마실 때마다 한 번 목이 메이듯이 언제나 새롭다. 是知

俱胝指頭 一迴飮水一迴著噎"라고 하였다. [참고문헌]『從容錄』, 『請益錄』88則 「評唱」(卍속장117, p.890a14). ⇨ 일회거착일회신 一回擧著一回新

일후분 日後分 Ⓢ sāyāhna-samaya, samaye sāyāhna-kāle, Ⓣ dgongs kyi dus, phyi ma red kyi dus kyi tshe. 해 질 무렵. 하루를 초중후(初中後)로 나누면 시작은 일초분(日初分 Ⓢ pūrvāhṇa-kāla-samaya)이다. 『법온족론』 권10(대정장26, p.501b27)에 "사유를 마치고 날이 저물자 고요한 방을 나와 부처님 두 발에 예를 드리고 한쪽으로 물러앉고는 사유한 바를 부처님께 소상히 말씀드린다. 旣思惟已 於日後分從靜室出往世尊所 頂禮雙足退住一面 以所思事具白世尊", 『유가론기』 권1(대정장42, p.321b24 · 한불전13, p.30a12)에 "'일후분과 같이'라는 것은 장차 해가 지려 할 무렵이다. 如日後分者 日將沒時"라고 하였다. [참고문헌]『法蘊足論』, 『瑜伽論記』, *Śrāv-bh.91*. ⇨ 일초분 日初分

일훈 日訓 조선후기 스님. 용연명식(龍淵明識 1674~1742)의 은사다. 「김화장연사용연당명식대사비문 金化長淵寺龍淵堂明識大師碑文」에 "12세에 장연사 일훈장로를 은사로 하여 스님이 되었다. 十二歲 出家於長淵寺 日訓長老 爲師"라고 하였다. [참고문헌]『楡岾寺本末寺誌』(亞細亞文化社, 1977) p.786, 智冠 『韓國高僧碑文總集 朝鮮朝 · 近現代』 p.392. ⇨ 명식 明識

임간록 林間錄 송대 각범혜홍(覺範慧洪 1071~1128)의 어록. 본명(本明) 필록(筆錄). 2권. 卍속장148, pp.585a1~647a7에 수록되었다. 1107년(대관1) 간행되었다. 온전한 제목은 『석문홍각범임간록 石門洪覺範林間錄』이다. 혜홍이 임간의 승사(勝士) 저장(抵掌)과 나눈 청담(淸談)을 수록하였다. 존숙의 고상한 행적과 총림의 각종 유훈(遺訓), 그리고 불보살의 미묘한 종지와 현사(賢士) · 대부(大夫)의 주장 등을 소재로 300여 편을 모았다. 참선하고 도를 공부하는 지침으로서 이전부터 널리 유포되어 왔다. ⇨ 각범 覺範

임간후록 林間後錄 송대 각범혜홍(覺範慧洪 1071~1128)의 문집(文集). 1권. 卍속장148, pp.648a1~658a12에 수록되어 있다. 『임간록후집 林間錄後集』 · 『신편임간후록 新編林間後錄』 등이라고도 한다. 찬(贊) · 서(序) · 명(銘) 등의 시문(詩文)을 모아놓았으며, 자신의 저서 『석문문자선 石門文字禪』 권17~20에도 수록되어 있다. ⇨ 각범 覺範

임강사 臨江寺 ❶ 경상남도 김해시 응달동 장유산(長遊山)에 있던 왕후사(王后寺)의 다른 이름. 『범우고』 김해 임강사에 "장유산에 있다. … 왕의 8대 질지왕이 절을 창건하고 왕후사라 이름하였는데, 지금 임강사로 절 이름을 바꾸었다. 在長遊山 … 王八代銍知王建寺名曰王后寺 今改名曰臨江寺"라고 하였다. 『가람고』 · 『여지도서』에도 유사한 내용이 기록되어 있다. 폐사시기는 알 수 없으며, 절터로 추정되는 곳에는 돌담과 기와 조각이 남아 있다. [참고문헌]『梵宇攷』, 『伽藍考』, 『輿地圖書』, 『金海邑誌』, 『韓國寺刹全書』 권하 p.965b8, 『한국사지총람』 권하(문화재청 · 佛敎文化財硏究所, 2010) p.352. ⇨ 왕후사 王后寺 ❷ 경상북도 안동시 도산면에 있던 절. 농암(聾巖) 이현보(李賢輔)가 만년에 예안현(禮安縣) 분천(湓川) 곁에 애일당(愛日堂)을 짓고 깃들며 퇴계(退溪) 이황(李滉) 등 당대의 문인들과 교유하였는데, 애일당 동쪽 언덕에 임강사가 있었다. 『농암집』 「농암선생연보 聾巖先生年譜」(한국문집총간17, p.469a8)에 "(선생 84세 때) 임강사에 깃들었다〈애일당 동쪽 언덕에 있다. 선생은 덥고 시원한 절기를 따라 마음 가는대로 오갔는데, 만년에는 항상 이곳에 머물렀다〉. 寓臨江寺〈在愛日堂東岸 先生隨節炎涼 惟意所適 晩年常寓于此〉", 같은 책 「계당모춘요퇴계공상반도 溪堂暮春邀退溪共賞蟠桃」(한국문집총간17, 398b3)에 "반도는 임강사에 있다. 가지가 아래로 늘어져 수십 명을 그늘지게 하고 꽃과 열매가 무성하니 비범한 품격이다. 桃在臨江寺 枝幹低屈 可蔭數十人 花盛實繁 非常品"라고 하였다. [참고문헌]『聾巖集』, 『退溪集』. ❸ 충청남도 부여군 부여읍 현북리 임강마을에 있던 절. 백제 때 창건되었으며 동라성(東羅城) 남쪽 외곽인 백마강 동쪽에 절터가 남아있다. 1964년 동국대학교박물관에서 발굴조사를 실시하여 정면 5칸, 측면 4칸의 건물지를 확인하였고 연화문(蓮花文) 기와와 소조상(塑造像) 조각 등도 발굴하였다. 2009년에는 국립부여박물관에서 시굴조사하여 건물지 1동을 확인하였고 다량의 백제시대 기와 조각을 발굴하였다. 현재 절터는 충청남도 기념물 제34호로 지정되어 있다. [참고문헌]『文化遺蹟總覽』 寺刹篇(忠淸南道, 1990) pp.377~378. ❹ 황해남도 해주시 옥계동에 있던 절. 『여지도서』 황해도 강령(康翎) 사찰에 "임강사의 지금 이름은 망해사이다〈현 남쪽 20리 고현방에 있다〉. 臨江寺今名望海寺〈在縣南二十里古縣坊〉"라고 하였다. [참고문헌]『韓國寺刹全書』 권하 p.965b13. ⇨ 망해사 望海寺 ❼

임경암 臨鏡庵 경상남도 양산시 원동면 화제리 황산(黃山)에 있던 절. 『범우고』 · 『여지도서』 등에 절 이름이 보인다. 권만(權萬 1688~1749)의 「상구관당상 上句管堂上」(『강좌집』 권6 · 한국문집총간209, p.173b6)에 "황산의 서쪽 임경대 우측으로 임경암이 있다. 그 후면은 산이 깎아지른 듯하고 전면에는 층층 벽이 있어 강물을 내려다보며 양쪽 산 사이 공간은 삼백여 호를 품기에 넉넉하다. 黃山之西臨鏡臺 右有所謂臨鏡庵者 其後山峭絶 而前有層壁 俯臨江水 兩山之間 足容數三百戶"라고 하였다. 절터에서 기와 조각 일부가 발견되었으며, 현재는 경작지다. 〔참고문헌〕『梵宇攷』, 『輿地圖書』, 『江左集』, 『韓國寺刹全書』 권하 p.965b15, 『한국사지총람』 권하(문화재청·佛教文化財硏究所, 2010) pp.374~375.

임공사 臨邛寺 전라북도 고창군 고창읍 석정리 방장산(方丈山 : 一名 半登山)에 있는 절. 544년(진흥왕5)에 왕명을 받은 고봉·반룡 두 스님이 546년에 상원사(上院寺)의 말사로 창건하였다고 전한다. 이후 『동국여지승람』 권34 전라도 고창현 불우에 이름과 위치가 전하나, 『여지도서』에는 폐사로 전한다. 1917년 도안(道安)이 중창하였으나 1934년에 소실되었다. 이후 1958년 청강만오(晴崗曼悟)가 재건하였으며 1977년 방장사(方丈寺)로 사찰명을 바꿨고 대웅전과 요사채가 있다. 한편 『한국사찰전서』에서는 『동국여지승람』과 『범우고』를 전거로 들어 '임앙사 臨卬寺·臨仰寺'라 하였으나, 이는 오독(誤讀)인 듯하다. 〔참고문헌〕『東國輿地勝覽』, 『輿地圖書』, 『梵宇攷』.

임단 任斷 정한 바 없이 끊는다는 말. 차제로 정한 바 없이 망상이 일어날 때마다 끊는다는 뜻이다. 천태의 3종 단혹(斷惑) 중 하나로 임운단혹(任運斷惑)이라고도 한다. 『사교의주휘보보굉기』 권6(卍속장102, p.540a3)에 "〔주〕 임단이란 이 사람에게 관행이 전혀 없다는 것이 아니라 다만 미치지 못할 뿐이니, 차제로 끊고 부지런히 공을 더해 행할 따름이다. 〔기〕 이것은 임단이라는 말을 풀었다. 뜻을 밝히면, 이 임단이란 약간의 관행이 있을 뿐이다. 비록 차제로 공능을 더하며 끊어서는 번뇌를 끊는 데는 이르지 못하였지만, 관행에 의지하여 자유롭게 망을 버리기에 임단이라 한다. 註 任斷者 此人非全無觀行 但不及次斷勤加功行耳 記 此釋任斷名也 意明 此任斷有少觀行 雖不及次斷加功斷惑 亦能依觀任運除妄 故名任斷也"라고 하였다. 〔참고문헌〕『四教儀註彙補輔宏記』. ⇨ 단혹 斷惑

임도림 任道林 북제(北齊)·북주(北周) 때 스님. 북주의 무제(武帝)가 577년(건덕6)에 북제를 멸망시키고 폐불을 단행하려 하자 무제에게 상소하여 불교부흥을 주청하였으며, 무제와 직접 대론하기도 하였다. 임도림은 폐불을 막기 위해 계속 상소를 올렸고, 무제는 조서를 내려 논쟁을 이어갔다. 이듬해 무제는 임도림의 식견과 기개를 높이 사서 통도관(通道觀)으로 입관(入關)하라고 명하였다. 얼마 지나지 않아 무제가 사망하면서 논쟁은 끝이 났지만, 579년(대성원년)에 조칙으로 불교에 대한 제제 조치가 끝나고 공식적으로 장려되었다. 이상의 내용은 『광홍명집』 권10 「주조순업청개불법사 周祖巡鄴請開佛法事」(대정장52, p.154a10)에 자세히 전한다. 〔참고문헌〕『廣弘明集』.

임등 林藤 Ⓢ vana-latā, Ⓟ badālatā, Ⓣ my gu'i tshal. 약초 이름. 성겁(成劫 Ⓢ kalpāgra) 초에 사람들이 지미(地味)와 지병(地餅)이 사라지자 먹었던 약초. 『백의금당이바라문연기경』 권중(대정장1, p.218c23)에 "또한 백의여! 지병이 사라지고 나자 임등이 다시 생겨났는데 가롱박가의 가지와 마찬가지로 네 가지 색이고 맛은 사탕수수나 꿀과 같고 향기가 좋고 아주 아름다웠으며 사람이 먹을 수 있었다. 그때 유정들은 임등을 먹으면서 오래도록 살아왔다. 그 유정 중 욕심을 내어 많이 먹은 이들은 모습이 쇠약해졌고, 적게 먹은 이들은 모습이 충실해졌다. 그러자 충실한 이가 쇠약한 이를 보고는 왜 그런지 알지 못한 채 '너는 쇠약하지만, 나는 충실해'라고 떠들었다. 이 때문에 교만한 상이 일어나고 이러한 인연으로 임등이 사라져버렸다. 復次 白衣 地餅既沒 林藤復生 如迦籠嚩迦枝 有四種色 味如甘蔗 又或如蜜 香美細妙 爲人所食 彼時有情 後食林藤 久爲資養 以彼有情貪食多者 色相瘦弱 若食少者 色相充實 時 充實者見瘦弱者 不知其故 乃作是言 汝是瘦弱者 我是充實者 由此乃起憍慢之想 以是緣故 林藤隱沒", 『유부율』 권2(대정장23, p.635b25)에 "그때 유정들은 복력에 의해서 임등이 생겨나는데, 색과 향과 맛을 갖추었다. 색은 옹채화와 같고, 맛은 잘 익은 꿀과 같다. 이 임등을 먹으면 장수하며 살고, 조금이라도 먹은 이는 몸에 광명이 생긴다. 時諸有情 由福力故 有林藤出 色香味具 色如雍菜花 味如新熟蜜 食此林藤 長壽而住 若少食者 身有光明", 『구사론기』 권12(대정장41, p.196b14)에 "임등은 이 덩굴이 수풀을 이루는 듯한 모습이기 때문에 임등이라 하는 것이다. 임등을 먹기 이전에는 몸에 배설물들이 생기지 않았다. 林藤 此藤成林故 名林藤 食林藤已前身無便穢", 『일체경음의』 권71(대정장54, p.770c8)에 "임등〈(등은) 도와 등을 반절한 음이다. 『광아 廣雅』에서 '등은 덩굴이다. 요즘은 칡덩굴 같은 것이 만연한 모습을 등이라 부른다'고 하였다〉. 林藤〈徒登反 廣疋藤藟也 今呼如葛蔓莚者爲藤也〉"라고 하였다. 〔참고문헌〕『白衣金幢二婆羅門緣起經』, 『有部律』, 『俱舍論記』, 『一切經音義』, *Abh-k-bh.187.* ⇨ 지미 地味, 지병 地餅

임란삼화상진영 壬亂三和尙眞影 1592년(선조25) 임진왜란 당시 의승군(義僧軍)을 지휘한 청허휴정(淸虛休靜)·사명유정(四溟惟政)·기허영규(騎虛靈圭) 세 분의 진영. 경상남도 유형문화재 제359호. 지정명칭은 합천해인사홍제암삼화상진영(陜川海印寺弘濟庵三和尙眞影)이다. 18세기 후반부터 19세기 후반에 조성되었으며 홍제암 조사전에 청허휴정을 중심으로 하여 우측에 사명유정, 좌측에 기허영규의 진영을 봉안하였다. 휴정은 팔도십육종도총섭(八道十六宗都摠攝)으로 나라에 지대한 공을 세웠으므로 선조(宣祖)가 '국일도대선사선교도총섭부종수교보제등계존자 國一都大禪師禪敎都摠攝扶宗樹敎普濟登階尊者'라는 존호를 드렸다. 유정은 스승인 휴정에 이어 팔도도총섭으로서 의승군을 지휘하였고 특

기허당대선사지진·청허당대선사진·사명당대선사진
합천해인사홍제암 19세기후반

히 강화사(講和使)로서 일본에 건너가 눈부신 활약을 하였으며, 입적한 후 문도들이 해인사 홍제암에 석장비(石藏碑)를 세웠다. 영규는 특히 무공(武功)이 뛰어났는데 스님의 호령에 일천의 의승군이 두려움 없이 약진할 수 있었다고 하며, 조헌(趙憲)과 함께 금산 칠백의총(七百義塚)에서 향사(享祀)되었다. [참고문헌]『한국의 초상화』(눌와, 2007) pp.384~389. ⇨해인사홍제암삼화상진영 海印寺弘濟庵三和尙眞影, 휴정 休靜, 유정 惟政[1], 영규 靈圭, 의승 義僧, 의승군 義僧軍

임마 任摩 임마(恁麽)를 달리 이르는 말. 『조당집』 권16 「위산장 潙山章」(고려장45, p.334c28)에 "그대 마음이 만일 이와 같다면 무엇 때문에 다시 나에게 와서 찾는가? 你若任摩 因何更就我覓"라고 하였다. [참고문헌]『祖堂集』. ⇨임마 恁麽

임마 恁麽 이렇게. 이와 같이. 이와 같은. 임마(恁摩)·시마(什麽)라고도 한다. 종보본『단경』(대정장48, p.357b21)에 "6조가 남악(南嶽)에게 말했다. '어떤 물건이 이렇게 왔는가?' '설사 한 물건이라 말한다 해도 그대로 들어맞지 않습니다'. 師曰 什麽物恁麽來 曰 說似一物 卽不中", 『돈오입도요문론』 권상(卍속장110, p.852a18)에 "만일 이렇게 할 때 마땅히 어떤 법으로 수기를 받아야 할까? 若恁麽時 當以何法 而得受記", 『경덕전등록』 권6 「백장회해전 百丈懷海傳」(대정장51, p.249b29)에 "마조가 서당에게 말했다. '바로 이러한 때 어떤가?' '참으로 공양할 만하군'. 祖曰 正恁麽時如何 西堂云 正好供養"라고 하였다. [참고문헌]『壇經』, 『頓悟入道要門論』, 『景德傳燈錄』. ⇨임마 任摩, 불임마 不恁麽

임마도 恁麽道 이렇게 말하다. 『경덕전등록』 권7 「대매법상전 大梅法常傳」(대정장51, p.254c20)에 "한 학인이 화산에게 물었다. '대매는 이렇게 말했고, 뜻은 무엇인가요?' '참으로 사자로다'. 僧問禾山 大梅恁麽道 意作麽生 禾山云 眞師子兒"라고 하였다. [참고문헌]『景德傳燈錄』. ⇨임마 恁麽

임마불임마총부득 恁麽不恁麽總不得 이렇다 해도 이렇지 않다고 해도 온통 얻을 수 없다. 『대혜어록』 권9(대정장47, p.850a8)에 "운문이 학인에게 물었다. '이렇다 해도 아니고, 이렇지 않다 해도 아니며, 이렇다 해도 이렇지 않다 해도 모두 아니라 하니, 어떻게 생각하느냐?' '모조리 옳다' '달콤한 복숭아를 버리고 산을 헤맨 끝에 신맛 나는 배를 만나는구나'. 問僧 恁麽也不得 不恁麽也不得 恁麽不恁麽總不得 作麽生 僧云 總得 師云 抛却甛桃樹 緣山摘醋梨", 『송원숭악어록』 권상(卍속장121, p.581b14)에 "이렇다 해도 아니고, 이렇지 않다 해도 아니니, 이렇다 이렇지 않다 모두 아니다. 은산도 철벽도 옹색하구나. 이렇다 해도 되고, 이렇지 않다 해도 되니, 이렇다 하거나 이렇지 않다 하거나 모두 된다. 만리로 펼쳐진 드넓은 하늘에 구름 한 점이 불쑥 튀어나왔구나. 굴려 뒤치는 곳에서는 짓는 이 오히려 미할 뿐이다. 줄탁동시는 멀어도 한참 먼 일이다. 恁麽也不得 不恁麽也不得 恁麽不恁麽總不得 鐵壁銀山無壅塞 恁麽也得 不恁麽也得 恁麽不恁麽總得 萬里長空雲一突 機輪轉處 作者猶迷 啐啄同時 遠之遠矣"라고 하였다. [참고문헌]『大慧語錄』, 『松源崇嶽語錄』.

임마사 恁麽事 이 일. 피할 수 없어 해야 할 일로 본분사(本分事) 또는 일대사(一大事)를 말한다. 나고 죽는 이들이 생사 즉 나고 죽는 일을 들여다 볼 수밖에 없다는 뜻에서 임박해 피할 수 없는 일의 뜻이다. 『원오어록』 권3(대정장47, p.726b3)에 "말하자면 이러한 일을 밝히고자 한다면 반드시 이러한 사람이라야 한다. 만일 이러한 사람이라면 반드시 이러한 일을 알아야 한다. 다만 저 오늘의 태양이 크게 밝아 널리 비추듯 하니 상근기는 온통 알아차려서 수승한 연을 짓고 기특한 일을 벌인다. 所謂 要明恁麽事 須是恁麽人 若是恁麽人 須解恁麽事 只如今日 大明普照 上根圓證 作殊勝緣 現奇特事", 『대혜어록』 권7(대정장47, p.837c4)에 "반드시 이러한 사람이라야 비로소 이러한 일을 알 수 있다. 그래서 '사람을 죽이는 일에는 본래 살인도가 있고, 사람을 살리는 일에도 본래 활인검이 있다'라고 한다. 살인도만 있고 활인검이 없으면 죽은 모든 사람 살리지 못하고, 활인검만 있고 살인도가 없으면 살아 움직이는 모든 사람 죽이지 못한다. 산 사람을 죽이거나 죽은 사람을 살릴 수 있다면, 무쇠소 등에서 거북털 자르고 석녀의 허

리춤에서 토끼뿔을 잘라낸들 뛰어난 솜씨를 부리지도, 깊고 묘한 알음알이도 없다. 須是恁麽人 方知恁麽事 所以道 殺人自有殺人刀 活人自有活人劍 有殺人刀 無活人劍 一切死人活不得 有活人劍 無殺人刀 一切活人死不得 死得活人 活得死人 便能刮龜毛 於鐵牛背上 截兎角 於石女腰邊 不作奇特商量 不作玄妙解會", 『경덕전등록』 권17 「운거도응전 雲居道膺傳」(대정장51, p.335c19)에 "이러한 일을 터득하고자 하면 이러한 사람이라야 한다. 이미 이러한 사람이라면 이 일을 근심하겠는가! 欲得恁麽事 須是恁麽人 旣是恁麽人 何愁恁麽事"라고 하였다. 〔참고문헌〕『圜悟語錄』, 『大慧語錄』, 『景德傳燈錄』.

임마야득 恁麽也得 이렇다 해도 맞으리. 제종육구(濟宗六句) 중 하나로 어떤 말이라도 풀어 받아들이는 뜻이다. 『공곡집』 73칙 「시중 示衆」(卍속장117, p.608a15)에 "이렇다 해도 옳다. 배에서 직접 사니 물고기 유독 맛있구나. 이렇지 않다 해도 옳다. 물에 어린 달 허공꽃 견주기는 어렵네. 恁麽也得 就舡買得魚偏美 不恁麽也得 水月空花難可比", 『북간거간어록』 권1 「제강 提綱」(卍속장121, p.134b8)에 "오래 가기만 하고 머물러 쉬지 않을 수는 없다. 이렇다 해도 옳다. 오래 머물기만 하고 가지 않을 수는 없다. 이렇지 않다고 해도 옳다. 未有長行而不住 恁麽也得 未有長住而不行 不恁麽也得", 『속등정통』 권40 「숭유도밀장 嵩乳道密章」(卍속장144, p.956b5)에 "이렇다 해도 맞다. 떨어지는 꽃은 뜻이 있어 흐르는 물을 따라간다. 이렇지 않다고 해도 맞다. 흐르는 물 무정하게 떨어지는 꽃 보낸다. 恁麽也得 落花有意隨流水 不恁麽也得 流水無心送落花"라고 하였다. 〔참고문헌〕『空谷集』, 『北澗居簡語錄』, 『續燈正統』. ⇨ 제종육구 濟宗六句, 임마야부득 恁麽也不得, 임마불임마총부득 恁麽不恁麽總不得

임마야부득 恁麽也不得 이렇다 한들 맞지 않다. 제종육구(濟宗六句) 중 하나다. 어떻게 해도 옳지 않다는 뜻이다. 『장령수탁어록』 권1(卍속장120, p.325a16)에 "이렇다 해도 옳지 않다 : 싸늘하고 맑은 바람 온데서 부는데, 굳세게 홀로 무쇠소에 걸터앉아, 공의 금강같은 눈 도려내고, 해골마저 꺼내 부수었으니 스스로 알아야 하리. 恁麽也不得 凜凜淸風八面吹 雄雄獨跨鐵牛兒 爲公剔起金剛眼 拶破髑髏應自知"라고 하였다. 〔참고문헌〕『長靈守卓語錄』. ⇨ 제종육구 濟宗六句, 임마야득 恁麽也得, 임마불임마총부득 恁麽不恁麽總不得

임문 稔聞 익히 듣다. 한결같이 듣기만 하다. 듣자하니. 소문(素聞)과 통한다. 『석감계고략속집』 권1(대정장49, p.905a18)에 "이전 황태자 시절에 고론을 익히 들었다. 昔侍潛藩 稔聞高論", 『밀암어록』(대정장47, p.962b25)에 "듣자하니 칠민에서 티끌을 날리고 흙먼지를 헤치며 속세와 어울렸으니, 무성한 종풍인들 어찌할 도리가 없었으리라. 稔聞在七閩 揚塵簸土 凌茂宗風不奈何", 『위림도패찬향록』 권상(卍속장125, p.818b7)에 "오랫동안 박산의 법석에 의존하였으니 틀림없이 박산의 가풍을 익히 들었왔을 것이다. 久依博山法席 必稔聞博山家風"라고 하였다. 〔참고문헌〕『釋鑑稽古略續集』, 『密菴語錄』, 『爲霖道霈餐香錄』.

임바 絍婆 Ⓢnimbaraja, Ⓣnim pa 'bying rdul. 육십수(六十數) 또는 오십이수(五十二數) 중 하나. 염벌라사(拈筏羅闍)라고도 음사한다. 『구사석론』 권9(대정장29, p.221a29 : *Abh-k-bh.*, p.181)에 "어떤 것이 육십수인가? 제1의 수는 있고, 제2의 수가 없는 것을 제일처라고 한다. 이 제일처가 열이면 제이처다. 제이처가 열인 것이 백이다. … 마하가지가 열인 것이 임바며, 임바가 열인 것이 마하임바고, 마하임바가 열인 것이 물다(物陀 Ⓢmudrā)다. 何者爲六十 有第一數無第二數 是處名第一 十此第一 名第二處 十第二處名百 … 十摩訶伽知名絍婆 十絍婆名摩訶絍婆 十摩訶絍婆名物陀 katamāni ṣaṣṭiḥ. eko hy advitīyaḥ prathamaṃ sthānāntaram. ekakānāṃ daśako dvitīyam. daśa daśakāni śataṃ tṛtīyam … daśa mahāgatayo nimbarajaḥ. daśa nimbarajāṃsi mahānimbarajaḥ. daśa mahānimbarajāṃsi mudrā"라고 하였다. 〔참고문헌〕『俱舍釋論』, *Abh-k-bh.* ⇨ 염벌라사 拈筏羅闍, 오십이수 五十二數, 육십수 六十數

임바수 絍婆樹 ⓈⓅnimba. 나무 이름. 빈주만다라(賓州曼陀羅)라고도 하고, 임바(絍婆·賃婆·任婆)라고도 쓴다. 인도에서 자라는 교목으로 멀구슬나뭇과(Meliaceae)에 속하며 학명은 *Melia azedarach, Linn*이다. 상록수로서 높이는 15m에 달하며 꽃은 백색으로 향기가 나고 종자에서 기름을 추출하는데 이를 마르고사오일 또는 니무오일이라고 하며, 열매는 익으면 약재로 쓰고 치목(齒木)으로 사용하였을 뿐만 아니라 이 나무의 다양한 효능 때문에 '축복받은 나무'·'모든 질병을 치료하는 나무' 등이라 하였다. 36권본 『대반열반경』 권29(대정장12, p.799a10)에 "구하지 않아야 할 것을 구하면서 만족함을 모르는 것은 무지한 사람이 뜨겁지 않은 불을 구

하는 것과 같고, 늘 생사를 좋아하고 해탈을 좋아하지 않는 것은 임바충이 임바수를 좋아하는 것과 같으며, 미혹하여 생사의 더러움에 애착하는 것은 옥중의 죄수가 옥졸 여인을 좋아하는 것과 같고, 또한 돼지우리의 돼지가 더러운 곳에 있기를 좋아하는 것과 같은데, 이와 같이 관하지 못하는 것을 마음을 닦지 않는다고 한다. 所不應求 求無厭足 如無智人 求無熱火 常樂生死 不樂解脫 如紝婆虫 樂紝婆樹 迷惑愛著 生死臭穢 猶如獄囚 樂獄卒女 亦如廁猪 樂處不淨 若有不能 如是觀者 名不修心"라고 하였다. [참고문헌]『大般涅槃經』. ⇨님 Nim, 빈주만다라 賓州曼陀羅

임바충 紝婆蟲 임바수(紝婆樹)를 갉아먹는 벌레. 임바충(紝婆虫)이라고도 쓴다. 충(蟲)은 충(虫)과 통한다. 『일체경음의』 권26(대정장54, p.479a7)에 "임바충〈첫 글자는 여와 림을 반절한 음이다. 범어이다. 임바는 나무 이름이며, 그 잎사귀는 쓴맛이 나는데 삶아서 두통을 다스린다. 이와 같은 멀구슬나무(苦楝樹)를 그 벌레는 달게 여기니 이런 이름이 붙여졌다〉. 紝婆蟲〈上女林反 梵語也 紝婆是樹名 葉苦可煮爲飮治頭痛 如此間苦楝樹 其蟲甘之因以爲名〉"라고 하였다. [참고문헌]『一切經音義』, 40권본『大般涅槃經』 권31(대정장12, p.553a23). ⇨임바수 紝婆樹

임방암 臨方庵 전라북도 부안군 변산면 변산(邊山)에 있던 암자. 기준(奇遵 1492~1521)의 『덕양유고』 권1(한국문집총간25, p.296b6)에 시(詩) 「임방암 臨方菴」이 전한다. [참고문헌재]『服齋集』, 『德陽遺稿』.

임성 任性 ❶ 조선중기 스님 충언(冲彦 1567~1638)의 법호. [참고문헌]『西域中華海東佛祖源流』(한불전10, p.121c19). ⇨충언 冲彦 ❷ 1907~1987. 종단지도자이며 특히 행정에 밝았던 스님. 호는 영암(映巖), 속성은 박(朴)씨, 속명은 기종(淇宗), 본관은 밀양. 아버지의 휘는 석순(碩淳), 어머니는 임봉필(任奉必)이다. 1907년(융희1) 8월 10일 경상남도 울주군 중남면 교동리(校洞里)에서 3남 3녀 중 둘째 아들로 태어났다. 어려서부터 한학을 공부하다가 우연히 불서(佛書) 중 영가대사(永嘉大師)의 「증도가 證道歌」를 보았는데 "제행이 무상하여 일체가 공하니 그대로가 곧 여래의 대원각이다. 諸行無常一切空 卽是如來大圓覺"라는 구절에서 크게 느낀 바가 있었다. 서당공부를 그만두고 스님이 되고자 하니 부모가 완강히 반대하였다. 1924년 18세 때 부모 몰래 집을 나와 양산 통도사로 찾아가 청담(淸潭)을 은사로, 구하천보(九河天輔)를 계사로 하여 스님이 되었다. 1930년 통도사 불교전문강원에서 대교과를 졸업하였고, 1932년 21세 때 오대산 월정사에서 한암(漢巖)으로부터 비구계와 보살계를 받았다. 같은 해 1월부터 청담(靑潭)・자운(慈雲)・종묵(宗默)・혜천(慧天) 등 도반이 함께 결의하여 울진 불영사(佛靈寺)에서 동구불출(洞口不出)・장좌불와(長坐不臥)・오후불식(午後不食) 등을 정하고 삼년결사(三年結社)를 맺었는데, 그때 스님께서 주지직을 맡아서 외호했다. 종묵으로부터 한국불교중흥을 위해 일본유학을 권유받았으나, 스님은 '내 나라의 것도 제대로 배우지 못하였는데, 어찌 하물며 일본 땅에서 일본사람에게 배울 수 있겠느냐?'라면서 단호히 거절하였으니 스님의 나라사랑과 배일정신을 엿볼 수 있다. 1936년 "이와 사가 본래 둘이 아니요, 사와 사도 걸림이 없도다. 만법이 온통 삼매 아닌 것이 없으니, 어진 이 산을 좋아하고 지혜로운 이 물을 좋아한다. 理事本無二 事事無罣礙 萬法盡三昧 樂山樂水去"라는 법송을 지어 올리고 설운(雪耘)으로부터 법을 받아 법제자가 되었다. 1941년 월정사에서 대종사 법계를 받았으며, 1952년 울진읍 동림사(東林寺) 주지에 취임하여 포교에 전력하였다. 1955년 해인사 총무직을 맡아 자운(慈雲) 주지와 함께 전임주지의 거액부채를 청산하였을 뿐 아니라, 1심에서 패소를 당한 농지소송을 전임주지로부터 인계받아 대법원의 승소판결을 얻어 해인사의 농지뿐만 아니라 전국사찰농지의 분배됐던 분을 모두 유지하게 되었다. 1960년 음력 3월 10일 팔만대장경판 정대불사(頂戴佛事)를 시작하여 지금까지 이어오게 하였다. 1957년에는 양산 통도사의 총무를 맡았고, 1959년 11월부터 울산 백양사 주지에 취임하였으며, 1960년 다시 해인사 총무직을 맡아 자운주지와 함께 해인사 총림의 기틀을 튼튼히 하였다. 1965년 11월 17일 해인사 주지에 취임하였으며, 1967년 7월 26일 해인사에서 개최된 제17회 중앙종회에서 조계종 제4대 총무원장에 추천되었다. 1968년과 1979년 두 차례에 걸쳐 동국학원 이사장에 취임하였으며, 1973년 동국역경원 부원장에, 1975년 5월 서울 강남구 삼성동 봉은사 주지에 취임하였다. 1975년 12월 5일 조계종 제11대 총무원장에 선출되었고, 1976년 조계종 규정원장에 피선, 1978년 4월 28일 조계종 원로회 의장에 추대되었으며, 1979년 동국역경원장에 취임하였다. 1984년 2월 동국대학교로부터 명예철학박사학위를 받았고, 같은 해 9월 정부로부터 국민훈장 동백장(冬栢章)을 받았으며, 1985년 재단법인 동국역경사업진흥회의 이사

임성유묵 和顔靄語

장에 취임하였다. 어느 날 봉은사 경내를 산책하다가 가을 낙엽이 떨어지는 것을 보시고 '태어난 이는 반드시

죽는다는 제행무상(諸行無常)의 이치 일찍이 부처님이 누설하였네'라면서 입적을 예고하였다. 1987년 6월 3일(음 5월 7일) 19시 40분 봉은사에서 "법신 본래 생함이 없고, 사대육신은 원래 머문 일 없다. 색공이 두 길이 아니요, 맑은 바람은 그저 오고 갈 뿐. 法身本無生 四大元無住 色空無二道 淸風自去來"이라는 임종게를 설한 이후 조용히 입적하시니 세수 81, 법랍 64세였다. 양주 봉선사에서 다비하니, 사리 17과가 출연하여 상좌 동곡명진(東谷明振)이 해인사 길상암 밑에 사리탑을 조성하고 봉안하였다. 가산지관(伽山智冠)이 비문을 짓고 경지운(景知雲)이 써서 1989년 세운 스님의 행적비도 길상암 밑 사리부도와 함께 있으며, 동곡일타(東谷日陀)가 비문을 짓고 이성식(李聖植)이 써서 뚝섬 봉은사에 세운 비도 있다. 저서는 『마음 없는 마음』 1권이 있다. [참고문헌] 「江南奉恩寺映巖大宗師碑文」·「陜川海印寺映巖堂任性大宗師碑文」(智冠 『韓國高僧碑文總集 朝鮮朝·近現代』, pp.1236~1246).

임성 任城 조선후기 스님. 청허휴정(淸虛休靜)의 10대 손이며, 보경혜경(寶鏡慧璟 1819~?)의 4대조 스승이다. [참고문헌] 『東師列傳』 권5 「寶鏡禪師傳」(한불전10, p.1058b11). ⇨ 혜경 慧璟

임성당대사행장 任性堂大師行狀 임성충언(任性冲彦 1567~1638)의 행적을 기록한 행장. 1657년(효종8)에 제자 백곡처능(白谷處能 1617~1680)이 지었으며, 『대각등계집』 권2(한불전8, pp.343b1~344b23)에 전한다. [참고문헌] 『大覺登階集』. ⇨ 충언 冲彦

임성소요 任性逍遙 타고난 자성에 맡겨 자유롭게 노닌다는 말. 분별하여 헤아리지 않고 놓아버려 유유자적한다는 뜻이다. 인연을 따라 다 놓아 넓게 펼친다는 뜻의 '수연방광(隨緣放曠)'과 짝을 이룬다. 『서장』 「답장제형장 答張提刑狀」(대정장47, p.928a14)에 "행주좌와하는 일상의 사위의에서 연따라 다 놓아 넓게 한다. 자성에 맡겨 자유롭게 노닐다가 이 경지에 도달하면 비로소 천당도 지옥도 없다고 한다. 영가현각은 '중생도 없고 부처도 없으며, 대천사바세계가 바다의 거품이고 일체 성현은 번갯불이 번쩍이는 것과 같다'고 하였다. 이 노승이 이 경지에 도달하지 못했다면 어떻게 이렇게 말할 수 있겠는가? 日用四威儀中 隨緣放曠 任性逍遙 到得這箇田地 方可說無天堂無地獄等事 永嘉云 亦無人亦無佛 大千沙界海中漚 一切聖賢如電拂 此老若不到這箇田地 如何說得出來", 『증도가주』(卍속장111, p.373a9)에 "견성한 사람은 인연 따라 세월을 보내며 본성에 맡겨 자유롭게 노닌다. 더러는 깊은 산에 들어가거나 계곡에 머물며 장소에 적절하게 건립하고 중생의 근기에 맞게 응함에 치우침이 없으니 할 수 없는 것이 없다. 見性之人 隨緣度日 任性逍遙 或入深山 或居岩谷 隨處建立 應物無方 無不可也"라고 하였다. [참고문헌] 『書狀』, 『證道歌註』. ⇨ 소요 逍遙[1], 수연방광 隨緣放曠

임수사 臨水寺 대구광역시 달성군 성불산(成佛山)에 있던 절. 이원정(李元禎 1622~1680)이 지은 성주목(星州牧)의 읍지(邑誌)인 『경산지』 권2에 "화원의 월배에 있다. 在花園月背"라고 하였다. 화원은 지금의 달성군 화원읍이고 월배는 대구광역시 달서구 월배로 추정되니, 서로 인접한 지역이다. 『범우고』에도 이름과 위치가 전한다. [참고문헌] 『京山志』, 『梵宇攷』.

임심 臨深 깊은 곳에 임함. 『시경』의 "저 깊은 연못에 임한 듯이 하고, 얇은 얼음 밟는 듯이 하라. 如臨深淵 如履薄冰"라는 구절이 전거다. 『석문귀경의』(대정장45, p.859c2)에 "합장하고 무릎을 꿇고서 삼가 저 심연에 임한 듯한다. 合掌翅跪 凜若臨深", 『원오어록』 권20(대정장47, p.808c24)에 "사자굴에 들고 전단림에 노닐며 재갈과 고삐를 벗지만 얇은 얼음 밟거나 깊은 곳에 들어선 듯 하라. 入師子窟 遊栴檀林 脫去羈韁 履薄臨深", 『검남회등록』 권2(卍속장145, p.754b17)에 "참선하려면 마음 자세히 해야 한다. 마치 얇은 얼음을 밟거나 심연에 임한 듯이 염념히 가벼이 하지 않아 때때로 촌음을 아껴야 한다. 參禪要細心 如履薄臨深 念念不輕忽 時時惜寸陰"라고 하였다. [참고문헌] 『釋門歸敬儀』, 『圜悟語錄』, 『黔南會燈錄』.

임여 任汝 설령 ~ 하더라도. 임니(任你)·임타(任他)·종니(從你)·종타(從他)·종교(從敎) 모두 같다. 『경덕전등록』 권7 「대매법상전 大梅法常傳」(대정장51, p.254c18)에 "비록 마음도 아니고 부처도 아니라고 해도 나는 오직 마음이 부처라고 할 뿐이다. 任汝非心非佛 我只管卽心卽佛", 『완릉록』(대정장48, p.386c29)에 "설령 조금의 도리를 깨닫는다고 해도 심소법을 얻었을 뿐 선도와는 전혀 관계가 없다. 任汝會得少許道理 卽得個心所法 禪道總沒交涉", 『낙방문류』 권5(대정장47, p.219b9)에 "비록 수많은 즐거움을 누리더라도 죽음이 결국은 찾아오리라. 오직 지름길로 가는 수행은 다만 아미타불을 칭념하는 것이라네. 任汝千般快樂 無常終是到來 唯有徑路修行 但念阿彌陀佛"라고 하였다. [참고문헌] 『景德傳燈錄』, 『宛陵錄』, 『樂邦文類』.

임우 琳宇 옥처럼 아름다운 집. 궁전·사원·도관 등의 미칭이다. 『보타락가신지』 권5 「중건보타양사기 重建普陀兩寺記」(中國佛寺史志彙刊10, p.251a11)에 "옥처럼 아름다운 집의 감색 전각과 둥근 천장의 찬란한 빛, 참으로 하늘과 땅 사이의 으뜸가는 궁전이라 할 만하구나. 琳宇紺殿 穹窿璀璨 眞可謂天壤間 第一華宮矣"라고 하였다. [참고문헌] 『普陀洛迦新志』.

임운등등 任運騰騰 움직이는 대로 맡겨 기세 등등함. 등등임운(騰騰任運)이라고도 한다. 『완릉록』(대정장48, p.386c5)에 "종일 움직이는 대로 맡겨 기세가 등등하면 저 어리석은 사람과 비슷해져 세상 사람들 모두 그대를 알아보지 못하네. 그대 또한 사람들이 알아보든 알아보지 못하든 상관하지 않으리. 終日任運騰騰 如癡人相似 世人盡不識爾 爾亦不用教人識不識", 『원오어록』 권14(대정장47, p.776a4)에 "마음이 가는 대로 맡겨 어디로든 움직이고, 가는 대로 맡겨 자유로우니 모든 법에 있어도 취하지도 버리지도 않습니다. 任運騰騰 騰騰任運 於一切法 皆無取捨", 『수심결』(한불전4, p.712a7)에 "통달한 사람의 분상에서 '정혜를 가지런히 가진다'고 하는 뜻은 공을 들이지 않고 원래 함이 없어서 다시 어떤 특별한 경지도 시절도 없다. 색을 보고 소리를 들을 때에도 다만 그러할 뿐이어서, 옷 입고 밥 먹을 때도 다만 그러하며, 똥 누고 오줌 눌 때에도 다만 그렇게 할 뿐이다. 타인과 대화할 때에도 다만 그러하고, 나아가 행주좌와 그 어디든 말하거나 침묵하거나 기뻐하거나 성내거나 그 언제이든 하나하나가 이와 같다. 마치 빈 배가 파도 따라 오르내리듯 하고, 흐르는 물이 산을 돌며 굽고 바르게 하듯 하니 마음마음에 알음알이 없다. 오늘도 등등 움직임에 맡기고, 내일도 움직이는 그대로 맡겨 기세 등등할 뿐이다. 達人分上 定慧等持之義 不落功用 元自無爲 更無特地時節 見色聞聲時 但伊麽 著衣喫飯時 但伊麽 屙屎送尿時 但伊麽 對人接話時 但伊麽 乃至行住坐臥 或語或默 或喜或怒 一切時中 一一如是 似虛舟駕浪 隨高隨下 如流水轉山 遇曲遇直 而心心無知 今日騰騰任運 明日任運騰騰"라고 하였다. [참고문헌] 『宛陵錄』, 『圜悟語錄』, 『修心訣』, 『宏智廣錄』 권6(대정장48, p.74a10), 『宗鏡錄』 권24(대정장48, p.550c10), 『景德傳燈錄』 권30 「騰騰和尙了元歌」(대정장51, p.461b13). ⇨ 등등임운 騰騰任運 ❶

임운무공용 任運無功用 Ⓢ anabhisaṃskāra. 움직임 그대로 맡겨 애쓸 일 없다. 『월등삼매경』 권7(대정장15, p.594a4 : *Sam-r.*, p.203)에 "신통삼매 중에 움직이는 대로 맡겨 힘써 쓸 일 없네. 神通三昧中 任運無功用 na teṣāmabhisaṃskāraḥ samādhī riddhikāraṇam", 『서방요결석의통규』(대정장47, p.107b1)에 "염불되 기억해 물러나지 않음은 팔지 이상으로 든다. 진실로 움직이는 그대로여서 애쓸 일 없는 지를 얻고 정에서든 산에서든 자유롭다. 그러므로 념에 물러남이 없다. 念不退 入八地已去 眞得任運無功用智 於定散中得自在 故無念退也"라고 하였다. [참고문헌] 『月燈三昧經』, 『西方要決釋疑通規』, 『華嚴經疏鈔』 권69(대정장36, p.552b8), *Sam-r.19.* ⇨ 무공용 無功用

임운자재 任運自在 움직임에 맡겨 자재함. 80권본 『화엄경』 권42(대정장10, p.220b11)에 "보살마하살도 또한 이와 같아서 일체지가라라위를 좇아 믿고 이해한 원력이 점차로 증장하며 그 마음이 광대해져서 움직이는 그대로 맡겨 자재하니, 없는 중에서 정에 들어 있는 중에 일어나고, 있는 중에서 정에 들었다가 없는 중에 일어난다. 菩薩摩訶薩 亦復如是 從一切智歌羅邏位 信解願力 漸次增長 其心廣大 任運自在 無中入定有中起 有中入定無中起", 『반야바라밀다심경찬』(대정장33, p.543b24 · 한불전1, p.2a9)에 "관자재란 안으로는 이공을 증하고 밖으로는 삼업을 관함에 굳이 힘써 쓰지 않아 움직임 그대로 자재하니 관자재라 한다. 지금 이 보살은 진실로 인위에 한 번 더 나서 부처를 이룰 보살이다. 觀自在者 內證二空 外觀三業 不依功用 任運自在 故曰觀自在 今此菩薩 實是因位一生補處", 『도서』 권상2(대정장48, p.402c23)에 "도가 곧 이 마음이니 마음을 가져 마음을 닦을 수는 없고, 악한 것도 또한 이 마음이니 마음을 가져 다시 마음을 끊을 수 없다. 끊지도 않고 닦지도 않으며 마음 가는 대로 맡겨 그대로 자재하여야 비로소 해탈이라 부르리. 道卽是心 不可將心還修於心 惡亦是心 不可將心還斷於心 不斷不修 任運自在 方名解脫"라고 하였다. [참고문헌] 『華嚴經』, 『般若波羅蜜多心經贊』, 『都序』, 『宏智廣錄』 권1(대정장48, p.10b19).

임운전 任運轉 Ⓢ vāhitā, sva-rasa-vāhana, Ⓣ 'jug-pa, rang-gi-ngang-gis-'jug-pa. 움직임에 맡겨 구른다. 굳이 애써 분별하지 않는 뜻이다. 『순정리론』 권71(대정장29, p.725c24)에 "무엇이 지에 의지해 건립한 차별인가? 근본 사정려에 의지해 일으킨 성도를 말하니, 기꺼이 통해 행한다라 한다. 움직이는 대로 구르기에 마치 배나 뗏목에 탄 듯하다. '움직이는 대로 구른다'는 말은 이 지로 말미암아 지관이 쌍으로 현행하여 늘지도 줄지도 않는 뜻이다. 云何依地建立差別 謂依根本四靜慮中 所生聖道 名樂通行 任運轉故 如乘船筏 任運轉者 由此地中 止觀雙行 無增減故", 『해심밀경』 권3(대정장16, p.699b26)에 "모든 공용없는 작의와 마음이 움직이는 대로 구르는 중에 있게 되는 작의를 버리는 뜻의 사상이라고 한다. 諸無功用作意 及心任運轉中 所有作意 是名捨相", 『유가사지론』 권38(대정장30, p.504a19 : *Bodh-bh.*, p.77)에 "모든 보살이 이와 같은 지관상 중에 그 마음에 움직임이 없고 공들이지 않고 움직여 모든 가행도 여의고는 움직이는 대로 구르는 곳마다 거두어 들이니 어지럽지 않다. 이를 낙수습사마타비발사나라고 한다. 諸菩薩 卽於如是止觀相中 其心無動 於無功用 離諸加行 任運轉處 攝受無亂 是名樂修習奢摩他毘鉢舍那 teṣveva śamathavipaśyanā-nimitteṣu yaccittasyācalanaṃ svarasenaivābhisaṃskāravāhitāsthānaṃ saṃgraho 'visaraṇā. iyamucyate śamathavipaśyanābhiratiḥ", 『불지경론』 권6(대정장26, p.317b14)에 "대원경지는 일체에 대해 온통 어둡지 않기에 비록 일체영상을 드러내지만 움직이는 대로 구를 뿐 분별이 없다. 大圓鏡智 以於一切 皆不愚故 雖能顯現一切影像 任運轉故 而無分別"라고 하였다. [참고문헌] 『順正理論』, 『解深密經』, 『瑜伽師地論』, 『佛地經論』, *Bodh-bh., Abh-k-bh.382., Śrāv-bh.365.*

임윤 琳潤 신라 문무왕(재위 661~681)대 스님. 나당전쟁 때 왕의 사신(使臣)으로서 당(唐) 총관(摠管)인 설인귀(薛仁貴)와 문무왕의 서신왕래를 담당하였다. 『삼국사기』 권7 신라본기(新羅本紀)7 문무왕(文武王) 11년(671)에 "가을 7월 26일에 당나라 총관 설인귀가 임윤법사를 시켜 편지를 보내와 이르기를 … 삼엄한 중에 행인은 왕래하니 이제 왕이 거느린 스님인 임윤에게 편지를 가져가게 하면서 한두 가지 생각을 펴 적습니다. 대왕이 편지에 답하기를 … 사인 임윤의 욕서가 이르러서야 총관께서 풍파를 무릅쓰고 멀리 해외에 오셨음을 알았습니다. 秋七月二十六日 大唐摠管薛仁貴 使琳潤法師 寄書曰 … 嚴鋒之間 行人來往 今遣王所部僧琳潤賫書佇布一二 大王報書云 … 使人琳潤至辱書 仰承揚管 犯冒風波 遠來海外"라고 하였다. [참고문헌] 『三國史記』.

임읍국 林邑國 인도차이나반도 남동쪽에 있었던 나라. 첨파국(瞻波國)·마하첨파(摩訶瞻波)·각멸(閣蔑)이라고도 한다. 『수서 隋書』 권47 열전(列傳) 남만(南蠻)에 "임읍의 선대는 한말 교지(交阯 : 베트남 북부 통킹) 출신 여인인 징칙의 난을 틈타 내현 공조의 아들 구련이 현령을 살해하고 스스로 왕이라고 칭한 것에 기인한다. 林邑之先 因漢末交阯女子 徵側之亂 內縣功曹子區連 殺縣令 自號爲王"라고 하였으니, 대략 2세기 중엽부터 독립적 지위를 가졌고, 15세기 후반 안남국(安南國 : 베트남)에 복속되어 왕조의 지위를 상실하였다. 『연생초승분법본경』 「연생경병론서 緣生經幷論序」(대정장16, p.837b10)에 "삼장법사 달마급다(Ⓢ Dharmagupta)가 돌아가신 번경법사 언종(彦琮)과 함께 동도 상림원에서 임읍으로부터 얻은 현두국(賢豆國 Ⓢ Sindhu) 범본에 근거하여 한역하였다. 三藏法師達磨笈多 與故翻經法師彦琮 在東都上林園 依林邑所獲 賢豆梵本 譯爲隋言", 『소실지갈라경』 권상(대정장18, p.608c3)에 "가라말꽃 등은 임읍의 아란야처에서 자라는 것이다. 迦囉末花等 於林邑蘭若 所生者", 『양고승전』 권3 「구나발마전 求那跋摩傳」(대정장50, p.342b6)에 "난리를 피해 바다를 떠다니니 사바국(闍婆國 Ⓢ Java)과 임읍국이요, 업행의 바람따라 떠돌다 송경을 만났네. 避亂浮于海 闍婆及林邑 業行風所飄 隨緣之宋境", 『일체경음의』 권100(대정장54, p.926c7)에 "각멸〈뒷글자는 면과 별을 반절한 음이다. 곤륜(崑崙)의 말이다. 옛 이름은 임읍국이다. 여러 곤륜국 중에서 이 나라가 가장 크고, 또한 삼보를 공경하며 믿는다〉. 閣蔑〈眠鼈反 崑崙語也 古名林邑國 於諸崑崙國中 此國最大 亦敬信三寶也〉"라고 하였다. [참고문헌] 『緣生初勝分法本經』, 『蘇悉地羯羅經』, 『梁高僧傳』, 『一切經音義』. ⇨ 마하첨파 摩訶瞻波, 첨파국 瞻波國

임장 任杖 지팡이에 맡김. 사연(四緣 : 因緣 等無間緣 所緣緣 增上緣) 중 하나인 소연연(所緣緣)을 비유하는 말이다. 소연연이란 지팡이에 몸을 맡겨야 걸을 수 있듯이 심(心)과 심소(心所)가 서로 의지해 경(境)을 취하는 뜻이다. 『대비바사론』 권21(대정장27, p.109a18)에 "[문] 저 한 법에 사연을 갖추었다면 마땅히 일연이라 해야지 어찌 네 가지를 세우는가? [답] 작용에 의지해 세운 것이지 물체에 의한 것이 아니니, 한 물 중에 네 가지 용이 있기 때문이다. 한 찰나의 심심소법이 그 다음 찰나의 동류의 심심소법을 이끌어 일으키고 세워 인연이라 하고, 곧바로 열어 피하여 차후찰나의 심심소법이 일어날 수 있게 하기에 등무간연이라 한다. 바로 이것이 그 다음 찰나의 심심소법이 취하는 경이기에 소연연이라 한다. 곧바로 이것은 장애없이 그 다음찰나의 심심소법 이 생길 수 있게 하기에 증상연이라 한다. 이 중에서 인연은 저 종자법이고, 등무간연은 저 개도법이며, 소연연은 저 임장법이고, 증상연은 저 부장법이다. 問 若於一法 具四緣者 應但一緣 云何立四 答 依作用立 不依物體 一物體中 有四用故 謂一刹那 心心所法 引起次後刹那 同類心心所故 立爲因緣 卽此開避 次後刹那 心心所法 令得生故 立爲等無間緣 卽此能爲 次後刹那 心心所法 所取境故 立爲所緣緣 卽此不障礙 次後刹那 心心所法 令得生故 立爲增上緣 此中因緣 如種子法 等無間緣 如開導法 所緣緣 如任杖法 增上緣 如不障法", 『법원주림』 권48(대정장53, p.650c6)에 "너는 세상 사람들이 나이가 들어 머리카락이 희고 이가 빠지며, 쇠약하여 구부정하게 걸으며, 기거하는데 지팡이를 짚는 것을 보지 못하였는가? *汝不見 世人年老 髮白齒墮 羸瘦僂步 低行起居 任杖不*"라고 하였다. [참고문헌] 『大毘婆沙論』, 『法苑珠林』. ⇨ 소연연 所緣緣, 사연 四緣

임정사 林井寺 **1** 경상북도 경주시 양북면 호암리 함월산(含月山)에 있는 기림사(祇林寺)의 옛 이름. 임정사(林淨寺)라고도 한다. 1705년(숙종31)에 기록된 「기림사중창기 祇林寺重創記」(『불국사지』, p.161)에 "광유성인이 서역으로부터 와서 이 산에 주석하며 하나의 고요한 가람을 창건하니 임정사다. 光有聖人 自西而來 住此山 創一精藍 名曰林井"라고 하였다. [참고문헌] 『佛國寺誌』(亞細亞文化社, 1983). ⇨기림사 祇林寺 ❷평안북도 영변군 약산(藥山)에 있던 절. 『동국여지승람』 권54 평안도 영변대도호부(寧邊大都護府) 불우에 전하고, 『범우고』에는 폐사라 하였다. [참고문헌] 『東國輿地勝覽』, 『梵宇攷』, 『韓國寺刹全書』 권하 p.965a16.

임정사 林淨寺 ❶경상북도 경주시 양북면 호암리 함월산(含月山)에 있는 기림사(祇林寺)의 옛 이름. 임정사(林井寺)라고도 한다. 「별본기림사사적 別本祇林寺事蹟」(『한국사찰전서』 권상, p.200a5)에 "옛 임정사의 이름을 기림사로 바꾸었다. 古林淨寺 改名祇林也"라고 하였다. [참고문헌] 『韓國寺刹全書』 권하 p.965a18. ⇨기림사 祇林寺 ❷경상북도 성주군 성주읍 경산리 봉두산(鳳頭山)에 있는 절. 1890년(고종27)에 감응사(感應寺) 주지 우산(牛山)이 포교당으로 창건한 후 극락전·삼성각·명부전·종각·요사 등과 해수관음상과 석등 2기가 현존한다.

임제 臨濟 당대 임제종(臨濟宗) 개조 의현(義玄 ?~867)의 법호. ⇨의현 義玄❶

임제가풍 臨濟家風 선종 5가 중 임제종을 드러내는 특징적인 선풍(禪風). 『선가귀감』(한불전7, p.644c5)에 "임제가풍 : 빈손에 칼 한 자루 들고서 부처도 죽이고 조사도 죽인다. 삼현삼요로써 고금의 진실을 가리고 사빈주로써 용과 뱀도 가려낸다. 금강보검을 쥐고서 죽목정령을 쓸어 없애고, 사자의 온전한 위세를 떨쳐 여우의 간담마저 찢는다. 임제의 종지를 알고자 하는가? 마른 하늘에 벼락치고 평지에선 파도 인다. 赤手單刀 殺佛殺祖 辨古今於玄要 驗龍蛇於主賓 操金剛寶劒 掃除竹木精靈 奮獅子全威 震裂狐狸心膽 要識臨濟宗麽 青天轟霹靂 平地起波濤", 『오가종지찬요』 권상(卍속장114, p.508a13)에 "임제가풍의 온전한 기틀을 남김없이 쓰고 방과 할을 베푼다. 호랑이와 용이 내달리고, 별이 스치고 번개가 치는 듯한다. 하늘을 찌르는 기개를 짊어지고 격외로 끌고 당기며 거두고 펴고 쫓고 사로잡아 죽이고 살림에 자재하다. 사사로운 견해를 쓸어 없애고 털끝마저 멀리 벗어나 무위진인을 근본으로 삼아 할을 내지르거나 방을 휘두르거나 불자를 세워 밝힌다. 臨濟家風 全機大用 棒喝齊施 虎驟龍奔 星馳電掣 負冲天意氣 用格外提持 卷舒縱擒 殺活自在 埽除情見 逈脫廉纖 以無位眞人爲宗 或喝或棒 或豎拂明之", 『건중정국속등록』 권20 「상방일익장 上方日益章」(卍속장136, p.294b5)에 "'임제가풍은 무엇인지요?' '번갯빛중에 말 달린다'. 問 如何是臨濟家風 師云 電光裡走馬"라고 하였다. [참고문헌] 『禪家龜鑑』, 『五家宗旨纂要』, 『建中靖國續燈錄』, 『萬法歸心錄』 권하(卍속장114, p.828a9). ⇨의현 義玄❶, 선종 禪宗, 임제종 臨濟宗, 임제종풍 臨濟宗風

임제대오 臨濟大悟 임제가 황벽(黃蘗)에게 불법의 적적대의를 세 번 물었다가 세 차례 모두 얻어맞고 결국은 대우(大愚)의 처소에서 깨우쳤다는 일화를 소재로 한 공안. 『임제록』(대정장47, p.504c14)에 "임제가 대우의 처소에 이르자 대우가 물었다. '어디서 오는가?' '황벽의 처소에서 왔습니다' '황벽에게는 어떤 언구가 있는가?' '제가 세 번 불법의 적적대의를 물었다가 세 번 다 얻어 맞았습니다. 저에게 허물이 있는지 없는지 모르겠습니다' '황벽이 노파심으로 그대를 위해 사무쳐 힘을 기울였건만, 다시 여기까지 와서 허물이 있는지 없는지를 묻는가!' 이 말에 임제가 크게 깨닫고 말했다. '원래 황벽의 불법은 군더더기 없다'. 대우가 임제의 멱살을 잡고 말했다. '이 오줌싸개야! 조금 전에는 허물이 있는지 없는지 묻더니 지금은 황벽의 불법은 많은 말 다하는구나. 그대 무슨 도리를 보았는냐? 빨리 말해라, 빨리 말해!' 임제가 세 차례 대우의 옆구리를 찌르자 대우가 잡은 멱살을 놓으며 말했다. '그대의 스승은 황벽이니 나와는 관계없는 일이다'. 師到大愚 大愚問 什麽處來 師云 黃檗處來 大愚云 黃檗有何言句 師云 某甲 三度問佛法的的大意 三度被打 不知某甲有過無過 大愚云 黃檗與麽老婆 爲汝得徹困 更來這裏 問有過無過 師於言下大悟云 元來 黃檗佛法 無多子 大愚搊住云 這尿床鬼子 適來道有過無過 如今卻道 黃檗佛法無多子 爾見箇什麽道理 速道 速道 師於大愚脅下 築三拳 大愚托開云 汝師黃檗 非干我事", 『선문염송설화』 607칙(한불전5, p.471c5)에 "열재거사가 읊는다. '한 송이 눈속 매화, 봄 왔다 문득 알리네. 술 한 잔 마심이 어떠한가? 숲 가득 매화 피길 기다려야 하리'. 悅齋居士頌 一枝雪中梅 便知春到來 如何一盃酒 須待滿林開"라고 하였다. [참고문헌] 『臨濟錄』, 『禪門拈頌說話』. ⇨불법적적대의 佛法的的大意

임제록 臨濟錄 임제의현(臨濟義玄)의 어록. 삼성혜연(三聖慧然) 엮음. 흥화존장(興化存奬) 교감. 1권. 대정장47, pp.495a3~506c26, No.1985에 전한다. 온전한 제목은 『진주임제혜조선사어록 鎭州臨濟慧照禪師語錄』이고, 『임제의현선사어록 臨濟義玄禪師語錄』이라고도 한다. 크게 상당(上堂)·시중(示衆)·감변(勘辨)·행록(行錄) 등으로 구성되어 있다. 상당·시중은 사할(四喝)·사빈주(四賓主)·삼현삼요(三玄三要)·사료간(四料簡) 등을 서술하고, 감변에는 제방을 다니며 나누었던 어요(語要)를 수록하였으며, 행록에는 행장(行狀)과 기전(記傳)이 들어 있다. 임제가 입적하고 254년 뒤

북송(北宋) 때인 1120년(선화2) 복주(福州 : 福建省) 고산(鼓山) 용천선사(湧泉禪寺)에서 운문종(雲門宗)의 원각종연(圓覺宗演)이 중각(重刻)하였는데 오늘날 유행본이다. 선화 2년 이전의 형태가 보존되어 온 문헌으로는 『조당집』 권19나 『송고승전』 권12 등의 기사이다. 특히 『천성광등록』 권10~11에 수록되어 있는 「의현장」은 고본(古本) 『임제록』의 실상을 추정할 수 있는 자료이다. 이는 중각본과 비교할 때 상당(上堂)의 배열이 다르다는 점 이외에 새롭게 8단이 덧붙여져 있다. 이밖에 마조도일(馬祖道一)·백장회해(百丈懷海)·황벽희운(黃檗希運) 및 임제라는 4대의 어록을 모아놓은 『사가어록 四家語錄』에 편입된 본도 남아 있다. 『임제록』은 종연이 중간한 이후 임제종 종조(宗祖)의 어록으로 선문에 널리 유포되었고 많은 간본이 전하지만 종연의 중간본 자체는 현존하지 않는다. 대정장의 저본은 원(元)대 대덕년간(1297~1307) 임제종의 설당보인(雪堂普仁)이 재간(再刊)했던 본과 1437년(영향9) 일본 법성사(法性寺) 동경소(東經所)에서 다시 판각한 오산판(五山版)이다. 그것을 증상사보은장(增上寺報恩藏)의 명본(明本) 고존숙어록에 속한 것, 궁내성도서료(宮內省圖書寮)의 오산판, 1649년(경안2) 판의 대곡대학(大谷大學) 소장본과 1491년(연덕3) 판의 덕부저일랑(德富猪一郎) 소장본 등에 따라 교정한 것이다. 대정장본 책머리에 1296년(원정2) 조동종(曹洞宗)의 임천종륜(林泉從倫)이 대도(大都) 보은사(報恩寺)에서 작성한 「서문 序文」, 1298년(대덕2) 곽천석(郭天錫)의 「서문」, 임제종 오봉보수(五峰普秀)의 「서문」이 붙어 있고, 그 후 1120년(선화2) 마방(馬防)의 「서문」이 붙어 있다. 이어서 임제가 진주(鎭州 : 河北省) 호타하(滹沱河) 가의 임제원(臨濟院)과 여타의 장소에서 행한 상당·시중이나 선수행자들과 나눈 문답을 수록한 감변 및 참학 시기의 소식을 전하는 행록을 수록하였고, 그 다음은 입적할 때 혜연과 나눈 문답과 진주보수사(鎭州保壽寺)의 연소(延沼)가 적은 「임제혜조선사탑기 臨濟慧照禪師塔記」를 실었다. 또한 별본으로는 「진정시방임제혜조현공대종사도행비 眞定十方臨濟慧照玄公大宗師道行碑」와 「임제정종비명 臨濟正宗碑銘」도 수록되어 있다. 고존숙어록3에 수록된 『진주임제혜조선사어록』은 종연 중간본의 면모를 전하며, 속고존숙어요1의 『임제혜조선사어 臨濟慧照禪師語』는 현존 최고의 간본이다. 덧붙여서 현존 최고 문헌은 복주동선사(福州東禪寺) 장경본(藏經本)이다. ⇨의현 義玄 ❶

임제빈주 臨濟賓主 임제의 나그네와 주인. 임제는 나그네와 주인은 있는 것인지 묻자 분명하다 답했다. 본래부터 나그네와 주인은 있을 리 없고, 나그네는 주인이 있어야 이름을 얻고 주인도 나그네가 찾아와야 자리를 보존한다. 본래 없지만 있어야 하는 뜻에서 임제빈주의 공안은 거듭 회자되었다. 『선문염송설화』 616칙(한불전5, p.479a24)에 "임제 회하의 양당 수좌가 어느 날 서로 보자 동시에 할을 내질렀다. 어떤 학인이 이를 들어서 임제에게 물었다. '손님과 주인은 있는 것입니까?' '손님과 주인이 뚜렷하다'. 臨濟會下 兩堂首座 一日相見齊下一喝 有僧擧問師 未審還有賓主也無 師云 賓主歷然", "섭현귀성(葉縣歸省)이 읊는다. '양당 상좌가 동시에 할 내질렀는데, 눈먼 사람은 분별할 수 없네. 무릇 빈주구 아래에서 분별할 뿐이니, 어찌 애써 점을 쳐서 앞 길 묻는가!' 葉縣省頌 兩堂上座齊下喝 瞽目之人無分別 凡言賓主句下分 何勞龜卜問前程", "광혜원련(廣慧元璉)이 시중 때 이 공안을 들어 말하길 '여러분, 말해 보라! 손님과 주인은 있는 것인가? 만일 손님과 주인이 있다면 눈먼 놈에 불과하고, 손님과 주인이 없다고 하더라도 눈먼 놈이다. 있지도 없지도 않다고 하면 만리나 되는 절벽이리라. 이를 향하여 바르게 말하더라도 30방 맞을 일이고, 제대로 말하지 못하더라도 30방 맞을 일이다. 납승들은 이 곤경에서 어떻게 벗어날까?' 잠깐 침묵하다가 말했다. '안타깝다! 개구리와 지렁이가 뛰어 33천에 오르고는 수미산과 부딪혀 가루가 되었다'. 마침내 주장자를 잡고 말했다. '한 무리 구멍 없는 쇠뭉치로구나. 속히 물러나라, 속히 물러나!' 廣慧璉 示衆 擧此話云 諸人 且道 還有賓主也無 若道有賓主 只是个瞎漢 若道無賓主 亦是个瞎漢 不有不無 萬里崖州 若向這裏道得 也好與三十棒 若道不得 亦好與三十棒 衲僧家 到這裏 作麽生出得山僧圈襀去 良久云 苦哉 蝦蟆蚯蚓 教跳上三十三天 撞着須彌山 百雜碎 遂拈拄杖云 一隊無孔鐵鎚 速退 速退"라고 하였다. 〔참고문헌〕 『禪門拈頌說話』, 『頌古聯珠通集』 권21(卍속장115, p.262a10), 『宗門拈古彙集』 권20(卍속장115, p.749b1). ⇨빈주불분 賓主不分, 빈주역연 賓主歷然, 임제사빈주 臨濟四賓主

임제사 臨濟寺 중국 하북성(河北省) 정정(正定)에 위치한 절. 임제종(臨濟宗)의 기원이 된 절로 임제원(臨濟院) 또는 임제선원(臨濟禪苑)이라고도 한다. 동위(東魏) 효정제(孝靜帝) 때인 540년(흥화2)에 창건되었다. 당 선종(宣宗)대 대중년간(847~859)에 의현(義玄)이 이곳에 주석하며 선풍(禪風)을 크게 떨치면서 널리 알려졌고 사방의 학인들이 운집하였다. 『임제록』(대정장47, p.506c13)에 따르면, 본사는 하북성 진주성(鎭州城) 동남쪽 모퉁이에 거점을 두고 호타하(滹沱河) 곁에 임하고 있었기 때문에 임제라는 이름이 붙었다. 867년(함통8) 의현이 입적하자 제자들이 탑을 세우고 그 의발(衣鉢)을 안장한 뒤 「임제선사탑 臨濟禪師塔」이라 하였다. 금원대에 여러 차례 중수하였다. 명 영종(英宗) 천순년간(1457~1464)에 범종(梵鐘)을 주조하였고,

현재는 대전(大殿)과 탑 등이 남아 있다. 탑은 청탑(淸塔 : 靑塔)이라 하였고, 팔각구층의 100척 높이 전탑(塼塔)으로 이중기단 위에 우뚝하다. 〔참고문헌〕『佛祖歷代通載』 권17 「臨濟義玄章」(대정장49, p.643b17), 『宋高僧傳』 권12 「臨濟義玄章」(대정장50, p.779a26), 『景德傳燈錄』 권10 「普化傳」(대정장51, p.280b20).

임제사경 臨濟四境 임제가 보인 네 가지 덧없는 경. 사대(四大 : 地水火風)에 의지해 의심하고 욕망하며 분노하고 기뻐하는 사상(四相)이 본래 없어 여몽여환(如夢如幻)임을 깨우쳐 대자재 얻기를 보이는 뜻이다. 『임제록』(대정장47, p.498c18)에 "학인이 '무엇이 네 가지 상없는 경인지요?'라고 묻자 임제가 대답했다. '그대가 한 찰나라도 마음으로 의심하면 지가 닥쳐와 가로막고, 그대가 일념이라도 애착하면 물이 닥쳐와 빠뜨리며, 그대가 한 찰나라도 분노하면 불이 닥쳐와 태우고, 그대가 한 찰나라도 기뻐하면 바람이 불어와 날려버린다. 만일 이와 같이 가려 얻으면 경계 돌림에 당할 일 없어 처처에서 경을 즐기리니, 동에서 솟고 서로 지고 남에서 솟았다가 북으로 가라앉으며 중심에서 솟았다가 주변으로 가라앉고 주변에서 솟았다가 중심에서 가라앉으며 물을 땅처럼 밟고 땅을 물처럼 밟을 것이다. 무엇을 연해야 이와 같이 할까? 사대가 저 꿈과 같고 허깨비와 같다고 통달하기 때문이다'. 問 如何是四種無相境 師云 爾一念心疑 被地來礙 爾一念心愛 被水來溺 爾一念心嗔 被火來燒 爾一念心喜 被風來飄 若能如是辨得 不被境轉 處處用境 東涌西沒 南涌北沒 中涌邊沒 邊涌中沒 履水如地 履地如水 緣何如此 爲達四大 如夢如幻故"라고 하였다. 〔참고문헌〕『臨濟錄』.

임제사빈주 臨濟四賓主 임제가 보인 나그네와 주인의 네 갈래 모습. 빈중빈(賓中賓)·빈중주(賓中主)·주중빈(主中賓)·주중주(主中主)를 말한다. 사빈주 또는 제종사빈주(濟宗四賓主)라고도 한다. 『경덕전등록』 권13 「풍혈연소전 風穴延沼傳」(대정장51, p.303c15)에 "'무엇이 나그네 중의 주인인가?' '저자에 들어간 두 눈동자의 눈먼이다' '주인인데 나그네란 무엇인가?' '궁중에 돌아온 가마의 왕과 왕비가 새롭다' '무엇이 나그네 중의 나그네인가?' '눈썹을 찌푸리고 흰구름 중에 앉았다' '주인 중의 주인이란 무엇인가?' '석 자의 칼을 숫돌에 갈아 불평한 사람을 참수하길 기다린다'. 問 如何是賓中主 師曰 入市雙瞳瞽 曰 如何是主中賓 師曰 迴鑾兩曜新 曰 如何是賓中賓 師曰 攢眉坐白雲 曰 如何是主中主 師曰 磨礱三尺刃 待斬不平人"라고 하였다. 〔참고문헌〕『景德傳燈錄』. ⇨ 사빈주 四賓主, 빈중빈 賓中賓

임제사조용 臨濟四照用 임제가 보인 비추고 쓰는 네 가지 길. 선조후용(先照後用)·선용후조(先用後照)·조용동시(照用同時)·조용부동시(照用不同時)를 말한다. 『어제간마변이록』 권4(卍속장114, p.429b18)에 "요약하면 임제의 사조용에 관한 해설은 저들이 이미 분명히 하였다. 만일 이 넉넉히 헤아릴 줄 아는 이라면 들먹이기 전에 떨쳐 일어나 문득 행한다면 오히려 조금 나았으리라. 어째서 이곳 향하지 못하고 오로지 저들 시설한 그 끝에 있어 눈에 꽃피어 아롱지는가! 그래서 물 따라 구르기만 하니 중생이라 한다. 要之 臨濟四照用語 伊已明明說箇 若是過量人 向未擧已前 撩起便行 猶較些子矣 何得不向此處領會 專在伊門庭施設邊 眼花目眩 所謂爲物所轉 是名衆生也"라고 하였다. 〔참고문헌〕『御製揀魔辨異錄』. ⇨ 사조용 四照用, 조용 照用, 선용후조 先用後照

임제사할 臨濟四喝 ➡ 사할 四喝

임제삼구 臨濟三句 임제가 설정한 삼구. 『임제록』(대정장47, p.497a15)에 "법좌에 오르자 학인이 물었다. '무엇이 제1구입니까?' '삼요 찍어 여니 붉은 점이 분명하다. 문득 움직이기 전에 주빈은 갈라섰다' '무엇이 제2구입니까?' '문수보살이 어찌 무착의 물음을 들이겠는가? 방편으로 어찌 번뇌흐름 짐져 끊겠는가!' '무엇이 제3구입니까?' '무대 위에 움직이는 꼭두각시 보라. 밀고 당기니 모두 저 뒤의 사람이다' 임제는 다시 '1구의 말에는 반드시 삼현문을 다하고 하나의 현문에는 삼요를 갖추어 방편도 있고 용도 있다. 그대들은 어떻게 생각하는가?'라 말한 뒤 법좌에서 내려왔다. 上堂 僧問 如何是第一句 師云 三要印開朱點側 未容擬議主賓分 問 如何是第二句 師云 妙解豈容無著問 漚和爭負截流機 問 如何是第三句 師云 看取棚頭弄傀儡 抽牽都來裏有人 師又云 一句語須具三玄門 一玄門須具三要 有權有用 汝等諸人 作麽生會 下座", 『인천안목』 권1 「임제종·삼구」(대정장48, p.301b27)에 "첫 번째 구절에서 바로 알아차리면 부처와 조사의 스승이 될 만하고, 두 번째 구절에서 알아차리면 인천의 스승이 될 만하며, 세 번째 구절에 가서야 알아차리면 스스로도 구제 못한다. 若第一句中薦得 堪與佛祖爲師 若第二句中薦得 堪與人天爲師 若第三句中薦得 自救不了", 『운문광록』 권하(대정장47, p.573a10)에 "임제삼구를 들어 탑주에게 물었다. '저 탑중 화상은 몇 번째 구에서 깨우쳤는가?' 탑주가 답이 없자 운문이 '그대 나에게 물어라'고 하자 탑주가 물었고 임제가 답했다. '쾌하지 못한즉 일러주겠다' '답답한즉 말하겠다니 무슨 뜻인지요?' '같다 해도 옳지 않고 다르다 해도 옳지 않다'. 擧 臨濟三句語 問塔主 秖如塔中和尙 得第幾句 主無語 師云 儞問我 主便問 師云 不快卽道 主云 作麽生是 不快卽道 師云 一不成二不是"라고 하였다. 〔참고문헌〕『臨濟錄』, 『人天眼目』, 『雲門廣錄』. ⇨ 삼

현삼요 三玄三要, 삼구 三句 1, 격별삼구 隔別三句

임제삼승문답 臨濟三僧問答 임제가 세 스님과 나눈 문답. 임제수기불자(臨濟竪起拂子)라고도 한다. 『선문염송설화』 618칙(한불전5, p.481c7)에 "임제가 학인에게 '어디서 오느냐?' 하자 학인은 문득 할을 했고 임제는 공손히 하고 앉았다. 학인이 머뭇거리자 임제가 곧바로 때렸다. 또 학인이 찾아오는 모습을 보고는 불자를 꼿꼿이 세우자 그가 절을 올렸고 임제는 곧바로 때렸다. 또 다른 학인이 찾아오자 불자를 들었지만 돌아보지도 않았고 임제는 문득 때렸다. 臨濟問僧 什麽處來 僧便喝 師便揖坐 僧擬議 師便打 又見一僧來 師竪起拂子 僧禮拜 師便打 又見一僧來 便擧起拂子 僧不顧 師便打", "대각회련(大覺懷璉)이 읊는다. '뛰어난 장인은 털없는 금을 가려내니, 화롯불로 다스리고 달구어 모든 구멍 닫는다. 한 점의 불씨라도 따라가면 타서 재가 되리니, 그 해는 누가 총림을 먹여 살릴 것인가?' 〈설화〉 한 무더기 신령한 불꽃 하늘 닿았으니 금·놋쇠·철·주석·구리 등 묻지 않는다. 大覺璉頌 良工須辨不毛金 爐冶才烹盡窄禁 一點已隨灰燼去 當年誰是飽叢林 〈說話〉 一堆靈焰亘青空 不問金鍮鐵錫銅之意", "대혜종고(大慧宗杲)가 읊는다. '오월 오일 오시에 대문에 써 붙이니, 붉은 입 독설은 모조리 사라져라. 다시 한층 법령에 급급하더라도 대문에 거미를 그릴 일은 없네'. 徑山杲頌 五月五日午時書 赤口毒舌盡消除 更饒急急如律令 不須門上畫蜘蛛", "대홍보은(大洪報恩)이 들었다. '하늘까지 뻗은 장검으로 하늘땅 평정하고 척척 잘 들어맞지만, 생각을 짜내건 짜내지 못하건 온통 몸도 목숨도 잃지 않을 수 없다'. 갑자기 주장자를 들고서 높이 들었다 내리쳤는데 대중이 머뭇거리자 대홍이 곧바로 때렸다. 〈설화〉 '하늘까지 뻗은 ~ 없을 것이다'라고 한 대목은 한 대의 방에 대하여 깊이 밝힌 것이다. '높이 들었다가 내리치고 곧바로 때렸다'라는 말은 임제의 법령을 행해 다했다는 뜻이다. 大洪恩拈 倚天長釼 鎭定乾坤 築着磕着 搆得搆不得 俱不免喪身失命 驀拈起拄杖 卓一下 大衆擬議 師便打 〈說話〉 倚天至失命者 深明一條棒也 卓一下便打者 盡行其令也"라고 하였다. [참고문헌] 『禪門拈頌說話』, 『臨濟錄』(대정장47, p.503a29), 『禪林類聚』 권6(卍속장117, p.78a8). ⇨ 수기불자 竪起拂子

임제암 臨濟庵 평안남도 순천군 임제산(臨濟山)에 있던 암자. 일제강점기 대본사(大本寺) 법흥사(法興寺)의 말사(末寺)였으며, 『가람고』·『범우고』에 '임제암 林濟庵'이라고 하였다. [참고문헌] 『伽藍考』, 『梵宇攷』, 『韓國寺刹全書』 권하 p.965b1·966a2. ⇨ 법흥사 法興寺 6

임제육통 臨濟六通 임제가 육신통(六神通)을 말함. 오온(五蘊)의 몸 그대로 번뇌에 물들지 않아 육근육경에 자유로운 뜻이다. 『임제록』(대정장47, p.500a7)에 "무릇 저 부처님의 육신통이란 그런 것이 아니다. 색계에 들어 색에 미혹되지 않고, 성계에 들어 소리에 미혹되지 않으며, 향계에 들어도 향에 어지럽지 않고, 미계에 들어도 맛에 빠지지 않으며, 촉계에 들어도 감촉에 미혹당하지 않고, 법계에 들어가도 법에 무지하지 않는다. 그런 까닭에 여섯 가지 색성향미촉법에 통달하니 온통 공상이어서 능히 얽어 맬 수 없어 의지할 일 없는 도인이다. 비록 오온의 번뇌투성이가 몸이지만 문득 이땅에서 신통을 행한다. 夫如佛六通者 不然 入色界 不被色惑 入聲界 不被聲惑 入香界 不被香惑 入味界 不被味惑 入觸界 不被觸惑 入法界 不被法惑 所以 達六種色聲香味觸法 皆是空相 不能繫縛 此無依道人 雖是五蘊漏質 便是地行神通"라고 하였다. [참고문헌] 『臨濟錄』.

임제전법게 臨濟傳法偈 임제가 법을 전한 게. 『경덕전등록』 권12(대정장51, p.291a16)에 "대사께서 당 함통 7년 병술 4월 10일에 장차 입멸을 보이려 전법게를 설하셨다. '물길 따라 흘러 멈추지 않으니 어떠하냐고 묻는다. 참된 비춤 가이 없어 그럴듯한 다른 것 말하네. 모양도 이름도 떠나 저 품받지 않은 것, 깃털 불어 쓰려거든 서둘러 갈아야 하리'. 師唐咸通七年丙戌四月十日將示滅乃說 傳法偈曰 沿流不止問如何 眞照無邊說似他 離相離名如不稟 吹毛用了急須磨"라고 하였다. [참고문헌] 『景德傳燈錄』. ⇨ 의현 義玄 1

임제정종기 臨濟正宗記 원오극근(圜悟克勤) 지음. 제자 대혜종고(大慧宗杲)의 견처를 인가하며 지어준 글이다. 임제종의 종지를 핵심어로 가려 서술한 단편이다. 이에 마조(馬祖)·백장(百丈)·황벽(黃蘗)·임제·수산(首山)·양기(楊岐) 등의 종지로 들었다. 『대혜연보』(가홍장1, p.796c30)에 "마침내 (원오는) 『임제정종기』를 서둘러 짓고 이를 전하면서 서장 담당하는 기실의 소임을 맡기고 법좌를 나누어 문도를 훈육하도록 하였다. 遂著臨濟正宗記 以付之 俾掌記室 分座訓徒", 『위림환산록』 권4 「각대혜선사서문서 刻大慧禪師書問序」(卍속장125, p.961a16)에 "원오 문하에서 법을 공부한 이들은 많지만 유독 「임제정종기」를 지어서 대혜선사에게 전한 까닭은 그가 법의 깊은 뜻을 속속들이 깨우쳤기 때문이다. 昭覺門下 得法者衆 獨著臨濟正宗記 付大慧禪師者 以其能徹法源底", 『불조강목』 권37(卍속장146, p.756b17)에 "원오가 서둘러 몇 가지 교란하는 인연을 들어 따졌다. 대혜가 막힘없이 응수하자 원오가 '오늘 비로소 알았다, 내가 그대를 속일 수 없음을'이라고 한 뒤, 마침내 「임제정종기」를 짓고 전하며 이렇게 말했다. '임제종의 바르고 으뜸인 뜻은 마조와 황벽이 대기대용을 드날리니 둥지 틀고 보금자리 짓는 일 벗어나 호랑이 달리고 용이 나는 듯하며 별이 날고 번개 치듯 함이다. 거두고 펴며 사로잡거나 풀어주니 모두 본분에 의지한다. 면면히 적적하였으니 흥화와 풍혈에 이르러 노래소리 한층 높았다'. 勤遂擧數請訛因緣詰之 杲酬對無滯 勤曰 今日方知 吾不汝欺 遂著臨濟正宗記 付之曰 臨濟正宗自馬師黃檗 闡大機大用 脫羅籠出窠臼 虎驟龍馳 星飛電激 卷舒擒縱 皆據本分 綿綿的的 到興化風穴 唱愈高"라고 하였다. 〔참고문헌〕『大慧年譜』, 『爲霖還山錄』, 『佛祖綱目』, 『禪門諸祖師偈頌』 권상(卍116, p.941b16). ⇨ 의현 義玄[1], 종고 宗杲

임제종 臨濟宗 선종(禪宗) 오가칠종(五家七宗) 중 하나로 남종(南宗)에 속하는 남악(南嶽)의 법계인 임제의현(臨濟義玄 ?~867)을 종조(宗祖)로 삼는다. 곧 육조혜능(六祖慧能) → 남악회양(南嶽懷讓) → 마조도일(馬祖道一) → 백장회해(百丈懷海) → 황벽희운(黃檗希運) → 임제의현으로 이어진다. 임제는 황벽 문하에서 공부하다가 고안대우(高安大愚)·위산영우(潙山靈祐) 등에게 법을 받고 그 뒤에 다시 황벽에게 돌아가 인가를 받았다. 『경덕전등록』 권14(대정장51, p.310b2)에 "마조대사는 84명의 선지식을 배출하였고 그 안에 백장회해가 있다. 백장 문하에서 황벽희운과 대위영우(大潙靈祐)라는 두 인물이 나왔고, 그 아래에서 임제의현이 출현했으므로 임제종이라 한다. 馬大師 出八十四員善知識 內有百丈海 海出黃檗運 大潙祐 二人 運下出臨濟玄 故號臨濟宗"라고 하였다. 임제는 당나라 선종(宣宗) 때인 854년(대중8) 진주(鎭州) 임제원(臨濟院)에 주석하며 대중을 교화하였다. 당시 부주(府主) 왕상시(王常侍) 등의 귀의를 받고 새롭게 부상하던 무사계급을 상대로 하여 마조에 의하여 제기되었던 남종선(南宗禪)의 종지를 간명하고 일상적 문답의 형식에 담아 더욱 확산하였다. 〔선풍〕 삼현삼요(三玄三要)·사료간(四料簡) 등을 비롯한 다양한 기관(機關)으로 선풍(禪風)을 널리 알리면서 마침내 임제종이 정착하게 되었다. 특히 중당(中唐) 이후 큰 종파로 융성하였다. 사빈주(四賓主)·사료간·사조용(四照用)은 이 종파에서 가장 흔하게 사용하는 수단이었지만, 언어에만 의존하지 않고 때마다 방(棒)과 할(喝)을 쓰는 등 대혜종고(大慧宗杲)가 집성한 간화선(看話禪)의 방법도 모두 신속하고 간결한 언구로 경계를 드러내 상대를 이끄는 방편이었으니, 모두 임제의현에게서 시발된 선풍으로 간주된다. 이렇게 예리하게 드러내는 기봉은 대혜에 의하여 조동종(曹洞宗)의 묵조(默照)와 대비되기도 하였다. 이러한 측면이 무인(武人)과 속사(俗士)의 마음을 사고, 많은 사대부들을 이 종파의 선법으로 끌어들이는 요인이 되었다. 이 선풍은 청대에 이르기까지 중국 선종의 주류를 이루었다. 『인천안목』 권2(대정장48, p.311b8)에 "임제종이란 큰 기틀로 남김없이 써서 그물도 새장도 벗어나니, 호랑이 달리듯 용솟음치듯 하고 별이 떨어지고 번개치며 하늘 온통 다스리고 지축마저 돌리네. 하늘 닮은 기세 등에 지고 격외에서 끌고 당긴다. 臨濟宗者 大機大用 脫羅籠出窠臼 虎驟龍奔 星馳電激 轉天關 斡地軸 負衝天意氣 用格外提持", 『종문현감도』(卍속장112, p.944b1)에 "임제종 : 당당하여 손님도 주인도 분명하지만, 무위진인 가까이할 수 없다. 밤송이에도 능히 손 뻗고 금강울타리 안에서 몸을 뒤치네. 빰올린 그 기틀 높고 높아 옆구리 세 번 주먹친 뜻 새롭구나. 태어난 다음에는 능히 칠사를 밝혀야 하거늘, 눈 먼 몽둥이질로 정신만 수고롭네. 臨濟宗 堂堂賓主歷然分 無位眞人不可親 栗棘蓬中能出手 金剛圈裡解翻身 腮邊一掌機鋒峻 肋下三拳意志新 胞次來能明七事 盲枷瞎棒枉勞神", 『만법귀심록』 권하(卍속장114, p.828a9)에 "〔문〕 무엇이 임제종인가? 〔답〕 임제가풍은 가진 것 없는 수단으로 그 기세 저 산 무너지듯 번개치듯 하며, 빈손으로 사람도 죽이고 독한 주먹으로 목숨도 쫓는다. 방할을 바꿔가며 내달리고 비추고 씀을 가지런히 행해도 나그네 주인 그대로다. 사람도 경계도 놓았다 잡았다 하니, 일체 차별한 이름도 모습도 저 멀리 위로 향해 범접할 수 없게 한다. 問 如何是臨濟宗 答曰 臨濟家風 白拈手段 勢如山崩 機似電卷 赤手殺人 毒拳追命 棒喝交馳 照用齊行 賓主歷然 人境縱奪 一切差別名相 不離向上一著"라 하였다. 〔전승관계〕 임제의 법을 이은 제자로 흥화존장(興化存奬)·삼성혜연(三聖慧然)·관계지한(灌谿志閑) 등 22인이 있다. 특히 흥화존장은 수좌가 되고 삼성혜연은 스승의 어록을 편집하였다. 흥화존장 문하에서는 보응혜옹(寶應慧顒)을 거쳐 풍혈연소(風穴延沼)에 전하였고, 그 뒤로 931년(장흥2) 광혜사(廣慧寺)에 주석하며 대중을 이끌었다. 그 제자 수산성념(首山省念)은 항상 두타행(頭陀行)을 기초로 살았고, 그 문하에 섭현귀성(葉縣歸省)·광혜원곤(廣慧元璉)·곡은온총(谷隱蘊聰)·분양선소(汾陽善昭) 등 16인이 있었다. 섭현귀성 문하에 8인이 있었는데 그중 부산법원(浮山法遠)이 구대(九帶)·십육현(十六顯) 등의 설로 유명하다. 분양선소는 71선지식을 두루 참문한 뒤 수산을 친견하고 종지를 깨달았다. 그 뒤 분주(汾州) 태평사(太平寺)에 주석하며 삼구사구(三句四句)·삼결(三訣)·십팔창(十八唱) 등의 기용(機用)으로 학인들을 이끌어 천하제일(天下第一)이라 불렸다. 그 문하에 빼어난 선사가 많이 배출되었다. 석상초원(石霜楚圓)·낭야혜각(瑯琊慧覺)·대우수지(大愚守芝) 등이 대표적이다. 낭야혜각은 설두중현(雪竇重顯)과 함께 이감로문(二甘露門)이라 불린다. 석상초원은 법령을 준엄하게 시행하기로 유명하였는데, 그 문하에서 황룡혜남(黃龍慧南)·양기방회(楊岐方會)가 가장 두 드러진 활약을 보여 각각 황룡파(黃龍派)·양기파(楊岐派)를 세웠다. 특히 황룡파는 북송(北宋)시대에 회당조심(晦堂祖心)·진정극문(眞淨克文)·동림상총(東林常總) 등이 강서(江西)부터 상서(湘西)까지 두드러지게 활동하였고, 그 결과로 『마조사가록 馬祖四家錄』·『황룡사가록 黃龍四家錄』 등의 어록도 빛을 보았다. 또한 황정견(黃庭堅)이나 소식(蘇軾) 등의 당대 대표적인 문인과도 교류하였다. 양기파는 양기방회·백운수단(白雲守端)·오조법연(五祖法演)·원오극근(圜悟克勤)의 순서로 이어지고 남송(南宋)시대로 접어들면서 황룡파의 발전을 이어서 강남 지역에 진출하여 오산십찰(五山十刹) 제도의 완성과 함께 중국선림을 석권하게 되었다. 임제종 선사들은 지역적으로 대부분 하북(河北)에서 활약하였지만 그 세력은 강남 일대에서 번영하였던 법안종(法眼宗)이나 운문종(雲門宗)과는 비교할 수 없을 정도로 미약하게 출발하였다. 그러나 왕수(王隨)와 수산(首山), 양억(楊億)과 분양(汾陽), 이준욱(李遵勗)과 수산의 제자인 석문온총(石門蘊聰) 등이 교섭했던 예로 보면 송대 사대부들이 선사들과 문답하고 참선을 실제로 행하면서 그 세력도 신장되었다. 『벽암록 碧巖錄』·『격절록 擊節錄』을 지은 원오극근은 재상 장상영(張商英)의 귀의를 받고 그 제자 대혜종고도 사대부 층의 귀의에 따라 그 선법을 전수하였다. 대혜는 종래의 공안선(公案禪) 곧 간화선을 집대성하면서 조동계의 선을 묵조(默照)에 치우친 잘못된 선법(邪禪)이라고 배척하였다. 그는 운문암(雲門庵)·양서암(洋嶼庵)·경산(徑山)·육왕산(育王山) 등에 주석하면서 졸암덕광(拙庵德光)을 시작으로 많은 선사를 배출하여 대혜파의 개조가 되었다. 또한 마찬가지로 원오의 제자 호구소륭(虎丘紹隆)은 호구파의 개조가 되었다. 호구 문하에서는 응암담화(應庵曇華)가 나왔고, 응암 문하의 밀암함걸(密菴咸傑)은 밀암파의 개조가 되어 송원숭악(松源崇岳)·소암요오(笑庵了悟)·조원도생(曹源道生)·파암조선(破菴祖先)·고선자경(枯禪自鏡) 등을 배출하였다. 파암조선 문하에서는 무준사범(無準師範)·석전법훈(石田法薰)이 나왔고, 무준 문하에서는 단교묘륜(斷橋妙倫)·설암조흠(雪巖祖欽)과 동복원이(東福圓爾) 등을 제자로 두었다. 또한 송원숭악은 무득각통(無得覺通)·무명혜성(無明慧性)·엄실선개(掩室善開)·운암보암(運庵普巖)·멸옹문례(滅翁文禮) 등을 배출하고 송원파의 개조가 되었다. 일본에 임제선을 전한 선사 대부분은 이 파에서 나왔다. 또한 설암조흠 계통은 고봉원묘(高峰原妙)·중봉명본(中峰明本)·천암원장(千巖元長)·만봉시울(萬峰時蔚)·보장보지(寶藏普持)·허백혜참(虛白慧旵)·해주보자(海舟普慈)·보봉명선(寶峰明瑄)·천기본서(天奇本瑞)·무문명총(無聞明聰)·월심덕보(月心德寶)·환유정전(幻有正傳)의 순서로 이어지며, 환유정전 문하에서 천은원수(天隱圓修)·설교원신(雪嶠圓信)·밀운원오(密雲圓悟) 등이 나왔고, 천은원수는 옥림통수(玉林通琇)·보암통문(菩庵通問)·산자통제(山茨通際) 등을 배출하였다. 특히 밀암원오 문하는 비은통용(費隱通容)·산옹도민(山翁道忞)·파산해명(破山海明)·만여통미(萬如通微)·부석통현(浮石通賢)·한월법장(漢月法藏)의 순서로 법계를 이으면서 명말청초(明末淸初) 임제종의 융성을 책임졌다. 〔한국의 임제선〕 우리나라에는 조계종(曹溪宗)의 원류로 임제종의 법통을 계승함이 일반적이다. 이러한 생각은 태고법통설(太古法統說)과 관련되는데, 태고보우(太古普愚)는 중국에서 임제종의 적통인 석옥청공(石屋淸珙)의 법을 이은 선사이기에 그 법계를 면면히 이은 조계종은 결국 임제종을 뿌리로 여긴다. 그 이전에 보조지눌(普照知訥) 등이 비록 임제종에 부합하는 일부 선풍이 있었다 해도 직접 그 적통을 인가받은 예가 없었기 때문이다. 태고와 동시대의 나옹혜근(懶翁惠勤)도 임제종 평산처림(平山處林)의 법을 이었다고 하지만, 그와 동시에 인도 출신의 지공(指空)에게 받은 영향도 적지 않다는 점에서, 태고가 상대적으로 더 순수한 종통이라고 여기기도 한다. 이를 수용할 경우 태고는 우리나라 임제종의 초조 자리를 굳힌다. 태고법통설은 청허휴정이 만년에 받아들인 제자 편양언기(鞭羊彦機)로부터 비롯되고, 이후 편양계가 청허문파의 주류를 형성함으로써 정착되었다. 청허휴정은 그의 스승인 벽송지엄(碧松智嚴)·부용영관(芙蓉靈觀)·경성일선(敬聖一禪)의 행적을 적은 『삼로행적』「발문 跋文」(한불전7, p.757c19)에서 "이에 법으로 계파를 논한다면, 벽송은 할아버지이고 부용은 아버지이며 경성은 숙부이다. 況以法論派則 碧松祖也 芙蓉父也 敬聖叔也"라고 하였을 뿐 벽송 이상의 법맥을 소급한 적은 없었다. 그런데 편양언기가 『청허당집』을 재간하고 직접 지은 「청허당행장」(『청허집보유』, 한불전7, p.735b16)에서 "무릇 선사께서 보인 언구는 임제종을 잃지 않았음에는 뿌리도 근원도 있다. 우리 동방의 태고화상께서 중국 하무산에 들어가 석옥청공의 법을 이어받아 환암혼수(幻庵混修)에게 법을 전했고, 환암은 구곡각운(龜谷覺雲)에게 전했으며, 구곡은 등계정심(登階正心)에게 전했고 등계정심은 벽송지엄에게 전했으며, 벽송지엄은 부용영관에게 전했고 부용영관은 서산등계(西山登階)에게 전했는데, 석옥이 바로 임제의 적손이기 때문이다. 凡示人言句 不失臨濟宗風者 有本有原 吾東方太古和尙 入中國霞霧山 嗣石屋而 傳之幻庵 幻庵 傳之龜谷 龜谷 傳之登階正心 登階正心 傳之碧松智嚴 碧松智嚴 傳之芙蓉靈觀 芙蓉靈觀 傳之西山登階 石屋乃臨濟嫡孫也"라고 하여 임제태고법통설을 확정지었다. 이후 조선 후기에 편양문파가 주류를 이루면서 1764년(영조40) 채영(采永)의 『서역중화해동불조원류』(한불전10, p.10

1c12)에 "임제종십팔대적전석옥청공법사 해동정맥제일조태고보우화상 臨濟宗十八代嫡傳石屋淸珙法嗣 海東正脉第一祖太古普愚和尙"이라 하여 청허휴정의 법맥을 연결시킴으로써 임제태고법통설이 정착되었고, 극암사성(克庵師誠 1836~1910)의 「불조보세계서 佛祖譜世系序」(『극암집』 권2, 한불전11, p.579c5)에도 그대로 전승되었다. 〔참고문헌〕『景德傳燈錄』, 『人天眼目』, 『宗門玄鑑圖』, 『萬法歸心錄』, 『三老行蹟』, 『淸虛集補遺』, 『西域中華海東佛祖源流』, 『克庵集』, 『五家宗旨纂要』 권상 「臨濟宗」(卍속장114, p.508a3), 『曹溪宗史』 근현대편(대한불교조계종교육원, 2001) pp.57~59, 김용태 『조선후기불교사 연구 임제법통과 교학전통』(신구문화사, 2010). ⇨법맥 法脈, 조계종 曹溪宗, 불조보세계서 佛祖譜世系序, 임제가풍 臨濟家風, 대한불교조계종 大韓佛敎曹溪宗

임제종지 臨濟宗旨 ❶ 임제종이 드러내고자 하는 으뜸의 뜻. 『임간록』 권하(卍속장148, p.625a3)에 "임제종지가 귀하게 여기는 것은 그 자리에서 곧바로 알아차려 다시는 정에 머물지 않는다. 정상좌(定上座) 쓰는 바 펴고 거둠에 자재하여 저 밝은 구슬 쟁반에서 구르듯 하여 그림자도 자취도 머물지 않는다. 가히 두렵고 우러를 만하다. 臨濟宗旨 貴直下便見 不復留情 定公所用 舒卷自在 如明珠走盤 不留影迹 可畏仰哉", 『오종원』(卍속장114, p.201b15)에 "제일로 우선 임제종지를 드러내겠다. 이 원상 눈앞에 던지는 바로 그때 사람의 목숨을 끊는다. 하나의 원상(◯)에 손님과 주인 한 덩이로 없애니 곧바로 아수라눈으로 들어간다. '흘러 멈추지 않음이 어떤지 묻는다면, 참된 비춤 끝이 없어 설한다 해도 다 그럴듯하다. 모양도 떠나 이름도 없어 사람이 품 받지 못하니, 취모검 쓰더라도 급히 갈아야 하리'라고 한 게송(임제의 임종게)이 그것이다. 第一先出 臨濟宗旨 此相抛出直下 斷人命根 于一◯中 賓主輥輥 直入首羅眼中 所謂沿流不止問如何 眞照無邊說似他 離相離名人不稟 吹毛用了急須磨 是也", 『오가종지찬요』 권상(卍속장114, p.528b11)에 "임제종지송 : 당당한 나그네와 주인 분명한데, 무위진인은 가까이 할 수 없네. 밤송이에도 능히 손 내밀고, 금강의 우리 안에서 몸도 굴리네. (黃蘗의) 빰에 따귀 올린 기봉은 준열하였고, (大愚의) 옆구리 주먹 세 번 찌른 지혜는 참신했다네. 가슴 깊이 아직 (임제의) 칠사 밝히지 못했으니, 눈멀어 휘두르는 몽둥이질 정신만 수고롭게 하리. 臨濟宗旨頌 堂堂賓主歷然分 無位眞人不可親 栗棘蓬中能出手 金剛圈裏解翻身 腮邊一掌機鋒峻 脇下三拳意智新 胸次未能明七事 盲枷瞎棒罔勞神", 『대혜어록』 권19(대정장47, p.890c14)에 "옛날에 이문화 도위가 석문자조총선사에게 법을 묻고서 임제종지를 깨달은 뒤 게송 한 수를 지었다. '도를 배우려면 무쇠사람이어야 하니, 마음 끝에 손 대자마자 분명히 알아차려, 곧바로 무상보리를 거둔 다음 어떤 시비에도 상관치 않노라'. 昔李文和都尉 參石門慈照聰禪師 悟臨濟宗旨 有一偈曰 學道須是鐵漢 著手心頭便判 直取無上菩提 一切是非莫管"라고 하였다. 〔참고문헌〕『林間錄』, 『五宗原』, 『五家宗旨纂要』, 『大慧語錄』. ⇨임제종 臨濟宗, 임제종풍 臨濟宗風 ❷ 송대 각범혜홍(覺範慧洪 1071~1128) 지음. 1권. 卍속장111, pp.171a1~175b11에 전한다. 삼현삼요(三玄三要)·십지동진(十智同眞)·사빈주(四賓主) 등의 법요를 해명함으로써 후인들이 임제종의 종지를 잘 이해하도록 하였다.

임제종풍 臨濟宗風 임제종의 종풍. 『종용록』 68칙 「평창 評唱」(대정장48, p.270a15)에 "임제종의 바람으로는 금강왕보검으로 부처도 죽이고 조사도 죽인다. 臨濟宗風 金剛王寶劍 殺佛殺祖", 『인천안목』 권2 「임제문정 臨濟門庭」(대정장48, p.311b27)에 "한 번 할에 이와 같은 삼현삼요와 사빈주 그리고 사료간류를 다 갖춘다. 대략 임제종의 종풍은 이에서 벗어나지 않는다. 임제를 알고자 하는가? 마른하늘에서 천둥치고 육지에선 파도일 뿐. 一喝中具 如是三玄三要 四賓主 四料揀之類 大約臨濟宗風 不過如此 要識臨濟麽 靑天轟霹靂 陸地起波濤", 『열조제강록』 권11(卍속장112, p.346b18)에 "임제종풍이란 곧바로 반드시 주인을 가린다. 만일 주인을 가려내지 못한다면 눈 있어도 눈먼 이다. 그런 까닭에 '조금이라도 머뭇거리면 전신을 베어버리니, 이래야 주인 중의 주인이라 할 수 있다'(首山省念)고 한다. 예리한 보검이 항상 눈앞에 번뜩인다. 그 칼날 범하려 한다면 만리에 주검뿐이리라. 한결같이 주장자 매고 행각하지만 주인을 가려본 일 있는가? 그대가 만일 가려 주인 찾아저 선상에 낯선 노인 입을 열고 혀를 움직임 보자마자 법당 등지고 짚신 신고 곧바로 떠난다면, 그나마 겨우 납승의 숨결 남았다 하리. 臨濟宗風 直須辨主 若不辨主 有眼如盲 所以道 不容擬議斬全身 始得名爲主中主 靈鋒寶劍 常露現前 擬犯鋒鋩 橫屍萬里 一等擔拄杖行脚 還曾辨得主麽 你若辨得主 見他禪床上老漢 纔開口動舌 背却法堂 著草鞋便行 較有些子衲僧氣息", 『대혜어록』 권24(대정장47, p.915b18)에 "용과 뱀 가리는 안목과 호랑이와 코뿔소를 사로잡는 기틀일지라도 주어진 틀을 넘어서는 경지가 아니다. 티끌에 묶이지 않는 이라면 이러한 말을 희론으로 여긴다. 그러므로 임제종풍은 잇기 어렵거늘, 근세에 말만 배운 무리들은 대부분 예봉을 겨루듯이 거침없이 떠들면서 허둥지둥 어지럽게 늘어놓는 말을 자유로 여기고, 두서없이 마구 내지르는 할을 종지로 삼는다. 밀어붙이거나 쥐어틀거나 하기를 부싯돌이 튀듯하고 번개치듯이 하다가, 머뭇거리며 달려들지 못하면 껄껄대고 크게 웃는다. 이를 가리켜 기봉이 빼어나게 신속하여 의근에 떨어지지 않는다 한다. 하지만 그것이 바로 업식에 매여 귀신의 눈동자 굴리며 희롱하는 일임을 전혀 모른다. 그 어찌 남도 속이고 자신도 속이며 남도 그르치고 나도 그르친다 하지 않으랴! 辯龍蛇眼擒虎兕機 非超越格量 不繫塵緣之士 卽以是說爲戲論 故臨濟宗風 難其繼紹 近世學語之流 多爭鋒逞口快 以胡說亂道爲縱橫 胡喝亂喝爲宗旨 一挨一拶 如擊石火 似閃電光 擬議不來 呵呵大笑 謂之 機鋒俊快 不落意根 殊不知正是業識 弄鬼眼睛 豈非謾人自謾 誤他自誤耶", 『청익록』 24칙 「평창 評唱」(卍속장117, p.835b3)에 "대개 임제 종풍이란 당장에 오롯이 드러내고 남김없이 크게 써서 언설이 귀하지 않다. 蓋臨濟宗風 當陽獨露 全機大用 不貴言說"라고 하였다. [참고문헌] 『從容錄』, 『人天眼目』, 『列祖提綱錄』, 『大慧語錄』, 『請益錄』. ⇨ 임제종 臨濟宗

임제할 臨濟喝 임제의현(臨濟義玄) 선풍(禪風)의 특징으로 덕산방(德山棒)과 마주한다. 『선문염송설화』 633칙(한불전5, p.489c5)에 "임제는 학인이 문에 들 때마다 문득 할하였다. 臨濟 凡見僧入門 便喝", "대홍보은(大洪報恩)이 읊는다. '문 열고 들어오자마자 느닷없이 할하니 이미 크게 애석하다. 끝없이 입으로 하는 말들, 다시 거듭 논하고 꾸려 하는 말일 뿐이다'. 大洪恩頌 入門來便喝 已是大忉怛 無限杜禪和 更復論該括", "정엄수수(淨嚴守遂)가 읊는다. '한칼에 전장을 평정했으나, 무엇에 의지해 주인도 나그네도 가려낼까? 높은 산 올라 일제히 공물 바쳤으나, 누군들 성스럽고 현명한 임금 알아볼까?' 淨嚴遂頌 一釰定煙塵 憑何辨主賓 梯山齊入貢 誰識聖明君", "대혜종고(大慧宗杲)가 읊는다. '문 들어서자 문득 소리지른다. 붙잡을 곳 전혀 없거늘, 후손들 끌어들여 소꿉장난 하네'. 徑山杲頌 入門便喝 全無巴鼻 引得兒孫 弄粥飯氣", "죽암사규(竹庵士珪)가 읊는다. '한 번 지른 할로 사선천에 올랐으나, 임제도 원래 알지 못한 선이라네. 아침 햇살 창 밖에 가득한 줄 다들 알지만, 밤이 되면 달빛도 섬돌에 쏟아질 줄은 모르네'. 竹庵珪頌 一喝喝上四禪天 臨濟元來不會禪 盡道朝陽生戶外 不知夜月落堦前"라고 하였다. [참고문헌] 『禪門拈頌說話』. ⇨ 덕산방 德山棒, 방할 棒喝

임제할덕산방 臨濟喝德山棒 임제의현(臨濟義玄)과 덕산선감(德山宣鑑)의 선풍(禪風)을 드러낸 말. 임제금강왕(臨濟金剛王)과 덕산목상좌(德山木上座)라 하는 구와 대비하기도 한다. 임제가 소리친 할과 덕산이 휘두른 방을 말한다. 『선가귀감』(한불전7, p.645c3)에 "임제할도 덕산방도 모두 무생을 사무쳐 깨우친 일이다. 저 위로도 사무치고 저 아래로도 뚫어 다했으니, 크게 기틀로 다함없이 써서 자재하지 못할 곳이 없다. 온 몸으로 출몰하고 온 몸 던져 짐 지니, 물러나 문수도 보현도 지키는 대인의 경계다. 그러나 실로 말하자면 임제와 덕산이 두 선사도 마음 훔치는 귀신은 면하지 못한다. 臨濟喝德山棒 皆徹證無生 透頂透底 大機大用 自在無方 全身出沒 全身擔荷 退守文殊普賢 大人境界 然據實而論 此二師 亦不免偸心鬼子", 『분양어록』 권하 「광지가일십오가문풍 廣智歌一十五家門風」(대정장47, p.621b21)에 "덕산방 임제할이여! 홀로 빼어나 하늘도 땅도 풀어 헤치네. 처음부터 누군들 함부로 구분하리요? 말 많은 엉터리 선지식 설할 수 없다네. 기에 임해 좇기도 놓기도 하니, 신속한 칼날은 번갯불과 같다. 건곤은 바로 손바닥에 있으니, 대나무 정령의 뇌 남김없이 베어낸다. 때론 나그네와 주인으로, 때론 네 가지 요간으로 선풍을 크게 펼쳐 바른 안목을 가린다. 德山棒臨濟喝 獨出乾坤解橫抹 從頭誰敢亂區分 多口阿師不能說 臨機縱臨機奪 迅速鋒鋩如電掣 乾坤祇在掌中持 竹木精靈腦劈裂 或賓主或料揀 大展禪宗辨正眼", 『황룡혜남어록』(대정장47, p.632c20)에 "덕산방 별 떨어지듯 하니 있는 듯 없고, 임제할 천둥치듯 하여 눈멀고 귀먹네. 하늘도 땅도 온통 아득한데, 고통도 상처도 아는 이 그 몇인가. 德山棒似撒星 有中亦無 臨濟喝如雷震 如聾如啞 逼塞乾坤 知痛知痒 能有幾箇", 『경덕전등록』 권13 「수산성념전 首山省念傳」(대정장51, p.304b2)에 "물었다. '임제할 덕산방은 무엇을 밝히려 있는지요?' '그대가 말해 보라'. 그 학인이 할 하자 수산이 '눈 멀었네!'라고 하였으며, 다시 할을 하자 '이 눈먼 놈아! 이렇게 할 하여 무엇 하려느냐?'라고 함에 그 학인이 절을 올렸고 수산은 곧바로 때렸다. 問 臨濟喝德山棒 未審明得 什麽邊事 師曰 汝試道看 僧喝 師曰 瞎 僧再喝 師曰 遮瞎漢 只麽亂喝作麽 僧禮拜 師便打", 『대혜어록』 권8(대정장47, p.844a15)에 "삼세의 모든 부처님과 모든 세대의 조사와 천하의 노화상이 운문(대혜)의 주장자 한 입에 다 먹혔고, 일대장교도 빈틈없이 메꾼다. 바로 이러할 때 설사 덕산방이 비 오듯 하고 임제할이 천둥치듯 하더라도, 양탄자에서 재주넘거나 가죽신 안에서 발가락을 움직이는 일이 무슨 쓸모 있겠는가! 이런 이야기 참으로 양민을 눌러 천민되게 하여 좋은 것도 싫은 것도 알지 못한다. 三世諸佛 諸代祖師 天下老和尙 被雲門拄杖子 一口呑盡 一大藏敎 塡溝塞壑 正當恁麽時 設使德山棒如雨點 臨濟喝似雷奔 還如氈上翻筋斗 鞾裏動指頭 有甚麽用處 恁麽說話 太殺壓良爲賤 不識好惡"라고 하였다. [참고문헌] 『禪家龜鑑』, 『汾陽語錄』, 『黃龍慧南語錄』, 『景德傳燈錄』, 『大慧語錄』. ⇨ 임제할 臨濟喝, 덕산방 德山棒, 방할 棒喝

임제할려 臨濟瞎驢 임제가 입적(入寂)하기 직전 삼성혜연(三聖慧然)과 나눈 이야기다. 임제천화(臨濟遷化)라고도 한다. 『선문염송설화』 635칙(한불전5, p.490c3)에 "임제가 입적할 즈음에 삼성은 원주 소임이었다. 임제가 법좌에 올라 말했다. '내가 세상을 떠난 다음에 나의 정법안장을 사라지지 않게 하라’ ‘어찌 화상의 정법안장을 함부로 없애겠습니까!’ 임제가 ‘만일 누군가 묻는다면 어떻게 대답하겠는가?’라고 묻자 삼성이 할을 하였다. 임제가 말했다. ‘나의 정법안장이 저 눈먼 나귀 끝에서 사라질 줄 누가 알겠는가?’ 〈설화〉 삼성의 할은 임제의 할이다. ‘나의 정법안장이 이 눈먼 나귀 ~ 누가 알겠는가’라고 한 말은 무슨 뜻인가? 몸소 입실한 진실한 제자는 문 밖에서 떠도는 나그네와 같지 않다. 눈먼 나귀라 하였으니, 나귀는 가장 천하다. 그 가문의 가풍을 사라지게 했다 하니, 이는 전한 일도 받은 일도 없어서 그대로 몸소 전하고 몸소 받았음을 가리킨다. 臨濟遷化時 三聖爲院主 師 上堂云 吾去世後 不得滅却 吾正法眼藏 聖云 爭敢滅却 和尙正法眼藏 師云 忽有人問 你作麽生道 聖便喝 師云 誰知吾正法眼藏 向者瞎驢邊滅却 〈說話〉 聖便喝者 臨濟喝也 誰知吾云云者 親承入室之眞子不同門外之遊人也 瞎驢者 驢則至賤 指當家門風滅却 則無傳無得 親傳親得也”, “장산법천(蔣山法泉)이 읊는다. ‘정법안장을 누가 전하고 받으리요? 할 아래 푸른 물결 끝내 마르리니, 이를 좇아 눈먼 나귀 찾을 곳 없고, 철산 돌아갈 길엔 어둠만 가득하다’. 蔣山泉頌 正法眼藏誰傳得 喝下滄溟徹底乾 從此瞎驢無覓處 鐵山歸路黑漫漫 … 설봉청료(雪峯淸了)가 이 공안을 들어서는 ‘나귀 끝에서 사라지리라’에서 임종송까지 들어 말했다. ‘흘러 멈추지 않으면 어떤가 묻는다면, 참된 빛 가이없다고 그럴듯하게 말한다. 이름도 얼굴도 떠나 사람이 품을 수 없다. 터럭 베는 칼 쓰려 하니 급하게 갈아야 하리’. 임제는 이 게송을 읊고 나서 앉은 자세로 입적하였다. 설봉이 말했다. ‘철저하게 못 물고 쇠 물도록 하였는데 도리어 저 늙은이의 몫이로구나’. 껄껄대고 크게 웃으며 말했다. ‘임제가 「정법안장이 저 눈먼 나귀 끝에서 사라진다」고 한 말은 접어두고, 어째서 취모검 쓰려면 급히 갈아야 한다고 했을까?’ 잠깐 침묵하다가 말했다. ‘정신을 바싹 차려라!’ 雪峯了 擧此話 至滅却 遂有頌 沿流不止問如何 眞照無邊說似他 離相離名人不禀 吹毛用了急還磨 言訖坐滅 師云 徹底咬釘咬鐵 須還个老兒 呵呵大笑云 正法眼藏 向這瞎驢邊滅却 卽且置 爲什麽 吹毛用了急須磨 良久云 快着精彩”라고 하였다. 〔참고문헌〕『禪門拈頌說話』, 『頌古聯珠通集』 권21(卍속장115, p.264b13), 『宗門拈古彙集』 권20(卍속장115, p.750a8), 『直註天童頌古』 권1(卍속장117, p.786b5). ⇨ 이상이명 離相離名, 삼성할려 三聖瞎驢, 의현 義玄 [1]

임종게 臨終偈 임종을 맞아 남기는 게송. 선종 특유의 전통으로, 후래에게 남기는 유게(遺偈)라고도 할 수 있다. 선종의 초조 보리달마(菩提達磨)는 마지막 행적이 묘연하여 임종게가 있을 수 없고, 2조 혜가(慧可)는 3조 승찬(僧粲)에게 전법게(傳法偈)를 남기고 조사의 자리를 물려주고는 떠났다. 이렇게 전법으로 사자상승(師資相承)함은 칠불(七佛)이 잇고, 다시 석가모니불에서 가섭으로 대대로 이어지다가 달마까지 닿았다. 3조도 마찬가지로 전법게를 전하였고, 4조 도신(道信)은 5조 홍인(弘忍)에게 전하는 동시에 임종하였는데, 이는 전법게와 임종게를 겸했던 예이다. 석존이 열반에 임해 남긴 유게 이후 임종게의 시작은 6조 혜능이다. 1291년경 성립한 종보본 『단경』(대정장48, p.362b2)에 “올올이 하였지만 선을 닦지 않았고, 등등하였으나 악도 짓지 않았다. 고요하디 고요하여 보고 듣는 일 다했고, 탕탕하여 마음에도 머문 일 없다. 兀兀不修善 騰騰不造惡 寂寂斷見聞 蕩蕩心無著”라는 게송을 설하고 3경에 입적하였다. 8세기 중엽의 돈황본 『단경』에는 보이지 않아 전승을 의심하지만, 선종의 6대 조사의 이름으로 남아 있는 임종게다. 전등사서(傳燈史書)를 기준으로 할 경우 952년(보대10)에 성립된 현존 최고의 『조당집』에는 임종이라는 말은 보이지 않지만 권8 「소산장 疏山章」(고려장45, p.288c12)에 “소산선사는 천화에 임하였을 때 게송 한 수를 남겼다. ‘나의 길 푸른 하늘 저 밖에, 구름 한 점 없이 고요하리. 세상에 뿌리 없는 나무 있어, 시든 잎 바람에 실려 돌아오네’. 師臨遷化時 偈曰 我路碧空外 白雲無處閑 世有無根樹 黃葉送風還”라고 하였으며, 권15 「구양장 龜洋章」(고려장45, p.330c20)에 “천화에 임하였을 때 훈계를 내리며 게송 한수를 적었다. 臨遷化時 垂訓有偈曰”라는 등으로 임종의 글을 남기고 있다. 1004년(경덕1)에 성립된 『경덕전등록』에서는 권10 「지통전 智通傳」(대정장51, p.281a19)에 “임종에 게를 남겼다. 臨終有偈”라 하였고, 이 용례는 후대 명나라 때 지은 『보속고승전』 권1 「혜홍전 慧洪傳」(卍속장134, p.48b7)에도 보인다. 전등사서에 임종게라는 용어는 1644년(숭정17) 성립한 『오등회원속략』 권2 「무외종곽장 無外宗廓章」(卍속장138, p.921a11)에 보인다. 곧 “임종게에 전한다. ‘내 나이 일흔 하나, 속세의 인연 이제 다 마쳤노라. 다섯 수미산 무너지더니, 한밤에 해가 뜨는구나’. 臨終偈曰 吾年七十一 世緣今已畢 揆倒五須彌 夜半日頭出”라고 하였다. 그 이후 『오등엄통』 권16 「자범혜홍장 子範慧洪章」(卍속장139, p.734b4)과 1697년(강희36) 간행된 『오등전서』 권52 「대규정장장 大圭正璋章」(卍속장141, p.146b5) 등에도 보인다. 우리나라의 역대고승들도 많은 임종게를 남겼다. 고려시대 백운경한(白雲景閑)은 『백운화상어록』 권하(한불전6, p.668c9)에 “인생 칠십은 고래로 희유하다. 77년이 오고 77년이 가도다. 곳곳이 모두 돌아갈 길이요, 드러난 것들 바로 고향이로다. 어찌 배도 노도 수리하리요! 다만 땅으로 귀향코자 하네. 나의 몸 본래 있던 일 없고, 마음 또한 머문 일 없노라. 다비하여 사방에 흩어서 단나의 땅을 차지하지 말지어다. 人生七十歲古來亦希有

七十七年來 七十七年去 處處皆歸路 頭頭是古鄕 何須理舟楫 特地欲歸鄕 我身本不有 心亦無所住 作灰散四方 勿占檀那地"라고 하였다. 조선불교를 중흥한 청허휴정(淸虛休靜 1520~1604)의 임종게는 『청허집』 권3(한불전7, p.701c14)에 "천 가지 헤아리고 만 갈래 헤아려도 한 점 눈이 불꽃 피는 화로에 떨어졌네. 물소가 물위로 가니 대지도 허공도 찢어지네! 千計萬思量 烘爐一點雪 泥牛水上行 大地虛空裂"라고 하였다. 청허휴정과 함께 조선후기 양대 법맥을 이룬 부휴선수(浮休善修 1543~1615)의 임종게는 『부휴당대사집』 권4(한불전8, p.18c15)에 "칠십여 년 아지랑이 바다 떠돌았네. 오늘 아침에야 껍질 벗고 애초의 샘으로 돌아가리. 확연 진성 원래 걸림없으니, 어디엔들 보리도 생사도 뿌리내린 일 있겠는가! 七十餘年遊幻海 今朝脫殼返初源 廓然眞性元無碍 那有菩提生死根"라고 하였다. 현대 한국불교 대율사(大律師) 자운성우(慈雲盛祐 1911~1992)의 임종게는 "진성은 원명하여 본래 스스로 고요하고, 빛으로 비춰 시방 끝내 청정했네. 올 때는 청풍과 더불어 노닐 듯 오셨고, 떠날 때 밝은 달빛처럼 자재히 가셨네. 眞性圓明本自空 光照十方極淸淨 來與淸風逍遙來 去隨明月自在去"이며, 현대 한국불교 대선사(大禪師) 퇴옹성철(退翁性徹 1912~1993)의 임종게는 "평생동안 많은 사람 속였으니, 그 죄업 수미산 넘치네! 산채로 무간지옥에 떨어져 가니, 둥근 해 붉게 토하며 푸른 산에 걸렸네! 生平欺狂男女群 彌天罪業過須彌 活陷阿鼻恨萬端 一輪吐紅掛碧山"이다. 〔참고문헌〕『壇經』, 『祖堂集』, 『補續高僧傳』, 『五燈會元續略』, 『五燈嚴統』, 『五燈全書』, 『白雲和尙語錄』, 『曹溪高僧傳』, 『浮休堂大師集』. ⇨ 유게 遺偈, 사세송 辭世頌, 전법게 傳法偈, 오도송 悟道頌

임지 任持 맡겨 가짐. 제법이 무자성으로도 무량한 공덕을 유지하고, 유정이 사식(四食)을 임시로 가져 세간에 있는 등은 이 임지의 뜻 때문이다. 『십지경』 권8(대정장10, p.569b25)에 "불자야, 보살이 이 법운지에 머무르는 것도 이와 같다. 한 부처님 앞에서 무량법의 빛과 법의 비춤과 법의 구름을 한 찰나의 눈 깜박할 순간에 모두 능히 감당하고 받아들이며, 섭수하고 임지하며, 둘이나 셋 나아가 무량한 부처님 앞에서 한량없는 법의 광명과 법의 비춤과 법의 구름을 한 찰나의 짧은 순간에 모두 감당하고 받아들이며 섭수하고 임지한다. 그러므로 이 경지를 법운이라 한다. 佛子 菩薩住此法雲地中 亦復如是 於一佛前 無量法明 法照 法雲 刹那瞬息須臾 皆能堪任 領納 攝受 任持 若二若三 乃至無量諸如來前 無量法明 法照 法雲 刹那瞬息須臾 皆能堪任 領納 攝受 任持 是故 此地 名爲法雲", 『불지경론』 권5(대정장26, p.316a15)에 "제불묘법이 곧바로 여래십력·무외 등 무량불법이다. 일체의 언어로 낱낱이 응해 말하는 묘관찰지는 의식을 뒤쳐 얻은 것이며, 작용이 넓고 넓기에 일체공덕을 맡아 가진다. 이 지혜는 제6의식과 상응하고, 널리 일체덕과 상응하며, 나아가 능히 모든 공덕을 이끌어내기에 임지한다고 한다. 諸佛妙法 卽是如來 力無畏等 無量佛法 一切之言 一一應說 妙觀察智 轉意識得 作用寬廣 故能任持 一切功德 此智相應 第六意識 普與一切功德相應 及能引發 諸功德故 說能任持", 『유가사지론』 권13(대정장30, p.346c11)에 "무엇이 임시로 유지하게 하는가? 사식을 말하니 첫째 단식, 둘째 촉식, 셋째 의사식, 넷째 식식이다. 云何任持 謂四食 一 段食 二 觸食 三 意思食 四 識食", 같은 책 권16(대정장30, p.364b22)에 "무용에는 대략 일곱 가지가 있다. 첫째 작용할 수 없는 것이니, '눈으로 색을 볼 수 없는 것' 등을 말한다. 둘째 따라 도는 용이 없는 것이니, '여기에서도 맡겨 가지거나 달려 애쓰는 이가 없음'을 말한다. 즉 그 차례대로 주재하는 이나 짓는 이가 모두 없기에, 그에 수반하여 유전하는 작용이 없다. 셋째 다른 것을 내는 작용이 없는 것이니, 법이 능히 다른 것을 내지 못하는 것을 말한다. 無用 略有七種 一 無作用用 謂眼不能見色等 二 無隨轉用 謂於此亦無能 任持驅役者 如其次第 宰主作者 俱無所有 故無有能 隨轉作用 三 無生他用 謂法不能生他"라고 하였다. 〔참고문헌〕『十地經』, 『佛地經論』, 『瑜伽師地論』. ⇨ 사식 四食[1]

임지소연 任持所緣 Ⓢ dhāraṇa ālambana, Ⓣ 'dzin-pa'i dmigs-pa. 임시로 가지는 소연. 먼저 들어 가진 다음에 뜻을 얻기에 문소성혜(聞所成慧)의 경을 말한다. 열두 가지 소연무상(所緣無上) 중 하나다. 지경계(持境界)라고도 한다. 『변중변론』 권하(대정장31, p.477a11 : *Madhy-vibh.*, p.74)에 "이와 같이 소연은 열두 가지다. … 다섯 번째는 임시로 가지는 소연이다. … 다섯 번째 들어서 성취한 지혜의 경이니, 글에 맡겨 가지기 때문이다. 如是所緣 有十二種 … 五 任持所緣 … 第五 謂聞所成慧境 任持文故", 『변중변론술기』 권하(대정장44, p.44a10)에 "〔논〕 다섯 번째 문 ~ 경문을 임지하기 때문이다. 〔술〕 맡아 가진다란 듣는 지혜다. 글로 된 가르침을 맡아 가져서 헛되지 않도록 하기 때문이다. 비록 뜻을 연하는 일이 적기에 설할 수 없으니, 듣기를 먼저 해야 바야흐로 뜻을 만난다. 論曰 第五 謂聞至任持文故 述曰 任持者 謂聞慧 任持文敎 令不妄故 雖亦緣義 少故不說 以聞爲先方緣義故"라고 하였다. 〔참고문헌〕『辯中邊論』, 『辯中邊論述記』, *Madhy-vibh.* ⇨ 소연무상 所緣無上, 문혜 聞慧, 삼혜 三慧

임지식 任持食 어떤 상태를 유지하게 하는 양식(糧食). 무상과(無想果)를 유지하는 숙업(宿業)·등무간연(等無間緣) 등을 말한다. 『순정리론』 권12(대정장29,

p.400c18)에 "무상천의 유정은 어느 곳에 머물고 사는가? 광과천에 거주한다. 말하자면 광과천 안에는 높고 승한 곳이 있어서 저 중간정려여서 무상천이라고 한다. 저들은 숙업의 등무간연을 '임지식'으로 삼는다. 즉 숙업으로 중동분·명근 등을 이끌고, 속생심과 끊임없이 무상과심으로 견인하여 돕는다. 그러므로 거기에도 과거의 촉 등으로 임시의 먹이를 삼는다. 무심위 중에는 오직 과거의 촉 등만을 먹이 삼아 현재는 도무지 없으나, 유심위 중에는 두 가지가 함께 존재한다. 無想有情 居在何處 居在廣果 謂廣果天中 有高勝處 如中間靜慮 名無想天 彼以宿業 等無間緣 爲任持食 謂由宿業 引衆同分 及命根等 由續生心 及無間入 無想果心 牽引資助 故彼亦有過去觸等 爲任持食 無心位中 唯有過去 觸等爲食 現在都無 有心位中 二種俱有"라고 하였다. [참고문헌]『順正理論』, 『顯宗論』 권7(대정장29, p.806b1). ⇨임지 任持, 숙업 宿業, 등무간연 等無間緣, 무상과 無想果

임지자성 任持自性 ➡임지자성궤생물해 任持自性軌生物解

임지자성궤생물해 任持自性軌生物解 임시로 자성을 가져 본보기로 삼아 사물을 이해한다는 말로 법(法 Ⓢ dharma)을 푼 뜻이다. 연기(緣起)하기에 무자성(無自性)으로 공(空)인 제법(諸法)이 각기 임시로 자성을 유지하며 공능을 발휘하는 뜻이어서, 모든 부처님께서 증하시고 모든 보살이 닦으며, 일체중생이 본구한 마음(心)도 이 법의 뜻이다. 『대승본생심지관경천주』 권1(卍속장34, p.43a14)에 "법이 즉 심법이니, 본보기를 가져 뜻을 삼는다. 물에 본보기가 있어 이해할 수 있고 임시로 자성을 갖게 한다. 진실로 제불이 증득하고 보살이 닦은 것이며, 중생이 본래 갖춘 것으로서 모두 영묘지각을 벗어나지 않는다. 그러므로 마음이라 부르고, 닦아 가져 도를 성취하므로 법이라 부른다. 法卽心法 軌持爲義 謂軌物生解 任持自性故 良以諸佛之所證 菩薩之所修 衆生之本具 皆不出靈明知覺 故謂之心 修持成道 故謂之法", 『반야심경약소현정기』 권상(卍속장41, p.680a4)에 "본보기 가져 만물을 이해하니, 임시로 가지는 자성이다. 그러므로 범이라 하니, 범은 법이다. 법이란 본보기를 가지는 것으로 뜻을 삼는다. 軌生物解 任持自性故曰範 範 法也 法以軌持爲義故", 『사분계본여석』 권1(卍속장63, p.40b10)에 "뜻으로 풀면 법은 궤지의 뜻이다. 본보기를 일으켜 물을 알게 하니, 임시로 가지는 자성이다. 가지는 것이란 바로 법의 체이고, 궤란 바로 법의 쓰임이다. 맡겨 가져서 버리지 않고 각각 자성을 지키니, 저 물이 아래로 흐르고 불은 위로 오르는 것처럼 그 성을 각각 결정짓는다. 바로 이것이 법의 바탕이다. 궤란 본보기를 말한다. 물들을 이해하게 하니 저 불로 먹을 것을 익히고 물로 배를 띄운다. 각각 그만의 법칙을 취하니, 이것으로 법의 용을 삼는다. 若以義釋 法是軌持之義 軌生物解 任持自性也 持是法體 軌是法用 任持不捨 各守自性 如水就下 火揚於上 性各決定 此是法體 軌謂軌範 可生物解 如火熟食 用水浮舟 各取其則 是爲法用也", 『원각경협송집해강의』 권1(卍속장87, p.722b9)에 "(『원각경 圓覺經』에서) 방(方)이란 법에 나아간 이름이고 본보기 삼은 뜻이다. 궤(軌)란 본보기 일으켜 물을 알게 하니 중생으로 하여금 불지견에 깨우쳐 들게 하며, 지란 생사의 바다중에 임시로 자성을 가지니 그 성이 더하지도 덜할 일도 없다. 方 以就法爲名 軌持爲義 軌則軌生物解 使衆生悟入佛之知見 持則任持自性 於生死海中 而此性不曾生滅", 『법화경지장소』 권1(卍속장93, p.461a16)에 "본보기를 가져 쓰임을 삼는다고 한다. 궤란 본보기를 일으켜 물을 안다는 것이고, 지란 임시로 자성을 가진다는 말이다. 본보기를 내서 물들을 안다는 것은, 일체중생은 본래 실상의 바탕이 구족하다. 다만 빛 없어 어둠에 싸였고, 방편에 갇혀 승혜를 내지 못할 뿐이다. 들어가 깨우치려면 어떻게 해야 하나. 부처님께서 이 법으로 방편문을 열어 진실상을 보이시고, 중생은 이 가르침을 빌려 마음을 관한다. 손가락으로 달을 보게 하니 이것이 궤생물해의 쓰임이다. 임지자성이란 일체중생의 본성은 일불승성이지만 근에 이둔이 있고, 번뇌도 두텁고 얕음이 있어 수레를 쪼개 셋이 되게 하였으며, 자성의 흐름 또한 다섯이 되었다. 부처님께서 이 경으로 열어 보이고 모아 돌아가게 하였으니, 삼승이 한결같이 일승으로 돌아가고 오성도 또한 일성으로 복귀한다. 이것이 임시로 자성을 가져 움직인 뜻이다. 軌持爲用者 軌 謂軌生物解 持 謂任持自性 軌生物解者 謂一切衆生 本具實相之體 但以昏於無明 閉於權宗 勝解不生 入證何由 佛以此法 開方便門 示眞實相 俾衆生借教觀心 因指見月 是爲軌生物解用也 任持自性者 謂一切衆生 本性一乘佛性 第以根有利鈍 惑有厚薄 乘裂爲三 性流爲五 佛以此經 開顯會歸 俾三乘同歸一乘 五性還復一性 是爲任持自性用也", 『사문일용』 권하(卍속장106, p.258b16)에 "달마 : 법이라 하며 바로 집지의 뜻이다. 본보기 가져 사물을 알게 하며 임시로 자성을 갖는다. 達磨 此言法 是執持之義 軌生物解 任持自性也"라고 하였다. [참고문헌]『大乘本生心地觀經淺註』, 『般若心經略疏顯正記』, 『四分戒本如釋』, 『圓覺經夾頌集解講義』, 『法華經指掌疏』, 『沙門日用』. ⇨법 法[1], 능지자성궤생물해 能持自性軌生物解, 궤생물해 軌生物解, 궤생승해 軌生勝解

임지장양 任持長養 임시로 가져 기르고 북돋움. 이종장양(二種長養 : 任持長養·不損害長養) 중 하나로 몸과 마음을 임시로 존재하게 하는 사식(四食)을 말한다. 『유가사지론』 권64(대정장30, p.657a25)에 "다섯 가지 제근대종(諸根大種)의 장양이 있으니, 식장양·몽장양·피불평등장양·범행장양·등지장양을 말한다. 이 장양에는 대략 두 가지가 있으니, 첫째는 임지장양, 둘째는 불손해장양이다. 이 중에서 가장 처음의 것은 임지장양이고, 뒤의 네 가지는 불손해장양이다. 임지장양에는 대략 네 가지니 첫째 변괴임지, 둘째 희열임지, 셋째 희망임지, 넷째 섭수집취임지다. 有五諸根大種長養 謂食長養 夢長養 避不平等長養 梵行長養 等至長養 卽此長養 略有二種 一 任持長養 二 不損害長養 此中 最初 是任持長養 後四 是不損害長養 任持長養 略有四種 一 變壞任持 二 喜悅任持 三 希望任持 四 攝受執取任持", 『유가론기』 권18(대정장42, p.709b25·한불전14, p.335c14)에 "옛날부터 장양에는 네 가지가 있었는데, 이제 피불평등장양을 더해서 다섯이 되었다. 이것을 간략히 하여 두 가지다. 첫째는 임지장양이니 곧 사식이며, 둘째는 불손해장양이니 곧 뒤의 네 가지인 몽장양·피불평등장양·범행장양·등지장양을 말한다. 임지장양에 네 가지는, 첫째 변해 무너지며 유지해 가는 것은 단식이고, (둘째) 기뻐 즐겨 유지하는 것은 촉식이며, (셋째) 바라 마지않는 것은 사식이고, (넷째) 거둬 받아들여서는 집착하고 취하는 것은 바로 식식이다. 昔來長養有四 今加避不平等爲五 此略有二 一 任持長養 卽是四食 二 不損害長養 卽是後四 謂夢 避不平等 梵行 等至 任持長養有四 一 變壞任持是段食 喜悅任持是觸食 希望是思攝受執取是識"라고 하였다. [참고문헌] 『瑜伽師地論』, 『瑜伽論記』. ⇨사식 四食[1], 장양 長養

임하사 臨河寺 경상북도 안동시 옥동에 있던 절. 『동국여지승람』 권24 경상도 안동대도호부(安東大都護府) 불우조에 절 이름을 남기고 있고, 같은 책 인물 손홍량(孫洪亮)에 대한 기록에 "공민왕이 친히 그의 모습을 그려 하사하였는데, 지금까지 부의 임하사에 있다. 恭愍王親寫眞賜之 至今留府之臨河寺"라고 하였다. 『영가지』 권6 고적에 "임하사는 부 서쪽 7리 즈음에 있으며 백호산 곁으로 물이 이 절을 둘러 흘렀지만 지금은 없다. 臨河寺 在府西七里許白虎山與水流去有此寺鎭之 今廢", 『여지도서』 경상도 안동 사찰에 "임하사는 지금 폐사되었고, 그려 전하는 진경도 없다. 臨河寺今廢 寫眞亦不傳"라고 하였다. 1986년에 발굴을 시행하여 전탑지(塼塔址)에서 심초석의 원형 사리공(舍利孔)에서 신라말 고려초로 추정되는 사리장엄구를 봉안한 석함을 발견하였다. 안에는 집 모양의 도금은제사리외함·유리사리병을 봉안한 은제사리외함·방형(方形) 은제사리내함·청남유리사리병 등을 비롯하여 관옥(管玉)·은가락지·은판(銀板)·유리구슬 등의 공양구가 담겨 있었다. [참고문헌] 『東國輿地勝覽』, 『永嘉誌』, 『輿地圖書』, 『梵宇攷』, 『韓國寺刹全書』 권하 p.966a11, 『불사리장엄』(국립중앙박물관, 1991) p.63, 『한국사지총람』 권하(문화재청·佛教文化財研究所, 2010) p.235.

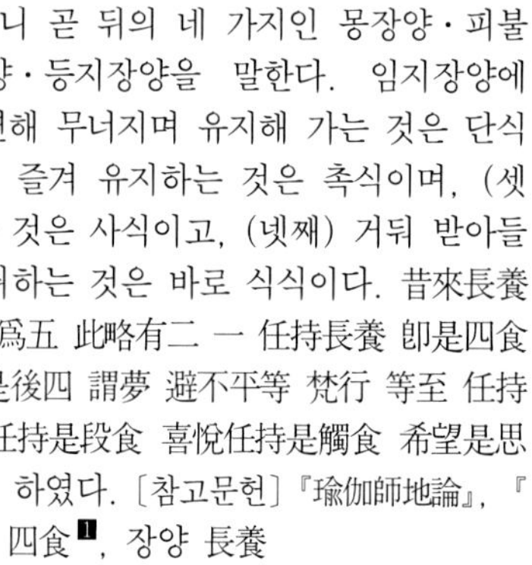

임하사 전탑지출토 사리장엄구 8세기

임해사 臨海寺 **1** 인천광역시 강화군 양도면 인산리 국사봉(國師峰)에 있던 절. 『강도지』에 "무너진 담장과 남은 초석이 아직도 소나무 숲에 있다. 廢垣遺礎 尙在松林中"고 하였다. 절터로 추정되는 곳에 석축 일부가 남아 있고, 어골문(魚骨紋)·무문(無紋) 등의 백자와 기와조각이 발견되기도 하였다. [참고문헌] 『江都誌』, 『韓國寺刹全書』 권하 p.966a13, 『傳燈本末寺誌』(亞細亞文化社, 1978) p.339, 『한국사지총람』 권상(문화재청·佛教文化財研究所, 2010) p.38. **2** 인천광역시 중구 북성동 월미도(月尾島)에 있던 절. 『강도부지』 「영종방영도지 永宗防營圖誌」 행궁(行宮)에 "옛 임해사 터에 인천부사 윤부가 관방을 대비하고자 창건하였고, 그 후 본진인 영종진(永宗鎭)의 첨사 한석량이 중수하였다. 古臨海寺基址仁川府使尹㦿創建爲關防之備 其後本鎭僉使韓碩良重修"라고 하였다. [참고문헌] 『江都府誌』. **3** 전라북도 익산시 소방봉(所方峰)에 있던 절. 『동국여지승람』 권34 전라도 함열현(咸悅縣) 불우에 절 이름이 보이고, 『범우고』에 폐사로 전한다. [참고문헌] 『東國輿地勝覽』, 『梵宇攷』, 『韓國寺刹全書』 권하 p.966a15.

임허사 臨虛寺 경상북도 포항시 북구 흥해읍 옥성리 향교산(鄕校山)에 있는 절. 대한불교조계종 제11교구 본사 불국사(佛國寺)의 말사이다. 1910년대에 사찰의 규모를 갖추었고 1933년과 1940년에 사역을 넓히기도 하였으나 이후 한때 퇴락하였다가 덕암(德庵)이 주석하면서 법등을 이었다. 1983년에 효담(曉曇)이 중건하여 오늘에 이른다. 당우로는 대웅보전·산령각·요사 등이 있다. [참고문헌] 『전통사찰총서』 권16 경북의 전통사찰 Ⅲ(寺刹文化研究院, 2001) pp.445~447.

임휴사 臨休寺 대구광역시 달서구 상인동 대덕산(大德山)에 있는 절. 대한불교조계종 제9교구 본사 동화사(桐華寺)의 말사이다. 태조 왕건(王建)이 팔공산(八公山) 동수대전(桐藪大戰)에서 견훤에게 크게 패배한 후 이 절에서 임시로 군막을 치고 쉬어 갔으므로 절 이름을 '임휴사'라 하였다고 전한다. 921년(경명왕5)에 영조대사(靈照大師)가 창건하였고, 1811년(순조11)에 무주선사(無住禪師)가 중창하였으며, 1930년에 포산대사(苞山大師)가 삼창하였다. 1996년에 혜담(慧潭)이 법당과 요사를 중수하고, 이후 선봉(禪峰)이 약 70여 평의 현대적 요사와 화장실을 완공하였다. 2004년에 방화로 추정되는 화재가 발생하여 대웅전을 포함한 모든 전각이 불탔지만, 지속적인 중창불사로 오늘에 이른다. 현존 당우로는 대웅전·십육나한전·삼성각·반야당·요사 등이 있다. 〔참고문헌〕『韓國寺刹全書』 권하 p.966 a17, 『전통사찰총서』 권14 대구·경북의 전통사찰Ⅰ(寺刹文化硏究院, 2000) pp.185~189.

입 入 ❶ 깨우쳐 앎. 『무량수경연의술문찬』 권상(대정장37, p.134c16·한불전2, p.22c13)에 "경에 말씀하시길, 불법장에 들고 구경에는 피안에 이른다. 〔술〕 두 번째 널리 찬탄함에 두 가지다. 이것은 처음이니 실덕을 찬탄한다. 다음과 같이 말한다. 불법장에 든다는 것은 상승의 인을 펴는 것이고, 구경에는 피안이란 과를 빛내 마침이다. 여래장중의 항하의 모래알과 같은 법을 불법장이라 하고, 깨우쳐 앎을 '입'이라 하며, 열반의 언덕에 이르는 것을 구경이라 한다. 經曰 入佛法藏究竟彼岸者 述云 第二廣歎 有二 此初 歎實德也 有說 入佛法藏者 申因上昇 究竟彼岸者 彰果畢竟 如來藏中 恒沙之法 名佛法藏 證會名入 到涅槃岸 名究竟故", 『설무구칭경소』 권5(대정장38, p.1091b18)에 "'입'이란 증(證)이고 해(解)이니, 진리를 깨닫고 이해하는 것을 입불이(入不二)라고 한다. 入者 證也 解也 證解眞理 名入不二"라고 하였다. 〔참고문헌〕『無量壽經連義述文贊』, 『說無垢稱經疏』, 『無量壽經』 권상(대정장12, p.265c25), 『說無垢稱經』 권4(대정장14, p.577a12). ⇨ 오입 悟入 ❷ Ⓢ Ⓟ āyatana. 근(六根)과 경(六境)이 만나는 곳. 일체(一切)가 일어나는 곳의 뜻이다. 처(處)의 구역(舊譯)이고 아야달나(阿野怛那)라고 음사한다. 오온(五蘊)·십팔계(十八界)와 함께 삼과(三科)에 속한다. 『장아함경』 권1 「대본경 大本經」(대정장1, p.8a22)에 "만약 능히 스스로 관찰할 수 있다면 모든 입들은 있지 않게 되니, 깊이 인연을 보는 이는 따로 밖에서 스승을 구하지 않는다네. 음계입에 대해 욕을 여의어 물듦이 없는 이는 일체 보시를 받을 만하며 보시한 이의 은혜에 청정하게 답한다네. 若能自觀察 則無有諸入 深見因緣者 更不外求師 能於陰界入 離欲無染者 堪受一切施 淨報施者恩", 같은 책 권12 「자환희경 自歡喜經」(대정장1, p.77a3)에 "세존의 설법에는 또한 뛰어난 것이 있으니, 모든 입들을 다스립니다. 모든 입이란 안과 색, 이와 성, 비와 향, 설과 미, 신과 촉, 의와 법을 말합니다. 저 과거의 여래지진등정각 또한 이 입들을 다스리셨으니, 소위 안색 내지 의법입니다. 世尊說法 又有上者 謂制諸入 諸入者 謂 眼色 耳聲 鼻香 舌味 身觸 意法 如過去如來 至眞 等正覺 亦制此入 所謂 眼色乃至意法", 『별역잡아함경』 권1(대정장2, p.376b16)에 "아와 아소가 없으니 의결을 끊고서 모든 입들로부터 멀리 벗어나 번뇌를 없앤다. 無我我所 斷於疑結 遠離諸入 滅於煩惱", 『대지도론』 권12(대정장25, p.148a26)에 "또한 일체 중(衆 : 蘊)·계·입 중에 아는 얻을 수 없다. 아를 얻을 수 없기에 보시하는 사람을 얻을 수 없다. 어째서인가? 아에는 갖가지 명자가 있으니 인·천·남·여·보시하는 사람·받는 사람·고통을 받는 사람·즐거운 사람·축생 등이지만, 이들은 다만 이름만 있을 뿐 실법을 얻을 수 없다. 復次 一切衆界入中 我不可得 我不可得故 施人不可得 何以故 我有種種名字 人 天 男 女 施人 受人 受苦人 受樂人 畜生等 是但有名 而實法不可得", 같은 책 권19(대정장25, p.201b23)에 "볼 수 있는 것은 한 가지 입일 뿐이고, 볼 수 없는 것은 아홉 가지 입과 한 가지 입의 소분이다. 可見者 一入 不可見者 九入及一入少分", 같은 책 권31(대정장25, p.285b17)에 "십이입 중에 아도 아소도 없으며 내외법 또한 없다. 十二入中 無我 無我所 無內外法", 『비바사론』 권6(대정장28, p.454c1)에 "입에 어떤 뜻이 있는가? 〔답〕 실어나르는 문의 뜻이 입의 뜻이며, 실어나르는 길·저장·창고·드러내다·움직이다·밭·샘·흘러들다·바다·하얗다·맑다 등의 뜻이 이 입의 뜻이다. 入有何義 答曰 輸門義是入義 輸道義 藏義 倉義 摽義 機義 田義 泉義 流義 海義 白義 淸義是入義", 『대승의장』 권8(대정장44, p.630a6)에 "첫째로 십이입이라는 이름을 해석한다. 식(識)이 일어나는 곳을 입이라고 하니, 저 팔승처를 팔제입이라고 하는 것과 같다. 또한 근과 진이 번갈아 가며 따라 들기에 입이라고 한다. 입의 뜻은 같지 않은데 열둘로 나뉘니 소위 안·이·비·설·신·의·색·성·향·미·촉·법이다. 이 십이입 중 처음의 여섯은 내입이고 뒤의 여섯은 외입이니, 내입은 육근이라 하고 외입은 육진이라 한다. 第一釋名 十二入者 生識之處 名之爲入 如八勝處 名八除入 又復根塵 迭相順入 亦名爲入 入義不同 離分十二 所謂 眼 耳 鼻 舌 身 意 色 聲 香 味 觸 法 此十二中 初六是內 後六是外 內名六根 外名六塵", 『일체경음의』 권12(대정장54, p.381a24)에 "육처〈살펴보건대, 범어 '아야달나'를 '처'라고 한역한다. '처'는 처소를 말하니, 출생하는 곳이다. 구역에 '육입'이라 한 것은 잘못이다. 범어 '발라베사'를 '입'이라 한다〉. 六處〈案 梵語云 阿也怛那 此翻爲處 處謂處所 出生之處也 舊翻名六入 失之耳 梵本 鉢羅吠舍 此云入也〉", 『범망경직해』 권상(卍속장61, p.30a4)에 "십이입이란 육근과 육진이 서로 끌어들이기에 십이처라고도 하는데, 안은 색이 들어오는 곳이고 색은 안이 들어가는 곳이며, 이는 성이 들어오는 곳이고 성은 이가 들어가는 곳이니, 이렇게 의는 법이 들어오는 곳이고 법은 의가 들어가는 곳이라는 뜻이다. 十二入者 六根六塵 互攝入故 亦名十二處 謂眼爲色入處 色爲眼入處 耳爲聲入處 聲爲耳入處 乃至意爲法入處 法是意入處", 『사분율소식종의기』 권2(卍속장66, p.58a9)에 "구역에 십이입이라고 했는데 심과 심소가 유입되는 근과 경이라는 뜻이다. 舊名十二入者 卽心心所流入根境義也", 『자비도량수참법수문록』 권상(卍속장129, p.323b12)에 "십이입〈입은 서로서로 거두어 드나든다는 뜻〉에서 안·이·비·설·신·의는 내육입이어서 능(能)이고〈능히 보고 듣고 깨닫고 알기 때문이다〉에 속하며, 색·성·향·미·촉·법은 외육입이어서 소(所)다〈보고 듣고 깨닫고 알아가는 처소이다〉에 속한다. 十二入者〈入 以互相涉入爲義〉眼 耳 鼻 舌 身 意 爲內六入 屬能〈能見聞覺知故〉色 聲 香 味 觸 法 爲外六入 屬所〈著見聞覺知之處所也〉"라고 하였다. 〔참고문헌〕『長阿含經』, 『別譯雜阿含經』, 『大智度論』, 『鞞婆沙論』, 『大乘義章』, 『一切經音義』, 『梵網經直解』, 『四分律疏飾宗義記』, 『慈悲道場水懺法隨聞錄』, 『俱舍論記』 권1(대정장41, p.28a6). ⇨ 십이처 十二處, 십이입 十二入, 처 處, 삼과 三科, 일체 一切, 발라베사 鉢羅吠奢, 아야달나 阿野怛那 **1** **3** 정(定)에 드는 뜻. 『구사론』 권25(대정장29, p.129a27 : *Abh-k-bh.*, p.373)에 "이것을 모두 시애심해탈이라고 한다. 항시 애호하고 마음으로 해탈하기 때문이다. 또한 시해탈이라고도 하는데, 때를 기다려 해탈하기 때문이다. 앞의 말을 생략하였으니, 마치 저 소와 병과 같아서 때를 기다려 비로소 선정에 들 수 있다. 말하자면 자구·무병·처소 등의 수승한 인연과 만날 때 비로소 정에 든다. 此總名時愛心解脫 恒時愛護 及心解脫故 亦說名爲時解脫者 以要待時 及解脫故 略初言故 如言酥瓶 由此待時 方能入定 謂待資具 無病處等 勝緣合時 方入定故 eṣāṃ ca pañcānāṃ sāmayikī kānta cetovimuktirveditavyā. nityānurakṣyatvāt. ata evaite samayavimuktā ucyante. samayāpekṣāścaite 'dhimuktāśceti samayavimuktā madhyapadalopāt dhṛtaghaṭavat. eṣāṃ hi samayāpekṣāsamādhisaṃmukhībhāva upakaraṇārogyadeśaviśeṣāpekṣatvāt"라고 하였다. 〔참고문헌〕『俱舍論』, *Abh-k-bh.*

입 笠 ➡입자 笠子, 립 笠

입가 入假 가(假)에 들다. 보살이 중생을 위해 공을 따라 가에 든다는 말이니, 방편을 잘 알아 이승에 머물지 않는 뜻이다. 『반야심경약소연주기』 권하(대정장33, p.564c18)에 "공을 따라 가에 들어 본다고 하였다. 공에 머문다면 이승과 무엇이 다르겠는가? 불법을 성취하지도 중생을 이롭게 하지도 못한다. 공을 관하되 공에 머물지 않고, 가에 들어서 병도 약도 알아 병에 맞게 약을 주어 먹게 한다. 이를 공을 좇아 가관으로 들어간다고 한다. 從空入假觀者 若住於空 與二乘何異 不成佛法 不益衆生 是故觀空 不住於空 而入於假 知病識藥 應病授藥 令得服行故 名從空入假觀", 『유마경현소』 권2(대정장38, p.527c8)에 "가에 든다는 뜻을 밝힌다. 이 관은 정히 속제를 관하여 진사혹의 무지를 부수는 것이다. 만약 이승이라면 중생을 제도하지 않아도 되니 이 관을 필요로 하지 않는다. 보살이 널리 제도하기 위해서는 반드시 이 관을 필요로 한다. 공에서 가로 들어간다 하지만, 만약 공에 매이면 이승에 떨어진다. 저 『대품반야경』에서 '내가 천안으로 시방세계를 관하니 항하사 보살들이 보살도를 배우지만, 보살위에 들어가는 이는 적고 대부분 이승에 떨어진다'고 하였다. 그러므로 통교보살은 공을 따라 가에 들어가고 도종지를 써서 보살위에 들어간다. 공에 머물지 않으니, 마치 공중에 나무를 심듯이 하여 약과 병을 분별하여 중생을 교화한다. 明入假之意者 此觀正爲觀俗諦破塵沙無知 若二乘不爲化物 不須此觀 菩薩弘濟必須此觀 所言從空入假者 若滯於空墮二乘地 如大品經云 我以天眼觀十方世界 恒沙菩薩學菩薩道 少得入菩薩位 多墮二乘地 是故通教菩薩 須從空入假 用道種智 入菩薩位 若不滯空 如空中種樹 分別藥病 化衆生也"라고 하였다. 〔참고문헌〕『般若心經略疏連珠記』, 『維摩經玄疏』.

입견도 入見道 진실을 보아 성자의 길에 들어서다. 사제(四諦)에 대하여 총상과 별상으로, 돈과 점으로 깨우치는 뜻으로 성자(聖者)의 위에 든다. 『분별연기초승법문경』 권하(대정장16, p.843c18)에 "'세존이시여, 견도에 들어서면 이 사제를 단번에 드러내 봅니까, 점차로 드러내 봅니까?' 세존께서 말씀하셨다. '따로 도리가 있어서 돈현관이라 하고, 따로 도리가 있어서 점현관이라 한다. 어떤 다른 도리를 돈현관이라 하는가? 스스로 내증한 진제인 성지는 진지경에 있어서는 안립의 뜻이 아니어서 총상으로만 반연하기에 돈현관이다. 어떤 다른 도리를 점현관이라 하는가? 초업지와 후득지가 자상과 인과상을 관하여 행상을 지어 연하기에 점현관이라고 한다'. 世尊 入見道時 於此四諦 爲頓現觀 爲漸現觀 世尊告曰 有別道理 名頓現觀 有別道理 名漸現觀 何別道理名頓現觀 謂自內證 眞諦聖智 於眞智境 非安立義 總相緣故 名頓現觀 何別道理 名漸現觀 謂初業智 及後得智 觀察自相 及因果相 由作行相 別相緣故 名漸現觀"라고 하였다. 〔참고문헌〕『分別緣起初勝法門經』, 『雜阿毘曇心論』 권5(대정장28, p.911a8). ⇨ 견도 見道 **1**

입능가경 入楞伽經 산스크리트어본(本) 명칭은 *Laṅkāvatāra-sūtra*. 북위(北魏) 때 보리유지(菩提留支) 한역. 10권. 고려장10, pp831a1~917a12, No.160·대정장16, pp.514c3~586b22, No.671에 수록되어 있다. 유송(劉宋) 때 구나발타라(求那跋陀羅)가 한역한

4권본 『능가아발다라보경 楞伽阿跋多羅寶經』(대정장16, No.670), 당(唐)나라 때 실차난타(實叉難陀)가 한역한 7권본 『대승입능가경 大乘入楞伽經』(대정장16, No.672)과 함께 현존하는 세 가지 역본 중에서 두 번째 역본으로서 513년(연창2)에 역출되었다. 여래장(如來藏)사상과 유식(唯識)사상을 중심으로 하고 화엄·법화·반야 등의 대승 사상을 종합하는 경전으로서 모두 18품(品)의 체제로 구성되었다. 선종과 지론종에서 중시하였고 법상종의 여섯 경전 중 하나로 꼽힌다. 유식의 오법(五法)·삼성(三性)·팔식(八識)의 용어가 자주 사용되는데 자성청정식인 제8식을 여래장과 동일시하는 관점이 특징이다. 주소(註疏)로는 명(明)나라 때 지욱(智旭)이 지은 『능가경현소 楞伽經玄疏』 9권이 대표적이다. ⇨ 능가경 楞伽經

입능가경소 入楞伽經疏 신라 때 원효(元曉) 지음. 7권 또는 8권. 『입능가경』에 대한 주석. 『동역전등목록』에 원효의 저술로 기록되어 있지만 전하지 않는다. 『동역전등목록』(대정장55, p.1153a7)에 "같은 경소(『입능가경소』) 7권〈원효 찬술. 아마도 8권인 듯한데, 권7을 보면 경전의 권9와 권10에 대해서는 아직 마치지 못했기 때문이다〉. 同經疏七卷〈元曉撰 疑八卷歟 見第七卷 經九十未了〉"라고 하였다. [참고문헌] 『東域傳燈目錄』.

입능가심현의 入楞伽心玄義 당나라 때 현수법장(賢首法藏 643~712) 지음. 1권. 대정장39, pp.425c9~433b21, No.1790에 수록되어 있다. 『능가경심현기 楞伽經心玄記』·『능가심현기 楞伽心玄記』라고도 한다. 당나라 때 실차난타(實叉難陀)가 한역한 7권본 『대승입능가경 大乘入楞伽經』(대정장16, No.672)에 대한 주석이다. 교기소인(教起所因)·장부소섭(藏部所攝)·현교차별(顯教差別)·교소피기(教所被機)·능전교체(能詮教體)·소전종취(所詮宗趣)·석경제목(釋經題目)·부류전역(部類傳譯)·의리분제(義理分齊)·수문해석(隨文解釋)이 십문(十門)의 체제로 구성되어 있는데 현재 마지막 장에 해당하는 수문해석은 전하지 않는다. 또한 유상종(有相宗)·무상종(無相宗)·법상종(法相宗)·실상종(實相宗)의 사종(四宗)에 대한 교판도 있는데, 그 주요 취지는 법상종과 실상종의 차이를 드러내는 데 있었다. ⇨ 능가경 楞伽經

입능가종요론 入楞伽宗要論 신라 때 원효(元曉) 지음. 1권. 『입능가경』의 핵심을 서술한 책. 『동역전등목록』(대정장55, p.1153a8)에 책이름이 보이며, 의천(義天)의 『신편제종교장총록』 권1(대정장55, p.1169b7·한불전4, p.684b17)에는 『입능가종요 入楞伽宗要』라고 되어 있다. 현재는 일실되어 전하지 않는다. [참고문헌] 『東域傳燈目錄』, 『新編諸宗教藏總錄』.

입니입수 入泥入水 진창에 빠지고 물에 들어간다는 말. 타니대수(拖泥帶水)라고도 한다. 『조산어록』(대정장47, p.535c2)에 "이 변하지 않는 일에 두 가지가 있다. 하나는 사람사람마다 온통 본분사가 있다는 것이다. 다른 하나는 이를 아는 사람은 일체 성색으로 하는 시비를 버리지 않고, 일체물물상에도 걸리지 않으니 일체처 바꾸지 않는다고 한다. 이는 또한 털을 입고 뿔을 쓴다고도 하고, 진창에 빠지고 물에 든다고도 하며, 지어 행하는 이라고도 부른다. 此不變易事有二種 一者 人人盡有本分事 二者 知有底人 不捨一切聲色是非 於一切物物上不滯 呼爲一切處不易 亦喚作披毛戴角 亦喚作入泥入水 亦喚作行李底漢", 『대혜어록』 권1(대정장47, p.814c3)에 "무상선사의 기일에 법좌에 올라 말했다. '조금 전 북을 울리기 전에 무상선사는 벌써 학인들을 위해서 진창에 들고 물에 들어 갈등이 없지 않으니, 내가 어찌 흙 위를 향하여 진흙을 더하랴'. 無上禪師忌日上堂 適來未擊鼓已前 無上禪師 已爲諸人 入泥入水 葛藤不少 徑山不可更向土上加泥", 『원오어록』 권10(대정장47, p.760b15)에 "산승은 꼬리털 아까워함이 없어 진창에 들고 물에 들어 여러분에게 그대로 열어보겠다. 자세한 뜻 알겠는가? 다만 능히 만법 범하여 품는 일 없다면 한 번에 뛰어올라 곧바로 여래지에 들어간다. 山僧 不惜眉毛 入泥入水 爲諸人平展 還委悉麽 但能萬法不干懷 一超直入如來地", 같은 책 권13(대정장47, p.774a11)에 "만일 제삼의 기틀로 사람을 위하려면 진창에 빠지고 물에 들어 거듭 잔소리 하지 않을 수 없다. 若是第三機爲人 不免入泥入水 重下箇注脚", 『장령수탁어록』(卍속장120, p.314a12)에 "법좌에 올라 말했다. '오물더미 머리에 장륙신이여, 진창에 빠지고 물에 드는 출가인이여! 장부에게는 본래 통하는 눈 있으니, 보배 알아 잡았다 할 때는 보배는 아니다'. 上堂云 糞掃堆頭丈六身 入泥入水出家人 丈夫自有通方眼 認著珍時不是珍"라고 하였다. [참고문헌] 『曹山語錄』, 『大慧語錄』, 『圜悟語錄』, 『長靈守卓語錄』. ⇨ 타니대수 拖泥帶水

입당법 入堂法 대중이 당에 들어서 행하는 법. 『사분율행사초』 권상(대정장40, p.23b16)에 "입당법이다. 반드시 문 밖에서 오른쪽 어깨를 드러내고 두 손은 가지런히 모은다. 마음은 다잡아 공경히 하고 뜻으로 당 내의 스님과 부처님의 모습과 연각나한에 대한 생각도 한다. 왜일까? 삼승은 한가지 법을 취하기 때문이다. 다음으로 입당하려 할 때 만약 문이 서쪽에 달려 있으면, 건물 바깥 서쪽 옆문으로 들어가되 먼저 왼발을 디뎌 고요한 마음으로 들어간다. 문을 나설 때도 다시 서쪽 옆문으로 나오되 먼저 오른발을 내딛고 나간다. 만약 문이

동쪽에 달려 있으면 앞의 설명을 뒤쳐 알 수 있다. 문안에서는 엇갈리며 지나다녀서는 안 된다. 入堂法 應在門外偏袒右肩斂手 當心攝恭敬 意擬堂內僧 並同佛想緣覺羅漢想 何以故 三乘同法食故 次欲入堂 若門西坐者 從戶外旁門西頰 先擧左脚定心而入 若出門者 還從西頰 先擧右脚而出 若在門東坐者 反上可知 不得門內交過", 같은 책 권상(대정장40, p.35c2)에 "(布薩을 하려고) 입당할 때는 합장한 자세로 공손히 거두고 예를 다하여 게를 읊는다. '계 가져 청정함이 저 보름달과 같고, 몸과 입 깨끗하여 한 점 티끌도 없네. 대중이 화합함에 어긋나 다투지 않으니, 이에 가히 같이 포살한다 하리라'. 송을 외운 후 각기 위차에 따라 앉는다. 入堂時 便合掌恭攝 致禮說偈言 持戒淸淨如滿月 身口皎潔無瑕穢 大衆和合無違諍 爾乃可得同布薩 說已各依位隨次而坐", 『선원청규』 권1 「부죽반 赴粥飯」(卍속장111, p.880b14)에 "목어 친 후에는 입당할 수 없다. 입당법이다. 앞문으로 들어가려면 모두 남쪽 옆문으로 들어간다〈먼저 오른발을 딛는다〉. 북쪽 옆문으로 들어가지 않는 이유는 주지를 존중하는 차원이다〈후문으로 들어가는 이는 위 칸에 앉는다. 곧 북쪽 옆문으로 들어가되 먼저 왼발을 딛는다. 아래 칸에 앉는다면 남쪽 옆문으로 들어가되 먼저 오른발을 딛는다〉. 성승상 앞에 문신하고 마치면 앉는다. … 북이 세 번 울리고 주지가 승당으로 나아가면, 지사·두수는 위계에 따라 문신한다. 당우 앞의 종이 울리면 대중은 함께 상에서 내려온다. 주지가 입당하여 성승상에 문신한 뒤 대중과 문신한다. 그런 다음에 앉는 자리로 가서 다시 문신한다. 마치면 주지가 자리에 앉고 대중은 비로소 상에 오를 수 있다. 시자와 사미는 주지를 따르되 승당 밖으로 내려가 줄지어 서고 대중이 앉는 것을 기다렸다가 한꺼번에 문신한다. 그런 다음에 시자가 탁자를 넣고 문신하러 나온다. 다음으로 유나가 입당하여 성승상 앞에서 문신이 끝나면 향을 피우고 침추 옆에 선다. 그러면 대중이 발우를 편다. 打木魚已後 竝不得入堂 入堂之法 前門入者 竝從南頰入〈先擧右足〉 所以不從北頰入者 尊住持人也〈後門入者 上間坐 卽北頰入 先擧左足 下間坐 卽南頰入 先擧右足〉 於聖僧前問訊訖坐 … 鳴鼓三通 住持人赴堂 知事頭首依位問訊 堂前鳴鐘 大衆同下牀 住持人入堂 問訊聖僧罷 與大衆問訊 然後就位 復問訊訖 住持人就座 大衆方可上牀 侍者沙彌參隨住持人下堂外排立 候大衆坐 一時問訊 然後侍者入卓子問訊出 次後維那入堂 聖僧前問訊罷 燒香就砧槌邊立 大衆展鉢", 『대비구삼천위의』 권상(대정장24, p.919a16)에 "당실에 들어가는 것에 (지켜야 할) 다섯 가지 사항이 있다. 첫째, 상좌에게 예를 표해야 한다. 둘째, 가사를 벗어서 상좌 앞에서 입거나 놓아두고 일어서선 안 된다. 셋째, 큰 소리를 내서는 안 된다. 넷째, 모여서 말하거나 웃어서는 안 된다. 다섯째, 상좌가 경을 강설할 때 한 뜻으로 들어야 한다. 入堂室有五事 一者 當禮上坐 二者 不得解袈裟 著上座前捨起 三者 不得大聲 四者 不得聚語笑 五者 上座說經 當一意聽", 『입당구법순례행기』 권2(대장경보편18, p.44a9)에 "신라일일강의식 : 진시에 타종한다. 추로 길게 쳐서 마치면 강사와 도강 두 사람이 입당한다. 대중은 먼저 들어와 줄지어 앉아 있는다. 강사와 독사가 입당하는 즈음에 대중들은 같은 소리로 부처님의 명호를 소리내어 찬탄하되 길게 끌어서 한다. 이에 강사는 북좌에 오르고 도강은 남좌에 올라서면 찬불을 바로 그친다. 新羅一日講儀式 辰時打鍾 長打槌了 講師都講二人入堂 大衆先入列坐 講師讀師入堂之會 大衆同音 稱嘆佛名長引 其講師登北座 都講登南座了 讚佛便止"라고 하였다. [참고문헌] 『四分律行事鈔』, 『禪苑淸規』, 『大比丘三千威儀』, 『入唐求法巡禮行記』, 『翻譯名義集』 권7(대정장54, p.1169a24), 『四分比丘尼鈔』 권상(卍속장64, p.92a2), 『敎苑淸規』 권하 「入堂」(卍속장101, p.753a9).

입당삼배 入堂三拜 당에 들어 세 번 절한다. 『백장청규』 권7 「결제예의 結制禮儀」(대정장48, p.1153b6)에 "주지가 입당하여 향을 피워 올리고 대중은 삼배를 올린다. 住持入堂燒香 大展三拜", 『율원사규』 권1 「중야창결삼계 中夜敞結三界」(卍속장106, p.6b16)에 "북을 크게 쳐 대중이 일어나서 모이게 한다. 승당 앞에 바로 서고, 북소리가 그치면 유나는 문종게를 든다. … 다음으로 대중이 법당에 모이면 위에 따라 서서 정에 들어 대중은 삼배를 올린다. 大打起集衆 就僧堂前立定 皷絶維那擧聞鐘偈 … 次第衆集法堂 依位立定 大展三拜"라고 하였다. [참고문헌] 『百丈淸規』, 『律苑事規』, 『敎苑淸規』 권1 「嗣法師忌」(卍속장101, p.704a7). ⇨ 입당법 入堂法, 삼배 三拜, 결제 結制

입도인연 入道因緣 불도(佛道)에 깨우쳐 드는 인연. 『수심결』(대정장48, p.1006b6·한불전4, p.709a19)에 "위에 언급한 옛 성인의 입도인연은 명백하며 알기 쉬워 틀림없이 힘을 덜 수 있다. 이 공안으로 인해 신해의 여지가 생긴다면 옛 성인과 더불어 손잡고 함께 갈 수 있다. 上來所擧 古聖入道因緣 明白簡易 不妨省力 因此公案 若有信解處 卽與古聖 把手共行", 『대혜어록』 권20 「시무상거사 示無相居士」(대정장47, p.894b1)에 "참선하는 사람은 경교와 입도인연을 살펴서 오직 마음을 비워야지, 말소리나 구의 뜻에서 현묘함을 구하거나 깨우쳐 들어가려 해서는 안 된다. 만약 이런 마음을 일으킨다면 곧바로 자기의 바른 지견을 장애하여 영겁토록 들어갈 실마리마저 얻지 못하리. 參禪人 看經敎及古德入道因緣 但虛却心 不用向聲名句義上求玄妙求悟入 若起此心 卽障却自己正知見 永劫無有入頭處"라고 하였다. [참고문헌] 『修心訣』, 『大慧語錄』.

입류망소 入流亡所 흐름에 들어 소연(所緣)을 잊다. 교법을 듣고 법성류에 들면 이(理)로 비춰 이름과 말(名言) 뿐인 객진(客塵)을 버린다는 뜻이다. 『능엄경』에 나오는 구절로 이근원통(耳根圓通)을 성취해가는 과정을 상세히 푼 뜻이다. 망(亡)은 망(忘)이라고도 쓴다. 『능엄경』 권6(대정장19, p.128b17)에 "내가 저 부처님에게 보리심을 내면, 저 부처님께서는 내가 문사수를 따라 삼매에 들도록 하신다. 처음에 듣는 중에 흐름에 들자 잊어서 들어감도 이미 고요해 동정의 두 상이 이미 요연해 일어난 적도 없다. 我於彼佛發菩提心 彼佛敎我從聞思修 入三摩地 初於聞中 入流亡所 所入旣寂 動靜二相了然不生", 『벽암록』 46칙 「평창 評唱」(대정장48, p.183a5)에 "'일찍이 흐름에 들면 여전히 깨닫지 못하네'라는 말은, 교중에서 말하길 '처음 듣는 중에 류에 들어 든 곳도 잊고 든 일도 이미 고요하다. 동정이상은 분명히 일어남이 없다'고 한 것이다. 이것이 빗방울 소리라고 해도 옳지 않고, 이것이 빗방울 소리가 아니라고 해도 옳지 않다. 若謂曾入流 依前還不會 敎中道 初於聞中入流忘所 所入旣寂 動靜二相 了然不生 若道是雨滴聲 也不是 若道不是雨滴聲 也不是", 『수능엄의소주경』 권6(대정장39, p.903a22)에 "듣는 이도 들리는 것도 다하면 흐름에 드는 것이 오히려 흐름을 돌이키는 것이다. 먼저 들음의 자성을 관하고 돌이켜 들리는 것도 떠나며 앞서 있던 객진을 따르지 않으니, 흐름은 뒤쳐 적멸이 일어난다. 그러므로 흐름에 들어 다 잊는다고 하였다. 聞所聞盡 入流猶返流也 初觀聞性 返照離緣 不隨前塵流轉起滅 故云入流亡所", 『능엄경집주』 권6(卍속장17, p.293a13)에 "입류란 바탕이다. 이에 들면 곧바로 돌이켜 듣는 자성을 보게 된다. '망소'란 이름과 말에 걸리지 않음이어서, 곧바로 반연했던 객진을 떠난다. … 〔보유〕 '처음 듣는 중에 흐름에 들어 있던 것 잊는다'는 말에서 흐름이란 이를 비춤이다. 가르침을 들은즉 이를 비추고, 이가 분명해지면 말을 잊는다. 그러므로 망소라고 하였다. 入流謂體 言入理則是反觀聞性也 亡所謂不滯名言卽是離緣塵也 … 補遺云 初於聞中入流亡所者 流謂照理也 聞敎則照理 理明則亡詮 故曰亡所", 『능엄경모상기』(卍속장19, p.23b2)에 "입류망소 : 입류라는 두 글자는 설이 분분하다. 일설에 류란 법성류라 하였고, 일설에는 생사욕의 흐름이라고 하며, 일설에는 삼심(三心) 중 등류심(等流心)이라 하고, 일설에는 뭇 사람들이 흐름을 따라서 나오기에 지금은 흐름을 거슬러 든다고 한다. 흐름을 거슬러 드는 것은 들음의 자성을 돌이키는 것과 비슷하다. 다만 앞의 게 중에 흐름에 들어가 정각을 이룬다고 하였으니, 저 뜻은 마땅히 법성의 흐름에 들어간다고 해야 한다. 법성으로 소리에 상대하니, 소리에 들지 않고 법성에 든즉 흐름을 돌이키는 뜻이다. 그러므로 첫 번째 설을 따른다. 入流亡所 入流二字 諸說不同 一說 流者 法性流 一說 流者 生死欲流 一說 流者 三心中等流 一說 衆人隨流而出 今此反流而入 反流而入 似合反聞自性 但前偈中 入流成正覺 彼意 應是入法性流 以法性對聲塵 不入聲塵而入法性 卽反流意 故從第一說"라고 하였다. 〔참고문헌〕『楞嚴經』, 『碧巖錄』, 『首楞嚴義疏注經』, 『楞嚴經集註』, 『楞嚴經摸象記』. ⇨ 입리지문 入理之門

입리실단 入理悉檀 이(理)에 들어 깨우치는 길. 사실단(四悉壇) 중 하나로 제일의(第一義)에 의지해 번뇌를 끊고 중도실상(中道實相)을 깨닫도록 하는 길이다. 제일의실단(第一義悉檀 Ⓢ pāramārthika siddhānta)·제일의입리실단(第一義入理悉檀)이라고도 한다. 『능엄경정맥소』 권7(卍속장18, p.721a8)에 "일생이 원과 같다 하니 현생에 깨달음을 얻어 마음이 통함이다. 이것은 입리실단이다. 만약 일마다 원하는 대로라면 바로 나머지 세 가지 실단도 그렇다. 一生如願 謂令現生取證及心通也 此入理悉檀 若作事事如願 卽餘三悉矣", 『능엄경지장소』 권7(卍속장24, p.610b5)에 "일생이 원대로라면 현재의 몸은 보리로 꽉 차있다는 뜻이니, 아승기겁세월을 거치지 않고도 법신을 얻음이다. 『정맥소』에서 이것을 입리실단이라고 하였다. 만약 하는 일마다 원하는 대로라면 나머지 세 가지 실단도 다 거둬 그렇게 한다. 一生如願者 謂卽於現身圓滿菩提 所謂不歷僧祇獲法身也 正脈云 此入理悉檀 若謂令其所作事事如願 亦攝餘三悉檀"라고 하였다. 〔참고문헌〕『楞嚴經正脈疏』, 『楞嚴經指掌疏』. ⇨ 제일의실단 第一義悉檀, 사실단 四悉壇

입리심담 入理深談 뜻에 들어 깊이 말하다. 한계를 정하고 말하는 언설(言說)의 방편을 문정시설(門庭施設)이라 하는 반면, 뜻으로 말해 깊이 들어가면 한마디(一言)도 남지 않을 수 있는 담론을 말한다. 『동산어록』 「현중명 玄中銘」(대정장47, p.515b12)에 "이에 들어 깊이 말하다란, 공이 없이 하여 뜻만을 아는 것이다. 入理深談 以無功而會旨", 『허당집』 42칙 「평창 評唱」(卍속장124, p.560a10)에 "문 안의 뜰에 시설하는 방편은 만 가지 천 갈래이지만, 이로 들어가는 깊은 이야기는 한마디 말도 없이 아는 것이다. 門庭施設 萬種千般 入理深談 了無一語", 『응암담화어록』 권9(卍속장120, p.883a2)에 "두 늙은이는 뛰어나다면 함께 뛰어나고 열하다면 같이 열하다. 손길을 내민 곳에서는 존귀하다고 칭송받아 충분하지만, 이로 들어가 깊게 말하면 못내 깨우침 모자라다. 二老漢 優則同優 劣則同劣 垂手處足可稱尊 若是入理深談 猶欠悟在", 『종용록』 20칙 「시중 示衆」(대정장48, p.240a5)에 "이로 들어가는 깊은 이야기로는 세 갈래 조롱이고 네 갈래도 웃을 일이다. 장안의 대도는 종횡으로 수없이 나있다. 入理深談 嘲三攞四 長安大道 七縱八橫"라고 하였다. 〔참고문헌〕『洞山語

錄』, 『虛堂集』, 『應庵曇華語錄』, 『從容錄』, 『碧巖錄』 88칙 「垂示」(대정장48, p.212c4), 『五家宗旨纂要』 권중(卍속장114, p.535b5). ⇨ 문정시설 門庭施設

입리지문 入理之門 이로 드는 문. 언설로 깨우치는 것도 삼매(定)로 들어가는 문도 아니어서 동정(動靜)을 다 버려 드는 문이다. 『청관음경소천의초』 권1(대정장39, p.978c25)에 "관문에 다름이 있다 하였다. 저 법화에서의 네 가지 안락행을 이로 깨우치는 문으로 삼고, 지금 이 경에서는 수식관 등으로 이에 드는 문으로 삼는다. 觀門有異者 如法華四安樂行 爲入理之門 今經以數息等爲入理之門", 『원오어록』 권15 「시각민지고 示覺民知庫」(대정장47, p.781a2)에 "불조의 언교는 통발이나 올무다. 이것을 빌어 이에 드는 문으로 삼는다. 佛祖言教筌罤爾 藉之以爲入理之門", 『대혜어록』 권17(대정장47, p.882c3)에 "저 교중에서는 '흐름에 들어 모든 것 잊고, 드는 일마저 적정하면 동정의 두 가지 상이 분명하여 일어날 일 없다'고 하였다. 겨우 들어갈 곳 얻었다 하자 바로 삼매의 모양마저 잊어 마친다. 삼매라는 것 이미 없으면 유위에도 무위에도 떨어지지 않아 동정은 요연하여 일어남이 없다. 문득 이것이 관음이 이에 든 문이다. 這箇教中 謂之入流亡所 所入旣寂 動靜二相 了然不生 纔得箇入處 便亡了定相 定相旣亡 不墮有爲 不墮無爲 動靜二相 了然不生 便是觀音 入理之門"라고 하였다. 〔참고문헌〕『請觀音經疏闡義鈔』, 『圜悟語錄』, 『大慧語錄』. ⇨ 입류망소 入流亡所

입림부동초 入林不動草 숲에 들지만 풀 흔들지 않는다. 『설두어록』 권2(대정장47, p.681c1)에 "법좌에 올라 말했다. '티끌마다 부처님 나라이고 잎새마다 석가 한 분 계시네. 덕산은 왜 저잣거리에 푯말을 세웠는가?' 다시 말했다. '숲에 들지만 풀을 흔들지 않고, 물에 들어도 물결 일지 않는다. 투자의청은 무엇 때문에 오색 끈에 묶여 있을까? 사무쳐 본 이라면 시험삼아 가려내보라'. 上堂云 一塵一佛國 一葉一釋迦 德山何以卓牌於鬧市 又云 入林不動草 入水不動波 投子因甚麽脚下五色索 透關底 試辯看", 『열조제강록』 권29(卍속장112, p.622a4)에 "알아 볼 얼굴조차 없는 이라서 그 어떤 성인도 가까이 할 수 없다. 이렇게 되어야 비로소 숲에 들어가도 풀 흔들지 않고, 물에 들어도 물결 일지 않으며, 대지는 황금이 되고 장강 휘저어 소락을 만든다. 渠無面目底千聖不敢近 方解入林不動草 入水不動波 變大地作黃金 攪長河爲酥酪", 『밀암어록』(대정장47, p.982a5)에 "모든 성인이 눈 부릅떠도 이를 수 없고, 만령이 우러러도 열리지 않으니 함께 나눌 말조차 없다. 하지만 임제종지 그래도 반드시 있는 줄 알거니, 숲에 들지만 풀 한 포기 흔들지 않고 물에 들어도 물결을 일지 않는 그 한 수다. 諸聖著眼不到 萬靈瞻仰無門 亦未可共語 臨濟宗旨 更須知有 入林不動草 入水不動波 一著子"라고 하였다. 〔참고문헌〕『雪竇語錄』, 『列祖提綱錄』, 『密菴語錄』.

입멸 入滅 Ⓟ parinibbāti. ❶ 다 사라진 고요함에 들다. 번뇌가 다하여 생사의 불꽃이 모두 꺼진 구경에 들어감. 열반(涅槃)·적멸(寂滅)·멸도(滅度)·무위(無爲)라고도 한다. 깨우친 이들이 육체의 소멸로 무여열반에 이르는 죽음을 가리킨다. 『법화현의』 권6(대정장33, p.756a8)에 "만약 남은 번뇌가 다하지 않은 채 부처님의 입멸을 맞게 되면, 스스로 번뇌를 끊거나 뒤에 오실 부처님을 기다려야 한다. 若殘惑未盡 値佛入滅 亦自能斷 或待後佛", 『법화문구』 권1(대정장34, p.10c18)에 "부처님께서는 '이 사람이 없다면 나의 법 남지 않으리. 가섭은 불법을 짊어지고 미래불이 출현할 때까지 오랫동안 머물게 한다'고 하시고는 법을 부촉하고 법의를 전수하신 후에 입멸하셨다. 若無此人 我法則不存 迦葉能荷負佛法 令得久住 至未來佛 付法 授衣竟 然後入滅", 종보본 『단경』(대정장48, p.361a17)에 "화상께서 입멸하신 후에 가사와 법은 누구에게 부촉하시겠습니까? 和尙入滅之後 衣法當付何人", 『경덕전등록』 권4 「신수전 神秀傳」(대정장51, p.231b26)에 "(신수선사는) 신룡 2년 동도의 천궁사에서 입멸했다. 神龍二年於東都天宮寺 入滅"라고 하였다. 〔참고문헌〕『法華玄義』, 『法華文句』, 『壇經』, 『景德傳燈錄』. ⇨ 열반 涅槃 ❷ 석가모니부처님의 열반. 『법화문구기』 권3(대정장34, p.196a26)에 "경에서 '땅이 진동하는 여섯 가지 인연이 있다. 성인의 입태·출태·출가·성도·법륜·입멸을 말한다"라고 하였다. 經云 有六緣地動 謂入胎 出胎 出家 成道 法輪 入滅", 『종경록』 권38(대정장48, p.642c25)에 "팔상성도는 찰나의 그 순간을 벗어나지 않는다. 강생하셨을 때 곧바로 성도하신 때이자 사람을 제도하신 때이고, 입멸하신 때이기도 하다. 八相成道 不出刹那際 以降生時 卽是成道時 卽是度人時 是入滅時"라고 하였다. 〔참고문헌〕『法華文句記』, 『宗鏡錄』. ⇨ 적멸 寂滅, 열반 涅槃, 팔상성도 八相成道, 석가팔상 釋迦八相

입무상방편상 入無相方便相 상(相) 없음을 깨우쳐 알게 하는 방편의 모습들. 소취(所取)인 경(境)도 능취(能取)인 식(識)도 불가득(不可得)임을 깨우쳐 무상에 들게 한다. 허망분별(虛妄分別)의 아홉 가지 양상 중 하나로 입허망무소유방편상(入虛妄無所有方便相)이라고도 한다. 『변중변론』 권상(대정장31, p.465a3)에 "허망분별에 있어서 무상방편상에 듦을 밝히리라. … 유식으로 얻을 수 있는 것에 의지하기에, 앞서 '경은 무소득으로 일어남이 있다'고 하였고 다시 경은 있을 수 없다는 것에 의지한다 하였으니, 뒤에 '식도 무소득으로 일어날 수 있다'고 한다. 이 방편으로 소취와 능취가 다 무상임에 증입한다. 當說 卽於虛妄分別 入無相方便相 … 依止唯識有所得故 先有於境無所得生 復依於境無所得故 後有於識無所得生 由是方便 得入所取能取無相"라고 하였다. [참고문헌]『辯中邊論』, 『中邊分別論』 권상(대정장31, p.452b3). ⇨ 허망분별 虛妄分別

입문삼구 入門三句 고려때 나옹혜근(懶翁惠勤)이 제기한 삼구. 불문(佛門)에 들어가 깨달음에 이르기까지를 세 단계로 나누었다. 점차로 향상하는 단계적 순서의 형식을 지니지만 한 덩어리의 무차별한 관문(關門)이다. 『나옹어록』「입문삼구」(한불전6, p.722a19)에 "문에 드는 구에서 분명하게 말했는데, 문을 마주한 구(당문구)는 무엇이며, 문에 든 다음의 구(문리구)는 또한 어떻게 하는가? 入門句 分明道 當門句 作麽生 門裏句 作麽生", 『백운어록』「나옹화상의 삼구와 삼전어에 대한 풀이 懶翁和尙三句與三轉語釋」(한불전6, p.655a13)에 "삼구를 푼다. 입문구 : 향할 때 좌에도 떨어지지 않고 우로도 기울지 않으며 정면으로 든다. 당문구 : 받들어 행할 때 기와 지가 상응하여 겹겹으로 깊이 든다. 문리구 : 공을 함께 할 때 마땅히 주인 중의 주인을 깨달아 오랫동안 문밖을 나오지 않는다. 三句 入門句 向時 不落左不落右 正面而入 當門句 奉時 機智相應 深入重玄 門裏句 共功時 當證主中主 長年不出戶"라고 하였다. 본래 입문삼구는 분양선소(汾陽善昭)가 학인의 다섯 가지 질문에 대해 대답한 구절(入門句·門裏句·當門句·出門句·門外句) 중 세 가지를 선별한 것이며, 백운은 이 삼구에 대하여 조동종의 공훈오위(功勳五位 : 向·奉·功·共功·功功) 중 향·봉·공공 등 세 가지를 선별하여 활용했다. [참고문헌]『懶翁語錄』, 『白雲語錄』.

입문해석 入文解釋 경론(經論)의 본문을 그 문장의 차례에 따라 순서내로 해석하는 것. 수문석(隨文釋)·수문작석(隨文作釋)이라고도 한다. 『유마경약소』 권4(대정장38, p.608a7)에 "여기서 역시 대략 세 가지 뜻으로 이 품(品)을 전반적으로 해석한다. 첫째 이 품이 오게 된 뜻을 바르게 밝히는 것이고, 둘째 간략하게 제자의 뜻을 풀이하는 것이며, 셋째 본문에 따라 풀이하는 것이다. 今亦略用三意 通釋此品 一 正明此品來意 二 略釋弟子義 三 入文解釋"라고 하였다. [참고문헌]『維摩經略疏』. ⇨ 수문석 隨文釋[1], 불전석례 佛典釋例

입법계 入法界 법계에 들다. 진제(眞際)로 함께한다는 뜻이어서, 한 티끌 자성 없는(無自性) 법이 연기해도 온전히 일체를 다 거둬 나머지 세계란 없다. 이렇게 일체법이 서로 장애하는 일 없이 어울려 함께하지만, 각각이 스스로 이미 원만법계라면 이는 법계에 든 것이다. 『화엄경의해백문』(대정장45, p.627b16)에 "(緣生會寂門 10문 가운데) 두 번째, 법계에 든다 하였으니 하나의 작은 티끌로 연기한 법이다. 법은 지혜에 따라 나타나씀에 차별이 있지만, 이 계와 이 법은 자성이 없어 분제가 없다. 어울려 두 모습이 없고 한가지로 진제여서 허공과 같다. 일체에 가득 통하여 처를 따라 드러나서 밝고 분명하지 않을 수 없다. 그러나 이 한 티끌 일체법과 더불어 서로 알지 못하고 서로 보지도 못한다. 왜 그런가. 각각이 온전히 그대로 원만법계이고 널리 일체를 거둬 다시 따로 다른 법계는 없다. 二 入法界者 卽一小塵緣起是法 法隨智顯 用有差別 是界此法 以無性故 則無分齊 融無二相 同於眞際 與虛空界等 遍通一切 隨處顯現 無不明了 然此一塵 與一切法 各不相知 亦不相見 何以故 由各各全是 圓滿法界 普攝一切 更無別法界", 『화엄경합론찬요』 권하(卍속장88, p.771b15)에 "입법계란, 미혹을 뒤로 하여 새롭게 깨우치니 입이라 하고, 몸과 마음의 경계에서 자성 스스로 의지함 없으면 그 이름 법이다. 일과 다가 막힘없이 사무치고 진가와 시비의 장막이 사라지면 법계라 부른다. 또한 순수하게 지와 함께할 뿐 정식경이 아닌 것이 법계다. 또 무명의 식종자를 알아서 섞임없이 지혜로만 움직이니, 미혹으로 거둔 적 없고 의지할 일 없는 지혜경계면 법계라 할 만하다. 入法界者 後迷創達 名之爲入 身心境界 性自無依 名之爲法 一多通徹 眞假是非障亡 名之爲界 又純與智俱 非情識境 名爲法界 又達無明識種 純爲智用 不屬迷收 是無依智之境界 名爲法界"라고 하였다. [참고문헌]『華嚴綱要』, 『華嚴經探玄記』, 『華嚴經義海百門』, 『華嚴經合論纂要』. ⇨ 외형입법계 外形入法界, 입법계품 入法界品

입법계체성경 入法界體性經 Ⓢ Ratnakoṭi-sūtra, Ⓣ Rin-po-che'i mtha'. 수(隋)나라 때 사나굴다(闍那崛多 Ⓢ Jñānagupta) 한역. 1권. 고려장11, pp.503a1~507b11, No.241·대정장12, pp.234a21~237a15, No.355에 수록되어 있다. 『입법계경』·『입법계성경』·『법계체성경』이라고도 한다. 부처님과 문수사리보살이 문답하는 형식으로, 삼매에 들어 시방세계의 일체를 현견(現見)하는 보적삼매(寶積三昧) 등을 설한다. 나아가 일체법이 실제(實際)이고 실제에 의지하여 성취한다. 실제를 보는 것이 행(行)이고 사유(思惟)와 증의(證義)가 그대로 행이라고 설한다. 또한 일체법은 불가사의하고 불괴(不壞)이며 불거불래(不去不來)하는 여래의 경계이며 그대로 법계라고 설한다. 티베트역본(北京版 No.786)이 현존한다. 『개원석교록』 권7(대정장55, p.548c7)에 "『입법계체성경』 1권〈'체성'이라는 글자가 없는 경우도 있다. 두 번째 역출로서 『보적삼매문수문법신경』과 동본이역이다. 개황 15년(595) 7월에 시작하여 8월에 마쳤다. 사문 도밀 등이 필수를 맡았다. 『역대삼보기』에 보인다〉.

入法界體性經 一卷〈或無體性字 第二出 與寶積三昧文殊問法身經同本 開皇十五年七月出八月訖 沙門道密等筆受 見長房錄〉”라고 하였다. 본경의 동본이역으로는 후한 때 안세고(安世高)가 한역한 『보적삼매문수사리보살문법신경 寶積三昧文殊師利菩薩問法身經』(대정장12, No.350)이 있다. 〔참고문헌〕『開元釋敎錄』. ⇨ 보적삼매문수사리보살문법신경 寶積三昧文殊師利菩薩問法身經

입법계품 入法界品 『화엄경』의 마지막을 장식하는 대품(大品). 산스크리트어 명칭은 *Gaṇḍavyūha*. 선재동자(善財童子)가 문수보살의 법문을 듣고 보리심을 일으키고 보현행을 실천하고자 구법한 여정으로 부처님께서 사자빈신삼매(師子頻申三昧)에 드셔서 설하시자 모든 보살이 이 삼매를 찬탄하였고, 보현보살은 이 삼매에 대하여 자세히 설했다. 선재동자는 55회에 걸쳐 선지식을 만났는데 그중 문수보살이 처음과 끝으로 두 회에 등장하고, 법문하지 않은 변우동자를 제하면 보통 오십삼선지식(五十三善知識)이라 부른다. 「입법계품」의 다른 이름은 『불가사의해탈경 不可思議解脫經』·『불가사의경 不可思議經』이라 하고, 별행경으로는 『라마가경 羅摩伽經』 세 권, 당의 지바하라(地婆訶羅)가 번역한 『대방광불화엄경입법계품 大方廣佛華嚴經入法界品』, 당의 반야가 번역한 40권본 『대방광불화엄경』이 있다. 「입법계품」이 처음으로 한역된 것은 성견(聖堅)역의 『라마가경』인데, 이것은 60권본 『화엄경』의 「입법계품」이다. 『화엄경소초』 권15(대정장36, p.112b19)에 “선재가 모든 위를 밟아 점차로 법계를 증했지만, 점과 돈을 꾸려 다하고 본과 말도 어울려 모이게 했으니 온통 법계를 증한 뜻이다. 그러므로 이 법문 받아서 「입법계품」이라 하였으니, 다함없는 가르침의 바다를 오직 깨우쳐 상응했을 뿐이다. 善財歷位漸證法界 漸頓該羅 本末融會 皆證法界 故受之以入法界品 是知 無盡敎海 唯證相應”라고 하였다. 범문은 1936년 스즈키(鈴木)의 *The Gaṇḍavyūha-sūtra*가 있다. 「입법계품」의 결송인 「보현행원찬 普賢行願讚」은 「보현행원왕게 普賢行願王偈」라고도 하며, 62송의 범문이 남아 전한다. 『문수사리발원경』과 『보현보살행원찬』 두 경은 「입법계품」 결송에 해당하는 한역경이다. 티베트역본(北京版 No.761)도 전한다. 이 입법계품 이야기는 인도네시아 7세기에서 9세기에 번영을 누렸던 샤일렌드라(Sailendra)왕조의 보로부두르사원 석조유적에 새겨 전한다. 〔참고문헌〕『華嚴經疏鈔』. ⇨ 대방광불화엄경입법계품 大方廣佛華嚴經入法界品, 입법계 入法界, 오십삼선지식 五十三善知識

입법계품 선재동자 수월관음도
일본 장락사 고려(위)·일본 대덕사 고려(아래)

입법계품초기 入法界品抄記 고려초 균여(均如 923~973) 지음. 1권. 『균여전』(한불전4, p.512b11)에 “스님께서 살아계실 때 법을 널리 퍼뜨려 사람을 이롭게 하는 것을 자신의 소임으로 삼으셨다. 만약 제가의 문서 중에 쉽지 않거나 자세하지 않은 것이 있다면 반드시 기(記)와 석(釋)을 지었으므로 『수현방궤기』 10권 … 『입법계품초기』 1권 등이 남게 되었다. 師之在世 以洪法利人 爲己任 若有諸家文書未易消詳者 必爲之著記釋故 有搜玄方軌記十卷 … 入法界品抄記一卷”라고 하였다. 〔참고문헌〕『均如傳』. ⇨ 입법계품 入法界品

입법계품초기 入法界品鈔記 신라중대 의상(義湘 625~702) 지음. 1권. 『신편제종교장총록』 권1(한불전4, p.681c10)에 책 이름이 보인다. 〔참고문헌〕『新編諸宗敎藏總錄』. ⇨ 입법계품 入法界品

입법문보문 入法門普門 한 법문에 들면 일체법문에도 함께 든다는 말. 십보문(十普門) 중 하나. 어떤 법이든 법에 진실로 들었다면 실제에 들어간 뜻이어서 일체법문에도 든다. 『관음현의』 권하(대정장34, p.890a18)에 “입법문보란 무엇인가? 이승은 하나의 법문에 들면 다른 법문에는 들지 못하니, 어찌 여러 법문에 들어갈 수 있겠는가? 만약 달리 닦아 행한다면 계차의 천심이 있게 된다. ‘나는 오직 이 한 법문만 알고 나머지는 모른다’는 것 역시 보문이 아니다. 만약 왕삼매에 들면 일체 온통 그 중에 든다. 마치 저 왕이 오면 반드시 군영이 따르고, 군영이 따르면 다시 군영이 따르게 하듯 하다. 왕삼매 역시 이와 같으니 이 삼매에 들면 일체삼매가 그 중에 든다. 이른바 삼제삼매다. 삼제삼매는 무량법문을 권속으로 삼기에 이 또한 모두 왕삼매 안에 든다. 그래서 이름이 입법문보다. 入法門普者 二乘若入一法門 不能入二 何況衆多 若修歷別之行 階差淺深 我唯知此一法門餘不能知者 此亦非普 若入王三昧 一切悉入其中 譬如王來必有營從 營從復有營從 王三昧亦如是 入此三昧 一切三昧 悉入其中 所謂三諦三昧 三諦三昧 復有無量法門而爲眷屬 亦皆悉入王三昧中 故名入法門普”, 『법화문구』 권10(대정장34, p.145c3)에 “만약 왕삼매에 들면 일체삼매도 모두 그 안에 든다. 멸진정에서 나오지 않고도 모든 위의를 드러내므로 법문보라고 부른다. 若入王三昧 一切三昧 悉入其中 不起滅定 現諸威儀 故名法門普"라고 하였다. [참고문헌]『觀音玄義』,『法華文句』. ⇨ 보문시현 普門示現, 십보문 十普門, 보문 普門 ❶

입보리행론 入菩提行論 Ⓢ Bodhicaryāvatāra. 8세기경 인도의 중관학파 논사인 적천(寂天 Ⓢ Śāntideva) 지음. 영국의 동방학자 호지슨(B.H.Hodgson 1800~1894)이 네팔에서 발견한 수많은 범본(梵本) 중 하나이다. 육바라밀을 바탕으로 찬탄보리심(讚歎菩提心)·참회(懺悔)·서발보리심(誓發菩提心)·수도(修道)·보호정지(保護正知)·인욕(忍辱)·정진(精進)·선정(禪定)·반야바라밀(般若波羅蜜)·회향(廻向) 등 10장 917송으로 이루어진 후기 대승불교의 걸작이다. 과거에는 중관학 개조인 용수(龍樹)의 저작으로 여겼으나, 범본·티베트역본 등에 의지해 적천을 지은이로 여긴다. 한역본은『보리행경 菩提行經』(대정장32, No.1662)이고, 티베트역본은 *Byang-chub-sems-dpa'i spyod-pa-la 'jug-pa*(入菩薩行)인데, 한역본은 범본에 비해 제2장의 내용은 축약하고 제3장과 4장은 누락되었다. 1890년 미나예프는 교정본 *Śāntideva : Bodhicaryāvatāra*를 출판했고, 1914년 발레 푸생은 *Prajñākaramati's Commentary to the Bodhicaryāvatāra of Śāntideva*(入菩提行論細疏)를 출판했으며, 1955년 프리드리히 밸러는 *Tibetisch-sanskritischer Index zum Bodhicaryāvatāra*(藏梵用語索引)를 출판했다. 1979년에는 스테펀 바첼러가 영역하고 1981년 에른스트 스타인켈러는 독일어로 번역하기도 하였다.

입불이법문 入不二法門 Ⓢ advaya-dharma-mukha-praveśa, Ⓣ gnyis-su-med-pa'i chos-kyi-sgor 'jug-pa. 둘이 아닌 법을 깨우치는 문. 생사와 열반 등 양변이 함께하는 중도의 법문으로,『유마경』의 품명(品名)이다. 번뇌를 끊지도 않고 열반을 취하지도 않는 원교(圓敎)의 법문이기도 하다. 60권본『화엄경』권5(대정장9, p.422c18)에 "만약 불법중에 그 마음 따라 평등하다면 불이법문에 들어간다. 저 사람 헤아리기 어려우리라. 若於佛法中 其心隨平等 入不二法門 彼人難思議",『유마경현소』권6(대정장38, p.555a16)에 "생사 그대로 열반의 모습이니, 생사 버리지도 않고 열반을 취하지도 않아 불이법문에 든다. 그러므로 부처님께서는 다만 제법실상인만 설하셨다. 生死卽涅槃相 能不捨生死不取涅槃 入不二法門 故佛但說諸法實相印也",『유마경약소』권9(대정장38, p.689c16)에 "경에서 '생사가 바로 열반이다'라고 하였는데, 어찌 나가고 듦을 논하겠는가? 위의 경문에서 말한 바와 같이 번뇌를 끊지 않고 열반에 들어가는 것이 참된 입불이법문이고, 이것이 원교보살의 세계다. 經云 生死卽涅槃 何論出入 卽如上文不斷煩惱 而入涅槃 是眞入不二法門 卽圓教菩薩入也",『마하지관』권6(대정장46, p.84b7)에 "만약 생멸이라 말하면 바로 생과 사는 둘이 되고 불생불멸인즉 둘 아닌 것이 되니, 이렇게 되면 공문이 어찌 중도이겠는가? 여기서 풀기는, 생은 생사이고 멸은 열반이니 이것을 둘로 여긴다. 양변을 쌍으로 부정해 중도에 들어갈 수 있으니 이것이 입불이법문이다. 若言生滅 是生死爲二 不生不滅則無二 乃是空門何關中道 今解 生是生死 滅是涅槃 是爲二 雙遮二邊 得入中道 是爲入不二法門"라고 하였다. [참고문헌]『華嚴經』,『維摩經玄疏』,『維摩經略疏』,『摩訶止觀』,『維摩經』권중(대정장14, p.551c16), *Vikī-n.324*. ⇨ 보살입불이법문 菩薩入不二法門, 불이법문 不二法門

입석사 立石寺 ❶ 강원도 원주시 소초면 흥양리 치악산(雉嶽山)에 있는 절. 대한불교조계종 제4교구 본사 월정사(月精寺)의 말사이며, 입석암(立石庵)이라고도 한다. 의상대사가 토굴을 짓고 수도한 곳이라 전한다. 창건이후 사적은 보이지 않지만, 현재 경내에 고려시대 조성으로 추정되는 유형문화재 제117호 원주흥양리마애불좌상과 조선시대 원천석(元天錫 1330~?)을 기려 건립하였다는 문화재자료 제19호 석탑이 있어 절의 역사를 가늠할 수 있다. 1957년에 요사를 건립하고, 1992년 대웅전을 중수하였다. 현존 당우로는 대웅전과 삼성각, 요사 등이 있다. [참고문헌]『전통사찰총서』권1 강원도의 전통사찰Ⅰ(寺刹文化研究院, 2008) pp.247~253. ❷ 경기도 이천시 호법면 동산리 대덕산(大德山)에 있던 절.『동국여지승람』권8 경기 이천도호부(利川都護府) 불우에 이름과 위치가 전하고,『여지도서』·『범우고』등에 폐사로 전한다. 현재 향토유적 제9호 이천동산리마애여래상이 있는 일대를 절터로 추정할 뿐이다. [참고문헌]『東國輿地勝覽』,『輿地圖書』,『梵宇攷』,『韓國寺刹全書』권하 p.966b1,『한국사지총람』권상(문화재청 佛敎文化財研究所, 2010) p.165.

입석암 立石庵 ❶ 광주광역시 광산구 서석산(瑞石山 : 一名 無等山)에 있던 암자. 성해응(成海應 1760~1839)의『연경재전집』권51「기호남산수 記湖南山水」(한국문집총간275, p.63a20)에 "또 앞으로 가면 입석암에 이른다. 열여섯 봉우리가 빙 둘러 있는데, 모두 사각으로 깎은 듯 아름답다. 마치 먹줄 튕긴 듯하다. 又前至立石菴 十六峯環列之 皆四削磨瑩 如施繩墨"라고 하였다. 현재 산 정상의 남서쪽 장불재 동북쪽에 남아있는 절터를 입석암지로 추정하는데 건물지에 기와와 토기 조각이 산재한다. [참고문헌]『研經齋全集』,『韓國寺刹全書』권하 p.966b7,『한국사지총람』권하(문화재청·佛教文化

財研究所, 2010) p.639. **2** 강원도 원주시 소초면 흥양리 입석사(立石寺). [참고문헌]『韓國寺刹全書』권하 p.966b12. ⇨ 입석사 立石寺[1] **3** 충청남도 서산시에 있던 암자. 『한국사찰전서』 권하, p.966b5에 "본래 강월이 창건하였던 것을 정덕 을해년(1515·중종10)에 일웅이 중창하고 융경 임신년(1572·선조5)에 보은이 중수하였다. 本江月所創 正德乙亥一雄重創 隆慶壬申報恩重修"라고 하였다. [참고문헌]『韓國寺刹全書』 권하 p.966b5. **4** 충청북도 괴산군 마본산(馬本山)에 있던 암자. 『가람고』·『범우고』 등에 절 이름이 보인다. [참고문헌]『伽藍考』, 『梵宇攷』, 『韓國寺刹全書』 권하 p.966b3.

입선 入禪 선에 들다. 좌선의 경우는 시작할 때를 입선이라 하고 마칠 때는 방선(放禪)이라 한다. 『양고승전』 권11 「담초전 曇超傳」(대정장50, p.400a11)에 "매일 선에 들었다. 날이 지나도 일어나지 않더니 뒤늦게 늦은 어느 때 홀연히 바람과 천둥 소리를 들었다. 每一入禪 累日不起 後時忽聞 風雷之聲", 『석감계고략속집』(대정장49, p.912a10)에 "교에 의지하여 선에 드는 일은 고금에 모두 있지만, 선을 따라 교에 드는 예는 고금 어디에도 없다. 依敎入禪今古有 從禪入敎古今無"라고 하였다. [참고문헌]『梁高僧傳』, 『釋鑑稽古略續集』. ⇨ 방선 放禪, 좌선 坐禪

입설단비 立雪斷臂 눈 속에 선채로 팔을 자르다. 혜가(慧可)가 보리달마에게 법을 구하기 위해 보인 고사. 『무문관』 41칙 「본칙 本則」(대정장48, p.298a16)에 "달마가 면벽할 때 이조 혜가가 눈 속에 서서 팔을 자르고 말했다. '제자의 마음이 아직 평안하지 못합니다. 스님께 안심을 구합니다' '마음을 가져오라. 그대 편안케 하리라' '마음을 찾아도 찾을 수 없습니다' '나 이미 그대의 마음 편안케 하였네'. 達磨面壁 二祖立雪斷臂云 弟子心未安 乞師安心 磨云 將心來 與汝安 祖云 覓心了不可得 磨云 爲汝安心竟", 『원오어록』 권15(대정장47, p.785b2)에 "달마대사 서천에서 왔으나 어찌 한 물건 지녔겠는가? 양나라 위나라 돌아서 소림에서 면벽하니 그를 알아보는 이가 아무도 없었다. 오직 혜가만이 본받고자 애쓰다가 눈 속에 서서 팔을 자르니, 비로소 자비를 내렸으니 이로써 마음을 인했다. 만약 말이 없었다면 무엇으로 깨우쳤고, 만약 말이 있었다면 그를 향해 무어라 했을까? 老達磨來自竺乾 豈嘗持一物 及遊梁歷魏 面壁少林 無人識渠 獨可祖効勤立雪斷臂 始略垂慈 由此印心 若謂無言 從何而入 如謂有言 向伊道甚", 『인천안목』 권6(대정장48, p.333b1)에 "달마가 서쪽에서 와서 9년 동안 면벽하였는데 오직 신광만이 눈 속에 서서 팔을 자르고 스스로 증득하였으니 뛰어난 방편의 교설을 받지는 않았고 오직 마음으로 전하는 방법만 허용하였을 뿐이다. 達磨西來 九年面壁 獨神光立雪斷臂自證 巧說不得 只許心傳"라고 하였다. [참고문헌]『無門關』, 『圜悟語錄』, 『人天眼目』. ⇨ 단비 斷臂, 혜가 慧可

입설제요 『석씨원류응화사적』 권3 양주불암사판 1673년

입성 入聖 성인(聖人)의 지위에 들다. 견도위(見道位) 이상의 사람을 일컫는다. 『대승본생심지관경』 권7(대정장3, p.325b22)에 "출가한 보살에게는 다시 네 가지 법이 있어 아란야에 머물며, 계 가져 청정하다. 무엇이 그 네 가지인가? 첫째 공성을 즐기니 공이 나타내는 것이기 때문이고, 둘째는 두려움이 없음이니 삼매를 증하기 때문이며, 셋째는 모든 중생에 대하여 대비원을 일으키는 것이고, 넷째는 두 가지 무아를 등지는 일이 없다. 선남자야, 이와 같은 네 가지 법은 일체 보살이 성인의 지위에 들어가는 중요한 관문이니, 이 네 가지 법에 의지하여 두 장애를 끊기 때문이다. 出家菩薩 復有四法 住阿蘭若 持戒淸淨 云何爲四 一者 愛樂空性 空所顯故 二者 得無恐怖 證三昧故 三者 於諸衆生 起大悲願 四者 於二無我 無厭背心 善男子 如是四法 一切菩薩 入聖要門 依此四法 斷二障故", 『구사론』 권18(대정장29, p.94b6 : *Abh-k-bh.*, p.264)에 "승가가 이미 파괴되어 미처 화합하지 않았다면 일체세간에 입성득과·이염누진 모두 막히고, 정을 익히거나 경전을 독송하고 사유하는 등의 업도 멈춰서 대천세계 법륜이 구를 일 없어, 하늘과 인간과 용들의 신심이 요란하여 무간지옥 일겁에 익히리니, 그러므로 파승죄는 참으로 무거우리. 僧已破 乃至未合 一切世間 入聖得果 離染漏盡 皆悉被遮 習定溫誦思等業息 大千世界 法輪不轉 天人龍等 身心擾亂 故招無間 一劫異熟 由此破僧罪爲最重 saṃghe hi bhinne lokasya niyāmāvakrāntiphalaprāptivairāgyāsravakṣayāḥ pratibadhyante dhyānādhyayanasvādhyāyacintākarmāṇy api na prāvartante sadevanāgam anuṣyaṃ jagac cākulaṃ vimanaskaṃ vartate yāvat punar na pratisaṃdhito bhavati yasmāc cāvīcau kalpaṃ vipākaḥ", 『대승의장』 권17(대정장44, p.789c20)에 "견도와 수도의 뜻은 어떠한가? 성위에 들어간 처음에 사성제를 밀어 구하여 명백함을 견도라 하며, 사성제를 거듭 사유하여 더욱 나아감을 수도라 한다. 見道修道 其義云何 入聖之初 於四眞諦 推求明白 名爲見道 於四聖諦 重慮增進 說爲修道"라고 하였다. [참고문헌]『大乘本生心地觀經』, 『俱舍論』, 『大乘義章』, *Abh-k*

-bh. ⇨ 성인 聖人, 현위 賢位, 견도위 見道位

입세아비담론 立世阿毘曇論 진(陳)대 진제(眞諦) 한역. 10권. 고려장28, pp.930a1~1008c19, No.967·대정장32, pp.173a17~226a7, No.1644에 수록되어 있다. 『입세아비담장 立世阿毘曇藏』·『천지기경 天地記經』·『천지기경록 天地記經錄』이라고도 한다. 『장아함경 長阿含經』의 「세기경 世記經」·「대루탄경 大樓炭經」등이나 『구사론 俱舍論』의 「세간품 世間品」등과 같이 세간과 유정이 생기던 일을 자세히 하여, 모두 25품(品)으로 구성되었다. 「운하품 云何品」에서 문답으로 뜻을 풀어 간 것은 이 책의 특징이다.

입송팔의 立頌八意 송을 세우신 여덟 가지 뜻. 『화엄경소』 권6(대정장35, p.543a28)에 "무슨 뜻으로 경에서 송을 세우는가? 간략하게 여덟 가지 뜻이 있다. 첫째, 적은 글자로 많은 뜻을 거둔다. 둘째, 찬탄하는 모든 이들 흔히 게송을 쓴다. 셋째, 둔근 위해 거듭하여 설한다. 넷째, 후래의 무리들을 위해서다. 다섯째, 뜻따라 즐길 수 있다. 여섯째, 가져 외우기 쉽다. 일곱째, 이미 설한 것을 더욱 밝게 한다. 여덟째, 장행에서 미쳐 다 설했기 때문이다. 爲何意故 經多立頌 略有八義 一 少字攝多義故 二 諸讚歎者多以偈頌故 三 爲鈍根重說故 四 爲後來之徒故 五 隨意樂故 六 易受持故 七 增明前說故 八 長行未說故"라고 하였다. [참고문헌] 『華嚴經疏』, 『首楞嚴義疏注經』 권5(대정장39, p.892a18). ⇨ 구부경 九部經, 십이분교 十二分教, 중송 重頌, 고기송 孤起頌

입승판 立僧板 승당(僧堂)에서 스님이 앉는 자리를 표시한 것. 동북·동남·서북·서남 등 사판두(四板頭) 중 서남에 위치하므로 서남상(西南床)에 해당한다. 분수판(分手板)·분주판(汾州板)·입승판두(立僧板頭) 등이라고도 한다. 『선림상기전』 권1(불광장, 禪藏, p.68)에 "입승판이란 분수판이라고도 한다. 후당의 분수위를 가리킨다. 立僧板 又名分手板 言後堂之分手位也"라고 하였다. [참고문헌] 『禪林象器箋』. ⇨ 분수위 分手位, 사판두 四板頭, 승당 僧堂

입식출식념 入息出息念 Ⓢ ānāpāna-smṛti, Ⓣ dbugs rngub pa dang dbugs 'byung ba dran pa. 들숨(入息 Ⓢ āśvāsa)과 날숨(出息 Ⓢ prásvāsa)에 마음을 다함. 아나파나념(阿那波那念)·안나반나념(安那般那念)이라고도 한다. 『유가사지론』 권27(대정장30, p.430c5 : *Śrāv-bh.*, p.219)에 "무엇이 아나파나념의 소연인가? 입식출식을 연하여 마음을 다하는 것을 아나파나념이라고 하며, 이 념의 소연인 입식출식 등을 아나파나념의 소연이라고 한다. 이 중에 입식에 두 가지가 있다. 그 두 가지란, 첫째는 입식, 둘째는 중간입식이다. 출식 역시 두 가지니, 첫째는 출식, 둘째는 중간출식이다. 입식이란 출식이 틈없이 내문의 바람으로 바뀌며 배꼽까지 이르는 것을 말한다. 중간입식이란 입식이 다한 후에 출식이 아직 생겨나지 못한 그 중간에 숨이 멈추어 있으면서 잠깐 아주 미세하게 바람이 일어나는 듯한 것을 중간입식이라고 한다. 입식과 중간입식처럼 출식과 중간출식 역시 그렇다. 이 중에서 차별은 입식이 곧바로 외문의 바람으로 바뀌며 처음 배꼽으로부터 면문에 이르는데, 코끝에 이르기도 하고 밖으로 나아 가기도 한다. 云何阿那波那念所緣 謂緣入息出息念 是名阿那波那念 此念所緣入出息等 名阿那波那念所緣 當知此中入息有二 何等爲二 一者 入息 二者 中間入息 出息亦二 何等爲二 一者 出息 二者 中間出息 入息者 謂出息無間 內門風轉 乃至臍處 中間入息者 謂入息滅已 乃至出息未生 於其中間 在停息處 暫時相似微細風起 是名中間入息 如入息中間入息 出息中間出息 當知亦爾 此中差別者 謂入息無間外門風轉 始從臍處乃至面門 或至鼻端 或復出外 tatrānāpānasmṛtiḥ katamā. āśvāsapraśvāsālambanā smṛtiriyamucyate ānāpānasmṛtiḥ. tatra dvāvāśvāsau katamau. dvavau āśvāso 'ntarāśvāsaśca. dvau praśvāsau katamau. dvau praśvāsontarapraśvāsaśca. tatra śvāsaḥ yaḥ praśvāsasamanantaraṃ antarmukho vāyuḥ pravarttate. yāvannābhīpradeśāt. tatrāntarāśvāso ya uparatesminnāśvāse na tāvat praśvāsa utpadyate. yadantarālaviśrāmasthānasahagata itvarakālīnastadanusadṛśo vāyurutpadyate. ayamucyatentarāśvāsaḥ. yathāśvāso 'ntarāśvāsaścaivaṃ praśvāsontara(ntaḥ)praśvāsaśca veditavyaḥ. tatrāyaṃ, viśeṣaḥ. bahirmukho vāyuḥ pravartate bahiḥ nābhīdeśamupādāya. yāvanmukhāgrānnāsikāgrāttato vā punarbahiḥ"라고 하였다. [참고문헌] 『瑜伽師地論』, 『法集要頌經』 권2(대정장4, p.784b14), *Śrāv-bh.* ⇨ 아나파나념 阿那波那念, 안나반나념 安那般那念, 출식 出息

입실 入室 내밀한 방으로 들어가다. 공개하여 상당하는 대중에게 열린 법문과 달리 사자(師資)간에 은밀히 법을 주고받는 전통을 말한다. 입실참문(入室參問)·입실청익(入室請益)·개실(開室)이라고도 하며, 또 이렇게 사법을 받은 이를 입실제자(入室弟子)라고 한다. 『조정사원』 권8(卍속장113, p.236a12)에서는 "입실참문 : 『조사전』에 '오조대사(弘忍)가 야밤에 시자를 몰래 방앗간에 보내 노행자(慧能)를 불러 입실하게 하고는 드디어 가사와 법을 전하였다'라고 하였다. 또 『법화경』에서는 '여래의를 입고 여래실로 들어간다'라고 하였다. 『아함경』에서는 '부처님께서 필추들에게 「나는 두 달간

연좌하고자 하니 너희들은 참문해서는 안 된다. 다만 음식을 가져다주거나 청소할 때는 와도 좋다」라고 알리셨다'라고 하였으니, 이에 마땅히 알아야 하리. 불조 당시에도 입실참문하는 의식이 있었다. 入室參問 祖師傳云 五祖大師 至夜密令侍者於碓坊 召盧行者入室 遂傳衣法 又法華云 著如來衣 入如來室 阿含經云 佛告苾蒭 吾欲兩月宴坐 汝等不須參問 唯除送食及灑地時可至 於此應知 佛祖當時 有入室參問之儀也"라고 하였듯이 스승의 방을 찾아드는 뜻은 보다 깊이 법을 알기 위한 행의라 볼 수 있다. 『선림상기전』 권11 「입실」(불광장, 禪藏, p.838)에서는 "옛부터 말하기를 '대혜는 「마조와 백장 이전에는 입실이라는 이야기는 없었다」고 하였으니, 『조정사원』에서 인용한 것은 입실이라는 문자일 뿐, 실은 입실은 아님을 알 수 있다'. 舊說曰 大慧謂 馬祖百丈已前無入室之說〈止此〉 可知事苑所援 可證入室文字耳 其實非今之所謂入室也"라고 하여 입실의 뜻을 선종 고유의 전통으로 이해하기도 한다. 『중아함경』 권17 「장수왕본기경 長壽王本起經」(대정장1, p.536a23)에 "식사를 마치면 발우를 거두고 손발을 씻은 다음 니사단을 어깨에 걸치고 입실하여 연좌한다. 食訖收鉢 澡洗手足 以尼師檀 著於肩上 入室宴坐", 『잡아함경』 권39(대정장2, p.284c29)에 "세존께서는 밤에 일어나 경행하다가 후야에 이르면 발을 닦고 입실하셨다. 그러고는 몸을 거두어 바르게 마음을 오롯이 하시고 생각을 묶으셨다. 世尊 夜起經行 至於後夜 洗足入室 斂身正坐 專心繫念", 『십송율』 권11(대정장23, p.80b14)에 "식사 후 자신의 방사로 돌아가 빈자리에 좌상을 깐 다음 입실하여 좌선하였다. 食後還自房舍 空地敷坐床已 入室坐禪"라고 하였듯이 입실은 단순히 방에 드는 것이 아니라 공부를 한층 깊이 하는 뜻이 있다. 『백장청규』 권2 「입실」(대정장48, p.1120d15)에 "입실이란 스승이 배우는 이를 감당하여 가려주는 일이다. 아직 이르지 못함을 채찍질하고 그의 헛된 오만을 다듬으며 그의 한 편에 쏠린 견해도 꾸짖는다. 마치 금화로에 불순물 남기지 않듯 하고 옥장인이 옥을 다스림에 부스러기 부숴 걷어내는 것과 같이 한다. 入室者 乃師家勘辦學子 策其未至 擣其虛亢 攻其偏重 如烹金爐 鉛汞不存 玉人治玉 碔砆盡廢", 종보본 『단경』(대정장48, p.349a15)에 "5조가 주장자로 방아를 세 번 내리치고 가자 혜능은 곧바로 5조의 뜻을 알아챘다. 삼고(三鼓 : 三更)에 입실하자 5조는 가사로 주위를 둘러막아 아무도 보지 못하게 하고서 『금강경』을 설해 주었다. '응당 그 어디에도 머물지 말고 마음을 내어라'라는 구절을 듣자마자 혜능은 '일체의 온갖 법이 자성을 떠난 일 없다' 함을 크게 깨우쳤다. 祖以杖擊碓三下而去 惠能卽會祖意 三鼓入室 祖以袈裟遮圍 不令人見 爲說金剛經 至應無所住而生其心 惠能言下大悟 一切萬法不離自性", 『경덕전등록』 권6 「마조도일전 馬祖道一傳」(대정장51, p.246b28)에 "마조의 입실제자는 139명으로 각각 한 지역에서 종주가 되어 교화함에 끝이 없었다. 師入室弟子一百三十九人 各爲一方宗主 轉化無窮", 『천성광등록』 권8 「백장회해장 百丈懷海章」(卍속장135, p.655a5)에 "(백장회해는) 서당지장·남전보원과 더불어 공히 (마조의) '입실삼대사'로 불렸다. 與西堂智藏南泉普願同號入室三大士焉", 『경덕전등록』 권10 「조주종심전 趙州從諗傳」(대정장51, p.276c14)에 "남전은 (조주가) 법기임을 알아보고 입실을 허락하였다. 어느 날 조주가 '무엇이 도입니까?'라고 물으니, 남전이 '평상심이 도이다'라고 하였다. 南泉器之 而許入室 異日問南泉 如何是道 南泉曰 平常心是道", 『서장』 「답조태위장 答曹太尉狀」(대정장47, p.938c17)에 "하루는 아침 죽공양을 마친 후 입실패를 올리고 백 명을 돌아가며 입실하게 하였는데, 그중에는 목숨걸고 낚시바늘을 무는 이도 있었고 사람을 무는 사자도 있었습니다. 一日粥後撥牌子 輪一百人入室 間有負命者上鉤來 亦有咬人師子", 『연등회요』 권28 「옥천승호장 玉泉承皓章」(卍속장136, p.903a9)에 "학인이 입실하던 차에 개가 방에 들어왔다. 옥천이 한 소리 크게 지르자 개는 곧장 나가버렸다. 옥천이 말하였다. '개조차도 알아듣는데, 그대 도리어 알아듣지 못하는구나'. 師因僧入室 有狗在室中 師叱一聲 狗便出去 師云 狗却會 儞却不會", 『치문경훈』 권9 「용문불안선사십가행십송병서 龍門佛眼禪師十可行十頌幷序」(대정장48, p.1088c2)에 "입실이라 하니, 도를 묻고 조사를 좇아 자기마음에 도장 찍는다. 문에 들어서자마자 단적으로 지음자에게 묻네. 이 생애 조계로 밟지 못하면 늙어서 무엇으로 고금을 뛰어넘으리. 入室 問道趨師印自心 入門端的訪知音 此生不踏曹溪路 到老將何越古今"라고 하였다. 『백장청규』 권2 「입실」(대정장48, p.1120d17)에서 "저녁과 새벽 등의 때에 구애받지 않고 장소를 가리지 않으며 시도 때도 없이 행한다. 그러므로 옛날에는 납자가 작은 향합(香合)을 항상 몸에 지니고 다니면서 세 번 북 울리는 소리만 들으면 곧장 입실하러 달려갔다. 不拘昏曉不擇處所 無時而行之 故昔時衲子 小香合常隨身 但聞三下鼓鳴 卽趨入室"라고 하였듯이 수시로 입실하였다. 같은 책 권2(대정장48, p.1120d19)에 따르면, 입실이 정례화된 날은 삼팔일(三八日 : 3일·8일·13일·18일·23일·28일)이다. 입실 전에 시자는

입실 남파혜능 『석씨원류응화사적』 권3 양주불암사판 1673년

아침공양 전 대중방에 입실패를 내걸고, 입실할 때가 되면 입실고(入室鼓)를 세 번 울려 대중에게 알린다. 두수가 대중을 이끌고 달마상 앞에서 향을 올리고는 서로 문신예배 등의 위의를 갖춘다. 한 사람씩 줄지어 들어가 문답하고 나온다. 입실의 배위와 이동경로는 입실도로 도 전한다. 『선원청규』 권1 「입실」(卍속장111, p.884b3)에 "먼저 문신을 한 다음 공부한 소식을 토로한다. 말하는 데 많은 시간을 써서는 안 된다. 또한 세제나 한가한 담화로 대중을 오래 지체시켜서도 안 된다. 토로가 끝나면 문신하고 물러나 절을 올린다. 先問訊 然後吐露消息 不得語話多時 亦不得說世諦閑話久滯大衆 吐露竟問訊退 當面禮拜"라고 하였다. 〔참고문헌〕『祖庭事苑』, 『禪林象器箋』, 『中阿含經』, 『雜阿含經』, 『十誦律』, 『百丈清規』, 『壇經』, 『景德傳燈錄』, 『天聖廣燈錄』, 『書狀』, 『聯燈會要』, 『緇門警訓』, 『禪苑淸規』. ⇨ 보설 普說

입심 入心 Ⓢ vipratisāraḥ, Ⓣ yid la gcags pa. 마음에 들다. 부처님과 전륜성왕(轉輪聖王)의 삼십이상(三十二相) 중 범음상(梵音相)의 여덟 가지 공덕 중 하나다. 『집이문족론』 권10(대정장26, p.410a4)에 "입심이라 하였으니, 하는 말마다 마음으로 하여금 번뇌와 수번뇌를 여의게 하니 편안하고 고요히 머물도록 하는 것을 입심이라고 한다. 入心者 謂所發語 令心離蓋 及隨煩惱 安隱而住 是名入心", 『대비바사론』 권177(대정장27, p.889a7)에 "이와 같은 범음성엔 여덟 가지 공덕이 있으니, 깊고 멀리까지 들리고, 부드럽고 아름다우면서, 분명하고 귀에 즐거워, 마음에 든다. 기쁘게 하고 쉽게 깨우치며, 싫어할 수 없다. 如是音聲 具八功德 一者 深遠 二者 和雅 三者 分明 四者 悅耳 五者 入心 六者 發喜 七者 易了 八者 無厭"라고 하였다. 〔참고문헌〕『集異門足論』, 『大毘婆沙論』, *Mvyut.109.* ⇨ 범음상 梵音相

입아비달마론 入阿毘達磨論 Ⓢ Abhidharmāvatāraprakaraṇa, Ⓣ rab-tu-byed-pachos-mṅon-palahjug-pashes-bya-ba 새건다라(塞建陀羅 Ⓢ Skandhila : 塞建地羅라고도 음사하며, 世親과 동시대에 활약했던 저명한 논사) 지음. 당(唐)대 현장(玄奘) 한역. 2권. 고려장28, pp.702c1~715c20, No.964 · 대정장28, pp.980b22~989a19, No.1554에 수록되어 있다. 소승부파 중 하나인 설일체유부의 사상을 오온(五蘊)과 삼무위(三無爲), 즉 색수상행식(色受想行識)과 허공(虛空) · 택멸(擇滅) · 비택멸(非擇滅) 등 팔구의(八句義)로 분류하여 각각의 개념을 간략하게 설명한 논서이다. 고래(古來)로 『구사론』의 논지는 오위칠십오법(五位七十五法)을 강목(綱目)으로 삼는데, 이 『구사론』을 연구하는 데 본 논서는 필수 입문서로 여긴다.

입암사 立巖寺 ❶ 옛 한성에 있던 절. 『성종실록』 권71년(1470) 9월 26일에 "국초에 도읍을 세울 때 산수의 향배를 살펴서 사찰과 사당을 건립하고 비보로 삼아 재변을 다스려 피하고자 하였다. 그 후 사찰로서 복세암 … 입암사 … 정업원 등이 세워졌다. 國初建都時 審山水向背 建寺社 以爲裨補 鎭禳災變 邇來 寺刹如福世庵 … 立巖寺 … 淨業院"라고 하였다. 한편 『한국사찰전서』 권하, p.966b14에서는 선암(禪巖 : 서울 인왕산 모퉁이에 있는 바위) 인근으로 위치를 추정하였다. 〔참고문헌〕『成宗實錄』, 『韓國寺刹全書』. ❷ 함경남도 북청군에 있던 학린암(鶴隣庵)의 다른 이름. 『북청부읍지』에 "학린암의 속명은 입암사이다. 鶴隣庵 俗名立巖寺"라고 하였다. 〔참고문헌〕『北靑府邑誌』. ⇨ 학린암 鶴隣庵 ❸ 황해북도 곡산군 고달산(高達山)에 있던 절. 『가람고』 · 『범우고』 · 『여지도서』 등에 절 이름이 전한다. 〔참고문헌〕『伽藍考』, 『梵宇攷』, 『輿地圖書』, 『韓國寺刹全書』 권하 p.966b16.

입요교방편 立要巧方便 Ⓢ vibandhasthāyī upāyaḥ, Ⓣ 'khyig cing sdod pa'i thabs. 육종교방편(六種巧方便) 중 하나. 보살이 중생을 선법으로 이끌기 위해 이익을 약속하는 방편. 입요(立要)라고도 한다. 『보살지지경』 권8(대정장30, p.933a27)에 "보살의 입요교 방편이란 무엇인가? 어떤 중생이 보살을 따르며 열 가지 삶을 위한 물품을 구한다면 약속하여 다음과 같이 말하는 것이다. '그대는 능히 부모와 사문과 바라문을 공양할 수 있다'. 云何菩薩立要巧方便 若有衆生來從菩薩 求索十種資生衆具 爲立要言 汝能供養父母沙門婆羅門"라고 하였다. 〔참고문헌〕『菩薩地持經』, *Bodh-bh.180.* ⇨ 육종교방편 六種巧方便

입위정관 入位正觀 위에 들어 바로 보다. 두 가지 정관(正觀) 중 하나. 보살의 52계위 중 10지와 등각(等覺) · 묘각(妙覺)에서 닦는 관법. 방편정관(方便正觀)의 상대어다. 『인왕경』 권상(대정장8, p.826a21)에 "이것은 초지의 일념심으로 팔만사천의 반야바라밀을 구족했으며, 수레라면 마하연이고, 부서진다 하면 금강이며 또한 정이라 부른다. 是卽初地一念心 具足八萬四千般若波羅蜜 卽載名摩訶衍 卽滅爲金剛 亦名定", 원측(圓測)의 『인왕경소』 권상(대정장33, p.383c27 · 한불전1, p.53c9)에 "〔경〕 이것은 초지 ~ 반야바라밀을 두루 갖춘 것이다. 〔석〕 두 번째로 입위정관을 밝힌다. 문을 구별하면 두 가지이니, 처음에는 정관을 밝히고 뒤에는 설처를 보인다. 앞에는 세 가지가 있으니, 처음에는 위에 나아가 공덕을 찬탄하고, 다음에는 이름을 들어 그 덕을 기리며, 뒤에는 용에 의지해 덕을 찬탄한다. 經 是卽初地〈至〉般若波羅蜜 釋曰 第二 明入位正觀 文別有二 初明正

觀 後示說處 前中有三 初就位讚德 次標名讚德 後據用讚德"라고 하였다. [참고문헌]『仁王經』, 『仁王經疏』. ⇨ 방편정관 方便正觀, 십지 十地, 등각 等覺, 묘각 妙覺

입음성다라니 入音聲陀羅尼 Ⓢghoṣapraveśa-dhāraṇī. 음성다라니에 들어감. 『대지도론』에서 설하는 삼다라니(三陀羅尼) 중 하나다. 『대지도론』 권5(대정장25, p.96a14)에 "또한 입음성다라니가 있다. 이 다라니를 얻은 보살은 일체 말과 소리에 기뻐하지도 성내지도 않는다. 저 항하사겁 동안 나쁜 말과 욕설을 들어도 마음에 증오도 원망도 없다. … 또한 어떤 사람이 항하사겁 동안 중생이 옷·음식·와구·의약·화향·영락 등으로 찬탄한들 이 다라니를 얻은 보살은 그 마음이 움직일 일 없으니, 기뻐하지도 않고 집착하지도 않는다. 復有入音聲陀羅尼 菩薩得此陀羅尼者 聞一切語言音 不喜不瞋 若一切衆生 如恒河沙等劫 惡言罵詈 心不憎恨 … 復次 若有人如恒河沙等劫 衆生讚歎 供養衣食 臥具醫藥 華香瓔珞 得是陀羅尼菩薩 其心不動 不喜不著"라고 하였다. [참고문헌]『大智度論』·권28(대정장25, p.268a23), 『法界次第初門』 권하(대정장46, p.692b17), 『翻譯名義集』 권5(대정장54, p.1131c9). ⇨ 삼다라니 三陀羅尼❶, 문지다라니 聞持陀羅尼, 분별지다라니 分別知陀羅尼

입인 立因 ❶Ⓢpratiṣṭhā-hetu, Ⓣgnas-pa'i-rgyu. 인을 세우다. 오인(五因 Ⓢpañca-hetavaḥ) 중 하나로 건립하는 인을 말한다. 즉 사대(四大)가 어떤 물체의 구성인(構成因)이 되는 것을 일컫는다. 『구사론』 권7(대정장29, p.38b12 : *Abh-k-bh.*, p.102)에 "능히 견뎌 유지하여 저 벽이 그림을 버티듯이 하기에 입인이라고 한다. 能任持故 如壁持畫 說爲立因 pratiṣṭhā-hetur ādhārabhāvāt. citrakṛtyavat", 『순정리론』 권20(대정장29, p.452b29)에 "입인을 삼는다 하니 맡겨 견디기 때문이며, 저 대지가 물을 임시로 가지듯 한다. 爲立因者 能任持故 如地持物"라고 하였다. [참고문헌]『俱舍論』, 『順正理論』, *Abh-k-bh.* ⇨ 오인 五因❶, 사대 四大❶
❷Ⓢhetu. 인명(因明)용어. 여덟 가지 능성립(能成立) 중 하나. 이유명제인 인(因 Ⓢhetu)을 세우는 것을 말한다. 『대승아비달마잡집론』 권16(대정장31, p.771b3)에 "능성립에는 여덟 가지가 있으니, … 둘째 입인이다. … 입인이란 무엇인가? 세운 뜻(所成立 : 주장명제)이 아직 명료하게 드러나지 않기에 현량으로 타당함과 그렇지 못함을 바르게 말해서 믿어 알게 한다. 믿어 알게 한다는 것은, 믿고 이해하도록 하는 인의 뜻이다. 왜냐하면 현량으로 타당함과 그렇지 못함을 바르게 설명하여 마땅히 성취하게 해서(所應成 : 주장명제) 아직 분명하지 못한 뜻을 믿어 알게 한다. 그러므로 저 근거를 바르게 설하는 것을 입인이라 한다. '현량의 가득과 불가득'이란 무엇인가? 자체와 그 모양을 설명하는 것을 말한다. 能成立有八種 一 立宗 二 立因 三 立喩 四 合 五 結 六 現量 七 比量 八 聖教量 … 立因者 謂卽於所成未顯了義 正說現量可得不可得等 信解之相 信解相者 是信解因義 所以者何 由正宣說 現量可得不可得等相故 於所應成 未顯了義 信解得生 是故 正說彼相 名立因 現量可得不可得者 謂依自體 及相貌說"라고 하였다. [참고문헌]『大乘阿毘達磨雜集論』, *Abh-s.105.*, *Abh-s-bh.151.* ⇨ 능성립법팔종 能成立法八種, 인 因❷, 인명 因明

입자 笠子 삿갓. 『경덕전등록』 권8 「백령전 百靈傳」(대정장51, p.261b15)에 "방거사(龐居士)가 백령에게 '스님께서 힘 얻은 구를 누가 아는지요?'라고 묻자 백령이 삿갓을 쓰고 곧바로 떠났다. 방거사가 '길을 잘 살펴 가십시오'라고 인사했지만 백령은 한 번 떠나서는 돌아보지 않았다. 居士却問 師得力句是誰知 師便戴笠子而去 居士云 善爲道路 師一去更不迴首"라고 하였다. [참고문헌]『景德傳燈錄』. ⇨ 립 笠

입작분 入作分 깨우쳐 지은 것. 깨우쳤다 여겨 얻은 분상의 뜻으로 있다 해도 없다 해도 맞지 않은 뜻이다. 『벽암록』 65칙 「평창 評唱」(대정장48, p.196b2)에 "외도가 '세존께서는 대자대비로 저의 미혹을 거둬주시어 저를 깨닫게 하셨습니다'라고 하였다. 말해보라! 어디가 외도가 들어간 자리인가? 이곳에 마음 두고 각자가 스스로 참구할 일이다. 문득 일체에 처하여 행주좌와하되 모든 곳에서 높고 낮음 가리지 않고 일시에 드러나 성취하여 다시는 실오라기 하나 옮기지도 바꾸지도 않는다. 헤아리자마자 실오라기만한 도리라도 생긴다면 숨통 막아 사람 죽이는 일이니 다시는 들어가 짓는 일 없다. 外道云 世尊大慈大悲 開我迷雲 令我得入 且道是什麽處 是外道入處 到這裏 須是箇箇自參自究 自悟自會始得 便於一切處 行住坐臥 不問高低 一時現成 更不移易一絲毫 纔作計較 有一絲毫道理 卽礙塞殺人 更無入作分也", 『종용록』 62칙 「시중 示衆」(대정장48, p.265c8)에 "달마의 제일의제와 양무제의 현기증, 유마의 불이법문, 문수의 말실수라 하니 도리어 깨우쳐 지을 것 있는가, 없는가? 達磨第一義諦 梁武頭迷 淨名不二法門 文殊口過 還有入作分也無"라고 하였다. [참고문헌]『碧巖錄』, 『從容錄』.

입적 入寂 ❶고요함에 들다. 『수행도지경』 권5(대정장15, p.211c17)에 "이 수행자란 때론 먼저 고요함을 얻은 후에 관에 들어가고, 먼저 관을 얻은 다음에 정에 든다. 其修行者 或先得寂 而後入觀 或先得觀 然後入寂", 『대승본생심지관경』 권1(대정장3, p.296b14)에 "과거 여래께서도 적정에 드시어 대신통을 보이시며 법륜을 굴리셨고, 현세의 부처님도 이와 같으시니, 정에 드시어 빛을 놓으심은 저 부처님들은 한결같이 한다. 過去如來入寂定 現大神通轉法輪 今佛世尊亦復然 入定放光同彼佛", 『화엄경소초』 권74(대정장36, p.588c16)에 "이렇게 머무름 없는 열반이므로 고요함에 들어 법을 설한다. 以是無住涅槃故 能入寂而說法也", 『제방문인참문어록』 권하(卍속장110, p.861b11)에 "범부는 헛된 줄 몰라 곳곳에서 헛된 업에 떠돌고, 성문은 헛된 경계 두려워 마음이 어둡고 고요히만 한다. 보살은 헛된 법 알고 헛된 바탕도 깨우쳐 그 어떤 모습에도 이름에도 매이지 않는다. 凡夫不識幻 處處迷幻業 聲聞怕幻境 昧心而入寂 菩薩識幻法達幻體 不拘一切名相"라고 하였다. 〔참고문헌〕『修行道地經』, 『大乘本生心地觀經』, 『華嚴經疏鈔』, 『諸方門人參問語錄』. ⇨ 선정 禪定, 입정 入定**1** **2** 불보살이나 스님의 죽음을 이르는 말. 적은 적멸(寂滅)의 줄임말. 귀원(歸源)·귀적(歸寂)·귀진(歸眞)·멸도(滅度)·반열반(般涅槃)·순세(順世)·시적(示寂)·열반(涅槃)·원적(圓寂)·입멸(入滅)·천화(遷化)라고도 한다. 『대명고승전』 권7 「해혜전 海慧傳」(대정장50, p.929c12)에 "1145년(황통5) 해혜스님이 입적하였다. 皇統五年 海慧入寂", 『선림보훈순주』 권2(卍속장113, p.500b7)에 "선사께서 진정선사가 입적했다는 소식을 듣고는 위패를 차리고 공양을 올리며 애통하게 곡을 하였는데 못 보내어 만류하는 예가 지나칠 정도였다. 先師聞眞淨入寂 設位上供 哀悲痛哭 挽禮大過"라고 하였다. 〔참고문헌〕『大明高僧傳』, 『禪林寶訓順硃』. ⇨ 입멸 入滅, 열반 涅槃, 원적 圓寂, 연적 宴寂**1**

입전수수 入廛垂手 **1** 저자에 들어 손길을 드리우다. 『벽암록』 43칙 「평창 評唱」(대정장48, p.180c4)에 "때로는 재 뒤집어쓴 머리에 흙칠한 얼굴로 만 길 봉우리에 서고, 때론 만 길 봉우리 끝에 선채로 재 뒤집어쓰고 얼굴에 흙칠한다. 기실은 저자에 들어 손길을 내미는 일과 우뚝한 봉우리에 홀로 서는 일 매한가지다. 有時 灰頭土面 卽在萬仞峯頭 有時 萬仞峯頭 卽是灰頭土面 其實入廛垂手 與孤峯獨立一般", 『원오어록』 권1(대정장47, p.716c19)에 "무명풀 헤치고 바람 우러르기 시작한 때부터 저자로 들어 손내민 그 때까지 한결같이 한가로워 온전히 드러내지 않는다. 간절히 두려워 했으니 무리들 놀라고 대중은 동요한다. 始從撥草瞻風 以至入廛垂手 等閑不欲全彰 切恐驚群動衆", 『직주설두송고』 「서 敍」(卍속장117, p.507b3)에 "세 가지 색 훌쩍 넘어야 비로소 본분의 가풍이라 하고, 세 가지 색 마땅함 따르면 입전수수라 한다. 三色高超 始名本分家風 三色隨宜 故名入廛垂手", 『보령인용어록』(卍속장120, p.366a13)에 "'맑고 고요한 움직임 물을 일 없지만 저자로 들어 손길을 드리우는 일은 어떻습니까?' '뱀에 다리 그리는 사람들이 헤아릴 수 없이 많다'. 問 湛寂之機卽不問 入廛垂手事如何 答 爲蛇畫足人無數", 『왕생집』 권2 「왕용서국학 王龍舒國學」(대정장51, p.139b4)에 "정토의 성현이 아니고서야 어찌 저자로 들어 손길을 드리울 수 있겠는가! 豈非淨土聖賢 入廛垂手者耶", 『오등회원』 권14 「단하보월장 丹霞普月章」(卍속장138, p.542b17)에 "반드시 자리 바꾸고 기틀 돌리는 길이 밝아져야 비로소 저자에 들어 손길을 드리울 줄 안다. 그런 까닭에 말한다. '앞니에서 털이 자라더라도 눈동자 무엇을 돌아보게는 하지 말길'이라고 하는 것이다. 須明轉位回機 方解入廛垂手 所以道 任使板齒生毛 莫教眼睛顧著"라고 하였다. 〔참고문헌〕『碧巖錄』, 『圜悟語錄』, 『直註雪竇頌古』, 『保寧仁勇語錄』, 『往生集』, 『五燈會元』. ⇨ 수수 垂手 **2** 곽암사원(廓庵師遠)의 십우도송(十牛圖頌) 중 마지막 제10송. 『십우도송』 「입전수수서 入廛垂手序」(卍속장113, p.920a13)에 "사립문 닫아걸고 홀로 있으니 천성도 알지 못한다. 자기의 풍광도 묻고 옛 현인 자취도 따르지 않는다. 표주박 들고 저자에 들고 지팡이 짚고 집으로 돌아오니 주점과 어물전에서 만나는 사람들 부처되는 일 볼 뿐. 柴門獨掩 千聖不知 埋自己之風光 負前賢之途轍 提瓢入市 策杖還家 酒肆魚行 化令成佛", 이어서 곽암 「송 頌」에 "가슴 풀어헤치고 맨발로 저자에 들어간 뒤로, 흙먼지 재투성이로 미소만 가득하다. 신선의 진실한 비결 쓸 일 없고, 그대로 보여서 고목에 꽃 피어 가득 함께한다. 頌曰 露胸跣足入廛來 抹土塗灰笑滿腮 不用神仙眞祕訣 直教枯木放花開", 석고이(石鼓夷)의 「화 和」에 "이 사람은 몸소 이류로부터 왔으니, 말 얼굴과 나귀 볼따구니 분명하구나. 한번 휘두른 쇠뭉치 저 바람 스치듯 하더니 만이나 되는 집에 천이나 되는 문들 다

입전수수·십우도 숙명여대박물관 조선후기
승보전 벽화 순천 송광사(시계방향으로)

쳐서 연다. 者漢親從異類來 分明馬面與驢腮 一揮鐵棒如風疾 萬戶千門盡擊開", 괴납련(壞衲璉)의 「우 又」에 "옷

소매에 쇠망치 감추고 정면에서 달려들어, 알아들을 수 없는 말에 웃음 가득하네. 상봉하여 알고자 해도 서로 알아보지 못하지만 누각의 문 팔방으로 열렸다네. 袖裏金鎚劈面來 胡言漢語笑盈腮 相逢若解不相識 樓閣門庭八字開"라고 읊었다. 〔참고문헌〕『十牛圖頌』. ⇨ 목우도 牧牛圖, 심우도 尋牛圖, 십우도 十牛圖 [1]

입정 入定 **1** Ⓢ samāpanna, Ⓣ snyoms par zhugs pa. 정(定)에 들다. 고요함에 머물다. 『보우경』 권2(대정장16, p.291a13)에 "이와 같이 사마타를 부지런히 닦기에 문득 마음이 오롯한 한 경(心一境性 Ⓢ cittasyaikāgratā)에 안주한다. 보살은 심일경성에 머문 후에 정에 들어 관찰하고 이생희락(Ⓢ viveka-jaṃ prītisukhaṃ)을 얻는다. 勤修如是奢摩他故 便能安住心一境性 菩薩住心一境性已 入定觀察 得離生喜樂", 『대지도론』 권26(대정장25, p.248c5)에 "부처님 언제나 정에 드셔서 각관추심 없으시지만, 불가사의지혜가 있어 또한 능히 설법을 하신다. 佛雖常入定 無覺觀麤心 有不可思議智慧故 亦能說法", 『십주비바사론』 권10(대정장26, p.73a27)에 "부처님께서는 정에 들거나 정에 들지 않거나 마음을 하나의 연 중에 두시려 이 연 중에서 다시 나머지 연으로 뜻 따라 능히 머무실 수 있다. 諸佛若入定 若不入定 欲繫心一緣中 隨意久近如意能住 從此緣中更住餘緣隨意能住", 『성유식론술기』 권3(대정장43, p.345c26)에 "모든 때에 항시 정에 들어 산란심이 없다. 於一切時恒入定故 無有散心", 『종경록』 권97(대정장48, p.940c29)에 "지책화상이 북쪽 지역을 유행하다가 20년 동안 선정을 닦던 오조문하의 지황선사를 우연히 만났다. 지책이 묻기를 '이곳에서 무엇을 하고 있는가?' 지황이 답하기를 '정에 듭니다'. 지책이 말하기를 '정에 든다 하면, 마음 있어 드는가, 마음 없이 드는가? 만약 유심으로 든다면 일체유정에게는 모두 다 마음이 있으니 입정을 얻었다 해도 맞을 것이고, 무심의 들어감이라 한다면 일체무정이 입정을 얻었다 해도 틀리지 않을 것이다'. 지황이 말하기를 '제가 정에 든 때는 유무심이 있음은 보지 못했습니다'. 지책이 말하기를 '유심도 무심도 보지 못했다면 그대로 언제나 정이어서 마땅히 다시는 출입도 없어야 하리'. 지황은 답하지 않았다. 智策和尙遊行北地 遇見五祖下智隍禪師 二十年修定 師問 在此間作什麽 隍云 入定 師云 入定者 爲有心入也 爲無心入也 若有心入者 卽一切有情悉皆有心 亦合得定 若言無心入者 一切無情 亦合得定 隍曰 吾正入定之時 不見有有無之心 師曰 若不見有有無之心 卽是常定 不應更有出入 隍無對"라고 하였다. 〔참고문헌〕『寶雨經』, 『大智度論』, 『十住毘婆沙論』, 『成唯識論述記』, 『宗鏡錄』, *Bodh-bh.267*. ⇨ 선 禪, 선정 禪定, 삼매 三昧, 출정 出定 **2** 가섭과 미륵의 입정. 『삼교평심론』 권상(대정장52, p.784a1)에 "가섭은 아난에게 법을 부촉하고는 계족산에서 입정해 미륵(慈氏)의 하생을 기다려 출정하지 않는다 하니 가섭의 육신은 지금도 정에 있다. 迦葉付法於阿難 卽入定於雞足山 以伺慈氏下生 慈氏未生 其定未出 是迦葉之肉身 今猶在定也"라고 하였다. 〔참고문헌〕『三敎平心論』. ⇨ 시적 示寂, 가섭 迦葉, 미륵 彌勒 [1]

입정

입정 좌보리좌 『석씨원류응화사적』 권1 양주불암사판 1673년

입정 가섭입정 『석씨원류응화사적』 권2 양주불암사판 1673년

입정부정인경 入定不定印經 Ⓢ Niyatāniyata(gati) mudrāvatāra-sūtra. 당대 의정(義淨 635~713)이 700년에 서명사(西明寺)에서 한역. 고려장10, pp.321a1~328c10, No.139 · 대정장15, pp.706b6~711a18, No.646에 수록되어 있다. 묘길상(妙吉祥 Ⓢ Mañjuśrī)보살이 부처님께 수행함에 있어 퇴행(退行)과 불퇴행(不退行)에 관해 묻자, 양거행(羊車行) · 상거행(象車行) · 일월신력행(日月神力行) · 성문신력행(聲聞神力行) · 여래신력행(如來神力行)이라고 하는 보살의 다섯 가지 행을 들었고, 앞의 둘로는 무상정등각(無上正等覺 Ⓢ anuttarā-samyak-saṃbodhi)을 얻지 못하지만 나머지 셋으로는 얻을 수 있다고 말씀하시는 내용이다. 이역본으로는 원위(元魏) 때 구담반야류지(瞿曇般若流支 Ⓢ Gautama-prajñāruci)의 『불필정입정입인경 不必定入定入印經』(대정장15, No.645)이 있다. 『개원석교록』 권9(대정장55, p.567a25)에 "『입정부정인경』 1권〈두 번째 역출로서 원위의 구담류지가 역출한 『불필정입정입인경』과 동본이다. 구시 원년(700) 5월 5일에 번역을 마쳤다〉. 入定不定印經一卷〈第二出 與元魏瞿曇流支所出 不必定入定入印經同本 久視元年 五月五日譯畢〉라고 하였다. 〔참고

문헌]『開元釋教錄』. ⇨ 의정 義淨

입정인 入定印 정에 드는 수인(手印). 삼부(三部) 각각에 입정인이 있는데, 불부(佛部)는 법계정인(法界定印), 연화부(連華部)는 묘관찰지정인(妙觀察智定印 : 彌陀定印), 금강부(金剛部)는 외박정인(外縛定印)이라 한다. 『대마리지보살경』 권7(대정장21, p.283b17)에 "옴〈장음〉바일라〈일과 라는 한 음절〉갈리마〈리와 마는 한 음절〉악(oṃ vajra karma aḥ). 이 진언을 염송한 뒤 아사리(Ⓢ ācārya)는 '내가 지금 관정을 한다'고 말한다. 이와 같이 인을 이마 위와 정수리 뒤, 오른쪽 귀와 왼쪽 귀에 둔다. 다음으로 아촉불(Ⓢ Akṣobhya) 진언을 염송할 때는 촉지인을 결하고, 보생불(Ⓢ Ratnasaṃbhava) 진언에는 시원인을 결하며, 무량광불(Ⓢ Amitāyus) 진언에는 입정인을 결하고, 불공성취불(Ⓢ Amoghasiddhi)의 진언에는 무외인을 결한다. 唵〈引〉嚩日囉〈二合〉羯里摩〈二合〉惡 誦此眞言已 阿闍梨言我今灌頂 如是以印安額上頂後右耳左耳 次誦阿閦佛眞言作觸地印 寶生佛眞言作施願印 無量光佛眞言作入定印 不空成就佛眞言作無畏印", 『소실지묘심대』(대정장75, p.40c27)에 "신실에 들어가고자 할 때의 인은 입정인이다. 두 손은 밖으로 상차하고 엄지를 서로 맞댄다. 이것은 불부의 금강인이다. 오른손을 왼손 위에 두는 것이니 연화부의 입정인이다. 欲入神室時印 是入定印也 二手外相叉大指相拄 是佛部金剛之印也 右手置左手上 是蓮華入定印也"라고 하였다. [참고문헌]『大摩里支菩薩經』, 『蘇悉地妙心大』. ⇨ 법계정인 法界定印, 묘관찰지정인 妙觀察智定印

입중 入衆 **1** 대중에게로 들어가다. 『선림상기전』 권12(불광장, 禪藏, p.869)에 "출진입진 : 『대감소청규』「병불」에 '문답을 나누는 선객 처음을 출진이라 하고, 마치는 때를 입진이라 하지만 이는 모두 잘못된 말이다. 옛 사람이 마음에 의정이 다 사라지지 않은 탓에 나와서 대중을 마주하고 진실을 결택하는 일에 어찌 출진과 입진이라는 뜻을 쓰겠는가? 삭제함이 옳다. 옛날부터 비록 법을 놓고 벌이는 전투(法戰)라는 말이 있기는 하지만 선객들의 전유물은 아니기 때문이다'라고 하였다. … 출중입중 : 도충이 말한다. '출진입진에 대해서는 『대감소청규』에서 이미 비판하였으니 반드시 출중입중이라는 말로 바꾸어야 한다'. 出陣入陣 大鑑小清規 秉拂云 問話禪客 始謂出陣 終謂入陣 此皆訛謬 古人胸中 疑情未泯 出來對衆決擇 安有出陣入陣之意 可削除之 古來雖有法戰之語 不專在禪客分上 … 出衆入衆 忠曰 出陣入陣 大鑑已呵之 則須言出衆入衆也", 『경덕전등록』 권14「진랑전 振朗傳」(대정장51, p.312b2)에 "그 학인은 몸을 빼어 대중 속으로 돌아갔다. 其僧抽身入衆"라고 하였다. [참고문헌]『禪林象器箋』, 『景德傳燈錄』. ⇨ 출중 出衆, 출진 出陣, 배중 陪衆 **2** 총림에 든다는 말. 총림의 일원이 되었다는 뜻이다. 『경덕전등록』 권21「보자효오전 寶資曉悟傳」(대정장51, p.375b17)에 "'보은의 가풍은 어떤 것인지요?' '사리 그대가 총림에 들어온 날이 얼마되지 않음을 알겠구나'. 問 如何是報恩家風 師曰 也知闍梨入衆日淺"라고 하였다. [참고문헌]『景德傳燈錄』. **3** 대중과 함께 행하다. 『선원청규』 권2「소참 小參」(卍속장111, p.887a12)에 "하물며 출가와 행각과 입중과 참선·죽반·다탕과 신참·모청과 어언·사업과 동지·위의를 말해서 무엇하랴! 응당 대중 중에 있어서 율의를 함께 하는 일이겠는가. 況是出家行脚 入衆參禪 粥飯茶湯 晨參暮請 語言事業 動止威儀 應係衆中規矩"라고 하였다. [참고문헌]『禪苑淸規』.

입중론 入中論 Ⓢ Madhyamakāvatāra, Ⓣ Dbu-ma-la 'jug-pa. 구연파(具緣派 Ⓢ Prāsaṅgika : 歸謬論證派) 논사 월칭(月稱 Ⓢ Candrakīrti 560~640) 지음. 구연파의 입장에서 용수(龍樹)의 중관을 해석하였다. 『입중관론 入中觀論』이라고도 하며, 티베트 번역본만 현존한다. 본송(本頌) 329송과 그에 따른 월칭 자신의 주석이 붙어 있으며, 총 12품으로 구성되어 있다. 앞 10품은 『십지경 十地經』에 따라 순서대로 십바라밀(十波羅蜜 : 施 戒 忍 精進 禪 般若 方便 願 力 智) 수행을 각각 설하고, 마지막 2품은 보살지(菩薩地)와 불지(佛地)의 공덕에 대해 각각 설한다. 이들 내용 중에서 제6품인 반야바라밀에 관한 내용이 전체의 4분의 3을 차지할 정도로 많다. 이외에 이제(二諦)에 관한 분별, 유식학설에 대한 비판 등도 이 논서의 주제에 해당한다. 적천(寂天 Ⓢ Śāntideva)의 *Bodhicaryāvatāra*(入菩提行論)과 총카파(Ⓣ Tsoṅ-kha-pa)의 *Byang-chub lam-gyi rim-pa*(菩提道次第論) 등에 지대한 영향을 끼쳤다. 근대의 번역으로는 푸생(Poussin, Louis de la Vallée)은 1911년 번역본인 *Madhyamakāvatāra: Introduction au Traité du Milieu de l'ācārya Candrakīrti, avec le commentaire de l'auteur, traduit d'après la version tibétaine*과 1912년 티베트역 교정본 *Madhyamakāvatāra par candrakīrti : Traduction tibétaine*을 출판했다. 헬무트 토이셔가 1981년 *Candrakīrti : Madhyamakāvatāraḥ und Madhyamakāvatārachāṣyam*에서 푸생이 다하지 못한 제6장의 마지막을 마무리했다. 피터 펜너는 1990년 *The Ontology of the Middle Way*에서 『입중론』 게송을 번역했다. 일본 입송단전(笠松單傳)과 북전이친(北畠利親)의 부분 일어 역본, 법존(法尊)의 중국어 완역본 등이 있다. ⇨ 월칭 月稱**2**, 구연파 具緣派

입중수지 入衆須知 저자 미상. 1권. 卍속장111, pp.948a1~971b16에 수록되어 있다. 대중에 들어서는 반드시 알아야 할 일. 선림(禪林)에서 수지해야 할 법도와 작법 등을 서술한 저작. 승중(僧衆)의 일원으로 지켜야 할 위의(威儀), 좌선(坐禪), 입실(入室) 등 50여 항목으로 분류하여 상술하고 있다. 이어 「사미수계문 沙彌受戒文」은 득도작법(得度作法)도 자세하다. 서(序)·발(跋)·간기(刊記) 등은 없으며 남송(南宋) 때인 1263년(경정4) 경에 성립되었을 것으로 추정한다.

입중오법 入衆五法 대중 즉 승중(僧衆)에 들어서 알고 지켜야 하는 다섯 가지 법. 입당오법(入堂五法)이라고도 한다. 『오분율』 권19(대정장22, p.132c2)에 "우바리가 부처님께 여쭈었다. '만일 비구가 대중에 들어간다면 마땅히 몇 가지 법이어야 하는지요?' '마땅히 다섯 가지 법으로써 한다. 첫째는 자신의 뜻을 내리고, 둘째는 마음을 자비롭게 하며, 셋째는 공경하고, 넷째는 앉을 차제를 잘 알며, 다섯째, 여법하지 않은 일로 논쟁하지 않는다. 優波離問佛 若比丘入僧中 應以幾法 佛言 應以五法 一 下意 二 慈心 三 恭敬 四 知次第坐處 五 不論說餘事"라고 하였는데, 『석씨요람』 권하(대정장54, p.298b24)의 '입증오법'의 내용도 같다. 『사분율행사초자지기』 권상2(대정장40, p.215a25)에 "입중오법은 다음과 같다. 첫째, 자비심을 닦아 중생을 가엾이 여긴다. 둘째, 겸손하게 스스로를 낮춘다. 셋째, 『행사초』의 인용과 같다. 넷째, 법다운 말을 설한다. 다섯째, 허물을 보고도 참을 줄 안다. 入衆五法者 一 修慈愍物 二 謙下自卑 三 如鈔引 四 說於法語 五 見過修默", 『사분율소』 권10(卍속장65, p.967a5)에 "입중오법이란, 대중에 들고자 하는 이의 법이니, 반드시 다섯 가지 법을 갖춘다. 마음과 뜻을 다스려 움직임에 중생의 본보기가 되고. 화합하여 서로 얻음이 있으니 마치 물과 우유 같다. 세속을 벗어나는 긴요함이 이것에 지나지 않는다. 첫째, 자비심을 닦아 중생을 연민하니 분노의 번뇌를 떠난다. 둘째, 자신의 뜻을 낮추니 교만한 마음을 꺾는다. 셋째, 앉고 일어섬을 잘 알아야 하니 아첨과 게으름에서 벗어난다. 넷째, 법다운 말을 해야 하니 의미없는 말에서 벗어난다. 다섯째, 허물을 보고 침묵할 줄 아니 다툼과 송사를 그친다. 入衆五法者 凡欲入衆之法 要備五法者 善調心志 動成物軌 和合相得 猶若水乳 出離之要 勿過於此 一 脩慈愍物 離於瞋垢故 二 卑下意 折伏貢高故 三 善知坐起 離於諂慢故 四 說於法言 離無義語 五 見過脩嘿息諍訟"라고 하였다. [참고문헌] 『五分律』, 『釋氏要覽』, 『四分律行事鈔資持記』, 『四分律疏』. ⇨ 비구입중오법 比丘入衆五法, 입당법 入堂法, 교중 交衆 ②

입중일용 入衆日用 남송(南宋)대 종수(宗壽) 지음. 1권. 卍속장111, pp.943a1~947b18에 수록되어 있다. 『무량수선사일용소청규 無量壽禪師日用小淸規』·『일용청규 日用淸規』·『입중일용청규 入衆日用淸規』·『일용소청규』라고도 한다. 1209년(가정2) 불탄일에 강서성(江西省) 천구봉(千龜峰)에서 『백장청규 百丈淸規』를 기준으로 선림의 일용할 법도를 정리한 책으로 승중에 속하는 학인들이 밤낮으로 지키게 하였다. 일상에서 행하는 기상(起床)·세면(洗面)·착가사(著袈裟)·진식(進食)·여측(如廁)·입욕(入浴)·와상(臥相)·간경(看經)·보행(步行) 등을 조목하여 실었다.

입중일용청규 入衆日用淸規 ➡ 입중일용 入衆日用

입중현문 入重玄門 거듭 현묘한 문에 들어간다는 말. 보살이 성불하기 전에 등각위(等覺位)에서 거듭 인간계로 돌아가 범부 이래로 해왔던 위를 닦으며 그 낱낱이 구경에 들도록 한다. 거꾸로 범부의 일을 수습한다는 의미에서 도수범사(倒修凡事)라고도 한다. 천태종에서는 별교(別敎)보살이 등각위에서 원품무명(元品無明)을 끊기 어려우므로 범부가 되어 모든 중생과 함께 거듭 현묘한 문에 들어가 이러한 수행력으로써 원품의 무명을 끊는다. 원교(圓敎)보살은 두루 세계에 몸을 나타내어 거듭 현묘한 문으로 들어간다. 『유마경약소』 권1(대정장38, p.578b8)에 "등각이 거듭 현묘한 문으로 들어가 천만억의 겁 동안 거듭 범부의 일을 닦는다. 이를 깨우침이 분명하여 습기가 미하고 엷아져서 사실상 미미한 연기와 같으므로 더 이상 남은 습기는 없다고 한다. 마치 적은 소금 큰 강물에 던지지만 더 할 짠맛은 없는 것과 같다. 그러므로 『대지도론』에서 '유무 이견이 멸하여 남음이 없으니, 이는 모든 법의 실상으로서 부처님의 말씀과 같다'라고 하였다. 等覺 入重玄門 千萬億劫 重修凡事 見理分明 習氣微薄 事等微烟 故名無復餘習 如以少鹽 投於大河 無復鹹味 故大論云 有無二見滅無餘 諸法實相佛所說", 『제법무쟁삼매법문』 권상(대정장46, p.632a22)에 "또한 보살은 거듭 현문에 들기를 거듭하니, 40심을 닦는다. 범부지를 좇아 초발심 시절에 닦았던 선정부터 차제로 거듭 들어가 최후로 무구지(등각위)에 이르러 모든 선정을 닦고 불신통과 중생을 교화하는 법을 배우니, 초선을 좇아 들어가 멸수상정에 이른다. 復次 菩薩 入重玄門 修四十心 從凡夫地 初發心時 所修禪定 次第重入 乃至最後無垢地 修諸禪定 學佛神通 化衆生法 從初禪入 乃至滅受想定"라고 하였다. [참고문헌] 『維摩經略疏』, 『諸法無諍三昧法門』, 『大智度論』 권1(대정장25, p.57c13). ⇨ 도수범사 倒修凡事

입지게 立志偈 뜻을 세우는 게. 명말청초의 홍찬재삼(弘贊在犙 1611~1685)이 『사미율의요약증주』 권상

(卍속장106, p.278b1)에서 『현우경』 권5 「사미수계자살품 沙彌守戒自殺品」(대정장4, pp.380b14~381b25)을 인용하여 불음계(不婬戒)를 주석하였고, 조선후기 백파긍선(白坡亘璇 1767~1852)이 7언 4구의 게송으로 '입지게'를 지었다. 「수계편 受戒篇」(『석문의범』 권하, p.129a9)과 「성도재산림식 成道齋山林式」(같은 책 권하, p.153a18) 및 1965년에 일타(日陀)가 서옥(書玉)의 『사미율의술의 沙彌律儀述義』와 홍찬의 『사미율의요약증주』를 초집하여 지은 『사미율의』에 그대로 인용되었다. 『현우경』의 내용은 다음과 같다. 안타국(安陀國)에 오계(五戒)를 굳게 지키며 신심이 돈독한 장자(長者)가 있었다. 그는 널리 보시를 행하여 그 명성이 온 나라에 자자하였고, 한 걸식비구에게 종신토록 공양하기로 청했다. 어느 날 장자는 16세 되는 미모의 딸에게 보시를 맡기고 집을 비웠다. 평소에 걸식비구를 사모한 딸은 걸식비구가 집에 찾아오도록 하려고 일부러 공양을 가져가지 않았다. 공양을 기다리던 비구가 집으로 찾아오자 장자의 딸은 비구를 유혹하며 자신의 남편이 되어 달라면서 옷을 벗었다. 뜻밖의 계난(戒難)을 당한 비구는 우선 장자의 딸을 진정시키고 방으로 들어가 문을 닫아걸고 옷을 벗어 옷걸이에 걸어 놓고 구시나성(拘尸那城)의 부처님께서 열반하신 곳을 향하여 합장한 후 서원을 세우고 자결하였다. 『현우경』 권5(대정장4, p.381b22)에 "스스로 서원을 세우되, 제가 이제 불법승 삼보를 버리지 아니하며, 전계화상과 증명아사리를 버리지 아니하고, 또한 받은 계를 버리지 않아 바르게 계를 가지고자 이 목숨을 버리오니, 원컨대 왕생한 곳에서 출가하여 도를 배우며 깨끗하게 범행을 닦아 무명을 다하고 도 이루기를 바랍니다. 自立誓願 我今不捨 佛法衆僧 不捨和上 阿闍梨 亦不捨戒 正爲持戒 捨此身命 願所往生 出家學道 淨修梵行 盡漏成道"라고 하였다. 『현우경』의 이 내용이 『사미율의요약증주』 권상(卍속장106, p.278b1)에 "사미가 마음을 굳게 가져 '내 차라리 목숨을 버릴지언정 금계는 무너뜨리지 않으리라' 하고는 곧 방에 들어가 문을 닫고 무릎을 꿇어 합장하고 발원하였다. '삼보의 청정한 계율을 버리지 않으리니 적정가에 태어나 번뇌 다하고 도 이루길 바라노라'. 沙彌心念 我寧捨命 不毁禁戒 卽入房閉戶 胡跪合掌發願 不捨三寶正戒 願生寂靜家 盡漏成道"라고 하였다. 긍선의 『작법귀감』 권상(한불전10, p.575a1)에 "입지게. 지금 몸받아 부처의 몸이 되는 날에 이르기까지, 굳게 계율을 지켜 마침내 훼범하지 않겠사오니, 바라건대 부처님께서는 증명하여 주시옵소서. 차라리 생명을 버릴지언정 끝까지 물러나지 않겠나이다. 立志偈 自從今身至佛身 堅持禁戒不毁犯 唯願諸佛作證明 寧捨身命終不退"라 하였다. [참고문헌] 『沙彌律儀要略增註』, 『賢愚經』, 『釋門儀範』, 『沙彌律儀』, 『作法龜鑑』. ⇨ 사미수계의식 沙彌受戒儀式

입지보살십상 入地菩薩十相 십지(十地)에 든 보살이 십지 지지마다에서 빠짐없이 갖추는 열 가지 특징. 『대승장엄경론』 권13(대정장31, p.658b16 : *Sūtr.*, p.180)에 "입지보살은 지지마다 모두 열 가지 특징이 있다. 어떤 것이 그 열 가지인가? 처음은 명신(明信 Ⓢ adhimukti), 둘째는 무열(無劣 Ⓢ alīnatva), 셋째는 무겁(無怯 Ⓢ adīnatva), 넷째는 무대(無待 Ⓢ aparapratyaytva), 다섯은 통달(通達 Ⓢ prativedha), 여섯째는 평등(平等 Ⓢ samacittatā), 일곱은 이편(離偏 Ⓢ aneya), 여덟은 이착(離著 Ⓢ ananunaya), 아홉은 지방편(知方便 Ⓢ upāyajñāna), 열은 성중생(聖衆生 Ⓢ maṇḍalajanman)이다. 入地菩薩地地 皆有十相 何者爲十 一 明信 二 無劣 三 無怯 四 無待 五 通達 六 平等 七 離偏 八 離著 九 知方便 十 聖衆生 etadbhūmipraviṣṭasya bodhisatvasya daśavidhaṃ liṅgaṃ sarvāsu bhūmiṣu veditavyaṃ", "명신이란, 스스로의 지마다에서 지혜 얻으니 무지가 사라진다. 다른 지에도 믿음을 얻으니 뒤에 올 모든 지에 있어서도 원을 일으켜 기꺼워한다. 무열이란, 깊고 묘한 법을 듣고서 놀라고 두려워하지 않는다. 무겁이란, 행하기 어려운 행을 행하면서 지극히 용맹하다. 무대란, 스스로의 지행만을 일으킬 뿐 다른 가르침 기다리지 않는다. 통달이란, 다른 지의 방편도 일으킨다. 평등이란, 모든 중생을 널리 자기마음과 같이 여긴다. 이편이란, 헐뜯거나 칭찬하는 소리를 듣지만 높이고 낮춤이 없다. 이착이란, 전륜왕과 같이 지위를 얻더라도 애착하여 물들지 않는다. 지방편이란, 모든 법은 얻을 수 없음을 알아서 부처님방편으로 삼는다. 성중생이란, 모든 부처님의 무리진 대중에 항상 있기 위해 태어난다. 이러한 열 가지의 특징을 지지마다 다 갖춘다. 마땅히 알아야 하리. 明信者 於自地得明 於諸法中除無知故 於他地得信 於後諸地 生願樂故 無劣者 聞深妙法 不驚怖故 無怯者 行難行行 極勇猛故 無待者 起自地行 不待敎故 通達者 他地方便能起故 平等者 普於衆生同自心故 離偏者 耳聞毁譽 無高下故 離著者 得輪王等位無愛染故 知方便者 知諸法不可得 爲佛方便故 聖衆生者 諸佛徒衆 恒在生故 此等十相 地地皆具 應知 yāṃ bhūmiṃ praviṣṭas tatra sāloko yāṃ na praviṣṭas tatrādhimuktir ity etad ekaṃ liṅgaṃ. alīnatvaṃ parmodāragambhīreṣu dharmeṣu. adīnatvaṃ duṣkaracaryāsu. aparapratyayatvaṃ svasyāṃ bhūmau. sarvabhūmiprativedhaś ca tad abhinirhārakauśalyataḥ sarvasatveṣv ātmasamacittatā. aneyā varṇāvarṇaśabdābhyāṃ. ananunayaś cakravartītyādisaṃ pattiṣu. upāyakauśalyam anupalambhas tasya buddhatvopāyajñānāt. buddhaparṣanmaṇḍaleṣu copapattiḥ sarvakālam ity etāni aparāṇi liṅgāni bodhisatvasya"라고 하였다. [참고문헌] 『大乘莊

嚴經論』, *Sūtr.* ⇨ 십지 十地 **2**

입지사한 立地死漢 선 자리에서 죽은 사람. 활로(活路)를 벗어나 선기(禪機) 드러내지 못하는 이의 은유다. 『분양어록』 권상(대정장47, p.596c9)에 "법좌에 올라 앉아 말했다. '분양문하에 서하의 사자가 있다. 문 앞에 웅크리고 앉아 있다가 누구라도 오면 바로 물어 죽이는데 무슨 방편이 있어서인가? 분양의 문에 들어올 수 있다면 분양 사람을 볼 수 있다. 분양의 사람을 보는 이라면 불조의 스승이 될 만하지만 분양의 사람을 보지 못하면 모두 선 자리에서 죽은 사람일 뿐이다. 지금 문에 들어올 사람이 있는가? 빨리 들어온다면 평생에 짊어진 소식을 저버리는 잘못을 면할 것이다. 上堂云 汾陽門下 有西河師子 當門踞坐 但有來者 卽便齩殺 有何方便 入得汾陽門 得見汾陽人 若見汾陽人者 堪與祖佛爲師 不見汾陽人 盡是立地死漢 如今還有人 入得門麽 快須入取 免得辜負平生", 『허당집』 99칙 「평창 評唱」(卍속장124, p.616b7)에 "기주 북선오통적선사는 운문을 이었다. 법좌에 올라 앉아 주장자를 집어 들고 말했다. '과거 미래현재의 모든 부처와 미진수처럼 많은 보살이 일시에 주장자 끝에서 거대한 법륜을 굴리며 모두 여러분 콧구멍 속을 지나갔다. 보았는가? 보았다면 나에게 가져오라. 보지 못했다면 선 자리에서 죽은 사람과 같을 것이다'. 蘄州北禪悟通寂禪師 嗣雲門 上堂拈拄杖曰 過去未來現在諸佛 微塵菩薩 一時在拄杖頭上轉大法輪 盡向諸人鼻孔裏過 還見麽 若見 與我拈將來 若不見 大似立地死漢"라고 하였다. [참고문헌] 『汾陽語錄』, 『虛堂集』.

입지성불 立地成佛 선 자리에서 부처되다. 『밀암어록』(대정장47, p.963b19)에 "깨달은 이 선 자리에서 부처되고, 어두운 이 영겁토록 윤회한다. 그래서 제불께서 설하신 것은 오직 이 마음이고, 조사가 전한 것은 오직 이 법일 뿐이다. 悟之者 立地成佛 迷之者 永劫輪迴 所以 諸佛所說 唯說此心 祖師所傳 唯傳此法", 『벽암록』 4칙 「평창 評唱」(대정장48, p.144b28)에 "사람을 죽이고도 눈 하나 깜짝이지 않는 수단이 있어야 비로소 선 자리에서 성불한다. 선 자리에서 성불한 사람은 사람을 죽여도 눈 하나 깜짝하지 않는 경지에 저절로 이르니 이래야 비로소 자유자재할 수 있는 분이 있다. 有殺人不眨眼底手脚 方可立地成佛 有立地成佛底人 自然殺人不眨眼 方有自由自在分", 『원오어록』 권6(대정장47, p.738a10)에 "정수리에 금강정안이 열려야 비로소 큰 기틀을 가릴 수 있고, 사람을 죽이고도 눈 하나 깜짝하지 않는 사람이 선 자리에서 부처가 되고 바야흐로 크게 비춘다. 頂門闢金剛正眼 始辨大機 殺人不眨眼底漢 立地成佛 方明大用"라고 하였다. [참고문헌] 『密菴語錄』, 『碧巖錄』, 『圓悟語錄』, 『楞嚴經寶鏡疏』(卍속장90, p.777b8).

입진이물 入塵利物 진세에 들어가 중생을 이롭게 하다. 『왕생요집』 권1 「법희 法喜」(대정장51, p.129c14)에 "무생을 견뎌 깨우쳐서 속세로 들어가 중생을 이롭게 한다. 보상이 있을지라도, 목에 칼날이 들어와도 흡사 봄바람 베듯 하리니(僧肇의 임종게), 어찌 범부의 육도와 같으랴! 若其忍悟無生 入塵利物 縱有報償 則所謂將頭臨白刃 一似斬春風者矣 豈與凡夫六道等耶"라고 하였다. [참고문헌] 『往生要集』, 『圓覺經』(대정장17, p.916a22), 『景德傳燈錄』 권27(대정장51, p.435b2). ⇨ 입전수수 入廛垂手 **1**

입처 入處 **1** Ⓢ Ⓟ āyatana, Ⓣ skye-mched. 입과 처를 함께 쓴 말. 근(根 : 六內入處)과 경(境 : 六外入處)이 어울리는 곳. 일체(一切)가 일어나는 곳이며 심과 심소가 드나들고 생장하는 곳으로, 아야달나(阿野怛那)라고 음사하며 입(入) 또는 처(處)라고도 한다. 『잡아함경』 권8(대정장2, p.53b10)에 "색을 보는 인연으로 인해 안으로 수가 생겨나니 고통스럽거나 즐겁거나 고통도 즐거움도 아니다. 이비설신을 비롯하여 의가 법을 인연하여 안으로 수가 생겨나니 고통스럽거나 즐겁거나 고통도 즐거움도 아니다. 비구들이여! 이 때문에 저 입처에 대해 다음과 같은 점을 깨달아야 하니, 안이 멸하면 색상도 곧 사라지니 이비설신의가 사라지면 법에 대한 관념도 바로 떠난다. 眼見色因緣 生內受 若苦若樂 不苦不樂 耳 鼻 舌 身 意法因緣 生內受 若苦 若樂 不苦不樂 是故 比丘 於彼入處 當覺知 若眼滅 色想則離 耳 鼻 舌 身 意滅 法想則離", 같은 책 권13(대정장2, p.91a27)에 "부처님께서 바라문에게 말씀하셨다. '일체란 십이입처를 말하니, 안·색·이·성·비·향·설·미·신·촉·의·법을 일체라고 한다. 만약 또 「이들은 일체가 아니며 사문 구담이 말한 일체를 나는 지금 버리고 따로 다른 일체를 세운다」라고 말한다면, 그에게는 그와 같은 말만 있을 뿐이고 그에 대해 물으면 알지 못하고 의혹만 늘어날 것이다. 어째서 그런가? 경계가 아니기 때문이다'. 佛告婆羅門 一切者 謂十二入處 眼 色 耳 聲 鼻 香 舌 味 身 觸 意 法 是名一切 若復說言 此非一切 沙門瞿曇 所說一切 我今捨 別立餘一切者 彼但有言說 問已不知 增其疑惑 所以者何 非其境界故", 『결정장론』 권하(대정장30, p.1030b20)에 "욕계중에 식은 외부의 색입에 의지하는데 이를 입처라고 한다. 欲界中識 依外色入 名爲入處"라고 하였다. [참고문헌] 『雜阿含經』, 『決定藏論』, *Laṅk.218.*, *Mvyut.154.*, *SN.2.3.* ⇨ 십이처 十二處, 십이입 十二入, 육내입처 六內入處, 육입 六入, 처 處, 일체 一切 **2** 수용해 감득하는 세계. 『잡아함경』 권7(대정장2, p.45c11)에 "만약 공입처·식입처·무소유입처·비상비비상입처를 얻고 내가 죽은 후에 소멸하여 존재하는 것이 없어지면 나의 바른 끊음이라 부른다.

若得空入處 識入處 無所有入處 非想非非想入處 我死後 斷壞 無所有 是名我正斷", 60권본 『화엄경』 권23(대정장9, p.542a8)에 "이 보살들은 일체보살의 지혜행처에 모두 자재하고, 제불과 여래가 지혜로 드는 곳에 다 들어갈 수 있다. 此諸菩薩 一切菩薩 智慧行處 悉得自在 諸佛如來 智慧入處 悉皆得入", 『화엄경탐현기』 권9(대정장35, p.279b10)에 "부처님 드는 곳은 과위에서 얻은 원지가 실상과 상응하는 것이니 이를 입처라고 한다. 佛慧入處 是果位所得圓智契如 名爲入處"라고 하였다. [참고문헌] 『雜阿含經』, 『華嚴經』, 『華嚴經探玄記』. **3** 견문각지로 마주해 들고나는 자리. 분별이 이는 자리다. 입두처(入頭處)・입두(入頭)・입로(入路)라고도 한다. 『전심법요』(대정장48, p.380b29)에 "도를 배우는 사람이 오직 견문각지만으로 움직일 줄 알다가 견문각지를 비워버리면 마음의 행로 끊어져 들어갈 곳마저 없다. 學道人 唯認見聞覺知施爲動作 空却見聞覺知 卽心路絶無入處"라고 하였다. [참고문헌] 『傳心法要』.

입처개진 立處皆眞 서는 곳마다 온통 진실이다. 임제의현(臨濟義玄)의 말로서 수처작주(隨處作主)에 수반되는 말이다. 『임제록』(대정장47, p.498a16)에 "임제가 대중에게 말하였다. '도를 구하는 이들이여! 불법은 열심히 공을 들일 일 따로 없고, 다만 늘 그렇듯이 일 없다. 똥 누고 오줌 누며 옷 입고 밥 먹으며 졸리면 바로 자는 경계이다. 어리석은 이 나를 비웃겠지만 지혜로운 이는 알 것이다. 옛사람이 말하기를 「밖을 향해 공부하는 것은 온통 이 어리석은 일이다」라고 하였다. 그대들 자리하는 어디에서나 주인이 되고 서있는 곳마다 모두 진실하면, 그 어떠한 경계 오더라도 돌이켜 바꿀 수 없으니, 설령 예전부터 쌓은 습기나 오무간업이 있더라도 저절로 해탈의 크나큰 바다가 될 것이다. 師示衆云 道流 佛法無用功處 秖是平常無事 屙屎送尿 著衣喫飯 困來卽臥 愚人笑我 智乃知焉 古人云 向外作工夫 總是癡頑漢 爾且 隨處作主 立處皆眞 境來回換不得 縱有從來習氣 五無間業 自爲解脫大海", 『가태보등록』 권23 「전단례거사장 錢端禮居士章」(卍속장137, p.326b17)에 "대장부 큼직큼직하고 분명하다. 마땅히 쓰는 곳마다에서 휘어잡아 고요히 하니 서있는 곳마다에서 참되다. 大丈夫 磊磊落落 當用處把定 立處皆眞"라고 하였다. [참고문헌] 『臨濟錄』, 『嘉泰普燈錄』. ⇨ 수처작주 隨處作主

입첨복림불후여향 入瞻蔔林不嗅餘香 첨복(Ⓢ Campaka) 숲에 들어가면 다른 향 맡을 일 없다는 말. 첨복향은 대승(大乘)을 뜻하고, 다른 향은 성문과 벽지불을 뜻한다. 첨복은 향 깊은 치자나무의 일종으로 담복(薝蔔)이라고도 한다. 『유마경』 권중(대정장14, p.548a25)의 "만약 어떤 이가 첨복나무 숲에 들어가면 오직 첨복나무 향만 맡을 뿐 다른 향은 맡지 못한다. 만약 어떤 이가 이 방안에 들어온다면 오직 부처님 공덕의 향만 맡을 뿐 성문이나 벽지불 공덕의 향은 맡으려 하지 않는다. 如人入瞻蔔林 唯嗅瞻蔔 不嗅餘香 如是若入此室 但聞佛功德之香 不樂聞聲聞 辟支佛功德香也", 『마하지관』 권1(대정장46, p.2c19)에 "정명거사가 말하기를 '첨복숲에 들어가면 다른 향을 맡지 못하듯이, 이 방에 들어오면 제불공덕의 향만을 맡는다'라고 하였다. 淨名曰 入瞻蔔林不嗅餘香 入此室者 但聞諸佛功德之香", 『법화현의』 권1(대정장33, p.692a26)에 "어떤 사람이 담복숲에 들어가면 다른 향은 맡을 일 없으니, 누가 다시 이승공덕을 좋아하겠는가? 若人入薝蔔林不嗅餘香 誰復樂二乘功德"라고 하였다. [참고문헌] 『維摩經』, 『摩訶止觀』, 『法華玄義』, 『四教儀集解』 권하(卍속장102, p.107a14). ⇨ 담복 薝蔔, 대승 大乘, 이승 二乘

입초구인 入草求人 풀숲으로 들어가 사람을 구한다는 말. 향상(向上)의 경지에 머물지 않고 향하(向下)하여 중생과 함께 하는 뜻이다. 『황룡혜남어록』(대정장47, p.638b14)에 "조주는 풀섶에 들어가 사람을 구하느라 온몸이 흙탕물로 더러워지는 줄도 모른다. 趙州入草求人 不覺渾身泥水", 『원오어록』 권5(대정장47, p.737a21)에 "'옛날에 조주가 방장실에 단좌하고 있을 때 시자가 「대왕께서 오십니다」라고 하자 조주가 「대왕은 만복이다」라고 하였습니다. 이 도리는 무엇입니까?' '정수리 금강안에서 빛을 놓는다' '비록 풀섶에 들어 남을 구하니 흙탕물 묻는 일이야 어쩌겠습니까?' '조주를 비방하지 마라'. 昔日趙州端居丈室 侍者報云 大王來也 州云 大王萬福 此理 如何 師云 頂顐金剛眼放光 進云 雖然入草求人 爭奈拕泥帶水 師云 莫謗趙州好", 『오가정종찬』 권3 「단하순선사 丹霞淳禪師」(卍속장135, p.964a8)에 "단하가 법좌에 올라 '우리 종에는 어구 없어서 누군가에게 전할 법이라곤 하나도 없다'라고 한 덕산의 말을 들었다. '덕산은 이렇게 말했지만, 풀섶에 들어가 사람 구할 줄만 알았지 온몸이 진흙탕 될 줄은 몰랐나. 나만 외눈박이일 뿐, 나라면 그렇게 말하지 않았을 것이다. 우리의 종에는 어구가 있지만 황금 칼로 자르려 해도 그 속이 열리지 않으니, 깊디 깊고 현묘한 뜻이 있으니 석녀 야밤에 회임하였다'. 師上堂 擧 德山云 我宗無語句 亦無一法與人 德山恁麼說話 只知入草求人 不覺通身泥水 子細看來 只具一隻眼 丹霞則不然 我宗有語句 金刀剪不開 深深玄妙旨 石女夜懷胎"라고 하였다. [참고문헌] 『黃龍慧南語錄』, 『圜悟語錄』, 『五家正宗贊』. ⇨ 타니체수 拕泥滯水, 입전수수 入廛垂手 **1**, 이류중행 異類中行

입출식념 入出息念 Ⓢ ānāpāna-smṛti. 들숨(入息)과 날숨(出息)에 마음을 두다. 『유가사지론』 권98(대정장

30, p.866a8)에 "입출식념의 수습차별에는 십육행이 있다. 그 이치를 자세하게 분별한 것은 성문지와 같으니, 그 차별상을 알아야 한다. 또 부지런히 수행하는 여러 유가사도 이와 같은 입출식념을 닦아 익힌다. 入出息念 修習差別 有十六行 廣分別義 如聲聞地 應知其相 又勤修行諸瑜伽師 修習如是入出息念"라고 하였다. [참고문헌] 『瑜伽師地論』, 『顯揚聖敎論』 권16(대정장31, p.560a3). ⇨ 입식출식념 入息出息念

입측오주 入厠五呪 해우소(解憂所 : 화장실)에 들어가서 일을 마치고 나올 때까지 외우는 다섯 가지 진언(眞言). 「입측오주」(『석문의범』 권하, p.166a6)에 따르면 첫째 화장실에 들어가면서 외우는 입측진언(入厠眞言)은 "옴 하로다야 사바하 唵 狼嚕陀耶 莎訶", 둘째 뒤를 본 직후 준비한 북수대(北水台)와 병수(甁水)로 뒤를 씻으면서 외우는 세정진언(洗淨眞言)은 "옴 하나마리제 사바하 唵 賀曩摩里帝 莎訶", 셋째 마치고 나와서 손을 씻으면서 외우는 세수진언(洗手眞言)은 "옴 주가라야 사바하 唵 主迦囉野 莎訶", 넷째 다 마치고 더러움을 버리려 외우는 거예진언(去穢眞言)은 "옴 시리예바혜 사바하 唵 室利曳婆醯 莎訶", 다섯째 마지막으로 온 몸을 깨끗이 하려 외우는 정신진언(淨身眞言)은 "옴 바아라뇌가닥 사바하 唵 跋折囉惱迦吒 莎訶"이며, 각 주문을 세 번씩 외운다. 만약 정병(淨甁)을 지니지 못했을 때는 무병수진언(無甁水眞言)인 "연꽃 잎가지를 꺾어드니 마치 바다의 파도같이 파도치네! 여기에 정병은 없지만 청정하기는 유리세계라! 옴 정체 혜체 사바하 摘葉蓮華枝 還同海上波 此處無甁水 淸淨琉璃界 唵 定體醯體 莎訶"를 외운다. [참고문헌] 『釋門儀範』, 『僧家日用食時默言作法』. ⇨ 상측법 上厠法

입탑 入塔 입적한 스님의 유골을 탑에 봉안하는 의식. 입탑불사(入塔佛事)라고도 한다. 『백장청규』 권6(대정장48, p.1149a20)에 "입탑 : 다비를 마치면 집사인·향곡·법권은 함께 유골을 수습하여 면으로 싸고 보자기로 둘러서 함에 넣고 단단히 봉한 뒤에 연수당으로 맞아들인다. 〈위패에 신(新)자는 버린다〉. 세 때에 경을 읊는다. 제3일의 오후에 판장을 승당 앞에 내놓아 대중에게 알린다. … 판장을 내놓고 나서 당사행자는 미리 대중에게 알리고자 송회패를 내건다. 예정된 시간이 되면 종을 울려 대중을 모이게 한 뒤 기골불사를 청하여 탑이 있는 장소에 전송하면 입탑불사를 청한다. 입탑을 마치면 지사가 탑을 봉한다. 유나는 대비주를 읊으며 회향한다. 〈이전부터 경을 읊어서 쌓은 공덕을 받들어 원적한 모 상좌에게 바치오니, 입탑한 다음에는 과보로 얻은 국토를 장엄하시길〉. 지객도 능엄주를 평거의 음조로 읊고 향인이 경을 읊으며 회향함도 어울려 같이 한다. 入塔 茶毘後 執事人鄕曲法眷同收骨 以綿裹袱包 函貯封定 迎歸延壽堂 〈位牌上去新字〉 三時諷經 第三日午後 出板帳於僧堂前 令衆通知 … 出板帳畢 堂司行者 預報衆掛送灰牌 至期鳴鐘 集衆請起骨佛事 送至塔所 請入塔佛事 入畢知事封塔 維那擧大悲呪 回向云 〈上來諷經功德 奉爲圓寂某上座 入塔之次 莊嚴報地 十方云云〉 知客平擧楞嚴呪 鄕人諷經回向並同", 『굉지광록』 권7(대정장48, p.83c18)에 "입탑하며 읊은 송 : 인연이 모여 이룬 몸, 오온 무너져 티끌 되네. 장생의 길 따라 오가던 사람, 이제야 손 털고 고향에 돌아갔네. 맑게 갠 하늘 가을 달 품어 더욱 둥그네. 入塔云 緣集成身 蘊壞成塵 長生路上往來人 而今撒手還家也 霽色含秋月一輪", 『인사집현어록』 권13(卍속장114, p.98a10)에 "입탑 : 보광탑 아래 활짝 열어 명월당 앞에 남김없이 드러내었다네. 배촉의 기관 거꾸로 잡고, 살활의 구절 온전히 들었노라. 검은 용 턱 아래서 맴도는 밝은 구슬이요, 호랑이 혀 위에는 천 자나 그렸네. 한 번 병들어 낫지 않을 줄이야 어찌 기약했으리! 서둘러 가는 길 그렇게 빠를 줄이야. … 〈유골을 들고 대중에게 말했다〉. 황금 영골 영원히 새롭고, 한 줄기 풍광은 천고의 세월 넘어 빛나리라. 入塔 普光塔下 八字打開 明月堂前 十分彰露 倒拈背觸之機 全提殺活之句 驪龍頷下幹明珠 大虫舌上書千字 何期一疾弗瘳 可謂貪程太遽 … 〈提骨示衆云〉 黃金靈骨鎭長新 一段風光邁千古"라고 하였다. [참고문헌] 『百丈淸規』, 『宏智廣錄』, 『因師集賢語錄』. ⇨ 기골불사 起骨佛事, 삼물 三物[1], 다비 茶毘

자운대율사원명사리탑 사리입탑 2005

석함과 녹유골호 국보제125호
국립경주박물관 8세기

잉법 剩法 남아도는 법. 남아 돈다 하지만 남아 돌지 않은 법마저 있을 수 없다. 끝내 남아 도는 법 그 밖도 없이 하여 어떤 법에도 머물지 못하도록 한다. 『대혜어록』 권20 「시공혜도인 示空慧道人」(대정장47, p.895c29)에 "마음도 외물도 온통 남아도는 법이다. 그렇다면 결국 어떻게 해야 할까? 야간통행은 할 수 없지만 날 밝으면 반드시 도달해야 한다. 則心與物 俱是剩法 畢竟如何 不許夜行 投明要到", 『밀암어록』(대정장47, p.961c19)에 "법좌에 올라 '엄정한 법령을 온전히 드러내 시방을 눌러 앉아 천차만별 한 구절 꾸려 통한다. 부처와 중생은 모두 부질없는 존재이다. 이렇게 알아가면 온전한 나그네 그대로 주인 되고 속속들이 주인인 그대로 나그네다. 그렇다면 다 넘어서는 한 구절은 무어라 해야 할까?'라고 한 뒤 잠깐 침묵하다가 말했다. '독이 퍼진 집에서는 물맛 보지 말아야 하리'. 上堂 正令全提 十方坐斷 千差萬別 一句該通 佛與衆生 皆爲剩法 恁麼會得 全賓是主 全主是賓 且超越一句 作麼生道 良久云 蠱毒之家水莫嘗", 『할당혜원광록』 권2(卍속장120, p.935b18)에 "짐짓 생각하려 하면 곧바로 남아도는 법이 되고, 음계에 떨어지자마자 생사의 근본이 된다. 纔涉思惟 卽成剩法 纔落陰界 卽是生死根本", 『무준사범어록』 권4(卍속장121, p.927b13)에 "한 터럭의 질료일지라도 밖에서 들어와 섞이는 순간 남아도는 법이 되니 발우에 병을 모시는 꼴이다. 그런 까닭에 '움직인 즉 그림자 뜨고, 아는가 하면 얼음 엉긴다'라고 한다. 纔涉一絲毫外料 便成剩法 爲鉢盂安柄 所以 動卽影現 覺卽冰生", 『감산집』 권2(卍속장127, p.225a7)에 "만일 근본 따라 공부한다면 팔식의 보금자리를 때려부수고 무명의 소굴을 단번에 뒤집은 다음 한 번에 뛰어 곧바로 들어가게 되니 더 이상 불필요한 법 없이 한다. 若從根本上做工夫 打破八識窠臼 頓翻無明窟穴 一超直入 更無剩法"라고 하였다. [참고문헌] 『大慧語錄』, 『密菴語錄』, 『瞎堂慧遠廣錄』, 『無準師範語錄』, 『憨山集』. ⇨ 파주 把住

자 字 ❶ Ⓢ akṣara, kāra. 음소 또는 낱글자. 말의 최소 단위이다. 명구문(名句文) 중 문에 해당한다. 악찰나(惡察那)·악찰라(惡刹羅)·아걸사라(阿乞史羅)로 음사한다. 『순정리론』 권32(대정장29, p.521b19)에 "극미·자·찰나는 색(色)·말(名)·시간(時)의 극히 적은 것이다. 極微字刹那 色名時極少", 『성유식론』 권2(대정장31, p.6b)에 "문인 즉 자에 해당하는데, 이 두 가지(名·句)의 의지처가 된다. 文卽是字爲二所依", 『성유식론술기』 권2(대정장43, p.287c24)에 "자는 (의미를 가짐이 없기에) 고쳐 뒤지는 뜻이 없는(無改轉義) 것들이다. … 또 자는 처음이 되는 것(初首)이다. 많은 찰나의 음소(聲)가 모여 하나의 자를 이룬다. 다자가 모여 의지처를 삼고, 그런 다음 명을 이뤄서 제법체를 언표한다. 다명이 모이고 난 뒤 구신을 이뤄 법의 차별을 말한다. 字者 無改轉義 … 或字爲初首 卽多刹那聲集成一字 集多字爲所依 次能成名詮諸法體 集多名已後 成句身詮法差別", 『대승아비달마잡집론』 권2(대정장31, p.700c6 : *Abh-s-bh*., p.10)에 "'문신'이란, 저 두 가지가 의지하는 복수의 자(諸字)를 통해 문신을 임시로 세운다. '저 두 가지가 의지하는 복수의 자'는 자성을 더하는 말(自性增言 : 주어)과 차별을 더하는 말(差別增言 : 술어)이 의지하는 복수의 자이니, 예를 들면 아(裒 Ⓢ a)·일(壹 Ⓢ i)·오(鄔 Ⓢ u) 등이다. 文身者 謂於彼二所依諸字 假立文身 彼二所依諸字者 謂自性差別增言 所依諸字 如裒壹鄔等 tadubhayāśrayeṣviti svabhāvaviśeṣādhivacanāśrayeṣvakṣareṣu a i u ityevamādiṣu"라고 하였다. [참고문헌] 『順正理論』, 『成唯識論』, 『成唯識論述記』, 『阿毘達磨雜集論』, *Abh-s-bh*. ⇨ 악찰나 惡察那, 악찰라 惡刹羅, 이종자 二種字, 자상자의 字相字義, 음성교체 音聲敎體 ❷ 본명(本名) 이외의 다른 이름. 실명(實名)을 일컫는 경우도 있다. 『현장삼장사자전총서』 권2(卍속장150, p.181b17)에 "법사의 휘는 문아(文雅)이고 자는 원측(圓測)이다. 신라국 왕의 후손이다. 法師諱文雅 字圓測 親羅國王之孫也"라고 하였다. [참고문헌] 『玄奘三藏師資傳叢書』. ❸ ~라는 것 또는 ~라는 말. 예를 들면, '무자(無字)'는 '무'라는 것·'무'라는 말이라는 뜻이다. 『조주어록』(고존숙어록13, 卍속장118, p.313b7)에 "조주선사가 대중들에게 교시하며 말하기를 '나는 부처라는 한 말이 듣기 싫다. 師示衆云 佛之一字 吾不喜聞"라고 하였다. [참고문헌] 『趙州語錄』.

자 者 ❶ ~하는 이. ~하는 것. 존자(尊者)·성자(聖者)·행자(行者)·선자(禪者) 등으로 쓴다. 『중론』 권3 「관업품 觀業品」(대정장30, p.23b21)에 "오온 중에 임시로 이름 붙인 사람이 바로 '짓는 이'이다. 五陰中假名人 是作者", 40권본 『대반열반경』 권18(대정장12, p.473c12)에 "그때가 되면 나의 여러 제자 중에 바르게 설하는 이는 적고 삿되게 말하는 이는 많을 것이다. 當爾之時 我諸弟子 正說者少 邪說者多", 『인왕호국반야경소』 권1(대정장33, p.257b2)에 "불이란 '깨달은 이'라고 하니, 세간의 고제와 집제를 깨닫고 출세간의 도제와 멸제를 깨우친다. 佛名覺者 覺世間苦集 覺出世道滅", 『대승법원의림장』 권1(대정장45, p.255a2)에 "불타는 각자라고 하는데, '자'란 주의 뜻이다. 佛陀名爲覺者 者是主義", 『운문광록』 권중(대정장47, p.560b5)에 "긴 것은 타고난 그대로 길고, 짧은 것은 타고난 그대로 짧다. 長者天然長 短者天然短", 『굉지광록』 권1(대정장48, p.12b20)에 "옆에서 지켜보는 이가 비웃으니, 바둑 두는 당사자가 수를 보지 못한다. 傍觀者哂 當局者迷"라고 하였다. [참고문헌] 『中論』, 『大般涅槃經』, 『仁王護國般若經疏』, 『大乘法苑義林章』, 『雲門廣錄』, 『宏智廣錄』. ❷ ~(이)라는 것(말). ~(이)란. 주로 일정한 어(語)나 구(句)를 풀거나 하는 주석(注釋)에서 많이 쓴다. 『대반야경』 권547(대정장7, p.814c9)에 "'능히 세간의 제법실상을 보여준다'라는 말은 세간의 오온실상을 보여준다는 뜻이다. 能示世間諸法實相者 謂能示世間五蘊實相", 『조론』 「답유유민서 答劉遺民書」(대정장45, p.156b24)에 "진실한 반야란 있음도 아니고 없음도 아니며, 일어남도 없고 사라짐도 없으며, 다른 이에게 언설로 보여줄 수 없는 것이다. 眞般若者 非有非無 無起無滅 不可說

示於人", 『화엄경소초』 권42(대정장36, p.325c2)에 "'보리'라는 말은 행으로써 무행에 들어간다는 뜻이다. '행으로써'라는 말은 일체선법을 연하는 뜻이고, '무행'이란 일체선법에 머물지 않는 뜻이다. 云菩提者 以行入無行 以行者 緣一切善法 無行者 不得一切善法"라고 하였다. [참고문헌] 『大般若經』, 『肇論』, 『華嚴經疏鈔』. **3** ~한다면. ~이라면. ~하는 경우에. ~인 경우에. 앞서 있는 약(若)·여(如)·욕(欲)·장(將) 등과 호응한다. 『분별공덕론』 권1(대정장25, p.32c20)에 "계가 금강과 같다 하면 대승계이고, 계가 항아리와 같다 하면 소승계이다. 戒如金剛者 大乘戒也 戒如坏瓶者 小乘戒", 『제개장보살소문경』 권3(대정장14, p.710a26)에 "보살이 만약 열 가지 법을 닦는다면 인욕구족을 얻는다. 菩薩若修十種法者 卽得忍辱具足", 『대반열반경집해』 권18(대정장37, p.448b6)에 "선업 짓는 일을 밝히고자 한다면, 반드시 인과를 먼저 알아야 한다. 欲明作善業者 必須先識因果"라고 하였다. [참고문헌] 『分別功德論』, 『除蓋障菩薩所問經』, 『大般涅槃經集解』. **4** 이것. 이 사람. 여기. 저(這)·차(遮)와 같은 뜻이다. 『오가정종찬』 권3 「동산양개장 洞山良价章」(卍속장135, p.953b8)에 "동산이 운암담성(雲巖曇晟)에게 작별을 고하며 물었다. '입적하신 후에 만일 어떤 사람이 「화상의 진영을 그릴 수 있는가」라고 물으면 무어라 대답해야 할까요?' '다만 이렇다 할 뿐이다'. 師辭岩 問 百年後 忽有人問 還邈得和尙眞 如何祗對 巖良久云 只者是", 『선요』 「답직옹거사서 答直翁居士書」(卍속장122, p.721b1)에 "이것을 얻지 못하고서 어찌 저것을 얻겠는가? 이미 저것을 얻었다면 이것도 잊어버려라. 不得者箇 爭得那箇 旣得那箇 忘却者箇", 『무문관』 33칙(대정장48, p.297b4)에 "학인이 마조에게 물었다. '무엇이 부처입니까?' '마음도 아니고 부처도 아니다'. 무문이 말한다. '만약 이곳에서 알아차린다면 공부하던 일을 끝마치게 된다'. 馬祖因僧問 如何是佛 祖曰 非心非佛 無門曰 若向者裏見得 參學事畢"라고 하였다. [참고문헌] 『五家正宗贊』, 『禪要』, 『無門關』. **5** ~때에. 근자(近者)·석자(昔者)와 같은 예다. [참고문헌] 『長阿含經』 권3 「遊行經」(대정장1, p.16b21), 『大唐西域求法高僧傳』 권상(대정장51, p.5a28).

자 慈 Ⓢ maitrī, Ⓟ mettā, Ⓣ byams pa. 아껴 어여삐 여기는 마음. 『미륵보살소문경론』 권2(대정장26, p.241c15)에 "또 자라는 말은 초발심보살의 경우 미미한 힘 때문에 모든 중생을 연민하기만 바랄 뿐이다. 이 때문에 자라 한다. 又言慈者 初發心菩薩 以少力故 但願憐愍 一切衆生 是故名慈", 『구사석론』 권21(대정장29, p.302a10)에 "자는 성냄이 없는 선근을 자성으로 삼는다. 慈以無瞋善根爲性", 『주유마힐경』 권6(대정장38, p.384a24)에 "승조(僧肇)가 말한다. '자는 중생을 연으로 삼는다. 만일 중생이 없다면 자심 어디에 의지하겠는가! 진실한 자를 밝히려 하는가? 연에도 매이지 않으면서 연을 떠나지도 않아야 위없는 진실한 자의 뜻을 성취한다'. 肇曰 慈以衆生爲緣 若無衆生 慈心何寄乎 將明眞慈 無緣而不離緣 成上無相眞慈義也", 『대승의장』 권11(대정장44, p.688c2)에 "자란 대부분 빈궁한 중생을 연해서 여래대사께서 영원히 빈궁에서 벗어나 가장 큰 즐거움을 누리도록 하는 것이다. 慈者 多緣貧窮衆生 如來大師 永離貧窮 受第一樂", 같은 책 권14(대정장44, p.743a20)에 "아끼며 어여삐 여기는 마음을 자라 한다. 愛憐曰慈", 『교계율의』(대정장45, p.870b4)에 "자라는 말의 본의는 달래 고르게 하는 데 있다. 남들이 괴롭게 해도 분노의 한을 일으키지 않는다. 비라는 말의 본의는 넉넉하고 이익되게 하는 데 있다. 중생의 생각에 잘 따른다. 夫言慈者 意在柔和 被他所惱 不生瞋恨 夫言悲者 意在饒益 善順物情", 『제개장보살소문경』 권11(대정장14, p.732c22)에 "열 가지 법을 닦는 보살이라면 자비로운 몸을 흠결없이 갖춘다. 무엇이 그 열 가지인가? 첫째, 어디서나 자를 나눈다. 둘째, 종류에 가리지 않고 자를 베푼다. 셋째, 법에 따르는 자를 닦는다. 넷째, 정(定)에 근거한 자를 닦는다. 다섯째, 해롭지 않는 자를 닦는다. 여섯째, 이익이 되는 자를 닦는다. 일곱째, 평등한 마음의 자를 닦는다. 여덟째, 고른 마음으로 화 없는 자를 닦는다. 아홉째, 시방에 두루 퍼지는 넓고 큰 자를 닦는다. 열째, 세간을 벗어나는 자를 닦는다. 선남자야, 만일 이와 같은 열 가지 법을 닦는 보살이라면 '자비로운 몸 구족하다'라 한다. 菩薩若修十種法者 得慈身具足 何等爲十 一者 無方分慈 二者 無種類慈 三者 法慈 四者 定慈 五者 不害慈 六者 利益慈 七者 於一切有情 平等心慈 八者 等心無瞋恚慈 九者 周遍十方廣大慈 十者 出世間慈 善男子 菩薩若修如是十種法者 卽得慈身具足"라고 하였다. [참고문헌] 『彌勒菩薩所問經論』, 『俱舍釋論』, 『注維摩詰經』, 『大乘義章』, 『教誡律儀』, 『除蓋障菩薩所問經』, *Bodh-bh.166.*, *Mvyut.69.* ⇨ 자비 慈悲 **1**, 대자 大慈, 대자대비 大慈大悲, 비 悲

자 資 **1** Ⓢ pariṣkāra, Ⓟ parikkhāra, Ⓣ yo byad ba. 삶이나 수행을 돕는 것들. 자구(資具)·자료(資料). 『법온족론』 권2(대정장26, p.463b4)에 "세존께서 '이 하나로 향한 길은 온갖 중생이 모두 청정을 얻고 시름과 한탄을 넘어서며 모든 걱정과 고통을 멸하여 이치에 맞는 법을 증험하도록 하기에 성스럽고 바른 정과 방편과 물건들을 아우른다'라고 하신 말씀과 같다. 일곱 가지 성스러운 도의 갈래는 성스럽고 바른 정을 돕고 함께 한다. 如世尊言 此一趣道 令諸有情 皆得淸淨 超諸愁歎 滅諸憂苦 證如理法 謂聖正定 幷資幷具 七聖道支 名聖正定資之與具"라고 하였다. [참고문헌] 『法蘊足論』, *Y* *ogā-bh.66.*, *MN.1.222.* **2** 가르침을 받는 제자. 스승의 도움으로 길러지고, 스승에겐 자산인 뜻이다. 『석씨요람』 권상(대정장54, p.266a6)에 "자 : 『지귀』에 '자란 법을 취하여 자기자신의 행과 이해를 도와 일으키는 뜻이다'라고 하였다. 백양(노자)은 '선하지 않은 사람은 선한 사람의 자산이다'라고 하였다. 資 指歸云 資者 取法 助發己身行解故 伯陽云 不善人 善人之資"라고 하였다. 〔참고문헌〕 『釋氏要覽』. ⇨사자 師資

자가사 紫袈裟 자줏빛 가사. 국왕이나 신심있는 단월(檀越)이 예경(禮敬)의 표시로 올리는 특별한 가사다. 자색가사(紫色袈裟)·자가리(紫伽梨)·자라법의(紫羅法衣)·자의(紫衣)·자복(紫服)이라고도 한다. 자주색 옷은 춘추전국시대의 제후가 공복으로 입었다. 남북조시대 이후에 관복이 되었고, 당(唐)대부터는 정3품 이상의 당상관 관복이었다. 출가자에게 자가사를 하사한 기록은 측천무후(則天武后) 때부터다. 『불조통기』 권39(대정장49, p.369c7)에 따르면, "재초 원년(690)에 조칙을 내려 사문 법랑(法朗) 등 9인에게 『대운경』을 중역하게 하면서 동시에 현공에 봉하고, 자가사와 은구대도 하사하였다〈자가사 하사는 이로부터 시작되었다〉. 載初元年 勅沙門法朗九人重譯大雲經 並封縣公 賜紫袈裟銀龜袋〈賜紫始此〉"라고 하였고, 『구당서 舊唐書』 권133 「열전 列傳」 외척(外戚) 조에서도 확인할 수 있다. 또 『대당고대덕증사공대변정광지불공삼장행장』(대정장50, p.293a23)에 따르면, 불공(不空 Ⓢ Amoghavajra)이 746년(천보5)에 기우제를 지내 성공을 거두자 "황제가 크게 기뻐하며 스스로 보상을 가지고 가서, 불공대사에게 자가사를 하사하며 직접 입혀주었다. 皇帝大悅 自持寶箱 賜大師紫袈裟 帝爲披擐"라고 하였다. 우리나라에서도 고려 광종(光宗)이 법인국사(法印國師) 탄문(坦文 900~975)에게, 조선 세조(世祖)가 묘각화상(妙覺和尙) 수미(守眉)에게, 선조(宣祖)가 청허휴정(淸虛休靜)에게 자가사를 바친 예가 있다. 특히 임진왜란의 전공으로 정2품을 품수받은 청허휴정이 선조로부터 자가사를 하사받았는데, 『청허집』 「보유 補遺」(한불전7, p.735a2)의 행장(行狀) 제목에 '사자 賜紫'라 하였다. 한편 고려시대 혜소국사(慧炤國師) 정현(鼎賢 972~1054)의 부모는 아들을 얻기를 발원하고 스님들께 자가사를 바치기도 하였다. 「안성칠장사혜소국사비문 安城七長寺慧炤國師碑文」에 "아버지는 스님들께 자가사 열 벌을 바치기를 발원하였으며 어머니는 보현보살 500정을 조성하기로 약속하고 '만약 아들을 낳으면 반드시 출가하여 스님이 되도록 하겠다'라고 다짐하였다. 爺則許願紫袈裟一十領 孃則約成普賢菩薩五百幀 生若得子必當爲僧"라고 하였다. 〔참고문헌〕 『佛祖統紀』, 『大唐故大德贈司空大辨正廣智不空三藏行狀』, 『淸虛集』, 『四分律行事鈔資持記』 권하(대정장40, p.361c11), 『景德傳燈錄』 권16 「雪峯義存傳」(대정장51, p.327a19), 李智冠 『校勘譯註歷代高僧碑文』 高麗篇2 p.310. ⇨사자 賜紫, 가사 袈裟

사선호등계자가사부종수교청허당대선사지진 양산 통도사 조선후기

자가옥리사 自家屋裏事 자기 집 안의 일. 생사(生死)를 가늠하는 본분사(本分事)를 뜻한다. 자신의 본분과 상관없는 일이라는 뜻의 별인가리사(別人家裏事)와 대칭한다. 『대혜어록』 권19(대정장47, p.893c28)에 "선은 고요한 곳에 있는 것도 아니고, 시끄러운 자리에 있는 것도 아니며, 사량분별하는 곳에 있지도 않고, 늘 하는 일용처 경계에 있지도 않다. 그러나 비록 이렇다고는 하지만 무엇보다 정처와 요처, 일용응연처, 사량분별처 버리고 얻을 수도 없다. 문득 눈이 열리면 그 모든 것이 자기 집 안의 일이다. 禪不在靜處 不在鬧處 不在思量分別處 不在日用應緣處 然雖如是 第一不得捨却 靜處鬧處 日用應緣處 思量分別處參 忽然眼開 都是自家屋裏事"라고 하였다. 〔참고문헌〕 『大慧語錄』, 『圜悟語錄』 권12 「如上座請小參」(대정장47, p.766c17), 『宏智廣錄』 권6(대정장48, p.74a20). ⇨별인가리사 別人家裏事, 본분사 本分事, 옥리사 屋裏事

자각 自覺 **1** 스스로 깨우치다. 각타(覺他)와 짝이 되어 위없는 깨달음이 된다. 『중아함경』 권1 「주도수경 晝度樹經」(대정장1, p.422b24)에 "부처님 제자로서 모든 번뇌가 이미 다하고 마음이 해탈하고 지혜도 해탈하니 현법 중에 스스로 알고 스스로 깨닫는다. 聖弟子 諸漏已盡 心解脫 慧解脫 於現法中 自知自覺", 『금강경친요간정기』 권2(대정장33, p.187c11)에 "만일 『열반경』의 말씀을 기준으로 한다면, 자각이란 자신에게 불성이 있음에 대한 깨달음이고, 각타란 모든 중생이 누구나 불성이 있음에 대한 깨달음이며, 각만이란 자신도 다른 이도 서로 다른 불성은 없다는 뜻이다. 若準涅槃經說 自覺者 覺自身有佛性 覺他者 覺一切衆生 悉有佛性 覺滿者 若自若他 無二佛性故", 같은 책 권5(대정장33, p.214c4)에 "자각이란 마음에서 일으키는 생각이나 입에서 나오는 말로는 명상의 경계에 미칠 뿐이지만 이것은 모양이나 이름이 아니기에 생각이나 말로는 할 수 없고 오로지 깨우쳐 상응할 뿐이다. 自覺者 謂以心思口議 但及名相之境 此非名相 故不可思議 唯證相應故也"라고 하였다.

[참고문헌]『中阿含經』, 『金剛經纂要刊定記』. ⇨각만 覺滿, 각타 覺他, 자각각타 自覺覺他, 삼각 三覺[3] **2** ?~1117. 송대 조동종(曹洞宗) 스님. 속성은 왕(王)씨. 청주(靑州 : 山東省 益都) 출신. 소성년간(1094~1098) 부용도해(芙蓉道楷) 문하로 출가하여 인가를 받았다. 1105년(숭녕4) 남양부(南陽府 : 河南省 南陽) 대승산(大乘山) 보엄사(普嚴寺)에 주석하면서 시방정인선원(十方淨因禪院)의 주지를 겸임하였다. 1115년(정화5) 녹문산(鹿門山)으로 주석처를 옮겼다. 1117년(정화7) 입적하였고, 녹문산에 탑을 세웠다. 시호는 정혜선사(定慧禪師)이다. 『오등회원속략』 권1(卍속장138, p.852b11)에 따르면, 천동여정(天童如淨) 문하로서 보조일변(普照一辨)에게 법을 전했다고 한다. [참고문헌]『五燈會元續略』, 『嘉泰普燈錄』 권5(卍속장137, p.107a9), 『石門文字禪』 권29 「鹿門燈禪師塔銘」(가흥장23, p.723b6).

자각각타 自覺覺他 스스로 깨닫고 남도 깨닫게 하다. 대승보살의 수행법에 따르는 한 쌍의 깨달음이다. 여기에 각행원만(覺行圓滿)까지 더하면 보살을 떠나 삼각(三覺)을 성취하기에 오로지 부처님지에서만 가능한 뜻이 된다. 『칠불경』(대정장1, p.152a21)에 "부처님께서는 대비의 지로써 스스로 깨닫고 남도 깨닫게 하시니, 위덕과 대신통으로 설하시는 말씀이어서 모두 이와 같다. 佛以大悲智 自覺覺於他 威德大神通 所說皆如是", 『선견율비바사』 권4(대정장24, p.697c22)에 "불이란 스스로 깨우쳐 또한 능히 남을 깨닫게도 하여야 불이라 한다. 佛者 名自覺 亦能覺他 是名爲佛", 『월상녀경』 권상(대정장14, p.618c22)에 "스스로 깨우치고 남도 깨우치게 하여 널리 이롭게 한다. 모두가 탐욕에 얽힌 생각을 버리고 떠나야 한다. 自覺覺他廣利益 皆由捨離有欲想", 『무량수경의소』 권상(대정장37, p.91c13)에 "이미 능히 스스로 깨우쳐야 다시 능히 다른 이도 깨닫게 할 수 있어서 각행이 끝내 꽉 차야 불이라 한다. 스스로 깨달았다는 말은 범부와 달라 가릴 수 있고, 남도 깨닫도록 이끈다는 말은 이승과는 다른 깨달음이며, 깨달음과 행이 원만하게 완수되었다는 말은 보살과 갈라지는 지점이다. 그러므로 오로지 치우쳐 불이라 한다. 旣能自覺 復能覺他 覺行窮滿 故名爲佛 言自覺者 簡異凡夫 導言覺他 別異二乘 覺行窮滿 分異菩薩 是故 獨此偏名爲佛", 『감산집』 권21 「송건상인유팔계서 送建上人遊八桂序」(卍속장127, p.509a15)에 "자각이란 만물(중생)에 어둡지 않음이고, 각타란 만물을 버리지 않는 것이다. 어둡지 않으니 만물을 모아 자기에게 돌아오고, 버리지 않으니 자기를 버려 사람을 따른다. 자기에게 돌아온 즉 만물이 있음을 보지 않고, 남을 따르기에 자기가 있음도 보지 않는다. 夫自覺者 則於物不迷 覺他者 則於物不棄 不迷則會物歸己 不棄則捨己從人 由歸己則 不見有物 從人則不見有己"라고 하였다. [참고문헌]『七佛經』, 『先見律毘婆沙』, 『月上女經』, 『無量壽經義疏』, 『憨山集』. ⇨각행원만 覺行圓滿, 삼각 三覺[3], 각 覺[1], 각타 覺他, 자각 自覺[1], 불 佛

자각성지 自覺聖智 Ⓢsvapratyātma-ārya-jñāna. 스스로를 깨우치는 성스러운 지. 법계체성지(法界體性智)라고도 한다. 스승이나 그 무엇에 의지함이 없기에 무사지(無師智)·자연지(自然智)와도 통한다. 『대승입능가경』 권4(대정장16, p.612b22)에 "자각성지에서 행하는 경계는 모든 인연과 상응해 나타나는 상에서 벗어나기에 일체외도와 성문연각으로서 이변에 떨어진 이들로서는 능히 알 수 없다. 이를 그대로 진실인 법이라 한다. 於自覺聖智 所行境界 離諸因緣 相應見相 一切外道 聲聞緣覺 墮二邊者 所不能知 是名如實法", 『주대승입능가경』 권4(대정장39, p.459b4)에 "마구니와 외도의 잘못된 집착을 꺾고 불법의 강종을 정하는 까닭은 모든 중생이 자각성지로 증한 경계에서 유무 등의 모든 견해를 벗어나도록 한다. 하지만 범부로서 교법에 어두운 이들은 여전히 성은 있다고 헤아리지만 일이와 단상 등의 망상분별이다. 摧魔外之異執 定佛法之綱宗 令諸衆生 於自覺聖智 所證境界 離有無等 諸異見故 愚夫迷敎者 猶計有性 一異斷常 妄想分別", 같은 책 권4(대정장39, p.464a9)에 "머물 것이 없으므로 진실 그대로 머문다고 한다. 이는 자각성지·무사지·자연지로 증한 경지로서 다른 것을 따르는 일 없이 깨우친다. 無所住故 名如實住 此是自覺聖智 無師智 自然智之所證處 不由他悟", 『능가경현의』(卍속장26, p.93b15)에 "이승은 생사를 버리고 열반을 취하지만 열반이 자성이 없음은 모르고, 권승은 이변을 버리고 중도를 취하지만 중도도 자성이 없음은 모른다. 오로지 자각성지를 증득한 사람만이 오법의 자성에서 두 가지 무아를 알고 구경에 통달하므로 '두루 알아 위없다'고 한다. 二乘捨生死 而取涅槃 不知涅槃無性 權乘捨二邊 而取中道 不知中道無性 唯有得自覺聖智者 於五法自性 識二無我 究竟通達 故云徧知無上也", 『분별성위경』 「서문 序文」(대정장18, p.287c20)에 "진언다라니의 종지는 일체여래의 비밀스럽고 깊은 교법으로 자각성지로 단번에 증하는 법문이다. 夫眞言陀羅尼宗者 是一切如來 祕奧之敎 自覺聖智 頓證法門", 『전법보기』 「서문 序文」(대정장85, p.1291a16)에 "또한 수다라의 말씀과 같이 보살마하살은 홀로 한 정처에서 스스로 깨닫고 관찰하여 남에게 의지하지 않으니 모든 견해의 망상을 떠나 오르고 올라 나아가 여래지로 들어간다. 이를 자각성지라 한다. 又如修多羅說 菩薩摩訶薩 獨一靜處 自覺觀察 不由於他 離見妄想 上上昇進 入如來地 是名自覺聖智"라고 하였다. [참고문헌]『大乘入楞伽經』, 『注大乘入楞伽經』, 『楞伽經玄義』, 『分別聖位經』, 『傳法寶紀』, *L* *aṅk.1.6.* ⇨ 오지 五智[1], 법계지 法界智[2], 법계체성지 法界體性智, 무사지 無師智, 자연지 自然智

자감 慈感 송대 임제종(臨濟宗) 스님. 속성은 두(杜)씨. 동천(潼川 : 四川省) 출신. 황룡혜남(黃龍慧南 1002~1069)의 법을 이었다. 강주(江州 : 江西省) 승천사(承天寺)·남악(南岳 : 湖南省) 복엄사(福嚴寺)에 주석하였다.『연등회요』권14(卍속장136, p.666a4)에 "옛 부처의 마음은 바로 지금과 같을 뿐이다. 알 수 없거나 깊이 음미하니 가을 비 보슬보슬 내리고 가을 바람은 솔솔 불리라. 古佛心祇如今 若不會 若沈吟 秋雨微微 秋風颯颯"라는 등의 법문이 남아 있다. 〔참고문헌〕『聯燈會要』,『續傳燈錄』권15(대정장51, p.570b6),『五燈會元』권17(卍속장138, p.660a11).

자거갈마 恣擧羯磨 대중이 함께 허물 등을 드러내 다스리는 법. 자자거과(自恣擧過)·자자건도(自恣犍度)라고도 한다.『유가론기』권16(한불전14, p.p.405c12)에 "무엇을 십종갈마라 이름하는가? … 여섯째 자거갈마 … 여섯째 자거란 하안거 마지막 날에 자자하여 허물을 드러내는 것이다. 何等名爲十種羯磨 … 六恣擧羯磨 … 六恣擧者 夏末自恣擧罪也"라고 하였다. 〔참고문헌〕『瑜伽論記』. ⇨ 거죄 擧罪, 거갈마 擧羯磨

자걸루사비친직계 自乞縷使非親織戒 스스로 실을 얻은 다음 친척 아닌 사람에게 베를 짜게 하는 것을 금한 계. 니살기바일제(尼薩耆波逸提)다. 발난다석자(跋難陀釋子)가 승가리(僧伽梨)를 만들려고 여러 거사들의 집에서 실을 얻어서 직사(織師)에게 베 짜는 것을 맡겼다. 거사들이 발난다석자가 직사 옆에서 돕는 것을 보고 비방하자, 다른 비구들이 이를 부처님께 고하였다. 이를 인연으로 부처님께서 친척이 아닌 사람에게 베 짜는 것을 부탁하는 것을 금하였다.『사분율』권9(대정장22, p.624b6)에 "만약 비구가 스스로 실을 구하여 친가 사람이 아닌 직사를 부려서 베를 짜고 옷을 만들게 하면 니살기바일제다. 若比丘自乞縷線 使非親里織師 織作衣者 尼薩耆波逸提",『신산정사분승계본』(卍속장61, p.540a14)에 "자걸루사비친직계는 (니살기바일제의) 스물세 번째다. 만약 비구가 스스로 실을 구하여 친가 사람이 아닌 직사를 부려서 베를 짜고 옷을 만들게 하면 니살기바일제다. 自乞縷使非親織戒 第二十三 若比丘 自乞縷線 使非親里織師 織作衣者 尼薩耆波逸提"라고 하였다. 〔참고문헌〕『四分律』,『新刪定四分僧戒本』,『十誦律』권8(대정장23, p.55a14),『有部律』권22(대정장23, p.746b4), 李智冠『南北傳六部律藏比較硏究』pp.157~158. ⇨ 니살기바일제 尼薩耆波逸提

자경 自警 스스로를 깨우치다.『대혜어록』권19「시청정거사 示淸淨居士」(대정장47, p.890b6)에 "다른 이 활은 당기지 말고 다른 이의 말은 타지 말며 다른 이의 일은 알려 하지 마라. 비록 평범한 말이지만 도에 들어가는 자량을 삼는다. 다만 늘 스스로 검찰하는 것으로 해 뜨고 해 진다면, 다른 이도 이롭고 스스로도 이로운 무슨 일이 있겠는가? 조금이라도 치우쳐 고집스러움 알아차려 스스로 깨우치니, 잠시도 소홀히 해서는 안 된다. 他弓莫挽 他馬莫騎 他人之事莫知 此雖常言 亦可爲入道之資糧 但常自檢察 從旦至暮 有甚利人自利之事 稍覺偏枯 當須自警 不可忽也",『백장청규』권7「능엄회 楞嚴會」(대정장48, p.1152a15)에 "남긴 말을 외우며 스스로 깨우친다. 誦遺言而自警"라고 하였다. 〔참고문헌〕『大慧語錄』,『百丈淸規』,『書狀』「答榮侍郞狀」(대정장47, p.940a6),『禪苑淸規』권8(卍속장111, p.921a4).

자계 字界 Ⓢ dhātu. 자의 바탕. 어계(語界)·자원(字元)·자체(字體)라고도 한다.『구사론기』권28(대정장41, p.417c23)에 "자의 조성을 밝히는 인도의 성명론에는 자계와 자연(字緣)이라는 것이 있다. 심려(審慮)는 범어로 진다(振多 Ⓢ cintā)라고 하는데 이것이 자연이다. 진다의 뜻 중에 '지(地 Ⓢ dhī)'라는 계(界)를 두기에 지(地 Ⓢ dhī)는 범음이다. 다시 다른 성명법이 이 진다를 돕는다. 지라는 자계가 변해서 다남(馱南 Ⓢ dhyāna)이 된다. 다남은 여기서 정려라고 한다. 구역은 선이다. 또는 선나(禪那)라 하고 지아나(持阿那)라고도 하는데 모두 변한 것이다. 印度造字聲明論中 有字界字緣 審慮梵云振多 是字緣 於振多義中置地界故 地是梵音 復以餘聲明法助此振多 地界變成馱南 馱南此云靜慮 舊云禪 或云禪那 或云持阿那 皆訛也", 같은 책 권9(대정장41, p.161c20)에 "건달박(健達縛 Ⓢ gandharva)이라고 하면 짧은 음으로 부른 것이다. 만약 늘여서 부르면 건달알박(健達頞縛 Ⓢ gandha-arva)이라고 불러야 한다. 그 건달은 향이어서 자연이고, 알박은 바로 자계다. '찾는다(Ⓢ arvati)'는 뜻이기도 하고, '먹는다(Ⓢ bhakṣyati)'는 뜻이기도 하다. 찾는다고 할 경우는 향을 찾는다는 것이고, 먹는다고 할 경우는 향을 먹는다는 것이다. 건달이 알박을 도우니 건달알박이라는 이름이 된다. 健達縛是短音中呼 若長聲中喚應言健達頞縛 其健達名香是字緣 頞縛是字界 或目尋義 或目食義 尋謂尋香 食謂食香 以健達助頞縛 卽名健達頞縛"라고 하였다. 〔참고문헌〕『俱舍論記』, *Abh-k-bh.125.* ⇨ 자 字[1]

자계자연 字界字緣 자계(字界)와 자연(字緣). 자계는 동사의 어근을 말하고, 자연은 접두사·접미사·동사어미 등을 일컫는다.『구사론기』권3(대정장41, p.56a10)에 "서방 성명법의 글자 구성에는 자계와 자연라는 것이 있다. 가령 최승자재(最勝自在 Ⓢparamaiśvarya)는 자계이고, 광현은 자연이다. 이 자계와 자연에 근거해서 근(根 Ⓢindriya)의 증상이란 뜻이 온전히 모아져 성립하기 때문이다. 『순정리론』 권9(대정장29, p.377b2)에서는 '이 「증상」이란 뜻은 자계의 뜻을 나타낸 것으로, 자계는 이지(伊地 Ⓢidi) 또는 인지(忍地 Ⓢindh)를 말하는 것이다. 「가장 뛰어나게 자재하다」는 것이 「이지」의 뜻이며, 「밝게 빛나 명료하다」는 것이 「인지」의 뜻이니, 오직 이처럼 「밝게 타올라 빛나는 것(熾盛光顯 Ⓢindonti)」을 근이라 한 것이다'라고 하였다. 西方聲明法 造字有字界字緣 最勝自在是字界 光顯是字緣 由此字界字緣 總成根增上義故 正理第九云 此增上義界義顯成 界謂伊地 或謂忍地 最勝自在 是伊地義 照灼明了 是忍地義 唯此熾盛光顯名根"라고 하였다. 〔참고문헌〕『俱舍論記』, 『順正理論』. ⇨자계 字界, 자연 字緣

자관 慈觀 ❶Ⓢmaitra-locana, maitrī, Ⓣbyams-pa'i spyan. 자애로써 살피다. 보살이 자애로운 눈으로 중생을 살피는 뜻이다. 오관(五觀) 중 하나이기도 하며, 비심으로 중생의 고통을 살피는 것은 비관(悲觀)이다. 『구사석론』 권21(대정장29, p.302c2 : *Abh-k-bh.*, p.454)에 "만약 어떤 사람이 일체중생에 대하여 항상 기꺼이 덕을 취하면, 이런 사람은 반드시 속히 자관을 성취한다. 若人於一切衆生 恒樂取德 此人必定速得成就慈觀 yastu sarvaguṇagrāhī samaitrīṃ kṣipramutpādayati"라고 하였다. 〔참고문헌〕『俱舍釋論』, 『大智度論』 권20(대정장25, p.206a22), *Saddh-p.452.*, *Abh-k-bh.454.* ⇨오관 五觀❶, 비관 悲觀 ❷Ⓢmaitrī. 오정심관(五停心觀) 중 하나인 자비관(慈悲觀)의 줄임말. 『대승집보살학론』 권14(대정장32, p.118a8 : *Śikṣ.*, p.212)에 "자관을 닦아서 진에와 맞서 다스린다. 修慈觀 對治瞋恚 dveṣasya maitrī pratipakṣaḥ"라고 하였다. 〔참고문헌〕『大乘集菩薩學論』, 60권본『華嚴經』 권10(대정장9, p.460c9), 『大毘婆沙論』 권48(대정장27, p.250c2), *Śikṣ.* ⇨자비관 慈悲觀, 오정심관 五停心觀

자굉 慈宏 조선후기 스님. 법호는 기어(騎魚). 연파혜장(蓮坡惠藏 1772~1811)의 법제자 중 한 스님으로 자홍(慈弘)이라고도 한다. 정약용(丁若鏞)이 지은 「연파대사비명」(『대둔사지』, p.303)에 "법을 전해받은 제자가 다섯이니 수룡이성·기어자굉·철경응언·침교법훈·일규요운이다. 弟子得法者五 曰袖龍頤性 騎魚慈宏 掣鯨應彦 枕蛟法訓 逸蚪擾雲"라고 하였다. 〔참고문헌〕『大芚寺志』(亞細亞文化社, 1980). ⇨자홍 慈弘

자교상위 自敎相違 Ⓢāgama-viruddha. 인명(因明) 용어. 인명삼십삼과(因明三十三過)가 있고, 그 중 종(宗)에 속한 아홉 가지 허물(宗九過 : 宗法九過) 중 하나. 또는 오상위(五相違) 중 하나로 자기의 주장(宗)과 전통적인 교법이 서로 어긋나는 과실을 말한다. 자종상위(自宗相違)라고도 한다. 예를 들면 불자(佛子)가 유아(有我)를 주장하는 경우다. 『인명입정리론』(대정장32, p.11b28 : *Nyāy-pr.*, p.2)에 "자교상위란 무엇인가? 저 승론사가 '소리를 상주불변'이라고 주장하는 등이다. 自敎相違者 如勝論師立聲爲常 āgama-viruddho yathā vaiśeṣikasya nityaḥ śabda iti sādhyataḥ", 『인명입정리론소』(卍속장86, p.677b13)에 "〈논〉 자교상위란 무엇인가? 예를 들면 승론사가 '소리는 상주불변'이라고 주장하는 경우와 같은 것이다. 〔술〕 이것은 세 번째 과실이다. 자교 또한 세 가지가 있으니, 자·타·공 등을 말한다. 곧 승론사가 주장하는 '소리'는 덕구의(德句義)에 포함되며 체는 무상인데, 성론사(聲論師)에 대하여 '소리는 상주불변'이라고 주장하면 이것은 자교에 어긋나며, 불제자 등에 대하여 이런 도리를 세우면 공교에 어긋나고, 성론사에 대하여 '소리는 무상'이라고 주장하면 타교에 어긋난다. 自敎相違者 如勝論師立聲爲常 述曰 此第三過 自敎亦有三 謂自他共 卽如勝論師宗立聲 是德句攝 體是無常 若對聲論 立云聲常 此違自敎 若對佛弟子等 立此義者 卽違共敎 若對聲論 立聲無常 卽違他敎"라고 하였다. 〔참고문헌〕『因明入正理論』, 『因明入正理論疏』, *Nyāy-pr.* ⇨사종구과 似宗九過, 오상위 五相違, 삼십삼과 三十三過, 인명 因明

자구 資具 Ⓢupakaraṇa, Ⓣyo-byad. 도와 생활하게 하는 물품들을 말한다. 『집이문족론』 권2(대정장26, p.372a9)에 "공양이란 어떤 것인가? 〔답〕 공양에는 두 가지가 있으니 첫째는 재공양, 둘째는 법공양이다. 재공양이란 어떤 것인가? 〔답〕 마음에 드는 색성향미촉 등과 의복·음식·와구·의약 등과 나머지 자구로 다른 유정중생에게 은혜롭게 하고 베풀고 계속해서 은혜롭게 베풀고, 능히 버리고 베풀며 능히 두루 버리고 베푸는 것을 재공양이라고 한다. 供養云何 答 供養有二種 一 財供養 二 法供養 財供養云何 答 以可意色聲香味觸 衣服飮食 臥具醫藥 及餘資具 於他有情 能惠能施 能隨惠施 能棄能捨 能遍棄捨 是謂財供養", 『유가사지론』 권5(대정장30, p.299a21 : *Yogā-bh.*, p.95)에 "낙(樂)에는 두 가지가 있으니 첫째는 성재로 난 것이 아닌 낙, 둘째는 성재로 난 낙이다. 비성재소생이란 네 가지 '자구'로 연을 삼아 생기한 것을 말하니, 첫째 적열자구, 둘째 자장자구, 셋째 청정자구, 넷째 주지자구다. 적열자구란, 타는 것·의복·여러 장엄구·가소·무악·도향·화만·갖가지 좋은 장난감·광명이 비추는 것·남녀 시위하는 것·갖가지 창고 등을 말한다. … 주지자구란 마시고 먹는 것을 말한다. 樂有二種 一 非聖財所生樂 二 聖

財所生樂 非聖財所生樂者 謂四種資具 爲緣得生 一 適悅資具 二 滋長資具 三 淸淨資具 四 住持資具 適悅資具者 謂車乘 衣服 諸莊嚴具 歌笑 舞樂 塗香 花鬘 種種上妙 珍翫樂具 光明照曜 男女侍衛 種種庫藏 … 住持資具者 謂飮及食 api khalu dvividhaṃ sukhamanāryadhanajamāryadhanajaṃ ca. tatrānāryadhanajaṃ sukhaṃ yaccatvāryupakaraṇāni pratītyotpadyate. tuṣṭyupakaraṇaṃ puṣṭyupakaraṇaṃ śuddhyupakaraṇaṃ sthityupakaraṇaṃ ca. tatra tuṣṭyupakaraṇaṃ, tadyathā yānaṃ vastramalaṅkāro hāsyanṛtyagītavāditaṃ gandha mālyavilepanaṃ vicitrapraṇītabhāṇḍopaskaratā ālokastrīpuruṣaparicaryā kośasannidhiśca. … tatra sthityupakaraṇaṃ bhojanaṃ pānaṃ"라고 하였다. 〔참고문헌〕『集異門足論』, 『瑜伽師地論』, *Yogā-bh.* ⇨ 십삼자구의 十三資具衣

자구족 自具足 스스로 구족함을 갖춤. 바라제목차(波羅提木叉 Ⓢ prātimokṣa)를 성취하는 네 가지 또는 십종구족법 중 하나. 부처님께서 일체지를 얻어 스스로 구족계를 성취하신 뜻에서 자각수(自覺受)라고도 한다. 『마하승기율』 권23(대정장22, p.412b25)에 "세존께서는 일어난 일을 따라 계를 제정하시어 바라제목차의 네 가지 구족법을 세우셨으니 자구족·선래구족·십중구족·오중구족이다. 자구족이란 무엇인가? 세존께서는 보리수 아래에서 최후의 마음으로 확연히 대오하시고 스스로 깨달아 묘증하셨다. 잘 받아 이미 구족하셨으니 『연경 綖經』에서 자세히 설한 바와 같다. 이것을 자구족이라고 한다. 世尊隨事爲制戒 立說波羅提木叉四種具足法 自具足 善來具足 十衆具足 五衆具足 自具足者 世尊在菩提樹下 最後心 廓然大悟 自覺妙證 善受具足 如綖經中廣說 是名自具足"라고 하였다. 〔참고문헌〕『摩訶僧祇律』. ⇨ 십종구족 十種具足, 바라제목차 波羅提木叉

자구주 慈救呪 자비로 구하는 다라니. 부동명왕(不動明王)의 주 중 하나. 화계주(火界呪)·심주(心呪)와 함께 부동명왕의 가장 중요한 다라니다. 부동다라니(不動陀羅尼)라고도 한다. 『부동사자다라니비밀법』(대정장21, p.27a5)에 "이 주문의 출전은 『비로자나경』이니 모든 인법을 능히 다 거둔다. 이전의 법을 짓고 나서 이 주문을 17번 외운 다음 마음으로 부동존을 상념하고 동시에 전의 검인을 지어 이마에 새긴다. … 또한 이것을 자구주 위에 박는다. 다만 정화한 방중에서 결계호신하고 마음을 부동사자에 묶어두고서 상념을 기울여 끊이지 않는다. 많이 외울수록 좋다. 此呪出毘盧遮那經 能攝諸印法 作前法了 卽誦此呪 一七遍已 心念不動尊 亦作前劍印 印額 … 亦可釘此 慈救呪上好 但淨室中 結界護身 繫心不動使者 專念不絶 多誦彌佳"라고 하였다. 〔참고문헌〕『不動使者陀羅尼祕密法』. ⇨ 부동다라니 不動陀羅尼, 부동명왕 不動明王, 오대존총인명 五大尊總印明

자귀의법귀의 自歸依法歸依 Ⓢ atma-śaraṇa dharma-śaraṇa, Ⓟ atta-saraṇā dhamma-saraṇā. 스스로에게 귀의하고 법에 귀의하다. 자기자신을 의지처로 하고 법을 의지처로 삼는 뜻이다. 자등명법등명(自燈明法燈明 Ⓟ atta-dīpā dhamma-dīpā)과 같은 뜻이다. 『장아함경』 권2 「유행경 遊行經」(대정장1, p.15b2)에 "나는 이미 늙었고 나이도 팔십이다. 마치 저 낡은 수레와 같아 방편으로 고치고 다스려 갈 수 있는 것처럼 내 몸도 그렇다. 방편의 힘으로 조금 목숨을 연장할 수 있으니, 스스로 힘써 정진하여 이 고통을 참는다. 일체의 생각을 하지 않고 무상정에 들 때 내 몸은 안은하여 번뇌의 근심 없다. 그러므로 아난아, 스스로 치연하고 정진하되 법에도 불타오르듯 하여야 하니, 다른 것에 불타듯 하지 말며 스스로에게 귀의하고 법에 귀의해서 다른 것에 귀의하지 마라. 吾已老矣 年且八十 譬如故車 方便修治 得有所至 吾身亦然 以方便力 得少留壽 自力精進 忍此苦痛 不念一切想 入無想定時 我身安隱 無有惱患 是故 阿難 當自熾燃 熾燃於法 勿他熾燃 當自歸依歸依於法 勿他歸依"라고 하였다. 〔참고문헌〕『長阿含經』, *DN.2.100.* ⇨ 자등명법등명 自燈明法燈明

자금대 紫金臺 구품왕생(九品往生) 중 상품중생(上品中生)의 행자가 왕생할 때 타는 자마금(紫磨金)의 연화대(蓮華臺). 때론 중품중생이 타는 것이라고도 한다. 『관무량수경』(대정장12, p.345a7)에 "이 (상품중생의) 행을 닦은 행자는 임종하려 할 때 아미타불께서 관세음 보살과 대세지보살과 함께 무량대중권속을 데리고 자금대를 가지고 행자의 앞에 이르러 칭찬하여 말씀하신다. '법의 자손이여! 그대는 대승을 행하고 제일의를 이해하였다. 그러므로 내가 지금 그대를 영접하러 왔다'. … 한 찰나 사이에 곧바로 저 국토의 칠보연못에 난다. 그 자금대는 마치 대보화 같아서 하룻밤 지나고 나면 활짝 피어나고, 행자의 몸은 자마금색으로 변한다. 行此行者 命欲終時 阿彌陀佛 與觀世音 及大勢至 無量大衆眷屬圍繞 持紫金臺 至行者前讚言 法子 汝行大乘 解第一義 是故我今來迎接汝 … 如一念頃 卽生彼國七寶池中 此紫金臺 如大寶花 經宿卽開 行者身作紫磨金色", 지의(智顗)

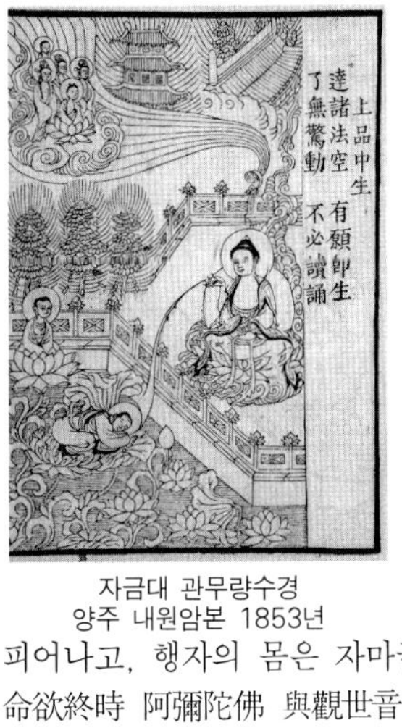

자금대 관무량수경
양주 내원암본 1853년

의 『관무량수불경소』(대정장37, p.193c3)에 "(상품 중의) 상품위는 도종성에 당하고, 중품위는 성종성에 당하며, 하품위는 습종성에 당한다. 첫째로 도를 얻는 빠르기에 차별이 있고, 둘째로는 타는 것도 다르다. 상품은 금강대, 중품은 자금대, 하품은 금련화다. 上品位當道種 中品位當性種 下品位當習種 一得道有遲疾 二所乘有異 初則金剛臺 中紫金臺 下金蓮華"라고 하였다. [참고문헌] 『觀無量壽經』, 『觀無量壽佛經疏』, 『觀無量壽佛經疏妙宗鈔』 권1(대정장37, p.197b10). ⇨ 연화대 蓮華臺, 상품중생 上品中生, 구품왕생 九品往生

자기 子期 종자기(鍾子期). 『인천안목』 권4(대정장48, p.322b24)에 "3조 승찬이 '터럭의 차이에도 하늘과 땅처럼 벌어진다'고 하였으니, 바른 안목을 갖추지 못하고서야 어찌 이를 가려낼 수 있겠는가? 흡사 자기가 백아의 거문고소리 듣는 듯하고, 마치 제바가 용수가 그린 원상(圓相)을 깨우치듯 한다. 三祖云 毫釐有差 天地懸隔 若不具正眼 焉能辨此 似子期聽伯牙之琴 如提婆曉龍樹之相", 『허당록』 권1(대정장47, p.987b28)에 "다시 다음의 공안을 제기하였다. '학인이 육조에게 물었다. 「황매(黃梅 : 弘忍)의 속뜻은 누가 얻었습니까?」「불법을 안 사람이 얻었겠지」「화상께서 얻으셨습니까?」「얻지 못하였다」「어찌하여 얻지 못하셨습니까?」「나는 불법을 알지 못한다」'. 허당이 말하였다. '높은 산과 흐르는 물, 자기이기에 제대로 들었을 따름이다. 비록 그렇다 하여도 30년 후에는 어떤 사람 나 보은 욕되게 할 것이다'. 復擧 六祖因 僧問 黃梅意旨是甚麼人得 祖云 會佛法人得 僧云 和尙還得否 祖云 不得 僧云 爲甚不得 祖云 我不會佛法 師云 高山流水 子期故善聽之 雖然三十年後 有人罵報恩在", 『공곡집』 13칙 「평창 評唱」(卍속장117, p.547b4)에 "만일 이 속 향한다면 백아와 자기가 그저 얼굴만 아는 사이가 아님을 알 것이다. 만일 그렇지 않다면 높은 산과 흐르는 물을 알아차리는 지음이 드물 것이니, 두드려 뜯는 거문고 그 밖의 소리를. 若向這裏 領略得下 伯牙與子期 不是閑相識 如或不然 高山流水知音少 枉奏瑤琴徽外聲"라고 하였다. [참고문헌] 『人天眼目』, 『虛堂錄』, 『空谷集』, 『華嚴經疏』 권1(대정장35, p.506b26), 『止觀輔行傳弘決』 권8(대정장46, p.400c12). ⇨ 종자기 鍾子期, 백아절현 伯牙絶絃

자기 子琦 송(宋)대 임제종 황룡파 스님. 법호는 개원(開元), 사호는 각조대사(覺照大師), 속성은 허(許)씨. 천주(泉州 : 福建省) 혜안(惠安) 출신. 9세에 개원지눌(開元智訥)에게 출가하였으며, 22세에 시경득도(試經得度)하여 구족계를 받았다. 『능엄경』과 『원각경』 공부를 접고 유력하다가 취암가진(翠巖可眞 ?~1064)에게 참학하였다. 불법대의를 묻자 취암이 땅에다 침을 내뱉었는데, 이것이 취암타지(翠巖唾地) 고사다. 취암과 작별하고 황룡혜남(黃龍慧南 1002~1069)에게서 법을 이었다. 황룡이 입적한 후에는 사조법연(四祖法演)의 청에 따라 수좌로 있으면서 분좌설법하였다. 개원사(開元寺)로 돌아가 선림(禪林)으로 고치고 제1세가 되었다. 법을 이은 제자로는 강사 존승유붕(尊勝有朋)이 있다. [참고문헌] 『續傳燈錄』 권16(대정장51, p.571b17), 『補續高僧傳』 권8(卍속장134, p.152a16), 『嘉泰普燈錄』 권6 「尊勝有朋章」(卍속장137, p.119b10), 『禪苑蒙求』 권하(卍속장148, p.270a6).

자기 自己 선종에서 납승(衲僧) 자신을 가리키는 말. 본분(本分)이나 본래면목(本來面目)의 뜻으로 쓰지만 타파할 궁리처의 의미도 있다. 『연종보감』 권2(대정장47, p.312a8)에 "하늘 땅 대지 온통 바로 서방정토여서 삼라만상이 자기 아닌 것이 없다. 盡乾坤大地 是箇西方 萬象森羅 無非自己", 『임제록』(대정장47, p.502b1)에 "크게 통하는 것이란 자기다. 처처에서 만법에 통하니 성 없고 모양도 없어 대통이라 한다. 大通者 是自己 於處處達其萬法 無性無相 名爲大通". 『동산어록』(대정장47, p.511c22)에 "선사가 학인에게 물었다. '이름이 무엇인가?' '아무개입니다' '어느 것이 사리 그대의 주인공인가?' '보고 대답하는 것입니다' '슬프구나! 슬퍼! 요즘 사람들은 대체로 모두 이와 같은 꼴이니, 남의 말이나 따라다니는 그놈을 가져 자기라 여긴다. 불법이 평지에서 침몰한다는 말이 바로 이것이로구나'. 師問僧 名什麽 僧云 某甲 師曰 阿那箇是闍黎主人公 僧云 見秖對次 師曰 苦哉苦哉 今時人 例皆如此 只是認得驢前馬後底 將爲自己 佛法平沈 此之是也", 『운문광록』 권상(대정장47, p.545c4)에 "학인이 물었다. '무엇이 학인의 자기입니까?' '산에서 물에서 노닌다' '화상의 자기는 무엇입니까?' '다행히 유나가 자리를 비웠다'. 問 如何是學人自己 師云 遊山翫水 進云 如何是和尙自己 師云 賴遇維那不在", 같은 책 권중(대정장47, p.554a16)에 "운문선사가 언젠가 말했다. '등롱이 바로 그대의 자기다. 발우를 들고 밥을 먹을 때 밥은 그대의 자기가 아니다'. 학인이 물었다. '밥이 자기일 때는 어떻습니까?' '이 여우 귀신아! 촌놈아!' 선사가 다시 말했다. '이리 와라. 그대가 밥이 자기라고 말했는가?' '네' '어느 세월에 꿈에서라도 깨닫겠는가? 촌놈아!' 師有時云 燈籠是爾自己 把鉢盂喫飯 飯不是爾自己 有僧便問 飯是自己時如何 師云 者野狐精 三家村裏漢 復云 來來 不是爾道飯是自己 僧云 是 師云 驢年夢見 三家村裏漢", 『경덕전등록』 권10 「경잠전 景岑傳」(대정장51, p.275c8)에 "학인이 물었다. '어떻게 해야 산하국토를 뒤쳐 자기에게 돌아가게 할 수 있습니까?' '어떻게 해야 자기를 돌려 산하국토가 되게 하겠는가?' '모르겠습니다' '호남성 아래는 백성이 살기 좋고 쌀값이 싸고 땔감도 많으니 사방이 이웃이다'. 학인은 답이 없었다. 僧問 如何轉得山河國土歸自已去 師云 如何轉得自已成山河國土去 僧云 不會 師云 湖南城下好養民 米賤柴多足四隣 其僧無語", 『벽암록』 87칙 「평창 評唱」(대정장48, p.212a14)에 "운문이 '약과 병이 서로 다스린다. 대지 전체가 약인데, 그 중 무엇이 자기인가?'라고 하였는데, 여러분 이 몸 벗어날 방도가 있는가? 하루 온 종일 언제나 천 길 절벽처럼 서 있을 뿐, 덕산의 방은 빗방울 같이 내리고 임제의 할 벼락과 같더라도, 석가는 석가이고 미륵은 미륵일 뿐이다. 이 말 떨어지는 자리 모르는 이는 왕왕에 말하기를 약과 병은 서로 만난다고 도리어 말한다. 雲門道 藥病相治 盡大地是藥 那箇是自己 諸人還有出身處麽 二六時中 管取壁立千仞 德山棒如雨點 臨濟喝似雷奔 則且致 釋迦自釋迦 彌勒自彌勒 未知落處者 往往喚作藥病相投會去", 『완릉록』(대정장48, p.385c11)에 "물음은 어디에서 오고 깨달음은 어디에서 일어나는가? 어묵동정과 일체의 성색이 모두 부처의 일인데, 달리 어디서 부처를 찾는가? 더 이상 머리에 머리를 더하고 입술 위에 입술 더해서는 안 되니, 다만 다르다 여겨 견만은 일으키지 말아야 한다. 산은 산이고 물은 물이며 승은 승이고 속은 속이다. 산하대지와 일월성신이 모두 그대의 마음을 벗어나지 않고, 삼천대천세계가 모두 그대의 자기인데, 어디에 허다한 것들 있겠는가? 마음 밖에 법이 없으니 눈 한 가득 청산일 뿐이고, 허공세계 밝고 대지도 밝으니 털끝 만큼도 지어 만들 견은 없다. 問從何來 覺從何起 語默動靜 一切聲色 盡是佛事 何處覓佛 不可更頭上安頭 嘴上加嘴 但莫生異見 山是山水是水 僧是僧俗是俗 山河大地 日月星辰 總不出汝心 三千世界都來是汝箇自己 何處有許多般 心外無法 滿目青山 虛空世界皎皎地 無絲髮許與汝作見解", 『서장』 「답이낭중장 答李郎中狀」(대정장47, p.935a23)에 "사대부가 이 도를 배움에 총명하지 못함을 근심할 것이 아니라 너무 총명함만을 근심할 뿐이고, 지견이 없음을 근심할 것이 아니라 지견이 너무 많은 것을 근심할 뿐입니다. 그러므로 언제나 알기 전 한걸음 행하니, 발 밑에 있는 쾌활자재한 소식엔 어둡습니다. 삿된 견해 중 그나마 나은 것은 견문각지를 자기라고 여겨서 현량경계를 심지법문으로 삼을 뿐입니다. 士大夫學此道 不患不聰明 患太聰明耳 不患無知見 患知見太多耳 故常行識前一步 昧却脚跟下快活自在底消息 邪見之上者 和會見聞覺知爲自己 以現量境界 爲心地法門"라고 하였다. ［참고문헌］『蓮宗寶鑑』, 『臨濟錄』, 『洞山語錄』, 『雲門廣錄』, 『景德傳燈錄』, 『碧巖錄』, 『宛陵錄』, 『書狀』. ⇨ 본래면목 本來面目

자기문 仔夔文 자기(仔夔)가 지은 『천지명양수륙의문 天地冥陽水陸儀文』의 별칭. 『자기문』을 소의로 하여 거행되는 작법을 자기작법(仔夔作法)이라 하며, 청나라 서하(西河)의 『자기산보문 仔夔刪補文』도 『자기문』이란 별칭에 의거하여 제목을 달았으며, 조선후기 계파성능(桂坡性能)이 『자기산보문』에서 절차만을 뽑아 『자기문절차조열 仔夔文節次條列』을 지었다. ⇨ 천지명양수륙의문 天地冥陽水陸儀文

자기사 自己事 자기만의 일. 누구라도 대신할 수 없어 스스로만이 할 수밖에 없는 일이라는 말로서, 나고 죽는 일 즉 생사대사(生死大事)를 깨우쳐 부처가 되는 일을 말한다. 선종에서 납승(衲僧)의 본분사(本分事)를 가리키는 말. 『조산어록』 권하(대정장47, p.540c17)에 "한 무리란 자기의 본래일이 있음을 알아 부모라고 부른다. 밖에서 얻지 않고 닦음도 없고 증득도 없으며 인도 아니고 과도 아니다. 스승으로부터 받은 것도 아니고 증행을 좇아 얻은 것도 아니다. 부친이라는 견해를 일으키지 않음을 살이라 하고, 모친이라는 견해를 일으키지 않음을 해라고 한다. 즉 이것이 일체 본분사여서 전혀 취하지도 않고 있게 하지도 않으므로 살해라고 한다. 털끝만큼이라도 받들자마자 맛보는 일 없어서 자기의 본분사가 있음을 안다. 그러므로 대천제라고 부른다. 一類者 知有自己本來事 呼爲父母 不因外得 無修無證 非因非果 不因師受 不從證行所得 不起父見曰殺 不起母見曰害 卽是一切本分事 不取不存 故曰殺害 纔有纖毫奉重 得味不成 知有自己事也 故曰大闡提", 『대혜어록』 권4(대정장47, p.828c13)에 "다른 이의 입을 빌려서 말하는 이 자기사와 분간 못한다. 자기의 흉금에서 흘러나온 것 곁에서 보는 이는 눈 있어도 장님과 같고 입이 있어도 벙어리와 같다. 借人口說得底 不干自己事 自己胸襟流出底 傍觀者有眼如盲 有口如啞", 『경덕전등록』 권17 「운거도응전 雲居道膺傳」(대정장51, p.335c20)에 "부처의 주변 일 배운다 하니 이야말로 쓸데없는 마음씀이다. 설령 수많은 경과 논서를 이해하고 하늘이 꽃 뿌리고 돌이 끄덕일 정도로 강설할 수 있다고 해도, 역시 자기의 본분사는 어쩌지 못한다. 하물며 그 밖의 경계라면 무슨 쓸모가 있겠는가? 學佛邊事是錯用心 假饒解千經萬論 講得天華落石點頭 亦不干自己事 況乎其餘有何用處"라고 하였다. ［참고문헌］『曹山語錄』, 『大慧語錄』, 『景德傳燈錄』. ⇨ 본분사 本分事, 자기일단대사 自己一段大事, 천제 闡提

자기일단대사 自己一段大事 자신이 해결해야 할 단 하나 큰 일. 『굉지광록』 권4(대정장48, p.50b27)에 "법좌에 올라 말했다. '제불설법은 단지 낙엽을 돈이라 속여 아이울음을 그치게 할 뿐이고, 조사들이 대대로 종지를 전한 일도 빈손으로 주먹을 쥐고서 무엇이 있는 듯 꾸민 일이다. 여기에 이르러서는 곧바로 반드시 스스로 쉬어버리고 스스로 깨닫고 스스로 밝아야 한다. 부처는 이미 몸소 이루었고 법은 다른 이에게 부촉할 수 없다. 만약 이러할 수 있다면 대장부이고 진정한 납승이니 이것이 자기의 일단대사다. 형제들이여! 어떻게 해야 평온해질 것인가? 단지 눈이 녹으면 저절로 봄이 온다'. 上堂 佛佛說法 秖成黃葉止啼 祖祖傳宗 還是空拳相嚇 到者裏 直須自休歇 自悟自明 佛是已躬做成 法非別人付得 若能恁麽 是大丈夫漢 眞衲僧 自己一段大事 諸兄弟 且作麽生得平平穩穩去 但得雪消去 自然春到來"라고 하였다. 〔참고문헌〕『宏智廣錄』. ⇨ 생사대사 生死大事, 본분사 本分事, 자기사 自己事

자기저한 自欺底漢 스스로를 속이는 사람. 스스로 증득한 경계가 진실하다고 여기고 본분작가를 만나 점검을 받지 않는 이를 말한다. 『박산선경어』 권하(卍속장112, p.964a14)에 "만약 콧물이 줄줄 흐르는 줄도 모르고 밥 먹듯이 공부할 수 없다면 밥 광주리 옆에서 굶어 죽고 큰 바닷물 속에서 목말라 죽는 꼴과 같이 될 것이니 무슨 일인들 이룰 수 있겠는가? 그래서 깨달은 후에는 반드시 점검받을 사람을 만나야 한다. 예컨대 고덕들이 깨달은 후에 선지식을 만난 경우로 보면 참으로 많은 본보기가 있었다. 만약 이 일을 스스로 알아차리고서 못과 쐐기를 뽑아주는 사람을 만나려고 하지 않는다면 모두 스스로를 속이는 사람이라고 부를 뿐이다. 若不得鼻欘垂 如坐在飯籮邊餓殺 大海裡渴殺 濟得甚麽邊事 所以道 悟後只須見人 如古德悟後見善知識 大有樣子 若自承當箇事 不肯遇人抽釘拔楔 皆喚作自欺底漢耳"라고 하였다. 〔참고문헌〕『博山禪警語』.

자기정토 自己淨土 자기 그대로 정토인 뜻. 『조당집』 권20 「순지장 順之章」(고려장45, p.357a24)에 "'무엇이 자기불이고 자기정토입니까?' '중생이 만약 참된 지혜를 일으켜 참된 공을 통달하면 참된 지혜가 바로 부처이고 공은 그대로 정토다. 만약 이와 같이 체득할 수 있다면 어느 곳에서 다시 타방의 정토와 부처를 구하겠는가?' 問 如何是自己佛 及自己淨土 答 衆生若發眞智 達得眞空 卽眞智是佛 空是淨土 若能如是體會 何處更求他方淨土及佛也"라고 하였다. 〔참고문헌〕『祖堂集』.

자기즉불 自己卽佛 중생의 본래면목이 부처와 같다는 말. 자기불(自己佛)이라고도 한다. 『조당집』 권12 「화산장 禾山章」(고려장45, p.310b1)에 "만약 인과 없다 부정한다면 곧바로 반야를 비방하는 것과 같고 부처님의 몸에 피를 내는 일과 같다. 이 비방은 또한 구분하여야 한다. 첫째는 지금 자기의 본래면목이 그대로 부처와 같음을 믿지 않는 것이니, 어느 곳에서 생멸하고 무너지는 만신창이 몸으로 불도를 이루겠는가? 이와 같은 무리들도 부처님의 몸에 피를 내는 것과 같으니 도리어 화합승인 승가를 파한다 해도 옳으리. 若撥無因果 便同謗於般若 出佛身血一般 此謗亦須區分 第一 現今不信自己卽佛 何處生滅壞爛之身 得成佛道 如此之輩 亦同出佛身血 喚作破和合僧"라고 하였다. 〔참고문헌〕『祖堂集』. ⇨ 오역죄 五逆罪, 파화합승 破和合僧

자기천 自己天 자기 그대로 하늘이라는 말. 『정법안장』 권25(대정장82, p.113b14)에 "이는 부처여서 향상하는 사람이고, 가장 불가사의한 사람이니 자기천이다. 是佛向上人 最不可思議人 是自己天"라고 하였는데 본래 백장회해(百丈懷海)의 말을 일본 도원(道元)이 다르게 해석한 것이다. 『천성광등록』 권9 「백장회해장」(卍속장135, p.681b1)에 "이 신통을 지키지 않아 그 이름이 무신통이라 하였으니, 저 무신통보살의 발자취를 찾을 수 없어야 바로 부처이고 이는 향상하는 사람이고 가장 불가사의하다. 사람이란 바로 자기이고, 하늘은 바로 지혜로 비춤이다. 不守此神通 是名無神通 如云無神通菩薩足跡不可尋 是佛向上人 最不可思議 人是自己 天是智照"라고 되어 있다. 〔참고문헌〕『正法眼藏』, 『天聖廣燈錄』.

자기청정법신 自己淸淨法身 자기가 바로 청정법신이라는 말. 『경덕전등록』 권5 「혜충국사전 慧忠國師傳」(대정장51, p.244c15)에 "숙종(肅宗)이 다시 물었다. '무쟁삼매는 무엇입니까?' '단월이시어! 비로자나의 정수리를 밟고 가십시오' '그것이 무슨 뜻입니까?' '자기청정법신 알려 하지 말길'. 又曰 如何是無諍三昧 師曰 檀越 蹋毘盧頂上行 曰 此意如何 師曰 莫認自己淸淨法身", 『교외별전』 권4(卍속장144, p.73a15)에 "숙종이 다시 물었다. '무엇이 무쟁삼매입니까?' … '자기청정법신 알려 하지 마라'〈대혜종고가 말했다. '그대들은 혜충국사를 보고 싶은가? 다름 아닌 그대의 눈동자에 있으나 눈을 떠도 못보고 지나치고 눈을 감아도 못보고 지나친다. 이미 눈동자에 있는데 왜 못보고 지나치는가? 내가 이렇게 한 말도 못보고 지나친 정도가 적지 않다〉 帝又曰 如何是無諍三昧 … 師曰 莫認自己淸淨法身〈徑山杲云 諸人要見忠國師麽 只在你眼睛裏 開眼也蹉過 合眼也蹉過 旣在眼睛裏 爲甚麽却蹉過 妙喜恁麽道也蹉過不少〉"라고 하였다. 〔참고문헌〕『景德傳燈錄』.

자나과덕 遮那果德 비로자나(毘盧遮那)부처님의 과위(果位)에 갖추어진 덕용(德用). 『금강비』(대정장46, p.784c13)에 "나의 마음과 모든 찰나에 생멸하는 중생의 마음이 비로자나가 과위에서 갖추고 있는 덕용과 다름이 없으니 몸과 마음·의보와 정보·자신과 타인이 서로 상즉하고 상입하여 평등함을 알 수 있다. 나와 중생이 모두 이러한 성을 갖고 있으므로 불성이라 한다. 卽知我心彼彼衆生一一刹那 無不與彼遮那果德 身心依正自他 互融互入齊等 我及衆生 皆有此性 故名佛性", 『금강비론석문』 권하(卍속장100, p.645b7)에 "'비로자나가 과위에서 갖춘 덕용과 몸과 마음·의보와 정보'라는 말은 다음과 같은 뜻이다. 삼천대천세계의 과위가 이루어짐을 상락이라 한다. 색·마음·의보·정보가 모두 네 가지 덕을 드러내고 삼계가 차별이 없으니 마음이 일어남이 본래 같다. 그러므로 자타가 상즉하고 상입하여 평등하게 된다. 遮那果德身心依正者 卽三千果成 咸稱常樂 所以若色若心若依若正 咸彰四德 三無差別 心生本同 故得自他互融互入齊等"라고 하였다. 〔참고문헌〕『金剛錍』, 『金剛錍論釋文』. ⇨ 비로자나불 毘盧遮那佛

자나업 遮那業 일본 천태종의 밀교수행법. 지관업(止觀業)의 상대어다. 〔참고문헌〕『傳敎大師將來越州錄』(대정장55, p.1060b9). ⇨ 양업 兩業

자내소증 自內所證 ススロ 깨우쳐 증득한 것. 자내소증지(自內所證知)·명실제(明實際) 등이라고도 한다. 『해심밀경』 권4(대정장16, p.707b21)에 "'세존이시여, 반야바라밀다로 능히 제법의 무자성성을 취하면서 무슨 까닭에 유자성성은 취하지 않습니까?' '선남자야, 나는 결코 무자성성으로 무자성성을 취한다고 하지 않는다. 그러나 무자성성은 모든 문자를 떠나 스스로 내증한 바여서 언어와 문자를 버리고 설할 수 있는 것이 아니다. 그러므로 나는 반야바라밀다로 제법의 무자성성을 취한다고 할 뿐이다'. 世尊 若般若波羅蜜多 能取諸法 無自性性 何故不取有自性性 善男子 我終不說 以無自性性 取無自性性 然無自性性 離諸文字 自內所證 不可捨於言說文字 而能宣說 是故 我說 般若波羅蜜多 能取諸法 無自性性", 『섭대승론석』 권9(대정장31, p.371b29)에 "〔논〕 다섯째, 불가사의를 상으로 한다. 즉 진여청정이란 스스로 내증함이기에 세간비유로는 능히 비유할 수 없으며, 모든 심사로 행한 처도 아니기 때문이다. 〔석〕 '자내증이기 때문'이란 무엇인가? 모든 여래께서 스스로 증한 것이 이 진여를 말미암아 스스로 증했기 때문이다. 모든 세간에 그럴듯한 비유가 있어 비유할 수도 없다. 五 不可思議爲相 謂眞如淸淨 自內證故 無有世間喩能喩故 非諸尋思所行處故 釋曰 自內證故者 謂諸如來 自內所證 由此眞如 自內證故 非諸尋思所思議處 於諸世間 亦無與此相似譬喩可喩令知"라고 하였다. 〔참고문헌〕『解深密經』, 『攝大乘論釋』. ⇨ 내증 內證, 명실제 明實際

자내증 自內證 Ⓢ pratyātma-vedyatva, pratyātma-vedyā, Ⓣ so-so-rang-gis-rig-par-bya-ba. スス로 깨우쳐 증득함. 분별하여 안립한 상이 없어서 내증(內證)이라고도 한다. 외용(外用)의 상대어다. 『분별연기초승법문경』 권하(대정장16, p.843c19)에 "어떤 특별한 도리가 있어 돈현관이라 하고, 어떤 다른 뜻이 있어 점현관이라고 한다. 어떤 특별한 도리를 돈현관이라고 하는가? 말하자면 자내증의 진제성지로 진지경에 있어 비안립하지 않는 뜻을 총상으로 반연한 것을 돈현관이라고 한다. 有別道理 名頓現觀 有別道理 名漸現觀 何別道理 名頓現觀 謂自內證 眞諦聖智 於眞智境 非安立義 總相緣故 名頓現觀", 『성유식론』 권10(대정장31, p.57b23)에 "그러므로 불신 중에 십팔계 등은 다 구족하여 순전히 무루일뿐이다. 이렇게 전의한 과는 또한 부사의여서 심사와 언의도를 훤출히 넘어선다. 그래서 미묘심심한 자내증일뿐이라고 하고 모든 세간 비유로는 비유할 수 없다고 한다. 이는 또한 아름답고 선하고 순결한 법성이고, 청정법계여서 생멸을 멀리 떠나 지극히 안은하다. 사지심품의 묘용이어서 어디에서도 찾을 수 없는 아름다운 방편이다. 故佛身中十八界等 皆悉具足而純無漏 此轉依果 又不思議 超過尋思言議道故 微妙甚深自內證故 非諸世間喩所喩故 此又是善白法性故 淸淨法界遠離生滅極安隱故 四智心品妙用無方極巧便故"라고 하였다. 〔참고문헌〕『分別緣起初勝法門經』, 『成唯識論』, *Mah-sam.85*. ⇨ 자내소증 自內所證, 내증 內證, 외용 外用

자단 紫檀 ❶ 열대지방에서 자라는 콩과의 상록교목. 갈지라(羯地羅)·가지라(軻地羅) 등으로 음사한다. 나무껍질이 검붉고 가시가 있다. 학명은 *Acacia catechu*이다. ⇨ 갈지라 羯地羅❶ ❷ 자색(紫色) 전단향(栴檀香). 『일체경음의』 권27(대정장54, p.484a12)에 "전단〈전단나는 우두전단 등을 말한다. 색이 붉은 것이 자단이고, 흰 것은 백단에 속한다〉. 旃檀〈旃檀那 謂牛頭旃檀等 赤卽紫檀之類 白謂白檀之屬〉", 『소실지갈라경』 권상(대정장18, p.607b27)에 "작법에 쓰는 금강저는 자연적으로 발생한 불에 탄 나무를 사용해야 한다. 고련목이나 시신을 화장하고 남은 나무, 또는 백단이나 자단목을 쓴다. 諸事金剛應用天火所燒之木 或苦練木 或取燒屍殘火糟木 或用白檀 或紫檀木", 『북산록』 권8(대정장52, p.622c24)에 "목련은 서른두 명의 장인을 보내 상호를 관찰하고 자단을 깎아 불상을 만들게 했다. 目連以三十二匠往瞻相好 刻紫檀爲像"라고 하였다. 〔참고문헌〕『一切經音義』, 『蘇悉地羯羅經』, 『北山錄』. ⇨ 전단 栴檀

자단향 紫檀香 붉은 색 전단향. 『소실지갈라경』 권하(대정장18, p.689a19)에 "다섯 가지 견향은 침수향·백단향·자단향·사라라향·천목향을 말한다. 五種堅香 謂沈水香 白檀香 紫檀香 娑羅羅香 天木香"라고 하였다. 〔참고문헌〕『蘇悉地羯羅經』. ⇨ 자단 紫檀❷

자동 慈湩 어머니의 젖. 『출요경』 권17(대정장4, p.700c22)에 "어찌하여 '적시는 것이 번뇌의 뜻'인가? 〔답〕 마치 물로 곡식을 적시면 싹이 나는 것처럼 중생들도 이와 같아서 삼유(三有 : 欲有 色有 無色有)의 물로 과거행의 뿌리를 적시면 번뇌의 싹이 생겨나는데, 이것을 '적시는 것으로 번뇌의 뜻을 삼는다'고 한다. '방울져 떨어지는 것이 번뇌의 뜻'이란 무슨 뜻인가? 마치 솟는 샘이나 집에 새는 물이나 깊은 도랑이나 시냇물이나 어머니의 젖이 저절로 흘러 넘치는 것과 같으니, 이것을 '방울져 떨어지는 것이 번뇌의 뜻'이라고 하는 것이다. '증상이 번뇌의 뜻'이란 무슨 뜻인가? 마치 세간존귀와 공상존귀처럼 존비와 귀천 각각에 구별이 있다. 즉, 위에 명민한 군주가 있으면 밑에 있는 백성들이 방종할 수 없는 것처럼, 중생들도 이와 같아 번뇌에 제지되어 삼계(三界)의 사생(四生)과 오취(五趣)를 여읠 수 없으니, 이것을 '증상이 번뇌의 뜻'이라고 한다. 云何漬爲漏義 答曰 猶如以水漬穀 萌芽得生 此衆生類 亦復如是 以三有水漬宿行本 結使萌芽得生 是謂漬爲漏義也 滴爲漏義者 猶如涌泉屋漏 深渠溝澗 母人慈湩 自然流溢 是名滴爲漏義也 增上爲漏義者 猶如人間共相尊貴 尊卑貴賤 各有所在 上有明主 下民不得 東西縱逸 此衆生類 亦復如是 爲結使所制持 不能得離 三界四生五趣 是謂增上爲漏義"라고 하였다. 〔참고문헌〕『出曜經』.

자동품 自同品 인명(因明) 용어. 자신의 주장만을 위한 품(Ⓢ sapakṣa). 입론자와 대론자 쌍방 모두가 인정하는 동품인 공동품(共同品)이 아닌, 입론자만이 인정하는 동품을 말한다. 대론자만이 인정하는 것은 타동품(他同品)이다. 『인명의단』 권1(대정장44, p.150a10)에 "가령 설일체유부는 대승논사와 대론하며 '제6식은 능히 모든 법의 인연이 될 수 있다. 아는 알아채는 성질의 것(所知性)이기에. 또는 법에 포함되기에'라고 주장한다. … 대승에서는 제6식 능히 제법의 종자를 훈습하기에 인연으로 되는 것이다. 제8식 등이 자동품이 된다. 如薩婆多對大乘師 立第六識能爲諸法因緣 以所知性故 或法所攝故 … 大乘以第六識 能熏諸法種故爲因緣 以第八等 爲自同品", 『인명의단』 권1(대정장44, p.149b28)에 "가령 소승의 논사들은 대승의 논사와 대론하며 '상식적으로 인정되는(極成 Ⓢ prasiddha) 말소리는 식이 전변한 말소리가 아니다. 인식되는 성질의 것이기 때문에'라고 주장한다. 색 등은 쌍방이 인정하는 동품(共同品)이고 쌍방이 인정하는 이품(共異品)은 없다. 보살의 불선한 색·성은 자동품이다. 如小乘師 對大乘云 極成之聲 非是識變聲 所知性故 以色等爲共同品 無共異品 以菩薩不善色聲 爲自同品"라고 하였다. 〔참고문헌〕『因明義斷』. ⇨ 동품 同品, 공동품 共同品, 타동품 他同品

자두입교분 刺頭入膠盆 아교 담긴 양동이(膠盆)에 머리를 넣는다는 말. 정한 생각 있거나 구하는 분별 있음에 대한 가혹한 은유다. 『서장』「답이낭중장 荅李郎中將」(대정장47, p.935b7)에 "보내신 편지를 보니, 저 묘희가 서한으로 경요처 보여주길 바란다고 하셨지만 그렇듯 빨리 요처 보여주기를 구하는 바로 그 한 생각이 이미 아교 담긴 양동이에 머리를 넣은 셈입니다. 示諭欲妙喜因書指示徑要處 只這求指示徑要底一念 早是刺頭入膠盆了也", 『벽암록』 46칙「송 頌」(대정장48, p.182c25)에 "빈 법당에 빗방울 소리, 본분작가라도 마주하기 어렵네. 이미 흐름에 들어갔다고 말한다면〈아교가 가득한 통에 머리를 찔러 넣는 격이다. 비가 한참인 소리라고 하지 않는다면 무슨 소리라고 해야 할까?〉 여전히 알지 못하리라. 虛堂雨滴聲 作者難酬對 若謂曾入流〈刺頭入膠盆 不喚作雨滴聲 喚作什麽聲〉 依前還不會"라고 하였다. 〔참고문헌〕『書狀』, 『碧巖錄』.

자득지묘 自得之妙 스스로 터득한 묘나 묘리(妙理). 『어주원각경』 권상(卍속장15, p.758b7)에 "삼매란 바른 정중에서 스스로 터득한 묘고, 정수는 어떠한 수도 받지 않아서 정수라고 한다. 三昧者 正定中自得之妙 正受者 不受諸受 名爲正受", 『선림상기전』 권15「게송 偈頌」(불광장, 禪藏, p.1135)에 "초연히 스스로 터득한 묘를 얻어야 문자의 매임을 떠나고 필묵의 두둑을 벗어난다. 獲超然自得之妙 離文字之縛 脫筆墨之畛畦", 『허당록』 권4「입승납패보설 立僧納牌普說」(대정장47, p.1018c26)에 "자기 일을 아직 밝히지 못한 이라면, 삼가 새로운 말을 많이 해서는 안 된다. 새로운 말 비록 스스로 터득한 묘라 해도 앞선 성인께서 얻고 전한 묘와 회통할 수 없으면, 심히 옛 도가 침몰할까 두렵다. 己事未明者 愼勿多出新語 新語乃是自得之妙 而不能會通先聖所得所傳之妙 深恐古道淪沒"라고 하였다. 〔참고문헌〕『御註圓覺經』, 『禪林象器箋』, 『虛堂錄』, 『楞伽經註解』 권3(대정장39, p.388b11). ⇨ 정수 正受

자등명법등명 自燈明法燈明 Ⓟ attadīpa, dhammadīpa. 스스로를 등불로 삼고 정법을 등불로 삼으라는 부처님의 유훈(遺訓). 남전(南傳)의 *Mahāprinibbāna-sutta*(大般涅槃經)을 한역하며 사용한 용어다. 한역대장경에서 부처님의 유훈을 '자등명법등명'이라 표현한 구절은 보이지 않고, 자등명은 당자치연(當自熾燃) 법등명은 치연어법(熾燃於法)이라 하였다. 또한 팔리어 디파(dīpa) 역시 등불(燈明)이라는 뜻과 섬(洲·島)이라는 뜻이 모두 있기에 번역자에 따라 다르게 표현된다. 즉 자(自 Ⓟ atta)라는 말도 무아론(無我論)에 반하는 유아론(有我論)을 초래할 수 있으므로 자주법주(自洲法洲)로 한역하여 의지처의 의미를 부각시키고 있다. 자귀의법귀의(自歸依法歸依)・자주법주(自洲法洲)도 같은 뜻이다. 『장아함경』 권2 「유행경 遊行經」(대정장1, p.15b6)에 "아난아, 스스로 불타듯 하고 법을 불타오르듯 하되 다른 것을 밝히지 마라. 스스로 귀의하고 법에 귀의하되 다른 것에 귀의하지 마라. 무엇이 '스스로를 불타오르듯 하고 법을 타오르듯 하되 다른 것에 치연하지 마라. 스스로 귀의하고 법에 귀의하되 다른 것에 귀의하지 말라'고 하는가? 아난아, 비구는 안으로 몸을 관하여 게으르지 않아야 하며, 기억하여 잊지 않고, 세상의 탐욕과 걱정을 없이 한다. 또 밖의 몸을 관하고, 안팎의 몸을 관하는 것을 부지런히 하여 게으르지 않아야 하며, 기억하여 잊지 않고, 세상의 탐욕과 걱정을 없애야 한다. 수・의・법(受意法) 등에 대한 관도 이와 같으니, 아난아, 이것을 '스스로를 불타듯이 하고 법에 치연하되 다른 것에 불타듯 하지 마라. 자기 자신에게 귀의하고 법에 귀의하되 다른 것에 귀의하지 말라'고 한다. 부처님께서 아난에게 다음과 같이 말씀하셨다. '내가 멸도한 후에 능히 이 법을 수행하는 이가 있으면, 곧 진실로 나의 제자고 제일의 배우는 이다'. 阿難 當自熾燃 熾燃於法 勿他熾燃 當自歸依 歸依於法 勿他歸依 云何自熾燃 熾燃於法 勿他熾燃 當自歸依 歸依於法 勿他歸依 阿難 比丘觀內身 精勤無解 憶念不忘 除世貪憂 觀外身 觀內外身 精勤不懈 憶念不忘 除世貪憂 受意法觀 亦復如是 是謂 阿難 自熾燃 熾燃於法 勿他熾燃 當自歸依 歸依於法 勿他歸依 佛告阿難 吾滅度後 能有修行此法者 則爲眞我弟子第一學者"라고 하였다. [참고문헌] 『長阿含經』, *DN.2.100.* ⇨ 법등명 法燈明, 자귀의법귀의 自歸依法歸依, 자주법주 自洲法洲

자등지 慈等至 Ⓟ mettā-samāpatti. 사무량심(四無量心) 중 자무량심(慈無量心)을 성취하는 등지(等至 Ⓟ samāpatti : 定). 일체중생을 위하는 의요를 놓지 않는 삼매다. 『구사론』 권29(대정장29, p.150c2 : *Abh-k-bh.*, p.452)에 "이 사무량에서 갈라지는 행상의 차별이란, '어떻게 제유정류들이 이와 같은 즐거움을 얻도록 하는가?' 이와 같이 사유하여 자심이 한결같이 머물게 한다. 此四無量 行相別者 云何當令 諸有情類 得如是樂 如是思惟 入慈等至 eṣāṃ tu maitryādīnāṃ … sukhitā vata sattvā-iti manasikurvan maitrīṃ samāpadyate", 『유가사지론』 권60(대정장30, p.635c22)에 "이롭고 안락하게 하려는 두드러진 의요에 머물고 일으키는 것을 자등지라고 한다. 利益安樂 增上意樂住起 謂慈等至"라고 하였다. [참고문헌] 『俱舍論』, 『瑜伽師地論』, *Abh-k-bh.* ⇨ 자무량심 自無量心, 의요 意樂

자라장철진주 紫羅帳徹眞珠 자주비단 장막속 진주에 사무치다. 귀하고도 귀한 소식 귀한 줄만 알아서는 그 심연 사무치기 어렵다는 뜻이다. 『경덕전등록』 권12 「흥화존장전 興化存奬傳」(대정장51, p.295b4)에 "여러분! 그대들 눈먼 할도 어지러운 할도 지르지 마라. 곧바로 넉넉히 할하여 얻을 것 있다 해도 반쯤은 하늘기둥 향하는 듯하다. 도리어 떨어져 숨 끊어질듯 하리니 흥화의 소식 깨어나 오길 기다리지만 너를 향해 아직도 오지 않았느냐 하리라. 왜일까? 나 일찍이 자주비단 장막속 진주 그대들에게 준 적 없건만, 허공속에 어지러이 할한다한들 무엇을 하려는가? 諸子 汝莫盲喝亂喝 直饒喝得興化 向半天裏住 却撲下來 氣欲絶 待興化蘇息起來 向汝道未在 何以故 我未曾向紫羅帳裏撒眞珠 與汝諸人 虛空裏亂喝 作什麼", 같은 책 권17 「신라와룡화상전 新羅臥龍和尙傳」(대정장51, p.343b11)에 "학인이 와룡화상에게 물었다. '무엇이 대인상입니까?' '자주비단 장막속으로 손을 드리우지 않는다' '무엇 때문에 손을 드리우지 않습니까?' '높지도 귀하지도 않다'. 問 如何是大人相 師曰 紫羅帳裏不垂手 曰 爲什麽不垂手 師曰 不尊貴", 『설두어록』 권6(대정장47, p.705b28)에 "자주비단 장막속 진주 있고, 조계의 길에는 가시나무 자란다네. 紫羅帳裏有眞珠 曹溪路上生荊棘", 『굉지광록』 권3(대정장48, p.30c17)에 "자주비단 장막 닫히면 볼 수도 들을 수도 없다. 紫羅帳合 視聽難通"라고 하였다. [참고문헌] 『景德傳燈錄』, 『雪竇語錄』, 『宏智廣錄』, 『圜悟語錄』 권17(대정장47, p.795c2).

자람 慈藍 자비로운 도량. 가람(伽藍)의 미칭이다. 『화선』(대장경보유18, p.203a1)에 "승혜림은 본래 벼슬하는 가문 출신이어서 많은 도서를 소장하고 사대부를 숭상하였다. 자람에 들어간 것은 이 모든 굴레를 벗어날 수 있는 곳으로 여겼기 때문이다. 僧慧琳 本仕族 多蓄圖書 尊尙士大夫 入慈藍者 以爲稅鞅之所"라고 하였다. [참고문헌] 『畫禪』, 『畫繼』 권5. ⇨ 가람 伽藍 ■

자량 資糧 Ⓢ saṃbhāra, Ⓟ sambhāra, Ⓣ tshogs. 도와 양식이 됨. 채우고(滿) 가지며(持) 길러(養) 보리의 씨앗(菩提因)이 되고 마침내 뭇보리분(衆菩提分)을 구족히 하는 뜻이다. 자량(資粮)이라고도 쓴다. 복덕자량(福德資糧)과 지혜자량(智慧資糧)인 이종자량(二種資糧)이 있고, 여기에 선세자량(先世資糧)과 현법자량(現法資糧)을 더하여 사종자량(四種資糧)이라고 한다. 『보리자량론』 권1(대정장32, p.517b26)에 "자량이란, 능히 보리를 채우는 법이다. 마치 저 세간의 병과 솥을 넘치게 하는듯 한다. 넘치게 한다란 채우는 뜻이다. 이와 같이 보리를 채우는 법을 보리자량으로 삼는다. 資糧者 能滿菩提法故 譬如世間甁盈釜盈等 盈是滿義 如是以滿菩提法 爲菩提資糧", "또 가지는 것으로 그 뜻을 삼는다. 마치 세간에서 같이 운행되지만 해는 열을 거두고, 달은 차거움 거두듯 한다. 거둔다는 것은 가진다는 뜻이다. 이와 같이 보리를 가진 법이기에 보리자량으로 삼는다. 자량이란 곧 가진다는 뜻이다. 又以持爲義 譬如世間共行 日攝於熱 月攝於冷 攝是持義 如是以持菩提法 爲菩提資糧 言資糧者 卽是持義", "또 장양을 그 뜻으로 삼는다. 비유하면 세간과 같아서 천이나 백이나 십으로 능히 채우기도 하고, 혹은 오직 스스로를 채우기도 하며, 혹은 스스로를 채우기 어렵기도 하다. 보리자량도 이와 같아서 보리는 기르는 것으로 그 뜻을 삼는다. 又以長養爲義 譬如世間 有能滿千 或百或十 或唯自滿 或難自滿 菩提資糧 亦復如是 以長養菩提爲義", "또 인을 그 뜻으로 삼는다. 마치 집·성·수레 등의 인을 집과 성과 수레의 자량이라고 말하는 것과 같다. 이와 같이 보리를 낳는 인연법을 보리자량이라고 한다. 又以因爲義 如舍城車等因中說言 舍資糧 城資糧 車資糧 如是 於生菩提因緣法中說名菩提資糧", "또 뭇보리분을 구족하는 것으로 뜻을 삼는다. 비유하면 제사분 중에 표·화 등을 구족해야 '구족함이 있는 제사'라고 하는 것과 같다. 또한 몸의 분인 머리·손·발 등을 구족해야 '구족함 있는 몸'이라고 하는 것과 같다. … 그러므로 뭇보리분을 구족하는 뜻이 자량이다. 又以衆分具足爲義 譬如祭祀分中 杓火等具足名爲祭祀非不具足 亦如身分 頭手足等具足 得名爲身非不具足… 是故 衆分具足義 是資糧義", "이와 같이 나는 보리자량을 말하였는데, 채우고 가지며 길러 보리의 씨앗이 되고, 뭇보리분을 구족히 하는 뜻이 바로 자량의 뜻이다. 如是 我說 菩提資糧 是能滿者 持者 長養者 菩提因者 菩提分具足者 皆其義也"라고 하였다. [참고문헌]『菩提資糧論』,『新華嚴經論』권11(대정장36, p.787a18), *Abh-k-bh.2.*, *Bodh-bh.7.*, *Śrāv-bh.36.* ⇨ 복덕지혜이종자량 福德智慧二種資糧, 사종자량 四種資糧

자량도 資糧道 Ⓢ sambhāra avasthā. 보살이 초지에 들기 전까지 문사수(聞思修)로 닦아 채워 현관해탈의 근기와 자성을 가지게 되는 수행도다. 자량도(資粮道)·자량지(資糧地)·자량위(資糧位)·명분(明分) 등이라고도 한다.『대승아비달마집론』권5(대정장31, p.682b21)에 "어떤 것들이 자량도인가? 여러 중생들이 가져 지닌 계로 육근문을 수호하고, 음식의 양을 알며, 초야후야로 항상 자지 않고 지관을 부지런히 닦아 정지에 머무는 것이다. 다시 그 외의 모든 선업도 익혀 나가는데, 들어 아는 혜·사유해 아는 혜·닦아 얻는 혜등 이와 같이 닦아 익히기에 현관해탈이 의지하는 근기로서의 자성을 성취한다. 何等資糧道 謂諸異生 所有尸羅守護根門 飮食知量 初夜後夜 常不睡眠 勤修止觀 正知而住 復有所餘 進習諸善 聞所成慧 思所成慧 修所成慧 修習此故 得成現觀解脫所依器性"라고 하였다. [참고문헌]『大乘阿毘達磨集論』. ⇨ 자량위 資糧位, 명분 明分

자량위 資糧位 Ⓢ sambhāra avasthā. 불과보리(佛果菩提)를 도와 양식이 되는 위. 대승수도(大乘修道)의 제일위로서 보살이 깊이 대보리심 발하고 갖가지 수승방편을 닦아 불과보리를 위한 자량이 되는 공덕선근을 쌓는 위다. 유식수도오위(唯識修道五位) 중 첫 번째다. 자량위(自糧位)로도 쓰며, 자량지(資糧地 Ⓣ tshogs kyi sa)·자량도(資糧道·自糧道 Ⓣ tshogs kyi lam)·집대취위(集大聚位)라고도 한다. 십주(十住)·십행(十行)·십회향(十廻向) 등 삼십위(三十位) 중 초주(初住)부터 제십회향(第十廻向)의 주심(住心)까지를 말한다. 삼현위(三賢位), 순해탈분(順解脫分)이라고도 한다. 성도(聖道)에 들기 전이어서 뒤이은 사선근(四善根)의 가행위(加行位)를 합해 방편도라 한다. 이 위에서는 아직 진여관(眞如觀)을 닦지 않아 능취소취 의 분별이 조복되지 못하여 번뇌소지 이장(二障)이 남아있기에, 세 가지 퇴굴심이 생겨나기 쉬우므로 대치한다. 자량위와 가행위를 합하여 신락위(信樂位)라고도 한다.『유가사지론』권22(대정장30, p.402a13)에서는 열세 가지로 자량을 말한다. 자원만(自圓滿)·타원만(他圓滿)·선법욕(善法欲)·계율의(戒律儀)·근율의(根律儀)·식지량(食知量)·초야후야상근수습각오유가(初夜後夜常勤修習覺寤瑜伽)·정지이주(正知而住)·선우성(善友性)·문사정법(聞思正法)·무장애(無障礙)·수혜사(修惠捨)·사문장엄(沙門莊嚴) 등이다.『성유식론』권7(대정장31, p.41a19)에 "셋째 자량위다. 즉 사제현관을 얻기 위하여 결정승선법을 의욕하는 것으로부터 나아가 순결택분소유선근을 얻기 전까지를 자량위라 한다. 능히 멀리 근본위를 돕기 때문이다. 三 資糧位 謂從爲得諦現觀故 發起決定勝善法欲 乃至未得順決擇分所有善根 名資糧位 能遠資生根本位故", 같은 책 권9(대정장31, p.48b11)에 "어떤 것이 유식에 깨우쳐 드는 오위인가? 첫째는 자량위니, 대승의 순해탈분을 닦는 것을 말한다. … 무엇이 점차로 유식에 오입하는 것인가? 모든 보살은 식(識)의 상(相)과 성(性)에 있어서 자량위에서 깊이 믿고 이해한다. 何謂悟入唯識五位 一 資糧位 謂修大乘順解脫分 … 云何漸次悟入唯識 謂諸菩薩 於識相性 資糧位中 能深信解"라고 하였다. [참고문헌]『瑜伽師地論』,『成唯識論』. ⇨ 자량 資糧, 순결택분 順決擇分, 삼현 三賢, 오위 五位 ❷, 유식수도오위 唯識修道五位

자력 自力 ❶ Ⓢ svabala, Ⓣ rang-gi-stobs. 스스로의 힘. 타력(他力)에 상대한다.『불소행찬』권5(대정장4, p.43a10)에 "계를 지님은 스스로의 힘에 달려있으니, 이러한즉 어려운 일 아니네. 깨끗한 계가 사다리 되어, 사람을 하늘에 오르게 하네. 持戒由自力 此則不爲難 淨戒爲梯隥 令人上昇天",『승만사자후일승대방편방광경』(대정장12, p.221b26)에 "무작성제의 뜻을 설함은 무량한 사성제의 뜻을 설하는 것이다. 왜냐하면, 스스로의 힘으로 모든 고통 받음을 알고 모든 고통의 쌓임을 끊고, 모든 고통의 멸을 증득하고 모든 고집멸도를 닦기 때문이다. 說無作聖諦義者 說無量四聖諦義 何以故 能以自力知一切受苦 斷一切受集 證一切受滅 修一切受滅道", 『분별업보약경』(대정장17, p.450b3)에 "훌륭한 보시를 닦고, 즐겨 여러 경전을 외우며, 방편으로 선법 닦고, 스스로의 힘으로 다른 것에 기대지 않고 간절히 정진하면 후생에 화락천에 태어난다. 修習勝布施 樂誦諸經典 方便行善法 自力不由他 慇懃精進故 後生化樂天", 『대비바사론』 권4(대정장27, p.18c21)에 "또한 현관변세속지는 원적은 있으나 세력이 없다. 원적이 있기에 자타지에서 닦으며, 세력이 없기에 다른 것의 힘에 의지하여 닦는다. 세제일법은 원적은 없고 세력은 있다. 원적이 있기에 오직 자지에서만 닦으며, 세력이 있기에 스스로의 힘에 의지하여 닦는다. 復次 現觀邊世俗智 有冤敵無勢力 有冤敵故自他地修 無勢力故依他力修 世第一法無冤敵有勢力 無冤敵故唯修自地 有勢力故依自力修", 같은 책 권42(대정장27, p.217b21)에 "또한 타력으로 일어나는 것을 들어서 아는 지혜, 자력으로 일어나는 것을 사유의 지혜, 함께 하는 힘으로 일어나는 것을 닦은 바의 지혜라고 한다. 復次 他力起者 名聞所成慧 自力起者 名思所成慧 俱力起者 名修所成慧", 『잡아비담심론』 권9(대정장28, p.945c13』에 "〔문〕 만약 그렇다면 성문 역시 세워야 하는데, 여래와 성문에는 어떤 차이가 있는가? 〔답〕 여래는 자력으로 세우고 성문은 부처님을 따라 들으니, 이것이 차별이다. 問 若然者 聲聞亦應建立 如來聲聞何差別 答 有差別 如來自力建立 聲聞從佛聞 此則差別", 『권발제왕요게』(대정장32, p.749b16)에 "성스러운 혜로 해탈문을 여는 것은 스스로 힘이지 다른 것에 연유하지 않는다. 聖慧開脫門 自力不由他"라고 하였다. 〔참고문헌〕 『佛所行讚』, 『勝鬘師子吼一乘大方便方廣經』, 『分別業報略經』, 『大毘婆沙論』, 『雜阿毘曇心論』, 『勸發諸王要偈』, *Abh-k-bh.250*. ⇨ 타력 他力❶ ❷ Ⓢ adhyātma-bala, Ⓣ nang-gi-stobs. 보살이 보리심을 내는 네 가지 힘(四力) 중 하나. 『보살지지경』 권1(대정장30, p.890b4 : *Bodh-bh.*, p.11)에 "어떤 것이 네 가지 힘인가? 첫째 자력, 둘째 타력, 셋째 인력, 넷째 방편력이다. 보살이 스스로의 힘으로 보리심을 내는 것이 자력이다. 云何四力 一者 自力 二者 他力 三者 因力 四者 方便力 菩薩自力發菩提心 是名自力 catvāri balāni katamāni. adhyātma-balaṃ para-balaṃ hetu-balaṃ prayoga-balañ-ca. tatra svaśakti-patitā yā rucir-anuttarāyāṃ samyaksaṃbodhau idam-ucyate bodhisattvasya-adhyātma-balaṃ cittasya-utpattaye", 『대보적경론』 권1(대정장26, p.208a20)에 "이 (사력) 중 자력은 스스로의 힘으로 아누다라삼막삼보리심을 기꺼이 일으키는 것이다. 是中自力者 以自力故 堪樂欲發阿耨多羅三藐三菩提心 是名自力"라고 하였다. 〔참고문헌〕 『菩薩地持經』, 『大寶積經』. ⇨ 사력 四力❶, 타력 他力❷, 인력 因力, 방편력 方便力 ❸ 정토교(淨土敎)의 자력문(自力門). ⇨ 자력타력문 自力他力門

자력교 自力敎 ➡ 자력 自力

자력문 自力門 불보살의 원력(願力)에 의지하지 않고 스스로의 수행과 공덕으로 증과(證果)를 성취하도록 이끄는 문(門). 『준제정업』 권3(卍속장104, p.760b14)에 "또 현교중에 자력과 타력의 두 가지 문이 있으니, 『십주론』과 『염불경』 등에서 다음과 같이 설한다. '첫째, 자력문은 육바라밀등 만행을 닦는 것이니 이를 난행도라고 한다. 육지를 걸어서 가면 천 리 길을 더디게 이르는 것과 같다'. 둘째, 타력문은 염불 등이니 이행도라고 한다. 어떤 이가 배를 타고 수로로 천 리 길을 가면 빨리 도달하는 것과 같다. 진언 중에는 자력과 타력의 두 가지 힘이 은밀하게 갖추어져 있다. 이는 『대승보왕경』 등에서 '진언행자는 매일 육바라밀을 갖추고 공덕을 원만하게 한다'고 하였고, 『불정송』에서 '재를 지키지 않는 이것이 지재고, 계를 가지지 않음이 지계다. 비구가 이 백오십계를 깨트리고 비구니가 팔바라이를 범하고서 불정다라니는 들어 념하면 문득 성문계가 다 갖추어진다'라고 하였으니 이것이 자력문이다 又顯敎中 有自力他力二門 十住論念佛鏡等說 一 自力門 謂修六度萬行等 名難行道 如人陸地步行 千里程則遲到 二 他力門 謂念佛等名易行道 如人水路乘船行 千里程則疾到 今眞言中 密具自他二力 謂大乘寶王等諸經中說 眞言行者 日日得具六波羅蜜 圓滿功德 又佛頂頌云 不持齋者名持齋 不持戒者名持戒 僧破二百五十戒 比丘尼犯八波羅 聞念佛頂陀羅尼便得具足聲聞戒 則是自力門"라고 하였다. 〔참고문헌〕 『準提淨業』. ⇨ 자력 自力, 타력문 他力門

자력삼심 自力三心 ➡ 삼심 三心❶

자력신 自力信 Ⓢ svātmata-adhimukti. 스스로의 힘으로 믿음. 열세 가지 신상(信相) 중 하나다. 『대승장엄경론』 권4(대정장13, p.608b21 : *Sūtr.*, p.50)에 "여섯째, 스스로의 힘으로 믿는다 하니 거칠지 않아 미세한 신심이다. 자력으로 생하기 때문이다. 六者 自力信 謂細信 由自力生故 svātmataḥ sūkṣmā"라고 하였다. 〔참고문헌〕 『大乘莊嚴經論』, *Sūtr.* ⇨ 신상 信相❶

자력신앙 自力信仰 ➡ 자력 自力

자력왕 慈力王 Ⓢ Maitrī-bala-rāja. 석가모니부처님

께서 인위(因位)에서 왕으로서 보살행을 닦을 때의 이름. 음사어는 미가라발라(彌佉羅拔羅) 등이다. 과거오십삼불(過去五十三佛) 중 한 분이기도 하다.『보살본생만론』권3「자력왕자신혈시오야차연기 慈力王刺身血施五夜叉緣起」(대정장3, p.339c8)·『현우경』권2「자력왕혈시품 慈力王血施品」(대정장4, p.360b8) 등에 의하면 '과거세에 염부제에는 자력왕이 있었는데 … 십선을 행하고 가르치니 모든 백성들이 그를 흠모하여 나라가 편안하였다. … 이에 다섯 야차가 자력왕을 찾아와 우리들 굶주리고 목말라 살 길이 없습니다 하였다. … 왕은 이 말을 듣고 깊이 애처롭게 여겨 스스로 맥을 놓아 스스로의 몸을 다섯 곳이나 베어내니 야차들 각자 그 피 그릇에 받아 갈증을 채웠다. … 그리고 훗날 성불하면 그들을 제도할 것을 서원하였다. … 이때 자력왕이 바로 석가모니부처님이고 다섯 야차는 교진여 등의 다섯 비구다. 佛告之曰 過去久遠阿僧祇劫 此閻浮提 有大國王 名彌佉羅拔羅 晉言慈力 … 常以十善 敎誨民庶 四方欽慕 王所化治 國土安樂 … 時五夜叉 來至王所 … 我等自是無復飮食 飢渴頓乏 求活無路 … 王聞是語 甚懷哀傷 卽自放脈 刺身五處 時五夜叉 各自持器 來承血飮 飮血飽滿 … 後成佛時 … 安置涅槃安隱之處 … 欲知爾時慈力王者我身是 五夜叉者 今憍陳如等五比丘是)라고 하였다.『유부율파승사』권11(대정장24, p.156c2)에 "야차가 말했다. '저 자력왕은 무엇을 사유하는가?' 여러 사람들은 이렇게 대답하였다. '모든 유정들에 대하여 늘 자비로운 마음을 닦고 이것만을 사유하며, 우리들도 그렇다'. 저 야차들 이 말을 듣고나서 문득 생각하였다. '우리들은 지금 이 모든 사람들이 자비를 닦고 있기에 성중에서는 사람들을 해칠 수 없다'. 藥叉答曰 彼慈力王 思惟何事 衆人答曰 於諸有情 常修慈心 以是思惟 我等亦爾 彼藥叉等 聞是語已 便作是念 我等 今者 以此諸人 修慈悲故 於此城中 不能損害"라고 하였다.〔참고문헌〕『菩薩本生鬘論』,『賢愚經』,『有部律破僧事』,『菩薩本生鬘論』권3「慈力王刺身血施五夜叉緣起」(대정장3, p.339c8). ⇨ 미가라발라 彌佉羅拔羅, 과거오십삼불 過去五十三佛

자력타력 自力他力 자력과 타력. 자력은 자신에게 갖추어진 능력에 의지하여 지혜와 공덕을 얻는 것이고, 타력은 불보살의 원력(願力)에 의지하여 지혜를 얻고 공덕을 쌓는 것을 말한다.『정토론』권하(대정장47, p.100b25)에 "(도솔천과 정토는) 자력과 타력은 다르다. 극락은 아미타불의 48대원이라는 타력에 의지하여 왕생하지만, 도솔천은 의지할 원이 없이 오직 자력으로 상생한다. 自力他力別 極樂憑阿彌陀佛四十八大願他力往生 兜率無願可憑 唯自力上生",『염불경』권본(대정장47, p.122b29)에 "〔문〕 자력과 타력이란 무엇입니까? 〔답〕 비유하면 자력이란 이제 막 세 살이 된 어린아이가 집을 떠나 서울로 천리 길을 가는 것과 같다. 끝내 어린아이 혼자 서울로 보내 관직을 구하려 해도 얻을 방법이 없다. 왜 그러한가? 어리기 때문이다. 나머지 법문을 닦는 길도 역시 이와 같아 무수겁 동안 수도해야 이루어진다. 이는 마치 어린아이가 자력으로 서울을 향하면 도달하지 못하는 것과 같으니 자력에 의지하기 때문이다. 問 自力他力如何 答 喩自力者 猶如小兒年始三歲 宅去京地向經千里 遂遣小兒自行向京 以求官職 無由得到 何以故 爲幼小故 餘門修道 亦復如是 要須多劫修道乃成 猶如小兒 自力向京不可得到 由自力故", "타력이란 어린아이가 비록 어리지만 부모나 코끼리 또는 말이 끄는 수레의 힘에 의지하여 머지않아 서울에 도착하여 마침내 관직을 얻는 것과 같다. 타력에 의지하기 때문이다. 염불수도 역시 이와 같다. 임종 때 아미타불의 원력에 의지하여 한 찰나에 서방정토에 왕생하여 퇴전하지 않으니, 마치 부모가 코끼리나 말이 끄는 수레에 아이를 태워서 오래지 않아 서울에 도착하여 관직을 구하도록 하는 것과 같다. 言他力者 猶如小兒雖小 依父母及象 馬車乘力故 不久到京 遂得官職 何以故 由他力故 念佛修道 亦復如是 臨命將時 乘阿彌陀佛願力 如一念頃 往生西方 得不退地 猶如父母 將象馬車 乘載小兒 不久到京 覓得官職", "또한 자력이란 가난한 이가 가난한 집의 삯군이 되는 것과 같다. 쓰는 힘은 비록 많더라도 얻는 돈은 매우 적다. 나머지 법문의 수도 역시 이와 같다. 쓰는 공력은 매우 크지만 공덕은 매우 적으니 마치 가난한 집의 삯군이 되는 것과 같다. 又自力者 猶如貧人還與貧人家客作 用力雖多 得錢極少 餘門修道 亦復如是 用力極多 功德極少 如似貧家客作相似", "또한 타력이란 왕가에 삯군이 되는 것과 같다. 쓰는 힘은 매우 적지만 얻는 돈은 헤아릴 수 없이 많다. 왜 그러한가? 왕의 힘에 올라타기 때문이다. 염불 역시 이와 같으니 부처님의 원력에 의지하므로 쓰는 공력은 매우 적지만 공덕은 끝이 없다. 하루나 이레 동안 전심으로 염불하면 빠르게 정토에 왕생하고 일찌감치 무상보리를 증득하니, 마치 왕가의 삯군이 되는 것과 같다. 又他力者 如向王家客作 用力極少 得錢無量 何以故 爲乘王力故 念佛亦復爾 爲乘佛願力故 用功極少 功德無邊 一日 七日 專心念佛 速生淨土 早證無上菩提 猶如王家客作相似"라고 하였다.〔참고문헌〕『淨土論』,『念佛鏡』. ⇨ 자력 自力, 타력 他力

자력타력문 自力他力門 정토교(淨土敎)에서 시설한 자력문과 타력문.『안락집』권상(대정장47, p.12b28)에 "모든 대승경전에서 설하는 일체행법에는 자력·타력·자섭·타섭이 있다. 무엇이 자력인가? 비유하면 어떤 이가 생사를 두려워하여 발심출가하고 선정을 닦아 신통력을 발해 사천하를 노니는 것이 자력이다. 어떤 것이 타력인가? 예컨대 열등한 범부는 자기 힘으로는 나귀 등에도 올라타지 못하지만, 전륜성왕을 따르면 곧바로 허공을 타고 사천하를 노닐 수 있으니, 전륜성왕의 위력 덕택이다. 그러므로 타력이라 한다. 諸大乘經所辨 一切行法 皆有自力他力自攝他攝 何者自力 譬如有人怖畏生死 發心出家 修定發通 遊四天下 名爲自力 何者他力 如有劣夫以己身力 擲驢不上 若從輪王 卽便乘空遊四天下 卽輪王威力 故名他力", "중생 역시 그러하다. 이 세계에서 발심하고 행을 세워 정토왕생을 발원하는 것이 자력이고, 임종시에 아미타여래께서 광명보대에서 맞아주시어 마침내 왕생하는 것이 타력이다. 그러므로 『대경』에서 '시방의 인천 중 나의 불국토에 태어나고자 하는 이는 모두 아미타여래의 대원업력을 증상연으로 삼지 않는 이가 없다'고 하였다. 衆生亦爾 在此起心立行願生淨土 此是自力 臨命終時 阿彌陀如來光臺迎接 遂得往生 卽爲他力 故大經云 十方人天欲生我國者 莫不皆以阿彌陀如來大願業力爲增上緣也", 『정토십의론』(대정장47, p.78c24)에 "서방정토는 삼계를 벗어난 곳인데 번뇌 가득한 범부가 어떻게 태어날 수 있는가? 두 가지 연이 있으니, 자력과 타력이다. 자력은 이 세계에서 수도하지만 실은 정토왕생하지 못한다. 그러므로 『영락경』에서 '처음에 번뇌 가득한 범부가 삼보를 모르고 선악의 인과를 알지 못하다가 보리심을 처음 일으키면 믿음을 근본으로 하여 불가에 머물며 계를 근본으로 한다. 보살계를 받고 몸과 몸이 상속하되 계행에 부족함이 없이 1겁·2겁·3겁이 지나면 비로소 초발심주에 이른다. 이렇게 십신과 십바라밀 등의 무량한 행원을 닦되 무간으로 상속하여 일만겁을 채우면 비로소 제6 정심주에 이른다. 더욱 증진하여 제7 불퇴주에 이르면 이것이 종성위이다'라고 하였는데, 이는 자력에 의한 것이니 끝내 정토에 태어날 수 없다. 西方淨土 出過三界 具縛凡夫 云何得生 有二種緣 一者 自力 二者 他力 自力者 此世界修道 實未得生淨土 是故 瓔珞經云 始從具縛凡夫未識三寶 不知善惡因之與果 初發菩提心 以信爲本 住在佛家 以戒爲本 受菩薩戒 身身相續 戒行不闕 經一劫 二劫 三劫 始至初發心住 如是修行十信 十波羅蜜等無量行願 相續無間 滿一萬劫 方始至第六正心住 若更增進 至第七不退住 卽種性位 此約自力 卒未得生淨土", "타력이란 만약 아미타불께서 대비원력으로 염불중생을 거두어주심을 믿고, 곧바로 보리심을 일으키고 염불삼매를 행하고 삼계를 싫어하여 여의고, 몸을 일으켜 보시와 계를 행하고 복을 닦고, 낱낱의 행에서 회향하여 저 미타정토에 태어나길 염원하여 불원력에 의지해 기감(機感)이 상응한다면 곧바로 왕생할 수 있다. 他力者 若信阿彌陀佛大悲願力 攝取念佛衆生 卽能發菩提心 行念佛三昧 厭離三界 身起行施戒修福 於一一行中 迴願生彼彌陀淨土 乘佛願力 機感相應 卽得往生", 『염불경』 권본(대정장47, p.122b17)에 "둘째 자력타력문 : 〔문〕 법문들을 논하자면 그 수가 헤아릴 수 없이 많은데, 어떤 법이 자력이고 어떤 법이 타력인가? 〔답〕 여래께서 비록 팔만사천법문을 설하셨지만 염불 한 법문 만이 타력이고, 나머지 법문으로 도를 닦는 것은 전부 자력이다. 第二 自力他力門 問云 論諸法門 其數無量 何法自力 何法他力 答云 如來雖說八萬四千法門 唯有念佛一門 是爲他力 餘門修道 總爲自力", 『염불보권문』(한불전9, p.49c10)에 "또한 자력과 타력이 있으니, 혹 온갖 선을 행하여 성불하는 것이 자력으로, 나무를 심은 후에 배를 만들어 바다를 건너는 것과 같아 성불이 느리다. 혹 염불로 성불하는 것이 타력이니, 배를 빌려 바다를 건너는 것과 같아 성불이 빠르다. 又所謂自力他力 或行諸善 而欲成佛者 是自力 如種樹作船越海 成佛遲也 或爲念佛而成佛者 是他力 如借船越海 成佛速也"라고 하였다. 〔참고문헌〕『安樂集』, 『淨土十疑論』, 『念佛鏡』, 『念佛普勸文』. ⇨ 난행도이행도 難行道易行道

자련사 紫蓮寺　경상남도 창녕군 창녕읍 퇴천리 화왕산(火王山)에 있던 절. 『동국여지승람』 권27 경상도 창녕현 불우에 이름과 위치가 전하고, 『여지도서』와 『범우고』에는 폐사로 전한다. 『사탑고적고』에 "주위는 모두 70칸에 이르는데 돌담이 둘러있고 안에는 우물 세 곳이 있다. 周圍凡七十間 石墻周迴 內有三井"라고 하였다. 〔참고문헌〕『東國輿地勝覽』, 『輿地圖書』, 『梵宇攷』, 『寺塔古蹟攷』, 『韓國寺刹全書』 권하 p.969a16.

자련화수 紫蓮華手　자련화를 든 손. 천수관음의 마흔 개 손 중 하나다. 『천수경』(대정장20, p.111a21)에

"시방의 일체제불을 친히 뵙고 싶은 이는 마땅히 자련화수를 지어야 하리. 若爲面見十方一切諸佛者 當於紫蓮華手", 『법륜보참』 권9(卍속장130, p.101b15)에 "시방의 일체제불을 뵙고 싶은 이는 자련화수를 지어야 한다. 진언은 '옴 살라살라 바일리기리 훔발티'〈자련화의 진언은 '불라사야'니 코끼리왕의 아들이라는 뜻〉이다. 若爲面見十方一切諸佛者 當於紫蓮華手 眞言曰 唵 薩囉薩囉 嚩日囉迦囉 吽發吒〈紫蓮華之呪曰 佛囉舍耶 象王之子義也〉"라고 하였다. 〔참고문헌〕『千手經』, 『法輪寶懺』.

자료한 自了漢　혼자만 아는 이. 자기 일만을 깨우쳐 마친 이의 뜻으로 널리 중생을 위해 불사를 짓지 않는 뜻이다. 『경덕전등록』 권9 「황벽희운전 黃蘗希運傳」(대정장51, p.266a5)에 "(황벽희운은 출가한) 후에 천태에서 어떤 스님을 만났다. 그와 함께 오랜 친구처럼 담소하였는데 자세히 보니 눈빛이 사람을 쏘는 듯하였다.

함께 행각하다가 갑자기 불어난 개울을 만났다. 삿갓을 벗고 지팡이에 의지하여 서 있다가 그 스님께서는 황벽을 이끌어 함께 건너려고 하였다. 이 때 황벽이 '사형은 건너려면 혼자 건너시오'라고 하였다. 그가 옷을 걷고 평지처럼 물결을 밟고 건너더니 뒤돌아보며 '건너시오. 건너시오'라고 하자, 황벽이 '쯧쯧, 이 자기만 아는 놈아! 내가 진작 알았더라면 너의 목을 부러뜨렸을 것이다'라고 하였다. 이에 학인이 탄식하며 말하기를 '참으로 대승법기이십니다. 나로서는 미칠 수 없습니다'라 하고는 보이지 않았다. 後遊天台逢一僧 與之言笑如舊相識 熟視之目光射人 乃偕行屬澗水暴漲 乃捐笠植杖而止 其僧率師同渡 師曰 兄要渡自渡 彼卽褰衣躡波若履平地 迴顧云 渡來渡來 師曰 咄 遮自了漢 吾早知當斫汝脛 其僧歎曰 眞大乘法器 我所不及 言訖不見", 『능엄경관섭』 권8(卍속장23, p.405b11)에 "십신은 공덕을 쌓는 일의 터이고, 십주는 공덕을 쌓아가는 차제다. 이 지위에 이르면 도가 이루어지고 공덕도 차게 된다. 만약 중생 건지는 일을 행하지 않는다면 혼자만 아는 이다. 그러므로 널리 육바라밀을 행하고 크게 불사를 행한다. 十信爲積德之基 十住爲積德之漸 至此位 則道成德備 若不度生行事 是自了漢 故廣行六度 大作佛事"라고 하였다. 〔참고문헌〕『景德傳燈錄』, 『楞嚴經貫攝』.

자류 自流 Ⓢ svabhāva-datva, Ⓣ ngo bo nyid sbyin pa nyid. 스스로 흐르다. 큰 자비로 유정계에 드는 뜻으로 오과(五果) 중 하나다. 의과인 등류과(等流果)와 같으니 한결같은 인으로부터 넘치는 과를 일컫는다. 『대승장엄경론』 권9(대정장31, p.637a19)에 "자류란 의과이니, 미래에 뛰어난 비와 함께한다. 自流者 是依果與未來勝悲故"라고 하였다. 〔참고문헌〕『大乘莊嚴經論』, 『瑜伽師地論』 권51(대정장30, p.584a13), *Sūtr.124.* ⇨ 등류과 等流果, 오과 五果❶

자류 自類 류가 같음. 심소(心所)나 계(界)에 있어 같은 무리를 말한다. 이류(異類)의 상대어다. 『대비바사론』 권11(대정장27, p.52b21)에 "〔문〕 그러면 이숙의 심심소법 등도 이숙인에 이끌려 저절로 움직여 뒤쳐 변하므로 심등무간법이라고 해야 하지 않겠는가? 〔답〕 자류가 서로 이끌어서 수승한 세력이 있으니, 저것과 같지 않기 때문이다. 함께하기에 이 상응이고 의지함이 같기에 자류라고 한다. 問 若爾 異熟心心所法 亦異熟因力所引起 任運而轉 應不名心等無間法 答 自類相引 有勝勢力不同彼故 俱是相應 有所依等 說名自類", 『대승아비달마잡집론』 권16(대정장31, p.769c16)에 "자류등무간이란, 탐(貪)이 쉴틈없이 다시 탐을 낳는 것을 말한다. 진등도 그러하니, 각각 다른 종류가 한결같이 쉼없이 일어나기 때문이다. 이류등무간이란, 탐에서 끊임없이 진 등이 생하는 것을 말한다. 욕계에서 끊임없이 색계가 생하며, 색계에서 끊임없이 무색계가 생하는 이런 것이다. 自類等無間者 謂貪無間 還復生貪 瞋等亦爾 各別種類 等無間生故 異類等無間者 謂貪無間瞋等生 欲界無間色界生 色界無間無色界生 如是等"라고 하였다. 〔참고문헌〕『大毘婆沙論』, 『大乘阿毘達磨雜集論』. ⇨ 이류 異類

자류자상 自類自相 류가 같은 무리들끼리 가지는 상. 오온(五蘊) 각각의 자상을 말한다. 『유가사지론』 권11(대정장30, p.334b14)에 "무엇이 자상상인가? 즉 자류자상이나 또는 각별한 자상이니 이것을 사유하는 것을 자상상이라고 한다. 云何自相相 謂自類自相 或各別自相 此所思惟 名自相相", 『유가론기』 권4(대정장42, p.386c24・한불전13, p.234c20)에 "무엇이 자상상인가? 즉 자류자상 등을 말한다. 규기(窺基)는 다음과 같이 풀이한다. '자류자상등이란 오온의 무리를 말한다. 각별자상이란 낱낱의 온을 말한다. 안등의 자상으로 다르기 때문이다'. 云何自相相 謂自類自相等者 基云 自類自相者 謂五蘊類 各別自相 謂一一蘊 眼等自相別故"라고 하였다. 〔참고문헌〕『瑜伽師地論』, 『瑜伽論記』. ⇨ 자상 自相❶, 오온 五蘊

자륜 字輪 Ⓢ akṣara-cakra. 글자의 수레바퀴. 실담(悉曇)의 자(字). 즉 제존들을 상징하는 종자(種字)들이 수레처럼 구르며 온갖 뜻을 내기에 이렇게 부른다. 『대일경소』 권12(대정장39, p.706a8)에 "첫 아(𑖀)자문은 보리심이고, 다음 암(𑖀𑖽)자는 무상보리를 이룸이며, 다음 아(𑖁) 자는 보리행을 실천함이고, 다음 악(𑖀𑖾)자는 대열반이다. 나머지 네 모서리의 잎사귀는 사섭법이다. 〈다시 그 상을 묻는다〉. 먼저 아(𑖀)자문에서 보리심을 일으키고〈진언이 온 자리이다〉, 다음으로 그 과보를 알며, 〈다시 그 순서의 취지를 묻는다〉, 다음으로 이 자륜의 네 가지 아(𑖀)자의 뜻으로 대과보를 성취하고자 여래의 행을 닦는다. 수행하기에 대열반을 증득하고, 대열반을 증득하므로 심성을 볼 수 있으니, 곧 이 마음은 법계의 바탕으로서 본래 항상 고요한 모습임을 안다. 그러므로 마지막은 악(𑖀𑖾)자문이다. 初阿字門卽是菩提之心 次暗字卽是成無上菩提 次阿〈長〉字是行菩提之行 次惡字卽是大涅槃 其餘四隅之葉卽是四攝法 〈更問其相〉 先從阿字門發菩提心〈卽是眞言來處〉 次知彼果 〈更問次第之意〉 次由此是字輪 四阿字義 欲成大果報故 而修如來之行 以修行故而得證大涅槃 證大涅槃故能見心性 卽知此心 法界之體 本來常寂滅相 故末後噁字門也", 같은 책 권14(대정장39, p.722c16)에 "보살로서 이 자륜의 법문에 머문다 한 것은 처음 묘보리심을 일으키면서부터 성불에 이르기까지 그 중간에 있는 모든 자리이타의 갖가지 일은 이 법문에 들어옴으로써 모두 성취되고 장애도 없다.

… 최초의 아(𑖀)자는 보리심이다. 만약 이 글자를 관하여 상응하면 이는 비로자나법신의 바탕과 같다. 이 아자의 바퀴를 관상하는 것은 공작미륜의 광명에 둘러싸여서 진언행자가 그 가운데 머무르는 것과 같으니, 바로 부처의 지위에 머무는 것이다. 이 자륜은 삼중으로 만든다. 중앙에 아 자를 안치하고 나머지 글자의 권속은 밖에 둔다. 또한 이러한 아자에 다섯 가지가 있으니 아(𑖀)·아(𑖁)·암(𑖀𑖽)·악(𑖀𑖾)·악(𑖁𑖾)이다. 또한 자륜마다 먼저 삼중의 귀명삼보진언의 핵심이 있으니 이것은 아(𑖀)·사(𑖭)·바(𑖪) 자다. 이 세 글자는 삼부의 뜻이니 아자는 여래부, 사 자는 연화부, 바 자는 금강부다. 삼부 마다 다섯 글자에 따라 구르며 뜻에 따라 상응하는 상이다. 菩薩若住此字輪法門者 始從發妙菩提心 乃至成佛 於是中間 所有一切 自利利他 種種事業 由入此法門故 一切皆得成就 無有罣礙也 … 最初阿字卽是菩提之心 若觀此字而與相應 卽是同於毘盧遮那法身之體也 謂觀此阿字之輪 猶如孔雀尾輪光明圍繞 行者而住其中 卽是住於佛位也 此字輪 當作三重 於中而置阿字 餘字眷屬在外也 又此阿有五種 阿阿〈長〉暗噁噁〈長〉 又每字輪 初先有三重歸命三寶眞言之心 謂阿字娑字嚩字 卽此三字顯三部義也 阿字是如來部 娑字是蓮華部 嚩字是金剛部 每三部隨五字輪而轉 隨義相應之相"라고 하였다. 〔참고문헌〕『大日經疏』. ⇨자문 字門, 실담 悉曇, 아자오전 阿字五轉

자륜관 字輪觀 **1** 본존의 종자(種子)나 진언(眞言)을 관하는 수행법. 입법계관(入法界觀)·입법계삼매관(入法界三昧觀)·법계체성삼매관(法界體性三昧觀)이라고도 한다. 관하는 대상은 지수화풍공(地水火風空) 오대(五大)종자, 본존의 종자, 본존의 진언, 본존의 명호 등이 있다. 관법의 차제로는 자상관(字相觀)·자의관(字義觀)·무분별관(無分別觀)이 있다. 신구의(身口意) 삼밀가지(三密加持) 중 의밀(意密)의 행법으로서 신밀(身密)은 입아아입관(入我我入觀), 구밀은 정념송(正念誦)이다. 『화엄불광삼매관비보장』 권하(대정장72, p.96b16)에 "〔문〕 자륜관의 방법은 어떠한가? 〔답〕 진언을 오른쪽 방향으로 돌아가며 안치하고 중앙에 첫 한 글자를 안치한 후에 먼저 순역으로 자의 모양을 보고 자의 뜻을 안다. 그 후에 교대로 이어서 자의 상과 뜻을 관한다. 그 후에 역방향으로 관하여 첫 자로 돌아가 마친다. 만약 옴(𑖌𑖼) 자라면 옴 자형을 보고 다음으로 자의 뜻을 살피니 유주이며 불가득 등의 뜻임을 안다. 다음으로 유주라는 뜻을 자세하게 관하는데 유주란 세간의 물이 점점으로 흐르듯이 다른 법 역시 점점 운행한다는 뜻이다.

자륜관

이것은 마치 강물이 흐르듯이 모든 유위법이 념념이 생멸한다는 뜻이다. 問曰 字輪觀方法何 答 以眞言字右旋置之 中置初一字 然後先順逆見字相知字義 其後絞絡觀字相字義 後逆觀終歸初一字 若𑖌𑖼字者 見𑖌𑖼字形 次尋字義知流注不可得等義 次委細觀流注義 謂流注者 世間水漸漸流注 餘法亦漸漸運行 如此一切有爲法念念生滅 猶如河水流注"라고 하였다. 〔참고문헌〕『華嚴佛光三昧觀祕寶藏』. ⇨실담 悉曇, 사십이자문 四十二字門**1**, 실담오십자문 悉曇五十字門, 정념송 正念誦, 자륜 字輪 **2** 밀교 작법 중 식재법(息災法)에 행하는 관상법(觀想法). 정보리심관(淨菩提心觀)이라고도 한다. 『대일경소』 권10(대정장39, p.689c3)에 "만약 큰 가뭄이 들거나 갖가지 재난이 일어나면 이때 진언행자가 꽃 한 송이를 공양하며 가뭄이 그치고 큰 비가 내리기를 바라거나 온갖 재난이 저절로 그치기를 바라면 시기에 맞게 성취되지 않음이 없다. 또한 이러한 하나하나의 공덕을 보리에 회향하여 일체중생에게 널리 보시하면 이러한 보리의 대원도 당연히 성취되는데 하물며 나머지 일이야 말할 것도 없다. 앞에서 말한 하나의 달이란 마음과 하나의 경계가 상응하는 것을 말한다. 낱낱 구에 통달하는 것은 먼저 자륜을 관하고, 성륜과 본존의 종자를 관하여 하나하나 모두 분명하게 드러나서 아무런 잘못이 없어야 모든 구절에 통달했다고 한다. 먼저 부처님을 대상으로 하는 관이 성취되면 원만한 광명을 보고서 하나하나 이루어지고 나머지도 성취되는데 이것은 본존을 관함이 명료해질 때 원만한 광명과 자륜 등의 상이 저절로 성취된다는 뜻이다. 設天大旱 或有種種災患 爾時行人 一花供養 願令此旱得除 降注大雨 或願諸患自息 無不應時成就 復以此一一功德 迴向菩提 普施一切衆生 如此菩提大願 亦當成就 何況餘事也 前云一月者 卽是心與一境相應也 一一句通達者 謂前觀字輪 觀聲輪 及本尊種子 一一明了現前 無有錯謬 名通達一一句也 先觀佛得成 卽見圓明 隨一得成 餘卽成就 謂觀本尊明了之時 圓明字輪等相 自然成就"라고 하였다. 〔참고문헌〕『大日經疏』. ⇨정보리심관 淨菩提心觀, 식재법 息災法

자리 自利 Ⓢ ātma-hita, svārtha, Ⓟ attaṭṭha-hita, attadattha, Ⓣ bdag la phan pa, bdag gi don. 자신을 이롭게 함. 불도(佛道) 수행의 공덕으로 선과(善果)를 획득하는 것을 말한다. 열반(涅槃)을 지향하는 이승(二乘)의 수행도를 이타(利他)에 대칭해 가리키기도 한다. 『대비바사론』 권178(대정장27, p.894b20)에 "아씨다(Ⓢ Ajita)는 자리의 즐거움을 구하였기에 부처님께서 꾸짖으셨고, 자씨(Ⓢ Maitreya)는 타인이 이롭고 즐겁기를 구하였기에 부처님께서 칭찬하셨다. 阿氏多求自利樂故佛訶之 慈氏求利樂他故佛讚之", 『보살영락경』 권14(대정장16, p.117c2)에 "보살의 이름이 큰 슬픔 가득한 이인데 부처님 앞에서 사루기를 '스스로 이롭고자 하는 이는 먼저 모든 사람을 제도하니, 존자께서는 중생으로부터 출생하셨는데도 지금은 본래의 서원을 어기십니다'라고 하였다. 菩薩名曰多悲 前白佛言 夫欲自利者 先度一切人 尊從衆生出 今違本誓願", 『십지경론』 권1(대정장26, p.124c18)에 "보살이 중생을 교화한다 하지만 그대로 이것이야말로 스스로 성불하는 법이다. 이런 이유로 이타를 또한 자리라고 부른다. 菩薩教化衆生 卽是自成佛法 是故利他亦名自利", 『섭대승론석』 권9(대정장31, p.368b18)에 "보살지로는 일체유정을 두루 구제하기 위해 부지런히 보리로 나아가는 것이지만, 성문지혜는 오직 자리만을 구한다. 菩薩智普爲度脫一切有情 勤趣菩提 聲聞等智唯求自利"라고 하였다. 〔참고문헌〕『大毘婆沙論』, 『菩薩瓔珞經』, 『十地經論』, 『攝大乘論釋』, *Bodh-bh.6.266.*, *Śrāv-bh.339.* ⇨ 이타 利他, 자리이타 自利利他

자리 者裏 바로 이곳. 견처(見處)나 종지(宗旨) 또는 당장의 주제로 떠오른 것 등을 뜻하기도 한다. '저기'라는 뜻의 나리(那裏)와 상대한다. 자(者)는 저(這)·자(遮)와 같고, 처소를 나타내는 리(裏)는 리(裡·里)로도 쓴다. 저리(這裏)·자리(者裡)·자리(遮裏)라고도 한다. 『운문광록』 권상(대정장47, p.545a25)에 "위로부터 내려온 일을 어떻게 해야 할까? 이곳 향하여 원이라고 말하거나 돈이라고 해야 하는가? 이쪽이거나 저쪽이라고 해야 하는가? 그르쳐 알아선 안 되리. 문득 이렇게 말하는 소리를 듣고 곧바로 원도 아니고 돈도 아니라고 헤아려서도 안 된다. 이것이야말로 모름지기 이 당사자라야 비로소 알 수 있으리. 從上來事 合作麼生 向者裏 道圓道頓得麼 者邊那邊得麼 莫錯會好 莫見與麼道 便向不圓不頓處卜度 者裏也 須是箇人始得", 같은 책 권중(대정장47, p.554c17)에 "운문선사가 말했다. '부채 위에서 설법하고 등롱 속에 몸을 감춘다. 어떻게 생각하는가?' 학인이 도리어 물었다. '화상의 선은 무엇입니까?' 운문이 꾸짖으며 말했다. '본래부터 바로 여기에 다 있다'. 師云 扇子上說法 燈籠裏藏身 作麼生 僧却問 如何是和尙禪 師叱云 元來秖在者裏", 『양기방회화상후록』(대정장47, p.646b13)에 "백천의 부처와 천하의 노숙들이 세간에 출현한 뜻은 직지인심하고 견성성불하기 위함이다. 만약 여기를 향해 분명히 밝혀 버린다면 백천제불과 동참할 수 있겠지만, 바로 이곳 향하여 분명히 밝히지 못한다면, 양기는 구업을 지은 죄를 면치 못할 것이다. 百千諸佛 天下老和尙出世 皆以直指人心 見性成佛 若向者裏明得去 盡與百千諸佛同參 若向者裏 未能明得 楊岐未免惹帶口業", 『전심법요』(대정장48, p.382b22)에 "내가 잠시 이와 같이 말했더니 그대는 문득 바로 이 자리에서 알음알이 일으키는구나. 我暫如此說爾便向者裏生解", 『오가정종찬』 권1 「황벽장 黃蘗章」(卍속장135, p.915a9)에 "황벽선사가 하루는 주먹을 쥐고 말했다. '천하의 노숙이 온통 바로 여기에 있다. 내가 만약 한 가닥으로 길낸다면 그대가 종횡으로 자유로울 것이지만, 허용하지 않는다면 꼼짝도 하지 못할 것이다. 師一日揑拳云 天下老和尙總在者裡 我若放一線道 從汝七縱八横 若不放過 不消一揑"라고 하였다. 〔참고문헌〕『雲門廣錄』, 『楊岐方會和尙後錄』, 『傳心法要』, 『五家正宗贊』. ⇨ 저리 這裏, 나리 那裏

자리이타 自利利他 Ⓢ svārtha-parārtha, Ⓟ attāttha-parāttha, Ⓣ bdag dang gzhan gyi don. 스스로도 이롭고 다른 이들도 이롭게 하다. 자익익타(自益益他)·자행화타(自行化他)·자리타리(自利他利)·자타이리(自他二利)·자타리(自他利)라고도 한다. 대승보살의 이상적인 수행도다. 『별역잡아함경』 권8(대정장2, p.432b1)에 "만약 능히 열여섯 가지를 갖춘다 한다 하니, 이런 이는 스스로도 남도 이롭게 한다. 자신이 신심을 내고 남도 믿도록 가르치며 … 스스로 행하여 받아 가지고 사람들도 받아 지니게 한다. … 스스로 말씀과 같이 행하고 또 남도 말씀 따라 행하도록 한다. 만약 이 열여섯 가지를 갖춘 이라면 자리이타다. 若能具足十六支者 如是之人 能自他利 自生信心 教人令得 自行受持 教人受持 … 自能聽法 亦復教人令聽正法… 自如說行 亦復教人如說修行 若能具足十六支 此則名爲自利利他", 『대반야경』 권355(대정장6, p.827c24)에 "자리이타의 길이란 바로 보살마하살들의 길이다. 自利利他道 是諸菩薩摩訶薩道", 『유가사지론』 권35(대정장30, p.482c13)에 "무엇이 자리이타처인가? 자리이타에는 대략 열 가지가 있다. 첫째 한결같은(純 Ⓢ kevala)자리이타, 둘째 함께하는(共 Ⓢ para-saṃbaddha)자리이타, 셋째 이익종류(利益種類 Ⓢ hitānvaya)자리이타, 넷째 안락종류(安樂種類 Ⓢ sukhānvaya)자리이타, 다섯째 인으로 거두는(因攝 Ⓢ hatu-saṃgṛhīta)자리이타, 여섯째 과로 거두는(果攝 Ⓢ phala-saṃgṛhīta)자리이타, 일곱째 차세(此世 Ⓢ aihika)자리이타, 여덟째 타세(他世 Ⓢ āmutrika)자리이타, 아홉째 필경(畢竟 Ⓢ ātyantika)자리이타, 열째 불필경(不畢竟 Ⓢ anātyantika)자리이타이다. 云何自利利他處 謂自利利他 略有十種 一純自利利他 二 共自利利他 三 利益種類自利利他 四 安樂種類自利利他 五 因攝自利利他 六 果攝自利利他 七 此世自利利他 八 他世自利利他 九 畢竟自利利他 十 不畢竟自利利他", 『대승아비달마잡집론』 권8(대정장31, p.732c24 : *Abh-s-bh.*, p.73)에 "원의 자재력에 연유하고, 원하는 바에 따라 무수한 자리이타를 끌어와서 대원을 가득 채운다. 由願自在力 隨其所樂 能引無數自利利他 圓滿大願 praṇidhānavaśitayā yatheṣṭaṃ svap arārthasaṃpattikarāṇy asaṃkhyeyāni mahāpraṇidhānāny-abhinirha[ra]nti",『대승기신론열망소』 권5(대정장44, p.455c1)에 "법신을 증득하기 이전에는 하화중생이 온통 위로 불도를 구하는 것이니, 자리이타의 갖가지 방편이 그대로 모두 진여의 몸임을 깨우쳐 알기 때문이다. 법신을 증득하고 나서도 위로 불도를 구하는 것이 모두 아래로 중생을 교화하는 것이다. 未證法身已前 縱令下化衆生 皆是上求佛道 以自利利他種種方便皆爲證會眞如體故 已證法身之後 縱令上求佛道 皆爲下化衆生"라고 하였다. [참고문헌]『別譯雜阿含經』,『大般若經』,『瑜伽師地論』,『阿毘達磨雜集論』,『成唯識論演祕』,『大乘起信論裂網疏』,『成唯識論演祕』 권1(대정장43, p.814a24), *Abh-s-bh.*, *Bodh-bh.15.* ⇨ 자리 自利, 이타 利他, 상구보리하화중생 上求菩提下化衆生

자리이타심평등 自利利他心平等 자리이타의 마음을 고르게 같이 함.『대반야경』권572(대정장7, p.957b8)에 "대보리심으로 정법을 보호하고, 가르침대로 수행해 마음이 고요하며, 자리이타의 마음 평등하니, 이야말로 진정 부처님께 공양하는 것이다. 大菩提心護正法 如教修行心寂靜 自利利他心平等 是則名眞供養佛"라고 하였다. [참고문헌]『大般若經』. ⇨ 자리이타 自利利他, 상구보리하화중생 上求菩提下化衆生

자리행 自利行 Ⓢ ātmahita-pratipatti, Ⓣ bdag la phan pa sgrub pa. 스스로를 이롭게 하는 행. 이타행(利他行)과 마주한다.『현종론』권32(대정장29, p.931a15)에 "어째서 무학을 아라한이라 하는가? 모든 자리행으로 닦고 익혀 마쳐서는 성취하였으니 오직 타인의 이익을 위한 일을 할 것이기 때문이다. 저 계경에서 '스스로를 조복하지 않고서는 능히 타인을 조복하는 일은 가능하지 않다'고 설한 것과 같다. 何故無學名阿羅漢 諸自利行修學已成 唯應作他利益事故 如契經說 不自調伏能調伏他 無有是處",『성유식론』권9(대정장31, p.49a9)에 "승행을 닦았기에 뜻대로 즐거 힘쓸 수 있어서 모든 것이 다 자리행과 이타행에 통한다. 별상에 의지해 말하면, 육바라밀(六到彼岸)과 삼십칠조도품(菩提分) 등은 자리행에 속하고, 사섭법과 사무량심 등은 모두 이타행에 속한다. 所修勝行 隨意樂力 一切皆通自他利行 依別相說 六到彼岸菩提分等 自利行攝 四種攝事四無量等 一切皆是利他行攝라고 하였다. [참고문헌]『顯正論』,『成唯識論』, *Yogā-bh.* ⇨ 자리 自利, 자리이타 自利利他, 이타행 利他行

자림지옥 刺林地獄 가시나무숲의 지옥. 구업을 지은 이가 떨어진다. 악구(惡口)·양설(兩舌)·기어(綺語)·불의어(不義語)를 비롯하여 경전의 허물을 말하거나 경전 해설하는 이들을 헐뜯는 잘못 등을 저지른 죄인들이 벌을 받는 지옥이다.『관불삼매해경』권5(대정장15, p.672b18)에 "자림지옥의 너비는 8천유순으로 쇠 가시가 가득하고, 하나하나의 가시 끝에는 12칼이 달려 있으며, 나무에는 아주 뜨거운 쇠 목칼도 걸려 있다. … 가시나무숲의 모든 나무가 바람에 날리며 그 몸을 때리는데 하루 사이에 육백번 죽고 살아 고통을 겪는다. 刺林地獄者 八千由旬 滿中鐵刺 一一刺端 有十二劍 樹上復有大熱鐵鉗 … 刺林諸樹 有風吹來 撲打其軀 一日一夜 六百生六百死"라고 하였다. [참고문헌]『觀佛三昧海經』,『受十善戒經』(대정장24, p.1028a26),『教跡義記』 권상(대정장39, p.1027b9).

자립논증파 自立論證派 Ⓢ Svātantrika Ⓣ Rang-rgyud-pa 인도 대승불교 중관학의 시조인 용수(龍樹 Ⓢ Nāgārjuna)의 가르침 이후, 공을 파악 방식은 두 가지로 나뉘었다. 중호(衆護 Ⓢ Saṃgharakṣita)의 제자 불호(佛護 Ⓢ Buddhapālita 470~550)는 귀류논증(歸謬論證)을 써서 상대방의 주장을 논파하는 방식을 썼다. 이에 청변(淸辯 Ⓢ Bhāviveka, Bhāvaviveka 490~570)은 불호의 귀류법이 인(因)과 비유(喩)를 설하고 있지 않기에 적절한 논증식이 아니며, 자립논증으로써 중관파의 주장을 설파하였다. 논증 방식에 기인해 불호의 입장을 프라상기카(Ⓢ Prāsaṅgika, Ⓣ Thal-gyur-ba), 즉 귀류논증파라고 하며, 청변으로 대표되는 입장을 스바탄트리카(Ⓢ Svātantrika), 즉 자립논증파라고 한다. 후자는 자재논증파(自在論證派), 자의입종파(自意立宗派), 의자기파(依自起派), 자립파 등이라고도 불린다. 하지만 스바탄트리카와 프라상기카라는 용어 자체가 학파적 정체성을 지칭하는 것으로서 인도찬술문헌에서 발견되지는 않으므로, 이후의 티베트 주석가들에 의해서 명명된 것이라 할 수 있다. 청변은 자신의 저서 *Shes rab sgron ma*(般若燈論釋 : 데게版 No.3853·北京版 No.5253)을 지어 이처럼 공(空)의 진실에 내한 간접적 논증인 귀류논증법을 비판하고, 신나(陳那 Ⓢ Dignāga)가 불교인명의 논법에 따른 직접적인 정언 논증법을 주장했다. 단, 공의 진실 그 자체는 논리를 초월해 있어 논리적 사고가 미치지 못하는 것임을 이해하고 있었기에 승의(勝義)의 입장에서는 논리를 부정하고, 세속의 범위 안에서만 공의 진실을 증명하고자 했다. 후에 관서(觀誓 Ⓢ Avalokitavrata), 지광(智光 Ⓢ Jñānaprabhā), 적호(寂護 Ⓢ Śāntarakṣita) 등이 청변의 가르침을 널리 전하며 귀류논증파와 논쟁하였다. 이 학파는 다시 유가행중관파(Ⓢ Yogācāra-Madhyamaka)와 경량행중관파(Ⓢ Sautrantika-Madhyamaka)로 양분되었다. 이 중 유가행중관파는 형상진실파(形象眞實派)와 형상허위파(形象虛僞派)로 분파되었으며, 형상허위파는 다시 유구론파(有垢論派)와 무구론파(無垢論派)로 다시 나뉘었다. [참고문헌] 吳汝鈞 『佛敎的槪念與方法』(臺灣商務印書館, 2000) p.75. ⇨ 청변 淸辯, 귀류논증파 歸謬論證派

자마금신 紫磨金身 자마금색신(紫磨金色身). 『열조제강록』 권5 「장수진선사불열반상당 藏叟珍禪師佛涅槃上堂」(卍속장112, p.232b8)에 "대지 온통 자마금신이다. 그대들 종일토록 눈을 뜨고서 석가노자의 심간을 엿볼지니. 盡大地是紫磨金身 諸人終日開眼 覰見釋迦老子心肝"라고 하였다. [참고문헌] 『列祖提綱錄』, 『西方要決釋疑通規』(대정장47, p.107a11), 『人天眼目』 권2(대정장48, p.310c12).

자만 字滿 어떤 뜻을 드러낼 만큼 충분히 글자(字 Ⓢ akṣara)들이 모여있는 구신(句身)을 말한다. 『품류족론』 권1(대정장26, p.694a28)에 "명신이란 무엇인가? 증어(增語 Ⓢ adhivacana)다. 구신이란 무엇인가? 자만(字滿)이다. 문신이란 무엇인가? 자들의 무리다. 名身云何 謂增語 句身云何 謂字滿 文身云何 謂字衆"라고 하였다. [참고문헌] 『品類足論』. ⇨ 명구문 名句文

자만다라 字曼荼羅 사만다라(四曼荼羅) 중 하나. 제존(諸尊)의 형상 대신 종자(種子)로 건립한 만다라. 법만다라(法曼荼羅)·종자만다라(種子曼荼羅)라고도 한다. 여법하게 만다라를 지을 수 없는 경우에 임시방편으로 허락된다. 『대일경소』 권6(대정장39, p.641c2)에 "만다라에 존형을 그리지 않고 비밀인만을 나타내는 경우는 금강좌 위에 연화대를 그리고, 연화대 위에 앞서와 같이 표치를 그린다. 자만다라를 짓는 이는 경전에 있는 종자자를 법식에 따라 배치하고, 경전에 없는 경우에는 범명 중 첫 자를 종자자로 삼아야 한다. 또는 아(𑖀)자를 공통으로 사용할 수 있다. 若漫荼羅 不作尊形 但示祕密印者 於金剛座上 作蓮華臺 臺上如前 畫作幖幟 其作字漫荼羅者 經中有種子字 當如法置之 如經不載 當取梵名中 最初字爲種子字 或可通用阿字也", 같은 책 권13(대정장39, p.712b24)에 "자력이 부족한 이에게 자만다라를 만들어 부처의 자리에 안치하는 것을 허락한다. 아(𑖀)자를 그리는데 이것이 여래의 체이다. 아(𑖀)자를 안치한 후에 중대의 외원 동쪽에 아(𑖀)자를 쓰고 대공점을 붙인다. 또한 동북의 자재방에 가(𑖐)자를 안치한다. 가(𑖐)자는 허공의 눈이니 일체 불보살의 어머니이다. 다음으로 남방에 일체 불보살의 진타마니인 또는 아(𑖀)자를 안치한다. 然資力不辦者 聽作字漫荼羅 卽於此置佛之處 但畫作阿字 卽是如來之體也 置阿字竟 中台之外院直東 作阿字加大空點 又於東北自在方 置於伽字 此伽字卽是虛空眼也 是一切佛及菩薩之母也 次火方一切佛菩薩 眞陀摩尼印 或置於字也"라고 하였다. [참고문헌] 『大日經疏』. ⇨ 자륜 字輪, 자문 字門, 실담 悉曇, 법만다라 法曼荼羅, 종자만다라 種子曼荼羅, 사만다라 四曼荼羅, 사만상대 四曼相大

자매 姊妹 Ⓢ Ⓟ bhaginī, Ⓣ sring-mo, phu-nu-mo. 여자 형제. 또는 비구니(比丘尼)나 여성신도. 음사어는 부의이바(縛疑儞婆)이다. 『잡아함경』 권20(대정장2, p.143a16)에 "존자 마하가전연이 우바이에게 다음과 같이 말했다. '자매여, 어떤 사문이나 바라문은 저 지일체입처정수가 무상이라 여겨 그 과를 구한다'. 자매여, 사문이나 바라문이 '지일체입처정수'에 들어 청정하고 깨끗하게 되면, 그 바탕과 고이고, 멸이며 멸에 이르는 길을 보고, 그 바탕과 고통과 사라짐, 그리고 그 멸에 이르는 길을 봄으로써 진실한 뜻 마음에 두어 적멸하니 산란할 일 없다. 尊者摩訶迦旃延語優婆夷言 姊妹 有一沙門婆羅門言 地一切入處正受 此則無上 爲求此果 姊妹 若沙門婆羅門 於地一切入處正受 淸淨鮮白者 則見其本 見患 見滅 見滅道跡 以見本 見患 見滅 見滅道跡故 得眞實義存於心 寂滅而不亂", 『현우경』 권4(대정장4, p.373b27)에 "그 때 비사문천왕은 남방의 비루륵차(毘樓勒叉 Ⓢ Virūḍhaka : 增長天)에게 가려고, 일천야차를 데리고 우파사나가 있는 상공을 지나다가 경을 독송하는 소리를 듣고 모두 잠시 허공에 머물러 다음과 같이 찬탄하였다. '훌륭하고 훌륭하다. 자매여, 법의 요체를 잘 말하는구나! … '나는 귀왕(鬼王) 비사문천이다. 불법을 듣기 위하여 여기 (허공에) 머물러 있다'. '하늘은 거짓말을 하지 않습니다. 당신은 하늘이고 나는 사람이니 전혀 관계가 없는데, 무슨 까닭에 나를 자매라고 합니까?' 비사문천왕은 대답하였다. '부처님은 법왕이시고, 또한 인천 등의 아버지이신데, 나는 우바새이며, 당신은 우바이이니, 법의 뜻을 한결같이하므로 자매라고 한 것이다'. 時 毘沙門天王 欲至南方毘樓勒叉所 將千夜叉 從優波斯那上過 聞誦經聲 尋皆住空 聽其所誦 讚言 善哉善哉 姊妹 善說法要 … 我是鬼王 毘沙門天也 爲聽法故 於此住耳 優婆夷言 天無謬語 汝天我人 絶無因由 何故 稱我 爲姊妹耶 天王答言 佛是法王 亦人天父 我爲優婆塞 汝爲優婆夷 同一法味 故言姊妹"라고 하였다. [참고문헌] 『雜阿含經』, 『賢愚經』, *Bodh-bh.131., Mvyut. 189., Śrāv-bh.79.*

자매순 自昧淳 백제후기 사원건축의 기술자인 백매순(白昧淳)의 다른 이름. 『일본서기』에는 '백매순'이라 하였으나, 「원흥사가람연기병류기자재장」에는 '자매순'이라 하였다. [참고문헌] 『日本書記』 권21 崇峻 1년, 「元興寺伽藍緣起幷流記資財帳」. ⇨ 백매순 白昧淳

자명사 自鳴寺 전라북도 익산시 용안면 법성리 우슬산(牛膝山)에 있는 절. 대한불교조계종 제17교구 본사 금산사(金山寺)의 말사이다. 『동국여지승람』 권34 전라도 용안현 불우에 보이는 자명암(自明庵)을 이 절의 전신으로 보기도 한다. 1944년에 사찰에서 건립한 「자명사 사적비」에 따르면, 678년(문무왕18)에 선설대사(禪說大師)가 자웅사(自雄寺)라는 이름으로 창건하였고, 조선 중기에 민인재(閔隣宰)가 용안현에서 유숙할 때에 절에서 소의 울음소리가 들려와 온 마을에 퍼지는 꿈을 꾼 후 절 이름을 '자명사'로 바꾸었으며, 1943년에 진명대사(振明大師)가 중건하였다고 한다. 1991년에 주지 법화(法華)가 법당과 요사 등을 중수하였다. 현존 당우로는 대웅전·삼성각·요사 등이 있다. [참고문헌] 『東國輿地勝覽』, 『韓國寺刹全書』 권하 p.967a6.

자명암 自明庵 전라북도 익산시 용두산(龍頭山)에 있던 암자. 『동국여지승람』 권34 전라도 용안현 불우와 『가람고』·『여지도서』에 이름과 위치가 전한다. 『한국사찰전서』 권하, p.967a3에 "생각해보면 지금 자명사다. 按今之自鳴寺"라고 하였다. [참고문헌] 『東國輿地勝覽』, 『伽藍考』, 『輿地圖書』, 『韓國寺刹全書』. ⇨ 자명사 自鳴寺

자명암 慈明庵 경상남도 거창군 우두산(牛頭山)에 있던 암자. 『목은문고』 권5 「거제현우두산견암선사중수지기 巨濟縣牛頭山見菴禪寺重修之記」(한국문집총간5, p.40b13)에 "산중에 또 원효·의상·자명 등 3대사의 유적이 남아있다. 지금의 도정암과 자명암이 그러하다. 山中又有元曉義相慈明三大士遺跡存焉 今道正菴 慈明菴是已"라고 하였다. 우두산은 고려시대 거제현에 속했으나 1415년(태종15)에 거제현과 거창현이 분리되면서 거창군으로 이속되었다. [참고문헌] 『牧隱文藁』, 『韓國寺刹全書』 권하 p.970a14 欄外.

자명행심 慈明行心 자명이 행한 마음. 『선림승보전』 「자명장」(卍속장137, p.525b7)에 "자명선사가 평소 행한 사사무애로 행한 마음은 범부도 성인도 헤아릴 수 없었다. 公平生以事事無礙行心 凡聖所不能測"라고 하였다. [참고문헌] 『禪林僧寶傳』. ⇨ 초원 楚圓

자모표 字母表 ➡ 실담 悉曇, 실담십팔장 悉曇十八章

자묘암 慈妙庵 ❶ 강원도 고성군 금강산(金剛山)에 있던 암자. 금강산 마하연(摩訶衍)에서 은선대(隱仙臺)를 지나 유점사(楡岾寺)로 가는 도중에 있었다. 송병선(宋秉璿 1836~1905)이 1868년(고종5)에 금강산을 유람하고 지은 『연재집』 권19 「동유기 東遊記」(한국문집총간329, p.341a14)에 "잠시 자묘암에서 쉬었다. 새로 지어 정교하고 화려하다. 사중에 익종과 헌종 양조의 어필도 있다. 암자 우측 반야암에서는 여러 스님이 글을 외고 있었다. 暫憩慈妙菴 新構精麗 中藏翼憲兩朝御筆 菴右有般若巖 有數僧咿唔"라고 하였다. 『학남집』 권1에 시 「입자묘암재금강산 入慈妙庵在金剛山」도 전한다. [참고문헌] 『淵齋集』, 『鶴南集』. ❷ 충청남도 공주시 반포면 계룡산에 있던 암자. 1921년까지는 동학사(東鶴寺) 경내에 있었던 것으로 추정된다. 추사 김정희가 쓴 현판 탁본이 동학사에 전한다. [참고문헌] 『文化遺蹟總覽』 寺刹篇(忠淸南道, 1990) pp.246~251.

자무량심 慈無量心 Ⓢ maitry-apramāṇa-citta, Ⓟ mettā-appamāṇa-citta. 중생을 자비롭게 살피는 헤아릴 수 없는 마음. 사무량심(四無量心) 중 하나로 자무량·자당(慈堂)이라고도 한다. 『대승아비달마집론』 권7(대정장31, p.690c16 : *Abh-s.*, p.94)에 "무량이라 하니, 사무량이다. 자무량이란, 정려에 의지해서 모든 유정의 기쁨과 상응하는 의요를 온전히 갖춘 중에도 저 정이나 혜 등으로 그것과 상응하는 모든 심심소를 말한다. 無量者 謂四無量 云何慈 謂依止靜慮 於諸有情 與樂相應意樂 住具足中 若定若慧 及彼相應 諸心心所 apramāṇāni katamāni. catvāri apramāṇāni. maitrī katamā. dhyānaṃ niśritya sattvāḥ sukhena saṃprayujyeranniti vihārasamṛddhau samādhiḥ prajñā tatsaṃprayuktāśca cittacaitasikā dharmāḥ", 『대승아비달마잡집론』 권13(대정장31, 757c28 : *Abh-s-bh.*, p.124)에 "여기에서 드러내는 자무량은 정려로 의지를 삼고 유정으로 경계를 삼으며 저들의 기쁨과 상응하는 마음으로 행상을 삼으니 정혜로 자체를 삼는다. 일체공덕은 모두 사마타와 비발사나로 거두기에 모든 심심소 등으로 그 조반을 삼는다. 此中顯慈無量 以靜慮爲所依 有情爲境界 願彼與樂相應爲行相 定慧爲自體 一切功德 皆奢摩他 毘鉢舍那所攝故 諸心心所爲助伴 tatra tāvat maitryā dhyānaṃ niśrayaḥ, sattvā ālambanam, sukhena saṃprayujyerannityakaraḥ, samādhiḥ prajñā ca svabhāvaḥ śamathavipaśyanāsaṃgṛhītatvātsarvaguṇānām, cittacaitasikāḥ sahāyā", 『석선바라밀차제법문』 권6(대정장46, p.516c22)에 "첫째 자무량심이란, 자란 중생을 아껴 잊지 않는 마음이니, 항상 즐거운 일을 구하여 요익케 함이다. 一 慈無量心者 慈名愛念衆生 常求樂事 以饒益之"라고 하였다. [참고문헌] 『大乘阿毘達磨集論』, 『大乘阿毘達磨雜集論』, 『釋禪波羅蜜次第法門』, *Abh-s.*, *Abh-s-bh.*, *DN.2.250.* ⇨ 사무량심 四無量心

자문 字門 자(字)로 제법의 실상에 깨우쳐 드는 문. 『불본행집경』 권11(대정장3, p.704a16)에 "이때 다시 오백석종의 제신의 동자들이 태자와 함께 가지런히 학당에 들어 자를 부르며 배워 썼는데 이는 태자의 위덕력 때문이다. 아(𑖀)자를 부를 때 제행이 무상하다 하니 이와 같은 소리를 낸다. 하(𑖮)자를 부를 때 마땅히 일체 번뇌 쳐부수니 이렇게 소리낸다. 이때 저 모든 오백동자들 이와 같이 모든 자의 문을 두드려 소리 냈으니 이는 바로 태자의 위덕력이다. 겸하여 모든 하늘들도 호지하였으니, 이들 미밀하고 그윽한 법에 드는 소리를 냈다. 爾時 復有五百釋種諸臣童子 俱共太子 齊入學堂學書唱字 以是太子威德力故 復有諸天神力加故 諸音響中出種種聲 唱阿字時 諸行無常 出如是聲 … 唱嗬字時 當打一切諸煩惱却 出如是聲 爾時 彼諸五百童子 作如是唱諸字門時 以是太子威德力故 兼復諸天護持所加 出於如是微密祕奧諸法門聲", 『방광반야경』 권4(대정장8, p.26b14)에 "무엇들이 자문인가? 첫째 아(𑖀)란 제법 와서 들지만 일어나는 것 보지는 못함을 말한다. 마흔두 번째 다(𑖟)란 제법의 변제 다하여 마친 곳 불생이고 불사이다. 모든 자 그 수 다(𑖟)자 그 위를 넘어서지 않는다. 왜그런가. 이 자는 헤아릴 수 없기 때문이고 생각이나 말로 할 수 없다. 이 자 '실이 있다' 또한 가히 볼 수도 말할 수도 쓸 수도 드러낼 수도 없다. 何等爲字門 一者阿 阿者謂諸法來入不見有起者 … 四十二者嗏 嗏者諸法邊際盡竟處亦不生亦不死 諸字數無有過嗏上者 何以故 是字無有數 亦不念言 是字有失 亦不可見亦無所說 亦無所書亦不現", 『대품반야경』 권3(대정장8, p.235b6)에 "다시 세존이시여, 보살마하살이 반야바라밀을 행하니 문자 중에 머물 일 없고, 일자문이든 이자문이든 이와 같이 종종자문 중에 응당 머물지 않는다. 왜그런가. 모든 자! 그 모든 자의 상 공이기 때문이다. 復次 世尊 菩薩摩訶薩欲行般若波羅蜜 文字中不應住 一字門 二字門如是種種字門中不應住 何以故 諸字 諸字相空故 亦如上說", 『부자합집경』 권10(대정장11, p.948a29)에 "만약 능히 자의 문에 들어가 깨우친 이는 곧바로 능히 일체교법에도 들어가다 안다. 말하자면 유위법, 무위법, 유표업, 무표업, 세속법, 승의법을 깨우쳐 안다. 若能入解達字門者 則能入解一切教法 所謂入解有爲法 無爲法 有表法 無表法 世俗法 勝義法", 『대지도론』 권28(대정장25, p.268a23)에 "다시 다라니가 있으니 42자(字)로 일체언어와 명자를 거둔다. 왜 그런가. 42자 𑖀 𑖨 𑖢 𑖓 𑖡 등이다. … 이와 같이 자자마다 듣는대로 다 일체제법실상 중에 든다. 이 이름이 자로 드는 문으로서의 다라니라 한다. 저 「마하연품」 중에서 모든 자문을 설한다. 復次 有陀羅尼 以是四十二字攝一切語言名字 何者是四十二字 阿 羅 波 遮 那等 … 如是等 字字隨所聞皆入一切諸法實相中 是名 字入門陀羅尼 如摩訶衍品中說諸字門"라고 하였다. [참고문헌] 『佛本行集經』, 『放光般若經』, 『大品般若經』, 『父子合集經』, 『大智度論』. ⇨ 자륜 字輪, 실담 悉曇

자미 子美 고려전기 스님 원각국사(圓覺國師) 덕소(德素 1119~1174)의 어릴 때 이름. 「영동영국사원각국사비문 永同寧國寺圓覺國師碑文」에 "스님의 휘는 덕소, 자는 혜약, 어릴 때 이름은 자미이다. 師諱德素 字慧約 少名子美"라고 하였다. [참고문헌] 李智冠 『校勘譯註歷代高僧碑文』 高麗篇3 p.462. ⇨ 덕소 德素

자미득도선도타 自未得度先度他 스스로를 제도하기도 전에 남을 먼저 제도하려 한다는 말. 40권본 『대반열반경』 권38(대정장12, p.590a22)에 "자신을 제도하기도 전에 남을 먼저 제도하려 하니, 이 때문에 저는 초발심한 이에게 예를 올리옵니다. 自未得度先度他 是故我禮初發心", 『금강경주해』 권3(卍속장38, p.922a17)에 "진웅이 말한다. '『대반열반경』에 「자신을 제도하기 전에 남을 먼저 제도하려 한다」라고 하였고, 참법에서는 「먼저 중생을 제도한 다음에 부처가 되겠나이다」라고 하였다. 그러므로 「일체중생을 제도한다」라는 말은 우리 부처님께서 응당 하시는 일을 뜻한다. 그렇지 않다면 곧바로 중생과는 끊어지리라. 그렇다면 어떻게 부처가 되는가? 부처님께서는 진공과 무상을 깨우쳐 능소 모두 고요하다. 비록 중생은 이미 멸도하였지만, 제도하겠다는 생각조차도 일으키지 않고 제도할 중생이 있다는 견해를 지니지도 않는다. 그러므로 「참으로 멸도할 중생은 하나도 없다」라고 한다'. 陳雄曰 大涅槃經云 自未得度先度他 懺法曰 先度衆生 然後作佛 故度一切衆生者 我佛之所應爲也 不然則絶物矣 又何以作佛耶 佛了眞空無相則能所俱寂 雖衆生已滅度 且不起能度之一念 亦不見所度之衆生 故曰 無一衆生 實滅度者"라고 하였다. [참고문헌] 『大般涅槃經』, 『金剛經註解』. ⇨ 선도인 先度人, 선도일체중생 先度一切衆生

자민금강 慈愍金剛 십일면관음의 밀호(密號). 태장 작법에 따라 십일면법을 행할 때 부르는 밀호다. 『행림초』(대정장76, p.208a12)에 "범호는 예가나사목거, 밀호는 변이금강 또는 자민금강이다. 梵號 噎迦娜舍目佉 密號 變異金剛 慈愍金剛"라고 하였다. [참고문헌] 『行林抄』. ⇨ 변이금강 變異金剛, 십일면관음 十一面觀音

자민류 慈愍流 중국 정토교(淨土敎) 삼전(三傳) 중 하나. 당나라 자민혜일(慈愍慧日 680~748)이 전한 정토교의 유파. 여산류(廬山流)의 관념염불(觀念念佛)이나 선도류(善導流)의 칭념염불(稱念念佛)과 달리 선정일치(禪淨一致) 나아가 교선정율(敎禪淨律)을 모두 닦을 것을 주장하고, 자력과 타력을 공히 중시하며 일체의 수행이 모두 정토왕생으로 회향된다고 주창한다. 혜일은 23세이던 702년(예종19) 바닷길로 인도로 건너가 13년간 머물면서 성지순례하고 많은 선지식을 만나 범본을 구하였다. 귀로에 인도 서북쪽을 4년 간 편력하면서 여러 대덕들을 참방하여 해탈의 길을 물었고 아미타불칭념을 전수받았다. 다시 더 나아가 북인도 건다라국(健馱羅國)에 이르러 관음상을 친견하였으니, 『송고승전』 권29(대정장50, p.890b17)에 "그대가 불법을 널리 전하고 자리이타의 보살도를 행하고자 한다면, … 그대는 정토법문수행이 다른 모든 수행보다 뛰어남을 마땅히 알라. 汝欲傳法 自利利他 … 汝自當知 淨土法門 勝過諸行"라고 하였다. 그때부터 서역제국을 거쳐 719년(개원7)에 장안(長安)으로 돌아와 가지고 온 불상과 범본을 현종에게 보였고 '자민삼장(慈愍三藏)'이란 호를 받기도 했다. 이후 혜일은 748년(천보7) 69세로 낙양(洛陽)의 망극사(罔極寺)에서 입적하였다. 『정토자비집 淨土慈悲集』 3권·『정토문기 淨土文記』 5권을 남겼으나 전하지 않는다. 당말(唐末)에 선정쌍수를 주창한 연수(延壽 904~975)는 혜일의 뜻을 다음과 같이 갈무리하였다. 즉 『만선동귀집』 권상(대정장48, p.963c5)에 "자민삼장이 말하였다. '성에서 설한 바른 선정이란 무엇인가? 마음 다스려 한 곳에 두고 념념이 상속하여 혼미함도 흔들림도 떠나 평등하게 마음을 가진다. 만약 수면이 덮어 가리면 곧바로 염불·송경·예배·행도·강경·설법 등으로 중생을 교화해야 하니 만행 중 어느 하나도 버려서는 안 된다. 닦는 행업은 모두 서방정토왕생으로 회향한다. 만약 능히 이와 같이 선정을 닦고 익히는 이는 부처님의 선정과 성스러운 가르침을 합한다. 이것이야말로 중생의 안목이자 모든 부처님께서 인가하신 것이다. 일체의 불법은 평등하여 차별이 없으며, 모든 승은 한결같이 가장 뛰어나고 바른 깨달음을 성취한다. 慈愍三藏云 聖敎所說正禪定者 制心一處 念念相續 離於昏掉 平等持心 若睡眠覆障 卽須策動 念佛誦經 禮拜行道 講經說法 敎化衆生 萬行無廢 所修行業 迴向往生西方淨土 若能如是修習禪定者 是佛禪定與聖敎合 是衆生眼目 諸佛印可 一切佛法 等無差別 皆乘一如 成最正覺"라고 하였다. 혜일은 고주(高州 : 廣東省 茂名市)에 개산하며 영혜사(靈惠寺)를 지었는데, 이는 중국 정토교 자민류의 조정(祖庭)으로 통한다. [참고문헌] 『宋高僧傳』, 『萬善同歸集』, 『淨土五會念佛略法事儀讚』. ⇨ 선도류 善導流, 여산류 廬山流, 중국정토교삼전 中國淨土敎三傳

자민삼장 慈愍三藏 ➡ 혜일 慧日

자박 子縛 삼계이십오유(三界二十五有)의 인(因)이 되는 견사(見思)번뇌의 씨앗 또는 종자. 과인 고과(苦果)를 과박(果縛)이라 하고 이 두 가지를 이박(二縛)이라 한다. 과박까지 사라져야 무여열반(無餘涅槃)에 이른다. 『법화문구』 권1하(대정장34, p.11a22)에 "여든여덟 번뇌 사라져야 자박이 멸하고, 자박이 멸하므로 과박도 멸하며, 과박이 멸하면 이십오유마저 사라진다. 이것이 바로 멸의 진실이다. 八十八滅故 子縛滅 子縛滅故 果縛滅 果縛滅故 二十五有滅 是爲滅諦", 『사교의』 권4(대정장46, p.733a10)에 "삼계이십오유의 인이 멸하면 자박의 멸이라 한다. 이 보신을 버리고 영원히 더 이상 삼계이십오유의 고과를 받지 않는다면 과박의 멸이라 한다. 三界二十五有因滅 名子縛滅 捨此報身 永更不受三界 二十五有苦果 名果縛滅", 『사교의주휘보보굉기』 권6상(卍속장102, p.590a1)에 "자박이란 견사의 번뇌이고, 과박이란 오음의 보로 된 바탕 즉 이 몸이다. 子縛者 見思煩惱 果縛者 五陰報質也", 『법화현의』 권2(대정장34, p.376a13)에 "삼계 내외의 모든 자박을 남김없이 멸한 것을 유여라 하고, 삼계 내외의 모든 과박을 남김없이 다한 것을 무여라 한다. 滅三界內外 一切子縛盡 名有餘 滅三界內外 一切果縛盡 名無餘", 『교관강종』(대정장46, p.939a17)에 "삼계의 견사가 함께 사라져 자박이 이미 끊어졌더라도 과박은 여전히 남아 있다. 이를 유여열반이라 한다. 斷三界見思俱盡 子縛已斷 果縛尙存 名有餘涅槃"라고 하였다. [참고문헌] 『法華文句』, 『四敎義』, 『四敎儀註彙補輔宏記』, 『法華玄義』, 『敎觀綱宗』, 『止觀輔行傳弘決』 권3(대정장46, p.222a15). ⇨ 과박 果縛, 이박 二縛[3], 유여열반 有餘涅槃

자발로율 自發露律 Ⓢ pratijnā-kāraka, Ⓟ patiññātakaraṇa. 스스로 드러내게 하는 율. 칠멸쟁(七滅諍) 중 하나로 허물이 있을 때 자백하도록 하여 다스리는 것. 자발로지쟁율(自發露止諍律)·자언비니(自言毘尼) 등이라고도 한다. 『중아함경』 권52 「우파리경 優婆離經」(대정장1, p.756a1)에 "존자 우파리가 다시 여쭈었다. '세존이시여, 비구들이 함께 화합하는데, 불치율(不癡律 Ⓢ amūḍha-vinaya : 不癡毘尼)을 주어야 하는 이에게 자발로율을 주고, 자발로율을 주어야 할 이에게 불치율을 준다면 이것은 여법한 행업이며 율다운 행업입니까?' 세존께서는 '아니다. 우파리여'라고 대답하셨다. 존자 우파리가 다시 여쭈었다. '세존이시여, 비구들이 함께 화합하는데, 자발로율을 주어야 하는 이에게 군율(君律 Ⓢ yad-bhūyasikīya : 多覓毘尼)을 주고, 군율을 주어야 하는 이에게 자발로율을 준다면 이것은 법다운 행업이며 율다운 행업입니까?' 세존께서는 '아니다. 우파리여'라고 대답하셨다. 尊者優婆離復問曰 世尊 若比丘衆共和合 應與不癡律者 而與自發露律 應與自發露律者 而與不癡律 是如法業 如律業耶 世尊答曰 不也 優婆離 尊者優婆離復問曰 世尊 若比丘衆共和合 應與自發露律者 而與君律 應與君律者 而與自發露律 是如法業 如律業耶 世尊答曰 不也 優婆離"라고 하였다. [참고문헌] 『中阿含經』. ⇨ 자언비니 自言毘尼, 칠멸쟁법 七滅諍法

자발생보살 慈發生菩薩 Ⓢ mahāmāitryabhudgatah̤. 태장만다라(胎藏曼茶羅) 제개장원(除蓋障院)의 동쪽 제6위에 위치한 보살. 선무외(善無畏)삼장의 아사리소전만다라(阿闍梨所傳曼茶羅)에서는 대자기보살(大慈起菩薩)이라 하였고, 『불공견삭신변진언경』에서는 대자출초보살(大慈出超菩薩)이라 하였으며, 『대일경』「밀인품」·「진언장품」·「비밀품」에서는 대자생보살(大慈生菩薩)이라고 하였다. 밀호는 비념보살(悲念菩薩), 삼매야형은 적련수(赤蓮手). 또는 범협(梵篋). 종자는 (ṭhaṃ) 또는 (yaṃ). 형상은 살색으로 왼손은 연꽃을 들고 오른손은 대비생인을 맺어 가슴 높이에 두었으며 적련화 위에 앉은 모습이다. 진언은 "나마 사만타 붓다남 스와시토드가타 스바하 namaḥ samanta buddhānāṃ svacittodgata svāhā 일체 모든 부처님께 귀의합니다. 자기 마음에서 일어나는 것이여!"이다. 수인은 대비생인(大悲生印)으로서 오른손의 엄지와 검지를 붙이고 나머지 손가락을 곧게 펴서 마치 꽃을 든 것 같은 형상이다. 이 보살은 비(悲)로써 중생의 고(苦)를 뿌리 뽑아 악취(惡趣)를 부순 다음 자(慈)로써 불계(佛界)의 낙(樂)을 얻는 것을 나타낸다. 진언에서 '자기 마음'이라 한 것은 본래 갖추고 있는 자성청정심(自性淸淨心)을 뜻한다. 종자 (ṭhaṃ)은 장양(長養 Ⓢ viṭhapana)의 (ṭha)에 공점(空點)을 붙인 것으로 증장집적(增長集積)을 의미하는데 대자(大慈)가 일체를 기르는 것을 나타낸다. 『현법사의궤』 권상(대정장18, p.116c16)에 "(除一切蓋障菩薩의) 권속인 비민혜보살 … 자발생보살, 그리고 절제열뇌보살 등이 비밀의 표지임을 알아야 한다. 이 보살들을 순서대로 안치하고 이를 제장존이라 부른다. 當知彼眷屬 悲愍慧菩薩 … 慈發生菩薩 幷折諸熱惱 祕密之標誌 次第應安布 名稱除障尊", 『태장금강교법명호』(대정장18, p.204b26)에 "자발생보살〈밀호는 비념금강이다〉. 慈發生菩薩〈悲念金剛〉"라고 하였다. [참고문헌] 『玄法寺儀軌』, 『胎藏金剛教法名號』, 『青龍寺儀軌』 권중(대정장18, p.155a4).

ṭhaṃ

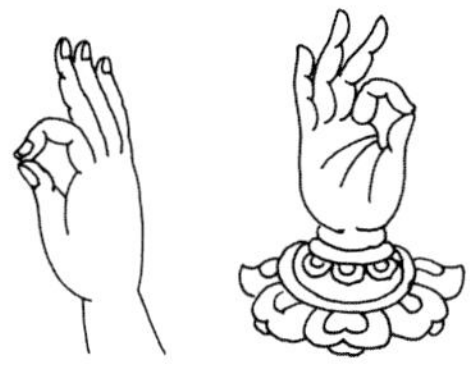

자벌 自伐 ❶ 스스로 자랑하다. 자신의 공을 스스로 드러내다. 『사미율의요략술의』 권하(卍속장106, p.427b15)에 "공이 있는 사람은 여러 사람의 입으로 저절로 추천되니 무슨 자랑할 일이 있겠는가? 자신이 자랑하지 않으면 오히려 공이 더욱 드러난다. 고덕이 말했다. '스스로 옳다고 여기는 사람은 드러나지 못하고, 스스로 과시하는 사람은 오래가지 못하며, 스스로 자랑하는 사람에게는 공이 없다'(『노자』 24장). 然有功者 衆口自推 何伐之有 惟其不伐 而功愈顯矣 古德云 自是者不彰 自矜者不長 自伐者無功也"라고 하였다. [참고문헌] 『沙彌律儀要略述義』, 『老子』. ❷ 스스로를 벌하다. 스스로 무너지다. 『검관자익어록』(卍속장122, p.81b11)에 "마대사는 평소의 기량을 남김없이 써먹었지만 국일(도흠)의 면전에 이르러서는 한 점도 소모하지 않았는데, 어떤 이유로 남양은 '도흠선사는 여전히 마대사에게 미혹당했다'라고 평가했을까? 〈잠깐 침묵하다가 말했다〉. 사람 반드시 스스로 업신여기게 한다. 나라는 반드시 스스로를 벌한다. 馬大師 用盡平生伎倆 到國一面前 不消一點 因甚南陽却道 欽師猶被馬師惑 〈良久云〉 人必自侮 國必自伐"라고 하였는데, 마지막은 『맹자』「이루 離婁」 상편을 활용한 구절이다. [참고문헌] 『劍關子益語錄』, 『孟子』.

자법 自法 ❶ 자신만이 아는 법(法). 드러낼 수 없는 자내증(自內證)의 뜻이지만, 집착하여 자기만 아는 법의 뜻이기도 하다. 『대승입능가경』 권5(대정장16, p.621a5)에 "대혜야, 우담발화는 일찍이 본 적도 없고 지금 볼 수 없고 미래에도 못보겠지만 여래께서는 이미 보았고 미래에도 보게 될 것이다. 대혜야, 이와 같은 비유는 '자법'을 말하는 것이 아니다. '자법'이란 안으로 증득한 성지로 행한 경계이니, 세간에는 이와 비등한 예가 없고, 모든 비유를 넘어서기에 일체 어리석은 범부는 믿고 받아들이지 못한다. 大慧 優曇鉢華 無有曾見 現見當見 如來則有 已見當見 大慧 如是譬喩 非說自法 自法者 內證聖智 所行境界 世間無等 過諸譬喩 一切凡愚 不能信受", 『대지도론』 권1(대정장25, p.61a28)에 "방광도인이 말하길, '일체법은 생하지도 않고 멸하지도 않으며, 공이어서 실체라곤 없다. 마치 토끼의 뿔이나 거북이의 털과 같아서 애초에 없다'. 이와 같은 논사들은 스스로 자신의 법만을 지키고, 그 이외의 다른 법은 수용하지 않으면서 이렇게 말한다. '이것이 진실이고, 이 이외의 다른 것은 거짓말이다'. 만일 스스로가 그 법을 받아들여 자기의 법에 공양하고 자기의 법을 수행하며 타인의 법을 수용하지 않고 공양하지 않는다면 과실이 된다. 만일 이것을 청정으로 삼아 제1의리(義利)를 얻는다면 일체가 청정 아닌 것이 없다. 왜냐하면 저 일체란 모두 스스로 아끼는 법이기 때문이다. 方廣道人言 一切法不生不滅 空無所有 譬如兎角龜毛常無 如是等一切論議師輩自守其法 不受餘法 此是實 餘者妄語 若自受其法 自法供養 自法修行 他法不受 不供養 爲作過失 若以是爲清淨得第一義利者 則一切無非清淨 何以故 彼一切皆 自愛法故"라고 하였다. [참고문헌] 『大乘入楞伽經』, 『大智度論』. **2** 스스로의 성을 가진 법. 자성을 유지하는 법. 『화엄경소초』 권53(대정장36, p.415b1)에 "여섯째 괴상(壞相)이란 서까래 등의 모든 연들이 각각 스스로의 법에 머무르기에, 본래부터 짓지 않는다는 뜻이다. 집을 지었다면 본법을 잃었다는 말이니, 집은 완성될 수 없다. 집은 짓는 일 없어야 완성된다. 第六 壞相者 椽等諸緣 各住自法 本不作故 若作舍者 卽失本法 舍則不成 由不作故舍得成也"라고 하였다. [참고문헌] 『華嚴經疏鈔』, 『華嚴五教章』 권4(대정장45, p.507c10).

자보 自寶 978~1054. 북송 때 운문종(雲門宗) 스님. 호는 동산(洞山), 속성은 오(吳)씨. 여주(廬州 : 安徽省) 합비(合肥) 출신. 오조사계(五祖師戒)의 법제자이자, 청원(清源) 하 9세이다. 처음 보녕원(普寧院)에서 출가하여 두타행(頭陀行)에 힘썼다. 사중의 물건을 아껴 청렴하여 '보생강(寶生薑)'이라 불렀다. 그가 지은 「달마조사찬 達磨祖師贊」은 당시 총림에 널리 알려졌다. 1054년(지화원년) 세수 77세로 입적하였다. 제자로는 동산감천(洞山鑑遷)·동산청변(洞山清辯)·월화해림(月華海琳) 등이 있다. [참고문헌] 『續傳燈錄』 권2(대정장51, p.477b22), 『補續高僧傳』 권7(卍속장134, p.145b18). ⇨ 보생강 寶生薑

자복미륵 資福彌勒 ➡ 복신미륵 福神彌勒

자복사 自福寺 평안남도 용강군 서화면 자복리에 있던 절. 『사탑고적고』에 "대부분 모두 경지로 변했고, 오직 불당 터만 잔존한다. 팔층석탑이 있는데 높이 8척이고 대석의 직경은 3척이며 옥개석의 직경도 3척이다. 석불상 1존은 높이 2척 5촌, 두께 8촌이다. 大部分皆耕地化 唯佛堂址殘存 有八重石塔 高八尺 坮石直徑三尺 笠石直徑三尺 有石佛一軀 高二尺五寸 厚八寸"라고 하였다. [참고문헌] 『寺塔古蹟攷』, 『韓國寺刹全書』 권하 p.967a8.

자복사 慈福寺 **1** 평안남도 성천군 성천읍 동명관(東明舘) 북쪽에 있던 절. 절터에 고려시대 조성으로 추정되는 자복사오층석탑이 남아있으며, 1924년 9월 1일에 발행된 잡지 『개벽』에서 성천군의 명승지로 '자복사지 慈福寺址'가 언급되었다. [참고문헌] 『開闢』, 『北韓寺刹研究』(寺刹文化研究院, 1993) p.346. **2** 평안남도 평원군 순안면 구교리에 있던 절. 임징하(任徵夏 1687~1730)가 1726년(영조2)에 평안도 순안현(順安縣)에 유배 중일 때 지은 시를 모은 「안정록 安定錄」(『서재집』 권1·한국문집총간 속집68, pp.445b14~458b1)에 자복사 관련 시 3편이 전하며, 당시 임징하는 금강산을 출발하여 향산(香山)으로 향하던 백운지선(白雲知禪)을 만나 함께 자복사에 가서 시를 남겼다. 『사탑고적고』에 '절터에 기와조각이 산재한다'라고 하였다. [참고문헌] 『西齋集』, 『寺塔古蹟攷』, 『韓國寺刹全書』 권하 p.970a8.

자복사 資福寺 애민호국(愛民護國)과 구제중생(救濟衆生)을 위하여 국가가 후원하였던 절. 고려시대 이래 각 지방의 읍치(邑治)가 있는 치소(治所)에 있었지만, 『태종실록』 권14 7년(1407) 12월 2일에 "의정부에서 명찰로 여러 주의 자복사를 대신하고자 청하니 따랐다. 계문에는 '작년에 사사를 혁파할 때 삼한부터의 대가람은 오히려 없앤 사례에 들게 하고, 망폐한 사사에 주지를 둔 것은 용인한 바 있었으니, 스님들이 어찌 나무라며 탄식하는 마음이 없겠습니까?' … 이에 여러 주의 자복사를 모두 명찰로 대신하도록 하였다. 議政府請以名刹 代諸州資福 從之 啓曰 去年寺社革去之時 自三韓以來大伽藍 反在汰去之例 亡廢寺社 差下住持者 容或有之 僧徒豈無怨咨之心 … 於是 諸州資福寺 皆代以名刹"고 하여, 조계종(曹溪宗) 사찰 24곳, 천태종(天台宗) 사찰 17곳, 화엄종(華嚴宗) 사찰 11곳, 자은종(慈恩宗) 사찰 17곳, 중신종(中神宗) 사찰 8곳, 총남종(摠南宗) 사찰 8곳, 시흥종(始興宗) 사찰 3곳 등이 있었다. 『세종실록』 권23 6년(1424) 3월 13일에는 "'경외에 있는 각 종의 사사 안에 스님이 머물러 계실 수 있는 사사의 수는 정하고 … 나머지 유명무실하게 된 각 관의 자복사는 아울러 모두 (자복사에서) 제외하도록 하라'고 전지를 내렸다. 傳旨 京外各宗寺社內 僧人可居寺社定數 以革去寺社田 量宜合屬 其餘有名無實各官資福寺 竝皆革除"고 하였다. [참고문헌] 『太宗實錄』, 『世宗實錄』. **1** 강원도 원주에 있던 절. 『용재총화』 권4에 "원주 자복사비는 왕태조(王太祖 : 고려 태조 왕건)가 지은 것으로 당 태종이 글씨를 집자하였으니 또한 하나의 진기한 보물이다. 原州資福寺碑 則王太祖所製 而集唐太宗書 亦一奇寶也"라 한 것에 대하여 『청장관전서』 권55 「앙엽기 盎葉記」2 홍법사비후(興法寺碑後)에 "원주 자복사비〈살펴보건대, 홍법사를 같은 이름으로 자복이라고도 부르는지 아니면 따로 하나의 절이 있었는지, 마땅히 후일의 상고를 바란다〉. 原州資福寺碑〈案興法寺 一號資福歟 抑另有一寺歟 當俟更攷〉"라고 하였다. 홍법사진공대사탑비(眞空大師塔碑)를 말한다. [참고문헌] 『慵齋叢話』, 『青莊館全書』. **2** 강원도 통천군에 있던 절. 목은(牧隱) 이색(李穡)이 대도(大都 : 원나라 수도 연경)를 유람하고 1년 만에 돌아온 자복사 주지 가천(可泉)을 만나 이야기를 나누던 중에, 친구 김원수(金元粹)의 소식을 전해 듣고 지은 시가 『목은시고』 권29(한국문집총간4, p.409b19)에 전한다. [참고문헌] 『牧隱詩藁』. **3** 경기도 양평군에 있었던 절. 1207년(희종3) 개성 현화사(玄化寺) 스님이 양근(陽根 : 지금의 양평) 봉일향(奉日鄕) 자복사에서 태화칠년명자복사반자(泰和七年銘資福寺鉡子)를 조성하기도 하였다. ⇨ 태화칠년명자복사반자 泰和七年銘資福寺鉡子 **4** 경상북도 예천군에 있던 절. 『영가지』 권6 고적에 "감천현 동쪽 5리 지점에 있었으나 지금은 폐사되었다. 在甘泉縣東五里 今廢"라고 하였는데, 감천현은 예천에 속했던 옛 지명이다. [참고문헌] 『永嘉誌』. **5** 전라남도 영광군 불덕산(佛德山)에 있던 절. 『동국여지승람』 권36 전라도 영광군 불우에 이름이 보이며, 『범우고』에는 폐사로 전하며, 고려 윤여형(尹汝衡)이 이 절에 묵으며 지은 시 「객우영광동자복사 客寓靈光東資福寺」(『동문선』 권15)가 전한다. [참고문헌] 『東國輿地勝覽』, 『梵宇攷』, 『東文選』, 『韓國寺刹全書』 권하 p.972a14. **6** 전라북도 군산시 옥도면 고군산도(古群山島)에 있던 절. 『고려도경』 권17 사우(祠宇)에 "군산도에는 자복사가 있는데, 전과 문·무(廡 : 회랑) 이외의 당실은 없으며 스님도 두세 분이 있을 뿐이다. 群山島 有資福寺 殿與門廡之外 亦無堂室 其徒三二人而止爾", 같은 책 권36 해도(海道)에 "서쪽 가까운 작은 산 위에 오룡묘와 자복사가 있다. 近西小山上 有五龍廟 資福寺"라고 하였다. [참고문헌] 『高麗圖經』. **7** 충청남도 부여군 임천면에 있던 절. 『삼국유사』 권2(대정장49, p.978c10·한불전6, p.299b10) 기이(紀異)2 남부여전부여북부여(南扶餘前百濟北扶餘)에 "(부여군을) 어떤 이들이 여주라고 부르는 것은, 군(郡)의 서자복사 고좌 위에 수놓은 휘장 때문이다. 그 수놓은 글에 '통화 15년 정유(997년) 5월일 여주 공덕대사 수장이다'라고 하였다. 或稱餘州者 郡西資福寺高座之上有繡帳焉 其繡文曰 統和十五年丁酉五月日 餘州 功德大寺 繡帳"라고 하였다. 『동국여지승람』 권17 충청도 임천군 불우에 '건지산(乾止山)에 서자복사(西資福寺), 성흥산(聖興山)에 동자복사(東資福寺)가 있다'라고 하였다. [참고문헌] 『三國遺事』, 『東國輿地勝覽』. **8** 충청남도 천안시 동남구 목천읍에 있던 절. 1409년(태종9) 7월 26일과 11월 15일, 1416년(태종16) 2월 15일에 이 절의 돌부처가 땀을 흘렸다. [참고문헌] 『太宗實錄』 권18·권31. **9** 충청북도 단양군 금수산(錦繡山)에 있던 절. 『동국여지승람』 권14 충청도 단양군 불우에 절 이름이 보이고 『범우고』에 폐사 기록이 전한다. [참고문헌] 『東國輿地勝覽』, 『梵宇攷』, 『韓國寺刹全書』 권하 p.972a12. **10** 함경남도 갑산군 장평면 천봉산(天鳳山)에 있던 절. 일제강점기 대본사(大本寺) 귀주사(歸州寺)의 말사였다. 『동국여지승람』 권49 함경도 갑산도호부 불우와 『가람고』·『범우고』 등에 절 이름이 보인다. [참고문헌] 『東國輿地勝覽』, 『伽藍考』, 『梵宇攷』, 『韓國寺刹全書』 권하 p.972a16. **11** 황해남도 재령군 장수산(長壽山)에 있던 절. 『동국여지승람』 권42 황해도 재령군 불우에 절 이름이 보이며, 『범우고』에 폐사 기록이 전한다. [참고문헌] 『東國輿地勝覽』, 『梵宇攷』, 『韓國寺刹全書』 권하 p.972a19. **12** 중국 광동성(廣東省) 동완현(東莞縣) 서남쪽에 있는 절. 남한(南漢) 때 소정현(邵廷琄)이 건립하였다. 사방 주변으로 네 개의 우물을 파서 경계로 삼았다. 남쪽에 있는 진상탑(鎭象塔)은 남한대에 동완 지역에 야생 코끼리가 출몰하여 곡식을 훼손하는 일이 자주 발생하자 지방관리들이 무리를 이끌고 살상하여 집단으로 매장하고 그 위에 석탑을 건립하여 진압을 표시하였다고 그 유래가 전한다. 탑 위에 풍만한 불상을 새겼는데 성당(盛唐)의 유풍이다. [참고문헌] 『佛祖統紀』 권45(대정장49, p.415a2), 『佛祖歷代通載』 권22(대정장49, p.720a6), 『南嶽總勝集』 권중(대정장51, p.1076c27). **13** 중국 산동성에 있던 절. 『대각국사문집』 권17(한불전4, p.558b11)에 송나라 밀주 자복사에 머물며 지은 시 「화대송밀주자복사유제 和大宋密州資福寺留題」가 수록되어 있다. 밀주는 지금의 산동성 유방시(濰坊市)와 제성시(諸城市) 일대이다. [참고문헌] 『大覺國師文集』.

자복찰간 資福刹竿 자복여보(資福如寶)의 제자 자복정수(資福貞邃)가 제기한 공안. 『선원몽구』 권1(卍속장148, p.213b8)에 "자복찰간 : 길주의 자복진수선사〈제2세 주지〉가 대중에게 말했다. '강 건너에서 자복의 찰간을 보고 곧바로 돌아가더라도 발꿈치에 30방을 맞을 잘못이거늘 하물며 강을 건너오는 경우야 말할 필요 있겠는가!' 그때 어떤 학인이 나오자마자 자복이 '이야기를 나눌 자격이 없다'라고 함에 그가 물었다. '옛 부처의 마음이란 무엇인지요?' '산하와 대지이다'. 資福刹竿 吉州資福貞邃禪師〈第二世住〉 謂衆云 隔江見資福刹竿 便迴去 脚跟也好與三十棒 況過江來 時有僧才出 師曰 不堪共語 問如何是古佛心 師曰 山河大地", 『종감법림』 권41(卍속장116, p.530a3)에 "구름 속에서 말 달리니 모든 나무에 꽃 피고, 물 밑에서 물고기 헤엄치니 열흘 걸리는 길이라네. 깜박이는 사이에 눈썹 날아가 버린다. 잘 살펴라! 백장의 옥에서 빛 번득이리라.〈용화상의 송〉 雲中走馬花千樹 水底魚行路一旬 眨上眉毛飛過了 且看百丈玉光騰〈龍華祥〉" 『허당록』 권2(대정장47, p.1002c24)에 "어떤 학인이 물었다. '멀리서 자복의 찰간을 보고 곧바로 돌아가면 발꿈치에 30방을 맞을 잘못이라는 이 말의 뜻은 무엇인지요?' '썩은 고기에 파리가 꼬이는 법이다'. 僧問望見資福刹竿 便回脚跟下好與三十 此意如何 師云 臭肉來蠅"라고 하였다. [참고문헌] 『禪苑蒙求』, 『宗鑑法林』, 『虛堂錄』. ⇨ 찰간 刹竿

자본 字本 Ⓢ Lipi-phalakaḥ, Ⓣ yi-ge-shing. 실담(悉曇)문자의 14모음(母音). 모음 16자 중 계반자(界畔字)인 𑖀𑖽(暗 Ⓢ aṃ)과 𑖀𑖾(惡 Ⓢ aḥ) 2자를 제외한 14모음을 말한다. 자의(字義)와 같은 뜻이다. 『대반니원경』 권5(대정장12, p.887c24)에 "가섭보살이 부처님께 여쭈었다. '세존이시여, 어떤 것이 자본입니까?' 부처님께서 가섭에게 이렇게 말씀하셨다. '처음의 열네 가지 음을 자본이라고 한다. 이 열네 가지 음은 항상 일체가 다하지 않는 본이다. 다하지 않는다는 것은 무슨 뜻인가? 파괴되지 않는다는 뜻・번뇌가 없다는 뜻・여래의 뜻 등이 다하지 않는다는 뜻이다'. 迦葉菩薩白佛言 世尊云何字本 佛告迦葉 初十四音 名爲字本 是十四音 常爲一切不盡之本 不盡有何義 不破壞義 不漏義 如來義 名不盡義", 『대반열반경집해』 권21(대정장37, p.464b21)에 "『전역』에서 다음과 같이 말한다. '열네 가지 음은 온 세상 말소리의 본이다. 예를 들면 궁・상 등을 잘 활용하는 것처럼 열네 가지 음에서 마땅한 음에 따라 말을 만들기에 모든 자의 본이 되는 것이다'. 傳譯云 十四音者 爲天下音之本也 如善用宮商 於十四音中 隨宜制語 是故 爲一切字本也", 『대반열반경소』 권12(대정장38, p.110a22)에 "십이음에서 마지막 네 자를 합쳐서 만든 두 음을 취했다. 옛 경전본에서 '이루이루'라고 한 것이 네 자가 두 음이 된 것이니 앞서 말한 열네 음을 충족한다. 또한 범본에서는 글자를 말하고 발음은 말하지 않았다. 여기서 열두 자라고 한 것은 또한 열여섯 자라고도 하는데 세간의 활용을 따른 것이다. 또한 어떤 해석에서는 '첫 열둘이 음이고 나중에 가와 거 이하가 문자'라고 하였다. 또 어떤 해석에서는 '첫 열두 자에 세 가지가 있으니 첫째 문자, 둘째 언어, 셋째 발음이다'라고 하였다. 이 자로 말미암아 언어와 논설의 실마리가 되어 이후에 비로소 나머지 문자가 생겨나므로 자본이라고 한다. 十二音取後四字合爲二音 古經本云梨樓梨樓 卽是四字爲二音 足前爲十四 又梵本言字不言音 今十二字 或十六字隨世所用 又一解云初十二是音 後迦佉下是字 又一解云 初十二字有三事 一字 二語 三音 因此字以爲言論端首 然後方及餘字 故言字本"라고 하였다. [참고문헌] 『大般泥洹經』, 『大般涅槃經集解』, 『大般涅槃經疏』, 40권본 『大般涅槃經』 권8(대정장12, p.413a10), *Mvyut.249.* ⇨ 자의 字義, 십사음 十四音, 계반자 界畔字

자본론 字本論 Ⓢ vyākaraṇa. 글자에 관한 논서인 『비가라론 毘伽羅論』의 한역 이름. 『대반열반경소』 권9(대정장38, p.91b26)에 "『비가라론』은 『자본론』으로 한역한다. 하서도랑은 '세간문자의 근본이고 경전언어의 음성론이다. 네 가지 논변을 설하여 세간법을 꾸짖고 출세간법을 찬탄하였다. 언사가 청아하고 의리가 심오하다. 비록 외도의 논서지만 삿된 법이 없으니 어찌 선권보살이 지은 것이 아니겠는가? 그 글의 문답 등은 살펴볼 만하다'라고 하였다. 毘伽羅論者 此云字本論 河西云 世間文字之根本 典籍音聲之論 宣通四辯訶責世法贊出世法 言詞清雅義理深邃 雖是外論而無邪法 將非善權大士之所爲乎 其文問答等可尋"라고 하였다. [참고문헌] 『大般涅槃經疏』. ⇨ 비가라론 毘伽羅論

자부 慈父 자애로운 아버지. ❶ 부처님을 비유하는 말. 중생을 자녀처럼 아끼고 보살핀다는 뜻에서 붙여진 이름이다. 『법화경』 권5(대정장9, p.38b10 : *Saddh-p.*, p.172)에 "일체중생에 대해 크게 자비로운 생각을 일으키고, 모든 여래께 자애로운 아버지라는 생각을 일으키며, 모든 보살께 큰 스승이라는 생각을 일으키고, 시방의 모든 대보살에 대해 항상 깊은 마음으로 공경하고 예배해야 한다. 當於一切衆生 起大悲想 於諸如來起慈父想 於諸菩薩 起大師想 於十方諸大菩薩 常應深心恭敬禮拜 sarvasattvānāṃ cāntike maitrībalaṃ na vijahāti. sarvatathāgatānāṃ cāntike pitṛsaṃjñāmutpādayati, sarvabodhisattvānāṃ cāntike śāstṛsaṃjñāmutpādayati", 원효(元曉)의 『금강삼매경론』 권중(대정장34, p.981a9・한불전1, p.635b17)에 "부처님께서 마음의 근원으로 돌아가 중생이 자기의 몸과 같다고 여기는 대비의 마음을 일으키시니 모든 중생에게 자애로운 아버지가 된다. 佛歸心源 同體大悲 爲諸衆生 作慈父故", 『권발보리심집』 권상(대정장45, p.383a21)에 "제불과 여래께서는 그대의 자애로운 부친이시다. 諸佛如來 是汝慈父"라고 하였다. [참고문헌] 『法華經』, 『金剛三昧經論』, 『勸發菩提心集』, *Saddh-p.* ⇨ 자비 慈悲 ❷ 선지식을 비유하는 말. 80권본 『화엄경』 권77(대정장10, p.421b25)에 "선남자야! 선지식은 자애로운 어머니와 같이 부처의 종자를 낳고, 자애로운 아버지와 같이 널리 이롭게 한다. 善男子 善知識者 如慈母 出生佛種故 如慈父 廣大利益故"라고 하였다. [참고문헌] 『華嚴經』.

자부상 慈父想 자애로운 아버지라는 생각. 불보살의 자비를 떠올리는 비유다. 60권본 『화엄경』 권9(대정장9, p.454b21)에 "두루 모든 세존에 대하여 먼저 자애로운 아버지라는 생각을 일으킨다. 普於諸世尊 先起慈父想", 『보왕삼매염불직지』 권상(대정장47, p.365b10)에 "미타여래와 보살 그리고 승중을 자애로운 아버지와 같다고 생각하고 자애로운 어머니와 같다고 생각한다. 彌陀如來 菩薩僧衆 如慈父想 如慈母想", 『법화경문구보정기』 권8(卍속장45, p.292b4)에 "경에 '모든 여래에 대하여 자애로운 아버지라는 생각을 일으킨다'라는 말은 보호하며 길러주시는 보리심 때문에 그런 생각을 일으킨다는 뜻이다. 대사에 대해서도 그러하다. 經 於諸如來 起慈父想者 以覆陰長養 菩提心故起 大師亦爾", 『법화경지장소』 권5(卍속장93, p.755b13)에 "일체중생에 대하여 크게 자비로운 생각을 일으키니 하화의 작용을 그치지 않고, 모든 여래에 대하여 자애로운 아버지라는 생각을 일으키니 상구의 수도를 게을리하지 않는다. 於一切衆 起大悲想 則下化不息 於諸如來 起慈父想 則上求不倦"라고 하였다. 〔참고문헌〕『華嚴經』, 『寶王三昧念佛直指』, 『法華經文句輔正記』, 『法華經指掌疏』, 『法華經』 권5(대정장9, p.38b10). ⇨ 부상 父想

자북사 子北寺 평안북도 강계군 강계면 천마산(天摩山)에 있던 절. 『범우고』에 절 이름이 보이며 일제강점기 대본사(大本寺) 보현사(普賢寺)의 말사였다. 경허성우(鏡虛惺牛 1849~1912)가 여러 벗과 함께 자북사에 올라 지은 시 「여제익상자북사 與諸益上子北寺」(『경허집』·한불전11, p.624c24)가 있다. 〔참고문헌〕『梵宇攷』, 『鏡虛集』, 『韓國寺刹全書』 권하 p.967a1.

자분경 自分境 ❶ 자신만의 경. 자분소연(自分所緣)을 말한다. 안식에 있어서의 색과 의식(意識)에 있어서의 법(法) 그리고 모든 제8아뢰야식(阿賴耶識)에 있어 종자(種子)와 같이 8식이 각각 반연하는 경을 말한다. 『도서』 권상1(대정장48, p.401c19)에 "두 번째는 연려심이다. 이것은 8식이 모두 함께 자신만의 경을 대상으로 취하여 분별하는 뜻이다〈색은 안식경이고 내지 근신의 종자와 기세계는 아뢰야식의 경이니, 각각 일분만을 연하기에 자분이라 한다〉. 二 緣慮心 此是八識 俱能緣慮 自分境故〈色是眼識境 乃至根身種子 器世界 是阿賴耶識之境 各緣一分故云自分〉", 『금강경찬요간정기』 권1(대정장33, p.171b22)에 "혹은 연하여 분별하는 것으로 마음으로 삼는다. 이는 8식에 통한다. 8식 다가 자기 자신만의 경을 연하여 분별하기 때문이다. 或以緣慮爲心 通於八識 俱能緣慮 自分境故"라고 하였다. 〔참고문헌〕『都序』, 『金剛經纂要刊定記』, 『起信論疏筆削記』 권1(대정장44, p.298b14). ⇨ 자분소연 自分所緣, 아뢰야식 阿賴耶識 ❷ 자신만의 경. 『보운경』 권2(대정장16, p.219b14)에 "성문이승은 자신만의 경계만 알 뿐이며 그 나머지에 대해서는 모른다. 聲聞二乘 但知自分境界 餘則不知", 『순정리론』 권76(대정장29, p.752a17)에 "성문연각은 자신만의 경에서 그 지혜 물러나는 일 없어서 걸림없이 안다고 하지만, 모든 불세존은 일체법을 원만하게 알아서 무애해라 한다. 聲聞獨覺 自分境中 智無退故 名無礙解 諸佛世尊 於一切法 圓滿知故 名無礙解"라고 하였다. 〔참고문헌〕『寶雲經』, 『順正理論』. ⇨ 무애해 無礙解

자분소연 自分所緣 8식 각각의 자신만의 경. 소연은 경(境)이므로 자분경(自分境)과 같다. 『주대승입능가경』 권2(대정장39, p.444a5)에 "8식이 각각 능히 자분만의 소연으로 변하고 드러난다〈소연이란 곧 경이다. 색은 바로 안식 자신만의 경이고, 세 가지 경 또한 아뢰야식 자신만의 소연이니, 결국은 마음 밖에는 그 어떤 법도 없다. 마음을 연으로 삼는 것이어서 다만 자기 마음이 일어나서 다시 마음과 더불어 상으로 삼을 뿐이다〉. 이 8식 이외에 진실로 아와 법은 없다. 各能變現 自分所緣〈所緣卽境也 色是眼識 自分所緣 乃至三境 是阿賴耶識 自分所緣 終無心外法 能與心爲緣 但是自心生 還與心爲相〉 此八識外 實無我法", 『도서』 권상1(대정장48, p.403b28)에 "8식이 각각 능히 자신만의 경을 변현한다〈안은 색을 연하고 내지 제7식은 제8식의 견분을 연하며, 제8식은 근과 종자와 기계를 연한다〉. 各能變現 自分所緣〈眼緣色 乃至七緣八見分 八緣根種器界〉", 『성유식론증의』 권1(卍속장81, p.659a7)에 "8식이 각각 자신만의 경을 변화하여 나타낸다. 그러므로 '변한 것이 외경인 듯할 뿐이다'라고 한다. 各能變現 自分所緣 故曰 變似外境"라고 하였다. 〔참고문헌〕『注大乘入楞伽經』, 『都序』, 『成唯識論證義』. ⇨ 자분경 自分境❶

자분인 自分因 Ⓢ sabhāga-hetu. 육인(六因) 중 하나. 모든 유루법의 등류과(等流果)를 초래하는 인(因)이어서 동류인(同類因)·자종인(自種因)이라고도 한다. 『잡아비담심론』 권2(대정장28, p.883b12)에 "자분인이란 때를 달리하지만 하나의 과로 함께한다. 自分因者 異時共一果", 같은 책 권10(대정장28, p.954c2)에 "법이 생할 때에는 세 가지 인이 작용하니 곧 자분인·일체변인·보인이다. 자분인의 힘 때문에 법이 생기고 서로 그럴듯이 상속한다. 法生時三因作業 所謂自分因 一切遍因 報因 自分因力故法生 相似相續"라고 하였다. 〔참고문헌〕『雜阿毘曇心論』, 『大乘義章』 권3(대정장44, p.516c22). ⇨ 동류인 同類因, 육인 六因❶

자분종류 自分種類 Ⓢ nikāya-sabhāga. 중동분(衆同分)의 구역(舊譯). 중동분이란 유정(有情)의 류들이 함께하는 자성을 말한다. 『아비담심론경』 권2(대정장28, p.841c15)에 "순해탈조복은 바로 다섯 가지 때에 버린다. 곧 자분종류를 버릴 때, 계를 버릴 때, 선근을 끊을 때, 이근이 생겨날 때, 정법이 숨고 사라질 때 버린다. 順解脫調伏是 捨於五時者 謂捨自分種類時 捨戒時 斷善根時 二根生時 正法隱沒時捨"라고 하였다. 〔참고문헌〕『阿毘曇心論經』. ⇨ 중동분 衆同分, 유정 有情

자붕 自朋 Ⓢ sapakṣa. 스스로의 자기들끼리의 무리. 인명용어로 논증식에서 주장명제의 주어와 같은 류의 것들을 가리키는 용어. 동품(同品)이라고도 한다. 『순중론』 권상(대정장30, p.42a24)에 "(因三相은) 주장명제(朋)의 술어가 되어야 하며, 이품(異品 : 相對朋)에는 없어야 하고, 동품이 되어야 한다. 朋中之法 相對朋

無 復自朋成"라고 하였다. [참고문헌]『順中論』. ⇨ 동품 同品[2], 동품정유성 同品定有性, 인명 因明

자비 慈悲 Ⓢ maitrī-karuṇā, Ⓟ mettā-karuṇā, Ⓣ byams-pa-dang-snying-rje. 일체중생을 향한 크고도 끝없는 사랑과 비애. 자(慈)의 범어 마이트리(Ⓢ maitrī)는 우정(友情)이나 친애(親愛)를 의미하는 미트라(Ⓢ mitra)에서 파생하였고, 비(悲)의 범어 카루나(Ⓢ karuṇā)는 '가엾이 여기다' 또는 '동정' 등을 의미하는 말이다. 『증일아함경』 권32(대정장2, p.725c7)에 "여래께서는 대자비를 지니시고 중생을 가엾이 여기시니 일체를 두루 관하여 제도하지 못한 이들을 제도하시어 일체중생을 버리지 않으신다. 마치 어미가 자식을 사랑하듯 하신다. 如來有大慈悲 愍念衆生 遍觀一切 未度者使令得度 不捨一切衆生 如母愛子", 『대승본생심지관경』 권3(대정장3, p.301b26)에 "자부와 비모가 길러주신 은혜로 모든 자식이 누구나 안락하니, 자부의 은혜는 수미산처럼 높고 비모의 은혜는 바다처럼 깊다. 慈父悲母長養恩 一切男女皆安樂 慈父恩高如山王 悲母恩深如大海", 『대지도론』 권29(대정장25, p.271c19)에 "이 복덕이란 대자비를 쓰는 것이니, 대자비는 무량무변하므로 이 복덕도 무량무변하다. 是福德 用大慈悲 大慈悲 無量無邊故 是福德 亦無量無邊", 『반야이취분술찬』 권1(대정장33, p.31a3)에 "이승과 범부의 모든 번뇌를 능히 무너뜨리고 자비와 이타의 공덕에 머물 수 있다면 곧바로 성소작지와 평등성지다. 若能摧壞 二乘異生 一切煩惱 住於慈悲 利他功德 卽成所作 平等性智", 『집일체복덕삼매경』 권하(대정장12, p.1003b24)에 "또한 나라연이여! 자비는 대자대비가 아니다. 대자대비는 성문연각에게는 없다. 성문연각이 지닌 자비로는 일체중생을 안락하게 하지 못하니, 이를 자비라 할 뿐 대자대비는 아니다. 復次 那羅延 有慈悲 非大慈大悲 大慈大悲 聲聞緣覺之所無有 聲聞緣覺 所有慈悲 不能安樂 一切衆生 是名慈悲 非大慈大悲", 『법화의소』 권10(대정장34, p.594b17)에 "이 공관인즉 고통을 버려 즐거움을 주므로 그 이름이 자비다. 자비심은 필경공을 가로막지 않고 필경공도 자비를 방해하지 않는다. 비록 자비를 행하지만 항상 필경공이고 필경공이어서 자비를 버리지 않는다. 그러므로 범부와 성인을 모두 넘어선 경계를 보살행이라 부른다. 卽此空觀 拔苦與樂 故名慈悲 慈悲心 不礙畢竟空 畢竟空 不妨慈悲 雖行慈悲 常畢竟空 畢竟空 不捨慈悲 是故 超凡越聖 稱菩薩行也", 『정심계관법』 권하(대정장45, p.830b2)에 "만일 중생을 구할 수 없다면 무엇을 자비라 하겠는가? 이미 자비가 없다면 보리분법은 무엇을 의지해 근본으로 삼겠는가? 만일 근본이 없다면 종성과도 멀어지게 된다. 若不能救衆生 何名慈悲 旣無慈悲 菩提分法 依何爲本 若無根本 則遠種性", 『자비수참법』 권상(卍속장129, p.297a10)에 "만일 자비심을 떠난다면 온통 마구니의 업으로 돌아간다. 반드시 자비가 지혜의 묘용이고 지혜는 자비를 근본으로 삼는다는 진실을 알아야 한다. 만일 지혜가 없다면 어찌 자비가 있겠는가! 자비를 지닌 사람이라야 결정코 지혜로운 이다. 若離慈心 總歸魔業 須知慈悲 是智慧之妙用 智慧 與慈悲爲根本 若無智慧 焉有慈悲 有慈悲者 決是智慧人也", 『마하지관』 권7상(대정장46, p.94b10)에 "또한 자비 일으키길 어미가 자식 생각하듯 한다. 중생이 맹인처럼 어두워 고통에 타는 줄도 모르는데, 내가 이제 어찌 버려 저들이 홀로 생사의 고통을 감내하도록 하겠는가! 又起慈悲 如母念子 衆生盲冥 不覺苦燒 我今云何 棄之獨去 安耐生死"라고 하였다. 또한 『대지도론』 권40(대정장25, p.350b25)에 "자비심에는 세 가지이니 중생연자비·법연자비·무연자비다. 慈悲心有三種 衆生緣 法緣 無緣"라고 하였다. [참고문헌]『增壹阿含經』, 『大乘本生心地觀經』, 『大智度論』, 『般若理趣分述讚』, 『集一切福德三昧經』, 『法華義疏』, 『淨心戒觀法』, 『慈悲水懺法』, 『摩訶止觀』, 40권본 『大般涅槃經』 권15(대정장12, p.452c2), *Bodh-bh.166.*, *Śrāv-bh.508.* ⇨ 대자대비 大慈大悲, 동체대비 同體大悲, 무개대비 無蓋大悲, 무연자비 無緣慈悲, 삼연자비 三緣慈悲, 자비관 慈悲觀

자비관 慈悲觀 자비로 관하다. 오정심관(五停心觀) 중 하나로 진에(瞋恚), 곧 분노를 다스린다. 『대반야경』 권394(대정장6, p.1041b3)에 "만일 진에가 많은 중생을 보면 깊이 연민을 일으켜 방편에 따라 가르쳐 인도하여야 하니, 자비관을 닦도록 한다. 若見有情 多瞋恚者 深生憐愍 方便敎導 令修慈悲觀", 80권본 『화엄경』 권66(대정장10, p.354c7)에 "진에가 많은 사람에게는 자비관을 가르친다. 瞋恚多者 敎慈悲觀", 『대승보살장정법경』 권30(대정장11, p.861a29)에 "진에라는 큰 병을 앓는 사람은 자비관을 큰 양약으로 삼는다. 瞋大病者 以慈悲觀 爲大良藥", 『대승본생심지관경』 권7(대정장3, p.324b5)에 "성내는 마음 누를 때는 자비관을 닦고, 원수를 대하면 마땅히 자신의 과거세 업인을 생각한다. 伏瞋恚心慈悲觀 當念宿因對怨害", 『대승의장』 권12(대정장44, p.698a18)에 "자비관이란, 두루 중생을 상대로 즐거움을 주고 고통을 버리게 할 생각을 한다면 이를 자비관이라 한다. 慈悲觀者 普緣衆生 作其與樂拔苦之想 名慈悲觀", 『법원주림』 권95(대정장53, p.986c24)에 "자비관으로써 진에에 속하는 이만일천번뇌를 버린다. 以慈悲觀 除瞋恚二萬一千煩惱"라고 하였다. [참고문헌]『大般若經』, 『華嚴經』, 『大乘菩薩藏正法經』, 『大乘本生心地觀經』, 『大乘義章』, 『法苑珠林』. ⇨ 오정심관 五停心觀, 비관 悲觀, 진에 瞋恚

자비도량참법 慈悲道場懺法 양무제(梁武帝 502~549) 지음. 10권 40품. 줄여서 『자비참법 慈悲懺法』이라고 하며, 양나라 황제가 지은 참법이란 의미로 『양황보참 梁皇寶懺』·『양황참 梁皇懺』이라고도 한다. 고려장47, pp.376a1~457c15, No.1512와 대정장45, pp.922b16~967c24, No.1909에 수록되어 있다. 서두에 참법의 연기를 밝힌 「자비도량참법전 慈悲道場懺法傳」이 있으며 「치씨서 郗氏序」라고도 한다. 이에 따르면, 양무제의 황후 치씨(郗氏)는 살아서 성품이 포악하여 육궁을 질투하고 불같이 화를 내며 물건을 부수고 사람을 해한 과보로 죽어서 구렁이 몸을 받았다. 구렁이가 된 치씨는 양무제의 꿈에 나타나 공덕을 지어 자신이 과보에서 벗어나게 해달라고 간청하였다. 양무제는 지공(志公)으로부터 '부처님께 예배하면서 참법을 정성스럽게 행하라'는 말을 듣고 여러 경전을 열람하여 10권의 참회문을 지어서 예참을 행하니 치씨가 구렁이의 과보를 벗고 용모단정한 천인으로 왕생하였다고 한다. 명칭에 대해서는 『자비도량참법』 권1(대정장45, p.922c22)에 "이 자비도량 네 글자를 세운 것은 바로 미륵세존을 꿈에서 감응하였기 때문이다. 이미 자심(慈心)은 이 세상을 융성하게 하고 비심(悲心)은 후세의 겁에도 미치므로 일에 의거하여 이름을 짓는다. 立此慈悲道場四字 乃因夢感彌勒世尊 旣慈隆卽世 悲臻後劫 依事題名"라고 하였다. 또한 『대통방광참회멸죄장엄성불경 大通方廣懺悔滅罪莊嚴成佛經』을 소의경전으로 한다. 본문의 내용은 권1은 「귀의 歸依」·「단의 斷疑」·「참회 懺悔」, 권2는 「발보리심 發菩提心」·「발원 發願」·「발회향심 發迴向心」, 권3~4는 「현과보 顯果報」·「출지옥 出地獄」, 권5~6은 「해원석결 解寃釋結」, 권7은 「자경 自慶」·「경연삼보 警緣三寶」·「참주사대중 懺主謝大衆」·「총발대원 總發大願」·「봉위천도예불 奉爲天道禮佛」·「봉위제선예불 奉爲諸仙禮佛」·「봉위범왕등예불 奉爲梵王等禮佛」, 권8은 「봉위아수라도일체선신예불 奉爲阿修羅道一切善神禮佛」·「봉위용왕예불 奉爲龍王禮佛」·「봉위마왕예불 奉爲魔王禮佛」·「봉위국왕인도예불 奉爲國王人道禮佛」·「봉위제왕왕자예불 奉爲諸王王子禮佛」·「봉위부모예불 奉爲父母禮佛」·「봉위과거부모예불 奉爲過去父母禮佛」·「봉위사장예불 奉爲師長禮佛」·「봉위시방비구비구니예불 奉爲十方比丘比丘尼禮佛」·「봉위시방과거비구비구니예불 奉爲十方過去比丘比丘尼禮佛」, 권9는 「위아비지옥예불 爲阿鼻地獄禮佛」·「위회하철환등지옥예불 爲灰河鐵丸等地獄禮佛」·「위음동탄갱등지옥예불 爲飮銅炭坑等地獄禮佛」·「위도병동부등지옥예불 爲刀兵銅釜等地獄禮佛」·「위화성도산등지옥예불 爲火城刀山等地獄禮佛」·「위아귀도예불 爲餓鬼道禮佛」·「위축생도예불 爲畜生道禮佛」·「위육도발원 爲六道發願」·「경념무상 警念無常」·「위집노운력예불 爲執勞運力禮佛」·「발회향 發迴向」, 권10은 「보살회향 菩薩迴向」·「발원 發願」·「촉루 囑累」로 구성되어 있다. 이 중 송나라 때 청량산 광균이 상세히 교정한 판본이 『상교정본자비도량참법 詳校正本慈悲道場懺法』이며, 이상의 여러 주석서를 집해한 책이 조구의 『자비도량참법집해 慈悲道場懺法集解』이다. 특히 『상교정본자비도량참법』은 우리나라에서도 여러 차례 간행되었다. 그 중 1474년(성종 4) 8월 영산부원군(永山府院君) 김수온(金守溫)의 발문(跋文)이 있는 목판본 『상교정본자비도량참법』(『한국불교의례자료총서』 권1, pp.3a1~133b14)은 정희대왕대비(貞熹大王大妃)가 선왕선후(先王先后)와 그해 4월에 죽은 성종비 공혜왕후(恭惠王后)의 명복을 기원하며 간행하였다. 근래에는 자운대율사(慈雲大律師)께서 널리 유통하고 행하게 지도하였으니 언양 석남사(石南寺), 서울 진관사(津寬寺) 등에서 정초대중기도로 정례로 행하여 왔다. [참고문헌] 『慈悲道場懺法集解』, 『韓國佛敎儀禮資料叢書』. ⇨ 상교정본자비도량참법 詳校正本慈悲道場懺法

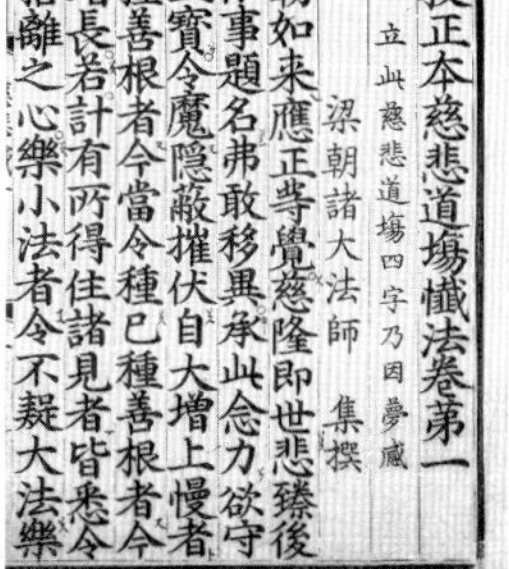

詳校正本慈悲道場懺法卷第一
立此慈悲道場四字乃因夢感
梁朝諸大法師 集撰
彌勒如来應正等覺慈隆即世悲臻後
刧依事題名弗敢移異承此念力欲守
護三寶令魔隱蔽摧伏自大增上慢者
未種善根者今當令種已種善根者今
令增長若計有所得住諸見者皆悉令
發捨離之心樂小法者令不疑大法樂

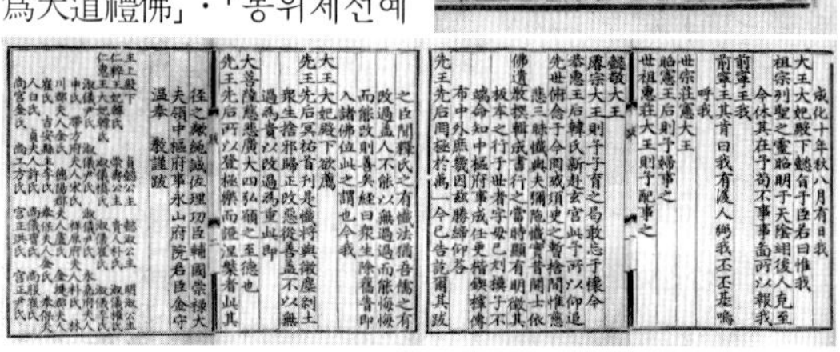

상교정본자비도량참법 국립중앙도서관 1474년

자비도량참법집해 慈悲道場懺法集解 고려말 천태종 스님 공암화상(空菴和尙) 조구(祖丘 ?~1395) 지음. 상하 2권. 한불전12, pp.45b1~155b25와 『한국불교의례자료총서』 권1, pp.381a1~424b2에 수록되어 있다. 『한국불교의례자료총서』 수록본은 남권희(南權熙) 소장 『자비도량참법집해』의 활자본 번각본(飜刻本)이며, 한불전 수록본은 김수온(金守溫)의 발문이 있는 국립중앙도서관 소장 『상교정본자비도량참

자비도량참법집해

법』을 본문으로 하고 남권희 소장 『자비도량참법집해』를 해당하는 본문에 나누어 배치한 편집본이다. 조구의 「집해서 集解序」(한불전12, p.45c8)에 "제가풀이중 지나친 것은 간략히 하고 어려운 것은 버려 쉽게 하였고, 아울러 나의 풀이를 덧붙여 집해라 이름하였다. 以諸家所解中 截廣從略 除難取易 兼已所釋 目之曰集解"라고 하였다. 한불전 수록본은 조구의 「집해서」, 강전(康戩)의 「상교정본자비도량참법서」와 각 권 말미에 광균(廣鈞)이 『상교정본자비도량참법』에 초록해 둔 「음의 音義」 및 1474년(성종4) 8월 영산부원군(永山府院君) 김수온(金守溫)이 지은 발문도 수록하였다. 현전하는 『자비도량참법』의 유일한 주해서인 이 책은 현전하지 않는 변진(辨眞)의 『주소 注疏』·광균(廣鈞)의 『사초 私鈔』·각명(覺明)의 『주 注』·고려 자은종사(慈恩宗師) 국일미수(國一彌授)의 『술해 述解』·선종(禪宗) 동림(東林)의 『약해 略解』 등의 주석도 수록하고 있으므로 자료적 가치가 높다. 〔참고문헌〕『韓國佛敎儀禮資料叢書』.

자비락초 慈悲落草 자비심으로 풀섶에 떨어지다. 『원오어록』 권13(대정장47, p.772c18)에 "만일 이 산승이었다면 당시에 틀림없이 그(五洩)를 부르지 않고 그가 짐 진 채로 일생을 허우적거리게 두었겠지만, 자비로 풀섶에 떨어지니 이 지경에 이르렀다. 若是山僧 當時 不須喚他 從他擔板 蹉却一生 只爲慈悲落草 以至如此", 같은 책 권16 「시원장선인 示元長禪人」(대정장47, p.787a20)에 "부처님 말씀은 마음을 종으로 삼으니 달마는 이 소식을 전한 사람이다. 그러나 마조대사는 뱀에 다리 그려 자비심으로 풀섶에 떨어졌으니, 이에 이르길 '여러분은 부처님께서 말씀하신 마음을 알고자 하는가? 벌써 번뇌 덮쳤다'고 말하고 다시 말하였다. '바로 지금 하는 말이 부처님 말씀이고, 이 말 자기 마음에서 나왔다. 바로 이 부처님 마음이다'. 佛語心爲宗 達磨傳此者矣 而馬師爲蛇畫足 慈悲落草 乃云 諸人欲識 佛語心麼 已是漏逗了也 更言 只如今語 便是佛語 此語出於自心 便是佛心", 『백치이록』 권2(가흥장28, p.12c15)에 "자비심으로 번뇌의 숲에 떨어져 굳이 지금의 시간을 산다. 慈悲落草曲爲今時"라고 하였다. 〔참고문헌〕『圜悟語錄』, 『百癡語錄』. ⇨자비 慈悲, 입초구인 入草求人

자비량 自比量 Ⓢ svārtha-anumāṇa. 스스로가 세운 뜻을 위한 비량. 인명(因明) 용어로 삼비량(三比量) 중 하나다. 위자비량(爲自比量)이라고도 한다. 입론자(立論者) 자신이 인정하고 있는 것에 대해서만 진술하는 논법을 말한다. 타비량(他比量)에 대칭한다. 『성유식론술기』 권9(대정장43, p.562a22)에 "하지만 앞의 논사는 제7식중에 법집이 있다는 것을 승인하지 않지만, 그렇지 않다. 자비량에 위배된다. (제7식에 있어) 법공과 아공이라는 두 난적은 모두가 가지런히 인정하는 바이기 때문이다. 然前師不許第七識中有法執 不爾 違自比量 法空我空二難齊故", 『인명입정리론소』 권2(대정장44, p.125a20)에 "설일체유부(薩婆多)는 대승에 대적해 다음과 같은 자비량을 세운다. '아의 명근은 반드시 실유한다. 연려가 없음이 인정되기 때문이니, 저 색과 성 등이 그렇다'. 如薩婆多對大乘立自比量云 我之命根定是實有 許無緣慮故 如許色聲等", 『인명론소명등초』 권3(대정장68, p.255a10)에 "'첫째 자신의 주장명제(宗)을 성립시키기 위해'라는 것은 자비량에 해당한다. 상키야(Ⓢ Sāṃkhya : 數論) 논사가 자비량을 세우면서 '나의 아는 상주한다. 이십오제의 하나로 인정되기 때문이니, 저 자성을 그렇다고 하듯이'라고 하는 것과 같다. 一爲成立自宗者 卽自比量也 如數論師 立自比量 我我是常 許諦攝故 如許自性"라고 하였다. 〔참고문헌〕『成唯識論述記』, 『因明入正理論疏』, 『因明論疏明燈抄』. ⇨삼비량 三比量, 비량 比量, 타비량 他比量

자비령나한당기 慈悲嶺羅漢堂記 고려후기 이색(李穡 1328~1396) 지음. 황해도 자비령에 있던 나한당의 중건사실을 기록한 글로 『목은문고』 권3(한국문집총간5, p.24b20)·『동문선』 권74에 전한다. 〔참고문헌〕『牧隱文藁』, 『東文選』. ⇨나한당 羅漢堂 4

자비매 自比罵 스스로에 견주어 욕함. 삼매(三罵) 또는 육매(六罵) 중 하나다. 출가자가 나쁜 말(惡法)로 자비매를 행하면 바일제(波逸提 Ⓢ pāyattika)이고, 좋은 말(善法)을 역설적으로 뒤집어 자비매를 행하면 돌길라(突吉羅 Ⓢ duṣkṛta)다. 『사분율』 권11(대정장22, p.635c17)에 "(惡法罵로서의) 자비매는 '나는 전다라종이 아니다'·'나는 똥을 치우는 종이 아니다'·'나는 죽사종이 아니다'·'나는 차사종이 아니다'라는 등의 말이다. … (善法罵로서의) 자비매는 '나는 아련야에서 수행하는 이가 아니다' 내지는 '나는 좌선하는 사람이 아니다'라고 말하는 것이다. 自比罵者 我非旃陀羅種 我非除糞種 我非竹師種 我非車師種 … 自比罵者 我非是阿練若 乃至我非坐禪人"라고 하였다. 〔참고문헌〕『四分律』, 『四分律行事鈔』 권중(대정장40, p.74c23), 『菩薩戒本疏』 권상(대정장40, p.667a2). ⇨육매 六罵

자비문 慈悲門 자비로 여는 문. 보살이 닦는 세 가지 법문(三門) 중 하나다. 『대방등다라니경』 권3(대정장21, p.654b2)에 "자비문으로 중생을 거두어 갖가지 방편을 보임으로써 번뇌의 우환 없이 하고 뜻 따라 모든 안락국에 왕생할 수 있도록 한다. 欲以慈悲門 攝取衆生 示諸方便 令無惱患 隨意得生 諸安樂國", 『왕생론주』 권하(대정장40, p.842b11)에 "둘째, 자비문에 의지하여 일체중생의 고통 뽑아내고, 안락없는 중생심 멀리 여의게 한다. 〈주〉 고통없게 함을 자라 하고 즐거움을 줌은 비라 한다. 자에 의지하기 때문에 모든 중생을 괴롭히는 고통 뿌리를 뽑고, 비에 의지하기 때문에 안락함 없는 중생심 멀리 벗어나게 한다. 二者 依慈悲門 拔一切衆生苦 遠離無安衆生心故 拔苦曰慈 與樂曰悲 依慈故 拔一切衆生苦 依悲故 遠離無安衆生心"라고 하였다. [참고문헌] 『大方等陀羅尼經』, 『往生論註』. ⇨ 자비 慈悲, 삼문 三門[2], 방편문 方便門, 지혜문 智慧門

자비복 慈悲服 가사(袈裟) 또는 법의(法衣)의 다른 이름. 자비의(慈悲衣)라고도 한다. 『수행본기경』 권하(대정장3, p.469a29)에 "이것은 진인이 입는 옷이고 세속을 제도하는 자비복이거늘, 사냥꾼이 어떤 인인으로 입었는가? 此則眞人衣 度世慈悲服 獵者何故著", 『홍계법의』 권1(卍속장106, p.993b4)에 "경율에서는 모두 가사라 한다. … 자비복・복전의라고도 한다. 經律皆名袈裟 … 亦名慈悲服 福田衣"라고 하였다. [참고문헌] 『脩行本起經』, 『弘戒法儀』. ⇨ 가사 袈裟, 복전의 福田衣

자비분노 慈悲忿怒 자비와 분노. 자비로 거두고 분노로 물리쳐 성취한다. 『대륜금강수행실지성취급공양법』(대정장21, p.168b22)에 "오로지 마음을 기울여 본존을 관하면, 눈앞에 있는 듯이 분명하리라. 자비와 분노의 그 두 가지 상, 권속 스스로 둘러싸네. 찰나마다 우러러 사모하는 마음 일으키면, 바로 그 자리에서 삼매를 얻으리라. 專注觀本尊 分明如目前 慈悲忿怒相 眷屬自圍遶 念念生仰慕 現前獲三昧"라고 하였다. [참고문헌] 『大輪金剛修行悉地成就及供養法』. ⇨ 분노 忿怒

자비사 慈悲寺 [1] 경기도 평택시 팽성읍 객사리 천덕산(天德山)에 있는 절. 대한불교조계종 제2교구 본사 용주사(龍珠寺)의 말사이다. 중국 한나라 말에 스님과 장수들이 태풍으로 인해 아산만에 표류하면서 귀국길이 막혀 이곳에 절을 짓고 고향을 바라본다는 뜻으로 망한사(望漢寺)라 이름하였다고 전한다. 『가람고』에도 망한암(望漢庵)이라 하였다. '세자궁원당 世子宮願堂'이라는 현판이 전하므로 조선 후기 왕실과의 인연도 짐작할 수 있다. 1976년에 일연법성(一然法星) 비구니가 자비사로 사액(寺額)을 바꾸고 사찰 부지를 확보하여 중창하였으며, 1997년에 자비동산 어린이집을 설립하였고, 1999년에 미륵존불을 봉안하여 오늘에 이른다. 현존 당우로는 무량보전・명부전・요사 등이 있다. [참고문헌] 『전통사찰총서』 권3 경기도Ⅰ(寺刹文化硏究院, 1993) pp.279~281. [2] 경상북도 구미시 도개면 신림리에 있는 절. 임진왜란 이전에 다른 사찰에서 간행된 주요 경전을 다수 소장하고 있으니 유형문화재 제382호 소장전적과 문화재자료 제480호 묘법연화경 등이 있다. 현존 당우로는 대웅전・설선당・삼성각・요사 등이 있으며, 무료 양로원인 자비원을 운영하고 있다. [3] 평안남도 평양시 오산리에 있던 절. 고려시대에 창건되었다가 1447년(세종29)에 폐사되었다. 현재 절터에는 축대와 당간지주, 부도만 남아 있다. 축대와 당간지주의 규모로 보아 비교적 큰 절이었던 것으로 추정된다. [참고문헌] 『북한의 문화재와 문화유적4』 고려편 석조Ⅱ 개정판(서울대학교 출판부, 2002) p.181. [4] 황해남도 장연군 불타산(佛陀山)에 있던 절. 『동국여지승람』 권43 황해도 장연현 불우에 이름과 위치가 언급되어 있으며, 『범우고』에는 폐사 기록이 전한다. [참고문헌] 『東國輿地勝覽』, 『梵宇攷』, 『韓國寺刹全書』 권하 p.970a19. [5] 황해남도 해주시 우이산(牛耳山)에 있던 절. 『동국여지승람』 권43 황해도 해주목 불우에 이름과 위치가 전하고, 『범우고』에는 폐사라 하였다. [참고문헌] 『東國輿地勝覽』, 『梵宇攷』, 『韓國寺刹全書』 권하 p.970a17. [6] 황해북도 서흥군 소사면 송전리 자비령(慈悲嶺)에 있던 절. 목은(牧隱) 이색(李穡)의 「자비령나한당기 慈悲嶺羅漢堂記」(『목은문고』 권3・한국문집총간5, p.25a6)에 "지금 좌가부승록 계명사 주지 중덕 정해가 중수하여 새롭게 하고, 그 제자 성주를 보내 나에게 기문을 요청하였다. 今左街副僧錄 啓明寺住持 中德定海者 又重新之 因其徒省珠 求記於予"라고 하였다. 그러나 조선 후기에 간행된 『여지도서』 황해도 서흥 사찰에는 "자비사는 자비령에 있으며 일명 나한당인데 지금은 없다. 慈悲寺在慈悲嶺一名羅漢堂今無"라고 하였다. 『숙종실록』 권9 6년(1680) 1월 6일의 비변사사목(備邊司事目)에 "1. 자비령은 고갯길이 매우 험준해서 적이 반드시 들어올 땅은 아니다. 영 아래에 자비사가 있으니, 사변이 있으면 본관에서 군졸 약간 명을 정해 보내서 수호승도(守護僧徒)와 힘을 합하여 수비하고 감영(監營)과 병영(兵營)에서는 시의(時宜)를 헤아려 병사를 더해 줄 것. … 1. 자비사와 심원사의 두 절에 대해서 본관에서는 잡역을 시키지 말고, 스님들로 하여금 편안하게 모이게 해서 위급한 때의 소용이 되게 할 것. 一曰 慈悲嶺嶺路極險 非賊必入之地 而嶺下有慈悲寺 有事則本官定送軍卒若干人 與守僧合力守備 監兵營量宜添兵 … 一曰 慈悲深源兩寺 本官勿侵雜役 使僧徒安集 以爲緩急之用"이라고 하였다. 1900년대 초반에 찬술된 『사탑고적고』에 '옛 터에 무너지고 남은 돌담 여러 단이 있고 기와 조각이 흩어져 있다'라고 하였다. [참고문헌] 『牧隱文藁』, 『輿地圖書』, 『肅宗實錄』, 『寺塔古蹟攷』, 『韓國寺刹全書』 권하 p.970b1. ⇨ 나한당 羅漢堂[4]

자비수참법 慈悲水懺法 883년(중화3)에 지현오달국사(知玄悟達國師) 지음. 3권. 대정장45, pp.968b1~978b28, No.1910과 『한국불교의례자료총서』 권4, pp.

3a1~31b17에 수록되어 있다. 과거의 원업(寃業)을 참회하는 의례문으로서 『자비삼매수참법 慈悲三昧水懺法』·『자비도량수참법 慈悲道場水懺法』이라고도 하며 줄여서 『수참 水懺』이라고도 한다. 종밀(宗密)의 『원각경수증의 圓覺經修證儀』를 소의경전으로 하였다. 지현 오달국사가 사미십계(沙彌十戒) 중 불좌고광대상(不坐高廣大床)의 계율을 범한 연유로 허벅지에 인면창(人面瘡)이 생겨 고생하던 중 가락가존자(迦諾迦尊者)를 만나 자비의 삼매법수(三昧法水)로 씻고 병이 낫게 되어 이 책을 지었다. 1416년(영락14)에 황제 성조(成祖)가 지은 「어제수참서 御製水懺序」, 찬자 미상의 「자비도량수참서 慈悲道場水懺序」 등 2개의 서문이 있고, 각 권은 입참문(入懺文)·찬불게(讚佛偈)·정례(頂禮)·참회문1·정례·참회문2·정례·참회문3·미찬(尾讚)·출참문(出懺文)으로 구성되었다. 주석서로는 주중지증(晝中智證)의 『자비도량수참법수문록 慈悲道場水懺法隨聞錄』 3권(卍속장129, pp.289a1~413a10)과 서종(西宗)의 『자비도량수참법과주 慈悲道場水懺法科註』 3권(卍속장129, pp.414a1~526a11)이 있다. 〔참고문헌〕『韓國佛敎儀禮資料叢書』. ⇨ 수참 水懺

자비승 慈悲僧 자비를 실천하는 스님. 특별히 조선시대에 마을로 다니면서 파손된 다리·길·우물 등을 수리해 주고, 병든 사람을 간호하며 길에 버려진 시체를 업어다 묻어주는 등 공덕(功德)을 베풀어 자비행(慈悲行)을 실천하였던 스님들을 일컫는다. 자비승도(慈悲僧徒)·자비석(慈悲釋)·선심승(善心僧)이라고도 한다. 성현(成俔 1439~1504)의 『용재총화』에는 법호와 법명이 전하지 않는 어느 자비승의 일화를 자세히 수록하였으니 그 내용은 다음과 같다. 자비승은 전국 여러 사찰에서 수도하였는데, 특히 금강산에서 5년, 오대산(五臺山)에서 5년여 동안 정진하였다. "항상 시은(施恩)을 두려워하여 신도들이 바치는 시물(施物) 일체를 받은 즉시 모두 사람들에게 나누어 주고, 스님은 찌그러진 삿갓을 쓰고 떨어진 누더기를 입고 다녔으며 人有施與 則雖重物不讓而受 人有丐之者 盡數與之 只著破笠破衣而已", 걸식하여 얻은 밥 중 반은 떼어 다른 거지들에게 나누어 주었다. 고요한 산중(山中)이나 선방(禪房)에서 수도하지 않고 마을에서 수고롭게 교량·길·우물 등을 보수하는 일에 열중하는 모습을 보고 어떤 사람이 그 이유를 여쭈었다. "스님은 '내가 젊어서부터 10여 년 동안 각고정진(刻苦精進)의 수도를 했으나 별다른 보람을 얻지 못했다. 출가한 스님의 신분으로서 나라를 도울 수 있는 다른 일이 없으므로 다만 교량·길·우물 등을 보수하는 일로 다른 사람에게 공덕을 베푸는 것이다'. 僧曰 少時師僧戒云 入山苦行十年 則可以悟道 僧入金剛山五年 臺山五年 勤苦繕性 竟無其效 然僧無他輔國 但欲修橋梁道井以施功德於人 人皆樂其眞率也"라고 당당히 대답했다. 〔참고문헌〕『慵齋叢話』. ⇨ 선심승 善心僧

자비실 慈悲室 자비라는 방. 여래실. 『법화경』 권4 「법사품 法師品」(대정장9, p.31c25)에 "여래의 방이란 모든 중생중에 있는 대자비심을 말한다. 如來室者 一切衆生中 大慈悲心 是"라는 대목을 전거로 한다. 『법화현론』 권8(대정장34, p.431a25)에 "「법사품」에서 세 가지 일을 밝혔다. 자비실에 들어가고, 인욕의 옷을 입으며, 빈 자리에 앉는다. 그것이 지금과 어떻게 다른가? 法師品明三事 入慈悲室 著忍辱衣 坐於空座 與今何異", 『낙방문류』 권5(대정장47, p.225c6)에 "자비실에 들어가 해탈문에 오르니, 만경이 온통 함께 고요하여, 하나의 진실만 오롯하다. 入慈悲室 登解脫門 萬境俱寂 一眞獨存", 『여박암고』 권4(卍속장126, p.68b9)에 "법을 만나는 인연은 하루만의 일 아니니, 다생에 이미 자비실에 들었음이네. 오늘 아침에 만났으나 거듭 만났다네. 법의 심연에서 목욕하니 그 얼마나 그윽하고 은밀한가? 法會因緣非一日 多生已入慈悲室 今朝邂逅是重逢 沐浴法淵何妙密"라고 하였다. 〔참고문헌〕『法華經』, 『法華玄論』, 『樂邦文類』, 『旅泊菴稿』. ⇨ 여래실 如來室, 자비 慈悲

자비심 慈悲心 S anukampā-citta, P mettā-citta, T rjes-su-snying-brtse-ba'i sems. 자비로운 마음. 『대방편불보은경』 권2(대정장3, p.131a10)에 "아누다라삼막삼보리를 이루려는 마음을 일으켜 모든 중생에게 큰 자비심을 일으키고, 자비심을 일으킨 다음에는 또 다시 중생에게 이익을 주려는 마음을 일으킨다. 以發阿耨多羅三藐三菩提心 能於一切衆生起大慈悲心 以發慈悲心已 次亦生於利益衆生心", 『현우경』 권4(대정장4, p.379a27)에 "자비심이 있어서 성은 포악할 수 없다. 有慈悲心 性不暴惡", 『사교의』 권7(대정장46, p.744a16)에 "자비심이라는 말은 무슨 뜻인가? 첫째, 대자심은 애견에 얽힌 두 부류 중생에게 길도 있고 열반도 있는 도멸세의 즐거움을 주려는 마음이다. 둘째, 대비심은 애견에 얽힌 두 부류 중생에게 고통도 고통의 뿌리도 없애주려는 마음이다. 所言慈悲心者 一 大慈心 欲與愛見 二種衆生 道滅之樂也 二 大悲心 欲拔愛見 二種衆生 苦集之苦也", 『대지도론』 권73(대정장25, p.572b4)에 "〔문〕 자비심이라면 외도에게도 있는데 어째서 아비발치상(불퇴전상)이라 하는가? 〔답〕 비록 외도에게도 있지만 깊지 못하여 중생을 두루 생각하지 못하고 항상 지니지도 못하니, 제법실상과 화합하지 못하기 때문이다. 보살은 그렇지 않다. 問曰 慈悲心 外道亦有 云何說是 阿鞞跋致相 答曰 外道雖有而不深 不能遍念衆生 亦不常有 非諸法實相和合故 菩薩不爾"라고 하였다. 〔참고문헌〕『大方便佛報恩經』, 『賢愚經』, 『四教義』, 『大智度論』, *Bodh-bh.9*

9., *Śrāv-bh.39.* ⇨ 자비 慈悲, 비심 悲心

자비암 慈悲庵 ❶ 부산광역시 동래구 명륜동 마안산(馬鞍山)에 있는 암자. 1998년에 창건되었다. 1460년(세조6)에 선종도회소(禪宗都會所) 홍천사(興天寺)에서 개간한 목판을 인출(印出)한 유형문화재 제151호 『육경합부 六經合部』와 1525년(중종20)에 순천 모후산(母後山) 대광사(大光寺)에서 개간판을 인출한 유형문화재 제152호 『선림보훈 禪林寶訓』 등을 소장하고 있다. ❷ 경상북도 안동시 일직면 원리 청량산(淸凉山)에 있던 암자. 배응경(裵應褧 1544~1602)의 『안촌집』 권3 「청량산유상록 淸凉山遊賞錄」(한국문집총간 속집 5, p.371b13)에 "연화봉 아래 향로봉이 있으며, 향로봉 아래에 자비암이 있는데 또한 스님들은 없다. 蓮花峯下有香爐峯 香爐之下 有慈悲庵 亦無僧"라고 하였다. 수암(修巖) 유진(柳袗 1582~1635)이 1614년(광해군6) 9월 16일에 청량산을 유람하다가 이 암자에 들렀는데, 『수암집』 권4 「유청량산일기 遊淸凉山日記」(한국문집총간 속집19, p.524b3)에 "오후에 자비암을 보았다. 암자는 연대의 서남쪽으로 수백 걸음 밖의 연화봉 아래에 있는데, 황폐하여 볼만한 것이 없고 오직 그 앞의 석대만이 상쾌하게 트여있어 앉을 만하다. 午後觀慈悲庵 庵在蓮臺西南數百步外蓮花峯下 荒廢無可觀 惟前臺稍爽豁可坐"라고 하였다. [참고문헌] 『安村集』, 『修巖集』, 『永嘉誌』. ❷ 전라북도 김제시 금산면 금산리 모악산(母岳山) 금산사(金山寺)의 옛 산내암자. 지금은 폐사되고 없다. [참고문헌] 『韓國寺刹全書』 권하 p.970b19 欄外.

자비의 慈悲衣 가사(袈裟)의 다른 이름. 『불제비구육물도』(대정장45, p.897d18)에 "가사라고도 하고 … 자비의라고도 한다. 或名袈裟 … 或名慈悲衣"라고 하였다. [참고문헌] 『佛制比丘六物圖』. ⇨ 가사 袈裟, 자비복 慈悲服

자비이생 慈悲利生 자비로 중생을 이롭게 하다. 『변위록』 권2(대정장52, p.763a14)에 "부처님의 교법은 자비로 중생을 이롭게 함을 근본으로 삼고, 노자는 겸손하게 물러나고 피해를 멀리함을 공으로 삼으며, 유학의 법은 제민과 충효를 으뜸으로 삼는다. 佛教 慈悲利生爲本 老君 謙退遠害爲功 儒法 濟民忠孝爲首", 『대승본생심지관경천주』 권7(卍속장34, p.407b17)에 "보살이라면 큰 자비로 중생을 이롭게 하는 마음이 간절하거늘, 어찌 자신의 재물을 굳게 지켜 남에게 주지 않겠는가! 菩薩以大慈悲利生心切 豈肯固守身物 而不爲他耶"라고 하였다. [참고문헌] 『辯僞錄』, 『大乘本生心地觀經淺註』, 『華嚴經探玄記』 권9(대정장35, p.287c4). ⇨ 자비 慈悲❶

자비진노 慈悲嗔怒 자비와 진노. 때에 따라 죽이고 살리는 등 자유자재한 면모를 말한다. 『만여어록』 권9(가흥장26, p.475a2)에 "대목훈 지장의 청으로 지은 게송 : 얼굴에는 본디 자비도 진노도 없지만, 때를 따라 죽이고 살리지만 사유마저 끊는다. 설령 무쇠 이마에 구리머리 사내일지라도, 여기에 이르러서는 한 마디 말도 할 수 없으리라. 大木訓知藏請 面上慈悲嗔怒少 臨機殺活絶思惟 縱饒鐵額銅頭漢 到此無能措一詞"라고 하였다. [참고문헌] 『萬如語錄』. ⇨ 자비분노 慈悲忿怒

자비행 慈悲行 일체유정을 위해 불보살이 행하는 자비. 『불본행집경』 권34(대정장3, p.811c24)에 "이와 같이 깊고 깊은 법을 설하시려 할 때 참으로 뛰어나신 세존께서는 자비로 행하신 것이다. 교진여는 무루의 법안을 얻었고 모든 하늘 억만천들도 있었다. 如是甚深法說時 最勝世尊慈悲行 憍陳如得淨法眼 復有諸天億萬千", 『호국존자소문대승경』 권2(대정장12, p.6b9)에 "나 그 옛날 역시 백마왕이었는데 항상 보살의 자비행을 행하였으니 저 상인들 나찰의 난을 입을 때 구하였고 뭇 사람들 바다중에서 구하기도 했다. 我昔亦作白馬王 常行菩薩慈悲行 救彼商人羅刹難 擔負衆人出海中", 『해의보살소문정인법문경』 권5(대정장13, p.485b10)에 "저 근본에 머물러 총지를 얻었으며 긴 세월 자비행을 수습하여 세간에서 행하지만 때론 공경받고 때론 시샘받았다. 평등한 지혜중에 기쁘고 미워할 줄 몰랐다. 住彼根本得總持 長時修習慈悲行 若敬若慢世所行 平等慧中無喜恚", 『선사동자경』 권하(대정장14, p.610b27)에 "늘 사유하는 동자여! 이 보살 대자비행을 행하지만 일체법에 있어서 그 어떤 것도 얻을 일 없다. 善思童子！此菩薩行大慈悲行, 於一切法無有得故"라고 하였다. [참고문헌] 『佛本行集經』, 『護國尊者所問大乘經』, 『海意菩薩所問淨印法門經』, 『善思童子經』.

자비희사 慈悲喜捨 Ⓢ maitrī-karuṇā-muditā-upekṣā, Ⓣ byams-pa dang snying-rje dang dga'-ba dang btang-snyoms. 사무량심(四無量心)을 말한다. 『방광대장엄경』 권8(대정장3, p.585a29)에 "무량한 백천의 겁 동안 자비희사 갖추었으니, 선정과 지혜에 다 통하여 이제 열반을 증득한다. 無量百千劫 具慈悲喜捨 禪定智慧通 於今證涅槃", 『입정부정인경』(대정장15, p.708b1)에 "스스로 자비희사를 잃은 중생을 볼 경우 그들이 자비희사를 얻도록 하고, 그들도 자비희사를 잃은 중생을 볼 경우 자비희사를 얻도록 한다. 自觀有情 失慈悲喜捨者 令得慈悲喜捨 亦能令他 觀諸有情 失慈悲喜捨者 令得慈悲喜捨"라고 하였다. [참고문헌] 『方廣大莊嚴經』, 『入定不定印經』, *Mvyut.69.* ⇨ 사무량심 四無量心, 불교복지 佛教福祉

자비희호 慈悲喜護 사무량심(四無量心)인 자비희사(慈悲喜捨)의 다른 한역어. 『승가라찰소집경』 권2(대정장4, p.128b26)에 "중생의 근기를 잘 분별하여 악을 멀리하고 선을 가까이하게 하며, 그들에게 저 본생처에서 자비희호를 얻도록 설법한다. 선하지 않은 행을 버려 모든 선행을 닦도록 하려는 뜻이다. 善分別衆生 遠惡就善 與衆生說法 於本生處 得慈悲喜護 欲除不善行 修諸善行"라고 하였다. 〔참고문헌〕『僧伽羅刹所集經』, 『阿毘曇心論』 권3(대정장28, p.824a28). ⇨ 사무량심 四無量心, 자비희사 慈悲喜捨

자사 刺史 조정에서 지방을 감찰하고자 파견한 관리. 사군(使君)이라고도 한다. 한무제(漢武帝) 시기에 전국을 13부(部)로 분할하여 부마다 자사를 두었다. 부는 주(州)에 해당한다. 그 뒤 성제(成帝)는 주목(州牧)이라 개칭했고, 애제(哀帝) 때 다시 자사라 불렀다. 위진(魏晉) 때는 주요한 주마다 도독(都督)이라는 관직을 두어 자사를 겸하도록 함으로써 직책의 권위는 더욱 무거워졌다. 수양제(隋煬帝)·당현종(唐玄宗) 두 기간에 주를 군(郡)으로 개칭하면서 자사는 태수(太守)가 되었다. 그 뒤에 다시 군을 주로 바꾸고 태수도 자사라 부르면서 태수와 자사는 호용하는 명칭이 되었다. 송대(宋代)에는 주에 지주(知州)를 설치하여 자사의 직임은 사라지고 자사라는 명칭은 무신(武臣)의 지위가 올라갔다는 의미가 되었다. 원명(元明)시대에는 명칭이 없어졌고, 청(淸)나라 때는 지주의 별칭으로 쓰였다. 『한서』「백관공경표 百官公卿表」 상에 "무제 때인 원봉 5년(78) 초에 부의 자사를 두고, 천자의 조령(條令)을 받들어 행하고 주를 감찰하는 책무를 관장하였다. 봉록은 600석, 수하 관원은 13인이었다. 武帝 元封五年初 置部刺史 掌奉詔條察州 秩六百石 員十三人", 『불조통기』 권32(대정장49, p.311b5)에 "양한 시기에 13주를 통치하였다〈한무제는 13부의 자사를 두었다〉. 兩漢 以十三州統治〈漢武帝 置十三部刺史〉"라고 하였다. 〔참고문헌〕『漢書』, 『佛祖統紀』. ⇨ 사군 使君 ❶

자산 孶產 낳아 늘이다(增產). 자산(滋產)으로도 쓴다. 『현종론』 권35(대정장29, p.951a2)에 "(집성제의 네 가지 행상 중) 항시 낳아 늘이기에 생(生)이고, 각기 따로 돕기에 연(緣)이다. 恒孶產故生 各別助故緣", 『구사론기』 권26(대정장41, p.392c3)에 "과를 적셔 더하기에 생이고, 능히 여과(與果)의 의지가 되는 뜻이기 때문에 연이다. 滋產果義故生 能與果爲依義故緣", 『일체경음의』 권72(대정장54, p.776b6)에 "자산〈앞 글자는 자와 사를 반절한 음이다. 『문자전설』에서는 '만물이 나고 싹튼다는 뜻이며, 맹 자는 생겨난다는 뜻이다'고 하였다. 『설문해자』에서는 '번식하며 서로 낳아 점점 많아진다는 뜻이다. 자(子)에서는 뜻을 취했고 자(玆)에서는 음을 취했다'고 하였다〉. 孶產〈上子思反 文字典說云 万物孶萌也 萌生也 說文云 孶乳相生而浸多也 從子玆聲〉"라고 하였다. 〔참고문헌〕『顯宗論』, 『俱舍論記』, 『一切經音義』.

자산사 慈山寺 평안남도 순천군 풍산면 성중동 자모산성(慈母山城) 안에 있던 절. 〔참고문헌〕『寺塔古蹟攷』, 『韓國寺刹全書』 권하 p.970b20.

자살 自殺 ❶ 자신이 직접 다른 중생의 생명을 끊는 것. 육종살생(六種殺生) 중 하나다. 『사분율』 권2(대정장22, p.576c7)에 "스스로 죽인다는 것은 손·기와·돌·칼·몽둥이와 그 밖의 물건으로 자신이 직접 죽이는 것이다. 살이란 바라이죄고, 그러한 수단으로 죽이려 하였으나 죽이지 못한 경우에는 투란차다. 自殺者 若以手 若瓦石刀杖 及餘物而自殺 殺者 波羅夷 方便不殺 偸蘭遮", 『살바다비니비바사』 권8(대정장23, p.557a14)에 "직접 죽이는 경우는 다음과 같다. 상대를 죽이고자 손·주먹·머리·발·몽둥이·기와·돌·칼·창·화살 등과 같이 중생을 죽일 수 있는 물건으로 때리거나 던져서 죽으면 바일제에 해당하고, 바로 죽지 않거나 나중에 그것을 원인으로 하여 죽으면 바일제에 해당하며, 바로 죽지도 않거나 나중에 그것이 인이 아니더라도 죽으면 돌길라다. 自殺者 欲令死故 若手拳 若以頭脚 若杖木瓦石 刀矟弓箭等 能殺衆生物 以此打擲 若死者 波逸提 若不卽死 後因是死 波逸提 若不卽死 後不因是死 突吉羅"라고 하였다. 〔참고문헌〕『四分律』, 『薩婆多毘尼毘婆娑』. ⇨ 육종살생 六種殺生, 살생 殺生 ❷ 스스로 자신의 목숨을 끊는 것. 불살생(不殺生)은 자살도 거둬 살생으로 여겨 경계한다. 『선견율비바사』 권11(대정장24, p.752c14)에 "음욕으로 마음이 어지러운 비구가 밤낮으로 음심을 제어하려다가 제어하지 못하고서 스스로 다음과 같이 생각했다. '나는 계를 가져 지켰지만 어떻게 계를 버리고 환속하겠는가? 나는 차라리 죽어야겠다'. 그래서 기사굴산 정상에 올라 바위에 몸을 던져 죽었다. 그 때 바위 아래 나무꾼이 있었고, 비구가 떨어질 때 그를 덮쳐서 죽였지만 죽이려는 마음 없었기에 죄가 없다. 부처님께서 비구들에게 말씀하셨다. '자살하지 마라. 자살하거나 굶어죽어도 돌길라죄를 얻는다'. 婬慾亂心句中者 此比丘日夜思欲制其心 而不能制欲 還復自念言 我持戒具足 何以捨戒還俗 我寧可取死 是故上耆闍崛山頂 投巖取死 而巖下有斫伐人 比丘墮時 堆殺伐人 無殺心無罪 佛告諸比丘 莫自殺身 殺身者 乃至不食 亦得突吉羅罪", 『비니모경』 권7(대정장24, p.839c1)에 "다시 중제가 있다. 만약 어떤 사람이 병 때문에 자살하고자 할 때 비구가 직접 칼을 주거나, 다른 사람을 시켜서 칼을 주거나, 직접 독약을 주거나, 타인을 시켜서 독약을 주거나 이와 같은 여러 가지 방편을 모두 중제라고 한다. 復有重制 若人病求欲自殺 比丘若自與刀 若教人與刀 若自與藥 若教人與藥 如是等衆多方便 皆名重制",『살바다비니』권4(대정장23, p.589c19)에 "어떤 비구가 오랫동안 허리뼈가 휘어지는 병을 앓다가 삶에 염증을 내고 구덩이에 떨어져 자살했다. 구덩이 아래에서는 여우가 시신을 먹고 있었는데 비구가 그 위로 떨어져서 여우는 즉사하였고 비구는 허리뼈가 곧아졌다. 얼마 지나지 않아 후회하는 마음이 생겼다. 부처님께서 '계율을 범하지 않았다. 그러나 비구는 이러한 행동을 해서는 안 된다'라고 하였다. 有比丘長病患腰脊曲 厭生投坑自殺 下有野干食死屍 比丘墮上 野干卽死 比丘腰脊得直 尋卽生悔 乃至佛言 不犯 比丘不應作是"라고 하였다. 〔참고문헌〕『善見律毘婆娑』,『毘尼母經』,『薩婆多毘尼』.

자삼매 慈三昧 Ⓟmettā-vihāra. 일체를 자심(慈心)으로 관하는 삼매. 자심삼매(慈心三昧)라고도 한다. 일체중생을 자애심으로 바라보아 항상 즐겁고 성내거나 화내는 마음이 없는 삼매다.『증일아함경』권3「제자품 弟子品」(대정장2, p.558b22)에 "나의 성문 중에 최고의 비구로서 자삼매에 들어 마음에 성냄이 없는 이는 비구 범마달(梵摩達 ⓅBrahmadatta)이고, 비삼매에 들어 본업을 성취한 이는 비구 수심(須深 ⓅSusīma)이다. 我聲聞中第一比丘 入慈三昧 心無恚怒 梵摩達比丘是 入悲三昧 成就本業 所謂須深比丘是",『좌선삼매경』권상「치진에법문 治瞋恚法門」(대정장15, p.272c7)에 "이와 같이 갖가지 성냄이 무량한데 자심을 익혀서 성냄이 사라지게 하는 것, 이를 자삼매문이라고 한다. 如是種種瞋恚無量 當習慈心 除滅瞋恚 是爲慈三昧門",『대지도론』권20(대정장25, p.211a25)에 "부처님께서 설하셨으니, 이 자삼매에 들면 현세에 다섯 가지 공덕을 얻는다. 불속에 들어가도 타지 않고, 중독되어도 죽지 않으며, 무기로도 상해를 입지 않고, 끝내 비명횡사하지 않으며, 선한 신이 옹호한다. 무량중생을 이롭게 하기에 이러한 무량복덕을 얻는다. 佛說 入是慈三昧 現在得五功德 入火不燒 中毒不死 兵刃不傷 終不橫死 善神擁護 以利益無量衆生故 得是無量福德"라 하였다. 〔참고문헌〕『增壹阿含經』,『坐禪三昧經』,『大智度論』, *Vin.2.304.*

자상 自相 ❶sva-lakṣaṇa, svabhāva. 각각의 사물이나 법이 견지하고 있는 고유한 상. 공상(共相)의 상대어다.『불지경론』권6(대정장26, p.318a29)에 "정심(定心)은 자상만을 연으로 한다. 그러나 공상방편으로 이끌면 모든 공상이 드러내는 뜻도 연으로 한다. 방편에 따라 말하면 공상을 안다고 하며, 이와 같지 않으면 자상을 안다고 한다. 이런 뜻으로 진여는 공무아인 제법의 공상이라고 하거나, 때론 진여는 이공으로 드러난 것이니 공상은 아니라고 한다. 定心 唯緣自相 然由共相方便所引 緣諸共相所顯理者 就方便說 名知共相 不如是者 名知自相 由此道理 或說眞如 名空無我 諸法共相 或說眞如 二空所顯 非是共相", "여실의란 무엇인가? 저『인명론』에서 세우는 자상과 공상은 이것과 조금 다르다. 저에서는 일체법에서의 '실의'를 모두 자상이라고 한다. 왜냐하면 모든 법에서 자상과 공상이 각각 자기의 체에 의지할 뿐 다른 것과 함께하지 않기 때문이다. 만약 분별심으로 한 종류의 능전과 소전을 세운다면 모든 법에 공통적이니 마치 실로 꽃을 꿰는 것과 같아 공상이라고 한다. 요컨대 이것은 산심으로 분별하여 임시로 세운 것이니 비량의 경계이고, 일체의 '정심'은 이런 분별을 여의어서 모두 현량이다. 비록 제법을 연할지라도 무상(無常) 등은 또한 낱낱의 법에도 각각 따로 있는 것이기에 자상이라고 한다. 진여는 비록 공상으로 드러난 것이지만 이것은 제법 스스로의 실성이기에 스스로 있는 상이어서 역시 공상이 아니다. 如實義者 彼因明論 立自共相 與此少異 彼說一切法上實義 皆名自相 以諸法上 自相共相 各附己體 不共他故 若分別心立一種類 能詮所詮 通在諸法 如縷貫花 名爲共相 此要散心 分別假立 是比量境 一切定心 離此分別 皆名現量 雖緣諸法 若無常等 亦一一法 各別有故 名爲自相 眞如雖是 共相所顯 以是諸法 自實性故 自有相故 亦非共相",『유가사지론』권54(대정장30, p.597b24)에 "색온은 대략 육상으로 알 수 있다. 즉 첫째 자상, 둘째 공상, 셋째 능의소의상속상, 넷째 수용상, 다섯째 업상, 여섯째 미세상이다. 자상이란 무엇인가? 지(地) 등은 견고함으로 상이 되고, 안 등은 각각 청정색이 상이다. 공상이란 무엇인가? 일체색이 모두 변하고 장애하는 상을 말한다. 色蘊 略由六相應知 一 自相 二 共相 三 能依所依相屬相 四 受用相 五 業相 六 微細相 自相者 謂地等 以堅等爲相 眼等 以各別淸淨色爲相 共相者 謂一切色 皆變礙相", 같은 책 권59(대정장30, p.627a11)에 "〔문〕 모든 번뇌에는 몇 가지 성질이 있는가? 〔답〕 대략 세 가지 상이다. 첫째 자상, 둘째 공상, 셋째 차별상이다. 자상이란 탐진 등 각각의 자성이 거두는 상을 말하고, 공상이란 모든 번뇌에 차별이 없어서 일체가 다 같이 고요한 상일 수 없는 것이다. 問 諸煩惱有幾相 答 略有三相 一 自相 二 共相 三 差別相 自相者 謂貪瞋等 各各自性 所攝相 共相者 謂諸煩惱 無有差別 一切皆同 不寂靜相",『능가경주해』권1(대정장39, p.351b28)에 "자상이란 스스로 증득한 법이고, 공상이란 타인을 교화하는 법이다. 自相者 自證之法也 共相者 化他之法也"라고 하였다. 〔참고문헌〕『佛地經論』,『瑜伽師地論』,『楞伽經註解』, *Śrāv-bh.368.* ⇨자성 自性 ❷ Ⓢsvalakṣaṇam, Ⓣrang-gi-mtshan-nyid. 인명(因明)용어. 인명논식(因明論式) 중에서 종(宗 : 주장명제)의 주어를 말한다. 이에 반해 술어는 차별(差別)이라고 한다. 『인명입정리론소』 권하(대정장44, p.128a26)에 "'오온은 모두 무아이다'라고 주장하는 경우 오온을 자상이라 하고, 아와 무아 등을 차별이라고 한다. '나는 생각한다'라고 말하는 경우 '생각함'이란 차별이고, '나'란 자성이다. 若立五蘊一切無我 五蘊名爲自相 我無我等名爲差別 若說我是思 思爲差別 我爲自性"라고 하였다. 〔참고문헌〕『因明入正理論疏』, *Mvyut.200.* ❸ 제8아뢰야식의 삼상(三相) 중 하나. ⇨ 뢰야삼상 賴耶三相

자상 自想 ❶ 스스로 생각하는 것. 『장아함경』 권19 「세기경 世記經」(대정장1, p.121c21)에 "저 (지옥의) 중생은 스스로 이렇게 생각한다. '나는 이제 살아났다'. 다른 중생들도 '나도 네가 살았다고 생각한다'고 한다. 이런 까닭에 상지옥(想地獄)이라 한다. 彼自想言 我今已活 餘衆生言 我想汝活 以此因緣故 名想地獄"라고 하였다. 〔참고문헌〕『長阿含經』. ❷ 내가 보시한다는 상에 집착함. 『대반야경』 권75(대정장5, p.424c10)에 "그는 세 굴레에 집착하여 보시를 행하니, 첫째 나라는 생각, 둘째 타인이라는 생각, 셋째 보시라는 생각이다. 이 삼륜에 집착하여 보시를 행하기에 세간보시바라밀다라고 한다. 彼著三輪 而行布施 一者 自想 二者 他想 三者 施想 由著此三輪 而行施故 名世間布施波羅蜜多"라고 하였다. 〔참고문헌〕『大般若經』. ⇨ 삼륜상 三輪相 ❸ 나의 생각. 『섭대승론석』 권8(대정장31, p.211a26)에 "〔논〕 밖으로 육진의 상을 버리고 오직 자상을 관한다. 〔석〕 사람이 적정위중에서 마음은 오직 영상일 뿐임을 이미 잘 알아서 밖의 진상을 없앤다. 이것은 자기의 마음이 법과 의인 듯한 상이 일어난 것이라고 관하는 것이다. 論曰 捨離外塵相 唯定觀自想 釋曰 若人在寂靜位中已了別心唯是影 能除外塵相 是自心似法及義相起 作如此觀"라고 하였다. 〔참고문헌〕『攝大乘論釋』, 『成唯識論』 권9(대정장31, p.49c1).

자상공 自相空 Ⓢ svalakṣaṇa-śūnyatā, Ⓣ rang-gi-mtshan nyid stong pa nyid. 각각의 법들이 스스로 유지하고 있는 성은 공하다는 말. 십팔공(十八空) 또는 이십공(二十空) 중 하나다. 자상(自相)의 공(空)을 말한다. 『대반야경』 권51(대정장5, p.291b12)에 "세존이시여, 무엇이 자상공입니까? 부처님께서는 이렇게 말씀하셨다. '선현아, 자상이란 일체법의 자상을 말한다. 저 변하거나 장애를 지니는 것은 색(色)의 자상이고, 받아들이는 것은 수(受)의 자상이며, 상을 취하는 것은 상(想)의 자상이고, 조작은 행(行)의 자상이며, 가려 아는 것은 식(識)의 자상이다. 이와 같이 유위법자상이든 무위법자상이든 이 자상은 스스로의 상이 공하기 때문이다. 왜냐하면 영원하지도 않지만 무너져 사라지지도 않으니, 본래 성이 그러하기 때문이다. 선현아, 이것이 자상공이다. 世尊 云何自相空 佛言 善現 自相謂一切法自相 如變礙是色自相 領納是受自相 取像是想自相 造作是行自相 了別是識自相 如是等 若有爲法自相 若無爲法自相 此自相由自相空 何以故 非常非壞 本性爾故 善現 是爲自相空", 『대지도론』 권31(대정장25, p.293a25)에 "자상공이란, 일체법에는 두 가지 상이 있으니, 총상과 별상이다. 이 두 가지 상이 공이므로 상공이라고 한다. 〔문〕 무엇이 총상이고 무엇이 별상인가? 〔답〕 총상이란 저 무상 등이다. 별상이란 제법이 비록 온통 무상하지만 각각에는 서로 구별되는 특징이 있다. 예를 들면 지(地)에는 견상(堅相)이 있고 화(火)에는 열상(熱相)이 있는 것과 같다. 自相空者 一切法 有二種相 總相 別相 是二相空 故名爲相空 問曰 何等是總相 何等是別相 答曰 總相者 如無常等 別相者 諸法 雖皆無常 而各有別相 如地爲堅相 火爲熱相"라고 하였다. 〔참고문헌〕『大般若經』, 『法集名數經』(대정장17, p.660b19), *Aṣṭ-pr.104.*, *Mvyut.37.* ⇨ 십팔공 十八空, 반야이십공 般若二十空, 성공상공 性空相空, 공 空, 공상공 共相空, 자상 自相❶

자상무도 自相無倒 Ⓢ svalakṣaṇe 'viparyāsaḥ. 자상에 대하여 잘못 앎이 없음. 십무도(十無倒) 중 하나. 자상(自相)이 이름에 지나지 않는다(唯名)고 관하여 분별을 대치하는 지혜. 별상무도(別相無倒)라고도 한다. 『변중변론』 권하(대정장31, p.475b4 : *Madhy-vibh.*, p.67)에 "'자상에 전도가 없다'. 〔송〕 '자상에 전도가 없다'는 말은, 일체가 오직 이름일 뿐임을 알면 일체분별을 떠난다. 승의의 자상에 의지한 것이다. 〔논〕 일체안색 내지는 의와 법이 모두 이름일 뿐임을 여실히 알면 일체분별을 다스릴 수 있으니, 이것이 '자상에 전도가 없다'는 것을 마땅하다고 아는 것이다. 이것은 승의자상에 의지하여 말하는 것이니, 만약 세속에 의지하면 이름이 있을 뿐만 아니라 갖가지 차별상을 취할 수 있기 때문이다. 於自相無倒者 頌曰 於自相無倒 知一切唯名 離一切分別 依勝義自相 論曰 如實知見 一切眼色 乃至意法 皆唯有名 卽能對治 一切分別 應知是於自相無倒 此依勝義自相而說 若依世俗 非但有名 可取種種差別相故 〈kārikā〉 sarvasya nāmamātratvaṃ sarvakalpāpravṛttaye, svalakṣaṇe 'viparyāsaḥ. 〈bhāṣya〉 sarvam idaṃ nāmamātraṃ. yad idaṃ cakṣūrūpaṃ yāvan manodharmā iti yaj jñānaṃ sarvavikalpānāṃ pratipakṣeṇa ayaṃ svalakṣaṇe 'viparyāsaḥ. katamasmin svalakṣaṇe. paramārthe svalakṣaṇe"라고 하였다. 〔참고문헌〕『辯中邊論』, *Madhy-vibh.* ⇨ 별상무도 別相無倒, 십금강구 十金剛句, 여실지견 如實知見, 십무도 十無倒, 전도 轉倒

자상무아 自相無我 Ⓢ svabhāvo nairātmyam. 자상

에 아가 없음. 삼무아(三無我) 중 하나로 자상이 공한 뜻이며 삼성 중 원성실성(圓成實性)에 해당한다. 『성유식론』 권8(대정장31, p.47b12)에 "무아에는 세 가지가 있으니 … 셋째는 자상무아다. 무아로 드러난 것으로 자상을 삼는다. 無我三者 … 三 自相無我 無我所顯 爲自相故", 『변중변론』 권중(대정장31, p.469a29)에 "무아에는 세 가지가 있으니 … 셋째는 자상에 아 없음으로 원성실성을 말한다. 아 없이 드러난 것으로 자상을 삼으니, 그대로 이 자상을 무아라고 한다. 無我三者 … 三 自相無我 謂圓實成 無我所顯 以爲自相 卽此自相 說爲無我"라고 하였다. [참고문헌] 『成唯識論』, 『辯中邊論』, *Madhy-vibh.39.* ⇨자상 自相[1], 자상공 自相空, 삼무아 三無我[1], 원성실성 圓成實性

자상번뇌 自相煩惱 일체법의 자상(自相)을 인연(因緣)하여 일어나는 번뇌. 자상혹(自相惑)이라고도 한다. 『대비바사론』 권49(대정장27, p.252b6)에 "존자 세우(世友)는 이렇게 말한다. '여기에서는 단지 색 등 사에 미한 자상번뇌만이 마음을 얽어 결(結)이고, 탐진만 등 세 가지는 오직 사의 자상에 미한 번뇌이기에 결이라 한다. 오견과 의는 오직 이에 미하여서 공상번뇌이고, 무명(無明)은 이사에 온통 미하지만 대부분 이로 미한 것이기에 결이라 하지 않는다. 질간 등 두 가지 전 역시 사에만 어두운 것이며 이부와 이취를 어지럽게 하고 과환이 많기에 역시 결이라 하지만, 그 이외의 전과 구에는 이와 같은 일이 없기에 결이라 하지 않는다'. 尊者世友 作如是說 此中 但說 迷色等事自相煩惱 繫心爲結 貪瞋慢三 唯是迷事自相煩惱 故立爲結 五見及疑 唯是迷理共相煩惱 無明雖復 通迷理事 而多迷理 故不立結 嫉慳二纏 亦但迷事 惱亂二部 及二趣故 過患多故 亦立爲結 餘纏及垢 無如是事 故不立結"라고 하였다. [참고문헌] 『大毘婆沙論』. ⇨자상 自相[1], 자상혹 自相惑, 결 結, 번뇌 煩惱, 혹 惑, 전 纏, 구 垢, 이사 理事

자상속 自相續 Ⓢsvasaṃtāna, Ⓣrang-gi-rgyud. 자상으로 이어지다. 제법이 스스로의 상을 임시로 가져 끊이지 않게 하는 뜻이다. 『구사론』 권4(대정장29, p.22a13 : *Abh-k-bh.*, p.62)에 "득에는 두 가지가 있으니, 첫째는 아직 얻지 못한 것이나 이미 잃은 것을 지금 얻는 것이고, 둘째는 얻고서는 잃지 않은 채로 성취함이다. 마땅히 비득은 이것과 반대임을 안다. 어떤 법에 '득'과 '비득'이 있는가? 자상속과 두 가지 멸(滅)중에 있다. 즉 '유위법'이 자상속중에 떨어져 있는 경우에 '득'과 '비득'이 있다. 타상속에는 그런 일이 없으니 타신법을 성취할 수는 없기 때문이다. 상속이 아니어도 그렇지 않으니 비정법도 성취할 것조차 없기 때문이다. 得有二種 一者 未得 已失今獲 二者 得已 不失成就 應知非得 與此相違 於何法中 有得非得 於自相續 及二滅中 謂有爲法 若有墮在自相續中 有得非得 非他相續 無有成就 他身法故 非非相續 無有成就 非情法故 〈bhāṣya〉 dvividhā hi prāptir aprāptavihīnasya ca lābhaḥ pratilabdhena ca samanvāgamaḥ. viparyayād aprāptir iti siddham. kasya punar ime prāptyaprāptī. 〈kārikā〉 prāptyaprāptī svasaṃtāna patitānāṃ. 〈bhāṣya〉 na parasaṃtānapatitānām. na hi parakīryaiḥ kaścit samanvāgataḥ nāpy asaṃtatipatitānām. na hy asatatvasaṃkhyātaiḥ kaścit samanvāgataḥ", 『구사론송소론본』 권4(대정장41, p.844b13)에 "자상속이라 하였으니, 자란 곧 타를 가린 것이며, 상속이란 바로 몸이니, 비상속을 가린 것이다. 비상속이라 한 것도 말 그대로 정이 아닌 것이다. 오직 자신에게만 득과 비득이 있을 뿐이다. … 두 가지 멸이란 무엇인가? 택멸과 비택멸이다. 自相續者 自卽簡他也 相續是身 簡非相續 非相續者 非情是也 唯於自身 有得非得 … 言二滅者 擇滅非擇滅也"라고 하였다. [참고문헌] 『俱舍論』, 『俱舍論頌疏論本』, 『俱舍論記』 권4(대정장41, p.85c8), *Abh-k-bh.* ⇨상속 相續, 타상속 他相續, 비상속 非相續, 득 得[9], 비득 非得, 택멸 擇滅, 비택멸무위 非擇滅無爲, 유위법 有爲法, 무위법 無爲法, 삼무위 三無爲

자상유법 自相有法 자상으로 유지되는 법. 오종유법(自相 共相 假相 因相 果相) 중 하나로 자상은 다시 승의상(勝義相)으로 있는 법이고, 명(名)과 사(事)로 따라 어긋나지 않는 상상상(相狀相)으로 있는 법이며, 또한 이미 생기고 나서는 인과성으로 유지된다. 취집, 상속, 분위의 가법(假法)이 아닌 법이다. 『유가사지론』 권16(대정장30, p.361c4)에 "무엇을 관해야 할 유법이라고 하는가? 이 법에는 대략 다섯 가지가 있다. 첫째는 자상유법, 둘째는 공상유법, 셋째는 가상유법, 넷째는 인상유법, 다섯째는 과상유법이다. 何等名爲 所觀有法 當知 此法 略有五種 一 自相有法 二 共相有法 三 假相有法 四 因相有法 五 果相有法", "무엇이 자상유법인가? 이 법에는 대략 세 가지가 있음을 알아야 한다. 첫째 승의상유, 둘째 상상상유, 셋째 현재상유다. 何等名爲自相有法 當知此法 略有三種 一 勝義相有 二 相狀相有 三 現在相有", "승의상유란, 모든 법에서 언설을 여읜 뜻이고, 출세간지가 행하는 경계로 비안립상을 말한다. 상상상유란, 네 가지 관할 상상이니, 첫째는 이곳에서 이름을 얻을 수 있어야 하고, 둘째는 이곳에서 일어난 사(事)이며, 셋째는 이 이름과 이 사를 결정하지 않을 수 없는 것이고, 미란일 경우나 무상일 경우에는 결정적일 수 없는 것이다. 넷째는 이 이름이 이 사에 대해서 걸림없이 따라야 하기에, 때론 이 처에서 따라 뒤치지 못하거나 물러서 돌아가지 않는다. 현재상유란, 이미 생긴 것이나 인과성을 말한다. 이와 같은 일체를 통틀어 하나의 '자상유법'이라고 한다. 勝義相有者 謂諸法中 離言說義 出世間智 所行境界 非安立相 相狀相有者 謂由四種所觀相狀 一 於是處名可得 二 於是處事可得 三 此名於此事 非不決定 謂或迷亂不決定故 或無常不決定故 四 此名於此事 無礙隨轉 非或於是處隨轉 或於是處退還 現在相有者 謂若已生及因果性 如是一切 總說 爲一自相有法", 『유가론기』 권5(대정장42, p.414c26・한불전13, p.328a12)에 "가법은 대략 세 가지다. 첫째 취집가이니, 항아리나 그릇 등과 같은 것이다. 둘째 상속가이니, 삼세에 존립하는 어떤 유정이 지금까지 끊이지 않아 '내가 바로 그 사람이다'라고 하는 것을 말한다. 셋째 분위가이니, 불상응 등을 말한다. 지금 이 셋이 아니기에 자상유법이다. 假法 略有三種 一 聚集假 如甁盆等 二 相續假 於三世 立一有情 于今不斷 我卽是彼 三 分位假 謂不相應等 今非此三 故自相有"라고 하였다. [참고문헌] 『瑜伽師地論』, 『瑜伽論記』. ⇨ 자상 自相[1], 공상 共相, 승의유 勝義有, 가유 假有, 오종유법 五種有法

자상자의 字相字義 행자가 진언(眞言)의 자륜(字輪)을 상과 뜻으로 행함. 자상은 진언자의 형태・소리를 관하는 것이고, 자의는 자의 진실한 뜻을 체득하는 뜻이다. 가령 아(阿 : 𑖀)라는 자는 무(無)・비(非)・불(不) 등인 줄 아는 것은 자상이고, 이 자가 본불생(本不生)・불가득(不可得)의 뜻이 있는 줄 아는 것은 자의다. 『대일경소』 권10(대정장39, p.688b1)에 "이상과 같은 하나하나의 자에는 각각 자의가 있다. 이 자를 좇아 실상문으로 들어가니 이것이 진언자다. 如上一一字 各有字義 從此字入實相門 卽眞言字也", 『성관자재보살심진언유가관행의궤』(대정장20, p.6b4)에 "다음으로 자의를 사유한다. 아자문(𑖀)은 일체법이 본래 생하지 않는 뜻이고, 라자문(𑖨)은 일체법이 번뇌를 멀리 여읜 뜻이며, 라자문(𑖩)은 일체법상은 얻을 수 없다는 뜻이다. 次應思惟字義 阿字門者 一切法 本不生故 囉字門者 一切法 遠離塵故 攞字門者 一切法相 不可得故", 『화엄경소초』 권88(대정장36, p.687c12)에 "자로 인해 있지만 무상지로는 없다. 염송유가행자는 먼저 자상을 관하고 그 뒤에 자의 의미를 깨우쳐 들어간다. 아(𑖀) 자의 상을 관하면서 말하길 '여덟 잎의 흰 연꽃이 일시에 피어나 아라는 문자의 희고 빛나는 색이 밝게 나타난다'. 이것이 자상이다. 지는 보리심을 나타내는데, 본래 생함이 없어 원만구족하여 보름달과 같다고 깨닫는다. 이것이 자의다. 상은 있고 뜻은 없으므로 겸한다고 한다. 그러므로 이 경에서 아(𑖀)라는 자를 소리 내어 외울 때는 바로 상이다. 반야바라밀문에 들어가면 이것은 바로 무상지다. 『대지도론』 권42(대정장25, p.367a1)에 '이 자는 실상문이다'라고 하며, 세 가지 반야를 드러내었다. 상으로 글자를 버리지 않으면 명자반야고, 반야바라밀문에 들어가면 관조반야이며, 불생의 뜻 등을 깨달으면 실상반야다. 因字是有 無相智是無 故念誦瑜伽之者 先觀字相 後入字義也 阿字相觀云 八葉白蓮一時開 炳現阿字素光色 斯卽字相也 而智表菩提心 悟本不生 圓滿具足 猶如月輪 卽是字義 相有義無 故云兼也 是以 今經唱阿字時 卽是相也 入般若波羅蜜門 卽是無相智也 智論云 此字是實相門 則顯三種般若 不相捨離字 卽名字般若 入般若波羅蜜門 卽觀照般若 悟不生等 卽實相般若也"라고 하였다. [참고문헌] 『大日經疏』, 『聖觀自在菩薩心眞言瑜伽觀行儀軌』, 『華嚴經疏鈔』, 『大智度論』. ⇨ 자륜 字輪, 실담 悉曇

자상작의 自相作意 Ⓢ svalakṣaṇa-manaskāra, Ⓣ rang-gi-mtshan-nyid-yid-la-byed-pa. 제법의 자상에 뜻을 짓는 일. 삼작의(三作意) 중 하나다. 『대비바사론』 권11(대정장27, p.53a14)에 "삼종작의 중 자상작의란 색은 변애상이고, 수는 받아들이는 상이며, 상은 형상을 취하고, 행은 조작의 상이며, 식은 요별상이고, 지는 견고상이며, 수는 적시는 상이고, 화는 따뜻한 상이며, 풍은 움직이는 상이라고 사유하는 이런 것들이다. 有三種作意 謂自相作意 共相作意 勝解作意 自相作意者 思惟色是變礙相 受是領納相 想是取像相 行是造作相 識是了別相 地是堅相 水是濕相 火是煖相 風是動相 如是等"라고 하였다. [참고문헌] 『大毘婆沙論』, 『俱舍論』 권7(대정장29, p.40a7), *Abh-k-bh.108.* ⇨ 삼작의 三作意, 자상 自相[1], 작의 作意

자상주 自相住 Ⓢ sva-lakṣaṇe-sthiti. 자상에 머물다. 제법이 임지하는 상에 머무는 뜻이다. 『구사론』 권5(대정장29, p.27a28 : *Abh-k-bh.*, p.76)에 "무위법에도 자상주가 있다. (有爲法의) 주상과 넘쳐 섞이기에 경에서 설하지 않는다. 無爲法 有自相住 住相濫彼 故經不說 asaṃskṛtasyāpi ca svalakṣaṇe sthitibhāvāt", 『인왕경소법형초』 권4(卍속장41, p.185b9)에 "경에서 삼상(生住滅)을 설하고, 어찌하여 사상(生住異滅)을 설하지 않는가? [답] 세 가지 해석이 있다. 첫째, 생(生)을 기(起)라 하고, 멸(滅)을 진(盡)이라고 하는 것처럼 변이한 상태를 주(住)라 하고, 머물며 변이하는 것을 주이상(住異相)이라 함을 알아야 한다. 둘째, 무위법에도 자상주가 있어, (有爲法의) 주상 주이(住異) 등으로 어지럽게 섞일 것을 우려해 경에서 설하지 않은 것이다. 셋째, 경에서 주이(住異)를 설하지만 모두 합하여 주이상이라 한다. 經說三相 何不說四 答 有三解 一云 如生名起 滅名爲盡 如是應知 異相名住 住而變異 名住異相 二云 無爲之法 有自相住 住相濫彼 經不說住 三云 經說住異 總合爲一 名住異相"라고 하였다. [참고문헌] 『俱舍論』, 『仁王經疏法衡鈔』, *Abh-k-bh.* ⇨ 자상 自相[1], 삼상

三相, 사상 四相, 유위사상 有爲四相

자상혹 自相惑 Ⓢsva-lakṣaṇa-kleśatva, Ⓣrang-gi-mtshan-nyid-yin-pa('i-phyir). 일체법의 자상에 대한 미혹. 자상번뇌(自相煩惱)라고도 하며, 공혹(共惑)·공상혹(共相惑) 등의 상대어다. 『구사론』 권20(대정장29, p.104a14)에 "〔논〕 모든 수면(隨眠)에는 모두 두 가지가 있다. 첫째는 자상혹이니 탐진만 등을 말하고, 둘째는 공상혹이니 견의치 등을 말한다. 사는 비록 많지만 여기서는 번뇌의 일만을 말한다. … 탐진만 등은 자상혹으로 모든 유정중생에게 반드시 두루 일어나는 것이 아니기 때문이다. 論曰 且諸隨眠 總有二種 一者 自相 謂貪瞋慢 二者 共相 謂見疑癡 事雖有多 此說所繫 … 以貪瞋慢 是自相惑 非諸有情 定遍起故"라고 하였다. 〔참고문헌〕『俱舍論』, *Abh-k-bh.294.* ⇨자상번뇌 自相煩惱, 공상혹 共相惑, 자상 自相❶

자색 字色 Ⓟnāma-rūpa. 십이인연(十二因緣)의 네 번째인 명색(名色)의 구역(舊譯). 『견정경』(대정장17, p.740c1)에 "대부분의 인연은 본래 치를 말미암아 일어나니, 치는 행을 낳고 행은 식을 낳으며, 식은 자색을 낳고 자색은 육입을 낳는다. 多所因緣 本由癡出 癡生行 行生識 識生字色 字色生六入"라고 하였다. 〔참고문헌〕『見正經』, 『佛般泥洹經』 권상(대정장1, p.163b12). ⇨명색 名色, 십이인연 十二因緣

자생 自生 Ⓢsvata-utpatti. 스스로 나다. 스스로가 인(因)이 되어 과(果)를 낳는 것을 말하며, 만물에 그런 것은 없다. 『중론』 권1(대정장30, p.2b8)에 "'스스로 나지 않는다'는 말은 만물은 자체로부터 생하는 존재는 없고, 반드시 뭇 인을 기다려 난다. 不自生者 萬物無有從自體生 必待衆因", 『유가사지론』 권16(대정장30, p.364b22)에 "무용은 대략 일곱 가지다. 첫째 작용이 없는 용이니, '눈으로 색을 볼 수 없다는 것' 등을 말한다. … 넷째 스스로 생기는 용이 없는 것이니, '또한 스스로는 생할 수 없는 것'을 말한다. 無用 略有七種 一 無作用用 謂眼不能見色等 … 四 無自生用 謂亦不能自生"라고 하였다. 〔참고문헌〕『中論』, 『瑜伽師地論』, *Pras.9.* ⇨타생 他生

자생 資生 Ⓢupakaraṇa, bhoga, Ⓣyo-byad, longs-spyod. 생을 유지토록 돕는 것. 또는 수행을 도와 과를 성취케 하는 뜻이다. 『별역잡아함경』 권5(대정장2, p.404c23)에 "네 가지 법으로 재가인은 현세의 보를 얻어 이익과 안락을 누린다. 무엇이 그 네 가지인가? 첫째 능히 부지런하다. 둘째 육근을 잘 지킨다. 셋째 선지식을 만난다. 넷째 바른 뜻으로 목숨을 이어간다. 무엇이 부지런함인가? 하는 일을 따라 가계를 꾸려나가는 것이다. 有四法 使在家人 得現世報 獲利益樂 何謂爲四 一 能精勤 二 能守護諸根 三 得善知識 四 正理養命 云何精勤 隨所作業 家計資生", 『입능가경』 권2(대정장16, p.527a5)에 "대혜야, 무엇이 여래승성을 증득하는 법인가? 대혜야, 여래승성을 증득하는 법에 네 가지가 있으니 어떤 것이 그 네 가지인가? 첫째는 진실한 법성을 증득하는 것, 둘째는 진실법성도 떠나는 것, 셋째는 안으로 스스로의 성지의 성품을 증득하는 것, 넷째는 밖으로 모든 국토를 수승하고 아름답게 장엄하는 법성을 증득하는 것이다. 대혜야, 만약 이 하나하나 법을 들을 때, 즉 단지 아리야심이 밖의 몸이 의지하는 도와 살게 하는 것들인 물건들과 기세간의 불가사의경계를 볼 뿐이라 하여도 놀라거나 두려워하지 않는다면, 대혜야, 이 사람은 여래승성을 증득한 사람임을 알아야 하니, 대혜야, 이런 것을 여래승성을 증득한 사람의 모습이라 한다. 大慧 何者 如來乘性證法 大慧 如來乘性證法有四種 何等爲四 一者 證實法性 二者 離實法證性 三者 自身內證聖智性 四者 外諸國土勝妙莊嚴證法性 大慧 若聞說此一一法時 但阿梨耶心 見外身所依資生 器世間 不可思議境界 不驚不怖不畏者 大慧 當知 是證如來乘性人 大慧 是名如來乘性證法人相", 『집이문족론』 권18(대정장26, p.442c28)에 "여덟 가지 세간법이란 무엇이 여덟 가지인가? 〔답〕 첫째 득(得), 둘째 부득(不得), … 무엇이 득인가? 〔답〕 마음에 드는 색성향미촉 등과 의복·음식·와구(臥具)·병에 대한 의약품 등의 도와 살게 하는 물건들을 모두 얻고, 각각 얻으며, 이미 얻었고, 장차 얻을 것을 득이라고 한다. 八世法者 云何爲八 答 一得 二 不得 … 云何名得 答 若於可愛色聲香味觸 衣服飮食臥具 病緣醫藥 資生什物 諸得別得 已得當得 是名爲得"라고 하였다. 〔참고문헌〕『別譯雜阿含經』, 『入楞伽經』, 『集異門足論』, *Laṅk.112.* ⇨자구 資具

자생구 資生具 Ⓢupakaraṇa, pariṣkāra. Ⓣsnod-spyad, yo-byad. 도와 살게 하는 것들. 또는 비구의 수행을 돕는 최소한의 물품. 자구(資具)라고도 한다. 『본사경』 권5(대정장17, p.685a13)에 "유학필추에게 두 가지 힘이 있으니, 어떤 것이 그 두 가지인가? 사택력과 수습력이다. 어떤 것이 필추의 사택력인가? 어떤 류의 유학필추가 갖가지 의복·음식·집·와구·의약품·생필품 등을 수용할 때 모두 잘 생각하여 택하고, 택하여 수용하지 않음이 없게 하는 것을 말한다. 즉 아직 얻지 못한 의복·음식·집·와구·의약품·생필품 등을 심하게 바라지 않고, 이미 얻은 의복·음식·집·와구·의약품·생필품 등에 깊이 탐착하지 않는 뜻이다. 有學苾芻 有二種力 云何爲二 謂思擇力 及修習力 云何苾芻有思擇力 所謂一類 有學苾芻 受用種種 衣服 飮食 房

舍 臥具 病緣醫藥 資生具時 皆善思擇 非不思擇 而便受用 於所未得 衣服 飮食 房舍 臥具 病緣醫藥 諸資生具 不甚希求 於所已得 衣服 飮食 房舍 臥具 病緣醫藥 諸資生具 不深耽著"라고 하였다. 〔참고문헌〕『本事經』, 『十地經』 권2(대정장10, p.540b10), *Bodh-bh.97.*, *Śrāv-bh. 8.* ⇨자구 資具, 자생 資生, 비구육물 比丘六物

자생락 資生樂 Ⓢ śaktikṛtaṃ sukhaṃ. 도와 살아가게 해서 얻는 기쁨. 삼락(三樂) 중 하나다. 『대승장엄경론』 권9(대정장31, p.638c1)에 "'애생·섭생·자생 등의 세 가지 즐거움이란 무슨 말인가? 세 가지 과로 다시 세 가지 즐거움을 낳는 것이다. … 셋째 재물이 인이 되어 중생을 도와 살아가게 하는 즐거움이다. 愛生及攝生資生復三樂者 從是三果 復生三樂 … 三者 從財爲因生資生樂"라고 하였다. 〔참고문헌〕『大乘莊嚴經論』, *Sūtr.128.* ⇨삼락 三樂❻, 자생 資生

자생로 資生路 도와 살아가게 하는 길. 생활이나 생업을 영위하는 길. 『불소행찬』 권1(대정장4, p.5a1 : *Buddh-c.*, p.17)에 "유정을 구하려다 죄를 얻었고, 마땅히 죽을 때마저 자애와 관용을 베풀며, 거친 말을 하지 않고 좋은 말로 가르치며, 재물로 보시하고 도와 살아가는 길을 가르쳐 준다. 求情得其罪 應死垂仁恕 不加麤惡言 軟語而敎勅 務施以財物 指授資生路 kṛtāgaso 'pi pratipādya vadhyānnājīghanannāpi ruṣā dadarśa, babandha sāntvena phalena caitāṃstyāgo 'pi teṣāṃ hyanayāya dṛṣṭaḥ"라고 하였다. 〔참고문헌〕『佛所行讚』, *Buddh-c.* ⇨자생 資生

자생시 資生施 Ⓢ āmiṣa-dāna. 도와 살 길을 마련해 주는 보시. 삼시(三施) 중 하나로 재시(財施)를 말한다. 육바라밀(六波羅蜜) 중 보시바라밀(布施波羅蜜)이다. 『삼구족경우파제사』(대정장26, p.362b8)에 "무슨 까닭에 보시라고 하는가? 저 뜻을 지금 말하리라. 탐욕과 빈곤을 부수어 큰 부와 기쁨을 얻으니 복덕구족하기에 보시라고 한다. 보시에는 몇 가지가 있는가? 대략 세 가지다. 그 세 가지란 첫째 자생시, 둘째 무외시, 셋째 법시다. 자생시란, 음식 등 갖가지를 베푸는 것을 말한다. 저 자생시는 색향미 등이 수승하고 정결하며 법에 어긋나지 않고, 탐욕의 번뇌를 멀리 여의며, 인색함의 허물도 없어야 한다. 탐욕의 번뇌를 멀리 여윔이란 마음이 좁지 않아 이와 같이 다 버려 베풀고 손수 베푸는 것이며, 인색한 허물이 없음이란 부락의 마음없이 다 버려 베푸는 것이다. 何故名施 彼義今說 若破貪貧 得大富樂 福德具足 是故名施 施有幾種 彼義今說 略有三種 何等爲三 一者 資生施 二者 無畏施 三者 法施 資生施者 謂飮食等 種種捨施 彼資生施 色香味勝 淨潔如法 遠離貪垢 無慳悋垢 離貪垢者 心不狹小 如是捨施 自手多施 無悋垢者 不存富樂 如是捨施", 『금강경주해』(대정장33, p.229b13)에 "자생시란 재물을 베풀어 타인의 삶을 돕는 것이다. 資生施者 施以財物 資他生也"라고 하였다. 〔참고문헌〕『三具足經憂波提舍』, 『金剛經註解』, 『正法念處經』 권43(대정장17, p.258c2). ⇨재시 財施, 삼시 三施❶

자생업 資生業 생을 영위하기 위한 업. 생계를 위한 직업을 말한다. 『대반열반경』 권상(대정장1, p.194a12)에 "비구에게는 일곱 가지 법이 있으니 너희들은 마땅히 이를 수행해야 한다. 첫째는 속인처럼 생을 영위하기 위한 업을 짓지 않는다. 比丘 更有七法 汝等當修 一者 不如白衣營資生業", 『섭대승론석』 권9(대정장31, p.220a17)에 "〔논〕 커다란 자생업사를 성취함으로 거둔다. 〔석〕 자생업에는 네 가지가 있다. 첫째 종자를 심어 거두는 일, 둘째 짐승을 키우는 일, 셋째 장사하는 일, 넷째 나라일을 하는 것이다. 화합하거나 다투는 것이 사(事)이며, 하고자 하는 대로 모두 이루지 못함이 없기에 성취라고 한다. 보살과 범부중생이 정진을 행하면 모두 이 과를 얻는다. 論曰 大資生業事成就所攝 釋曰 資生業有四種 一 種植 二 養獸 三 商估 四 事王 和同乖諍名事 如所欲爲 無不諧遂 故名成就 菩薩凡夫行精進 同得此果"라고 하였다. 〔참고문헌〕『大般涅槃經』, 『攝大乘論釋』. ⇨자생 資生, 자생로 資生路

자서득계 自誓得戒 스스로 맹서하여 계를 얻어 구족계를 성취함. 십종구족(十種具足 : 十種得戒緣) 중 하나로 자서득(自誓得)이라고도 한다. '부처님께서는 제 스승이시고, 저는 부처님의 제자입니다'라고 가섭(迦葉)이 부처님께 다짐함으로써 계를 온전히 갖춘 경우에 해당한다. 『잡아함경』 권41(대정장2, p.302a12)에 "존자 마하가섭이 합장하고 부처님께 '세존이시여! 부처님은 저의 스승이시고 저는 제자입니다'라고 아뢰니, 부처님께서 '그래, 그렇다. 나는 스승이고 너는 제자다. 너 이제 앉아 편안히 하라'고 하였다. 尊者摩訶迦葉 合掌白佛言 世尊 佛是我師 我是弟子 佛告迦葉 如是如是 我爲大師 汝是弟子 汝今且坐 隨其所安", 『살바다비니비바사』 권2(대정장23, p.511c8)에 "견제득계·선래비구·자서득계, 이 세 가지 득계는 반드시 부처님으로부터 얻을 수 있는 것이다. 見諦得戒 善來比丘 自誓得戒 此三種得戒 必從佛得", 『석선바라밀차제법문』 권2(대정장46, p.484a14)에 "자서득계는 바로 가섭에 해당한다. 본래 벽지불성이었는데, 부처님께서 세상에 나오신 때를 만나 성문중에 있게 되었다. 부처님께 '부처님께서는 제 스승이시고, 저는 부처님의 제자입니다'라고 말하였다. 이런 말을 하고 나서 곧바로 계체를 발하였다. 自誓得戒卽迦葉 是本辟支根性 値佛出世 墮聲聞數中 其答佛言 佛是我

師 我是佛弟子 作是言已 卽便發戒"라고 하였다. [참고문헌]『雜阿含經』, 『薩婆多毘尼毘婆沙』, 『釋禪波羅蜜次第法門』. ⇨ 십종구족 十種具足, 가섭 迦葉[1], 자서수계 自誓受戒, 구족계 具足戒

자서삼매경 自誓三昧經 ➡ 독증자서삼매경 獨證自誓三昧經

자서수계 自誓受戒 스스로 서원하고 계를 받음. 삼종수계(三種受戒) 중 하나로, 대승계를 내려줄 법사가 없을 때 불상 앞에서 스스로 서원하고 계를 받는 것을 뜻한다. 『영락본업경』 권하 「대중수학품 大衆受學品」(대정장24, p.1020c8)에 "부처님께서 멸도하신 후 천리 안에 법사가 없을 때에는 여러 불보살의 형상 앞에 끓어앉아 합장하고 스스로 서원하여 계를 받는데, 다음과 같이 말해야 한다. '저 아무개는 시방의 부처님과 대지의 보살들에게 아뢰오니, 저는 일체보살계를 익히겠습니다'라고 하면 하품계이다. 두 번째와 세 번째도 또한 이와 같이 말한다. 佛滅度後 千里內 無法師之時 應在諸佛菩薩形像前 胡跪合掌 自誓受戒 應如是言 我某甲白十方佛及大地菩薩等 我學一切菩薩戒者 是下品戒 第二第三 亦如是說", 『범망경』 권하(대정장24, p.1006c5)에 "부처님께서 멸도한 후 좋은 마음으로 보살계를 받고자 할 때는 불보살상 앞에서 스스로 서원하여 계를 받는다. 7일간 부처님 앞에서 참회하여 상호를 본다면 바로 계를 얻을 것이다. 만약 상호를 얻지 못하면, 응당 14일·21일 내지 1년에 걸쳐 반드시 상호를 얻어야 할 것이다. 佛滅度後 欲以好心受菩薩戒時 於佛菩薩形像前 自誓受戒 當七日佛前懺悔 得見好相便得戒 若不得好相 應二七三七乃至一年 要得好相"라고 하였다. [참고문헌]『瓔珞本業經』, 『梵網經』. ⇨ 삼종수 三種受[2], 수계 受戒

자선 子璿 965~1038. 북송(北宋) 때 화엄종 스님. 호는 동평(東平), 법호는 장수(長水), 속성은 정(鄭)씨. 항주(杭州 : 浙江省) 전당(錢塘) 출신. 수주(秀州 : 浙江省) 가흥(嘉興) 출신이라는 기록도 있다. 아홉 살에 출가하여 보혜사(普慧寺) 계종(契宗) 문하에서 『능엄경』을 독송했다. 열세 살에 구족계를 받고 수주의 홍민(洪敏)에게 화엄교학을 배웠다. 홍민 문하에서 『능엄경』을 배우다가 '동정의 상이 뚜렷하게 일어나지 않는다(動靜之相 了然不生)'는 구절에서 깨달았다. 후에 낭야혜각(瑯琊慧覺)선사의 명성을 듣고 찾아가서 문답하다가 깨달았다. 혜각선사의 권유로 화엄종을 진작했다. 장수사(長水寺)에서 『화엄경』·『능엄경』·『원각경』을 비롯하여 법계관(法界觀)·십육관(十六觀) 등을 강설했는데 법석의 대중이 천 명에 달했다. 송대 화엄사상의 중흥에 큰 역할을 했다. 1013년(대중상부6)에 한림학사 전공이(錢公易)의 주청으로 자색(紫色)가사와 장수소주능엄대사(長水疏注楞嚴大師)라는 호를 받았다. 1038년 4월 15일에 세수 74, 법랍 66세로 입적했다. 『수능엄의소주경 首楞嚴義疏注經』 10권·『수능엄경과 首楞嚴經科』 1권·『기신론필삭기 起信論筆削記』 20권·『금강경찬요간정기 金剛經纂要刊定記』 7권 등의 저술을 남겼다. [참고문헌]『佛祖歷代通載』 권18(대정장49, p.663a25), 『釋氏稽古略』 권4(대정장49, p.864b25).

자선 慈善 **1** Ⓢ maitram. 자비롭고 선함. 스스로의 분노심을 참아 조복시켜야 일으킬 수 있다. 인연을 따지지 않고 어떤 경우에라도 내야 하는 마음이기에 무연자선(無緣慈善)이라고도 하는데, 이는 대승칠선(大乘七善) 중 하나이다. 『중론』 권3 「관업품 觀業品」(대정장30, p.21b25 : *Pras.*, p.132)에 "누구라도 능히 마음을 조복시키니 중생을 이롭게 한다네. 이를 이름하여 자선이라고 하니 이 생에도 저 생에서도 과보의 씨앗이라네. 人能降伏心 利益於衆生 是名爲慈善 二世果報種 ātmasamyamakaṃ cetaḥ parānugrāhakaṃ ca yat, maitraṃ sa dharamas tad bījaṃ phalasya pretya ceha ca", 40권본 『대반열반경』 권15 「범행품 梵行品」(대정장12, p.454b10)에 "만약 한 중생에게라도 성내는 마음을 일으키지 않고 저들에게 기쁨 주기만을 바라면 이를 자선이라고 한다네. 若於一衆生 不生瞋恚心 而願與彼樂 是名爲慈善", 『대반열반경소』 권8(대정장38, p.85c3)에 "청정한 행은 그대로 자선이다. 梵行是慈善", 『열반경소삼덕지귀』 권6(卍속장58, p.549b16)에 "범행이 그대로 자선이라 한 뜻은, 자비희사는 바로 범천의 행이고, 이 경에서 밝힌 연을 가리지 않고 널리 움직이는 것은 제일의천만의 행이다. 그러므로 자선이라는 이름을 얻는다. 梵行是慈善者 慈悲喜捨 是梵天之行 今經所明 無緣普運 是第一義天之行也 故名慈善"라고 하였다. [참고문헌]『中論』, 『大般涅槃經』, 『大般涅槃經疏』, 『涅槃經疏三德指歸』, *Pras.* ⇨ 대승칠선 大乘七善 **2** 조선후기 스님. 1773년(영조49) 봄 대구 비슬산 용천사(湧泉寺) 스님이다. 『호은집』 권3 「용천사명부전양간록 湧泉寺冥府殿樑間錄」(한불전9, p.719c12)에 "공사를 감독한 이는 전 주지 자선이다. 眂其役者 前住持慈善也"라고 하였다. [참고문헌]『好隱集』. ⇨ 용천사 湧泉寺[1]

•

이 한 권의 佛事에는

•

문화체육관광부

•

대한불교조계종

•

백담사 회주(오현스님)
영화사 회주(월주스님)
청도 운문사(명성스님)
대구 은해사(도명스님)
서울 삼성암(세민스님)
서울 봉은사(원명스님)
속초 신흥사(우송스님)
강화 전등사(장윤스님)
해인사 지족암(향적스님)
양양 홍련암(정념스님)
범어사 금강암(정만스님)
가평 백련사(승원스님)
포항 관음사(임대스님)
춘천 봉덕사(혜욱스님)
연천 본원사(자현스님)

•

(재)동국역경사업진흥회
(재)은정불교문화진흥원
(재)홍법문화재단 등의 협찬이 있었습니다.

•

동조스님, 명훈스님(금정사), 미등스님, 법인스님(다연암), 상률스님(법계사)
운제스님(성불사), 일법스님, 자성스님, 정산스님, 지하스님(법룡사), 지한스님(대원정사)
혜광스님(법화사), 구태회님, 권희선님, 김경숙님, 김수창(정법정사), 김인경님, 김정배님, 김진공님
김진희님, 김한열님, 김희숙님, 묘각화님, 문용호·문용운님, 박은희님, 박정미님, 배재형님
법련화님, 안은경님, 유영숙님, 이정훈님, 이호근님, 장순용님, 정병삼님
지성희님, 지용택님, 진희권님, 최승완님, 칠보화님(가나다 순)
사부대중 여러분의 협찬이 있었습니다.

編著者　伽山智冠大宗師 行狀

編著者 伽山智冠大宗師님은 1932년 慶北 迎日郡 淸河面 柳溪里에서 出生, 1947년 慶南 陜川 海印寺에서 慈雲스님을 恩師로 하여 得度하셨다. 1955년 海印寺講院 耘虛스님 講下에서 大敎科를 卒業하시고, 1960년부터 1970년까지 海印講院 講主로서 後學을 養成하셨다. 이어 海印寺 住持를 歷任하셨으며, 東國學園 理事, 그리고 東國大學校 敎授로 在職하면서 제11대 東國大學校 總長을 歷任하셨으며, 大韓佛敎曹溪宗 元老會議 議員을 거쳐 제32대 總務院長을 歷任하셨다.

대종사님은 학인을 지도하시던 해인사 강주시절 일찍이 불교대사전의 필요성을 절감하시고는 편찬의 원력을 내심 키워가셨다. 50세가 되시던 1982년 음력 5월 11일「불교대사전편찬발원문」을 부처님전에 지어 올리시고는 드디어 至高至難한 편찬작업에 돌입하셨다. 1991년 6월 16일 社團法人 伽山佛敎文化硏究院을 설립하시고는 열반에 드시기 전까지 不撤晝夜 一路精進하셨다. 1982년~1990년을 제1차 사업기로 하는 基礎作業期間에는 1차 標題語發掘作業을 수행하셨다. 1991년~1993년인 제2차 사업기에는 編修再作業과 추가항목발굴 및 조정작업이 수행되었으며, 基礎原稿作業이 일부 이루어졌다. 제3차 사업기인 1994년~1998년에는 항목재편수 및 執筆作業이 本格化 되었다. 1999년~2008년 제4차 本格出刊사업기에는 매년 1권 출간을 목표로 차질없이 진행하여 1999년 제1권과 제2권 동시 출간을 시작으로 2008년 제10권 출간을 마무리하셨다. 2009년~2019년을 제5차 후반부 전10권(제11권~제20권) 출간을 목표로 2009년 제11권 출간, 2010년 제12권 출간, 2011년 제13권 제작을 마무리 하던 깊은 겨울에 30년을 한결같이 놓치 못하시던 원고 보따리를 머리맡에 놓으신 채로 신묘년 음력 臘月八日(2012년 양력 1월 2일)을 넘기시고 열반에 드셨다. 대종사님은 2005년 대종사님께서 꼭 쓰셔야 할 주요항목 마지막 "ㅎ"표제어를 끝으로 본 항목을 집필하여 마치시고는, 新規項目 發掘執筆과 연구원들의 원고에 대한 證義·證文·潤文 등 監修·校訂작업에 寸陰을 아끼셨다.

열반하시기 6개월 전인 2011년 음력 5월 11일 팔순생신일에 연구원 가족들에게 '대사림 완간을 위해 합심하여 정진하라.'는 간곡한 遺囑을 글로 남기셨다. 연구원들 모두 대종사님의 유촉을 奉戴하고 如一하게 精進하여 2017년 제16권을 출간하였고, 현재 제18권 출간작업을 위해 정진하고 있다. 향후 제6차사업기(2020년~2022년)까지「보유편」과「색인부」작업이 完遂되면 대종사님의 長大한 願行, 哀愍衆生의 大方便인 대사림편찬사업이 世間에 廻向된다.

대종사님은 탁월한 洞察力과 不屈의 修行力으로 한국불교중흥의 초석이 될 後學養成과 教學中興에 독보적이고도 다대한 업적을 창출하셨다. 한국불교와 전통문화의 自尊을 높임은 물론, 후학의 전범이 되는 精進力과 指導力으로 韓國佛教中興을 牽引하셨다. 특히 일천칠백여 년 한국불교사에 있어 최초의 "불교대백과사전"『伽山佛教大辭林』 편찬작업과 일천칠백여 년 한국고승들의 비문 400여 기를 수집·교감·역주하여 회향한『韓國高僧碑文叢書』, 일천여 년 민족불교의 성지 해인사의 역사와 자료를 총집한『伽倻山海印寺誌』, 한국전승불교 교과과정의 문헌들을 총정리하여 집필하신『韓國佛教所依經典研究』, 한국불교의 계맥전통과 수계전승기록을 종합한『韓國佛教戒律傳統』 등 일련의 작업들을 세간에 널리 流通시켜 가시던 중, 2005년 10월 대한불교조계종 총무원장에 취임하셨다. 취임즉시 대사림편찬작업으로 미루어 오던 또 하나의 오랜 숙원, 한국불교의 正法遺産을 國內外로 널리 유포시키기 위한 飜譯作業을 '韓國佛教傳統思想叢書 편찬'이라는 이름으로 적극 추진하여, 2011년 한글역 13권과 2013년 초 영역 13권이 출간되었고, 대종사님의 숙원대로 열반을 전후하여 지구촌 곳곳에 널리 流布되었다. 대중들은 뜻하는 대로 이루어지는 佛事들을 수희찬탄하며 '대종사님께서는 如意를 얻으셨다.' 칭송하였다. 이와같이 우리불교와 문화전통의 崇高함을 선양하고 창의적으로 傳承함에 있어 크나큰 偉蹟을 남기셨다.

남겨진 우리들이 해야할 일은 대종사의 위적을 봉대하고 孤軍奮鬪하며 工夫할 따름이다.

伽山大宗師 大願行 遺囑道場 가산불교문화연구원

研究員 모두 焚香三拜올립니다.

著 書

伽山佛教大辭林 권1·2·3·4·5·6·7·8·9·10·11·12·13·14·15·16·17·18

緇門私記, 四集私記, 楞嚴經略解, 韓國佛教所依經典研究, 要經序說, 南北傳六部律藏比較研究, 比丘尼戒律研究, 信行龜鑑, 信行365日, 信行日鑑, 曹溪宗史, 伽倻山海印寺誌, 校勘譯註歷代高僧碑文(新羅篇·高麗篇1~4·朝鮮篇1), 韓國高僧碑文總集(朝鮮朝·近現代), 韓國佛教戒律傳統, 梵網經菩薩戒布薩本, 韓國傳統思想叢書 精選韓國高僧碑文 外 多數

●

編纂道場會主

編著者 伽山智冠大宗師

(主執筆・總監修)

○

作業道場所任

執筆・證義・證文・潤文・編修 等 作業

• 편찬실장　古玉玄元

• 편찬부장 책임연구원　金榮郁

• 수석연구원　崔晶圭

• 상임연구원　馬海崙・韓栽相・孫秀昌・朴貞美慈仁行
朴埈亨・裵宰亨錦芭・金志原般若珠・朴碩香智慧藏・白承道・李容宰・姜秉華・李暻姸修明苑
全甫英如來珠・朴恩壬・徐民知・朴秀眞・李細彬

◦ 원외 주요분과 전문집필위원

〔한국불교〕鄭炳三・張日圭・朴胤珍・〔불교의례〕彌燈스님・〔인도불교〕房貞蘭

● 이외의 소수원고 원외집필자는 마지막 권에 일괄 게재합니다.

가산불교대사림 17

伽山 佛教大辭林 권17

KASAN ENCYCLOPAEDIA OF BUDDHISM *vol.17*

2022년 12월 13일 초판1쇄 인쇄
2022년 12월 13일 초판1쇄 발행

編著者 · 伽山 李智冠
發行人 · 문헌팔
發行處 · 사)가산불교문화연구원출판부
登錄日 · 등록 제6-a116호(1990년 12월 24일)

주소 · 03079 서울시 종로구 창경궁로 26길 15 가산불교문화연구원
전화 · 765-9602
팩스 · 765-5673

인　　쇄 · 동화인쇄공사
제　　책 · (주)가원
표지제작 · 송운사

ISBN · 978-89-85903-48-6 94220
978-89-85903-08-0(세트) 94220

값 300,000원 [한정판]
